De: _____
   _____

Para: _____
   _____

   _____
   Fecha

La Biblia de Estudio

El Consejo Episcopal Latinoamericano, CELAM, expresa su complacencia porque su programa de Diálogo con las Sociedades Bíblicas Unidas, SBU, haya llegado hasta la publicación de la Biblia de Estudio "Dios habla hoy".

Dejamos al ponderado criterio de las Conferencias Episcopales de América Latina la divulgación de esta Biblia de Estudio que podrá ayudar a las personas y a los grupos, especialmente catequísticos, que deseen profundizar la Palabra de Dios para comprenderla mejor y vivirla, de modo particular cuando en el Continente de la Esperanza hemos iniciado el camino de una Nueva Evangelización.

+ RAYMUNDO DAMASCENO ASSIS
Obispo Auxiliar de Brasilia
Secretario General del CELAM

Las Sociedades Bíblicas Unidas son una fraternidad mundial de Sociedades Bíblicas nacionales que sirven en más de 200 países. Su propósito es alcanzar a cada persona con la Biblia completa o parte de ella en el idioma que pueda entender y a un precio que pueda pagar. Las Sociedades Bíblicas Unidas distribuyen más de 500 millones de Escrituras cada año. Le invitamos a participar en este ministerio con sus oraciones y ofrendas. La Sociedad Bíblica de su país le proporcionará con agrado más información de sus actividades.

**La Biblia de Estudio
DIOS HABLA HOY**

Traducción directa de los textos originales: hebreo, arameo y griego
Texto: Tercera Edición

Texto © Sociedades Bíblicas Unidas 1994
Mapas © Sociedades Bíblicas Unidas 2000

ISBN	Cubierta	Catálogo
1-931471-81-9	rústica	DHH060DEEe
1-931471-37-1	Tapa dura	DHH063DEEe

Impreso en Brasil – 20M – 2004
(NPI 2715)

Índice General

Índice de abreviaturas vi
Índice de tablas vii
Índice de mapas viii
Presentación 1
La Biblia: Introducción general 3

ANTIGUO TESTAMENTO

Antiguo Testamento:
   Introducción 9
Pentateuco: Introducción 15
Génesis 17
Éxodo 70
Levítico 110
Números 136
Deuteronomio 170
Josué 203
Jueces 226
Rut 251
1 Samuel 255
2 Samuel 287
1 Reyes 313
2 Reyes 344
1 Crónicas 375

2 Crónicas 399
Esdras 425
Nehemías 436
Ester 450
Los libros sapienciales y poéticos:
   Introducción 458
Job 459
Salmos 486
Proverbios 571
Eclesiastés 602
Cantares 611
Los libros proféticos:
   Introducción 619
Isaías 622
Jeremías 688
Lamentaciones 753

Ezequiel 760
Daniel 801
Oseas 819
Joel 832
Amós 837
Abdías 846
Jonás 848
Miqueas 851
Nahúm 859
Habacuc 862
Sofonías 866
Hageo 870
Zacarías 872
Malaquías 883

Libros deuterocanónicos:
   Introducción 889
Tobit 890
Judit 901
Ester (dc) 912

Los libros de los macabeos:
   Introducción 922
1 Macabeos 923
2 Macabeos 950
Eclesiástico 972

Sabiduría 1012
Baruc 1030
Daniel (dc) 1036

NUEVO TESTAMENTO

Nuevo Testamento:
   Introducción 1045
Los evangelios:
   Introducción 1053
San Mateo 1057
San Marcos 1097
San Lucas 1121
San Juan 1163
Hechos 1193
Las cartas:
   Introducción 1233

Romanos 1235
1 Corintios 1252
2 Corintios 1269
Gálatas 1279
Efesios 1286
Filipenses 1293
Colosenses 1299
1 Tesalonicenses 1303
2 Tesalonicenses 1307
1 Timoteo 1310
2 Timoteo 1315

Tito 1319
Filemón 1321
Hebreos 1323
Santiago 1335
1 San Pedro 1339
2 San Pedro 1344
1 San Juan 1347
2 San Juan 1352
3 San Juan 1353
San Judas 1354
Apocalipsis 1355

Ayudas suplementarias 1377
Índice temático 1379
Calendario hebreo 1415
Tabla cronológica I (AT) 1416
Tabla cronológica II (NT) 1419
Tabla de pesas, monedas y medidas 1420
División del día 1422
Mapas 1423

Abreviaturas

Abd .... Abdías	Hab .... Habacuc	Mt .... San Mateo
Am .... Amós	Hag .... Hageo	Nah .... Nahúm
Ap .... Apocalipsis	Hch .... Hechos	Neh .... Nehemías
Bar .... Baruc	Heb .... Hebreos	Nm .... Números
Cnt .... Cantares	Is .... Isaías	Os .... Oseas
1 Co .... 1 Corintios	Jdt .... Judit	1 P .... 1 San Pedro
2 Co .... 2 Corintios	Jer .... Jeremías	2 P .... 2 San Pedro
Col .... Colosenses	Jl .... Joel	Pr .... Proverbios
1 Cr .... 1 Crónicas	Jn .... San Juan	1 R .... 1 Reyes
2 Cr .... 2 Crónicas	1 Jn .... 1 San Juan	2 R .... 2 Reyes
Dn .... Daniel	2 Jn .... 2 San Juan	Ro .... Romanos
Dn (dc) .... Daniel (dc)	3 Jn .... 3 San Juan	Rt .... Rut
Dt .... Deuteronomio	Job .... Job	1 S .... 1 Samuel
Ec .... Eclesiastés	Jon .... Jonás	2 S .... 2 Samuel
Eclo .... Eclesiástico	Jos .... Josué	Sab .... Sabiduría
Ef .... Efesios	Jud .... San Judas	Sal .... Salmos
Esd .... Esdras	Jue .... Jueces	Sof .... Sofonías
Est .... Ester	Lc .... San Lucas	Stg .... Santiago
Est (dc) .... Ester (dc)	Lm .... Lamentaciones	Tb .... Tobit
Ex .... Éxodo	Lv .... Levítico	1 Ti .... 1 Timoteo
Ez .... Ezequiel	1 Mac .... 1 Macabeos	2 Ti .... 2 Timoteo
Flm .... Filemón	2 Mac .... 2 Macabeos	Tit .... Tito
Flp .... Filipenses	Mal .... Malaquías	1 Ts .... 1 Tesalonicenses
Gl .... Gálatas	Mc .... San Marcos	2 Ts .... 2 Tesalonicenses
Gn .... Génesis	Miq .... Miqueas	Zac .... Zacarías

En esta edición, las citas de los textos bíblicos se hacen de la siguiente manera: primero se escribe la abreviatura del libro (véase la lista anterior); luego se pone el número del capítulo, seguido de un punto; después de este, el número o los números que indican los versículos. Cuando se citan varios versículos, una coma los separa. Cuando se hace referencia a todo un pasaje, un guión separa el número del versículo con que comienza la cita, del número del versículo con que termina. Por ejemplo: Mt 1.1 significa Mateo capítulo 1, versículo 1. Mt 1.1,17 significa Mateo capítulo 1, versículos 1 y 17. Mt 1.1-17 quiere decir Mateo capítulo 1, del versículo 1 hasta el 17. A veces, después del número que indica el versículo, aparece la letra a (o la b). Ello quiere decir que se remite a la primera parte (letra a) o a la segunda (letra b) del versículo de que se trata. Por ejemplo, Is 61.1-2a se refiere a Isaías capítulo 61, el versículo 1 y la primera parte del 2. Cuando hay varias citas seguidas, de capítulos o libros distintos, van separadas por un punto y coma. Por ejemplo: Jn 3.16; 6.40. En los libros que solo tienen un capítulo, el número que sigue a la abreviatura propia del libro indica, como es natural, el versículo. Por ejemplo: Jud 1 significa Judas versículo 1.

Los números que en algunas citas del AT van entre paréntesis indican la numeración de los versículos seguida por diversas traducciones modernas, basada en las ediciones del texto hebreo. Por ejemplo: Sal 3.1 (2) significa Salmo 3, versículo 1 (según otras ediciones, versículo 2). Los corchetes -[ ]- suplen a los paréntesis cuando estos van dentro de otros paréntesis.

Cuando, después de una cita bíblica, se añade (gr.), se hace referencia a la forma griega del texto, diferente de la forma hebrea. Véase, por ejemplo, Mt 15.8-9 n., cita de Is 29.13 (gr.).

Otras abreviaturas

a.C. .... antes de Cristo	etc. .... etcétera (=y otros más)	m. .... metro(s)
aprox. .... aproximadamente	gr. .... gramo(s)	m.d. .... medio día
a.m. .... en la mañana	gr. .... griego	m.n. .... media noche
AT .... Antiguo Testamento	ha .... hectárea(s)	ms., mss. ... manuscrito, manuscritos
cap., caps. .... capítulo, capítulos	heb. .... hebreo	Mte. .... Monte
ca. o c. .... fecha aproximada	kg. .... kilogramo(s)	n. .... nota
cf. .. confer (=compárese, consúltese)	km. .... kilómetro(s)	NT .... Nuevo Testamento
cm. .... centímetro(s)	l. .... litro(s)	p.e. .... por ejemplo
dc .... deuterocanónico	lit. .... literalmente	p.m. .... en la tarde
d.C. .... después de Cristo	LXX .... Setenta (Septuaginta,	s. .... siglo
ej. .... ejemplo	versión griega del AT)	v., vv. .... versículo, versículos

Tablas

Título	Página
Los libros de la Biblia hebrea, del Antiguo Testamento y de la Biblia griega (LXX)	2
Noé	25
Comparación del relato bíblico del diluvio con un relato extrabíblico	27
Abraham (Abram)	34
Jacob (Israel)	46
José	60
El Antiguo Egipto	71
Nombres de Dios en hebreo y griego	75
Moisés	89
Mobiliario de la tienda del encuentro	97
Sacrificios del Antiguo Testamento	113
Fiestas judías y días sagrados	131
Milagros del Éxodo y de la entrada a Canaán	209
Cananeos y filisteos	261
David	273
Mobiliario del templo de Salomón	324
Elías	337
Eliseo	353
Los asirios	362
Los babilonios	373
Ritual del templo	401
Los persas	449
Mujeres famosas del AT	453
Cánticos de la Biblia	487
Profetas de la Biblia	621
El antiguo Egipto: relaciones entre Egipto e Israel	653
Dioses falsos en la Biblia	663
Alianzas de Dios en el AT	729
Oraciones de la Biblia	805
Mujeres famosas del AT (dc)	895
Dinastías hasmonea y herodiana	971
El imperio grecomacedónico	1047
El mundo romano	1049
Designaciones mesiánicas	1059
Sermones famosos de Jesús	1063
Montes de la Biblia	1079
"Palabras" de Jesús en la cruz	1095
Reino de Dios, reino de los cielos	1101
Milagros escogidos de Jesús	1105
La resurrección de Jesús	1121
El culto sinagogal	1131
Mujeres que participaron en el ministerio de Jesús	1137
Parábolas escogidas de Jesús	1147
La Junta Suprema (o Sanedrín)	1157
"Señales" en el *Evangelio según san Juan*	1165
Los "YO SOY" de la Biblia	1175
Estratos sociales en el NT	1181
Aspectos sobresalientes de la vida del apóstol Pedro	1191
Resurrecciones en el NT	1205
Aspectos sobresalientes de la vida del apóstol Pablo	1213
Partidos religiosos y políticos en el s.I.	1225
Bienaventuranzas y ayes en el NT	1357
División del día	1422

Personajes

Aspectos religiosos y teológicos

Pueblos e imperios

Aspectos culturales e históricos

Términos teológicos sobresalientes

Ministerio de Jesús

Mapas en el texto bíblico

Título	Página
Relieve de Palestina	6
El mundo antiguo	8
Viajes de Abraham	31
El éxodo de Egipto	83
El paso del Jordán	207
La división de las tribus	227
Reino de Saúl	267
Reino de David y Salomón	295
Los reinos de Israel y Judá	331
Elías y Eliseo	345
El imperio babilónico	374
El imperio asirio	421
El imperio persa	427
La Jerusalén del Antiguo Testamento	437
Palestina en el siglo II a.C.	888
Palestina en tiempos de los Macabeos	951
El imperio griego	1044
Los reinos helenísticos	1052
Reino de Herodes el Grande	1054
Palestina en tiempos de Jesús	1056
Jerusalén en tiempos de Jesús	1122
Primer viaje de Pablo	1211
Segundo viaje de Pablo	1215
Tercer viaje de Pablo	1219
Viaje de Pablo a Roma	1229
Expansión de la iglesia	1232
Ciudades a las que Pablo envió cartas	1234
El imperio romano	1236
Las siete iglesias del *Apocalipsis*	1361

Presentación

La presente *Biblia de estudio* incluye la nueva edición revisada de la traducción castellana de la Biblia publicada con el título *Dios habla hoy*.

En esta traducción se ha buscado que el lector actual reciba efectivamente el mensaje que querían comunicar los textos originales. Para ello se ha usado un lenguaje sencillo, que la generalidad de los lectores de Hispanoamérica pueda entender. Por eso, esta traducción se llama "versión popular". Al revisar la traducción se ha procurado que esa finalidad se cumpla de manera aún más completa.

Se trata de una *Biblia de estudio*, preparada con el fin de proporcionar al lector abundantes ayudas para la comprensión del texto bíblico.

Con este propósito se ofrecen *Introducciones* a toda la Biblia, al Antiguo Testamento, al Nuevo Testamento, a ciertos grupos de libros y a cada libro en particular. En las introducciones generales se presentan aspectos importantes para entender el conjunto de los libros y la situación literaria, histórica, cultural y religiosa en que nacieron. En las introducciones particulares se tocan los temas propios de cada escrito.

En las *Notas*, además de las referencias a otros pasajes bíblicos que ilustran el texto en cuestión, se presentan, según lo requiera cada caso, información resumida sobre el texto usado como base de la traducción y sus principales variantes; en ocasiones se indican otras maneras posibles de traducirlo, se ofrecen informaciones que sirven para entender mejor la estructura literaria de un texto y, sobre todo, se dan explicaciones acerca de términos, personas, costumbres, situaciones o alusiones poco familiares al lector.

Las notas explicativas procuran facilitar la comprensión del texto, pero no pretenden exponer toda la riqueza que el texto encierra, ni tratan de ofrecer su actualización o aplicación a las circunstancias presentes.

Al final del volumen se incluye un *Índice temático* en el que se presentan y, si es necesario, se explican brevemente los términos más importantes, con la referencia a los principales pasajes en que aparecen y a las notas explicativas.

En diversas partes del texto, y en recuadros, se ha incluido una serie de *Tablas* y *Mapas* que tienen como propósito ofrecerle al lector una visión sintética y global de los temas de que tratan. Algunas *Tablas* y *Mapas a Colores* están colocados al final. Los asteriscos (*) en las referencias bíblicas indican que esos versículos tienen notas pertinentes.

Las *Tablas cronológicas* proveen información histórica en forma esquemática, y las tablas referentes al *Calendario hebreo* y a las *Pesas, monedas y medidas* la ofrecen sobre estos temas.

Esta *Biblia de estudio* ha sido preparada por biblistas de diversas confesiones cristianas y en amplia colaboración internacional, abrigando la esperanza de brindar al mayor número posible de personas una ayuda objetiva y fácilmente asequible para comprender mejor la Palabra de Dios.

Queda al lector la responsabilidad de permitir que esa Palabra produzca en su corazón una cosecha abundante (Mt 13.3-9,18-23).

LOS LIBROS DE LA BIBLIA HEBREA, DEL ANTIGUO TESTAMENTO Y DE LA BIBLIA GRIEGA (LXX)

Biblia Hebrea	Antiguo Testamento	Biblia griega (LXX)
Pentateuco	**Pentateuco**	Génesis
Génesis	Génesis	Éxodo
Éxodo	Éxodo	Levítico
Levítico	Levítico	Números
Números	Números	Deuteronomio
Deuteronomio	Deuteronomio	Josué
Profetas anteriores	**Históricos**	Jueces
Josué	Josué	Rut
Jueces	Jueces	Sobre los Reinos 1—2 (1—2 Samuel)
1—2 Samuel	Rut	Sobre los Reinos 3—4 (1—2 Reyes)
1—2 Reyes	1—2 Samuel	Paralipómenos (1—2 Crónicas)
Profetas Posteriores	1—2 Reyes	Esdras 1 [apócrifo]
Isaías	1—2 Crónicas	Esdras 2 (Esdras—Nehemías)
Jeremías	Esdras	Ester (con fragmentos griegos)
Ezequiel	Nehemías	Judit (deuterocanónico)
Los doce	Ester	Tobit (deuterocanónico)
Oseas	**Poéticos**	Macabeos 1—2 (deuterocanónico)
Joel	Job	Macabeos 3—4 [apócrifo]
Amós	Salmos	Salmos y Odas [Odas: Apócrifo]
Abdías	Eclesiastés	Proverbios
Jonás	Cantares	Eclesiastés
Miqueas	**Proféticos**	Cantar de los cantares
Nahúm	Isaías	Job
Habacuc	Jeremías	Sabiduría de Salomón
Sofonías	Lamentaciones	(deuterocanónico)
Hageo	Ezequiel	Sirácida (=Eclesiástico:
Zacarías	Daniel	deuterocanónico)
Malaquías	Oseas	Salmos de Salomón [Apócrifo]
Escritos	Joel	Oseas
Salmos	Amós	Amós
Job	Abdías	Miqueas
Proverbios	Jonás	Joel
Rut	Miqueas	Abdías
Cantares	Nahúm	Jonás
Eclesiastés	Habacuc	Nahúm
Ester	Sofonías	Habacuc
Lamentaciones	Hageo	Sofonías
Daniel	Zacarías	Hageo
Esdras	Malaquías	Zacarías
Nehemías		Malaquías
1—2 Crónicas		Isaías
		Jeremías (incluye Lamentaciones, Baruc y Carta de Jeremías. Estos dos últimos son deuterocanónicos)
		Ezequiel
		Susana (=Dn 13: (deuterocanónico)
		Daniel (con adiciones griegas)
		Bel y el dragón (=Dn 14: deuterocanónico)

La Biblia

La palabra *biblia* significa, en griego, "libros". La Biblia es, en realidad, una colección de libros o escritos, de extensión, origen y contenido diversos. Tanto para el pueblo de Israel como para los cristianos, sin embargo, todos estos escritos tienen un valor religioso especial, lo que les da una unidad propia. Los dos aspectos, la diversidad y la unidad, no se contraponen sino que se complementan.

Diversos nombres Desde tiempos antiguos, la Biblia ha recibido diferentes nombres. La manera más común entre los judíos para referirse a los libros que son para ellos la Biblia (lo que constituye para los cristianos el Antiguo Testamento) es la designación de las tres grandes secciones que la forman: la Ley, los Profetas y los Escritos. Esta designación se refleja en Lc 24.44 (*la ley de Moisés, los libros de los profetas y los salmos*). En esta terminología, la *Ley* incluye los cinco primeros libros de la Biblia (también llamados Pentateuco); los *Profetas* se dividen en dos secciones: los *Profetas anteriores*, que comprenden *Josué, Jueces, 1-2 Samuel* y *1-2 Reyes*, y los *Profetas posteriores*, que incluyen los libros de *Isaías, Jeremías* y *Ezequiel*, más los doce profetas menores; finalmente, la tercera sección, llamada "los *Escritos*", comprende los demás libros (incluido el de *Daniel*).

Esta designación a veces se reducía a "la ley y los profetas", como se encuentra en Mt 5.17, y aún más simplemente a "la ley" (cf. Jn 10.34).

Partiendo del uso del NT, ha sido común entre los cristianos referirse a toda la Biblia con el nombre de "las Sagradas Escrituras", "la Sagrada Escritura", o simplemente "las Escrituras" o "la Escritura" (cf. Mt 21.42; Jn 5.39; Ro 1.2). Con frecuencia, el término "la Escritura" se refiere a un pasaje concreto (cf. Mc 12.10; Jn 19.24).

Los términos *Antiguo* y *Nuevo Testamento*, como nombres de estos escritos, solo empezaron a usarse entre los cristianos a fines del siglo II d.C., aunque tiene su base en textos como 1 Co 3.14. La palabra "testamento" designa, en este caso, la alianza o pacto entre Dios y su pueblo, y hace referencia a la primera alianza hecha por Dios con el pueblo de Israel (cf. Ex 24.8; Sal 106.45) y a la nueva alianza anunciada por los profetas y sellada con la sangre de Jesucristo (cf. Jer 31.31-34; Mt 26.28; Heb 10.29).

Orden de los libros en la presente edición El orden en que están colocados los libros de la Biblia no ha sido siempre el mismo, y aun actualmente varía según las diversas tradiciones.

En la presente edición se encuentran en primer lugar los libros de la Biblia hebrea, luego vienen los llamados Deuterocanónicos del Antiguo Testamento, y después los libros cristianos o del Nuevo Testamento.

Los libros del Antiguo Testamento se distribuyen en tres grupos, así:
Los libros narrativos:
  Génesis, Éxodo, Levítico, Números, Deuteronomio, Josué, Jueces, Rut, 1-2 Samuel, 1-2 Reyes, 1-2 Crónicas, Esdras, Nehemías, Ester.
Los libros poéticos y sapienciales:
  Job, Salmos, Proverbios, Eclesiastés, Cantares.
Libros proféticos:
  Isaías, Jeremías, Lamentaciones, Ezequiel, Daniel, Oseas, Joel, Amós, Abdías, Jonás, Miqueas, Nahúm, Habacuc, Sofonías, Hageo, Zacarías, Malaquías.

En la sección de los Deuterocanónicos se sigue un orden semejante: libros narrativos (*Tobit, Judit, Ester, 1-2 Macabeos*), libros sapienciales (*Eclesiástico* y *Sabiduría*), y escritos relacionados con los profetas (*Baruc* y adiciones a *Daniel*).

En el Nuevo Testamento se pueden distinguir dos grupos, a saber:
Libros narrativos:
  Los *Evangelios* (*Mateo, Marcos, Lucas, Juan*), los *Hechos de los Apóstoles*.
Cartas:
  Romanos, 1-2 Corintios, Gálatas, Efesios, Filipenses, Colosenses, 1-2 Tesalonicenses, 1-2 Timoteo, Tito, Filemón, Hebreos, Santiago, 1-2 Pedro, 1-3 Juan, Judas, Apocalipsis.

Formación de la Biblia Para entender la formación de esta colección de libros que llamamos Biblia, hay que tener en cuenta que en los escritos del Antiguo Testamento se pone por escrito la experiencia religiosa del pueblo de Israel antes de Jesucristo. Allí se refleja la fe en el único Dios, creador del universo, quien se reveló de manera especial en la historia de su pueblo: lo fue guiando con sus alianzas, su ley y sus promesas, lo fue convirtiendo en un pueblo unificado por la fe en el verdadero Dios, lo sostuvo en los momentos de abatimiento y desgracia, purificó su fe y le presentó continuamente sus exigencias de santidad, de justicia y de fraternidad. Allí aparecen consignadas la historia de Israel vista a la luz de su fe, las enseñanzas de los profetas y los sabios, las oraciones individuales y comunitarias y las reflexiones de los poetas inspirados.

El Nuevo Testamento es la consignación escrita de la fe de la iglesia apostólica en Jesucristo, nacido en tiempo de Herodes, quien pasó haciendo el bien, pero murió en la cruz por orden de Poncio Pilato, gobernador de Judea; después de su muerte se manifestó vivo de nuevo a aquellos que él había escogido como testigos para anunciar un mensaje de salvación universal. Estos escritos reflejan igualmente la fe, las esperanzas, las luchas y el crecimiento de aquellas comunidades que fueron naciendo de esa experiencia de Jesús muerto y resucitado y del Espíritu enviado a los creyentes de toda lengua, raza y nación.

La formación de la Biblia tardó muchos siglos. En muchos casos no estamos en capacidad de decir en qué momento se escribieron los libros que hoy la forman. En una buena parte de los casos, antes de escribirse, los relatos y enseñanzas se trasmitieron de manera oral, por varias y aun muchas generaciones. A veces intervinieron varias personas en la redacción del libro tal como hoy lo tenemos. En algunas ocasiones, los redactores utilizaron otros escritos que no son parte de la Biblia (cf. Nm 21.14; Jos 10.13; Jud 14-15). En las introducciones a cada libro se darán detalles más precisos sobre su origen.

Valor religioso de la Biblia Aunque la Biblia es indudablemente una de las colecciones literarias más preciosas de la humanidad, no está principalmente en esto su valor. Tanto para el pueblo de Israel como para la iglesia cristiana, la Biblia tiene, ante todo, un valor religioso especial. Es el libro sagrado por excelencia.

La ley se presenta como una ordenación divina (cf. Ex 20; Sal 119); los profetas tienen la conciencia de estar comunicando mensajes de parte de Dios (cf. Is 6; Jer 1.2; Ez 2—3); y la misma sabiduría tiene su origen en Dios (cf. Pr 8.22-31).

Este valor aparece claramente expresado no solo en el nombre de "Sagradas Escrituras" mencionado antes, sino en la manera como Jesús y los autores del NT se refieren a estos escritos. Se dice que Dios habla por medio de los profetas o de los otros libros (cf. Mt 1.22; 2.15; Ro 1.2; 1 Co 9.9); los profetas aparecen como aquellos por medio de los cuales "se dice" o "se anuncia" algo, una manera hebrea de decir que es Dios quien lo dice o anuncia (cf. Mt 2.17; 3.3; 4.14); la autoridad de las Escrituras aparece indiscutida (cf. Mt 5.17-18; Jn 10.35; Hch 23.5); las Escrituras se relacionan especialmente con la acción del Espíritu Santo (Hch 1.16; 28.25).

Como expresión de la convicción cristiana común acerca del origen y valor de las Escrituras, se puede citar 2 Ti 3.15-17: "Recuerda que desde niño conoces las sagradas Escrituras, que pueden instruirte y llevarte a la salvación por medio de la fe en Cristo Jesús. Toda Escritura está inspirada por Dios y útil para enseñar y reprender, para corregir y educar en una vida de rectitud, para que el hombre de Dios esté capacitado y completamente preparado para hacer toda clase de bien." Véase igualmente 2 P 1.19-21.

La iglesia cristiana reconoció en el mensaje del evangelio el mismo valor de la Palabra de Dios y de enseñanza autoritativa (cf. Mc 16.15-16; Lc 1.1-4; Jn 20.31; 1 Ts 2.13). Así no es de extrañar que en 2 P 3.16 las cartas de Pablo se mencionen a la par de "las demás Escrituras". En el curso del siglo II d.C., los cristianos fueron reconociendo como libros sagrados, con valor religioso y autoridad definitiva, todos los libros que hoy forman el NT.

Es patrimonio común de todos los cristianos reconocer esta autoridad especial de la Biblia, aceptarla como Palabra de Dios, como conjunto de libros escritos por inspiración del Espíritu Santo, y considerarla como fuente inagotable de luz, orientación, ánimo, esperanza y estímulo para la vida de cada persona y de las comunidades.

Al reconocer que los libros de la Biblia tienen origen religioso y autoridad especial, no se niega que tengan también autores humanos, que deban considerarse como verdaderos autores de sus escritos, tal como lo expresan ellos mismos en diversos lugares (cf. Ec 1.13; Lc 1.1-4; 1 Co 15.21; Gl 6.11). Por esta razón se encuentra en la Biblia tanta variedad de lenguas, de estilos, de géneros literarios, de concepciones culturales y de puntos de vista teológicos.

La presente traducción La presente traducción está hecha sobre los textos hebreos, arameos y griegos. Para los textos hebreos y arameos se ha tomado como base el llamado "texto masorético". Ocasionalmente, cuando a juicio de los expertos el texto masorético no se puede entender con claridad, se ha recurrido a la ayuda de otros manuscritos o de traducciones antiguas, o se ha intentado reconstruirlo de otra manera. Estos casos se indican en las notas. Para los textos griegos se han tomado como base las mejores ediciones críticas disponibles actualmente.

Esta traducción se diferencia de otras porque ha sido preparada especialmente para los lectores de habla castellana de las Américas, usando un lenguaje sencillo y fácilmente comprensible. No se preocupa tanto por reproducir la forma del texto original cuanto su contenido y función comunicativa. Trata de comunicar al lector de hoy, en forma clara y natural, lo que el texto original quiso comunicar en las circunstancias en que fue escrito.

En la transcripción de los nombres propios de personas y de lugares, se han seguido los siguientes criterios. Cuando existe una forma ya consagrada por el uso general, esta se ha conservado. En los otros casos, se ha adoptado una grafía que, por una parte, refleje la forma original y, por otra, se acomode a la fonética castellana.

Edición de estudio: cómo usarla Esta es una "edición de estudio". Quiere decir que, además de la traducción, ofrece al lector una serie de ayudas que hacen más fácil la comprensión del texto bíblico y permiten estudiar más profundamente los libros y temas de la Biblia.

Las principales ayudas que se ofrecen, además del texto con sus títulos, son las siguientes:

—Introducciones generales y particulares. Dan una idea del ambiente histórico en que nacieron los distintos libros de la Biblia y ofrecen una visión de conjunto de los diversos grupos de libros. Cada libro tiene además una introducción propia.

—Notas explicativas que se refieren a cuestiones del texto, de la traducción, de los aspectos literarios; explican las alusiones o referencias a personas, lugares, usos y conceptos poco conocidos. En general, ayudan a comprender más fácilmente cada texto. Se incluyen en ellas las referencias a otros lugares bíblicos que permiten entender mejor un determinado texto.

—*Índice temático.* En forma alfabética se presentan los nombres y términos bíblicos más importantes con referencias a los principales lugares donde aparecen y a las notas donde se encuentra alguna explicación. Algunos términos aparecen subdivididos, para una mejor comprensión del tema.

—Cuadros y mapas. Cuadros cronológicos; de pesas, monedas y medidas; mapas de las regiones bíblicas.

La presente edición ofrece una ayuda objetiva y sencilla a todo el que desee comprender mejor la Biblia. No pretende defender ni atacar posiciones doctrinales particulares ni tomar parte en controversias teológicas. Tampoco quiere explicar toda la riqueza que el texto encierra ni aplicarlo a las situaciones presentes.

Aunque cada lector puede usar esta Biblia de estudio de manera propia y según su particular gusto o conveniencia, se sugieren a continuación algunas maneras de usarla, sobre todo para el que quiera hacer un estudio más sistemático. Estos métodos pueden usarse tanto en la lectura o estudio privados como en grupos.

(1) Estudio del ambiente en que se desarrollaron los libros de la Biblia. Para esto se recomienda la lectura detenida de las introducciones generales.

(2) Estudio de algún libro. En este caso, es útil leer, ante todo, la introducción a ese libro, como también la introducción al grupo de libros del que forma parte (por ejemplo, en el AT, introducción al Pentateuco, a los libros poéticos, a los libros proféticos; en el NT, a los evangelios, a las cartas). Luego se recomienda estudiar la estructura del libro, para lo cual es conveniente ver el esquema propuesto y tener en cuenta los títulos señalados. El estudio del libro puede hacerse según las secciones en que está dividido y teniendo en cuenta las notas, tanto globales como particulares.

(3) Estudio de un texto particular. Se recomienda ante todo ubicar cada texto en el contexto más amplio en que se encuentra. Para esto, se debe estudiar la estructura propuesta en la introducción al libro y los títulos que aparecen en esta edición. Después de la lectura del texto, hacer uso de las notas. En algunos casos, como en los evangelios, puede ser útil comparar el texto con el relato paralelo de los otros evangelistas (estas citas se encuentran debajo del título del pasaje).

Si en ese texto aparece un tema especialmente importante, puede complementarse con el método siguiente.

(4) Estudio de temas. Para este tipo de estudio se aconseja buscar en el *Índice temático* el tema deseado y ver cómo está subdividido, si es el caso. Después se deben leer los textos referidos, las notas explicativas y los otros textos bíblicos citados en ellas.

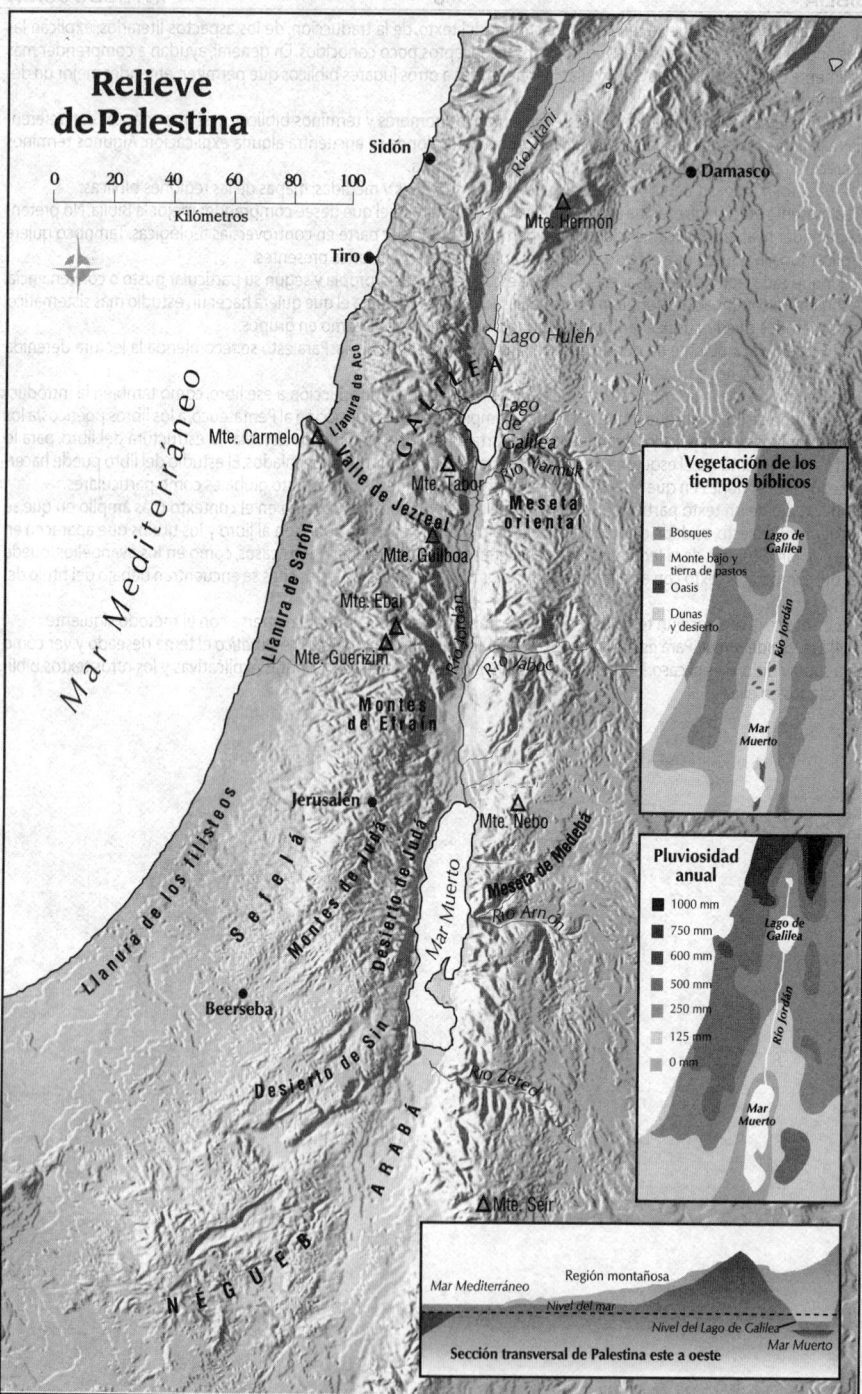

Antiguo Testamento

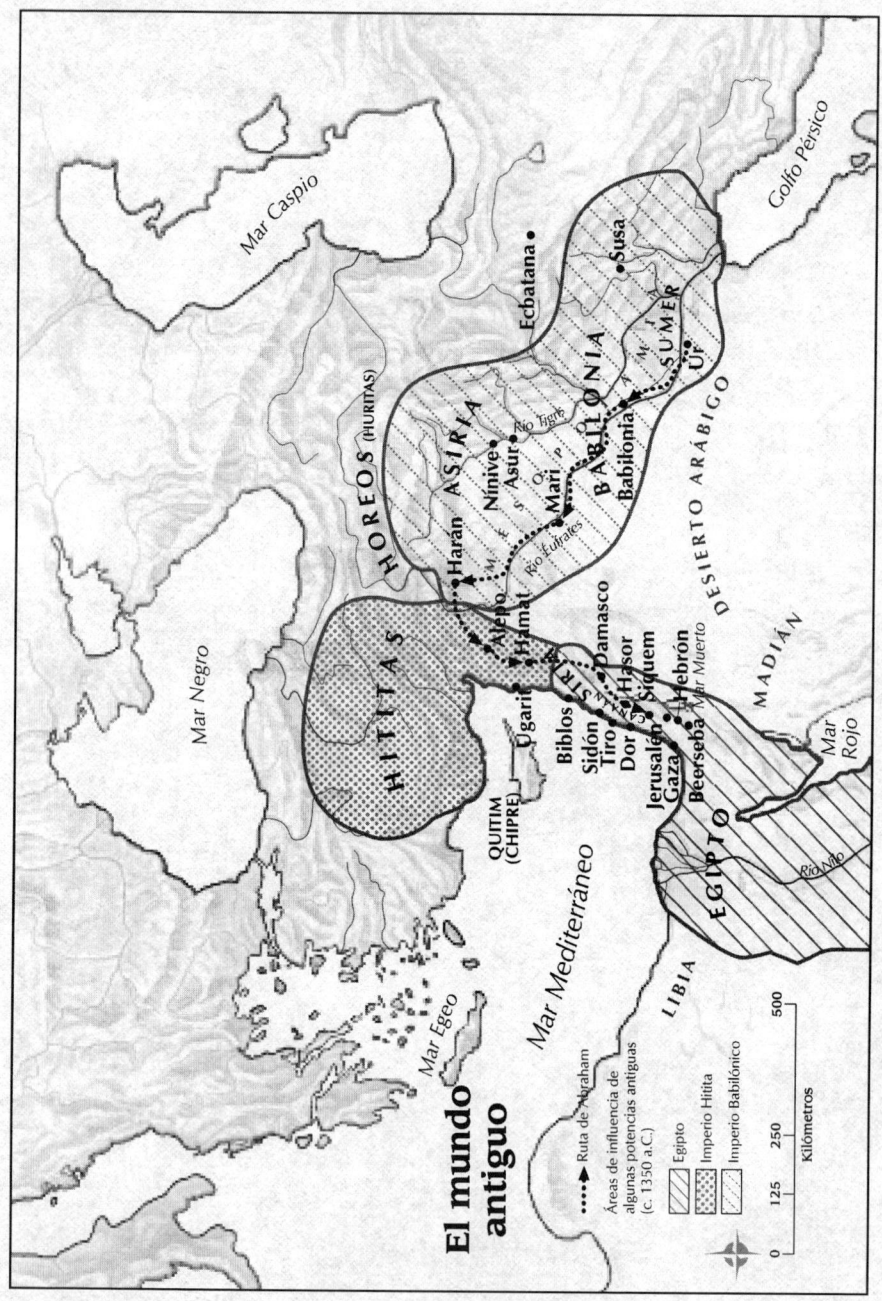

Antiguo Testamento

(1) *Antiguo Testamento* (=AT) es el nombre dado por los cristianos a las escrituras sagradas del pueblo de Israel (véase la *Introducción general* a la *Biblia*).
(2) Esas escrituras son un conjunto de libros muy variados desde todo punto de vista: literario, histórico, teológico.

El Antiguo Testamento como literatura (3) El Antiguo Testamento ocupa un lugar destacado entre las literaturas antiguas y es, sin duda, el conjunto literario más importante entre las producciones del antiguo Medio Oriente. Los egipcios, los sumerios, los asirios y los babilonios, el pueblo ugarítico, los hititas, los persas y otros pueblos de esta región produjeron numerosas obras literarias a través de su historia. Sin embargo, ninguna tiene la amplitud, la variedad y el nivel artístico de la literatura bíblica, por no hablar de su valor religioso.
(4) Como ya se ha dicho, el Antiguo Testamento es una colección de escritos de diversas épocas y de autores diferentes.
(5) Literariamente, estos escritos pueden dividirse de manera muy general en *prosa* y *poesía*.

Diversas formas de prosa
(6) Sin entrar en mayores detalles, se pueden distinguir en el AT las siguientes clases de prosa:
—Relatos de los orígenes: que se encuentran en Gn 1—11.
—Relatos sobre la historia: están relacionados, de una u otra manera, con la historia del pueblo de Israel, comenzando desde Abraham. Se encuentran a partir de Gn 12, sobre todo en los libros narrativos. Pueden estar centrados en algún personaje especial (Abraham, Moisés, David) o en el pueblo en general. Dentro de este género amplio, hay muchas formas particulares, como las genealogías (cf., por ejemplo, 1 Cr 1—9), los relatos de los patriarcas (Gn 12—50), los relatos de carácter épico (como los relativos a la salida de Israel de Egipto, en el éxodo), los relatos de carácter familiar (como el libro de *Rut*), las crónicas oficiales (como muchos de los relatos de los libros de los *Reyes*), los relatos didácticos (como el libro de *Jonás*).
—Prosa legislativa: ocupa parte importante del Pentateuco, desde *Éxodo* hasta *Deuteronomio*.

Diversas formas de literatura poética
(7) Igualmente, sin entrar en muchos pormenores, pueden señalarse las siguientes formas principales:
—Poesía litúrgica: Es la poesía usada principalmente en los actos de culto y consignada, sobre todo, en los Salmos (respecto de los diversos tipos de salmos, véase la *Introducción* a los *Salmos*). A estos se pueden añadir otros textos semejantes, como el de *Lamentaciones*.
—Literatura profética: Aunque la literatura profética incluye textos en prosa (cf., por ejemplo, Is 36—39; Jer 26—29), gran parte de los libros de los profetas tienen forma poética. Es característico de estos textos el que el profeta presente su mensaje con la conciencia de tener una misión especial de Dios.
—Literatura sapiencial: Es reflexión y enseñanza sobre la vida diaria. Puede presentar la forma de dichos breves, en que los temas se van sucediendo sin ningún orden especial (libro de *Proverbios*) o como reflexiones más amplias sobre algunos pocos temas (libro de *Eclesiastés*).
(8) Para entender correctamente un texto es conveniente reconocer el género literario al que pertenece, según su forma y su intención particular, y según las tradiciones literarias de las antiguas culturas orientales, distintas de las nuestras. Así, por ejemplo, es importante observar que la intención principal de los relatos históricos es mostrar el sentido de la historia, más que la materialidad de los hechos. Los profetas se preocupan por recordar al pueblo las grandes verdades religiosas, mientras que los sabios se fijan en aspectos particulares de la vida diaria.

Origen de los libros del AT (9) En cuanto al origen de los escritos bíblicos, se pueden distinguir dos tipos diferentes:
(10) Libros con autor definido: En estos se percibe el influjo de un personaje individual, que marca la obra con su sello personal. Tal sucede con muchos de los libros proféticos. En algunos casos, los escritos de los profetas se conservaron en círculos nacidos bajo su inspiración, donde se desarrolló y amplió el mensaje original.
(11) Literatura tradicional: En ella la importancia no recae sobre el autor individual, sino sobre el uso de tradiciones. Estas tradiciones se conservan en el pueblo o en determinados medios, se profundizan, se transmiten y se actualizan y adaptan a nuevas circunstancias. A este tipo pertenece la mayor parte de la literatura narrativa, litúrgica y sapiencial.

Transmisión del texto del AT (12) Teniendo en cuenta los usos de las épocas antiguas, se puede suponer que los libros del AT se escribieron en rollos de pergamino o papiro (cf. Jer 36). Sin embargo, ninguno de los manuscritos autógrafos ha llegado hasta nosotros, lo que es un hecho común a toda la literatura antigua. El texto se ha transmitido hasta nuestros días a través de las copias hechas a mano a lo largo de muchos siglos, hasta que el uso de la imprenta permitió hacerlas mecánicamente.

(13) Las copias más antiguas de los textos hebreos son de alrededor del siglo I a.C., y provienen de Qumrán y otras localidades al occidente del Mar Muerto. Allí se encontraron copias, algunas bastante completas, otras muy fragmentarias, de casi todos los libros de la Biblia hebrea y de otros escritos antiguos. En estos manuscritos se puede ver que el texto hebreo se escribía solamente con consonantes, práctica común a varias lenguas semíticas.

(14) Los sabios judíos, sobre todo a partir de fines del siglo I d.C., se dedicaron a unificar el texto hebreo de la Biblia y a fines del siglo V d.C. se desarrolló, principalmente en Babilonia y Tiberias, un sistema para precisar la manera de leer el texto. De ahí resultó el llamado "texto masorético" (es decir, el texto determinado por los masoretas, "los que transmiten la tradición"). En este sistema se indican las vocales (añadidas como signos debajo, encima o en medio de las consonantes) y los signos de entonación para la lectura pública.

(15) La copia más antigua de toda la Biblia hebrea proviene del siglo X d.C. (Códice de Alepo), que refleja la tradición tiberiense. Se debe tener en cuenta que era costumbre entre los judíos no conservar los manuscritos que ya estaban deteriorados sino destruirlos. Sin embargo, es notable el cuidado con que se hacían y conservaban las copias de los textos bíblicos.

(16) Como de todas maneras es inevitable que al hacer las copias se introduzcan algunas faltas, los estudiosos del texto de la Biblia disponen además de otras ayudas, como son la copia samaritana del Pentateuco (texto hebreo en escritura samaritana) y las versiones (traducciones) antiguas. De estas, las principales son: las versiones griegas, entre las cuales la más importante es la llamada de los Setenta (o Septuaginta), hecha en Alejandría (Egipto) entre los siglos III y I a.C. y que fue usada en muchos casos por los autores del NT; las versiones parafrásticas al arameo (llamadas *Targum*); las versiones latinas, sobre todo la Vulgata, hecha, del hebreo, por San Jerónimo; las siríacas, coptas y otras. Este material se encuentra disponible en las ediciones críticas del texto hebreo.

El medio ambiente: la tierra (17) El territorio donde se desarrollaron los principales acontecimientos de la historia del pueblo de Israel, después que tomó posesión de la tierra que Diòs había prometido a Abraham y sus descendientes, y de la historia de Jesús y de la primera comunidad cristiana, corresponde, en grandes líneas, al actual estado de Israel, en la costa oriental del mar Mediterráneo.

(18) El nombre más antiguo aplicado a este territorio en los documentos bíblicos es el de "tierra de Canaán" (Gn 11.4). Más tarde se conoció como "tierra (territorio o país) de Israel" (1 S 13.10; Ez 11.17; Mt 2.20). Los griegos y los romanos usaron el término "Palestina", derivado del nombre "filisteo", pueblo que habitaba antiguamente la región de la costa. En tiempos romanos también se usó el nombre de "Judea", para referirse por lo menos a una parte de ese territorio.

(19) Durante la mayor parte del periodo monárquico (931-587 a.C.), el país estuvo políticamente dividido en dos regiones: *el reino de Judá* en el sur, con Jerusalén como su capital, y *el reino de Israel* o del Norte, con Samaria como capital. Con la conquista de este último reino por Asiria (721 a.C.), se acentuó la diferencia entre las dos regiones.

(20) En tiempos del NT, este territorio aparece compuesto por cuatro grandes regiones: *Judea*, al sur, *Perea*, al oriente del río Jordán, *Samaria*, al norte de Judea, y *Galilea*, aún más al norte. Este territorio tiene una extensión cercana a los 25 000 km cuadrados.

(21) Desde el punto de vista físico, se pueden distinguir en este territorio tres grandes zonas paralelas, que se extienden de sur a norte.

(22) A lo largo del mar Mediterráneo hay una *llanura baja*, en cuya parte sur estaban establecidos antiguamente los filisteos, con Gaza, Ascalón y Asdod como ciudades principales; fuera ya del territorio filisteo se encuentran ciudades como Jope (actualmente un suburbio de Tel Aviv), Cesarea (construida en tiempos romanos) y, más al norte, Haifa (de origen más reciente). Esta llanura es interrumpida por el monte Carmelo, al norte de Cesarea, y se hace más estrecha en la parte de Galilea.

(23) Más al oriente se encuentra la *zona montañosa*, que se prolonga por el sur hasta el desierto del Néguev y por el norte hasta las montañas del Líbano. Esta cadena montañosa se ve interrumpida por la llanura de Jezreel (o Esdrelón), que separa a Samaria de Galilea. El punto más alto en la parte de Judea corresponde a una montaña cerca de Hebrón (1 020 m), al sur de Jerusalén. En Galilea la altura máxima (1 208 m) corresponde al monte Meirón. En esta zona se encuentran las principales ciudades de Judea y Samaria y algunas de Galilea. Jerusalén está a unos 800 m de altura sobre el nivel del mar.

(24) Más al oriente todavía se encuentra una *cuenca* o *depresión*, donde está el río Jordán, que nace al norte de Galilea, en el monte Hermón, y corre hacia el sur formando en su camino el Lago de Galilea (cuyo nivel está 212 m más bajo que el del Mediterráneo), y después de recorrer un valle de 100 km de longitud, desemboca en el Mar Muerto. El nivel del Mar Muerto es 392 m más bajo que el del Mediterráneo.

(25) Al oriente de esta depresión el terreno vuelve a elevarse y alcanza alturas mayores, sobre todo en la parte norte, con el monte Hermón, el más alto de toda esta región (2 758 m), ya fuera de Palestina.

(26) Las llanuras de la costa y del norte eran en general terreno fértil, apto para la agricultura. En las zonas montañosas abunda la piedra y solo son parcialmente cultivables. Al oriente y al sur predominan las zonas desérticas. En general, el agua no es abundante en esta región, y se utilizan cisternas para conservar el agua de lluvia. Los textos bíblicos distinguen básicamente dos estaciones: invierno y verano (cf. Gn 8.22; Mt 24.20,32), que se caracterizan tanto por las temperaturas más bajas o más altas como por la abundancia o falta de lluvias.

El ambiente histórico y cultural del AT (27) La formación del pueblo de Israel fue lenta y gradual. Ocurrió en medio de las antiguas civilizaciones que se desarrollaron al oriente del Mediterráneo, desde Egipto hasta la región comprendida entre los ríos Tigris y Éufrates. Su existencia se remonta hasta antes del siglo X a.C., pero originalmente estaba constituido por varias tribus que no llegaron a unificarse sino hasta que David estableció un estado monárquico con Jerusalén como capital. Las fuentes históricas relativas a esa época son muy fragmentarias, lo que nos impide conocer en todos sus detalles los orígenes del pueblo hebreo.

La época de los patriarcas

(28) La historia de Israel, tal como nos la narra la Biblia, fue en sus comienzos una historia familiar. Empezó con la partida de Abraham de Mesopotamia y con su llegada a Canaán. En Canaán nació Isaac quien, a su vez, fue padre de Jacob. Más tarde, y a causa de una hambruna que asoló a la tierra, Jacob y sus hijos —los orígenes de las doce tribus— bajaron a Egipto, donde, después de una época de paz y prosperidad, fueron sometidos a la esclavitud.

(29) En su viaje a Canaán, *Abraham* pasó por Siquem, Hai y Betel, donde construyó altares (Gn 12.7-8); pero se estableció cerca de Hebrón al sur de Palestina, en un lugar llamado Mamré, por el nombre del dueño del bosque de encinas que allí había (Gn 13.18; 18.1; 23.19). En ese lugar, Abraham vivió como extranjero (Gn 23.4) y adoró a Dios llamándole *El Shadai* (que probablemente significa "Dios de la montaña"). Al final de su vida, su única propiedad en la Tierra prometida fue un sepulcro familiar (Gn 23.20), en el cual él mismo fue sepultado (Gn 25.9-10).

(30) El patriarca *Isaac* aparece vinculado al desierto del Néguev (Gn 24.62) y a los alrededores de Beerseba (Gn 26.23), en la frontera meridional de Palestina. Los relatos que se refieren a él describen muy bien lo que era la vida seminómada en el segundo milenio a.C.: búsqueda de campos de pastoreo, asentamiento transitorio en las cercanías de alguna ciudad fronteriza y altercados con la población local, especialmente a causa de los pozos de agua para dar de beber al ganado (cf. Gn 26).

(31) El ciclo de *Jacob* es más complejo. La primera parte está consagrada a relatar los conflictos interpersonales con su hermano Esaú, anticipando así las difíciles relaciones que habrían de existir entre Edom, descendiente de Esaú, e Israel, heredero de Jacob. Luego relata la huida del patriarca a la región del río Éufrates, donde consigue amasar una considerable riqueza, y cómo, gracias a su astucia, logra superar sus conflictos con el arameo Labán. Decide regresar con su familia a la Tierra prometida, y en su desplazamiento va ocupando las regiones del este y el oeste del Jordán. Es precisamente al este del río, en Penuel (Gn 32.2, 30), donde Dios le cambia el nombre de Jacob por el de Israel (Gn 32.28); y es en el lado oeste, cerca de Betel, donde el Señor se le revela, lo bendice y le renueva sus promesas (Gn 35.1-14). La historia de Jacob finaliza con el viaje que hace con su familia a Egipto, donde reside su hijo José y donde es recibido en medio de alegrías y honores. Muere rodeado de todos sus hijos.

(32) Los patriarcas hebreos eran jefes de clanes seminómadas; se desplazaban fuera de las zonas pobladas buscando pastos y agua para sus rebaños. En algunas ocasiones se detuvieron en antiguos santuarios cananeos, donde recibieron revelaciones de Dios (cf. Gn 6—7; 28.10-22).

(33) Los relatos del Génesis sobre los patriarcas ofrecen datos históricos de inestimable valor para conocer los orígenes del pueblo hebreo. Bajo las apariencias de una historia familiar se oculta un proceso mucho más complejo: el surgimiento y formación de las tribus y clanes de Israel.

El éxodo de Egipto

(34) No hay documentos que informen acerca de la situación de estas tribus en el periodo que va desde la muerte de José hasta Moisés. Pese a ello, puede afirmarse con certeza que durante esos siglos, la situación política y social del Cercano Oriente se modificó de manera considerable. Los egipcios tuvieron un tiempo de prosperidad después de la derrota y expulsión de los hicsos, pueblo que había invadido Egipto pasando por Canaán. Mientras tanto, en la costa oriental del Mediterráneo no se había constituido ningún poder político hegemónico, de manera que ese territorio dependía de Egipto. Al nordeste de Palestina, la Mesopotamia estaba dividida en dos partes: en el sur se encontraban los babilonios y en el norte los asirios, dos pueblos que más tarde habrían de influir decisivamente en los destinos de Israel.

(35) Cuando la familia de Jacob llegó a Egipto, es posible que el poder haya estado en manos de los hicsos; de ahí que los israelitas, llegados también de Canaán, hayan recibido un trato favorable (cf. Gn 47.1-12). Eso explicaría igualmente por qué algunos de ellos, como José, pudieron alcanzar tan altas posiciones (cf. Gn 41.37-43).

(36) Pero una vez que los hicsos fueron derrotados y expulsados de Egipto, los israelitas, como otros extranjeros, fueron sometidos a opresión. Es probablemente a este cambio en la situación política al que alude el texto bíblico, cuando dice: "Más tarde hubo un nuevo rey en Egipto, que no había conocido a José" (Ex 1.8). Como consecuencia de ello, los israelitas fueron obligados a trabajar duramente en la construcción de las ciudades de Pitón y Ramsés (Ex 1.11).

(37) En estas circunstancias tuvo lugar un acontecimiento que habría de quedar grabado para siempre en la memoria de Israel: Dios llamó a un hebreo llamado *Moisés*, que había recibido una educación esmerada en la corte del faraón. En su encuentro en el desierto, *Yahvé* le reveló su nombre, que en el texto bíblico se explica con la frase "Yo soy el que soy" (véanse Ex 3.14-15 y notas correspondientes), y le encomendó la misión de liberar a su pueblo de la opresión.

(38) Bajo este imperativo, Moisés regresó a Egipto, de donde había tenido que huir. Allí se enfrentó a la resistencia del faraón, que se negaba obstinadamente a dejar salir al pueblo. Pero al fin logró su objetivo y salió al frente de la multitud israelita camino del desierto. Al abandonar Egipto, llevaron con ellos a muchísima *gente de toda clase* (Ex 12.38), que también quería liberarse de la servidumbre egipcia. A partir de entonces, esta experiencia de liberación quedó inseparablemente unida al nombre de Yahvé, y se convirtió en artículo fundamental de la fe de Israel (Ex 20.2; Sal 81.11; Os 13.4; Ez 20.5).

(39) Según algunas cronologías bíblicas, el éxodo ocurrió en una fecha más o menos cercana al año 1450 a.C.; sin embargo, un número cada vez más numeroso de investigadores modernos prefieren fijarlo en el siglo XIII a.C. (1250/30 a.C.). En este caso, el faraón del éxodo habría sido Ramsés II, conocido por sus monumentales proyectos de construcción.

(40) En su marcha por el desierto hacia la Tierra prometida, la experiencia fundamental del pueblo fue la alianza o pacto del Sinaí (Ex 19). Así se estableció una relación singular entre Yahvé e Israel, y sus estipulaciones fundamentales quedaron consignadas en la ley promulgada por Moisés, particularmente en el Decálogo, conocido también como los Diez mandamientos (Ex 20.1-17).

La conquista de Canaán y el periodo de los jueces

(41) Luego de la muerte de Moisés (Dt 34), la conducción del pueblo pasó a manos de Josué. Le correspondió a él llevarlo a cruzar el río Jordán y penetrar en la tierra de Canaán. Comenzaba, con este hecho, un nuevo periodo histórico, cuya importancia habría de ser decisiva para la constitución definitiva de la nación israelita (cf. Jos 1—3).

(42) El asentamiento en Canaán fue un proceso lento y de difícil ejecución (cf. Jue 1). En algunas ocasiones fue necesario combatir con los pueblos enemigos (cf., por ejemplo, Jue 4—5), aunque por lo general se efectuó en forma pacífica y gradual. Los cananeos no fueron eliminados totalmente, sino que en su mayoría terminaron por ser absorbidos por el pueblo de Israel (cf. Jos 9).

(43) En el tiempo en que tuvo lugar la conquista y la toma de posesión de la Tierra prometida, los grandes imperios de Egipto y Mesopotamia habían entrado en decadencia. Canaán, por su parte, estaba ocupado por distintas poblaciones, en su mayoría de raza semita. La organización política de estos pueblos se caracterizaba por la existencia de una serie de pequeños estados que comprendían, por lo general, una ciudad y las regiones vecinas. Estos pequeños estados habían sido hasta entonces vasallos de Egipto. Su economía se basaba principalmente en la agricultura. Su religión se distinguía por los ritos en honor de los dioses de la fertilidad, y entre sus divinidades superiores estaban El, Baal, Asera y Astarté.

(44) La etapa posterior a la muerte de Josué, llamada habitualmente "periodo de los jueces" puede fecharse con bastante precisión entre el 1200 y el 1050 a.C. En esta época, los grupos israelitas no tenían un gobierno central, sino que estaban distribuidos en tribus relativamente independientes. Con esta precaria organización político-administrativa tuvieron que enfrentar frecuentes conflictos tanto internos como externos. En esas circunstancias surgieron los "caudillos", designados tradicionalmente con el nombre de "jueces". En más de una ocasión, estos tuvieron que guiar al pueblo en sus batallas contra los pueblos vecinos. El cántico de Débora, por ejemplo, celebra el triunfo de una coalición de grupos israelitas contra los cananeos (Jue 5).

(45) Por esta misma época entraron en acción los filisteos, que procedían de Creta y de las islas griegas (de allí el nombre de "pueblos del mar"). En un primer intento trataron de penetrar en Egipto, pero cuando fueron rechazados se establecieron, hacia el 1175 a.C., en la costa sur de Palestina. Allí formaron la famosa "Pentápolis filistea" (véase 1 S 4.1b nota c). Por su poderío militar y su monopolio del hierro (1 S 13.19-22), la presencia de este pueblo en la llanura costera se convirtió en una grave amenaza para Israel.

La monarquía: Saúl, David, Salomón

(46) La precaria organización política de los israelitas no podía responder a los desafíos de aquel momento histórico. Esto los obligó a organizarse como nación con un gobierno unificado y estable. Surgió entonces la monarquía, que al principio encontró no poca resistencia (cf. 1 S 8), pero que con el paso del tiempo logró consolidarse.

(47) Saúl fue aclamado rey después de una victoria militar (cf. 1 S 11). Al comienzo de su reinado alcanzó otras victorias importantes, pero nunca pudo derrotar definitivamente a los filisteos. El final de su reinado estuvo marcado por una serie de episodios trágicos (cf. 1 S 28.3-25), hasta que murió con casi todos sus hijos en la batalla de Guilboa.

(48) La muerte de Saúl dejó el camino abierto para que David ascendiera al trono. Proclamado rey en Hebrón por los hombres de Judá, comenzó David su reinado sobre las tribus del sur (2 S 2.1-4), para ser posteriormente reconocido por las tribus del norte. De ese modo, Israel y Judá quedaron unidos bajo el cetro de un solo monarca. Durante su reinado, Israel conoció un periodo de gran esplendor: Incorporó algunas ciudades cananeas que hasta entonces se habían mantenido independientes, sometió a los pueblos vecinos y conquistó la ciudad de Jerusalén, convirtiéndola en centro político y religioso.

(49) En su lecho de muerte, David designó a Salomón como su sucesor. El reinado de Salomón se caracterizó por su incomparable magnificencia. Las relaciones comerciales le procuraron enormes riquezas, y con ellas pudo realizar grandes construcciones, como el palacio real y el templo de Jerusalén. En toda la historia de Israel, ningún otro rey llegó a tener tanta fama y prestigio como Salomón (cf. 1 R 5—10).

El reino dividido

(50) El imperio creado por David comenzó a resquebrajarse durante el reinado de Salomón. El uso opresivo de la mano de obra y los pesados tributos destinados a proveer recursos para llevar a cabo las grandes construcciones provocaron el descontento y la rebeldía en distintas partes del reino. Las antiguas rivalidades entre el norte y el sur comenzaron a resurgir, y a esto se sumó la insensata actitud de Roboam después de la muerte de Salomón (1 R 12.1-24). Como consecuencia de toda esta situación, la división del reino davídico resultó inevitable: las tribus del norte aclamaron a Jeroboam, constituyéndolo así rey de Israel; la tribu de Judá, por su parte, permaneció fiel a Roboam, el hijo y heredero de Salomón, quien retuvo como capital a Jerusalén.

(51) El reino de Judá subsistió durante más de trescientos años (hasta el 587 a.C.), y el poder estuvo siempre en manos de un descendiente de David. El reino del Norte, en cambio, no gozó de tanta estabilidad. La capital cambió de sede en varias ocasiones, hasta que al final se instaló en Samaria (1 R 16.24). Los intentos de formar dinastías estables resultaron infructuosos y terminaron casi siempre en forma violenta (cf. Os 6.3-7).

(52) La destrucción del reino de Israel por los asirios ocurrió en forma paulatina. Primero, Menahem debió pagar un pesado tributo (2 R 15.19-20); luego se redujeron las fronteras del reino y el rey pasó a ser vasallo de Asiria (2 R 15.29-31); finalmente, Samaria fue destruida y parte de la población llevada al exilio. En el territorio conquistado se instaló una clase gobernante extranjera.

(53) El imperio asirio continuó ejerciendo su dominación en Palestina hasta que fue derrotado por los medos y los caldeos. La estrepitosa caída de Asiria (cf. Nah 1—3) hizo que Judá, bajo el reinado de Josías, sintiera renacer sus esperanzas de recuperar la independencia política. Pero Josías cayó en la batalla de Meguido, y a partir de esa derrota el reino se precipitó rápidamente a la ruina. Esta culminó cuando Nabucodonosor, al mando del ejército de Babilonia, sitió y conquistó Jerusalén. Las consecuencias de este desastre (587 a.C.) fueron la pérdida de la independencia, el fin de la dinastía davídica, la destrucción del templo y de la ciudad santa y el destierro a Babilonia de una buena parte de la población (2 R 25.1-21).

(54) Al perder su autonomía como nación, Judá, según parece, quedó incorporada a la provincia babilónica de Samaria. El país estaba en ruinas, porque a la devastación causada por el ejército invasor se sumó el saqueo llevado a cabo por algunos pueblos vecinos, como Edom (Abd 11) y Amón (Ez 25.1-4). Y aunque la mayoría de la población permaneció en Palestina, un núcleo considerable fue llevado al exilio.

El exilio

(55) Los babilonios permitieron a los exiliados formar familias, construir casas, cultivar huertos (Jer 29.5-7) y consultar a sus propios jefes y ancianos (Ez 20.1-44). También les permitieron vivir juntos en un lugar llamado Tel Abib, a orillas del río Quebar (Ez 3.15). Paulatinamente, se acostumbraron a la nueva situación, aunque las prácticas religiosas fueron el mayor vínculo de unión entre ellos.

(56) Por aquella época comenzaron a aparecer las *sinagogas*, donde el pueblo oraba, leía la Ley, cantaba los salmos y comentaba los escritos proféticos. Además, un grupo de sacerdotes trabajaba activamente con el fin de recoger y preservar los textos sagrados que constituían el patrimonio espiritual de Israel. Entre ellos hay que mencionar especialmente a Ezequiel, quien en su doble condición de sacerdote y profeta (cf. Ez 1.1-3; 2.5) ejerció una influencia singular.

(57) En medio de estas condiciones favorables, muchos exiliados desistieron de volver a Palestina; otros, en cambio, conservaron la esperanza y el deseo de retornar a la patria. Entre estos también había quienes no ocultaban su resentimiento contra Babilonia, por los muchos males que les había infligido (Sal 137.8-9; cf. Is 47.1-3). Estos estuvieron seguramente entre los principales animadores del movimiento de retorno.

Retorno y restauración

(58) La esperanza de una pronta liberación se avivó entre los deportados cuando Ciro, rey de Anshán, emprendió su carrera de conquistador y fundador de un nuevo imperio. Apenas ascendió al trono de Persia (559-530 a.C.), sus cualidades de estratega y político le permitieron atravesar rápidamente por las siguientes tres etapas decisivas: la fundación del reino medo-persa con su capital en Ecbatana (553 a.C.); la conquista de casi toda el Asia Menor, que culminó con su victoria sobre el rey de Lidia (546 a.C.); y su entrada triunfal en Babilonia, sin encontrar resistencia (539 a.C.). Así quedó constituido el imperio persa, que dominó durante más de dos siglos el panorama político del Cercano Oriente.

(59) En sus relaciones con los pueblos sometidos, Ciro puso en práctica una política de tolerancia cultural y religiosa que resultó sumamente beneficiosa para los judíos. Fruto de tal actitud fue el edicto — del que la Biblia conserva dos versiones (Esd 1.2-4; 6.3-5) — por el que se permitió a los deportados regresar a Palestina y reconstruir el templo de Jerusalén con la ayuda económica del imperio (538 a.C.). Además, Ciro autorizó la devolución de los objetos sagrados que Nabucodonosor había llevado a Babilonia.

(60) El retorno a Palestina fue difícil y lento. Un primer grupo llegó a Jerusalén bajo el mando de Sesbasar (Esd 5—11), que actuaba como funcionario de las autoridades persas. Poco después fue reedificado el templo (520-515 a.C.) gracias a la acción conjunta de Zorobabel y del sumo sacerdote Josué, quienes recibieron un poderoso respaldo de los profetas Hageo y Zacarías.

(61) Pero con el paso del tiempo, la situación fue deteriorándose gradualmente. Entre los factores que más contribuyeron a ello hay que incluir, además de las graves dificultades económicas, las divisiones dentro de la comunidad israelita y, muy particularmente, la hostilidad de los samaritanos.

(62) Al enterarse de las penurias que padecían sus hermanos en Palestina, Nehemías, un judío que había llegado a ser copero del rey persa Artajerjes I, solicitó ser nombrado gobernador de Judá para acudir en ayuda de su pueblo (445 a.C.). Gracias a la eficaz intervención de este gran reformador, no solo fueron reconstruidas las murallas de Jerusalén, sino que toda la vida de la comunidad judía experimentó una profunda reestructuración (cf. Neh 10).

(63) En este contexto se sitúa también la misión de Esdras, sacerdote y escriba que fue investido con poderes extraordinarios por el monarca persa. Esdras debió ocuparse no solamente del templo y del esplendor del culto, sino también de reunir bajo la Ley de Dios (Esd 7.25) a los que habían vuelto de Babilonia y a los que se habían quedado en el país (Esd 7.12-26). Aún no se ha podido establecer con precisión en qué momento se llevó a cabo esta misión. Según algunos historiadores, habría que fijarla a partir del séptimo año de Artajerjes I (Esd 7.7); es decir, en el 458 a.C. Otros, en cambio, sostienen que fue en el 398 a.C. (séptimo año de Artajerjes II) o en el 428 a.C.

(64) Con la reforma religiosa y moral promovida por Esdras, toda la vida del pueblo judío quedó centrada en la Ley (la *Torá*), a tal punto que Israel se convirtió en "el pueblo del Libro". De ahí que la figura de Esdras ocupe, en las tradiciones judías, un lugar comparable al de Moisés.

La época helenística

(65) Las conquistas de Alejandro Magno (356-323 a.c.) acabaron con el dominio persa en el Cercano Oriente. Así quedó inaugurada la época helenística, que se extendió hasta el 63 a.C. La fundación de este nuevo imperio contribuyó decisivamente a derribar las barreras entre Oriente y Occidente, pero los sucesores de Alejandro no lograron mantener la unidad política en los inmensos territorios conquistados por él. Como consecuencia de estas divisiones, Palestina fue dominada primero por los tolomeos o lágidas de Egipto, y luego por los seléucidas de Siria, dos dinastías fundadas por dos generales de Alejandro.

(66) Durante la época helenística, el gran número de judíos de la dispersión (o diáspora) hizo necesaria la traducción de la Biblia hebrea al griego. Esta traducción respondía a las necesidades religiosas de las comunidades judías de habla griega. Se conoce como versión de los Setenta o Septuaginta (LXX).

(67) En tiempos de Antíoco IV Epífanes, rey de la dinastía seléucida (175-163 a.C.), el intento de helenizar a la comunidad judía de Palestina produjo una gran división en el pueblo. Por un lado, muchos judíos adoptaron públicamente costumbres propias de la cultura griega, reñidas con las prácticas tradicionales de su propio pueblo; otros, por el contrario, se mantuvieron fanáticamente adheridos a la Ley. Las tensiones entre ambos grupos alcanzaron su punto culminante en la rebelión de los macabeos.

(68) La rebelión comenzó cuando un anciano sacerdote de nombre Matatías y sus cinco hijos se organizaron para luchar contra el ejército sirio. Después de la muerte de su padre, Judas "el macabeo" (apodo que probablemente significa "el martillo") quedó al frente de la resistencia y muy pronto se convirtió en héroe militar. En el año 164 a.C., el grupo de Judas Macabeo reconquistó el templo de Jerusalén, que había sido profanado, y procedió a su purificación. La fiesta de la Dedicación o *Hanuká* (cf. Jn 10.22) recuerda esta gesta heroica. Con el triunfo de la rebelión macabea comenzó un periodo transitorio de independencia judía.

(69) Luego de la muerte de Simón, el último hijo del sacerdote Matatías, su hijo Juan Hircano I (134-104 a.C.) fundó la dinastía asmonea. Durante ese periodo, Judá amplió sus límites territoriales, pero vivió al mismo tiempo una etapa de disturbios e insurrecciones. Finalmente, en el 63 a.C., el general romano Pompeyo conquistó Jerusalén e hizo de Siria y Palestina una provincia del imperio romano. La vida religiosa judía estuvo entonces dirigida por el sumo sacerdote, pero este, a su vez, estaba sujeto a la autoridad de Roma.

(70) La época del NT coincidió con la ocupación romana de Palestina. Esa situación perduró hasta que comenzó la guerra judía de los años 66-70 d.C., guerra que concluyó dramáticamente con la caída de Jerusalén y la destrucción del segundo templo.

Valores religiosos del AT

(71) El cristianismo, que ve en Cristo la plenitud de la revelación, se pregunta por el valor religioso del AT.

(72) Pueden señalarse, en forma breve, algunos aspectos importantes que deben tenerse en cuenta.

(73) 1. El AT, como toda la Biblia, nace de una auténtica experiencia del verdadero Dios: un Dios que Israel descubrió en su historia concreta, y que se fue revelando cada vez más claramente, en contraste con las religiones de los pueblos vecinos, como el Dios único, Creador y Señor del universo, Señor de la historia, que no se identifica con imágenes hechas por los hombres. Es el Dios de la vida, que da a todos existencia; un Dios salvador, que está siempre con el pueblo, pero que no se deja manipular por él; un Dios exigente, que impone obligaciones morales y sociales, que no se deja sobornar, que protege a los débiles y ama la justicia; un Dios que se acerca al pueblo de manera especial en el culto; un Dios que perdona y quiere la vida del pecador, pero que también juzga e impone el castigo sobre los malvados. Ese Dios es el mismo Dios del NT, el Padre de Jesucristo, el Dios que quiere que todos lleguen a conocer la verdad y se salven.

(74) 2. Para Jesús y la iglesia apostólica, las "sagradas Escrituras" son las escrituras del pueblo de Israel. La persona y la enseñanza de Jesús, así como los escritos del NT, no se pueden entender sin el trasfondo del AT. Las ideas y el lenguaje del AT influyen profundamente en el NT.

(75) 3. El AT se fija de manera especial en las relaciones de Dios con el pueblo de Israel. Uno de los aspectos principales a este propósito es el de la alianza o pacto que hace Dios con el pueblo, por el cual Dios se compromete a ser el Dios de Israel y escoge a este pueblo como posesión peculiar, imponiéndole la obligación de cumplir los deberes religiosos y sociales que especifican las leyes. La fe, el culto, las leyes, ejercen una acción aglutinadora del pueblo. Y aunque políticamente no siempre hubo unidad, la religión tenía un gran poder unificador. En la mayor parte de la historia de Israel, era más importante crear una identidad religiosa definida, separándose de los otros pueblos, que proclamar un mensaje universal.

(76) 4. No todos los aspectos del AT conservan igual validez para el cristiano. Este los debe interpretar a la luz del criterio último, que es Jesucristo. El AT tiene el carácter de preparación histórica. Dios quiso llevar por etapas a la humanidad hasta la plenitud de la revelación (cf. Heb 1.1-2). El NT expresa con frecuencia la idea de que las promesas hechas por Dios a Israel en el AT tienen su cumplimiento en los tiempos mesiánicos (cf., por ejemplo, Mt 1.23; Lc 3.4-6; Hch 2.16-21; Ro 15.9-12), y así ciertas instituciones dejan ya de tener validez o son sustituidas por otras realidades (cf. Hch 15; Gl 3.23-29; Col 2.16-17; Heb 7.11—10.18). Los diversos aspectos de la ley, del culto y de la doctrina sobre el destino personal del ser humano y de la comunidad deben ser interpretados a la luz de la revelación más plena encontrada en el NT.

Pentateuco

Nombre y divisiones del Pentateuco Los cinco primeros libros del Antiguo Testamento suelen designarse con el nombre de *Pentateuco*. Esta palabra, de origen griego, significa "cinco estuches", y refleja la costumbre antigua de escribir los textos en rollos de papiro o de piel y guardarlos en estuches o vasijas. Por su parte, la tradición judía les da el nombre de *Torá*, término hebreo que se traduce habitualmente por "ley", pero que en realidad tiene un significado más amplio. El nombre *torá*, en efecto, deriva de una raíz hebrea que evoca las ideas de "dirigir", "enseñar" e "instruir" y, por eso, es mejor traducirlo por expresiones como "guía" o "instrucción", sin excluir, por lo menos en algunos casos, el significado de "ley" (cf. Dt 31.9).

A pesar de estar dividido en cinco secciones o libros, el *Pentateuco*, en su forma actual, constituye una unidad. Más aún, esta división se debió a una razón de carácter práctico: como es difícil manejar un rollo demasiado voluminoso, fue necesario dividir la obra total en partes más o menos iguales. Tal fragmentación se remonta a una época muy antigua, puesto que se encuentra ya en la versión griega llamada de los Setenta o Septuaginta (LXX), es decir, en el siglo III a.C.

La tradición judía designa los cinco libros del *Pentateuco* (y, en general, los de toda la Biblia) por sus palabras iniciales. Así, el primero de los libros se llama *En el comienzo*, el segundo *Estos son los nombres*, el tercero *Y* (el Señor) *llamó*, el cuarto *En el desierto*, y el quinto *Estas son las palabras*. La tradición greco-latina, en cambio, les ha dado un nombre que pone de relieve un acontecimiento o un tema predominante en cada uno de los libros. De ahí los nombres de *Génesis*, *Éxodo*, *Levítico*, *Números* y *Deuteronomio*, cuyo significado se explica en las respectivas introducciones.

La historia y la ley Una característica esencial del *Pentateuco* es la alternancia de secciones narrativas y de instrucciones o leyes. Al principio prevalece el estilo narrativo, y solo esporádicamente se intercalan prescripciones de carácter normativo (Gn 9.6; 17.9-14; Ex 12.1-20). Pero a partir de Ex 20 predominan las secciones que establecen normas y disposiciones destinadas a poner de manifiesto lo que Dios quiere y espera de su pueblo. De esta manera, el *Pentateuco* traza un imponente cuadro histórico, que se extiende desde la creación del mundo hasta la muerte de Moisés (Gn 1.1—Dt 34.12). Dentro de este marco se inscriben acontecimientos tan decisivos como la elección de los patriarcas, la salida de Egipto, la alianza del Sinaí y la marcha de los israelitas por el desierto hacia la Tierra prometida. En esa trama histórica tiene lugar la promulgación de la Ley, destinada a instruir a Israel sobre la conducta que debía poner en práctica para ser realmente el pueblo de Dios.

La formación del Pentateuco Tradicionalmente se ha considerado a Moisés como autor de todo el *Pentateuco*. El lector atento no deja de percibir, sin embargo, tanto en las secciones narrativas como en los pasajes de carácter legal, algunos hechos significativos.

En primer lugar, el mismo texto bíblico atestigua que en la redacción del *Pentateuco* se utilizaron, a veces, fuentes más antiguas, como el *Libro de las Guerras del Señor*, citado en Nm 21.14.

En segundo lugar, numerosos indicios ponen de manifiesto la extraordinaria complejidad de una obra literaria tan extensa y rica de contenido. Así, por ejemplo, el texto del Decálogo se presenta en dos versiones ligeramente diversas (Ex 20.1-17; Dt 5.6-21), y el catálogo de las grandes fiestas religiosas de Israel aparece cuatro veces en distintos contextos (Ex 23.14-19; 34.18-26; Lv 23; Dt 16.1-17). Algo semejante sucede con algunas narraciones: Agar, la sierva de Sara, es despedida dos veces (Gn 16; 21.8-21), mientras que en dos oportunidades Abraham, y una tercera vez Isaac, presenta a su esposa como si fuera su hermana para poner a salvo sus vidas (Gn 12.10-20; 20; 26.6-1). En todos estos casos, no se trata de meras repeticiones, sino que cada pasaje, a pesar de coincidir en lo fundamental con su respectivo texto paralelo, posee un rasgo que lo individualiza y le confiere un sello particular (compárese, a modo de ejemplo, Ex 20.8-11 con Dt 5.12-15).

Por otra parte, el lector sensible a los matices del vocabulario y del estilo percibe en las distintas partes del *Pentateuco*, y a veces en un mismo capítulo, considerables diferencias de forma y de contenido. Algunos relatos, en efecto, se caracterizan por su frescura y espontaneidad (cf. Gn 18.1-15). Otros textos, como los del *Levítico*, enuncian con extrema concisión las normas que era preciso observar en la práctica del culto israelita. En *Deuteronomio*, por el contrario, la Ley del Señor es proclamada en un tono cálido y reiterativo, y se pone constantemente de relieve que la obediencia a los mandamientos divinos debe ser la respuesta del hombre a la solicitud y el amor de Dios.

Además, *Génesis* comienza con un doble relato de la creación (caps. 1—3). El primero se refiere al Creador con el nombre de *Elohim*, que es la palabra hebrea más corriente para designar a Dios; el segundo, en cambio, utiliza la expresión *Yahvé Elohim*, que en la presente versión de la Biblia ha sido traducida por *Dios el Señor*. A partir de estos dos relatos, la alternancia de los nombres divinos se mantiene de manera bastante uniforme, hasta el momento en que Dios se revela a Moisés con el nombre de *Yahvé* (Ex 3.14; véase 6.2 n.).

Basados en estos y otros indicios, los estudiosos modernos de la Biblia, en su gran mayoría, consideran que el *Pentateuco* no fue escrito de una sola vez, sino que su redacción final se sitúa al término de una larga historia. Al comienzo de esa historia se destaca la figura de Moisés, el libertador y legislador de Israel, que marcó con sello indeleble el espíritu y la trayectoria histórica de su pueblo. Al final del proceso se encuentra el *Pentateuco* en su forma actual. Su redacción definitiva puede situarse, con bastante certeza, en tiempos de Esdras (siglo V a.C.). Entre estos dos límites está el trabajo de los autores inspirados que recogieron, ordenaron y pusieron por escrito las narraciones y las colecciones de leyes, muchas de las cuales se habían transmitido oralmente a través de los siglos.

Por tanto, reconocer la paternidad mosaica del *Pentateuco* no equivale a afirmar que Moisés fue el autor material de cada uno de los textos, sino que el legado espiritual de Moisés fue acogido por el pueblo de Israel como una herencia viva. Esta herencia fue transmitida fielmente, pero también se fue ampliando y enriqueciendo a través de los siglos.

Los principales temas y secciones del *Pentateuco* están resumidos en el esquema siguiente:

 I. Desde la creación del mundo hasta la genealogía de Abraham (Gn 1—11)
 II. La historia de los Patriarcas (Gn 12—50)
 III. El éxodo de Egipto (Ex 1—15)
 IV. Desde Egipto hasta el Sinaí (Ex 16—18)
 V. La revelación del Señor en el Sinaí (Ex 19—Nm 10)
 VI. Desde el Sinaí hasta Moab (Nm 10—36)
 VII. El libro de *Deuteronomio* (Dt 1—34)

Génesis

La tradición judía designa al primer libro de la Biblia con el nombre de *Beresit*, expresión hebrea que suele traducirse *En el comienzo*. La Biblia griega (LXX), en cambio, le da el nombre de *Génesis* (=Gn), término que significa *origen* o *principio*. Este último título corresponde, en alguna medida, al contenido del libro, ya que su tema principal es el origen del mundo, del género humano y del pueblo de Israel.

Génesis se divide en dos grandes partes. La primera (caps. 1—11) es la así llamada "historia primordial" o "primitiva", que se inicia con un solemne relato de la creación (Gn 1.1—2.4a) y luego narra los comienzos de la historia humana en el mundo creado por Dios. La segunda parte (Gn 12—50) está en estrecha relación con la primera (véase Gn 4.17-24 n.), pero en ella ya no se habla de la humanidad en general, sino que la atención se concentra principalmente en una sola familia: la familia de Abraham, de Isaac y de Jacob, elegida por Dios como germen o semilla de un pueblo nuevo. Esta sección, que se refiere a los orígenes más remotos del pueblo de Israel, suele designarse con el nombre de "historia patriarcal".

Para interpretar de manera adecuada el mensaje de *Génesis*, es imprescindible ver cómo se relacionan la historia primitiva y la historia patriarcal. Esto requiere tener presente, al menos en líneas generales, el contenido de una y otra sección.

La historia primitiva   Lo primero que enseña el libro de *Génesis* es que Dios es el único creador de todo cuanto existe. Con el poder de su palabra omnipotente, él creó el cielo y la tierra, hizo que el mundo fuera un lugar habitable y lo pobló de seres vivientes. Además, quiso que la especie humana se distinguiera de entre los demás vivientes por su dignidad particular.

La afirmación de esta dignidad ha sido formulada de una vez para siempre en el primer relato de la creación: El hombre y la mujer fueron creados a imagen de Dios, y en esta especial relación con el Creador se fundamenta la misión que les ha sido confiada, de ejercer responsablemente el dominio sobre el mundo (Gn 1.27-28).

Esta afirmación quedaría incompleta sin la enseñanza contenida en los capítulos siguientes. Según Gn 2—3, en efecto, el hombre -*adam*- fue formado de la tierra -*adamá*-, y por eso es débil y efímero. Sin embargo, en el momento mismo de formarlo, al infundirle el aliento vital (2.7), Dios le comunicó el don de la vida en un grado superior al de los animales (cf. 2.19-20). También hizo a la mujer, y se la dio como *una ayuda adecuada* (2.18) —es decir, como una persona de su misma condición y dignidad-, según lo atestigua la gozosa exclamación de 2.23: *¡Esta sí que es de mi propia carne y de mis propios huesos!*

Esta primera pareja humana fue llamada desde el principio a vivir en estrecha amistad con Dios. Pero la amistad debe cultivarse en forma constante mediante una libre aceptación. Por eso, Dios dispuso que ellos observaran un precepto (2.16-17), en virtud del cual se afirmaba tanto la soberanía absoluta del Creador como la libertad y responsabilidad humanas.

Pero el hombre y la mujer no aceptaron vivir sometidos a la soberanía divina. Pretendieron ser como Dios (3.5), y a causa de su desobediencia entraron en el mundo el sufrimiento y la muerte. De este modo se les cerró el acceso al *árbol de la vida* (3.24) y se inició una serie ininterrumpida de pecados, que atrajeron sobre la humanidad el juicio de Dios, representado en el diluvio (6.5—7.24). Pero ni siquiera así se detuvo el avance del pecado, que llegó a su punto culminante en el intento de edificar una torre tan alta como el cielo (11.4).

La historia patriarcal   Sin embargo, Dios no dejó que la confusión y dispersión de los seres humanos (11.9) tuvieran un carácter definitivo. Por eso, la segunda parte de *Génesis* empieza a relatar lo que hizo Dios para liberar a los hombres de la situación que ellos mismos habían creado a causa del pecado.

En el comienzo de esta nueva etapa de la historia, está la palabra del Señor a Abraham. Esa palabra contenía una orden y una promesa: Abraham debió abandonar su país natal y Dios, a su vez, le prometió una tierra y una descendencia numerosa (12.1-3). Para confirmar su promesa, Dios estableció con Abraham un pacto o alianza, y selló esa alianza con un juramento (15.18; 17.2). Además, dejó establecido que su promesa no se refería exclusivamente a la descendencia de Abraham "según la carne", sino a la humanidad entera, tal como él mismo lo afirma en Gn 12.3: *Por medio de ti bendeciré a todas las familias del mundo.*

De este modo, el libro de *Génesis* hace ver con toda claridad que la elección de Abraham no era una decisión arbitraria de Dios, sino que estaba orientada desde el comienzo hacia una finalidad precisa: la realización de un plan de salvación para el mundo entero. El cambio del nombre *Abram* en *Abraham*, que significa *padre de muchas naciones* (17.5), también pone de manifiesto cuál era el objetivo final de aquella elección divina.

Una vez concluido el ciclo de Abraham, *Génesis* muestra cómo la promesa de Dios se fue transmitiendo de generación en generación. Sus herederos inmediatos fueron Isaac y Jacob, que también vivieron como inmigrantes en una tierra extranjera, sin otro punto de apoyo que la promesa de Dios.

Este constante desplazamiento de los patriarcas es uno de los aspectos que más se destacan en *Génesis*. Abraham tuvo que abandonar su país natal (12.1) y ponerse en camino sin saber cuál sería el término de su viaje (cf. Heb 11.8). Isaac fue pasando de un lugar a otro, a veces obligado por la hostilidad de la población local (Gn 26.19-22). Jacob llevó siempre una vida errante (cf. Dt 26.5), y los peligros que debió afrontar le dieron una clara conciencia de lo precario de su situación (Gn 34.30). José fue vendido como esclavo y llevado a Egipto, un país extraño, donde no se le reconoció ningún derecho; y si gracias a su sabiduría logró alcanzar el cargo más elevado, no por eso dejó de ser un extranjero, cuya posición dependía enteramente de la buena voluntad del faraón. Finalmente, también los otros hijos de Jacob vivieron como extranjeros. Hostigados por el hambre, tuvieron que ir a Egipto, donde fueron bien recibidos a causa de su hermano. No obstante esto, siguieron siendo pastores, y los egipcios tenían prohibido *convivir con los pastores de ovejas* (46.34).

Sin embargo, Abraham compró en el país de Canaán una parcela de terreno para enterrar a su esposa Sara (23.16-20). Esta adquisición tiene en *Génesis* un claro sentido simbólico, porque era un anticipo del acontecimiento que más tarde llegaría a su plena realización: la toma de posesión, por parte de los israelitas, de la tierra donde Abraham y los patriarcas habían vivido como extranjeros. De este modo, la trayectoria de los patriarcas aparece como una historia orientada hacia el futuro.

También es significativo que *Génesis* concluya con la llegada de Jacob y de su familia a Egipto. Así el relato queda abierto para narrar el acontecimiento que quedó ligado para siempre al nombre del Dios de Israel: el éxodo de Egipto.

El siguiente esquema presenta en forma resumida el contenido de *Génesis*:
    I. Los orígenes del mundo y de la historia humana (1—11)
    II. La historia de los patriarcas hebreos (12—50)
        1. La historia de Abraham (12—25)
        2. El patriarca Isaac (26.1-35)
        3. La historia de Jacob (27—36)
        4. La historia de José (37—50)

I. LOS ORÍGENES DEL MUNDO Y DE LA HISTORIA HUMANA (1—11)

1 *La Creación* ¹ En el comienzo de todo, Dios creó^a el cielo y la tierra. ^b ² La tierra no tenía entonces ninguna forma; todo era un mar profundo ^c cubierto de oscuridad, y el espíritu de Dios se movía sobre el agua. ^d
³ Entonces Dios dijo: ^e "¡Que haya luz!" ^{f,g}
Y hubo luz. ⁴ Al ver Dios que la luz era buena, ^h la separó de la oscuridad ⁵ y la llamó "día", y a la oscuridad la llamó "noche". De este modo se completóⁱ el primer día.^j

⁶ Después Dios dijo: "Que haya una bóveda que separe las aguas, para que queden separadas."

Y así fue. ^k ⁷ Dios hizo una bóveda que separó las aguas: una parte de ellas quedó debajo de la bóveda, y otra parte quedó arriba. ⁸ A la bóveda la llamó "cielo". De este modo se completó el segundo día.^l

---

^a **1.1** *Creó:* heb. *bará.* En el AT, este verbo tiene por sujeto únicamente a Dios, y se refiere siempre a una acción divina que produce, en particular, un resultado nuevo e imprevisible (Is 48.6-7; Jer 31.22). Se emplea para designar la creación del mundo y de la humanidad (Gn 1.27; 5.1; Dt 4.32; Is 45.12), la formación del pueblo de Israel (Is 43.1,15), la restauración de Jerusalén (Is 65.18), la renovación interior del pecador arrepentido y perdonado (Sal 51.10[12]) y la creación, al fin de los tiempos, de un cielo nuevo y una tierra nueva (Is 65.17; 66.22).

^b **1.1** Los antiguos hebreos no poseían un término equivalente al gr. *cosmos.* El universo en su totalidad era designado con la expresión *el cielo y la tierra* (cf. Gn 14.22; Sal 124.8; Mt 28.18). En el uso de esta expresión se refleja la costumbre semítica de abarcar una totalidad mencionando dos elementos extremos u opuestos (cf. Gn 2.9).

^c **1.2** *Todo era un mar profundo:* Según una idea muy difundida entre los pueblos del antiguo Oriente, las aguas amenazantes del caos primitivo lo cubrían todo antes de la creación (cf. Sal 104.6-9). Por lo tanto, una de las primeras acciones del Creador consistió en *separar* las aguas de arriba y las de abajo, poniendo como línea divisoria la *bóveda* celeste (v. 7). De acuerdo con los vv. 5-9, de este caos primitivo se formaron los mares, tanto los que están sobre la superficie de la tierra como los que están debajo de ella. Véase Sal 18.15(16) n.; cf. también 24.2.

^d **1.2** La palabra hebrea traducida por *espíritu* puede significar también *viento, soplo* o *aliento.* Además, la expresión *de Dios* se utiliza a veces en el AT como complemento para expresar el superlativo (cf. Gn 10.9, donde *gran cazador* es lit. *cazador de Dios*). Por eso, algunos intérpretes consideran que la parte final de este v. significa *un fuerte viento iba y venía sobre las aguas.* Véase también Gn 13.10 nota *b*.

^e **1.3** *Dios dijo:* Esta frase, corroborada por la frase complementaria *Y así fue* (cf. vv. 6,9,11, etc.), pone de relieve el poder creador de la palabra de Dios. La orden divina se cumple en forma inmediata, y el efecto producido coincide con el pensamiento y la voluntad del Creador (cf. Sal 33.6-9; 148.5; Is 48.13; 55.10-11; Heb 11.3).

^f **1.3** 2 Co 4.6.

^g **1.1-3** Jn 1.1-4.

^h **1.4** Este relato de la creación insiste en afirmar que la obra realizada por Dios es *buena* (vv. 4,10,12,18,21,25,31). El adjetivo *bueno* tiene en el AT varios significados, que comprenden desde lo moralmente *correcto* hasta lo *bello, agradable* y *útil.* Todos estos aspectos están aquí presentes, pero el que más se destaca es probablemente el de *apropiado.* Todo lo que existe es *bueno,* porque procede de Dios y corresponde a su propósito. Esta idea está en abierto contraste con los mitos paganos que hablan de un mundo creado por dioses caprichosos, o de un universo que existe sin propósito alguno o tiene incluso un carácter maligno. Cf. Sab 11.24-25.

ⁱ **1.5** *Se completó:* lit. *y anocheció y amaneció.* Véanse Sal 55.17(18) n.; 104.19 n.

^j **1.5** *El primer día:* El relato bíblico distribuye las acciones creadoras de Dios en el marco de una semana, con sus seis días de trabajo y el séptimo de descanso. En esos *seis* días están repartidas *ocho* obras: Las cuatro primeras consisten en separar y delimitar las zonas o regiones que configuran el mundo visible; las cuatro restantes están destinadas a poblar esas regiones con seres dotados de movimiento, de acuerdo con el siguiente esquema:

DÍAS		OBRAS DE DIOS		DÍAS	
1	(v. 3)	1 Luz-tinieblas (día-noche)	5 sol-luna estrellas	4	(v. 14)
2	(v. 7)	2 cielo-mares	6 pájaros-peces	5	(v. 21)
	(v. 9)	3 tierra seca	7 animales terrestres		(v. 24)
3				6	
	(v. 11)	4 vegetación	8 hombre-mujer		(v. 27)
Séptimo día					

^k **1.6** *Y así fue:* según la versión griega (LXX) y la estructura literaria del relato (cf. Gn 1.9,11, etc.). En el texto hebreo la frase aparece al final del v. 7.

^l **1.6-8** La palabra hebrea traducida por *bóveda* designa algo sólido y resistente, como una lámina de metal batido a golpes de martillo. Esta idea está de acuerdo con la visión del mundo que se tenía antiguamente, según la cual el universo era una estructura compuesta de tres niveles: el cielo, la tierra y el mundo subterráneo (cf. Ex 20.4). A la tierra se la imaginaba como una superficie plana; el cielo era concebido como una *bóveda,* cúpula sólida o "firmamento" (cf. Job 37.18), sobre la que se apoyaba el inmenso depósito de agua u océano superior del que procedían las lluvias (cf. Gn 7.11; Sal 148.4; Is 40.22); y

9 Entonces Dios dijo: "Que el agua que está debajo del cielo se junte en un solo lugar, para que aparezca lo seco."
Y así fue. *m* **10** A la parte seca Dios la llamó "tierra", y al agua que se había juntado la llamó "mar".
Al ver Dios que todo estaba bien, **11** dijo: "Que produzca la tierra *n* toda clase de plantas: hierbas que den semilla y árboles que den fruto."
Y así fue. **12** La tierra produjo toda clase de plantas: hierbas que dan semilla y árboles que dan fruto. Y Dios vio que todo estaba bien. **13** De este modo se completó el tercer día.
14-15 Entonces Dios dijo: "Que haya luces en la bóveda celeste, que alumbren la tierra y separen el día de la noche, y que sirvan también para señalar los días, los años y las fechas especiales." *ñ*
Y así fue. **16** Dios hizo las dos luces: la grande para alumbrar de día y la pequeña para alumbrar de noche. También hizo las estrellas. **17** Dios puso las luces en la bóveda celeste para alumbrar la tierra **18** de día y de noche, y para separar la luz de la oscuridad, y vio que todo estaba bien. *o*
19 De este modo se completó el cuarto día.
20 Luego Dios dijo: "Que produzca el agua toda clase de animales, y que haya también aves que vuelen sobre la tierra."
Y así fue. *p* **21** Dios creó los grandes monstruos del mar, *q* y todos los animales que el agua produce y que viven en ella, y todas las aves.
Al ver Dios que así estaba bien, **22** bendijo con estas palabras a los animales que había hecho: "Que tengan muchas crías y llenen los mares, y que haya muchas aves en el mundo."
23 De este modo se completó el quinto día.
24 Entonces Dios dijo: "Que produzca la tierra toda clase de animales: domésticos y salvajes, y los que se arrastran por el suelo."
Y así fue. **25** Dios hizo estos animales y vio que todo estaba bien.
26 Entonces dijo: "Ahora hagamos al hombre a nuestra imagen. *r* Él tendrá poder sobre los peces, las aves, los animales domésticos y los salvajes, y sobre los que se arrastran por el suelo." *s*

27 Cuando Dios creó al hombre, *t*
lo creó a su imagen; *u*
varón y mujer los creó, *v*
28 y les dio su bendición: *w*
"Tengan muchos, muchos hijos;
llenen el mundo y gobiérnenlo;
dominen a los peces y a las aves,
y a todos los animales que se arrastran." *x*

29 Después les dijo: "Miren, a ustedes les doy todas las plantas de la tierra que producen semilla, y todos los árboles que dan fruto. Todo eso les servirá de alimento. *y* **30** Pero a los animales salvajes, a los que se arrastran por el suelo y a las aves, les doy la hierba como alimento."
Así fue, **31** y Dios vio que todo lo que había hecho estaba muy bien. *z* De este modo se completó el sexto día.

---

en el mundo subterráneo había un océano inmenso, sobre el que se asentaban los pilares que sostenían la tierra (véase Gn 1.2 nota *c;* cf. también Sal 24.2; 104.5; 136.6).

m **1.9** Cf. Job 38.8-11; Sal 104.6-9; Pr 8.27-30; Jer 5.22. *El agua... debajo del cielo:* Véanse Gn 1.2 nota *c* ; 1.6-8 n.

n **1.11** *Que produzca la tierra:* Dios ha concedido a algunos seres el don de la fecundidad, para que ellos continúen y completen la obra del Creador. Cf. vv. 20,24. Nótese que para los antiguos orientales la fecundidad era objeto de culto, porque la consideraban como una fuerza divina que residía en algunos seres (p. ej., en la tierra). Para el AT, en cambio, la fecundidad es una bendición otorgada por Dios. Véase Gn 1.28 nota *w*.

ñ **1.14-15** *Las fechas especiales:* lit. *los tiempos señalados,* es decir, las estaciones del año y las fiestas religiosas correspondientes. Cf. Sal 81.3(4).

o **1.14-18** Los astros, que en las religiones del antiguo Oriente eran adorados como dioses, aquí son presentados como seres creados por Dios y no como fuerzas misteriosas que rigen el destino de las personas u otros objetos de culto (cf. Dt 4.19; Sof 1.5). Cf. también Sal 8.3(4); Jer 31.35; Eclo 43.1-10.

p **1.20** *Y así fue:* según la versión griega (LXX). En el texto hebreo no aparece esta frase.

q **1.21** *Los monstruos del mar* son mencionados para indicar que también ellos han sido creados por Dios y están bajo su dominio. Aquí radica una de las principales diferencias entre este relato y el más famoso de los mitos babilónicos de la creación. Según este último, la creación del mundo estuvo precedida por varias generaciones de dioses y por la victoria del dios Marduc sobre el monstruo marino que era la personificación del caos originario. En contraposición con este relato mitológico, el *Génesis* habla de un único Dios, que existe desde siempre y por sí mismo crea el universo con el poder de su palabra. Como todo lo que existe ha sido creado por Dios, ya no queda lugar para adorar a los fenómenos de la naturaleza o a cualquier otro ser animado o inanimado.

r **1.26** *A nuestra imagen:* Este plural, pronunciado por el único Dios, ha sido interpretado de diversas maneras. En realidad, parece sugerir la idea de una especial deliberación del Creador en el momento de crear el género humano. De entre todas las obras de Dios, solo la creación del hombre es precedida por esta referencia a una solemne decisión divina.

s **1.26** Cf. Sal 8.4-8(5-9); Eclo 17.1-4; Sab 2.23; 10.2.

t **1.27** *Hombre:* heb. *adam,* designa aquí a todo el género humano; en otros pasajes, este mismo término tiene el valor de un nombre propio (Adán). Cf. Gn 4.25.

u **1.27** *Lo creó a su imagen:* Los seres humanos no son únicamente una creación especial de Dios (véase Gn 2.7 nota *h*), sino que han sido creados a su imagen, es decir, están dotados de características tales que les permiten entrar en una relación personal o diálogo con Dios y ejercer como representantes suyos el gobierno del mundo (v. 28). Cf. Gn 5.1; 9.6; 1 Co 11.7; Stg 3.9.

v **1.27** *Varón y mujer:* El texto señala que a la condición humana pertenece, por voluntad de Dios, el ser sexuado. Cf. Gn 2.18; Mt 19.4; Mc 10.6.

w **1.28** Gn 5.1-2. La *bendición* divina, en el AT, aparece vinculada con frecuencia al don de la fecundidad. Cf. Gn 17.16,20; 22.17; 26.12,24; 28.3. Véanse también Gn 49.22-26 n.; Sal 128 n.

x **1.28** *Que se arrastran:* otra posible traducción: *que se mueven,* en referencia a todos los seres terrestres.

y **1.29** Según algunos mitos muy difundidos en el antiguo Oriente, los dioses crearon al hombre para que les proporcionara alimento y realizara los trabajos serviles que ellos necesitaban para su bienestar. Aquí, en cambio, Dios es el que proporciona todo lo necesario para el bienestar de los seres humanos, ya que él no padece ninguna necesidad. Cf. Sal 50.9-13.

z **1.31** *Todo... estaba muy bien:* Este superlativo se refiere, probablemente, no a una obra de Dios en particular, sino al conjunto de la creación. Véase 1.4 n.

GÉNESIS 2

2 ¹ El cielo y la tierra, y todo lo que hay en ellos, quedaron terminados. ² El séptimo día terminó Dios lo que había hecho, y descansó.[a] ³ Entonces bendijo el séptimo día[b] y lo declaró día sagrado, porque en ese día descansó de todo su trabajo de creación. ⁴ Esta es la historia de la creación del cielo y de la tierra.[c]

El hombre en el jardín de Edén[d] Cuando Dios el Señor[e] hizo el cielo y la tierra, ⁵ aún no había plantas ni había brotado la hierba, porque Dios el Señor todavía no había hecho llover sobre la tierra, ni había nadie que la trabajara. ⁶ Sin embargo, de la tierra salía agua[f] que regaba todo el terreno. ⁷ Entonces Dios el Señor formó al hombre de la tierra misma,[g] y sopló en su nariz y le dio vida.[h] Así el hombre se convirtió en un ser viviente.[i]

⁸ Después Dios el Señor plantó un jardín en la región de Edén,[j] en el oriente, y puso allí al hombre que había formado. ⁹ Hizo crecer también toda clase de árboles hermosos que daban fruto bueno para comer. En medio del jardín puso también el árbol de la vida[k] y el árbol del conocimiento del bien y del mal.[l]

¹⁰ En Edén nacía un río que regaba el jardín, y que de allí se dividía en cuatro. ¹¹ El primero se llamaba Pisón, que es el que da vuelta por toda la región de Havilá, donde hay oro. ¹² El oro de esa región es fino, y también hay resina fina y piedra de ónice. ¹³ El segundo río se llamaba Guihón, y es el que da vuelta por toda la región de Cus. ¹⁴ El tercero era el río Tigris, que es el que pasa al oriente de Asiria. Y el cuarto era el río Éufrates.[m]

¹⁵ Cuando Dios el Señor puso al hombre en el jardín de Edén para que lo cultivara y lo cuidara,[n] ¹⁶ le dio esta orden: "Puedes comer del fruto de todos los árboles del jardín, ¹⁷ menos del árbol del bien y del mal. No comas del fruto de ese árbol,[ñ] porque si lo comes, ciertamente morirás."[o]

¹⁸ Luego, Dios el Señor dijo: "No es bueno que el hombre esté solo. Le voy a hacer alguien que sea una ayuda adecuada para él." ¹⁹⁻²⁰ Y Dios el Señor formó de la tierra todos los animales y todas las aves, y se los llevó al hombre para que les pusiera nombre. El hombre les puso nombre a todos los animales domésticos, a todas las aves y a todos los animales salvajes, y ese nombre se les quedó.[p] Sin embargo, ninguno de ellos resultó ser la ayuda adecuada para él. ²¹ Entonces Dios el Señor hizo caer al hombre en un sueño profundo y, mientras dormía, le sacó una de las costillas y le cerró otra vez la carne. ²² De esa costilla Dios el Señor hizo una mujer, y se la presentó al hombre, ²³ el cual, al verla, dijo:

"¡Esta sí que es de mi propia carne y de mis propios huesos! Se va a llamar 'mujer', porque Dios la sacó del hombre."[q]

---

[a] **2.2** *Descansó:* El verbo hebreo significa lit. *cesar* o *terminar*, y de él proviene el nombre *shabat,* traducido al castellano por *sábado* o *día de reposo* (cf. Ex 20.11; 31.17; cf. Heb 4.4,10). Decir que Dios descansó no quiere decir que dejó de actuar, sino que dio por bien lograda su obra. Véase Jn 5.17-18 n.

[b] **2.3** *Séptimo día:* Esta expresión presupone el simbolismo del número *siete,* que en la Biblia representa lo completo y perfecto. Véase Gn 4.18 n.

[c] **2.4** Se repiten las palabras de Gn 1.1 para indicar que ha concluido la sección relativa a la creación del universo. *Esta es la historia:* en heb. *toledot.* Esta frase se repite diez veces e introduce las distintas secciones en que se divide el libro del *Génesis.* La palabra *toledot* implica la idea de *nacimiento* o *generación*, y en esta versión se ha traducido de distintas maneras, según los contextos: Gn 5.1 (lista); 6.9 (historia); 10.1; 11.10,27 (descendientes); 25.12 (hijos); 25.19 (historia); 36.1,9 (descendientes); 37.2 (historia).

[d] **2.4b-25** El siguiente relato, a diferencia de Gn 1.1—2.4a, se refiere de un modo especial a la creación del hombre y de la mujer. Uno y otra son creados por Dios en momentos distintos, pero esta diferencia hace resaltar más aún la igualdad y la complementariedad de los dos sexos. Según el relato, en efecto, Dios concedió primero al hombre la compañía de los animales (v. 19). Sin embargo, esta compañía no logró arrancarlo de su soledad (v. 20). Solo la presencia de la mujer, es decir, de un ser igual a él, le abrió la posibilidad del diálogo y del encuentro personal (v. 23).

[e] **2.4** *El Señor:* traducción de *Yahvé,* el nombre propio del Dios de Israel. Véanse Gn 4.26 nota *y;* Ex 3.14-15 y las notas correspondientes.

[f] **2.6** Es probable que la palabra traducida aquí por *agua* signifique, más concretamente, *agua que brota de la tierra* o *manantial.*

[g] **2.7** El texto hebreo hace un juego de palabras entre los vocablos *adam,* que significa *hombre,* y *adamá,* que significa *suelo* o *tierra cultivable* (véase el mismo procedimiento en Gn 3.19). Así se destaca la estrecha vinculación que existe entre el hombre y la tierra.

[h] **2.7** *Formó... vida:* La mención de estos actos especiales de Dios pone de relieve lo que distingue al hombre de los demás seres creados (véase Gn 1.27 nota *u*). Cf. Is 45.9-11; Jer 18.1-6; Ro 9.21, donde la soberanía de Dios se expresa igualmente con la imagen del alfarero que modela sus vasijas.

[i] **2.7** *Se convirtió en un ser viviente:* citado en 1 Co 15.45; cf. Sab 15.11.

[j] **2.8** *Edén* es una palabra hebrea que significa *delicia* (cf. Is 51.3; Ez 31.8-9). Algunos la relacionan con un término asirio que significa *llanura* o *estepa.*

[k] **2.9** *El árbol de la vida:* es decir, cuyos frutos dan la vida. Cf. Gn 3.22; Ap 2.7; 22.2,14.

[l] **2.9** *El árbol del conocimiento del bien y del mal:* Para comprender esta expresión, es conveniente tener en cuenta, en primer lugar, la costumbre hebrea de abarcar una totalidad mencionando únicamente dos términos extremos y opuestos (véase Gn 1.1 nota *b*). Además, el verbo "conocer", en el AT no se refiere solamente al conocimiento intelectual, sino que también puede implicar las ideas de elección, discernimiento e incluso de dominio. Por tanto, conocer el bien y el mal equivale a decidir por cuenta propia y con absoluta independencia qué es lo bueno y qué es lo malo, es decir, a tener plena autonomía en el campo moral. Cf. Gn 3.22.

[m] **2.10-14** El *Tigris* y el *Éufrates* son los dos grandes ríos de la Mesopotamia; los llamados *Pisón* y *Guihón* no han podido ser identificados con certeza.

[n] **2.15** El trabajo no se presenta como un castigo, sino como la actividad que permite al hombre cumplir con su responsabilidad en el mantenimiento y desarrollo del mundo y en la realización de sí mismo (cf. Gn 1.28). Solo a consecuencia del pecado, el trabajo adquirió las características de un esfuerzo penoso (Gn 3.17-19).

[ñ] **2.17** *No comas del fruto de ese árbol:* Al imponerle este precepto, Dios reconoce al hombre como responsable de sus actos. Pero, al mismo tiempo, afirma su soberanía sobre él y lo obliga a guardar sus propios límites, reconociendo que es hombre y no Dios (Ez 28.2; cf. Is 14.13-14).

[o] **2.17** Cf. Ro 6.23.

[p] **2.19-20** Para los antiguos semitas, el *nombre* no era algo meramente exterior, sino una parte constitutiva de la persona o cosa nombradas. Poner o cambiar un nombre era una forma de afirmar la autoridad o el dominio (cf. 2 R 23.34; 24.17).

[q] **2.23** En hebreo, las palabras traducidas por *hombre* y *mujer* tienen un sonido muy parecido. Este parecido, lo mismo que el relato de la formación de la mujer con una costilla sacada del hombre,

²⁴ Por eso el hombre deja a su padre y a su madre para unirse a su esposa, y los dos llegan a ser como una sola persona. ʳ

²⁵ Tanto el hombre como su mujer estaban desnudos, pero ninguno de los dos sentía vergüenza de estar así. ˢ

3 Adán y Eva desobedecen a Dios

¹ La serpiente ᵃ era más astuta ᵇ que todos los animales salvajes que Dios el Señor había creado, y le preguntó a la mujer:

—¿Así que Dios les ha dicho que no coman del fruto de ningún árbol del jardín?

² Y la mujer le contestó:

—Podemos comer del fruto de cualquier árbol, ³ menos del árbol que está en medio del jardín. Dios nos ha dicho que no debemos comer ni tocar el fruto de ese árbol, porque si lo hacemos, moriremos.

⁴ Pero la serpiente le dijo a la mujer:

—No es cierto. No morirán. ⁵ Dios sabe muy bien que cuando ustedes coman del fruto de ese árbol podrán saber lo que es bueno y lo que es malo, y que entonces serán como Dios.

⁶ La mujer vio que el fruto del árbol era hermoso, y le dieron ganas de comerlo y de llegar a tener entendimiento. Así que cortó uno de los frutos y se lo comió. Luego le dio a su esposo, y él también comió. ᶜ ⁷ En ese momento se les abrieron los ojos, y los dos se dieron cuenta de que estaban desnudos. ᵈ Entonces cosieron hojas de higuera y se cubrieron con ellas.

⁸ El hombre y su mujer escucharon que Dios el Señor andaba por el jardín a la hora en que sopla el viento de la tarde, y corrieron a esconderse de él entre los árboles del jardín. ⁹ Pero Dios el Señor llamó al hombre y le preguntó:

—¿Dónde estás? ᵉ

¹⁰ El hombre contestó:

—Escuché que andabas por el jardín y tuve miedo, porque estoy desnudo; por eso me escondí.

¹¹ Entonces Dios le preguntó:

—¿Y quién te ha dicho que estás desnudo? ¿Acaso has comido del fruto del árbol del que te dije que no comieras?

¹² El hombre contestó:

—La mujer que me diste por compañera me dio de ese fruto, y yo lo comí.

¹³ Entonces Dios el Señor le preguntó a la mujer:

—¿Por qué lo hiciste?

Y ella respondió:

—La serpiente me engañó, ᶠ y por eso comí del fruto.

¹⁴ Entonces Dios el Señor dijo a la serpiente:

—Por esto que has hecho, maldita serás entre todos los demás animales. De hoy en adelante caminarás arrastrándote y comerás tierra. ¹⁵ Haré que tú y la mujer sean enemigas, lo mismo que tu descendencia y su descendencia. Su descendencia te aplastará la cabeza, y tú le morderás el talón. ᵍ

¹⁶ A la mujer le dijo:

—Aumentaré tus dolores cuando tengas hijos, y con dolor los darás a luz. Pero tu deseo te llevará a tu marido, y él tendrá autoridad sobre ti.

¹⁷ Al hombre le dijo:

—Como le hiciste caso a tu mujer y comiste del fruto del árbol del que te dije que no comieras, ahora la tierra va a estar bajo maldición por tu culpa; ʰ con duro trabajo ⁱ la harás producir tu alimento durante toda tu vida. ¹⁸ La tierra te dará espinos y cardos, y tendrás que comer plantas silvestres. ʲ ¹⁹ Te ganarás el pan con el sudor de tu frente, hasta que vuelvas a la misma tierra de la cual fuiste formado, pues tierra eres y en tierra te convertirás.

²⁰ El hombre llamó Eva ᵏ a su mujer, pues ella fue la madre de todos los que viven. ²¹ Dios el Señor hizo ropa de pieles de animales para que el hombre y su mujer se vistieran, ˡ ²² y dijo: "Ahora el hombre se ha vuelto como uno de nosotros, pues sabe lo que es bueno y lo que es malo. No vaya a tomar también del fruto del árbol de la vida, ᵐ y lo coma y viva para siempre."

²³ Por eso Dios el Señor sacó al hombre del jardín de Edén, y lo puso a trabajar la tierra de la cual había sido formado. ²⁴ Después de haber sacado al hombre, puso al oriente del jardín unos seres alados ⁿ y una espada ardiendo que daba vueltas hacia todos lados, para evitar que nadie llegara al árbol de la vida. ñ

---

quiere destacar la unidad de naturaleza, la íntima afinidad entre ambos sexos y, por tanto, la igualdad esencial de derechos.

ʳ **2.24** Mt 19.5; Mc 10.7-8; 1 Co 6.16; Ef 5.31. Este v. pone de relieve la dignidad y el sentido profundo de la unión matrimonial.

ˢ **2.25** La desnudez es aquí la expresión de una vida sencilla, sin sentimiento de culpa y en perfecta armonía consigo mismo y con el prójimo. Después, como consecuencia del pecado, llegó a ser motivo de vergüenza. Cf. Ez 16.37; Os 2.3(5).

ᵃ **3.1** En el Oriente antiguo, la *serpiente* era un símbolo de la sabiduría y de los poderes mágicos. Además, su astucia era proverbial (cf. Mt 10.16). Estas características la predisponían para hacer de ella la representación de una potencia maléfica y opuesta a los planes de Dios, que se vale de la seducción para incitar a desobedecer el mandato divino. Por eso, más tarde la serpiente fue identificada con el diablo. Cf. Sab 2.24; Jn 8.44; Ap 12.9; 20.2.

ᵇ **3.1** *Más astuta:* Esta expresión tiene aquí un sentido negativo. Se trata de una astucia que no excluye el engaño y el fraude.

ᶜ **3.1-6** Cf. Sab 2.24; Ro 5.12.

ᵈ **3.7** *Se dieron cuenta... desnudos:* Véase Gn 2.25 n.

ᵉ **3.9** *¿Dónde estás?:* Véase Gn 4.9 n.

ᶠ **3.13** Cf. 2 Co 11.3; 1 Ti 2.14.

ᵍ **3.15** Cf. Ro 16.20; Ap 12.17. La tradición cristiana ha visto en esta mención de la descendencia de la mujer una velada referencia al Mesías en su lucha contra Satanás y en su victoria final sobre las fuerzas del mal.

ʰ **3.17** El pecado del hombre atrae la *maldición* sobre la tierra, que es su morada y de la que recibe el sustento. Véase Gn 12.2-3 n.

ⁱ **3.17** *Con duro trabajo:* Véase Gn 2.15 n.

ʲ **3.17-18** Cf. Ro 8.20; Heb 6.8.

ᵏ **3.20** En hebreo, el nombre *Eva* y la palabra que significa *vida* o *viviente* tienen un sonido semejante.

ˡ **3.21** Nótese la compasión manifestada en este gesto. A pesar del pecado, el modo de actuar de Dios incluye también el perdón y la promesa de salvación. Véase un gesto similar en Gn 4.15 nota o.

ᵐ **3.22** *Árbol de la vida:* Cf. Ap 22.14.

ⁿ **3.24** Estos *seres alados,* lit. *querubines,* eran considerados en el antiguo Oriente como guardianes de los templos y de los lugares sagrados. Véase Ex 25.18 n.

ñ **3.24** La imposibilidad de llegar al árbol de la vida hace efectivo el castigo anunciado en Gn 2.17. El destino original del hombre era la vida. Pero al desobedecer el mandamiento divino, él se apartó de Dios, fuente de toda vida, y junto con el pecado entró la muerte en el mundo (Ro 5.12).

GÉNESIS 4

4 Caín y Abel[a]

1 El hombre se unió con su esposa Eva. Ella quedó embarazada y dio a luz a su hijo Caín, y dijo: "Ya tengo un hijo varón. El Señor me lo ha dado."[b] **2** Después dio a luz a Abel, hermano de Caín. Abel se dedicó a criar ovejas, y Caín se dedicó a cultivar la tierra.[c]

3 Pasó el tiempo, y un día Caín llevó al Señor una ofrenda del producto de su cosecha. **4** También Abel llevó al Señor las primeras y mejores crías de sus ovejas. El Señor miró con agrado a Abel y a su ofrenda, **5** pero no miró así a Caín ni a su ofrenda, por lo que Caín se enojó muchísimo y puso muy mala cara.[d] **6** Entonces el Señor le dijo: "¿Por qué te enojas y pones tan mala cara? **7** Si hicieras lo bueno, podrías levantar la cara;[e] pero como no lo haces, el pecado está esperando el momento de dominarte.[f] Sin embargo, tú puedes dominarlo a él."[g]

8 Un día, Caín invitó a su hermano Abel a dar un paseo,[h] y cuando los dos estaban ya en el campo, Caín atacó a su hermano Abel y lo mató.[i] **9** Entonces el Señor le preguntó a Caín:

—¿Dónde está tu hermano Abel?[j]

Y Caín contestó:

—No lo sé. ¿Acaso es mi obligación cuidar de él?

10 El Señor le dijo:

—¿Por qué has hecho esto?[k] La sangre[l] de tu hermano, que has derramado en la tierra, me pide a gritos que yo haga justicia.[m] **11** Por eso, quedarás maldito y expulsado de la tierra que se ha bebido la sangre de tu hermano, a quien tú mataste. **12** Aunque trabajes la tierra, no volverá a darte sus frutos. Andarás vagando por el mundo, sin poder descansar jamás.

13 Entonces Caín respondió al Señor:

—Yo no puedo soportar un castigo tan grande.[n] **14** Hoy me has echado fuera de esta tierra, y tendré que vagar por el mundo lejos de tu presencia, sin poder descansar jamás. Y así, cualquiera que me encuentre me matará.

15 Pero el Señor le contestó:

—Pues si alguien te mata, será castigado siete veces.[ñ]

Entonces el Señor le puso una señal a Caín, para que el que lo encontrara no lo matara.[o] **16** Caín se fue del lugar donde había estado hablando con el Señor, y se quedó a vivir en la región de Nod,[p] que está al oriente de Edén.

Los descendientes de Caín[q]

17 Caín se unió con su mujer, y ella quedó embarazada y dio a luz a Henoc. Luego Caín fundó una ciudad,[r] a la que le puso por nombre Henoc, como a su hijo. **18** Henoc fue el padre de Irad, Irad fue el padre de Mehujael, Mehujael fue el padre de Metusael, y Metusael fue el padre de Lámec.[s] **19** Lámec tuvo dos esposas: una de ellas se llamaba Adá, y la otra se llamaba Silá. **20** Adá dio a luz a Jabal, de quien descienden los que viven en tiendas de campaña y crían ganado. **21** Jabal tuvo un hermano llamado Jubal, de quien descienden todos los que tocan el

---

[a] **4.1-16** Este relato continúa el ciclo iniciado en el cap. anterior. La rebelión del hombre contra Dios (Gn 3.6) nunca es un hecho aislado. A ella le siguen inevitablemente el pecado y la violencia del hombre contra su hermano. Véase Jer 9.4(3) n.

[b] **4.1** El nombre *Caín* y el verbo hebreo que significa *llegar a tener* suenan muy parecidos.

[c] **4.2** Los diferentes modos de vida de los pastores y los agricultores suelen ser causa de numerosos conflictos (cf. Jue 6.3-6). Pero el crimen de Caín no está motivado por el hecho de que Abel era pastor, sino por la aceptación y la no aceptación de las ofrendas presentadas al Señor (cf. v. 5).

[d] **4.4-5** Este relato bíblico no aclara el porqué de esta aceptación y de este rechazo. Según algunos intérpretes, el rechazo se debe a que el suelo estaba todavía bajo la maldición divina (cf. Gn 3.17). De todas maneras, Dios, en su absoluta soberanía, tiene libertad para escoger a quien él quiere (cf. Ex 33.19; Dt 7.7-8; Ro 9.15). En Heb 11.4 se afirma que fue la fe de *Abel* la que hizo agradable su ofrenda.

[e] **4.7** *Podrías levantar la cara:* otra posible traducción: *serías aceptado.*

[f] **4.7** El *pecado* aparece aquí como una fiera al acecho y dispuesta a atacar. Cf. 1 P 5.8.

[g] **4.7** *Tú puedes dominarlo a él:* Una vez más, el relato bíblico afirma la capacidad del hombre para elegir libre y responsablemente entre el bien y el mal (véase Gn 2.17 nota ñ; cf. también Dt 30.15-20; Eclo 15.11-20). Nótese, además, la correspondencia entre la advertencia que el Señor dirige a Caín y el mandamiento impuesto al primer hombre (Gn 2.16-17). Según el relato anterior, la orden divina fue quebrantada por un acto de desobediencia; según este relato, por una acción criminal. En uno y otro caso, después del pecado hay una pregunta del Señor al hombre (Gn 3.9; 4.9), un castigo por la falta cometida (3.14-19; 4.11-12) y un gesto misericordioso del Señor que alivia en parte el castigo (3.21; 4.15).

[h] **4.8** *A dar un paseo:* según versiones antiguas. La frase no se encuentra en el texto hebreo.

[i] **4.8** Sab 10.3; Mt 23.35; Lc 11.51; 1 Jn 3.12.

[j] **4.9** ¿*Dónde está tu hermano Abel?*: Hay un evidente paralelismo entre esta pregunta y la de Gn 3.9. En ambos casos, los interrogados tratan de eludir su propia responsabilidad con una evasiva. Véase Ex 32.22-24 n.

[k] **4.10** Compárese esta pregunta con la de Gn 3.13.

[l] **4.10** *La sangre:* lit. *las sangres;* véase Sal 9.12(13) n. Acerca del clamor de la sangre derramada injustamente, cf. Ez 24.7-8.

[m] **4.10** Heb 12.24.

[n] **4.13** Caín no expresa arrepentimiento; comprueba, simplemente, que su crimen lo ha separado de Dios y de los hombres, y se lamenta de encontrarse en una situación de completa inseguridad, sin asilo ni protección.

[ñ] **4.15** *Siete veces:* Véase Gn 4.23-24 n.

[o] **4.15** El texto no indica en qué consistía la *señal* o marca que el Señor puso a Caín. Lo cierto es que esa señal colocada al culpable bajo la protección de Dios y le preservaba la vida (cf. Ez 9.4-6). Véase Gn 3.21 n.

[p] **4.16** *Nod:* región no identificada; quizá se trata de un nombre simbólico, que alude a la vida errante de Caín (*nad*, en hebreo, significa *vagabundo;* cf. vv. 12,14).

[q] **4.17-24** Estas listas genealógicas desempeñan un papel muy importante en la primera parte del *Génesis,* porque establecen un nexo entre los orígenes de la humanidad (Gn 1—11) y la historia de los patriarcas (Gn 12—50). Así se pone de manifiesto que la revelación de Dios a Abraham y, después de él, a Israel, un pueblo particular, forma parte de un plan divino de salvación que abarca a todas las naciones (véase Gn 11.10-26 n.). Cf. Gn 12.4; 26.4; 28.14.

[r] **4.17** *Fundó una ciudad:* En el marco de esta genealogía se dan varias indicaciones acerca de los orígenes de la civilización. A Caín, el primer homicida (cf. Gn 4.8), se le atribuye la fundación de la primera ciudad, y a su descendencia se hace remontar el origen de las artes y las técnicas (cf. vv. 20-22).

[s] **4.18** La primera parte de esta genealogía menciona *siete* generaciones desde Adán hasta Lámec. Esa cifra tiene, sin duda, un significado simbólico, ya que, tanto en Israel como en el antiguo Oriente, el número *siete* representaba la perfección y la plenitud. Véanse Gn 4.23-24 n.; Sal 79.12 nota *h.*

arpa y la flauta. ²² Por su parte, Silá dio a luz a Tubal-caín, que fue herrero y hacía objetos de bronce y de hierro.ᵗ Tubal-caín tuvo una hermana que se llamaba Naamá.

²³ Un día, Lámec les dijo a sus esposas Adá y Silá:
"Escuchen bien lo que les digo:
he matado a un hombre por herirme,
a un muchacho por golpearme.
²⁴ Si a Caín lo vengarán siete veces,
a mí tendrán que vengarme
setenta y siete veces."ᵘ

El tercer hijo de Adán y Eva ²⁵ Adán ᵛ volvió a unirse con su esposa, y ella tuvo un hijo al que llamó Set,ʷ pues dijo: "Dios me ha dado otro hijo en lugar de Abel, al que Caín mató." ²⁶ También Set tuvo un hijo, al que llamó Enós.ˣ Desde entonces se comenzó a invocar el nombre del Señor.ʸ

5 **Los descendientes de Adán**ᵃ *(1 Cr 1.1-4)* ¹ Esta es la lista de los descendientes de Adán. Cuando Dios creó al hombre, lo hizo semejante a él;ᵇ ² los creó varón y mujer,ᶜ y les dio su bendición.ᵈ El día en que fueron creados, Dios dijo: "Se llamarán hombres."

³ Adán ᵉ tenía ciento treinta años cuando nació su hijo, al que llamó Set,ᶠ y que era semejante a él en todo.ᵍ ⁴ Después de esto, Adán vivió ochocientos años más, y tuvo otros hijos e hijas; ⁵ así que vivió novecientos treinta años ʰ en total. A esa edad murió.

⁶ Set tenía ciento cinco años cuando nació su hijo Enós. ⁷ Después de esto, Set vivió ochocientos siete años más, y tuvo otros hijos e hijas; ⁸ así que vivió novecientos doce años en total. A esa edad murió.

⁹ Enós tenía noventa años cuando nació su hijo Cainán. ¹⁰ Después de esto, Enós vivió ochocientos quince años más, y tuvo otros hijos e hijas; ¹¹ así que vivió novecientos cinco años en total. A esa edad murió.

¹² Cainán tenía setenta años cuando nació su hijo Mahalalel. ¹³ Después de esto, Cainán vivió ochocientos cuarenta años más, y tuvo otros hijos e hijas; ¹⁴ así que vivió novecientos diez años en total. A esa edad murió.

¹⁵ Mahalalel tenía sesenta y cinco años cuando nació su hijo Jéred. ¹⁶ Después de esto, Mahalalel vivió ochocientos treinta años más, y tuvo otros hijos e hijas; ¹⁷ así que vivió ochocientos noventa y cinco años en total. A esa edad murió.

¹⁸ Jéred tenía ciento sesenta y dos años cuando nació su hijo Henoc. ¹⁹ Después de esto, Jéred vivió ochocientos años más, y tuvo otros hijos e hijas; ²⁰ así que vivió novecientos sesenta y dos años en total. A esa edad murió.

²¹ Henoc ⁱ tenía sesenta y cinco años de edad cuando nació su hijo Matusalén. ²² Henoc vivió de acuerdo con la voluntad de Dios.ʲ Después que Matusalén nació, Henoc vivió trescientos años más, y tuvo otros hijos e hijas; ²³ así que vivió trescientos sesenta y cinco años en total.ᵏ ²⁴ Como Henoc vivió de acuerdo con la voluntad de Dios, un día desapareció porque Dios se lo llevó.ˡ

ᵗ **4.20-22** Varios mitos del antiguo Oriente afirman que fueron los dioses los que enseñaron a los hombres las artes y las artesanías. Según el AT, por el contrario, estas actividades tienen su origen en la inventiva y el trabajo de los seres humanos. Cf. Gn 1.28; Sal 8.3-8 (4-9); 115.16, y también Job 28.1-10.

ᵘ **4.23-24** El canto de Lámec expresa la arrogancia del hombre que responde a la mínima ofensa con una venganza desproporcionada. El número *setenta y siete* (once veces *siete*, la cifra de la plenitud) indica que se lleva la venganza a su último extremo. Véanse Gn 4.18 n.; Ex 21.23-25 n., y cf. Mt 18.21-22.

ᵛ **4.25** *Adán:* Véase Gn 2.7 nota *g*.

ʷ **4.25** El nombre *Set* tiene un sonido semejante al del verbo hebreo que significa *ha dado*.

ˣ **4.26** *Enós,* en hebreo, quiere decir *hombre, varón,* aunque en algunos contextos significa lo mismo que *Adán.* Véase Gn 1.27 nota *t*.

ʸ **4.26** *Señor:* traducción de *Yahvé,* el nombre propio del Dios de Israel. Este v. presupone la gran antigüedad de este nombre divino, que ya era conocido antes de Moisés. Véanse Ex 3.13 nota *m*; 3.14 nota *n*; 6.3 nota *b*.

ᵃ **5.1-32** La siguiente genealogía, que une a Adán con Noé, incluye *diez* nombres. Tal cifra, lo mismo que el número siete de Gn 4.1,17-19, podría tener un significado simbólico, ya que el *diez* es la base del sistema decimal y suele emplearse, en la Biblia, como un número redondo (cf., por ej., Gn 24.10; Dn 7.7,20,24; Zac 8.23; Ap 2.10; 17.3,7,12,16). Por tanto, puede afirmarse que esta genealogía pone de manifiesto la continuidad de la historia humana desde la creación del hombre hasta el diluvio (cf. Gn 6.9—9.17), sin pretender enumerar en forma exhaustiva todas las generaciones desde Adán hasta Noé.

ᵇ **5.1** *Lo hizo semejante a él:* Véase Gn 1.27 nota *u*.

ᶜ **5.2** Citado en Mt 19.4; Mc 10.6.

ᵈ **5.1-2** *Les dio su bendición:* Véase Gn 1.28 nota *w*.

ᵉ **5.3** La siguiente genealogía sigue, por lo general, un esquema uniforme, que proporciona siempre la misma información: edad del patriarca al nacer su hijo primogénito, años que vivió después de este nacimiento y edad que tenía al morir. En ella se vuelven a poner de relieve dos temas esenciales ya expuestos en Gn 1: el hombre creado a imagen de Dios y bendecido en el momento de la creación (Gn 1.27-28).

ᶠ **5.3** *Set:* Cf. Gn 4.25.

ᵍ **5.3** *Semejante a él en todo:* lit. *según su semejanza, a su imagen.* Cf. Gn 1.27.

ʰ **5.5** *Novecientos treinta años:* Algunos intérpretes, queriendo resolver las dificultades involucradas en estas cifras tan enormes, piensan que los nombres de estos diez patriarcas representan dinastías y no individuos, o que la palabra *año,* en este contexto, se refiere a un periodo más corto que el del año normal. Sin embargo, no existe ninguna razón de peso para fundamentar dichas interpretaciones.

ⁱ **5.21** Aquí vuelve a aparecer el nombre de *Henoc,* pero no es el mismo orden que en Gn 4.17-18.

ʲ **5.22** *Henoc vivió de acuerdo con la voluntad de Dios:* lit. *Henoc caminó con Dios.* Esta audaz metáfora sugiere que Henoc tuvo a Dios como compañero de camino, es decir, que vivió en íntima amistad con él. La misma expresión vuelve a encontrarse en el v. 24, y en Gn 6.9 se emplea para caracterizar a Noé como un hombre justo y enteramente fiel a Dios.

ᵏ **5.21-23** La vida de *Henoc* dura *trescientos sesenta y cinco años,* cifra que coincide con los días del año solar. Este detalle hace pensar en una práctica muy difundida en el antiguo Oriente, que consistía en atribuir a los números, además de su valor aritmético, determinados valores simbólicos. Tal simbolismo, desconocido para nosotros, podría estar relacionado con los cálculos astronómicos que se hacían en la antigüedad. Véase Gn 4.18 n.

ˡ **5.24** *Desapareció porque Dios se lo llevó:* En la sección dedicada al patriarca Henoc (vv. 21-24), esta frase sustituye a la fórmula habitual *A esa edad murió.* Es decir, que Henoc fue sacado de este mundo por una acción especial de Dios, en virtud de la cual la íntima relación de amistad continuó más allá de la vida terrena. Nótese, además, que el texto bíblico no dice nada acerca del lugar adonde fue llevado Henoc, ni confirma las leyendas que se formaron más tarde en torno a la figura de este patriarca, sobre todo en la tradición y en la literatura apocalípticas. Cf. Eclo 44.16; 49.14; Sab 4.10-11; Heb 11.5; Jud 14.

²⁵ Matusalén tenía ciento ochenta y siete años cuando nació su hijo Lámec. ²⁶ Después de esto, Matusalén vivió setecientos ochenta y dos años más, y tuvo otros hijos e hijas; ²⁷ así que vivió novecientos sesenta y nueve años en total. A esa edad murió.

²⁸ Lámec tenía ciento ochenta y dos años cuando nació un hijo suyo, ²⁹ al que llamó Noé, porque dijo: "El Señor maldijo la tierra, y tenemos que trabajar muy duro para cultivarla; pero este niño nos hará descansar." ᵐ ³⁰ Después que Noé nació, Lámec vivió quinientos noventa y cinco años más, y tuvo otros hijos e hijas; ³¹ así que vivió setecientos setenta y siete años en total. A esa edad murió. ⁿ

³² Noé tenía ya quinientos años cuando nacieron sus hijos Sem, Cam y Jafet.

6

La maldad de los hombres ¹ Cuando los hombres comenzaron a poblar la tierra y tuvieron hijas, ² los hijos de Dios ᵃ vieron que estas mujeres eran hermosas. Entonces escogieron entre todas ellas, y se casaron con las que quisieron. ³ Pero el Señor dijo: "No voy a dejar que el hombre viva para siempre, ᵇ porque él no es más que carne. Así que vivirá solamente ciento veinte años."

⁴ Los gigantes aparecieron en la tierra cuando los hijos de Dios se unieron con las hijas de los hombres para tener hijos con ellas, y también después. Ellos fueron los famosos héroes de los tiempos antiguos.

⁵ El Señor vio que era demasiada la maldad del hombre en la tierra y que este siempre estaba pensando en hacer lo malo, ⁶ y le pesó haber hecho al hombre. Con mucho dolor ⁷ dijo: "Voy a borrar de la tierra al hombre que he creado, y también a todos los animales domésticos, y a los que se arrastran, y a las aves. ¡Me pesa haberlos hecho!"

⁸ Sin embargo, el Señor miraba a Noé con buenos ojos. ᶜ

El arca de Noé ⁹ Esta es la historia de Noé.

Noé era un hombre muy bueno, que siempre obedecía a Dios. Entre los hombres de su tiempo, solo él vivía de acuerdo con la voluntad de Dios. ᵈ ¹⁰ Noé tuvo tres hijos, que fueron Sem, Cam y Jafet.

¹¹ Para Dios, la tierra estaba llena de maldad y violencia, ¹² pues toda la gente se había pervertido. Al ver Dios que había tanta maldad en la tierra, ¹³ le dijo a Noé: "He decidido terminar con toda la gente. Por su culpa hay mucha violencia en el mundo, así que voy a destruirlos a ellos y al mundo entero. ¹⁴ Construye un arca ᵉ de madera resinosa, haz cuartos en ella, y tapa con brea todas las rendijas del arca por dentro y por fuera, para que no le entre agua. ¹⁵ Haz el arca de estas medidas: ciento treinta y cinco metros de largo, veintidós metros y medio de ancho, y trece metros y medio de alto. ¹⁶ Hazla de tres pisos, con una ventana como a medio metro del techo, y con una puerta en uno de los lados. ᶠ ¹⁷ Yo voy a mandar un diluvio que inundará la tierra y destruirá todo lo que tiene vida en todas partes del mundo. Todo lo que hay en la tierra morirá. ¹⁸ Pero contigo estableceré mi alianza, ᵍ y en el arca entrarán tus hijos, tu esposa, tus nueras y tú. ¹⁹ También llevarás al arca un macho y una hembra de todos los animales que hay en el mundo, para que queden con vida igual que tú. ²⁰ Contigo entrarán en el arca dos animales de cada clase: tanto de las aves y animales domésticos, como de los que se arrastran por el suelo, para que puedan seguir viviendo. ²¹ Junta además toda clase de alimentos y guárdalos, para que tú y los animales tengan qué comer."

²² Y Noé hizo todo tal como Dios se lo había ordenado. ʰ

7

El diluvio ᵃ ¹ Después el Señor le dijo a Noé: "Entra toda la gente de mi tiempo, solo tú vives de acuerdo con mi voluntad. Por lo tanto, entra en el arca junto con tu familia. ² Toma siete machos y siete hembras de todo animal puro, pero solo un macho y una hembra de los impuros. ᵇ ³ Toma también siete parejas de cada clase de aves, para que se conserve su especie en el mundo, ⁴ porque dentro de siete días haré que llueva durante cuarenta días y cuarenta noches. ¡Voy a borrar de la tierra todo lo que

---

ᵐ **5.29** El nombre de *Noé* tiene una cierta semejanza con el verbo hebreo que significa *nos hará descansar.*

ⁿ **5.31** Los *777 años* que duró la vida de *Lámec* parecen estar relacionados con el *siete* y el *77* de Gn 4.24.

ᵃ **6.2** *Los hijos de Dios:* es decir, los seres divinos o celestiales como los mencionados en Job 1.6; 2.1; 38.7; Sal 29.1; 89.7(8). Con toda probabilidad este pasaje recoge una tradición muy antigua, que los israelitas tenían en común con otros pueblos vecinos, y que se refería a una legendaria raza de gigantes. Según esa tradición, aquellos gigantes habían nacido de la unión antinatural de unos seres sobrenaturales, llamados aquí *hijos de Dios,* con *mujeres* humanas. Aunque el relato bíblico contiene muchos aspectos oscuros, su intención, en este contexto, es afirmar una vez más la incontenible expansión del pecado en el mundo y la corrupción creciente del género humano. Véase 1 P 3.20 nota *m;* Jud 6 n.

ᵇ **6.3** *No voy a dejar que el hombre viva para siempre:* lit. *mi espíritu no permanecerá siempre en el hombre.* El *espíritu,* en este contexto, es el principio vivificante o aliento vital que Dios infunde en los seres vivientes en el momento de darles la vida. Cf. Gn 2.7; Sal 104.29.

ᶜ **6.5-8** Cf. Mt 24.37; Lc 17.26; 1 P 3.20.

ᵈ **6.9** Cf. Eclo 44.17; Sab 10.4; 2 P 2.5.

ᵉ **6.14** La descripción presentada en el texto bíblico no evoca la imagen de una embarcación corriente, sino de una construcción cubierta con un techo (cf. Gn 6.16) y preparada para resistir los embates torrenciales del diluvio (cf. Gn 7.18).

ᶠ **6.16** La forma y las dimensiones de la embarcación son difíciles de precisar, pues en la descripción se emplean términos náuticos antiguos, cuyo significado no es del todo claro.

ᵍ **6.18** Aquí se anticipa el tema del pacto o *alianza,* cuya conclusión tendrá lugar al término del diluvio. Véase Gn 9.12-17 n.

ʰ **6.22** Cf. Heb 11.7.

ᵃ **7.1-24** Como sucede con el relato de la creación (véanse Gn 1.4 n. y 1.21 n.), también existen narraciones del diluvio procedentes de la antigua Mesopotamia. Estos relatos, especialmente la Epopeya de Gilgamés, tienen muchas semejanzas con el texto bíblico. Sin embargo, las diferencias son igualmente significativas. Así, por ej., en los relatos babilónicos el diluvio se origina por un capricho de los dioses; aquí, en cambio, es el juicio de Dios sobre el pecado de los hombres (cf. Gn 6.5-7,12-13).

ᵇ **7.2** Cf. Lv 11; Dt 14.3-21. *Puro* e *impuro* son términos característicos del lenguaje sacerdotal y se refieren a la pureza e impureza rituales. Los animales puros eran los más numerosos que los impuros, porque, de lo contrario, los sacrificios ofrecidos por Noé, una vez terminado el diluvio, habrían acabado con algunas de las especies salvadas de la catástrofe. Véase Gn 8.20 nota *h.*

NOÉ

Datos	Referencias
Era un hombre muy bueno; solo él vivía de acuerdo con la voluntad de Dios.	Gn 6.9; 7.1
Tenía tres hijos.	Gn 6.10
Construyó un arca por mandato divino.	Gn 6.11-22
Reunió los animales en el arca y entró en ella con su familia.	Gn 7.2-9
El diluvio	Gn 7.10—8.17
Noé y su familia salen del arca y ofrecen holocaustos a Dios.	Gn 8.18-20
Dios bendice a Noé y a sus hijos.	Gn 9.1-7
Dios hace una alianza con Noé y con sus hijos.	Gn 9.8-17
Vida de Noé después del diluvio	Gn 9.18-28

Otras referencias: Gn 10.1; Mt 24.37-38; Heb 11.6-7; 1 P 3.20; 2 P 2.5

vive, y que yo he creado!" **5** Y Noé hizo todo tal como el Señor se lo había ordenado.

6 Cuando el diluvio inundó la tierra, Noé tenía seiscientos años. **7** Y entró Noé en el arca [c] junto con sus hijos, su esposa y sus nueras, para protegerse del diluvio. **8** Los animales puros e impuros, los que vuelan y los que se arrastran, **9** entraron con Noé en el arca, de dos en dos, macho y hembra, como Dios se lo había ordenado.

10 A los siete días, el diluvio comenzó a inundar la tierra. **11** Era el día diecisiete del mes segundo. Noé tenía entonces seiscientos años. Precisamente en ese día, se reventaron las fuentes del gran mar abajo, y se abrieron las compuertas del cielo arriba. [d] **12** Cuarenta días y cuarenta noches [e] estuvo lloviendo sobre la tierra. **13** En aquel mismo día entró Noé en el arca con sus hijos Sem, Cam y Jafet, y con su esposa y sus tres nueras. **14** Con ellos entraron toda clase de animales salvajes y domésticos, y toda clase de animales que se arrastran y de aves. **15** Todos los animales entraron con Noé en el arca, de dos en dos. **16** Entraron un macho y una hembra de cada clase, tal como Dios se lo había ordenado a Noé, y después el Señor cerró la puerta del arca.

17 El diluvio duró cuarenta días. Al subir el agua, el arca se levantó del suelo y comenzó a flotar. **18** El agua seguía subiendo más y más, pero el arca seguía flotando. **19** Tanto subió el agua, que llegó a cubrir las montañas más altas de la tierra; **20** y después de haber cubierto las montañas, subió todavía como siete metros más. **21** Así murió toda la gente que vivía en la tierra, lo mismo que las aves, los animales domésticos y salvajes, y los que se arrastran por el suelo. **22** Todo lo que había en tierra firme, y que tenía vida y podía respirar, murió. [f] **23** Solamente Noé y los que estaban en el arca quedaron vivos; los demás fueron destruidos: el hombre, los animales domésticos, las aves del cielo y los animales que se arrastran; **24** pues la tierra quedó inundada durante ciento cincuenta días.

8 *Fin del diluvio* **1** Entonces Dios se acordó [a] de Noé y de todos los animales que estaban con él en el arca. Hizo que el viento soplara sobre la tierra, y el agua comenzó a bajar; **2** se cerraron las fuentes del mar profundo y también las compuertas del cielo. [b] Dejó de llover, **3** y el agua comenzó a bajar poco a poco. Al cabo de ciento cincuenta días, el agua ya iba bajando, **4** y el día diecisiete del mes séptimo el arca se detuvo sobre las montañas de Ararat. [c] **5** El agua siguió bajando, y el primer día del mes décimo ya se podían ver las partes más altas de los montes.

6 Después de cuarenta días, [d] Noé abrió la ventana [e] del arca que había hecho **7** y soltó un cuervo; pero el cuervo volaba de un lado para otro, esperando que la tierra se secara. **8** Después del cuervo, Noé soltó una paloma para ver si la tierra ya estaba seca; **9** pero la paloma regresó al arca porque no encontró ningún lugar donde descansar, pues la tierra todavía estaba cubierta de agua. Así que Noé sacó la mano, tomó la paloma y la hizo entrar en el arca.

10 Noé esperó otros siete días, [f] y volvió a soltar la paloma. **11** Ya empezaba a anochecer cuando la paloma regresó, trayendo una ramita de olivo en el pico. Así Noé se dio cuenta de que la tierra se iba secando. **12** Esperó siete días más, y volvió a enviar la paloma; pero la paloma ya no regresó. [g]

---

[c] **7.7** Cf. Sab 14.6; Mt 24.38-39; Lc 17.27.
[d] **7.11** Acerca del *gran mar abajo* y de las *compuertas del cielo*, véase Gn 1.6-8 n.
[e] **7.12** El número *cuarenta* aparece con frecuencia en la Biblia para indicar un periodo relativamente largo (cf. Gn 50.3; Ex 16.35; 24.18; Nm 13.25). En algunos casos, se refiere a un tiempo de prueba o de grave peligro (cf. Nm 14.34; Dt 8.2-3; Mc 1.13). Véase también Jue 3.11 n.
[f] **7.21-22** 2 P 3.6.
[a] **8.1** En el lenguaje bíblico, decir que Dios *se acuerda* de alguien o de algo significa que le presta atención particular, y no que lo hubiera olvidado. La expresión sugiere la idea de solicitud y cuidado muy especiales. Cf. Ex 6.5; Sal 74.2.

[b] **8.2** Sobre el concepto de la separación de las aguas, véase Gn 7.11 n.
[c] **8.4** *Ararat*: región que los antiguos llamaban Urartu y que corresponde aprox. a la actual Armenia. Véase Jer 51.27 nota *m*.
[d] **8.6** *Cuarenta días:* Véase Gn 7.12 n.
[e] **8.6** *Abrió la ventana:* Cf. Gn 6.16.
[f] **8.10** Acerca del simbolismo del número *siete*, véase Gn 4.18 n.
[g] **8.7-12** En tiempos antiguos, antes de la invención del compás y de otros instrumentos de navegación, los marinos solían enviar aves para determinar la proximidad y la dirección de la costa del mar. En el relato babilónico del diluvio se envían sucesivamente una paloma, una golondrina y un cuervo.

GÉNESIS 8, 9

13 Cuando Noé tenía seiscientos un años, la tierra quedó seca. El primer día del mes primero, Noé quitó el techo del arca y vio que la tierra estaba seca. **14** Para el día veintisiete del mes segundo, la tierra estaba ya bien seca. **15** Entonces Dios le dijo a Noé: **16** "Sal del arca, junto con tu esposa, tus hijos y tus nueras. **17** Saca también a todos los animales que están contigo: las aves, los animales domésticos y los que se arrastran por el suelo, para que se vayan por toda la tierra y tengan muchas crías y llenen el mundo."

18 Entonces Noé y su esposa, sus hijos y nueras, salieron del arca. **19** También salieron todos los animales domésticos y salvajes, los que se arrastran y los que vuelan. **20** Luego Noé construyó un altar en honor del Señor, tomó animales y aves puros, *h* uno de cada clase, y los ofreció en holocausto *i* al Señor. **21** Cuando al Señor le llegó este olor tan agradable, *j* dijo: "Nunca más volveré a maldecir la tierra por culpa del hombre, *k* porque desde joven el hombre sólo piensa en hacer lo malo. *l* Tampoco volveré a destruir a todos los animales, como lo hice esta vez. *m*

22 "Mientras el mundo exista,
habrá siembra y cosecha;
hará calor y frío,
habrá invierno y verano
y días con sus noches." *n*

9 La alianza de Dios con Noé

1 Dios bendijo a Noé y a sus hijos, con estas palabras: "Tengan muchos hijos y llenen la tierra. *a* **2** Todos los animales del mundo temblarán de miedo delante de ustedes. Todos los animales en el aire, en la tierra y en el mar, están bajo su poder. **3** Pueden comer todos los animales y verduras que quieran. Yo se los doy. **4** Pero hay una cosa que no deben comer: carne con sangre, porque en la sangre está la vida. *b* **5** Yo pediré cuentas a cada hombre y a cada animal de la sangre de cada uno de ustedes. A cada hombre le pediré cuentas de la vida de su prójimo. *c*

6 "Si alguien mata a un hombre, *d*
otro hombre lo matará a él,
pues el hombre ha sido creado
a imagen de Dios. *e*
7 Pero ustedes, ¡tengan muchos hijos
y llenen el mundo con ellos!" *f*

8 Dios también les dijo a Noé y a sus hijos: **9** "Miren, yo voy a establecer mi alianza con ustedes y con sus descendientes, **10** y con todos los animales que están con ustedes y que salieron del arca: aves y animales domésticos y salvajes, y con todos los animales del mundo. **11** Mi alianza con ustedes no cambiará: no volveré a destruir a los hombres y animales con un diluvio. Ya no volveré a haber otro diluvio que destruya la tierra. *g* **12** Esta es la señal de la alianza que para siempre hago con ustedes y con todos los animales: **13** he puesto mi arco iris en las nubes, y servirá como señal de la alianza que hago con la tierra. **14** Cuando yo haga venir nubes sobre la tierra, mi arco iris aparecerá entre ellas. **15** Entonces me acordaré *h* de la alianza que he hecho con ustedes y con todos los animales, y ya no volverá a haber ningún diluvio que los destruya. **16** Cuando el arco iris esté entre las nubes, yo lo veré y me acordaré de la alianza que he hecho para siempre con todo hombre y todo animal que hay en el mundo. **17** Esta es la señal de la alianza que yo he establecido con todo hombre y animal aquí en la tierra." Así habló Dios con Noé. *i*

Noé y sus hijos **18** Los hijos de Noé que salieron del arca fueron Sem, Cam, padre de Canaán, y Jafet. *j* **19** Estos fueron los tres hijos de Noé, y con sus descendientes se volvió a poblar la tierra.

20 Noé comenzó a cultivar la tierra, y plantó una viña.

---

h **8.20** *Animales y aves puros:* Los animales impuros no podían ofrecerse como víctimas de los sacrificios. Cf. Lv 11; Dt 14.3-21.
i **8.20** El *holocausto* es un sacrificio en el que la víctima se consume totalmente sobre el altar, sin que ninguna de sus partes sea reservada para otros fines (véase Lv 1.3 n.). El contexto indica que Noé ofreció su holocausto como sacrificio de acción de gracias.
j **8.21** *Cuando... tan agradable:* Esta expresión indica que el sacrificio fue aceptable al Señor. Cf. Lv 1.9,13,17; 2.1-2.
k **8.21** Como en Gn 2.7; 3.19, el texto hebreo hace un juego de palabras entre *adam* (*hombre*) y *adamá* (*tierra*).
l **8.21** *Solo piensa en hacer lo malo:* Cf. Gn 6.5.
m **8.21** Is 54.9.
n **8.22** Este v. invita a apreciar de una manera nueva los fenómenos de la naturaleza. El orden y la regularidad de las estaciones y de los ciclos naturales están fundados en una promesa de Dios, que es fiel a su palabra. Como esa promesa depende exclusivamente del poder de Dios y no puede ser alterada por el pecado de los hombres, los ciclos de la naturaleza son también una prueba de la "paciencia" de Dios (cf. Ro 3.25-26), que *hace que su sol salga sobre malos y buenos, y manda la lluvia sobre justos e injustos* (Mt 5.45).
a **9.1** Noé, como padre de la humanidad rescatada del diluvio, recibe una bendición semejante a la que Dios había concedido al género humano en el momento de la creación. Cf. Gn 1.28.
b **9.4** Los antiguos israelitas pensaban que la *sangre* era el principio vital de los animales y de los seres humanos. Por lo tanto, la prohibición de comer carne sin desangrar era una forma de afirmar que la vida pertenece exclusivamente a Dios, que es el dador de toda vida.

En los comienzos de la iglesia, los cristianos provenientes del judaísmo observaron rigurosamente esta prohibición (cf. Hch 15.19-20). Cf. Lv 7.26-27; 17.10-14; 19.26; Dt 12.16,23; 15.23.
c **9.5** *A cada hombre... prójimo:* Cf. Gn 4.9-12; 2 S 12.9-10.
d **9.6** Cf. Ex 20.13.
e **9.6** Gn 1.27.
f **9.7** Gn 1.28.
g **9.8-11** Esta *alianza* tiene dimensión y alcances cósmicos, ya que abarca a todos los seres vivientes. Por eso, el recordatorio de la alianza (el arco iris, v. 13) ha sido puesto por Dios en el cielo, es decir, en uno de los elementos del cosmos. Además, es una alianza *para siempre*, que *no cambiará* (vv. 11-12). Por último, es un compromiso unilateral de Dios, porque él se obliga a sí mismo en virtud de una promesa solemne, sin imponer ninguna obligación a Noé.
h **9.15** *Me acordaré:* Véase Gn 8.1 n.
i **9.12-17** Esta *alianza* tiene una *señal* visible, como la circuncisión es el signo o señal de la alianza de Dios con Abraham (cf. Gn 17). Esa señal posee el valor de un recordatorio o memorial, ya que ella hace presente a Dios la promesa de no enviar un nuevo diluvio sobre la tierra. Cf. Eclo 44.18.
j **9.18** *Sem, Cam* y *Jafet:* Cf. Gn 6.10; 10.1. *Cam, padre de Canaán:* Desde el siglo XVI a.C., el nombre Canaán designa a la población urbana y comerciante de la costa mediterránea. Este pasaje relaciona a *Canaán* con *Cam*, que es uno de los nombres de Egipto, porque Egipto dominó la región costera desde el siglo XVI hasta el siglo XII a.C.

COMPARACIÓN DEL RELATO BÍBLICO DEL DILUVIO CON UN RELATO EXTRABÍBLICO
(véase Gn 7.1-24*)

Parte del relato	Relato bíblico (Gn 6.1—9.17)	Relato extrabíblico: Epopeya de Gilgamés (babilónico; s. VIII a.C.)
Motivo	Yahvé decide destruir a la humanidad por medio del diluvio porque todos se habían pervertido (Gn 6.13).	Los dioses no soportaban el ruido producido por los seres humanos; deciden acabarlos por medio del diluvio.
Aviso	Yahvé avisa a Noé, el único que hacía la voluntad divina, de su decisión. Le ordena construir un arca para que se salven Noé, su familia y los animales (unos pocos de cada especie) (Gn 6.9,11-21).	Ea, el dios de las aguas dulces (y uno de los creadores de la humanidad), avisa a Utnapistim de la decisión de los dioses. Le ordena crear una barca para que se salven él y la simiente de toda vida. Le indica qué decir si le preguntan qué es lo que estaba haciendo.
Construcción del arca y entrada en ella	Noé obedeció a Yahvé; construyó el arca con las medidas que Dios le dio. Entraron Noé, su esposa, sus hijos, sus nueras y los animales (Gn 6.22—7.9).	Utnapistim obedeció a Ea; construyó la barca con las medidas que se le dieron. Entraron él, su familia, los artesanos que le ayudaron en la construcción de la barca y los animales. Utnapistim llevó consigo sus riquezas.
El diluvio	Yahvé cerró la puerta del arca. Inició el diluvio, que duró cuarenta días. Dios hace que cesen las lluvias. Las aguas cubrieron la tierra por casi un año. El arca reposó en el monte Ararat (Gn 7.10—8.14).	Utnapistim cerró la puerta de la barca. El diluvio duró siete días; fue tan terrible que los mismos dioses se espantaron y huyeron al más alto de los cielos. Las aguas cubrieron la tierra por poco más de un mes. La barca reposó en el monte Nisir.
Salida del arca	Noé, su familia y los animales salen del arca a la orden de Yahvé (Gn 8.15-20).	Utnapistim ve el estado de la tierra. Abre las puertas de la barca y todos salen menos él, pues ha visto los cadáveres esparcidos por toda la tierra, convertidos en barro. Se siente desamparado. Al tiempo sale.
El sacrificio y sus efectos	Noé levantó un altar y ofreció sacrificios a Yahvé. A él le gustaron los sacrificios y prometió no volver a maldecir la tierra por causa de la humanidad, ni volver a destruir a todos los animales (Gn 8.20-22).	Utnapistim ofreció un sacrificio de acción de gracias a las divinidades, las cuales acudieron rápidamente y se juntaron como moscas alrededor del sacrificio. La diosa Istar invitó a todos los dioses a que participaran del sacrificio, menos a Enlil (el dios que causó la devastación, inesperada para los otros dioses). Enlil se enojó porque escaparon algunos seres humanos. Luego de dialogar con otros dioses, Enlil se tranquilizó.
La bendición de Dios	Yahvé bendice a Noé y a su familia. Les dice que llenen la tierra, y les da poder sobre los animales. Podrán comer todos los animales y verduras que quieran. No pueden comer carne con sangre. Dios pedirá cuentas por la vida de cada ser humano (Gn 9.1-7).	Enlil bendice a Utnapistim y permite que deje de ser mortal y se convierta en uno semejante a los dioses.
La alianza de Dios con el ser humano	Yahvé hace una alianza con Noé y con sus descendientes (o sea, con toda la humanidad): no volver a destruir al ser humano ni a los animales por medio de un diluvio (Gn 9.8-17).	

21 Un día Noé bebió vino y se emborrachó, y se quedó tirado y desnudo en medio de su tienda de campaña. **22** Cuando Cam, o sea el padre de Canaán, vio a su padre desnudo, salió a contárselo a sus dos hermanos. **23** Entonces Sem y Jafet tomaron una capa, se la pusieron sobre sus propios hombros, y con ella cubrieron a su padre. Para no verlo desnudo, se fueron caminando hacia atrás y mirando a otro lado. **24** Cuando Noé despertó de su borrachera y supo lo que su hijo menor había hecho con él, **25** dijo:

"¡Maldito sea Canaán!
¡Será el esclavo más bajo
de sus dos hermanos!"

26 Luego añadió:

"Bendito sea el Señor, Dios de Sem,
y que Canaán sea su esclavo.
27 Dios permita que Jafet pueda extenderse;
que viva en los campamentos de Sem,
y que Canaán sea su esclavo." *k*

28 Después del diluvio, Noé vivió todavía trescientos

---

k **9.25-27** Aquí se confirma la sumisión de *Canaán* a *Sem*, el antepasado de los pueblos semitas (cf. Gn 11.10-32) y, por lo tanto, también

cincuenta años; **29** así que murió cuando tenía novecientos cincuenta años.

10 **Los descendientes de Noé**[a] *(1 Cr 1.5-23)* **1** Estos son los descendientes de Sem, Cam y Jafet,[b] los hijos de Noé, que después del diluvio tuvieron sus propios hijos.

2 Los hijos de Jafet[c] fueron Gómer, Magog, Madai, Javán, Tubal, Mésec y Tirás.[d] **3** Los hijos de Gómer fueron Asquenaz, Rifat y Togarmá.[e] **4** Los hijos de Javán fueron Elisá, Tarsis, Quitim y Rodanim.[f] **5** Estos fueron los descendientes de Jafet[g] que poblaron las costas, cada nación y clan en su propia tierra y con su propio idioma.

6 Los hijos de Cam[h] fueron Cus, Misraim, Fut y Canaán.[i] **7** Los hijos de Cus fueron Sebá, Havilá, Sabtá, Raamá y Sabtecá. Los hijos de Raamá fueron Sebá y Dedán.[j] **8** Cus fue el padre de Nimrod, el primer hombre poderoso de la tierra.[k] **9** Nimrod, por la voluntad del Señor, fue un gran cazador. De ahí viene el dicho: "Igual a Nimrod, que por la voluntad del Señor fue un gran cazador."[l] **10** Las principales ciudades de su reino fueron Babel, Érec, Acad y Calné,[m] en la región de Sinar.[n] **11** De esta región salió Asur,[ñ] que construyó las ciudades de Nínive, Rehobot-ir, Quélah **12** y la gran ciudad de Resen, que está entre Nínive y Quélah.

13 De Misraim descienden los ludeos, los anameos, los lehabitas, los naftuhítas,[o] **14** los patruseos, los casluhítas y los caftoritas, de quienes descienden los filisteos.[p]

15 Canaán fue padre de Sidón, su primer hijo, y de Het.[q] **16** De Canaán descienden los jebuseos, amorreos, gergeseos, **17** heveos, araceos, sineos, **18** arvadeos, semareos y hamateos. Después, todos los clanes cananeos se dispersaron.[r] **19** El territorio de los cananeos llegó a extenderse en dirección a la región de Guerar, desde la ciudad de Sidón hasta el pueblo de Gaza, y en dirección a las ciudades de Sodoma, Gomorra, Admá y Seboím, hasta el pueblo de Lesa.[s] **20** Estos fueron los descendientes de Cam, cada nación y clan en su propia tierra y con su propio idioma.

21 Sem, que fue el hermano mayor de Jafet, también tuvo hijos.[t] Todos los hijos de Éber[u] fueron descendientes de Sem. **22** Los hijos de Sem fueron Elam, Asur, Arfaxad, Lud y Aram.[v] **23** Los hijos de Aram fueron Us, Hul, Guéter y Mas.[w] **24** Arfaxad fue el padre de Sélah, y Sélah fue el padre de Éber. **25** Después Éber tuvo dos hijos: uno

---

del pueblo de Israel. Nótese que Canaán no puede ser identificado con las poblaciones de raza negra (véase Gn 9.18 n.).

[a] 10.1-32 Este cap. se designa habitualmente con el nombre de "Tabla de los pueblos". En él, los principales pueblos conocidos por los antiguos israelitas aparecen distribuidos en tres grandes grupos -los descendientes de *Jafet* (vv. 2-5), de *Cam* (vv. 6-20) y de *Sem* (vv. 21-31)- cada uno de los cuales reúne naciones emparentadas entre sí por razones históricas o geográficas. De este modo, la multitud de naciones distribuidas sobre la tierra aparece como el cumplimiento de la bendición que Dios concedió a la humanidad surgida después del diluvio (cf. Gn 9.1). Además, el hecho de agrupar a todos los pueblos en un árbol genealógico pone de relieve la unidad del género humano y pone a Israel, el pueblo elegido, en relación con la humanidad entera.

[b] 10.1 *Sem, Cam y Jafet:* Gn 5.32; 6.10; 7.13; 9.18.

[c] 10.2 *Hijos de Jafet:* Esta expresión designa a los pueblos situados al norte y al nordeste del territorio ocupado por los semitas. Téngase en cuenta, asimismo, que la expresión *hijo de X*, en hebreo, no designa solamente la filiación en sentido estricto, sino también la pertenencia a un grupo o a una categoría.

[d] 10.2 Este v. menciona a los cimerios (*Gómer*), de la región del Cáucaso, a los lidios (*Magog*), de Asia Menor, a los medos (*Madai*), de la región montañosa al noroeste de Irán, a los griegos de Jonia (*Javán*), en la costa occidental de Asia Menor, y a pueblos que habitaban en la costa del Mar Negro (*Tubal* y *Mésec*). *Tirás* es probablemente el nombre bíblico de los tirsenios o tirrenos, piratas del Mar Egeo y antepasados de los etruscos.

[e] 10.3 *Asquenaz:* los escitas, que desde las costas del Mar Negro se expandieron en varias regiones de Asia Menor y del Cercano Oriente. *Rifat:* pueblo aún no identificado. *Togarmá:* al oeste de Armenia.

[f] 10.4 *Elisá:* en la costa oriental de la isla de Chipre (cf. Ez 27.7). *Tarsis:* Cf. Sal 48.7(8). *Quitim:* la isla de Chipre y otras islas y costas del Mediterráneo oriental (cf. Ez 27.6). *Rodanim:* según varios mss. y 1 Cr 1.7. Heb. *Dodanim*. El nombre *Rodanim* designa a los habitantes de la isla de Rodas, en el Mar Egeo.

[g] 10.5 *Estos fueron los descendientes de Jafet:* Esta frase no aparece en el texto hebreo, pero cf. vv. 20,31.

[h] 10.6 *Los hijos de Cam:* es decir, los pueblos situados al sur de Palestina y del territorio habitado por los hijos de Sem.

[i] 10.6 *Cus, Misraim, Fut:* Etiopía, Egipto y el territorio de la costa africana al sur del Mar Rojo. *Canaán* se menciona en este lugar porque estuvo mucho tiempo bajo el dominio de Egipto. Véase Gn 9.18 n.

[j] 10.7 *Sebá:* Véase Sal 72.10 n. *Havilá:* región de Arabia. *Sabtá, Raamá y Sabtecá:* al sur de Arabia, en dirección al Yemen. *Dedán:* al noroeste de Arabia.

[k] 10.8 Esta vez, el nombre de *Cus* (cf. v. 6) aparece asociado a las grandes ciudades de Mesopotamia y, sobre todo, de Asiria, *el país de Nimrod* (Miq 5.6[5]).

[l] 10.9 De la leyenda de Nimrod lo único que se conoce es el *dicho* popular recogido en este pasaje.

[m] 10.10 *Calné:* lugar no identificado. El texto hebreo también podría traducirse *y Acad, todas ellas en la región de Sinar*.

[n] 10.10 *Sinar:* Véase Gn 11.2 n.

[ñ] 10.11 *Asur:* es decir, Asiria, cuya capital, a partir del 705 a.C., fue Nínive. Cf. Jon 1.2; Nah 1—3.

[o] 10.13 *Ludeos, anameos, lehabitas* y *naftuhítas:* Probablemente se trata de habitantes de la región comprendida entre Jerusalén y las colinas de Guézer (cf. Jos 10.33; 12.12), ciudad que el faraón de Egipto entregó como dote cuando una de sus hijas se casó con Salomón (cf. 1 R 9.16). Es posible que en esa región haya habido colonias egipcias.

[p] 10.14 *Patruseos:* es decir, habitantes de Patrós, en el alto Egipto, al sur de Menfis. Cf. Is 11.11; Jer 44.1,15. Acerca de los *filisteos,* véanse Jos 13.3 n.; Jer 47.4 nota *e*.

[q] 10.15 *Canaán:* Véase Gn 9.18 n. *Sidón:* Véase Jos 11.8 n. *Het:* el antepasado de los hititas. Cf. Gn 15.20; 23.3, y véase Jos 1.4 n.

[r] 10.16-18 Estos vv. ofrecen una lista de los habitantes de Canaán antes del establecimiento de los israelitas en dicho territorio. Véase Gn 15.19-21 n. Algunos de los nombres mencionados aparecen solamente en este lugar.

[s] 10.19 *Guerar:* Cf. Gn 20.1. *Gaza:* ciudad filistea, al sudeste de Palestina. Véase Jos 11.22 nota *n. Sodoma, Gomorra, Admá y Seboím:* al sudeste y sudoeste del Mar Muerto. *Lesa:* lugar no identificado.

[t] 10.21 A pesar de ser primogénito de Noé (cf. Gn 5.32), se menciona a *Sem* en último lugar para destacar su importancia. De esta familia va a surgir el pueblo elegido por Dios para llevar a cabo su designio de salvación sobre la humanidad entera. Véanse Gn 11.10-26 n.; 12.1 nota *a*.

[u] 10.21 *Éber:* el antepasado de los hebreos (cf. Gn 11.16).

[v] 10.22 *Elam:* Véase Gn 14.1 n. *Asur:* Cf. Gn 10.11-12. *Arfaxad:* probablemente los hurritas de la alta Mesopotamia, al este del Tigris. *Lud:* la región de Lidia, en Asia Menor. *Aram:* el conjunto de tribus arameas que habitaban en Siria y en las riberas del Éufrates.

[w] 10.23 De los nombres que aquí se mencionan solo se ha identificado el de *Us*, la patria de Job, en la frontera de Edom y Arabia (cf. Job 1.1).

de ellos se llamaba Péleg, porque en su tiempo la gente de la tierra se dividió; y el hermano de Péleg se llamaba Joctán. ˣ ²⁶Joctán fue el padre de Almodad, Sélef, Hasarmávet, Jérah, ²⁷Hadoram, Uzal, Diclá, ²⁸Obal, Abimael, Sebá, ²⁹Ofir, Havilá y Jobab. Todos estos fueron hijos de Joctán, ³⁰y vivieron en las tierras que se extienden desde la región de Mesá hasta la de Sefar, que es la región montañosa del oriente. ʸ ³¹Estos fueron los descendientes de Sem, cada nación y clan en su propia tierra y con su propio idioma.

³²Estos son los clanes de los hijos de Noé, según sus diferentes líneas de descendientes y sus territorios. Después del diluvio, se esparcieron por todas partes y formaron las naciones del mundo.

11 La torre de Babel ᵃ

¹En aquel tiempo todo el mundo hablaba el mismo idioma. ²Cuando salieron de la región oriental, encontraron una llanura en la región de Sinar ᵇ y allí se quedaron a vivir. ³Un día se dijeron unos a otros: "Vamos a hacer ladrillos y a cocerlos en el fuego." Así, usaron ladrillos en lugar de piedras y asfalto natural en lugar de mezcla. ᶜ ⁴Después dijeron: "Vengan, vamos a construir una ciudad y una torre ᵈ que llegue hasta el cielo. ᵉ De este modo nos haremos famosos y no tendremos que dispersarnos por toda la tierra."

⁵Pero el Señor bajó a ver la ciudad y la torre que los hombres estaban construyendo, ⁶y pensó: "Ellos son un solo pueblo y hablan un solo idioma; por eso han comenzado este trabajo, y ahora por nada del mundo van a dejar de hacerlo. ⁷Es mejor que bajemos a confundir su idioma, para que no se entiendan entre ellos."

⁸Así fue como el Señor los dispersó por toda la tierra, y ellos dejaron de construir la ciudad. ⁹En ese lugar el Señor confundió el idioma de todos los habitantes de la tierra, y de allí los dispersó por todo el mundo. Por eso la ciudad se llamó Babel. ᶠ

Los descendientes de Sem ᵍ (1 Cr 1.24-27)

¹⁰Estos fueron los descendientes de Sem. Dos años después del diluvio, cuando Sem tenía cien años, nació su hijo Arfaxad. ¹¹Después de esto, Sem vivió quinientos años más, y tuvo otros hijos e hijas.

¹²Arfaxad tenía treinta y cinco años cuando nació su hijo Sélah. ¹³Después de esto, Arfaxad vivió cuatrocientos tres años más, y tuvo otros hijos e hijas.

¹⁴Sélah tenía treinta años cuando nació su hijo Éber. ¹⁵Después de esto, Sélah vivió cuatrocientos tres años más, y tuvo otros hijos e hijas.

¹⁶Éber tenía treinta y cuatro años cuando nació su hijo Péleg. ¹⁷Después de esto, Éber vivió cuatrocientos treinta años más, y tuvo otros hijos e hijas.

¹⁸Péleg tenía treinta años cuando nació su hijo Reú. ¹⁹Después de esto, Péleg vivió doscientos nueve años más, y tuvo otros hijos e hijas.

²⁰Reú tenía treinta y dos años cuando nació su hijo Serug. ²¹Después de esto, Reú vivió doscientos siete años más, y tuvo otros hijos e hijas.

²²Serug tenía treinta años cuando nació su hijo Nahor. ²³Después de esto, Serug vivió doscientos años más, y tuvo otros hijos e hijas.

²⁴Nahor tenía veintinueve años cuando nació su hijo Térah. ²⁵Después de esto, Nahor vivió ciento diecinueve años más, y tuvo otros hijos e hijas.

²⁶Térah tenía ya setenta años cuando nacieron sus hijos Abram, Nahor y Harán.

Los descendientes de Térah

²⁷Estos son los descendientes de Térah, que fue el padre de Abram, ʰ Nahor y Harán. Harán, el padre de Lot, ²⁸murió en Ur de Caldea, ⁱ antes que su padre Térah. Murió en el mismo lugar donde había nacido.

²⁹Abram se casó con Sarai, y Nahor se casó con Milcá, que era hija de Harán y hermana de Iscá. ³⁰Sarai ʲ no podía tener hijos porque era estéril.

ˣ **10.25** Como *Péleg* significa, en hebreo, *división,* aquí hay un juego de palabras con el verbo *dividir.* Probablemente se establece una división entre los semitas del norte (*Péleg*) y los del sur (*Joctán*).

ʸ **10.26-30** Los nombres de los trece hijos de *Joctán* corresponden a tribus o lugares de Arabia. *Ofir* (v. 29) era probablemente un puerto comercial, frecuentemente mencionado en el AT. Véase 1 R 9.28 n.

ᵃ **11.1-9** La diversificación de las lenguas y la dispersión de los pueblos se presentan en este relato desde otro punto de vista. Ya no se trata, como en el cap. anterior, de algo bendecido por Dios, sino de un castigo impuesto al orgullo de los hombres.

ᵇ **11.2** *Sinar* es el nombre bíblico de la vasta *llanura* comprendida entre los ríos Éufrates y Tigris, designada con el nombre de Mesopotamia. El v. 9 localiza este episodio en Babilonia, la ciudad más renombrada de aquella región. Cf. Gn 10.10; 14.1.

ᶜ **11.3** El *ladrillo* y el *asfalto* o betún eran los materiales de construcción típicos de Mesopotamia, donde no había piedra para construir, como sí había en Palestina.

ᵈ **11.4** Las ciudades de Mesopotamia tenían un templo con una *torre* escalonada, a la que se le daba el nombre de *zigurat.* Estas torres estaban construidas en forma de pirámide, y su parte más alta era considerada como el lazo de unión entre el cielo y la tierra. El *zigurat* de Babilonia, que medía 90 m. de lado y más de 90 de alto, constaba de siete cuerpos o niveles superpuestos. En el presente relato, esa torre no aparece como un templo o un símbolo religioso; es, más bien, la expresión de la soberbia humana, que se propone construir una civilización para la gloria del hombre, sin tener en cuenta a Dios (Is 14.13-14; cf. Gn 3.6; Ez 28.2).

ᵉ **11.4** *Que llegue hasta el cielo:* expresión característica de un proyecto desmesurado, que pretende traspasar todos los límites (Is 14.13-14; cf. Gn 3.6; Ez 28.2).

ᶠ **11.9** *Babel:* es decir, Babilonia. La tradición babilónica atribuía al nombre de esta ciudad el significado de *Puerta de Dios* o *Puerta de los dioses*. El relato bíblico, no sin ironía, lo asocia, en cambio, con el verbo hebreo *balal,* que significa *confundir.* Según Hch 2.8-11, con el derramamiento del Espíritu Santo en Pentecostés comienza la reunificación de la humanidad dispersada en Babel.

ᵍ **11.10-26** Aquí y en los vv. 27-32 se van eliminando de las genealogías las ramas laterales, para dirigir la atención hacia los pueblos semitas y, más concretamente, hacia el linaje de Abraham, elegido por Dios para bendecir a todas las familias del mundo (Gn 12.1-3).

ʰ **11.27** *Abram:* Véase Gn 17.5 nota *d.*

ⁱ **11.28** *Ur:* Se trata, muy probablemente, de una de las ciudades más antiguas al sur de Mesopotamia, cerca de la desembocadura del Éufrates en el golfo Pérsico. En la Biblia se la llama *Ur de los caldeos* (v. 31), porque varios siglos después de Abraham, entre los años 600 y 539 a.C., estuvo bajo el dominio de los *caldeos,* pueblo semita que hablaba un dialecto arameo. La luna era el principal dios de la ciudad.

ʲ **11.30** *Sarai:* Véase Gn 17.15 n.

GÉNESIS 11, 12

31 Térah salió de Ur de los caldeos para ir a la tierra de Canaán, y se llevó con él a su hijo Abram, a su nieto Lot y a su nuera Sarai. Sin embargo, cuando llegaron a la ciudad de Harán, *k* se quedaron a vivir allí. *l* **32** Y Térah murió en Harán a la edad de doscientos cinco años.

II. LA HISTORIA DE LOS PATRIARCAS HEBREOS (12—50)

1. La historia de Abraham (12—25)

12 **Dios llama a Abram** **1** Un día el Señor le dijo a Abram: *a* "Deja tu tierra, tus parientes y la casa de tu padre, para ir a la tierra que yo te voy a mostrar. *b* **2** Con tus descendientes voy a formar una gran nación; voy a bendecirte y hacerte famoso, y serás una bendición para otros. *c* **3** Bendeciré a los que te bendigan y maldeciré a los que te maldigan; por medio de ti bendeciré *d* a todas las familias del mundo." *e*

4 Abram salió de Harán tal como el Señor se lo había ordenado. Tenía setenta y cinco años cuando salió de allá para ir a la tierra de Canaán. **5** Con él se llevó a su esposa Sarai y a su sobrino Lot, y también todas las cosas que tenían y la gente que habían adquirido en Harán. Cuando llegaron a Canaán, **6** Abram atravesó toda esa región hasta llegar a Siquem, donde está la encina sagrada de Moré. Los cananeos vivían entonces en aquella región. *f* **7** Allí el Señor se le apareció y le dijo: "Esta tierra se la voy a dar a tu descendencia." *g*

Entonces Abram construyó un altar en honor del Señor, porque allí se le había aparecido. **8** Luego se fue a la región montañosa que está al este de la ciudad de Betel, *h* y allí puso su campamento. Betel quedaba al oeste de donde él había acampado, y la ciudad de Ai al este. En ese lugar Abram construyó otro altar e invocó el nombre del Señor. **9** Después siguió su camino, poco a poco, *i* hacia la región del Négueb. *j*

Abram en Egipto *k* **10** Por aquel entonces hubo una gran escasez de alimentos *l* en toda aquella región, y Abram se fue a vivir a Egipto *m* durante algún tiempo, pues no había nada de comer en el lugar donde vivía. **11** Cuando ya estaba llegando a Egipto, Abram le dijo a su esposa Sarai: "Mira, yo sé bien que tú eres una mujer hermosa, **12** y que cuando los egipcios te vean, van a decir: 'Esta mujer es la esposa de ese hombre.' Entonces a mí me matarán, y a ti te dejarán con vida para quedarse contigo. **13** Por eso, para que me vaya bien y no me maten por causa tuya, diles por favor que eres mi hermana." *n*

14 Cuando Abram llegó a Egipto, los egipcios vieron que Sarai era muy hermosa. **15** También la vieron los funcionarios del faraón, rey de Egipto, *ñ* y le fueron a decir que aquella mujer era muy hermosa. Entonces la llevaron al palacio del faraón.

16 Por causa de Sarai, el faraón trató muy bien a Abram. Le regaló ovejas, vacas, esclavos, esclavas, asnos y camellos. **17** Pero también por causa de Sarai, el Señor castigó al faraón y a su familia con grandes plagas. **18** Por eso el faraón mandó llamar a Abram, y le dijo: "¿Por qué me has hecho esto? ¿Por qué no me dijiste que esta mujer es tu esposa? *o* **19** Tú

---

k 11.31 *Harán:* ciudad de la alta Mesopotamia, donde, lo mismo que en Ur, se rendía culto al dios de la luna. En esta región se encontraban algunas tribus arameas emparentadas con Abraham. Cf. Gn 24.

l 11.31 La familia de *Térah* emprende una migración que va a cubrir toda la región conocida con el nombre de Medialuna fértil: desde Ur de los caldeos hasta el Négueb y Egipto (Gn 12.9-10), pasando por Harán, en la alta Mesopotamia. El texto bíblico no dice por qué Térah decidió abandonar la ciudad de Ur ni por qué se detuvo en Harán. La partida de Abraham, por el contrario, está determinada por una expresa orden del Señor (cf. Gn 12.1-3).

a 12.1 *El Señor le dijo a Abram:* Esta irrupción totalmente imprevista de la palabra de Dios hace que la historia del mundo entre en una nueva etapa. De la humanidad sumergida en el pecado (cf. Gn 6.5), Dios va a formar un pueblo nuevo, que comienza con Abraham (Gn 17.5). Por su prontitud en obedecer a la palabra de Dios (cf. v. 4), Abraham llegó a ser el padre y modelo de todos los creyentes (cf. Ro 4.11-12; Heb 11.8-10).

b 12.1 Hch 7.2-3.

c 12.2 La promesa hecha a Abraham es el hilo conductor de la historia patriarcal narrada en el libro del *Génesis.* En los caps. siguientes, esta promesa va a confirmarse una y otra vez, con sus dos elementos esenciales: una descendencia numerosa (Gn 13.16; 15.5; 17.6; 22.17-18; 26.4; 28.14) y la posesión de la tierra en la que Abraham, Isaac y Jacob vivieron como extranjeros (Gn 15.18-21; 26.3; 28.15; 50.24). Véase Ex 1.7 nota *e*.

d 12.2-3 Las palabras claves de esta promesa divina son *bendecir* y *bendición,* que aparecen cinco veces en solo dos vv. La *bendición* prometida a Abraham y, a través de él, al pueblo de Israel y a la humanidad entera, está destinada a destruir la *maldición* que el pecado del hombre hizo recaer sobre la tierra (Gn 3.17; cf. 4.11; 5.29; 8.21; 9.25).

e 12.3 Eclo 44.21; Hch 3.25; Gl 3.8. *Por medio de ti... mundo:* otra posible interpretación: *todas las familias del mundo me pedirán una bendición como la que te he dado a ti.* Igualmente en Gn 18.18; 22.18; 26.4; 28.14.

f 12.6 *Siquem:* antigua ciudad de Palestina, situada entre los montes Ebal y Guerizim (véase Dt 11.29-30 n.). Antes de ser conquistada por los israelitas, había sido un importante centro político y religioso de los cananeos. La *encina sagrada de Moré* era un árbol o un pequeño bosque que servía como lugar de culto (cf. Gn 35.4; Dt 11.30; Jos 24.26). Es posible que sea el mismo árbol sagrado que en Jue 9.37 recibe el nombre de *Encina de los Adivinos.*

g 12.7 Cf. Hch 7.5; Gl 3.16.

h 12.8 *Betel,* nombre que en hebreo significa *casa de Dios* (Gn 28.19), era otro centro religioso de los cananeos, a unos 15 km. al norte de Jerusalén. En tiempos de la monarquía israelita, desempeñó un papel importante, porque allí se encontraba uno de los principales santuarios del reino del Norte (1 R 12.28-30; Am 7.13).

i 12.9 *Poco a poco:* lit. *yendo y quitando estacas* (de las tiendas de campaña), es decir, haciendo escalas.

j 12.9 El *Négueb* es la zona desértica que se extiende al sur de Palestina. Véase Abd vv. 19-20 nota *w*.

k 12.10-20 Narraciones semejantes a esta se encuentran en Gn 20 y 26.1-11.

l 12.10 En Palestina, las cosechas dependen de las lluvias (cf. Dt 11.10-12). El AT alude frecuentemente a la *escasez de alimentos* que se producía en aquella región a causa de sequías prolongadas (Gn 26.1; 43.1; 47.4; Rt 1.1; 2 R 4.38).

m 12.10 En *Egipto* las cosechas eran regulares y seguras, porque las crecidas del río Nilo inundaban periódicamente los campos de cultivo. Documentos egipcios antiguos atestiguan que cuando había hambre en Canaán, muchos cananeos iban a Egipto a comprar trigo, y a veces a instalarse allí como refugiados. Cf. Gn 47.3-4.

n 12.13 *Mi hermana:* Véase Gn 26.6-11 n.

ñ 12.15 *Faraón, rey de Egipto:* Véase Ex 1.11 nota *k*.

o 12.18 El texto no explica cómo se enteró el *faraón* de que Sara era la esposa de Abraham. Compárese este v. con Gn 20.3; 26.8.

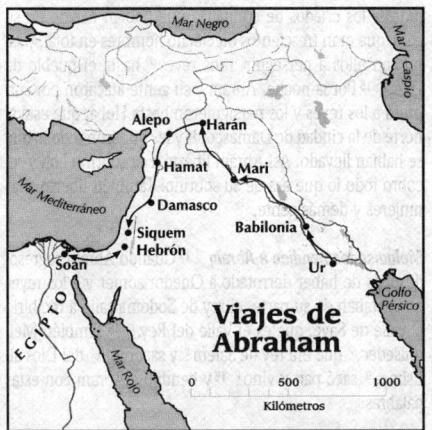

Viajes de Abraham

dijiste que era tu hermana, y yo pude haberla tomado por esposa. Anda, aquí la tienes. ¡Tómala y vete!" **20** Entonces el faraón ordenó a sus hombres que hicieran salir de Egipto a Abram, junto con su esposa y con todo lo que tenía.

13 Abram y Lot se separan

1 Cuando Abram salió de Egipto, con su esposa y con todo lo que tenía, regresó a la región del Néguev. Su sobrino Lot se fue con ellos. **2** Abram era muy rico, pues tenía oro, plata y muchos animales. **3** Del Néguev regresó poco a poco, hasta llegar al pueblo de Betel, y de ahí se fue al lugar donde había acampado primero, entre Betel y Ai. **4** Ese era el lugar donde antes había construido un altar, y allí invocó el nombre del Señor.

5 Lot también era muy rico, pues, al igual que su tío Abram, tenía muchas ovejas y vacas, y gente que acampaba con él; **6** pero el lugar donde estaban no bastaba para alimentar a tantos animales. Ya no podían vivir juntos, **7** pues los que cuidaban el ganado de Abram se peleaban con los que cuidaban el ganado de Lot. *a* Además, en aquel tiempo, los cananeos y ferezeos todavía vivían allí. **8** Así que un día Abram le dijo a Lot: "Tú y yo somos parientes, así que no está bien que haya pleitos entre nosotros, ni entre tus pastores y los míos. **9** Ahí está toda la tierra, para que escojas. Por favor, sepárate de mí. Si tú te vas al norte, yo me voy al sur, y si tú te vas al sur, yo me voy al norte."

10 Lot miró por todo el valle del río Jordán y vio que, hasta el pueblecito de Sóar, el valle tenía bastante agua y era como un gran jardín. *b* Se parecía a Egipto. (Esto era así antes de que el Señor destruyera las ciudades de Sodoma y Gomorra.) *c* **11** Entonces Lot escogió todo el valle del Jordán, y se fue al oriente del lugar donde estaban. De esta manera, Abram y Lot se separaron. **12** Abram se quedó en Canaán, y Lot se fue a vivir a las ciudades del valle, cerca de la ciudad de Sodoma, **13** donde toda la gente era muy mala y cometía horribles pecados contra el Señor.

14 Después que Lot se fue, el Señor le dijo a Abram: "Desde el lugar donde estás, mira bien al norte y al sur, al este y al oeste; **15** yo te daré toda la tierra que ves, y para siempre será tuya y de tus descendientes. **16** Yo haré que ellos sean tantos como el polvo de la tierra. Así como no es posible contar los granitos de polvo, tampoco será posible contar tus descendientes. **17** ¡Levántate, recorre esta tierra a lo largo y a lo ancho, porque yo te la voy a dar!" *d*

18 Así pues, Abram levantó su campamento y se fue a vivir al bosque de encinas de un hombre llamado Mamré, cerca de la ciudad de Hebrón. *e* Allí construyó un altar en honor del Señor.

14 Abram libera a Lot

1 En aquel tiempo Amrafel era rey de Sinar, Arioc era rey de Elasar, Quedorlaómer era rey de Elam, y Tidal era rey de Goím. *a* **2** Estos estuvieron en guerra contra Bera, rey de Sodoma, contra Birsá, *b* rey de Gomorra, contra Sinab, rey de Admá, contra Seméber, rey de Seboím, y contra el rey de Bela, pueblo que también se llama Sóar. *c* **3** Estos cinco últimos juntaron sus ejércitos en el valle de Sidim, donde está el Mar Muerto. *d* **4** El rey Quedorlaómer los había dominado durante doce años, pero a los trece años los cinco reyes decidieron luchar contra él. **5** Al año siguiente, Quedorlaómer y los reyes que estaban de su parte fueron a la región de Astarot Carnaim, y allí derrotaron a los refaítas; luego derrotaron a

---

a **13.7** Abraham y sus parientes eran pastores seminómadas, que se desplazaban de un lugar a otro, por lo general en los bordes de las zonas de cultivo, en busca de pastos para sus rebaños. La distribución de los campos de pastoreo y el uso de los pozos de agua eran motivo de frecuentes altercados entre los pastores. Cf. Gn 26.19-21; Ex 2.16-19.

b **13.10** El *valle* del Jordán es la llanura que se extiende a orillas de ese río antes de su desembocadura en el Mar Muerto. *Gran jardín*: lit. *jardín del Señor*. Esta expresión tiene probablemente un sentido superlativo e indica la grandeza o excelencia del lugar. (Acerca de esta manera de expresar el superlativo, véase Gn 1.2 nota *d*.) Quizá hay también una alusión al jardín de Edén (Gn 2.8-14). *Sóar* estaba situada en ese mismo valle, al sur del Mar Muerto.

c **13.10** *Sodoma*: ciudad luego destruida (Gn 19.24), cuyo nombre se conserva todavía en el del Yébel Usdum ("montaña de Sodoma"), que es una cadena montañosa situada al sur del Mar Muerto. *Gomorra* también se encontraba en aquella región.

d **13.14-17** Cf. Hch 7.5; Gl 3.16. Aquí se renueva la promesa que el Señor había hecho a Abraham. Véase Gn 12.2 n.

e **13.18** *Hebrón*: ciudad de la montaña de Judá, a 36 km. al sur de Jerusalén. Es una de las más antiguas ciudades de Palestina (cf. Nm 13.22), habitada ininterrumpidamente hasta el día de hoy. Los árabes la llaman *El Jalil*, "el Amigo", en memoria de Abraham, el *amigo de Dios* (2 Cr 20.7; Is 41.8; Stg 2.23). El *bosque de encinas* se encontraba a unos 3 km. al norte de Hebrón y era probablemente un lugar sagrado. Cf. Gn 14.13; 18.1.

a **14.1** *Sinar*: Cf. Gn 10.10, y véase Gn 11.2 n. *Elam* es el nombre de una región situada al este de Mesopotamia, en lo que hoy es Irán (véase Jer 49.34 n.). *Tidal* es un nombre hitita, y *Goím*, en hebreo, significa *naciones*, por lo que algunos traducen *Tidal, rey de naciones*. Los nombres restantes no han podido ser identificados con precisión.

b **14.2** Los nombres de *Bera* y *Birsá* tienen quizá un valor simbólico, ya que en hebreo el primero podría significar *en el mal* y el segundo *en la maldad*. En tal caso, habría aquí una alusión a la depravación de Sodoma y Gomorra (cf. Gn 18.20-21). El nombre del rey de Bela o de Sóar no se menciona en el texto.

c **14.2** Las ciudades aquí mencionadas se hallaban al sur del Mar Muerto. (Acerca de *Sodoma* y *Gomorra*, véase Gn 13.10 nota *c*). *Admá* y *Seboím*: Cf. Dt 29.23(24); Os 11.8.

d **14.3** *Mar Muerto*: lit. *Mar de la Sal* o *Mar Salado*, llamado también *Mar de Arabá* (véase Dt 1.1 n.).

los zuzitas en Ham, a los emitas los derrotaron en Savé-quiriataim, [e] [6] y a los horeos los derrotaron en los montes de Seír y los persiguieron hasta El-parán, que está junto al desierto. [f] [7] Al regresar Quedorlaómer y los que estaban con él, llegaron a En-mispat, [g] que también se llama Cadés. Y destruyeron todo lo que encontraron a su paso en la región de los amalecitas, y también hicieron lo mismo con los amorreos, que vivían en la región de Hasesón-tamar. [h]

[8-9] Entonces los reyes de Sodoma, Gomorra, Admá, Seboím y Bela fueron al valle de Sidim. Allí estos cinco reyes pelearon contra Quedorlaómer, Tidal, Amrafel y Arioc, que eran los cuatro reyes de Elam, Goím, Sinar y Elasar. [10] En todo el valle de Sidim [i] había muchos pozos de asfalto natural, y cuando los reyes de Sodoma y Gomorra quisieron escapar de la batalla, fueron a caer en los pozos. Los otros reyes escaparon a los montes.

[11] Los vencedores se llevaron entonces todos los alimentos y cosas de valor que había en Sodoma y Gomorra, y se fueron de allí. [12] Como en Sodoma vivía Lot, el sobrino de Abram, [j] también se lo llevaron prisionero junto con todo lo que tenía. [13] Pero un hombre que había escapado con vida [k] vino a contarle todo esto a Abram el hebreo, [l] que vivía en el bosque de encinas de Mamré [m] el amorreo. [n] Mamré era hermano de Escol y de Aner, [ñ] y ellos estaban de parte de Abram.

[14] Cuando Abram supo que su sobrino estaba prisionero, juntó a los criados de confianza que habían nacido en su casa, que eran trescientos dieciocho hombres en total, y salió con ellos a perseguir a los reyes [o] hasta el pueblo de Dan. [p] [15] Por la noche, Abram y su gente atacaron por sorpresa a los reyes y los persiguieron hasta Hobá, que está al norte de la ciudad de Damasco, [16] y les quitaron todo lo que se habían llevado. Así Abram libertó a su sobrino Lot, y recobró todo lo que era de su sobrino. También libertó a las mujeres y demás gente.

Melquisedec bendice a Abram [17] Cuando Abram regresó, después de haber derrotado a Quedorlaómer y a los reyes que estaban de su parte, el rey de Sodoma salió a recibirlo al valle de Savé, que es el Valle del Rey. [q] [18] También Melquisedec, [r] que era rey de Salem [s] y sacerdote [t] del Dios altísimo, [u] sacó pan y vino [v] [19] y bendijo a Abram con estas palabras:

"Que te bendiga el Dios altísimo,
creador del cielo y de la tierra;
[20] y alabado sea el Dios altísimo
que te hizo vencer a tus enemigos."

Entonces Abram le dio a Melquisedec la décima parte de lo que había recobrado. [w] [21] Luego el rey de Sodoma le dijo a Abram:

—Dame las personas y quédate con las cosas.

---

[e] **14.5** Los *refaítas, zuzitas* y *emitas* eran antiguos pobladores de las regiones al este del Jordán. Véanse Dt 2.10-11 n.; 3.11 n.

[f] **14.5-6** *Horeos:* habitantes de los montes de Seír, al sudeste de Canaán, donde más tarde se instalaron los edomitas (Dt 2.12). De acuerdo con las indicaciones dadas en el texto, los invasores siguieron el itinerario recorrido por las caravanas de mercaderes: desde *Astarot Carnaim* y *Ham*, en el sur de Siria, hasta *El-parán*, en el Golfo de Akaba, pasando por *Savé-quiriataim*, al este del Mar Muerto.

[g] **14.7** *En-mispat*, que en hebreo significa *Fuente del juicio*, es otro nombre de *Cadés-barnea*, un oasis al sur de Beerseba, en el desierto del Négueb (véase Gn 12.9 nota *j*). En la Biblia se lo recuerda como una etapa importante en la marcha de los israelitas desde Egipto hacia la Tierra prometida (cf. Nm 20.1,14,22; Dt 1.2,46). El nombre *Cadés* se asemeja a la palabra hebrea que significa *santo*, y esto indica que ese manantial era venerado como lugar sagrado.

[h] **14.7** Los *amalecitas* eran tribus nómadas de la península del Sinaí (véase Ex 17.8 n.). Acerca de los *amorreos*, véase Gn 15.16 n. *Hasesón-tamar*: Podría tratarse de En-gadi, un oasis en la parte occidental del Mar Muerto (cf. Jos 15.62), o bien de alguna ciudad al sur de ese mismo mar.

[i] **14.10** El *valle de Sidim* es la profunda depresión donde se encuentra el Mar Muerto, cuya superficie está a 392 m. por debajo del nivel del mar.

[j] **14.12** *Lot, el sobrino de Abram:* Cf. Gn 13.12; 19.1-29.

[k] **14.13** *Un hombre que había escapado con vida:* Cf. 2 S 1.2-3.

[l] **14.13** *Abraham* es llamado aquí *el hebreo*, término de uso limitado en el AT, pero que conoció una amplia difusión en el antiguo Oriente, donde aparece bajo las formas de *apiru, hapiru* o *habiru*. Ese título designa a grupos no integrados en la sociedad, ya sean mercaderes de caravanas, mercenarios en el ejército, bandoleros o refugiados. Es decir, que el término no se refería a un grupo nacional o racial, sino a una determinada condición social. Véanse Gn 10.21 n.; 1 S 14.11 n.

[m] **14.13** *El bosque de encinas de Mamré:* Véase Gn 13.18 n.

[n] **14.13** *Mamré*, que antes había aparecido como un nombre de lugar, pasa a ser aquí el nombre de una persona. *El amorreo:* Véase Gn 15.16 n.

[ñ] **14.13** *Escol*, en hebreo, significa *racimo de uvas*. En Nm 13.23-24, es el nombre de un valle cerca de Hebrón. En 1 Cr 6.70(55), *Aner* es una ciudad.

[o] **14.14** Abraham no aparece en este relato como un simple pastor de ovejas, sino como un guerrero valeroso, capaz de reclutar un pequeño ejército y de entrar en combate con los reyes. Un poco más adelante (vv. 22-24), el patriarca se va a manifestar como un vencedor noble y desinteresado.

[p] **14.14** *Dan:* Véase Jos 19.40 n. Aquí, ese término designa, de una manera general, el extremo norte de Palestina. Cf. Jue 20.1.

[q] **14.17** *El Valle del Rey:* Se trata sin duda de un valle cercano a la ciudad de Jerusalén, mencionado también en 2 S 18.18.

[r] **14.18** El nombre de *Melquisedec* significaba originariamente *(el dios) Sedec es rey. Sedec* era uno de los dioses de Jerusalén, venerado por los jebuseos antes de la conquista de la ciudad por el rey David (cf. 2 S 5.6-9). Pero la palabra *sedec* significa también *justicia*, y por eso el nombre de *Melquisedec* se interpretó más tarde como *Mi rey es justicia* (cf. Heb 7.2). En Jos 10.1 se habla de otro rey cananeo de Jerusalén llamado *Adonisédec*.

[s] **14.18** *Salem:* es decir, Jerusalén (véase Sal 76.2[3] n.), la ciudad conquistada por David, que llegó a ser la capital de su reino.

[t] **14.18** *Melquisedec* era a la vez *rey* y *sacerdote*, como solían serlo los reyes y soberanos en el antiguo Oriente (cf. 2 S 6.13-14,18; 1 R 8.14-15,55).

[u] **14.18** *Dios altísimo:* en hebreo, *El Elyón*. Según parece, *El Elyón* era el dios supremo de los habitantes de la Jerusalén preisraelita. Al identificar a esta divinidad con *Yahvé*, el dios de Israel, el texto bíblico quiere hacer ver que Abraham, el padre del pueblo judío, y Melquisedec, un rey y sacerdote no israelita, veneraban con distintos nombres al mismo Dios creador. Acerca del nombre divino *Yahvé*, traducido aquí por *el Señor* (cf. v. 22), véanse Gn 4.26 nota *y*; Ex 3.14 nota *n*; 3.15 n.

[v] **14.18** *Pan y vino:* El NT ve en Melquisedec, una figura de Cristo, un santo sacerdote de la nueva alianza (cf. Heb 5.6-10; 6.20; 7). Véase también Sal 110.4 n.

[w] **14.20** *La décima parte de lo que había recobrado:* Véase el comentario que se hace de este v. en Heb 7.4-10.

²² Pero Abram le contestó:

—Le he jurado al Señor, al Dios altísimo que hizo el cielo y la tierra, ²³ que no voy a tomar nada de lo que es tuyo, ni siquiera un hilo o una correa para mis sandalias, para que nunca digas que tú fuiste el que me hizo rico. ²⁴ Yo no quiero nada para mí, excepto lo que ya comieron los criados. En cuanto a los hombres que me acompañaron, es decir, Aner, Escol y Mamré, ellos tomarán su parte.ˣ

15 Dios hace una alianza con Abram

¹ Después de esto, el Señor le habló a Abram en una visión y le dijo:

—No tengas miedo, Abram, porque yo soy tu protector.ᵃ Tu recompensa va a ser muy grande.

²⁻³ Pero Abram le contestó:

—Señor y Dios, ¿de qué me sirve que me des recompensa, si tú bien sabes que no tengo hijos? Como no me has dado ningún hijo, el heredero de todo lo que tengo va a ser Eliézer de Damasco, uno de mis criados.ᵇ

⁴ El Señor le contestó:

—Tu heredero va a ser tu propio hijo, y no un extraño.

⁵ Entonces el Señor llevó a Abram afuera, y le dijo:

—Mira bien el cielo, y cuenta las estrellas, si es que puedes contarlas. Pues bien, así será el número de tus descendientes.

⁶ Abram creyó al Señor, y por eso el Señor lo aceptó como justo ᵈ ⁷ y le dijo:

—Yo soy el Señor; yo te saqué de Ur de los caldeos para darte esta tierra como herencia.

⁸ —Pero, Señor y Dios, ¿cómo podré estar seguro de que voy a heredar esta tierra? —contestó Abram.

⁹ Y Dios le dijo:

—Tráeme una ternera, una cabra y un carnero, de tres años cada uno, y también una tórtola y un pichón de paloma.ᵉ

¹⁰ Abram trajo todos estos animales a Dios, los partió por la mitad y puso una mitad frente a otra; pero no partió las aves. ¹¹ Y los buitres bajaban sobre los cuerpos de los animales muertos, pero Abram los espantaba. ¹² Cuando empezaba a anochecer, Abram se quedó profundamente dormido.ᶠ De pronto lo rodeó una gran oscuridad y sintió mucho miedo. ¹³ Entonces el Señor le dijo:

—Debes saber que tus descendientes vivirán en un país extranjero, y que allí serán esclavos, y que serán maltratados durante cuatrocientos años.ᵍ ¹⁴ Pero yo también castigaré a la nación que va a hacerlos esclavos, y después tus descendientes saldrán libres y dueños de grandes riquezas.ʰ ¹⁵ Por lo que a ti toca, morirás en paz cuando ya seas muy anciano, y así te reunirás con tus antepasados. ¹⁶ Después de cuatro generaciones, tus descendientes regresarán a este lugar, porque todavía no ha llegado al colmo la maldad de los amorreos.ⁱ

¹⁷ Cuando ya era de noche y todo estaba oscuro, apareció un horno que echaba humo y una antorcha encendida que pasaba por en medio de los animales partidos.ʲ ¹⁸ Aquel mismo día el Señor hizo una alianza con Abram y le dijo:

—Esta tierra se la daré a tus descendientes, desde el río de Egipto hasta el río grande, el Éufrates.ᵏ ¹⁹ Es decir, la tierra de los quenitas, los quenizitas, los cadmoneos, ²⁰ los hititas, los ferezeos, los refaítas, ²¹ los amorreos, los cananeos, los gergeseos y los jebuseos.ˡ

16 Agar y su hijo Ismael

¹ Sarai no podía darle hijos a su esposo Abram, pero tenía una esclava egipcia que se llamaba Agar. ² Entonces le dijo a Abram:

—Mira, el Señor no me ha permitido tener hijos, pero te ruego que te unas a mi esclava Agar, pues tal vez tendré hijos por medio de ella.

Abram aceptó lo que Sarai le dijo,ᵃ ³ y entonces ella tomó a Agar la egipcia y se la dio como mujer a Abram, cuando ya hacía diez años que estaban viviendo en Canaán. ⁴ Abram

---

ˣ **14.22-24** Esta declaración pone de relieve la generosidad y la justicia de Abraham, que no reclama nada para sí, sino que afirma los derechos de sus aliados. Acerca de *Aner, Escol* y *Mamré*, véanse Gn 14.13 notas *m, n* y *ñ*.

ᵃ **15.1** *Tu protector*: lit. *tu escudo*. Véase Sal 3.3(4) n.

ᵇ **15.2-3** Traducción probable de un texto muy oscuro. Al parecer, Abraham se lamenta ante el Señor porque no ha tenido hijos y el *heredero* de sus bienes, de acuerdo con las costumbres de la época, será uno de sus *criados*. El Señor le confirma sus promesas (v. 5) y establece con él una alianza (v. 18). Véase Gn 12.2 n.

ᶜ **15.5** Ro 4.18; Heb 11.12.

ᵈ **15.6** *Creyó al Señor*: La fe de Abraham es un acto de entrega personal al Señor y de plena confianza en su promesa (cf. 1 Mac 2.52; Ro 4.3,9,22; Gl 3.6; Stg 2.23). *El Señor lo aceptó como justo*: La justicia que el Señor le reconoce a Abraham depende enteramente de la fe, y no de las obras de la Ley, como está aún no había sido promulgada (cf. Gl 3.17). Por eso, Pablo, cuando habla de la fe necesaria para alcanzar la salvación, pone a Abraham como modelo y ejemplo (Ro 4; Gl 3.6-20). Véase Sal 106.31 n.

ᵉ **15.9** Estos animales son los elementos necesarios para la celebración de una antigua ceremonia, que tenía lugar cuando se concertaba un pacto. Los animales sacrificados se partían por la mitad (v. 10), y los contratantes pasaban entre las dos mitades pronunciando un juramento o una fórmula de imprecación. Los animales partidos por la mitad eran, a su vez, el símbolo de la suerte que ellos mismos correrían si faltaban al compromiso contraído. Cf. Jer 34.18-19.

ᶠ **15.12** *Se quedó profundamente dormido*: Este profundo sueño recuerda el de Adán en Gn 2.21. El texto hebreo emplea en ambos casos la misma palabra. Cf. Job 4.13.

ᵍ **15.13** Alusión a la esclavitud de los israelitas en Egipto. Cf. Ex 1.1-14; 12.40-41, y también Hch 7.6.

ʰ **15.13-14** Hch 7.6-7. Cf. Jdt 5.9-12.

ⁱ **15.16** *Amorreos*: término que aquí se emplea para designar a los antiguos pobladores de Canaán, antes de la formación del pueblo de Israel. *La maldad de los amorreos*: Cf. Ex 23.23-24; 34.11-16.

ʲ **15.17** El *horno* y la *antorcha* representan la presencia del Señor, el cual se compromete, con juramento, a mantener la promesa hecha a Abraham.

ᵏ **15.18** *Río de Egipto*: no el Nilo, sino el llamado también *arroyo de Egipto* (Jos 15.4), hoy el-Arish, al sudoeste de Palestina, cerca de la costa del Mediterráneo. *El Éufrates*: Véase Gn 2.10-14 n. Estos ríos marcaban los límites teóricos de la Tierra prometida y coinciden en principio con los señalados en Dt 11.24; 1 R 4.21(5.1).

ˡ **15.19-21** Esta lista enumera los pueblos de Palestina antes de la llegada de los israelitas; se asemeja a las de Ex 3.8,17; 13.5; 23.23,28; 33.2; 34.11; Dt 7.1; 20.17; Jos 3.10.

ᵃ **16.2** Según las ideas de la época, la esterilidad era la peor desgracia que le podía ocurrir a una mujer (cf. 1 S 1.10-11). Para atenuar algo de su deshonra, la mujer estéril podía dar a su marido una esclava y reconocer a los hijos de esta como si fueran propios. Cf. Gn 30.1-13.

ABRAHAM (ABRAM)

Datos importantes de su vida	Referencias
Hijo de Térah; nace, probablemente, en Ur (Babilonia; véase *Índice de mapas*).	Gn 11.26
Se casa con Sarai.	Gn 11.29
Sale con su padre, esposa y sobrino hacia Canaán. Se establecen en Harán, donde muere Térah.	Gn 11.31-32
Dios llama a Abram y le ordena que viaje a Canaán; le promete que será el padre de una gran nación. Abram obedece.	Gn 12.1-7
Una hambruna hace que Abram emigre a Egipto.	Gn 12.10-20
Regresa a Canaán. Se separa de Lot; Abram recibe confirmación de la promesa divina. Se establece en Hebrón.	Gn 13
Abram rescata a Lot; se encuentra con Melquisedec.	Gn 14
Dios hace una alianza con Abram y renueva todas sus promesas.	Gn 15
Nace Ismael, hijo de Abram y de la esclava Agar.	Gn 16
Recibe el nombre de Abraham; Sarai recibe el nombre de Sara. La circuncisión se establece como señal de la alianza con Dios.	Gn 17
Dios le promete a Abraham un hijo de Sara.	Gn 18.1-15
Nace Isaac. Abraham despide a Agar y a Ismael.	Gn 21
Dios prueba la fe de Abraham: el sacrificio de Isaac.	Gn 22
Muerte de Sara. Abraham envía a buscar esposa para Isaac.	Gn 23–24
Abraham se casa con Queturá y tiene muchos hijos. Muere a la edad de 175 años y es enterrado en la tumba de Sara.	Gn 25.1-11

Otras referencias: Ex 2.24; 3.6,15-16; Jos 24.2-3; Sal 105.6-11,42-45; Is 41.8; Ro 4; Gl 3.6-9; Heb 7.1-10; 11.8-19

Véase *Abraham* en el *Índice temático*.

se unió a Agar, la cual quedó embarazada; pero cuando se dio cuenta de su estado comenzó a mirar a su señora con desprecio. [b] **5** Entonces Sarai le dijo a Abram:

—¡Tú tienes la culpa de que Agar me desprecie! Yo misma te la di por mujer, y ahora que va a tener un hijo se cree más que yo. Que el Señor diga quién tiene la culpa, si tú o yo.

6 Y Abram le contestó:

—Mira, tu esclava está en tus manos; haz con ella lo que mejor te parezca.

Entonces Sarai comenzó a maltratarla tanto, que Agar huyó. **7** Pero un Ángel del Señor [c] la encontró en el desierto, junto al manantial que está en el camino de Sur, [d] **8** y le preguntó:

—Agar, esclava de Sarai, ¿de dónde vienes, y a dónde vas?

—Estoy huyendo de mi señora Sarai —contestó ella.

9 Entonces el Ángel del Señor le dijo:

—Regresa al lado de tu señora, y obedécela en todo.

10 Además el Ángel del Señor le dijo:

"Aumentaré tanto tus descendientes, que nadie los podrá contar.

11 Estás encinta y tendrás un hijo, y le pondrás por nombre Ismael, [e] porque el Señor escuchó tu aflicción.

12 Será arisco como un potro salvaje; luchará contra todos, y todos contra él; pero él afirmará su casa aunque sus hermanos se opongan." [f]

13 Como Agar había hablado con el Señor, le llamó "el Dios que ve", pues se decía: "Dios me ha visto y todavía estoy viva." [g] **14** También por eso el pozo se llama: "Pozo del que vive y me ve". Este pozo está entre Cadés y Béred.

15 Y Agar le dio un hijo a Abram, [h] y él lo llamó Ismael. **16** Abram tenía ochenta y seis años cuando Ismael nació.

17

La circuncisión como señal de la alianza **1** Cuando Abram tenía noventa y nueve años, el Señor se le apareció y le dijo:

—Yo soy el Dios todopoderoso; [a] vive una vida sin tacha

---

[b] 16.4 Cf. 1 S 1.6-7.
[c] 16.7 El v. 13 muestra claramente que, en este contexto, el *Ángel* (o *mensajero*) *del Señor* no es un ser distinto de Dios, sino el mismo Señor que se manifiesta y hace sentir su presencia de manera sensible. Véanse Ex 3.2 n.; 23.20-33 n.; 32.34 n.; cf. también Jue 6.11-24.
[d] 16.7 *El camino de Sur*: Probablemente se trata de la antigua ruta que llegaba hasta Egipto, la tierra de Agar, atravesando el desierto de ese nombre (cf. Gn 25.18; 1 S 15.7; 27.8).
[e] 16.11 *Ismael*, en hebreo, significa *Dios escucha* o *Que Dios escuche*.
[f] 16.12 Este v. describe el estilo de vida propio de los beduinos árabes, descendientes de Ismael, en las regiones desérticas al sur de Palestina. Cf. Gn 25.16-18.
[g] 16.13 *El Dios que ve*: heb. *El Roí. Dios me ha visto y todavía estoy viva*: otra posible traducción: ¿*No he visto realmente a Dios y permanezco con vida después de mi visión?* Cadés: Véase Nm 13.26 n.
[h] 16.15 Cf. Gl 4.22.
[a] 17.1 *Dios todopoderoso*: traducción tradicional del heb. *El Shadai*, antiguo título de Dios cuyo significado primitivo pudo haber sido *Dios de la montaña* (cf. Sal 91.1). Este mismo título vuelve a

delante de mí, **2** y yo haré una alianza[b] contigo: haré que tengas muchísimos descendientes.

3 Entonces Abram se inclinó hasta tocar el suelo con la frente, mientras Dios seguía diciéndole:

4 —Esta es la alianza que hago contigo: Tú serás el padre de muchas naciones, **5** y ya no vas a llamarte[c] Abram. Desde ahora te llamarás Abraham, porque te voy a hacer padre de muchas naciones.[d] **6** Haré que tus descendientes sean muy numerosos; de ti saldrán reyes y naciones. **7** La alianza que hago contigo, y que haré con todos tus descendientes en el futuro, es que yo seré siempre tu Dios y el Dios de ellos. **8** A ti y a ellos les daré toda la tierra de Canaán, donde ahora vives, como su herencia para siempre;[e] y yo seré su Dios.

9 Además, Dios le dijo a Abraham:

—Pero tú, cumple con mi alianza tú y todos tus descendientes. **10** Esta es la alianza que hago con ustedes y que deberán cumplir también todos tus descendientes: todos los hombres entre ustedes deberán ser circuncidados.[f] **11** Deberán cortarse ustedes la carne de su prepucio, y eso servirá como señal de la alianza que hay entre ustedes y yo. **12** De hoy en adelante, todo varón entre ustedes deberá ser circuncidado a los ocho días de nacido, lo mismo el niño que nazca en casa que el esclavo comprado por dinero a cualquier extranjero. **13** Tanto el uno como el otro deberá ser circuncidado sin falta. Así mi alianza quedará señalada en la carne de ustedes como una alianza para toda la vida. **14** Pero el que no sea circuncidado deberá ser eliminado de entre ustedes, por no haber respetado mi alianza.

15 También Dios le dijo a Abraham:

—Tu esposa Sarai ya no se va a llamar así. De ahora en adelante se llamará Sara.[g] **16** La voy a bendecir, y te daré un hijo por medio de ella. Sí, voy a bendecirla. Ella será la madre de muchas naciones, y sus descendientes serán reyes de pueblos.

17 Abraham se inclinó hasta tocar el suelo con la frente, y se rió, mientras pensaba: "¿Acaso un hombre de cien años puede ser padre? ¿Y acaso Sara va a tener un hijo a los noventa años?" **18** Entonces le dijo a Dios:

—¡Ojalá Ismael pueda vivir con tu bendición!

19 Y Dios le contestó:

—Lo que yo he dicho es que tu esposa Sara te dará un hijo, y tú le pondrás por nombre Isaac.[h] Con él confirmaré mi alianza, la cual mantendré para siempre con sus descendientes. **20** En cuanto a Ismael, también te he oído, y voy a bendecirlo; haré que tenga muchos hijos y que aumente su descendencia. Ismael será el padre de doce jefes importantes, y haré de él una nación muy grande. **21** Pero mi alianza la mantendré con Isaac, el hijo que Sara te va a dar dentro de un año, por estos días.

22 Cuando Dios terminó de hablar con Abraham, se fue de allí. **23** Ese mismo día Abraham circuncidó a su hijo Ismael, y circuncidó también a todos los siervos nacidos en su casa y a los que había comprado con su dinero. Todos los hombres que vivían en su casa y le servían, fueron circuncidados, tal como Dios se lo había ordenado. **24-25** Abraham tenía noventa y nueve años, y su hijo Ismael trece, cuando se les circuncidó la carne del prepucio. **26** Abraham y su hijo Ismael recibieron el rito de la circuncisión aquel mismo día, **27** junto con todos los hombres de su casa, lo mismo los siervos nacidos en su casa que los que habían sido comprados por dinero a los extranjeros.

18 Dios promete un hijo a Abraham

1 El Señor se le apareció a Abraham en el bosque de encinas de Mamré,[a] mientras Abraham estaba sentado a la entrada de su tienda de campaña, como a mediodía. **2** Abraham levantó la vista y vio que tres hombres[b] estaban de pie frente a él. Al verlos, se levantó rápidamente a recibirlos, se inclinó hasta tocar el suelo con la frente, **3** y dijo:

—Mi señor, por favor le suplico que no se vaya en seguida. **4** Si a usted le parece bien, voy a pedir un poco de agua para que se laven los pies y luego descansen un rato bajo la sombra del árbol. **5** Ya que han pasado por donde vive este servidor suyo, les voy a traer algo de comer para que repongan sus fuerzas antes de seguir su camino.

—Bueno, está bien —contestaron ellos.

6 Abraham entró en su tienda de campaña y le dijo a Sara:

—¡Rápido! Toma unos veinte kilos de la mejor harina y haz unos panes.

7 Luego Abraham corrió a donde estaba el ganado, escogió el mejor de los becerros, y se lo dio a uno de sus sirvientes, quien lo preparó inmediatamente para la comida. **8** Además del becerro, Abraham les ofreció cuajada y leche,

---

aparecer en Gn 28.3; 35.11; 48.3 y Ex 6.3, siempre en relación con la promesa de una numerosa descendencia.

[b] **17.2** Este relato pone de relieve otros aspectos del pacto o *alianza* de Dios con Abraham. Aquí la alianza contiene, en primer lugar, la promesa de una descendencia (vv. 4-6) y de una tierra (v. 8); además, él establece una alianza perdurable, en virtud de la cual los descendientes de Abraham reconocerán siempre, como su propio Dios, al Dios que instituyó esta alianza (v. 7).

[c] **17.5** *Ya no vas a llamarte:* El cambio de nombre representa simbólicamente el comienzo de una nueva era, relacionada con el pasado pero distinta de él (Gn 32.28[29]). Cf. Ro 4.17-18.

[d] **17.5** *Abram* y *Abraham* parecen ser dos formas dialectales de un mismo nombre, que significa *el padre es elevado* o *el padre ama*. La interpretación dada en el texto se funda en el hecho de que la forma *Abraham* tiene un sonido semejante al de las palabras hebreas que significan *padre de muchas naciones*.

[e] **17.8** Hch 7.5-6.

[f] **17.10-14** La *circuncisión* o corte del prepucio será en adelante la señal de la alianza de Dios con Abraham (cf. Eclo 44.20; Hch 7.8; Ro 4.11), como el arco iris había sido la señal del pacto con Noé (Gn 9.12-17).

[g] **17.15** *Sarai* y *Sara* son formas del mismo nombre, que significa *princesa* o *dama de alto rango*. El cambio de nombre simboliza la nueva situación en la que ella se encuentra a causa de la promesa de Dios (cf. v. 5).

[h] **17.19** El nombre *Isaac* significa *Que (Dios) ría* o sea *benévolo*. Aquí el que se ríe es Abraham (v. 17). En el relato paralelo de Gn 18.12, Sara también se ríe al oír el anuncio de algo que parecía imposible. Véase Jn 8.56 n.

[a] **18.1** *Mamré:* cerca de Hebrón, en las montañas de Judá. Véase Gn 13.18 n.

[b] **18.2** *Tres hombres:* A lo largo de todo el relato, un cierto misterio envuelve a estos tres huéspedes de Abraham. A uno de ellos, que es portavoz de los tres, se lo identifica con *el Señor* (vv. 1,13,17), mientras que a los otros dos se los llama *ángeles* (Gn 19.1,17).

y estuvo atento a servirles mientras ellos comían debajo del árbol. c

9 Al terminar de comer, los visitantes le preguntaron a Abraham:

—¿Dónde está tu esposa Sara?

—Allí, en la tienda de campaña —respondió él.

10 Entonces uno de ellos dijo:

—El año próximo d volveré a visitarte, y para entonces tu esposa Sara tendrá un hijo.

Mientras tanto, Sara estaba escuchando toda la conversación a espaldas de Abraham, a la entrada de la tienda. **11** Abraham y Sara ya eran muy ancianos, y Sara había dejado de tener sus periodos de menstruación. **12** Por eso Sara no pudo aguantar la risa, y pensó: "¿Cómo voy a tener este gusto, ahora que mi esposo e y yo estamos tan viejos?" **13** Pero el Señor le dijo a Abraham:

—¿Por qué se ríe Sara? ¿No cree que puede tener un hijo a pesar de su edad? **14** ¿Hay acaso algo tan difícil que el Señor no pueda hacerlo? El año próximo volveré a visitarte, y para entonces Sara tendrá un hijo. f

15 Al escuchar esto, Sara tuvo miedo y quiso negar. Por eso dijo:

—Yo no me estaba riendo.

Pero el Señor le contestó:

—Yo sé que te reíste. g

Abraham pide a Dios por Sodoma h **16** Después los visitantes se pusieron de pie y empezaron a caminar hacia la ciudad de Sodoma. Abraham los acompañó para despedirse de ellos. **17** Entonces el Señor pensó: "Debo decirle a Abraham lo que voy a hacer, **18** ya que él va a ser el padre de una nación grande y fuerte. Le he prometido bendecir por medio de él a todas las naciones del mundo. **19** Yo lo he escogido para que mande a sus hijos y descendientes que obedezcan mis enseñanzas y hagan todo lo que es bueno y correcto, para que yo cumpla todo lo que le he prometido." **20** Así que el Señor le dijo:

—La gente de Sodoma y Gomorra tiene tan mala fama, y su pecado es tan grave, i **21** que ahora voy allá, para ver si en verdad su maldad es tan grande como se me ha dicho. Así lo sabré. j

22 Dos de los visitantes se fueron de allí a Sodoma, pero Abraham se quedó todavía ante el Señor. **23** Se acercó un poco más a él, y le preguntó:

—¿Vas a destruir a los inocentes junto con los culpables?

24 Tal vez haya cincuenta personas inocentes en la ciudad. A pesar de eso, ¿destruirás la ciudad y no la perdonarás por esos cincuenta? **25** ¡No es posible que hagas eso de matar al inocente junto con el culpable, como si los dos hubieran cometido los mismos pecados! ¡No hagas eso! Tú, que eres el Juez supremo de todo el mundo, ¿no harás justicia? k

26 Entonces el Señor le contestó:

—Si encuentro cincuenta inocentes en la ciudad de Sodoma, por ellos perdonaré a todos los que viven allí.

27 Pero Abraham volvió a decirle:

—Perdona que sea yo tan atrevido al hablarte así, pues tú eres Dios y yo no soy más que un simple hombre; **28** pero tal vez falten cinco inocentes para completar los cincuenta. ¿Solo por faltar esos cinco vas a destruir toda la ciudad?

Y el Señor contestó:

—Si encuentro cuarenta y cinco inocentes, no la destruiré.

29 —Tal vez haya solo cuarenta inocentes ... —insistió Abraham.

—Por esos cuarenta, no destruiré la ciudad —dijo el Señor.

30 Pero Abraham volvió a suplicar:

—Te ruego que no te enojes conmigo por insistir tanto en lo mismo, pero tal vez encuentres solamente treinta ...

Y el Señor volvió a decirle:

—Hasta por esos treinta, perdonaré a la ciudad.

31 Abraham siguió insistiendo:

—Mi Señor, he sido muy atrevido al hablarte así, pero, ¿qué pasará si encuentras solamente veinte inocentes?

Y el Señor respondió:

—Por esos veinte, no destruiré la ciudad.

32 Todavía insistió Abraham:

—Por favor, mi Señor, no te enojes conmigo, pero voy a hablar tan solo esta vez y no volveré a molestarte: ¿qué harás, en caso de encontrar únicamente diez?

Y el Señor le dijo:

—Hasta por esos diez, no destruiré la ciudad.

33 Cuando el Señor terminó de hablar con Abraham, se fue de allí; y Abraham regresó a su tienda de campaña.

19
Dios destruye Sodoma y Gomorra **1** Empezaba a anochecer cuando los dos ángeles a llegaron a Sodoma. b Lot estaba sentado a la entrada de la ciudad, que era el lugar donde se reunía la gente. Cuando los vio, se levantó a recibirlos, se inclinó hasta tocar el suelo con la frente **2** y les dijo:

---

c **18.2-8** Abraham practica la hospitalidad característica de la gente del desierto. Cf. Heb 13.2.

d **18.10** *El año próximo:* lit. *conforme al tiempo de la vida.* Este modismo hebreo equivale a "el año que viene para esta misma fecha". Sin embargo, algunos comentaristas lo interpretan de manera distinta: "al terminar el periodo del embarazo", "en la primavera" (cuando renace la vegetación), o "en el otoño" (cuando las lluvias traen nueva vida). En 2 R 4.16-17, la misma expresión está en un contexto semejante.

e **18.12** 1 P 3.6.

f **18.14** Jer 32.17,27; Lc 1.37; Ro 9.9.

g **18.12-15** La *risa* de *Sara* se menciona como explicación del nombre Isaac. Véase Gn 17.19 n.; cf. 21.6.

h **18.16-33** Este relato pone de relieve que en el obrar de Dios se manifiestan su justicia y su misericordia. Él no solo no quiere hacer morir al inocente junto con el culpable (v. 25), sino que habría perdonado a la ciudad pecadora si hubiera encontrado en ella unos cuantos justos. Cf. Jer 5.1; Ez 22.30.

i **18.20** El *pecado* de *Sodoma y Gomorra* se identifica habitualmente con la práctica de la homosexualidad (cf. Jud 7). Sin embargo, los profetas no lo reducen a la perversión sexual, sino que lo asocian con toda clase de desórdenes de carácter social. En Is 1.10-17; 3.9, ese pecado es la injusticia; en Jer 23.14, el adulterio, la mentira y la incitación al mal; en Ez 16.49, el orgullo, la vida fácil y la despreocupación por los pobres. Véase Gn 19.5 n.

j **18.21** Gn 11.5; Ex 2.25.

k **18.25** Gn 20.4.

a **19.1** *Los dos ángeles:* Véase Gn 18.2 n.

b **19.1** *Sodoma:* Véanse Gn 10.19 n.; 13.10 nota c.

—Señores, por favor les ruego que acepten pasar la noche en la casa de su servidor. Allí podrán lavarse los pies, y mañana temprano seguirán su camino.

Pero ellos dijeron:

—No, gracias. Pasaremos la noche en la calle.

3 Sin embargo, Lot insistió mucho y, al fin, ellos aceptaron ir con él a su casa. Cuando llegaron, Lot les preparó una buena cena, hizo panes sin levadura, y los visitantes comieron. *c*

4 Todavía no se habían acostado, cuando todos los hombres de la ciudad de Sodoma rodearon la casa y, desde el más joven hasta el más viejo, **5** empezaron a gritarle a Lot:

—¿Dónde están los hombres que vinieron a tu casa esta noche? ¡Sácalos! ¡Queremos acostarnos con ellos! *d*

6 Entonces Lot salió a hablarles y, cerrando bien la puerta detrás de él, **7** les dijo:

—Por favor, amigos míos, no vayan a hacer una cosa tan perversa. **8** Yo tengo dos hijas que todavía no han estado con ningún hombre; voy a sacarlas para que ustedes hagan con ellas lo que quieran, pero no les hagan nada a estos hombres, porque son mis invitados. *e*

9 Pero ellos le contestaron:

—¡Hazte a un lado! Solo faltaba que un extranjero como tú nos quisiera mandar. ¡Pues ahora te vamos a tratar peor que a ellos!

En seguida comenzaron a maltratar a Lot y se acercaron a la puerta para echarla abajo, **10** pero los visitantes de Lot alargaron la mano y lo metieron dentro de la casa; luego cerraron la puerta, **11** e hicieron quedar ciegos a los hombres que estaban afuera. Todos, desde el más joven hasta el más viejo, quedaron ciegos. Y se cansaron de andar buscando la puerta. *f* **12** Entonces los visitantes le dijeron a Lot:

—¿Tienes más familiares aquí? Toma a tus hijos, hijas y yernos, y todo lo que tengas en esta ciudad; sácalos y llévatelos lejos de aquí, **13** porque vamos a destruir este lugar. Ya son muchas las quejas que el Señor ha tenido contra la gente de esta ciudad, y por eso nos ha enviado a destruirla.

14 Entonces Lot fue a ver a sus yernos, o sea, a los prometidos de sus hijas, y les dijo:

—¡Levántense y váyanse de aquí, porque el Señor va a destruir esta ciudad!

Pero sus yernos no tomaron en serio lo que Lot les decía. **15** Como ya estaba amaneciendo, los ángeles le dijeron a Lot:

—¡De prisa! Levántate y llévate de aquí a tu esposa y a tus dos hijas, si no quieres morir cuando castiguemos a la ciudad.

16 Pero como Lot se tardaba, los ángeles lo tomaron de la mano, porque el Señor tuvo compasión de él. También tomaron a su esposa y a sus hijas, y los sacaron de la ciudad para ponerlos a salvo. *g* **17** Cuando ya estaban fuera de la ciudad, uno de los ángeles dijo:

—¡Corre, ponte a salvo! No mires hacia atrás, ni te detengas para nada en el valle. Vete a las montañas, si quieres salvar tu vida.

18 Pero Lot les dijo:

—¡No, señores míos, por favor! **19** Ustedes me han hecho ya muchos favores, y han sido muy buenos conmigo al salvarme la vida, pero yo no puedo ir a las montañas porque la destrucción me puede alcanzar en el camino, y entonces moriré. **20** Cerca de aquí hay una ciudad pequeña, a la que puedo huir. ¡Déjenme ir allá para salvar mi vida, pues realmente es una ciudad muy pequeña!

21 Entonces uno de ellos dijo:

—Te he escuchado y voy a hacer lo que me has pedido. No voy a destruir la ciudad de que me has hablado, **22** pero ¡anda!, vete allá de una vez, porque no puedo hacer nada mientras no llegues a ese lugar.

Por eso aquella ciudad fue llamada Sóar. *h*

23 Cuando ya había amanecido y Lot había llegado a Sóar, **24** el Señor hizo llover fuego y azufre *i* sobre Sodoma y Gomorra; **25** las destruyó junto con todos los que vivían en ellas, y acabó con todo lo que crecía en aquel valle. *j* **26** Pero la mujer de Lot, que venía siguiéndole, miró hacia atrás y allí mismo quedó convertida en una estatua de sal. *k*

27 Al día siguiente por la mañana, Abraham fue al lugar donde había estado hablando con el Señor; **28** miró hacia Sodoma y Gomorra, y por todo el valle, y vio que de toda la región subía humo, como si fuera un horno. **29** Así fue como Dios destruyó las ciudades del valle donde Lot vivía, pero se acordó de Abraham y sacó a Lot del lugar de la destrucción.

Origen de los moabitas y amonitas

30 Después Lot tuvo miedo de quedarse en Sóar y se fue con sus dos hijas a la región montañosa, donde los tres se quedaron a vivir en una cueva. **31** Un día, la hija mayor le dijo a la menor:

—Nuestro padre ya está viejo, y no hay en toda esta región ningún hombre que se case con nosotras, tal como se acostumbra; **32** así que vamos a emborracharlo y a acostarnos con él para tener hijos suyos. *l*

33 Esa misma noche le dieron vino a su padre, y la mayor se acostó con él; pero su padre no se dio cuenta cuando ella

---

c **19.2-3** Cf. Gn 18.3-8.

d **19.5** *Acostarnos con ellos:* lit. *conocerlos,* expresión que se usa para designar las relaciones sexuales. La pretensión de los habitantes de Sodoma incluye dos delitos: la perversión sexual y la violación de la ley de la hospitalidad. Acerca del primero de estos pecados, cf. Lv 18.22; 20.13; Dt 23.17-18(18-19); Ro 1.26-27.

e **19.7-8** De acuerdo con las costumbres del antiguo Oriente, la obligación de proteger la vida de un huésped era aún más importante que el honor de una mujer. Cf. Jue 19.23-24.

f **19.11** Cf. 2 R 6.18.

g **19.16** 2 P 2.7.

h **19.22** El nombre *Sóar* y la palabra hebrea que significa *pequeña* tienen un sonido semejante.

i **19.24** *Fuego y azufre:* Esta es una fórmula que se emplea varias veces en el AT para designar la ejecución del juicio de Dios (Dt 29.23[22]; Sal 11.6; Ez 38.21-22). Por tanto, de esta expresión no pueden sacarse conclusiones acerca del modo como se produjo la catástrofe.

j **19.24-25** Cf. Sab 10.6-8; Mt 10.15; 11.23-24; Lc 10.12; 17.29; 2 P 2.6; Jud 7.

k **19.26** Cf. Sab 10.7; Lc 7.32. Cerca de la costa sur del Mar Muerto hay grandes depósitos de sal, que a veces forman figuras grotescas. Es inútil tratar de identificar la figura de *la mujer de Lot* con algunos de estos bloques, como se ha pretendido algunas veces.

l **19.31-32** Ante la imposibilidad de asegurarse una descendencia por los medios ordinarios, las hijas de Lot toman medidas extraordinarias para evitar la extinción de su raza (cf. Is 4.1). Este deseo de sobrevivir a cualquier precio, y al margen de toda preocupación moral, pone una nota positiva en la acción que ellas realizan.

se acostó ni cuando se levantó. ³⁴ Al día siguiente, la mayor le dijo a la menor:

—Mira, anoche me acosté con nuestro padre, así que esta noche también lo emborracharemos para que te acuestes con él; así las dos tendremos hijos suyos.

³⁵ Esa noche volvieron a darle vino a su padre, y la menor se acostó con él; pero Lot tampoco se dio cuenta cuando ella se acostó ni cuando se levantó. ³⁶ Así las dos hijas de Lot quedaron embarazadas por parte de su padre. ³⁷ La mayor tuvo un hijo, al que llamó Moab,^m que fue el padre de los actuales moabitas. ³⁸ También la menor tuvo un hijo, al que llamó Ben-amí,^n que fue el padre de los actuales amonitas.^ñ

20 Abraham y Abimélec^a

¹ Abraham salió del lugar donde estaba y se fue a la región del Négueb, y se quedó a vivir en la ciudad de Guerar,^b entre Cadés y Sur. ² Estando allí, decía que Sara, su esposa, era su hermana. Entonces Abimélec, el rey de Guerar, mandó traer a Sara para hacerla su mujer; ³ pero aquella noche Abimélec tuvo un sueño, en el que Dios le dijo: "Vas a morir, porque la mujer que has tomado es casada."

⁴ Sin embargo, como él no la había tocado, le contestó: "Mi Señor, ¿acaso piensas matar a quien no ha hecho nada malo? ⁵ Abraham mismo me dijo que la mujer es su hermana, y ella también afirmó que él es su hermano, así que yo hice todo esto de buena fe. No he hecho nada malo."

⁶ Y Dios le contestó en el sueño: "Yo sé muy bien que lo hiciste de buena fe. Por eso no te dejé tocarla, para que no pecaras contra mí.^c ⁷ Pero ahora, devuélvele su esposa a ese hombre, porque él es profeta y rogará por ti para que vivas;^d pero si no se la devuelves, tú y los tuyos ciertamente morirán."

⁸ Al día siguiente por la mañana, Abimélec se levantó y llamó a sus siervos, y les contó todo lo que había soñado. Al oírlo, ellos tuvieron mucho miedo. ⁹ Después Abimélec llamó a Abraham y le dijo:

—¡Mira lo que nos has hecho! ¿En qué te he ofendido, para que hayas traído un pecado tan grande sobre mí y sobre mi gente? Esas cosas no se hacen. ¹⁰ ¿Qué estabas pensando cuando hiciste todo esto?

Así le habló Abimélec a Abraham, ¹¹ y Abraham contestó:

—Yo pensé que en este lugar no tenían ningún respeto a Dios, y que me matarían por causa de mi esposa. ¹² Pero es cierto que ella es mi hermana: es hija de mi padre, aunque no de mi madre; por eso pude casarme con ella.^e ¹³ Cuando Dios me dio la orden de salir de la casa de mi padre, le pedí a ella que, en cada lugar a donde llegáramos, dijera que yo era su hermano.

¹⁴ Entonces Abimélec le devolvió a Abraham su esposa Sara. Además le regaló ovejas, vacas, esclavos y esclavas, ¹⁵ y le dijo:

—Mira, ahí tienes mi país; escoge el lugar que más te guste para vivir.

¹⁶ A Sara le dijo:

—Lo que le he dado a tu hermano vale mil monedas de plata, y eso va a servir para defender tu buena fama delante de todos los que están contigo. Nadie podrá hablar mal de ti.^f

¹⁷ Entonces Abraham oró a Dios, y Dios les devolvió la salud a Abimélec y a su esposa. También sanó a sus siervas, para que pudieran tener hijos, ¹⁸ pues por causa de Sara, el Señor había hecho que ninguna mujer de la casa de Abimélec pudiera tener hijos.

21 El nacimiento de Isaac

¹ De acuerdo con su promesa, el Señor prestó atención a Sara y cumplió lo que le había dicho, ² así que ella quedó embarazada y le dio un hijo a Abraham cuando él ya era muy anciano.^a El niño nació en el tiempo que Dios le había dicho. ³ El nombre que Abraham le puso al hijo que Sara le dio, fue Isaac; ⁴ y lo circuncidó a los ocho días de nacido,^b tal como Dios se lo había ordenado. ⁵ Abraham tenía cien años cuando Isaac nació. ⁶ Entonces Sara pensó: "Dios me ha hecho reír, y todos los que sepan que he tenido un hijo, se reirán conmigo. ⁷ ¿Quién le hubiera dicho a Abraham que yo llegaría a darle hijos? Sin embargo, le he dado un hijo a pesar de que él ya está viejo."

Agar e Ismael son echados de la casa de Abraham

⁸ El niño Isaac creció y lo destetaron. El día en que fue destetado,^c Abraham hizo una gran fiesta. ⁹ Pero Sara vio que el hijo que Agar le había dado a Abraham, se burlaba de Isaac.^d ¹⁰ Entonces fue a decirle a Abraham: "¡Que se vayan esa esclava y su hijo! Mi hijo Isaac no tiene por qué compartir su herencia con el hijo de esa esclava."^e

---

^m **19.37** El nombre *Moab* y la expresión hebrea que significa *por parte del padre* tienen un sonido semejante.

^n **19.38** *Ben-amí* significa en hebreo *hijo de mi pueblo;* esta expresión tiene un sonido parecido a *bené-Amón,* que en hebreo significa *hijos de Amón,* es decir, amonitas.

^ñ **19.38** Los moabitas y los amonitas habitaban en la región situada al este del Mar Muerto; se los consideraba descendientes de Lot y, por lo tanto, emparentados con los israelitas (cf. Dt 2.9,19). Sin embargo, sus relaciones con Israel no fueron amistosas (cf., por ej., Nm 22—24; Jue 3.12-14,26-30; 10.6—11.33). Por eso el presente relato, al mismo tiempo que los relaciona con la raza de Abraham, asocia sus orígenes con un acto incestuoso.

^a **20.1-18** Nótese el paralelismo de este relato con el de Gn 12.10-20. Cf. también Gn 26.6-11.

^b **20.1** *Guerar:* región al sudeste de Gaza. *Cadés:* Cf. Gn 14.7; 16.14. *Sur:* Cf. Gn 16.7.

^c **20.3-6** El relato pone de relieve la inocencia de *Abimélec,* haciendo notar que él no había tocado a Sara.

^d **20.7** Por su especial relación con Dios, el *profeta* no solo anuncia la palabra del Señor, sino que también intercede ante él en los momentos críticos (1 S 7.8; 12.19; Jer 37.3; 42.1-4; Am 7.2,5). En este segundo sentido recibe aquí Abraham el título de *profeta.* Cf. Gn 18.22-32.

^e **20.12** Los matrimonios en este grado de parentesco estaban permitidos en los tiempos antiguos (cf. 2 S 13.13), pero luego fueron prohibidos por la ley (Lv 18.9,11; 20.17).

^f **20.16** *Mal de ti:* traducción probable. Heb. oscuro.

^a **21.2** Cf. Heb 11.11.

^b **21.4** Gn 17.12; Hch 7.8.

^c **21.8** En el antiguo Israel, el niño no solía ser *destetado* antes de los dos o tres años de edad, y ese acontecimiento era celebrado con festejos.

^d **21.9** *Se burlaba de:* otra posible traducción: *jugaba con. De Isaac:* (o *con Isaac*): según la versión griega (LXX); en hebreo no se menciona este nombre.

^e **21.10** Gl 4.29-30. Según las costumbres de la época, el nacido de una concubina esclava podía heredar junto con los hijos de la esposa, o bien obtener la libertad. Sara pide esto último para el hijo de Agar.

11 Esto le dolió mucho a Abraham, porque se trataba de un hijo suyo. **12** Pero Dios le dijo: "No te preocupes por el muchacho ni por tu esclava. Haz todo lo que Sara te pida, porque tu descendencia vendrá por medio de Isaac. [f] **13** En cuanto al hijo de la esclava, yo haré que también de él salga una gran nación, porque es hijo tuyo."

14 Al día siguiente, muy temprano, Abraham le dio a Agar pan y un cuero con agua; se lo puso todo sobre la espalda, le entregó al niño Ismael y la despidió. Ella se fue, y estuvo caminando sin rumbo por el desierto de Beerseba. [g] **15** Cuando se acabó el agua que había en el cuero, dejó al niño debajo de un arbusto **16** y fue a sentarse a cierta distancia de allí, pues no quería verlo morir. Cuando ella se sentó, el niño [h] comenzó a llorar.

17 Dios oyó que el muchacho lloraba; y desde el cielo el ángel de Dios llamó a Agar y le dijo: "¿Qué te pasa, Agar? No tengas miedo, porque Dios ha oído el llanto del muchacho ahí donde está. [i] **18** Anda, ve a buscar al niño, y no lo sueltes de la mano, pues yo haré que de él salga una gran nación."

19 Entonces Dios hizo que Agar viera un pozo de agua. Ella fue y llenó de agua el cuero, y dio de beber a Ismael. **20-21** Dios ayudó al muchacho, el cual creció y vivió en el desierto de Parán, y llegó a ser un buen tirador de arco. [j] Más tarde su madre lo casó con una mujer egipcia.

Abraham y Abimélec hacen un pacto [k]

22 Más o menos por ese tiempo, Abimélec fue a hablar con Abraham. Lo acompañaba Ficol, el jefe de su ejército. Y Abimélec dijo a Abraham:

—Vemos que Dios te ayuda en todo lo que haces. **23** Por lo tanto, júrame por Dios, en este mismo lugar, que no nos harás mal ni a mí ni a mis hijos ni a mis descendientes. Júrame que me tratarás con la misma bondad con que yo te he tratado, y que harás lo mismo con la gente de este país donde ahora vives.

24 —Te lo juro —contestó Abraham.

25 Pero Abraham le llamó la atención a Abimélec acerca de un pozo de agua que los siervos de este le habían quitado. **26** Y Abimélec le contestó:

—Hasta hoy no he sabido nada de este asunto, pues tú no me lo habías dicho. Yo no sé quién ha podido hacer eso.

27 Entonces Abraham tomó ovejas y vacas, y se las dio a Abimélec; y aquel mismo día los dos hicieron un trato. **28** Pero Abraham apartó siete ovejas de su rebaño, **29** por lo que Abimélec le preguntó:

—¿Para qué has apartado estas siete ovejas?

30 Y Abraham contestó:

—Para que estas siete ovejas que yo te entrego sirvan como prueba de que yo hice este pozo.

31 Por esta razón ese lugar se llamó Beerseba, pues allí los dos hicieron un juramento. [l]

32 Una vez hecho el trato en Beerseba, Abimélec y Ficol regresaron al país de los filisteos. **33** Allí, en Beerseba, Abraham plantó un árbol, un tamarisco, e invocó el nombre del Señor, el Dios eterno. **34** Durante mucho tiempo, Abraham vivió en el país de los filisteos. [m]

22 Dios pone a prueba la fe de Abraham [a]

1 Después de algún tiempo, Dios puso a prueba la fe de Abraham. Lo llamó por su nombre, y él contestó:

—Aquí estoy.

2 Y Dios le dijo:

—Toma a Isaac, tu único [b] hijo, al que tanto amas, y vete a la tierra de Moria. [c] Una vez allá, ofrécelo en holocausto sobre el cerro que yo te señalaré.

3 Al día siguiente, muy temprano, Abraham se levantó y ensilló su asno; cortó leña para el holocausto y se fue al lugar que Dios le había dicho, junto con su hijo Isaac y dos de sus siervos. **4** Al tercer día, Abraham alcanzó a ver el lugar desde lejos. **5** Entonces les dijo a sus siervos:

—Quédense aquí con el asno. El muchacho y yo seguiremos adelante, adoraremos a Dios, y luego regresaremos.

6 Abraham tomó la leña para el holocausto y la puso sobre los hombros de Isaac; luego tomó el cuchillo y el fuego, y se fueron los dos juntos. **7** Poco después Isaac le dijo a Abraham:

—¡Padre!

—¿Qué quieres, hijo? —le contestó Abraham.

—Mira —dijo Isaac—, tenemos la leña y el fuego, pero ¿dónde está el cordero para el holocausto?

8 —Dios se encargará [d] de que haya un cordero para el holocausto, hijito —respondió su padre.

---

[f] **21.12** Ro 9.7; Heb 11.18.

[g] **21.14** *Beerseba:* ciudad situada al sur de Palestina, al borde del desierto del Néguev (véase Gn 12.9 nota j). La expresión *desde Dan hasta Beerseba* se utiliza frecuentemente en el AT para designar la totalidad del territorio israelita, de norte a sur. Cf. Jue 20.1; 1 S 3.20; 2 S 3.10; 1 R 4.15.

[h] **21.16** *El niño:* según la versión griega (LXX). Heb. *ella.*

[i] **21.17** *Oyó... ha oído:* Nótese el juego de palabras entre el verbo *oír* y el nombre de *Ismael.* Véase Gn 16.11 n.

[j] **21.20-21** Cf. Gn 16.12. *Parán* es el nombre de la región semisértica situada al sur de Canaán, en dirección a Egipto, antes de llegar al desierto del Sinaí propiamente dicho. Cf. Nm 10.12; 1 R 11.18.

[k] **21.22-34** Un relato muy semejante a este se encuentra en Gn 26.26-31; pero allí, el que realiza el pacto con Abimélec no es Abraham sino Isaac.

[l] **21.30-31** *Beerseba,* en hebreo, puede significar *pozo del juramento* o *pozo de los siete.* Cf. Gn 26.31-33.

[m] **21.32-34** Los *filisteos* invadieron el sur de Palestina en el siglo XII a.C., es decir, varios siglos después de la llegada de Abraham. Aquí se habla del *país de los filisteos,* porque así era designada aquella región en la época en que se escribió este relato.

[a] **22.1-19** La historia de Abraham llega, ahora, a su punto más dramático. Cuando todo hacía pensar que la promesa había alcanzado su cumplimiento, el hijo prometido tiene que ser ofrecido en sacrificio. Abraham se muestra dispuesto a cumplir esta orden divina; y por haberse mantenido fiel en el momento de la prueba suprema, llegó a ser un perfecto ejemplo de fe y de obediencia a la palabra del Señor. Cf. 1 Mac 2.52; Eclo 44.20; Sab 10.5; Stg 2.21.

[b] **22.2** En la versión griega (LXX), la palabra hebrea que significa *único* se traduce por *amado.* Esta última expresión la recoge luego el NT y la aplica a Jesucristo (Mt 3.17).

[c] **22.2** La *tierra de Moria* no ha podido ser localizada con exactitud. En 2 Cr 3.1 se da el nombre de *monte Moria* al sitio donde Salomón hizo edificar el templo de Jerusalén; pero no es seguro que el autor de este relato haya identificado los dos sitios.

[d] **22.8** En hebreo, la frase traducida por *Dios se encargará* (lit. *Dios verá*) y el nombre del monte Moria tienen un sonido semejante. El mismo verbo se vuelve a encontrar en el v. 14, donde se lo traduce por *da lo necesario.*

Y siguieron caminando juntos. ⁹ Cuando llegaron al lugar que Dios le había dicho, Abraham construyó un altar y preparó la leña; luego ató a su hijo Isaac y lo puso en el altar, sobre la leña; ¹⁰ pero en el momento de tomar el cuchillo para sacrificar a su hijo, ¹¹ el Ángel del Señor[e] lo llamó desde el cielo:

—¡Abraham! ¡Abraham!

—Aquí estoy —contestó él.[f]

¹² El ángel le dijo:

—No le hagas ningún daño al muchacho, porque ya sé que tienes temor de Dios, pues no te negaste a darme tu único hijo.

¹³ Abraham se fijó, y vio un carnero que estaba enredado por los cuernos entre las ramas de un arbusto; entonces fue, tomó el carnero y lo ofreció en holocausto, en lugar de su hijo.[g] ¹⁴ Después Abraham le puso este nombre a aquel lugar: "El Señor da lo necesario." Por eso todavía se dice: "En el cerro, el Señor da lo necesario."

¹⁵ El Ángel del Señor llamó a Abraham desde el cielo por segunda vez, ¹⁶ y le dijo:

—El Señor ha dicho: 'Puesto que has hecho esto y no me has negado a tu único hijo, juro por mí mismo ¹⁷ que te bendeciré mucho. Haré que tu descendencia sea tan numerosa como las estrellas del cielo y como la arena que hay a la orilla del mar.[h] Además, ellos siempre vencerán a sus enemigos,[i] ¹⁸ y todas las naciones del mundo serán bendecidas por medio de ellos,[j] porque me has obedecido.'

¹⁹ Abraham regresó al lugar donde se habían quedado sus siervos. Después todos juntos se fueron a Beerseba,[k] donde Abraham se quedó a vivir.

Los hijos de Nahor[l] ²⁰ Al cabo de algún tiempo, Abraham recibió la noticia de que Milcá también le había dado hijos a su hermano Nahor. ²¹ El primero que nació fue Us; luego nació su hermano Buz, y luego Quemuel, que fue el padre de Aram. ²² Luego nacieron Quésed, Hazó, Pildás, Idlaf y Betuel. ²³ Este Betuel fue el padre de Rebeca. Estos son los ocho hijos que Milcá le dio a Nahor, el hermano de Abraham.

²⁴ Además, Nahor tuvo hijos con Reumá, su concubina. Ellos fueron Teba, Gáham, Tahas y Maacá.

23 Muerte y sepultura de Sara[a]

¹ Sara vivió ciento veintisiete años, ² y murió en Quiriat-arbá, o sea la ciudad de Hebrón, en la tierra de Canaán. Abraham lloró por la muerte de Sara y le guardó luto. ³ Luego salió de donde estaba el cadáver de Sara y fue a decirles a los hititas[b] de aquel lugar:

⁴ —Aunque soy un extranjero entre ustedes,[c] véndanme un sepulcro para enterrar a mi esposa.[d]

⁵ Y los hititas le contestaron:

⁶ —¡Por favor, señor, escúchenos! Usted es entre nosotros un escogido de Dios.[e] Entierre a su esposa en el mejor de nuestros sepulcros, pues ninguno de nosotros le negará su sepulcro para eso.

⁷ Entonces Abraham se puso de pie, hizo una reverencia ante los hititas, ⁸ y les dijo:

—Si de veras quieren que yo entierre aquí a mi esposa, por favor pídanle de mi parte a Efrón, el hijo de Sóhar, ⁹ que me venda la cueva de Macpelá, que está en la orilla de sus terrenos. Yo le pagaré el precio total de la cueva, y así seré dueño de un sepulcro en este lugar.

¹⁰ Como Efrón el hitita estaba allí entre ellos, le contestó a Abraham de manera que pudieran escucharlo sus paisanos y también todos los que pasaban por la entrada de la ciudad:[f]

¹¹ —¡No, señor mío, por favor! Yo le regalo el terreno, y la cueva que está en el terreno. Mis paisanos son testigos de que yo se lo regalo. Entierre usted a su esposa.[g]

¹² Pero Abraham volvió a hacer una reverencia a los habitantes del lugar ¹³ y le contestó a Efrón delante de todos:

—¡Por favor, escúcheme usted! Le ruego que acepte el dinero por el terreno, y después enterraré allí a mi esposa.

¹⁴ Entonces Efrón le contestó:

---

[e] 22.11 *El Ángel del Señor:* Véase Gn 16.7 nota *c*.
[f] 22.11 Cf. 1 S 3.10.
[g] 22.13 En la sustitución de la víctima humana por un animal podría verse una condena de los sacrificios humanos. Los pueblos vecinos de Israel ofrecían ocasionalmente tales sacrificios, sobre todo en momentos de calamidad (cf. 2 R 3.26-27). También los israelitas ofrecieron sacrificios humanos en algunas ocasiones, aunque la ley de Moisés los prohibía severamente (Lv 20.1-5). Véase Is 57.5 nota *g*.
[h] 22.15-17 En respuesta a la obediencia de Abraham, el Señor le renueva su promesa (véase Gn 12.2 n.). Cf. Heb 6.13-14; 11.12.
[i] 22.17 *Ellos siempre vencerán a sus enemigos:* lit. *poseerán la puerta de sus enemigos.* Esta expresión alude probablemente a la conquista de Jerusalén por parte de David (2 S 5.6-9), acontecimiento que marca una etapa importante en el cumplimiento de las promesas divinas. En tal caso, la palabra *puerta* debería entenderse en el sentido de *gobierno* o *poder.*
[j] 22.18 Sobre esta bendición, véanse Gn 12.2-3 n.; 12.3 n.
[k] 22.19 *Beerseba:* Véase Gn 21.30-31 n.
[l] 22.20-24 La siguiente lista genealógica, al introducir el nombre de *Rebeca,* la esposa de Isaac, prepara el relato del cap. 24. En ella se mencionan doce hijos de *Nahor* (cf. Gn 11.27,29), así como otras listas mencionan doce hijos de Jacob (Gn 35.22-26) y doce hijos de Ismael (17.20; 25.12-16).
[a] 23.1-20 La necesidad de poseer una tumba para enterrar a su esposa Sara hace que Abraham se convierta en propietario de una parcela en la Tierra prometida. La posesión de este sepulcro familiar y del terreno adyacente es como el anticipo y la prefiguración de la conquista de todo el resto del país.
[b] 23.3 *Hititas:* lit. *hijos* (o *descendientes*) *de Het.* Véase Jos 1.4 n.
[c] 23.4 El relato insiste en señalar que Abraham era un *extranjero* en aquel país (cf. Heb 11.9,13). En su condición de tal, no podía adquirir una propiedad sin el expreso consentimiento de los nativos del lugar.
[d] 23.4 La posesión de un sepulcro familiar era un hecho de gran importancia, porque aseguraba un lugar de descanso junto a los antepasados (cf. Gn 49.29-32; 1 R 13.22; Hch 7.16).
[e] 23.6 *Escogido de Dios:* otra posible traducción: *jefe eminente* o *poderoso.* En tal caso, la expresión *de Dios* equivaldría a un superlativo (véase Gn 1.2 nota *d*).
[f] 23.10 *La entrada* (lit. *la puerta*) *de la ciudad* era el sitio donde se trataban los asuntos oficiales y se realizaban las negociaciones. Véanse Rut 4.1 n. y Sal 127.5 n.
[g] 23.11 El ofrecimiento del *terreno* como regalo es, en realidad, una forma cortés de proponer una venta. De hecho, Abraham así lo entiende, y por eso se muestra dispuesto a pagar el precio correspondiente. Los regateos y las excesivas muestras de cortesía reflejan la manera habitual de realizar las transacciones comerciales en el Cercano Oriente.

¹⁵ —Escúcheme, señor mío: el terreno vale cuatrocientas monedas de plata.ʰ Por esa cantidad no vamos a discutir, así que entierre usted a su esposa.

¹⁶ Abraham aceptó pagar la cantidad que Efrón había mencionado en presencia de los hititas, y le pagó en plata contante y sonante. ¹⁷ De esta manera el terreno de Efrón que estaba en Macpelá, al oriente de Mamré, es decir, el terreno con la cueva y todos los árboles que estaban dentro del terreno, ¹⁸ pasaron a ser propiedad de Abraham. De ello fueron testigos los hititas y todos los que pasaban por la entrada de la ciudad.

¹⁹ Después de esto Abraham enterró a Sara en la cueva que estaba en el terreno de Macpelá, al oriente de Mamré, lugar que también es conocido con el nombre de Hebrón, y que está en Canaán.ⁱ ²⁰ Así quedó en posesión del terreno y de la cueva que allí había, la cual los hititas le vendieron para sepultura.

24 Abraham busca esposa para Isaac ᵃ

¹ Abraham era ya muy viejo, y el Señor lo había bendecido en todo. ² Un día llamó al más viejo de sus siervos, el que estaba a cargo de todo lo suyo, y le dijo:

—Pon tu mano debajo de mi muslo,ᵇ ³ y júrame por el Señor, el Dios del cielo y de la tierra,ᶜ que no dejarás que mi hijo Isaac se case con una mujer de esta tierra de Canaán, donde yo vivo, ⁴ sino que irás a mi tierra y escogerás una esposa para él entre las mujeres de mi familia.ᵈ

⁵ El siervo le contestó:

—Pero si la mujer no quiere venir conmigo, ¿qué hago? ¿Debo entonces llevar a su hijo a la tierra de donde usted salió?

⁶ Abraham le dijo:

—¡No, no lleves allá a mi hijo! ⁷ El Señor, el Dios del cielo, que me sacó de la casa de mi padre y de la tierra de mis parientes ᵉ y me prometió dar esta tierra a mis descendientes,ᶠ también enviará su ángel ᵍ delante de ti para que traigas de allá una esposa para mi hijo. ⁸ Si la mujer no quiere venir contigo, quedarás libre de este compromiso, pero ¡de ninguna manera lleves allá a mi hijo!ʰ

⁹ Entonces el siervo puso la mano bajo el muslo de su amo Abraham, y le juró que haría lo que le había pedido.

¹⁰ Después escogió regalos entre lo mejor que su amo tenía, tomó diez de sus camellos y se fue a la ciudad de Nahor, en Mesopotamia.ⁱ ¹¹ Cuando el siervo llegó a las afueras de la ciudad, ya empezaba a oscurecer. A esa hora las mujeres van a sacar agua. El siervo hizo descansar a los camellos junto a un pozo de agua, ¹² y comenzó a orar:ʲ "Señor y Dios de mi amo Abraham, haz que hoy me vaya bien, y muéstrate bondadoso con mi amo. ¹³ Voy a quedarme aquí, junto al pozo, mientras las muchachas de este lugar vienen a sacar agua. ¹⁴ Permite que la muchacha a la que yo le diga: 'Por favor, baje usted su cántaro para que yo beba', y que me conteste: 'Beba usted, y también les daré agua a sus camellos', que sea ella la que tú has escogido para tu siervo Isaac. Así podré estar seguro de que has sido bondadoso con mi amo."ᵏ

¹⁵ Todavía no había terminado de orar, cuando vio que una muchacha venía con su cántaro al hombro. Era Rebeca, la hija de Betuel. Betuel era hijo de Milcá y de Nahor, el hermano de Abraham.ˡ ¹⁶ Rebeca era muy hermosa, y además virgen; ningún hombre la había tocado. Bajó al pozo, llenó su cántaro, y ya regresaba ¹⁷ cuando el siervo corrió a alcanzarla y le dijo:

—Por favor, déjeme usted beber un poco de agua de su cántaro.

¹⁸ —Beba usted, señor —contestó ella.

Y en seguida bajó su cántaro, lo sostuvo entre las manos y le dio de beber. ¹⁹ Cuando el siervo terminó de beber, Rebeca le dijo:

—También voy a sacar agua para sus camellos, para que beban toda la que quieran.

²⁰ Rápidamente vació su cántaro en el bebedero y corrió varias veces al pozo, hasta que sacó agua para todos los camellos. ²¹ Mientras tanto el siervo la miraba sin decir nada, pues quería estar seguro de que el Señor había hecho que le fuera bien en su viaje. ²² Cuando los camellos terminaron de beber, el hombre tomó un anillo de oro que pesaba como seis gramos, y se lo puso a ella

---

ʰ **23.15** *Monedas:* lit. *siclos* (véase *Tabla de pesas, monedas y medidas*). El metal acuñado, o sea, la moneda propiamente dicha, no se usó en Palestina antes del siglo VII a.C. Por tanto, lo habitual en épocas anteriores era pesar cierta cantidad de metal y utilizarla en los contratos de compraventa.

ⁱ **23.19** En la cueva de *Macpelá* fueron enterrados, además de Sara, el propio Abraham (Gn 25.9-10), Isaac (Gn 35.29), Rebeca, Lía y Jacob (Gn 49.31; 50.13). La tradición ha ubicado esta tumba de los patriarcas en el interior de una gran mezquita musulmana, en Hebrón.

ᵃ **24.1-67** Este largo capítulo hace revivir usos y costumbres del antiguo mundo oriental. La referencia al matrimonio de Isaac parece insinuar que la vida de Abraham ya está cercana a su fin (cf. Gn 25.7-10). En adelante, el cumplimiento de las promesas divinas estará vinculado a la persona de Isaac y a su matrimonio con Rebeca (cf. Gn 25.11; 26.24).

ᵇ **24.2** El sentido de este gesto no está del todo claro. El hecho de poner la mano cerca de los órganos de la reproducción quizá solemnizaba un juramento relacionado con el origen y la transmisión de la vida. Cf. Gn 47.29.

ᶜ **24.3** *Dios del cielo y de la tierra:* Esd 5.11; cf. Gn 14.22.

ᵈ **24.3-4** El matrimonio entre miembros de la propia tribu o de grupos más o menos emparentados (endogamia), ha sido una costumbre corriente en muchas sociedades. Entre los israelitas, esta práctica estaba reforzada por el deseo de preservar a la comunidad de la contaminación religiosa. Cf. Ex 34.15-16; Dt 7.3-4; Esd 9.2.

ᵉ **24.7** Cf. Gn 12.1-3.

ᶠ **24.7** Sobre esa promesa hecha a Abraham y a sus descendientes, véase Gn 12.2 n.

ᵍ **24.7** *Su ángel:* Véase Gn 16.7 nota *c*.

ʰ **24.6-8** *¡De ninguna manera lleves allá a mi hijo!:* La vuelta de Isaac al país de sus antepasados (cf. Gn 12.1) sería lo mismo que renunciar a las promesas del Señor.

ⁱ **24.10** *Nahor:* población de Mesopotamia, no lejos de Harán. Según Gn 11.24,26, este era también el nombre del abuelo y de un hermano de Abraham. *Mesopotamia:* lit. *Aram-naharaim:* Véase Sal 60.(2) nota *d*.

ʲ **24.12** El criado de Abraham encomienda al Señor el éxito de su misión. De este modo, el narrador hace ver que el matrimonio de Isaac con Rebeca no es un mero contrato entre dos familias, o un asunto puramente humano, sino una etapa decisiva en el cumplimiento de las promesas divinas. Cf. vv. 26,50.

ᵏ **24.14** Cf. Jue 6.36-40 y 1 S 14.6-10, donde se realizan acciones similares con el objeto de conocer la voluntad divina.

ˡ **24.15** Cf. Gn 22.20-23.

en la nariz. ᵐ También le dio dos brazaletes de oro que pesaban más de cien gramos, ²³ y le dijo:

—Dígame por favor de quién es usted hija, y si hay lugar en la casa de su padre donde mis hombres y yo podamos pasar la noche.

²⁴ Y ella contestó:

—Soy hija de Betuel, el hijo de Milcá y de Nahor. ²⁵ En nuestra casa hay lugar para que usted pase la noche, y también suficiente paja y comida para los camellos.

²⁶ Entonces el siervo se arrodilló y adoró al Señor, ²⁷ diciendo: "¡Bendito sea el Señor, el Dios de mi amo Abraham, pues ha sido fiel y bondadoso con mi amo, y me ha dirigido en el camino a la casa de sus parientes!"

²⁸ Rebeca fue corriendo a la casa de su madre, a contar todo lo que le había pasado. ²⁹ Tenía ella un hermano llamado Labán, el cual corrió al pozo a buscar al hombre, ³⁰ pues había visto el anillo y los brazaletes que su hermana llevaba en los brazos, y le había oído contar lo que el hombre le había dicho. Labán se acercó al siervo de Abraham, que todavía estaba con los camellos junto al pozo, ³¹ y le dijo:

—Venga usted, bendito del Señor. ¿Cómo va usted a quedarse aquí afuera, si ya he preparado la casa y un lugar para los camellos?

³² Entonces el siervo fue a la casa. Allí Labán descargó los camellos y les dio de comer, y luego trajo agua para que el siervo y sus compañeros se lavaran los pies. ⁿ

³³ Cuando le sirvieron de comer, el siervo de Abraham dijo:

—Yo no podría comer antes de haber dicho lo que tengo que decir.

—Hable usted —dijo Labán.

³⁴ El siervo dijo:

—Yo soy siervo de Abraham. ³⁵ El Señor ha bendecido mucho a mi amo y lo ha hecho rico: le ha dado ovejas, vacas, oro y plata, siervos, siervas, camellos y asnos. ³⁶ Además, Sara, su esposa, le dio un hijo cuando ya era muy anciana, y mi amo le ha dejado a su hijo todo lo que tiene. ³⁷ Mi amo me hizo jurar, y me dijo: 'No dejes que mi hijo se case con una mujer de esta tierra de Canaán, donde yo vivo. ³⁸ Antes bien, ve a la familia de mi padre, y busca entre las mujeres de mi clan una esposa para él.' ³⁹ Y yo le dije: 'Mi señor, ¿y si la mujer no quiere venir conmigo?' ⁴⁰ Entonces él me contestó: 'Yo he andado en el camino del Señor, y él enviará su ángel contigo, para que te vaya bien en tu viaje y tomes una esposa para mi hijo de entre las mujeres de mi familia, es decir, de la familia de mi padre. ⁴¹ Solo en caso de que mis parientes no quieran darte la muchacha, quedarás libre del juramento que me has hecho.'

⁴² "Así fue como hoy llegué al pozo, y en oración le dije al Señor, el Dios de mi amo Abraham: 'Si de veras vas a hacer que me vaya bien en este viaje, ⁴³ te ruego que ahora que estoy junto al pozo, pase esto: que la muchacha que venga por agua y a la que yo le diga: Por favor, déjeme usted beber un poco de agua de su cántaro, ⁴⁴ y que me conteste: Beba usted, y también sacaré agua para sus camellos, que sea esta la mujer que tú, Señor, has escogido para el hijo de mi amo.' ⁴⁵ Todavía no terminaba yo de hacer esta oración, cuando vi que Rebeca venía con su cántaro al hombro. Bajó al pozo a sacar agua, y le dije: 'Deme usted agua, por favor.' ⁴⁶ Ella bajó en seguida su cántaro, y me dijo: 'Beba usted, y también les daré de beber a sus camellos.' Y ella me dio agua, y también a mis camellos. ⁴⁷ Luego le pregunté: '¿De quién es usted hija?' y ella me contestó: 'Soy hija de Betuel, el hijo de Nahor y de Milcá.' Entonces le puse un anillo en la nariz y dos brazaletes en los brazos, ⁴⁸ y me arrodillé y adoré al Señor; alabé al Señor, el Dios de mi amo Abraham, por haberme traído por el camino correcto para tomar la hija del pariente de mi amo para su hijo. ⁴⁹ Ahora pues, díganme si van a ser buenos y sinceros con mi amo, y si no, díganmelo también, para que yo sepa lo que debo hacer." ñ

⁵⁰ Entonces Labán y Betuel le contestaron:

—Todo esto viene del Señor, y nosotros no podemos decirle a usted que sí o que no. ⁵¹ Mire usted, aquí está Rebeca; tómela y váyase. Que sea la esposa del hijo de su amo, tal como el Señor lo ha dispuesto.

⁵² Cuando el siervo de Abraham oyó esas palabras, se arrodilló delante del Señor hasta tocar el suelo con la frente. ⁵³ Luego sacó varios objetos de oro y plata, y vestidos, y se los dio a Rebeca. También a su hermano y a su madre les hizo regalos. ⁵⁴ Después él y sus compañeros comieron y bebieron, y pasaron allí la noche. Al día siguiente, cuando se levantaron, el siervo dijo:

—Déjenme regresar a la casa de mi amo.

⁵⁵ Pero el hermano y la madre de Rebeca le dijeron:

—Que se quede la muchacha con nosotros todavía unos diez días, y después podrá irse con usted.

⁵⁶ Pero el siervo les dijo:

—No me detengan más. Dios ha hecho que mi viaje haya salido bien, así que déjenme regresar a la casa de mi amo.

⁵⁷ Entonces ellos contestaron:

—Vamos a llamar a la muchacha, a ver qué dice ella.

⁵⁸ Llamaron a Rebeca y le preguntaron:

—¿Quieres irte con este hombre?

—Sí —contestó ella.

⁵⁹ Entonces dejaron ir a Rebeca y a la mujer que la había cuidado siempre, y también al siervo de Abraham y a sus compañeros. ⁶⁰ Y bendijeron a Rebeca de esta manera:

"Oh, hermana nuestra,
¡que seas madre de muchos millones!
¡que tus descendientes
conquisten las ciudades ᵒ de sus enemigos!"

⁶¹ Entonces Rebeca y sus siervas montaron en los camellos y siguieron al siervo de Abraham. Fue así como el siervo tomó a Rebeca y se fue de allí.

⁶² Isaac había vuelto del pozo llamado "El que vive y me

ᵐ **24.22** *Y se lo puso a ella en la nariz:* según el texto samaritano del Pentateuco. En el texto hebreo no aparece esta frase, pero cf. v. 47. Todavía hoy, algunas mujeres del Cercano Oriente llevan un *anillo* suspendido de la nariz.

ⁿ **24.32** Véase Gn 18.2-8 n.

ñ **24.49** *Para que yo sepa lo que debo hacer:* otra posible traducción: *para que yo sepa qué camino seguir* (lit. *y yo me dirigiré a la derecha o a la izquierda).*

ᵒ **24.60** *Conquisten las ciudades:* lit. *posean las puertas:* Véase Gn 22.17 n.

ve",[p] pues vivía en la región del Négueb. [63] Había salido a dar un paseo [q] al anochecer. En esto vio que unos camellos se acercaban. [64] Por su parte, Rebeca también miró y, al ver a Isaac, se bajó del camello [65] y le preguntó al siervo:

—¿Quién es ese hombre que viene por el campo hacia nosotros?

—Es mi amo [r] —contestó el siervo.

Entonces ella tomó su velo y se cubrió la cara. [66] El siervo le contó a Isaac todo lo que había hecho. [67] Luego Isaac llevó a Rebeca a la tienda de campaña de su madre Sara, y se casó con ella. Isaac amó mucho a Rebeca, y así se consoló de la muerte de su madre.

25 Los descendientes de Abraham y Queturá [a]
(1 Cr 1.32-33) [1] Abraham tuvo otra esposa, que se llamaba Queturá. [2] Sus hijos con ella fueron Zimrán, Jocsán, Medán, Madián, Isbac y Súah. [3] Jocsán fue el padre de Sebá y Dedán. Los descendientes de Dedán fueron los asureos, los letuseos y los leumeos. [4] Los hijos de Madián [b] fueron Efá, Éfer, Hanoc, Abidá y Eldaá. Todos estos fueron descendientes de Queturá. [5] Isaac heredó todo lo que Abraham tenía. [6] A los hijos de sus otras mujeres, Abraham solamente les hizo regalos, y cuando todavía vivía los separó de su hijo Isaac, enviándolos a la región del oriente. [c]

Muerte y sepultura de Abraham
[7] Abraham vivió ciento setenta y cinco años en total, [8] y murió de muerte natural, cuando ya era muy anciano. Y fue a reunirse con sus antepasados. [d] [9] Sus hijos Isaac e Ismael lo sepultaron en la cueva de Macpelá, [e] que está al oriente de Mamré, en el terreno de Efrón, el hijo de Sóhar el hitita. [10] Este terreno era el que Abraham había comprado a los hititas. [f] Allí fue sepultado Abraham, junto a su esposa Sara. [11] Después que Abraham murió, Dios bendijo a Isaac, que se había quedado a vivir junto al pozo "El que vive y me ve".

Los descendientes de Ismael *(1 Cr 1.28-31)*
[12] Estos son los hijos de Ismael, el hijo de Abraham y de Agar, la esclava egipcia de Sara, [13] en el orden en que nacieron: Nebaiot, que fue su hijo mayor; luego Quedar, Adbeel, Mibsam, [14] Mismá, Dumá, Masá, [15] Hadar, Temá, Jetur, Nafís y Quedmá. [16] Estos son los nombres de los doce hijos de Ismael, [g] y con esos mismos nombres se conocieron sus propios territorios y campamentos. Cada uno era jefe de su propia gente.

[17] Ismael tenía ciento treinta y siete años cuando murió, y fue a reunirse con sus antepasados. [18] Sus descendientes se establecieron en la región que está entre Havilá y Sur, frente a Egipto, en la ruta a Asiria. [h] Allí se establecieron, a pesar de la oposición de sus hermanos. [i]

Nacimiento de Jacob y Esaú
[19] Esta es la historia de Isaac, el hijo de Abraham. [20] Isaac tenía cuarenta años cuando se casó con Rebeca, que era hija de Betuel y hermana de Labán, los arameos que vivían en Padán-aram. [j] [21] Rebeca no podía tener hijos, así que Isaac le rogó al Señor por ella. Y el Señor oyó su oración y Rebeca quedó embarazada. [k] [22] Pero como los mellizos se peleaban dentro de su vientre, [l] ella pensó: "Si esto va a ser así, ¿para qué seguir viviendo?" [m] Entonces fue a consultar el caso con el Señor, [n] [23] y él le contestó:

"En tu vientre hay dos naciones,
dos pueblos que están en lucha
desde antes de nacer. [ñ]
Uno será más fuerte que el otro,
y el mayor estará sujeto al menor." [o]

[24] Llegó al fin el día en que Rebeca tenía que dar a luz, y tuvo mellizos. [25] El primero que nació era pelirrojo, todo cubierto de vello, y lo llamaron Esaú. [p] [26] Luego nació su hermano, agarrado al talón de Esaú con una mano, y por

---

[p] **24.62** *"El que vive y me ve":* Véase Gn 16.13 n.

[q] **24.63** *A dar un paseo:* traducción probable; el texto hebreo emplea un verbo de significado incierto.

[r] **24.65** *Es mi amo:* Al término de su viaje, que pudo haber durado hasta dos meses, el siervo da el título de *amo* a Isaac. Tal vez el texto sugiere que, entre tanto, Abraham había muerto, dejando a Isaac como nuevo jefe del clan.

[a] **25.1-6** Según esta genealogía, Abraham es el antepasado de varias tribus árabes, incluidos los madianitas. La identificación de algunos de estos nombres resulta problemática, pero se trata, sin duda, de grupos que se desplazaban por las regiones desérticas al este de Canaán y más hacia el sur, en los límites con Arabia.

[b] **25.4** *Los hijos de Madián* o *madianitas* se mencionan repetidamente en el AT (cf. Ex 2.16; 3.1; 18.1; Jue 6—8; Sal 83.9[10]; Is 9.4[3]).

[c] **25.6** *La región de oriente:* es decir, los desiertos de Siria y de Arabia, al este y al sudeste de Palestina. Véase Jue 6.3 nota c.

[d] **25.8** *Fue a reunirse con sus antepasados:* Este modismo hebreo, frecuente en el AT, alude probablemente a la costumbre de enterrar a los muertos en el sepulcro familiar, junto con los otros miembros de la familia ya fallecidos. Véase Gn 23.4 nota n.

[e] **25.9** *Macpelá:* Véase Gn 23.19 n.

[f] **25.10** Gn 23.3-16.

[g] **25.16** *Los doce hijos de Ismael:* Véase Gn 22.20-24 n.

[h] **25.18** *Asiria:* Dado el contexto geográfico, no se trata aquí del imperio asirio sino de la región habitada por los asureos del v. 3. Véase Gn 25.1-6 n.

[i] **25.18** Cf. Gn 16.12. *A pesar de la oposición de:* otras posibles traducciones: *aparte de,* o *al oriente de.*

[j] **25.20** *Padán-aram:* Este nombre significa *camino* o *campo de Aram* y designa, probablemente, un sitio particular dentro de la región llamada Aram-naharaim o Mesopotamia. Véase Sal 60.(2) nota d.

[k] **25.21** El tema de la esterilidad de la mujer ocupa un lugar muy destacado en la historia de los patriarcas hebreos (cf. Gn 16.1-6; 30.1). Véase también Sal 113.9 n. La referencia a este tema pone de relieve la intervención especial de Dios en el nacimiento de algunas personas llamadas a desempeñar un papel relevante en la historia de la salvación. Su nacimiento no se debe a una mera casualidad, sino que responde a un designio particular de Dios. Véase Lc 1.25 n.

[l] **25.22** La lucha de los hermanos en el seno materno preanuncia la rivalidad y los numerosos conflictos entre Jacob y Esaú (cf. Gn 27.41-45).

[m] **25.22** *¿Para qué seguir viviendo?:* Según una versión antigua. Heb. oscuro. Otra posible traducción: *¿por qué me sucede a mí esto?*

[n] **25.22** Estas consultas al Señor se hacían, por lo general, en algún santuario o lugar de culto.

[ñ] **25.23** Esaú y Jacob se presentan aquí no como meros individuos, sino como antepasados de dos pueblos (Edom e Israel, respectivamente), cuyas relaciones no fueron nada amistosas. Véanse Abd 1 nota b; 10 n.

[o] **25.23** *El mayor estará sujeto al menor:* Cf. Ro 9.10-13.

[p] **25.25** La palabra hebrea que significa *vello* tiene sonido semejante a *Seír,* que es otro nombre de *Esaú.* Cf. Gn 36.8.

eso lo llamaron Jacob. *q* Isaac tenía sesenta años cuando Rebeca los dio a luz.

Esaú vende sus derechos de hijo mayor 27 Los niños crecieron. Esaú llegó a ser un hombre del campo y muy buen cazador; Jacob, por el contrario, era un hombre tranquilo, y le agradaba quedarse en el campamento. 28 Isaac quería más a Esaú, porque le gustaba comer de lo que él cazaba, pero Rebeca prefería a Jacob. *r*

29 Un día en que Jacob estaba cocinando, Esaú regresó muy cansado del campo 30 y le dijo:

—Por favor, dame un poco de ese guiso rojo que tienes ahí, porque me muero de hambre.

(Por eso a Esaú también se le conoce como Edom.) *s*

31 —Primero dame a cambio tus derechos de hijo mayor —contestó Jacob. *t*

32 Entonces Esaú dijo:

—Como puedes ver, me estoy muriendo de hambre, de manera que los derechos de hijo mayor no me sirven de nada.

33 —Júramelo ahora mismo —insistió Jacob.

Esaú se lo juró, *u* y así le cedió a Jacob sus derechos de hijo mayor. 34 Entonces Jacob le dio a Esaú pan y guiso de lentejas. Cuando Esaú terminó de comer y beber, se levantó y se fue, sin dar ninguna importancia *v* a sus derechos de hijo mayor.

2. El patriarca Isaac (26.1-35)

26 **Isaac se va a Guerar** 1 En ese tiempo hubo una gran escasez de alimentos en toda aquella región, además de la que hubo cuando Abraham aún vivía. *a* Por eso Isaac se fue a Guerar, donde vivía Abimélec, rey de los filisteos. *b* 2 Allí el Señor se le apareció y le dijo: "No vayas a Egipto. Quédate donde yo te diga, 3 y por ahora sigue viviendo en este país. Yo estaré contigo *c* y te bendeciré, porque a ti y a tus descendientes les voy a dar todas estas tierras. Así cumpliré la promesa que le hice a tu padre Abraham. 4 Haré que tus descendientes sean tantos como las estrellas del cielo, y les daré todas estas tierras. Además, todas las naciones de la tierra serán bendecidas por medio de tus descendientes, *d* 5 porque Abraham me obedeció y cumplió mis órdenes, mis mandamientos, mis leyes y mis enseñanzas." *e*

6 Entonces Isaac se quedó en Guerar, 7 y cuando los que vivían en ese lugar le preguntaron en cuanto a Rebeca, Isaac tuvo miedo de decir que era su esposa y les dijo que era su hermana. Era tan hermosa Rebeca, que Isaac pensó que los hombres del lugar lo matarían por causa de ella.

8 Pasó el tiempo y él se quedó allá. Pero un día en que Abimélec estaba mirando por la ventana, vio que Isaac acariciaba a su esposa Rebeca. 9 Entonces lo mandó llamar y le dijo:

—Así que ella es tu esposa, ¿verdad? Entonces, ¿por qué dijiste que era tu hermana?

—Yo pensé que tal vez me matarían por causa de ella —contestó Isaac.

10 Pero Abimélec le dijo:

—¿Por qué nos has hecho esto? Un poco más y alguno del pueblo se habría acostado con tu esposa, y tú nos habrías hecho pecar. *f*

11 Entonces Abimélec ordenó a todo su pueblo:

—Si alguien molesta a este hombre o a su esposa, será condenado a muerte. *g*

12 Ese año Isaac sembró en aquel lugar y recogió muy buena cosecha, pues el Señor lo bendijo. 13 Se hizo muy rico y llegó a tener muchas posesiones. 14 Eran tantas sus ovejas y vacas, y tantos sus siervos, que los filisteos le tenían envidia. 15 Cuando su padre Abraham aún vivía, los siervos de Abraham habían abierto pozos; pero después los filisteos los habían tapado y llenado de tierra. 16 Por fin, Abimélec le dijo a Isaac:

—Vete de aquí, porque has llegado a ser más rico que nosotros.

17 Isaac se fue y acampó en el valle de Guerar, y allí se quedó a vivir. 18 Volvió a abrir los pozos de agua que habían sido abiertos en vida de su padre, y que los filisteos habían tapado después de su muerte, y les puso los mismos nombres que su padre les había dado. 19 Un día, los siervos de Isaac estaban haciendo un pozo en el valle, y encontraron un manantial. 20 Pero los pastores que cuidaban las ovejas en el valle de Guerar se pelearon con los pastores que cuidaban las ovejas de Isaac, porque decían que esa agua era de ellos. Por eso Isaac llamó a ese pozo "Pelea", pues se habían peleado por él. 21 Después sus siervos abrieron otro pozo, por el que volvieron a pelear, y a ese pozo Isaac lo llamó "Enemistad".

---

q 25.26 *Jacob* (en hebreo *Ya'acob*) es la forma abreviada de *Ya'acob-el*, nombre semita cuyo significado es *Que Dios proteja*. Aquí ese nombre se asocia con la palabra hebrea traducida por *talón*, que tiene un sonido semejante. Cf. Gn 27.36, donde, por la semejanza de sonido, también se lo relaciona con el verbo que significa *hacer trampa* o *suplantar*.

r 25.27-28 Aquí se contraponen dos formas de vida: la del cazador, por un lado, y la del campesino o del pastor, por el otro.

s 25.30 El texto hebreo hace un juego de palabras con el nombre de *Edom* y el adjetivo *admoni*, que significa *rojo* (cf. v. 25).

t 25.31 *Tus derechos de hijo mayor:* El primogénito o *hijo mayor* tenía una serie de privilegios que lo ponían por encima de los demás hermanos. En particular, a él le correspondía el primer puesto después del padre y una doble parte de la herencia familiar (cf. Dt 21.17).

u 25.33 El juramento es la garantía de que Esaú renunciaba a su derecho de manera irrevocable.

v 25.34 *Sin dar ninguna importancia:* Cf. Heb 12.16-17.

a 26.1 Cf. 12.10.

b 26.1 *Los filisteos:* Véase Gn 21.32-34 n.

c 26.3 *Yo estaré contigo:* En la historia de Isaac, Jacob y José se destaca, junto al tema de la bendición, la promesa de la asistencia divina (Gn 26.24; 28.15; 31.3; 39.2-3,21). Véanse también las referencias en Ex 3.12 nota *j*.

d 26.4 *Por medio de tus descendientes:* Véase Gn 12.3 n.

e 26.3-5 Isaac es depositario de la promesa hecha a Abraham (Gn 12.1-3; 13.14-15; 15.18-21; 22.16-18).

f 26.10 Estas palabras expresan una noción de responsabilidad colectiva, que se vuelve a encontrar en otros textos del AT (cf. Ex 20.5-6; Dt 5.9-10; Jos 7.25-26; Neh 9.2). De acuerdo con este concepto, la falta de una persona constituida en autoridad afectaba a todos sus súbditos (cf. Lv 4.3). Véase, en sentido contrario, Ez 18.

g 26.6-11 Cf. Gn 12.13-20; 20.2-14, donde se relatan episodios semejantes, pero protagonizados por Abraham.

²² Isaac se fue lejos de allí, y abrió otro pozo. Como ya no pelearon por él, lo llamó "Libertad", [h] pues dijo: "Ahora el Señor nos ha dejado en libertad de progresar en este lugar."
²³ De allí Isaac se fue a Beerseba. ²⁴ Esa noche el Señor se le apareció y le dijo:

"Yo soy el Dios de tu padre Abraham.
No tengas miedo; yo estoy contigo.
Por causa de mi siervo Abraham
te bendeciré y aumentaré mucho tu descendencia."

²⁵ Entonces Isaac construyó un altar allí, e invocó el nombre del Señor. Acampó en aquel lugar, y sus siervos abrieron un pozo.

Isaac y Abimélec hacen un pacto [i] ²⁶ Un día, Abimélec vino desde Guerar para hablar con Isaac. Lo acompañaban su amigo [j] Ahuzat, y Ficol, que era el capitán de su ejército. ²⁷ Isaac les dijo:
—Si ustedes no me quieren, y hasta me echaron de su tierra, ¿para qué vienen a verme?
²⁸ Ellos le contestaron:
—Hemos visto que el Señor está contigo, y hemos pensado proponerte que hagamos un pacto. El pacto será este: ²⁹ que tú no nos harás ningún mal, pues nosotros no te hemos molestado. Al contrario, siempre te hemos tratado bien y te despedimos en forma amistosa, y ahora el Señor te está bendiciendo.
³⁰ Entonces Isaac les hizo una gran fiesta, y ellos comieron y bebieron. ³¹ Al día siguiente por la mañana, se levantaron y se hicieron juramentos entre sí. Luego Isaac les dijo adiós, y ellos se despidieron de él como amigos.
³² Aquel mismo día, los siervos de Isaac vinieron a darle la noticia de que habían encontrado agua en el pozo que estaban abriendo. ³³ Isaac le puso a aquel pozo el nombre de Sebá. [k] Por eso aquella ciudad todavía se llama Beerseba. [l]
³⁴ Cuando Esaú tenía cuarenta años, se casó con Judit, que era hija de Beerí el hitita. También se casó con Basemat, que era hija de otro hitita llamado Elón. ³⁵ Estas dos mujeres les amargaron la vida a Isaac y Rebeca. [m]

3. La historia de Jacob (27—36)

27 Isaac bendice a Jacob y Esaú [a] ¹ Isaac estaba ya muy viejo, y se había quedado ciego. Un día llamó a Esaú, su hijo mayor, y le dijo:
—¡Hijo mío!

—Dime, padre —contestó Esaú.
² —Ya ves que estoy muy viejo —dijo Isaac—, y un día de estos me puedo morir. ³ Por eso quiero que vayas al monte con tu arco y tus flechas para cazar algún animal. [b] ⁴ Prepara luego un guisado sabroso, como a mí me gusta, y tráelo para que yo lo coma. Entonces te daré mi bendición [c] antes de morir. [d]
⁵ Pero Rebeca estaba oyendo lo que Isaac le decía a Esaú. Por eso, en cuanto este se fue al monte a cazar algo para su padre, ⁶ ella dijo a Jacob, su hijo menor:
—Mira, oí que tu padre estaba hablando con tu hermano Esaú, y que le decía: ⁷ 'Caza algún animal, prepara un guisado sabroso para que yo lo coma, y te daré mi bendición delante del Señor antes de morir.' ⁸ Así que, hijo mío, escucha bien lo que te voy a decir: ⁹ Ve a donde está el rebaño, y tráeme dos de los mejores cabritos; voy a prepararle a tu padre un guisado sabroso, como a él le gusta. ¹⁰ Tú se lo vas a llevar para que lo coma, y así te dará a ti su bendición antes de morir.
¹¹ Pero Jacob le dijo a su madre:
—Mi hermano tiene mucho pelo en el cuerpo, [e] y yo no. ¹² Si mi padre llega a tocarme y me reconoce, va a pensar que me estoy burlando de él; entonces haré que me maldiga en lugar de que me bendiga. [f]
¹³ Pero su madre le contestó:
—Hijo mío, que esa maldición recaiga sobre mí. Tú haz lo que te digo y tráeme esos cabritos.
¹⁴ Jacob fue por los cabritos y se los trajo a su madre. Ella preparó entonces un guisado sabroso, como a Isaac le gustaba, ¹⁵ sacó la mejor ropa de Esaú, su hijo mayor, que estaba guardada en la casa, y se la puso a Jacob, su hijo menor. ¹⁶ Luego, con la piel de los cabritos, le cubrió a Jacob los brazos y la parte del cuello donde no tenía pelo, ¹⁷ y le dio el guisado y el pan que había preparado.
¹⁸ Entonces Jacob entró donde estaba su padre, y le dijo:
—¡Padre!
—Aquí estoy. ¿Cuál de mis hijos eres tú? —preguntó Isaac.
¹⁹ —Soy Esaú, tu hijo mayor —contestó Jacob—. Ya hice lo que me dijiste. Levántate, por favor; siéntate y come del animal que he cazado, y dame tu bendición.
²⁰ Entonces Isaac le preguntó:
—¿Cómo pudiste encontrarlo tan pronto, hijo mío?
—El Señor tu Dios me ayudó a encontrarlo —respondió Jacob.

---

[h] **26.22** La palabra traducida por *libertad* significa lit. *espacios abiertos*, donde es posible moverse libremente.
[i] **26.26-35** Acerca de este pacto de Isaac con Abimélec, véase Gn 21.22-34 n.
[j] **26.26** La palabra traducida por *amigo* podría corresponder al título de un funcionario del rey, por ej., al de un *consejero*. Cf. Gn 21.22.
[k] **26.33** *Sebá:* Este nombre se parece a las palabras hebreas que significan *abundancia* y *juramento*.
[l] **26.33** *Beerseba:* Véase Gn 21.30-31 n.
[m] **26.34-35** Las mujeres *hititas*, que adoraban a otros dioses, representaban, a los ojos de *Isaac* y de *Rebeca*, un peligro para la fe de sus descendientes. Cf. Gn 24.3-4.
[a] **27.1-40** Este relato muestra cómo Dios realiza sus designios valiéndose incluso de los pecados de los hombres. También pone de relieve la gratuidad de la elección divina: el elegido del Señor no

será Esaú, el hijo mayor, sino Jacob (Israel), el hijo menor (cf. Gn 32.27-28[28-29]). Cf. también Mal 1.2-3; Ro 9.10-13.
[b] **27.3** Cf. Gn 25.27, donde se dice que *Esaú* era *muy buen cazador*.
[c] **27.4** La comida sabrosa debía vigorizar el cuerpo debilitado del anciano, para que su *bendición* fuera más eficaz.
[d] **27.4** Cf. Gn 48.8-22; 49.1-28; Dt 33. Estos pasajes muestran la importancia que se atribuía en Israel a la bendición paterna, sobre todo a la impartida poco antes de morir. Como esta bendición debía ejercer una influencia decisiva en el destino de aquel que la recibía, Isaac quiere bendecir a Esaú, su hijo mayor y también su preferido (cf. Gn 25.28).
[e] **27.11** Cf. Gn 25.25.
[f] **27.12** Jacob no se inquieta por la mentira, sino por el miedo a que su padre se dé cuenta del engaño.

JACOB (ISRAEL)

Datos importantes de su vida	Referencias
Profecía sobre él y su hermano, antes de nacer. Nacimiento; es el menor de dos gemelos.	Gn 25.22-26
Compra de Esaú los derechos de primogenitura.	Gn 25.27-34
Engaña a su padre y recibe de él la bendición del primogénito; huye a Padán-aram para escapar de la furia de Esaú.	Gn 27.1—28.5
Dios se le aparece en Betel.	Gn 28.10-22
Llega a Harán, conoce a Raquel y es recibido en la casa de Labán, su tío.	Gn 29.1-14
Trabaja siete años para casarse con Raquel. Es engañado y se casa con Lía, la hermana mayor de Raquel. Trabaja otros siete años para casarse otra vez.	Gn 29.15-30
Raquel es estéril. Jacob tiene seis hijos y una hija de Lía; de Bilhá (esclava de Raquel) y Zilpá (esclava de Lía) tiene dos hijos de cada una. Luego nace José, el primero de los hijos de Raquel.	Gn 29.31—30.24
Se hace de su propio rebaño, por medio de trampas. Viaja a Canaán con su familia y sus rebaños.	Gn 30.25—31.21
Labán sigue a Jacob. Hacen un pacto.	Gn 31.22-55
Se encuentra cara a cara con Dios; pelea con él. Recibe el nombre de Israel.	Gn 32.22-32
Se reconcilia con Esaú.	Gn 33
Dios bendice a Jacob en Betel; le repite la promesa de la tierra y de hacerlo padre de una gran nación. Raquel muere al dar a luz a Benjamín.	Gn 35
Se establece en Hebrón. José, su hijo preferido, es vendido como esclavo.	Gn 37.2-36
Una hambruna hace que los hijos de Jacob vayan a Egipto, donde se encuentran con José. Jacob y su familia dejan Canaán y se establecen en Egipto.	Gn 42—46
Jacob vive 17 años en Egipto. Bendice a sus hijos y les hace prometer que lo enterrarán en el sepulcro familiar en Canaán. Muere en Egipto.	Gn 47.27—50.14
Otras referencias: Ex 1.1; 2.24; 3.6; Mal 1.2; Mt 1.2; Jn 4.5; Ro 9.13; Heb 11.9,20-21	

Véase *Jacob* en el *Índice temático*.

²¹ Pero Isaac le dijo:

—Acércate y déjame tocarte, a ver si de veras eres mi hijo Esaú.

²² Jacob se acercó para que su padre lo tocara. Entonces Isaac dijo: "La voz es la de Jacob, pero los brazos son los de Esaú." ²³ Así que no lo reconoció, porque sus brazos tenían mucho pelo, como los de su hermano Esaú. Pero cuando iba a darle su bendición, ²⁴ volvió a preguntarle:

—¿De veras eres mi hijo Esaú?

—Sí, yo soy Esaú —respondió Jacob.

²⁵ Entonces su padre le dijo:

—Sírveme, hijo mío, para que coma yo de lo que cazaste, y entonces te daré mi bendición.

Jacob le sirvió de comer a su padre, y también le trajo vino. Isaac comió y bebió, ²⁶ y luego le dijo:

—Acércate, hijo, y dame un beso.

²⁷ Cuando Jacob se acercó para besarlo, Isaac le olió la ropa. Entonces lo bendijo con estas palabras:

"Sí, este olor es de mi hijo.
Es como el olor de un campo
bendecido por el Señor. *g*
²⁸ Que Dios te dé la lluvia del cielo,
las mejores cosechas de la tierra,
mucho trigo y mucho vino. *h*
²⁹ Que mucha gente te sirva;
que las naciones se arrodillen delante de ti.
Gobierna a tus propios hermanos;
¡que se arrodillen delante de ti!
Los que te maldigan serán malditos,
y los que te bendigan serán benditos."

³⁰ Había terminado Isaac de bendecir a Jacob, y apenas salía Jacob de donde estaba su padre, cuando Esaú regresó de cazar. ³¹ También él preparó un guisado sabroso, se lo llevó a su padre, y le dijo:

—Levántate, padre; come del animal que tu hijo ha cazado, y dame tu bendición.

³² Entonces Isaac le preguntó:

—¿Quién eres tú?

—Soy Esaú, tu hijo mayor —contestó.

³³ Isaac se quedó muy sorprendido, y con voz temblorosa dijo:

—Entonces, ¿quién es el que fue a cazar y me trajo el guisado? Yo me lo comí todo antes de que tú llegaras, y le di mi bendición, y ahora él ha quedado bendecido. *i*

---

g **27.27** Cf. Heb 11.20.

h **27.27-28** Según el AT, la fecundidad es la manifestación más característica y apreciada de la bendición divina (cf. Gn 1.28; 49.25; Sal 128.3-4).

i **27.33** *Ha quedado bendecido:* Los antiguos israelitas consideraban que la *bendición*, una vez pronunciada, no podía ser revocada

³⁴ Cuando Esaú oyó lo que su padre decía, se puso a llorar amargamente, y gritó:

—¡Dame también a mí tu bendición, padre mío!

³⁵ Pero Isaac le contestó:

—Ya vino tu hermano, y me engañó, y se llevó la bendición que era para ti.

³⁶ —¡Con razón le pusieron por nombre Jacob! —dijo Esaú—. ¡Ya van dos veces que me hace trampa! ʲ Primero me quitó mis derechos de hijo mayor, y ahora me ha quitado la bendición que me tocaba. ¿No has guardado ninguna otra bendición para mí? ᵏ

³⁷ Entonces Isaac le contestó:

—Mira, yo le he dado a Jacob autoridad sobre ti; le he dado por siervos a todos sus parientes, y le he deseado que tenga mucho trigo y mucho vino. ¿Qué puedo hacer ahora por ti, hijo mío?

³⁸ Esaú insistió:

—¿No puedes dar más que una sola bendición, padre mío? ¡Bendíceme también a mí!

Y volvió a llorar a gritos. ˡ

³⁹ Entonces Isaac le dijo:

"Vivirás lejos de las tierras fértiles
y de la lluvia que cae del cielo. ᵐ
⁴⁰ Tendrás que defenderte con tu espada
y serás siervo de tu hermano;
pero cuando te hagas fuerte,
te librarás de él." ⁿ

Jacob huye de Esaú ⁴¹ Desde entonces Esaú odió a Jacob por la bendición que le había dado su padre, y pensaba: "Ya pronto vamos a estar de luto por la muerte de mi padre; después de eso, mataré a mi hermano Jacob."

⁴² Cuando Rebeca supo lo que Esaú estaba planeando, mandó llamar a Jacob y le dijo:

—Mira, tu hermano Esaú quiere matarte para vengarse de ti. ⁴³ Por eso, hijo, escúchame; huye en seguida a Harán, a casa de mi hermano Labán. ñ ⁴⁴ Quédate con él por algún tiempo, hasta que se le pase el enojo a tu hermano ⁴⁵ y olvide lo que le has hecho. Entonces te mandaré avisar para que vuelvas. ¡No quiero perder a mis dos hijos en un solo día! ᵒ

⁴⁶ Luego Rebeca le dijo a Isaac:

—Estoy cansada de la vida por culpa de estas hititas con las que Esaú se casó. Si Jacob se casa con una hitita como estas, de las que viven aquí en Canaán, vale más que me muera. ᵖ

28 ¹ Entonces Isaac llamó a Jacob, lo bendijo y le dio esta orden: "No te cases con ninguna mujer de esta tierra de Canaán. ² Vete a Padán-aram, ᵃ a la casa de tu abuelo Betuel, y cásate allá con una de las hijas de tu tío Labán. ³ Que el Dios todopoderoso ᵇ te bendiga y te dé muchos descendientes, para que de ti salgan muchas naciones. ⁴ Que te dé a ti, y también a tus descendientes, la bendición que le prometió a Abraham, ᶜ para que sean dueños de esta tierra donde ahora vivimos como extranjeros, pues él se la prometió a Abraham."

⁵ Así fue como Isaac envió a Jacob a Padán-aram. Jacob llegó a casa de Labán, que era hijo de Betuel el arameo y hermano de Rebeca, la madre de Jacob y Esaú.

Esaú se casa ⁶ Esaú había visto cuando Isaac le dio su bendición a Jacob y lo envió a Padán-aram para casarse allá. También se fijó en que su padre, al bendecirlo, le encargó que no se casara con ninguna mujer de Canaán, ⁷ y que Jacob se fue a Padán-aram como su padre y su madre le habían dicho. ⁸ De esa manera Esaú se dio cuenta de que a su padre no le agradaban las mujeres de Canaán; ⁹ por eso fue a ver a Ismael, hijo de Abraham, y tomó por esposa a su hija Mahalat, que era hermana de Nebaiot, además de las esposas cananeas que ya tenía. ᵈ

Dios se aparece a Jacob en Betel ¹⁰ Jacob salió de Beerseba y tomó el camino de Harán. ¹¹ Llegó a cierto lugar y allí se quedó a pasar la noche, porque el sol ya se había puesto. Tomó como almohada una de las piedras que había en el lugar, y se acostó a dormir. ¹² Allí tuvo un sueño, en el que veía una escalera que estaba apoyada en la tierra y llegaba hasta el cielo, y por la cual los ángeles de Dios subían y bajaban. ᵉ ¹³ También veía que el Señor estaba de pie junto a él, y que le decía: "Yo soy el Señor, el Dios de tu abuelo Abraham y de tu padre Isaac. A ti y a tus descendientes les daré la tierra en donde estás acostado. ¹⁴ Ellos llegarán a ser tantos como el polvo de la tierra, y se extenderán al norte y al sur, al este y al oeste, y todas las familias del mundo serán bendecidas por medio de ti y de tus descendientes. ᶠ ¹⁵ Yo

---

ni traspasada a otra persona. De ahí la angustia de Isaac y de Esaú (cf. vv. 30-40).

ʲ **27.36** Respecto de la relación entre el nombre *Jacob* y el vocablo *trampa*, véase Gn 25.26 n.

ᵏ **27.36** Cf. Gn 25.29-34. En hebreo, las palabras que significan *mis derechos de hijo mayor* (o *mi primogenitura*) y *mi bendición* tienen un sonido semejante.

ˡ **27.38** Heb 12.17.

ᵐ **27.39** Estas palabras retoman el estilo y algunas expresiones de la bendición pronunciada en vv. 27-29, pero invierten su sentido: la región donde habitaron los edomitas, descendientes de Esaú, era, en efecto, árida y estéril (cf. Gn 36.8).

ⁿ **27.40** El territorio de Edom quedó sometido al dominio de los israelitas en tiempos del David (2 S 8.12-14), pero luego los edomitas se rebelaron contra aquella dominación (1 R 11.14-25; cf. 2 R 8.20).

ñ **27.43** Gn 24.28-29; 28.1-2.

ᵒ **27.45** Si Esaú mataba a Jacob, tendría que huir lejos de su clan o caer bajo la sanción conocida como "venganza de la sangre" (véanse Ex 21.23-25 n.; Nm 35.12 n.). De ese modo, Rebeca perdería de una sola vez a sus dos hijos (Cf. 2 S 14.6-7).

ᵖ **27.46** Este v. señala otro motivo para la partida de Jacob: no el miedo a Esaú sino la obligación de mantener la pureza de la sangre y de la fe. Véase Gn 24.3-4 n.

ᵃ **28.2** *Padán-aram:* Véase Gn 25.20 n.

ᵇ **28.3** *Dios todopoderoso:* heb. *El Shadai;* véase Gn 17.1 n.

ᶜ **28.4** *Prometió a Abraham:* Gn 17.4-8.

ᵈ **28.8-9** Gn 26.34-35.

ᵉ **28.12** Cf. Jn 1.51. La palabra hebrea traducida por *escalera* puede designar tanto una rampa como una escalinata de piedra semejante a las que tenían algunos templos de la antigua Mesopotamia (véase Gn 11.4 nota *d*). Se consideraba que estas grandes escalinatas eran un lazo de unión entre el cielo y la tierra.

ᶠ **28.13-14** *Serán bendecidas:* Véase Gn 12.2-3 n. La promesa hecha a Abraham (Gn 12.1-3; 13.14-15; 15.18-21; 22.16-18) y a Isaac (Gn 26.3-5) es ahora renovada a Jacob (cf. Gn 46.3).

estoy contigo; *g* voy a cuidarte por dondequiera que vayas, y te haré volver a esta tierra. No voy a abandonarte sin cumplir lo que te he prometido."

¹⁶ Cuando Jacob despertó de su sueño, pensó: "En verdad el Señor está en este lugar, y yo no lo sabía." ¹⁷ Tuvo mucho miedo, y pensó: "Este lugar es muy sagrado. Aquí está la casa de Dios; *h* ¡es la puerta del cielo!"

¹⁸ Al día siguiente Jacob se levantó muy temprano, tomó la piedra que había usado como almohada, la puso de pie como un pilar, y la consagró derramando aceite sobre ella. *i* ¹⁹ En ese lugar había antes una ciudad que se llamaba Luz, *j* pero Jacob le cambió el nombre y le puso Betel. *k*

²⁰ Allí Jacob hizo esta promesa: "Si Dios me acompaña y me cuida en este viaje que estoy haciendo, si me da qué comer y con qué vestirme, ²¹ si regreso sano y salvo a la casa de mi padre, entonces el Señor será mi Dios. ²² Esta piedra que he puesto como pilar, será casa de Dios; y siempre te daré, oh Dios, la décima parte de todo lo que tú me des." *l*

29 Jacob en Harán

¹ Jacob siguió su camino y se fue a la tierra de los del oriente.

² En el campo vio un pozo, cerca del cual estaban descansando tres rebaños de ovejas, porque los animales bebían agua de él. Sobre la boca del pozo había una piedra muy grande, ³ y cuando todos los rebaños se juntaban allí, los pastores quitaban la piedra para darles agua a las ovejas, y luego volvían a tapar el pozo. ⁴ Jacob preguntó a los pastores:

—¿De dónde son ustedes, amigos míos?
—Somos de Harán —contestaron ellos.
⁵ —¿Conocen ustedes a Labán, el hijo de Nahor? —volvió a preguntar.
—Sí, lo conocemos —respondieron.
⁶ —¿Está bien de salud? —insistió Jacob.
—Sí, Labán está bien —dijeron los pastores—. Mire usted, aquí viene su hija Raquel *a* con sus ovejas.
⁷ Entonces Jacob dijo:
—Todavía es de día, y es muy temprano para encerrar las ovejas. ¿Por qué no les dan agua y las llevan a pastar?
⁸ Pero ellos le contestaron:
—No podemos hacerlo. Tenemos que esperar a que se junten todos los rebaños y los pastores quiten la piedra de la boca del pozo, para poder darles agua a las ovejas. *b*

⁹ Mientras Jacob estaba hablando con ellos, Raquel llegó con las ovejas de su padre, pues ella era quien las cuidaba. ¹⁰ Tan pronto como Jacob la vio con las ovejas de su tío Labán, fue y quitó la piedra de la boca del pozo, y les dio agua a las ovejas; ¹¹ luego la saludó con un beso, y comenzó a llorar. ¹² Cuando Jacob le contó que él era hijo de Rebeca y sobrino de Labán, Raquel fue corriendo a contárselo a su padre.

¹³ Labán, al oír hablar de Jacob, el hijo de su hermana, salió corriendo a recibirlo, lo abrazó, lo saludó con un beso y lo llevó a su casa. Luego Jacob le contó todo lo que había pasado. ¹⁴ Y Labán le dijo: "Verdaderamente tú eres uno de mi propia sangre." *c*

Jacob trabaja por Raquel y Lía

Jacob se quedó con Labán durante un mes. ¹⁵ Después de ese tiempo, Labán le dijo:

—No vas a trabajar para mí sin ganar nada, solo porque eres mi pariente. Dime cuánto quieres que te pague.

¹⁶ Labán tenía dos hijas: la mayor se llamaba Lía, y la menor, Raquel. ¹⁷ Lía tenía unos ojos muy tiernos, *d* pero Raquel era hermosa de pies a cabeza. ¹⁸ Como Jacob se había enamorado de Raquel, contestó:

—Por Raquel, tu hija menor, trabajaré siete años para ti. *e*
¹⁹ Entonces Labán contestó:
—Es mejor dártela a ti que dársela a un extraño. Quédate conmigo.

²⁰ Y así Jacob trabajó por Raquel durante siete años, aunque a él le pareció muy poco tiempo porque la amaba mucho. ²¹ Cuando pasaron los siete años, Jacob le dijo a Labán:

—Dame mi mujer, para que me case con ella, porque ya terminó el tiempo que prometí trabajar por ella.

²² Entonces Labán invitó a todos sus vecinos a la fiesta de bodas que hizo. ²³ Pero por la noche Labán tomó a Lía y se la llevó a Jacob, y Jacob durmió con ella. *f* ²⁴ Además, Labán le regaló a Lía una de sus esclavas, llamada Zilpá, para que la atendiera. ²⁵ A la mañana siguiente Jacob se dio cuenta de que había dormido con Lía, y le reclamó a Labán:

—¿Qué cosa me has hecho? ¿No trabajé contigo por Raquel? Entonces, ¿por qué me has engañado?

²⁶ Y Labán le contestó:
—Aquí no acostumbramos que la hija menor se case

---

g **28.15** *Yo estoy contigo:* Véase Gn 26.3 n.

h **28.17** *Casa de Dios* es la traducción del nombre hebreo *Betel*. Este era el nombre de una antigua población cananea, que más tarde cayó en poder de los israelitas (cf. Jue 1.22-26) y en la que había un antiguo e importante santuario (cf. Gn 12.8; 13.3; 1 R 12.29; Am 7.13).

i **28.18** La costumbre de erigir pilares o piedras conmemorativas estaba muy difundida en el antiguo Oriente. Tales pilares solían recordar algún hecho importante, como una victoria militar, un pacto o una manifestación divina (cf. Gn 31.45-54; véanse también Ex 23.24 n.; 24.4 n). Más tarde, la legislación deuteronómica ordenó destruir las piedras conmemorativas que estaban vinculadas con las prácticas religiosas cananeas (cf. Dt 7.5; 12.3; 16.22).

j **28.19** *Luz* es una palabra hebrea que significa *almendro*.

k **28.19** *Betel:* Véase Gn 28.17 n.

l **28.22** *La décima parte de todo lo que tú me des:* El pago del diezmo como ofrenda a la divinidad ya se practicaba en Canaán antes de la llegada de los israelitas (cf. Gn 14.20). Más tarde, la legislación

mosaica introdujo esta costumbre en Israel, como medio de satisfacer las necesidades del culto divino (Dt 12.6,17-18; 26.12).

a **29.6-14** El relato del encuentro de *Jacob* con *Raquel* tiene algunos elementos comunes con la historia de Rebeca en Gn 24.15-31.

b **29.8** Según parece, esta era una práctica establecida para evitar que algunos pastores sacaran ventaja en el uso del agua de los pozos, a la que todos tenían igual derecho.

c **29.14** *Uno de mi propia sangre:* lit. *hueso mío y carne mía* (cf. Gn 2.23).

d **29.17** *Muy tiernos:* otra posible traducción: *apagados* o *sin lustre*.

e **29.18** Según costumbre de aquella época, que aún se mantiene en algunos lugares, en el contrato de matrimonio se fijaba el precio que el novio debía pagar al padre o a la familia de la novia (cf. Gn 34.12; Ex 22.16-17[15-16]). *Jacob* ofrece su trabajo como pago para casarse con Raquel.

f **29.23** Este engaño fue posible porque la novia, durante la fiesta de bodas, permanecía cubierta con un velo.

antes que la mayor. **27** Cumple con la semana de bodas de Lía y entonces te daremos también a Raquel, *g* si es que te comprometes a trabajar conmigo otros siete años.

28 Jacob aceptó, y cuando terminó la semana de bodas de Lía, Labán le dio a Raquel por esposa. **29** Labán también le dio a Raquel una de sus esclavas, llamada Bilhá, para que la atendiera. **30** Jacob se unió también a Raquel, y la amó mucho más que a Lía, aunque tuvo que trabajar con Labán durante siete años más.

Los hijos de Jacob *h*   **31** Cuando el Señor vio que Jacob despreciaba a Lía, hizo que esta tuviera hijos, pero a Raquel la mantuvo estéril. **32** Lía quedó embarazada y tuvo un hijo, al que llamó Rubén, porque dijo: "El Señor me vio triste. Por eso ahora mi esposo me amará."

33 Después Lía tuvo otro hijo, al que llamó Simeón, y entonces dijo: "El Señor oyó que me despreciaban, y por eso me dio un hijo más."

34 Y otra vez tuvo un hijo, al cual llamó Leví, porque dijo: "Ahora mi esposo se unirá más a mí, porque ya le he dado tres hijos."

35 Lía tuvo aún otro hijo, al cual llamó Judá, porque dijo: "Esta vez alabaré al Señor." Después de esto, dejó de tener hijos. *i*

30 **1** Cuando Raquel vio que ella no podía darle hijos a Jacob, sintió envidia de su hermana Lía, y le dijo a su esposo:

—Dame hijos, porque si no, me voy a morir.

2 Pero Jacob se enojó con ella y le dijo:

—¿Acaso soy Dios? Él es quien no te deja tener hijos.

3 Entonces ella le dijo:

—Mira, toma a mi esclava Bilhá y únete con ella; y cuando ella tenga hijos, será como si yo misma los tuviera. *a* Así podré tener hijos.

4 De esta manera Raquel le dio a Jacob su esclava Bilhá, para que fuera su concubina. Jacob se unió con Bilhá, **5** y ella le dio un hijo a Jacob. **6** Entonces Raquel dijo: "Este niño se va a llamar Dan, porque Dios oyó mi oración y me hizo justicia al darme un hijo." *b*

7 Después Bilhá le dio otro hijo a Jacob, **8** y Raquel dijo: "Este niño se va a llamar Neftalí, porque he luchado mucho *c* contra mi hermana y la he vencido."

9 Cuando Lía vio que ya no podía tener hijos, tomó a su esclava Zilpá y se la dio a Jacob para que fuera su concubina.

10 Y cuando Zilpá le dio un hijo a Jacob, **11** Lía dijo: "¡Qué suerte! Por eso el niño se va a llamar Gad."

12 Después Zilpá le dio otro hijo a Jacob, **13** y entonces Lía dijo: "¡Qué felicidad! Ahora las mujeres dirán que soy feliz. Por eso el niño se va a llamar Aser." *d*

14 Un día fue Rubén al campo, durante la cosecha de trigo, y allí encontró unas frutas llamadas mandrágoras, *e* las cuales llevó a su madre Lía. Cuando Raquel vio las frutas, le dijo a Lía:

—Por favor, dame algunas de esas mandrágoras que tu hijo te trajo.

15 Pero Lía le contestó:

—¿Te parece poco haberme quitado el marido? ¡Y ahora quieres también quitarme las mandrágoras de mi hijo!

—Pues a cambio de las mandrágoras de tu hijo, esta noche Jacob dormirá contigo —propuso Raquel.

16 Por la noche, cuando Jacob regresó del campo, Lía salió a su encuentro y le dijo:

—Hoy vas a dormir conmigo, porque te he alquilado a cambio de las mandrágoras de mi hijo.

Esa noche Jacob durmió con Lía, **17** y ella le dio a Jacob su quinto hijo, porque Dios oyó su oración. **18** Entonces Lía dijo: "Este niño se va a llamar Isacar, pues Dios me ha premiado porque le di mi esclava a mi marido."

19 Después Lía le dio a Jacob su sexto hijo, **20** y dijo: "Dios me ha dado un buen regalo. Ahora mi marido me estimará más, porque ya le he dado seis hijos. Por eso este niño se va a llamar Zabulón."

21 Por último, Lía tuvo una hija, a la cual llamó Dina.

22 Pero Dios se acordó de Raquel; oyó su oración y le permitió tener hijos. **23** Cuando tuvo el primero, dijo: "Dios me ha quitado la vergüenza de no tener hijos. **24** Ojalá me permita tener otro." Por eso lo llamó José. *f*

Trampas entre Jacob y Labán   **25** Después que Raquel dio a luz a José, Jacob dijo a Labán:

—Déjame regresar a mi propia tierra. **26** Dame mis hijos y mis mujeres, pues por ellas he trabajado contigo, y déjame ir. Tú bien sabes cómo he trabajado para ti.

27 Pero Labán le contestó:

—Por favor, quédate conmigo. He sabido por adivinación que el Señor me ha bendecido por medio de ti. **28** Dime cuánto quieres ganar, y te lo pagaré.

29 Entonces Jacob le dijo:

---

g **29.27** Los festejos de bodas duraban generalmente una *semana* (cf. Jue 14.12). La legislación posterior (Lv 18.18) prohibió tener simultáneamente por esposas a dos hermanas.

h **29.31—30.24** Cf. 35.22b-26. En esta sección se narra el nacimiento de once hijos de Jacob y el de su hija *Dina* (cf. en Gn 35.16-17 el relato del nacimiento de Benjamín, su hijo menor). Estos doce hijos corresponden al número de las doce tribus de Israel (Gn 49.28; Ex 1.1-4; 24.4).

i **29.32-35** Los nombres de los hijos de Jacob se relacionan con palabras hebreas que tienen sonido similar. Así, el nombre de *Rubén* se asemeja en el sonido a las palabras hebreas que significan *miren, un hijo*; él *vio mi tristeza*; el de *Simeón*, al verbo que significa *oír*; el de *Leví*, al verbo que significa *unir*; el de *Judá*, al verbo que significa *alabar*.

a **30.3** *Y cuando ella tenga... tuviera*: lit. *y que ella dé a luz sobre mis rodillas*. Este modismo hebreo se refiere al acto por medio del cual la esposa estéril adoptaba como propios a los hijos que su marido había tenido con una esclava de ella. Véase Gn 16.2 n.

b **30.6** *Dan* es una forma abreviada del nombre *Daniel*, que, en hebreo, significa *Dios me ha hecho justicia*.

c **30.8** *He luchado mucho*: lit. *con luchas de Dios*. El complemento *de Dios* tiene aquí valor de superlativo y sugiere la idea de una lucha sobrehumana.

d **30.8-13** Véase Gn 29.32-35 n. Los nombres de *Neftalí*, *Gad* y *Aser* tienen sonido semejante al de las palabras hebreas que significan, respectivamente, *luchar*, *suerte* y *ser feliz*.

e **30.14** *Frutas llamadas mandrágoras*: Según creencias antiguas, estas *frutas* daban fecundidad a las mujeres.

f **30.18-24** En hebreo, el nombre de *Isacar* tiene sonido semejante a los verbos que significan *premiar* y *alquilar*; el de *Zabulón*, a los que significan *regalar* y *estimar*; el de *José* a los que significan *quitar* y *dar más*. Este último también podría ser la forma abreviada de un nombre hebreo que significa *Que el Señor añada* o *que el Señor dé más*.

—Tú bien sabes cómo he trabajado para ti y cómo he cuidado tus animales; **30** lo poco que tenías antes que yo viniera, ha aumentado enormemente, pues desde que llegué, el Señor te ha bendecido; pero, ¿cuándo voy a comenzar a trabajar para mi propia familia?

31 —¿Cuánto quieres que te pague? —insistió Labán.

—No me pagues nada —respondió Jacob—. Volveré a cuidar tus ovejas, si aceptas lo que te voy a proponer: **32** déjame pasar hoy por entre tu rebaño, para apartar todos los corderitos negros y todos los cabritos manchados y moteados. [g] Ellos serán mi salario. **33** Así, cuando más adelante vengas a ver lo que he ganado, tendrás la prueba de mi honradez: pues si en mi rebaño hay cabras que no sean manchadas o moteadas, o corderos que no sean negros, será que te los he robado.

34 —Está bien, acepto lo que propones —dijo Labán.

35 Pero ese mismo día Labán apartó todos los chivos rayados y moteados, y todas las cabras manchadas y moteadas o que tenían algo blanco, y todos los corderos negros, y se los dio a sus hijos para que los cuidaran. **36** Luego se fue con este rebaño del lugar donde estaba Jacob, a una distancia de tres días de camino.

Jacob, por su parte, siguió cuidando las otras ovejas de Labán. **37** Cortó ramas verdes de álamo, almendro y castaño, y las peló para que se pudieran ver rayas blancas; **38-39** luego puso las varas, ya peladas, frente a los rebaños, en el lugar donde tomaban agua. Allí era donde los machos se unían con las hembras, y como lo hacían delante de las varas, sus crías nacían rayadas, manchadas y moteadas. [h] **40** Entonces Jacob las apartaba y las ponía frente a los animales rayados y negros del rebaño de Labán. Así Jacob fue formando su propio rebaño, separándolo del rebaño de Labán. **41** Cada vez que los animales más gordos se unían para tener crías, Jacob ponía las varas en el lugar donde tomaban agua, de manera que pudieran ver las varas en el momento de unirse; **42** pero cuando venían los animales más flacos, no ponía las varas. Por eso los animales más flacos eran para Labán, y los más gordos eran para Jacob. **43** De esa manera Jacob se hizo muy rico y llegó a tener muchas ovejas, esclavos, esclavas, camellos y asnos. [i]

31

Jacob planea huir de Labán **1** Pero Jacob supo que los hijos de Labán andaban diciendo: "Jacob ha tomado todo lo que era de nuestro padre, y con eso se ha hecho rico." **2** También Jacob se fijó en que Labán ya no lo miraba con buenos ojos, como antes. **3** Entonces el Señor le dijo a Jacob: "Regresa a la tierra de tus padres, donde están tus parientes, y yo te acompañaré."

4 Jacob mandó llamar a Raquel y a Lía, para que vinieran al campo donde estaba él con sus ovejas, **5** y les dijo:

—Me he dado cuenta de que el padre de ustedes ya no me trata igual que antes; pero el Dios de mi padre siempre me ha acompañado. **6** Ustedes saben muy bien que yo he trabajado para su padre lo mejor que he podido, **7** y que él me ha engañado y continuamente me ha cambiado el salario. [a] Sin embargo, Dios no le ha dejado hacerme ningún mal; **8** al contrario, cuando él decía: 'Te voy a pagar con los animales manchados', todas las hembras tenían crías manchadas; y cuando decía: 'Te voy a pagar con los rayados', entonces todas tenían crías rayadas. **9** Así fue como Dios le quitó sus animales para dármelos a mí.

10 "Un día, cuando los animales estaban en celo, tuve un sueño en el que veía que los machos cabríos que cubrían a las hembras eran rayados, manchados y moteados. **11** En ese sueño el ángel de Dios me llamó por mi nombre, y yo le contesté: 'Aquí estoy.' **12** Entonces el ángel me dijo: 'Fíjate bien, y vas a ver que todos los machos que cubren a las hembras son rayados, manchados y moteados, porque me he dado cuenta de todo lo que Labán te ha hecho. **13** Yo soy el Dios que se te apareció en Betel, [b] allí donde tú consagraste la piedra y me hiciste una promesa. ¡Vamos! Levántate y vete de este lugar; regresa a la tierra donde naciste.'

14 Entonces Raquel y Lía le contestaron:

—Nosotras ya no tenemos ninguna herencia en la casa de nuestro padre. **15** Al contrario, nos trata como si fuéramos extrañas. ¡Hasta nos vendió, y se aprovechó de lo que le pagaste por nosotras! [c] **16** En realidad, toda la riqueza que Dios le ha quitado a nuestro padre, es nuestra y de nuestros hijos. Así que haz todo lo que Dios te ha dicho.

Jacob se va de Padán-aram **17-18** Jacob se preparó para regresar a Canaán, donde vivía su padre Isaac. Hizo montar a sus hijos y a sus mujeres en los camellos, tomó todo lo que tenía, y se puso en camino con todos los animales que había recibido por su trabajo en Padán-aram. **19** Mientras Labán fue a otra parte a trasquilar sus ovejas, Raquel le robó sus ídolos familiares. [d] **20** Así fue como Jacob engañó a Labán el arameo, no diciéndole que se iba. **21** Escapó con todo lo que tenía. Muy pronto cruzó el río Éufrates, y siguió adelante hacia los montes de Galaad. [e]

Labán persigue a Jacob **22** Tres días después, Labán supo que Jacob se había escapado. **23** Entonces, acompañado de sus parientes, salió a perseguirlo, y siete días después lo alcanzó en los montes de Galaad. **24** Pero aquella noche Dios

---

[g] **30.32** *Todos los corderitos... y moteados:* según la versión griega (LXX). Heb. *todos los corderitos manchados y moteados, y todo corderito negro entre los corderos.*

[h] **30.38-39** Estos vv. manifiestan una antigua creencia, según la cual, lo que la madre veía en el momento de concebir aparecería reflejado en las características de sus crías.

[i] **30.43** Cf. Gn 32.4-5(5-6); Sab 10.10-11.

[a] **31.7** *Continuamente:* lit. *diez veces,* o sea, muchísimas veces.

[b] **31.13** Gn 28.18-22. *El Dios que se te apareció en Betel:* según versiones antiguas. Heb. *el Dios de Betel.*

[c] **31.15** Según lo establecido por la costumbre, una parte del precio que se pagaba por la novia (véase Gn 29.18 n.) debía entregársele a ella misma; pero, en este caso, Labán se había quedado con todo.

[d] **31.19** Los *ídolos familiares* (heb. *terafim*), además de tener valor religioso, eran una especie de certificado de propiedad de los bienes pertenecientes a la familia. Al robar esos ídolos, Raquel quería asegurar, para Jacob, este título de propiedad. De ahí el empeño de Labán por recuperarlos (cf. vv. 22-30).

[e] **31.21** *Galaad* es una región al este del Jordán (véase Dt 2.36-37 n.). Por tanto, Jacob ya iba en dirección a Canaán.

se le apareció a Labán el arameo en un sueño, y le dijo: "Escucha, no le hables a Jacob en forma brusca." [f] **25** Labán alcanzó a Jacob en los montes de Galaad, que era donde Jacob había acampado. Allí mismo acampó Labán con sus parientes, **26** y le reclamó a Jacob:

—¿Qué has hecho? ¿Por qué me engañaste? ¡Has traído a mis hijas como si fueran prisioneras de guerra! **27** ¿Por qué me engañaste y escapaste a escondidas, sin decirme nada? De haberlo sabido, yo te habría despedido con alegría y con música de tambores y de arpa. **28** Ni siquiera me dejaste besar a mis hijas y a mis nietos. ¡Has actuado como un necio! **29** Yo bien podría hacerles daño a todos ustedes, pero anoche me habló el Dios de tu padre y me dijo: 'Escucha, no le hables a Jacob en forma brusca.' **30** Pero, si tanto querías regresar a la casa de tu padre, y por eso te fuiste, ¿por qué me robaste mis dioses? [g] **31** Entonces Jacob le contestó a Labán:

—Es que tuve miedo. Yo pensé que tal vez me ibas a quitar tus hijas por la fuerza. **32** Pero si alguno de los que aquí están tiene tus dioses, ¡que muera! Nuestros parientes son testigos: dime si yo tengo algo tuyo, y llévatelo.

Pero Jacob no sabía que Raquel había robado los ídolos. **33** Labán entró en la tienda de campaña de Jacob, luego en la de Lía y también en la de las esclavas, [h] pero no encontró los ídolos. Cuando salió de la tienda de campaña de Lía y entró en la de Raquel, **34** ella tomó los ídolos, los puso dentro de la montura del camello, y se sentó sobre ellos. Labán estuvo buscando por toda la tienda, pero no los encontró. **35** Entonces Raquel le dijo:

—Padre, no te enojes si no me levanto delante de ti, pero es que hoy tengo mi periodo de menstruación.

Como Labán anduvo buscando los ídolos y no los encontró, **36** Jacob se enojó y le reclamó a Labán con estas palabras:

—¿Qué falta cometí? ¿Cuál es mi pecado, que con tantas ansias me has perseguido? **37** Has registrado todas mis cosas, ¿y qué has encontrado de las cosas de tu casa? ¡Ponlo aquí, delante de tus parientes y de los míos, para que ellos digan quién de los dos tiene la razón! **38** Durante estos veinte años que trabajé contigo, nunca abortaron tus ovejas ni tus cabras; nunca me comí un solo carnero de tus rebaños, **39** nunca te traje los animales que las fieras mataban, sino que yo pagaba esa pérdida; si de día o de noche robaban ganado, tú me lo cobrabas. [i] **40** De día me moría de calor; de noche me moría de frío, ¡y hasta el sueño se me iba! **41** Veinte años he estado en tu casa, y esto es lo que me tocó: por tus dos hijas trabajé catorce años a tu servicio; por tus animales trabajé seis años; y continuamente me cambiabas mi salario. **42** De no haber estado conmigo el Dios de Abraham, el Dios que adoraba mi padre Isaac, [j] estoy seguro que me habrías mandado con las manos vacías. Pero Dios vio mi tristeza y el resultado de mi trabajo, y anoche te reprendió.

Jacob y Labán hacen un pacto **43** Entonces Labán le contestó a Jacob:

—Las hijas son mis hijas; los nietos son mis nietos; las ovejas son mis ovejas; ¡todo lo que aquí ves es mío! Sin embargo, ¿qué les puedo hacer ahora a mis hijas, o a los hijos que ellas han tenido? **44** Por eso, ven; tú y yo vamos a hacer un pacto, que va a servir como testimonio entre nosotros dos.

45 Entonces Jacob tomó una piedra, la puso de pie como un pilar, **46** y les dijo a sus parientes:

—¡Junten piedras!

Todos juntaron piedras para hacer un montón, y allí comieron, junto al montón de piedras. [k] **47** Labán llamó a ese lugar en su idioma "Jegar Sahadutá", y Jacob lo llamó en el suyo "Galaad". [l]

48 Entonces Labán dijo:

—Hoy, este montón de piedras es testigo entre nosotros dos.

Por eso se llamó Galaad ese lugar, **49** y también se llamó Mispá, [m] porque Labán dijo:

—Que el Señor vigile entre nosotros dos, cuando ya no podamos vernos el uno al otro. **50** Si maltratas a mis hijas, o si te casas con otras mujeres además de ellas, aunque no haya nadie como testigo entre nosotros, Dios mismo sea testigo.

51 Y Labán siguió diciéndole a Jacob:

—Mira, aquí están el montón de piedras y el pilar que he puesto entre nosotros dos. **52** Ambos serán testigos de que ni tú ni yo cruzaremos esta línea para perjudicarnos. **53** Que decida entre nosotros el Dios de tu abuelo Abraham y el de mi abuelo Nahor.

Entonces Jacob juró por el Dios que su padre Isaac adoraba. **54** Luego hizo Jacob sacrificios en el cerro, y llamó a sus parientes a comer. Todos ellos comieron, y pasaron la noche en el cerro.

55 (32.1) [n] Al día siguiente por la mañana, Labán se levantó y les dio un beso a sus nietos y a sus hijas; después los bendijo, y regresó a su tierra.

32 Jacob y Esaú se encuentran
1 (2) Jacob siguió su camino, y unos ángeles de Dios le salieron al encuentro. **2** (3) Cuando Jacob los vio, dijo: "Este es un ejército de Dios." Por eso llamó Mahanaim [a] a aquel lugar.

---

[f] **31.24** *En forma brusca:* lit. *ni bien ni mal*. Otra posible traducción: *absolutamente nada*.

[g] **31.30** *Mis dioses:* Véase Gn 31.19 n.

[h] **31.33** *Las dos esclavas:* Zilpá y Bilhá (Gn 29.24,29).

[i] **31.39** Si una oveja moría o la mataba una fiera, el pastor quedaba libre de responsabilidad con solo presentar al dueño del rebaño las pruebas de lo ocurrido (véase Am 3.12 n.). Como Jacob no había reclamado ese derecho, Labán le cobraba las pérdidas.

[j] **31.42** *El Dios que... Isaac:* lit. *el Terror de Isaac*, expresión usada aquí y en el v. 53 como título de la divinidad.

[k] **31.45-46** *Montón de piedras:* Véase Gn 28.18 n.

[l] **31.47** *Jegar Sahadutá... Galaad:* Estos dos nombres significan, en arameo y en hebreo respectivamente, *montón del testimonio* o *que sirve de testigo*.

[m] **31.49** *Mispá* significa, en hebreo, *torre de vigilancia*.

[n] **31.55(32.1)—32.32(33)** Los números entre paréntesis corresponden a la numeración del texto hebreo.

[a] **32.2(3)** *Mahanaim* significa, en hebreo, *dos campamentos* o *dos ejércitos*. Cf. v. 7(8) y las palabras de Jacob en el v. 10(11).

³ ⁽⁴⁾ Jacob envió unos mensajeros a la tierra de Seír, que es la región de Edom, para anunciarle su llegada a su hermano Esaú, *b* ⁴ ⁽⁵⁾ y les dio este mensaje: "Díganle a mi hermano Esaú: 'Su hermano Jacob se pone a sus órdenes, y le manda a decir: He vivido con Labán todo este tiempo, ⁵ ⁽⁶⁾ y tengo vacas, asnos, ovejas, esclavos y esclavas. Envío este mensaje a mi señor, esperando ganarme su buena voluntad.' "

⁶ ⁽⁷⁾ Cuando los mensajeros regresaron, le dijeron a Jacob:

—Fuimos a ver a su hermano Esaú, y ya viene él mismo para recibirlo a usted, acompañado de cuatrocientos hombres.

⁷ ⁽⁸⁾ Al oir esto, Jacob tuvo mucho miedo y se quedó muy preocupado. Dividió entonces en dos grupos la gente que estaba con él, y también las ovejas, vacas y camellos, ⁸ ⁽⁹⁾ pues pensó: "Si Esaú viene contra un grupo y lo ataca, el otro grupo podrá escapar." ⁹ ⁽¹⁰⁾ Luego comenzó a orar: "Señor, Dios de mi abuelo Abraham y de mi padre Isaac, que me dijiste que regresara a mi tierra y a mis parientes, y que harías que me fuera bien: ¹⁰ ⁽¹¹⁾ no merezco la bondad y fidelidad con que me has tratado. Yo crucé este río Jordán sin llevar nada más que mi bastón, y ahora he llegado a tener dos campamentos. ¹¹ ⁽¹²⁾ ¡Por favor, sálvame de las manos de mi hermano Esaú! Tengo miedo de que venga a atacarme y mate a las mujeres y a los niños. ¹² ⁽¹³⁾ Tú has dicho claramente que harás que me vaya bien, y que mis descendientes serán tan numerosos como los granitos de arena del mar, que no se pueden contar." *c*

¹³ ⁽¹⁴⁾ Aquella noche Jacob durmió allí, y de lo que tenía a la mano escogió regalos para su hermano Esaú: ¹⁴ ⁽¹⁵⁾ doscientas cabras, veinte chivos, doscientas ovejas, veinte carneros, ¹⁵ ⁽¹⁶⁾ treinta camellas recién paridas, con sus crías, cuarenta vacas, diez novillos, veinte asnas y diez asnos. ¹⁶ ⁽¹⁷⁾ Luego les entregó a sus siervos cada manada por separado, y les dijo:

—Adelántense, y guarden alguna distancia entre manada y manada.

¹⁷ ⁽¹⁸⁾ Al primero que envió, le ordenó:

—Cuando te encuentre mi hermano Esaú, y te pregunte quién es tu amo, a dónde vas y de quién son los animales que llevas, ¹⁸ ⁽¹⁹⁾ contéstale: 'Es un regalo para usted, mi señor Esaú, de parte de Jacob, su servidor. Por cierto que él mismo viene detrás de nosotros.'

¹⁹ ⁽²⁰⁾ También al segundo que envió, y al tercero, y a todos los que llevaban las manadas, les dijo:

—Cuando encuentren a Esaú, díganle lo mismo, ²⁰ ⁽²¹⁾ y díganle también: 'Jacob, su servidor, viene detrás de nosotros.'

Y es que Jacob pensaba: "Voy a calmar su enojo con los regalos que le envío por delante, y luego lo veré personalmente. Tal vez así me recibirá bien." ²¹ ⁽²²⁾ Así, pues, los regalos se fueron antes, y él se quedó a pasar la noche en su campamento.

Jacob lucha con un ángel *d*

²² ⁽²³⁾ Aquella misma noche Jacob se levantó, tomó a sus dos esposas, sus dos esclavas y sus once hijos, y los hizo cruzar el vado del río Jaboc, *e* ²³ ⁽²⁴⁾ junto con todo lo que tenía. ²⁴ ⁽²⁵⁾ Cuando Jacob se quedó solo, un hombre luchó con él *f* hasta que amaneció; ²⁵ ⁽²⁶⁾ pero como el hombre vio que no podía vencer a Jacob, lo golpeó en la coyuntura de la cadera, y esa parte se le zafó a Jacob mientras luchaba con él. ²⁶ ⁽²⁷⁾ Entonces el hombre le dijo:

—Suéltame, porque ya está amaneciendo.

—Si no me bendices, no te soltaré —contestó Jacob. *g*

²⁷ ⁽²⁸⁾ —¿Cómo te llamas? —preguntó aquel hombre.

—Me llamo Jacob —respondió él.

²⁸ ⁽²⁹⁾ Entonces el hombre le dijo:

—Ya no te llamarás Jacob. *h* Tu nombre será Israel, porque has luchado con Dios y con los hombres, y has vencido. *i*

²⁹ ⁽³⁰⁾ —Ahora dime cómo te llamas tú —preguntó Jacob.

Pero el hombre contestó:

—¿Para qué me preguntas mi nombre? *j*

Luego el hombre lo bendijo allí mismo. ³⁰ ⁽³¹⁾ Y Jacob llamó a aquel lugar Penuel, *k* porque dijo: "He visto a Dios cara a cara, y sin embargo todavía estoy vivo." *l*

³¹ ⁽³²⁾ Ya Jacob estaba pasando de Penuel cuando el sol salió; pero debido a su cadera, iba cojeando. ³² ⁽³³⁾ Por eso hasta el día de hoy los descendientes de Israel no comen el tendón que está en la coyuntura de la cadera, porque Jacob fue golpeado en esa parte.

---

b **32.3(4)** Cf. Gn 36.6-8. *Seír*, en la región montañosa de Edom, al sudeste de Canaán y al sur de Galaad. Véanse Jer 49.7 nota *j*; Abd 1 nota *b*.

c **32.12(13)** Gn 22.17.

d **32.22-32(23-33)** El episodio aquí relatado marca el punto culminante en la vida de Jacob. De la lucha con un personaje misterioso, que al final resulta ser Dios mismo (cf. vv. 28[29],30[31]), él sale transformado en un hombre nuevo, y la transformación obtenida en este "combate espiritual" quedará simbolizada en su nuevo nombre: él ya no será más *Jacob*, el astuto suplantador de su hermano (Gn 27.36), sino *Israel*, el padre de las doce tribus, que en adelante seguirá la senda trazada por sus antepasados Abraham e Isaac. Cf. Os 12.3-4(4-5); Sab 10.10-12.

e **32.22(23)** El *río Jaboc*, afluente del Jordán por el lado oriental, corre a unos 40 km. al norte del Mar Muerto y divide en dos partes la región de Galaad.

f **32.24(25)** *Un hombre luchó con él:* La identidad de este *hombre* no se revelará hasta el final del relato (cf. vv. 28[29],30[31]). Compárese con Gn 18.2, donde los tres visitantes de Abraham se identificarán, respectivamente, como *el Señor* (Gn 18.16-33) y *dos ángeles* o mensajeros divinos (Gn 19.1).

g **32.26(27)** *Si no me bendices, no te soltaré:* El tema de la bendición evoca el relato de Gn 27.1-40. Allí, Jacob obtuvo la bendición por medio de un engaño; aquí, como resultado de una lucha.

h **32.28(29)** *Ya no te llamarás Jacob:* El cambio de nombre representa un cambio en el carácter y en la vida de Jacob (véase Gn 2.19-20 n.; cf. Gn 35.10).

i **32.28(29)** El nombre *Israel* significa propiamente *Dios lucha* o *Que Dios luche*. Pero aquí se lo explica de una manera popular, poniendo a Dios como la persona con la cual se lucha. La expresión *con los hombres* podría referirse a los éxitos logrados por Jacob en sus enfrentamientos con Esaú y Labán.

j **32.29(30)** *¿Para qué me preguntas mi nombre?:* Véase Sal 8.1(2) n. El *nombre* se consideraba como un equivalente de la persona, de manera que conocer el nombre de alguien equivalía a tener un cierto dominio sobre él. Véanse Gn 2.19-20 n. y *Nombre* en el *Índice temático*.

k **32.30(31)** *Penuel* significa, en hebreo, *cara* o *rostro de Dios*.

l **32.30(31)** *He visto... estoy vivo:* Véanse Ex 3.6 nota *e*; 33.19-20 n.

33 Jacob y Esaú se reconcilian

¹ Cuando Jacob vio que Esaú venía acompañado de cuatrocientos hombres, repartió a los niños entre Lía, Raquel y las dos esclavas.ª ² Colocó primero a las esclavas con sus hijos, luego a Lía con sus hijos, y por último a Raquel y José. ³ Luego se adelantó a ellos, y se inclinó hasta tocar el suelo con la frente siete veces,ᵇ hasta que estuvo cerca de su hermano. ⁴ Pero Esaú corrió a su encuentro y, echándole los brazos al cuello, lo abrazó y lo besó. Los dos lloraron. ⁵ Después Esaú se fijó en las mujeres y en los niños, y preguntó:

—Y estos, ¿quiénes son?

—Son los hijos que Dios le ha dado a tu servidor —dijo Jacob.

⁶ Entonces las esclavas y sus hijos se acercaron y se inclinaron hasta tocar el suelo con la frente; ⁷ luego se acercaron Lía y sus hijos, y se inclinaron de la misma manera, y por último se acercaron José y Raquel, y también se inclinaron. ⁸ De pronto Esaú preguntó:

—¿Qué piensas hacer con todas esas manadas que he venido encontrando?

—Ganarme tu buena voluntad —respondió Jacob.

⁹ —No, hermano mío; yo tengo suficiente. Quédate con lo que es tuyo —dijo Esaú.

¹⁰ Pero Jacob insistió:

—No, por favor. Si me he ganado tu buena voluntad, acepta este regalo, pues verte en persona es como ver a Dios mismo,ᶜ ya que tú me has recibido muy bien. ¹¹ Te ruego que aceptes el regalo que te he traído, pues Dios me ha hecho rico, y nada me falta.

Tanto insistió Jacob, que al fin Esaú aceptó el regalo; ¹² pero dijo:

—Bueno, vámonos de aquí. Yo iré delante de ti.

¹³ Y Jacob respondió:

—Querido hermano, tú sabes que los niños son débiles, y que debo pensar en las ovejas y en las vacas con cría; si se les cansa, en un solo día pueden morir todas las ovejas. ¹⁴ Es mejor que tú te adelantes a este servidor tuyo; yo iré poco a poco, al paso de los animales que van delante de mí, y al paso de los niños, hasta reunirme contigo en Seír.ᵈ

¹⁵ —Bueno —dijo Esaú—, permíteme dejarte algunos hombres de los que vienen conmigo.

Pero Jacob contestó:

—¡No, por favor! ¿Para qué te molestas?

¹⁶ Ese mismo día, Esaú regresó a Seír. ¹⁷ Jacob, en cambio, se fue a Sucot, y allí hizo una casa para él y unas enramadas para sus animales. Por eso, a aquel lugar lo llamó Sucot.ᵉ

¹⁸ Cuando Jacob vino de Padán-aram, llegó sano y salvo a Canaán y acampó frente a la ciudad de Siquem.ᶠ ¹⁹ Por cien monedas compró un terrenoᵍ a los hijos de Hamor, el padre de Siquem, y allí puso su campamento. ²⁰ Después construyó un altar, y lo llamó El-elohé-israel.ʰ

34 La deshonra de Dina vengada

¹ Dina, la hija que Lía le dio a Jacob, fue a visitar a las muchachas del lugar; ² pero la vio Siquem, que era hijo de Hamor el heveo,ª el jefe de ese lugar, y por la fuerza se acostó con ella y la deshonró. ³ Sin embargo, tanto se enamoró de ella que trató de ganarse su cariño. ⁴ Entonces habló con su padre Hamor, y le dijo:

—Ve a pedir la mano de esta muchacha. Quiero casarme con ella.

⁵ Jacob supo que Siquem había deshonrado a su hija Dina, pero como sus hijos estaban en el campo con sus animales, no dijo nada hasta que ellos regresaron. ⁶ Mientras tanto, Hamor, el padre de Siquem, fue a ver a Jacob para hablar con él.

⁷ Cuando los hijos de Jacob regresaron del campo y supieron lo que había pasado, se enfurecieron, porque era una ofensa muy grande para Israel que Siquem se hubiera acostado con la hija de Jacob. ¡Era algo que nunca debía haber hecho! ⁸ Pero Hamor habló con ellos, y les dijo:

—Mi hijo Siquem está muy enamorado de la hermana de ustedes. Por favor, déjenla que se case con él ⁹ y háganse nuestros parientes; así nosotros nos casaremos con las hijas de ustedes, y ustedes se casarán con las nuestras. ¹⁰ Quédense a vivir con nosotros. El país está a su disposición; vivan en él, hagan negocios, compren terrenos.

¹¹ Por su parte, Siquem les dijo al padre y a los hermanos de Dina:

—Yo les ruego que acepten. Les daré lo que me pidan.ᵇ ¹² No importa que sea una compensación más alta de lo acostumbrado y muchos regalos, yo se los daré; pero dejen que la muchacha se case conmigo.

¹³ Sin embargo, como Siquem había deshonrado a Dina, los hijos de Jacob les contestaron a él y a su padre Hamor con engaños, ¹⁴ y les dijeron:

—No podemos darle nuestra hermana a un hombre que no está circuncidado, porque eso sería una vergüenza para nosotros. ¹⁵ Solo podemos aceptar con esta condición: que ustedes sean como nosotros; es decir, que se circunciden todos los varones entre ustedes. ¹⁶ Entonces sí, ustedes se casarán con nuestras hijas y nosotros nos casaremos con las de ustedes; viviremos entre ustedes y seremos un solo pueblo. ¹⁷ Pero si no aceptan nuestra condición de circuncidarse, nos iremos de aquí y nos llevaremos a nuestra hermana.

¹⁸ Hamor y su hijo Siquem estuvieron de acuerdo con lo que ellos propusieron. ¹⁹ Sin perder más tiempo, el joven se circuncidó, porque la hija de Jacob le había gustado. Como

---

ª **33.1** *Las dos esclavas:* Véase Gn 31.33 n.

ᵇ **33.3** *Se inclinó... siete veces:* en señal no solo de respeto sino de total sumisión.

ᶜ **33.10** *Ver a Dios mismo:* lit. *ver la cara de Dios* (cf. Gn 32.30[31]).

ᵈ **33.14** El recibimiento amistoso por parte de su hermano Esaú no logró disipar los temores de Jacob (cf. Gn 32.6-12[7-13]). Por eso, toma una distancia prudencial con respecto a él, como antes la había tomado con respecto a Labán (cf. Gn 31.55—32.1[32.1-2]).

ᵉ **33.17** *Sucot* significa, en hebreo, *enramadas* o *cabañas* hechas con ramas.

ᶠ **33.18** *Siquem:* Véase Gn 12.6 n.

ᵍ **33.19** *Monedas:* heb. *quesitáh*, cantidad de metal cuyo valor hoy se desconoce (véase la *Tabla de pesas, monedas y medidas*). Un terreno: Cf. Jos 24.32; Jn 4.5.

ʰ **33.20** En hebreo, *El-elohé-israel* significa *Dios, el Dios de Israel* o *Dios es el Dios de Israel.*

ª **34.2** *El heveo:* Los heveos eran antiguos pobladores de Canaán, anteriores a los israelitas. Cf. Ex 3.17.

ᵇ **34.11** *Les daré lo que me pidan:* Véase Gn 29.18 n.

Siquem era el más respetado en la familia de su padre, ²⁰ fueron él y su padre Hamor a la entrada de la ciudad, donde se trataban los negocios, *c* y allí dijeron a los habitantes:

²¹ —Estos hombres son nuestros amigos, y van a vivir y hacer negocios en este lugar, pues hay suficiente terreno para ellos; nosotros podremos casarnos con sus hijas, y ellos podrán casarse con las nuestras. ²² Pero, para que seamos un solo pueblo, ellos aceptan vivir con nosotros solo con esta condición: que todos nuestros varones se circunciden, tal como ellos lo acostumbran. ²³ Todas sus pertenencias y todos sus animales serán nuestros. Solo tenemos que decir que sí, y ellos se quedarán a vivir con nosotros.

²⁴ Todos los hombres de la ciudad que estaban en edad militar *d* estuvieron de acuerdo con Hamor y con su hijo Siquem, y fueron circuncidados. ²⁵ Pero Simeón y Leví, hijos de Jacob y hermanos de Dina, fueron a la ciudad al tercer día, cuando los hombres todavía tenían los dolores de la circuncisión, y espada en mano los mataron a todos, pues no encontraron resistencia. ²⁶ A filo de espada mataron a Hamor y a su hijo Siquem; luego sacaron a Dina de la casa de Siquem y se fueron. ²⁷ Llegaron también los otros hijos de Jacob, y pasando sobre los muertos saquearon al pueblo para vengar la deshonra de su hermana. ²⁸ Se llevaron ovejas, vacas, asnos y todo lo que había en la ciudad y en el campo; ²⁹ robaron todo lo que había en las casas, y se llevaron prisioneros a todos los niños y mujeres. ³⁰ Entonces Jacob les dijo a Simeón y Leví:

—Ustedes me han puesto en aprietos. Ahora los habitantes de este lugar, los cananeos y ferezeos, me van a odiar. Se juntarán contra mí y me atacarán, y como tengo muy pocos hombres, nos matarán a mí y a mi familia.

³¹ Pero ellos contestaron:

—¿Acaso tenía él que tratar a nuestra hermana como a una prostituta?

35 Dios bendice a Jacob en Betel

¹ Dios le dijo a Jacob: "Levántate y vete a vivir a Betel. En ese lugar harás un altar al Dios que se te apareció cuando huías de tu hermano Esaú."*a* ² Entonces Jacob dijo a su familia y a todos los que lo acompañaban:

—Saquen todos los dioses extraños que hay entre ustedes, báñense y cámbiense de ropa. *b* ³ Vámonos pronto a Betel, pues allá voy a construir un altar en honor del Dios que me ayudó cuando yo estaba afligido, y que me ha acompañado por dondequiera que he andado.

⁴ Ellos le entregaron a Jacob todos los dioses extraños que tenían y los aretes que llevaban en las orejas, *c* y Jacob los enterró debajo de una encina que estaba cerca de Siquem. *d* ⁵ Cuando ellos salieron, Dios hizo que todos los pueblos vecinos tuvieran mucho miedo, y por eso no persiguieron a los hijos de Jacob.

⁶ Jacob y toda la gente que iba con él llegaron a Luz, ciudad que también se llama Betel y que está en Canaán. ⁷ Y construyó un altar, y llamó al lugar El-betel, *e* porque cuando huía de su hermano, Dios se le había aparecido allí. *f* ⁸ También allí murió Débora, la mujer que había cuidado a Rebeca, y la enterraron debajo de una encina, cerca de Betel. Jacob llamó a este lugar "La encina del llanto".

⁹ Cuando Jacob regresaba de Padán-aram, *g* Dios se le apareció otra vez y lo bendijo ¹⁰ de esta manera:

"Tú te llamas Jacob,
pero ya no te llamarás así;
desde hoy tu nombre será Israel." *h*

Después que Dios le cambió el nombre, ¹¹ le dijo:

"Yo soy el Dios todopoderoso; *i*
ten muchos hijos y descendientes.
De ti saldrá una nación y muchos pueblos,
y entre tus descendientes habrá reyes.
¹² La tierra que les di a Abraham y a Isaac,
también te la doy a ti,
y después de ti se la daré a tus descendientes." *j*

¹³ Cuando Dios se fue del lugar en donde había hablado con Jacob, ¹⁴ este tomó una piedra y la puso de pie, como un pilar, en el lugar donde Dios le había hablado; luego la consagró derramando aceite y vino sobre ella, ¹⁵ y llamó Betel a aquel lugar. *k*

Muerte de Raquel ¹⁶ Después se fueron de Betel; pero todavía estaban un poco lejos de Efrata cuando Raquel dio a luz, y tuvo un parto muy difícil. ¹⁷ En el momento más difícil, la partera le dijo: "No tengas miedo, que has dado a luz otro varón." ¹⁸ Pero ella estaba a punto de morir, y en sus últimos suspiros llamó Ben-oní *l* al niño, aunque su padre lo llamó Benjamín. *m*

¹⁹ Así fue como Raquel murió, y la enterraron en el camino de Efrata, que ahora es Belén. ²⁰ Jacob levantó un monumento sobre su sepulcro, y este es el monumento que todavía señala el sepulcro de Raquel.

²¹ Israel siguió su camino, y acampó más allá de la torre de Éder. ²² Estando ya establecido Israel en ese lugar,

---

c 34.20 *La entrada... negocios:* Véase Gn 23.10 n.
d 34.24 *Todos... en edad militar:* lit. *todos los que salían por la puerta de la ciudad.*
a 35.1 Gn 28.11-17.
b 35.2 Este rito de purificación prepara el acto de culto anunciado en el v. 3 (cf. Ex 19.10-11). La referencia a los *dioses extraños* podría indicar que Raquel aún conservaba sus ídolos familiares (véase Gn 31.19 n.).
c 35.4 Estos *aretes* solían usarse como amuletos, de manera que estaban asociados a ciertas prácticas supersticiosas o idolátricas y, por tanto, debían ser destruidos.
d 35.4 *Encina... cerca de Siquem:* Véase Gn 12.6 n.
e 35.7 *El-betel* significa, en hebreo, *Dios de Betel.* Véase Gn 28.17 n.
f 35.7 *Dios se le había aparecido allí:* Cf. Gn 28.10-22.

g 35.9 *Padán-aram:* Véase Gn 25.20 n.
h 35.10 *"Tú te llamas Jacob... tu nombre será Israel":* Véanse las notas a Gn 32.28(29).
i 35.11 *Dios todopoderoso:* Véase Gn 17.1 n.
j 35.11-12 Cf. Gn 17.4-8.
k 35.14-15 Cf. Gn 28.18-19.
l 35.18 El nombre *Ben-oní* tiene sonido semejante al de las palabras hebreas que significan *hijo de mi tristeza* o *hijo de mi aflicción.*
m 35.18 En hebreo, *Benjamín* suena de modo parecido a la frase que significa *hijo de mi derecha,* en el sentido de *hijo preferido* o *hijo (heredero) de mi fuerza.* Teniendo en cuenta la costumbre de orientarse mirando hacia el este y no hacia el norte, este nombre puede significar también *hijo del sur,* lo cual coincide con la ubicación de la tribu de *Benjamín,* al sur del territorio de Efraín.

Rubén fue y se acostó con Bilhá, que era concubina de su padre. Y cuando este lo supo, se enojó muchísimo.ⁿ

Los hijos de Jacob *(1 Cr 2.1-2)* Los hijos de Jacob fueron doce. ²³ Los que tuvo con Lía fueron Rubén, su hijo mayor; Simeón, Leví, Judá, Isacar y Zabulón. ²⁴ Los que tuvo con Raquel fueron José y Benjamín. ²⁵ Los que tuvo con Bilhá, la esclava de Raquel, fueron Dan y Neftalí; ²⁶ y los que tuvo con Zilpá, la esclava de Lía, fueron Gad y Aser. Estos fueron los hijos de Jacob, que nacieron en Padán-aram.

Muerte de Isaac ²⁷ Jacob fue a ver a su padre Isaac en Mamré, la ciudad que también se llama Arbá o Hebrón. Allí habían vivido Abraham e Isaac.^ñ ²⁸ Isaac tenía ciento ochenta años cuando murió. ²⁹ Fue a reunirse con sus antepasados^o cuando ya era muy anciano, y sus hijos Esaú y Jacob lo sepultaron.

36

Los descendientes de Esaú *(1 Cr 1.34-54)* ¹ Estos son los descendientes de Esaú, o sea Edom. ² Esaú se casó con mujeres de Canaán:^a con Adá, hija de Elón el hitita; con Oholibamá, hija de Aná y nieta de Sibón el heveo;^b ³ y con Basemat,^c hija de Ismael y hermana de Nebaiot. ⁴ El hijo que Adá le dio a Esaú fue Elifaz; Basemat dio a luz a Reuel; ⁵ y Oholibamá dio a luz a Jeús, Jaalam y Coré. Estos fueron los hijos de Esaú, que nacieron cuando él vivía en la tierra de Canaán.

⁶ Esaú tomó a sus esposas, hijos e hijas, y a todos los que vivían con él, y se fue a otro lugar para alejarse de su hermano Jacob. Se llevó todos los animales y todo lo que había llegado a tener en Canaán, ⁷ pues era tanto lo que tenían los dos que ya no podían vivir juntos; además, la tierra donde vivían no bastaba para alimentar a sus animales. ⁸ Por eso Esaú, o sea Edom, se fue a vivir a la región montañosa de Seír.^d

⁹ Estos son los descendientes de Esaú, antepasado de los edomitas, que vivieron en la región montañosa de Seír. ¹⁰ Estos son los nombres de los hijos de Esaú: Elifaz, hijo de Adá y de Esaú; y Reuel, hijo de Basemat y de Esaú. ¹¹ Los hijos de Elifaz fueron Temán, Omar, Sefó, Gatam y Quenaz. ¹² Elifaz tuvo una concubina que se llamaba Timná; ella le dio un hijo que se llamó Amalec. Estos fueron los descendientes de Adá, una de las esposas de Esaú. ¹³ Los hijos de Reuel fueron Náhat, Zérah, Samá y Mizá; estos fueron los descendientes de Basemat, otra de las esposas de Esaú. ¹⁴ Oholibamá fue otra esposa de Esaú, y los hijos que ella le dio fueron Jeús, Jaalam y Coré. Ella era hija de Aná y nieta de Sibón.

¹⁵ Los jefes^e de los descendientes de Esaú fueron estos: De los descendientes de Elifaz, hijo mayor de Esaú, los jefes fueron Temán, Omar, Sefó, Quenaz, ¹⁶ Coré, Gatam y Amalec. Estos fueron los jefes de la línea de Elifaz en la tierra de Edom, y todos ellos fueron descendientes de Adá. ¹⁷ De los hijos de Reuel, hijo de Esaú, los jefes fueron Náhat, Zérah, Samá y Mizá. Estos fueron los jefes de la línea de Reuel en la tierra de Edom, y fueron descendientes de Basemat, esposa de Esaú. ¹⁸ De los hijos de Oholibamá, hija de Aná y esposa de Esaú, los jefes fueron Jeús, Jaalam y Coré. ¹⁹ Todos ellos fueron descendientes de Esaú, o sea Edom, y jefes de sus tribus.

²⁰ Los hijos de Seír el horeo, que vivían en aquella región, fueron Lotán, Sobal, Sibón,^f Aná, ²¹ Disón, Éser y Disán. Estos fueron los jefes de los horeos, que fueron descendientes de Seír, en la tierra de Edom. ²² Los hijos de Lotán fueron Horí y Hemam. Timná era hermana de Lotán. ²³ Los hijos de Sobal fueron Alván, Manáhat, Ebal, Sefó y Onam. ²⁴ Los hijos de Sibón fueron Aiá y Aná. Aná fue el que encontró manantiales^g en el desierto, mientras estaba cuidando los asnos de su padre Sibón. ²⁵ Aná tuvo un hijo llamado Disón, y una hija llamada Oholibamá. ²⁶ Los hijos de Disón fueron Hemdán, Esbán, Itrán y Querán. ²⁷ Los hijos de Éser fueron Bilhán, Zaaván y Acán. ²⁸ Los hijos de Disán fueron Us y Arán.

²⁹ Los jefes de los horeos fueron Lotán, Sobal, Sibón, Aná, ³⁰ Disón, Éser y Disán. Estos fueron los jefes de los horeos, familia por familia, en la región de Seír.

³¹ Estos fueron los reyes que gobernaron en Edom antes que los israelitas tuvieran rey: ³² Bela, que era hijo de Beor, fue rey de Edom, y su ciudad se llamaba Dinhaba. ³³ Cuando Bela murió, gobernó en su lugar Jobab, el hijo de Zérah, que era del pueblo de Bosrá. ³⁴ Cuando Jobab murió, gobernó en su lugar Husam, que era de la región de Temán. ³⁵ Cuando Husam murió, gobernó en su lugar Hadad, el hijo de Bedad, que derrotó a Madián en el campo de Moab; y su ciudad se llamaba Avit. ³⁶ Cuando murió Hadad, gobernó en su lugar Samlá, que era del pueblo de Masrecá. ³⁷ Cuando Samlá murió, gobernó en su lugar Saúl, que era de Rehobot, el pueblo que está junto al río. ³⁸ Cuando Saúl murió, gobernó en su lugar Baal-hanán, que era hijo de Acbor. ³⁹ Y cuando murió Baal-hanán, gobernó en su lugar Hadad;^h y su ciudad se llamaba Pau. La esposa de Hadad se llamaba Mehetabel, y era hija de Matred y nieta de Mezaab.

⁴⁰ Estos son los nombres de los clanes de Esaú, por orden de familias, lugares y nombres: Timná, Alvá, Jetet, ⁴¹ Oholibamá, Elá, Pinón, ⁴² Quenaz, Temán, Mibsar, ⁴³ Magdiel e

---

ⁿ **35.22** *Se enojó muchísimo:* según la versión griega (LXX). En el texto hebreo no aparece esta frase.

^ñ **35.27** *Hebrón:* Véase Gn 13.18 n.

^o **35.29** *Fue a reunirse con sus antepasados:* Véase Gn 25.8 n.

^a **36.2** *Se casó con mujeres de Canaán:* Cf. Gn 26.34-35. Véase también Gn 24.3-4 n.

^b **36.2** *Heveo:* Véase Gn 36.20 n.

^c **36.3** *Basemat:* llamada Mahalat en Gn 28.9.

^d **36.8** Los nombres de *Esaú, Edom* y *Seír* se relacionaban entre sí por el significado que se les atribuía popularmente (véase Gn 25.25 n.).

^e **36.15** *Los jefes:* otra posible traducción: *los clanes*. La palabra hebrea *elef,* traducida en otros contextos por *mil,* también podría significar *muchedumbre* o *clan,* es decir, subdivisión de una tribu que solía llevar el nombre de su jefe o progenitor. Véase Nm 1.16 n.

^f **36.20** En los vv. 20-30 se da una lista de los antiguos habitantes de *Seír,* que luego fueron desalojados por los edomitas (cf. Dt 2.12,22). *Sibón,* mencionado aquí como hijo de *Seír, el horeo,* es llamado *el heveo* en el v. 2. Estos dos nombres (*horeo* y *heveo*) en un principio designaban pueblos distintos, pero después llegaron a confundirse y a usarse, a veces, como sinónimos. Véase Gn 34.2 n.

^g **36.24** *Manantiales:* traducción probable. Heb. oscuro.

^h **36.39** *Hadad:* según varios mss. y 1 Cr 1.50. Heb. *Hadar.*

Iram. Esaú también se llamaba Edom, y estos fueron los jefes de Edom, de acuerdo con los lugares donde vivían y que eran suyos.

4. La historia de José (37—50) *a*

37 ¹ Jacob se quedó a vivir en Canaán, *b* donde su padre había vivido por algún tiempo. ² Esta es la historia de la familia de Jacob. *c*

José y sus hermanos Cuando José era un muchacho de diecisiete años, cuidaba las ovejas junto con sus hermanos, los hijos de Bilhá y de Zilpá, que eran las concubinas de su padre. Y José llevaba a su padre quejas de la mala conducta de sus hermanos.

³ Israel quería a José más que a sus otros hijos, porque había nacido cuando él ya era viejo. Por eso le hizo una túnica muy elegante. *d* ⁴ Pero al darse cuenta sus hermanos de que su padre lo quería más que a todos ellos, llegaron a odiarlo y ni siquiera lo saludaban. *e*

⁵ Una vez José tuvo un sueño, y se lo contó a sus hermanos; pero ellos lo odiaron más todavía, ⁶ porque les dijo:

—Escuchen, voy a contarles el sueño que tuve. ⁷ Soñé que todos nosotros estábamos en el campo, haciendo manojos de trigo; de pronto, mi manojo se levantó y quedó derecho, pero los manojos de ustedes se pusieron alrededor del mío y le hicieron reverencias.

⁸ Entonces sus hermanos contestaron:

—¿Quieres decir que tú vas a ser nuestro rey, y que nos vas a dominar?

Y lo odiaron todavía más por sus sueños y por la forma en que los contaba.

⁹ Después José tuvo otro sueño, que también les contó a sus hermanos. Les dijo:

—¿Saben que tuve otro sueño, en el que veía que el sol, la luna y once estrellas me hacían reverencias?

¹⁰ Cuando José contó este sueño a su padre y a sus hermanos, su padre le reprendió y dijo:

—¿Qué quieres decir con este sueño que tuviste? ¿Acaso tu madre, tus hermanos y yo tendremos que hacerte reverencias?

¹¹ Y sus hermanos le tenían envidia, *f* pero su padre pensaba mucho en este asunto. *g*

José es vendido por sus hermanos ¹² Un día los hermanos de José fueron a Siquem, *h* buscando pastos para las ovejas de su padre. ¹³ Entonces Israel le dijo a José:

—Mira, tus hermanos están en Siquem cuidando las ovejas. Quiero que vayas a verlos.

—Iré con mucho gusto —contestó José.

¹⁴ —Bueno —dijo Israel—, ve y fíjate cómo están tus hermanos y las ovejas, y regresa luego a traerme la noticia.

Israel mandó a José desde el valle de Hebrón, y cuando José llegó a Siquem, ¹⁵ se perdió por el campo. Entonces un hombre lo encontró y le preguntó:

—¿Qué andas buscando?

¹⁶ —Ando buscando a mis hermanos —respondió José—. ¿Podría usted decirme dónde están cuidando las ovejas?

¹⁷ —Ya se fueron de aquí —dijo el hombre—. Les oí decir que se iban a Dotán.

José fue en busca de sus hermanos y los encontró en Dotán. *i* ¹⁸ Ellos lo vieron venir a lo lejos, y antes de que se acercara hicieron planes para matarlo. ¹⁹ Se dijeron unos a otros:

—¡Miren, ahí viene el de los sueños! ²⁰ Vengan, vamos a matarlo; luego lo echaremos a un pozo y diremos que un animal salvaje se lo comió. ¡Y vamos a ver qué pasa con sus sueños!

²¹ Cuando Rubén oyó esto, quiso librarlo de sus hermanos, y dijo:

—No lo matemos. ²² No derramen sangre. Échenlo a este pozo que está en el desierto, pero no le pongan la mano encima.

Rubén dijo esto porque quería poner a salvo a José y devolvérselo a su padre; ²³ pero cuando José llegó a donde estaban sus hermanos, ellos le quitaron la túnica que llevaba puesta, ²⁴ lo agarraron y lo echaron al pozo, que estaba vacío y seco. ²⁵ Después se sentaron a comer.

En esto, vieron venir una caravana de ismaelitas que venían de Galaad *j* y que traían en sus camellos perfumes, bálsamo y mirra, para llevarlos a Egipto. ²⁶ Entonces Judá les dijo a sus hermanos:

—¿Qué ganamos con matar a nuestro hermano, y después tratar de ocultar su muerte? *k* ²⁷ Es mejor que lo

---

a 37.1—50.26 A diferencia de las narraciones relativas a los otros patriarcas, la historia de José y sus hermanos forma una trama narrativa continua desde el principio hasta el fin. Ningún episodio es independiente de los demás, pues las escenas se van entrelazando unas con otras hasta el desenlace final (así, por ej., los sueños de José provocan los celos y el odio de sus hermanos, y este odio, a su vez, determina su venta como esclavo en Egipto). A medida que avanza el relato, José se va perfilando cada vez más como un modelo de sabiduría, tanto por su capacidad para interpretar el significado de los sueños (Gn 40.1—41.36) como para ejercer las funciones de gobernante (41.37-57).

b 37.1 *Jacob se quedó a vivir en Canaán:* Esta afirmación está en correspondencia con la Gn 47.27: *Los israelitas se quedaron a vivir en Egipto.* Tal correspondencia indica que la historia de José establece el lazo de unión entre la historia de los patriarcas y los relatos del *Éxodo.* De hecho, la opresión de los israelitas en Egipto comenzó con la ascensión al trono de un faraón *que no había conocido a José* (Ex 1.8).

c 37.2 Esta frase conecta el presente relato con la historia de Jacob, el padre de José y sus hermanos (cf. Gn 29.31—30.24). A partir de este momento, el destino de Jacob y de su familia va a estar ligado a la persona de José. Todo el resto de la narración pone de manifiesto cómo Dios mantuvo con vida a los descendientes de Jacob para hacer de ellos una gran nación (cf. Gn 46.1-4).

d 37.3 *Muy elegante:* traducción aproximada de una palabra hebrea de significado dudoso. Otras posibles traducciones: *larga y con mangas,* o bien *de varios lienzos de colores.* Se trataba de una vestimenta especial, distinta de la túnica común de trabajo.

e 37.4 *Ni siquiera lo saludaban:* otra posible traducción: *no le hablaban pacíficamente.*

f 37.11 Hch 7.9.

g 37.5-11 Estos dos sueños preanunciaban la alta dignidad que José alcanzaría en Egipto (cf. Gn 41.44). Acerca de la concepción bíblica de los sueños, véase 1 R 3.5 n., y cf. Jer 23.25.

h 37.12 *Siquem:* Véase Gn 12.6 n.

i 37.17 *Dotán* se encontraba a unos 30 km. al norte de Siquem, y por allí pasaba la ruta de las caravanas que iban a Egipto.

j 37.25 *Galaad:* Véase Dt 2.36-37 n.

vendamos a los ismaelitas y no que lo matemos, porque después de todo es nuestro hermano.

Sus hermanos estuvieron de acuerdo con él, **28** y cuando los comerciantes madianitas *l* pasaron por allí, los hermanos de José lo sacaron del pozo y lo vendieron a los ismaelitas *m* por veinte monedas *n* de plata. Así se llevaron a José a Egipto. *ñ*

29 Cuando Rubén regresó al pozo y no encontró a José allí adentro, rasgó su ropa en señal de dolor. **30** Luego volvió a donde estaban sus hermanos, y les dijo:

—¡El muchacho ya no está! ¿Ahora qué voy a hacer?

31 Entonces ellos tomaron la túnica de José y la mancharon con la sangre de un cabrito que mataron; **32** luego se la mandaron a su padre, con este mensaje: "Encontramos esto. Fíjate bien si es o no la túnica de tu hijo."

33 En cuanto Jacob la reconoció, dijo: "¡Sí, es la túnica de mi hijo! Algún animal salvaje lo hizo pedazos y se lo comió." **34** Entonces Jacob rasgó su ropa y se vistió de luto, y por mucho tiempo lloró la muerte de su hijo. **35** Todos sus hijos y sus hijas trataban de consolarlo, pero él no quería que lo consolaran; al contrario, lloraba por su hijo y decía: "Guardaré luto por mi hijo, hasta que vaya a reunirme con él entre los muertos." *o*

36 En Egipto, los madianitas vendieron a José a un hombre llamado Potifar, que era funcionario *p* del faraón, el rey de Egipto, y capitán de su guardia.

38

Judá y Tamar *a* **1** En aquel tiempo, Judá se apartó de sus hermanos y se fue a vivir a la casa de un hombre llamado Hirá, que era del pueblo de Adulam. **2** Allí conoció a la hija de un cananeo llamado Súa, y se casó con ella. Cuando se unieron, **3** ella quedó embarazada y tuvo un hijo, al cual llamó Er. **4** Volvió a quedar embarazada y tuvo otro hijo, al cual llamó Onán. **5** Todavía volvió a tener otro hijo, al cual llamó Selá, que nació cuando Judá *b* estaba en Quezib.

6 Judá casó a Er, su hijo mayor, con una mujer llamada Tamar. **7** Pero al Señor no le agradaba la mala conducta de Er, y le quitó la vida. **8** Entonces Judá le dijo a Onán:

—Únete a la viuda de tu hermano y cumple así con tu deber de cuñado, *c* para que tu hermano pueda tener descendientes por medio de ti.

9 Pero Onán sabía que los hijos que nacieran no serían considerados suyos. Por eso, cada vez que se unía con la viuda de su hermano, procuraba que ella no quedara embarazada, para que su hermano no tuviera descendientes por medio de él. *d* **10** El Señor se disgustó mucho por lo que Onán hacía, *e* y también a él le quitó la vida. **11** Entonces Judá le dijo a su nuera Tamar:

—Quédate viuda en la casa de tu padre, hasta que mi hijo Selá sea mayor de edad.

En realidad, Judá pensaba que también Selá podría morir como sus hermanos. Así Tamar se fue a vivir a la casa de su padre.

12 Pasó el tiempo y murió la esposa de Judá, la hija de Súa. Cuando Judá dejó de guardar luto, fue al pueblo de Timnat, *f* donde estaban los que trasquilaban sus ovejas, y su amigo Hirá el adulamita lo acompañó. **13** Cuando Tamar supo que su suegro había ido a Timnat a trasquilar sus ovejas, **14** se quitó el vestido de viuda, se cubrió con un velo para que nadie la reconociera, y se sentó a la entrada del pueblo de Enaim, que está en el camino a Timnat. Hizo esto porque se dio cuenta de que Selá ya era mayor de edad, y sin embargo no la habían casado con él.

15 Cuando Judá la vio, pensó que era una prostituta, *g* pues ella se había cubierto la cara. **16** Entonces se apartó del camino para acercarse a ella y, sin saber que era su nuera, le dijo:

—¿Me dejas acostarme contigo?

—¿Qué me vas a dar por acostarte conmigo? —le preguntó ella.

17 —Voy a mandarte uno de los cabritos de mi rebaño —contestó Judá.

—Está bien —dijo ella—, pero déjame algo tuyo como prenda hasta que me lo mandes.

18 —¿Qué quieres que te deje? —preguntó Judá.

—Dame tu sello con el cordón, *h* y el bastón que tienes en la mano —respondió ella.

---

k **37.26** *Tratar de ocultar su muerte:* lit. *de encubrir su sangre.* Esta expresión refleja la idea de que la sangre derramada violentamente no puede ocultarse, sino que reclama venganza a gritos. Cf. Ez 24.7-8.

l **37.28** *Madianitas:* Véase Ex 2.15 n.

m **37.28** *Ismaelitas:* Cf. Gn 25.12-18.

n **37.28** *Monedas:* Véase Gn 23.15 n.

ñ **37.25-28** En el discurso de Esteban (Hch 7.9-16) se mencionan varios episodios de la vida de José. Cf. también Sab 10.13-14.

o **37.35** *A reunirme con él entre los muertos:* Véase Gn 25.8 n.

p **37.36** *Potifar* es la transcripción del nombre egipcio *Pa-di-pa-Re,* que significa *dado por* (el dios) *Re. Funcionario:* lit. *eunuco.* Véase Jer 29.1-2 nota *b.*

a **38.1-30** Este cap. introduce un relato independiente de la historia de José. La narración muestra la valentía con que la viuda Tamar, nuera de Judá, hace reconocer su derecho a tener hijos y a recibir la parte que le correspondía de la herencia de la familia de su marido. Al mismo tiempo, se pone de relieve la preeminencia de Fares (cf. vv. 27-30), el clan del que más tarde nacería el rey David (Rt 4.18-22; 1 Cr 2.3-15). Cf. también los nombres de Fares y Tamar en la genealogía de Jesús (Mt 1.3).

b **38.5** La versión griega (LXX) y otras traducciones antiguas dicen *ella* en lugar de *Judá.*

c **38.8** Alusión a la costumbre conocida como "ley de levirato", que más tarde fue incorporada a la legislación mosaica (Dt 25.5-10). Según esta costumbre, si un hombre casado moría sin tener hijos, su hermano o pariente más cercano estaba obligado a casarse con la viuda, y al primer hijo nacido de esta unión se lo consideraba hijo y heredero legal del difunto. Cf. Rt 4.5; Mc 12.19-22.

d **38.9** *Procuraba... embarazada:* lit. *desperdiciaba en tierra,* es decir, interrumpía la unión sexual para evitar un posible embarazo.

e **38.10** *Lo que Onán hacía:* La culpa de Onán consistió en negarse a cumplir con su obligación respecto de su hermano difunto.

f **38.12** *Timnat:* Véase Jue 14.1 n.

g **38.15** En este v., la palabra hebrea designa a una *prostituta* común (véase 1 R 3.16 n.); en los vv. 21-22, en cambio, se emplea otro término, que significa más específicamente *prostituta ritual.* En algunos templos cananeos, la prostitución ritual formaba parte del culto de la fertilidad (véase 1 R 14.24 n.).

h **38.18** El *sello* tenía a veces forma cilíndrica, con una perforación por la que pasaba el *cordón* que permitía llevarlo colgado al cuello. Se utilizaba como título de propiedad, para legalizar ciertos documentos, y como identificación personal (véase Cnt 8.6 nota *f*).

Judá se los dio y se acostó con ella, y la dejó embarazada. ¹⁹ Después Tamar fue y se quitó el velo que tenía puesto, y volvió a ponerse su vestido de viuda.

²⁰ Más tarde Judá mandó el cabrito por medio de su amigo adulamita, para que la mujer le devolviera las prendas, pero su amigo ya no la encontró. ²¹ Entonces les preguntó a los hombres de ese lugar:

—¿Dónde está esa prostituta de Enaim, la que estaba junto al camino?

—Aquí no ha estado ninguna prostituta —le contestaron.

²² Entonces él regresó a donde estaba Judá, y le dijo:

—No encontré a la mujer, y además los hombres del lugar me dijeron que allí no había estado ninguna prostituta.

²³ Y Judá contestó:

—Pues que se quede con las cosas, para que nadie se burle de nosotros; pero que conste que yo mandé el cabrito y tú no la encontraste.

²⁴ Como tres meses después, vinieron a decirle a Judá:

—Tamar, la nuera de usted, se ha acostado con otros hombres, y como resultado de ello ha quedado embarazada.

—¡Sáquenla y quémenla! —gritó Judá. *i*

²⁵ Pero cuando la estaban sacando, ella le mandó decir a su suegro: "El dueño de estas cosas es el que me dejó embarazada. Fíjese usted a ver de quién son este sello con el cordón y este bastón." ²⁶ Cuando Judá reconoció las cosas, dijo: "Ella ha hecho bien, y yo mal, *j* porque no la casé con mi hijo Selá." Y nunca más volvió a acostarse con ella. *k*

²⁷ El día que Tamar dio a luz, tuvo mellizos. ²⁸ Al momento de nacer, uno de ellos sacó la mano. *l* Entonces la partera le ató un hilo rojo en la mano, y dijo: "Este salió primero." ²⁹ Pero en ese momento el niño metió la mano, y fue su hermano el que nació primero. Por eso la partera lo llamó Fares, *m* pues dijo: "¡Cómo te abriste paso!" ³⁰ Luego nació el otro niño, el que tenía el hilo rojo en la mano, y lo llamó Zérah. *n*

39 José y la esposa de Potifar *a*

¹ Cuando José fue llevado a Egipto, un egipcio llamado Potifar lo compró a los ismaelitas *b* que lo habían llevado allá. Potifar era funcionario del faraón y capitán de su guardia. *c* ² Pero el Señor estaba con José, *d* y le fue muy bien mientras vivía en la casa de su amo egipcio. ³ Su amo se dio cuenta de que el Señor estaba con José, y que por eso a José le iba bien en todo. ⁴ Esto hizo que José se ganara la simpatía de su amo, que lo nombró su ayudante personal y mayordomo de su casa, y dejó a su cargo todo lo que tenía. ⁵ Desde el día en que Potifar dejó a José a cargo de su casa y de todo lo suyo, el Señor bendijo a Potifar, tanto en su casa como en el campo. ⁶ Con José al cuidado de todo lo que tenía, Potifar ya no se preocupaba mas que de comer.

José era muy bien parecido *e* y causaba buena impresión, ⁷ así que después de algún tiempo la esposa de su amo se fijó en él, y un día le dijo:

—Acuéstate conmigo. *f*

⁸ Pero José no quiso, y le contestó:

—Mire usted, mi amo ha dejado a mi cargo todo lo que tiene, y estando yo aquí, no tiene de qué preocuparse. ⁹ En esta casa nadie es más que yo; mi amo no me ha negado nada, sino solo a usted, pues es su esposa; así que, ¿cómo podría yo hacer algo tan malo, y pecar contra Dios?

¹⁰ Y aunque ella insistía con José todos los días para que se acostara con ella y estuviera a su lado, él no le hacía caso. ¹¹ Pero un día José entró en la casa para hacer su trabajo y, como no había nadie allí, ¹² ella lo agarró de la ropa y le dijo:

—Acuéstate conmigo.

Pero él salió corriendo y dejó su ropa en las manos de ella. ¹³ Cuando ella vio que al salir le había dejado la ropa en sus manos, ¹⁴ llamó a los siervos de la casa y les dijo:

—Miren, mi esposo nos trajo un hebreo *g* que ahora se burla de nosotros. Entró a verme y quería acostarse conmigo, pero yo grité muy fuerte; ¹⁵ y cuando me oyó gritar con todas mis fuerzas, salió corriendo y hasta dejó aquí su ropa.

¹⁶ Luego, ella guardó la ropa de José hasta que su amo llegó a la casa. ¹⁷ Entonces le contó lo mismo, y dijo:

—El esclavo hebreo que nos trajiste entró en mi cuarto y quiso deshonrarme, ¹⁸ pero cuando grité con todas mis fuerzas, salió corriendo y dejó su ropa aquí. ¹⁹ Así me trató tu esclavo.

---

i 38.24 *Judá*, en su condición de jefe de la familia, dicta sentencia contra su nuera sin entablar un proceso legal y sin dar lugar a que ella se defienda. ¡*Sáquenla...!*, porque la sentencia de muerte debía ejecutarse fuera del lugar poblado (cf. Dt 22.20-21). ¡*Quémenla!*: Este era, probablemente, el antiguo castigo del adulterio, sustituido más tarde, en la legislación mosaica, por la muerte a pedradas o la pidación (Dt 22.23-24).

j 38.26 *Ella ha hecho bien, y yo mal:* Judá reconoce que la conducta de Tamar estaba justificada por el egoísmo de Onán (cf. v. 9) y por su propia injusticia al no darle como esposa a su hijo Selá (cf. v. 14).

k 38.26 *Y nunca más... con ella:* Una relación no destinada a cumplir con la ley del levirato hubiera sido incesto.

l 38.28 Esta señal quiere dejar constancia de cuál de los dos niños nació primero. Sin embargo, el segundo resultó ser el preferido. Véanse Gn 25.31 n.; 27.1-40 n.

m 38.29 *Fares* es la transcripción de un nombre hebreo que significa *abertura* o *brecha*. Sin indicar expresamente que Fares fue uno de los antepasados del rey David (cf. Rt 4.18-22), el texto hace ver cómo la audaz decisión de Tamar aseguró la supervivencia del que sería más tarde el linaje davídico. Nótese asimismo el paralelismo de este episodio con la historia de José, que fue llevado providencialmente a Egipto *para salvarles la vida de una manera extraordinaria* a los descendientes de Jacob (Gn 45.7).

n 38.30 *Zérah* significa, en hebreo, *brillo, luz* o *resplandor*. El término se refiere aquí al color *rojo* del hilo que la partera ató en la mano del primer niño. Cf. Nm 26.19-22.

a 39.1-23 Aquí continúa la historia de José, interrumpida por el episodio de Judá y Tamar (cap. 38).

b 39.1 *Ismaelitas:* Cf. Gn 25.12-18; 37.25-28.

c 39.1 Este v., que repite casi literalmente Gn 37.36, sirve para unir con el iniciado en el cap. 37.

d 39.2 *El Señor estaba con José:* Véase Gn 26.3 n.; cf. también Hch 7.9.

e 39.6 *Bien parecido:* La referencia a la belleza física de José prepara la escena de la seducción, relatada en los vv. siguientes. Véase 1 S 9.2 n.

f 39.7 Un relato egipcio de la época del faraón Ramsés II (la llamada "historia de los dos hermanos") relata un intento de seducción semejante al de la mujer de Potifar. La antigua literatura egipcia presenta con frecuencia a las mujeres del país como frívolas e infieles a sus compromisos matrimoniales.

g 39.14 *Hebreo:* Véase Gn 14.13 nota *l*. Aquí el término se emplea en sentido despectivo.

GÉNESIS 39—41

El amo de José se enojó mucho al oir lo que su esposa le estaba contando, [20] así que agarró a José y ordenó que lo metieran en la cárcel, donde estaban los presos del rey. Pero aun en la cárcel [21] el Señor siguió estando con José y mostrándole su bondad, pues hizo que se ganara la simpatía del jefe de la cárcel, [22] el cual dejó todos los presos a su cargo. José era el que daba las órdenes para todo lo que allí se hacía, [23] y el jefe de la cárcel no tenía que revisar nada de lo que estaba a cargo de José, porque el Señor estaba con él y hacía que todo le saliera bien.

40 José interpreta dos sueños

[1] Después de esto, el copero, o sea el encargado de servirle vino al rey, y también el panadero, ofendieron a su amo, el rey de Egipto. [2] El faraón,[a] o sea el rey, se enojó contra estos dos funcionarios, el jefe de los coperos y el jefe de los panaderos, [3] y los mandó presos a la casa del capitán de la guardia, donde estaba la cárcel. Era el mismo lugar donde José estaba preso. [4] El capitán de la guardia encargó a José que atendiera a estos funcionarios, y ellos pasaron mucho tiempo en la cárcel.

[5] Una noche los dos presos, el copero y el panadero, tuvieron cada uno un sueño, y cada sueño tenía su propio significado.[b] [6] Por la mañana, cuando José vino a verlos, los encontró muy preocupados; [7] así que les preguntó:

—¿Por qué tienen hoy tan mala cara?

[8] —Tuvimos un sueño y no hay quien nos explique lo que quiere decir —contestaron ellos.

—¿Y acaso no es Dios quien da las interpretaciones?[c] —preguntó José—. Vamos, cuéntenme lo que soñaron.

[9] Entonces el jefe de los coperos le contó su sueño a José con estas palabras:

—En mi sueño veía una vid, [10] que tenía tres ramas. Y la vid retoñaba y echaba flores, y las flores se convertían en racimos de uvas maduras. [11] Yo tenía la copa del faraón en la mano, y tomaba las uvas y las exprimía en la copa. Luego, yo mismo ponía la copa en manos del faraón.

[12] Y José le dijo:

—El sueño de usted quiere decir esto: las tres ramas son tres días, [13] y dentro de tres días el faraón revisará el caso de usted[d] y lo pondrá de nuevo en su trabajo, y usted volverá a darle la copa al faraón, tal como antes lo hacía. [14] Cuando esto suceda, acuérdese usted de mí, y por favor háblele de mí al faraón para que me saque de este lugar. ¡Compadézcase de mí! [15] A mí me robaron de la tierra de los hebreos, y no merezco estar en la cárcel porque no he hecho nada malo.

[16] Cuando el jefe de los panaderos vio que José había dado una interpretación favorable, le dijo:

—Por mi parte, yo soñé que tenía tres canastillos de pan blanco sobre mi cabeza. [17] El canastillo de arriba tenía un gran surtido de pasteles para el faraón, pero las aves venían a comer del canastillo que estaba sobre mi cabeza.

[18] Entonces José le contestó:

—El sueño de usted quiere decir esto: los tres canastillos son tres días, [19] y dentro de tres días el faraón revisará el caso de usted y hará que lo cuelguen de un árbol, y las aves se comerán su carne.

[20] Al tercer día era el cumpleaños del faraón, y él hizo una gran fiesta para todos sus funcionarios. Delante de sus invitados, el faraón mandó sacar de la cárcel[e] al jefe de los coperos y al jefe de los panaderos. [21] Al copero lo puso de nuevo en su trabajo, y él volvió a darle la copa al faraón, como antes; [22] pero al panadero lo mandó ahorcar, tal como José lo había interpretado. [23] Sin embargo, el copero no volvió a acordarse de José.

41 José interpreta los sueños del faraón[a]

[1] Pasaron dos años. Un día, el faraón soñó que estaba de pie a la orilla del río Nilo, [2] y que del río salían siete vacas[b] hermosas y gordas, que comían hierba entre los juncos. [3] Detrás de ellas, siete vacas feas y flacas salieron del río y se pusieron en la orilla, cerca de las otras. [4] Luego, estas vacas feas y flacas se comieron a las siete vacas hermosas y gordas.

El faraón se despertó, [5] pero se volvió a dormir y tuvo otro sueño: veía que siete espigas de trigo llenas y hermosas crecían en un solo tallo. [6] Detrás de ellas salieron otras siete espigas, secas y quemadas por el viento del este,[c] [7] y estas espigas secas se comieron a las siete espigas gruesas y llenas.

El faraón se despertó, y se dio cuenta de que era un sueño. [8] Pero al día siguiente por la mañana estaba muy preocupado, y ordenó que vinieran todos los adivinos y sabios

---

[a] **40.2** *Faraón* era el título del rey de Egipto. Véase Ex 1.11 nota k.

[b] **40.5** Los egipcios, como en general todos los pueblos del antiguo Oriente, daban gran importancia a los sueños y habían desarrollado distintos procedimientos para interpretar su sentido. Un antiguo documento egipcio contiene más de doscientos modelos de sueños, con sus respectivos significados de "buenos" o "malos". Véase Dn 1.17 n.

[c] **40.8** *¿Y acaso no es Dios... interpretaciones?*: Cf. Dn 2.27-28. Los sueños de José (Gn. 37.7,9) no necesitaban ser interpretados, porque eran fácilmente comprensibles (cf. Gn 37.8,10). Los sueños del copero y del panadero (lo mismo que los del faraón en Gn 41.17-24) presentan un simbolismo más complejo, que hace necesaria la interpretación.

[d] **40.13** *Revisará el caso de usted*: lit. *le levantará la cabeza*. Este modismo hebreo, que vuelve a aparecer en los vv. 19-20, ha sido entendido de diversas maneras. Algunos lo traducen por *prestar atención* o *tomar en cuenta;* otros, por *citar* o *convocar* (a una audiencia). La expresión parece indicar que el faraón hará comparecer personalmente a ambos prisioneros, aunque la sentencia va a ser distinta en uno y otro caso: liberación del copero (cf. v. 21) y condena a muerte del panadero (cf. v. 22).

[e] **40.20** *Mandó sacar de la cárcel:* lit. *levantó la cabeza.* Véase Gn 40.13 n.

[a] **41.1-36** Los relatos de este cap. llevan la historia de José a su punto crucial. Gracias a su propia habilidad y a la asistencia divina, el que había sido vendido como esclavo fue escalando posiciones, primero en la casa de su amo, luego en la cárcel, y ahora como gobernante de todo Egipto. De este modo llega a su cumplimiento lo que habían preanunciado sus sueños (cf. 37.7,9) y comienza la etapa más decisiva de su vida. José utiliza el poder para librar del hambre a la nación e incluso a las regiones vecinas (cf. Gn 42.1-3; 47.13). Pero el designio del Señor va más lejos todavía, y hace que el buen gobierno de José sirva para preservar la vida a los antepasados del pueblo de Dios (cf. Gn 45.5).

[b] **41.1-2** En el antiguo Egipto había *vacas* sagradas, que simbolizaban la fertilidad producida por las crecientes periódicas del Nilo (véase Gn 12.10 nota m; Dt 11.10 nota f).

[c] **41.6** El *viento del este* es el viento abrasador que viene del desierto, hoy llamado *siroco*.

JOSÉ

Datos importantes de su vida	Referencias
Hijo de Jacob y Raquel; nace en Mesopotamia.	Gn 30.22-24
Su familia regresa a Canaán. Él es el favorito de Jacob. Tiene unos sueños que molestan a sus hermanos.	Gn 37.1-11
Sus hermanos lo venden a unos mercaderes, que lo llevan a Egipto y lo venden como esclavo a Potifar.	Gn 37.12-36
Le va bien en la casa de Potifar. La esposa de su amo lo acusa de intentar seducirla; es encarcelado.	Gn 39
Interpreta correctamente los sueños del copero y del panadero del faraón.	Gn 40
El faraón tiene un extraño sueño y llama a José para que lo interprete. José predice siete años de abundancia seguidos de siete años de escasez. Recomienda guardar de la abundancia de los primeros años para que no falte el alimento durante los años de escasez. Se le da la autoridad para llevar a cabo ese plan.	Gn 41.1-44
Se casa con una mujer egipcia y tiene dos hijos: Efraín y Manasés.	Gn 41.45-52
Llegan los años de escasez. Se encuentra con sus hermanos; sus sueños se vuelven realidad.	Gn 42—45
Reencuentro con su padre. La familia de Jacob se establece en Gosen.	Gn 46.1—47.12
Jacob bendice a los hijos de José.	Gn 48
José entierra a su padre en Canaán. El resto de su vida la pasa en Egipto; pide ser enterrado en Canaán cuando los descendientes de Jacob vuelvan a esa tierra.	Gn 50

Otras referencias: Ex 1.5-6,8; 13.19; Hch 7.9-18; Heb 11.22

de Egipto. El faraón les contó sus sueños, pero ninguno de ellos pudo decirle lo que significaban. **9** Entonces el jefe de los coperos le dijo al faraón:

—Ahora me acuerdo de lo mal que me he portado. **10** Cuando Su Majestad se enojó con el jefe de los panaderos y con este servidor suyo, nos mandó a los dos a la cárcel del capitán de la guardia. **11** Una noche, el jefe de los panaderos tuvo un sueño y yo tuve otro, y cada sueño tenía su propio significado. **12** En ese lugar estaba con nosotros un joven hebreo, que era esclavo del capitán de la guardia. Le contamos nuestros sueños y él los interpretó, y nos dijo su significado. **13** ¡Y todo pasó tal como él nos lo había dicho! Yo volví de nuevo a mi trabajo, y el otro fue ahorcado.

14 Entonces el faraón mandó llamar a José, y lo sacaron inmediatamente de la cárcel. José se cortó el pelo, se cambió de ropa y se presentó delante del faraón. **15** Y el faraón le dijo:

—He tenido un sueño y no hay quien pueda interpretarlo, pero he sabido que cuando tú oyes un sueño lo puedes interpretar.

16 —Eso no depende de mí —contestó José—; pero Dios le dará a Su Majestad una contestación para su bien.

17 El faraón le dijo a José:

—En mi sueño, yo estaba de pie a la orilla del río Nilo, **18** y del río salieron siete vacas gordas y hermosas, que comían hierba entre los juncos. **19** Detrás de ellas salieron otras siete vacas, muy feas y flacas. ¡Jamás había visto yo vacas tan feas en todo Egipto! **20** Estas vacas flacas y feas se comieron a las primeras siete vacas gordas; **21** pero aunque ya se las habían comido, nadie podría haberse dado cuenta, porque seguían tan flacas como antes.

"Me desperté, **22** pero después tuve otro sueño en el que siete espigas de trigo, llenas y hermosas, crecían en un mismo tallo. **23** Detrás de ellas crecían otras siete espigas, secas, delgadas y quemadas por el viento del este. **24** Estas espigas secas se comieron a las siete espigas hermosas. Yo les conté esto a los adivinos, pero ninguno de ellos pudo decirme su significado."

25 Entonces José le contestó al faraón:

—Los dos sueños que tuvo Su Majestad, son uno solo. Dios le ha anunciado a usted lo que él va a hacer. **26** Las siete vacas hermosas son siete años, lo mismo que las siete espigas hermosas. Es el mismo sueño. **27** Las siete vacas flacas y feas que salieron detrás de las otras, también son siete años; lo mismo que las siete espigas secas y quemadas por el viento del este. Estos serán siete años de escasez. **28** Es tal como se lo he dicho: Dios le ha anunciado a Su Majestad lo que él va a hacer. **29** Van a venir siete años de mucha abundancia en todo Egipto, **30** y después vendrán siete años de gran escasez. Nadie se acordará de la abundancia que hubo en Egipto, porque la escasez arruinará al país. **31** Será tan grande la escasez, que no quedarán señales de la abundancia que antes hubo. **32** Su Majestad tuvo el mismo sueño dos veces, porque Dios está decidido a hacer esto, y lo va a hacer muy pronto.

33 "Por lo tanto, sería bueno que Su Majestad buscara un hombre inteligente y sabio, para que se haga cargo del país. **34** Haga Su Majestad lo siguiente: nombre Su Majestad gobernadores que vayan por todo el país y recojan la quinta parte de todas las cosechas de Egipto, durante los siete años de abundancia. **35** Que junten todo el trigo de los buenos años que vienen; que lo pongan en un lugar bajo el control de Su Majestad, y que lo guarden en las ciudades para alimentar a la gente. **36** Así el trigo quedará guardado para el país, para que la gente no muera de hambre durante los siete años de escasez que habrá en Egipto."

José gobernador de Egipto

37 El plan les pareció bien al faraón y a sus funcionarios, **38** así que el faraón les dijo:

—¿Podremos encontrar otro hombre como este, que tenga el espíritu de Dios? [d]

39 Y a José le dijo:

—No hay nadie más inteligente y sabio que tú, pues Dios te ha hecho saber todo esto. **40** Tú te harás cargo de mi palacio, y todo mi pueblo obedecerá tus órdenes. Solo yo seré más que tú, porque soy el rey. [e] **41** Mira, yo te nombro gobernador de todo el país de Egipto.

Al decir esto, **42** el faraón se quitó de la mano el anillo que tenía su sello oficial y se lo puso a José. Luego ordenó que lo vistieran con ropas de lino muy fino y que le pusieran un collar de oro en el cuello. **43** Después lo hizo subir en el carro que siempre iba después del suyo, y ordenó que gritaran delante de él: "¡Abran paso!" [f] Así fue como José quedó al frente de todo el país de Egipto.

44 Luego el faraón le dijo:

—Aunque yo soy el faraón, nadie en todo Egipto moverá un dedo sin tu permiso.

45 El faraón le puso a José el nombre egipcio de Safenat-panéah, [g] y lo casó con Asenat, la hija de Potifera, sacerdote de la ciudad de On. [h] Así quedó José al frente de Egipto. **46** José tenía treinta años cuando lo llevaron ante el faraón, el rey de Egipto.

José se despidió del faraón y comenzó a viajar por todo Egipto. **47** La tierra produjo muchísimo durante los siete años de abundancia, **48** y José recogió todo el trigo que hubo en el país durante esos siete años; lo guardó en las ciudades, dejando en cada ciudad el trigo recogido en los campos vecinos. **49** José recogió trigo como si fuera arena del mar. Era tanto el trigo, que dejó de medirlo, pues no se podía llevar la cuenta.

50 Antes de que empezaran los años de escasez, José tuvo dos hijos con su esposa Asenat. **51** Al primero lo llamó Manasés, porque dijo: "Dios me ha hecho olvidar todos mis sufrimientos y a todos mis parientes." **52** Al segundo lo llamó Efraín, [i] porque dijo: "Dios me ha hecho tener hijos en el país donde he sufrido."

53 Pasaron los siete años de abundancia que hubo en Egipto, **54** y comenzaron los siete años de escasez, tal como José lo había dicho. Hubo hambre en todos los países, menos en Egipto, pues allí había qué comer; **55** y cuando los habitantes de Egipto comenzaron a tener hambre, fueron a pedirle trigo al faraón. Entonces el faraón les dijo a todos los egipcios: "Vayan a ver a José, y hagan lo que él les diga."

56 Cuando el hambre se extendió por todo el país, José abrió todos los graneros donde había trigo, para venderlo a los egipcios; pues el hambre era cada vez peor. **57** Y venían de todos los países a Egipto, a comprarle trigo a José, pues en ningún país había qué comer.

42 Los hermanos de José van a Egipto

1 Cuando Jacob supo que en Egipto había trigo, les dijo a sus hijos: "¿Qué hacen ahí, mirándose unos a otros? **2** Me han dicho que en Egipto hay trigo. Vayan allá y compren trigo para nosotros, para que podamos seguir viviendo." [a]

3 Entonces diez de los hermanos de José fueron a Egipto a comprar trigo; **4** pero Jacob no dejó ir a Benjamín, el hermano de José, [b] porque pensó que podría pasarle algo malo. **5** Los hijos de Israel fueron entre otros que también iban a comprar, porque en toda la tierra de Canaán había hambre.

6 José era el gobernador del país, y el que vendía trigo a la gente que llegaba de todas partes. Cuando sus hermanos se presentaron ante él, se inclinaron hasta tocar el suelo con la frente. [c] **7** José reconoció a sus hermanos en cuanto los vio; pero hizo como que no los conocía, y les preguntó en forma brusca:

—¡Ustedes!, ¿de dónde vienen?

—Venimos de Canaán, a comprar trigo —contestaron ellos.

8 Aunque José reconoció a sus hermanos, ellos no lo reconocieron a él. **9** Entonces José se acordó de los sueños que había tenido acerca de ellos, y les dijo:

—Ustedes son espías. Solo vienen a ver cuáles son los puntos débiles del país. [d]

10 —¡No, señor! —contestaron ellos—. Nosotros sus servidores hemos venido a comprar trigo. **11** Todos nosotros somos hijos del mismo padre. Somos gente honrada. Nunca hemos sido espías.

12 —No es cierto —insistió José—. Ustedes vienen a ver cuáles son los puntos débiles del país.

13 Pero ellos contestaron:

—Los servidores de usted somos doce hermanos, hijos del mismo padre, y vivimos en Canaán. Nuestro hermano menor se ha quedado con nuestro padre, y el otro ya no está con nosotros.

14 Sin embargo, José volvió a decirles:

—¡Tal como dije! Ustedes son espías, **15** y con esto vamos a probarlo: les juro por el faraón que no saldrán de aquí hasta que venga su hermano menor. **16** Que vaya uno de ustedes a traerlo. Los demás se quedarán presos. Vamos a ver

---

[d] **41.38** El faraón advierte de inmediato que José es la persona más indicada para ejecutar los planes que este mismo le había indicado.

[e] **41.40** La trayectoria de José, desde la esclavitud y la cárcel hasta su exaltación como "visir" o primer ministro del faraón, se relata poéticamente en Sal 105.16-22. Cf. 1 Mac 2.53; Sab 10.13-14; Hch 7.10.

[f] **41.43** *¡Abran paso!*: traducción probable, sugerida por el contexto. La expresión original parece referirse al grito de los heraldos que invitaban a rendir homenaje al nuevo visir.

[g] **41.45** En consonancia con su nuevo cargo, José recibe el nombre egipcio *Safenat-panéah*, que significa, probablemente, *Dios habla y él vive*.

[h] **41.45** *On*: ciudad egipcia, famosa por su templo a Ra, el dios sol. Más tarde, los griegos la llamarían *Heliópolis*, es decir, *Ciudad del Sol*.

[i] **41.51-52** Los nombres *Manasés* y *Efraín* tienen, en hebreo, un sonido semejante al de los verbos que significan, respectivamente, *olvidar* y *ser fecundo* o *dar frutos*.

[a] **42.1-2** Algunos documentos y pinturas del antiguo Egipto atestiguan que grupos de semitas llegaban allí desde Canaán, especialmente en tiempos de hambre y escasez, para comprar alimentos o para establecerse. Véase Gn 12.10 nota *m*.

[b] **42.4** *Benjamín* era *hermano de José*, ya que ambos eran hijos de Jacob y de Raquel (Gn 30.22-24; 35.16-18).

[c] **42.6** Con este gesto de sumisión, los hermanos cumplen, sin darse cuenta, lo que habían preanunciado los sueños de José (cf. v. 9, y véase Gn 37.5-11 n.).

[d] **42.9** El nordeste de Egipto, por donde los hermanos de José llegaron desde Canaán, era la región más vulnerable del país, por ser la puerta de entrada de las invasiones enemigas. Véase Ex 1.10 n.

si es cierto lo que han dicho, y si no es cierto, es que son espías. *e* ¡Lo juro por el faraón!

¹⁷ José los tuvo presos a todos ellos durante tres días, ¹⁸ pero al tercer día les dijo:

—Yo tengo temor de Dios. *f* Hagan esto y se les perdonará la vida: ¹⁹ si son de veras honrados, dejen en la cárcel a uno de sus hermanos, y los demás vayan y lleven trigo para que coman sus familias. ²⁰ Tráiganme luego a su hermano menor, y veremos si han dicho la verdad. Si no, morirán.

Ellos aceptaron, ²¹ pero se decían el uno al otro:

—Verdaderamente nos portamos muy mal con nuestro hermano, pues no le hicimos caso cuando nos rogaba que le tuviéramos compasión, aunque veíamos que estaba afligido. Por eso ahora nos ha venido esta aflicción.

²² Y Rubén les contestó:

—Yo les dije que no le hicieran daño al muchacho; *g* pero no me hicieron caso, y ahora tenemos que responder por su muerte.

²³ Ellos no sabían que José les entendía, porque él había estado hablándoles por medio de un intérprete. ²⁴ José se apartó de ellos y se puso a llorar. Cuando regresó a donde ellos estaban y pudo hablarles, apartó a Simeón y, a la vista de ellos, hizo que lo ataran. ²⁵ Después ordenó que les llenaran de trigo sus costales, que le devolvieran a cada uno su dinero, poniéndolo dentro de cada costal, y que les dieran comida para el camino. Así se hizo. ²⁶ Entonces ellos cargaron el trigo en sus asnos, y se fueron de allí.

²⁷ Cuando llegaron al lugar donde iban a pasar la noche, uno de ellos abrió su costal para darle de comer a su asno, y vio que su dinero estaba allí, en la boca del costal. ²⁸ Entonces les dijo a sus hermanos:

—¡Miren, me devolvieron mi dinero! ¡Aquí está, en mi costal!

Todos ellos se asustaron mucho, y temblando de miedo se decían el uno al otro:

—¿Qué es lo que Dios nos ha hecho?

²⁹ Cuando llegaron a Canaán, le contaron a su padre Jacob todo lo que les había pasado, y le dijeron:

³⁰ —El hombre que gobierna en aquel país nos habló en forma muy brusca, y nos acusó de haber ido a su país como espías. ³¹ Pero nosotros le dijimos que éramos gente honrada y que nunca habíamos sido espías; ³² que éramos doce hermanos, hijos del mismo padre; que uno ya no estaba con nosotros, y que el menor se había quedado contigo en Canaán. ³³ Entonces él nos dijo: 'Con esto voy a ver si ustedes son de veras honrados. Dejen aquí conmigo a uno de sus hermanos y vayan a llevar un poco de trigo para sus familias, ³⁴ pero tráiganme a su hermano menor. Así podré estar seguro de que ustedes son gente honrada y no espías; entonces dejaré libre a su otro hermano y ustedes podrán andar libremente por este país.'

³⁵ En el momento de vaciar sus costales, los hermanos de José vieron que en cada costal había una bolsita con el dinero de cada uno de ellos. Al ver las bolsitas con el dinero, tanto ellos como su padre se asustaron. ³⁶ Entonces Jacob les dijo:

—Ustedes me están dejando sin hijos. José ya no está con nosotros, Simeón tampoco, ¡y ahora me van a quitar a Benjamín! ¡Y siempre el perjudicado soy yo!

³⁷ Entonces Rubén le dijo a su padre:

—Deja a Benjamín a mi cuidado, y yo te lo devolveré. Si no te lo devuelvo, puedes matar a mis dos hijos.

³⁸ Pero Jacob contestó:

—Mi hijo no irá con ustedes. Su hermano José ha muerto y solo queda él. *h* Si le pasa algo malo en el viaje que van a hacer, ustedes tendrán la culpa de que este viejo se muera de tristeza.

43 Benjamín es llevado a Egipto

¹ El hambre aumentaba en el país, ² así que cuando Jacob y sus hijos se comieron lo que les quedaba del trigo que habían llevado de Egipto, Jacob les dijo:

—Vayan otra vez y compren un poco de trigo para nosotros.

³ Pero Judá le contestó:

—Aquel hombre nos dijo bien claro: 'Si no traen aquí a su hermano menor, no vengan a verme.' ⁴ Así pues, si lo dejas ir con nosotros, iremos a comprarte trigo; ⁵ pero si no lo dejas ir, no iremos. Aquel hombre nos dijo: 'Si no traen aquí a su hermano menor, no vengan a verme.'

⁶ Entonces dijo Israel:

—¿Por qué me han hecho tanto mal? ¿Por qué le dijeron a ese hombre que tenían otro hermano?

⁷ Y ellos contestaron:

—Es que él nos preguntaba mucho acerca de nosotros y de nuestra familia. Nos dijo: '¿Vive todavía su padre? ¿Tienen otro hermano?' Y nosotros no hicimos más que contestar a sus preguntas. ¿Cómo íbamos a saber que nos diría: 'Traigan a su hermano'?

⁸ Judá le dijo a su padre Israel:

—Si queremos vivir, deja que vaya el muchacho bajo mi cuidado, y nos iremos en seguida. Así no moriremos ni tú, ni nosotros, ni nuestros hijos. ⁹ Yo te respondo por él; a mí me pedirás cuentas de lo que le pase. Si no te lo devuelvo a este mismo lugar, seré el culpable delante de ti para toda la vida. ¹⁰ Si no nos hubiéramos demorado tanto aquí, ¡ya hubiéramos ido y venido dos veces!

¹¹ Entonces su padre les contestó:

—Puesto que no hay otro remedio, hagan esto: lleven en sus costales un regalo para ese hombre. Llévenle de lo mejor que el país produce: un poco de bálsamo, un poco de miel, perfumes, mirra, nueces y almendras. ¹² Lleven también el doble del dinero, y entreguen personalmente el dinero que les devolvieron; tal vez fue un error. ¹³ ¡Vamos!, tomen a su hermano y vayan otra vez a ver a ese hombre. ¹⁴ Que el Dios todopoderoso *a* le haga tener compasión de ustedes, para que deje libre a su otro hermano y

---

e **42.14-16** José pone primero a prueba a sus hermanos, amenazándolos con retenerlos *presos* mientras uno de ellos va en busca de Benjamín. Pero como este sería un golpe demasiado duro para su padre Jacob, toma a Simeón como rehén hasta el regreso de sus hermanos (v. 24).

f **42.18** *Temor de Dios:* Véase Dt 6.13 nota *j*; cf. también Pr 1.7.
g **42.22** *Yo les dije... al muchacho:* Cf. Gn 37.21-22.
h **42.38** *Solo queda él,* de los dos hijos de Raquel, su esposa preferida (véase Gn 42.4 n.).
a **43.14** *El Dios todopoderoso:* Véase Gn 17.1 n.

a Benjamín. En cuanto a mí, si he de quedarme sin hijos, pues ¡me quedaré sin hijos!

¹⁵ Los hijos de Jacob tomaron los regalos, el doble del dinero, y a Benjamín, y se fueron a Egipto. Cuando llegaron ante José, ¹⁶ y José vio que Benjamín estaba con ellos, le dijo al mayordomo de su casa:

—Lleva a estos hombres a mi casa, y mata una vaca y prepárala, porque ellos comerán conmigo hoy al mediodía.

¹⁷ El mayordomo hizo tal como José le ordenó, y los llevó personalmente, ¹⁸ pero ellos se asustaron porque los llevaban a la casa de José, y se dijeron:

—¡Esto es un pretexto! Nos han traído aquí por el dinero que nos devolvieron la vez pasada. Van a atacarnos y hacernos trabajar como esclavos, junto con nuestros animales.

¹⁹ Así que al llegar a la puerta de la casa, se acercaron al mayordomo para hablar con él, ²⁰ y le dijeron:

—¡Ay, señor! La otra vez vinimos de veras a comprar trigo, ²¹ pero cuando llegamos al lugar donde íbamos a pasar la noche, abrimos nuestros costales, y ahí, en la boca de cada cual, estaba el dinero de cada uno de nosotros. El dinero estaba completo. Ahora lo hemos traído para devolverlo, ²² y también trajimos más dinero para comprar trigo. Pero no sabemos quién puso nuestro primer dinero en los costales.

²³ El mayordomo contestó:

—Cálmense, no tengan miedo. El Dios de ustedes y de su padre debe de haber puesto ese dinero en sus costales, pues yo recibí el dinero que ustedes pagaron.

El mayordomo sacó a Simeón y lo llevó a donde estaban ellos; ²⁴ luego llevó a todos a la casa de José, les dio agua para que se lavaran los pies, y también dio de comer a sus asnos. ²⁵ Ellos prepararon los regalos y esperaron a que José llegara al mediodía, pues habían sabido que allí iban a comer.

²⁶ Cuando José llegó a la casa, ellos le dieron los regalos que habían traído, y se inclinaron hasta tocar el suelo con la frente. ²⁷ José les preguntó cómo estaban, y también preguntó:

—¿Cómo está su padre, el anciano del cual me hablaron? ¿Vive todavía?

²⁸ Ellos hicieron una reverencia y dijeron:

—Nuestro padre, su servidor, está bien. Todavía vive.

²⁹ José miró a su alrededor y vio a Benjamín, su hermano de padre y madre, y dijo:

—¿Es este su hermano menor, del cual me hablaron? ¡Que Dios te bendiga, hijo mío!

Al decir esto, ³⁰ José se sintió tan emocionado de ver a su hermano, que le dieron ganas de llorar. Rápidamente entró en su cuarto, y allí se puso a llorar. ³¹ Cuando pudo contener el llanto, se lavó la cara y salió, y dijo: "¡Sirvan ya la comida!"

³² A José le sirvieron en una mesa, a los hijos de Jacob en otra,[b] y en otra distinta a los egipcios que comían con José; porque los egipcios tenían prohibido comer junto con los hebreos. ³³ Los hermanos de José se sentaron cuando José así lo indicó, por orden de edad, del mayor al menor; y estaban muy sorprendidos y mirándose unos a otros. ³⁴ José les dio de comer de lo que él tenía en su propia mesa, y a Benjamín le dio mucho más[c] que a los otros. José y sus hermanos bebieron juntos y se pusieron muy alegres.

44 La copa de José
¹ Después de esto José le ordenó a su mayordomo:

—Llena los costales de estos hombres con todo el trigo que puedan llevar, y pon el dinero de cada uno de ellos en la boca de su costal. ² Pon también mi copa de plata en la boca del costal del hermano menor, junto con el dinero que pagó por su trigo.

El mayordomo hizo lo que José le ordenó. ³ Con los primeros rayos del sol, José permitió que sus hermanos se fueran con sus asnos. ⁴ Todavía no estaban muy lejos de la ciudad, cuando José le dijo a su mayordomo:

—Ve a perseguir a esos hombres, y diles cuando los alcances: '¿Por qué han pagado bien con mal? ¿Por qué han robado la copa de plata ⁵ que mi amo usa para beber y para adivinar?[a] ¡Han hecho muy mal!'

⁶ Cuando el mayordomo los alcanzó, les repitió las mismas palabras, ⁷ y ellos le contestaron:

—¿Por qué nos habla usted de ese modo? ¡Jamás haríamos semejante cosa! ⁸ Si regresamos desde Canaán a devolver el dinero que encontramos en la boca de nuestros costales, ¿cómo íbamos a robar plata ni oro de la casa de su amo? ⁹ ¡Que muera cualquiera de estos servidores suyos al que se le encuentre la copa, y hasta nosotros seremos sus esclavos!

¹⁰ Entonces el mayordomo dijo:

—Se hará como ustedes dicen, pero solo el que tenga la copa será mi esclavo; los demás quedarán libres de culpa.

¹¹ Cada uno de ellos bajó rápidamente su costal hasta el suelo, y lo abrió. ¹² El mayordomo buscó en cada costal, comenzando por el del hermano mayor hasta el del hermano menor, y encontró la copa en el costal de Benjamín. ¹³ Entonces ellos rasgaron su ropa en señal de dolor. Después cada uno echó la carga sobre su asno, y regresaron a la ciudad.

¹⁴ Cuando Judá y sus hermanos llegaron a la casa de José, todavía estaba él allí. Entonces se inclinaron delante de él hasta tocar el suelo con la frente, ¹⁵ mientras José les decía:

—¿Qué es lo que han hecho? ¿No saben que un hombre como yo sabe adivinar?

¹⁶ Judá contestó:

—¿Qué podemos responderle a usted? ¿Cómo podemos probar nuestra inocencia? Dios nos ha encontrado en pecado.[b] Aquí nos tiene usted; somos sus esclavos, junto con el que tenía la copa.

---

[b] 43.32 Los egipcios observaban ciertas reglas para mantener la pureza ritual de las comidas, pero, en este caso, la separación también podía estar destinada a poner de relieve la superior jerarquía de José.

[c] 43.34 Mucho más: lit. cinco veces más. Véase Gn 31.7 n.

[a] 44.4-5 ¿Por qué han robado la copa... adivinar?: La adivinación por medio de copas llenas de agua era una práctica bastante corriente en Mesopotamia y Egipto. Consistía generalmente en echar sobre el agua unas gotas de aceite, o en hacer caer dentro de la copa una piedra preciosa o algún otro objeto pequeño. El pronóstico dependía de la figura formada por la mancha de aceite, o del ruido que producían los objetos al dar en el fondo.

[b] 44.16 Dios nos ha encontrado en pecado: Más allá del supuesto robo de la copa, esta confesión de Judá implica un reconocimiento

17 Pero José dijo:

—De ninguna manera. Solo aquel que tenía la copa será mi esclavo. Los otros pueden regresar tranquilos a la casa de su padre. Nadie los molestará.

Judá ruega por Benjamín **18** Entonces Judá se acercó a José y le dijo:

—Yo le ruego a usted, señor, que me permita decirle algo en secreto. Por favor, no se enoje conmigo, pues usted es como si fuera el mismo faraón. **19** Usted nos preguntó si teníamos padre o algún otro hermano, **20** y nosotros le contestamos que teníamos un padre anciano y un hermano todavía muy joven, que nació cuando nuestro padre ya era anciano. También le dijimos que nuestro padre lo quiere mucho, pues es el único hijo que le queda de la misma madre, porque su otro hermano murió. **21** Entonces usted nos pidió que lo trajéramos, porque quería conocerlo. c **22** Nosotros le dijimos que el muchacho no podía dejar a su padre, porque si lo dejaba, su padre moriría. **23** Pero usted nos dijo que si él no venía con nosotros, no volvería a recibirnos.

24 "Cuando regresamos junto a mi padre, le contamos todo lo que usted nos dijo. **25** Entonces nuestro padre nos ordenó: 'Regresen a comprar un poco de trigo'; **26** pero nosotros le dijimos: 'No podemos ir, a menos que nuestro hermano menor vaya con nosotros; porque si él no nos acompaña, no podremos ver a ese señor.' **27** Y mi padre nos dijo: 'Ustedes saben que mi esposa me dio dos hijos; **28** uno de ellos se fue de mi lado, y desde entonces no lo he visto. Estoy seguro de que un animal salvaje lo despedazó. **29** Si se llevan también a mi otro hijo de mi lado, y le pasa algo malo, ustedes tendrán la culpa de que este viejo se muera de tristeza.'

30 "Así que la vida de mi padre está tan unida a la vida del muchacho, que si el muchacho no va con nosotros cuando yo regrese, **31** nuestro padre morirá al no verlo. Así nosotros tendremos la culpa de que nuestro anciano padre se muera de tristeza. **32** Yo le dije a mi padre que me haría responsable del muchacho, y también le dije: 'Si no te lo devuelvo, seré el culpable delante de ti para toda la vida.' **33** Por eso yo le ruego a usted que me permita quedarme como su esclavo, en lugar del muchacho. Deje usted que él se vaya con sus hermanos. **34** Porque, ¿cómo voy a regresar junto a mi padre, si el muchacho no va conmigo? No quiero ver el mal que sufriría mi padre."

45 José se da a conocer a sus hermanos a

1 José ya no pudo contenerse delante de todos los que estaban a su servicio, y gritó: "¡Salgan todos de aquí!" Así que ninguno de sus siervos estaba allí con José cuando él se dio a conocer a sus hermanos.

2 Entonces se puso a llorar tan fuerte que todos los egipcios lo supieron, y la noticia llegó hasta el palacio del faraón. **3** José les dijo a sus hermanos:

—Yo soy José. ¿Vive mi padre todavía?

Ellos estaban tan asustados de estar delante de él, que no podían contestarle. **4** Pero José les dijo:

—Por favor, acérquense a mí.

Cuando ellos se acercaron, él les dijo:

—Yo soy su hermano José, el que ustedes vendieron a Egipto; **5** pero, por favor, no se aflijan ni se enojen con ustedes mismos por haberme vendido, pues Dios me mandó antes que a ustedes para salvar vidas. b **6** Ya van dos años de hambre en el país, y todavía durante cinco años más no se cosechará nada, aunque se siembre. **7** Pero Dios me envió antes que a ustedes para hacer que les queden descendientes sobre la tierra, y para salvarles la vida de una manera extraordinaria. **8** Así que fue Dios quien me mandó a este lugar, y no ustedes; él me ha puesto como consejero del faraón c y amo de toda su casa, y como gobernador de todo Egipto. **9** Vayan pronto a donde está mi padre, y díganle: 'Así dice tu hijo José: Dios me ha puesto como señor de todo Egipto. Ven a verme. No tardes. **10** Vivirás en la región de Gosen, d junto con tus hijos y nietos, y con todos tus animales y todo lo que tienes. Así estarás cerca de mí. **11** Aquí les daré alimentos a ti y a tu familia, y a todos los que están contigo, para que no les falte nada; pues todavía habrá hambre durante cinco años más.' **12** Mi hermano Benjamín y ustedes son testigos de que yo mismo he dicho esto. **13** Cuéntenle a mi padre acerca de toda mi autoridad en Egipto, y de todo lo que han visto aquí. ¡Pronto, vayan a traer a mi padre!

14 José abrazó a su hermano Benjamín, y comenzó a llorar. También Benjamín lloró abrazado a José. **15** Luego José besó a todos sus hermanos, y lloró al abrazarlos. Después de esto, sus hermanos se atrevieron a hablarle.

16 Por el palacio del faraón corrió la noticia de que los hermanos de José habían llegado, y el faraón se alegró junto con sus funcionarios. **17** Y le dijo el faraón a José:

—Di a tus hermanos que carguen sus animales y regresen a Canaán, **18** y que me traigan a su padre y a sus familias. Yo les daré lo mejor de la tierra de Egipto, y comerán de lo mejor que el país produce. e **19** Ordénales que de aquí, de Egipto, lleven carretas para traer a sus mujeres y niños, y también al padre de ustedes. Que vengan **20** y que no se preocupen por lo que tienen ahora, porque lo mejor de todo Egipto será de ellos.

---

del crimen que habían cometido los hermanos al atentar contra la vida de José. Cf. Gn 42.21-22.

c **44.21** *Quería conocerlo*: otra posible traducción: *quería mostrarle su bondad* (lit. *quería poner los ojos en él*).

a **45.1-28** Con los episodios aquí relatados, la historia de José llega a su punto culminante. Todos los acontecimientos anteriores, con sus notas de suspenso, preparaban el instante en que José se daría a conocer a sus hermanos y haría posible el traslado a Egipto de su padre y de toda su familia.

b **45.5** *Dios me mandó antes que a ustedes para salvar vidas:* Esta frase revela el sentido profundo de toda la historia de José. El desenlace final muestra, por una parte, que cada acontecimiento formaba parte de un plan providencial de Dios, y por otra, que Dios puede valerse hasta de los pecados de los seres humanos para llevar a cabo sus designios de salvación (cf. v. 8).

c **45.8** *Consejero del faraón:* lit. *padre del faraón*, uno de los títulos del visir o primer ministro de Egipto.

d **45.10** La región de *Gosen*, al oriente del delta del Nilo, era una de las regiones más fértiles de Egipto.

e **45.18** En algunos textos del antiguo Egipto se mencionan concesiones parecidas a estas, hechas a inmigrantes semitas o asiáticos en general.

21 Los hijos de Israel lo hicieron así. José les dio las carretas que el faraón había ordenado, y alimentos para el camino; **22** también les dio ropa nueva para cambiarse, pero a Benjamín le dio trescientas monedas de plata y cinco mudas de ropa. **23** A su padre le mandó diez asnos cargados con lo mejor que había en Egipto, otros diez asnos cargados de trigo, y pan y comida para que su padre comiera en el camino. **24** Cuando José se despidió de sus hermanos, les dijo:

—No vayan peleando por el camino.

Ellos se fueron. **25** Salieron de Egipto y llegaron a Canaán, donde vivía su padre Jacob. **26** Cuando le contaron a Jacob que José vivía todavía, y que él era el que gobernaba en todo Egipto, no supo qué hacer o qué decir, pues no podía creer lo que le estaban diciendo. **27** Pero cuando ellos le contaron todo lo que José les había dicho, y cuando vio las carretas que José había mandado para llevarlo, se entusiasmó muchísimo. **28** Entonces dijo: "¡Me basta saber que mi hijo José vive todavía! Iré a verlo antes de morir."

46 Jacob en Egipto

1 Israel[a] se puso en camino con todo lo que tenía. Cuando llegó a Beerseba, ofreció sacrificios al Dios de su padre Isaac.[b] **2** Esa noche Dios habló con Israel en una visión, llamándolo por su nombre, Jacob. Y él contestó:

—Aquí estoy.

3 Entonces Dios dijo:

—Yo soy Dios, el Dios de tu padre. No tengas miedo de ir a Egipto, porque allí haré de tus descendientes una gran nación.[c] **4** Iré contigo a Egipto, y yo mismo sacaré de allí a tus descendientes.[d] Además, cuando mueras, José estará a tu lado.[e]

5 Después Jacob se fue de Beerseba. Los hijos de Israel pusieron a su padre, y a los hijos y mujeres de ellos, en las carretas que el faraón había enviado para llevarlos. **6** Jacob y todos los suyos se fueron a Egipto, y se llevaron sus vacas y ovejas y todo lo que habían llegado a tener en Canaán. **7** Todos sus hijos, hijas, nietos y nietas, se fueron con él.

8 Estos son los nombres de los israelitas que fueron a Egipto; es decir, Jacob y sus descendientes:

Rubén, el hijo mayor de Jacob. **9** Los hijos de Rubén: Hanoc, Falú, Hesrón y Carmí.

10 Los hijos de Simeón: Jemuel, Jamín, Óhad, Jaquín, Sóhar y Saúl, que era hijo de una mujer cananea.

11 Los hijos de Leví: Guersón, Quehat y Merarí.

12 Los hijos de Judá: Er, Onán, Selá, Fares y Zérah. (Er y Onán habían muerto en Canaán.) Los hijos de Fares fueron Hesrón y Hamul.

13 Los hijos de Isacar: Tolá, Puvá, Job[f] y Simrón.

14 Los hijos de Zabulón: Séred, Elón y Jahleel.

15 Estos fueron los hijos que Lía le dio a Jacob cuando estaban en Padán-aram, además de su hija Dina. Todos sus descendientes fueron treinta y tres personas, contando hombres y mujeres.

16 Los hijos de Gad: Sefón, Haguí, Esbón, Suní, Erí, Arodí y Arelí. **17** Los hijos de Aser: Imná, Isvá, Isví, Beriá y la hermana de ellos, que se llamaba Sérah. Los hijos de Beriá fueron Héber y Malquiel. **18** Estos fueron los hijos que Zilpá le dio a Jacob. Ella era la esclava que Labán le regaló a su hija Lía, y sus descendientes fueron dieciséis personas en total.

19 Los hijos de Raquel, la esposa de Jacob: José y Benjamín. **20** Los hijos que José tuvo con Asenat fueron Manasés y Efraín, que nacieron en Egipto. Asenat era hija de Potifera, sacerdote de On.[g] **21** Los hijos de Benjamín fueron Bela, Béquer, Asbel, Guerá, Naamán, Ehi, Ros, Mupim, Hupim y Ard. **22** Estos fueron los descendientes de Raquel y Jacob, catorce personas en total.

23 El hijo de Dan: Husim. **24** Los hijos de Neftalí: Jahseel, Guní, Jezer y Silem. **25** Estos fueron los hijos que Bilhá le dio a Jacob. Ella era la esclava que Labán le regaló a su hija Raquel, y sus descendientes fueron siete personas en total.

26 Todas las personas que llegaron con Jacob a Egipto, y que eran de su misma sangre, fueron sesenta y seis, sin contar las esposas de sus hijos. **27** Los hijos de José fueron dos, que nacieron en Egipto. Así que a Egipto llegaron setenta personas de la familia de Jacob.[h]

28 Jacob envió antes a Judá a ver a José, para que viniera a recibirlo a la región de Gosen.[i] Cuando llegaron a Gosen, **29** José ordenó que prepararan su carro para ir a recibir a su padre. Cuando se presentó delante de su padre, lo abrazó y estuvo llorando largo rato sobre su hombro. **30** Entonces Israel le dijo a José:

—Después de verte personalmente y encontrarte vivo todavía, ¡ya puedo morirme!

31 José les dijo a sus hermanos y a la familia de su padre:

—Voy a ver al faraón, para darle la noticia. Le diré que mis hermanos y mis parientes de mi padre, que vivían en Canaán, han venido a quedarse conmigo; **32** y que han traído sus ovejas y vacas y todo lo que tenían, porque su trabajo es cuidar ovejas y criar ganado. **33** Entonces, cuando el faraón los llame y les pregunte en qué trabajan, **34** ustedes díganle que siempre se han dedicado a criar ovejas, igual que sus antepasados. Así podrán quedarse a vivir en la

---

[a] **46.1** *Israel* era el otro nombre de Jacob (véase Gn 32.22-32 [23-33] n.).

[b] **46.1** Desde Hebrón hasta la región de Gosen, en Egipto, hay una distancia de unos 350 km. *Beerseba*, la primera escala antes de penetrar en las zonas semidesérticas, estaba asociada especialmente con la historia de Isaac (Gn 26.23-25; cf. 28.10).

[c] **46.3** Una vez más, el Señor renueva a Jacob las promesas hechas a Abraham e Isaac (véase Gn 12.2 n.).

[d] **46.4** *Sacaré de allí a tus descendientes:* lit. *te sacaré.* En la persona del patriarca está de algún modo incluida toda su descendencia (véase Heb 7.10 n.).

[e] **46.4** *Estará a tu lado:* lit. *pondrá su mano sobre tus ojos;* es decir que José va a cerrar los ojos de su padre.

[f] **46.13** Un ms. antiguo, la versión griega (LXX) y Nm 26.24; 1 Cr 7.1 dicen *Jasub* en vez de *Job*.

[g] **46.20** Gn 41.45,50-52.

[h] **46.27** *Setenta personas:* Cf. Ex 1.5; Dt 10.22. En el v. anterior dice *sesenta y seis.* Si esta lista se completa con los nombres de José y de sus dos hijos (que habían nacido en Egipto), con el del propio Jacob (o posiblemente el de Dina, la hija de Jacob), las personas suman *setenta.* La versión griega (LXX) añade cinco descendientes de los hijos de José, dando así un total de *setenta y cinco* (véase Hch 7.14 nota q).

[i] **46.28** *Para que viniera... Gosen:* según un ms. hebreo y una antigua versión. Heb. oscuro. Otra posible traducción: *para avisarle que estaba en camino a Gosen.*

región de Gosen, porque los egipcios tienen prohibido convivir con los pastores de ovejas.

47 [1] José fue a darle la noticia al faraón. Le dijo que su padre y sus hermanos habían llegado de Canaán, y que ya estaban en la región de Gosen con sus ovejas y vacas y todo lo que tenían. [2] Escogió a cinco de sus hermanos y se los presentó al faraón, para que los conociera. [3] Entonces el faraón preguntó a los hermanos de José:

—¿A qué se dedican ustedes?

Y ellos le contestaron:

—Los servidores de Su Majestad somos pastores de ovejas, igual que nuestros antepasados. [4] Hemos venido para quedarnos en este país, porque hay mucha hambre en Canaán y no hay pasto para nuestras ovejas. Por favor, permita Su Majestad que nos quedemos a vivir en la región de Gosen.

[5] Entonces el faraón le dijo a José:

—Tu padre y tus hermanos han venido a reunirse contigo. [6] La tierra de Egipto está a su disposición. Dales la región de Gosen, que es lo mejor del país, para que se queden a vivir allí. Y si sabes que entre ellos hay hombres capaces, ponlos a cargo de mi ganado.

[7] José llevó también a su padre Jacob para presentárselo al faraón. Jacob saludó con mucho respeto[a] al faraón, [8] y el faraón le preguntó:

—¿Cuántos años tienes ya?

[9] Y Jacob le contestó:

—Ya tengo ciento treinta años de ir de un lado a otro. Han sido pocos y malos años, pues todavía no he alcanzado a vivir lo que vivieron mis antepasados.

[10] Después Jacob se despidió del faraón y salió de allí. [11] Y José les dio terrenos en la mejor región de Egipto, para que vivieran allí, tal como el faraón había ordenado. Así su padre y sus hermanos llegaron a tener terrenos en la región de Ramsés.[b] [12] Además, José les daba alimentos a todos sus familiares, según las necesidades de cada familia.

Política agraria de José[c] [13] En ninguna parte del país había trigo, y el hambre aumentaba más y más. Tanto en Egipto como en Canaán la gente se moría de hambre. [14] José recogió todo el dinero que los de Egipto y los de Canaán le habían pagado por el trigo comprado, y lo guardó en el palacio del faraón. [15] Cuando ya no había dinero ni en Egipto ni en Canaán, los egipcios fueron a decirle a José:

—¡Denos usted de comer! No es justo que nos deje morir de hambre, solo porque ya no tenemos dinero.

[16] Y José les contestó:

—Si ya no tienen dinero, traigan sus animales y se los cambiaré por trigo.

[17] Los egipcios llevaron sus caballos, ovejas, vacas y asnos a José, y a cambio de ellos José les dio trigo durante todo ese año. [18] Pero pasó el año, y al año siguiente fueron a decirle a José:

—No podemos negarle a usted que ya no tenemos dinero; además, nuestros animales ya son suyos. Ya no tenemos otra cosa que darle, a no ser nuestras tierras y nuestros propios cuerpos. [19] Cómprenos usted a nosotros y a nuestras tierras, a cambio de trigo. Seremos esclavos del faraón y trabajaremos nuestras tierras para él, con tal de que usted nos dé semilla para que podamos vivir y para que la tierra no se eche a perder. ¿Por qué tiene usted que dejarnos morir, junto con nuestras tierras?

[20] Entonces José compró todas las tierras de Egipto para el faraón, pues los egipcios vendieron sus terrenos, obligados por el hambre. Así la tierra pasó a poder del faraón, [21] y los egipcios fueron hechos esclavos[d] en todo el país de Egipto. [22] Los únicos terrenos que José no compró fueron los de los sacerdotes, porque el faraón les daba cierta cantidad de trigo; así que no tuvieron que vender sus terrenos, porque comían de lo que el faraón les daba.

[23] Luego dijo José a la gente:

—Ahora ustedes y sus terrenos son del faraón, pues yo los he comprado para él. Aquí tienen semilla para sembrar la tierra, [24] pero deberán darle al faraón la quinta parte de las cosechas; las otras cuatro partes serán para que siembren la tierra y para que coman ustedes, sus hijos y todos los que viven con ustedes.

[25] Y ellos contestaron:

—Usted es muy bondadoso con nosotros, pues nos ha salvado la vida. ¡Seremos esclavos del faraón!

[26] Así José puso por ley que en toda la tierra de Egipto se diera al faraón la quinta parte de las cosechas. Esta ley todavía existe; pero los sacerdotes no tienen que pagar nada, porque sus tierras nunca llegaron a ser del faraón.

La última voluntad de Jacob [27] Los israelitas se quedaron a vivir en Egipto. Tomaron posesión de la región de Gosen, y allí llegaron a ser muy numerosos.[e] [28] Jacob vivió diecisiete años en Egipto, y llegó a la edad de ciento cuarenta y siete años.

[29] Un día Israel sintió que ya pronto iba a morir. Entonces mandó llamar a su hijo José para decirle:

—Si de veras quieres hacerme un favor, pon tu mano debajo de mi muslo[f] y júrame que harás lo que te voy a pedir. ¡Por favor, no me entierres en Egipto! [30] Cuando yo vaya a descansar junto con mis antepasados, sácame de Egipto y entiérrame en el sepulcro de ellos.

—Así lo haré —contestó José.[g]

[31] —¡Júramelo! —insistió su padre.

José se lo juró, y entonces Israel se inclinó sobre la cabecera de su cama.

---

[a] **46.34** *Porque los egipcios... pastores de ovejas:* lit. *porque para los egipcios todo pastor de ovejas es abominación.*

[a] **47.7** *Saludó con mucho respeto:* lit. *bendijo.*

[b] **47.11** La región de Gosen (cf. v. 6) se designa aquí con el nombre de *Ramsés,* el mismo que recibiría más tarde, en tiempos del éxodo, una de las ciudades edificadas en aquella región para almacenar víveres (Ex 1.11; cf. 12.37; Nm 33.3,5).

[c] **47.13-26** Los siguientes vv. dan un ejemplo de la habilidad administrativa de José, sin aprobar ni condenar las medidas tomadas por él.

[d] **47.21** *Fueron hechos esclavos:* según varias versiones antiguas. Heb. *fueron trasladados a las ciudades.* El acaparamiento de territorios, reduciendo a sus habitantes a la condición de esclavos, era un abuso corriente en la antigüedad. Los profetas de Israel lo denunciaron severamente (cf. 1 R 21; Is 5.8-10; Miq 2.1-5).

[e] **47.27** Cf. Gn 47.2-4.

[f] **47.29** *Pon tu mano debajo de mi muslo:* Véase Gn 24.2 n.

[g] **47.29-30** Gn 49.29-32; 50.6.

48 Jacob bendice a Efraín y a Manasés

1 Poco tiempo después le dijeron a José que su padre estaba enfermo. Entonces José fue a verlo, y llevó a sus dos hijos, Manasés y Efraín. **2** Cuando dieron aviso a Jacob de que su hijo José había llegado a verlo, hizo un esfuerzo y se sentó en la cama. **3** Y le dijo a José:

—El Dios todopoderoso se me apareció en la ciudad de Luz, en la tierra de Canaán, y me bendijo **4** con estas palabras: 'Mira, yo haré que tengas muchos hijos, y que tus descendientes lleguen a formar un conjunto de naciones. Además, a tu descendencia le daré esta tierra.[a] Será de ellos para siempre.' **5** Ahora bien, tus hijos Efraín y Manasés, que te nacieron aquí en Egipto antes de que yo viniera a reunirme contigo en este país, me pertenecen a mí. Ellos son tan míos como lo son Rubén y Simeón.[b] **6** Los hijos que tengas después de ellos te pertenecerán a ti y, por ser hermanos de Efraín y Manasés, tendrán parte en su herencia. **7** Cuando yo regresaba de Padán-aram, se me murió tu madre Raquel en Canaán, poco antes de llegar a Efrata; y la enterré allí, en el camino de Efrata, que ahora es Belén.[c]

8 De pronto Israel se fijó en los hijos de José, y preguntó:

—Y estos, ¿quiénes son?

9 —Son los hijos que Dios me ha dado aquí en Egipto —contestó José.

Entonces su padre le dijo:

—Por favor, acércalos más a mí, para que les dé mi bendición.

10 Israel era ya muy viejo y le fallaba la vista. No podía ver muy bien, así que José acercó los niños a su padre, y él los besó y abrazó. **11** Luego le dijo a José:

—Ya no esperaba volver a verte y, sin embargo, Dios me ha dejado ver también a tus hijos.

12 José quitó a los niños de las rodillas de su padre,[d] y se inclinó hasta tocar el suelo con la frente. **13** Luego tomó a los dos, a Efraín con la mano derecha y a Manasés con la izquierda, y los acercó a su padre. Así Efraín quedó a la izquierda de Israel y Manasés a su derecha. **14** Pero al extender Israel sus manos, las cruzó y puso la mano derecha sobre la cabeza de Efraín, que era el menor, y la mano izquierda sobre la cabeza de Manasés, aunque él era el mayor.[e] **15** Entonces bendijo a José[f] de esta manera:

"Que el Dios a quien obedecieron
Abraham e Isaac, mis padres,
el Dios que me ha cuidado
desde el día en que nací,
16 el ángel[g] que me libra de todo mal,
bendiga a estos muchachos.
Que por medio de ellos se recuerde mi nombre
y el nombre de mis padres, Abraham e Isaac.
Que lleguen a tener muchos hijos
y sean grandes multitudes en el mundo."

17 Pero a José le pareció mal que su padre pusiera la mano derecha sobre la cabeza de Efraín, así que tomó la mano de su padre para quitarla de la cabeza de Efraín y ponerla sobre la de Manasés, **18** mientras le decía:

—¡No, padre, así no! Este es el mayor. Pon tu mano derecha sobre su cabeza.

19 Pero su padre no quiso hacerlo, y contestó:

—¡Ya lo sé, hijo, ya lo sé! También él llegará a ser una nación muy importante. Sin embargo, su hermano menor será más importante que él, y sus descendientes llegarán a formar muchas naciones.

20 Ese mismo día Jacob los bendijo con estas palabras:

—El pueblo de Israel usará el nombre de ustedes para las bendiciones, y dirán: 'Que Dios haga contigo como hizo con Efraín y Manasés.'

Así puso Israel a Efraín antes de Manasés. **21** Luego le dijo a José:

—Mira, yo voy a morir; pero Dios estará con ustedes y los hará regresar a la tierra de sus antepasados. **22** A ti te he dado más que a tus hermanos: te doy Siquem,[h] que les quité a los amorreos luchando contra ellos.[i]

49 Últimas palabras de Jacob[a]

1 Jacob llamó a sus hijos y les dijo: "Acérquense y les diré lo que les va a pasar en el futuro:

2 "Acérquense para oír, hijos de Jacob,
escuchen a su padre Israel.

3 "Tú, Rubén, eres mi hijo mayor,
mi fuerza y primer fruto de mi vigor,

---

[a] **48.3-4** Estos vv. resumen el episodio relatado en Gn 28.10-22.

[b] **48.5** Jacob adopta a los hijos de José como si fueran suyos. De esta manera, *Efraín* y *Manasés* adquieren la misma categoría que *Rubén* y *Simeón*, es decir, pasan a ser los antepasados de dos tribus distintas.

[c] **48.7** Acerca de la muerte y sepultura de Raquel, cf. Gn 35.16-20.

[d] **48.12** El hecho de sentar a un niño sobre las *rodillas* formaba parte de la ceremonia de adopción legal (véase Gn 30.3 n.).

[e] **48.13-14** La *mano derecha* simbolizaba la preferencia. Al cruzar las manos para poner su derecha sobre la cabeza de *Efraín*, Jacob daba a entender que él recibía la bendición principal. De hecho, la tribu de Efraín llegó a ser más poderosa que la de *Manasés*, aunque este había sido el hijo mayor de José. Acerca de la preeminencia del hijo menor sobre el mayor, véase Gn 27.1-40 n.

[f] **48.15** Los hijos de José reciben la bendición en la persona de su padre. Según una idea muy característica del antiguo pensamiento hebreo, en la persona del progenitor estaba representada, y de algún modo incluida, toda su descendencia. Véase Gn 46.4 n.

[g] **48.16** El contexto indica claramente que este *ángel*, como en otros pasajes el *Ángel del Señor*, equivale a Dios mismo. Véase Gn 16.7 nota c.

[h] **48.22** Véase Gn 12.6 n. El texto hebreo encierra probablemente un juego de palabras con el nombre de *Siquem*, que significa literalmente *hombro* o *ladera* (de una montaña), pero que también puede referirse a la *espaldilla* de una res, considerada como su *parte mejor* o más suculenta.

[i] **48.22** Esta conquista de Siquem por parte de Jacob, en lucha contra los amorreos, no se menciona en ninguna otra fuente. Tal vez se trata de una alusión al ataque de sus hijos Simeón y Leví contra esa ciudad, narrado en Gn 34. Según Gn 33.18-20, lo que Jacob hizo personalmente fue adquirir en forma pacífica un terreno en Siquem.

[a] **49.1-28** Este poema, designado habitualmente con el título de *Bendiciones de Jacob a sus doce hijos*, contiene una serie de declaraciones acerca de las tribus de Israel. Estas sentencias describen algún aspecto del carácter o del destino de cada tribu, comparándolas a veces con un animal (cf., por ej., vv. 9,14,17,21,27) y en un estilo semejante al de los refranes y dichos populares. Así como Isaac, antes de morir, había preanunciado los destinos de Jacob y de Esaú (véase Gn 27.4 nota d), así también Jacob se refiere proféticamente al futuro de sus doce hijos. Cf. Dt 33; Jue 5.14-18; 2 S 23.1-7.

el primero en honor y en poder.
⁴ Pero ya no serás el primero, [b]
porque eres como un torrente incontenible:
pues deshonraste mi cama
al acostarte con mi concubina. [c]

⁵ "Simeón y Leví [d] son hermanos;
sus armas son instrumentos de violencia.
⁶ ¡Jamás quiero estar presente
en el lugar de sus reuniones!
Pues cuando estaban enojados mataron gentes,
y por puro capricho
les rompieron las patas a los toros. [e]
⁷ ¡Maldito, sí, maldito sea
su enojo tan salvaje!
¡Yo los dispersaré por completo
en todo el pueblo de Israel!

⁸ "Judá, tus hermanos te alabarán.
Tomarás por el cuello a tus enemigos,
y tus propios hermanos te harán reverencias.
⁹ ¡Tú, Judá, hijo mío!
Eres como un cachorro de león [f]
cuando deja de devorar a su víctima:
se agacha, se echa en el suelo,
como si fuera un león grande.
¿Y quién se atreverá a molestarlo?
¹⁰ Nadie le quitará el poder a Judá
ni el cetro que tiene en las manos, [g]
hasta que venga el dueño del cetro, [h]
a quien los pueblos obedecerán.
¹¹ El que amarra su burrito a las viñas,
el que lava toda su ropa con vino,
¡con el jugo de las uvas! [i]
¹² Sus ojos son más oscuros que el vino;
sus dientes, más blancos que la leche. [j]

¹³ "Zabulón vivirá a la orilla del mar,
en donde habrá puertos para barcos.
Sus fronteras llegarán hasta Sidón. [k]

¹⁴ "Isacar es un animal de carga [l]
que descansa en sus establos. [m]
¹⁵ Cuando vio que el país era bueno
y agradable para descansar,
dobló su espalda para llevar carga,
y sin protestar se hizo esclavo.

¹⁶ "Dan gobernará [n] a su propia gente
como una de las tribus de Israel.
¹⁷ Dan será igual a una víbora
que está junto al camino,
que muerde los talones del caballo
y hace caer al jinete.

¹⁸ "¡Oh, Señor, espero que me salves!

¹⁹ "A Gad lo atacará un ejército,
pero después él lo perseguirá. [ñ]

²⁰ "Aser tendrá abundancia de pan; [o]
dará comidas dignas de reyes.

²¹ "Neftalí es como una gacela que anda libre
y que tiene hermosas crías. [p]

²² "José [q] es como una planta junto al agua,
que produce mucho fruto
y sus ramas trepan sobre el muro.
²³ Los arqueros lo odian, le tiran flechas
y siempre lo están molestando;
²⁴ pero José tiene brazos fuertes
y mantiene firme su arco;
¡gracias al Dios poderoso de Jacob!,
¡gracias al nombre del Pastor, el protector de Israel!,
²⁵ ¡gracias al Dios de tu padre, que te ayudará;
al Dios todopoderoso, que te bendecirá!
¡Con bendiciones del alto cielo!

---

[b] **49.3-4** La tribu de *Rubén*, el hijo mayor o primogénito de Jacob, fue importante en los comienzos de la historia israelita, pero más tarde decayó (cf. Dt 33.6; Jue 5.15-16).

[c] **49.4** *Rubén* fue privado del derecho que le correspondía como hijo mayor o primogénito, a causa de su relación incestuosa con Bilhá, la esclava de Raquel (Gn 35.22; cf. 29.29).

[d] **49.5** Antes de llegar a ser la tribu sacerdotal de Israel (cf. Nm 3.6-10), la tribu de *Leví* era una tribu como las demás, con su territorio cercano al de *Simeón* (cf. Gn 34.25).

[e] **49.6** *Mataron gentes:* Cf. Gn 34.24-30. *Rompieron las patas:* es decir, mutilaron a los toros cortándoles los jarretes o tendones de las patas, para que no pudieran moverse. Cf. Jos 11.6.

[f] **49.9** *Judá... cachorro de león:* A este v. alude el pasaje de Ap 5.5. Cf. también Nm 24.9.

[g] **49.10** *Nadie le quitará el poder a Judá:* A partir de la proclamación de David como rey, primero de Judá y luego de todo Israel (cf. 2 S 5.1-5), esta tribu fue adquiriendo una posición de preeminencia sobre todas las otras. *El cetro:* Véase Sal 2.9 nota *h*.

[h] **49.10** *Hasta que venga el dueño del cetro:* traducción poco segura de un texto muy oscuro. Con una ligera modificación en la ortografía del texto hebreo, y con el apoyo de varias versiones antiguas, algunos traducen: *hasta que a él le llegue el tributo.*

[i] **49.11** Este v. alude a la asombrosa fecundidad del suelo: los frutos serán tan abundantes que hasta podrán desperdiciarse.

[j] **49.12** *Sus ojos... que la leche:* otra posible traducción: *Sus ojos relucen a causa del vino; sus dientes están blancos a causa de la leche.*

[k] **49.13** Dt 33.18-19; Jos 19.10-16. *Sidón* era un puerto fenicio, en la costa mediterránea, al norte de Palestina. Véase Jos 11.8 n.

[l] **49.14-15** La imagen de la bestia de carga alude probablemente a la servidumbre que la tribu de *Isacar* soportó, por un tiempo, bajo el poder de los cananeos.

[m] **49.14** *Que descansa en sus establos:* otra posible traducción: *que está echado entre su par de alforjas* (sin que pueda levantarse).

[n] **49.16** *Gobernará:* Aquí hay un juego de palabras con el nombre de *Dan* (véase Gn 30.6 n.) y el término hebreo *yadín*, que significa *él gobernará* o *él hará justicia.*

[ñ] **49.19** La tribu de *Gad* ocupó un territorio en Galaad, al este del Jordán, y tuvo que resistir las incursiones de los amonitas y de otra gente del desierto. Cf. Jue 10.17—11.33.

[o] **49.20** *Abundancia de pan:* otra posible traducción: *alimentos sustanciosos.* Evidente alusión a los terrenos fértiles de *Aser,* en las laderas del monte Carmelo.

[p] **49.21** Cf. Dt 33.23.

[q] **49.22-26** Este largo fragmento poético pone de manifiesto la importancia que llegó a tener la descendencia de *José.* Esta descendencia se dividió más tarde en las tribus de Efraín y Manasés (véase Gn 48.5 n.),

¡Con las bendiciones del mar profundo!
¡Con bendiciones de los pechos y del vientre!
²⁶ Tu padre te bendijo más
de lo que mis padres me bendijeron.
Hasta el fin de los montes eternos,
estas bendiciones estarán
sobre la cabeza de José,
que fue escogido entre sus hermanos.

²⁷ "Benjamín es un lobo feroz,
que en la mañana se come a su víctima
y en la tarde reparte las sobras." ʳ

²⁸ Estas son las doce tribus de Israel, y esto es lo que su padre dijo a sus hijos al darle a cada uno su bendición.

Muerte de Jacob ˢ ²⁹ Un día, Jacob dio esta orden a sus hijos: "Ya me falta poco para morir. Entiérrenme junto a mis antepasados en la cueva que está en el terreno de Efrón el hitita, ³⁰ allá en la tierra de Canaán; es decir, la cueva que está en Macpelá, frente a Mamré, la que Abraham compró junto con el mismo terreno de Efrón, para que fuera el sepulcro de la familia. ᵗ ³¹ Allí enterraron a Abraham y a su esposa Sara, a Isaac ᵘ y a su esposa Rebeca, y allí también enterré a Lía. ³² El terreno y la cueva que allí está fueron comprados a los hititas."

³³ Cuando Jacob terminó de dar estas instrucciones a sus hijos, volvió a acostarse y murió. ᵛ

50 ¹ Entonces José se abrazó al cuerpo de su padre, y llorando lo besó. ² Después ordenó a los médicos que estaban a su servicio que embalsamaran ᵃ el cuerpo de su padre Israel, y así lo hicieron. ³ Tardaron cuarenta días en embalsamarlo, ᵇ porque ese es el tiempo que se necesita para hacerlo.

Los egipcios guardaron luto por Israel durante setenta días, ⁴ y después de los días de luto, José habló con los del palacio del faraón y les dijo:

—Si me he ganado el aprecio de ustedes, háganme el favor de decirle al faraón ⁵ que cuando mi padre estaba por morir, me hizo jurarle que yo lo enterraría en el sepulcro que él mismo se preparó, y que está en la tierra de Canaán. ᶜ Así que yo le ruego me permita ir a enterrar a mi padre; una vez que lo haya enterrado, regresaré.

⁶ Y el faraón contestó:

—Ve a enterrar a tu padre, tal como él te lo pidió.

⁷ José fue a enterrar a su padre, y lo acompañaron todos los funcionarios que tenían autoridad en el palacio del faraón y en Egipto, ⁸ la propia familia de Jacob, la de José, y sus hermanos. En la tierra de Gosen dejaron solamente a los niños y los animales. ⁹ También gente con carretas y de a caballo acompañó a José, así que era muchísima gente. ¹⁰ Cuando llegaron a Goren-ha-atad, ᵈ que está al oriente del río Jordán, tuvieron una solemne ceremonia luctuosa. Allí José guardó luto por su padre durante siete días. ᵉ

¹¹ Cuando los cananeos que vivían en esa región vieron la ceremonia, dijeron: "Los egipcios tienen un entierro muy solemne." Por eso llamaron Abel-misraim ᶠ a aquel lugar que está al oriente del Jordán.

¹² Los hijos de Jacob hicieron con su padre todo lo que él les había pedido, ¹³ pues lo llevaron a Canaán y lo enterraron en la cueva del terreno de Macpelá, que Abraham le había comprado a Efrón el hitita para que fuera el sepulcro de la familia. Este terreno y la cueva están al oriente de Mamré. ᵍ ¹⁴ Después de haber sepultado a su padre, José regresó a Egipto junto con sus hermanos y con todos los que lo habían acompañado.

Últimos días de José ʰ ¹⁵ Como Jacob había muerto, los hermanos de José pensaron: "Tal vez José nos odia, y se va a vengar de todo el mal que le hicimos." ¹⁶ Entonces le mandaron a decir: "Antes de que tu padre muriera, nos ordenó ¹⁷ que te dijéramos: 'Por favor, te pido que perdones la maldad y pecado de tus hermanos, que tan mal te trataron.' Por eso te rogamos que perdones nuestra maldad, pues somos siervos del Dios de tu padre."

Mientras los mensajeros le daban este mensaje, José lloraba. ¹⁸ Entonces llegaron sus propios hermanos, se inclinaron delante de él hasta tocar el suelo con la frente, y le dijeron:

—Aquí nos tienes. Somos tus esclavos. ⁱ

¹⁹ Pero José les contestó:

—No tengan miedo. Yo no puedo ponerme en lugar de Dios. ²⁰ Ustedes pensaron hacerme mal, pero Dios cambió ese mal en bien para hacer lo que hoy vemos: para salvar

---

que ocuparon las fértiles montañas de la Palestina central. Cf. Dt 33.13-17.

ʳ **49.27** *Benjamín,* la más pequeña de las tribus, adquirió fama a causa de sus guerreros (Jue 3.15; 5.14; 20.15-16). A esta tribu perteneció el rey Saúl (1 S 9.1-2,21; 10.1-2).

ˢ **49.29—50.14** La siguiente sección completa la historia de José, iniciada en Gn 37.

ᵗ **49.30** *La cueva... sepulcro de familia:* Cf. Gn 23.1-20.

ᵘ **49.31** *Isaac:* Cf. Gn 25.9-10; 35.27-29.

ᵛ **49.33** Hch 7.15. *Volvió a acostarse:* Cf. Gn 48.2.

ᵃ **50.2** Los egipcios tenían la costumbre de embalsamar los cadáveres de las personas importantes, utilizando procedimientos y sustancias que permitían conservar los cuerpos por tiempo indefinido. Los hebreos, en cambio, no tenían esa costumbre.

ᵇ **50.3** El proceso de embalsamamiento requería mucho tiempo (setenta días, según el historiador griego Herodoto). Aquí, lo mismo que en otros pasajes, el número *cuarenta* parece ser una cifra redonda, que sugiere la idea de un periodo bastante largo. Véase Jue 3.11 n.

ᶜ **50.5** Gn 47.29-31.

ᵈ **50.10** *Goren-ha-atad* significa, en hebreo, *La era del espino.* Posiblemente había allí una *era* para el uso público, es decir, un lugar al que la gente podía acudir para trillar su grano. Véase Mt 3.12 n.

ᵉ **50.10** *Siete días* es el tiempo que solía durar el luto entre los hebreos.

ᶠ **50.11** *Abel-misraim:* sitio no identificado, cuyo nombre significa *pradera de los egipcios.* Este nombre tiene un sonido semejante al de las palabras hebreas que significan *luto de los egipcios.*

ᵍ **50.13** *Este terreno... Mamré:* Gn 23.19-20; cf. Hch 7.16.

ʰ **50.15-21** Los hermanos de José temen que José quiera vengarse de ellos después de la muerte de su padre y, por eso, le piden que les dé una nueva señal de reconciliación. José los tranquiliza repitiendo el mismo pensamiento que había expresado en Gn 45.5-8. En relación con la venganza, cf. Pr 24.29.

ⁱ **50.18** Una vez más, los hermanos hacen lo que habían preanunciado los sueños de José (Gn 37.5-11; 42.6).

la vida de mucha gente. ²¹ Así que no tengan miedo. Yo les daré de comer a ustedes y a sus hijos.

Así José los tranquilizó, pues les habló con mucho cariño.

Muerte de José ²² José y la familia de su padre siguieron viviendo en Egipto. José vivió ciento diez años, ²³ y llegó a ver a los bisnietos de Efraín. También alcanzó a recibir como miembros de la familia *j* a los hijos de su nieto Maquir, que era hijo de Manasés.

²⁴ Un día José les dijo a sus hermanos: "Me falta poco para morir, pero Dios vendrá a ayudarlos, y los sacará de este país para llevarlos a la tierra que les prometió a Abraham, Isaac y Jacob." ²⁵ Entonces hizo que los hijos de Israel le juraran, y les dijo: "En verdad, Dios vendrá a ayudarlos. Cuando eso suceda, ustedes deben llevarse de aquí mis restos." *k*

²⁶ José murió en Egipto a la edad de ciento diez años, y su cuerpo fue embalsamado y puesto en un ataúd. *l,m*

---

j **50.23** *También alcanzó a recibir como miembros de la familia:* lit. *también nacieron sobre sus rodillas,* aludiendo al rito de adopción (véase Gn 48.12 n.).

k **50.25** *Ustedes deben llevarse de aquí mis restos:* Ex 13.19; Jos 24.32; cf. Heb 11.22.

l **50.26** Según las costumbres del antiguo Egipto, el cadáver, después de ser *embalsamado,* se depositaba *en un ataúd* de madera fina, el cual, a su vez, era colocado dentro de otro ricamente decorado, que llevaba tallada la imagen del rostro del difunto.

m **50.24-26** Las últimas palabras de José expresan la esperanza de que Dios cumpla sus promesas a Abraham, Isaac y Jacob (véase Gn 12.2 n.), haciendo salir de Egipto *a los hijos de Israel* y dándoles en posesión la tierra de Canaán. De esta manera, el libro del *Génesis* culmina con una referencia a la liberación de los israelitas de su esclavitud en Egipto, que va a ser el tema del *Éxodo.*

Éxodo

El libro de *Éxodo* (=Ex) presupone y continúa los relatos de *Génesis,* pero introduce al mismo tiempo un cambio importante. En la historia patriarcal (Gn 12—50), los protagonistas habían sido siempre figuras individuales; ahora, por el contrario, va a ocupar un lugar destacado un nuevo personaje, no individual sino colectivo: *el pueblo.* Esta transición se pone de relieve expresamente al comienzo del libro, cuando el texto hace notar que las setenta personas que habían llegado a Egipto con Jacob se multiplicaron de tal manera que llenaban toda la región (Ex 1.5,7).

La primera parte de la narración tiene como tema central el gran acontecimiento a que hace referencia el título del libro: el *éxodo* o la *salida* de Egipto (caps. 1—15). Esta sección comienza describiendo el cambio de situación que se produjo con la ascensión al trono de un rey que no sentía ningún aprecio por la memoria de José (1.8). Los israelitas ya no gozaron de la hospitalidad de los egipcios (cf. Gn 47.5-10), sino que fueron reducidos prácticamente a la condición de esclavos (Ex 1.13). En medio de la opresión, el pueblo hizo oír su clamor, y esa súplica llegó a los oídos del Señor (3.7b). Por eso él se manifestó a Moisés *en el monte de Dios* (3.1), le reveló su nombre de *Yahvé* (3.14 nota *n*) y le confió la misión de liberar a sus hermanos de la esclavitud (3.15—4.17). Esta sección culmina con la celebración de la primera Pascua (cap. 12) y con el canto de acción de gracias que entonaron Moisés y los israelitas después de cruzar el cauce del mar como *si fuera tierra seca* (15.1-21).

La segunda sección (15.22—18.27) narra algunos episodios relacionados con la marcha de los israelitas a través del desierto. El grupo que había salido de Egipto penetró en la península del Sinaí, y allí tuvo que afrontar la aridez y las inclemencias de esa región semidesértica. El hambre y la sed provocaron murmuraciones y protestas contra Moisés (15.24; 16.2; 17.2) e incluso contra el Señor (17.7). En estas situaciones críticas, Moisés hizo valer su intercesión ante Dios (17.4); y el Señor alimentó a su pueblo con el maná (cap. 16), sació su sed con el agua brotada de la roca (17.1-7) y los defendió de sus enemigos externos (17.8-16). Sin embargo, muchos pensaron que el precio de la libertad resultaba demasiado caro. Por eso añoraban las *ollas de carne* que tenían en Egipto y quisieron volver a su antigua servidumbre (16.3).

El destino final de la marcha por el desierto era la Tierra prometida (cf. 3.8). Pero antes de recibir como herencia el país de Canaán, el pueblo fue conducido hasta el monte Sinaí, donde el Señor estableció con él su pacto o alianza. En virtud de esta alianza, Israel pasó a ser la propiedad personal del Señor y un pueblo "santo", es decir, elegido y consagrado a Dios de entre las demás naciones, para el cumplimiento de una misión (19.4-6). Por otra parte, el compromiso asumido en el Sinaí obligaba a Israel a vivir una vida santa, correspondiendo de ese modo a la gracia que el Señor de la alianza le había concedido gratuita e inmerecidamente. Por eso, la ceremonia de conclusión de la alianza tuvo como uno de sus elementos esenciales la proclamación de la ley, en la que el Señor dio a conocer lo que exigía y esperaba de su pueblo.

La proclamación de la ley comienza con el Decálogo, o los diez mandamientos, el primero de los cuales prescribe la vinculación *exclusiva* de Israel con el Dios que lo había liberado de la esclavitud en Egipto (20.2-3) y lo había conducido hasta la alianza como *sobre las alas de un águila* (19.4). Además, todo el resto de la legislación, en la que es evidente la preocupación por defender el derecho de los más débiles y desprotegidos (cf. 22.21[20]—27[26]), tenía como finalidad fundamental sentar las bases de una comunidad cimentada en la solidaridad y la justicia (cf. 23.1) y consagrada al culto del verdadero Dios (cf. 25—31; 35—40).

Los relatos de *Éxodo* no aportan elementos suficientes para fijar con absoluta precisión la fecha en que acontecieron los hechos narrados en el libro. Sin embargo, el pasaje de Ex 1.11 hace notar expresamente que los descendientes de Jacob emigrados a Egipto fueron forzados a trabajar en la construcción de las ciudades de *Pitón* y *Ramsés.* Este dato nos lleva con cierta probabilidad al siglo XIII a.C., cuando el faraón egipcio Ramsés II hizo erigir en el delta oriental del

EL ANTIGUO EGIPTO

Muchos conocen hoy al antiguo Egipto solo por sus pirámides, la esfinge, la escritura jeroglífica y los tesoros de sus gobernantes.

El Nilo
Sin el Nilo, Egipto habría sido solo un árido desierto. Cada año, ese río se desborda y, al volver a su cauce normal, deja atrás una fértil capa de barro negro. En estas franjas fértiles puede crecer gran variedad de granos. A ambos lados de esa faja verde se extiende el desierto. (Véase *Índice de mapas*.)

Historia
Egipto es una de las civilizaciones más antiguas. El ser humano habita el Valle del Nilo desde la edad de piedra. La historia escrita de Egipto y de sus familias reales (los "faraones") data de antes del año 3000 a.C. Antes de la época de Abraham, poderosos faraones habían conquistado hasta las regiones al sur del Sudán.

En algún momento entre 1700 y 1650 a.C., Egipto fue invadido por un gran grupo de extranjeros. Muchos de ellos eran semitas (gente de raza y lengua similares a las de los patriarcas israelitas). Pronto conquistaron Egipto.

Desde su capital al nordeste del delta del Nilo, los gobernantes semitas (llamados "hicsos") controlaron un imperio que abarcaba la mayoría del territorio egipcio y toda Palestina (véase *Índice de mapas*). Algunos estudiosos opinan que fue uno de esos faraones quien protegió a José (cf. Gn 41—50).

Cerca del año 1550 a.C., el imperio hicso fue derrotado. Amosis I fundó una nueva dinastía de faraones. Su imperio se expandió, alcanzando su máxima extensión en los reinados de Tutmosis III y Ramsés II. Un considerable número de intérpretes cree que el faraón del éxodo fue Ramsés II (cf. Ex 5—14).

Fabricantes de adobes
Para construir sus ciudades reales, los faraones necesitaban ladrillos. Para hacerlos, los hombres excavaban arcilla y la mezclaban con paja. Con esa mezcla llenaban moldes de madera y los ponían al sol para que la mezcla se secara y endureciera (cf. Ex 5.7-19). Ese mismo método se emplea todavía en algunos países.

Escritura
La idea de la escritura, inventada en Babilonia entre el 3500 y el 3000 a.C., llegó rápidamente a Egipto. Los sacerdotes egipcios pronto inventaron su propio sistema de expresar ideas por medio de dibujos ("jeroglíficos"). Mucho de lo que sabemos del antiguo Egipto proviene de los jeroglíficos encontrados en edificios y monumentos, y de libros, cartas y crónicas escritos en un estilo manuscrito abreviado, llamado "hierático".

Vestido
Las vestiduras egipcias eran de lino. Los hombres usaban faldas; las mujeres, vestidos largos con grandes tirantes en los hombros. Los ricos vestían lino fino plisado, por lo general blanco, pero también los había de colores. Cuando vestían para ocasiones especiales usaban pesadas pelucas y joyería (anillos, brazaletes, collares y cintas para la cabeza). Mantenían su piel suave con aceite, usaban maquillaje negro para los ojos y perfumes.

Hábiles artesanos
El rey y su corte empleaban muchos artesanos hábiles, pintores, escultores, orfebres y plateros. Como los egipcios creían que la vida después de la muerte era muy similar a la vida presente, llenaban las tumbas con objetos familiares del difunto y con pinturas que reproducían escenas de la vida cotidiana.

Los dioses egipcios
Los antiguos egipcios tenían muchos dioses: dioses que gobernaban los fenómenos naturales, dioses de la verdad, la justicia, la sabiduría, etc. El rey del mundo de ultratumba (el mundo de los muertos) era Osiris, quien tenía las llaves de la vida después de la muerte. El faraón era el intermediario entre los dioses y las personas. En los templos, los sacerdotes servían a los dioses como si se tratase de reyes humanos. La gente común solo veía las imágenes de las grandes divinidades en los días festivos, cuando las sacaban en procesión.

Nilo una nueva capital llamada *Casa de Ramsés*. En tal circunstancia, los israelitas huyeron y fueron perseguidos, pero el Señor los libró milagrosamente de sus perseguidores. El testimonio más antiguo de esta liberación es el canto de triunfo de 15.21, que celebra el acontecimiento no como una victoria de Israel, sino como una acción de Dios.

El siguiente esquema presenta en forma sucinta las distintas secciones que integran el libro de *Éxodo*:

    I. La liberación de la esclavitud en Egipto (1.1—15.21)
    II. La marcha de los israelitas hacia el Sinaí (15.22—18.27)
    III. La alianza del Sinaí (19—24)
    IV. Prescripciones para la construcción del santuario (25—31)
    V. Ruptura y renovación de la alianza (32—34)
    VI. Ejecución de las prescripciones relativas al santuario (35—40)

I. LA LIBERACIÓN DE LA ESCLAVITUD EN EGIPTO
(1.1—15.21)

Sufrimientos de los israelitas en Egipto[a] **1** Estos son los nombres de los israelitas que llegaron con Jacob a Egipto, cada uno con su familia: **2** Rubén, Simeón, Leví, Judá, **3** Isacar, Zabulón, Benjamín, **4** Dan, Neftalí, Gad y Aser. **5** Los descendientes de Jacob sumaban en total setenta personas.[b] José ya estaba en Egipto.

6 José y sus hermanos, y todos los de esa generación, murieron;[c] **7** pero como los israelitas[d] tenían muchos hijos, se multiplicaron de tal manera que llegaron a ser muy poderosos.[e] El país estaba lleno de ellos.[f]

8 Más tarde hubo un nuevo rey en Egipto, que no había conocido a José,[g] y que le dijo a su pueblo: **9** "Miren, el pueblo israelita es más numeroso y más poderoso que nosotros; **10** así que debemos tramar algo para impedir que sigan aumentando, porque puede ser que, en caso de guerra, se pongan de parte de nuestros enemigos para pelear contra nosotros y se vayan de este país."[h]

11 Por eso los egipcios pusieron capataces encargados de someter a los israelitas a trabajos muy duros.[i] Les hicieron construir las ciudades de Pitón y Ramsés,[j] que el faraón,[k] rey de Egipto, usaba para almacenar provisiones.[l] **12** Pero mientras más los maltrataban, más aumentaban.[m] Así que los egipcios les tenían mucho miedo.

13 Los egipcios esclavizaron cruelmente a los israelitas. **14** Les amargaron la vida sometiéndolos al rudo trabajo de preparar lodo y hacer adobes, y de atender a todos los trabajos del campo. En todo esto los israelitas eran tratados con crueldad.[n] **15** Además, el rey de Egipto habló con Sifrá y Puá, que eran parteras de las hebreas,[ñ] y les dijo: **16** —Cuando atiendan a las hebreas en sus partos, fíjense en el sexo[o] del recién nacido. Si es niña, déjenla vivir, pero si es niño, ¡mátenlo!

17 Sin embargo, las parteras tuvieron temor de Dios[p] y no hicieron lo que el rey de Egipto les había ordenado, sino que dejaron vivir a los niños. **18** Entonces el rey de Egipto las mandó llamar y les dijo:

—¿Por qué han dejado vivir a los niños?

19 —Porque las mujeres hebreas no son como las egipcias —contestaron ellas—. Al contrario, son muy robustas y dan a luz antes de que nosotras lleguemos a atenderlas.

20-21 De esta manera el pueblo israelita seguía creciendo en número, y cada vez se hacía más poderoso. Además, como las parteras tuvieron temor de Dios, él las favoreció y les concedió una familia numerosa. **22** El faraón, por su parte, ordenó a todo su pueblo: "Echen al río a todos los niños hebreos que nazcan,[q] pero a las niñas déjenlas vivir."

2 **Nacimiento de Moisés**[a] **1** Un hombre de la tribu de Leví se casó con una mujer de la misma tribu, **2** la cual quedó embarazada y tuvo un hijo. Al ver ella que el niño era hermoso, lo escondió durante tres meses;[b] **3** pero, no pudiendo tenerlo escondido por más tiempo, tomó un canastillo de junco, le tapó todas las rendijas con asfalto natural y brea, para que no le entrara agua, y luego puso al niño dentro del canastillo y lo dejó entre los juncos a la orilla del río Nilo; **4** además le dijo a una hermana del

---

[a] 1.1-22 El libro de *Éxodo* continúa el relato del *Génesis*. Esta continuidad se pone de relieve en los vv. 1-5, que resumen la información ya dada en Gn 46.8-27. Luego el relato pasa a describir el cambio de situación que se produjo cuando los israelitas se multiplicaron (v. 7) y fueron oprimidos por los egipcios (vv. 8-22).

[b] 1.5 *Setenta personas*: Según la versión griega (LXX) y Hch 7.14, las personas eran *setenta y cinco*. Acerca de esta diferencia, véase Gn 46.27 n.

[c] 1.6 Cf. Gn 50.26.

[d] 1.7 Nótese el diferente significado de la palabra *israelita*, aquí y en el v. 1: allí se refiere a los hijos de Jacob; aquí designa a todos los que pertenecen al pueblo de Israel. Esta ampliación del significado indica que ya no se está relatando, como en el *Génesis*, la historia de una sola familia, sino la de todo un pueblo, de acuerdo con la promesa de Gn 46.3-4. Véase Ex 12.38 n.

[e] 1.7 Cf. Gn 1.28. La multiplicación de los israelitas realiza la promesa de una numerosa descendencia hecha a Abraham (Gn 12.2; 13.15-16; 15.5; 17.5-6), Isaac (Gn 26.4,24) y Jacob (Gn 28.3,13-14; 35.11). Con el relato de *Éxodo* comienza a cumplirse la promesa relativa a la posesión de la tierra de Canaán (Gn 15.7).

[f] 1.7 Cf. Gn 47.27.

[g] 1.8 *Que no había conocido a José*: es decir, que ignoraba o no quería reconocer los servicios que José había prestado a Egipto. El texto no da el nombre de este *nuevo rey*, porque lo que le interesa destacar no es el detalle histórico concreto, sino el rasgo típico: a lo largo de todo el relato, el faraón será presentado como la personificación de un poder despótico que se opone a los planes de Dios y entabla una lucha violenta contra su pueblo. Véase la última parte de la *Introducción* al libro de *Éxodo*.

[h] 1.10 La presencia de una población extranjera en la frontera oriental de Egipto se ve como una amenaza para la seguridad del país. De ahí la decisión de tomar medidas contra los israelitas, primero imponiéndoles trabajos forzados (v. 11) y luego ordenando el exterminio de todos los varones recién nacidos (vv. 16,22).

[i] 1.11 Los reclutamientos para realizar trabajos forzados eran usuales en Egipto y se imponían principalmente a prisioneros, esclavos e inmigrantes o refugiados.

[j] 1.11 *Pitón* es la adaptación al hebreo del nombre egipcio *Per-Atum*, "casa (es decir, templo) del dios Atum". *Ramsés* es la abreviación de *Per-Ramsés*, "casa de Ramsés". Ambas ciudades se encontraban en la parte oriental del delta del Nilo.

[k] 1.11 El término *faraón* —en egipcio *per-aa*, "casa grande"— designaba originariamente al palacio real, pero luego se le aplicó a la persona misma del rey, como título de honor.

[l] 1.11 *Para almacenar provisiones*: Cf. 1 R 9.19; 2 Cr 16.4; 32.28.

[m] 1.12 El relato se complace en mostrar cómo las medidas que toma el faraón producen lo contrario de lo que él espera: primero, la opresión no logra disminuir el número de los israelitas sino que lo aumenta; luego, las parteras hacen fracasar la orden de matar a los varones recién nacidos (v. 17); por último, la orden de arrojarlos al Nilo (v. 22) culmina con la salvación de Moisés, el futuro libertador de Israel (Ex 2.1-10).

[n] 1.13-14 Esteban, en su discurso de Hch 7.14-38, recuerda la esclavitud de los israelitas en Egipto y su liberación bajo la guía de Moisés.

[ñ] 1.15 *Hebreas*: Véase Gn 14.13 nota *l*.

[o] 1.16 *Fíjense en el sexo*: lit. *fíjense en las dos piedras*, probablemente forma indirecta de designar los órganos genitales.

[p] 1.17 *Temor de Dios* significa aquí desobediencia a la orden del faraón, que pretende hacer reinar la muerte allí donde Dios quiere la vida (cf. Mt 22.32).

[q] 1.22 Cf. Hch 7.19.

[a] 2.1-10 Con el nacimiento de Moisés comienza la historia de la liberación de Israel. En adelante, la figura de Moisés va a dominar toda la narración, no solo en *Éxodo* sino a lo largo de todo el Pentateuco, que terminará con el relato de su muerte (Dt 34).

[b] 2.1-2 Cf. Hch 7.20; Heb 11.23.

niño*c* que se quedara a cierta distancia, y que estuviera el tanto de lo que pasara con él.

⁵ Más tarde, la hija del faraón bajó a bañarse al río y, mientras sus sirvientas se paseaban por la orilla, vio el canastillo entre los juncos. Entonces mandó a una de sus esclavas que se lo trajera. ⁶ Al abrir el canastillo y ver que allí dentro había un niño llorando, la hija del faraón sintió compasión de él y dijo:

—Este es un niño hebreo.

⁷ Entonces la hermana del niño propuso a la hija del faraón:

—¿Le parece a usted bien que llame a una nodriza hebrea, para que le dé el pecho a este niño?

⁸ —Ve por ella —contestó la hija del faraón.

Entonces la muchacha fue por la madre del niño, ⁹ y la hija del faraón le dijo:

—Toma a este niño y críamelo, y yo te pagaré por tu trabajo.

La madre del niño se lo llevó y lo crió, ¹⁰ y ya grande se lo entregó a la hija del faraón, la cual lo adoptó como hijo suyo *d* y lo llamó Moisés, pues dijo:

—Yo lo saqué del agua. *e*

Moisés huye de Egipto ¹¹ Cuando Moisés era ya hombre, *f* salió un día a visitar a sus hermanos de raza y se dio cuenta de que sus trabajos eran muy duros. *g* De pronto vio que un egipcio estaba golpeando a uno de sus hermanos hebreos. *h* ¹² Entonces miró bien a todos lados y, al no ver a nadie por allí, mató al egipcio *i* y lo enterró en la arena. ¹³ Al día siguiente volvió a salir, y vio que dos hebreos se estaban peleando. Entonces preguntó al que maltrataba al otro:

—¿Por qué golpeas a uno de tu propia raza?

¹⁴ Y aquel hebreo le contestó:

—¿Y quién te ha puesto a ti como jefe y juez entre nosotros? ¿Acaso piensas matarme, como mataste al egipcio?

Al oír esto, Moisés tuvo miedo, pues se dio cuenta de que ya se había descubierto la muerte del egipcio. ¹⁵ En efecto, en cuanto el faraón supo que Moisés había dado muerte a un egipcio, lo mandó buscar para matarlo; pero Moisés huyó y se fue a vivir a la región de Madián. *j* Allí se sentó cerca de un pozo.

¹⁶ Reuel, *k* sacerdote de Madián, tenía siete hijas. Aquel día, ellas habían ido al pozo a sacar agua para llenar los bebederos y dar de beber a las ovejas de su padre, ¹⁷ pero unos pastores vinieron y las echaron de allí. Entonces Moisés se levantó a defenderlas, y dio de beber a las ovejas. ¹⁸ Cuando ellas volvieron a donde estaba su padre, él les preguntó:

—¿Cómo es que hoy regresaron tan pronto?

¹⁹ Y ellas contestaron:

—Un egipcio nos defendió de los pastores, luego sacó el agua por nosotras, y les dio de beber a las ovejas.

²⁰ Entonces Reuel les dijo:

—¿Y dónde está ese hombre? ¿Por qué lo dejaron solo? ¡Vayan a llamarlo para que venga a comer!

²¹ Y así Moisés aceptó quedarse a vivir en la casa de Reuel. Después Reuel le dio a su hija Séfora como esposa, ²² y ella tuvo un hijo al que Moisés llamó Guersón, porque dijo: "Soy un extranjero en tierra extraña." *l*

²³ Con el correr del tiempo, el rey de Egipto murió. Los israelitas, sin embargo, seguían quejándose y lamentando su esclavitud. Entonces Dios escuchó sus lamentos ²⁴ y atendió sus quejas, acordándose de la alianza *m* que había hecho con Abraham, Isaac y Jacob. ²⁵ Los vio Dios, y se dio cuenta de su condición.

3 Dios llama a Moisés ¹ Moisés cuidaba las ovejas de su suegro Jetró, que era sacerdote de Madián, y un día las llevó a través del desierto y llegó hasta el monte de Dios, que se llama Horeb. *a* ² Allí el Ángel del Señor *b* se le apareció en una llama de fuego, en medio de una zarza. Moisés se fijó bien y se dio cuenta de que la zarza ardía con el fuego, pero no se consumía. ³ Entonces pensó: "¡Qué cosa tan extraña! Voy a ver por qué no se consume la zarza."

⁴ Cuando el Señor vio que Moisés se acercaba a mirar, lo llamó desde la zarza:

—¡Moisés! ¡Moisés!

—Aquí estoy —contestó Moisés.

---

c **2.4** En Ex 15.20, la *hermana* de Moisés es llamada *la profetisa María* (heb. *Miriam*). Luego se la volverá a mencionar varias veces (Nm 12.1-16; 20.1; 26.59; Dt 24.9; 1 Cr 6.3[5.29]; Miq 6.4).
d **2.10** Cf. Hch 7.21-22.
e **2.10** *Moisés* es probablemente un nombre de origen egipcio, que significa *hijo de* o *nacido de* y aparece en nombres compuestos como *Tutmosis* y *Ahmosis*. Aquí se da una explicación popular del ese nombre, asociándolo a un verbo hebreo que tiene un sonido semejante y significa *sacar*.
f **2.11** Para un resumen de la vida de Moisés, véase Dt 34.7 n.
g **2.11** Acerca de este cambio decisivo en la vida de Moisés, cf. Heb 11.24-26.
h **2.11** Antes de narrar la intervención de Moisés como libertador de Israel, el relato hace resaltar su amor por la justicia, mostrando cómo en tres ocasiones él se pone de parte de los que sufren una injusta agresión (cf. vv. 12,13,17).
i **2.12** *Mató al egipcio*: A diferencia de Gn 4.8-12, este pasaje se limita a relatar la acción violenta de Moisés, sin aprobarla ni condenarla expresamente. Sin embargo, el resto del libro pone de relieve que no es este el camino que siguió Moisés para liberar de la esclavitud a sus hermanos.
j **2.15** Es difícil determinar con exactitud la ubicación de *la región de Madián* (cf. Nm 22.4; Jue 6.3-4; 1 R 11.18), porque los madianitas eran nómadas que se desplazaban al sur y al este de Palestina. Según Gn 25.2, los madianitas eran descendientes de Abraham.
k **2.16** *Reuel*, que luego fue suegro de Moisés (cf. v. 21), también se llama Jetró (Ex 3.1; 18.1) y Hobab (Jue 4.11).
l **2.22** Explicación popular del nombre *Guersón*, ya que tiene un sonido semejante a las palabras hebreas que significan *extranjero allí*.
m **2.24** Cf. Gn 12.1-3; 15.13-14. *Acordándose de la alianza:* Gn 9.15-16; Ex 6.5. Véase también Gn 8.1 n.
a **3.1** *Horeb:* monte más conocido con el nombre de *Sinaí* e identificado tradicionalmente con la montaña que los árabes llaman *Yébel Musa*, al sur de la península del Sinaí. Sin embargo, su ubicación se discute y se han propuesto otros lugares, como el *Yébel Serbal*, situado más al oeste, o algún otro monte al noroeste de Arabia. Cf. Ex 19.1-2; Dt 1.2; Gl 4.24-26.
b **3.2** *El Ángel* (lit. *el mensajero* o *enviado*) *del Señor* no es aquí un ser distinto de Dios (cf. v. 4), sino el mismo Señor en cuanto que se hace presente para comunicar un mensaje. Véase Gn 16.7 nota *c*.

5 Entonces Dios le dijo:

—No te acerques. Y descálzate, *c* porque el lugar donde estás es sagrado.

6 Y añadió:

—Yo soy el Dios de tus antepasados. Soy el Dios de Abraham, de Isaac y de Jacob. *d*

Moisés se cubrió la cara, *e* pues tuvo miedo de mirar a Dios, **7** pero el Señor siguió diciendo:

—Claramente he visto cómo sufre mi pueblo que está en Egipto. Los he oído quejarse por culpa de sus capataces, y sé muy bien lo que sufren. **8** Por eso he bajado, para salvarlos del poder de los egipcios; voy a sacarlos de ese país y a llevarlos a una tierra grande y buena, donde la leche y la miel corren como el agua. *f* Es el país donde viven los cananeos, los hititas, los amorreos, los ferezeos, los heveos y los jebuseos. *g* **9** Mira, he escuchado las quejas de los israelitas, y he visto también que los egipcios los maltratan mucho. **10** Por lo tanto, ponte en camino, que te voy a enviar ante el faraón para que saques de Egipto a mi pueblo, a los israelitas. *h*

11 Entonces Moisés le dijo a Dios:

—¿Y quién soy yo *i* para presentarme ante el faraón y sacar de Egipto a los israelitas?

12 Y Dios le contestó:

—Yo estaré contigo, *j* y esta es la señal de que yo mismo te envío: cuando hayas sacado de Egipto a mi pueblo, todos ustedes me adorarán en este monte. *k*

13 Pero Moisés le respondió:

—El problema es que si yo voy y les digo a los israelitas: 'El Dios de sus antepasados *l* me ha enviado a ustedes,' ellos me van a preguntar: '¿Cómo se llama?' *m* Y entonces, ¿qué les voy a decir?

14 Y Dios le contestó:

—YO SOY EL QUE SOY. *n* Y dirás a los israelitas: 'YO SOY *ñ* me ha enviado a ustedes.'

15 Además, Dios le dijo a Moisés:

—Di también a los israelitas: 'El Señor, *o* el Dios de los antepasados de ustedes, el Dios de Abraham, de Isaac y de Jacob, me ha enviado a ustedes.' Este es mi nombre eterno; este es mi nombre por todos los siglos. **16** Anda, reúne a los ancianos *p* de Israel y diles: 'El Señor, el Dios de sus antepasados, el Dios de Abraham, de Isaac y de Jacob, se me apareció y me dijo que ha puesto su atención *q* en ustedes, y que ha visto el trato que les dan en Egipto. **17** También me dijo que los va a librar de los sufrimientos en Egipto, y que los va a llevar al país de los cananeos, hititas, amorreos, ferezeos, heveos y jebuseos; a una tierra donde la leche y la miel corren como el agua.' **18** Los ancianos te harán caso; entonces tú irás con ellos a ver al rey de Egipto, y le dirás: 'El Señor, el Dios de los hebreos, ha salido a nuestro encuentro. Por lo tanto, déjanos ir al desierto, a una distancia de tres días de camino, a ofrecer sacrificios al Señor nuestro Dios.' **19** Sin embargo, yo sé muy bien que el rey de Egipto no los dejará salir, si no es por la fuerza. *r* **20** Por lo tanto, yo mostraré mi poder y heriré de muerte a los egipcios con todas las cosas asombrosas que haré en su país; después de eso el faraón los dejará salir.

---

c **3.5** Todavía hoy persiste entre los musulmanes la costumbre de quitarse las sandalias, en señal de respeto, antes de entrar en un lugar sagrado.

d **3.6** *El Dios de Abraham, de Isaac y de Jacob:* El Dios que se revela a Moisés es el mismo que antes se había revelado a los patriarcas (cf. Gn 26.24; 46.3-4). Esta referencia a la historia patriarcal relaciona, una vez más, los relatos del *Éxodo* con las promesas hechas a los antepasados de Israel (cf. Ex 6.2-3).

e **3.6** *Se cubrió la cara:* Repetidamente se afirma, en el AT, que ningún hombre puede ver a Dios y seguir viviendo (Ex 33.20; Is 6.5; cf. Gn 32.30[31]; Dt 5.24-27; Jue 6.22-23; 13.21-22). En cuanto a la enseñanza del NT, cf. 1 Co 13.12; 1 Jn 3.2.

f **3.8** *Tierra... donde la leche y la miel corren como el agua:* expresión común en el Pentateuco para describir la abundancia y fecundidad de la Tierra prometida. Cf. Dt 8.7-9.

g **3.8** Con respecto a los antiguos pobladores de Canaán, véase Gn 10.16-18 n. La lista que aquí se menciona, u otra semejante, se repite casi como un estribillo, por ej., en Ex 13.5; 23.23; 33.2; Dt 7.1; Jos 3.10; 9.1; Jue 3.5.

h **3.2-10** Cf. Hch 7.30-34.

i **3.11** *¿Y quién soy yo...?:* Moisés ve la desproporción entre su propia capacidad y la enorme tarea que se le confía. Cf. Jue 6.15; 1 S 9.21; Jer 1.6.

j **3.12** *Yo estaré contigo:* Cf. Gn 28.15; Jos 1.9; Jue 6.12-16; 2 S 7.9; Jer 1.8; Lc 1.28.

k **3.12** Cf. Hch 7.7.

l **3.13** *El Dios de sus antepasados:* Cf. Ex 6.3.

m **3.13** *¿Cómo se llama?:* lit. *¿Cuál es su nombre?* Hablar o actuar en nombre de una persona es asumir su representación y participar de su autoridad (cf. 1 S 17.45; 1 R 21.8; Est 3.12; 8.8). Moisés alega que conocer el nombre personal de Dios es condición necesaria para el cumplimiento de su misión, porque el hecho de poder mencionarlo ante los israelitas era una prueba de que Dios se lo había revelado y le había dado autoridad para hablar y actuar de parte suya.

n **3.14** *YO SOY EL QUE SOY:* Esta frase explica el nombre personal del Dios de Israel, *Yahvé* (véase 3.15 n.) asociándolo al verbo hebreo *hayah*, que significa "ser", "existir" y, a veces, también "acontecer". De esta frase se han dado numerosas interpretaciones, pero no todas merecen la misma atención. Según algunos intérpretes, el mismo verbo, al ser repetido, refuerza su significado y adquiere mayor intensidad, de manera que *YO SOY EL QUE SOY* equivale a *Yo soy el que existe realmente y por sí mismo, no como los falsos dioses que no son ni pueden nada.* Otros señalan que la frase puede traducirse también por *Yo soy lo que soy* y, por lo tanto, se trata de una respuesta evasiva: *Yo no doy a conocer mi nombre, porque ninguna palabra sería capaz de expresar lo que yo soy* (cf. Gn 32.29[30]; Jue 13.18). Otros, finalmente, hacen notar que el verbo hebreo *hayah*, a diferencia de nuestro verbo *ser*, no designa la mera existencia sino una presencia viva y activa, y que, por lo tanto, la frase significa *Yo soy el que estaré siempre con ustedes para salvarlos.*

ñ **3.14** Véanse Jn 8.24 n.; Ap 1.4 nota *j*.

o **3.15** *El Señor:* versión tradicional del nombre propio del Dios de Israel, que en hebreo se escribe con las cuatro consonantes YHWH (de aquí, añadiendo las vocales correspondientes, resulta la forma *Yahveh,* transcrita habitualmente como *Yahvé*). Hacia el siglo IV a.C., los judíos dejaron de pronunciar este nombre divino y decían en su lugar *Adonai* (*el Señor*). Esto hizo que la versión griega (LXX) utilizara la palabra *Kyrios* (*el Señor*) en lugar de *Yahvé*. El texto hebreo pone las vocales de *Adonai* allí donde se encuentra el nombre YHWH, y esta combinación ha dado origen a la forma *Jehová*.

p **3.16** Aquí se menciona por primera vez a los *ancianos* como representantes y autoridades del pueblo israelita. Cf. Nm 11.16; véase Jl 1.2 nota *c*.

q **3.16** *Puesto su atención:* lit. *visitado.* El verbo hebreo traducido por *visitar,* cuando se refiere a Dios, puede tener, en el AT, dos sentidos diversos: uno positivo, de cuidado, ayuda o beneficio, y otro negativo, de juicio y castigo.

r **3.19** *Si no es por la fuerza:* según versiones antiguas; heb. *ni siquiera por la fuerza.*

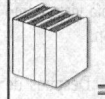

NOMBRES DE DIOS EN HEBREO Y GRIEGO

Lengua	Nombre	Combinación	Referencias
Hebreo	El (Dios)		Gn 46.3
		El Elyon (Dios Altísimo)	Gn 14.22
		El Shadai (Dios todopoderoso)	Gn 17.1*
		El Olam (Dios eterno)	Gn 21.33
	Elohim (Dios)		Gn 1.1
	Adonai (Mi Señor)		Jos 5.14
	Yahvé (El Señor)		Ex 3.14*
		Yahvé Yiré (El Señor proveerá)	Gn 22.14
		Yahvé Nisi (El Señor es mi bandera)	Ex 17.17
		Yahvé Elohim (El Señor es Dios)	Jue 5.3
		Yahvé Shalom (El Señor de paz)	Jue 6.24
		Yahvé Sebaot (El Señor de los ejércitos)	1 S 1.3
Griego	Theos		Mt 1.23
	Kyrios (Señor)		Mt 5.33
		Kyrios ho theos (Señor Dios; en la LXX)	Ex 20.12
	Pater (Padre)		Mt 6.9; Jn 4.23

Los nombres y combinación de nombres son transcripciones de las palabras en los idiomas originales (se ha incluido entre paréntesis su significado). Véase *Dios* en el *Índice Temático*.

²¹ Además, yo haré que los israelitas se ganen la buena voluntad de los egipcios, de modo que cuando salgan no se vayan con las manos vacías. ²² Cada mujer pedirá a su vecina, o a cualquier otra mujer que viva con ella, que le dé objetos de plata y de oro, y vestidos, con los que ustedes vestirán a sus hijos e hijas, despojando así a los egipcios de todo lo que tengan. *s*

4 ¹—Ellos no me creerán, ni tampoco me harán caso —contestó Moisés—. Al contrario, me dirán: 'El Señor no se te ha aparecido.'

² —¿Qué es lo que tienes en la mano? —preguntó el Señor.

—Un bastón —contestó Moisés.

³ —Arrójalo al suelo —ordenó el Señor.

Moisés lo arrojó al suelo y, en ese mismo instante, el bastón se convirtió en una serpiente. Moisés echó a correr para alejarse de ella, ⁴ pero el Señor le dijo:

—Extiende la mano y agárrala de la cola.

Moisés extendió la mano y, al agarrarla, la serpiente se convirtió otra vez en bastón.

⁵ —Esto es para que crean que se te ha aparecido el Señor, Dios de tus antepasados, Dios de Abraham, de Isaac y de Jacob ⁶ —dijo el Señor—. Y ahora, mete tu mano en el pecho.

Moisés metió su mano en el pecho y, al sacarla, vio que estaba enferma de lepra y blanca como la nieve. ⁷ Entonces Dios le dijo:

—Vuelve a meter tu mano en el pecho.

Moisés lo hizo así y, al sacar la mano de nuevo, ya estaba tan sana como todo su cuerpo. ⁸ Luego el Señor le dijo:

—Si con la primera señal no te creen ni te hacen caso, entonces te creerán con la segunda; ⁹ pero si no te creen ni te hacen caso con ninguna de estas dos señales, saca agua del río y derrámala sobre el suelo. En cuanto el agua que saques del río caiga al suelo, se convertirá en sangre.

¹⁰ —¡Ay, Señor! —respondió Moisés—. Yo no tengo facilidad de palabra, y esto no es solo de ayer ni de ahora que estás hablando con este siervo tuyo, sino de tiempo atrás. Siempre que hablo, se me traba la lengua.

¹¹ Pero el Señor le contestó:

—¿Y quién le ha dado la boca al hombre? ¿Quién si no yo lo hace mudo, sordo, ciego, o que pueda ver? ¹² Así que, anda, que yo estaré contigo cuando hables, y te enseñaré lo que debes decir.

¹³ Moisés insistió:

—¡Ay, Señor, por favor, envía a alguna otra persona!

¹⁴ Entonces el Señor se enojó con Moisés, y le dijo:

—¡Pues ahí está tu hermano Aarón, el levita! *a* Yo sé que él habla muy bien. Además él viene a tu encuentro, y se va a alegrar mucho de verte. ¹⁵ Habla con él, y explícale

---

s **3.21-22** Cf. Ex 11.2-3; 12.35-36.

a **4.14** Aarón es llamado *el levita* para indicar no tanto su pertenencia a la misma tribu de Moisés (Ex 2.1; 6.16-20), cuanto su condición de sacerdote levítico. Una de las funciones del sacerdote era enseñar (Lv 10.11; Dt 33.10) y esto supone la aptitud para hablar. El título de *levita* se le da a Aarón anticipadamente, ya que solo más tarde llegará a ser el primero entre los sacerdotes (Ex 28—29; Lv 8—9).

todo lo que tiene que decir; yo, por mi parte, estaré con él y contigo cuando hablen, y les daré instrucciones de lo que deben hacer. **16** Tú le hablarás a Aarón como si fuera yo mismo, y Aarón a su vez le comunicará al pueblo lo que le digas tú. [b] **17** Llévate este bastón, porque con él harás cosas asombrosas.

Moisés regresa a Egipto **18** Moisés volvió a casa de su suegro Jetró, y le dijo:

—Tengo que regresar a Egipto, donde están mis hermanos de raza. Quiero ver si todavía viven.

—Anda, que te vaya bien —contestó Jetró.

19 Cuando Moisés estaba aún en la región de Madián, el Señor le dijo:

—Regresa a Egipto, porque ya han muerto todos los que querían matarte. [c]

20 Moisés tomó entonces a su esposa y a su hijo, [d] los montó en un asno y regresó a Egipto. En la mano llevaba el bastón de Dios. **21** Después el Señor le dijo a Moisés:

—Cuando llegues a Egipto, pon toda tu atención en hacer ante el faraón las maravillas que te he dado el poder de realizar. Yo, por mi parte, voy a hacer que él se ponga terco [e] y que no deje salir a los israelitas. **22** Entonces le dirás al faraón: 'Así dice el Señor: Israel es mi hijo mayor. [f] **23** Ya te he dicho que dejes salir a mi hijo, para que vaya a adorarme; pero como no has querido dejarlo salir, yo voy a matar a tu hijo mayor.'

24 Durante el camino, en el lugar donde Moisés y su familia iban a pasar la noche, el Señor salió al encuentro de Moisés y quiso matarlo. **25** Entonces Séfora tomó un cuchillo de piedra y le cortó el prepucio a su hijo; luego, tocando con el prepucio del niño los pies de Moisés, le dijo: "En verdad, tú eres para mí un esposo de sangre." [g]

26 Entonces el Señor dejó ir a Moisés. Y Séfora dijo que Moisés era un esposo de sangre debido a la circuncisión.

27 Mientras tanto, el Señor le había dicho a Aarón: "Ve al desierto a encontrarte con Moisés." Y Aarón fue y encontró a Moisés en el monte de Dios. [h] Allí lo saludó con un beso. **28** Entonces Moisés le contó a Aarón todas las cosas que el Señor le había ordenado decir, y también las grandes maravillas que le mandaba hacer. **29** Luego fueron los dos a reunir a los ancianos de Israel, **30** y Aarón les contó todo lo que el Señor había dicho a Moisés, haciendo además ante la gente las maravillas que Dios le había ordenado hacer.

31 La gente quedó convencida. Y al saber que el Señor había puesto su atención en ellos y que había visto cómo sufrían, se inclinaron en actitud de adoración.

5 **Moisés y Aarón hablan con el faraón** **1** Después de esto, Moisés y Aarón fueron a decirle al faraón:

—Así ha dicho el Señor, el Dios de Israel: 'Deja ir a mi pueblo [a] al desierto, para que haga allí una fiesta en mi honor.'

2 Pero el faraón contestó:

—¿Y quién es 'el Señor', para que yo le obedezca y deje ir a los israelitas? Ni conozco al Señor, ni tampoco voy a dejar ir a los israelitas.

3 Entonces ellos dijeron:

—El Dios de los hebreos ha venido a nuestro encuentro; así que vamos a ir al desierto, a una distancia de tres días de camino, para ofrecer sacrificios al Señor nuestro Dios, no sea que nos haga morir por una peste o a filo de espada.

4 Pero el rey de Egipto les dijo:

—Moisés y Aarón, ¿por qué distraen a la gente de su trabajo? ¡Vayan a seguir trabajando!

5 También les dijo el faraón:

—Ahora que hay tantos israelitas en el país, ¿van ustedes a hacer que dejen de trabajar?

6 Ese mismo día el faraón ordenó a los capataces y jefes de grupo:

7 —Ya no les den paja a los israelitas para que hagan adobes, [b] como se ha estado haciendo; ¡que vayan ellos mismos a recoger la paja! **8** Pero exíjanles la misma cantidad de adobes que han hecho hasta ahora. ¡Ni un solo adobe menos! Son unos holgazanes, y por eso gritan: '¡Vayamos a ofrecer sacrificios a nuestro Dios!' **9** Hagan trabajar más duro a esa gente; manténganlos ocupados, para que no hagan caso de mentiras.

10 Los capataces y jefes de grupo salieron y fueron a decir a la gente:

—El faraón ha dado órdenes de que ya no se les dé paja. **11** Ahora ustedes mismos tendrán que ir a recogerla en donde la encuentren. Pero no por eso se les va a rebajar la cantidad de adobes que tienen fijada.

12 Los israelitas se dispersaron por todo Egipto, en busca de rastrojo, para usarlo como paja. **13-14** Todos los días los capataces del faraón les exigían la misma cantidad de adobes que hacían cuando sí se les daba paja, y además golpeaban a los jefes de grupo israelitas, y les decían:

—¿Cómo es que ni ayer ni hoy completaron ustedes la misma cantidad de adobes que antes hacían?

---

[b] **4.16** Véase Ex 7.1 n.
[c] **4.19** Cf. 2.15,23.
[d] **4.20** *Su hijo:* traducción probable. Heb. *sus hijos.*
[e] **4.21** *Voy a hacer que él se ponga terco:* lit. *yo endureceré su corazón.* El corazón, en el lenguaje bíblico, es el centro del que brotan los pensamientos y las decisiones (1 R 3.9; Mc 7.21-23); el endurecimiento del corazón es la obstinada resistencia a obedecer la orden que el Señor transmite al faraón por medio de Moisés. Véase Sal 12.2(3) n.
[f] **4.22-23** En la sociedad israelita, el *hijo mayor* o *primogénito* tenía privilegios y derechos especiales en cuanto a la herencia; al propio tiempo, este hijo primero pertenecía al Señor (Ex 13.2; 22.29-30[28-29]; 34.19-20). El Señor exige del faraón la libertad de *Israel,* nación que le pertenece a él como propiedad exclusiva (cf. Ex 19.5-6).

[g] **4.24-25** Este es uno de los pasajes más oscuros del AT y ninguna de las interpretaciones propuestas resulta plenamente satisfactoria. Según parece, el relato quiere destacar la importancia de la circuncisión. Hay, probablemente, una alusión anticipada a la salvación de los primogénitos israelitas gracias al signo de la sangre (Ex 12.13).
[h] **4.27** *El monte de Dios:* Véase Ex 3.1 n.
[a] **5.1** *Deja ir a mi pueblo:* Moisés, en nombre del Señor, reclama la liberación de los israelitas oprimidos (cf. especialmente Ex 6.11; 7.2,16; 8.1[7.26], 20[16]; 9.1,13; 10.3), pero sus reclamos chocan contra la obstinada resistencia del faraón. Este es el tema predominante en los relatos siguientes.
[b] **5.7** La paja se mezclaba con el lodo a fin de dar más solidez a los adobes, como se hace todavía hoy en los lugares donde se usa el adobe para la construcción.

15 Los jefes de grupo israelitas fueron a quejarse ante el faraón, y le dijeron:

—¿Por qué trata así Su Majestad a estos siervos suyos? **16** Ya no se nos da paja y, sin embargo, se nos exige que hagamos adobes, y además se nos golpea. ¡La culpa es de la gente de Su Majestad!

17 Pero el faraón contestó:

—¡Ustedes no son otra cosa que unos holgazanes! Por eso andan diciendo: 'Vayamos a ofrecer sacrificios al Señor.' **18** ¡Váyanse a trabajar! Y aunque no se les dará ya paja, aun así tendrán que entregar la misma cantidad de adobes.

19 Los jefes de grupo israelitas se vieron en aprietos cuando se les dijo que no debían reducir la producción diaria de adobes. **20** Al salir de su entrevista con el faraón, se encontraron con Moisés y Aarón, que los estaban esperando, **21** y les dijeron:

—Que el Señor mire lo que ustedes han hecho y los castigue. Porque ustedes tienen la culpa de que el faraón y sus funcionarios nos miren mal. Ustedes mismos les han puesto la espada en la mano para que nos maten.

La oración de Moisés **22** Entonces Moisés dijo al Señor en oración:

—Señor, ¿por qué tratas mal a este pueblo? ¿Para qué me enviaste? **23** Desde que vine a hablar con el faraón en tu nombre, él ha maltratado aún más a tu pueblo, y tú no has hecho nada para salvarlo.

6 **1** Y el Señor le contestó:

—Ahora verás lo que voy a hacer con el faraón, porque solo por la fuerza los dejará salir de su país; es más, él mismo les dirá que se vayan.

Dios vuelve a llamar a Moisés **2** Dios se dirigió a Moisés y le dijo:

—Yo soy EL SEÑOR. **3** Me manifesté a Abraham, Isaac y Jacob con el nombre de Dios todopoderoso,[a] pero no me di a conocer a ellos con mi verdadero nombre: EL SEÑOR.[b] **4** Hice además una alianza con ellos, y me comprometí a darles la tierra de Canaán,[c] o sea la región en la que vivieron como extranjeros por algún tiempo. **5** Y ahora que he sabido que los israelitas sufren, y que los egipcios los obligan a trabajar, me he acordado de mi alianza. **6** Por lo tanto, ve a decir a los israelitas que yo, el Señor, voy a librarlos de su esclavitud y de los duros trabajos a que han sido sometidos por los egipcios. Desplegaré mi poder y los salvaré[d] con grandes actos de justicia; **7** los tomaré a ustedes como pueblo mío, y yo seré su Dios.[e] Así sabrán que yo soy el Señor su Dios, que los libró de los duros trabajos a que habían sido sometidos por los egipcios. **8** Los llevaré al país que prometí dar a Abraham, Isaac y Jacob, y que les daré a ustedes en propiedad. Yo soy el Señor.

9 Moisés les repitió esto a los israelitas, pero ellos no le hicieron caso, pues estaban muy desanimados por lo duro de su esclavitud. **10** Entonces el Señor le dijo a Moisés:

11 —Ve a decirle al faraón que deje salir de Egipto a los israelitas.

12 Pero Moisés le contestó al Señor:

—Ni siquiera los israelitas me hacen caso; ¿y cómo me va a hacer caso el faraón, si yo soy tan torpe para hablar?[f]

13 Entonces el Señor mandó a Moisés y Aarón que dijeran a los israelitas y al faraón, que tenían órdenes precisas de sacar de Egipto a los israelitas.

Lista de antepasados de Aarón y de Moisés **14** Estos son los jefes de familia, por parte de sus padres.

Los hijos de Rubén, el hijo mayor de Israel, fueron: Hanoc, Falú, Hesrón y Carmí. Estos son los clanes de Rubén.

15 Los hijos de Simeón fueron: Jemuel, Jamín, Óhad, Jaquín, Sóhar y Saúl, que fue hijo de una cananea. Estos son los clanes de Simeón.

16 Leví vivió ciento treinta y siete años. Estos son los nombres de sus hijos, de mayor a menor: Guersón, Quehat y Merarí. **17** Los hijos de Guersón, en orden de clanes, fueron: Libní y Simí. **18** Quehat vivió ciento treinta y tres años, y sus hijos fueron: Amram, Ishar, Hebrón y Uziel. **19** Los hijos de Merarí fueron: Mahli y Musí. Estos son los clanes de Leví, de mayor a menor.[g]

20 Amram se casó con su tía[h] Jocabed, que dio a luz a Aarón y a Moisés. Amram vivió ciento treinta y siete años.

21 Los hijos de Ishar fueron: Coré, Néfeg y Zicrí.

22 Los hijos de Uziel fueron: Misael, Elsafán y Sitrí.

23 Aarón se casó con Eliseba, que era hija de Aminadab y hermana de Nahasón, y que dio a luz a Nadab, Abihú, Eleazar e Itamar.

24 Los hijos de Coré fueron Asir, Elcaná y Abiasaf. Estos son los clanes de los coreítas.

25 Eleazar, uno de los hijos de Aarón, se casó con una de las hijas de Futiel, la cual dio a luz a Finees. Estos son los jefes de familia de los levitas, en orden de clanes.

26 Estos son los mismos Aarón y Moisés a los que el Señor le dijo que sacaran de Egipto a los israelitas, formados como un ejército. **27** Son los mismos Moisés y Aarón que hablaron con el faraón, rey de Egipto, para sacar de ese país a los israelitas.

Dios llama a Moisés y Aarón **28** El día que el Señor habló con Moisés en Egipto, **29** le dijo:

---

[a] **6.3** *Dios todopoderoso:* heb. *El Shadai.* Véase Gn 17.1 n.

[b] **6.3** Según Gn 4.26, el nombre divino *Yahvé* (traducido aquí por *el Señor*) era ya conocido antes de Moisés. Este pasaje se refiere entonces al momento en que Dios lo estableció como el nombre con el cual él mantendría su especial relación con Israel. Véase Ex 3.15 n.

[c] **6.4** Gn 17.1-8.

[d] **6.6** *Desplegaré mi poder y los salvaré:* lit. *los rescataré con brazo extendido.* El verbo traducido habitualmente por "rescatar" (o "redimir") evoca la acción por la que una persona privada de su libertad o de sus medios de existencia se ve liberada de esa situación, gracias a la intervención de un pariente cercano (*goel*) que defiende su causa. Aplicado al Señor, este verbo expresa el vínculo estrecho que une a Israel con su Dios y el compromiso divino de acudir en ayuda de su pueblo en tiempo de desgracia. Cf. Lv 25.25,47-49; Is 43.1-4.

[e] **6.7** Cf. Jer 31.33; Os 2.23(25).

[f] **6.12** *Tan torpe para hablar* (aquí y en el v. 30): lit. *incircunciso de labios.* Véase la misma figura retórica en Dt 10.16 n.

[g] **6.16-19** Cf. Nm 3.1,7-20; 26.57-58; 1 Cr 6.16-19(1-4).

[h] **6.20** Posteriormente, el matrimonio en este grado de parentesco quedó prohibido por la ley mosaica (Lv 18.12-13).

—Yo soy el Señor. Dile al faraón, rey de Egipto, todo lo que voy a decirte.

³⁰ Pero Moisés le contestó:

—Señor, yo soy muy torpe para hablar, así que, ¿cómo va a hacerme caso el faraón?

7 ¹ Entonces el Señor le dijo a Moisés:

—Mira, voy a permitir que actúes en mi lugar ante el faraón, y que tu hermano Aarón hable por ti.ᵃ ² Tú le dirás a Aarón todo lo que yo te ordene; luego él hablará con el faraón para que deje salir de su país a los israelitas. ³ Pero yo voy a hacer que el faraón se ponga terco,ᵇ y haré muchas señales y cosas asombrosas en Egipto.ᶜ ⁴ El faraón no les va a hacer caso a ustedes, pero yo descargaré mi poder sobre Egipto, y con grandes actos de justicia sacaré de allí a mis ejércitos, es decir, a mi pueblo, los israelitas. ⁵ Y cuando haya mostrado mi poder sobre Egipto, y haya sacado de allí a los israelitas, los egipcios sabrán que yo soy el Señor.

⁶ Moisés y Aarón lo hicieron todo tal como el Señor se lo había ordenado. ⁷ Moisés tenía ochenta años, y Aarón ochenta y tres, cuando hablaron con el faraón.

El bastón de Aarón ⁸ El Señor les dijo a Moisés y Aarón:

⁹ —Si el faraón les pide que hagan un milagro, le dirás a Aarón que tome su bastón y que lo arroje al suelo ante el faraón, para que se convierta en una serpiente.

¹⁰ Moisés y Aarón fueron a ver al faraón, e hicieron lo que el Señor había ordenado: Aarón arrojó su bastón al suelo delante del faraón y de sus funcionarios, y el bastón se convirtió en una serpiente. ¹¹ El faraón, por su parte, mandó llamar a sus sabios y magos, los cuales con sus artes mágicas hicieron también lo mismo: ¹² cada uno de ellos arrojó su bastón al suelo, y cada bastón se convirtió en una serpiente. Pero el bastón de Aarón se comió los bastones de los sabios y magos. ¹³ A pesar de eso, el faraón se puso terco y no les hizo caso, tal como el Señor lo había dicho.

La plaga de sangreᵈ ¹⁴ Después el Señor le dijo a Moisés:

—El faraón se ha puesto terco y no quiere dejar salir a los israelitas. ¹⁵ Pero mañana temprano irás a verlo, cuando él baje al río. Espéralo en la orilla, y lleva contigo el bastón que se convirtió en serpiente. ¹⁶ Allí le dirás: 'El Señor, el Dios de los hebreos, me ha enviado a decirte: Deja ir a mi pueblo, para que me adore en el desierto. Pero hasta ahora no has hecho caso. ¹⁷ Por lo tanto, el Señor ha dicho: Ahora vas a saber que yo soy el Señor. Cuando yo golpee el agua del río con este bastón que tengo en la mano, el agua se convertirá en sangre.ᵉ ¹⁸ Los peces morirán, y el río apestará tanto que los egipcios tendrán asco de beber de esa agua.'

¹⁹ Además, el Señor le dijo a Moisés:

—Dile a Aarón que tome su bastón y que extienda su brazo sobre los ríos, arroyos, lagunas y depósitos de agua de Egipto; sobre todo lo que tenga agua, para que se convierta en sangre. ¡Así habrá sangre hasta en los recipientes de madera y de piedra!

²⁰ Moisés y Aarón hicieron lo que el Señor les había ordenado. Aarón levantó su bastón y golpeó el agua del río a la vista del faraón y de sus funcionarios, y toda el agua se convirtió en sangre.ᶠ ²¹ Los peces murieron, y el río mismo apestaba tanto que los egipcios no podían beber agua de él. ¡Había sangre por todo Egipto!

²² Pero los magos egipcios hicieron lo mismo por medio de sus artes mágicas, así que el faraón se puso terco y no les hizo caso a Moisés y Aarón, tal como el Señor lo había dicho. ²³ El faraón regresó a su palacio sin darle importancia a este asunto, ²⁴ y todos los egipcios tuvieron que hacer pozos en las orillas del río para sacar agua limpia, pues el agua del río no se podía beber.

8 La plaga de ranas ²⁵ Siete días después de que el Señor golpeara el agua del río, ¹⁽⁷·²⁶⁾ ᵃ el Señor le dijo a Moisés:

—Ve a ver al faraón, y dile: 'Así dice el Señor: Deja ir a mi pueblo, para que me adore. ²⁽⁷·²⁷⁾ Porque si tú no lo dejas ir, yo castigaré con ranasᵇ a todo tu país. ³⁽⁷·²⁸⁾ El río hervirá de ranas, las cuales saldrán y se meterán en tu palacio, en el lugar donde duermes, sobre tu cama, en las casas de tus funcionarios y de tu gente, en tus hornos y en donde amasan tu pan. ⁴⁽⁷·²⁹⁾ Las ranas saltarán sobre ti, sobre tus funcionarios y sobre toda tu gente.'

ᵃ **7.1** *Voy a permitir... hable por ti:* lit. *yo hago de ti un dios para el faraón y tu hermano Aarón será tu profeta.* La misión del profeta consiste en transmitir la palabra de Dios (Jer 1.9; Ez 3.10). De ahí que Aarón, por ser el portavoz de Moisés, pudiera ser llamado su profeta. Cf. Ex 4.16.

ᵇ **7.3** *Terco:* es decir, obstinado e inflexible; véase Ex 4.21 n. A la terquedad del faraón se alude, como en una especie de refrán, al final de cada encuentro con él y de cada plaga (vv. 13,22; Ex 8.15[11], 19[15],32[28]; 9.7,12,35; 10.20,27; 11.10; 14.4,8). En unos casos se indica que el faraón se pone terco por sí mismo; en otros, como en el presente, es Dios quien lo empuja a la terquedad. De este modo se ponen de relieve dos principios: nada de lo que sucede escapa a la acción y a la soberanía de Dios; sin embargo, el ser humano también es responsable de sus propias acciones (cf. Dt 2.30; 30.15-20). En el caso del faraón, la Biblia afirma ambos principios sin tratar de resolver el conflicto entre ellos.

ᶜ **7.3** Cf. Hch 7.36.

ᵈ **7.14—11.10** Los caps. siguientes contienen el relato de las nueve primeras plagas de Egipto (Ex 7.14—10.29) y el anuncio de la décima (11.1-10). El uso consagrado la expresión "plagas de Egipto", pero los textos bíblicos hablan más bien de "señales" (7.3; cf. 4.7-8), "maravillas" (10.1; 11.9-10) y "cosas asombrosas" (3.20). Estas expresiones dan a entender que las "plagas" son demostraciones del poder de Dios: el Señor ha decidido liberar a su pueblo de la esclavitud y nada puede oponerse a su voluntad. La naturaleza le obedece, porque él es más poderoso que el faraón, sus magos y sus dioses (cf. Ex 12.12; Dt 26.7-8).

ᵉ **7.17** Las nueve primeras "señales" presentan una cierta progresión. Primero afectan a la naturaleza inanimada (el Nilo, corazón de Egipto y principal fuente de su prosperidad). Luego intervienen los animales pequeños (ranas, mosquitos y tábanos o insectos) más o menos dañinos pero que todavía no causan perjuicios mortales. Después muere el ganado y tanto hombres como animales quedan cubiertos de llagas (Ex 9.1-12). El granizo ocasiona ya algunas muertes (9.19-21,25) y las ranas destruyen todos los recursos alimenticios del país (10.15). Finalmente, la oscuridad es una especie de retorno al caos original, antes del primer día en el que Dios separó la luz de las tinieblas (cf. Gn 1.2).

ᶠ **7.20** Cf. Sab 11.6-8; Ap 8.8; 16.4. Las plagas de los caps. 7—11 sirvieron de base, mucho más tarde, para describir algunas de las catástrofes del *Apocalipsis.* Véanse Ap 8.2—11.18 n.; 16.2-21 n.

ᵃ **8.1(7.26)-8.32(28)** Los números entre paréntesis corresponden a la numeración del texto hebreo.

ᵇ **8.2(7.27)** *Ranas:* Cf. Ap 16.13.

5 (1) El Señor le dijo a Moisés:

—Dile a Aarón que extienda su bastón sobre los ríos, arroyos y lagunas, para que de allí salgan ranas y llenen el país de Egipto.

6 (2) Aarón lo extendió sobre las aguas de Egipto, y todo el país se llenó de las ranas que salieron de allí. **7** (3) Sin embargo, los magos hicieron lo mismo por medio de sus artes mágicas, y también trajeron ranas sobre el territorio egipcio. **8** (4) Entonces el faraón mandó llamar a Moisés y Aarón, y les dijo:

—Pídanle al Señor que nos quite las ranas a mí y a mi gente, y dejaré que tu gente vaya a ofrecer sacrificios al Señor. ^{c}

9 (5) Moisés le contestó al faraón:

—Dime cuándo quieres que yo le pida por ti, por tus funcionarios y por tu gente, para que las ranas se alejen de ti y de tu palacio, y se queden solo en el río.

10 (6) —Mañana mismo —dijo el faraón.

Y Moisés contestó:

—Así se hará, para que sepas que no hay nadie como el Señor nuestro Dios. **11** (7) Las ranas se irán de tu palacio y se quedarán solamente en el río. Ya no te molestarán ni a ti, ni a tus funcionarios, ni a tu gente.

12 (8) Moisés y Aarón salieron del palacio del faraón. Después Moisés pidió al Señor que alejara las ranas que había enviado sobre el faraón. **13** (9) El Señor hizo lo que Moisés le pedía, y murieron las ranas que había en casas, patios y campos. **14** (10) La gente recogía las ranas muertas y las amontonaba, y por todas partes olía mal. **15** (11) Sin embargo, en cuanto el faraón se vio libre de su problema, se puso terco y no les hizo caso a Moisés y Aarón, tal como el Señor lo había dicho.

La plaga de mosquitos

16 (12) El Señor le dijo a Moisés:

—Dile a Aarón que extienda su bastón y que golpee con él el polvo de la tierra, para que se convierta en mosquitos en todo Egipto.

17 (13) Así lo hicieron. Aarón extendió su bastón y golpeó el polvo del suelo, y todo el polvo de Egipto se convirtió en mosquitos que atacaban a hombres y animales. **18** (14) Los magos trataron también de producir mosquitos por medio de sus artes mágicas, pero no pudieron. Mientras tanto, los mosquitos atacaban a hombres y animales. **19** (15) Entonces los magos le dijeron al faraón:

—¡Aquí está la mano de Dios! ^{d}

Pero el faraón se puso terco y no les hizo caso, tal como el Señor lo había dicho.

La plaga de tábanos

20 (16) El Señor le dijo a Moisés:

—El faraón va a ir mañana temprano al río, así que levántate de madrugada y ve a decirle: 'Así ha dicho el Señor: Deja ir a mi pueblo, para que me adore. **21** (17) Porque si tú no lo dejas ir, yo enviaré tábanos ^{e} sobre ti, sobre tus funcionarios y tu gente, y sobre tus casas. Se llenarán de tábanos las casas de los egipcios, y hasta el suelo mismo. **22** (18) Pero cuando eso suceda, haré una excepción con la región de Gosen, donde vive mi pueblo. Allí no habrá un solo tábano. Así sabrás que yo, el Señor, estoy en este país. **23** (19) Haré distinción ^{f} entre mi pueblo y el tuyo. Esto tendrá lugar mañana.'

24 (20) Así lo hizo el Señor, y una espesa nube de tábanos invadió el palacio del faraón, las casas de sus funcionarios y todo el territorio egipcio. Los tábanos dejaron el país completamente arruinado. **25** (21) Entonces el faraón mandó llamar a Moisés y Aarón, y les dijo:

—Vayan a ofrecer sacrificios a su Dios, pero sin salir del país.

26 (22) Y Moisés contestó:

—No estaría bien hacerlo así, porque los animales que ofrecemos al Señor nuestro Dios son sagrados para los egipcios. Si los egipcios nos vieran sacrificar los animales que ellos adoran, ^{g} estoy seguro de que nos matarían a pedradas. **27** (23) Debemos ir al desierto, a tres días de camino, y ofrecer allí sacrificios al Señor nuestro Dios, tal como él nos lo ordene.

28 (24) Entonces el faraón dijo:

—Los dejaré ir al desierto para que ofrezcan sacrificios al Señor su Dios, con la condición de que no se vayan demasiado lejos. Y pídanle también por mí.

29 (25) Y Moisés contestó:

—En cuanto yo salga de aquí, le pediré al Señor que mañana se alejen los tábanos de ti, de tus funcionarios y de tu pueblo, siempre y cuando no sigas engañándonos ni impidiendo que los israelitas vayan a ofrecer sacrificios al Señor.

30 (26) En cuanto Moisés salió del palacio del faraón, oró al Señor, **31** (27) y el Señor hizo lo que Moisés le pidió: los tábanos se alejaron del faraón, de sus funcionarios y de su gente. **32** (28) Pero el faraón volvió a ponerse terco, y no dejó ir a los israelitas.

9 La plaga en el ganado

1 Entonces el Señor le dijo a Moisés:

—Ve a ver al faraón, y dile: 'Así dice el Señor, el Dios de los hebreos: Deja ir a mi pueblo, para que me adore. **2** Si no los dejas ir, sino que los sigues deteniendo, **3** el Señor descargará su poder sobre tus ganados que están en el campo, y habrá una peste muy grave. Morirán los caballos, los asnos, los camellos, las vacas y las ovejas. **4** Pero el Señor hará

---

^{c} **8.8(4)** *El poder de las "señales" divinas vence por un instante la soberbia del faraón y lo obliga a reconocer al Dios de Israel como el verdadero Dios, confesándose culpable y suplicando a Moisés que interceda por él. (Cf. Ex 9.27-28; 10.16-17; 12.31-32.) Pero se trata de un cambio pasajero. Véanse 10.16-17 n.; 11.1-10 n., y cf. 14.5.*

^{d} **8.19(15)** *¡Aquí está la mano de Dios!:* Véase Lc 11.20 n.

^{e} **8.21(17)** *Tábanos:* No está claro a qué insectos se refiere el texto. Probablemente se trata de un término general para designar una terrible invasión de toda clase de insectos.

^{f} **8.23(19)** *Haré distinción:* según la versión griega (LXX); heb. *realizaré una liberación.* Cf. v. 22(18); Ex 9.4; 11.7.

^{g} **8.26(22)** *Son sagrados para los egipcios... ellos adoran:* en ambos casos, lit. *son abominación para los egipcios.* Estos, en efecto, consideraban que ciertos animales como el carnero, el chivo o el toro eran sagrados; por lo tanto, ofrecer esos animales como víctimas de los sacrificios sería visto como una grave ofensa.

distinción entre los ganados de Israel y los de Egipto, para que no muera ningún animal de los israelitas.'

⁵ Además el Señor puso un plazo, y dijo:

—Yo haré esto mañana.

⁶ Al día siguiente, el Señor lo hizo. Todo el ganado egipcio murió, pero del ganado israelita no murió ni un solo animal. ⁷ El faraón mandó a ver el ganado de Israel, y resultó que ningún animal había muerto. Sin embargo, se puso terco y no dejó ir a los israelitas.

La plaga de llagas ⁸ Entonces el Señor les dijo a Moisés y Aarón:

—Tomen puñados de ceniza de un horno, y que arroje Moisés la ceniza hacia arriba, en presencia del faraón. ⁹ La ceniza se convertirá en polvo y se extenderá por todo el país, produciendo llagas en todos los hombres y animales de Egipto.

¹⁰ Moisés y Aarón tomaron ceniza de un horno y fueron a ver al faraón. Allí Moisés arrojó la ceniza hacia arriba, y tanto hombres como animales quedaron cubiertos de llagas. ᵃ ¹¹ Los magos no pudieron hacerle frente a Moisés, porque ellos, lo mismo que todos los egipcios, estaban cubiertos de llagas. ¹² Pero el Señor hizo que el faraón se pusiera terco y que no les hiciera caso a Moisés y Aarón, tal como el Señor le había dicho a Moisés.

La plaga de granizo ¹³ Entonces el Señor le dijo a Moisés:

—Levántate mañana temprano, y ve a decirle al faraón: 'Así ha dicho el Señor, el Dios de los hebreos: Deja ir a mi pueblo, para que me adore; ¹⁴ porque esta vez voy a enviar todas mis plagas contra ti, y contra tus funcionarios y tu gente, para que sepas que no hay otro como yo en toda la tierra. ¹⁵ Yo podría haberte mostrado mi poder castigándote a ti y a tu pueblo con una plaga, y ya habrías desaparecido de la tierra; ¹⁶ pero te he dejado vivir para que veas mi poder, y para darme a conocer en toda la tierra. ᵇ ¹⁷ A pesar de eso, tú sigues oponiéndote a mi pueblo y no lo dejas ir. ¹⁸ ¡Pues bien! Mañana a esta hora haré que caiga una fuerte granizada, como no ha caído otra igual en toda la historia de Egipto. ¹⁹ Así que manda poner en lugar seguro tu ganado y todo lo que tienes en el campo, porque el granizo, al caer, matará a todos los hombres y animales que estén al aire libre y no bajo techo.'

²⁰ Algunos funcionarios del faraón tuvieron miedo de la advertencia del Señor, y pusieron a sus esclavos y animales bajo techo; ²¹ pero hubo otros que no la tomaron en serio, y los dejaron al aire libre. ²² Entonces el Señor le dijo a Moisés:

—Levanta tu brazo hacia el cielo, para que en todo Egipto caiga granizo sobre hombres y animales, y sobre las plantas de los campos egipcios.

²³ Moisés levantó su brazo ᶜ hacia el cielo, y el Señor envió truenos, ᵈ rayos y granizo sobre la tierra. Hizo que granizara en todo Egipto, ²⁴ y el granizo y los rayos ᵉ caían sin parar. En toda la historia de Egipto jamás había caído una granizada tan fuerte. ²⁵ El granizo destrozó todo lo que había en el territorio egipcio: destruyó hombres y animales, y todas las plantas del campo, y desgajó además todos los árboles del país. ²⁶ A pesar de eso, en la tierra de Gosen, donde vivían los israelitas, no cayó un solo granizo.

²⁷ Entonces el faraón mandó llamar a Moisés y Aarón, y les dijo:

—Reconozco que he pecado. La culpa es mía y de mi pueblo, y no del Señor. ²⁸ Demasiados truenos y granizo hemos tenido ya, así que no voy a detenerlos más. Pidan ustedes al Señor por nosotros, y yo los dejaré ir.

²⁹ Y Moisés le contestó:

—Tan pronto como yo salga de la ciudad, levantaré mis manos en oración al Señor. Entonces dejará de granizar y no habrá más truenos, para que sepas que la tierra es del Señor. ³⁰ Pero yo sé bien que ni tú ni tus funcionarios tienen todavía temor de Dios el Señor.

³¹ Los sembrados de lino y de cebada quedaron destrozados, pues la cebada estaba ya en espiga y el lino estaba en flor. ³² Pero al trigo y al centeno no les pasó nada porque brotan más tarde.

³³ Cuando Moisés salió de la ciudad, después de haber estado con el faraón, levantó sus manos al Señor en oración. Inmediatamente dejó de granizar y de llover, y no hubo más truenos. ³⁴ Pero en cuanto el faraón vio que ya no llovía, ni granizaba, ni había truenos, volvió a pecar. Y no solo él se puso terco, sino también sus funcionarios. ³⁵ El faraón se puso terco y no dejó ir a los israelitas, tal como el Señor lo había dicho antes por medio de Moisés.

10 **La plaga de langostas** ¹ El Señor le dijo a Moisés:

—Ve a ver al faraón, pues yo he hecho que él y sus funcionarios se pongan tercos para mostrarles las grandes maravillas que yo puedo hacer, ² y para que tú les cuentes a tus hijos y nietos la forma en que me burlé de los egipcios, y las grandes maravillas que hice entre ellos. Así sabrán ustedes que yo soy el Señor.

³ Moisés y Aarón fueron a ver al faraón, y le dijeron:

—Así dice el Señor, el Dios de los hebreos: '¿Hasta cuándo te negarás a humillarte delante de mí? Deja ir a mi pueblo, para que me adore; ⁴ porque si te sigues oponiendo a dejarlo ir, mañana haré que vengan langostas sobre tu país, ᵃ ⁵ las cuales cubrirán la tierra en tal cantidad que no se podrá ver el suelo. Se comerán lo poco que haya quedado después del granizo, y se comerán también todos los árboles del campo. ⁶ Llenarán tus palacios, y las casas de tus funcionarios, y las casas de todos los egipcios. ¡Será algo como nunca vieron tus padres ni tus abuelos desde sus días hasta los nuestros!'

Al terminar de hablar, Moisés dio media vuelta y salió del palacio del faraón. ⁷ Entonces los funcionarios del faraón dijeron:

—¿Hasta cuándo nos va a causar problemas este hombre? Deje Su Majestad que esa gente vaya a adorar a su

---

ᵃ **9.10** Cf. Ap 16.2.
ᵇ **9.16** Citado en Ro 9.17.
ᶜ **9.23** *Su brazo:* según la versión griega (LXX); heb. *su bastón.*
ᵈ **9.23** *Envió truenos:* lit. *dio voces.* Con frecuencia, en la Biblia se considera el trueno es como la voz de Dios; cf. Job 37.2; Sal 18.13(14); 29.3.
ᵉ **9.23-24** Cf. Ap 8.7; 16.21.
ᵃ **10.4** Véase Jl 1.4 n.

Dios, el Señor. ¿Todavía no se da cuenta Su Majestad de que Egipto está arruinado?

⁸ El faraón mandó llamar otra vez a Moisés y Aarón, y les dijo:

—Vayan a adorar al Señor su Dios. Pero antes díganme quiénes van a ir.

⁹ Moisés contestó:

—Tenemos que ir con nuestros niños y ancianos, hijos e hijas, y con nuestras ovejas y vacas, pues para nosotros es una gran fiesta del Señor.

¹⁰ Pero el faraón les dijo:

—¡Claramente se ven sus malas intenciones! ¿Y ustedes creen que el Señor los va a acompañar, y que voy a dejar que ustedes y sus niños se vayan? ¹¹ Pues no va a ser así. Vayan ustedes, los hombres adultos, a adorar al Señor, ya que eso es lo que quieren.

Y el faraón ordenó que los echaran de su presencia.

¹² Pero el Señor le dijo a Moisés:

—Extiende tu brazo sobre Egipto, para que vengan las langostas y acaben con todas las plantas del país y con todo lo que quedó después del granizo.

¹³ Moisés extendió su brazo sobre Egipto, y el Señor hizo venir un viento del este que sopló sobre el país todo el día y toda la noche. Al día siguiente, el viento del este había traído las langostas, ¹⁴ las cuales invadieron todo el país. Nunca antes hubo, ni habrá después, tantas langostas como en aquel día, ᵇ ¹⁵ pues cubrieron la tierra en tal cantidad que no se podía ver el suelo, y se comieron todas las plantas y toda la fruta que había quedado en los árboles después del granizo. No quedó nada verde en ningún lugar de Egipto: ni en el campo ni en los árboles.

¹⁶ El faraón mandó llamar inmediatamente a Moisés y Aarón, y les dijo:

—He pecado contra el Señor su Dios, y contra ustedes, ¹⁷ pero les ruego que tan solo esta vez perdonen mi pecado, y que oren por mí al Señor su Dios, para que por lo menos aleje de mí esta plaga mortal. ᶜ

¹⁸ En cuanto Moisés salió del palacio del faraón, oró al Señor. ¹⁹ Entonces el Señor cambió el rumbo del viento, y lo convirtió en un fuerte viento del oeste que se llevó las langostas y las echó en el Mar Rojo. No quedó en todo Egipto una sola langosta. ²⁰ Pero el Señor hizo que el faraón se pusiera terco y que no dejara ir a los israelitas.

La plaga de la oscuridad ²¹ Entonces el Señor le dijo a Moisés:

—Extiende tu brazo hacia el cielo, para que en todo Egipto haya una oscuridad tan espesa que hasta se pueda tocar.

²² Moisés levantó su brazo hacia el cielo y hubo una oscuridad ᵈ tan grande en todo Egipto ²³ que, durante tres días, nadie podía ver a su vecino ni moverse de su lugar. En cambio, en todas las casas de los israelitas había luz.

²⁴ Entonces el faraón mandó llamar a Moisés, y le dijo:

—Vayan a adorar al Señor, y llévense también a sus hijos; pero dejen aquí sus ovejas y sus vacas.

²⁵ Pero Moisés contestó:

—Al contrario, tú mismo nos vas a dar los animales que vamos a sacrificar y quemar en honor del Señor nuestro Dios. ᵉ ²⁶ Además, nuestros ganados irán con nosotros. Ni un solo animal debe quedarse, porque tenemos que escoger algunos de ellos para rendir culto al Señor. Mientras no lleguemos allá, no sabremos qué vamos a necesitar para adorar al Señor.

²⁷ Pero el Señor hizo que el faraón se pusiera terco y que no los dejara ir. ²⁸ Además el faraón le dijo a Moisés:

—Vete de aquí, y cuídate bien de no venir a verme otra vez, porque el día que vuelvas a presentarte ante mí, morirás.

²⁹ Y Moisés contestó:

—Bien dicho. No volveré a verte.

11 Anuncio de la muerte de los hijos mayores ᵃ

¹ El Señor le dijo a Moisés:

—Todavía voy a traer otra plaga sobre el faraón y los egipcios. Después de esto, el faraón no solo va a dejar que ustedes salgan, sino que él mismo los va a echar de aquí. ² Pero ahora diles a los israelitas, hombres y mujeres, que pidan a sus vecinos y vecinas objetos de oro y plata. ᵇ

³ El Señor hizo que los egipcios fueran muy amables con los israelitas. Además, los funcionarios del faraón consideraban a Moisés como un hombre extraordinario, y lo mismo pensaban todos en Egipto.

⁴ Moisés dijo al faraón:

—Así ha dicho el Señor: 'A la medianoche pasaré por todo Egipto, ⁵ y morirá el hijo mayor de cada familia egipcia, desde el hijo mayor del faraón que ocupa el trono, hasta el hijo mayor de la esclava que trabaja en el molino. También morirán todas las primeras crías de los animales. ⁶ En todo Egipto habrá gritos de dolor, como nunca los ha habido ni los volverá a haber.' ⁷ Y para que sepan ustedes que el Señor hace diferencia ᶜ entre egipcios e israelitas, ni siquiera le ladrarán los perros ᵈ a ningún hombre o animal de los israelitas. ⁸ Entonces vendrán a verme todos estos funcionarios tuyos, y de rodillas me pedirán: 'Váyanse, tú y toda la gente que te sigue.' Antes de eso, no me iré.

Y muy enojado, Moisés salió de la presencia del faraón.

⁹ Después, el Señor le dijo a Moisés:

—El faraón no les va a hacer caso a ustedes, y así serán más las maravillas que yo haré en Egipto.

ᵇ 10.12-14 Cf. Ap 9.2-3.

ᶜ 10.16-17 Este aparente cambio de actitud contrasta con la arrogancia mostrada hasta ahora. El faraón parece dispuesto a ceder y hasta a reconocer su pecado; pero pronto se desdice y pone condiciones inaceptables (v. 24).

ᵈ 10.22 Sal 105.28; Sab 17.1—18.24; Ap 16.10. Véase también Ex 7.17 n.

ᵉ 10.25 Esta frase también podría interpretarse como una pregunta irónica: *en ese caso* (de no poder llevar los animales), *¿vas a darnos tú mismo las víctimas para los sacrificios?*

ᵃ 11.1-10 Al término de las nueve plagas, el faraón se muestra tan inflexible como al comienzo (Ex 5.2; 7.22-23; 10.28). Por eso, el Señor anuncia una décima plaga, la más terrible de todas, que obligará a los egipcios a suplicar a Moisés que se vaya cuanto antes al frente de su pueblo (vv. 1,8).

ᵇ 11.2-3 Cf. Ex 3.21-22; 12.35-36.

ᶜ 11.7 Cf. Ex 8.22-23(18-19); 9.4.

ᵈ 11.7 Cf. Ex 9.26; 10.23.

¹⁰ Moisés y Aarón hicieron todas estas maravillas delante del faraón, pero como el Señor lo había hecho ponerse terco, el faraón no dejó salir de Egipto a los israelitas.

12 La Pascua ᵃ
¹ El Señor habló en Egipto con Moisés y Aarón, y les dijo: ² "Este mes será para ustedes el principal, el primer mes del año. ᵇ ³ Dígale a toda la comunidad israelita lo siguiente: 'El día diez de este mes, cada uno de ustedes tomará un cordero o un cabrito por familia, uno por cada casa. ⁴ Y si la familia es demasiado pequeña para comerse todo el animal, entonces el dueño de la casa y su vecino más cercano lo comerán juntos, repartiéndoselo según el número de personas que haya y la cantidad que cada uno pueda comer. ⁵ El animal deberá ser de un año, macho y sin defecto, y podrá ser un cordero o un cabrito. ⁶ Lo guardarán hasta el catorce de este mes, y ese día todos y cada uno en Israel lo matarán al atardecer.ᶜ ⁷ Tomarán luego la sangre del animal y la untarán por todo el marco de la puerta de la casa donde coman el animal. ⁸ Esa noche comerán la carne asada al fuego, con hierbas amargas y pan sin levadura. ⁹ No coman ni un solo pedazo crudo o hervido. Todo el animal, lo mismo la cabeza que las patas y las entrañas, tiene que ser asado al fuego, ¹⁰ y no deben dejar nada para el día siguiente. Si algo se queda, deberán quemarlo. ¹¹ Ya vestidos y calzados, y con el bastón en la mano, coman de prisa el animal, porque es la Pascua del Señor.ᵈ ¹² Esa noche yo pasaré por todo Egipto, y heriré de muerte al hijo mayor de cada familia egipcia y a las primeras crías de sus animales, y dictaré sentencia contra todos los dioses de Egipto. Yo, el Señor, lo he dicho.

¹³ 'La sangre les servirá para que ustedes señalen las casas donde se encuentren. Y así, cuando yo hiera de muerte a los egipcios, ninguno de ustedes morirá, pues veré la sangre y pasaré de largo.ᵉ ¹⁴ Este es un día que ustedes deberán recordar y celebrar con una gran fiesta en honor del Señor. Lo celebrarán como una ley permanente que pasará de padres a hijos. ¹⁵ Comerán pan sin levadura durante siete días;ᶠ por lo tanto, desde el primer día no deberá haber levadura en sus casas. Cualquiera que coma pan con levadura durante estos siete días, será eliminado del pueblo de Israel. ¹⁶ Tanto el primer día como el séptimo deberán dedicarlos a una reunión santa. Esos días no se trabajará, a no ser para preparar la comida de cada persona. ¹⁷ La fiesta de los panes sin levadura es un día que ustedes deberán celebrar, porque en ese mismo día los saqué de Egipto a todos ustedes. Lo celebrarán como una ley permanente que pasará de padres a hijos. ¹⁸ Comerán pan sin levadura desde la tarde del día catorce del primer mes hasta la tarde del día veintiuno del mismo mes. ¹⁹ No deberá haber levadura en sus casas durante siete días, porque cualquiera que coma pan con levadura será eliminado de la comunidad israelita, tanto si es extranjero como si es del país. ²⁰ Por lo tanto, no coman nada que tenga levadura. Dondequiera que ustedes vivan, deberán comer pan sin levadura.' "

²¹ Moisés mandó llamar a todos los ancianos israelitas y les dijo: "Vayan y tomen un cordero o un cabrito para sus familias, y mátenlo para celebrar la Pascua. ²² La sangre debe quedar en una palangana; tomen después un manojo de ramas de hisopo,ᵍ mójenlo en la sangre, y unten la sangre por todo el marco de la puerta de la casa. Ninguno de ustedes debe salir de su casa antes del amanecer. ²³ Cuando el Señor pase para herir de muerte a los egipcios, verá la sangre por todo el marco de la puerta, y pasará de largo por esa casa. Así el Señor no dejará que el destructorʰ entre en las casas de ustedes. ²⁴ Esta orden la respetarán ustedes y sus descendientes, como una ley eterna. ²⁵ Cuando ustedes hayan entrado en la tierra que el Señor les va a dar, tal como lo ha prometido, deberán seguir celebrando esta ceremonia. ²⁶ Y cuando sus hijos les pregunten: '¿Qué significa esta ceremonia?', ²⁷ ustedes deberán contestar: 'Este animal se sacrifica en la Pascua, en honor del Señor. Cuando él hirió de muerte a los egipcios, pasó de largo por las casas de los israelitas que vivían en Egipto, y así salvó a nuestras familias.' "

Entonces los israelitas se inclinaron en actitud de adoración, ²⁸ y luego fueron e hicieron todo tal como el Señor se lo había ordenado a Moisés y Aarón.

La muerte de los hijos mayores ⁱ
²⁹ A medianoche el Señor hirió de muerte al hijo mayor de cada familia

---

ᵃ 12.1—13.22 Los dos caps. siguientes presentan una estructura bastante compleja, porque en ellos se combinan las prescripciones relativas al culto y los textos narrativos. Las prescripciones rituales describen primero la fiesta de Pascua, en su doble aspecto de banquete sagrado familiar y de empleo de la sangre como signo protector (Ex 12.2-14,21-27,43-49); luego vienen las normas relativas a la celebración de la fiesta de los panes sin levadura, que prolonga la Pascua (12.15-20; 13.3-10) y, por último, se añaden las normas que prescriben la consagración al Señor de los hijos mayores o primogénitos (13.1-2,11-16). Los textos narrativos, por su parte, relatan primero la décima plaga (12.29-36) y luego la precipitada salida de los israelitas (12.37-42) hasta los bordes del desierto (13.17-22). Ambas partes están estrechamente unidas, porque las fiestas conmemoraban lo que había hecho el Señor en favor de su pueblo (12.14,26-27; 13.8-10).

ᵇ 12.2 *El primer mes:* el de Abib (marzo-abril; cf. Ex 13.4), llamado también de Nisán (cf. Neh 2.1; Est 3.7).

ᶜ 12.6 *Al atardecer:* lit. *entre las dos tardes,* ya sea entre la caída y la puesta del sol, o entre la puesta del sol y la entrada de la noche.

ᵈ 12.11 *Es la Pascua del Señor:* La fiesta de Pascua, por estar relacionada con la liberación de los israelitas de su esclavitud en Egipto, es la conmemoración anual más importante para el pueblo judío (cf. Lv 23.5; Nm 9.1-5; 28.16; Dt 16.1-2). En el NT adquiere un significado especial para los cristianos, ya que se interpreta como figura de la obra redentora de Cristo, *el Cordero de Dios, que quita el pecado del mundo* (Jn 1.29). Cf. especialmente Mt 26.2-29; 1 Co 5.7; 1 P 1.18-19, y véanse Jn 19.14 n.; 19.36 n.

ᵉ 12.13 *Pasaré de largo:* La palabra Pascua (heb. *pesaj*) se asocia con el verbo *pasaj,* que significa "saltar", "pasar por alto" o "pasar de largo". Cf. v. 27.

ᶠ 12.15 *La fiesta de los panes sin levadura* (v. 17), que duraba *siete días* y seguía inmediatamente a la Pascua, llegó a considerarse como parte de esta (Dt 16.1-8). Cf. también Lv 23.6-8; Nm 28.17-25.

ᵍ 12.22 *Hisopo:* arbusto cuyas ramas, preparadas en forma de manojos, se utilizaban para rociar con algunos líquidos. Véase Sal 51.7(9) n.

ʰ 12.23 *El destructor* es el encargado de ejecutar la decisión del Señor (cf. vv. 12 y 29). Probablemente se trata de un ángel como el de 2 S 24.16-17. Cf. Sab 18.25; 1 Co 10.10; Heb 11.28.

ⁱ 12.29-36 El texto retoma el estilo narrativo para relatar la décima plaga, ya anunciada en Ex 11.4; 12.12.

egipcia,ʲ lo mismo al hijo mayor del faraón que ocupaba el trono, que al hijo mayor del que estaba preso en la cárcel, y también a las primeras crías de los animales. **30** El faraón, sus funcionarios, y todos los egipcios, se levantaron esa noche, y hubo grandes gritos de dolor en todo Egipto. No había una sola casa donde no hubiera algún muerto. **31** Esa misma noche el faraón mandó llamar a Moisés y Aarón, y les dijo:

—Váyanse, apártense de mi gente, ustedes y los israelitas. Vayan a adorar al Señor, tal como dijeron. **32** Llévense también sus ovejas y vacas, como querían, y váyanse. Y rueguen a Dios por mí.

33 Los egipcios apuraron a los israelitas para que se fueran pronto de su país, pues pensaban que todos iban a morir. **34** Los israelitas sacaron la masa, todavía sin levadura, y con artesa y todo la envolvieron en sus ropas y se la echaron al hombro. **35** Además, siguiendo las órdenes de Moisés, les pidieron a los egipcios objetos de oro y plata, y vestidos. **36** El Señor hizo que los egipcios dieran de buena gana todo lo que los israelitas pedían, y así los israelitas despojaron a los egipcios.ᵏ

Los israelitas salen de Egipto

37 Los israelitas salieron de Ramsés a Sucot.ˡ Sin contar mujeres y niños, eran como seiscientos mil hombres de a pie, en edad militar. **38** Con ellos se fue muchísima gente de toda clase,ᵐ además de muchas ovejas y vacas. **39** Como no habían tenido tiempo de preparar comida, pues los egipcios los habían echado de su país, hicieron tortas sin levadura con la masa que habían sacado de Egipto, la cual estaba sin fermentar.ⁿ

40 Los israelitas habían vivido en Egipto cuatrocientos treinta años,ñ **41** y el mismo día en que se cumplieron los cuatrocientos treinta años, todos los ejércitos del Señor salieron de aquel país. **42** Esa noche el Señor estuvo vigilante para sacarlos de Egipto. Esa es la noche del Señor, la noche en que, en su honor, los israelitas también deberán estar vigilantes, generación tras generación.

Leyes acerca de la Pascua

43 El Señor les dijo a Moisés y Aarón:

"Esta es la ley para la Pascua: Ningún extranjero podrá comer del animal sacrificado, **44** pero el esclavo comprado por dinero sí podrá comer de él, si ha sido circuncidado antes. **45** Ningún extranjero, ya sea que esté de paso o que viva como asalariado, podrá comer del animal, **46** el cual deberá comerse en una sola casa. No se sacará de la casa ni un solo pedazo de carne del animal sacrificado, ni se le quebrarán los huesos.º **47** Esto lo hará toda la comunidad israelita. **48** Sin embargo, si un extranjero vive entre ustedes y quiere celebrar la Pascua en honor del Señor, primero ha de hacer que se circunciden todos los hombres de su familia, y después podrá celebrarla, pues entonces será como los nacidos en el país. Pero no podrá comer del animal nadie que no esté circuncidado. **49** La misma ley se aplicará a los nacidos en el país y a los extranjeros que vivan entre ustedes."ᵖ

50 Los israelitas lo hicieron todo tal como el Señor se lo había ordenado a Moisés y Aarón. **51** Aquel mismo día, el Señor sacó de Egipto a los ejércitos israelitas.

13 ¹ El Señor se dirigió a Moisés y le dijo: ² "Conságrame los hijos mayores, porque todo primer hijo de los israelitas me pertenece, lo mismo que toda primera cría de sus animales."ᵃ

³ Entonces Moisés le dijo al pueblo: "Acuérdense de este día, en que con gran poder el Señor los sacó de Egipto, donde vivían como esclavos. No deberán comer pan con levadura. ⁴ Ustedes salen este día, en el mes de Abib,ᵇ ⁵ y en este mismo mes deberán celebrar la fiesta, una vez que el Señor los haya llevado a la tierra donde la leche y la miel corren como el agua, es decir, al país de los cananeos, hititas, amorreos, heveos y jebuseos, que ya había prometido a sus antepasados que se lo daría a ustedes. ⁶ Comerán pan sin levadura durante siete días, y en el séptimo día harán fiesta en honor del Señor. ⁷ Durante los siete días se comerá pan sin levadura, y en ninguna parte de su territorio deberá haber levadura o pan con levadura. ⁸ En ese día les dirán a sus hijos: 'Esto se hace por lo que el Señor hizo con nosotros cuando

---

ʲ **12.29** Cf. Ex 4.22-23.

ᵏ **12.35-36** Cf. Ex 3.21-22; 11.2-3; Sal 105.37.

ˡ **12.37** *Sucot:* localidad egipcia situada probablemente al sudeste de *Ramsés*; pero véase Ex 14.2 n.

ᵐ **12.38** Este v. es muy importante para reconstruir la historia de la formación del pueblo de Israel. A la salida de Egipto, el pueblo no estaba integrado solamente por los descendientes directos de Jacob, sino que a ellos se les había agregado *muchísima gente de toda clase*.

ⁿ **12.39** Cf. v. 34; Dt 16.3.

ñ **12.40-41** *Cuatrocientos treinta años:* Cf. Gn 15.13-16; Hch 7.6, y véase Gl 3.17 n.

º **12.46** Cf. Nm 9.12; texto citado en Jn 19.36.

ᵖ **12.48-49** Cf. Nm 9.14.

ᵃ **13.1-2** Esta ley se asocia a la Pascua en razón de la décima plaga, que abatió a los primogénitos de Egipto pero no afectó a los primogénitos de Israel. Esta ley se cita en Lc 2.23. Cf. además Ex 22.29-30 [28-29]; 34.19-20; Nm 3.13.

ᵇ **13.4** *Abib:* Véase Ex 12.2 n.

salimos de Egipto. ⁹ Y, como si tuvieran ustedes una marca en el brazo o en la frente, ᶜ esto les hará recordar que siempre deben hablar de la ley del Señor, pues él los sacó de Egipto con gran poder. ¹⁰ Por eso deben celebrar esta ceremonia año tras año, en la fecha señalada.'

¹¹ "Cuando el Señor los haya llevado al país de los cananeos, es decir, cuando les entregue el país, según la promesa que les hizo a ustedes y a sus antepasados, ¹² tendrán que dedicarle todos sus primeros hijos varones y todos los primeros machos que les nazcan a sus animales, porque pertenecen al Señor. ¹³ En el caso de la primera cría de una asna, deberán dar un cordero o un cabrito como rescate por el asno, ᵈ pero si no dan el cordero, entonces le romperán el cuello al asno. También deberán dar una ofrenda como rescate por cada hijo mayor, ¹⁴ y cuando el día de mañana sus hijos les pregunten: '¿Qué quiere decir esto?', les responderán: 'El Señor nos sacó con gran poder de Egipto, donde vivíamos como esclavos. ¹⁵ Cuando el faraón se puso terco en no dejarnos salir, el Señor hirió de muerte al hijo mayor de cada familia egipcia y a todas las primeras crías de sus animales; por eso le ofrecemos al Señor todos los machos que nacen primero, y damos una ofrenda como rescate por nuestro hijo mayor. ¹⁶ Por lo tanto, como si tuvieran una marca en el brazo o en la frente, esta ceremonia les hará recordar a ustedes que el Señor nos sacó de Egipto con gran poder.' "

La columna de nube y de fuego ¹⁷ Cuando el faraón dejó salir al pueblo israelita, Dios no los llevó por el camino que va al país de los filisteos, ᵉ que era el más directo, pues pensó que los israelitas no querrían pelear cuando tuvieran que hacerlo, y que preferirían regresar a Egipto. ¹⁸ Por eso les hizo dar un rodeo por el camino del desierto que lleva al Mar Rojo. ᶠ

Los israelitas salieron de Egipto formados como un ejército. ᵍ ¹⁹ Moisés se llevó consigo los restos de José, pues José había hecho que los hijos de Israel le prometieran hacerlo así. Les había dicho: "En verdad, Dios vendrá a ayudarlos; y cuando eso suceda, ustedes deben llevarse mis restos de aquí." ʰ

²⁰ Los israelitas salieron de Sucot y acamparon en Etam, donde comienza el desierto. ²¹ De día, el Señor los acompañaba en una columna de nube, para señalarles el camino; y de noche, en una columna de fuego, para alumbrarlos. Así pudieron viajar día y noche. ²² La columna de nube siempre iba delante de ellos durante el día, y la columna de fuego durante la noche. ⁱ

14 *Los israelitas cruzan el Mar Rojo* ¹ El Señor se dirigió a Moisés y le dijo:

² "Di a los israelitas que regresen y acampen frente a Pi-hahirot, entre Migdol y el mar, frente a Baal-sefón. ᵃ Que pongan sus campamentos enfrente de este lugar, junto al mar. ³ Así el faraón pensará: 'Los israelitas no saben a dónde ir. Andan perdidos en el desierto.' ᵇ ⁴ Pero yo voy a hacer que el faraón se ponga terco y los persiga; entonces mostraré mi poder en él y en todo su ejército, y los egipcios sabrán que yo soy el Señor."

Los israelitas lo hicieron así. ⁵ Mientras tanto, el rey de Egipto recibió aviso de que los israelitas se habían escapado. Entonces el rey y sus funcionarios cambiaron de parecer en cuanto a ellos, y se dijeron: "¿Pero cómo pudimos permitir que los israelitas se fueran y dejaran de trabajar para nosotros?"

⁶ En seguida el faraón ordenó que prepararan su carro de combate, y se llevó a su ejército. ⁷ Tomó seiscientos de los mejores carros, además de todos los carros de Egipto, que llevaban cada uno un oficial. ⁸ El Señor hizo que el faraón se pusiera terco ᶜ y persiguiera a los israelitas, aun cuando ellos habían salido ya con gran poder. ᵈ

⁹ Los egipcios con todo su ejército, con carros y caballería, salieron a perseguir a los israelitas, y los alcanzaron a la orilla del mar, junto a Pi-hahirot y frente a Baal-sefón, donde estaban acampados. ¹⁰ Cuando los israelitas se dieron cuenta de que el faraón y los egipcios se acercaban, tuvieron mucho miedo y pidieron ayuda al Señor. ¹¹ Y a Moisés le dijeron:

—¿Acaso no había sepulcros en Egipto, que nos sacaste de allá para hacernos morir en el desierto? ¿Por qué nos has hecho esto? ¿Por qué nos sacaste de Egipto? ¹² Esto es precisamente lo que te decíamos en Egipto: 'Déjanos

---

ᶜ **13.9** Cf. Dt 6.6-9; 11.18-20. Este precepto, entendido al pie de la letra, dio origen al uso de las filacterias, es decir, de dos correas que sujetan una cajita con textos de la ley mosaica y que se fijan *en el brazo izquierdo* y *en la frente*. Todavía hoy las usan los judíos ortodoxos.

ᵈ **13.13** El *asno* era considerado un animal impuro, porque no es rumiante ni tiene las pezuñas partidas (Lv 11.3). Por lo tanto, no se podía ofrecer en sacrificio; y si no se lo sustituía por otro (cf. Ex 34.20), había que matarlo sin derramar su sangre.

ᵉ **13.17** Véase Gn 21.32-34 n. El camino que más tarde se llamó *de los filisteos* bordeaba el Mar Mediterráneo. Es, todavía, el más directo entre Egipto y Palestina. Estaba protegido por una cadena de guarniciones, de las que aún quedan algunas ruinas. Si los israelitas, al salir de Egipto, hubieran seguido dicha ruta, habrían tenido que enfrentarse con esas guarniciones.

ᶠ **13.18** *Mar Rojo:* heb. *Yam Suf,* lit. *Mar de los Juncos.* En la Biblia se da este nombre a cada uno de los brazos de mar que se extienden a ambos lados de la península del Sinaí, llamados hoy Golfo de Suez y Golfo de Akaba (cf. 1 R 9.26). Pero este nombre se aplicaba también a los pantanos y lagos que se extendían por la zona que hoy ocupa el Canal de Suez, entre el golfo y el Mar Mediterráneo.

ᵍ **13.18** *Como un ejército:* traducción poco segura de un término hebreo cuya raíz podría ser la misma que la del número cinco. Por eso, algunos traducen *en cinco cuerpos* o *secciones* (vanguardia, cuerpo principal, ala derecha, ala izquierda y retaguardia), como un ejército en orden de batalla.

ʰ **13.19** Cf. Gn 50.25; Jos 24.32.

ⁱ **13.21-22** Cf. Ex 40.34-38; Nm 9.15-23; Sab 10.17; 18.3.

ᵃ **14.2** *Pi-hahirot, Migdol y Baal-sefón:* No se ha podido determinar la ubicación exacta de estos lugares, como tampoco la de *Sucot* y *Etam* (Ex 12.37; 13.20), sobre todo después que la construcción del Canal de Suez modificó la topografía de toda aquella región. Esto hace imposible localizar con precisión la ruta del éxodo y la mayor parte de los lugares mencionados en los caps. siguientes.

ᵇ **14.3** *Andan perdidos en el desierto:* Otra posible traducción: *El desierto les cierra el paso.*

ᶜ **14.8** *Terco:* Véase Ex 7.3 n.

ᵈ **14.8** *Con gran poder:* lit. *con la mano en alto,* como quien emprende con firmeza el camino de la libertad. Cf. Nm 33.3.

trabajar para los egipcios. ¡Más nos vale ser esclavos de ellos que morir en el desierto!' *e*
¹³ Pero Moisés les contestó:
—No tengan miedo. Manténganse firmes y fíjense en lo que el Señor va a hacer hoy para salvarlos, *f* porque nunca más volverán a ver a los egipcios que hoy ven. ¹⁴ Ustedes no se preocupen, que el Señor va a pelear por ustedes.
¹⁵ Entonces el Señor le dijo a Moisés:
—¿Por qué me pides ayuda? ¡Ordena a los israelitas que sigan adelante! ¹⁶ Y tú, levanta tu bastón, extiende tu brazo y parte el mar en dos, para que los israelitas lo crucen en seco. ¹⁷ Yo voy a hacer que los egipcios se pongan tercos y los persigan; entonces mostraré mi poder en el faraón y en todo su ejército, en sus carros y caballería. ¹⁸ Cuando haya mostrado mi poder en el faraón, y en sus carros y caballería, los egipcios sabrán que yo soy el Señor.
¹⁹ En ese momento el ángel de Dios y la columna de nube, que marchaban al frente de los israelitas, cambiaron de lugar y se pusieron detrás de ellos. ²⁰ Así la columna de nube quedó entre el ejército egipcio y los israelitas; para los egipcios era una nube oscura, pero a los israelitas los alumbraba. Por eso los egipcios no pudieron alcanzar a los israelitas en toda la noche. *g*
²¹ Moisés extendió su brazo sobre el mar, y el Señor envió un fuerte viento del este que sopló durante toda la noche y partió el mar en dos. Así el Señor convirtió el mar en tierra seca, ²² y por tierra seca lo cruzaron los israelitas, entre dos murallas de agua, una a la derecha y otra a la izquierda. *h*
²³ Toda la caballería y los carros del faraón entraron detrás de ellos, y los persiguieron hasta la mitad del mar; ²⁴ pero a la madrugada *i* el Señor miró de tal manera al ejército de los egipcios, desde la columna de fuego y de nube, que provocó un gran desorden entre ellos; ²⁵ descompuso además las ruedas de sus carros, de modo que apenas podían avanzar. Entonces los egipcios dijeron:
—Huyamos de los israelitas, pues el Señor pelea a favor de ellos y contra nosotros.
²⁶ Pero el Señor le dijo a Moisés:
—Extiende tu brazo sobre el mar, para que el agua regrese y caiga sobre los egipcios, y sobre sus carros y caballería.

²⁷ Moisés extendió su brazo sobre el mar y, al amanecer, el agua volvió a su cauce normal. Cuando los egipcios trataron de huir, se toparon con el mar, y así el Señor los hundió en él. ²⁸ Al volver el agua a su cauce normal, cubrió los carros y la caballería, y todo el ejército que había entrado en el mar para perseguir a los israelitas. Ni un solo soldado del faraón quedó vivo. ²⁹ Sin embargo, los israelitas cruzaron el mar por tierra seca, entre dos murallas de agua, una a la derecha y otra a la izquierda.
³⁰ En aquel día el Señor salvó a los israelitas del poder de los egipcios, y los israelitas vieron los cadáveres de los egipcios a la orilla del mar. ³¹ Al ver los israelitas el gran poder que el Señor había desplegado contra Egipto, mostraron reverencia ante el Señor y tuvieron confianza en él y en su siervo Moisés. *j*

15 El canto de Moisés *a*

¹ Entonces Moisés y los israelitas entonaron este canto en honor del Señor:

"Cantaré en honor del Señor,
que tuvo un triunfo maravilloso
al hundir en el mar caballos y jinetes.
² Mi canto es al Señor, *b*
quien es mi fuerza y salvación. *c*
Él es mi Dios, y he de alabarlo;
es el Dios de mi padre, y he de enaltecerlo.
³ El Señor es un gran guerrero. *d*
El Señor, ¡ese es su nombre!

⁴ El Señor hundió en el mar
los carros y el ejército del faraón;
¡sus mejores oficiales
se ahogaron en el Mar Rojo!
⁵ Cayeron hasta el fondo, como piedras,
y el mar profundo los cubrió.

⁶ Oh, Señor, fue tu mano derecha,
fuerte y poderosa,
la que destrozó al enemigo.
⁷ Con tu gran poder aplastaste
a los que se enfrentaron contigo;
se encendió tu enojo,
y ellos ardieron como paja.
⁸ Soplaste con furia, y el agua se amontonó;

---

e **14.11-12** Las protestas de los israelitas son un tema característico de las tradiciones acerca de la marcha por el desierto. Cf. Ex 15.24; 17.2-3; 32.1; Nm 11.1-6; 14.1-4; 16.12-14; 20.2-5; 21.4-5.

f **14.13** Cf. Jos 1.9; 10.8; 2 Cr 32.7; Is 7.4.

g **14.20** El texto hebreo de este v. no es completamente claro, y las versiones antiguas lo traducen de diferentes maneras.

h **14.21-22** Cf. Sal 77.16-20(17-21); Sab 10.18-19; 1 Co 10.1-2; Heb 11.29. Existen varias teorías relativas al sitio exacto por donde los israelitas cruzaron el Mar Rojo. Entre los lugares propuestos, se han señalado puntos tan distantes entre sí como la región de los islotes bajos del lago Sirbonis (actualmente lago Bardowil), en la costa sur del Mediterráneo, y algún lugar del Mar Rojo propiamente dicho, al sur de la actual ciudad de Suez. A la luz de los datos bíblicos, lo más que puede asegurarse es que el paso ocurrió en algún punto entre el Golfo de Suez y el Mediterráneo.

i **14.24** *A la madrugada:* lit. *en la vigilia de la mañana,* es decir, en la última de las tres partes en que se dividía la noche, entre las dos y las seis horas.

j **14.30-31** El milagro del mar ha dejado una huella indeleble en la memoria de Israel y ha alimentado su fe a lo largo de toda su historia (cf. Dt 6.21-23; 26.8; Jos 24.6-7; 1 S 12.6). El libro de *Isaías* habla de la liberación de los cautivos en Babilonia como de un nuevo éxodo (Is 43.16-21).

a **15.1-18** Este canto de triunfo retoma los hechos relatados en el cap. anterior. El himno puede dividirse en dos partes: la primera (vv. 1-12) celebra la victoria del Señor sobre el faraón y su ejército; la segunda (vv. 13-18) muestra cómo el Señor conduce al pueblo por el desierto en su marcha hacia la Tierra prometida. A este canto se alude en Ap 15.3.

b **15.2** *Señor:* heb. *Yah,* otra forma del nombre *Yahvé,* el nombre sagrado del Dios de Israel (véase Ex 3.15 n.).

c **15.2** Cf. Ex 14.13-14; Sal 118.14; Is 12.2.

d **15.3** Cf. Sal 24.8.

las olas se levantaron como un muro;
¡el centro del mar profundo se quedó inmóvil! [e]
⁹ El enemigo había pensado:
'Los voy a perseguir hasta alcanzarlos,
y voy a repartir lo que les quite
hasta quedar satisfecho.
Sacaré la espada,
y mi brazo los destruirá.'
¹⁰ Pero soplaste, y el mar se los tragó;
se hundieron como plomo en el agua tempestuosa.

¹¹ Oh, Señor,
¡ningún dios puede compararse a ti!
¡Nadie es santo ni grande como tú!
¡Haces cosas maravillosas y terribles!
¡Eres digno de alabanza!
¹² ¡Desplegaste tu poder
y se los tragó la tierra!
¹³ Con tu amor vas dirigiendo
a este pueblo que salvaste; [f]
con tu poder lo llevas a tu santa casa. [g]
¹⁴ Las naciones temblarán cuando lo sepan,
los filisteos [h] se retorcerán de dolor,
¹⁵ los capitanes de Edom se quedarán sin aliento,
los jefes de Moab temblarán de miedo,
y perderán el valor todos los cananeos. [i]

¹⁶ Oh, Señor,
¡que se asusten!, ¡que tengan miedo!,
¡que se queden como piedras
por la fuerza de tu brazo,
hasta que haya pasado tu pueblo,
el pueblo que has hecho tuyo!
¹⁷ Oh, Señor,
llévanos a vivir a tu santo monte,
al lugar que escogiste para vivir,
al santuario que afirmaste con tus manos. [j]

¹⁸ ¡El Señor reina por toda la eternidad!"

El canto de María ¹⁹ Cuando los carros y la caballería del faraón entraron en el mar, el Señor hizo que el agua del mar les cayera encima; pero los israelitas cruzaron el mar como por tierra seca. ²⁰ Entonces la profetisa María, [k] hermana de Aarón, tomó una pandereta, y todas las mujeres la siguieron, bailando y tocando panderetas, ²¹ mientras ella les cantaba:

"Canten en honor al Señor,
que tuvo un triunfo maravilloso
al hundir en el mar caballos y jinetes." [l]

II. LA MARCHA DE LOS ISRAELITAS HACIA EL SINAÍ (15.22—18.27)

El agua amarga ²² Moisés hizo que los israelitas se alejaran del Mar Rojo. Entonces ellos se fueron al desierto de Sur, [m] y durante tres días caminaron por él, sin encontrar agua. ²³ Cuando llegaron a Mará, no pudieron beber el agua que allí había, porque era amarga. Por eso llamaron Mará [n] a ese lugar.

²⁴ La gente empezó a hablar mal de Moisés, y preguntaban: "¿Qué vamos a beber?" [ñ] ²⁵ Entonces Moisés pidió ayuda al Señor, y él le mostró un arbusto. Moisés echó el arbusto al agua, y el agua se volvió dulce.

Allí el Señor los puso a prueba, y les dio una ley y una norma de conducta. ²⁶ Les dijo: "Si ponen ustedes toda su atención en lo que yo, el Señor su Dios, les digo, y si hacen lo que a mí me agrada, obedeciendo mis mandamientos y cumpliendo mis leyes, no les enviaré ninguna de las plagas que envié sobre los egipcios, pues yo soy el Señor, el que los sana a ustedes." [o]

²⁷ Después llegaron a Elim, donde había doce manantiales de agua y setenta palmeras, y allí acamparon junto al agua.

16 **Dios da el maná** ¹ Toda la comunidad israelita salió de Elim y llegó al desierto de Sin, [a] que está entre Elim y Sinaí. Era el día quince del mes segundo después de su salida de Egipto. ² Allí, en el desierto, todos ellos comenzaron a murmurar [b] contra Moisés y Aarón. ³ Y les decían:

—¡Ojalá el Señor nos hubiera hecho morir en Egipto! Allá nos sentábamos junto a las ollas de carne y comíamos hasta llenarnos, pero ustedes nos han traído al desierto para matarnos de hambre a todos.

⁴ Entonces el Señor le dijo a Moisés:
—Voy a hacer que les llueva comida del cielo. [c] La gente

---

[e] 15.8 Cf. Sal 77.16-19(17-20); 78.12-13. *Se quedó inmóvil:* lit. *se congeló* o *se cuajó.*
[f] 15.13 *Este pueblo que salvaste:* lit. *este pueblo que rescataste* (o *redimiste*). Véase Ex 6.6 n.
[g] 15.13-17 Cf. Sal 78.52-55. Esta parte del himno evoca hechos posteriores a la salida de Egipto y el paso del mar, porque estos no eran un final sino un comienzo: una vez liberado de la esclavitud, el pueblo debía emprender la marcha hacia la meta que le había fijado el Señor (cf. v. 17).
[h] 15.14 Como en Ex 13.17, esta mención de los filisteos proviene de una época posterior. Véase Gn 21.32-34 n.
[i] 15.15 Cf. Nm 20.14-21; 21.13-15.
[j] 15.17 *A tu santo monte:* lit. *al monte de tu heredad,* es decir, al monte Sión, donde más tarde se construyó el templo de Jerusalén. Véase Sal 2.6 n.
[k] 15.20 *La profetisa María* (heb. *Miriam*): El AT menciona a otras profetisas, como Débora (Jue 4.4) y Huldá (2 R 22.14). Véase Ex 2.4 n.
[l] 15.21 El canto de María es casi idéntico al verso inicial del canto de Moisés (cf. v. 1). Ese estribillo parece ser el núcleo a partir del cual se compuso más tarde el resto del poema.
[m] 15.22 El *desierto de Sur* se extendía desde la frontera de Egipto hacia el oriente.
[n] 15.23 En hebreo, *Mará* significa *amarga.*
[ñ] 15.24 Acerca de la murmuración de los israelitas, véase Ex 14.11-12 n.
[o] 15.26 El tema del Dios que *sana* aparece en numerosos textos (Dt 7.15; 32.39; Jer 17.14; Sal 41.3-4[4-5]) y se refiere tanto a la curación de las enfermedades físicas como al perdón de los pecados y a la salvación en el pleno sentido del término. Cf. Stg 5.15.
[a] 16.1 *Elim:* Se trata probablemente de un oasis situado al borde del Mar Rojo, cerca de 130 km. al sudeste de Suez. En Nm 33.9 se dice que en *Elim había doce manantiales y setenta palmeras.* El *desierto de Sin* debía estar en la parte sudoeste de la península del Sinaí.
[b] 16.2 *Comenzaron a murmurar:* Véase Ex 14.11-12 n.
[c] 16.4 Más adelante (v. 31), esta comida recibe el nombre de *maná.* Cf. Sab 16.20-29; Jn 6.31.

deberá salir cada día, y recogerá solo lo necesario para ese día. Quiero ver quién obedece mis instrucciones y quién no. ⁵ El sexto día, cuando preparen lo que van a llevar a casa, deberán recoger el doble ᵈ de lo que recogen cada día.

⁶ Moisés y Aarón dijeron entonces a los israelitas:

—Por la tarde sabrán ustedes que el Señor fue quien los sacó de Egipto, ⁷ y por la mañana verán la gloria del Señor; ᵉ pues ha oído que ustedes murmuraron contra él. Porque, ¿quiénes somos nosotros para que ustedes nos critiquen?

⁸ Y Moisés añadió:

—Por la tarde el Señor les va a dar carne para comer, y por la mañana les va a dar pan en abundancia, pues ha oído que ustedes murmuraron contra él. Porque, ¿quiénes somos nosotros? Ustedes no han murmurado contra nosotros, sino contra el Señor.

⁹ Luego Moisés le dijo a Aarón:

—Di a todos los israelitas que se acerquen a la presencia del Señor, ᶠ pues él ha escuchado sus murmuraciones.

¹⁰ En el momento en que Aarón estaba hablando con los israelitas, todos ellos miraron hacia el desierto, y la gloria del Señor se apareció en una nube. ¹¹ Y el Señor se dirigió a Moisés y le dijo:

¹² —He oído murmurar a los israelitas. Habla con ellos y diles: 'Al atardecer, ustedes comerán carne, y por la mañana comerán pan hasta quedar satisfechos. Así sabrán que yo soy el Señor su Dios.'

¹³ Aquella misma tarde vinieron codornices, ᵍ las cuales llenaron el campamento, y por la mañana había una capa de rocío alrededor del campamento. ¹⁴ Después que el rocío se hubo evaporado, algo muy fino, parecido a la escarcha, quedó sobre la superficie del desierto. ¹⁵ Como los israelitas no sabían lo que era, al verlo se decían unos a otros: "¿Y esto qué es?" ʰ Y Moisés les dijo:

—Este es el pan que el Señor les da como alimento. ⁱ ¹⁶ Y esta es la orden que ha dado el Señor: Recoja cada uno de ustedes lo que necesite para comer y, según el número de personas que haya en su casa, tome más o menos dos litros ʲ por persona.

¹⁷ Los israelitas lo hicieron así. Unos recogieron más, otros menos, ¹⁸ según la medida acordada; y ni le sobró al que había recogido mucho, ni le faltó al que había recogido poco. ᵏ Cada uno había recogido la cantidad que necesitaba para comer.

¹⁹ Luego Moisés les dijo:

—Nadie debe dejar nada para el día siguiente.

²⁰ Sin embargo, algunos de ellos no hicieron caso a Moisés y dejaron algo para el otro día; pero lo que guardaron se llenó de gusanos y apestaba. Entonces Moisés se enojó con ellos.

²¹ Cada uno recogía por las mañanas lo que necesitaba para comer, pues el calor del sol lo derretía. ²² Pero el sexto día recogieron doble porción de comida, es decir, unos cuatro litros por persona; entonces los jefes de la comunidad fueron a contárselo a Moisés, ²³ y Moisés les dijo:

—Eso es lo que el Señor ha ordenado. Mañana es sábado, ˡ un reposo consagrado al Señor. Cocinen hoy lo que tengan que cocinar y hiervan lo que tengan que hervir, y guarden para mañana todo lo que les sobre.

²⁴ De acuerdo con la orden de Moisés, ellos guardaron para el día siguiente lo que les había sobrado, y no apestaba ni se llenó de gusanos. ²⁵ Entonces Moisés dijo:

—Cómanlo hoy, que es el sábado consagrado al Señor, pues en este día no encontrarán ustedes nada en el campo. ²⁶ Podrán recogerlo durante seis días, pero el séptimo día, que es sábado, no habrá nada.

²⁷ Algunos de ellos salieron el séptimo día a recoger algo, pero no encontraron nada. ²⁸ Entonces el Señor le dijo a Moisés:

—¿Hasta cuándo van ustedes a seguir desobedeciendo mis mandamientos y mis enseñanzas? ²⁹ Tomen en cuenta que yo, el Señor, les he dado un día de reposo; por eso el sexto día les doy comida para dos días. Así que el séptimo día cada uno debe quedarse en su casa y no salir de ella.

³⁰ Entonces la gente reposó el día séptimo.

³¹ Los israelitas llamaron maná ᵐ a lo que recogían. Era blanco, como semilla de cilantro, y dulce como hojuelas con miel.

³² Después Moisés dijo:

—Esta es la orden que ha dado el Señor: 'Llenen de maná una medida de dos litros, y guárdenla para sus descendientes, para que vean la comida que yo les di a ustedes en el desierto, cuando los saqué de Egipto.'

³³ A Aarón le dijo:

—Toma una canasta, y pon en ella unos dos litros de maná. Ponla después en la presencia del Señor, ⁿ y que se guarde para los descendientes de ustedes.

ᵈ **16.5** Los vv. 22-29 explican por qué el *sexto día* (víspera del sábado) había que recoger el *doble*.

ᵉ **16.6-7** *Por la tarde* y *por la mañana*, es decir, cuando llegaban las *codornices* y cuando aparecía el *maná* (vv. 8,13). La *gloria del Señor* se describe habitualmente como una manifestación visible del esplendor y la luminosidad. Cf. Ex 24.17.

ᶠ **16.9** *La presencia del Señor:* Esta expresión se refiere aquí al arca de la alianza (cf. vv. 33-34).

ᵍ **16.13** Las *codornices* son aves que emigran en otoño de Europa a África y regresan en primavera, pasando por Palestina y la península del Sinaí. Su vuelo es bajo y pesado y, si el viento es contrario, pueden ser rendidas al suelo y ser capturadas fácilmente con la mano. Cf. el relato de Nm 11.31-34, y también Sal 78.26-31; 105.40.

ʰ **16.15** *¿Qué es?*: heb. *man-hu,* expresión que tiene sonido semejante al heb. *man* (*maná*) y que se da como explicación del nombre del alimento recogido (vv. 31,33). En Nm 11.7-9 se encuentra una descripción más detallada del *maná*.

ⁱ **16.15** *Este es el pan... alimento:* aludido en 1 Co 10.3.

ʲ **16.16** *Más o menos dos litros:* heb. *un gomer* (véase la *Tabla de pesas, monedas y medidas*).

ᵏ **16.18** *Ni le sobró... poco:* citado en 2 Co 8.15.

ˡ **16.23** *Sábado:* Cf. Ex 20.8-11; 31.12-17; 35.1-3.

ᵐ **16.31** *Maná:* Los nómadas de la península del Sinaí llaman *mann* a una sustancia resinosa que segregan ciertos insectos en las hojas del tamarisco, arbusto abundante en aquella región. Dicha sustancia tiene que ser recogida por la mañana temprano, antes que el sol la derrita, y los beduinos la usan para preparar tortas y pasteles y para endulzar bebidas. Algunos comentaristas relacionan el *maná* del relato bíblico con este fenómeno natural, haciendo notar, sin embargo, las circunstancias excepcionales en que los israelitas encontraron ese alimento desconocido para ellos. En tales circunstancias, este alimento aparecía como un don de Dios para que su pueblo no desfalleciera en el desierto.

ⁿ **16.33** *Unos dos litros:* Véase 16.16 n. *La presencia del Señor:* Véase 16.9 n., y cf. Heb 9.4.

34 De acuerdo con la orden que el Señor le dio a Moisés, Aarón puso la canasta ante el arca de la alianza,[ñ] para que fuera guardada.

35 Los israelitas comieron maná durante cuarenta años, hasta que llegaron a tierras habitadas;[o] es decir, lo comieron hasta que llegaron a las fronteras de la tierra de Canaán.[p]

36 (El *gomer* era la décima parte de un *efa*.)[q]

17 Agua de la roca *(Nm 20.1-13)*

1 Toda la comunidad israelita salió del desierto de Sin, siguiendo su camino poco a poco, de acuerdo con las órdenes del Señor. Después acamparon en Refidim, pero no había agua para que el pueblo bebiera, **2** así que le reclamaron a Moisés, diciéndole:

—¡Danos agua para beber!

—¿Por qué me hacen reclamaciones a mí? ¿Por qué ponen a prueba a Dios? —contestó Moisés.

3 Pero el pueblo tenía sed, y hablaron en contra de Moisés. Decían:

—¿Para qué nos hiciste salir de Egipto? ¿Para matarnos de sed, junto con nuestros hijos y nuestros animales?

4 Moisés clamó entonces al Señor, y le dijo:

—¿Qué voy a hacer con esta gente? ¡Un poco más y me matan a pedradas!

5 Y el Señor le contestó:

—Pasa delante del pueblo, y hazte acompañar de algunos ancianos de Israel. Llévate también el bastón con que golpeaste el río,[a] y ponte en marcha. **6** Yo estaré esperándote allá en el monte Horeb,[b] sobre la roca. Cuando golpees la roca, saldrá agua de ella para que beba la gente.[c]

Moisés lo hizo así, a la vista de los ancianos de Israel, **7** y llamó a aquel lugar Meribá[d] porque los israelitas le habían hecho reclamaciones,[e] y también lo llamó Masá[f] porque habían puesto a prueba a Dios, al decir: "¿Está o no está el Señor con nosotros?"

Guerra contra los amalecitas

8 Los amalecitas[g] se dirigieron a Refidim[h] para pelear contra los israelitas. **9** Entonces Moisés le dijo a Josué:[i]

—Escoge algunos hombres y sal a pelear contra los amalecitas. Yo estaré mañana en lo alto del monte, con el bastón de Dios en la mano.

10 Josué hizo lo que Moisés le ordenó, y salió a pelear contra los amalecitas. Mientras tanto, Moisés, Aarón y Hur subieron a lo alto del monte. **11** Cuando Moisés levantaba su brazo, los israelitas dominaban en la batalla; pero cuando lo bajaba, dominaban los amalecitas. **12** Pero como a Moisés se le cansaban los brazos, tomaron una piedra y se la pusieron debajo, para que se sentara en ella. Luego Aarón y Hur le sostuvieron los brazos, uno de un lado y el otro del otro. De esta manera los brazos de Moisés se mantuvieron firmes hasta que el sol se puso, **13** y Josué derrotó al ejército amalecita a filo de espada.

14 Entonces el Señor le dijo a Moisés:

—Escribe esto en un libro, para que sea recordado; y dile a Josué que voy a borrar por completo el recuerdo de los amalecitas.[j]

15 Moisés hizo un altar, al que puso por nombre "El Señor es mi bandera", **16** y dijo:

"¡La bandera del Señor en la mano![k]
¡El Señor está en guerra con Amalec
de una generación a otra!"

18 Jetró visita a Moisés

1 Jetró, el sacerdote de Madián y suegro de Moisés,[a] supo todo lo que Dios había hecho por Moisés y por su pueblo Israel, y supo también que el Señor los había sacado de Egipto. **2** Moisés había despedido a su esposa Séfora, y Jetró la había recibido a ella **3** y a sus dos hijos.[b] Uno de estos se llamaba Guersón, porque Moisés había dicho: "He sido un extranjero en tierra extraña",[c] **4** y el otro se llamaba Eliézer,[d] porque había dicho: "El Dios de mi padre vino en mi ayuda, y me salvó de la espada del faraón."

5 Moisés había acampado en el desierto, junto al monte de Dios,[e] y allá fue Jetró, acompañado por la esposa y los hijos de Moisés. **6** Y le dijo a Moisés:

—Yo, tu suegro Jetró, he venido a verte, junto con tu esposa y sus dos hijos.

7 Moisés salió a recibir a su suegro. Se inclinó delante de él y lo besó; y después de saludarse entraron en la

---

[ñ] **16.34** *Arca de la alianza:* Véanse las indicaciones para su construcción en Ex 25.10-22; 37.1-9.

[o] **16.35** La tradición bíblica ha dado diversas interpretaciones acerca del *maná;* compárese este relato con Nm 11.4-6; 21.5; Neh 9.15,20; Sal 78.24-25; 105.40; Sab 16.20-21; Jn 6.31-32; 1 Co 10.3.

[p] **16.35** Cf. Jos 5.12.

[q] **16.36** *Gomer... efa:* Véase la *Tabla de pesas, monedas y medidas.*

[a] **17.5** Cf. Ex 7.20.

[b] **17.6** *Horeb:* Véase Ex 3.1 n.

[c] **17.6** Cf. Nm 20.8; Sab 11.4.

[d] **17.7** *Meribá* significa, en hebreo, *querella* o *pleito.*

[e] **17.7** *Porque los israelitas le habían hecho reclamaciones:* otra posible traducción: *por el pleito de los israelitas.*

[f] **17.7** *Masá* significa, en hebreo, *prueba* o *proceso.* Ambos nombres, *Masá* y *Meribá,* se convirtieron en símbolos de la falta de fe de los israelitas (Dt 6.16; 9.22; 33.8; Sal 95.8-9; Heb 3.7).

[g] **17.8** *Amalecitas:* tribu del sur de Palestina, que vivía en las cercanías de Edom y en el Négueb (Nm 13.29; 1 S 15.7) y dominaba la región alrededor de Cadés (Gn 14.7).

[h] **17.8** *Refidim:* lugar no identificado; se encontraba probablemente en la región del monte Sinaí.

[i] **17.9** Primera mención de Josué como jefe del ejército israelita y estrecho colaborador de Moisés. Cf. Ex 24.13; Nm 11.28; Dt 1.38.

[j] **17.14** Cf. Dt 25.17-19; 1 S 15.2-9. *Borrar por completo:* Véase Nm 21.2 n.

[k] **17.16** *¡La bandera del Señor en la mano!:* traducción probable; heb. oscuro.

[a] **18.1** *Jetró:* Véase Ex 2.16 n.

[b] **18.2-3** Cf. Hch 7.29. *Despedido:* o *dejado, enviado.* Esta expresión parece indicar que Moisés, cuando emprendió su viaje a Egipto para enfrentarse con el faraón (Ex 4.18-27), encomendó su familia al cuidado de Jetró. Una vez pasado el peligro, Jetró le entrega de nuevo su esposa e hijos (v. 5).

[c] **18.3** *Guersón... extraña:* Véase Ex 2.22 n.

[d] **18.4** El nombre *Eliézer* significa, en hebreo, *mi Dios (es mi) ayuda.*

[e] **18.5** *Monte de Dios:* Véase Ex 3.1 n.

MOISÉS

Datos importantes de su vida	Referencias
De la tribu de Leví. Hijo de Amram y Jocabed; nace en Egipto, en la época en que el pueblo de Israel era esclavo de Egipto.	Ex 2.1; 6.20
Su madre lo esconde por tres meses de los egipcios. Luego lo pone en una canasta que deposita en el río Nilo. La hija del faraón lo encuentra y lo adopta.	Ex 2.3-10
Mata a un egipcio por maltratar a un israelita, y tiene que huir de Egipto. Es acogido en el hogar de un sacerdote madianita; se casa con una hija del sacerdote y tiene un hijo de ella.	Ex 2.11-22
Ve una zarza que ardía, pero no se consumía. Dios lo llama a sacar a Israel de Egipto, y se revela a Moisés como Yahvé.	Ex 3.1—4.17
Regresa a Egipto y, junto con Aarón, va donde el faraón para comunicarle el mensaje de Dios.	Ex 4.18—6.1
Nuevo llamamiento de Moisés; Dios se le revela como el Dios viviente, que hizo alianza con Abraham; llamamiento de Aarón.	Ex 6.2-13, 28—7.7
El faraón no permite a los israelitas salir de Egipto. Las primeras nueve plagas.	Ex 7.8—10.29
Anuncio de la décima plaga. Institución de la Pascua. Muerte de los primogénitos egipcios. El faraón da permiso para que los israelitas salgan de Egipto.	Ex 11.1—12.42
Dirige a Israel a través del Mar Rojo y en el desierto.	Ex 14—18
Dios da a Moisés la Ley en el monte Sinaí; también le da las instrucciones para hacer la tienda del encuentro.	Ex 19—31
Encuentra a Israel adorando un becerro de oro; rompe las tablas de la ley; pide a Dios que le muestre su gloria.	Ex 32—33
Envía espías a Canaán; su informe aterroriza a los israelitas, estos se rebelan contra Dios, y Dios los condena a pasar 40 años en el desierto. También le prohíbe a Moisés entrar en la Tierra prometida, aunque sí le permite dirigir al pueblo hasta allá.	Nm 13—36
Antes de morir, Moisés habla a todo Israel: en cuatro discursos les recuerda la ley y que, en la Tierra prometida, no deben olvidarse de lo que han aprendido de Dios. Deben confiar en el Señor y obedecer a su nuevo líder, Josué.	Dt 1—33
Moisés asciende al monte Nebo y de allí ve la Tierra prometida. Muere a los 120 años y el pueblo lo llora.	Dt 34

Otras referencias: 1 S 12.6-8; Sal 77.20; 105.26-45; Mt 17.3-4; Hch 7.20-38; Heb 11.23-29; Jud 9

Véanse también la tabla *Milagros del éxodo y de la entrada a Canaán* y *Moisés* en el *Índice temático*.

---

tienda de campaña. **8** Allí Moisés le contó a su suegro todo lo que el Señor les había hecho al faraón y a los egipcios en favor de Israel, todas las dificultades que habían tenido en el camino, y la forma en que el Señor los había salvado.

9 Jetró se alegró por la mucha bondad que Dios había mostrado a los israelitas al salvarlos del poder de los egipcios, **10** y dijo:

—Bendito sea el Señor, que los ha librado a ustedes, pueblo de Israel, del poder del faraón y de los egipcios; que los ha librado del poder opresor **11** y de la insolencia con que ellos los trataron.[f] Ahora estoy convencido de que el Señor es más grande que todos los dioses.

12 Jetró tomó un animal para quemarlo en honor de Dios,[g] y también otras ofrendas. Luego Aarón y todos los ancianos de Israel fueron a comer con el suegro de Moisés, en presencia de Dios.

Moisés nombra otros jueces (Dt 1.9-18) **13** Al día siguiente Moisés se sentó para resolver los pleitos de los israelitas, los cuales acudían a él desde la mañana hasta la tarde. **14** Al ver el trabajo que Moisés se tomaba, su suegro le dijo:

—¿Por qué te tomas todo ese trabajo? La gente acude a ti desde la mañana hasta la tarde. ¿Por qué te dedicas a atenderlos tú solo?

15 Y Moisés le contestó:

—Es que el pueblo viene a verme para consultar a Dios. **16** Cuando tienen dificultades entre ellos, vienen a verme para que yo decida quién es el que tiene la razón; entonces yo les hago saber las leyes y enseñanzas de Dios.

17 Pero su suegro Jetró le advirtió:

—No está bien lo que haces, **18** pues te cansas tú y se cansa la gente que está contigo. La tarea sobrepasa tus fuerzas, y tú solo no vas a poder realizarla. **19** Escucha bien el consejo que te voy a dar, y que Dios te ayude. Tú debes

---

[f] **18.11** *La insolencia con que los trataron:* traducción poco segura; heb. oscuro.

[g] **18.12** Entre Madián y el Israel de los primeros tiempos existieron no solo lazos familiares (cf. el matrimonio de Moisés en Ex 2.21), sino también afinidades religiosas (Nm 10.29-32). Aquí, Jetró comparte con Moisés un banquete sagrado en que se comía parte de la víctima ofrecida en sacrificio; véase Ex 2.16 n.

presentarte ante Dios en lugar del pueblo, y presentarle esos problemas. ²⁰ A ellos, instrúyelos en las leyes y enseñanzas, y hazles saber cómo deben vivir y qué deben hacer. ²¹ Por lo que a ti toca, escoge entre el pueblo hombres capaces, que tengan temor de Dios y que sean sinceros, hombres que no busquen ganancias mal habidas, y a unos dales autoridad sobre grupos de mil personas, a otros sobre grupos de cien, a otros sobre grupos de cincuenta y a otros sobre grupos de diez. ²² Ellos dictarán sentencia entre el pueblo en todo momento; los problemas grandes te los traerán a ti, y los problemas pequeños los atenderán ellos. Así te quitarás ese peso de encima, y ellos te ayudarán a llevarlo. ²³ Si pones esto en práctica, y si Dios así te lo ordena, podrás resistir; la gente, por su parte, se irá feliz a su casa.

²⁴ Moisés le hizo caso a su suegro y puso en práctica todo lo que le había dicho: ²⁵ escogió a los hombres más capaces de Israel, y les dio autoridad sobre grupos de mil personas, de cien, de cincuenta y de diez. *ʰ* ²⁶ Ellos dictaban sentencia entre el pueblo en todo momento; los problemas difíciles se los llevaban a Moisés, pero todos los problemas de menor importancia los resolvían ellos mismos. ²⁷ Después Moisés y su suegro se despidieron, y su suegro regresó a su país.

III. LA ALIANZA DEL SINAÍ (19—24)

19 **Los israelitas llegan al Sinaí** *ᵃ* ¹ Los israelitas llegaron al desierto del Sinaí al tercer mes de haber salido de Egipto. *ᵇ* ² Después de salir de Refidim, llegaron al desierto del Sinaí y acamparon allí mismo, frente al monte. *ᶜ* ³ Allí Moisés subió a encontrarse con Dios, *ᵈ* pues el Señor lo llamó desde el monte y le dijo:

—Anúnciales estas mismas palabras a los descendientes de Jacob, a los israelitas: ⁴ 'Ustedes han visto *ᵉ* lo que yo hice con los egipcios, y cómo los he traído a ustedes a donde yo estoy, como si vinieran sobre las alas de un águila. *ᶠ* ⁵ Así que, si ustedes me obedecen en todo y cumplen mi alianza, *ᵍ* serán mi pueblo preferido *ʰ* entre todos los pueblos, pues toda la tierra me pertenece. ⁶ Ustedes me serán un reino de sacerdotes, un pueblo consagrado a mí.' *ⁱ* Diles todo esto a los israelitas.

⁷ Moisés fue y llamó a los ancianos del pueblo, y les expuso todo lo que el Señor le había ordenado. ⁸ Entonces los israelitas contestaron a una voz:

—Haremos todo lo que el Señor ha ordenado. *ʲ*

Moisés llevó entonces al Señor la respuesta del pueblo, ⁹ y el Señor le dijo:

—Mira, voy a presentarme ante ti en medio de una nube espesa, para que la gente me oiga hablar contigo y así tengan siempre confianza en ti.

Moisés le repitió al Señor la respuesta del pueblo, ¹⁰ y el Señor le dijo:

—Ve y prepara al pueblo hoy y mañana para que me rinda culto. Deben lavarse la ropa ¹¹ y prepararse para pasado mañana, porque pasado mañana bajaré yo, el Señor, al monte Sinaí, a la vista de todo el pueblo. ¹² Pon límites alrededor del monte para que la gente no pase, y diles que respeten el monte y que no suban a él ni se acerquen a sus alrededores, porque todo el que se acerque será condenado a muerte. ¹³ Pero nadie debe ponerle la mano encima, sino que tendrán que matarlo a pedradas o a flechazos. No importa si es un hombre o un animal, no se le deberá dejar con vida. La gente podrá subir al monte solo cuando se oiga el toque del cuerno de carnero. *ᵏ*

¹⁴ Moisés bajó del monte a preparar al pueblo para que rindiera culto a Dios. La gente se lavó la ropa, ¹⁵ y Moisés les dijo:

—Prepárense para pasado mañana, y mientras tanto no tengan relaciones sexuales.

¹⁶ Al amanecer del tercer día hubo relámpagos y truenos, *ˡ* y una espesa nube se posó sobre el monte. Un fuerte sonido de trompetas hizo que todos en el campamento temblaran de miedo. ¹⁷ Entonces Moisés llevó al pueblo fuera del campamento para encontrarse con Dios, y se detuvieron al pie del monte. ¹⁸ Todo el monte Sinaí echaba

---

ʰ 18.25 Cf. Dt 1.9-18.

ᵃ 19.1-25 Con este cap. comienza una nueva sección en el libro de *Éxodo*. Dentro de esta sección, son particularmente importantes los caps. 19—24, porque narran cómo el Señor estableció con su pueblo una relación particular, haciendo extensivo a toda la nación de Israel su pacto con Abraham.

ᵇ 19.1 Los israelitas llegan al Sinaí y no partirán de allí hasta el momento indicado en Nm 10.11-12. La permanencia en el Sinaí abarca entonces la parte final de *Éxodo*, todo *Levítico* y el comienzo de *Números*.

ᶜ 19.2 *Frente al monte:* Véase Ex 3.1 n.

ᵈ 19.3 *Subió a encontrarse con Dios:* Moisés va a estar en contacto, alternativamente, con el Señor, arriba en el monte (vv. 9,23-24) y con el pueblo que se ha quedado abajo. Este ir y venir pone de relieve su papel de mediador entre Dios e Israel. Cf. Ex 20.19; Dt 5.5; Heb 8.6.

ᵉ 19.4 *Ustedes han visto:* Cf. Dt 29.2.

ᶠ 19.4 *Sobre las alas de un águila:* Cf. Dt 32.11.

ᵍ 19.5 *Mi alianza:* Un pacto o alianza puede ser un acuerdo entre dos personas o grupos de personas situados en un plano de igualdad (Gn 31.44; 1 R 15.19), o bien puede ser ofrecido o impuesto por un superior a un inferior. En este último caso, el superior exige lealtad a su aliado y se obliga, al mismo tiempo, a protegerlo, como en el pacto de Josué con los gabaonitas (Jos 9.8,15). La alianza del Señor con Israel se asemeja a esta segunda forma. El Señor se presenta a sí mismo como el libertador de su pueblo (v. 4) y lo invita a participar de su alianza. Israel, por su parte, reconoce el derecho del Señor a ser su soberano y se compromete a cumplir lo que el Señor le ordena (v. 8; Ex 24.3). De este modo se cumple la promesa de Ex 6.7: *Los tomaré a ustedes como pueblo mío, y yo seré su Dios.* Véase Gn 9.8-11 n.

ʰ 19.5 *Mi pueblo preferido:* lit. *mi propiedad exclusiva.* El término hebreo correspondiente a esta expresión sugiere la idea de algo muy precioso, que uno reserva para sí con especial cariño. Cf. Dt 7.6; 14.2; 26.18; Sal 135.4; Mal 3.17; cf. también Tit 2.14.

ⁱ 19.6 *Un pueblo consagrado a mí:* lit. *una nación santa.* En el lenguaje bíblico, el adjetivo *santo* evoca la idea de separación del uso ordinario y profano. Israel *es un pueblo que vive apartado, distinto de los otros pueblos* (Nm 23.9), para rendir culto al verdadero Dios. Cf. 1 P 2.9; Ap 1.6.

ʲ 19.8 *Haremos todo lo que el Señor ha ordenado:* Véase Ex 24.3 n.

ᵏ 19.12-13 Citado en Heb 12.18-20. *El cuerno de carnero* (heb. *shofar*), que a veces se traduce por *trompeta* (v. 19), tenía un carácter ceremonial y se tocaba en las grandes festividades religiosas (cf. Lv 25.9; Jos 6.4-20; Jue 6.34; 2 S 6.15; Sal 47.5[6]). Los judíos lo usan todavía en sus celebraciones litúrgicas.

ˡ 19.16 *Truenos:* Cf. Ap 4.5, y véase Ex 9.23 nota *d.*

humo debido a que el Señor había bajado a él en medio de fuego. *m* El humo subía como de un horno, y todo el monte temblaba violentamente. **19** El sonido de trompetas fue haciéndose cada vez más fuerte; Moisés hablaba, y Dios le contestaba con voz de trueno.

20 El Señor bajó a la parte más alta del monte Sinaí, y le pidió a Moisés que subiera a ese mismo lugar. Moisés subió, **21** y el Señor le dijo:

—Baja y adviértele a la gente que no pase del límite ni trate de verme, no sea que muchos de ellos caigan muertos. **22** Aun los sacerdotes, que pueden acercarse a mí, deberán purificarse, no sea que yo haga destrozos entre ellos.

23 Moisés le contestó al Señor:

—El pueblo no se atreverá a subir a este monte Sinaí, pues tú nos ordenaste ponerle un límite y declararlo sagrado.

24 Pero el Señor le dijo:

—Anda, baja; después subirás con Aarón. Pero los sacerdotes y el pueblo no deben pasar del límite para subir a donde yo estoy, no sea que yo haga destrozos entre ellos. **25** Moisés bajó y repitió esto a los israelitas.

20

Los diez mandamientos *a* *(Dt 5.1-21)* **1** Dios habló, y dijo todas estas palabras: *b*

2 "Yo soy el Señor tu Dios, que te sacó de Egipto, donde eras esclavo. *c*

3 "No tengas otros dioses aparte de mí. *d*

4 "No te hagas ningún ídolo ni figura de lo que hay arriba en el cielo, ni de lo que hay abajo en la tierra, ni de lo que hay en el mar debajo de la tierra. **5** No te inclines delante de ellos ni les rindas culto, *e* porque yo soy el Señor tu Dios, Dios celoso *f* que castiga la maldad de los padres que me odian, en sus hijos, nietos y bisnietos; **6** pero que trato con amor por mil generaciones a los que me aman y cumplen mis mandamientos. *g,h*

7 "No hagas mal uso del nombre del Señor tu Dios, *i* pues él no dejará sin castigo al que use mal su nombre.

8 "Acuérdate del sábado, para consagrarlo al Señor. *j* **9** Trabaja seis días y haz en ellos todo lo que tengas que hacer, **10** pero el séptimo día es de reposo consagrado al Señor tu Dios. No hagas ningún trabajo en ese día, *k* ni tampoco tu hijo, ni tu hija, ni tu esclavo, ni tu esclava, ni tus animales, ni el extranjero que viva contigo. **11** Porque el Señor hizo en seis días el cielo, la tierra, el mar y todo lo que hay en ellos, y descansó el día séptimo. Por eso el Señor bendijo el sábado y lo declaró día sagrado. *l*

12 "Honra a tu padre y a tu madre, *m* para que vivas una larga vida en la tierra que te da el Señor tu Dios. *n*

13 "No mates. *ñ*

14 "No cometas adulterio. *o*

15 "No robes. *p*

16 "No digas mentiras en perjuicio de tu prójimo. *q*

17 "No codicies *r* la casa de tu prójimo: no codicies su mujer, ni su esclavo, ni su esclava, ni su buey, ni su asno, ni nada que le pertenezca."

Los israelitas sienten temor de Dios *(Dt 5.22-33)* **18** Todos los israelitas fueron testigos de los truenos y relámpagos, del sonido de trompetas y del monte envuelto en humo; pero tenían miedo *s* y se mantenían alejados. **19** Así que le dijeron a Moisés:

—Háblanos tú, y obedeceremos; pero que no nos hable Dios, no sea que muramos. *t*

20 Y Moisés les contestó:

—No tengan miedo. Dios ha venido para ponerlos a prueba y para que siempre sientan temor de él, a fin de que no pequen.

21 Y mientras el pueblo se mantenía alejado, Moisés se acercó a la nube oscura en la que estaba Dios.

---

m **19.16-18** Cf. Dt 4.11-12; 5.4; Eclo 45.5.

a **20.1-17** Los diez mandamientos se llaman, en el original hebreo de Ex 34.28; Dt 4.13 y 10.4, *las diez palabras*, expresión de la que proviene, a través del griego, el término *decálogo*. El texto del Decálogo, con algunas variantes, se encuentra dos veces en el AT: aquí y en Dt 5.6-21. En el libro de *Éxodo* figura al comienzo del conjunto de leyes promulgadas por el Señor en el monte Sinaí (Ex 19.1—Nm 10.10; cf. Ex 24.12). En *Deuteronomio*, en cambio, se vuelve a repetir como parte del discurso que Moisés dirigió a los israelitas en Moab, cuando estos se disponían a cruzar el Jordán (Dt 1.5). El Decálogo enumera brevemente los deberes fundamentales hacia Dios y hacia el prójimo. Dios ocupa el primer lugar (vv. 2-8), pero el respeto debido a Dios es inseparable de la justicia y la fraternidad para con el prójimo (vv. 12-17).

b **20.1** Estas son las únicas palabras pronunciadas directamente por Dios, sin la mediación de Moisés. Cf. Ex 21.1; 25.1.

c **20.2** El Señor se presenta a sí mismo como el Dios salvador y libertador. El recuerdo de los beneficios concedidos a Israel confirma su autoridad para darle a conocer sus mandamientos. Cf. Ex 19.4-6.

d **20.3** *Aparte de mí:* o bien, *delante de mí, frente a mí, en mi presencia.* Cf. Dt 6.4-5; Mt 22.37.

e **20.4-5** Ex 34.17; Lv 19.4; Dt 4.15-18; 27.15.

f **20.5** *Dios celoso:* El amor del Señor hacia su pueblo no tolera una lealtad a medias, ni la rivalidad de otros dioses u objetos de culto. Cf. Ex 34.14.

g **20.5-6** Cf. Ex 34.6-7; Nm 14.18; Dt 7.9-10.

h **20.6** La repercusión del *amor* es más amplia que la del castigo (*mil generaciones*, a diferencia de las tres o cuatro del v. anterior).

i **20.7** *Mal uso del nombre:* Este mandamiento prohibe utilizar el nombre de Dios sin razón alguna, en vano, ya sea como fórmula mágica o con algún fin perverso, como engañar, defraudar o jurar en falso. Cf. Lv 19.12.

j **20.8** Cf. Ex 16.23-30; 31.12-14.

k **20.9-10** Cf. Ex 23.12; 31.15; 34.21; 35.2; Lv 23.3.

l **20.11** Cf. Gn 2.1-3; Ex 31.17.

m **20.12** Cf. Dt 27.16; Mt 15.4; 19.19; Mc 7.10; 10.19; Lc 18.20; Ef 6.2.

n **20.12** Cf. Eclo 3.1-16; Ef 6.3.

ñ **20.13** Cf. Gn 9.6; Lv 24.17; Mt 19.18; Mc 10.19; Lc 18.20; Ro 13.9; Stg 2.11. El verbo hebreo traducido por *matar* se usa en el AT para designar el asesinato cometido con premeditación (cf. Sal 94.6) y, a veces, también el homicidio involuntario, por negligencia o imprudencia (Dt 19.5). Por lo tanto, lo que prohibe este mandamiento es el asesinato, es decir, el hecho de atentar contra la vida del prójimo en forma ilegal, derramando sangre inocente. El sermón de la montaña lo interpretará en un sentido más radical (Mt 5.21-22).

o **20.14** Cf. Lv 20.10; Mt 5.27; 19.18; Mc 10.19; Lc 18.20; Ro 13.9; Stg 2.11.

p **20.15** Cf. Lv 9.11; Mt 19.18; Mc 10.19; Lc 18.20; Ro 13.9.

q **20.16** Cf. Ex 23.1; Mt 19.18; Mc 10.19; Lc 18.20.

r **20.17** El verbo hebreo traducido por *codiciar* no designa solamente el mal deseo, sino el impulso interior que lleva a la acción de apropiarse en forma indebida de lo ajeno. Cf. Ro 7.7; 13.9.

s **20.18** *Tenían miedo:* según versiones antiguas; heb. *veían y temblaban.*

t **20.18-19** Cf. Dt 5.23-31; Heb 12.18-19.

ÉXODO 20, 21

La ley para el altar [u] ²² El Señor le dijo a Moisés:

"Di lo siguiente a los israelitas: 'Ya ustedes han visto que he hablado desde el cielo con ustedes. ²³ No hagan ídolos de oro o plata para adorarlos como a mí. ²⁴ Háganme un altar de tierra, y ofrézcanme en él los animales de sus rebaños y ganados como holocaustos y sacrificios de reconciliación. Yo vendré y los bendeciré en cada lugar en el que yo quiera que se recuerde mi nombre. ²⁵ Y si me hacen un altar de piedras, que no sea de piedras labradas, [v] porque al labrar la piedra con herramientas se la hace indigna de un altar. ²⁶ Y mi altar no debe tener escalones, para que al subir ustedes no muestren la parte desnuda del cuerpo.'

21 Leyes acerca de los esclavos (Dt 15.12-18)

¹ "Estas son las leyes que les darás:

² "Si compras un esclavo hebreo, trabajará durante seis años, pero al séptimo año quedará libre, sin que tenga que pagar nada por su libertad. ³ Si llegó solo, se irá solo; si tenía mujer, su mujer se irá con él; ⁴ si su amo le da una mujer, y ella le da hijos o hijas, la mujer y los hijos serán de su amo y el esclavo se irá solo. ⁵ Pero si el esclavo no acepta su libertad porque ama a su mujer, a sus hijos y a su amo, ⁶ entonces el amo lo llevará ante Dios, lo arrimará a la puerta o al marco de la puerta, y con un punzón le atravesará la oreja. Así será esclavo suyo para siempre. [a,b]

⁷ "Si alguien vende a su hija como esclava, ella no saldrá libre como los esclavos varones. ⁸ Si el amo decide no tomarla por esposa, porque la muchacha no le gusta, deberá permitir que paguen su rescate; pero aunque la rechace, no podrá venderla a ningún extranjero. [c] ⁹ Si la da por esposa a su hijo, deberá tratarla como a una hija. ¹⁰ Si toma otra esposa, no deberá reducirle a la primera ni la comida, ni la ropa, ni sus derechos de esposa. ¹¹ Pero si no le da ninguna de estas tres cosas, ella quedará libre, sin tener que pagar nada por su libertad.

Leyes contra acciones violentas ¹² "El que hiera a alguien, y lo mate, será condenado a muerte. [d] ¹³ Pero si no lo hizo a propósito, sino que de Dios estaba que muriera, yo te diré después a qué lugar podrá ir a refugiarse. [e] ¹⁴ Pero al que se enoje con su prójimo y lo mate a sangre fría, lo buscarás aunque se refugie en mi altar, y lo condenarás a muerte.

¹⁵ "El que hiera a su padre o a su madre, será condenado a muerte.

¹⁶ "El que secuestre a una persona, ya sea que la haya vendido o que aún la tenga en su poder, será condenado a muerte. [f]

¹⁷ "El que insulte a su padre o a su madre, será condenado a muerte. [g]

¹⁸ "En casos de peleas, si un hombre hiere a otro de una pedrada o de un puñetazo, y lo hace caer en cama, pero no lo mata, ¹⁹ el que hirió será declarado inocente solo si el herido se levanta y puede salir a la calle con ayuda de un bastón, pero tendrá que pagarle las curaciones y el tiempo perdido.

²⁰ "Si alguien golpea con un palo a su esclavo o esclava, y lo mata, deberá hacérsele pagar su crimen. ²¹ Pero si vive un día o más, ya no se le castigará, pues el esclavo es de su propiedad.

²² "Si dos hombres se pelean y llegan a lastimar a una mujer embarazada, haciéndola abortar, pero sin poner en peligro su vida, el culpable deberá pagar de multa lo que el marido de la mujer exija, según la decisión de los jueces. ²³ Pero si la vida de la mujer es puesta en peligro, se exigirá vida por vida, ²⁴ ojo por ojo, diente por diente, mano por mano, pie por pie, ²⁵ quemadura por quemadura, herida por herida, golpe por golpe. [h]

²⁶ "Si alguien golpea en el ojo a su esclavo o esclava, y lo deja tuerto, tendrá que darle la libertad a cambio de su ojo. ²⁷ Si le tumba un diente, también tendrá que darle la libertad a cambio de su diente.

Leyes en caso de accidentes ²⁸ "Si un buey embiste a un hombre o a una mujer, y lo mata, se matará al buey a pedradas y no se comerá su carne, pero no se castigará al dueño del buey. ²⁹ Pero si el buey tenía ya la costumbre de embestir, y llega a matar a alguien, se le matará a pedradas, lo mismo que al dueño, si es que el dueño lo sabía pero no hacía caso. ³⁰ Si en vez de la pena de muerte le imponen una multa, tendrá que pagar la multa que le impongan a cambio de su vida. ³¹ Esta misma ley vale en caso

---

[u] **20.22-26** Las leyes que vienen a continuación forman un conjunto especial que se extiende hasta Ex 23.19 y suele llamarse *Código de la Alianza* (cf. la expresión *libro de la alianza*, en Ex 24.7). Esta colección contiene prescripciones religiosas, morales y sociales adaptadas a las condiciones de vida de una sociedad muy sencilla, que une la cría del ganado (cf. Ex 22.5[4]) con la práctica de la agricultura (cf. Ex 22.6[5]).

[v] **20.25** Cf. Dt 27.5-7; Jos 8.31.

[a] **21.2-6** Cf. Lv 25.39-43; Dt 15.12-18. Acerca de la esclavitud, véanse Col 3.22 n. y la *Introducción* a la carta de Pablo a *Filemón*.

[b] **21.6** La incorporación definitiva del esclavo a la casa de su dueño se realiza simbólicamente en la *puerta*, es decir, en el lugar de entrada. Según unos, la expresión *ante Dios* caracteriza a la puerta como un sitio de la casa particularmente sagrado. Otros piensan que *ante Dios* significa *ante el santuario*, o *ante el altar*; o bien, recogiendo otro posible sentido del heb. *elohim*, traducen *ante los jueces*. Tales interpretaciones, sin embargo, diluyen el simbolismo de la ceremonia.

[c] **21.8** *Aunque la rechace... extranjero:* otra posible traducción: *no podrá venderla a ningún extranjero, porque eso es cometer con ella un fraude.*

[d] **21.12** Cf. Lv 24.17.

[e] **21.13** Alusión al establecimiento de las ciudades de refugio para los que han cometido un homicidio no intencional. Cf. Nm 35.10-29; Dt 19.1-13; Jos 20.1-9.

[f] **21.16** Cf. Dt 24.7.

[g] **21.17** Cf. Lv 20.9; Mt 15.4; Mc 7.10.

[h] **21.23-25** Esta ley, que se repite en Lv 24.19-20 y Dt 19.21, fue llamada posteriormente "ley del talión". Entre los antiguos pueblos semitas, las lesiones o la muerte que alguien sufría a manos de otro debían ser vengadas por el pariente más próximo de la víctima. A dicho pariente lo llamaban "vengador (heb. *goel*) de la sangre" (cf. Nm 35.19-27). Esos vengadores practicaban, con frecuencia, una venganza desproporcionada al daño inicial. Por eso la ley del talión vino a poner límite a tales excesos, estableciendo que la venganza no sobrepasara la gravedad del daño sino que se ajustara a ella. Su finalidad no es, como suele entenderse a menudo, fomentar la venganza, sino ponerle freno: solo una vida por una vida, y no siete o setenta y siete, como en el canto de Lámec (Gn 4.23-24). Con respecto a la interpretación que hace Jesús de la ley del talión, véase Mt 5.38 n.

de que el embestido sea un muchacho o una muchacha. ³² Y si el buey embiste a un esclavo o a una esclava, se matará al buey a pedradas, y al amo del esclavo o de la esclava se le darán como pago treinta monedas de plata.

³³ "Si alguien deja abierto un pozo, o hace un pozo y no lo tapa, y en él se cae un buey o un asno, ³⁴ el dueño del pozo tendrá que compensar al dueño del animal por esa pérdida, pero podrá quedarse con el animal muerto.

³⁵ "Si el buey de alguien embiste y mata al buey de otro hombre, venderán el buey vivo y se repartirán por mitad el dinero y la carne del buey muerto. ³⁶ Pero si se sabe que el buey ha tenido la costumbre de embestir y su dueño no hacía caso, tendrá que compensar al otro dueño con un buey vivo a cambio del muerto, y el buey muerto será para él.

22 Leyes para reparar daños

¹ ⁽²¹·³⁷⁾ ᵃ "En caso de que alguien robe un buey o una oveja, y lo mate o lo venda, tendrá que pagar cinco reses por el buey y cuatro ovejas por la oveja.

² ⁽¹⁾ "Si un ladrón es sorprendido en el momento del robo, y se le hiere y muere, su muerte no se considerará un asesinato. ³ ⁽²⁾ Pero si ya es de día, su muerte sí se considerará un asesinato.

"El que robe tendrá que pagar el precio de lo que haya robado, pero si no tiene dinero, él mismo será vendido para pagar lo robado.

⁴ ⁽³⁾ "Si se le encuentra el animal robado en su poder y con vida, tendrá que pagar el doble, ya sea un buey, un asno, o una oveja.

⁵ ⁽⁴⁾ "Si alguien suelta a sus animales para que pasten en un campo o viñedo, y sus animales pastan en el campo de otro, tendrá que pagar el daño con lo mejor de su propio campo o de su propio viñedo.

⁶ ⁽⁵⁾ "Si alguien hace fuego, y el fuego se extiende a las zarzas y quema el trigo amontonado, o el que está por cosecharse, o toda la siembra, esa persona tendrá que pagar los daños causados por el fuego.

⁷ ⁽⁶⁾ "Si alguien le confía a otra persona dinero o cosas de valor, y a esa persona se los roban de su propia casa, el ladrón tendrá que pagar el doble, si es que lo encuentran; ⁸ ⁽⁷⁾ pero si no lo encuentran, entonces el dueño de la casa será llevado ante Dios ᵇ para ver si no ha echado mano de lo que el otro le confió.

⁹ ⁽⁸⁾ "Si alguien se apropia de un buey, un asno o una oveja, o de algún vestido o cualquier otra cosa que haya perdido y que alguno reclame como suyos, el caso de esas dos personas se llevará ante Dios, ᶜ y el que resulte culpable pagará el doble al otro.

¹⁰ ⁽⁹⁾ "Si alguien le confía a otra persona un asno, un buey o una oveja, o cualquier otro animal, y ese animal muere, o es lastimado, o es robado sin que nadie lo vea, ¹¹ ⁽¹⁰⁾ esa persona hará un juramento al dueño, en el nombre del Señor, de que no echó mano de lo que el otro le confió. El dueño aceptará su palabra, ᵈ y el otro no pagará nada. ¹² ⁽¹¹⁾ Pero si le robaron el animal ante sus propios ojos, tendrá que pagárselo al dueño. ¹³ ⁽¹²⁾ Si el animal fue despedazado por un animal salvaje, para no pagar nada se deberán presentar como prueba los restos del animal muerto.

¹⁴ ⁽¹³⁾ "Si alguien pide a otro que le preste un animal, y el animal muere o resulta lastimado sin estar presente el dueño, el que lo pidió prestado tendrá que pagar el daño; ¹⁵ ⁽¹⁴⁾ pero si el dueño está presente, no tendrá que pagar nada. Si el animal había sido alquilado, el costo del alquiler será el único pago.

Leyes morales y religiosas

¹⁶ ⁽¹⁵⁾ "En caso de que alguien seduzca a una mujer virgen que no esté comprometida, y la deshonre, tendrá que pagar la compensación acostumbrada ᵉ y casarse con ella. ¹⁷ ⁽¹⁶⁾ Aun si el padre de la joven no quiere dársela como esposa, tendrá que pagar la dote que se acostumbra dar por una mujer virgen. ᶠ

¹⁸ ⁽¹⁷⁾ "No dejes con vida a ninguna hechicera. ᵍ

¹⁹ ⁽¹⁸⁾ "El que se entregue a actos sexuales con un animal, será condenado a muerte. ʰ

²⁰ ⁽¹⁹⁾ "El que ofrezca sacrificios a otros dioses, en vez de ofrecérselos solamente al Señor, será condenado a muerte. ⁱ

²¹ ⁽²⁰⁾ "No maltrates ni oprimas al extranjero, porque ustedes también fueron extranjeros en Egipto.

²² ⁽²¹⁾ "No maltrates a las viudas ni a los huérfanos, ʲ ²³ ⁽²²⁾ porque si los maltratas y ellos me piden ayuda, yo iré en su ayuda, ²⁴ ⁽²³⁾ y con gran furia, a golpe de espada, les quitaré a ustedes la vida. Entonces quienes se quedarán viudas y huérfanos serán las mujeres y los hijos de ustedes.

²⁵ ⁽²⁴⁾ "Si le prestas dinero a alguna persona pobre de mi pueblo que viva contigo, no te portes con ella como un prestamista, ni le cobres intereses. ᵏ ²⁶ ⁽²⁵⁾ Si esa persona te da su ropa como garantía del préstamo, devuélvesela al ponerse el sol, ²⁷ ⁽²⁶⁾ porque esa ropa es lo único que tiene para protegerse del frío. Si no, ¿sobre qué va a acostarse? Y si él me pide ayuda, en su ayuda iré, porque yo sé tener compasión. ˡ

ᵃ **22.1(21.37)-31(30)** Los números entre paréntesis corresponden a la numeración del texto hebreo.

ᵇ **22.8(7)** *Será llevado ante Dios,* es decir, al santuario, y declarar bajo juramento que es inocente.

ᶜ **22.9(8)** Aquí la expresión *ante Dios* tiene un sentido diferente al del v. anterior. Ya no se trata de pronunciar un juramento, sino de someter el caso al juicio de Dios para que él decida quién es el *culpable.* El texto no aclara cómo se obtenía esta decisión divina, pero puede suponerse que se trataba de un procedimiento como los descritos en 1 S 14.41 o en Nm 5.11-31.

ᵈ **22.11(10)** *Aceptará su palabra* (o *el juramento*): otra posible traducción: *tomará lo que queda* (si el animal es lastimado o muere).

ᵉ **22.16(15)** *La compensación acostumbrada:* o sea, la suma que según la costumbre debía pagar el novio a la familia de la novia.

ᶠ **22.16-17(15-16)** Cf. Dt 22.28-29.

ᵍ **22.18(17)** Cf. Dt 18.10-11.

ʰ **22.19(18)** Cf. Lv 18.23; 20.15-16; Dt 27.21.

ⁱ **22.20(19)** Cf. Dt 17.2-7. *Condenado a muerte:* heb. *al jerem,* expresión hebrea que designa la costumbre de consagrar algo a Dios destruyéndolo por completo. Algunas versiones traducen *será anatema,* empleando una palabra griega que tiene el mismo sentido. Véase Dt 7.2 nota *d*.

ʲ **22.21-22(20-21)** Cf. Ex 23.9; Lv 19.33-34; Dt 24.17-18; 27.19; Sal 68.5(6); 146.9.

ᵏ **22.25(24)** Esta ley se refería específicamente al dinero prestado a un compatriota israelita (cf. Lv 25.35-38; Dt 15.7-11). En Dt 23.19-20(20-21) se prohíbe igualmente exigir el pago de interés a un israelita, pero se permite cobrarlo a un extranjero.

ˡ **22.26-27(25-26)** Cf. Dt 24.10-13.

28 (27) "Nunca ofendas a Dios, ni maldigas al que gobierna a tu pueblo. *m*

29 (28) "No tardes en traerme ofrendas de todas tus cosechas y de todo tu vino. *n*

"Tu primer hijo me lo darás, **30** (29) lo mismo que la primera cría de tus vacas y de tus ovejas. Pueden quedarse siete días con su madre, pero a los ocho días de nacidos me los darás.

31 (30) "Ustedes deben ser hombres consagrados a mí. "No coman la carne de animales despedazados por las fieras en el campo; *ñ* échensela a los perros.

23 Leyes para hacer justicia
1 "No des informes falsos, *a* ni te hagas cómplice del malvado para ser testigo en favor de una injusticia.

2 "No sigas a la mayoría en su maldad.

"Cuando hagas declaraciones en un caso legal, no te dejes llevar por la mayoría, inclinándote por lo que no es justo; **3** pero tampoco favorezcas indebidamente las demandas del pobre. *b*

4 "Si encuentras el buey o el asno que tu enemigo había perdido, devuélveselo. **5** No dejes de ayudar a aquel que te odia; si ves que su asno cae bajo el peso de la carga, ayúdale a quitar la carga de encima. *c*

6 "No le desconozcas al pobre sus derechos en un asunto legal.

7 "Apártate de las acusaciones falsas y no condenes a muerte al hombre inocente y sin culpa, porque yo no declararé inocente al culpable.

8 "No aceptes soborno, porque el soborno vuelve ciegos a los hombres y hace que los inocentes pierdan el caso. *d*

9 "No oprimas al extranjero, pues ustedes fueron extranjeros en Egipto y ya saben lo que es vivir en otro país. *e*

Descanso obligatorio *f*
10 "Cultiva la tierra y recoge las cosechas durante seis años, **11** pero el séptimo año no la cultives: déjala descansar para que la gente pobre de tu país coma de ella, y para que los animales salvajes se coman lo que sobre. Haz lo mismo con tus viñedos y tus olivos. *g*

12 "Haz durante seis días todo lo que tengas que hacer, pero descansa el día séptimo, *h* para que descansen también tu buey y tu asno, y recobren sus fuerzas tu esclavo y el extranjero.

13 "Cumplan con todo lo que les he dicho, y que jamás se escuche en labios de ustedes el nombre de otros dioses.

Las tres grandes fiestas (Ex 34.18-26; Dt 16.1-17)
14 "Haz fiesta en mi honor tres veces al año. **15** Celebra la fiesta del pan sin levadura *i* y, de acuerdo con lo que te he ordenado, come en ella pan sin levadura durante siete días. La fecha señalada es el mes de Abib, porque en ese mes saliste de Egipto. Y nadie podrá venir a verme, si no trae algo.

16 "Celebra también la fiesta de la cosecha, de los primeros frutos de lo que sembraste en el campo, *j* lo mismo que la fiesta de la cosecha de fin de año, cuando coseches todo lo que hayas sembrado. *k*

17 "Todos los hombres deben presentarse ante el Señor tres veces al año.

18 "Cuando me hagas sacrificios de animales, no ofrezcas juntos su sangre y el pan con levadura, ni guardes su grasa para el día siguiente.

19 "Los mejores primeros frutos de tu tierra debes llevarlos al templo del Señor tu Dios. *l*

"No cocines cabritos en la leche de su madre. *m*

El Ángel del Señor *n*
20 "Mira, yo enviaré mi ángel delante de ti, para que te cuide en el camino y te lleve al lugar que te he preparado. **21** No te alejes de él; obedécelo y no le seas rebelde, porque él actúa en mi nombre y no perdonará los pecados de ustedes. **22** Pero si de veras le obedeces y haces todo lo que yo he ordenado, seré enemigo de tus enemigos y me opondré a quienes se te opongan. **23** Mi ángel irá delante de ti, y te llevará al país de los amorreos, hititas, ferezeos, cananeos, heveos y jebuseos, a quienes yo arrancaré de raíz. **24** No sigas el mal ejemplo de esos pueblos. No te arrodilles ante sus dioses, ni los adores; al contrario, destruye por completo sus ídolos y piedras sagradas. *ñ* **25** Adora al Señor tu Dios, y él bendecirá tu pan y tu agua.

---

m **22.28(27)** Citado en Hch 23.5. La blasfemia se castigaba con la pena capital (Lv 24.15-16).

n **22.29(28)** *Ofrendas... todo tu vino:* lit. *tu plenitud y tu lágrima.* Estas expresiones metafóricas se refieren a los primeros frutos obtenidos de la cosecha: los cereales, el aceite y el vino. La cantidad de las ofrendas y el modo de presentarlas se especifican en Lv 23.9-14; Dt 26.1-11.

ñ **22.31(30)** Cf. Lv 7.24; 17.15. Esta *carne* era considerada impura porque no había sido debidamente desangrada. Cf. Hch 15.29.

a **23.1** Cf. Ex 20.16; Lv 19.11-12; Dt 5.20.

b **23.2-3** Cf. Lv 19.15.

c **23.4-5** Cf. Dt 22.1-4.

d **23.8** Cf. Dt 16.19.

e **23.9** Cf. Ex 22.21(20); Lv 19.33-34; Dt 24.17-18; 27.19.

f **23.10-13** El descanso obligatorio, tanto en el *séptimo año* como en el *día séptimo,* está fundamentado en motivos humanitarios. Cf. Lv 25.2-7; Dt 5.12-15; 15.1-3.

g **23.10-11** Véase Dt 15.1 n.

h **23.12** Cf. Ex 20.9-11; 31.15; 34.21; 35.2; Lv 23.3; Dt 5.13-14.

i **23.15** Cf. Ex 12.14-20; Lv 23.6-8; Nm 28.17-25. *Fiesta del pan sin levadura,* o *de los panes ácimos,* celebrada a continuación de la Pascua. Véase Ex 12.15 n.

j **23.16** Esta primera *fiesta de la cosecha,* o *fiesta de las semanas,* se realizaba en el mes de junio para celebrar la cosecha del trigo (Lv 23.15-21; Nm 28.26-31). Más tarde se la llamó fiesta de Pentecostés (Hch 2.1 n.).

k **23.16** La *fiesta de la cosecha de fin de año* también se llamaba fiesta de las Enramadas. Cf. Lv 23.33-43.

l **23.19** Véase Ex 22.29 n.

m **23.19** Cf. Ex 34.26; Dt 14.21. Según algunos intérpretes, esta prohibición alude a un rito mágico practicado por los cananeos. Ese rito consistía en cocinar un cabrito en leche (quizá la leche de su madre) y rociar luego con ella el suelo para hacerlo más productivo. Los judíos lo han interpretado como la prohibición de mezclar en una misma comida la leche y la carne.

n **23.20-33** La conclusión del Código de la Alianza (véase Ex 20.22-26 n.) está destinada a infundir confianza al pueblo de Israel para el momento en que tenga que recomenzar la marcha hacia la Tierra prometida. El *ángel* (lit. el *mensajero*) del Señor será su guía en el camino, como lo habían sido la columna de nube y la columna de fuego en las primeras etapas del éxodo (Ex 13.21-22). Este ángel es, en cierto sentido, Dios mismo, ya que el *nombre* del Señor está presente en él (v. 21). Véanse Ex 3.2 n.; Sal 8.1(2) nota c.

ñ **23.24** *Piedras sagradas:* Véase Gn 28.18 n. Se trata de piedras levantadas en honor de dioses paganos.

"Yo alejaré de ti la enfermedad, ²⁶ y haré que no mueras antes de tiempo. No habrá en tu país ninguna mujer que aborte o que sea estéril.

²⁷ "Yo haré que se extiendan el miedo y los gritos de angustia delante de ti, en cualquier nación por donde pases, y haré que tus enemigos huyan ante ti. ²⁸ Haré que el pánico ᵒ se extienda a tu paso, y así huirán de tu presencia los heveos, los hititas y los cananeos. ²⁹ No los arrojaré de tu presencia en un año, para que la tierra no se eche a perder ni aumenten los animales salvajes y te hagan daño. ³⁰ Los arrojaré de tu presencia poco a poco, hasta que tengas muchos hijos y tomes posesión de la tierra. ³¹ Tus fronteras las he marcado así: desde el Mar Rojo hasta el mar de los filisteos, y desde el desierto hasta el río Éufrates. ᵖ Yo he puesto en tus manos a los habitantes de ese país, y tú los arrojarás de tu presencia.

³² "No entres en tratos con ellos ni con sus dioses, ³³ ni los dejes quedarse en tu país, para que no te hagan pecar contra mí. Pues llegarías a adorar a sus dioses, y eso sería tu perdición."

24 Confirmación de la alianza ᵃ

¹ El Señor le dijo a Moisés:

—Sube con Aarón, Nadab y Abihú, y con setenta de los ancianos de Israel, ᵇ al lugar donde yo estoy; pero quédense a cierta distancia, y arrodíllense allí. ² Solo tú podrás acercarte a mí; los demás no deberán acercarse, ni la gente subirá contigo.

³ Moisés fue y le contó al pueblo todo lo que el Señor había dicho y ordenado, y todos a una voz contestaron:

—¡Haremos todo lo que el Señor ha ordenado! ᶜ

⁴ Entonces Moisés escribió todo lo que el Señor había dicho, y al día siguiente, muy temprano, se levantó y construyó un altar al pie del monte, y colocó doce piedras sagradas, una por cada tribu de Israel. ᵈ ⁵ Luego mandó a unos jóvenes israelitas que mataran toros y les ofrecieran al Señor como holocaustos y sacrificios de reconciliación. ⁶ Moisés tomó la mitad de la sangre y la echó en unos tazones, y la otra mitad la roció sobre el altar. ⁷ Después tomó el libro de la alianza y se lo leyó al pueblo, y ellos dijeron:

—Pondremos toda nuestra atención en hacer lo que el Señor ha ordenado.

⁸ Entonces Moisés tomó la sangre y, rociándola sobre la gente, dijo:

—Esta es la sangre que confirma la alianza que el Señor ha hecho con ustedes, sobre la base de todas estas palabras. ᵉ

⁹ Moisés subió al monte con Aarón, Nadab, Abihú y setenta ancianos de Israel. ¹⁰ Allí vieron al Dios de Israel: bajo sus pies había algo brillante como un piso de zafiro y claro como el mismo cielo. ¹¹ Dios no les hizo daño ᶠ a estos hombres notables de Israel, los cuales vieron a Dios, ᵍ y comieron y bebieron. ʰ

Moisés en el monte Sinaí

¹² El Señor le dijo a Moisés:

—Sube al monte, donde yo estoy, y espérame allí, pues voy a darte unas tablas de piedra en las que he escrito la ley y los mandamientos para instruir a los israelitas.

¹³ Moisés se levantó y subió al monte de Dios, junto con su ayudante Josué. ¹⁴ A los ancianos les dijo:

—Espérennos en este lugar, hasta que regresemos. Aquí se quedan Aarón y Hur con ustedes, y si alguien tiene algún problema, que se lo presente a ellos.

¹⁵ Dicho esto, Moisés subió al monte, el cual quedó cubierto por una nube. ¹⁶ La gloria del Señor vino a posarse sobre el monte Sinaí, y durante seis días la nube lo cubrió. Al séptimo día el Señor llamó a Moisés desde la nube. ¹⁷ La gloria del Señor se presentó a los ojos de los israelitas como un fuego devorador, sobre la parte más alta del monte. ¹⁸ Moisés entró en la nube, subió al monte, y allí se quedó cuarenta días y cuarenta noches. ⁱ

IV. PRESCRIPCIONES PARA LA CONSTRUCCIÓN DEL SANTUARIO (25.1—31.17)

25 Ofrendas para el santuario ᵃ (Ex 35.4-9)

¹ El Señor se dirigió a Moisés y le dijo:

² "Di a los israelitas que recojan una ofrenda para mí. Deben recogerla entre todos los que quieran darla voluntariamente y de corazón; ³ y lo que deben recoger es lo siguiente: oro, plata, cobre, ⁴ tela morada, tela de púrpura, tela roja, lino fino, pelo de cabra, ⁵ pieles de carnero teñidas

---

ᵒ **23.28** *El pánico:* otra posible traducción: *avispas* o *avispones.* La misma expresión vuelve a encontrarse en Dt 7.20; Jos 24.12.

ᵖ **23.31** Las fronteras aquí descritas coinciden con los límites del reino de David y Salomón. El *mar de los filisteos* es el Mediterráneo, en cuya costa oriental se establecieron más tarde los filisteos. Véase Gn 21.32-34 n.

ᵃ **24.1-11** Estos vv. marcan la culminación del relato comenzado en el cap. 19. En Ex 19.3-6, Israel había sido invitado a aceptar la alianza que el Señor le ofrecía. Ahora, esa alianza es solemnemente ratificada, mediante una ceremonia apropiada.

ᵇ **24.1** *Nadab* y *Abihú* eran hijos de Aarón (Ex 6.23); los *ancianos* representaban a todo el pueblo. Véase Ex 3.16 nota *f*.

ᶜ **24.3** El compromiso de fidelidad al Señor, por parte del pueblo, es esencial para la celebración de la alianza (Ex 19.8; Dt 5.27). En este v., el pueblo responde al anuncio hecho por Moisés de viva voz; en el v. 7, a la lectura del *libro de la alianza.*

ᵈ **24.4** En el rito de celebración de la alianza, el *altar* representa al Señor. Las *piedras* son, simbólicamente, testigos y recuerdo o memorial del pacto allí celebrado. Cfr. Gn 31.44-53; Jos 4.7; 24.27.

ᵉ **24.8** Cf. Mt 26.28; Mc 14.24; Lc 22.20; 1 Co 11.25; Heb 9.19-20; 10.29. La sangre rociada por partes iguales sobre el altar y sobre el pueblo (Ex 24.6,8) establece un vínculo indisoluble y una comunidad de vida entre el Señor y su pueblo. De este modo, la alianza queda solemnemente establecida.

ᶠ **24.11** *Dios no les hizo daño:* lit. *Dios no extendió su mano.*

ᵍ **24.10-11** El hecho de ver al *Dios de Israel* sin padecer ningún *daño* es algo completamente inusual en el AT porque ningún ser humano puede ver a Dios y seguir viviendo (véase Ex 3.6 nota *d*).

ʰ **24.11** El pacto de Isaac con Abimélec (Gn 26.26-31) y el de Jacob con Labán (Gn 31.54) es ratificado igualmente con una comida en común.

ⁱ **24.18** Cf. Dt 9.9. *Cuarenta:* Véase Gn 7.12 n. Aquí se interrumpe este relato y continúa en Ex 32.

ᵃ **25.1-9** La sección comprendida en los caps. 25—31 está dedicada al santuario y a la reglamentación del culto. En los pasajes paralelos de los caps. 35—39 se muestra cómo se llevaron a cabo estas indicaciones. Véase Ex 24.12-18 n.

de rojo, pieles finas,[b] madera de acacia, [6] aceite para lámparas, perfumes para el aceite de consagrar y para el incienso aromático, [7] y piedras de cornalina y otras piedras finas para montarlas en el efod y el pectoral[c] del sumo sacerdote. [8] Y háganme un santuario para que yo habite entre ellos. [9] Pero ese lugar donde yo he de habitar, y todos sus muebles,[d] tienes que hacerlos exactamente iguales a los que te voy a mostrar.

El arca de la alianza[e] *(Ex 37.1-9)* [10] "Haz un arca de madera de acacia, que mida un metro y diez centímetros de largo, sesenta y cinco centímetros de ancho, y sesenta y cinco centímetros de alto. [11] Recúbrela de oro puro por dentro y por fuera, y ponle un ribete de oro alrededor. [12] Hazle también cuatro argollas de oro, y pónselas en las cuatro patas, dos de un lado y dos del otro. [13] Haz también travesaños de madera de acacia, recúbrelos de oro, [14] y pásalos a través de las argollas que están a los costados del arca, para que pueda ser levantada con ellos, [15] y ya no vuelvas a quitarlos; déjalos ahí, en las argollas del arca, [16] y coloca en el arca la ley que te voy a dar.[f]

[17] "Haz una tapa de oro puro,[g] que mida un metro y diez centímetros de largo por sesenta y cinco centímetros de ancho, [18] con dos seres alados[h] de oro labrado a martillo en los dos extremos. [19] La tapa y los seres alados deben ser de una sola pieza; uno de ellos estará en un extremo de la tapa y el otro en el otro extremo, [20] el uno frente al otro, pero con la cara hacia la tapa, y sus alas deben quedar extendidas por encima de la tapa cubriéndola con ellas. [21] Coloca después la tapa sobre el arca, y pon dentro del arca la ley que te voy a dar. [22] Allí me encontraré contigo y, desde lo alto de la tapa, de entre los dos seres alados que están sobre el arca de la alianza, te haré saber todas mis órdenes para los israelitas.

La mesa para el pan de la presencia[i] *(Ex 37.10-16)* [23] "Haz una mesa de madera de acacia, que mida noventa centímetros de largo, cuarenta y cinco centímetros de ancho, y sesenta y cinco centímetros de alto. [24] Recúbrela de oro puro, y ponle un ribete de oro alrededor. [25] Hazla con un entrepaño de siete centímetros de ancho, y ponle al entrepaño un ribete de oro; [26] haz también cuatro argollas de oro, y pónselas en las cuatro esquinas que corresponden a las cuatro patas, [27] de tal manera que queden junto al entrepaño, para que se pasen los travesaños por ellos y se pueda llevar la mesa. [28] Haz de madera de acacia los travesaños con los que se ha de llevar la mesa, y recúbrelos de oro, [29] y haz de oro puro sus platos, cucharones, jarras y copas para las ofrendas de líquidos. [30] Pon siempre en la mesa, en presencia mía, el pan que se me consagra.

El candelabro de oro[j] *(Ex 37.17-24)* [31] "Haz también un candelabro de oro puro labrado a martillo. Su base, tronco, copas, cálices y pétalos formarán una sola pieza, [32] y de los costados le saldrán seis brazos, tres de un lado y tres del otro. [33] Cada uno de los seis brazos que salen del tronco del candelabro deberá tener tres copas en forma de flor de almendro, con su cáliz y sus pétalos, [34] y el tronco mismo tendrá cuatro copas, también en forma de flor de almendro, con su cáliz y sus pétalos. [35] Cada uno de los tres pares de brazos que salen del candelabro tendrá un cáliz en su parte inferior. [36] Los cálices y los brazos deberán formar una sola pieza con el candelabro, el cual ha de ser de oro puro labrado a martillo. [37] Hazle también siete lámparas, y colócalas de tal modo que alumbren hacia el frente, [38] y que sus tenazas y platillos sean también de oro puro. [39] Usa treinta y tres kilos de oro puro para hacer el candelabro y todos sus utensilios, [40] y pon tu atención en hacerlos iguales a los modelos que se te mostraron en el monte.[k]

26 *El santuario*[a] *(Ex 36.8-38)* [1] "Haz el santuario con diez cortinas de lino torcido, tela morada, tela de púrpura y tela roja; borda en ellas artísticamente dos seres alados. [2] Todas estas cortinas deben tener la misma medida:

---

[b] *25.5 Pieles finas:* traducción probable (aquí y en Ex 26.14; 35.7,23; 36.19; Nm 4.6, etc.). Algunos traducen *pieles de delfín* o de *vaca marina;* el primero de estos mamíferos se encuentra en el Mediterráneo y el segundo abunda en el Mar Rojo y en el Golfo de Akaba.

[c] *25.7 Para una descripción detallada del efod y del pectoral,* léase Ex 28.6-8,15-30.

[d] *25.9 Muebles:* la descripción siguiente emplea algunos términos técnicos cuyo significado exacto nos es desconocido.

[e] *25.10-22* Este cofre, símbolo de la presencia de Dios en medio de su pueblo, recibe el nombre de *arca de la alianza* porque contenía las tablas de la ley, que eran las prescripciones establecidas en la alianza del Sinaí. Cf. Ex 24.12; Dt 10.1-5.

[f] *25.16 La ley que te voy a dar:* Se refiere a las tablas donde estaban inscritos los diez mandamientos.

[g] *25.17 Tapa:* heb. *kapporet,* del verbo *kipper,* que significa *cubrir,* y también *expiar* o *perdonar.* Es posible que el significado de esta palabra se haya ido enriqueciendo con el paso del tiempo. Al principio designaba concretamente la *tapa* del arca de la alianza, que era el lugar donde el Señor se encontraba con Moisés cuando venía a impartirle sus órdenes (cf. v. 22). Pero más tarde, debido a la función que cumplía esa tapa en el rito de expiación de los pecados de Israel (Lv 16), el término pasó a significar *propiciatorio* (es decir, lugar del perdón). Así lo traducen algunas versiones. Cf. Ro 3.25; Heb 9.5.

[h] *25.18 Seres alados:* heb. *kerubim,* palabra traducida usualmente por *querubines.* Numerosas representaciones originarias del antiguo Oriente, lo mismo que la descripción que hace el profeta Ezequiel (1.5-14), los muestran con cara humana y cuerpo de animal, generalmente de león o de toro. El AT atribuye distintas funciones a estos *seres alados:* guardianes del jardín de Edén (Gn 3.24), soportes del trono del Señor (1 S 4.4) y portadores del vehículo donde se manifiesta su gloria (Ez 1.22-28). Cf. 1 R 6.23-29, y véanse Sal 18.10(11) nota *f*; 80.1(2) nota *d*.

[i] *25.23-30* La expresión hebrea traducida aquí por *pan de la Presencia* se ha traducido usualmente por *pan de la proposición,* con el verbo *proponer,* lit. *poner delante* (de Dios). Cf. Lv 24.5-9; 1 S 21.4(5),6(7).

[j] *25.31-40* Se trata del *candelabro* o portalámparas (heb. *menora),* de seis brazos y un tronco, o sea de siete puntos en los que se colocaban las lámparas de aceite de oliva. La presente descripción no permite formarnos una idea exacta de la forma original de este candelabro, cuya representación actual desempeña un papel importante en las celebraciones judías y es un emblema nacional de Israel.

[k] *25.40* Cf. Hch 7.44; Heb 8.5.

[a] *26.1-37 El santuario:* usualmente llamado *tabernáculo.* En esta versión se ha traducido también *tienda del encuentro con Dios* (véase Ex 27.21 n.). En muchos aspectos, el santuario aquí descrito se asemeja al templo de Jerusalén, construido en tiempos de Salomón (cf. 1 R 6). Según las medidas indicadas en los vv. 15-30, su armazón de madera medía aprox. 13.5 m. de largo, 4.5 de ancho y 4.5 de alto. El *velo* o

MOBILIARIO DE LA TIENDA DEL ENCUENTRO

Ubicación	Mueble	Referencia
En el patio	Altar del holocausto	Ex 27.1-8
	Lavacro (palangana de bronce)	Ex 30.17-21
En el Lugar santo	Candelabro de Oro	Ex 25.31-40
	Mesa para el pan de la Presencia	Ex 25.23-30
	Altar del incienso	Ex 30.1-10
En el Lugar santísimo	Arca de la alianza	Ex 25.10-22

doce metros y medio de largo por dos de ancho. **3** Cose cinco cortinas juntas, una sobre la otra, lo mismo que las otras cinco, **4** y pon unos ojales de cordón morado en el borde de la primera cortina de un grupo, y también en el borde de la última cortina del otro grupo. **5** Tanto a la cortina del primer grupo como a la del segundo, debes hacerles cincuenta ojales, de manera que queden uno frente al otro. **6** Haz también cincuenta ganchos de oro para enganchar un grupo de cortinas al otro, de modo que el santuario forme un todo.

7 "Haz también once cortinas de pelo de cabra para formar una tienda de campaña que cubra el santuario. **8** Todas estas cortinas deben tener la misma medida: trece metros y medio de largo por dos de ancho. **9** Cose cinco cortinas juntas por una parte, y seis por otra, y dobla la sexta cortina por la parte delantera de la tienda de campaña. **10** Haz luego cincuenta ojales en el borde de la cortina que cierra el primer grupo, y otros cincuenta ojales en el borde de la cortina del segundo grupo. **11** Haz también cincuenta ganchos de bronce y engánchalos en los ojales, de modo que la tienda de campaña forme un todo. **12** Y como las cortinas de la tienda son más largas, la mitad de la parte sobrante quedará colgando a espaldas del santuario. **13** Así el santuario quedará cubierto por el largo sobrante, que colgará de los dos lados: cuarenta y cinco centímetros de un lado y cuarenta y cinco centímetros del otro.

14 "Haz para la tienda de campaña una cubierta de pieles de carnero teñidas de rojo, y una cubierta de pieles finas para la parte superior.

15 "Haz unas tablas de madera de acacia, para el santuario, y ponlas bien derechas. **16** Cada tabla debe medir cuatro metros y medio de largo por sesenta y cinco centímetros de ancho, **17** y tener dos espigas para que cada tabla quede ensamblada con la otra. Haz así todas las tablas para el santuario. **18** Cuando las hagas, haz veinte tablas para el lado sur, **19** y pon cuarenta bases de plata debajo de ellas. Cada tabla debe tener dos bases debajo, para sus dos espigas.

20 "También para el otro lado del santuario, o sea el lado norte, harás veinte tablas **21** con sus cuarenta bases de plata, para que debajo de cada tabla haya dos bases. **22** Para la parte posterior del santuario, o sea el lado oeste, haz seis tablas, **23** y dos tablas más para las esquinas de la parte posterior. **24** Estas tablas deben formar pareja y quedar unidas por la parte de arriba hasta el primer anillo. Así ha de hacerse con las dos tablas para las dos esquinas. **25** Habrá entonces ocho tablas con sus correspondientes dieciséis bases de plata, o sea dos bases debajo de cada tabla.

26 "Haz cinco travesaños de madera de acacia para las tablas de un lado del santuario, **27** cinco travesaños para las tablas del otro lado y otros cinco travesaños para las tablas de la parte trasera, la que da al oeste. **28** El travesaño central tiene que pasar de un lado a otro, a la mitad de las tablas. **29** Después recubre de oro las tablas, y hazles argollas de oro para que los travesaños, ya recubiertos de oro, pasen a través de ellas. **30** En fin, construye el santuario exactamente igual al modelo que se te mostró en el monte.

31 "Haz un velo de tela morada, tela de púrpura, tela roja y lino torcido, y borda artísticamente dos seres alados en él. **32** Y luego, con unos ganchos de oro, cuélgalo de cuatro postes de madera de acacia, que deben estar recubiertos de oro, y sobre cuatro bases de plata. **33** Cuelga entonces el velo debajo de los ganchos, y allí, tras el velo, pon el arca de la alianza. Así la cortina les servirá a ustedes de división entre el Lugar santo y el Lugar santísimo. *b*

34 Coloca después la tapa sobre el arca de la alianza, en el Lugar santísimo. **35** Pon la mesa fuera del velo, en el lado norte del santuario, y el candelabro en el lado sur, frente a la mesa.

36 "Haz para la entrada de la tienda de campaña una cortina de tela morada, tela de púrpura, tela roja y lino torcido, bordada artísticamente. **37** Haz también, para la cortina, cinco postes de madera de acacia recubiertos de oro, con sus ganchos de oro, y funde cinco bases de bronce para los postes.

---

cortina interior (v. 31) dividía el santuario en dos partes: el *Lugar Santo* y el *Lugar Santísimo* (v. 33), cuya longitud era de 9 y 4.5 m., respectivamente, de manera que el último tenía forma cúbica. En el Lugar Santo estaban la mesa del pan de la Presencia (Ex 25.23-30; 37.10-16), el candelabro (Ex 25.31-40; 37.17-24) y el altar del incienso (Ex 30.1-10; 37.25-28). En el Lugar Santísimo estaba únicamente

el arca de la alianza (Ex 25.10-22; 37.1-9). En la descripción del santuario se emplean términos técnicos de la arquitectura de la época, cuyo significado no se conoce con certeza. Esto impide tener una imagen precisa de este santuario portátil, que debía acompañar la marcha de Israel a través del desierto. Cf. Nm 4.15,24-26,31-32.

b **26.33** Cf. Heb 6.19; 9.3-5.

ÉXODO 27, 28

27 **El altar de bronce**[a] *(Ex 38.1-7)* **1** "Haz un altar cuadrado, de madera de acacia, que mida dos metros y veinticinco centímetros por cada lado, y un metro y veinticinco centímetros de alto. **2** Hazle cuatro cuernos[b] para sus cuatro esquinas, los cuales deben formar una sola pieza con el altar, y recubre de bronce el altar. **3** Todos los utensilios del altar han de ser de bronce: los ceniceros, las palas, los tazones, los tenedores y los braseros. **4** Hazle también una rejilla de bronce, y pon cuatro argollas de bronce en las cuatro esquinas de la rejilla. **5** Coloca después la rejilla debajo del borde del altar, para que quede a media altura del altar. **6** Haz también para el altar unos travesaños de madera de acacia, y recúbrelos de bronce. **7** Los travesaños deben pasar a través de las argollas y quedarse en los dos costados del altar, para que se pueda transportar. **8** El altar ha de ser hueco y de madera, igual al que viste en el monte.

El patio del santuario[c] *(Ex 38.9-20)* **9** "Haz un patio para el santuario. Por el lado sur, el patio debe tener cortinas de lino torcido, extendidas a lo largo de cuarenta y cinco metros. **10** Sus veinte postes y sus veinte bases serán de bronce, y sus ganchos y anillos serán de plata. **11** Asimismo, por el lado norte, deberá haber cortinas a lo largo de cuarenta y cinco metros, con sus veinte postes y veinte bases de bronce, y sus ganchos y anillos de plata. **12** Por el lado occidental habrá veintidós metros y medio de cortinas, extendidas a lo ancho del patio, con diez postes y diez bases. **13** Por el lado oriental, a lo ancho del patio, habrá también veintidós metros y medio de cortinas. **14** De un lado de la entrada habrá unos siete metros de cortinas, con tres postes y tres bases; **15** y del otro lado, también unos siete metros de cortinas, con tres postes y tres bases. **16** En la entrada misma del patio deberá haber nueve metros de cortinas de tela morada, tela de púrpura, tela roja y lino torcido, bordadas artísticamente, con cuatro postes y cuatro bases. **17** Todos los postes alrededor del patio deberán tener anillos de plata, ganchos de plata y bases de bronce. **18** El patio medirá cuarenta y cinco metros de largo, veintidós metros y medio de ancho por los dos lados, y dos metros y veinticinco centímetros de alto. Las cortinas serán de lino torcido, y las bases de bronce. **19** Todas las cosas necesarias para el culto en el santuario serán de bronce, lo mismo que todas sus estacas y las estacas del patio.

El aceite para las lámparas *(Lv 24.1-4)* **20** "Ordena a los israelitas que te traigan aceite puro de oliva, para mantener las lámparas siempre encendidas. **21** Aarón y sus hijos se encargarán de arreglar las lámparas, para que ardan delante del Señor toda la noche en la tienda del encuentro con Dios,[d] fuera del velo que está junto al arca de la alianza. Esta es una ley permanente para los israelitas y sus descendientes.

28 **Las ropas de los sacerdotes** *(Ex 39.1-31)* **1** "De entre los israelitas, mantén cerca de ti a tu hermano Aarón y a sus hijos Nadab, Abihú, Eleazar e Itamar, para que sean mis sacerdotes.[a] **2** Haz para tu hermano Aarón ropas especiales,[b] que le den esplendor y belleza. **3** Habla tú con todos los que tengan mayores aptitudes, con aquellos a quienes he llenado de cualidades artísticas, para que hagan las ropas de Aarón y así él sea consagrado como mi sacerdote. **4** Las ropas que han de hacer son estas: el pectoral, el efod, la capa, la túnica bordada,[c] el turbante de lino y el cinturón. Así que harán ropas especiales para tu hermano Aarón y para sus hijos, para que oficien como sacerdotes míos. **5** Los que hagan las ropas deberán usar oro, tela morada, tela de púrpura, tela roja y lino torcido.

6 "El efod[d] ha de ser de oro, tela morada, tela de púrpura, tela roja y lino torcido, bordado artísticamente **7** y con dos tirantes unidos a sus dos extremos. **8** El cinturón que va sobre el efod para sujetarlo, formará una sola pieza con él, y será también de oro, tela morada, tela de púrpura, tela roja y lino torcido.

9 "Toma luego dos piedras de cornalina, y graba en ellas los nombres de los hijos de Israel, **10** en el orden en que nacieron; seis nombres en una piedra y seis nombres en la otra. **11** El grabado de los nombres en las piedras lo hará un joyero, a la manera del grabado de un sello. Monta luego las dos piedras en monturas de oro, **12** y ponlas sobre los tirantes del efod, como piedras para recordar a los hijos de Israel. Así Aarón llevará sobre sus hombros los nombres de ellos ante el Señor, para recordarlos. **13** Las monturas hazlas de oro; **14** haz luego una cadena con dos cordones de oro puro, y ponla alrededor de las monturas.

15 "El pectoral, con los instrumentos del juicio,[e] lo harás de la misma manera que el efod, es decir, bordado artísticamente. Hazlo de oro, tela morada, tela de púrpura, tela roja y lino torcido, **16** doble y cuadrado, de veintidós

---

[a] 27.1-8 Aquí se describe el *altar* de los holocaustos, es decir, de las ofrendas que se quemaban totalmente en honor del Señor. Este altar era el principal objeto del patio del santuario (vv. 9-19).

[b] 27.2 *Cuatro cuernos:* Las esquinas del altar sobresalían hacia arriba, de modo que tenían la apariencia de cuernos. En el antiguo Oriente, los cuernos simbolizaban la fuerza. Cf. Dt 33.17.

[c] 27.9-19 El *patio,* es decir, el recinto sagrado alrededor del santuario, medía 45 m. de largo por 22.5 de ancho. En él estaban el altar para los holocaustos (vv. 1-8) y la palangana de bronce (Ex 30.17-21).

[d] 27.21 *La tienda del encuentro con Dios* corresponde al *tabernáculo de la reunión* de otras versiones. Se daba este nombre al santuario por ser el lugar donde el Señor se manifestaba a su pueblo y donde Moisés podía consultarlo. Cf. Ex 40.34-38.

[a] 28.1 Cf. Ex 6.23.

[b] 28.2 Las *ropas especiales* de *Aarón* son las apropiadas para el sumo sacerdote, pues las funciones de este eran distintas de las de los demás sacerdotes. Cf., por ej., Lv 16.11-19.

[c] 28.4 *Bordada* (aquí y en v. 39): otra posible traducción: *tejida a cuadros*.

[d] 28.6 *Efod:* Esta palabra tiene diferentes significados en el AT. Véase Jue 8.27 n.; 1 S 2.18 n.; 2 S 6.14 n. Aquí se trata de un distintivo del sumo sacerdote y era, probablemente, una especie de chaleco, sostenido sobre el pecho por dos tirantes (v. 7). En cada uno de estos había una piedra preciosa, y en las dos estaban grabados los nombres de las doce tribus de Israel, seis en cada piedra (vv. 9-12).

[e] 28.15 El *pectoral* era una prenda que se llevaba sobre el efod. Al parecer, era una especie de bolsa cuadrada que contenía los *instrumentos del juicio,* o sea el *Urim y el Tumim* (véase 28.30 n.). Estaba adornado con doce piedras preciosas, cada una de las cuales llevaba grabado el nombre de una de las doce tribus de Israel (vv. 17-21).

centímetros por cada lado. **17** Cúbrelo de piedras preciosas [f] distribuidas en cuatro hileras. La primera hilera debe tener un rubí, un crisólito y una esmeralda; **18** la segunda, un granate, un zafiro y un jade; **19** la tercera, un jacinto, una ágata y una amatista; **20** y la cuarta, un topacio, una cornalina y un jaspe. Las piedras deben estar montadas en monturas de oro, **21** y tienen que ser doce, pues doce son los nombres de los hijos de Israel. En cada piedra se grabará, en forma de sello, el nombre de una de las doce tribus.

22 "Haz para el pectoral unas cadenas de oro puro, torcidas como cordones. **23** Haz también dos argollas de oro, y ponlas en los dos extremos del pectoral; **24** pon luego las dos cadenas de oro en las dos argollas que están en los dos extremos superiores del pectoral, **25** y pon las dos puntas de las dos cadenas sobre las dos monturas, asegurándolas sobre los tirantes del efod por su parte delantera. **26** Haz otras dos argollas de oro, y ponlas en los dos extremos inferiores del pectoral, sobre la orilla interior que queda junto al efod. **27** Haz dos argollas más de oro, y ponlas en la parte delantera de los tirantes del efod, pero por debajo, junto a las costuras y un poco arriba del cinturón del efod. **28** Entonces se unirán las argollas del pectoral a las argollas del efod con un cordón morado, para que el pectoral quede arriba del cinturón del efod y no se separe del mismo. **29** Y así, cuando Aarón entre en el santuario llevando puesto el pectoral con los instrumentos del juicio, llevará también sobre su pecho los nombres de los hijos de Israel ante la presencia del Señor, para que él los recuerde siempre. **30** Pon en el pectoral el Urim y el Tumim, [g] que son los instrumentos del juicio, para que Aarón los lleve sobre su pecho cuando se presente ante el Señor. Así Aarón llevará siempre, sobre su pecho, los instrumentos del juicio ante el Señor.

31 "Haz de tela morada toda la capa del efod, **32** con una abertura en el centro para la cabeza. En la orilla de la abertura debe hacérsele un dobladillo, como el que tienen los chalecos de cuero, para que no se rompa. **33** Adorna el borde de la capa con granadas de tela morada, tela de púrpura y tela roja, combinadas con campanitas de oro alrededor de todo el borde; **34** es decir, que irá una campanita de oro y luego una granada, otra campanita de oro y otra granada, y así por todo el borde de la capa. **35** Aarón debe llevar puesta la capa cuando oficie como sacerdote, para que cuando entre en el santuario ante el Señor, o cuando salga, se oiga el sonido de las campanas y así él no muera. [h]

36 "Haz una placa de oro puro, y graba en ella, como si fuera un sello, las palabras 'Consagrado al Señor'. **37** Pon la placa en el turbante, por la parte delantera, atada con un cordón morado para que quede fija. **38** Así estará siempre sobre la frente de Aarón, y Aarón cargará con las faltas que cometan los israelitas en las cosas santas y cuando consagren sus ofrendas; pero la placa hará que el Señor acepte las ofrendas.

39 "Haz la túnica bordada y de lino, y haz también de lino el turbante. El cinturón ha de ser bordado artísticamente. **40** A los hijos de Aarón hazles túnicas, cinturones y turbantes que les den esplendor y belleza.

41 "Así deberás vestir a tu hermano Aarón y a sus hijos, y luego derramarás aceite sobre su cabeza para darles plena autoridad y consagrarlos como sacerdotes míos. **42** Hazles también calzoncillos de lino que les cubran de la cintura a los muslos, **43** y que Aarón y sus hijos lleven puestos cuando entren en la tienda del encuentro, o cuando se acerquen al altar, mientras oficien como sacerdotes en el santuario, para que no cometan ninguna falta y mueran. Esta es una ley permanente para él y sus descendientes.

29

Consagración de los sacerdotes [a] *(Lv 8.1-36)* **1** "Para consagrarlos como mis sacerdotes, esto es lo que debes hacer con ellos: toma un becerro y dos carneros que no tengan ningún defecto; **2** con la mejor harina de trigo, haz panes y tortas sin levadura, amasadas con aceite, y hojuelas sin levadura rociadas con aceite, **3** y ponlos en un canastillo para llevarlos al santuario, junto con el becerro y los dos carneros. **4** Luego lleva a Aarón y a sus hijos a la entrada de la tienda del encuentro, [b] y haz que se bañen; **5** toma después las ropas sacerdotales, y viste a Aarón con la túnica y la capa del efod, y con el efod mismo y el pectoral. Ajústale el cinturón del efod; **6** ponle el turbante en la cabeza y sobre el turbante, la placa que lo consagra como sacerdote. **7** Toma entonces el aceite de consagrar, y consagra a Aarón como sacerdote, derramando el aceite sobre su cabeza. [c] **8** Haz también que se acerquen sus hijos, y vístelos con las túnicas. **9** Tanto a Aarón como a ellos les ajustarás el cinturón y les acomodarás el turbante. De esta manera les darás plena autoridad, y su sacerdocio será una ley permanente.

10 "Después lleva el becerro hasta la tienda del encuentro, para que Aarón y sus hijos pongan las manos sobre la cabeza del animal, [d] **11** y allí, ante el Señor, a la entrada de la tienda del encuentro, mata al becerro. **12** Toma entonces con el dedo un poco de su sangre y úntala en los cuernos del altar, y derrama al pie del altar toda la sangre que quede. [e] **13** A los intestinos, hígado y riñones, junto con la grasa de que están cubiertos, quémalos en el altar; **14** pero la carne, la piel y el estiércol del becerro, quémalos en las afueras del campamento, pues es un sacrificio por el pecado.

15 "Toma uno de los dos carneros, y que Aarón y sus hijos le pongan las manos sobre la cabeza. **16** Después mátalo, y rocía con su sangre los costados del altar; **17** luego córtalo

---

[f] **28.17** No siempre es posible establecer el significado exacto de las palabras hebreas que designan estas *piedras preciosas*.

[g] **28.30** *Sobre el pectoral:* o quizá, más precisamente, *dentro del pectoral.* Aunque se desconoce la forma que tenían *el Urim* y *el Tumim*, se trataba de objetos para echar suertes y obtener una respuesta de Dios acerca de las decisiones que era preciso tomar. Cf. Nm 27.21; Dt 33.8; Esd 2.63; Neh 7.65.

[h] **28.33-35** Ex 39.24-26; Eclo 45.9.

[a] **29.1-37** Estas instrucciones se ponen en práctica en Lv 8.

[b] **29.4** *Tienda del encuentro:* Véase Ex 27.21 n.

[c] **29.7** El aceite de oliva se empleaba en la consagración de sacerdotes y reyes. Véase Sal 2.2 n. Los sacerdotes levíticos del templo de Jerusalén consideraban que su sacerdocio tenía su origen en la consagración de Aarón.

[d] **29.10** Los sacerdotes tenían que ofrecer primero este sacrificio en favor de sí mismos. El gesto de *poner las manos sobre la cabeza del animal* es, en este caso, una forma simbólica de identificarse con el animal que va a ser ofrecido como sacrificio.

[e] **29.12** *Sangre:* Lv 1.5; 17.11; Heb 9.22. *Al pie del altar,* es decir, en el pequeño canal abierto alrededor de las bases del altar.

en pedazos, lava sus intestinos y sus patas, y ponlas junto con los pedazos y la cabeza. **18** Entonces ofrece el carnero sobre el altar como holocausto en honor del Señor, como ofrenda quemada de olor agradable.*f*

19 "Toma entonces el otro carnero, y que Aarón y sus hijos le pongan las manos sobre la cabeza. **20** Mata el carnero, toma un poco de su sangre y pónsela a Aarón y a sus hijos en la parte inferior de la oreja derecha, en el pulgar de la mano derecha y en el dedo gordo del pie derecho.*g* Luego rocía con el resto de la sangre del carnero los costados del altar. **21** Y de la sangre que quede sobre el altar, y del aceite para consagrar, toma un poco y rocíalos sobre Aarón y sobre su ropa, y sobre sus hijos y la ropa de ellos. Así quedarán consagrados Aarón y sus hijos, lo mismo que sus ropas.

22 "Después toma la grasa que el carnero tiene en la cola*h* y sobre los intestinos y en el hígado, y toma también sus dos riñones y la grasa que los cubre, y su muslo derecho, porque es un carnero para la consagración de sacerdotes. **23** De los panes sin levadura que están en un canastillo ante el Señor, toma un pan redondo, un pan amasado con aceite y una hojuela; **24** pon todo esto en las manos de Aarón y de sus hijos, y celebra el rito de presentación*i* ante el Señor. **25** Luego retira esto de sus manos y quémalo en el altar, junto con el holocausto de aroma agradable al Señor. Es una ofrenda quemada en honor del Señor.

26 "Para la consagración de Aarón, toma también el pecho del carnero y celebra el rito de presentación ante el Señor. A ti te tocará esa parte. **27** Aparta el pecho presentado como ofrenda especial ere este rito, y el muslo que se ofrece cómo contribución,*j* pues son las partes que del carnero de la consagración se reservan para Aarón y sus hijos. **28** Eso será para Aarón y sus hijos. Es una ley permanente para los israelitas: esta ofrenda será una contribución hecha por los israelitas como sacrificio de reconciliación al Señor.

29 "La ropa sagrada de Aarón la heredarán sus descendientes cuando sean consagrados y reciban plena autoridad como sacerdotes. **30** Y el sacerdote descendiente de Aarón que ocupe su lugar y que entre en la tienda del encuentro para oficiar en el santuario, deberá llevar puesta esa ropa durante siete días.

31 "Toma después el carnero de la consagración, y cuece su carne en un lugar sagrado. **32** Aarón y sus descendientes comerán la carne del carnero y el pan del canastillo, a la entrada de la tienda del encuentro. **33** Los comerán porque fueron ofrecidos para obtener el perdón de sus pecados, cuando fueron consagrados y recibieron plena autoridad como sacerdotes. Pero ningún extraño deberá comer de estas cosas, porque son sagradas. **34** Y si para el día siguiente queda algo del pan y de la carne de la consagración, quema lo que haya quedado, y que nadie lo coma, porque es sagrado.

35 "Haz todo esto con Aarón y sus hijos, de acuerdo con todas mis instrucciones. Dedica siete días a investirlos de autoridad, **36** y ofrece cada día un becerro como sacrificio para obtener el perdón de los pecados; purifica el altar, ofreciendo sobre él un sacrificio por el pecado, y derrama aceite sobre él, para consagrarlo. **37** Durante siete días ofrecerás sobre el altar sacrificios por el pecado; así lo consagrarás a Dios, y será un altar santísimo: cualquier cosa que toque el altar quedará consagrada.

Las ofrendas diarias (Nm 28.1-8) **38** "Diariamente y sin falta debes ofrecer sobre el altar dos corderos de un año. **39** Uno de ellos lo ofrecerás por la mañana, y el otro lo ofrecerás al atardecer. **40** Con el primer cordero ofrecerás unos dos kilos de la mejor harina, mezclada con un litro de aceite de oliva, y derramarás como ofrenda un litro de vino. **41** Lo mismo harás al atardecer con el otro cordero y con las ofrendas de harina y de vino, ofrendas quemadas de aroma agradable al Señor. **42** Estas ofrendas quemadas en mi honor son las que de padres a hijos se ofrecerán siempre en mi presencia, a la entrada de la tienda del encuentro, que es donde me encontraré contigo para hablarte. **43** Allí me encontraré con los israelitas, y el lugar quedará consagrado por mi presencia. **44** Consagraré la tienda del encuentro y el altar, y consagraré también a Aarón y a sus hijos como sacerdotes míos. **45** Yo viviré entre los israelitas, y seré su Dios. **46** Así sabrán que yo soy el Señor su Dios, el que los sacó de Egipto para vivir entre ellos. Yo soy el Señor su Dios.*k*

30

El altar del incienso^a *(Ex 37.25-28)* **1** "Haz también un altar de madera de acacia, para quemar incienso. **2** Tiene que ser cuadrado, de cuarenta y cinco centímetros de largo por cuarenta y cinco centímetros de ancho, y de noventa centímetros de altura, y los cuernos del altar deben formar una sola pieza con el altar mismo. **3** Recubre de oro puro su parte superior, sus cuatro lados y sus cuernos, y ponle un ribete de oro alrededor. **4** Ponle también unas argollas de oro debajo del ribete, dos en las esquinas de un lado y dos en las esquinas del otro, para pasar por ellas los travesaños con que va a ser transportado. **5** Haz los travesaños de madera de acacia, y recúbrelos de oro. **6** Pon luego el altar ante el velo que está junto al arca de la alianza, ante la tapa que lo cubre, donde yo me encontraré contigo. **7** Todas las mañanas, a la hora de preparar las lámparas, Aarón quemará incienso aromático sobre este altar, **8** y lo quemará también al atardecer, a la hora de

---

f **29.18** *Olor agradable:* expresión usual para indicar que Dios aceptaba las ofrendas y los sacrificios (Gn 8.21). Cf. Ef 5.2; Flp 4.18.

g **29.20** Al untar con sangre estas partes del cuerpo se simbolizaba la consagración de toda la persona.

h **29.22** Referencia a una raza oriental de carnero que tenía la cola muy ancha y llena de grasa.

i **29.24** *Celebra el rito de presentación:* lit. *mécela como ofrenda mecida.* El rito consistía, en este caso, en presentar la ofrenda con un movimiento de vaivén o balanceo, primero en dirección al altar y luego hacia atrás, en dirección al oferente. Al parecer, se quería expresar simbólicamente que la ofrenda presentada a Dios atraía la bendición divina. Otro tipo de ofrenda, como la indicada en el v. 27, era elevada simplemente, sin antes mecerla. Cf. Lv 7.30-32; 8.27.

j **29.27** *Como contribución:* lit. *como ofrenda elevada* (véase 29.24 n.).

k **29.46** *Yo soy el Señor su Dios:* otra posible traducción: *Yo, el Señor, soy su Dios,* es decir, el Dios de Israel es Yahvé (*el Señor*) y ningún otro. Cf. Ex 20.2-3.

a **30.1-10** Este *altar* estaba en el Lugar Santo (véase Ex 26.1-37 n.). La descripción cabría más lógicamente al final del cap. 25.

encender las lámparas. Esto se hará en la presencia del Señor siempre, a través de los siglos. ⁹ No ofrezcas sobre este altar ningún otro incienso, ni holocaustos, ni ofrendas de cereales, ni tampoco ofrendas de vino derramado. ¹⁰ Este altar estará completamente consagrado al Señor, y una vez al año *b* ofrecerá Aarón sobre los cuernos del altar la sangre del sacrificio para obtener el perdón de los pecados. Una vez al año, todos los años, sobre este altar se ofrecerá el sacrificio para obtener el perdón de los pecados."

El rescate por la vida *c* ¹¹ El Señor se dirigió a Moisés y le dijo:

¹² "Cuando hagas un censo de los israelitas, cada uno de ellos deberá dar una contribución al Señor como rescate por su vida, a fin de que no haya ninguna plaga mortal con motivo del censo. ¹³ Todo el que sea registrado dará como contribución al Señor cinco gramos de plata, que es la mitad del peso oficial del santuario. *d* ¹⁴ Todos los registrados de veinte años para arriba darán esta contribución al Señor, ¹⁵ y al dar cada uno al Señor el rescate por su vida, ni el rico dará más de cinco gramos de plata, ni el pobre menos de cinco. ¹⁶ Así que recogerás la plata que los israelitas den como rescate por su vida, y la entregarás para el culto de la tienda del encuentro. Eso hará que el Señor se acuerde de los israelitas, y de que dieron el rescate por su vida."

La palangana de bronce *e* *(Ex 38.8)* ¹⁷ El Señor se dirigió a Moisés y le dijo:

¹⁸ "Haz una palangana de bronce, con su base del mismo metal, *f* que sirva para lavarse; ponla entre la tienda del encuentro y el altar, y llénala de agua. ¹⁹ Aarón y sus hijos sacarán agua de allí para lavarse las manos y los pies. ²⁰ Y se lavarán cuando entren en la tienda del encuentro, y cuando se acerquen al altar para oficiar y presentar al Señor la ofrenda quemada. Así no morirán. ²¹ Para que no mueran, deberán lavarse las manos y los pies. Esta será una ley permanente a través de los siglos para Aarón y sus descendientes."

El aceite de consagrar *(Ex 37.29)* ²² El Señor se dirigió a Moisés y le dijo:

²³ "Escoge tú mismo las mejores plantas aromáticas: unos seis kilos de la mejor mirra, unos tres kilos de canela y unos tres kilos de caña aromática; ²⁴ unos seis kilos de casia —pesados según el peso oficial del santuario— y tres litros y medio de aceite de oliva. ²⁵ Haz con todo esto el aceite santo de consagrar, de la misma manera que un perfumero prepara sus perfumes. Este será el aceite santo de consagrar, ²⁶ y deberás derramarlo sobre la tienda del encuentro, el arca de la alianza, ²⁷ la mesa con todos sus utensilios, el candelabro con sus utensilios, el altar del incienso, ²⁸ el altar de los holocaustos con todos sus utensilios, y la palangana con su base. ²⁹ Así los consagrarás y serán cosas santísimas; cualquier cosa que las toque, quedará consagrada.

³⁰ "Derrama también de ese aceite sobre Aarón y sus hijos, para consagrarlos como mis sacerdotes, ³¹ y di a los israelitas lo siguiente: 'A través de los siglos, este será mi aceite santo de consagrar. ³² No lo derramen sobre cualquier hombre común, ni preparen otro aceite igual a este. Es un aceite santo, y como cosa santa deben tratarlo. ³³ Si alguien prepara un aceite igual a este, o lo derrama sobre cualquier extraño, será eliminado de entre su gente.' "

El incienso *(Ex 37.29)* ³⁴ El Señor le dijo a Moisés:

"Toma una misma cantidad de las siguientes especies: resina, uña aromática, incienso puro y gálbano aromático, *g* ³⁵ y prepara con ellas un incienso puro y santo, mezclándolo todo bien, como un perfumero al hacer sus perfumes. ³⁶ Muele muy fina una parte, y ponla ante el arca de la alianza, en la tienda del encuentro, o sea donde yo me encontraré contigo. Este incienso será de lo más sagrado para ustedes, ³⁷ y no deben preparar para su propio uso otro incienso igual a este que has preparado. Es del Señor, y para ti será una cosa sagrada. ³⁸ El que prepare un incienso igual para disfrutar de su aroma, será eliminado de entre su gente." *h*

31 *Los artesanos para el santuario* *(Ex 35.30; 36.1)* ¹ El Señor se dirigió a Moisés y le dijo:

² "Mira, de la tribu de Judá he escogido a Besalel, hijo de Urí y nieto de Hur, *a* ³ y lo he llenado del espíritu de Dios, y de sabiduría, entendimiento, conocimientos y capacidad creativa, ⁴ para hacer diseños y trabajos en oro, plata y bronce, ⁵ para tallar y montar piedras preciosas, para tallar madera y para hacer cualquier trabajo artístico. ⁶ Le he puesto como ayudante a Oholiab, hijo de Ahisamac, que es de la tribu de Dan. Y a todos los sabios les he dado más sabiduría, a fin de que hagan todo lo que te he ordenado: ⁷ la tienda del encuentro, el arca de la alianza, la tapa que va sobre el arca, todos los utensilios de la tienda, ⁸ la mesa con sus utensilios, el candelabro de oro puro con sus utensilios, el altar del incienso, ⁹ el altar de los holocaustos con sus utensilios, la palangana con su base, ¹⁰ la ropa tejida, es decir, la ropa especial del sacerdote Aarón y la ropa de sus

---

b **30.10** *Una vez al año:* referencia al Día del Perdón o de la Expiación, celebrado anualmente (Lv 16).

c **30.11-16** Los antiguos israelitas consideraban que el *censo* atentaba contra una prerrogativa de Dios, ya que él es el único que tiene derecho a conocer el número de sus súbditos (cf. 2 S 24.10-16). Por eso, en el primer censo de Moisés, descrito en detalle en Nm 1, cada israelita tenía que presentar una ofrenda como rescate de su propia vida.

d **30.13** Cf. Ex 38.25-26; Mt 17.24. *Peso oficial del santuario:* lit. *siclo del santuario, que es de 20 gueras* (equivalente a unos 10 gr). El *siclo*, unidad de peso empleada en las transacciones comerciales, variaba según el país, la época y el uso a que se destinaba. El siclo israelita ordinario, a diferencia del *siclo del santuario*, era de unos 11 g. Véase la *Tabla de pesas, monedas y medidas*.

e **30.17-21** La *palangana* que servía para las purificaciones rituales se colocaba en el atrio exterior de la tienda del encuentro (véase Ex 27.9-19 n.).

f **30.18** Cf. Ex 38.8.

g **30.34** Esta *resina* era probablemente el estacte, un producto que se extrae de la mirra. La *uña aromática* era el reborde que cierra la valva de ciertos moluscos y que al quemarse produce un olor penetrante. El *gálbano* era la resina del arbusto llamado férula o cañaheja.

h **30.22-38** Cf. Ex 37.29.

a **31.2** Cf. 1 Cr 2.18-20.

hijos para cuando oficien como sacerdotes, **11** el aceite de consagrar y el incienso aromático para el santuario. Ellos deben hacerlo todo tal como te lo he ordenado."

El sábado (Ex 35.1-3)

12 El Señor se dirigió a Moisés y le dijo:

13 "Habla tú mismo con los israelitas y diles lo siguiente: 'Deben respetar mis sábados, porque esa es la señal entre ustedes y yo *b* a través de los siglos, para que se sepa que yo, el Señor, los he escogido a ustedes. **14** El sábado será sagrado para ustedes, y deberán respetarlo. El que no respete ese día, será condenado a muerte. Además, la persona que trabaje en ese día será eliminada de entre su gente. **15** Se podrá trabajar durante seis días, pero el día séptimo será día de reposo consagrado al Señor. Cualquiera que trabaje en el sábado, será condenado a muerte.' **16** Así que los israelitas han de respetar la práctica de reposar en el sábado como una alianza eterna a través de los siglos. **17** Será una señal permanente entre los israelitas y yo."

Porque el Señor hizo el cielo y la tierra en seis días, y el día séptimo dejó de trabajar y descansó. *c*

V. RUPTURA Y RENOVACIÓN DE LA ALIANZA (31.18—34.35) *d*

El becerro de oro (Dt 9.6-29)

18 Cuando el Señor dejó de hablar con Moisés en el monte Sinaí, *e* le entregó dos tablas de piedra con la ley escrita por el dedo mismo de Dios.

32 **1** Al ver los israelitas que Moisés tardaba en bajar del monte, se juntaron alrededor de Aarón *a* y le dijeron:

—Anda, haznos dioses que nos guíen, porque no sabemos qué le ha pasado a este Moisés que nos sacó de Egipto. *b*

2 Y Aarón les contestó:

—Quítenles a sus mujeres, hijos e hijas, los aretes *c* de oro que llevan en las orejas, y tráiganmelos aquí.

3 Todos se quitaron los aretes de oro que llevaban en las orejas, y se los llevaron a Aarón, **4** quien los recibió, y fundió el oro, y con un cincel lo trabajó hasta darle la forma de un becerro. *d* Entonces todos dijeron:

—¡Israel, este es tu dios, que te sacó de Egipto! *e*

5 Cuando Aarón vio esto, construyó un altar ante el becerro, y luego gritó:

—¡Mañana haremos fiesta en honor del Señor! *f*

6 Al día siguiente por la mañana se levantaron y ofrecieron holocaustos y sacrificios de reconciliación. Después el pueblo se sentó a comer y beber, y luego se levantaron a divertirse. *g* **7** Entonces el Señor le dijo a Moisés:

—Anda, baja, porque tu pueblo, el que sacaste de Egipto, se ha echado a perder. **8** Muy pronto se han apartado del camino que yo les ordené seguir. Se han hecho un becerro de oro fundido, y lo están adorando y presentándole ofrendas; y dicen: '¡Israel, este es tu dios, que te sacó de Egipto!' *h*

9 Además, el Señor le dijo a Moisés:

—Me he fijado en esta gente, y me he dado cuenta de que son muy tercos. **10** ¡Ahora déjame en paz, que estoy ardiendo de enojo y voy a acabar con ellos! Pero de ti voy a hacer una gran nación. *i*

11 Moisés, sin embargo, trató de calmar al Señor su Dios con estas palabras:

—Señor, ¿por qué vas a arder de enojo contra tu pueblo, el que tú mismo sacaste de Egipto con gran despliegue de poder? **12** ¿Cómo vas a dejar que digan los egipcios: 'Dios los sacó con la mala intención de matarlos en las montañas, para borrarlos de la superficie de la tierra'? Deja ya de arder de enojo; renuncia a la idea de hacer daño a tu pueblo. **13** Acuérdate de tus siervos Abraham, Isaac e Israel, a quienes juraste por ti mismo y les dijiste: 'Haré que los descendientes de ustedes sean tan numerosos como las estrellas del cielo, *j* y toda esta tierra que les he prometido a ustedes se la daré como su herencia para siempre.' *k*

14 El Señor renunció a la idea que había expresado de hacer daño a su pueblo. *l* **15** Entonces Moisés se dispuso a bajar del monte, trayendo en sus manos las dos tablas de la ley, las cuales estaban escritas por los dos lados. *m* **16** Dios mismo había hecho las tablas, y Dios mismo había grabado lo que estaba escrito en ellas. *n*

17 Cuando Josué escuchó los gritos de la gente, le dijo a Moisés:

---

b 31.12-17 Ex 35.1-3. Cf. Ex 20.8-11; 23.12; 34.21; 35.2; Lv 23.3; Dt 5.12-14.

c 31.17 Cf. Ex 20.11.

d 31.18—34.35 Los tres caps. siguientes continúan la narración interrumpida en Ex 24.18. El tema central de esta sección es la ruptura y la renovación del pacto del Señor con Israel (cf. Ex 24.8; 34.10; véase 32.19 nota *p*). En el conjunto del relato, el Señor se manifiesta como el Dios que hace prevalecer la misericordia y el perdón sobre el juicio y el castigo. Cf. 34.6-7.

e 31.18 Cf. Ex 24.18.

a 32.1 *Se juntaron alrededor de Aarón:* El relato pone de relieve la responsabilidad de Aarón en el episodio del becerro de oro (cf. v. 21), sin dejar de señalar que la iniciativa procede del pueblo.

b 32.1 Citado en Hch 7.40.

c 32.2 *Aretes:* Véase Gn 35.4 nota *c*.

d 32.4 Por su fuerza y vitalidad, el toro era, en el antiguo Oriente, el símbolo por excelencia de la fecundidad masculina, y varios dioses lo tenían como emblema. Un ejemplo típico es el de Baal, el dios cananeo de las tormentas, al que solían representar de pie sobre un toro joven, para simbolizar su poder fecundante. Aquí, ese animal es llamado *becerro,* quizá en señal de menosprecio.

e 32.4 Cf. Hch 7.41. Casi con estos mismos términos, el rey Jeroboam I presenta los becerros de oro que había mandado colocar en los santuarios de Betel y de Dan (1 R 12.28). Esta coincidencia muestra que los dos relatos están emparentados.

f 32.5 *Fiesta en honor del Señor:* Esta expresión indica que los israelitas querían seguir rindiendo culto al Señor, y no a un dios distinto del que los había liberado de la esclavitud en Egipto. Pero el hecho de asociar al Dios de Israel con la imagen del becerro, que era símbolo característico de las religiones paganas (véase Ex 32.4 nota *d*), resultaba incompatible con el culto que el Señor exigía de su pueblo. Cf. Ex 20.4.

g 32.6 En Gn 26.8; 39.17, el verbo hebreo traducido aquí por *divertirse* se refiere a prácticas de carácter sexual. Este v. se cita en 1 Co 10.7 como un caso representativo de la infidelidad e idolatría de los israelitas en el desierto.

h 32.7-8 Cf. Dt 9.11-12.

i 32.9-10 Cf. Gn 12.2; Dt 9.13-14.

j 32.13 Cf. Gn 22.16-17; 26.3-4; 28.13-14.

k 32.13 Cf. Dt 17.8.

l 32.9-14 Una vez más, la intercesión de Moisés obtiene del Señor el perdón del pecado cometido por el pueblo. Cf. Nm 14.13-19; Dt 9.25-29.

m 32.15 Cf. Dt 9.15.

n 32.16 Ex 31.18. Hay un marcado contraste entre las *tablas* escritas

—Se oyen gritos de guerra en el campamento.

18 Pero Moisés contestó:

—No son cantos alegres de victoria, ni son cantos tristes de derrota; son otros cantos los que escucho.

19 En cuanto Moisés se acercó al campamento y vio el becerro y los bailes, ñ ardió de enojo y arrojó de sus manos las tablas, haciéndolas pedazos al pie del monte; o **20** en seguida agarró el becerro y lo arrojó al fuego, luego lo molió hasta hacerlo polvo, y el polvo lo roció sobre el agua; entonces hizo que los israelitas bebieran de aquella agua. p

21 Y le dijo a Aarón:

—¿Qué te hizo este pueblo, que le has hecho cometer un pecado tan grande?

22 Y Aarón contestó:

—Señor mío, no te enojes conmigo. Tú bien sabes que a esta gente le gusta hacer lo malo. **23** Ellos me dijeron: 'Haznos un dios que nos guíe, porque no sabemos qué pudo haberle pasado a este Moisés que nos sacó de Egipto.' **24** Yo les contesté: 'El que tenga oro, que lo aparte.' Ellos me dieron el oro, yo lo eché en el fuego, ¡y salió este becerro! q

25 Moisés se fijó en que el pueblo estaba desenfrenado y expuesto a las burlas de sus enemigos, pues Aarón no lo había controlado, **26** así que se puso de pie a la entrada del campamento y dijo:

—Los que estén de parte del Señor, júntense conmigo.

Y todos los levitas se le unieron. **27** Entonces Moisés les dijo:

—Así dice el Señor, el Dios de Israel: 'Tome cada uno de ustedes la espada, regresen al campamento, y vayan de puerta en puerta, matando cada uno de ustedes a su hermano, amigo o vecino.'

28 Los levitas cumplieron las órdenes de Moisés, y ese día murieron como tres mil hombres. **29** Entonces Moisés dijo:

—Hoy reciben ustedes plena autoridad ante el Señor, por haberse opuesto unos a su hijo y otros a su hermano. Así que hoy el Señor los bendice. r

30 Al día siguiente, Moisés dijo a la gente:

—Ustedes han cometido un gran pecado. Ahora voy a tener que subir a donde está el Señor, a ver si consigo que los perdone.

31 Y así Moisés volvió a donde estaba el Señor, y le dijo:

—Realmente el pueblo cometió un gran pecado al hacerse un dios de oro. **32** Yo te ruego que los perdones; pero si no los perdonas, ¡borra mi nombre del libro que has escrito! s

33 Pero el Señor le contestó:

—Solo borraré de mi libro al que peque contra mí. **34** Así que, anda, lleva al pueblo al lugar que te dije. Mi ángel te guiará. t Y cuando llegue el día del castigo, yo los castigaré por su pecado.

35 Y el Señor envió una plaga sobre el pueblo por haber adorado al becerro que Aarón les hizo.

33 El Señor ordena seguir adelante a

1 El Señor le dijo a Moisés:

—Anda, vete de aquí con el pueblo que sacaste de Egipto. Vayan a la tierra que prometí a Abraham, Isaac y Jacob que daría a sus descendientes. b **2** Yo enviaré mi ángel c para que te guíe, y echaré fuera del país a los cananeos, amorreos, hititas, ferezeos, heveos y jebuseos. d **3** Vayan a la tierra donde la leche y la miel corren como el agua. e Pero yo no iré entre ustedes, no vaya a ser que los destruya en el camino, pues ustedes son gente muy terca.

4 El pueblo se entristeció al escuchar estas duras palabras, y nadie se puso sus joyas, **5** pues el Señor le había dicho a Moisés:

—Diles a los israelitas: 'Ustedes son gente muy terca. ¡Si yo estuviera entre ustedes aun por un momento, terminaría por destruirlos! Quítense ahora mismo sus joyas, y ya veré entonces qué hacer con ustedes.'

6 Y así, a partir del monte Horeb, los israelitas dejaron de usar sus joyas. f

---

por el mismo Dios y el ídolo que el pueblo se había fabricado por su propia cuenta.

ñ **32.19** *Bailes:* alusión a los cantos y danzas rituales que formaban parte del culto al becerro de oro.

o **32.19** La ruptura de las *tablas* significa que Moisés declara anulada la alianza del Señor con Israel. Sin embargo, el v. 14 indica que su oración había sido escuchada y que el Señor no había rechazado a su pueblo. Es importante tener en cuenta ese v. al leer el relato del castigo que viene a continuación. Véase 31.18—34.35 n.

p **32.20** El hecho de beber *de aquella agua* es, al mismo tiempo, un castigo por el pecado cometido y un medio de eliminar hasta los últimos rastros del becerro de oro. Los mismos que lo mandaron fabricar deben hacerse cargo de su destrucción total.

q **32.22-24** Aarón se expresa como si el *becerro* hubiera salido del fuego por sí solo. Nótese la semejanza de su respuesta con la de Adán en Gn 3.12. Uno y otro tratan de negar su propia responsabilidad, haciendo recaer la culpa sobre otros.

r **32.29** La expresión hebrea traducida por *recibir plena autoridad* es la que se emplea habitualmente en el AT para hablar de la consagración de los sacerdotes (cf. Ex 29.9). Según la tradición recogida en este pasaje, los levitas no son consagrados en una ceremonia ritual (Ex 29; Lv 8—9), sino que son designados para ejercer las funciones sacerdotales en razón de su apasionada lealtad al Señor (cf. Nm 25.10-13; Dt 33.8-11).

s **32.31-32** Véase 32.9-14 n. El libro que has escrito: alusión a la costumbre de anotar en un registro los nombres de los ciudadanos de una ciudad o de un país (Ez 13.9; cf. 2 S 24.2-9; Jer 22.30). De acuerdo con esta analogía, aquí se atribuye a Dios un *libro* en el que están escritos los nombres de las personas vivas. Ser borrado de ese libro era lo mismo que morir; de ahí el uso de la frase *libro de la vida* (Sal 69.28[29]; Ap 3.5). Véanse Sal 56.8(9) nota h; 139.16 n.

t **32.34** *Mi ángel te guiará:* Aquí vuelve a repetirse la promesa de Ex 23.20. Pero el pecado del pueblo y la ruptura del pacto (cf. v. 19) han modificado radicalmente la relación del Señor con Israel (cf. v. 10). Por eso, el *ángel* o mensajero ya no será el signo de la presencia especial del Señor entre los israelitas (cf. Ex 33.3), sino que pondrá una cierta distancia entre ambos. Una presencia del Señor demasiado cercana terminaría, en efecto, por destruir al pueblo pecador (Ex 33.5).

a **33.1-23** Este cap. sirve de transición entre la ruptura y la renovación del pacto. En él se pone de relieve la relación del Señor con Moisés: El Señor habla con él *cara a cara* (v. 11) y le hace ver un poco de su gloria (vv. 18-23). Esta excepcional relación permite a Moisés interceder por el pueblo pecador y obtener del Señor el perdón y la reconciliación.

b **33.1** Cf. Gn 12.7; 26.3; 28.13; cf. Ex 32.13.

c **33.2** *Yo enviaré mi ángel:* Véase Ex 32.34 n.

d **33.2** *Cananeos... jebuseos:* Véase Ex 3.8 nota g.

e **33.3** Sobre esta expresión, véase Ex 3.8 nota f.

f **33.4-6** El hecho de quitarse las joyas es señal de pesar.

La tienda del encuentro con Dios **7** Moisés tomó la tienda de campaña y la puso a cierta distancia fuera del campamento, [g] y la llamó tienda del encuentro con Dios. [h] Cuando alguien quería consultar al Señor, [i] iba a la tienda, la cual estaba fuera del campamento. **8** Y cuando Moisés iba a la tienda, toda la gente se levantaba y permanecía de pie a la entrada de su propia tienda de campaña, siguiendo a Moisés con la mirada hasta que este entraba en la tienda. **9** En cuanto Moisés entraba en ella, la columna de nube [j] bajaba y se detenía a la entrada de la tienda, mientras el Señor hablaba a Moisés. **10** Y cuando la gente veía que la columna de nube se detenía a la entrada de la tienda, cada uno se arrodillaba a la entrada de su propia tienda en actitud de adoración.

11 Dios hablaba con Moisés cara a cara, como quien habla con un amigo, [k] y después Moisés regresaba al campamento. Pero su ayudante, el joven Josué, hijo de Nun, nunca se apartaba del interior de la tienda.

El Señor muestra su gloria a Moisés **12** Moisés le dijo al Señor:

—Mira, tú me pides que yo dirija a este pueblo, pero no me dices a quién vas a enviar conmigo. También dices que tienes mucha confianza en mí y que me he ganado tu favor. **13** Pues si esto es cierto, hazme saber tus planes, para que yo pueda tener confianza en ti y pueda seguir contando con tu favor. Ten en cuenta que este pueblo es tu pueblo.

14 —Yo mismo te acompañaré y te haré descansar —dijo el Señor.

15 Pero Moisés le respondió:

—Si tú mismo no vas a acompañarnos, no nos hagas salir de aquí. **16** Porque si tú no nos acompañas, ¿de qué otra manera podrá saberse que tu pueblo y yo contamos con tu favor? Solo así tu pueblo y yo podremos distinguirnos de todos los otros pueblos de la tierra. [l]

17 —Esto que has dicho también lo voy a hacer, porque tengo confianza en ti y te has ganado mi favor —le afirmó el Señor.

18 —¡Déjame ver tu gloria! —suplicó Moisés.

19 Pero el Señor contestó:

—Voy a hacer pasar toda mi bondad delante de ti, y delante de ti pronunciaré mi nombre. [m] Tendré misericordia de quien yo quiera, y tendré compasión también de quien yo quiera. [n] **20** Pero te aclaro que no podrás ver mi rostro, porque ningún hombre podrá verme y seguir viviendo. [ñ]

21 Dijo también el Señor:

—Mira, aquí junto a mí hay un lugar. Ponte de pie sobre la roca. [o] **22** Cuando pase mi gloria, te pondré en un hueco de la roca y te cubriré con mi mano hasta que yo haya pasado. **23** Después quitaré mi mano, y podrás ver mis espaldas; pero mi rostro no debe ser visto.

34 *Las nuevas tablas de la ley (Dt 10.1-5)* **1** El Señor le dijo a Moisés:

—Corta tú mismo dos tablas de piedra iguales a las primeras, para que yo escriba en ellas las mismas palabras que estaban escritas en las primeras tablas, las que hiciste pedazos. [a] **2** Prepárate también para subir al monte Sinaí mañana por la mañana, y preséntate ante mí en la parte más alta del monte. **3** Nadie debe subir contigo, ni se debe ver a nadie por todo el monte; tampoco debe haber ovejas o vacas pastando frente al monte. [b]

4 Moisés cortó dos tablas de piedra iguales a las primeras. Al día siguiente, muy temprano, tomó las dos tablas de piedra y subió al monte Sinaí, tal como el Señor se lo había ordenado. **5** Entonces el Señor bajó en una nube y estuvo allí con Moisés, y pronunció su propio nombre. **6** Pasó delante de Moisés, diciendo en voz alta:

—¡El Señor! ¡El Señor! ¡Dios tierno y compasivo, paciente y grande en amor y verdad! **7** Por mil generaciones se mantiene fiel en su amor y perdona la maldad, la rebeldía y el pecado; pero no deja sin castigo al culpable, sino que castiga la maldad de los padres en los hijos y en los nietos, en los bisnietos y en los tataranietos. [c]

8 Rápidamente Moisés se inclinó hasta tocar el suelo con la frente, y adoró al Señor **9** diciendo:

—¡Señor! ¡Señor! Si en verdad me he ganado tu favor, acompáñanos. Esta gente es realmente muy terca, pero perdónanos nuestros pecados y maldad, y acéptanos como tu pueblo. [d]

La alianza renovada (Dt 7.1-5) **10** El Señor dijo:

"Pongan atención: yo hago ahora una alianza ante todo tu pueblo. Voy a hacer cosas maravillosas que no han sido hechas en ninguna otra nación de la tierra, y toda la gente

---

[g] 33.7 *Fuera del campamento:* La ubicación de la *tienda del encuentro con Dios,* en un lugar apartado y no en medio del campamento, está relacionada con la *distancia* que el Señor ha decidido mantener a causa del pecado de Israel (cf. vv. 3-5). La intercesión de Moisés hará que el Señor vuelva a estar en medio de su pueblo (cf. vv. 15-17; Ex 34.9).

[h] 33.7 Aunque lleva el mismo nombre, esta *tienda del encuentro con Dios* es distinta de la mencionada en Ex 27.21 y descrita en Ex 26. Aquí se trata de una tienda provisional, que el mismo Moisés coloca a cierta distancia del campamento. Esta tienda no es un santuario donde se ofrecen sacrificios (véase Ex 27.1-8 n.), sino un lugar de encuentro y diálogo con el Señor (cf. v. 11).

[i] 33.7 *Consultar:* lit. *buscar al Señor,* para obtener de él una respuesta acerca de la conducta que había que seguir, o para alcanzar un favor.

[j] 33.9 La *columna de nube,* como la tienda del encuentro con Dios (v. 7) y la gloria del Señor (v. 18), son signos y manifestaciones de la presencia de Dios. Cf. Ex 13.21-22; 14.19; 40.33-38.

[k] 33.11 Cf. Nm 12.7-8; Dt 34.10.

[l] 33.16 Cf. Nm 23.9.

[m] 33.19 *Mi nombre:* lit. *el nombre del Señor.*

[n] 33.19 *Tendré misericordia... quiera:* citado en Ro 9.15.

[ñ] 33.19-20 Esta respuesta excluye la visión del *rostro* de Dios (véase Ex 3.6 nota *e*), pero anuncia que el Señor le permitirá a Moisés ver un destello de la gloria divina y que estará acompañado de la proclamación del nombre sagrado Yahvé. Cf. v. 23.

[o] 33.21 Cf. 1 R 19.11.

[a] 34.1 Cf. Ex 32.19; Dt 9.17. Las *tablas* son ahora talladas por Moisés, mientras que las anteriores procedían del mismo Dios (Ex 32.16).

[b] 34.3 Las prescripciones acerca de la conducta que debe observar el pueblo coinciden con las indicadas en Ex 19.12.

[c] 34.6-7 Cf. Ex 20.5-6; Nm 14.18; Dt 5.9-10; 7.9-10.

[d] 34.9 Lo que Moisés pide en realidad es que el Señor renueve su alianza con Israel. El Señor acepta esa petición. Cf. v. 10.

entre la que ustedes se encuentran verá lo que el Señor puede hacer, pues será maravilloso lo que yo haré con ustedes. [e]

11 "Cumplan lo que les he ordenado hoy, y yo arrojaré de la presencia de ustedes a los amorreos, cananeos, hititas, ferezeos, heveos y jebuseos.

12 "No hagan ningún pacto con los que viven en el país al que van a entrar, para que no los hagan caer en sus redes.

13 Al contrario, derriben sus altares y destrocen por completo sus piedras y troncos sagrados. [f]

14 "No adoren a ningún otro dios, porque el Señor es celoso. Su nombre es Dios celoso. [g]

15 "No hagan ningún pacto con los que viven en esa tierra, no sea que cuando ellos se rebajen a adorar a sus dioses [h] y les presenten ofrendas, los inviten a ustedes y ustedes coman también de esas ofrendas, 16 o casen ellos a sus hijas con los hijos de ustedes, y cuando ellas cometan inmoralidades [i] al adorar a sus dioses, hagan que los hijos de ustedes también se rebajen a adorarlos.

17 "Jamás se hagan ustedes ídolos de metal fundido. [j]

Fiestas anuales *(Ex 23.14-19; Dt 16.1-17)* 18 "Celebren la fiesta del pan sin levadura [k] y, de acuerdo con lo que les he ordenado, coman pan sin levadura durante siete días. La fecha señalada es el mes de Abib, porque en ese mes salieron de Egipto.

19 "Todo primer hijo que ustedes tengan, será para mí, [l] lo mismo que toda primera cría de sus vacas, ovejas y cabras, si la cría es un macho. 20 En el caso de la primera cría de una asna, deben dar un cordero o un cabrito en lugar del asno; pero si no lo dan, le romperán el cuello al asno. También deben dar una ofrenda en lugar de cada hijo mayor. [m] Y nadie ha de venir a verme si no trae algo.

21 "Trabajen durante seis días, pero el día séptimo deben descansar, [n] aun en tiempo de siembra y de cosecha.

22 "Celebren la fiesta de las Semanas, la de los primeros frutos de la cosecha de trigo, [ñ] y la de la cosecha de fin del año. [o]

23 "Todos los hombres se presentarán tres veces al año ante el Señor, el Dios de Israel. 24 Yo voy a arrojar de la presencia de ustedes a las demás naciones, y extenderé el territorio de ustedes. Así nadie tratará de adueñarse de su tierra mientras ustedes van a presentarse ante el Señor su Dios tres veces al año.

25 "En los sacrificios de animales, no ofrezcan juntos la sangre y el pan con levadura, ni guarden para el día siguiente lo que sobre del animal sacrificado en la Pascua. [p]

26 "Deben llevar los mejores primeros frutos de su tierra al templo del Señor su Dios. [q]

"No cocinen cabritos en la leche de su madre." [r]

Moisés escribe la ley 27 El Señor le dijo a Moisés: "Escribe estas palabras, porque ellas son la base de la alianza que yo hago contigo y con los israelitas."

28 Moisés se quedó allí con el Señor cuarenta días y cuarenta noches, sin comer ni beber. Allí escribió [s] sobre las tablas las palabras de la alianza, es decir, los diez mandamientos. 29 Después bajó Moisés del monte Sinaí llevando las dos tablas de la ley; pero al bajar del monte no se dio cuenta de que su cara resplandecía [t] por haber hablado con el Señor. [u] 30 Cuando Aarón y todos los israelitas vieron que la cara de Moisés resplandecía, sintieron miedo y no se acercaron a él. 31 Pero Moisés los llamó, y cuando Aarón y todos los jefes de la comunidad volvieron a donde estaba Moisés, él habló con ellos. 32 Poco después se acercaron todos los israelitas, y Moisés les dio todas las órdenes que el Señor le había dado en el monte Sinaí. 33 Luego que terminó de hablar con ellos, se puso un velo sobre la cara.

34 Cuando Moisés entraba a la presencia del Señor para hablar con él, se quitaba el velo y se quedaba así hasta que salía. Entonces comunicaba a los israelitas las órdenes que había recibido del Señor. 35 Al ver los israelitas que la cara de Moisés resplandecía, él volvía a ponerse el velo sobre la cara, y se lo dejaba puesto hasta que entraba a hablar de nuevo con el Señor.

VI. EJECUCIÓN DE LAS PRESCRIPCIONES RELATIVAS AL SANTUARIO (35—40)

35 **Reglamento del sábado** [a] *(Ex 31.12-17)* 1 Moisés reunió a toda la comunidad israelita y les dijo: "El Señor me ha dado órdenes de que se haga lo siguiente: 2 Se podrá trabajar durante seis días, pero el día séptimo será para ustedes un día sagrado, de completo reposo en honor del Señor. [b] Cualquiera que en ese día trabaje, será

---

[e] **34.10** La renovación de la alianza está precedida de una manifestación de Dios, como también lo había estado el pacto sellado anteriormente. Cf. Ex 19.16-25.

[f] **34.13** Los *troncos sagrados* simbolizan a *Aserá*, la diosa madre de la religión cananea. Acerca de las *piedras sagradas*, véase Ex 23.24 n.

[g] **34.14** *Dios celoso:* Véase Ex 20.5 n.; cf. Dt 4.23-24.

[h] **34.15** *Se rebajen a adorar a sus dioses:* lit. *se prostituyan tras sus dioses.* Probable alusión a la prostitución ritual que formaba parte del culto cananeo de la fertilidad (cf. v. 16). Véase 1 R 14.24 n.

[i] **34.16** *Cometan inmoralidades:* lit. *se prostituyan* (véase 34.15 n.).

[j] **34.17** Cf. Ex 20.4; Lv 19.4; Dt 5.8; 27.15.

[k] **34.18** Cf. Ex 12.14-20; Lv 23.6-8; Nm 28.16-25.

[l] **34.19** Cf. Ex 13.2.

[m] **34.20** Cf. Ex 13.13.

[n] **34.21** Cf. Ex 20.9-10; 23.12; 31.15; 35.2; Lv 23.3; Dt 5.13-14.

[ñ] **34.22** Cf. Lv 23.15-21; Nm 28.26-31.

[o] **34.22** Cf. Lv 23.39-43.

[p] **34.25** Cf. Ex 12.10.

[q] **34.26** Cf. Dt 26.2.

[r] **34.26** Sobre la prohibición de *cocinar cabritos en la leche de su madre,* véase Ex 23.19 nota *m*.

[s] **34.28** El texto hebreo no dice quién escribió en las tablas las palabras de la alianza. Según el v. 1, habría sido Dios mismo; pero aquí parecería que se trata de Moisés, obedeciendo la orden de Dios.

[t] **34.29** El verbo hebreo significa *despedir rayos de luz* o *emitir resplandor.* De este verbo deriva el término hebreo *queren*, que significa *rayo de luz* y también *cuerno.* Confundiendo ambas acepciones, la versión latina llamada Vulgata, en vez de *resplandecía,* tradujo *su cara* (de Moisés) *tenía cuernos.* De ahí surgió la representación de Moisés, en el arte religioso, (como en la famosa estatua de Miguel Ángel) con cuernos en la frente.

[u] **34.29** El resplandor del rostro de Moisés es reflejo de la gloria divina que él había querido ver (Ex 33.18). Cf. 2 Co 3.7-16.

[a] **35.1-3** Los caps. 35—39 narran cómo se ejecutaron las órdenes dadas en los caps. 25—31. Véanse las notas correspondientes en los textos paralelos.

[b] **35.2** Cf. Ex 20.8-11; 23.12; 31.15; 34.21; Lv 23.3; Dt 5.12-14.

condenado a muerte. ³ Dondequiera que ustedes vivan, ni siquiera fuego deberán hacer en el sábado."

Ofrendas para el santuario *(Ex 25.1-9)* ⁴ Moisés se dirigió a toda la comunidad israelita, y les dijo: "Esto es lo que el Señor ha ordenado que se haga: ⁵ Recojan entre ustedes una ofrenda para el Señor. Todos los que quieran dar su ofrenda al Señor voluntariamente y de corazón, deben traer oro, plata, bronce, ⁶ telas moradas, telas de púrpura y telas rojas, lino fino, pelo de cabra, ⁷ pieles de carnero teñidas de rojo, pieles finas, madera de acacia, ⁸ aceite para lámparas, perfumes para el aceite de consagrar y para el incienso aromático, ⁹ piedras de cornalina y otras piedras finas para montarlas en el efod y el pectoral del sumo sacerdote.

Los utensilios del santuario *(Ex 39.32-43)* ¹⁰ "Todos los que tengan capacidad artística, deben venir y hacer todo lo que el Señor ha ordenado: ¹¹ el santuario con su tienda de campaña, la cubierta de la tienda de campaña, sus ganchos, sus tablas, sus travesaños, sus postes, sus bases, ¹² el arca con los travesaños y la tapa, y el velo que lo cubre, ¹³ la mesa con sus travesaños y todos sus utensilios, el pan que se consagra al Señor, ¹⁴ el candelabro para el alumbrado, con sus utensilios y sus lámparas, el aceite para las lámparas, ¹⁵ el altar del incienso con sus travesaños, el aceite de consagrar, el incienso aromático, la cortina para la entrada del santuario, ¹⁶ el altar de los holocaustos con su rejilla de bronce, sus travesaños y todos sus utensilios, la palangana con su base, ¹⁷ las cortinas para el patio, con sus postes y bases, la cortina para la entrada del patio, ¹⁸ las estacas para el santuario y para el patio, con sus cuerdas, ¹⁹ la ropa tejida para oficiar en el culto del santuario, la ropa sagrada del sacerdote Aarón, y la ropa sacerdotal de sus hijos."

El pueblo trae la ofrenda ²⁰ Toda la comunidad israelita se despidió de Moisés, ²¹ y después, todos aquellos que se sintieron movidos de corazón y con sincera voluntad, volvieron con una ofrenda para el Señor, para que se hiciera la tienda del encuentro y todo lo que le era necesario, así como la ropa especial. ²² Vinieron hombres y mujeres, y todos ellos traían, voluntariamente y de corazón, prendedores, anillos, argollas, pendientes de oro ᶜ y toda clase de artículos de oro. Cada uno trajo la ofrenda especial de oro que había dedicado al Señor. ²³ Los que tenían tela morada, tela de púrpura y tela roja, lino fino, pelo de cabra, pieles de carnero teñidas de rojo o pieles finas, lo traían. ²⁴ Los que hacían una ofrenda de plata o de bronce, la traían ante el Señor; y los que tenían madera de acacia, la traían para que se hiciera todo lo necesario. ²⁵ Las mujeres con capacidad artística para tejer a mano, traían sus tejidos de tela morada, tela de púrpura, tela roja y lino fino; ²⁶ y las mujeres con capacidad artística y que sintieron deseos de hacerlo, torcieron pelo de cabra. ²⁷ Los jefes trajeron piedras de cornalina y otras piedras finas para montarlas en el efod y el pectoral del sumo sacerdote, ²⁸ perfume y aceite para el alumbrado, para el aceite de consagrar y para el incienso aromático.

²⁹ Todos los hombres y mujeres israelitas que sintieron deseos de ayudar para que se hiciera lo que el Señor le había ordenado a Moisés, trajeron su ofrenda voluntaria al Señor.

Los artesanos para el santuario *(Ex 31.1-11)* ³⁰ Moisés les dijo a los israelitas: "Miren, de la tribu de Judá el Señor ha escogido a Besalel, que es hijo de Urí y nieto de Hur, ³¹ y lo ha llenado del espíritu de Dios, y de sabiduría, entendimiento, conocimientos y capacidad creativa ³² para hacer diseños y trabajos en oro, plata y bronce, ³³ para tallar y montar piedras preciosas, y para tallar madera y hacer cualquier trabajo artístico de diseño. ³⁴ También le ha dado capacidad para enseñar. A él y a Oholiab, hijo de Ahisamac, que es de la tribu de Dan, ³⁵ los ha llenado de capacidad artística para hacer cualquier trabajo de tallado y de diseño, y de bordado en tela morada, tela de púrpura, tela roja y lino fino, y para tejer cualquier labor de diseño artístico.

36 ¹ Así que Besalel y Oholiab, y todo el que tenga capacidad artística, y a quien el Señor le haya dado sabiduría y entendimiento para hacer bien todo lo necesario para el culto del santuario, llevarán a cabo lo que el Señor ha ordenado."

La gente trae abundantes ofrendas ² Moisés llamó a Besalel y a Oholiab, y a todos los que tenían capacidad artística, y a quienes el Señor había dado esa capacidad y se habían ofrecido voluntariamente para ayudar en este trabajo. ³ Ellos recibieron de manos de Moisés las ofrendas que los israelitas habían traído, para comenzar a hacer lo necesario para el culto del santuario.

Mientras tanto, los israelitas seguían trayendo ofrendas voluntarias día tras día. ⁴ Entonces los artesanos que estaban haciendo lo necesario para el santuario, suspendieron su trabajo y fueron ⁵ a decirle a Moisés: "La gente está trayendo más de lo que se necesita para el trabajo que el Señor ordenó hacer."

⁶ Moisés hizo correr por todo el campamento la voz de que ni hombres ni mujeres siguieran haciendo más labores como ofrendas para el santuario. Así se impidió que el pueblo siguiera trayendo ofrendas, ⁷ pues no solo había material suficiente para llevar a cabo el trabajo, sino que sobraba.

Construcción del santuario *(Ex 26.1-37)* ⁸ Los que tenían más capacidad artística que el resto de los trabajadores, hicieron el santuario. Lo hicieron de diez cortinas de lino torcido, tela morada, tela de púrpura y tela roja, en las que bordaron artísticamente dos seres alados. ⁹ Cada cortina medía doce metros y medio de largo por dos de ancho. Todas medían lo mismo. ¹⁰ Cinco cortinas las cosieron juntas, una sobre la otra, lo mismo que las otras cinco. ¹¹ Luego pusieron unos ojales de cordón morado en el borde de la primera cortina de un grupo, y también en el borde de la última cortina del otro grupo. ¹² Tanto a la cortina del primer grupo como a la del segundo grupo les hicieron cincuenta ojales, de tal manera que los ojales quedaran uno frente al otro. ¹³ También hicieron cincuenta ganchos de

---

ᶜ **35.22** *Pendientes de oro:* traducción dudosa; heb. oscuro. La versión griega (LXX) traduce *brazaletes*.

oro para enganchar un grupo de cortinas sobre el otro, y así el santuario formaba un todo.

¹⁴ Besalel hizo también once cortinas de pelo de cabra para formar una tienda de campaña que cubriera el santuario. ¹⁵ Cada cortina medía trece metros y medio de largo por dos de ancho. Todas medían lo mismo. ¹⁶ Cosió cinco cortinas juntas por una parte, y seis por otra. ¹⁷ Luego hizo cincuenta ojales en el borde de la cortina que cerraba el primer grupo, y otros cincuenta ojales en el borde de la última cortina del segundo grupo. ¹⁸ También hizo cincuenta ganchos de bronce para unir completamente la tienda de campaña.

¹⁹ Para la tienda de campaña, Besalel hizo una cubierta de pieles de carnero teñidas de rojo, y para la parte superior hizo una cubierta de pieles finas. ²⁰ Luego hizo las tablas de madera de acacia para el santuario, y las puso bien derechas. ²¹ Cada tabla medía cuatro metros y medio de largo por sesenta y cinco centímetros de ancho, ²² y tenía dos espigas para quedar ensamblada con otra tabla. Todas las tablas para el santuario las hizo así. ²³ Hizo veinte tablas para el lado sur, ²⁴ y puso cuarenta bases de plata debajo de ellas. Cada tabla tenía dos bases debajo, para sus dos espigas. ²⁵ También para el otro lado del santuario, o sea el lado norte, hizo veinte tablas ²⁶ con sus cuarenta bases de plata, para que debajo de cada tabla hubiera dos bases. ²⁷ Para la parte posterior del santuario, o sea el lado oeste, hizo seis tablas, ²⁸ y dos tablas más para las esquinas de la parte posterior. ²⁹ Estas tablas formaban pareja y estaban unidas por la parte de arriba hasta el primer anillo. Esto fue lo que hizo con las dos tablas para las dos esquinas, ³⁰ así que había ocho tablas con sus correspondientes dieciséis bases de plata, y debajo de cada tabla había dos bases.

³¹ Besalel hizo también cinco travesaños de madera de acacia para las tablas de un lado del santuario, ³² cinco travesaños para las tablas del otro lado del santuario, y otros cinco travesaños para las tablas de la parte posterior, la que daba al oeste. ³³ El travesaño central lo hizo de modo que pasara de un lado al otro, a la mitad de las tablas. ³⁴ Luego recubrió de oro las tablas, y les hizo argollas de oro para pasar a través de ellas los travesaños, ya recubiertos de oro.

³⁵ Hizo además el velo de tela morada, tela de púrpura, tela roja y lino torcido, y en él tejió artísticamente dos seres alados. ³⁶ Luego, con unos ganchos de oro, lo colgó de cuatro postes de madera de acacia, los cuales estaban recubiertos de oro y sobre cuatro bases de plata.

³⁷ Para la entrada de la tienda de campaña hizo una cortina de tela morada, tela de púrpura, tela roja y lino torcido, bordada artísticamente. ³⁸ También hizo cinco postes con ganchos y con sus cinco bases de bronce, y recubrió de oro la parte superior de los postes y sus anillos.

37

Se hace el arca de la alianza (Ex 25.10-22) ¹ Besalel hizo el arca de madera de acacia, que medía un metro y dos centímetros de largo, sesenta y cinco centímetros de ancho y sesenta y cinco centímetros de alto. ² La recubrió de oro puro por dentro y por fuera, y le puso un ribete de oro alrededor. ³ También le hizo cuatro argollas de oro para sus cuatro patas, dos para un lado y dos para el otro. ⁴ Hizo además unos travesaños de madera de acacia, los recubrió de oro, ⁵ y luego los pasó a través de las argollas que estaban a los costados del arca, para poder transportarlo.

⁶ Hizo también una tapa de oro puro, que medía un metro y diez centímetros de largo por sesenta y cinco centímetros de ancho, ⁷ con dos seres alados de oro labrado a martillo en los dos extremos de la tapa. ⁸ La tapa y los seres alados formaban una sola pieza: uno de ellos salía de un extremo de la tapa y el otro salía del otro extremo, ⁹ así que quedaban uno frente al otro, pero con la cara hacia la tapa y con sus alas extendidas por encima de la tapa cubriéndola con ellas.

Se hace la mesa para el pan de la presencia (Ex 25.23-30)
¹⁰ Besalel hizo también una mesa de madera de acacia, que medía noventa centímetros de largo, cuarenta y cinco centímetros de ancho y sesenta y cinco centímetros de alto. ¹¹ La recubrió de oro puro y le puso un ribete de oro alrededor; ¹² la hizo con un entrepaño de siete centímetros de ancho, y al entrepaño le puso un ribete de oro. ¹³ También le hizo cuatro argollas de oro, y se las puso en las cuatro esquinas correspondientes a las cuatro patas, ¹⁴ de manera que quedaran junto al entrepaño, para pasar los travesaños por ellas y así poder transportar la mesa. ¹⁵ Los travesaños para transportar la mesa los hizo de madera de acacia, y luego los recubrió de oro. ¹⁶ También hizo de oro puro los utensilios que debían estar sobre la mesa, es decir, sus platos, cucharones, jarras y copas para las ofrendas de líquidos.

Se hace el candelabro de oro (Ex 25.31-40) ¹⁷ Besalel hizo también el candelabro de oro puro labrado a martillo. Su base, tronco, copas, cálices y pétalos formaban una sola pieza; ¹⁸ de los costados le salían seis brazos, tres de un lado y tres del otro. ¹⁹ Cada uno de los seis brazos que salían del tronco tenía tres copas en forma de flor de almendro, con un cáliz y sus pétalos, ²⁰ y el tronco mismo tenía cuatro copas, también en forma de flor de almendro, con su cáliz y sus pétalos. ²¹ Cada uno de los tres pares de brazos que salían del candelabro tenían un cáliz en su parte inferior. ²² Los cálices y los brazos formaban una sola pieza con el candelabro, el cual era de oro puro labrado a martillo. ²³ También hizo de oro puro sus siete lámparas, sus tenazas y sus platillos. ²⁴ Para hacer el candelabro y sus utensilios se usaron treinta y tres kilos de oro puro.

Se hace el altar del incienso (Ex 30.1-5) ²⁵ Besalel hizo el altar del incienso con madera de acacia. Era cuadrado, de cuarenta y cinco centímetros de largo por cuarenta y cinco centímetros de ancho, y de noventa centímetros de altura. Los cuernos del altar formaban una sola pieza con el altar mismo. ²⁶ Después recubrió de oro puro su parte superior, sus cuatro lados y sus cuernos, y le puso un ribete de oro alrededor. ²⁷ También le puso unas argollas de oro debajo del ribete, dos para las esquinas de un lado y dos para las esquinas del otro, para pasar por ellas los travesaños y así poder transportar el altar. ²⁸ Los travesaños los hizo de madera de acacia, y luego los recubrió de oro.

ÉXODO 37—39

Se prepara el aceite de consagrar y el incienso (Ex 30.22-38)

29 Besalel hizo también el aceite santo de consagrar y el incienso de perfume puro, como lo hacen los perfumeros.[a]

38 Se hace el altar de bronce (Ex 27.1-8)

1 Con madera de acacia, Besalel hizo el altar de los holocaustos. Era cuadrado, de dos metros y veinticinco centímetros por cada lado, y un metro y veinticinco centímetros de alto. **2** Para sus cuatro esquinas le hizo cuatro cuernos, los cuales formaban una sola pieza con el altar y estaban recubiertos de bronce. **3** Hizo también de bronce todos los utensilios para el altar, los ceniceros, las palas, los tazones, los tenedores y los braseros. **4** También hizo una rejilla de bronce, y la puso debajo de la orilla del altar, a media altura del mismo. **5** Hizo también cuatro argollas para las cuatro esquinas de la rejilla de bronce, para pasar por ellas los travesaños. **6** Luego hizo los travesaños de madera de acacia para el altar, los recubrió de bronce, **7** y los pasó a través de las argollas que estaban en los costados del altar, para poder transportarlo. El altar lo hizo hueco y de madera.

Se hace la palangana de bronce (Ex 30.18)

8 Con los espejos[a] de las mujeres que servían[b] a la entrada de la tienda del encuentro, Besalel hizo la palangana de bronce y su base del mismo metal.[c]

Se hace el patio del santuario (Ex 27.9-19)

9 Besalel hizo el patio. Por el lado sur, el patio tenía cuarenta y cinco metros de cortinas de lino torcido. **10** Sus veinte postes con sus veinte bases eran de bronce, y sus ganchos y anillos eran de plata. **11** Por el lado norte había cortinas a lo largo de cuarenta y cinco metros, con sus veinte postes y veinte bases de bronce, y sus ganchos y anillos de plata. **12** Por el lado occidental había veintidós metros y medio de cortinas, con diez postes y diez bases. Los ganchos de los postes y sus anillos eran de plata. **13** Por el lado oriental también había veintidós metros y medio de cortinas. **14** De un lado de la entrada había unos siete metros de cortinas, con tres postes y tres bases; **15** y del otro lado, de uno y otro lado de la entrada del patio, había unos siete metros de cortinas, tres postes y tres bases. **16** Todas las cortinas alrededor del patio eran de lino torcido. **17** Las bases para los postes eran de bronce, los ganchos de los postes y sus anillos eran de plata, y la parte superior de los postes estaba recubierta de plata. Todos los postes del patio tenían anillos de plata. **18** La cortina a la entrada del patio estaba finamente bordada sobre tela morada, tela de púrpura, tela roja y lino torcido. Medía nueve metros de largo por dos metros y veinticinco centímetros de alto, igual que las cortinas del patio. **19** Tenía cuatro postes con sus cuatro bases de bronce; sus ganchos y sus anillos eran de plata, y la parte superior de los postes estaba recubierta de plata. **20** Todas las estacas del santuario y del patio que lo rodeaba, eran de bronce.

Metales usados en el santuario

21 Por órdenes de Moisés y bajo la dirección de Itamar, hijo del sacerdote Aarón, los levitas llevaron la cuenta de los metales usados en la construcción del santuario de la alianza.

22 Besalel, el hijo de Urí y nieto de Hur, de la tribu de Judá, hizo todo lo que el Señor había ordenado a Moisés que se hiciera. **23** Lo ayudó Oholiab, hijo de Ahisamac, de la tribu de Dan, que era herrero, tejedor y bordador en tela morada, tela de púrpura, tela roja y lino fino.

24 Todo el oro que se usó para hacer lo necesario para el santuario, fue oro ofrendado al Señor, y dio un total de novecientos sesenta y cinco kilos con treinta gramos, según el peso oficial del santuario.

25 La plata recogida en el censo de la comunidad llegó a tres mil trescientos diecinueve kilos con quinientos veinticinco gramos, según el peso oficial del santuario. **26** Todos los empadronados mayores de veinte años fueron seiscientas tres mil quinientas cincuenta personas, y cada uno de ellos dio cinco gramos y medio de plata,[d] según el peso oficial del santuario.[e] **27** Había también tres mil trescientos kilos de plata para fundir las bases para el santuario y las bases para el velo. Toda esa plata se usó en cien bases, o sea treinta y tres kilos de plata en cada base. **28** Con la plata que se recogió de toda la comunidad,[f] Besalel hizo los ganchos de los postes, las cubiertas de su parte superior y sus anillos.

29 El bronce ofrendado al Señor llegó a dos mil trescientos treinta y seis kilos con cuatrocientos gramos, **30** y con ese bronce se hicieron las bases para la puerta de la tienda del encuentro, el altar de bronce y su rejilla de bronce, y todos los utensilios del altar, **31** así como las bases y las estacas para el patio que rodeaba al santuario, y las bases para la puerta del patio.

39 Se hace la ropa de los sacerdotes (Ex 28.1-43)

1 La ropa tejida para el servicio en el santuario se hizo de tela morada, tela de púrpura y tela roja. También se hizo así la ropa especial para Aarón, tal como el Señor se lo había ordenado a Moisés.

2 Para hacer el efod se usó oro, tela morada, tela de púrpura, tela roja y lino torcido. **3** Se forjaron a martillo unas placas de oro, las cuales se cortaron en hilos para entretejerlos, a manera de bordado, en la tela morada, en la tela de púrpura, en la tela roja y en el lino. **4** Se le pusieron al efod dos tirantes unidos a sus dos extremos. **5** El cinturón que iba sobre el efod para sujetarlo, estaba hecho de la misma manera: de oro, tela morada, tela de púrpura, tela roja y lino torcido, tal como el Señor se lo había ordenado a Moisés.

6 Las piedras de cornalina se colocaron sobre monturas de oro, con los nombres de los hijos de Israel grabados en

---

[a] **37.29** Cf. Ex 30.22-38.
[a] **38.8** Los *espejos* antiguos eran de bronce pulido.
[b] **38.8** Se ignora en qué consistía este servicio, al cual se hace referencia aquí y en 1 S 2.22. Según la versión griega (LXX), se trataba de mujeres que hacían ayuno.
[c] **38.8** Cf. Ex 30.18.
[d] **38.26** Cf. Mt 17.24.
[e] **38.25-26** Cf. Ex 30.11-16. En cuanto al número de los empadronados, cf. Nm 1.46.
[f] **38.28** Cf. vv. 25-26.

ellas como un sello. ⁷ Luego Besalel las puso sobre los tirantes del efod, para recordar a los hijos de Israel, tal como el Señor se lo había ordenado a Moisés.

⁸ El pectoral estaba hecho también con un fino bordado como el del efod: de oro, tela morada, tela de púrpura, tela roja y lino torcido. ⁹ Era doble y cuadrado, y de veintidós centímetros por cada lado. ¹⁰ Estaba cubierto con cuatro hileras de piedras preciosas: la primera hilera tenía un rubí, un crisólito y una esmeralda; ¹¹ la segunda, un granate, un zafiro y un jade; ¹² la tercera, un jacinto, una ágata y una amatista; ¹³ y la cuarta, un topacio, una cornalina y un jaspe. Las piedras estaban montadas en monturas de oro, y ¹⁴ eran doce, por los doce nombres de los hijos de Israel; cada una de ellas tenía grabado en forma de sello el nombre de una de las doce tribus.

¹⁵ Sobre el pectoral hicieron unas cadenas de oro puro, torcidas como cordones. ¹⁶ También hicieron dos monturas de oro y dos argollas de oro; pusieron las argollas de oro en los dos extremos superiores del pectoral, ¹⁷ y las cadenas de oro sobre las dos argollas. ¹⁸ Las puntas de las dos cadenas las pusieron sobre las dos monturas y las aseguraron sobre los tirantes del efod por su parte delantera. ¹⁹ Hicieron también otras dos argollas de oro y las pusieron en los dos extremos inferiores del pectoral, sobre la orilla interior que quedaba junto al efod. ²⁰ Hicieron dos argollas más de oro y las pusieron en la parte delantera de los tirantes del efod, pero por debajo, junto a las costuras y un poco arriba del cinturón del efod. ²¹ Luego unieron las argollas del pectoral a las argollas del efod con un cordón morado, para que el pectoral quedara arriba del cinturón del efod y no se separara del mismo, tal como el Señor se lo había ordenado a Moisés.

²² Toda la capa del efod se hizo de un tejido de tela morada. ²³ La orilla de la abertura del centro tenía un dobladillo como el de los chalecos de cuero, para que no se rompiera. ²⁴ Adornaron el borde de la capa con granadas de tela morada, tela de púrpura, tela roja y lino torcido. ²⁵ Hicieron también campanitas de oro puro y las combinaron con las granadas, poniéndolas entre ellas alrededor de todo el borde ²⁶ de la capa para oficiar: una campanita y una granada, otra campanita y otra granada, tal como el Señor se lo había ordenado a Moisés.

²⁷ Las túnicas de lino para Aarón y sus hijos fueron hechas por un tejedor, ²⁸ lo mismo que el turbante, los tocados y los calzoncillos de lino torcido; ²⁹ el cinturón de lino torcido, tela morada, tela de púrpura y tela roja, fue bordado artísticamente, tal como el Señor se lo había ordenado a Moisés.

³⁰ También hicieron la placa de oro puro que lo consagraba como sacerdote, y en ella grabaron, a manera de sello, "Consagrado al Señor". ³¹ Luego le pusieron un cordón morado para colocar la placa sobre el turbante por la parte superior, tal como el Señor se lo había ordenado a Moisés.

Termina la construcción del santuario (Ex 35.10-19) ³² La construcción del santuario, la tienda del encuentro con Dios, llegó a su fin. Los israelitas hicieron todo exactamente como el Señor se lo había ordenado a Moisés, ³³ y le hicieron entrega a Moisés del santuario, la tienda del encuentro, y de todos sus utensilios: sus ganchos, tablas, travesaños, postes y bases, ³⁴ la cubierta de pieles de carnero teñidas de rojo, la cubierta de pieles finas, el velo para cubrir el arca, ³⁵ el arca de la alianza y sus travesaños, la tapa, ³⁶ la mesa y todos sus utensilios, el pan que se consagra al Señor, ³⁷ el candelabro de oro puro y sus lámparas —o sea las lámparas que debían tenerse ordenadas—, y todos sus utensilios; el aceite para el alumbrado, ³⁸ el altar de oro, el aceite de consagrar, el incienso aromático, la cortina para la entrada de la tienda del encuentro, ³⁹ el altar de bronce con su rejilla de bronce, sus travesaños y todos sus utensilios, la palangana y su base, ⁴⁰ las cortinas del patio, sus postes y sus bases, la cortina para la entrada del patio, las cuerdas y estacas del patio, todos los utensilios para el servicio del santuario, la tienda del encuentro, ⁴¹ la ropa tejida para oficiar en el santuario, la ropa especial del sacerdote Aarón y la ropa sacerdotal de sus hijos.

⁴² Los israelitas hicieron todo tal y como el Señor se lo había ordenado a Moisés, ⁴³ y cuando Moisés vio que ellos lo habían hecho así, les dio su bendición.

40 *Consagración del santuario* ¹ El Señor se dirigió a Moisés y le dijo:

² "El día primero del mes primero debes instalar el santuario, la tienda del encuentro con Dios. ³ Pon allí dentro el arca de la alianza, y cúbrela con el velo. ⁴ Pon también dentro la mesa y el candelabro. Arregla bien la mesa y colócale al candelabro sus lámparas. ⁵ Pon el altar de oro para el incienso delante del arca de la alianza, y cuelga la cortina de la entrada del santuario. ⁶ Pon luego el altar de los holocaustos a la entrada del santuario, la tienda del encuentro. ⁷ Pon después la palangana entre la tienda del encuentro y el altar, y llénala de agua. ⁸ Instala entonces el patio alrededor, y cuelga la cortina de la entrada del patio.

⁹ "Toma después el aceite de consagrar, y derrámalo sobre el santuario y sobre todo lo que está en él. Así lo consagrarás con todos sus utensilios, y será un lugar santo. ¹⁰ Derrama también aceite de consagrar sobre el altar de los holocaustos y sobre todos sus utensilios. Así lo consagrarás y será un altar santísimo. ¹¹ Derrama aceite sobre la palangana y su base, y así la consagrarás.

¹² "Lleva después a Aarón y a sus hijos cerca de la puerta de la tienda del encuentro, y haz que se bañen ¹³ y que Aarón se ponga la ropa especial. Luego derrama aceite sobre él para consagrarlo como mi sacerdote. ¹⁴ Acerca luego a sus hijos, ponles las túnicas ¹⁵ y derrama aceite sobre ellos, como lo hiciste con Aarón, para que sean mis sacerdotes. Con este derramamiento de aceite sobre ellos se establece un sacerdocio eterno a través de los siglos."

¹⁶ Moisés lo hizo todo tal como el Señor se lo había ordenado. ¹⁷ Y así, al comenzar el segundo año después de la salida de Egipto, el día primero del mes primero, fue instalado el santuario. ¹⁸ Moisés instaló el santuario y puso sus bases, colocó las tablas, puso los travesaños, levantó los postes, ¹⁹ extendió la tienda de campaña sobre el santuario, y colocó la cubierta para la parte superior de la tienda, tal como el Señor se lo había ordenado.

²⁰⁻²¹ Después Moisés tomó las tablas de la ley y las puso en el arca de la alianza; luego le puso al arca los travesaños,

y su tapa para la parte superior, y la llevó al interior del santuario; colgó entonces el velo y cubrió el arca, tal como el Señor se lo había ordenado.

²² Luego puso la mesa dentro de la tienda del encuentro, al lado norte del santuario, pero fuera del velo. ²³ Sobre la mesa acomodó bien el pan ante la presencia del Señor, tal como el Señor se lo había ordenado.

²⁴ Puso también el candelabro dentro de la tienda del encuentro, frente a la mesa, al lado sur del santuario, ²⁵ y encendió las lámparas ante la presencia del Señor, tal como el Señor se lo había ordenado.

²⁶ El altar de oro lo puso dentro de la tienda del encuentro, delante del velo, ²⁷ y quemó en él el incienso aromático, tal como el Señor se lo había ordenado.

²⁸ Después Moisés colgó la cortina para la entrada del santuario; ²⁹ luego puso el altar de los holocaustos a la entrada del santuario, la tienda del encuentro, y en él quemó animales y cereales como ofrendas, tal como el Señor se lo había ordenado.

³⁰ La palangana la puso entre la tienda del encuentro y el altar, y la llenó de agua, para lavarse. ³¹ De allí sacaban agua Moisés, y Aarón y sus hijos, para lavarse las manos y los pies. ³² Se lavaban cuando entraban en la tienda del encuentro y cuando se acercaban al altar, tal como el Señor se lo había ordenado a Moisés.

³³ Finalmente, Moisés instaló el patio alrededor del santuario y el altar, y colgó la cortina de la entrada del patio.

La nube sobre la tienda del encuentro *(Nm 9.15-23)*

Al terminar Moisés la construcción, ³⁴ la nube cubrió la tienda del encuentro y la gloria del Señor*ᵃ* llenó el santuario. ³⁵ Moisés no podía entrar en la tienda del encuentro porque la nube se había asentado sobre ella y la gloria del Señor llenaba el santuario. ³⁶ Cuando la nube se levantaba de encima del santuario, los israelitas levantaban su campamento y seguían su camino, ³⁷ pero si no se levantaba la nube, tampoco ellos levantaban su campamento, sino que esperaban hasta que la nube se levantaba. ³⁸ A lo largo de todo el viaje de los israelitas, y a la vista de todos ellos, la nube del Señor estaba sobre el santuario durante el día, y durante la noche había un fuego sobre él. *ᵇ*

ᵃ **40.34** Cf. 1 R 8.10-11; Is 6.4; Ez 43.4-5; Ap 15.8. *ᵇ* **40.34-38** Cf. Ex 13.21-22.

Levítico

La tradición judía designa el tercer libro del Pentateuco con el nombre de *Wayiqrá* (que significa *Y llamó*), siguiendo la costumbre de nombrar los libros de la Biblia con la palabra que está al comienzo del texto. La versión griega del Antiguo Testamento (LXX), en cambio, le da el nombre de *Levítico* (=Lv). Este término, sin ser del todo adecuado, indica algo del contenido del libro, ya que este incluye, entre otros aspectos, un conjunto de prescripciones destinadas a reglamentar el culto que el pueblo israelita rendía a Dios. Por lo tanto, el libro de *Levítico* puede considerarse como una especie de manual destinado a los levitas o miembros de la tribu de Leví, que eran los encargados de celebrar los oficios sagrados en el templo de Jerusalén.

El libro se divide en varias secciones. La primera (caps. 1—7) establece cómo se debían ofrecer las distintas clases de sacrificios. Por medio de la ofrenda que se quemaba sobre el altar, estos sacrificios expresaban simbólicamente el total sometimiento y la adoración debida al Señor, que es el único Creador de todo cuanto existe. Además, según las necesidades de las personas y de toda la comunidad, los sacrificios se ofrecían también en acción de gracias, para entrar en comunión con Dios y para obtener el perdón de los pecados (véanse 1.3 n.; 3.1 n.; 4.1-35 n.).

La segunda sección (caps. 8—10), que en parte es narrativa y en parte legislativa, se refiere a la ordenación de los sacerdotes. Allí se relata cómo Moisés cumplió las instrucciones impartidas por el Señor (cf. Ex 29.1-37), dejando así establecido el sacerdocio levítico como una de las instituciones fundamentales del antiguo Israel. También se hace referencia a los ritos de consagración y al simbolismo de las vestiduras sagradas, que expresaban de manera concreta el sentido, el carácter y el papel del sacerdocio en el culto de la antigua alianza.

La tercera parte (caps. 11—16) está consagrada a la distinción entre lo puro y lo impuro, y a las maneras de recuperar el estado de pureza cada vez que se hubiera contraído alguna impureza legal. Esta sección culmina con el solemne ritual de la expiación, en el llamado *Día del perdón* (heb. *Yom kipur*).

A continuación viene la llamada "Ley de santidad" (caps. 17—25), que constituye, por así decirlo, el corazón de *Levítico*. Esta sección contiene algunas prescripciones relativas al culto, pero lo que más se destaca son las normas para una forma de vida cimentada en la santidad, en la justicia y en el amor fraterno.

Por último, el libro se cierra con una serie de bendiciones y maldiciones (cap. 26) y con un apéndice acerca de las cosas consagradas al Señor (cap. 27).

A primera vista, *Levítico* puede parecer un libro árido y de escaso interés para el cristiano. Se tiene la impresión de que sus prescripciones no son nada más que la expresión de un ritualismo puramente exterior y ya superado. Sin embargo, debajo de su caparazón un poco dura se encierra un mensaje del más alto valor religioso. Todo el libro, en efecto, está dominado por la idea de la santidad. El Señor, Dios de Israel, es un Dios santo y quiere para sí un pueblo santo (19.2). Por eso, todas las observancias que se prescriben tienen como finalidad fundar sobre la tierra, en medio de las naciones paganas, un pueblo consagrado enteramente a la alabanza y al servicio del verdadero Dios.

Por esa misma razón, el Señor no se limitó a establecer las ceremonias con las que quería ser honrado por su pueblo, sino que también puso de manifiesto lo que significaba llevar una vida santa en el campo individual y social. Y como ese pueblo era pecador, le dio en los sacrificios y en los ritos de purificación un medio para expiar los pecados y eliminar las impurezas.

Sin embargo, no deja de ser verdad que *Levítico*, en las disposiciones relativas al culto, se refiere sobre todo a los aspectos exteriores y rituales. Por eso, es conveniente leerlo junto con otros textos del AT que insisten en las condiciones indispensables para que los sacrificios y las ceremonias religiosas sean realmente agradables a Dios (cf., por ejemplo, Sal 15; 51; Ec 5.1; Is 1.10-20; 58.1-12; Os 6.6; Am 5.21-24; Miq 6.6-8).

Hay que tener presente, asimismo, que el ceremonial religioso del antiguo Israel, como dice la *Carta a los Hebreos*, *era solamente una sombra de los bienes que habían de venir* (10.1). Por eso, los sacrificios de la antigua alianza adquieren su verdadero sentido cuando se analizan a la luz del único sacrificio redentor, ofrecido por Cristo en la cruz: *Cristo ha entrado en el santuario, ya no para ofrecer la sangre de chivos y becerros, sino su propia sangre; ha entrado una sola vez y para siempre, y ha obtenido para nosotros la liberación eterna* (Heb 9.12).

El siguiente esquema presenta las secciones que integran este tercer libro del Pentateuco:

    I. El ritual de los sacrificios (caps. 1—7)
   II. La investidura de los primeros sacerdotes (caps. 8—10)
  III. Lo puro y lo impuro (caps. 11—16)
  IV. La Ley de santidad (caps. 17—26)
   V. Apéndice (cap. 27)

I. EL RITUAL DE LOS SACRIFICIOS (1—7) [a]

1 **Los holocaustos** ¹ El Señor llamó a Moisés desde la tienda del encuentro, y le dijo lo siguiente: ² "Habla con los israelitas y diles que cuando alguno me traiga ofrendas [b] de animales, me las deberá traer de su ganado o de su rebaño.

³ "Si el animal que ofrece en holocausto [c] es de su ganado, tendrá que ser un toro sin defecto. [d] Para que le sea aceptado, deberá ofrecerlo en presencia del Señor a la entrada de la tienda del encuentro, ⁴ poniendo la mano sobre la cabeza del animal. Así el animal le será aceptado para obtener el perdón de sus pecados. [e] ⁵ Degollará el toro en presencia del Señor; luego los hijos de Aarón, los sacerdotes, ofrecerán la sangre, [f] y después rociarán con ella los costados del altar que está a la entrada de la tienda del encuentro. ⁶ El que presenta el animal en holocausto le quitará la piel y lo cortará en pedazos, ⁷ y los sacerdotes harán fuego sobre el altar y acomodarán la leña ⁸ para poner sobre ella los pedazos cortados del animal y la cabeza y la grasa de los intestinos. ⁹ El que presenta el holocausto deberá lavar con agua las vísceras y las piernas del animal, y el sacerdote lo quemará todo sobre el altar como ofrenda quemada de aroma agradable al Señor.

¹⁰ "Si el animal que ofrece en holocausto es de su rebaño de ovejas o de cabras, tendrá que ser un macho sin defecto, ¹¹ y lo deberá degollar al lado norte del altar, ante el Señor. Los hijos de Aarón, los sacerdotes, rociarán con la sangre del animal los costados del altar; ¹² luego se cortará el animal en pedazos, y el sacerdote pondrá los pedazos cortados sobre la leña que arde en el altar, junto con la cabeza y la grasa de los intestinos. ¹³ Luego, el que presenta el holocausto deberá lavar con agua las vísceras y las piernas del animal, y el sacerdote lo quemará todo sobre el altar como ofrenda quemada de aroma agradable al Señor.

¹⁴ "Si el animal que ofrece en holocausto en honor del Señor es un ave, tendrá que ser una tórtola o un pichón de paloma. ¹⁵ El sacerdote ofrecerá el ave en el altar: le arrancará la cabeza y quemará el ave sobre el altar después de exprimir su sangre en un costado del altar. ¹⁶ Le quitará el buche y su contenido, [g] y lo echará hacia el lado oriente del altar, o sea en el lugar de la ceniza; ¹⁷ luego partirá el ave en dos, tomándola por las alas, pero sin separar las dos partes, finalmente quemará el ave sobre la leña del altar como holocausto, como ofrenda quemada de aroma agradable al Señor.

2 **Las ofrendas de cereales** ¹ "Cuando alguno traiga al Señor una ofrenda de cereales, [a] deberá traer harina

---

[a] **1.1—7.38** Los sacrificios eran ceremonias de capital importancia en el culto del antiguo Israel. Los caps. siguientes (1—7) determinan cómo debían ofrecerse las distintas clases de sacrificios, especialmente los más comunes: los holocaustos (cap. 1), las ofrendas de cereales (cap. 2) y los sacrificios de reconciliación (cap. 3).

[b] **1.2** *Cuando alguno me traiga ofrendas:* El Señor es el dueño de todo cuanto existe y el dador de todos los bienes (cf. Stg 1.17). Por lo tanto, es justo ofrecerle en sacrificio una parte de los dones recibidos, no porque él tenga necesidad de ellos, sino en reconocimiento de su soberano dominio. Cf. Sal 50.8-14.

[c] **1.3** La palabra hebrea traducida por *holocausto* parece derivar de un verbo que significa *subir*, probablemente a causa del humo del sacrificio que subía hasta Dios (cf. Jue 13.19-20). La ofrenda del holocausto se quemaba enteramente sobre el altar (cf. Lv 6.9), con excepción de la piel del animal, que era para el sacerdote, y de las entrañas con los residuos de comida (1.16). Este sacrificio era ofrecido al Señor como acto de adoración (1 Cr 29.20-21), en acción de gracias (Sal 66.13-15), para obtener algún favor (Sal 20.3-5[4-6]) y en diversos ritos de purificación (Lv 12.6-8; 14.19,21-23; 15.15,30; 16.24; cf. Job 1.5).

[d] **1.3** *Toro sin defecto:* Véase 22.19 n.; cf. Mal 1.7-8.

[e] **1.4** La acción de poner *la mano sobre la cabeza del animal* era una forma simbólica de identificarse con la ofrenda sacrificada. Por medio de la víctima, el que presentaba el sacrificio se ofrecía a sí mismo a Dios. Véase Ex 29.10 n.

[f] **1.5** Los antiguos hebreos identificaban la sangre con la vida (véase Gn 9.4 n.). El gesto de ofrecerla a Dios equivalía a reconocer que él es el dueño y el dador de toda vida.

[g] **1.16** *Y su contenido:* traducción probable. Heb. *y sus plumas*.

[a] **2.1** La *ofrenda de cereales* era una forma de sacrificio incruento, es decir, sin derramamiento de sangre.

de la mejor calidad, sobre la cual echará aceite e incienso; ² luego la llevará a los hijos de Aarón, los sacerdotes, y uno de ellos tomará un puñado de harina con aceite, junto con todo el incienso, y lo quemará sobre el altar como ofrenda quemada de recordación,ᵇ de aroma agradable al Señor.

³ Y la porción restante de la ofrenda, que es una porción muy sagrada entre las ofrendas que se queman en honor del Señor, será para Aarón y sus descendientes.

⁴ "Cuando presentes una ofrenda de cereales cocida al horno, preséntala de tortas de la mejor harina amasadas con aceite, pero sin levadura, o de hojuelas sin levadura rociadas de aceite.

⁵ "Si tu ofrenda es de cereales, cocinada en sartén, tendrá que ser de la mejor harina, amasada con aceite y sin levadura; ⁶ la partirás en pedazos y le rociarás aceite, pues es ofrenda de cereales.

⁷ "Si tu ofrenda es de cereales, cocinada en cacerola, deberá estar hecha con la mejor harina y con aceite. ⁸ Una vez que hayas preparado la ofrenda con estas cosas, deberás llevarla ante el Señor y entregarla al sacerdote, el cual la llevará hasta el altar. ⁹ Allí el sacerdote tomará un poco de la ofrenda para quemarla sobre el altar como ofrenda quemada de recordación, de aroma agradable al Señor.

¹⁰ Y la porción restante de la ofrenda, que es una porción muy sagrada entre las ofrendas que se queman en honor del Señor, será para Aarón y sus descendientes.

¹¹ "No le pongan ustedes levadura a ninguna de las ofrendas de cereales que presentan al Señor. Es más, ninguna clase de levadura ni de miel deberá ser quemada como ofrenda al Señor. ¹² Pueden presentar la levadura y la mielᶜ al Señor como ofrendas de primeros frutos, pero no ofrecerlas en el altar como aroma agradable.

¹³ "A todas tus ofrendas de cereales debes ponerles sal,ᵈ y no permitas que en tu ofrenda de cereales falte la sal de la alianza de tu Dios. En todas tus ofrendas debes ofrecer sal.

¹⁴ "Si le presentas al Señor una ofrenda de cereales de tus primeros frutos,ᵉ deberá ser de espigas maduras tostadas al fuego y de grano fresco machacado de tus primeras cosechas. ¹⁵ Sobre la ofrenda deberás echar aceite e incienso, pues es ofrenda de cereales. ¹⁶ Luego el sacerdote quemará un poco de grano machacado y de aceite, junto con todo el incienso, y será una ofrenda de recordación quemada en honor del Señor.

3 Los sacrificios de reconciliación ¹ "Si alguien toma de sus ganados una vaca o un toro para ofrecer al Señor un sacrificio de reconciliación,ᵃ el animal ofrecido no deberá tener ningún defecto. ² El que presenta la ofrenda pondrá la mano sobre la cabeza del animal ofrecido, y luego lo degollará a la entrada de la tienda del encuentro. Los sacerdotes, por su parte, rociarán con la sangre los costados del altar.

³ "El que presenta el animal para ofrecer un sacrificio de reconciliación, deberá presentar al Señor, como ofrenda quemada, la grasa que cubre las vísceras del animal, ⁴ los riñones, la grasa que los cubre y que está sobre los lomos, y la parte grasosa del hígado, que deberá quitar junto con los riñones. ⁵ Los sacerdotes harán arder todo esto en el altar, junto con el animal que se va a quemar en la leña ardiente, como ofrenda quemada de aroma agradable al Señor.

⁶ "Si alguien ofrece al Señor un animal de sus rebaños como sacrificio de reconciliación, deberá ofrecer un macho o una hembra sin ningún defecto. ⁷ Si ofrece un cordero, al presentarlo ante el Señor ⁸ le pondrá la mano en la cabeza, y luego lo degollará ante la tienda del encuentro.ᵇ Entonces los sacerdotes rociarán con la sangre del animal los costados del altar.

⁹ "El que ofrece el animal como sacrificio de reconciliación, deberá presentar al Señor, como ofrenda quemada, la grasa, la cola entera cortada al ras del espinazo, la grasa que cubre las vísceras, ¹⁰ los dos riñones, la grasa que los cubre y la que está sobre los lomos, y la parte grasosa del hígado, que habrá de quitar junto con los riñones. ¹¹ Luego el sacerdote quemará todo esto sobre el altar, como ofrenda de alimento quemada en honor del Señor.

¹² "Si el animal que ofrece es una cabra, al ofrecerla ante el Señor ¹³ le pondrá la mano en la cabeza, y luego la degollará ante la tienda del encuentro. Entonces los sacerdotes rociarán con la sangre los costados del altar.

¹⁴ "El que ofrece el animal puede tomar y presentar, como ofrenda quemada en honor del Señor, toda la grasa que cubre las vísceras, ¹⁵ los dos riñones, la grasa que los cubre y que está sobre los lomos, y la parte grasosa del hígado, que deberá quitar junto con los riñones. ¹⁶ Luego el sacerdote quemará todo esto sobre el altar, como ofrenda de alimento quemada, de aroma agradable. Toda la grasa es para el Señor.

¹⁷ "Esta es una ley permanente que pasará de padres a hijos, dondequiera que ustedes vivan: no coman nada de grasa ni de sangre."

4 Los sacrificios por el pecadoᵃ ¹ El Señor se dirigió a Moisés y le dijo:

² "Di a los israelitas que, en aquellos casos en que alguien peque involuntariamente ᵇ contra alguno de los mandamientos del Señor y haga algo que no está permitido, se hará lo siguiente:

ᵇ **2.2** *Ofrenda de recordación:* o bien, *ofrenda de invocación.*

ᶜ **2.12** Por considerarse que la fermentación era una impureza, se excluían de los sacrificios la *levadura,* que produce fermentación, y la *miel,* que puede fermentarse.

ᵈ **2.13** La *sal,* que preserva de la corrupción, se utilizaba antiguamente como elemento simbólico cuando se establecía un pacto destinado a perdurar. Una *alianza* perpetua y solemne se denominaba *alianza de sal.* Véanse Nm 18.19 n.; Mc 9.50 nota *b*; cf. 2 Cr 13.5.

ᵉ **2.14** Los *primeros frutos* o primicias, lo mismo que los hijos primogénitos, debían consagrarse al Señor. Cf. Ex 13.2; Dt 26.1-15.

ᵃ **3.1** El *sacrificio de reconciliación,* llamado también *sacrificio pacífico* o *de comunión,* incluía un banquete sagrado en el que el oferente, en compañía de sus familiares y amigos, comía parte de la víctima. Cf. Dt 12.7; 1 S 1.4.

ᵇ **3.8** *Tienda del encuentro:* Véase Ex 26.1-36 n.

ᵃ **4.1-35** Los *sacrificios por el pecado* tenían como finalidad restablecer la relación con Dios, comprometida por las faltas involuntarias o por algún estado de impureza. Cf. Lv 14.19; 15.15; Nm 15.22-29.

ᵇ **4.2** Estas faltas involuntarias se distinguen expresamente de los pecados cometidos en forma intencional o deliberada. Cf. Nm 15.27-31.

SACRIFICIOS DEL ANTIGUO TESTAMENTO

Sacrificios Categoría mayor	Categoría menor	Elementos	Referencias
Consagración	Holocausto	Toro, carnero o ave sin defecto. (El animal se escogía dependiendo de la situación económica del ofrendante.)	Lv 1; 6.8-13; 8.18-21; 16.24
	Ofrenda de cereales	Granos, harina de la mejor calidad, incienso, pan cocido (sin levadura), sal. Prohibidas la levadura y la miel.	Lv 2; 6.14-23
Comunión	Reconciliación	Cualquier animal del ganado, sin defecto; panes (tortas, hojuelas, etc.).	Lv 3; 7.11-34
Expiatorio	Por el pecado	Becerro, chivo, cabra, oveja, 2 tórtolas o 2 palominos, 2 kilos de harina de la mejor calidad. (Dependía de la situación económica del ofrendante.)	Lv 4.1—5.13; 6.24-30; 8.14-17; 16.3-22
	Por la culpa	Carnero sin defecto. (En lugar de un sacrificio, podía ofrecerse dinero.)	Lv 5.14—6.7; 7.1-6; 14.12, 21

Véase *Sacrificios* en el *Índice temático*.

3 "Si el que peca es el sacerdote principal, *c* haciendo así recaer la culpa sobre el pueblo, *d* deberá ofrecer al Señor un becerro sin defecto como sacrificio por el pecado cometido. 4 Lo llevará ante el Señor, a la entrada de la tienda del encuentro; allí le pondrá la mano en la cabeza, *e* y luego lo degollará en presencia del Señor. 5 Después él mismo tomará un poco de la sangre del becerro y la llevará a la tienda del encuentro; 6 allí mojará su dedo en la sangre y la rociará siete veces ante el Señor, hacia el velo del santuario. 7 Untará también un poco de sangre en los cuernos del altar destinado al incienso aromático —que está ante el Señor, en la tienda del encuentro—, y toda la sangre restante la derramará al pie del altar de los holocaustos, que está a la entrada de la tienda del encuentro. 8 Luego le quitará al becerro sacrificado por el pecado toda la grasa que cubre las vísceras, 9 los dos riñones, la grasa que los cubre y que está sobre los lomos, y la parte grasosa del hígado, la cual deberá quitar junto con los riñones, 10 tal como se le quita al toro que se ofrece como ofrenda de reconciliación. Luego el sacerdote lo quemará sobre el altar de los holocaustos. 11 Pero la piel del becerro y toda su carne, junto con la cabeza, las piernas, las vísceras y desechos 12 —o sea, todo el becerro—, los sacará a un lugar limpio *f* fuera del campamento, donde se echa la ceniza, y allí, sobre el montón de ceniza, les echará leña y les prenderá fuego.

13 "Si toda la comunidad israelita hace algo malo sin quererlo, y ninguno de ellos se da cuenta de que su acción está en contra de los mandamientos del Señor y que así se han hecho culpables, 14 en cuanto se sepa el pecado que han cometido deberán ofrecer todos juntos un becerro como sacrificio por el pecado. Lo llevarán ante la tienda del encuentro, 15 en donde los ancianos de la comunidad *g* pondrán sus manos sobre la cabeza del becerro, ante el Señor, y allí mismo lo degollarán. 16 Luego el sacerdote principal llevará un poco de la sangre del becerro a la tienda del encuentro, 17 mojará su dedo en la sangre y la rociará siete veces ante el Señor, frente al velo. 18 Untará un poco de sangre en los cuernos del altar que está ante el Señor, en la tienda del encuentro. Y toda la sangre restante la derramará al pie del altar de los holocaustos, el cual está a la entrada de la tienda del encuentro. 19 También le quitará al becerro toda grasa, y la quemará en el altar; 20 es decir, que se hará con este becerro exactamente lo mismo que se hace con el becerro que se sacrifica por el pecado; así el sacerdote obtendrá el perdón por los pecados de ellos, y el pecado se les perdonará. 21 Luego sacará el becerro fuera del campamento, y lo quemará, tal como se hace con el primer becerro, pues es el sacrificio por el pecado de la comunidad.

22 "Si un jefe peca cometiendo algo que está en contra de los mandamientos del Señor su Dios, resultará culpable aun cuando lo haya hecho involuntariamente. 23 En cuanto se dé cuenta del pecado que cometió, deberá llevar como ofrenda un chivo sin ningún defecto. 24 Pondrá la mano sobre la cabeza del chivo, y lo degollará ante el Señor, en el lugar donde se matan los animales que van a ser quemados, pues es sacrificio por el pecado. 25 Luego el sacerdote tomará con su dedo un poco de sangre del animal sacrificado por el pecado, y la untará en los cuernos del altar de los holocaustos, después de lo cual luego derramará la sangre restante al pie del mismo altar *h* 26 y quemará toda la grasa

---

c **4.3** *El sacerdote principal:* lit. *el sacerdote ungido,* así llamado porque en la ceremonia de su consagración se derramaba sobre su cabeza aceite consagrado (Ex 29.7; Lv 8.12). Véase Sal 2.2 n.

d **4.3** *Haciendo así recaer la culpa sobre el pueblo:* Por su condición de representante ante Dios de todo el pueblo, la falta del *sacerdote principal* contaminaba a toda la comunidad.

e **4.4** Acerca de la imposición de las manos, véase Lv 1.4 n.

f **4.12** *Lugar limpio:* La palabra hebrea se refiere a un lugar que ha sido reservado para un propósito ritual específico, es decir, a un lugar ritualmente puro.

g **4.15** A los *ancianos* les correspondía hacer este gesto, porque ellos representaban a la comunidad. Véase Ex 3.16 n.

h **4.25** Cf. v. 30. En este caso, no se introducía la *sangre* de la víctima en la tienda del encuentro (cf. vv. 5-7, 16-18), sino que se usaba sobre el altar, tal como se hace con la grasa del sacrificio de reconciliación. Así el sacerdote obtendrá el perdón por el pecado del jefe, y el pecado le será perdonado.

27 "Si una persona de clase humilde peca involuntariamente, resultando culpable de haber hecho algo que está en contra de los mandamientos del Señor, 28 en cuanto se dé cuenta del pecado que cometió, deberá llevar una cabra sin ningún defecto como ofrenda por el pecado cometido. 29 Pondrá la mano sobre la cabeza del animal que ofrece por el pecado, y luego lo degollará en el lugar de los holocaustos. 30 Entonces el sacerdote tomará con el dedo un poco de sangre y la untará en los cuernos del altar de los holocaustos, y toda la sangre restante la derramará al pie del altar. 31 También deberá quitarle toda la grasa, tal como se le quita al animal que se ofrece como sacrificio de reconciliación, y quemarla en el altar como aroma agradable al Señor. Así el sacerdote obtendrá el perdón por el pecado de esa persona, y el pecado se le perdonará.

32 "Si esa persona trae una oveja como sacrificio por el pecado, deberá traer una hembra sin ningún defecto. 33 Pondrá la mano sobre la cabeza de la oveja, y luego la degollará como sacrificio por el pecado en el lugar donde se matan los animales que se van a quemar. 34 Entonces el sacerdote tomará con el dedo un poco de sangre del animal sacrificado por el pecado y la untará en los cuernos del altar de los holocaustos, y toda la sangre restante la derramará al pie del altar. 35 Luego le quitará toda la grasa, tal como se le quita al animal que se ofrece como sacrificio de reconciliación, y quemará la grasa en el altar, junto con las ofrendas quemadas en honor del Señor. Así el sacerdote obtendrá el perdón por el pecado que esa persona cometió, y el pecado le será perdonado.

5 *Casos específicos del sacrificio por el pecado* 1 "Si alguien es llamado a declarar como testigo de algo que vio o escuchó, y se niega a declarar, comete un pecado y debe cargar con la culpa.

2 "Si alguien toca alguna cosa impura, como el cadáver de un animal impuro, sea salvaje o doméstico, o de un reptil impuro, quedará también impuro, y será culpable, aun cuando no se haya dado cuenta.

3 "Si alguien toca alguna impureza humana, cualquier cosa que lo pueda dejar impuro, pero no se da cuenta en ese momento, si después se da cuenta será culpable.

4 "Si alguien pronuncia a la ligera un juramento de hacer algo bueno o malo —de ese tipo de juramentos que se hacen sin pensar—, pero no se da cuenta en ese momento, si después se da cuenta será culpable de cualquiera de estas cosas.

5 "El que resulte culpable en cualquiera de estos casos, deberá confesar el pecado que cometió 6 y le presentará al Señor una hembra de sus rebaños como sacrificio por el pecado cometido; puede ser una oveja o una cabra, y con este sacrificio el sacerdote obtendrá el perdón de los pecados de esa persona.

7 "Si no tiene lo suficiente para comprar un cordero, deberá llevar al Señor dos tórtolas o dos pichones de paloma por el pecado cometido: uno de ellos como sacrificio por el pecado, y el otro como holocausto. 8 Deberá llevarlos al sacerdote, el cual presentará primero el que se ofrece por el pecado, retorciéndole el cuello pero sin arrancarle la cabeza por completo; 9 luego rociará un poco de sangre del sacrificio por el pecado en un costado del altar, y la sangre restante la exprimirá al pie del altar, pues es sacrificio por el pecado. 10 Con el segundo hará un holocausto, según lo establecido; así el sacerdote obtendrá el perdón del pecado cometido por esa persona, y el pecado le será perdonado.

11 "Si no tiene ni siquiera para comprar dos tórtolas o dos pichones de paloma, deberá llevar como ofrenda por su pecado dos kilos de la mejor harina. No debe echarle aceite ni ponerle incienso encima, porque es una ofrenda por el pecado. 12 Deberá llevársela al sacerdote, el cual tomará un puñado como recordación y lo quemará en el altar junto con las ofrendas que se queman en honor del Señor. Es una ofrenda por el pecado, 13 para que el sacerdote obtenga el perdón de cualquier pecado que esa persona haya cometido, y el pecado se le perdonará. Y, como en el caso de las ofrendas de cereales, la parte restante será para el sacerdote."

Los sacrificios por la culpa[a] 14 El Señor se dirigió a Moisés y le dijo:

15 "La persona que peque involuntariamente y resulte culpable de fraude en las cosas sagradas del Señor, debe tomar de sus rebaños un carnero sin ningún defecto, como sacrificio por su culpa, y llevárselo al Señor. El valor del carnero se debe calcular en plata, según el peso oficial del santuario para las ofrendas por la culpa. 16 Esa persona debe pagar lo defraudado de las cosas sagradas, más una quinta parte, cantidad que entregará al sacerdote. Luego, con el carnero que se sacrifica por la culpa, el sacerdote obtendrá el perdón por el pecado de esa persona, y el pecado se le perdonará.

17 "Si alguien peca haciendo algo que está en contra de los mandamientos del Señor, aunque no se dé cuenta, será culpable y deberá cargar con la culpa. 18 Por lo tanto, deberá tomar de sus rebaños un carnero sin ningún defecto, cuyo valor tú deberás calcular, y se lo llevará al sacerdote como sacrificio por la culpa, para obtener así el perdón del pecado que esa persona cometió involuntariamente, y el pecado se le perdonará. 19 Es un sacrificio por la culpa, pues esa persona es culpable ante el Señor."

6 *Los sacrificios por causa de fraudes* 1 (5.20)[a] El Señor se dirigió a Moisés y le dijo:

---

solamente para untar el *altar de los holocaustos* (cf. Ex 27.1-8; 38.1-7), que se encontraba en el atrio del santuario. Además, el jefe no ofrecía el sacrificio como representante de todo el pueblo, sino a título personal.

[a] 5.14-19 Es difícil determinar con exactitud en qué se diferenciaban el *sacrificio por el pecado* (Lv 4) y el *sacrificio por la culpa* (llamado en otras traducciones *sacrificio de reparación*; Lv 7.7). Una nota distintiva de este último era la víctima sacrificada, que debía ser siempre un *carnero* (cf. vv. 15-16,18). Además, si el fraude cometido contra Dios o contra el prójimo podía estimarse en dinero, se añadía al sacrificio la obligación de reparar la deuda, restituyendo al Señor o a la persona dañada el precio de lo defraudado y una quinta parte más (v. 16).

[a] 6.1 Los números entre paréntesis corresponden a la numeración del texto hebreo.

2 (5.21) "Cuando alguien peque y resulte culpable de fraude ante el Señor por haber engañado a su prójimo en algo que este le había confiado o prestado, o por robarle o quitarle algo a la fuerza, **3 (5.22)** o por negar haber encontrado un objeto perdido, o por hacer un juramento falso (cualquiera de esas cosas en que uno comete pecado), **4 (5.23)** será culpable de ese pecado. Por lo tanto, tendrá que devolver lo que haya robado o conseguido a la fuerza, o aquello que se le había confiado, o el objeto encontrado, **5 (5.24)** o cualquiera otra cosa por la que haya jurado falsamente. Tendrá que devolverlo todo a su dueño, más una quinta parte, cuando presente su sacrificio por la culpa. **6 (5.25)** Su sacrificio al Señor será un carnero sin ningún defecto, cuyo valor tú deberás calcular, y el cual deberá él tomar del rebaño y llevárselo al sacerdote como sacrificio por la culpa. **7 (5.26)** Entonces el sacerdote obtendrá del Señor el perdón de cualquiera de aquellas cosas en que esa persona haya pecado, y el pecado se le perdonará." *b*

Instrucciones sobre los holocaustos

8 (1) El Señor se dirigió a Moisés y le dijo:

9 (2) "Dales a Aarón y a sus hijos las siguientes instrucciones en cuanto a los holocaustos: *c* El animal sacrificado deberá dejarse sobre las brasas del altar durante toda la noche, para que el fuego lo queme. **10 (3)** El sacerdote se cubrirá el cuerpo poniéndose ropa y calzoncillos de lino; luego recogerá las cenizas del animal que fue quemado sobre el altar, y las pondrá a un lado del altar. **11 (4)** Después se cambiará de ropa y se llevará las cenizas a un lugar limpio fuera del campamento.

12 (5) "El fuego que arde en el altar no debe apagarse nunca. El sacerdote deberá echarle leña todas las mañanas y acomodar sobre el fuego el animal que se va a quemar, además de quemar también en el altar la grasa de los sacrificios de reconciliación. **13 (6)** El fuego del altar debe estar encendido siempre. No debe apagarse nunca.

Instrucciones sobre las ofrendas de cereales

14 (7) "Las siguientes instrucciones se refieren a las ofrendas de cereales: *d* Los sacerdotes deben ofrecerlas ante el altar, delante del Señor. **15 (8)** Uno de ellos tomará un puñado de la harina ofrendada y de su aceite, junto con todo el incienso que va con la ofrenda, y los hará arder en el altar como ofrenda quemada de recordación, de aroma agradable al Señor. **16 (9)** Y la parte restante de la ofrenda se la comerán Aarón y sus hijos, sin levadura y en un lugar consagrado, en el patio de la tienda del encuentro. **17 (10)** No deben cocerla con levadura. Se la he dado a ellos como la parte que les corresponde de mis ofrendas quemadas, y es una cosa santísima, como lo son los sacrificios por el pecado y por la culpa. **18 (11)** Para siempre en el futuro, todos los varones descendientes de Aarón podrán comer la parte que les corresponde de las ofrendas quemadas al Señor. Cualquier cosa que toque estas ofrendas quedará consagrada."

La ofrenda de los sacerdotes

19 (12) El Señor se dirigió a Moisés y le dijo:

20 (13) "Esta es la ofrenda que Aarón y sus descendientes deben presentar al Señor cuando sean consagrados como sacerdotes: dos kilos de la mejor harina como ofrenda de cereales, presentando la mitad por la mañana y la otra mitad al atardecer, sin faltar un solo día. **21 (14)** Deben preparar la ofrenda en una sartén, bien mezclada con aceite, y luego presentarla partida en pedazos como ofrenda de aroma agradable al Señor. **22 (15)** Así debe prepararla el sacerdote principal descendiente de Aarón que sea consagrado en su lugar; le corresponde siempre al Señor, y deberá ser quemada completamente. **23 (16)** Todas las ofrendas de los sacerdotes habrán de ser quemadas completamente; nadie deberá comerlas."

Instrucciones sobre los sacrificios por el pecado

24 (17) El Señor se dirigió a Moisés y le dijo:

25 (18) "Dales a Aarón y a sus hijos las siguientes instrucciones en cuanto a los sacrificios por el pecado: *e* El animal que se ofrezca por el pecado deberá ser degollado ante el Señor, en el lugar donde se matan los animales que se van a quemar, pues es una cosa santísima. **26 (19)** El sacerdote que ofrezca el sacrificio por el pecado, podrá comer de él, pero deberá comerlo en un lugar santo, en el patio de la tienda del encuentro. **27 (20)** Cualquier cosa que toque la carne del animal quedará consagrada, y si la ropa queda salpicada de sangre, deberá ser lavada en un lugar santo. **28 (21)** La olla de barro en que se hirvió la carne de la ofrenda, deberá romperse; pero si se hirvió en un recipiente de bronce, bastará con fregarlo y enjuagarlo.

29 (22) "Este sacrificio es una cosa santísima. Solo podrán comer de él los sacerdotes. **30 (23)** Pero no se podrá comer ningún animal ofrecido por el pecado cuya sangre haya sido llevada a la tienda del encuentro, para perdón de pecados en el santuario. Ese sacrificio deberá ser quemado en el fuego.

7

Instrucciones sobre los sacrificios por la culpa

1 "Los sacrificios por la culpa *a* son una cosa santísima. Estas son las instrucciones en cuanto a ellos: **2** El animal ofrecido por la culpa deberá ser degollado en el lugar donde se matan los animales que se ofrecen para ser quemados, y con su sangre se deberá rociar los costados del altar. **3** Se deberá ofrecer toda la grasa del animal: la que hay en la cola *b* y la que cubre las vísceras, **4** los dos riñones, la grasa que los cubre y la que está sobre los lomos, así como la parte grasosa que está sobre el hígado, la cual se deberá quitar junto con los riñones. **5** Luego el sacerdote quemará esto sobre el altar, como ofrenda quemada en honor del Señor. Es un sacrificio por la culpa, **6** y todos los sacerdotes podrán comer de él, aunque deberán hacerlo en un lugar consagrado, pues es una cosa santísima.

---

b **6.1-7 (5.20-26)** Esta ley, aplicada a cualquier tipo de fraude que dañe o perjudique a otra persona, la encontramos expuesta en Nm 5.5-8.
c **6.9 (2)** *Holocaustos:* Véase Lv 1.3 n.
d **6.14 (7)** *Ofrendas de cereales:* Véase Lv 2.1 n.
e **6.25 (18)** *Sacrificios por el pecado:* Véase Lv 4.1-35 n.
a **7.1** *Sacrificios por la culpa:* Véase Lv 5.14-19 n.
b **7.3** *La grasa... en la cola:* Véase Ex 29.22 n.

7 "El sacrificio por la culpa es como el sacrificio por el pecado, y las instrucciones son las mismas para los dos: lo ofrecido será para el sacerdote que oficie en el acto del perdón. **8** Igualmente, el sacerdote que sacrifique al animal que alguien haya ofrecido en holocausto, podrá quedarse con la piel del animal. **9** También todas las ofrendas de cereales horneadas, y todo lo preparado en cacerola y sartén, serán para el sacerdote que presente la ofrenda. **10** De la misma manera, todas las ofrendas de cereales, tanto las amasadas con aceite como las secas, serán para todos los descendientes de Aarón por partes iguales.

Instrucciones sobre los sacrificios de reconciliación

11 "Estas son las instrucciones en cuanto a los sacrificios de reconciliación [c] que se presentan al Señor: **12** Si el sacrificio es de acción de gracias, se ofrecerán también tortas sin levadura amasadas con aceite, hojuelas sin levadura rociadas de aceite, y tortas de harina de la mejor calidad amasadas con aceite; **13** y, junto con el sacrificio de acción de gracias y de reconciliación, se presentarán tortas de pan con levadura. **14** De toda ofrenda se tomará una parte y se presentará al Señor como contribución, y será para el sacerdote que rocíe la sangre del sacrificio de reconciliación.

15 "La carne del animal ofrecido en acción de gracias y reconciliación debe comerse el mismo día en que se ofrece; no se debe guardar un solo pedazo para el día siguiente. **16** En caso de que el animal se ofrezca en cumplimiento de una promesa, o de que sea una ofrenda voluntaria, deberá comerse el mismo día en que se ofrece, pero lo que quede se podrá comer al día siguiente; **17** si a los tres días todavía queda carne del animal ofrecido, habrá que quemarla toda. **18** Y si alguien come al tercer día carne del sacrificio de reconciliación, el sacrificio no será aceptado ni tomado en cuenta, y la carne será considerada despreciable. El que coma de ella cargará con ese pecado.

19 "La carne que toque cualquier cosa impura no debe ser comida, sino quemada.

"Todos los que estén puros podrán comer carne.

20 "La persona que estando impura coma carne del sacrificio de reconciliación, el cual pertenece al Señor, será eliminada de entre su pueblo. **21** "La persona que toque cualquier cosa impura —ya sea alguna impureza humana o impureza de animal, o cualquier otra cosa repugnante—, y luego coma carne del sacrificio de reconciliación, el cual pertenece al Señor, será eliminada de entre su pueblo."

Instrucciones sobre la grasa y la sangre

22 El Señor se dirigió a Moisés y le dijo: **23** "Di a los israelitas lo siguiente: No deben comer nada de grasa de toro, de cordero o de cabra. **24** A la grasa de animales muertos o despedazados por las fieras pueden darle cualquier otro uso, pero no comerla.

25 "Cualquiera que coma grasa de animales de los que se presentan al Señor como ofrendas quemadas, será eliminado de entre su pueblo.

26 "Dondequiera que ustedes vivan, no deberán comer nada que tenga sangre de aves ni de animales. **27** La persona que coma cualquier clase de sangre será eliminada de entre su pueblo." [d]

La porción sacerdotal

28 El Señor se dirigió a Moisés y le dijo:

29 "Di a los israelitas que el que presente al Señor un sacrificio de reconciliación, deberá llevarlo ante el Señor. **30** Con sus propias manos deberá llevar ante el Señor la ofrenda quemada, la grasa que cubre el pecho y el pecho mismo para celebrar ante el Señor el rito de presentación. **31** El sacerdote quemará la grasa en el altar, pero el pecho será para Aarón y sus descendientes. **32** El muslo derecho de los animales ofrecidos en reconciliación se le dará al sacerdote como contribución. **33** Ese muslo derecho le corresponderá al sacerdote que ofrezca la grasa y la sangre del sacrificio de reconciliación, **34** pues de los sacrificios de reconciliación que los israelitas me hacen he tomado el pecho como ofrenda especial, y el muslo como contribución, y se los he dado al sacerdote Aarón y a sus descendientes como la parte que siempre les corresponderá de las ofrendas de los israelitas."

35 De las ofrendas que se queman en honor del Señor, estas son las porciones que les corresponden a Aarón y a sus descendientes, a partir del día que el Señor los consagró como sacerdotes suyos. **36** El Señor ordenó que los israelitas se las dieran, a partir del día que los consagró, como una obligación permanente que pasaría de padres a hijos.

37 Estas son las instrucciones en cuanto a los holocaustos, las ofrendas de cereales, los sacrificios por el pecado y por la culpa, las ofrendas de consagración y los sacrificios de reconciliación. **38** El Señor se las dio a Moisés en el monte Sinaí, cuando en el desierto de Sinaí ordenó a los israelitas que le presentaran ofrendas.

II. LA INVESTIDURA DE LOS PRIMEROS SACERDOTES (8—10)

Consagración de Aarón y de sus hijos (Ex 29.1-37)

8 **1** El Señor se dirigió a Moisés y le dijo: **2** "Toma a Aarón y a sus hijos, y toma además las ropas sacerdotales, el aceite de consagrar, el becerro que se sacrifica por el pecado, los dos carneros y el canastillo de los panes sin levadura, **3** y reúne a toda la comunidad a la entrada de la tienda del encuentro."

4 Moisés hizo lo que el Señor le había ordenado, y la comunidad se reunió a la entrada de la tienda del encuentro. **5** Entonces Moisés dijo a la comunidad: "Esto es lo que el Señor ha ordenado que se haga."

6 Luego hizo Moisés que Aarón y sus hijos se acercaran, y los lavó con agua. **7** Después le puso a Aarón la túnica, le ajustó el cinturón y lo vistió con la capa; luego le puso encima el efod y se lo ajustó bien con la misma cinta del efod. **8** Luego le puso encima el pectoral, y en el pectoral puso el Urim y el Tumim. [a] **9** Luego le puso el turbante en la cabeza, y sobre él, por la parte de enfrente, colocó la placa de

---

[c] **7.11** *Sacrificios de reconciliación:* Véase Lv 3.1 n.
[d] **7.26-27** Sobre el porqué de esta prohibición, véase Gn 9.4 n.
[a] **8.8** *El Urim y el Tumim:* Véase Ex 28.30 n.

oro que lo consagraba como sacerdote, tal como el Señor se lo había ordenado. *b*

10 Después Moisés tomó el aceite *c* de consagrar y lo derramó sobre el santuario y sobre todo lo que había allí dentro, y así lo consagró. **11** Con el mismo aceite roció el altar siete veces, y lo derramó sobre el altar y sobre todos sus utensilios, y también sobre la palangana y su base, para consagrarlos. *d*

12 Luego derramó Moisés sobre la cabeza de Aarón el aceite de consagrar, para consagrarlo como sacerdote. **13** Hizo también que los hijos de Aarón se acercaran, y los vistió con las túnicas, les ajustó los cinturones y les puso los turbantes, tal como el Señor se lo había ordenado.

14 Después Moisés mandó traer el becerro que se sacrifica por el pecado, y Aarón y sus hijos pusieron sus manos sobre la cabeza del becerro. **15** Entonces Moisés lo degolló y, tomando sangre con sus dedos, la untó en los cuernos alrededor del altar, para purificarlo, y la sangre restante la derramó al pie del altar. Así el altar quedó consagrado para obtener allí el perdón de los pecados.

16 Después Moisés tomó toda la grasa que cubre las vísceras, la parte grasosa que está sobre el hígado y los dos riñones con su grasa, y lo quemó todo sobre el altar; **17** pero al resto del becerro, es decir, a su piel, carne y desechos, les prendió fuego fuera del campamento, tal como el Señor se lo había ordenado.

18 Moisés hizo que acercaran el carnero que se ofrece en holocausto, y Aarón y sus hijos pusieron las manos sobre la cabeza del carnero. **19** Luego Moisés lo degolló, y roció con la sangre los costados del altar, **20** cortó el carnero en pedazos, y quemó la cabeza, los pedazos y la grasa; **21** luego lavó con agua las vísceras y las piernas del carnero, y lo quemó todo en el altar como holocausto, como ofrenda de aroma agradable al Señor, tal como el Señor se lo había ordenado.

22 Luego Moisés hizo que trajeran el otro carnero, el de la ceremonia de consagración, y Aarón y sus hijos pusieron las manos sobre la cabeza del carnero. **23** Después Moisés lo degolló, tomó un poco de sangre y se la untó a Aarón en la parte inferior de la oreja derecha, en el pulgar de la mano derecha y en el dedo gordo del pie derecho. **24** Luego hizo que se acercaran los hijos de Aarón, y también les untó sangre en la parte inferior de su oreja derecha, en el pulgar de la mano derecha y en el dedo gordo del pie derecho; después roció con la sangre los costados del altar.

25 Luego Moisés tomó la grasa, la cola, toda la grasa que cubre las vísceras, la parte grasosa que está sobre el hígado, los dos riñones con su grasa, y el muslo derecho. **26** Del canastillo de los panes sin levadura que se pone ante el Señor, tomó Moisés una torta sin levadura, una torta amasada con aceite y una hojuela, y las puso junto con las grasas y el muslo derecho; **27** luego puso todo esto en las manos de Aarón y de sus hijos, para que hicieran ante el Señor el rito de presentación. **28** Luego recogió Moisés todo esto de manos de ellos, y lo quemó en el altar junto con el holocausto, como ofrenda de consagración de aroma agradable: ofrenda quemada en honor del Señor.

29 Después Moisés tomó el pecho y celebró ante el Señor el rito de presentación. Esa parte del carnero de la consagración fue la que le tocó a Moisés, tal como el Señor se lo había ordenado.

30 Tomó luego Moisés un poco de aceite de consagrar y de la sangre que estaba sobre el altar, y los roció sobre Aarón y sus hijos, así como sobre la ropa sacerdotal de todos ellos. Así consagró a Aarón y a sus hijos, y la ropa sacerdotal de todos ellos. *e*

31 Después Moisés les dijo *f* a Aarón y a sus hijos: "Cuezan la carne a la entrada de la tienda del encuentro, y cómanla allí mismo con el pan del canastillo de las consagraciones, tal como el Señor me lo ordenó cuando dijo: 'Aarón y sus hijos comerán esta carne.' **32** Quemen después la carne y el pan que sobren, **33** y no se alejen de la entrada de la tienda del encuentro durante siete días, que es lo que dura el periodo de su consagración. **34** El Señor ha ordenado que el rito para obtener el perdón de los pecados cometidos por ustedes se haga tal como se ha hecho hoy. **35** Por lo tanto, ustedes deberán quedarse día y noche a la entrada de la tienda del encuentro, durante siete días. Respeten la orden del Señor y no morirán, pues esa es la orden que recibí."

36 Y Aarón y sus hijos hicieron todo lo que el Señor había ordenado por medio de Moisés.

9 Aarón inicia su sacerdocio

1 Al octavo día Moisés llamó a Aarón y a sus hijos, y a los ancianos de Israel. **2** Y le dijo a Aarón: "Toma un becerro para el sacrificio por el pecado, y un carnero sin defecto para ofrecerlo en holocausto, y preséntalos ante el Señor. **3** A los israelitas diles que tomen un chivo como sacrificio por el pecado, un becerro y un cordero que sean de un año y que no tengan ningún defecto, para ofrecerlos como holocaustos, **4** y un toro y un carnero para matarlos ante el Señor como sacrificios de reconciliación. Que traigan también una ofrenda de cereales amasada con aceite, porque el Señor se les va a manifestar hoy."

5 Los israelitas llevaron hasta delante de la tienda del encuentro lo que Moisés había ordenado, y toda la comunidad se acercó y permaneció de pie ante el Señor. **6** Entonces Moisés dijo: "Esto es lo que el Señor ha ordenado. Háganlo, y el Señor se manifestará a ustedes con gran esplendor."

---

b **8.7-9** Para una descripción más detallada de las vestimentas sacerdotales, cf. Ex 28; 39.1-31.

c **8.10** El *aceite*, que hace brillar el rostro (Sal 104.15), era utilizado en todo el antiguo Oriente para proteger la piel y conservar el brillo y tersura. Mezclado con aromas, se empleaba como perfume (Est 2.12); también se usaba como remedio (Is 1.6; Lc 10.34), y se solía derramarlo sobre la cabeza de un huésped de honor (Sal 23.5; Lc 7.46; cf. Mc 14.3). Al ser ungido con el *aceite* sagrado (cf. Ex 30.22-33), el rey se convertía en el ungido del Señor (véase Sal 2 n.), lleno de su Espíritu (1 S 16.13) y, por lo tanto, inviolable (1 S 24.6[7]; 26.9; 2 S 1.14). De manera semejante, la unción consagraba a los sacerdotes (cf. v. 30) para el servicio del Señor en el culto del santuario y como encargados de instruir al pueblo (Lv 10.11). Véase *Introducción*.

d **8.10-11** Ex 40.9-11. Mediante este rito de consagración, el *santuario* y el *altar* son separados del uso profano e introducidos en la esfera de lo sagrado.

e **8.1-30** Cf. Ex 29.

f **8.31** *Tal como el Señor me lo ordenó cuando dijo:* según varias versiones antiguas. Heb. *tal como yo ordené*.

7 Luego le dijo Moisés a Aarón: "Acércate al altar, y presenta tu sacrificio por el pecado y el animal que vas a ofrecer en holocausto para el perdón de tus pecados y de los pecados de los israelitas. Presenta también la ofrenda de los israelitas para el perdón de sus pecados, tal como el Señor lo ha ordenado."[a] **8** Aarón se acercó al altar y degolló el becerro que ofrecía por sus pecados. **9** En seguida sus hijos le acercaron la sangre, y Aarón, mojando sus dedos en ella, la untó en los cuernos del altar y derramó la sangre restante al pie del altar. **10** Luego quemó sobre el altar la grasa, los riñones y la parte grasosa del hígado del animal sacrificado por el pecado, tal como el Señor se lo había ordenado a Moisés. **11** Pero la carne y la piel las quemó fuera del campamento.

12 Aarón degolló también el animal que se ofrecía en holocausto, y sus hijos le llevaron la sangre, y con ella roció Aarón los costados del altar. **13** Luego le llevaron la cabeza y los pedazos cortados del animal que se ofrecía en holocausto, y Aarón los quemó sobre el altar; **14** luego lavó las vísceras y las piernas, y las quemó en el altar, lo mismo que el animal entero.

15 Aarón presentó también la ofrenda por los israelitas. Tomó el chivo, que era el sacrificio por el pecado del pueblo, y lo degolló, ofreciéndolo por el pecado como había hecho con la ofrenda anterior. **16** Al presentar el animal que se ofrece en holocausto, lo hizo según lo establecido. **17** Luego presentó la ofrenda de cereales, de la que tomó un puñado y lo quemó sobre el altar, además de los holocaustos de la mañana.

18 Aarón degolló también el toro y el carnero que los israelitas ofrecían como sacrificio de reconciliación.[b] Sus hijos le entregaron la sangre, y él roció con ella los costados del altar. **19** También le entregaron las grasas del toro y del carnero, la cola, la grasa que cubre las vísceras, los riñones y la parte grasosa del hígado, **20** y los pusieron las grasas junto con los pechos. Entonces Aarón quemó las grasas en el altar, **21** pero con los pechos y los muslos derechos solo celebró ante el Señor el rito de presentación, tal como el Señor se lo había ordenado a Moisés.[c]

22 Aarón levantó sus manos sobre los israelitas y los bendijo,[d] y después de haber presentado el sacrificio por el pecado, el holocausto y el sacrificio de reconciliación, se retiró del altar. **23** Luego Moisés y Aarón entraron en la tienda del encuentro, y al salir bendijeron a los israelitas. Entonces el Señor se manifestó con gran esplendor a todo el pueblo: **24** salió fuego de la presencia del Señor y consumió el animal que iba a ser quemado y las grasas que estaban sobre el altar.

Al ver esto, todos los israelitas lanzaron gritos de alegría y se inclinaron hasta tocar el suelo con la frente.[e]

10 El pecado de Nadab y Abihú[a]

1 Nadab y Abihú,[b] hijos de Aarón, tomaron cada uno su brasero, pusieron lumbre e incienso en ellos y ofrecieron ante el Señor un fuego extraño[c] que él no les había ordenado.[d] **2** Entonces salió fuego de la presencia del Señor[e] y los quemó por completo. Así murieron ante el Señor. **3** Después Moisés le dijo a Aarón:

—Esto es lo que el Señor quería decir cuando dijo:

'A los que se acercan a mí les mostraré mi santidad,
y a todos los israelitas les mostraré mi gloria.'

Y Aarón se quedó callado.

4 Luego Moisés llamó a Misael y a Elsafán, hijos de Uziel, tío de Aarón, y les dijo:

—Vengan ustedes a sacar del santuario a sus parientes, y llévenselos fuera del campamento.

5 Ellos se acercaron y en sus propias túnicas se los llevaron fuera del campamento, tal como lo había ordenado Moisés.

Deberes y obligaciones de los sacerdotes

6 Luego Moisés les dijo a Aarón y a sus hijos Eleazar e Itamar:

—No se dejen suelto el pelo ni se rasguen la ropa en señal de luto, no sea que ustedes mueran y Dios descargue su enojo sobre la comunidad. Lo que sí deben lamentar sus hermanos de raza, todos los israelitas, es que el Señor haya tenido que provocar este incendio. **7** No se alejen tampoco de la entrada de la tienda del encuentro, para que no mueran, pues ustedes han sido consagrados con el aceite del Señor.

Y tal como Moisés lo ordenó, así lo hicieron.

8 Además, el Señor le habló a Aarón y le dijo:

9 "Cuando tú o tus hijos tengan que entrar en la tienda del encuentro, no deberán beber vino ni bebidas fermentadas, no sea que mueran. Es una ley permanente, que pasará de padres a hijos, **10** para que ustedes puedan distinguir entre lo sagrado y lo profano, y entre lo puro y lo impuro, **11** y puedan también instruir a los israelitas en todas las leyes que el Señor les ha dado por medio de Moisés."

12 Después Moisés les dijo a Aarón y a Eleazar e Itamar, los dos hijos que le quedaban a Aarón:

---

[a] **9.7** Heb 5.1-3; 7.21.
[b] **9.18** Sobre los *sacrificios de reconciliación,* cf. Lv 3.
[c] **9.21** *Tal como... Moisés:* según varios mss. Heb. *tal como Moisés había ordenado.*
[d] **9.22** Nm 6.22-26.
[e] **9.24** Al enviar *fuego* del cielo, el Señor quiso dar a entender que aceptaba la víctima ofrecida sobre el altar (cf. Jue 6.21; 1 R 18.38; 1 Cr 21.26).
[a] **10.1-5** El episodio relatado en estos vv. es una severa advertencia dirigida a los sacerdotes, para exhortarlos a no cometer ninguna transgresión contra lo establecido en la Ley del Señor.
[b] **10.1** Según Ex 6.23, *Nadab y Abihú* eran los dos hijos mayores de Aarón. Cf. Ex 24.1.
[c] **10.1** En otros pasajes del Pentateuco (Ex 30.33; Lv 22.12), la palabra *extraño* (heb. *zar*) designa a las personas que no son sacerdotes.
[d] **10.1** Es difícil determinar en qué consistió este pecado. Algunos intérpretes piensan que el *fuego* no fue tomado del altar, contrariamente a lo establecido en Lv 16.12; otros consideran que el *incienso* no había sido preparado convenientemente (cf. Ex 30.9) o que la ofrenda no se presentó a la hora debida (cf. Ex 30.7-8). De cualquier manera, lo cierto es que la acción de *Nadab y Abihú* estaba en desacuerdo con lo que el Señor *les había ordenado.*
[e] **10.2** *Fuego de la presencia del Señor:* Esta misma expresión se encuentra en Lv 9.24, pero con un sentido diferente. Allí el fuego era una señal divina de aprobación; aquí, el encargado de ejecutar el juicio de Dios (cf. Mt 3.12).

—Tomen la ofrenda de cereales que ha quedado de las ofrendas quemadas al Señor, y cómanla sin levadura junto al altar, porque es una cosa santísima. **13** Cómanla en un lugar sagrado, porque eso es lo que les ha tocado a ti y a tus hijos de las ofrendas que se queman en honor del Señor.[f] Eso es lo que se me ha ordenado. **14** Y el pecho, que es la ofrenda especial, y el muslo, que es la contribución, los deberán comer en un lugar puro tú, y tus hijos e hijas, porque esa es la parte que les corresponde de los sacrificios de reconciliación de los israelitas. **15** El muslo, que es la contribución, y el pecho, que es la ofrenda especial, serán llevados ante el Señor y presentados como ofrenda especial, junto con las grasas que se ofrecen para ser quemadas. Esta parte será siempre tuya y de tus hijos, tal como el Señor lo ha ordenado.[g]

16 Entonces Moisés preguntó por el chivo que se sacrifica por el pecado, y se encontró con que ya lo habían quemado. Entonces se enojó con Eleazar e Itamar, los dos hijos que le quedaban a Aarón, y les dijo:

17 —¿Por qué no comieron el sacrificio por el pecado en un lugar sagrado? Es una cosa santísima,[h] y el Señor se lo dio a ustedes para que ustedes carguen con la culpa de la comunidad y obtengan del Señor el perdón de sus pecados. **18** Puesto que la sangre no fue llevada al interior del santuario, ustedes tenían que haber comido el sacrificio en ese lugar sagrado, tal como yo lo había ordenado.

19 Y Aarón le contestó:

—Mira, hoy han presentado ellos ante el Señor sus sacrificios por el pecado y sus holocaustos, y a mí me han sucedido cosas como estas. Si yo hubiera comido hoy del sacrificio por el pecado, ¿le habría agradado al Señor?

20 Al oir esto, Moisés se dio por satisfecho.

III. LO PURO Y LO IMPURO (11—16)

11
Animales puros e impuros (Dt 14.3-21) **1** El Señor se dirigió a Moisés y Aarón, y les dijo:

2 "Digan a los israelitas que, de todos los animales que viven en tierra, pueden comer **3** los que sean rumiantes[a] y tengan pezuñas partidas; **4** pero no deben comer los siguientes animales, aunque sean rumiantes o tengan pezuñas partidas:

"El camello, porque es rumiante pero no tiene pezuñas partidas. Deben considerarlo un animal impuro.

5 "El tejón, porque es rumiante pero no tiene pezuñas partidas. Deben considerarlo un animal impuro.

6 "La liebre, porque es rumiante pero no tiene pezuñas partidas. Deben considerarlo un animal impuro.

7 "El cerdo, porque tiene pezuñas, y aunque las tiene partidas en dos, no es rumiante. Deben considerarlo un animal impuro.

8 "No deben comer la carne de estos animales, y ni siquiera tocar su cadáver. Deben considerarlos animales impuros.

9 "De los animales que viven en el agua, ya sean de mar o de río, pueden comer solamente de los que tienen aletas y escamas. **10** Pero a los que no tienen aletas y escamas deben considerarlos animales despreciables, aunque sean de mar o de río, lo mismo los animales pequeños que los grandes. **11** No deben comer su carne; deben considerarlos animales despreciables, y despreciarán también su cadáver. **12** Todo animal de agua que no tenga aletas y escamas, lo deben considerar despreciable.

13 "De las aves no deben comer las siguientes; al contrario, las deben considerar animales despreciables: el águila, el quebrantahuesos, el águila marina, **14** el milano, y toda clase de halcones, **15** toda clase de cuervos, **16** el avestruz, la lechuza, la gaviota, toda clase de gavilanes, **17** el búho, el cormorán, el ibis, **18** el cisne, el pelícano, el buitre, **19** la cigüeña, toda clase de garzas, la abubilla y el murciélago.

20 "A todo insecto que vuele y camine, deben considerarlo despreciable, **21** pero pueden comer de los que, aunque vuelen y caminen, tengan también piernas unidas a sus patas para saltar sobre el suelo. **22** De ellos pueden comer los siguientes: toda clase de langostas, langostones, grillos y saltamontes. **23** Pero a todo otro insecto que vuele y que camine,[b] lo deben considerar despreciable.

24 "En los siguientes casos ustedes quedarán impuros:

"Cualquiera que toque el cadáver de uno de esos animales, quedará impuro hasta el anochecer.

25 "Cualquiera que levante el cadáver de uno de esos animales, deberá lavar su ropa y quedará impuro hasta el anochecer.

26 "A todo animal que, teniendo pezuñas, no las tenga partidas ni sea rumiante, lo deben considerar un animal impuro, y cualquiera que lo toque quedará impuro también.

27 "A cualquier animal de cuatro patas y que para andar se apoye en sus plantas, lo deben considerar un animal impuro; cualquiera que toque el cadáver de uno de ellos, quedará impuro hasta el anochecer. **28** Así mismo, el que levante el cadáver de uno de ellos, deberá lavar su ropa y quedará impuro hasta el anochecer, pues ustedes deben considerar impuros a esos animales.

29 "De los animales que se arrastran sobre la tierra, deben considerar impuros a los siguientes: comadrejas, ratones y toda clase de reptiles, **30** como salamanquesas, cocodrilos, lagartos, lagartijas y camaleones.

31 "Entre los muchos animales que existen, a estos los deberán considerar impuros. Cualquiera que toque el cadáver de uno de estos animales, quedará impuro hasta el anochecer.

32 "También quedará impura cualquier cosa sobre la que caiga el cadáver de uno de esos animales. Ya sea un objeto de madera, un vestido, alguna cosa de piel, un costal, o cualquier instrumento de trabajo, se deberá meter en agua y quedará impuro hasta el anochecer; después de eso quedará puro.

---

[f] **10.12-13** Sobre la *ofrenda de cereales,* cf. Lv 6.14-18.
[g] **10.14-15** Sobre la porción de los sacrificios que les correspondía a los sacerdotes, cf. Lv 7.28-34.
[h] **10.17** Lv 6.24-26.
[a] **11.3** *Rumiantes:* este término no coincide con el de la especie descrita con ese nombre por la ciencia actual, pues se aplicaba a diversos animales que comían hierba.
[b] **11.20-23** En estos cuatro vv. hemos traducido por *y camine* una expresión hebrea que significa, literalmente, *y camine sobre cuatro patas.*

33 "Si el cadáver de cualquiera de esos animales cae en una olla de barro, todo lo que haya dentro de ella quedará impuro y la olla tendrá que romperse. **34** Todo alimento sobre el que caiga agua de esa olla, quedará impuro; y toda bebida que haya en ella, quedará impura. **35** Todo aquello sobre lo que caiga el cadáver de uno de esos animales, quedará impuro; aunque sea un horno o una doble hornilla: deberá ser destruido. Es un objeto impuro, y así deberán ustedes considerarlo.

36 "Sin embargo, el manantial o pozo de donde se toma agua, seguirá siendo puro; pero quien toque los cadáveres de esos animales, quedará impuro.

37 "Si el cadáver de uno de esos animales cae sobre una semilla que se va a sembrar, la semilla seguirá siendo pura; **38** pero si la semilla ha sido mojada y el cadáver de uno de esos animales cae sobre ella, se la deberá considerar impura.

39 "En caso de que muera alguno de los animales que ustedes tenían para comer, el que toque el cadáver quedará impuro hasta el anochecer; **40** el que coma carne del animal muerto, deberá lavar su ropa y quedará impuro hasta el anochecer; y el que saque el cadáver del animal, también deberá lavar su ropa, y quedará impuro hasta el anochecer.

41 "No deben comer ningún reptil que se arrastre sobre la tierra; es animal despreciable.

42 "De todos los animales que se arrastran sobre la tierra, no deben comer ninguno, ya sea que se arrastre sobre el vientre o que ande en cuatro o más patas, pues son animales despreciables. **43** No se hagan despreciables e impuros ustedes mismos con ningún animal que se arrastra, **44** porque yo soy el Señor, su Dios. Ustedes deben purificarse completamente y ser santos, porque yo soy santo. *c* No se hagan impuros con ningún animal que se arrastre por la tierra. **45** Yo soy el Señor, el que los hizo salir de Egipto para ser su Dios. Por lo tanto, ustedes deben ser santos porque yo soy santo."

46 Estas son las instrucciones en cuanto a los animales, aves y todo lo que vive y se mueve en el agua, y todos los animales que se arrastran sobre la tierra, **47** para que se pueda distinguir entre lo puro y lo impuro, y entre los animales que se pueden comer y los que no se pueden comer.

12 Purificación de la mujer después del parto

1 El Señor se dirigió a Moisés y le dijo:

2 "Di a los israelitas lo siguiente: Cuando una mujer quede embarazada y dé a luz un varón, será impura durante siete días, como cuando tiene su periodo natural. *a* **3** El niño será circuncidado a los ocho días de nacido. *b* **4** La madre, sin embargo, continuará purificándose de su sangre treinta y tres días más. No podrá tocar ninguna cosa consagrada ni entrar en el santuario, mientras no se cumpla el término de su purificación. **5** Pero si da a luz una niña, será impura durante dos semanas, como en el caso de su periodo natural, y seguirá purificándose de su sangre sesenta y seis días más.

6 "Cuando se cumpla el término de la purificación, ya sea de niño o de niña, la madre deberá llevar a la entrada de la tienda del encuentro un cordero de un año para ofrecerlo en holocausto, y un pichón de paloma o una tórtola como sacrificio por el pecado. Se los entregará al sacerdote, **7** y el sacerdote los ofrecerá ante el Señor para pedir el perdón de ella; así ella quedará purificada de su flujo de sangre."

Estas son las instrucciones en cuanto a los nacimientos de niños o de niñas. **8** Y si la madre no tiene lo suficiente para un cordero, podrá tomar dos tórtolas o dos pichones de paloma, *c* uno para ofrecerlo en holocausto y otro como sacrificio por el pecado; entonces el sacerdote pedirá el perdón de ella, y ella quedará purificada.

13 Instrucciones acerca de la lepra

1 El Señor se dirigió a Moisés y Aarón, y les dijo:

2 "Cuando alguien tenga hinchazones, erupciones o manchas en la piel del cuerpo, o llagas que parezcan de lepra, deberá ser llevado al sacerdote Aarón o a uno de los sacerdotes descendientes de él. **3** El sacerdote deberá examinar la llaga en la piel, y si el pelo en la llaga se ha vuelto blanco y la llaga se ve más hundida que la piel, seguramente es llaga de lepra. Luego que el sacerdote haya examinado a esa persona, la declarará impura.

4 "Si la mancha de la piel es blanca, pero no se ve más hundida que la piel, ni el pelo se ha vuelto blanco, entonces el sacerdote encerrará al enfermo durante siete días. **5** A los siete días lo volverá a examinar, y si la llaga sigue igual y no se ha extendido por la piel, volverá a encerrarlo otros siete días. **6** A los siete días lo examinará de nuevo, y si la llaga va desapareciendo y no se ha extendido por la piel, entonces el sacerdote declarará puro al enfermo, pues era solo una irritación de la piel. Entonces el enfermo lavará su ropa y quedará puro.

7 "Pero si la irritación sigue extendiéndose por la piel después de que el enfermo fue examinado y declarado puro por el sacerdote, tendrá que ir otra vez a que el sacerdote lo examine. **8** Si al examinar el sacerdote al enfermo, ve que la irritación se ha extendido por toda la piel, entonces lo declarará impuro, pues está enfermo de lepra. *a*

9 "Cuando una persona tenga llagas de lepra, deberá ser llevada al sacerdote. **10** El sacerdote la examinará, y si la hinchazón de la piel es blanca y ha causado que el pelo se vuelva blanco, y si se ve la carne viva en la hinchazón, **11** es que se trata de lepra crónica de la piel. El sacerdote deberá declarar impura a esa persona, y no será necesario que la encierre, porque ya es impura.

12 "Si la lepra se desarrolla rápidamente, al grado de cubrir de pies a cabeza la piel del enfermo hasta donde el sacerdote pueda ver, **13** el sacerdote lo examinará, y si la lepra ha cubierto todo su cuerpo, el sacerdote lo declarará puro, pues la lepra se ha vuelto blanca y él ha quedado puro. **14** Pero el día que aparezca en él la carne viva, quedará

---

c 11.44-45 Véanse Lv 19.2 n. y las referencias en 1 P 1.16 n.

a 12.2 *Será impura:* Nótese que las impurezas mencionadas en esta sección no siempre presuponían una falta moral, como lo hace ver claramente esta referencia al *periodo natural* de la mujer. Se trataba de la impureza llamada "cultual" o "legal", que incapacitaba a las personas para participar en el culto y las obligaba a practicar ciertos ritos de purificación. Esta impureza podía contraerse de distintas maneras y hasta por razones totalmente ajenas a la voluntad, como en el caso de algunas enfermedades (cf., por ej., Lv 13.8; 15.2-3,25).

b 12.3 Sobre este mandamiento, cf. Gn 17.12; Lc 2.21.

c 12.8 Cf. Lc 2.24.

a 13.8 Véase *Lepra* en el *Índice temático*.

impuro. ⁱ⁵ Entonces el sacerdote examinará la carne viva y lo declarará impuro, pues la carne viva es impura: es lepra. ¹⁶ "En caso de que la carne viva vuelva a ponerse blanca, el enfermo deberá ir al sacerdote ¹⁷ para que lo examine, y si el sacerdote ve que la llaga se ha vuelto blanca, declarará puro al enfermo, pues ya ha quedado puro.

¹⁸ "Cuando alguien tenga una llaga en la piel, y llegue a sanar, ¹⁹ y quede en su lugar una hinchazón blanca, o una mancha blanco-rojiza, deberá presentarse ante el sacerdote. ²⁰ Si el sacerdote ve que la parte afectada aparece más hundida que el resto de la piel, y que el pelo se ha vuelto blanco, entonces declarará impura a esa persona, pues lo que tiene es una llaga de lepra. ²¹ Si ve que la parte afectada no tiene ningún pelo blanco ni está más hundida que el resto de la piel, sino que va desapareciendo, entonces encerrará a esa persona durante siete días. ²² Y si el mal sigue extendiéndose por la piel, entonces el sacerdote declarará impura a esa persona, pues tiene llagas leprosas. ²³ Pero si la parte afectada se mantiene sin extenderse, entonces es solamente la cicatriz de la llaga, y el sacerdote lo declarará puro.

²⁴ "Cuando alguien tenga una quemadura en la piel, y en la carne viva de la quemadura haya una mancha blanco-rojiza o blanca, ²⁵ el sacerdote la examinará. Si el pelo en la mancha se ha puesto blanco, y la mancha aparece más hundida que el resto de la piel, entonces es lepra lo que brotó en la quemadura; así que el sacerdote lo declarará impuro por tener llaga de lepra. ²⁶ Si al examinar el sacerdote la mancha, ve que no hay en ella ningún pelo blanco ni aparece más hundida que la piel, sino que va desapareciendo, entonces encerrará a esa persona durante siete días. ²⁷ A los siete días el sacerdote la examinará, y si la mancha se ha extendido por la piel, entonces declarará impura a esa persona, pues tiene llaga de lepra. ²⁸ Pero si la mancha se mantiene sin extenderse por la piel y va desapareciendo, entonces no es más que la hinchazón de la quemadura, así que el sacerdote declarará puro al enfermo, porque solo se trata de la cicatriz de la quemadura.

²⁹ "Cuando un hombre o una mujer tenga una llaga en la cabeza o en la barba, ³⁰ el sacerdote examinará la llaga. Si la llaga aparece más hundida que la piel y tiene pelo amarillento y escaso, entonces el sacerdote declarará impura a esa persona, pues tiene tiña, es decir, lepra de la cabeza y de la barba. ³¹ Y si al examinar el sacerdote la llaga tiñosa ve que no está más hundida que la piel ni tiene pelo negro, entonces encerrará a esa persona durante siete días. ³² Al séptimo día el sacerdote examinará la llaga, y si la tiña no se ha extendido, ni aparece más hundida que la piel, ni tiene pelo amarillento, ³³ entonces ordenará el sacerdote que la persona enferma se afeite, excepto en la llaga tiñosa, y lo encerrará por siete días más. ³⁴ Pasados los siete días el sacerdote volverá a examinar la llaga, y si la tiña no se ha extendido ni aparece más hundida que la piel, entonces el sacerdote declarará pura a la persona enferma, la cual lavará sus ropas y quedará pura. ³⁵ Pero en caso de que la tiña siga extendiéndose por la piel después de haber sido declarada pura, ³⁶ el sacerdote deberá examinar otra vez a la persona enferma; si la tiña se ha

extendido por la piel, no hará falta que busque el pelo amarillo: esa persona es impura. ³⁷ Pero si a él le parece que la tiña se ha detenido, y que ha salido pelo negro, es que la tiña ha sanado y la persona es pura. Entonces el sacerdote declarará pura a esa persona.

³⁸ "Cuando un hombre o una mujer tenga manchas blancas en la piel, ³⁹ el sacerdote examinará la piel, y si ve en ella manchas blancuzcas y opacas, es que le ha salido una simple erupción en la piel; en ese caso la persona es pura.

⁴⁰ "Si a un hombre se le cae el cabello y se queda calvo, es puro. ⁴¹ Si el cabello de la frente se le cae y la frente se le queda calva, también es puro. ⁴² Pero si aparece una llaga de color blanco-rojizo en las partes calvas, ya sea de atrás o de la frente, es que allí le está brotando lepra. ⁴³ Entonces el sacerdote lo examinará, y si la hinchazón de la llaga en las partes calvas es de color blanco-rojizo, tal como se ve la lepra en la piel del cuerpo, ⁴⁴ ese hombre está enfermo de lepra, pues tiene la cabeza llagada. Es un hombre impuro, y así lo declarará el sacerdote.

⁴⁵ "El que tenga llagas de lepra, deberá llevar rasgada la ropa y descubierta la cabeza, y con la cara semicubierta gritará: ¡Impuro!, ¡Impuro!' ⁴⁶ Y mientras tenga las llagas será considerado hombre impuro; tendrá que vivir solo y fuera del campamento.

⁴⁷ "Cuando aparezca una mancha en un vestido de lana o de lino, ⁴⁸ o en un tejido de lino o de lana, o en un cuero, o en cualquier objeto hecho de cuero, ⁴⁹ y si la mancha en esos objetos es verdosa o rojiza, la mancha es de lepra *b* y debe ser mostrada al sacerdote. ⁵⁰ El sacerdote examinará la mancha, y encerrará durante siete días el objeto manchado. ⁵¹ Al séptimo día examinará la mancha; si se ha extendido en el vestido o tejido, o en el cuero u objeto de cuero, la mancha es de lepra maligna y los objetos son impuros. ⁵² Así que cualquier objeto que tenga esa mancha, deberá ser quemado por completo, pues se trata de lepra maligna; ⁵³ pero si el sacerdote la examina y se encuentra con que la mancha no se ha extendido, ⁵⁴ dará órdenes de que se lave la mancha y que se encierre el objeto por siete días más.

⁵⁵ "Después que la mancha haya sido lavada, el sacerdote la examinará. Si ve que la mancha no ha desaparecido, es mancha impura y el objeto debe ser quemado, aun cuando la mancha no se haya extendido, pues se trata de una corrosión, tanto si está por dentro como por fuera. ⁵⁶ Si al examinar la mancha el sacerdote nota que se ha desvanecido después de lavada, la arrancará del vestido, cuero o tejido. ⁵⁷ Pero si vuelve a aparecer y se extiende por aquel vestido, tejido u objeto de cuero, se quemará el objeto manchado. ⁵⁸ En cuanto al vestido, tejido u objeto de cuero, del cual la mancha desaparezca al ser lavada, se lavará una vez más y entonces quedará purificado."

⁵⁹ Estas son las instrucciones acerca de las manchas de lepra en vestidos de lana o de lino, o en tejidos u objetos de cuero, para que se les pueda declarar puros o impuros.

14 *Instrucciones para la purificación de leprosos* ¹ El Señor se dirigió a Moisés y le dijo:

---

b 13.49 El moho o los hongos que aparecen en ciertos objetos por causa de la humedad eran considerados como manifestaciones de *lepra*.

² "Estas son las instrucciones para la purificación de un enfermo de lepra: El enfermo será llevado ante el sacerdote,*ᵃ* ³ el cual saldrá fuera del campamento para examinarlo. Si el sacerdote ve que la llaga leprosa del enfermo ha sanado, ⁴ mandará traer para el que se purifica dos pajarillos vivos y que sean puros, madera de cedro, tela roja e hisopo.*ᵇ* ⁵ Ordenará que se mate uno de los pajarillos sobre una olla de barro que tenga agua de manantial, ⁶ y tomará el pajarillo vivo, la madera de cedro, la tela roja y el hisopo, y mojará estas cosas y el pajarillo vivo con la sangre del pajarillo muerto sobre el agua de manantial. ⁷ Luego rociará siete veces con la sangre al que va a ser purificado de la lepra, y lo declarará puro. Al pajarillo vivo lo dejará en libertad.

⁸ "El que se purifica debe lavar su ropa, y lavarse a sí mismo, y afeitarse del todo, para quedar purificado. Después podrá entrar en el campamento, aunque durante siete días se quedará viviendo al aire libre. ⁹ Al séptimo día se rapará completamente la cabeza, se afeitará la barba, las cejas y todo el vello, lavará sus ropas y se lavará a sí mismo, y entonces quedará purificado. ¹⁰ Al octavo día tomará dos corderos sin defecto, y una cordera de un año y sin defecto; además, seis kilos y medio de la mejor harina para una ofrenda de cereal amasada con aceite, y la tercera parte de un litro de aceite. ¹¹ El sacerdote que va a realizar la purificación, colocará a la persona que va a ser purificada, y a sus cosas, a la entrada de la tienda del encuentro, ante la presencia del Señor; ¹² luego tomará uno de los corderos y lo ofrecerá junto con la tercera parte de un litro de aceite, como sacrificio por la culpa, celebrando el rito de presentación ante el Señor. ¹³ Deberá matar el cordero en el lugar consagrado al degüello de los animales para los sacrificios por el pecado y los holocaustos. El sacrificio por la culpa será para el sacerdote, lo mismo que el sacrificio por el pecado, pues es cosa santísima.

¹⁴ "Después tomará el sacerdote un poco de sangre del sacrificio por la culpa, y se la untará al que se purifica, en la parte inferior de la oreja derecha, en el pulgar de la mano derecha y en el dedo gordo del pie derecho. ¹⁵ Tomará luego un poco de aceite y se lo echará en la palma de la mano izquierda; ¹⁶ mojará entonces su dedo derecho en el aceite que tiene en la mano, y con el mismo dedo rociará siete veces aceite ante el Señor. ¹⁷ Del aceite que le quede en la mano tomará el sacerdote un poco, para untárselo al que se purifica, en la parte inferior de la oreja derecha, en el pulgar de la mano derecha y en el dedo gordo del pie derecho, sobre la sangre del sacrificio por la culpa, ¹⁸ y el resto del aceite se lo untará en la cabeza al que se purifica. Así el sacerdote obtendrá del Señor el perdón por el pecado de esa persona. ¹⁹ Luego presentará el sacerdote el sacrificio por el pecado, realizando así la purificación del que se encuentra impuro; después sacrificará al animal que se va a ofrecer en holocausto, ²⁰ ofreciéndolo sobre el altar, junto con la ofrenda de cereales. De esta manera el sacerdote obtendrá el perdón por el pecado de esa persona, y así quedará purificado.

²¹ "Si la persona enferma es pobre y no tiene para tanto, tomará un cordero como sacrificio por la culpa y lo presentará como ofrenda especial para obtener el perdón de sus pecados, con un poco más de dos kilos de la mejor harina amasada con aceite, como ofrenda de cereales, y la tercera parte de un litro de aceite ²² y dos tórtolas, o dos pichones de paloma, según sus posibilidades, uno como sacrificio por el pecado y el otro como holocausto. ²³ Al octavo día llevará todo esto al sacerdote, para su purificación; lo entregará en presencia del Señor, a la entrada de la tienda del encuentro. ²⁴ El sacerdote tomará el cordero del sacrificio por la culpa y la tercera parte de un litro de aceite, y los presentará ante el Señor como ofrenda especial; ²⁵ degollará el cordero del sacrificio por la culpa, y tomando un poco de la sangre del cordero, se la untará al que se purifica, en la parte inferior de la oreja derecha, en el pulgar de la mano derecha y en el dedo gordo del pie derecho; ²⁶ luego se echará un poco de aceite en la palma de la mano izquierda, ²⁷ y con el dedo derecho rociará siete veces ante el Señor parte del aceite que tiene en la mano. ²⁸ También le untará al que se purifica un poco de aceite en la parte inferior de la oreja derecha, en el pulgar de la mano derecha y en el dedo gordo del pie derecho, es decir, en el mismo lugar en que le puso la sangre del sacrificio por la culpa. ²⁹ El resto del aceite lo untará el sacerdote en la cabeza del que se purifica, para que este obtenga así del Señor el perdón de su pecado. ³⁰ Luego ofrecerá el sacerdote una de las tórtolas o uno de los pichones de paloma, según lo que haya podido ofrecer el que se purifica. ³¹ Una de las aves será como sacrificio por el pecado, y la otra como holocausto, además de la ofrenda de cereales. Así el sacerdote obtendrá del Señor el perdón para el que se purifica."

³² Estas son las instrucciones para los enfermos con llagas de lepra, que no puedan dar una ofrenda mayor por su purificación.

Instrucciones para la purificación de casas con manchas de lepra ³³ El Señor se dirigió a Moisés y Aarón, y les dijo:

³⁴ "Cuando ustedes estén ya en la tierra de Canaán, la cual les entrego en propiedad, y yo envíe una plaga de lepra*ᶜ* sobre alguna casa de su país, ³⁵ el dueño de la casa irá a ver al sacerdote, y le dirá: 'Me parece que hay una plaga en mi casa.'

³⁶ "El sacerdote, antes de entrar en la casa, ordenará que la desocupen, para que no se vuelva impuro todo lo que hay en ella. Después entrará a examinar la plaga.

³⁷ "Si al examinar la plaga nota el sacerdote que las paredes de la casa presentan manchas profundas de color verdoso o rojizo, las cuales se hunden en la pared, ³⁸ saldrá de la casa y ordenará mantenerla cerrada durante siete días. ³⁹ Al séptimo día volverá el sacerdote a examinarla, y si la plaga se ha extendido por las paredes de la casa, ⁴⁰ dará órdenes de que se quiten las piedras que tengan esa mancha y se arrojen en un lugar impuro fuera de la ciudad; ⁴¹ dará órdenes también de que se raspe todo el interior de la casa, y de que el polvo raspado se arroje a un lugar impuro fuera de la ciudad. ⁴² Se tomarán entonces

---

ᵃ **14.2** Mt 8.4; Mc 1.44; Lc 5.14; 17.14.
ᵇ **14.4** *Hisopo:* Véase Ex 12.22 n.

ᶜ **14.34** *Lepra:* Véase Lv 13.49 n. El salitre también se consideraba como manifestación de *lepra*.

otras piedras para reponer las que fueron quitadas, y barro nuevo para recubrir la casa.

⁴³ "Si la plaga vuelve a aparecer en la casa después de haberse quitado las piedras, raspado la pared y haberla recubierto de nuevo, ⁴⁴ el sacerdote entrará a examinarla. Si la plaga se ha extendido por la casa, se trata de lepra maligna y la casa es impura. ⁴⁵ Por lo tanto, la casa deberá ser derribada y todos sus escombros arrojados a un lugar impuro fuera de la ciudad. ⁴⁶ Cualquiera que entre en la casa durante el tiempo en que el sacerdote haya ordenado mantenerla cerrada, será considerado impuro hasta el anochecer. ⁴⁷ Cualquiera que coma o duerma en la casa, deberá lavar su ropa para purificarla.

⁴⁸ "Si al entrar el sacerdote a examinar la casa, nota que la plaga no se ha extendido después de haber sido recubierta, la declarará casa pura, porque la plaga ha terminado. ⁴⁹ Para purificar la casa, tomará dos pajarillos, madera de cedro, tela roja e hisopo. ⁵⁰ Matará uno de los pajarillos sobre una olla de barro con agua de manantial. ⁵¹ Luego tomará el cedro, el hisopo, la tela roja y el pajarillo vivo, y los mojará con la sangre del pajarillo muerto y con el agua de manantial, y rociará la casa siete veces. ⁵² Así purificará la casa con la sangre del pajarillo y el agua de manantial, y con el pajarillo vivo, el cedro, el hisopo y la tela roja. ⁵³ Después dejará en libertad al pajarillo vivo en las afueras de la ciudad, y así cumplirá con lo requerido para la purificación de la casa."

⁵⁴ Estas son las instrucciones acerca de cualquier plaga de lepra y de tiña, ⁵⁵ de lepra en la ropa y en las casas, ⁵⁶ de hinchazones, erupciones y manchas, ⁵⁷ para que se pueda distinguir entre lo puro y lo impuro. Hasta aquí las instrucciones acerca de la lepra.

15 *Instrucciones sobre algunas impurezas en el hombre*

¹ El Señor se dirigió a Moisés y Aarón, y les dijo:

² "Digan a los israelitas lo siguiente: Cuando un hombre sufra de flujo de su miembro, este flujo será impuro. ³ La impureza del hombre debida al flujo existirá tanto si su miembro deja correr el semen como si queda obstruido a causa del mismo. De todos modos es impuro.

⁴ "Cualquier lugar en que ese hombre se acueste y donde su flujo se derrame, será considerado impuro.

"Cualquier objeto en el que se siente, será considerado impuro.

⁵ "Cualquiera que toque el lugar en que ese hombre se acostó, deberá lavarse la ropa y lavarse a sí mismo con agua, y será considerado impuro hasta el anochecer.

⁶ "Cualquiera que se siente en el objeto en que ese hombre se haya sentado, deberá lavarse la ropa y lavarse a sí mismo con agua, y será considerado impuro hasta el anochecer.

⁷ "Cualquiera que toque al que sufre de flujo, deberá lavarse la ropa y lavarse a sí mismo con agua, y será considerado impuro hasta el anochecer.

⁸ "Si el que sufre de flujo escupe sobre una persona pura, esa persona deberá lavarse la ropa y lavarse a sí misma con agua, y será considerada impura hasta el anochecer.

⁹ "Cualquier silla de montar que use el que sufre de flujo será considerada impura.

¹⁰ "Cualquiera que toque algo sobre lo cual se haya sentado el que sufre de flujo será considerado impuro hasta el anochecer.

"Cualquiera que lleve alguna de esas cosas, deberá lavarse la ropa y lavarse a sí mismo con agua, y será considerado impuro hasta el anochecer.

¹¹ "Cualquiera a quien toque el que sufre de flujo, sin haberse lavado las manos, deberá lavarse la ropa y lavarse a sí mismo con agua, y será considerado impuro hasta el anochecer.

¹² "La olla de barro que toque el que sufre de flujo deberá romperse; los objetos de madera deberán lavarse.

¹³ "Si ese hombre sana de su flujo, deberá contar siete días para su purificación; se lavará la ropa y se lavará a sí mismo en agua de manantial, y entonces quedará purificado. ¹⁴ Al octavo día tomará dos tórtolas o dos pichones de paloma, e irá a la entrada de la tienda del encuentro para entregárselos al sacerdote en presencia del Señor. ¹⁵ El sacerdote ofrecerá uno como sacrificio por el pecado y otro como holocausto, y así realizará ante el Señor la purificación del hombre que sufre de flujo.

¹⁶ "Cuando un hombre tenga un derrame de semen, se lavará con agua todo el cuerpo y será considerado impuro hasta el anochecer.

¹⁷ "Cualquier ropa o cuero en que caiga parte del semen, deberá lavarse con agua y quedará impuro hasta el anochecer.

¹⁸ "Si un hombre y una mujer tienen relaciones sexuales, los dos deberán lavarse con agua y quedarán impuros hasta el anochecer.

Instrucciones sobre algunas impurezas en la mujer

¹⁹ "Cuando una mujer tenga su periodo normal de menstruación, será considerada impura durante siete días.

"Cualquiera que la toque, será considerado impuro hasta el anochecer.

²⁰ "Cualquier cosa en la que ella se acueste durante su periodo de menstruación, será considerada impura.

"Cualquier cosa en la que se siente, será considerada impura.

²¹ "Cualquiera que toque el lugar donde ella se haya acostado, deberá lavarse la ropa y lavarse a sí mismo con agua, y será considerado impuro hasta el anochecer.

²² "Cualquiera que toque algún objeto en el que ella se haya sentado, deberá lavarse la ropa y lavarse a sí mismo con agua, y será considerado impuro hasta el anochecer.

²³ Ya sea que toque el lugar en el que ella se haya acostado o sentado, será considerado impuro hasta el anochecer.

²⁴ "Si algún hombre se acuesta con ella, comparte su impureza, y será considerado impuro durante siete días, lo mismo que el lugar donde él se acueste.

²⁵ "En caso de que una mujer tenga flujo de sangre fuera de su periodo normal de menstruación, y que el flujo le dure muchos días, o en caso de que su menstruación le dure más de lo normal, será considerada impura mientras le dure el flujo, como si estuviera en su periodo de menstruación.

²⁶ "Cualquier lugar en que ella duerma, y cualquier objeto en que se siente mientras le dura el flujo, será

considerado impuro, como si estuviera ella en su periodo de menstruación.

²⁷ "Cualquiera que toque estas cosas, será considerado impuro. Deberá lavarse la ropa y lavarse a sí mismo con agua, y será considerado impuro hasta el anochecer.

²⁸ "Cuando el flujo se detenga, podrá contar siete días, y después quedará purificada. ²⁹ Al octavo día tomará dos tórtolas o dos pichones de paloma, y se los llevará al sacerdote, a la entrada de la tienda del encuentro. ³⁰ El sacerdote ofrecerá uno de ellos como sacrificio por el pecado, y otro como holocausto. Así realizará el sacerdote ante el Señor la purificación de esa mujer por el flujo que tuvo, ³¹ y de esa manera alejarán ustedes a los israelitas de sus impurezas, para que no mueran por manchar con ellas el lugar donde yo habito entre ellos."

³² Estas son las instrucciones acerca de los que sufren de flujo y los que tienen derrames de semen, quedando impuros por esa razón; ³³ y acerca de las mujeres que están en su menstruación, en una palabra, todo el que sufre de derrames, sea hombre o mujer, y de los hombres que se acuesten con una mujer durante su menstruación.

16 El Día del perdón ᵃ

¹ El Señor habló con Moisés después de la muerte de los dos hijos de Aarón que murieron por haberse acercado demasiado a la presencia del Señor. ᵇ ² Y dijo el Señor a Moisés:

"Dile a tu hermano Aarón que no entre a cualquier hora en el santuario que está tras el velo, ᶜ ni ante la tapa que está sobre el arca, ᵈ para que no muera; porque yo me manifestaré en una nube sobre la tapa. ³ Aarón debe entrar en el santuario con un becerro como sacrificio por el pecado y con un carnero para ofrecerlo en holocausto. ᵉ ⁴ Debe ir vestido con la túnica de lino consagrada, cubierto su cuerpo con calzoncillos de lino, y llevar puestos el cinturón y el turbante de lino. Esta es ropa consagrada, así que, antes de ponérsela, él debe lavarse con agua. ᶠ

⁵ "De parte de la comunidad israelita tomará Aarón dos chivos como sacrificio por el pecado, y un carnero para ofrecerlo en holocausto. ⁶ Ofrecerá entonces el becerro como su propio sacrificio por el pecado, para obtener el perdón de sus propios pecados y de los de su familia. ⁷ Después tomará los dos chivos y los ofrecerá ante el Señor, a la entrada de la tienda del encuentro; ⁸ luego echará suertes sobre los dos chivos: una suerte será por el Señor, y la otra por Azazel. ᵍ ⁹ El chivo sobre el que recaiga la suerte por el Señor, lo ofrecerá Aarón como sacrificio por el pecado; ¹⁰ pero el chivo sobre el que recaiga la suerte de Azazel, lo presentará vivo ante el Señor para obtener el perdón de los pecados, y después lo echará al desierto, donde está Azazel.

¹¹ "Aarón ofrecerá el becerro como su propio sacrificio por el pecado, para obtener el perdón de sus propios pecados y de los de su familia. ¹² Luego tomará un incensario lleno de brasas tomadas del altar que está ante el Señor, y dos puñados de incienso aromático molido, y los llevará detrás del velo; ʰ ¹³ echará el incienso sobre el fuego en presencia del Señor, y el humo del incienso cubrirá la tapa que está sobre el arca de la alianza. De esa manera Aarón no morirá. ¹⁴ Tomará también un poco de sangre del becerro, y con su dedo la rociará sobre la tapa, por el lado oriental. Luego rociará sangre con su dedo siete veces, por la parte delantera de la tapa, ¹⁵ y después de eso matará al chivo como sacrificio por el pecado del pueblo y llevará la sangre a la parte que está tras el velo; ⁱ allí adentro la rociará encima y delante de la tapa, tal como lo hizo con la sangre del becerro. ¹⁶ De esa manera limpiará el santuario de todas las impurezas, rebeliones y pecados de los israelitas. Lo mismo debe hacer con la tienda del encuentro, la cual está en medio de ellos y de sus impurezas. ʲ

¹⁷ "Mientras Aarón esté dentro del santuario para obtener el perdón de los pecados, y hasta que él salga, nadie deberá estar en la tienda del encuentro. Una vez que haya obtenido el perdón de los pecados de él y de su familia, y de toda la comunidad israelita, ¹⁸ saldrá para ir a purificar el altar que está delante del Señor. Tomará un poco de la sangre del becerro y del chivo, y la untará sobre los cuernos y alrededor del altar, ᵏ ¹⁹ y con el dedo rociará sangre sobre el altar siete veces. Así lo purificará de las impurezas de los israelitas, y lo consagrará.

²⁰ "Cuando Aarón haya terminado de purificar el santuario, la tienda del encuentro y el altar, mandará traer el

---

ᵃ 16.1-34 El ritual del *Día del perdón* (cf. Lv 23.26-32; Nm 29.7-11) incluía dos ceremonias distintas: la primera era un rito de purificación celebrado una vez al año por el sumo sacerdote, con el fin de obtener el perdón de los pecados para sí mismo y para todo el pueblo. La segunda consistía en cargar simbólicamente sobre un chivo los pecados e impurezas de los israelitas y en soltarlo luego en un lugar descampado. Este ritual no estaba destinado, como los otros ritos sacrificiales, a obtener el perdón de faltas aisladas; lo que se pretendía era purificar al pueblo en su totalidad, restaurando así la buena relación con Dios, comprometida por las transgresiones (voluntarias e involuntarias) que se cometían a través del año. Según el NT, el sacrificio de Cristo en la cruz realizó eficazmente, *una sola vez y para siempre* (Heb 7.27; 9.12), lo que el sumo sacerdote de la antigua alianza trataba de obtener cada año, entrando en el santuario para ofrecer una sangre que no era la suya (Heb 9.25).

ᵇ 16.1 *Los dos hijos de Aarón:* es decir, Nadab y Abihú (Lv 10.1-2).
ᶜ 16.2 Heb 6.19.
ᵈ 16.2 *La tapa que está sobre el arca:* Véase Ex 25.17 n.
ᵉ 16.3 Heb 9.7.
ᶠ 16.4 El sumo sacerdote no debía vestir la indumentaria de las grandes solemnidades (cf. Ex 28), sino vestimentas más sencillas, de acuerdo con el carácter penitencial de este día.

ᵍ 16.8 *Azazel:* nombre de significado dudoso, que podría referirse a un demonio. Los antiguos creían que este ser demoníaco habitaba en el desierto, esa región árida e inhóspita a la que no llegaba la acción fecundante de la divinidad. Aquí no se trata de un sacrificio ofrecido a Azazel, porque el chivo era enviado vivo al desierto.

ʰ 16.12 *Detrás del velo:* Cf. Ex 26.31-35. La entrada del sumo sacerdote en el Lugar santísimo era el punto culminante de este rito expiatorio. En el antiguo Israel se atribuía a esta entrada una enorme significación, dado que este era el único día en que alguien (que no podía ser más que el sumo sacerdote) podía ir más allá del *velo* que cubría el acceso a ese recinto sagrado.

ⁱ 16.15 *Llevará la sangre... tras el velo:* Cf. Heb 9.3-4,6-7,12.

ʲ 16.16 La purificación del *santuario* y del *altar* (cf. vv. 19,33), manchados por las *impurezas* y los *pecados* de los que rendían culto en ellos, era una parte esencial de los ritos celebrados en el Día del perdón. Cf. en Ez 45.18-20 la referencia a otro sacrificio con esta misma finalidad.

ᵏ 16.18 *Los cuernos... del altar:* Véase Ex 27.2 n.

chivo que aún esté vivo [21] y, poniendo sus manos sobre la cabeza del animal, [l] confesará sobre él todas las maldades, rebeliones y pecados de los israelitas. De esta manera pondrá los pecados sobre la cabeza del chivo, y una persona se encargará de llevarlo y soltarlo en el desierto. [m] [22] Así, al perderse el chivo en el desierto, se llevará todas las maldades de ellos a tierras deshabitadas. [23] Luego entrará Aarón en la tienda del encuentro y se quitará la ropa de lino que se puso para entrar en el santuario, y la dejará allí. [n] [24] Allí mismo en el santuario se lavará con agua y, después de vestirse, saldrá para presentar su propio holocausto y el que debe ofrecer por el pueblo, y así obtendrá el perdón por sus pecados y los del pueblo. [25] La grasa del sacrificio por el pecado la quemará en el altar; [26] y el que haya llevado el chivo para soltarlo a Azazel, se lavará la ropa y se lavará a sí mismo con agua, y después podrá entrar en el campamento.

[27] "El becerro y el chivo que fueron sacrificados por el pecado, y cuya sangre fue llevada al santuario para obtener el perdón de los pecados, serán llevados fuera del campamento, [ñ] y su piel, carne y desechos serán quemados. [28] La persona que los queme deberá lavarse la ropa y lavarse a sí misma con agua, y después podrá entrar en el campamento.

[29] "Esta será una ley permanente para ustedes: el día diez del mes séptimo deberán ustedes dedicarlo al ayuno [o] y suspender todas sus labores, lo mismo los israelitas que los extranjeros que vivan entre ustedes, [30] pues en ese día se obtendrá el perdón de los pecados de ustedes delante del Señor, [p] y quedarán limpios de todos ellos. [31] Es una ley permanente; ese día será para ustedes un día especial de reposo y dedicado al ayuno. [32] El sacerdote que haya sido escogido y a quien se le haya dado plena autoridad para ocupar el lugar de su padre como sacerdote, celebrará el rito para obtener el perdón de los pecados; se vestirá con la ropa de lino consagrada [33] y hará la purificación del Lugar santísimo, y de la tienda del encuentro, y del altar, y obtendrá el perdón de los pecados de los sacerdotes y de toda la comunidad.

[34] "Esta será una ley permanente para ustedes: una vez al año se celebrará el rito para obtener el perdón de los pecados que hayan cometido los israelitas." [q]

Y se hizo tal como el Señor se lo ordenó a Moisés.

IV. LA LEY DE SANTIDAD (17—26) [a]

17 **El santuario único** [b]   [1] El Señor se dirigió a Moisés y le dijo:

[2] "Diles a Aarón y a sus hijos, y a todos los israelitas, que el Señor ha dado las siguientes órdenes:

[3] "Cualquier israelita que mate un toro, un cordero o una cabra, dentro o fuera del campamento, [4] y que no lo traiga a la entrada de la tienda del encuentro para presentarlo como ofrenda al Señor ante su santuario, será culpable de derramamiento de sangre y, por lo tanto, será eliminado de entre su gente. [5] Esto es para que los israelitas ofrezcan al Señor los animales que maten al aire libre, y los lleven al sacerdote a la entrada de la tienda del encuentro, para que él los ofrezca por ellos como sacrificio de reconciliación. [6] El sacerdote rociará la sangre sobre el altar del Señor, a la entrada de la tienda del encuentro, y quemará la grasa como aroma agradable al Señor. [7] Y nunca más volverán a presentar sus sacrificios a esos demonios, [c] a los que han adorado y por los que se han corrompido. Esta será una ley permanente para ustedes, que pasará de padres a hijos.

[8] "Diles también que cualquier israelita o extranjero que viva entre ustedes y presente un holocausto o cualquier otro sacrificio, [9] y que no lo lleve a la entrada de la tienda del encuentro para ofrecérselo al Señor, será eliminado de entre su pueblo.

Prohibición de comer sangre   [10] "Yo estaré en contra de todo israelita o extranjero que viva entre ustedes y que coma sangre, en la forma que sea. Yo lo eliminaré de entre su pueblo. [d] [11] Porque todo ser vive por la sangre que está en él, y yo se la he dado a ustedes en el altar para que por medio de ella puedan ustedes pagar el rescate por su vida, pues es la sangre que paga el rescate por la vida. [e]

[12] "Por lo tanto, digo a los israelitas: Ninguno de ustedes, ni de los extranjeros que viven entre ustedes, debe comer sangre. [13] Cualquier israelita o extranjero que viva entre ustedes y que cace un animal o un ave de los que se pueden comer, deberá derramar la sangre de la presa y cubrirla con tierra, [14] porque la sangre es la vida de todo ser viviente. Por eso les he dicho que no coman sangre, porque ella es la vida de todo ser viviente, y cualquiera que la coma será eliminado.

---

[l] **16.21** Nótese que la acción de poner las *manos sobre la cabeza del animal* tiene aquí un significado distinto del indicado en Lv 1.4 n.

[m] **16.21** Según la tradición rabínica, el chivo era soltado en un sitio llamado *Bet-hadudu* o *Bet-harudún*, distante unos 6 km. de Jerusalén, en dirección al desierto de Judea (cf. Mt 3.1).

[n] **16.23** Ez 44.19.

[ñ] **16.27** Heb 13.11.

[o] **16.29** *El mes séptimo,* llamado también mes de *tisrí.* Deberán ustedes dedicarlo al ayuno: lit. *afligirán su cuerpo:* Cf. Is 58.1-12.

[p] **16.29-34** Sobre este resumen del ritual del *Día del perdón,* cf. Lv 23.26-32; Nm 29.7-11.

[q] **16.34** Después que los romanos destruyeron el templo de Jerusalén (año 70 d.C.), el Día del perdón (heb. *Yom Kipur*) se ha seguido celebrando en todas las sinagogas judías como un día de penitencia y ayuno. La tradición rabínica lo considera tan importante que lo llama simplemente "el Día".

[a] **17.1—26.46** La sección comprendida entre los caps. 17—26 se conoce como la "Ley de santidad", a causa del énfasis puesto en la necesidad que tiene el pueblo de Dios de ser un pueblo santo (cf. Ex 19.6). El espíritu y la finalidad que se han formulado todos los preceptos contenidos en esta sección se resumen en la frase de Lv 19.2: *Sean ustedes santos, pues yo, el Señor su Dios, soy santo.*

[b] **17.1-9** Esta orden de ofrecer sacrificios al Señor en un solo *santuario* coincide con lo establecido en Dt 12.1-28. La presencia en Israel de un solo lugar de sacrificios debía poner de manifiesto que el pueblo rendía culto a un único Dios. Así se suprimían también los santuarios locales, demasiado expuestos a la contaminación con ritos y costumbres de la religión cananea.

[c] **17.7** *Esos demonios:* lit. *esos chivos.* Se refiere a una creencia de que ciertos espíritus malignos vivían en el desierto bajo apariencia animal (o de " *chivos* ").

[d] **17.10** Sobre esta prohibición, véase Gn 9.4 n.

[e] **17.11** Cf. Heb 9.22.

15 "Cualquier israelita o extranjero que coma carne de algún animal muerto o despedazado por una fiera, deberá lavar su ropa y lavarse a sí mismo con agua, y será considerado impuro hasta el anochecer. Después quedará purificado. **16** Pero si no lava su ropa ni se lava a sí mismo, cargará con su maldad."

18 Relaciones sexuales prohibidas

1 El Señor se dirigió a Moisés y le dijo:

2 "Di a los israelitas lo siguiente:

"Yo soy el Señor su Dios.

3 "No sigan las costumbres de Egipto, país en el cual vivieron.

"No sigan las costumbres de Canaán, país al cual voy a llevarlos, ni vivan conforme a sus leyes.

4 "Cumplan mis decretos; pongan en práctica mis leyes; vivan conforme a ellos. Yo soy el Señor su Dios.

5 "Pongan en práctica mis leyes y decretos. El hombre que los cumpla, vivirá.*ᵃ* Yo soy el Señor.

6 "Ningún hombre debe acercarse a una mujer de su propia familia para tener relaciones sexuales con ella. Yo soy el Señor.

7 "No deshonres a tu padre teniendo relaciones sexuales con tu madre; además, ella es tu madre y no debes hacerlo.

8 "No deshonres a tu padre teniendo relaciones sexuales con su mujer.*ᵇ*

9 "No tengas relaciones sexuales con tu hermana. Ya sea tu hermana por parte de padre o por parte de madre; ya sea que haya nacido en la casa o fuera de ella, no debes tener relaciones sexuales con ella.*ᶜ*

10 "No te deshonres a ti mismo teniendo relaciones sexuales con tu nieta, sea por parte de tu hijo o de tu hija. No debes tener relaciones con ella.

11 "No tengas relaciones con la hija de la mujer de tu padre. Ha sido engendrada por tu padre, y es tu hermana. No debes tener relaciones con ella.

12 "No tengas relaciones sexuales con la hermana de tu padre; es de la misma sangre que tu padre.

13 "No tengas relaciones sexuales con la hermana de tu madre; es de la misma sangre que tu madre.

14 "No deshonres a tu tío teniendo relaciones sexuales con su mujer, pues es tu tía.*ᵈ*

15 "No tengas relaciones sexuales con tu nuera, pues es la mujer de tu hijo; no debes tener relaciones sexuales con ella.*ᵉ*

16 "No deshonres a tu hermano teniendo relaciones sexuales con su mujer.*ᶠ*

17 "No tengas relaciones sexuales con una mujer y con la hija de esa mujer, ni tomes a su nieta, ya sea por parte de su hijo o de su hija, para tener también relaciones sexuales con ella. Esa es una conducta depravada, pues son de la misma sangre.*ᵍ*

18 "No tomes como mujer a la hermana de tu esposa, ni tengas relaciones sexuales con ella mientras tu esposa viva, para no crear enemistad entre ellas.

19 "No tengas relaciones sexuales con una mujer en su periodo de menstruación.*ʰ*

20 "No te acuestes con la mujer de tu prójimo ni tengas relaciones sexuales con ella, para que no te hagas impuro por esa causa.*ⁱ*

21 "No entregues a ninguno de tus hijos como ofrenda al dios Moloc.*ʲ* No ofendas así el nombre de tu Dios. Yo soy el Señor.

22 "No te acuestes con un hombre como si te acostaras con una mujer. Ese es un acto infame.*ᵏ*

23 "No te entregues a actos sexuales con ningún animal, para que no te hagas impuro por esa causa. Tampoco la mujer debe entregarse a actos sexuales con un animal. Eso es una infamia.*ˡ*

24 "No se hagan impuros con ninguna de estas cosas. Con ellas se han hecho impuros los pueblos que yo voy a arrojar de la presencia de ustedes, **25** y también su país quedó impuro; pero yo les pedí cuentas de su maldad y el país arrojó de sí a sus habitantes. **26** Pero ustedes los israelitas, y los extranjeros que viven entre ustedes, pongan en práctica mis leyes y mis decretos, y no cometan ninguno de estos actos infames, **27** pues todas estas infamias las cometieron los que habitaron el país antes que ustedes, y la tierra quedó impura. **28** ¡Que no los arroje de sí el país por hacerlo impuro, tal como arrojó a la gente que lo habitó antes que ustedes! **29** El que cometa cualquiera de estas infamias, será eliminado de entre su pueblo. **30** Por lo tanto, pongan en práctica mi precepto y no caigan en las prácticas infames cometidas antes de ustedes, ni se hagan impuros con ellas. Yo soy el Señor su Dios."

19 Leyes acerca de la santidad y la justicia

1 El Señor se dirigió a Moisés y le dijo:

2 "Dile a la comunidad israelita*ᵃ* lo siguiente:

ᵃ **18.5** *El hombre que los cumpla, vivirá:* Neh 9.29; Ez 18.9; 20.11-13; Lc 10.28; Ro 10.5.
ᵇ **18.8** Lv 20.11; Dt 22.30; 27.20.
ᶜ **18.9** Lv 20.17; Dt 27.22.
ᵈ **18.12-14** Lv 20.19-20.
ᵉ **18.15** Lv 20.12.
ᶠ **18.16** Lv 20.21.
ᵍ **18.17** Lv 20.14; Dt 27.23.
ʰ **18.19** Lv 20.18; cf. Lv 15.19,24.
ⁱ **18.20** Véanse las referencias en Lv 20.10 n.
ʲ **18.21** Cf. Lv 20.1-5. *Moloc:* transcripción tradicional del hebreo *Mólec*. Este término, de procedencia fenicia, designaba originariamente un tipo especial de *sacrificio*: el sacrificio de niños recién nacidos (o de un cordero en sustitución del niño). Al ser transferido al hebreo, el término fue asociado con la palabra hebrea *melec*, que significa *rey.* Así pasó a designar un ídolo o divinidad en cuyo honor se ofrecían sacrificios de niños; y la expresión *lemolec* ya no significó más *en sacrificio*, sino *para el rey.* Más tarde, y con el fin de reprobar una práctica severamente condenada por la Ley, el término fenicio fue vocalizado como la palabra *boset*, que significa *vergüenza* (véase también 2 S 2.8 nota *h*).
ᵏ **18.22** Lv 20.13; Ro 1.26-27; 1 Co 6.9-10.
ˡ **18.23** Ex 22.19; Lv 20.15-16; Dt 27.21.
ᵃ **19.2** *Dile a la comunidad israelita:* Este cap. no prescribe cosas extraordinarias, sino que se refiere constantemente a situaciones de la vida cotidiana: las relaciones familiares, la práctica de la agricultura, el pago del salario a los trabajadores, la honestidad y la justicia en el trato con el prójimo y en el uso de las pesas y las medidas. Es en estas situaciones concretas donde tiene que llevarse a la práctica el mandamiento de amar al prójimo como a uno mismo (cf. vv. 17-18).

"Sean ustedes santos, pues yo, el Señor su Dios, soy santo. *b*

³ "Respete cada uno a su padre y a su madre.
"Respeten también mis sábados. Yo soy el Señor su Dios. *c*
⁴ "No recurran a los ídolos, ni se hagan dioses de metal fundido. *d* Yo soy el Señor su Dios.
⁵ "Cuando presenten al Señor sacrificios de reconciliación, háganlo de tal manera que Dios se los acepte. ⁶ El animal presentado se debe comer el mismo día, y también se puede comer al día siguiente, pero lo que sobre para el tercer día deberá ser quemado. ⁷ Si se come la ofrenda al tercer día, será considerada despreciable y Dios no la aceptará; ⁸ el que la coma, cargará con la maldad y será eliminado de entre su pueblo por haber profanado lo consagrado al Señor.
⁹ "Cuando llegue el tiempo de la cosecha, no recojas hasta el último grano de tu campo ni rebusques las espigas que hayan quedado. ¹⁰ No rebusques todas las uvas de tu viñedo ni recojas las uvas caídas; déjalas para los pobres y los extranjeros. Yo soy el Señor, el Dios de ustedes. *e*
¹¹ "No roben. *f* No mientan ni se engañen unos a otros. *g*
¹² "No hagas promesas falsas en mi nombre, *h* pues profanas el nombre de tu Dios. Yo soy el Señor.
¹³ "No uses la violencia contra tu prójimo ni le arrebates lo que es suyo.
"No retengas la paga del trabajador hasta el día siguiente. *i*
¹⁴ "No maldigas al sordo.
"No pongas ningún tropiezo en el camino del ciego. *j* Muestra tu reverencia a Dios. Yo soy el Señor.
¹⁵ "No actúes con injusticia cuando dictes sentencia: ni favorezcas al débil, ni te rindas ante el poderoso. Apégate a la justicia cuando dictes sentencia. *k*
¹⁶ "No andes con chismes entre tu gente.
"No tomes parte en el asesinato de tu prójimo. Yo soy el Señor.
¹⁷ "No abrigues en tu corazón odio contra tu hermano. "Reprende a tu prójimo cuando debas reprenderlo. No te hagas cómplice de su pecado. *l*

¹⁸ "No seas vengativo ni rencoroso con tu propia gente. Ama a tu prójimo, que es como tú mismo. Yo soy el Señor. *m*
¹⁹ "Pon en práctica mis leyes.
"No cruces tu ganado con animales de diferente especie.
"No siembres tu campo con diferentes semillas entremezcladas.
"No te pongas ninguna ropa hecha con tela de materiales mezclados. *n*
²⁰ "Si alguno se acuesta con una esclava destinada a otro hombre, pero que aún no ha sido comprada ni puesta en libertad, tendrá que pagar indemnización; pero no se les condenará a muerte, porque ella no es libre. ²¹ El hombre presentará al Señor un carnero como sacrificio por la culpa, el cual deberá llevar hasta la entrada de la tienda del encuentro. ²² Con este carnero como sacrificio por la culpa, el sacerdote pedirá al Señor que perdone el pecado de ese hombre, y el pecado cometido se le perdonará.
²³ "Cuando entren ustedes en el país y siembren árboles frutales, no deberán cortar *ñ* ni comer sus frutos durante tres años. ²⁴ Al cuarto año todos sus frutos serán consagrados al Señor en una celebración, ²⁵ y al quinto año ya podrán ustedes comer su fruto. Así el árbol les dará más. Yo soy el Señor su Dios.
²⁶ "No coman nada que tenga sangre. *o*
"No practiquen la adivinación ni pretendan predecir el futuro. *p*
²⁷ "No se corten el pelo en redondo, ni se recorten la punta de la barba.
²⁸ "No se hagan heridas en el cuerpo por causa de un muerto. No se hagan ninguna clase de tatuaje. *q* Yo soy el Señor.
²⁹ "No deshonres a tu hija, convirtiéndola en una prostituta. *r* No corrompas el país llenándolo de depravaciones.
³⁰ "Respeten mis sábados. Guarden reverencia por mi santuario. Yo soy el Señor. *s*
³¹ "No recurran a espíritus y adivinos. No se hagan impuros por consultarlos. *t* Yo soy el Señor su Dios.
³² "Ponte de pie y muestra respeto ante los ancianos. Muestra reverencia por tu Dios. Yo soy el Señor.

---

b **19.2** Precisamente porque era el pueblo elegido por el Dios tres veces santo (Is 6.3), Israel estaba llamado a ser una nación santa (cf. Ex 19.6; Lv 11.44-45). Esta santidad debía extenderse a todas las esferas de la vida, a fin de instaurar un orden social justo y, por lo tanto, diferente del que tenían las demás naciones. En esta exigencia de santidad se funda todo lo establecido en este cap., cuya característica más notable es el marcado predominio de los mandamientos morales sobre los de carácter puramente ritual. Cf. Mt 5.48; 1 P 1.16.
c **19.3** Ex 20.8-12; Dt 5.12-15. Nótense las numerosas coincidencias entre las normas consignadas aquí y los mandamientos del Decálogo.
d **19.4** Ex 20.23; 34.17; Lv 26.1. *Ídolos:* Véase Sal 24.4 n.
e **19.9-10** Cf. Lv 23.22; Dt 24.19-22. La historia de Rut muestra cómo podía llevarse a la práctica esta prescripción en favor de los pobres. Cf. Rt 2.
f **19.11** Ex 20.15; Dt 5.19.
g **19.11** Ex 20.16; Dt 5.20.
h **19.12** Ex 20.7; Nm 30.2(3); Dt 5.11; 23.21(22); Mt 5.33.
i **19.13** *No retengas... hasta el día siguiente:* Dt 24.14-15; Tb 4.14.
j **19.14** Dt 27.18.

k **19.15** Ex 23.6-8; Dt 16.19.
l **19.17** Cf. Mt 18.15.
m **19.18** Con el mandamiento del amor al *prójimo* culmina la serie de preceptos destinados a promover la honestidad, la solidaridad y la justicia entre los miembros de la comunidad. La palabra hebrea traducida por *prójimo* designa a la persona con la que se tiene una relación que no es la de parentesco (por ej., el vecino o el compañero de trabajo). El contexto da a entender que a este prójimo había que buscarlo únicamente en el interior del propio pueblo. Jesús y los escritores del NT dieron a este mandamiento alcance universal. Cf. Mt 22.39; Mc 12.31,33; Lc 10.27; Ro 13.9; Gl 5.14; Stg 2.8. Véase también Mt 5.43 n.
n **19.19** *No siembres... entremezcladas:* Dt 22.9. *No pongas... materiales mezclados:* Dt 22.11.
ñ **19.23** *No deberán cortar:* lit., *será para ustedes incircunciso.*
o **19.26** Véase Gn 9.4 n.
p **19.26** Dt 18.10-12.
q **19.27-28** Lv 21.5; Dt 14.1.
r **19.29** Dt 23.17.
s **19.30** Este v. se repite en Lv 26.2.
t **19.31** Dt 18.11; Is 8.19; cf. 1 S 28.3.

³³ "No hagan sufrir al extranjero que viva entre ustedes. ³⁴ Trátenlo como a uno de ustedes; ámenlo, pues es como ustedes. Además, también ustedes fueron extranjeros en Egipto. ᵘ Yo soy el Señor su Dios.
³⁵ "No hagan trampa en la exactitud de medidas lineales, de peso o de capacidad. ³⁶ Deben usar balanzas, pesas y medidas exactas. ᵛ Yo soy el Señor su Dios, que los sacó de Egipto.
³⁷ "Así que pongan en práctica mis leyes y decretos; cúmplanlos. Yo soy el Señor."

20 Castigos a la desobediencia

¹ El Señor se dirigió a Moisés y le dijo:
² "Di a los israelitas lo siguiente:
"Cualquier israelita o extranjero que viva en Israel y que entregue alguno de sus hijos al dios Moloc, ᵃ deberá ser muerto a pedradas por la gente del país. ³ Yo me pondré en contra de ese hombre y lo eliminaré de entre su pueblo, por haber hecho impuro mi santuario y haber profanado mi santo nombre al entregar un hijo suyo a Moloc. ⁴ Si la gente del país se desentiende del asunto y no condena a muerte a ese hombre, ⁵ yo me pondré en contra de él y de su familia, y lo eliminaré de entre su pueblo junto con todos los que se corrompieron con él y recurrieron a Moloc. ⁶ Y si alguien recurre a espíritus y adivinos, y se corrompe por seguirlos, yo me pondré en contra de esa persona y la eliminaré de entre su pueblo. ᵇ
⁷ "Conságrense completamente a mí, y sean santos, pues yo soy el Señor su Dios. ⁸ Pongan en práctica mis leyes; cúmplanlas. Yo soy el Señor, que los consagra para mí.
⁹ "A cualquiera que maldiga a su padre o a su madre, se le condenará a muerte. ᶜ Ha maldecido a su padre o a su madre, y será el responsable de su propia muerte.
¹⁰ "Si alguien comete adulterio con la mujer de su prójimo, se condenará a muerte tanto al adúltero como a la adúltera. ᵈ
¹¹ "Si alguien se acuesta con la mujer de su padre, deshonra a su propio padre. Por lo tanto, se condenará a muerte al hombre y a la mujer, y serán responsables de su propia muerte. ᵉ
¹² "Si alguien se acuesta con su nuera, los dos serán condenados a muerte y serán responsables de su propia muerte, pues eso es una infamia. ᶠ
¹³ "Si alguien se acuesta con un hombre como si se acostara con una mujer, se condenará a muerte a los dos y serán responsables de su propia muerte, pues cometieron un acto infame. ᵍ
¹⁴ "Si alguien toma como esposas a una mujer y a la madre de esa mujer, comete un acto depravado y tanto él como ellas deberán ser quemados vivos. Así no habrá tales depravaciones entre ustedes. ʰ

¹⁵ "Si un hombre se entrega a actos sexuales con un animal, será condenado a muerte. También se deberá matar al animal.
¹⁶ "Si una mujer se entrega a actos sexuales con un animal, tanto a la mujer como al animal se les matará. Ellos serán responsables de su propia muerte. ⁱ
¹⁷ "Si alguien toma como mujer a su hermana, ya sea por parte de padre o de madre, y tienen relaciones sexuales, los dos serán eliminados a la vista de sus compatriotas, pues tener relaciones sexuales con la propia hermana es un hecho vergonzoso, y el que lo hace deberá cargar con su culpa. ʲ
¹⁸ "Si alguien se acuesta con una mujer en periodo de menstruación y tiene relaciones sexuales con ella, pone al descubierto la fuente de menstruación de la mujer, y ella misma la ha descubierto; por lo tanto, los dos deberán ser eliminados de entre su pueblo. ᵏ
¹⁹ "No tengas relaciones sexuales con la hermana de tu madre ni con la hermana de tu padre, pues es tenerlas con una parienta cercana y los dos tendrán que cargar con su maldad.
²⁰ "Si alguien se acuesta con la mujer de su tío, deshonra a su propio tío; los dos cargarán con su pecado: morirán sin tener descendencia. ˡ
²¹ "Si alguien le quita la esposa a su hermano, deshonra a su propio hermano. Este es un acto odioso, y los dos se quedarán sin hijos. ᵐ
²² "Pongan en práctica mis leyes y decretos; cúmplanlos todos. Así no los arrojará de sí el país al cual les llevo para que vivan en él. ²³ No sigan las prácticas de la gente que voy a arrojar de delante de ustedes; ellos hicieron todas estas cosas, y por eso no pude aguantarlos. ²⁴ Yo les prometo que ustedes serán los dueños del país de ellos; yo mismo les daré posesión de ese país, donde la leche y la miel corren como el agua.
"Yo soy el Señor su Dios, que los ha distinguido de los demás pueblos. ²⁵ Por lo tanto, también ustedes deben hacer distinción entre animales puros e impuros, y entre aves puras e impuras. No se hagan despreciables por causa de los animales, aves y reptiles que he señalado como animales impuros. ²⁶ Ustedes deben ser santos para conmigo, porque yo, el Señor, soy santo y los he distinguido de los demás pueblos para que sean míos.
²⁷ "El hombre o la mujer que estén poseídos por un espíritu, o que practiquen la adivinación, serán muertos a pedradas y serán responsables de su propia muerte."

21 Requisitos para los sacerdotes

¹ El Señor le dijo a Moisés:
"Habla con los sacerdotes descendientes de Aarón, y diles que no se hagan impuros ᵃ por causa del cadáver de alguno de sus parientes, ² excepto en el caso de algún

---

ᵘ **19.33-34** Ex 22.21; Dt 24.17-18; 27.19.
ᵛ **19.35-36** Dt 25.13-15; Pr 20.10; Ez 45.10; Am 8.5; Miq 6.11.
ᵃ **20.2** *Moloc:* Véase Lv 18.21 n.
ᵇ **20.2-6** Dt 18.9-14.
ᶜ **20.9** Ex 21.17; Mt 15.4.
ᵈ **20.10** Ex 20.14; Lv 18.20; Dt 5.18; 22.22-24; Jn 8.5.
ᵉ **20.11** Véase Lv 18.8 n.
ᶠ **20.12** Lv 18.15.
ᵍ **20.13** Véase Lv 18.22 n.
ʰ **20.14** Lv 18.17; Dt 27.23.
ⁱ **20.15-16** Ex 22.19; Lv 18.23; Dt 27.21.
ʲ **20.17** Lv 18.9; Dt 27.22.
ᵏ **20.18** Lv 18.19; cf. Lv 15.19,24.
ˡ **20.19-20** Lv 18.12-14.
ᵐ **20.21** Lv 18.16.
ᵃ **21.1** *Que no se hagan impuros:* El Dios de Israel es el Dios santo

pariente cercano, como su madre, su padre, su hijo o su hija, su hermano ³ o su hermana soltera, que aún vive con él porque no se ha casado; *ᵇ* por ellos podrá hacerse impuro. ⁴ Pero no deberá hacerse impuro ni mancharse por una parienta casada. *ᶜ*

⁵ "No deberán raparse la cabeza, ni afeitarse la barba, ni hacerse heridas en el cuerpo, *ᵈ* ⁶ sino consagrarse completamente a su Dios y no profanar su nombre, porque ellos son los que presentan las ofrendas quemadas y el pan de su Dios; así que deberán mantenerse consagrados.

⁷ "Tampoco deberán casarse con una prostituta, ni con una mujer violada o divorciada, porque han sido consagrados a su Dios. ⁸ Manténlos apartados de todo, porque ellos son los que presentan el pan de tu Dios. Y serán santos para ti, porque yo, el Señor, soy santo y soy quien los hace santos.

⁹ "Si la hija de un sacerdote se rebaja y se convierte en prostituta, deshonra a su padre y deberá ser quemada viva.

¹⁰ "El jefe de los sacerdotes ha recibido plena autoridad para vestir la ropa sagrada, por medio del aceite de consagrar que se le puso en la cabeza. *ᵉ* Por lo tanto, no debe dejarse suelto ni el pelo ni rasgarse la ropa en señal de luto; ¹¹ tampoco debe entrar donde haya un cadáver: ni siquiera por causa de su padre o de su madre debe hacerse impuro. ¹² No debe salir del santuario de su Dios, ni rebajar el carácter sagrado del santuario, porque sobre él ha sido puesto el aceite de consagrar de su Dios. Yo soy el Señor. ¹³ "Por esposa deberá tomar una mujer virgen. ¹⁴ En ningún caso debe casarse con una viuda o divorciada, violada o prostituta; su esposa debe ser virgen y de su propio clan, ¹⁵ para no rebajar a sus descendientes entre su gente; pues yo, el Señor, lo he consagrado." *ᶠ*

Impedimentos para el sacerdocio ¹⁶ El Señor se dirigió a Moisés y le dijo:

¹⁷ "Dile a Aarón que, ahora y en el futuro, a ninguno de sus descendientes con algún defecto físico se le permitirá presentar la ofrenda de pan de su Dios. ¹⁸ A decir verdad, nadie que tenga un defecto físico podrá presentarla a hacerlo: sea ciego, impedido, con la nariz o las orejas deformes, ¹⁹ con las piernas o los brazos quebrados, ²⁰ jorobado, enano, con nubes en los ojos, sarnoso o con erupciones en la piel, o con los testículos dañados. ²¹ Ningún descendiente del sacerdote Aarón que tenga algún defecto físico presentará al Señor las ofrendas que se queman; tiene un defecto y, por lo tanto, no podrá presentar la ofrenda de pan de su Dios. ²² Podrá comer de ese pan y de las cosas santas y santísimas, ²³ pero no podrá entrar tras el velo ni acercarse al altar, para no rebajar con su defecto el carácter sagrado de mi santuario. *ᵍ* Yo soy el Señor, que los ha consagrado."

²⁴ Y Moisés repitió esto mismo a Aarón, a sus hijos y a todos los israelitas.

22 Participación en las ofrendas del Señor ¹ El Señor se dirigió a Moisés y le dijo:

² "Di a Aarón y a sus descendientes que deben tener cuidado con las cosas santas que los israelitas me consagran, para que no profanen mi santo nombre. Yo soy el Señor.

³ "Diles que, ahora y en el futuro, cualquiera de sus descendientes que estando impuro haga la presentación de las cosas sagradas que los israelitas consagran al Señor, será eliminado de mi presencia. Yo soy el Señor.

⁴ "Ninguno de los descendientes de Aarón que esté enfermo de lepra o sufra derrames, comerá de las cosas sagradas hasta que haya sido purificado.

"El que toque alguna cosa impura a causa de un cadáver, o toque a quien haya tenido un derrame de semen, ⁵ o el que se haga impuro por tocar un reptil o a un hombre que por encontrarse impuro hace impuro al que lo toca, ⁶ será considerado impuro hasta el anochecer, y no podrá comer de las cosas sagradas si antes no se lava con agua. ⁷ Quedará purificado al ponerse el sol, después de lo cual podrá comer de las cosas sagradas, pues son su alimento. ⁸ No debe comer carne de un animal muerto o despedazado por una fiera, para no hacerse impuro con ella. Yo soy el Señor.

⁹ "Diles que cumplan mi precepto y que no carguen con ningún pecado por faltar a él, y así no morirán. Yo soy el Señor, que los ha consagrado.

¹⁰ "Ningún extraño al sacerdocio podrá comer de lo que es sagrado.

"Ni el huésped del sacerdote ni el que trabaje para él podrán comer de lo que es sagrado. *ᵃ*

¹¹ "Si el sacerdote compra un esclavo con su dinero, el esclavo podrá comer de lo que es sagrado. También los que hayan nacido en casa del sacerdote podrán comer de sus alimentos.

¹² "Si la hija del sacerdote está casada con alguien extraño al sacerdocio, no podrá comer de las ofrendas que se dan a los sacerdotes. ¹³ Pero si es viuda o divorciada, y no tiene hijos, y vuelve a la casa de su padre como cuando era soltera, podrá comer de los alimentos de su padre. Por lo demás, ningún extraño al sacerdocio podrá comerlos.

¹⁴ "Si alguien come involuntariamente de las cosas sagradas, tendrá que restituir al sacerdote lo que se comió, más una quinta parte; ¹⁵ pero los sacerdotes no deben permitir que los israelitas profanen las cosas sagradas que se ofrecen al Señor, ¹⁶ ni que carguen con la maldad de su

---

(cf. Lv 19.2) y, por eso, la santidad debía ser la característica de todo lo que estaba en relación con él. Esta exigencia de santidad, que excluía cualquier forma de impureza, obligaba sobre todo a los sacerdotes, ya que por su oficio ellos estaban consagrados al servicio del santuario y de las cosas santas.

ᵇ **21.3** *Su hermana soltera... no se ha casado:* En el antiguo Israel, la mujer, al casarse, se incorporaba a la familia y al clan de su marido; por lo tanto, perdía sus vínculos legales con la familia de su padre.

ᶜ **21.4** *Por una parienta casada:* otra posible traducción: *ya que es un hombre importante de su pueblo.*

ᵈ **21.5** Cf. Lv 19.27; véase Dt 14.1 n.

ᵉ **21.10** El ritual para la investidura de los sacerdotes se encuentra en Lv 8.

ᶠ **21.10-15** La dignidad de su cargo imponía al *jefe de los sacerdotes* obligaciones más estrictas que a los demás responsables del culto, sobre todo en materia de impurezas legales. Véase Lv 4.3 nota *d.*

ᵍ **21.23** *Mi santuario:* lit. *mis santuarios.* El plural incluye tanto el santuario como todos los objetos sagrados contenidos en él.

ᵃ **22.10** Véase una excepción a esta regla en 1 S 21.1-9[2-10]; cf. también Mt 12.3-4.

pecado por comer de las cosas sagradas. Yo soy el Señor, que los ha consagrado."

Requisitos para los animales ofrecidos
[17] El Señor se dirigió a Moisés y le dijo: [18] "Habla con Aarón y sus hijos, y con todos los israelitas, y diles lo siguiente: Si alguno de los israelitas o de los extranjeros que vivan entre ellos presenta al Señor un animal en holocausto, ya sea en cumplimiento de una promesa o como ofrenda voluntaria, [19] deberá presentar un macho sin defecto para que le sea aceptado. [b] Podrá ser un toro, un cordero o un chivo, [20] pero no un animal con defecto, porque no le será aceptado. [c]

[21] "Cualquiera que presente al Señor un sacrificio de reconciliación, ya sea en cumplimiento de una promesa o como ofrenda voluntaria, deberá ofrecer toros u ovejas sin defecto para que le sean aceptados. [22] No le presenten al Señor animales ciegos, o lastimados, o mancos, o con verrugas, sarna o erupciones en la piel, ni los den para ser quemados como ofrendas en el altar del Señor. [23] Como ofrenda voluntaria podrás ofrecer un toro o un carnero que tenga las patas disparejas, pero en cumplimiento de una promesa no te será aceptado. [24] Tampoco deben presentar al Señor animales con los testículos heridos, golpeados, arrancados o cortados. No practiquen estas cosas en su tierra. [25] Tampoco reciban de un extranjero estos animales como alimento para el Dios de ustedes, porque son animales con defecto y no les serán aceptados."

Requisitos para matar los animales ofrecidos
[26] El Señor se dirigió a Moisés y le dijo:

[27] "Cuando nazca un ternero, un cordero o un cabrito, deberá quedarse al lado de su madre durante siete días, pero a partir del octavo día podrá ser aceptado para quemarlo como ofrenda al Señor.

[28] "No mates en un mismo día a una vaca u oveja y a su cría. [d]

[29] "Cuando presentes una ofrenda de acción de gracias al Señor, hazla de tal manera que sea bien recibida. [30] Además, cómela el mismo día y no dejes nada para el día siguiente. Yo soy el Señor.

[31] "Pongan en práctica mis mandamientos; cúmplanlos. Yo soy el Señor.

[32] "No profanen mi santo nombre, y así seré santificado entre los israelitas. Yo soy el Señor, que los ha consagrado a ustedes [33] y los ha sacado de Egipto para ser su Dios. Yo soy el Señor."

23 Festividades religiosas [a] (Nm 28.16-25)
[1] El Señor se dirigió a Moisés y le dijo:

[2] "Di a los israelitas lo siguiente: Estas son las fechas especialmente dedicadas al Señor, y que ustedes llamarán reuniones santas.

[3] "Trabajarás durante seis días, pero el día séptimo no deberás hacer ningún trabajo; [b] será un día especial de reposo y habrá una reunión santa. Dondequiera que vivas, ese día será de reposo en honor del Señor.

[4] "Estas son las fechas especiales para celebrar las reuniones santas en honor del Señor, y en las cuales deberán reunirse:

[5] "El día catorce del mes primero, al atardecer, se celebrará la Pascua en honor del Señor. [c]

[6] "El día quince del mismo mes se celebrará la fiesta de los panes sin levadura [d] en honor del Señor. Durante siete días se comerá pan sin levadura. [7] El primer día se celebrará una reunión santa. No hagan ninguna clase de trabajo pesado. [8] Durante siete días deberán ustedes quemar ofrendas al Señor, y el día séptimo celebrarán una reunión santa. No deberán realizar ninguna clase de trabajo."

La fiesta de la primera cosecha (Nm 28.26-31)
[9] El Señor se dirigió a Moisés y le dijo:

[10] "Di a los israelitas lo siguiente: Cuando hayan entrado ustedes en la tierra que yo les voy a dar, y hayan cosechado su trigo, deberán presentar al sacerdote el primer manojo de su cosecha. [11] Al día siguiente del día de reposo, el sacerdote lo presentará al Señor como ofrenda especial, para que les sea aceptado. [12] Y el mismo día en que presenten el manojo, presentarán también un cordero de un año, sin defecto, como holocausto en honor del Señor. [13] Traerán, además, cuatro kilos y medio de la mejor harina amasada con aceite, para presentársela al Señor como ofrenda quemada de aroma agradable. Como ofrenda para derramar, se deberá presentar un litro de vino. [14] Hasta el día en que lleven ustedes su ofrenda al Señor, no deben comer pan, ni trigo tostado o fresco. Esta es una ley permanente, que pasará de padres a hijos y dondequiera que ustedes vivan.

[15] "A partir del día en que lleven ustedes el manojo de trigo como ofrenda especial, es decir, a partir del día siguiente al día de reposo, deben contar siete semanas completas. [16] Y con el día siguiente al séptimo día de reposo, se completarán cincuenta días. [e] Entonces presentarán al Señor su ofrenda de trigo nuevo, [17] y llevarán de sus casas dos panes de la mejor harina cocidos con levadura, de unos cuatro kilos cada uno, como ofrenda especial de primeros frutos para el Señor. [18] Junto con los panes llevarán siete corderos de un año y sin defecto, un becerro y dos carneros, como holocausto en honor del Señor, ofrenda quemada de aroma agradable a él, además de sus ofrendas de cereal y de vino.

---

[b] **22.19** *Sin defecto para que le sea aceptado:* La integridad de los animales sacrificados debía corresponder de algún modo a la santidad y perfección de Dios. Véase Lv 21.1 n.

[c] **22.18-20** Lv 1.3; cf. Mal 1.8.

[d] **22.28** Es probable que esta prohibición esté relacionada con algún rito pagano de la religión cananea. Véase Dt 22.9-11 n.

[a] **23.1-8** Acerca de las festividades incluidas en el calendario religioso de Israel, cf. Ex 23.14-19; 34.18-23; Nm 28—29; Dt 16.1-17. Véase *Fiestas* en el *Índice temático*.

[b] **23.3** Ex 20.8-10; 23.12; 31.15; Dt 5.12-14.

[c] **23.5** Ex 12.1,6; Dt 16.1. Véase *Pascua* en el *Índice temático*.

[d] **23.6-8** Ex 12.14-20; 23.15; 34.18; Dt 16.3-8. Véase *Pan sin levadura* en el *Índice temático*.

[e] **23.16** La fiesta de los *cincuenta días*, llamada también *de la cosecha* (Ex 23.16) y *de las Semanas* (Ex 34.22), era una gran acción de gracias celebrada al terminar la cosecha del trigo. Más tarde se le dio el nombre de *Pentecostés*. Véase *Pentecostés* en el *Índice temático*.

FIESTAS JUDÍAS Y DÍAS SAGRADOS

Fiesta o día	Día de celebración (y equivalencia aproximada en nuestro calendario)	Referencias
Sábado	Cada 7 días	Ex 20.8-11; Lv 23.3; Mt 12.1-14; Heb 4.1-11
Luna nueva	El primer día del mes lunar	Nm 10.10; 28.11-15; 1 S 20.5-6,29; 2 R 4.23; Am 8.5
Año de jubileo	Cada 50 años	Lv 25.8-11; 27.17-24; Nm 36.4
Pascua	14 de nisán (marzo–abril)	Ex 12.1-14; Lv 23.5; Jn 2.13
Pan sin levadura	15–21 de nisán (marzo–abril)	Ex 12.15-20; 13.3-10; Lv 23.6-8; Mc 14.1,12
Primicias (primera cosecha)	16 de nisán (marzo–abril)	Lv 23.9-14
Semanas (Pentecostés)	6 de siván (mayo–junio)	Ex 23.16; Lv 23.15-21; Hch 2.1
Trompetas (luego llamada Rosh Hashaná o Año Nuevo)	1 de tishri (septiembre–octubre)	Lv 23.23-25; Nm 29.1-6
Día del perdón (Yom Kipur)	10 de tishri (septiembre–octubre)	Lv 16; 23.26-32; Heb 9.7
Tabernáculos	15–21 de tishri (septiembre–octubre)	Lv 23.33-36a, 39-43; Jn 7.2,37
Reunión solemne	22 de tishri (septiembre–octubre)	Lv 23.36b; Nm 29.35-38
Dedicación (Hanuká)	25 de kislev (noviembre–diciembre)	Jn 10.22*
Purim	14–15 de adar (febrero–marzo)	Est 9.18-32

Véanse Fiestas, Sábado en el *Índice temático*, y el *Calendario hebreo*.

¹⁹ "Ofrecerán además un chivo como sacrificio por el pecado, y dos corderos de un año como sacrificio de reconciliación. ²⁰ El sacerdote ofrecerá los animales como ofrenda especial en presencia del Señor, junto con el pan de los primeros frutos y los dos corderos. Serán consagrados al Señor, para el sacerdote.

²¹ "Ese mismo día deben celebrar ustedes una reunión santa, y no hacer ninguna clase de trabajo pesado. Esta es una ley permanente, que pasará de padres a hijos y dondequiera que ustedes vivan.ᶠ

²² "Cuando llegue el tiempo de cosechar, no recojas hasta el último grano de tu campo ni rebusques las espigas que se hayan quedado. Déjalas para los pobres y los extranjeros. Yo soy el Señor, el Dios de ustedes."ᵍ

La fiesta de las trompetas (Nm 29.1-6) ²³ El Señor se dirigió a Moisés y le dijo:

²⁴ "Di a los israelitas lo siguiente: El día primeroʰ del mes séptimoⁱ celebrarán ustedes un día de reposo y una reunión santa conmemorativa con toque de trompetas. ²⁵ Deberán quemar una ofrenda en honor del Señor, y no harán ninguna clase de trabajo pesado."

El Día del perdón (Nm 29.7-11) ²⁶ El Señor se dirigió a Moisés y le dijo:

²⁷ "El día diez del mismo mes séptimo será el Día del perdón.ʲ Deberán celebrar una reunión santa, y dedicar ese día al ayuno, y quemar una ofrenda en honor del Señor. ²⁸ No hagan ningún trabajo ese mismo día, porque es el Día del perdón, en que ustedes obtendrán el perdón ante el Señor su Dios. ²⁹ El que no se dedique ese día al ayuno, quienquiera que sea, será eliminado de entre su pueblo. ³⁰ Y al que haga algún trabajo ese día, quienquiera que sea, lo haré desaparecer de su pueblo.

³¹ "No hagan ningún trabajo. Es una ley permanente, que pasará de padres a hijos y dondequiera que ustedes vivan. ³² Será para ustedes un día de reposo y dedicado al ayuno, y lo contarán del atardecer del día nueve del mes hasta el atardecer del día siguiente."

La fiesta de las Enramadas (Nm 29.12-40) ³³ El Señor se dirigió a Moisés y le dijo:

³⁴ "Di a los israelitas lo siguiente: El día quince del mismo mes séptimo, y durante siete días, se celebrará la fiesta de las Enramadasᵏ en honor del Señor, ³⁵ con una reunión santa el primer día. No hagan ninguna clase de trabajo. ³⁶ Durante esos siete días quemarán ofrendas en honor del Señor, y el octavo día celebrarán también una reunión santa y quemarán una ofrenda al Señor. Es un día de fiesta, y no deben hacer ninguna clase de trabajo pesado.

³⁷ "Estas son las fechas especialmente dedicadas al Señor, a las que ustedes deben declarar reuniones santas y en las que presentarán al Señor ofrendas quemadas, holocaustos, ofrendas de cereales, sacrificios y ofrendas de vino, según el

---

ᶠ **23.15-21** Ex 23.16; Dt 16.9-12.
ᵍ **23.22** Véase Lv 19.9-10 n.
ʰ **23.24** Los días de luna nueva (los primeros del mes) se celebraban festivamente, con sacrificios especiales en el santuario y toques de trompeta (Sal 81.3[4]).
ⁱ **23.24** *Mes séptimo:* según el calendario que situaba el primer mes del año en la primavera. Más tarde, cuando el comienzo del año fue pasado al otoño (septiembre–octubre), esta fiesta recibió el nombre de *Rosh ha-Shaná* o del *Año nuevo*. Véase *Calendario hebreo*.
ʲ **23.26-32** Lv 16.29-34.
ᵏ **23.33-36** Dt 16.13-15.

día que corresponda, **38** aparte de los días de reposo en honor del Señor, y de los regalos y ofrendas prometidas o voluntarias que ustedes le hagan.

39 "El día quince del mes séptimo, cuando ustedes hayan recogido ya la cosecha, celebrarán una fiesta de siete días[i] en honor del Señor, con reposo el primer día y el octavo. **40** El primer día tomarán frutos de los mejores árboles, hojas de palmera y de árboles frondosos y de álamos del río, y durante siete días se alegrarán en presencia del Señor su Dios. **41** Cada año, en el mes séptimo, celebrarán una fiesta de siete días en honor del Señor. Es una ley permanente que pasará de padres a hijos. **42** Durante esos siete días todos ustedes, los israelitas de nacimiento, vivirán bajo enramadas, **43** para que todos sus descendientes sepan que, cuando yo saqué de Egipto a los israelitas, los hice vivir bajo enramadas. Yo soy el Señor su Dios."[m]

44 De esta manera informó Moisés a los israelitas acerca de las fechas especialmente dedicadas al Señor.

24 *El aceite para las lámparas* (Ex 27.20-21)
1 El Señor se dirigió a Moisés y le dijo:

2 "Ordena a los israelitas que te traigan aceite puro de oliva, para mantener las lámparas siempre encendidas. **3** Aarón se encargará de arreglarlas, para que durante toda la noche ardan sin cesar delante del Señor en la tienda del encuentro, fuera del velo que está junto al arca de la alianza. Esta es una ley permanente, que pasará de padres a hijos. **4** Ha de arreglar las lámparas en el candelabro de oro puro para que ardan delante del Señor.[a]

El pan de la Presencia **5** "Toma de la mejor harina y cuece doce tortas, de cuatro kilos y medio cada una, **6** y ponlas sobre la mesa de oro puro que está ante el Señor, en dos hileras de seis tortas cada una. **7** Pon en cada hilera incienso puro, que le servirá al pan como ofrenda de recordación quemada en honor del Señor.[b] **8** Esto deberá ser puesto sin falta ante el Señor cada sábado, como una alianza eterna por parte de los israelitas. **9** Es la parte que les corresponderá siempre a Aarón y a sus descendientes, los cuales deberán comer ese pan en un lugar santo, porque de las ofrendas que se queman en honor del Señor, esta es una de las más sagradas."[c]

Castigo para los que ofenden a Dios **10-11** Entre los israelitas había un hombre nacido de madre israelita y padre egipcio. Su madre se llamaba Selomit, y era hija de Dibrí, de la tribu de Dan. Este hombre y un israelita tuvieron una discusión en el campamento, durante la cual el hijo de madre israelita ofendió y maldijo el nombre del Señor.[d] Entonces lo llevaron ante Moisés, **12** y lo tuvieron bajo vigilancia mientras el Señor les decía lo que tenían que hacer. **13** Y el Señor le habló a Moisés y le dijo:

14 "Saca del campamento al que me maldijo; que pongan la mano sobre su cabeza todos los que lo oyeron, y que lo maten a pedradas todos los de la comunidad. **15-16** Por lo que toca a los israelitas, diles lo siguiente: El que ofenda y maldiga el nombre del Señor su Dios, tendrá que cargar con su pecado y será muerto a pedradas por toda la comunidad. Tanto si es extranjero como si es natural del país, si ofende el nombre del Señor, será condenado a muerte.

17 "El que le quite la vida a otra persona, será condenado a muerte.[e]

18 "El que mate una cabeza de ganado, tendrá que reponerla: animal por animal.

19 "El que cause daño a alguno de su pueblo, tendrá que sufrir el mismo daño que hizo: **20** fractura por fractura, ojo por ojo, diente por diente; tendrá que sufrir en carne propia el mismo daño que haya causado.

21 "El que mate un animal, tendrá que reponerlo. El que mate a un hombre, será condenado a muerte.[f]

22 "La misma ley vale tanto para los extranjeros como para los naturales del país.[g] Yo soy el Señor su Dios."

23 Moisés habló entonces con los israelitas, y ellos sacaron del campamento al que había maldecido a Dios, y allí lo mataron a pedradas. Lo hicieron los israelitas tal como el Señor se lo había ordenado a Moisés.

25 *El año de reposo y el año de liberación*
1 El Señor se dirigió a Moisés en el monte Sinaí, y le dijo:

2 "Di a los israelitas lo siguiente: Cuando ustedes hayan entrado en la tierra que les voy a dar, la tierra deberá tener reposo en honor del Señor. **3** Podrán sembrar sus campos durante seis años. También durante seis años podrán podar sus viñedos y recoger sus frutos, **4** pero el séptimo año será de completo reposo de la tierra en honor del Señor; no siembren ese año sus campos ni poden sus viñedos.[a] **5** Tampoco corten el trigo que nazca por sí mismo después de la última cosecha, ni recojan las uvas de su viñedo no podado; la tierra debe tener reposo completo. **6** Lo que la tierra produzca por sí misma durante su reposo, alcanzará para coman ustedes, sus siervos y sus siervas, y los trabajadores y extranjeros que vivan con ustedes, **7** y sus ganados y los animales feroces del país. Todo lo que la tierra produzca, les servirá de alimento.[b]

---

[i] 23.39-43 Ex 23.16; 34.22. Véase *Fiestas* en el *Índice Temático*.
[m] 23.42-43 La permanencia en chozas hechas con ramas de árboles debía mantener vivo el recuerdo de la marcha por el desierto, después de la salida de Egipto. En aquella etapa de su historia, los israelitas no tenían casas estables como en Canaán, sino que vivían en tiendas de campaña como los nómadas. Cf. Jer 2.2.
[a] 24.1-4 La orden de mantener estas *lámparas encendidas* desde el atardecer hasta la mañana se encuentra también en Ex 27.20-21. Para la descripción del *candelabro de oro puro*, cf. Ex 25.31-40.
[b] 24.5-7 Este *pan* recibe también el nombre de *pan de la Presencia* o *pan de la proposición*. Véase Ex 25.23-30 n.
[c] 24.9 Cf. Mt 12.4 y pasajes paralelos.
[d] 24.10-11 *El nombre del Señor*: lit. *el Nombre*, es decir, aquel con que Dios se reveló a su pueblo Israel (véase Ex 3.15 n.). El temor a hacer mal uso del nombre divino *Yahvé* (cf. Ex 20.7) hizo que los judíos dejaran por completo de pronunciarlo y que utilizaran en su lugar expresiones como *Adonai* (*el Señor*), *el Nombre*, *los Cielos*, etc., o que emplearan la voz pasiva.
[e] 24.17 Ex 21.12.
[f] 24.19-21 Acerca de la llamada "ley del talión", véase Ex 21.23-25 n.
[g] 24.22 Nm 15.16.
[a] 25.2-4 Este ciclo de siete años se inspira evidentemente en la semana de siete días, con sus seis días de trabajo y el *séptimo* de reposo. De ahí que este año sea llamado habitualmente "año sabático". Cf. Dt 15.1-11.
[b] 25.1-7 Ex 23.10-11.

⁸ "Deben contar siete semanas de años, es decir, siete años multiplicados por siete, lo cual dará un total de cuarenta y nueve años, ⁹ y el día diez del mes séptimo, ᶜ que es el Día del perdón, harán sonar el cuerno de carnero en todo el país. ¹⁰ El año cincuenta lo declararán ustedes año santo: ᵈ será un año de liberación, y en él anunciarán libertad para todos los habitantes del país. Todo hombre volverá al seno de su familia y a la posesión de sus tierras. ¹¹ El año cincuenta será para ustedes año de liberación, y en él no deberán sembrar, ni cortar el trigo que nazca por sí mismo, ni podar los viñedos ni recoger sus uvas, ¹² porque es un año santo y de liberación para ustedes. Comerán solo lo que la tierra produzca por sí misma.

¹³ "En este año de liberación todos ustedes volverán a tomar posesión de sus tierras. ¹⁴ Si alguien vende o compra a otra persona algún terreno, no trate de aprovecharse de ella; ¹⁵ el que compra debe pagar según el tiempo transcurrido desde el año de liberación, y el que vende debe cobrar según los años de cosecha que aún falten: ¹⁶ cuantos más años de cosecha falten, mayor será el precio; si quedan pocos años, el precio será menor, pues lo que se vende es el número de cosechas. ᵉ

¹⁷ "No abuse nadie de nadie. Muestren reverencia por su Dios, pues yo soy el Señor su Dios. ¹⁸ Cumplan mis leyes, pongan en práctica mis decretos. Cúmplanlos y vivirán tranquilos en el país; ¹⁹ la tierra dará frutos, y ustedes vivirán tranquilamente en ella y comerán de sus frutos hasta quedar satisfechos.

²⁰ "Tal vez se pregunten ustedes: '¿Y qué vamos a comer durante el séptimo año, si no podemos sembrar ni recoger la cosecha?' ²¹ Pues bien, yo les enviaré mi bendición durante el sexto año, y la cosecha será suficiente para tres años; ᶠ ²² así comerán del grano almacenado mientras siembran de nuevo en el año octavo, y aun hasta el año noveno podrán comer del grano almacenado, mientras llega la cosecha.

²³ "La tierra no debe venderse a perpetuidad: la tierra es mía, ᵍ y ustedes solo están de paso por ella como huéspedes míos. ²⁴ Por lo tanto, para cualquier terreno que ustedes tengan en propiedad, deben conceder a los dueños anteriores el derecho de volver a comprarlo. ʰ

²⁵ "Si uno de tus compatriotas se queda en la ruina y te vende alguno de sus terrenos, su pariente más cercano podrá venir y rescatar lo que su pariente había vendido. ⁱ

²⁶ "En el caso de alguien que no tenga un pariente que pueda rescatar su propiedad, pero que logre reunir lo suficiente para rescatarla él mismo, ²⁷ calculará el tiempo transcurrido desde que la vendió, devolverá al que la compró la cantidad de dinero que resulte a su favor, y él volverá a tomar posesión de su propiedad. ²⁸ Pero si no logra reunir lo suficiente para rescatar la propiedad, esta se quedará en poder del comprador hasta el año de liberación, durante el cual será liberada la propiedad, y el que la vendió volverá a tomar posesión de ella. ʲ

²⁹ "Si alguien vende una vivienda en una ciudad con murallas, tendrá derecho a volver a comprarla durante un año completo a partir de la fecha de venta. ³⁰ Pero en caso de que la vivienda no sea rescatada en el término de un año, se quedará para siempre en poder del que la compró y de sus descendientes. No podrá ser liberada en el año de liberación. ³¹ En cambio, las casas de pueblos sin murallas serán consideradas igual que los campos: podrán ser rescatadas, y serán liberadas en el año de liberación.

³² "Los levitas tendrán siempre el derecho de volver a comprar las casas que estén dentro de las ciudades de ellos. ³³ Si el que rescata es un levita, ᵏ deberá abandonar la casa en el año de liberación e irse a la ciudad donde tiene su propiedad, porque la única propiedad de los levitas entre los israelitas es la casa que tienen en su ciudad. ³⁴ Las tierras de pastoreo pertenecientes a las ciudades de los levitas, no podrán ser vendidas, porque son su propiedad permanente.

³⁵ "Si alguno de tus compatriotas se queda en la ruina y recurre a ti, debes ayudarlo como a un extranjero de paso, y lo acomodarás en tu casa. ˡ ³⁶ No le quites nada ni le cargues intereses sobre los préstamos que le hagas; al contrario, muestra temor por tu Dios y acomoda a tu compatriota en tu casa. ³⁷ No le cargues interés al dinero que le prestes, ᵐ ni aumentes el precio de los alimentos que le des. ³⁸ Yo soy el Señor, el Dios de ustedes, que los sacó de Egipto para darles la tierra de Canaán y para ser su Dios.

³⁹ "Si uno de tus compatriotas se queda en la ruina estando contigo, y se vende a ti, no lo hagas trabajar como esclavo; ⁴⁰ trátalo como a un trabajador o como a un huésped. Trabajará para ti hasta el año de liberación, ⁴¹ después

---

ᶜ **25.9** *Mes séptimo:* era el mes en que terminaban las cosechas. Por lo tanto, los cuarenta y nueve años debían contarse de otoño a otoño.

ᵈ **25.10** *Año santo,* llamado también el *jubileo,* palabra derivada del heb. *yobel,* que significa *carnero, cuerno de carnero* y también la *corneta* que se hacía con ese cuerno y que se utilizaba como instrumento musical en las fiestas litúrgicas. Al iniciar el año del jubileo se hacía sonar el *yobel* (v. 9).

ᵉ **25.15-16** Como la propiedad no podía cambiar de dueño definitivamente (cf. vv. 10,13,23), lo que en realidad se vendía no era la tierra sino un determinado *número de cosechas.*

ᶠ **25.20-21** Esta pregunta se hacía aún más inquietante tratándose del año cincuenta o de la liberación, ya que entonces los campos no debían cultivarse durante dos años seguidos. En respuesta a esta preocupación, el Señor promete una *bendición* sobreabundante en los años sextos, es decir, en los que precedían inmediatamente al año de reposo (cf. también vv. 6-7).

ᵍ **25.23** *La tierra es mía* y *los israelitas son mis siervos,* porque *yo los saqué de Egipto* (v. 55), son los dos pilares sobre los que se asientan las prescripciones de contenido social contenidas en este cap., especialmente las relativas al año de la liberación.

ʰ **25.23-24** Estos vv. explican por qué las parcelas de terreno no podían *venderse a perpetuidad* (es decir, con la pérdida de todo derecho por parte del vendedor): la tierra en realidad pertenecía al Señor y él, al entrar Israel en Canaán, la había distribuido entre las tribus como un bien inalienable (Jos 13—21). Por eso los israelitas son los *huéspedes del Señor.*

ⁱ **25.25** Esta ley la vemos aplicada en Rt 2.20; 4.1-10.

ʲ **25.28** *Volverá a tomar posesión de ella:* El relato de 1 R 21 muestra cuán firme solía ser en Israel la voluntad de conservar el patrimonio familiar; y esto, no por motivos puramente sentimentales, sino por fidelidad al Señor, que había asignado una porción del país a cada tribu y a cada familia (cf. Nm 36.7). Véase Lv 25.23-24 n.

ᵏ **25.33** *Si el que rescata es un levita:* texto probable. Heb. oscuro.

ˡ **25.35** Dt 15.7-8.

ᵐ **25.37** *No le cargues interés al dinero que le prestes:* Ex 22.25; Dt 23.19-20.

LEVÍTICO 25, 26

del cual podrá abandonar tu casa junto con sus hijos, para volver otra vez a su clan y a sus propiedades familiares; **42** pues ellos son mis siervos; yo los saqué de Egipto, y no deben ser vendidos como esclavos. **43** No los trates con crueldad; al contrario, muestra temor de tu Dios.

44 "Si quieres tener esclavos o esclavas, cómpralos de las otras naciones que te rodean. **45** También puedes comprar a la gente extranjera que vive entre ustedes, y a los hijos que les nazcan mientras estén en el país de ustedes; a ellos pueden comprarlos en propiedad **46** y dejarlos como herencia a sus hijos cuando ustedes mueran; siempre podrán servirse de ellos. Pero ninguno de ustedes, los israelitas, debe dominar ni tratar con crueldad a sus hermanos de raza. *n*

47 "Si un extranjero que vive en tu tierra se hace rico, y en cambio uno de tus compatriotas, vecino del extranjero, se queda en la ruina y se vende a ese extranjero o a algún otro extranjero, **48** tendrá derecho a que se compre su libertad aun después de haberse vendido. Podrá ser rescatado por uno de sus hermanos, **49** un tío, un primo o cualquier pariente cercano; también podrá rescatarse él mismo, si tiene medios para hacerlo, **50** calculando con el que lo compró desde el año en que se vendió hasta el año de liberación: el precio de venta deberá corresponder al número de años, y el tiempo que haya trabajado se calculará según la paga que se da a los trabajadores. **51** Si aún quedan muchos años por delante, en proporción con ellos dará por su rescate parte del dinero que recibió por venderse; **52** pero si falta poco tiempo para el año de liberación, dará por su rescate la cantidad correspondiente a los años que falten. **53** Se le deberá tratar como a un trabajador contratado por año; no permitas que se le trate con crueldad.

54 "Si acaso no es rescatado en este tiempo, quedará en libertad en el año de liberación, junto con sus hijos, **55** pues los israelitas son mis siervos, mis propios siervos; yo los saqué de Egipto. Yo soy el Señor su Dios."

26 Bendiciones a los obedientes *a* (Dt 7.12-24; 28.1-24)

1 "No se hagan ídolos ni imágenes; no levanten en su país piedras sagradas ni piedras grabadas; no se inclinen ante ellas, porque yo soy el Señor su Dios. *b* **2** Respeten mis sábados; tengan reverencia por mi santuario: yo soy el Señor. *c*

3 "Si siguen mis leyes, y cumplen mis mandamientos y los practican, **4** yo les enviaré la lluvia a su tiempo, y la tierra y los árboles del campo darán su fruto; **5** tendrán trigo hasta la cosecha de las uvas, y uvas hasta el tiempo de la siembra; comerán pan hasta quedar satisfechos, y gozarán de tranquilidad en el país. *d* **6** Les daré bienestar en el país, y dormirán sin sobresaltos, pues yo libraré al país de animales feroces y de guerras. **7** Ustedes harán huir a sus enemigos, y ellos caerán a filo de espada ante ustedes; **8** cinco de ustedes harán huir a cien, y cien de ustedes harán huir a diez mil; sus enemigos caerán ante ustedes a filo de espada. **9** Los miraré a ustedes con buenos ojos, y los haré crecer en número, y mantendré con ustedes mi alianza. **10** Comerán del trigo almacenado en años anteriores, y hasta tendrán que desalojarlo para almacenar el trigo nuevo.

11 "Yo viviré entre ustedes, y no los rechazaré; **12** constantemente andaré entre ustedes, y seré su Dios, y ustedes serán mi pueblo. *e* **13** Yo soy el Señor su Dios, que los sacó de Egipto para que no siguieran siendo esclavos de ellos; yo rompí el yugo que pesaba sobre ustedes, y los hice andar con la frente en alto.

Advertencias a los desobedientes (Dt 28.15-68)

14 "Pero si ustedes no me obedecen ni ponen en práctica todos estos mandamientos, **15** sino que rechazan y menosprecian mis leyes y decretos y no cumplen con ninguno de mis mandamientos, faltando así a mi alianza, **16** yo también haré lo siguiente con ustedes: les enviaré mi terror, epidemia mortal, fiebre, enfermedades de los ojos y decaimiento del cuerpo; de nada les servirá sembrar, porque sus enemigos se comerán la cosecha. **17** Yo me pondré en contra de ustedes, y serán derrotados por sus enemigos; serán dominados por aquellos que los odian, y tendrán que huir aunque nadie los persiga.

18 "Si a pesar de esto no me obedecen, los volveré a castigar siete veces por sus pecados. **19** Haré pedazos su necio orgullo; haré que el cielo les niegue su lluvia y la tierra sus frutos. **20** En vano gastarán sus fuerzas, porque la tierra no les producirá nada, ni los árboles del campo les darán frutos.

21 "Si siguen oponiéndose a mí y negándose a obedecerme, yo volveré a castigarlos siete veces más, conforme a sus pecados. **22** Lanzaré sobre ustedes bestias salvajes que los dejarán sin hijos, que despedazarán sus ganados y que reducirán el número de ustedes hasta que no haya quien transite por sus caminos.

23 "Si a pesar de todo esto no se corrigen, sino que siguen oponiéndose a mí, **24** yo también me opondré a ustedes y los castigaré aún siete veces más por sus pecados. **25** Haré venir sobre ustedes una espada que vengue la alianza; ustedes correrán a refugiarse en sus ciudades, pero yo les enviaré enfermedades, y ustedes caerán en poder del enemigo.

26 "Cuando yo destruya su provisión de alimentos, diez mujeres cocerán en un solo horno el pan de ustedes, y lo racionarán tanto que ustedes comerán y no quedarán satisfechos.

27 "Si a pesar de esto no me obedecen, sino que siguen oponiéndose a mí, **28** yo también me opondré a ustedes, y con enojo los castigaré aún otras siete veces más por sus

---

n 25.39-46 Ex 21.2-6; Dt 15.12-18.

a 26.1-13 Según el AT, la ley fue dada a Israel para que viviera de acuerdo con la voluntad del Señor y fuera bendecido. Pero si el pueblo no se sometía a la voluntad divina expresada en la ley, la desobediencia atraería sobre él la maldición y no la bendición. Este cap. enumera la serie de bendiciones (vv. 1-13) y maldiciones (vv. 14-43) prometidas, respectivamente, a la obediencia y a la infidelidad. Las bendiciones eran alimento abundante, salud, larga vida, fecundidad y una numerosa descendencia; la maldición, en cambio, incluía muerte, enfermedad, esterilidad y otros desastres como la sequía, el hambre, la guerra y la dispersión. Cf. Dt 27.11—28.68.

b 26.1 Ex 20.4; Lv 19.4; Dt 5.8; 16.21-22.
c 26.2 Lv 19.30.
d 26.3-5 Encontramos una bendición parecida en Dt 11.13-15.
e 26.11-12 2 Co 6.16; Ap 21.3.

pecados. ²⁹ Entonces se comerán ustedes a sus propios hijos e hijas. ³⁰ Yo destruiré sus santuarios paganos y partiré en dos sus altares de incienso; amontonaré los cuerpos sin vida de ustedes sobre los cuerpos sin vida de sus ídolos, y les mostraré mi desprecio; ³¹ dejaré en ruinas sus ciudades y destruidos sus santuarios, y no me deleitaré más en el aroma de sus perfumes.

³² "Destruiré el país, y los enemigos de ustedes que vengan a vivir en él se quedarán asombrados. ³³ A ustedes los esparciré entre las naciones, [f] y con la espada desnuda los perseguiré; su país se convertirá en un desierto y sus ciudades en espantosas ruinas. ³⁴ Entonces la tierra disfrutará de tranquilidad todo el tiempo que permanezca desolada y que ustedes estén en el país de sus enemigos; así descansará y se desquitará de lo que antes no descansó.

³⁵ Todo el tiempo que permanezca desolada, la tierra disfrutará de los días de reposo que no tuvo mientras ustedes habitaron en ella.

³⁶ "A aquellos de ustedes que queden con vida en terreno enemigo, les haré sentir tanto miedo que huirán con el simple ruido de una hoja al caer; huirán como si los persiguieran con una espada, y caerán sin que nadie los persiga; ³⁷ tropezarán unos contra otros como si huyeran de la guerra, aunque nadie los persiga; ¡ninguno de ustedes podrá hacer frente a sus enemigos! ³⁸ Serán destruidos entre las naciones, y el país de sus enemigos acabará con ustedes; ³⁹ y los que queden con vida en terreno enemigo, morirán por culpa de su maldad; ¡morirán junto con sus padres, por la maldad de ellos!

⁴⁰ "Aunque ustedes reconozcan su maldad y la maldad de sus padres, lo mismo que su infidelidad y su oposición a mí, ⁴¹ yo también me opondré a ustedes y los llevaré al país de sus enemigos; allí su mente pagana quedará humillada, y pagarán por su pecado. ⁴² Entonces yo me acordaré de la alianza que hice con Jacob, con Isaac y con Abraham, [g] y también me acordaré de la tierra, ⁴³ la cual quedará libre de ustedes y disfrutará de sus días de reposo mientras ustedes no la habiten; y pagarán ustedes por su maldad, porque despreciaron mis decretos y rechazaron mis leyes.

⁴⁴ "A pesar de esto, y aunque ustedes estén en un país enemigo, no los despreciaré ni los rechazaré; no los destruiré ni faltaré a la alianza que hice con sus antepasados, porque yo soy el Señor su Dios. ⁴⁵ Por el contrario, me acordaré de la alianza que hice con ellos cuando los saqué de Egipto en presencia de las naciones para ser su Dios. Yo soy el Señor."

⁴⁶ Estas son las leyes, decretos y enseñanzas que por medio de Moisés estableció el Señor en el monte Sinaí, entre él y los israelitas.

V. APÉNDICE (27)

27 Cosas consagradas a Dios [a]

¹ El Señor se dirigió a Moisés y le dijo:

² "Di a los israelitas lo siguiente: Cuando alguien quiera pagar una promesa al Señor [b] conforme al valor correspondiente de una persona, ³ a un varón de veinte a sesenta años le fijarás una contribución de cincuenta monedas de plata, según la medida oficial del santuario; ⁴ en el caso de una mujer, la contribución será de treinta monedas. ⁵ Para las personas de cinco a veinte años, la contribución será de veinte monedas si es hombre, y de diez monedas si es mujer. ⁶ Para los niños de un mes a cinco años, la contribución será de cinco monedas de plata, y de tres para las niñas. ⁷ Para las personas mayores de sesenta años, la contribución será de quince monedas para los hombres, y de diez monedas para las mujeres. ⁸ Y si la persona es demasiado pobre para pagar la contribución establecida, se llevará el caso al sacerdote para que este fije una nueva contribución, de acuerdo con las posibilidades del que hizo la promesa. [c]

⁹ "En el caso de los animales que se pueden ofrecer al Señor, todo animal que se entregue al Señor quedará consagrado, ¹⁰ y no podrá ser cambiado por otro animal, ya sea mejor o peor. En caso de que haya cambio, tanto el animal ofrecido como el animal dado a cambio quedarán consagrados.

¹¹ "En el caso de un animal impuro, que no puede ser ofrecido al Señor, se llevará el animal al sacerdote ¹² para que este fije la contribución correspondiente, según la calidad del animal. La contribución fijada por el sacerdote deberá ser aceptada, ¹³ y si se quiere recuperar el animal, se deberá dar una quinta parte más de la contribución establecida.

¹⁴ "Si alguien consagra su casa al Señor, el sacerdote establecerá su valor según la calidad de la casa. El cálculo del sacerdote deberá ser aceptado. ¹⁵ Pero en caso de que el que consagró la casa quiera rescatarla, deberá dar una quinta parte más del valor en que había sido calculada, y la casa volverá a ser suya.

¹⁶ "Si alguien consagra al Señor una parte de su terreno, el valor del terreno se calculará según lo que pueda producir, a razón de cincuenta monedas de plata por cada doscientos veinte litros de cebada. ¹⁷ Si consagra el terreno a partir del año de liberación, quedará en pie el valor establecido; ¹⁸ pero si lo consagra después del año de liberación, [d] el sacerdote hará el cálculo de la plata que se debe dar, descontando del valor calculado la cantidad que corresponda a los años que restan hasta el año de liberación.

¹⁹ "Si el que consagró el terreno quiere recuperarlo, deberá dar una quinta parte más sobre el valor calculado, y el terreno seguirá siendo suyo; ²⁰ pero si no lo recupera, y

---

[f] 26.33 La enumeración de los castigos sigue una escala ascendente, hasta culminar en la pérdida de la tierra y en la deportación a un país extranjero. Cf. 2 R 25.20-21,26.

[g] 26.42 Sobre esta *alianza* que hice con *Abraham* y ratificada a sus descendientes, cf. Gn 17.7-8; 26.3-4; 28.13-14.

[a] 27.1-34 Cuando los israelitas dirigían al Señor una súplica, acompañaban a veces la plegaria con el voto o promesa de consagrarle alguna de sus pertenencias. Las ofrendas estaban destinadas al sostenimiento del santuario y del culto, y podían ser personas (vv. 2-8), animales (vv. 9-13), casas (vv. 14-15) o terrenos (vv. 16-25). Este cap. determina el equivalente en dinero que estaba permitido pagar en lugar del objeto prometido.

[b] 27.2 *Pagar una promesa al Señor:* Cf. Nm 30.1-2.

[c] 27.8 Este v. contiene una cláusula en favor de los pobres. Si una persona de escasos recursos hacía una promesa que luego no podía pagar, debía consultar a los sacerdotes para que estos le asignaran una contribución conforme a sus posibilidades.

[d] 27.18 *Año de liberación:* Cf. Lv 25.

el terreno se vende a otra persona, ya no podrá volver a recuperarlo. **21** Cuando el terreno quede libre en el año de liberación, será dedicado para uso exclusivo del Señor, y el sacerdote tomará posesión de él.

22 "Si alguien consagra al Señor un terreno comprado, que no es su herencia de familia, **23** el sacerdote calculará con esa persona el precio del terreno hasta el año de liberación, y esa persona pagará ese mismo día la cantidad estimada como valor del terreno, y la consagrará al Señor. **24** En el año de liberación, el terreno volverá a poder del que lo vendió, es decir, a poder del propietario real del terreno.

25 "Todos tus cálculos deben tener como base el siclo de veinte geras, *e* que es el peso oficial del santuario.

26 "En cuanto a las primeras crías del ganado, que son del Señor por ser las primeras, nadie debe consagrarlas. Ya sea un ternerito o un corderito, es del Señor. *f* **27** Si se trata de un animal impuro, podrá ser rescatado según el precio que se le fije, más una quinta parte de ese precio. Pero si no es rescatado, podrá ser vendido en el precio fijado.

28 "Si alguien consagra al Señor parte de sus pertenencias, ya sean personas, animales o terrenos heredados de su familia, nada de lo consagrado podrá ser vendido ni recuperado; todo lo consagrado será una cosa santísima dedicada al Señor. *g* **29** Y tampoco podrá rescatarse a ninguna persona que haya sido destinada a la destrucción: tendrá que morir.

30 "La décima parte de los productos de la tierra, tanto de semillas como de árboles frutales, pertenece al Señor y está consagrada a él. *h* **31** Si alguien quiere recuperar algo de esa décima parte, tendrá que pagar lo que valga, más una quinta parte.

32 "Uno de cada diez animales del ganado o del rebaño será consagrado al Señor como décima parte, **33** sin escoger los mejores ni los peores, ni cambiar uno por otro. En caso de hacer un cambio, tanto el primer animal como el animal dado a cambio quedarán consagrados y, por lo tanto, no podrán ser recuperados."

34 Estos son los mandamientos que el Señor dio a Moisés para los israelitas, en el monte Sinaí.

---

e **27.25** *Geras:* Cf. Ez 45.12. Véase también la *Tabla de pesas, monedas y medidas.*
f **27.26** Cf. Ex 13.1-2, 11-16; 22.29-30 (28-29).
g **27.28** Nm 18.14.
h **27.30** Nm 18.21; Dt 14.22-29; Mal 3.8-10.

Números

Siguiendo la práctica de poner por título a un libro una de las palabras significativas de la primera oración del texto, la Biblia hebrea llama al cuarto libro del Pentateuco *Bemidbar* (lit. *en el desierto,* aludiendo al lugar donde se desarrolla la trama de la narración). La versión griega de los Setenta (LXX) le dio el título de *Números* (=Nm) porque los datos numéricos confieren al texto una fisonomía particular. En él se hace referencia, efectivamente, a dos censos de los israelitas en el desierto: uno antes de partir del Sinaí (cap. 1) y otro en las llanuras de Moab, al este del río Jordán (cap. 26). Además, hay muchas otras precisiones numéricas a lo largo del libro, relacionadas especialmente con las ofrendas para los sacrificios (caps. 7; 15; 28—29) y con el reparto del botín después de la victoria de Israel sobre Madián (cap. 31).

En lo que respecta al contenido, el libro de *Números* continúa la historia de *Éxodo,* ya que narra la marcha de los israelitas por el desierto desde los últimos meses en el Sinaí hasta las vísperas de la entrada en la Tierra prometida. Los primeros relatos describen los preparativos para reanudar la marcha después de haber recibido la Ley (caps. 1—8); se insiste luego, de modo especial, en la celebración de la Pascua (cap. 9). En seguida se narran los sucesos acaecidos entre la salida del Sinaí y la llegada a Moab (caps. 10—21). A continuación se hace el resumen de todo lo ocurrido entre la partida de Egipto y la entrada en Moab (caps. 22—32). En la parte final se dan algunas instrucciones previas al cruce del río Jordán (caps. 33—36).

El libro de *Números* pone de relieve una vez más la figura y la obra de Moisés. Él habla con el Señor *cara a cara* (12.8) y continúa ejerciendo sus funciones de jefe y de legislador. Aquel que en *Éxodo* se había manifestado sobre todo como el *libertador* de Israel, asume ahora la misión de organizar al pueblo y de conducirlo hacia la Tierra prometida. Moisés se entrega al cumplimiento de esta misión con el más completo desinterés (16.15), pero a veces se siente abrumado por su responsabilidad, y se queja dolorosamente de tener que llevar él solo una carga tan pesada (11.10-15). Sin embargo, sigue al frente del pueblo hasta el fin de sus días, y antes de morir toma las precauciones necesarias para que Josué lleve a buen término la obra comenzada (27.15-23). Además, Moisés anhela que el pueblo de Dios sea una comunidad profética: *¡Ojalá el Señor le diera su espíritu a todo su pueblo, y todos fueran profetas!* (11.29).

En contraposición con la figura del gran legislador, la conducta del pueblo aparece descrita con rasgos más bien negativos. En la soledad y en la vida dura del desierto, la *gente de toda clase* que había salido de Egipto (Ex 12.38) comienza a organizarse y a tomar conciencia de su destino común. Pero esta larga y penosa travesía también está llena de protestas y rebeldías, que no cesan de provocar la ira del Señor y de atraer sobre el pueblo las mayores desgracias (cf., por ejemplo, cap. 14). Sin embargo, las constantes infidelidades no impiden que el Señor siga manifestando a Israel su misericordia y su perdón. Y aquí se destaca nuevamente la acción de Moisés: Como mediador entre Dios y el pueblo elegido, él intercede una y otra vez en favor de los culpables y obtiene para ellos el perdón del Señor (11.2; 12.13; 14.13-19; 21.7). (Véase Jer 15.1 nota *a*.)

El libro de *Números* deja la impresión de ser una yuxtaposición de elementos diferentes, sin una estricta conexión lógica. Las secciones narrativas se alternan constantemente con prescripciones legislativas, de manera que al lado de hermosas narraciones se encuentran áridas disposiciones jurídicas o rituales. Tales características hacen pensar que el libro no fue redactado de una sola vez, sino que su redacción pasó por diferentes etapas hasta adquirir su forma definitiva. Por tanto, lo dicho en la *Introducción* al *Pentateuco* vale también para el libro de *Números*.

A pesar de todo, el conjunto del libro presenta cierta unidad, basada particularmente en la geografía y en la cronología. Estas características permiten dividir la obra en tres secciones correspondientes a tres regiones y a otros tantos periodos:

    I. Los diecinueve días en el Sinaí (1.1—10.10)
    II. Los treinta y ocho años de marcha y la permanencia en el desierto de Cadés (10.11—21.35)
    III. Los once meses en las llanuras de Moab, al nordeste del Mar Muerto (22.1—36.13)

I. LOS DIECINUEVE DÍAS EN EL SINAÍ (1.1—10.10)

Censo de Israel en el Sinaí **1** **1** El día primero del segundo mes del segundo año,*a* cuando hacía poco más de un año que los israelitas habían salido de Egipto,*b* el Señor se dirigió a Moisés en el desierto de Sinaí, en la tienda del encuentro con Dios, y le dijo:

2 "Hagan un censo*c* de todos los israelitas, por clanes y familias, para saber el nombre y número exacto de todos los hombres **3** de veinte años para arriba, aptos para la guerra. Regístrenlos según el orden militar, con la ayuda de Aarón **4** y de un jefe de familia por cada tribu. **5** Estos son los nombres de los jefes*d* que deberán ayudarles:

6 "Por la tribu de Rubén: Elisur, hijo de Sedeúr.
6 "Por la de Simeón: Selumiel, hijo de Surisadai.
7 "Por la de Judá: Nahasón, hijo de Aminadab.
8 "Por la de Isacar: Natanael, hijo de Suar.
9 "Por la de Zabulón: Eliab, hijo de Helón.
10 "Por las tribus de los hijos de José: Elisamá, hijo de Amihud, por la de Efraín; y Gamaliel, hijo de Pedasur, por la de Manasés.
11 "Por la tribu de Benjamín: Abidán, hijo de Guidoní.
12 "Por la de Dan: Ahiézer, hijo de Amisadai.
13 "Por la de Aser: Paguiel, hijo de Ocrán.
14 "Por la de Gad: Eliasaf, hijo de Reuel.*e*
15 "Por la de Neftalí: Ahirá, hijo de Enán."

16 Estos fueron los jefes de tribu escogidos de entre la comunidad israelita para representar a sus propios clanes.*f* **17-18** El día primero del segundo mes del año, Moisés y Aarón reunieron a estos hombres expresamente designados por Dios, lo mismo que a todo el pueblo, e hicieron el censo de todos los israelitas, anotando en orden de clanes y familias el nombre de cada uno de ellos y el número total de hombres de veinte años para arriba, **19** tal como el Señor se lo había ordenado a Moisés. Este censo se hizo en el desierto de Sinaí.

20-21 Una vez hecho el censo por tribus, clanes y familias, y anotados ya el nombre de cada uno y el número total de hombres mayores de veinte años, el resultado fue el siguiente:

De la tribu de Rubén, el hijo mayor de Israel, se contaron cuarenta y seis mil quinientos hombres aptos para la guerra. **22-23** De la tribu de Simeón se contaron cincuenta y nueve mil trescientos. **24-25** De la tribu de Gad se contaron cuarenta y cinco mil seiscientos cincuenta. **26-27** De la tribu de Judá se contaron setenta y cuatro mil seiscientos. **28-29** De la tribu de Isacar se contaron cincuenta y cuatro mil cuatrocientos. **30-31** De la tribu de Zabulón se contaron cincuenta y siete mil cuatrocientos. **32-35** De los descendientes de José se contaron cuarenta mil quinientos de la tribu de Efraín y treinta y dos mil doscientos de la tribu de Manasés. **36-37** De la tribu de Benjamín se contaron treinta y cinco mil cuatrocientos. **38-39** De la tribu de Dan se contaron sesenta y dos mil setecientos. **40-41** De la tribu de Aser se contaron cuarenta y un mil quinientos. **42-43** De la tribu de Neftalí se contaron cincuenta y tres mil cuatrocientos.*g*

44 Este fue el resultado del censo que hicieron Moisés, Aarón y los doce jefes israelitas que representaban a sus respectivas tribus*h* y familias: **45** los israelitas de veinte años para arriba, aptos para la guerra, **46** fueron seiscientos tres mil quinientos cincuenta en total.*i*

Nombramiento de los levitas **47** Los levitas no fueron contados entre las tribus de sus antepasados, **48** porque el

---

a **1.1** Este dato cronológico indica que ya había pasado un mes desde la instalación del santuario o *tienda del encuentro con Dios* (Ex 40.17).

b **1.1** *Habían salido de Egipto:* Véase Ex 30.11-16 n.

c **1.2-3** *Censo:* Véase Ex 30.11-16 n. Cf. el censo posterior, narrado en Nm 26.1-51.

d **1.5-15** La lista de las doce *tribus* corresponde a la manera como estas fueron clasificadas cuando los israelitas se establecieron en Canaán y el territorio se repartió entre ellas (cf. Jos 15—19). En vez de la tribu de Leví, que fue separada para el servicio divino (vv. 47-53), se contaron por José dos tribus, las de sus hijos Efraín y Manasés.

e **1.14** *Reuel:* según Nm 2.14 y la versión griega (LXX); heb. *Deuel* (cf. Nm 7.42; 10.20).

f **1.16** *Clanes:* heb. *elef*. Esta palabra se traduce generalmente por *mil* (o *millar*), pero en su uso más antiguo podía referirse también a un grupo de número indefinido, es decir, a una subdivisión de la tribu, o bien a la unidad militar aportada por cada clan (cf. Jue 6.15, donde también se traduce por *clan*). Véase Gn 36.15 n. El clan era una subdivisión de la tribu, formada por varias familias de parentesco cercano.

g **1.22-43** Para cada tribu (vv. 22-43) el texto hebreo repite la fórmula empleada en los vv. 20-21. En la presente versión se ha evitado esa repetición, con el objeto de facilitar la lectura.

h **1.44** *Sus respectivas tribus:* según la versión griega (LXX). En el texto hebreo no aparece esta frase.

i **1.46** Cf. Ex 12.37; Nm 11.21. Esta y otras cifras (cf. Nm 3) supondrían una población de unos dos o tres millones de israelitas acampados en el desierto, los cuales, al ponerse en marcha, debían formar

Señor le había dicho a Moisés: **⁴⁹** "Cuando hagas el censo de los israelitas, no cuentes entre ellos a la tribu de Leví.ʲ **⁵⁰** A los levitas deberás ponerlos a cargo del servicio del santuario de la alianza, ᵏ de todos sus utensilios y de todo lo que corresponde al santuario. Ellos se ocuparán de transportar el santuario y sus utensilios, y de todo lo relacionado con su servicio. También deberán acampar alrededor del santuario, **⁵¹** y cuando haya que transportarlo, ellos serán quienes lo desarmen y quienes lo instalen de nuevo cuando tengan que acampar. Toda persona ajena que se acerque al santuario, será condenada a muerte.ˡ **⁵²** Los demás israelitas acamparán a la manera militar, cada uno en su propio campamento y bajo su propia bandera. **⁵³** Los levitas, por su parte, acamparán alrededor del santuario de la alianza, y cuidarán de él, para que el Señor no se enoje contra los israelitas."

⁵⁴ Los israelitas lo hicieron todo tal como el Señor se lo había ordenado a Moisés.

2 Orden del campamento

¹ El Señor se dirigió a Moisés y Aarón, y les dijo:
² "Los israelitas deberán acampar a cierta distancia alrededor de la tienda del encuentro, cada uno bajo su propia bandera y con los distintivos de su propia familia. ᵃ
³ "Al este acamparán los ejércitos que marchan bajo la bandera de Judá. El ejército de la tribu de Judá tiene como jefe a Nahasón, hijo de Aminadab, **⁴** y según el censo se compone de setenta y cuatro mil seiscientos hombres. **⁵** Junto a ellos acampará el ejército de la tribu de Isacar, que tiene como jefe a Natanael, hijo de Suar, **⁶** y que según el censo se compone de cincuenta y cuatro mil cuatrocientos hombres. **⁷** También acampará con ellos el ejército de la tribu de Zabulón, que tiene como jefe a Eliab, hijo de Helón, **⁸** y que según el censo se compone de cincuenta y siete mil cuatrocientos hombres. **⁹** De esta manera el campamento de Judá se compondrá de tres ejércitos, con un total de ciento ochenta y seis mil cuatrocientos hombres, que marcharán al frente de los israelitas.

¹⁰ "Al sur acamparán los ejércitos que marchan bajo la bandera de Rubén. El ejército de la tribu de Rubén tiene como jefe a Elisur, hijo de Sedeúr, **¹¹** y según el censo se compone de cuarenta y seis mil quinientos hombres. **¹²** Junto a ellos acampará el ejército de la tribu de Simeón, que tiene como jefe a Selumiel, hijo de Surisadai, **¹³** y según el censo se compone de cincuenta y nueve mil trescientos hombres. **¹⁴** También acampará con ellos el ejército de la tribu de Gad, que tiene como jefe a Eliasaf, hijo de Reuel, **¹⁵** y que según el censo se compone de cuarenta y cinco mil seiscientos cincuenta hombres. **¹⁶** De esta manera el campamento de Rubén se compondrá de tres ejércitos, con un total de ciento cincuenta y un mil cuatrocientos cincuenta hombres, que marcharán en segundo lugar.

¹⁷ "Los levitas marcharán en seguida, entre los cuatro campamentos, llevando con ellos la tienda del encuentro. Los cuatro campamentos marcharán uno tras otro, en el orden en que hayan acampado y bajo su propia bandera.

¹⁸ "Al oeste acamparán los ejércitos que marchan bajo la bandera de Efraín. El ejército de la tribu de Efraín tiene como jefe a Elisamá, hijo de Amihud, **¹⁹** y según el censo se compone de cuarenta mil quinientos hombres. **²⁰** Junto a ellos acampará el ejército de la tribu de Manasés, que tiene como jefe a Gamaliel, hijo de Pedasur, **²¹** y que según el censo se compone de treinta y dos mil doscientos hombres. **²²** También acampará con ellos el ejército de la tribu de Benjamín, que tiene como jefe a Abidán, hijo de Guidoní, **²³** y que según el censo se compone de treinta y cinco mil cuatrocientos hombres. **²⁴** De esta manera el campamento de Efraín se compondrá de tres ejércitos, con un total de ciento ocho mil cien hombres, que marcharán en tercer lugar.

²⁵ "Al norte acamparán los ejércitos que marchan bajo la bandera de Dan. El ejército de la tribu de Dan tiene como jefe a Ahiézer, hijo de Amisadai, **²⁶** y según el censo se compone de sesenta y dos mil setecientos hombres. **²⁷** Junto a ellos acampará el ejército de la tribu de Aser, que tiene como jefe a Paguiel, hijo de Ocrán, **²⁸** y que según el censo se compone de cuarenta y un mil quinientos hombres. **²⁹** También acampará con ellos el ejército de la tribu de Neftalí, que tiene como jefe a Ahirá, hijo de Enán, **³⁰** y que según el censo se compone de cincuenta y tres mil cuatrocientos hombres. **³¹** De esta manera el campamento de Dan se compondrá de tres ejércitos, con un total de ciento cincuenta y siete mil seiscientos hombres, que cerrarán la marcha tras su bandera."

³² El censo de las familias israelitas dio como resultado un ejército de seiscientos tres mil quinientos cincuenta hombres. **³³** Pero, tal como el Señor se lo había ordenado a Moisés, los levitas no fueron contados en el censo.

³⁴ Los israelitas lo hicieron todo tal como el Señor se lo había ordenado a Moisés: cada cual acampó bajo su propia bandera y marchó con su propio clan y su propia familia.

3 Deberes de los levitas

¹ Por el tiempo en que el Señor habló a Moisés en el monte Sinaí, los descendientes de Aarón y de Moisés eran estos: **²** Los hijos de Aarón: Nadab, que era el mayor, Abihú, Eleazar e Itamar. ᵃ **³** Los cuatro fueron consagrados y ordenados para oficiar como sacerdotes, **⁴** pero Nadab y Abihú murieron delante del Señor porque en el desierto de Sinaí le ofrecieron un fuego

---

una columna de varios cientos de km. de largo. Como esto resulta muy difícil de imaginar, los comentaristas han sugerido diferentes posibles explicaciones para interpretar el sentido de cifras tan elevadas. Una posible explicación es que tales cifras, en estos relatos, quieren poner de relieve el poder del Señor, que multiplicó de manera extraordinaria a los descendientes de Abraham (Gn 15.5; Ex 1.7) y los sostuvo milagrosamente en medio de la aridez del desierto. Cf. Ex 16.

ʲ **1.47-49** Los de *la tribu de Leví* fueron objeto de un censo especial (Nm 3.14-39).

ᵏ **1.50** *Santuario de la alianza:* es decir, la tienda del encuentro con Dios (Ex 26; 27.21).

ˡ **1.50-51** Solamente a *los levitas* se les permitía servir en todo lo relacionado con el culto del santuario.

ᵃ **2.2** El orden del campamento se presenta como una formación militar, simétrica, con la tienda del encuentro en el medio, tres tribus por cada uno de sus cuatro lados y los levitas acampados en el centro, alrededor de la tienda (v. 17). La posición central de la tienda representaba simbólicamente la presencia del Señor en medio de su pueblo (cf. Ex 25.8).

ᵃ **3.2** Ex 6.23; Nm 26.60.

extraño.*b* Ellos no tuvieron hijos. Entonces Eleazar e Itamar ejercieron el sacerdocio bajo la vigilancia de Aarón, su padre.

5 El Señor se dirigió a Moisés y le dijo: **6** "Llama a los de la tribu de Leví, para que se pongan a las órdenes del sacerdote Aarón y le sirvan. **7** Estarán al servicio de Aarón y de todo el pueblo, ante la tienda del encuentro, y se encargarán del servicio del santuario. **8** Cuidarán también de los utensilios de la tienda del encuentro, y estarán al servicio de los israelitas en todos los oficios del santuario. **9** Aparta a los levitas de los demás israelitas, para que se dediquen especialmente a servir a Aarón y a sus descendientes,*c* **10** y deja en manos de Aarón y sus descendientes las funciones del sacerdocio. Si alguien oficia como sacerdote sin serlo, será condenado a muerte."

Los levitas, propiedad del Señor **11** El Señor se dirigió a Moisés y le dijo: **12** "De entre los israelitas he escogido a los levitas, a cambio del primer hijo de cada familia. Ellos me pertenecen, **13** porque a mí me pertenece todo primer hijo. Cuando hice morir a todos los hijos mayores de los egipcios, reservé para mí los hijos mayores de los israelitas y las primeras crías de sus animales.*d* Por lo tanto, me pertenecen. Yo soy el Señor."

Censo de los levitas **14** El Señor se dirigió a Moisés en el desierto de Sinaí, y le dijo: **15** "Haz un censo de los levitas por orden de familias y clanes, y registra a todos los levitas varones de un mes de edad para arriba."*e* **16** Y Moisés hizo el censo, tal como el Señor se lo había ordenado. **17** Los hijos de Leví fueron Guersón, Quehat y Merarí. **18** Los descendientes de Guersón, por orden de clanes, fueron Libní y Simí. **19** Los descendientes de Quehat, por orden de clanes, fueron Amram, Ishar, Hebrón y Uziel. **20** Los descendientes de Merarí, por orden de clanes, fueron Mahli y Musí.

Todos estos fueron los clanes de Leví por orden de familias.*f*

21 Los clanes de Guersón eran los de Libní y Simí. **22** El total de sus varones registrados de un mes de edad para arriba, fue de siete mil quinientos. **23** Estos clanes acampaban al oeste, detrás del santuario. **24** El jefe de las familias descendientes de Guersón era Eliasaf, el hijo de Lael. **25** En la tienda del encuentro ellos se encargaban del cuidado del santuario, de la tienda, de su cubierta de pieles, de la cortina que está a la entrada de la tienda, **26** de las cortinas del patio, de la cortina que está a la entrada del patio que rodea el santuario y el altar, y de las cuerdas correspondientes.*g*

27 Los clanes de Quehat eran los de Amram, Ishar, Hebrón y Uziel, **28** y el total de varones registrados de un mes de edad para arriba, fue de ocho mil trescientos.*h* Estos clanes estaban al cuidado del santuario **29** y acampaban al lado sur del santuario. **30** El jefe de estos clanes era Elisafán, hijo de Uziel. **31** Estos clanes tenían bajo su cuidado el arca de la alianza, la mesa, el candelabro, los altares, los objetos sagrados necesarios para el servicio religioso, el velo y todos los utensilios correspondientes.*i*

32 El jefe principal de los levitas era Eleazar, hijo del sacerdote Aarón, y estaba encargado de vigilar a los que cuidaban el santuario.

33 Los clanes de Merarí eran los de Mahli y Musí. **34** El total de sus varones registrados de un mes de edad para arriba, fue de seis mil doscientos. **35** Su jefe era Suriel, hijo de Abihail, y acampaban al lado norte del santuario. **36** Los descendientes de Merarí tenían bajo su cuidado las tablas del santuario, con sus travesaños, sus postes, sus bases y todos sus utensilios, **37** lo mismo que los postes que rodeaban el patio, con sus bases, sus estacas y sus cuerdas.

38 Por el lado oriental, frente al santuario y delante de la tienda del encuentro, acampaban Moisés y Aarón y los hijos de Aarón, los cuales cuidaban el santuario en nombre de los demás israelitas. Si alguien oficiaba como sacerdote sin serlo, era condenado a muerte.

39 Cuando Moisés y Aarón hicieron el censo de los levitas por orden de clanes, tal como el Señor se lo había ordenado, resultó que los varones de un mes de edad para arriba eran veintidós mil en total.

Rescate de los hijos mayores *j* **40** El Señor dijo a Moisés: "Haz un censo de los hijos mayores de los israelitas, de un mes de edad para arriba, y registra sus nombres. **41** Luego, a cambio de los hijos mayores de los israelitas, resérvame a los levitas. Yo soy el Señor. De la misma manera, a cambio de las primeras crías del ganado de los israelitas, resérvame el ganado de los levitas."

42 Moisés hizo el censo de los hijos mayores de los israelitas, tal como el Señor se lo había ordenado, **43** y todos los varones registrados de un mes de edad para arriba fueron veintidós mil doscientos setenta y tres.

44 Y el Señor se dirigió a Moisés y le dijo: **45** "Toma a los levitas a cambio de los hijos mayores de los israelitas, y el ganado de los levitas a cambio del ganado de los israelitas, pues los levitas me pertenecen. Yo soy el Señor. **46** Pero los hijos mayores de los israelitas son más

---

b **3.4** Lv 10.1-2; Nm 26.61.
c **3.9** En la tribu de Leví se estableció una distinción entre *Aarón y sus descendientes*, que eran los sacerdotes, y los demás *levitas*, que estaban al servicio de aquellos. Cf. Nm 8.19.
d **3.13** Ex 13.2,11-16.
e **3.15** Este censo, que cuenta los varones *de un mes de edad para arriba*, no se hace con fines militares (cf. Nm 1.2-46), sino que está relacionado con el rescate de los hijos mayores o primogénitos (vv. 40-51).
f **3.17-20** Ex 6.16-19.
g **3.25-26** Nm 4.24-28. Acerca de los objetos que estaban a cargo de *los clanes de Guersón*, cf. Ex 26.7-14,36; 27.9,16.
h **3.28** *Ocho mil trescientos:* según la versión griega (LXX) (nótese el total en v. 39). Heb. *ocho mil seiscientos*.
i **3.31** Nm 4.14-15. Con respecto a los objetos mencionados, cf. Ex 25—27; 30.1-10.
j **3.40-51** Los *hijos mayores* o primogénitos pertenecían al Señor y debían ser rescatados mediante una ofrenda (Ex 13.13) o sustituidos por igual número de levitas (Nm 3.12-13). Como el número de hijos mayores (v. 43) excedía en 273 al de los levitas (v. 39), el

numerosos que los levitas; así que, para rescatar a esos doscientos setenta y tres hijos mayores que hay de más, **47** pide una contribución de cinco monedas de plata por persona, según el peso oficial del santuario, que es la moneda de plata de once gramos, *k* **48** y entrega ese dinero a Aarón y a sus hijos como rescate por ellos."

49 Moisés recogió el dinero del rescate por los hijos mayores israelitas que había de más, **50** y recogió mil trescientas sesenta y cinco monedas de plata, conforme al peso oficial del santuario. **51** Después entregó este dinero a Aarón y a sus hijos, tal como el Señor se lo había ordenado.

4 *Oficios de los levitas* **1** El Señor se dirigió a Moisés y Aarón, y les dijo:

2 "Haz un censo, por orden de clanes y familias, de los levitas descendientes de Quehat **3** que estén entre los treinta *a* y los cincuenta años de edad, y que sean aptos para el servicio de la tienda del encuentro.

4 "El trabajo de los descendientes de Quehat es muy sagrado, *b* y consiste en lo siguiente: **5** Cuando el pueblo tenga que ponerse en camino, Aarón y sus hijos quitarán el velo que está a la entrada del Lugar santísimo *c* y con él cubrirán el arca de la alianza. **6** Encima le pondrán una cubierta de pieles finas, *d* y sobre eso extenderán una tela morada de una sola pieza, y le pondrán los palos para transportarlo. *e* **7** Extenderán también una tela morada sobre la mesa de la Presencia, *f* y sobre ella colocarán los platos, los cucharones, las copas y las jarras para las ofrendas de vino, lo mismo que el pan que se ofrece continuamente. **8** Encima de todo eso extenderán una tela roja, y lo cubrirán con una cubierta de pieles finas, y le pondrán los palos para transportarlo. **9** Luego tomarán una tela morada y cubrirán con ella el candelabro, las lámparas, las tenazas, los platillos y todos los vasos que se utilizan para el aceite. **10** Todo esto lo envolverán con una cubierta de pieles finas y lo pondrán sobre unos palos para transportarlo.

11 "También extenderán una tela morada sobre el altar de oro, *g* lo envolverán con una cubierta de pieles finas y le pondrán palos para transportarlo. **12** Luego recogerán los utensilios usados en el servicio del santuario y los pondrán en una tela morada, los envolverán en una cubierta de pieles finas y los llevarán también sobre unos palos. **13** Deben limpiar de grasa y ceniza el altar, *h* y cubrirlo después con una tela de púrpura. **14** Encima pondrán todo lo que se usa para los oficios religiosos en el altar: los braseros, los tenedores, las palas, los tazones; en fin, todos los utensilios del altar. A todo eso le pondrán una cubierta de pieles finas y los palos para transportarlo. **15** Cuando Aarón y sus hijos hayan terminado de envolver todos los objetos sagrados, y estén ya listos para ponerse en camino, podrán venir los descendientes de Quehat para transportar todas estas cosas. Pero no deben tocar nada sagrado con las manos, para que no mueran. *i* Todas estas cosas de la tienda del encuentro son las que deben transportar los descendientes de Quehat. **16** Eleazar, hijo del sacerdote Aarón, deberá encargarse del aceite para las lámparas, del incienso perfumado, de los cereales para las ofrendas que siempre me deben ofrecer, y del aceite de consagrar. También tendrá que cuidar del santuario y de todo lo que hay en él, lo mismo que de los objetos sagrados correspondientes." *j*

17 El Señor se dirigió a Moisés y Aarón, y les dijo:
18 "No permitan que los clanes de Quehat desaparezcan de entre los levitas. **19** Para que ellos no sean castigados con la muerte por tocar las cosas sagradas, deberán hacer lo siguiente: Aarón y sus hijos se encargarán de decir a cada uno de ellos lo que ha de hacer y lo que le toca llevar. **20** Así ellos no tendrán que entrar en ningún momento *k* a ver las cosas sagradas, y tampoco morirán." *l*

21 El Señor se dirigió a Moisés y le dijo:
22 "Haz también un censo, por orden de clanes y familias, de los descendientes de Guersón **23** que estén entre los treinta y los cincuenta años de edad, y que sean aptos para el servicio de la tienda del encuentro.

24 "El trabajo de los descendientes de Guersón será el siguiente: **25** Deberán transportar las cortinas del santuario, la tienda del encuentro, la cubierta de pieles finas que se le pone encima, la cortina de la entrada a la tienda del encuentro, **26** las cortinas del patio, la cortina para la entrada del patio que rodea el santuario y el altar, las cuerdas correspondientes y todos los utensilios que necesitan para su oficio y para su trabajo. **27** Aarón y sus hijos dirigirán a los descendientes de Guersón en los trabajos que han de hacer y en las cosas que han de transportar. Ustedes los harán responsables de lo que ellos hayan de hacer. **28** Este es el servicio que los clanes de los descendientes de Guersón han de prestar en la tienda del encuentro, bajo la dirección de Itamar, hijo del sacerdote Aarón. *m*

29 "Haz también un censo de los descendientes de Merarí, por orden de clanes y familias. **30** Registra a todos los que tengan entre treinta y cincuenta años de edad, es decir, que

---

rescate de los varones adicionales se hacía mediante una contribución monetaria (vv. 46-51).
k 3.47 *Moneda de plata:* es decir, el *siclo* (véase *Tabla de Pesas, monedas y medidas*).
a 4.3 *Treinta:* Cf. Nm 8.24. La edad mínima para prestar servicio en el culto fue variando en Israel de tiempo en tiempo. Cf. 1 Cr 23.3,27-32.
b 4.4-20 Los descendientes de *Quehat* tenían a su cargo los objetos más sagrados (cf. Ex 25; 27.1-8; 30.1-10,17-21; 31.7-11).
c 4.5 El *Lugar Santísimo* se encontraba en el extremo interior del santuario y su entrada cubierta por *el velo* (Ex 26.31-34; véase también Ex 26.1-37 n.).
d 4.6 *Pieles finas* (aquí y en vv. 8-14,25): Véase Ex 25.5 n.
e 4.6 Estos *palos* se insertaban para que los levitas pudieran llevar los objetos sagrados sin tocarlos (vv. 8-14). Cf. 1 Cr 6.6-7.

f 4.7 Sobre la *mesa de la Presencia* se ponían los panes consagrados al Señor, llamados también pan de la *Presencia* (Ex 25.30; Lv 24.5-8).
g 4.11 En este *altar de oro* se ofrecía el incienso (Ex 30.1-10; 37.25-28).
h 4.13 Esta prescripción se refiere al *altar* de los holocaustos (Ex 27.1-8; 38.1-7).
i 4.15 *No deben tocar... para que no mueran:* Cf. vv. 19-20. Solamente los sacerdotes podían tocar e incluso ver los objetos sagrados, que eran considerados peligrosos porque participaban de la santidad divina (cf. 1 S 5.6-11; 6.19-20; 2 S 6.6-11).
j 4.4-16 Cf. Nm 3.27-32.
k 4.20 *En ningún momento:* también puede traducirse *ni aun por un momento.*
l 4.19-20 *No tendrán que entrar... tampoco morirán:* Véase 4.15 n.
m 4.21-28 Cf. Nm 3.25-26.

sean aptos para el servicio de la tienda del encuentro. **31** Su trabajo en relación con la tienda del encuentro será el de transportar las tablas del santuario, los travesaños, los postes, las bases, **32** los postes del patio que rodea el santuario, con sus bases, estacas y cuerdas y todo lo que necesitan para su trabajo. Tú deberás decirle a cada uno exactamente qué cosas ha de transportar. **33** Este es el trabajo, en relación con la tienda del encuentro, que estará a cargo de los clanes descendientes de Merarí y que se hará bajo la dirección de Itamar, hijo del sacerdote Aarón." *n*

34 Moisés, Aarón y los jefes del pueblo hicieron el censo, por orden de clanes y familias, de los descendientes de Quehat **35** que estaban entre los treinta y los cincuenta años de edad, y que eran aptos para el servicio de la tienda del encuentro, **36** y los hombres registrados fueron dos mil setecientos cincuenta en total. **37** Este fue el número de los descendientes de Quehat que podían prestar servicio en la tienda del encuentro, según el censo que hicieron Moisés y Aarón y conforme a la orden que el Señor había dado a Moisés.

38 Los descendientes de Guersón, por orden de clanes y familias, **39** que estaban entre los treinta y los cincuenta años de edad y que eran aptos para el servicio de la tienda del encuentro, **40** fueron dos mil seiscientos treinta. **41** Este fue el número de los descendientes de Guersón que podían prestar servicio en la tienda del encuentro, según el censo que hicieron Moisés y Aarón por orden del Señor.

42 Los descendientes de Merarí, por orden de clanes y familias, **43** que estaban entre los treinta y los cincuenta años de edad y que eran aptos para el servicio de la tienda del encuentro, **44** fueron tres mil doscientos. **45** Este fue el número de los descendientes de Merarí que podían prestar servicio en la tienda del encuentro, según el censo que hicieron Moisés y Aarón y conforme a la orden que el Señor había dado a Moisés.

46 El número total de levitas contados por Moisés, Aarón y los jefes de Israel, por orden de clanes y familias, **47** que estaban entre los treinta y cincuenta años de edad y que eran aptos para el servicio de la tienda del encuentro, **48** fue de ocho mil quinientos ochenta. **49** Este censo se hizo según la orden que el Señor había dado a Moisés, y a cada uno se le dijo lo que tenía que hacer y lo que le tocaba llevar, tal como el Señor se lo había ordenado a Moisés.

5 Orden de expulsar a los ritualmente impuros [a]

1 El Señor se dirigió a Moisés y le dijo:

2 "Ordena a los israelitas que saquen fuera del campamento a todas las personas que tengan lepra, [b] o que sufran de flujo, [c] o que hayan quedado impuras por tocar un cadáver. [d] **3** Que los saquen fuera del campamento, sean hombres o mujeres. Así no harán impuro el campamento, donde yo vivo en medio de ellos."

4 Los israelitas obedecieron la orden que el Señor dio a Moisés y sacaron fuera del campamento a aquellas personas.

Ley sobre daños y perjuicios

5 El Señor se dirigió a Moisés y le dijo:

6 "Di a los israelitas lo siguiente: Cuando un hombre o una mujer es infiel al Señor y causa algún perjuicio a otra persona, comete un pecado **7** y deberá reconocerlo. Además deberá dar a la persona perjudicada, como compensación, el equivalente al daño causado más una quinta parte. **8** Si la persona perjudicada ya ha muerto y no hay ningún pariente cercano a quien darle la compensación, esta será para el Señor y en beneficio del sacerdote, además del carnero que el sacerdote deberá ofrecer para obtener el perdón por el pecado de esa persona. *e*

9 "Toda contribución y ofrenda que los israelitas consagren al Señor, y que lleven ante el sacerdote, será para el sacerdote. **10** Todo lo que se consagre al Señor y se le lleve al sacerdote, será para el sacerdote."

Ley en caso de celos [f]

11 El Señor se dirigió a Moisés y le dijo:

12 "Di a los israelitas lo siguiente: Puede darse el caso de que una mujer sea infiel a su marido **13** y tenga relaciones con otro hombre sin que su marido lo sepa, y que, aunque ella cometa este acto que la hace impura, no haya pruebas de ello y la cosa quede oculta por no haber sido ella sorprendida en el acto mismo. **14** En ese caso, puede ser que el marido se ponga celoso por causa de su mujer. Pero también puede darse el caso de que el marido se ponga celoso aun cuando su mujer sea inocente. **15** En ambos casos, el marido llevará a su mujer ante el sacerdote, y presentará como ofrenda por ella dos kilos de harina de cebada. Pero no derramará aceite ni incienso sobre la harina, pues es una ofrenda por causa de celos, una ofrenda para poner al descubierto un pecado.

16 "El sacerdote hará que la mujer se acerque, y la presentará al Señor. **17** Luego tomará un poco de agua sagrada en una vasija de barro y mezclará con ella un poco de polvo del suelo del santuario. **18** Hará así mismo que la mujer se coloque delante del Señor, le soltará el pelo [g] y le pondrá en las manos la ofrenda por causa de celos para poner al descubierto un pecado; él, por su parte, tomará en sus manos el agua amarga que trae maldición. **19** Entonces le tomará juramento a la mujer, y le dirá: 'Si no has tenido relaciones con otro hombre ni le has sido infiel a tu marido, ni has cometido con otro hombre un acto que te haga impura, que no te pase nada al beber esta agua amarga que

---

n **4.29-33** Cf. Nm 3.36-37.
a **5.1-4** La presencia del Señor en el campamento imponía la necesidad de apartar de él todo aquello que era considerado impuro. Cf. Sal 15; 24.3-6.
b **5.2** *Lepra:* Véanse el *Índice temático* y Lv 13.45 n.
c **5.2** *Sufran de flujo:* Lv 15.2-3.
d **5.2** *Por tocar un cadáver:* Lv 21.1-12; Nm 19.11-22.
e **5.5-8** Cf. Lv 6.1-7(5.20-26).
f **5.11-31** En esta sección se describe el llamado "juicio por ordalía", costumbre practicada de distintas formas en el antiguo Oriente y en otras regiones del mundo. Los hititas y babilonios lo practicaban arrojando al río a la persona acusada: si la persona no moría ahogada, era absuelta del delito de que se le acusaba. En la Biblia tal prueba aparece solamente en este pasaje (pero véase Ex 32.20 n.). Al adoptar esta práctica, la ley israelita le añade la presentación de una ofrenda a Dios (v. 15) y atribuye a Dios el resultado de la prueba (v. 21).
g **5.18** *Le soltará el pelo:* probablemente en señal de penitencia y de duelo.

trae maldición. ²⁰ Pero si le has sido infiel a tu marido, si has tenido relaciones con otro hombre y has cometido así un acto que te hace impura, ²¹ que el Señor te convierta en ejemplo de maldición ante el pueblo, y haga que el vientre se te hinche y que tu criatura se malogre.*ʰ* ²² Ese castigo te vendrá al beber esta agua que trae maldición.' Y la mujer responderá: 'Amén.'

²³ "Entonces el sacerdote pondrá esta maldición por escrito y la borrará con el agua amarga. ²⁴ Después hará que la mujer beba esa agua, para que le provoque amargura dentro de sí, ²⁵ y recibirá de manos de ella la ofrenda por causa de celos para presentarla ante el Señor; luego colocará la ofrenda sobre el altar, ²⁶ y en seguida tomará un puñado de la ofrenda de cereales y lo quemará en el altar como ofrenda de recordación.

"Después que el sacerdote haya hecho beber a la mujer el agua amarga, ²⁷ si ella ha sido infiel a su marido, esta agua que trae maldición provocará amargura dentro de ella, y hará que el vientre se le hinche y que la criatura se malogre, y la mujer se convertirá en ejemplo de maldición entre su pueblo. ²⁸ Pero si la mujer es inocente, no le pasará nada y podrá tener hijos.

²⁹ "Esta es la ley para los casos en que una mujer le sea infiel a su marido y él se ponga celoso, ³⁰ o en los que simplemente se ponga celoso el marido por causa de su mujer. El marido deberá presentar a su mujer ante el Señor, y el sacerdote hará con ella lo que manda esta ley. ³¹ El marido no será considerado culpable, pero si la mujer es culpable, ella sufrirá su castigo."

6 Normas para los nazareos

¹ El Señor se dirigió a Moisés y le dijo: ² "Di a los israelitas lo siguiente: Si un hombre o una mujer hace la promesa de consagrarse al Señor como nazareo,*ᵃ* ³ no podrá beber vino ni ninguna bebida fermentada, ni vinagre hecho de vino o de bebidas fermentadas, ni jugo de uva; tampoco podrá comer uvas ni pasas.*ᵇ* ⁴ Mientras dure su promesa no podrá comer nada de lo que produce la vid, sea lo que sea. ⁵ Tampoco podrá cortarse el cabello, sino que se lo dejará crecer hasta que termine el plazo fijado a su promesa, pues debe mantenerse consagrado al Señor. ⁶ Durante ese tiempo tampoco podrá acercarse a un cadáver, ⁷ ni siquiera en el caso de que muera su padre, su madre, o algún hermano o hermana, pues no quedar impuro, pues está obligado a mantenerse consagrado al Señor. ⁸ Todo el tiempo que dure su promesa, estará consagrado al Señor.

⁹ "Si alguien muere de repente junto a él y le vuelve así impuro el pelo, que él tenía consagrado al Señor, deberá raparse la cabeza siete días más tarde, es decir, el día señalado para su purificación. ¹⁰ El octavo día llevará al sacerdote dos tórtolas o dos pichones de paloma, a la entrada de la tienda del encuentro. ¹¹ El sacerdote ofrecerá uno de ellos como sacrificio por el pecado y el otro como holocausto, y celebrará el rito para obtener el perdón por el pecado cometido al tocar el cadáver. Ese día volverá a consagrar su pelo al Señor, ¹² y comenzará un nuevo periodo de consagración al Señor. El tiempo anterior no se tomará en cuenta, porque el pelo que había consagrado quedó impuro. También deberá llevar al Señor un cordero de un año como sacrificio por la culpa.

¹³ "Cuando termine el plazo de su consagración, el nazareo deberá ir a la entrada de la tienda del encuentro ¹⁴ y ofrecer al Señor un cordero de un año y sin ningún defecto como holocausto, una oveja de un año y sin ningún defecto como sacrificio por el pecado, y un carnero sin ningún defecto como sacrificio de reconciliación. ¹⁵ También deberá ofrecer un canastillo de panes hechos de la mejor harina, sin levadura y amasados con aceite; hojuelas sin levadura rociadas con aceite, junto con sus correspondientes ofrendas de cereales y de vino. ¹⁶ El sacerdote ofrecerá ante el Señor el sacrificio por el pecado y el holocausto,*ᶜ* ¹⁷ y ofrecerá el carnero como sacrificio de reconciliación,*ᵈ* junto con el canastillo de panes sin levadura, y hará la ofrenda de cereales y de vino. ¹⁸ El nazareo se rapará la cabeza a la entrada de la tienda del encuentro, y tomará el pelo que había consagrado y lo echará al fuego que arde bajo el sacrificio de reconciliación. ¹⁹ El sacerdote tomará la espaldilla del carnero, ya cocida, un pan sin levadura del canastillo y una hojuela sin levadura, lo pondrá todo en manos del nazareo, después que este se haya rapado la cabeza. ²⁰ Entonces el sacerdote celebrará el rito de presentación*ᵉ* ante el Señor. El pecho del animal con que se celebra el rito de presentación y el muslo que se da como contribución al Señor, son cosas sagradas y reservadas al sacerdote. Después de esto, el nazareo podrá beber vino.

²¹ "Esta es la ley para el que hace la promesa de consagrarse al Señor como nazareo, y estas son las ofrendas que se le debe presentar, sin contar cualquier otra cosa que esté en capacidad de ofrecer. Deberá cumplir lo prometido, de acuerdo con lo establecido para estos casos."*ᶠ*

La bendición sacerdotal*ᵍ*

²² El Señor se dirigió a Moisés y le dijo:

²³ "Diles a Aarón y a sus hijos que cuando bendigan a los israelitas lo hagan de esta manera:

²⁴ 'Que el Señor te bendiga y te proteja;
²⁵ que el Señor te mire con agrado*ʰ*

ʰ **5.21** *Que tu criatura se malogre:* traducción probable; lit. *que se te caiga la cadera;* el hebreo es oscuro. Así también en v. 27. Quizá signifique que la mujer se volvería estéril.

ᵃ **6.2** *Nazareo:* del heb. *nazir,* que significa *puesto aparte* y *consagrado* (al Señor). El nazareo era una persona que se consagraba al servicio de Dios y exteriormente se distinguía de los demás porque no se cortaba el cabello y no bebía vino ni otras bebidas alcohólicas (véanse Jue 13.4-5 nota *j*; 1 S 1.11 n.; Hch 18.18 nota *ñ*).

ᵇ **6.3** Cf. Lc 1.15.

ᶜ **6.16** *Holocausto:* Cf. Lv 1.

ᵈ **6.17** *Sacrificio de reconciliación:* Cf. Lv 3.

ᵉ **6.20** *Celebrará el rito de presentación:* lit. *los mecerá como ofrenda mecida* (véase Ex 29.24 n.).

ᶠ **6.13-21** Cf. Hch 21.23-24.

ᵍ **6.22-27** Cf. Lv 9.22; Eclo 50.19-21. Durante el culto, en el templo de Jerusalén, los sacerdotes pronunciaban la misma bendición que se encuentra en Nm 6.24-26.

ʰ **6.25** *Que el Señor mire con agrado:* lit. *que el Señor haga resplandecer su rostro sobre ti.* Véase Sal 4.6(7) n.

y te muestre su bondad;
²⁶ que el Señor te mire con amor *ⁱ*
y te conceda la paz.'

²⁷ "Así ellos pronunciarán mi nombre sobre los israelitas, y yo los bendeciré." *ʲ*

7 Ofrendas para la consagración del santuario

¹ El día en que Moisés terminó de construir el santuario, *ᵃ* lo consagró con aceite, *ᵇ* junto con todos los utensilios del santuario y los del altar. *ᶜ* ² Luego los jefes de las tribus, los que habían ayudado a hacer el censo, fueron ³ y presentaron al Señor como ofrenda seis carretas cubiertas y doce bueyes, es decir, una carreta por cada dos jefes y un buey por cada uno. Todo esto lo pusieron delante del santuario.

⁴ Entonces el Señor dijo a Moisés: ⁵ "Recíbeles las carretas y los bueyes, y dáselos a los levitas para que los usen en los trabajos relacionados con la tienda del encuentro, según el trabajo que cada uno deba realizar."

⁶ Moisés recibió las carretas y los bueyes, y los repartió entre los levitas. ⁷ A los descendientes de Guersón les dio dos carretas y cuatro bueyes, que era lo que necesitaban para sus trabajos. ⁸ A los descendientes de Merarí les dio cuatro carretas y ocho bueyes, que era lo que necesitaban para hacer su trabajo bajo la dirección de Itamar, hijo del sacerdote Aarón. ⁹ En cambio, a los descendientes de Quehat no les dio carretas ni bueyes, porque las cosas sagradas que ellos tenían que transportar debían llevarlas en hombros.

¹⁰ Cuando se consagró el altar, los jefes de las tribus llevaron sus ofrendas y las pusieron delante del altar. ¹¹ Entonces el Señor dijo a Moisés: "Cada día será un jefe de tribu distinto el que lleve su ofrenda para la consagración del altar."

¹² El primer día llevó su ofrenda Nahasón, hijo de Aminadab, de la tribu de Judá. ¹³ Su ofrenda consistía en una bandeja de plata que pesaba mil cuatrocientos treinta gramos y un tazón de plata que pesaba setecientos setenta gramos (según el peso oficial del santuario), ambos llenos de la mejor harina, amasada con aceite, para la ofrenda de cereales; ¹⁴ además, un cucharón de oro que pesaba ciento diez gramos, lleno de incienso, ¹⁵ un becerro, un carnero, un cordero de un año para ofrecerlo como holocausto, ¹⁶ un chivo para el sacrificio por el pecado, ¹⁷ y por último, para el sacrificio de reconciliación, dos toros, cinco carneros, cinco chivos y cinco corderos de un año. Esta fue la ofrenda de Nahasón, hijo de Aminadab.

¹⁸ El segundo día llevó su ofrenda Natanael, hijo de Suar, jefe de la tribu de Isacar, ¹⁹⁻²³ y ofrendó lo mismo que Nahasón. *ᵈ*

²⁴ El tercer día llevó su ofrenda Eliab, hijo de Helón, jefe de la tribu de Zabulón, ²⁵⁻²⁹ y ofrendó lo mismo que los anteriores.

³⁰ El cuarto día llevó su ofrenda Elisur, hijo de Sedeúr, jefe de la tribu de Rubén, ³¹⁻³⁵ y ofrendó lo mismo que los anteriores.

³⁶ El quinto día llevó su ofrenda Selumiel, hijo de Surisadai, jefe de la tribu de Simeón, ³⁷⁻⁴¹ y ofrendó lo mismo que los anteriores.

⁴² El sexto día llevó su ofrenda Eliasaf, hijo de Reuel, *ᵉ* jefe de la tribu de Gad, ⁴³⁻⁴⁷ y ofrendó lo mismo que los anteriores.

⁴⁸ El séptimo día llevó su ofrenda Elisamá, hijo de Amihud, jefe de la tribu de Efraín, ⁴⁹⁻⁵³ y ofrendó lo mismo que los anteriores.

⁵⁴ El octavo día llevó su ofrenda Gamaliel, hijo de Pedasur, jefe de la tribu de Manasés, ⁵⁵⁻⁵⁹ y ofrendó lo mismo que los anteriores.

⁶⁰ El noveno día llevó su ofrenda Abidán, hijo de Guidoní, jefe de la tribu de Benjamín, ⁶¹⁻⁶⁵ y ofrendó lo mismo que los anteriores.

⁶⁶ El décimo día llevó su ofrenda Ahiézer, hijo de Amisadai, jefe de la tribu de Dan, ⁶⁷⁻⁷¹ y ofrendó lo mismo que los anteriores.

⁷² El día once llevó su ofrenda Paguiel, hijo de Ocrán, jefe de la tribu de Aser, ⁷³⁻⁷⁷ y ofrendó lo mismo que los anteriores.

⁷⁸ El día doce llevó su ofrenda Ahirá, hijo de Enán, jefe de la tribu de Neftalí ⁷⁹⁻⁸³ y ofrendó lo mismo que los anteriores.

⁸⁴ Así pues, cuando se consagró el altar, los jefes de las tribus de Israel ofrecieron doce bandejas de plata, doce tazones de plata y doce cucharones de oro. ⁸⁵ Cada bandeja de plata pesaba mil cuatrocientos treinta gramos, y cada tazón, setecientos setenta gramos. En total, la plata de todas las bandejas y de todos los tazones pesaba veintiséis mil cuatrocientos gramos, según el peso oficial del santuario. ⁸⁶ Había también doce cucharones de oro llenos de incienso, que pesaban ciento diez gramos cada uno, según el peso oficial del santuario. El oro de todos los cucharones pesaba en total mil trescientos veinte gramos.

⁸⁷ Los animales para el holocausto fueron en total doce becerros, doce carneros, doce corderos de un año, con sus correspondientes ofrendas de cereales, y doce chivos para el sacrificio por el pecado. ⁸⁸ Los animales para el sacrificio de reconciliación fueron en total veinticuatro becerros, sesenta carneros, sesenta chivos y sesenta corderos de un año. Estas fueron las ofrendas para la dedicación del altar, después de su consagración.

⁸⁹ Cuando Moisés entró en la tienda del encuentro para hablar con el Señor, escuchó que el Señor le hablaba desde encima de la tapa del arca de la alianza, de entre los dos seres alados. *ᶠ*

ⁱ **6.26** *Te mire con amor:* lit. *alce sobre ti su rostro.*
ʲ **6.27** La versión griega (LXX) coloca este v. antes del v. 24.
ᵃ **7.1** Esta indicación se refiere a la fecha de Ex 40.17 y no a la de los sucesos de los caps. 1—6 (cf. Nm 1.1 nota *a*).
ᵇ **7.1** Cf. las instrucciones en Ex 40.9-11.
ᶜ **7.1** Las ofrendas de las doce tribus eran idénticas y fueron entregadas en doce días consecutivos (vv. 12-83) por los *jefes de tribu* nombrados en el cap. 1. Las tribus de Israel se mencionan en el mismo orden que en el cap. 2.
ᵈ **7.19-23** *Y ofrendó lo mismo que Nahasón:* Aquí y en los casos siguientes (vv. 24-83) el texto hebreo repite las mismas palabras que aparecen en los vv. 13-17. En esta versión se han suprimido dichas palabras con el objeto de facilitar la lectura.
ᵉ **7.42** *Reuel:* Véase Nm 1.14 n.
ᶠ **7.89** Véanse Ex 25.18 n.; 1 R 6.23 n.

8

Instrucciones para encender las lámparas [a] ¹ El Señor se dirigió a Moisés y le dijo: ² "Dile a Aarón que, cuando acomode las lámparas, haga que su luz dé hacia el frente del candelabro." ³ Aarón cumplió lo que el Señor ordenó a Moisés, y acomodó las lámparas de modo que alumbraran hacia el frente del candelabro. ⁴ El candelabro estaba hecho de oro labrado a martillo, desde su base hasta la punta de sus pétalos. Moisés hizo el candelabro según el modelo que el Señor le había mostrado.

Consagración de los levitas   ⁵ El Señor se dirigió a Moisés y le dijo:

⁶ "Aparta a los levitas de entre los demás israelitas, y purifícalos. [b] ⁷ El rito para la purificación será el siguiente: Tú los rociarás con el agua de la purificación, [c] y después ellos se afeitarán todo el cuerpo y lavarán su ropa; así quedarán puros. ⁸ Luego tomarán un becerro y un poco de la mejor harina, amasada con aceite, para hacer la ofrenda de cereales correspondiente, además de otro becerro para el sacrificio por el pecado. ⁹ Tú harás que los levitas se acerquen a la tienda del encuentro y que todos los israelitas se reúnan. ¹⁰ En seguida harás que los levitas se presenten delante de mí y que los israelitas les vayan poniendo las manos sobre la cabeza. ¹¹ Aarón celebrará ante mí el rito de presentación de los levitas [d] por parte de los israelitas, y así los levitas quedarán dedicados a mi servicio. ¹² Después los levitas pondrán las manos sobre la cabeza de los becerros, y uno de los becerros será ofrecido como sacrificio por el pecado, y el otro como holocausto para purificar a los levitas. ¹³ Luego tú los colocarás ante Aarón y sus hijos, y celebrarás el rito de presentación para dedicármelos; ¹⁴ así apartarás a los levitas de entre los demás israelitas para que sean míos. ¹⁵ Después irán ellos a prestar su servicio en la tienda del encuentro. Deberás purificarlos y presentármelos como una ofrenda especial, ¹⁶ porque de entre todos los israelitas, ellos están dedicados a mí. Yo los he aceptado a cambio de todos los primeros hijos de los israelitas, ¹⁷ porque a mí me pertenecen todos los primeros hijos de los israelitas, así como las primeras crías de sus animales. Cuando hice morir a los hijos mayores de los egipcios, reservé para mí los hijos mayores de los israelitas. [e] ¹⁸ Pero a cambio de ellos acepté a los levitas. ¹⁹ Yo escogí a los levitas de entre los demás israelitas, y se los entregué a Aarón y a sus hijos, para que, en nombre de los israelitas, se encarguen del servicio en la tienda del encuentro y obtengan el perdón del Señor para los israelitas. Así los israelitas no tendrán que acercarse al santuario, y no les pasará nada malo." [f]

²⁰ Moisés, Aarón y todo el pueblo de Israel cumplieron lo que el Señor ordenó a Moisés con respecto a los levitas. ²¹ Los levitas se purificaron y lavaron su ropa, y Aarón los presentó como ofrenda especial ante el Señor, celebrando el rito de purificación por ellos. ²² Después de todo esto, los levitas fueron a cumplir con sus deberes en la tienda del encuentro, bajo la vigilancia de Aarón y sus hijos. Tal como el Señor se lo ordenó a Moisés, así se hizo con los levitas.

Periodo de servicio de los levitas   ²³ El Señor se dirigió a Moisés y le dijo:

²⁴ "Los levitas deben comenzar a prestar sus servicios en la tienda del encuentro a los veinticinco años de edad, [g] ²⁵ y retirarse de servicio a los cincuenta. ²⁶ Después de esa edad podrán ayudar a sus compañeros en sus oficios en la tienda del encuentro, pero no prestar servicio regular. Así deberás organizar el servicio de los levitas."

9

Celebración de la Pascua [a]   ¹ Un año después de que los israelitas salieron de Egipto, en el primer mes del año, [b] el Señor se dirigió a Moisés en el desierto de Sinaí, y le dijo:

² "Los israelitas deben celebrar la fiesta de la Pascua en la fecha señalada, ³ es decir, el día catorce de este mes al atardecer, siguiendo al pie de la letra todas las instrucciones que he dado para su celebración."

⁴ Entonces Moisés ordenó a los israelitas que celebraran la Pascua, ⁵ y ellos lo hicieron así el día catorce de aquel mes, al atardecer, en el desierto de Sinaí, haciendo todo tal como el Señor se lo había ordenado a Moisés. [c]

⁶ Pero había unos hombres que estaban impuros por haber tocado un cadáver, [d] y por eso no pudieron celebrar la Pascua aquel día. Estos fueron a ver a Moisés y a Aarón en el mismo día, ⁷ y le dijeron a Moisés:

—Nosotros hemos tocado un cadáver, y por lo tanto estamos impuros. ¿Acaso no se nos va a permitir presentar al Señor la ofrenda en la fecha señalada, junto con los demás israelitas?

⁸ Moisés les respondió:

—Esperen a que reciba yo instrucciones del Señor en cuanto a ustedes.

⁹ El Señor se dirigió a Moisés y le dijo:

"Di a los israelitas lo siguiente: ¹⁰ Todos ustedes y sus descendientes deben celebrar la Pascua en mi honor. Los que estén impuros por haber tocado un cadáver, o los que se encuentren lejos, de viaje, ¹¹ la celebrarán el día catorce del mes segundo, al atardecer. Deben comer el cordero con hierbas amargas y pan sin levadura, ¹² y no dejar nada para el día siguiente ni quebrarle ningún hueso. [e] Celebren la

---

[a] **8.1-4** Aquí se completan las indicaciones de Ex 25.31-40; 37.17-24 relacionadas con el *candelabro.*

[b] **8.6** *Purifícalos:* Esta prescripción está destinada a eliminar el estado de impureza legal, por medio del rito indicado en los vv. siguientes.

[c] **8.7** *Agua de la purificación:* Cf. Nm 19.9, donde se indica cómo se preparaba esta clase de agua.

[d] **8.11** *Aarón celebrará ante mí el rito de presentación de los levitas:* lit. *Aarón mecerá ante mí a los levitas, ofrenda mecida.* Véase Ex 29.24 n. La persona de los levitas era ofrecida a Dios como una ofrenda especial. Incluso hoy en día los judíos piadosos oran meciéndose con un movimiento de balanceo o vaivén.

[e] **8.17** Ex 13.2,11-16.

[f] **8.19** *No tendrán que acercarse... nada malo:* Véase Nm 4.15 n.

[g] **8.24** *Veinticinco años:* Véase Nm 4.3 n.

[a] **9.1-14** Acerca de la *Pascua,* véase Ex 12.1—13.22 n.

[b] **9.1** Aquí, como en Nm 7.1, se trata de la misma fecha que en Ex 40.17. *El primer mes:* el de Abib (marzo-abril); véase Ex 12.2 n.

[c] **9.1-5** Cf. Ex 12.1-13.

[d] **9.6** Cf. Lv 21.1-2.

[e] **9.12** *Ni quebrarle ningún hueso:* Ex 12.46; citado en Jn 19.36. Cf. Sal 34.20(21); en cuanto a *pan sin levadura,* cf. 1 Co 5.7.

Pascua siguiendo todas las instrucciones que he dado. ¹³ Pero el que deje de celebrar la Pascua a pesar de estar puro y no encontrarse de viaje, deberá ser eliminado de entre su gente. Y puesto que no presentó al Señor la ofrenda en la fecha señalada, recibirá el castigo por su pecado. ¹⁴ "Los extranjeros que vivan entre ustedes deberán celebrar la Pascua en mi honor conforme a todas las instrucciones que he dado. Las mismas normas valdrán tanto para los extranjeros como para los nacidos en el país." ᶠ

La nube sobre la tienda de la alianza (Ex 40.34-38) ¹⁵ El día en que instalaron el santuario, ᵍ es decir, la tienda de la alianza, la nube lo cubrió. Y desde el atardecer aparecía sobre el santuario una especie de fuego que duraba hasta el amanecer. ¹⁶ Así sucedía siempre: de día, la nube cubría la tienda, y de noche se veía una especie de fuego. ʰ ¹⁷ Cuando la nube se levantaba de encima de la tienda, los israelitas se ponían en camino, y en el lugar donde la nube se detenía, allí acampaban. ¹⁸ Cuando el Señor lo ordenaba, los israelitas se ponían en camino o acampaban, y allí se quedaban todo el tiempo que la nube permanecía sobre el santuario. ¹⁹ Si la nube se quedaba sobre el santuario bastante tiempo, los israelitas detenían su marcha para ocuparse del servicio del Señor. ²⁰ Si la nube se quedaba sobre el santuario solo unos cuantos días, a una orden del Señor se ponían en camino, y a otra orden suya se detenían. ²¹ A veces la nube se quedaba solo por la noche, y por la mañana se levantaba; entonces ellos se ponían en camino. Lo mismo de día que de noche, cuando la nube se levantaba, ellos se ponían en camino. ²² Y si la nube se detenía sobre el santuario un par de días, un mes o un año, los israelitas acampaban y no seguían adelante. Pero en cuanto la nube se levantaba, ellos seguían su viaje. ²³ A una orden del Señor acampaban, y a otra orden suya se ponían en camino. Mientras tanto, se ocupaban del servicio del Señor, como él lo había ordenado por medio de Moisés.

10 *Las trompetas de plata* ¹ El Señor se dirigió a Moisés y le dijo: ² "Haz dos trompetas de plata ᵃ labrada a martillo, las cuales te servirán para reunir a la gente y para dar la señal de partida. ³ Cuando se toquen las dos trompetas, todo el pueblo deberá reunirse ante ti, a la entrada de la tienda del encuentro con Dios. ⁴ Pero cuando se toque una sola, se reunirán solamente los principales jefes de tribu. ⁵ Cuando el toque de trompetas vaya acompañado de fuertes gritos, se pondrán en camino los que estén acampados en el lado este, ⁶ y al segundo toque se pondrán en camino los que estén acampados en el lado sur. El toque de trompetas acompañado de gritos será la señal de partida. ⁷ El simple toque de trompetas será la señal para que se reúna la gente. ⁸ Los encargados de tocar las trompetas serán los sacerdotes, los descendientes de Aarón. Esta será para ustedes una ley permanente.

⁹ "Cuando un enemigo los ataque ᵇ en su propio territorio y ustedes tengan que salir a pelear, toquen las trompetas y lancen fuertes gritos. Así yo, el Señor su Dios, me acordaré de ustedes y los salvaré de sus enemigos. ¹⁰ Toquen también las trompetas en días alegres, como los días de fiesta o de luna nueva, cuando ofrecen holocaustos ᶜ y sacrificios de reconciliación. Así yo me acordaré de ustedes. Yo soy el Señor su Dios."

II. LOS TREINTA Y OCHO AÑOS DE MARCHA Y LA PERMANENCIA EN EL DESIERTO DE CADÉS (10.11—21.35)

Los israelitas parten del Sinaí ¹¹ El día veinte del mes segundo del segundo año, ᵈ se levantó la nube de encima del santuario de la alianza. ¹² Los israelitas se pusieron en marcha, partiendo del desierto de Sinaí. La nube se detuvo en el desierto de Parán. ᵉ ¹³ Tal como el Señor lo había ordenado por medio de Moisés, ¹⁴ en primer lugar iban los ejércitos que marchaban bajo la bandera de Judá, y que tenían como jefe a Nahasón, hijo de Aminadab. ¹⁵ Al frente del ejército de la tribu de Isacar estaba Natanael, hijo de Suar. ¹⁶ Al frente del ejército de la tribu de Zabulón estaba Eliab, hijo de Helón. ¹⁷ Entonces desarmaron el santuario, y los descendientes de Guersón y de Merarí, que eran los encargados de transportarlo, se pusieron en camino.

¹⁸ En seguida iban los ejércitos que marchaban bajo la bandera de Rubén, y que tenían como jefe a Elisur, hijo de Sedeúr. ¹⁹ Al frente del ejército de la tribu de Simeón estaba Selumiel, hijo de Surisadai. ²⁰ Al frente del ejército de la tribu de Gad estaba Eliasaf, hijo de Reuel. ᵍ ²¹ En seguida iban los descendientes de Quehat, que llevaban los utensilios sagrados. Cuando ellos llegaban, ya encontraban el santuario instalado.

²² Después seguían los ejércitos que marchaban bajo la bandera de Efraín, y que tenían como jefe a Elisamá, hijo de Amihud. ²³ Al frente del ejército de la tribu de Manasés estaba Gamaliel, hijo de Pedasur. ²⁴ Al frente del ejército de la tribu de Benjamín estaba Abidán, hijo de Guidoní.

²⁵ Por último, detrás de los otros ejércitos, seguían los que marchaban bajo la bandera de Dan, y que tenían como jefe a Ahiézer, hijo de Amisadai. ²⁶ Al frente del ejército de la tribu de Aser estaba Paguiel, hijo de Ocrán. ²⁷ Al frente del ejército de la tribu de Neftalí estaba Ahirá, hijo de Enán.

²⁸ Este era el orden que seguían los ejércitos israelitas cuando se ponían en camino.

ᶠ **9.14** Ex 12.48-49.
ᵍ **9.15** Se trata de la misma fecha que en Ex 40.17 y de la preparación para salir del desierto de Sinaí (Nm 10.11-28).
ʰ **9.16** Ex 13.21-22. *De día:* según versiones antiguas; el hebreo deja esta frase sobreentendida.
ᵃ **10.2** Se trata de *trompetas* rectas, de unos 60 cm. o más de largo, como las que usaban los egipcios. Se utilizaron posteriormente en el culto del templo (2 Cr 5.12).

ᵇ **10.9** *Los ataque:* o *los oprima.*
ᶜ **10.10** *Holocaustos:* Cf. Lv 1.
ᵈ **10.11** *El día veinte...:* es decir, diecinueve días después del censo (Nm 1.1), o sea once meses después de la llegada al Sinaí (Ex 19.1).
ᵉ **10.12** *El desierto de Parán:* situado al norte del desierto de Sinaí.
ᶠ **10.13-28** El orden de la marcha coincide con el de las tribus enumeradas en 2.3-31.
ᵍ **10.20** *Reuel:* Véase Nm 1.14 n.

Moisés invita a su cuñado a acompañarlos **29** Un día Moisés le dijo a su cuñado Hobab, hijo de Reuel el madianita:[h]

—Nosotros nos vamos al país que el Señor ha prometido darnos. Ven con nosotros y te trataremos bien, pues el Señor ha prometido tratar con bondad a Israel.

30 Pero Hobab le contestó:

—No, yo prefiero volver a mi tierra, donde están mis parientes.

31 —No te vayas —insistió Moisés—. Tú conoces bien los lugares donde se puede acampar en el desierto, y puedes servirnos de guía. **32** Si vienes con nosotros, compartiremos contigo todo lo bueno que el Señor nos conceda.

33 Así pues, se fueron del monte del Señor y caminaron durante tres días. El arca de la alianza del Señor iba delante de ellos, buscándoles un lugar donde descansar. **34** Durante el día, apenas se ponían en camino, la nube del Señor iba encima de ellos.[i] **35** En cuanto el arca se ponía en marcha, Moisés decía:

"¡Levántate, Señor!
¡Que se dispersen tus enemigos!
¡Que al verte huyan los que te odian!"[j]

36 Pero cuando el arca se detenía, decía Moisés:

"¡Vuelve ahora, Señor,
a los incontables ejércitos de Israel!"[k]

11

El Señor promete carne a los israelitas[a] **1** Un día los israelitas se pusieron a murmurar[b] contra el Señor debido a las dificultades por las que estaban pasando. Al oírlos, el Señor se enojó mucho y les envió un fuego que incendió los alrededores del campamento. **2** El pueblo gritó pidiendo ayuda a Moisés, y Moisés rogó al Señor por ellos. Entonces el fuego se apagó. **3** Por eso aquel lugar se llamó Taberá,[c] porque allí el fuego del Señor ardió contra ellos. **4** Entre los israelitas se había mezclado gente de toda clase,[d] que solo pensaba en comer. Y los israelitas, dejándose llevar por ellos, se pusieron a llorar y a decir: "¡Ojalá tuviéramos carne para comer! **5** ¡Cómo nos viene a la memoria el pescado que comíamos gratis en Egipto! Y también comíamos pepinos, melones, puerros, cebollas y ajos. **6** Pero ahora nos estamos muriendo de hambre, y no se ve otra cosa que el maná."[e]

7 (El maná era parecido a la semilla del cilantro; tenía un color amarillento, como el de la resina. **8** y sabía a tortas de harina con aceite. La gente salía a recogerlo, y luego lo molían o machacaban, y lo cocinaban o lo preparaban en forma de panes. **9** Por la noche, cuando caía el rocío sobre el campamento, caía también el maná.)

10 Moisés oyó que los israelitas y sus familiares lloraban a la entrada de sus tiendas. El Señor estaba muy enojado. Y Moisés también se disgustó, **11** y le dijo al Señor:

—¿Por qué me tratas mal a mí, que soy tu siervo? ¿Qué tienes contra mí, que me has hecho cargar con este pueblo? **12** ¿Acaso soy yo su padre o su madre para que me pidas que los lleve en brazos, como a niños de pecho, hasta el país que prometiste a sus antepasados? **13** ¿De dónde voy a sacar carne para dar de comer a toda esta gente? Vienen llorando a decirme: 'Danos carne para comer.' **14** Yo no puedo ya encargarme de llevar solo a todo este pueblo; es una carga demasiado pesada para mí. **15** Si vas a seguir tratándome así, mejor quítame la vida, si es que de veras me estimas. Así no tendré que verme en tantas dificultades.

16 Pero el Señor le contestó:

—Reúneme a setenta ancianos israelitas, de los que sepas que tienen autoridad entre el pueblo, y tráelos a la tienda del encuentro y que esperen allí contigo.[f] **17** Yo bajaré y hablaré allí contigo, y tomaré una parte del espíritu que tú tienes y se la daré a ellos para que te ayuden a sobrellevar a este pueblo. Así no estarás solo. **18** Luego manda al pueblo que se purifique[g] para mañana, y comerán carne. Ya los he oído llorar y decir: '¡Ojalá tuviéramos carne para comer! ¡Estábamos mejor en Egipto!' Pues bien, yo les voy a dar carne para que coman, **19** y no solo un día o dos, ni cinco o diez o veinte. No. **20** Comerán carne durante todo un mes, hasta que les salga por las narices y les dé asco, porque me han rechazado a mí, el Señor, que estoy en medio de ellos, y han llorado y han dicho ante mí: '¿Para qué salimos de Egipto?'

21 Entonces Moisés respondió:

—El pueblo que viene conmigo es de seiscientos mil hombres a pie,[h] ¿y dices que nos vas a dar a comer carne durante un mes entero? **22** ¿Dónde hay tantas ovejas y vacas que se puedan matar y que alcancen para todos? Aun si les diéramos todo el pescado del mar, no les alcanzaría.

23 Pero el Señor le contestó:

—¿Crees que es tan pequeño mi poder? Ahora vas a ver si se cumple o no lo que he dicho.

Setenta ancianos hablan como profetas **24** Moisés salió y contó al pueblo lo que el Señor le había dicho, y reunió a setenta ancianos israelitas y los colocó alrededor de la tienda. **25** Entonces el Señor bajó en la nube y habló con Moisés; luego tomó una parte del espíritu que Moisés

---

[h] 10.29 *Cuñado:* o *suegro;* el texto no es claro; además, al suegro de *Moisés* se le dan diferentes nombres (véanse Ex 2.16 n. y Nm 24.21-22 nota *p*).

[i] 10.34 En la versión griega (LXX), este v. sigue al v. 36.

[j] 10.35 Sal 68.1(2).

[k] 10.36 *A los incontables ejércitos de Israel:* otra posible traducción: *tú que eres para Israel como un ejército incontable.*

[a] 11.1-23 Este es un nuevo relato del don del maná y de las codornices (cf. Ex 16), entretejido aquí con la explicación de cómo Moisés nombró a sus ayudantes (cf. Ex 18.13-27).

[b] 11.1 *Se pusieron a murmurar:* El tema de las murmuraciones se repite a menudo en el libro de *Éxodo* y, con mayor frecuencia, en el de *Números* (véanse la *Introducción,* y también Ex 14.11-12 n.). A lo largo del relato se destacan la intercesión de Moisés por el pueblo rebelde y la compasión del Señor a pesar de esa rebeldía.

[c] 11.3 En hebreo, *Taberá* significa *quema* o *incendio.*

[d] 11.4 *Gente de toda clase:* Cf. Ex 12.38.

[e] 11.6 *Maná:* Cf. Ex 16.14-16, y véanse Ex 16.15 notas *h, i*; 16.31 n.

[f] 11.16 Cf. Ex 18.21.

[g] 11.18 *Que se purifique:* Véase Nm 8.6 n.

[h] 11.21 *Seiscientos mil hombres:* Cf. Ex 12.37, y véase Nm 1.46 n. El relato subraya la acción de Dios, que sostiene milagrosamente en el desierto a un pueblo numeroso.

tenía y se lo dio a los setenta ancianos. En cuanto el espíritu reposó sobre ellos, comenzaron a hablar como profetas;[i] pero esto no volvió a repetirse.

[26] Dos hombres, el uno llamado Eldad y el otro Medad, habían sido escogidos entre los setenta, pero no fueron a la tienda sino que se quedaron en el campamento. Sin embargo, también sobre ellos reposó el espíritu, y comenzaron a hablar como profetas en el campamento. [27] Entonces un muchacho fue corriendo a decirle a Moisés:

—¡Eldad y Medad están hablando como profetas en el campamento!

[28] Entonces Josué, hijo de Nun, que desde joven era ayudante de Moisés, dijo:

—¡Señor mío, Moisés, prohíbeles que lo hagan!

[29] Pero Moisés le contestó:

—¿Ya estás celoso por mí? ¡Ojalá el Señor le diera su espíritu a todo su pueblo, y todos fueran profetas!

[30] Entonces Moisés y los ancianos de Israel volvieron al campamento.

El Señor envía codornices[j] [31] El Señor hizo que soplara del mar un viento que trajo bandadas de codornices, las cuales cayeron en el campamento y sus alrededores, cubriendo una distancia de hasta un día de camino alrededor del campamento, y formando un tendido de casi un metro de altura.[k] [32] Todo ese día y toda la noche y todo el día siguiente la gente estuvo recogiendo codornices. El que menos recogió, recogió diez montones[l] de codornices, que pusieron a secar en los alrededores del campamento. [33] Pero apenas estaban masticando[m] los israelitas la carne de las codornices, cuando el Señor se enfureció contra ellos y los castigó, haciendo morir a mucha gente. [34] Por eso le pusieron a ese lugar el nombre de Quibrot-hataavá,[n] porque allí enterraron a los que solo pensaban en comer. [35] De Quibrot-hataavá siguió el pueblo su camino hasta Haserot, y allí se quedó.

12 María y Aarón critican a Moisés
[1] María[a] y Aarón empezaron a hablar mal de Moisés, porque este se había casado con una mujer etíope.[b] [2] Además dijeron: "El Señor no ha hablado solamente con Moisés; también ha hablado con nosotros."[c] Y el Señor lo oyó.

[3] En realidad, Moisés era el hombre más humilde del mundo.[d] [4] Por eso el Señor les dijo a Moisés, Aarón y María: "Vayan ustedes tres a la tienda del encuentro."

Los tres fueron allá. [5] Entonces el Señor bajó en una espesa nube y se colocó a la entrada de la tienda; luego llamó a Aarón y a María, y cuando ellos se presentaron [6] el Señor les dijo: "Escuchen esto que les voy a decir: Cuando hay entre ustedes un profeta de mi parte,[e] yo me comunico con él en visiones y le hablo en sueños; [7] pero con mi siervo Moisés no lo hago así. Él es el más fiel de todos mis siervos,[f] [8] y con él hablo cara a cara[g] y en un lenguaje claro. Y si él me ve cara a cara,[h] ¿cómo se atreven ustedes a hablar mal de él?"

[9] El Señor se enojó mucho con ellos, y se fue. [10] Y en cuanto la nube se alejó de la tienda, María se puso leprosa, con la piel toda blanca. Cuando Aarón se volvió para mirar a María, y vio que estaba leprosa,[i] [11] le dijo a Moisés: "Por favor, mi señor, no nos castigues por este pecado que tontamente hemos cometido. [12] No permitas que ella quede como una criatura muerta antes de nacer, que sale con la piel medio deshecha."

[13] Entonces Moisés suplicó al Señor: "Por favor, oh Dios, te ruego que la sanes."

[14] Y el Señor le respondió: "Si su padre le escupiera en la cara, quedaría deshonrada durante siete días. Pues entonces, que la echen fuera del campamento[j] durante siete días, y después podrá volver."

[15] Y así María fue echada fuera del campamento durante siete días. Mientras tanto, el pueblo no se movió de allí. [16] En cuanto María se reunió con ellos, se pusieron en camino desde Haserot, y acamparon en el desierto de Parán.[k]

13 Moisés envía exploradores a Canaán[a] (Dt 1.19-25)
[1] El Señor se dirigió a Moisés y le dijo:

[2] "Envía unos hombres a que exploren la tierra de Canaán, que yo voy a dar a los israelitas. Envía de cada tribu a uno que sea hombre de autoridad."

[3] Tal como el Señor se lo ordenó, Moisés los envió desde el desierto de Parán. Todos eran hombres de autoridad

---

[i] *11.25 Comenzaron a hablar como profetas:* Se trata de palabras dichas en un estado de éxtasis o frenesí, como los descritos en 1 S 10.6,10-13; 1 R 22.6,10-12.

[j] *11.31-35* Estos vv. concluyen el relato de los vv. 18-23.

[k] *11.31 Del mar:* probablemente el Golfo de Akaba. *Formando un tendido de casi un metro de altura:* también puede traducirse *volando como a un metro de altura.* Véase Ex 16.13 n.

[l] *11.32 Diez montones:* lit. *diez homeres,* es decir, una cantidad enorme (véase *Tabla de Pesas, monedas y medidas*).

[m] *11.33 Pero apenas estaban masticando:* otra posible traducción: *pero antes de masticar.*

[n] *11.34* En hebreo, *Quibrot-hataavá* significa *tumbas del apetito* (o *de la gula).*

[a] *12.1 María:* hermana de Moisés y Aarón (Ex 15.20-21).

[b] *12.1 Etíope:* lit. *cusita.* Este nombre designa generalmente a los etíopes, pero quizá se aplicaba también a los madianitas (cf. Hab 3.7). Aquí podría referirse a la madianita Séfora (Ex 2.16-21) o, tal vez, a otra esposa de Moisés, de la que no se han conservado más noticias.

[c] *12.2 Con Moisés... con nosotros:* también puede traducirse *por medio de Moisés... por medio de nosotros.* En Ex 15.20, María es llamada *profetisa.*

[d] *12.3* Cf. Eclo 45.4. En Ex 3.11; 4.10-13, Moisés expresa preocupación por sus propias limitaciones.

[e] *12.6 Cuando hay entre vosotros un profeta de mi parte:* traducción probable, según algunas versiones antiguas.

[f] *12.7 Él es... todos mis siervos:* otra posible traducción: *A él le he confiado todo mi pueblo* (lit. *mi casa;* cf. Heb 3.2).

[g] *12.8* Cf. Ex 33.11; Dt 34.10.

[h] *12.8 Si él me ve cara a cara:* lit. *si él ve la forma del Señor.* La palabra hebrea traducida por *forma* sugiere la idea de una silueta o de algo visto por detrás (cf. Ex 33.20-23).

[i] *12.10 Leprosa:* Nm 5.2; véase *Lepra* en el *Índice temático.*

[j] *12.14* Nm 5.2-3; cf. Lv 13.1-8,24-28. Escupir a alguien en la cara era una manera de maldecirlo (Dt 25.9).

[k] *12.16* Nm 10.12.

[a] *13.1-13* Los caps. 13—14 se refieren al punto más crítico de la marcha de los israelitas por el desierto. A causa de sus continuas murmuraciones y rebeldías, Dios hizo que permanecieran allí durante cuarenta años, en lugar de introducirlos de inmediato en la Tierra prometida.

entre los israelitas, **4** y eran los siguientes: Samúa, hijo de Zacur, de la tribu de Rubén; **5** Safat, hijo de Horí, de la tribu de Simeón; **6** Caleb, hijo de Jefuné, de la tribu de Judá; **7** Igal, hijo de José, de la tribu de Isacar; **8** Oseas, hijo de Nun, de la tribu de Efraín; **9** Paltí, hijo de Rafú, de la tribu de Benjamín; **10** Gadiel, hijo de Sodí, de la tribu de Zabulón; **11** Gadí, hijo de Susí, de la tribu de José (es decir, la tribu de Manasés); **12** Amiel, hijo de Guemalí, de la tribu de Dan; **13** Setur, hijo de Micael, de la tribu de Aser; **14** Nahbí, hijo de Vapsí, de la tribu de Neftalí; **15** Gueuel, hijo de Maquí, de la tribu de Gad.

16 Estos son los nombres de los hombres que Moisés envió a explorar el país. A Oseas, hijo de Nun, le cambió el nombre y le puso Josué. *b*

17 Moisés, pues, los envió a explorar la tierra de Canaán, y les dijo:

—Vayan por el Néguev y suban a la región montañosa. *c* **18** Fíjense en cómo es el país, y en si la gente que vive en él es fuerte o débil, y en si son pocos o muchos. **19** Vean si sus ciudades están hechas de tiendas de campaña o si son fortificadas, y si la tierra en que viven es buena o mala, **20** fértil o estéril, y si tiene árboles o no. No tengan miedo; traigan algunos frutos de la región.

Esto sucedió en la época en que se recogen las primeras uvas. *d* **21** Los hombres fueron y exploraron el país desde el desierto de Sin, en el sur, hasta Rehob, en el norte, junto a la entrada de Hamat. **22** Entraron por el Néguev y llegaron hasta Hebrón. Allí vivían Ahimán, Sesai y Talmai, descendientes de Anac. Hebrón fue construida siete años antes que Soan en Egipto. *e* **23** Llegaron hasta el arroyo de Escol, cortaron allí una rama que tenía un racimo de uvas, y entre dos se lo llevaron colgado de un palo. También recogieron granadas e higos. **24** A ese arroyo le pusieron por nombre Escol, *f* por el racimo que cortaron allí los israelitas.

25 Después de explorar la tierra durante cuarenta días, regresaron **26** a Cadés, *g* en el desierto de Parán. Allí estaban Moisés, Aarón y todos los israelitas. Y les contaron lo que habían averiguado y les mostraron los frutos del país. **27** Le dijeron a Moisés:

—Fuimos a la tierra a la que nos enviaste. Realmente es una tierra donde la leche y la miel corren como el agua, *h* y estos son los frutos que produce. **28** Pero la gente que vive allí es fuerte, y las ciudades son muy grandes y fortificadas. Además de eso, vimos allá descendientes del gigante Anac. *i* **29** En la región del Néguev viven los amalecitas, en la región montañosa viven los hititas, los jebuseos y los amorreos, y por el lado del mar y junto al río Jordán viven los cananeos. *j*

30 Entonces Caleb hizo callar al pueblo que estaba ante Moisés, y dijo:

—¡Pues vamos a conquistar esa tierra! ¡Nosotros podemos conquistarla!

31 Pero los que habían ido con él respondieron:

—¡No, no podemos atacar a esa gente! Ellos son más fuertes que nosotros.

32 Y se pusieron a decir a los israelitas que el país que habían ido a explorar era muy malo. Decían:

—La tierra que fuimos a explorar mata a la gente que vive en ella, *k* y todos los hombres que vimos allá eran enormes. **33** Vimos también a los gigantes, a los descendientes de Anac. *l* Al lado de ellos nos sentíamos como langostas, y así nos miraban ellos también.

14 Los israelitas se rebelan contra el Señor *a* (Dt 1.26-33)

1 Entonces los israelitas comenzaron a gritar, y aquella noche se la pasaron llorando. **2** Todos ellos se pusieron a hablar mal de Moisés y de Aarón. Decían: "¡Ojalá hubiéramos muerto en Egipto, o aquí en el desierto! **3** ¿Para qué nos trajo el Señor a este país? ¿Para morir en la guerra, y que nuestras mujeres y nuestros hijos caigan en poder del enemigo? ¡Más nos valdría regresar a Egipto!" **4** Y empezaron a decirse unos a otros: "¡Pongamos a uno de jefe y volvamos a Egipto!"

5 Moisés y Aarón se inclinaron hasta tocar el suelo con la frente delante de todo el pueblo, **6** y Josué y Caleb, que habían estado explorando el país, se rasgaron la ropa en señal de dolor **7** y dijeron a todos los israelitas:

—¡La tierra que fuimos a explorar es excelente! **8** Si el Señor nos favorece, nos ayudará a entrar a esa tierra y nos la dará. Es un país donde la leche y la miel corren como el agua. **9** Pero no se rebelen contra el Señor, *b* ni le tengan miedo a la gente de ese país, porque ellos van a ser pan comido para nosotros; a ellos no hay quien los proteja, mientras que nosotros tenemos de nuestra parte al Señor. ¡No tengan miedo!

---

b **13.16** *Oseas* y *Josué* son dos formas del mismo nombre, derivadas de un verbo hebreo que significa *salvar;* de la transcripción griega deriva el nombre *Jesús* (Mt 1.21 n.).

c **13.17** Los vv. siguientes describen con bastante precisión el itinerario de los espías: saliendo de Cadés (13.26 n.), atravesaron el *Néguev* (véase Gn 12.9 n.) hasta llegar a *Hebrón* (v. 22), en la región montañosa que después se llamó Judá o Judea (véase Gn 13.18 n.), y desde allí siguieron hasta el extremo norte de Canaán (v. 21). Véase *Índice de mapas.*

d **13.20** *En la época en que se recogen las primeras uvas:* es decir, a mediados o fines de julio.

e **13.22** *Soan:* Esta ciudad desempeña un papel importante en la historia de los israelitas en Egipto. Véase Sal 78.12 n.

f **13.24** *Escol* era el nombre de un valle al norte de Hebrón; su nombre, en hebreo, significa *racimo de uvas.*

g **13.26** *Cadés,* llamado también *Cadés-barnea,* es un oasis situado entre el *desierto de Parán* y el de Sin, no muy lejos de la parte sur de Canaán (Nm 34.3-4; Jos 15.1,3). Véase *Índice de mapas.*

h **13.27** *Tierra donde... como el agua:* expresión frecuente en el Pentateuco, que expresa la fertilidad de la Tierra prometida (Ex 3.8 nota *f*).

i **13.28** *Anac:* Véase Nm 13.33 n.

j **13.29** *Amalecitas:* Véase Ex 17.8 nota *g*. Respecto de los otros habitantes de Canaán, véanse Gn 10.16-18 n.; Ex 3.8 nota *g*.

k **13.32** *Mata a la gente que vive en ella:* es decir, es un país donde no se puede vivir, porque es estéril y malsano o porque allí siempre hay guerras y conflictos.

l **13.33** Los *descendientes de Anac* eran un grupo de cananeos, famosos por su estatura. Aquí se los designa con el término hebreo *nefilim* (*gigantes*), probablemente porque la tradición los había relacionado con los *gigantes* de Gn 6.1-4. Véase también Dt 2.10-11n.

a **14.1-19** En el siguiente relato vuelve a aparecer el tema de la murmuración (véanse Nm 11.1 n.; 13.1-33 n.).

b **14.9** Cf. Heb 3.16.

¹⁰ A pesar de esto, la gente quería apedrearlos. Entonces la gloria del Señor se apareció en la tienda del encuentro, a la vista de todos los israelitas, ᶜ ¹¹ y el Señor dijo a Moisés:

—¿Hasta cuándo va a seguir menospreciándome este pueblo? ¿Hasta cuándo van a seguir dudando de mí, a pesar de los milagros que he hecho entre ellos? ¹² Les voy a enviar una epidemia mortal que les impida tomar posesión de esa tierra; pero de ti haré un pueblo más grande y más fuerte que ellos. ᵈ

¹³ Pero Moisés respondió al Señor:

—Tú, con tu poder, sacaste de Egipto a este pueblo. Cuando los egipcios sepan lo que vas a hacer, ¹⁴ se lo contarán a los habitantes del país de Canaán. Ellos también han oído decir que tú, Señor, estás en medio de este pueblo, que te dejas ver cara a cara y tu nube está sobre ellos, y que de día vas delante de ellos en una columna de nube y de noche en una columna de fuego. ¹⁵ Si matas a este pueblo de un solo golpe, las naciones que saben de tu fama van a decir: ¹⁶ 'El Señor no pudo hacer que este pueblo entrara en la tierra que había jurado darles, y por eso los mató en el desierto.' ¹⁷ Por eso, Señor, muestra ahora tu gran poder, tal como lo has prometido. Tú has dicho ¹⁸ que no te enojas fácilmente, que es muy grande tu amor y que perdonas la maldad y la rebeldía, aunque no dejas sin castigo al culpable, sino que castigas la maldad de los padres en los hijos, los nietos, los bisnietos y los tataranietos. ᵉ ¹⁹ Puesto que tu amor es tan grande, perdónale a este pueblo su maldad, ya que has tenido paciencia con ellos desde Egipto hasta este lugar.

El Señor castiga a los israelitas (Dt 1.34-40) ²⁰ El Señor respondió:

—Bien, yo los perdono, tal como me lo pides. ²¹ Pero, eso sí, tan cierto como que yo vivo y que mi gloria llena toda la tierra, ²² ninguno de los que han visto mi gloria y los milagros que hice en Egipto y en el desierto, y que me han puesto a prueba una y otra vez en el desierto y no han querido obedecer mis órdenes, ²³ ninguno de ellos verá la tierra que prometí a sus antepasados. Ninguno de los que me han menospreciado la verá. ᶠ ²⁴ Solamente mi siervo Caleb ha tenido un espíritu diferente y me ha obedecido fielmente. Por eso a él sí lo dejaré entrar en el país que fue a explorar, y sus descendientes se establecerán allí. ᵍ ²⁵ (Los amalecitas y los cananeos viven en la llanura.) En cuanto a ustedes, den la vuelta mañana y sigan por el desierto en dirección al Mar Rojo. ʰ

²⁶ El Señor se dirigió a Moisés y Aarón, y les dijo:

²⁷ —¿Hasta cuándo voy a tener que soportar las habladurías de estos malvados israelitas? Ya les he oído hablar mal de mí. ²⁸ Pues ve a decirles de mi parte: 'Yo, el Señor, juro por mi vida que voy a hacer que les suceda a ustedes lo mismo que les he oído decir. ²⁹ Todos los mayores de veinte años que fueron registrados en el censo y que han hablado mal de mí, morirán, y sus cadáveres quedarán tirados en este desierto. ⁱ ³⁰ Con la excepción de Caleb y de Josué, ninguno de ustedes entrará en la tierra donde solemnemente les prometí que les iba a establecer. ³¹ En cambio, a sus hijos, de quienes ustedes decían que iban a caer en poder de sus enemigos, los llevaré al país que ustedes han despreciado, para que ellos lo disfruten. ³² Los cadáveres de ustedes quedarán tirados en este desierto, ³³ en el que sus hijos vivirán como pastores durante cuarenta años. De este modo ellos pagarán por la infidelidad de ustedes, hasta que todos ustedes mueran aquí en el desierto. ³⁴ Ustedes estuvieron cuarenta días explorando el país; pues también estarán cuarenta años pagando su castigo: un año por cada día. Así sabrán lo que es ponerse en contra de mí.' ʲ ³⁵ Yo, el Señor, lo afirmo: Así voy a tratar a este pueblo perverso que se ha unido contra mí. En este desierto encontrarán su fin; aquí morirán.

Muerte de los diez espías malvados ³⁶⁻³⁷ En cuanto a los hombres que Moisés había enviado a explorar el país y que al volver dieron tan malos informes, haciendo que la gente murmurara, el Señor los hizo caer muertos. ³⁸ De todos ellos, solo Josué y Caleb quedaron con vida.

Los israelitas son derrotados en Hormá (Dt 1.41-46) ³⁹ Cuando Moisés contó a los israelitas lo que el Señor había dicho, todos ellos se pusieron muy tristes. ⁴⁰ A la mañana siguiente se levantaron temprano, subieron a la parte alta de la región montañosa y dijeron:

—¡Ya estamos aquí! Vayamos al lugar que el Señor nos ha prometido, pues en verdad hemos pecado.

⁴¹ Pero Moisés les dijo:

—¿Por qué desobedecen las órdenes del Señor? ¡Ese intento va a fracasar! ⁴² No sigan adelante, porque el Señor no está con ustedes. Sus enemigos los van a derrotar. ⁴³ Allá delante los esperan los amalecitas y los cananeos, para pelear con ustedes y matarlos. Y puesto que ustedes han abandonado al Señor, él ya no está con ustedes.

⁴⁴ Ellos, sin embargo, se empeñaron en subir a la parte alta de la región montañosa; pero ni el arca de la alianza del Señor ni Moisés se movieron del campamento. ⁴⁵ Entonces salieron los amalecitas y los cananeos que vivían en la región, y persiguieron a los israelitas hasta Hormá, ᵏ derrotándolos completamente.

15

Leyes sobre los sacrificios ᵃ ¹ El Señor se dirigió a Moisés y le dijo:

ᶜ **14.10** Cf. Ex 16.6-7.
ᵈ **14.11-20** Cf. Sal 106.23. Acerca de la intercesión de Moisés, cf. Ex 32.9-14; Dt 9.25-29. Cf. también Dt 32.26-27.
ᵉ **14.18** Ex 20.5-6; 34.6-7; Dt 5.9-10; 7.9-10.
ᶠ **14.21-23** Cf. Heb 3.18.
ᵍ **14.24** Jos 14.9-12.
ʰ **14.25** Evidentemente se trata del Golfo de Akaba, en el brazo oriental del *Mar Rojo* (Ex 13.18 nota *f*). Véase *Índice de mapas.*
ⁱ **14.29** Cf. Heb 3.17.
ʲ **14.34** *Ponerse en contra de mí:* otra posible traducción: *tenerme en contra de ustedes.*
ᵏ **14.45** *Hormá:* en el sur de Canaán, a unos 80 km. al nordeste de Cadés. (Véase *Índice de mapas.*) Como en otros casos semejantes, la desobediencia al Señor trae como consecuencia la derrota del pueblo. Cf. Jos 7.
ᵃ **15.1-31** Los vv. 1-16 complementan las leyes de Lv 1—3 sobre los sacrificios. En los vv. 22-29 se trata de los sacrificios que debían ofrecerse en el caso de faltas cometidas por inadvertencia; los vv. 30-31 se refieren a pecados más graves, cometidos deliberadamente.

² "Di a los israelitas lo siguiente: Cuando entren ustedes en el país que yo voy a darles para que vivan en él, ³ y me ofrezcan un toro o una oveja para quemarlo en mi honor como sacrificio u holocausto de olor agradable, ya sea en cumplimiento de alguna promesa o como ofrenda voluntaria, o en ocasión de alguna fiesta, ⁴ el que presente la ofrenda deberá añadir dos kilos de harina fina amasada con un litro de aceite. ⁵ Además, a los sacrificios indicados se deberá añadir una ofrenda de un litro de vino por cada cordero.

⁶ Si se trata del sacrificio de un carnero, se añadirán cuatro kilos de harina amasada con poco más de un litro de aceite ⁷ y algo más de un litro de vino, como ofrenda de olor agradable para mí. ⁸ Si se trata del sacrificio de un becerro, para ofrecerlo como holocausto o como sacrificio de reconciliación, o en cumplimiento de una promesa, ⁹ se añadirán seis kilos de harina amasada con dos litros de aceite, ¹⁰ más dos litros de vino, como ofrenda quemada de olor agradable para mí. ¹¹ Esto es lo que deberá hacerse por cada toro, cada carnero, cada cordero o cada cabrito que se ofrezca. ¹² Por cada animal que se ofrezca se hará su ofrenda correspondiente, según el número de animales. ¹³ Todo israelita deberá cumplir estas normas cuando me haga una ofrenda quemada de olor agradable.

¹⁴ "Si un extranjero, ya sea que se encuentre de paso o que viva permanentemente entre ustedes, quiere presentarme una ofrenda quemada de olor agradable, deberá cumplir las mismas normas que todos ustedes. ¹⁵ La misma norma vale para ustedes y para los extranjeros; será una ley permanente, que pasará de padres a hijos. ¹⁶ Una misma ley y una misma norma habrá para ustedes y para los extranjeros." *ᵇ*

¹⁷ El Señor se dirigió a Moisés y le dijo:

¹⁸ "Di a los israelitas lo siguiente: Cuando hayan entrado en el país adonde los voy a llevar, ¹⁹ y empiecen a disfrutar del trigo que se produce en él, deberán separar una parte para ofrecérmela. ²⁰ Y así como me ofrecen la primera porción del trigo trillado, así también con la primera masa que preparen me harán una ofrenda de pan. ²¹ Esta ofrenda deberán hacerla siempre.

²² "Cuando involuntariamente dejen ustedes de hacer cualquiera de las cosas que le he ordenado a Moisés ²³ desde el primer día en adelante, para que ustedes y sus descendientes las cumplan, deberán hacer lo siguiente:

²⁴ "Si la falta ha sido involuntaria y de todo el pueblo, todo el pueblo me ofrecerá un becerro como holocausto de olor agradable, con su correspondiente ofrenda de cereales y de vino, como Dios lo ha ordenado; además, me ofrecerán un chivo como sacrificio por el pecado. ²⁵ Luego el sacerdote celebrará el rito para obtener el perdón a favor de todo el pueblo de Israel, y yo perdonaré, pues se trata de una falta involuntaria y ellos me presentaron su ofrenda y su sacrificio por el pecado. ²⁶ Yo perdonaré a todo el pueblo de Israel y a los extranjeros que vivan entre ustedes, si la falta del pueblo ha sido involuntaria.

²⁷ "Si la falta involuntaria la comete una persona en particular, esa persona ofrecerá como sacrificio por el pecado una cabrita de un año. ²⁸ El sacerdote celebrará ante mí el rito para obtener el perdón por el pecado involuntario de esa persona, y yo la perdonaré. ²⁹ La misma norma vale para los israelitas y para los extranjeros que vivan entre ustedes, si la falta cometida ha sido involuntaria. *ᶜ*

³⁰ "Pero si una persona peca voluntariamente, *ᵈ* ya sea israelita o extranjera, me ofende a mí. Por lo tanto, esa persona será eliminada de entre su gente, *ᵉ* ³¹ pues despreció mi palabra y no cumplió mis órdenes; será eliminada del todo y cargará con su maldad."

Castigo por la violación del sábado

³² Cuando los israelitas estaban en el desierto, encontraron a un hombre recogiendo leña en sábado. ³³ Los que lo encontraron lo llevaron ante Moisés y Aarón, y ante todo el pueblo, ³⁴ y ellos lo tuvieron bajo vigilancia, pues aún no se había decidido lo que se debía hacer con él. ³⁵ Entonces dijo el Señor a Moisés: "Ese hombre debe ser condenado a muerte. Que todos los israelitas lo apedreen fuera del campamento." ³⁶ Entonces los israelitas lo sacaron del campamento y lo apedrearon hasta que murió, tal como el Señor se lo había ordenado a Moisés.

Borlas con flecos en el borde de la ropa

³⁷ El Señor se dirigió a Moisés y le dijo:

³⁸ "Di a los israelitas lo siguiente: Ustedes y sus descendientes deberán llevar borlas con flecos en el borde de su ropa. *ᶠ* Las borlas deben ser de hilo morado. ³⁹ Así, cuando ustedes vean las borlas, se acordarán de todos los mandamientos que yo les he dado y los cumplirán, y no se dejarán llevar por sus propios pensamientos y deseos, por los cuales ustedes han dejado de serme fieles. ⁴⁰ Así se acordarán de todos mis mandamientos y los cumplirán, y estarán consagrados a mí, que soy su Dios. ⁴¹ Yo soy el Señor, el Dios de ustedes, que los saqué de Egipto para ser su Dios. Yo soy el Señor su Dios."

16 La rebelión de Coré y su castigo

¹ Un levita descendiente de Quehat, llamado Coré, *ᵃ* hijo de Ishar, y tres hombres más de la tribu de Rubén, llamados Datán y Abiram, hijos de Eliab, y On, hijo de Pélet, ² se rebelaron contra Moisés. A ellos se les unieron otros doscientos cincuenta israelitas, hombres de autoridad en el pueblo, que pertenecían al grupo de consejeros y tenían buena fama. ³ Todos ellos se reunieron, se enfrentaron con Moisés y Aarón, y les dijeron:

ᵇ 15.16 Lv 24.22.

ᶜ **15.22-29** Con respecto a los pecados cometidos por inadvertencia, véase Lv 4.1-35 n. Cf. también Sal 19.12(13).

ᵈ **15.30** *Voluntariamente:* lit. *con la mano en alto,* es decir, con una actitud altanera o desafiante. Esta legislación establece que se podían perdonar las faltas cometidas por inadvertencia (vv. 24-29), pero no había remisión para las faltas voluntarias (v. 31). La *Carta a los Hebreos* destaca este hecho para mostrar que el sacerdote de la antigua alianza podía compadecerse de los que pecaban por ignorancia (Heb 5.2), mientras que Jesucristo es el sacerdote que quita todo pecado de una sola vez y para siempre (Heb 9.12-18).

ᵉ **15.30-31** *Eliminada de entre su gente:* Cf. Lv 7.20.

ᶠ **15.38** Dt 22.12; Mt 23.5. Los judíos ortodoxos usan todavía estas *borlas* con sus *flecos,* que servían como recordatorio de *los mandamientos* del Señor.

ᵃ **16.1** *Coré:* Jud 11; cf. Eclo 45.18-19.

—¡Basta ya de privilegios![b] Todo el pueblo ha sido consagrado por Dios, y el Señor está con todos nosotros. ¿Por qué se levantan ustedes como autoridad suprema sobre el pueblo del Señor?

4 Al oír esto, Moisés se inclinó hasta tocar el suelo con la frente, **5** y dijo a Coré y a los que lo seguían:

—Mañana por la mañana el Señor hará saber quién le pertenece [c] y quién le está consagrado y puede presentarle las ofrendas. Solo podrá presentarle ofrendas aquel a quien él escoja. **6** Hagan lo siguiente: traigan los incensarios de Coré y sus compañeros, **7** pónganles brasas, échenles incienso y colóquenlos mañana delante del Señor. El hombre a quien el Señor escoja, es el que le está consagrado. ¡Y basta ya,[d] levitas!

8 Luego dijo Moisés a Coré:

—Óiganme, levitas: **9** ¿Les parece poco que el Dios de Israel los haya escogido a ustedes de entre el pueblo de Israel, y que estén cerca de él y se ocupen de los oficios del santuario del Señor y presten este servicio al pueblo? **10** El Señor ha querido que tú y los demás miembros de tu tribu, los levitas, estén cerca de él, ¿y ahora ambicionan también el sacerdocio? **11** Realmente Aarón no es nadie para que hablen mal de él; es contra el Señor contra quien tú y tus compañeros se han rebelado.

12 Luego Moisés mandó llamar a Datán y a Abiram, hijos de Eliab, pero ellos respondieron:

—No queremos ir. **13** ¿Te parece poco habernos sacado de un país donde la leche y la miel corren como el agua,[e] para hacernos morir en el desierto, que además quieres ser nuestro jefe supremo? **14** Tú no nos has llevado a ningún país donde la leche y la miel corran como el agua, ni nos has dado campos ni viñedos. ¿Quieres que todos se dejen llevar como si fueran ciegos?[f] No, no iremos a verte.

15 Entonces Moisés se enojó mucho, y dijo al Señor:

—¡No aceptes sus ofrendas! Yo no les he quitado a ellos ni siquiera un asno, y tampoco le he hecho mal a ninguno de ellos.

16 Después Moisés dijo a Coré:

—Preséntense mañana tú y tus compañeros, delante del Señor. Aarón también estará allí. **17** Que cada uno lleve su incensario y le ponga incienso. Tú y Aarón llevarán también su incensario y lo pondrán, junto con los otros doscientos cincuenta, delante del Señor.

18 Entonces cada uno tomó su incensario, le puso brasas e incienso y se colocó, junto con Moisés y Aarón, delante de la tienda del encuentro. **19** Coré ya había reunido contra ellos a todo el pueblo[g] frente a la tienda del encuentro. La gloria del Señor se apareció entonces ante todo el pueblo, **20** y el Señor les dijo a Moisés y Aarón:

21 —¡Apártense de ese pueblo, que voy a destruirlo en un momento!

22 Pero ellos, inclinándose hasta tocar el suelo con la frente, dijeron:

—Oh Dios, tú que das la vida a todos los hombres, ¿vas a enojarte con todo el pueblo por el pecado de un solo hombre?

23 Y el Señor respondió a Moisés:

24 —Diles a todos los israelitas que se aparten de la tienda donde están Coré, Datán y Abiram.

25 Moisés se levantó, seguido por los ancianos de Israel, y fue a donde estaban Datán y Abiram. **26** Entonces le dijo al pueblo:

—Apártense de las tiendas de esos hombres perversos, y no toquen nada de lo que les pertenece, no vaya a ser que también ustedes mueran por el pecado de ellos.

27 El pueblo se apartó de donde estaban Coré, Datán y Abiram. Datán y Abiram estaban a la entrada de su tienda, con sus mujeres y sus hijos. **28** Y Moisés continuó:

—Con esto les voy a probar que es el Señor quien me ha enviado a hacer todas estas cosas, y que no las hago por mi propia voluntad. **29** Si estos hombres mueren de muerte natural, como los demás hombres, es que el Señor no me ha enviado; **30** pero si el Señor hace algo extraordinario, y la tierra se abre y se los traga a ellos con todo lo que tienen, y caen vivos al fondo de la tierra, entonces sabrán ustedes que son estos hombres los que han menospreciado al Señor.

31 En cuanto Moisés terminó de hablar, la tierra se abrió debajo de ellos **32** y se tragó a todos los hombres que habían unido a Coré, junto con sus familias y todo lo que tenían.[h] **33** Cayeron vivos al fondo de la tierra,[i] con todas sus cosas, y luego la tierra volvió a cerrarse. Así fueron eliminados de entre los israelitas. **34** Al oírlos gritar, todos los israelitas que se encontraban alrededor salieron corriendo y diciendo: "¡No nos vaya a tragar la tierra a nosotros también!" **35** Además, el Señor envió un fuego que mató a los doscientos cincuenta hombres que habían ofrecido incienso.[j]

36 (17.1) [k] Y el Señor se dirigió a Moisés y le dijo:

37 (17.2) "Ordena a Eleazar, hijo de Aarón, que saque los incensarios de entre los restos del incendio, y que arroje lejos las brasas que aún haya en ellos. **38** (17.3) Los incensarios de estos hombres, que han muerto por haber pecado, han quedado consagrados porque fueron usados para presentar incienso delante de mí. Conviertan, pues, ese metal en

---

[b] **16.3** ¡Basta ya de privilegios!: otra posible traducción: ¡Ustedes se sobrepasan demasiado!

[c] **16.5** Cf. 2 Ti 2.19.

[d] **16.7** Y basta ya: otra posible traducción: Y ustedes se sobrepasan (véase 16.3 n.).

[e] **16.13** País donde... como el agua: Véase Nm 13.27 n. Aquí la expresión se refiere a Egipto, en contraste con el desierto infructuoso.

[f] **16.14** ¿Quieres que todos se dejen llevar como si fueran ciegos?: otra posible traducción: ¿Vas a volver ciegos a estos hombres?; lit. ¿Vas a sacarles los ojos a estos hombres? La frase alude probablemente al castigo que se imponía a los esclavos fugitivos cuando eran capturados y se les hacía regresar a Egipto. Otra posible traducción: ¿Quieres engañar a hombres como nosotros?

[g] **16.19** Todo el pueblo: o toda su banda.

[h] **16.31-32** Este pasaje expresa el concepto antiguo de la culpabilidad colectiva, que involucra a toda la familia (cf. Ex 20.5-6; 34.6-7; Jos 7.22-26). Cf. también Ez 18.1-20.

[i] **16.33** Al fondo de la tierra: lit. al sheol o reino de la muerte (véase Sal 6.5[6] n.).

[j] **16.35** Sal 106.16-18. Cf. el castigo de Nadab y Abihú (Lv 10.1-2).

[k] **16.36(17.1)—17.13(28)** Los números entre paréntesis corresponden a la numeración del texto hebreo.

NÚMEROS 16—18

láminas para recubrir el altar, y para que sirva de advertencia a los israelitas."

39 (17.4) El sacerdote Eleazar recogió los incensarios de bronce que habían presentado los hombres que murieron en el incendio, y ordenó que los convirtieran en láminas para recubrir el altar. **40** (17.5) Esta fue una advertencia a los israelitas de que nadie, aparte de los descendientes de Aarón, podía acercarse al altar para ofrecer incienso al Señor; de lo contrario, le pasaría lo que a Coré y a sus compañeros. Y todo se hizo tal como el Señor se lo había ordenado a Eleazar por medio de Moisés.

41 (17.6) Al día siguiente, todo el pueblo de Israel empezó a hablar contra Moisés y Aarón. Decían:

—¡Ustedes están matando al pueblo del Señor!

42 (17.7) Y todos se arremolinaban alrededor de Moisés y Aarón; pero ellos se dirigieron a la tienda del encuentro. En ese momento la nube la cubrió y se apareció la gloria del Señor. *l* **43** (17.8) Entonces Moisés y Aarón fueron al frente de la tienda del encuentro, **44** (17.9) y el Señor le dijo a Moisés: **45** (17.10) —¡Apártense de toda esa gente, que los voy a destruir en un momento!

Moisés y Aarón se inclinaron hasta tocar el suelo con la frente, **46** (17.11) y Moisés le dijo a Aarón:

—Trae tu incensario, pone brasas del altar y échale incienso; vete en seguida a donde está el pueblo y pide a Dios perdón por ellos, porque la ira del Señor se ha encendido y la plaga ya comenzó.

47 (17.12) Aarón hizo lo que le dijo Moisés, y se fue corriendo a donde estaba el pueblo reunido. La plaga enviada por Dios ya estaba haciendo estragos entre el pueblo. Entonces Aarón puso incienso y pidió a Dios perdón por el pueblo. **48** (17.13) Luego se colocó entre los que ya habían muerto y los que todavía estaban con vida, y la plaga se detuvo, **49** (17.14) aunque ya para entonces habían muerto catorce mil setecientas personas, sin contar los que habían muerto antes, durante la rebelión de Coré. **50** (17.15) Cuando la plaga terminó, Aarón volvió a la entrada de la tienda del encuentro para reunirse con Moisés. *m*

17 El bastón de Aarón retoña *a*

1 (16) El Señor se dirigió a Moisés y le dijo:

2 (17) "Ordena a los israelitas que cada uno de los jefes de tribu traiga un bastón, *b* o sea doce bastones en total. Tú escribirás el nombre de cada uno en su bastón, **3** (18) y en el bastón correspondiente a la tribu de Leví escribirás el nombre de Aarón, pues debe haber un bastón por cada jefe de tribu. **4** (19) Los colocarás en la tienda del encuentro, frente al arca de la alianza, que es donde yo me encuentro con ustedes. **5** (20) Voy a hacer que retoñe el bastón de mi elegido,

y así los israelitas no seguirán hablando mal de ustedes delante de mí."

6 (21) Moisés dijo esto mismo a los israelitas, y cada uno de los jefes de tribu le dio un bastón, reuniendo así doce bastones en total. Entre ellos estaba también el bastón de Aarón. *c* **7** (22) Moisés colocó los bastones delante del Señor en la tienda de la alianza, **8** (23) y al día siguiente, cuando fue a la tienda, vio que el bastón de Aarón, correspondiente a la tribu de Leví, había retoñado: *d* había echado retoños, y dado flores, y tenía almendras maduras. **9** (24) Entonces Moisés sacó de la presencia del Señor todos los bastones y se los mostró a los israelitas. Después de verlos, cada uno tomó su bastón.

10 (25) Entonces el Señor dijo a Moisés: "Vuelve a poner el bastón de Aarón delante del arca de la alianza, y guárdalo allí como advertencia para este pueblo rebelde. Así harás que dejen de hablar mal delante de mí, y no morirán."

11 (26) Moisés hizo todo tal como el Señor se lo ordenó, **12** (27) pero los israelitas dijeron a Moisés: "¡Estamos perdidos! ¡Todos vamos a morir! **13** (28) Todos los que se acercan al santuario del Señor, mueren. ¿Acaso vamos a morir todos?" *e*

18 Funciones especiales de los sacerdotes y levitas

1 El Señor le dijo a Aarón:

"Tú y tus hijos, junto con los demás miembros de la tribu de Leví, a la que perteneces, serán responsables por las faltas que se cometan contra el santuario; pero solamente tú y tus hijos serán responsables por las faltas que cometan ustedes en sus funciones sacerdotales. **2** Pero debes hacer que los demás miembros de la tribu de Leví, a la cual perteneces, te ayuden a ti y a tus hijos en el servicio ante la tienda de la alianza. **3** Ellos estarán a tu servicio y al servicio de la tienda, pero no deberán acercarse a los utensilios del santuario ni al altar; de lo contrario, morirán ellos y ustedes también. **4** Deberán acompañarte en el servicio de la tienda del encuentro y en todos los oficios correspondientes. Pero ninguna persona extraña debe acercarse a ustedes; **5** ustedes son los encargados del servicio del santuario y el altar. Así no volveré a enojarme con los israelitas. **6** Yo separé a tus hermanos los levitas de los demás israelitas para dárselos a ustedes, a fin de que sirvan en los oficios de la tienda del encuentro; **7** pero solamente tú y tus hijos podrán desempeñar las funciones sacerdotales relacionadas con el altar o que se realizan tras el velo. *a* Este oficio les corresponde a ustedes, pues yo les he dado el derecho de ejercer las funciones sacerdotales. Si alguien oficia como sacerdote, sin serlo, será condenado a muerte."

---

l 16.42(17.7) Cf. Ex 40.34.
m 16.47-50(17.12-15) A pesar de haber presenciado un acto portentoso del Señor, el pueblo mantiene su actitud de rebeldía. Cf. Sab 18.20-25.
a 17.1-13(16-28) El relato siguiente reivindica los derechos exclusivos de Aarón y de la tribu de Leví a oficiar en el culto del santuario. Según el cap. anterior, estos derechos habían sido cuestionados por Coré y sus secuaces.
b 17.2(17) El *bastón* simbolizaba la autoridad del *jefe;* aquí se trata de los jefes de las doce *tribus.*

c 17.6(21) Moisés cuenta *doce* tribus sin incluir a la de Leví (caps. 1; 2; 26); de esta manera, con *el bastón de Aarón* había 13 bastones en total.
d 17.8(23) Heb 9.4.
e 17.12-13(27-28) *¿Acaso vamos a morir todos?:* Este miedo del pueblo encuentra respuesta en las prescripciones del cap. 18, que aclara a quiénes les corresponde el derecho de acercarse al santuario.
a 18.7 *Tras el velo:* en el Lugar Santísimo (Ex 26.1-37 n.).

Sostenimiento de los sacerdotes y los levitas [8] El Señor le dijo a Aarón:

"Yo he puesto bajo tu cuidado las ofrendas que se me hacen. Todas las ofrendas sagradas que los israelitas me hacen, te las doy a ti y a tus hijos como la parte que les corresponde; [b] esta será una norma para siempre. [9] De los sacrificios que se queman, [c] te tocarán a ti todas las ofrendas de cereales y los sacrificios que por el pecado o por la culpa me ofrezcan los israelitas; todas estas ofrendas sagradas serán para ti y para tus hijos. [10] Todo varón de entre ustedes podrá comer de estas ofrendas, pero habrá de comerlas en un lugar consagrado, pues son sagradas.

[11] "También te doy a ti, y a tus hijos e hijas que aún vivan contigo, las ofrendas especiales [d] que los israelitas me presenten. Esta será una ley permanente. Cualquier persona de tu familia que esté ritualmente pura, podrá comerlas. [12] También te doy los primeros frutos que los israelitas me traen cada año: lo mejor del aceite, lo mejor del vino y del trigo. [13] Igualmente los primeros frutos de las cosechas que ellos me ofrecen, serán para ti. Cualquier persona de tu familia que esté ritualmente pura, podrá comerlos. [14] Toda ofrenda que los israelitas me consagren, [e] será para ti.

[15] "Todos los primeros hijos de los israelitas o las primeras crías de los animales, que me ofrecen, serán para ti. [f] Pero en el caso de los primeros hijos de los hombres y de las primeras crías de los animales impuros, pedirás un rescate a cambio. [16] El rescate deberá pagarse un mes después del nacimiento, y será de cinco monedas de plata, según la moneda oficial del santuario, que pesa once gramos. [g] [17] Pero no permitirás que sean rescatadas las primeras crías de las vacas, las ovejas o las cabras. Esas están reservadas para mí, y tendrás que matarlas; su sangre la derramarás sobre el altar, y su grasa la quemarás como ofrenda de olor agradable para mí. [18] Tú podrás quedarte con la carne, lo mismo que con el pecho del animal, que es la ofrenda especial, y con el muslo derecho. [19] Todas las contribuciones que los israelitas aparten para mí, te las doy a ti, y a tus hijos e hijas que aún vivan contigo. Esta es una ley permanente. Es una alianza invariable, [h] eterna, que yo hago contigo y con tus descendientes."

[20] El Señor le dijo a Aarón:

"Tú no tendrás tierra ni propiedades en Israel, como los demás israelitas. Yo seré tu propiedad y tu herencia en Israel. [21] A los levitas les doy como propiedad esa décima parte [i] que los israelitas deben entregar de sus productos, en pago del servicio que prestan en la tienda del encuentro. [22] Los demás israelitas no deberán acercarse a la tienda del encuentro, porque cometerían un pecado que les traería la muerte. [23] Los levitas serán los únicos que se ocuparán del servicio de la tienda del encuentro, y serán responsables de las faltas que cometan. Esta será una ley permanente, que pasará de padres a hijos. Los levitas no tendrán territorio propio en Israel. [24] A ellos les he dado en propiedad la décima parte que los israelitas deben ofrecerme de sus productos. Por eso les he dicho que no tendrán territorio propio en Israel."

[25] El Señor se dirigió a Moisés y le dijo:

[26] "Diles a los levitas que cuando reciban de los israelitas esa décima parte de sus productos que yo les he dado como su propiedad, deberán reservar un décimo de ella para ofrecérmelo a mí. [j] [27] Esa será su contribución, semejante a la contribución que hacen los israelitas cuando dan una parte de su trigo y de su vino. [28] Así, de esa décima parte que les dan los israelitas, los levitas apartarán su contribución al Señor y se la darán al sacerdote Aarón. [29] De todo lo que les den, deberán separar una parte como contribución para mí; y la parte que me consagren debe ser la mejor.

[30] "Diles también: 'Una vez que hayan separado la mejor parte para mí, el resto pueden considerarlo como si fuera su trigo y su vino, [31] y pueden comerlo ustedes y sus familias en cualquier lugar. Ese es su salario por el servicio que prestan en la tienda del encuentro. [32] Una vez que hayan separado la mejor parte para mí, podrán comer el resto sin cometer pecado; de esta manera no profanarán las ofrendas sagradas de los israelitas, y no serán condenados a muerte.' "

19

Normas para la purificación ritual [1] El Señor se dirigió a Moisés y Aarón, y les dijo:

[2] "Yo, el Señor, doy esta orden: Di a los israelitas que traigan una vaca de pelo rojizo, que no tenga ningún defecto y a la que nunca antes le hayan puesto el yugo. [3] Ustedes se la entregarán al sacerdote Eleazar, [a] y él la sacará fuera del campamento y ordenará que la maten en su presencia. [4] El sacerdote Eleazar tomará con el dedo un poco de sangre, y rociará con ella siete veces hacia la tienda del encuentro. [5] Luego quemarán la vaca en su presencia, y quemarán también el cuero, la carne, la sangre y el estiércol. [6] El sacerdote tomará en seguida madera de cedro, una ramita de hisopo [b] y tela roja, y lo echará todo al fuego en que se quema la vaca; [7] luego lavará su ropa y se lavará a sí mismo con agua, y después podrá entrar en el campamento, aunque quedará ritualmente impuro hasta la tarde. [8] En cuanto al hombre que quemó la vaca, lavará

---

[b] **18.8** Como la tribu de Leví no tenía territorio propio, los sacrificios y ofrendas eran el medio de subsistencia de los sacerdotes (vv. 20-24; cf. Lv 2.3).

[c] **18.9** *Que se queman:* según la versión griega (LXX). El hebreo puede entenderse en este mismo sentido o en el *apartado del fuego,* con referencia a la porción de *los sacrificios* reservada a los sacerdotes, aparte de la porción que era consumida por el fuego. Cf. vv 30-32.

[d] **18.11** *Ofrendas especiales:* lit. *ofrendas mecidas* (Ex 29.24 n.); lo mismo en vv. 18,26.

[e] **18.14** Lv 27.28.

[f] **18.15-17** Cf. Ex 13.11-14; 34.19-20.

[g] **18.16** Acerca del rescate de *los primeros hijos* o primogénitos, véase Nm 3.40-51 n.

[h] **18.19** *Pacto invariable:* lit. *pacto de sal* (cf. 2 Cr 13.5). Esta expresión alude probablemente a la solemnización de un pacto por medio de la participación de las personas contratantes en una comida con sal. El empleo de la sal sugería simbólicamente las ideas de permanencia y estabilidad, por cuanto ella preserva los alimentos de la corrupción. Véase Lv 2.13 n.

[i] **18.21** *Décima parte* o *diezmo:* Lv 27.30-33; Dt 14.22-29; cf. Mal 3.8-10.

[j] **18.26** *Ofrecérmelo:* lit. *presentármelo como ofrenda mecida* (18.11 n.).

[a] **19.3** *Eleazar:* Véase Nm 20.25-28 n.

[b] **19.6** *Hisopo:* Véase Ex 12.22 n.

también su ropa y se lavará a sí mismo con agua, y quedará ritualmente impuro hasta la tarde. ⁹ Otro hombre, que esté ritualmente puro, recogerá la ceniza ᶜ de la vaca y la pondrá en un lugar puro fuera del campamento. Esa ceniza la utilizará el pueblo de Israel para preparar el agua de purificación. Todo esto es un sacrificio por el pecado. ¹⁰ El que recogió la ceniza, lavará su ropa, y quedará ritualmente impuro hasta la tarde. Esta es una ley permanente, que vale tanto para ustedes los israelitas como para los extranjeros que vivan entre ustedes.

¹¹ "El que toque el cadáver de cualquier persona, quedará impuro durante siete días. ¹² Al tercero y al séptimo día deberá purificarse con el agua de purificación, y quedará puro. Si no se purifica al tercero y al séptimo día, no quedará puro. ¹³ Si alguien toca el cadáver de una persona y no se purifica, profana el santuario del Señor y, por lo tanto, deberá ser eliminado de Israel. Puesto que no ha sido rociado con el agua de purificación, se encuentra en estado de impureza. ᵈ

¹⁴ "Las normas para cuando alguien muere en una tienda de campaña, son las siguientes: Todos los que se encuentren dentro de la tienda y todos los que entren en ella, quedarán impuros durante siete días. ¹⁵ Todas las vasijas que estén destapadas, o con la tapa mal puesta, también quedarán impuras.

¹⁶ "En campo abierto, todo el que toque el cadáver de una persona asesinada o muerta de muerte natural, o unos huesos humanos, o una tumba, quedará impuro durante siete días.

¹⁷ "En tales casos de impureza, se tomará un poco de la ceniza de la vaca sacrificada por el pecado, y se pondrá en una vasija para echarle encima agua de manantial. ¹⁸ Luego, un hombre que esté puro tomará una ramita de hisopo, la mojará en el agua y rociará con ella la tienda, las vasijas y las personas que estaban allí, y también al que tocó los huesos o el cadáver de la persona asesinada o muerta de muerte natural, o la tumba. ¹⁹ El hombre ritualmente puro debe rociar al impuro en los días tercero y séptimo. Al séptimo día ya lo habrá purificado. Entonces la persona impura lavará su ropa y se lavará a sí misma con agua, pero quedará impura hasta la tarde. ²⁰ Si una persona ritualmente impura no se purifica, debe ser eliminada de entre su pueblo, pues profana el santuario del Señor. Puesto que no fue rociada con el agua de purificación, sigue estando impura. ²¹ Esta es una ley permanente. El que rocía a otro con el agua de purificación, deberá lavar su ropa. El que toque el agua de purificación, quedará impuro hasta la tarde. ²² Todo lo que sea tocado por una persona impura, quedará impuro; y el que toque a una persona impura, quedará también impuro hasta la tarde."

20 Agua de la roca (Ex 17.1-7)

¹ En el primer mes ᵃ del año, los israelitas llegaron al desierto de Sin, y se quedaron por un tiempo en Cadés. ᵇ Allí murió María, y allí fue enterrada.

² Como la gente no tenía agua, se reunieron todos para protestar ᶜ contra Moisés y Aarón, ³ y le dijeron a Moisés:

—¡Ojalá hubiéramos muerto junto con los otros israelitas que hizo morir el Señor! ᵈ ⁴ ¿Para qué trajeron ustedes al pueblo del Señor a este desierto? ¿Acaso quieren que muramos nosotros y nuestro ganado? ⁵ ¿Para qué nos sacaron de Egipto y nos trajeron a este lugar tan horrible? Aquí no se puede sembrar nada; no hay higueras, ni viñedos, ni granados; ¡ni siquiera hay agua para beber!

⁶ Moisés y Aarón se alejaron del pueblo y se fueron a la entrada de la tienda del encuentro, y allí se inclinaron hasta tocar el suelo con la frente. Entonces la gloria del Señor se les apareció, ⁷ y el Señor le dijo a Moisés:

⁸ —Toma el bastón y, con la ayuda de tu hermano Aarón, reúne a la gente. Luego, delante de todos, ordénale a la roca que les dé agua, y verás que de la roca brotará agua para que beban ellos y el ganado.

⁹ Moisés tomó el bastón que estaba delante del Señor, tal como él se lo ordenó; ¹⁰ luego Moisés y Aarón reunieron a la gente delante de la roca, y Moisés les dijo:

—Escuchen, rebeldes: ¿acaso tendremos que sacar agua de esta roca para darles de beber?

¹¹ Y diciendo esto, Moisés levantó la mano y golpeó dos veces la roca con el bastón, y brotó mucha agua. Así la gente y el ganado se pusieron a beber. ¹² Pero el Señor dijo a Moisés y a Aarón:

—Puesto que ustedes no tuvieron confianza en mí ni me honraron delante de los israelitas, no entrarán con esta gente en el país que les he dado. ᵉ

¹³ Ese es el manantial de Meribá, ᶠ donde los israelitas le hicieron reclamaciones al Señor y él les mostró su santidad.

Edom no deja pasar a Israel ᵍ ¹⁴ Desde Cadés, Moisés envió unos mensajeros al rey de Edom, a decirle: "Tus hermanos ʰ israelitas te mandan decir: 'Tú bien sabes las

---

ᶜ 19.9 *Ceniza:* aludida en Heb 9.13.
ᵈ 19.11-13 Cf. Lv 21.1-3.
ᵃ 20.1 *El primer mes:* o sea, el de Abib; el año tiene que ser deducido a partir del contexto (Cf. Nm 9.1).
ᵇ 20.1 El *desierto de Sin* se encuentra al nordeste del desierto de Parán; *Cadés,* entre ambas zonas desérticas, podía considerarse perteneciente al desierto de Parán o al de Sin, como en el caso presente. Véase *Índice de mapas.* El v. 1 parece incluir globalmente el periodo de casi cuarenta años que los israelitas pasaron en el oasis de Cadés (véase Nm 13.26 n.).
ᶜ 20.2 Este relato contiene otra de las muchas referencias a la murmuración de los israelitas en el desierto (véanse Nm 11.1 n. y la *Introducción* al libro de *Números*).
ᵈ 20.3 Nm 16.23-33.
ᵉ 20.12 Los textos del AT explican de distintas maneras los motivos de esta decisión divina. La mayoría de las veces se dice que Moisés no pudo entrar en la Tierra prometida, no a causa de una falta personal, sino por su solidaridad con el pueblo, que desde la salida de Egipto no había dejado de rebelarse contra el Señor (Dt 1.37; 3.26-27; 4.21; Sal 106.32). Otras veces, como en el caso presente, esa exclusión se atribuye a una desobediencia y a una falta de fe (Nm 27.12-14; Dt 32.51).
ᶠ 20.13 *Meribá* significa en hebreo *reclamación* o *queja* (véase Ex 17.7 nota *d*).
ᵍ 20.14-21 Después de su larga permanencia en Cadés (véase Nm 20.1 nota *b*), los israelitas se preparan para reanudar la marcha hacia la Tierra prometida.
ʰ 20.14 *Tus hermanos:* Los edomitas eran considerados descendientes de Esaú, llamado también Edom. Cf. Gn 36.1-43.

dificultades por las que hemos pasado. **15** Nuestros antepasados se fueron a Egipto y vivieron allá mucho tiempo, pero los egipcios nos maltrataron a nosotros, igual que a nuestros antepasados; **16** entonces pedimos ayuda al Señor, y él escuchó nuestros gritos y envió un ángel *i* y nos sacó de Egipto. Y aquí estamos ahora, en la ciudad de Cadés, en la frontera de tu país. **17** Te pedimos que nos dejes pasar por tu territorio. No pasaremos por los campos sembrados ni por los viñedos, ni beberemos agua de tus pozos. Iremos por el camino real, *j* y no nos apartaremos de él hasta que hayamos cruzado tu territorio.' "

18 Pero el rey de Edom les respondió:

—¡No pasen por mi territorio, pues de lo contrario saldré a su encuentro con mi ejército!

19 Los israelitas le explicaron:

—Seguiremos el camino principal, y si nosotros o nuestro ganado llegamos a beber agua de tus pozos, te la pagaremos. Lo único que queremos es pasar a pie por tu territorio.

20 Pero el rey de Edom les contestó:

—¡Pues no pasarán!

Y salió al encuentro de los israelitas con un ejército fuerte y bien armado, **21** empeñado en no dejarlos pasar por su territorio. Entonces los israelitas buscaron otro camino. *k*

Muerte de Aarón **22** Todo el pueblo de Israel salió de Cadés en dirección al monte Hor. *l* **23** Allí, junto a la frontera de Edom, el Señor les dijo a Moisés y a Aarón:

24 "Aarón va a morir, y no entrará en el país que yo he dado a los israelitas, porque junto al manantial de Meribá *m* ustedes desobedecieron mis órdenes. *n* **25** Tú, Moisés, lleva a Aarón y a su hijo Eleazar a la cumbre del monte Hor; **26** allí le quitarás a Aarón la ropa sacerdotal y se la pondrás a Eleazar. Aarón morirá allí."

27 Moisés hizo lo que el Señor le ordenó. A la vista de todos los israelitas, subieron al monte Hor, **28** y allí Moisés le quitó a Aarón la ropa sacerdotal y se la puso a Eleazar. *ñ* Allí mismo, en la cumbre del monte, murió Aarón; *o* y Moisés y Eleazar bajaron del monte. **29** Al darse cuenta los israelitas de que Aarón había muerto, lloraron por él durante treinta días.

21 **Conquista de Hormá** *a* **1** Cuando el rey cananeo de la ciudad de Arad, que vivía en el Négueb, oyó decir que los israelitas venían por el camino de Atarim, salió a pelear contra ellos e hizo algunos prisioneros. *b* **2** Entonces los israelitas prometieron al Señor que, si él les ayudaba a conquistar aquel país, ellos destruirían por completo *c* todas sus ciudades. **3** El Señor concedió a los israelitas lo que ellos le habían pedido, y les ayudó a derrotar a los cananeos, y los israelitas destruyeron por completo a los cananeos, lo mismo que a sus ciudades, por lo que aquel lugar le pusieron por nombre Hormá. *d*

La serpiente de bronce *e* **4** Los israelitas salieron del monte Hor en dirección al Mar Rojo, *f* dando un rodeo para no pasar por el territorio de Edom. En el camino, la gente perdió la paciencia **5** y empezó a hablar contra Dios y contra Moisés. Decían:

—¿Para qué nos sacaron ustedes de Egipto? ¿Para hacernos morir en el desierto? *g* No tenemos ni agua ni comida. ¡Ya estamos cansados de esta comida miserable!

6 El Señor les envió serpientes venenosas, *h* que los mordieron, y muchos israelitas murieron. *i* **7** Entonces fueron a donde estaba Moisés y le dijeron:

—¡Hemos pecado al hablar contra el Señor y contra ti! ¡Pídele al Señor que aleje de nosotros las serpientes!

Moisés pidió al Señor que perdonara a los israelitas, **8** y el Señor le dijo:

—Hazte una serpiente como esas, y ponla en el asta de una bandera. Cuando alguien sea mordido por una serpiente, que mire hacia la serpiente del asta, y se salvará.

9 Moisés hizo una serpiente de bronce y la puso en el asta de una bandera, *j* y cuando alguien era mordido por una serpiente, miraba a la serpiente de bronce y se salvaba. *k*

---

i **20.16** *Un ángel:* Véase Ex 23.20-33 n.

j **20.17** El *camino real* era una importante ruta comercial, que iba desde el Golfo de Akaba hasta Damasco, por el este del río Jordán y a través de Edom, Moab, Amón, Galaad y Basán. Cf. Nm 21.22; Dt 2.27. Véase *Índice de mapas.*

k **20.14-21** Cf. Dt 2.4-7.

l **20.22-23** *Hor:* montaña cerca de *la frontera de Edom,* de ubicación incierta y distinta del monte Hor mencionado en Nm 34.7-8.

m **20.24** *Meribá:* Véanse Ex 17.7 notas *d* y *e.*

n **20.24** *Desobedecieron mis órdenes:* Véase Nm 20.12 n.

ñ **20.25-28** Ex 29.29. *Eleazar:* hijo y sucesor de *Aarón* (Nm 3.2) en el ejercicio del sumo sacerdocio.

o **20.28** Nm 33.38; Dt 10.6.

a **21.1-3** Aquí se relata la primera victoria de los israelitas sobre los cananeos, después de la derrota sufrida en Hormá, un poco tiempo antes (Nm 14.39-45). Cf. Jue 1.16-17.

b **21.1** Nm 33.40. *Arad:* en el sur de Canaán, evidentemente cerca de *Hormá* (véase Nm 14.45 n.), que posiblemente dependía de aquella (cf. Jos 12.14). Véase *Índice de mapas.*

c **21.2** *Destruirían por completo:* Esta expresión se refiere a una costumbre llamada en hebreo *herem,* que era común entre los pueblos del antiguo Oriente y que los israelitas también practicaron ocasionalmente, si bien con ciertas restricciones. Esta costumbre consistía en consagrar a la divinidad todo aquello que había pertenecido a otros dioses, destruyéndolo completamente, porque se lo consideraba tabú. Los textos del AT muestran que los israelitas, en los primeros años de su asentamiento en Canaán, no aplicaron el *herem* de manera uniforme. Véase Ex 22.20(19) n.; cf. también Dt 7.23-26; 13.12-16(14-17); 20.10-18; Jos 6.17-21; 7.1,11-15.

d **21.3** En hebreo, *Hormá* y la palabra *herem,* que significa *(consagrado a la) destrucción,* tienen un sonido semejante.

e **21.4-9** El siguiente relato presenta otro caso de rebelión y castigo, seguidos del arrepentimiento y el perdón.

f **21.4** 2.1; véase también Nm 33.37-49 n. *Mar Rojo:* Aquí se refiere al Golfo de Akaba, brazo de dicho mar que se extiende por el lado oriental de la península del Sinaí (Ex 13.18 nota *f*).

g **21.5** Nm 20.4.

h **21.6** *Serpientes venenosas:* lit. *serpientes ardientes* o *abrasadoras,* expresión que probablemente alude al ardor causado por su mordedura.

i **21.5-6** Aludido en 1 Co 10.9.

j **21.9** Aludido en Jn 3.14.

k **21.6-9** Sab 16.5-7. La *serpiente de bronce* llegó a ser objeto de culto entre los israelitas, hasta que finalmente fue destruida por el rey Ezequías (2 R 18.4).

Diversas etapas [l]

10 Los israelitas siguieron su camino y acamparon en Obot. **11** De Obot siguieron adelante y acamparon en Ié-abarim, en el desierto, al oriente del territorio de Moab. [m] **12** De allí siguieron y acamparon en el arroyo Zéred. **13** Luego siguieron adelante y acamparon al otro lado del río Arnón. Este río se encuentra en el desierto que se extiende desde el territorio de los amorreos, y sirve de frontera entre el territorio de Moab y el de los amorreos. **14** A eso se refiere lo que dice el Libro de las Guerras del Señor: [n]

"Pasamos por Vaheb, en la región de Sufá, [ñ]
por los arroyos y por el Arnón,
15 y por la orilla de los arroyos
que se extienden hasta la región de Ar
y llegan hasta la frontera de Moab."

16 Del río Arnón siguieron hasta Beer. [o] Allí está el pozo donde el Señor dijo a Moisés: "Reúne al pueblo y yo les daré agua." **17** Fue en esta ocasión cuando los israelitas cantaron:

"¡Brota, agua del pozo!
¡Cántenle al pozo!
18 ¡Los jefes lo cavaron con sus varas de mando,
los nobles del pueblo lo abrieron con sus bastones!"

Del desierto continuaron los israelitas hasta Mataná; **19** de Mataná a Nahaliel, de Nahaliel a Bamot, **20** y de Bamot al valle que está en el territorio de Moab, hacia las alturas de Pisgá, [p] desde donde se ve el desierto.

Israel derrota al rey Sihón *(Dt 2.26-37)*

21 Los israelitas mandaron unos mensajeros a Sihón, rey de los amorreos, [q] a que le dijeran: **22** "Quisiéramos pasar por tu territorio. No nos meteremos en los campos sembrados ni en los viñedos, ni beberemos agua de tus pozos. Atravesaremos tu territorio por el camino real." [r] **23** Pero Sihón no dejó que los israelitas pasaran por su territorio, sino que juntó a toda su gente y salió al encuentro de ellos en el desierto, y al llegar a Jahas los atacó. **24** Pero los israelitas se defendieron y lo derrotaron, y ocuparon su territorio [s] desde el río Arnón hasta el río Jaboc, es decir, hasta la frontera con los amonitas, la cual estaba fortificada. **25** Así pues, Israel ocupó todas esas ciudades de los amorreos, es decir, Hesbón y sus pueblos dependientes, y se quedó a vivir en ellas. **26** Hesbón era la ciudad donde vivía Sihón, el rey de los amorreos. Sihón había estado en guerra con el anterior rey de Moab y le había quitado todo aquel territorio hasta el río Arnón. **27** Por eso dicen los poetas: [t]

"¡Vengan a Hesbón,
la capital del rey Sihón!
¡Reconstrúyanla, fortifíquenla!
28 Desde Hesbón, la ciudad de Sihón,
brotaron las llamas de un incendio,
que destruyeron a Ar de Moab
y las alturas que dominan el Arnón.
29 ¡Lástima de ti, Moab!
¡Estás perdido, pueblo del dios Quemós!
Él ha dejado que tus hombres salgan huyendo,
que tus mujeres caigan en poder del rey Sihón. [u]
30 Fue destruido el poder de Hesbón;
de Dibón a Nófah todo quedó en ruinas,
y el fuego llegó hasta Medebá." [v]

Israel derrota a Og, rey de Basán *(Dt 3.1-11)*

31 Así pues, Israel ocupó el territorio amorreo. **32** Además, Moisés envió algunos hombres a explorar la ciudad de Jazer, y los israelitas conquistaron las ciudades vecinas y expulsaron a los amorreos que vivían allí. **33** Después volvieron en dirección de Basán, pero Og, el rey de Basán, [w] salió con todo su ejército a pelear contra ellos en Edrei. **34** Entonces el Señor dijo a Moisés: "No le tengas miedo, yo voy a ponerlo en tus manos, junto con todo su ejército y su país, y tú harás con él lo mismo que hiciste con Sihón, el rey amorreo que vivía en Hesbón."

35 Y así, los israelitas mataron a Og y a sus hijos, y a todo su ejército. No dejaron a nadie con vida, y se apoderaron de su territorio.

III. LOS ONCE MESES EN LAS LLANURAS DE MOAB, AL NORESTE DEL MAR MUERTO (22.1—36.13)

Balac manda llamar a Balaam [a]

22 **1** Los israelitas siguieron su camino y acamparon en las llanuras de Moab, al oriente del río Jordán, frente a Jericó. [b]

---

[l] **21.10-20** Estos vv. describen el itinerario de los israelitas por el este de Moab hasta la frontera de los amonitas (v. 24); véase Nm 33.37-49 n.; cf. también Dt 2.

[m] **21.11** El *territorio de Moab* estaba situado al oriente del Mar Muerto. Véanse Jer 9.25-26(24-25) nota ñ; 48.1 nota b.

[n] **21.14** El *Libro de las Guerras del Señor* era sin duda una colección de cantos guerreros, que no se ha conservado hasta el presente (cf. en Jos 10.13; 2 S 1.18 la referencia al *Libro del Justo*). Las *Guerras del Señor* son los combates llevados a cabo por Israel bajo la conducción del Señor, su Dios (cf. 1 S 18.17; 25.28).

[ñ] **21.14** *Pasamos... Sufá:* Algunas versiones traducen *Lo que hizo en el Mar Rojo,* siguiendo la versión latina, que entendió *Sufá* como *Mar Rojo* (heb. *Yam Suf*). Véase Ex 13.18 nota *f*.

[o] **21.16** En hebreo, *Beer* significa *pozo*. (Véase Gn 21.30-31 n.)

[p] **21.20** *Pisgá:* montaña alta situada a unos 15 km. al este del punto donde el Jordán desemboca en el Mar Muerto. Cf. Dt 34.1.

[q] **21.21** *Los amorreos* ocupaban un territorio al este del río Jordán y al norte de Moab.

[r] **21.22** *El camino real:* Véase Nm 20.17 n.

[s] **21.24** La primera ocupación israelita de un *territorio* al oriente del río Jordán.

[t] **21.27** El poema siguiente describe la victoria de *Sihón*, rey de los amorreos, sobre los moabitas (v. 26). Por eso, algunos intérpretes consideran que es de origen amorreo y que los israelitas lo adoptaron para celebrar su propio triunfo.

[u] **21.28-29** Cf. Jer 48.45-46.

[v] **21.30** *Fue destruido... hasta Medebá:* traducción probable. Heb. oscuro.

[w] **21.33** *Basán:* región situada al oriente del Jordán y al norte del territorio amorreo. Véanse Dt 3.1 n. e *Índice de mapas*.

[a] **22.1-20** Los caps. 22—24 introducen la figura de *Balaam*, un profeta o adivino pagano que Balac, rey de Moab, hizo venir de Mesopotamia (v. 5) para que pronunciara una maldición sobre los israelitas. Balaam, en lugar de maldecir, se vio obligado a bendecir a Israel.

[b] **22.1** *Llanuras de Moab:* Con este nombre se designa la región que se extiende unos 13 km. por la ribera oriental del río Jordán, al norte

² Balac, hijo de Sipor, se fijó en lo que los israelitas habían hecho con los amorreos. ³ También la gente de Moab se llenó de miedo al ver que los israelitas eran tan numerosos. ⁴ Entonces dijo la gente de Moab a los ancianos de Madián: "Toda esta gente va a acabar con nuestra tierra, como un buey acaba con el pasto del campo."

Por aquel tiempo Balac era rey de Moab, ⁵ y mandó llamar a Balaam, hijo de Beor, *c* quien se encontraba en Petor, junto al río Éufrates, en el país de Amav. *d* Balac ordenó a sus mensajeros que dijeran a Balaam: "De Egipto ha venido un pueblo que se ha extendido por todo el país, y ahora se ha establecido delante de mí. ⁶ Ven en seguida y maldice a este pueblo por mí, pues es más fuerte que nosotros. Quizá así pueda yo derrotarlos y expulsarlos del país. Yo sé que tus bendiciones y tus maldiciones siempre se cumplen." *e*

⁷ Los ancianos de Moab y de Madián se fueron con dinero en la mano para pagar las maldiciones, y al llegar a donde estaba Balaam le dieron el mensaje de parte de Balac. ⁸ Y Balaam les dijo:

—Quédense aquí esta noche, y yo les responderé según lo que el Señor me ordene.

Y los ancianos de Moab se quedaron con él. *f* ⁹ Pero Dios se le apareció a Balaam, y le preguntó:

—¿Quiénes son esos hombres que están contigo?

¹⁰ Balaam le respondió:

—Balac, hijo de Sipor, que es rey de Moab, los envió a que me dijeran ¹¹ que un pueblo ha salido de Egipto, y que se ha extendido por todo el país. Balac quiere que yo vaya en seguida a maldecirlos, para ver si así puede derrotarlos y echarlos fuera de su territorio.

¹² Entonces Dios le dijo *g* a Balaam:

—No vayas con ellos ni maldigas a ese pueblo, porque a ese pueblo lo he bendecido yo.

¹³ Al día siguiente Balaam se levantó y les dijo a los jefes que había enviado Balac:

—Regresen a su tierra. El Señor no me permite ir con ustedes.

¹⁴ Los jefes de Moab regresaron a donde estaba Balac, y le dijeron:

—Balaam no quiso venir con nosotros.

¹⁵ Pero Balac insistió y volvió a enviar otros jefes, esta vez en mayor número y de más importancia que los primeros. ¹⁶ Ellos fueron a ver a Balaam y le dijeron:

—Balac, hijo de Sipor, te manda a decir: 'Por favor, no te niegues a venir. ¹⁷ Yo te daré los más grandes honores, y haré todo lo que me pidas; pero ven y hazme el favor de maldecir a este pueblo.'

¹⁸ Pero Balaam les respondió:

—Aunque Balac me diera todo el oro y la plata que caben en su palacio, yo no podría hacer nada, ni grande ni pequeño, que fuera contra las órdenes del Señor mi Dios. ¹⁹ Sin embargo, quédense ustedes aquí también esta noche, y veré qué me dice esta vez el Señor.

²⁰ Por la noche, Dios se le apareció a Balaam y le dijo:

—Si esos hombres han venido por ti, levántate y vete con ellos, pero tendrás que hacer solamente lo que yo te diga.

Balaam se encuentra con el Ángel del Señor

²¹ Balaam se levantó al día siguiente, ensilló su asna y se fue con los jefes moabitas. ²² Balaam iba montado en su asna, *h* y lo acompañaban dos criados suyos.

Pero Dios se enojó con él porque se había ido, y el Ángel del Señor *i* se interpuso en su camino para cerrarle el paso. ²³ Cuando el asna vio que el Ángel del Señor estaba en medio del camino con una espada en la mano, se apartó del camino y se fue por el campo; pero Balaam la golpeó para hacerla volver al camino. ²⁴ Luego el Ángel del Señor se paró en un lugar estrecho, donde el camino pasaba entre viñedos y tenía paredes de piedra a los dos lados. ²⁵ Cuando el asna vio al Ángel del Señor, se recostó contra una de las paredes, oprimiéndole la pierna a Balaam. Entonces Balaam le volvió a pegar. ²⁶ Pero el Ángel del Señor se adelantó a ellos y se paró en un lugar muy estrecho, donde no podía uno desviarse a ningún lado. ²⁷ Cuando el asna vio al Ángel del Señor, se echó al suelo. Entonces Balaam se enojó y la azotó con una vara. ²⁸ En ese momento el Señor hizo que el asna hablara, y que le dijera a Balaam:

—¿Qué te he hecho? Con esta van tres veces que me pegas.

²⁹ —Te estás burlando de mí —le respondió Balaam—. Si tuviera a la mano un cuchillo, ahora mismo te mataría.

³⁰ Pero el asna le dijo:

—Yo soy el asna que tú has montado toda tu vida, y bien sabes que nunca me he portado así contigo.

—Es verdad —respondió Balaam.

³¹ Entonces el Señor hizo que Balaam pudiera ver a su ángel, que estaba en medio del camino con una espada en la mano. Balaam se inclinó hasta tocar el suelo con la frente, ³² pero el Ángel del Señor le dijo:

—¿Por qué le pegaste tres veces a tu asna? Yo soy quien

---

del Mar Muerto. Allí los israelitas *acamparon* hasta el momento de cruzar el río y entrar en Canaán (Nm 33.48-56; 36.13). La acción relatada en el resto del libro (con la excepción del cap. 33) tiene lugar en esa misma región.

c **22.5** En Nm 31.16, *Balaam* es presentado como el falso profeta que hizo caer a Israel en la idolatría. Esto es lo que evoca el nombre de Balaam en el NT (2 P 2.15-16; Jud 11; Ap 2.14).

d **22.5** *Petor:* probablemente se trata de un lugar situado al este del río Éufrates, distante casi 650 km. de Moab y llamado *Pitru* en los textos asirios. Sin embargo, el texto hebreo dice simplemente *el río;* y la expresión *el país de Amav* (de acuerdo con la traducción probable) significa en hebreo *país de los hijos de su pueblo.* Por tanto, algunos comentaristas piensan que podría tratarse de un lugar más cercano, posiblemente en Edom.

e **22.6** *Maldice a este pueblo:* Esta petición presupone la creencia en la eficacia absoluta e irrevocable de la bendición y la maldición. Según esta antigua creencia, en efecto, una *maldición* o una *bendición* pronunciada por una persona investida de autoridad llevaba en sí misma el poder de producir el efecto correspondiente. Véase Gn 27.33 n.

f **22.8** En todo este relato, *Balaam,* aunque ajeno a la religión de Israel, se siente obligado a obedecer *al Señor,* ya que ningún esfuerzo podía frustrar el designio de Dios sobre su pueblo.

g **22.12-13** *Dios le dijo:* evidentemente en un sueño (cf. vv. 8,19-20).

h **22.22** El *asna* era en aquel tiempo una cabalgadura de honor (Jue 5.10; 1 R 1.33). Véase también Zac 9.9 n.; Mt 21.5.

i **22.22** *El Ángel del Señor:* Véase Gn 16.7 n.

ha venido a cerrarte el paso, porque tu viaje me disgusta. *j*
³³ El asna me vio, y me esquivó las tres veces. Si no me hubiera esquivado, ya te hubiera yo matado, aunque a ella la habría dejado con vida.

³⁴ Y Balaam respondió al Ángel del Señor:
—He pecado, pues no sabía que tú estabas allí, cerrándome el camino. Si te parece mal que yo vaya, regresaré.

³⁵ Pero el Ángel del Señor le contestó:
—Puedes ir con esos hombres, pero dirás solamente lo que yo te diga.

Balac recibe a Balaam Balaam se fue con los jefes que Balac había enviado, ³⁶ y cuando Balac supo que Balaam venía, salió a recibirlo a una ciudad de Moab situada junto al río Arnón, en la frontera del país, ³⁷ y le dijo:
—Te mandé a llamar con insistencia; ¿por qué no querías venir? ¿Pensabas que no soy capaz de hacerte muchos honores? *k*

³⁸ Y Balaam le respondió:
—Pues aquí estoy, ya vine a verte. Pero no tengo poder para hablar por mi cuenta; yo solo podré decir lo que Dios me comunique.

³⁹ Luego Balaam se fue con Balac a Quiriat-husot, ⁴⁰ donde Balac mandó que mataran vacas y ovejas y que se las llevaran a Balaam y a los jefes que lo acompañaban.

⁴¹ A la mañana siguiente, Balac buscó a Balaam y lo hizo subir a Bamot-baal, desde donde pudo ver los alrededores del campamento de los israelitas.

23 ¹ Entonces Balaam le dijo:
—Constrúyeme aquí siete altares, y prepárame siete becerros y siete carneros.

² Balac hizo lo que Balaam le dijo, y entre los dos sacrificaron un becerro y un carnero en cada altar. *a*

³ Luego Balaam le dijo a Balac:
—Quédate junto al sacrificio, mientras voy a ver si el Señor viene a encontrarse conmigo. Luego te comunicaré lo que él me dé a conocer.

Balaam bendice a Israel Y Balaam se fue a una colina desierta, ⁴ donde Dios se le apareció. Balaam le dijo:
—He preparado siete altares, y en cada uno he ofrecido un becerro y un carnero.

⁵ Entonces el Señor puso en labios de Balaam lo que tenía que decir, y le dijo:
—Regresa a donde está Balac y dile lo mismo que yo te he dicho.

⁶ Balaam regresó y encontró a Balac de pie, junto al sacrificio, en compañía de todos los jefes moabitas. ⁷ Entonces Balaam pronunció esta profecía:

"Desde las montañas del oriente, desde Aram,
me hizo venir Balac, rey de Moab.

'Ven —me dijo—, maldíceme a Israel,
deséale el mal al pueblo de Jacob.'
⁸ Pero, ¿cómo maldecir al que Dios no maldice?
¿Cómo desear el mal, si el Señor no lo hace?
⁹ Desde estas altas rocas puedo verlo,
desde estas colinas lo miro;
es un pueblo que vive apartado,
distinto de los otros pueblos.
¹⁰ Son como el polvo; ¿quién puede contarlos?
¿Quién puede saber su número?
¡Ojalá muera yo como esos hombres justos,
y sea mi fin como el de ellos!"

¹¹ Entonces Balac le reclamó a Balaam:
—¿Qué estás haciendo? Yo te traje para que maldijeras a mis enemigos, y tú te has puesto a bendecirlos.

¹² Y Balaam contestó:
—Habíamos quedado en que yo diría solamente lo que el Señor pusiera en mis labios. *b*

¹³ Pero Balac insistió:
—Ven conmigo a otra parte, desde donde solo podrás ver los alrededores del campamento, pero no el campamento completo. Maldícemelos desde allí.

¹⁴ Y Balac llevó a Balaam al campo de Sofim, en la cumbre del monte Pisgá, donde construyó siete altares y sacrificó en cada uno un becerro y un carnero. ¹⁵ Allí Balaam dijo a Balac:
—Quédate aquí, junto al sacrificio, mientras yo voy a encontrarme con Dios.

¹⁶ El Señor salió al encuentro de Balaam y puso en sus labios lo que tenía que decir. Además le dijo:
—Regresa a donde está Balac y dile lo mismo que yo te he dicho.

¹⁷ Balaam regresó y encontró a Balac de pie, junto al sacrificio, en compañía de los jefes moabitas. Y Balac le preguntó:
—¿Qué te dijo el Señor?

¹⁸ Entonces Balaam pronunció esta profecía:

"Balac, hijo de Sipor,
escúchame con atención.
¹⁹ Dios no es como los mortales:
no miente ni cambia de opinión.
Cuando él dice una cosa, la realiza.
Cuando hace una promesa, la cumple.
²⁰ Yo tengo órdenes de bendecir;
si Dios bendice, yo no puedo contradecirlo.
²¹ Nadie ha visto engaño ni maldad
en Israel, *c* el pueblo de Jacob.
El Señor su Dios está con ellos,
y ellos lo aclaman como rey.
²² Dios, que los sacó de Egipto, es para ellos
lo que son para el búfalo sus cuernos. *d*

---

j **22.32** *Tu viaje me disgusta:* traducción probable. Heb. oscuro.

k **22.37** *Hacerte muchos honores:* otra posible traducción: *recompensarte bien.* Sin embargo, Balaam se ve forzado a decir únicamente lo que Dios le manda, sin importarle los honores o recompensas (v. 38).

a **23.1-2** Los adivinos de la antigua Mesopotamia solían ofrecer esta clase de sacrificios con el fin de averiguar la voluntad de los dioses (cf. vv. 29-30).

b **23.12** Nm 22.20.

c **23.21** *Nadie ha... en Israel:* otra posible traducción: *No se ve ninguna calamidad o desdicha para Israel.*

d **23.22** Los *cuernos* del *búfalo* simbolizaban la fuerza y el vigor (véase Ex 27.2 n.; cf. Sal 22.21[22]). Otra posible traducción del v.: *Dios los sacó de Egipto; ellos tienen* (o *él tiene) una fuerza como de búfalo.* Lo mismo en Nm 24.8.

²³ Contra Jacob no valen maleficios;
contra Israel no sirven brujerías. ᵉ
Ahora es preciso decir a Israel:
'¡Cuántas maravillas ha hecho Dios contigo!'
²⁴ Este pueblo se levanta
amenazante como un león,
y no descansará hasta devorar su presa
y beber la sangre de sus víctimas."

²⁵ Balac dijo entonces a Balaam:
—¡Ya que no puedes maldecir a este pueblo, por lo menos no lo bendigas!
²⁶ A lo cual respondió Balaam:
—¿No te había dicho ya, que yo solo puedo hacer lo que el Señor me ordene? ᶠ
²⁷ Entonces Balac le dijo:
—Ven, que te voy a llevar a otra parte. Puede ser que a Dios no le disguste que maldigas a Israel desde allí.
²⁸ Y así Balac se llevó a Balaam a la cumbre del monte Peor, ᵍ desde donde se ve todo el desierto. ²⁹ Allí Balaam le dijo a Balac:
—Construyeme aquí siete altares y prepárame siete becerros y siete carneros.
³⁰ Balac hizo lo que Balaam le dijo, y en cada altar sacrificó un becerro y un carnero. ʰ

24 ¹ Pero como Balaam vio que al Señor le parecía bien bendecir a Israel, ya no fue a recibir profecías de parte de él, como lo había hecho las otras veces, sino que volvió la mirada hacia el desierto. ² Y al ver Balaam a Israel acampado por tribus, el espíritu de Dios se apoderó de él; ³ entonces Balaam pronunció esta profecía:

"Mensaje de Balaam, hijo de Beor,
hombre de mirada penetrante, ᵃ
⁴ que al caer en éxtasis ve con más claridad,
que recibe mensajes y tiene visiones
de parte del Dios todopoderoso. ᵇ
⁵ ¡Jacob, qué bellas son tus tiendas!
¡Qué bello, Israel, tu campamento!
⁶ Parecen largas filas de palmeras, ᶜ
jardines junto a un río,
áloes plantados por el Señor,
¡cedros a la orilla del agua!
⁷ Israel tendrá agua en abundancia
para beber y regar sus sembrados. ᵈ
Su rey dominará a Agag; ᵉ

su poder real será muy grande.
⁸ Dios, que los sacó de Egipto, es para ellos
lo que son para el búfalo sus cuernos. ᶠ
Israel devorará a las naciones enemigas;
les romperá los huesos,
y los herirá con sus flechas.
⁹ Cuando se acuesta a descansar, parece un león:
nadie se atreve a despertarlo.
¡Bendito sea el que te bendiga,
y maldito el que te maldiga!" ᵍ

Profecías de Balaam ¹⁰ Al oir esto, Balac se enojó mucho con Balaam, y golpeando las manos ʰ le dijo:
—Yo te llamé para que maldijeras a mis enemigos, y resulta que ya van tres veces que los bendices. ¹¹ ¡Más te vale volver a tu casa! Yo había prometido hacerte grandes honores, pero el Señor lo ha impedido.
¹² Y Balaam le respondió:
—Ya les advertí a tus mensajeros ¹³ que, aunque me dieras todo el oro y la plata que caben en tu palacio, yo no podría desobedecer las órdenes del Señor ni hacer nada bueno ni malo por mi propia cuenta, y que solo diría lo que el Señor me ordenara decir. ⁱ ¹⁴ Pues bien, regreso a mi país; pero antes voy a decirte lo que este pueblo hará en el futuro con tu pueblo.
¹⁵ Entonces Balaam pronunció esta profecía:

"Mensaje de Balaam, hijo de Beor,
hombre de mirada penetrante, ʲ
¹⁶ que al caer en éxtasis ve con más claridad,
que conoce lo que el Altísimo conoce,
que recibe mensajes y tiene visiones
de parte del Dios todopoderoso. ᵏ
¹⁷ Veo algo en el futuro, diviso algo allá muy lejos:
es una estrella que sale de Jacob,
un rey que se levanta en Israel.
Le aplastará la cabeza a Moab,
aplastará a todos los descendientes de Set. ˡ
¹⁸ Conquistará Edom,
se apoderará de Seír, ᵐ que es su enemigo.
Israel realizará grandes hazañas.
¹⁹ Un vencedor saldrá de Jacob
y destruirá a los que queden en la ciudad." ⁿ

²⁰ Después vio Balaam a Amalec, y pronunció esta profecía:

ᵉ **23.23** *Contra Jacob... brujerías:* Otra posible traducción: *En Jacob no se practican maleficios; en Israel no hay brujerías.*
ᶠ **23.26** Cf. v. 12; Nm 22.20.
ᵍ **23.28** *En la cumbre del monte Peor* se rendía culto al dios Baal (véase Jue 2.13 n.) con el nombre de Baal-peor (Nm 25.3).
ʰ **23.29-30** Acerca de estas instrucciones, véase 23.1-2 n.
ᵃ **24.3** *De mirada penetrante:* o posiblemente *de ojos cerrados*. En este último caso, podría tratarse de una visión en éxtasis o en sueños, cuando se tienen cerrados los ojos.
ᵇ **24.3-4** Estos vv. sugieren el estado de *éxtasis* o frenesí del profeta (véase Nm 11.25 n.).
ᶜ **24.6** *Largas filas de palmeras:* otra posible traducción: *arroyos extendidos.*
ᵈ **24.7** *Israel tendrá... sembrados:* Traducción probable; el hebreo de la primera parte del v. es poco claro.

ᵉ **24.7** *Agag.* Cf. 1 S 15.8,32-33.
ᶠ **24.8** Sobre el significado de esta comparación, véase Nm 23.22 n.
ᵍ **24.9** Las últimas palabras de esta profecía de Balaam repiten la promesa de Dios en Gn 12.3.
ʰ **24.10** *Golpeando las manos:* en señal de disgusto y enojo.
ⁱ **24.13** Nm 22.20; 23.12,26.
ʲ **24.15** *De mirada penetrante:* Véase 24.3 n.
ᵏ **24.15-16** Balaam repite las palabras de 24.3-4.
ˡ **24.17** *Descendientes de Set:* probable referencia a los setitas, pueblo nómada de Palestina, o bien a los propios moabitas. (El hebreo significa lit. *hijos de tumulto* o *de orgullo.*)
ᵐ **24.18** *Seír:* otro nombre de *Edom.* Cf. Gn 36.8.
ⁿ **24.17-19** Este pasaje alude evidentemente a la conquista de *Moab* y de *Edom* por el rey David (2 S 8.2,13-14). Cf. Gn 49.10.

"Amalec es una nación importante,
pero terminará destruida por completo." *ñ*

21-22 También vio a los quenitas, y pronunció esta profecía:

"Descendientes de Caín:
aunque sus refugios sean firmes,
aunque hayan puesto su nido *º* entre las rocas,
ese nido será destruido por el fuego
cuando Asiria los haga prisioneros." *p*

23 Después pronunció esta profecía:

"¡Ay! ¿Quién vivirá todavía
cuando Dios haga estas cosas? *q*
24 Vienen naves de la costa de Chipre,
y dejarán en ruinas a Asiria y a Éber,
pues también Éber será destruido."

25 Después de esto Balaam se puso en camino y volvió a su casa. Balac también se puso en camino.

25 Los israelitas dan culto a Baal-peor

1 Cuando los israelitas se establecieron en Sitim, *a* sus hombres empezaron a corromperse con las mujeres moabitas, **2** las cuales los invitaban a los sacrificios que ofrecían a sus dioses. Los israelitas tomaban parte en esas comidas y adoraban a los dioses de las moabitas, **3** y así se dejaron arrastrar al culto de Baal-peor. *b* Entonces el Señor se enfureció contra Israel, **4** y le dijo a Moisés:

—Reúne a todos los jefes del pueblo, y ejecútalos delante de mí a plena luz del día. Así se calmará mi ira contra Israel. *c*

5 Moisés ordenó entonces a los jueces israelitas:

—Cada uno de ustedes deberá matar a los hombres de su tribu que se dejaron arrastrar al culto de Baal-peor.

6 Pero un israelita llevó consigo a una mujer madianita, a la vista de Moisés y de todos los israelitas reunidos, mientras ellos se encontraban llorando a la entrada de la tienda del encuentro. **7** Al ver esto, Finees, hijo de Eleazar y nieto del sacerdote Aarón, se apartó de los israelitas reunidos, empuñó una lanza **8** y se fue tras aquel israelita hasta la alcoba, *d* y allí atravesó por el estómago al israelita y a la mujer. Así se terminó la plaga que estaba haciendo morir a los israelitas, **9** aunque ya habían muerto veinticuatro mil de ellos.

10 Entonces el Señor se dirigió a Moisés y le dijo:

11 —Finees ha hecho que se calme mi ira contra los israelitas, porque él ha tenido el mismo celo que yo tengo por ellos. Por eso no me he dejado llevar del celo y no terminé con ellos. **12** Dile, pues, que yo haga con él una alianza de paz, **13** por la cual le entrego, a él y a sus descendientes, el sacerdocio para siempre, porque tuvo celo por mí y obtuvo así el perdón para los israelitas. *e*

14 El israelita que fue atravesado junto con la madianita se llamaba Zimrí, y era hijo de Salú y jefe de una familia de la tribu de Simeón. **15** La mujer madianita se llamaba Cozbí, y era hija de Sur, jefe de un grupo de familias de Madián.

16 El Señor se dirigió a Moisés y le dijo:

17 —Ataquen a las madianitas y derrótenlos, **18** así como ellos los atacaron a ustedes con sus malas mañas y haciéndolos adorar a Baal-peor, y en el caso de Cozbí, la hija del jefe madianita, que fue muerta con una lanza cuando yo les envié una plaga por haber adorado a Baal-peor.

Nuevo censo de Israel *f*

19 Después de aquella plaga mortal, **26** **1** el Señor dijo a Moisés y a Eleazar, hijo del sacerdote Aarón:

2 "Hagan un censo, por familias, de todos los israelitas de veinte años para arriba, aptos para la guerra."

3 Moisés y Eleazar ordenaron entonces a los israelitas en las llanuras de Moab, *a* junto al río Jordán, frente a Jericó, **4** que se registraran todos los que tuvieran de veinte años para arriba, tal como el Señor se lo había ordenado a Moisés.

Estos eran los israelitas que habían salido de Egipto:

5 Los clanes descendientes de Rubén, el hijo mayor de Israel, fueron los de Henoc, Falú, **6** Hesrón y Carmí; **7** según el censo, los descendientes de Rubén sumaban cuarenta y tres mil setecientos treinta hombres. **8** De Falú nació Eliab, **9** y de Eliab nacieron Nemuel, Datán y Abiram. Datán y Abiram fueron aquellos del grupo de consejeros que, junto con Coré, se rebelaron contra el Señor y al mismo tiempo contra Moisés y Aarón, **10** pero se abrió la tierra y se los tragó a ellos dos y a Coré, y todo el grupo murió, pues doscientos cincuenta hombres murieron en el fuego. Esto sirvió de advertencia para los demás. *b* **11** Sin embargo, los hijos de Coré no murieron.

ñ **24.20** Los amalecitas vivían en el Négueb (Nm 13.29), y eran enemigos tradicionales de los israelitas (véase Ex 17.8 nota *g*).

o **24.21-22** El texto hebreo hace un juego de palabras entre el nombre de *Caín* y el vocablo *nido* (heb. *quen*).

p **24.21-22** La tribu de los *quenitas* reconocía como antepasado común a *Caín* (cf. Gn 4.1). Moisés estuvo vinculado con ella a través de su suegro, llamado unas veces *Reuel* (Ex 2.16), otras *Jetró* (Ex 3.1) y otras *Hobab el quenita* (Jue 1.16; 4.11). El AT menciona en varias ocasiones a los quenitas (1 S 15.6; 30.29).

q **24.23** *¿Quién vivirá... estas cosas?:* traducción probable. Heb. oscuro.

a **25.1** *Sitim*, también llamado *Abel-sitim*, era el nombre de lugar en las llanuras de Moab (Nm 22.1 n.) al oriente del río Jordán, frente a Jericó (Nm 33.48-49; Jos 2.1).

b **25.1-3** Sal 106.28-19; Os 9.10. *Baal-peor*, o *el Baal de Peor*, era el dios de la fertilidad venerado en aquel lugar (Nm 23.28). Cf. la amonestación en Dt 7.1-6, que prohíbe contraer matrimonio con mujeres paganas para no corromper la fe de Israel, y Nm 31.16, donde se culpa a Balaam por este pecado del pueblo (cf. Ap 2.14).

c **25.4** Según el concepto antiguo de la responsabilidad colectiva, el crimen recaía también sobre los jefes (cf. 2 S 21.1-6). Véase Nm 16.31-32 n.

d **25.8** *Hasta la alcoba:* Esta expresión se refiere, probablemente, a la parte interior de la tienda de campaña de una sacerdotisa madianita, que se dedicaba a la adivinación y a la prostitución ritual en el culto de los dioses de la fertilidad. Véase Dt 23.17(18) n.

e **25.7-13** Sal 106.30-31; Eclo 45.23-24.

f **25.19—26.51** Este segundo censo (cf. cap. 1) se lleva a cabo para averiguar la fuerza militar de las tribus y como base para la repartición de la tierra (vv. 52-56), ya que los registrados en el primer censo habían muerto en el desierto (vv. 63-65).

a **26.3** *Llanuras de Moab:* Véase Nm 22.1 n.

b **26.9-10** Nm 16.1-33.

¹² Los clanes descendientes de Simeón fueron los de Nemuel, Jamín, Jaquín, ¹³ Zérah y Saúl; ¹⁴ según el censo, los descendientes de Simeón sumaban veintidós mil doscientos hombres.

¹⁵ Los clanes descendientes de Gad fueron los de Sefón, Haguí, Suní, ¹⁶ Ozní, Erí, ¹⁷ Arod y Arelí; ¹⁸ según el censo, los descendientes de Gad sumaban cuarenta mil quinientos hombres.

¹⁹ De los hijos de Judá, murieron Er y Onán en el país de Canaán, ²⁰ así que los clanes descendientes de Judá fueron los de Selá, Fares y Zérah. ²¹ Los clanes descendientes de Fares fueron los de Hesrón y Hamul; ²² según el censo, los descendientes de Judá sumaban setenta y seis mil quinientos hombres.

²³ Los clanes descendientes de Isacar fueron los de Tolá, Puvá, ²⁴ Jasub y Simrón; ²⁵ según el censo, los descendientes de Isacar sumaban sesenta y cuatro mil trescientos hombres.

²⁶ Los clanes descendientes de Zabulón fueron los de Séred, Elón y Jahleel; ²⁷ según el censo, los descendientes de Zabulón sumaban sesenta mil quinientos hombres.

²⁸ Los clanes descendientes de José fueron los de las tribus de Manasés y Efraín. ²⁹ De Manasés, el clan de Maquir; de Maquir, el clan de Galaad; ³⁰ de Galaad, los clanes de Iézer, de Hélec, ³¹ de Asriel, de Siquem, ³² de Semidá y de Héfer. ³³ Selofhad, que era hijo de Héfer, no tuvo hijos sino hijas, las cuales se llamaban Mahlá, Noá, Hoglá, Milcá y Tirsá. ³⁴ Según el censo, los descendientes de Manasés sumaban cincuenta y dos mil setecientos hombres. ³⁵ Los clanes descendientes de Efraín fueron los de Sutélah, Béquer y Tahán. ³⁶ Los descendientes de Sutélah eran los del clan de Erán. ³⁷ Según el censo, los descendientes de Efraín sumaban treinta y dos mil quinientos hombres. Estos son los descendientes de José, por orden de clanes.

³⁸ Los clanes descendientes de Benjamín fueron los de Bela, Asbel, Ahiram, ³⁹ Sufam y Hufam. ⁴⁰ Los clanes descendientes de Bela fueron los de Ard y Naamán, hijos de Bela. ⁴¹ Según el censo, los descendientes de Benjamín sumaban cuarenta y cinco mil seiscientos hombres.

⁴² Los descendientes de Dan fueron los del clan de Suham. ⁴³ Según el censo, los descendientes de Suham sumaban sesenta y cuatro mil cuatrocientos hombres.

⁴⁴ Los clanes descendientes de Aser fueron los de Imná, Isví y Beriá. ⁴⁵ Los clanes descendientes de Beriá fueron los de Héber y Malquiel. ⁴⁶ Aser tuvo una hija, que se llamó Sérah. ⁴⁷ Según el censo, los descendientes de Aser sumaban cincuenta y tres mil cuatrocientos hombres.

⁴⁸ Los clanes descendientes de Neftalí fueron los de Jahseel, Guní, ⁴⁹ Jezer y Silem. ⁵⁰ Según el censo, los descendientes de Neftalí sumaban cuarenta y cinco mil cuatrocientos hombres.

⁵¹ Los israelitas contados en el censo sumaban seiscientos un mil setecientos treinta hombres en total. [c]

Normas para la repartición de la tierra [d] ⁵² El Señor se dirigió a Moisés y le dijo: ⁵³ "Entre estas personas será repartida la tierra, según el número que haya sido registrado. ⁵⁴ A los grupos más numerosos les darás una porción mayor, y a los grupos menos numerosos una porción menor. A cada grupo se le dará una porción de tierra de acuerdo con el censo. ⁵⁵ La repartición de la tierra se hará por suertes. [e] Cada uno recibirá su parte según la tribu a la que pertenezca por parte de padre. ⁵⁶ La distribución se hará por suertes, tanto entre los grupos numerosos como entre los pequeños."

Censo de los levitas [f] ⁵⁷ Los clanes de la tribu de Leví contados en el censo fueron los de Guersón, Quehat y Merarí. ⁵⁸ Los clanes de los libnitas, hebronitas, mahlitas, musitas y coreítas, eran clanes levitas.

Quehat fue padre de Amram. ⁵⁹ Amram se casó con una hija de Leví que se llamaba Jocabed, y que nació cuando Leví aún estaba en Egipto. Amram y Jocabed fueron los padres de Aarón, Moisés y María. ⁶⁰ Los hijos de Aarón fueron Nadab, Abihú, Eleazar e Itamar. [g] ⁶¹ Nadab y Abihú murieron cuando ofrecieron ante el Señor un fuego extraño. [h]

⁶² El total de varones descendientes de Leví, de un mes de edad para arriba, fue de veintitrés mil. Ellos no habían sido registrados con los demás israelitas, porque a ellos no se les había dado ninguna propiedad. [i]

⁶³ Este fue el resultado del censo de los israelitas hecho por Moisés y el sacerdote Eleazar en las llanuras de Moab, junto al Jordán, frente a Jericó. ⁶⁴ Entre todos ellos no había uno solo de los que estuvieron cuando Moisés y Aarón hicieron el censo en el desierto de Sinaí, ⁶⁵ pues el Señor les había anunciado que morirían en el desierto. [j] Con excepción de Caleb, hijo de Jefuné, y de Josué, hijo de Nun, no quedó uno solo de ellos. [k]

27 La herencia de las hijas [a]

¹ En la tribu de Manasés había cinco hermanas, que se llamaban Mahlá, Noá, Hoglá, Milcá y Tirsá. Eran hijas de Selofhad, descendientes directas de Héfer, Galaad, Maquir, Manasés y José. ² Estas cinco hermanas fueron a la entrada de la tienda del encuentro para hablar con Moisés y el sacerdote Eleazar, y con los jefes de la comunidad, y les dijeron: ³ "Nuestro padre murió

---

[c] **26.51** Este v. subraya indirectamente el cuidado milagroso de Dios por su pueblo en el desierto: aunque había muerto toda la generación que salió de Egipto (vv. 64-65), el número de los israelitas casi no había disminuido. Véase Nm 1.46 n.

[d] **26.52-56** Este censo debía servir de base para la repartición de la tierra después de la entrada en Canaán (Nm 34.1-2; Jos 14.1-2).

[e] **26.55** Cf. Nm 34.13; Jos 14.1-2.

[f] **26.57-65** Los miembros de la tribu de Leví fueron objeto de un censo aparte, porque a ellos no les tocaba un territorio propio. Cf. Nm 3.14-39.

[g] **26.60** Nm 3.2.

[h] **26.61** Lv 10.1-2; Nm 3.4.

[i] **26.62** Nm 18.20-23.

[j] **26.63-65** Nm 14.26-35. Véase Nm 26.51 n.

[k] **26.65** *Caleb... Josué:* Cf. Nm 14.6-9,30.

[a] **27.1-11** Este incidente da lugar a que se modifique la ley que no permitía a una mujer heredar una propiedad. Véanse las condiciones adicionales puestas en el cap. 36 (36.1-13 n.).

en el desierto, pero él no pertenecía al grupo de Coré que se rebeló contra el Señor. Murió a causa de su propio pecado[b] y sin dejar hijos varones. **4** Pero no es justo que el nombre de nuestro padre desaparezca de su clan simplemente porque no tuvo un hijo varón. Danos una porción de tierra a nosotras entre los hermanos de nuestro padre."

5 Moisés presentó al Señor el caso de estas mujeres, **6** y el Señor le respondió: **7** "Las hijas de Selofhad tienen razón. Asígnales una porción de tierra entre los hermanos de su padre, y que la herencia de su padre pase a ellas.[c] **8** Di además a los israelitas que si alguien muere sin dejar hijo varón, su herencia pasará a manos de su hija; **9** pero si no tiene ninguna hija, dejará su herencia a sus hermanos; **10** y si no tiene hermanos, dejará su herencia a los hermanos de su padre. **11** En caso de que su padre no haya tenido hermanos, dejará su herencia a su pariente más cercano. Esta será una ley para los israelitas, tal como yo te lo he ordenado a ti."

Josué es designado sucesor de Moisés (Dt 31.1-8)

12 El Señor le dijo a Moisés:

—Sube a este monte de Abarim,[d] y mira la tierra que les he dado a los israelitas. **13** Después que la hayas visto, morirás y te reunirás con tus antepasados, como tu hermano Aarón,[e] **14** ya que ustedes dos desobedecieron mis órdenes en el desierto de Sin cuando el pueblo me hizo reclamaciones, y no me honraron delante de ellos cuando pidieron agua. (Esto se refiere al manantial de Meribá,[f] en Cadés, en el desierto de Sin.)[g]

15 Y Moisés dijo al Señor:

16-17 —Dios y Señor, tú que das la vida a todos los hombres, nombra un jefe que se ponga al frente de tu pueblo y lo guíe por todas partes, para que no ande como rebaño sin pastor.[h]

18 El Señor respondió a Moisés:

—Josué,[i] hijo de Nun, es un hombre de espíritu. Tómalo y pon tus manos sobre su cabeza. **19** Luego preséntalo ante el sacerdote Eleazar y ante todo el pueblo, y dale el cargo delante de todos ellos; **20** pon sobre él parte de tu autoridad, para que todo el pueblo de Israel le obedezca.[j] **21** Pero Josué deberá presentarse ante el sacerdote Eleazar, y Eleazar me consultará en su nombre por medio del Urim.[k] Josué será el que dé las órdenes a los israelitas, para todo lo que hagan.

22 Moisés hizo tal como el Señor se lo había ordenado. Tomó a Josué y lo presentó ante el sacerdote Eleazar y ante todo el pueblo. **23** Le puso las manos sobre la cabeza y le dio el cargo,[l] tal como el Señor lo había ordenado por medio de Moisés.

28

Las ofrendas diarias (Ex 29.38-46)

1 El Señor se dirigió a Moisés y le dijo:

2 "Ordena a los israelitas que no dejen de ofrecerme puntualmente pan y ofrendas quemadas en las fiestas especiales, como ofrendas de olor agradable para mí.

3 "Diles también que estas son las ofrendas que deberán quemar en mi honor: diariamente y sin falta, dos corderos de un año que no tengan ningún defecto. **4** Uno será sacrificado por la mañana y el otro al atardecer. **5** La ofrenda de cereales será de dos kilos de la mejor harina amasada con un litro de aceite de oliva. **6** (Este era el sacrificio que se quemaba continuamente en el monte Sinaí, como ofrenda de olor agradable al Señor.) **7** La ofrenda de vino será de un litro por cada cordero. Este vino deberá derramarse en el santuario, en honor del Señor. **8** El segundo cordero será sacrificado al atardecer, y se le añadirá una ofrenda de cereales y una ofrenda de vino iguales a las de la ofrenda de la mañana. Es una ofrenda de olor agradable, que se quema en honor del Señor.

Ofrendas del sábado[a]

9 "En los sábados deberán ofrecer ustedes dos corderos de un año, sin defecto, y cuatro kilos de la mejor harina amasada con aceite como ofrenda de cereales, con su correspondiente ofrenda de vino. **10** Este holocausto se ofrecerá en los sábados, con su correspondiente ofrenda de vino, además del holocausto diario.[b]

Ofrendas mensuales

11 "El primer día de cada mes[c] ofrecerán como holocausto al Señor dos becerros, un carnero y siete corderos de un año, sin defecto. **12** Por cada becerro ofrecerán seis kilos de la mejor harina amasada con aceite; por cada carnero, cuatro kilos de harina amasada con aceite, **13** y por cada cordero, dos kilos de harina amasada con aceite. Es un holocausto de olor agradable que se quema en honor del Señor. **14** La ofrenda correspondiente de vino será de dos litros por cada becerro, un litro y medio por cada carnero y un litro por cada cordero. Estos son los holocaustos que deben ofrecer todos los meses del año. **15** Además del holocausto diario, deberán ofrecerle al Señor un chivo como sacrificio por el pecado, con su correspondiente ofrenda de vino.

Ofrendas durante la Pascua (Lv 23.5-8)

16 "El día catorce del primer mes del año se celebrará la Pascua en honor del Señor,[d] **17** y el día quince será día de fiesta. Durante siete días se comerá pan sin levadura.[e] **18** En el primero de esos siete días se celebrará una reunión santa. Ese día

---

[b] **27.3** *Su propio pecado:* el de no haber entrado en la Tierra prometida según las indicaciones del Señor (Nm 14).
[c] **27.1-7** Jos 17.3-4.
[d] **27.12** *Monte de Abarim:* nombre de la cordillera situada al este del Mar Muerto, y que incluye el monte Nebo, donde murió Moisés (Dt 32.49-52; 34.1-7).
[e] **27.13** *Como tu hermano Aarón:* Cf. Nm 20.22-29.
[f] **27.14** *Meribá:* Véanse Ex 17.7 notas *d* y *e*.
[g] **27.12-14** A Moisés no se le permitirá entrar a la Tierra prometida. Véase Nm 20.12 n.
[h] **27.16-17** 1 R 22.17; Ez 34.5; Jdt 11.19; Mt 9.36; Mc 6.34.
[i] **27.18** Ex 24.13.
[j] **27.18-20** Dt 34.9; Jos 1.16-18.

[k] **27.21** *Urim:* Véase Ex 28.30 n.
[l] **27.23** *El cargo:* Josué recibe la misión de introducir a los israelitas en la Tierra prometida (Dt 31.23).
[a] **28.9-10** Esta es la única vez que el Pentateuco menciona una ofrenda relacionada especialmente con el sábado. Cf. Ez 46.4-5; Mt 12.5. Las características de esta ofrenda son casi idénticas a las de las ofrendas diarias (vv. 3-8).
[b] **28.10** *Holocausto:* Cf. Lv 1. Véase *Holocausto* en el *Índice temático.*
[c] **28.11** Acerca de la fiesta de luna nueva, véase Sal 81.3 n. Cf. también Nm 10.10; 1 S 20.5; Is 1.14.
[d] **28.16** *La Pascua:* Ex 12.1-13; Nm 9.1-3; Dt 16.1-2. Véase *Pascua* en el *Índice temático.*

no harán ustedes ninguna clase de trabajo. **19** Como holocausto, ofrecerán al Señor dos becerros, un carnero y siete corderos de un año, sin defecto. **20** Junto con estos sacrificios harán la correspondiente ofrenda de harina amasada con aceite, de la siguiente manera: seis kilos de harina por cada becerro, cuatro kilos por cada carnero **21** y dos kilos por cada cordero. **22** Ofrecerán también un chivo como sacrificio para obtener el perdón de sus pecados. **23** Todo esto lo ofrecerán además del holocausto que se ofrece todos los días por la mañana. **24** Así lo harán cada uno de los siete días de la fiesta, como ofrenda de olor agradable quemada en honor del Señor. Esto deberá ofrecerse con su correspondiente ofrenda de vino, además del holocausto diario. **25** El séptimo día también tendrán reunión santa. Ese día no harán ninguna clase de trabajo.

Ofrenda de los primeros frutos [f] *(Lv 23.9-22)*

26 "En la fiesta de los primeros frutos, cuando ofrecen al Señor los cereales de una nueva cosecha, es decir, en la fiesta de las Semanas, tendrán también una reunión santa. Ese día no harán ninguna clase de trabajo. **27** Ofrecerán al Señor, como holocausto de olor agradable, dos becerros, un carnero y siete corderos de un año. **28** La correspondiente ofrenda de harina amasada con aceite será de seis kilos por cada becerro, cuatro kilos por el carnero **29** y dos kilos por cada cordero. **30** Ofrecerán también un chivo como sacrificio para obtener el perdón de sus pecados. **31** Este holocausto y su correspondiente ofrenda de cereales y de vino lo presentarán además del holocausto diario. Los animales no han de tener ningún defecto.

29 La fiesta de las Trompetas *(Lv 23.23-25)*

1 "El día primero del mes séptimo tendrán ustedes una reunión santa. Ese día no harán ninguna clase de trabajo, y anunciarán el día con toque de trompetas. **2** Como holocausto de olor agradable al Señor, ofrecerán un becerro, un carnero y siete corderos de un año, sin defecto. **3** La correspondiente ofrenda de harina amasada con aceite será de seis kilos por el becerro, cuatro kilos por el carnero **4** y dos kilos por cada cordero. **5** Ofrecerán también un chivo como sacrificio para obtener el perdón de sus pecados, **6** además del holocausto de cada mes y del holocausto diario, con sus correspondientes ofrendas de cereales y de vino, como Dios lo ha ordenado. Esta será una ofrenda de olor agradable quemada en honor del Señor.

Ofrendas del Día del Perdón *(Lv 23.26-32)*

7 "El día diez del mismo mes séptimo, también tendrán ustedes reunión santa. Dedicarán ese día al ayuno, [a] y no harán ninguna clase de trabajo. **8** Como holocausto de olor agradable al Señor, ofrecerán un becerro, un carnero y siete corderos de un año, sin defecto. **9** La correspondiente ofrenda de harina amasada con aceite será de seis kilos por el becerro, cuatro kilos por el carnero **10** y dos kilos por cada cordero. **11** Ofrecerán también un chivo como sacrificio por el pecado, además del sacrificio por el pecado que se ofrece el Día del Perdón, y del holocausto diario, con sus correspondientes ofrendas de cereales y de vino.

Ofrendas durante la fiesta de las Enramadas [b] *(Lv 23.33-44)*

12 "El día quince del mes séptimo tendrán ustedes reunión santa. Ese día no harán ninguna clase de trabajo. Durante siete días celebrarán fiesta en honor del Señor. **13** El primer día [c] ofrecerán, como holocausto de olor agradable al Señor, trece becerros, dos carneros y catorce corderos de un año, sin defecto. **14** La correspondiente ofrenda de harina amasada con aceite será de seis kilos por cada becerro, cuatro kilos por cada carnero **15** y dos kilos por cada cordero. **16** Ofrecerán también un chivo como sacrificio por el pecado, además del holocausto diario con sus correspondientes ofrendas de cereales y de vino.

17 "El segundo día se ofrecerán doce becerros, dos carneros y catorce corderos de un año, sin defecto. **18** Además se harán las ofrendas de cereales y de vino de acuerdo con el número de becerros, carneros y corderos, como Dios lo ha ordenado. **19** Se ofrecerá también un chivo como sacrificio por el pecado, además del holocausto diario con sus correspondientes ofrendas de cereales y de vino.

20 "El tercer día se ofrecerán once becerros, dos carneros y catorce corderos de un año, sin defecto. **21** Además se harán las ofrendas de cereales y de vino de acuerdo con el número de becerros, carneros y corderos, como Dios lo ha ordenado. **22** También se ofrecerá un chivo como sacrificio por el pecado, además del holocausto diario con sus correspondientes ofrendas de cereales y de vino.

23 "El día cuarto se ofrecerán diez becerros, dos carneros y catorce corderos de un año, sin defecto. **24** Además se harán las ofrendas de cereales y de vino de acuerdo con el número de becerros, carneros y corderos, como Dios lo ha ordenado. **25** También se ofrecerá un chivo como sacrificio por el pecado, además del holocausto diario con sus correspondientes ofrendas de cereales y de vino.

26 "El día quinto se ofrecerán nueve becerros, dos carneros y catorce corderos de un año, sin defecto. **27** Además se harán las ofrendas de cereales y de vino de acuerdo con el número de becerros, carneros y corderos, como Dios lo ha ordenado. **28** También se ofrecerá un chivo como sacrificio por el pecado, además del holocausto diario con sus correspondientes ofrendas de cereales y de vino.

29 "El día sexto se ofrecerán ocho becerros, dos carneros y catorce corderos de un año, sin defecto. **30** Además se harán las ofrendas de cereales y de vino de acuerdo con el número de becerros, carneros y corderos, como Dios lo ha ordenado. **31** Se ofrecerá también un chivo

---

[e] **28.17-25** Ex 12.14-20; 23.15; 34.18; Dt 16.3-8.
[f] **28.26-31** Esta fiesta era llamada *de las Semanas* (v. 26) porque se celebraba siete semanas después de la Pascua (Ex 23.16; 34.22; Dt 16.9-12). Más tarde fue designada con el nombre de *Pentecostés*. Cf. Hch 2.1. Véase *Pentecostés* en el *Índice temático*.

[a] **29.7** Lv 16.29-34; 23.29.
[b] **29.12-40(30.1)** Esta fiesta es llamada también de la cosecha del fin de año (Ex 23.16; 34.22; Dt 16.13-15).
[c] **29.13** *El primer día:* según la versión griega (LXX). En el texto hebreo no aparece esta frase.

como sacrificio por el pecado, además del holocausto diario con sus correspondientes ofrendas de cereales y de vino.

[32] "El día séptimo se ofrecerán siete becerros, dos carneros y catorce corderos de un año, sin defecto. [33] Además se harán las ofrendas de cereales y de vino de acuerdo con el número de becerros, carneros y corderos, como Dios lo ha ordenado. [34] Se ofrecerá también un chivo como sacrificio por el pecado, además del holocausto diario con sus correspondientes ofrendas de cereales y de vino.

[35] "El día octavo [d] lo celebrarán con una reunión solemne, y no harán ese día ninguna clase de trabajo. [36] Ofrecerán como holocausto de olor agradable al Señor un becerro, un carnero y siete corderos de un año, sin defecto. [37] Además se harán las ofrendas de cereales y de vino por el becerro, el carnero y los corderos, como Dios lo ha ordenado. [38] Se ofrecerá también un chivo como sacrificio por el pecado, además del holocausto diario con sus correspondientes ofrendas de cereales y de vino.

[39] "Estos son los sacrificios que deben ofrecer al Señor en fechas determinadas, además de sus ofrendas en cumplimiento de una promesa o como ofrenda voluntaria, ya sea como holocaustos u ofrendas de cereales y de vino, o como sacrificios de reconciliación."

[40] (30.1) [e] Y Moisés comunicó a los israelitas todo lo que el Señor le había ordenado.

30 Normas sobre las promesas [a]

[1] (2) Moisés dijo a los jefes de las tribus israelitas:

"El Señor ha ordenado [2] (3) que cuando una persona le haga una promesa o se comprometa formalmente con juramento, deberá cumplir su palabra y hacer todo lo que haya prometido. [b]

[3] (4) "Cuando una mujer joven, que aún depende de su padre, haga una promesa al Señor o se comprometa a algo, [4] (5) si su padre, al enterarse de su promesa o compromiso, no le dice nada en contra, estará obligada a cumplir su promesa o compromiso. [5] (6) Pero si su padre, al enterarse, no lo aprueba, entonces ya no estará obligada a cumplir su promesa o compromiso. Puesto que su padre no lo aprueba, el Señor no le exigirá que los cumpla.

[6] (7) "Cuando se trate de una mujer que haya hecho promesas al Señor o haya tomado un compromiso a la ligera, y que luego se case, [c] [7] (8) si su marido, al enterarse, no le dice nada en contra, estará obligada a cumplir sus promesas y sus compromisos. [8] (9) Pero si su marido, al enterarse, no los aprueba, entonces ya no estará obligada a cumplir sus promesas y sus compromisos tomados a la ligera. El Señor no le exigirá que los cumpla.

[9] (10) "Si la que hace una promesa es viuda o divorciada, está obligada a cumplir todos los compromisos que contraiga.

[10] (11) "Cuando una mujer casada haga una promesa o se comprometa a algo con juramento, estando en casa de su marido, [11] (12) si su marido, al enterarse, no le dice nada en contra ni desaprueba lo que hace, ella estará obligada a cumplir sus promesas y compromisos. [12] (13) Pero si su marido, al enterarse, los anula, ya no estará obligada a cumplirlos, puesto que el marido se los anuló. El Señor no le exigirá que los cumpla.

[13] (14) "El marido puede confirmar o anular cualquier promesa o juramento que haga su mujer y que la obligue a ayunar. [14] (15) Si él no le dice nada en contra, y así pasa uno y otro día, con su silencio confirma todas las promesas o compromisos que ella haya tomado. [15] (16) Si los anula un tiempo después de enterarse, entonces él se hace responsable del incumplimiento de la mujer."

[16] (17) Estas son las leyes que el Señor dio a Moisés sobre las relaciones entre el hombre y su mujer, y entre el padre y su hija, cuando esta es joven y aún depende de su padre.

31 Destrucción de Madián [a]

[1] El Señor se dirigió a Moisés y le dijo:

[2] "Véngate de los madianitas en nombre de los israelitas, y después de eso morirás."

[3] Moisés dijo entonces al pueblo:

—Ármense algunos de ustedes para la guerra, y ataquen a Madián para vengarse de ellos en nombre del Señor. [4] Cada tribu debe enviar mil hombres a la guerra.

[5] Así pues, de los ejércitos de cada tribu se escogieron mil hombres, doce mil en total, armados para la guerra. [6] Moisés los envió a la batalla en compañía de Finees, hijo del sacerdote Eleazar, quien llevaba los objetos sagrados y las trompetas para dar la orden de ataque. [7] Y pelearon contra los madianitas y los mataron a todos, tal como el Señor se lo ordenó a Moisés. [b] [8] Mataron a Eví, Réquem, Sur, Hur y Reba, es decir, los cinco reyes madianitas, y también a Balaam, hijo de Beor. [9] Los israelitas se llevaron prisioneras a las mujeres madianitas y a sus hijos pequeños, y les quitaron los animales, el ganado y los objetos de valor; [10] además de eso, quemaron todas sus ciudades y campamentos. [11] Y todo lo que les quitaron, tanto personas como animales, [12] se lo llevaron a Moisés, al sacerdote Eleazar y al pueblo de Israel, los cuales estaban acampados en la llanura de Moab, junto al Jordán, frente a Jericó.

---

[d] **29.35** Cf. Jn 7.37-38.

[e] **29.40(30.1)—30.16(17)** Los números entre paréntesis corresponden a la numeración del texto hebreo.

[a] **30.1-16(2-17)** En la sección siguiente se trata de promesas hechas por las mujeres. Estas normas son el reflejo de una sociedad en la que la mujer ocupaba una posición subordinada. Por tanto, la promesa solemne hecha por ella estaba sujeta a la autoridad del varón, excepto en el caso de la viuda o divorciada, es decir, cuando no había ningún hombre que se hiciera responsable por ella (v. 9[10]).

[b] **30.2(3)** La *promesa* (o el *voto*) hecho por un hombre tenía que cumplirse forzosamente (Dt 23.21-23|22-24); cf. Gn 28.20-22; Lue 11.30-31). En el caso de la mujer, por el contrario, el padre o el marido podían confirmar o anular la promesa (cf. vv. 3-15|4-16|).

[c] **30.6(7)** *Y que luego se case:* otra posible traducción: *y es casada.*

[a] **31.1-24** Esta represalia es la consecuencia de lo indicado en Nm 25.16-18. Acerca del *herem,* o dedicación a la destrucción completa, véase Nm 21.2 n.

[b] **31.7** A pesar de esta destrucción, los *madianitas* vuelven a aparecer más tarde como enemigos de Israel (Jue 6—8).

13 Moisés, el sacerdote Eleazar y todos los jefes del pueblo salieron a recibirlos fuera del campamento. **14** Pero Moisés se enojó con los jefes que estaban al frente de mil y de cien soldados, que venían de la batalla, **15** y les dijo:

—¿Por qué dejaron con vida a las mujeres? **16** Precisamente fueron ellas las que, cuando el caso de Balaam,[c] llevaron a los israelitas a rebelarse contra el Señor y adorar a Baal-peor.[d] Por eso el Señor castigó con una plaga a su pueblo. **17** Maten ahora mismo a todos los niños varones y a todas las mujeres que no sean vírgenes. **18** A las muchachas vírgenes déjenlas con vida y quédense con ellas. **19** Y todos los que hayan matado a alguien o hayan tocado un cadáver, quédense fuera del campamento durante siete días. Tanto ustedes como los prisioneros deberán purificarse al tercero y al séptimo día. **20** Purifiquen también toda la ropa y todos los objetos de cuero, de pelo de cabra o de madera.

21 El sacerdote Eleazar dijo a todos los soldados que habían estado en la batalla:

—Esta es una ley que el Señor le dio a Moisés: **22** los objetos de oro, plata, bronce, hierro, estaño o plomo **23** —en una palabra, todo lo que resista al fuego—, deberán purificarlos poniéndolos en el fuego y lavándolos con el agua de purificación.[e] Las cosas que no resistan al fuego, deberán purificarlas solo con agua. **24** El séptimo día deberán lavar su ropa, y quedarán puros. Después podrán entrar en el campamento.

Repartición del botín

25 El Señor le dijo a Moisés: **26** "Con la ayuda del sacerdote Eleazar y de los jefes de familia del pueblo, haz la cuenta de la gente y de los animales quitados a los madianitas, **27** divídelos en dos partes iguales, y distribuye una parte entre los que fueron a pelear y la otra entre el resto del pueblo. **28** Recoge además una parte para mí: de lo que toque a los soldados, tanto de la gente como de los bueyes, asnos y ovejas, tomarás uno de cada quinientos **29** y se lo darás al sacerdote Eleazar como contribución para mí. **30** De la mitad correspondiente al resto de los israelitas, tanto de la gente como de los bueyes, asnos y ovejas, o sea de todos los animales, tomarás uno de cada cincuenta y se lo darás a los levitas encargados del servicio de mi santuario."

31 Moisés y Eleazar le hicieron tal como el Señor se lo había ordenado a Moisés. **32** Todo lo que se le quitó al enemigo, sin contar lo que los soldados recogieron por su parte, fueron seiscientas setenta y cinco mil ovejas, **33** setenta y dos mil bueyes, **34** sesenta y un mil asnos **35** y treinta y dos mil muchachas vírgenes. **36** Por lo tanto, la mitad que les tocó a los soldados fueron trescientas treinta y siete mil quinientas ovejas, **37** de las que se dieron seiscientas setenta y cinco como contribución para el Señor; **38** de las treinta y seis mil bueyes se dieron sesenta y dos como contribución para el Señor; **39** de los treinta mil quinientos asnos se dieron sesenta y uno como contribución para el Señor; **40** y de las dieciséis mil muchachas se dieron treinta y dos como contribución para el Señor. **41** Moisés entregó la contribución para el Señor al sacerdote Eleazar, tal como el Señor se lo había ordenado.

42 La otra mitad, que era la parte que le tocaba al resto de los israelitas y que Moisés había separado de la parte que les tocó a los soldados, **43** fue exactamente la misma, o sea: trescientas treinta y siete mil quinientas ovejas, **44** treinta y seis mil bueyes, **45** treinta mil quinientos asnos **46** y dieciséis mil muchachas. **47** De esta mitad, Moisés sacó uno de cada cincuenta, lo mismo de personas que de animales, y se lo dio a los levitas que servían en el santuario del Señor, tal como el Señor se lo había ordenado.

48 Entonces los jefes que habían estado al frente de mil y de cien soldados, fueron a ver a Moisés **49** y le dijeron: "Nosotros, tus servidores, hemos hecho la cuenta de los soldados que teníamos a nuestro cargo, y no falta ninguno. **50** Aquí traemos los objetos de oro que cada uno encontró: brazaletes, pulseras, anillos, aretes y otros adornos,[f] para ofrecérselos al Señor como rescate por nosotros mismos."[g]

51 Moisés y Eleazar recibieron de ellos todas las joyas de oro. **52** El oro que ofrecieron como contribución los jefes al mando de mil y de cien soldados, pesó más de ciento ochenta y cuatro kilos, **53** pues cada soldado había traído algo de lo que se le había quitado al enemigo. **54** Así pues, Moisés y Eleazar recibieron de los jefes el oro que habían traído, y lo llevaron a la tienda del encuentro para que el Señor se acordara de los israelitas.

32

Las tribus de Rubén y Gad se establecen al oriente del Jordán (Dt 3.12-22)

1 Las tribus de Rubén y Gad tenían muchísimo ganado. Cuando vieron que los territorios de Jazer y de Galaad eran muy buenos para la cría de ganado, **2** fueron a ver a Moisés, al sacerdote Eleazar y a los jefes del pueblo, y les dijeron:

3 —Miren: las regiones de Atarot, Dibón, Jazer, Nimrá, Hesbón, Elalé, Sebam,[a] Nebo y Beón, **4** que el Señor ha conquistado para el pueblo de Israel, son tierras de pasto para el ganado, y lo que tenemos nosotros, tus servidores, es precisamente ganado. **5** Si te parece bien, danos ese territorio a nosotros, y no nos hagas pasar el río Jordán.

6 Pero Moisés les respondió:

—¿Quieren ustedes quedarse aquí, mientras sus compatriotas van a la guerra? **7** ¿Por qué quieren desanimar a los israelitas para que no pasen al país que el Señor les ha dado? **8** Eso mismo fue lo que hicieron los padres de ustedes cuando los envié desde Cadés-barnea a explorar esa región. **9** Llegaron hasta el arroyo de Escol y exploraron la región, y después desanimaron a los israelitas para que no entraran en el país que el Señor les había dado.[b] **10** Por

---

[c] 31.16 *Cuando el caso de:* otra posible traducción: *por consejo de.*
[d] 31.16 *Baal-peor:* Nm 25.1-9 (véase 25.1-3 n.); cf. Ap 2.14.
[e] 31.23 *Agua de purificación:* Nm 19.9.
[f] 31.50 *Y otros adornos:* o *pendientes;* el hebreo es dudoso. Véase Ex 35.22 n., donde el texto hebreo usa la misma palabra.

[g] 31.50 *Como rescate:* tal vez a causa de la impureza ritual causada por el contacto con los muertos.
[a] 32.3 *Sebam:* en v. 38, *Sibmá.*
[b] 32.8-9 Nm 13.17-33.

eso el Señor se enojó aquel día, y juró ¹¹ que las personas que habían salido de Egipto y que tenían de veinte años para arriba no verían la tierra que solemnemente había prometido a Abraham, Isaac y Jacob, porque no lo siguieron con fidelidad. ¹² Solo Caleb, hijo de Jefuné el quenizita, y Josué, hijo de Nun, siguieron fielmente al Señor. ¹³ El Señor se enojó con los israelitas y los hizo andar por el desierto durante cuarenta años, hasta que no quedó con vida ni uno solo de los que lo habían ofendido con sus malas acciones. *c* ¹⁴ Y ahora ustedes, hijos de padres pecadores, quieren seguir el ejemplo de sus padres, para provocar otra vez la ira del Señor contra Israel. ¹⁵ Si ustedes no quieren seguir al Señor, él hará que los israelitas se queden más tiempo en el desierto, y ustedes tendrán la culpa de que ellos sean destruidos.

¹⁶ Entonces se acercaron a Moisés y le dijeron:

—Lo que queremos es construir aquí corrales para nuestras ovejas y vacas, y ciudades para nuestras familias. ¹⁷ Después nosotros mismos nos armaremos a toda prisa e iremos al frente de los demás israelitas, hasta que los llevemos a su territorio. Entre tanto, nuestras familias se quedarán en las ciudades, seguras y a salvo de los que viven en esta región. ¹⁸ No volveremos a nuestras casas mientras todos los israelitas no hayan tomado posesión de su propia tierra. ¹⁹ Como lo que va a ser nuestro territorio está de este lado, al oriente del río Jordán, no reclamaremos tierras del otro lado del Jordán, ni más allá.

²⁰ Y Moisés les respondió:

—Pues si cumplen su palabra y se arman para combatir a las órdenes del Señor, *d* ²¹ si todos ustedes cruzan armados el río Jordán bajo las órdenes del Señor, y se quedan allí hasta que el Señor expulse a todos sus enemigos ²² y haya conquistado el país, entonces podrán volver, pues quedarán libres de su obligación para con el Señor y para con Israel. Esta tierra será propiedad de ustedes con la aprobación del Señor. ²³ Pero si no lo hacen así, sepan que cometen un pecado contra el Señor y que algún día les llegará el castigo por ese pecado. ²⁴ Construyan, pues, ciudades para sus familias y corrales para sus ovejas, pero cumplan su palabra.

²⁵ Los descendientes de Gad y de Rubén le contestaron:

—Estos servidores tuyos harán lo que les has mandado. ²⁶ Nuestras mujeres y nuestros hijos pequeños, con el ganado y todos nuestros animales, se quedarán aquí, en las ciudades de Galaad, ²⁷ y nosotros, tus servidores, nos armaremos e iremos a la guerra bajo las órdenes del Señor, tal como tú nos lo has mandado.

²⁸ Entonces Moisés dio las siguientes instrucciones al sacerdote Eleazar, a Josué y a los jefes de familia de las diversas tribus de Israel:

²⁹ —Si todos los hombres de las tribus de Gad y de Rubén cruzan con ustedes el Jordán armados para pelear bajo las órdenes del Señor hasta que ustedes conquisten el país, entonces ustedes les darán a ellos el país de Galaad como territorio propio. ³⁰ Pero si no pasan armados, entonces les tocará un territorio entre ustedes en el país de Canaán.

³¹ Los descendientes de Gad y Rubén respondieron:

—Haremos lo que el Señor ha ordenado a estos servidores tuyos. ³² Pasaremos armados al país de Canaán obedeciendo al Señor, pero nos quedaremos con el territorio al oriente del Jordán como nuestra propiedad. *e*

³³ Y así, a las tribus de Gad y Rubén, y a la media tribu de Manasés, *f* Moisés les dio los territorios de Sihón, rey amorreo, y de Og, rey de Basán, con las ciudades que les pertenecían y los campos que las rodeaban. *g* ³⁴ Los de la tribu de Gad reconstruyeron las ciudades de Dibón, Atarot, Aroer, ³⁵ Atarot-sofán, Jazer, Jogbehá, ³⁶ Bet-nimrá y Bet-arán, y las fortificaron e hicieron corrales para sus ovejas. ³⁷ Los de la tribu de Rubén reconstruyeron las ciudades de Hesbón, Elalé, Quiriataim, ³⁸ Nebo, Baal-meón y Sibmá, cambiando el nombre de algunas de ellas y poniendo su propio nombre a las que reconstruyeron.

³⁹ Los descendientes de Maquir, hijo de Manasés, invadieron la región de Galaad y se apoderaron de ella, expulsando a los amorreos que había allí. ⁴⁰ Entonces Moisés asignó a los descendientes de Maquir la región de Galaad, y ellos se establecieron allí. ⁴¹ Jaír, descendiente de Manasés, se apoderó de unos campamentos de los amorreos y les puso el nombre de Havot-jaír. ⁴² El grupo de Nóbah se apoderó de Quenat y de los pueblos que dependían de ella, y le puso su propio nombre, Nóbah.

33 Ruta de los israelitas *a*

¹ Estas son las etapas del viaje que hicieron los israelitas cuando salieron de Egipto en formación militar, guiados por Moisés y Aarón. ² Moisés iba anotando los nombres de los lugares de donde salían, etapa por etapa, según se lo ordenaba el Señor. Estas son las etapas con sus puntos de partida.

³ Los israelitas salieron de Ramsés el día quince del primer mes del año, al día siguiente de la celebración de la Pascua. *b* Salieron con gran poder *c* y a la vista de todos los egipcios, ⁴ mientras los egipcios estaban enterrando a todos sus hijos mayores, pues el Señor los había hecho morir, *d* con lo cual había dictado sentencia contra sus dioses.

---

c **32.10-13** Nm 14.26-35.

d **32.20** *A las órdenes del Señor:* lit. *delante del Señor.* Así también en vv. 21,27,29,32.

e **32.28-32** Jos 1.12-15.

f **32.33** *La media tribu de Manasés:* es decir, la parte de esta tribu que recibió una porción de territorio al este del Jordán; la otra parte de la misma tribu ocupó territorio al oeste del río, cerca de la tribu de Efraín (Jos 17.1-13). Véase *Índice de mapas.*

g **32.33** Los territorios de estas tribus estaban situados al este del Jordán, desde la parte media del Mar Muerto hasta más al norte del Lago de Quinéret (o de Galilea).

a **33.1-48** El siguiente es un resumen del itinerario seguido por los israelitas desde Egipto hasta las llanuras de Moab, en la frontera de Canaán. Muchos de los lugares nombrados ya no pueden ser identificados. Véase *Índice de mapas.*

b **33.3** Ex 12.6,31,37.

c **33.3** *Con gran poder:* Véase Ex 14.8 nota *d.*

d **33.3-4** Ex 12.29-30.

⁵ Los israelitas salieron de Ramsés ᵉ y acamparon en Sucot.
⁶ Salieron de Sucot y acamparon en Etam, en los límites del desierto.
⁷ Salieron de Etam, dieron la vuelta hacia Pi-hahirot, que está al oriente de Baal-sefón, y acamparon frente a Migdol.
⁸ Salieron de Pi-hahirot, cruzaron el mar y llegaron al desierto. Caminaron tres días por el desierto de Etam y acamparon en Mará.
⁹ Salieron de Mará y llegaron a Elim, donde había doce manantiales y setenta palmeras, y acamparon allí.
¹⁰ Salieron de Elim y acamparon junto al Mar Rojo.
¹¹ Salieron del Mar Rojo y acamparon en el desierto de Sin.
¹² Salieron del desierto de Sin y acamparon en Dofcá.
¹³ Salieron de Dofcá y acamparon en Alús.
¹⁴ Salieron de Alús y acamparon en Refidim, donde la gente no tenía agua para beber.
¹⁵ Salieron de Refidim y acamparon en el desierto de Sinaí.
¹⁶ Salieron del desierto de Sinaí ᶠ y acamparon en Quibrot-hataavá.
¹⁷ Salieron de Quibrot-hataavá y acamparon en Haserot.
¹⁸ Salieron de Haserot y acamparon en Ritmá.
¹⁹ Salieron de Ritmá y acamparon en Rimón-peres.
²⁰ Salieron de Rimón-peres y acamparon en Libná.
²¹ Salieron de Libná y acamparon en Risá.
²² Salieron de Risá y acamparon en Quehelata.
²³ Salieron de Quehelata y acamparon en el monte Séfer.
²⁴ Salieron del monte Séfer y acamparon en Haradá.
²⁵ Salieron de Haradá y acamparon en Maquelot.
²⁶ Salieron de Maquelot y acamparon en Táhat.
²⁷ Salieron de Táhat y acamparon en Térah.
²⁸ Salieron de Térah y acamparon en Mitcá.
²⁹ Salieron de Mitcá y acamparon en Hasmoná.
³⁰ Salieron de Hasmoná y acamparon en Moserot.
³¹ Salieron de Moserot y acamparon en Bené-jaacán.
³² Salieron de Bené-jaacán y acamparon en Hor de Guidgad.
³³ Salieron de Hor de Guidgad y acamparon en Jotbata.
³⁴ Salieron de Jotbata y acamparon en Abroná.
³⁵ Salieron de Abroná y acamparon en Esión-guéber.
³⁶ Salieron de Esión-guéber y acamparon en el desierto de Sin, es decir, en Cadés.
³⁷ Salieron de Cadés ᵍ y acamparon en el monte Hor, en la frontera con Edom. ³⁸ Por orden del Señor, el sacerdote Aarón subió al monte Hor, y allí murió ʰ el día primero del mes quinto del año cuarenta, contando a partir de la fecha en que los israelitas salieron de Egipto.

³⁹ Cuando Aarón murió, en el monte Hor, tenía ciento veintitrés años.
⁴⁰ El rey cananeo de Arad, que vivía en el Néguev de Canaán, se enteró de la llegada de los israelitas. ⁱ
⁴¹ Salieron del monte Hor y acamparon en Salmoná.
⁴² Salieron de Salmoná y acamparon en Punón.
⁴³ Salieron de Punón y acamparon en Obot.
⁴⁴ Salieron de Obot y acamparon en Iié-abarim, en la frontera con Moab.
⁴⁵ Salieron de Iié-abarim y acamparon en Dibón-gad.
⁴⁶ Salieron de Dibón-gad y acamparon en Almón-diblataim.
⁴⁷ Salieron de Almón-diblataim y acamparon en los montes de Abarim, al oriente del Nebo.
⁴⁸ Salieron de los montes de Abarim y acamparon en las llanuras de Moab, junto al Jordán, frente a Jericó. ⁴⁹ El campamento junto al Jordán se extendía desde Bet-jesimot hasta Abel-sitim, en las llanuras de Moab.

Normas para la ocupación y repartición de Canaán ʲ ⁵⁰ En las llanuras de Moab, junto al río Jordán, frente a Jericó, el Señor se dirigió a Moisés y le dijo:
⁵¹ "Di a los israelitas lo siguiente: Cuando ustedes crucen el Jordán y entren en el país de Canaán, ⁵² expulsen a todos los habitantes del país, destruyan todas sus estatuas de piedra y de metal fundido, y echen abajo todos los lugares de culto que tienen en las colinas. ⁵³ Conquisten el país y establézcanse en él, porque yo se lo entrego para que lo ocupen. ⁵⁴ Pero deberán repartirlo por suertes entre los clanes de todas las tribus; a los clanes numerosos se les dará un territorio grande, y a los pequeños, un territorio pequeño; cada clan recibirá lo que la suerte le señale. ᵏ ⁵⁵ Y si ustedes no expulsan a los habitantes del país, los que se queden allí les molestarán como una astilla en el ojo o como espinas en el cuerpo, cuando ustedes se instalen en el país; ˡ ⁵⁶ entonces yo haré con ustedes lo que pensaba hacer con ellos."

34 Límites del país ᵃ
¹ El Señor se dirigió a Moisés y le dijo:
² "Da las siguientes instrucciones a los israelitas: Pronto van a entrar ustedes en el país de Canaán. Este es el país que será propiedad de ustedes, y estos serán sus límites:
³ "La frontera sur limitará con el desierto de Sin y el territorio de Edom. Partiendo del este, la frontera comenzará en el extremo sur del Mar Muerto, ⁴ seguirá hacia el sur hasta la cuesta de Acrabim, pasará por Sin y llegará hasta Cadés-barnea. Luego seguirá por Hasar-adar hasta Asmón,

---

ᵉ **33.5-15** El trayecto desde *Ramsés* hasta el *Sinaí* es, con algunas variantes, un resumen de Ex 12.37—19.2.
ᶠ **33.16-36** El trayecto del *Sinaí* a *Cadés* resume el relato de Nm 10.11—20.1.
ᵍ **33.37-49** Algunas partes de esta última etapa no son claras, especialmente el trayecto a *Esión-guéber,* en el Golfo de Akaba (vv. 35-36). El texto parece resumir Nm 20.22—22.1, pero no es posible hacer coincidir todos los detalles.
ʰ **33.38** Nm 20.22-28; Dt 10.6; 32.50.
ⁱ **33.40** Nm 21.1.
ʲ **33.50-56** Cf. Ex 23.23-33.
ᵏ **33.54** Nm 26.52-56.
ˡ **33.55** Cf. Dt 7.1-6, donde se fundamenta de otra manera la orden de *expulsar a los habitantes del país.*
ᵃ **34.1-12** Cf. Jos 15.1-14; Ez 47.13-20. Los límites aquí señalados son ideales. Las fronteras de Israel cambiaron en el curso de la historia y no todo este territorio fue dominado por los israelitas antes del reinado de David y Salomón.

⁵ y de Asmón seguirá hasta el arroyo que limita con Egipto, y terminará en el mar Mediterráneo.
⁶ "La frontera oeste limitará con la costa del mar Mediterráneo.
⁷ "Para la frontera norte, tracen una línea desde el mar Mediterráneo hasta el monte Hor,ᵇ ⁸ y desde el monte Hor hasta la entrada de Hamat, y luego hasta Sedad. ⁹ Desde Sedad, esta frontera norte seguirá hasta Zifrón y terminará en Hasar-enán.
¹⁰ "Para la frontera oriental, tracen una línea desde Hasarenán hasta Sefam, ¹¹ y de Sefam a Riblá, al oriente de Ain; de allí la frontera bajará por el lado oriental del lago Quinéret, ᶜ ¹² y seguirá por el río Jordán hasta terminar en el Mar Muerto.
"Estas fronteras serán los límites del país de ustedes."

Repartición de la tierra ¹³ Moisés dio las siguientes instrucciones a los israelitas:
"Este es el país que ustedes se van a repartir por suertes; es el país que el Señor ha ordenado que se dé a las nueve tribus y media que quedan, ᵈ ¹⁴⁻¹⁵ puesto que dos tribus y media, es decir, las tribus de Rubén y de Gad y la media tribuᵉ de Manasés, ya recibieron por familias el territorio que les pertenecía, al oriente del Jordán, frente a Jericó." ᶠ
¹⁶ El Señor se dirigió a Moisés y le dijo:
¹⁷ "Los que van a repartir la tierra entre ustedes son el sacerdote Eleazar y Josué, hijo de Nun. ¹⁸ Pero llamen además a un jefe por cada tribu, para repartir la tierra. ¹⁹ Los hombres a quienes deben llamar son los siguientes: ᵍ
"Por la tribu de Judá: Caleb, hijo de Jefuné.
²⁰ "Por la de Simeón: Samuel, hijo de Amihud.
²¹ "Por la de Benjamín: Elidad, hijo de Quislón.
²² "Por la de Dan: el jefe Buquí, hijo de Joglí.
²³ "Por las tribus de los hijos de José: el jefe Haniel, hijo de Efod, por la de Manasés; ²⁴ y el jefe Quemuel, hijo de Siftán, por la de Efraín.
²⁵ "Por la tribu de Zabulón: el jefe Elisafán, hijo de Parnac.
²⁶ "Por la de Isacar: el jefe Paltiel, hijo de Azán.
²⁷ "Por la de Aser: el jefe Ahihud, hijo de Selomí.
²⁸ "Por la de Neftalí: el jefe Pedahel, hijo de Amihud."
²⁹ A estos encargó el Señor repartir el país de Canaán entre los israelitas.

35

Herencia de los levitasᵃ ¹ El Señor se dirigió a Moisés en las llanuras de Moab, junto al Jordán, frente a Jericó, y le dijo:

² "Ordena a los israelitas que, del territorio que les corresponde, den a los levitas ciudades para que vivan, y que les den también los campos de pastoreo que rodean las ciudades. ³ Los levitas vivirán en esas ciudades, y en los campos tendrán su ganado y demás animales. ⁴ Los campos de pastoreo que deben darles se extenderán alrededor de la ciudad, cuatrocientos cincuenta metros hacia afuera de la muralla. ⁵ Todo el terreno formará un cuadrado de novecientos metros por lado, es decir, que medirá lo mismo por el este y por el oeste, por el norte y por el sur. La ciudad quedará en medio, con los campos de pastoreo alrededor.

⁶ "De las ciudades que les den a los levitas, seis serán ciudades de refugio,ᵇ donde pueda buscar protección la persona que haya matado a alguien. Aparte de estas seis ciudades, les darán ustedes otras cuarenta y dos; ⁷ en total, deben dar a los levitas cuarenta y ocho ciudades con sus campos de pastoreo. ⁸ Cuando del territorio propio de los israelitas den las ciudades para los levitas, cada tribu deberá dar en proporción a lo que le haya tocado: de los territorios más grandes se tomarán más ciudades, y de los más pequeños, menos ciudades."

Ciudades de refugio (Dt 19.1-13; Jos 20.1-9) ⁹ El Señor se dirigió a Moisés y le dijo:
¹⁰ "Di a los israelitas lo siguiente: Cuando ustedes crucen el río Jordán para entrar en Canaán, ¹¹ deberán escoger algunas ciudades como ciudades de refugio, donde pueda buscar refugio la persona que sin intención haya matado a otra. ¹² Allí quedará a salvo del pariente del muerto que quiera vengarlo, ᶜ y no morirá hasta que se haya presentado ante el pueblo para ser juzgado. ¹³ De las ciudades dadas, seis serán para refugio: ¹⁴ tres al oriente del Jordán y tres en Canaán. ¹⁵ Estas seis ciudades serán ciudades de refugio, tanto para los israelitas como para los extranjeros que vivan o estén de paso entre ustedes. Allí podrá refugiarse todo el que sin intención haya matado a otra persona.

¹⁶ "Si alguien hiere a otro con un objeto de hierro, y el herido muere, se trata de un asesinato, y el asesino será condenado a muerte.
¹⁷ "Si alguien golpea a otro con una piedra que pueda causar la muerte, y el golpeado muere, se trata de un asesinato, y el asesino será condenado a muerte.
¹⁸ "Si alguien golpea a otro con un palo que pueda causar la muerte, y el golpeado muere, se trata de un asesinato, y el asesino será condenado a muerte. ¹⁹ El pariente más cercano del muerto se encargará de dar muerte al asesino cuando lo encuentre.

ᵇ **34.7** *Hor:* aquí se trata probablemente de un monte en la cordillera del Líbano, distinto del mencionado en Nm 20.22-25.
ᶜ **34.11** *Lago Quinéret:* conocido en el NT como lago de Genesaret o de Galilea.
ᵈ **34.13** Nm 26.52-56.
ᵉ **34.14-15** *La media tribu:* Véase Nm 32.33 nota *f.*
ᶠ **34.14-15** Nm 32.33-42; Jos 14.1-5.
ᵍ **34.17-29** Con excepción de Josué y Caleb, los jefes de tribu mencionados en esta lista son nuevos, ya que los anteriores habían muerto en el desierto.
ᵃ **35.1-8** A los miembros de la tribu de Leví, como no poseían territorio propio (Nm 18.20-23), se les asignaron ciudades especiales (Lv 25.32-34; Jos 21.1-42; 1 Cr 6.54-81[39-66]).
ᵇ **35.6** *Ciudades de refugio:* Estas ciudades eran seis: tres en Canaán y tres al este del Jordán (Jos 20.7-9).
ᶜ **35.12** La costumbre de vengar la muerte del pariente asesinado era un uso tradicional en el antiguo Oriente y una manera primitiva de impartir justicia en una sociedad donde no había tribunales. La ley mosaica suavizó y reglamentó esta vieja costumbre, estableciendo *ciudades de refugio* o de asilo, y prescribiendo un juicio formal para los que habían matado accidentalmente (vv. 15,22-25). Cuando alguien había cometido un asesinato intencional, el pariente más

20 "Si alguien empuja a otro por odio, o si le lanza alguna cosa con malas intenciones, **21** o si por enemistad lo golpea con las manos, y el otro muere, el culpable será condenado a muerte porque es un asesino. El pariente más cercano del muerto se encargará de dar muerte al asesino cuando lo encuentre.

22 "Pero si alguien empuja a otro accidentalmente, no por enemistad, o si le lanza alguna cosa sin mala intención, **23** o sin fijarse lanza una piedra que pueda causar la muerte, y la piedra le cae encima y lo mata no siendo ellos enemigos ni queriendo él hacerle daño, **24** entonces el pueblo actuará como juez entre el que causó la muerte y el pariente que quiera vengar a la víctima, según estas reglas. **25** El pueblo deberá proteger de la venganza del pariente al que causó la muerte, y deberá hacer que vuelva a la ciudad de refugio donde había buscado refugio. El que mató deberá quedarse allí hasta que muera el sumo sacerdote debidamente consagrado. **26** Pero si sale del territorio de la ciudad de refugio, **27** el pariente de la víctima no cometerá ningún crimen si lo encuentra fuera y lo mata. **28** El que mató deberá quedarse en la ciudad de refugio hasta la muerte del sumo sacerdote. Después podrá volver a su tierra.

29 "Estas disposiciones serán para ustedes una ley que pasará de padres a hijos, dondequiera que ustedes vivan.

Leyes sobre testimonios y rescates **30** "Solo por el testimonio de varios testigos podrá ser condenado a muerte un asesino. Un solo testigo no basta para condenar a muerte a nadie. *d*

31 "No se podrá aceptar dinero como rescate por la vida de un asesino condenado a muerte; ese hombre deberá morir. *e*

32 "No se podrá aceptar dinero por permitir que un asesino que ha buscado refugio en una de las ciudades señaladas pueda regresar a su tierra antes de la muerte del sumo sacerdote.

33 "No profanen con asesinatos el país en que van a vivir, pues el asesinato profana el país, y no hay más rescate por un asesinato que la muerte del que lo cometió.

34 "No profanen la tierra en que van a vivir y en la que yo también viviré, pues yo, el Señor, vivo entre los israelitas."

36 Herencia de las mujeres *a*

1 Los jefes de familia de los clanes de Galaad, descendiente directo de Maquir, Manasés y José, fueron a ver a Moisés y a los jefes de familia israelitas, y les dijeron:

2 —El Señor ordenó que tú, Moisés, repartieras por suertes entre los israelitas el territorio que le ha de tocar a cada uno, y también te ordenó que la parte que correspondía a Selofhad, que era de nuestra familia, se la dieras a sus hijas. **3** Pero si ellas se casan con hombres de otra tribu israelita, la tierra que les tocó a ellas dejará de pertenecer a nuestra tribu y pasará a ser de la tribu de aquellos con quienes ellas se casen. Así se nos irá quitando parte de lo que nos tocó en suerte. **4** Luego, cuando llegue el año de liberación *b* en Israel, la tierra de ellas pasará a ser definitivamente de aquella otra tribu y dejará de pertenecer a la nuestra.

5 Entonces Moisés, según las instrucciones que le dio el Señor, ordenó lo siguiente a los israelitas:

—Los hombres de la tribu de José tienen razón. **6** El Señor permitirá que las hijas de Selofhad se casen con quien quieran, con tal de que sea alguien de un clan de la tribu a la que ellas pertenecen por parte de padre. **7** La tierra que a cada uno en Israel le ha tocado no debe pasar de una tribu a otra; todo israelita debe conservar su herencia en su propia tribu. **8** Si una mujer de cualquier tribu hereda tierras, deberá casarse con un hombre de un clan de su misma tribu. Así cada israelita conservará la herencia recibida de sus padres. **9** Ninguna herencia debe pasar de una tribu a otra. Cada tribu de Israel debe conservar el territorio que le tocó.

10-11 Entonces Mahlá, Tirsá, Hoglá, Milcá y Noá, hijas de Selofhad, hicieron lo que el Señor le había ordenado a Moisés, y se casaron con hijos de sus tíos paternos, **12** que eran descendientes de Manasés, hijo de José. Así su herencia quedó dentro de la tribu a la que pertenecía su padre.

13 Estas fueron las órdenes y normas que el Señor dio a los israelitas por medio de Moisés en las llanuras de Moab, junto al Jordán, frente a Jericó. *c*

---

cercano, llamado también "vengador de la sangre" (heb. *goel*), era el encargado de ejecutar la sentencia de muerte (vv. 19,21). Véase Gn 27.45 n.

d **35.30** Dt 17.6; 19.15.

e **35.31** Las leyes de otros pueblos del antiguo Oriente, como las de los hititas, aceptaban el rescate por dinero de un asesino condenado a muerte.

a **36.1-13** Esta ley complementa la decisión tomada en Nm 27.1-11:

la mujer que heredaba una propiedad tenía que casarse dentro de su propia tribu, para que el patrimonio familiar no pasara a otra tribu.

b **36.4** *Año de liberación:* Cf. Lv 25.8-16.

c **36.13** Alusión a la totalidad de las leyes dadas *en las llanuras de Moab* (caps. 22—36). La historia continúa en Dt 31—34 y en el libro de *Josué*, que relatan el cruce del Jordán y la conquista de Canaán.

Deuteronomio

El libro de *Deuteronomio* (=Dt) sitúa a sus lectores en un punto bien determinado del espacio y del tiempo. Después de cuarenta años de marcha por el desierto, los israelitas, bajo la conducción de Moisés, llegan a las llanuras de Moab, al este del río Jordán, frente a Jericó. De este modo culmina la etapa comenzada con el éxodo de Egipto y está por iniciarse una nueva: el paso a través del río para tomar posesión de la tierra que el Señor les ha prometido.

En este momento solemne, y con la mirada puesta en su muerte cercana, Moisés reúne por última vez a *todo Israel* y le entrega su "testamento" espiritual. En estas palabras de despedida, el gran legislador evoca las experiencias vividas en común e instruye a la comunidad sobre la forma de vida que deberá llevar a la práctica para ser realmente "el pueblo de Dios". Al mismo tiempo, le advierte que de la fidelidad a los mandamientos y preceptos divinos dependerá la permanencia de los israelitas en el hermoso país que el Señor les ha dado como herencia (cf. 8.19-20).

En la parte central del libro se encuentra el llamado "código deuteronómico" (caps. 12—26), que comienza con una serie de disposiciones relativas a la centralización del culto en un santuario único (12.1-28). Alrededor de este núcleo legal se sitúan los dos discursos introductorios de Moisés (caps. 1—4; 5—11) y los complementos y apéndices finales, en los que se entremezclan diversos temas y géneros literarios: las bendiciones y maldiciones vinculadas con la fidelidad o infidelidad al pacto o alianza (caps. 27—28), la exhortación que acompañó a la renovación de la alianza en el país de Moab (caps. 29—30) y el Cántico y las Bendiciones de Moisés (caps. 32—33). En esta parte final están, asimismo, la referencia a la designación de Josué como sucesor de Moisés (31.1-8,23) y el relato de la muerte del gran líder antes de la entrada de los israelitas en la Tierra prometida (cap. 34).

Como los otros textos legales del Pentateuco, *Deuteronomio* proclama la voluntad del Señor, manifestada sobre todo en el "mandamiento principal" de amar *al Señor tu Dios con todo tu corazón, con toda tu alma y con todas tus fuerzas* (6.5). Pero hay una diferencia digna de mención entre la proclamación de la voluntad divina en las llanuras de Moab y la que tuvo lugar al concluirse la alianza del Sinaí. En el monte Sinaí (que en *Deuteronomio* siempre es designado con el nombre de *Horeb*), el Señor habla en primera persona; y Moisés, como mediador entre Dios y el pueblo de Israel, no hace más que transmitir textualmente las palabras recibidas del Señor (cf., por ejemplo, Ex 20.1-2; 25.1-2). En *Deuteronomio*, por el contrario, es Moisés el que se dirige al pueblo en primera persona, de manera que el mensaje del Señor a Israel se comunica a través de las palabras de su profeta y portavoz, identificándose enteramente con ellas (cf. Dt 5.22-27; 18.16). Por eso, Moisés puede hablar de las leyes y de los mandamientos del Señor *que yo les doy en este día* (4.40; cf. 28.1). Esta modalidad distinta se pone de manifiesto en las frases introductorias a sus dos grandes discursos:

    1.1   *Estas son las palabras que Moisés dirigió a todo Israel...*
    4.44   *Esta es la enseñanza que Moisés entregó a los israelitas...*

Deuteronomio, como es natural, reconoce que el Dios de Israel es el Señor del cielo y de la tierra (cf. 10.14,17). Pero el mensaje que proclama con más insistencia no se refiere a la soberanía universal de Dios, sino a su especial relación con el pueblo de Israel. El Señor es *tu* Dios, y esta relación particular, expresada en la palabra *alianza* o *pacto*, tiene su origen en el amor divino: el Señor *amó* a los patriarcas Abraham, Isaac y Jacob, y por el amor que les tuvo les prometió con un juramento que sus descendientes recibirían como herencia el país de Canaán (6.10). Esta promesa comenzó a cumplirse cuando el Señor hizo salir a Israel de Egipto (7.8) y lo condujo por el desierto con solicitud paternal (8.2-5). Pero ahora, cuando el pueblo se dispone a cruzar el Jordán para entrar en la Tierra prometida, es decir, cuando la promesa está por llegar a su pleno cumplimiento, Moisés los invita a tomar conciencia de su responsabilidad: *Miren, hoy les doy a elegir entre la vida y el bien, por un lado, y la muerte y el mal, por el otro... Escojan, pues, la vida para que vivan ustedes y sus descendientes* (30.15,19). Es decir, que al amor de Dios debe corresponder la entrega indivisa y sin reservas de toda la persona a Dios, manifestada en la fiel observancia de la voluntad divina: *Amen ustedes al Señor su Dios, y cumplan sus preceptos, leyes, decretos y mandamientos* (11.1).

El esquema siguiente describe a grandes líneas la estructura de *Deuteronomio*:

    I. Primer discurso introductorio de Moisés (1—4)
    II. Segundo discurso introductorio de Moisés (5—11)
    III. El código deuteronómico (12—26)
    IV. La celebración de la alianza (27—28)
    V. Último discurso de Moisés (29—30)
    VI. Despedida y muerte de Moisés (31—34)

I. PRIMER DISCURSO INTRODUCTORIO DE MOISÉS
(1—4)

1 *Introducción* ¹ Estas son las palabras que Moisés dirigió a todo Israel cuando estaban en el desierto, al este del río Jordán, es decir, en el Arabá,*ᵃ* frente a Suf y entre las regiones de Parán, Tófel, Labán, Haserot y Dizahab. ² Desde el monte Horeb *ᵇ* hasta Cadés-barnea *ᶜ* hay once días de camino, siguiendo la ruta del monte de Seír. *ᵈ* ³⁻⁴ El día primero del mes undécimo, en el año cuarenta, *ᵉ* después de haber derrotado Moisés a Sihón, rey de los amorreos, que vivía en Hesbón, y a Og, rey de Basán, que vivía en Astarot, en la región de Edrei, *ᶠ* Moisés comunicó a los israelitas todas las cosas que el Señor le había ordenado que ellos cumplieran. ⁵ Cuando estaban al este del río Jordán, en el país de Moab, *ᵍ* Moisés comenzó a dar las siguientes instrucciones:

⁶ "El Señor nuestro Dios nos dijo esto en Horeb: 'Ustedes han estado ya mucho tiempo en este monte. *ʰ* ⁷ Recojan sus cosas y vayan a las montañas de los amorreos *ⁱ* y a todas sus regiones vecinas: el Arabá, la región montañosa, la llanura, *ʲ* el Négueb, la costa, el país de los cananeos y el Líbano, hasta el gran río Éufrates. *ᵏ* ⁸ Yo les he entregado el país; vayan y tomen posesión de la tierra que yo, el Señor, juré dar a los antepasados de ustedes, es decir, a Abraham, Isaac y Jacob, y a sus descendientes.'

Nombramiento de jueces *(Ex 18.13-27)*
⁹ "En aquella misma ocasión yo les dije a ustedes: 'Yo solo no puedo hacerme cargo de todos ustedes. ¹⁰ Tantos hijos les ha dado el Señor su Dios, que ahora son ustedes un pueblo tan numeroso como las estrellas del cielo. ¹¹ ¡Que el Señor y Dios de sus antepasados los haga mil veces más numerosos de lo que ahora son, y los bendiga conforme a la promesa que les hizo! ¹² Yo solo, sin embargo, no puedo llevar la pesada carga de atender todos sus problemas y pleitos. ¹³ Por lo tanto, escojan de cada tribu hombres sabios, inteligentes y experimentados, para que yo los ponga como jefes de ustedes.' *ˡ*

¹⁴ "Y ustedes me respondieron: 'Nos parece muy bien lo que propones.'

¹⁵ "Entonces tomé de cada tribu de ustedes los hombres más sabios y experimentados, y les di autoridad sobre ustedes; a unos los puse a cargo de mil hombres, a otros de cien, a otros de cincuenta, a otros de diez, y a otros los puse a cargo de cada tribu. *ᵐ* ¹⁶ Al mismo tiempo les di a sus jueces las siguientes instrucciones: 'Atiendan a todos y háganles justicia, tanto a sus compatriotas como a los extranjeros; ¹⁷ y al dictar sentencia, no hagan ninguna distinción de personas: atiendan tanto a los humildes como a los poderosos, sin tenerle miedo a nadie, porque el juicio es de Dios. *ⁿ* Y si se les presenta algún caso difícil, pásenmelo para que yo lo atienda.'

¹⁸ "En aquella ocasión les di amplias instrucciones acerca de todo lo que debían hacer.

Misión de los doce espías *(Nm 13.1—14.4)*
¹⁹ "Cuando salimos de Horeb, nos dirigimos a los montes de los amorreos, obedeciendo así las órdenes del Señor nuestro Dios. Recorrimos todo aquel grande y terrible desierto que ustedes vieron, hasta que llegamos a Cadés-barnea. ²⁰ Allí les dije: 'Ya hemos llegado a los montes de los amorreos, que el Señor nuestro Dios nos da. ²¹ El Señor, el Dios de ustedes, les entrega esta tierra. Adelante, pues, y ocúpenla tal como lo ha dicho el Señor, el Dios de sus antepasados. No tengan miedo ni se desanimen.' ²² Pero ustedes vinieron a decirme: 'Será mejor que algunos de nosotros se adelanten y exploren este país, y que luego regresen a decirnos qué camino debemos seguir y en qué ciudades podemos entrar.'

²³ "Lo que ustedes propusieron me pareció bien, y entonces escogí a doce hombres, uno de cada tribu, ²⁴ los cuales se encaminaron hacia la región montañosa y llegaron al valle de Escol *ñ* y recorrieron toda la región. ²⁵ Después tomaron frutos de aquella tierra y nos trajeron, con este informe: 'La tierra que el Señor nuestro Dios nos da es magnífica.' ²⁶ Pero ustedes no quisieron ir, sino que desobedecieron la orden que el Señor nuestro Dios les había dado, *ᵒ* ²⁷ y en sus casas se pusieron a murmurar y a decir: 'El Señor no nos quiere; nos sacó de Egipto tan solo para ponernos en manos de los amorreos y acabar con nosotros. ²⁸ Y ahora, ¿a dónde vamos a ir? Nuestros compatriotas dicen que allí hay gente más poderosa y alta que nosotros, y grandes ciudades rodeadas de altísimas murallas, *ᵖ* y que hasta vieron descendientes del gigante Anac. *ᵠ* Todo eso nos ha desanimado por completo.'

ᵃ **1.1** *El Arabá* es la cuenca o depresión que se extiende al sur del Lago de Genesaret y que se divide en tres partes: el curso del río Jordán, la región del Mar Muerto (cuya superficie está a 392 m. por debajo del nivel del mar y que en Dt 3.17 se llama *mar de Arabá*) y la franja que llega hasta el Golfo de Akaba, en el Mar Rojo (Dt 2.1,8).
ᵇ **1.2** *Horeb* es el nombre que se da siempre en *Deuteronomio* al monte Sinaí, con la sola excepción de 33.2.
ᶜ **1.2** *Cadés-barnea:* Véase Nm 13.26 n.
ᵈ **1.2** *Seír:* zona montañosa al sudeste de Palestina, donde habitaban los edomitas. Cf. Gn 36.8; Dt 2.22.
ᵉ **1.3-4** *El año cuarenta,* contando a partir de la salida de Egipto. Cf. Ex 13.17-18.
ᶠ **1.3-4** La derrota de estos dos reyes se relata en Nm 21.21-35.
ᵍ **1.5** *El país de Moab:* Véase Nm 22.1 n.; 35.1.
ʰ **1.6** Aquí comienza el primer discurso de Moisés, que comprende dos partes: la primera es un resumen de los acontecimientos vividos por Israel desde su partida del Horeb hasta la llegada a Moab (Dt 1.6—3.29); la segunda es una apremiante exhortación a escuchar la voz del Señor y a cumplir sus mandamientos (4.1-40).
ⁱ **1.7** El término *amorreos* se emplea, a veces, para designar en general a los cananeos. Véase Nm 21.21 n.
ʲ **1.7** *La llanura,* heb. *sefelá,* son las tierras bajas de Palestina, entre la zona montañosa y el Mediterráneo.
ᵏ **1.7** Aquí se indican las fronteras ideales del territorio asignado a Israel: el valle del Jordán hasta la costa del Mediterráneo por el oeste, y hasta las montañas del Líbano y el *río Éufrates* por el norte y el nordeste. Véase Sal 80.8-13(9-14) n.
ˡ **1.9-13** Cf. Nm 11.14-17.
ᵐ **1.15** Ex 18.25.
ⁿ **1.17** *El juicio es de Dios:* 2 Cr 19.6-7; Pr 16.33.
ñ **1.24** Nm 13.23-24.
ᵒ **1.26** Dt 9.23; Heb 3.16.
ᵖ **1.28** *Rodeadas de altísimas murallas:* lit. *amuralladas hasta el cielo.*
ᵠ **1.28** *Anac:* Véase Nm 13.33 n.

²⁹ "Entonces yo les respondí: 'No se alarmen. No les tengan miedo. ³⁰ El Señor su Dios marcha al frente de ustedes y combatirá por ustedes, tal como vieron que lo hizo en Egipto ʳ ³¹ y en el desierto. ˢ El Señor su Dios los ha tomado en sus brazos durante todo el camino que han recorrido hasta llegar a este lugar, como un padre que toma en brazos a su hijo.' ³² Sin embargo, ustedes no confiaron en el Señor su Dios, ᵗ ³³ el cual iba delante de ustedes para escoger el lugar donde debían acampar. De noche les señalaba con fuego el camino que tenían que seguir, y de día se lo señalaba con una nube. ᵘ

El Señor se enoja contra los israelitas (Nm 14.20-35)

³⁴ "Cuando el Señor oyó las murmuraciones de ustedes, se enojó mucho e hizo este juramento: ³⁵ 'Ni una sola persona de esta mala generación verá la buena tierra que prometí dar a sus antepasados. ᵛ ³⁶ Haré una excepción con Caleb, hijo de Jefuné; él sí la verá, y a él y a sus descendientes les daré la tierra donde pongan el pie, por haber seguido con toda fidelidad al Señor.'

³⁷ "Y por culpa de ustedes, el Señor se enojó conmigo y me dijo: 'Tampoco tú entrarás en esa tierra. ʷ ³⁸ En tu lugar entrará tu ayudante Josué, hijo de Nun. Anímalo, pues él será quien entregue el país a Israel. ³⁹ Y aunque ustedes creyeron que el enemigo les arrebataría a sus mujeres y niños, serán esos niños, que todavía no tienen uso de razón, ˣ los que entrarán en el país; yo se lo daré a ellos en propiedad. ⁴⁰ En cuanto a ustedes, ¡vuelvan al desierto!, ¡vayan de nuevo al Mar Rojo!'

Necedad y derrota de los israelitas (Nm 14.39-45)

⁴¹ "Entonces ustedes me contestaron: 'Hemos pecado contra el Señor, pero ahora iremos y lucharemos tal como el Señor nuestro Dios nos lo ha ordenado.' Y tomaron ustedes sus armas, creyendo que era muy fácil subir al monte. ⁴² Pero el Señor me dijo que les advirtiera: 'No vayan a pelear; no se expongan a que sus enemigos los derroten, pues yo no estoy con ustedes.'

⁴³ "Yo les hice esa advertencia, pero ustedes no me hicieron caso, sino que se rebelaron contra la orden del Señor, y con aires de grandeza subieron a la región montañosa. ⁴⁴ Entonces los amorreos, que vivían en aquellos montes, salieron al encuentro de ustedes y, como avispas, los persiguieron y los derrotaron en Seír y hasta Hormá. ⁴⁵ Cuando ustedes regresaron, lloraron ante el Señor, pero él no escuchó sus lamentos. ⁴⁶ Por eso tuvieron ustedes que quedarse a vivir tanto tiempo en la región de Cadés.

2 Los años en el desierto ᵃ

¹ "Después nos fuimos al desierto por el camino del Mar Rojo, tal como el Señor me lo había ordenado, y pasamos mucho tiempo caminando alrededor de las montañas de Seír. ᵇ ² Entonces el Señor me dijo: ³ 'Ya llevan demasiado tiempo rodeando estas montañas; váyanse ahora hacia el norte. ⁴ Dale esta orden al pueblo: Ustedes van a pasar por el territorio de los descendientes de Esaú, que viven en Seír y son parientes de ustedes. ᶜ Ellos tienen miedo de ustedes; sin embargo, tengan mucho cuidado ⁵ y no los ataquen, pues yo no les daré a ustedes ni una sola parte ᵈ de ese país, porque las montañas de Seír son propiedad de los descendientes de Esaú. Yo se las di a ellos. ⁶ Ustedes les pedirán que les vendan los alimentos que necesiten, y pagarán por ellos y aun por el agua que beban.' ⁷ El Señor y Dios de ustedes los ha bendecido en todo lo que han hecho; durante estos cuarenta años ha estado con ustedes y los ha cuidado en su marcha por este inmenso desierto, sin que nada les haya faltado. ᵉ

⁸ "Después nos alejamos camino del Arabá, ᶠ de Elat y Esión-guéber, ᵍ y pasamos por las tierras de nuestros parientes, los descendientes de Esaú que viven en Seír, y allí hicimos un rodeo para tomar el camino del desierto de Moab. ⁹ Entonces el Señor me dijo: 'No molestes ni ataques a los moabitas, pues son descendientes de Lot, ʰ y no te daré ni la más pequeña parte de su país. Yo les he dado en propiedad la región de Ar.' ⁱ ¹⁰ (Este país fue habitado en tiempos antiguos por los emitas, que eran gente grande y numerosa, y alta como los descendientes del gigante Anac. ¹¹ En realidad, la gente creía que eran refaítas, aunque los moabitas los llamaban emitas. ʲ ¹² Esta región de Seír fue habitada antes por los horeos, pero los descendientes de

---

ʳ **1.29-30** Ex 14.13-14.
ˢ **1.30-31** Hch 13.17-18.
ᵗ **1.32** Heb 3.19.
ᵘ **1.33** Ex 13.21-22.
ᵛ **1.34-35** Heb 3.17-18.
ʷ **1.37** Dt 3.25-26; 32.51-52. Véase también Nm 20.12 n.
ˣ **1.39** Que todavía no tienen uso de razón: lit. que todavía no saben distinguir lo bueno de lo malo.
ᵃ **2.1—3.11** Esta sección del primer discurso de Moisés narra el encuentro de Israel con los pueblos que estaban al sudeste del Mar Muerto y en la Transjordania. El relato de estos cinco encuentros sigue un esquema más o menos uniforme, en el que se destacan los elementos siguientes: la partida de los israelitas (2.1,8; 3.1), las instrucciones dadas por el Señor a Moisés (2.2,9,17,31; 3.2), la mención de los habitantes que habían ocupado aquellas regiones en tiempos antiguos (2.10,12,20; 3.11), la provisión de alimentos (2.6) y la continuación de la marcha hacia la Tierra prometida (2.13,24).
ᵇ **2.1** Las montañas de Seír: Nm 21.4; véase Dt 1.2 nota d.
ᶜ **2.4** Nm 20.14-21. Los edomitas, habitantes de Seír, eran descendientes de Esaú, el hermano mayor de Jacob, de manera que los israelitas los consideraban parientes. Cf. v. 8 y Gn 36.8.
ᵈ **2.5** Ni una sola parte: lit. ni un lugar donde poner el pie; cf. Hch 7.5. Alusión a la costumbre de tomar posesión legal de la tierra recorriéndola a lo largo y a lo ancho (Gn 13.17).
ᵉ **2.7** Dt 8.2-4.
ᶠ **2.8** Nos alejamos camino del Arabá: según la versión griega (LXX); heb. nos alejamos del camino del Arabá.
ᵍ **2.8** Elat y Esión-guéber podrían ser dos nombres dados sucesivamente a una ciudad situada al norte del Golfo de Akaba; ahí se marca el comienzo del camino del Arabá, en dirección al norte. Véase Dt 1.1 n.; 1 R 9.26 n.
ʰ **2.9** Los israelitas veían a los moabitas y a los amonitas (v. 19) como parientes lejanos, porque los consideraban descendientes de Lot (Gn 19.30-38).
ⁱ **2.9** Ar: nombre de una ciudad moabita, usado también para designar el país de Moab (cf. Nm 21.10-20).
ʲ **2.10-11** Este paréntesis contiene una referencia a los primitivos pobladores de la Transjordania, designados en general como refaítas. La tradición popular les atribuía una estatura gigantesca y otros rasgos legendarios (véase Dt 3.11 nota f). En distintos lugares se les daban nombres diferentes: emitas en Moab (cf. Gn 14.5), anaquitas en

Esaú exterminaron a sus habitantes y ocuparon el país, quedándose a vivir allí tal como lo ha hecho Israel con el país que el Señor le ha dado.) [13] 'Y ahora —dijo el Señor—, pónganse en marcha y crucen el arroyo Zéred.' [k] Y entonces cruzamos el arroyo.

[14] "Desde que salimos de Cadés-barnea hasta el día en que cruzamos el arroyo Zéred, pasaron treinta y ocho años. Para entonces ya había muerto toda la generación de hombres de guerra que había en el campamento, tal como el Señor se lo había jurado. [l] [15] El poder del Señor cayó sobre ellos, hasta que todos murieron.

[16] "Cuando ya no quedaba vivo ninguno de aquellos hombres de guerra, [17] el Señor me habló y me dijo: [18] 'Hoy mismo pasarás la frontera de Moab y te dirigirás a Ar, [19] pero cuando te encuentres con los amonitas, que son también descendientes de Lot, [m] no los molestes ni los ataques, pues no voy a darte ninguna parte de su territorio, ya que se lo he dado a ellos en propiedad.' [20] (También este país era tenido por tierra de refaítas, porque antiguamente habían vivido allí los refaítas, a quienes los amonitas llamaban zamzumitas; [21] se trataba de un pueblo grande y numeroso, y de gente alta como los descendientes del gigante Anac, pero el Señor los destruyó por medio de los amonitas, los cuales se quedaron a vivir para siempre en el país. [22] El caso era semejante al de los descendientes de Esaú, que habitaban en Seír y que exterminaron a los horeos para quedarse a vivir allí. [ñ] [23] Lo mismo les pasó a los heveos, que vivían en aldeas cerca de Gaza y que fueron exterminados por los filisteos, los cuales vinieron de Creta y se quedaron a vivir allí.) [24] '¡Vamos —dijo el Señor—, pónganse en marcha y crucen el río Arnón! [ñ] Yo haré caer en manos de ustedes al amorreo Sihón, que es rey de Hesbón, y a su país. ¡Entren en su territorio y declárenle la guerra! [25] A partir de hoy haré que ante ustedes todos los pueblos de la tierra se llenen de espanto. Cuando oigan hablar de ustedes, se pondrán a temblar y la angustia se adueñará de ellos.'

Israel derrota al rey Sihón *(Nm 21.21-30)* [26] "Desde el desierto de Cademot envié unos mensajeros a Sihón, rey de Hesbón, [o] para proponerle de manera amistosa lo siguiente: [27] 'Pienso pasar por tu territorio, siguiendo siempre el camino principal [p] y sin tocar ningún otro punto de tu país. [28] Te pagaremos con dinero los alimentos que necesitemos y el agua que bebamos. Solamente te pido que nos dejes pasar, [29] como nos lo han permitido los descendientes de Esaú que viven en Seír y los moabitas que viven en Ar, hasta que crucemos el río Jordán y lleguemos al país que el Señor nuestro Dios nos va a dar.'

[30] "Pero el rey Sihón no quiso dejarnos pasar por su tierra, porque el Señor, el Dios de ustedes, hizo que se negara rotundamente a ello, [q] con el fin de ponerlo en manos de ustedes, como todavía lo está hoy.

[31] "Entonces el Señor me dijo: 'A partir de este momento te entrego a Sihón y a todo su país; entra ya en su territorio y apodérate de él.'

[32] "Sihón nos salió al encuentro con todo su ejército, para presentarnos batalla en Jahas; [33] pero el Señor nuestro Dios lo hizo caer en nuestras manos y lo derrotamos a él, a sus hijos y a todo su ejército. [34] Todas sus ciudades cayeron en nuestro poder y las destinamos a la destrucción; matamos hombres, mujeres y niños; no dejamos a nadie con vida. [r] [35] Lo único que tomamos para nosotros fue el ganado y las cosas de valor que hallamos en las ciudades conquistadas. [36] Desde la ciudad de Aroer, que está junto al río Arnón, y la ciudad que está en el valle, [s] hasta Galaad, no hubo ciudad que resistiera nuestro ataque; el Señor nuestro Dios hizo que todas cayeran en nuestro poder. [37] Los únicos territorios que no atacamos fueron los siguientes: el de los amonitas, toda la región del río Jaboc, [t] las ciudades de la montaña, y todos los demás lugares que el Señor nuestro Dios nos había ordenado no atacar.

3 **Israel derrota a Og, rey de Basán** *(Nm 21.31-35)*

[1] "Después tomamos otro camino, y nos dirigimos a Basán. Pero Og, el rey de este país, salió con todo su ejército para pelear contra nosotros en Edrei. [a]

[2] "Entonces el Señor me dijo: 'No le tengas miedo, pues a él, con su ejército y todo su país, lo he puesto en tus manos, para que hagas con él lo mismo que hiciste con Sihón, rey de los amorreos, que vivía en Hesbón.'

[3] "Así fue como el Señor nuestro Dios hizo caer en nuestro poder al rey Og y a todo su ejército, y los matamos a todos, sin dejar a nadie con vida. [4] También conquistamos todas sus ciudades; no hubo ni una sola que no tomáramos.

Judá (Nm 13.28,33; Jue 1.20) y *zamzumitas* en Amón (v. 20). El nombre *emita* significa, probablemente, *terrible*.

[k] **2.13** *Zéred:* arroyo que desemboca en el Mar Muerto y marcaba la frontera entre Moab y Edom (Nm 21.12-13).

[l] **2.14** Nm 14.28-35.

[m] **2.19** *Amonitas... descendientes de Lot:* Véase Dt 2.9 nota *h*.

[n] **2.22** *Para quedarse a vivir allí:* lit. *y habitaron en lugar de ellos hasta el día de hoy.* La referencia al *día de hoy* aparece con frecuencia en el texto hebreo, sobre todo en los libros históricos, y se refiere al momento en que se escribía el libro. Cf. 1 R 12.19.

[ñ] **2.24** El *río Arnón*, que corre de este a oeste hasta desembocar en el Mar Muerto, servía de límite entre Moab y el reino amorreo de *Sihón* (cf. vv. 26-36).

[o] **2.26** Los encuentros de Israel con Edom, Moab y Amón difieren notablemente de sus enfrentamientos con *Sihón, rey de Hesbón,* y con *Og, rey de Basán* (cf. Dt 3.1-11). Los primeros no oponen batalla a los israelitas y conservan sus tierras como un don del Señor (cf. vv. 4-5,8-9,18-19). Los últimos, en cambio, les oponen resistencia y son despojados de sus territorios.

[p] **2.27** *El camino principal:* importante ruta comercial, conocida como "el camino real". Cf. Nm 20.17.

[q] **2.30** *Hizo que se negara rotundamente a ello:* lit. *volvió su espíritu inflexible y endureció su corazón.* Véase Ex 7.3 n.

[r] **2.34** Sobre la *destrucción* total descrita aquí, véase Ex 22.20(19) n.

[s] **2.36** *Aroer,* en la frontera de Amón (v. 24), estaba dividida en dos partes: una en lo alto, al borde de la cañada del río, y otra *en el valle,* a orillas del río.

[t] **2.36-37** *Jaboc:* río de la Transjordania, uno de los principales afluentes del Jordán (cf. Gn 32.22[23]; Nm 21.24). *Galaad* era el nombre de la región montañosa, al este del Jordán, que se extendía hasta el río Yarmuk, situado al norte del Jaboc (cf. Jos 12.2).

[a] **3.1** *Basán:* región de altas mesetas, al este y al nordeste del Lago de Galilea, célebre por la fertilidad de sus praderas. Véase Sal 22.12(13) n. *Edrei:* en el extremo sur de Basán.

Fueron en total sesenta ciudades, es decir, todas las de la región de Argob,[b] del reino de Og, en Basán. [5] Todas ellas estaban fortificadas con altos muros, puertas y barras, sin contar muchas otras ciudades que no tenían murallas. [6] Las destinamos a la destrucción, tal como lo habíamos hecho con Sihón, rey de Hesbón, y acabamos con hombres, mujeres y niños,[c] [7] quedándonos solo con los animales y las cosas de valor de nuestros enemigos.

[8] "Así pues, en aquel tiempo cayeron en nuestro poder los territorios de los dos reyes amorreos que vivían al este del río Jordán, desde el río Arnón hasta el monte Hermón.[d] [9] (A este monte los sidonios lo llaman Sirión, y los amorreos Senir.) [10] Todas las ciudades de la meseta, todo Galaad y Basán, hasta Salcá y Edrei, ciudades que pertenecían al reino de Og, en Basán, cayeron en nuestras manos. [11] (El rey Og era el único que quedaba de los refaítas;[e] su cama era de hierro[f] y medía cuatro metros de largo por casi dos de ancho, como puede verse todavía en la ciudad amonita de Rabá.)

Ruben, Gad y la media tribu de Manasés se establecen al oriente del Jordán (Nm 32.1-42) [12] "Del territorio que ocupamos, en aquella ocasión entregué a las tribus de Rubén y de Gad[g] el territorio que va desde Aroer, a orillas del río Arnón, hasta la mitad de los montes de Galaad, con sus ciudades. [13] La parte restante de Galaad, toda la región de Basán que había pertenecido al reino de Og, y toda la región de Argob, conocida como la tierra de los refaítas, se las di a la media tribu de Manasés.[h] [14] (Jaír, descendiente de Manasés, se apoderó de la región de Argob hasta el límite de los territorios de Guesur y Maacá, y puso su propio nombre a Basán, llamándole Havot-jaír, que es el nombre que todavía tiene.)[i] [15] A Maquir[j] le di la región de Galaad, [16] y a las tribus de Rubén y de Gad les di la región comprendida entre Galaad y el río Arnón, teniendo por límite el centro del valle, y hasta el río Jaboc, que es la frontera de los amonitas. [17] Hacia el oriente les di el Arabá, en la falda oriental del monte Pisgá, región que tiene como límite el río Jordán, y que va del lago Quinéret[k] hasta el mar de Arabá, que es el Mar Muerto.

[18] "En aquella ocasión les di a ustedes esta orden: 'El Señor su Dios les entrega este país en propiedad. Que todos los que sepan pelear, tomen las armas y marchen al frente de sus compatriotas israelitas. [19] Solo se quedarán, en las ciudades que les he dado, las mujeres, los niños y el mucho ganado que yo sé que ustedes tienen. [20] Y mientras yo, el Señor, no haya dado a los hermanos de ustedes la misma tranquilidad que a ustedes les he dado, ni ellos hayan tomado posesión del país que les voy a dar al otro lado del río Jordán, tampoco ustedes podrán volver al territorio que les he dado.'[l]

[21] "A Josué le di esta orden: 'Con tus propios ojos has visto todo lo que el Señor tu Dios ha hecho con esos dos reyes;[m] y lo mismo hará con todos los reinos por los que vas a pasar. [22] No les tengas miedo, porque el Señor tu Dios peleará en favor de ustedes.'

El Señor no permite a Moisés entrar en Canaán [23] "En esta misma ocasión le supliqué al Señor: [24] 'Señor, tú has comenzado a mostrar a este siervo tuyo tu grandeza y tu poder. No hay otro Dios en el cielo ni en la tierra que pueda hacer las cosas tan maravillosas que tú haces. [25] Te ruego que me permitas pasar al otro lado del río Jordán, pues quiero ver aquella buena tierra, esa hermosa región montañosa y el Líbano.' [26] Pero el Señor se enojó conmigo por culpa de ustedes,[n] y no me concedió lo que le pedí, sino que me dijo: '¡Basta! No me hables más de este asunto. [27] Sube a lo alto del monte Pisgá, y desde allí mira al norte y al sur, al este y al oeste, pero el Jordán no lo cruzarás.[ñ,o] [28] Da instrucciones a Josué; anímalo y dale valor, porque él será quien vaya al frente del pueblo y le haga tomar posesión del país que ahora vas a ver.'

[29] "Y nos quedamos en el valle, enfrente de Bet-peor.[p]

4

Moisés aconseja obediencia a los israelitas[a] [1] "Ahora pues, israelitas, escuchen las leyes y decretos que les he

---

[b] **3.4** *Argob:* distrito en la región de Basán. Cf. 1 R 4.13.
[c] **3.6** *Los destinamos a la destrucción:* Véase Ex 22.20(19) n.
[d] **3.8** El *Hermón* es la montaña que servía de frontera natural, en el extremo norte de Basán. Véase Sal 68.15(16) nota p.
[e] **3.11** *Refaítas:* Véase Dt 2.10-11 n.
[f] **3.11** *Cama... de hierro:* probable referencia a alguno de esos enormes bloques de piedra, dispuestos en forma de mesa, que pueden verse todavía en varias regiones al este del Jordán. Los arqueólogos los llaman dólmenes y consideran que los utilizaban como sepulcros. Más tarde, una tradición popular identificó aquel monumento con la *cama* o el *sarcófago* de este rey, a quien se le atribuía una estatura gigantesca.
[g] **3.12-22** Cf. Jos 13.8-33.
[h] **3.13** *La media tribu de Manasés:* es decir, la mitad de dicha tribu que se instaló al oriente del Jordán; la otra mitad se estableció más tarde en la ribera opuesta.
[i] **3.14** Nm 32.41. *Guesur y Maacá:* pequeños reinos al norte de Basán. *Havot-jaír:* Este nombre significa *campamentos de Jaír.*
[j] **3.15** *Maquir:* clan de la tribu de Manasés (Nm 32.39-40).
[k] **3.17** *Lago Quinéret:* más conocido, posteriormente, con el nombre de lago de Galilea, de Genesaret o de Tiberíades (véase *Lago de Galilea* en el *Índice Temático*).
[l] **3.18-20** Las tribus de Rubén, de Gad y la mitad de Manasés, aunque ya se habían instalado al este del Jordán, tenían que mostrarse solidarias con sus hermanos y acompañarlos en su conquista del territorio situado al otro lado del río. Cf. Jos 1.12-15.
[m] **3.21** *Esos dos reyes:* Sihón y Og (Dt 2.26—3.11).
[n] **3.26** *Por culpa de ustedes:* Véase Nm 20.12 n. Según este pasaje, Moisés no podía entrar en la Tierra prometida debido al enojo del Señor por la conducta de su pueblo. Cf. Dt 1.37; 4.21.
[ñ] **3.27** Dt 34.1-3. El *monte Pisgá,* situado al nordeste del Mar Muerto, cerca del monte Nebo (véase Nm 21.20 n.), era un lugar adecuado para que Moisés pudiera contemplar la Tierra prometida, al oeste del Jordán (cf. Dt 32.48-49).
[o] **3.23-27** Nm 27.12-14; Dt 32.48-52.
[p] **3.29** *Bet-peor:* nombre que significa *casa* (es decir, *templo*) *de Peor.* Lugar de Moab, cercano al monte Pisgá (cf. Jos 13.20), pero de localización incierta. Este nombre evoca el episodio de Baalpeor, cuando los israelitas se dejaron arrastrar a la idolatría y rindieron culto al dios cananeo Baal (Nm 25.9; 31.16; Jos 22.17). De ahí la exhortación que dirige Moisés en el cap. siguiente.
[a] **4.1-40** Esta solemne exhortación presupone el relato histórico de los caps. 1—3. Israel debe mantenerse fiel al Dios que estableció con él una alianza (v. 23), le reveló sus mandamientos (v. 5) y lo condujo desde el Horeb hasta la entrada a la Tierra prometida (cf. v. 22).

enseñado, y pónganlos en práctica, para que vivan y ocupen el país que el Señor y Dios de sus antepasados les va a dar. **2** No añadan ni quiten nada a lo que yo les ordeno;*b* cumplan los mandamientos del Señor su Dios, que yo les ordeno. **3** Ustedes mismos han visto lo que el Señor hizo en Baal-peor, y cómo exterminó de entre ustedes a todos los que adoraron al dios de aquel lugar;*c* **4** pero todos ustedes, los que se mantuvieron fieles al Señor su Dios, todavía están vivos. **5** Yo les he enseñado las leyes y los decretos que el Señor mi Dios me ordenó, para que los pongan en práctica en el país que van a ocupar. **6** Cúmplanlos y practíquenlos, porque de esta manera los pueblos reconocerán que en ustedes hay sabiduría y entendimiento, ya que cuando conozcan estas leyes no podrán menos que decir: ¡Qué sabia y entendida es esta gran nación! **7** Porque, ¿qué nación hay tan grande que tenga los dioses tan cerca de ella, como tenemos nosotros al Señor nuestro Dios cada vez que lo invocamos? **8** ¿Y qué nación hay tan grande que tenga leyes y decretos tan justos como toda esta enseñanza que yo les presento hoy? **9** Así pues, tengan mucho cuidado de no olvidar las cosas que han visto, ni de apartarlas jamás de su pensamiento; por el contrario, explíquenlas a sus hijos y a sus nietos.

Dios habla en el monte Horeb **10** "El día que ustedes estuvieron ante el Señor su Dios en el monte Horeb,*d* el Señor me dijo: 'Reúne al pueblo para que escuchen mis palabras y aprendan a honrarme todos los días de su vida, y enseñen a sus hijos a hacer lo mismo.' **11** Ustedes se acercaron al pie del monte, del cual salían llamas de fuego y subían a gran altura y formaban una nube espesa y negra; **12** entonces el Señor les habló de en medio del fuego.*e* Ustedes oyeron sus palabras, pero, aparte de oír su voz, no vieron ninguna figura.*f* **13** El Señor les dio a conocer su alianza,*g* que eran diez mandamientos*h* que escribió en dos tablas de piedra*i* y que les ordenó poner en práctica. **14** A mí me ordenó que les enseñara las leyes*j* y decretos que han de cumplir en la tierra que van a ocupar.

Advertencia contra la idolatría **15** "El día en que el Señor habló con ustedes de en medio del fuego, en el monte Horeb, no vieron ninguna figura. Tengan, pues, mucho cuidado **16** de no caer en la perversión de hacer figuras que tengan forma de hombre o de mujer, **17** ni figuras de animales, aves, **18** reptiles o peces.*k* **19** Y cuando miren al cielo y vean el sol, la luna, las estrellas y todos los astros, no caigan en la tentación de adorarlos,*l* porque el Señor su Dios creó los astros para todos los pueblos del mundo. **20** En cuanto a ustedes, el Señor los tomó y los sacó de aquel horno para fundir hierro, que es Egipto, y los hizo lo que ahora son: el pueblo de su propiedad.*m* **21** Sin embargo, el Señor se enojó conmigo por culpa de ustedes,*n* y juró que yo no pasaría el río Jordán ni entraría en la buena tierra que él les va a dar en propiedad. **22** Así que, aunque yo voy a morir en este país y no cruzaré el Jordán, ustedes sí lo cruzarán, y tomarán posesión de esa buena tierra. **23** Pero tengan cuidado de no olvidarse de la alianza que el Señor su Dios ha hecho con ustedes. No se hagan ningún ídolo ni figura de las que el Señor su Dios les ha prohibido hacer, **24** porque el Señor su Dios es un Dios celoso,*ñ* ¡un fuego que todo lo consume!*o*

25 "Cuando ustedes tengan hijos y nietos, y se hayan hecho viejos en este país, si llegan a rebajarse haciendo imágenes o figuras que representen cualquier cosa, cometiendo así una maldad delante del Señor su Dios y provocando su enojo, **26** yo pongo hoy al cielo y a la tierra por testigos de que pronto desaparecerán ustedes del país que van a ocupar al otro lado del Jordán. No vivirán mucho tiempo en esa tierra, sino que serán exterminados por completo. **27** El Señor los dispersará por todas las naciones, y solo un pequeño número*p* de ustedes sobrevivirá en ellas. **28** Allí servirán a dioses hechos por el hombre, ídolos de madera y de piedra, que no ven, ni oyen, ni comen, ni respiran.*q* **29** Pero si allí buscan al Señor su Dios con todo su corazón y con toda su alma, lo encontrarán.*r* **30** Cuando finalmente pasen ustedes por todos estos sufrimientos y angustias, si se vuelven al Señor y le obedecen, **31** él, que es bondadoso, no los abandonará ni los destruirá, ni se olvidará de la alianza que hizo con los antepasados de ustedes y que juró cumplir.

32 "Busquen en los tiempos anteriores a ustedes, y desde los tiempos antiguos, cuando Dios creó al hombre en el mundo; vayan por toda la tierra y pregunten si alguna vez ha sucedido o se ha sabido de algo tan grande como esto. **33** ¿Existe algún pueblo que haya oído,

---

b **4.2** Dt 12.32(13.1); Pr 30.6; cf. Ap 22.18-19.
c **4.3** El episodio al cual se hace referencia aquí se encuentra en Nm 25.1-9; véase también Dt 3.29 n.
d **4.10** Horeb: Véanse Ex 3.1 n.; Dt 1.2 nota *b*.
e **4.11-12** Ex 19.16-18; cf. Heb 12.18-19.
f **4.12** Los vv. 12-19 fundamentan el mandamiento de Ex 20.4-5; Dt 5.8-10 y le sirven de comentario.
g **4.13** En *Deuteronomio*, el término hebreo traducido por *alianza* o *pacto* designa, a veces, la especial relación que el Señor estableció con su pueblo Israel en el monte Sinaí (5.2-3; véase Ex 19.5 nota *g*); otras veces, como en el caso presente, se refiere al texto mismo del Decálogo (cf. 9.9,11,15); otras, en fin, aparece asociado a la promesa que Dios hizo a los patriarcas (7.12; 8.18) y al juramento pronunciado en el momento de celebrarse la alianza (29.12[11],14[13]).
h **4.13** *Diez mandamientos*: lit. *diez palabras*. Véase Ex 20.1-17 n.
i **4.13** *Tablas de piedra*: Ex 31.18; 34.28; Dt 9.10.
j **4.14** Ex 21.1.

k **4.15-18** Ex 20.4; Lv 26.1; Dt 5.8; 27.15; cf. Ro 1.23.
l **4.19** El culto de los astros se practicaba especialmente en la antigua Mesopotamia. Esa forma de idolatría se difundió también entre los israelitas, sobre todo a partir del siglo VIII a.C., cuando Israel estuvo sometido a la dominación de Asiria y de Babilonia (2 R 17.16; 21.3,5; 23.4-5; Jer 8.2; Ez 8.16). Véase Gn 1.14-18 n.
m **4.20** Ex 19.5; Dt 7.6; 14.2; 26.18; 1 R 8.51; Jer 11.4; Tit 2.14; 1 P 2.9.
n **4.21** *Por culpa de ustedes*: Véase Dt 3.26 n.
ñ **4.24** El Señor es un *Dios celoso* porque no admite la rivalidad de otros dioses. Véase Ex 20.5 n.; Dt 5.9.
o **4.24** Heb 12.29.
p **4.27** *Un pequeño número*: es decir, fáciles de contar.
q **4.27-28** Dt 28.36. En efecto, los israelitas fueron llevados cautivos a otras *naciones*: Asiria, en el año 721 a.C. (2 R 17.4-6), y a Babilonia, en los años 598 y 587 a.C. (2 R 25.8-12).
r **4.29** Esta promesa se vuelve a encontrar en Jer 29.13; cf. 2 Cr 15.2; Mt 7.7-8.

como ustedes, la voz de Dios hablándole de en medio del fuego, y que no haya perdido la vida? [s] **34** ¿Ha habido algún dios que haya escogido a un pueblo de entre los demás pueblos, con tantas pruebas, señales, milagros y guerras, desplegando tan gran poder y llevando a cabo tales hechos aterradores, como los que realizó ante ustedes y por ustedes el Señor su Dios en Egipto? **35** Esto les ha sido mostrado para que sepan que el Señor es el verdadero Dios, y que fuera de él no hay otro. [t] **36** Él les habló desde el cielo para corregirlos, y en la tierra les mostró su gran fuego, y oyeron sus palabras de en medio del fuego. **37** Él amó a los antepasados de ustedes y escogió a sus descendientes, liberándolos de Egipto por medio de su gran poder. **38** Arrojó de la presencia de ustedes a naciones más numerosas y poderosas que ustedes, con el fin de que ustedes ocuparan sus países y los recibieran en propiedad, como ahora está sucediendo.

39 "Por lo tanto, grábense bien en la mente que el Señor es Dios, tanto en el cielo como en la tierra, y que no hay otro más que él. **40** Cumplan sus leyes y mandamientos que yo les doy en este día, y les irá bien a ustedes y a sus descendientes, y vivirán muchos años en el país que el Señor su Dios les va a dar para siempre."

Ciudades de refugio al este del río Jordán **41** Entonces Moisés escogió tres ciudades al este del río Jordán, **42** para que el que matara sin querer a otra persona con la cual nunca antes hubiera peleado, pudiera refugiarse en una de ellas y ponerse a salvo. **43** Estas ciudades fueron: Béser, en la meseta del desierto, para la tribu de Rubén; Ramot, en Galaad, para la tribu de Gad; y Golán, en Basán, para la media tribu de Manasés. [u]

Introducción a la entrega de los Diez Mandamientos [v]
44 Esta es la enseñanza que Moisés entregó a los israelitas, **45** y los mandatos, leyes y decretos que les comunicó cuando salieron de Egipto, **46** cuando estaban todavía al este del Jordán, en el valle que está frente a Bet-peor, [w] en la tierra de Sihón, rey de los amorreos. Sihón vivía en Hesbón, y fue derrotado por Moisés y los israelitas cuando estos salieron de Egipto. **47** Los israelitas ocuparon su territorio y el del rey Og de Basán, dos reyes amorreos que vivían al este del Jordán. **48** Su territorio se extendía desde Aroer, a orillas del río Arnón, hasta el monte Sirión, [x] también llamado Hermón, **49** y por todo el Arabá,

al este del Jordán, hasta el Mar Muerto, al pie del monte Pisgá.

II. SEGUNDO DISCURSO INTRODUCTORIO DE MOISÉS (5—11)

5 **Los Diez Mandamientos** *(Ex 20.1-17)* **1** Moisés reunió a todo el pueblo de Israel y les dijo: [a]

"Escuchen, israelitas, las leyes y decretos que hoy voy a comunicarles. Apréndanlos bien, y pónganlos en práctica.

2 "El Señor nuestro Dios hizo una alianza con nosotros en el monte Horeb. **3** No la hizo solamente con nuestros antepasados, sino también con todos nosotros, los que hoy estamos aquí reunidos. **4** El Señor habló con ustedes en el monte, cara a cara, de en medio del fuego. **5** Yo estaba entonces entre el Señor y ustedes, para comunicarles la palabra del Señor, ya que ustedes tenían miedo del fuego y no subieron al monte. Y el Señor dijo:

6 'Yo soy el Señor tu Dios, que te sacó de Egipto, donde eras esclavo. [b]

7 'No tengas otros dioses aparte de mí.

8 'No te hagas ningún ídolo ni figura de lo que hay arriba en el cielo, ni de lo que hay abajo en la tierra, ni de lo que hay en el mar debajo de la tierra. [c] **9** No te inclines delante de ellos ni les rindas culto, [d] porque yo soy el Señor tu Dios, Dios celoso que castiga la maldad de los padres que me odian, en sus hijos, nietos y bisnietos, **10** pero que trato con amor por mil generaciones a los que me aman y cumplen mis mandamientos. [e]

11 'No hagas mal uso del nombre del Señor tu Dios, [f] pues él no dejará sin castigo al que use mal su nombre.

12 'Ten en cuenta el sábado para consagrarlo al Señor, tal como el Señor tu Dios te lo ha ordenado. [g] **13** Trabaja seis días y haz en ellos todo lo que tengas que hacer, **14** pero el séptimo día es día de reposo consagrado al Señor tu Dios. No hagas ningún trabajo en ese día, [h] ni tampoco tu hijo, tu hija, ni tu esclavo, ni tu esclava, ni tu buey, ni tu asno, ni ninguno de tus animales, ni el extranjero que vive en tus ciudades, para que tu esclavo y tu esclava descansen igual que tú. **15** Recuerda que también tú fuiste esclavo en Egipto, y que el Señor tu Dios te sacó de allí desplegando gran poder. Por eso el Señor tu Dios te ordena respetar el día sábado. [i]

16 'Honra a tu padre y a tu madre, tal como el Señor tu Dios te lo ha ordenado, para que vivas una larga vida y te vaya bien en la tierra que te da el Señor tu Dios. [j]

---

[s] **4.33** Ex 19.17-19. Según el AT, el hombre no puede ver a Dios y seguir viviendo (véase Ex 3.6 nota *d*). Oír *la voz de Dios* implica ese mismo peligro, pero el Señor preservó de ese peligro a Israel. Al pie del Sinaí, el pueblo tuvo el privilegio de experimentar que *Dios puede hablar con los hombres sin que estos mueran* (Dt 5.24).
[t] **4.35** Ex 20.2-3; Is 43.10-13; Mc 12.32.
[u] **4.41-43** Jos 20.8-9. Cf. Nm 35.6-15; Dt 19.1-14; Jos 20.
[v] **4.44-49** Estos vv. son una introducción al segundo discurso de Moisés; su finalidad es precisar las circunstancias de tiempo y lugar en que fue pronunciado. Cf. Dt 1.1-5.
[w] **4.46** *Bet-peor:* Véase Dt 3.29 n.
[x] **4.48** *Sirión:* traducción probable; heb. *Sión.* Cf. Dt 3.9.
[a] **5.1** *Y les dijo:* El segundo discurso de Moisés abarca la mayor parte del libro. En él se encuentran las leyes deuteronómicas (caps. 12—26), precedidas por una larga exhortación (caps. 5—11).

[b] **5.6-21** El texto del Decálogo (o Diez mandamientos), con unas pocas variantes, se encuentra también en Ex 20.1-17. Véanse allí las notas correspondientes.
[c] **5.8** *En el mar debajo de la tierra:* Véase Sal 18.15(16) n.
[d] **5.8-9** Lv 26.1; Dt 4.15-18; 27.15.
[e] **5.9-10** Ex 34.6-7; Nm 14.18; Dt 7.9-10.
[f] **5.11** Lv 19.12.
[g] **5.12** Ex 16.23-30; 31.12-14.
[h] **5.13-14** Ex 23.12; 31.15; 34.21; 35.2; Lv 23.3.
[i] **5.15** Nótese la distinta motivación de este mandamiento aquí y en Ex 20.11. La referencia a la liberación de la esclavitud en Egipto como motivo para observar los mandamientos es típica de *Deuteronomio*. Cf. 15.15; 16.12; 24.18,22.
[j] **5.16** Dt 27.16; Mt 15.4; 19.19; Mc 7.10; 10.19; Lc 18.20; Ef 6.2-3; cf. Eclo 3.1-16.

¹⁷ 'No mates.ᵏ
¹⁸ 'No cometas adulterio.ˡ
¹⁹ 'No robes.ᵐ
²⁰ 'No digas mentiras en perjuicio de tu prójimo.ⁿ
²¹ 'No codicies ñ la mujer de tu prójimo. No ambiciones la casa de tu prójimo, ni su campo, ni su esclavo, ni su esclava, ni su buey, ni su asno, ni nada que le pertenezca.'

El temor del pueblo (Ex 20.18-26) ²² "Estas son las palabras que el Señor pronunció en voz alta, de en medio del fuego y de una nube espesa, cuando todos estaban reunidos al pie del monte. Después ya no dijo más, y escribió estas palabras en dos tablas de piedra, y me las entregó. ²³ Pero cuando ustedes oyeron aquella voz que salía de entre las tinieblas, y vieron el monte en llamas, todos ustedes, los jefes de las tribus y los ancianos, vinieron a hablar conmigo ²⁴ y me dijeron: 'Verdaderamente el Señor nuestro Dios nos ha mostrado su gloriaᵒ y su poder, y hemos oído su voz, que salía de en medio del fuego. Hoy hemos comprobado que Dios puede hablar con los hombres sin que estos mueran.ᵖ ²⁵ Sin embargo, ¿para qué exponernos a morir consumidos por este terrible fuego? Si volvemos a escuchar la voz del Señor nuestro Dios, moriremos; ²⁶ pues, ¿qué hombre hay que pueda escuchar la voz del Dios viviente hablando de en medio del fuego, como la hemos oído nosotros, sin que le cueste la vida?ᑫ ²⁷ Mejor acércate tú, y escucha todo lo que el Señor nuestro Dios te diga, y ya luego nos dirás lo que te haya comunicado, y nosotros cumpliremos lo que se nos diga.'ʳ

²⁸ "Mientras ustedes me hablaban, el Señor estaba escuchando lo que decían, y entonces me dijo: 'He oído todo lo que ha dicho este pueblo, y me ha parecido muy bien. ²⁹ ¡Ojalá piensen siempre de la misma manera, y me honren y cumplan mis mandamientos todos los días, para que tanto ellos como sus hijos tengan siempre una vida dichosa! ³⁰ Ve y diles que regresen a sus tiendas de campaña; ³¹ pero tú quédate aquí conmigo, porque te voy a decir todos los mandamientos, leyes y decretos que les has de enseñar, para que los pongan en práctica en el país que les voy a dar en propiedad.' ³² Así que pongan en práctica todo lo que el Señor su Dios les ha ordenado, sin desviarse de ello para nada. ³³ Sigan el camino que el Señor su Dios les ha señalado, para que les vaya bien y vivan muchos años en la tierra que él les va a dar en propiedad.

6

El gran mandamiento ¹ "Estos son los mandamientos, leyes y decretos que el Señor su Dios me ha ordenado enseñarles, para que los pongan en práctica en el país del cual van a tomar posesión. ² De esta manera honrarán al Señor su Dios, y cumplirán durante toda su vida las leyes y los mandamientos que yo les mando a ustedes, a sus hijos y a sus nietos; y así vivirán muchos años. ³ Por lo tanto, israelitas, pónganlos en práctica. Así les irá bien y llegarán a ser un pueblo numeroso en esta tierra donde la leche y la miel corren como el agua,ᵃ tal como el Señor y Dios de sus antepasados se lo ha prometido.

⁴ "Oye, Israel: ᵇ El Señor nuestro Dios es el único Señor.ᶜ ⁵ Ama al Señor tu Diosᵈ con todo tu corazón, con toda tu alma y con todas tus fuerzas. ᵉ

⁶ "Grábate en la mente todas las cosas que hoy te he dicho, ⁷ y enséñaselas continuamente a tus hijos; háblales de ellas, tanto en tu casa como en el camino, y cuando te acuestes y cuando te levantes. ⁸ Lleva estos mandamientos atados en tu mano y en tu frente como señales, ᶠ ⁹ y escríbelos también en los postesᵍ y en las puertas de tu casa. ʰ

Moisés recomienda obediencia a los israelitas ¹⁰ "El Señor y Dios de ustedes los va a hacer entrar en el país que a sus antepasados Abraham, Isaac y Jacobⁱ juró que les daría. Es un país con grandes y hermosas ciudades que ustedes no construyeron; ¹¹ con casas llenas de todo lo mejor, que ustedes no llenaron; con pozos que ustedes no cavaron, y viñedos y olivos que ustedes no plantaron, pero de los cuales comerán hasta quedar satisfechos. ¹² Cuando eso suceda, procuren no olvidarse del Señor, que los sacó de Egipto, donde eran esclavos. ¹³ Adorenʲ al Señor su Dios y sírvanle

---

ᵏ **5.17** Gn 9.6; Lv 24.17; Mt 5.21; 19.18; Mc 10.19; Lc 18.20; Ro 13.9; Stg 2.11.
ˡ **5.18** Lv 20.10; Mt 5.27; 19.18; Mc 10.19; Lc 18.20; Ro 13.9; Stg 2.11.
ᵐ **5.19** Lv 19.11; Mt 19.18; Mc 10.19; Lc 18.20; Ro 13.9.
ⁿ **5.20** Ex 23.1; Mt 19.18; Mc 10.19; Lc 18.20.
ñ **5.21** Ro 7.7; 13.9.
ᵒ **5.24** La *gloria* es el resplandor del poder y la majestad de Dios, manifestados en la nube y el fuego. Cf. Ex 24.17.
ᵖ **5.24** *Dios puede hablar... mueran:* Véase Dt 4.33 n.
ᑫ **5.22-27** Heb 12.18-19.
ʳ **5.27** *Nosotros cumpliremos lo que se nos diga:* Véase Ex 24.3 n.
ᵃ **6.3** *Tierra donde la leche y la miel corren como el agua:* Ex 3.8;17; 13.5; 33.3; Lv 20.24; Nm 13.27; 14.8; 16.13-14.
ᵇ **6.4** *Oye, Israel:* Dt 5.1; 9.1; 20.3; 27.9. Con este v. comienza la profesión de fe tradicional de Israel, llamada *Semá* ("Oye") por su palabra inicial. Los judíos piadosos la recitan dos veces al día; los mss. hebreos del AT escriben el comienzo y el final del v. 4 con caracteres más gruesos, para destacar su importancia.
ᶜ **6.4** Mc 12.29. *Es el único Señor:* también puede traducirse *el Señor es uno.* La primera traducción afirma que el Señor es el único Dios de Israel y, por lo tanto, exige de su pueblo adoración y amor exclusivos. La segunda pone de relieve la unidad del Señor: él no está interiormente dividido, sino que es siempre uno y el mismo en su ser y en su obrar.
ᵈ **6.5** *Ama al Señor tu Dios:* Este amor es mucho más que un mero sentimiento o una emoción interior. Así como el Señor manifestó su amor a Israel liberándolo de la esclavitud en Egipto (Dt 4.37; 7.8), así también Israel debe manifestar su amor a Dios mediante la obediencia a los mandamientos (Dt 11.1,13,22).
ᵉ **6.5** Jesús considera este mandamiento como el primero y más importante de todos (Mt 22.37; Mc 12.30; Lc 10.27). *Con todo tu corazón... tus fuerzas:* El *Deuteronomio* no asocia esta expresión únicamente con el verbo *amar* (cf. 10.12; 30.6), sino también a los verbos *buscar* (4.29), *obedecer* (30.10), *volver* al Señor (30.2) y *cumplir* los mandamientos (26.16). Estos verbos especifican las formas que debe asumir el amor al Señor, en respuesta al amor que él manifestó primero. Cf. 1 Jn 4.10.
ᶠ **6.8** Sobre esta práctica, véase Ex 13.9 n.
ᵍ **6.9** *Postes:* heb. *mezuzot,* plural de *mezuzah.* En este v. se basa la costumbre judía de fijar en la puerta de la casa la cajita llamada *mezuzah,* que contiene el texto de Dt 6.4-9; 11.13-21.
ʰ **6.6-9** Dt 11.18-20.
ⁱ **6.10** *Abraham, Isaac y Jacob:* Gn 12.7; 26.3; 28.13.
ʲ **6.13** *Adoren:* lit. *teman.* El temor del Señor, en sentido bíblico, no es miedo, sino una actitud de profundo respeto, que incluye la

solo a él,[k] y cuando tengan que hacer un juramento, háganlo solo en el nombre del Señor. **14** No vayan tras los dioses que adoran los pueblos vecinos, **15** porque el Señor su Dios, que está con ustedes, es un Dios celoso y puede enojarse contra ustedes y destruirlos totalmente.

16 "No pongan a prueba al Señor su Dios,[l] como lo hicieron en Masá.[m] **17** Cumplan fielmente los mandamientos del Señor su Dios, y los mandatos y leyes que les ha ordenado. **18** Hagan lo que es recto y agradable a los ojos del Señor, para que les vaya bien y tomen posesión de la buena tierra que el Señor juró dar a los antepasados de ustedes, **19** y para que el Señor haga huir a todos los enemigos que se enfrenten con ustedes, tal como lo ha prometido.

20 "Cuando algún día sus hijos les pregunten: '¿Qué significan estos mandatos, leyes y decretos que nos ha ordenado el Señor nuestro Dios?',[n] **21** ustedes les responderán:[ñ] 'Nosotros éramos esclavos del faraón, en Egipto, y el Señor nos sacó de allí con gran poder. **22** Nosotros vimos los grandes y terribles prodigios y las señales que el Señor realizó en Egipto contra el faraón y toda la casa real; **23** pero a nosotros nos sacó de allí, y nos llevó al país que había prometido a nuestros antepasados, y nos lo dio.[o] **24** Después el Señor nuestro Dios nos mandó poner en práctica todos estos mandamientos y tenerle reverencia, para que nos vaya bien y para que él nos conserve la vida como hasta ahora. **25** Y tendremos justicia cuando cumplamos cuidadosamente estos mandamientos[p] ante el Señor nuestro Dios, tal como nos lo ha ordenado.'

7

Advertencias contra la idolatría[a] *(Ex 34.11-17)* **1** "El Señor, el Dios de ustedes, los va a hacer entrar en el país del cual han de tomar posesión, y echará de la presencia de ustedes a siete naciones más grandes y poderosas que ustedes: los hititas, los gergeseos, los amorreos, los cananeos, los ferezeos, los heveos y los jebuseos.[b] **2** Cuando el Señor su Dios haya hecho caer a estas naciones en poder de ustedes, y ustedes las hayan derrotado, deberán destinarlas a la destrucción y no hacer con ellas ningún pacto[c] ni tenerles compasión.[d] **3** Tampoco deberán ustedes emparentar con ellas, ni casar a sus hijos e hijas con las jóvenes y los muchachos de esa gente, **4** porque ellos harán que los hijos de ustedes se aparten del Señor y adoren a otros dioses; entonces la ira del Señor se encenderá contra ustedes y los destruirá en un abrir y cerrar de ojos. **5** Lo que tienen que hacer es derribar los altares paganos de ellos, destruir por completo las piedras y los troncos a los que ellos rinden culto, y quemar sus ídolos.[e] **6** Porque ustedes son un pueblo apartado especialmente para el Señor su Dios; el Señor los ha elegido de entre todos los pueblos de la tierra, para que ustedes le sean un pueblo especial.[f]

Privilegios y obligaciones de Israel **7** "Si el Señor los ha preferido y elegido a ustedes, no es porque ustedes sean la más grande de las naciones, ya que en realidad son la más pequeña de todas ellas.[g] **8** El Señor los sacó de Egipto, donde ustedes eran esclavos, y con gran poder los libró del dominio del faraón, porque los ama[h] y quiso cumplir la promesa que había hecho a los antepasados de ustedes. **9** Reconozcan, pues, que el Señor su Dios es el Dios verdadero, que cumple fielmente su alianza generación tras generación, para con los que le aman y cumplen sus mandamientos; **10** pero que destruye a aquellos que le odian, dándoles su merecido.[i] ¡Sin tardanza da su merecido a los que le odian! **11** Cumplan, pues, los mandamientos, leyes y decretos que en este día les ordeno que pongan en práctica.

Bendiciones de la obediencia *(Lv 26.3-13; Dt 28.1-14)*

12 "Si después de haber escuchado ustedes estos decretos, los cumplen y los ponen en práctica, entonces el Señor su Dios cumplirá fielmente su alianza y la promesa que hizo a los antepasados de ustedes. **13** Los amará a ustedes, los bendecirá y los hará crecer en número; bendecirá a sus hijos, sus cosechas, su trigo, su vino y su aceite, y las crías de sus vacas y ovejas, en el país que a sus antepasados juró

---

adoración, el amor, el servicio del Señor y la obediencia a sus mandamientos. Cf. Dt 10.12,20; 31.12-13.

[k] 6.13 Mt 4.10; Lc 4.8.

[l] 6.16 Mt 4.7; Lc 4.12.

[m] 6.16 *Masá:* Ex 17.1-7; véase Ex 17.7 nota *d.*

[n] 6.20 Esta pregunta forma parte del ritual de la Pascua, de acuerdo con Ex 12.26; 13.14.

[ñ] 6.21 *Ustedes les responderán:* El *Deuteronomio* insiste en la necesidad de transmitir a las nuevas generaciones la enseñanza recibida. Esa instrucción incluye el relato de las acciones que el Señor realizó en el pasado en favor de Israel, para que el recuerdo de esas acciones provoque una respuesta de amor y obediencia a los mandamientos. Cf. Dt 4.9-10; 6.7; 11.19; 31.12-13. Véanse también Sal 44.1(2) n.; Jl 1.3 n.

[o] 6.21-23 Dt 26.5-10.

[p] 6.25 En el contexto de la alianza (cf. Ex 19.4-6), la *justicia* consiste en ordenar la conducta de acuerdo con la voluntad de Dios y estar de ese modo en relación de amistad con él.

[a] 7.1-26 Después de exponer los puntos más importantes de la ley — el Decálogo (Dt 5.6-21) y el mandamiento principal (Dt 6.4-5) — se explica cuál debe ser la conducta del pueblo de Dios en la Tierra prometida.

[b] 7.1 Sobre las *siete naciones* aquí enumeradas, véase Ex 3.8 nota *g;* cf. Hch 13.19.

[c] 7.2 *Ningún pacto:* Los tratados o alianzas con otros pueblos implicaban el reconocimiento de sus dioses, ya que estos eran invocados como testigos del pacto. Cf. Gn 31.53.

[d] 7.2 En los vv. 3-6, y sobre todo en Dt 20.16-18, se dan los motivos de esta prescripción. Cf. Dt 2.34; 3.6; 13.15-16(16-17), y véase Ex 22.20(19) n. Las excepciones señaladas en Dt 2.35; 3.7; 20.10-19 dan a entender que la orden de consagrarlo todo como holocausto al Señor no se ejecutaba de manera uniforme. Cf. Jos 6.17-19, y véase Jos 6.19 n.

[e] 7.5 Dt 12.3. Acerca de *las piedras* y *los troncos,* véase Ex 34.13 n.

[f] 7.6 Ex 19.5-6; Dt 4.20; 14.2; 26.18; Tit 2.14; 1 P 2.9. *Un pueblo especial:* lit. *un pueblo de (mi) propiedad exclusiva.* Véase Ex 19.5 nota *h.*

[g] 7.7 Jn 15.16; 1 Jn 4.10.

[h] 7.8 *Porque los ama:* El amor del Señor como motivo de la elección de Israel es un tema típico de *Deuteronomio.* En 4.37 se habla del amor de Dios a los patriarcas; aquí, lo mismo que en los vv. 8,13 y en 23.5(6), el objeto de ese amor es todo el pueblo. Cf. Os 11.1-2.

[i] 7.9-10 Ex 20.5-6; 34.6-7; Nm 14.18; Dt 5.9-10.

que les daría. *j* **14** Ustedes serán bendecidos más que todos los pueblos; no habrá entre ustedes mujer que no pueda concebir hijos ni hombre que no pueda engendrarlos, ni tampoco entre sus ganados habrá machos ni hembras estériles. **15** El Señor alejará de ustedes toda enfermedad y todas las terribles plagas que, como bien saben, envió sobre Egipto; en cambio, hará sufrir con ellas a todos sus enemigos. **16** Pero ustedes deben exterminar a todos los pueblos que el Señor su Dios ponga en sus manos; no les tengan compasión ni adoren a sus dioses, porque eso será la perdición de ustedes. *k*

17 "Tal vez ustedes lleguen a pensar: 'Estas naciones son más numerosas que nosotros; ¿cómo podremos desalojarlas?' **18** ¡Pues no les tengan miedo! Acuérdense de lo que hizo el Señor su Dios con el faraón y con todos los egipcios; **19** piensen en las grandes pruebas de las que ustedes fueron testigos, y en las señales y prodigios y en el gran poder que desplegó el Señor su Dios cuando los sacó de Egipto. Eso mismo hará el Señor con todos los pueblos a quienes ustedes temen. **20** Además, el Señor enviará un tremendo pánico *l* entre ellos, que acabará con los que hayan quedado con vida o se hayan escondido. **21** Así que no tiemblen ante ellos, porque el Señor su Dios, el Dios grande y terrible, está con ustedes. **22** Poco a poco el Señor irá expulsando a estas naciones; ustedes no podrán acabar con ellas de una sola vez, porque el número de bestias salvajes aumentaría a su alrededor y los atacaría. *m* **23** Pero el Señor su Dios pondrá estas naciones en sus manos e irá acabando con ellas hasta que sean destruidas. *n* **24** A sus reyes los someterá al poder de ustedes, y ustedes harán que nadie en el mundo vuelva a acordarse de ellos. Ninguno de ellos podrá resistir el ataque de ustedes, así que ustedes los exterminarán a todos. **25** Quemarán ustedes las imágenes de sus dioses, pero no intenten quedarse con el oro y la plata que las recubren; no caigan en esa tentación, pues cometerían una acción despreciable ante el Señor. **26** Por lo tanto, no lleven a su casa nada que sea despreciable, para que ustedes no sean también destruidos. Eso está destinado a la destrucción, así que deben considerarlo como algo despreciable.

8 No solo de pan vive el hombre

1 "Pongan ustedes en práctica los mandamientos que yo les he ordenado hoy, para que así puedan vivir y llegar a ser un pueblo numeroso, y conquisten este país que el Señor prometió a sus antepasados. **2** Acuérdense *a* de todo el camino que el Señor su Dios les hizo recorrer en el desierto durante cuarenta años, para humillarlos *b* y ponerlos a prueba, *c* a fin de conocer sus pensamientos y saber si iban a cumplir o no sus mandamientos. **3** Y aunque los hizo sufrir y pasar hambre, después los alimentó con maná, comida que ni ustedes ni sus antepasados habían conocido, para hacerles saber que no solo de pan vive el hombre, sino de todo lo que sale de los labios del Señor. *d* **4** Durante esos cuarenta años no se les gastó la ropa, ni se les hincharon los pies. *e* **5** Dense cuenta de que el Señor su Dios los ha corregido del mismo modo que un padre corrige a su hijo. *f* **6** Cumplan, pues, los mandamientos del Señor su Dios, y hónrenlo y sigan las enseñanzas que él les ha dado. **7** Porque el Señor los va a llevar a una buena tierra, a un país lleno de arroyos, fuentes y manantiales que brotan en los valles y en los montes; **8** es una tierra donde hay trigo, cebada, viñedos, higueras, granados, olivos y miel. **9** En ese país no tendrán ustedes que preocuparse por la falta de alimentos, ni por ninguna otra cosa; en sus piedras encontrarán hierro, y de sus montes sacarán cobre. *g* **10** Pero después que hayan comido y se sientan satisfechos, deben alabar al Señor su Dios por la buena tierra que les ha dado.

Advertencias de no olvidarse de Dios

11 "Tengan cuidado de no olvidarse del Señor su Dios. No dejen de cumplir sus mandamientos, decretos y leyes que les he ordenado hoy. *h* **12** Cuando hayan comido y estén satisfechos, y vivan en las buenas casas que hayan construido, **13** y vean que sus vacas y ovejas han aumentado, lo mismo que su oro y su plata y todas sus propiedades, **14** no se llenen de orgullo ni se olviden del Señor su Dios, *i* que los sacó de Egipto, donde eran esclavos; **15** que los hizo marchar por el grande y terrible desierto, lleno de serpientes venenosas *j* y escorpiones, y donde no había agua. Pero él sacó agua de una dura roca y les dio de beber, *k* **16** y en el desierto los alimentó con maná, comida que los antepasados de ustedes no habían conocido, para humillarlos y ponerlos a prueba, y para bien de ustedes al fin de cuentas. *l*

17 "No se les ocurra pensar: 'Toda esta riqueza la hemos ganado con nuestro propio esfuerzo.' **18** Deben acordarse

---

j **7.13** La fecundidad del suelo es un don del Señor y el resultado de la fidelidad a la alianza.
k **7.12-16** Dt 11.13-17.
l **7.20** Un tremendo pánico: Véase Ex 23.28 n.
m **7.22** Ex 23.29; Jue 2.20-23; 3.2.
n **7.18-23** Ex 7.8—12.30; 14.23-31; 23.27-30.
a **8.2** Acuérdense: En este cap. aparecen frecuentemente los verbos acordarse y olvidarse (vv. 2,11,18,19). Aquí, el recuerdo de las experiencias vividas en el desierto ofrece un nuevo motivo para exhortar a la práctica de los mandamientos.
b **8.2** Para humillarlos: Esta humillación no es un castigo, como en Is 64.12(11), sino que tiene valor educativo (cf. Heb 12.5-11). La imposibilidad de saciar el hambre por sus propios medios (v. 3) debía enseñarle a Israel que su existencia dependía totalmente del Señor. Cf. v. 5 y Sal 119.71.
c **8.2** Ponerlos a prueba: La fidelidad al Señor no demuestra que es auténtica hasta que no pasa por la prueba de la adversidad. Cf. Job 1.9-11; 2.4.

d **8.3** Los alimentó con maná... para hacerles saber que no solo de pan...: Según el relato de Ex 16, el Señor primero anuncia de palabra (Ex 16.4-5) y luego envía el don del maná, que asegura la subsistencia de los israelitas en el desierto. Es decir, que el maná, si bien no es una palabra *que sale de los labios del Señor*, sí es el signo que da a conocer el poder de esa palabra para realizar lo que promete. Jesús cita la última parte de este v. en Mt 4.4; Lc 4.4.
e **8.4** Dt 29.5(4); Neh 9.21.
f **8.5** Pr 3.11-12; Os 11.1-4; Sab 11.10; Heb 12.3-11.
g **8.7-9** Descripción poética e idealizada de la Tierra prometida. Véase Ex 3.8 nota *f*.
h **8.10-11** Dt 6.10-12.
i **8.11-16** Cf. Os 13.4-6.
j **8.15** Serpientes venenosas: Véase Nm 21.4-9 n.
k **8.15** Ex 17.1-7; Nm 20.1-13; cf. Dt 32.13; Sal 114.8.
l **8.16** Los alimentó con maná... para bien de ustedes: Véanse 8.3 n.; Ex 16.35 nota *o*.

del Señor su Dios, ya que ha sido él quien les ha dado las fuerzas para adquirirla, cumpliendo así con ustedes la alianza que antes había hecho con los antepasados de ustedes.

¹⁹ "Pero si se olvidan ustedes del Señor su Dios, y se van tras otros dioses y les rinden culto, yo les aseguro desde ahora que ustedes serán destruidos por completo. ²⁰ De la misma manera que el Señor destruirá a las naciones que ustedes encuentren a su paso, así también ustedes serán destruidos por haber desobedecido al Señor su Dios.

9 *El mérito no es de Israel, sino del Señor*   ¹ "Escuchen, israelitas: ha llegado el momento de que crucen ustedes el Jordán y se lancen a la conquista de naciones más grandes y poderosas que ustedes, y de grandes ciudades rodeadas de murallas muy altas; ² sus habitantes son grandes y altos como los descendientes del gigante Anac, y ya ustedes conocen el dicho: '¿Quién puede hacer frente a los descendientes del gigante Anac?' ᵃ

³ "Ahora pues, deben saber que el Señor su Dios es el que marcha al frente de ustedes, y que es como un fuego devorador; ᵇ que ante ustedes destruirá y humillará a esas naciones. Ustedes los desalojarán y los destruirán en un abrir y cerrar de ojos, tal como el Señor se lo ha prometido. ⁴ Cuando el Señor su Dios los haya arrojado de la presencia de ustedes, no se digan a sí mismos: 'Gracias a nuestros méritos, ᶜ el Señor nos ha dado posesión de este país'; pues si el Señor los expulsa, es por causa de la maldad de ellos. ᵈ ⁵ No, no es por los méritos ni por la bondad de ustedes por lo que van a tomar posesión de su país; el Señor los arroja de la presencia de ustedes a causa de la maldad de ellos y para cumplir la promesa que hizo a Abraham, Isaac y Jacob, antepasados de ustedes. ⁶ Han de saber que no es debido a los méritos de ustedes por lo que el Señor su Dios les da la posesión de esa buena tierra, pues ustedes son un pueblo muy terco. ᵉ

Rebelión de Israel en el monte Horeb (Ex 31.18—32.35)

⁷ "Nunca deben ustedes olvidar que han contrariado al Señor su Dios en el desierto. Desde que salieron de Egipto y hasta que llegaron a este lugar, siempre le han sido rebeldes. ᶠ ⁸ Ya en el monte Horeb ᵍ hicieron enojar al Señor, y tanto se enojó él contra ustedes que estuvo a punto de destruirlos. ⁹ Yo subí al monte para recoger las tablas de piedra, las tablas de la alianza que el Señor había hecho con ustedes, y me quedé allí cuarenta días y cuarenta noches ʰ sin comer ni beber. ¹⁰ El Señor me dio entonces las dos tablas de piedra, escritas por él mismo, que contenían todas las palabras que él les había dicho en el monte, de en medio del fuego, el día en que todos nos reunimos. ¹¹ Pasados esos cuarenta días y cuarenta noches, el Señor me dio las dos tablas de piedra, las tablas de la alianza, ¹² y me dijo: 'Anda, baja pronto de aquí, porque el pueblo que sacaste de Egipto se ha descarriado. Muy pronto han dejado de cumplir lo que yo les ordené, y se han hecho un ídolo de metal fundido.' ⁱ

¹³ "El Señor también me dijo: 'Ya he visto que este pueblo es muy terco. ¹⁴ Quítate de mi camino, que voy a destruirlos y a borrar de la tierra su memoria; pero de ti haré una nación más fuerte y numerosa que ellos.' ʲ

¹⁵ "Cuando bajé del monte, el cual estaba ardiendo, traía yo en mis manos las dos tablas de la alianza. ᵏ ¹⁶ Pero al ver que ustedes habían pecado contra el Señor, y que se habían hecho un becerro de metal fundido, abandonando así el camino que el Señor les había ordenado seguir, ¹⁷ arrojé las dos tablas que traía en las manos, y las hice pedazos delante de ustedes. ˡ ¹⁸ Después me arrodillé delante del Señor y, tal como ya lo había hecho antes, estuve cuarenta días y cuarenta noches sin comer ni beber nada, por causa del pecado que ustedes habían cometido, con lo que ofendieron al Señor y provocaron su ira. ᵐ ¹⁹ Yo estaba asustado del enojo y furor que el Señor manifestó contra ustedes, hasta el punto de querer destruirlos; pero una vez más el Señor me escuchó. ²⁰ También estaba el Señor muy enojado contra Aarón, y quería destruirlo, pero yo intervine en favor de él; ²¹ luego agarré el becerro que ustedes se habían hecho y con el cual pecaron, y lo arrojé al fuego, y después de molerlo hasta convertirlo en polvo, lo eché al arroyo que baja del monte.

²² "También en Taberá, ⁿ en Masá ñ y en Quibrot-hataavá, º provocaron ustedes la ira del Señor. ²³ Y cuando el Señor les ordenó partir de Cadés-barnea ᵖ para ir a tomar posesión del país que él les había dado, ᵠ también se opusieron a su mandato ʳ y no tuvieron fe en él ni quisieron obedecerlo. ²⁴ ¡Desde que yo los conozco, ustedes han sido rebeldes al Señor! ²⁵ Como el Señor había amenazado con destruirlos, yo me quedé arrodillado delante del Señor durante cuarenta días y cuarenta noches, ²⁶ y con ruegos le dije: 'Señor, no destruyas a este pueblo, que es tuyo, que tú liberaste con tu grandeza y sacaste de Egipto con gran poder. ²⁷ Acuérdate de tus siervos Abraham, Isaac y Jacob. No tengas en cuenta la terquedad de este pueblo, ni su maldad y pecado, ²⁸ para que no se diga en el país del que nos sacaste: El Señor no pudo hacerlos entrar en el país que les había prometido, y como los odiaba, los hizo salir de aquí para hacerlos morir en el desierto. ²⁹ Pero ellos son tu pueblo, son tuyos; tú los sacaste de Egipto con gran despliegue de poder.' ˢ

ᵃ **9.2** *Los descendientes de Anac:* Véase Dt 2.10-11 n.
ᵇ **9.3** Dt 4.24.
ᶜ **9.4** *Gracias a nuestros méritos:* lit. *a causa de mi justicia,* es decir, de la rectitud de mi conducta. Cf. Dt 7.7-8; 8.17.
ᵈ **9.4** Cf. Gn 15.16.
ᵉ **9.6** *Un pueblo muy terco:* Ex 32.9; 33.3,5; 34.9; Jer 11.8.
ᶠ **9.7** El recuerdo de las constantes rebeldías debe convencer al pueblo de que su existencia presente no depende de sus propios méritos, sino de la paciencia y la misericordia del Señor. Cf. Sal 78; 106.
ᵍ **9.8** *Horeb:* Véase Ex 3.1 n.
ʰ **9.9** Ex 24.15-18.
ⁱ **9.12** Ex 32.7-8.
ʲ **9.13-14** Ex 32.10.
ᵏ **9.15** Ex 32.15.
ˡ **9.16-17** Sobre esta acción de Moisés, véase Ex 32.19 nota o.
ᵐ **9.18** Ex 34.28.
ⁿ **9.22** *Taberá:* Nm 11.3 n.
ñ **9.22** *Masá:* Ex 17.7 nota d.
º **9.22** *Quibrot-hataavá:* Nm 11.34 n.
ᵖ **9.23** *Cadés-barnea:* Nm 13.25—14.38.
ᵠ **9.23** Dt 1.21.
ʳ **9.23** Nm 13.31; Dt 1.26; Heb 3.16.
ˢ **9.26-29** Ex 32.11-14.

10 La alianza renovada (Ex 34.1-10)

1 "Entonces el Señor me dijo: 'Corta tú mismo dos tablas de piedra iguales a las primeras, y haz también un cofre de madera,[a] y sube al monte para hablar conmigo. **2** Yo voy a escribir en esas tablas las mismas palabras que estaban escritas en las primeras, las que tú rompiste, y las guardarás en el cofre.'[b]

3 "Hice, pues, un cofre de madera de acacia,[c] y corté las dos tablas de piedra, y subí con ellas al monte. **4** Y el Señor escribió en las tablas los Diez Mandamientos, tal como lo había hecho la primera vez que les habló a ustedes en el monte, de en medio del fuego, cuando todos estábamos reunidos.[d] Me las dio, **5** y yo bajé del monte; luego puse las tablas en el cofre, tal como el Señor me lo había ordenado, y todavía están allí."

6 (Los israelitas partieron de Beerot-bené-jaacán, y se dirigieron a Moserá.[e] Allí murió Aarón, y fue sepultado, y su hijo Eleazar ocupó su lugar como sacerdote.[f] **7** De allí salieron para Gudgoda, y de Gudgoda fueron a Jotbata, región en la que abunda el agua. **8** Fue entonces cuando el Señor escogió a la tribu de Leví[g] para que llevara el arca de la alianza del Señor y estuviera en su presencia para ofrecerle culto y dar la bendición en su nombre, como lo siguen haciendo hasta hoy.[h] **9** Por eso los levitas no han tenido parte ni herencia entre sus hermanos, porque su herencia es el Señor, tal como el Señor mismo lo anunció.)[i]

10 "Yo estuve en el monte cuarenta días y cuarenta noches,[j] lo mismo que la primera vez, y también esta vez el Señor me escuchó y no quiso destruirlos a ustedes, **11** sino que me dijo: 'Anda, prepárate a salir al frente del pueblo, para que vayan y conquisten el país que prometí dar a sus antepasados.'

Lo que Dios exige

12 "Y ahora, israelitas, ¿qué pide de ustedes el Señor su Dios?[k] Solamente que lo honren y sigan todos sus caminos; que lo amen y lo adoren con todo su corazón y con toda su alma,[l] **13** y que cumplan sus mandamientos y sus leyes, para que les vaya bien. **14** Tengan en cuenta que del Señor su Dios son los cielos y lo más alto de los cielos, la tierra y todo lo que hay en ella.[m] **15** Sin embargo, el Señor prefirió a los antepasados de ustedes y los amó, y después escogió a los descendientes de ellos, que son ustedes, de entre todos los demás pueblos, tal como se puede ver hoy.

16 "Pongan en su corazón la marca de la alianza,[n] y no sigan siendo tercos, **17** porque el Señor su Dios es el Dios de dioses y el Señor de señores;[ñ] él es el Dios soberano, poderoso y terrible, que no hace distinciones ni se deja comprar con regalos;[o] **18** que hace justicia al huérfano y a la viuda, y que ama y da alimento y vestido al extranjero que vive entre ustedes. **19** Ustedes, pues, amen al extranjero, porque también ustedes fueron extranjeros en Egipto.[p] **20** "Honren al Señor su Dios, y adórenlo solo a él; séanle fieles, y cuando tengan que hacer un juramento, háganlo en su nombre. **21** Porque él es el motivo de la alabanza de ustedes; él es su Dios, que ha hecho por ustedes estas cosas grandes y maravillosas que han visto. **22** Cuando los antepasados de ustedes llegaron a Egipto, eran solo setenta personas,[q] pero ahora el Señor su Dios los ha hecho aumentar en número como las estrellas del cielo.[r]

11 La grandeza del Señor

1 "Amen ustedes al Señor su Dios, y cumplan sus preceptos, leyes, decretos y mandamientos.[a] **2** Reconozcan hoy la corrección del Señor su Dios, que los hijos de ustedes no conocen ni han visto. Reconozcan su grandeza y su gran despliegue de

---

[a] 10.1 *Un cofre de madera:* es decir, *el arca de la alianza.* Véase Ex 25.10-22 n.; 1 R 8.9.

[b] 10.1-2 Ex 34.1.

[c] 10.3 Ex 25.10; 37.1. La planta de *acacia,* de madera muy dura, es bastante común todavía hoy en las regiones desérticas de Palestina.

[d] 10.4 Ex 24.12; 31.18. Cf. Ex 34.28.

[e] 10.6 Los nombres geográficos mencionados en este v. y en el siguiente se encuentran también, en una forma y en un orden algo diferentes, en Nm 33.30-33. Su ubicación exacta es incierta.

[f] 10.6 Acerca de la muerte de *Aarón* y de la investidura de su hijo *Eleazar,* cf. Nm 20.22-29; 33.38.

[g] 10.8 En Ex 32.25-29, la elección de la tribu de Leví para los oficios sacerdotales aparece vinculada al episodio del becerro de oro; aquí está en relación con el *arca de la alianza,* ya que los levitas eran los encargados de transportarlo y de enseñar al pueblo la ley en él depositada (v. 5). Cf. Nm 3.5-8; Dt 33.8.

[h] 10.8 Este cofre o *arca,* símbolo de la presencia del Señor en medio de su pueblo, se llama *de la alianza* por las tablas de piedra en las que estaba escrito el Decálogo (Dt 5.22; 9.10,17; 10.1-4), que era el texto fundamental de la *alianza* concluida entre el Señor e Israel. Véase Ex 25.10-22 n.; Dt 31.9, 25-26.

[i] 10.9 A diferencia de las demás tribus de Israel, la tribu de Leví no había recibido en *herencia* un territorio particular, del que pudiera extraer los recursos necesarios para la vida. Su *herencia* era el Señor y, por eso, las ofrendas y los diezmos presentados a Dios debían procurarle los medios de subsistencia (Dt 18.1-5; Jos 13.14).

[j] 10.10 Ex 34.28.

[k] 10.12 Cf. Miq 6.8.

[l] 10.12 Respecto de este mandamiento de suma importancia, véase Dt 6.5 notas *d* y *e.*

[m] 10.14 Sal 24.1-2.

[n] 10.16 *Pongan en su corazón la marca de la alianza:* lit. *circunciden el prepucio de su corazón.* La circuncisión era la señal de la alianza del Señor con Abraham (Gn 17.9-13) y la *marca* que identificaba a los varones pertenecientes al pueblo de Dios (cf. Ex 12.43-49). Pero la pertenencia al pueblo de Dios no debía reducirse a esa marca exterior. "Circuncidar el prepucio del corazón" significa tener una actitud interior de fidelidad al Señor y obedecer a sus mandamientos. Cf. Dt 30.6; Jer 4.4; Ro 2.25-29.

[ñ] 10.17 *El Dios de dioses y el Señor de señores:* forma hebrea de expresar el superlativo, equivalente a Dios supremo y soberano Señor de todo cuanto existe. Compárese, por ej., con la expresión *Cantar de los cantares,* que significa el canto por excelencia o el más hermoso de todos. Cf. 1 Ti 6.15; Ap 17.14; 19.16.

[o] 10.17 2 Cr 19.7; Eclo 35.12-15; Sab 6.7; Hch 10.34; Ro 2.11; Gl 2.6; Ef 6.9. Expresiones semejantes a estas, pero referidas a los jueces humanos, se encuentran en Ex 23.8; Lv 19.15; Dt 1.17; 16.19.

[p] 10.18-19 El *huérfano,* la *viuda* y el *extranjero* son en el AT ejemplos típicos de personas desprotegidas. La palabra *extranjero* designa concretamente a la persona que por cualquier motivo había tenido que abandonar su patria y residía como forastero entre los israelitas. Cf. Ex 22.21-24(20-23); 23.9; Lv 19.33-34; Dt 1.16; 14.29; 24.17; Sal 68.5(6).

[q] 10.22 *Setenta personas:* Véase Gn 46.27 n.; Ex 1.5.

[r] 10.22 Gn 15.5; 22.17.

[a] 11.1 *Amen... cumplan:* Véase Dt 6.5 nota *d.*

poder,[b] ³ y las señales y grandes hechos que realizó en Egipto contra el faraón y todo su país, [c] ⁴ lo que hizo con el ejército egipcio, con sus caballos y carros de guerra, y cómo los hundió en las aguas del Mar Rojo cuando ellos los perseguían a ustedes. El Señor los destruyó para siempre. [d] ⁵ Acuérdense también de todo lo que hizo por ustedes en el desierto, hasta que llegaron aquí; ⁶ y lo que hizo con Datán y Abiram, hijos de Eliab y descendientes de Rubén, y cómo la tierra se abrió y se los tragó junto con sus familias y tiendas de campaña, y con todo cuanto tenían, a la vista de todo Israel. [e] ⁷ Ustedes mismos son testigos de las grandes cosas que ha hecho el Señor.

Bendiciones de la Tierra prometida ⁸ "Cumplan ustedes todos los mandamientos que hoy les he dado, para que se hagan fuertes y tomen posesión del país que van a conquistar, ⁹ y para que vivan muchos años en esta tierra que el Señor prometió dar a los antepasados de ustedes y a sus descendientes; tierra donde la leche y la miel corren como el agua. ¹⁰ La tierra que van a conquistar no es como Egipto,[f] de donde ustedes salieron; allí sembraban ustedes la semilla y regaban con los pies,[g] como se hace en las huertas, ¹¹ pero el país del que van a tomar posesión es un país de montes y valles, regado por la lluvia del cielo. ¹² Es una tierra que el Señor mismo cuida; en ella tiene puestos los ojos todo el año.

¹³ "Si ustedes cumplen los mandamientos que les he dado en este día, y aman al Señor su Dios, y lo adoran con todo su corazón y con toda su alma,[h] ¹⁴ él hará[i] que vengan a su tiempo las lluvias de otoño y las de primavera,[j] para que ustedes cosechen su trigo y tengan vino y aceite. ¹⁵ También hará que crezca hierba en el campo para el ganado de ustedes, y que ustedes tengan comida en abundancia.[k] ¹⁶ Pero tengan cuidado de no dejarse engañar;[l] no se aparten del Señor por rendir culto a otros dioses; no se inclinen ante ellos, ¹⁷ porque el Señor se enojará contra ustedes y no les enviará lluvia; entonces la tierra no dará sus frutos, y muy pronto ustedes morirán en esa buena tierra que el Señor les va a dar. [m]

¹⁸ "Grábense estas palabras en la mente y en el pensamiento; átenlas como señales en sus manos y en su frente. ¹⁹ Instruyan a sus hijos hablándoles de ellas tanto en la casa como en el camino, y cuando se acuesten y cuando se levanten. ²⁰ Escríbanlas en los postes y en las puertas de su casa, ²¹ para que su vida y la de sus hijos en la tierra que el Señor prometió dar a sus antepasados sea tan larga como la existencia del cielo sobre la tierra. [n]

²² "Si cumplen fielmente todos estos mandamientos que hoy les ordeno poner en práctica, y si aman al Señor su Dios y lo siguen fielmente en todos sus caminos, ²³ el Señor arrojará de la presencia de ustedes a todas esas naciones, y ustedes conquistarán a pueblos más numerosos y fuertes. ²⁴ Donde ustedes planten el pie, allí se quedarán. Sus fronteras se extenderán desde el desierto hasta el Líbano,[ñ] y desde el río Éufrates hasta el mar Mediterráneo. [o] ²⁵ Nadie podrá hacerles frente.[p] El Señor su Dios hará cundir el pánico y el terror por dondequiera que ustedes pasen, tal como se lo ha prometido.

²⁶ "En este día les doy a elegir entre bendición y maldición.[q] ²⁷ Bendición, si obedecen los mandamientos del Señor su Dios, que hoy les he ordenado. ²⁸ Maldición, si por seguir a dioses desconocidos, desobedecen los mandamientos del Señor su Dios y se apartan del camino que hoy les he ordenado.[r]

²⁹ "Cuando el Señor su Dios los haya hecho entrar en el país que van a conquistar, pondrán la bendición en el monte Guerizim, y la maldición en el monte Ebal.[s] ³⁰ Estos montes están al otro lado del Jordán, en dirección de la ruta occidental, en la tierra de los cananeos que viven en la llanura, frente a Guilgal y junto a las encinas de Moré.[t] ³¹ Ustedes están a punto de cruzar el Jordán y conquistar el país que el Señor su Dios les va a dar. Cuando ya lo hayan conquistado y vivan en él, ³² pongan en práctica todas las leyes y decretos que hoy les he entregado.

---

[b] 11.2 El siguiente resumen de las grandes obras del Señor evoca, en particular, cuatro acontecimientos: las plagas de Egipto (v. 3), el milagro del Mar Rojo (v. 4), las etapas de la marcha por el desierto (v. 5) y el castigo de los rebeldes (v. 6). En estos acontecimientos, el Señor se manifestó a Israel como su Salvador y Libertador, pero también como un Dios que no tolera ningún compromiso con el pecado. El recuerdo del pasado debe servir de lección para el presente. Cf. Dt 8.2-6.
[c] 11.3 Ex 7.8—12.30.
[d] 11.4 Ex 14.28.
[e] 11.6 Nm 16.31-32.
[f] 11.10 Aquí se establece una contraposición entre el suelo de la Tierra prometida y el de Egipto. El primero es fecundado por las lluvias que el Señor envía (cf. vv. 11-12,14); el segundo, en cambio, recibe su fecundidad de las inundaciones periódicas del Nilo (cf. Is 23.3; Am 8.8) y exige un esfuerzo constante para distribuir el agua en las zonas de cultivo.
[g] 11.10 *Regaban con los pies:* El significado exacto de esta expresión es dudoso. Podría tratarse de una alusión a los surcos para el riego, abiertos *con los pies* en la tierra blanda, o bien a las ruedas con que se hacía subir el agua del río a los terrenos altos y que eran movidas *con los pies.*
[h] 11.13 Para los varios aspectos de esta devoción a Dios, véase Dt 6.5 nota e.
[i] 11.14 *Él hará:* según la versión griega (LXX). Heb. *Yo haré.*

[j] 11.14 Estas *lluvias* marcan el comienzo y el fin de la estación lluviosa. La de *otoño,* en octubre-noviembre, facilita el arado de la tierra y las tareas preparatorias para la siembra; la de *primavera,* en marzo-abril, asegura la cantidad y calidad de la cosecha. Cf. Jer 5.24; Jl 2.23.
[k] 11.13-15 Lv 26.3-5; Dt 7.12-16; 28.1-14.
[l] 11.16 Dt 8.11-20.
[m] 11.16-17 Cf. Dt 29.24-28(23-27).
[n] 11.18-21 Cf. Dt 6.6-9.
[ñ] 11.24 *Desde el desierto hasta el Líbano:* traducción probable (cf. Jos 1.4); heb. *desde el desierto y el Líbano.*
[o] 11.24 *Desde el río Éufrates hasta el mar Mediterráneo:* Véase Gn 15.18 n.
[p] 11.24-25 Jos 1.3-5.
[q] 11.26 Dt 30.15,19.
[r] 11.27-28 Dt 28.
[s] 11.29 Dt 27.11-14; Jos 8.33-35.
[t] 11.29-30 El monte *Guerizim,* al sur, y el *Ebal,* al norte, son dos montañas de la Palestina central, en las cercanías de la antigua ciudad de Siquem. La *ruta occidental* unía a Siria con Egipto, atravesando todo el país de Canaán. *Guilgal* significa, en hebreo, *círculo de piedras* y había varios sitios con ese nombre; por eso, aquí podría tratarse de un sitio cercano a Siquem, y no del *Guilgal* que se encontraba entre el río Jordán y Jericó (Jos 4.19-24). *Siquem* y *las encinas de Moré:* Véase Gn 12.6 n.

III. EL CÓDIGO DEUTERONÓMICO (12—26) [a]

12 El santuario único

1 "Estas son las leyes y los decretos que ustedes deberán poner en práctica durante toda su vida, en la tierra que el Señor y Dios de sus antepasados les va a dar en posesión.

2 "Destruyan por completo todos los lugares donde los pueblos que van a conquistar adoran a sus dioses: en los montes, en las colinas y bajo los árboles frondosos. **3** Derriben sus altares, hagan pedazos las piedras y quemen los troncos a los que rinden culto, y destruyan las imágenes de sus dioses; borren de aquellos lugares su recuerdo.[b]

4 "Al Señor su Dios no deben adorarlo de esa manera.[c] **5** Entre las tribus de ustedes, el Señor escogerá un lugar[d] como residencia de su nombre,[e] y a ese lugar podrán ustedes ir a adorarlo.[f] **6** Allí sacrificarán y quemarán animales en su honor, y le llevarán sus diezmos,[g] contribuciones, promesas y ofrendas voluntarias, así como las primeras crías de sus vacas y ovejas. **7** Comerán allí, delante del Señor su Dios, y en compañía de sus familias se alegrarán[h] del fruto de su trabajo con que el Señor su Dios los haya bendecido.

8 "Allí no deberán hacer ustedes lo que ahora hacemos aquí, donde cada uno de nosotros hace lo que mejor le parece.[i] **9** Realmente todavía no han llegado ustedes al lugar tranquilo que el Señor su Dios les va a dar en posesión. **10** Pero una vez que hayan cruzado el Jordán y vivan en el país que él les va a entregar, y ya estén libres de todos los enemigos que los rodean, y sin ningún temor, **11** entonces, en el lugar que el Señor su Dios escoja como residencia de su nombre, le ofrecerán ustedes todo lo que les he ordenado: animales sacrificados y quemados en su honor, diezmos, contribuciones y todo lo más escogido de las promesas que le hayan hecho al Señor. **12** Y harán fiesta en presencia del Señor su Dios, junto con sus hijos y sus siervos, y con los levitas que vivan entre ustedes, ya que ellos no han recibido entre ustedes ninguna tierra en propiedad.

13 "Cuídense de no quemar animales al Señor en cualquier lugar que encuentren; **14** únicamente podrán hacerlo en el lugar que el Señor su Dios escoja en una de sus tribus. Allí cumplirán todo lo que les he ordenado.

15 "Sin embargo, podrán matar y comer carne[j] en sus poblaciones en cualquier momento, según los bienes que el Señor su Dios les haya dado. La podrán comer todos ustedes, estén o no ritualmente puros, como si fuera carne de gacela o de ciervo. **16** Pero la sangre no deben comerla,[k] sino derramarla en la tierra como agua.

17 "No podrán ustedes comer dentro de su ciudad el diezmo de su trigo, de su vino o de su aceite, ni las primeras crías de sus vacas y ovejas, ni nada de lo que hayan prometido al Señor, ni de sus ofrendas voluntarias. **18** Solo podrán hacerlo delante del Señor su Dios, en el lugar que él escoja; allí, en presencia del Señor su Dios y en compañía de sus hijos y sus criados, y de los levitas que vivan entre ustedes, se alegrarán del fruto de su trabajo. **19** Mientras ustedes vivan en el país, no abandonen jamás a los levitas.

20 "Cuando el Señor su Dios haya extendido el territorio de ustedes, tal como se lo ha prometido, si a ustedes les apetece comer carne, podrán comerla en cualquier momento. **21** Si el lugar que el Señor su Dios escogió para poner allí su nombre está lejos de donde ustedes viven, podrán matar de las vacas y ovejas que el Señor les haya dado y comer todo lo que quieran allí donde ustedes habiten, tal como se lo he ordenado. **22** Igual que en el caso de la carne de gacela o de ciervo, todos ustedes podrán comerla, estén o no ritualmente puros. **23** Pero de ninguna manera deben comer la sangre, porque la sangre es la vida; así que no deben comer la vida junto con la carne. **24** Lo que deben hacer es derramarla en la tierra como agua.[l] **25** No la coman, y les irá bien a ustedes y a sus hijos por hacer lo recto a los ojos del Señor. **26** En cuanto a las cosas que hayan dedicado como ofrenda, y las promesas que hayan hecho, las presentarán en el lugar que el Señor escoja, **27** y allí, sobre el altar del Señor su Dios, ofrecerán sus holocaustos. La sangre de los animales que ustedes ofrezcan la derramarán sobre el altar del Señor su Dios, pero la carne podrán comerla.

28 "Escuchen y cumplan todo lo que les he ordenado, para que a ustedes y a sus hijos les vaya bien siempre, por hacer lo que es agradable y recto a los ojos del Señor su Dios.

Advertencias contra la idolatría

29-30 "Cuando el Señor su Dios haya destruido las naciones que ustedes van a conquistar, y después de destruidas ustedes ocupen su territorio y vivan en él, tengan cuidado de no seguir el ejemplo de esas naciones, ni de recurrir a sus dioses con la idea de rendirles culto también. **31** No le hagan eso al Señor su Dios, porque todas las cosas despreciables que el Señor no soporta son las

---

[a] **12—26** Los caps. siguientes contienen las leyes y prescripciones que forman el llamado *Código deuteronómico* (12.1—26.19). Esta legislación tiene muchos elementos comunes con el *Código de la alianza* (véase Ex 20.22-26 n.), pero la formulación de las leyes varía considerablemente: aquí no están expuestas en forma impersonal, sino que van casi siempre acompañadas de una cálida exhortación al amor y al servicio del Señor. Compárese, por ej., Dt 15.12-18 con Ex 21.2-11.

[b] **12.3** Dt 7.5. Para el significado de esas *piedras* y *troncos*, véase Ex 34.13 n.

[c] **12.4** Cf. v. 31.

[d] **12.5** *Escogerá un lugar*: La ley de la unidad del santuario tenía como finalidad preservar la pureza del culto al Señor. Con esta ley se relaciona la reforma religiosa del rey Josías (2 R 22.1—23.25).

[e] **12.5** *Residencia de su nombre*: Véanse 1 R 8.27-29; Sal 8.1(2) nota c.

[f] **12.5** Celebrar el culto en un santuario único es un modo de afirmar que el Señor es Uno (Dt 6.4) y de manifestar la unidad del pueblo consagrado a su servicio. Además, la multiplicación de los santuarios favorecía la introducción de prácticas paganas en el culto de Israel (cf. 2 R 23.4-20).

[g] **12.6** Dt 14.22-29.

[h] **12.7** *Se alegrarán*: Según Deuteronomio, las fiestas religiosas y los actos de culto son una ocasión propicia para alegrarse en la presencia del Señor. Cf. 16.11; 26.11; 27.7.

[i] **12.8** Jue 17.6; 21.25.

[j] **12.15** Aquí se trata de la *carne* para el alimento ordinario y no de la ofrecida en sacrificio al Señor. En tales casos, debía matarse el animal sin ningún rito especial, y su sangre debía derramarse en tierra (cf. v. 16).

[k] **12.16** Gn 9.4; Lv 7.26-27; 17.10-14; 19.26; Dt 15.23.

[l] **12.23-24** Lv 1.5; 17.10-14.

que esas naciones cometen para honrar a sus dioses, llegando al extremo de sacrificar a sus propios hijos en el fuego. *m*

32 (13.1) *n* "Pongan siempre en práctica todo lo que les he ordenado, sin añadir ni quitar nada. *ñ*

13 **1** (2) "Si aparece entre ustedes un profeta *a* o visionario *b* y les anuncia una señal o un prodigio, **2** (3) en caso de que se cumpla lo que les había anunciado y les diga: '¡Vamos y sigamos a otros dioses que ustedes no conocen; vamos a rendirles culto!', **3** (4) no le hagan caso. Porque el Señor su Dios quiere ponerlos a prueba para saber si ustedes lo aman con todo su corazón y con toda su alma. **4** (5) Sigan y honren solo al Señor su Dios; cumplan sus mandamientos, escuchen su voz y ríndanle culto; vivan unidos a él. **5** (6) Y ese profeta o visionario será condenado a muerte por haberles aconsejado rebelarse contra el Señor su Dios, que los libró de la esclavitud a que estaban sometidos en Egipto, y por tratar de que ustedes se apartaran del camino que el Señor su Dios les ha ordenado seguir. Así acabarán con el mal que haya entre ustedes. *c*

6 (7) "Si aun tu propio hermano, *d* o tu hijo, o tu hija, o tu esposa amada, o tu más íntimo amigo, te empuja en secreto a dar culto a otros dioses que ni tú ni tus padres conocieron, **7** (8) como son los dioses de los pueblos que, cercanos o lejanos, los rodean de un extremo al otro de la tierra, **8** (9) no te sometas a sus deseos ni le hagas caso; ni siquiera tengas compasión de él; no le tengas lástima, ni lo encubras; **9** (10) al contrario, mátalo. Y tú serás el primero en levantar la mano contra él, y después de ti se hará lo mismo todo el pueblo. **10** (11) Apedréalo *e* hasta que muera, por haber querido apartarte del Señor tu Dios, que te sacó de Egipto, donde eras esclavo. **11** (12) De esta manera todo Israel lo sabrá y tendrá miedo de volver a cometer una maldad como esta.

12 (13) "Si en alguna de las ciudades que el Señor su Dios les ha dado para vivir llegan a saber que han aparecido **13** (14) hombres que desobedecen a Dios *f* y descarrían a los habitantes de esa ciudad, empujándolos a rendir culto a dioses desconocidos, **14** (15) deberán ustedes investigar bien el asunto. Y si resulta que los rumores son ciertos y que se ha cometido entre ustedes cosa tan despreciable, **15** (16) entonces matarán a filo de espada a los habitantes de esa ciudad y a todos sus animales, y destinarán a la destrucción *g* todo lo que haya en ella. **16** (17) Juntarán todas sus riquezas en el centro de la plaza, y prenderán fuego a la ciudad y a todo lo que le hayan quitado al enemigo, destruyéndolo todo como ofrenda quemada en honor del Señor su Dios. Esa ciudad quedará para siempre convertida en un montón de ruinas, y nunca más será reconstruida. *h*

17 (18) "No se queden ustedes con nada de lo que haya sido destinado a la destrucción, y el Señor nunca se enojará contra ustedes; al contrario, tendrá compasión de ustedes y les hará crecer en número, tal como lo prometió a los antepasados de ustedes, **18** (19) siempre y cuando obedezcan al Señor su Dios y cumplan todos los mandamientos que yo les he dado hoy y hagan lo que es recto a sus ojos.

14 **1** "Ustedes son los hijos del Señor su Dios. *a* No se hagan heridas en el cuerpo, *b* ni se rapen la cabeza por delante cuando alguien muera. *c* **2** Porque ustedes son un pueblo consagrado al Señor su Dios; él los ha elegido entre todos los pueblos de la tierra para que sean el pueblo de su propiedad. *d*

Animales puros e impuros *e* *(Lv 11.1-47)* **3** "No coman nada impuro.

4 "Esta es la lista de los animales que ustedes pueden comer: toros, corderos, cabritos, **5** ciervos, gacelas, gamos, cabras monteses y toda clase de antílopes. **6** Pueden, pues, comer de todo animal rumiante que tenga las pezuñas partidas, separadas en dos partes, **7** pero no deben comer de los siguientes animales, aunque sean rumiantes o tengan pezuñas partidas:

"El camello, la liebre y el tejón; deben considerarlos animales impuros, porque son rumiantes pero no tienen pezuñas partidas.

8 "El cerdo, porque tiene pezuñas partidas pero no es rumiante. Deben considerarlo impuro. No coman la carne de estos animales ni toquen sus cuerpos muertos.

---

m 12.31 Lv 18.21.

n 12.32(13.1)—13.18(19) Los números entre paréntesis corresponden a la numeración del texto hebreo.

ñ 12.32(13.1) Dt 4.2; Ap 22.18-19.

a 13.1(2) Los profetas solían añadir a sus palabras algunos signos portentosos, para confirmar la verdad de su mensaje (Ex 4.29-31; 1 R 18.36-39; Is 38.7-8). Pero también los falsos profetas realizaban a veces hechos extraordinarios, que podían engañar a los más desprevenidos (cf. Jer 7.11; Mt 24.24; Hch 8.11; 2 Ts 2.9; Ap 13.13). De ahí la necesidad de tener un criterio seguro para distinguir al verdadero profeta del falso. Aquí la incitación a la idolatría es un criterio inequívoco para identificar al falso profeta. Cf. Dt 18.15-22.

b 13.1(2) *Visionario:* lit. *soñador de sueños.* En la antigüedad se consideraba que los sueños eran un medio para comunicar la voluntad de Dios o de los dioses (cf. Nm 12.6; 1 R 3.5). Pero, como en el caso presente, tales sueños podían ser causa de ilusiones y engaños. Cf. Jer 23.25.

c 13.5(6) 1 Co 5.13.

d 13.6(7) *Tu propio hermano:* lit. *tu hermano, hijo de tu madre.* Aclaración añadida, probablemente, para eliminar la ambigüedad de la palabra *hermano,* que en hebreo también significa *compatriota.* Cf. Dt 15.2.

e 13.10(11) *Apedréalo:* Esta forma de ejecutar al culpable evitaba poner la mano sobre él, para no entrar en contacto con un cadáver (Lv 21.1); al mismo tiempo, permitía que toda la comunidad participara directamente en la ejecución (cf. Ex 19.13).

f 13.13(14) *Hombres que desobedecen a Dios:* lit. *hijos de belial.* Según algunos intérpretes, esta última palabra significada originariamente, en hebreo, *inutilidad* o *maldad; hijos de belial,* por lo tanto, quiere decir *inútiles* o *malvados.* Otros, en cambio, la hacen derivar de un verbo hebreo que significa *devorar* y traducen *belial* por *devorador.* Más tarde, el término pasó a ser nombre propio: *Belial* o *Beliar,* que es sinónimo de Satanás. Véanse Sal 18.4(5) n.; 2 Co 6.15 n.

g 13.15(16) *Destinarán a la destrucción:* Véase Ex 22.20(19) n.

h 13.15-16(16-17) Dt 20.16-18; Jos 6.17.

a 14.1 Ex 4.22; Dt 1.31; 8.5; Sal 103.13; Os 11.1; cf. Dt 32.5,19; Is 1.2-4; 30.1.

b 14.1 La costumbre de hacerse *heridas en el cuerpo* en señal de duelo formaba parte de un rito funerario en honor de Baal, el dios cananeo de la fertilidad (cf. 1 R 18.28). Esta prohibición parece estar destinada a evitar toda posible contaminación con ese rito pagano.

c 14.1 Acerca de estas manifestaciones de duelo, cf. Lv 19.28; 21.5; Is 22.12; Jer 16.6; 41.5; Ez 7.18.

d 14.2 *El pueblo de su propiedad:* Véase Ex 19.5 nota *h.*; 1 P 2.9.

e 14.3-21 Véanse las notas de Lv 11.

⁹ "De los animales que viven en el agua podrán comer de los que tienen aletas y escamas; ¹⁰ pero no coman de los que no tienen aletas y escamas; deben considerarlos animales impuros.

¹¹ "Pueden comer de toda ave pura, ¹² pero hay algunas de las cuales no deben comer: el águila, el quebrantahuesos, el águila marina, ¹³ el milano, y toda clase de halcones, ¹⁴ toda clase de cuervos, ¹⁵ el avestruz, la lechuza, la gaviota, toda clase de gavilanes, ¹⁶ el búho, el ibis, el cisne, ¹⁷ el pelícano, el buitre, el cormorán, ¹⁸ la cigüeña, la abubilla y el murciélago.

¹⁹ "Todo insecto con alas será considerado impuro. No deberán comerlo. ²⁰ Pero las aves consideradas puras sí podrán comerlas.

²¹ "No coman ningún animal que muera por sí solo, [f] pues ustedes son un pueblo consagrado al Señor su Dios; pero se lo podrán dar al extranjero que viva en las ciudades de ustedes; él sí puede comerlo. Y también pueden vendérselo al extranjero que esté de paso.

"No cocinen cabritos en la leche de su madre. [g]

Instrucciones acerca del diezmo ²² "Cada año, sin falta, deberán ustedes apartar la décima parte de todo el grano que cosechen. ²³ De esa décima parte de trigo, de vino y de aceite, y de las primeras crías de sus vacas y ovejas, comerán ustedes delante del Señor su Dios, en el lugar que él escoja como residencia de su nombre, para que aprendan a reverenciar siempre al Señor. ²⁴ Y si el Señor los bendice, pero ustedes tienen que hacer un largo viaje para llevar esa décima parte por vivir muy lejos del lugar que el Señor ha escogido para poner allí su nombre, ²⁵ entonces venderán ustedes esa décima parte y el dinero de la venta lo llevarán al lugar que el Señor haya escogido. ²⁶ Con ese dinero comprarán allí lo que crean más conveniente: bueyes, ovejas, vino o cualquier bebida fermentada; en fin, lo que ustedes quieran, y lo comerán allí, delante del Señor su Dios, y harán fiesta junto con su familia. [h]

²⁷ "No desamparen nunca a los levitas que vivan en su población, ya que a ellos no les ha tocado tener su propia tierra como a ustedes.

²⁸ "Cada tres años deberán ustedes apartar la décima parte de su cosecha del año, y almacenarla en su ciudad, ²⁹ para que cuando vengan los levitas, a quienes no les ha tocado tener su propia tierra, o los extranjeros que viven entre ustedes, o los huérfanos y las viudas, puedan comer hasta quedar satisfechos. Así el Señor su Dios los bendecirá en todo lo que hagan. [i]

15 El año del perdón de deudas
¹ "Cada siete años perdonarás lo que otros te deban. [a]

² "Este perdón consistirá en lo siguiente: Toda persona que haya prestado algo a su prójimo, le perdonará lo que le haya prestado. Ya no deberá exigir [b] a su prójimo o a su compatriota que le pague, porque será proclamado el año del perdón de deudas en honor del Señor. ³ Al extranjero [c] le podrás exigir que te pague el préstamo que le hiciste, pero a tu compatriota deberás perdonarle lo que haya recibido de ti. ⁴ De esta manera no habrá pobres entre ustedes, [d] pues el Señor tu Dios te bendecirá en el país que él te va a dar como herencia, ⁵ siempre y cuando le obedezcas y pongas en práctica todos estos mandamientos que yo te he dado hoy. ⁶ Sí, el Señor tu Dios te bendecirá, tal como te lo ha prometido, y tendrás para prestar a muchas naciones, pero tú no tendrás que pedir prestado; dominarás a muchas naciones, pero ellas no te dominarán a ti.

⁷ "Si hay algún pobre entre tus compatriotas en alguna de las ciudades del país que el Señor tu Dios te da, no seas inhumano ni le niegues tu ayuda a tu compatriota necesitado; ⁸ al contrario, sé generoso con él y préstale lo que necesite. [e] ⁹ No des lugar en tu mente a este malvado pensamiento: 'Ya está cerca el año séptimo, el año en que se perdonan las deudas', y entonces pongas mala cara a tu compatriota que se halla en la pobreza, y no le prestes nada; porque él clamará contra ti al Señor, y tal acción se te contará como pecado. ¹⁰ Debes ayudarlo siempre y sin que te pese, porque por esta acción el Señor tu Dios te bendecirá en todo lo que hagas y emprendas. ¹¹ Nunca dejará de haber necesitados en la tierra, y por eso yo te mando que seas generoso con aquellos compatriotas tuyos que sufran pobreza y miseria en tu país. [f]

Leyes sobre los esclavos (Ex 21.1-11) ¹² "Si alguno de tus compatriotas hebreos, sea hombre o mujer, se vende a ti como esclavo, solo te servirá seis años; al séptimo año lo dejarás en libertad. ¹³ Y cuando lo despidas, no lo dejarás ir con las manos vacías, ¹⁴ sino que le darás animales de tu rebaño y mucho trigo y vino; es decir, compartirás con él los bienes que el Señor tu Dios te haya dado. ¹⁵ No olvides

---

[f] **14.21** Ningún animal que muera por sí solo: lit. ningún cadáver (de animal). La prohibición se debe a que el animal no había sido debidamente degollado y desangrado. Cf. Dt 12.16.

[g] **14.21** Sobre esta prohibición, véase Ex 23.19 nota m.

[h] **14.22-26** Lv 27.30-33; Nm 18.21; Mal 3.8-10.

[i] **14.28-29** Este diezmo trienal se distingue de los anteriores porque no pertenece al santuario central (cf. Dt 12.5-6), sino que está destinado enteramente a socorrer a los pobres y a los más necesitados (Dt 26.12-15). Véase Dt 15.4 n.

[a] **15.1-6** Nótese la relación de la ley que prescribe la cancelación de las deudas con la que ordena dejar la tierra sin cultivar (lit. descansar) cada siete años (Ex 23.10-11; Lv 25.1-7).

[b] **15.2** La exigencia podía consistir en llevar al deudor ante el tribunal para obligarlo a pagar, o en tomarlo como esclavo para que pagara la deuda con su trabajo.

[c] **15.3** El término hebreo designa aquí no al extranjero que reside en alguna de las ciudades de Israel, sino al que está de paso y no se ha integrado en la comunidad (cf. Dt 14.21).

[d] **15.4** No habrá pobres entre ustedes: La preocupación por los pobres -representados típicamente en el huérfano, la viuda y el extranjero- es un rasgo característico de la legislación israelita (cf. Ex 22.21-27[20-26]), especialmente en Dt. Esta preocupación se manifiesta en una serie de prescripciones: las relativas al diezmo trienal (14.28-29), al perdón de las deudas (15.1-11) y a la liberación de los esclavos (15.12-18). Cf. también la obligación de devolver al pobre la prenda antes de caer la noche y la de pagar al jornalero antes de ponerse el sol (24.12,15). Cf. 23.24-25 (25-26); Stg 5.4.

[e] **15.7-8** Lv 25.35.

[f] **15.11** Mt 26.11; Mc 14.7; Jn 12.8.

que también tú fuiste esclavo en Egipto, y que el Señor tu Dios te dio libertad. Por eso ahora te doy esa orden.

¹⁶ "Pero si tu esclavo dice que no quiere dejarte porque siente cariño por ti y por tu familia, y porque lo tratas bien, ¹⁷ entonces tomarás un punzón y, arrimándolo a la puerta de tu casa, le atravesarás la oreja; de esta manera será esclavo tuyo para siempre. Lo mismo harás si se trata de tu esclava. ¹⁸ No te parezca mal dejar en libertad a tus esclavos, pues durante seis años te han servido por la mitad *g* de lo que le habrías pagado a un jornalero; además, el Señor tu Dios te bendecirá en todo lo que hagas. *h*

Consagración de los primeros animales machos
¹⁹ "Todo primer macho que nazca de tus vacas o de tus ovejas, deberás consagrarlo al Señor tu Dios.

"No hagas trabajar al primer ternerito de tus vacas, ni esquiles al primer corderito de tus ovejas. ²⁰ Cada año los comerás junto con tu familia y delante del Señor tu Dios, en el lugar que él haya escogido. ²¹ Pero si tiene algún defecto, o es cojo o ciego, o tiene cualquier otra falta, no lo presentarás en sacrificio al Señor. ²² Lo comerás en la ciudad donde vivas, y todos podrán comer de él, estén o no estén ritualmente puros, como cuando se come la carne de gacela o de ciervo. *j* ²³ Pero no debes comer su sangre, *k* sino derramarla en la tierra como agua.

16 Fiestas anuales (Ex 23.14-17; 34.18-24)
¹ "Cuando llegue el mes de Abib, *a* cumplan con la celebración de la Pascua en honor del Señor su Dios, porque fue en una noche *b* de ese mes cuando el Señor su Dios los sacó de Egipto.

² "Durante la Pascua ofrecerán vacas y ovejas *c* en sacrificio al Señor su Dios, en el lugar que él haya escogido como residencia de su nombre.

³ "El animal sacrificado lo comerán con pan sin levadura. *d* Durante siete días comerán pan sin levadura, que es el pan del sufrimiento, pues tuvieron que salir de Egipto muy aprisa; así, mientras ustedes vivan, se acordarán del día en que salieron de Egipto. ⁴ En estos siete días no deberá haber levadura en todo el territorio de ustedes, y de la carne que se ofrece en sacrificio la tarde del primer día no debe quedar nada para la mañana siguiente. ⁵ No deben ofrecer el sacrificio de la Pascua en cualquier ciudad de las que el Señor su Dios les da, ⁶ sino únicamente en el lugar que él escoja como residencia de su nombre, y deben ofrecerlo por la tarde, al ponerse el sol, que es la hora en que ustedes salieron de Egipto. *e* ⁷ La carne ofrecida la cocerán y comerán en el lugar que el Señor su Dios haya escogido, y a la mañana siguiente regresarán a su casa. ⁸ Durante seis días comerán pan sin levadura, y el día séptimo se celebrará una reunión especial en honor del Señor su Dios; ese día no deberán ustedes hacer ninguna clase de trabajo.

⁹ "Cuando hayan pasado siete semanas, a partir del día en que comenzó la cosecha de trigo, ¹⁰ celebrarán la fiesta de las Semanas *f* en honor del Señor su Dios, y presentarán sus ofrendas voluntarias según los bienes con que el Señor su Dios los haya bendecido. ¹¹ Y harán fiesta delante del Señor su Dios, en el lugar que él haya escogido como residencia de su nombre, junto con sus hijos y sus esclavos, y con los levitas, extranjeros, huérfanos y viudas que habiten en su población. ¹² Recuerden que también ustedes fueron esclavos en Egipto; por lo tanto, pongan en práctica todas estas leyes.

¹³ "Una vez que hayan terminado de cosechar su trigo y de exprimir sus uvas, celebrarán durante siete días la fiesta de las Enramadas. *g* ¹⁴ Alégrense en esta fiesta junto con sus hijos y sus esclavos, y con los levitas, extranjeros, huérfanos y viudas que vivan en su ciudad. ¹⁵ Esta fiesta la celebrarán en honor del Señor su Dios durante siete días, en el lugar que él haya escogido; porque el Señor su Dios los bendecirá en todas sus cosechas y en todo su trabajo, y serán ustedes completamente dichosos.

¹⁶ "Todos los varones deberán presentarse tres veces al año ante el Señor *h* su Dios, en el lugar que él haya escogido, durante las siguientes fiestas: la de los Panes sin levadura, la de las Semanas y la de las Enramadas. Nadie deberá presentarse ante el Señor con las manos vacías, *i* ¹⁷ sino que cada uno llevará sus ofrendas conforme a los bienes con que el Señor su Dios lo haya bendecido.

Reglas para administrar justicia *j*
¹⁸ "Nombren jueces y oficiales para todas las ciudades *k* que el Señor su Dios le va a dar a cada tribu, para que juzguen al pueblo con verdadera justicia. ¹⁹ No perviertan la justicia; no hagan ninguna diferencia entre unas personas y otras, ni se dejen sobornar, pues el soborno ciega los ojos de los sabios y pervierte las palabras de las personas justas. *l* ²⁰ La justicia, y

---

g 15.18 *La mitad:* traducción probable, de acuerdo con algunos mss.; heb. *el doble*, quizá en el sentido de haber reportado un beneficio dos veces mayor que el sueldo de un jornalero. Otros piensan que el término hebreo, en este contexto, se refiere al equivalente de lo que gana un asalariado.
h 15.12-18 Ex 21.2-11; Lv 25.39-43. Véase Dt 12—26 n.
i 15.19 Ex 13.12.
j 15.22 Dt 12.15.
k 15.23 Gn 9.4; Lv 7.26-27; 17.10-14; 19.26; Dt 12.16,23.
a 16.1 *El mes de Abib:* Véase Ex 12.2 n.
b 16.1 *En una noche:* Cf. Ex 12.31,42.
c 16.2 A diferencia de Ex 12.3, aquí se autoriza a sacrificar como víctima pascual una res del ganado mayor. Cf. 2 Cr 35.7-9.
d 16.3 *Pan sin levadura:* Véase Ex 12.15 n.
e 16.5-6 Nótese la insistencia en la obligación de celebrar estas fiestas religiosas en el santuario único. Cf. vv. 11,15-16; Dt 12, y también Ex 12.1-20; Lv 23.5-8; Nm 28.16-25.
f 16.9-12 *Fiesta de las Semanas:* Lv 23.15-21; Nm 28.26-31.
g 16.13-15 *Fiesta de las Enramadas:* Lv 23.33-36,39-43; Nm 29.12-38.
h 16.16 *Deberá(n) presentarse... ante el Señor:* lit. *verá(n) el rostro del Señor.*
i 16.16 Ex 23.14,17; 34.23.
j 16.18—18.22 En la sección siguiente se incluyen prescripciones referentes a las personas que ejercían la autoridad en el pueblo de Israel: los jueces (16.18—17.13), los reyes (17.14-20), los sacerdotes levíticos (18.1-8) y los profetas (18.9-22). En 16.20—18.7 se intercalan indicaciones relativas al culto y a la necesidad de combatir las prácticas idolátricas, especialmente el culto de los astros (cf. 17.3).
k 16.18 *Todas la ciudades:* lit. *todas las puertas,* es decir, las puertas de la ciudad donde los jueces y ancianos del pueblo se reunían para administrar justicia. Cf. Rt 4.1.
l 16.19 Ex 23.6-8; Lv 19.15.

solo la justicia, es lo que ustedes deben seguir, para que vivan y posean el país que el Señor su Dios les da. ²¹ "No planten ningún árbol para honrar a un ídolo, ᵐ ni lo pongan junto al altar del Señor su Dios. ²² No levanten piedras de culto pagano, pues esto le repugna al Señor su Dios. ⁿ

17 ¹ "No ofrezcan como sacrificio al Señor su Dios ningún toro ni oveja que tenga defecto o alguna cosa mala, porque eso le es repugnante. ᵃ

² "Si en alguna de las poblaciones que el Señor su Dios les da se descubre que algún hombre o mujer hace lo que al Señor le desagrada, y falta a su alianza ³ adorando a otros dioses y arrodillándose ante ellos, ya sea ante el sol, la luna o las estrellas, que es algo que el Señor no ha mandado, ᵇ ⁴ y si llegan a saberlo, investiguen bien el asunto; y si resulta verdad que un acto tan repugnante se ha cometido en Israel, ⁵ llevarán ante el tribunal ᶜ de la ciudad a quien haya cometido esta mala acción y lo condenarán a morir apedreado. ᵈ

⁶ "La sentencia de muerte se dictará solo cuando haya declaración de dos o tres testigos, pues por la declaración de un solo testigo nadie podrá ser condenado a muerte. ᵉ ⁷ Los testigos serán los primeros en arrojarle piedras al condenado, y después lo hará todo el pueblo. Así acabarán con el mal que haya en medio de ustedes. ᶠ

⁸ "Si tienen que juzgar un caso demasiado difícil, ya sea de muerte, pleito, heridas corporales o cualquiera otra cosa que ocurra en su ciudad, vayan al lugar que el Señor su Dios haya escogido ᵍ ⁹ y pónganse en contacto con los sacerdotes levitas ʰ y con el juez de turno para exponerles el caso. ⁱ Ellos dictaminarán entonces la sentencia que corresponda al caso, ¹⁰ y ustedes la aplicarán siguiendo al pie de la letra sus instrucciones. ¹¹ Hagan todo tal y como ellos lo indiquen, aplicando la sentencia que dicten sin hacerle ningún cambio. ¹² Pero al que actúe movido por la soberbia y desobedezca la decisión del sacerdote que está allí sirviendo al Señor, o la del juez, se le condenará a muerte. Así acabarán ustedes con la maldad en Israel, ¹³ y cuando el pueblo lo sepa, tendrá miedo y dejará de hacer las cosas con soberbia.

Instrucciones en cuanto a los reyes ʲ ¹⁴ "Si cuando hayan entrado en el país que el Señor su Dios les va a dar, y lo hayan conquistado y vivan en él, dicen: 'Queremos tener un rey que nos gobierne, como lo tienen todas nuestras naciones vecinas', ᵏ ¹⁵ deberán poner como rey de su nación a aquel compatriota de ustedes que el Señor su Dios escoja. No deben tomar como rey a un extranjero, a uno que no sea su compatriota. ¹⁶ Pero ese rey no deberá adquirir muchos caballos, ni enviar gente a Egipto para aumentar su caballería, ˡ pues el Señor les ha dicho: 'Nunca más vuelvan por este camino.' ᵐ ¹⁷ Tampoco deberá tener muchas mujeres, para que no se descarríe; ni adquirir grandes cantidades de oro y plata.

¹⁸ "Cuando el rey tome posesión del poder, mandará que le hagan una copia escrita de esta enseñanza, ⁿ tomada del original que está al cuidado de los sacerdotes levitas. ¹⁹ Siempre deberá tener esa copia consigo, y leerla todos los días de su vida, para que aprenda a reverenciar al Señor su Dios, ñ a respetar todo el contenido de esta enseñanza y a poner en práctica sus mandatos, ²⁰ para que no se crea superior a sus compatriotas ni se aparte para nada de estos mandamientos. Así, tanto él como sus descendientes tendrán un largo reinado en Israel.

18 *Derechos de los sacerdotes levitas* ¹ "Los sacerdotes levitas, ᵃ es decir, todos los de la tribu de Leví, no tendrán parte ni herencia como los demás israelitas. Tendrán que mantenerse de los sacrificios que se ofrecen al Señor, y de lo que a él le corresponde. ² No recibirán herencia como sus compatriotas, ya que su herencia es el Señor, como él lo ha dicho. ᵇ

³ "Los derechos que los sacerdotes tienen sobre los sacrificios de toros o corderos ofrecidos por la gente, son los siguientes: ᶜ les tocará la espaldilla, la quijada y el cuajar, ⁴ y también los primeros frutos de trigo, vino y aceite, y la

---

ᵐ **16.21** Cf. Ex 34.13.
ⁿ **16.22** *No levanten piedras de culto pagano:* Véase Ex 23.24 n.; cf. Lv 26.1.
ᵃ **17.1** Lv 22.17-28; Dt 15.21; Mal 1.8.
ᵇ **17.3** *El Señor no ha mandado:* lit. *yo no he mandado.* El texto hebreo pasa de la tercera a la primera persona, como si el Señor hablara por boca de Moisés.
ᶜ **17.5** *Ante el tribunal:* lit. *a la puerta.* Véase Dt 16.18 n.
ᵈ **17.5** Ex 22.20(19). Acerca de la muerte a pedradas, véase Dt 13.10(11) n.
ᵉ **17.6** Nm 35.30; Dt 19.15; Mt 18.16; 2 Co 13.1; 1 Ti 5.19; Heb 10.28.
ᶠ **17.7** 1 Co 5.13.
ᵍ **17.8** La institución de este tribunal supremo está relacionada con la centralización del culto en un santuario único. Cf. Dt 12.
ʰ **17.9** *Sacerdotes levitas:* Esta expresión designa a los sacerdotes que prestaban servicios en el santuario central (Dt 17.18; 18.1; 24.8) y se distinguían de los otros levitas dispersos por el país (cf. 12.12,18; 18.6-8).
ⁱ **17.9** El texto no aclara si eran las partes en litigio o los jueces los que debían presentar el caso difícil ante el tribunal supremo. La comparación con Ex 18.24-26 parece indicar que tal responsabilidad correspondía a los jueces.
ʲ **17.14-20** Estas instrucciones destinadas al rey tienen por finalidad contrarrestar los abusos de que suele estar acompañado el ejercicio indiscriminado del poder. Cf. 1 S 8.10-18; 1 R 11.1-13; 16.30-33.
ᵏ **17.14** Cf. 1 S 8.5,19-20; 10.19; 12.12.
ˡ **17.16** *Ni enviar* (lit. *hacer volver*) *gente a Egipto:* ya sea entregando a algunos israelitas como esclavos o mercenarios a cambio de caballos, o bien, en sentido metafórico, enviando embajadores y sometiéndose a Egipto a fin de recibir ayuda militar (Is 30.1-5; 31.1-3). Cf. Dt 28.68; Os 8.13; 9.3.
ᵐ **17.16** Esta palabra del Señor no aparece en ningún otro pasaje de la Biblia, pero concuerda con la idea expresada en Ex 13.17; 14.13.
ⁿ **17.18** La versión griega (LXX) tradujo por *segunda ley,* en griego *deuteronomion,* la expresión hebrea que significa *una copia escrita de esta enseñanza.* De allí procede el nombre de este quinto libro del Pentateuco (*Deuteronomio*).
ñ **17.19** *Reverenciar* (lit. *temer*) *al Señor su Dios:* Véase Dt 6.13 nota *j.*
ᵃ **18.1** *Sacerdotes levitas:* Véase Dt 17.9 nota *h.*
ᵇ **18.2** Nm 18.20. Sobre la herencia especial de los levitas, véase Dt 10.9 n.
ᶜ **18.3** Lv 7.31-34; 10.14; Nm 6.20; 18.18-19.

primera lana que se corte a las ovejas; **5** pues el Señor su Dios los ha elegido a ellos, de entre todas las tribus, para que de padres a hijos tengan siempre a su cargo el culto al Señor.

6 "Cuando un levita de alguna población de ustedes, de cualquier lugar de Israel, se sienta movido a venir al lugar escogido por el Señor, **7** podrá oficiar allí como sacerdote en el nombre del Señor, lo mismo que todos sus compañeros levitas que están allí sirviendo al Señor, **8** y recibirá la misma porción de alimentos que ellos reciben, además de lo que obtenga de la herencia de su padre.

Advertencias contra prácticas paganas
9 "Cuando hayan entrado ustedes en el país que el Señor su Dios les va a dar, no imiten las horribles costumbres de esas naciones. **10** Que nadie de ustedes ofrezca en sacrificio a su hijo haciéndolo pasar por el fuego, ni practique la adivinación, ni pretenda predecir el futuro, ni se dedique a la hechicería **11** ni a los encantamientos, ni consulte a los adivinos y a los que invocan a los espíritus, ni consulte a los muertos. *d* **12** Porque al Señor le repugnan los que hacen estas cosas. Y si el Señor su Dios arroja de la presencia de ustedes a estas naciones, es precisamente porque tienen esas horribles costumbres. **13** Ustedes deben ser perfectos en su relación con Dios. *e* **14** Esas naciones, cuyo territorio van ustedes a poseer, hacen caso a los que pretenden predecir el futuro y a los adivinos, pero a ustedes el Señor su Dios no les permite semejante cosa. *f*

El profeta que ha de venir
15 "El Señor su Dios hará que salga de entre ustedes un profeta como yo, y deberán obedecerle. *g* **16** Esto es en realidad lo que ustedes pidieron al Señor su Dios en el monte Horeb, el día en que todos se reunieron allí y dijeron: 'No queremos oír otra vez la voz del Señor nuestro Dios, ni ver este gran fuego, para no morir.' *h* **17** Entonces el Señor me dijo: 'Está bien lo que han dicho. **18** Yo haré que salga de entre ellos un profeta como tú, uno que sea compatriota de ellos y que les diga lo que yo le ordene decir, y les repita lo que yo le mande. **19** A todo aquel que no haga caso de lo que ese profeta diga en mi nombre, yo le pediré cuentas. *i* **20** Pero el profeta que presuma de hablar en mi nombre y diga algo que yo no le haya mandado decir, o hable en nombre de otros dioses, será condenado a muerte.' **21** Y si ustedes piensan: '¿Cómo podremos saber que lo que se ha dicho no es la palabra del Señor?', deben tener esto en cuenta: **22** Si lo que el profeta ha dicho en nombre del Señor no se cumple, es señal de que el Señor no lo dijo, *j* sino que el profeta habló movido solo por su orgullo; por lo tanto, no le tengan miedo.

19 Ciudades de refugio (Nm 35.9-28; Jos 20.1-9)

1 "Cuando el Señor su Dios haya destruido a las naciones y les dé a ustedes posesión de las tierras que ahora son de ellas, y ustedes ocupen sus ciudades y sus casas, **2** apartarán tres ciudades del país que el Señor su Dios les da en propiedad, **3** y arreglarán el camino que lleva a ellas. *a* Además, dividirán en tres partes el territorio *b* que el Señor su Dios les da en posesión, para que todo aquel que mate a una persona pueda refugiarse en cualquiera de ellas. **4** El que mató podrá huir allí y salvar su vida, si demuestra que lo hizo sin intención y sin que hubiera enemistad entre ellos. **5** Por ejemplo, si alguien va con su compañero al bosque a cortar leña y, al dar el hachazo, se le escapa el hacha del mango y alcanza a su compañero y lo mata, podrá huir a una de esas ciudades, y de esta manera salvará su vida. **6** De lo contrario, si el camino es largo, un pariente cercano del muerto, que quiera vengarlo, *c* perseguirá con rabia al que lo mató y puede alcanzarlo y matarlo, cuando en realidad no merecía la muerte, puesto que nunca antes fueron enemigos. **7** Por eso les mando que aparten tres ciudades, **8** y cuando el Señor su Dios agrande el territorio de ustedes y les dé toda la tierra, tal como lo prometió a los antepasados de ustedes, **9** entonces añadirán ustedes otras tres ciudades de refugio a las tres que ya tenían *d* (siempre y cuando pongan en práctica estos mandamientos que hoy les doy, o sea, que amen al Señor su Dios y sigan siempre sus caminos). **10** De esta manera no se derramará sangre inocente dentro de este país que el Señor su Dios les da en propiedad, ni caerá sobre ustedes la responsabilidad de ninguna muerte.

11 "Pero si un hombre es enemigo de otro y le sigue los pasos, y llegada la ocasión se lanza sobre él y lo mata, y huye después a una de las ciudades de refugio, **12** entonces los ancianos de su ciudad darán la orden de que se le arreste y se le entregue en manos del pariente más cercano del muerto, para que sea condenado a muerte. **13** No le tengan compasión, y así evitarán que se derrame sangre inocente en Israel. Entonces todas las cosas les saldrán bien.

14 "En el país que el Señor su Dios les va a dar, respetarán los límites de la propiedad de su vecino, tal como fueron fijados en tiempos pasados. *e*

---

d 18.10-11 Ex 22.18(17); Lv 19.26,31; Is 8.19.
e 18.13 Mt 5.48.
f 18.10-14 2 R 23.24.
g 18.15 Los profetas, y no los que practican la adivinación en cualquiera de sus formas, serán los encargados de continuar la obra de Moisés (Ex 33.11; Nm 12.6-8; Dt 34.10) y de dar a conocer a Israel la voluntad del Señor. Cf. Jer 7.25.
h 18.16 Dt 5.25-27.
i 18.18-19 La tradición judía vio aquí el anuncio de un *profeta* excepcional, un segundo Moisés, identificado a veces con el Mesías, cuya venida se esperaba en el futuro. Ecos de esta tradición se encuentran en Jn 1.21; 6.14; 7.40 y, especialmente, en Hch 3.22-23, donde este pasaje de *Deuteronomio* se aplica expresamente a Jesús. Cf. también Hch 7.37.
j 18.21-22 La no realización de las predicciones es propuesta como criterio para identificar al falso profeta. En otros pasajes, este criterio es el contenido del mensaje (véase Dt 13.1[2] nota a; cf. Jer 28.9) y el modo de vida acorde con la doctrina que se predica (cf. Jer 23.11-17; Miq 3.5).
a 19.3 *Arreglarán... a ellas:* otra posible traducción: *fijarán las distancias.*
b 19.3 La indicación se refiere al *territorio* ubicado al oeste del Jordán, que debía dividirse en tres zonas para establecer en cada una de ellas una ciudad de refugio. En el lado oriental del Jordán ya se habían señalado tres de estas ciudades (Dt 4.41-43).
c 19.6 *Un pariente cercano... vengarlo:* lit. *el vengador de la sangre.* Véase Nm 35.12 n.
d 19.9 Estas *otras tres ciudades de refugio* se añaden a las tres mencionadas en el v. 2. Cf. Jos 20.7-8.
e 19.14 Dt 27.17; Job 24.2; Pr 22.28; Os 5.10.

DEUTERONOMIO 19—21

Ley contra los testigos falsos ¹⁵ "La acusación de un solo testigo no será suficiente para demostrar que una persona ha cometido un crimen, delito o falta. Solo valdrá la acusación cuando la presenten dos o tres testigos. *f* ¹⁶ "Si algún malvado se presenta como testigo falso contra alguien, y lo acusa de haber cometido un delito, ¹⁷ entonces las dos personas en pleito se presentarán ante el Señor y ante los sacerdotes y jueces que en aquellos días estén en funciones. ¹⁸ Los jueces examinarán el caso con toda atención, y si resulta falsa la declaración presentada por el testigo contra la otra persona, ¹⁹ se le hará sufrir la misma sentencia que él quería para el otro. Así acabarán con la maldad que haya en medio de ustedes. *g* ²⁰ Y cuando los demás lo sepan, tendrán miedo y ya no se atreverán a cometer una acción tan mala. ²¹ No tengan compasión: cobren vida por vida, ojo por ojo, diente por diente, mano por mano, pie por pie. *h*

20 **Leyes de guerra** ¹ "Si al salir ustedes a combatir a sus enemigos ven que ellos cuentan con caballería y carros de guerra, y con un ejército más numeroso que el de ustedes, no les tengan miedo, pues ustedes cuentan con el Señor su Dios, que los sacó de Egipto. *a* ² Y cuando llegue la hora de la batalla, el sacerdote se dirigirá al ejército *b* ³ y dirá: 'Escuchen, israelitas, hoy van a luchar contra sus enemigos. No se desanimen ni tengan miedo; no tiemblen ni se asusten, ⁴ porque el Señor su Dios está con ustedes; él luchará contra los enemigos de ustedes y les dará la victoria.'

⁵ "Luego hablarán los jefes, y dirán: 'Si alguno de ustedes ha construido una casa nueva y todavía no ha vivido en ella, que se vaya a su casa, no sea que muera en la batalla y sea otro el que la estrene. ⁶ Y si alguno de ustedes ha plantado un viñedo y aún no ha podido disfrutar de él, que se vaya a su casa, no sea que muera en el combate y sea otro el que recoja las uvas. *c* ⁷ Y si alguien está comprometido en matrimonio y todavía no se ha casado, que se vaya a su casa, no sea que muera en la lucha y otro se case con su prometida.' *d*

⁸ "Después los jefes se dirigirán de nuevo al ejército y dirán: 'Si alguno tiene miedo y le falta valor, que se vaya a su casa para que no acobarde también a sus compañeros.' ⁹ Y cuando los jefes hayan terminado de hablar, los capitanes se pondrán a la cabeza del ejército. *e*

¹⁰ "Cuando se acerquen ustedes a una ciudad para atacarla, primero deben proponer la paz. ¹¹ Si los habitantes de la ciudad aceptan la paz y los dejan entrar, entonces les servirán a ustedes como esclavos en trabajos forzados. *f* ¹² Pero si no hacen la paz con ustedes, sino que les declaran la guerra, ustedes rodearán la ciudad y la atacarán. ¹³ El Señor su Dios la hará caer en poder de ustedes, y ustedes matarán a filo de espada a todos sus habitantes. ¹⁴ Las mujeres, los niños, el ganado y todo lo que haya en la ciudad, será para ustedes; podrán disfrutar de todo lo que el Señor su Dios les permita tomar del enemigo. ¹⁵ Esto mismo harán ustedes con todas las ciudades que estén lejos de donde habiten y que no formen parte de estas naciones. ¹⁶ Pero en las ciudades de estas naciones que el Señor su Dios les da en propiedad, no deben ustedes dejar nada con vida, ¹⁷ sino que destinarán a la destrucción, como sacrificio al Señor, a los hititas, amorreos, cananeos, ferezeos, heveos y jebuseos, tal como él lo ha ordenado, ¹⁸ para que no les enseñen a ustedes a hacer las mismas cosas horribles que ellos hacen en honor de sus dioses, y les hagan pecar contra el Señor su Dios. *g*

¹⁹ "Si para tomar ustedes una ciudad tienen que sitiarla por mucho tiempo, no derriben sus árboles a golpe de hacha, *h* pues necesitarán sus frutos como alimento; además, son tan solo árboles del campo, y no hombres que puedan defenderse del ataque de ustedes. ²⁰ Sin embargo, podrán derribar los árboles que no sean frutales y que les sirvan para sitiar la ciudad que estén atacando, hasta que caiga en su poder.

21 **Casos de muerte sin explicación** ¹ "Si en el país que el Señor su Dios les va a dar en propiedad se encuentra en el campo el cadáver de una persona asesinada, sin que se sepa quién la mató, ² los ancianos y los jueces calcularán la distancia que haya entre el lugar donde se encuentre el cadáver y las ciudades más cercanas. ³ Entonces los ancianos de la ciudad más cercana tomarán una ternera a la que todavía no se le haya puesto yugo, ⁴ la bajarán a un arroyo que siempre lleve agua *a* y donde nunca se haya labrado ni sembrado, y allí mismo le romperán el pescuezo. *b*

⁵ "Después se acercarán los sacerdotes levitas, pues el Señor los eligió para que tengan a su cargo los servicios del culto y bendigan en el nombre del Señor. En todo caso de pleito o disputa, su decisión será final. ⁶ Luego, todos los ancianos de la ciudad se lavarán las manos sobre la ternera muerta, ⁷ y harán la siguiente declaración: 'Nosotros no matamos a ese hombre, ni vimos cómo lo mataron. ⁸ Perdona, Señor, a tu pueblo Israel, que tú has rescatado, y no lo culpes de la muerte de un inocente.' *c* Así no se les

---

f **19.15** Nm 35.30; Dt 17.6; Mt 18.16; 2 Co 13.1; 1 Ti 5.19; Heb 10.28.

g **19.19** Dt 17.7,12; cf. 1 Co 5.13.

h **19.21** Acerca de la ley del talión, véase Ex 21.23-25 n.; Lv 24.19-20; Mt 5.38.

a **20.1** La fuerza de Israel no proviene de las armas sino de la presencia y del poder del Señor. Véase Sal 20.7-8(8-9) n.

b **20.2** Acerca de la presencia de los sacerdotes y levitas en el campo de batalla, cf. Jos 6.4-21; 2 Cr 20.14-22.

c **20.6** Cf. Lv 19.23-25.

d **20.7** Dt 24.5.

e **20.5-9** Cf. Jue 7.3; 1 Mac 3.56.

f **20.11** Jos 9.21; 16.10.

g **20.13-18** Destinarán a la destrucción, como sacrificio al Señor: Véase Ex 22.20(19) n.

h **20.19** Alusión a la costumbre de talar los árboles que crecían en los alrededores de la ciudad sitiada, con el fin de construir máquinas para el asedio. Esta prohibición trata de limitar la destrucción indiscriminada, característica de la guerra total.

a **21.4** El *agua* que fluye en forma continua es un símbolo apropiado para un rito de purificación.

b **21.4** Esta práctica no contradice lo dispuesto acerca del santuario único (Dt 12), ya que el animal es desnucado y no ofrecido en sacrificio. Cf. Ex 13.13; 34.20.

c **21.7-8** La declaración de inocencia y la plegaria confieren al rito su verdadero sentido. Cf. Sal 26.6.

pedirá cuentas de la muerte de esa persona, **9** y ustedes harán lo que es recto a los ojos del Señor y quitarán de entre ustedes la culpa de esa muerte.

Ley sobre prisioneras de guerra **10** "Cuando presenten batalla contra sus enemigos, y el Señor su Dios los haga caer prisioneros en manos de ustedes, **11** si alguno de ustedes ve entre ellos una mujer hermosa, y se enamora de ella y la toma por esposa, **12** deberá llevarla a su casa y hará que se rape la cabeza, se corte las uñas, **13** se quite el vestido que llevaba cuando cayó prisionera y se quede a vivir en casa de él, llorando a sus padres durante todo un mes. *d* Después de eso podrá el israelita entrar en relaciones con ella; él será su marido, y ella su mujer. **14** Si después resulta que no le gusta, podrá dejarla en libertad; pero no podrá venderla por dinero ni tratarla como esclava, ya que la ha deshonrado.

Derechos del hijo mayor **15** "Si un hombre tiene dos mujeres, *e* y ama a una y a la otra no, pero las dos le dan hijos y el hijo mayor es de la mujer a la que no ama, **16** cuando llegue el día en que ese hombre reparta sus bienes entre sus hijos, no podrá tratar como hijo mayor al de la mujer que ama, pues perjudicaría al hijo de la mujer aborrecida, que es realmente el mayor. **17** Tendrá que reconocer a este como su hijo mayor y darle una doble parte de los bienes que le correspondan, porque él es el primer fruto de su fuerza y tiene todos los derechos de hijo mayor.

Castigo para los hijos rebeldes **18** "Si alguien tiene un hijo desobediente y rebelde, que no hace caso de lo que le dicen sus padres, y que ni siquiera cuando lo castigan los obedece, **19** sus padres deberán llevarlo ante el tribunal de los ancianos de la ciudad, **20** y decirles: 'Nuestro hijo es desobediente y rebelde; no nos obedece en nada, es un pervertido y un borracho.' **21** Entonces todos los hombres de la ciudad lo matarán a pedradas. Así acabarán ustedes con la maldad que haya en medio de su pueblo y, al saberlo, los israelitas sentirán temor.

Leyes diversas **22** "Si un hombre es condenado a morir colgado de un árbol por haber cometido un grave delito, **23** su cuerpo no deberá dejarse allí toda la noche, sino que tendrá que ser enterrado el mismo día, porque es maldito de Dios el que muere colgado de un árbol, *f* y ustedes no deben convertir en impura la tierra que el Señor su Dios les va a dar en propiedad.

22 **1** "Si alguno de ustedes ve perdido el buey o la oveja de su compatriota, no debe desentenderse de ello, sino llevárselo a su compatriota. **2** Pero si el dueño no es vecino ni conocido suyo, entonces llevará el animal a su casa y lo tendrá allí hasta que su compatriota lo reclame; entonces deberá devolvérselo. **3** Lo mismo deberán hacer con el asno, el manto o cualquier otra cosa que alguien pierda y que alguno de ustedes encuentre. No se desentiendan del asunto.

4 "Si alguno de ustedes ve caído en el camino el asno o el buey de su compatriota, no debe desentenderse de ello, sino ayudarle a levantarlo. *a*

5 "La mujer no debe usar ropa de hombre, ni el hombre debe usar ropa de mujer, porque al Señor le repugna todo aquel que hace estas cosas.

6 "Si alguien encuentra en su camino algún nido de pájaros en un árbol o en el suelo, con polluelos o huevos, y la madre echada sobre ellos, no debe quedarse con la madre y los polluelos; **7** debe quedarse solo con los polluelos y dejar que la madre se vaya. Así será dichoso y tendrá una larga vida.

8 "Cuando alguno de ustedes construya una casa nueva, deberá poner un muro de protección alrededor de la azotea; así evitará que su familia sea culpable de una muerte en caso de que alguien se caiga de la casa.

9 "No siembren en su viñedo más de una clase de semilla, para que no se les impida usar *b* tanto lo que sembraron como toda la cosecha del viñedo.

10 "No aren su campo con una yunta formada por un buey y un asno.

11 "No se pongan ropa tejida con una mezcla de lana y lino. *c*

12 "Pongan borlas con flecos en las cuatro puntas del manto con que se cubren. *d*

Leyes sobre la castidad **13** "Si un hombre toma a una mujer por esposa, y después de unirse a ella le pierde cariño **14** y, alegando que ella le ha faltado, le crea mala fama diciendo: 'Yo me casé con esta mujer, pero en nuestras relaciones me encontré con que ya no era virgen', **15** entonces los padres de la joven tomarán la prueba de su virginidad *e* y la presentarán al tribunal de los ancianos de la ciudad, **16** y el padre de la joven dirá a los ancianos: 'Yo di mi hija por esposa a este hombre, pero ahora él ha

---

d **21.12-13** Estos gestos simbolizan el completo cambio de vida de esta mujer, que de esclava se convierte en esposa; esta ruptura con la vida pasada incluye el duelo por *sus padres*, ya que en adelante ella tendrá que comportarse como si sus padres hubieran muerto.

e **21.15** En el antiguo Israel, la poligamia era considerada una costumbre normal (cf. 1 S 1.2; 2 S 5.13; 1 R 11.1-3). Sin embargo, cuando los profetas hablaron de la relación de amor de Dios con su pueblo, presentaban la figura de un matrimonio monogámico (cf. Is 50.1; 54.5; 62.5; Jer 2.2; 3.7; Ez 16.8; Os 2.18-23), y así fue también la unión del hombre y la mujer según el plan inicial de Dios (Gn 2.24; Mc 10.5-9). El NT, por su parte, habla siempre del matrimonio en términos de monogamia (cf., p. ej., 1 Co 7.2). La unidad de la pareja humana encuentra su expresión más perfecta en la unión de Cristo con su iglesia (Ef 5.21-33).

f **21.23** Gl 3.13.

a **22.1-4** Ex 23.4-5.

b **22.9** *Para que no se les impida usar:* lit. *para que no consagres.* Lo consagrado a Dios ya no podía usarse como cosa personal ni ser destinado a usos comunes y corrientes.

c **22.9-11** Lv 19.19. Se desconoce el motivo de estas prohibiciones; probablemente se debían a que la mezcla de elementos distintos era común en ciertos ritos mágicos.

d **22.12** Nm 15.37-41.

e **22.15** La prueba de la virginidad era la sábana del lecho nupcial con manchas de sangre (cf. v. 17).

dejado de quererla **¹⁷** y la acusa de haberle faltado, alegando que mi hija ya no era virgen. Sin embargo, aquí está la prueba de que sí lo era.' Y diciendo esto, extenderá la sábana delante de los ancianos. **¹⁸** Entonces ellos apresarán al hombre y lo castigarán, **¹⁹** condenándolo a pagar una multa de cien monedas de plata, que deberá entregar al padre de la joven por crearle mala fama a una muchacha virgen de Israel. Además, ella seguirá siendo su mujer y no podrá divorciarse de ella en toda su vida.

²⁰ "Pero si resulta cierto que la joven ya no era virgen, **²¹** la sacarán a las puertas de la casa de su padre y los hombres de la ciudad la matarán a pedradas, por cometer una maldad tan grande en Israel y deshonrar la casa misma de su padre. Así acabarán con el mal que haya en medio de ustedes.

²² "Si un hombre es sorprendido acostado con una mujer casada, los dos serán condenados a muerte. Así acabarán ustedes con el mal que haya en Israel.

²³ "Si una muchacha virgen es prometida de un hombre, y otro hombre la encuentra en la ciudad y se acuesta con ella, **²⁴** serán llevados los dos ante el tribunal de la ciudad, donde serán condenados a morir apedreados: la joven por no pedir socorro estando en plena ciudad, y el hombre por deshonrar a la mujer de su prójimo. Así acabarán con el mal que haya en medio de ustedes. *f*

²⁵ "Pero si un hombre encuentra en el campo a la prometida de otro hombre y la obliga a acostarse con él, entonces solo se dará muerte al hombre que se acostó con ella. **²⁶** A la joven no se le hará nada, porque no ha cometido ningún delito que merezca la muerte; se trata de un caso semejante del hombre que ataca a otro hombre y lo mata; **²⁷** porque él encontró a la joven sola en el campo y, aunque ella hubiera gritado, nadie habría podido socorrerla.

²⁸ "Si un hombre encuentra a una muchacha virgen y sin compromiso de matrimonio, y la obliga a acostarse con él, y son descubiertos, **²⁹** entonces el hombre tendrá que entregar al padre de la joven cincuenta monedas de plata; y, como la ha deshonrado, tendrá que tomarla por mujer y no podrá divorciarse de ella en toda su vida. *g*

³⁰(23.1) *h* "Nadie debe tener relaciones sexuales con la mujer de su padre, *i* pues con ello lo deshonra. *j*

23

Gente excluida de la comunidad **¹⁽²⁾** "El que tenga los testículos aplastados o amputado su miembro viril, no podrá ser admitido en la congregación del Señor. *a*

²⁽³⁾ "El hijo bastardo *b* no podrá ser admitido en la congregación del Señor, ni aun después de la décima generación.

³⁽⁴⁾ "Los amonitas y los moabitas no serán nunca admitidos en la congregación del Señor, ni aun después de la décima generación; **⁴⁽⁵⁾** porque cuando ustedes pasaron por su territorio, después de haber salido de Egipto, ellos no les ofrecieron agua ni alimentos; y además pagaron a Balaam, hijo de Beor, que venía de Petor de Mesopotamia, *c* para que pronunciara una maldición contra ustedes. *d* **⁵⁽⁶⁾** Pero el Señor su Dios no escuchó a Balaam, sino que convirtió su maldición en una bendición para ustedes, *e* porque los ama. *f* **⁶⁽⁷⁾** No busquen, pues, ni la paz ni el bienestar de ellos en todos los días de su vida.

⁷⁽⁸⁾ "Sin embargo, no deben despreciar a los edomitas, porque son parientes de ustedes; *g* ni tampoco a los egipcios, porque ustedes vivieron en su país; *h* **⁸⁽⁹⁾** la tercera generación de sus descendientes podrá entrar a formar parte de la congregación del Señor.

Leyes sanitarias **⁹⁽¹⁰⁾** "Cuando se encuentren ustedes en guerra contra sus enemigos y hagan vida de campaña, procuren no cometer ningún acto indecente. **¹⁰⁽¹¹⁾** Si alguno de ustedes se encuentra en estado de impureza por haber tenido un derrame durante el sueño, deberá salir del campamento y no entrar en él en todo el día. **¹¹⁽¹²⁾** Al caer la tarde se lavará con agua, y al ponerse el sol podrá entrar nuevamente en el campamento.

¹²⁽¹³⁾ "Para sus necesidades deberán ustedes tener un lugar fuera del campamento. **¹³⁽¹⁴⁾** En su equipo deberán llevar siempre una estaca, para que cuando tengan que hacer sus necesidades, hagan un hoyo con la estaca y luego, cuando hayan terminado, tapen con tierra el excremento. **¹⁴⁽¹⁵⁾** Porque el Señor su Dios anda entre ustedes, en el campamento, para protegerlos y darles la victoria sobre sus enemigos; por lo tanto, el campamento de ustedes debe ser un lugar santo, para que Dios no vea ninguna cosa indecente en él, pues de lo contrario se apartaría de ustedes.

Leyes de asilo **¹⁵⁽¹⁶⁾** "Si un esclavo huye de su amo y les pide a ustedes asilo, no lo entreguen a su antiguo dueño. *i* **¹⁶⁽¹⁷⁾** Déjenlo que se quede a vivir con ustedes en la ciudad que más le guste y en el lugar que él escoja, y nadie deberá molestarlo.

---

f **22.20-24** Lv 20.10; Jn 8.5; cf. 1 Co 5.13.

g **22.28-29** Ex 22.16-17(15-16).

h **22.30(23.1)—23.25(26)** Los números entre paréntesis corresponden a la numeración del texto hebreo.

i **22.30(23.1)** Tener relaciones sexuales con la mujer de su padre: lit. retirar el borde del manto de su padre. La acción de extender el manto sobre una mujer significaba desposarla o casarse con ella (cf. Rt 3.9; Ez 16.8). Como el manto del padre estaba simbólicamente extendido sobre su esposa, el gesto de "retirarlo" equivalía a usurpar su derecho matrimonial, teniendo relaciones con la madrastra.

j **22.30(23.1)** Lv 18.8; 20.11; Dt 27.20.

a **23.1(2)** Cf. Lv 21.20; 22.24.

b **23.2(3)** La palabra hebrea traducida por bastardo no se refiere, probablemente, a los hijos nacidos de una unión extramatrimonial,

sino del matrimonio de israelitas con mujeres extranjeras (Zac 9.6). Cf. Neh 13.23-27.

c **23.4(5)** Mesopotamia: heb. Aram-naharaim, es decir, Aram de los dos ríos. Este nombre designa una región situada al norte de Mesopotamia, donde habitaban algunas tribus arameas. Véase Sal 60.(2) nota d.

d **23.4(5)** Nm 22.1-6.

e **23.5(6)** Nm 23.7—24.9.

f **23.3-5(4-6)** Neh 13.1-2.

g **23.7(8)** El parentesco con los edomitas se debe a que estos eran descendientes de Esaú-Edom, el hermano de Jacob (Dt 2.4).

h **23.7(8)** Ustedes vivieron en su país: Dt 10.19; 15.15; 24.18,22; 26.5.

i **23.15(16)** Esta prescripción se refiere al esclavo extranjero que ha buscado refugio en Israel.

Prohibición de la prostitución cúltica **17 (18)** "Ningún hombre ni ninguna mujer israelita deberá consagrarse a la prostitución practicada en cultos paganos.[j] **18 (19)** No permitan ustedes que en el templo del Señor su Dios se pague una promesa con el dinero ganado en ese tipo de prostitución,[k] porque esa práctica le repugna al Señor.

19 (20) "No exigirán de un compatriota que les pague interés por el préstamo que le hayan hecho, sea de dinero, de comestibles o de cualquier cosa de las que se prestan cobrando interés. **20 (21)** Al extranjero podrán exigirle que les pague interés sobre un préstamo, pero no deberán hacerlo con un compatriota.[l] Así el Señor su Dios los bendecirá en todo lo que hagan en el país que van a ocupar.

21 (22) "Cuando hagan una promesa al Señor su Dios, no tarden en cumplirla,[m] pues tengan por seguro que el Señor su Dios les pedirá cuentas de ello y serán culpables de pecado. **22 (23)** Si no hacen ninguna promesa, no cometerán ningún pecado; **23 (24)** pero si de una manera voluntaria hacen una promesa al Señor su Dios, entonces deberán cumplirla.

24 (25) "Cuando entren en el viñedo de su prójimo, podrán comer todas las uvas que quieran, pero no podrán llevarse ninguna en la cesta. **25 (26)** Si entran en su trigal, podrán arrancar espigas con la mano, pero no cortar el trigo con una hoz.

24

Leyes sobre el divorcio **1** "Si un hombre toma una mujer y se casa con ella, pero después resulta que no le gusta por haber encontrado en ella algo indecente, le dará por escrito un certificado de divorcio y la despedirá de su casa.[a] **2** Ella, después que haya abandonado la casa, podrá casarse con otro; **3** pero si su segundo marido también llega a despreciarla y le entrega un certificado de divorcio, despidiéndola de su casa, o si este segundo marido se muere, **4** entonces el que fue su primer marido no podrá volver a casarse con ella debido al estado de impureza en que ella se encuentra;[b] esto sería un acto repugnante para el Señor, y ustedes no deben deshonrar el país que el Señor su Dios les da en propiedad.

Leyes varias **5** "Si un hombre está recién casado, no deberá ir a la guerra ni se le hará cumplir ninguna otra clase de servicio durante un año;[c] así podrá estar libre en su casa todo ese tiempo, para felicidad de su mujer.[d]

6 "No pidan a nadie en prenda su molino de mano o la piedra de moler, pues eso sería como pedirle en prenda su propia vida.

7 "Si un israelita es sorprendido raptando a un compatriota para convertirlo en esclavo o para venderlo, se le condenará a muerte, para acabar así con la maldad que haya en medio de ustedes.[e]

8 "En caso de lepra, cumplan fielmente todas las instrucciones que les den los sacerdotes levitas. Deben hacerlo todo tal y como yo se lo he ordenado a ellos.[f] **9** Recuerden lo que hizo el Señor su Dios con María en el camino, después que ustedes salieron de Egipto.[g]

10 "Si hacen un préstamo a su prójimo, no entren en su casa para tomar ninguna prenda suya. **11** Quédense afuera, y esperen a que él saque lo que va a dar en prenda. **12** Y si se trata de una persona pobre, no deben retener la prenda durante la noche;[h] **13** tienen que devolvérsela a la puesta del sol, para que así pueda taparse con su manto cuando se vaya a dormir. Así él los bendecirá y ustedes harán una buena acción delante del Señor su Dios.

14 "No exploten al que se halle en la miseria, ni le retengan su paga,[i] ya sea que se trate de un compatriota de ustedes o de un extranjero que habite en alguna de sus ciudades. **15** Páguenle su jornal el mismo día, antes de ponerse el sol, porque es pobre y necesita ese dinero para poder vivir. De otra manera clamará contra ustedes al Señor, y ustedes serán culpables de pecado.[j]

16 "Los padres no podrán ser condenados a muerte por culpa de lo que hayan hecho sus hijos, ni los hijos por lo que hayan hecho sus padres, sino que cada uno morirá por su propio pecado.[k]

17 "No cometan ninguna injusticia con los extranjeros ni con los huérfanos,[l] ni tampoco tomen en prenda la ropa de las viudas.[m] **18** No olviden que ustedes fueron esclavos en Egipto, y que el Señor su Dios los sacó de allí; por eso les ordeno que cumplan todo esto.[n]

19 "Si al estar recogiendo la cosecha de su campo se olvidan ustedes de recoger un manojo de trigo, no regresen a buscarlo; déjenlo para que lo recoja algún extranjero de los que viven entre ustedes, o algún huérfano, o alguna viuda, a fin de que el Señor su Dios los bendiga a ustedes en todo lo que hagan.

20 "Cuando recojan las aceitunas de sus olivos, no repasen

---

[j] *23.17(18) Prostitución practicada en cultos paganos:* lit. *prostitución sagrada.* Alusión a una forma de prostitución difundida entre los pueblos del antiguo Oriente, relacionada con los ritos de la fertilidad. Mediante la unión sexual practicada en los templos se trataba de asegurar la fertilidad de los campos y del ganado. Cf. Lv 19.29; 1 R 14.24; 15.12; 22.46.

[k] *23.18(19) Dinero ganado en ese tipo de prostitución:* lit. *paga de una prostituta o remuneración de un perro.* La palabra *perro* designa al varón homosexual que practicaba en los templos la prostitución sagrada.

[l] *23.19-20(20-21)* Ex 22.25(24); Lv 25.36-37; Dt 15.7-11.

[m] *23.21(22)* Mt 5.33; cf. Nm 30.1-16(2-17).

[a] *24.1* Mt 5.31; 19.7; Mc 10.4.

[b] *24.4* Dado que a la mujer divorciada le estaba permitido volver a casarse, el *estado de impureza* no afectaba a la mujer en sí misma, pero su primer marido no podía tomarla de nuevo como esposa, por haberla despedido.

[c] *24.5* Dt 20.7.

[d] *24.5 Para felicidad de su mujer:* o bien, *para ser feliz con su mujer.*

[e] *24.7* Ex 21.16; 1 Co 5.13.

[f] *24.8* Lv 13.1—14.54.

[g] *24.9* Nm 12.10.

[h] *24.12* Ex 22.25-27(24-26); cf. Am 2.8.

[i] *24.14* Stg 5.4.

[j] *24.14-15* Lv 19.13.

[k] *24.16* Esta prescripción se opone a la costumbre primitiva que a veces extendía el castigo a toda la familia del culpable (Jos 7.24-25). Cf. 2 R 14.6; 2 Cr 25.4; Jer 31.29-30; Ez 18.1-20.

[l] *24.17 Con los extranjeros ni con los huérfanos:* según las versiones antiguas; heb. *con los huérfanos extranjeros.*

[m] *24.17* Ex 23.9; Lv 19.33-34; Dt 27.19.

[n] *24.18* Cf. v. 22; Dt 15.15; 24.22.

cada una de las ramas; las aceitunas que se queden, déjenlas para los extranjeros, los huérfanos y las viudas.

²¹ "Al recoger las uvas de su viñedo, no repasen ustedes cada una de las plantas; lo que quede, déjenlo para los extranjeros, los huérfanos y las viudas. ñ ²² Recuerden que también ustedes fueron esclavos en Egipto; por eso les ordeno que cumplan todo esto.

25 ¹ "Cuando algunos tengan un pleito, deberán presentarse ante el tribunal para que se les juzgue, y los jueces declararán inocente al que lo sea y condenarán al culpable. ² Si el culpable merece ser azotado, el juez ordenará que se le tienda en el suelo y que en su presencia se le den los azotes que merezca la falta que ha cometido. ³ En ningún caso se darán más de cuarenta azotes, ᵃ para evitar que aquel compatriota sufra un castigo demasiado duro y se sienta humillado ante ustedes.

⁴ "No le pongan bozal al buey cuando esté trillando el grano. ᵇ

Ley del levirato ᶜ ⁵ "Si dos hermanos comparten el mismo techo y uno de ellos muere sin dejar ningún hijo, la viuda no podrá casarse con ningún hombre de otra familia. El hermano de su marido deberá tomarla por esposa, y así cumplir con ella su deber de cuñado. ⁶ El primer hijo que ella dé a luz llevará el nombre del hermano muerto, con el fin de que su nombre no desaparezca de Israel. ᵈ ⁷ Pero si el hombre no quiere casarse con su cuñada, ella se presentará ante el tribunal y dirá a los ancianos: 'Mi cuñado no quiere que el nombre de su hermano se mantenga vivo en Israel; no quiere cumplir conmigo su deber de cuñado.' ⁸ Entonces los ancianos de la ciudad lo llamarán y hablarán con él, y si él insiste en no casarse con ella, ⁹ entonces su cuñada se acercará a él y en presencia de los ancianos le quitará la sandalia del pie, le escupirá en la cara y dirá: '¡Así se hace con el hombre que no quiere dar descendencia a su hermano!' ¹⁰ Y su familia será conocida en Israel con el nombre de 'la familia del Descalzado'.

Otras leyes ¹¹ "Si dos hombres se están golpeando, y se acerca la mujer de uno de ellos para defender a su marido y agarra al otro por las partes genitales, ¹² ustedes ordenarán sin ninguna compasión que se le corte la mano a la mujer. ᵉ

¹³⁻¹⁴ "No usen en sus compras y ventas pesas y medidas falsas, ¹⁵ sino pesas exactas y completas, para que vivan muchos años en el país que el Señor Dios les va a dar.

¹⁶ Porque al Señor le repugnan todos los que hacen estas cosas y cometen injusticias. ᶠ

La orden de exterminar a Amalec ¹⁷ "Recuerden ustedes lo que les hizo Amalec cuando estaban en camino, después de haber salido de Egipto; ¹⁸ recuerden que, sin ningún temor de Dios, los atacó en el camino y se aprovechó de que ustedes estaban cansados y fatigados, y atacó por la espalda a los que estaban débiles y se habían quedado atrás. ¹⁹ Por lo tanto, cuando el Señor su Dios los haya librado de todos los enemigos que les rodean en el país que él les da en propiedad, deberán borrar de la tierra la memoria de Amalec. ¡No lo olviden! ᵍ

26 ***Ofrenda de los primeros frutos*** ᵃ ¹ "Cuando hayas entrado en la tierra que el Señor tu Dios te va a dar en propiedad, y te hayas establecido en ella, ² tomarás los primeros frutos de la cosecha que te dé la tierra, y los llevarás en una cesta al lugar que el Señor tu Dios haya escogido como residencia de su nombre. ᵇ ³ Allí te presentarás al sacerdote en funciones, y le dirás: 'Yo declaro hoy, ante el Señor mi Dios, que ya he entrado en el país que el Señor juró a nuestros antepasados que nos daría.' ⁴ El sacerdote tomará la cesta que tú le entregues, y la pondrá ante el altar del Señor tu Dios; ⁵ entonces pronunciarás ante el Señor tu Dios la siguiente declaración:

'Mis antepasados fueron un pequeño grupo de arameos errantes, ᶜ que emigraron a Egipto y se quedaron a vivir allí, convirtiéndose después en una nación grande, poderosa y numerosa. ⁶ Pero los egipcios nos maltrataron, nos oprimieron y nos hicieron sufrir cruel esclavitud. ⁷ Entonces pedimos al Señor y Dios de nuestros padres que nos ayudara, y él escuchó nuestras súplicas, y vio la miseria, los trabajos y la opresión de que éramos víctimas; ⁸ desplegó su gran poder y, en medio de un gran terror y de acontecimientos extraordinarios, nos sacó de Egipto ⁹ y nos trajo a este lugar, y nos dio esta tierra donde la leche y la miel corren como el agua. ¹⁰ Por eso traigo ahora los primeros frutos de la tierra que el Señor me ha dado.'

"En seguida pondrás la cesta delante del Señor tu Dios y te arrodillarás en su presencia. ¹¹ Después harás fiesta por todos los bienes que el Señor tu Dios te ha dado a ti y a tu familia. También se unirán a tu alegría los levitas y los extranjeros que vivan entre ustedes.

ñ **24.19-21** Lv 19.9-10; 23.22.

ᵃ **25.3** Esta pena se redujo, en la práctica, a treinta y nueve *azotes*, a fin de evitar el riesgo de excederse por error. Cf. 2 Co 11.24.

ᵇ **25.4** La misma solicitud por los animales que en Dt 22.4,6-7.

ᶜ **25.5-10** La llamada "ley del levirato" (del latín *levir*, que significa *cuñado*) estaba destinada a impedir que el patrimonio familiar cayera en poder de una persona ajena a la familia. Cf. Gn 38; Rt 4.5-6.

ᵈ **25.6** El *nombre* representaba a la persona, y perpetuarlo en la propia descendencia era una manera de asegurar la supervivencia social del difunto. Cf. Mt 22.24; Mc 12.19; Lc 20.28.

ᵉ **25.11-12** Este es el único caso en que la ley mosaica establece como pena una mutilación.

ᶠ **25.13-16** Lv 19.35-36; Am 8.5; Miq 6.10-11; Pr 11.1; 20.10.

ᵍ **25.17-19** Ex 17.8-16; Nm 24.20; 1 S 15.2-3.

ᵃ **26.1-11** La ofrenda de los primeros frutos en la fiesta de las cosechas (vv.2-3) iba acompañada de una "profesión de fe" (vv. 5-9) en la que se recordaban las grandes acciones del Señor, desde la salida de Egipto hasta la entrada en la Tierra prometida (cf. Dt 6.20-25; Jos 24.2-13).

ᵇ **26.2** Ex 23.19.

ᶜ **26.5** *Mis antepasados... errantes*: lit. *mi padre era un arameo errante*. Cf. Gn 25.19-20; 28.5. La palabra hebrea traducida por *errante* evoca no solo la vida nómada, sino también la situación del que se encuentra extraviado y sin camino, como la oveja perdida en el desierto (Sal 119.176; Jer 50.6; Ez 34.4,16; cf. Lc 15.4-16). El verbo hebreo también puede significar *perecer;* de ahí que algunos traduzcan, con menos probabilidad, *a punto de perecer.*

Ofrenda de la décima parte de todo ¹² "Cuando llegue el tercer año, que es cuando se da la décima parte de todo, y cuando hayas apartado ya la décima parte de todos tus frutos y se la hayas dado a los levitas y a los extranjeros que viven en tu país, y a los huérfanos y las viudas, para que puedan comer en tus poblaciones todo lo que quieran, *d* ¹³ declararás ante el Señor tu Dios:

'Ya he apartado de mi casa la parte de la cosecha que debe ser consagrada, y la he repartido entre los levitas y extranjeros que viven en nuestro país, y entre los huérfanos y las viudas, cumpliendo todo lo que tú me mandaste y sin desobedecer ni olvidar ninguno de tus mandamientos. ¹⁴ No he comido nada de ello mientras estuve de luto o en estado de impureza, ni lo he ofrecido a los muertos. Señor mi Dios, te he obedecido y he cumplido todo lo que me has ordenado. *e* ¹⁵ Mira desde los cielos, desde tu santa mansión, y bendice a tu pueblo Israel y a la tierra que nos has dado, donde la leche y la miel corren como el agua, tal como lo prometiste a nuestros antepasados.'

Israel, pueblo consagrado al Señor *f* ¹⁶ "El Señor tu Dios te manda hoy que pongas en práctica estas leyes y estos mandamientos; cúmplelos de todo corazón y con toda tu alma. ¹⁷ Tú has declarado hoy que el Señor es tu Dios, y has prometido seguir sus caminos y cumplir sus leyes, mandamientos y decretos, y obedecerlo siempre. ¹⁸ También el Señor ha declarado hoy que tú, Israel, eres el pueblo de su propiedad, *g* tal como te lo había prometido, y que cumplirás todos sus mandamientos. *h* ¹⁹ Él va a hacer de ti una nación superior en gloria, fama y honor a las demás naciones que hizo, y serás, como él lo ha dicho, un pueblo consagrado al Señor tu Dios."

IV. LA CELEBRACIÓN DE LA ALIANZA (27—28)

27 Las piedras memoriales en el monte Ebal ¹ Moisés y los ancianos de Israel dieron al pueblo las siguientes órdenes:

"Cumplan todo lo que hoy les he ordenado. ² Cuando crucen el río Jordán y entren en la tierra que el Señor su Dios les va a dar, levantarán unas piedras grandes y las blanquearán con cal, ³ para escribir en ellas todas estas instrucciones que les he dado. *a* Háganlo en cuanto entren en esa tierra donde la leche y la miel corren como el agua, y que el Señor su Dios les va a dar, tal como lo prometió a los antepasados de ustedes. ⁴ Así que, cuando hayan cruzado el río Jordán, deberán levantar sobre el monte Ebal *b* las piedras que les he dicho, y blanquearlas con cal. ⁵⁻⁶ También deberán construir allí un altar de piedra para el Señor su Dios. Las piedras deberán ser enteras y sin labrar. *c* Allí, en ese altar, ofrecerán al Señor su Dios holocaustos ⁷ y sacrificios de reconciliación; y allí, ante el Señor su Dios, comerán y harán fiesta. ⁸ En las piedras deberán escribir con toda claridad estas instrucciones que les he dado." *d*

⁹ Después Moisés, acompañado de los sacerdotes levitas, dijo a los israelitas:

"Guarden silencio, israelitas, y escuchen. Hoy se han convertido ustedes en el pueblo del Señor su Dios. ¹⁰ Por lo tanto, deben obedecerle y poner en práctica sus mandamientos y sus leyes que yo les ordeno hoy."

Enumeración de las maldiciones ¹¹ Ese mismo día Moisés dio al pueblo esta orden:

¹² "Cuando ustedes hayan cruzado el río Jordán, las tribus de Simeón, Leví, Judá, Isacar, José y Benjamín se colocarán en el monte Guerizim para la bendición del pueblo, *e* ¹³ y las tribus de Rubén, Gad, Aser, Zabulón, Dan y Neftalí se colocarán en el monte Ebal para la maldición. ¹⁴ Los levitas se dirigirán a todos los israelitas, y en voz alta pronunciarán la siguiente declaración:

¹⁵ 'Maldito sea el que haga un ídolo o una figura de metal fundido, *f* hecha por un artesano, y la ponga en un lugar oculto, pues eso le repugna al Señor.' Y todo el pueblo dirá: 'Amén.'

¹⁶ 'Maldito sea el que trate con desprecio a su padre o a su madre.' *g* Y todo el pueblo dirá: 'Amén.'

¹⁷ 'Maldito sea el que cambie los límites de la propiedad de su vecino para robarle terreno.' *h* Y todo el pueblo dirá: 'Amén.'

¹⁸ 'Maldito sea el que desvíe su camino a un ciego.' *i* Y todo el pueblo dirá: 'Amén.'

¹⁹ 'Maldito sea el que cometa una injusticia con un extranjero, una viuda o un huérfano.' *j* Y todo el pueblo dirá: 'Amén.'

²⁰ 'Maldito sea el que se acueste con la mujer de su padre, *k* pues con ello lo deshonra.' Y todo el pueblo dirá: 'Amén.'

²¹ 'Maldito sea el que tenga relaciones sexuales con un animal.' *l* Y todo el pueblo dirá: 'Amén.'

---

d 26.12 Dt 14.28-29.
e 26.14 Las ofrendas de comida y, en general, el culto a los muertos son costumbres difundidas en casi todas las culturas. Cf. Dt 18.11; 1 S 28.3-24.
f 26.16—27.26 La siguiente sección sirve de nexo entre la promulgación de la ley y las bendiciones y maldiciones que resultan de la obediencia o desobediencia a lo que ella prescribe (cap. 28).
g 26.18 *El pueblo de su propiedad:* Véase Ex 19.5 nota *H,* y cf. Dt 4.20; 7.6; 14.2; Tit 2.14; 1 P 2.9.
h 26.17-18 Esta doble declaración, de Israel por un lado y del Señor por el otro, ratifica el compromiso contraído por las partes en la realización del pacto o alianza. Cf. Ex 24.7.
a 27.2-3 En otras ocasiones, las *piedras* fueron erigidas como testigos del pacto (cf. Gn 31.45-52; Jos 24.25-27). Aquí deben llevar escritas, *con toda claridad* (v. 8), las instrucciones dadas por el Señor. Véase Ex 24.4 n.

b 27.4 El ms. del Pentateuco usado por la comunidad de los samaritanos (cf. Lc 9.52-53; Jn 4.20) dice *Guerizim* en lugar de *Ebal.* Esta variante es probablemente correcta, ya que el monte *Guerizim* era asociado tradicionalmente con la bendición y el *Ebal* con la maldición (Dt 11.29).
c 27.5-6 Ex 20.25.
d 27.2-8 Jos 8.30-32.
e 27.12 Dt 11.29; Jos 8.33-35.
f 27.15 Ex 20.4; 34.17; Lv 19.4; 26.1; Dt 4.15-18; 5.8.
g 27.16 Ex 20.12; Dt 5.16.
h 27.17 Dt 19.14; Job 24.2; Pr 22.28; Os 5.10.
i 27.18 Lv 19.14.
j 27.19 Ex 22.21(20); 23.9; Lv 19.33-34; Dt 24.17-18.
k 27.20 Lv 18.8; 20.11; Dt 22.30(23.1).
l 27.21 Ex 22.19(18); Lv 18.23; 20.15.

²² 'Maldito sea el que se acueste con su hermana, ya sea por parte de padre o por parte de madre.' ᵐ Y todo el pueblo dirá: 'Amén.'
²³ 'Maldito sea el que se acueste con su suegra.' ⁿ Y todo el pueblo dirá: 'Amén.'
²⁴ 'Maldito sea el que mate a traición a su prójimo.' ñ Y todo el pueblo dirá: 'Amén.'
²⁵ 'Maldito sea el que reciba dinero por matar a una persona inocente.' Y todo el pueblo dirá: 'Amén.'
²⁶ 'Maldito sea el que no respete estas instrucciones, ni las ponga en práctica.' ᵒ Y todo el pueblo dirá: 'Amén.'

28 Bendiciones para los que obedecen ᵃ (Lv 26.3-13; Dt 7.12-24)

¹ "Si de veras obedeces al Señor tu Dios, y pones en práctica todos sus mandamientos que yo te ordeno hoy, entonces el Señor te pondrá por encima de todos los pueblos de la tierra. ᵇ ² Además, todas estas bendiciones vendrán sobre ti y te alcanzarán por haber obedecido al Señor tu Dios. ³ Serás bendito en la ciudad y en el campo. ⁴ Serán benditos tus hijos y tus cosechas, y las crías de tus vacas, de tus ovejas y de todos tus animales. ⁵ Serán benditos tu cesta ᶜ y el lugar donde amasas la harina, ⁶ y tú serás bendito en todo lo que hagas. ᵈ
⁷ "El Señor pondrá en tus manos a tus enemigos cuando te ataquen. Avanzarán contra ti en formación ordenada, pero huirán de ti en completo desorden.
⁸ "El Señor enviará su bendición sobre tus graneros y sobre todo lo que hagas, y te hará vivir feliz en el país que va a darte.
⁹ "Si cumples sus mandamientos y sigues sus caminos, el Señor tu Dios te mantendrá como pueblo consagrado a él, tal como te lo ha jurado. ¹⁰ Entonces todos los pueblos de la tierra verán que sobre ti se invoca el nombre del Señor, y te tendrán miedo. ¹¹ El Señor te mostrará su bondad dándote muchos hijos, muchas crías de tus ganados y abundantes cosechas en la tierra que a tus antepasados juró que te daría. ¹² Y te abrirá su rico tesoro, que es el cielo, para darle a tu tierra la lluvia que necesite; y hará prosperar todo tu trabajo. Podrás prestar a muchas naciones, pero tú no tendrás que pedir prestado a nadie. ¹³ El Señor te pondrá en el primer lugar, y no en el último; siempre estarás por encima de los demás, y nunca por debajo, con tal de que atiendas a los mandamientos del Señor tu Dios, que yo te ordeno hoy, y los pongas en práctica, ¹⁴ sin apartarte de ellos por seguir a otros dioses y rendirles culto. ᵉ

Consecuencias de la desobediencia (Lv 26.14-46)

¹⁵ "Pero si no obedeces al Señor tu Dios, ni pones en práctica todos sus mandamientos y leyes que yo te he ordenado hoy, vendrán sobre ti y te alcanzarán todas estas maldiciones: ¹⁶ Serás maldito en la ciudad y en el campo. ¹⁷ Serán malditos tu cesta y el lugar donde amasas la harina. ¹⁸ Serán malditos tus hijos y tus cosechas, y las crías de tus vacas, de tus ovejas y de todos tus animales. ¹⁹ Y maldito serás tú en todo lo que hagas.
²⁰ "El Señor te enviará maldición, confusión y angustia en todo lo que hagas, y en muy poco tiempo te destruirán por completo, por haberlo abandonado con tus malas acciones. ²¹ El Señor te enviará una peste que acabará contigo en el país que vas a ocupar. ²² También te enviará epidemias mortales, fiebres malignas, inflamaciones, calor sofocante, sequía ᶠ y plagas sobre tus trigales, ᵍ epidemias que te perseguirán hasta destruirte. ʰ ²³ Allá arriba, el cielo te negará su lluvia; y aquí abajo, la tierra te negará sus frutos. ²⁴ El Señor hará caer sobre ti polvo y arena ⁱ en vez de lluvia, hasta que seas destruido ²⁵ y aplastado por tus enemigos. Avanzarás contra ellos en formación ordenada, pero huirás de ellos en completo desorden, y serás motivo de espanto para todos los reinos de la tierra. ²⁶ Las aves y las fieras devorarán tu cadáver sin que nadie las espante.
²⁷ "El Señor te hará sufrir con llagas, como a los egipcios, ʲ y con tumores, sarna ᵏ y tiña, ˡ y no podrás curarte de estas enfermedades. ᵐ ²⁸ También te hará padecer locura, ceguera y confusión, ²⁹ y andarás a tientas, como el ciego en la oscuridad. Nada de lo que hagas te saldrá bien; te verás siempre oprimido y explotado, y nadie vendrá en tu ayuda. ³⁰ Te comprometerás para casarte, pero otro se acostará con tu prometida; te construirás una casa, pero no llegarás a habitarla; plantarás un viñedo, pero no disfrutarás de sus frutos; ³¹ degollarán a tu toro delante de ti, pero no comerás de su carne; te quitarán tu asno en tu propia cara, y no te lo devolverán; tus ovejas caerán en manos de tus enemigos, y no habrá quien te ayude a rescatarlas. ³² Ante tus propios ojos, tus hijos y tus hijas serán entregados a gente extranjera, y a todas horas querrás volver a verlos, pero nada podrás hacer. ³³ Las cosechas de tu tierra y el

---

ᵐ 27.22 Lv 18.9; 20.17.
ⁿ 27.23 Lv 18.17; 20.14.
ñ 27.24 Ex 20.13; 21.12-14.
ᵒ 27.26 Jer 11.3; Gl 3.10.
ᵃ 28.1-68 Era usual en el antiguo Oriente añadir a las condiciones de un pacto, convenio o alianza una serie de bendiciones y maldiciones, que debían recaer, respectivamente, sobre los que cumplían o dejaban de cumplir lo estipulado. También los códigos legislativos, como el célebre código del rey Hamurabi, llevaban a veces un epílogo con fórmulas de bendición y maldición. Ex 23.20; Lv 26.3-45.
ᵇ 28.1 *Pueblos de la tierra:* otra posible traducción: *pueblos del país,* es decir, de Canaán (lo mismo en vv. 10,25; cf. Dt 11.22-25).
ᶜ 28.5 *Tu cesta:* alusión a la abundancia de frutos de la tierra que se recogían en cestas, como los higos, las uvas y las aceitunas.
ᵈ 28.6 *En todo lo que hagas:* lit. *en tu entrar y tu salir.* Este modismo hebreo se refiere también a las expediciones militares, con la salida y el regreso de las tropas.
ᵉ 28.1-14 Dt 11.13-17.
ᶠ 28.22 *Sequía:* traducción probable; heb. *espada,* es decir, la guerra.
ᵍ 28.22 *Plagas sobre tus trigales:* Con esta expresión se traducen dos palabras hebreas que significan, respectivamente, *chamusquina* producida por los vientos quemantes del desierto, y *añublo* o *roya,* una variedad de hongo que carcome el trigo y la cebada.
ʰ 28.22 El texto hebreo enumera aquí *siete* plagas, porque este número es símbolo de plenitud (véase Gn 4.23-24 n.).
ⁱ 28.24 *Polvo y arena:* alusión a las tempestades que llevan la arena del desierto a los campos de cultivo.
ʲ 28.27 *Llagas, como los egipcios:* lit. inflamación egipcia, tal vez con referencia a la viruela.
ᵏ 28.27 *Sarna:* lit. erupción ulcerosa.
ˡ 28.27 *Tiña:* lit. comezón.
ᵐ 28.27 La identificación de las enfermedades aquí mencionadas no es completamente segura.

fruto de todo tu trabajo se lo comerá gente que nunca antes conociste, y sufrirás continuamente opresión y malos tratos. **34** Cuando veas todas estas cosas, te volverás loco. **35** El Señor te hará sufrir con llagas malignas en las rodillas y en los muslos y en todo el cuerpo, sin que puedas ser curado.

36 "El Señor hará que a ti y a tu rey se los lleven a una nación que ni tú ni tus padres conocieron. Allí tendrás que servir a otros dioses, hechos de madera y de piedra, *n* **37** y serás motivo de horror, de refrán y de burla en todos los pueblos donde te lleve el Señor. **38** Sembrarás mucha semilla, pero recogerás poco fruto porque la langosta lo devorará. **39** Plantarás viñedos y los cuidarás, pero no beberás su vino ni recogerás sus uvas porque los gusanos acabarán con todo. **40** Tendrás olivos en toda tu tierra, pero no te perfumarás con su aceite porque las aceitunas se caerán solas. **41** Tendrás hijos e hijas, pero no estarán contigo porque serán llevados cautivos a otros países. **42** Todos los árboles y los frutos de tu tierra serán destruidos por la langosta. **43** Los extranjeros que vivan en tu país se harán más y más poderosos, mientras que tú perderás más y más tu poder. **44** Ellos podrán hacerte préstamos, y tú, por el contrario, no tendrás nada que prestar; los primeros lugares serán para ellos, y para ti los últimos.

45 "Todas estas maldiciones vendrán sobre ti, y te perseguirán y te alcanzarán hasta acabar contigo, porque no quisiste obedecer al Señor tu Dios ni cumplir los mandamientos y leyes ordenados por él. **46** Estas cosas serán una prueba contundente contra ti y tu descendencia, para siempre, **47** por no haber adorado al Señor tu Dios con alegría y sinceridad cuando tantos bienes te había dado. **48** Tendrás que servir a los enemigos que el Señor enviará contra ti; sufrirás hambre, sed, falta de ropa y toda clase de miserias. El Señor te hará sufrir una dura esclavitud, hasta que seas destruido.

49 Desde el país más lejano del mundo, el Señor lanzará contra ti, con la rapidez de un águila en vuelo, una nación cuya lengua no entiendes; **50** gente de aspecto feroz, que no respetará a los ancianos ni tendrá compasión de los niños. **51** Se comerá las crías de tu ganado y los frutos de tu tierra, hasta arruinarte; no te dejará trigo, ni vino, ni aceite, ni las crías de tus vacas ni de tus ovejas, y morirás de hambre.

52 "Rodeará todas tus ciudades y las atacará, hasta que se derrumben las murallas más altas y fortificadas en que habías puesto tu confianza; sí, rodeará y atacará todas las ciudades del país que te ha dado el Señor tu Dios. **53** Durante el ataque enemigo a tus ciudades, será tanta tu hambre que te comerás a tus propios hijos, los hijos y las hijas que el Señor tu Dios te dio. **54** Aun el hombre más delicado y amable entre ustedes mirará con malos ojos a su hermano, a su esposa amada y a los hijos que todavía le queden, **55** para no compartir con ellos la carne de sus hijos que él se coma. Y no habrá nada que comer durante el ataque a las ciudades y la horrible angustia que tu enemigo te hará sufrir en todas tus ciudades. **56** Aun la mujer más delicada y fina entre ustedes, que de tan delicada que era no quería pisar descalza el suelo, mirará con malos ojos a su esposo amado y a sus hijos **57** para no compartir *ñ* con ellos los hijos que dé a luz *o* y la placenta que salga de sus entrañas; todo ello se lo comerá a escondidas, *p* pues no habrá nada que comer durante el ataque del enemigo a tus ciudades.

58 "Si no pones en práctica todas las instrucciones escritas en este libro, ni respetas este glorioso e imponente nombre del Señor tu Dios, **59** él enviará grandes y terribles plagas sobre ti y sobre tus descendientes, y enfermedades malignas e incurables. **60** Hará que se repitan sobre ti todas las plagas de Egipto, que tanto espanto te causaron, y tendrás que sufrirlas constantemente. **61** Además, te enviará otras enfermedades y plagas que no se mencionan en este libro de la enseñanza, *q* hasta acabar contigo. **62** Y tú, Israel, que eras tan numeroso como las estrellas del cielo, quedarás reducido a un pequeño número, por no haber obedecido al Señor tu Dios. **63** Y así como el Señor se complacía en hacerte bien y multiplicarte, ahora se complacerá en tu ruina y tu destrucción, pues serás arrancado violentamente del país que vas a ocupar. **64** El Señor te esparcirá por todas las naciones, de un extremo a otro de la tierra, y allí adorarás a dioses ajenos, dioses de madera y de piedra, que ni tú ni tus antepasados conocieron. **65** Y mientras vivas en esas naciones no tendrás tranquilidad ni reposo, porque el Señor te hará vivir asustado, con los ojos tristes y lleno de ansiedad. **66** Tu vida estará siempre en peligro; tendrás miedo de día y de noche, y nunca tendrás segura la vida. **67** Será tanto el miedo que tendrás, y tales las cosas que verás, que por la mañana dirás: '¡Ojalá que ya fuera de noche!', y por la noche dirás: '¡Ojalá que ya fuera del día!' **68** Y aunque el Señor te dijo que no volverías otra vez por el camino de Egipto, sin embargo te hará volver allí en barcos, *r* y te venderá como esclavo a tus enemigos; pero no habrá nadie que te quiera comprar."

V. ÚLTIMO DISCURSO DE MOISÉS (29—30)

29 Alianza del Señor con Israel en Moab 1 (28.69) *a* Estos son los términos de la alianza que el Señor ordenó a Moisés hacer con los israelitas en el país de Moab, además de la alianza que ya había hecho con ellos en el monte Horeb. *b* **2 (1)** Moisés reunió a todos los israelitas y les dijo:

---

n **28.36** Dt 4.27-28; 2 R 17.4-6; 25.8-12.

ñ **28.57** *Para no compartir:* expresión añadida para completar el sentido de la frase, que en el texto hebreo queda sin explicitar. Cf., sin embargo, v. 55.

o **28.57** *Los hijos que dé a luz:* lit. *lo que salga de entre sus pies.* En el AT, la palabra *pies* se emplea, a veces, como una forma discreta de referirse a los órganos genitales, tanto masculinos como femeninos. Véase Is 6.2 n.

p **28.57** 2 R 6.28-29; Lm 4.10.

q **28.61** *Este libro de la enseñanza:* lit. *el libro de esta torá,* término, este último, que también suele traducirse por *ley.* Véase Sal 1.2 nota d.

r **28.68** *Te hará volver allí en barcos:* Algunos consideran que esta expresión tiene sentido figurado y significa simplemente *de prisa.* Existen, sin embargo, frescos y relieves egipcios que representan barcos cargados de familias cananeas o semitas, llevadas a Egipto para servir como esclavos.

a **29.1(28.69)-29.29(28)** Los números entre paréntesis corresponden a la numeración del texto hebreo.

b **29.1(28.69)** La renovación de la alianza era necesaria porque la generación con la que el Señor había realizado la alianza del Sinaí había muerto en el desierto, y ahora era una nueva generación la que se disponía a entrar en la Tierra prometida.

"Ustedes han visto todo lo que el Señor hizo en Egipto al faraón, a sus funcionarios y a todo su país, **3** (2) y son testigos de esas grandes pruebas, señales y maravillas. **4** (3) Pero hasta ahora el Señor no les ha dado entendimiento ni les ha permitido comprender el significado de todo ello. *c* **5** (4) Durante cuarenta años yo los he guiado por el desierto, y en ese tiempo no se les ha gastado la ropa ni el calzado. **6** (5) No han comido pan ni bebido vino, ni han tomado ninguna bebida fuerte, para que sepan que el Señor es el Dios de ustedes.

7 (6) "Cuando llegamos a esta región, salieron a atacarnos Sihón, rey de Hesbón, y Og, rey de Basán, pero los derrotamos *d* **8** (7) y nos apoderamos de su país, y se lo dimos en propiedad a las tribus de Rubén y Gad y a la media tribu de Manasés. *e* **9** (8) Por lo tanto, cumplan los términos de esta alianza y pónganlos en práctica, para que les vaya bien en todo lo que hagan.

10 (9) "Hoy están reunidos todos ustedes delante del Señor su Dios: los jefes de sus tribus, los ancianos, los oficiales, todos los hombres de Israel, **11** (10) los niños, las mujeres y los extranjeros que viven entre ustedes, desde el leñador hasta el aguador, **12** (11) para comprometerse bajo juramento en la alianza que el Señor su Dios hace hoy con ustedes. **13** (12) Hoy queda establecido que ustedes son su pueblo y que él es su Dios, como ya se lo había prometido a Abraham, Isaac y Jacob, los antepasados de ustedes. **14** (13) Pero no solo con ustedes hace el Señor esta alianza y este juramento, **15** (14) sino también con los que no están hoy aquí con nosotros delante de él. **16** (15) Ustedes saben muy bien cómo hemos vivido en Egipto y de qué manera hemos tenido que pasar por las naciones que hemos encontrado en nuestro camino, **17** (16) donde hemos visto los falsos dioses y los despreciables ídolos de madera, piedra, plata y oro, que esa gente adora. **18** (17) Que no haya entre ustedes ni hombre ni mujer, ni familia ni tribu, que abandone hoy al Señor nuestro Dios por adorar a los dioses de esas naciones. Que ninguno de ustedes sea como una planta de raíz amarga y venenosa. *f*

19 (18) "Si después de haber escuchado los términos de este juramento, alguno de ustedes se cree demasiado bueno y piensa: 'Todo me ha de salir bien, aunque haga yo lo que me dé la gana', él será la causa de la ruina de todos. *g* **20** (19) El Señor no va a estar dispuesto a perdonarlo, sino que descargará su ira y su indignación sobre ese hombre, y caerán sobre él todas las maldiciones anunciadas en este libro, y el Señor borrará de la tierra su descendencia. **21** (20) El Señor apartará de todas las tribus de Israel a ese hombre, y lo hará caer en desgracia, conforme a todas las maldiciones de la alianza que está escrita en este libro de la ley. **22** (21) La generación futura, los descendientes de ustedes que han de venir después, así como los extranjeros que lleguen de países lejanos, verán las plagas y las enfermedades que el Señor enviará sobre esta tierra; **23** (22) verán que todo el país no es más que azufre, sal y tierra quemada. No se podrá sembrar en esa tierra, ni nada podrá producir; ni siquiera una hierba podrá crecer en ella, tal como sucedió en la destrucción de las ciudades de Sodoma, Gomorra, *h* Admá y Seboím, las cuales destruyó el Señor en su ira y furor.

24 (23) "Entonces todo el mundo preguntará: '¿Por qué hizo esto el Señor con este país? ¿Por qué se encendió tanto su furor?' **25** (24) Y la respuesta será: *i* 'Porque abandonaron la alianza que el Señor, el Dios de sus antepasados, hizo con ellos cuando los sacó de Egipto, **26** (25) y se fueron a rendir culto e inclinarse ante otros dioses que no conocían ni nunca les dieron nada. **27** (26) Por eso se enojó el Señor contra esta tierra, e hizo caer sobre ella todas las maldiciones escritas en este libro; **28** (27) y los arrojó de su país *j* con ira, furor y gran indignación, echándolos a otros países, como está sucediendo ahora.'

29 (28) "Hay cosas que no sabemos: esas pertenecen al Señor nuestro Dios; pero hay cosas que nos han sido reveladas a nosotros y a nuestros hijos para que las cumplamos siempre: todos los mandamientos de esta ley.

30 Condiciones para la restauración y la bendición

1 "Cuando les sobrevenga a ustedes todo lo que les he anunciado, la bendición y la maldición que les he dado a elegir, y reflexionen sobre ellas en las naciones donde el Señor su Dios los arroje, **2** si se vuelven al Señor y lo obedecen de todo corazón y con toda su alma, ustedes y los hijos de ustedes, como yo se lo ordeno ahora, **3** entonces el Señor su Dios cambiará la suerte de ustedes y les tendrá compasión. Los reunirá otra vez de entre los países donde antes los arrojó, **4** y aunque los desterrados de ustedes estén esparcidos por los lugares más lejanos del mundo, de allá los hará venir el Señor su Dios, y hasta allá irá a buscarlos. **5** El Señor los hará volver de nuevo al país que los antepasados de ustedes ocuparon, y ustedes volverán a ocuparlo; los hará prosperar y les dará más hijos que a sus antepasados. **6** Pondrá la marca de la alianza en el corazón *a* de ustedes y en el de sus descendientes, para que lo amen con todo su corazón y con toda su alma, a fin de que tengan vida. **7** El Señor su Dios hará caer todas estas maldiciones sobre los enemigos de ustedes y sobre los que los persiguieron con odio, **8** y ustedes se volverán al Señor y lo

---

c **29.4(3)** Ro 11.8.

d **29.7(6)** Sobre la derrota de *Sihón, rey de Hesbón* y *Og, rey de Basán,* cf. Nm 21.21-35.

e **29.8(7)** Nm 32.33.

f **29.18(17)** Heb 12.15.

g **29.19(18)** *Él será la causa de la ruina de todos:* lit. *a fin de arrastrar a la llena de agua con la sedienta,* con referencia a las tierras bien regadas y a las tierras áridas. Sin duda se trata de un modismo hebreo, pero su sentido es oscuro. La oposición de términos contrarios parece implicar la idea de totalidad (véase Gn 1.1 nota *b*), de manera que aquí la frase podría aludir a un perjuicio que alcanza a todos sin distinción.

h **29.23(22)** *Gomorra:* Véase Gn 13.10 nota *c*.

i **29.24-28(23-27)** *Preguntará... la respuesta será:* Esta forma de diálogo imaginario entre los sorprendidos transeúntes y un interlocutor impersonal se vuelve a encontrar en 1 R 9.8-9; Jer 22.8-9. Cf. Jer 16.10-11.

j **29.28(27)** Alusión a las deportaciones que tuvieron lugar después de la destrucción de Samaria (722 a.C.) y de Jerusalén (587 a.C.). Cf. 2 R 17.1-23; 24.1-21.

a **30.6** *Pondrá la marca de la alianza en el corazón:* lit. *circuncidará el corazón.* Véase Dt 10.16 n.

obedecerán, y pondrán en práctica todos los mandamientos que yo les ordeno hoy. ⁹ Entonces el Señor les hará prosperar en todo lo que hagan, y en hijos, en crías de ganado y en cosechas; sí, el Señor su Dios volverá a complacerse en hacerles bien, como antes se complacía en hacerlo a los antepasados de ustedes, ¹⁰ si es que obedecen al Señor su Dios y cumplen sus mandamientos y leyes escritos en este libro de la ley, y se vuelven a él con todo su corazón y con toda su alma.

¹¹ "Este mandamiento que hoy les doy no es demasiado difícil para ustedes, ni está fuera de su alcance. ¹² No está en el cielo, para que se diga: '¿Quién puede subir al cielo por nosotros, para que nos lo traiga y nos lo dé a conocer, y lo pongamos en práctica?' ¹³ Tampoco está del otro lado del mar, para que se diga: '¿Quién cruzará el mar por nosotros, para que nos lo traiga y nos lo dé a conocer, y lo pongamos en práctica?' ¹⁴ Al contrario, el mandamiento está muy cerca de ustedes; está en sus labios y en su pensamiento, para que puedan cumplirlo. *b*

¹⁵ "Miren, hoy les doy a elegir entre la vida y el bien, por un lado, y la muerte y el mal, por el otro. ¹⁶ Si obedecen *c* lo que hoy les ordeno, y aman al Señor su Dios, y siguen sus caminos, y cumplen sus mandamientos, leyes y decretos, vivirán y tendrán muchos hijos, y el Señor su Dios los bendecirá en el país que van a ocupar. ¹⁷ Pero si no hacen caso de todo esto, sino que se dejan arrastrar por otros dioses para rendirles culto y arrodillarse ante ellos, ¹⁸ en este mismo momento les advierto que morirán sin falta, y que no estarán mucho tiempo en el país que van a conquistar después de haber cruzado el Jordán. ¹⁹ En este día pongo al cielo y a la tierra por testigos *d* contra ustedes, de que les he dado a elegir entre la vida y la muerte, y entre la bendición y la maldición. Escojan, pues, la vida, para que vivan ustedes y sus descendientes; ²⁰ amen al Señor su Dios, obedézcanlo y séanle fieles, porque de ello depende la vida de ustedes y el que vivan muchos años en el país que el Señor juró dar a Abraham, Isaac y Jacob, *e* antepasados de ustedes."

VI. DESPEDIDA Y MUERTE DE MOISÉS (31—34)

31 *Josué, sucesor de Moisés (Nm 27.12-23)* ¹ Moisés habló de nuevo a todo Israel, y dijo lo siguiente:

² "Yo tengo ciento veinte años, y ya no tengo fuerzas para andar de un lado para otro. Además, el Señor me ha dicho que no cruzaré el Jordán. ³ Pero el Señor su Dios marchará delante de ustedes, y al paso de ustedes destruirá estas naciones, para que ocupen su territorio. Josué irá al frente de ustedes, como jefe, tal como lo ha dicho el Señor. ⁴ El Señor hará con estas naciones lo mismo que hizo con Sihón y con Og, reyes de los amorreos, y con sus países, a los cuales destruyó. *a* ⁵ Y cuando el Señor haga que estas naciones caigan en poder de ustedes, deben hacer con ellas todo lo que les he ordenado. ⁶ Tengan valor y firmeza; no tengan miedo ni se asusten cuando se enfrenten con ellas, porque el Señor su Dios está con ustedes y no los dejará ni los abandonará."

⁷ Después llamó Moisés a Josué, y le dijo en presencia de todo Israel:

"Ten valor y firmeza, porque tú tienes que llevar esta gente al país que el Señor juró a los antepasados de ustedes que les daría, y tú serás quien los haga tomar posesión. ⁸ El Señor mismo irá delante de ti, y estará contigo; no te abandonará ni te desamparará; *b* por lo tanto, no tengas miedo ni te acobardes."

Lectura de la ley en el año del perdón de deudas c ⁹ Moisés puso esta ley por escrito, y la entregó a los sacerdotes levitas encargados de llevar el arca de la alianza del Señor, y a todos los ancianos de Israel, ¹⁰ dándoles también esta orden:

"Cada siete años, al llegar el año del perdón de las deudas, *d* durante la fiesta de las Enramadas, *e* ¹¹ cuando todos los israelitas se reúnan delante *f* del Señor su Dios en el lugar que él haya escogido, se leerá esta ley en presencia de todos ellos. ¹² Todo el pueblo deberá reunirse, tanto los hombres como las mujeres, y los niños y los extranjeros que vivan en sus ciudades, para que escuchen la lectura de la ley y aprendan a respetar al Señor su Dios, y pongan en práctica todo lo que se dice en ella. ¹³ Así los hijos de ustedes, que nada saben de ella, podrán también oírla y aprenderán a respetar al Señor su Dios durante toda su vida en el país que ustedes van a ocupar después de cruzar el Jordán." *g*

Últimas instrucciones del Señor a Moisés ¹⁴ Luego el Señor dijo a Moisés:

"Mira, ya se va acercando la hora de tu muerte; así que llama a Josué, y preséntense los dos en la tienda del encuentro, para que yo le dé mis órdenes."

Moisés y Josué fueron a la tienda del encuentro, ¹⁵ y allí se les apareció el Señor en una columna de nube, la cual se colocó sobre la entrada de la tienda. ¹⁶ Entonces el Señor dijo a Moisés:

"Ya pronto va a morir, y este pueblo se va a corromper *h* con los dioses del país extranjero que va a ocupar; entonces me abandonará y romperá la alianza que he hecho con él.

---

b **30.12-14** Cf. Ro 10.6-8.
c **30.16** *Si obedecen:* según la versión griega (LXX); en el texto hebreo no aparece esta frase.
d **30.19** En el antiguo Oriente, cuando se celebraba un pacto entre un soberano y sus vasallos, o entre personas de una misma categoría, se solía poner como *testigos* a los dioses de las partes contratantes. En la alianza del Señor con su pueblo, los *testigos* serán *el cielo y la tierra*, es decir, el universo entero creado por Dios (véase Gn 1.1 nota *b*). También los profetas invocan a veces como testigos al cielo y a la tierra (cf. Is 1.2; Os 2.21-22[23-24]; Miq 6.2).
e **30.20** *Abraham, Isaac y Jacob:* Gn 12.7; 26.3; 28.13.
a **31.4** Nm 21.21-35.

b **31.8** Jos 1.5; Heb 13.5.
c **31.9-13** La sección siguiente se refiere a la institución de una nueva práctica litúrgica, que incluía la lectura de *esta ley* (v. 11), es decir, del libro del *Deuteronomio*, cada siete años en el santuario central (cf. Dt 12).
d **31.10** *El año del perdón de las deudas:* Dt 15.1-11.
e **31.10** *La fiesta de las Enramadas:* Dt 16.13-15.
f **31.11** *Se reúnan delante:* lit. *vengan a ver el rostro*.
g **31.11-13** 2 R 23.2; Neh 8.1-8.
h **31.16** *Corromper:* lit. *prostituir*. La idolatría se comparaba con el adulterio y la prostitución, porque era una infidelidad al Señor, Dios y esposo de Israel. Véase Jer 2.20 nota *w*; Os 2.5(7).

¹⁷ Pero mi furor se encenderá contra ellos, y los abandonaré; no me preocuparé de ellos para nada,ⁱ y serán tantos los males y aflicciones que les vendrán, que finalmente dirán: '¿No será que estamos sufriendo estos males porque nuestro Dios ya no está con nosotros?' ¹⁸ Pero cuando llegue ese momento, yo me apartaré de ellos aún más, por todo el mal que habrán hecho y por haber adorado a otros dioses.

¹⁹ "Ahora pues, escriban este cántico y enséñenselo a los israelitas, para que lo canten y me sirva de testimonio contra ellos. ²⁰ Porque cuando yo los haya hecho entrar en la tierra que bajo juramento prometí a sus antepasados, tierra donde la leche y la miel corren como el agua, y cuando hayan comido hasta estar satisfechos y engordar, entonces se irán tras otros dioses y los adorarán, y a mí me despreciarán y romperán mi alianza. ²¹ Pero cuando les vengan muchos males y aflicciones, entonces este cántico será un testimonio contra ellos, pues sus descendientes lo recordarán y lo cantarán; porque ya desde antes de hacerlos entrar en el país que les he prometido, sé muy bien hacia dónde se inclinan sus pensamientos."

²² Aquel mismo día escribió Moisés el cántico,ʲ e hizo que los israelitas lo aprendieran.

²³ A Josué, hijo de Nun, el Señor le dio la siguiente orden: ᵏ

"Ten valor y firmeza,ˡ porque tú eres quien hará entrar a los israelitas en el país que les he prometido, y yo estaré a tu lado."

²⁴ Cuando Moisés terminó de escribir estas leyes en un libro, ²⁵ dijo a los levitas encargados de llevar el arca de la alianza del Señor:

²⁶ "Tomen este libro de la ley y pónganlo al lado del arca de la alianza del Señor su Dios, para que esté allí como testimonio contra ustedes. ²⁷ Porque yo sé que ustedes son un pueblo rebelde y testarudo; y si hoy, que todavía vivo entre ustedes, se han rebelado contra el Señor, ¿qué será después de mi muerte? ²⁸ Traigan aquí a todos los ancianos y jefes de sus tribus, para que yo les hable de estas cosas y ponga al cielo y a la tierra como testigos contra ellos. ²⁹ Porque yo sé que después de mi muerte se van a corromper y van a dejar el camino que les he ordenado seguir; y sé también que en el futuro les sobrevendrá la desgracia, por hacer lo malo a los ojos del Señor y provocar con ello su enojo."

Cántico de Moisés ³⁰ Entonces Moisés pronunció este cántico, de principio a fin, ante todos los israelitas reunidos:

32 ¹ "Escucha, cielo, que voy a hablar;
atiende, tierra, a mis palabras.

² "Mi enseñanza caerá como la lluvia,
mi discurso será como el rocío,
como llovizna sobre la hierba,
como gotas de agua sobre el pasto.

³ "Proclamaré el nombre del Señor:
¡reconozcan la grandeza del Dios nuestro!

⁴ Él es nuestro protector; ᵃ
sus obras son perfectas,
sus acciones son justas.
Es el Dios de la verdad,
en él no hay injusticia;
¡él es justo y verdadero!

⁵ "Gente malvada y perversa,
que ha ofendido a Dios,
que son indignos de ser sus hijos: ᵇ
⁶ ¿Así es como le pagan al Señor?
Pueblo necio y sin sabiduría,
¿no es él tu padre, tu creador?
¡Él te creó y te dio el ser!

⁷ "Vuelve atrás la mirada,
piensa en los tiempos pasados;
pide a tu padre que te lo diga,
y a los ancianos que te lo cuenten:
⁸ Hubo una vez en que el Altísimo ᶜ
hizo reparto de hombres y naciones,
y fijó las fronteras de los pueblos. ᵈ
Pero tomó en cuenta a los israelitas, ᵉ
⁹ pues la herencia del Señor, la gente suya,
es el pueblo de Jacob.

¹⁰ Los encontró por el desierto,
por tierras secas y azotadas por el viento;
los envolvió en sus brazos, los instruyó
y los cuidó como a la niña de sus ojos.
¹¹ Como águila que revolotea sobre el nido
y anima a sus polluelos a volar,
así el Señor extendió sus alas
y, tomándolos, los llevó a cuestas. ᶠ

¹² "El Señor los guió, y nadie más;
¡ningún dios extraño tuvo que ayudarlo!
¹³ Los llevó en marcha triunfal ᵍ
por las regiones altas del país,
los alimentó con los frutos del campo,
de la roca les dio a beber miel
y del duro pedernal les dio aceite;
¹⁴ de sus ganados tuvieron leche y cuajada,
y comieron lo mejor de los corderos,

ⁱ **31.17** *No me preocuparé de ellos para nada:* lit. *les esconderé mi rostro.*

ʲ **31.22** El *cántico* aquí mencionado es el de Dt 32.1-43.

ᵏ **31.23** Nm 27.23.

ˡ **31.23** Jos 1.6.

ᵃ **32.4** *Él es nuestro protector:* lit. *Él es la Roca.* La imagen de la roca, que aparece varias veces en el cántico (vv. 15,18,30,31,37), expresa la idea de firmeza y protección. Véase Sal 18.2(3) n.

ᵇ **32.5** *Que son indignos de ser sus hijos:* traducción probable; heb. oscuro.

ᶜ **32.8** *Altísimo:* heb. *Elión;* antiguo título de Dios, usado también por los pueblos cananeos. Véase Gn 14.18 nota *u.*

ᵈ **32.8** Hch 17.26.

ᵉ **32.8** *Pero tomó en cuenta a los israelitas:* lit. *según el número (o la cuenta) de los hijos de Israel.* Un antiguo ms. hebreo y las versiones antiguas dicen, en lugar de *hijos de Israel, hijos de Dios,* con referencia a los ángeles o a los servidores celestiales de Dios.

ᶠ **32.11** Ex 19.4.

ᵍ **32.13** *Los llevó en marcha triunfal:* lit. *los puso a caballo o los subió a un carro de guerra.* Quizá alude al hecho de que los israelitas se instalaron preferentemente en las regiones altas del país.

carneros de Basán y machos cabríos;
comieron el mejor grano de trigo
y bebieron el vino, la sangre de las uvas.

¹⁵ "Pero engordó Jesurún,ʰ y dio coces
(tanto engordó que brillaba de gordo),
y abandonó a Dios, su creador;
despreció a su protector y salvador.
¹⁶ Provocaron los celos y la ira de Dios
al adorar ídolos repugnantes;
¹⁷ ofrecieron sacrificios a demonios,ⁱ
a dioses falsos que nunca antes conocieron;
dioses nuevos, recién llegados,
a los que jamás sus padres dieron culto.
¹⁸ "Olvidaste, Israel, a tu padre y protector;
olvidaste al Dios que te dio la vida.
¹⁹ Y Dios se enojó al ver esto,
y rechazó a sus hijos y a sus hijas;
²⁰ y dijo: 'Voy a volverles la espalda,ʲ
¡y a ver en qué van a parar!
Realmente son gente malvada,
hijos en los que no se puede confiar.
²¹ Me provocan a celosᵏ con un dios que no es dios,
me irritan con sus dioses ilusorios;
¡pues yo los provocaré a celos con un pueblo
    que no es pueblo,ˡ
los haré enojar con un pueblo que no quiere entender!
²² Mi furor se ha encendido como un fuego,
y arderá hasta las regiones más profundas;ᵐ
consumirá la tierra y sus frutos,
pondrá fuego a las bases de los montes.
²³ Sobre ellos lanzaré todos los males,
contra ellos lanzaré todas mis flechas;
²⁴ morirán de hambre y de fiebre;
una amarga peste los destruirá;
mandaré contra ellos fieras salvajes
y serpientes venenosas.
²⁵ En las calles caerán sus hijos a filo de espada,
y en las casas reinará el espanto;
morirán muchachos y muchachas,
ancianos y niños de pecho.
²⁶ " 'Yo había pensado dispersarlosⁿ
y borrar de la tierra su memoria,
²⁷ pero no quise soportar las burlas del enemigo;
no quise que se jactaran mis adversarios
y que dijeran: No fue el Señor quien hizo esto,
lo hicimos nosotros con nuestro poder.'

²⁸ "Israel es un pueblo que ha perdido el juicio;
¡no tiene entendimiento!
²⁹ Si fueran sabios, lo entenderían;
comprenderían en qué van a parar.
³⁰ ¿Cómo es que uno solo hizo huir a mil?
¿Y cómo es que dos pusieron en fuga a diez mil?
¡Tan solo porque el Señor, su protector,
decidió entregarlos al enemigo!
³¹ "Bien saben nuestros enemigos
que su protector no puede compararse al nuestro.
³² Ellos son cual viñedos corruptos,
descendientes de Sodoma y de Gomorra,
que producen uvas amargas y venenosas;
³³ su vino es veneno de víboras,
¡veneno mortal de serpientes!
³⁴ " 'Todo esto me lo estoy reservando;
lo estoy guardando como un tesoro,
³⁵ para el díañ en que me vengueᵒ y les dé su merecido,
para cuando llegue el momento de su caída.
Ya está cerca el día de su destrucción,
¡ya se les acerca la hora!'
³⁶ "El Señor saldrá en defensa de su pueblo
cuando vea que le faltan las fuerzas;
el Señor se compadecerá de sus siervosᵖ
cuando vea que ya no quedan ni débiles ni fuertes.ᵠ
³⁷ Entonces les dirá: '¿Dónde están sus dioses,
esos protectores en los que confiaban,
³⁸ esos que comían la grasa de sus sacrificios
y bebían el vino que les ofrecían?
¡Que se levanten a ayudarlos!
¡Que vengan a protegerlos!
³⁹ Yo soy el único Dios;
no hay otros dioses fuera de mí.
Yo doy la vida, y la quito;
yo causo la herida, y la curo.
¡No hay quien se libre de mi poder!
⁴⁰ Levanto mi manoʳ al cielo,
y juro por mi eternidad
⁴¹ que cuando afile mi brillante espada
y comience a impartir justicia,
me vengaré de mis enemigos.
¡Daré su merecido a los que me odian!
⁴² Empaparé en sangre mis flechas,
y mi espada acabará con ellos;
¡sangre de heridos y de prisioneros!,
¡de los jefes enemigos, de largas melenas!'

ʰ **32.15** *Jesurún:* nombre poético de Israel, de significado incierto. Probablemente se trata de un diminutivo derivado de la palabra hebrea que significa *recto* o *justo.* Otros lo derivan de la palabra hebrea que significa *toro,* como símbolo de fuerza. Cf. Dt 33.5,26; Is 44.2. Véase Ex 32.4 nota *e.*
ⁱ **32.17** 1 Co 10.20.
ʲ **32.20** *Voy a volverles la espalda:* lit. *voy a esconderles mi rostro.*
ᵏ **32.21** Ex 20.5; 1 Co 10.22.
ˡ **32.21** Ro 10.19.
ᵐ **32.22** *Las regiones más profundas:* lit. *el seol profundo,* o sea, la región de los muertos, que los antiguos hebreos situaban en lo más profundo de la tierra. Véase Sal 6.5(6) n.
ⁿ **32.26** *Dispersarlos:* otra posible traducción: *despedazarlos.*
ñ **32.35** Ro 12.19; Heb 10.30.
ᵒ **32.35** *Para el día en que me vengue:* según un ms. y la versión griega (LXX); heb. *mía es la venganza.*
ᵖ **32.36** Sal 135.14.
ᵠ **32.36** *Ni débiles ni fuertes:* traducción probable; heb. lit. *ni retenido ni suelto,* modismo que puede entenderse de distintas maneras: *ni esclavo ni libre, ni casado ni soltero, ni menor ni adulto,* o, si se trata de ganado, *ni encerrado* (en el corral) *ni suelto* (en el campo).
ʳ **32.40** Levantar la mano era el gesto que se hacía al prestar un juramento.

43 "¡Alégrense, naciones, con el pueblo de Dios!*s*
¡Él vengará la muerte de sus siervos, *t*
tomará venganza de sus enemigos
y perdonará a su país y a su pueblo!" *u*

Últimas instrucciones de Moisés **44-45** Moisés se presentó ante todo el pueblo de Israel y, junto con Josué, *v* hijo de Nun, pronunció este cántico de principio a fin. **46** Después dijo a los israelitas:

"Piensen bien en todo lo que hoy les he dicho, y ordenen a sus hijos que pongan en práctica todos los términos de esta ley. **47** Porque no es algo que ustedes puedan tomar a la ligera; esta ley es vida para ustedes, y por ella vivirán más tiempo en la tierra que está al otro lado del río Jordán, de la cual van a tomar posesión."

Dios permite a Moisés ver la Tierra prometida **48** Aquel mismo día el Señor se dirigió a Moisés y le dijo:

49 "Ve a las montañas de Abarim y sube al monte Nebo, que está en territorio moabita, frente a Jericó, y mira desde allí la tierra de Canaán, la cual voy a dar en propiedad a los israelitas. **50** Allí, en ese monte al que vas a subir, morirás e irás a reunirte con los tuyos, tal como tu hermano Aarón, que murió en el monte Hor y fue a reunirse con los suyos. **51** Ustedes dos me fueron infieles delante de los israelitas, cuando estaban en las aguas de Meribá-cadés, en el desierto de Sin, pues no me honraron delante de ellos. **52** Por lo tanto, vas a contemplar desde lejos la tierra que voy a dar a los israelitas, pero no entrarás en ella." *w*

33

Moisés bendice a las tribus de Israel *a* **1** Poco antes de morir, Moisés, hombre de Dios, *b* bendijo a los israelitas **2** de la siguiente manera:

"El Señor viene del Sinaí; *c*
desde Seír nos ha alumbrado.
Resplandeció desde los montes de Parán
y avanza desde Meribá-cadés; *d*
en su derecha nos trae el fuego de la ley. *e*
3 El Señor ama a su pueblo, *f*
protege a los que se consagran a él;
ellos se rinden a sus pies
y reciben órdenes suyas. *g*
4 Moisés nos dio la ley
como herencia de la comunidad de Jacob,
5 y hubo rey en Jesurún *h*
al reunirse los jefes del pueblo,
al juntarse las tribus de Israel."

6 Acerca de Rubén dijo: *i*
"¡Viva Rubén! ¡Que no muera,
aunque sean pocos sus hombres!"

7 Acerca de Judá dijo:
"Señor, escucha la voz de Judá;
haz que se reúna con su pueblo.
Defiéndelo con tu poder; *j*
ayúdalo contra sus enemigos."

8 Acerca de Leví dijo:
"Tuyos son, Señor, *k* el Tumim y el Urim; *l*
tuyos y del hombre que te es fiel,
del que pusiste a prueba en Masá, *m*
con quien reñiste en las aguas de Meribá, *n*
9 el que dijo a sus padres: 'Jamás los he visto',
y a sus hermanos: 'Los desconozco',
y a sus hijos: 'No sé quiénes son.'
Ellos cumplen tus palabras,
se han entregado a tu alianza por completo. *ñ*
10 Instruyen a Jacob, a Israel,
en tus leyes y decretos;
colocan en tu altar, en tu presencia,
incienso y ofrendas de animales.
11 Bendice, Señor, sus esfuerzos,
y recibe con agrado su trabajo.

---

s **32.43** Ro 15.10.
t **32.43** Ap 19.2.
u **32.43** Un antiguo ms. hebreo y la versión griega (LXX) ofrecen un texto más extenso de este v.: *¡Alégrense, cielos, con él! ¡Adórenle todos los dioses (o los hijos de Dios)! ¡Alégrense, naciones, con su pueblo, y que todos los mensajeros de Dios se fortalezcan para él! Él vengará la muerte de sus hijos, tomará venganza de sus enemigos. Dará su merecido a los que lo aborrecen, el Señor perdonará a la tierra de su pueblo.*
v **32.44-45** El texto hebreo trae aquí el nombre de *Oseas* ("el que salva", Nm 13.8), que Moisés cambió por el de *Josué* ("el Señor salva", Nm 13.16).
w **32.48-52** Nm 20.10-13; 27.12-14; Dt 3.23-27.
a **33.1-29** Moisés, como padre de Israel, se despide de las doce tribus y les imparte su bendición. La costumbre de bendecir a los hijos poco antes de morir, es bien conocida en el AT (cf. Gn 27.27-40; 48.15-16; 49.1-28). En el catálogo de las tribus se omite el nombre de Simeón, pero se mantiene el número doce, mencionando en lugar de José a sus dos hijos, Efraín y Manasés (Gn 48.8-14). La omisión se debe, probablemente, a que la tribu de Simeón fue más tarde absorbida por Judá, dejando así de ser una tribu independiente.
b **33.1** *Hombre de Dios:* título dado a Moisés también en el encabezamiento del Sal 90 y en Jos 14.6. Se usa este título frecuentemente para designar a los profetas (cf. 1 R 17.18; 2 R 4.7,9).
c **33.2** Las bendiciones propiamente dichas están precedidas por un himno o canto de alabanza, en el que el Señor es celebrado como un rey victorioso (v. 5) que ama e instruye a su pueblo (vv. 3-4). El texto de todo este cap., debido al uso del lenguaje poético, ofrece numerosas dificultades y la traducción es con frecuencia poco segura.
d **33.2** *Meribá-cadés:* otra posible traducción: *y con él multitud de santos,* quizá con referencia a Israel, pueblo especialmente consagrado al Señor (cf. v. 3).
e **33.2** *Nos trae el fuego de la ley:* traducción probable; heb. oscuro.
f **33.3** *Su pueblo:* según la versión griega (LXX); heb. *los pueblos.*
g **33.3** *Se rinden a sus pies:* otra posible traducción: *siguen sus pasos.*
h **33.5** *Jesurún:* Véase Dt 32.15 n.
i **33.6** *Acerca de Rubén dijo:* Esta frase está sobrentendida en el texto hebreo.
j **33.7** *Defiéndelo con tu poder:* traducción probable; heb. *su poder le es suficiente;* otra posible traducción: *fortalece su poder.*
k **33.8** *Tuyos son, Señor:* traducción probable. Esta frase no aparece en el texto hebreo, pero ha sido añadida para completar el sentido. Un antiguo ms. hebreo y la versión griega (LXX) dicen en lugar de ella: *Da a Leví.*
l **33.8** Acerca del *Tumim* y el *Urim,* véase Ex 28.30 n.
m **33.8** Ex 17.7.
n **33.8** Ex 17.7; Nm 20.13.
ñ **33.9** Ex 32.25-29.

Rómpeles la espalda a sus enemigos,
y que no vuelvan a levantarse los que lo odian."

12 Acerca de Benjamín dijo:
"El amado del Señor vive tranquilo;
el Altísimo [o] lo protegerá siempre.
¡Vivirá bajo su protección!" [p]

13 Acerca de José dijo:
"Que el Señor bendiga su tierra
con lo mejor del rocío de los cielos
y del agua que está en lo profundo de la tierra,
14 con las mejores cosechas del año
y los mejores frutos de los meses,
15 con lo principal de los montes antiguos,
con lo mejor de las alturas eternas,
16 con lo mejor de los frutos que llenan la tierra
y con la buena voluntad
 del que habita en la zarza. [q]
Venga todo esto sobre José,
que fue escogido entre sus hermanos.
17 Es hermoso como el primer hijo de un toro,
poderoso como un búfalo, [r]
y corneará a todos los pueblos
hasta los extremos de la tierra.
Tales son las multitudes de Efraín;
tales son los millares de Manasés." [s]

18 Acerca de Zabulón e Isacar dijo:
"Alégrate, Zabulón, por tus salidas, [t]
y tú, Isacar, por tus tiendas de campaña.
19 Llamarán a las naciones al monte, [u]
y allí ofrecerán los sacrificios requeridos;
disfrutarán de la riqueza de los mares [v]
y de los tesoros ocultos de las playas." [w,x]

20 Acerca de Gad dijo:
"¡Bendito el que le da grandes territorios!
Gad se tiende al acecho, como leona,
y desgarra brazos y cabeza.
21 Gad se quedó con la mejor parte,
con una tierra digna de capitanes.
Entró al frente del pueblo,
cumplió con lo que el Señor exigía
y actuó con justicia en Israel." [y]

22 Acerca de Dan dijo:
"Dan es un cachorro de león
que salta desde Basán." [z]

23 Acerca de Neftalí dijo:
"Neftalí es bien visto por el Señor,
cuenta con múltiples bendiciones suyas,
¡es dueño del lago hasta su extremo sur!" [a]

24 Acerca de Aser dijo:
"Sea bendito Aser entre los hijos de Jacob,
y bien querido por sus hermanos.
Que empape sus pies en aceite;
25 que tengan sus puertas cerrojos de hierro y bronce,
y que dure su fuerza tanto como su vida.

26 "Nada es comparable al Dios de Jesurún, [b]
que cabalga con majestad sobre las nubes [c] del cielo
para venir en tu ayuda.
27 El Dios eterno es tu refugio,
su eterno poder es tu apoyo; [d]
hizo huir de tu presencia al enemigo
y a ti te ordenó destruirlo.
28 Israel vivirá confiado,
sus descendientes vivirán en paz.
En sus tierras habrá trigales y viñedos,
y nunca les faltará lluvia del cielo.
29 Dichoso tú, Israel,
¿quién se te puede comparar?
El Señor mismo te ha salvado;
él te protege y te ayuda,
¡él es tu espada victoriosa!
Tus enemigos se rendirán ante ti,
y tú aplastarás su orgullo." [e]

34 Muerte y sepultura de Moisés
1 Moisés subió del desierto de Moab al monte Nebo, a la cumbre del monte Pisgá, que está frente a Jericó. Desde allí el Señor le hizo contemplar toda la región de Galaad [a] hasta el territorio de Dan, [b] **2** las regiones de Neftalí, Efraín y Manasés,

---

[o] **33.12** *El Altísimo:* traducción probable, según la versión griega (LXX); heb. *sobre él.*

[p] **33.12** *Bajo su protección:* lit. *entre sus hombros;* otra posible traducción: *vivirá (el Señor) en medio de él,* o bien: *entre sus laderas,* quizá aludiendo a los santuarios de Siló o de Jerusalén, ambos situados entre colinas.

[q] **33.16** Ex 3.2,4.

[r] **33.17** *Poderoso como un búfalo:* lit. *sus cuernos son cuernos de búfalo.* Entre los antiguos pueblos orientales, el cuerno era símbolo de poder y majestad. Por eso, los dioses eran representados con un gorro o turbante provisto de cuernos. Véase Ex 27.2 n.; Nm 23.22 n.

[s] **33.13-17** Gn 49.22-26.

[t] **33.18** *Por tus salidas:* probable alusión a las expediciones comerciales marítimas.

[u] **33.19** *Al monte:* Este monte podría ser el Tabor, situado en el límite entre Zabulón e Isacar, aunque también podría tratarse del monte Carmelo.

[v] **33.19** *La riqueza de los mares:* es decir, los productos del comercio marítimo.

[w] **33.19** Algunos ven aquí una alusión a la industria del vidrio, mientras que para otros se trata del comercio terrestre en general.

[x] **33.18-19** Gn 49.13; Jos 19.10-16.

[y] **33.20-21** Nm 32.1-42.

[z] **33.22** Jos 19.47; Jue 18.1-29.

[a] **33.23** Jos 19.33-39.

[b] **33.26** *Jesurún:* Véase Dt 32.15 n.

[c] **33.26** *Sobre las nubes:* En los textos antiguos procedentes de Canaán, el dios Baal es *el que cabalga sobre las nubes.* La poesía hebrea adoptó esta figura poética y la aplicó al Señor, Dios de Israel. Véase Sal 68.4(5) n.

[d] **33.27** *Su eterno poder es tu apoyo:* lit. *debajo (de ti) están los brazos eternos.*

[e] **33.29** *Y tú aplastarás su orgullo:* otra posible traducción: *y tú pisarás sus espaldas,* o bien: *y tú pisotearás sus lugares altos,* es decir, las colinas donde los enemigos de Israel rendían culto a sus dioses.

[a] **34.1** *Galaad:* región al este del Jordán. Véase Dt 2.36-37 n.

[b] **34.1** *Dan:* en el extremo norte de Canaán.

todo el territorio de Judá hasta el mar Mediterráneo, **3** el Néguev, *c* el valle del Jordán y la llanura de Jericó, ciudad de las palmeras, hasta Sóar. *d* **4** Y el Señor le dijo:

"Este es el país que yo juré a Abraham, Isaac y Jacob *e* que daría a sus descendientes. He querido que lo veas con tus propios ojos, aunque no vas a entrar en él."

5 Y así Moisés, el siervo de Dios, *f* murió en la tierra de Moab, tal como el Señor lo había dicho, **6** y fue enterrado *g* en un valle de la región de Moab, frente a Bet-peor, *h* en un lugar que hasta la fecha nadie conoce. **7** Murió a los ciento veinte años de edad, *i* habiendo conservado hasta su muerte buena vista y buena salud.

8 Los israelitas lloraron a Moisés durante treinta días en el desierto de Moab, cumpliendo así los días de llanto y luto por su muerte. **9** Y Josué, hijo de Nun, recibió de Moisés sabiduría, pues Moisés puso sus manos sobre él; así que los israelitas le obedecieron e hicieron como el Señor había ordenado a Moisés. *j*

10 Sin embargo, nunca más hubo en Israel otro profeta como Moisés, con quien el Señor hablara cara a cara, *k* **11** o que hiciera todos los prodigios y maravillas que el Señor le mandó hacer en Egipto contra el faraón, sus funcionarios y todo su país, **12** o que le igualara en poder y en los hechos grandes e importantes que hizo a la vista de todo Israel.

---

c **34.3** *Néguev:* el gran desierto al sur de Palestina. Véase Abd vv. 19-20 nota *w*.
d **34.3** *El valle del Jordán y Sóar:* Véase Gn 13.10 nota *b*.
e **34.4** *Abraham, Isaac y Jacob:* Gn 12.7; 26.3; 28.13.
f **34.5** *Moisés, el siervo de Dios*: Véase Is 42.1 nota *b*.
g **34.6** *Y fue enterrado:* lit. *y lo enterró*. Según el contexto, el sujeto de este verbo es el Señor. En este v. se funda la tradición rabínica según la cual fue Dios mismo el que sepultó a Moisés. El ms. del Pentateuco usado por los samaritanos (véase Dt 27.4 n.) y la versión griega (LXX) dicen: *lo enterraron*.

h **34.6** *Bet-peor:* otro nombre de Baal-peor. Véase Dt 3.29 n.
i **34.7** Según la tradición judía recogida en el discurso de Esteban, la vida de Moisés se divide en tres periodos: cuarenta años en Egipto (Hch 7.23), cuarenta en Madián (7.30), y cuarenta en el desierto a partir del éxodo (7.36). Esto suma un total de ciento veinte años, lo que corresponde a la cifra dada aquí en este v., en el cual se funda la concepción judía según la cual 120 son la duración ideal de una vida humana.
j **34.9** Nm 27.18,23; Jos 1.16-18.
k **34.10** Ex 33.11; Nm 12.6-8; Dt 18.15-18; Eclo 45.1-5; Hch 3.22-23.

Josué

Una serie de libros que, en la Biblia hebrea, llevan el título de *Profetas anteriores* (*Josué, Jueces, 1 y 2 Samuel, 1 y 2 Reyes*) aparecen después del Pentateuco. Esta designación se explica por una antigua tradición judía, que consideraba autores de esos escritos a determinados profetas: a Josué le atribuía la composición del libro que lleva su nombre, a Samuel la de *Jueces* y *Samuel*, y a Jeremías la de *1 y 2 Reyes*. Hoy se ha podido demostrar, gracias al análisis literario de los textos, que esa tradición carece de fundamento sólido. Sin embargo, el título de *Profetas anteriores* sigue teniendo un significado profundo, ya que los episodios relatados en esos libros son algo más que simples hechos históricos. En efecto, los protagonistas de tales acontecimientos fueron mujeres y hombres situados en el espacio y en el tiempo, como Josué, Débora, Gedeón, Saúl, David, Betsabé y los reyes de Israel y de Judá; pero en cada etapa de esa historia Dios intervino de modo especial para dar cumplimiento a su designio de salvación. Los hechos que aquí se narran, por lo tanto, están presentados desde una perspectiva *profética*, que toma en consideración, al mismo tiempo, los factores humanos que intervinieron en cada episodio y la acción de Dios que dirigía el curso de los acontecimientos.

Los estudiosos modernos de la Biblia suelen designar estos escritos con el nombre de *Historia deuteronomista*, porque la interpretación que dan de la historia está fuertemente influida por la teología de *Deuteronomio*. Tal influencia se percibe, sobre todo, en su modo de juzgar tanto los hechos como la conducta de las personas (cf., por ejemplo, Dt 12.2-3 y 2 R 17.10-12).

El primero de los *Profetas anteriores* es el libro de *Josué* (=Jos), que se divide en dos grandes secciones, seguidas de un breve apéndice.

La primera parte (caps. 1—12) narra la entrada y el asentamiento de los israelitas en Canaán bajo la conducción de Josué, el sucesor de Moisés (cf. Dt 31.7-8). Después de una larga marcha por el desierto, el pueblo que se había reunido en las llanuras de Moab cruzó el río Jordán y se dispuso a tomar posesión de la Tierra prometida. Una vez acampados al oeste del río, Josué organizó varias campañas militares: la primera en la Palestina central, y luego otras dos, una hacia el norte y otra hacia el sur. Al comienzo de esta sección hay un discurso introductorio de Josué, que sitúa los episodios relatados en su contexto teológico: *Yo les daré toda la tierra en donde ustedes pongan el pie* (Jos 1.3). Por lo tanto, el establecimiento de los israelitas en el país de Canaán no sería una conquista puramente humana, sino un don del Señor. Esta parte concluye con una enumeración de los reyes vencidos al este y al oeste del Jordán (cap. 12).

La segunda sección (caps. 13—22) describe la repartición de las tierras entre las tribus de Israel. En su mayor parte, consta de largas listas de ciudades y de pequeños poblados, que no hacen muy atractiva la lectura. Sin embargo, tales listas ofrecen datos valiosos para conocer las fronteras de las tribus israelitas y para localizar algunos sitios mencionados en otros pasajes del AT. Además, este reparto refleja una honda preocupación por la justicia en la distribución de las tierras: cada tribu de Israel -incluida la tribu sacerdotal de Leví, que no recibió como herencia un territorio específico (Nm 18.20; Dt 18.1-2; Jos 13.14)- debía tener, en la Tierra prometida, un sitio donde poder habitar (Jos 21.43-45).

La sección final (caps. 23—24) se refiere a los últimos días de Josué: sus palabras de despedida al pueblo de Israel (Jos 23), la renovación de la alianza en Siquem (24.1-28) y el relato de su muerte (24.29-31).

Se ha hecho notar, con razón, que el verdadero personaje central, en el libro de Josué, no es el héroe que dio nombre al libro, sino la Tierra prometida. Lo que en el Pentateuco había sido una promesa encuentra aquí su realización. Los patriarcas habían vivido como extranjeros en el país de Canaán, pero el Señor les había prometido una tierra y una descendencia numerosa. Más tarde, en el Sinaí, esta promesa había sido reiterada a Moisés (Ex 3.17). Ahora, la descendencia de Abraham, heredera de esa promesa divina, recibía la Tierra prometida como un don del Señor: *Ni una sola palabra quedó sin cumplirse de todas las buenas promesas que el Señor había hecho a los israelitas* (Jos 21.45).

De este modo, la Tierra era un signo de la fidelidad de Dios a su palabra. Pero esa fidelidad divina exigía de parte del pueblo una conducta semejante. De ahí la insistencia en señalar que la conquista y la posesión de la Tierra dependían de la observancia de la Ley: mientras los israelitas se mantenían fieles, el Señor les daba la victoria; la infidelidad, por el contrario, hacía que la ira divina se encendiera contra ellos y les ocasionara la derrota (cf. 7.1).

Una lectura superficial de este libro deja la impresión de que los israelitas, bajo la conducción de Josué, conquistaron el territorio de Canaán a mano armada y de manera rápida y total. El examen más atento de los textos muestra, en cambio, que los cananeos no fueron exterminados por completo, sino que muchos de ellos retuvieron sus posiciones durante largo tiempo (cf. 15.63; 17.12-13). Más aún: a veces hicieron pactos con los israelitas y convivieron pacíficamente con ellos (9.1-27; 16.10). En este sentido, resulta muy ilustrativa la comparación de estos relatos con el comienzo del libro de *Jueces*. De esa comparación resulta que la conquista de Canaán no fue la consecuencia de una guerra de exterminio, sino que se desarrolló con lentitud y no sin dificultades. Unas veces, los israelitas utilizaron las armas; la mayoría de las veces, cada tribu actuó por cuenta propia y en forma pacífica. Solo en tiempos de David la totalidad del territorio quedó sometido a Israel, no por la completa eliminación de los antiguos pobladores, sino por su incorporación al reino davídico.

El esquema siguiente da una visión sintética del libro de *Josué*:

    I. La conquista de Canaán (1—12)
    II. La repartición del territorio (13—22)
    III. La despedida de Josué y la renovación de la alianza (23—24)

I. LA CONQUISTA DE CANAÁN (1—12)

Dios llama a Josué[a] **1** Después que murió Moisés,[b] el siervo del Señor,[c] habló el Señor con Josué, hijo de Nun y ayudante de Moisés,[d] y le dijo:

2 "Como mi siervo Moisés ha muerto, ahora eres tú quien debe cruzar el río Jordán con todo el pueblo de Israel, para ir a la tierra que voy a darles a ustedes. **3** Tal como se lo prometí a Moisés, yo les daré toda la tierra en donde ustedes pongan el pie.[e] **4** Les daré el territorio que va desde el desierto y la sierra del Líbano hasta el gran río Éufrates, con todo el territorio de los hititas, y hasta el mar Mediterráneo.[f] **5** Nadie te podrá derrotar en toda tu vida, y yo estaré contigo así como estuve con Moisés, sin dejarte ni abandonarte jamás.[g] **6** Ten valor y firmeza,[h] que tú vas a repartir la tierra a este pueblo, pues es la herencia que yo prometí a sus antepasados. **7** Lo único que te pido es que tengas mucho valor y firmeza, y que cumplas toda la ley que mi siervo Moisés te dio. Cúmplela al pie de la letra para que te vaya bien en todo lo que hagas. **8** Repite siempre lo que dice el libro de la ley de Dios, y medita[i] en él de día y de noche, para que hagas siempre lo que este ordena. Así todo lo que hagas te saldrá bien. **9** Yo soy quien te manda que tengas valor y firmeza. No tengas miedo ni te desanimes porque yo, tu Señor y Dios, estaré contigo[j] dondequiera que vayas."

Josué se prepara para la conquista **10** Entonces Josué les dio órdenes a los jefes del pueblo;[k] **11** "Vayan por todo el campamento y ordenen a todos que preparen provisiones, porque dentro de tres días vamos a cruzar el río Jordán para tomar posesión de la tierra que el Señor nuestro Dios nos va a dar."

---

[a] **1.1-9** Esta exhortación del Señor a Josué es una especie de prólogo a todo el libro, especialmente a los relatos de la conquista de Canaán (caps. 2—12). El valor, la firmeza y la inquebrantable fidelidad a la ley del Señor son las condiciones indispensables para iniciar y completar exitosamente la etapa que está a punto de comenzar.

[b] **1.1** La referencia a la muerte de *Moisés* relaciona este cap. con el final de *Deuteronomio* (cap. 34). Según Nm 27.18; Dt 1.38, el Señor ya había elegido a *Josué* como sucesor de Moisés. Ahora le ordena que se ponga al frente del pueblo y lo introduzca en la Tierra prometida, llevando así a buen término la obra que había comenzado con el éxodo de Egipto. Véase el elogio de Josué en Eclo 46.1-8.

[c] **1.1** *Moisés, siervo del Señor:* Cf. Ex 14.31; Nm 12.7; Dt 34.5; 2 Cr 24.9; Dn 9.11. Véase Is 42.1 nota *b*.

[d] **1.1** *Ayudante de Moisés:* Ex 24.13; 33.11; Nm 11.28.

[e] **1.3** Cf. Dt 11.24.

[f] **1.4** *El territorio de los hititas:* Esta expresión se refiere aquí a las regiones de Siria y Palestina, y no al antiguo imperio hitita, que hasta el momento de su desaparición (hacia el 1170 a.C.) había ocupado la parte central de Asia Menor. Cf. 1 R 10.29; 2 R 7.6; 2 Cr 1.17. Acerca de las fronteras de todo el territorio asignado a Israel, véanse Dt 1.7 nota *j* y el mapa correspondiente.

[g] **1.5** Cf. Dt 31.6,8; Heb 13.5.

[h] **1.6** Cf. Dt 31.6,7,23.

[i] **1.8** *Medita:* El verbo hebreo se refiere propiamente a una lectura en voz baja pero audible, de acuerdo con la manera de leer en privado que era usual en la antigüedad. Cf. Sal 1.2; Hch 8.28.

[j] **1.9** *Estaré contigo:* Véanse las referencias en Ex 3.12 nota *j*.

[k] **1.10** Estos *jefes* u oficiales (lit. *escribas*) eran funcionarios debidamente instruidos, que unas veces aparecen mencionados junto a los ancianos y a los jueces (Dt 16.18; 29.10[9]; Jos 8.33), y otras, como en el caso presente, desempeñaban sus funciones en un contexto militar. A ellos les correspondía comunicar las órdenes a las tropas (Jos 3.2) y ocuparse de reclutarlas y de darles licencia (Dt 20.5-9). Cf. Jos 23.2; 24.1.

¹² Josué habló también a las tribus de Rubén y de Gad y a la media tribu de Manasés, y les dijo:

¹³ —Acuérdense de lo que les mandó Moisés, el siervo del Señor, cuando les dijo que el Señor, el Dios de ustedes, les daría esta tierra para que pudieran descansar.*l* ¹⁴ Dejen aquí sus mujeres, niños y animales, en esta tierra que Moisés les dio de este lado del Jordán. Pero todos los hombres aptos para la guerra tomen sus armas y vayan delante de sus hermanos, para ayudarlos, ¹⁵ hasta que el Señor les dé a ellos un lugar de descanso, como se lo dio a ustedes, y hasta que ellos también sean dueños de la tierra que el Señor les va a dar. Después, ustedes podrán regresar a sus tierras de este lado oriental del río, para tomar posesión definitiva de esta tierra que les dio Moisés, el siervo de Dios.*m*

¹⁶ Y ellos contestaron:

—Haremos todo lo que nos has ordenado, e iremos a donde nos mandes. ¹⁷ Siempre te obedeceremos, como antes obedecimos a Moisés. Lo único que pedimos es que el Señor tu Dios te acompañe como acompañó a Moisés. ¹⁸ Todo el que se te oponga o no obedezca cuanto tú mandes, morirá. Solo pedimos que tengas valor y firmeza.*n*

2 *Josué manda espías a Jericó*

¹ Desde Sitim,*a* Josué mandó en secreto a dos espías,*b* y les dijo: "Vayan a explorar la región y la ciudad de Jericó."*c*

Ellos fueron, y llegaron a la casa de una prostituta de Jericó que se llamaba Rahab,*d* en donde se quedaron a pasar la noche. ² Pero alguien dio aviso al rey de Jericó, diciéndole:

—Unos israelitas han venido esta noche a explorar la región.

³ Entonces el rey mandó a decir a Rahab:

—Saca a los hombres que vinieron a verte y que están en tu casa, porque son espías.

⁴ Pero ella los escondió y dijo:

—Es verdad que unos hombres me visitaron, pero yo no supe de dónde eran. ⁵ Se fueron al caer la noche, porque a esa hora se cierra la puerta de la ciudad, y no sé a dónde se fueron. Pero si ustedes salen en seguida a perseguirlos, los podrán alcanzar.

⁶ En realidad, ella los había hecho subir a la azotea, y estaban allí escondidos, entre unos manojos de lino puestos a secar.*e*

⁷ Los hombres del rey los persiguieron en dirección del río Jordán, hasta los vados. Tan pronto como los soldados salieron, fue cerrada la puerta de la ciudad. ⁸ Entonces, antes que los espías se durmieran, Rahab subió a la azotea y les dijo:

⁹ —Yo sé que el Señor les ha dado esta tierra a ustedes, porque él ha hecho que nosotros les tengamos mucho miedo. Todos los que viven aquí están muertos de miedo por causa de ustedes. ¹⁰ Sabemos que cuando ustedes salieron de Egipto, Dios secó el agua del Mar Rojo para que ustedes lo pasaran.*f* También sabemos que ustedes aniquilaron por completo a Sihón y a Og, los dos reyes de los amorreos que estaban al otro lado del río Jordán.*g* ¹¹ Es tanto el miedo que nos ha dado al saberlo, que nadie se atreve a enfrentarse con ustedes. Porque el Señor, el Dios de ustedes, es Dios lo mismo arriba en el cielo que abajo en la tierra. ¹² Por eso yo les pido que me juren aquí mismo, por el Señor, que van a tratar bien a mi familia, de la misma manera que yo los he tratado bien a ustedes. Denme una prueba de su sinceridad, ¹³ y perdonen la vida a mi padre, a mi madre, a mis hermanos y hermanas, y a todo lo que es de ellos. ¡Sálvennos de la muerte!

¹⁴ Ellos le contestaron:

—Con nuestra propia vida respondemos de la vida de ustedes, con tal de que tú no digas nada de este asunto. Cuando el Señor nos haya dado esta tierra, nosotros te trataremos bien y con lealtad.

¹⁵ Como Rahab vivía en una casa construida sobre la muralla misma de la ciudad, con una soga los hizo bajar por la ventana.*h* ¹⁶ Y les dijo:

—Váyanse a la montaña, para que no los encuentren los que andan buscándolos. Escóndanse allí durante tres días, hasta que ellos vuelvan a la ciudad. Después podrán ustedes seguir su camino.

¹⁷ Y ellos le contestaron:

—Nosotros cumpliremos el juramento que nos has pedido hacer. ¹⁸ Pero cuando entremos en el país, tú deberás colgar esta soga roja de la ventana por la que nos has hecho bajar. Reúne entonces en tu casa a tu padre, tu madre, tus hermanos y toda la familia de tu padre. ¹⁹ Si alguno de ellos sale de tu casa, será responsable de su propia muerte;*i* la culpa no será nuestra. Pero si alguien toca a quien esté en tu casa contigo, nosotros seremos los responsables. ²⁰ Y si tú dices algo de este asunto, nosotros ya no estaremos obligados a cumplir el juramento que te hemos hecho.

²¹ —Estamos de acuerdo —contestó ella.

Entonces los despidió, y ellos se fueron. Después ella ató la soga roja a su ventana.

---

l **1.13** Al ponerlo en posesión de la Tierra prometida, el Señor hace *descansar* a su pueblo, después de la esclavitud en Egipto y de la prolongada marcha por el desierto (v. 15). Cf. Heb 4.8-11.

m **1.12-15** Las tribus que ya se habían instalado al este del Jordán debían mostrarse solidarias con las que aún no poseían territorio (Nm 32.28-32; Dt 3.18-20). Una vez que prestaron esa colaboración, Josué las hizo volver a sus tierras (Jos 22.1-6).

n **1.16-18** Cf. Nm 27.20; Dt 34.9.

a **2.1** *Sitim:* sitio al este del Jordán, en las llanuras de Moab, última etapa de los israelitas antes de entrar en la Tierra prometida (Nm 25.1; Jos 3.1). En Nm 33.49 ese mismo lugar recibe el nombre de *Abel-Sitim,* que significa *Prado de las Acacias.*

b **2.1** El envío de estos *dos espías* prepara el relato de la caída de Jericó (Jos 6), ciudad situada a 8 km. al oeste del Jordán (cf. Dt 34.1,3; Jos 16.1). Véase *Índice de mapas.*

c **2.1** Cf. Dt 1.22; Jue 18.2.

d **2.1** A diferencia de Nm 13, este relato no se interesa por la información que pudieron obtener los *espías,* ni por los planes para la invasión de Canaán, sino en poner de relieve la fe de *Rahab* y la ayuda que prestó a los israelitas. Cf. Heb 11.31; Stg 2.25.

e **2.6** En el valle del Jordán, el *lino* se cosecha durante los meses de marzo y abril. *La azotea:* Cf. Dt 22.8; 1 S 9.25-26; Is 22.1.

f **2.10** Cf. Ex 14.21. Acerca del *Mar Rojo,* véanse Ex 13.18 nota *g*; 14.21-22 n.

g **2.10** *Sihón* y *Og:* Nm 21.21-35. Véase también Dt 2.26 n.

h **2.15** Como ya habían cerrado la puerta de la ciudad (cf. v. 7), la huida se realiza por la *ventana* de la casa, abierta en el muro que rodeaba la ciudad. Cf. 1 S 19.12; Hch 9.25; 2 Co 11.33.

i **2.19** *Será responsable de su propia muerte:* lit. *su sangre recaerá sobre su cabeza.* Véase Lv 20.9 n.

22 Los dos espías se fueron a las montañas y se escondieron allí durante tres días, mientras los soldados los buscaban por todas partes sin encontrarlos, hasta que por fin volvieron a Jericó. **23** Entonces los espías bajaron de las montañas, cruzaron el río y regresaron a donde estaba Josué, a quien contaron todo lo que les había pasado. **24** Le dijeron: "El Señor ha puesto toda la región en nuestras manos. Por causa nuestra, todos los que viven en el país están muertos de miedo."

3 Los israelitas cruzan el Jordán

1 Al día siguiente, muy temprano, Josué y todos los israelitas salieron de Sitim[a] y llegaron al río Jordán; pero antes de cruzarlo acamparon allí. **2** Pasados tres días, los jefes recorrieron el campamento[b] **3** y dieron esta orden a los israelitas: "En cuanto vean ustedes que el arca del Señor[c] pasa, llevada por los sacerdotes levitas,[d] salgan de donde estén y síganla.[e] **4** Así sabrán por dónde tienen que ir, porque ninguno de ustedes ha pasado antes por ese camino. Pero no se acerquen al arca, sino quédense siempre detrás de ella, como a un kilómetro de distancia."[f]

5 Y Josué les dijo: "Purifíquense, porque mañana verán al Señor hacer milagros."[g] **6** A los sacerdotes les dijo: "Tomen el arca de la alianza y crucen el río delante de la gente."

Los sacerdotes tomaron el arca de la alianza y pasaron delante de la gente. **7** Entonces el Señor le dijo a Josué: "A partir de hoy te haré cada vez más importante a los ojos de los israelitas. Así ellos verán que yo estoy contigo como estuve con Moisés.[h] **8** Tú, por tu parte, ordena a los sacerdotes que llevan el arca de la alianza que, cuando lleguen a la orilla del Jordán, se paren dentro del río."

9 Entonces Josué les dijo a los israelitas: "Vengan y escuchen lo que dice el Señor su Dios. **10** Esta será la prueba de que el Dios viviente[i] está en medio de ustedes, y de que al paso de ustedes él irá barriendo a los cananeos, los hititas, los heveos, los ferezeos, los gergeseos, los amorreos y los jebuseos.[j] **11** Miren, el arca de la alianza del Señor de toda la tierra va a cruzar el Jordán delante de ustedes. **12** Por eso, escojan ahora doce hombres, uno de cada una de las doce tribus de Israel. **13** Cuando los sacerdotes que llevan el arca del Señor de toda la tierra metan los pies en el agua, el río se dividirá en dos partes, y el agua que viene de arriba dejará de correr y se detendrá como formando un embalse."

14-16 Los israelitas salieron de sus tiendas de campaña para cruzar el río, y delante de ellos iban los sacerdotes que llevaban el arca de la alianza. Pero en cuanto los sacerdotes entraron en el río y sus pies se mojaron con el agua de la orilla (durante el tiempo de la cosecha el Jordán se desborda)[k] el agua que venía de arriba dejó de correr y se detuvo como formando un embalse,[l] bastante lejos, en Adam,[m] la ciudad que está junto a la fortaleza de Saretán.[n] Y el agua que bajaba hacia el Mar Muerto[ñ] siguió corriendo hasta que se terminó. Así se dividió el agua del río, y los israelitas lo cruzaron frente a la ciudad de Jericó. **17** Todo el pueblo cruzó en seco el Jordán, mientras los sacerdotes que llevaban el arca de la alianza del Señor permanecían en medio del Jordán, firmes y en terreno seco.

4 Las doce piedras tomadas del Jordán[a]

1 Después que todos terminaron de cruzar el Jordán, el Señor le dijo a Josué: **2** "Escoge doce hombres del pueblo, uno de cada tribu, **3** y diles que saquen doce piedras de en medio del río, del lugar donde están parados los sacerdotes, y que las lleven y las pongan en el lugar en que van a acampar esta noche."

4 Entonces Josué llamó a los doce hombres que había escogido, **5** y les dijo: "Entren hasta el centro del Jordán, delante del arca del Señor, el Dios de ustedes, y cada uno de ustedes échese allí una piedra al hombro, una piedra por cada tribu de Israel, para que sean doce en total. **6** Ellas les servirán como prueba para que, en el futuro, cuando sus hijos les pregunten: '¿Qué significan estas piedras?', **7** ustedes les contesten: 'Cuando el arca de la alianza del Señor pasó el Jordán, el agua del río se dividió en dos partes delante del arca. Estas piedras sirven para que los israelitas recuerden siempre lo que pasó aquí.' "[b]

---

[a] 3.1 *Sitim:* Véase Jos 2.1 nota *a.*
[b] 3.2 *Pasados tres días:* Esta indicación cronológica está relacionada con la de Jos 1.11. *Los jefes:* Véase Jos 1.10 n.
[c] 3.3 *El arca del Señor:* Véase Ex 25.10-22 n.
[d] 3.3 *Sacerdotes levitas:* expresión típica de una época en la que todos los miembros de la tribu de Leví podían ejercer las funciones sacerdotales (cf. Dt 18.1). Más tarde se estableció una marcada distinción bien definida entre los *sacerdotes,* que eran considerados descendientes de Aarón, y los *levitas,* que cumplían funciones subordinadas en el culto del templo (cf. 1 Cr 6.48-49[33-34]).
[e] 3.3 La presencia de los *sacerdotes* y del *arca* de la alianza hace que el paso del Jordán, tal como aquí se describe, tenga todas las características de una celebración religiosa. Cf. Nm 10.33-36, y véase Jos 6.4 nota *d.*
[f] 3.4 Esta *distancia* expresa el respeto hacia el arca de la alianza, símbolo de la presencia del Señor en medio de su pueblo. Véanse 2 S 6.7 n. y 2 S 6.8-9 n.
[g] 3.5 *Purifíquense:* lit. *santifíquense.* Esta santificación ritual consistía en una serie de actos de purificación, que incluía, entre otras cosas, el lavado de la ropa y la abstinencia sexual. Cf. Ex 19.10-16.
[h] 3.7 *Yo estoy contigo como estuve con Moisés:* Véanse las referencias en Ex 3.12 nota *j.*
[i] 3.10 *Dios viviente:* Cf. Dt 5.26; Jer 10.10; Mt 26.63; Heb 10.31.

[j] 3.10 *Los cananeos... los jebuseos:* Véase Ex 3.8 nota *g.*
[k] 3.14-16 Se refiere a la *cosecha* de la cebada, que en el valle del Jordán comienza entre los últimos días de marzo y los primeros de abril. En esta época se produce una creciente del río Jordán, debido a las lluvias de primavera y al deshielo en las montañas del norte.
[l] 3.14-16 Cf. Ex 15.8. Aquí se describe el cruce del Jordán en términos que evocan el paso de los israelitas por el Mar Rojo, cuando salían de Egipto. Véase Ex 14.21-22 n.; cf. Sal 114.
[m] 3.14-16 *Adam,* sobre la orilla oriental del Jordán, cerca de la desembocadura del Jaboc, a unos 30 km. al nordeste de Jericó.
[n] 3.14-16 *La fortaleza de Saretán:* traducción probable; heb. *al lado de Saretán.*
[ñ] 3.14-16 *Mar Muerto:* lit. *Mar del Arabá, Mar de la Sal.* Véase Dt 1.1 n.

[a] 4.1-24 Este cap. reúne dos tradiciones acerca de las doce piedras que recordaban el paso de los israelitas por el Jordán. En un caso se trata de piedras puestas, como recordatorio, en el lugar en donde pasaron los sacerdotes con el arca de la alianza (v. 9); en el otro, las piedras se erigen en Guilgal, después de cruzar el río (v. 20).
[b] 4.6-7 La celebración de la Pascua (Ex 12.26-27; cf. 13.8-10) y la dedicación al Señor de todos los primogénitos (Ex 13.14-15) también se recuerdan mediante hechos que llevan a los hijos a hacer preguntas. Cf. Dt 6.20-25.

⁸ Ellos hicieron lo que Josué les mandó. Tomaron doce piedras del Jordán, una por cada tribu de Israel, y las llevaron hasta el campamento y allí las colocaron, tal como el Señor le había dicho a Josué. ⁹ Además Josué colocó otras doce piedras en el lugar del río donde se pararon los sacerdotes que llevaban el arca de la alianza. Esas piedras están allí todavía.

¹⁰ Los sacerdotes que llevaban el arca de la alianza se quedaron en medio del Jordán mientras los israelitas hacían todas las cosas que el Señor les había ordenado por medio de Josué. Todo se hizo según Moisés lo había mandado a Josué. La gente pasó de prisa, ¹¹ y luego que todos estuvieron al otro lado, pasaron los sacerdotes con el arca del Señor, y se pusieron a la cabeza de todo el pueblo. ¹² También pasaron el río los guerreros de las tribus de Rubén y de Gad y los de la media tribu de Manasés. Pasaron armados, e iban delante de los otros israelitas, según Moisés les había mandado. *c* ¹³ Cerca de cuarenta mil hombres armados y listos para la guerra desfilaron ante el Señor, y fueron hacia los llanos de Jericó. ¹⁴ Aquel día el Señor hizo que todo Israel admirara y respetara a Josué, como lo había hecho con Moisés durante toda su vida. *d*

¹⁵ Entonces el Señor le dijo a Josué: ¹⁶ "Ordena a los sacerdotes que llevan el arca de la alianza, que salgan del Jordán."

¹⁷ Josué les ordenó que salieran, ¹⁸ y tan pronto como los sacerdotes salieron del Jordán y pusieron los pies en un lugar seco, el agua del río volvió a su lugar y corrió desbordada como antes.

¹⁹ Los israelitas salieron del Jordán el día diez del mes primero, *e* y acamparon en Guilgal, al este de Jericó. *f* ²⁰ Allí Josué colocó las doce piedras que trajeron del Jordán, ²¹ y dijo a los israelitas: "En el futuro, cuando sus hijos les pregunten: '¿Qué significan estas piedras?', *g* ²² cuéntenles cómo Israel pasó el río Jordán en seco, ²³ y cómo el Señor su Dios secó el agua del Jordán mientras ustedes pasaban, tal como antes había secado el Mar Rojo mientras pasábamos nosotros. *h* ²⁴ Así todos los pueblos del mundo sabrán lo poderoso que es el Señor, y ustedes honrarán siempre al Señor su Dios." *i*

5 El campamento en Guilgal

¹ Todos los reyes amorreos que estaban en el lado oeste del Jordán, y los reyes cananeos *a* que estaban cerca del mar Mediterráneo, supieron que el Señor había secado el agua del río Jordán

El paso del Jordán

mientras los israelitas lo cruzaban, y les dio mucho miedo, y no se atrevían a hacer frente a los israelitas.

² Fue entonces cuando el Señor le dijo a Josué: "Haz unos cuchillos de piedra, *b* y vuelve a circuncidar a los israelitas."

³ Josué hizo los cuchillos, y circuncidó a los hombres israelitas en el monte de Aralot. *c* ⁴ Los circuncidó porque todos los hombres que estaban en edad militar cuando salieron de Egipto ya habían muerto por el camino, en el desierto. ⁵ Y aunque todos los que salieron de Egipto estaban circuncidados, los que nacieron después, por el camino, en el desierto, no lo estaban. ⁶ Como los israelitas anduvieron cuarenta años por el desierto, ya habían muerto todos los hombres que habían salido de Egipto en edad militar. Esos hombres no obedecieron al Señor, y por eso él les juró que no les dejaría ver la tierra que a sus antepasados había prometido darles, *d* tierra donde la leche y la miel corren como el agua. *e* ⁷ Por eso Josué circuncidó a los hijos de aquellos hombres, es decir, a los que el Señor había puesto en lugar de ellos, los cuales no habían sido circuncidados antes porque estaban de camino. ⁸ Cuando todos estuvieron ya circuncidados, se quedaron descansando en el campamento hasta que sanaron. *f* ⁹ Entonces el Señor le dijo a Josué: "Con esta circuncisión les he quitado la vergüenza de los egipcios." Por esta razón, aquel lugar todavía se llama Guilgal. *g*

---

c **4.12** *Rubén... Manasés:* Véase Jos 1.12-15 n.

d **4.14** Cf. Ex 14.31.

e **4.19** Esta indicación cronológica coincide con la fecha de la preparación de la Pascua, según Ex 12.2-3. Cf. Jos 5.10-12.

f **4.19** *Guilgal:* sitio cuyo nombre significa *círculo de piedras.* Aunque se desconoce su ubicación exacta, debía encontrarse no lejos del Jordán, al nordeste de Jericó. Al comienzo fue un importante centro religioso (Jos 5.9-10), en el que se conservarán vivas las tradiciones acerca de la conquista de Canaán (Jos 9.6; 10.6-7,9,15,43; 14.6); pero poco a poco fue convirtiéndose en un foco de idolatría, severamente condenado por los profetas (Os 4.15; 9.15; 12.12; Am 4.4; 5.5).

g **4.21** Véase Jos 4.6-7 n.

h **4.23** Véase Jos 3.14-16 nota *l.*

i **4.24** *Honrarán:* lit. *temerán.* Véase Dt 6.13 nota *j.*

a **5.1** Los *cananeos* y los *amorreos* eran los dos grupos principales entre los antiguos pobladores de Canaán, desde mucho tiempo antes de la llegada de los israelitas. Véase Ex 3.8 nota *g.*

b **5.2** Cf. Ex 4.25.

c **5.3** *Aralot,* en hebreo, significa *prepucios.* Ese *monte* debía estar situado cerca del santuario de Guilgal.

d **5.6** Cf. Nm 14.28-35.

e **5.6** *Tierra donde la leche y la miel corren como el agua:* Véase Ex 3.8 nota *f.*

f **5.8** Según Ex 12.44,48, la circuncisión, signo de la alianza (véase Gn 17.10-14 n.), era una condición indispensable para participar en la comida pascual (cf. Jos 5.10).

g **5.9** El nombre *Guilgal* y el verbo hebreo que significa *quitar* (*haciendo rodar*) tienen sonido semejante.

¹⁰ Los israelitas acamparon en Guilgal, y el día catorce del mes, por la tarde, ʰ celebraron la Pascua en los llanos de Jericó. ⁱ ¹¹ Ese mismo día comieron panes sin levadura y trigo tostado, pero al día siguiente comieron ya de lo que la tierra producía. ¹² Desde entonces no volvió a haber maná, ʲ así que los israelitas se alimentaron aquel año de lo que producía la tierra de Canaán.

Josué y el jefe del ejército del Señor ᵏ

¹³ Un día, estando Josué cerca de Jericó, vio delante de él a un hombre con una espada en la mano. ˡ Josué se le acercó y le preguntó:

—¿Eres de los nuestros, o de nuestros enemigos?

¹⁴ —Ni lo uno ni lo otro —contestó el hombre—. Vengo como jefe del ejército del Señor. ᵐ

Entonces Josué se inclinó hasta tocar el suelo con la frente, y le preguntó:

—¿Qué le manda mi Señor a este siervo suyo?

¹⁵ El jefe del ejército del Señor le contestó:

—Descálzate, porque el lugar donde estás es sagrado. ⁿ

Y Josué le obedeció.

6 El plan para atacar Jericó ᵃ

¹ Nadie podía entrar ni salir de Jericó, pues se habían cerrado las puertas de la ciudad para defenderla de los israelitas. ² Pero el Señor le dijo a Josué: "Yo te he entregado Jericó, con su rey y sus soldados. ³ Ustedes, soldados israelitas, den una vuelta diaria alrededor de la ciudad durante seis días. ⁴ Siete sacerdotes irán delante del arca de la alianza, cada uno con una trompeta de cuerno de carnero, ᵇ y el séptimo día darán siete vueltas a la ciudad, ᶜ mientras los sacerdotes tocan las trompetas. ᵈ ⁵ Cuando ustedes oigan que las trompetas dan un toque especial, griten con todas sus fuerzas, ᵉ y la muralla de la ciudad se vendrá abajo. Entonces cada uno deberá avanzar directamente contra la ciudad."

⁶ Josué llamó a los sacerdotes y les dijo: "Lleven el arca de la alianza del Señor, y siete de ustedes vayan delante del arca, con trompetas de cuerno de carnero." ⁷ Y al pueblo le dijo: "Vayan y denle la vuelta a la ciudad. Los hombres de combate, que vayan delante del arca del Señor."

⁸ Todos hicieron lo que Josué les mandó. Los siete sacerdotes iban delante del arca de la alianza del Señor, tocando las siete trompetas, y el arca los seguía. ⁹ Los hombres de combate iban delante de los sacerdotes, y la retaguardia iba detrás del arca, mientras los sacerdotes tocaban las trompetas sin cesar. ¹⁰ Pero al ejército Josué le ordenó que marchara en silencio, hasta el momento en que él les diera la orden de gritar con todas sus fuerzas.

La toma de Jericó

¹¹ Josué hizo que el arca del Señor diera una vuelta alrededor de la ciudad. Después volvieron al campamento, y allí pasaron la noche. ¹² Al día siguiente, muy temprano, Josué se levantó y los sacerdotes tomaron el arca del Señor. ¹³ Los siete sacerdotes iban delante del arca del Señor, sin dejar de caminar ni de tocar sus trompetas. Los hombres de combate iban delante de ellos, y los otros iban detrás del arca. Las trompetas no dejaban de sonar. ¹⁴ Al segundo día le dieron otra vuelta a la ciudad y volvieron al campamento. Y durante seis días hicieron lo mismo.

¹⁵ Al séptimo día se levantaron de madrugada y marcharon alrededor de la ciudad, como lo habían hecho antes, pero ese día le dieron siete vueltas. ¹⁶ Cuando los sacerdotes tocaron las trompetas por séptima vez, Josué ordenó a la gente: "¡Griten! El Señor les ha entregado la ciudad. ¹⁷ La ciudad, con todo lo que hay en ella, será consagrada a completa destrucción, porque el Señor así lo ha ordenado. ᶠ Solo se les perdonará la vida a Rahab la prostituta y a los que estén refugiados en su casa, porque ella escondió a los espías que mandamos. ᵍ ¹⁸ En cuanto a ustedes, cuídense de no tomar ni tocar nada de lo que hay en la ciudad y que el Señor ha consagrado a la destrucción, pues de lo contrario pondrán bajo maldición el campamento de Israel y le acarrearán la desgracia. ʰ ¹⁹ Pero el oro y la plata,

---

ʰ **5.10** Se trata del *mes* de Nisán (marzo-abril), antiguamente llamado mes de Abib (Dt 16.1). Cf. Ex 12.2, y véase Jos 4.19 nota *e*. *Por la tarde:* Ex 12.6; Dt 16.6.

ⁱ **5.10** La *Pascua* se celebra *en los llanos de Jericó* y no en el santuario de Guilgal, de acuerdo con el carácter familiar de la fiesta (Ex 12.3-4).

ʲ **5.12** *No volvió a haber maná:* Aquí termina un periodo y empieza otro en la historia de Israel: al cruzar el Jordán, el pueblo había entrado en una tierra fértil y ya no necesitaba ser alimentado por Dios de manera especial, como lo necesitó durante su marcha por el desierto (cf. Ex 16).

ᵏ **5.13-15** Este relato sirve de introducción al cap. siguiente. Antes de comenzar la conquista de Canaán, Josué tiene una visión y recibe del Señor una respuesta alentadora. Cf. Ex 3.2,5.

ˡ **5.13** Cf. Nm 22.23,31.

ᵐ **5.14** El *ejército del Señor,* llamado también *ejército del cielo* (1 R 22.19; Sal 148.2), está formado por los ángeles que sirven al Señor y ejecutan sus órdenes (Sal 103.20-21).

ⁿ **5.15** Josué recibe una orden idéntica a la que había recibido Moisés en Ex 3.5.

ᵃ **6.1-27** El siguiente relato ilustra con especial dramatismo la idea central de todo el libro de *Josué:* la posesión de la Tierra prometida es un don del Señor a su pueblo, y no una "conquista" que el pueblo pueda atribuir a sus propios méritos (Jos 1.2-5). Al pueblo le toca obedecer la orden del Señor. Cf. Dt 7.7-8.

ᵇ **6.4** No se trata de trompetas metálicas sino de cuernos de carnero utilizados como instrumentos de viento. Su sonido ronco y potente servía para convocar al pueblo (Jl 2.15), para anunciar un acontecimiento solemne o una fiesta religiosa (1 R 1.39; Sal 81.3[4]) y para dar la alarma o alguna otra señal en tiempo de guerra o de paz (Jer 4.5,19; Jl 2.1). Más tarde, el cuerno pasó a formar parte de la liturgia sinagogal. Véase Ex 19.12-13 n.

ᶜ **6.4** Nótese la importancia que se atribuye en esta narración al número *siete,* símbolo de la perfección y de la plenitud: *siete* sacerdotes tocan *siete* trompetas, y la muralla de la ciudad se viene abajo el *séptimo* día, después que el pueblo da *siete* vueltas alrededor de ella. Véase Gn 4.23-24 n.

ᵈ **6.4** La procesión con el *arca de la alianza,* la presencia de los *sacerdotes* y el toque de las *trompetas* hacen que la acción desplegada por los israelitas reúna todos los rasgos de una ceremonia religiosa. Véase Jos 3.3 nota *e*.

ᵉ **6.5** *Griten con todas sus fuerzas:* Con la misma expresión hebrea se designa tanto el grito de guerra que lanzaban los combatientes para enardecer sus ánimos e infundir terror a sus enemigos (1 S 4.5-7) como las aclamaciones del pueblo en las fiestas religiosas (2 S 6.15; Sal 47.5[6]).

ᶠ **6.17** Dt 13.15-16(16-17); 20.16-18. Cf. Jos 8.2,27; 10.28-39.

ᵍ **6.17** Cf. Jos 2.6.

ʰ **6.18** Cf. Jos 7.1.

MILAGROS DEL ÉXODO Y DE LA ENTRADA A CANAÁN

Milagro	Referencias
Bastón de Aarón convertido en serpiente	Ex 7.9-12
Las diez plagas	
1. Sangre	Ex 7.14-24
2. Ranas	Ex 7.25–8.15
3. Mosquitos	Ex 8.16-19
4. Tábanos	Ex 8.20-32
5. En el ganado	Ex 9.1-7
6. Llagas	Ex 9.8-12
7. Granizo	Ex 9.13-35
8. Langostas	Ex 10.1-20
9. Oscuridad	Ex 10.21-29
10. Muerte de los hijos mayores	Ex 11.1-10; 12.29-36
Paso del Mar Rojo	Ex 14
El maná	Ex 16
Agua de la roca	Ex 17.1-7
Las codornices	Nm 11.31-34
Castigo de María	Nm 12
Castigo de Coré	Nm 16.24-35
El bastón de Aarón retoña	Nm 17
La serpiente de bronce	Nm 21.4-9
El asna de Balaam	Nm 22.27-30
Paso por el Jordán	Jos 3
Toma de Jericó	Jos 6.11-27
El sol se detiene en medio del cielo	Jos 10.12-14

Véase *Milagros* en el *Índice temático*.

y todas las cosas de bronce y de hierro, serán dedicadas al Señor, y se pondrán en su tesoro."[i]

[20] La gente gritó y las trompetas sonaron. Al oír los israelitas el sonido de las trompetas, comenzaron a gritar a voz en cuello, y la muralla de la ciudad se vino abajo.[j] Entonces avanzaron directamente contra la ciudad, y la tomaron. [21] Después mataron a filo de espada a hombres, mujeres, jóvenes y viejos, y aun a los bueyes, las ovejas y los asnos. Todo lo destruyeron por completo.

[22] Josué les dijo a los dos espías que habían explorado la tierra: "Vayan a casa de la prostituta y sáquenla de allí con todos los suyos, tal como ustedes se lo prometieron." [23] Ellos entraron y sacaron a Rahab, a su padre, a su madre, a sus hermanos y a todos sus parientes, y los llevaron a un lugar seguro fuera del campamento de Israel.[k] [24] Luego los israelitas quemaron la ciudad y todo lo que había en ella. Lo único que sacaron fue la plata, el oro y las cosas de bronce y de hierro, que pusieron en el tesoro del Señor. [25] Pero Josué les perdonó la vida a Rahab y a su familia, porque ella había escondido a los espías que Josué había enviado a Jericó.[l] Y desde entonces los descendientes de Rahab viven entre los israelitas.[m]

[26] Luego Josué hizo el siguiente juramento: "Maldito sea a los ojos del Señor el que intente reconstruir la ciudad de Jericó. Sean echados los cimientos sobre su hijo mayor, y sobre su hijo menor sean puestas las puertas."[n]

---

[i] **6.19** La parte del botín de guerra consagrada a Dios debía ser depositada en el *tesoro* de un templo. La expresión utilizada en el v. 24 parecería indicar que el santuario en cuestión era el templo de Jerusalén.

[j] **6.20** Cf. Heb 11.30.

[k] **6.23** *Fuera del campamento:* para evitar que cayera en estado de impureza ritual. El campamento israelita, en efecto, era un lugar santo (Dt 23.14[13]), y la presencia de estos extranjeros, todavía paganos, lo habría vuelto impuro.

[l] **6.25** Heb 11.31.

[m] **6.25** La ayuda de *Rahab,* una prostituta extranjera, había contribuido a que la entrada de los israelitas en Canaán se desarrollara según los planes previstos. Por eso, ella y su familia fueron incorporados al pueblo de Dios, y la tradición israelita la consideró como una heroína nacional. Rahab es, además, una de las mujeres mencionadas en la genealogía de Jesús (Mt 1.5).

[n] **6.26** Acerca del cumplimiento de esta palabra, véanse 1 R 16.34 notas *l* y *m*.

²⁷ El Señor ayudó a Josué, y la fama de Josué se extendió por toda la región.

7 El pecado de Acán [a]

¹ Pero un miembro de la tribu de Judá, que se llamaba Acán y era hijo de Carmí, nieto de Zabdí y bisnieto de Zérah, tomó varias cosas de las que estaban consagradas a la destrucción, [b] con lo cual todos los israelitas resultaban culpables ante el Señor de haber tomado lo que él había ordenado destruir. Por eso la ira del Señor se encendió contra ellos.

El castigo del pecado: la derrota frente a Ai   ² Josué había mandado unos hombres desde Jericó, para que fueran hasta Ai, [c] que estaba al oriente de Betel, cerca de Bet-avén, [d] con órdenes de explorar la región. Ellos fueron y exploraron Ai, ³ y al volver le dijeron a Josué: "No hace falta que todo el pueblo ataque Ai, pues dos o tres mil hombres son suficientes para tomar la ciudad. No mandes a todo el pueblo, pues los que defienden la ciudad son pocos."

⁴ Así pues, unos tres mil hombres subieron para atacar Ai. Pero los de Ai los derrotaron y los hicieron huir; ⁵ mataron como a treinta y seis israelitas, y a los demás los persiguieron desde las puertas de la ciudad hasta las canteras, [e] y en la bajada los destrozaron. Por esta razón la gente se desanimó y perdió el valor.

⁶ Josué y los ancianos de Israel rasgaron sus ropas y se echaron polvo sobre la cabeza en señal de dolor; [f] luego se inclinaron ante el arca del Señor tocando el suelo con la frente, hasta la caída de la tarde. ⁷ Y decía Josué:

—¡Ay, Señor! ¿Para qué hiciste que este pueblo pasara el río Jordán? ¿Acaso fue para entregarnos a los amorreos, y para que ellos nos destruyeran? ¡Ojalá nos hubiéramos quedado al otro lado del Jordán! ⁸ ¡Ay, Señor! ¿Qué puedo decir, ahora que los israelitas han huido de sus enemigos? ⁹ Los cananeos y todos los que viven en la región se van a enterar de lo que ha pasado, y nos atacarán juntos, y no quedará de nosotros ni el recuerdo. Entonces, ¿qué será de tu gran nombre? [g]

¹⁰ Y el Señor le contestó:

—Levántate. ¿Qué haces ahí, en el suelo? ¹¹ Los israelitas han pecado, y han roto la alianza que yo hice con ellos. Tomaron de las cosas que debieron ser destruidas; [h] las robaron sabiendo que hacían mal, y las han escondido entre sus pertenencias. ¹² Por eso los israelitas no podrán hacer frente a sus enemigos. Tendrán que huir de ellos, pues ahora los israelitas mismos merecen ser destruidos. Y si ustedes no destruyen pronto lo que ordené que se destruyera, no estaré más con ustedes. ¹³ Levántate y convoca al pueblo. Diles que se preparen [i] para presentarse mañana delante de mí, porque yo, el Señor y Dios de Israel, digo así: 'Tú, Israel, has tomado lo que debió ser destruido por completo, y mientras no lo destruyas y lo eches fuera de ti, no podrás hacer frente a tus enemigos.' ¹⁴ Mañana preséntense todos por tribus, y la tribu que yo señale presentará a cada uno de sus clanes; el clan que yo señale presentará a cada una de sus familias, y la familia que yo señale presentará a cada uno de sus hombres. ¹⁵ Y el que tenga en su poder lo que debió ser destruido, será quemado con su familia y con todas sus posesiones, por haber hecho una cosa indigna en Israel y no haber cumplido la alianza del Señor.

El castigo de Acán   ¹⁶ Al día siguiente, Josué se levantó muy temprano y mandó que la gente se presentara repartida en tribus. Y el Señor señaló a la tribu de Judá. ¹⁷ Entonces Josué hizo que la tribu de Judá presentara a cada uno de sus clanes, y fue señalado el clan de Zérah. [j] De entre los de Zérah fue señalada la familia de Zabdí. ¹⁸ Cuando los hombres de la familia de Zabdí se acercaron uno por uno, fue señalado Acán, el hijo de Carmí, que era nieto de Zabdí y bisnieto de Zérah, de la tribu de Judá.

¹⁹ Entonces Josué le dijo a Acán:

—Hijo mío, da honor y alabanza al Señor y Dios de Israel, diciéndome lo que has hecho. ¡No me lo ocultes!

²⁰ Y Acán le contestó:

—En verdad, confieso que he pecado contra el Señor y Dios de Israel. Esto es lo que hice: ²¹ Entre las cosas que tomamos en Jericó, vi un bello manto de Babilonia, [k] doscientas monedas de plata y una barra de oro que pesaba más de medio kilo. Me gustaron esas cosas, y me quedé con ellas, y las he enterrado debajo de mi tienda de campaña, poniendo el dinero en el fondo.

²² Josué mandó en seguida unos hombres a la tienda de Acán, los cuales encontraron todo lo que allí estaba escondido, con la plata en el fondo. ²³ Lo tomaron y se lo llevaron a Josué y a los israelitas, los cuales se lo presentaron al Señor. ²⁴ Luego se llevaron a Acán al valle de Acor junto con la plata, el manto, la barra de oro, sus hijos y sus hijas, sus bueyes, asnos y ovejas, y su tienda y todo lo que era suyo.

²⁵ Josué le dijo:

—¿Por qué trajiste esta desgracia sobre nosotros? Ahora, que el Señor haga caer sobre ti la desgracia que nos trajiste.

Dicho esto, todos los israelitas mataron a pedradas [l] a Acán y a los suyos, y luego los quemaron. ²⁶ Después

---

[a] **7.1** El pecado de Acán hace fracasar en un primer momento la conquista de la ciudad de Ai. Una vez descubierto y castigado el culpable, la ciudad caerá en poder de los israelitas (Jos 8.1-29).

[b] **7.1** *Cosas... consagradas a la destrucción:* de acuerdo con lo establecido en Dt 13.16-18; 20.16-18.

[c] **7.2** *Ai:* localidad situada a unos 15 km. al norte de Jerusalén, sobre el camino que va del valle del Jordán a Betel. El nombre *Ai,* en hebreo, significa *la ruina.* Véase *Índice de mapas.*

[d] **7.2** Aquí *Betel* se distingue de *Bet-avén.* En cambio, los profetas Oseas (4.15; 5.8; 10.5) y Amós (5.5) dan irónicamente a Betel el nombre de *Bet-avén,* que en hebreo significa *casa que no vale nada.*

[e] **7.5** *Las canteras:* heb. *sebarim;* lit. *las brechas.* Sitio aún no identificado que no vuelve a mencionarse en el AT.

[f] **7.6** Acerca de estas señales de duelo y de profunda aflicción, cf. Gn 37.29,34; 44.13; Job 1.20; 2.12.

[g] **7.7-9** Cf. Ex 14.11-12; Nm 14.2-3.

[h] **7.11-15** *Las cosas que debieron ser destruidas:* Véase Nm 21.2 n. Cf. también Dt 13.16(17); Jos 6.17-19.

[i] **7.13** *Que se preparen:* lit. *que se santifiquen.* Véase Jos 3.5 n.

[j] **7.17** *El clan de Zérah:* Cf. Nm 26.20.

[k] **7.21** *De Babilonia:* lit. *de Sinar.* Cf. Gn 10.10, y véase Gn 11.2 n.

[l] **7.25** *Mataron a pedradas:* Véase Dt 13.10(11) n.

pusieron sobre él un gran montón de piedras, *m* que todavía sigue en pie. Por esta razón ese lugar se llama todavía valle de Acor. *n* Así se calmó la ira del Señor contra Israel.

8 Los israelitas toman la ciudad de Ai *a*

1 El Señor le dijo a Josué: "No tengas miedo ni te desanimes. Toma a todo tu ejército y ponte en marcha contra la ciudad de Ai, pues yo te daré la victoria *b* sobre el rey de Ai y su gente. Su ciudad y sus territorios serán tuyos, **2** y tú harás con Ai y su rey lo mismo que hiciste con Jericó y su rey, aunque en este caso podrán ustedes quedarse con las cosas y los animales de los vencidos. *c* Prepara un ataque por sorpresa, por la parte de atrás de la ciudad."

3 Josué se preparó con todo su ejército para marchar contra Ai. Escogió treinta mil guerreros, a los cuales envió de noche **4** con esta orden: "Oigan bien: vayan por la parte de atrás de la ciudad, escóndanse cerca de ella y manténganse listos para atacar. **5** El resto de la gente se acercará conmigo a la ciudad, y cuando los de la ciudad salgan a atacarnos, nosotros huiremos de ellos, como la vez pasada. **6** Ellos nos perseguirán cuando huyamos de la ciudad, pues pensarán que otra vez nos han puesto en fuga. **7** Entonces ustedes saldrán de su escondite y tomarán la ciudad, pues el Señor su Dios se la va a entregar. **8** Una vez que la hayan tomado, quémenla, tal como el Señor lo ha dicho. Es una orden."

9 Entonces Josué les dio la orden de partir, y ellos fueron y se escondieron entre Betel y Ai, al oeste de Ai, *d* mientras que Josué pasó la noche en el campamento. **10** Al día siguiente, Josué se levantó muy temprano y pasó revista a su gente. Luego se puso al frente de ellos, junto con los ancianos de Israel, y se dispuso a atacar Ai. **11** Todos sus hombres se acercaron a la ciudad por la parte de delante, y acamparon al norte de ella, teniendo el valle entre ellos y la ciudad. **12** Josué escondió unos cinco mil hombres entre Betel y Ai, al oeste de la ciudad, **13** de modo que el ejército quedó repartido en dos grupos, uno escondido al oeste de la ciudad, y el otro en el campamento, al norte. Josué se adelantó aquella noche hasta la mitad del valle.

14 Cuando el rey de Ai vio la situación, se dio prisa y salió con todo su ejército para luchar contra los israelitas en el valle del Jordán, *e* sin saber que otros israelitas estaban escondidos detrás de la ciudad. **15** Josué y sus hombres fingieron ponerse en fuga, y huyeron de los de Ai por el camino del desierto. **16** Entonces todo el ejército de Ai recibió órdenes de perseguirlos, y al perseguir a Josué se alejaron de la ciudad. **17** No hubo un solo hombre de Ai ni de Betel que no saliera a perseguir a los israelitas; pero en sus ansias por perseguirlos dejaron indefensa la ciudad. **18** Entonces el Señor le dijo a Josué: "Da ya la señal *f* de atacar la ciudad de Ai, que yo te la voy a entregar."

Josué dio la señal, ordenando el ataque. **19** Entonces los que estaban escondidos salieron rápidamente de su escondite, se lanzaron contra la ciudad y la tomaron, prendiéndole fuego en seguida.

20 Cuando los hombres de Ai volvieron atrás la mirada, vieron que el humo de su ciudad subía hasta el cielo. No tenían escape por ningún lado, porque los israelitas que antes huían hacia el desierto, ahora se lanzaban al ataque. **21** En efecto, al ver Josué y todos los israelitas que los que se habían escondido habían tomado ya la ciudad, y que le habían prendido fuego, se volvieron y atacaron a los de Ai. **22** Luego, los que habían tomado la ciudad salieron de ella, de modo que los de Ai quedaron atrapados entre las dos fuerzas israelitas, las cuales atacaron a los de Ai hasta matarlos a todos. **23** Solo dejaron con vida al rey de Ai, al cual capturaron y llevaron ante Josué.

24 Después de matar a filo de espada a todos los de Ai que habían salido a perseguirlos, los israelitas regresaron a Ai y mataron a los que quedaban. **25** Aquel día murieron los doce mil habitantes de Ai, hombres y mujeres, **26** pues Josué mantuvo la orden *g* de atacar la ciudad hasta que los destruyeron a todos por completo. **27** Los israelitas se quedaron con los animales y las cosas que había en la ciudad, como el Señor le había dicho a Josué, **28** y Josué quemó Ai y la dejó en ruinas para siempre, tal como se ve todavía. **29** Al rey de Ai lo colgó Josué de un árbol hasta el atardecer, y cuando el sol se puso, mandó que lo bajaran *h* y echaran su cadáver a la entrada de la ciudad, y que amontonaran piedras encima de él. El montón de piedras está allí todavía. *i*

Josué lee la ley en el monte Ebal *j*

30 Entonces Josué construyó en el monte Ebal *k* un altar al Señor, el Dios de Israel, **31** tal como Moisés, el siervo del Señor, se lo había ordenado a los israelitas, y conforme a lo que está escrito en el libro de la ley de Moisés: "Un altar de piedras sin labrar." *l* Entonces los israelitas ofrecieron holocaustos sobre el altar, y presentaron sacrificios de reconciliación. **32** Luego, en presencia de los israelitas, Josué grabó en las piedras del altar la ley que Moisés les había dado. **33** Entonces todo el pueblo, tanto los descendientes de Israel como los extranjeros, y todos sus ancianos, oficiales y jueces, se pusieron a los lados del arca de la alianza del Señor, frente a los

---

m **7.26** *Pusieron sobre él un gran montón de piedras:* Cf. Jos 8.29; 10.27; 2 S 18.17.
n **7.26** En hebreo, *Acor* significa *desgracia.*
a **8.1-29** Mientras que Jericó fue conquistada por el solo poder de Dios, en la caída de Ai participó también la brillante estrategia concebida por Josué. Véase Jos 6.1-27 n.
b **8.1** Dt 1.21; 31.8. *Yo te daré la victoria:* lit. *Yo te he entregado* (Jos 6.2; cf. Dt 2.24; 3.2).
c **8.2** La consagración de todo el botín de guerra al exterminio total se aplica aquí con menos rigor que en el caso de Jericó (Jos 6.21,24). Véase Dt 7.2 nota *d.*
d **8.9** Cf. Gn 12.8; 13.3.
e **8.14** *En el valle del Jordán:* lit. *frente al Arabá.* Véase Dt 1.1 n.
f **8.18** *Da ya la señal:* lit. *extiende la jabalina,* que era un arma arrojadiza parecida a la lanza, pero menos pesada y más pequeña (cf. 1 S 17.6,45). Esta acción simbólica de Josué recuerda el gesto de Moisés en Ex 17.9. Cf. v. 26.
g **8.26** *Mantuvo la orden:* lit. *no dejó de tener extendida la jabalina.*
h **8.29** Cf. Dt 21.22-23; Jos 10.26-27.
i **8.29** *Montón de piedras:* Véanse las referencias en Jos 7.26 nota *m.*
j **8.30-35** El relato siguiente se refiere a la ejecución de las prescripciones contenidas en Dt 27.1-26; cf. 11.29-32.
k **8.30** Acerca del *monte Ebal* y del *monte Guerizim* (v. 33), véase Dt 11.29-30 n.
l **8.31** La construcción de este altar corresponde a lo establecido en Ex 20.24-26.

sacerdotes levitas que la llevaban en hombros. Para la bendición del pueblo de Israel, la mitad de ellos estaba del lado del monte Guerizim, y la otra mitad del lado del monte Ebal, tal como lo había ordenado desde el principio Moisés, el siervo del Señor.

³⁴ Después Josué leyó cada una de las palabras del libro de la ley, tanto las bendiciones como las maldiciones. ³⁵ No hubo una sola palabra de todo lo que Moisés había mandado, que no leyera Josué ante toda la comunidad de Israel, incluyendo a las mujeres y niños, y aun a los extranjeros que vivían entre ellos.

9 El pacto con los gabaonitas

¹ Los reyes hititas, amorreos, cananeos, ferezeos, heveos y jebuseos *ᵃ* se enteraron de lo sucedido. (Estos reyes vivían en la orilla occidental del río Jordán, en las montañas, en la llanura y en toda la costa del mar Mediterráneo hasta las regiones del Líbano.) *ᵇ* ² Entonces todos ellos se pusieron de acuerdo y se aliaron para enfrentarse con Josué y los israelitas. ³ Sin embargo, los heveos que vivían en Gabaón *ᶜ* supieron lo que Josué había hecho con las ciudades de Jericó y de Ai, ⁴ y decidieron engañarlo. Se pusieron en camino, echando sobre sus asnos costales y cueros de vino viejos, rotos y remendados; ⁵ también se pusieron ropa y sandalias viejas y remendadas, y tomaron para el camino únicamente pan seco y mohoso. ⁶ Cuando llegaron al campamento de Guilgal, *ᵈ* dijeron a Josué y a los israelitas:

—Venimos de tierras lejanas. *ᵉ* Hagan ustedes un pacto con nosotros.

⁷ Los israelitas les contestaron a los heveos:

—A lo mejor ustedes viven por aquí, cerca de nosotros; ¿cómo vamos entonces a hacer un pacto con ustedes? *ᶠ*

⁸ Pero ellos dijeron a Josué:

—Nosotros nos ponemos al servicio de usted.

Él les preguntó:

—¿Quiénes son ustedes? ¿De dónde vienen?

⁹ Y ellos respondieron:

—Venimos de muy lejos, debido a la fama del Señor su Dios. Hemos sabido todo lo que él hizo en Egipto, ¹⁰ y lo que les hizo a los dos reyes amorreos al otro lado del río Jordán, es decir, a Sihón de Hesbón y a Og de Basán, que vivía en Astarot. *ᵍ* ¹¹ Por eso, nuestros jefes y nuestros compatriotas nos dijeron: 'Tomen ustedes provisiones para el camino y vayan a donde ellos están. Díganles que nos ponemos a su servicio y que queremos hacer un pacto con ellos.' ¹² Cuando salimos en busca de ustedes, este pan todavía estaba caliente, y ahora ya está mohoso y seco. ¹³ También estos cueros estaban nuevos cuando los llenamos de vino, y ahora ya están rotos. Y lo mismo ha pasado con nuestra ropa y nuestras sandalias, pues el camino ha sido largo.

¹⁴ Los israelitas probaron las provisiones *ʰ* de los gabaonitas, pero no consultaron al Señor. ¹⁵ Entonces Josué hizo un pacto de paz con ellos, comprometiéndose a perdonarles la vida; y los demás jefes israelitas juraron hacer lo mismo. *ⁱ*

¹⁶ Tres días después, los israelitas se enteraron de que los gabaonitas eran vecinos suyos, y de que vivían cerca de ellos. ¹⁷ Entonces salieron *ʲ* en busca de los gabaonitas, y al tercer día llegaron a sus ciudades, que eran Gabaón, Quefirá, Beerot y Quiriat-jearim. *ᵏ* ¹⁸ Pero los israelitas no los mataron, porque los jefes les habían jurado por el Señor y Dios de Israel que les perdonarían la vida.

Por esta razón el pueblo murmuraba contra sus jefes, ¹⁹ pero los jefes les dijeron:

—Nosotros les hemos jurado por el Señor, el Dios de Israel, que no los mataremos. Por eso, ahora no podemos hacerles nada. ²⁰ Tenemos que dejarlos vivir, porque si rompemos el juramento, Dios se enojará con nosotros. *ˡ*

²¹ Así pues, los jefes israelitas ordenaron que se les dejara con vida, pero que fueran puestos como leñadores y aguadores para todo el pueblo. De esa manera los jefes mantuvieron su promesa.

²² Por su parte, Josué llamó a los gabaonitas y les preguntó:

—¿Por qué nos engañaron diciéndonos que venían de muy lejos, cuando la verdad es que viven aquí mismo? ²³ Por esta razón quedarán ustedes bajo maldición, y para siempre serán sirvientes. Tendrán que cortar la leña y sacar el agua que se necesite para la casa de mi Dios.

²⁴ Y ellos contestaron a Josué:

—Nosotros lo hicimos porque teníamos mucho miedo de que usted nos fuera a matar, pues nos enteramos de que el Señor su Dios le había ordenado a Moisés, su siervo, darles a ustedes toda esta región, y destruir a todos los que vivían aquí. ²⁵ Pero estamos en sus manos; haga usted con nosotros lo que le parezca más conveniente.

²⁶ Josué, pues, no permitió que los israelitas mataran a

ᵃ 9.1 Acerca de esta lista de pueblos, véase Ex 3.8 nota *g*.

ᵇ 9.1 Aquí se enumeran las tres regiones en que se divide Palestina, yendo desde el *Jordán* y el Mar Muerto hacia el *Mediterráneo:* las montañas de Efraín y de Judá, que atraviesan el centro del país de norte a sur; los terrenos bajos (heb. *sefelá*), es decir, las colinas situadas entre la región montañosa y la zona costera; y la franja de terreno llano al borde del Mediterráneo. Véase *Introducción al AT (21-26).*

ᶜ 9.3 *Gabaón:* ciudad situada a unos 10 km. al noroeste de Jerusalén y a unos 11 km. al sudoeste de Ai. Esta enclavada en territorio de Benjamín (Jos 18.25) y fue asignada a los levitas (Jos 21.17).

ᵈ 9.6 *Guilgal:* Véase Jos 4.19 nota *f*.

ᵉ 9.6 *De tierras lejanas:* Las prescripciones relativas a la guerra santa establecían una distinción entre las ciudades que estaban dentro del territorio habitado por los israelitas y las que estaban lejos de él. Estas últimas, si aceptaban el ofrecimiento de paz, recibían un trato más benévolo (Dt 20.15-18).

ᶠ 9.7 Cf. Ex 23.32; 34.12; Dt 7.2; 20.15-16.

ᵍ 9.10 Cf. Nm 21.21-35.

ʰ 9.14 El hecho de compartir el mismo pan era una señal inviolable de amistad, de hospitalidad y de alianza. Cf. Gn 26.28-30.

ⁱ 9.15 En virtud de esta *alianza* y de este juramento, los gabaonitas quedaron incorporados a Israel, pero en condición inferior. Cf. v. 8; 2 S 21.2.

ʲ 9.17 Los israelitas *salieron* de Guilgal (v. 6), que distaba unos 30 km. de Gabaón.

ᵏ 9.17 *Gabaón, Quefirá, Beerot y Quiriat-jearim:* Estas cuatro ciudades dominaban un territorio de unos 15 por 20 km., al noroeste de Jerusalén. Véase Jos 9.3 n.; 1 S 6.21—7.1.

ˡ 9.18-20 El compromiso contraído bajo juramento tenía carácter irrevocable.

los gabaonitas, **27** pero los destinó a ser leñadores y aguadores para el pueblo y para el altar del Señor, en el lugar que el Señor escogiera. *m* Y todavía hoy los gabaonitas tienen esa ocupación.

10 La victoria sobre los amorreos

1-2 Adonisédec, *a* el rey de Jerusalén, *b* tuvo mucho miedo cuando supo que Josué había tomado y destruido Ai, y que había hecho con ella y con su rey lo mismo que antes había hecho con Jericó y su rey, y que los gabaonitas habían hecho la paz con los israelitas y ahora vivían entre ellos. Esto último le causó mucho miedo, pues Gabaón era una ciudad importante, más grande que Ai y comparable a las gobernadas por un rey, y los gabaonitas eran valientes. *c* **3** Por esta razón Adonisédec les mandó el siguiente mensaje a los reyes Hoham de Hebrón, Piram de Jarmut, Jafía de Laquis, y Debir de Eglón: *d* **4** "Vengan acá y ayúdenme a pelear contra Gabaón, pues ha hecho un pacto con Josué y los israelitas." **5** Así que los cinco reyes amorreos, o sea los reyes de Jerusalén, Hebrón, Jarmut, Laquis y Eglón, se juntaron y marcharon con sus ejércitos para acampar ante Gabaón y atacarla.

6 Por su parte, los que vivían en Gabaón le mandaron este mensaje a Josué, que estaba en el campamento de Guilgal: "No se niegue usted a ayudar a sus servidores. Venga pronto a ayudarnos y defendernos, pues todos los reyes amorreos de las montañas se han unido para atacarnos." *e* **7** Entonces Josué salió de Guilgal con todo su ejército de valientes, **8** y el Señor le dijo: "No les tengas miedo, porque yo voy a entregártelos, y ninguno de ellos va a poder hacerte frente."

9 Josué salió de Guilgal y, avanzando por la noche, atacó por sorpresa a los amorreos. **10** El Señor hizo que ellos se asustaran mucho ante los israelitas, y así Josué mató a muchísimos en Gabaón. Después los persiguió por el camino de Bet-horón, *f* y siguió matando amorreos hasta Azecá y Maquedá. *g* **11** Al bajar los amorreos la cuesta de Bet-horón, mientras huían de los israelitas, el Señor soltó sobre ellos grandes piedras de granizo, *h* que mataron más amorreos que las espadas de los israelitas.

12 Cuando el Señor entregó a los amorreos en manos de los israelitas, Josué le habló al Señor delante del pueblo y dijo:

"Párate, sol, en Gabaón;
párate, luna, en el valle de Aialón." *i*

13 Y el sol y la luna se detuvieron
hasta que el pueblo se vengó del enemigo.

Esto es lo que dice el Libro del Justo. *j* El sol se detuvo en medio del cielo, y por casi un día entero no se puso. **14** Ni antes ni después ha habido otro día como aquel en que el Señor escuchó la voz de un hombre, pues el Señor peleaba a favor de Israel.

15 Después Josué y los israelitas volvieron al campamento de Guilgal, **16** y los cinco reyes huyeron y se escondieron en una cueva en Maquedá. **17** Pero más tarde fueron hallados en esa cueva, y así se lo dijeron a Josué. **18** Entonces Josué dio las siguientes órdenes: "Rueden piedras hasta la entrada de la cueva y tápenla, y pongan guardias a la entrada para que los vigilen. **19** Mientras tanto, no se detengan ustedes aquí. Vayan tras el enemigo y atáquenlo por la retaguardia. No los dejen regresar a sus ciudades, porque el Señor y Dios de ustedes los ha entregado en sus manos."

20 Después que Josué y los israelitas derrotaron por completo a los amorreos, matando a muchísimos de ellos, los amorreos que quedaron con vida se refugiaron en sus ciudades. **21** Pero el pueblo israelita regresó sano y salvo al campamento de Maquedá, donde estaba Josué. Y nadie se atrevía a hablar mal de los israelitas.

22 Entonces Josué dijo: "Destapen la entrada de la cueva y saquen a los cinco reyes." **23** Así lo hicieron los israelitas, y sacaron de la cueva a los reyes de Jerusalén, Hebrón, Jarmut, Laquis y Eglón. **24** Cuando los trajeron ante Josué, él llamó a todos los hombres de Israel, y dijo a los jefes militares que estaban con él: "Acérquense y pongan el pie sobre el cuello *k* de estos reyes." Ellos lo hicieron así, **25** y entonces Josué les dijo: "No tengan miedo ni se desanimen; al

---

m **9.27** *El lugar que el Señor escogiera:* expresión tomada de Deuteronomio para designar el templo de Jerusalén. Cf. Dt 12.5,14,18,26.

a **10.1-2** El nombre *Adonisédec* podría significar *Mi Señor es justicia.*

b **10.1-2** Aquí se menciona por primera vez en la Biblia la ciudad de Jerusalén, llamada también antiguamente *Salem* (Gn 14.18) y *Jebús* (Jue 19.10). De este último nombre procede el de *jebuseos,* dado a sus habitantes. Cf. Jos 3.10; 9.1; 15.63.

c **10.1-2** *Comparable a las gobernadas por un rey:* Jos 9.11 sugiere que *Gabaón* y las otras ciudades de los hivitas (cf. Jos 9.17) no estaban gobernadas por un rey.

d **10.3** *Hebrón:* ciudad situada en las montañas de Judá, a 36 km. al sur de Jerusalén (véase Gn 13.18 n.); *Jarmut:* al noroeste de Hebrón y a 24 km. al oeste de Jerusalén; *Laquis:* al oeste de Hebrón y a 45 km. al sudoeste de Jerusalén; *Eglón:* al sudoeste de Laquis. Para alguna de estas ciudades, véase *Índice de mapas.*

e **10.6** Los gabaonitas habían quedado sometidos a Israel (Jos 9.27), y bajo su protección (Jos 9.15). Por eso apelan a la ayuda de Josué ante el peligro inminente.

f **10.10** Se trata de *Bet-horón de Arriba* (cf. Jos 16.5), situada a 9 km. al noroeste de Gabaón y a más de 600 m. de altura. A unos 4 km. hacia el oeste, se encontraba Bet-horón de Abajo (cf. Jos 16.3),

que era el acceso más fácil hacia las colinas (heb. *sefelá*) y hacia la costa. Véanse Jos 9.1 nota b e *Índice de mapas.*

g **10.10** *Azecá:* ciudad situada al sur del valle de Aialón (véase 10.12 n.), distante unos 30 km. de Gabaón. Fue una de las ciudades asignadas a la tribu de Judá (15.35). *Maquedá* se encontraba más al sur, en un sitio que aún no ha podido ser localizado con exactitud.

h **10.11** *Graniza:* Cf. Ex 9.18,22-26; Job 38.22-23; Eclo 46.5-6. El Señor utiliza los elementos de la naturaleza como instrumentos de su acción en favor de Israel. Cf. Jue 5.20-21; 1 S 7.10; Sal 18.12-14(13-15); 144.5-6.

i **10.12** Cf. Eclo 46.4. *El valle de Aialón:* fértil llanura al sudoeste de Bet-horón (cf. v. 10) y a 15 km. al oeste de Gabaón (cf. Jos 19.42; 21.24).

j **10.13** Cf. 2 S 1.18. *El Libro del Justo* era una colección de fragmentos poéticos atribuidos a algunos héroes de Israel como Josué y David. Esta colección, que no se ha conservado, era sin duda semejante al *Libro de las Guerras del Señor,* citado en Nm 21.14.

k **10.24** *Pongan el pie sobre el cuello:* en señal de triunfo y para indicar que el adversario estaba completamente sometido. Cf. Sal 110.1; Is 51.23.

contrario, tengan valor y firmeza, porque esto mismo hará el Señor con todos los enemigos de ustedes."

²⁶ Después Josué mató a los reyes y mandó que colgaran a cada uno de un árbol, y allí los dejaron hasta el atardecer. ²⁷ Cuando ya el sol se iba a poner, mandó Josué que los bajaran de los árboles y los echaran en la misma cueva en que se habían escondido. Después taparon la entrada de la cueva con unas piedras enormes que, por cierto, todavía están allí. *l*

Otras conquistas *m* ²⁸ Ese mismo día, Josué tomó la ciudad de Maquedá y la destruyó por completo; mató a filo de espada a todos los que vivían en ella, y no dejó a nadie con vida. Hizo con el rey de Maquedá lo mismo que había hecho con el de Jericó.

²⁹ De allí, Josué y los israelitas se fueron a la ciudad de Libná y la atacaron. ³⁰ El Señor les entregó también esta ciudad y su rey. No quedó nada ni nadie con vida, e hizo con el rey de Libná lo mismo que con el de Jericó.

³¹ Después Josué y los israelitas se fueron de Libná a Laquis, y acamparon ante la ciudad y la atacaron. ³² Al segundo día, el Señor les entregó Laquis y, como en Libná, los israelitas mataron a filo de espada a todas las personas y los animales que vivían allí. ³³ Horam, el rey de Guézer, salió con su ejército a defender Laquis, pero Josué lo derrotó y no dejó a nadie con vida.

³⁴ Después de Laquis, Josué y los israelitas fueron a la ciudad de Eglón, acamparon ante ella y la atacaron. ³⁵ Ese mismo día la tomaron, y mataron a filo de espada a todos los que vivían allí, destruyéndolos por completo como habían hecho con Laquis.

³⁶ De Eglón siguieron a la ciudad de Hebrón, *n* y la atacaron. ³⁷ Cuando la tomaron, la destruyeron por completo y mataron a filo de espada al rey y a todas las personas y los animales que vivían allí y en los pueblos vecinos, tal como lo habían hecho en Eglón.

³⁸ De allí, Josué y los israelitas se dirigieron a la ciudad de Debir *ñ* y la atacaron, ³⁹ matando a filo de espada a su rey y a los habitantes de los pueblos vecinos. Ni un solo habitante de Debir quedó con vida; todos fueron aniquilados, tal como lo habían hecho con Hebrón y Libná y con sus reyes.

⁴⁰ Así pues, Josué conquistó toda la región. Derrotó a los reyes de las montañas, del Négueb, de los llanos y de las cuestas. *o* Lo destruyó todo y los mató a todos; no quedó nada, ni dejó vivo a nadie, tal y como el Señor, el Dios de Israel, se lo había ordenado. ⁴¹⁻⁴² De una sola vez derrotó a los reyes y conquistó todos sus territorios entre Cadés-barnea *p* y Gaza, *q* y toda la región de Gosen *r* hasta la ciudad de Gabaón, porque el Señor, el Dios de Israel, peleaba en favor de los israelitas. ⁴³ Después Josué volvió al campamento de Guilgal con todos los israelitas.

11

Josué derrota a Jabín y sus aliados ¹ Cuando Jabín, *a* el rey de Hasor, supo todo esto, mandó mensajeros para hacer un pacto con el rey Jobab de Madón y con los reyes de Simrón y de Acsaf, *b* ² y con todos los reyes de la región montañosa del norte, del valle del Jordán al sur del lago Quinéret, *c* de la llanura y de las cercanías de Dor hacia el oeste, *d* ³ con los cananeos del este y del oeste, con los amorreos, los hititas, los ferezeos, los jebuseos de las montañas y los heveos del monte Hermón, *e* en la región de Mispá. *f* ⁴ Todos estos reyes salieron con sus ejércitos y con muchísimos caballos y carros de guerra. Eran tantos los soldados que no se podían contar, como los granitos de arena a la orilla del mar. ⁵ Todos ellos hicieron un pacto, y acamparon junto a las aguas de Merom, *g* para atacar a los israelitas.

⁶ Pero el Señor le dijo a Josué: "No les tengas miedo, porque yo haré que mañana, a esta misma hora, todos ellos caigan muertos delante de ustedes. Y tú, rómpeles las patas a sus caballos y prende fuego a sus carros de guerra."

⁷ Entonces Josué y todos sus guerreros los atacaron por sorpresa junto a las aguas de Merom, ⁸ y el Señor les dio la victoria a los israelitas, de modo que los fueron atacando y persiguiendo hasta la gran ciudad de Sidón y Misrefotmaim, *h* y por el oriente hasta el llano de Mispá. Ni uno solo de ellos quedó con vida. ⁹ Josué cumplió con lo que el

---

l **10.26-27** Según Dt 21.22-23, los cadáveres no debían quedar expuestos durante la noche; había que sepultarlos antes de la puesta del sol.

m **10.28-43** Los siguientes vv. relatan en forma resumida la conquista del sur de Palestina.

n **10.36-37** Cf. Jos 15.13; Jue 1.10.

ñ **10.38** Jos 15.15; Jue 1.11.

o **10.40** Cf. Jos 11.21; Jue 1.9.

p **10.41-42** Cadés-barnea: Véase Nm 13.26 n.

q **10.41-42** Gaza: ciudad de la zona costera, a 4 km. del Mediterráneo y a la altura de Hebrón. Véase *Índice de mapas.*

r **10.41-42** La región de Gosen: distinta del territorio egipcio del mismo nombre (cf. Gn 45.10; 46.28; 47.1); se trata probablemente de la región situada alrededor de *Gosen* (cf. Jos 15.51), ciudad de la Palestina meridional, asignada después a la tribu de Judá.

a **11.1** *Jabín:* En Jue 4.2,23 se menciona un rey de este mismo nombre.

b **11.1** *Hasor:* importante ciudad cananea (cf. Jos 11.10), al norte del Lago de Genesaret. Las excavaciones arqueológicas muestran que fue destruida a fines del siglo XIII a.C., y que en tiempos de Salomón recuperó su aspecto de gran ciudad, con murallas y puertas fortificadas (cf. 1 R 9.15). Véase *Índice de mapas.* Las otras tres ciudades se encontraban en la Palestina septentrional, al norte de la llanura de Jezreel.

c **11.2** *El Lago Quinéret,* más conocido como Lago de Genesaret, de Galilea o de Tiberíades. Cf. Dt 3.17; Jos 12.3; 13.27. Véase *Índice de mapas.*

d **11.2** *Dor:* ciudad marítima, situada al sur del monte Carmelo y al borde del Mediterráneo. Cf. 1 R 4.11. Véase *Índice de mapas.*

e **11.3** *Hermón:* Véase Dt 3.8 n.; Sal 68.15(16) nota *p;* 133.3 n.

f **11.3** *Mispá:* lugar al sudeste del Hermón, que no ha podido ser localizado con exactitud.

g **11.5** *Merom:* Se trata probablemente de una ciudad que se encontraba a unos 15 km. al oeste de Hasor (véase Jos 11.1 nota *b*). Las *aguas de Merom* era la fuente o las fuentes de las que se abastecía la ciudad. Cf. Jue 5.19 (*las aguas de Meguido*).

h **11.8** *Sidón:* antiguo e importante puerto fenicio, a 40 km. al sur de la actual Beirut (cf. Ez 27.8). Según Gn 10.19, el territorio de Canaán se extendía, de norte a sur, desde Sidón hasta Gaza (cf. v. 22). Véase *Índice de mapas. Misrefot-maim* se encontraba en el extremo noroeste del territorio israelita y lindaba con el país de los fenicios (Jos 13.6).

Señor le había ordenado, pues les rompió las patas a los caballos del enemigo y quemó sus carros de guerra.

¹⁰ Después regresó y tomó la ciudad de Hasor, que había sido el centro de aquel pacto, y mató a su rey ¹¹ y a todos los que vivían allí. Todo lo destruyeron por completo, y quemaron la ciudad. ¹² Y lo mismo hizo con las demás ciudades de aquel pacto: las tomó y mató a sus reyes, y los destruyó por completo, tal como se lo había mandado Moisés, el siervo del Señor. ¹³ Sin embargo, los israelitas no quemaron ninguna de las ciudades que estaban sobre colinas, sino solamente a Hasor. ¹⁴ Mataron a filo de espada a todos los que vivían en esas ciudades, sin dejar con vida a ninguno, y tomaron posesión de todos los animales y cosas que había en ellas.

Josué cumple las órdenes de Moisés

¹⁵ El Señor le había dado sus órdenes a Moisés, y Moisés se las dio a Josué, quien las cumplió en todo, sin pasar por alto ninguna de ellas. ¹⁶ Josué conquistó toda aquella región, es decir, la región montañosa, todo el Néguev, toda la tierra de Gosen, la llanura y el valle del Jordán, y todas las montañas y los llanos de Israel. ¹⁷ Desde el monte Halac, que se levanta hacia Seír, hasta Baal-gad, que está en los llanos del Líbano, al pie del monte Hermón,ⁱ Josué capturó y mató a todos los reyes de la región, ¹⁸ tras pelear contra ellos por mucho tiempo. ¹⁹ La única ciudad que hizo un pacto con los israelitas fue la de los heveos de Gabaón.ʲ Todo lo demás fue tomado a la fuerza, ²⁰ pues el Señor hizo que los enemigos se pusieran tercos y resistieran a los israelitas, para que los israelitas los destruyeran por completo y sin misericordia, tal como el Señor se lo había ordenado a Moisés. ᵏ

²¹ También por aquel entonces, Josué conquistó y destruyó por completo todas las ciudades de los anaquitas que vivían en el monte Hebrón, en Debir, en Anabˡ y en todos los montes de Judá y de Israel, ²² de modo que no quedó ni un solo descendiente del gigante Anacᵐ en todo el territorio de Israel. Solo quedaron descendientes del gigante Anac en Gaza, Gat y Asdod. ⁿ

²³ Así pues, Josué conquistó toda la tierra, de acuerdo con todo lo que el Señor le había dicho a Moisés. Luego la repartió entre las tribus de Israel, para que fuera su herencia. Después de eso hubo paz en la región. ñ

12 **Resumen de las conquistas de Moisés**ᵃ ¹ Estos son los reyes que los israelitas derrotaron al este del río Jordán, y los territorios que conquistaron desde el río Arnón hasta el monte Hermón, con toda la región oriental del valle del Jordán:

² Sihón, rey de los amorreos, que vivía en Hesbón. Su reino se extendía desde Aroer, a la orilla del río Arnón, y desde la parte central del valle hasta el río Jaboc, donde empezaba el territorio de los amonitas (es decir, como la mitad de Galaad), ᵇ ³ y dominaba también la parte oriental del valle del Jordán, desde el lago Quinéret ᶜ hasta el Mar Muerto, ᵈ en dirección de Bet-jesimot, y hacia el sur hasta el pie del monte Pisgá. ᵉ

⁴ Og, rey de Basán, uno de los últimos refaítas, que vivía en Astarot y en Edrei. ⁵ Su dominio se extendía desde el monte Hermón, y desde Salcá, y desde toda la región de Basán, hasta la frontera de Guesur y de Maacá, y hasta la otra mitad de Galaad, que era de Sihón, el rey de Hesbón. ᶠ

⁶ Moisés y los israelitas derrotaron a estos reyes, y Moisés les dio estos territorios a las tribus de Rubén y de Gad y a la media tribu de Manasés. ᵍ

Resumen de las conquistas de Josué

⁷ Estos son los reyes que Josué y los israelitas derrotaron en la región occidental del río Jordán, comprendida entre Baal-gad, en el valle del Líbano, y el monte Halac, que se levanta hacia Seír. ʰ Josué repartió las tierras de estos reyes entre las tribus israelitas, dándoles en propiedad permanente ⁸ la región montañosa, la llanura, el valle del Jordán, las laderas, las tierras del desierto y el Néguev. ⁱ Estas tierras habían sido de los hititas, amorreos, cananeos, ferezeos, heveos y jebuseos.

⁹ Los reyes derrotados fueron los siguientes: el de Jericó,ʲ el de Ai,ᵏ ciudad cercana a Betel, ¹⁰ el de Jerusalén, el de Hebrón, ¹¹ el de Jarmut, el de Laquis, ¹² el de Eglón,ˡ el de Guézer, ᵐ ¹³ el de Debir, ⁿ el de Guéder, ¹⁴ el de Hormá, ñ el de Arad, ᵒ ¹⁵ el de Libná, ᵖ el de Adulam, ᵠ ¹⁶ el de Maquedá, ʳ el de Betel, ¹⁷ el de Tapúah, el de Héfer, ¹⁸ el de Afec, el de Sarón, ¹⁹ el de Madón, el de Hasor, ²⁰ el de Simron-merón, el de Acsaf, ˢ ²¹ el de Taanac, el de Meguido, ²² el de Quedes, el de Jocneam del Carmelo, ²³ el de

---

ⁱ **11.17** El *monte Halac* (o *monte Pelado*) está a unos 40 km. al sudoeste del Mar Muerto. *Seír* era el territorio de Edom (véase Dt 2.4 n.). *Baal-gad:* Cf. Jos 12.7; 13.5. *Hermón:* Véanse las referencias en Jos 11.3 nota *e*.
ʲ **11.19** Jos 9.
ᵏ **11.20** Dt 7.16. Véase Ex 7.3 n.
ˡ **11.21** Jue 1.10-11. *Anab:* a unos 25 km. al sudoeste de *Hebrón* (véase Gn 13.18 n.).
ᵐ **11.22** *Anac:* Véase Nm 13.33 n.
ⁿ **11.22** *Gaza, Gat* y *Asdod:* ciudades del sur de Palestina, cercanas a la costa del Mediterráneo; más tarde fueron ocupadas por los filisteos (cf. Jos 13.3; 1 S 17.4; 2 S 21.19-20).
ñ **11.23** Cf. Jos 21.43-45.
ᵃ **12.1-6** Este cap. enumera las victorias obtenidas por Moisés en la Transjordania (vv. 1-6) y da la lista de los reyes derrotados por Josué al oeste del río Jordán (vv. 7-24), incluyendo algunos nombres que no se habían mencionado antes.
ᵇ **12.2** Dt 1.4; 2.24-37.
ᶜ **12.3** *Lago Quinéret:* Véase Jos 11.2 nota *c*.
ᵈ **12.3** *Mar Muerto:* lit. *el Mar del Arabá, el Mar de la Sal.* Véase Dt 1.1 n.
ᵉ **12.3** *Pisgá:* Véase Dt 3.27 n.
ᶠ **12.1-5** Cf. Nm 21.21-35; Dt 2.26—3.11.
ᵍ **12.6** *Rubén... Manasés:* Nm 32.33; Dt 3.12. Véase Jos 1.12-15 n.
ʰ **12.7** Jos 11.17.
ⁱ **12.8** Cf. Jos 11.16.
ʲ **12.9** Cf. Jos 6.
ᵏ **12.9** Jos 8.1-29.
ˡ **12.10-12** Cf. Jos 10.1-27.
ᵐ **12.12** Jos 10.33.
ⁿ **12.13** Jos 10.38.
ñ **12.14** Cf. Nm 14.45; 21.3; 1 S 30.30.
ᵒ **12.14** Jue 1.16.
ᵖ **12.15** Jos 10.29.
ᵠ **12.15** Gn 38.1.
ʳ **12.16** Jos 10.28.
ˢ **12.19-20** Cf. Jos 11.1-14.

Dor,[t] en la provincia de Dor, el de Goím de Guilgal [24] y el de Tirsá.[u] Fueron treinta y un reyes en total.

II. LA REPARTICIÓN DEL TERRITORIO (13—22)

13 *La tierra que quedaba por conquistar*[a] **1** Cuando Josué era ya muy anciano, el Señor le dijo: "Tú estás ya entrado en años, y todavía queda mucha tierra por conquistar. **2** Queda todo el territorio de los filisteos y de los guesureos, **3** que va desde el río Sihor,[b] al este de Egipto, hasta la frontera de Ecrón, al norte, y que es considerado territorio cananeo; en él hay cinco jefes filisteos,[c] que son los jefes de Gaza, Asdod, Ascalón, Gat y Ecrón. Queda también la región de los aveos, **4** en el sur, y toda la tierra de los cananeos, desde las ciudades[d] de los sidonios hasta Afec, en la frontera con los amorreos.[e] **5** Queda además la tierra de los guibiltas,[f] y todo el Líbano hacia el este, desde Baal-gad, al pie del monte Hermón, hasta la entrada de Hamat. **6** Voy a echar de delante de los israelitas a los sidonios y a todos los que viven en las montañas, desde el Líbano hasta Misrefot-maim.[g] Tú ocúpate de repartir y dar posesión de la tierra a los israelitas,[h] tal como yo te lo he ordenado. **7** Reparte esta tierra entre las nueve tribus y la media tribu de Manasés."

Las tierras de Manasés, Rubén y Gad **8** Las tribus de Rubén y de Gad y la mitad de la tribu de Manasés recibieron su parte cuando Moisés les dio tierras en la región oriental del Jordán.[i] **9** Les tocó la región que va desde Aroer,[j] a orillas del río Arnón,[k] y la ciudad que está en medio del valle, y toda la meseta de Medebá, hasta Dibón, **10** incluyendo las ciudades de Sihón, el rey amorreo de Hesbón, hasta la frontera de los amonitas.[l] **11** Les tocó también Galaad[m] y el territorio de los guesureos y de los maacateos,[n] más el monte Hermón y toda la tierra de Basán[ñ] hasta Salcá, **12** incluyendo los dominios de Og, rey de Basán, que gobernaba en Astarot y Edrei, y que era el último de los refaítas, a los que Moisés había derrotado y echado del lugar. **13** Los de Guesur y Maacá no fueron echados de allí, sino que siguieron viviendo entre los israelitas como hasta hoy.

14 A la tribu de Leví no le dio posesiones Moisés, pues para ellos serían las ofrendas que se queman en honor del Señor y Dios de Israel, según él mismo había dicho.[o]

15 Moisés repartió tierras a la tribu de Rubén[p] según el número de sus clanes, **16** de modo que su territorio se extendió desde Aroer, a orillas del río Arnón, y la ciudad que está en medio del valle, y por toda la meseta de Medebá, **17** hasta Hesbón y todas las ciudades que están en la meseta: Dibón, Bamot-baal, Bet-baal-meón, **18** Jahas, Cademot, Mefáat, **19** Quiriataim, Sibmá, Séret-sáhar, que está en la colina del valle, **20** Bet-peor, Bet-jesimot y las laderas del monte Pisgá, **21** es decir, las ciudades de la meseta y todo el reino de Sihón, rey amorreo de Hesbón. Moisés había derrotado a Sihón y a los príncipes de Madián que le servían: Eví, Réquem, Sur, Hur y Reba.[q] **22** Además los israelitas mataron al adivino Balaam, hijo de Beor, y a muchos más.[r] **23** El territorio de la tribu de Rubén, repartido según el número de sus clanes, incluía todas estas ciudades y aldeas, y llegaba hasta el río Jordán.

24 También a la tribu de Gad[s] les repartió tierras Moisés, según el número de sus clanes. **25** Les tocó Jazer y todas las ciudades de Galaad, la mitad del territorio de los amonitas hasta la ciudad de Aroer, que está frente a Rabá, **26** y la región que está entre Hesbón, Ramat-mispé y Betonim, y entre Mahanaim y la frontera de Debir. **27** En el valle, les tocó Bet-aram, Bet-nimrá, Sucot y Safón, que era lo único que quedaba del reino de Sihón, rey de Hesbón. Así que su territorio se extendía del lado oriental del río Jordán hasta el extremo sur del lago Quinéret. **28** Estas fueron las ciudades que, con sus aldeas, les tocaron a los de la tribu de Gad, según el número de sus clanes.

29 También a los de la media tribu de Manasés[t] les dio tierras Moisés, repartidas según el número de sus clanes.

---

[t] **12.23** Jos 11.2.
[u] **12.24** Cf. 1 R 14.17.
[a] **13.1-7** En los caps. 13—21 se trazan las fronteras ideales del territorio asignado a Israel a ambos lados del Jordán, y se indican los límites correspondientes a cada tribu. En la distribución se incluyen no solo los territorios ya conquistados, sino también los que aún quedaban por conquistar (13.2-5), aunque muchos de los lugares aquí mencionados nunca llegaron a estar realmente en poder de los israelitas.
[b] **13.3** *Sihor* es el nombre del torrente que marca la frontera con Egipto (véase Gn 15.18 n.), pero a veces ese mismo nombre se aplica también al río Nilo (Is 23.3).
[c] **13.3** Los *filisteos* eran un pueblo no semita, proveniente de las islas del mar Egeo y de las costas de Asia menor, que se estableció en la fértil zona costera del sur de Palestina. Las cinco ciudades mencionadas en este v. formaban la así llamada Pentápolis filistea; véase 1 S 4.16 nota *f*.
[d] **13.4** *Desde las ciudades:* traducción probable de una palabra hebrea que algunos consideran como un nombre propio.
[e] **13.4** La palabra *amorreos* designa aquí a los habitantes del antiguo reino de Amurru, el cual, según los textos egipcios, se encontraba al norte de Canaán.
[f] **13.5** Los *guibiltas* eran los habitantes de Guebal, la ciudad fenicia que los griegos llamaron *Biblos*, a causa del papiro (gr. *biblos*) que allí se producía. La ciudad se encontraba sobre la costa libanesa del Mediterráneo, a unos 70 km. al norte de Sidón (cf. 1 R 5.18[22]; Ez 27.9). Véanse Jos 11.8 n. e *Índice de mapas*.
[g] **13.2-6** Cf. Jue 3.3-4.
[h] **13.6** Nm 33.54. Este reparto manifiesta la preocupación del Señor por la justa distribución de la tierra.
[i] **13.8** Cf. Nm 32.33; Dt 3.12.
[j] **13.9** *Aroer:* Véase Dt 2.36 n.
[k] **13.9** *Arnón:* Véase Dt 2.24 n.
[l] **13.10** Acerca de estos territorios, véase Dt 2.26 n.
[m] **13.11** *Galaad:* Véase Dt 2.36-37 n. e *Índice de mapas*.
[n] **13.11** *Guesureos* y *maacateos:* Véase Dt 3.14 n.
[ñ] **13.11** *Basán:* Véanse Dt 3.1 n. e *Índice de mapas*.
[o] **13.14** Dt 18.1; Jos 13.33.
[p] **13.15** A la tribu de *Rubén* se le asigna el territorio situado en la ribera oriental del Mar Muerto. Cf. Nm 32.37-38.
[q] **13.21** *Eví... Reba:* Estos mismos nombres se vuelven a encontrar en Nm 31.8.
[r] **13.22** Cf. Nm 22—24.
[s] **13.24** El territorio asignado a la tribu de *Gad* se halla en la cuenca oriental del Jordán, especialmente en la región de Galaad (véase Dt 2.36-37 n.). Cf. Nm 32.1-5,34-38.
[t] **13.29** A *la media tribu de Manasés* le correspondió la parte comprendida entre el norte de Galaad y la región oriental del lago de Genesaret.

³⁰ Les tocó todo lo que antes había sido de Og, rey de Basán, es decir, todo Basán desde Mahanaim, con las sesenta poblaciones que pertenecen a Jaír, ³¹ la mitad de Galaad, y las ciudades de Astarot y Edrei. Todo esto fue para la mitad de los descendientes de Maquir, hijo de Manasés, ᵘ según el número de sus clanes.

³² Estas son las tierras que Moisés les dio en propiedad en los llanos de Moab, al este del río Jordán, frente a Jericó. ³³ Pero a los de la tribu de Leví no les dio tierras en propiedad, sino que les dijo: "El Señor y Dios de Israel es su herencia." ᵛ

14 *Josué reparte la tierra de Canaán* ᵃ ¹ Estos son los territorios de Canaán que los israelitas recibieron como posesión, tal y como se los dieron el sacerdote Eleazar, ᵇ Josué y los jefes de clanes de las tribus israelitas. ² Los territorios se repartieron por sorteo entre las nueve tribus y media, como el Señor le había mandado a Moisés que lo hiciera. ᶜ ³ Ya antes Moisés les había dado tierras al otro lado del Jordán a las tribus de Rubén y de Gad y a la media tribu de Manasés; ᵈ pero a los levitas no les dio tierras. ⁴ Los descendientes de José formaban dos tribus, la de Manasés y la de Efraín, pero a los levitas no les tocó ninguna porción de tierra, sino solamente ciudades habitables, con campos para criar ganado y rebaños. ⁵ Los israelitas hicieron el reparto de la tierra tal como el Señor se lo había ordenado a Moisés.

El territorio de Caleb ⁶ Los descendientes de Judá fueron a Guilgal para hablar con Josué, y Caleb el quenezita, ᵉ hijo de Jefuné, le dijo a Josué: "Acuérdate de lo que el Señor le dijo a su siervo Moisés en Cadés-barnea, en cuanto a ti y a mí. ᶠ ⁷ Yo tenía cuarenta años cuando Moisés me envió desde Cadés-barnea a explorar la región, y cuando volví le hablé con toda sinceridad. ᵍ ⁸ Los que fueron conmigo hicieron que la gente se asustara, pero yo me mantuve fiel a mi Dios y Señor. ⁹ Entonces Moisés me juró: 'La tierra en que has puesto el pie será siempre tuya y de tus descendientes, porque te mantuviste fiel a mi Dios y Señor.' ʰ ¹⁰ Ya han pasado cuarenta y cinco años desde que el Señor le dijo esto a Moisés, que fue cuando los israelitas andaban todavía por el desierto, y conforme a su promesa me ha conservado con vida. Ahora ya tengo ochenta y cinco años, ¹¹ pero todavía estoy tan fuerte como cuando Moisés me mandó a explorar la tierra, y puedo moverme y pelear igual que entonces. ¹² Por eso te pido que me des ahora la región montañosa que el Señor me prometió. ⁱ Tú sabes desde entonces que los descendientes del gigante Anacʲ viven allí, y que tienen ciudades grandes y bien fortificadas. Pero yo espero que el Señor me acompañe y me ayude a echarlos de allí, como él lo ha dicho."

¹³ Entonces Josué bendijo a Caleb, y le dio Hebrón ᵏ para que fuera de él y de sus descendientes. ¹⁴ Así fue como Hebrón llegó a ser de Caleb y de sus descendientes hasta el día de hoy, porque Caleb se mantuvo fiel al Señor, Dios de Israel. ¹⁵ El nombre antiguo de Hebrón era Quiriat-arbá, pues Arbá fue un famoso descendiente del gigante Anac.

Después de esto hubo paz en la región. ˡ

15 *El territorio de Judá* ᵃ ¹ El territorio que les tocó en suerte a los clanes de la tribu de Judá llegaba hasta la frontera de Edom, y por el sur hasta el desierto de Sin. ² Por ese lado la frontera partía de la punta ᵇ que está en el extremo sur del Mar Muerto, ³ corría después hacia el sur por la cuesta de Acrabim, pasando por el desierto de Sin y al sur de Cadés-barnea; luego seguía hasta Hesrón, subía hacia Adar y daba la vuelta hacia Carcá, ⁴ de donde continuaba hasta Asmón, para salir al arroyo de Egipto ᶜ y terminar en el mar Mediterráneo. Esta era la frontera por el sur. ⁵ Por el este, la frontera era el Mar Muerto hasta la desembocadura del Jordán. De allí partía la frontera norte, ⁶ que subía por Bet-hoglá y pasaba al norte de Bet-arabá, y de allí a la Peña de Bohan Ben-rubén; ⁷ después subía del valle de Acor a Debir y volvía hacia Guilgal, ᵈ que está frente a la cuesta de Adumim, al sur del arroyo; después la frontera pasaba por el manantial de En-semes y seguía hasta el de En-roguel; ᵉ ⁸ entonces pasaba por el valle de Ben-hinom, al sur de la cuesta de Jebús, es decir, Jerusalén; luego subía por la cumbre del monte que está al oeste del valle de Hinom, y al norte del valle de Refaim, ⁹ para dar la vuelta desde la cumbre del monte hasta el manantial de Neftóah, y luego hasta las ciudades de Efrón, pasando por Baalá, que también se llama Quiriat-jearim. ᶠ ¹⁰ De Baalá, la frontera se volvía hacia el oeste hasta el monte de Seír, ᵍ y pasaba por Quesalón, al costado norte del monte Jearim, para después bajar hasta Bet-semes y pasar por Timná ¹¹ y por las cuestas al norte de Ecrón, girar hacia Sicrón, pasar por el monte de Baalá, y

---

ᵘ **13.31** En Jos 17.1 se especifica que *Maquir* era el primogénito de Manasés. Cf. Nm 32.39-40.
ᵛ **13.33** *El Señor... es su herencia:* Nm 18.20; Dt 18.1-2.
ᵃ **14.1-5** Josué completa la obra iniciada por Moisés, distribuyendo el país de Canaán, al oeste del río Jordán, entre las otras tribus de Israel.
ᵇ **14.1** *Eleazar,* hijo y sucesor de Aarón (Nm 20.25-28) y padre de Finees (Nm 25.7).
ᶜ **14.2** Cf. Nm 26.52-56; 34.13.
ᵈ **14.3** Nm 32.33; 34.14-15; Dt 3.12-17.
ᵉ **14.6** *Caleb:* Cf. Nm 13.6; 26.65; 32.12; Eclo 46.9.
ᶠ **14.6** Nm 14.30.
ᵍ **14.7** Cf. Nm 13.1-30.
ʰ **14.9** Nm 14.24.
ⁱ **14.12** Jue 1.20; Eclo 46.9.
ʲ **14.12** *Anac:* Véase Nm 13.33 n.

ᵏ **14.13** *Hebrón:* Véase Gn 13.18 n.
ˡ **14.15** Cf. Jos 11.23.
ᵃ **15.1-12** La *tribu de Judá* se instaló al sur de Canaán, especialmente en la zona montañosa al oeste del Mar Muerto.
ᵇ **15.2** *De la punta:* lit. *de la lengua,* es decir, de la franja de tierra que penetra en el Mar Muerto por el lado sudeste.
ᶜ **15.4** *Arroyo de Egipto:* Véase Jos 13.3 nota *b.*
ᵈ **15.7** *Debir* y *Guilgal* son aquí lugares distintos de los mencionados en la primera parte del libro de Josué. Véase 4.19 nota *f*; cf. 10.38-39; 11.21; 12.13.
ᵉ **15.7** *En-roguel:* fuente situada en las cercanías de Jerusalén. Cf. 1 R 1.9.
ᶠ **15.9** *Quiriat-jearim:* Véase Jos 9.17 nota *k.*
ᵍ **15.10** Este *monte de Seír* es distinto del que llevaba ese mismo nombre y está al sur del Mar Muerto, en el territorio de Edom. Véase Dt 2.4 n.

salir a Jabneel para terminar en el mar Mediterráneo. ¹²Por último, la frontera occidental era el mar Mediterráneo. Estas eran las fronteras de las posesiones que les tocaron a los de la tribu de Judá, y que se repartieron entre los clanes de la tribu.

Caleb conquista Hebrón y Debir *(Jue 1.10-15)*

¹³Josué dio a Caleb, el hijo de Jefuné, una parte de los territorios de la tribu de Judá. Conforme a lo ordenado por el Señor, le dio Hebrón,[h] la ciudad principal de los descendientes del gigante Anac. ¹⁴Caleb echó de allí a tres descendientes de Anac, llamados Sesai, Ahimán y Talmai.[i] ¹⁵Después marchó contra los que vivían en Debir, que antes se llamaba Quiriat-séfer,[j] ¹⁶y dijo: "Al que ataque y conquiste esta ciudad, yo le daré por esposa a mi hija Acsa." ¹⁷El que conquistó la ciudad fue su sobrino Otoniel,[k] el hijo de Quenaz, y Caleb le dio por esposa a su hija Acsa. ¹⁸Cuando iban a salir hacia su casa, Otoniel convenció a Acsa[l] de que le pidiera a su padre tierras de cultivo. Entonces ella se bajó del asno, y Caleb le preguntó:
—¿Qué se te ofrece?
¹⁹—Quiero pedirte un favor —contestó ella—. Ya que me diste tierras en el desierto del Néguev, dame también manantiales.
Y él le dio los manantiales de arriba y los de abajo.[m]

Las ciudades de la tribu de Judá

²⁰Estas fueron las posesiones de la tribu de Judá, que se repartieron según el número de sus clanes. ²¹Las ciudades que les tocaron en la región sur, hacia la frontera de Edom, fueron: Cabseel, Éder, Jagur, ²²Quiná, Dimoná, Adadá, ²³Quedes, Hasor, Itnán, ²⁴Zif, Télem, Bealot, ²⁵Hasor-hadatá, Queriot, Hesrón (que también se llama Hasor), ²⁶Amam, Semá, Moladá, ²⁷Hasargadá, Hesmón, Bet-pélet, ²⁸Hasar-sual, Beerseba, con sus aldeas, ²⁹Baalá, Iim, Ésem, ³⁰Eltolad, Quesil, Hormá, ³¹Siclag, Madmaná, Sansaná, ³²Lebaot, Silhim y En-rimón.[n] En total, veintinueve ciudades con sus aldeas.

³³En la llanura[ñ] les tocaron las siguientes ciudades: Estaol, Sorá, Asná, ³⁴Zanóah, En-ganim, Tapúah, Enam, ³⁵Jarmut, Adulam, Socó, Azecá, ³⁶Saaraim, Aditaim, Guederá y Guederotaim, o sea catorce ciudades con sus aldeas.

³⁷Las ciudades de Senán, Hadasá, Migdal-gad, ³⁸Dileán, Mispá, Jocteel, ³⁹Laquis, Boscat, Eglón, ⁴⁰Cabón, Lahmam, Quitlís, ⁴¹Guederot, Bet-dagón, Naamá y Maquedá, o sea dieciséis ciudades con sus aldeas.

⁴²Las ciudades de Libná, Éter, Asán, ⁴³Iftah, Asná, Nesib, ⁴⁴Queilá, Aczib y Maresá, o sea nueve ciudades con sus aldeas.

⁴⁵La ciudad de Ecrón con sus pueblos y aldeas, ⁴⁶y de Ecrón al mar todo el territorio cercano a Asdod, junto con sus aldeas.

⁴⁷La ciudad de Asdod con sus pueblos y aldeas, y la ciudad de Gaza con sus pueblos y aldeas, hasta el arroyo de Egipto y los límites del mar Mediterráneo.

⁴⁸En la región montañosa[o] les tocaron a los de Judá las siguientes ciudades: Samir, Jatir, Socó, ⁴⁹Daná, Quiriatsaná (llamada también Debir), ⁵⁰Anab, Estemoa, Anim, ⁵¹Gosen, Holón y Guiló, o sea once ciudades con sus aldeas.

⁵²Las ciudades de Arab, Dumá, Esán, ⁵³Janum, Bet-tapúah, Afecá, ⁵⁴Humtá, Quiriat-arbá (llamada también Hebrón), y Sior, o sea nueve ciudades con sus aldeas.

⁵⁵Las ciudades de Maón, Carmel, Zif, Jutá, ⁵⁶Jezreel, Jocdeam, Zanóah, ⁵⁷Caín, Guibeá y Timná, o sea diez ciudades con sus aldeas.

⁵⁸Las ciudades de Halhul, Bet-sur, Guedor, ⁵⁹Maarat, Bet-anot y Eltecón, o sea seis ciudades con sus aldeas.

⁶⁰Las ciudades de Quiriat-baal, llamada también Quiriat-jearim, y Rabá, con sus aldeas.

⁶¹En el desierto[p] les tocaron las ciudades de Bet-arabá, Midín, Secacá, ⁶²Nibsán, Ciudad de la Sal,[q] y En-gadi, o sea seis ciudades con sus aldeas.

⁶³Los descendientes de Judá no pudieron echar de Jerusalén a los jebuseos que allí vivían, de modo que hasta la fecha[r] los jebuseos viven en Jerusalén junto con los descendientes de Judá.

16

Territorios de Efraín y Manasés, descendientes de José

¹El territorio que les tocó en suerte a los descendientes de José[a] empezaba, por el este, en el río Jordán, a la altura de los manantiales de Jericó, y de allí se extendía por el desierto, a lo largo de las montañas que van de Jericó a Betel. ²De Betel, es decir, Luz,[b] pasaba por el territorio de los arquitas hasta Atarot; ³luego se extendía hacia el oeste por el territorio de los jafletitas,[c] hasta la frontera con Bet-horón de Abajo,[d] y hasta Guézer.[e] De allí salía al mar Mediterráneo. ⁴Las posesiones que

---

[h] 15.13 *Hebrón:* Véase Gn 13.18 n.; cf. Jos 14.15.
[i] 15.13-14 Jue 1.20.
[j] 15.15 *Debir:* localidad distinta de la mencionada en el v. 7. Cf. Jos 10.38; 11.21; 12.13.
[k] 15.17 *Otoniel* fue el primer "juez" en Israel, según Jue 3.9.
[l] 15.18 *Otoniel convenció a Acsa:* según versiones antiguas. Heb. *Acsa convenció a Otoniel.*
[m] 15.13-19 Jue 1.10-15.
[n] 15.32 *En-rimón:* traducción probable, según Neh 11.29 y la versión griega (LXX). Heb. *y Aín y Rimón.*
[ñ] 15.33 *En la llanura:* heb. *sefelá.* Véase Jos 9.1 nota *b.*
[o] 15.48 *En la región montañosa:* Se refiere a las montañas de Judá, al oeste del Mar Muerto.
[p] 15.61 *En el desierto:* es decir, el desierto de Judá, en las cercanías del Mar Muerto. Cf. Mt 3.1.
[q] 15.62 *Ciudad de la Sal:* Se ha propuesto identificarla con el sitio actual de las ruinas de Qumrán o de Ain Fesja, a orillas del Mar Muerto.
[r] 15.63 *Hasta la fecha:* En el momento en que fue redactado este texto, los jebuseos todavía habitaban en Jerusalén, ciudad que no sería conquistada sino en los tiempos de David. Cf. Jue 1.21; 2 S 5.6-9; 1 Cr 11.4.
[a] 16.1 Los *descendientes de José,* o sea, las tribus de Efraín y Manasés (cf. v. 4).
[b] 16.2 *Betel, es decir, Luz:* traducción probable. Heb. *a Luz.* Cf. Gn 28.19; Jos 18.13; Jue 1.22-26. Véase *Índice de mapas.*
[c] 16.2-3 Los *arquitas* y los *jafletitas* eran probablemente grupos cananeos que residían en las cercanías de Betel. Cf. 2 S 15.32; 16.16.
[d] 16.3 *Bet-horón de Abajo:* Véase Jos 10.10 nota *f.*
[e] 16.3 *Guézer:* Cf. Jos 10.33; 12.12; 1 R 9.16-17.

recibieron las tribus de Manasés y Efraín, *f* descendientes de José, fueron las siguientes:

Territorios de la tribu de Efraín

5 Los límites del territorio de los clanes de la tribu de Efraín se extendían, al este, de Atarot-adar hasta Bet-horón de Arriba. **6** De allí se extendían hasta el mar Mediterráneo. El extremo norte de sus territorios era Micmetat, y de allí la frontera se extendía hacia el este, hasta Taanat-siló, para luego pasar por Janóah **7** y bajar a Atarot y Naará, hasta tocar Jericó y salir al río Jordán. **8** Desde Tapúah, la frontera se extiende hacia el oeste hasta el arroyo de Caná y el mar Mediterráneo. Este es el territorio que le tocó a la tribu de Efraín, y que se repartió entre sus clanes. **9** Hubo además algunas ciudades y aldeas dentro del territorio de la tribu de Manasés, que les tocaran a los de Efraín. **10** Pero los de la tribu de Efraín no echaron de Guézer a los cananeos que allí vivían, *g* sino que los dejaron vivir entre ellos, aunque los obligaron a pagarles tributo. Y hasta la fecha los cananeos viven allí.

17 Territorios de la tribu de Manasés

1 Este es el territorio que le tocó a la tribu de Manasés, el hijo mayor de José. A Maquir, *a* hombre de guerra, que era el hijo mayor de Manasés y padre de Galaad, le tocó el territorio de Galaad y de Basán, al este del Jordán. **2** También se sortearon las tierras que les tocarían, según el número de sus clanes, a los demás hijos de Manasés: *b* a Abiézer, Hélec, Asriel, Siquem, Héfer y Semidá, que eran hijos de Manasés y nietos de José.

3 Pero Selofhad, que era hijo de Héfer y nieto de Galaad, el hijo de Maquir y nieto de Manasés, no había tenido ningún hijo, sino solo cinco hijas, que eran Mahlá, Noá, Hoglá, Milcá y Tirsá. **4** Estas fueron a ver al sacerdote Eleazar *c* y a Josué y a los jefes del pueblo, y les dijeron: "El Señor le mandó a Moisés que nos diera tierras, lo mismo que a nuestros parientes." *d* Entonces Josué les dio tierras como a los parientes de su padre, tal como el Señor le había ordenado.

5 De esta manera la tribu de Manasés recibió diez partes, además de los territorios de Galaad y Basán, que están al este del Jordán, **6** porque a las hijas de Manasés se les dieron tierras como a los varones. La región de Galaad fue para los otros descendientes de Manasés. **7** El territorio de la tribu de Manasés se extendía de Aser a Micmetat, que está frente a Siquem, y continuaba hacia el sur, hasta la fuente de Tapúah. **8** Aunque la región de Tapúah era de la tribu de Manasés, la ciudad misma de Tapúah, que estaba junto a la frontera de Manasés, pertenecía a la tribu de Efraín. **9** Después la frontera bajaba hacia el sur hasta el arroyo de Caná, de modo que estas ciudades de Efraín estaban entre las ciudades de Manasés, aun cuando la frontera norte del arroyo pertenecía a Manasés, junto con la salida al mar. **10** Efraín quedaba al sur del arroyo, y Manasés al norte, teniendo como límite el mar Mediterráneo, con los territorios de la tribu de Aser al norte y los de Isacar al este. **11** También le tocaron a Manasés las siguientes ciudades en los territorios de Isacar y de Aser, cada una con sus aldeas cercanas: Bet-seán, Ibleam, Dor, *e* Endor, Taanac y Meguido, y las tres colinas. *f* **12** Pero los de la tribu de Manasés no pudieron tomar posesión de estas ciudades, porque los cananeos opusieron resistencia y se quedaron allí. **13** Después, cuando los israelitas se hicieron más fuertes, obligaron a los cananeos a pagarles tributo, pero no los echaron de allí. *g*

Los descendientes de José toman los bosques

14 Los descendientes de José le dijeron a Josué:

—¿Por qué nos has dado en suerte una sola porción del terreno, si nosotros somos muchos y el Señor nos ha bendecido?

15 Josué les contestó:

—Ya que ustedes son tantos que no caben en los montes de Efraín, vayan al bosque y desmonten tierras en la región de los ferezeos y de los refaítas. *h*

16 Y ellos dijeron:

—Es verdad que estos montes no nos alcanzan. Pero los cananeos que viven en el llano tienen carros de hierro, lo mismo los que viven en Bet-seán y en sus aldeas que los que viven en el valle de Jezreel.

17 Entonces Josué respondió así a los descendientes de José, es decir, a las tribus de Efraín y Manasés:

—Ustedes son muchos y tienen mucho poder, de modo que no les tocará solamente una parte del territorio, **18** sino que ese monte cubierto de bosques también será suyo, y ustedes aprovecharán sus bosques. En cuanto a los cananeos, ustedes los echarán de allí, aunque ellos sean fuertes y tengan carros de hierro. *i*

18 Los territorios de las otras tribus

1 Toda la comunidad israelita se reunió en Siló, *a* para establecer allí la tienda del encuentro con Dios. Ya para entonces la tierra había sido conquistada, *b* **2** aunque todavía quedaban siete tribus israelitas a las que no se les había dado su parte.

---

f **16.4** Las *tribus de Manasés y Efraín* ocuparon principalmente las montañas de la Palestina central, al sur de la llanura de Jezreel o Esdrelón. Acerca del territorio asignado a la otra mitad de la tribu de Manasés, véase Jos 13.29 n.

g **16.10** Jue 1.29.

a **17.1** Jos 13.31.

b **17.2** *Hijos de Manasés:* Nm 26.29-34.

c **17.4** *Eleazar:* Véase Jos 14.1 n.

d **17.4** Nm 27.1-7.

e **17.11** *Dor:* Véase Jos 11.2 nota *d*.

f **17.11** *Colinas:* probable significado de un término hebreo que otros traducen por *regiones* o *distritos*.

g **17.12-13** Cf. Jos 15.63; 16.10; Jue 1.27-28.

h **17.15** Los *ferezeos* eran una población agrícola que vivía en las montañas de la Palestina central (cf. Jos 3.10). Los *refaítas*, en cambio, habitaban en la Transjordania (cf. Jos 12.4; 13.12).

i **17.17-18** Los *carros* de madera recubierta de *hierro* eran un arma poderosa, pero podían utilizarse eficazmente solo en las llanuras. De ahí que a los israelitas les haya resultado más fácil apoderarse de las regiones montañosas que de las ciudades ubicadas en las zonas llanas. Cf. Jue 1.19.

a **18.1** *Siló:* localidad de la tribu de Efraín (cf. Jos 19.51; Jue 21.19); llegó a ser un importante centro religioso israelita en la época de los Jueces (1 S 1.3), hasta que fue destruido por los filisteos (Jer 7.12). Véase *Índice de mapas*.

b **18.1** *Tienda del encuentro con Dios:* Véase Ex 26.1-36 n. Este santuario portátil fue sustituido más tarde en Siló por un templo

³ Entonces Josué les dijo a los israelitas: "¿Qué esperan para tomar posesión de la tierra que les ha dado el Señor, el Dios de sus antepasados? ⁴ Escojan tres hombres de cada tribu, para que yo los mande a recorrer toda la región y a que me traigan un informe del modo en que puede repartirse. ⁵ Estos hombres deberán dividir la región en siete partes, dejando a Judá sus territorios al sur, y a los descendientes de José sus territorios al norte. ⁶ Después que hayan dividido la región en siete partes, me traerán la descripción y yo echaré las suertes en presencia del Señor nuestro Dios. ⁷ A los levitas no les tocará ninguna parte, pues lo que les toca a ellos es el sacerdocio del Señor. ᶜ En cuanto a las tribus de Gad y de Rubén y la media tribu de Manasés, ya tienen sus posesiones en la región este del río Jordán, la cual les dio Moisés, el siervo del Señor." ᵈ

⁸ Los que iban a preparar la descripción de la región se dispusieron a salir, y Josué les ordenó: "Vayan por toda la región y divídanla, y vuelvan en cuanto terminen, para que yo la sortee aquí en Siló, delante del Señor."

⁹ Aquellos hombres fueron y recorrieron toda la región, dividieron las ciudades en siete grupos y lo pusieron todo por escrito. Después volvieron al campamento de Siló, donde estaba Josué. ¹⁰ Entonces Josué repartió el territorio entre los israelitas allí en Siló, sorteándolo delante del Señor.

El territorio de la tribu de Benjamín

¹¹ Una vez hecho el sorteo, a los clanes de la tribu de Benjamín les tocaron tierras entre los territorios de Judá y los de José. ᵉ ¹² La frontera de este territorio empezaba, por el norte, en el río Jordán, y se extendía hacia el lado norte de Jericó, ᶠ continuaba por la región montañosa hacia el oeste, y venía a salir al desierto de Bet-avén. ¹³ De allí seguía hacia Luz (es decir, Betel) ᵍ por el lado sur, y bajaba hasta Atarot-adar en el monte que está al sur de Bet-horón de Abajo; ʰ ¹⁴ luego la frontera se volvía hacia el mar Mediterráneo por el costado sur del monte que está frente a Bet-horón, hasta Quiriat-baal, llamada también Quiriat-jearim, ⁱ que pertenecía a la tribu de Judá. Esa era la frontera oeste.

¹⁵ La frontera sur salía del extremo de Quiriat-jearim, en dirección oeste hasta el manantial de Neftóah, ¹⁶ y bajaba hasta el extremo del monte que está frente al valle de Ben-hinom, al norte del valle de Refaim. Después bajaba al valle de Hinom, pasaba al sur de la cuesta de Jebús, ʲ y seguía hasta el manantial de En-roguel. ᵏ ¹⁷ Luego se volvía hacia el norte y salía a En-semes, de donde seguía hasta Guelilot, que está frente a la cuesta de Adumim, y bajaba luego por el lado norte de la cuesta, frente al valle del Jordán, y bajando hasta el Jordán ¹⁹ pasaba al norte de Bethoglá, para terminar en la bahía norte del Mar Muerto, donde desemboca el río Jordán. Esta era la frontera sur.

²⁰ El río Jordán era la frontera del este. Estas eran las fronteras del territorio que se repartió entre los clanes de la tribu de Benjamín.

²¹ Las ciudades que les tocaron a los clanes de la tribu de Benjamín fueron, por una parte: Jericó, Bet-hoglá, Émec-quesís, ²² Bet-arabá, Semaraim, Betel, ²³ Avim, Pará, Ofrá, ²⁴ Quefar-haamoní, Ofní y Gueba, o sea doce ciudades con sus aldeas. ²⁵ Además Gabaón, ˡ Ramá, Beerot, ²⁶ Mispá, Quefirá, Mosá, ²⁷ Réquem, Irpeel, Taralá, ²⁸ Selá, Élef, Jebús (es decir, Jerusalén), Guibeá y Quiriat, o sea catorce ciudades con sus aldeas. Este es el territorio que les tocó a los clanes de la tribu de Benjamín.

19 El territorio de la tribu de Simeón

¹ El segundo territorio sorteado les tocó a los clanes de la tribu de Simeón. ᵃ Este territorio quedaba dentro del de la tribu de Judá, ² y comprendía las ciudades de Beerseba, Sebá, ᵇ Moladá, ³ Hasar-sual, Balá, Ésem, ⁴ Eltolad, Betul, Hormá, ⁵ Siclag, Bet-marcabot, Hasar-susá, ⁶ Bet-lebaot y Saruhén, en total trece ciudades con sus aldeas. ⁷ Además les tocaron las ciudades de En-rimón, ᶜ Éter y Asán, con sus aldeas, ⁸ más las aldeas que había hasta Baalat-beer, que es la ciudad de Ramat, en el Négueb. Estas son las tierras que les tocaron a los clanes de Simeón. ᵈ ⁹ La parte de la tribu de Simeón quedaba dentro del territorio de Judá, porque esta tribu tenía demasiada tierra, y se les dio a los de Simeón parte de la tierra que le había tocado a Judá.

El territorio de la tribu de Zabulón

¹⁰ El tercer territorio que se sorteó les tocó a los clanes de la tribu de Zabulón. ᵉ Su frontera se extendía hasta Sarid, ¹¹ seguía hacia el occidente hasta Maralá y luego hasta Dabéset, para terminar en el arroyo que está frente a Jocneam. ¹² De Sarid, esta frontera iba hacia el oriente hasta Quislot-tabor, y de allí pasaba a Daberat y subía hasta Jafía. ¹³ De allí, la frontera iba por el este hacia Gat-héfer, pasaba por Itá-casín y llegaba hasta Rimón, dando la vuelta por Neá. ¹⁴ Por el norte, la

---

estable (cf. Jue 18.31), donde el arca de la alianza permaneció durante un tiempo bastante largo (cf. 1 S 4.4).
ᶜ **18.7** Jos 13.14,33.
ᵈ **18.7** Gad... Manasés: Véase Jos 1.12-15 n.
ᵉ **18.11** El territorio de Benjamín, la más pequeña de las tribus de Israel, limitaba al sur con el de Judá y al norte con el de Efraín. Véase Índice de mapas.
ᶠ **18.12** Jericó: Véase Jos 2.1 nota b.
ᵍ **18.13** Betel: Véase Jos 16.2 n.
ʰ **18.13** Bet-horón: Véase Jos 10.10 nota f.
ⁱ **18.14** Quiriat-jearim: Véase Jos 9.17 nota k.
ʲ **18.16** Jebús: Véase Jos 10.1-2 nota k.
ᵏ **18.16** En-roguel: Véase Jos 15.7 nota e.
ˡ **18.25** Gabaón: Véase Jos 9.3 n.
ᵃ **19.1** La tribu de Simeón aparece vinculada a la región de Beerseba, al sur de Palestina, pero no se delimitan sus fronteras (véase Índice de mapas). Esto se debe a que dicha tribu no poseyó un territorio propio, independiente del de Judá (cf. Gn 49.7; Jue 1.17). Por eso, muchas de las ciudades que se le asignan ya aparecieron mencionadas entre las ciudades de Judá.
ᵇ **19.2** Cf. Jos 15.26, donde el texto trae Semá en vez de Sebá. Se ha pensado que este Sebá no es nada más que la repetición de la última parte de Beerseba. En tal caso, el número de las ciudades no sería catorce sino trece, como lo indica el v. 6.
ᶜ **19.7** En-rimón: Véase 15.32 n.
ᵈ **19.2-8** 1 Cr 4.28-33.
ᵉ **19.10** El territorio de la tribu de Zabulón incluía una parte de la Baja Galilea y la zona central de la llanura de Jezreel o Esdrelón. El monte Tabor marcaba el límite de los territorios de Zabulón, Isacar y Neftalí.

frontera daba la vuelta hasta Hanatón y salía al valle de Jefté-el. **15** Había en este territorio doce ciudades con sus aldeas vecinas, entre ellas: Catat, Nahalal, Simrón, Idalá y Belén.[f] **16** Este es el territorio que les tocó a los clanes de la tribu de Zabulón, con sus ciudades y aldeas.

El territorio de la tribu de Isacar **17** El cuarto territorio que se sorteó les tocó a los clanes de la tribu de Isacar.[g] **18** Su territorio incluía las ciudades de Jezreel, Quesulot, Sunem, **19** Hafaraim, Sihón, Anaharat, **20** Rabit, Quisión, Ebes, **21** Rémet, En-ganim, En-hadá y Bet-pasés. **22** La frontera llegaba a Tabor, Sahasimá y Bet-semes, y terminaba en el río Jordán; en total, dieciséis ciudades con sus aldeas. **23** Este es el territorio que les tocó a los clanes de la tribu de Isacar, con sus ciudades y aldeas.

El territorio de la tribu de Aser **24** El quinto territorio que se sorteó les tocó a los clanes de la tribu de Aser,[h] **25** e incluía las ciudades de Helcat, Halí, Beten, Acsaf, **26** Alamélec, Amad y Misal, de modo que llegaba por el oeste hasta el monte Carmelo y Sihor-libnat. **27** La frontera oriental corría hacia el norte hasta Bet-dagón, tocando el territorio de la tribu de Zabulón, el valle de Jefté-el, Bet-émec, Neiel, y siguiendo más allá de Cabul, **28** de modo que abarcaba Abdón,[i] Rehob, Hamón y Caná, hasta llegar a la gran ciudad de Sidón. **29** Después la frontera daba la vuelta hacia Ramá, y hasta la ciudad fortificada de Tiro, para luego seguir hacia Hosá y salir al mar Mediterráneo. Con Mahaleb,[j] Aczib, **30** Umá, Afec y Rehob, sumaban veintidós ciudades con sus aldeas vecinas. **31** Este es el territorio que les tocó a los clanes de la tribu de Aser.

El territorio de la tribu de Neftalí **32** El sexto territorio que se sorteó les tocó a los clanes de la tribu de Neftalí.[k] **33** Su territorio iba desde Héléf, Elón-saananim, Adamínéqueb y Jabneel, hasta Lacum, llegando al Jordán. **34** Por el oeste, la frontera iba por Aznot-tabor, y luego por Hucoc, de modo que por el lado sur colindaba con el territorio de la tribu de Zabulón, por el oeste con el territorio de la tribu de Aser. Por el este, el territorio de la tribu de Neftalí llegaba hasta el río Jordán. **35** Las ciudades fortificadas que les tocaron fueron: Sidim, Ser, Hamat, Racat, Quinéret, **36** Adamá, Ramá, Hasor,[l] **37** Quedes, Edrei, Enhasor, **38** Irón, Migdal-el, Horem, Bet-anat y Bet-semes. En total eran diecinueve ciudades con sus aldeas vecinas.

39 Este fue el territorio, con sus ciudades y aldeas, que les tocó a los clanes de la tribu de Neftalí.

El territorio de la tribu de Dan **40** El séptimo territorio que se sorteó les tocó a los clanes de la tribu de Dan.[m] **41** En este territorio estaban Sora, Estaol, Ir-semes, **42** Saalbim, Aialón, Jetlá, **43** Elón, Timnat, Ecrón, **44** Eltequé, Guibetón, Baalat, **45** Jehúd, Bené-berac, Gat-rimón, **46** Mejarcón y Racón, con el territorio que queda frente a Jope. **47** Pero como este territorio no les alcanzaba, fueron los de la tribu de Dan a atacar la ciudad de Lésem, y tomaron posesión de ella después de matar a todos los que vivían allí. Y así se quedaron a vivir en esa ciudad, y le cambiaron el nombre, llamándola Dan en honor de su antepasado.[n] **48** Este es el territorio que, con sus ciudades y aldeas, les tocó a los clanes de la tribu de Dan.

El territorio de Josué **49** Después que los israelitas terminaron de repartir los territorios que le tocaban a cada tribu, le dieron su parte a Josué dentro de los territorios de los demás. **50** Tal como el Señor lo había ordenado, le dieron la ciudad de Timnat-sérah,[ñ] en la región montañosa de Efraín, que fue la que Josué pidió. Y Josué reconstruyó la ciudad y vivió en ella.

51 Todos estos fueron los territorios que el sacerdote Eleazar, Josué y los jefes del pueblo sortearon entre las tribus israelitas, en presencia del Señor, a la entrada de la tienda del encuentro, en Siló. Y así el reparto de la tierra quedó completo.

20 Los israelitas señalan ciudades de refugio[a]
(Nm 35.6-34; Dt 4.41-43; 19.1-13) **1** El Señor le habló a Josué y le dijo: **2** "Habla con los israelitas y diles que escojan ciudades de refugio, tal como lo ordené por medio de Moisés. **3** Si uno mata a otro accidentalmente, sin intención, puede huir a una de esas ciudades para protegerse de la venganza del pariente más cercano del muerto.[b] **4** El que busque refugio en uno de esos lugares llegará a la puerta de la ciudad y hará su declaración ante los ancianos de la ciudad. Entonces ellos le permitirán entrar y le darán un lugar para vivir. **5** Si el pariente más cercano del muerto lo persigue, los ancianos de la ciudad no entregarán al refugiado, pues mató a su prójimo sin intención y no por tenerle odio. **6** Pero el refugiado tendrá que quedarse en la ciudad hasta que se presente ante todo el pueblo para ser

---

[f] **19.15** *Belén* de Zabulón, distinto del lugar del mismo nombre, perteneciente a la tribu de Judá. Cf. 1 S 16.1; Miq 5.2(1); Mt 2.6; Jn 7.42.

[g] **19.17** El texto da una lista de pueblos, pero no delimita exactamente las fronteras del territorio asignado a *Isacar*. Estas ciudades ocupaban el extremo oriental de la llanura de Jezreel o Esdrelón, hasta la ribera del río Jordán.

[h] **19.24** El territorio de *Aser* se extendía, teóricamente, desde el sur del Carmelo hasta Sidón (véase Jos 11.8 n.). Cf., sin embargo, Jue 1.31-32. Véase también *Índice de mapas.*

[i] **19.28** *Abdón:* según varios mss. y Jos 21.30. Heb. *Ebrón.*

[j] **19.29** *Con Mahaleb:* traducción probable. Heb. *desde el distrito.*

[k] **19.32** El territorio de *Neftalí* llegaba hasta la Alta Galilea y limitaba al oriente con el Lago de Genesaret y con el curso alto del río Jordán.

[l] **19.36** *Hasor:* Véase Jos 11.1 nota b.

[m] **19.40** Después de haberse establecido por un tiempo en la región situada al oeste de Benjamín (véase Jos 18.11 n.; cf. Jue 13.2), un grupo importante de la *tribu de Dan* emigró hacia el norte y se instaló en la zona cercana a las fuentes del río Jordán (cf. Jue 17—18).

[n] **19.47** Jue 18.1-29.

[ñ] **19.50** Cf. Jos 24.30.

[a] **20.1-9** Los caps. 20—21 completan las indicaciones relativas a la distribución del territorio de Canaán entre las tribus de Israel. El primero se refiere a las *ciudades de refugio*, es decir, a las ciudades donde el homicida involuntario podía refugiarse a fin de evitar la venganza de sangre (cf. Ex 21.13; Nm 35.6-32; Dt 4.41-43; 19.1-13). El segundo asigna a los *levitas* 48 ciudades (cf. 21.41) diseminadas por todo el territorio de Israel.

[b] **20.3** Cf. Nm 35.19-21; Dt 19.6,11-12.

juzgado, y hasta que muera el sumo sacerdote que en aquel tiempo esté en funciones. Después podrá volver el refugiado al lugar de donde huyó, es decir, a su propia casa y ciudad."

⁷ Entonces los israelitas escogieron como ciudades de refugio a Quedes en Galilea, en las montañas de Neftalí, a Siquem en los montes de Efraín, y a Quiriat-arbá, llamada también Hebrón, en los montes de Judá. ⁸ Del otro lado del Jordán, en la meseta del desierto al este de Jericó, escogieron a Béser, de la tribu de Rubén; en la región de Galaad escogieron a Ramot, de la tribu de Gad; y en la región de Basán escogieron a Golán, de la tribu de Manasés. *c*
⁹ Estas fueron las ciudades de refugio que escogieron para todos los israelitas y para los extranjeros que vivieran entre ellos. Allí podía refugiarse cualquiera que matara a otro por accidente, para que de este modo el pariente más cercano del muerto no pudiera vengarse y matarlo antes que el pueblo lo juzgara.

21 Las ciudades de los levitas *a* (1 Cr 6.54-81)

1-2 Los jefes de familias levitas fueron a Siló, en la región de Canaán, para hablar con el sacerdote Eleazar, con Josué y con los jefes de familia de las tribus israelitas. Allí les dijeron: "Por medio de Moisés, el Señor ordenó que se nos dieran ciudades donde vivir, junto con campos de pastoreo para nuestros ganados." ³ Entonces los israelitas dieron a los levitas algunas de sus propias ciudades y campos de pastoreo, conforme a lo dicho por el Señor.
⁴ Primero se hizo el sorteo para los clanes levitas que descendían de Quehat. A los quehatitas *b* descendientes del sacerdote Aarón les tocaron trece ciudades, que eran de las tribus de Judá, Simeón y Benjamín. ⁵ A los otros quehatitas les tocaron diez ciudades, que eran de las tribus de Efraín y de Dan y de la media tribu de Manasés.
⁶ Después de esto, a los clanes levitas que descendían de Guersón les tocaron en suerte trece ciudades, que eran de las tribus de Isacar, de Aser, de Neftalí y de la media tribu de Manasés que está en Basán. ⁷ Y a los clanes levitas que descendían de Merarí les tocaron doce ciudades, que eran de las tribus de Rubén, Gad y Zabulón.
⁸ Los israelitas repartieron entre los levitas, por sorteo, ciudades y campos de pastoreo, tal como el Señor lo había ordenado por medio de Moisés. ⁹ Estas ciudades, que van a ser mencionadas, las dieron los de la tribu de Judá y los de la tribu de Simeón, ¹⁰ y les tocaron a los levitas pertenecientes a los clanes de Quehat, que descendían de Aarón, porque a ellos les tocó la suerte en primer lugar. ¹¹ En la región montañosa de Judá les dieron Hebrón, la ciudad principal de los descendientes del gigante Anac, *c* con sus campos de pastoreo. ¹² Pero los terrenos y las aldeas de esta ciudad se le dieron en propiedad a Caleb, el hijo de Jefuné.
¹³ Además de Hebrón, que era ciudad de refugio para quienes habían matado a alguien, se les dieron a los descendientes del sacerdote Aarón las siguientes ciudades: Libná, ¹⁴ Jatir, Estemoa, ¹⁵ Holón, Debir, ¹⁶ Ain, Jutá y Bet-semes. Estas nueve ciudades contaban con sus propios campos de pastoreo. ¹⁷ Y de la tribu de Benjamín les dieron Gabaón, Gueba, ¹⁸ Anatot y Almón, o sea cuatro ciudades con sus propios campos de pastoreo, ¹⁹ de modo que las ciudades de los sacerdotes descendientes de Aarón fueron trece en total, cada una con sus propios campos de pastoreo.

²⁰ A los otros clanes levitas descendientes de Quehat se les repartieron ciudades de la tribu de Efraín. ²¹ En los montes de Efraín les dieron Siquem, como ciudad de refugio para quien matara a alguien, y además Guézer, ²² Quibsaim y Bet-horón, o sea cuatro ciudades con sus propios campos de pastoreo. ²³ De la tribu de Dan recibieron Eltequé, Guibetón, ²⁴ Aialón y Gat-rimón, o sea cuatro ciudades con sus campos de pastoreo; ²⁵ y de la media tribu de Manasés recibieron dos ciudades, Taanac y Gat-rimón, con sus campos de pastoreo; ²⁶ así que las ciudades de estos clanes quehatitas fueron diez en total, con sus propios campos de pastoreo.

²⁷ A los levitas descendientes de Guersón les dieron dos ciudades, que eran de la media tribu de Manasés, con sus propios campos de pastoreo: Golán, que estaba en Basán, para que sirviera como ciudad de refugio, y Beesterá. ²⁸ De la tribu de Isacar les dieron Quisión, Daberat, ²⁹ Jarmut y En-ganim, o sea cuatro ciudades con sus propios campos de pastoreo. ³⁰ De la tribu de Aser les dieron Misael, Abdón, ³¹ Helcat y Rehob, o sea cuatro ciudades con sus propios campos de pastoreo. ³² De la tribu de Neftalí les dieron tres ciudades con sus propios campos de pastoreo: Quedes, que estaba en Galilea, para que sirviera como ciudad de refugio, Hamot-dor y Cartán; ³³ de modo que las ciudades de los clanes guersonitas fueron trece en total, cada una con sus propios campos de pastoreo.

³⁴ A los clanes levitas que aún quedaban, o sea a los descendientes de Merarí, les dieron de la tribu de Zabulón: Jocneam, Cartá, ³⁵ Dimná y Nahalal, o sea cuatro ciudades con sus propios campos de pastoreo. ³⁶ De la tribu de Rubén les dieron Béser, Jahas, ³⁷ Cademot y Mefáat, o sea cuatro ciudades con sus propios campos de pastoreo. ³⁸ De la tribu de Gad les dieron Ramot de Galaad, para que sirviera como ciudad de refugio, Mahanaim, ³⁹ Hesbón y Jazer, o sea cuatro ciudades con sus propios campos de pastoreo, ⁴⁰ de modo que las ciudades que les tocaron a los clanes levitas que aún quedaban, es decir, a los descendientes de Merarí, fueron doce en total.

⁴¹ Las ciudades levitas dentro del territorio israelita fueron cuarenta y ocho en total, cada una con sus propios campos de pastoreo, ⁴² los cuales rodeaban a cada ciudad. El caso era el mismo en cada una de estas ciudades.

El Señor es fiel ⁴³ Así fue como el Señor les dio a los israelitas todo el territorio que les había prometido bajo

---

c 20.7-8 Dt 4.41-43.

a 21.1-42 La tribu de Leví no tenía territorio propio (Jos 13.33; 14.4; 18.7), pero los levitas recibieron varias ciudades repartidas por los territorios de las otras tribus de Israel. Aquí se enumeran las 48 ciudades levíticas (cf. v. 41), entre las cuales se encontraban las ciudades de refugio de las que se habla en el cap. anterior. Cf. Nm 35.1-8.

b 21.4 Acerca de la división de los levitas en clanes *quehatitas,* guersonitas y meraritas (cf. vv. 27,34), véase en particular Nm 3.14-37.

c 21.11 *Ciudad principal... Anac:* Cf. Jos 14.15; 15.13.

juramento a sus antepasados, y ellos se establecieron y vivieron allí. **44** El Señor cumplió su promesa, y les dio paz en todo el territorio. Sus enemigos no pudieron hacerles frente, porque el Señor les dio la victoria sobre ellos. **45** Ni una sola palabra quedó sin cumplirse de todas las buenas promesas que el Señor había hecho a los israelitas.

22 *El regreso de Rubén, Gad y la media tribu de Manasés*[a]

1 Entonces Josué llamó a las tribus de Rubén y de Gad y a la media tribu de Manasés, **2** y les dijo: "Ustedes han cumplido todo lo que les ordenó Moisés, el siervo del Señor, y han obedecido todas mis órdenes. **3** Hasta el día de hoy, y durante todo este tiempo, no han abandonado a sus hermanos, y han cumplido fielmente los mandamientos del Señor y Dios de ustedes. **4** Ahora que él ha cumplido su promesa y que los hermanos de ustedes tienen paz, vuelvan a sus tiendas de campaña y a las tierras que Moisés, el siervo del Señor, les dio al este del río Jordán. **5** Lo único que les pido es que cumplan fielmente el mandamiento y la ley que les dio Moisés, el siervo del Señor, es decir, que amen al Señor y Dios de ustedes, que anden siempre en sus caminos y obedezcan sus mandatos, y que le sigan y le sirvan con todo el corazón y con toda el alma."[b]

6 Después de esto, Josué los bendijo y los despidió, y ellos se fueron a sus tiendas.

7 A una mitad de la tribu de Manasés, Moisés le había dado tierras en la región de Basán.[c] A la otra mitad de la tribu de Manasés, Josué le dio tierras entre los israelitas al oeste del Jordán, y a los primeros los bendijo y los mandó de regreso. **8** Y les dijo: "Ustedes vuelven ahora a sus tierras con grandes riquezas y muchos animales, con oro, plata, bronce y hierro, y con mucha ropa. Compartan con sus hermanos esto que le han quitado al enemigo."

9 Así fue como las tribus de Rubén y de Gad y la media tribu de Manasés se separaron del resto de los israelitas en Siló,[d] en la región de Canaán, para regresar a sus posesiones en la región de Galaad,[e] donde tenían tierras según el Señor lo había ordenado por medio de Moisés.

El altar junto al Jordán

10 Cuando las tribus de Rubén y de Gad y la media tribu de Manasés llegaron al río Jordán, todavía en territorio cananeo,[f] levantaron junto al río un gran altar. **11** A los otros israelitas les llegó la noticia de que las tribus de Rubén y de Gad y la media tribu de Manasés habían construido un altar[g] en la frontera de Canaán, junto al Jordán, en territorio israelita; **12** y en cuanto los israelitas lo supieron, se reunieron en Siló para ir a pelear contra ellos. **13** Mandaron antes a Finees, hijo del sacerdote Eleazar,[h] para que fuera a Galaad, donde estaban las tribus de Rubén y de Gad y la media tribu de Manasés. **14** Con él iban diez principales jefes israelitas, cada uno de los cuales representaba a su clan y a su tribu. **15** Todos ellos fueron a Galaad, donde estaban las tribus de Rubén y de Gad y la media tribu de Manasés, y les dijeron:

16—Nosotros hablamos en el nombre del pueblo del Señor. ¿Qué traición es esta que ustedes han cometido contra el Dios de Israel? ¿Por qué le han abandonado y se han construido un altar en rebeldía contra el Señor? **17** ¿Acaso no ha sido bastante el pecado de Peor,[i] con el que todavía estamos manchados y por el que murieron tantos del pueblo del Señor? **18** ¿No les basta con eso, para que ahora ustedes también se aparten del Señor? Si ustedes se rebelan hoy contra el Señor, mañana él se enojará con todo el pueblo israelita. **19** Si les parece que este territorio que les ha tocado es impuro, vengan a la tierra del Señor, donde está el santuario del Señor. Tomen un territorio entre nosotros. Pero no se rebelen contra el Señor ni contra nosotros construyendo otro altar además del altar del Señor nuestro Dios. **20** Acuérdense que Acán, el hijo de Zérah, pecó al tomar de lo que estaba consagrado a la destrucción, y que por su culpa el Señor se enojó con toda la comunidad de Israel. ¡Y Acán no fue el único que murió a causa de su pecado![j]

21 Entonces los de Rubén y Gad y los de la media tribu de Manasés contestaron a los jefes israelitas:

22—El Señor y Dios de todos los dioses sabe que no hicimos este altar por rebeldía o para apartarnos de él. Él lo sabe y se lo hace saber a todos ustedes; si fue por estas razones, ¡no nos perdones la vida! **23** Si construimos este altar para apartarnos del Señor, o para presentar holocaustos, ofrendas de cereales o sacrificios de reconciliación, que el mismo Señor nos pida cuentas. **24** La verdad es que lo hicimos porque no queremos que algún día los hijos de ustedes les digan a los nuestros: '¿Qué tienen ustedes que ver con el Señor y Dios de Israel? **25** El Señor ha puesto el Jordán para separarnos de ustedes, los de las tribus de Rubén y de Gad. Ustedes no tienen nada que ver con el Señor.' Así los hijos de ustedes harían que nuestros hijos dejaran de sentir reverencia por el Señor. **26** Por eso pensamos en construir un altar, no para ofrecer holocaustos al Señor ni presentar otros sacrificios, **27** sino para que sea un testimonio entre ustedes y nosotros, y entre nuestros descendientes, de que nosotros podemos servir al Señor y presentarnos ante él con nuestros holocaustos y con nuestros sacrificios por el pecado y de reconciliación. Así los descendientes de ustedes no podrán decirles a los nuestros: 'Ustedes no tienen nada que ver con el Señor.' **28** Pensamos que si alguien nos dice eso a nosotros o a nuestros descendientes, nosotros podremos responder: '¡Miren! Nuestros antepasados

---

[a] 22.1-9 Aquí comienza la tercera y última parte del libro de *Josué*. Las tribus de la Transjordania, después de haber participado en la conquista de Canaán, son enviadas de vuelta a sus propias tierras. Cf. Nm 32.20-32 y véase Jos 1.12-15 n.

[b] 22.5 *Con todo el corazón y con toda el alma:* Cf. Dt 5.29; véase Dt 6.5 nota e.

[c] 22.7 *Basán:* Véase Dt 3.1 n.

[d] 22.9 *Siló:* Véase Jos 18.1 nota a.

[e] 22.9 *Galaad:* Véase Dt 2.36-37 n.

[f] 22.10 *En territorio cananeo:* o sea, la región situada al oeste del río Jordán.

[g] 22.11 El resto de las tribus va a interpretar la construcción de este altar como una acción separatista (cf. v. 19), ya que el altar de todo el pueblo de Israel se encontraba en el santuario de Siló (véase Jos 18.1 nota a). Este cap. manifiesta una preocupación por la unidad del santuario semejante a la de Dt 12.

[h] 22.13 *Finees, hijo del sacerdote Eleazar:* Cf. Nm 25.7-13.

[i] 22.17 *El pecado de Peor:* Cf. Nm 25.1-3.

[j] 22.20 Jos 7.1-26.

construyeron este altar del Señor, no para ofrecer holocaustos ni sacrificios, sino para que sirva de testimonio entre ustedes y nosotros.' **29** Dios nos libre de rebelarnos contra él o de abandonarle, construyendo otro altar para ofrecer holocaustos u ofrendas de cereales, o para otros sacrificios, aparte del altar del Señor nuestro Dios que está delante de su santuario.

30 Cuando el sacerdote Finees, los jefes de la comunidad y los jefes de clanes que iban con él oyeron lo que decían los de Rubén y de Gad y los de la media tribu de Manasés, les pareció bien. **31** Entonces Finees, el hijo del sacerdote Eleazar, les dijo:

—Ahora estamos seguros de que el Señor está con nosotros, pues ustedes no trataron de rebelarse contra él, y así nos han salvado del castigo del Señor.

32 Después de esto, Finees y los que iban con él se despidieron de ellos, y regresaron de la región de Galaad a la de Canaán, donde estaban los israelitas. Cuando les contaron a los que estaban en Canaán lo que habían contestado los de las otras tribus, **33** la respuesta les pareció bien, y alabaron a Dios. Desde entonces no hablaron más de atacar a las tribus de Rubén y de Gad, ni de destruir sus tierras. **34** Los descendientes de Rubén y de Gad le pusieron al altar el nombre de "Testimonio",*k* diciendo: "Este altar será un testimonio entre nosotros de que el Señor es Dios."

III. LA DESPEDIDA DE JOSUÉ Y LA RENOVACIÓN DE LA ALIANZA (23—24)

23 *Josué habla al pueblo* **1** Mucho tiempo después de que el Señor les diera a los israelitas paz*a* con sus enemigos, y cuando ya Josué estaba viejo,*b* **2** mandó llamar Josué a todos los israelitas, con sus ancianos, jefes, jueces y oficiales, y les dijo:

"Yo ya estoy viejo, y los años me pesan. **3** Ustedes han visto todo lo que el Señor les hizo a todos estos pueblos que se les oponían, pues él es quien ha peleado por ustedes.*c* **4** Yo repartí por sorteo todas estas tierras entre las tribus. No repartí solo los territorios ya conquistados, sino también los que quedan por conquistar, desde el río Jordán al este hasta el mar Mediterráneo al oeste.*d* **5** El Señor va a echar de esas tierras a los que viven en ellas, y ustedes las tomarán, tal como el Señor su Dios lo ha prometido.

6 "Esfuércense en cumplir todo lo que dice el libro de la ley de Moisés; cúmplanlo al pie de la letra.*e* **7** No se mezclen con la otra gente que todavía vive aquí entre ustedes.

No adoren a sus dioses, ni los obedezcan; ni siquiera mencionen el nombre de esos dioses, ni juren por ellos.*f* **8** Sigan siempre al Señor su Dios, como lo han hecho hasta ahora. **9** El Señor ha arrojado de delante de ustedes a pueblos grandes y fuertes, y hasta el día de hoy nadie ha podido resistir ante ustedes. **10** Uno solo de ustedes puede hacer huir a mil,*g* porque el Señor su Dios pelea a su favor, como él mismo lo prometió.*h* **11** Tengan, pues, cuidado de ustedes mismos, y amen al Señor su Dios.*i* **12-13** Porque quiero que sepan esto: que si se apartan de Dios y se mezclan con esta gente que ha quedado entre ustedes, y hacen matrimonios*j* unos con otros, el Señor su Dios no echará a estos pueblos de la presencia de ustedes, sino que los usará como red y como trampa para que ustedes caigan, y como látigo sobre sus espaldas y como espinas en sus ojos, hasta que no quede ni uno solo de ustedes en esta tierra tan buena que el Señor su Dios les ha dado.

14 "Yo ya me voy a morir,*k* pero antes quiero que ustedes reconozcan de todo corazón y con toda el alma que les han cumplido todas las cosas buenas que el Señor les prometió. Ni una sola de sus promesas quedó sin cumplirse. **15** Pero, así como se cumplió todo lo bueno que el Señor les prometió, así también él traerá sobre ustedes todo tipo de calamidades, hasta que no quede ni uno solo de ustedes en esta tierra buena que él les dio, **16** si no cumplen la alianza que el Señor hizo con ustedes. Si van y adoran a otros dioses, y se inclinan delante de ellos, el Señor se enojará con ustedes, y muy pronto serán borrados de esta tierra tan buena que él les ha dado."

24 *La despedida de Josué**a* **1** Josué reunió en Siquem*b* a todas las tribus de Israel. Llamó a los ancianos, jefes, jueces y oficiales y, en presencia del Señor, **2** dijo a todo el pueblo:

—Esto dice el Señor y Dios de Israel: 'Antiguamente, Térah*c* y sus hijos Abraham*d* y Nahor, antepasados de ustedes, vivían a orillas del río Éufrates y adoraban a otros dioses. **3** De las orillas del Éufrates tomé a Abraham, y lo hice andar por toda la región de Canaán. Lo hice crecer en número, dándole primero a su hijo Isaac,*e* **4** y a Isaac le di dos hijos, Jacob y Esaú.*f* A Esaú le di la región montañosa de Seír,*g* pero Jacob y sus hijos se fueron a Egipto.*h* **5** Entonces yo envié a Moisés y Aarón, y herí de muerte a los egipcios, hasta que los saqué a ustedes de allí.*i* **6** Cuando los antepasados de ustedes salieron de Egipto, los

---

k **22.34** *El nombre de "Testimonio":* traducción probable, según el contexto y el v. 27.
a **23.1** Jos 11.22; 21.44.
b **23.1** Cf. Jos 13.1.
c **23.3** Jos 10.8-11.
d **23.4** Jos 13.1-7.
e **23.6** Jos 1.7-8.
f **23.7** Ex 23.13; Dt 8.19; 11.16.
g **23.10** Cf. Dt 32.30.
h **23.10** Dt 3.22; 28.7.
i **23.11** *Amen al Señor su Dios:* Dt 6.5.
j **23.12-13** Dt 7.3-4.
k **23.14** Cf. 1 R 2.2.
a **24.1-28** El siguiente resumen histórico comprende tres etapas: la elección de los patriarcas (vv. 2-4), el éxodo de Egipto (vv. 5-7) y la entrada de los israelitas en la Tierra prometida (vv. 8-13). Josué recuerda las acciones del Señor en favor de su pueblo a fin de suscitar en este último una firme adhesión y una inquebrantable fidelidad a su único Dios. Cf. Dt 6.4-5.
b **24.1** *Siquem:* ciudad situada a la entrada oriental del valle que separa al monte Guerizim del monte Ebal. Allí había un antiguo santuario, ligado a la historia de los patriarcas (cf. Gn 12.6-7; 33.18-20; Jos 24.32). Véase *Índice de mapas.*
c **24.2** *Térah:* Gn 11.26-27.
d **24.2** Gn 12.1-9.
e **24.3** Gn 21.1-3.
f **24.4** Gn 25.24-26.
g **24.4** Gn 36.8; Dt 2.5.
h **24.4** Gn 46.1-7.
i **24.5** Ex 3.1—12.42.

egipcios los persiguieron con carros de guerra y caballos, hasta el Mar Rojo. **7** Ellos me llamaron, y yo puse una gran oscuridad entre ellos y los egipcios, e hice que el mar cayera sobre los egipcios y los cubriera. Ustedes fueron testigos de lo que hice en Egipto.

'Después pasaron ustedes mucho tiempo en el desierto,*j* **8** hasta que los traje a la tierra de los amorreos, en el lado oriental del Jordán. Ellos pelearon contra ustedes, pero yo los hice caer en manos de ustedes, y ustedes los derrotaron y se adueñaron de la región. *k* **9** Después Balac, hijo de Sipor, rey de los moabitas, vino a pelear contra ustedes. Balac mandó a buscar a Balaam, el hijo de Beor, para que los maldijera a ustedes. **10** Pero yo no dejé que Balaam los maldijera, y tuvo que bendecirlos. Así los salvé a ustedes. *l* **11** Entonces ustedes cruzaron el río Jordán *m* y llegaron hasta Jericó. Los que vivían en Jericó (amorreos, ferezeos, cananeos, hititas, gergeseos, heveos y jebuseos) pelearon contra ustedes, pero yo hice que ustedes los derrotaran. *n* **12** A los dos reyes amorreos no los derrotaron ustedes con espadas ni con arcos, sino que yo envié mi pánico *ñ* delante de ustedes, de modo que ellos huyeron antes que ustedes llegaran. **13** Yo les di a ustedes tierras que no habían trabajado y ciudades que no habían construido. Ahora viven en ellas, y comen uvas y aceitunas que no plantaron.' *o*

Y añadió Josué:

14 —Por todo esto, respeten *p* al Señor y sírvanle con sinceridad y lealtad. Apártense de los dioses que sus antepasados adoraron a orillas del río Éufrates y en Egipto, *q* y sirvan al Señor. **15** Pero si no quieren servir al Señor, elijan *r* hoy a quién van a servir: si a los dioses a los que sus antepasados servían a orillas del Éufrates, o a los dioses de los amorreos *s* que viven en esta tierra. Por mi parte, mi familia y yo serviremos al Señor.

16 Entonces el pueblo dijo:

—¡No permita el Señor que lo abandonemos por servir a otros dioses! **17** El Señor fue quien nos sacó a nosotros y a nuestros antepasados de Egipto, donde éramos esclavos. Él fue quien hizo tantas maravillas delante de nuestros ojos, y quien nos protegió y nos defendió durante el camino, cuando pasamos entre tantos pueblos. **18** Él echó de delante de nosotros a todos los pueblos que estaban en nuestro camino, y a los amorreos que vivían aquí. Por todo esto, nosotros también serviremos al Señor, pues él es nuestro Dios.

19 Pero Josué les dijo:

—Ustedes no van a poder servir al Señor, porque él es un Dios santo y celoso, *t* que no va a tolerar las rebeliones y pecados de ustedes. **20** Si ustedes lo abandonan y sirven a otros dioses, el Señor responderá haciéndoles mal, y los destruirá a pesar de haberles hecho tanto bien.

21 El pueblo le contestó:

—Eso no va a pasar. Nosotros serviremos al Señor.

22 Entonces Josué dijo:

—Ustedes son sus propios testigos de que han escogido servir al Señor.

—Lo somos —respondieron ellos.

23 Les dijo Josué:

—Quiten entonces todos los otros dioses que hay entre ustedes, y vuélvanse de todo corazón al Señor y Dios de Israel.

24 Y el pueblo respondió:

—Nosotros serviremos al Señor nuestro Dios, y haremos lo que él nos diga.

25 Aquel mismo día, allí en Siquem, Josué hizo un pacto con el pueblo, y les dio leyes y decretos, **26** los cuales escribió en el libro de la ley de Dios. Después tomó una gran piedra y la puso debajo de la encina que estaba en el santuario del Señor, **27** y le dijo a todo el pueblo:

—Esta piedra va a servirnos de testimonio, pues ella es testigo de todo lo que el Señor nos ha dicho. Será un testimonio contra ustedes, para que no sean falsos con su Dios.

28 Después Josué mandó a cada uno a su territorio.

Muerte de Josué *(Jue 2.6-10)* **29** Poco después murió Josué hijo de Nun, siervo del Señor, a la edad de ciento diez años. **30** Lo enterraron en su propiedad, en Timnat-sérah, *u* que está en los montes de Efraín, al norte del monte de Gaas. **31** Los israelitas sirvieron al Señor mientras vivió Josué, y aun después, mientras vivieron los ancianos que sabían todo lo que el Señor había hecho por los israelitas.

Los israelitas entierran los restos de José **32** Los restos de José, que los israelitas habían traído desde Egipto, *v* fueron enterrados en Siquem, en el terreno que Jacob había comprado por cien monedas de plata *w* a los hijos de Hamor, *x* el padre de Siquem, y que luego pasó a ser propiedad de los descendientes de José.

Muerte de Eleazar **33** Cuando murió Eleazar, *y* hijo de Aarón, lo enterraron en la colina de su hijo Finees, la cual le fue dada en los montes de Efraín.

---

j **24.6-7** Ex 14.1-31.
k **24.8** Nm 21.21-35.
l **24.9-10** Nm 22.1—24.25.
m **24.11** Jos 3.14-17.
n **24.11** Jos 6.1-21.
ñ **24.12** Sobre el término *pánico,* véase Ex 23.28 n.
o **24.13** Dt 6.10-11.
p **24.14** *Respeten:* lit. *teman.* Véase Dt 6.13 nota *j.*
q **24.14** Acerca de la idolatría de Israel en *Egipto,* cf. Ez 20.7-8; 23.3.
r **24.15** *Elijan:* En la Biblia, el verbo *elegir* o *escoger* se refiere, por lo general, a una acción de Dios que tiene por objeto a Israel o a determinadas cosas o personas (cf. Dt 7.7; 12.11; 1 Co 1.27-28). Aquí se pone de relieve que a esa elección divina debe corresponder una elección y una firme decisión por parte del pueblo.
s **24.15** *Amorreos:* o sea, todos los habitantes de Canaán anteriores a los israelitas.
t **24.19** *Celoso:* Véase Ex 20.5 n.
u **24.30** *Timnat-sérah:* Jos 19.49-50.
v **24.32** Gn 50.24-25; Ex 13.19.
w **24.32** *Cien monedas de plata:* lit. *cien quesitas,* monedas antiguas cuyo valor exacto no se ha podido determinar.
x **24.32** Gn 33.19; Jn 4.5; Hch 7.16.
y **24.33** *Eleazar:* Véase Jos 14.1 n.

Jueces

El libro de Jueces (=Jue) relata episodios acaecidos entre el asentamiento de los israelitas en Canaán y la institución de la monarquía en tiempos de Saúl y de David. Se trata, casi siempre, de episodios guerreros, determinados por el ataque de enemigos externos, que ponían en peligro la seguridad e incluso la existencia de una o varias tribus de Israel. Ante esa amenaza, el Señor suscitaba un "caudillo" o "salvador" (3.9), que se ponía al frente del pueblo y conducía una acción militar destinada a eliminar el peligro. Este caudillo era un líder ocasional y temporario, que actuaba bajo el impulso del "espíritu" del Señor en un tiempo y en un espacio limitados. Una vez terminada la campaña de liberación, el caudillo daba por cumplida su tarea y se reintegraba a sus actividades ordinarias (cf. 8.22-23).

A estos caudillos se les ha dado tradicionalmente el nombre de *jueces*. Este título no es el más apropiado para describir la actividad de los principales protagonistas de estos relatos, porque se trata de héroes que lucharon por liberar a su pueblo en un momento de opresión, y no de magistrados que administraban justicia o resolvían pleitos judiciales. De hecho, el verbo hebreo traducido habitualmente por *juzgar* incluye también las ideas de *conducción* y de *gobierno*. Más aún, es probable que la idea de gobierno haya sido la más primitiva, y que la referencia a la función de juzgar sea un sentido secundario, puesto que la administración de la justicia es una de las principales responsabilidades del gobernante.

Los episodios están conectados entre sí por medio del llamado "esquema en cuatro tiempos" (véase 2.11-23 n.). Este esquema se repite a lo largo del libro y da una visión de conjunto sobre la época de los *jueces*. Reducida a sus términos esenciales, tal visión de conjunto incluye los elementos siguientes:

1. Mientras vive el juez o caudillo, el pueblo se mantiene fiel al Señor y goza de paz y prosperidad (3.11,30; 5.31; 8.28).
2. Pero cuando muere el juez, los israelitas abandonan al Señor (2.12-13; 10.6,10; cf. 4.1; 13.1) y rinden culto a los dioses de los pueblos vecinos (3.7).
3. Entonces la ira del Señor se enciende contra Israel (2.14,20; 3.8) y lo somete al poder de sus enemigos (4.2; 10.7).
4. Los israelitas, en medio de la opresión, se arrepienten de su infidelidad y claman al Señor (3.9,15; 4.3; 6.6), y él les envía un "salvador" que derrota a sus enemigos y libera al pueblo de la opresión (2.16; 3.9,15; 11.33). Así, Israel recupera su paz y su libertad *durante cuarenta años* (3.11 n.). Una vez concluido ese periodo, el ciclo vuelve a repetirse (cf. 3.11b-12; 6.1).

Estos jueces, caudillos o salvadores tienen pocos rasgos en común. Débora era una profetisa que pronunciaba sus oráculos o resolvía pleitos sentada debajo de una palmera (4.5); Gedeón, un pobre campesino (6.11); Jefté, el hijo de una prostituta (11.1) y el jefe de una banda de malvivientes (11.3); y Sansón, un joven de una fortaleza descomunal, que sembraba el terror entre los filisteos pero sucumbió ante los encantos de Dalila (cf. 16.3,17). También sus estrategias eran diferentes: Ehud actuó por cuenta propia y pudo realizar su hazaña ayudado por su condición de *zurdo* (3.21); Gedeón planeó un sorpresivo ataque nocturno (7.19), y Sansón dependía enteramente de la fuerza de su brazo (cf. 14.6). En las hazañas que ellos realizan siempre se pone de manifiesto el poder del Dios de Israel, que sostiene a su pueblo en las horas difíciles y le asegura la existencia a pesar de sus defecciones e infidelidades (cf. 2.18).

El siguiente esquema presenta las principales secciones de este libro:

I. Dos introducciones:
  1. Establecimiento de los israelitas en Canaán (1.1—2.5)
  2. Visión de conjunto sobre el periodo de los jueces (2.6—3.6)

II. Historia de los jueces (3.7—16.31)
  1. Otoniel (3.7-11a)
  2. Ehud (3.11b-30)
  3. Samgar (3.31)
  4. Débora y Barac (4—5)
  5. Gedeón y Abimélec (6—9)
  6. Tolá (10.1-2)
  7. Jaír (10.3-5)
  8. Jefté (10.6—12.7)
  9. Ibsán (12.8-10)
  10. Elón (12.11-12)
  11. Abdón (12.13-15)
  12. Sansón (13—16)

III. Dos apéndices:
  1. Migración de los danitas y fundación del santuario de Dan (17—18)
  2. El crimen de Guibeá y la guerra contra la tribu de Benjamín (19—21)

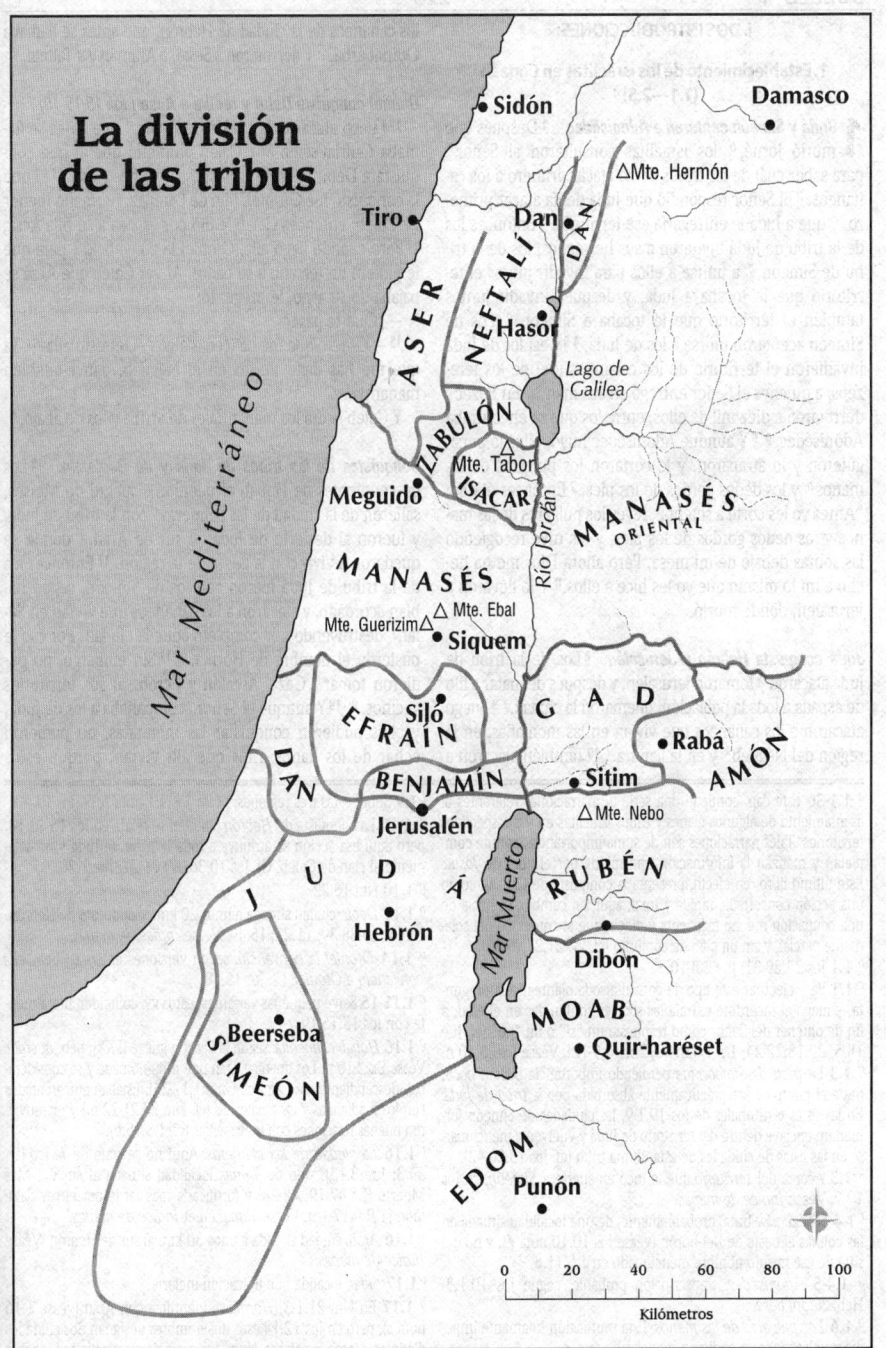

I. DOS INTRODUCCIONES:

1. Establecimiento de los israelitas en Canaán (1.1—2.5) [a]

1 **Judá y Simeón capturan a Adonisédec** ¹ Después que murió Josué,[b] los israelitas consultaron al Señor[c] para saber cuál de las tribus debía atacar primero a los cananeos. ² El Señor respondió que Judá debía atacar primero, y que a Judá le entregaría ese territorio. ³ Entonces los de la tribu de Judá invitaron a sus hermanos, los de la tribu de Simeón,[d] a unirse a ellos para invadir juntos el territorio que le tocaba a Judá, y después invadir juntos también el territorio que le tocaba a Simeón.[e] Los de Simeón aceptaron unirse a los de Judá, ⁴⁻⁵ y así los de Judá invadieron el territorio de los cananeos y el de los ferezeos, a quienes el Señor entregó en sus manos. En Bézec[f] derrotaron a diez mil de ellos, entre los que se encontraba Adonisédec.[g] ⁶ Y aunque Adonisédec huyó, ellos lo persiguieron y lo atraparon, y le cortaron los pulgares de las manos[h] y los dedos gordos de los pies. ⁷ Entonces él dijo: "Antes yo les corté a setenta[i] reyes los pulgares de las manos y los dedos gordos de los pies, y los tuve recogiendo las sobras debajo de mi mesa. Pero ahora Dios me ha hecho a mí lo mismo que yo les hice a ellos." Y lo llevaron a Jerusalén, donde murió.

Judá conquista Hebrón y Jerusalén ⁸ Los de la tribu de Judá atacaron y tomaron Jerusalén, y después de matar a filo de espada a toda la población, quemaron la ciudad.[j] ⁹ Luego atacaron a los cananeos que vivían en las montañas, en la región del Négueb[k] y en la llanura.[l] ¹⁰ También atacaron a los cananeos de la ciudad de Hebrón, que antes se llamaba Quiriat-arbá,[m] y derrotaron a Sesai, a Ahimán y a Talmai.[n]

Otoniel conquista Debir y recibe a Acsa *(Jos 15.15-19)*
¹¹ Luego atacaron la ciudad de Debir,[ñ] que antes se llamaba Quiriat-séfer. ¹² Y Caleb prometió que al que conquistara Debir le daría por esposa a su hija Acsa. ¹³ El que la conquistó fue Otoniel, hijo de Quenaz, hermano menor de Caleb; entonces Caleb le dio por esposa a su hija Acsa. ¹⁴ Pero cuando llegó ella, Otoniel la convenció[o] para que le pidiera un terreno a su padre. Al ver Caleb que Acsa se bajaba de su asno, le preguntó:
—¿Qué te pasa?
¹⁵ —Quiero que me concedas algo —contestó ella—. Ya que me has dado tierras en el Négueb, dame también manantiales.
Y Caleb le dio los manantiales de arriba y los de abajo.[p]

Conquistas de las tribus de Judá y de Benjamín ¹⁶ Los descendientes de Hobab el quenita,[q] suegro de Moisés, salieron de la ciudad de las palmeras[r] con la tribu de Judá, y fueron al desierto de Judá, al sur de Arad,[s] donde se quedaron a vivir con la gente de la región. ¹⁷ Entonces los de la tribu de Judá fueron con los de Simeón, según habían acordado, y atacaron a los cananeos que vivían en Sefat,[t] destruyendo por completo aquella ciudad. Por eso le pusieron el nombre de Hormá.[u] ¹⁸ Sin embargo, no pudieron tomar[v] Gaza, Ascalón y Ecrón, ni sus territorios vecinos.[w] ¹⁹ Y aunque el Señor acompañaba a los de Judá, y ellos pudieron conquistar las montañas, no pudieron echar de los llanos a los que allí vivían, porque estos

---

[a] 1.1-36 Este cap. contiene una serie de narraciones referentes al asentamiento de algunos clanes y tribus israelitas en sus respectivos territorios. Tales narraciones son de suma importancia, porque completan y matizan la información transmitida por el libro de *Josué*. Este último libro, en efecto, presenta la conquista de Canaán como una acción concertada, rápida y total; aquí, en cambio, se habla de una ocupación mucho más lenta y difícil, que al comienzo fue solamente parcial, y sin un plan de conjunto (cf. vv. 21,27,29-35).

[b] 1.1 Jos 24.29-31; Jue 2.8-10.

[c] 1.1 Para efectuar este tipo de consulta solía plantearse la pregunta, y luego el sacerdote extraía las suertes guardadas en el efod, a fin de obtener del Señor como respuesta un "sí" o un "no" (cf. Jue 18.5; 20.18,22-24; 1 S 14.36-42; 23.1-4,9-12). Véase Ex 28.30 n.

[d] 1.3 La *tribu de Simeón* fue perdiendo importancia poco a poco, hasta el punto de ser prácticamente absorbida por *la tribu de Judá*. En las listas territoriales de Jos 19.1-9, las ciudades de Simeón forman un enclave dentro del territorio de Judá y vuelven a mencionarse en las listas de ciudades de esta última tribu (cf. Jos 15.20-62).

[e] 1.3 Acerca del *territorio* que le tocó en suerte a *Simeón*, cf. Jue 19.9. Véase *Índice de mapas*.

[f] 1.4-5 *Bézec*: Se trata, probablemente, de una localidad situada en las colinas al oeste de Bet-horón (véase Jos 10.10 nota f), y no del sitio de ese mismo nombre mencionado en 1 S 11.8.

[g] 1.4-5 *Adonisédec*: transcripción probable, según Jos 10.1,3. Heb. *Adoni-bésec*.

[h] 1.6 *Los pulgares de las manos*: Esta mutilación infamante impedía que las víctimas pudieran manejar las armas.

[i] 1.4-7 *Diez mil* (vv. 4-5) y *setenta* (v. 7) son cifras redondas, que sugieren la idea de un gran número.

[j] 1.8 Cf. Jos 15.63; Jue 1.21; 19.11-12; 2 S 5.6-9.

[k] 1.9 *Négueb*: Véase Gn 12.9 nota j.

[l] 1.9 Sobre estas tres regiones, véase Jos 9.1 nota b; cf. Jos 10.40.

[m] 1.10 La conquista de *Hebrón* también se relata en Jos 15.13-14, pero aquí esa acción se atribuye a toda la tribu de Judá y no solamente al clan de Caleb. Cf. Jos 10.36-37; 11.21; Jue 1.20.

[n] 1.10 Nm 13.22.

[ñ] 1.11 *Debir*: ciudad situada a unos 20 km. al sudoeste de Hebrón. Cf. Jos 10.38-39; 11.21; 15.49. Véase *Índice de mapas*.

[o] 1.14 *Otoniel la convenció*: según versiones antiguas; heb. *ella convenció a Otoniel*. Cf. Jos 15.18.

[p] 1.11-15 Salvo pequeñas variantes, estos vv. coinciden literalmente con Jos 15.15-19.

[q] 1.16 *Hobab el quenita*: según la versión griega (LXX); heb. *quenita*. Véase Ex 2.16 n. Los quenitas eran una tribu nómada y se consideraban descendientes de Caín (cf. Gn 4.1,17-24). Estaban emparentados con los madianitas y los amalecitas (cf. Nm 24.21-22 n.) y mantuvieron buenas relaciones con los israelitas (cf. 1 S 15.6).

[r] 1.16 *La ciudad de las palmeras*: Aquí no se trata de *Jericó* (Dt 34.3; Jue 3.13), sino de *Tamar*, localidad situada al sur del Mar Muerto (Ez 47.19; 48.28) y fortificada más tarde por el rey Salomón (1 R 9.17-18). Véase *Tamar* en el *Índice de mapas*.

[s] 1.16 *Arad*: ciudad situada a unos 30 km. al sur de Hebrón. Véase *Índice de mapas*.

[t] 1.17 *Sefat*: localidad de ubicación incierta.

[u] 1.17 En Nm 21.1-3, *Hormá* se identifica con Arad (véase 1.16 nota s), pero en Jos 12.14 esos dos nombres designan dos ciudades distintas. Como la palabra *Hormá* se asemeja al vocablo hebreo que significa *destrucción completa* (*herem*), es muy probable que haya habido varios lugares con ese nombre.

[v] 1.18 *Sin embargo, no pudieron tomar*: según la versión griega (LXX); heb. *y tomaron*.

tenían carros de hierro. [x] [20] A Caleb le tocó Hebrón, tal como Moisés se lo había prometido, y Caleb desalojó a los tres hijos de Anac. [y] [21] Pero los de la tribu de Benjamín no pudieron echar de Jerusalén a los jebuseos que allí vivían. Por eso, hasta el día de hoy, los jebuseos y los de la tribu de Benjamín siguen viviendo juntos en Jerusalén. [z]

Las tribus de José conquistan Betel
[22-23] Los de las tribus de José [a] decidieron atacar Betel, ciudad que antes se llamaba Luz, [b] y mandaron espías allá. El Señor los ayudaba. [24] Y los espías vieron a un hombre que salía de la ciudad, y le dijeron: "Si tú nos enseñas cómo entrar en la ciudad, nosotros seremos generosos contigo." [25] El hombre les enseñó cómo entrar en la ciudad, y ellos mataron a filo de espada a todos los que allí vivían; pero le perdonaron la vida al que les había enseñado el camino y a toda su familia. [26] Entonces aquel hombre se fue a la tierra de los hititas [c] y construyó una nueva ciudad, y la llamó Luz, nombre que aún hoy conserva.

Límites de las conquistas de las tribus de Manasés y de Efraín
[27] Los de la tribu de Manasés no pudieron echar de Bet-seán, Taanac, Dor, Ibleam y Meguido a los que allí vivían, ni a los que vivían en las aldeas cercanas a esas ciudades, así que los cananeos siguieron viviendo en ellas. [28] Cuando los israelitas se hicieron más poderosos, lograron someter a los cananeos a trabajos forzados, pero no pudieron desalojarlos. [d]

[29] Los de la tribu de Efraín tampoco pudieron echar de Guézer a los cananeos que allí vivían, de modo que los cananeos siguieron viviendo entre ellos. [e]

Conquistas de las otras tribus
[30] Los de la tribu de Zabulón tampoco pudieron echar de Quitrón y Nahalal a los cananeos que allí vivían, de modo que los cananeos siguieron viviendo entre ellos, aunque sometidos a trabajos forzados. [f]

[31-32] Los de la tribu de Aser tampoco pudieron echar de Aco, Sidón, Ahlab, Aczib, Helbá, Afec y Rehob a los cananeos que allí vivían; y como no pudieron echarlos de esas ciudades, se quedaron a vivir entre ellos. [g]

[33] Los de la tribu de Neftalí tampoco pudieron echar de Bet-semes y Bet-anat a los cananeos que allí vivían, pero los sometieron a trabajos forzados y se quedaron a vivir entre ellos. [h]

[34] Los amorreos rechazaron a los de la tribu de Dan hasta las montañas, y no los dejaron bajar a las llanuras. [i] [35] Y así los amorreos siguieron viviendo en Heres, Aialón [j] y Saalbim. Pero cuando los descendientes de José se hicieron más fuertes, sometieron a los amorreos a trabajos forzados.

[36] La frontera de los edomitas [k] iba desde la cuesta de Acrabim [l] hasta Selá, y seguía hacia arriba.

2
El Ángel del Señor en Boquim
[1] El Ángel del Señor [a] fue de Guilgal a Boquim, y les dijo a los israelitas: "Yo los saqué a ustedes de Egipto, y los he traído a esta tierra que les prometí a sus antepasados cuando les dije: 'Nunca romperé mi alianza con ustedes, [2] con tal de que ustedes no hagan ningún pacto con los habitantes de esa tierra, sino que destruyan sus altares.' Pero ustedes no me obedecieron, ¡y miren lo que han hecho! [b] [3] Por eso ahora les digo: No voy a echar a esos pueblos de delante de ustedes, y ellos y sus dioses serán una trampa para ustedes."

[4] Cuando el Ángel del Señor terminó de hablar, todos los israelitas se echaron a llorar a voz en cuello. [5] Por eso llamaron Boquim [c] a aquel lugar, y allí ofrecieron sacrificios al Señor.

2. Visión de conjunto sobre el periodo de los jueces (2.6—3.6)

Muerte de Josué [d] (Jos 24.29-31) [6] Cuando Josué se despidió de los israelitas, cada uno se fue a tomar posesión de la tierra que le había tocado. [7] Mientras él vivió, los israelitas mantuvieron el culto al Señor; y también mientras vivieron los ancianos que sobrevivieron a Josué, que habían visto todos los grandes hechos del Señor en favor de Israel. [8] Pero murió Josué, a la edad de ciento diez años, [9] y lo enterraron en su propio terreno de Timnat-sérah, [e] que está al norte del monte de Gaas, en los montes de Efraín. [10] Murieron también todos los israelitas de la época de Josué. Y así, los que nacieron después no sabían nada del Señor ni de sus hechos en favor de Israel.

Los israelitas abandonan al Señor [f] [11] Pero los hechos de los israelitas fueron malos a los ojos del Señor, pues empezaron a adorar a las diferentes representaciones de Baal. [12] Dejaron al Señor, el Dios de sus antepasados que los había sacado de Egipto, y se entregaron a adorar a los dioses de la gente que vivía alrededor, provocando así el enojo

---

[w] **1.18** *Gaza, Ascalón y Ecrón:* Acerca de estas ciudades filisteas, véanse Jos 11.22 nota n; 13.3 nota c; cf. Jue 3.3.
[x] **1.19** *Carros de hierro:* Véase Jos 17.17-18 n.
[y] **1.20** Cf. Nm 14.24; Jos 14.13; 15.13-14; Jue 1.10.
[z] **1.21** Véanse las referencias en Jue 1.8 n.
[a] **1.22-23** *Los de las tribus de José:* lit. *la casa de José.* Véase Jos 16.1 n.
[b] **1.22-23** Cf. Gn 28.19; Jos 16.2; 18.13.
[c] **1.26** *La tierra de los hititas:* Véase Jos 1.4 n.
[d] **1.27-28** Jos 17.11-13.
[e] **1.29** Jos 16.10; cf. Jos 10.33; 1 R 9.27.
[f] **1.30** Jos 19.10-16.
[g] **1.31-32** Jos 19.24-31.
[h] **1.33** Jos 19.32-39.
[i] **1.34** Cf. Jos 19.47; Jue 17—18.
[j] **1.35** *Aialón:* Véase Jos 10.12 n.

[k] **1.36** *De los edomitas:* según la versión griega (LXX); heb. *de los amorreos.*
[l] **1.36** *Acrabim:* Cf. Nm 34.4; Jos 15.3.
[a] **2.1** *El Ángel del Señor:* Véase Gn 16.7 nota c.
[b] **2.1-2** Ex 23.32-33; 34.12-13; Dt 7.2-3.
[c] **2.5** El nombre *Boquim,* en hebreo, significa *los que lloran.*
[d] **2.6-10** Esta sección coincide casi exactamente con Jos 24.29-31, aunque los vv. están dispuestos en distinto orden.
[e] **2.9** *Timnat-sérah:* transcripción probable, según Jos 19.50; 24.30; heb. *Timnat-heres.*
[f] **2.11-23** Esta sección presenta la época de los jueces como una serie alternada de años de prosperidad y años de opresión. La prosperidad sobreviene cuando los israelitas se mantienen fieles al Señor; la opresión, en cambio, es consecuencia de la infidelidad. (Véase el esquema completo en la *Introducción a Jueces.*) Esta visión de conjunto sirve de marco a la serie de narraciones relativas a los distintos "jueces".

del Señor. **13** Dejaron al Señor por adorar a Baal y a las diferentes representaciones de Astarté, *g* **14** y por eso el Señor se enojó contra Israel e hizo que los ladrones los despojaran de lo que tenían, y que sus enemigos de los alrededores los derrotaran sin que ellos pudieran hacerles frente. **15** Cada vez que ellos marchaban a la batalla, el Señor se ponía en su contra y les iba mal, según él mismo se lo había anunciado.

Sin embargo, aunque el Señor puso a los israelitas en aprietos, **16** también hizo surgir caudillos que los libraran de quienes los despojaban. **17** Pero los israelitas no hicieron caso a estos caudillos, sino que fueron infieles al Señor y adoraron a otros dioses. Sus antepasados habían obedecido los mandamientos del Señor; pero ellos no siguieron su ejemplo. **18** Cada vez que el Señor hacía surgir un caudillo, también lo ayudaba, y durante la vida del caudillo libraba a los israelitas del poder de sus enemigos, pues sentía compasión de ellos al oírlos gemir por causa de la opresión que sufrían. **19** Pero cuando el caudillo moría, ellos volvían a corromperse, y llegaban a ser peores que sus padres, sirviendo y adorando a otros dioses. No abandonaban sus malas prácticas, ni su terca conducta. **20** Por eso el Señor se enfureció contra Israel, y dijo: "Esta gente rompe la alianza que yo hice con sus antepasados, y no quiere obedecerme. **21** Por lo tanto, no volveré a desalojar ante ellos a ninguno de los pueblos que Josué no desalojó antes de morir." **22** Con esto el Señor quería ver si los israelitas seguirían el camino del Señor, como antes lo habían seguido sus antepasados, o no. **23** Por eso el Señor no desalojó en seguida a las naciones que no había entregado en manos de Josué, sino que les permitió quedarse.

3 *Los pueblos que se quedaron en Canaán* **1** Estos son los pueblos que el Señor dejó en la región para poner a prueba a los israelitas que aún no habían nacido cuando se luchó por conquistar Canaán. **2** El Señor los dejó para que aprendieran a pelear los que nunca habían estado en el campo de batalla. **3** Quedaron los cinco jefes filisteos, todos los cananeos, los sidonios y los heveos que vivían en los montes del Líbano, desde el monte de Baal-hermón hasta el paso de Hamat. *a* **4** Con ellos el Señor quiso poner a prueba a los israelitas, para ver si obedecían los mandamientos que él había dado a los antepasados de ellos por medio de Moisés. **5** Y así los israelitas empezaron a vivir entre los cananeos, hititas, amorreos, ferezeos, heveos y jebuseos, **6** y los hijos y las hijas de los israelitas se casaron con los hijos y las hijas de aquellos pueblos, y adoraron a sus dioses.

II. HISTORIA DE LOS JUECES (3.7—16.31)

1. Otoniel (3.7-11a)

Otoniel libera a Israel de Cusán-risataim **7** Los hechos de los israelitas fueron malos a los ojos del Señor, pues se olvidaron de él y adoraron a las diferentes representaciones de Baal *b* de Aserá. *c* **8** Por eso el Señor se enojó contra ellos y los entregó al poder de Cusán-risataim, rey de Mesopotamia. *d* Durante ocho años los israelitas tuvieron que servir a Cusán-risataim, **9** hasta que le suplicaron al Señor y él hizo que surgiera alguien para salvarlos. Este salvador fue Otoniel, *e* hijo de Quenaz, hermano menor de Caleb. **10** el espíritu del Señor vino sobre Otoniel, *f* el cual acaudilló a los israelitas; salió a la batalla, y el Señor le dio la victoria sobre Cusán-risataim. **11** Después de eso hubo paz en la región durante cuarenta años. *g*

2. Ehud (3.11b-30)

Ehud libera a Israel de Moab Después de la muerte de Otoniel, **12** los israelitas volvieron a hacer lo malo a los ojos del Señor, y por eso el Señor dio a Eglón, rey de Moab, *h* más poder que a Israel. **13** Eglón hizo una alianza con los amonitas y los amalecitas, *i* y atacó a Israel, tomando posesión de la ciudad de las palmeras. *j* **14** Durante dieciocho años, los israelitas tuvieron que servir a Eglón, **15** hasta que le suplicaron al Señor y él hizo que surgiera alguien para salvarlos. *k* Ese salvador fue un zurdo llamado Ehud, hijo de Guerá, de la tribu de Benjamín. *l*

---

g 2.13 *Adorar a Baal y a... Astarté: Baal y Astarté* eran los dioses cananeos de la fertilidad, a quienes muchos israelitas solían rendir culto creyendo que de ellos dependían las buenas cosechas y la fecundidad de los rebaños (cf. Os 2.5[7],8[10]). Además, los nombres de Baal y Astarté se usaban para designar no solo a los dioses así llamados sino también a las otras divinidades de la región (véase, por ej., Jue 3.7 nota *c*). El AT usa a veces el plural *los Baales* (o, en este caso, *las Astartés*), aludiendo así, despectivamente, a los diferentes títulos y representaciones con que se rendía culto a ese dios en las distintas regiones.

a 3.3 Jos 13.2-6. *El paso* o *la entrada de Hamat* marcaba el límite norte de Palestina. Se le dio ese nombre porque allí está el desfiladero formado por las cadenas del Líbano y del Antilíbano, y porque por allí se pasaba para llegar al reino arameo de *Hamat* y su capital, que tenía el mismo nombre. Véase *Índice de mapas;* cf. Nm 13.21; 34.8; 1 R 8.65.

b 3.7 *Baal:* Véase Jue 2.13 n.

c 3.7 *Astarté:* lit. *Asera*, término que la mayoría de las veces designa a los postes sagrados plantados en los lugares de culto (cf. Dt 16.21; 2 R 17.10), pero que aquí se refiere a la diosa cananea ya mencionada en Jue 2.13.

d 3.8 En Hab 3.7 *Cusán* es el nombre de una tribu emparentada con los madianitas (véase Ex 2.15 n.) *Risataim*, en hebreo, significa *doble maldad. Mesopotamia:* lit. *Aram-naharaim,* es decir, *Aram de los dos ríos* (véase Sal 60.[2] nota *d*). Como la alta Mesopotamia se encuentra demasiado lejos del territorio asignado a la tribu de Judá, algunos piensan que debe decir *Edom* en lugar de *Aram.*

e 3.9 Según Jos 15.16-19; Jue 1.12-13 *Otoniel* fue el conquistador de la ciudad cananea de Debir. Acerca de esta ciudad, cf. Jos 10.38-39; 12.13.

f 3.10 *El espíritu del Señor vino sobre:* Esta misma expresión, u otra semejante, vuelve a encontrarse a propósito de los jueces Gedeón (Jue 6.34), Jefté (Jue 11.29) y Sansón (Jue 14.6,19; 15.14); y de los reyes Saúl (1 S 10.10; 11.6) y David (1 S 16.13). *El espíritu del Señor* transforma a un hombre común en jefe y libertador de sus hermanos.

g 3.11 *Cuarenta años:* número redondo que quiere dar la idea de un periodo bastante largo. Véase Gn 7.12 n.; cf. Jue 3.30; 5.31; 8.28. Véase también Jue 1.4-7 n.

h 3.12 *Moab:* Cf. Nm 35.1.

i 3.13 Los *amonitas* habitaban en Transjordania, al nordeste del Mar Muerto. *Amalecitas:* Véase Ex 17.8 nota *g*.

j 3.13 *La ciudad de las palmeras:* es decir, Jericó (Dt 34.3; 2 Cr 28.15). Véanse también Jos 2.1 nota *b*; Jue 1.16 nota *r.*

k 3.15 Jue 2.16 n.

l 3.15 *Zurdo:* Cf. Jue 20.16. En 1 Cr 12.2 se alude a la habilidad de los guerreros benjaminitas para manejar la honda y disparar flechas tanto con la mano derecha como con la izquierda.

Un día, los israelitas enviaron el tributo a Eglón por medio de Ehud. [16] Pero Ehud se hizo una espada de dos filos, como de medio metro [m] de largo, y se la puso al cinto por debajo de la ropa y al lado derecho; [17] luego se fue a llevarle el tributo a Eglón, que era muy gordo. [18] Después de entregarle a Eglón el tributo, Ehud salió con los que habían venido con él, [19] pero al llegar a los ídolos que están cerca de Guilgal, [n] Ehud regresó a donde estaba Eglón y le dijo:

—Tengo un mensaje para Su Majestad, pero debo dárselo en privado.

El rey ordenó entonces a los que estaban a su servicio que guardaran silencio y salieran de su presencia. [20] En cuanto Ehud se quedó a solas con Eglón, que estaba sentado en la sala de verano, se acercó a él y le dijo:

—El mensaje que traigo a Su Majestad es de parte de Dios.

Al oir esto, Eglón se levantó de su trono, [21] pero Ehud, que era zurdo, se llevó la mano izquierda al lado derecho, sacó su espada y se la clavó a Eglón en el vientre. [22] Se la clavó tan fuerte que no solo entró toda la hoja sino también la empuñadura, quedando cubierta la espada por la gordura de Eglón, pues Ehud no se la sacó. [ñ] [23] Después Ehud cerró las puertas con el cerrojo, y salió por la ventana. [24] Cuando ya se había ido, vinieron los que estaban al servicio del rey, y al ver las puertas cerradas pensaron que el rey se había encerrado en la sala de verano para hacer sus necesidades. [o] [25] Pero después de mucho esperar, empezaron a preocuparse al ver que el rey no salía. Entonces tomaron la llave, y al abrir encontraron a su amo tendido en el suelo.

[26] Mientras aquellos perdían tiempo, Ehud huyó, y después de pasar los ídolos de Guilgal se refugió en Seirat. [p] [27] Cuando llegó a territorio israelita, [q] dio un toque de trompeta en los montes de Efraín para llamar a los israelitas, y todos ellos bajaron de los montes con Ehud a la cabeza. [28] Ehud les dijo que lo siguieran, pues el Señor les daría la victoria sobre sus enemigos los moabitas. Entonces ellos lo siguieron y tomaron posesión de los vados del Jordán, y no dejaron pasar a nadie. [29] En aquella ocasión mataron a unos diez mil moabitas, todos ellos soldados fuertes y valientes. Ni uno solo escapó con vida. [30] Así fue como los israelitas derrotaron a Moab. Después de eso hubo paz en la región durante ochenta años. [r]

3. Samgar (3.31)

Samgar libera a Israel de los filisteos [31] El siguiente caudillo fue Samgar, hijo de Anat, [s] que mató a seiscientos filisteos con una aguijada. [t] Samgar también salvó a Israel.

4. Débora y Barac (4—5) [a]

Débora y Barac derrotan a Sísara [1] Después de la muerte de Ehud, los israelitas volvieron a hacer lo malo a los ojos del Señor, [2] así que el Señor los entregó al poder de Jabín, un rey cananeo que gobernaba en la ciudad de Hasor. [b] El jefe de su ejército se llamaba Sísara, y vivía en Haróset-goím. [c] [3] Jabín tenía novecientos carros de hierro, y durante veinte años había oprimido cruelmente a los israelitas, hasta que por fin estos le suplicaron al Señor que los ayudara.

[4] En aquel tiempo juzgaba a Israel una profetisa llamada Débora, esposa de Lapidot. [d] [5] Débora acostumbraba sentarse bajo una palmera (conocida como "la palmera de Débora"), que había en los montes de Efraín, entre Ramá y Betel, [e] y los israelitas acudían a ella para resolver sus pleitos.

[6] Un día, Débora mandó llamar a un hombre llamado Barac, [f] hijo de Abinóam, que vivía en Quedes, un pueblo de la tribu de Neftalí, [g] y le dijo:

—El Señor, el Dios de Israel, te ordena lo siguiente: 'Ve al monte Tabor, [h] y reúne allí a diez mil hombres de las tribus de Neftalí y Zabulón. [7] Yo voy a hacer que Sísara, jefe del ejército de Jabín, venga al arroyo de Quisón [i] para atacarte con sus carros y su ejército. Pero yo voy a entregarlos en tus manos.'

[8] —Solo iré si tú vienes conmigo —contestó Barac—. Pero si tú no vienes, yo no iré.

[9] —Pues iré contigo —respondió Débora—. Solo que la gloria de esta campaña que vas a emprender no será para

---

[m] **3.16** *Medio metro:* lit. *un gomed,* medida de longitud que no vuelve a mencionarse en la Biblia. Se considera que equivalía al *codo,* es decir, la antigua medida que tenía más o menos la extensión del antebrazo. Véase *Tabla de pesas, monedas y medidas.*

[n] **3.19** Estos *ídolos* eran, probablemente, un conjunto de piedras talladas o de postes dispuestos en forma de círculo. Acerca de *Guilgal,* véase Jos 4.19 nota *f.*

[ñ] **3.22** El texto hebreo añade dos palabras de sentido oscuro.

[o] **3.24** *Para hacer sus necesidades:* lit. *para cubrir los pies.*

[p] **3.26** *Seirat:* lugar no identificado, que podría designar la región situada al norte de Jericó.

[q] **3.27** *A territorio israelita:* según la versión griega (LXX). En el texto hebreo no aparece esta frase.

[r] **3.30** *Ochenta años:* cifra redonda, semejante a la ya indicada en Jue 3.11 n.

[s] **3.31** Cf. Jue 5.6.

[t] **3.31** *Samgar* utiliza como arma de combate una *aguijada,* es decir, la vara con punta de metal que sirve para hacer andar a los bueyes.

[a] **4.1—5.31** Estos dos caps. relatan la acción conjunta de más envergadura llevada a cabo por las tribus de Israel durante el periodo de los jueces. El recuerdo de esta gran victoria se ha transmitido en dos versiones: el relato en prosa del cap. 4 y el poema épico del cap. 5.

[b] **4.2** *Hasor:* Véanse Jos 11.1 nota *b* e *Índice de mapas.*

[c] **4.2** *Haróset-goím:* lugar de ubicación incierta; algunos lo sitúan en la orilla derecha del arroyo de Quisón, al pie del monte Carmelo. Cf. Jue 4.7.

[d] **4.4** *Débora* significa, en hebreo, *abeja.* Al mismo tiempo que desempeñaba la función profética, Débora *juzgaba* a los israelitas. Como *profetisa,* manifestaba la voluntad de Dios por inspiración divina (cf. Ex 15.20; 2 R 22.14-15); como juez, era la encargada de administrar justicia (cf. v. 5).

[e] **4.5** *Ramá* (es decir, *la Altura*): Véase 1 R 5.17 n. *Betel:* Véase Gn 12.8 n. Ambas poblaciones se econtraban, respectivamente, a 9 y a 16 km. al norte de Jerusalén. Véase 1 R 15.17 n.

[f] **4.6** *Barac* significa, en hebreo, *relámpago.* Cf. Jue 5.12,15; Heb 11.32.

[g] **4.6** *Neftalí:* Véanse Jos 19.32 n. e *Índice de mapas.*

[h] **4.6** El *Tabor* es uno de los montes más célebres de Palestina, situado en el extremo nordeste de la llanura de Jezreel o Esdrelón. Puede reconocerse fácilmente porque se eleva más de 500 m. por encima de la planicie que lo rodea. Véase Jer 19.10 n.

[i] **4.7** El *arroyo de Quisón* recorre la llanura de Jezreel al pie de la cadena montañosa del Carmelo, hasta desembocar en el Mediterráneo.

ti, porque el Señor entregará a Sísara en manos de una mujer.

Entonces Débora fue con Barac a Quedes. **10** Allí Barac llamó a las tribus de Zabulón y Neftalí, y reunió bajo su mando un ejército de diez mil hombres. Débora iba con él.

11 Cerca de Quedes, junto a la encina de Saanaim, estaba el campamento de Héber el quenita, quien se había separado de los demás quenitas que, como él, descendían de Hobab, el suegro de Moisés.*j* **12** Cuando Sísara supo que Barac había subido al monte Tabor, **13** reunió sus novecientos carros de hierro*k* y a todos sus soldados, y marchó con ellos desde Haróset-goím hasta el arroyo de Quisón. **14** Entonces Débora le dijo a Barac:

—¡Adelante, que ahora es cuando el Señor va a entregar en tus manos a Sísara! ¡Ya el Señor va al frente de tus soldados!

Barac bajó del monte Tabor con sus diez mil soldados, **15** y el Señor sembró el pánico entre los carros y los soldados de Sísara en el momento de enfrentarse con la espada de Barac; hasta el mismo Sísara se bajó de su carro y huyó a pie. **16** Mientras tanto, Barac persiguió a los soldados y los carros hasta Haróset-goím. Aquel día no quedó con vida ni un solo soldado del ejército de Sísara: todos murieron.

17 Como Jabín, el rey de Hasor, estaba en paz con la familia de Héber el quenita, Sísara llegó a pie, en su huida, hasta la tienda de Jael, la esposa de Héber, **18** la cual salió a recibirlo y le dijo:

—Por aquí, mi señor, por aquí; no tenga usted miedo.

Sísara entró, y Jael lo escondió tapándolo con una manta; **19** entonces Sísara le pidió agua, pues tenía mucha sed. Jael destapó el cuero donde guardaba la leche*l* y le dio de beber; después volvió a taparlo. **20** Sísara le dijo:

—Quédate a la entrada de la tienda, y si alguien viene y te pregunta si hay alguien aquí dentro, dile que no.

21 Pero Sísara estaba tan cansado que se quedó profundamente dormido. Entonces Jael tomó un martillo y una estaca de las que usaban para sujetar la tienda de campaña, y acercándose sin hacer ruido hasta donde estaba Sísara, le clavó la estaca en la sien contra la tierra. Así murió Sísara.*m* **22** Y cuando Barac llegó en busca de Sísara, Jael salió a recibirlo y le dijo:

—Ven, que te voy a mostrar al que andas buscando.

Barac entró en la tienda y encontró a Sísara tendido en el suelo, ya muerto y con la estaca clavada en la cabeza.

23 Así humilló el Señor aquel día a Jabín, el rey cananeo, delante de los israelitas. **24** Y desde entonces los israelitas trataron a Jabín cada vez con mayor dureza, hasta que lo destruyeron.

5 El canto de Débora y Barac *a*

1 Aquel día, Débora y Barac, hijo de Abinóam, cantaron así:

2 "Alaben todos al Señor,
porque aún hay en Israel
hombres dispuestos a pelear;*b*
porque aún hay entre el pueblo
hombres que responden al llamado de la guerra.

3 ¡Escúchenme, ustedes los reyes!
¡Óiganme, ustedes los gobernantes!
¡Voy a cantarle al Señor!,
¡voy a cantar al Dios de Israel!

4 "Cuando tú, Señor, saliste de Seír;
cuando te fuiste de los campos de Edom,*c*
tembló la tierra, se estremeció*d* el cielo,
las nubes derramaron su lluvia.

5 Delante de ti, Señor,
delante de ti, Dios de Israel,
temblaron los montes, tembló el Sinaí.*e*

6 En los tiempos de Samgar, hijo de Anat,*f*
y en los tiempos de Jael,*g*
los viajeros abandonaron los caminos
y anduvieron por senderos escabrosos;

7 las aldeas*h* de Israel
quedaron del todo abandonadas.
Fue entonces cuando yo me levanté,
¡yo, Débora, una madre de Israel!

8 "No faltó quien se escogiera nuevos dioses
mientras se luchaba a las puertas de la ciudad,
pero no se veía un escudo ni una lanza
entre cuarenta mil israelitas.

9 "¡Yo doy mi corazón
por los altos jefes de Israel,
por la gente de mi pueblo
que respondió al llamado de la guerra!
¡Alaben todos al Señor!

10 "Díganlo ustedes,
los que montan asnas pardas;*i*
y ustedes, los que se sientan en tapetes;
también ustedes, los viajeros:

11 ¡allá, entre los abrevaderos,

---

j **4.11** *Hobab, el suegro de Moisés:* Véase Ex 2.18 n.
k **4.13** *Carros de hierro:* Véase Jos 17.17-18 n.
l **4.19** Se trata de la *leche* agria que los árabes llaman *leben* y que siempre se guarda como bebida en la tienda de los nómadas.
m **4.21** Jue 5.26-27.
a **5.1-31** Este canto de victoria ocupa un lugar destacado entre los textos poéticos de la Biblia, y aun de la literatura universal, debido principalmente a la fuerza de su expresión y al brillo de sus imágenes. La gran antigüedad del poema dificulta la comprensión y la traducción de algunos pasajes, pero el conjunto del mensaje resulta muy claro a pesar de todo.
b **5.2** *Porque... a pelear:* lit. *cuando en Israel se sueltan las cabelleras.* Probable alusión a un rito de la guerra santa, que incluía la promesa de no cortarse el cabello hasta el día de la victoria. Otras posibles traducciones: *cuando en Israel los jefes asumen el mando;* o bien, *cuando en Israel el pueblo ha recuperado la libertad.*
c **5.4** *Seír:* maciso montañoso situado al sur del Mar Muerto, en territorio de *Edom.* Véanse Dt 1.2 nota *d;* 2.4 n. e *Índice de mapas;* cf. Gn 32.3(4); 36.8.
d **5.4** *Se estremeció:* traducción probable; heb. *goteó.*
e **5.4-5** Ex 19.18; Sal 68.7-8(8-9).
f **5.6** *Samgar, hijo de Anat:* Jue 3.31.
g **5.6** *Jael:* Jue 4.17.
h **5.7** *Aldeas:* traducción probable; heb. oscuro.
i **5.10** Las *asnas* eran la cabalgadura que solían utilizar los jefes. Véase 2 S 13.29 n.

y al son de sonoros platillos,
proclamen las victorias del Señor,
las victorias de sus aldeas en Israel!' *j*

¹² "¡Despierta, Débora, despierta,
despierta y entona una canción!
¡Y tú, Barac, hijo de Abinóam,
levántate y llévate a tus prisioneros!

¹³ "Entonces bajaron los israelitas *k*
a luchar contra los poderosos;
bajaron por mí las tropas del Señor
a luchar contra los hombres de guerra.

¹⁴ Algunos hombres de Efraín *l* bajaron al valle, *m*
y tras ellos fueron las tropas de Benjamín.
De los de Maquir, *n* bajaron sus jefes,
y de los de Zabulón, sus gobernantes. *ñ*

¹⁵ También acompañaron a Débora
los jefes de Isacar;
Isacar fue el apoyo de Barac,
pues se lanzó tras él al valle.

"Si en los escuadrones de Rubén
hay grandes hombres de corazón resuelto,
¹⁶ ¿por qué se quedaron entre los rediles,
oyendo a los pastores llamar a sus ovejas?
¡En los escuadrones de Rubén
hay grandes hombres de corazón miedoso!

¹⁷ "Galaad se quedó acampando
al otro lado del río Jordán;
Dan se quedó junto a los barcos,
y Aser se quedó en la costa
y no se movió de sus puertos; *o*
¹⁸ pero en las alturas de los campos,
Zabulón y Neftalí arriesgaron la vida.

¹⁹ "Entonces los reyes vinieron a Taanac,
junto a las aguas de Meguido;
los reyes cananeos vinieron en plan de guerra,
pero no obtuvieron plata ni riquezas. *p*

²⁰ Desde el cielo, desde sus órbitas,
las estrellas lucharon contra Sísara;
²¹ el arroyo, el arroyo antiguo,
el arroyo de Quisón los barrió a todos ellos.
¡Tú aplastarás la garganta de los poderosos! *q*

²² "¡Resuenan los cascos de los caballos!
¡Galopan, galopan los briosos corceles!

²³ Y el Ángel del Señor anuncia:
'¡Que caiga una dura maldición
sobre Meroz y sus habitantes!'
Pues no acudieron, como los valientes,
en ayuda del Señor.

²⁴ "¡Bendita sea entre las mujeres Jael,
la esposa de Héber el quenita!
¡Bendita sea entre las mujeres del campamento!
²⁵ Agua pidió Sísara; leche le dio Jael.
¡Crema le dio en un tazón especial!
²⁶ Mientras tanto, tomó la estaca
con la izquierda
y el mazo de trabajo con la derecha,
y dando a Sísara un golpe en la cabeza
le rompió y atravesó las sienes.
²⁷ Sísara se retorcía a los pies de Jael;
retorciéndose de dolor cayó al suelo,
y allí donde cayó, allí quedó muerto. *r*

²⁸ "La madre de Sísara, afligida,
se asoma a la ventana y dice:
'¿Por qué tarda tanto en llegar su carro?
¿Por qué se retrasa su carro de guerra?'
²⁹ Algunas damas sabihondas le responden,
y aun ella misma se repite:
³⁰ 'Seguramente se están repartiendo
lo que ganaron en la guerra.
Una esclava, y aun dos, para cada guerrero;
para Sísara las telas de colores:
una tela, y aun dos,
bordadas de varios colores,
para el cuello del vencedor.' *s*

³¹ "¡Que así sean destruidos, Señor,
todos tus enemigos,
y que brillen los que te aman,
como el sol en todo su esplendor!"

Después de eso hubo paz en la región durante cuarenta años.

5. Gedeón y Abimélec (6—9)

Dios llama a Gedeón ¹ Pero los hechos de los israelitas fueron malos a los ojos del Señor, y durante siete años el Señor los entregó al poder de los madianitas. *a* ² Como los madianitas oprimían cada vez más a los israelitas, estos, por temor a los madianitas, se hicieron escondites en los cerros, en las cuevas y en lugares difíciles de alcanzar. ³ Siempre que los israelitas tenían algo sembrado, los madianitas, los

---

j **5.11** *¡Allá, entre... aldeas de Israel!:* traducción probable; heb. oscuro.

k **5.13** *Los israelitas:* traducción probable; heb. *los sobrevivientes.*

l **5.14** Aquí comienza el elogio de las tribus que respondieron prontamente al llamado de Débora (vv. 14-15a,18); a las que no respondieron y no participaron del combate se les reprocha, en cambio, su indiferencia y falta de colaboración (vv. 15b-17).

m **5.14** *Al valle:* según la versión griega (LXX); heb. *a Amalec.*

n **5.14** *Maquir:* Véase Jos 13.31 n.

ñ **5.14** *Gobernantes:* lit. *los que empuñan el bastón de mando.*

o **5.16-17** Acerca de estas tribus, véanse Dt 2.36-37 n.; Jos 13.15 n.; 19.24 n.; 19.40 n.

p **5.19** *Meguido* era uno de los puntos más estratégicos de toda Palestina, porque se encontraba a la entrada del extenso valle que separa las montañas de Galilea de los montes de Efraín, y que lleva el nombre de llanura de Jezreel o Esdrelón. *Taanac* estaba un poco más al surdeste, a unos 8 km. de distancia. Cf. Jos 17.11; 2 R 23.29-30. En Jos 21.25 *Taanac* se menciona entre las ciudades levíticas. Véase *Índice de mapas.*

q **5.21** *¡Tú aplastarás la garganta de los poderosos!:* traducción poco segura de un texto difícil.

r **5.24-27** Jue 4.17-22.

s **5.30** *Para el cuello del vencedor:* traducción probable; heb. oscuro.

a **6.1** Véase la *Introducción* a *Jueces;* cf. Jue 2.11-15. *Madianitas:* Véase Ex 2.15 n.

amalecitas[b] y la gente del oriente[c] los atacaban. **4** Acampaban en los territorios de Israel y destruían las cosechas hasta la región de Gaza,[d] sin dejarles a los israelitas nada que comer, ni ovejas, ni bueyes, ni asnos. **5** Con sus tiendas de campaña y su ganado invadían el país y lo destruían todo. Venían con sus camellos en grandes multitudes, como una plaga de langostas.[e] **6** Por causa de los madianitas, los israelitas pasaban por muchas miserias, y finalmente le pidieron ayuda al Señor.

7 Cuando los israelitas le pidieron al Señor que los librara de los madianitas,[f] **8** él les envió un profeta que les dijo: "Así dice el Señor y Dios de Israel: 'Yo los saqué a ustedes de Egipto, donde vivían como esclavos, **9** y no solo los libré a ustedes de los egipcios, sino también de todos los que los oprimían. A ellos los fui echando de delante de ustedes, y a ustedes les di la tierra de ellos. **10** Y les dije a ustedes que yo soy el Señor su Dios, y que no tuvieran miedo de los dioses de los amorreos, en cuya tierra viven ustedes ahora; pero ustedes no me hicieron caso.' "[g]

11 Entonces vino el Ángel del Señor[h] y se sentó bajo la encina que estaba en Ofrá,[i] y que pertenecía a Joás, que era del clan de Abiézer. Gedeón,[j] el hijo de Joás, estaba limpiando el trigo[k] a escondidas, en el lugar donde se pisaba la uva para hacer vino, para que los madianitas no lo vieran.

12 El Ángel del Señor se le apareció y le dijo:[l]

—¡El Señor está contigo, hombre fuerte y valiente![m]

13 Y Gedeón contestó:

—Perdón, señor, pero si el Señor está con nosotros, ¿por qué nos pasa todo esto? ¿Dónde están todos los milagros de que nos hablan nuestros antepasados, cuando dicen que el Señor nos sacó de Egipto? El Señor nos ha abandonado, y nos ha entregado al poder de los madianitas.

14 El Señor lo miró, y le dijo:

—Usa la fuerza que tienes, para ir a salvar a Israel del poder de los madianitas. Yo soy el que te envía.

15 Pero Gedeón volvió a contestar:

—Una vez más, perdón, señor, pero ¿cómo voy a salvar a Israel? Mi clan es el más pobre de toda la tribu de Manasés, y yo soy el más pequeño de mi familia.[ñ]

16 Y el Señor le respondió:

—Podrás hacerlo porque yo estaré contigo.[ñ] Derrotarás a los madianitas como quien derrota a un solo hombre.

17 Entonces Gedeón dijo:

—Si me he ganado tu favor, dame una prueba[o] de que realmente eres tú quien habla conmigo. **18** Por favor, no te vayas de aquí hasta que yo vuelva con una ofrenda que te quiero presentar.

Y el Señor le aseguró:

—Aquí estaré esperando tu regreso.

19 Gedeón se fue y preparó un cabrito, y con unos veinte litros de harina hizo unos panes sin levadura; luego puso la carne en una canasta y el caldo en una olla, y se lo llevó todo hasta la encina. **20** El ángel de Dios le mandó poner sobre una roca la carne y los panes sin levadura, y derramar el caldo. Después que Gedeón hizo lo que se le había mandado, **21** el ángel tocó la carne y los panes con la punta del bastón que tenía en la mano, y de la roca salió fuego, el cual consumió la carne y los panes; luego el Ángel del Señor desapareció de su vista. **22** Al darse cuenta Gedeón de que se trataba del Ángel del Señor, dijo:

—¡Ay Señor, Señor! ¡He visto cara a cara al Ángel del Señor![p]

23 Pero el Señor le contestó:

—No tengas miedo, que no vas a morir. Recibe mi paz.

24 Entonces Gedeón construyó allí un altar en honor del Señor, y lo llamó "El Señor es la paz".[q] Este altar todavía está en Ofrá, ciudad del clan de Abiézer.

25 Aquella misma noche el Señor le dijo a Gedeón:

—Toma un toro del ganado de tu padre, el segundo toro, el de siete años,[r] y echa abajo el altar de Baal que tiene tu padre. Echa abajo también el árbol sagrado que está junto al altar de Baal,[s] **26** y en lo alto de esa fortaleza construye un altar al Señor tu Dios. Toma luego el toro, el

---

[b] 6.3 *Amalecitas:* Véase Ex 17.8 nota *g.*
[c] 6.3 *La gente del oriente:* lit. *los hijos del oriente,* grupo nómada no muy bien definido, que se desplazaba probablemente por Transjordania y por el desierto de Siria. Cf. Gn 29.1; Ez 25.4,10.
[d] 6.4 *Gaza:* Véase Jos 11.22 nota *n.*
[e] 6.5 *Como una plaga de langostas:* Jl 1.1—2.11; cf. Jer 46.23; Am 7.1-2.
[f] 6.7 Jue 3.9.
[g] 6.8-10 Este profeta anónimo contrapone la infidelidad de Israel a los grandes beneficios otorgados por el Señor a su pueblo elegido. Tal contraposición es frecuente en la predicación profética (cf. Is 1.2-3; 5.1-7; Os 11.1-5; Am 2.6—3.2) y, en general, en el AT (cf. Jue 2.2—3.12; 10.11-14; 1 S 2.27-36; 10.18-19). Véanse también Sal 78 nota *a;* 106 nota *a.*
[h] 6.11 *El Ángel del Señor:* Véase Gn 16.7 nota *c.*
[i] 6.11 *Ofrá* de *Abiézer* se encontraba en territorio de Manasés (véase Jos 16.4 n.) y era distinta, por lo tanto, de la Ofrá de Benjamín (cf. Jos 18.23).
[j] 6.11 Heb. 11.32.
[k] 6.11 *Limpiando el trigo:* Véase Mt 3.12 n.
[l] 6.12 El siguiente relato puede compararse, por una parte, con los de la vocación de Moisés (Ex 3) y de Jeremías (Jer 1), y, por otra, con los de algunas manifestaciones del Señor a los patriarcas (Gn 18.1-15; 28.10-22; cf. también Gn 16.7-14; 21.14-19).

[m] 6.12 Lc 1.28; cf. Rt 2.4.
[n] 6.15 Como Moisés (Ex 3.11), Saúl (1 S 9.21) y Jeremías (Jer 1.6), Gedeón pone excusas para no aceptar una misión cuyo cumplimiento le parece demasiado difícil. Pero Dios no se guía por criterios humanos y elige casi siempre, para la realización de sus designios, a los que el mundo considera débiles y de poca importancia (1 Co 1.25-31). Cf. Gn 25.23; 1 S 10.17-24; 16.1-13; Ro 9.10-13.
[ñ] 6.16 *Yo estaré contigo:* Gn 26.24; 28.15; Ex 3.12; Jos 1.9; Is 41.10.
[o] 6.17 *Gedeón* pide una *prueba* (lit. una *señal*), es decir, un milagro o un hecho extraordinario que le haga saber con seguridad que es realmente Dios el que lo envía. Cf. 2 R 20.8-11. Véanse Is 7.11 nota *m;* Jn 2.11 n.
[p] 6.22 *¡He visto cara a cara... Señor!:* Véase Ex 3.6 nota *d.*
[q] 6.24 Cf. Gn 33.20; 35.7; cf. también Ex 17.15-16; Jos 22.34. *El Señor es la paz:* heb. *Yahvé shalom.* Este último término tiene en el AT un significado muy amplio, que incluye los aspectos de paz, seguridad, concordia, prosperidad, bienestar y vida vivida en plenitud. Véase Lm 3.17 n.
[r] 6.25 *Toma... de siete años:* traducción poco segura de un texto oscuro.
[s] 6.25 Joás, el *padre* de Gedeón, era probablemente el guardián del templo donde se encontraba el *altar* erigido en honor del dios cananeo *Baal.* Véase Jue 2.13 n.

segundo, y ofrécemelo como holocausto, usando para ello la leña del árbol sagrado que habrás echado abajo.

27 Entonces Gedeón tomó a diez de sus sirvientes e hizo todo lo que el Señor le había mandado; solo que no lo hizo de día, sino durante la noche, por miedo a la familia de su padre y a los hombres de la ciudad. **28** A la mañana siguiente, cuando la gente de la ciudad se levantó, se encontró con que el altar de Baal había sido echado abajo, lo mismo que el árbol sagrado que estaba junto al altar, y que además un toro había sido ofrecido en holocausto sobre el nuevo altar. **29** Unos a otros se preguntaban: "¿Quién habrá hecho esto?"

Cuando, después de mucho buscar y preguntar, supieron que lo había hecho Gedeón, el hijo de Joás, fueron y le dijeron a Joás:

30 —Saca a tu hijo, que lo vamos a matar. ¡Ha echado abajo el altar de Baal y el árbol sagrado que estaba junto al altar!

31 Pero Joás respondió a quienes le rodeaban:

—¿Van ustedes a defender a Baal, y a pelear en su favor? ¡Pues que muera antes del amanecer cualquiera que defienda a Baal! Si Baal es Dios, déjenlo que se defienda solo, [t] puesto que era suyo el altar derribado.

32 Desde entonces comenzaron a llamar Jerubaal [u] a Gedeón, y decían: "Que Baal se defienda de él", pues Gedeón había echado abajo el altar de Baal.

33 Entonces todos los madianitas y los amalecitas y la gente del oriente, se juntaron y cruzaron el río Jordán, y acamparon en el valle de Jezreel. **34** Pero el espíritu del Señor se adueñó de [v] Gedeón, y este tocó un cuerno de carnero para que se le unieran los del clan de Abiézer; **35** además mandó mensajeros para que llamaran a toda la tribu de Manasés a que se le uniera. También envió mensajeros a llamar a las tribus de Aser, Zabulón y Neftalí, que también salieron a reunirse con él.

36 Y Gedeón le dijo a Dios: "Si de veras me vas a usar para salvar a Israel, como tú mismo has dicho, **37** voy a poner el cuero lanudo de una oveja en el lugar donde se trilla el trigo. Si por la mañana la lana está mojada de rocío, pero la tierra está seca, sabré que de veras vas a usarme para salvar a Israel, como tú mismo has dicho."

38 En efecto, así sucedió. Cuando Gedeón se levantó por la mañana, exprimió el cuero lanudo y sacó de él una taza llena de rocío. **39** Sin embargo, Gedeón dijo: "No te enojes conmigo si vuelvo a insistir. [w] Pero quiero hacer una sola prueba más. Esta vez harás que la lana quede seca y que el rocío humedezca la tierra."

40 Aquella noche Dios lo hizo así. Y a la mañana siguiente, la lana estaba seca y toda la tierra cubierta de rocío.

7 Gedeón derrota a los madianitas

1 Gedeón, a quien ahora llamaban Jerubaal, y todos los que estaban con él, se levantaron de madrugada y fueron a acampar junto al manantial de Harod. [a] El campamento de los madianitas les quedaba entonces al norte, en el valle que está al pie del monte de Moré. [b]

2 El Señor le dijo a Gedeón: "Traes tanta gente contigo que si hago que los israelitas derroten a los madianitas, van a alardear ante mí creyendo que se han salvado ellos mismos. [c] **3** Por eso, dile a la gente que cualquiera que tenga miedo [d] puede irse a su casa." [e]

De este modo Gedeón los puso a prueba, [f] y se fueron veintidós mil hombres, quedándose diez mil. **4** Pero el Señor insistió: "Son muchos todavía. Llévalos a tomar agua, y allí yo los pondré a prueba y te diré quiénes irán contigo y quiénes no."

5 Gedeón llevó entonces a la gente a tomar agua, y el Señor le dijo: "Aparta a los que beban agua en sus manos, lamiéndola como perros, de aquellos que se arrodillen para beber."

6 Los que bebieron agua llevándosela a las manos a la boca y lamiéndola como perros fueron trescientos. Todos los demás se arrodillaron para beber. **7** Entonces el Señor le dijo a Gedeón: "Con estos trescientos hombres voy a salvarlos a ustedes, y derrotaré a los madianitas. Todos los demás pueden irse."

8 Gedeón mandó entonces que todos los demás regresaran a sus tiendas; pero antes de que se fueran les recogió sus cántaros y sus cuernos de carnero. Solo se quedó con los trescientos hombres escogidos, acampando más arriba de los madianitas, que estaban en el valle.

9 Aquella noche el Señor le ordenó a Gedeón: "Levántate y baja a atacar a los madianitas, pues los voy a entregar en tus manos. **10** Pero si tienes miedo de atacarlos, baja antes al campamento con Purá, tu criado, **11** y escucha lo que digan. Después te sentirás con más ánimo para atacarlos."

Entonces Gedeón bajó con Purá, su criado, hasta los puestos avanzados del campamento enemigo. **12** Los madianitas, los amalecitas y la gente del oriente se habían esparcido por el valle como una plaga de langostas. Tenían tantos camellos como arena hay a la orilla del mar. **13** Al acercarse Gedeón al campamento enemigo, oyó que un soldado le contaba a otro un sueño que había tenido. Le decía:

---

[t] **6.31** Cf. 1 R 18.25-29.

[u] **6.32** En hebreo, el nombre *Jerubaal* y las palabras que significan *que se defienda Baal* se asemejan en el sonido.

[v] **6.34** *El espíritu del Señor se adueñó de:* acerca de esta expresión, véase Jue 3.10 n.

[w] **6.39** Cf. Gn 18.30,32.

[a] **7.1** El *manantial de Harod* suele identificarse con una fuente que brota al norte del Guilboa, monte situado entre la llanura de Jezreel o Esdrelón y el río Jordán (cf. 1 S 31.1).

[b] **7.1** El *monte de Moré* se alza unos 500 m. sobre el nivel del Mediterráneo, al noroeste del monte Guilboa.

[c] **7.2** Gedeón tiene que combatir con un grupo reducido de personas, para que la victoria no pueda atribuirse a los hombres sino solo a Dios. Cf. Dt 9.4-6; Sal 20.7-8(8-9); Is 10.13-15; Am 6.13.

[d] **7.3** La expresión *cualquiera que tenga miedo*, heb. *hared*, encierra una alusión al manantial de *Harod*, nombre que significa *temblor* (cf. v. 1).

[e] **7.3** *Puede irse a su casa:* La exclusión de los cobardes (cf. Dt 20.8; 1 Mac 3.56) tiene fundamentación religiosa. El temor implica falta de fe en el Señor, y es indispensable descartar a todos aquellos que pueden hacer flaquear la moral de los combatientes.

[f] **7.3** *Gedeón los puso a prueba:* traducción probable (cf. v. 4); heb. oscuro.

—Soñé que un pan de cebada venía rodando hasta nuestro campamento, y que al chocar contra una tienda la hacía caer.[g]

14 Y su compañero le contestó:

—Eso no es otra cosa que la espada de Gedeón, hijo de Joás, el israelita. Dios va a entregar en manos de Gedeón a los madianitas y a todo su campamento.

15 Al oir cómo se había contado e interpretado el sueño, Gedeón adoró al Señor. Después volvió al campamento israelita y ordenó:

—¡Arriba, que el Señor va a entregarnos el campamento madianita!

16 En seguida dividió sus trescientos hombres en tres grupos,[h] y les dio cuernos de carnero a todos y unos cántaros vacíos que llevaban dentro antorchas encendidas. **17** Y les dijo:

—Cuando llegue yo al otro lado del campamento enemigo, fíjense en mí y hagan lo mismo que me vean hacer. **18** Cuando yo y los que van conmigo toquemos el cuerno, tóquenlo ustedes también alrededor de todo el campamento, y griten: '¡Por el Señor y por Gedeón!'

19 Así pues, Gedeón y sus cien hombres llegaron al otro lado del campamento cuando estaba por comenzar el turno de guardia de medianoche.[i] Entonces tocaron los cuernos de carnero y rompieron los cántaros que llevaban en las manos, **20** y los tres grupos tocaron al mismo tiempo los cuernos de carnero y rompieron los cántaros. En la mano izquierda llevaban las antorchas encendidas, y los cuernos de carnero en la derecha, y gritaban: "¡Guerra! ¡Por el Señor y por Gedeón!" **21** Y como los israelitas se quedaron quietos en sus puestos alrededor del campamento, y todo en el ejército madianita gritaban y salían huyendo[j] **22** mientras los trescientos israelitas seguían tocando los cuernos de carnero, el Señor hizo que los madianitas lucharan entre sí, y que salieran huyendo hasta Bet-sitá, camino de Sererá, y hasta la frontera de Abel-meholá, junto a Tabat.[k]

23 Entonces se llamó a los israelitas de las tribus de Neftalí, de Aser y de todo Manasés, para que persiguieran a los madianitas. **24** Gedeón mandó mensajeros por los montes de Efraín, ordenando que los hombres de esta tribu bajaran a luchar contra los madianitas y ocuparan los lugares por donde se podía cruzar el río en Bet-bará y en el Jordán, antes de que ellos llegaran. Los de Efraín cumplieron estas órdenes, **25** y además capturaron a dos jefes madianitas llamados Oreb y Zeeb.[l] A Oreb lo mataron en la peña que ahora se conoce como Peña de Oreb. A Zeeb lo mataron en el lugar que lleva su nombre, y que era donde se pisaba la uva para hacer vino. Y después de perseguir a los madianitas, llevaron las cabezas de Oreb y de Zeeb a Gedeón, que estaba al otro lado del Jordán.

8 Gedeón captura a los reyes madianitas

1 Los de la tribu de Efraín se enojaron y discutieron[a] con Gedeón porque él no los había mandado llamar cuando salió a pelear contra los madianitas. **2** Pero él les contestó:

—¿No se dan cuenta de que ustedes hicieron más aún de lo que yo hice? Lo poco que ustedes hicieron vale más que lo mucho que hicimos nosotros.[b] **3** Dios les entregó a Oreb y a Zeeb,[c] los jefes madianitas. ¿Qué hice yo que se pueda comparar con lo que ustedes hicieron?

Cuando los de Efraín oyeron estas palabras de Gedeón, se les pasó el enojo contra él.[d]

4 Gedeón y sus trescientos hombres llegaron al Jordán y lo cruzaron, aunque estaban rendidos de cansancio por ir persiguiendo al enemigo. **5** En Sucot,[e] Gedeón les pidió a los que allí vivían:

—Por favor, den algo de comer a los que vienen conmigo, porque están rendidos de cansancio. Andamos persiguiendo a los reyes madianitas Zébah y Salmuná.

6 Pero los jefes de Sucot le respondieron:

—¿Acaso ya has capturado a Zébah y Salmuná, para que alimentemos a tu ejército?

7 Y Gedeón les contestó:

—¡Después que el Señor me entregue a Zébah y Salmuná, regresaré y les desgarraré a ustedes la carne con espinas y zarzas del desierto!

8 De allí fue a Penuel,[f] donde pidió lo mismo que en Sucot. Pero como los de Penuel le respondieron igual que los de Sucot, **9** Gedeón les dijo:

---

[g] **7.13** La *tienda* de campaña representa simbólicamente a los madianitas nómadas; el *pan de cebada*, a los israelitas ya instalados en Palestina y dedicados a la agricultura. Sueños simbólicos y premonitorios parecidos a este se encuentran en Gn 37.5-11; 40.5—41.36.

[h] **7.16** *Tres grupos:* lit. *tres cabezas.* Dividir un ejército en *tres* o cuatro *grupos* o *columnas* era una práctica militar tradicional en la época de los jueces y de la monarquía (cf. Jue 9.34,43; 1 S 11.11; 13.17).

[i] **7.19** Los antiguos israelitas dividían la noche en tres *turnos de guardia* o *vigilias:* el primero, de las seis de la tarde a las diez de la noche; el segundo, o de la *medianoche*, de las diez a las dos; y el de la madrugada, de las dos a las seis. Más tarde, se adoptó la costumbre romana de las cuatro vigilias nocturnas (Véase Mc 13.35 n.).

[j] **7.19-21** La táctica de Gedeón consiste en sembrar el desconcierto y el pánico en el campo enemigo, sin emplear las armas. Véase Jue 7.2 n.

[k] **7.22** Los sitios aquí mencionados debían encontrarse en el valle del Jordán, al sudoeste del Lago de Genesaret, ya que la intención de los madianitas era pasar al otro lado del río (cf. v. 24).

[l] **7.25** *Oreb* y *Zeeb* son nombres que en hebreo significan, respectivamente, *cuervo* y *lobo*. Cf. Sal 83.11(12).

[a] **8.1** Esta queja permite entrever la tensión existente entre *la tribu de Efraín* y la *de Manasés.* Los efraimitas pretendían estar por encima de los demás israelitas (cf. Gn 48.13-20; Jue 12.1-6), y manifestaron su descontento porque el manasita Gedeón no los tuvo en cuenta desde el principio. Véase Jue 12.1 nota b.

[b] **8.2** *Lo poco... hicimos nosotros:* lit. *la rebusca de Efraín ha sido mejor que la vendimia de Abiézer.* La *rebusca* es la recolección de los racimos que han quedado en las vides después de la *vendimia* o cosecha de las uvas. Con esta respuesta, tan diplomática como cargada de ironía, Gedeón hace notar la importancia de la acción desplegada por la tribu de Efraín, aunque esta haya intervenido solo al final de la contienda.

[c] **8.3** *Oreb... Zeeb:* Véase Jue 7.25 n.

[d] **8.3** Los de la tribu de *Efraín* no perciben la ironía que encierran las *palabras de Gedeón* y por eso se dan por satisfechos con su respuesta.

[e] **8.5** *Sucot:* situada en el valle del Jordán, a unos 3 km. al norte del río Jaboc, donde Jacob hizo cabañas al separarse de Esaú. Josué la asignó a Galaad (Jos 13.27). Sobre el significado de este nombre, véase Gn 33.17 n. Véase también *Índice de mapas.*

[f] **8.8** *Penuel:* ciudad situada en territorio de Gad, al este de *Sucot.* Sobre el significado del nombre, véase Gn 32.30(31) nota k.

—¡Cuando yo regrese vencedor, echaré abajo esa torre!

10 Zébah y Salmuná estaban en Carcor,[g] con unos quince mil hombres, que era todo lo que quedaba del ejército del oriente, pues habían muerto ciento veinte mil de ellos.[h] **11** Gedeón avanzó por el camino que bordea el desierto, al este de Nóbah y Jogbehá,[i] y atacó su campamento cuando ellos menos lo esperaban. **12** Zébah y Salmuná salieron huyendo, pero Gedeón los persiguió y los capturó, y llenó de espanto a todo el ejército.

13 Cuando Gedeón regresaba de la batalla por el paso de Heres,[j] **14** capturó a un joven de Sucot y lo interrogó; y aquel joven le dio por escrito[k] los nombres de los setenta y siete jefes y ancianos de Sucot. **15** Entonces Gedeón fue a Sucot y les dijo a los de este pueblo:

—¿Recuerdan cómo se burlaron de mí por causa de Zébah y de Salmuná? ¿Recuerdan que les negaron pan a mis hombres, que estaban rendidos de cansancio, diciéndonos que todavía no los teníamos cautivos? ¡Pues aquí los tienen!

16 Entonces Gedeón tomó espinas y zarzas del desierto, y con ellas castigó a los ancianos de Sucot. **17** También echó abajo la torre de Penuel, y mató a la gente de esta ciudad. **18** Luego les preguntó a Zébah y a Salmuná:

—¿Cómo eran los hombres que ustedes mataron en Tabor?

Y ellos le contestaron:

—Se parecían a ti. Cada uno de ellos parecía un príncipe.

19 Entonces Gedeón gritó:

—¡Mis hermanos! ¡Mataron a mis propios hermanos![l] Tan cierto como que el Señor vive, que si ustedes no los hubieran matado, yo tampoco los mataría a ustedes ahora.

20 En seguida le ordenó a Jéter, su hijo mayor:

—¡Levántate y mátalos!

Pero Jéter era todavía muy joven, y no se atrevió a sacar su espada. **21** Entonces Zébah y Salmuná le dijeron a Gedeón:

—¡Pues mátanos tú! ¡Al hombre se le conoce por su valentía!

Gedeón se levantó y los mató, y tomó los adornos que llevaban al cuello los camellos de Zébah y Salmuná. **22** Entonces los israelitas le dijeron:

—Ya que tú nos has librado del poder de los madianitas, queremos que tú y tus descendientes nos gobiernen.

23 Pero Gedeón les contestó:

—Ni yo ni mi hijo los gobernaremos a ustedes. El Señor será quien los gobierne.[m] **24** Lo que sí quiero es pedirles que me den los anillos que han capturado.[n]

Esos anillos de oro los usaban los soldados enemigos, porque eran gente del desierto.[ñ] **25** Los israelitas, tendiendo una capa en el suelo, echaron en ella los anillos que habían tomado, y le dijeron a Gedeón:

—Aquí los tienes.[o]

26 Todo el oro de los anillos pesó casi diecinueve kilos, sin contar los adornos ni las joyas y telas de púrpura que llevaban los reyes de Madián, ni los collares de sus camellos. **27** Con ese oro Gedeón hizo un efod,[p] que puso en Ofrá, su ciudad, y todo Israel le fue infiel al Señor por causa del efod, el cual se volvió una trampa para Gedeón y su familia.

28 Así fue como los madianitas quedaron sometidos a Israel, y nunca más volvieron a levantar cabeza. Durante cuarenta años, mientras Gedeón vivió, hubo paz en la región.

Muerte de Gedeón **29-30** Jerubaal, o sea Gedeón, se fue a vivir a su propia casa, y tuvo setenta hijos, pues tenía muchas esposas. **31** Una concubina que él tenía en Siquem, también le dio un hijo, y él le puso por nombre Abimélec.

32 Gedeón murió ya entrado en años, y lo enterraron en la tumba de su padre Joás, en Ofrá, ciudad del clan de Abiézer.

33 Después que murió Gedeón, los israelitas volvieron a abandonar a Dios para adorar a las diferentes representaciones de Baal, y escogieron como su dios a Baal-berit.[q] **34** Se olvidaron del Señor su Dios, que los había salvado de todos los enemigos que los rodeaban, **35** y no correspondieron con bondad a la familia de Jerubaal, o sea Gedeón, por todo lo bueno que él había hecho por ellos.

---

[g] **8.10** *Carcor:* sitio aún no identificado, al este del Jordán.

[h] **8.10** *Ciento veinte mil de ellos:* Esta cifra pone de relieve la magnitud de la derrota sufrida por los madianitas.

[i] **8.11** Según Nm 32.42, *Nóbah* es el nombre de un clan de Manasés instalado en Transjordania. En Nm 32.35, se menciona a *Jogbehá* entre las ciudades pertenecientes a la tribu de Gad, cuyo territorio también estaba al este del Jordán.

[j] **8.13** *Por el paso de Heres:* traducción probable; heb. oscuro. El sitio que se designa con ese nombre aún no ha podido identificarse con exactitud.

[k] **8.14** *Le dio por escrito:* Este es un dato de particular interés, porque atestigua que el arte de la escritura, aun en aquellos tiempos remotos, tenía cierta difusión en Israel.

[l] **8.19** *Mis propios hermanos:* lit. *los hijos de mi madre.* En una sociedad donde se practica la poligamia, los hijos de una misma madre se sentían unidos por un vínculo más estrecho que el que une a los nacidos del mismo padre. Cf. Gn 43.29.

[m] **8.22-23** Como consecuencia de su victoria, los que habían seguido a Gedeón le piden que se convierta en rey e instituya una dinastía real. El argumento contra la realeza es el mismo que vuelve a encontrarse en 1 S 8.7; 12.12.

[n] **8.24** Gedeón rehúsa el título de rey, pero todo parece indicar que de hecho aceptó el poder real, ya que en seguida comenzó a atribuirse ciertos derechos propios de los reyes, como la organización de un culto especial (vv. 26-27) y la instalación de un harén numeroso (vv. 29-30). En tal caso, este habría sido el primer intento de establecer la monarquía en Israel, aunque la realeza de Gedeón era todavía muy incipiente y estaba limitada a unas pocas tribus (probablemente las de Efraín, Manasés, Aser y Zabulón). Cf. Jue 8.24-27; 9.1-2.

[ñ] **8.24** *Gente del desierto:* lit. *ismaelitas.* Aparentemente, este último término se emplea aquí en un sentido más bien profesional que étnico, para designar a los mercaderes caravaneros. Cf. Gn 37.25-28.

[o] **8.25** Cf. Ex 32.2-3. La entrega de estos objetos valiosos da la impresión de ser el pago de un tributo exigido por alguien que tenía autoridad.

[p] **8.27** En este contexto, la palabra *efod* designa un objeto distinto de los mencionados en otros pasajes del AT. Aquí no se trata, en efecto, del ornamento usado por el sumo sacerdote (Ex 28.6-14; 39.2-7), ni del paño o vestimenta que solía emplearse en las ceremonias litúrgicas (1 S 2.18; 22.18; 2 S 6.14), sino de un instrumento para consultar al Señor (1 S 2.28; 14.3; 21.9) o, más probablemente, una estatua recubierta de oro y destinada al culto. Cf. Jue 17.4-5.

[q] **8.33** *Baal-berit*, es decir, *señor del pacto* o *de la alianza*, era probablemente el título particular con que se veneraba en Siquem al dios cananeo Baal. Cf. Jue 9.4.

9

Abimélec [1] Abimélec, hijo de Jerubaal,[a] fue a Siquem[b] para hablar con sus parientes por parte de madre. Y les dijo:

[2] —En nombre de nuestro parentesco, les ruego que convenzan a la gente de Siquem[c] de que es mejor que los gobierne un solo hombre, y no todos los setenta hijos de Jerubaal.[d]

[3] Y como Abimélec era pariente de ellos, se pusieron de parte suya y fueron a convencer a los de Siquem para que lo siguieran. [4] Además, tomaron setenta monedas de plata del templo de Baal-berit[e] y se las dieron a Abimélec. Con ese dinero, Abimélec alquiló unos matones para que lo siguieran. Aquellos hombres fueron con él [5] a Ofrá,[f] donde había vivido su padre Jerubaal, y contra una misma piedra mataron a los setenta hermanos de Abimélec. Solo pudo esconderse y salvarse Jotam, el hijo menor de Jerubaal.[g] [6] Después todos los de Siquem y de Bet-miló[h] se reunieron junto a la encina y la piedra sagrada que había en Siquem, y nombraron rey a Abimélec.[i]

[7] Cuando Jotam lo supo, subió al monte Guerizim,[j] y desde allí gritó bien fuerte, para que todos le oyeran:

"¡Óiganme bien, hombres de Siquem! ¡Y así Dios los oiga a ustedes!

[8] "En cierta ocasión los árboles quisieron tener rey, y le pidieron al olivo que fuera su rey. [9] Pero el olivo les dijo que no, pues para ser rey de los árboles tendría que dejar de dar aceite, el cual sirve para honrar tanto a los hombres como a Dios.

[10] "Entonces los árboles le pidieron a la higuera que fuera su rey. [11] Pero la higuera les dijo que no, pues para ser rey de los árboles tendría que dejar de dar sus dulces y sabrosos higos.

[12] "Entonces los árboles le pidieron a la vid que fuera su rey. [13] Pero la vid les dijo que no, pues para ser rey de los árboles tendría que dejar de dar su vino, el cual sirve para alegrar tanto a los hombres como a Dios.

[14] "Por fin, los árboles le pidieron a un espino que fuera su rey. [15] Y el espino les dijo que, si de veras querían que él fuera su rey, todos tendrían que ponerse bajo su sombra; pero si no querían que él fuera su rey, saldría de él un fuego que destruiría los cedros del Líbano.[k]

[16] "Y ahora, yo les pregunto: ¿Han actuado ustedes con verdad y honradez al hacer rey a Abimélec? ¿Han tratado a Jerubaal y a su familia con la misma bondad con que él los trató a ustedes? [17] Porque mi padre arriesgó su vida por ustedes cuando peleó para librarlos del poder de los madianitas; [18] ustedes, en cambio, se han rebelado contra la familia de mi padre, y han matado a sus setenta hijos contra una misma piedra. Por si fuera poco, han nombrado rey a Abimélec, hijo de la concubina de Jerubaal, solo porque él es pariente de ustedes. [19] Pero yo les digo hoy: Si ustedes han tratado con verdad y honradez a Jerubaal y a su familia, que les vaya bien con Abimélec, y a él con ustedes; [20] pero si no, ¡que salga de Abimélec un fuego que destruya a todos los de Siquem y de Bet-miló, y que de Siquem y de Bet-miló salga un fuego que lo destruya a él!"

[21] Después de haber dicho esto, Jotam huyó y se fue a vivir en Beer,[l] porque le tenía miedo a su hermano Abimélec.

[22] Abimélec dominó a los israelitas durante tres años, [23] pero Dios interpuso un espíritu maligno entre Abimélec y los de Siquem, para que estos se rebelaran contra él [24] y así pagara Abimélec el sangriento asesinato de los setenta hijos de Jerubaal, y los de Siquem pagaran por haberle ayudado. [25] Los de Siquem tenían gente en los montes, que se escondía y asaltaba a todos los que pasaban por el camino cercano.[m] Y Abimélec se enteró de esto.

[26] Un día, Gáal, el hijo de Ébed, pasó con sus hermanos por Siquem y se ganó la confianza de los de aquella ciudad, [27] los cuales salieron al campo a recoger la uva e hicieron vino y celebraron una gran fiesta, comiendo y bebiendo en el templo de sus dioses y maldiciendo a Abimélec. [28] Y Gáal decía: "¿Quién se cree este Abimélec? No es más que un hijo de Jerubaal, y Zebul es su ayudante. Y nosotros, los de Siquem, ¿quiénes somos para andar como esclavos delante de ellos? Seamos esclavos de Hamor,[n] fundador de Siquem, pero no de Abimélec.[ñ] [29] ¡Ah! ¡Si yo fuera el jefe de ustedes, en seguida me desharía de Abimélec!" Además dijo: "¡Anda, Abimélec, reúne tu ejército y ven a pelear!"

[30] Cuando Zebul, gobernador de la ciudad,[o] se enteró de lo que andaba diciendo Gáal, se puso furioso [31] y le envió el siguiente mensaje a Abimélec, que estaba en Arumá:[p] "Gáal, el hijo de Ébed, ha venido con sus hermanos

---

[a] **9.1** *Abimélec, hijo de Jerubaal:* Cf. Jue 8.31. El nombre *Abimélec* significa *mi padre es rey.*

[b] **9.1** *Siquem:* Véanse Jos 24.1 n. e *Índice de mapas.*

[c] **9.2** *La gente de Siquem:* lit. *los propietarios (o señores) de Siquem.* Probablemente se trata de los terratenientes que gozaban de una cierta posición económica y constituían un grupo políticamente influyente.

[d] **9.2** *Los setenta hijos de Jerubaal:* Cf. Jue 8.29-30.

[e] **9.4** *Baal-berit:* Véase Jue 8.33 n.

[f] **9.5** *Ofrá:* Véase Jue 6.11 nota *i.*

[g] **9.5** La masacre de los posibles pretendientes al trono era una práctica bastante común en el antiguo Oriente. Cf. 1 R 2.15-25; 2 R 10.1-14,17; 11.1-2.

[h] **9.6** *Bet-miló:* Si, como es probable, esta expresión significa *casa del terraplén,* el sitio designado con este nombre podría ser el terraplén donde se levantaba la fortaleza que en el v. 46 recibe el nombre de *Migdal-siquem* o *Torre de Siquem.*

[i] **9.6** *Abimélec* logró imponerse por un tiempo como rey de la ciudad de Siquem, pero su reinado terminó en fracaso. Véase Jue 8.24 nota *n.*

[j] **9.7** *Guerizim:* Véase Dt 11.29-30 n.

[k] **9.7-15** Jotam se vale de esta parábola para dirigir un durísimo ataque contra la institución de la monarquía. Este poema, que es uno de los testimonios más antiguos de literatura sapiencial israelita, anticipa una forma de crítica antimonárquica que volverá a encontrarse repetidamente en el futuro, sobre todo en la predicación profética. Cf. 1 S 8; 10.17-24; 12.

[l] **9.21** *Beer:* localidad situada al nordeste de Ofrá. Véase Jue 6.11 nota *i.*

[m] **9.25** Estos asaltos impedían que Abimélec les cobrara derecho de peaje a los que pasaban por Siquem transportando mercancías.

[n] **9.28** *Hamor:* Cf. Gn 34.2.

[ñ] **9.28-29** Gáal apela al orgullo de la gente de Siquem, instándola a que no se deje gobernar por un príncipe que no es nativo de esa ciudad (cf. v. 1).

[o] **9.30** *Zebul* gobernaba la ciudad de Siquem en representación de Abimélec.

[p] **9.31** *Arumá:* traducción probable, según el v. 41. Heb. oscuro. Esa localidad estaba a unos 8 km. al sudeste de Siquem.

a Siquem, y están predisponiendo a la gente de la ciudad contra ti. ³² Por lo tanto, sal de noche con tus soldados y escóndanse en el campo. ³³ Por la mañana, al salir el sol, ataca la ciudad, y cuando Gáal y su gente salgan a pelear contigo, haz con él lo que creas más conveniente."

³⁴ Así pues, Abimélec y toda su gente salieron de noche y se escondieron alrededor de Siquem, repartidos en cuatro grupos. ³⁵ Cuando Gáal salió a la puerta de la ciudad, Abimélec y su gente salieron de sus escondites. ³⁶ Al verlos, Gáal le dijo a Zebul:

—¡Mira, de los cerros viene bajando un ejército!

—No —le contestó Zebul—. Solo son las sombras de los cerros, que a ti te parecen gente.

³⁷ Pero Gáal siguió diciendo:

—¡También de la colina que llaman 'Ombligo de la tierra' ᑫ viene bajando un ejército! ¡Y otro grupo viene por el camino de la Encina de los Adivinos!

³⁸ —¡Habla ahora, fanfarrón! —le dijo Zebul—. ¡Tú, que decías que Abimélec no era nadie para que fuéramos sus esclavos! Ahí está el ejército que te parecía poca cosa. ¡Anda, sal ahora a pelear contra ellos!

³⁹ Gáal salió al frente de la gente de Siquem a pelear contra Abimélec. ⁴⁰ Pero Abimélec lo persiguió, y Gáal huyó de él. Hasta en la puerta misma de la ciudad hubo muchos muertos. ⁴¹ Abimélec se quedó en Arumá, y Zebul arrojó de Siquem a Gáal y sus hermanos.

⁴² Al día siguiente, los de Siquem salieron al campo. Cuando Abimélec lo supo, ⁴³ dividió su ejército en tres grupos y se escondió en el campo; y cuando vio que los de Siquem salían de la ciudad, salió de su escondite y los atacó. ⁴⁴ Él y su grupo se lanzaron a tomar la puerta de la ciudad, mientras los otros dos grupos atacaban y mataban a los que andaban por el campo; ⁴⁵ y el resto del día lo pasó Abimélec atacando a Siquem, hasta que la tomó. Entonces destruyó la ciudad y mató a todos sus habitantes, y la ciudad misma la sembró de sal. ʳ

⁴⁶ Cuando los de Migdal-siquem se enteraron de lo que había hecho Abimélec, fueron a refugiarse en la fortaleza del templo de El-berit. ⁴⁷ Y al saber Abimélec que todos estaban reunidos allí, ⁴⁸ fue con toda su gente al monte Salmón y con un hacha cortó una rama de un árbol; luego se la puso sobre el hombro y dijo a todos sus hombres que hicieran rápidamente lo mismo que él. ⁴⁹ Todos cortaron sus ramas y siguieron a Abimélec hasta la fortaleza del templo, donde amontonaron todas las ramas y les prendieron fuego, matando así a todos los de Migdal-siquem, que eran unos mil hombres y mujeres.

⁵⁰ Después Abimélec marchó sobre Tebés, ˢ se preparó para atacarla y la tomó. ⁵¹ En el centro de aquella ciudad había una torre, y en ella se escondieron todos los habitantes de la ciudad, hombres y mujeres. Cerraron bien las puertas y subieron al techo; ⁵² pero Abimélec llegó hasta la puerta de la torre y la atacó. Ya se disponía a prenderle fuego, ⁵³ cuando una mujer arrojó una piedra de molino, la cual le cayó en la cabeza y le rompió el cráneo. ⁵⁴ Abimélec llamó rápidamente a su ayudante de armas y le dijo: "Saca tu espada y mátame, porque no quiero que se diga que una mujer me mató." Entonces su ayudante lo atravesó con la espada, y así murió. ᵗ ⁵⁵ Cuando los israelitas vieron que Abimélec había muerto, regresaron a sus casas. ⁵⁶ De esta manera Dios hizo pagar a Abimélec el crimen que había cometido contra su padre al matar a sus setenta hermanos. ⁵⁷ Y Dios hizo también que los de Siquem pagaran por todos sus crímenes. Así se cumplió en ellos la maldición de Jotam, el hijo de Jerubaal.

6. Tolá (10.1-2)

Gobierno de Tolá ᵃ ¹ Después de Abimélec, un hombre de la tribu de Isacar llamado Tolá, hijo de Puá ᵇ y nieto de Dodó, se levantó para salvar a Israel. ᶜ Tolá vivía en Samir, ᵈ en los montes de Efraín, ² y gobernó a Israel durante veintitrés años, hasta que murió y lo enterraron en Samir.

7. Jaír (10.3-5)

Gobierno de Jaír ³ Después se levantó Jaír, que era de Galaad, ᵉ y gobernó a Israel durante veintidós años. ⁴ Jaír tuvo treinta hijos, cada uno de los cuales montaba en asno y tenía una ciudad en la región de Galaad. Esas treinta ciudades se conocen todavía como "las ciudades de Jaír". ᶠ

⁵ Cuando Jaír murió, fue enterrado en Camón.

8. Jefté (10.6—12.7)

Los amonitas oprimen a Israel ⁶ Pero los israelitas volvieron a hacer lo malo a los ojos del Señor, y adoraron a las diferentes representaciones de Baal y de Astarté, lo mismo que a los dioses de Siria, de Sidón, de Moab, de Amón y de los filisteos. Abandonaron al Señor y dejaron de rendirle culto. ᵍ ⁷ Por eso el Señor se enfureció contra ellos y los entregó al poder de los filisteos y de los amonitas. ⁸ Desde entonces, y durante dieciocho años, los filisteos y los

---

ᑫ **9.37** El *Ombligo de la tierra* era un cerro situado en las cercanías de Siquem, al que los habitantes del lugar consideraban como el centro del mundo. Véase Ez 38.12 n.

ʳ **9.45** *La sembró de sal:* La sal produce esterilidad y también la simboliza. Cf. Dt 29.23(22); Job 39.6; Sal 107.34.

ˢ **9.50** *Tebés:* localidad situada a unos 15 km. al nordeste de Siquem, donde hoy se encuentra Tubas.

ᵗ **9.54** Cf. 1 S 31.4.

ᵃ **10.1-5** Estos vv. contienen una primera lista de los así llamados "jueces menores"; otra lista se encuentra en Jue 12.8-15. No se sabe mucho acerca de estos personajes. Algunos piensan que se trata de "jueces" en sentido estricto, es decir, de magistrados que ejercían funciones judiciales en el pueblo de Israel. Sin embargo, no hay ninguna seguridad de que esta interpretación sea correcta. Cf. v. 1, donde se dice que Tolá *se levantó para salvar a Israel,* lo mismo que los héroes o caudillos de las secciones narrativas.

ᵇ **10.1** En Gn 46.13; Nm 26.23; 1 Cr 7.1, *Tolá* y *Puá* son los nombres de dos clanes de la tribu de Isacar.

ᶜ **10.1** *Para salvar a Israel:* Jue 2.16,18; 3.9; véase la *Introducción* a *Jueces.*

ᵈ **10.1** *Samir:* aldea situada en la montaña de *Efraín,* distinta de la que se encontraba en las montañas de Judá (cf. Jos 15.48).

ᵉ **10.3** *Galaad:* región de altas mesetas al oriente del río Jordán. Véanse Dt 2.36 n. e *Índice de mapas.*

ᶠ **10.4** *Las ciudades de Jaír:* lit. *los campamentos de Jaír.* Véase Dt 3.14 n., y cf. Nm 32.41; Jos 13.30.

ᵍ **10.6** Jue 2.11; 3.7,12; 4.1; 6.1.

amonitas oprimieron cruelmente a todos los israelitas que vivían en Galaad, al otro lado del Jordán, en territorio amorreo. ⁹ Los amonitas cruzaron el Jordán para pelear también contra las tribus de Judá, Benjamín y Efraín, y los israelitas se vieron en grave aprieto. ¹⁰ Entonces le pidieron ayuda al Señor, y le dijeron: "Dios nuestro, hemos pecado contra ti, pues te hemos abandonado por adorar a falsos dioses."

¹¹ Y el Señor les contestó: "Ustedes fueron oprimidos por los egipcios, los amorreos,[h] los amonitas, los filisteos, ¹² los sidonios, los amalecitas y los madianitas; pero cuando ustedes clamaron a mí, yo los salvé.[i] ¹³ A pesar de eso, ustedes me han abandonado por ir a adorar a otros dioses, así que yo no volveré a salvarlos. ¹⁴ ¡Vayan y pidan ayuda a los dioses que se han escogido! ¡Que ellos los salven a ustedes cuando estén en aprietos!"[j]

¹⁵ Entonces los israelitas le respondieron al Señor: "Hemos pecado. Haz con nosotros lo que mejor te parezca, pero, ¡por favor, sálvanos ahora!" ¹⁶ Y los israelitas se deshicieron de los dioses extranjeros para volver a adorar al Señor, y el Señor ya no pudo soportar que los israelitas siguieran sufriendo.[k]

¹⁷ Los amonitas se reunieron y acamparon en Galaad. Los israelitas, por su parte, se reunieron y acamparon en Mispá.[l] ¹⁸ Los israelitas que vivían en Galaad, y sus jefes, acordaron entre sí que el que dirigiera la batalla contra los amonitas sería caudillo de todos los habitantes de Galaad.

11 *Jefté* ¹ Jefté[a] era un valiente guerrero de la región de Galaad. Era hijo de una prostituta y de un hombre llamado Galaad,[b] ² y como la esposa de Galaad le había dado otros hijos, cuando ellos crecieron echaron de la casa a Jefté y le dijeron que no heredaría nada de su padre, por ser hijo de otra mujer. ³ Entonces Jefté huyó de sus hermanos y se fue a vivir a la región de Tob,[c] donde reunió una banda de desalmados que junto con él salían a hacer correrías.

⁴ Pasado algún tiempo los amonitas[d] atacaron a Israel, ⁵ y los jefes de Galaad mandaron traer a Jefté de la región de Tob, ⁶ y le dijeron:

—Ven, queremos que seas nuestro jefe en la guerra contra los amonitas.

⁷ Jefté les contestó:

—¿Pues no me odiaban ustedes, y hasta me obligaron a irme de la casa de mi padre? ¿Por qué vienen a buscarme ahora que están en aprietos?

⁸ —Precisamente porque estamos en aprietos venimos a buscarte —dijeron ellos—. Queremos que vengas con nosotros y pelees contra los amonitas, y que seas el jefe de todos los que vivimos en Galaad.

⁹ —Pues si ustedes quieren que yo regrese para pelear contra los amonitas, y si el Señor me da la victoria, seré el jefe de ustedes —respondió Jefté.

¹⁰ Y los jefes le aseguraron:

—El Señor es testigo nuestro de que haremos todo lo que has dicho.

¹¹ Entonces Jefté fue con ellos, y el pueblo lo nombró su jefe y caudillo. En Mispá, Jefté repitió ante el Señor lo que antes había dicho.[e] ¹² Después mandó unos mensajeros al rey de los amonitas, para que le preguntaran: "¿Qué tienes tú contra mí, para que vengas ahora a atacar mi país?"

¹³ Y el rey de los amonitas les contestó a los mensajeros de Jefté: "Cuando ustedes los israelitas salieron de Egipto, nos quitaron nuestras tierras, desde el río Arnón hasta los ríos Jaboc y Jordán. Ahora, pues, devuélvemelas por las buenas."

¹⁴ Jefté envió entonces otros mensajeros al rey de los amonitas, ¹⁵ con este mensaje: "Esta es la respuesta de Jefté: Nosotros los israelitas no les hemos quitado tierras ni a los moabitas ni a los amonitas. ¹⁶ Cuando salimos de Egipto, cruzamos el desierto hasta el Mar Rojo, y llegamos hasta Cadés. ¹⁷ Entonces mandamos unos mensajeros al rey de Edom pidiéndole que nos dejara pasar por sus territorios, pero él no nos dejó pasar. Se lo pedimos también al rey de Moab, pero él tampoco nos dejó pasar. Por eso nos quedamos en Cadés.[f] ¹⁸ Después, andando por el desierto, fuimos rodeando los territorios de Edom[g] y de Moab, hasta llegar al este de Moab, y acampamos allí, al otro lado del río Arnón. Pero no lo cruzamos, porque allí empezaba el territorio de Moab. ¹⁹ Entonces mandamos unos mensajeros a Sihón, el rey amorreo de Hesbón, pidiéndole que nos dejara pasar por sus territorios para dirigirnos a nuestra tierra. ²⁰ Pero Sihón desconfió y no nos permitió pasar por su territorio; por el contrario, reunió a todo su ejército y acampó en Jahas,[h] y nos atacó. ²¹ Pero el Señor, el Dios de Israel, su pueblo, nos dio la victoria, y derrotamos a

---

[h] **10.11** *Amorreos:* Véase Dt 1.7 nota *i.*

[i] **10.12** *Sidonios:* Véase Jos 11.8 n. *Amalecitas:* Véase Ex 17.8 nota *g. Madianitas:* Véase Ex 2.15 n.

[j] **10.14** Jer 11.12.

[k] **10.16** Gn 35.2-4; Jos 24.23; 1 S 7.3-4.

[l] **10.17** *Galaad:* Aquí no se trata de la región del mismo nombre (véase Dt 2.36-37 n.), sino de una población situada al oriente del Jordán, cerca del río Jaboc. *Mispá* de Galaad, distinta de la Mispá de Benjamín (cf. Jos 18.26; 1 S 7.5-16; 10.17), se encontraba cerca de allí, probablemente al sur del Jaboc. Cf. Gn 31.49; Os 5.1.

[a] **11.1** *Jefté* es la transcripción de un nombre hebreo que significa (Dios) *abre* o *libera.* Cf. Heb 11.32.

[b] **11.1** El nombre *Galaad* se emplea casi siempre para designar una región, pero aquí, según parece, se refiere al antepasado común de todos los habitantes de aquel lugar. Como el padre de *Jefté* era probablemente un desconocido, el texto bíblico lo presenta simplemente como hijo de aquel antepasado común.

[c] **11.3** *Tob:* región y ciudad al norte de Galaad, cuyo nombre parece haber sobrevivido en el de el-Tayibah, lugar situado al oriente del Jordán, cerca de las fuentes del río Yarmuk. Cf. 2 S 10.6.

[d] **11.4** Los *amonitas* habitaban en Transjordania, un poco más al este del territorio ocupado por las tribus israelitas que se habían instalado en aquella región. Cf. Jos 1.12-17; Jue 11.13.

[e] **11.11** El acuerdo entre *Jefté* y los ancianos de Galaad era ratificado solemnemente en el santuario de *Mispá,* nombre que significa *puesto de guardia* (cf. Gn 31.49). Allí el Señor fue testigo del pacto (cf. v. 10) y desde allí vigilaba la observancia o el incumplimiento de las obligaciones contraídas.

[f] **11.16-17** La llegada de los israelitas a *Cadés* y la negativa del *rey de Edom* se relatan más detalladamente en Nm 20.14-21.

[g] **11.18** Nm 21.4.

[h] **11.20** *Jahas:* Dt 2.32.

Sihón y a su ejército, y nos adueñamos de todo el territorio de los amorreos de esa región: **22** tomamos toda la tierra de los amorreos, desde el río Arnón hasta el Jaboc y desde el desierto hasta el Jordán. *i* **23** ¿Y ahora quieres tú despojarnos de lo que el Señor les quitó a los amorreos y nos dio a nosotros? **24** Si Quemós, *j* tu dios, te da algo en posesión, tú lo consideras propiedad tuya, ¿no es cierto? Pues también nosotros consideramos nuestro lo que el Señor nos ha dado en propiedad. **25** ¿Acaso te crees mejor que Balac, hijo de Sipor, el rey de Moab? Pues bien, él no vino a pelear contra nosotros. *k* **26** Ya hace trescientos años que vivimos en Hesbón, Aroer y las aldeas vecinas, y en todas las ciudades a orillas del Arnón; ¿por qué no han reclamado ustedes esas tierras en todo este tiempo? **27** Yo no te he hecho ningún mal. Eres tú quien está actuando mal al venir a atacarnos. Pero el Señor es el juez, y él será quien juzgue a israelitas y amonitas."

28 A pesar de todo, el rey de los amonitas no hizo caso del mensaje de Jefté.

La promesa de Jefté **29** Entonces el espíritu del Señor vino sobre Jefté, *l* y este recorrió Galaad y Manasés, *m* pasando por Mispá de Galaad, para invadir el territorio de los amonitas. **30** Y Jefté le hizo esta promesa *n* al Señor: "Si me das la victoria sobre los amonitas, **31** yo te ofreceré en holocausto a quien primero salga de mi casa a recibirme cuando yo regrese de la batalla." *ñ*

32 Jefté invadió el territorio de los amonitas, y los atacó, y el Señor le dio la victoria. **33** Mató Jefté a muchos enemigos, y conquistó veinte ciudades entre Aroer, Minit y Abel-queramim. De este modo los israelitas dominaron a los amonitas.

34 Cuando Jefté volvió a su casa en Mispá, la única hija que tenía salió a recibirlo bailando y tocando panderetas. *o* Aparte de ella, no tenía otros hijos, **35** así que, al verla, se rasgó la ropa en señal de desesperación y le dijo:

—¡Ay, hija mía, qué gran dolor me causas! ¡Y eres tú misma la causa de mi desgracia, pues le he hecho una promesa al Señor, y ahora tengo que cumplírsela! *p*

36 Y ella le respondió:

—Padre mío, haz conmigo lo que le prometiste al Señor, ya que él ha cumplido su parte al darte la victoria sobre tus enemigos los amonitas. **37** Te ruego, sin embargo, que me concedas dos meses para andar por los montes, con mis amigas, llorando por tener que morir sin haberme casado. *q*

38 Jefté le concedió los dos meses, y en ese tiempo ella anduvo por los montes, con sus amigas, llorando porque iba a morir sin haberse casado. **39** Después de ese tiempo volvió a donde estaba su padre, y él cumplió la promesa que le había hecho al Señor. La hija de Jefté murió sin haber tenido relaciones sexuales con ningún hombre. *r* **40** Por eso es costumbre entre los israelitas que todos los años las jóvenes vayan a llorar a la hija de Jefté durante cuatro días.

12 Jefté y la tribu de Efraín

1 Los hombres de la tribu de Efraín se reunieron y cruzaron el Jordán en dirección a Safón, *a* y le dijeron a Jefté:

—¿Por qué te lanzaste a atacar a los amonitas, sin avisarnos para que fuéramos contigo? ¡Ahora vamos a quemar tu casa contigo dentro! *b*

2 Jefté les contestó:

—Mi gente y yo tuvimos un pleito con los amonitas, y yo los llamé a ustedes, pero ustedes no vinieron a defendernos. **3** Como vi que ustedes no venían en nuestra ayuda, arriesgué mi propia vida *c* y ataqué a los amonitas, y el Señor me dio la victoria. ¿Por qué vienen ustedes ahora a pelear conmigo?

4 Entonces Jefté reunió a todos los hombres de Galaad, y peleó con los de Efraín y los derrotó. *d* Los de Efraín decían que los de Galaad, que vivían entre Efraín y Manasés, eran gente que había abandonado a Efraín. *e* **5** Los de Galaad les quitaron a los de Efraín los vados del Jordán, y

---

i 11.19-22 Nm 21.21-24.

j 11.24 Solo en este texto se presenta a *Quemós* como dios de los amonitas (cf. v. 14). En todos los otros pasajes del AT, él es el dios de Moab (1 R 11.7,33; 2 R 23.13; Jer 48.7) y Moab es llamado *pueblo de Quemós* (Nm 21.29; Jer 48.46). El dios de los amonitas era Milcom (1 R 11.5,33; 2 R 23.13; Jer 49.1).

k 11.25 Nm 22.1-6.

l 11.29 *El espíritu del Señor vino sobre:* respecto de esta expresión, véase Jue 3.10 n.

m 11.29 *Galaad y Manasés:* Véase Jos 13.29 n.

n 11.30 Nm 32.24; Sal 66.13-14. Según una creencia bastante común en la antigüedad, el que había hecho una *promesa* ya no podía volverse atrás, sino que debía cumplirla indefectiblemente. Es decir, que con la promesa sucedía lo mismo que con la bendición y la maldición: una vez pronunciada, parecía quedar fuera del dominio del que la había hecho, como si hubiera adquirido existencia independiente. De ahí la recomendación de no hacer promesas a la ligera (Pr 20.25; Ec 5.4-5). Véanse Gn 27.4 nota *d*; 27.33 n.; Sal 147.15 n.

ñ 11.31 Jefté promete ofrecer en sacrificio una víctima humana, pensando que de ese modo realizaba un acto agradable a Dios.

o 11.34 Cf. Ex 15.19-21; 1 S 18.6.

p 11.35 Cf. Nm 30.1-2(2-3).

q 11.36-37 En el antiguo Israel, como en muchos otros pueblos, se consideraba una desgracia y un deshonor el que una mujer no tuviera hijos. Cf. Gn 16.1-5; 30.23; 1 S 1.11; Véase Lc 1.25 n.

r 11.39 La ley de Moisés prohibía terminantemente los sacrificios humanos (Lv 18.21; 20.2-5; Dt 12.31), pero los israelitas los practicaron ocasionalmente (2 R 16.3; 21.6; cf. Jer 7.31; 19.5; 32.35), lo mismo que sus vecinos (2 R 3.26-27). En este caso, el texto bíblico no pronuncia ningún juicio sobre la calidad moral de la acción realizada por Jefté, sino que se limita a referir el hecho.

a 12.1 *Safón:* población de la tribu de Gad (Jos 13.27; cf. Nm 26.15), localizada al oriente del Jordán y al norte del Jaboc.

b 12.1 El triunfo de Jefté provoca una vez más el desagrado de los efraimitas, tribu poderosa y altiva, que pretendía mantener la supremacía sobre las demás israelitas. Véase Jue 8.1 n.

c 12.3 *Arriesgué mi propia vida:* lit. *puse mi vida* (o *mi alma*) *en la palma de mi mano.* La misma expresión hebrea vuelve a encontrarse en 1 S 19.5; 28.21; Job 13.14; Sal 119.109.

d 12.4 Jefté, menos diplomático que Gedeón (véase Jue 8.2 n.), responde a las pretensiones de los efraimitas con una acción guerrera.

e 12.4 *Los de Efraín... abandonado a Efraín:* traducción poco segura de un texto difícil. Según algunos intérpretes, la guerra entre Efraín y Galaad podría explicarse de la manera siguiente: las tribus lideradas por Jefté habrían pertenecido originariamente a la casa de José (véase Jos 16.1 n.), pero luego consiguieron independizarse. Los efraimitas habrían intervenido entonces, aunque sin éxito, para impedir esa separación.

cuando alguno de Efraín que llegaba huyendo les pedía paso, ellos le preguntaban si era de Efraín. Si aquel respondía que no, ⁶ le pedían que dijera "Shibolet", y si decía "Sibolet",ᶠ porque no podía pronunciarlo de otro modo, lo agarraban y lo mataban allí mismo, junto a los vados del Jordán. En aquella ocasión los muertos de Efraín fueron cuarenta y dos mil hombres.

⁷ Jefté fue caudillo de los israelitas durante seis años. Cuando murió, lo enterraron en Galaad, su ciudad natal. ᵍ

9. Ibsán (12.8-10) ʰ

⁸ Después de Jefté, fue caudillo de los israelitas Ibsán, de Belén,ⁱ ⁹ que tuvo treinta hijos y treinta hijas, y a todos los casó con gente de fuera. Ibsán fue caudillo de Israel durante siete años, ¹⁰ y cuando murió lo enterraron en Belén.

10. Elón (12.11-12)

¹¹ Después de él, Elón, de la tribu de Zabulón,ʲ fue caudillo de los israelitas durante diez años ¹² y cuando murió lo enterraron en Aialón,ᵏ en el territorio de su tribu.

11. Abdón (12.13-15)

¹³ Después de él, Abdón, el hijo de Hilel, de Piratón,ˡ fue caudillo de los israelitas ¹⁴ durante ocho años. Abdón tuvo cuarenta hijos y treinta nietos, cada uno de los cuales montaba un asno. ¹⁵ Cuando murió, lo enterraron en Piratón, que está en el territorio de Efraín, en los montes de Amalec.ᵐ

12. Sansón (13—16)

13

Nacimiento de Sansón ᵃ ¹ Pero los israelitas volvieron a hacer lo malo a los ojos del Señor,ᵇ y el Señor los entregó al poder de los filisteos ᶜ durante cuarenta años. ᵈ

² En Sorá,ᵉ de la tribu de Dan,ᶠ había un hombre que se llamaba Manoa. Su mujer nunca había tenido hijos, porque era estéril. ᵍ ³ Pero el Ángel del Señor ʰ se le apareció a ella y le dijo: "Tú nunca has podido tener hijos, pero ahora vas a quedar embarazada y tendrás un niño. ⁴ Pero no tomes vino ni ninguna otra bebida fuerte, ni comas nada impuro, ⁵ pues vas a tener un hijo al que no se le deberá cortar el cabello, porque ese niño estará consagrado a Dios como nazareoⁱ desde antes de nacer, ᵏ para que sea él quien comience a librar a los israelitas del poder de los filisteos." ˡ

⁶ La mujer fue a contárselo a su marido, y le dijo: "Un hombre de Dios vino a donde yo estaba, y me impresionó mucho, pues parecía el ángel mismo del Señor. Ni yo le pregunté quién era, ni tampoco él me lo dijo. ⁷ Lo que sí me dijo fue que yo voy a tener un hijo, y que desde ahora no debo tomar vino ni ninguna otra bebida fuerte, ni comer nada impuro, porque el niño va a estar consagrado a Dios como nazareo desde antes de nacer y hasta su muerte."

⁸ Entonces Manoa dijo al Señor en oración: "Yo te ruego, Señor, que envíes otra vez ese hombre a nosotros, para que nos diga lo que debemos hacer con el niño que va a nacer."

ᶠ **12.6** *"Shibolet"... "Sibolet":* palabra hebrea que significa *espiga* y también *corriente de agua.* Este relato muestra que la lengua hebrea, en los tiempos bíblicos, presentaba ciertas diferencias dialectales en las diversas regiones de Palestina. En este caso, la manera de pronunciar las eses permitía identificar a los que pertenecían a la tribu de Efraín.

ᵍ **12.7** *Galaad, su ciudad natal:* según dos versiones antiguas. Heb. *en las ciudades de Galaad.*

ʰ **12.8-10** Aquí inicia la segunda lista de los llamados "jueces menores"; es continuación de la primera, interrumpida en Jue 10.5. Véase Jue 10.1-5 n.

ⁱ **12.8** *Belén* de Zabulón, a 12 km. al oeste de Nazaret.

ʲ **12.11** *La tribu de Zabulón:* Véase Jos 19.10 n.

ᵏ **12.12** *Aialón:* población de la tribu de Zabulón, distinta de la situada en el valle del mismo nombre (cf. Jos 10.12). Perteneció primero a la tribu de Dan (Jos 19.42) y luego fue asignada a los levitas (Jos 21.24).

ˡ **12.13** *Piratón:* población situada a 12 km. al sudoeste de Siquem (véase Jos 24.1 n.). Cf. 2 S 23.30; 1 Mac 9.50.

ᵐ **12.15** *Amalec:* según el heb. Sin embargo, si se tiene en cuenta que los amalecitas eran nómadas que se desplazaban al nordeste de la península del Sinaí (cf. Nm 13.29), es muy poco probable que estos *montes de Amalec* se encontraran en el territorio de Efraín (véase Jos 16.4 n.). Por eso, muchos intérpretes piensan que debe leerse, con algunos mss. griegos, *en el país de Saalim* (cf. 1 S 9.4).

ᵃ **13.1-25** Aquí comienza la historia de Sansón, el modelo del héroe popular, cuyas características lo distinguen considerablemente de los otros jueces. Él no es capaz de ejercer funciones de gobierno, ni de reclutar un ejército para ponerse al frente de él. Sus hazañas son acciones individuales, sin grandes consecuencias de carácter nacional, pero aptas para ganarle la simpatía del pueblo, que admiraba su fuerza y exaltaba su arrojo. De ahí que la historia de Sansón narrada en los caps. siguientes tenga el colorido y las características de los relatos folklóricos.

ᵇ **13.1** Jue 3.12; 4.1; 10.6.

ᶜ **13.1** Sansón se verá confrontado permanentemente con los *filisteos,* que fueron los principales y más peligrosos enemigos de Israel desde la época de la conquista hasta David. Véase Jos 13.3 nota c.

ᵈ **13.1** *Cuarenta años:* Véase Jue 3.11 n.

ᵉ **13.2** *Sorá:* antigua ciudad cananea, situada a unos 20 km. al oeste de Jerusalén. Según Jos 19.41, esta ciudad fue primero asignada a la tribu de Dan; pero pasó a formar parte de la tribu de Judá (cf. Jos 15.33) después que los danitas emigraron hacia el norte (cf. Jue 18).

ᶠ **13.2** La historia de Sansón transcurre en el territorio ocupado por *la tribu de Dan* antes de su traslado al extremo norte de Palestina.

ᵍ **13.2** Al indicar expresamente que la mujer *era estéril,* el relato pone de relieve que el hijo que iba a nacer era un don especial de Dios. Véase Jue 11.36-37 n.

ʰ **13.3** *El Ángel del Señor:* Véase Gn 16.7 nota c. En *Jueces,* de ningún personaje excepto de Sansón se relata en forma tan detallada su nacimiento y elección por parte de Dios para hacerlo más tarde libertador de Israel. El paralelo más cercano se encuentra en la historia de Gedeón. Cf. también Gn 18.1-15; 1 S 1.1—2.11; Lc 1.5-25,57-80.

ⁱ **13.3** También otras mujeres estériles llegaron a ser madres gracias a una intervención especial del Señor (Gn 11.30; 21.1-2; 1 S 1.2,5, 19-20; Lc 1.7,17). Cf. Sal 113.9.

ʲ **13.4-5** *Nazareo:* es decir, consagrado a Dios por un voto especial, hecho por la persona misma o por sus padres (cf. 1 S 1.11). Acerca de las obligaciones propias de los nazareos, cf. Nm 6.1-21, y véase Nm 6.2 n.

ᵏ **13.4-5** La madre debía adoptar el estilo propio de los nazareos, para que su hijo, incluso *desde antes de nacer,* estuviera enteramente consagrado a Dios.

ˡ **13.5** Luchar por la liberación de su pueblo era la función específica de los personajes cuyas hazañas se relatan en el libro de los *Jueces.* Véase la *Introducción* a este libro.

⁹ Dios respondió a la petición de Manoa, y su ángel se le apareció otra vez a la mujer, cuando estaba en el campo. Como Manoa no estaba allí, ¹⁰ ella fue corriendo a decirle:

—¡Oye, el hombre que vi el otro día, se me ha vuelto a aparecer!

¹¹ Manoa se levantó y fue con ella a donde estaba el hombre, al cual le dijo:

—¿Es usted el que habló con mi mujer el otro día?

Y aquel hombre contestó:

—Sí, yo soy.

¹² Entonces Manoa dijo:

—Cuando se cumpla lo que usted nos ha dicho, ¿cómo debemos criar al niño? ¿Qué tendremos que hacer con él?

¹³ El Ángel del Señor respondió:

—Que tu mujer haga todo lo que le he dicho: ¹⁴ que no tome vino ni ningún otro producto de la uva, ni ninguna otra bebida fuerte, ni coma nada impuro. Simplemente, que haga lo que le he ordenado. *m*

¹⁵⁻¹⁶ Manoa, sin saber que aquel hombre era el ángel del Señor, le dijo:

—Por favor, quédese usted con nosotros a comer un cabrito que vamos a prepararle.

Pero el ángel le contestó:

—Aun si me quedara, no podría yo compartir contigo tu comida. Pero puedes ofrecer el cabrito en holocausto al Señor.

¹⁷ Entonces Manoa le dijo al ángel:

—Díganos al menos cómo se llama usted, para que le estemos agradecidos cuando se cumpla lo que nos ha dicho.

¹⁸ Pero el ángel respondió:

—¿Para qué quieres saber mi nombre? Es un secreto maravilloso. *n*

¹⁹ Manoa tomó el cabrito y la ofrenda de cereales, los puso sobre una roca *ñ* y los ofreció en holocausto *o* al Señor. Entonces el Señor hizo algo maravilloso ante los ojos de Manoa y de su mujer: ²⁰ cuando el fuego subió del altar, Manoa y su mujer vieron al ángel del Señor subir al cielo en medio de las llamas. Entonces se inclinaron hasta tocar el suelo con la frente. ²¹ Manoa se dio cuenta de que aquel hombre era el ángel del Señor, pues no se les volvió a aparecer ni a él ni a su mujer; ²² y le dijo a su mujer:

—Con toda seguridad vamos a morir, porque hemos visto a Dios. *p*

²³ Pero ella le contestó:

—Si el Señor nos hubiera querido matar, no habría aceptado nuestro holocausto ni nuestra ofrenda, ni nos habría dejado ver estas cosas. Tampoco nos habría anunciado todo esto.

²⁴ A su tiempo, la mujer tuvo un hijo, y le puso por nombre Sansón. *q* El niño crecía, *r* y el Señor lo bendecía. ²⁵ Y un día en que Sansón estaba en el campamento de Dan, entre Sorá y Estaol, *s* el espíritu del Señor comenzó a manifestarse en él. *t*

14 Matrimonio de Sansón *a*

¹ Sansón bajó un día al pueblo de Timná *b* y se fijó en una mujer filistea, ² y cuando regresó a casa se lo contó a sus padres. Les dijo:

—Por favor, quiero que hagan todos los arreglos para casarme con una mujer filistea que vi en Timná.

³ Pero sus padres le dijeron:

—¿Para qué tienes que ir a buscar esposa entre esos filisteos paganos? *c* ¿Acaso ya no hay mujeres entre nuestros parientes, o entre todos los israelitas? *d*

Sansón respondió:

—Esa muchacha es la que me gusta, *e* y es la que quiero que me consigan como esposa.

⁴ Sus padres no sabían que era el Señor quien había dispuesto que todo esto fuera así, pues estaba buscando la ocasión de atacar a los filisteos, pues en esa época dominaban a Israel. *f* ⁵ De modo que Sansón y sus padres fueron a Timná. Cuando Sansón llegó a los viñedos de la ciudad, un león joven lo atacó rugiendo. ⁶ Entonces el espíritu del Señor se apoderó de Sansón, que a mano limpia hizo pedazos al león, como si fuera un cabrito; pero no les contó a sus

---

m **13.13-14** El niño debía observar durante toda su vida la abstinencia impuesta a su madre durante el embarazo. Pero, de hecho, Sansón no va a sentirse obligado por estas prescripciones: participa de festines (cf. Jue 14.10), tiene contacto con cadáveres (cf. Jue 14.8-9; 15.15) y hasta se deja cortar el cabello (cf. Jue 16.19).

n **13.18** Cf. Gn 32.29(30).

ñ **13.19** Se trata sin duda de *una roca* destinada al culto divino, sobre la que se ofrecían sacrificios al Señor. Cf. Jue 6.20.

o **13.19** *Holocausto:* Véase Lv 1.3 nota *c*.

p **13.22** Véase Ex 3.6 nota *e*.

q **13.24** Cf. Heb 11.32. El nombre *Sansón* se deriva de la palabra hebrea *shemesh*, que significa *sol* y que aparece con frecuencia en los nombres propios de los pueblos semitas. A 3 km. al sur de Sorá, el pueblo natal de Sansón (Jue 13.2), se encontraba la ciudad de Bet-semes, *casa del sol*.

r **13.24** *El niño crecía:* 1 S 2.21,26; 3.19; Lc 1.80; 2.40,52.

s **13.25** *Estaol:* población situada al norte de Bet-semes, en el territorio que había pertenecido originariamente a la tribu de Dan (Jos 19.41) y que luego, por la migración de los danitas hacia el norte, quedó en posesión de Judá (Jos 15.33).

t **13.25** *El espíritu del Señor comenzó a manifestarse:* Acerca de esta expresión, véase Jue 3.10 n.

a **14.1** Las tradiciones sobre Sansón, por lo general breves y anecdóticas, reflejan el antagonismo de los israelitas hacia los que fueron sus enemigos desde el principio. Sansón, el protagonista de estos relatos, se convirtió en un héroe popular israelita, no por sus cualidades o virtudes morales, sino porque luchó contra los filisteos y estos no pudieron vencerlo ni siquiera cuando muere.

b **14.1** *Timná:* población situada en las cercanías de Bet-semes, en la frontera entre Judá y Dan (Jos 15.10). Como se encontraba en las pendientes que conducían a la *sefelá* o terrenos bajos (véase Jos 9.1 nota *b*), se dice que Sansón *bajó* hasta allí. En esa época, la ciudad estaba en poder de los filisteos. Cf. 2 Cr 28.18.

c **14.3** *Paganos:* lit. *incircuncisos*, designación despectiva de los filisteos, que no practicaban la circuncisión como los israelitas y otros pueblos vecinos de Israel. Véase Gn 17.10-14 n. y *Circuncisión* en el *Índice temático*.

d **14.3** La costumbre de no contraer matrimonio con mujeres extranjeras era muy antigua en Israel (cf. Ex 34.16; Dt 7.3-4; Jos 23.12-13). Ya en las tradiciones patriarcales se encuentran testimonios claros de esta costumbre (véase Gn 24.3-4 n., cf. Gn 27.46; 28.1-2).

e **14.3** *Esa muchacha es la que me gusta:* En esta frase aparece bien reflejado el carácter de Sansón, el héroe impulsivo, vehemente y siempre dispuesto a dejarse llevar por sus arrebatos (cf. Jue 15.4-5; 16.3). Su pasión por las mujeres lo hará afrontar todos los peligros y será finalmente la causa de su ruina (cf. Jue 16.16-21).

f **14.4** Este comentario muestra que Dios puede valerse de cualquier medio para llevar a cabo sus designios (cf. 2 S 17.14).

padres lo sucedido. **7** Luego fue y habló con la muchacha que le había gustado.

8 Unos días después, cuando Sansón volvió para casarse con la muchacha, se apartó del camino para ir a ver el león muerto, y se encontró con que en el cuerpo del león había un enjambre de abejas y un panal de miel. **9** Raspó el panal con las manos para sacar la miel, y se la fue comiendo. Cuando se encontró con sus padres, les dio miel y comieron, pero no les dijo que la había sacado del león muerto. *g*

10 El padre de Sansón fue a ver a la muchacha; y Sansón dio allí una fiesta, según se acostumbraba entre los jóvenes. **11** Pero como los filisteos le tenían miedo, *h* llevaron treinta amigos *i* para que estuvieran con él. **12** A estos treinta, Sansón les dijo:

—Les voy a decir una adivinanza. Si en los siete días que va a durar la fiesta me dan la respuesta correcta, yo le daré a cada uno de ustedes una capa de lino fino y una muda de ropa de fiesta. **13** Pero si no dan con la respuesta, cada uno de ustedes me tendrá que dar a mí una capa de lino fino y una muda de ropa de fiesta.

Y ellos le contestaron:

—Dinos, pues, tu adivinanza. Somos todo oídos.

14 Sansón recitó su adivinanza:

"Del que comía salió comida;
del que era fuerte salió dulzura."

Tres días después, ellos no habían logrado resolver la adivinanza; **15** así que al cuarto día *j* le dijeron a la mujer de Sansón:

—Procura que tu marido nos dé la solución de su adivinanza, pues de lo contrario te quemaremos a ti y a la familia de tu padre. ¡Parece que ustedes nos invitaron solo para quitarnos lo que es nuestro!

16 Entonces ella fue a ver a Sansón, y llorando le dijo:

—¡Tú no me quieres! ¡Tú me odias! Les has propuesto una adivinanza a mis paisanos, pero a mí no me has dado a conocer la respuesta.

Y Sansón le contestó:

—Si ni a mi padre ni a mi madre se lo he dicho, mucho menos te lo voy a decir a ti.

17 Pero ella siguió llorando junto a él los siete días que duró la fiesta, y tanto le insistió que, por fin, al séptimo día le dio la respuesta. Entonces ella fue y se la dio a conocer a sus paisanos. **18** Al séptimo día, antes de que el sol se pusiera, los filisteos fueron a decirle a Sansón:

"Nada hay más dulce que la miel,
ni nada más fuerte que el león."

Sansón les respondió:

"Solo porque araron con mi ternera,
pudieron dar con la respuesta."

19 En seguida el espíritu del Señor se apoderó de Sansón; entonces Sansón fue a Ascalón *k* y mató a treinta hombres de aquel lugar, y con la ropa que les quitó pagó la apuesta a los que habían resuelto la adivinanza. Después volvió furioso a casa de su padre, **20** y su mujer fue dada a uno de los amigos de Sansón.

15

1 Pasado algún tiempo, durante la cosecha del trigo, *a* Sansón fue a visitar a su mujer y le llevó un cabrito. Al llegar, dijo:

—Voy a entrar a ver a mi mujer, en su cuarto.

Pero el suegro no lo dejó entrar, *b* **2** sino que le dijo:

—Yo pensé que ya no la querías, así que se la di a uno de tus amigos. Sin embargo, su hermana menor es más linda que ella; tómala en lugar de la mayor. *c*

3 Pero Sansón le contestó:

—¡Ahora sí que no respondo del mal que yo les haga a los filisteos!

4 Entonces fue y atrapó trescientas zorras, *d* las ató por el rabo de dos en dos, y a cada par le amarró una antorcha entre los rabos; **5** luego prendió fuego a las antorchas y soltó las zorras en los campos sembrados de los filisteos. De ese modo quemó el trigo que ya estaba amontonado y el que todavía estaba en pie, y hasta los viñedos y los olivares. **6** Los filisteos se pusieron a averiguar quién lo había hecho, y cuando supieron que había sido Sansón en venganza de que su suegro el timnateo le había quitado a su mujer y se la había dado a sus amigo, fueron y quemaron a la mujer y a su padre. **7** Entonces Sansón dijo:

—Ya que ustedes se portan de esa manera, ¡juro que no descansaré hasta que me haya vengado de ustedes!

8 Y los atacó con tal furia que no les dejó hueso sano. Después se fue a vivir a la cueva que está en la peña de Etam. *e*

Sansón y la quijada de asno

9 Los filisteos vinieron y acamparon en Judá, extendiéndose hasta Lehi, *f* **10** y los de Judá les preguntaron:

---

g **14.9** Aunque estaba consagrado por el voto de los nazareos, Sansón no tiene escrúpulos en comer un alimento que había estado en contacto con un cadáver y que, por lo tanto, era considerado impuro. Véanse Jue 13.13-14 n. e *Impureza, impuro* en el *Índice temático;* cf. Lv 5.2; 11.8,24-28,35-36,39-40.

h **14.11** *Como... le tenían miedo:* según la versión griega (LXX). Heb. *cuando lo vieron.*

i **14.11** *Treinta amigos:* En las bodas del antiguo Israel existía la costumbre de designar a algunos jóvenes para que acompañaran y asistieran al recién casado. Aquí el número era tan elevado porque los filisteos desconfiaban de este extranjero.

j **14.15** *Al cuarto día:* según la versión griega (LXX). Heb. *al séptimo día.*

k **14.19** *Ascalón:* una de las cinco ciudades filisteas, situada a 20 km. al nordeste de Gaza y a unos 40 km. al sur de Timnat. Véase *Índice de mapas.*

a **15.1** En esta región, *la cosecha del trigo* se llevaba a cabo entre mediados de mayo y mediados de junio.

b **15.1** De acuerdo con una forma de matrimonio conocida en el mundo semítico, la mujer de Sansón había permanecido en la casa de su padre, y su marido iba a verla de tanto en tanto llevándole su regalo.

c **15.2** Cf. Gn 29.16-17.

d **15.4** *Trescientas zorras:* o quizá *chacales.* Los zorros son animales solitarios y sería muy difícil reunir un número tan elevado; los chacales, en cambio, suelen ir en manadas y han sido siempre numerosos en Palestina.

e **15.8** *La peña de Etam:* Se trata probablemente de una roca perpendicular que está al sudeste de Sorá (véase Jue 13.2 nota *h*), en la que hay una grieta que puede servir de escondite. Cf. Jue 15.11.

f **15.9** *Lehi:* El sitio designado con este nombre, que en hebreo significa *quijada,* aún no ha podido identificarse con exactitud.

—¿Por qué han venido a pelear contra nosotros?
Y ellos contestaron:
—Hemos venido a capturar a Sansón, para que pague lo que nos ha hecho. *g*

11 Al oir esto, tres mil hombres de la tribu de Judá fueron a la cueva de la peña de Etam y le dijeron a Sansón:
—¿No sabes que los filisteos son más fuertes que nosotros? ¿Por qué nos has puesto en esta situación?
Sansón les contestó:
—Yo no he hecho más que pagarles con la misma moneda.

12 Entonces ellos le dijeron:
—Pues nosotros hemos venido a capturarte para entregarte a los filisteos.
Sansón respondió:
—Júrenme que no me van a matar ustedes mismos.

13 Y ellos le aseguraron:
—No, no te vamos a matar. Solo queremos capturarte y entregarte a los filisteos.
Entonces lo ataron con dos sogas nuevas, y lo sacaron de su escondite.

14 Cuando llegaron a Lehi, los filisteos salieron a su encuentro, gritando de alegría. Pero el espíritu del Señor se apoderó de Sansón, el cual rompió las sogas que le sujetaban los brazos y las manos, como si fueran cordeles de lino quemados; **15** luego tomó una quijada de asno que había por allí y que aún no estaba reseca, y con ella mató a mil filisteos. **16** Después dijo:

"Con la quijada de un asno
hice uno y dos montones;
con la quijada de un asno
a mil hombres maté."

17 Después arrojó la quijada, y por eso aquel lugar se llama Ramat-lehi. *h* **18** Y como Sansón tenía muchísima sed, llamó al Señor y le dijo: "¿Cómo es posible que me hayas dado esta victoria tan grande, para ahora dejarme morir de sed y en manos de estos paganos?"

19 Entonces Dios abrió el hoyo que hay en Lehi, y Sansón bebió del agua que brotaba del hoyo, y se sintió reanimado. Por eso, al manantial que hasta la fecha está en Lehi se le llamó En-hacoré. *i*

20 Sansón fue caudillo de Israel durante veinte años, en la época en que los filisteos dominaban la región.

16

Sansón en Gaza **1** Un día Sansón fue a la ciudad de Gaza. *a* Allí vio a una prostituta, y entró en su casa para pasar la noche con ella. **2** Cuando los de Gaza supieron que Sansón estaba en la ciudad, la rodearon; y se quedaron vigilando las puertas de la ciudad todo aquel día. *b* Por la noche se fueron a descansar, pensando que lo matarían cuando amaneciera. **3** Pero Sansón estuvo acostado solo hasta la medianoche. A esa hora se levantó y arrancó las puertas de la ciudad junto con sus pilares y su tranca, y echándose todo ello al hombro se lo llevó a lo alto del monte que está frente a Hebrón. *c*

Sansón y Dalila **4** Después Sansón se enamoró de una mujer llamada Dalila, que vivía en el valle de Sorec. *d* **5** Los jefes de los filisteos fueron a ver a Dalila, y le dijeron:
—Engaña a Sansón y averigua de dónde le vienen sus fuerzas extraordinarias, y cómo podríamos vencerlo; así podremos atarlo y tenerlo sujeto. A cambio de tus servicios, cada uno de nosotros te dará mil cien monedas de plata.

6 Entonces ella le dijo a Sansón:
—Por favor, dime de dónde te vienen tus fuerzas tan extraordinarias. ¿Hay algún modo de atarte sin que te puedas soltar?

7 Y Sansón le respondió:
—Si me atan con siete cuerdas de arco que todavía no estén secas, perderé mi fuerza y seré un hombre común y corriente.

8 Los jefes de los filisteos le llevaron a Dalila siete cuerdas de arco nuevas, y con ellas Dalila ató a Sansón. **9** Y como ya antes había escondido a unos hombres en su cuarto, gritó:
—¡Sansón, te atacan los filisteos!
Entonces Sansón rompió las cuerdas, como si fueran un cordón quemado. Y los filisteos no pudieron averiguar de dónde le venía su fuerza. **10** Dalila le dijo:
—¡Me engañaste! ¡Me has estado mintiendo! Pero ahora sí, por favor, dime qué hay que hacer para atarte.

11 Y Sansón le respondió:
—Si me atan con sogas nuevas que nunca se hayan usado, perderé mi fuerza y seré un hombre común y corriente.

12 Entonces Dalila tomó unas sogas nuevas, lo ató con ellas, y gritó:
—¡Sansón, te atacan los filisteos!
También esta vez ella había escondido unos hombres en su cuarto; pero Sansón rompió las sogas, como si fueran hilos delgados. **13** Dalila le dijo a Sansón:
—¡Todavía me sigues engañando! ¡Todavía me estás mintiendo! ¡Dime qué hay que hacer para atarte!
Y Sansón le contestó:
—Lo que tienes que hacer es entretejer siete trenzas de mi cabello con la tela del telar, y clavar bien la estaca en el suelo. Así yo perderé mi fuerza y seré un hombre común y corriente.

Entonces Dalila hizo dormir a Sansón, y tomando las siete trenzas de su cabello, las entretejió con la tela del

---

g 15.10 Aquí no se habla de una guerra entre los israelitas y los filisteos, sino de un conflicto personal entre estos últimos y Sansón. Los hombres *de Judá*, en lugar de mostrarse solidarios con su compatriota, prefieren ponerlo en manos de sus enemigos, a fin de evitar toda posible represalia por parte de estos.

h 15.17 *Ramat-lehi* significa, en hebreo, *colina* (o *altura*) *de la quijada*.

i 15.19 *En-hacoré* significa, en hebreo, *manantial del que clama*, en clara alusión a la queja de Sansón (v. 28).

a 16.1 *Gaza*: De las cinco ciudades filisteas, esta era la que estaba más al sur, sobre la costa del Mediterráneo. Véanse Jos 11.22 nota *n*. e *Índice de mapas*.

b 16.2 *Todo aquel día*: traducción probable. Heb. *toda la noche*.

c 16.3 Desde Gaza, que se encontraba en la llanura casi al nivel del mar, hasta *Hebrón*, situada en las montañas de Judá (véase Gn 13.18 n.), hay una distancia de unos 70 km.

d 16.4 *Sorec*: pequeño *valle* que está a 4 km. al oeste de Sorá (véase Jue 13.2 nota *e*).

telar, ᵉ ¹⁴ después de lo cual clavó bien la estaca en el suelo y gritó:

—¡Sansón, te atacan los filisteos!

Pero Sansón se levantó y arrancó del suelo la estaca y el telar. ¹⁵ Entonces ella le dijo:

—¡Mentiroso! ¿Cómo te atreves a decir que me quieres? Ya van tres veces que te burlas de mí, y todavía no me has dicho de dónde te viene toda tu fuerza.

¹⁶ Como era tanta la insistencia de Dalila, que a todas horas le hacía la misma pregunta, Sansón estaba tan fastidiado que tenía ganas de morirse; ¹⁷ así que finalmente le contó a Dalila su secreto:

—Nadie me ha cortado jamás el cabello, porque desde antes de nacer estoy consagrado a Dios como nazareo. Si me llegaran a cortar el cabello, perdería mi fuerza y sería tan débil como un hombre común y corriente.

¹⁸ Cuando Dalila se dio cuenta de que esta vez sí le había descubierto su secreto, mandó a decir a los jefes filisteos:

—¡Ahora sí, vengan, que Sansón me ha descubierto su secreto!

Entonces ellos fueron a verla con el dinero en la mano.

¹⁹ Dalila hizo que Sansón se durmiera con la cabeza recostada en sus piernas, y llamó a un hombre para que le cortara las siete trenzas de su cabellera. Luego ella comenzó a maltratarlo, ²⁰ y le gritó:

—¡Sansón, te atacan los filisteos!

Sansón se despertó, creyendo que se libraría como las otras veces, pero no sabía que el Señor lo había abandonado. ²¹ Entonces los filisteos lo agarraron y le sacaron los ojos, y se lo llevaron a Gaza, en donde lo sujetaron con cadenas de bronce y lo pusieron a trabajar en el molino de la cárcel. ²² Sin embargo, su cabello empezó a crecerle de nuevo.

Muerte de Sansón ²³ Los jefes de los filisteos se reunieron para celebrar su triunfo y ofrecer sacrificios a su dios Dagón. ᶠ Y cantaban:

"Nuestro dios ha puesto en nuestras manos
a Sansón, nuestro enemigo."

²⁴ Y cuando la gente lo vio, también cantó y alabó a su dios, diciendo:

"Nuestro dios ha puesto en nuestras manos
a Sansón, nuestro enemigo,
que destruía nuestros campos
y mataba a muchos de los nuestros."

²⁵ Tan contentos estaban, que pidieron que les llevaran a Sansón para divertirse con él. Lo sacaron, pues, de la cárcel, y se divirtieron a costa de él, y lo pusieron de pie entre dos columnas. ²⁶ Entonces Sansón le dijo al muchacho que lo llevaba de la mano:

—Ponme donde yo pueda tocar las columnas que sostienen el templo. Quiero apoyarme en ellas.

²⁷ Todos los jefes de los filisteos se hallaban en el templo, que estaba lleno de hombres y mujeres. Había, además, como tres mil personas en la parte de arriba, mirando cómo los otros se divertían con Sansón. ²⁸ Entonces Sansón clamó al Señor, y le dijo: "Te ruego, Señor, que te acuerdes de mí tan solo una vez más, y que me des fuerzas para cobrarles a los filisteos mis dos ojos de una vez por todas." ²⁹ Luego buscó con las manos las dos columnas centrales, sobre las que descansaba todo el templo, y apoyando sus dos manos contra ellas, ³⁰ gritó: "¡Mueran conmigo los filisteos!"

Entonces empujó con toda su fuerza, y el templo se derrumbó sobre los jefes de los filisteos y sobre todos los que estaban allí. Fueron más los que mató Sansón al morir, que los que había matado en toda su vida.

³¹ Después vinieron los hermanos y todos los parientes de Sansón, y recogieron su cuerpo y lo enterraron entre Sorá y Estaol, en la tumba de Manoa, su padre. Durante veinte años Sansón había sido caudillo de los israelitas.

III. DOS APÉNDICES:

1. Migración de los danitas y fundación del santuario de Dan (17—18)

17 *El templo privado de Micaías* ᵃ ¹ En los montes de Efraín vivía un hombre que se llamaba Micaías, ᵇ ²⁻³ el cual le confesó a su madre:

—En cuanto a las mil cien monedas de plata que te robaron, y por las que maldijiste al ladrón, yo las tengo. Yo fui quien te las robó; pero ahora te las devuelvo, pues te oí decir que las habías consagrado al Señor para mandar hacer un ídolo tallado y recubierto de plata. ᶜ

Y le devolvió la plata. Entonces su madre exclamó:

—¡Que el Señor te bendiga, hijo mío! ᵈ

⁴ Después que Micaías devolvió el dinero a su madre, ella le entregó a un platero doscientas monedas de plata para que le hiciera un ídolo tallado y recubierto de plata, ᵉ que luego puso en casa de Micaías.

ᵉ **16.13** *Así yo perderé... con la tela del telar:* según la versión griega (LXX). Esta última parte del v. 13 no aparece en el texto hebreo.

ᶠ **16.23** *Dagón* era un dios semita de la vegetación, protector de los cereales y de las cosechas. Su culto estaba muy difundido en el antiguo Oriente, desde Babilonia hasta Canaán y el Mediterráneo, y los filisteos lo habían adoptado como su dios principal (cf. 1 S 5.2).

ᵃ **17.1-13** El libro de los *Jueces* concluye con dos relatos (caps. 17—18; 19—21), que no hablan de opresión extranjera ni presentan a un "salvador" al estilo de los mencionados en las narraciones anteriores. Al parecer, aquí se quiere poner de relieve el estado de anarquía en que se encontraba Israel antes de la institución de la monarquía (cf. Jue 17.6; 18.1; 19.1; 21.25), para que sirva de transición hacia la etapa histórica cuyo desarrollo va a relatarse en el *Primer libro de Samuel*.

ᵇ **17.1** *Micaías* significa *¿Quién como Yahvé?* Sobre el nombre propio del Dios de Israel, véanse Ex 3.14 nota n. y Ex 3.15 n. El nombre *Micaías,* que en el texto hebreo, a partir del v. 5, aparece abreviado en *Micá,* es el mismo que se transcribe habitualmente por *Miqueas.*

ᶜ **17.2-3** El texto hebreo de estos dos vv. es bastante oscuro; la traducción propuesta es solo probable.

ᵈ **17.2-3** Al bendecir a su hijo, la madre trata sin duda de hacer ineficaz la maldición que había pronunciado contra el que le había robado la plata. Véase Jue 11.30 n.

ᵉ **17.4** *Un ídolo tallado y recubierto de plata:* El texto original yuxtapone aquí dos palabras con las que el AT suele referirse a los ídolos. La primera significa propiamente *imagen de madera o piedra talladas;* la otra, *imagen de metal fundido.* Es probable que al juntar estos dos términos se haya querido dar el sentido expresado en la traducción.

⁵ Micaías tenía un lugar de culto en su casa. Y se hizo un efod ᶠ y dioses familiares, ᵍ y nombró sacerdote a uno de sus hijos. ⁶ Como en aquella época aún no había rey en Israel, cada cual hacía lo que le daba la gana. ʰ
⁷ Había en el pueblo de Belén un joven forastero de la tribu de Judá, que era levita. ⁱ ⁸ Este joven salió de Belén en busca de otro lugar donde vivir, y andando por los montes de Efraín llegó a casa de Micaías.
⁹ —¿De dónde vienes? —le preguntó Micaías.
—Vengo de Belén —contestó el joven—. Soy levita y ando buscando dónde vivir. ʲ
¹⁰ —Pues quédate aquí conmigo —le propuso Micaías—, para que seas mi sacerdote y como mi propio padre. ᵏ Yo te pagaré diez monedas de plata al año, además de ropa y comida.
¹¹ El levita aceptó quedarse a vivir con Micaías, y llegó a ser como uno de sus hijos. ¹² Micaías lo hizo su sacerdote, y él se quedó a vivir allí. ¹³ Entonces Micaías pensó que tenía aseguradas las bendiciones de Dios, pues tenía un levita como sacerdote.

18 Micaías y los de la tribu de Dan

¹ En aquella época aún no había rey en Israel. ᵃ La tribu de Dan tampoco tenía un territorio propio todavía, así que andaba buscando dónde establecerse. ᵇ ² Por eso los de Dan mandaron desde Sorá ᶜ y Estaol ᵈ a cinco de sus hombres más valientes, para que sirvieran de espías y exploraran la región. ᵉ Estos cinco espías fueron a los montes de Efraín, y llegaron a casa de Micaías, donde se quedaron a pasar la noche. ³ Ya cerca de la casa de Micaías, reconocieron el modo de hablar del joven levita, y fueron a preguntarle:
—¿Quién te trajo por acá? ¿Por qué estás en este lugar? ¿Qué buscas aquí?
⁴ El levita les contó el trato que Micaías había hecho con él, y cómo lo había contratado para que fuera su sacerdote. ⁵ Entonces ellos le dijeron:
—Consulta a Dios para saber si nos va a ir bien en este viaje.
⁶ Y el sacerdote levita les contestó:
—Vayan tranquilos, que el Señor los protegerá por dondequiera que vayan.

⁷ De allí, los cinco espías se fueron a Lais. ᶠ La gente de esta ciudad vivía confiada, como acostumbraban los sidonios; ᵍ vivían tranquilos y en paz, sin que nadie los molestara para nada y sin que nada les faltara. Estaban lejos de los sidonios, y no tenían relaciones con nadie. ʰ ⁸ Entonces los cinco espías volvieron a Sorá y Estaol, donde estaban sus compañeros, que les preguntaron:
—¿Cómo les fue?
Y ellos respondieron:
⁹ —Hemos recorrido esa región y encontramos que la tierra es magnífica. ¡En marcha! ¡Vamos a atacarlos! ¡No se queden ahí sentados, sin hacer nada! ¡Hay que ir a conquistar esa tierra! ¹⁰ Al llegar allá, se van a encontrar con gente confiada y que tiene mucha tierra, a la que no le falta nada. Dios les dará posesión de ella.
¹¹ Seiscientos hombres de la tribu de Dan salieron de Sorá y de Estaol bien armados, ¹² y llegaron a Judá y acamparon allí, al oeste de Quiriat-jearim, ⁱ en el lugar que ahora se llama Campamento de Dan. ¹³ De allí se fueron a los montes de Efraín, y llegaron a la casa de Micaías. ¹⁴ Entonces los cinco espías que habían explorado la región de Lais les dijeron a sus compañeros:
—¿Saben con esto? En esta casa hay un efod y dioses familiares, y un ídolo tallado y recubierto de plata. ¿Qué piensan hacer?
¹⁵ Entonces los espías se apartaron de los demás y fueron a casa del joven levita, es decir, a la casa de Micaías, y lo saludaron. ¹⁶ Mientras tanto, los seiscientos soldados danitas bien armados esperaban a la puerta. ¹⁷ Los cinco espías entraron antes en la casa y tomaron el ídolo tallado y recubierto de plata, y el efod y los dioses familiares, mientras que el sacerdote se quedaba a la puerta con los seiscientos soldados.
¹⁸ Al ver el sacerdote que los cinco entraban en casa de Micaías y tomaban el ídolo, el efod y los dioses familiares, les dijo:
—¿Qué están haciendo?
¹⁹ Y ellos le contestaron:
—¡Cállate, y ven con nosotros! ¡Queremos que nos sirvas como sacerdote y que seas como un padre para nosotros! ¿No te parece que es mejor ser sacerdote de toda una tribu de Israel, que de la familia de un solo hombre?

ᶠ **17.5** *Efod:* Véase Jue 8.27 n.
ᵍ **17.5** *Dioses familiares:* Véase Gn 31.19 n.
ʰ **17.6** Acerca de la situación descrita en este v., véase Jue 17.1-13 n.
ⁱ **17.7** En el antiguo Israel, los levitas eran los encargados de ejercer las funciones sacerdotales. Al principio vivían dispersos en las distintas poblaciones israelitas (cf. Dt 12.12,18-19), como lo muestra el itinerario seguido por este joven *levita:* reside como *forastero* en Belén de Judá, luego es contratado por un hombre de Efraín (vv. 8-12) y después sigue a la tribu de Dan en su migración hacia el norte (Jue 18.20). Cf. 2 R 23.8.
ʲ **17.9** Este encuentro feliz proporcionó a Micaías un sacerdote legítimo y al levita una oportunidad para vivir de su profesión.
ᵏ **17.10** *Como mi propio padre: Padre* era un título de honor dado a las personas consideradas dignas de especial respeto, ya fueran profetas como Elías y Eliseo (2 R 2.12; 6.21; 13.14), reyes como Saúl (1 S 24.12, en el texto hebreo), o dignatarios como José y Naamán (en el texto hebreo de Gn 45.8 y 2 R 5.13).
ᵃ **18.1** Véase Jue 17.1-13 n.

ᵇ **18.1-29** Sobre el establecimiento de *la tribu de Dan,* véase Jos 19.40 n.
ᶜ **18.2** *Sorá:* Véase Jue 13.2 nota *e.*
ᵈ **18.2** *Estaol:* Véase Jue 13.25 nota *s.*
ᵉ **18.2** Antes de las guerras de conquista, muchas veces se realizaba la exploración del territorio que se quería conquistar. Cf. Nm 13—14; Jos 2.
ᶠ **18.7** *Lais:* ciudad situada en el extremo norte de Palestina, cerca de las vertientes que dan origen al río Jordán. La ciudad recibió más tarde el nombre de Dan (Jue 18.29). Véase *Dan* en el *Índice de mapas.*
ᵍ **18.7** *Como acostumbraban los sidonios:* es decir, como los fenicios que habitaban más al oeste, sobre la costa del Mediterráneo. Esta indicación sugiere que los habitantes de Lais, al igual que sus vecinos de Fenicia, vivían principalmente del comercio. Véase Jos 11.8 n.
ʰ **18.7** *No tenían relaciones con nadie:* traducción poco segura de un texto oscuro.
ⁱ **18.12** *Quiriat-jearim:* población situada a unos 15 km. al oeste de Jerusalén. Véase Jos 9.17 nota *k.*

20 Esto le gustó al sacerdote, y tomando el ídolo, el efod y los dioses familiares, se fue con los danitas, **21** los cuales se pusieron nuevamente en marcha con los niños, el ganado y sus posesiones al frente. **22** Ya habían caminado bastante cuando Micaías y sus vecinos se juntaron y salieron a perseguirlos. **23** Al oir los gritos de los que los perseguían, los danitas se volvieron y le preguntaron a Micaías:

—¿Qué te pasa? ¿Por qué nos gritas tanto?

24 Y Micaías les respondió:

—Ustedes se llevan mis dioses, que yo había hecho, y se llevan también a mi sacerdote, y me dejan sin nada, ¿y todavía se atreven a preguntarme qué me pasa?

25 Pero los danitas le contestaron:

—No nos alces la voz, no sea que algunos de los nuestros pierdan la paciencia y te ataquen, y acaben perdiendo la vida tanto tú como tus familiares.

26 Al ver Micaías que ellos eran muchos, regresó a su casa; pero los danitas siguieron su camino **27** con las cosas que Micaías había hecho, y con su sacerdote, y llegaron hasta Lais. Allí la gente estaba tranquila y confiada, de modo que los danitas mataron a todos a filo de espada y quemaron la ciudad. **28** Como la ciudad estaba lejos de Sidón, y no tenía relaciones con nadie, no hubo quien la defendiera. Estaba en el valle que pertenece a Bet-rehob.[j] Después los danitas reconstruyeron la ciudad y se quedaron a vivir en ella. **29** Aunque antes se llamaba Lais, ellos la llamaron Dan, en honor de su antepasado del mismo nombre, que era hijo de Israel. **30** Allí los danitas colocaron el ídolo tallado, para adorarlo, y su sacerdote fue Jonatán,[k] hijo de Guersón y nieto de Moisés.[l] Después los descendientes de Jonatán fueron sacerdotes de los danitas, hasta el exilio.[m] **31** Allí estuvo entre ellos el ídolo que Micaías había hecho, todo el tiempo que el santuario del Señor estuvo en Siló.[n]

2. El crimen de Guibeá y la guerra contra la tribu de Benjamín (19—21)[a]

19 *El levita y su concubina* **1** En los días en que aún no había rey en Israel,[b] un levita que vivía en la parte más lejana de los montes de Efraín tomó como concubina[c] a una mujer de Belén de Judá.[d] **2** Pero ella se enojó con él[e] y se fue a vivir a Belén, con su padre. Después de estar ella cuatro meses allí, **3** el levita fue a buscarla para convencerla de que volviera con él. Llevó un criado y dos asnos, y ella lo recibió en casa de su padre. **4** También el padre lo recibió con alegría, y lo invitó a quedarse con ellos. El levita y su criado se quedaron tres días en casa del padre de ella, comiendo, bebiendo y durmiendo, **5** y al cuarto día por la mañana se levantaron temprano para irse. Pero cuando ya se iban, el padre de la muchacha le dijo a su yerno:

—Come aunque sea un pedazo de pan antes de irte, para que tengas fuerza.

6 Y los dos se sentaron juntos a comer y a beber, y el padre de ella le pidió que se quedara y pasara contento una noche más. **7** Y aunque el levita se levantó para irse, su suegro le insistió tanto que se quedó.

8 Al quinto día, el levita se levantó temprano para irse, pero otra vez el padre de la muchacha le rogó que comiera algo antes de salir, para que recobrara las fuerzas; así que comieron juntos hasta que se hizo tarde. **9** Cuando el levita se levantó para irse con su concubina y su criado, su suegro le hizo ver que ya era muy tarde y que el día se estaba yendo, y lo invitó a quedarse otra noche y pasarla contento, y salir al otro día temprano. **10** Pero el levita no quiso quedarse otra noche más, sino que se fue con su concubina y su criado[f] y sus dos asnos ensillados. Cuando tuvieron ante ellos a Jebús, es decir, Jerusalén,[g] **11** el criado le dijo al levita:

—¿Qué le parece a usted si pasamos la noche en esa ciudad de jebuseos?

12 Y el levita le respondió:

—No vamos a ir a ninguna ciudad que no sea israelita. Sigamos hasta Guibeá,[h] **13** y procuremos pasar la noche ya sea en Guibeá o en Ramá.

14 Así pues, siguieron adelante, y cuando el sol se ponía llegaron a Guibeá, ciudad de la tribu de Benjamín. **15** Entonces se apartaron del camino y entraron en Guibeá para pasar la noche, y el levita fue y se sentó en la plaza de la ciudad porque nadie les ofrecía alojamiento.

16 Por fin, ya de noche, pasó un anciano que regresaba de trabajar en el campo. Este anciano era de los montes de

---

[j] **18.28** *Bet-rehob:* centro de un pequeño reino arameo que se organizó en el siglo XII a.C. y formaba parte del país de los arameos o sirios. Cf. 2 S 10.8. Véase *Índice de mapas.*

[k] **18.30** Por primera vez se indica que el levita del relato se llamaba *Jonatán.*

[l] **18.30** En lugar de *Moisés,* el texto hebreo dice *Manasés,* pero con la *n* escrita un poco arriba de la línea. Sorprendido por el hecho de que un culto idolátrico haya tenido como fundador a un descendiente de Moisés, algún copista introdujo esa *n* para indicar que aquí debía leerse el nombre del rey impío Manasés. (Esto se explica por el hecho de que el hebreo antiguo se escribía solo con las consonantes.) Cf. 2 R 21.

[m] **18.30** Probable referencia a la deportación llevada a cabo por Tiglat-piléser III, rey de Asiria, en el 734 a.C. (véase *Tabla cronológica*). Cf. 2 R 15.29.

[n] **18.31** Acerca del *santuario de Siló,* véase Jer 7.12 n., y cf. Jer 26.6,9.

[a] **19.1—21.25** Los relatos de los caps. 19—21 se refieren a una guerra intertribal, es decir, de las tribus israelitas contra sus hermanos de Benjamín, con sus causas y consecuencias. Los episodios relatados se desarrollan en tres etapas: (1) el crimen de Guibeá; (2) la convocatoria de las tribus en contra de Benjamín y las operaciones militares, con los reveses iniciales, la emboscada y la victoria final de los israelitas; (3) la rehabilitación de los benjaminitas que habían sobrevivido después de la derrota.

[b] **19.1** Véase Jue 17.1-13 n.

[c] **19.1** A la mujer del levita se la llama *concubina,* término que para nosotros es equívoco porque sugiere la idea de una unión ilegal. En realidad, se trataba de una esposa de rango inferior, autorizada por las costumbres de la época.

[d] **19.1** *Belén de Judá:* Véase Rt 1.1-2 nota b.

[e] **19.2** *Se enojó con él:* según la versión griega (LXX). Heb. *ella se prostituyó.*

[f] **19.10** *Y su criado:* según la versión griega (LXX). El texto hebreo no tiene esta frase.

[g] **19.10** La ciudad de *Jerusalén* se llamaba también Jebús, porque en ella habitaban los jebuseos (cf. Jos 15.8; 18.16,28; Jue 1.21). No fue conquistada por los israelitas sino hasta los tiempos de David (2 S 5.6-9).

[h] **19.12** *Guibeá* significa, en hebreo, *colina.* La ciudad se llamaba también *Guibeá de Benjamín* (1 S 13.2) y *Guibeá de Saúl* (1 S 11.4), y se encontraba a 6 km. al norte de Jerusalén. Véase *Índice de mapas.*

Efraín, y vivía allí como forastero, pues los que vivían en Guibeá eran de la tribu de Benjamín. *i* **17** Cuando el anciano vio en la plaza al viajero, le preguntó:

—¿De dónde vienes, y a dónde vas?

18 Y el levita respondió:

—Estamos de paso. Venimos de Belén de Judá, y vamos a la parte más lejana de los montes de Efraín, donde yo vivo. Estuve en Belén, y ahora voy de regreso a casa, *j* pero no he encontrado aquí a nadie que me dé alojamiento. **19** Tenemos paja y forraje para mis asnos, y pan y vino para nosotros, es decir, para mi mujer, para mi siervo y para mí. No nos hace falta nada.

20 Pero el anciano le respondió:

—Sé bienvenido. Yo me haré cargo de todo lo que necesites. No voy a permitir que pases la noche en la plaza.

21 El anciano los llevó a su casa, y mientras los viajeros se lavaban los pies, y comían y bebían, él dio de comer a los asnos. **22** En el momento en que más contentos estaban, unos hombres pervertidos de la ciudad rodearon la casa y empezaron a golpear la puerta, y a decirle al anciano, dueño de la casa:

—¡Saca al hombre que tienes de visita! ¡Queremos acostarnos con él! *k*

23 Pero el dueño de la casa les rogó:

—¡No, amigos míos, por favor! ¡No cometan tal perversidad, pues este hombre es mi huésped! **24** Miren, ahí está mi hija, que todavía es virgen. Y también está la concubina de este hombre. Voy a sacarlas para que las humillen y hagan con ellas lo que quieran. Pero con este hombre no cometan tal perversidad. *l*

25 Pero ellos no le hicieron caso al anciano, así que el levita tomó a su concubina y la echó a la calle, y aquellos hombres la violaron y abusaron de ella toda la noche, hasta que amaneció. Entonces la dejaron. **26** Ya estaba amaneciendo cuando la mujer regresó a la casa del anciano, donde estaba su marido, y cayó muerta delante de la puerta. **27** Cuando su marido se levantó y abrió la puerta para seguir su camino, se encontró a su concubina tendida ante el umbral de la puerta, con las manos sobre el umbral. **28** Entonces le dijo:

—Levántate y vámonos.

Pero ella no le respondió. Entonces él colocó el cadáver sobre un asno, y se puso en camino hacia su casa. **29** Al llegar, tomó un cuchillo y descuartizó el cadáver de su concubina en doce pedazos, y los mandó por todo el territorio de Israel. *m* **30** Todos los que lo veían, decían:

—Desde que los israelitas salieron de Egipto, nunca se había visto nada semejante. Hay que pensar en esto y decidir lo que haremos al respecto.

20 Reacción de los israelitas ante el crimen de Guibeá

1 Entonces todos los israelitas, desde Dan hasta Beerseba *a* y Galaad, se reunieron como un solo hombre en Mispá, delante del Señor. *b* **2** Todos los jefes de las tribus de Israel estaban presentes, y del pueblo de Dios se reunieron cuatrocientos mil soldados de a pie. **3** Los de la tribu de Benjamín se enteraron de que las otras tribus israelitas se habían reunido en Mispá. Y los israelitas le preguntaron al levita cómo había ocurrido aquel crimen. **4** El levita, marido de la víctima, les dijo:

—Yo llegué con mi concubina a la ciudad de Guibeá, de la tribu de Benjamín, para pasar la noche allí. **5** Pero esa misma noche los habitantes de la ciudad rodearon la casa en que estábamos alojados, con la idea de matarme, y de tal manera abusaron de mi concubina, que ella murió. **6** Entonces yo tomé el cadáver y lo descuarticé, y mandé los pedazos por todo el país, para que en todo Israel se enteraran de este crimen tan infame. **7** A ustedes les toca ahora, como israelitas, opinar y decidir lo que se debe hacer.

8 Como un solo hombre, todos se pusieron de pie y dijeron:

—Ninguno de nosotros volverá a su tienda o a su casa. **9** Lo que tenemos que hacer es echar a suertes quiénes deberán atacar Guibeá. **10** Uno de cada diez hombres de todas las tribus, se encargará de conseguir comida para el ejército; los demás irán a darle su merecido a Guibeá por esta infamia que se ha cometido en Israel.

11 Todos los israelitas se unieron, como un solo hombre, para atacar la ciudad. **12** Mandaron mensajeros por todo el territorio de la tribu de Benjamín, para decirles: "¿Qué crimen es este que han cometido algunos de ustedes? **13** Entréguennos a esos pervertidos que están en Guibeá, para matarlos y purificar a Israel de la maldad."

Pero los de Benjamín no hicieron caso a sus hermanos israelitas, *c* **14** sino que los benjaminitas de todas las ciudades se juntaron en Guibeá para ir a pelear contra los otros israelitas. **15** Los soldados de las ciudades de Benjamín que se alistaron eran veintiséis mil, sin contar setecientos hombres escogidos que eran de Guibeá. **16** Entre todos estos hombres había setecientos zurdos que manejaban tan bien la honda que podían darle con la piedra a un cabello, sin fallar nunca. **17** Por su parte, los otros israelitas reunieron cuatrocientos mil guerreros experimentados.

---

i **19.16** Como en Gn 19, el que ofrece hospitalidad a los visitantes no es un nativo del lugar. En este caso, el anfitrión es un compatriota del levita, que también vivía en un lugar no especificado de las montañas de Efraín.

j **19.18** *A casa:* según la versión griega (LXX). Heb. *al templo del Señor.*

k **19.22** *Acostarnos con él:* Véase Gn 19.5 n.

l **19.23-24** Esta propuesta es tan sorprendente como la de Lot en Gn 19.7-8. En el antiguo Oriente el honor de una mujer era considerado menos valioso que el sagrado deber de la hospitalidad, que obligaba a defender a cualquier precio la vida y la dignidad del huésped.

m **19.29** Esta acción del levita es análoga a la que realizó Saúl, con la diferencia de que aquí es el cuerpo de la mujer, y no el cadáver de un animal, el que es descuartizado y enviado a todo Israel en demanda de justicia (cf. 1 S 11.7).

a **20.1** *Desde Dan hasta Beerseba:* expresión corriente para designar toda la extensión del territorio israelita (cf. 1 S 3.20; 2 S 17.11).

b **20.1** *Mispá:* de Benjamín, no de Galaad. Véase Jue 10.17 n.

c **20.13** La negativa de Benjamín de acceder a la extradición de los culpables provocó, de parte de las otras tribus, una declaración de guerra santa. Al parecer, de este modo se hacía constar claramente que Israel tenía el deber de extirpar el vicio a toda costa, incluso aunque esto supusiera el exterminio de una tribu. Israel, en efecto, no podía sobrevivir si el crimen quedaba sin castigo. Cf. Dt 13.5(6); 17.7,12; 21.9,21.

La guerra contra la tribu de Benjamín

18 Los israelitas fueron a Betel,[d] y allí consultaron a Dios para saber qué tribu debía atacar primero a los de Benjamín. El Señor les respondió que Judá debía ser la primera. **19** Así pues, los israelitas se levantaron temprano y acamparon frente a Guibeá. **20** Avanzaron contra los de Benjamín, y se colocaron frente a Guibeá en orden de batalla. **21** Pero los de Benjamín salieron de la ciudad, y aquel día mataron a veintidós mil israelitas. **22-24** Por eso los israelitas fueron a Betel a lamentarse en presencia del Señor hasta el anochecer, y allí le consultaron si debían volver a atacar a sus hermanos de la tribu de Benjamín. Como el Señor les ordenó atacar, cobraron ánimo, y al día siguiente volvieron a presentar batalla contra los benjaminitas en el mismo lugar donde las habían presentado el día anterior. **25** Pero por segunda vez los benjaminitas salieron de Guibeá a atacarlos, y mataron a otros dieciocho mil soldados israelitas. **26** Entonces todos los soldados de Israel y todo el pueblo fueron nuevamente a Betel, a lamentarse delante del Señor. Todo el día se lo pasaron sin comer, y le ofrecieron al Señor holocaustos y sacrificios de reconciliación.

27-28 En aquel tiempo el arca de la alianza de Dios estaba en Betel, y su sacerdote era Finees, hijo de Eleazar y nieto de Aarón.[e] Y los israelitas consultaron al Señor: "¿Debemos atacar una vez más a nuestros hermanos de la tribu de Benjamín, o es mejor que nos demos por vencidos?" El Señor les dijo: "Ataquen, que mañana yo les daré la victoria."

29 Entonces algunos soldados israelitas se escondieron alrededor de Guibeá, **30** mientras los demás marchaban aquel tercer día contra los de Benjamín y se colocaban en orden de batalla frente a Guibeá, como las otras dos veces. **31** Una vez más, los de la tribu de Benjamín salieron de la ciudad, alejándose de ella para atacar a los israelitas. Lograron matar como a treinta israelitas por los caminos de Betel y Guibeá, y por los campos, **32** creyendo que los israelitas huían de ellos, derrotados como las dos veces anteriores. Los israelitas, sin embargo, se estaban alejando de la ciudad para que el enemigo los persiguiera hasta los caminos. **33** De pronto los israelitas salieron de donde estaban y se colocaron en orden de batalla en Baal-tamar; por su parte, los que estaban escondidos en la pradera, alrededor de Guibeá, salieron de sus escondites **34** y atacaron la ciudad. Eran diez mil de los mejores guerreros israelitas los que atacaron a Guibeá. La lucha fue dura, y los de Benjamín no sabían que estaban a punto de perder. **35** El Señor les dio a los israelitas la victoria sobre los benjaminitas, y aquel día los israelitas mataron veinticinco mil cien soldados de la tribu de Benjamín. **36** Entonces los benjaminitas se dieron cuenta de que habían perdido.

Los israelitas se habían ido retirando ante el ataque de los benjaminitas, porque confiaban en los hombres que estaban escondidos para atacar Guibeá. **37** Estos hombres atacaron por sorpresa a Guibeá y mataron a filo de espada a todos los de la ciudad. **38** Los que estaban escondidos para atacar la ciudad se habían puesto de acuerdo con los otros israelitas para avisarles con una gran columna de humo cuando hubieran tomado la ciudad. **39** En el momento en que los israelitas que parecían huir vieran la columna de humo, se volverían y harían frente a los de Benjamín.

Los benjaminitas lograron matar a unos treinta israelitas, con lo cual se confiaron, pensando que los habían derrotado, como en la primera batalla; **40** pero en esto empezó a salir humo de la ciudad, y cuando los benjaminitas miraron atrás, las llamas y el humo de la ciudad entera llegaban al cielo. **41** Entonces los israelitas les hicieron frente, y los benjaminitas se acobardaron al darse cuenta del desastre que se les venía encima. **42** Salieron huyendo de los israelitas por el camino del desierto, pero no podían escapar, pues los que salían de la ciudad les cortaban el paso y los mataban. **43** Los benjaminitas quedaron rodeados por los israelitas, los cuales los persiguieron y los fueron aplastando desde Menuhá hasta el oriente de Guibeá.

44 Así murieron dieciocho mil soldados de la tribu de Benjamín. **45** Los demás se volvieron y salieron huyendo hacia el desierto, en dirección a la peña de Rimón,[f] pero cinco mil de ellos fueron muertos en los caminos. Los israelitas siguieron persiguiéndolos, y los destrozaron, matando a dos mil hombres. **46** En total, ese día murieron veinticinco mil de los mejores soldados de la tribu de Benjamín. **47** Pero seiscientos benjaminitas se volvieron y huyeron hacia el desierto, y se quedaron cuatro meses en la peña de Rimón. **48** Los israelitas atacaron luego a los demás benjaminitas, y pasaron a cuchillo a los hombres de cada ciudad, matando animales y todo lo que encontraban a su paso, y quemando las ciudades.

21 Resurgimiento de la tribu de Benjamín

1 Los israelitas habían jurado en Mispá que no dejarían que sus hijas se casaran con ningún benjaminita. **2** Pero luego se reunieron en Betel y estuvieron en presencia de Dios hasta el anochecer, llorando y quejándose: **3** "¡Oh Señor, Dios de Israel! ¿Por qué nos ha sucedido esto? ¿Cómo es posible que ahora falte una tribu en Israel?"

4 Al día siguiente los israelitas se levantaron temprano, hicieron un altar y le ofrecieron al Señor holocaustos y sacrificios de reconciliación. **5** Y se preguntaban: "¿Quién de entre todos nosotros no asistió a la reunión en Mispá?", pues habían jurado matar a quienes no asistieran a la reunión.

6 Los israelitas estaban muy tristes por lo que les había sucedido a sus hermanos los benjaminitas, y decían: "En este día ha sido arrancada de Israel una de sus tribus. **7** ¿Qué haremos para conseguirles mujeres a los benjaminitas que quedan vivos? Nosotros hemos jurado por el Señor no permitir que nuestras hijas se casen con ellos. **8** ¿Hay aquí algún israelita que no se haya presentado ante el Señor en Mispá?"

Recordaron entonces que de Jabés de Galaad[a] nadie había asistido a la reunión, **9** pues al pasar lista no había respondido nadie de este lugar. **10-11** Entonces el pueblo entero envió a doce mil de los mejores soldados con órdenes de matar a filo de espada a todos los de Jabés, incluyendo a los

---

[d] 20.18 *Betel:* Véase Jue 4.5 n.
[e] 20.27-28 Cf. Ex 6.25; Nm 25.7-11; 31.6; Jos 22.13; 24.33.
[f] 20.45 *Rimón:* heb. *el granado,* a 9 km. al norte de Guibeá.
[a] 21.8 *Jabés de Galaad:* ciudad de Transjordania, cuya historia

niños y a las mujeres que no fueran vírgenes. **12** Entre los que vivían en Jabés se encontraron cuatrocientas jóvenes que no habían tenido relaciones sexuales con ningún hombre, y las trajeron al campamento que estaba en Siló, en Canaán. **13** Entonces el pueblo entero mandó buscar a los benjaminitas que estaban en la peña de Rimón, y los invitaron a hacer la paz. **14** Los de Benjamín regresaron, y los israelitas les dieron las mujeres que habían traído de Jabés. Pero no hubo mujeres suficientes para todos ellos.

15 Los israelitas sentían lástima por la tribu de Benjamín, porque el Señor había dejado un vacío en las tribus de Israel. **16** Y los jefes del pueblo se preguntaban: "¿Cómo vamos a conseguir mujeres para los demás, si las mujeres benjaminitas fueron exterminadas? **17** Benjamín debe seguir manteniendo el lugar que le corresponde entre nuestras tribus, por medio de los que le han quedado con vida, para que no falte ninguna de las tribus de Israel. **18** Pero nosotros no podemos darles nuestras hijas para que se casen con ellos, porque todos los israelitas hemos jurado no darles nuestras hijas a los benjaminitas, bajo pena de maldición. **19** Sin embargo, cada año hay una gran fiesta del Señor en Siló, *b* que está al norte de Betel, al este del camino que va de Betel a Siquem, y al sur de Leboná."

20 Entonces los jefes de Israel les mandaron este mensaje a los benjaminitas: "Vayan, escóndanse en los viñedos cercanos a Siló, **21** y manténganse atentos. Cuando las muchachas de Siló salgan bailando en grupos, salgan también ustedes de sus escondites y róbese cada uno una mujer, y váyanse a sus tierras. **22** Y si los padres o los hermanos de las muchachas vienen a hacernos alguna reclamación, les diremos: 'Nosotros les rogamos, como un favor personal, que los perdonen, porque nosotros no pudimos conseguir mujeres para todos ellos en la guerra contra Jabés. Además, como ustedes no se las dieron, realmente no han faltado al juramento.' "

23 Los benjaminitas aceptaron hacer lo que se les proponía, así que cada uno se robó una muchacha de las que estaban bailando, y se la llevó. Luego regresaron a sus tierras, y volvieron a construir sus ciudades y a vivir en ellas. *c*

24 Los otros israelitas también se fueron, y cada uno regresó a su propia tierra, a su tribu y a su clan.

25 En aquella época aún no había rey en Israel, y cada cual hacía lo que le daba la gana. *d*

---

estaría ligada más tarde a la tribu de Benjamín y a la persona de Saúl, el primer rey de Israel (cf. 1 S 11; 31.11-13; 2 S 2.4-7; 21.12). *Galaad:* Véase Dt 2.36-37 n.

b **21.19** *Siló:* Véase Jos 18.1 nota *a*. Esta *fiesta*, en la que participaban especialmente las jóvenes con cantos y danzas, era, probablemente, un festejo que tenía lugar cada año, en la época de la vendimia o cosecha de las uvas.

c **21.23** *Volvieron a construir sus ciudades y a vivir en ellas:* Después de imponerle una prueba ejemplar, el Señor hace revivir a la tribu culpable. De este modo, el libro de *Jueces,* que por momentos presenta un panorama violento y sombrío, concluye con un mensaje que pone de relieve la misericordia de Dios.

d **21.25** Este refrán, repetido ya varias veces (Jue 17.6; 18.1; 19.1), está como reclamando la institución de la realeza, cuyos comienzos van a relatarse a continuación, en los libros de Samuel. Antes que hubiera rey en Israel, la anarquía reinante permitía que se cometiera toda clase de abusos y abominaciones. Frente a ese estado de cosas, se esperaba que el rey viniera a poner orden.

Rut

El libro de *Rut* (=Rt) es una obra maestra del arte narrativo y una especie de oasis o remanso en el clima de violencia tan característico de la época de los "caudillos" (véase Rt 1.1-2 nota *a*). La figura central del libro es una joven de Moab, viuda de un israelita, que manifiesta una extraordinaria lealtad a su suegra y adopta como suyos al pueblo y al Dios de Israel (1.16-17). Su encanto y audacia atraen la atención de un pariente cercano, llamado Booz, que se casa con ella conforme a las leyes y costumbres vigentes en aquel tiempo y en aquel medio social. El primer hijo nacido de ese matrimonio lleva el nombre de familia del marido difunto, y así queda asegurada la supervivencia de la familia y del nombre familiar (4.10; cf. 1.11-13).

La fisonomía de los tres principales personajes del relato presenta rasgos bien definidos. *Noemí* es la mujer lúcida y generosa (cf. 1.8-9), que sabe dar el consejo adecuado en el momento oportuno (cf. 3.1-4) y de ese modo logra ver cumplidos sus deseos después de haber bebido la copa de la amargura (cf. 1.20). *Booz,* el propietario del campo, es bondadoso con sus servidores, lleno de afecto con la joven moabita y leal y decidido cuando llega el momento de cumplir con su deber y de hacer valer su derecho (cf. 3.10-13; 4.3-4). *Rut,* la heroína del relato, reúne en su persona las más hermosas cualidades: cariñosa y amable, activa y emprendedora, audaz hasta poner en peligro su honor con tal de perpetuar el nombre de su difunto esposo (cf. 3.10) y, por último, madre feliz de un niño que legalmente debía ser considerado hijo de Noemí (4.17).

Además, la parte final del libro (4.18-22) incluye una lista genealógica que menciona a Booz entre los antepasados del rey David. Es decir que Rut, la moabita, por su matrimonio con Booz llegó a ser bisabuela de David y pasó a integrar una genealogía que culmina con el nacimiento de Jesús (cf. Mt 1.5). De este modo, la aparición de una mujer extranjera en tan ilustre genealogía muestra que Dios no hace distinción de personas cuando se tiene fe en él y se cumple su voluntad.

La historia de Rut tiene como escenario principal una pequeña aldea, y los episodios relatados en el libro no sobrepasan el cuadro de los sencillos hechos cotidianos. Sin embargo, la atmósfera que en él se respira es de tal amplitud, que supera todas las formas de racismo o de nacionalismo estrecho. Ya la vinculación de la historia de Rut y Booz con la genealogía de David confiere al relato una dimensión y un interés nacionales. Pero, más profundamente todavía, la incorporación de una moabita al pueblo del Señor (cf. Dt 23.3-6[4-7]) refleja un espíritu universalista que solamente iba a ser superado por el Nuevo Testamento (cf. Mt 28.16-20; Hch 1.8).

En la versión griega de los Setenta (LXX), el libro de *Rut* viene después del libro de los *Jueces,* sin duda a causa de la indicación cronológica que figura al comienzo de la narración (1.1-2). Pero la Biblia hebrea lo incluye entre los *Escritos,* es decir, en la tercera y última parte del canon. Esta ubicación, y otros indicios diseminados a lo largo del libro (véase, por ejemplo, 4.7 n.), parecen indicar que el relato recibió su forma definitiva en una época más bien tardía, después del exilio babilónico. Por tanto, en él se percibe una velada protesta contra las medidas excesivamente rigoristas en lo relativo al matrimonio de judíos con mujeres extranjeras (cf. Esd 9—10; Neh 13.23-27).

El siguiente esquema ofrece una visión sinóptica del contenido del libro:

La familia de Elimélec en Moab (1.1-5)
Noemí y Rut van a Belén (1.6-22)
Rut en el campo de Booz (2.1-23)
La bondad de Booz (3.1-18)
Boda de Booz y Rut (4.1-17)
Los antepasados de David (4.18-22)

1 La familia de Elimélec en Moab

1-2 En el tiempo en que Israel era gobernado por caudillos,[a] hubo una época de hambre en toda la región. Entonces un hombre de Belén de Judá,[b] llamado Elimélec,[c] se fue a vivir por algún tiempo al país de Moab.[d] Con él fueron también su esposa Noemí[e] y sus dos hijos, Mahlón y Quilión.[f] Todos ellos eran efrateos, es decir, de Belén.[g] Llegaron, pues, a Moab, y se quedaron a vivir allí.

3 Pero sucedió que murió Elimélec, el marido de Noemí, y ella se quedó sola con sus dos hijos. **4** Más tarde, ellos se casaron con dos mujeres moabitas;[h] una de ellas se llamaba Orfá y la otra Rut.[i] Pero al cabo de unos diez años **5** murieron también Mahlón y Quilión, y Noemí se encontró desamparada, sin hijos y sin marido.

Noemí y Rut van a Belén **6** Un día Noemí oyó decir en Moab que el Señor se había compadecido de su pueblo y que había puesto fin a la época de hambre. **7** Entonces decidió volver a Judá y, acompañada de sus nueras, salió del lugar donde vivían; **8** pero en el camino les dijo:

—Anden, vuelvan a su casa, con su madre. Que el Señor las trate siempre con bondad, como también ustedes nos trataron a mí y a mis hijos, **9** y que les permita casarse otra vez y formar un hogar feliz.

Luego Noemí les dio un beso de despedida, pero ellas se echaron a llorar **10** y le dijeron:

—¡No! ¡Nosotras volveremos contigo a tu país!

11 Noemí insistió:

—Váyanse, hijas mías, ¿para qué quieren seguir conmigo? Yo ya no voy a tener más hijos que puedan casarse con ustedes. **12** Anden, vuelvan a su casa. Yo soy muy vieja para volverme a casar. Y aunque tuviera aún esa esperanza, y esta misma noche me casara y llegara a tener más hijos, **13** ¿iban ustedes a esperar hasta que fueran mayores, para casarse con ellos? ¿Se quedarían sin casar por esperarlos? No, hijas mías, de ninguna manera. El Señor me ha enviado amargos sufrimientos, pero más amarga sería mi pena si las viera sufrir a ustedes.

14 Ellas se pusieron a llorar nuevamente. Por fin, Orfá se despidió de su suegra con un beso, pero Rut se quedó con ella. **15** Entonces Noemí le dijo:

—Mira, tu concuñada se vuelve a su país y a sus dioses. Vete tú con ella.

16 Pero Rut le contestó:

—¡No me pidas que te deje y que me separe de ti! Iré a donde tú vayas, y viviré donde tú vivas. Tu pueblo será mi pueblo, y tu Dios será mi Dios. **17** Moriré donde tú mueras, y allí quiero ser enterrada. ¡Que el Señor me castigue con toda dureza si me separo de ti, a menos que sea por la muerte!

18 Al ver Noemí que Rut estaba decidida a acompañarla, no le insistió más, **19** y así las dos siguieron su camino hasta que llegaron a Belén.

Cuando entraron en Belén, hubo un gran revuelo en todo el pueblo. Las mujeres decían:

—¿No es esta Noemí?

20 Pero ella les respondía:

—Ya no me llamen Noemí; llámenme Mará,[j] porque el

---

[a] **1.1-2** *Caudillos:* término que suele traducirse por *jueces.* Quienes lo traducen así hacen notar, sin embargo, que tales *jueces* no eran simples magistrados que administraban justicia, sino líderes carismáticos llamados y enviados por el Señor para liberar a su pueblo de una situación opresiva. Véase la *Introducción* al libro de los *Jueces.* En números redondos, esta época se sitúa entre los años 1200 y 1050 a.C.

[b] **1.1-2** *Belén de Judá:* Uno de los lugares más célebres de la historia bíblica, situado a 8 km. al sur de Jerusalén. Cf. 1 S 17.12,15; 20.6,28; Miq 5.2(1); Mt 2.1-6; Lc 2.4; Jn 7.42 (Véase el *Índice de mapas).* Se lo llama *Belén de Judá* para distinguirlo de Belén de Zabulón, que estaba a unos 10 km. al noroeste de Nazaret (véase Jos 19.15 n.).

[c] **1.1-2** *Elimélec,* en hebreo, significa *mi Dios es rey.*

[d] **1.1-2** El *país de Moab* se encontraba al sur de la Transjordania y al este del Mar Muerto (véanse Dt 2.9 nota *h* y el *Índice de mapas).*

[e] **1.1-2** El nombre *Noemí,* en hebreo, significa *mi dulzura.*

[f] **1.1-2** Es probable que los nombres *Mahlón* y *Quilión,* en su forma hebrea, signifiquen, respectivamente, *enfermedad* y *agotamiento.* En tal caso, ambos nombres aludirían a la muerte prematura de los hijos de Noemí (cf. v. 5).

[g] **1.1-2** *Efrateos:* Otro nombre de *Belén* era Efrata. Cf. 1 Cr 4.3-4; Miq 5.2(1).

[h] **1.4** Aunque los *moabitas* eran un pueblo emparentado con Israel (cf. Gn 19.30-38), esta clase de matrimonios estaba severamente prohibida por la ley de Moisés (cf. Dt 23.3[4]; Esd 9.1-2; 10).

[i] **1.4** *Orfá:* Se desconoce el significado exacto de este nombre; algunos lo traducen por *obstinación* o *rebeldía. Rut* significa, probablemente, *amiga.*

[j] **1.20** *Noemí:* Véase Rt 1.1-2 nota *e. Mará,* en hebreo, significa *amarga.*

Dios todopoderoso me ha llenado de amargura. **21** Salí de aquí con las manos llenas, y ahora las traigo vacías porque así lo ha querido el Señor. ¿Por qué me llaman Noemí, si el Señor todopoderoso [k] me ha condenado y afligido?

22 Así fue como Noemí volvió de Moab con Rut, su nuera moabita. Llegaron a Belén cuando comenzaba la cosecha de la cebada. [l]

2 Rut en el campo de Booz

1 Noemí tenía un pariente por parte de su esposo Elimélec, que se llamaba Booz [a] y era muy rico e influyente.

2 Un día Rut le dijo a Noemí:

—Déjame que vaya al campo, a ver si algún segador me permite ir detrás de él recogiendo espigas. [b]

—Ve, hija mía —le respondió su suegra.

3 Rut, pues, fue al campo y se puso a recoger las espigas que dejaban los segadores. Y tuvo la suerte de que aquel campo fuera de Booz, el pariente de Elimélec. **4** En eso, Booz llegó de Belén y saludó a los segadores:

—¡Que el Señor esté con ustedes!

—¡Que el Señor le bendiga a usted! —le respondieron ellos. [c]

5 Luego Booz le preguntó al capataz de los segadores:

—¿De qué familia es esa muchacha? [d]

6 El capataz le contestó:

—Es una moabita, que vino de Moab con Noemí. **7** Me pidió permiso para ir detrás de los segadores recogiendo espigas, y se ha pasado trabajando toda la mañana, hasta ahora mismo que ha venido a descansar un poco. [e]

8 Entonces Booz le dijo a Rut:

—Escucha, hija mía, no vayas a recoger espigas a ningún otro campo. Quédate aquí, con mis criadas, **9** y luego síguelas a donde veas que los segadores están trabajando. Ya he dado órdenes a mis criados para que nadie te moleste. Cuando tengas sed, ve a donde están las vasijas del agua y toma de la que ellos sacan.

10 Rut se inclinó hasta el suelo en señal de respeto, y le preguntó a Booz:

—¿Por qué se ha fijado usted en mí y es tan amable conmigo, siendo yo una extranjera?

11 Booz respondió:

—Sé muy bien todo lo que has hecho por tu suegra desde que murió tu marido, y también sé que dejaste a tus padres y a tu patria por venir a vivir con nosotros, que éramos gente desconocida para ti. **12** ¡Que Dios te lo pague! ¡Que el Señor y Dios de Israel, en quien has buscado amparo, [f] te premie por todo lo que has hecho!

13 Ella le contestó:

—Usted es muy amable conmigo, y sus palabras me llenan de aliento. Me ha hablado usted con cariño, aunque yo ni siquiera soy como una de sus criadas.

14 A la hora de comer, Booz llamó a Rut y le dijo:

—Ven acá, toma un pedazo de pan y mójalo en esta salsa de vinagre.

Rut se sentó junto a los segadores, y Booz le dio grano tostado. Ella comió hasta quedar satisfecha, y todavía le sobró. **15** Luego, cuando fue otra vez a recoger espigas, Booz ordenó a sus criados:

—Dejen que también recoja espigas entre los manojos de cebada. No se lo impidan. **16** Y aun dejen caer algunas espigas de sus propios manojos, para que ella las recoja. ¡Que nadie la moleste!

17 Rut recogió espigas en el campo de Booz hasta que llegó la noche. Y lo recogido por ella dio, al desgranarlo, más de veinte kilos de cebada. **18** Regresó entonces a la ciudad cargada con el grano, y fue a mostrárselo a su suegra. Después sacó lo que le había sobrado de la comida y se lo dio a Noemí.

19 —¿Dónde trabajaste hoy? —le preguntó Noemí—. ¿Dónde recogiste tantas espigas? ¡Bendito sea el que te ha ayudado de esa manera!

Rut le contó a su suegra con quién había estado trabajando.

—El hombre con quien he trabajado se llama Booz —le dijo.

20 Y Noemí le contestó:

—¡Que el Señor lo bendiga! Él ha sido bondadoso con nosotras ahora, como antes lo fue con los que ya han muerto. Ese hombre es pariente cercano de nosotras, y por eso es uno de los que tienen el deber de protegernos. [g]

21 Rut añadió:

—También me dijo que siga yo trabajando con sus criadas hasta que se termine la cosecha.

22 Entonces Noemí respondió a su nuera:

—Hija mía, me parece bien que te quedes con sus criadas y que no vayas a ningún otro campo, para que nadie te moleste.

23 Rut siguió, pues, recogiendo espigas con las criadas de Booz hasta que se terminó la cosecha de la cebada y el trigo. [h] Mientras tanto, vivía en compañía de su suegra.

3 La bondad de Booz

1 Un día Noemí le dijo a Rut:

—Hija mía, yo debo buscarte un esposo [a] que te haga

---

[k] **1.21** *Todopoderoso:* en hebreo, *Shadai,* antiguo título del Señor. Véase Gn 17.1 n.

[l] **1.22** *La cosecha de la cebada,* en la primera quincena de mayo. Cf. Ex 9.31; Rt 2.23; 2 S 21.9-10.

[a] **2.1** El nombre *Booz* (heb. *Bóaz*) podría significar *en él* (es decir, *en el Señor*) *está la fuerza.* Véase en 1 R 7.21 n. el nombre de una de las columnas que estaban a la entrada del templo de Jerusalén.

[b] **2.2** La Ley permitía a los pobres recoger las espigas que iban cayendo detrás de los segadores (cf. Lv 19.9-10; 23.22; Dt 24.19).

[c] **2.4** Cf. Nm 6.24; Sal 129.8.

[d] **2.5** *¿De qué familia es esta muchacha?:* lit. *¿A quién pertenece esta muchacha?,* pregunta muy comprensible en una época en que la mujer, debido a su condición social, dependía necesariamente de su padre, esposo, hermano o dueño.

[e] **2.7** *Para ir detrás... un poco:* traducción probable. Heb. oscuro.

[f] **2.12** *En quien has buscado amparo:* lit. *bajo cuyas alas te has amparado.* Véase Sal 17.8 nota d; cf. Dt 32.11.

[g] **2.20** El *pariente cercano* (heb. *goel,* "el que rescata o libera") tenía en este caso una doble obligación: rescatar la parcela de terreno que Noemí había puesto en venta (Rt 4.3) y casarse con Rut para asegurarle una descendencia a Elimélec (Rt 1.1-5). De hecho, el hijo que Booz tendrá de Rut será considerado hijo de Mahlón (Rt 4.10), el cual, a su vez, era hijo de Elimélec y de Noemí (cf. Rt 4.17). Cf. Dt 25.5-10, y véase Ex 6.6 n.

[h] **2.23** La cosecha del *trigo* empezaba unos 15 días después de *la cosecha de la cebada* (cf. Ex 9.31-32).

[a] **3.1** *Yo debo buscarte un esposo:* lit. *¿no debo buscarte un lugar*

feliz. ²Mira, nuestro pariente Booz, con cuyas criadas estuviste trabajando, va a ir esta noche al campo a separar el grano de la paja. *b* ³Haz, pues, lo siguiente: Báñate, perfúmate *c* y ponte tu mejor vestido, y vete allá. Pero no dejes que Booz te reconozca antes que termine de comer y beber. ⁴Fíjate bien en dónde se acuesta a dormir. Entonces ve y destápale los pies, y acuéstate allí. Luego, él mismo te dirá lo que debes hacer. *d*
⁵Rut contestó:
—Haré todo lo que me has dicho.
⁶Rut se fue al campo e hizo todo lo que su suegra le había mandado. ⁷Booz comió, bebió y se mostró muy contento. Luego se acostó a dormir junto al montón de grano. Más tarde Rut llegó sin hacer ruido, le destapó los pies y se acostó allí. *e* ⁸A medianoche, Booz se despertó de pronto, y al darse una vuelta se sorprendió de que una mujer estuviera acostada a sus pies.
⁹—¿Quién eres tú? —preguntó Booz.
—Soy Rut, su servidora —contestó ella—. Usted es mi pariente más cercano y tiene el deber de ampararme. Quiero que se case usted conmigo. *f*
¹⁰—¡Que el Señor te bendiga! —dijo Booz—. Ahora más que nunca has mostrado que eres fiel a tu difunto esposo. Bien podrías haber buscado a otro más joven que yo, pobre o rico, pero no lo has hecho. ¹¹No tengas miedo, hija mía, que todos en mi pueblo *g* saben ya que eres una mujer ejemplar. Por eso, yo haré lo que me pidas. ¹²Sin embargo, aunque es verdad que soy pariente cercano tuyo, tú tienes otro pariente aún más cercano que yo. *h* ¹³Quédate aquí esta noche. Si mañana él quiere cumplir con sus deberes de pariente, que lo haga; pero si no lo hace, te prometo delante del Señor que yo lo haré. Ahora duérmete hasta que amanezca.
¹⁴Rut durmió aquella noche a los pies de Booz. Al día siguiente se levantó antes del amanecer, cuando todavía estaba muy oscuro, porque Booz había dicho: "Nadie debe saber que esta mujer ha venido al campo."
¹⁵Entonces Booz le dijo:
—Quítate la capa y sujétala bien.
Mientras Rut sostenía su capa, Booz echó en ella más de cuarenta kilos de cebada. Luego la ayudó a echarse la carga sobre el hombro, y ella se fue a la ciudad.
¹⁶Cuando Rut llegó a donde estaba su suegra, esta le preguntó:

—¿Qué tal te fue, hija mía?
Rut le contó todo lo que Booz había hecho por ella, ¹⁷y añadió:
—Me dio toda esta cebada, y me dijo: "No debes volver a tu suegra con las manos vacías."
¹⁸Entonces Noemí dijo:
—Ahora, hija mía, espera a ver qué pasa. Este hombre no descansará hoy hasta dejar resuelto el asunto.

4 **Boda de Booz y Rut** ¹Más tarde, Booz fue a sentarse a la entrada del pueblo, *a* que era el lugar donde se reunía la gente. En aquel momento pasaba por allí el pariente del cual Booz había hablado.
—Oye —le dijo Booz—, ven acá y siéntate.
El pariente fue y se sentó. ²En seguida Booz llamó a diez ancianos del pueblo, y también les pidió que se sentaran con él. Cuando ellos se sentaron, ³Booz le dijo a su pariente:
—Noemí, que ha vuelto de Moab, está decidida a vender el terreno que perteneció a nuestro pariente Elimélec. ⁴Quiero que lo sepas, para que, si te interesa comprarlo, lo hagas ahora delante de estos testigos y de los ancianos del pueblo. Como tú eres el pariente más cercano de Elimélec, tienes el derecho de comprar su tierra. Pero si tú no la compras, házmelo saber, pues después de ti yo soy quien tiene ese derecho.
El pariente contestó:
—La compro.
⁵Entonces Booz le hizo esta aclaración:
—Ten en cuenta que si compras el terreno de Noemí, quedas también obligado a casarte con Rut, la viuda moabita, para que la propiedad siga a nombre del difunto.
⁶Al oír esto, el pariente contestó:
—En ese caso no puedo hacer la compra, porque podría perjudicar mi herencia. Pero si tú quieres comprar, hazlo; yo te cedo mis derechos de compra.
⁷En aquellos tiempos había en Israel una costumbre: cuando uno cedía a otro *b* el derecho de parentesco, o cuando se cerraba un contrato de compra-venta, el que cedía o vendía se quitaba una sandalia y se la daba al otro. De acuerdo, pues, con esta costumbre, ⁸el pariente de Booz se quitó la sandalia, se la dio a Booz y le dijo:
—Compra tú. *c*
⁹Entonces Booz dijo a los ancianos y a los allí presentes:

---

de reposo? La imagen del lugar donde descansar se emplea para referirse al matrimonio.
b **3.2** Véase Mt 3.12 n.; cf. Sal 1.4.
c **3.3** *Perfúmate:* como la novia que va al encuentro de su esposo (cf. Ez 16.8-13).
d **3.1-4** Noemí hace que Rut tome conciencia de su derecho y le da las indicaciones pertinentes para que ella misma lo haga valer delante de su pariente cercano (heb. *goel;* véase Rt 2.20 n.).
e **3.7** Cf. en Gn 38.13-19 la estratagema de que se valió Tamar, la nuera de Judá, para que se le reconociera este mismo derecho.
f **3.9** *Quiero... conmigo:* lit. *quiero que extienda sobre mí el borde de su manto.* Según las costumbres de la época, el gesto de echar encima el manto era una forma simbólica de tomar posesión. En este caso, la toma de posesión recaía sobre la mujer aceptada como esposa. Véase 1 R 19.19 nota *p*.
g **3.11** *Todos en mi pueblo:* lit. *toda la puerta de mi pueblo.* Alusión a la puerta por la que se entraba en una ciudad amurallada (cf. Jos 2.7) y que era el punto de reunión de toda la gente del lugar. Véase Rt 4.1 n.; cf. Job 29.7-10.
h **3.12** A este pariente más cercano le correspondería la obligación y el derecho de cumplir con sus funciones de *goel* (véase Rt 2.20 n.), en primer lugar el de casarse con Rut. Cf. Rt 4.3-6.
a **4.1** *La entrada del pueblo:* lit. *la puerta de la ciudad,* que era el lugar donde se comunicaban las noticias, se arreglaban los negocios y se administraba justicia (Dt 25.7; 2 S 15.2). Véase también Rt 3.11 n.
b **4.7** La necesidad de hacer esta aclaración muestra que esta antigua costumbre había caído en desuso y ya no era comprendida cuando el relato recibió su forma final.
c **4.7-8** En este gesto simbólico, la *sandalia* representa el derecho de propiedad sobre un bien inmueble; la acción de quitarse la sandalia y de entregarla expresa la renuncia a ese derecho en beneficio

—Todos ustedes son hoy testigos de que le compro a Noemí las propiedades de Elimélec, Quilión y Mahlón. ¹⁰ También son testigos de que tomo por esposa a Rut, la viuda moabita, para que la propiedad se mantenga a nombre de Mahlón, su difunto esposo. Así no se borrará el nombre de Mahlón de entre los suyos, ni será olvidado en este pueblo. *ᵈ* Hoy son ustedes testigos.

¹¹ Los ancianos y todos los presentes contestaron:

—Sí, lo somos. ¡El Señor haga que la mujer que va a entrar en tu casa sea como Raquel y Lía, de quienes descendemos todos los israelitas!*ᵉ* Y tú, sé un hombre ilustre en Efrata, *ᶠ* un hombre notable en Belén. ¹² Que el Señor te dé muchos hijos de esta mujer. Que tengas una familia numerosa, como la tuvo Fares, el hijo de Tamar y Judá. *ᵍ*

¹³ Así fue como Booz se casó con Rut. Y se unió a ella, y el Señor permitió que quedara embarazada y que tuviera un hijo.

¹⁴ Entonces las mujeres decían a Noemí:

—¡Alabado sea el Señor, que te ha dado hoy un nieto para que cuide de ti! ¡Ojalá tu nieto sea famoso en Israel! ¹⁵ Él te dará ánimos y te sostendrá en tu vejez, porque es el hijo de tu nuera, la que tanto te quiere y que vale para ti más que siete hijos. *ʰ*

¹⁶ Noemí tomó al niño en su regazo *ⁱ* y se encargó de criarlo. ¹⁷ Al verlo, las vecinas decían:

—¡Le ha nacido un hijo a Noemí!

Y le pusieron por nombre Obed. *ʲ* Este fue el padre de Jesé y abuelo de David.

Los antepasados de David ¹⁸ Estos fueron los descendientes de Fares: Fares fue el padre de Hesrón, ¹⁹ Hesrón fue el padre de Ram, Ram fue el padre de Aminadab, ²⁰ Aminadab fue el padre de Nahasón, Nahasón fue el padre de Salmón, ²¹ Salmón fue el padre de Booz, Booz fue el padre de Obed, ²² Obed fue el padre de Jesé, y Jesé fue el padre de David. *ᵏ*

---

de otro. Nótese la diferencia entre el gesto aquí descrito y el que se prescribe en Dt 25.7-10.

ᵈ **4.10** *Así no se borrará... en este pueblo:* Véase Gn 38.8 n.

ᵉ **4.11** Gn 35.22b-26.

ᶠ **4.11** *Efrata:* Véase Rt 1.1-2 nota *g*.

ᵍ **4.12** Gn 38.27-30.

ʰ **4.15** Para una mujer israelita, tener *siete hijos* era una bendición divina y un gran honor (Job 1.2; cf. 1 S 2.5; Jer 15.9).

ⁱ **4.16** *Tomó al niño en su regazo:* No se trata de un acto de adopción (véase Gn 30.3 n.), sino del gesto de una persona que toma a su cargo el cuidado y la crianza de un niño.

ʲ **4.17** *Y le pusieron por nombre Obed:* Se trata de un hecho inusual, ya que el nombre lo ponía la madre (cf. Is 7.14), y a veces el padre (cf. Lc 1.62-63), pero nunca *las vecinas.*

ᵏ **4.18-22** El relato termina con esta genealogía del rey *David,* que está elaborada con nombres de los descendientes de *Fares* mencionados en 1 Cr 2.5-15. La misma lista se vuelve a encontrar, ligeramente modificada, en forma descendente, en Mt 1.3-6, y en forma ascendente, en Lc 3.32-33.

Primer libro de Samuel

Samuel es considerado a la vez como el último de los jueces o caudillos (cf. 1 S 7.10-13, véase *Introducción* a *Jueces*) y el primero de los grandes profetas de Israel (1 S 3.20). Los libros que llevan su nombre relatan el paso del anárquico periodo de los jueces (cf. Jue 17.6; 21.25) al establecimiento y consolidación de la unidad nacional bajo un rey elegido por Dios y consagrado por un profeta (1 S 10.1; 16.13).

Tres personajes son los principales protagonistas de los sucesos relatados en estos libros: *Samuel, Saúl* y *David*. Los primeros capítulos, en efecto, refieren el nacimiento de Samuel y su vinculación con el santuario de Siló, al frente del cual estaba el sacerdote Elí (1 S 1.1—2.11). También los hijos de Elí prestaban servicios en aquel santuario, pero a ellos les importaba más obtener beneficios personales que cumplir con sus deberes de sacerdotes. En consecuencia, cometían toda clase de abusos (1 S 2.12-25), que fueron castigados con la derrota de Israel, la muerte de los culpables y la caída del arca de la alianza en poder de los filisteos (1 S 4.1b—5.2). En estas circunstancias críticas, Samuel fue llamado por Dios a ejercer la función profética (1 S 3.1-18), fue favorecido con revelaciones divinas (1 S 3.21—4.1a) y, más tarde, en su condición de juez y caudillo (1 S 7.2-17), guió los destinos de su pueblo hasta que este le pidió ser gobernado por un rey (1 S 8.4-6).

A continuación, el texto pasa a relatar una etapa decisiva en la historia de Israel: la institución de la monarquía y los primeros años del reinado de Saúl (1 S 8—15). La trayectoria de Saúl como primer rey de Israel se inició con una resonante victoria (1 S 11). Pero este comienzo promisorio se vio prontamente frustrado por la patética decadencia que fue minando su carácter y su capacidad para gobernar. Este profundo desequilibrio se puso de manifiesto, sobre todo, en la encarnizada persecución de que hizo objeto a David, hecho que obligó a este último a convertirse en fugitivo y aun en mercenario de los filisteos (1 S 16—30). Así, los relatos contraponen dos destinos opuestos: el de David, que siguió una brillante carrera ascendente, y el de Saúl, que se precipitó cada vez más hacia su trágico final. Este final se describe dramáticamente en el último capítulo del *Primer libro de Samuel* (=1 S), que narra la muerte de Saúl y de sus hijos en la batalla de Guilboa (cap. 31).

El segundo libro continúa el relato, insertando al principio el bello canto fúnebre que entona David para lamentar la muerte de Saúl y de su gran amigo Jonatán (2 S 1.17-27). Luego, el resto del libro está dedicado por entero a narrar la historia del reinado de David, primero solamente sobre Judá (2 S 2.4,11) y después sobre todo Israel (2 S 5.1-5).

Estas narraciones presentan a David como un guerrero valeroso y hábil, que extendió y consolidó su reino en lucha contra los enemigos externos y contra las rebeliones internas. También ponen de relieve su profunda religiosidad (cf. 2 S 6.14,21-22; 7.18-29) y su preocupación por asentar sobre bases sólidas la organización de su reino (cf. 2 S 8.15-18). Pero, al mismo tiempo, refieren sus debilidades y pecados, que llegaron incluso hasta el adulterio y el homicidio (2 S 11.1—12.25).

La institución de la monarquía aparece en el *Primer libro de Samuel* como una concesión del Señor a un pedido de los israelitas, sin que esto signifique, de parte de Dios, una renuncia a su autoridad soberana como verdadero rey de Israel. Por tanto, después de conceder al pueblo el rey que le pedía, el Señor reclamó para sí una obediencia que está por encima de toda autoridad humana: *Ahora les toca a ustedes honrar al Señor y rendirle culto, atender su voz y no desobedecer sus mandatos, y vivir, tanto ustedes como el rey que los gobierne, conforme a la voluntad del Señor su Dios* (1 S 12.14).

Por otra parte, la persona y el reinado de David dejaron una huella profunda en el pueblo de Israel, que vio en él a su héroe por excelencia, después de Moisés. Así David se convirtió en prototipo y prefiguración del Mesías, el Elegido de Dios, que vendría a cumplir las grandes promesas del Señor a su pueblo Israel.

Los dos libros de *Samuel* constituyen en realidad una sola obra. El primero incluye las partes siguientes:

    I. Infancia de Samuel y su actividad como profeta y juez de Israel (1—7)
    II. Institución de la monarquía (8—12)
    III. Victorias y reprobación de Saúl (13—15)
    IV. Ascenso de David y decadencia de Saúl (16—31)

I. INFANCIA DE SAMUEL Y SU ACTIVIDAD COMO PROFETA Y JUEZ DE ISRAEL (1—7)

Dios concede un hijo a Ana [a] **1** En un lugar de los montes de Efraín, llamado Ramá, [b] vivía un hombre de la familia de Suf, cuyo nombre era Elcaná. [c] Era hijo de Jeroham y nieto de Elihú. Su bisabuelo fue Tohu, hijo de Suf, que pertenecía a la tribu de Efraín. **2** Elcaná tenía dos esposas. [d] Una se llamaba Ana, y la otra Peniná. Peniná tenía hijos, pero Ana no los tenía. **3** Todos los años salía Elcaná de su pueblo para rendir culto y ofrecer sacrificios en Siló [e] al Señor todopoderoso. [f] Allí había dos hijos del sacerdote Elí, llamados Hofní y Finees, que también eran sacerdotes del Señor.

4 Cuando Elcaná ofrecía el sacrificio, daba su ración correspondiente a Peniná y a todos los hijos e hijas de ella, **5** pero a Ana le daba una ración especial, [g] porque la amaba mucho, a pesar de que el Señor le había impedido tener hijos. [h] **6** Por esto Peniná, que era su rival, la molestaba y se burlaba de ella, humillándola porque el Señor la había hecho estéril.

7 Cada año, cuando iban al templo del Señor, Peniná la molestaba de este modo; por eso Ana lloraba y no comía. **8** Entonces le decía Elcaná, su marido: "Ana, ¿por qué lloras? ¿Por qué estás triste y no comes? ¿Acaso no soy para ti mejor que diez hijos?"

9 En cierta ocasión, estando en Siló, Ana se levantó después de la comida. [i] El sacerdote Elí estaba sentado en un sillón, cerca de la puerta de entrada del templo del Señor. **10** Y Ana, llorando y con el alma llena de amargura, se puso a orar al Señor **11** y le hizo esta promesa: "Señor todopoderoso: Si te dignas contemplar la aflicción de esta sierva tuya, y te acuerdas de mí y me concedes un hijo, yo lo dedicaré toda su vida a tu servicio, y en señal de esa dedicación no se le cortará el pelo." [k]

---

[a] **1.1-28** Los caps. 1—3 forman una unidad literaria, denominada habitualmente "Historia de la infancia y de la juventud de Samuel". En esta sección se destacan el relato del nacimiento del niño, que es la respuesta del Señor a la súplica y a la promesa de su madre (1.1-23), el cántico de acción de gracias (2.1-10), la consagración de Samuel al servicio del Señor (1.23-28; 2.11), el relato de su vocación profética (3.1-16) y la primera actuación del joven profeta como portavoz de la palabra de Dios (3.18).

[b] **1.1** Ramá: El texto hebreo trae aquí *Ramataim*, nombre que significa *Dos Alturas*, pero que siempre aparece en el AT como *Ramá, La Altura* (cf. 1 S 1.19; 2.11; 7.17; 8.4; 15.34). Esta es la *Arimatea* del NT (Mt 27.57; Mc 15.43; Lc 23.50-51; Jn 19.38), y no debe ser confundida con la *Ramá* de Benjamín, que se encontraba más al sudeste, a 8 km. al norte de Jerusalén (cf. Jos 18.25; Jue 19.13).

[c] **1.1** El nombre hebreo *Elcaná* significa *Dios ha adquirido* (o *creado*).

[d] **1.2** *Elcaná tenía dos esposas:* En el antiguo Israel estaba permitida la poligamia (cf. Dt 21.15-17); pero, de hecho, solo los reyes y príncipes podían darse el lujo de tener un harén numeroso (cf. Jue 8.29-31; 1 R 11.3), porque los medios económicos de que disponía el hombre común le permitían solamente tener una o, a lo sumo, dos mujeres. Cf. Gn 16.1-3; 29.28.

[e] **1.3** Siló: Véase Jos 18.1 nota *a*; cf. Jue 21.19.

[f] **1.3** Señor todopoderoso: lit. *Señor de los ejércitos*, en hebreo, *Yahvé Sebaot*. Según parece, fue en el santuario de Siló donde el Dios de Israel recibió por primera vez este título; los *ejércitos* hacían referencia inicialmente a las huestes israelitas (1 S 17.45; cf. 4.4-5). Pero más tarde, cuando ese título del Señor comenzó a ser utilizado por los profetas, la palabra *ejércitos* perdió sus connotaciones guerreras y pasó a designar los *ejércitos del cielo* (véase Sal 103.20 n.). En esta última expresión se incluía no solo a los ángeles, sino también a los astros y, en general, a todos los elementos del cosmos. Véase Sal 24.10 n.

[g] **1.5** *Una ración especial:* traducción probable. Heb. oscuro.

[h] **1.5** En el antiguo Israel, la esterilidad de la mujer era considerada un castigo de Dios y un motivo de deshonra para la que no podía ser madre. Véanse Gn 16.2 n.; Jue 13.2 nota *g*; Lc 1.25 n.

[i] **1.6** Cf. Gn 16.4-5.

[j] **1.9** Se trata de la *comida* que acompañaba los sacrificios de reconciliación (cf. Lv 3), en los que una parte de la víctima se quemaba sobre el altar y otra se compartía en un banquete ritual (cf. Dt 12.7). El texto hebreo trae además la frase *y después de beber*.

[k] **1.11** *No se le cortará el pelo:* Véanse Nm 6.2 n.; Jue 13.4-5 nota *j*.

¹² Como Ana estuvo orando largo rato ante el Señor, Elí se fijó en su boca; ¹³ pero ella oraba mentalmente. No se escuchaba su voz; solo se movían sus labios. Elí creyó entonces que estaba borracha, ¹⁴ y le dijo:

—¿Hasta cuándo vas a estar borracha? ¡Deja ya el vino!

¹⁵ —No es eso, señor —contestó Ana—. No es que haya bebido vino ni ninguna bebida fuerte, sino que me siento angustiada y estoy desahogando mi pena delante del Señor. ¹⁶ No piense usted que soy una mala mujer, sino que he estado orando todo este tiempo porque estoy preocupada y afligida.

¹⁷ —Vete en paz —le contestó Elí—, y que el Dios de Israel te conceda lo que le has pedido.

¹⁸ —Muchísimas gracias —contestó ella.

Luego Ana regresó por donde había venido, y fue a comer, y nunca más volvió a estar triste. ¹⁹ A la mañana siguiente madrugaron y, después de adorar al Señor, regresaron a su casa en Ramá. Después Elcaná se unió con su esposa Ana, y el Señor tuvo presente la petición que ella le había hecho. ²⁰ Así Ana quedó embarazada, y cuando se cumplió el tiempo dio a luz un hijo [l] y le puso por nombre Samuel, porque se lo había pedido al Señor. [m]

²¹ Luego fue Elcaná con toda su familia a Siló, para cumplir su promesa y ofrecer el sacrificio anual; ²² pero Ana no fue, porque le dijo a su marido:

—No iré hasta que destete al niño. Entonces lo llevaré para dedicárselo al Señor y que se quede allá para siempre.

²³ Elcaná, su marido, le respondió:

—Haz lo que mejor te parezca. Quédate hasta que lo hayas destetado. Y que el Señor cumpla su promesa.

Así ella se quedó y crió a su hijo hasta que lo destetó. ²⁴ Y cuando le quitó el pecho, y siendo todavía él un niño pequeño, lo llevó consigo al templo del Señor en Siló. También llevó tres becerros, [n] veintidós litros de trigo y un cuero de vino. ²⁵ Entonces sacrificaron un becerro [ñ] y presentaron el niño a Elí. ²⁶ Y Ana le dijo:

—Perdone usted, señor, pero tan cierto como que usted vive [o] es que yo soy aquella mujer que estuvo orando al Señor aquí, cerca de usted. ²⁷ Le pedí al Señor que me diera este hijo, y él me lo concedió. ²⁸ Yo, por mi parte, lo he dedicado al Señor, y mientras viva estará dedicado a él.

Entonces Elí se inclinó hasta tocar el suelo con la frente, delante del Señor.

2 Cántico de Ana [a]

¹ Y Ana oró de esta manera:

"Señor, yo me alegro en ti de corazón
porque tú me das nuevas fuerzas.
Puedo hablar contra mis enemigos
porque tú me has ayudado.
¡Estoy alegre!
² ¡Nadie es santo como tú, Señor!
¡Nadie protege como tú, Dios nuestro!
¡Nadie hay fuera de ti!
³ Que nadie hable con orgullo,
que nadie se jacte demasiado,
porque el Señor es el Dios que todo lo sabe,
y él pesa y juzga lo que hace el hombre.
⁴ Él destruye los arcos de los poderosos,
y reviste de poder a los débiles;
⁵ los que antes tenían de sobra,
ahora se alquilan por un pedazo de pan;
pero los que tenían hambre,
ahora ya no la tienen.
La mujer que no podía tener hijos,
ha dado a luz siete veces; [b]
pero la que tenía muchos hijos,
ahora está completamente marchita.
⁶ El Señor quita la vida y la da;
nos hace bajar al sepulcro [c]
y de él nos hace subir.
⁷ El Señor no hace pobres o ricos;
nos hace caer y nos levanta.
⁸ Dios levanta del suelo al pobre
y saca del basurero al mendigo,
para sentarlo entre grandes hombres
y hacerle ocupar un lugar de honor;
porque el Señor es el dueño
de las bases de la tierra,
y sobre ellas colocó el mundo. [d]
⁹ Él cuida los pasos de sus fieles,
pero los malvados mueren en la oscuridad,
porque nadie triunfa por la fuerza.
¹⁰ El Señor hará pedazos a sus enemigos,
y desde el cielo enviará truenos contra ellos.
El Señor juzgará al mundo entero;
dará poder al rey que ha escogido
y hará crecer su poder."

---

[l] **1.20** El nacimiento milagroso de Samuel preanuncia ya la misión excepcional que le tocará desempeñar en el futuro. Cf. Jue 13.2-5.

[m] **1.20** *Samuel*, en hebreo, significa *Su nombre es Dios*, pero aquí se lo asocia con un verbo hebreo que significa *pedir* y que suena parecido

[n] **1.24** *Tres becerros:* según el hebreo. Otras versiones antiguas dicen, en cambio, *un becerro de tres años*, forma que parece más adaptada al contexto (cf. v. 25).

[ñ] **1.25** *Sacrificaron un becerro:* Probablemente se trata del sacrificio que se ofrecía para obtener el rescate del hijo mayor o primogénito (cf. Ex 13.13).

[o] **1.26** *Tan cierto como que usted vive:* fórmula que se utiliza al pronunciar un juramento o simplemente para afirmar más enfáticamente que lo que se está diciendo es verdad.

[a] **2.1-11** El Cántico de Ana es un típico salmo de acción de gracias, semejante a las composiciones del mismo género literario que se encuentran en el Salterio (véase la *Introducción* a los *Salmos [3c]*). El tema central del cántico es la humillación de los soberbios y la exaltación de los humildes, como destaca especialmente la serie de contraposiciones que están en los vv. 4-8. En todos estos casos, el que humilla y enaltece es el Señor, porque él es el Creador de todo y todas las cosas están sujetas a su dominio (cf. v. 8). Nótese, además, las semejanzas existentes entre este cántico de Ana y el de María en Lc 1.46-55.

[b] **2.5** El número *siete*, símbolo de perfección y plenitud, sugiere aquí la idea de un logro completo (cf. v. 21). Véanse también Gn 4.23-24 n.; Jer 25.11 n.

[c] **2.6** *Sepulcro:* en hebreo *sheol*, el reino o morada de los muertos. Véase Sal 6.5(6) n.

[d] **2.8** Los antiguos hebreos se representaban la tierra como una gran plataforma sostenida por pilares inmensos que se hundían hasta lo profundo del océano subterráneo. Véanse Gn 1.2 nota *c*; Sal 18.15(16) n.

11 Luego regresó Elcaná a su casa, en Ramá, pero el niño se quedó sirviendo al Señor bajo las órdenes del sacerdote Elí.

La maldad de los hijos de Elí **12** Los hijos de Elí eran unos malvados, y no les importaba el Señor **13** ni los deberes de los sacerdotes para con el pueblo; pues cuando alguien ofrecía un sacrificio, llegaba un criado del sacerdote con un tenedor en la mano y, mientras la carne estaba cociéndose, **14** metía el tenedor en el perol, en la olla, en el caldero o en la cazuela, y todo lo que sacaba con el tenedor era para el sacerdote. [e] Así hacían con todo israelita que llegaba a Siló. **15** Además, antes de que quemaran la grasa en el altar, llegaba el criado del sacerdote y decía al que iba a ofrecer el sacrificio: "Dame carne para asársela al sacerdote; porque no te va a aceptar la carne ya cocida, sino cruda." **16** Y si la persona le respondía que primero tenían que quemar la grasa, y que luego él podría tomar lo que quisiera, el criado contestaba: "¡No, me la tienes que dar ahora! De lo contrario, te la quitaré a la fuerza." **17** Así pues, el pecado que estos jóvenes cometían ante el Señor era gravísimo, porque trataban con desprecio las ofrendas que pertenecían al Señor.

18 Mientras tanto, el joven Samuel, vestido con un efod de lino,[f] continuaba al servicio del Señor. **19** Y cada año, cuando su madre iba al templo con su marido para ofrecer el sacrificio anual, le llevaba una capa pequeña que le había hecho. **20** Entonces Elí bendecía a Elcaná y a su esposa, diciendo: "Que el Señor te recompense dándote[g] hijos de esta mujer, a cambio del que ella le ha dedicado." Después de esto regresaban a su hogar, **21** y el Señor bendecía a Ana, la cual quedaba embarazada. De esa manera, Ana dio a luz tres hijos y dos hijas, y el niño Samuel seguía creciendo ante el Señor.

22 En cuanto a Elí, era ya muy viejo, pero estaba enterado de todo lo que sus hijos les hacían a los israelitas, y que hasta se acostaban con las mujeres que estaban de servicio a la entrada de la tienda del encuentro con Dios.[h] **23** Por tanto les dijo: "Todo el mundo me habla de las malas acciones de ustedes. ¿Por qué se portan así? **24** No, hijos míos, no es nada bueno lo que sé que el pueblo del Señor anda contando acerca de ustedes. **25** Si una persona comete una falta contra otra, el Señor puede intervenir en su favor; pero si una persona ofende al Señor, ¿quién la defenderá?" Pero ellos no hicieron caso de lo que su padre les dijo, porque el Señor había decidido quitarles la vida.

26 Mientras tanto, el joven Samuel seguía creciendo, y su conducta agradaba tanto al Señor como a los hombres.[i]

27 Por ese tiempo llegó un profeta[j] a visitar a Elí, y le dijo: "El Señor ha declarado lo siguiente: 'Cuando tus antepasados estaban en Egipto al servicio del faraón, claramente me manifesté a ellos. **28** Y de entre todas las tribus de Israel los escogí para que fueran mis sacerdotes, para que ofrecieran holocaustos sobre mi altar, y quemaran incienso, y llevaran el efod en mi presencia.[k] Además concedí a tus antepasados todas las ofrendas que los israelitas quemaran en honor del Señor.[l] **29** ¿Por qué, pues, has despreciado los sacrificios y ofrendas que yo he ordenado realizar? ¿Por qué das más preferencia a tus hijos que a mí, engordándolos con lo mejor de todas las ofrendas de Israel, mi pueblo?' **30** Por lo tanto, el Señor, el Dios de Israel, que había dicho que tú y tu familia le servirían siempre, ahora declara: 'Jamás permitiré tal cosa, sino que honraré a los que me honren, y los que me desprecien serán puestos en ridículo. Yo, el Señor, lo afirmo. **31** Ya se acerca el momento en que voy a destruir tu poder y el de tus antepasados, y ninguno de tu familia llegará a viejo. **32** Contemplarás con angustia y envidia[m] todo el bien que yo haré en Israel, y jamás nadie en tu familia llegará a viejo. **33** Pero dejaré a alguno de tus parientes[n] cerca de mi altar, para que se consuman de envidia sus ojos y de dolor su alma,[ñ] y todos tus otros descendientes serán asesinados.[o] **34** Te servirá de muestra lo que ocurrirá a tus dos hijos, Hofní y Finees: los dos morirán el mismo día. **35** Luego pondré un sacerdote[p] digno de confianza y que actúe de acuerdo con mi voluntad y criterio, al que le daré una descendencia continua y le haré estar siempre al servicio del rey que yo haya escogido. **36** Entonces, todo el que haya quedado vivo en tu familia vendrá a inclinarse ante él a cambio de una moneda de plata o a un trozo de pan, rogándole que le dé algún trabajo entre los sacerdotes para poder ganarse el alimento.'"

3 El Señor llama a Samuel[a]

1 El joven Samuel seguía sirviendo al Señor bajo las órdenes de Elí. En aquella época era muy raro que el Señor comunicara a alguien un

---

[e] **2.14** De acuerdo con la ley (cf. Lv 7.28-36), a los sacerdotes les correspondía una parte de las víctimas sacrificadas. Lo que aquí se condena es el abuso de ese beneficio (cf. vv. 15-16).

[f] **2.18** El *efod de lino* era una especie de túnica que usaban los sacerdotes para las ceremonias religiosas (cf. 2 S 6.14). No debe confundirse con la insignia del sumo sacerdote descrita en Ex 28.6-14.

[g] **2.20** *Te recompense dándote:* según versiones antiguas. Heb. *te ponga.*

[h] **2.22** *Tienda del encuentro con Dios:* Véase Ex 26.1-37 n.

[i] **2.26** A este pasaje se alude en Lc 2.52; cf. Pr 3.4.

[j] **2.27** Las palabras de este *profeta* (lit. *hombre de Dios*) anticipan la serie de adversidades que se abatirían más tarde sobre los descendientes de Elí: la muerte de sus dos hijos (v. 34); la masacre de los sacerdotes de Nob, que pertenecían a su misma familia (v. 33; cf. 1 S 22.18-19); la sustitución de Abiatar, el único sobreviviente de la masacre, por Sadoc, que era miembro de otra familia sacerdotal (v. 35; 1 S 22.20-23; 1 R 2.26-27); y la precaria situación en la que se iban a encontrar los sacerdotes de los santuarios locales, entre ellos los descendientes de Elí (véase Jer 1.1 nota *d*), cuando el rey Josías ordenara la destrucción de esos santuarios (v. 36; 2 R 23.8).

[k] **2.28** Cf. Ex 28.1-4.

[l] **2.28** Cf. Lv 7.35-36.

[m] **2.32** *Contemplarás con angustia y envidia:* traducción poco segura de un texto oscuro. Otra posible traducción: *Verás un rival en la Morada, mientras que todo andará bien en Israel.* El término *Morada* es una designación poética del templo.

[n] **2.33** *Alguno de tus parientes:* alusión al sacerdote Abiatar, que fue el único sobreviviente de la masacre de Nob (1 S 22.20).

[ñ] **2.33** *Sus ojos... su alma:* según la versión griega (LXX). Heb. *tus ojos... tu alma.*

[o] **2.33** Cf. 1 S 22.6-23.

[p] **2.35** Según 1 R 2.26-27,35, este *sacerdote* es Sadoc, a quien Salomón puso en lugar de Abiatar, que pertenecía a la familia de Elí (véase 1 S 2.27 n.).

[a] **3.1—4.1a** Las tradiciones relativas al nacimiento y la infancia de Samuel culminan con esta hermosa narración, que presenta algunos

mensaje; no era frecuente que alguien tuviera una visión. [b] [2] Pero un día Elí, que había comenzado a quedarse ciego y no podía ver bien, estaba durmiendo en su habitación. [3] Samuel estaba acostado en el templo del Señor, donde se encontraba el arca de Dios. [c] La lámpara del santuario seguía encendida. [d] [4] Entonces el Señor lo llamó:

—¡Samuel! [e]

—¡Aquí estoy! —contestó él.

[5] Luego corrió adonde estaba Elí, y le dijo:

—Aquí me tiene usted; ¿para qué me quería?

—Yo no te he llamado —contestó Elí—. Vuelve a acostarte.

Entonces Samuel fue y se acostó. [6] Pero el Señor llamó otra vez:

—¡Samuel!

Y Samuel se levantó y fue junto a Elí, diciendo:

—Aquí me tiene usted; ¿para qué me quería?

—Yo no te he llamado, hijo mío —respondió Elí—. Vuelve a acostarte.

[7] Samuel no conocía al Señor todavía, [f] pues él aún no le había manifestado nada. [8] Pero por tercera vez llamó el Señor a Samuel, y este se levantó y fue a decirle a Elí:

—Aquí me tiene usted; ¿para qué me quería?

Elí, comprendiendo entonces que era el Señor quien llamaba al joven, [9] dijo a este:

—Ve a acostarte; y si el Señor te llama, respóndele: 'Habla, que tu siervo escucha.'

Entonces Samuel se fue y se acostó en su sitio. [10] Después llegó el Señor, se detuvo y lo llamó igual que antes:

—¡Samuel! ¡Samuel!

—Habla, que tu siervo escucha —contestó Samuel.

[11] Y el Señor le dijo:

—Voy a hacer algo en Israel que hasta los oídos les dolerán a todo el que lo oiga. [12] Ese día, sin falta, cumpliré a Elí todo lo que le he dicho respecto a su familia. [13] Le he anunciado [g] que voy a castigar a los suyos para siempre, por la maldad que él ya sabe; pues sus hijos me han maldecido [h] y él no los ha reprendido. [14] Por tanto, he jurado contra la familia de Elí que su maldad no se borrará jamás, ni con sacrificios ni con ofrendas.

[15] Después de esto, Samuel se acostó hasta la mañana siguiente, y entonces abrió las puertas del templo del Señor. Samuel tenía miedo de contarle a Elí la visión que había tenido, [16] pero Elí lo llamó y le dijo:

—¡Samuel, hijo mío!

—Aquí estoy —respondió él.

[17] Y Elí le preguntó:

—¿Qué es lo que te ha dicho el Señor? Te ruego que no me ocultes nada. ¡Que Dios te castigue duramente [i] si me ocultas algo de todo lo que él te ha dicho!

[18] Samuel le declaró todo el asunto, sin ocultarle nada, y Elí exclamó:

—¡Él es el Señor! ¡Hágase lo que a él le parezca mejor!

[19] Samuel creció, y el Señor lo ayudó y no dejó de cumplir ninguna de sus promesas. [20] Y todo Israel, desde Dan hasta Beerseba, [j] reconoció que Samuel era un verdadero profeta del Señor. [21] Y el Señor volvió a revelarse en Siló, [k] pues allí era donde él daba a conocer a Samuel su mensaje;

4

[1] después Samuel se lo comunicaba a todo Israel.

Los filisteos capturan el arca de la alianza [a] Por aquel entonces se juntaron los filisteos para luchar contra Israel, [b] por lo cual salieron los israelitas a hacer frente a los filisteos, [c] y acamparon junto a Eben-ezer. Los filisteos establecieron su

---

puntos de contacto con otros relatos de vocación (tales como Ex 3.1-12; Jue 6.11-21; Is 6; Jer 1.4-10; Ez 1.1—3.11). El Señor llama a Samuel y le revela su palabra, y así comienza una nueva era en la historia de Israel: el joven que actuaba bajo las órdenes del sacerdote Elí (cf. 1 S 2.11,18) se convierte en el heredero de su autoridad y en profeta para todo el pueblo (3.20). Con la presencia de este nuevo mediador, se reabre la comunicación entre el Señor e Israel, largamente interrumpida por la indignidad de los hijos de Elí (cf. el cambio de situación descrito en los vv. 1 y 21).

[b] 3.1 La palabra *visión*, en este contexto, no se refiere exclusivamente a las visiones proféticas en sentido estricto (cf. 1 R 22.17,19; Is 6.1,5), sino a la revelación de Dios en general, cualquiera que sea el modo a través del cual el Señor comunica su mensaje (cf. Sal 89.19[20]). La poca frecuencia de las revelaciones era una señal de desaprobación por parte del Señor (Sal 74.9; Lm 2.9; Ez 7.26; Am 8.11-12), así como sus reiteradas manifestaciones eran consideradas una señal de favor y aprobación (Os 12.10[11]).

[c] 3.3 *Arca de Dios:* expresión equivalente a *arca de la alianza.* Véase Ex 25.10-22 n.

[d] 3.3 El hecho de que la *lámpara del santuario* todavía estaba *encendida* indica que aún no había amanecido (cf. Ex 27.20-21; Lv 24.1-4). Sin embargo, no hay que descartar un posible sentido simbólico: la luz de la lámpara da a entender que el Señor está presente en medio de su pueblo y que va a actuar en favor de él.

[e] 3.4 *El Señor lo llamó:* —*¡Samuel!:* según la versión griega (LXX). Heb. *el Señor llamó a Samuel.*

[f] 3.7 *Samuel no conocía al Señor todavía:* es decir, aún no poseía ese conocimiento íntimo y personal que le permitiría reconocer de manera inmediata la voz del Señor.

[g] 3.13 *Le he anunciado:* según la versión griega (LXX). Heb. *le anunciaré.* Cf. 1 S 2.27-36.

[h] 3.13 *Me han maldecido:* según la versión griega (LXX). Heb. *los han maldecido.* Esta última es una corrección introducida en el texto por los copistas de los mss. con el fin de evitar la expresión *maldecir a Dios,* que les parecía una intolerable blasfemia.

[i] 3.17 *Que Dios te castigue duramente:* lit. *que Dios te haga así y añada todavía más.* Se trata de una fórmula de imprecación, que solía pronunciarse cuando se hacía un juramento o una promesa, y que aparece con frecuencia en los libros de *Samuel* y *Reyes* (1 S 14.44; 25.22; 2 S 3.9,35; 19.13[14]; 1 R 2.23; 2 R 6.31).

[j] 3.20 *Desde Dan hasta Beerseba:* Con esta expresión se suele designar la totalidad del territorio israelita, desde el extremo norte hasta el extremo sur. Véanse Jue 20.1 nota a e *Índice de mapas.*

[k] 3.21 *El Señor volvió a revelarse en Siló:* otra posible traducción: *El Señor continuó revelándose en Siló.*

[a] 4.1b-22 El verdadero protagonista de los caps. 4—6 va a ser el arca de la alianza, capturada primero por los filisteos y luego devuelta a los israelitas. Samuel no entra en escena en toda esta sección, pero sí se menciona a la familia del sacerdote Elí, cuyo exterminio viene a dar cumplimiento a lo anunciado en 1 S 3.11-14. El episodio relatado en estos caps. llegó a su punto culminante en tiempos de David, cuando el arca de la alianza fue llevada solemnemente a la ciudad de Jerusalén (2 S 6.1-23).

[b] 4.1b *Por aquel entonces... contra Israel:* según la versión griega (LXX). En el texto hebreo no aparece esta frase.

[c] 4.1b Los *filisteos* eran un pueblo no semita procedente de Caftor (Dt 2.23; Jer 47.4; Am 9.7), lugar que suele identificarse con la isla de Creta. Este pueblo se instaló al sur de Palestina, cerca de la costa mediterránea, a comienzos del siglo XII a.C., y allí estableció la

campamento en Afec,[d] [2] desplegándose para atacar a los israelitas, y al entablarse la lucha, los filisteos vencieron a los israelitas y mataron a cuatro mil de sus hombres en el campo de batalla. [3] Cuando el ejército israelita volvió al campamento, los ancianos de Israel[e] dijeron: "¿Por qué permitió hoy el Señor que nos derrotaran los filisteos?[f] ¡Vamos a traernos de Siló el arca de la alianza del Señor,[g] para que él marche en medio de nosotros y nos libre de nuestros enemigos!"

[4] Por consiguiente, los israelitas enviaron un destacamento a Siló, y trajeron de allá el arca de la alianza del Señor todopoderoso, que tiene su trono sobre los querubines.[h] Hofní y Finees, los dos hijos de Elí, acompañaban también al arca de la alianza de Dios. [5] Y ocurrió que al llegar al campamento el arca de la alianza del Señor, los israelitas gritaron con tanta alegría[i] que hasta retumbó la tierra.

[6] Cuando los filisteos escucharon aquel griterío, preguntaron: "¿Por qué hay tanto alboroto en el campamento de los hebreos?" Pero al saber que el arca del Señor había llegado al campamento, [7] tuvieron miedo y dijeron: "¡Dios ha llegado al campamento! ¡Ay de nosotros, porque hasta ahora no había sido así! [8] ¡Ay de nosotros! ¿Quién nos librará de caer en las manos de este Dios tan poderoso?[j] ¡Él es quien destruyó a los egipcios en el desierto con toda clase de plagas! [9] ¡Ármense, pues, de valor, soldados filisteos, y luchen con ardor para que no lleguen a ser esclavos de los hebreos, como ellos lo han sido de ustedes!"

[10] Entonces los filisteos atacaron y derrotaron a los israelitas, los cuales huyeron a su campamento. La matanza que hicieron fue tremenda, pues de la infantería israelita cayeron treinta mil hombres. [11] También capturaron el arca de Dios, y mataron a Hofní y Finees, los dos hijos de Elí. [12] Pero un soldado de la tribu de Benjamín logró escapar del campo de batalla, y corriendo llegó a Siló el mismo día. Llevaba rasgada la ropa y llena de tierra la cabeza.[k] [13] Cuando llegó, Elí estaba sentado en un sillón, junto a la puerta, vigilando el camino,[l] porque se sentía muy preocupado por el arca de Dios. Aquel hombre entró en la ciudad y dio la noticia; en seguida todos sus habitantes comenzaron a gritar. [14] Al escuchar Elí aquel griterío, preguntó:

—¿Qué significa todo ese alboroto?

Aquel hombre se apresuró entonces a comunicar la noticia a Elí, [15] que tenía ya noventa y ocho años y se había quedado completamente ciego. [16] Le dijo:

—Acabo de llegar del campo de batalla. Hoy he logrado escapar del combate.

—¿Qué ha pasado, hijo mío? —preguntó Elí.

[17] —Los israelitas huyeron ante los filisteos —respondió el mensajero—. Además, ha habido una gran matanza de gente, en la que también murieron tus dos hijos, Hofní y Finees, y el arca de Dios ha caído en manos de los filisteos.

[18] En cuanto el mensajero mencionó el arca de Dios, Elí cayó de espaldas al lado de la puerta,[m] fuera del sillón, y como era ya un hombre viejo y pesado, se rompió la nuca y murió. Había sido caudillo[n] de Israel durante cuarenta años. [19] A su nuera, la mujer de Finees, que estaba embarazada y pronto iba a dar a luz, le vinieron los dolores de parto al saber que habían capturado el arca de Dios y que su suegro y su marido habían muerto; entonces, retorciéndose de dolor, dio a luz. [20] Y al ver las que la asistían que ella se moría, le dijeron: "No tengas miedo, que has dado a luz un niño." Pero ella no respondió ni les hizo caso; [21-22] al niño le puso por nombre Icabod,[ñ] diciendo: "Israel se ha quedado sin honor, porque han capturado el arca de Dios." Con ello aludía a la captura del arca y a la muerte de su suegro y de su marido.

5

El arca en el país de los filisteos [1] Una vez capturada el arca de Dios, los filisteos la llevaron de Eben-ézer a Asdod;[a] [2] luego la tomaron y la metieron en el templo del dios Dagón,[b] colocándola junto al dios.[c] [3] A la mañana siguiente, cuando llegaron los de Asdod, encontraron a Dagón tirado en el suelo ante el arca del Señor. Entonces

---

Pentápolis filistea, integrada por las ciudades de Gaza, Gat, Ascalón, Asdod y Ecrón. Véase Jos 13.3 nota c.

[d] **4.1b** *Afec:* población de la llanura costera, al norte del territorio ocupado por los filisteos (cf. Jos 12.18; 1 S 29.1). *Eben-ézer* se encontraba al este de Afec, en un sitio que aún no ha podido identificarse exactamente (véase 1 S 7.12 n.).

[e] **4.3** *Los ancianos de Israel:* Véase Ex 3.16 n.

[f] **4.3** *¿Por qué permitió... los filisteos?:* A primera vista, podría parecer que la respuesta a esta pregunta se encuentra en la parte final del v. Sin embargo, el resto del cap. hace ver que la verdadera causa de la derrota no fue la ausencia del arca de Dios en el combate, sino el pecado de los hijos de Elí. Una vez expiado este pecado (cf. 4.12-22), el Señor daría la victoria a los israelitas (cf. 1 S 5.1—7.1).

[g] **4.3** *El arca de la alianza del Señor:* Mientras que en *Éxodo* y en *Josué* se habla, por lo general, del *arca de la alianza* (cf. Ex 25.22; Jos 4.7,9-10), en estos caps. la terminología es mucho más fluida: así, por ej., unas veces se habla del *arca de Dios* (1 S 4.11-22; 5.7,10; cf. 3.3), otras, del *arca de Yahvé*, el nombre propio del Dios de Israel, traducido aquí por *Señor* (4.6; 5.3-4; 6.1; 7.1); y aun otras veces, se dice simplemente *el arca* (6.13; 7.2).

[h] **4.4** *Querubines:* Véase Ex 25.18 n.

[i] **4.5** *Gritaron con tanta alegría:* lit. *lanzaron una gran ovación* o *aclamación*. Esta *ovación* fue primero un grito de guerra, que luego pasó a formar parte de los ritos asociados con el arca de la alianza (cf. 2 S 6.15) y finalmente fue incorporado al culto del templo (cf. Sal 47.5[6]).

[j] **4.8** *Este Dios tan poderoso:* lit. *estos dioses tan poderosos.* Los filisteos, que rendían culto a varios dioses, hablan como si los israelitas fueran también politeístas. Nótese, sin embargo, que en el v. 7 no habían usado el plural sino el singular.

[k] **4.12** *Las ropas rasgadas* y *la tierra en la cabeza* eran señal de dolor y luto por la derrota. Cf. 2 S 1.11-12.

[l] **4.13** *Junto a la puerta, vigilando el camino:* según la versión griega (LXX). Heb. *junto al camino, vigilando.*

[m] **4.18** *Al lado de la puerta:* es decir, a la entrada del templo donde Elí ejercía sus funciones de juez (cf. 1 S 1.9-10).

[n] **4.18** *Caudillo:* o *juez.* Véase Rt 1.1-2 nota a.

[ñ] **4.21-22** El nombre hebreo *Icabod* tiene un sonido semejante a la expresión que significa *¿Dónde ha quedado el honor* o *la gloria?:* Israel se ha quedado sin *gloria,* es decir, sin la presencia del Señor, y por eso ha sido derrotado. Cf. Ez 9.3; 10.4,18-19; 11.22-25.

[a] **5.1** *Asdod* era una de las cinco principales ciudades filisteas. Véase 1 S 4.1b nota c.

[b] **5.2** Acerca de *Dagón,* el dios de los filisteos, véase Jue 16.23 n.

[c] **5.1-2** Los filisteos se imaginaban que el *arca* representaba al Dios de Israel, lo mismo que el ídolo del dios Dagón. Colocar el arca delante de ese dios era como poner un trofeo delante del vencedor.

CANANEOS Y FILISTEOS

El término "cananeo" se aplica al pueblo que vive en las tierras al extremo este del mar Mediterráneo a partir del año 2000 a.C. En la época de la invasión israelita bajo Josué, Canaán estaba habitada por un gran número de estados independientes. Cada uno de estos estados era una ciudad amurallada, con su propia familia real y su palacio.

Comerciantes
Los cananeos que vivían en la costa eran grandes comerciantes (tanto, que el término "cananeo" llegó a significar, en hebreo, "mercader"). Los puertos más importantes eran Tiro, Sidón, Beritus (actual Beirut) y Gebal (a la que los griegos llamaron Biblos). Todos estaban en el actual Líbano (véase *Índice de mapas*). Los barcos de estas regiones llevaban madera de cedro, aceite, vino y otros productos a Egipto, Creta y Grecia (cf. 1 R 5.6; Sal 29.5; 92.12[13]). A Canaán regresaban con lino egipcio y artesanía griega. Biblos era un importante centro de importación de papiro. (Por eso los libros hechos de papiro recibieron el nombre de "biblia", la misma palabra con la que designamos el libro sagrado de los cristianos.)

Hábiles artesanos
La artesanía cananea y fenicia había alcanzado renombre en la época del rey Salomón (véase *Tabla cronológica I*). Desde el Líbano, por la costa, se envió cedro del Líbano para la construcción del templo de Jerusalén; Hiram de Tiro, experto trabajador del bronce, ayudó a Salomón en la construcción del templo (1 R 5; 7.13-47).

El alfabeto
Los babilonios y egipcios habían diseñado sistemas de escritura basados en dibujos; los primeros en desarrollar un alfabeto fueron los cananeos. Ellos escogieron un objeto diferente para representar cada consonante y usaban esos trazos para representar sonidos. Así, nosotros decimos "p de puerta"; ellos dirían "el dibujo de una puerta representa la p". Escogieron cosas conocidas (toro, camello, puerta, mano) para representar las diferentes letras. De allí nació el alefato (de *alef*, "cabeza de toro", y *bet*, "una casa") o alfabeto.

Baal y Astarté
Los israelitas admiraban la destreza de los cananeos. Pero se les ordenó no adoptar nunca la religión cananea (Jos 23.6-13). Tristemente, pronto empezaron a adorar a Baal, y ocurrió todo tipo de desastres. Baal era el dios del clima, de la fertilidad y de la guerra. Una de sus esposas, Astarté, era la diosa del amor y de la guerra. Anat, la más importante de las consortes de Baal (según otros textos), se representaba como una diosa brutal y sanguinaria. Las festividades religiosas cananeas sacaban a la luz lo peor de la naturaleza humana (incluyendo el sacrificio de niños). (Véase *Índice temático*.)

La invasión de la "Gente del mar"
Cerca del año 1200 a.C., quizá poco después de la conquista de Canaán por los hebreos, varios grupos conocidos como la "Gente del mar" invadieron la parte este del Mediterráneo. Arrasaron la costa, extendiendo el terror hasta las fronteras de Egipto. Allí, las fuerzas egipcias los derrotaron. Uno de aquellos grupos, los filisteos, se asentaron en la región costera del sur de Canaán, cerca de la frontera con Egipto.

Artesanía y hierro
Desde la época de los jueces hasta el reinado de David (véase *Tabla cronológica*), los israelitas y los filisteos combatieron por la tierra. Los filisteos llegaron, probablemente, de Creta (véase *Índice de mapas*). Llevaron consigo la artesanía griega, cretense y chipriota. Aún más importante, tenían especial habilidad en la forja de metales, especialmente el hierro. Este monopolio les dio ventaja en la guerra, pues las armas de hierro son más fuertes que las de cobre o bronce. Los israelitas tuvieron que pedir a los filisteos que les afilaran las herramientas de hierro (1 S 13.20-21).

Las cinco ciudades
Los filisteos tenían cinco ciudades importantes (conocidas como la Pentápolis filistea), cada una con su rey y su templo. Estas ciudades eran: Asdod, Ecrón, Gat, Gaza y Ascalón (véanse Jos 13.3; *Índice de mapas*).

---

levantaron a Dagón y lo volvieron a poner en su sitio. **4** Pero a la mañana siguiente llegaron nuevamente los de Asdod, y otra vez encontraron a Dagón tirado en el suelo ante el arca del Señor. Su cabeza y sus dos manos se habían quebrado y estaban sobre el umbral. Lo único que le quedaba entero era el tronco.*d* **5** Por eso hasta ahora, cuando los sacerdotes de Dagón entran en el templo de Asdod, no pisan el umbral.*e*

6 Después el Señor castigó severamente y llenó de terror a los de Asdod y su territorio, hiriéndolos con tumores. **7** Y cuando los habitantes de Asdod vieron lo que pasaba, dijeron: "El arca del Dios de Israel no debe quedarse entre nosotros, porque ese dios nos está castigando muy duramente, tanto a nosotros como a Dagón, nuestro dios."

8 Por tanto, mandaron decir a todos los jefes filisteos que se reunieran con ellos, y les preguntaron:

—¿Qué hacemos con el arca del Dios de Israel?

—Llévenla a la ciudad de Gat —respondieron ellos.

---

d **5.3-4** Con tono de ironía e incluso de humor, estos vv. ponen de relieve el extraordinario poder del Dios de Israel. Él no es derrotado junto con su pueblo, sino que se vale de esas derrotas para realizar nuevos portentos. Cf., en un sentido semejante, Gn 45.4-8.
e **5.5** Cf. Sof 1.9.

Y los filisteos la llevaron allí. **9** Pero después que la trasladaron, el Señor sembró el pánico en la ciudad, hiriendo a sus habitantes con unos tumores que les salieron a grandes y pequeños. **10** Entonces los filisteos trasladaron el arca de Dios a Ecrón; pero cuando el arca llegó allí, los habitantes de Ecrón gritaron: "¡Nos han traído el arca del Dios de Israel para matarnos a todos!"

11 Y como por toda la ciudad se extendió un pánico mortal a causa del duro castigo que Dios les había enviado, mandaron llamar a todos los jefes filisteos y les dijeron: "Llévense de aquí el arca del Dios de Israel. Devuélvanla a su lugar, para que no nos mate a todos."

12 Los gritos de la ciudad llegaban hasta el cielo, pues los que no se morían tenían el cuerpo lleno de tumores.

6 *Los filisteos devuelven el arca*

1 El arca del Señor había estado siete meses en territorio filisteo. **2** Y convocaron los filisteos a los sacerdotes y adivinos para preguntarles:

—¿Qué haremos con el arca del Señor? Dígannos cómo debemos devolverla a su lugar.

3 Ellos les contestaron:

—Si devuelven el arca del Dios de Israel, no la manden sin nada, sino ofrezcan algo en desagravio al Señor.*ᵃ* Entonces ustedes volverán a estar sanos y comprenderán por qué no ha dejado de castigarlos.

4 —¿Qué podemos ofrecer en desagravio? —preguntaron los filisteos.

—Cinco figuras de oro en forma de tumor —contestaron los sacerdotes—, una por cada jefe filisteo; y cinco ratones del mismo metal, ya que ustedes y sus jefes sufren de la misma plaga. **5** Por consiguiente, hagan las figuras de los tumores y de los ratones que destrozan el país, y den honra al Dios de Israel; pues tal vez deje de castigarlos a ustedes, y a los dioses y a la tierra de ustedes. **6** ¿Por qué tienen ustedes que ser testarudos, como fueron los egipcios y el faraón, que solo cuando el Dios de Israel los trató con dureza dejaron ir a los israelitas? **7** Manden ustedes construir una carreta nueva; tomen después dos vacas que estén criando y que nunca hayan llevado yugo, y únzanlas a la carreta; pero no dejen que sus becerros las sigan, sino déjenlos en el establo. **8** Tomen luego el arca del Señor y pónganlo en la carreta, colocando a un costado, en una caja, los objetos de oro que le van a ofrecer en desagravio. Después dejen que la carreta se vaya sola. **9** Pero fíjense en esto: si la carreta toma la dirección de Bet-semes,*ᵇ* su propia tierra, es que el Dios de Israel ha sido la causa de nuestra gran desgracia; en caso contrario, sabremos que no fue él quien nos castigó, sino que nos ha ocurrido un accidente.

10 Aquellos hombres lo hicieron así. Tomaron dos vacas que estaban criando y, después de encerrar sus becerros en el establo, las uncieron a la carreta; **11** luego pusieron el arca del Señor en la carreta, con la caja donde estaban los ratones de oro y las figuras de los tumores. **12** Después las vacas echaron a andar por el camino que va a Bet-semes, mugiendo y siguiendo una dirección fija, sin desviarse a ningún lado. Los jefes de los filisteos caminaron detrás de ellas hasta la frontera de Bet-semes. **13** Los habitantes de Bet-semes, que estaban en el valle cosechando el trigo, al alzar la vista y ver el arca se llenaron de alegría. **14** Cuando la carreta llegó al campo de Josué,*ᶜ* el de Bet-semes, se detuvo. Allí había una gran piedra. Entonces los de Bet-semes hicieron leña con la madera de la carreta, y ofrecieron las vacas en holocausto*ᵈ* al Señor. **15** Los levitas habían descargado ya el arca*ᵉ* y la caja en que estaban los objetos de oro, colocándolos sobre la gran piedra; y ese día los habitantes de Bet-semes ofrecieron al Señor holocaustos y otros sacrificios. **16** Después de ver esto, los cinco jefes de los filisteos regresaron aquel mismo día a Ecrón.

17 Los cinco tumores de oro que los filisteos ofrecieron en desagravio al Señor, correspondían a Asdod, Gaza, Ascalón, Gat y Ecrón;*ᶠ* **18** y el número de ratones de oro era igual al total de las ciudades filisteas de aquellos cinco jefes, contando tanto las ciudades fortificadas como las aldeas sin murallas. La gran piedra*ᵍ* sobre la que pusieron el arca del Señor todavía puede verse en el campo de Josué, el de Bet-semes.

19 Pero el Señor hizo morir a algunos de los habitantes de Bet-semes por haber curioseado dentro del arca. Les quitó la vida a setenta hombres,*ʰ* y la población lloró por la gran mortandad que el Señor había causado entre ellos. **20** Entonces dijeron los habitantes de Bet-semes: "¿Quién se puede sostener ante el Señor, ante este Dios santo? ¿Contra quién irá cuando se aparte de nosotros?" **21** Y enviaron a los habitantes de Quiriat-jearim el siguiente mensaje: "Los filisteos han devuelto el arca del Señor; así que vengan a llevársela."

7

1 Fueron entonces los habitantes de Quiriat-jearim*ᵃ* y se llevaron el arca del Señor, y la metieron en la casa de Abinadab, la cual estaba en una colina; luego consagraron a su hijo Eleazar para que la cuidara.*ᵇ*

*Samuel, caudillo de Israel*ᶜ

2 Veinte años pasaron desde el día en que se colocó el arca en Quiriat-jearim, y todo

---

ᵃ 6.3 *Ofrezcan algo en desagravio al Señor:* Cf. Lv 5.16,18; 6.7(5.26).

ᵇ 6.9 *Bet-semes* se encontraba a unos 10 km. al norte de Ecrón y era la población israelita más cercana al territorio filisteo. El nombre de ese poblado significa *Casa del sol.* Cf. Jos 15.10-11; 21.16; Jue 1.33.

ᶜ 6.14 *Campo de Josué:* Probablemente aquí no se habla del sucesor de Moisés (cf. Nm 27.15-23; Dt 34.9), sino de una persona bien conocida en la época en que se escribió el presente relato.

ᵈ 6.14 *Holocausto:* Cf. Lv 1.1-17; 22.17-25.

ᵉ 6.15 Según Dt 10.8, *los levitas* eran los encargados de trasladar el *arca* de la alianza de un lugar a otro. Cf. Jos 3.3; 2 S 15.24; 1 R 8.4.

ᶠ 6.17 *Asdod, Gaza, Ascalón, Gat y Ecrón* formaban la así llamada Pentápolis filistea. Véanse Jos 13.3 nota *c* y 1 S 4.1b nota *c*. Véase también el *Índice de mapas.*

ᵍ 6.18 *La gran piedra:* según algunos mss. y versiones antiguas. Heb. *el gran arroyo.*

ʰ 6.19 Así, según la versión griega (LXX). El texto hebreo añade *cincuenta mil hombres.*

ᵃ 7.1 *Quiriat-jearim:* Véase Jos 9.17 nota *k.*

ᵇ 7.1 La culminación de los episodios aquí relatados se encuentra en 2 S 6.1-23, donde se narra el traslado del arca de la alianza a la recién conquistada ciudad de Jerusalén, por iniciativa del rey David. Cf. 1 Cr 13.5-7.

ᶜ 7.2-17 Con el cap. 7 comienza una nueva sección del *Primer libro de Samuel* (7—12). La figura de Samuel, ausente en la historia del arca (1 S 4.1—7.1), reaparece ahora y recupera su papel protagónico. Como profeta (v. 3), sacerdote (v. 9) y juez (v. 6), va a intervenir activamente en esta época de cambios fundamentales para Israel. A

Israel buscaba con ansia al Señor. [d] ³ Por esto, Samuel dijo a todos los israelitas: "Si ustedes se vuelven de todo corazón al Señor, deben echar fuera los dioses extranjeros y las representaciones de Astarté, [e] y dedicar sus vidas al Señor, rindiéndole culto solamente a él. Entonces él los librará del dominio de los filisteos."

⁴ Los israelitas echaron fuera las diferentes representaciones de Baal [f] y de Astarté, y rindieron culto únicamente al Señor. [g] ⁵ Después Samuel ordenó: "Reúnan a todo Israel en Mispá, y yo rogaré al Señor por ustedes." [h]

⁶ Los israelitas se reunieron en Mispá, [i] y allí sacaron agua y la derramaron como ofrenda al Señor. Aquel día ayunaron y reconocieron públicamente que habían pecado contra el Señor. Allí, en Mispá, Samuel se convirtió en caudillo de los israelitas. [j] ⁷ Y cuando los filisteos supieron que los israelitas estaban reunidos en Mispá, los jefes filisteos marcharon contra ellos. Los israelitas, al saberlo, tuvieron miedo ⁸ y le dijeron a Samuel: "No dejes de rogar al Señor nuestro Dios por nosotros, para que nos salve del poder de los filisteos."

⁹ Samuel tomó un corderito y lo ofreció entero en holocausto al Señor; luego rogó al Señor en favor de Israel, y el Señor le respondió. ¹⁰ Cuando Samuel estaba ofreciendo el holocausto, los filisteos avanzaron para atacar a los israelitas; entonces el Señor lanzó un trueno enorme contra ellos y los asustó, y de este modo fueron vencidos por los israelitas. ¹¹ Inmediatamente salieron los israelitas de Mispá a perseguir a los filisteos, y los atacaron hasta más abajo de Bet-car. [k] ¹² Después tomó Samuel una piedra y la colocó entre Mispá y Sen, y la llamó Eben-ézer, [l] pues dijo: "Hasta ahora el Señor nos ha ayudado."

¹³ Los filisteos fueron derrotados y no volvieron a invadir el territorio israelita; y mientras Samuel vivió, el Señor estuvo contra los filisteos. ¹⁴ Las ciudades que los filisteos habían tomado a los israelitas, desde Ecrón hasta Gat, volvieron a ser de Israel. De esta manera, los israelitas liberaron su territorio del dominio filisteo, y hubo paz entre los israelitas y los amorreos. [m]

¹⁵ Samuel fue caudillo de Israel durante toda su vida, [n] ¹⁶ y todos los años iba a Betel, Guilgal [ñ] y Mispá, para atender los asuntos de Israel en todos estos lugares. ¹⁷ Luego regresaba a Ramá, donde tenía su residencia, y desde allí gobernaba a Israel. También construyó allí un altar al Señor.

II. INSTITUCIÓN DE LA MONARQUÍA (8—12) [a]

8 *Israel quiere tener rey* ¹ Al hacerse viejo, Samuel nombró caudillos de Israel a sus hijos. ² Su primer hijo, que se llamaba Joel, y su segundo hijo, Abías, gobernaban en Beerseba. ³ Sin embargo, los hijos no se comportaron como su padre, sino que se volvieron ambiciosos, y se dejaron sobornar, y no obraron con justicia. ⁴ Entonces se reunieron todos los ancianos de Israel [b] y fueron a entrevistarse con Samuel en Ramá, ⁵ para decirle: "Tú ya eres un anciano, y tus hijos no se portan como tú; por lo tanto, nombra un rey que nos gobierne, como es costumbre en todas las naciones." [c]

⁶ Samuel, disgustado porque le pedían que nombrara un rey para que los gobernara, se dirigió en oración al Señor;

---

estos cambios se refieren los caps. siguientes, que recogen diversas tradiciones relativas a los orígenes de la monarquía israelita y a la proclamación de Saúl como primer rey.

[d] **7.2** *Buscaba con ansia al Señor:* lit. *se lamentaba tras el Señor*, tal vez en el sentido de *se volvió hacia el Señor con gemidos y lamentos*.

[e] **7.3** Acerca de *Astarté*, la diosa cananea del amor y la fecundidad, véase Jue 3.7 nota c.

[f] **7.4** *Baal* era el dios cananeo de las lluvias y la fertilidad. Véase Jue 2.13 n.

[g] **7.2b-4** El lenguaje de estos vv. está inspirado en el estilo y en los temas característicos de *Deuteronomio*. Véase Jue 2.11-23 n., y cf. Jue 10.6-16.

[h] **7.5** La intercesión en favor del pueblo es una de las funciones propias de los profetas (véanse Jer 14.1-6 n.; 15.1 nota a; cf. Am 7.2,5). Acerca de Moisés como intercesor delante del Señor por los pecados de Israel, véanse Ex 32.9-14 n.; 33.7 nota g.

[i] **7.6** En hebreo, *Mispá* significa *atalaya* o *puesto de guardia*, y en el AT hay varios lugares designados con ese nombre (Gn 31.44-52; Jos 11.3,8; Jue 11.34; 1 S 10.17). El *Mispá* que aquí se menciona fue un centro político y religioso de considerable importancia en el antiguo Israel, situado a unos 8 km. al norte de Jerusalén.

[j] **7.6** Aquí Samuel aparece como *caudillo* (lit. *juez*), con todas las características propias de los líderes que condujeron acciones guerreras en la época de los Jueces (véanse Rt 1.1-2 nota a y la *Introducción* al libro de los *Jueces*). A él se le atribuye también la liberación de Israel de la opresión filistea (cf. v. 13), iniciada por Samgar (Jue 3.31) y Sansón (Jue 13—16), continuada luego por Saúl (1 S 13—14) y completada finalmente por David (2 S 8.1).

[k] **7.9-11** *El Señor le respondió:* Cf. Sal 99.6; Eclo 46.16-18.

[l] **7.12** En hebreo, *Eben-ézer* significa *piedra de ayuda*. Este lugar es diferente del mencionado en 1 S 4.1b, que se encontraba más al norte, a una distancia aproximada de 30 km.

[m] **7.13-14** Este periodo de *paz*, coincidente con la duración de la vida de Samuel, retoma uno de los temas característicos del libro de los *Jueces*: mientras el caudillo vivía, Israel se veía libre de sus enemigos externos (cf. Jue 2.18; 3.11,28,30; 11.33).

[n] **7.15** Este v. pone de relieve otro aspecto de la polifacética personalidad de Samuel: su condición de *juez* o encargado de administrar justicia en el territorio perteneciente a la tribu de Efraín (cf. vv. 16-17). El hecho de haber ejercido esta función *durante toda su vida* indica que se trataba de una actividad estable, y no de una acción ocasional y temporaria, como la ejercida por los caudillos o líderes carismáticos (véase 1 S 7.6 nota j).

[ñ] **7.16** *Guilgal:* En el AT hay varios lugares que llevan este nombre. El sitio aquí mencionado parece coincidir con el *Guilgal* cercano a Jericó (véanse Jos 4.19 nota f e *Índice de mapas*).

[a] **8.1—12.25** Los episodios relatados a partir de este cap. marcan el comienzo de una nueva época en la historia de Israel. Su principal característica es la institución de la monarquía, que comienza con el reinado de Saúl. En el relato de los hechos pueden percibirse dos actitudes opuestas: una es adversa a la monarquía, porque la considera contraria a la absoluta soberanía del Señor sobre Israel (caps. 8; 10.17-26; 12.1-25); la otra se manifiesta más favorable, porque tiene en cuenta que la fuerte presión de los enemigos externos exigía una institución permanente y no un simple liderato para los casos de emergencia, como en el período de los jueces (1 S 9.1—10.16; 10.27—11.15).

[b] **8.4** *Los ancianos de Israel:* es decir, los jefes y representantes del pueblo. Véase Ex 3.16 nota p.

[c] **8.5** Cf. Dt 17.14. Los ancianos fundamentan su pedido en la incapacidad de los hijos de Samuel para administrar justicia. Sin embargo, las causas de la institución de la monarquía fueron en realidad más complejas. Entre estas se destacan particularmente la mayor conciencia de la unidad de las tribus y la voluntad de oponer una eficaz resistencia a los enemigos externos, especialmente a los filisteos.

7 pero el Señor le respondió: "Atiende cualquier petición que el pueblo te haga, pues no es a ti a quien rechazan, sino a mí, para que yo no reine sobre ellos. **8** Desde el día en que los saqué de Egipto, hasta el presente, han hecho conmigo lo mismo que ahora te hacen a ti, pues me han abandonado para rendir culto a otros dioses. **9** Así pues, atiende su petición; pero antes adviérteles seriamente de todos los privilegios que sobre ellos tendrá el rey que los gobierne." *d*

10 Entonces Samuel comunicó la respuesta del Señor al pueblo que le pedía un rey. **11** Les dijo:

—Esto es lo que les espera con el rey que los va a gobernar: Llamará a filas a los hijos de ustedes, y a unos los destinará a los carros de combate, a otros a la caballería y a otros a su guardia personal. **12** A unos les nombrará jefes de mil soldados, y a otros jefes de cincuenta. A algunos de ustedes los pondrá a arar sus tierras y recoger sus cosechas, o a fabricar sus armas y el material de sus carros de combate. **13** Y tomará también a su servicio a las hijas de ustedes, para que sean sus perfumistas, cocineras y panaderas. **14** Se apoderará de las mejores tierras y de los mejores viñedos *e* y olivares de ustedes, y los entregará a sus funcionarios. **15** Les quitará la décima parte de sus cereales y viñedos, y la entregará a los funcionarios *f* y oficiales de su corte. **16** También les quitará a ustedes sus criados y criadas, y sus mejores bueyes y asnos, *g* y los hará trabajar para él. **17** Se apropiará, además, de la décima parte de sus rebaños, y hasta ustedes mismos tendrán que servirle. **18** Y el día en que se quejen por causa del rey que hayan escogido, el Señor no les hará caso.

19 Pero el pueblo, sin tomar en cuenta la advertencia de Samuel, respondió:

—No importa. Queremos tener rey, **20** para ser como las otras naciones, y para que reine sobre nosotros y nos gobierne y dirija en la guerra.

21 Después de escuchar Samuel las palabras del pueblo, se las repitió al Señor, **22** y el Señor le respondió:

—Atiende su petición y nómbrales un rey.

Entonces Samuel ordenó a los israelitas que regresaran, cada uno a la ciudad de donde venía.

9 Encuentro de Saúl con Samuel *a*

1 En la tribu de Benjamín había un hombre llamado Quis, que era hijo de Abiel y nieto de Seror; su bisabuelo había sido Becorat, hijo de Afíah. Quis, hombre muy respetado, *b* **2** tenía un hijo, joven y bien parecido, *c* que se llamaba Saúl. No había otro israelita tan bien parecido como él, pues en estatura ninguno le pasaba del hombro.

3 Un día, a Quis se le perdieron sus asnas. Entonces le dijo a su hijo Saúl:

—Prepárate y ve a buscar las asnas. Llévate a uno de los criados.

4 Saúl se fue, atravesó la región montañosa de Efraín y pasó por la región de Salisá; pero no encontró las asnas. Pasó también por la región de Saalim y por la de Benjamín, y tampoco las halló. **5** Al llegar a la región de Suf, *d* dijo Saúl al criado que lo acompañaba:

—Vamos a regresar, pues mi padre debe de estar ya más preocupado por nosotros que por las asnas.

6 El criado le contestó:

—En esta ciudad hay un profeta a quien todos respetan, porque todo lo que anuncia sucede sin falta. Vamos allá, y quizá él nos indique el camino que debemos seguir.

7 —Vamos, pues —contestó Saúl—. Pero, ¿qué le llevaremos a ese hombre? Ya ni siquiera nos queda pan en las alforjas. No tenemos nada que ofrecerle al profeta.

8 El criado respondió:

—Tengo en mi poder una pequeña moneda de plata. Se la daremos al profeta para que nos indique el camino.

9 (Antiguamente, cuando algún israelita quería consultar a Dios, decía: "Vamos a ver al vidente"; pues al que ahora se le llama "profeta", antes se le llamaba "vidente".) *e*

10 —De acuerdo —dijo Saúl—. Vamos allá.

Los dos se dirigieron a la ciudad donde vivía el profeta, **11** y cuando iban subiendo la cuesta, en dirección a la ciudad, se encontraron con unas muchachas que iban a sacar agua y les preguntaron:

—¿Es aquí dónde podemos encontrar al vidente?

12 Ellas les respondieron:

—Sí, pero se encuentra más adelante. Dense prisa, pues ha venido a la ciudad porque hoy se celebra el sacrificio en el santuario. *f* **13** En cuanto lleguen ustedes allí, búsquenlo, antes de que se vaya al santuario para la comida. *g* La gente no comerá hasta que él llegue, pues él tiene que bendecir

---

d **8.9** Samuel debe advertir al pueblo acerca de las desventajas del régimen monárquico, enumerando los *privilegios* y derechos del *rey* sobre los demás israelitas. Estos derechos incluían, entre otras cosas, la imposición del servicio militar, la enajenación de los bienes y el reclamo de diezmos y tributos.

e **8.14** *Se apoderará... viñedos:* Cf. 1 R 21.1-24.

f **8.15** *Funcionarios:* lit. *eunucos.* Véase Jer 29.1-2 nota *b.*

g **8.16** *Sus mejores bueyes:* según la versión griega (LXX). Heb. *sus mejores jóvenes.*

a **9.1-27** El siguiente relato (9.1—10.16) se refiere a los orígenes de la monarquía israelita desde una perspectiva más favorable que la del cap. 8. Saúl, el primero de los reyes, es objeto de una elección divina (9.1) y consagrado por el profeta Samuel mediante la unción con el aceite sagrado (10.1). El bello episodio aquí relatado suele resumirse en la frase siguiente: "Salió a buscar unas asnas perdidas y encontró una corona real".

b **9.1** La lista detallada de los antepasados de Saúl indica que este pertenecía a una familia ilustre. Cf. Mt 1.1-17.

c **9.2** *Bien parecido:* El héroe de esta narración es uno de los personajes bíblicos cuya belleza física se pone de relieve expresamente. Cf. Gn 39.6 (José); Ex 2.2 (Moisés); 1 S 16.12 (David); Est 2.7 (Ester). Véase también 1 R 1.6 n.

d **9.5** *Suf:* región en la que se encontraba Ramá, la población donde Samuel tenía su residencia (1 S 7.17). Véase 1 S 1.1 nota *b.*

e **9.9** Este paréntesis aclaratorio trata de explicar el significado de una palabra que poco a poco fue cayendo en desuso. El *vidente* es aquel que tiene una especial capacidad para percibir lo que otros no alcanzan a ver, particularmente el futuro o lejano (cf. vv. 18-20); un *profeta* al estilo de Amós o de Isaías, en cambio, es el mensajero de la revelación de Dios, cualquiera que sea el medio a través del cual la palabra divina llega hasta él. Aunque los dos términos no son sinónimos, hay entre ambos un cierto parentesco. Cf. Eclo 46.15.

f **9.12** *Santuario:* lit. *lugar alto,* expresión que designa los lugares de culto situados por lo general al aire libre y en alguna colina o elevación fuera de los poblados, donde también se ofrecían sacrificios. Véase 1 R 3.2 n.

g **9.13** *La comida:* alusión al banquete ritual que acompañaba a los sacrificios de reconciliación. Véase 1 S 1.25 n.

el sacrificio, después de lo cual comerán los invitados. Por eso, vayan ahora, porque en este momento lo encontrarán. ¹⁴ Ellos continuaron subiendo, rumbo a la ciudad. Y precisamente cuando iban llegando a ella, Samuel salía en dirección contraria, para ir al santuario.

¹⁵ El día anterior a la llegada de Saúl, el Señor había hecho la siguiente revelación a Samuel: ¹⁶ "Mañana, a esta misma hora, te mandaré un hombre de la región de Benjamín, a quien deberás consagrar como gobernante de mi pueblo Israel. Él lo librará del dominio de los filisteos, porque me he compadecido de mi pueblo cuando sus quejas han llegado hasta mí." ʰ

¹⁷ Cuando Samuel vio a Saúl, el Señor le dijo: "Ahí tienes al hombre de quien te hablé. Este gobernará a mi pueblo."

¹⁸ Estando ya en la entrada del pueblo, Saúl se acercó a Samuel y le dijo:

—Por favor, indíqueme usted dónde está la casa del vidente.

¹⁹ —Yo soy el vidente —respondió Samuel—. Sube delante de mí al santuario, y come hoy conmigo allí. Mañana temprano te contestaré todo lo que me quieras preguntar, y luego te dejaré marchar. ²⁰ En cuanto a las asnas que se te perdieron hace tres días, no te preocupes por ellas porque ya las han encontrado. Además, todo lo más deseable de Israel será para ti y para tu familia.

²¹ Saúl respondió:

—¡Pero si yo soy de la tribu de Benjamín, ⁱ la más pequeña de las tribus de Israel! Además, mi familia es la más insignificante ʲ de todas las familias de la tribu de Benjamín. ¿Por qué me dices todo eso?

²² Entonces Samuel tomó a Saúl y a su criado, los llevó al salón y les ofreció el lugar principal entre los presentes, que eran unas treinta personas. ²³ Luego Samuel dijo al cocinero:

—Trae la ración de carne que te entregué y que te dije que apartaras.

²⁴ Inmediatamente el cocinero sacó una pierna entera ᵏ y se la sirvió a Saúl. Y Samuel le dijo:

—Ahí tienes lo que estaba apartado para ti. Sírvete y come, porque yo la había apartado para ti en esta ocasión en que invité al pueblo.

Saúl comió con Samuel aquel día. ²⁵ Y cuando bajaron del santuario a la ciudad, prepararon una cama en la azotea ˡ para Saúl, ²⁶ y Saúl se acostó. ᵐ Al día siguiente, Samuel llamó a Saúl en la azotea y le dijo:

—Levántate, y sigue tu viaje.

Saúl se levantó. Después salieron él y Samuel a la calle, ²⁷ y cuando bajaban hacia las afueras de la ciudad, Samuel le dijo a Saúl:

—Manda al criado que se adelante, y tú espera un poco, que tengo que comunicarte lo que Dios me ha dicho.

10 Samuel consagra a Saúl rey de Israel

¹ Entonces Samuel ᵃ tomó un recipiente con aceite y, derramándolo sobre la cabeza de Saúl, lo besó y le dijo:

—El Señor te consagra ᵇ hoy gobernante de Israel, su pueblo. ᶜ Tú lo gobernarás y lo librarás de los enemigos que lo rodean. Y esta será la prueba de que ᵈ el Señor te ha declarado gobernante de su pueblo: ᵉ ² Ahora que te separas de mí, encontrarás dos hombres cerca de la tumba de Raquel, ᶠ en Selsah, ᵍ en el territorio de Benjamín. Ellos dirán que ya se han encontrado las asnas que buscabas, y que tu padre ya no está preocupado por ellas sino por ustedes, y se pregunta qué puede hacer por ti. ³ Más adelante, cuando llegues a la encina de Tabor, ʰ saldrán a tu encuentro tres hombres que suben a Betel para adorar a Dios. Uno llevará tres chivos, otro tres panes, y el tercero un cuero de vino. ⁴ Te saludarán y te ofrecerán dos panes. Acéptalos. ⁵ Después llegarás a Guibeá de Dios, ⁱ donde hay una guarnición filistea. Al entrar en la ciudad, te encontrarás con un grupo de profetas en trance, ʲ que bajan del santuario. Delante de ellos irá gente tocando salterios, panderos, flautas y arpas.

ʰ 9.16 Cf. Ex 3.7,9; Dt 26.7; Jue 3.9,15.
ⁱ 9.21 *Tribu de Benjamín:* Cf. Jos 18.11-28.
ʲ 9.21 *La más pequeña... la más insignificante:* Esta expresión de humildad recuerda la de otros personajes bíblicos que también fueron elegidos por Dios para cumplir una misión especial (cf. Ex 3.11; 4.10; Jue 6.15; Jer 1.6-7; Lc 1.38). Cf. especialmente Dt 7.7-8; 1 Co 1.26-31.
ᵏ 9.24 *Una pierna entera:* traducción probable; heb. oscuro. Otra posible traducción: *una pierna y la cola.*
ˡ 9.25 La *azotea,* lugar ventilado y fresco, era un sitio adecuado para alojar a un huésped de honor. Cf. Jue 3.20; 2 R 4.10.
ᵐ 9.25-26 *Prepararon una cama... se acostó:* según la versión griega (LXX). Heb. *y habló con Saúl en la azotea.*
ᵃ 10.1 Nótese que es un profeta el que consagra al primer rey de Israel. Es decir, que la realeza israelita aparece desde el comienzo vinculada al profetismo. Así se quiere dar a entender que dicha institución debía estar al servicio del pueblo de Dios. En adelante, los profetas reconocerán en principio la autoridad y la misión del rey (cf. 2 S 7), pero no por eso dejarán de reprocharle sus abusos e injusticias. Cf. 2 S 12.1-14; 1 R 18.1-19; Jer 22.1-12.
ᵇ 10.1 *El Señor te consagra:* La unción con el aceite sagrado, al mismo tiempo que establecía un vínculo particular entre Dios y el "ungido", significaba la elección divina y la consagración formal para el desempeño de un cargo o función (cf. Lv 8.12). La continuación del relato muestra asimismo que la unción confería el don del

espíritu (v. 10; cf. 1 S 16.13), es decir, la fuerza y la competencia para el cumplimiento de esa misión. Véase Sal 2.2 n.
ᶜ 10.1 *Su pueblo:* lit. *su heredad.*
ᵈ 10.1 En el texto hebreo no aparece la frase *Y esta será la prueba de que,* la cual ha sido tomada del griego (LXX).
ᵉ 10.1 *Tú lo gobernarás... gobernante de su pueblo:* Estas dos frases no aparecen en el texto hebreo y han sido tomadas de la versión griega (LXX).
ᶠ 10.2 *Raquel:* Cf. Gn 35.19.
ᵍ 10.2 *Selsah:* Podría tratarse de una población aún no identificada, aunque también es posible que el texto hebreo esté mal conservado. La versión griega (LXX) trae *danzando vigorosamente.*
ʰ 10.3 *La encina de Tabor:* Esta expresión no se refiere al monte Tabor, situado más al norte, en la llanura de Jezreel o Esdrelón. Algunos la identifican con *La encina del llanto,* cercana a Betel, debajo de la cual había sido enterrada Débora, la nodriza de Rebeca (Gn 35.8).
ⁱ 10.5 *Guibeá de Dios* es llamada también *Guibeá de Saúl* (1 S 15.34; Is 10.29; cf. 1 S 11.4) y *Guibeá de Benjamín* (1 S 13.2,15; 14.16). Se encontraba a 6 km. al norte de Jerusalén. El complemento *de Dios* podría tener el valor de un superlativo, y en ese caso el significado del nombre sería *Colina muy alta* o *muy hermosa.* Pero, más probablemente, ese nombre se debía al santuario o "lugar alto" que había en sus alrededores (cf. v. 10).
ʲ 10.5 *Un grupo de profetas en trance:* Estas agrupaciones de profetas extáticos son una de las manifestaciones más antiguas del

6 Entonces el espíritu del Señor se apoderará de ti, y caerás en trance como ellos, y te transformarás en otro hombre. **7** Cuando te ocurran estas cosas, haz lo que creas conveniente, que Dios te ayudará. **8** Y adelántate a Guilgal, donde yo me reuniré contigo más tarde para ofrecer holocaustos y sacrificios de reconciliación. Espera allí siete días, hasta que yo llegue y te indique lo que tienes que hacer.

9 Tan pronto como Saúl se despidió de Samuel para irse, Dios le cambió el corazón; y aquel mismo día se cumplieron todas las señales. **10** Después, cuando Saúl y su criado llegaron a Guibeá, el grupo de profetas en trance les salió al encuentro. Entonces el espíritu de Dios se apoderó de Saúl, y este cayó en trance profético, como ellos. **11** Pero todos los que lo conocían de antes, al verlo caer en trance junto con los profetas, se decían unos a otros: "¿Qué le ha pasado al hijo de Quis? ¿También Saúl es uno de los profetas?" *k* **12** Uno de allí añadió: "¿Y quién es el padre de ellos?" *l* De ahí viene el refrán: "¿También Saúl es uno de los profetas?"

13 Pasado el trance profético, Saúl llegó a su casa. *m* **14** Y su tío le preguntó a él y a su criado:

—¿A dónde fueron?

Saúl respondió:

—A buscar las asnas. Pero viendo que no aparecían, fuimos a ver a Samuel.

15 El tío de Saúl contestó:

—¿Y qué les dijo Samuel? Cuéntamelo, por favor.

16 Saúl respondió a su tío:

—Nos dijo claramente que ya habían encontrado las asnas.

Pero Saúl no le mencionó nada del asunto del reino, del cual le había hablado Samuel. *n* **17** Después llamó Samuel a los israelitas, *ñ* para adorar al Señor en Mispá; **18** allí les dijo:

—El Señor, Dios de Israel, dice: 'Yo saqué de Egipto a ustedes los israelitas, y los libré del poder de los egipcios y de todos los reinos que los oprimían.' **19** Pero ahora ustedes desprecian a su Dios, que los ha librado de todos sus problemas y aflicciones, y lo han rechazado al pedir que les ponga un rey que los gobierne. Por lo tanto, preséntense ahora delante del Señor por tribus y por clanes.

20 Luego ordenó Samuel que se acercaran todas las tribus de Israel, y la suerte cayó sobre la tribu de Benjamín. **21** A continuación ordenó que se acercaran los de la tribu de Benjamín, y la suerte cayó sobre el clan de Matrí, y de ella la suerte cayó sobre Saúl, hijo de Quis. Pero lo buscaron y no lo encontraron, *o* **22** por lo que consultaron otra vez al Señor, para saber si Saúl se encontraba allí. Y el Señor respondió que Saúl ya estaba allí, y que se había escondido entre el equipaje. **23** Entonces corrieron a sacarlo de su escondite. Y cuando Saúl se presentó ante el pueblo, se vio que ningún israelita le pasaba del hombro. **24** Samuel preguntó a todos:

—¿Ya vieron al que el Señor ha escogido como rey? ¡No hay un solo israelita que pueda compararse con él!

—¡Viva el rey! *p* —respondieron los israelitas.

25 En seguida Samuel expuso al pueblo las leyes del reino, y las escribió en un libro que depositó en el santuario del Señor. *q* Después Samuel ordenó a todos que volvieran a sus casas. **26** También Saúl se fue a su casa, en Guibeá, y Dios influyó en el ánimo de varios valientes *r* para que lo acompañaran. **27** Pero no faltaron malas lenguas, que dijeron: "¿Y este es el que va a salvarnos?" Y lo menospreciaron y no le rindieron honores; pero Saúl se hizo el desentendido.

11

Saúl derrota a los amonitas *a* **1** Nahas, *b* rey de Amón, *c* fue a Jabés de Galaad *d* y preparó su ejército para atacar la ciudad. Pero los habitantes de Jabés le dijeron:

—Haz un pacto con nosotros, y nos someteremos a ti.

2 Nahas el amonita les respondió:

---

profetismo israelita. Sus integrantes solían vivir en las inmediaciones de un santuario o "lugar alto" y practicaban cierta forma de vida comunitaria (cf. 2 R 2.3,15; 4.38-44); pero su característica más notable era el recurso a la música y a las danzas para entrar en un estado de trance o de exaltación. Su comportamiento extravagante los hacía a veces ridículos (cf. 2 R 2.23) y la exaltación colectiva solía resultar contagiosa (cf. 1 S 19.20-24). Fuera de Israel (cf. 1 R 18.19-29), e incluso dentro de él (cf. 1 R 22.10-22), esos estados de frenesí producían con frecuencia manifestaciones cercanas al delirio y la enajenación.

k 10.11 *¿También Saúl es uno de los profetas?*: Esta pregunta expresa el estupor de los que veían a Saúl, un joven perteneciente a una familia de buena posición, mezclado con aquel grupo de profetas en trance.

l 10.12 *¿Y quién es el padre de ellos?*: La gente se pregunta de quiénes son discípulos aquellos profetas, o bien quiere dar a entender que no tienen *padre*, es decir, que son de muy baja condición social.

m 10.13 *A su casa*: traducción probable. Heb. *al santuario*.

n 10.16 Todo el relato anterior tenía por finalidad presentar a Saúl como un héroe digno de reinar sobre su pueblo a causa de sus cualidades personales (cf. 9.2) y de las circunstancias extraordinarias de su elección por parte de Dios (cf. 10.1). En tal sentido, este relato de la consagración de Saúl como primer rey de Israel es afín al de la elección de David y al de su combate con Goliat (1 S 16.1-13; 17.1-54) y al del juicio de Salomón (1 R 3.16-28).

ñ 10.17 El relato que se extiende hasta el final del cap. retoma el hilo de la narración que en 1 S 8.22 había quedado en suspenso. El pueblo es convocado a una asamblea sagrada, y la elección del rey se realiza por medio de la suerte (v. 21). De este modo, adquiere estado público lo que hasta el momento había sido un secreto entre Samuel y Saúl (cf. 1 S 9.1—10.16).

o 10.20-21 Acerca de la elección por medio de un sorteo, cf. Jos 7.16-18; 1 S 14.40-42.

p 10.24 *¡Viva el rey!*: Cf. 2 S 16.16; 1 R 1.34,39; 2 R 11.12.

q 10.25 Este documento, que no se ha conservado, podría ser una especie de acta constitucional de la monarquía, destinada a reglamentar el ejercicio de la autoridad real. Cf. Dt 17.14-20.

r 10.26 *Varios valientes*: según un ms. hebreo antiguo y la versión griega (LXX). Heb. *el ejército*.

a 11.1-15 El siguiente relato se asemeja en todo a los que narraban las hazañas de los antiguos "jueces" o caudillos, menos en este talle esencial: la victoria de Saúl no constituye un hecho aislado, sino que culmina con una asamblea del pueblo en la que el caudillo victorioso es aclamado rey.

b 11.1 Es poco probable que este rey *Nahas,* cuyo nombre significa *serpiente,* sea el mismo que trató con bondad a David (2 S 10.2).

c 11.1 *Amón:* Véase Jue 3.13 nota *i*. Al otro lado del Jordán, donde las fronteras con Israel no estaban del todo bien definidas, el *rey de Amón* pretendía extender sus dominios a expensas de las tribus israelitas que habitaban en esa región. Cf. Jue 11.4-10.

d 11.1 *Jabés de Galaad*: ciudad situada al este del Jordán y al norte del torrente Jaboc. Véase *Índice de mapas.*

—Haré un pacto con ustedes, pero con la condición de que acepten que yo le saque a cada uno de ustedes el ojo derecho, *e* para así poner en ridículo a los israelitas.

3 Entonces los ancianos *f* de Jabés le contestaron:

—Concédenos un plazo de siete días para enviar mensajeros por todo el territorio israelita; y si nadie viene en nuestra ayuda, nos rendiremos a ti.

4 Los mensajeros llegaron a Guibeá, donde vivía Saúl, y dieron la noticia a la gente. Todos se pusieron a llorar amargamente. **5** En esto, Saúl volvía del campo con los bueyes, y preguntó:

—¿Qué le pasa a la gente? ¿Por qué lloran?

La gente le contó la noticia que habían traído los hombres de Jabés. *g* **6** Al oir Saúl aquello, el espíritu de Dios se apoderó de él; *h* y se llenó Saúl de furia. **7** Entonces tomó un par de bueyes y los descuartizó, y por medio de unos mensajeros mandó los trozos por todo el territorio israelita. Y los mensajeros decían: "Esto mismo se hará con los bueyes de aquel que no se una a Saúl y Samuel, y los siga."

Un miedo tremendo *i* invadió a la gente, y como un solo hombre salieron a unirse con ellos. **8** Y cuando Saúl contó a su gente en Bézec, *j* había reunidos trescientos mil hombres de Israel y treinta mil de Judá. *k* **9** Luego dijo a los mensajeros que habían llegado:

—Digan a los habitantes de Jabés que mañana al mediodía los salvaremos.

Los mensajeros fueron y comunicaron esto a los habitantes de Jabés, los cuales se alegraron mucho **10** y dijeron a Nahas:

—Mañana nos entregaremos a ti, para que hagas con nosotros lo que mejor te parezca.

11 Al día siguiente, Saúl organizó su ejército en tres escuadrones, y antes de que amaneciera penetraron en medio del campamento enemigo, haciendo entre los amonitas una matanza que duró hasta el mediodía. Los que quedaron con vida se dispersaron de tal modo que no quedaron dos de ellos juntos. **12** Luego algunos del pueblo dijeron a Samuel:

—¿Quiénes fueron los que dudaron de que Saúl podría ser nuestro rey? Entréguennos esos hombres para que los matemos.

13 Pero Saúl intervino diciendo:

—En este día no morirá nadie, porque el Señor ha salvado hoy a Israel.

Reino de Saúl

14 Y Samuel dijo a todos:

—Vayamos a Guilgal *l* para iniciar allí el reinado.

15 Por lo tanto todo el pueblo se dirigió a Guilgal, y allí, en presencia del Señor, proclamaron rey a Saúl. Luego ofrecieron al Señor sacrificios de reconciliación, *m* y Saúl y todos los israelitas se llenaron de alegría.

12 Samuel entrega el gobierno a Saúl *a*

1 Luego Samuel dijo ante todos los israelitas:

—Ustedes han visto que yo los he atendido en todo lo que me han pedido, y que les he puesto un rey. **2** Aquí tienen al rey que habrá de dirigirlos. Por mi parte, yo estoy ya viejo y lleno de canas, y mis hijos están entre ustedes. Yo soy quien los ha dirigido a ustedes desde mi juventud hasta el presente, **3** y aquí me tienen: Si me he apropiado del buey o del asno de alguien, o si he oprimido o maltratado a alguno, o si me he dejado sobornar, pueden acusarme ante el Señor y ante el rey que él ha escogido, y yo pagaré lo que deba. *b*

4 —Nunca nos has oprimido ni maltratado, ni te has dejado sobornar —dijeron ellos.

5 —El Señor y el rey que él ha escogido son testigos de

---

e **11.2** La acción de arrancar los ojos era una práctica común en tiempos de guerra (cf. Jue 16.21; 2 R 25.7). La privación del *ojo derecho*, además de infligir una grave humillación, incapacitaba a las víctimas para combatir con la espada y el escudo. Como el escudo suele tapar el ojo izquierdo, si falta el otro ojo no se puede ver al adversario. Véase también Jue 1.6 n.

f **11.3** *Ancianos:* Véase 1 S 8.4 n.

g **11.5** El relato de Jue 21.8-14 muestra que los habitantes de Jabés mantenían estrechas relaciones con los benjaminitas.

h **11.6** *El espíritu de Dios se apoderó de él:* Véase Jue 3.10 n.

i **11.7** *Un miedo tremendo:* lit. *un terror de Yahvé*. En hebreo, la expresión de Dios o Yahvé (el nombre propio del Dios de Israel, traducido en esta versión por el Señor), se emplea a veces con valor de superlativo (véanse Gn 1.2 nota *d*; Cnt 8.6 nota *t*). En otros pasajes, el pánico que el Señor infunde es el arma con la que él confunde y derrota a los enemigos de su pueblo (Jos 10.10; 2 Cr 14.14[13]; 17.10; cf. Jue 5.20).

j **11.8** *Bézec:* población situada al oeste del Jordán, frente a Jabés de Galaad.

k **11.8** La mención por separado de *Israel* y de *Judá* indica que la redacción definitiva de este relato se hizo después de la división de la monarquía (cf. 1 R 12.1-25).

l **11.14** *Guilgal:* Véase Jos 4.19 nota *f*.

m **11.15** *Sacrificios de reconciliación:* Cf. Lv 3.

a **12.1-25** Con esta despedida de Samuel se cierra la época de los jueces y comienza el periodo monárquico. El discurso es una reflexión sobre los hechos pasados (cf. vv. 6-13) y una exhortación para el futuro (cf. vv. 14-15). Como todos los pasajes claves que señalan el comienzo o el término de cada etapa importante en la historia de Israel, este "testamento" de Samuel refleja las ideas y el lenguaje típicos del *Deuteronomio* (cf. Jos 1; 23; 1 R 8.14-53; 2 R 17.7-23).

b **12.3** Cf. Eclo 46.19. La conducta de Samuel ha sido exactamente opuesta a la de sus hijos (1 S 8.3).

que ustedes no me han encontrado culpable de nada —recalcó Samuel.

—Así es —afirmaron.

⁶ Además, Samuel dijo al pueblo:

—El Señor es quien actuó por medio de Moisés y de Aarón, ᶜ sacando de Egipto a los antepasados de ustedes. ⁷ Por lo tanto prepárense, que en presencia del Señor voy a discutir con ustedes acerca de todos los beneficios que él les ha hecho a ustedes y a los antepasados de ustedes. ⁸ Cuando Jacob y sus descendientes se fueron a Egipto y los egipcios los oprimieron,ᵈ los antepasados de ustedes se quejaron ante el Señor, ᵉ y él envió a Moisés y a Aarón, quienes sacaron de Egipto a los antepasados de ustedes y los establecieron en este lugar. ⁹ Pero ellos se olvidaron del Señor su Dios, y él los entregó al poder de Sísara, ᶠ general del ejército de Jabín, rey deᵍ Hasor, y al poder de los filisteosʰ y del rey de Moab,ⁱ los cuales pelearon contra ellos. ¹⁰ Pero luego ellos reconocieron ante el Señor que habían pecado al abandonarlo para adorar a las diferentes representaciones de Baal y de Astarté,ʲ y le suplicaron que los librara del dominio de sus enemigos, comprometiéndose a rendirle culto solo a él.ᵏ

¹¹ "Por consiguiente, el Señor envió a Jerubaal,ˡ Barac, ᵐ Jefté,ⁿ y Samuelñ para librarlos a ustedes del dominio de sus enemigos, y así ustedes pudieron vivir tranquilos. ¹² Pero ustedes, cuando vieron que Nahas, rey de los amonitas, iba a atacarlos, me pidieron un rey que los gobernara,ᵒ siendo que el rey de ustedes es el Señor su Dios. ¹³ Pero aquí tienen ustedes al rey que han escogido. El Señor les ha dado el rey que le pidieron. ¹⁴ Ahora les toca a ustedes honrar al Señor y rendirle culto, atender su voz y no desobedecer sus mandatos, y vivir, tanto ustedes como el rey que los gobierne, conforme a la voluntad del Señor su Dios. Así les irá bien. ¹⁵ Porque si no lo obedecen, sino que rechazan sus mandatos, él los castigará a ustedes y a su rey.ᵖ

¹⁶ "Así que no se muevan de donde están, y verán la grandiosa señal que el Señor va a realizar ante los ojos de ustedes. ¹⁷ Ahora que es el tiempo de la cosecha de trigo, no llueve, ¿verdad? Pues yo clamaré al Señor y él mandará truenos y lluvia, para que ustedes reconozcan y comprendan que, tal como lo ve el Señor, ustedes han hecho muy mal en pedir un rey."

¹⁸ En seguida Samuel clamó al Señor, y al instante él mandó truenos y lluvia; entonces todo el pueblo tuvo mucho miedo del Señor y de Samuel. ¹⁹ Por eso, todos dijeron a Samuel:

—Ruega al Señor tu Dios por estos siervos tuyos, para que no muramos; porque a todos nuestros pecados hemos añadido el de pedir un rey.

²⁰ Samuel les contestó:

—No tengan miedo. Es cierto que ustedes han hecho muy mal; pero ahora no se aparten del Señor, sino ríndanle culto de todo corazón. ²¹ No sigan a dioses falsos, que no pueden ayudar ni salvar porque son falsos. ²² Pues el Señor, haciendo honor a su nombre, no los abandonará; porque él quiere que ustedes sean su pueblo.ᑫ ²³ En cuanto a mí, que el Señor me libre de pecar contra él dejando de rogar por ustedes. Antes bien, les enseñaré a comportarse de manera buena y recta. ²⁴ Ustedes solo tienen que respetar al Señor y rendirle culto con verdad y de todo corazón, teniendo en cuenta lo mucho que él ha hecho por ustedes. ²⁵ Pero si se empeñan en hacer lo malo, tanto ustedes como su rey serán destruidos.

III. VICTORIAS Y REPROBACIÓN DE SAÚL (13—15)

13 *Guerra contra los filisteos* ¹ Saúl era mayor de edad cuando comenzó a reinar en Israel; y cuando llevaba ya algunos años reinando,ᵃ ² escogió tres mil soldados entre los israelitas. Dos mil se quedaron con él en Micmás y en los montes de Betel, y los otros mil se quedaron con Jonatán en Guibeá de Benjamín. Al resto de la gente, Saúl le ordenó volver a casa.ᵇ ³ Jonatán acabó con la guarnición filistea que estaba en Guibeá, y los filisteos lo supieron. Entonces Saúl mandó tocar la trompeta en todo el país, para poner sobre aviso a los hebreos.

⁴ Todos los israelitas supieron que Saúl había acabado con la guarnición filistea y que por eso los filisteos aborrecían a los israelitas, así que el ejército se reunió con Saúl en Guilgal. ⁵ Los filisteos, a su vez, se juntaron para luchar contra los israelitas. Tenían treinta milᶜ carros de combate, seis mil soldados de caballería y una infantería tan numerosa como la arena del mar. Luego se dirigieron a Micmás y establecieron allí su campamento, al oriente de Bet-avén.ᵈ

⁶ Los israelitas se vieron en grave aprieto, pues de tal manera fueron atacados por los filisteos que tuvieron que esconderse en cuevas y hoyos, y entre las peñas, y en

---

ᶜ **12.6** *Moisés... Aarón:* Cf. Ex 6.26.
ᵈ **12.8** *Y los egipcios los oprimieron:* según la versión griega (LXX). En el texto hebreo no aparece esta frase.
ᵉ **12.8** *Se quejaron ante el Señor:* Cf. Ex 2.23; Dt 26.7.
ᶠ **12.9** *Sísara:* Jue 4.2.
ᵍ **12.9** *Jabín, rey de:* según la versión griega (LXX). En el texto hebreo no aparece esta frase.
ʰ **12.9** *Al poder de los filisteos:* Cf. Jue 13.1.
ⁱ **12.9** *Del rey de Moab:* Jue 3.12.
ʲ **12.10** *Baal... Astarté:* Véanse Jue 2.13 n.; 3.7 nota *c*.
ᵏ **12.10** *Reconocieron... solo a él:* Jue 10.10-16.
ˡ **12.11** *Jerubaal:* Jue 6.32.
ᵐ **12.11** *Barac:* según la versión griega (LXX). Heb. *Bedán*, nombre que no vuelve a aparecer en ningún otro pasaje del AT. Algunos suponen que el texto original decía *Abdón* (Jue 12.13), ya que los consonantes de los dos nombres son las mismas.
ⁿ **12.11** *Jefté:* Jue 11.29.

ñ **12.11** *Samuel:* 1 S 3.20.
ᵒ **12.12** 1 S 8.19.
ᵖ **12.15** *Y a su rey:* según la versión griega (LXX). Heb. *y a los antepasados de ustedes*.
ᑫ **12.22** *Él quiere que ustedes sean su pueblo:* Cf. Dt 26.17-18; 27.9; Sal 94.14.
ᵃ **13.1** *Era mayor de edad:* traducción aproximada. El texto hebreo no indica la edad de Saúl, ni tampoco cuántos *años* llevaba *reinando*.
ᵇ **13.2** Los lugares que aquí se mencionan se encontraban a unos pocos km. al norte de Jerusalén.
ᶜ **13.5** *Treinta mil:* La versión griega (LXX) y otras versiones antiguas dicen *tres mil*.
ᵈ **13.5** *Bet-avén,* nombre que en hebreo significa *Casa de iniquidad,* es una designación despectiva de Betel (Os 4.15; 5.8; 10.5; cf. 1 R 12.28-33).

zanjas y pozos. ⁷ Muchos de ellos ᵉ cruzaron el Jordán, hacia la región de Gad y de Galaad; pero Saúl se quedó todavía en Guilgal, y todo su ejército lo seguía lleno de miedo.
⁸ Allí esperó Saúl siete días, según el plazo que le había indicado Samuel; ᶠ pero Samuel no llegaba a Guilgal, y la gente comenzaba a irse. ⁹ Entonces Saúl ordenó:
—Tráiganme animales para los holocaustos y los sacrificios de reconciliación.
Y él mismo ofreció el holocausto. ᵍ
¹⁰ En el momento en que Saúl terminaba de ofrecer el holocausto, llegó Samuel. Entonces Saúl salió para recibirlo y saludarlo, ¹¹ pero Samuel le dijo:
—¿Por qué has hecho eso?
Saúl respondió:
—Cuando vi que la gente comenzaba a irse, y que tú no llegabas en la fecha indicada, y que los filisteos estaban reunidos en Micmás, ¹² pensé que ellos bajarían a atacarme en Guilgal, sin que yo me hubiera encomendado al Señor; por eso me vi en la necesidad de ofrecer yo mismo el holocausto.
¹³ Samuel le contestó:
—¡Lo que has hecho es una locura! Si hubieras obedecido la orden que el Señor te dio, él habría confirmado para siempre tu reinado en Israel. ¹⁴ Pero ahora, tu reinado no permanecerá. El Señor buscará un hombre de su agrado ʰ y lo nombrará jefe de su pueblo, porque tú has desobedecido la orden que él te dio.
¹⁵ En seguida Samuel se fue de Guilgal para seguir su camino. El resto del ejército siguió a Saúl para entablar combate, y de Guilgal llegaron ⁱ a Guibeá de Benjamín. Allí contó Saúl las tropas que le acompañaban, y eran unos seiscientos hombres. ¹⁶ Saúl y su hijo Jonatán, y las tropas que iban con ellos, se quedaron en Guibeá de Benjamín, mientras que los filisteos acamparon en Micmás, ¹⁷ aunque tres grupos de guerrilleros filisteos salieron de su campamento; uno de ellos se dirigió hacia Ofrá, en la región de Sual, ʲ ¹⁸ otro fue hacia Bet-horón, y el tercero hacia la colina ᵏ que se eleva sobre el valle de Seboím, hacia el desierto.
¹⁹ En todo el territorio de Israel no había un solo herrero, ˡ porque los filisteos pensaban que de esa manera los hebreos no podrían fabricar espadas ni lanzas. ²⁰ Todos los israelitas tenían que recurrir a los filisteos para afilar cada cual su reja de arado, su azadón, su hacha o su pico. ²¹ Se cobraban dos tercios de siclo ᵐ por afilar rejas y azadones, y un tercio de siclo por afilar las hachas ⁿ y arreglar las aguijadas. ²² Por lo tanto, ninguno de los que acompañaban a Saúl y Jonatán tenía espada o lanza el día de la batalla. Solo ellos dos las tenían. ²³ Mientras tanto, un destacamento filisteo avanzó hacia el paso de Micmás.

14

Hazaña de Jonatán ¹ Cierto día Jonatán, el hijo de Saúl, dijo a su ayudante:
—Ven, crucemos el río y ataquemos al destacamento filisteo que está al otro lado.
Pero Jonatán no dijo nada de esto a su padre, ² que había acampado en el extremo de una colina ᵃ y estaba debajo de un granado, en un lugar donde trillaban trigo, ᵇ acompañado por una tropa compuesta de seiscientos hombres. ³ El encargado de llevar el efod ᶜ era Ahías, que era hijo de Ahitub y sobrino de Icabod, el hijo de Finees y nieto de Elí, el sacerdote del Señor en Siló. ᵈ
La gente no sabía que Jonatán se había ido. ⁴ Mientras tanto, él trataba de llegar hasta donde se encontraba el destacamento filisteo. El paso estaba entre dos grandes peñascos, llamados Bosés y Sene, ⁵ uno al norte, frente a Micmás, y el otro al sur, frente a Guibeá. ⁶ Y Jonatán dijo a su ayudante:
—Anda, vamos al otro lado, hasta donde se encuentra el destacamento de esos paganos. ᵉ Quizá el Señor haga algo por nosotros, ya que para él no es difícil darnos la victoria con mucha gente o con poca. ᶠ
⁷ —Haz todo lo que tengas en mente, que estoy dispuesto a apoyarte en tus propósitos —respondió su ayudante.
⁸ Entonces Jonatán le dijo:
—Mira, vamos a pasar al otro lado, a donde están esos hombres, y dejaremos que nos vean. ⁹ Si nos dicen que esperemos a que bajen hasta donde estamos, nos quedaremos allí y no subiremos adonde ellos están. ¹⁰ Pero si nos dicen que subamos, lo haremos así, porque eso será una señal de que el Señor nos dará la victoria. ᵍ
¹¹ Así pues, los dos dejaron que los filisteos del destacamento los vieran. Y estos, al verlos, dijeron: "Miren, ya están saliendo los hebreos ʰ de las cuevas en que se habían

---

ᵉ **13.7** *Muchos de ellos:* traducción probable. Heb. *y hebreos.*
ᶠ **13.8** 1 S 10.8.
ᵍ **13.9** Acerca de los sacrificios ofrecidos antes de entrar en combate, cf. 1 S 7.9; Sal 20.3(4).
ʰ **13.14** *Un hombre a su agrado:* es decir, David; 1 S 16.12. Cf. Hch 13.22.
ⁱ **13.15** *Para seguir su camino... y de Guilgal llegaron:* según la versión griega (LXX). En el texto hebreo no aparece esta frase.
ʲ **13.17** *Ofrá* estaba situada al norte de Micmás.
ᵏ **13.18** *La colina:* según la versión griega (LXX). Heb. *la frontera.*
ˡ **13.19** Alrededor de esta época se iniciaba en Palestina la edad de hierro. Al parecer, los filisteos aprendieron de los hititas los secretos de la forja de ese metal. El monopolio de este adelanto técnico les ponía en ventaja con respecto a los israelitas, que todavía se encontraban en la edad de bronce.
ᵐ **13.21** *Dos tercios de siclo:* heb. *pim.* El término se refiere probablemente a una piedra que servía de pesa y equivalía a unos 7.5 gr. Esta medida no vuelve a encontrarse en el AT.

ⁿ **13.21** *Un tercio de siclo por afilar las hachas:* traducción probable. Otra posible traducción: *y las horquillas y las hachas.* Heb. oscuro.
ᵃ **14.2** *En el extremo de una colina:* otra posible traducción: *el límite de Guibeá.*
ᵇ **14.2** *Un lugar donde trillaban trigo:* traducción probable. El hebreo podría indicar también el nombre de un lugar llamado *Migrón* (Is 10.28), localizado en la región de Micmás.
ᶜ **14.3** *El efod:* Véase 1 S 2.18 n.
ᵈ **14.3** Para los nombres citados aquí, cf. 1 S 1.3; 4.1b-22; 22.9, 11-12,20.
ᵉ **14.6** *Esos paganos:* lit. *incircuncisos,* expresión despectiva con la que se solía designar a los filisteos (véase Jue 14.3 nota *c*).
ᶠ **14.6** Cf. Jue 7.2-8; 1 S 17.45-47; Jdt 9.11.
ᵍ **14.10** Cf. Gn 24.14.
ʰ **14.11** *Los hebreos:* Véase Gn 14.13 nota *l*. Los antiguos israelitas no se designaban a sí mismos con este nombre. Este se encuentra siempre en boca de extranjeros, generalmente en tono despectivo. Cf. Gn 39.17.

escondido." ¹²Y en seguida les gritaron a Jonatán y a su ayudante:

—¡Suban adonde estamos, que les vamos a contar algo!

Entonces Jonatán le dijo a su ayudante:

—Sígueme, porque el Señor va a entregarlos en manos de los israelitas.

¹³ Jonatán subió trepando con pies y manos, seguido de su ayudante. A los que Jonatán hacía rodar por tierra, su ayudante los remataba en seguida. ¹⁴ En este primer ataque, Jonatán y su ayudante mataron a unos veinte hombres en corto espacio. ¹⁵ Todos los que estaban en el campamento y fuera de él se llenaron de miedo. Los soldados del destacamento y los grupos de guerrilleros también tuvieron miedo. Al mismo tiempo hubo un temblor de tierra, y se produjo un pánico enorme. *ⁱ*

¹⁶ Los centinelas de Saúl, que estaban en Guibeá de Benjamín, vieron a los filisteos correr en tropel de un lado a otro. ¹⁷ Entonces Saúl dijo al ejército que lo acompañaba:

—Pasen revista para ver quién falta de los nuestros.

Al pasar revista, se vio que faltaban Jonatán y su ayudante. ¹⁸ Y como ese día el efod de Dios se hallaba entre los israelitas, Saúl le dijo a Ahías:

—Trae aquí el efod *ʲ* de Dios.

¹⁹ Pero mientras Saúl hablaba con el sacerdote, la confusión en el campamento filisteo iba en aumento. Entonces Saúl le dijo al sacerdote:

—Ya no lo traigas.

²⁰ En seguida Saúl y todas sus tropas se reunieron y se lanzaron a la batalla. Era tal la confusión que había entre los filisteos, que acababan matándose entre sí. ²¹ Además, los hebreos que desde hacía tiempo estaban con los filisteos y habían salido con ellos como parte de su ejército, se pasaron al lado de los israelitas que acompañaban a Saúl y Jonatán. ²² Y cuando los israelitas que se habían refugiado en los montes de Efraín supieron que los filisteos huían, se lanzaron a perseguirlos y a darles batalla. ²³ El combate se extendió hasta Bet-avén, y el Señor libró a Israel en esta ocasión.

Juramento de Saúl ²⁴ Sin embargo, los israelitas estaban muy agotados aquel día, pues nadie había probado alimento porque Saúl había puesto al pueblo bajo juramento, diciendo: "Maldito aquel que coma algo antes de la tarde, antes de que yo me haya vengado de mis enemigos." *ᵏ* ²⁵ Y el ejército *ˡ* llegó a un bosque donde había miel en el suelo. ²⁶ Cuando la gente entró en el bosque, la miel corría como agua; pero nadie la probó siquiera, por miedo al juramento. ²⁷ Pero Jonatán, que no había escuchado el juramento bajo el cual su padre había puesto al ejército, extendió la vara que llevaba en la mano, mojó la punta en un panal de miel y comió de ella, con lo cual se reanimó en seguida. ²⁸ Entonces uno de los soldados israelitas le dijo:

—Tu padre ha puesto al ejército bajo juramento, y ha dicho que quien hoy coma alguna cosa, será maldito. Por eso la gente está muy agotada.

²⁹ Jonatán respondió:

—Mi padre ha causado un perjuicio a la nación. Mira qué reanimado estoy después de haber probado un poco de esta miel, ³⁰ y más lo estaría la gente si hubiera comido hoy de lo que le quitó al enemigo. ¡Y qué tremenda habría sido la derrota de los filisteos!

³¹ Aquel día los israelitas derrotaron a los filisteos, luchando desde Micmás hasta Aialón. Pero el ejército israelita estaba muy agotado, ³² así que finalmente se lanzó sobre lo que se le había quitado al enemigo, y tomando ovejas, vacas y becerros, los degollaron en el suelo y comieron la carne con sangre y todo. ³³ Pero algunos fueron a decirle a Saúl:

—La gente está pecando contra el Señor, porque está comiendo carne con sangre. *ᵐ*

Entonces Saúl dijo:

—¡Son ustedes unos traidores! Tráiganme hasta aquí rodando una piedra grande. *ⁿ* ³⁴ Además, hablen con la gente y díganles que cada uno me traiga aquí su toro o su oveja, para que ustedes los degüellen y coman, y no pequen contra el Señor comiendo carne con sangre.

Esa misma noche, cada uno llevó personalmente su toro, y lo degollaron allí. ³⁵ Saúl, por su parte, construyó un altar al Señor, que fue el primero que le dedicó. ³⁶ Después propuso Saúl:

—Bajemos esta noche a perseguir a los filisteos y hagamos un saqueo hasta el amanecer, sin dejar vivo a ninguno.

Todos respondieron:

—Haz lo que te parezca mejor.

Pero el sacerdote dijo:

—Antes que nada, consultemos a Dios.

³⁷ Entonces Saúl consultó a Dios:

—¿Debo perseguir a los filisteos? ¿Los entregarás en manos de los israelitas?

Pero el Señor no le respondió ese día. ³⁸ Por lo tanto Saúl dijo:

—Acérquense aquí todos los jefes del ejército, y averigüen quién ha cometido hoy este pecado. ³⁹ ¡Juro por el Señor, el salvador de Israel, que aunque haya sido mi hijo Jonatán, tendrá que morir!

Nadie en el ejército respondió; ⁴⁰ por eso Saúl dijo a todos los israelitas:

—Pónganse ustedes de este lado, y del otro nos pondremos mi hijo Jonatán y yo.

—Haz lo que te parezca mejor —contestó la tropa.

⁴¹ Entonces Saúl exclamó:

—Señor y Dios de Israel, ¿por qué no has respondido hoy a tu servidor? Si la culpa es mía, o de mi hijo Jonatán, al echar las suertes saldrá el Urim; pero si la culpa es de Israel, tu pueblo, al echar las suertes saldrá el Tumim. *ñ*

ⁱ **14.15** *Pánico enorme:* Véase 1 S 11.7 n.
ʲ **14.18** *El efod... y el efod...:* según la versión griega (LXX). Heb. *el arca.*
ᵏ **14.24** Saúl consideraba que esta era una guerra santa. Por eso dispuso un ayuno general y obligatorio, a fin de que el Señor le concediera la victoria. Sin embargo, el contexto sugiere que esa no era la voluntad de Dios (cf. v. 45).
ˡ **14.25** *Y el ejército:* lit. *todo el país.*

ᵐ **14.33** Acerca de la prohibición de comer *carne con sangre,* cf. Lv 19.26; Dt 12.16,23-27.
ⁿ **14.33** Sobre una *piedra grande* se podía desangrar completamente al animal sacrificado, cosa que no podía hacerse dejando al animal tendido en el suelo (cf. v. 32).
ñ **14.41** *Señor y Dios... el Tumim:* traducción probable, según la

La suerte cayó sobre Jonatán y Saúl, y el pueblo quedó libre de culpa. ⁴² Luego Saúl dijo:
—Echen suertes entre mi hijo Jonatán y yo.

Y la suerte cayó sobre Jonatán, ⁴³ por lo cual dijo Saúl a Jonatán:
—Confiésame lo que has hecho.

Jonatán confesó:
—Realmente probé un poco de miel con la punta de la vara que llevaba en la mano. Pero aquí estoy, dispuesto a morir.

⁴⁴ Saúl exclamó:
—¡Que Dios me castigue con toda dureza ᵒ si no mueres, Jonatán!

⁴⁵ Pero el pueblo respondió a Saúl:
—¡Cómo es posible que muera Jonatán, si ha dado una gran victoria a Israel! ¡Nada de eso! ¡Por vida del Señor, que no caerá al suelo ni un pelo de su cabeza! Porque lo que ha hecho hoy, lo ha hecho con la ayuda de Dios.

De este modo el pueblo libró a Jonatán de morir. ⁴⁶ Saúl, a su vez, dejó de perseguir a los filisteos, los cuales regresaron a su territorio.

⁴⁷ Así pues, Saúl tomó posesión del reino de Israel, y en todas partes combatió contra sus enemigos, que eran Moab, Amón, Edom, el rey de Sobá y los filisteos. Y dondequiera que iba, vencía. ᵖ ⁴⁸ Reunió un ejército ᑫ y venció a Amalec, ʳ librando así a Israel de las bandas de salteadores.

⁴⁹ Los hijos de Saúl fueron: Jonatán, Isví ˢ y Malquisúa. Sus dos hijas fueron: Merab, la mayor, y Mical, la menor. ⁵⁰ La mujer de Saúl se llamaba Ahinóam, hija de Ahimaas. El general de su ejército se llamaba Abner, hijo de Ner, tío de Saúl. ⁵¹ Quis, padre de Saúl, y Ner, padre de Abner, eran hijos de Abiel.

⁵² La guerra contra los filisteos fue muy dura durante toda la vida de Saúl; por eso Saúl alistaba en su ejército a todo hombre fuerte y valiente. ᵗ

15 El Señor rechaza a Saúl
¹ Un día, Samuel dijo a Saúl:
—El Señor me envió ᵃ para consagrarte como rey de Israel, su pueblo. ᵇ Por lo tanto, escucha lo que el Señor te quiere decir. ² Así dice el Señor todopoderoso: 'Voy a castigar a los amalecitas por lo que le hicieron a Israel, pues se interpusieron en su camino cuando venía de Egipto. ᶜ ³ Por lo tanto, ve y atácalos; destrúyelos ᵈ junto con todas sus posesiones, y no les tengas compasión. Mata hombres y mujeres, niños y recién nacidos, y también toros y ovejas, camellos y asnos.'

⁴ Saúl mandó llamar al pueblo y le pasó revista en Telaím. ᵉ Eran doscientos mil hombres de infantería y diez mil hombres de Judá. ⁵ Después Saúl se dirigió a la capital de Amalec y tomó posiciones junto al arroyo, ⁶ y dijo a los quenitas: ᶠ
—¡Apártense! ¡Salgan de en medio de los amalecitas, para que no los destruya a ustedes junto con ellos; pues ustedes se portaron bien con los israelitas cuando venían de Egipto!

Los quenitas se apartaron de los amalecitas. ⁷ Entonces Saúl atacó a los amalecitas desde Havilá ᵍ hasta la entrada de Sur, que está en la frontera de Egipto, y los derrotó; ⁸ tomó prisionero a Agag, su rey, y mató a filo de espada a todo su ejército. ⁹ Sin embargo, Saúl y su ejército dejaron con vida a Agag, ni mataron las mejores ovejas, ni los toros, ni los becerros más gordos, ni los carneros, ni destruyeron las cosas de valor, aunque sí destruyeron todo lo que era inútil y de poco valor.

¹⁰ Luego el Señor le habló a Samuel, ʰ y le dijo:
¹¹ —Me pesa haber hecho rey a Saúl, porque se ha apartado de mí y no ha cumplido mis órdenes. ⁱ

Samuel se quedó muy molesto, y durante toda la noche estuvo rogando al Señor. ¹² A la mañana siguiente madrugó para ir al encuentro de Saúl, pero le avisaron que este se había ido a Carmel, que allí se había levantado un monumento, y que luego, dando un rodeo, había continuado hacia Guilgal. ʲ ¹³ Entonces Samuel fue a donde estaba Saúl, el cual le dijo:
—El Señor te bendiga. Ya he cumplido la orden del Señor.

¹⁴ —¿Qué significan entonces esos balidos de ovejas y esos bramidos de toros que estoy escuchando? —respondió Samuel.

---

versión griega (LXX). Acerca del *Urim* y el *Tumim,* véanse Ex 28.30 n.; 1 S 28.6 nota *e,* y cf. Dt 33.8.
ᵒ **14.44** *Que Dios me castigue con toda dureza:* Véase 1 S 3.17 n.
ᵖ **14.47** *Vencía:* según la versión griega (LXX). Heb. *hacía el mal* (cf. 2 S 8.6,14).
ᑫ **14.48** *Reunió un ejército:* otra posible traducción: *actuó con valentía.*
ʳ **14.47-48** Los pueblos aquí mencionados rodeaban completamente las fronteras de Israel: *Amón* y *Moab* al este, *Edom* al sudeste, *Amalec* al sudoeste, *los filisteos* al oeste y *Sobá* al norte. Véase *Índice de mapas.*
ˢ **14.49** *Isví* es el mismo personaje conocido como *Is-bóset* (2 S 2.8) y *Es-baal* (1 Cr 8.33). Véase 1 S 31.2 n.
ᵗ **14.47-52** En varias partes de los libros de Samuel se dan resúmenes como el de estos vv. Cf. 1 S 7.13-17; 2 S 2.8-11; 3.2-5; 5.4-5,13-16; 8.1-14,15-18; 20.23-26.
ᵃ **15.1** *El Señor me envió:* fórmula habitual con la que solía iniciarse el mensaje de un profeta (Jue 6.8; 2 S 12.1; 2 R 2.2).
ᵇ **15.1** Cf. 1 S 10.1.
ᶜ **15.2** *Amalecitas:* Véase Ex 17.8 nota *g,* y cf. Dt 25.17-19.
ᵈ **15.3** *Destrúyelos:* El verbo hebreo se refiere propiamente a la acción de consagrar a Dios, por medio del exterminio completo, las personas, animales y objetos obtenidos como botín de guerra. Acerca de esta práctica conocida con el nombre de *herem,* véase Nm 21.2 n.
ᵉ **15.4** *Telaím:* población mencionada en Jos 15.24 con el nombre de *Télem,* que se encontraba probablemente en la región del Négueb.
ᶠ **15.6** *Los quenitas:* Véase Jue 1.16 nota *q.*
ᵍ **15.7** Se desconoce la localización exacta de *Havilá* (cf. Gn 25.18). Algunos relacionan este sitio con el *río* o *arroyo de Egipto* (Gn 15.18; Jos 15.4); otros, de acuerdo con Gn 10.29-30, piensan que se encontraba en los confines de Arabia.
ʰ **15.10** *El Señor le habló a Samuel:* Cf. 2 S 7.4; 1 R 12.22; 13.20.
ⁱ **15.11** *Me pesa... mis órdenes:* El amor de Dios espera ser correspondido, y por eso él no permanece indiferente ante las acciones de los seres humanos (cf., por ej., Jer 18.7-10). Si estos no obedecen sus mandatos o no cumplen debidamente la misión que se les había confiado, él no puede menos que actuar en consecuencia (cf. Sal 50.16-21; Jer 26.3,13,19). Véase también Am 7.3 n.
ʲ **15.12** *Carmel,* lugar situado al sur de Hebrón; no debe ser confundido con el monte Carmelo, que está bastante más al norte (véase 1 R 18.19 n.). Cf. Jos 15.55; 1 S 25.2.

¹⁵ —Los han traído de Amalec —contestó Saúl —, porque la gente ha conservado las mejores ovejas y los mejores toros para ofrecerlos en sacrificio al Señor tu Dios. Pero hemos destruido lo demás.

¹⁶ —¡Calla, que te voy a comunicar lo que el Señor me dijo anoche! —le interrumpió Samuel.

—Habla —respondió Saúl.

¹⁷ Y Samuel le dijo:

—¿No te considerabas tú de poca importancia?[k] Sin embargo, has llegado a ser el jefe de las tribus israelitas, y el Señor te ha consagrado como rey de Israel. ¹⁸ Ahora bien, si el Señor te envió con la orden estricta de destruir a esos pecadores amalecitas, y de atacarlos hasta acabar con ellos, ¹⁹ ¿por qué desobedeciste sus órdenes y te lanzaste sobre lo que se le quitó al enemigo, actuando mal a los ojos del Señor?

²⁰ Saúl contestó:

—Yo obedecí las órdenes del Señor, y cumplí la misión que él me encomendó: he traído prisionero a Agag, rey de Amalec, y he destruido a los amalecitas. ²¹ Pero la tropa se quedó con ovejas y toros, lo mejor de lo que estaba destinado a la destrucción, para sacrificarlos en honor del Señor tu Dios en Guilgal.

²² Entonces Samuel dijo:

"Más le agrada al Señor que se le obedezca,
y no que se le ofrezcan sacrificios y holocaustos;
vale más obedecerlo y prestarle atención
que ofrecerle sacrificios y grasa de carneros.[l]
²³ Tanto peca el que se rebela contra él
como el que practica la adivinación;[m]
semejante a quien adora a los ídolos
es aquel que lo desobedece.
Y como tú has rechazado sus mandatos,
ahora él te rechaza como rey."[n]

²⁴ Entonces Saúl dijo a Samuel:

—Sí, he pecado, pues pasé por alto la orden del Señor y tus instrucciones, porque tuve miedo de la gente y atendí su petición. ²⁵ Pero yo te ruego que perdones mi pecado y que regreses conmigo para adorar al Señor.

²⁶ —No voy a regresar contigo —le respondió Samuel—, porque tú has rechazado el mandato del Señor, y ahora él te rechaza como rey de Israel.[ñ]

²⁷ Samuel se volvió para marcharse, pero Saúl lo agarró por el borde de su capa y se la desgarró. ²⁸ Entonces Samuel le dijo a Saúl:

—De esta misma manera, el Señor ha desgarrado hoy de ti el reino de Israel. Te lo ha quitado para entregárselo a un compatriota tuyo, que es mejor que tú.[o] ²⁹ Porque Dios, que es la gloria de Israel, no miente ni se arrepiente, pues no es un simple hombre para arrepentirse.[p]

³⁰ —Yo he pecado —repitió Saúl—. Pero te ruego que ante los ancianos de Israel[q] y ante todo el pueblo me sigas respetando como rey. Así que vuelve conmigo para adorar al Señor tu Dios.

³¹ Samuel volvió entonces con Saúl, y este adoró al Señor. ³² Luego Samuel ordenó:

—Traigan ante mí a Agag, rey de Amalec.

Agag se presentó muy tranquilo ante Samuel, pensando[r] que ya había pasado el peligro de una muerte amarga. ³³ Pero Samuel le dijo:

—Con tu espada dejaste sin hijos a muchas mujeres. Pues igual que ellas quedará tu madre.

Y sin más, Samuel lo descuartizó en Guilgal, ante el Señor. ³⁴ Después se fue a Ramá, y Saúl regresó a su casa, en Guibeá de Saúl. ³⁵ Y Samuel nunca más volvió a ver a Saúl, aunque le causó mucha tristeza que el Señor se hubiera arrepentido de haber hecho a Saúl rey de Israel.

IV. ASCENSO DE DAVID Y DECADENCIA DE SAÚL (16—31)[a]

16 *David es consagrado rey* ¹ El Señor dijo a Samuel:

—¿Hasta cuándo vas a estar triste por causa de Saúl? Ya no quiero que él siga siendo rey de Israel. Anda, llena de aceite tu cuerno, que quiero que vayas a la casa de Jesé, el de Belén, porque ya escogí como rey a uno de sus hijos.

² —¿Y cómo haré para ir? —respondió Samuel—. ¡Si Saúl llega a saberlo, me matará!

El Señor le contestó:

—Toma una ternera y di que vas a ofrecérmela en sacrificio. ³ Después invita a Jesé al sacrificio, y yo te diré lo que debes hacer. Consagra como rey a quien yo te diga.

⁴ Samuel hizo lo que el Señor le mandó. Y cuando llegó a Belén, los ancianos de la ciudad[b] salieron a recibirle con cierto temor, y le preguntaron:

—¿Vienes en son de paz?

⁵ —Así es —respondió Samuel—. Vengo a ofrecer un sacrificio al Señor. Purifíquense[c] y acompáñenme a participar en el sacrificio.

Luego Samuel purificó a Jesé y a sus hijos, y los invitó al sacrificio. ⁶ Cuando ellos llegaron, Samuel vio a Eliab y pensó: "Con toda seguridad este es el hombre que el Señor ha escogido como rey."

⁷ Pero el Señor le dijo: "No te fijes en su apariencia ni en su elevada estatura, pues yo lo he rechazado. No se trata de lo que el hombre ve;[d] pues el hombre se fija en las apariencias, pero yo me fijo en el corazón."

---

[k] 15.17 *De poca importancia*: 1 S 9.21.
[l] 15.22 Cf. Pr 21.3; Os 6.6; Am 5.22-24.
[m] 15.23 Cf. Dt 18.10.
[n] 15.22-23 Estos vv. expresan una de las ideas fundamentales del AT, en especial de los escritos proféticos. Véase Sal 40.6(7) nota *f*.
[ñ] 15.26 Cf. 1 S 13.13-14.
[o] 15.28 Tanto aquí como en 1 S 13.14 se hace alusión a David, sucesor de Saúl.
[p] 15.29 Cf. Nm 23.19. Esta aclaración tiene el propósito de prevenir contra una interpretación excesivamente literal de los vv. 11 y 35, acerca del "pesar" y el "arrepentimiento" de Dios. Véase 1 S 15.11 n.
[q] 15.30 *Ancianos de Israel*: Véase 1 S 8.4 n.
[r] 15.32 *Muy tranquilo ante Samuel, pensando*: otra posible traducción: *con recelo ante Samuel, aunque pensaba*.
[a] 16.1—31.13 La siguiente sección comienza con la presentación de David y termina con el patético relato de la muerte de Saúl (cap. 31). En ella se enfrentan dos caracteres y dos destinos opuestos: David, que emprende una brillante y ascendente carrera, y Saúl, que se precipita cada vez más hacia su trágico fin. Junto a ellos aparece un tercer personaje: Jonatán, el amigo y aliado incondicional de David.
[b] 16.4 *Ancianos de la ciudad*: Véase 1 S 8.4 n.
[c] 16.5 *Purifíquense*: Cf. Ex 19.10; Jos 3.5.
[d] 16.7 *No se trata de lo que el hombre ve*: La versión griega (LXX) y un ms. de Qumrán agregan *como Dios ve*.

DAVID

Datos importantes de su vida	Referencias
Hijo de Jesé el menor de ocho hermanos. Siendo aún muchacho, es ungido por Samuel como rey de Israel.	1 S 16.1-13
Se convierte en ayudante de Saúl.	1 S 16.14-23
Mata a Goliat, gigante de los filisteos.	1 S 17
Adquiere cada vez más fama. Se hace amigo de Jonatán, hijo de Saúl, y se casa con Milca, la hija de Saúl. Este se pone celoso y decide matar a David.	1 S 18—20
Huye y forma un pequeño ejército de ilegales en el desierto. Actúan como guardianes contra bandas filisteas que merodeaban por el territorio israelita. Saúl intenta capturarlo varias veces; David le perdona la vida en dos ocasiones.	1 Cr 12.1-22; 1 S 22—26
David y sus hombres se refugian entre los filisteos.	1 S 27—30
Muerte de Saúl y Jonatán; lamento de David.	1 S 31; 1 Cr 10; 2 S 1
David regresa a Judá. Es ungido rey; en Hebrón reina durante siete años y medio. Hay guerra con las tribus que han nombrado rey al hijo de Saúl.	2 S 2—4
A la edad de 30 años, es ungido rey de todo Israel.	2 S 5.1-5; 1 Cr 12.38-40
Captura la fortaleza de Sión (Jerusalén) y la hace su capital. Derrota a los filisteos. Lleva a Jerusalén el arca de la alianza y establece cantores y sacerdotes para el servicio de Dios. Dios le promete una sucesión eterna.	1 Cr 11.4-9; 13; 6.31-48; 14—15; 16.37—42; 17; 2 S 5.6—7.29
Derrota a las tribus vecinas y muestra misericordia al descendiente de Saúl.	1 Cr 18—20; 2 S 8—10
Comete adulterio con Betsabé; muerte de Urías. Confrontación de Natán. Muere el hijo de David y Betsabé.	2 S 11.1—12.23
Nace Salomón, segundo hijo de David y Betsabé.	2 S 12.24
Absalón mata a su hermano Amnón, el hijo mayor de David, huye y luego conspira para derrocar a su padre. David se ve obligado a huir de Jerusalén. El ejército de David derrota al de Absalón. Joab, general de David, mata a Absalón.	2 S 13—18
David unifica a la nación y aplasta la rebelión de Sebá.	2 S 19—20
La nación sufre escasez de alimentos, y hay guerra. David peca realizando un censo.	1 Cr 21; 2 S 21; 24
Adonías se proclama rey. David nombra como su sucesor a Salomón y lo unge como nuevo rey.	1 R 1
Da sus últimas instrucciones a Salomón y le pasa a este los planos del templo y todos los materiales que ha reunido para el proyecto. Después de reinar 40 años, muere, dejando un reino fuerte y estable para que Salomón pueda gobernarlo en paz.	1 R 2.1-10; 1 Cr 22; 28—29

(Las referencias bíblicas están en el orden de los acontecimientos que se mencionan en la primera columna.)

8 Entonces Jesé llamó a Abinadab, y se lo presentó a Samuel; pero Samuel comentó:

—Tampoco a este ha escogido el Señor.

9 Luego le presentó Jesé a Samá; pero Samuel dijo:

—Tampoco ha escogido a este.

10 Jesé presentó a Samuel siete de sus hijos, pero Samuel tuvo que decirle que a ninguno de ellos lo había elegido el Señor. **11** Finalmente le preguntó:

—¿No tienes más hijos?

—Falta el más pequeño, que es el que cuida el rebaño —respondió Jesé.

—Manda a buscarlo —dijo Samuel—, porque no comenzaremos la ceremonia hasta que él llegue.

12 Jesé lo mandó llamar. Y el chico era de piel sonrosada, agradable y bien parecido. *e*

Entonces el Señor dijo a Samuel:

—Este es. Así que levántate y conságralo como rey.

13 En seguida Samuel tomó el recipiente con aceite, y en presencia de sus hermanos consagró como rey al joven, que se llamaba David. A partir de aquel momento, el espíritu del Señor se apoderó de él. *f* Después Samuel se despidió y se fue a Ramá.

David al servicio de Saúl **14** Entre tanto, el espíritu del Señor se había apartado de Saúl, y un espíritu maligno, enviado por el Señor, lo atormentaba. **15** Por eso, los que estaban a su servicio le dijeron:

—Como usted ve, señor nuestro, un espíritu maligno de parte de Dios lo está atormentando a usted. **16** Por eso, ordene usted a estos servidores suyos que busquen a alguien

---

e **16.12** *Bien parecido:* Véase 1 S 9.2 n.

f **16.13** *El espíritu del Señor se apoderó de él:* En 1 S 10.6, 10 se

que sepa tocar el arpa, para que, cuando le ataque a usted el espíritu maligno, él toque el arpa y usted se sienta mejor.

¹⁷ —Pues busquen a alguien que sepa tocar bien, y tráiganmelo —contestó Saúl.

¹⁸ Entonces uno de ellos dijo:

—Yo he visto que uno de los hijos de Jesé, el de Belén, sabe tocar muy bien; además, es un guerrero valiente, y habla con sensatez; es bien parecido y cuenta con la ayuda del Señor.

¹⁹ Entonces Saúl mandó mensajeros a Jesé, para que le dijeran: "Envíame a tu hijo David, el que cuida las ovejas", ²⁰ y Jesé envió su hijo David a Saúl. Con él le envió a Saúl un asno cargado de pan, un cuero de vino y un cabrito. ²¹ Así David se presentó ante Saúl y quedó a su servicio, y Saúl llegó a estimarlo muchísimo y lo nombró su ayudante. ²² Y Saúl envió un mensaje a Jesé, rogándole que dejara a David con él, porque le había agradado mucho. *ᵍ* ²³ Así que, cuando el espíritu maligno de parte de Dios atacaba a Saúl, David tomaba el arpa y se ponía a tocar. Con eso Saúl recobraba el ánimo y se sentía mejor, y el espíritu maligno se apartaba de él.

17 David, héroe nacional

¹ Los filisteos juntaron sus ejércitos para la guerra y se reunieron en Socó, pueblo que pertenece a Judá, acampando en Efes-damim, entre Socó y Azecá. *ᵃ* ² A su vez, Saúl y los israelitas se reunieron y acamparon en el valle de Elá, *ᵇ* preparándose para presentar batalla a los filisteos. ³ Estos tenían sus posiciones en un monte, y los israelitas en otro, quedando separados por el valle. ⁴ De pronto, de entre las filas de los filisteos salió un guerrero como de tres metros de estatura. Se llamaba Goliat y era de la ciudad de Gat. *ᶜ* ⁵ En la cabeza llevaba un casco de bronce, y sobre su cuerpo una coraza, también de bronce, que pesaba cincuenta y cinco kilos. ⁶ Del mismo metal eran las placas que le protegían las piernas y la jabalina que llevaba al hombro. ⁷ El asta de su lanza era como un rodillo de telar, y su punta de hierro pesaba más de seis kilos. Delante de él iba su ayudante. ⁸ Goliat se detuvo y dijo a los soldados israelitas:

—¿Para qué han salido en orden de combate? Puesto que yo soy un filisteo, y ustedes están al servicio de Saúl, elijan a uno de ustedes para que baje a luchar conmigo. ⁹ Si es capaz de pelear conmigo y vencerme, nosotros seremos esclavos de ustedes; pero si yo lo venzo, ustedes serán nuestros esclavos. ¹⁰ En este día, yo lanzo este desafío al ejército de Israel: ¡Denme un hombre para que luche conmigo!

¹¹ Al oír Saúl y todos los israelitas las palabras del filisteo, perdieron el ánimo y se llenaron de miedo.

¹² Había un hombre de Belén llamado Jesé, que en tiempos de Saúl era ya de edad muy avanzada, *ᵈ* Este hombre tenía ocho hijos, uno de los cuales era David. ¹³⁻¹⁴ Sus tres hijos mayores, Eliab, Abinadab y Samá, se habían ido ya con Saúl a la guerra. David, que era el menor, ¹⁵ iba al campamento de Saúl, y volvía a Belén para cuidar las ovejas de su padre.

¹⁶ Mientras tanto, aquel filisteo salía a provocar a los israelitas por la mañana y por la tarde, y así lo estuvo haciendo durante cuarenta días.

¹⁷ Un día, Jesé le dijo a su hijo David:

—Toma unos veinte litros de este trigo tostado, y estos diez panes, y llévalos pronto al campamento, a tus hermanos. ¹⁸ Llévate también estos diez quesos para el comandante del batallón. Mira cómo están tus hermanos y tráeme algo que compruebe que se encuentran bien.

¹⁹ Mientras tanto, Saúl y los hermanos de David y todos los israelitas estaban en el valle de Elá luchando contra los filisteos.

²⁰ Al día siguiente, David madrugó y, dejando las ovejas al cuidado de otro, se puso en camino llevando consigo las provisiones que le entregó Jesé. Cuando llegó al campamento, el ejército se disponía a salir a la batalla y lanzaba gritos de guerra. ²¹ Los israelitas y los filisteos se alinearon frente a frente. ²² David dejó lo que llevaba al cuidado del encargado de armas y provisiones, y corriendo a las filas se metió en ellas para preguntar a sus hermanos cómo estaban. ²³ Mientras hablaba con ellos, aquel guerrero filisteo llamado Goliat, de la ciudad de Gat, salió de entre las filas de los filisteos y volvió a desafiar a los israelitas como lo había estado haciendo hasta entonces. David lo oyó.

²⁴ En cuanto los israelitas vieron a aquel hombre, sintieron mucho miedo y huyeron de su presencia, ²⁵ diciendo: "¿Ya vieron al hombre que ha salido? ¡Ha venido a desafiar a Israel! A quien sea capaz de vencerlo, el rey le dará muchas riquezas, le dará su hija como esposa y liberará a su familia de pagar tributos."

²⁶ Entonces David preguntó a los que estaban a su lado:

—¿Qué darán al hombre que mate a este filisteo y borre esta ofensa de Israel? Porque, ¿quién es este filisteo pagano *ᵉ* para desafiar así al ejército del Dios viviente?

²⁷ Ellos respondieron lo mismo que antes habían dicho, en cuanto a lo que le darían a quien matara a Goliat.

²⁸ Pero Eliab, el hermano mayor de David, que le había oído hablar con aquellos hombres, se enfureció con él y le dijo:

—¿A qué has venido aquí? ¿Con quién dejaste esas cuantas ovejas que están en el desierto? Yo conozco tu atrevimiento y tus malas intenciones, porque has venido solo para poder ver la batalla.

²⁹ —¿Y qué he hecho ahora —contestó David—, si apenas he hablado?

³⁰ Luego se apartó de su hermano, y al preguntarle a otro, recibió la misma respuesta. ³¹ Algunos que oyeron a David preguntar, fueron a contárselo a Saúl, y este lo mandó llamar. ³² Entonces David le dijo a Saúl:

---

dice lo mismo de Saúl. La expresión *a partir de aquel momento* indica que el espíritu del Señor estaba presente en David de forma permanente.

ᵍ **16.22** *Agradado mucho:* En estos caps. se hace resaltar el hecho de que David era querido por todos (cf. 18.1,5,16,28; 20.17).

ᵃ **17.1** *Socó y Azecá:* dos poblaciones localizadas al sudoeste de Jerusalén (cf. Jos 15.35; 2 Cr 28.18).

ᵇ **17.2** *El valle de Elá* está situado al oeste de Belén, en la ruta natural que va desde la costa del Mediterráneo hasta las montañas de Judá.

ᶜ **17.4** *Gat:* Véase 1 S 6.17 n.

ᵈ **17.12** *De edad muy avanzada:* según la versión griega (LXX). Heb. *entrado en hombres.*

ᵉ **17.26** *Pagano:* lit. *incircunciso.* Véase 1 S 14.6 nota e.

—Nadie debe desanimarse por culpa de ese filisteo, porque yo, un servidor de Su Majestad, iré a pelear contra él.

33 —No puedes ir tú solo a luchar contra ese filisteo —contestó Saúl—, porque aún eres muy joven; en cambio, él ha sido hombre de guerra desde su juventud.

34 David contestó:

—Cuando yo, el servidor de Su Majestad, cuidaba las ovejas de mi padre, si un león o un oso venía y se llevaba una oveja del rebaño, **35** iba detrás de él y se la quitaba del hocico; y si se volvía para atacarme, lo agarraba por la quijada y le daba de golpes hasta matarlo. **36** Así fuera un león o un oso, este servidor de Su Majestad lo mataba. Y a este filisteo pagano le va a pasar lo mismo, porque ha desafiado al ejército del Dios viviente. **37** El Señor, que me ha librado de las garras del león y del oso, también me librará de las manos de este filisteo.

Entonces Saúl le dijo:

—Anda, pues, y que el Señor te acompañe.

38 Luego hizo Saúl que vistieran a David con la misma ropa que él usaba, y que le pusieran un casco de bronce en la cabeza y lo cubrieran con una coraza. **39** Finalmente, David se colgó la espada al cinto, sobre su ropa, y trató de andar así, porque no estaba acostumbrado a todo aquello. Pero en seguida le dijo a Saúl:

—No puedo andar con esto encima, porque no estoy acostumbrado a ello.

Entonces se quitó todo aquello, **40** tomó su bastón, escogió cinco piedras lisas del arroyo, las metió en la bolsa que traía consigo y, con su honda en la mano, se enfrentó con el filisteo. **41** El filisteo, a su vez, se acercaba poco a poco a David. Delante de él iba su ayudante. **42** Cuando el filisteo miró a David, y vio que era joven, de piel sonrosada y bien parecido, *f* no lo tomó en serio, **43** sino que le dijo:

—¿Acaso soy un perro, para que vengas a atacarme con palos?

Y en seguida maldijo a David en nombre de su dios. **44** Además le dijo:

—¡Ven aquí, que voy a dar tu carne como alimento a las aves del cielo y a las fieras!

45 David le contestó:

—Tú vienes contra mí con espada, lanza y jabalina, pero yo voy contra ti en nombre del Señor todopoderoso, el Dios de los ejércitos de Israel, a los que tú has desafiado. **46** Ahora el Señor te entregará en mis manos, y hoy mismo te mataré y te cortaré la cabeza, y los cadáveres del ejército filisteo se los daré a las aves del cielo y a las fieras. Así todo el mundo sabrá que hay un Dios en Israel; *g* **47** todos los aquí reunidos sabrán que el Señor no salva con espada ni con lanza. Esta batalla es del Señor, y él los entregará a ustedes en nuestras manos.

48 El filisteo se levantó y salió al encuentro de David, quien, a su vez, rápidamente se dispuso a hacer frente al filisteo: **49** metió su mano en la bolsa, sacó una piedra y, arrojándola con la honda contra el filisteo, lo hirió en la frente. Con la piedra clavada en la frente, el filisteo cayó de cara al suelo. **50** Así fue como David venció al filisteo. Con solo una honda y una piedra, David lo hirió de muerte. Y como no llevaba espada, **51** corrió a ponerse al lado del filisteo y, apoderándose de su espada, la desenvainó y con ella lo remató. Después de esto, le cortó la cabeza.

Cuando los filisteos vieron muerto a su mejor guerrero, salieron huyendo. **52** Entonces los hombres de Israel y de Judá, lanzando gritos de guerra, salieron a perseguirlos hasta la entrada de Gat *h* y las puertas de Ecrón. *i* Por todo el camino que va de Saaraim a Gat y Ecrón se veían cadáveres de soldados filisteos.

53 Después de haber perseguido a los filisteos, los israelitas volvieron y saquearon su campamento. **54** Entonces David tomó la cabeza del filisteo y la llevó a Jerusalén, *j* pero las armas las puso en su tienda de campaña.

55 Antes Saúl había preguntado a Abner, general de su ejército, *k* cuando vio que David salía al encuentro del filisteo:

—Abner, ¿quién es el padre de ese muchacho?

56 —Juro a Su Majestad que no lo sé —respondió Abner.

—Pues encárgate de averiguarlo —dijo el rey.

57 Por lo tanto, cuando David volvía de matar al filisteo, trayendo aún su cabeza en la mano, Abner lo tomó y lo llevó ante Saúl, **58** quien le preguntó:

—Dime, muchacho, ¿de quién eres hijo?

David respondió:

—Soy hijo de Jesé, el de Belén, servidor de Su Majestad.

18 *Jonatán y David se juran amistad*

1 Después que David terminó de hablar con Saúl, Jonatán se hizo muy amigo de David, y llegó a quererlo como a sí mismo. **2** Saúl, por su parte, aquel mismo día lo tomó a su servicio y no lo dejó volver a casa de su padre. **3** Y Jonatán y David se juraron eterna amistad, porque Jonatán quería a David como a sí mismo. **4** Además, Jonatán se quitó la capa y la túnica que llevaba puestas, y se las dio a David, junto con su espada, su arco y su cinturón.

5 Tanta capacidad demostró David para cumplir con todo lo que Saúl le ordenaba hacer, que Saúl lo puso al mando de hombres de guerra. Esto agradó a todo el ejército y a los oficiales de Saúl.

Saúl envidia la popularidad de David **6** Sin embargo, cuando las tropas regresaron después que David mató al filisteo, de todas las ciudades de Israel salieron mujeres a recibir al rey Saúl cantando y bailando alegremente con panderos y platillos. *a* **7** Y mientras cantaban y bailaban, las mujeres repetían:

"Mil hombres mató Saúl,
y diez mil mató David." *b*

---

f **17.42** *Bien parecido:* Véase 1 S 9.2 n.
g **17.46** *Así todo el mundo sabrá que hay un Dios en Israel:* Cf. Ex 9.14-16; Dt 4.34-35; Jos 4.23-24; 1 R 8.59-60; 2 R 19.19.
h **17.52** *Hasta la entrada de Gat:* según la versión griega (LXX). Heb. *hasta tu entrada, oh valle.*
i **17.52** *Ecrón:* Véase 1 S 6.17 n.
j **17.54** *Cuando se libró el combate entre David y Goliat, Jerusalén* se hallaba en poder de los jebuseos. Fue precisamente David el que la conquistó más tarde, para convertirla en capital de su reino (2 S 5.6-9).
k **17.55** *Abner:* Cf. 1 S 14.50.
a **18.6** *Platillos:* lit. *terceros,* instrumento musical difícil de identificar. Quizá se trata de *triángulos* o *liras de tres cuerdas.*
b **18.7** Cf. 1 S 21.11(12); 29.5.

⁸ Esto le molestó mucho a Saúl, y muy enojado dijo:

—A David le atribuyen la muerte de diez mil hombres, y a mí únicamente la de mil. ¡Ya solo falta que lo hagan rey!

⁹ A partir de entonces, Saúl miraba a David con recelo.

¹⁰ Al día siguiente, el espíritu maligno ᶜ mandado por Dios se apoderó de Saúl, y este se puso como loco dentro de su palacio. David estaba tocando el arpa, como de costumbre, y Saúl tenía su lanza en la mano. ¹¹ De pronto Saúl levantó la lanza con la intención de clavar a David en la pared, pero David esquivó a Saúl dos veces.

¹² Saúl tenía miedo de David, porque el Señor ayudaba a David ᵈ pero ya no lo ayudaba a él. ¹³ Por eso lo retiró de su lado y lo nombró comandante de un batallón, al frente del cual salía a campaña y volvía. ¹⁴ Y como el Señor lo ayudaba, David tenía éxito en todo lo que hacía. ¹⁵ Por eso Saúl tenía miedo de él, al ver cómo prosperaba. ¹⁶ Pero todos en Israel y Judá querían a David, porque él era quien los dirigía cuando salían a campaña y volvían.

¹⁷ Un día Saúl le dijo a David:

—Te voy a dar como esposa a Merab, mi hija mayor, con la condición de que me seas un guerrero valiente y pelees las batallas del Señor.

Saúl pensaba que no necesitaba matarlo él personalmente, sino que de ello se encargarían los filisteos. ¹⁸ Pero David le respondió:

—Nada soy yo, ni nada son mis familiares en Israel, para que yo sea yerno del rey.

¹⁹ Sin embargo, cuando llegó la fecha en que Saúl debía dar su hija Merab como esposa a David, en vez de dársela a él se la dio a Adriel, de Meholá. ²⁰ Pero Mical, la otra hija de Saúl, estaba enamorada de David. Y cuando se lo dijeron a Saúl, le agradó saberlo, ²¹ pues pensó dársela a David como esposa para que ella lo hiciera caer en manos de los filisteos. Entonces le dijo a David por segunda vez:

—Ahora sí vas a ser mi yerno.

²² Después Saúl ordenó a sus servidores:

—Hablen ustedes en privado con David y díganle que yo, el rey, lo quiero mucho, y que todos mis servidores lo estiman, y que él debe ser mi yerno.

²³ Los servidores de Saúl fueron a decirle todo esto a David, pero David les contestó:

—¿Y creen ustedes que llegar a ser yerno del rey es tan fácil para alguien pobre e insignificante como yo? ᵉ

²⁴ Los servidores de Saúl fueron y le contaron a este lo que David había dicho. ²⁵ Entonces Saúl, con la intención de que David cayera en manos de los filisteos, les contestó:

—Díganle a David que en lugar de la compensación que se acostumbra dar por la esposa, yo, el rey, prefiero que me entregue cien prepucios de filisteos, para vengarme de mis enemigos.

²⁶ Los servidores de Saúl le comunicaron estas noticias a David, y David consideró apropiada la oportunidad de llegar a ser yerno del rey. Antes de que el plazo se cumpliera, ²⁷ David tomó a sus hombres, y fue y mató a doscientos filisteos; luego llevó los prepucios de estos al rey, y se los entregó para poder ser su yerno. Entonces Saúl le concedió a su hija Mical por esposa.

²⁸ Pero al ver y comprobar Saúl que el Señor ayudaba a David y que su hija Mical lo amaba, ²⁹ llegó a tenerle más miedo que antes, y se convirtió en su eterno enemigo. ³⁰ Por otra parte, siempre que los jefes filisteos salían a campaña, David tenía más éxito que todos los demás oficiales de Saúl, por lo cual llegó a ser muy respetado.

19 Saúl intenta matar a David

¹ Saúl ordenó a su hijo Jonatán y a todos sus oficiales que mataran a David. Pero Jonatán, que quería mucho a David, ² lo puso sobre aviso. Le dijo:

—Saúl, mi padre, está tratando de matarte. Así que mañana temprano ten cuidado y quédate escondido en algún lugar secreto. ³ Yo saldré, en compañía de mi padre, al campo donde tú vas a estar. Hablaré con él acerca de ti, a ver qué pasa, y luego te lo haré saber.

⁴ Y Jonatán habló con Saúl en favor de David. Le dijo:

—Su Majestad no debiera cometer ningún mal contra su siervo David, porque él no le ha hecho ningún mal a Su Majestad, y sí mucho bien; ⁵ pues jugándose la vida mató al filisteo, y así el Señor libró por completo a todo Israel. Su Majestad lo vio y se alegró de ello. ¿Por qué habrá de atentar Su Majestad contra la vida de un inocente, tratando de matar a David sin motivo?

⁶ Al escuchar Saúl las razones de Jonatán, exclamó:

—Juro por el Señor que David no morirá.

⁷ Entonces Jonatán llamó a David y le informó de toda esta conversación. Después lo llevó ante Saúl, y David siguió al servicio de Saúl igual que antes.

⁸ Volvió a estallar la guerra, y David salió a luchar contra los filisteos y los venció, ocasionándoles una gran derrota y haciéndolos huir. ⁹ En cuanto a Saúl, otra vez lo atacó el espíritu maligno ᵃ de parte del Señor; y estando sentado en su habitación, con su lanza en la mano, mientras David tocaba, ¹⁰ intentó clavar con ella a David en la pared. Pero David pudo esquivar el golpe, y la lanza de Saúl se clavó en la pared. Aquella misma noche David se escapó y huyó. ¹¹ Inmediatamente Saúl dio órdenes a sus hombres de que fueran a casa de David, para que lo vigilaran y lo mataran a la mañana siguiente. ᵇ Pero Mical, la mujer de David, lo puso sobre aviso, diciéndole:

—Si no te pones a salvo esta noche, mañana serás hombre muerto.

¹² En seguida Mical descolgó a David por una ventana, y David pudo escapar. ¹³ Luego Mical tomó un ídolo ᶜ y lo

---

ᶜ **18.10** *El espíritu maligno:* Cf. 1 S 16.14.

ᵈ **18.12** *El Señor ayudaba a David:* Este tema se repite constantemente en los caps. que relatan los éxitos de David y los contraponen a la reprobación de Saúl por parte de Dios (cf. 1 S 16.18; 17.37; 18.14,28-29; 20.12-13; 2 S 5.10). Véase Gn 26.3 n.

ᵉ **18.23** Cf. 1 S 9.21.

ᵃ **19.9** *El espíritu maligno:* Cf. 1 S 16.14.
ᵇ **19.11** Cf. Sal 59.(1).
ᶜ **19.13** *Ídolo:* heb. *terafim* (véase Gn 31.19 n.). Los *terafim* de Labán eran relativamente pequeños, ya que Raquel pudo esconderlos en la montura de su camello (Gn 31.34). El ídolo utilizado por Mical debía tener, en cambio, un tamaño considerablemente mayor. Cf. también Jue 17.5; 18.17-24; Os 3.4.

metió en la cama, le puso en la cabecera un tejido de pelo de cabra[d] y lo tapó con una sábana. **14** Y cuando Saúl ordenó a sus hombres que apresaran a David, Mical les dijo que estaba enfermo. **15** Pero Saúl volvió a mandar a sus hombres en busca de David, y les dio esta orden:

—¡Aunque esté en la cama, sáquenlo de allí y tráiganmelo para que lo mate!

16 Los hombres de Saúl entraron en casa de David, pero en la cama encontraron solamente el ídolo con el tejido de pelo de cabra en la cabecera. **17** Entonces Saúl dijo a Mical:

—¿Por qué me has engañado de este modo, dejando que escape mi enemigo?

Mical le respondió:

—Porque él juró que me mataría si no lo dejaba escapar.

18 Así fue como David logró escapar. Y fue a ver a Samuel en Ramá, y le contó todo lo que Saúl le había hecho. Luego David y Samuel se fueron a vivir a Naiot. **19** Y cuando Saúl se enteró de que David se hallaba en Naiot de Ramá, **20** envió a sus hombres a que lo apresaran. Al llegar, los hombres de Saúl vieron a un grupo de profetas[e] en trance, a los que dirigía Samuel. De pronto, el espíritu de Dios se apoderó de los hombres de Saúl, y también ellos cayeron en trance profético. **21** Cuando Saúl lo supo, mandó a otros hombres, pero también ellos cayeron en trance profético. Por tercera vez mandó Saúl a unos hombres, y también a ellos les ocurrió lo mismo. **22** Entonces Saúl fue personalmente a Ramá, y cuando llegó al gran depósito de agua que hay en Secú, preguntó por Samuel y David. No faltó quien le dijera que estaban en Naiot de Ramá,[f] **23** y Saúl se dirigió allá. Pero el espíritu de Dios también se apoderó de él, y Saúl cayó en trance profético, y así siguió su camino hasta llegar a Naiot de Ramá; **24** además se quitó la ropa, y así, desnudo, permaneció en trance delante de Samuel todo el día y toda la noche. De allí viene el dicho: "¿También Saúl es uno de los profetas?"[g]

20 **Jonatán ayuda a David** **1** David huyó de Naiot de Ramá, y fue adonde estaba Jonatán, para decirle:

—¿Qué he hecho yo? ¿Cuál es mi culpa? ¿Qué pecado he cometido contra tu padre, para que él busque matarme?

2 Y Jonatán le contestó:

—¡Dios no lo quiera! ¡No te matará! Ten en cuenta que mi padre no hace nada, sea o no importante, sin comunicármelo. ¿Por qué razón iba mi padre a ocultarme este asunto? ¡No puede ser!

3 Pero David insistió:

—Tu padre sabe muy bien que yo cuento con tu estimación,[a] y no querrá que lo sepas para evitarte un disgusto.

¡Pero te juro por el Señor y por ti mismo que estoy a un paso de la muerte!

4 Entonces Jonatán le preguntó:

—¿Qué quieres que haga yo por ti?

5 David respondió:

—Mira, mañana es la fiesta de luna nueva,[b] y debo sentarme a comer con el rey. Pero déjame que me esconda en el campo hasta pasado mañana por la tarde, **6** y si tu padre pregunta por mí, dile que yo te pedí con urgencia permiso para ir a mi pueblo, a Belén, porque toda mi familia celebra allí el sacrificio anual. **7** Si contesta que está bien, quiere decir que puedo estar tranquilo; pero si se enoja, sabrás que ha decidido hacerme daño. **8** Así que hazme este favor, ya que soy tu servidor y nos hemos jurado amistad ante el Señor. Ahora bien, si la culpa es mía, mátame tú mismo. No es necesario que me lleves ante tu padre.

9 Pero Jonatán respondió:

—¡No pienses tal cosa! Si llego a saber que mi padre está resuelto a hacerte mal, te lo comunicaré.

10 Entonces David le preguntó:

—¿Quién me avisará en caso de que tu padre te responda de mal modo?

11 Jonatán respondió:

—Ven conmigo. Salgamos al campo.

Los dos salieron al campo, **12** y allí Jonatán le dijo a David:

—Te juro por el Señor y Dios de Israel que entre mañana y pasado mañana, a esta misma hora, trataré de conocer las intenciones de mi padre. Si su actitud hacia ti es buena, te mandaré aviso; **13** pero si mi padre intenta hacerte mal, que el Señor me castigue duramente si no te aviso y te ayudo a escapar tranquilamente. ¡Y que el Señor te ayude como ayudó a mi padre! **14** Ahora bien, si para entonces vivo todavía, trátame con la misma bondad con que el Señor te ha tratado. Y si muero, **15-16** no dejes de ser bondadoso con mi familia.[c] ¡Que el Señor les pida cuentas a tus enemigos, y los destruya por completo!

De esta manera, Jonatán hizo un pacto con David,[d] **17** y por el cariño que Jonatán le tenía, volvió a hacerle el juramento, pues lo quería tanto como a sí mismo. **18** Luego le dijo:

—Mañana es la fiesta de luna nueva, y como tu asiento va a estar desocupado, te echarán de menos. **19** Pero al tercer día se notará aún más tu ausencia.[e] Por tanto, vete al sitio donde te escondiste la vez pasada, y colócate junto a aquel montón de piedras.[f] **20** Yo lanzaré tres flechas hacia aquel lado, como si estuviera tirando al blanco, **21** y le diré a mi criado: 'Ve a buscar las flechas.' Si le digo: 'Las flechas están más acá de ti; anda, tómalas', podrás salir tranquilo,

---

[d] **19.13** Este *tejido de pelo de cabra* tendría el efecto de una peluca (cf. v. 16).

[e] **19.20** *Grupo de profetas:* Véase 1 S 10.5 nota *k*.

[f] **19.22** Tanto *Secú* como *Naiot de Ramá* estaban dentro de los límites de *Ramá*.

[g] **19.24** *"¿También Saúl... profetas?":* Cf. 1 S 10.11-12.

[a] **20.3** *Yo cuento con tu estimación:* Véase 1 S 16.22 n.

[b] **20.5** *Fiesta de la luna nueva:* Cf. Nm 28.11; Sal 81.3(4); Am 8.5. Esta celebración incluía una comida ritual, en la que participaban todos los miembros de la familia.

[c] **20.14-17** Cf. 2 S 9.1.

[d] **20.14-16** *Y si muero... pacto con David:* traducción probable. Heb. oscuro.

[e] **20.19** *Se notará aún más tu ausencia:* según la versión griega (LXX). Heb. *descenderás mucho*.

[f] **20.19** *Aquel montón de piedras:* según la versión griega (LXX). Heb. *la piedra de Ézel*, lugar no identificado.

porque nada te va a pasar. Te lo juro por el Señor. ²² Pero si le digo: 'Las flechas están más allá', vete, porque el Señor quiere que te vayas. ²³ En cuanto a la promesa que nos hemos hecho, el Señor es nuestro testigo para siempre.

²⁴ David se escondió en el campo, y cuando llegó la fiesta de luna nueva, el rey se sentó a la mesa para comer. ²⁵ Se sentó en el lugar de costumbre, junto a la pared. Jonatán se colocó enfrente,*g* y Abner se sentó al lado de Saúl. El asiento de David quedó vacío. ²⁶ Aquel día Saúl no dijo nada, porque se imaginó que algo impuro le habría ocurrido y no estaría purificado. ²⁷ Pero al día siguiente, que era el segundo día de la fiesta, el asiento de David quedó también vacío. Entonces le preguntó Saúl a su hijo Jonatán:

—¿Por qué no vino ayer el hijo de Jesé a la comida, ni tampoco hoy?

²⁸ Y Jonatán le respondió:

—David me pidió con urgencia permiso para ir a Belén. ²⁹ Me rogó que le diera permiso, pues su familia celebraba un sacrificio en su pueblo y su hermano le ordenaba ir. También me dijo que si yo le hacía ese favor, se daría una escapada para visitar a sus parientes. Por eso no se ha sentado a comer con Su Majestad.

³⁰ Entonces Saúl se enfureció con Jonatán, y le dijo:

—¡Hijo de mala madre! ¿Acaso no sé que tú eres el amigo íntimo del hijo de Jesé, para vergüenza tuya y de tu madre? ³¹ Mientras él esté vivo en esta tierra, ni tú ni tu reino estarán seguros. ¡Así que manda a buscarlo, y tráemelo, porque merece la muerte!

³² Pero Jonatán le contestó:

—¿Y por qué habría de morir? ¿Qué es lo que ha hecho?

³³ Saúl levantó su lanza para herir a Jonatán,*h* con lo que este comprendió que su padre estaba decidido a matar a David. ³⁴ Entonces, lleno de furia, se levantó Jonatán de la mesa y no participó en la comida del segundo día de la fiesta, porque sentía un gran pesar por David, ya que su padre lo había ofendido. ³⁵ A la mañana siguiente, a la hora de la cita con David, Jonatán salió al campo acompañado de un criado joven, ³⁶ al cual le ordenó:

—Corre a buscar en seguida las flechas que yo dispare.

El criado echó a correr, mientras Jonatán disparaba una flecha de modo que cayera lejos de él. ³⁷ Y cuando el criado llegó al lugar donde había caído la flecha, Jonatán le gritó al criado con todas sus fuerzas:

—¡La flecha está más allá de ti!

³⁸ Y una vez más Jonatán le gritó al criado:

—¡Date prisa, corre, no te detengas!

El criado de Jonatán recogió las flechas y se las trajo a su amo, ³⁹ pero no se dio cuenta de nada, porque solo Jonatán y David conocían la contraseña. ⁴⁰ Después Jonatán entregó sus armas a su criado, y le ordenó llevarlas de vuelta a la ciudad.

⁴¹ En cuanto el criado se fue, David salió de detrás del montón de piedras,*i* y ya ante Jonatán se inclinó tres veces hasta tocar el suelo con la frente. Luego se besaron y lloraron juntos hasta que David se desahogó. ⁴² Por último, Jonatán le dijo a David:

—Vete tranquilo, pues el juramento que hemos hecho los dos ha sido en el nombre del Señor, y hemos pedido que para siempre esté él entre nosotros dos y en las relaciones entre tus descendientes y los míos.

⁴²ᵇ (21.1) *j* Después David se puso en camino, y Jonatán regresó a la ciudad.

21 David huye de Saúl

¹ (2) *a* David se dirigió a Nob,*b* a ver al sacerdote Ahimélec,*c* que sorprendido salió a su encuentro y le dijo:

—¿Cómo es que vienes solo, sin que nadie te acompañe?

² (3) David le contestó:

—El rey me ha ordenado atender un asunto, y me ha dicho que nadie debía saber para qué me ha enviado ni cuáles son las órdenes que traigo. En cuanto a los hombres bajo mis órdenes, los he citado en cierto lugar. ³ (4) A propósito, ¿qué provisiones tienes a mano? Dame cinco panes o lo que encuentres.

⁴ (5) Y el sacerdote le contestó:

—El pan que tengo a mano no es pan común y corriente, sino que está consagrado.*d* Pero te lo daré, si tus hombres se han mantenido alejados de las mujeres.

⁵ (6) David le respondió con firmeza:

—Como siempre que salimos a campaña, hemos estado alejados de las mujeres. Y aunque este es un viaje ordinario, ya mis hombres estaban limpios*e* cuando salimos, así que con más razón lo han de estar ahora.*f*

⁶ (7) Entonces el sacerdote le entregó el pan consagrado, pues allí no había más que los panes que se consagran al Señor y que ese mismo día se habían quitado del altar, para poner en su lugar pan caliente. ⁷ (8) En aquella ocasión estaba allí uno de los oficiales de Saúl, que había tenido que quedarse en el santuario. Era un edomita llamado Doeg,*g* jefe de los pastores de Saúl.

⁸ (9) David le dijo a Ahimélec:

—¿Tienes a mano una lanza o una espada? Pues era tan urgente la orden del rey que no tuve tiempo de tomar mi espada ni mis otras armas.

⁹ (10) El sacerdote le respondió:

---

g 20.25 *Jonatán se colocó enfrente:* según la versión griega (LXX). Heb. *Jonatán se levantó.*

h 20.33 *Saúl* ataca a su hijo *Jonatán* con la misma furia con que antes había pretendido matar a David (cf. 1 S 18.11; 19.9-10).

i 20.41 *De detrás del montón de piedras:* según la versión griega (LXX). Heb. *del lado del sur.*

j 20.42b(21.1) La última parte de 20.42 corresponde al v. 21.1 en el texto hebreo.

a 21.1(2)-15(16) Los números entre paréntesis corresponden a la numeración del texto hebreo.

b 21.1(2) *Nob,* caracterizada en 1 S 22.19 como *ciudad de los sacerdotes,* estaba situada al norte de Jerusalén, a corta distancia. Estos sacerdotes habían venido de Siló, el santuario en el que Samuel había pasado su juventud (1 S 1.21-22; 2.11). Véase Jos 18.1 nota *a.*

c 21.1(2) *Ahimélec* era uno de los descendientes del sacerdote Elí (1 S 22.9; cf. 14.3).

d 21.4(5) *Pan... consagrado:* Lv 24.5-9; cf. Mc 2.23-28 y paralelos.

e 21.5(6) Ex 19.15; Lv 15.18.

f 21.5(6) *Con más razón lo han de estar ahora:* traducción probable. Heb. oscuro.

g 21.7(8) *Doeg:* Cf. 1 S 22.9-23.

—Sí. Tengo la espada de Goliat, el filisteo que tú venciste en el valle de Elá.[h] Está ahí, detrás del efod,[i] envuelta en una capa. Puedes llevártela, si quieres; más armas no tengo.

David contestó:

—Ninguna otra sería mejor. Dámela.

10 [(11)] Aquel mismo día David siguió huyendo de Saúl, y fue a presentarse a Aquís, el rey de Gat.[j] **11** [(12)] Y los oficiales de Aquís le dijeron:

—¡Pero si este es David, servidor de Saúl, el rey de esta tierra![k] ¡Él es de quien cantaban en las danzas: 'Mil hombres mató Saúl, y diez mil mató David'![l]

12 [(13)] David tomó muy en cuenta estos comentarios, y tuvo miedo de Aquís, rey de Gat.[m] **13** [(14)] Por eso, delante de ellos cambió su conducta normal, y fingiéndose loco[n] escribía garabatos en las puertas y dejaba que la saliva le corriera por la barba. **14** [(15)] Entonces Aquís dijo a sus oficiales:

—Si ustedes ven que este hombre está loco, ¿para qué me lo trajeron? **15** [(16)] ¿Acaso me hacen falta locos, que me han traído a este para que haga sus locuras en mi propia casa?

22 **1** David se fue de allí y huyó a la cueva de Adulam.[a] Cuando sus hermanos y todos sus parientes lo supieron, fueron a reunirse con él. **2** También se le unieron todos los oprimidos, todos los que tenían deudas y todos los descontentos, y David llegó a ser su capitán. Los que andaban con él eran como cuatrocientos hombres.

3 Desde allí, David se dirigió a Mispá,[b] en Moab, y dijo al rey de Moab:

—Te ruego que mi padre y mi madre se queden con ustedes hasta que yo sepa lo que Dios va a hacer conmigo.

4 Y así David llevó a sus padres ante el rey de Moab, y ellos vivieron con él todo el tiempo que David estuvo en la fortaleza.[c] **5** Entonces Gad, el profeta,[d] aconsejó a David:

—No te quedes en la fortaleza. Ponte en camino y vete a la región de Judá.

Así pues, David se fue y llegó al bosque de Héret.

Matanza de los sacerdotes de Nob **6** Mientras tanto, Saúl estaba en Guibeá, sentado bajo el tamarisco del santuario,[e] con su lanza en la mano y rodeado de todos sus oficiales. Y cuando se enteró de que David y sus hombres habían sido localizados, **7** dijo a los oficiales que lo rodeaban:

—Hombres de Benjamín, escúchenme: ¿Acaso creen que el hijo de Jesé les va a dar también a todos ustedes tierras y viñedos, y que a todos los va a nombrar comandantes y capitanes? **8** Todos ustedes han conspirado contra mí,

pues nadie me ha dicho que mi hijo ha hecho un pacto con el hijo de Jesé; ninguno de ustedes se ha preocupado por mí; ninguno me ha dicho que mi hijo ha puesto en contra mía a mi ayudante para que me tienda emboscadas, como lo hace ahora.

9 Entonces Doeg, el edomita, que se encontraba entre los oficiales de Saúl, respondió con estas palabras:

—Yo vi al hijo de Jesé cuando fue a Nob para entrevistarse con Ahimélec, el hijo de Ahitub. **10** Ahimélec consultó al Señor acerca de David, y le entregó a este provisiones y la espada de Goliat el filisteo.[f]

11 Entonces el rey mandó llamar al sacerdote Ahimélec y a todos los sacerdotes de Nob, que eran parientes suyos. Y cuando todos llegaron ante el rey, **12** Saúl le dijo a Ahimélec:

—Escúchame bien, hijo de Ahitub.

—Estoy a la disposición de Su Majestad —contestó Ahimélec.

13 Y Saúl le preguntó:

—¿Por qué tú y el hijo de Jesé conspiraron contra mí? Tú le has dado pan y una espada, y has consultado a Dios acerca de David, para que se ponga en contra mía y me tienda emboscadas, como lo hace ahora.

14 Entonces Ahimélec contestó al rey:

—¿Quién entre todos los oficiales de Su Majestad es tan fiel como David, que además es yerno de Su Majestad y jefe de la guardia real, y tan digno de honra en palacio? **15** ¿Acaso es la primera vez que consulto a Dios acerca de él? ¡Nada de eso! Por lo tanto, no haga Su Majestad ninguna acusación contra este servidor suyo ni contra su familia, porque su servidor no sabe ni poco ni mucho de este asunto.

16 Pero el rey insistió:

—¡Ten por seguro, Ahimélec, que tú y toda tu parentela morirán!

17 Y en seguida el rey ordenó a su guardia personal:

—¡Maten a los sacerdotes del Señor! También ellos están de parte de David, pues sabiendo ellos que él estaba huyendo, no me lo hicieron saber.

Pero la guardia real no se atrevió a levantar la mano contra los sacerdotes del Señor. **18** Por lo tanto, el rey ordenó a Doeg, el edomita:

—¡Mátalos tú!

Entonces Doeg se lanzó contra los sacerdotes, y en aquella ocasión mató a ochenta y cinco hombres que vestían efod de lino.[g] **19** Luego entró en Nob, la ciudad de los sacerdotes, y a filo de espada mató a hombres, mujeres,

---

[h] 21.9(10) Cf. 1 S 17.51.

[i] 21.9(10) *Detrás del efod:* Aquí no se trata de la vestimenta que llevaban los sacerdotes (véase 1 S 2.18 n., y cf. 22.18), sino de un objeto de tamaño mayor. Algunos piensan en la caja que contenía el Urim y el Tumim; otros creen que era un objeto de veneración, quizá una imagen divina. Véanse Ex 28.6 n.; Jue 8.27 n.

[j] 21.10(11) *Gat* era una de las cinco ciudades que formaban la así llamada Pentápolis filistea. Véanse 6.17 n.

[k] 21.11(12) *David, servidor de Saúl, el rey de esta tierra:* traducción probable. Heb. *David, rey de esta tierra.*

[l] 21.11(12) Cf. 1 S 18.7; 29.5.

[m] 21.12(13) Sal 56.(1).

[n] 21.13(14) Sal 34.(1).

[a] 22.1 *Adulam:* lugar situado al sudoeste de Jerusalén (Gn 38.1). Los títulos hebreos de Sal 57 y 142 aluden a este incidente.

[b] 22.3 *Mispá de Moab*, al este del Mar Muerto, no debe confundirse con la Mispá de Benjamín. Véase 1 S 7.6 nota *i*.

[c] 22.3-4 Según la genealogía de Rut 4.18-22, David tenía lazos de parentesco con los moabitas por la línea de Rut, su bisabuela.

[d] 22.5 Aquí se menciona por primera vez a *Gad, el profeta* que desempeñó un importante papel durante el reinado de David (cf. 2 S 24.11-19; 1 Cr 29.29; 2 Cr 29.25).

[e] 22.6 *El tamarisco del santuario:* según la versión griega (LXX). Heb. *el tamarisco de Ramá.*

[f] 22.9-10 Sal 52.(1-2).

[g] 22.18 *Efod de lino:* Véase 1 S 2.18 n.

niños y hasta recién nacidos. También mató bueyes, asnos y ovejas. **20** Pero uno de los hijos de Ahimélec, llamado Abiatar, *h* logró escapar de la matanza y huyó hasta donde estaba David. **21** Allí le comunicó que Saúl había asesinado a los sacerdotes del Señor, **22** y David le respondió:

—Ya sabía yo aquel día que, estando allí Doeg, sin duda se lo contaría a Saúl. Yo tengo la culpa de que hayan muerto todos los miembros de tu familia. **23** Pero quédate conmigo y no tengas miedo, que quien quiere matarte también quiere matarme a mí. Pero conmigo estarás seguro.

23 David libera la ciudad de Queilá

1 Un día, los filisteos atacaron la ciudad de Queilá,*a* y robaron el trigo recién trillado. Cuando le contaron esto a David, **2** él fue y consultó al Señor. Le dijo:

—¿Me permites ir a luchar contra estos filisteos?

Y el Señor le respondió:

—Sí, combátelos y libera la ciudad de Queilá.

3 Pero los hombres de David le dijeron:

—Si estando aquí en Judá tenemos miedo, ¡con más razón lo tendremos si vamos a Queilá a luchar contra el ejército filisteo!

4 Entonces David consultó de nuevo al Señor, y el Señor le contestó:

—Ponte en marcha hacia Queilá, pues yo pondré en tus manos a los filisteos.

5 David y sus hombres se pusieron en marcha hacia Queilá, y allí lucharon contra los filisteos, y los derrotaron por completo y se apoderaron de sus ganados. De esa manera salvó David a los habitantes de Queilá.

6 Mientras tanto, Abiatar, el hijo de Ahimélec, había huido con la intención de unirse a David en Queilá, llevándose consigo el efod.*b* **7** Por otra parte, a Saúl le habían informado que David estaba en Queilá, y pensó: "Dios lo ha puesto en mis manos, porque al haberse metido en la ciudad ha quedado encerrado tras sus puertas y cerrojos."

8 En seguida, Saúl mandó llamar a todo su ejército con el fin de dirigirse a Queilá y sitiar a David y a sus hombres. **9** Pero al saber David que Saúl pensaba atacarlo, ordenó al sacerdote Abiatar que le trajera el efod para consultar al Señor. **10** Y dijo David:

—Señor y Dios de Israel, este siervo tuyo sabe que Saúl se propone venir a Queilá y destruirla por causa mía. **11** ¿Vendrá Saúl a buscarme, según ha sabido? ¿Me entregarán a él los habitantes de Queilá? ¡Señor y Dios de Israel, este siervo tuyo te ruega que se lo digas!

Y el Señor contestó:

—Saúl vendrá.

12 Entonces David preguntó:

—¿Nos entregarán los habitantes de Queilá, a mí y a mis hombres, en poder de Saúl?

Y el Señor respondió:

—Los entregarán.

13 Entonces David y sus hombres, que eran alrededor de seiscientos, salieron de Queilá y anduvieron sin rumbo fijo. Y cuando le llegó a Saúl la noticia de que David había escapado de Queilá, ya no hizo nada por perseguirlo.

David en el desierto **14** Así David se quedó a vivir en unas fortalezas que había en un monte del desierto de Zif,*c* y aunque Saúl lo buscaba todos los días, Dios no lo puso en sus manos. **15** Sin embargo, David tenía miedo de Saúl, porque había salido con la intención de matarlo. Por eso se quedó en Hores, en el desierto de Zif. **16** Un día, Jonatán, el hijo de Saúl, fue a ver a David en Hores, y a darle ánimo fortaleciendo su confianza en Dios. **17** Le dijo:

—No tengas miedo, porque Saúl mi padre no podrá encontrarte. Tú llegarás a ser rey de Israel, y yo seré el segundo en importancia. Esto, hasta Saúl mi padre lo sabe.

18 Entonces los dos hicieron un pacto, y pusieron al Señor por testigo.*d* Después Jonatán regresó a su casa, y David se quedó en Hores. **19** Pero los habitantes de Zif fueron a Guibeá para hablar con Saúl, y le dijeron:

—David está escondido en nuestro territorio,*e* en unas fortalezas que hay en el monte de Haquilá, en Hores, al sur del desierto. **20** Por lo tanto, cuando Su Majestad guste venir, hágalo, y nosotros se lo entregaremos.

21 Saúl les contestó:

—¡Que Dios los bendiga por haberse compadecido de mí! **22** Ahora les ruego que vayan y averigüen el lugar exacto donde se encuentra, y quién lo ha visto allí, porque me han dicho que él es muy astuto. **23** Fíjense bien en todos los escondites en que se mete, y vuelvan a mí con datos seguros, y entonces yo iré con ustedes. Y si en verdad está en esa región, yo lo buscaré palmo a palmo entre todos los clanes de Judá.

24 Los de Zif se despidieron, y con el permiso de Saúl regresaron a su ciudad. David y sus hombres se hallaban en el desierto de Maón,*f* en el llano que hay al sur del desierto, **25** y Saúl y su gente se pusieron en camino para buscarlo. Cuando le dieron aviso de esto a David, él bajó al peñasco que está*g* en el desierto de Maón. Al saberlo, Saúl se lanzó al desierto de Maón, en persecución de David. **26** Por un costado del monte avanzaban Saúl y su gente, y por el otro iban David y sus hombres, dándose prisa para alejarse de Saúl. Y cuando ya Saúl y su gente habían rodeado a David y los suyos, y estaban a punto de capturarlos, **27** llegó un mensajero a decirle a Saúl:

—¡Regrese inmediatamente Su Majestad, porque los filisteos han invadido el país!

28 Entonces Saúl dejó de perseguir a David y fue a enfrentarse con los filisteos. Por esa razón aquel lugar fue conocido como 'Peñasco de la Separación'.

---

h **22.20** *Abiatar* llegó a ser sumo sacerdote durante el reinado de David (1 S 23.6; 2 S 20.25).
a **23.1** *Queilá:* situada unos cuantos km. al sur de Adulam. Según v. 3 no pertenecía ni a Judá ni a Filistea.
b **23.6** Aquí la palabra *efod* designa la caja o el recipiente donde estaban el Urim y el Tumim. Véase Ex 28.30 n.; cf. también Dt 33.8; 1 S 14.31.
c **23.14** *Desierto de Zif:* al sudeste de Hebrón. Véase Gn 13.18 n.
d **23.18** Cf. 1 S 18.3; 20.17.
e **23.19** Sal 54.(1-2).
f **23.24** El *desierto de Maón* se encontraba a unos 12 km. al sur de Hebrón (véase Gn 13.18 n.).
g **23.25** *Peñasco que está:* según la versión griega (LXX). Heb. *peñasco y permaneció* (o *se estableció*).

David perdona la vida a Saúl [h]

24 **29 (24.1)** [i] De allí David se fue a vivir a las fortalezas de En-gadi. [j] **1 (2)** Y cuando regresó Saúl de perseguir a los filisteos, le dieron la noticia de que David estaba en el desierto de En-gadi. **2 (3)** Entonces Saúl escogió a tres mil hombres de todo Israel y fue a buscar a David y sus hombres por las peñas más escarpadas. **3 (4)** En su camino llegó a unos rediles de ovejas, cerca de los cuales había una cueva en la que estaban escondidos David y sus hombres. [a] Saúl se metió en ella para hacer sus necesidades, **4 (5)** y los hombres de David le dijeron a este:

—Hoy se cumple la promesa que te hizo el Señor de que pondría en tus manos a tu enemigo. Haz con él lo que mejor te parezca.

Entonces David se levantó, y con mucha precaución cortó un pedazo de la capa de Saúl; **5 (6)** pero después de hacerlo le remordió la conciencia, **6 (7)** y les dijo a sus hombres:

—¡El Señor me libre de alzar mi mano contra mi señor el rey! ¡Si él es rey, es porque el Señor lo ha escogido!

7 (8) De este modo refrenó David a sus hombres y no les permitió atacar a Saúl, el cual salió de la cueva y siguió su camino. **8 (9)** Pero en seguida David salió de la cueva tras él, y le gritó:

—¡Majestad, Majestad!

Saúl miró hacia atrás, y David, inclinándose hasta el suelo en señal de reverencia, **9 (10)** le dijo:

—¿Por qué hace caso Su Majestad a quienes le dicen que yo busco su mal? **10 (11)** Su Majestad ha podido comprobar que, aunque el Señor puso hoy a Su Majestad en mis manos allá en la cueva, yo no quise [b] matar a Su Majestad, sino que le perdoné la vida, pues me dije que si Su Majestad es rey, es porque el Señor lo ha escogido.

11 (12) "Mire bien Su Majestad lo que tengo en la mano: es un pedazo de la capa de Su Majestad, a quien bien podría haber matado. Con eso puede darse cuenta Su Majestad de que yo no he pensado en hacerle daño ni en traicionarlo, ni tampoco le he faltado. Sin embargo, Su Majestad me persigue para quitarme la vida. **12 (13)** ¡Que el Señor juzgue entre nosotros dos, y me vengue de Su Majestad! Por lo que a mí toca, jamás levantaré mi mano contra Su Majestad. **13 (14)** Un antiguo refrán dice: 'La maldad viene de los malvados'; por eso yo jamás levantaré mi mano contra Su Majestad. **14 (15)** Además, ¿tras de quién ha salido el rey de Israel? ¿A quién está persiguiendo? ¡A mí, que soy como un perro muerto, o como una pulga! **15 (16)** Por lo tanto, que el Señor decida y juzgue entre nosotros dos; ¡que sea él quien examine mi causa y me defienda de Su Majestad!"

16 (17) Cuando David terminó de hablar, Saúl exclamó:

—¡Pero si eres tú, David, hijo mío, quien me habla!

Y echándose a llorar, **17 (18)** le dijo:

—La razón está de tu lado, pues me has devuelto bien a cambio del mal que te he causado. **18 (19)** Hoy me has demostrado que tú buscas mi bien, pues habiéndome puesto el Señor en tus manos, no me mataste. **19 (20)** En realidad, no hay nadie que, al encontrar a su enemigo, lo deje ir sano y salvo. Por lo tanto, ¡que el Señor te pague con bien lo que hoy has hecho conmigo! **20 (21)** Ahora me doy perfecta cuenta de que tú serás el rey, y de que bajo tu dirección el reino de Israel habrá de prosperar. [c] **21 (22)** Júrame, pues, por el Señor, que no acabarás con mis descendientes ni borrarás mi nombre de mi familia.

22 (23) David se lo juró a Saúl, y después Saúl regresó a su palacio, en tanto que David y los suyos se fueron a la fortaleza.

Muerte de Samuel

25 **1** Samuel murió, y todos los israelitas se reunieron para llorar su muerte. Lo enterraron en su casa, en Ramá. Después David se fue al desierto de Parán. [a]

David y Abigail

2 Había en Maón un hombre muy rico, dueño de tres mil ovejas y mil cabras, que tenía sus negocios en la ciudad de Carmel, [b] donde acostumbraba trasquilar sus ovejas. **3** Este hombre se llamaba Nabal, y era descendiente de Caleb; [c] era un hombre rudo y de mala conducta. Por el contrario, Abigail, su esposa, era hermosa e inteligente.

4-5 Cuando David, que estaba en el desierto, supo que Nabal se encontraba en Carmel trasquilando sus ovejas, [d] envió a diez de sus criados con la orden de saludar a Nabal de su parte **6** y darle el siguiente mensaje: "Recibe, hermano mío, [e] mis mejores deseos de bienestar para ti y tu familia y todos los tuyos. **7** He sabido que te encuentras trasquilando tus ovejas. También tú sabrás que tus pastores han estado en Carmel con nosotros, y que mientras ellos estuvieron con nosotros nunca se les molestó ni se

---

[h] 23.29(24.1)—24.22(23) Véase 26.1-25 n.
[i] 23.29(24.1)—24.22(23) Los números entre paréntesis corresponden a la numeración del texto hebreo.
[j] 23.29(24.1) Fortalezas de En-gadi, al este de Hebrón, a orillas del mar Muerto. Véanse Cnt 1.14 nota p e Índice de mapas.
[a] 24.3(4) Sal 57.(1); 142.(1).
[b] 24.10(11) Yo no quise: según la versión griega (LXX). Heb. él dijo.
[c] 24.20(21) Cf. 1 S 23.17.
[a] 25.1 El desierto de Parán se encontraba al sur de Canaán, en la península del Sinaí (cf. Nm 10.12; véase también Nm 20.1 nota b), es decir, en una región muy alejada de los lugares mencionados en los caps. 22—26. Por tanto, lo más probable es que David se haya refugiado en el desierto de Maón (véase 1 S 23.24 n.), como lo indica la versión griega (LXX). De todas maneras, el relato siguiente indica que David residía en el desierto de Maón (cf. v. 2). Véase Índice de mapas.
[b] 25.2 Carmel: Véase 1 S 15.12 n.
[c] 25.3 Nabal, por ser descendiente de Caleb, pertenecía a una importante tribu del sur, que mantenía relaciones amistosas con Judá (cf. Nm 13.30—14.30; Jos 15.13-19; Jue 1.10-15). Un pacto con los calebitas era muy ventajoso para David, ya que esto le permitiría extender su liderazgo a otro de los grupos que poblaban las montañas de Judá. De hecho, él será consagrado rey en Hebrón, la ciudad más importante en el área ocupada por la tribu de Caleb (cf. Jue 1.20; 2 S 2.1-4).
[d] 25.4-5 Trasquilando sus ovejas: Este era tiempo de fiesta y regocijo (cf. 2 S 13.23-24), en el que se acostumbraba a regalar animales y otros objetos a las personas necesitadas.
[e] 25.6 Hermano mío: traducción probable; otra posible traducción: ¡Salud!

les quitó nada. ⁸ Puedes preguntar esto a tus criados, y ellos te lo confirmarán. Por esta razón te ruego que tengas ahora consideración con estos muchachos, que en buen momento llegan, y que nos des, tanto a ellos como a mí, lo que tengas a mano, pues soy como tu hijo."

⁹ Los criados de David fueron y transmitieron este recado a Nabal, y se quedaron esperando la respuesta. ¹⁰ Pero Nabal les contestó:

—¿Quién es David? ¿Quién es ese hijo de Jesé? ¡Hoy en día son muchos los esclavos que andan huyendo de sus dueños! ¹¹ ¿Acaso voy a tomar la comida y la bebida y la carne que he preparado para mis trasquiladores, y voy a dárselas a gente que no sé ni de dónde es?

¹² Los criados de David tomaron el camino de regreso, y cuando llegaron ante David le contaron todo lo que Nabal había dicho. ¹³ Entonces David ordenó a sus hombres:

—¡Todos a las armas!

Sus hombres se colocaron la espada al cinto, lo mismo que David; y así cuatrocientos hombres se fueron con él, mientras que otros doscientos se quedaron cuidando el material. ¹⁴ Pero uno de los criados de Nabal fue a decirle a Abigail, la mujer de Nabal:

—Desde el desierto, David envió unos mensajeros a saludar a nuestro amo, pero él reaccionó muy groseramente. ¹⁵ Sin embargo, esos hombres se han portado muy bien con nosotros. Durante todo el tiempo que anduvimos con ellos por el campo, nunca nos molestaron ni nos quitaron nada. ¹⁶ Al contrario, de día y de noche nos protegían, tanto a nosotros como a nuestros rebaños. ᶠ ¹⁷ Pero como mi marido de usted tiene tan mal genio que no se le puede hablar, piense usted y vea lo que debe hacer, porque con toda seguridad algo malo va a venir contra él y contra toda su familia.

¹⁸ Rápidamente Abigail tomó doscientos panes, dos cueros de vino, cinco ovejas asadas, unos cuarenta litros de grano tostado, cien tortas de uvas pasas y doscientas tortas de higos secos; luego lo cargó todo en asnos, ¹⁹ y dijo a sus criados:

—Adelántense ustedes, que yo los seguiré más tarde.

Sin decir nada de esto a su marido, ²⁰ Abigail montó en un asno y, a escondidas, comenzó a bajar del monte. De pronto vio que David y sus hombres venían a su encuentro, y fue a recibirlos.

²¹ David venía pensando que de balde había protegido todo lo que Nabal tenía en el desierto, sin quitarle nada de su propiedad, pues él le había pagado mal por bien. ²² Así que juró: "¡Que Dios me castigue duramente ᵍ si de aquí a mañana no acabo con todos los varones parientes suyos!"

²³ En cuanto Abigail vio a David, se bajó del asno y se inclinó hasta el suelo en señal de respeto. ²⁴ Luego se echó a sus pies y le dijo:

—¡Que la culpa, mi señor, recaiga sobre mí! Yo le ruego a usted que me permita hablarle, y que escuche mis razones. ²⁵ No haga usted caso de Nabal, ese hombre grosero, porque él, haciendo honor a su nombre, ʰ es realmente un estúpido. Siempre actúa con estupidez. Esta servidora de usted no vio a los criados que usted mandó. ²⁶ Sin embargo, con toda seguridad, el Señor no ha permitido que venga usted a derramar sangre y a hacerse justicia por su propia mano. ¡Quiera el Señor que todos los enemigos de usted, y todos los que procuran hacerle daño, corran la misma suerte que Nabal! ²⁷ Y ahora le ruego a usted que estos regalos que yo le he traído sean repartidos entre los criados que le acompañan, ²⁸ y que perdone usted a esta servidora suya. Ciertamente el Señor va a mantener a usted y a su dinastía en el poder, ⁱ ya que usted lucha por la causa del Señor, y en toda su vida no sufrirá ningún mal. ²⁹ Si alguien lo persigue a usted e intenta matarlo, la vida de usted estará segura bajo la protección del Señor su Dios. En cuanto a los enemigos de usted, el Señor los arrojará como quien tira piedras con una honda. ³⁰ Así pues, cuando el Señor haga realidad todo lo bueno que ha anunciado respecto a usted, y lo nombre jefe de Israel, ³¹ no tendrá usted el pesar ni el remordimiento de haber derramado sangre inocente ni de haberse hecho justicia por su propia mano. Y cuando el Señor le dé a usted prosperidad, acuérdese de esta servidora suya.

³² David le respondió:

—Bendito sea el Señor, Dios de Israel, que te envió hoy a mi encuentro, ³³ y bendita seas tú por tu buen juicio, porque hoy has evitado que yo llegue a derramar sangre y a hacerme justicia por mi propia mano. ³⁴ Pero te juro por el Señor, el Dios de Israel, que ha evitado que yo te haga daño, que si no te hubieras dado prisa en venir a mi encuentro, mañana no le quedaría a Nabal ni un solo varón vivo.

³⁵ Luego David recibió de manos de ella lo que le había llevado, y le dijo:

—Puedes irte tranquila a tu casa. Como ves, he atendido a tus razones y te he concedido lo que me pediste.

³⁶ Cuando Abigail volvió a donde estaba Nabal, vio que este se hallaba celebrando en su casa un banquete digno de un rey. Estaba muy contento y completamente borracho. Por eso, ella no le dijo nada hasta el otro día. ³⁷ A la mañana siguiente, cuando ya se le había pasado la borrachera a Nabal, Abigail le explicó claramente lo ocurrido, y Nabal sufrió un ataque repentino que lo dejó paralizado. ³⁸ Diez días después, el Señor lo hirió de nuevo, y Nabal murió. ³⁹ Cuando David supo que Nabal había muerto, dijo:

—¡Bendito sea el Señor, que me ha vengado de la ofensa que me hizo Nabal! ¡Me ha librado de hacer lo malo, y ha hecho recaer la maldad de Nabal sobre Nabal mismo!

Después David envió a Abigail una proposición de matrimonio. ⁴⁰ Y cuando los criados de David llegaron a Carmel para hablar con ella, le dijeron:

—David nos ha enviado por usted, porque quiere hacerla su esposa.

⁴¹ Abigail se inclinó hasta el suelo, en actitud de reverencia, y contestó:

ᶠ **25.16** Este v. alude a una táctica común a todas las épocas: las bandas armadas brindan protección a los que les hacen "regalos" y amenazan o destruyen a los que se los niegan (cf. v. 7).

ᵍ **25.22** *Me castigue duramente:* según la versión griega (LXX).

Heb. *castigue duramente a los enemigos de David.*

ʰ **25.25** En hebreo, *Nabal* significa *estúpido.*

ⁱ **25.28** *El Señor... su dinastía en el poder:* Cf. 2 S 7.16; 1 R 11.38.

—Yo soy una simple servidora de David, dispuesta a lavar los pies de sus esclavos, si él así me lo ordena.

⁴² Después de haber dicho esto, se preparó rápidamente y, acompañada por cinco criadas, montó en un asno y se puso en camino tras los enviados de David, y se casó con él.

⁴³ David se casó también con Ahinóam de Jezreel,ʲ y las dos fueron sus mujeres. ⁴⁴ Saúl había entregado su hija Mical, la mujer de David, a Paltí, el hijo de Lais, que era de Galim.

26 David perdona la vida a Saúlᵃ

¹ Los habitantes de Zif fueron a Guibeá a ver a Saúl, y le dijeron: "David está escondidoᵇ en la colina de Haquilá, frente al desierto."

² Entonces Saúl se puso en marcha, acompañado de tres mil de los mejores soldados israelitas, y se fue al desierto de Zif en busca de David. ³ Acampó en la colina de Haquilá, que está junto al camino y frente al desierto. Pero David, que estaba en el desierto, se dio cuenta de que Saúl lo había seguido hasta allí, ⁴ así que envió espías para saber hasta dónde había llegado Saúl. ⁵ Después fue hasta el lugar en que Saúl había acampado y se fijó en dónde dormían Saúl y Abner, el hijo de Ner, ᶜ que era jefe del ejército de Saúl. Resultó que Saúl dormía dentro del campamento, rodeado de su gente. ⁶ Entonces David habló con Ahimélec el hititaᵈ y con Abisai, que era hijo de Seruiá y hermano de Joab, y les preguntó:

—¿Quién está dispuesto a bajar conmigo al campamento para llegar hasta Saúl?

—Yo bajaré contigo —respondió Abisai. ᵉ

⁷ Aquella misma noche, David y Abisai fueron al campamento. Saúl estaba durmiendo dentro del campamento, y a su cabecera tenía su lanza hincada en tierra. Abner y la tropa estaban acostados alrededor de él. ⁸ Entonces dijo Abisai a David:

—Dios ha puesto hoy en tus manos a tu enemigo. Déjame que lo mate ahora y que lo clave en tierra con su propia lanza. Un solo golpe será suficiente.

⁹ Pero David le contestó:

—No lo mates, pues nadie que intente matar al rey escogido por el Señor quedará sin castigo. ¹⁰ Juro por el Señor que él será quien le quite la vida, ya sea que le llegue la hora de la muerte, o que muera al entrar en combate. ¹¹ Que el Señor me libre de intentar matar al rey que él ha escogido. Así que toma la lanza que está a su cabecera y la jarra del agua, y vámonos.

¹² De esta manera David tomó la lanza y la jarra del agua que estaban a la cabecera de Saúl, y se fueron. Nadie los vio ni oyó; nadie se despertó, porque todos estaban dormidos, pues el Señor hizo que cayeran en un profundo sueño. ᶠ ¹³ Después David pasó al otro lado del valle y se puso sobre la cumbre de un monte, a cierta distancia. Entre ellos quedaba un gran espacio. ¹⁴ Entonces David llamó en alta voz a Abner y al ejército:

—¡Abner, contéstame!

Abner respondió:

—¿Quién eres tú para gritarle al rey?

¹⁵ David le dijo:

—¿No eres tú ese hombre a quien nadie en Israel se le puede comparar? ¿Cómo es que no has protegido a tu señor el rey? Uno del pueblo ha entrado con intenciones de matarlo. ¹⁶ No está bien lo que has hecho. Yo les juro por el Señor que ustedes merecen la muerte, pues no han protegido a su señor, el rey que el Señor ha escogido. ¡Busca la lanza del rey y la jarra del agua que estaban a su cabecera, a ver si las encuentras!

¹⁷ Cuando Saúl reconoció la voz de David, exclamó:

—¡Pero si eres tú, David, hijo mío, quien me habla!

Y David contestó:

—Sí, Majestad, soy yo. ¹⁸ Pero, ¿por qué persigue Su Majestad a este servidor suyo? ¿Qué he hecho? ¿Qué mal he cometido? ¹⁹ Yo le ruego a Su Majestad que escuche a este siervo suyo: si es el Señor quien ha puesto a Su Majestad en contra mía, ojalá acepte una ofrenda; pero si es cosa de los hombres, que el Señor los maldiga. Porque me han arrojado ahora de esta tierra, que es del Señor, con lo cual me empujan a servir a otros dioses. ᵍ ²⁰ Yo no quisiera que mi sangre fuera derramada lejos de la presencia del Señor, ¡pero Su Majestad ha salido en busca de una pulga, y me persigue por los montes como a una perdiz!

²¹ Entonces Saúl dijo:

—¡David, hijo mío, reconozco que he pecado! ¡Me he portado como un necio, y he cometido un gran error! Pero regresa, que no volveré a buscar tu mal, ya que en este mismo día me has mostrado respeto por mi vida.

²² David le contestó:

—Aquí está la lanza de Su Majestad. Que venga uno de los criados a recogerla, ²³ y que el Señor recompense a cada cual según su lealtad y sinceridad. Aunque el Señor puso hoy a Su Majestad en mis manos, no quise alzar mi mano contra el rey que él ha escogido. ²⁴ Y así como hoy he respetado la vida de Su Majestad, así quiera el Señor respetar la mía y me libre de toda angustia.

²⁵ Saúl exclamó entonces:

—¡Bendito seas, David, hijo mío! ¡Tú emprenderás grandes cosas, y tendrás éxito en todo!ʰ

Después de esto, Saúl regresó a su casa, y David siguió su camino.

ʲ **25.43** *Jezreel:* Cf. Jos 15.55-56.
ᵃ **26.1-25** Este relato es muy parecido al del cap. 24. En ambos casos se pone de relieve la grandeza de alma de David y su respeto por la sagrada persona del rey. Véase 1 S 10.1 nota c.
ᵇ **26.1** Sal 54.(1-2).
ᶜ **26.5** *Abner, el hijo de Ner:* Cf. 1 S 14.50.
ᵈ **26.6** Este *Ahimélec* no vuelve a mencionarse en otros textos, pero el apelativo *el hitita* se aplica también a Urías, otro guerrero notable (cf. 2 S 11.2-4). Acerca del uso de la palabra *hitita* en el AT, véase Jos 1.4 n.
ᵉ **26.6** *Abisai* y *Joab* desempeñan importantes papeles en la historia de David. Según 1 Cr 2.16, *Seruiá*, la madre de *Abisai*, era hermana de David.
ᶠ **26.12** Cf. Gn 2.21; 15.12; Is 29.10.
ᵍ **26.19** *Me empujan a servir a otros dioses:* Entre los pueblos antiguos era tan estrecho el lazo de unión entre el dios, la comunidad y la tierra, que se consideraba prácticamente imposible rendir culto al propio dios en otro país y conviviendo con un pueblo extranjero.
ʰ **26.25** *¡... Tendrás éxito en todo!:* Cf. 1 S 18.14; 24.20(21).

27 David en territorio filisteo

27 ¹ Sin embargo, David pensaba: "Tarde o temprano, Saúl me va a matar. Por eso, lo mejor que puedo hacer es huir al país filisteo para que Saúl me deje tranquilo y no me ande buscando por todo el territorio de Israel. Así escaparé de sus manos." ² Y así David y los seiscientos hombres que le acompañaban se pusieron en camino para ponerse al servicio de Aquís, hijo de Maoc y rey de Gat. ³ David y sus hombres vivieron en Gat, con Aquís, cada cual con su familia. David se llevó a sus dos mujeres: Ahinóam, la de Jezreel, y Abigail, la viuda de Nabal, el de Carmel. ⁴ Cuando Saúl supo que David había huido a Gat, dejó de perseguirlo.

⁵ Y David le dijo a Aquís:

—Si Su Majestad tiene a bien favorecerme, le ruego que me conceda vivir en alguna de las ciudades del país, pues no está bien que este servidor suyo viva con Su Majestad en la capital del reino.

⁶ Aquel mismo día, Aquís le dio la ciudad de Siclag. Por eso, hasta la fecha, Siclag es parte del reino de Judá.ᵃ

⁷ David vivió durante un año y cuatro meses en territorio filisteo. ⁸ Y salía con sus hombres a saquear a los de Guesur, Guézer y Amalec, que habitaban en aquella región, desde Telaím,ᵇ en la dirección de Sur, hasta Egipto. ⁹ Atacaba a aquella región y no dejaba vivo hombre ni mujer. Además se llevaba las ovejas, las vacas, los asnos, los camellos y hasta la ropa. Después volvía adonde estaba Aquís, ¹⁰ y este le preguntaba: "¿Qué pueblo has saqueado hoy?" Y David le contestaba: "Al sur de Judá", o "Al sur de Jerahmeel", o "Al sur del territorio de los quenitas."ᶜ

¹¹ David no dejaba hombre ni mujer con vida, para evitar que fueran a Gat y dieran aviso de lo que él hacía. Todo el tiempo que vivió en tierra filistea lo hizo así. ¹² Y Aquís confiaba en David, y pensaba: "David se está volviendo odioso a Israel, y así será siempre mi servidor."

28 ¹ Por aquellos días, los filisteos reunieron sus ejércitos para luchar contra Israel, y Aquís dijo a David:

—Como tú bien sabes, tú y tus hombres tienen que salir conmigo a campaña.

² David le respondió:

—Muy bien. Ahora va a saber Su Majestad lo que este siervo suyo es capaz de hacer.

—En ese caso —contestó Aquís a David—, te nombraré jefe permanente de mi guardia personal.

Saúl y la adivina de Endor

³ Para entonces ya Samuel había muerto, y todos en Israel habían llorado su muerte, después de lo cual lo habían enterrado en Ramá, su ciudad natal.ᵃ Saúl, por su parte, había expulsado del país a los adivinos y a los que invocaban a los muertos.ᵇ

⁴ Los filisteos se reunieron y fueron a establecer su campamento en Sunem,ᶜ y Saúl juntó a todo Israel y tomó posiciones en Guilboa. ⁵ Pero cuando vio el campamento filisteo, tuvo miedo y se sintió dominado por el terror. ⁶ Entonces consultó al Señor, pero el Señor no le respondió ni por sueños, ni por el Urim,ᵈ ni por los profetas.ᵉ ⁷ Por eso ordenó a sus oficiales:

—Busquen alguna mujer que invoque a los muertos, para que yo vaya a hacerle una consulta.

Y sus oficiales le respondieron:

—En Endorᶠ hay una mujer que invoca a los muertos.

⁸ Saúl se disfrazó, vistiéndose con otra ropa, y acompañado por dos hombres fue de noche a visitar a aquella mujer. Y le dijo:

—Te ruego que me adivines la suerte, y que hagas venir el espíritu de quien yo te diga.

⁹ La mujer le respondió:

—Tú sabes lo que ha hecho Saúl, que ha expulsado del país a los adivinos y a los que invocan a los muertos. ¿Por qué me metes en algo que me puede costar la vida?

¹⁰ Pero Saúl, jurando por el Señor, le dijo:

—Te juro por el Señor que no te pasará nada malo por esto.

¹¹ —¿A quién quieres que haga venir? —contestó la mujer.

—Llámame a Samuel —dijo Saúl.

¹² De repente la mujer vio a Samuel, y dio un grito; luego le dijo a Saúl:

—¿Por qué me has engañado? ¡Tú eres Saúl!

¹³ Pero el rey le dijo:

—No tengas miedo. ¿Qué has visto?

—Veo un diosᵍ que subeʰ de la tierra —contestó la mujer.

¹⁴ —¿Qué aspecto tiene? —preguntó Saúl.

—Es un hombre anciano, vestido con una capa —respondió ella.

Saúl comprendió en seguida que era Samuel, y se inclinó hasta tocar el suelo con la frente. ¹⁵ Entonces le dijo Samuel:

—¿Para qué me has molestado, haciéndome venir?

Saúl respondió:

—Es que estoy muy angustiado, pues me están atacando los filisteos y Dios me ha abandonado. No me responde ya ni por medio de los profetas ni por sueños. Por eso te he llamado, para que me indiques lo que debo hacer.

¹⁶ Samuel le contestó:

—¿Por qué me preguntas a mí, si el Señor ya te ha abandonado y se ha vuelto tu enemigo? ¹⁷ El Señor ha hecho contigo lo que te anunció por medio de mí. Te ha

---

ᵃ **27.6** La localización exacta de *Siclag* es incierta, pero seguramente se encontraba al sur de Judá, en una posición que permitía controlar el acceso al desierto del Néguev (cf. v. 10).

ᵇ **27.8** Desde *Telaím*: traducción probable. Heb. *desde hacía mucho tiempo*. Cf. 15.4.

ᶜ **27.10** *Los quenitas:* Véase Jue 1.16 nota *q*.

ᵃ **28.3** Cf. 1 S 25.1.

ᵇ **28.3** *Ramá, su ciudad natal:* Lv 20.27; Dt 18.10-11.

ᶜ **28.4** *Sunem* se encontraba al norte de Guilboa, en la parte sur del valle de Jezreel. Cf. 1 R 1.3; véase *Índice de mapas*.

ᵈ **28.6** Cf. Nm 27.21.

ᵉ **28.6** A diferencia de la consulta a los adivinos, a los espíritus o a los muertos (cf. Dt 18.9-14), los *sueños*, el *Urim* y los *profetas* son tres medios de la revelación divina aceptados por el AT. Cf. Dt 33.8; 1 R 3.5.

ᶠ **28.7** *Endor:* al norte del monte Guilboa y de Sunem. Véase *Índice de mapas*.

ᵍ **28.13** La palabra hebrea traducida por *dios* puede designar también un *ser sobrenatural* o un *espectro*.

ʰ **28.13** *Un dios que sube:* en singular, según el contexto. Lit. *unos dioses que suben.*

arrebatado el reino y se lo ha entregado a tu compañero David, *ⁱ* ¹⁸ ya que tú no obedeciste el mandato del Señor, ni cumpliste su orden de destruir a los amalecitas. *ʲ* Por eso ahora el Señor ha hecho esto contigo. ¹⁹ Además, el Señor va a entregar a los israelitas y a ti en poder de los filisteos, y mañana tú y tus hijos estarán conmigo. También hará el Señor que el campamento de Israel caiga en poder de los filisteos. *ᵏ*
²⁰ De pronto Saúl cayó al suelo cuan largo era. Estaba tan asustado por las palabras de Samuel, que se desmayó. Para colmo, no había comido nada en todo el día ni en toda la noche. ²¹ Al ver la mujer que Saúl estaba tan aturdido, se acercó a él y le dijo:
—Esta servidora tuya ha atendido tu petición. Jugándome la vida, le he obedecido tus órdenes. ²² Así que ahora te ruego que me hagas caso: te voy a servir un poco de comida, para que te reanimes y puedas seguir adelante.
²³ Saúl no quería comer, pero sus oficiales y la mujer insistieron tanto que al fin aceptó. En seguida se levantó del suelo y se sentó en una cama. ²⁴ Mientras tanto, la mujer mató un becerro gordo que tenía en su casa, y amasó harina para cocer unas tortas sin levadura. ²⁵ Luego les llevó esto a Saúl y a sus oficiales, los cuales, después de haber comido, se despidieron, y aquella misma noche se fueron.

29 Los filisteos desconfían de David

¹ Los filisteos reunieron todas sus tropas en Afec, *ᵃ* en tanto que los israelitas acamparon en el manantial que está en Jezreel. ² Y cuando los jefes filisteos avanzaban por compañías y batallones, David y sus hombres marchaban con Aquís en la retaguardia. ³ Entonces los jefes filisteos le preguntaron a Aquís:
—¿Qué hacen aquí estos hebreos? *ᵇ*
Aquís les respondió:
—Este es David, que era oficial de Saúl, rey de Israel. Pero ha estado conmigo durante algunos años, y desde el día que se pasó a mi lado hasta hoy no he encontrado en él ninguna falta. *ᶜ*
⁴ Pero los jefes filisteos se enojaron con Aquís, y le dijeron:
—Pues ordénale que se vaya al lugar que le has dado y que no nos acompañe en la batalla; no sea que se convierta en nuestro enemigo en medio del combate. ¡La mejor manera que él tendría de quedar bien con su señor sería presentándole las cabezas de estos soldados! ⁵ ¡Este es el mismo David de quien cantaban en las danzas: 'Mil hombres mató Saúl, y diez mil mató David'! *ᵈ*
⁶ Entonces Aquís llamó a David y le dijo:
—¡Tan cierto como que el Señor vive, que tú eres un hombre recto! Y me ha gustado mucho la forma en que te has portado en el campamento. No he encontrado nada malo en ti desde el día en que viniste a verme. Pero no les caes bien a los jefes filisteos, ⁷ así que regresa ahora tranquilo, para no hacer nada que les desagrade.
⁸ David le contestó:
—¿Qué he hecho yo? ¿Qué ha visto en mí Su Majestad en todo este tiempo, que no me deja luchar contra sus enemigos?
⁹ Aquís respondió:
—Yo estoy seguro de que eres tan bueno como un ángel de Dios, *ᵉ* pero los jefes filisteos han decidido que no entres con nosotros en la batalla. ¹⁰ Por lo tanto, tú y los servidores de tu señor que han venido contigo se levantarán mañana, en cuanto amanezca, y emprenderán el regreso.
¹¹ Así pues, David y sus hombres se levantaron al día siguiente por la mañana y regresaron al país filisteo, mientras que los filisteos avanzaban hacia Jezreel.

30 David derrota a los amalecitas

¹ Al tercer día, David y sus hombres llegaron a Siclag, y se encontraron con que los amalecitas habían invadido el Négueb y atacado a Siclag, destruyéndola e incendiándola. ² También se habían llevado prisioneras a las mujeres y a todos los niños y adultos que estaban allí, aunque no habían matado a nadie.
³ Cuando David y sus hombres llegaron a la ciudad y vieron que estaba quemada y que se habían llevado prisioneros a sus mujeres, hijos e hijas, ⁴ se pusieron a llorar a voz en cuello hasta quedarse sin fuerzas. ⁵ También habían hecho prisioneras a las dos mujeres de David: a Ahinóam, la de Jezreel, y a Abigail, la viuda de Nabal, el de Carmel. *ᵃ* ⁶ David estaba muy preocupado porque la tropa quería apedrearlo, pues todos estaban muy disgustados por lo que había sucedido a sus hijos. Sin embargo, puso su confianza en el Señor su Dios, ⁷ y le dijo al sacerdote Abiatar, *ᵇ* hijo de Ahimélec:
—Por favor, tráeme el efod. *ᶜ*
En cuanto Abiatar llevó el efod a David, ⁸ este consultó al Señor. Le preguntó:
—¿Debo perseguir a esa banda de ladrones? ¿Podré alcanzarla?
Y el Señor contestó:
—Persíguela, pues la alcanzarás y rescatarás a los prisioneros.
⁹ Inmediatamente David se puso en camino con los seiscientos hombres que le acompañaban, y llegaron al arroyo de Besor. *ᵈ* Allí se quedaron ¹⁰ doscientos hombres que estaban muy cansados para cruzar el arroyo, y con los otros

---

ⁱ **28.17** Cf. 1 S 15.28.
ʲ **28.18** *Amalecitas:* Véase Ex 17.8 nota *g.*
ᵏ **28.16-19** Cf. 1 S 15.1-23. Cf. Eclo 46.20.
ᵃ **29.1** Los distintos contingentes que se disponían a enfrentarse con los israelitas se concentraron en *Afec,* importante base militar filistea (véase 1 S 4.1b nota *c*).
ᵇ **29.3** *Estos hebreos:* Véase 1 S 14.21 n.
ᶜ **29.3** *Aquís* no estaba al tanto del doble juego que venía realizando David desde el momento en que este se puso a su servicio (cf. 1 S 27.7-12).
ᵈ **29.5** Cf. 1 S 18.7; 21.11(12).

ᵉ **29.9** *Como un ángel de Dios:* Esta expresión se emplea aquí en el sentido general de *persona buena y leal.* En 2 S 14.17; 19.27(28) se refiere más concretamente a la excepcional perspicacia de David para discernir lo bueno de lo malo.
ᵃ **30.5** *Ahinóam y Abigail:* Cf. 1 S 25.41-43.
ᵇ **30.7** *Abiatar:* Véase 1 S 22.20 n.
ᶜ **30.7** *El efod:* Véase 1 S 21.9(10) nota *i.*
ᵈ **30.9** Se ignora la localización exacta del *arroyo de Besor,* pero seguramente se encontraba en las cercanías de Siclag, al sudoeste de Beerseba (véase *Índice de mapas*).

cuatrocientos continuó David la persecución. **11** Más tarde encontraron en el llano a un egipcio, y lo llevaron ante David, aunque antes tuvieron que darle de comer y de beber: **12** le dieron una rebanada de torta de higo y dos tortas de uvas pasas. Después de comer, el egipcio se sintió más reanimado, pues hacía tres días y tres noches que no había comido ni bebido nada. **13** Entonces le preguntó David:

—¿Quién es tu amo? ¿De dónde vienes?

El egipcio le respondió:

—Soy egipcio, criado de un amalecita, pero hace tres días mi amo me abandonó porque caí enfermo, **14** pues fuimos a saquear la parte sur del territorio de los quereteos, *e* y de los de Judá y de Caleb. También le prendimos fuego a Siclag.

15 —¿Me quieres conducir hasta esa banda de ladrones? —le preguntó David.

Y el egipcio contestó:

—Si me juras por Dios que no me matarás ni me entregarás a mi amo, te llevaré hasta ellos.

16 Y lo llevó hasta donde estaban los ladrones, los cuales se habían desparramado por todo el campo y estaban comiendo, bebiendo y haciendo fiesta por todo lo que habían robado en territorio filisteo y en territorio de Judá. **17** Entonces David los atacó desde la mañana hasta la tarde, y los destruyó por completo, menos a cuatrocientos muchachos que montaron en sus camellos y lograron escapar.

18 David rescató todo lo que los amalecitas habían robado, y rescató también a sus dos mujeres. **19** No les faltó ni la más pequeña cosa de todo lo que les habían quitado, ni tampoco faltó un solo niño ni adulto, pues David lo recuperó todo. **20** También se apoderó David de todas sus ovejas y vacas, y los que arreaban el ganado decían que aquello era lo que había ganado David.

21 Cuando David llegó adonde estaban los doscientos hombres que por estar demasiado cansados no lo habían acompañado, sino que se habían quedado en el arroyo de Besor, salieron ellos a recibirlo a él y a sus acompañantes. David se acercó a ellos y los saludó. **22** Pero algunos de sus hombres, que eran gente malvada y perversa, protestaron y dijeron que a quienes no habían ido con ellos no se les debía dar nada de lo que ellos habían obtenido, excepto sus mujeres e hijos, y que deberían irse después de recuperarlos. **23** Sin embargo, David dijo:

—No hagan eso, amigos míos, después de todo lo que el Señor nos ha dado, y de que nos ha conservado la vida y ha puesto en nuestras manos a esa banda de ladrones que nos había atacado. **24** En este caso nadie va a darles la razón, porque en el reparto lo mismo les toca a los que se quedan cuidando el equipo que a los que van a la batalla. *f*

25 (Desde entonces, y hasta el presente, esta fue la práctica general en Israel.)

26 Cuando David llegó a Siclag, envió a sus amigos, los ancianos de Judá, una parte de lo que le había quitado al enemigo, junto con este mensaje: "Aquí tienen ustedes este regalo, que es parte de lo que les quité a los enemigos del Señor." **27** Y envió regalos a los que estaban en Betel, *g* en Ramot del Néguev, en Jatir, **28** en Aroer, en Sifmot, en Estemoa **29** y en Racal, y también a los que estaban en las ciudades de Jerahmeel, en las ciudades de los quenitas, **30** y en Hormá, en Corasán, en Atac, **31** en Hebrón y en todos los sitios por donde él y sus hombres habían andado. *h*

31 Saúl y sus hijos mueren en la guerra *a* (1 Cr 10.1-12)

1 Los filisteos atacaron a Israel, y los israelitas huyeron ante ellos, pues fueron muchos los muertos en el monte Guilboa. **2** Y los filisteos se fueron en persecución de Saúl y de sus hijos, y mataron a Jonatán, a Abinadab y a Malquisúa. *b* **3** Luego concentraron todo su ataque sobre Saúl; y como los arqueros lograron alcanzarlo con sus flechas, le entró mucho miedo de ellos. *c* **4** Por lo tanto, le dijo a su ayudante de armas:

—Saca tu espada y atraviésame *d* con ella, para que no vengan estos paganos *e* y sean ellos quienes me maten y se diviertan conmigo. *f*

Pero su ayudante no quiso hacerlo, porque tenía mucho miedo. Entonces Saúl tomó su espada y se dejó caer sobre ella. **5** Y cuando su ayudante vio que Saúl había muerto, también él se dejó caer sobre su propia espada y murió con él. **6** Así murieron aquel día Saúl, sus tres hijos, su ayudante y todos sus hombres. **7** Y cuando los israelitas que vivían al otro lado del valle y al este del Jordán vieron que las tropas de Israel habían huido, y que Saúl y sus hijos habían muerto, abandonaron las ciudades y huyeron también. Entonces los filisteos llegaron y se quedaron a vivir en ellas.

8 Al día siguiente, cuando los filisteos fueron a despojar a los muertos, encontraron a Saúl y a sus tres hijos

---

e **30.14** El nombre *quereteos* designa probablemente a un grupo originario de la isla de Creta y emparentado con los filisteos (cf. Ez 25.16). En 2 S 8.18; 1 R 1.38 se menciona a los *quereteos* y *peleteos* como miembros de la guardia personal de David.

f **30.24** Este v. evoca la costumbre de dejar un grupo de hombres al cuidado del *equipo* (cf. 1 S 25.13). Después de la victoria, a estos también les correspondía una parte del botín de guerra (cf. Nm 31.26-27; Jos 22.8).

g **30.27** *Betel:* El contexto geográfico parece indicar que se trata de *Betul*, localidad de la región de Judá (Jos 19.4), y no de la célebre ciudad situada en las fronteras de Benjamín y Efraín (véanse Gn 12.8 n.; 28.17 n.).

h **30.26-31** Las exitosas campañas de David aumentaron su popularidad entre los pobladores del sur de Palestina e hicieron que fuera aceptado rápidamente como rey de Judá (cf. 2 S 2.1-4).

a **31.1-13** Con la derrota y la trágica muerte de Saúl termina la historia del primer rey de Israel. Este mismo episodio se relata también con algunas variantes, en 1 Cr 10.

b **31.2** Según parece, los hijos de Saúl fueron cuatro: *Jonatán*, bien conocido por sus actos de heroísmo y por su estrecha amistad con David (1 S 14.1-46; 18.3-4); *Abinadab*, que aparece solamente aquí, *Malquisúa*, mencionado también en 1 S 14.49, e *Is-bóset* (véase 1 S 14.49 n.). Este último, al parecer, no estuvo presente en el combate y fue proclamado sucesor de Saúl (2 S 2.8-10). Mantuvo tensas relaciones con David (2 S 2—4).

c **31.3** *Le entró mucho miedo de ellos:* según la versión griega (LXX). Heb. *fue herido por ellos.*

d **31.4** *Atraviésame:* Saúl prefiere morir antes que caer en manos de los filisteos.

e **31.4** *Paganos:* Véase 1 S 14.6 nota *e*.

f **31.4** *Se diviertan conmigo:* Cf. Jue 16.21-25.

tendidos en el monte Guilboa. ⁹ Entonces le cortaron la cabeza *ᵍ* y le quitaron las armas, y enviaron mensajeros por todo el territorio filisteo para que dieran la noticia al pueblo en el templo de sus dioses. ¹⁰ Luego pusieron las armas de Saúl en el templo de Astarté *ʰ* y colgaron su cuerpo en la muralla de Bet-sán. *ⁱ*
¹¹ Cuando los habitantes de Jabés de Galaad supieron lo que los filisteos habían hecho con Saúl, ¹² se pusieron de acuerdo todos los hombres valientes y, después de haber caminado durante toda la noche, tomaron de la muralla de Bet-sán los cuerpos de Saúl y de sus hijos y regresaron a Jabés, donde los quemaron. ¹³ Luego enterraron sus restos en Jabés, *ⁱ* debajo de un árbol. Después de esto guardaron siete días de ayuno. *ᵏ*

ᵍ **31.9** Los filisteos *cortaron la cabeza* de Saúl como antes David lo había hecho con la de Goliat (1 S 17.50-54).

ʰ **31.10** *Astarté:* Véase 1 S 7.3 n.

ⁱ **31.10** *Bet-sán,* en el valle del Jordán, estaba en el lugar estratégico donde se encontraban las rutas comerciales que iban de norte a sur y de este a oeste. Al colocar el cuerpo de Saúl en aquel lugar, los filisteos anunciaban a los cuatro vientos su victoria sobre Israel.

ⁱ **31.11-13** Cf. 2 S 2.4-7. Con esta acción, los habitantes de *Jabés de Galaad* manifiestan su afecto por Saúl, que los había librado de una grave humillación (cf. 1 S 11).

ᵏ **31.13** *Siete días* era el tiempo que duraban los ritos de duelo en el antiguo Israel (cf. Gn 50.10).

Segundo libro de Samuel

El *Segundo libro de Samuel* (=2 S) prosigue el relato iniciado en el primer libro. Al principio, se destaca de un modo especial el bello y noble poema en el que David lamenta la muerte de Saúl y Jonatán (cap. 1). A continuación, la narración se concentra por entero en la historia del reinado de David, primero solo sobre la tribu de Judá (caps. 2—4) y después sobre todo Israel (caps. 5—24).

Como *1* y *2 Samuel* forman en realidad una sola obra, véase la *Introducción* al primer libro.

El siguiente esquema ofrece una visión de conjunto de 2 S:

  I. Comienzo del reinado de David, profecía de Natán y campañas militares (1—8)
  II. Historia de la sucesión al trono de David (9—20)
  III. Apéndices (21—24)

I. COMIENZO DEL REINADO DE DAVID, PROFECÍA DE NATÁN Y CAMPAÑAS MILITARES (1—8)

1 *David se entera de la muerte de Saúl* *ᵃ* ¹ Después de la muerte de Saúl, *ᵇ* David volvió a Siclag *ᶜ* tras haber derrotado a los amalecitas, *ᵈ* y allí se quedó dos días. ² Pero al tercer día llegó del campamento de Saúl un hombre que traía la ropa rasgada y la cabeza cubierta de tierra en señal de dolor. *ᵉ* Cuando llegó ante David, se inclinó hasta el suelo en señal de reverencia. ³ David le preguntó:

—¿De dónde vienes?

—He logrado escapar del campamento israelita —respondió aquel hombre.

⁴ —¿Pues qué ha ocurrido? ¡Dímelo, por favor! —exigió David.

—Pues que el ejército huyó del combate, y que muchos de ellos murieron —contestó aquel hombre—. ¡Y también murieron Saúl y su hijo Jonatán!

⁵ —¿Y cómo sabes que Saúl y su hijo Jonatán han muerto? —preguntó David al criado que le había traído la noticia. ⁶ Este respondió:

—Pues de pura casualidad estaba yo en el monte Guilboa, y vi a Saúl apoyándose en su lanza y a los carros de combate y a la caballería enemiga a punto de alcanzarlo. ⁷ En ese momento él miró hacia atrás, y al verme me llamó. Yo me puse a sus órdenes. ⁸ Luego me preguntó quién era yo, y yo le respondí que era amalecita. *ᶠ* ⁹ Entonces me pidió que me acercara a él y lo matara de una vez, porque ya había entrado en agonía y, sin embargo, todavía estaba vivo. ¹⁰ Así que me acerqué a él y lo maté, porque me di cuenta de que no podría vivir después de su caída. Luego le quité la corona de su cabeza y el brazalete que tenía en el brazo, para traérselos a usted, mi señor. *ᵍ*

¹¹ Entonces David y los que lo acompañaban se rasgaron

ᵃ **1.1-27** Con este cap. concluye la extensa sección iniciada en 1 S 16.1. Tal continuidad es una prueba más de que 1 y 2 S constituyen una sola obra. El primer libro dio particular relieve a la persona y a las acciones de Saúl; este segundo, en cambio, tiene como figura central a David.

ᵇ **1.1** *Después de la muerte de Saúl:* Cf. un comienzo semejante en Jos 1.1; Jue 1.1; 2 R 1.1.

ᶜ **1.1** *Siclag:* Véase 1 S 27.6 n.

ᵈ **1.1** *Amalecitas:* Cf. 1 S 30. Véase Ex 17.8 nota *g*.

ᵉ **1.2** *Ropa rasgada... dolor:* Cf. Jos 7.6; 1 S 4.12.

ᶠ **1.8** *Yo le respondí que era amalecita:* Los amalecitas eran enemigos tradicionales de Israel (cf. Ex 17.8-14; Dt 25.17-19; 1 S 15.2) y el mismo David había combatido poco tiempo antes contra ellos (1 S 30.1-5). Por tanto, la persona y el relato del *amalecita* que se presentaba como ejecutor de la muerte de Saúl debieron resultar muy sospechosos para David y su gente.

ᵍ **1.6-10** Este relato de la muerte de Saúl añade elementos no mencionados en 1 S 31.3-5 (cf. 1 Cr 10.1-6), que acentúan el dramatismo de

la ropa en señal de dolor, **12** y lloraron y lamentaron la muerte de Saúl y de su hijo Jonatán, lo mismo que la derrota que habían sufrido los israelitas, el ejército del Señor, y ayunaron hasta el atardecer. *h* **13** Después David le preguntó al joven que le había traído la noticia:

—¿Tú de dónde eres?
—Soy extranjero, un amalecita —contestó él.

14 —¿Y cómo es que te atreviste a levantar tu mano contra el rey escogido por el Señor? *i* —exclamó David, **15** y llamando a uno de sus hombres, le ordenó:

—¡Anda, mátalo!

Y él hirió mortalmente al amalecita y lo mató, **16** mientras David decía:

—Tú eres responsable de tu propia muerte, pues tú mismo te declaraste culpable al confesar que habías matado al rey escogido por el Señor.

Lamento por Saúl y Jonatán **17** David entonó este lamento por la muerte de Saúl y de su hijo Jonatán, **18** y ordenó que se le enseñara a la gente de Judá. *j* Este lamento se halla escrito en el Libro del Justo: *k*

19 "¡Oh, Israel,
herida fue tu gloria en tus montañas!
¡Cómo han caído los valientes!
20 No lo anuncien en Gat
ni lo cuenten en las calles de Ascalón, *l*
para que no se alegren las mujeres filisteas,
para que no salten de gozo esas paganas. *m*

21 "¡Que no caiga más sobre ustedes
lluvia ni rocío, montes de Guilboa,
pues son campos de muerte! *n*
Allí fueron pisoteados
los escudos de los héroes.
Allí perdió su brillo
el escudo de Saúl.

22 "Jamás Saúl y Jonatán volvieron
sin haber empapado espada y flechas
en la sangre y la grasa
de los guerreros más valientes.

23 "Saúl y Jonatán, amados y queridos,
ni en su vida ni en su muerte
estuvieron separados. *ñ*
¡Más veloces eran que las águilas!
¡Más fuertes que los leones!

24 "¡Hijas de Israel, lloren por Saúl, *o*
que les vestía de púrpura y lino fino,
que las adornaba con brocados de oro! *p*
25 ¡Cómo han caído los valientes
en el campo de batalla!
¡Jonatán ha sido muerto
en lo alto de tus montes!

26 "¡Angustiado estoy por ti,
Jonatán, hermano mío!
¡Con cuánta dulzura me trataste!
Para mí tu cariño superó
al amor de las mujeres.

27 ¡Cómo han caído los valientes!
¡Las armas han sido destruidas!"

2 David es proclamado rey de Judá **1** Después de esto, David consultó *a* al Señor y le dijo:

—¿Debo ir a alguna de las ciudades de Judá?

El Señor le contestó:

—Sí, debes ir.

Entonces David preguntó:

—¿A dónde debo ir?

Y el Señor respondió:

—A Hebrón. *b*

2 David fue allá con sus dos mujeres: Ahinóam, la del pueblo de Jezreel, y Abigail, la viuda de Nabal, el de Carmel. *c* **3** También se llevó a sus compañeros, con sus respectivas familias, y se establecieron en las ciudades de Hebrón. **4** Llegaron después los hombres de Judá, *d* y consagraron allí a David como rey de Judá. *e*

---

aquel acontecimiento. Sin duda, el amalecita exageró su participación en el hecho, creyendo que con esa mentira obtendría de David una recompensa mayor.

h **1.12** El ayuno formaba parte de los ritos de duelo (cf. 1 S 31.13; 2 S 3.35; Jl 2.12).

i **1.14** *El rey escogido por el Señor:* lit. *el ungido del Señor.* En virtud de la unción con el aceite sagrado (véanse 1 S 10.1 nota *c;* Sal 2.2 n.), el rey era una persona santa e inviolable. Cf. 1 S 24.6-7; 26.9, donde el mismo David le reconoce a Saúl esos atributos.

j **1.18** *La gente de Judá:* Heb. añade *un arco.* Otra posible traducción: *y ordenó que se le enseñara a la gente de Judá. Es el canto del arco y se halla escrito en el libro del Justo.*

k **1.18** *Libro del Justo:* Véase Jos 10.13 n.

l **1.20** *Gat* y *Ascalón* (véase Jos 13.3 nota *c*) representan aquí a todo el país de los filisteos. Véase *Índice de mapas.* Cf. Miq 1.10.

m **1.20** Cuando regresaba un ejército victorioso, las mujeres salían a su encuentro con cánticos y danzas (Jue 11.34; 1 S 18.6-7). Cf. también Ex 15.20-21.

n **1.21** *Campos de muerte:* sentido probable. Heb. *campos de ofrendas.*

ñ **1.23** *Ni en su vida ni en su muerte estuvieron separados:* Al poner de relieve este hecho, David proporciona un importante dato histórico: la estrecha amistad que lo unió con Jonatán (cf. 1 S 18.1-4) no provocó la ruptura entre el padre y el hijo.

o **1.24** *Hijas de Israel, lloren por Saúl:* El duelo de las mujeres israelitas contrasta con la alegría de las filisteas (cf. v. 20).

p **1.24** Los guerreros victoriosos traían de regalo a sus mujeres objetos de valor arrebatados al enemigo. Cf. en Jue 5.28-30 el diálogo de las mujeres que aguardaban ansiosamente la llegada de los vencedores con un precioso botín de guerra.

a **2.1** *Consultó:* Para conocer la voluntad de Dios en el momento de tomar una decisión importante, David solía recurrir a los sacerdotes que consultaban al Señor por medio del *efod* o del *urim* y el *tumim* (1 S 23.1,4,9-12; 30.7-8; 2 S 5.19,23-24). Véanse las notas a Ex 28.6,15,17,30. Sin embargo, en algunas ocasiones también intervienen la figura del profeta (2 S 7.1-17).

b **2.1** *Hebrón* (véase Gn 13.18 n.) era el sitio más importante de la tribu de Judá antes de la conquista de Jerusalén (cf. 2 S 5.6-9). No es de extrañar, entonces, que David haya sido proclamado *rey de Judá* (cf. v. 4) precisamente en aquel lugar. Véase *Índice de mapas.*

c **2.2** 1 S 25.42-43.

d **2.4** *Los hombres de Judá:* Desde los comienzos de su historia, la tribu de Judá se había mantenido relativamente apartada de las restantes tribus israelitas. Una prueba de ello es que el cántico de Débora no la menciona ni siquiera entre las tribus que se negaron a

Cuando le contaron a David que los de Jabés de Galaad eran los que habían enterrado a Saúl, [f] [5] envió David unos mensajeros a decirles: "Que el Señor los bendiga por tratar con tanta bondad a Saúl, su señor, dándole sepultura. [6] Y que el Señor los trate a ustedes con bondad y fidelidad. Yo, por mi parte, los trataré bien a ustedes por esto que han hecho. [7] Pero ahora, cobren ustedes ánimo y valor, pues aunque ha muerto Saúl, su señor, la tribu de Judá me ha consagrado para que yo sea su rey."

Israel y Judá, en guerra [8] Pero Abner, [g] hijo de Ner, jefe del ejército de Saúl, tomó a Is-bóset, [h] el hijo de Saúl, y lo llevó a Mahanaim, [i] [9] donde lo consagró como rey de Galaad, de Guesurí, de Jezreel, de Efraín, de Benjamín y de todo Israel. [j] [10] Cuando Is-bóset comenzó a reinar en Israel, tenía cuarenta años, y reinó durante dos años. Pero la tribu de Judá reconocía como rey a David, [11] así que David fue rey de Judá durante siete años y seis meses, y la capital de su reino fue Hebrón.

[12] Abner salió entonces de Mahanaim a Gabaón, al frente de las tropas de Is-bóset. [13] Por su parte Joab, [k] hijo de Seruiá, [l] y las tropas de David, salieron de Hebrón y se encontraron con ellos junto al depósito de agua de Gabaón. [m] Los dos ejércitos tomaron posiciones, unos a un lado del depósito y otros al lado opuesto. [14] Entonces Abner le propuso a Joab:

—Que salgan a luchar los jóvenes delante de todos nosotros.

—De acuerdo —contestó Joab.

[15] Así pues, para luchar por parte de Benjamín y de Is-bóset, hijo de Saúl, pasaron al frente doce jóvenes soldados, y otros doce por parte de las tropas de David. [16] Cada cual agarró a su contrario por la cabeza y le clavó la espada en el costado, de modo que cayeron todos muertos a la vez. Por eso aquel lugar, que está en Gabaón, fue llamado Helcat-hasurim. [n] [17] El combate fue muy duro aquel día, y Abner y las tropas de Israel fueron derrotados por los soldados de David. [18] Allí estaban los tres hijos de Seruiá: Joab, Abisai y Asael. Este último corría veloz, como un ciervo a campo abierto, [19] y se lanzó en persecución de Abner sin darle ninguna oportunidad de escapar. [20] Y cuando Abner miró hacia atrás, exclamó:

—¿Pero si eres tú, Asael!

—¡Claro que soy yo! —respondió él.

[21] Entonces Abner le dijo:

—Deja ya de perseguirme. Mejor agarra a alguno de los criados y quédate con todo lo que lleva encima.

Pero como Asael no quiso dejar de perseguirlo, [22] Abner volvió a decirle:

—¡Deja ya de perseguirme, o me veré obligado a derribarte por tierra! Y luego, ¿con qué cara voy a presentarme ante tu hermano Joab?

[23] Como Asael no quiso apartarse, Abner le clavó en el vientre la punta posterior de su lanza, la cual le salió por la espalda, y Asael cayó muerto allí mismo. Y todos los que llegaban al sitio donde había caído muerto Asael, se paraban a verlo. [24] Pero Joab y Abisai siguieron persiguiendo a Abner. A la puesta del sol llegaron a la colina de Amá, que está frente a Guíah, en el camino al desierto de Gabaón. [25] Allí los benjaminitas se reunieron con Abner, y formando un solo ejército tomaron posiciones en la cumbre de un cerro. [26] Entonces Abner le gritó a Joab:

—¿No va a tener fin esta matanza? ¿No te das cuenta de que esto solo nos traerá amargura? ¿Cuándo vas a ordenar a tu gente que deje de perseguir a sus hermanos?

[27] Y Joab contestó:

—Te juro por Dios que si no hubieras dicho esto, mi gente habría seguido persiguiendo a sus hermanos hasta el amanecer.

[28] En seguida Joab ordenó que tocaran las trompetas, y

---

participar en el combate (Jue 5.16-17). El territorio de la tribu de Judá, en el momento de su mayor expansión, se describe en Jos 15.1-12; sus ciudades se mencionan en Jos 15.20-63.

[e] **2.4** Nótese que en este primer momento David es constituido *rey de Judá*. Más tarde, los ancianos de las tribus del norte hicieron un pacto con él y lo proclamaron también *rey de Israel* (2 S 5.1-3). De este modo, David fue rey primero de Judá, y luego de las restantes tribus israelitas, pero por motivos distintos: de la primera, por vínculos de sangre; y de las otras, en razón de una alianza personal. Así, Judá e Israel quedaron unidos por un tiempo bajo un solo rey, primero David y luego su hijo Salomón. Véase 1 R 12.1-24.

[f] **2.4** Cf. 1 S 31.11-13.

[g] **2.8** Después de la muerte de Saúl y de casi todos sus hijos (cf. 1 S 31.1-6), *Abner* se convirtió en el hombre fuerte de Israel (cf. 2 S 3.6). En un primer momento, su principal preocupación fue restaurar la monarquía, presumiblemente con la secreta intención de llegar a ser rey; luego, su ruptura con el heredero de Saúl (2 S 3.7-11) lo llevó a entablar negociaciones con David (2 S 3.12).

[h] **2.8** El nombre de este hijo de Saúl era originariamente *Is-baal* (*hombre de Baal*), pero el texto hebreo lo cambió en *Is-bóset* (*hombre de vergüenza*). De este modo se evitaba pronunciar el nombre de Baal, divinidad pagana particularmente odiosa para el pueblo de Israel (cf. Os 2.17[19]). Véase también 2 S 4.4 nota *c*.

[i] **2.8** *Mahanaim:* Véanse Gn 32.2 n.; 2 S 17.24. El *hijo de Saúl* fue llevado al otro lado del Jordán, sin duda por temor a una nueva ofensiva del ejército filisteo (cf. 1 S 31.1).

[j] **2.9** *Todo Israel:* Se duda si esta expresión incluía también a Judá. Tal inclusión es posible, ya que Saúl había realizado varias campañas en ese territorio (1 S 23.19-28; 26.1-25), y David, siendo oriundo de Judá, había estado al servicio de Saúl (1 S 16.14-23; 17.12-14). De todas maneras, parece cierto que Abner pretendía que el reino se extendiera también a Judá.

[k] **2.13** *Joab,* sobrino de David y jefe de su ejército, era un guerrero valeroso, pero también rudo y veces brutal (1 S 26.6-8; 2 S 3.27; 8.16; 12.27; 18.10-15; 20.10). Cf. el relato de su muerte en 1 R 2.28-35.

[l] **2.13** *Seruiá* era hermana de David, y tal vez por ese motivo se identifica a *Joab* y a sus hermanos Abisai (1 S 26.6) y Asael (1 Cr 2.16) con el nombre de la madre y no, como era habitual, con el del padre.

[m] **2.13** Se ha identificado este *depósito de agua* con el gran estanque redondo, tallado en la roca y de casi 25 m de profundidad, que los arqueólogos descubrieron en el lado norte de la antigua *Gabaón.* Cf. Jer 41.12.

[n] **2.16** En hebreo, *Helcat-hasurim* significa *Campo de las rocas.* Para explicar la relación entre este nombre y el episodio relatado en el texto, se ha pensado que los combatientes utilizaron espadas o cuchillos de piedra y no de metal. Otros comentaristas sugieren leer *hazarim* en vez de *hasurim*, y entonces el significado sería *Campo de los adversarios.* Otros, finalmente, enmiendan el texto en *Helcat-hasaddim* (*Campo de los costados*), con lo cual se tendría una referencia al acto de traspasar al adversario en el costado.

toda la gente se detuvo, dejando de perseguir a los israelitas y de luchar contra ellos. ²⁹ Abner y sus hombres caminaron por la llanura de Arabá *ⁿ* toda aquella noche, y cortando camino a través del Jordán y de todo Bitrón, llegaron a Mahanaim. *º*

³⁰ Joab dejó de perseguir a Abner y reunió todas sus tropas, y al pasar lista resultó que habían muerto diecinueve oficiales de David, además de Asael. ³¹ Sin embargo, los seguidores de David habían matado a trescientos sesenta hombres de Benjamín y de Abner.

³² Más tarde, el cuerpo de Asael fue llevado a Belén y enterrado allí, en el sepulcro de su padre. Joab y sus hombres caminaron toda aquella noche, y al amanecer estaban en Hebrón.

3 ¹ La guerra entre la casa de Saúl y la casa de David fue larga, pero mientras que la de David iba haciéndose más y más fuerte, *ᵃ* la de Saúl se iba debilitando.

La familia de David *(1 Cr 3.1-4)* ² Los hijos que le nacieron a David cuando estaba en Hebrón, fueron: el mayor, Amnón, hijo de Ahinóam, la de Jezreel; ³ el segundo, Quilab, *ᵇ* hijo de Abigail, la viuda de Nabal, el de Carmel; el tercero, Absalón, hijo de Maacá, la hija de Talmai, rey de Guesur; ⁴ el cuarto, Adonías, hijo de Haguit; el quinto, Sefatías, hijo de Abital; ⁵ el sexto, Itream, hijo de Eglá, otra mujer de David. Estos nacieron cuando David estaba en Hebrón.

Abner se alía con David ⁶ Mientras continuaba la guerra entre la casa de Saúl y la casa de David, Abner *ᶜ* adquiría cada vez más poder sobre la casa de Saúl. ⁷ Saúl había tenido una concubina llamada Rispá, hija de Aiá, con la que Abner tuvo relaciones. Por lo tanto, Is-bóset le reclamó a Abner:

—¿Por qué te acostaste con la concubina de mi padre? *ᵈ*

⁸ Abner se enojó mucho por la reclamación de Is-bóset, y le contestó:

—¿Acaso soy un perro al servicio de Judá? Yo he sido fiel a la casa de Saúl, tu padre, y a sus parientes y amigos, y no te he entregado en manos de David. ¿Y tú me acusas ahora de haber pecado con una mujer? ⁹ ¡Que el Señor me castigue duramente si no hago con David lo que el Señor le ha prometido, *ᵉ* ¹⁰ quitando del trono a la dinastía de Saúl, y estableciendo a David en el trono de Israel y de Judá, desde Dan hasta Beerseba! *f*

¹¹ Is-bóset no pudo responderle a Abner una sola palabra, porque le tenía miedo. ¹² Abner, por su parte, envió mensajeros a decirle a David: "¿De quién es el país? Hagamos un trato: yo haré cuanto esté a mi alcance para que todo Israel se ponga de tu parte."

¹³ David le contestó: "Estoy de acuerdo en hacer un pacto contigo, pero con una condición: que no te presentes ante mí sin traer contigo, cuando vengas a verme, a Mical, la hija de Saúl." ¹⁴ Además, David envió mensajeros a Is-bóset, diciéndole: "Entrégame a Mical, mi mujer, con la que me casé a cambio de cien prepucios de filisteos." *g*

¹⁵ Entonces Is-bóset mandó que se la quitaran a Paltiel, hijo de Lais, que era su marido; ¹⁶ pero Paltiel se fue detrás de ella, llorando, *ʰ* y la siguió hasta Bahurim. *ⁱ* Allí Abner le ordenó que regresara, y Paltiel regresó.

¹⁷ Más tarde Abner habló con los ancianos de Israel, y les dijo: "Ya hace tiempo que ustedes andan buscando que David sea su rey. ¹⁸ Pues bien, ha llegado el momento de actuar, porque el Señor ha prometido a David, su siervo, que por medio de él librará a Israel, su nación, del dominio de los filisteos y del poder de todos sus enemigos."

¹⁹ Abner habló también con la gente de Benjamín, y después fue a Hebrón para comunicarle a David el parecer de Israel y de toda la tribu de Benjamín. ²⁰ Llegó con veinte hombres a Hebrón, donde estaba David, y David hizo un banquete para él y los que lo acompañaban. ²¹ Luego Abner le dijo a David:

—Ahora debo irme para reunir a todo Israel, para que hagan un pacto con Su Majestad, y que así Su Majestad reine conforme a sus deseos.

Y David despidió a Abner, el cual se fue tranquilamente.

Joab mata a Abner ²² Joab y los seguidores de David llegaron en ese momento de una de sus correrías, trayendo consigo gran cantidad de cosas que le habían quitado al enemigo. Abner no estaba ya con David en Hebrón, pues se había ido tranquilamente después que David lo despidió. ²³ Al llegar Joab con todo el ejército que le acompañaba, le contaron que Abner, hijo de Ner, había estado antes con el rey, pero se había ido después que el rey lo despidió. ²⁴ Entonces Joab fue a ver al rey, y le dijo:

—¿Qué es lo que ha hecho Su Majestad? Abner ha venido a ver a Su Majestad, y Su Majestad ha dejado que se vaya. ²⁵ ¿Acaso no sabe Su Majestad que Abner, hijo de Ner, ha venido solo a engañarle, y a espiar sus movimientos, y a enterarse de todo lo que Su Majestad hace?

²⁶ En cuanto Joab salió de hablar con David, envió mensajeros en busca de Abner, sin que David lo supiera, y estos lo hicieron volver desde el pozo de Sirá. *ʲ* ²⁷ Cuando Abner llegó a Hebrón, Joab lo llevó a un lado de la puerta

---

ⁿ **2.29** *Arabá:* Véase Dt 1.1 n.
º **2.29** *Bitrón:* Según algunos intérpretes, este vocablo hebreo no es el nombre propio de un sitio ubicado al otro lado del Jordán, sino una expresión que significa *de mañana.* Por tanto, no traducen *a través... de todo Bitrón* sino *durante toda la mañana.*
ᵃ **3.1** 2 S 5.10; véase 1 S 18.12 n.
ᵇ **3.3** Del *segundo* hijo de David, *Quilab,* no se sabe nada, pues no vuelve a mencionarse.
ᶜ **3.6** 1 S 14.50.
ᵈ **3.7** *Te acostaste con la concubina de mi padre:* Con esa acción, Abner estaba pretendiendo abiertamente el trono de Saúl (cf. 2 S 16.21-22; 1 R 2.22).
ᵉ **3.9** Cf. 1 S 3.17.

f **3.10** 1 S 13.13-14; 15.26-28. Véase también 1 S 3.20 n.
g **3.14** Cf. 1 S 18.27. Es probable que David no haya hecho este pedido por razones puramente personales. Como *Mical* era hija de Saúl, el hecho de estar unido a ella podía favorecer notablemente su relación con las tribus del Norte. Sin embargo, el matrimonio de David con Mical permaneció infecundo (2 S 6.23).
ʰ **3.16** *Detrás de ella, llorando:* Este detalle, que podría considerarse secundario, confiere al relato un profundo calor humano.
ⁱ **3.16** *Bahurim:* población benjaminita, al nordeste del Monte de los Olivos y al borde del territorio de Benjamín (2 S 16.5; 17.18).
ʲ **3.26** *Pozo de Sira:* probablemente a unos 4 km. al norte de Hebrón.

de la ciudad, para hablar con él a solas, y allí lo hirió de muerte en el vientre, para vengar la muerte de su hermano Asael. *k* ²⁸ Más tarde, cuando David lo supo, dijo: "Ante el Señor, yo y mi reino somos completamente inocentes del asesinato de Abner, hijo de Ner. ²⁹ ¡Que caiga la culpa sobre la cabeza de Joab y sobre toda su familia, y que nunca falte en su casa quien sufra de flujo, lepra o cojera, ni quien sea asesinado o padezca hambre!"

³⁰ Joab y Abisai mataron a Abner porque en la batalla de Gabaón Abner había matado al hermano de ellos.

³¹ Después David ordenó a Joab y a todo el grupo que le acompañaba: "Rásguense la ropa y vístanse con ropas ásperas, y guarden luto por la muerte de Abner." El rey David marchó detrás de la camilla, ³² y enterraron a Abner en Hebrón. Allí el rey se puso a llorar a voz en cuello junto al sepulcro de Abner, y lo mismo hizo toda la gente. ³³ Entonces el rey entonó este lamento por Abner:

"¿Por qué tenías que morir, Abner,
de manera tan absurda,
³⁴ si no tenías atadas las manos
ni encadenados los pies?
¡Has muerto como quien muere
a manos de gente malvada!"

También la gente siguió llorando por él. ³⁵ Luego fueron a rogarle a David que comiera algo antes de que terminara el día, pero David juró, diciendo:

—¡Que Dios me castigue duramente, si pruebo pan o alguna otra cosa antes de que se ponga el sol!

³⁶ Todos comprendieron esto y les pareció bien, pues todo lo que el rey hacía agradaba a la gente. *l* ³⁷ Aquel día todos los israelitas quedaron convencidos de que el rey no había tenido nada que ver con la muerte de Abner, hijo de Ner.

³⁸ Luego el rey dijo a sus oficiales:

—Como ustedes saben, hoy ha caído en Israel un jefe principal, una gran personalidad. ³⁹ Por eso yo, a pesar de ser el rey que Dios ha escogido, me siento débil ante la extremada violencia de los hijos de Seruiá. ¡Que el Señor le dé su merecido a quien cometió esta maldad! *m*

4 **Asesinato de Is-bóset** ¹ Cuando Is-bóset, *a* hijo de Saúl, supo que Abner había muerto en Hebrón, perdió el ánimo por completo, y todos en Israel se llenaron de miedo. ² Is-bóset tenía a su servicio dos hombres que eran jefes de una banda de ladrones. Uno se llamaba Baaná, y el otro Recab. Eran hijos de Rimón de Beerot, *b* y por lo tanto descendientes de Benjamín, pues al pueblo de Beerot se le consideraba como parte de la tribu de Benjamín ³ aun cuando los de Beerot huyeron a Guitaim, donde han vivido como forasteros hasta el presente.

⁴ Ahora bien, Jonatán, hijo de Saúl, tenía un hijo, llamado Mefi-bóset, *c* que era inválido de los dos pies. Cuando Mefi-bóset tenía cinco años de edad, llegó de Jezreel la noticia de que Saúl y Jonatán habían muerto; entonces su nodriza tomó a Mefi-bóset y huyó con él, pero con las prisas de la huida este se cayó y quedó inválido. *d*

⁵ Recab y Baaná, los hijos de Rimón de Beerot, se dirigieron a casa de Is-bóset, y llegaron a la hora de más calor del día, cuando él estaba durmiendo la siesta. ⁶ La portera de la casa había estado limpiando trigo, pero finalmente se había quedado dormida, de modo que Recab y su hermano Baaná pudieron entrar sin ser vistos. *e* ⁷ Cuando entraron en la casa, *f* Is-bóset estaba acostado sobre la cama de su dormitorio; entonces lo asesinaron y le cortaron la cabeza, después de lo cual se la llevaron consigo y caminaron toda la noche por el camino del Arabá *g* ⁸ para entregársela a David, que estaba en Hebrón. Le dijeron al rey:

—Aquí tiene Su Majestad la cabeza de Is-bóset, el hijo de Saúl, que era enemigo de Su Majestad y que procuraba quitarle la vida. Pero hoy el Señor ha concedido a Su Majestad vengarse de Saúl y sus descendientes.

⁹ Y David les respondió:

—Les juro por el Señor, que me ha librado de toda angustia, ¹⁰ que cuando uno, creyendo que me daba buenas noticias, vino a contarme que Saúl había muerto, la noticia le valió que yo lo apresara y lo matara en Siclag. *h* ¹¹ ¡Con mayor razón haré eso mismo con ustedes, malvados, que han asesinado a un hombre inocente mientras este se hallaba acostado y en su propia casa! Por lo tanto, ¡voy a hacerles pagar su muerte! ¡Voy a borrarlos de este mundo!

¹² En seguida David dio órdenes a sus oficiales, y estos los mataron; les cortaron las manos y los pies, y los colgaron junto al depósito de agua de Hebrón. Después tomaron la cabeza de Is-bóset y la enterraron en Hebrón, en el sepulcro de Abner.

5 **David, rey de Israel y Judá** *(1 Cr 11.1-3)* ¹ Más tarde, todas las tribus de Israel fueron a Hebrón para hablar con David, y le dijeron: "Nosotros somos de tu misma sangre, *a* ² y en realidad, aunque Saúl era nuestro rey, tú eras

---

k 3.27 Cf. 2 S 2.23.
l 3.36 Véase 1 S 16.22 n.
m 3.38-39 Como Joab, el asesino de Abner (cf. v. 27), era pariente y oficial de David, las tribus del norte tenían buenos motivos para sospechar que este había sido el instigador y el verdadero responsable del crimen. Por eso, David trató de eliminar toda sospecha, sepultando con toda solemnidad el cadáver de Abner y declarando públicamente su inocencia. Así procuraba mantener intacto su prestigio entre la gente del norte, mientras aguardaba el momento oportuno para acceder al trono de Israel como sucesor de Saúl.
a 4.1 *Is-bóset:* Véase 2 S 2.8 nota *h*.
b 4.2 *Beerot:* ciudad gabaonita (Jos 9.17), asignada a la tribu de Benjamín (Jos 18.25), al noroeste de Jerusalén.
c 4.4 *Mefi-bóset:* El nombre de este hijo de Jonatán era en realidad *Merib-baal, Mi abogado es Baal* (cf. 1 Cr 8.34), o *Meri-baal, Mi* Señor es Baal; pero el escritor bíblico, para no mencionar al dios cananeo Baal, lo cambió en otro nombre que significa *Sembrador de vergüenza.* Véase 2 S 2.8 nota *h*.
d 4.4 *Mefi-bóset* volverá a mencionarse en 2 S 9.1-13; 16.1-4; 19.24-30.
e 4.6 *La portera... sin ser vistos:* según la versión griega (LXX). Heb. *Y ellos entraron hasta el interior de la casa tomando trigo, y lo hirieron en el vientre. Y Recab y su hermano Baana escaparon.*
f 4.5-7 La falta de guardias para proteger a Is-bóset pone de manifiesto la precariedad de su reinado.
g 4.7 *Camino del Arabá:* Véase Dt 1.1 n.
h 4.10 Cf. 2 S 1.1-16.
a 5.1 *De tu misma sangre:* lit. *nosotros somos tu hueso y tu carne.* Esta expresión sugiere la idea de una solidaridad muy estrecha, como la que une a los miembros de una misma familia, de una misma tribu o de un mismo pueblo. Cf. Gn 2.23; Jue 9.2-3.

el que verdaderamente dirigía a Israel en sus campañas. Además, el Señor te ha prometido [b] que tú serás quien dirija y gobierne a Israel."

³ De esta manera, todos los ancianos de Israel [c] fueron y hablaron con el rey David en Hebrón, y él hizo un pacto con ellos, [d] poniendo al Señor por testigo. Entonces ellos consagraron [e] a David como rey de Israel. ⁴ David tenía treinta años cuando empezó a reinar, y reinó cuarenta años; [f] ⁵ en Hebrón [g] fue rey de Judá durante siete años y medio, y luego en Jerusalén fue rey de todo Israel y Judá durante treinta y tres años. [h]

David captura la fortaleza de Sión *(1 Cr 11.4-9)* ⁶ El rey David y sus hombres se dirigieron hacia Jerusalén para atacar a los jebuseos, [i] habitantes de aquella región. Y los jebuseos, creyendo que David no lograría entrar en la ciudad, le dijeron: "Tú no podrás entrar aquí, pues se bastan los ciegos y los inválidos para no dejarte entrar." ⁷ Sin embargo, David capturó la fortaleza de Sión, [j] ahora conocida como la Ciudad de David. ⁸ David había dicho en aquella ocasión: "Todo el que ataque a los jebuseos, que entre por el canal del agua [k] y mate a los ciegos y a los inválidos, a los cuales aborrezco con toda mi alma." De allí viene el dicho: "Ni los ciegos ni los inválidos pueden entrar en el templo del Señor." [l] ⁹ Después se instaló David en la fortaleza y la llamó Ciudad de David, [m] y le construyó murallas alrededor, desde el terraplén hasta el palacio. [n]

Hiram envía embajadores a David *(1 Cr 14.1-2)* ¹⁰ El poder de David iba aumentando, y el Señor, el Dios todopoderoso, estaba con él. [ñ] ¹¹ Por eso Hiram, rey de Tiro, envió sus embajadores a David, además de carpinteros y canteros, los cuales llevaron madera de cedro y construyeron el palacio de David. ¹² Entonces David comprendió que el Señor lo había confirmado como rey de Israel, [o] y que había hecho prosperar su reinado en atención a su pueblo Israel.

Otros hijos de David *(1 Cr 3.5-9; 14.3-7)* ¹³ Después de haberse trasladado de Hebrón a Jerusalén, David tomó allí más esposas y concubinas, las cuales le dieron más hijos e hijas. ¹⁴ Los hijos que le nacieron en Jerusalén se llamaban: Samúa, Sobab, Natán, Salomón, ¹⁵ Ibhar, Elisúa, Néfeg, Jafía, [p] ¹⁶ Elisamá, Eliadá y Elifélet.

David vence a los filisteos *(1 Cr 14.8-17)* ¹⁷ Cuando los filisteos supieron que David había sido consagrado como rey de Israel, se lanzaron todos en busca suya; pero David lo supo y se retiró a la fortaleza. ¹⁸ Entonces los filisteos avanzaron y ocuparon el valle de Refaim. ¹⁹ Por esto, David consultó al Señor, [q] y le preguntó:
—¿Puedo atacar a los filisteos? ¿Me darás la victoria sobre ellos?
Y el Señor le respondió:
—Sí, atácalos, porque te daré la victoria sobre ellos.
²⁰ David llegó a Baal-perasim, y allí los venció. Por eso dijo: "Como un torrente de agua, el Señor me ha abierto paso entre mis enemigos." Y llamó a aquel lugar Baal-perasim. [r] ²¹ Además, los filisteos dejaron abandonados sus ídolos, [s] y David y sus hombres los recogieron.

---

[b] **5.2** La mención de las promesas divinas en favor de David aparece reiteradamente en los libros de Samuel (1 S 13.13-14; 25.30; 2 S 3.9,18; 7.17-29).
[c] **5.3** *Ancianos de Israel:* Véase 1 S 8.4 n.
[d] **5.3** *Hizo un pacto con ellos:* En virtud de este *pacto*, David, que ya había sido proclamado rey de Judá (véase 2 S 2.4 nota e), pasaba a ser también *rey de Israel*. El acuerdo implicaba obviamente determinadas obligaciones de una y otra parte, además del compromiso de observarlas fielmente.
[e] **5.3** *Consagraron:* lit. *ungieron.* Véanse 1 S 10.1 nota c; 2 S 1.14 n.
[f] **5.4** Aquí, como en otros casos, los números son cifras redondas y no un cómputo exacto.
[g] **5.5** *Hebrón,* situada en el centro de Judá, quedaba muy a trasmano con respecto a las tribus del norte. Por eso David, apenas consagrado rey de Israel, vio la necesidad de escoger una nueva capital, cercana a la frontera e independiente de los dos reinos. Por su posición geográfica, Jerusalén era la ciudad más indicada para convertirse en residencia del rey.
[h] **5.5** Cf. 1 R 2.11; 1 Cr 3.4; 29.27.
[i] **5.6** Los *jebuseos* eran de origen cananeo, y no fueron expulsados durante la conquista (Jos 15.63; Jue 1.21), sino que permanecieron en Jerusalén hasta que David conquistó esa ciudad (cf. Jue 19.10-12). La presencia de Jerusalén como ciudad autónoma, en poder de los jebuseos, entorpecía las comunicaciones entre Judá y las tribus del norte; además, aparecía como un cuerpo extraño en la nueva situación política creada por la unión de los dos reinos bajo la autoridad de David.
[j] **5.7** *Sión:* Véase Sal 2.6 n.
[k] **5.8** *El canal del agua:* traducción probable de la palabra hebrea *sinnor,* cuyo significado exacto se desconoce. Según la interpretación más aceptada, se trata del pasaje subterráneo que comunicaba el interior de la ciudad amurallada con la fuente de Guihón, que era la principal reserva de agua de Jerusalén (véase 1 R 1.33 n.). Joab pudo haberse deslizado por ese conducto, o bien pudo haberlo dañado, dejando sin agua a la ciudad. Según otra interpretación, el *sinnor* habría sido un *gancho* atado a una cuerda, que permitió a Joab penetrar en la ciudad escalando la muralla.
[l] **5.8** *Ni los ciegos... pueden entrar en el templo del Señor:* Según Lv 21.18, ningún varón con algún defecto físico podía ejercer el sacerdocio; aquí se les prohíbe incluso entrar al templo. Cf., en sentido contrario, Mt 21.14.
[m] **5.9** *Y la llamó ciudad de David:* David conquistó Jerusalén con el apoyo de sus propios hombres e hizo de ella "su" ciudad, es decir, la ciudad que le pertenecía. De este modo, David podía gobernar los territorios de Judá y de Israel desde una posición neutral, por encima de las rivalidades entre el norte y el sur.
[n] **5.9** Por hallarse situada en la cima de una meseta, a unos 760 m. sobre el nivel del Mediterráneo y a 1145 m. sobre el del Mar Muerto, Jerusalén estaba bien protegida naturalmente (cf. Sal 48.12-14). La antigua ciudad de los jebuseos tenía unas 3 ha. y su población puede calcularse en unas 1500 personas. En la elección del sitio para la edificación de la ciudad, jugó un papel importante la presencia de un manantial perenne en el valle del Cedrón, llamada fuente de Guihón (véase 1 R 1.33 n.).
[ñ] **5.10** Véase 1 S 18.12 n.
[o] **5.12** *El Señor lo había confirmado como rey de Israel:* Esta expresión anticipa el mensaje profético de 2 S 7.1-17.
[p] **5.13-15** Cf. en 2 S 3.2-5 la lista de los hijos que le nacieron a David en Hebrón.
[q] **5.19** *Consultó al Señor:* Véase 2 S 2.1 n.
[r] **5.20** *Baal-perasim,* en hebreo, significa *Señor de los pasos abiertos.*
[s] **5.21** Era costumbre en el antiguo Oriente llevar al frente de batalla las imágenes de los dioses. Los israelitas habían llevado el arca de Dios cuando se enfrentaron con los filisteos (1 S 4.1b—7.1).

²² Pero los filisteos volvieron a ocupar el valle de Refaim, ²³ así que David consultó al Señor, y el Señor le contestó:

—No los ataques de frente, sino rodéalos y atácalos por la retaguardia cuando llegues a los árboles de bálsamo. ²⁴ Cuando escuches ruido de pasos por encima de las copas de los árboles, lánzate al ataque, porque eso significa que yo voy delante de ti para herir de muerte al ejército filisteo. ²⁵ David hizo lo que le Señor le había ordenado, y derrotó a los filisteos desde Gabaón ᵗ hasta Guézer.

David intenta trasladar el arca del Señor ᵃ (1 Cr 13.5-14)

6 ¹ David reunió de nuevo a todos los soldados escogidos de Israel, que eran treinta mil, ᵇ ² y partiendo de Baalá de Judá ᶜ con todas las tropas que le acompañaban, se dispuso a trasladar de allí el arca de Dios, ᵈ sobre el que se invoca el nombre del Señor todopoderoso, que tiene su trono sobre los querubines. ᵉ ³⁻⁴ Pusieron el arca sobre una carreta nueva y se la llevaron de la casa de Abinadab, que estaba en una colina. ᶠ Uzá y Ahió, hijos de Abinadab, iban guiando la carreta en que llevaban el arca de Dios, y Ahió iba delante del arca. ⁵ Mientras tanto, David y todos los israelitas iban delante de Dios cantando y danzando con todas sus fuerzas, al son de la música de arpas, salterios, panderos, castañuelas y platillos. ⁶ Cuando llegaron al lugar conocido como Era de Nacón, Uzá alargó la mano hacia el arca de Dios, para sostenerla, porque habían tropezado los bueyes. ⁷ Pero el Señor se enfureció con Uzá por aquel atrevimiento, y le quitó la vida allí mismo, cayendo Uzá muerto junto al arca de Dios. ᵍ

⁸ David se disgustó mucho porque el Señor le quitó la vida ʰ a Uzá, y por eso llamó a aquel lugar Peres-uzá, ⁱ nombre que tiene hasta el presente. ⁹ Pero ese mismo día David tuvo mucho miedo ante el Señor, y exclamó: "¡Ni pensar en llevarme el arca del Señor!" ʲ ¹⁰ Y como ya no quiso llevarse el arca del Señor a la Ciudad de David, ordenó que la llevaran a casa de Obed-edom, un hombre de Gat. ᵏ ¹¹ El arca del Señor se quedó tres meses en casa de Obed-edom, y el Señor lo bendijo a él y a toda su familia. ˡ

David traslada el arca del Señor a Jerusalén (1 Cr 15.1—16.6)

¹² Cuando le contaron al rey David que por causa del arca el Señor había bendecido a la familia de Obed-edom junto con todas sus pertenencias, David fue y con gran alegría trasladó el arca de Dios de la casa de Obed-edom a la Ciudad de David. ᵐ ¹³ Y cuando los que llevaban el arca del Señor habían dado ya seis pasos, David sacrificó un toro y un carnero gordo.

¹⁴ David iba vestido con un efod de lino, ⁿ y danzaba con todas sus fuerzas, ¹⁵ y tanto él como todos los israelitas llevaban el arca del Señor entre gritos de alegría ñ y toque de trompetas.

¹⁶ Cuando el arca del Señor llegó a la Ciudad de David, Mical, la hija de Saúl, se asomó a la ventana; y al ver al rey David saltando y bailando delante del Señor, sintió un profundo desprecio por él.

¹⁷ El arca del Señor fue llevada y puesta en su lugar, dentro de una tienda de campaña que David había levantado con ese propósito. En seguida David ofreció holocaustos y sacrificios de reconciliación delante del Señor, ᵒ ¹⁸ y cuando terminó de ofrecerlos bendijo al pueblo en el nombre del Señor todopoderoso, ᵖ ¹⁹ y a todos los israelitas allí presentes, hombres y mujeres, les dio un pan, una torta de dátiles y otra de pasas. Después todos se volvieron a sus casas.

²⁰ También David volvió a su casa para bendecir a su familia; ᑫ pero Mical, la hija de Saúl, salió a recibirlo y le dijo:

—¡Qué bien ha quedado hoy el rey de Israel, mostrándose delante de las esclavas de sus criados como un desvergonzado cualquiera!

²¹ David le respondió:

—Es verdad; he estado bailando, pero ha sido delante del Señor, que me escogió en lugar de tu padre y de toda tu familia para ser el jefe de su pueblo Israel. Por eso bailo delante de él. ²² Y aún me humillaré más que ahora; me rebajaré, según tu opinión, pero seré honrado por esas mismas esclavas de que tú hablas.

²³ Y Mical no tuvo hijos en toda su vida. ʳ

ᵗ **5.25** *Gabaón:* según la versión griega (LXX) y 1 Cr 14.16. Heb. *Gueba.*

ᵃ **6.1-11** El *arca de la alianza* (véase Ex 25.10-22 n.) era el trono visible del Dios de Israel, que había guiado a los israelitas en el desierto (Nm 10.35-36) y en las primeras etapas de la conquista (Jos 3.1-17). Luego fue llevada al santuario del Señor en Silo (1 S 3.3; 4.4), hasta que fue capturada y devuelta por los filisteos (1 S 5.1; 6.1—7.1). Como se trataba de un objeto sagrado ligado especialmente a las tribus de Efraín y Benjamín, David comprendió que por medio del arca se podía establecer un fuerte vínculo religioso entre la nueva capital del reino y las tribus del norte. De ahí su decisión de trasladarla a Jerusalén.

ᵇ **6.1** No se habla aquí de un ejército regular, sino de un grupo escogido para aquella ocasión.

ᶜ **6.2** *Baalá de Judá:* otro nombre con el que se conocía a *Quiriat-jearim* (1 S 6.21; cf. Jos 9.17; 15.9-10). También se conoce como *Quiriat-baal.*

ᵈ **6.2** *Arca de Dios:* Véanse Ex 25.18 n.; 1 S 4.3 nota *g.*

ᵉ **6.2** *Querubines:* Véase Ex 25.18 n.; cf. 1 S 4.4; 1 R 6.23-28; Sal 80.1; Is 37.16.

ᶠ **6.3-4** Cf. 1 S 7.1-2.

ᵍ **6.7** La legislación israelita exigía tratar con sumo cuidado los objetos de culto consagrados al Señor (Nm 4.7-20). En caso contrario, un objeto sagrado como el arca del Señor, destinada a ser fuente de bendiciones (cf. v. 11), podía ocasionar al transgresor una desgracia imprevista.

ʰ **6.8** *Le quitó la vida:* lit. *abrió una brecha.*

ⁱ **6.8** En hebreo, *Peres-uzá* significa *brecha de Uzá.*

ʲ **6.8-9** El episodio anterior (vv. 6-7) tuvo sobre David un efecto saludable. El podía llevar a Jerusalén el *arca de Dios,* con la finalidad política de reforzar la unidad entre el Norte y el Sur. Pero también debía tener presente que ella era el trono visible del Dios *santo* (cf. Is 6.3), y que la santidad de Dios no es algo que pueda manipular impunemente.

ᵏ **6.10** *Un hombre de Gat:* es decir, un filisteo.

ˡ **6.11** 1 Cr 26.4-5.

ᵐ **6.12** *Ciudad de David:* Véase 2 S 5.7 n.

ⁿ **6.14** *Efod de lino:* Véase 1 S 2.18 n.

ñ **6.15** *Gritos de alegría:* Véase 1 S 4.5 n.

ᵒ **6.17** *Holocaustos:* Cf. Lv. 1. *Sacrificios de reconciliación:* Cf. Lv 3.

ᵖ **6.18** Cf. 1 R 8.14,55.

ᑫ **6.19-20** 1 Cr 16.43.

ʳ **6.23** Es muy probable que David haya querido tener un hijo de su matrimonio con *Mical,* la hija de Saúl. De ese modo, se habría fortalecido la unión entre Judá e Israel, ya que las tribus del Norte habrían visto en el hijo de Mical al continuador y heredero de Saúl. Pero esa

7 Dios promete bendecir a David[a] (1 Cr 17.1-27)

1 Cuando el rey David estuvo ya instalado en su palacio,[b] y el Señor le había concedido la paz con todos sus enemigos de alrededor, **2** le dijo a Natán,[c] el profeta:

—Como puedes ver, yo habito en un palacio de cedro, mientras que el arca de Dios habita bajo simples cortinas.

3 Y Natán le contestó:

—Pues haz todo lo que te has propuesto, porque cuentas con el apoyo del Señor.

4 Pero aquella misma noche, el Señor se dirigió a Natán y le dijo:[d] **5** "Ve y habla con mi siervo David, y comunícale que yo, el Señor, he dicho: 'No serás tú quien me construya un templo para que habite en él. **6** Desde el día en que saqué de Egipto a los israelitas, hasta el presente, nunca he habitado en templos, sino que he andado en simples tiendas de campaña.[e] **7** En todo el tiempo que anduve con ellos, jamás le pedí a ninguno de sus caudillos, a quienes puse para que gobernaran a mi pueblo Israel, que me construyera un templo de madera de cedro.'[f] **8** Por lo tanto, dile a mi siervo David que yo, el Señor todopoderoso, le digo: 'Yo te saqué del redil, y te quité de andar tras el rebaño, para que fueras el jefe de mi pueblo Israel; **9** te he acompañado[g] por dondequiera que has ido, he acabado con todos los enemigos que se te enfrentaron, y te he dado gran fama, como la que tienen los hombres importantes de este mundo. **10** Además he preparado un lugar para mi pueblo Israel, y allí los he instalado para que vivan en un sitio propio, donde nadie los moleste ni los malhechores los opriman como al principio, **11** cuando puse caudillos que gobernaran a mi pueblo Israel. Yo haré que te veas libre de todos tus enemigos. Y te hago saber que daré descendientes, **12** y que cuando tu vida llegue a su fin y mueras, yo estableceré a uno de tus descendientes y lo confirmaré en el reino. **13** Él me construirá un templo, y yo afirmaré su reino para siempre. **14** Yo le seré un padre, y él me será un hijo. Y cuando cometa una falta, yo lo castigaré y lo azotaré como todo padre lo hace con su hijo,[h] **15** pero no le retiraré mi bondad como se la retiré a Saúl, al cual quité para ponerte a ti en su lugar. **16** Tu dinastía y tu reino estarán para siempre seguros bajo mi protección, y también tu trono quedará establecido para siempre.'"[i]

17 Natán le contó todo esto a David, exactamente como lo había visto y oído. **18** Entonces el rey David entró para hablar delante del Señor, y dijo: "Señor, ¿quién soy yo y qué es mi familia para que me hayas hecho llegar hasta aquí?[j] **19** ¡Y tan poca cosa te ha parecido esto, Señor, que hasta has hablado del porvenir de la dinastía de tu siervo! ¡Ningún hombre actúa como tú, Señor! **20** ¿Qué más te puedo decir, Señor, si tú conoces a este siervo tuyo? **21** Todas estas maravillas las has hecho, según lo prometiste y lo quisiste, para que yo las conociera; **22** por lo tanto, Señor mío, ¡qué grandeza la tuya! Porque no hay nadie como tú,[k] ni existe otro dios aparte de ti, según todo lo que nosotros mismos hemos oído. **23** En cuanto a Israel, tu pueblo, ¡no hay otro como él, pues es nación única en la tierra![l] Tú, oh Dios, lo libertaste para que fuera tu pueblo, y lo hiciste famoso haciendo por él cosas grandes y maravillosas. Tú arrojaste de delante de tu pueblo, al que rescataste de Egipto, a las demás naciones y a sus dioses,[m] **24** porque tú has determinado que Israel sea tu pueblo para siempre, y que tú, Señor, serás su Dios.[n]

25 "Así pues, Señor y Dios, mantén para siempre la promesa que has hecho a tu siervo y a su dinastía, y cumple lo que has dicho. **26** ¡Que tu nombre sea siempre engrandecido, y se diga que el Señor todopoderoso es el Dios de Israel! ¡Que la dinastía de David, tu siervo, se mantenga firme con tu protección! **27** Tú, Señor todopoderoso, me has hecho saber que vas a establecer mi dinastía; por eso yo, aunque soy tu siervo, me atrevo a hacerte esta súplica. **28** Tú, Señor, eres Dios, y tus palabras son verdaderas, y

---

esperanza quedó frustrada a causa de esta disputa, que separó a David de Mical sin que hubieran tenido hijos. Véase 2 S 3.14 n.

[a] **7.1-29** (título) Esta promesa del Señor a David es uno de los textos más significativos del AT. Los intérpretes han identificado en la profecía dos temas predominantes: uno se refiere a David y su dinastía (vv. 8-11,16); el otro a Salomón y al templo de Jerusalén (vv. 12-15). Estos dos temas se presentan en forma antitética: no va a ser David el que construya una casa para el Señor (es decir, un templo), sino su hijo Salomón; pero el Señor sí le construirá a David una casa (es decir, una dinastía). En esta promesa estaba en germen la esperanza mesiánica de Israel.

[b] **7.1** *Palacio:* lit. *casa.* La palabra *casa,* unas veces referida al palacio de David (vv. 1-2), otras al templo (vv. 5-7,13) y otras a la dinastía o descendencia davídica (11,16,19,25-27,29) es un término clave para la comprensión de este oráculo dinástico.

[c] **7.2** Aquí se menciona por primera vez al *profeta Natán,* personaje de gran importancia en la corte de David (2 S 12.1-25). En las luchas por la sucesión, él influyó para que el heredero de David fuera Salomón (1 R 1.8-45). 1 Cr 29.29 lo menciona como autor de una de las historias del rey David.

[d] **7.4** El Señor habla a David por medio de un profeta y no, como lo había hecho regularmente, a través del *efod,* el *tumim* y el *urim* (véase 2 S 2.1 n.).

[e] **7.6** Cf. Ex 26; 36.8-38.

[f] **7.7** *Templo de madera de cedro:* En el antiguo Oriente, los templos y palacios solían ser de *cedro* (2 S 5.11; 1 R 5.10), porque era muy difícil que los insectos pudieran destruir esa madera.

[g] **7.9** Véase 1 S 18.12 n.

[h] **7.14** Cf. 8.5; 1 R 11.34; Sal 89.30-33. Cf. también Heb 12.7.

[i] **7.16** *Tu dinastía, tu reino... tu trono quedará establecido para siempre:* A partir de la profecía de Natán, David y su dinastía fueron portadores de una promesa divina incondicional. Basados en esta promesa, los profetas y salmistas orientaron la esperanza de Israel hacia el futuro. Los temas que más se destacan en la expresión de esta esperanza mesiánica son la estabilidad eterna de la dinastía davídica (Sal 89.19-37|20-38]; 132.11; Is 9.6-7; 11.1-10), la filiación divina del rey (véase Sal 2.7 n.), su entronización a la derecha de Dios (Sal 110.1) y su dominio universal (Sal 2). En medio de la crisis provocada por la destrucción de Jerusalén y la caída del Ungido del Señor en poder de los paganos (cf. Lm 4.20), esa esperanza no desfalleció, sino que se robusteció cada vez más, concentrándose en la figura de un rey ideal, el Mesías descendiente de David. El NT proclama el cumplimiento de esta esperanza mesiánica en la persona y en la obra de Jesús (cf. Lc 4.16-21). Véase *Mesías* en el *Índice temático.*

[j] **7.18** *Delante del Señor:* Véase 2 R 19.14 n. *¿Quién soy yo... hasta aquí?:* Véase 1 S 9.21 nota j.

[k] **7.22** *Como tú:* 1 R 8.22; Jer 10.6-7.

[l] **7.23** *Tierra:* Dt 4.7-8.

[m] **7.23** Cf. Dt 7.8; 9.26.

[n] **7.24** Cf. Dt 26.17-18; 27.9; 29.13.

has prometido a tu siervo tanta bondad; **29** dígnate, pues, bendecir la dinastía de tu siervo para que permanezca siempre bajo tu protección. Tú, Señor Dios, lo has prometido, y con tu bendición la dinastía de tu siervo será bendita para siempre."

8 *Campañas militares de David (1 Cr 18.1-13)* **1** Después de esto David venció a los filisteos, *ᵃ* sometiéndolos y arrebatándoles de las manos las riendas del poder. **2** También derrotó a los moabitas, *ᵇ* a quienes hizo que se tendieran en el suelo y los midió con un cordel: los que quedaban dentro de cada dos medidas de cordel, eran condenados a muerte, y los que quedaban dentro de una medida eran dejados con vida. Así los moabitas fueron sometidos a David y tuvieron que pagarle tributo.

3 David venció también a Hadad-ézer, hijo de Rehob, que era rey de Sobá, *ᶜ* cuando este iba a recuperar su dominio sobre la región del río Éufrates. **4** De ellos, David hizo prisioneros a mil setecientos soldados de caballería y a veinte mil de infantería; y además les rompió las patas a todos los caballos de los carros de combate, con la excepción de los caballos necesarios para cien carros.

5 Llegaron luego los sirios de Damasco para prestar ayuda a Hadad-ézer, el rey de Sobá, pero David venció a los sirios, matando a veintidós mil de ellos. **6** Luego puso David guarniciones en Siria de Damasco, y los sirios quedaron sometidos a él y sujetos al pago de tributo. Así pues, el Señor le daba la victoria a David por dondequiera que iba.

7 Después David se apoderó de los escudos de oro que usaban los oficiales de Hadad-ézer, y los llevó a Jerusalén. **8** También se apoderó de una gran cantidad de bronce de Bétah y de Berotai, ciudades que pertenecían a Hadad-ézer.

9 Cuando Toi, rey de Hamat, *ᵈ* se enteró de que David había derrotado a todo el ejército de Hadad-ézer, **10** envió a su hijo Joram con objetos de plata, de oro y de bronce, para que saludara y felicitara al rey David por haber luchado con Hadad-ézer y haberlo vencido, pues Toi también había estado en guerra con él. **11** David dedicó todos estos objetos al Señor, junto con el oro y la plata que le había consagrado, y que venía de todas las naciones que había sometido: **12** de Edom, de Moab, de Amón, de los filisteos y de los amalecitas, y de lo que le había quitado en la guerra a Hadad-ézer, hijo de Rehob, rey de Sobá. *ᵉ*

13 David se hizo famoso. Y cuando regresaba de haber vencido a los edomitas, derrotó a dieciocho mil edomitas en el Valle de la Sal. **14** Luego puso guarniciones en todo Edom, y todos los edomitas quedaron sometidos a David, a quien el Señor daba la victoria por dondequiera que iba.

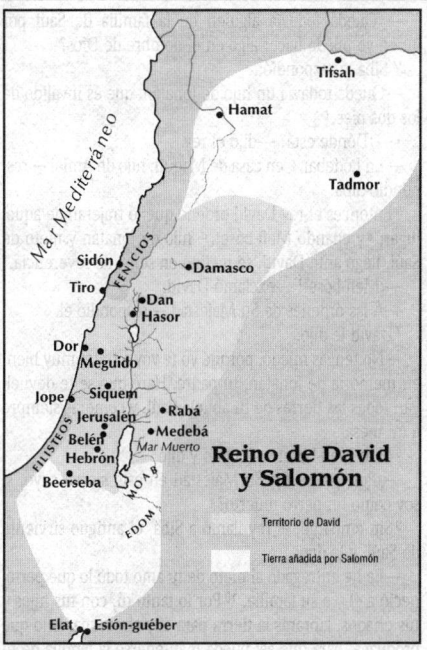

Reino de David y Salomón

Territorio de David

Tierra añadida por Salomón

Oficiales de David (2 S 20.23-26; 1 Cr 18.14-17) **15** David reinó sobre todo Israel, actuando con justicia y rectitud para con todo su pueblo. *ᶠ* **16** El jefe del ejército era Joab, *ᵍ* hijo de Seruiá; y Josafat, *ʰ* hijo de Ahilud, era el secretario del rey. **17** Sadoc, hijo de Ahitub, y Ahimélec, hijo de Abiatar, eran sacerdotes; Seraías era el cronista, **18** y Benaías, *ⁱ* hijo de Joiadá, estaba al mando de la guardia de quereteos y peleteos. *ʲ* Los hijos de David eran sacerdotes.

II. HISTORIA DE LA SUCESIÓN AL TRONO DE DAVID (9—20)

9 *David favorece a Mefi-bóset* **1** Un día David preguntó: "¿Ha quedado algún superviviente de la familia de Saúl, a quien yo pueda favorecer en memoria de Jonatán?" *ᵃ*

2 Había un sirviente de la familia de Saúl, llamado Sibá, al cual llamaron para que se presentara ante David. Cuando Sibá se presentó, le preguntó el rey:

—¿Eres tú Sibá?

—Para servir a Su Majestad —respondió él.

3 Entonces el rey le preguntó:

ᵃ **8.1** *Filisteos:* Los filisteos aparecen en primer lugar en la lista de vencidos, porque ellos fueron los enemigos más peligrosos durante los primeros años de la monarquía israelita. David logró reducir el país de los filisteos a una pequeña franja de territorio en la costa mediterránea (véanse 1 S 4.1 n. e *Índice de mapas*).

ᵇ **8.2** *Moabitas:* La relación de Israel con Moab fue por lo general bastante tensa (Nm 22—24; Jue 11.17-18; cf. Is 15—16; Jer 9.26; Ez 25.8,11; Am 2.1; Sof 2.8-11). Sin embargo, en 1 S 22.3-5 se dice que los moabitas ayudaron a David, y según Rut 4.13-22, David era descendiente de una mujer moabita. Por tanto, resulta inexplicable que David los haya tratado con tanta crueldad.

ᶜ **8.3** *Sobá:* reino arameo al norte de Damasco (2 S 10.6-8).

ᵈ **8.8-9** *Bétah, Berotai* (v.8) y *Hamat* eran ciudades de Siria.

ᵉ **8.12** Véase 1 S 14.47-48 n.

ᶠ **8.15** Véase 1 R 10.9 n.

ᵍ **8.16** *Joab:* Véase 2 S 2.13 nota *k.*

ʰ **8.16** *Josafat:* 1 R 4.3,17.

ⁱ **8.18** *Benaías:* 2 S 23.22.

ʲ **8.18** Los *quereteos* y *peleteos* formaron originalmente el grupo de mercenarios que rodearon a David cuando huía de Saúl (cf.1 S 27—31) y mientras residía en Siclag. Ambos grupos estaban relacionados con los filisteos (véase 1 S 30.14 n.).

ᵃ **9.1** *En memoria de Jonatán:* 1 S 20.14-17.

—¿Queda todavía alguien de la familia de Saúl por quien yo pueda hacer algo en el nombre de Dios?

Y Sibá le respondió:

—Queda todavía un hijo de Jonatán, que es inválido de los dos pies. *b*

⁴ —¿Dónde está? —dijo el rey.

—En Lodebar, *c* en casa de Maquir, hijo de Amiel —respondió Sibá.

⁵ Entonces el rey David ordenó que lo trajeran de aquel lugar; ⁶ y cuando Mefi-bóset, *d* hijo de Jonatán y nieto de Saúl, llegó ante David, se inclinó en señal de reverencia.

—¡Mefi-bóset! —exclamó David.

—A las órdenes de Su Majestad —respondió él.

⁷ David le dijo:

—No tengas miedo, porque yo te voy a tratar muy bien, en memoria de Jonatán, tu padre. Haré que se te devuelvan todas las tierras de tu abuelo Saúl, y comerás siempre a mi mesa.

⁸ Pero Mefi-bóset se inclinó y dijo:

—¿Por qué se fija Su Majestad en este siervo suyo, si soy como un perro muerto? *e*

⁹ Sin embargo, el rey llamó a Sibá, el antiguo sirviente de Saúl, y le dijo:

—Le he entregado al nieto de tu amo todo lo que perteneció a él y a su familia. ¹⁰ Por lo tanto tú, con tus hijos y tus criados, labrarás la tierra para él y almacenarás lo que produzca, para que así pueda mantenerse la familia de tu amo, *f* aunque Mefi-bóset, su nieto, comerá siempre a mi mesa.

Sibá, que tenía quince hijos y veinte criados, ¹¹ respondió al rey:

—Todo lo que ha ordenado Su Majestad a este siervo suyo, se hará.

Y Mefi-bóset comía siempre a la mesa de David, como uno de los hijos del rey. *g* ¹² Además tenía un hijo pequeño que se llamaba Micaías, *h* y todos los que vivían en casa de Sibá estaban al servicio de Mefi-bóset. ¹³ Pero Mefi-bóset, que era inválido de ambos pies, vivía en Jerusalén, porque comía siempre a la mesa del rey.

10 David derrota a los sirios y amonitas *a* (1 Cr 19.1-19)

¹ Después de algún tiempo murió Nahas, el rey de los amonitas, y en su lugar reinó su hijo Hanún. ² Entonces David pensó que debía tratar a Hanún, el hijo de Nahas, con la misma bondad con que su padre lo había tratado a él, y envió a unos de sus oficiales para que le dieran a Hanún el pésame por la muerte de su padre. Pero cuando los oficiales de David llegaron al país amonita, ³ los jefes amonitas le dijeron a Hanún, su soberano: "¿Y cree Su Majestad que David ha enviado esos hombres a dar el pésame, tan solo para honrar al padre de Su Majestad? ¡Seguramente los ha enviado para inspeccionar y espiar la ciudad, y luego destruirla!" *b*

⁴ Entonces Hanún ordenó que apresaran a los oficiales de David, y que les afeitaran media barba y les rasgaran la ropa por la mitad, hasta las nalgas. Después los despidió. ⁵ Cuando David lo supo, mandó que fueran a recibirlos, porque estarían sumamente avergonzados, y que les ordenaran quedarse en Jericó hasta que les creciera la barba, y que entonces regresaran.

⁶ Los amonitas comprendieron que se habían hecho odiosos a David, por lo que tomaron a sueldo a veinte mil *c* soldados sirios de Bet-rehob y de Sobá, al rey de Maacá con mil hombres, y a doce mil hombres de Is-tob. ⁷ Pero David lo supo y mandó a Joab *d* con todos los soldados del ejército. ⁸ Los amonitas avanzaron y se prepararon para la batalla a la entrada misma de la ciudad, mientras que los soldados sirios de Sobá y Rehob, y las tropas de Is-tob y Maacá, tomaron posiciones en el campo. ⁹ Cuando Joab vio que iba a ser atacado por el frente y por la retaguardia, escogió los mejores soldados israelitas y se preparó para atacar a los sirios. ¹⁰ Luego puso el resto de la tropa bajo el mando de su hermano Abisai, *e* para que este hiciera frente a los amonitas, ¹¹ y le dijo: "Si los sirios pueden más que yo, tú vendrás a ayudarme, y si los amonitas pueden más que tú, iré a ayudarte. ¹² Ten ánimo, y luchemos con valor por nuestra nación y por las ciudades de nuestro Dios. ¡Y que el Señor haga lo que le parezca mejor!"

¹³ Joab avanzó con sus tropas para atacar a los sirios, pero estos huyeron ante él. ¹⁴ Y cuando los amonitas vieron que los sirios huían, ellos también huyeron de Abisai y se metieron en la ciudad. Joab dejó entonces de luchar contra los amonitas y regresó a Jerusalén.

¹⁵ Cuando los sirios se dieron cuenta de que Israel los había vencido, se juntaron otra vez. ¹⁶ Hadad-ézer *f* mandó

---

b 9.3 Cf. 1 S 4.4.

c 9.4 *Lodebar:* al oeste del río Jordán, en la región que ocupaba la tribu de Manasés.

d 9.6 *Mefi-bóset:* Véase 4.4 nota *c.*

e 9.8 *Perro muerto:* Esta expresión, muy común en el antiguo Oriente, se utilizaba para expresar la autohumillación más extrema (1 S 24.14[15]; cf. 2 R 8.13) y también como insulto (2 S 16.9).

f 9.10 Estas antiguas posesiones de Saúl debieron de ser considerablemente extensas, ya que allí podía vivir y trabajar una familia tan numerosa. También eran abundantes los productos que se podían almacenar, como lo muestra el pasaje de 2 S 16.1-2.

g 9.11 *Comía... los hijos del rey:* es decir, no solo compartía la mesa de David, sino que estaba bajo su protección (1 R 2.7; 2 R 25.27-29; cf. 1 R 18.15). Nótese, sin embargo, que Mefi-bóset (Merib-baal), por ser el único descendiente vivo de Saúl (cf. 2 S 21.7), tenía fundados motivos para considerarse heredero del *reino que le correspondía a su abuelo* (2 S 16.3). Haciéndolo sentar a su mesa, David lo tenía bien vigilado. Cf. también el comportamiento ambiguo de Mefi-bóset durante el alzamiento de Absalón (2 S 19.24-30).

h 9.12 *Micaías:* Cf. 1 Cr 8.34-38.

a 10.1-19 Los caps. 10—12 tienen como tema común la guerra contra los amonitas, y esa guerra, a su vez, sirve de marco histórico al encuentro de David con Betsabé (cap. 11). La atención se concentra así en la vida privada de David, y esto sirve de introducción a los dramáticos episodios que van a relatarse en 2 S 13—20. Véase 2 S 13.1-23 n.

b 10.3 2 S 3.24-25; cf. también Dt 1.24; Jos 2.1; Jue 18.2.

c 10.6 *Veinte mil:* Es muy probable que la palabra hebrea *elef* se refiera aquí a un pelotón de unos diez o doce soldados, y no al número mil.

d 10.7 *Joab:* Véase 2 S 2.13 nota *k.*

e 10.10 1 S 26.6-12; 2 S 21.16-17.

f 10.16 *Hadad-ézer:* jefe de los mercenarios que luchaban contra David (cf. 8.3).

traer a los sirios que estaban al otro lado del río Éufrates,[g] los cuales llegaron a Helam.[h] Al frente de ellos estaba Sobac, jefe del ejército de Hadad-ézer. **17** Pero le contaron esto a David, quien, movilizando en seguida a todo Israel, atravesó el río Jordán y llegó a Helam. Allí los sirios se enfrentaron con David y lucharon contra él, **18** pero finalmente huyeron de los israelitas, pues las bajas que les causó David fueron de cuarenta mil soldados de caballería y setecientos de los carros de combate; además, David hirió de muerte a Sobac, el jefe del ejército sirio, el cual murió allí. **19** Al ver todos los reyes aliados de Hadad-ézer que los israelitas los habían derrotado, hicieron la paz con los israelitas y quedaron sometidos a ellos. A partir de entonces, los sirios tuvieron miedo de volver a ayudar a los amonitas.

11 *David y Betsabé*[a]

1 En cierta ocasión, durante la primavera, que es cuando los reyes acostumbran salir a campaña, David envió a Joab[b] y a sus oficiales, con todo el ejército israelita, y destruyeron a los amonitas y sitiaron la ciudad de Rabá.[c] David, sin embargo, se quedó en Jerusalén.[d]

2-4 Una tarde, al levantarse David de su cama y pasearse por la azotea del palacio real, vio desde allí a una mujer muy hermosa que se estaba bañando. Esta mujer estaba apenas purificándose de su periodo de menstruación.[e] David mandó que averiguaran quién era ella, y le dijeron que era Betsabé, hija de Eliam[f] y esposa de Urías[g] el hitita. David ordenó entonces a unos mensajeros que se la trajeran, y se acostó con ella, después de lo cual ella volvió a su casa.[h] **5** La mujer quedó embarazada, y así se lo hizo saber a David. **6** Entonces David ordenó a Joab que mandara traer a Urías el hitita, y así lo hizo Joab. **7** Y cuando Urías se presentó ante David, este le preguntó cómo estaban Joab y el ejército, y qué noticias había de la guerra. **8** Después le ordenó que se fuera a su casa y se lavara los pies.[i]

En cuanto Urías salió del palacio real, el rey le envió comida especial como regalo; **9** pero Urías, en lugar de ir a su casa, pasó la noche a las puertas del palacio, con los soldados de la guardia real. **10** Cuando le contaron a David que Urías no había ido a su casa, David le preguntó:

—¿Por qué no fuiste a tu casa, después del viaje que has hecho?

11 Y Urías le respondió:

—Tanto el arca sagrada[j] como los soldados de Israel y de Judá tienen como techo simples enramadas;[k] igualmente Joab, mi jefe, y los oficiales de Su Majestad, duermen a campo abierto; ¿y yo habría de entrar en mi casa para comer y beber y acostarme con mi mujer? ¡Por vida de Su Majestad que yo no haré tal cosa![l]

12 Pero David le ordenó:

—Quédate hoy todavía, y mañana dejaré que te vayas.

Y así Urías se quedó en Jerusalén hasta el día siguiente. **13** David lo invitó a comer y beber con él, y lo emborrachó. Ya por la noche, Urías salió y se fue a dormir con los soldados de la guardia real, pero no fue a su casa.

14 A la mañana siguiente, David escribió una carta a Joab, y la envió por medio de Urías. **15** En la carta decía: "Pongan a Urías en las primeras líneas, donde sea más dura la batalla, y luego déjenlo solo para que caiga herido y muera."

16 Así pues, cuando Joab rodeó la ciudad para atacarla, puso a Urías en el lugar donde él sabía que estaban los soldados más valientes, **17** y en un momento en que los que defendían la ciudad salieron para luchar contra Joab, cayeron en combate algunos de los oficiales de David, entre los cuales se encontraba Urías.

18 Joab envió a David un informe detallado de la batalla, **19** y le dio al mensajero las siguientes instrucciones: "Cuando acabes de informar al rey de todo lo relacionado con la batalla, **20** puede ser que el rey se enoje y te pregunte: '¿Por qué se acercaron tanto al atacar la ciudad? ¿Acaso no saben que ellos lanzan objetos desde la muralla, **21** igual que cuando en Tebés una mujer mató a Abimélec, el hijo de Jerubaal,[m] arrojándole desde la muralla una piedra de molino?[n] ¿Por qué, pues, se acercaron tanto a la muralla?' Entonces tú le contestarás: 'También ha muerto Urías el hitita, oficial de Su Majestad.'"

22 El mensajero se fue, y al llegar contó a David todo lo que Joab le había ordenado. David, en efecto, se enojó mucho contra Joab, y le dijo al mensajero:

---

[g] **10.16** *Al otro lado del río Éufrates:* es decir, al oeste de ese río (cf. 1 R 4.24).

[h] **10.16** *Helam:* ciudad de la región de Galaad, al este del Jordán.

[a] **11.1-27** El adulterio y el crimen de David se relatan con gran concisión y sobriedad. En el relato, el narrador se limita a referir los hechos, sin emitir ningún juicio. Solo al final del capítulo dirá que *al Señor no le agradó lo que David había hecho* (v. 27). En el cap. siguiente, el profeta Natán pronunciará una condena aún más explícita.

[b] **11.1** *Joab:* Véase 2 S 2.13 n.

[c] **11.1** *Rabá:* capital del reino de Amón, al este del río Jordán. Cf. 2 S 12.26-31; véase *Índice de mapas*.

[d] **11.1** 1 Cr 20.1. El hecho de que David no saliera a combatir indica que su reinado ya había entrado en una nueva etapa. Ahora se trataba de consolidar el reino, y esto exigía que no se ocupara solamente de combatir, sino de cumplir con sus funciones de gobernante.

[e] **11.2-4** *Periodo de menstruación:* Cf. Lv 15.19.

[f] **11.2-4** *Betsabé, hija de Eliam:* Según 2 S 23.34, Ahitófel, el consejero de David y luego de Absalón (2 S 16.23), tenía un hijo llamado *Eliam*, que era soldado de David, al igual que Urías. No es seguro, sin embargo, que él haya sido el padre de *Betsabé*.

[g] **11.2-4** *Urías* es un nombre hebreo, que significa *Yah* (abreviatura de *Yahvé*), *es mi luz.* Como Yahvé es el nombre propio del Dios de Israel, no es probable que *el esposo de Betsabé* haya sido un extranjero al servicio de David, aunque quizá pertenecía a una familia *hitita* radicada desde hacía tiempo en Israel. Acerca de los hititas en la época bíblica, véase Jos 1.4 n.

[h] **11.2-4** El texto no dice nada sobre la actitud o los sentimientos de Betsabé. No aclara, por ejemplo, si fue víctima o cómplice de David, o las dos cosas a la vez. Su pasividad en aquella circunstancia contrasta con la entereza manifestada en 1 R 1.11-31.

[i] **11.8** *Lavara los pies:* eufemismo para referirse al acto sexual.

[j] **11.11** *Arca sagrada:* Véase Ex 25.10-22 n. Esta es la última indicación de la presencia del arca en el campo de batalla.

[k] **11.11** *Tienen... enramadas:* otra posible traducción: *están en Sucot.*

[l] **11.11** La pureza ritual era un requisito para combatir las guerras del Señor (cf. Ex 19.15; Lv 15.18; Dt 23.9-14; 1 S 21.4-5).

[m] **11.21** *Jerubaal:* según la versión griega (LXX). Heb *Jeroboset.* Véase 2 S 2.8 nota *h.*

[n] **11.21** *Molino:* Cf. Jue 9.53.

—¿Por qué se acercaron tanto al atacar la ciudad? ¿Acaso no saben que ellos lanzan objetos desde la muralla, igual que cuando en Tebés una mujer mató a Abimélec, el hijo de Jerubaal, arrojándole desde la muralla una piedra de molino? ¿Por qué, pues, se acercaron tanto a la muralla?[n]

²³ Entonces el mensajero le respondió:

—Los soldados que salieron a luchar contra nosotros a campo abierto nos llevaban ventaja, pero los hicimos retroceder hasta la entrada de la ciudad. ²⁴ Fue entonces cuando los arqueros dispararon sus flechas desde la muralla contra las tropas de Su Majestad, y murieron algunos de los oficiales, entre ellos Urías el hitita.

²⁵ Entonces David respondió al mensajero:

—Dile a Joab que no se preocupe demasiado por esto, pues son cosas de la guerra. Pero que ataque la ciudad con más brío, hasta destruirla. Y tú dale ánimo.

²⁶ Cuando la mujer de Urías supo que su marido había muerto, guardó luto por él; ²⁷ pero después que pasó el luto,[o] David mandó que la trajeran y la recibió en su palacio, la hizo su mujer y ella le dio un hijo. Pero al Señor no le agradó lo que David había hecho.[p]

12 Natán reprende a David

¹ El Señor envió al profeta Natán a ver a David. Cuando Natán se presentó ante él, le dijo:

—En una ciudad había dos hombres. Uno era rico y el otro pobre. ² El rico tenía gran cantidad de ovejas y vacas, ³ pero el pobre no tenía más que una ovejita que había comprado. Y él mismo la crió, y la ovejita creció en compañía suya y de sus hijos; comía de su misma comida, bebía en su mismo vaso y dormía en su pecho. ¡Aquel hombre la quería como a una hija! ⁴ Un día, un viajero llegó a visitar al hombre rico; pero este no quiso tomar ninguna de sus ovejas o vacas para preparar comida a su visitante, sino que le quitó al hombre pobre su ovejita y la preparó para dársela al que había llegado.

⁵ David se enfureció mucho contra aquel hombre, y le dijo a Natán:

—¡Te juro por Dios que quien ha hecho tal cosa merece la muerte! ⁶ ¡Y debe pagar cuatro veces[a] el valor[b] de la ovejita, porque actuó sin mostrar ninguna compasión![c]

⁷ Entonces Natán le dijo:

—¡Tú eres ese hombre! Y esto es lo que ha declarado el Señor, el Dios de Israel: 'Yo te escogí[d] como rey de Israel, y te libré del poder de Saúl;[e] ⁸ te di el palacio y las mujeres de tu señor,[f] y aun el reino de Israel y Judá. Por si esto fuera poco, te habría añadido muchas cosas más. ⁹ ¿Por qué despreciaste mi palabra, e hiciste lo que no me agrada? Has asesinado a Urías el hitita, usando a los amonitas para matarlo, y te has apoderado de su mujer.[g] ¹⁰ Puesto que me has menospreciado al apoderarte de la esposa de Urías el hitita para hacerla tu mujer, jamás se apartará de tu casa la violencia. ¹¹ Yo, el Señor, declaro: Voy a hacer que el mal contra ti surja de tu propia familia, y en tu propia cara tomaré a tus mujeres y se las entregaré a uno de tu familia, el cual se acostará con ellas a plena luz del sol. ¹² Si tú has actuado en secreto, yo voy a actuar en presencia de todo Israel y a plena luz del sol.'[h]

¹³ David admitió ante Natán:

—He pecado contra el Señor.

Y Natán le respondió:

—El Señor no te va a castigar a ti por tu pecado, y no morirás. ¹⁴ Pero como has ofendido gravemente al Señor,[i] tu hijo recién nacido tendrá que morir.

¹⁵ Y cuando Natán volvió a su casa, el Señor hizo que el niño que David había tenido con la mujer de Urías se enfermara gravemente. ¹⁶ Entonces David rogó a Dios por el niño, y ayunó y se pasó las noches acostado en el suelo. ¹⁷ Los ancianos que vivían en su palacio iban a rogarle que se levantara del suelo, pero él se negaba a hacerlo, y tampoco comía con ellos.

¹⁸ Siete días después murió el niño, y los oficiales de David tenían miedo de decírselo, pues pensaban: "Si cuando el niño aún vivía, le hablábamos y no nos hacía caso, ¿cómo vamos ahora a decirle que el niño ha muerto? ¡Puede cometer una barbaridad!"

¹⁹ Pero al ver David que sus oficiales hacían comentarios entre sí, comprendió que el niño había muerto; así que les preguntó:

—¿Ha muerto el niño?

—Sí, ya ha muerto —respondieron ellos.

²⁰ Entonces David se levantó del suelo, se bañó, se perfumó y se cambió de ropa, y entró en el templo para adorar al Señor. Después fue a su casa, y pidió de comer y comió. ²¹ Entonces sus oficiales le preguntaron:

—¿Pero qué está haciendo Su Majestad? Cuando el niño aún vivía, Su Majestad ayunaba y lloraba por él; y

---

[n] 11.22 *David, en efecto... a la muralla:* según la versión griega (LXX). En el texto hebreo no aparece esta última parte del v. 22.
[o] 11.27 *Después que pasó el luto:* Véase 1 S 31.13 n.
[p] 11.27 *Al Señor no le agradó lo que David había hecho:* Aquí y en otras dos oportunidades (12.24; 17.14), el narrador de 2 S 11—20 introduce breves comentarios para poner de manifiesto la presencia y la acción de Dios en los hechos relatados. En realidad, es el Señor el que conduce el curso de los acontecimientos conforme a sus designios. Pero no por eso los personajes del relato quedan privados de su responsabilidad o de su capacidad de decisión. Si así lo hubiera pensado, el autor no habría puesto tanto empeño en narrar, con realismo y profunda sensibilidad humana, las acciones de hombres y mujeres, y las consecuencias positivas o nefastas de esas acciones.
[a] 12.6 *Cuatro veces:* Era el precio que debía restituir el que había robado una oveja (Ex 22.1[21.37]).
[b] 12.6 *Valor:* Cf. Ex 22.1.
[c] 12.6 Natán hizo que David pronunciara una sentencia condenatoria, presentándole un caso ficticio como si fuera real. De este modo, el culpable dictó sus propia condena. Un procedimiento semejante empleó más tarde la mujer de Tecoa (2 S 14.1-20).
[d] 12.7 *Yo te escogí:* lit. *te ungí* (1 S 16.13).
[e] 12.7 Cf. 1 S 16.1-13.
[f] 12.8 *Las mujeres de tu señor:* En el antiguo Oriente, el heredero del trono heredaba también el harén del rey fallecido (cf. 2 S 16.21-22; véase 1 R 2.16-25 n.).
[g] 12.9 Cf. 2 S 11.2-4,14-17.
[h] 12.11-12 Natán predice la rebelión de Absalón y el episodio relatado en 2 S 16.21-22.
[i] 12.14 *Has ofendido gravemente al Señor:* lit. *has ofendido gravemente a los enemigos del Señor.* El autor puso la palabra *enemigos* para evitar que estuvieran juntos el verbo *ofender* y el nombre del Dios de Israel.

ahora que el niño ha muerto, ¡Su Majestad se levanta y se pone a comer!

22 David respondió:

—Cuando el niño vivía, yo ayunaba y lloraba pensando que quizá el Señor tendría compasión de mí y lo dejaría vivir. **23** Pero ahora que ha muerto, ¿qué objeto tiene que yo ayune, si no puedo hacer que vuelva a la vida? ¡Yo iré a reunirme con él, pero él no volverá a reunirse conmigo!

Nacimiento de Salomón **24** Después David consoló a Betsabé, su mujer. Fue a visitarla y se unió a ella, y ella dio a luz un hijo al que David llamó Salomón.[j] El Señor amó a este niño,[k] **25** y así se lo hizo saber a David por medio del profeta Natán. David entonces, en atención al Señor, llamó al niño Jedidías.[l]

David conquista Rabá *(1 Cr 20.1-3)* **26** Mientras tanto, Joab lanzó un ataque contra la ciudad amonita de Rabá, y cuando ya estaba a punto de capturar la ciudad real, **27** envió a David el siguiente mensaje: "He estado atacando Rabá, y ya he capturado la ciudadela que protegía el abastecimiento de agua. **28** Por lo tanto reúna ahora Su Majestad el resto de las tropas, y ataque la ciudad y captúrela,[m] para que no sea yo quien lo haga y le pongan mi nombre."[n]

29 Entonces David reunió todas sus tropas y marchó contra Rabá, la atacó y la capturó. **30** Después tomó de la cabeza de su rey la corona de oro, que tenía piedras preciosas y pesaba treinta y tres kilos, y se la pusieron a David. También sacó David de la ciudad muchísimas cosas de valor, **31** y a la gente que aún quedaba en la ciudad la sacó de allí y la puso a trabajar con sierras y con trillos y hachas de hierro, así como en los hornos de ladrillo. Lo mismo hizo con todas las ciudades amonitas, y después regresó con todas sus tropas a Jerusalén.

13

Amnón deshonra a Tamar[a] **1** Absalón, hijo de David, tenía una hermana muy hermosa, llamada Tamar.[b] Y sucedió que Amnón,[c,d] hijo también de David, se enamoró de ella, **2** a tal grado que acabó por enfermarse de angustia, pues como su hermana Tamar no había tenido aún relaciones con ningún hombre, él encontraba muy difícil hacerle algo.[e] **3** Pero Amnón tenía un amigo muy astuto,[f] llamado Jonadab, que era hijo de Simá, hermano de David.[g] **4** Un día Jonadab le preguntó:

—¿Qué te pasa, príncipe? ¿Por qué estás cada día más desmejorado? ¿No me lo vas a contar?

Amnón le respondió:

—Es que estoy enamorado de Tamar, la hermana de mi hermano Absalón.

5 Entonces Jonadab le aconsejó:

—Métete en la cama y hazte el enfermo. Y cuando vaya a verte tu padre, dile que, por favor, mande a tu hermana Tamar para que te dé de comer y prepare alguna comida allí mismo, para que tú la veas y comas lo que ella te dé.

6 Amnón se metió en la cama y se hizo el enfermo. Y cuando el rey fue a verlo, Amnón le dijo:

—¡Por favor! Que venga mi hermana Tamar y haga aquí mismo un par de tortas, y que ella misma me sirva.

7 Entonces David mandó a Tamar a la casa, y le dijo:

—Ve, por favor, a casa de tu hermano Amnón, y prepárale algo de comer.

8 Tamar fue a casa de su hermano Amnón, que estaba acostado. Y tomó ella harina, la amasó, y allí mismo preparó las tortas y las coció; **9** luego tomó la sartén y le sirvió las tortas; pero Amnón no quiso comer, y ordenó que salieran todos los que allí estaban. **10** Cuando ya todos habían salido, Amnón le dijo a Tamar:

—Trae la comida a mi habitación, y sírveme tú misma.

Tamar tomó las tortas que había hecho y se las llevó a su hermano Amnón a su habitación, **11** pero cuando se acercó para que comiera, él la sujetó y le dijo:

—Ven, hermana mía, acuéstate conmigo.

12 Ella le respondió:

—No, hermano mío, no me deshonres, porque esto no se hace en Israel. ¡No cometas tal infamia! **13** ¿A dónde podría ir yo con mi vergüenza? Y por lo que a ti toca, serías considerado en Israel como un necio. Te ruego que hables con el rey, que él no se opondrá a que yo sea tuya.[h]

14 Amnón no quiso hacerle caso, y como era más fuerte que Tamar, la forzó y se acostó con ella. **15** Pero fue tal el

---

[j] **12.24** En 1 Cr 22.9, a causa de la semejanza en el sonido, se pone el nombre de *Salomón* en relación con la palabra hebrea *shalom*, que quiere decir *paz*. Pero el nombre deriva probablemente de una raíz hebrea que significa *reemplazar* o *restaurar*. Cabe pensar, por lo tanto, que Betsabé llamó a su hijo *Salomón* porque él venía a reemplazar a su hermano muerto.

[k] **12.24** Véase 2 S 11.27 n.

[l] **12.25** En hebreo, *Jedidías* significa *amado del Señor*.

[m] **12.28** Joab pide a David que venga personalmente el mando del ejército para el ataque final. De lo contrario, se podría pensar que la conquista de Rabá había sido una hazaña suya y no del rey.

[n] **12.28** *Y le pongan mi nombre:* como antes Jerusalén había sido llamada *Ciudad de David*, porque él la había conquistado (2 S 5.7. Véase 2 S 5.9 nota *n.*).

[a] **13.1-22** El anuncio profético de 2 S 12.10 (*jamás se apartará de tu casa la violencia*) empieza ahora a cumplirse. Dicho cumplimiento se inició con una serie de dramas familiares (cf. vv. 22,29), que culminaron con el alzamiento de Absalón contra su padre. Estos conflictos familiares, que ensombrecieron la vida de David en sus últimos años, pusieron de manifiesto la debilidad del rey en el trato con sus hijos (cf. 2 S 13.21; 14.1; 1 R 1.6) y las divisiones internas que amenazaron la unidad del reino davídico desde sus mismos comienzos (cf. 2 S 19.9-10).

[b] **13.1** La madre de *Absalón* y de *Tamar* era Maacá, hija de Talmai, rey de Gesur (2 S 3.3).

[c] **13.1** *Absalón, Amnón:* Cf. 2 S 3.2-3.

[d] **13.1** *Amnón*, cuya madre había sido Ahinóam (2 S 3.2; cf. 2.2), era el hijo mayor o primogénito de David (v. 21). *Tamar* era hermana suya solo por parte de padre.

[e] **13.2** *Difícil hacerle algo:* Las princesas vírgenes de las cortes reales eran celosamente custodiadas en el interior del palacio; las casadas tenían casa propia.

[f] **13.3** *Astuto:* El tema de la *astucia* es importante en estos caps. (13—20). En ellos, tres personas reciben ese calificativo, por su capacidad de persuasión y desencadenar eventos claves en toda esta historia (2 S 14.2; 20.16).

[g] **13.3** 1 S 16.9.

[h] **13.13** *No se opondrá... tuya:* Esta frase sugiere que entonces no se consideraba absolutamente obligatorio el cumplimiento de la ley que prohibía esta clase de matrimonios (cf. Lv 18.9,11; Dt 27.22).

odio que Amnón sintió después hacia ella, que terminó aborreciéndola más de lo que la había amado. Así que le ordenó:

—Levántate y vete.

¹⁶ Tamar le contestó:

—¡No, hermano mío, porque el echarme ahora de aquí sería una maldad peor que la que has cometido conmigo!

Amnón no quiso hacerle caso;ⁱ ¹⁷ por el contrario, llamó a su criado y le ordenó:

—¡Echa de aquí a esta mujer, y luego cierra bien la puerta!

¹⁸ El criado la echó fuera de la casa, y luego cerró bien la puerta. Entonces Tamar, que llevaba puesta una túnica muy elegante, ropa que acostumbraban usar las princesas solteras, ¹⁹ se echó ceniza en la cabeza, rasgó la túnica que llevaba puesta y, con las manos sobre la cabeza,ʲ se fue llorando por el camino. ²⁰ Entonces su hermano Absalón le preguntó:

—¿Así que fue tu hermano Amnón quien te hizo esto? En tal caso, guarda silencio, hermana mía, pues es tu hermano. No te preocupes demasiado por este asunto.

Tamar, al verse abandonada, se quedó en casa de su hermano Absalón. ²¹ Cuando el rey David se enteró de todo lo sucedido, se puso muy furioso; pero no reprendió a su hijo Amnón porque, como era su hijo mayor, lo quería mucho.ᵏ ²² Absalón, por su parte, no le dijo nada a Amnón, pero lo odiaba por haber deshonrado a su hermana Tamar.

Absalón se venga de Amnón ²³ Dos años después, la gente de Absalón estaba trasquilando sus ovejas en Baal-hasor, cerca del pueblo de Efraín, y Absalón invitó a comer a todos los hijos del rey.ˡ ²⁴ Además fue a ver al rey, y le dijo:

—Ahora que mis hombres están trasquilando mis ovejas, desearía que Su Majestad y sus oficiales honraran con su compañía a este siervo suyo.

²⁵ Pero el rey le respondió:

—No, hijo mío, no podemos ir todos nosotros, para no ocasionarte demasiados gastos.

Y aunque Absalón insistió, el rey no quiso ir, pero le dio su bendición. ²⁶ Entonces Absalón dijo:

—Si eso no es posible, permita al menos Su Majestad que nos acompañe mi hermano Amnón.

—¿Y por qué quieres que te acompañe Amnón? —preguntó el rey.

²⁷ Pero Absalón insistió tanto, que el rey permitió que Amnón y sus demás hijos fueran con él.

Absalón había preparado un banquete digno de un rey,ᵐ ²⁸ y había ordenado a sus criados: "Fíjense bien cuando a Amnón ya se le haya subido el vino, y cuando yo les diga que lo maten, mátenlo. No tengan miedo de hacerlo, pues son órdenes mías. Así que tengan ánimo y valor."

²⁹ Por lo tanto, cumpliendo las órdenes de Absalón, sus criados mataron a Amnón. Entonces todos los hijos del rey se levantaron, y montando en sus mulasⁿ huyeron.

³⁰ Cuando aún estaban de camino, le llegó a David el rumor de que Absalón había matado a todos sus hijos, y que ninguno de ellos había quedado vivo. ³¹ Entonces el rey se levantó, se rasgó la ropa en señal de dolor y se tendió en el suelo. Todos sus oficiales allí presentes se rasgaron también la ropa; ³² pero Jonadab, el hijo de Simá, hermano de David, tomó la palabra y dijo:

—No piense Su Majestad que han matado a todos sus hijos. Solo han matado a Amnón, pues así lo había decidido Absalón desde el día que Amnón violó a su hermana Tamar. ³³ Por lo tanto, no crea Su Majestad que todos los príncipes han muerto. El único que ha muerto es Amnón.

³⁴ Mientras Absalón se daba a la fuga, el joven que estaba de centinela alzó la vista y vio un grupo numeroso de gente que bajaba por el camino de Horonaim,ñ por la ladera de la montaña. Entonces el centinela fue a decirle al rey que había visto gente bajando por el camino de Horonaim.ᵒ ³⁵ Y Jonadab dijo al rey:

—Ya vienen los hijos de Su Majestad, tal como había pensado este servidor suyo.

³⁶ Apenas había terminado él de hablar, cuando llegaron los hijos del rey y se pusieron a llorar a voz en cuello. También el rey y todos sus oficiales lloraron muchísimo. ³⁷⁻³⁸ Absalón, por su parte, huyó y se fue con Talmai, hijo de Amihud, rey de Guesur,ᵖ y allí se quedó durante tres años. Y David lloraba todos los días por la muerte de su hijo Amnón, ³⁹ pero cuando se consoló de su muerte, sintió un profundo deseo de ver a Absalón.

14 **Joab consigue que vuelva Absalón**ᵃ,ᵇ ¹ Joab, hijo de Seruiá, sabía que el rey echaba mucho de menos a Absalón, ² así que mandó traer de Tecoa a una mujer muy astutaᶜ que allí vivía. Le dijo: "Finge que estás de duelo y vístete de luto; y no te eches perfume, pues debes parecer una mujer que durante mucho tiempo ha estado de luto por algún muerto. ³ Luego preséntate ante el rey y repite exactamente lo que te voy a decir."

ⁱ **13.16** *Una maldad peor:* Cf. Ex 22.16(15).

ʲ **13.19** *Ceniza... manos sobre la cabeza:* Todos estos gestos eran expresión de dolor y vergüenza. Véase 1 S 4.12 n.

ᵏ **13.21** *Pero no reprendió... lo quería mucho:* según tres versiones antiguas. En el texto hebreo no aparece esta frase.

ˡ **13.23** La trasquilación de las ovejas se celebraba con fiestas y banquetes (cf. 1 S 25.4-13).

ᵐ **13.27** *Absalón había... digno de un rey:* según versiones antiguas. En el texto hebreo no aparece esta frase.

ⁿ **13.29** En la época de David, las *mulas* eran cabalgaduras propias de reyes y príncipes (cf. 2 S 18.9; 1 R 1.33,38,44; Zac 9.9).

ñ **13.34** *Horonaim* se encontraba a unos 19 km. al noroeste de Jerusalén. No es la ciudad de Horonaim mencionada en Is 15.5; Jer 48.3.

ᵒ **13.34** *Por el camino de Horonaim... por el camino de Horonaim:* según la versión griega (LXX). En el texto hebreo no aparece esta frase.

ᵖ **13.37-38** *Guesur:* 2 S 3.3.

ᵃ **14.1-33** Los caps. 14—20, que tienen como figura central a Absalón, empiezan y terminan con la participación de dos mujeres sabias que intentan salvar a un individuo (cap. 14) o un pueblo (cap. 20). Véase 13.3 nota f. En ambos casos estaba en juego el futuro del pueblo de Dios (cf. 14.3).

ᵇ **14.1-33** La intervención de Joab se parece a la del profeta Natán en otras circunstancias: como Natán (en 2 S 12.1-6), Joab presenta un caso ficticio que simboliza la situación de la familia real y del pueblo; y también como Natán (en 1 R 11-37), él recurre a una mujer para convencer al rey.

ᶜ **14.2** *Astuta:* Véase 13.3 nota f.

Luego que Joab le dijo lo que tenía que repetir, **4** aquella mujer de Tecoa fue ante el rey, e inclinándose hasta tocar el suelo con la frente en señal de reverencia, le dijo:

—¡Dígnese Su Majestad ayudarme!

5 —¿Qué te pasa? —le preguntó el rey.

Ella respondió:

—Yo soy viuda, mi marido ha muerto, *d* **6** y dos hijos que tenía esta servidora de Su Majestad tuvieron una pelea en el campo; y como no hubo quien los separara, uno de ellos hirió al otro y lo mató. **7** Y ahora todos mis parientes se han puesto en contra mía y quieren que yo les entregue al que mató a su hermano, para vengar la muerte *e* del que fue asesinado y al mismo tiempo quitar de en medio al único heredero. Así van a apagar la única brasa que me ha quedado, y van a dejar a mi marido sin ningún descendiente que lleve su nombre en la tierra. *f*

8 Entonces el rey respondió a la mujer:

—Vete a tu casa, que yo voy a dar órdenes en favor tuyo.

9 La mujer le contestó:

—Mi rey y señor, si alguien ha de cargar con la culpa, que seamos yo y mi familia paterna, pero no Su Majestad ni su gobierno.

10 Y el rey contestó:

—Al que te amenace, tráemelo, y no volverá a molestarte más.

11 Pero ella insistió:

—¡Ruego a Su Majestad que invoque al Señor su Dios, para que el pariente que quiera vengar la muerte de mi hijo no aumente la destrucción matando a mi otro hijo!

El rey afirmó:

—¡Te juro por el Señor que no caerá al suelo ni un pelo de la cabeza de tu hijo!

12 Pero la mujer siguió diciendo:

—Permita Su Majestad que esta servidora suya diga tan solo una palabra más.

—Habla —dijo el rey.

13 Entonces la mujer preguntó:

—¿Por qué, pues, piensa Su Majestad hacer esto mismo contra el pueblo de Dios? Según lo que Su Majestad mismo ha dicho, resulta culpable por no dejar que regrese su hijo desterrado. **14** Es un hecho que todos tenemos que morir; somos como agua que se derrama en el suelo, que no se puede recoger. Sin embargo, Dios no quita la vida a nadie, sino que pone los medios para que el desterrado no siga alejado de él. **15** Ahora bien, si yo he venido a decir esto a Su Majestad, mi señor, es porque la gente me atemorizó. Por eso decidió esta servidora suya hablar, por si acaso Su Majestad aceptaba hacer lo que le pedido. **16** Si Su Majestad me atiende, podrá librarme de quien quiere arrancarnos, a mi hijo y a mí, de esta tierra que pertenece a Dios. **17** Esta servidora suya espera que la respuesta de Su Majestad la tranquilice, pues Su Majestad sabe distinguir entre lo bueno y lo malo, igual que un ángel de Dios. ¡Que Dios el Señor quede con Su Majestad!

18 El rey respondió a la mujer:

—Te ruego que no me ocultes nada de lo que voy a preguntarte.

—Hable Su Majestad —contestó la mujer.

19 Entonces el rey le preguntó:

—¿No es verdad que Joab te ha metido en todo esto?

Y la mujer contestó:

—Juro por Su Majestad que nada hay más cierto que lo que Su Majestad ha dicho. En efecto, Joab, oficial de Su Majestad, es quien me ordenó venir, y él mismo me dijo todo lo que yo tenía que decir. **20** Pero lo hizo con el deseo de que cambien las cosas. Sin embargo, Su Majestad es tan sabio que conoce como un ángel de Dios todo lo que ocurre en el país.

21 Como consecuencia de esto, el rey dijo a Joab:

—Mira, ya he resuelto este asunto. Ve y haz que regrese el joven Absalón. *g*

22 Entonces Joab se inclinó hasta tocar el suelo con la frente en señal de reverencia, bendijo al rey y le dijo:

—Hoy he podido ver que cuento con el favor de Su Majestad, ya que Su Majestad ha hecho lo que este servidor suyo le sugirió hacer.

23 En seguida Joab se levantó y fue a Guesur para traer a Absalón a Jerusalén. **24** Pero el rey ordenó que se fuera directamente a su casa y no se presentara ante él; por tanto, Absalón se fue a su casa sin ver al rey.

25 En todo Israel no había un hombre tan bien parecido *h* como Absalón, y tan alabado por ello. De pies a cabeza no tenía defecto alguno. **26** Cuando se cortaba el pelo, lo cual hacía cada fin de año, porque le molestaba, sus cabellos pesaban más de dos kilos, según el peso real. **27** Y Absalón tenía tres hijos y una hija, llamada Tamar, que era muy hermosa.

28 Durante dos años, Absalón estuvo en Jerusalén sin poder presentarse ante el rey **29** así que Absalón pidió a Joab que fuera a visitar al rey de su parte; pero Joab no quiso ir. Por segunda vez Absalón le pidió que fuera, pero Joab tampoco fue. **30** Entonces ordenó Absalón a sus criados:

—Miren, el campo de Joab está junto al mío, y lo tiene sembrado de cebada; ¡vayan y préndanle fuego!

Los criados de Absalón fueron y prendieron fuego al campo de Joab, **31** el cual fue inmediatamente a casa de Absalón y le preguntó:

—¿Por qué han prendido fuego tus criados a mi campo?

32 Absalón le respondió:

—Te mandé a decir que vinieras aquí para enviarte a ver al rey y decirle de mi parte que no tuvo objeto que yo me viniera de Guesur; que hubiera sido mejor que me quedara allá. Yo quiero ver al rey, y si soy culpable de algo, que me mate.

33 Entonces Joab fue a ver al rey y le comunicó lo que decía Absalón, y el rey lo mandó llamar. Y al llegar Absalón ante el rey, se inclinó hasta tocar el suelo con la frente. El rey, por su parte, lo recibió con un beso. *i*

---

d **14.5** Véase 2 S 12.1-7 n.

e **14.7** *Vengar de muerte:* Cf. Nm 35.16-29; Dt 19.4-13.

f **14.7** Cf. Nm 27.8-11.

g **14.21** Al tomar esta decisión, David no podía prever los males que sobrevendrían más tarde sobre él y sobre su pueblo, a causa de la revuelta de Absalón.

h **14.25** *Bien parecido:* Véase 1 S 9.2 n.

i **14.33** *Lo recibió con un beso:* Con este gesto, David se reconcilió con su hijo y lo reincorporó a la corte real (cf. 14.24).

15

Absalón se rebela contra David ¹ Pasado algún tiempo, Absalón*ᵃ* consiguió un carro de combate y caballos, y formó una guardia personal de cincuenta hombres.*ᵇ* ² Se levantaba temprano y se ponía a la orilla del camino, a la entrada de la ciudad, y a todo el que llegaba para que el rey le hiciera justicia en algún pleito, lo llamaba y le preguntaba de qué ciudad venía. Si aquella persona respondía que era de alguna de las tribus de Israel, ³ Absalón le decía: "Realmente tu demanda es justa y razonable, pero no hay quien te atienda por parte del rey." ⁴ Y añadía: "¡Ojalá yo fuera el juez de este país, para que vinieran a verme todos los que tienen pleitos legales y yo les hiciera justicia!"*ᶜ* ⁵ Además, cuando alguien se acercaba a saludarlo, Absalón le tendía la mano, y lo abrazaba y lo besaba. ⁶ Esto lo hacía con todo israelita que iba a ver al rey para que le hiciera justicia, y así les robaba el corazón*ᵈ* a los israelitas.*ᵉ*

⁷ Al cabo de cuatro*ᶠ* años, Absalón le dijo al rey:

—Ruego a Su Majestad que me permita ir a Hebrón,*ᵍ* a cumplir la promesa que hice al Señor. ⁸ Cuando este servidor de Su Majestad vivía en Guesur,*ʰ* en Siria, prometí al Señor que si él me concedía volver a Jerusalén, yo le rendiría culto.

⁹ —Puedes ir tranquilo —le respondió el rey.

Entonces Absalón se fue a Hebrón. ¹⁰ Pero al mismo tiempo envió unos mensajeros a todas las tribus de Israel para decirles que, en cuanto escucharan el toque de trompeta,*ⁱ* anunciaran que Absalón había sido proclamado rey en Hebrón. ¹¹ Invitó además a doscientas personas de Jerusalén, las cuales fueron con él de buena fe y sin saber nada del asunto. ¹² Así mismo, Absalón mandó llamar a uno de los consejeros de David, llamado Ahitófel,*ʲ* el cual vivía en Guiló,*ᵏ* su ciudad, para que lo acompañara mientras él ofrecía los sacrificios. De modo que la conspiración iba tomando fuerza y seguían aumentando los seguidores de Absalón.

David huye de Jerusalén*ˡ* ¹³ Un mensajero fue a decirle a David que los israelitas estaban haciéndose partidarios de Absalón. ¹⁴ Entonces David ordenó a todos los oficiales que estaban con él en Jerusalén:

—¡Huyamos ahora mismo o no podremos escapar de Absalón! ¡Vamos, dense prisa, no sea que nos alcance y nos cause mucho daño y mate a filo de espada a todos en la ciudad!

¹⁵ Y ellos respondieron al rey:

—Nosotros estamos dispuestos a hacer lo que Su Majestad ordene.

¹⁶ Así pues, el rey salió acompañado de toda la casa real, dejando solo a diez de sus concubinas para que cuidaran del palacio.*ᵐ* ¹⁷ Y después de haber salido el rey con todos sus acompañantes, se detuvieron en la última casa de la ciudad. ¹⁸ A su lado se pusieron todos sus oficiales, mientras que todos los quereteos y peleteos*ⁿ* de la guardia real, y los seiscientos geteos que lo habían seguido desde Gat, desfilaban ante él. ¹⁹ En ese momento el rey dijo a Itai,*ñ* el de Gat:

—¿Por qué has venido tú también con nosotros? Es mejor que te vuelvas y te quedes con el nuevo rey, pues al fin y al cabo tú eres un extranjero desterrado de tu país. ²⁰ Apenas ayer llegaste, ¿y cómo voy a pedirte hoy que vengas con nosotros, si ni yo mismo sé a dónde voy? Es mejor que te vuelvas y te lleves contigo a tus paisanos. ¡Que el Señor te bendiga y te acompañe siempre!

²¹ Itai respondió al rey:

—Juro por el Señor y por Su Majestad, que dondequiera que Su Majestad se encuentre, sea para vida o para muerte, allí también estará este servidor suyo.

²² —Entonces ven con nosotros —le contestó David.

De esa manera se fue Itai con David, junto con todos sus hombres y la gente que lo acompañaba. ²³ Todo el mundo lloraba amargamente. Pasaron todos el arroyo Cedrón;*ᵒ* luego pasó el rey, y toda la gente siguió delante de él por el camino del desierto. ²⁴ También iba Sadoc con todos los levitas que llevaban el arca de la alianza*ᵖ* de Dios, el cual dejaron junto a Abiatar*ᵍ* hasta que toda la gente salió de la ciudad. ²⁵ Pero el rey le dijo a Sadoc:

—Lleva el arca de Dios de vuelta a la ciudad, pues si el Señor me favorece, hará que yo regrese y vea el arca y el lugar donde esta se halla. ²⁶ Pero si me dice que no le agrado, aquí me tiene; que haga conmigo lo que mejor le parezca.

ᵃ **15.1** En estos relatos, *Absalón* aparece como una figura arrogante (cf. 2 S 14.26; 16.22), pero sin las dotes personales de su padre en el manejo de los asuntos políticos.

ᵇ **15.1** *Carro de combate... hombres:* De este modo, el joven príncipe ponía de manifiesto sus aspiraciones a la realeza (cf. 1 R 1.5).

ᶜ **15.4** La palabra *juez* podría tener en este contexto un matiz particular. Al emplear ese término, Absalón evocaba probablemente a los antiguos jueces o caudillos de Israel, que habían salvado al pueblo en tiempos de grave peligro. Véanse Rt 1.1-2 nota a e *Introducción* a *Jueces.*

ᵈ **15.6** *Corazón:* En el lenguaje del AT, *robar el corazón* no es solo ganarse el afecto, sino convencer intelectualmente y hacer que se tome una decisión. Véase *Corazón* en el *Índice Temático.*

ᵉ **15.2-6** *De las tribus de Israel:* Absalón explotaba hábilmente el antagonismo entre Judá y las tribus del Norte (Israel).

ᶠ **15.7** *Cuatro:* según varias versiones antiguas. Heb. *cuarenta.*

ᵍ **15.7** *Hebrón* era la ciudad donde la gente de Judá había proclamado rey a David (2 S 2.1-4; cf. 3.2-4). Véase *Índice de mapas.*

ʰ **15.8** *Guesur:* Cf. 2 S 3.3; 13.37-38.

ⁱ **15.10** El *toque de trompeta* no solo llamaba a la guerra (Jue 3.27;

1 S 13.3); también era una parte importante en las ceremonias de entronización real (1 R 1.34; 2 R 9.13; Sal 47.5).

ʲ **15.12** *Ahitófel:* Cf. 2 S 16.23; 23.34.

ᵏ **15.12** *Guiló:* poblado muy cercano a Hebrón, en el territorio de Judá.

ˡ **15.13-37** Los personajes con los que se encontró David en el camino van a reaparecer más tarde, cuando se haya resuelto el conflicto (15.19-22,24-29,31-37; 16.1-13). El tema predominante en estos encuentros es la lealtad o deslealtad hacia David. En este relato, David aparece como el hombre humillado pero sometido totalmente a la voluntad de Dios (15.26; 16.10-11).

ᵐ **15.16** Cf. 2 S 16.22-23; 20.3.

ⁿ **15.18** *Cereteos y peleteos:* Véase 2 S 8.18 nota *j*.

ñ **15.19** *Itai* procedía de la ciudad filistea de Gat y llegó a ser comandante del ejército de David (2 S 18.2-12).

ᵒ **15.23** El *arroyo Cedrón* se encuentra entre Jerusalén y el Monte de los Olivos. Cf. Jn 18.1. Véase *Índice de mapas.*

ᵖ **15.24** *Arca de la alianza:* Véase Ex 25.10-22 n.

ᵍ **15.24** *Sadoc... Abiatar:* Cf. 2 S 8.17. *Sadoc* llegó a ser el antepasado de una importante estirpe sacerdotal (cf. Ez 40.46; 44.15; 1 Cr 6.3-8[5.29-34]). Acerca del fin de *Abiatar,* cf. 1 R 2.26.

²⁷ Dijo también el rey a Sadoc, el sacerdote:
—Mira, tú y Abiatar regresen tranquilamente a la ciudad con sus dos hijos. Tú con tu hijo Ahimaas, y Abiatar con su hijo Jonatán. ʳ ²⁸ Mientras tanto, yo me quedaré en los llanos del desierto, ˢ hasta que me lleguen noticias de ustedes. ²⁹ Sadoc y Abiatar llevaron el arca de Dios de vuelta a Jerusalén, y se quedaron allí. ³⁰ David subió la cuesta de los Olivos; iba descalzo y llorando, y con la cabeza cubierta en señal de dolor. Toda la gente que lo acompañaba llevaba también cubierta la cabeza y subía llorando. ³¹ Y cuando le contaron a David que Ahitófel era uno de los que conspiraban con Absalón, David rogó al Señor que hiciera fracasar los planes de Ahitófel. ᵗ

³² Al llegar David a la cumbre del monte, donde se rendía culto a Dios, le salió al encuentro Husai, de la tribu de los arquitas, ᵘ con la ropa rasgada y la cabeza cubierta de tierra. ³³ David le dijo:
—Si te vienes conmigo, me serás una carga; ³⁴ pero si vuelves a Jerusalén y le dices a Absalón: 'Majestad, este siervo suyo estará a su servicio igual que antes estuvo al servicio de su padre', me ayudarás a deshacer los planes de Ahitófel, ³⁵ pues allí cuentas con los sacerdotes Sadoc y Abiatar. Por tanto, comunícales siempre todo lo que escuches en palacio. ³⁶ Sus hijos Ahimaas y Jonatán también están allí, así que háganme saber por medio de ellos todo lo que sepan.

³⁷ Y Husai, el amigo de David, ᵛ llegó a Jerusalén en el momento en que Absalón hacía su entrada en la ciudad.

16

David habla con Sibá ¹ Apenas había pasado David un poco más allá de la cumbre del monte, cuando Sibá, ᵃ el criado de Mefi-bóset, salió a su encuentro. ᵇ Llevaba un par de asnos aparejados y cargados con doscientos panes, cien tortas de uvas pasas, cien frutas del tiempo y un cuero de vino. ² El rey le preguntó:
—¿Para qué traes esto?
Y Sibá contestó:
—Los asnos son para que monte en ellos la familia real; los panes y la fruta para que coman los soldados, y el vino para que beban los que se cansen en el desierto. ᶜ
³ —¿Dónde está el nieto de tu amo? —preguntó el rey.
—Se ha quedado en Jerusalén —respondió Sibá—, porque piensa que ahora los israelitas ᵈ le devolverán el reino que le correspondía a su abuelo. ᵉ

⁴ —Pues bien —contestó el rey—, ahora es tuyo todo lo que antes era de Mefi-bóset.
—¡Ojalá cuente yo siempre con el favor de Su Majestad! —respondió Sibá, inclinándose ante el rey.
⁵ Cuando el rey David llegó a Bahurim, ᶠ un hombre de la familia de Saúl salió de allí. Era hijo de Guerá, y se llamaba Simí, e iba maldiciendo ⁶ y tirando piedras contra David y contra todos sus oficiales; y aunque el rey estaba protegido por la gente y por su guardia personal, ⁷ Simí lo maldecía diciendo:
—¡Largo de aquí, malvado asesino! ⁸ ¡El Señor te ha castigado por todos los crímenes que cometiste contra la familia de Saúl para reinar en su lugar! ¡Ahora el Señor ha entregado el reino a tu hijo Absalón, y aquí estás, víctima de tu propia maldad, pues no eres otra cosa que un asesino! ᵍ
⁹ Entonces Abisai, hijo de Seruiá, dijo al rey:
—¿Por qué este perro muerto ʰ ha de ofender a Su Majestad? ¡Ahora mismo voy a cortarle la cabeza!
¹⁰ Pero el rey respondió:
—Este no es asunto de ustedes, hijos de Seruiá. Si él me maldice, será porque el Señor se lo ha ordenado. Y en tal caso, ¿quién puede pedirle cuentas de lo que hace?
¹¹ Luego, dirigiéndose a Abisai y a todos sus oficiales, dijo:
—Si hasta mi propio hijo procura quitarme la vida, ¡cuánto más uno de la tribu de Benjamín! ¡Déjenlo que me maldiga, pues el Señor se lo habrá ordenado! ¹² Quizá cuando el Señor vea mi aflicción, me envíe bendiciones en lugar de las maldiciones que hoy escucho.
¹³ Y David y sus hombres siguieron su camino, mientras que Simí se fue por la ladera del monte, paralelo a David, maldiciendo y arrojando piedras y levantando polvo. ¹⁴ Cuando el rey y la gente que le acompañaba llegaron al río Jordán, ⁱ iban muy cansados, y descansaron allí.

Absalón entra en Jerusalén ¹⁵ Mientras tanto, Absalón entró en Jerusalén acompañado por todos los israelitas y por Ahitófel. ¹⁶ Por su parte, Husai el arquita, amigo de David, ʲ fue al encuentro de Absalón, gritando:
—¡Viva el rey, viva el rey!
¹⁷ Entonces Absalón le preguntó:
—¿Es esta tu lealtad hacia tu amigo? ¿Por qué no te fuiste con él?
¹⁸ —No puedo —le respondió Husai—, porque yo debo

ʳ **15.27** La razón de esta orden se explica en 2 S 17.15,17.
ˢ **15.28** *Llanos del desierto:* en el valle del río Jordán, al norte del Mar Muerto.
ᵗ **15.31** Cf. 2 S 17.14.
ᵘ **15.32** *Husai:* 2 S 16.16-19; 17.5-23; 1 Cr 27.33. Según Jos 16.2, el clan de los *arquitas* habitaba en las cercanías de Betel.
ᵛ **15.37** *Amigo de David:* El término hebreo correspondiente se usa solo para hablar de los oficiales importantes del rey (2 S 16.16; véanse 1 R 1.8 n.; 4.5 n.). Es un título honorífico, equivalente más o menos al de "consejero real".
ᵃ **16.1** Por haber sido un antiguo servidor de Saúl, podía esperarse que *Sibá* se pusiera de parte de Absalón (véase 2 S 15.2-6 n.). Para disipar esa sospecha, él se apresuró a dar una prueba tan ostentosa de fidelidad a David.
ᵇ **16.1** Cf. 2 S 9.9-10.
ᶜ **16.1-2** Véase 2 S 9.10 n.

ᵈ **16.3** *Israelitas:* es decir, los miembros de las diez tribus del norte, que más tarde formarían el reino de Israel (cf. 1 R 11.29—12.24).
ᵉ **16.3** *El reino que le correspondía a su abuelo:* Véase 2 S 9.11 n. En 2 S 19.27, el nieto de Saúl dirá que esta declaración de Sibá había sido una calumnia (cf. 2 S 19.26-30).
ᶠ **16.5** *Bahurim:* Véase 2 S 3.16 nota *i*.
ᵍ **16.5-8** Los familiares de Saúl tenían bien presente con qué habilidad había actuado David para reinar en lugar de él. También recordaban que David había puesto en manos de los gabaonitas a los hijos varones de Saúl para que los ejecutaran (2 S 21.1-10). De ahí que pudieran acusarlo de haber sido el verdadero responsable de aquellas muertes.
ʰ **16.9** *Perro muerto:* Véase 2 S 9.8 n.
ⁱ **16.14** *Al río Jordán:* según la versión griega (LXX). En el texto hebreo no aparece esta frase.
ʲ **16.16** *Amigo de David:* Véase 2 S 15.37 n.

estar y quedarme con quien el Señor y todo el pueblo israelita hayan escogido. ¹⁹ Y en segundo lugar, si a alguien debo servir, que sea al hijo de mi amigo. Así que yo serviré a Su Majestad de la misma manera que he servido a su padre.

²⁰ Más tarde Absalón preguntó a Ahitófel:

—¿Qué aconsejan ustedes que hagamos?

²¹ Y Ahitófel respondió a Absalón:

—Acuéstate con las concubinas de tu padre, las que él dejó para que cuidaran el palacio. Así todos en Israel comprenderán que te has hecho odioso a tu padre, y tendrán más ánimo todos los que están de tu parte.

²² Entonces pusieron para Absalón una tienda de campaña sobre la azotea, y allí se acostó Absalón con las concubinas de su padre, a la vista de todos los israelitas; ᵏ,ˡ ²³ pues, en aquel tiempo, pedir un consejo a Ahitófel era como consultar la palabra de Dios. Tal era el prestigio de Ahitófel, tanto para David como para Absalón.

17 Husai deshace el plan de Ahitófel

¹ Después Ahitófel le dijo a Absalón:

—Déjame escoger a doce mil hombres, y esta misma noche saldré en persecución de David. ² Y cuando él esté débil y cansado, caeré sobre él y lo llenaré de miedo, y toda la gente que está con él, huirá. No mataré más que al rey, ᵃ ³ y luego haré que todo el pueblo se reconcilie contigo, como cuando la recién casada se reconcilia con su esposo. Lo que tú buscas es la muerte de un hombre; ᵇ y todo el pueblo quedará en paz.

⁴ El plan pareció bueno a Absalón y a todos los consejeros de Israel. ⁵ Pero Absalón ordenó que llamaran también a Husai el arquita, para que diera su opinión. ⁶ Cuando Husai llegó ante Absalón, este le dijo:

—El plan de Ahitófel es este. ¿Lo llevaremos a cabo, o no? Danos tu opinión.

⁷ Husai le contestó:

—Esta vez el plan de Ahitófel no es conveniente. ⁸ Tú bien sabes que tu padre y sus hombres son muy valientes, y que ahora deben estar furiosos como una osa salvaje a la que le han quitado sus crías. Además, tu padre es un hombre acostumbrado a la guerra y no pasará la noche con la demás gente. ⁹ Ahora mismo ha de estar escondido en una cueva o en algún otro lugar. Por otra parte, apenas corra la voz de que en el primer encuentro han caído algunos de los tuyos, no faltará quien piense que tus seguidores han sido derrotados, ¹⁰ y hasta el más valiente, aun el que sea bravo como un león, se desanimará por completo; porque todos en Israel saben que tu padre y sus seguidores son gente valiente. ¹¹ Ahora bien, yo te aconsejaría que se reúnan contigo todos los israelitas que hay desde Dan hasta Beerseba, que son tantos como los granos de arena que hay a la orilla del mar, ᶜ y que tú personalmente los dirijas en la batalla. ¹² Entonces atacaremos a tu padre en cualquier lugar donde se encuentre. Caeremos sobre él como el rocío sobre la tierra, y no quedarán con vida ni él ni ninguno de sus hombres. ¹³ Incluso si se refugia en alguna ciudad, todos los israelitas llevaremos cuerdas y, piedra por piedra, arrastraremos esa ciudad hasta el arroyo, y no quedará allí ni una sola piedra. ᵈ

¹⁴ Absalón y todos los israelitas estuvieron de acuerdo con el plan de Husai era mejor que el de Ahitófel. (Y es que el Señor había determinado ᵉ frustrar el plan acertado de Ahitófel, para acarrear el desastre sobre Absalón.) ¹⁵ Después Husai informó a los sacerdotes Sadoc y Abiatar del consejo que Ahitófel había dado a Absalón y a los ancianos de Israel, y del consejo que él mismo les había dado, ¹⁶ a fin de que avisaran rápidamente a David, advirtiéndole que no pasara aquella noche en los llanos del desierto, sino que pasara sin falta al otro lado del Jordán para que no los mataran ni a él ni a sus hombres.

¹⁷ Como Jonatán y Ahimaas estaban en En-roguel, ᶠ pues no podían arriesgarse a que los vieran en la ciudad, una criada fue a avisarles, e inmediatamente ellos salieron a contárselo al rey David. ¹⁸ Sin embargo, un muchacho los vio y fue a decírselo a Absalón. Entonces ellos se dieron prisa y llegaron a la casa de un vecino de Bahurim, ᵍ y se metieron en un pozo que había en el patio. ¹⁹ Luego la esposa de ese hombre puso una tapa sobre el pozo, y encima esparció trigo trillado. De esto nadie supo nada. ²⁰ Y cuando llegaron los seguidores de Absalón, preguntaron a la mujer:

—¿Dónde están Ahimaas y Jonatán?

—Pasaron por aquí, en dirección al río ʰ —les contestó la mujer.

Entonces los seguidores de Absalón fueron en su busca, pero al no encontrarlos regresaron a Jerusalén. ²¹ Y después que aquellos se fueron, Ahimaas y Jonatán salieron del pozo y corrieron a poner sobre aviso al rey David; le dijeron que se levantara en seguida y cruzara el río, porque Ahitófel había aconsejado que los atacaran. ²² Entonces David y toda la gente que le acompañaba se levantaron rápidamente y cruzaron el río Jordán. Al amanecer del día siguiente, no había nadie que no lo hubiera cruzado.

²³ Cuando Ahitófel vio que su plan no se había puesto en práctica, ⁱ aparejó su asno y se fue a su casa, en su pueblo natal, y después de arreglar sus asuntos familiares, se

---

ᵏ **16.21-22** Véase 2 S 12.8 n.

ˡ **16.22** Cf. 2 S 12.11-12. Con este gesto provocativo, Absalón hacía pública su rebeldía y usurpaba el puesto del rey.

ᵃ **17.2** *No mataré más que al rey:* Muy hábilmente, Ahitófel propone actuar sin pérdida de tiempo y derrotar de inmediato a David. Un ataque sorpresivo sobre sus tropas, exhaustas a causa de la huida, anularía toda resistencia. Así se evitaría una masacre, y la gente que había seguido a David, agradecida por no haber sufrido ningún daño, no tardaría en jurar fidelidad al nuevo rey.

ᵇ **17.3** *Como cuando la recién... muerte de un hombre:* según la versión griega (LXX). Heb. oscuro.

ᶜ **17.11** Jue 7.12; 1 S 13.5.

ᵈ **17.7-13** Con estudiada elocuencia, Husai expresó en el fondo una sola idea: el plan de Ahitófel había subestimado la valentía y el arrojo de David. Así logró impedir que los hombres de Absalón salieran de inmediato en persecución del rey fugitivo, y este tuvo tiempo para reorganizar sus tropas y preparar la defensa.

ᵉ **17.14** Véase 2 S 11.27 nota *p;* cf. 15.31.

ᶠ **17.17** El manantial llamado *En-roguel* estaba en el límite entre las tribus de Benjamín y Judá (Jos 15.7; 18.16; véase 1 R 1.9 nota *k*).

ᵍ **17.18** *Bahurim:* Véase 2 S 3.16 nota *i*.

ʰ **17.20** *En dirección al río:* Obviamente se trata aquí del río Jordán.

ⁱ **17.23** Como la demora en iniciar el ataque jugaba a favor de David, Ahitófel vio que la revuelta de Absalón estaba condenada al fracaso. Su decisión de quitarse la vida le evitaba la humillación de

ahorcó. Así murió, y fue enterrado en el sepulcro de su padre. *j*

David en Mahanaim ²⁴ David llegó a Mahanaim *k* en el momento en que Absalón cruzaba el Jordán con todos los israelitas. ²⁵ Absalón había puesto a Amasá al frente del ejército, en lugar de Joab. Amasá era hijo de un ismaelita llamado Itrá, que había tenido relaciones íntimas con Abigail, hija de Nahas y hermana de Seruiá, la madre de Joab. *l*
²⁶ Absalón acampó con los israelitas en territorio de Galaad. ²⁷ y cuando David llegó a Mahanaim, salieron a recibirlo Sobí, hijo de Nahas, que era de Rabá de Amón; Maquir, hijo de Amiel, que era de Lodebar; y Barzilai, que era de Roguelim de Galaad. ²⁸ Y le llevaron camas, palanganas y ollas de barro, y también trigo, cebada, harina, grano tostado, habas, lentejas, ²⁹ miel, cuajada y queso de vaca y de oveja, para que comiera David y la gente que lo acompañaba; pues pensaron que, viniendo del desierto, estarían cansados, hambrientos y sedientos.

18

Derrota y muerte de Absalón ¹ David pasó revista a su ejército, y puso jefes al frente de grupos de mil y de cien soldados. ² Después envió una tercera parte del ejército bajo el mando de Joab, *a* otra tercera parte bajo el mando de Abisai, *b* hijo de Seruiá y hermano de Joab, y la otra tercera parte bajo el mando de Itai, *c* el de Gat. Y a todo el ejército le dijo:

—Yo iré con ustedes a la batalla.

³ Pero ellos le respondieron:

—No, no haga eso Su Majestad, porque al enemigo poco le importa que huyamos o que muera la mitad de nosotros, pero Su Majestad vale tanto como diez mil de nosotros. Por eso es mejor que Su Majestad se quede en la ciudad para enviarnos refuerzos desde aquí.

⁴ —Haré lo que les parezca mejor —les respondió el rey, poniéndose inmediatamente a un lado de la entrada de la ciudad, mientras el ejército salía en grupos de mil y de cien soldados.

⁵ Además, el rey ordenó a Joab, a Abisai y a Itai que, en atención a él, trataran con consideración al joven Absalón, y todo el ejército escuchó la orden que el rey dio a los jefes acerca de Absalón. *d* ⁶ Así pues, las tropas marcharon al campo para enfrentarse con las tropas de Israel.

La batalla tuvo lugar en el bosque de Efraín, *e* y ⁷ los de Israel fueron derrotados por los seguidores de David. Hubo una gran matanza aquel día, pues murieron veinte mil hombres. ⁸ La lucha se había extendido por todo el territorio, y en esta ocasión el bosque mismo causó más muertes que la espada. ⁹ Absalón, que iba montado en un mulo, *f* se encontró de repente frente a los seguidores de David. Entonces el mulo se metió debajo de una gran encina, y a Absalón se le quedó trabada la cabeza en las ramas, por lo que se quedó colgado en el aire, pues el mulo siguió de largo. ¹⁰ Alguien que vio esto, fue a decirle a Joab:

—He visto a Absalón colgado de una encina.

¹¹ Y Joab les respondió:

—Pues si lo viste, ¿por qué no lo derribaste allí mismo? Yo con mucho gusto te habría dado diez monedas de plata y un cinturón.

¹² Pero aquel hombre contestó a Joab:

—Aunque me dieras mil monedas de plata, no atentaría contra el hijo del rey; porque nosotros escuchamos que el rey te ordenó a ti, a Abisai y a Itai, que protegieran al joven Absalón. ¹³ Por otro lado, si yo hubiera hecho tal cosa, habría sido en vano, porque no hay nada oculto para el rey, y tú no habrías hecho nada para protegerme.

¹⁴ —No voy a perder más tiempo contigo —le respondió Joab; y tomando tres dardos, los clavó en el corazón de Absalón, que aún estaba vivo en la encina. ¹⁵ Luego, diez asistentes de Joab rodearon a Absalón, y lo remataron. *g* ¹⁶ A continuación Joab ordenó que tocaran la trompeta, y las tropas dejaron de perseguir a los de Israel, porque Joab las detuvo. ¹⁷ Entonces tomaron el cuerpo de Absalón, lo echaron en un gran hoyo que había en el bosque, y sobre él levantaron un enorme montón de piedras. *h* Después todos los israelitas huyeron a sus casas.

¹⁸ En vida, Absalón se había mandado hacer un monumento de piedra, el que está en el Valle del Rey, *i* y le había puesto su nombre, ya que no tenía ningún hijo *j* que se lo conservara. Y hasta el presente se le conoce como "el monumento de Absalón".

¹⁹ Luego Ahimaas, el hijo de Sadoc, dijo a Joab:

—Te ruego que me dejes ir corriendo a avisar al rey que el Señor se ha hecho justicia librándolo del poder de sus enemigos.

²⁰ Pero Joab le respondió:

---

j **17.23** Este es el único suicidio mencionado en el AT, fuera de los casos en que un guerrero prefiere morir antes que ser capturado por el enemigo (1 S 31.4-5; 1 R 16.18; 2 Mac 14.41-42; cf. Jue 9.54). Cf. Mt 27.3-10.

k **17.24** *Mahanaim:* David buscó refugio en el mismo lugar donde antes se había refugiado Is-bóset, el hijo de Saúl (2 S 2.8).

l **17.25** Absalón debió elegir un nuevo capitán del ejército en sustitución de *Joab,* que había permanecido fiel a David (cf. 2 S 18.14; 19.5-7). La elección recayó en *Amasá,* que era primo de Joab, el hijo de *Seruiá.* Cf. 2 S 2.13 notas *k* y *l;* 1 Cr 2.13-17.

a **18.2** *Joab:* Véase 2 S 2.13 nota *k.*

b **18.2** *Abisai:* Véase 1 S 10.10 n.

c **18.2** Véase 2 S 15.19 n.

d **18.5** David manifiesta mayor interés por la vida de su hijo que por el resultado del combate. Cuando reciba la noticia de la muerte de Absalón, se olvidará de todo lo demás (cf. 2 S 19.1-7).

e **18.6** El *bosque de Efraín* estaba al este del Jordán, cerca de Mahanaim (cf. 2 S 17.24), probablemente en una región boscosa al sur del Jaboc (véase Gn 32.22[23] n.).

f **18.9** *Montado en un mulo:* Véase 2 S 13.29 n.

g **18.14-15** *Tres dardos, los clavó en el corazón de Absalón... y lo remataron:* otra posible traducción: *tres palos, golpeó el pecho de Absalón... y lo mataron.*

h **18.17** *Un gran hoyo... montón de piedras:* Esta era la manera como se solía enterrar a un hombre considerado maldito (cf. Jos 7.26; 8.29; 10.27).

i **18.18** *Valle del Rey:* al este de Jerusalén, al pie del Monte de los Olivos (cf. Gn 14.17).

j **18.18** *No tenía ningún hijo:* Cf. 2 S 14.27. Es probable que ya los hijos de Absalón estuvieran muertos.

—Tú no eres hoy la persona ideal para llevar la noticia. Ya lo serás en otra ocasión, pero no hoy, porque el hijo del rey ha muerto.

²¹ Sin embargo, Joab dijo a un soldado etíope:

—Ve tú, e informa al rey de lo que has visto.

El etíope hizo una reverencia a Joab y salió corriendo.

²² Ahimaas, por su parte, volvió a decir a Joab:

—De todos modos, déjame correr detrás del etíope.

Pero Joab le contestó:

—¿Para qué quieres ir tú, hijo mío, si no vas a recibir un premio por tu noticia?

²³ —No importa, iré corriendo —contestó Ahimaas.

—¡Pues corre! —le respondió Joab.

Entonces Ahimaas echó a correr por el valle, y se adelantó al etíope. ²⁴ Mientras tanto, David estaba sentado entre las dos puertas *k* de la entrada de la ciudad, y el centinela había subido a la azotea, encima de la puerta de la muralla. Al levantar la vista, el centinela vio a un hombre solo, que venía corriendo, ²⁵ y lo anunció al rey en voz alta. El rey exclamó:

—Si viene solo es que trae buenas noticias.

Mientras el hombre se acercaba, ²⁶ el centinela vio a otro hombre que corría, y le gritó al guardián de la puerta:

—¡Viene otro hombre corriendo!

—También ha de traer buenas noticias —respondió el rey.

²⁷ El centinela añadió:

—Por su modo de correr, me parece que el primero es Ahimaas, el hijo de Sadoc.

—Él es un buen hombre —comentó el rey—, y seguramente traerá buenas noticias.

²⁸ Ahimaas se acercó, *l* e inclinándose hasta el suelo delante del rey, lo saludó y le dijo:

—Bendito sea el Señor, el Dios de Su Majestad, porque ha quitado de en medio a los que se rebelaron contra Su Majestad.

²⁹ —¿Está bien el joven Absalón? —preguntó el rey.

Y Ahimaas respondió:

—Yo vi un gran alboroto en el momento en que Joab, servidor de Su Majestad, me enviaba, pero no supe lo que pasaba.

³⁰ Entonces el rey le ordenó:

—Colócate a un lado y quédate ahí.

Ahimaas lo hizo así. ³¹ En aquel momento llegó el etíope, y dijo:

—Reciba estas buenas noticias Su Majestad: hoy el Señor ha hecho justicia a Su Majestad, librándolo del poder de todos los que se rebelaron contra Su Majestad.

³² El rey preguntó al etíope:

—Y el joven Absalón, ¿está bien?

El etíope contestó:

—Ojalá que los enemigos de Su Majestad y todos los que se rebelen contra Su Majestad y busquen su mal, acaben como ese muchacho.

³³ ⁽¹⁹·¹⁾ *m* El rey se conmovió, y subiendo al cuarto que estaba encima de la puerta, se echó a llorar. Y mientras caminaba, decía: "¡Absalón, hijo mío! ¡Absalón, hijo mío! ¡Ojalá yo hubiera muerto en tu lugar! ¡Hijo mío, Absalón, hijo mío!"

19 ¹⁻²⁽²⁻³⁾ Cuando la gente supo que el rey lloraba y lamentaba la muerte de su hijo Absalón, fueron a decírselo a Joab. Y así aquel día la victoria se convirtió en motivo de tristeza. ³ ⁽⁴⁾ El ejército mismo procuró disimular su entrada en la ciudad: avanzaban los soldados avergonzados, como si hubieran huido del campo de batalla. ⁴ ⁽⁵⁾ Mientras tanto el rey, cubriéndose la cara, gritaba a voz en cuello: "¡Absalón, hijo mío! ¡Absalón, hijo mío, hijo mío!"

⁵⁽⁶⁾ Joab *a* fue entonces a palacio, y le dijo al rey:

—Su Majestad ha puesto en vergüenza a sus servidores, que hoy han salvado la vida de Su Majestad y de sus hijos, hijas, esposas y concubinas. ⁶ ⁽⁷⁾ Su Majestad ha demostrado hoy que nada le importan sus jefes y oficiales, pues ama a quienes lo odian, y odia a quienes lo aman. Hoy me he dado cuenta de que para Su Majestad sería mejor que Absalón estuviera vivo, aunque todos nosotros hubiéramos muerto. ⁷ ⁽⁸⁾ Salga, pues, ahora Su Majestad, y aliente con sus palabras a sus seguidores, pues de lo contrario juro por el Señor a Su Majestad que esta noche no le quedará ni un solo partidario. Esto será para Su Majestad peor que todos los males que le han ocurrido desde su juventud hasta el presente.

⁸ ⁽⁹⁾ Entonces el rey se levantó y fue a sentarse a la puerta de la ciudad. Y cuando se informó a todo el pueblo de que el rey estaba sentado a la puerta, fueron todos a presentarse ante él.

David vuelve a Jerusalén En cuanto a los de Israel, todos ellos habían huido a sus casas. ⁹ ⁽¹⁰⁾ Y en todas las tribus de Israel la gente discutía y decía: "El rey David nos libró del dominio de nuestros enemigos, los filisteos; y, sin embargo, por causa de Absalón, ha tenido que huir del país. ¹⁰ ⁽¹¹⁾ Y Absalón, a quien nosotros habíamos consagrado como nuestro rey, ha muerto en la batalla. ¿Qué esperamos, pues, que no hacemos volver al rey David?"

¹¹ ⁽¹²⁾ Este comentario de todo Israel llegó hasta la casa del rey David. Entonces él mandó recado a los sacerdotes Sadoc y Abiatar, *b* diciéndoles: "Hablen ustedes con los ancianos *c* de Judá, y pregúntenles por qué se retrasan en hacer que yo regrese a mi palacio; ¹² ⁽¹³⁾ díganles que no hay razón para que ellos sean los últimos en hacerme volver, puesto que son mis hermanos de tribu." ¹³ ⁽¹⁴⁾ Ordenó, además, que se dijera a Amasá: *d* "Tú eres de mi misma sangre, así que de ahora en adelante tú serás el general de mi ejército, en lugar de Joab. *e* Y si no te lo cumplo, que el Señor me castigue duramente."

---

k **18.24** La entrada a algunas ciudades amuralladas tenía una puerta que daba al exterior y otra que daba al interior, con un pasadizo entre ambas, constantemente vigilado por soldados.

l **18.28** *Se acercó:* según la versión griega (LXX). Heb. *gritó*.

m **18.33(19.1)** Los números entre paréntesis corresponden a la numeración del texto hebreo.

a **19.5(6)** *Joab:* Véase 2 S 2.13 nota *k*.

b **19.11(12)** *Sadoc y Abiatar:* Véanse 2 S 15.24 nota *q*; 1 S 22.20 n.

c **19.11(12)** Véase 1 S 8.4 n.

d **19.13(14)** *Amasá:* Véase 2 S 17.25 n.

e **19.13(14)** Llama la atención la designación de *Amasá* como *capitán del ejército en lugar de Joab,* ya que él se había puesto

14 (15) Así convenció a los hombres de Judá, y todos ellos, como un solo hombre, mandaron decir al rey que volviera con todos sus oficiales. **15 (16)** Entonces el rey emprendió el regreso, y llegó al río Jordán. Los de Judá, por su parte, fueron a Guilgal *f* para recibirlo y ayudarlo a cruzar el Jordán. **16 (17)** También Simí, *g* que era hijo de Guerá, de la tribu de Benjamín, y natural de Bahurim, se apresuró a bajar con los hombres de Judá para recibir al rey David. **17 (18)** Le acompañaban mil hombres de Benjamín. A su vez, Sibá, *h* el criado de la familia de Saúl, acompañado de sus quince hijos y sus veinte esclavos, llegó al Jordán antes que el rey y **18 (19)** atravesó el vado del río para ayudar a la familia del rey a cruzarlo, y así quedar bien con él. Cuando el rey se disponía a cruzar el Jordán, Simí se inclinó delante de él, **19 (20)** y le dijo:

—Ruego a Su Majestad que no tome en cuenta mi falta ni recuerde el delito que este servidor suyo cometió el día en que Su Majestad salió de Jerusalén. No me guarde rencor, **20 (21)** pues yo mismo reconozco mi culpa, y de toda la casa de José *i* hoy he sido el primero en salir a recibir a Su Majestad.

21 (22) Entonces Abisai, *j* hijo de Seruiá, dijo:

—¿Acaso no merece la muerte Simí, por haber maldecido al rey escogido por el Señor?

22 (23) Pero David respondió:

—¡Esto no es asunto de ustedes, hijos de Seruiá! ¿Por qué se oponen a mí? Ahora sé bien que soy el rey de Israel, así que nadie en Israel morirá en este día. *k*

23 (24) Luego, dirigiéndose a Simí, le juró que no moriría.

24 (25) También salió a recibirlo Mefi-bóset, *l* el hijo de Saúl. Desde el día en que el rey salió, y hasta que volvió sano y salvo, no se había lavado los pies, ni cortado la barba, ni lavado su ropa. **25 (26)** Y cuando vino a Jerusalén para recibir al rey, este le dijo:

—Mefi-bóset, ¿por qué no viniste conmigo?

26 (27) Él respondió:

—Mi criado me engañó, Majestad. Como soy inválido, le ordené que me aparejara un asno para montar en él e irme con Su Majestad. **27 (28)** Pero él me ha calumniado ante Su Majestad. Sin embargo, Su Majestad es como un ángel de Dios y hará lo que mejor le parezca. **28 (29)** Y aunque toda mi familia paterna era digna de muerte ante Su Majestad, *m* este servidor suyo fue invitado a comer en la mesa de Su Majestad. ¿Qué más puedo pedir de Su Majestad?

29 (30) El rey le respondió:

—No hay nada más que hablar. Ya he ordenado que tú y Sibá se repartan las tierras. *n*

30 (31) Pero Mefi-bóset le contestó:

—Que se quede él con todas. Lo importante es que Su Majestad ha vuelto sano y salvo a su palacio.

31 (32) En cuanto a Barzilai, *ñ* el de Galaad, había bajado de Roguelim para acompañar al rey a cruzar el Jordán y allí despedirse de él. **32 (33)** Era ya muy anciano, pues tenía ochenta años, y durante el tiempo en que el rey estuvo en Mahanaim había dado al rey todo lo necesario, porque era muy rico. **33 (34)** El rey dijo entonces a Barzilai:

—Vente conmigo a Jerusalén, y allí me haré cargo de ti.

34 (35) Pero Barzilai le respondió:

—Me quedan pocos años de vida para irme ahora a Jerusalén con Su Majestad, **35 (36)** pues ya tengo ochenta años; he perdido el gusto de lo que como y lo que bebo, y ya no puedo decir si tiene bueno o mal sabor; tampoco puedo oir ya la voz de los cantores y cantoras. ¿Por qué he de convertirme en una carga para Su Majestad? **36 (37)** Si únicamente voy a acompañar a Su Majestad a cruzar el Jordán, ¿por qué ha de ofrecerme Su Majestad esta recompensa? **37 (38)** Antes rogaría a Su Majestad que me permita volver a mi pueblo para morir allá y ser enterrado en la tumba de mis padres. Pero aquí tiene Su Majestad a otro servidor: mi hijo Quimham. *o* Que vaya él con Su Majestad, y haga Su Majestad por él lo que crea más conveniente.

38 (39) El rey contestó:

—Que venga conmigo Quimham, y haré por él lo que tú creas más conveniente. Y todo lo que me pidas, te lo concederé.

39 (40) Toda la gente cruzó el Jordán. Y cuando el rey lo cruzó, dio a Barzilai un beso de despedida. Entonces Barzilai regresó al lugar donde vivía. **40 (41)** El rey, por su parte, se dirigió a Guilgal, acompañado de Quimham y de toda la gente de Judá, así como de la mitad de la gente de Israel. **41 (42)** Todos los israelitas fueron entonces a ver al rey, y le dijeron:

—¿Por qué han de ser nuestros hermanos de Judá quienes se adueñen de Su Majestad, y quienes lo escolten a él y a la familia real, y a todo su ejército, en el paso del Jordán?

42 (43) Todos los de Judá respondieron a los de Israel:

—Porque el rey es nuestro pariente cercano. Pero no hay razón para que ustedes se enojen. ¿Acaso comemos nosotros a costa del rey, o hemos tomado algo para nosotros?

43 (44) Los de Israel contestaron:

—Nosotros tenemos sobre el rey diez veces más derecho que ustedes. Además, como tribus, somos los hermanos mayores *p* de ustedes. Así pues, ¿por qué nos menosprecian?

---

de parte de Absalón durante la revuelta (cf. 2 S 17.25). Sin embargo, David no podía olvidar que Joab había matado a Absalón contra su expreso mandato, y que lo había reprendido duramente después de la victoria (2 S 19.5-7). Además, esta señal de amnistía manifestaba la voluntad de David de reconciliar a todas las partes en conflicto.
f **19.15(16)** *Guilgal:* Véanse Jos 4.19 nota *f* e *Índice de mapas.*
g **19.16(17)** *Simí:* 2 S 16.5-13.
h **19.17(18)** *Sibá:* Cf. 2 S 9.2-11; 16.1-4.
i **19.20(21)** *Casa de José:* En esta expresión se incluye a todas las tribus que formaban parte de Israel, el reino del Norte.
j **19.21(22)** *Abisai:* Cf. 2 S 16.9-12.
k **19.22(23)** *Este día* fue considerado como una especie de

reentronización de David y, por tanto, como un día de amnistía general (1 S 11.13-15).
l **19.24(25)** *Mefi-bóset:* Véase 4.4 nota *c;* cf. 2 S 9.1-13; 16.1-4.
m **19.28(29)** Cf. 2 S 9.7.
n **19.29(30)** *Que tú y Sibá se repartan las tierras:* Cf. 2 S 9.7. David se retracta en parte de la decisión que había tomado (2 S 16.4), manteniendo así el juramento que había hecho a Jonatán (1 S 20.14-17) y a Saúl (24.21-22).
ñ **19.31(32)** 2 S 17.27-29.
o **19.37(38)** Cf. 1 R 2.7.
p **19.43(44)** *Los hermanos mayores:* según la versión griega (LXX). Heb. *sobre David.*

¿Acaso no fuimos nosotros los primeros en decidir que regresara nuestro rey? Sin embargo, los de Judá discutieron con mayor violencia que los de Israel. *q*

20 Sublevación de Sebá

1 Un malvado de la tribu de Benjamín,*a* que se llamaba Sebá y era hijo de Bicrí, se encontraba en Guilgal.*b* Este Sebá incitó al pueblo a levantarse en armas, diciendo: "¡Nosotros no tenemos parte ni herencia con David, el hijo de Jesé! ¡Todos a sus casas, israelitas!"*c*

2 Todos los hombres de Israel abandonaron a David para seguir a Sebá, hijo de Bicrí. Pero los de Judá, desde el Jordán hasta Jerusalén, se mantuvieron fieles a su rey.*d*

3 Cuando David regresó a su palacio, en Jerusalén, tomó a las diez concubinas*e* que había dejado cuidando el palacio y las metió en una casa, bajo vigilancia. Allí siguió cuidando de ellas, pero no volvió a tener relaciones sexuales con ellas. Así ellas se quedaron encerradas, viviendo como viudas hasta el día de su muerte.

4 Después el rey ordenó a Amasá:

—Llama a los hombres de Judá, y dentro de tres días preséntate aquí con ellos.

5 Amasá fue a reunirlos, pero tardó más tiempo del que se le había señalado.*f* **6** Entonces dijo David a Abisai:

—Sebá nos va a causar más daño que Absalón. Así que toma el mando de mis tropas y persíguelo, no sea que encuentre algunas ciudades amuralladas y se nos escape.

7 Los hombres de Joab, con los quereteos y peleteos*g* de la guardia real, y los mejores soldados, salieron de Jerusalén con Abisai, para perseguir a Sebá. **8** Cuando se encontraban cerca de la gran roca que está en Gabaón,*h* Amasá les salió al encuentro. Joab llevaba puesto su uniforme de batalla, ajustado con un cinturón, y al costado una espada envainada, la cual podía desenvainar con solo tirar hacia abajo. **9** Y mientras Joab tomaba a Amasá por la barba con la mano derecha para besarlo, le preguntó:

—¿Te ha ido bien, hermano?

10 Amasá no prestó atención a la espada que Joab llevaba en la mano. De pronto, Joab lo hirió con ella en el vientre, y todas sus entrañas se derramaron por el suelo. Murió sin que Joab tuviera que rematarlo.*i* Luego Joab y su hermano Abisai siguieron persiguiendo a Sebá, hijo de Bicrí. **11** Entonces uno de los soldados de Joab se puso al lado del cuerpo de Amasá, y dijo:

—¡El que esté a favor de Joab y de David, que siga a Joab!

12 Pero Amasá seguía en medio del camino, revolcándose en su sangre; y viendo aquel soldado que toda la gente se detenía, hizo a Amasá a un lado del camino y lo tapó con una capa, pues se dio cuenta de que todos los que llegaban se quedaban parados junto a él. **13** Después de apartarlo del camino, pasaron todos los que andaban con Joab en persecución de Sebá.

14 Sebá pasó por todas las tribus de Israel hasta Abel-bet-maacá,*j* y todos los descendientes de Bicrí se reunieron y entraron tras él en la ciudad. **15** Cuando los hombres de Joab llegaron a Abel-bet-maacá, construyeron una rampa sobre la muralla exterior, para atacar la ciudad, y luego entre todos trataron de derribar la muralla. **16** De pronto, una mujer muy astuta*k* gritó desde la muralla de la ciudad:

—¡Escúchenme! ¡Escúchenme, por favor! ¡Díganle de mi parte a Joab que se acerque, porque quiero hablar con él!

17 Cuando Joab se acercó, la mujer le preguntó:

—¿Tú eres Joab?

—Yo soy Joab —respondió él.

Ella dijo:

—Escucha las palabras de esta sierva tuya.

—Te escucho —contestó él.

18 Entonces ella comenzó a decir:

—Antiguamente decían: "Quien quiera saber algo, que pregunte en Abel." Y así se solucionaba el asunto. **19** Nuestra ciudad es una de las más pacíficas y fieles de Israel,*l* ¡una de las más importantes! Sin embargo, tú estás tratando de destruirla. ¿Por qué quieres destruir lo que pertenece al Señor?

20 Joab le contestó:

—¡Eso ni pensarlo! No es mi intención destruirla ni dejarla en ruinas. **21** No se trata de eso, sino que un hombre de los montes de Efraín, llamado Sebá, se ha levantado en armas contra el rey David. Entréguenmelo a él solo, y yo me retiraré de la ciudad.

—Te echaremos su cabeza desde el muro —respondió la mujer a Joab.

22 En seguida fue ella a convencer con su astucia a toda la gente de la ciudad, y le cortaron la cabeza a Sebá y se la arrojaron a Joab. Entonces Joab ordenó que tocaran retirada, y se alejaron de la ciudad, cada cual a su casa, mientras que Joab regresó a Jerusalén para hablar con el rey.

---

q **19.43(44)** Tanto *los de Judá* como *los de Israel* coincidieron en reafirmar la autoridad de David (cf. 2 S 2.4; 5.3); sin embargo, el relato de la revuelta de Absalón termina con una nota de incertidumbre, ya que la reconciliación resultó en extremo precaria.

a **20.1** Nótese que *Benjamín* era la tribu a la que había pertenecido el rey Saúl (1 S 9.1-2). Cf. 2 S 16.5-8.

b **20.1** *Guilgal:* Véase Jos 4.19 *f.*

c **20.1** Esta consigna del benjaminita *Sebá* convirtió en conflicto abierto el antagonismo siempre latente entre el norte y el sur (véase 2 S 15.2-6 n.). En tiempos de David, estas palabras fueron una incitación a la rebeldía contra Judá; pero más tarde, después de la muerte de Salomón, la misma consigna sellaría la ruptura definitiva entre Judá e Israel (cf. 1 R 12.16; 2 Cr 10.16).

d **20.2** Nótese la división de las fuerzas: los *hombres de Israel*, es decir, las tribus del norte, participaron en la rebelión; *los de Judá*, en cambio, se mantuvieron fieles a David. Esta nueva sublevación contra David es una prueba más de que la unión entre el norte y el sur nunca llegó a consolidarse plenamente.

e **20.3** 2 S 15.16; 16.22.

f **20.4-5** *Amasá* había participado activamente en el alzamiento de Absalón contra David (véanse 2 S 17.25 n.; 19.13).

g **20.7** *Cereteos* y *peleteos:* Véase 2 S 8.18 nota *j.*

h **20.8** *La gran roca... Gabaón:* Probablemente se trata del *lugar alto importante* donde Salomón ofreció sacrificios (1 R 3.4).

i **20.10** Cf. 2 S 3.27; 18.14.

j **20.14** *Abel-bet-maacá:* población situada en el extremo norte del territorio de Israel. Véase *Índice de mapas.*

k **20.16** *Mujer muy astuta:* Véase 2 S 13.3 nota *f.*

l **20.19** *Y así... Israel:* texto probable. Heb. oscuro.

Oficiales de David *(2 S 8.15-18; 1 Cr 18.14-17)* ²³ Joab quedó al mando de todo el ejército de Israel, en tanto que Benaías, hijo de Joiadá, estaba al mando de la guardia de quereteos y peleteos. ²⁴ Adoram ᵐ era el encargado del trabajo obligatorio, ⁿ y el secretario del rey era Josafat, hijo de Ahilud. ²⁵ Sevá era el cronista, y Sadoc y Abiatar los sacerdotes. ²⁶ Irá, del pueblo de Jaír, era también sacerdote de David.

III. APÉNDICES (21—24) ᵃ

21 Venganza de los gabaonitas

¹ En tiempos de David hubo un hambre ᵇ que duró tres años seguidos. Entonces David consultó ᶜ al Señor, y el Señor le respondió: "El hambre se debe a los crímenes de Saúl y de su familia, porque asesinaron a los gabaonitas." ᵈ ² David llamó a los gabaonitas y habló con ellos. (Los gabaonitas no eran israelitas, sino un grupo que aún quedaba de los amorreos con quienes los israelitas habían hecho un juramento, ᵉ y a quienes Saúl, en su celo por la gente de Israel y de Judá, había tratado de exterminar.) ³ David les preguntó:

—¿Qué puedo hacer por ustedes? ¿Cómo puedo reparar el daño que se les hizo, para que bendigan al pueblo del Señor?

⁴ Los gabaonitas le respondieron:

—No es cuestión de dinero lo que tenemos pendiente con Saúl y su familia, ni queremos que muera nadie en Israel.

David les dijo:

—Díganme entonces qué quieren que haga por ustedes.

⁵ Y ellos contestaron:

—Del hombre que quiso destruirnos e hizo planes para eliminarnos y para que no permaneciéramos en todo el territorio de Israel, ᶠ ⁶ queremos que se nos entreguen siete de sus descendientes, y nosotros los colgaremos ante el Señor en Guibeá de Saúl, el escogido del Señor.

El rey aceptó entregárselos, ⁷ aunque se compadeció de Mefi-bóset, hijo de Jonatán y nieto de Saúl, por el sagrado juramento que se habían hecho él y Jonatán. ᵍ ⁸ Sin embargo apresó a los dos hijos que Rispá, hija de Aiá, había tenido con Saúl, y que se llamaban Armoní y Mefi-bóset, y a los cinco hijos que Merab, ʰ hija de Saúl, tuvo con Adriel, hijo de Barzilai de Meholá, ⁹ y se los entregó a los de Gabaón, los cuales los ahorcaron en el monte delante del Señor. Así murieron juntos los siete, en los primeros días de la cosecha de la cebada.

¹⁰ Entonces Rispá, ⁱ la hija de Aiá, se vistió con ropas ásperas en señal de luto, y se tendió sobre una peña. Allí se quedó, desde el comienzo de la cosecha de cebada hasta que llegaron las lluvias, sin dejar que los pájaros se acercaran a los cadáveres durante el día, ni los animales salvajes durante la noche.

¹¹ Cuando le contaron a David lo que había hecho Rispá, la concubina de Saúl, ¹² fue y recogió los restos de Saúl y de su hijo Jonatán, que estaban en posesión de los habitantes de Jabés de Galaad. Estos los habían robado de la plaza de Bet-sán, donde los filisteos los colgaron el día que derrotaron a Saúl en Guilboa. ʲ ¹³ Luego ordenó David que trasladaran los restos de Saúl y de Jonatán, y que recogieran los restos de los ahorcados; ¹⁴ y enterraron los restos de Saúl y de Jonatán en el sepulcro de Quis, el padre de Saúl, en Selá, en el territorio de Benjamín. Todo se hizo como el rey lo había ordenado. Y después de esto, Dios atendió las súplicas en favor del país.

Abisai salva la vida a David ¹⁵ Los filisteos declararon de nuevo la guerra a Israel. Entonces David y sus oficiales salieron a luchar contra ellos. David se cansó demasiado, ¹⁶ y un gigante llamado Isbí-benob trató de matarlo. Su lanza pesaba más de treinta kilos, y al cinto llevaba una espada nueva. ¹⁷ Pero Abisai, ᵏ el hijo de Seruiá, fue en ayuda de David, y atacó al filisteo y lo mató. Entonces los hombres de David le hicieron prometer que ya no saldría más a la guerra con ellos, para que no se apagara la lámpara de Israel.

Peleas contra gigantes *(1 Cr 20.4-8)* ¹⁸ Después hubo en Gob otra batalla contra los filisteos. En aquella ocasión, Sibecai el husatita mató a Saf, que era descendiente de los gigantes. ¹⁹ Y en otra batalla que hubo contra los filisteos, también en Gob, Elhanán, hijo de Jaír, ˡ de Belén, mató a Goliat el de Gat, cuya lanza tenía el asta tan grande como el rodillo de un telar.

²⁰ En Gat hubo otra batalla. Había allí un hombre de gran estatura, que tenía veinticuatro dedos: seis en cada

---

ᵐ **20.24** *Adoram* también aparece con el nombre *Adoniram* en 1 R 4.6 y 5.14(28).

ⁿ **20.24** Este *trabajo obligatorio* se imponía a los prisioneros de guerra (Dt 20.11; 2 S 12.31) y a la población no israelita incorporada a Israel después de la conquista (1 R 9.21).

ᵃ **21—24** Los caps. 21—24 interrumpen la narración iniciada en los caps. anteriores; difieren considerablemente, por su forma y por su contenido, de 2 S 9—20 y de su continuación en 1 R 1—2. La sección consta de seis textos independientes, ordenados en forma una estructura particular: el primero y el sexto son dos pasajes narrativos (21.1-14 y 24.1-25); el segundo y el quinto contienen dos listas de personas (21.15-22 y 23.8-39); y en el centro, el tercero y el cuarto, son dos poemas (22.1-51 y 23.1-7).

ᵇ **21.1** En Palestina eran frecuentes las hambrunas debidas a la falta de lluvias o a las tormentas que destruían las cosechas (Gn 12.10; 26.1; Rut 1.1-2; 1 R 17.1; Lc 15.14; Hch 11.28). Aquí se afirma expresamente que se trataba de un castigo divino por el pecado (Dt 28.48; Jer 14.12; Ez 14.21).

ᶜ **21.1** *Consultó:* Véase 2 S 2.1 nota a.

ᵈ **21.1** Los *gabaonitas* estaban protegidos por el juramento que les había hecho Josué en tiempos de la conquista (Jos 9.3-27). Sin embargo, Saúl violó aquel compromiso sagrado, matando a unos y obligando a huir a otros, quizá porque sospechaba que los gabaonitas intentaban colaborar con los filisteos.

ᵉ **21.2** Cf. Jos 9.3-15.

ᶠ **21.5** Esta demanda indica que aquella acción violenta de Saúl no había sido olvidada.

ᵍ **21.7** Cf. 1 S 20.15-17; 2 S 9.1-7.

ʰ **21.8** Cf. 1 S 18.19. *Merab:* según la versión griega (LXX). Heb. *Mical.*

ⁱ **21.10** 2 S 3.7.

ʲ **21.12** 1 S 31.8-13.

ᵏ **21.17** 1 S 26.6.

ˡ **21.19** *Jaír:* texto probable. Heb. *Jaaré-oreguim.*

mano y seis en cada pie. Era también descendiente de los gigantes, ²¹ pero desafió a Israel y lo mató Jonatán, hijo de Simá, el hermano de David. ²² Estos cuatro gigantes eran descendientes de Réfah, el de Gat, pero cayeron a manos de David y de sus oficiales.

22 Canto de victoria de David *a* (Salmo 18)

¹ David entonó este canto al Señor cuando el Señor lo libró de caer en manos de Saúl y de todos sus enemigos. ² Dijo así:

"Tú, Señor, eres mi protector,
mi lugar de refugio,
mi libertador,
³ mi Dios,
la roca que me protege,
mi escudo,
el poder que me salva,
mi más alto escondite,
mi más alto refugio,
mi salvador.
¡Me salvaste de la violencia! *b*
⁴ Tú, Señor, eres digno de alabanza:
cuando te llamo, me salvas de mis enemigos.

⁵ "Pues la muerte me enredó en sus olas;
sentí miedo ante el torrente destructor.
⁶ La muerte me envolvió en sus lazos;
¡me encontré en trampas mortales! *c*
⁷ En mi angustia llamé al Señor,
pedí ayuda a mi Dios,
y él me escuchó desde su templo;
¡mis gritos llegaron a sus oídos! *d*

⁸ "Hubo entonces un fuerte temblor de tierra:
temblaron las bases del cielo;
fueron sacudidas por la furia del Señor. *e*
⁹ De su nariz brotaba humo,
y de su boca un fuego destructor;
¡por la boca lanzaba carbones encendidos!
¹⁰ Descorrió la cortina del cielo, y descendió.
¡Debajo de sus pies había grandes nubarrones!
¹¹ Montó en un ser alado, *f* y voló;
se le veía sobre las alas del viento. *g*
¹² Tomó como tienda de campaña
la densa oscuridad que le rodeaba
y los nubarrones cargados de agua.
¹³ Un fulgor relampagueante salió de su presencia;
llovieron carbones encendidos.

¹⁴ "El Señor, el Altísimo,
hizo oír su voz de trueno desde el cielo:

¹⁵ lanzó sus flechas, sus relámpagos,
y a mis enemigos hizo huir en desorden. *h*
¹⁶ El fondo del mar quedó al descubierto;
las bases del mundo quedaron a la vista,
por la voz amenazante del Señor,
por el fuerte soplo que lanzó. *i*

¹⁷ "Dios me tendió la mano desde lo alto,
y con su mano me sacó del mar inmenso.
¹⁸ Me salvó de enemigos poderosos
que me odiaban y eran más fuertes que yo.
¹⁹ Me atacaron cuando yo estaba en desgracia,
pero el Señor me dio su apoyo:
²⁰ me sacó a la libertad;
¡me salvó porque me amaba!
²¹ El Señor me ha dado la recompensa
que merecía mi limpia conducta,
²² pues yo he seguido el camino del Señor;
¡jamás he renegado de mi Dios!
²³ Yo tengo presentes todos sus decretos;
¡jamás me he desviado de sus leyes!
²⁴ Me he conducido ante él sin tacha alguna;
me he alejado de la maldad. *j*
²⁵ El Señor me ha recompensado
por mi limpia conducta en su presencia.

²⁶ "Tú, Señor, eres fiel con el que es fiel,
irreprochable con el que es irreprochable,
²⁷ sincero con el que es sincero,
pero sagaz con el que es astuto.
²⁸ Tú salvas a los humildes,
pero te fijas en los orgullosos
y los humillas. *k*
²⁹ Tú, Señor, eres mi luz;
tú, Dios mío, alumbras mi oscuridad.
³⁰ Con tu ayuda atacaré al enemigo
y pasaré sobre el muro de sus ciudades.

³¹ "El camino de Dios es perfecto;
la promesa del Señor es digna de confianza.
¡Dios protege a todos los que en él confían! *l*
³² ¿Quién es Dios, fuera del Señor?
¿Qué otro dios hay que pueda protegernos? *m*
³³ Dios es mi refugio poderoso,
quien hace intachable mi conducta,
³⁴ quien me da pies ligeros, como de ciervo,
quien me hace estar firme en las alturas, *n*
³⁵ quien me entrena para la batalla,
quien me da fuerzas para tensar arcos de bronce.

³⁶ "Tú me proteges y me salvas;
tu bondad me ha hecho prosperar.

---

a **22.1-51** Este mismo poema se vuelve a encontrar en el libro de los Salmos (Sal 18). Véanse allí las notas correspondientes.
b **22.2-3** Cf. Dt 32.4; Sal 31.2-3.
c **22.5-6** Cf. Sal 116.3; Jon 2.5-6.
d **22.7** Sal 120.1; Jon 2.2.
e **22.8** Jue 5.4-5; cf. Job 36.30; Sal 29.3-9; 77.16-19; Hab 3.3-13.
f **22.11** Véase Sal 80.1 nota *d*.
g **22.11** Sal 68.33; 104.3
h **22.12-15** Las manifestaciones de Dios en el fragor de la tormenta es un tema frecuente en el AT (Ex 9.22-35; 1 S 7.9-10; Sal 29.3-9; 77.18-19; Is 30.30-31).
i **22.16** Ex 15.8; 19.9.
j **22.23-24** Cf. 1 R 9.4.
k **22.28** 1 S 2.3-7; Lc 1.51-53.
l **22.31** Cf. Pr 30.5.
m **22.32** Is 44.8; Os 13.4.
n **22.34** Sal 18.33; Hab 3.19.

37 Has hecho fácil mi camino,
  y mis pies no han resbalado.
38 "Perseguí a mis enemigos, los destruí,
  y solo volví después de exterminarlos.
39 ¡Los exterminé! ¡Los hice pedazos!
  Ya no se levantaron: ¡cayeron debajo de mis pies!
40 Tú me diste fuerza en la batalla;
  hiciste que los rebeldes se inclinaran ante mí,
41 y que delante de mi huyeran mis enemigos.
  Así pude destruir a los que me odiaban.
42 Pedían ayuda, y nadie los ayudó;
  llamaban al Señor, y no les contestó.
43 ¡Los deshice como a polvo del suelo!
  ¡Los pisoteé como a barro de las calles!
44 Me libraste de las luchas de mi pueblo,
  me mantuviste como jefe de las naciones,
  y me sirve gente que yo no conocía.
45 En cuanto me oyen, me obedecen;
  gente extranjera me halaga,
46 gente extranjera se acobarda
  y sale temblando de sus refugios.
47 "¡Viva el Señor! ¡Bendito sea mi protector!
  ¡Sea enaltecido Dios, que me salva y me protege!
48 Él es el Dios que me ha vengado
  y que me ha sometido los pueblos.
49 Él me libra de mis enemigos,
  de los rebeldes que se alzaron contra mí.
  ¡Tú, Señor, me salvas de los hombres violentos!
50 Por eso te alabo entre las naciones
  y canto himnos a tu nombre.
51 Concedes grandes victorias al rey que has escogido;
  siempre tratas con amor a David y a su descendencia."

23 Últimas palabras de David [a]

1 Estas son las últimas palabras de David:

"David, el hijo de Jesé,
el hombre a quien Dios ha enaltecido,
el rey escogido por el Dios de Jacob,
el dulce cantor de himnos de Israel,
ha declarado:

2 "El Espíritu del Señor habla por medio de mí; [b]
  su palabra está en mi lengua.
3 El Dios de Israel ha hablado;
  el Protector de Israel me ha dicho:
  'El que gobierne a los hombres con justicia,
  el que gobierne en el temor de Dios, [c]
4 será como la luz de la aurora,
  como la luz del sol [d] en una mañana sin nubes,
  que hace crecer la hierba después de la lluvia.'
5 Por eso mi descendencia está firme [e] en Dios,
  pues él hizo conmigo una alianza eterna,
  totalmente reglamentada y segura.
  Él me da la victoria completa
  y hace que se cumplan todos mis deseos. [f]
6 Pero todos los malhechores
  serán como espinos desechados,
  que nadie toma con la mano.
7 Para tocarlos, se toma un hierro o una lanza,
  y se les echa en el fuego
  para que se quemen por completo." [g]

Héroes del ejército de David [h] (1 Cr 11.10-47)

8 Estos son los nombres de los mejores soldados de David: Is-bóset, [i] el hacmonita, [j] jefe de los tres más valientes, que en una ocasión mató ochocientos hombres con su lanza. 9 Después de él seguía Eleazar, hijo de Dodó, el ahohíta, que era uno de los tres más valientes. Estuvo con David en Pas-damim, [k] cuando los filisteos se juntaron allí para la batalla y los israelitas se retiraron. 10 Pero él se mantuvo firme, y estuvo matando filisteos hasta que la mano se le cansó y se le quedó pegada a la espada. Aquel día el Señor alcanzó una gran victoria. Luego el ejército siguió a Eleazar para apoderarse de lo que se había quitado al enemigo.

11 Tras Eleazar seguía Samá, hijo de Agué, el ararita. Cuando los filisteos se reunieron en Lehi, [l] donde había un campo sembrado de lentejas, las tropas israelitas huyeron ante ellos. 12 Pero Samá se plantó en medio del campo y lo defendió, derrotando a los filisteos. Así el Señor alcanzó una gran victoria.

13 Una vez, en el tiempo de la cosecha, [m] tres de los treinta valientes fueron a encontrarse con David en la cueva de Adulam. [n] Las fuerzas filisteas estaban acampadas en el valle de Refaim. 14 David se hallaba en la fortaleza, al tiempo que un destacamento filisteo se encontraba en Belén. 15 Y

---

[a] 23.1-7 El siguiente poema se divide en cuatro partes: primero, David se presenta como el favorito del Señor (v. 1); luego exalta la conducta del rey justo (vv.2-4); finalmente, recuerda la *alianza eterna* que el Señor hizo con él (v. 5) y anuncia el juicio de Dios sobre los malvados (vv. 6-7). Véase 2 S 21—24 n.

[b] 23.2 *El Espíritu... por medio de mí:* David se presenta aquí como profeta. Cf. Hch 2.30.

[c] 23.3 *El temor de Dios:* Véase Dt 6.13 nota j.

[d] 23.4 *Luz del sol:* La comparación del rey con la *luz del sol* era bastante común en el antiguo Oriente, especialmente en Egipto.

[e] 23.5 *Está firme:* texto probable. Heb. *no así.*

[f] 23.5 2 S 7.16; 1 R 2.4; 2 Cr 13.5; Sal 89.4; 132.12; Is 55.3; Jer 33.20-22.

[g] 23.6-7 Aquí se retoma la figura del v. 4b, pero en sentido negativo: el que es fiel al Señor es como hierba alimentada por la lluvia; los malvados e infieles, en cambio, son como espinos secos, listos para ser quemados.

[h] 23.8-39 La lista siguiente comprende tres secciones: *Is-bóset, Eleazar* y *Samá,* héroes de incomparable valentía (vv. 8-17); *Abisai* y *Benaías,* los dos valientes de David (vv. 18-23); la lista de los *treinta valientes* (vv. 24-39).

[i] 23.8 *Is-bóset:* Véase 2 S 2.8 nota h.

[j] 23.8 *Is-bóset, el hacmonita:* lectura probable. Heb. *Joseb-basébet, el tacmonita.*

[k] 23.9 *En Pas-damim:* texto probable, según 1 Cr 11.13. Heb. *cuando se burlaron de ellos.*

[l] 23.11 *Lehi:* sitio ubicado en el territorio de Judá, probablemente cerca de Bet-semes. Cf. Jue 15.9-19.

[m] 23.13 *Tiempo de cosecha:* en los meses de abril y mayo, cuando no llueve en Palestina. En esa época, los reyes solían realizar sus campañas militares (cf. 2 S 11.1).

[n] 23.13 *Adulam* se encontraba a unos 25 km. al sudoeste de Jerusalén.

David expresó este deseo: "¡Ojalá alguien me diera a beber agua del pozo que está en la puerta de Belén!"

16 Entonces los tres valientes penetraron en el campamento filisteo y sacaron agua del pozo que está a la entrada de Belén, y se la llevaron a David. Pero él no quiso beberla, sino que la derramó como ofrenda al Señor, **17** diciendo: "¡El Señor me libre de beberla! ¡Sería como beberme la sangre de estos hombres, que arriesgando sus vidas fueron a traerla!" Y no quiso beberla.

Esta hazaña la realizaron los tres valientes.

18 Abisai, *ñ* hermano de Joab e hijo de Seruiá, era jefe de los treinta valientes. En cierta ocasión atacó a trescientos hombres con su lanza, y los mató. Así ganó fama entre los treinta, **19** y recibió más honores que todos ellos, pues llegó a ser su jefe. Pero no igualó a los tres primeros. *o*

20 Benaías, *p* hijo de Joiadá, del pueblo de Cabseel, era un hombre valiente que realizó muchas hazañas. Él fue quien mató a los dos hijos de Ariel *q* de Moab. Un día en que estaba nevando bajó a un foso, y allí dentro mató a un león. **21** También mató a un egipcio de gran estatura, que iba armado con una lanza: Benaías lo atacó con un palo, le arrebató la lanza de la mano, y lo mató con su propia lanza. **22** Esta acción de Benaías, hijo de Joiadá, le hizo ganar fama entre los treinta valientes; **23** y recibió más honores que ellos, pero no igualó a los tres primeros. *r* Y David lo puso al mando de su guardia personal.

24 Entre los treinta valientes *s* estaban: Asael, *t* hermano de Joab; Elhanán, *u* hijo de Dodó, de Belén; **25** Samá, de Harod; Elicá, también de Harod; **26** Heles, el paltita; Irá, hijo de Iqués, de Tecoa; **27** Abiézer, de Anatot; Sibecai, *v* de Husah; **28** Salmón, el ahohíta; Maharai, de Netofá; **29** Héled, hijo de Baaná, también de Netofá; Itai, hijo de Ribai, de Guibeá, que está en el territorio de Benjamín; **30** Benaías, de Piratón; Hidai, del arroyo de Gaas; **31** Abí-albón, el arbatita; Azmávet, de Bahurim; **32** Eliahbá, el saalbonita; los hijos de Jasén; Jonatán; **33** Samá, el ararita; Ahiam, hijo de Sarar, también ararita; **34** Elifélet, hijo de Ahasbai, hijo del de Maacá; Eliam, hijo de Ahitófel, *w* de Guiló; **35** Hesrai, de Carmel; Paarai, el arbita; **36** Igal, hijo de Natán, de Sobá; Baní, de Gad; **37** Sélec, de Amón; Naharai, de Beerot, asistente de Joab, hijo de Seruiá; **38** Irá, de Jatir; Gareb, también de Jatir; **39** y Urías, *x* el hitita. En total, treinta y siete. *y*

24 David censa la población *(1 Cr 21.1-17)*

1 El Señor *a* volvió a encenderse en ira contra los israelitas, e incitó *b* a David contra ellos, ordenándole que hiciera un censo de Israel y Judá. **2** Entonces el rey ordenó a Joab, jefe del ejército, que lo acompañaba:

—Recorre todas las tribus de Israel, desde Dan hasta Beerseba, *c* y haz el censo de la población, para que yo sepa cuántos habitantes hay.

3 Pero Joab respondió al rey:

—Que el Señor, el Dios de Su Majestad, aumente su pueblo cien veces más de lo que es ahora, y que Su Majestad viva para verlo; pero, ¿para qué desea Su Majestad hacer un censo? *d*

4 Sin embargo, la orden del rey se impuso a Joab y a los jefes del ejército, y por lo tanto Joab y los jefes del ejército se retiraron de la presencia del rey para hacer el censo del pueblo de Israel. **5** Atravesaron el río Jordán y comenzaron por Aroer y por la ciudad que está en medio del valle, en dirección a Gad y Jazer. **6** Después fueron a Galaad y a Cadés, en el país de los hititas. Llegaron luego a Dan, y desde Dan dieron la vuelta por Sidón. **7** Después fueron a la fortaleza de Tiro y a todas las ciudades de los heveos y los cananeos, hasta salir al sur de Judá, a Beerseba. *e* **8** Al cabo de nueve meses y veinte días, y tras haber recorrido todo el país, llegaron a Jerusalén. **9** Joab entregó al rey cifras del censo de la población, y resultó que había en Israel ochocientos mil hombres aptos para la guerra, y quinientos mil en Judá. *f*

10 Pero David se sintió culpable por haber hecho el censo de la población, y confesó al Señor:

—He cometido un grave pecado al hacer esto. Pero te ruego, Señor, que perdones ahora el pecado de este siervo tuyo, pues me he portado como un necio.

11 A la mañana siguiente, cuando se levantó David, dijo el Señor al profeta Gad, *g* vidente al servicio de David: **12** "Ve a ver a David, y dile de mi parte que le propongo tres cosas, y que escoja la que él quiera que yo haga." **13** Gad fue a ver a David, y le preguntó:

—¿Qué prefieres: siete años *h* de hambre en el país, tres meses huyendo tú de la persecución de tus enemigos, o tres días de peste en el país? Piensa y decide ahora lo que he de responder al que me ha enviado.

14 Y David contestó a Gad:

ñ **23.18** Véase 2 S 10.10 n.

o **23.19** *Pero no igualó a los tres primeros:* Otra posible traducción: *Pero nunca alcanzó el rango de los tres primeros.*

p **23.20** 2 S 8.18; 20.23.

q **23.20** *Dos hijos de Ariel:* según la versión griega (LXX). Heb. *dos de Ariel.*

r **23.23** *No alcanzó... primeros:* Véase 23.19 n.

s **23.24-39** Algunos de estos nombres aparecen en 1 Cr 27.1-22.

t **23.24** 1 Cr 27.7; cf. 2 S 2.18-23.

u **23.24** Cf. 2 S 21.19; 1 Cr 20.5.

v **23.27** *Sibecai:* según la versión griega (LXX) y 1 Cr 11.29. Heb. *Mebunai.*

w **23.34** *Ahitófel:* Cf. 2 S 15.12,31.

x **23.39** *Urías:* Cf. 2 S 11—12.

y **23.39** *En total, treinta y siete:* Esta cantidad se obtiene sumando a esta lista los cinco valientes de 23.8-23 y a Joab, mencionado en los vv. 24 y 37.

a **24.1** Según 1 Cr 21.1, el causante de que David hiciera el censo fue Satanás.

b **24.1** 1 S 26.19.

c **24.2** *Desde Dan hasta Beerseba:* Véase 1 S 3.20 n.

d **24.3** Como de costumbre, Joab manifiesta ser una persona muy práctica y calculadora (cf. 2 S 19.6-8).

e **24.5-7** El censo sigue un movimiento circular: empieza en el sur, desde Aroer, al este del Mar Muerto; luego sigue hacia el norte, por la ruta al este del río Jordán, hasta llegar a Dan. De allí avanza hacia el oeste, hasta la región de Tiro y Sidón; finalmente, se llega a Beerseba, en el sur, por la llanura costera del Mediterráneo. Véase *Índice de mapas.*

f **24.9** Para las cifras con *mil,* véase 2 S 10.6 n.

g **24.11** Véase 1 S 22.5 n.

h **24.13** *Siete años:* cifra redonda para hablar del tiempo total que duraba una hambruna (cf. Gn 41.27)

—Estoy en un grave aprieto. Ahora bien, es preferible que caigamos en manos del Señor, pues su bondad es muy grande, y no en manos de los hombres.

¹⁵ Entonces mandó el Señor una peste sobre Israel, desde aquella misma mañana hasta la fecha indicada, y desde Dan hasta Beerseba murieron setenta mil personas. ¹⁶ Y cuando el ángel estaba a punto de destruir Jerusalén, le pesó al Señor ʲ aquel daño y ordenó al ángel que estaba hiriendo al pueblo: "¡Basta ya, no sigas!"

En aquel momento el Ángel del Señor ʲ se encontraba junto al lugar donde Arauna el jebuseo trillaba el trigo. ᵏ ¹⁷ Y cuando David vio al ángel que hería a la población, dijo al Señor:

—¡Yo soy quien ha pecado! ¡Yo soy el culpable! ¿Pero qué han hecho estos inocentes? ˡ ¡Yo te ruego que tu castigo caiga sobre mí y sobre mi familia!

David levanta un altar *(1 Cr 21.18-27)* ¹⁸ Aquel mismo día, Gad fue a ver a David, y le dijo que levantara un altar al Señor en el lugar donde Arauna el jebuseo trillaba el trigo. ¹⁹ Entonces David fue a hacer lo que Gad le había dicho por orden del Señor. ²⁰ Arauna estaba mirando a lo lejos, cuando vio que el rey y sus servidores se dirigían hacia él.

Entonces Arauna se adelantó, e inclinándose delante del rey ²¹ le dijo:

—¿A qué se debe la visita de Su Majestad a su criado?

David respondió:

—Quiero comprarte el lugar donde trillas el trigo, para construir allí un altar al Señor, a fin de que la peste se retire del pueblo.

²² Y Arauna le contestó:

—Tome Su Majestad lo que le parezca mejor, y ofrezca holocaustos. Aquí hay toros para el holocausto, y los trillos y los yugos de las yuntas pueden servir de leña. ²³ ¡Todo esto se lo doy a Su Majestad!

Además, Arauna exclamó:

—¡Ojalá Su Majestad pueda complacer al Señor su Dios!

²⁴ Pero el rey respondió:

—Te lo agradezco, pero tengo que comprártelo todo pagándote lo que vale, pues no presentaré al Señor mi Dios holocaustos que no me hayan costado nada.

De esta manera David compró aquel lugar y los toros por cincuenta monedas de plata, ²⁵ y allí construyó un altar al Señor y ofreció holocaustos y sacrificios de reconciliación. Entonces el Señor atendió las súplicas en favor del país, y la peste se retiró de Israel.

ʲ **24.16** *Le pesó al Señor:* En varias partes del AT se dice que Dios se arrepiente del castigo que pensaba infligir a su pueblo (Ex 32.14; Jer 42.10; Jon 3.10; cf. Jer 18.8; Jl 2.13-14).
ʲ **24.16** A diferencia de otros pasajes del AT (véase Gn 16.7 nota c), aquí el *Ángel del Señor* es un ser distinto de Dios.
ᵏ **24.16** *Donde... trillaba el trigo:* Cf. Jue 6.37. Este fue el sitio donde Salomón construyó más tarde el templo de Jerusalén (1 Cr 21.8—22.1; 2 Cr 3.1).
ˡ **24.17** *Estos inocentes:* lit. *estas ovejas* (cf. Jer 23.1-3; Ez 24.5; Zac 11.7,17).

Primer libro de los Reyes

Los libros de *Reyes* (=1 y 2 R) continúan la historia allí donde la había dejado el *Segundo libro de Samuel*. Después de una vida llena de peligros y de grandes realizaciones, David llegó al término de sus días, y la cercanía de su muerte planteó en forma dramática el problema de la sucesión al trono. Como los miembros de la corte real se habían dividido en dos grupos antagónicos, el mismo David, a instancias de su esposa Betsabé, eligió como sucesor a Salomón (cf. 1 R 1—2). Así el pueblo de Israel entró en una nueva etapa de su historia, que se extendió hasta la caída de Jerusalén y la deportación a Babilonia. Este período, al que suele dársele el nombre de época de los Reyes, abarca unos cuatro siglos.

La primera parte de la obra (1 R 3—11) está dedicada al reinado de Salomón. Varios relatos ponen de relieve la gran sabiduría de este rey, sus enormes riquezas y sus magníficas construcciones. Entre estas últimas, recibe especial atención el templo de Jerusalén, que él hizo edificar en el terreno adquirido por David con esa finalidad (cf. 2 S 24.18-25). De este modo, Salomón llevó a cabo un proyecto que su padre no había podido realizar (1 R 8.17-21) y erigió un lugar de culto que habría de tener enorme trascendencia en la vida religiosa y cultural de Israel. La significación e importancia de dicho templo se pone de manifiesto, sobre todo, en la plegaria pronunciada por el rey durante la fiesta de la dedicación (8.23-53).

Pero no todo fue gloria y magnificencia en el reino salomónico. Aunque el relato tiende a resaltar la grandeza de Salomón, también deja entrever los aspectos negativos de su reinado. Los abusos que más se denuncian son las concesiones hechas a la idolatría y las excesivas cargas impuestas al pueblo. En efecto, para consolidar su poderío, Salomón entabló negociaciones con las naciones vecinas, y confirmó los tratados políticos y comerciales, de acuerdo con las costumbres de la época, tomando por esposas a princesas extranjeras. Pero algunas de estas esposas siguieron adorando a sus propios dioses y el rey les permitió que hicieran levantar templos paganos en el territorio de Israel (1 R 11.1-13). Por otra parte, las construcciones de Salomón exigían pesados tributos y una considerable cantidad de mano de obra. Para muchos israelitas, estos excesos traicionaban los ideales que habían dado su identidad y su razón de ser al pueblo del Señor (cf. 1 S 8), y un profundo descontento se extendió por el país, en especial, entre las tribus del norte.

Como consecuencia de este malestar resurgieron las viejas rivalidades entre el norte y el sur (cf. 2 S 20.1-2), y así terminó por quebrarse el intento de unificación realizado por David (cf. 2 S 2.4; 5.1-3).

Después de la muerte de Salomón, el reino davídico se dividió en dos estados independientes: Israel al norte y Judá al sur, este último con Jerusalén como capital. El texto bíblico narra en qué circunstancias se produjo la separación (1 R 12), y luego presenta en forma paralela la historia de los dos reinos, que en muy pocas ocasiones lograron superar su antagonismo tradicional. El texto menciona por nombre a todos los reyes de Israel y de Judá; la sección dedicada a cada reinado comienza y termina con las mismas fórmulas. En el cuerpo de estas secciones se enumeran algunos hechos significativos de cada monarca, pero el autor, por lo general, no muestra demasiado interés en dar un relato detallado de los hechos. Lo que más le preocupa es juzgar la conducta de los reyes de acuerdo con lo establecido por la ley de Moisés, particularmente en todo lo relacionado con el culto del Señor.

Este juicio es de extrema severidad: treinta y cuatro veces se repite la frase *sus hechos fueron malos a los ojos del Señor* (cf., por ejemplo, 1 R 15.26; 22.52; 2 R 13.1), y solo se aprueba la conducta de unos pocos reyes de Judá, que siguieron el ejemplo de David (cf., por ejemplo, 1 R 15.11; 2 R 22.2). En cuanto a los reyes de Israel, todos cometieron *los mismos pecados con que Jeroboam hizo pecar a los israelitas* (1 R 15.34). Esos pecados de Jeroboam, denunciados como un rechazo del Señor y de su templo (cf. 1 R 12.26-33), fueron el comienzo de la serie de infidelidades que provocaron la ira del Señor y tuvieron como consecuencia la destrucción de Samaria (2 R 17.7-23).

Del relato se desprende, además, que la violencia y la inestabilidad política fueron una característica casi constante en el reino del Norte. Numerosas dinastías se sucedieron en poco más de dos siglos, y los cambios de gobierno se produjeron muchas veces en forma sangrienta (cf. 2 R 9—11). El reino de Judá, por el contrario, se mantuvo siempre fiel a la dinastía davídica: los veinte reyes que ocuparon el trono fueron descendientes de David. El reinado de Atalía en Jerusalén constituye una excepción, pero esa reina fue una usurpadora y, llegado el momento, el pueblo de Judá instaló en el trono a un legítimo heredero de David (2 R 10).

En el año 721 a.C., el reino de Israel cayó bajo la dominación asiria y dejó de existir como estado independiente. Su vecino del sur, en cambio, logró sobrevivir a la invasión y prolongó su existencia casi un siglo y medio más. A esta etapa está dedicada la parte final de estos libros (2 R 18—25), que destaca de modo especial la reforma religiosa del rey Josías. Sin embargo, esa reforma no logró detener la desintegración moral y política del reino (cf. 2 R 23.26-27) y, por eso, la historia de los reyes tiene un dramático final: la destrucción de Jerusalén y el exilio a Babilonia.

Esta obra no solo se ocupa de los reyes. También los profetas son objeto de particular atención, como lo muestran las extensas secciones dedicadas a Elías (1 R 17—2 R 1) y a Eliseo (2 R 2.1—8.15; 13.14-20). Pero al lado de estas dos grandes figuras hay toda una lista de profetas, que comienza con Natán (1 R 1.45), Ahías de Siló (1 R 11.29-40) y Semaías (1 R 12.21-24) y, pasando por Isaías (2 R 19.20—20.19), llega hasta Huldá, la profetisa de Jerusalén, que actuó en tiempos de Josías (2 R 22.14-20). Estas narraciones tienen especial interés, porque presentan a los profetas en acción. En los escritos proféticos, por lo general, lo que más se destaca es la palabra del Señor, y solo unos pocos textos narrativos relacionan el mensaje profético con la persona del profeta y con determinados acontecimientos históricos. Aquí, en cambio, se relata cómo actuaron los profetas en momentos decisivos de la historia bíblica. Particularmente significativos son los pasajes que los muestran enfrentándose con los reyes, a fin de reprocharles su mala conducta (cf. 1 R 18.16-19; 21.17-29; 2 R 1.15-21).

Para componer este vasto panorama de cuatro siglos de historia, el autor utilizó distintas fuentes, y cita algunas de ellas: además de las *crónicas de Salomón* (1 R 11.41), hay diecisiete referencias a las *crónicas de los reyes de Israel* (por ejemplo 1 R 14.19) y otras quince a las *crónicas de los reyes de Judá* (por ejemplo 1 R 14.29). Estos documentos no han llegado hasta el presente, pero cabe suponer que relataban más extensamente muchos de los hechos que aparecen resumidos en el texto bíblico. También se utilizaron otras fuentes, como archivos del templo y una o varias colecciones de historias proféticas. Es posible, incluso, que las historias de Elías y Eliseo hayan circulado en forma independiente, entre los discípulos de esos profetas, antes de ser incorporadas a esta obra.

El texto de *1 y 2 Reyes* proporciona una cantidad considerable de datos cronológicos. Sin embargo, a veces es difícil relacionar y armonizar las distintas indicaciones, de manera que no puede establecerse con absoluta certeza la fecha correspondiente al comienzo y al fin de cada reinado. De ahí las diferencias de unos cuantos años en las cronologías propuestas por los historiadores modernos.

Los dos libros de *Reyes* forman en realidad una sola obra. La división tiene un carácter artificial, como lo muestra, entre muchos otros detalles, el lugar donde se produce el corte: el reinado de Ocozías se divide en dos partes, y lo mismo sucede con la historia de Elías. Es probable que hayan sido los traductores griegos los que hicieron esta división, por razones prácticas, en el siglo III a.C.

En la Biblia hebrea, esta obra figura entre los *Profetas anteriores* (véase la *Introducción* al libro de *Josué*). O sea, que no se trata de una mera narración histórica, sino de una reflexión profética sobre una etapa de la historia de la salvación. En esta reflexión se percibe claramente la influencia del *Deuteronomio*, que contiene promesas de paz y prosperidad para el pueblo de Dios, siempre que este se mantuviera fiel a la ley del Señor (Dt. 28.1-14; cf. 2 R 21.8). En caso contrario, recaerían sobre él las maldiciones anunciadas contra los transgresores de la alianza (Dt 28.15-62), entre las que se incluía el exilio a un país extranjero (28.63-68).

Ahora bien: la historia de Israel y de Judá, a lo largo de todo este periodo histórico, fue una cadena ininterrumpida de pecados e infidelidades, y los principales responsables de esa situación fueron los reyes. A ellos les correspondía gobernar al pueblo de Dios con sabiduría (cf. 1 R 3.9) y ponerse al servicio de él (cf. 12.7), a fin de conducirlo por el buen camino. Pero, de hecho, hicieron todo lo contrario. Por eso, no es casualidad que Israel y Judá hayan caído derrotados y dejaran de existir como naciones independientes. Fue más bien la consecuencia, justa e inevitable, de los pecados que cometieron los reyes y de los que hicieron cometer a sus súbditos (cf. 2 R 21.9-16).

Pero esto no quería decir que todo estaba perdido. La promesa del Señor a David seguía en pie a pesar de todo (véase 2 S 7.16 n.), y es probable que el episodio relatado al final del libro sea una nota de esperanza fundada en esa promesa. Joaquín, el penúltimo de los reyes de Judá, estaba prisionero en el exilio, pero el rey de Babilonia lo sacó de la cárcel y le asignó un puesto de honor en su propia mesa (2 R 25.27-30). Este notable cambio de situación, que beneficiaba al descendiente de David, hacía prever un futuro mejor para todo su pueblo.

El siguiente esquema ofrece una visión de conjunto del *Primer libro de los Reyes*:

    I. Fin del reinado de David y entronización de Salomón (1—2)
    II. Reinado de Salomón (3—11)
    III. División del reino davídico (12.1-33)
    IV. Los dos reinos hasta los tiempos de Elías (13—16)
    V. Historia del profeta Elías en tiempos de Ahab (17—21)
    VI. Fin del reinado de Ahab (22.1-40)
    VII. Josafat de Judá y Ocozías de Israel (22.41-53)

I. FIN DEL REINADO DE DAVID Y ENTRONIZACIÓN DE SALOMÓN (1—2)

1 *Ancianidad de David*[a] **1** El rey David era ya anciano, de edad muy avanzada.[b] Aunque lo cubrían y arropaban bien, no podía entrar en calor. **2** Por esto, sus servidores le dijeron: "Debe buscarse para Su Majestad una muchacha soltera que le sirva y lo cuide, y que duerma con Su Majestad para que le dé calor."[c] **3** Buscaron una muchacha hermosa por todo el territorio de Israel, y hallaron una que se llamaba Abisag, del pueblo de Sunem,[d] la cual llevaron al rey. **4** Abisag era muy hermosa, y cuidaba al rey y le servía, pero el rey nunca tuvo relaciones sexuales con ella.[e]

Adonías se proclama rey **5** Entre tanto, Adonías, hijo de David y de Haguit,[f] se levantó en armas y dijo que él sería rey.[g] Se hizo de carros de combate, y de caballería, y de una guardia personal de cincuenta hombres. **6** Su padre no lo había contrariado en toda su vida, ni le había preguntado por qué hacía lo que hacía. Adonías, que había nacido después de Absalón, era muy bien parecido.[h] **7** Había hecho un trato con Joab, el hijo de Seruiá, y con el sacerdote Abiatar, los cuales le apoyaban. **8** Pero ni el sacerdote Sadoc, ni Benaías, hijo de Joiadá, ni el profeta Natán, ni Simí, hombre de confianza del rey,[i] ni los mejores soldados de David estaban a favor de Adonías.[j]

9 Por aquel tiempo, Adonías preparó un banquete junto a la peña de Zohélet, que está cerca del manantial de Roguel.[k] Mató[l] ovejas y toros y los becerros más gordos, e invitó a todos sus hermanos, hijos del rey, y a todos los hombres de Judá que estaban al servicio del rey; **10** pero no invitó al profeta Natán, ni a Benaías, ni a los soldados de David, ni a su hermano Salomón. **11** Entonces habló Natán con Betsabé, la madre de Salomón,[m] y le dijo:

—¿No te has enterado de que Adonías, el hijo de Haguit, se ha proclamado rey sin que lo sepa David, nuestro señor? **12** Pues ven, que voy a darte un consejo para que puedas salvar tu vida y la de tu hijo Salomón. **13** Ve y preséntate al rey David, y dile: 'Su Majestad me había jurado que mi hijo Salomón reinaría después de Su Majestad, y que subiría al trono. ¿Por qué, entonces, está reinando Adonías?' **14** Y mientras tú hablas con el rey, yo entraré y confirmaré tus palabras.

15 Betsabé fue entonces a ver al rey a su habitación. El rey ya estaba muy anciano, y Abisag la sunamita lo atendía. **16** Betsabé se inclinó ante el rey hasta tocar el suelo con la frente, y el rey le preguntó:

—¿Qué te pasa?

---

[a] **1.1-4** Los caps. 1—2 continúan el relato iniciado en 2 S 9 e interrumpido en 2 S 20. Véase 2 S 21—24 n.

[b] **1.1** *De edad muy avanzada:* Según las indicaciones de 2 S 5.4, David debía tener en esta época unos 70 años.

[c] **1.2** Cf. Ec 4.11.

[d] **1.3** *Sunem:* localidad perteneciente a la tribu de Isacar (Jos 19.18), situada en la llanura de Jezreel o Esdrelón, cerca del monte Guilboa (cf. 1 S 28.4; 2 R 4.8). Véase *Índice de mapas*.

[e] **1.1-4** La referencia al extremo debilitamiento del rey David, pone de manifiesto su incapacidad para gobernar y, al mismo tiempo, da cuenta de la agitación que se produce en la corte davídica: las personas influyentes (cf. vv. 7-8) forman partido en torno a Adonías o de Salomón, los dos pretendientes al trono.

[f] **1.5** 2 S 3.4.

[g] **1.5** *Adonías* se consideraba con derecho a suceder a su padre en el trono por ser el mayor de los hijos que aún sobrevivían a David. Sin embargo, el v. 20 sugiere que aún no existía en Israel la ley de la primogenitura.

[h] **1.6** *Era muy bien parecido:* La buena presencia física suele provocar admiración y aumenta el prestigio personal; por eso era considerada como un factor importante para el ejercicio de la realeza. En otros pasajes se pone de relieve la bella apariencia de reyes como Saúl y David (1 S 9.2; 16.12) y de un aspirante al trono como Absalón (2 S 14.25).

[i] **1.8** *Hombre de confianza del rey:* traducción probable; heb. *Reí*, aparentemente un nombre propio.

[j] **1.7-8** La formación de estos dos grupos antagónicos muestra la profunda división que se había producido en la corte davídica debido a la presencia de los dos pretendientes al trono. Sin embargo, es fácil determinar hasta qué punto la división se fundaba en meras adhesiones personales o en cuestiones de más envergadura.

[k] **1.9** Los partidarios de Adonías lo proclaman rey junto al *manantial de Roguel*, sitio más alejado de Jerusalén y poco frecuentado, lo que hace pensar en una reunión secreta. David, en cambio, elige la fuente de Guihón (v. 33), lugar próximo a Jerusalén y más concurrido, como dando a entender que la entronización de Salomón era una ceremonia pública y nada secreta.

[l] **1.9** *Sacrificó:* Los sacrificios eran actos religiosos que formaban parte de la ceremonia de entronización de un nuevo rey.

[m] **1.11** 2 S 12.24.

17 Ella le respondió:

—Su Majestad me juró por el Señor su Dios, que mi hijo Salomón reinaría después de Su Majestad, y que subiría al trono. **18** Pero sucede que Adonías se ha proclamado rey, y Su Majestad no lo sabe. **19** Ha matado toros y becerros y muchas ovejas, y ha invitado a los hijos de Su Majestad; también ha invitado al sacerdote Abiatar y a Joab, general del ejército, pero no ha invitado a Salomón, servidor de Su Majestad. **20** Ahora bien, señor, todo Israel está pendiente de que Su Majestad diga quién habrá de reinar después de Su Majestad. **21** De lo contrario, cuando Su Majestad muera, mi hijo Salomón y yo seremos condenados a muerte.

22 Mientras ella hablaba con el rey, llegó el profeta Natán, **23** y se lo hicieron saber al rey. Cuando el profeta se presentó ante el rey, se inclinó delante de él hasta tocar el suelo con la frente, **24** y le preguntó:

—¿Ha ordenado Su Majestad que Adonías reine después de Su Majestad? **25** Porque resulta que hoy ha bajado, ha matado toros y becerros y muchas ovejas, y ha convidado a los hijos de Su Majestad, a los capitanes del ejército y al sacerdote Abiatar. Y ahí están comiendo y bebiendo con él, y gritando: '¡Viva el rey Adonías!' **26** Sin embargo, no me han invitado a mí, ni al sacerdote Sadoc, ni a Benaías, hijo de Joiadá, ni a Salomón, hijo de Su Majestad. **27** ¿Acaso ha ordenado esto Su Majestad sin haber informado a este siervo suyo acerca de quién ocuparía el trono después de Su Majestad?

David declara a Salomón sucesor suyo

28 El rey David ordenó entonces que llamaran a Betsabé. Al llegar Betsabé ante el rey, se quedó de pie delante de él. **29** El rey hizo entonces el siguiente juramento:

—Juro por el Señor, *n* que me ha librado de toda angustia, **30** que lo que te juré por el Señor, el Dios de Israel, te lo cumpliré hoy mismo: tu hijo Salomón subirá al trono en mi lugar y reinará después de mí.

31 Betsabé se inclinó ante el rey hasta tocar el suelo con la frente, y exclamó:

—¡Viva para siempre mi señor, el rey David!

32 Luego el rey David ordenó que llamaran al sacerdote Sadoc, al profeta Natán y a Benaías, hijo de Joiadá. Cuando estos se presentaron ante el rey, **33** él les dijo:

—Háganse acompañar de los funcionarios del reino, monten a mi hijo Salomón en mi mula y llévenlo a Guihón; *ñ* **34** y en cuanto al sacerdote Sadoc y el profeta Natán lo consagren como rey de Israel, *o* toquen el cuerno de carnero y griten: '¡Viva el rey Salomón!' **35** Luego sírvanle de escolta, para que venga y se siente en mi trono y reine en mi lugar, pues he dispuesto que él sea el jefe de Israel y de Judá.

36 Benaías, el hijo de Joiadá, respondió al rey:

—¡Amén, y que así lo ordene el Señor, el Dios de Su Majestad! **37** Y del mismo modo que el Señor ha estado con Su Majestad, así esté con Salomón, y haga que su reino sea mayor aún que el de Su Majestad, mi señor David.

38 Luego el sacerdote Sadoc, el profeta Natán, Benaías, hijo de Joiadá, y los quereteos y los peleteos, *p* fueron y montaron a Salomón en la mula del rey David, y lo llevaron a Guihón. **39** Allí el sacerdote Sadoc tomó del santuario *q* el cuerno con el aceite y consagró como rey a Salomón. A continuación tocaron el cuerno de carnero, y todo el pueblo gritó: "¡Viva el rey Salomón!" **40** Luego todos lo siguieron, tocando flautas. Era tal su alegría que parecía que la tierra se partía en dos por causa de sus voces.

41 Adonías y todos sus invitados acababan de comer cuando oyeron el ruido. Al oír Joab el sonido del cuerno, comentó:

—¿Por qué habrá tanto alboroto en la ciudad?

42 Mientras él hablaba, llegó Jonatán, *r* el hijo del sacerdote Abiatar. Adonías le dijo:

—Entra, pues tú eres un hombre importante y debes traer buenas noticias.

43 Jonatán respondió a Adonías:

—Al contrario. David, nuestro señor y rey, ha hecho rey a Salomón, **44** y ha ordenado que el sacerdote Sadoc y el profeta Natán, así como Benaías, hijo de Joiadá, y los quereteos y los peleteos, acompañen a Salomón; y ellos lo han montado en la mula del rey. **45** Además, el sacerdote Sadoc y el profeta Natán lo han consagrado como rey en Guihón, y han regresado de allí muy contentos. Por eso está alborotada la ciudad, y ese es el ruido que ustedes han escuchado. **46** Además, Salomón ya ha tomado posesión del trono, **47** y los funcionarios del rey David han ido a felicitarlo y a desearle que Dios haga prosperar a Salomón y extienda su dominio más que el suyo. Incluso el propio rey David se inclinó en su cama para adorar a Dios, **48** y dijo: 'Bendito sea el Señor, el Dios de Israel, que ha permitido hoy que un descendiente mío suba al trono, y que yo lo vea.'

49 Los invitados de Adonías se pusieron a temblar; luego se levantaron todos, y cada uno se fue por su lado. **50** Adonías, por su parte, por miedo a Salomón se levantó y se fue al santuario, y allí buscó refugio agarrándose a los cuernos del altar. *s* **51** Alguien fue a decirle a Salomón:

—Adonías tiene miedo de Su Majestad, y se ha refugiado en el altar. Pide que Su Majestad le jure ahora mismo que no lo va a matar.

52 Salomón respondió:

---

n **1.29** Cf. 1 R 2.24; 17.1,12; 18.10,15.

ñ **1.33** *Guihón:* fuente que brota al pie de la colina donde se alzaba la *fortaleza de Sión*, es decir, la parte más antigua de la ciudad de Jerusalén, donde habían habitado los jebuseos (2 S 5.6-7). Véase 1 R 1.9 nota *k*; cf. 2 Cr 32.30.

o **1.34** Esta consagración se realizaba por medio de la unción con el aceite sagrado (cf. v. 39). La unción establecía un vínculo particular entre el rey y Dios (1 S 16.13; Sal 89.20-21[21-22]), y confería al "ungido" la vitalidad y la sabiduría necesarias para ejercer la función real. Véase Sal 2.2 n.

p **1.38** Los *quereteos y peleteos* eran dos grupos de mercenarios extranjeros que formaban la guardia personal de David. Véase 2 S 8.18 n.

q **1.39** *Santuario:* lit. *la tienda* (del encuentro con Dios), que era el lugar donde estaba el arca de la alianza antes de la construcción del templo de Jerusalén. Véase Ex 26.1-37 n.; cf. también 2 S 6.17; 7.2.

r **1.42** Acerca de este *Jonatán, el hijo del sacerdote Abiatar* y fiel servidor de David, cf. 2 S 15.36; 17.17-22.

s **1.50** Los cuatro *cuernos del altar* (Ex 21.12-14) eran lugares de refugio para el fugitivo que buscaba salvar su vida de manos de sus perseguidores. También había ciudades, especialmente designadas (cf. Nm 35.9-15; Dt 4.41-43; 19.1-13; Jos 20), en las que podían encontrar asilo los perseguidos a causa de un homicidio involuntario.

—Si se porta como un hombre de bien, no caerá al suelo ni un pelo de su cabeza; pero si se descubre alguna maldad en él, morirá.

53 En seguida Salomón mandó que lo retiraran del altar. Luego Adonías fue y se inclinó ante el rey Salomón, y este le ordenó que se fuera a su casa.

2 *Últimas órdenes de David*[a] **1** La muerte de David se acercaba por momentos, así que David ordenó a su hijo Salomón: **2** "Voy a emprender el último viaje, como todo el mundo. Ten valor y pórtate como un hombre.[b] **3** Cumple las ordenanzas del Señor tu Dios, haciendo su voluntad y cumpliendo sus leyes, mandamientos, decretos y mandatos, según están escritos en la ley de Moisés, para que prosperes en todo lo que hagas y dondequiera que vayas.[c] **4** También para que el Señor confirme la promesa que me hizo,[d] de que si mis hijos cuidaban su conducta y se conducían con verdad delante de él, con todo su corazón y toda su alma,[e] nunca faltaría en mi familia quien ocupara el trono de Israel.[f]

5 "Ahora bien, tú ya sabes lo que me hizo Joab, el hijo de Seruiá, es decir, lo que hizo con dos generales del ejército israelita: con Abner,[g] el hijo de Ner, y con Amasá,[h] el hijo de Jéter, a quienes mató en tiempo de paz para vengar la sangre derramada en guerra, haciéndome responsable de ese asesinato.[i] **6** Por lo tanto, actúa con inteligencia y no lo dejes tener una muerte tranquila. **7** En cuanto a los hijos de Barzilai, el de Galaad,[j] trátalos con bondad y hazlos participar de tu mesa, pues ellos me protegieron cuando yo huía de tu hermano Absalón. **8** Por otra parte, fíjate que está contigo Simí, hijo de Guerá, el benjaminita de Bahurim. Él fue quien me lanzó una maldición terrible el día que yo iba hacia Mahanaim.[k] Después, sin embargo, salió a recibirme al río Jordán, y yo tuve que jurarle por el Señor que no lo mataría.[l] **9** No lo perdones. Eres inteligente, y sabrás qué hacer con él. Pero procura que su muerte sea violenta."

Muerte de David (1 Cr 29.26-30) **10** David murió y fue enterrado con sus antepasados en la Ciudad de David.[m] **11** Fue rey de Israel durante cuarenta años, de los cuales reinó siete en Hebrón y treinta y tres en Jerusalén.[n] **12** Luego reinó Salomón en lugar de David, su padre,[ñ] y su reinado fue muy estable.

Fin de Adonías y de sus partidarios **13** Adonías, el hijo de Haguit, fue a ver a Betsabé, la madre de Salomón. Ella le preguntó:

—¿Vienes en son de paz?

—Sí —respondió él. **14** Y añadió—: Tengo algo que decirte.

—Dime —contestó ella.

15 —Tú sabes —dijo Adonías— que el reino me pertenecía,[o] y que todo Israel estaba esperando que yo fuera rey. Pero el derecho a reinar se le concedió a mi hermano, porque ya el Señor había dispuesto que fuera para él. **16** Ahora solo quiero pedirte un favor. No me lo niegues.

—Habla —respondió ella.

17 Él dijo:

—Te ruego que le pidas al rey Salomón que me dé por esposa a Abisag la sunamita. Él no te lo negará.

18 —De acuerdo, yo hablaré al rey por ti —respondió Betsabé.

19 Así pues, Betsabé fue a hablar con el rey Salomón en favor de Adonías. El rey se levantó a recibir a su madre y se inclinó ante ella. Luego volvió a sentarse en su trono y ordenó que trajeran un sillón para su madre; entonces ella se sentó a su derecha, **20** y le dijo:

—Quiero pedirte un pequeño favor. Te ruego que no me lo niegues.

—Pídeme lo que quieras, madre mía —contestó el rey—, que no te lo negaré.

21 —Permite que Abisag la sunamita sea dada por esposa a tu hermano Adonías —dijo ella.

22 —¿Por qué pides a Abisag la sunamita para Adonías? —respondió el rey a su madre—. ¡Solo falta que me pidas que le entregue el reino, porque es mi hermano mayor y porque tiene a su favor al sacerdote Abiatar y a Joab, el hijo de Seruiá!

23 Dicho esto, el rey Salomón juró por el Señor: "¡Que Dios me castigue con toda dureza, si esto que ha dicho Adonías no le cuesta la vida. **24** Juro por el Señor, que me ha colocado y confirmado en el trono de David mi padre y que me ha establecido una dinastía, que Adonías morirá hoy mismo!"

25 En seguida dio órdenes a Benaías, hijo de Joiadá, de matar a Adonías, y este fue y lo mató.[p] **26** En cuanto al sacerdote Abiatar, el rey le ordenó: "¡Lárgate a Anatot,[q] a

---

[a] **2.1-9** Estas últimas recomendaciones de David a su hijo Salomón pueden dividirse en dos partes: en la primera (vv. 2-4) lo exhorta a cumplir la ley del Señor; en la segunda (vv. 5-9) le da instrucciones acerca del modo cómo deberá comportarse con los amigos y enemigos de David.

[b] **2.2** *Ten valor y pórtate como un hombre:* Dt 31.23; Jos 1.6,9,18. Esta expresión y las que aparecen en los vv. 3-4 son características del estilo deuteronomista (véase *Introducción*).

[c] **2.3** Jos 1.7.

[d] **2.4** Dt 7.8,12; 9.5.

[e] **2.4** *Con todo su corazón y toda su alma:* Véase Dt 6.5 nota e.

[f] **2.4** Cf. 2 S 7.11-16.

[g] **2.5** Cf. 2 S 3.27.

[h] **2.5** Cf. 2 S 20.10.

[i] **2.5** *Haciéndome responsable de ese asesinato:* según la versión griega (LXX), que dice lit. *poniendo sangre de guerra en mi cinturón y en mis sandalias.* De acuerdo con esta traducción, David afirma que también recaía sobre él la responsabilidad de los delitos cometidos por sus súbditos. Este matiz no aparece en el texto hebreo.

[j] **2.7** Cf. 2 S 17.27-29.

[k] **2.8** Cf. 2 S 16.5-13.

[l] **2.8** 2 S 19.16-23(17-24).

[m] **2.10** *La ciudad de David* era la sección más antigua de Jerusalén, que había sido arrebatada a los jebuseos (2 S 5.6-9).

[n] **2.11** Cf. 2 S 5.4-5; 1 Cr 3.4.

[ñ] **2.12** 1 Cr 29.23.

[o] **2.15** *El reino me pertenecía:* Véase 1 R 1.5 nota g.

[p] **2.16-25** Las mujeres del rey fallecido pasaban a ser propiedad del heredero real (cf. 2 S 16.21-22). Por eso, la petición de Adonías podía ser considerada como una forma de afirmar su derecho a ocupar el trono de David (cf. v. 22). La decisión de hacer morir a Adonías muestra que Salomón temía perder el trono.

[q] **2.26** *Anatot:* ciudad levítica situada al norte de Jerusalén. Cf. Jos 21.18; 1 Cr 6.60(45); Jer 1.1.

tus tierras! Mereces la muerte, pero no te mataré porque has transportado el arca del Señor delante de David, mi padre,ʳ y has sufrido las mismas penalidades que él."ˢ
²⁷ De este modo Salomón quitó a Abiatar del sacerdocio del Señor, y así se cumplió lo que el Señor había dicho en Siló en cuanto a la familia de Elí.ᵗ
²⁸ Joab se había puesto de parte de Adonías, pero no de parte de Absalón; así que cuando le llegó esta noticia a Joab, huyó al santuario del Señor y se refugió en el altar.ᵘ
²⁹ Pero informaron al rey Salomón de que Joab había huido al santuario del Señor, y de que se había refugiado en el altar. Entonces mandó Salomón a Benaías, hijo de Joiadá, que fuera a matarlo, ³⁰ y Benaías fue al santuario y le dijo a Joab:

—El rey ordena que salgas.

Pero Joab contestó:

—¡No! ¡Aquí moriré!

Benaías fue al rey con la respuesta, y le contó lo que Joab le había respondido. ³¹ Entonces el rey contestó:

—Démosle gusto. Mátalo y entiérralo, y borra de la casa de mi padre, y de mí también, la culpa de los asesinatos cometidos por Joab. ³² El Señor hará recaer sobre él la culpa de su propia muerte, porque, sin saberlo mi padre, Joab acuchilló a dos hombres más honrados y mejores que él: Abner, hijo de Ner, jefe del ejército israelita, y a Amasá, hijo de Jéter, jefe del ejército de Judá. ³³ La culpa de su muerte recaerá sobre Joab y sobre su descendencia para siempre.ᵛ Por el contrario, la paz del Señor estará siempre con David y su descendencia, y con su dinastía y su trono.ʷ

³⁴ Entonces Benaías fue y mató a Joab. Y Joab fue enterrado en su casa, en el desierto. ³⁵ Luego el rey puso a Benaías al mando del ejército en lugar de Joab, y al sacerdote Sadoc en lugar de Abiatar. ³⁶ Después mandó llamar a Simí, y le ordenó:

—Constrúyete una casa en Jerusalén, para que vivas allí. Pero no salgas de allí a ninguna parte, ³⁷ porque el día que salgas y cruces el arroyo Cedrón, ten la seguridad de que morirás, y tú tendrás la culpa.

³⁸ Simí respondió al rey:

—Está bien. Haré lo que ha ordenado Su Majestad.

Simí vivió mucho tiempo en Jerusalén. ³⁹ Pero al cabo de tres años, dos esclavos suyos se escaparon y se fueron a vivir con Aquís, hijo de Maacá, que era rey de Gat. Cuando le avisaron a Simí que sus dos esclavos estaban en Gat, ⁴⁰ se levantó y aparejó su asno y se fue a Gat, donde estaba Aquís, en busca de sus esclavos. Cuando ya Simí regresaba de Gat con sus esclavos, ⁴¹ supo Salomón que Simí había salido de Jerusalén a Gat, y que ya venía de regreso. ⁴² Entonces mandó el rey llamar a Simí, y le dijo:

—¿No te hice jurar por el Señor, y te advertí, que el día que salieras a alguna parte, con toda seguridad morirías? ¿Acaso no me respondiste que estaba bien, y que me ibas a obedecer? ⁴³ ¿Por qué no cumpliste tu juramento al Señor, ni obedeciste lo que te mandé? ⁴⁴ Tú sabes perfectamente el daño que hiciste a David, mi padre. Por eso el Señor ha hecho que el mal que hiciste te vuelva contra ti. ⁴⁵ Pero el rey Salomón será bendecido, y el trono de David quedará establecido para siempre delante del Señor.

⁴⁶ Después el rey dio órdenes a Benaías, hijo de Joiadá, y este salió y mató a Simí. Así se afirmó el reino en manos de Salomón.

II. REINADO DE SALOMÓN (3–11)

Salomón se casa con la hija del faraónᵃ ¹ Salomón
3 emparentó con el faraón, rey de Egipto, pues se casó con su hijaᵇ y la llevó a la Ciudad de Davidᶜ mientras terminaba de construir su palacio y el templo del Señor y la muralla alrededor de Jerusalén. ² La gente, sin embargo, ofrecía sus sacrificios en los lugares altosᵈ de culto pagano, porque hasta entonces no se había construido un templo para el Señor.

Salomón pide a Dios sabiduría *(2 Cr 1.1-13)* ³ Salomón amaba al Señor y cumplía las leyes establecidas por David, su padre, aun cuando él mismo ofrecía sacrificios e incienso en los lugares altos, ⁴ e incluso iba a Gabaónᵉ para ofrecer allí sacrificios, porque aquel era el lugar alto más importante;ᶠ y ofrecía en aquel lugar mil holocaustos.ᵍ

ʳ **2.26** 2 S 15.24.

ˢ **2.26** 1 S 22.20-23.

ᵗ **2.27** 1 S 2.27-36.

ᵘ **2.28** Sobre esta práctica, véase 1 R 1.50 n.

ᵛ **2.33** *La culpa de su muerte... para siempre:* lit. *su sangre* (la de Abner y la de Amasá) *recaerá sobre la cabeza de Joab y sobre la cabeza de su descendencia para siempre.* Cf. 2 S 3.29; Sal 7.16(17); Mt 27.25.

ʷ **2.31-33** Estas explicaciones tratan de justificar la sentencia de muerte pronunciada contra Joab. Según la ley (Ex 21.14), el homicida voluntario no tenía derecho a buscar asilo en el lugar sagrado (cf. 1 R 2.28), y Joab, a sangre fría y cuando aparentemente estaba en paz con sus adversarios (cf. 1 R 2.5), había cometido un doble asesinato: el de Abner (2 S 3.26-30) y el de Amasá (2 S 20.9-10). Sin embargo, en 1 R 2.22 se da la verdadera razón que determinó esa sentencia: Joab había apoyado a Adonías (cf. 1 R 1.7).

ᵃ **3.1-2** Aquí empieza un relato que se extiende hasta el final del cap. 11 y cuya fuente es *El libro de las crónicas de Salomón* (véase 1 R 11.41 n.). El tema dominante es la sabiduría de Salomón, muy brillante al comienzo, pero que al final termina en fracaso (cf. 1 R 11).

ᵇ **3.1** El matrimonio de un rey con una princesa extranjera era una forma bastante frecuente de establecer alianzas políticas con otros reinos. Cf. 1 R 11.1; 16.31; 2 R 8.18.

ᶜ **3.1** *Ciudad de David:* Véase 1 R 2.10 n.

ᵈ **3.2** Los *lugares altos* eran elevaciones naturales o artificiales donde los cananeos rendían culto a sus dioses. Muchas de ellas fueron luego transformadas por los israelitas en lugares de culto al Señor (cf. 1 S 9.12), y a raíz de esto se introdujeron en Israel ritos y otras prácticas religiosas incompatibles con la verdadera fe. Tal contaminación fue severamente reprobada por los profetas (cf. Ez 20.28-29; Os 10.8; Am 7.9); en tiempos del rey Ezequías (2 R 18.4) y, sobre todo, en los del rey Josías (2 R 23.4-15), fueron destruidos muchos de estos lugares altos. Paralelamente a este movimiento, el templo de Jerusalén era considerado cada vez más como el único lugar de culto legítimo. Cf. Dt 12.

ᵉ **3.4** *Gabaón:* lugar situado al noroeste de Jerusalén. Véase Jos 9.3 n.

ᶠ **3.4** En tiempos de Salomón todavía no se había tomado conciencia del peligro que significaba para la religión de Israel la presencia de estos lugares altos.

ᵍ **3.4** *Holocaustos:* Véase Lv 1.3 n. La cifra *mil* es una hipérbole, o exageración intencional, que pone de relieve la piedad de Salomón y la gran cantidad de sacrificios ofrecidos en aquella fiesta. Véase 1 R 4.2 n.

⁵ Una noche, en Gabaón, el Señor se apareció en sueños ʰ a Salomón y le dijo: "Pídeme lo que quieras, y yo te lo daré."

⁶ Salomón respondió: "Tú trataste con gran bondad a mi padre, tu siervo David, pues él se condujo delante de ti con lealtad, justicia y rectitud de corazón para contigo. Por eso lo trataste con tanta bondad y le concediste que un hijo suyo se sentara en su trono, como ahora ha sucedido. ⁱ ⁷ Tú, Señor y Dios mío, me has puesto para que reine en lugar de David, mi padre, aunque yo soy un muchacho joven y sin experiencia. ʲ ⁸ Pero estoy al frente del pueblo que tú escogiste: un pueblo tan grande que, por su multitud, no puede contarse ni calcularse. ᵏ ⁹ Dame, pues, un corazón atento para gobernar a tu pueblo, y para distinguir entre lo bueno y lo malo; porque ¿quién hay capaz de gobernar a este pueblo tuyo tan numeroso?" ˡ

¹⁰ Al Señor le agradó que Salomón le hiciera tal petición, ¹¹ y le dijo: "Porque me has pedido esto, y no una larga vida, ni riquezas, ni la muerte de tus enemigos, sino inteligencia para saber oír y gobernar, ¹² voy a hacer lo que me has pedido: yo te concedo sabiduría e inteligencia ᵐ como nadie las ha tenido antes que tú ni las tendrá después de ti. ⁿ ¹³ Además, te doy riquezas y esplendor, cosas que tú no pediste, de modo que en toda tu vida no haya otro rey como tú. ¹⁴ Y si haces mi voluntad, y cumples mis leyes y mandamientos, como lo hizo David, tu padre, te concederé una larga vida."

¹⁵ Al despertar, Salomón se dio cuenta de que había sido un sueño. Y cuando llegó a Jerusalén, se presentó ante el arca de la alianza del Señor y ofreció holocaustos ñ y sacrificios de reconciliación. º Después dio un banquete a todos sus funcionarios.

Salomón, el juez sabio ¹⁶ Por aquel tiempo fueron a ver al rey dos prostitutas. ᵖ Cuando estuvieron en su presencia, ¹⁷ una de ellas dijo:

—¡Ay, Majestad! Esta mujer y yo vivimos en la misma casa, y yo di a luz estando ella conmigo en casa. ¹⁸ A los tres días de que yo di a luz, también dio a luz esta mujer. Estábamos las dos solas. No había ninguna persona extraña en casa con nosotras; solo estábamos nosotras dos. ¹⁹ Pero una noche murió el hijo de esta mujer, porque ella se acostó encima de él. ²⁰ Entonces se levantó a medianoche, mientras yo estaba dormida, y quitó de mi lado a mi hijo y lo acostó con ella, poniendo junto a mí a su hijo muerto. ²¹ Por la mañana, cuando me levanté para dar el pecho a mi hijo, vi que estaba muerto. Pero a la luz del día lo miré, y me di cuenta de que aquel no era el hijo que yo había dado a luz.

²² La otra mujer dijo:

—No, mi hijo es el que está vivo, y el tuyo es el muerto.

Pero la primera respondió:

—No, tu hijo es el muerto, y mi hijo el que está vivo.

Así estuvieron discutiendo delante del rey. ²³ Entonces el rey se puso a pensar: "Esta dice que su hijo es el que está vivo, y que el muerto es el de la otra; ¡pero la otra dice exactamente lo contrario!" ²⁴ Luego ordenó:

—¡Tráiganme una espada!

Cuando le llevaron la espada al rey, ²⁵ ordenó:

—Corten en dos al niño vivo, y denle una mitad a cada una.

²⁶ Pero la madre del niño vivo se angustió profundamente por su hijo, y suplicó al rey:

—¡Por favor! ¡No mate Su Majestad al niño vivo! ¡Mejor déselo a esta mujer!

Pero la otra dijo:

—Ni para mí ni para ti. ¡Que lo partan!

²⁷ Entonces intervino el rey y ordenó:

—Entreguen a aquella mujer ᑫ el niño vivo. No lo maten, porque ella es su verdadera madre.

²⁸ Todo Israel se enteró de la sentencia con que el rey había resuelto el pleito, y sintieron respeto por él, porque vieron que Dios le había dado sabiduría para administrar justicia. ʳ

4

Gobierno de Salomón ¹ Salomón fue rey de todo Israel. ² Y sus funcionarios fueron estos: Azarías, hijo del sacerdote Sadoc; ª ³ Elihóref y Ahías, hijos de Sisá, los cronistas; Josafat, hijo de Ahilud, secretario del rey; ⁴ Benaías, hijo de Joiadá, jefe del ejército; Sadoc y Abiatar, sacerdotes;

ʰ **3.5** Los *sueños* son, en el AT, una forma común de revelación divina. Cf. Gn 26.24; 28.11-15; 31.11,24; Jue 7.13; 1 S 3; 28.6).

ⁱ **3.6** 2 S 7.12-16.

ʲ **3.7** Jer 1.6.

ᵏ **3.8** Dt 7.7-8.

ˡ **3.5-9** Cf. Sab 9.1-18. Al hacer esta petición, el rey Salomón pone de manifiesto que la dignidad real, como cualquier otra forma de autoridad, más que un privilegio personal debe ser un servicio en favor del pueblo. Véase Sal 72.1-2.

ᵐ **3.12** *Yo te concedo sabiduría e inteligencia:* De acuerdo con una idea común al AT y a los demás pueblos del antiguo Oriente, la principal responsabilidad del rey era establecer en su reino un orden social justo (cf. Sal 72.1-4). Para lograrlo tenía necesidad de una sabiduría superior, que solo Dios podía concederle. Este relato muestra cómo Salomón pidió y obtuvo esa sabiduría divina, los relatos siguientes describen los distintos aspectos y las manifestaciones de la sabiduría propia del rey: discernimiento judicial para decidir en casos difíciles (1 R 3.16-28), sabiduría intelectual (1 R 4.32-33[5.12-13]) y prudencia administrativa (1 R 4.1-19).

ⁿ **3.12** 1 R 4.29-34(5.9-14); Is 11.1-5; Eclo 47.12-17.

ñ **3.15** *Holocaustos:* Véase Lv 1.3 n.

º **3.15** *Sacrificios de reconciliación:* Véase Lv 3.1 n.

ᵖ **3.16** Acerca de la práctica de la prostitución en el AT, cf. Gn 38.13-18; Jos 2.1; Jue 16.1. Sobre el juicio moral que merece dicha práctica, cf. Pr 7.6-27; 29.3; Eclo 9.6; 19.2; 26.22 (véase 26.18 n.); 41.20.

ᑫ **3.27** *Aquella mujer:* es decir, la primera que habló al rey.

ʳ **3.28** Al descubrir los verdaderos sentimientos de las dos mujeres, Salomón demostró que poseía una sabiduría divina, ya que solo Dios es capaz de conocer lo que hay en el corazón del ser humano (Sal 7.9[10]; Jer 17.10; Ap 2.23). Véase también 1 R 3.12 nota *m*.

ª **4.2** La comparación de esta lista de funcionarios reales con la de 2 S 8.16-18 muestra el cambio que se operó con el paso del reinado de David al de su hijo Salomón. En tiempos de David, la organización de la corte real era más simple, y el predominio del ejército reflejaba las preocupaciones por la creación y consolidación de un reino; en tiempos de Salomón, la organización se hizo mucho más compleja, aparecieron nuevas funciones y el interés se centró principalmente en la administración de los asuntos de Estado. Esto supone una época de paz y de prosperidad: una vez terminada la conquista, el rey podía dedicarse tranquilamente a construir y a establecer relaciones diplomáticas y comerciales con otros reinos.

⁵ Azarías, hijo de Natán, superintendente; Zabud, hijo del sacerdote Natán, consejero particular [b] del rey; ⁶ Ahisar, mayordomo de palacio; y Adoniram, hijo de Abdá, encargado del trabajo obligatorio. [c]

⁷ Salomón tenía doce intendentes sobre todo Israel, cuya obligación era proveer de todo al rey y a su familia. Cada uno de ellos debía proveerlo de todo durante un mes al año. [d] ⁸ Estos doce intendentes eran:
Ben-hur, en los montes de Efraín;
⁹ Ben-déquer, en Macás, Saalbim, Bet-semes, Elón y Bet-hanán;
¹⁰ Ben-hésed, en Arubot, y también en Socó y en todo el país de Héfer;
¹¹ Ben-abinadab, en toda la provincia de Dor; su mujer era Tafat, hija de Salomón;
¹² Baaná, hijo de Ahilud, en Taanac, Meguido y toda Bet-seán, que está junto a Saretán, más abajo de Jezreel, desde Bet-seán hasta Abel-meholá, más allá de Jocmeam;
¹³ Ben-guéber, en Ramot de Galaad, que tenía a su cargo las aldeas de Galaad, que pertenecían a Jaír hijo de Manasés, y también la región de Argob, que estaba en Basán, donde había sesenta grandes ciudades con murallas y cerrojos de bronce;
¹⁴ Ahinadab, hijo de Idó, en Mahanaim;
¹⁵ Ahimaas, que se casó con Basemat, hija de Salomón, en Neftalí;
¹⁶ Baaná, hijo de Husai, en Aser y en Alot;
¹⁷ Josafat, hijo de Parúah, en Isacar;
¹⁸ Simí, hijo de Elá, en Benjamín;
¹⁹ Guéber, hijo de Urí, en la región de Gad, [e] país de Sihón, rey de los amorreos, y de Og, rey de Basán.
Había, además, un intendente general sobre todo el país.

Sabiduría y prosperidad de Salomón

²⁰ Judá e Israel [f] tenían una población incontable, como la arena [g] que hay a la orilla del mar. Había abundancia de comida y bebida, y reinaba la alegría. ²¹ (5.1) [h] Salomón era soberano de todos los reinos [i] comprendidos desde el río Éufrates hasta el país filisteo y hasta la frontera de Egipto, los cuales pagaron tributo y estuvieron sometidos a Salomón mientras él vivió. ²² (5.2) La provisión diaria para Salomón era de seis mil seiscientos litros de flor de harina, trece mil doscientos litros de harina, ²³ (5.3) diez toros de los más gordos, veinte toros criados con hierba, y cien ovejas, sin contar ciervos, gacelas, gamos y aves bien gordas, ²⁴ (5.4) pues Salomón dominaba en toda la región al oeste del Éufrates, desde Tifsah hasta Gaza, y sobre todos los reyes de esta región, y había pacificado todo el territorio de alrededor.

²⁵ (5.5) Mientras Salomón vivió, los habitantes de Judá e Israel, desde Dan hasta Beerseba, vivieron tranquilos, cada cual debajo de su parra y de su higuera. [j] ²⁶ (5.6) Salomón tenía además cuatro mil [k] caballerizas para los caballos de sus carros, y doce mil soldados de caballería. [l] ²⁷ (5.7) Los intendentes ya mencionados proveían de lo necesario, en el mes que les tocaba, al rey Salomón y a sus huéspedes, procurando que nada faltara. ²⁸ (5.8) En su turno correspondiente, mandaban al lugar donde se les indicaba la cebada y la paja para los caballos y los animales de tiro.

²⁹ (5.9) Dios concedió a Salomón mucha sabiduría e inteligencia, [m] y una comprensión tan abundante como la arena que está a la orilla del mar, ³⁰ (5.10) hasta el punto de que la sabiduría de Salomón sobrepasó a la de los egipcios y los orientales. [n] ³¹ (5.11) Fue más sabio que ningún hombre: más sabio que Etán, [ñ] el descendiente de Zérah, y que Hemán, Calcol y Dardá, hijos de Mahol. [o] Su fama se extendió por todas las naciones de alrededor. ³² (5.12) Pronunció tres mil proverbios y compuso mil cinco poemas. [p] ³³ (5.13) Habló acerca de los árboles y las plantas, desde el cedro del Líbano hasta la hierba que crece en las paredes; también habló sobre los animales, las aves, los reptiles y los peces. ³⁴ (5.14) De todas las naciones y reinos de la tierra donde habían oído hablar de la inteligencia de Salomón, venía gente a escucharlo.

5 Pacto de Salomón con Hiram, rey de Tiro (2 Cr 2.1-18)

¹ (15) Cuando Hiram, rey de Tiro, [a] supo que habían consagrado rey a Salomón en lugar de David, su padre,

---

[b] 4.5 *Consejero particular:* lit. *amigo* o *compañero*.
[c] 4.6 *Trabajo obligatorio:* Véase 1 R 5.13(27) n.
[d] 4.7 La organización del país en doce distritos, sin desconocer por completo el antiguo sistema tribal, tiene en cuenta principalmente el número de los meses del año y las conveniencias de una administración fuertemente centralizada.
[e] 4.19 *Gad:* según la versión griega (LXX). Heb. *Galaad*.
[f] 4.20 El texto señala expresamente la distinción entre *Judá* e *Israel*. Judá era la tribu real, a la que había pertenecido David, el fundador de la dinastía (cf. 2 S 2.4). En Judá *Israel* designa, en cambio, a las tribus del Norte (cf. 2 S 5.1-5). En la división distrital (1 R 4.7-19) no se toma en cuenta a Judá. Esto significa que a esa tribu se le dio el privilegio de no estar sometida, como el resto de la población, al pago de impuestos (en la obligación de proporcionar los víveres que necesitaba la corte real; cf. 1 R 4.7). Tal privilegio contribuyó a que surgiera el descontento entre las tribus del Norte, que no tardarían mucho tiempo en hacer oir sus protestas (cf. 1 R 12.4).
[g] 4.20 *Incontable como la arena:* Cf. Gn 22.17; 32.12(13); Jos 11.4; Jue 7.12; 1 S 13.5; 2 S 17.11.
[h] 4.21(5.1)—5.18(32) Los números entre paréntesis corresponden a la numeración del texto hebreo.
[i] 4.21(5.1) *Soberano de todos los reinos:* expresión hiperbólica (exageración intencional) que resalta el poderío de Salomón en toda aquella región. También se hace referencia a las fronteras ideales de Israel señaladas en Gn 15.18; Dt 1.7; Jos 1.4.
[j] 4.25(5.5) *Debajo de su parra y de su higuera:* expresión típica del AT para sugerir las ideas de prosperidad, paz y seguridad (Miq 4.4; Zac 3.10; 1 Mac 14.12).
[k] 4.26(5.6) *Cuatro mil:* traducción probable, según 2 Cr 9.25. Heb. *cuarenta mil*.
[l] 4.26(5.6) Cf. 1 R 10.26; 2 Cr 1.14; 9.25.
[m] 4.29-34(5.9-14) En la tradición israelita, Salomón llegó a ser el prototipo del sabio (véase 1 R 3.12 nota *m*). De ahí que con el paso del tiempo se le hayan atribuido todos los escritos sapienciales (así como toda la legislación se le atribuyó a Moisés y los salmos a David). Cf. Pr 1.1; 25.1; Cnt 1.1; Ec 1.1-2; Eclo 47.16-17; Sab 7.1-6.
[n] 4.30(5.10) *Los orientales:* lit. *los hijos del Oriente*, eran tribus árabes que habitaban al oriente del río Jordán y se desplazaban hasta el río Éufrates. Véase Jue 6.3 nota *c*; cf. Job 1.3.
[ñ] 4.31(5.11) *Etán:* Véase Sal 89.(1) n.
[o] 4.31(5.11) *Hemán... Mahol:* Cf. 1 Cr 2.6.
[p] 4.32(5.12) Pr 1.1; 10.1; 25.1; Cnt 1.1; Eclo 47.16-17.
[a] 5.1(15) *Tiro:* importante ciudad y centro comercial fenicio, que antiguamente se alzaba sobre una isla rocosa (cf. Ez 27.2-3), ahora

envió sus embajadores, pues Hiram siempre había estimado a David. **2 (16)** Entonces Salomón mandó decir a Hiram: **3 (17)** "Tú ya sabes que David, mi padre, no pudo construir un templo al Señor su Dios, por las guerras en que se vio envuelto, hasta que el Señor sometió a sus enemigos.*b* **4 (18)** Pero ahora el Señor mi Dios nos ha dado calma en todas partes, pues no tenemos enemigos ni calamidades. **5 (19)** Por lo tanto he decidido construir un templo al Señor mi Dios, conforme a la promesa que él le hizo a David, mi padre, cuando le dijo que su hijo, a quien él haría reinar en su lugar, sería quien construiría un templo en su honor.*c* **6 (20)** Ordena, pues, que me corten cedros del Líbano. Mis servidores ayudarán a los tuyos, y yo te pagaré lo que me pidas como salario de tus servidores, pues tú bien sabes que ninguno de nosotros sabe cortar la madera como los sidonios." *d*

7 (21) Cuando Hiram escuchó el mensaje de Salomón, se puso muy contento y exclamó: "¡Bendito sea hoy el Señor, porque ha concedido a David un hijo tan sabio para que gobierne esa gran nación!"

8 (22) Luego Hiram mandó decir a Salomón: "He recibido el mensaje que me enviaste, y cumpliré tu pedido de madera de cedro y de pino. **9 (23)** Mis servidores la bajarán del Líbano hasta el mar, y de allí haré que la transporten, en forma de balsas, hasta el lugar que me indiques. Allí se desatarán las balsas, y tú recogerás la madera. Por lo que a ti toca, cumple mi deseo de proveer alimentos para mi palacio."

10 (24) Por lo tanto, Hiram dio a Salomón toda la madera de cedro y de pino que quiso, **11 (25)** y Salomón proveyó a Hiram de alimentos para su palacio: cuatro millones cuatrocientos mil litros de trigo y cuatro mil cuatrocientos litros de aceite puro de oliva. Salomón entregaba esto a Hiram cada año. **12 (26)** Así pues, el Señor concedió sabiduría a Salomón, como le había prometido. Además, Hiram y Salomón hicieron un pacto, y hubo paz entre ellos.

13 (27) Entonces el rey Salomón decretó una leva de trabajo obligatorio *e* en todo Israel, y en la leva se reunió a treinta mil hombres, **14 (28)** los cuales fueron enviados al Líbano por turnos mensuales de diez mil hombres cada vez. De esa manera, estos hombres estaban un mes en el Líbano y dos meses en sus casas. El encargado del trabajo obligatorio era Adoniram. **15 (29)** Salomón tenía además setenta mil cargadores y ochenta mil canteros en la montaña, **16 (30)** sin contar los tres mil trescientos capataces que tenía en las obras para dirigir a los trabajadores. **17 (31)** El rey mandó sacar piedras grandes y costosas para los cimientos del templo, y piedras labradas. **18 (32)** Los constructores de Salomón y de Hiram, y los vecinos de Guebal, prepararon la madera y labraron las piedras para la construcción del templo.

6 Salomón construye el templo *a* (2 Cr 3.1-14)

1 Salomón comenzó la construcción del templo del Señor en el cuarto año de su reinado en Israel, en el mes de Ziv, *b* que es el segundo mes del año, cuando hacía ya cuatrocientos ochenta años que los israelitas habían salido de Egipto. *c* **2** El templo que el rey Salomón construyó para el Señor tenía veintisiete metros de largo, nueve de ancho y trece y medio de alto. **3** El vestíbulo que había en la parte delantera del templo medía nueve metros de largo, igual que la anchura del templo, y cuatro metros y medio de ancho en la parte frontal del edificio. **4** Salomón le hizo al templo ventanas con rejas. **5** También construyó un anexo junto al muro que rodeaba el edificio, contra los muros que rodeaban el templo, tanto alrededor de la sala central como del cuarto posterior, y construyó celdas alrededor. **6** La planta baja del anexo medía dos metros y veinticinco centímetros de ancho; la planta intermedia, dos metros con setenta centímetros, y la planta alta, tres metros con quince centímetros; pues por fuera había reducido las medidas del templo para no empotrar las vigas en los muros del templo. **7** En la construcción del templo se emplearon piedras totalmente labradas, así que al edificarlo no se escucharon en el templo ni martillos ni piquetas ni ningún otro instrumento de hierro. **8** La puerta de la celda de la planta baja*d* estaba al lado derecho del templo; y para

---

unida a la tierra. Varios pasajes del AT y NT muestran su importancia en la historia bíblica (Is 23.1-17; Jer 27.3; Mc 7.24-31; Hch 21.3-7). Véase *Índice de mapas.*
b **5.3(17)** Cf. 2 S 7.1; 1 Cr 22.8-10; 28.2-7. *Hasta que el Señor sometió a sus enemigos:* lit. *hasta que el Señor puso a sus enemigos bajo la planta de sus pies* (cf. Sal 110.1; Mal 4.3; véase Mt 22.44 n.). Esta expresión alude al acto de colocar el pie sobre el cuello del enemigo derrotado. Cf. Jos 10.24.
c **5.5(19)** 2 S 7.12-13; 1 Cr 17.11-12.
d **5.6(20)** El término *sidonios,* en este contexto, designa a los fenicios, que en cuestiones de arte y técnica estaban mucho más avanzados que los israelitas. Por eso, la arquitectura del templo y de otras construcciones realizadas por Salomón refleja una marcada influencia fenicia.
e **5.13(27)** Esta *leva de trabajo obligatorio* era una práctica común entre los pueblos del antiguo Oriente (véase Ex 1.11 nota *i*). En 1 R 9.20-22 y 2 Cr 8.7-9 se aclara que Salomón no redujo a esclavitud a ningún israelita. Por lo tanto, esta obligación implica solamente una participación temporal en los trabajos necesarios para la construcción del templo. Sin embargo, los israelitas declararon más tarde que, de hecho, habían sido reducidos a una dura servidumbre (cf. 1 R 12.4), y esta protesta culminó en la división del reino (cf. 1 R 12.16-17).
a **6.1-38** El *templo* construido por Salomón sustituyó a la *tienda del encuentro con Dios,* cuya descripción se da en Ex 26. Ambos santuarios tenían en lo esencial la misma forma, pero el templo salomónico medía el doble, tanto a lo largo como a lo ancho. Al fondo del santuario estaba el *Lugar Santísimo,* que era una cámara en forma de cubo (v. 20). La *nave* o lugar santo tenía su mismo ancho pero el doble de largo (v. 17). A la entrada del templo había un vestíbulo o *atrio interior* (v. 36), y a los otros tres lados del edificio se construyó un anexo de tres pisos, con celdas para guardar los utensilios del culto y con habitaciones para los sacerdotes (vv. 4-7). En la descripción del templo se emplean numerosos términos técnicos, cuyo significado exacto no es del todo claro y que hacen que la traducción del texto, especialmente en algunos pasajes, sea solo probable. Véase Ex 26.1-36 n.
b **6.1** El *mes de Ziv* corresponde a abril-mayo de nuestro calendario.
c **6.1** Cuatrocientos ochenta años que los israelitas habían salido de Egipto: Esta fecha podría ser una cifra simbólica. Según parece, el tiempo se ha calculado dividiendo en doce generaciones (de cuarenta años cada una) el periodo transcurrido entre el éxodo de Egipto y Salomón. Es probable, además, que de este modo se haya querido dar cabida a doce generaciones de sacerdotes, desde Aarón hasta Azarías. Cf. 1 Cr 6.3-9(5.29-35); 6.50-53(35-38).
d **6.8** *La planta baja:* según algunas versiones antiguas. Heb. *el piso intermedio.*

subir a los pisos intermedio y tercero había una escalera de caracol. ⁹ Cuando Salomón terminó de construir el templo, lo cubrió con vigas y artesonado de cedro. ¹⁰ Edificó también el anexo que rodeaba todo el templo, cuya altura era de dos metros y veinticinco centímetros, y que sujetó al muro del templo con vigas de cedro. ¹¹ Entonces el Señor se dirigió a Salomón y le dijo: ¹² "En cuanto al templo que estás construyendo, quiero decirte que, si te conduces conforme a mis leyes y decretos, y cumples todos mis mandamientos portándote conforme a ellos, yo cumpliré la promesa que hice a David, tu padre, respecto a ti; ¹³ y viviré entre los israelitas, y no abandonaré a Israel, mi pueblo." *e*

¹⁴ Salomón terminó de construir el templo. ¹⁵ Cubrió las paredes interiores del edificio con tablas de cedro. Lo recubrió de madera de arriba abajo, y cubrió el piso con madera de pino. ¹⁶ También recubrió de arriba abajo, con tablas de cedro, un espacio de nueve metros en la parte posterior del templo, y lo acondicionó para que fuera el Lugar santísimo. *f* ¹⁷ La nave del templo, que estaba frente al Lugar santísimo, *g* medía dieciocho metros de largo. ¹⁸ El revestimiento interior del templo era de madera de cedro, con tallas de flores y frutos. Todo era de cedro. No se veía una sola piedra. ¹⁹ Salomón preparó el Lugar santísimo en el templo, para colocar allí el arca de la alianza del Señor. *h* ²⁰ El interior del Lugar santísimo medía nueve metros de largo, nueve de ancho y nueve de alto. Frente al Lugar santísimo, Salomón hizo un altar de cedro y lo recubrió de oro. ²¹ También recubrió de oro puro el interior del templo y el Lugar santísimo, y delante de este puso cadenas de oro. ²² De modo que recubrió de oro todo el templo, lo mismo que el altar que había delante del Lugar santísimo. *i*

²³ Hizo también dos seres alados *j* de madera de olivo para el Lugar santísimo. Cada uno de ellos tenía cuatro metros y medio de altura, ²⁴ y cada una de sus alas medía dos metros y veinticinco centímetros. Así que, de una punta a otra de las alas, cada uno de ellos medía cuatro metros y medio. ²⁵ Los dos seres alados tenían las mismas medidas; es decir, los dos medían cuatro metros y medio, y también tenían la misma forma. ²⁶ Su altura era también de cuatro metros y medio. ²⁷ Salomón los puso en el Lugar santísimo.

Y aquellos seres alados tenían sus alas extendidas, de modo que el ala de uno tocaba una pared y el ala del otro tocaba la pared opuesta, y las otras dos alas se tocaban entre sí en el centro del Lugar santísimo. ²⁸ Luego Salomón recubrió de oro los seres alados, *k* ²⁹ y en todas las paredes interiores y exteriores del templo labró figuras de seres alados, palmeras y flores. ³⁰ También cubrió de oro el piso del templo, por dentro y por fuera. ³¹ Para la entrada del Lugar santísimo hizo puertas de madera de olivo, y el dintel y los postes formaban una figura de cinco lados. ³² Las dos puertas eran de madera de olivo, y en ellas labró figuras de seres alados, palmeras y flores; luego recubrió de oro todas estas figuras. ³³ Para la entrada de la sala central del templo, hizo postes de madera de olivo formando un cuadro. ³⁴ Las dos hojas de la puerta eran de madera de pino, y ambas eran giratorias. ³⁵ Labró en ellas seres alados, palmeras y flores, y luego recubrió estas figuras con láminas de oro. ³⁶ Construyó también el atrio interior *l* con tres hileras de piedras labradas y una hilera de vigas de cedro. *m*

³⁷ En el cuarto año del reinado de Salomón, en el mes de Ziv, se echaron los cimientos del templo del Señor; ³⁸ y en el año once de su reinado, en el mes de Bul, *n* que es el octavo mes del año, se terminó el templo en todos sus detalles, según la totalidad del proyecto. En siete años lo construyó Salomón.

7 *Otras construcciones de Salomón* ¹ Salomón construyó su propio palacio, y lo terminó completamente en trece años. ² También edificó el palacio llamado "Bosque del Líbano", *a* el cual tenía cuarenta y cinco metros de largo, veintidós y medio de ancho, y trece y medio de alto, y estaba sostenido por cuatro hileras de columnas de cedro, sobre las que descansaban vigas de cedro. ³ Estas vigas eran cuarenta y cinco, distribuidas en tres series de quince cada una, y se apoyaban sobre las columnas. Sobre las vigas había un artesonado de cedro. ⁴ Había tres filas de ventanas ordenadas de tres en tres, unas frente a las otras. ⁵ Todas las puertas y ventanas *b* eran cuadradas y estaban unas frente a las otras, en tres hileras. ⁶ También hizo la Sala de las Columnas, *c* que tenía veintidós metros y medio de largo por trece metros y medio de ancho. Y frente a esta, otra sala con columnas y techo. ⁷ Hizo además la Sala

---

e **6.11-13** Esta promesa, basada en 2 S 7, expresa una idea característica de la tradición deuteronomista (véase *Introducción*): la permanencia del templo y del reino dependen de la obediencia a las leyes de la alianza.
f **6.16** Cf. Ex 26.33-34.
g **6.17** *Al Lugar Santísimo:* según la versión griega (LXX). Heb. *que está delante de mí.*
h **6.19** *Arca de la alianza del Señor:* Véase Ex 25.10-22 n.
i **6.22** Ex 30.1-3.
j **6.23** *Seres alados:* lit. *querubines.* Estos seres, con sus alas extendidas (cf. Sal 80.1[2]; 99.1; Is 37.16), eran como los guardianes del arca de la alianza (cf. Gn 3.24; Ez 28.14-16). Acerca de la forma de los querubines, véase Ex 25.18 n.
k **6.23-28** Ex 25.18-20.
l **6.36** Este *atrio interior* formaba parte del edificio del templo y estaba a la entrada del lugar sagrado.
m **6.36** El tipo de construcción que pone *una hilera de vigas* de madera por cada *tres hileras de piedras labradas* se empleó también en

el segundo templo (cf. Esd 6.4); las excavaciones arqueológicas lo han encontrado en otros lugares del antiguo Oriente. Probablemente se trata de una forma de proteger el edificio contra los terremotos.
n **6.38** El *mes de Bul* caía en otoño y corresponde a octubre-noviembre de nuestro calendario.
a **7.2** *El palacio llamado "Bosque del Líbano"* recibió este nombre ya sea por la gran cantidad de cedro traído del Líbano para su construcción, o bien por las cuatro hileras de columnas hechas con madera de cedro que formaban parte de la construcción. En este edificio se guardaban los armamentos y el tesoro del rey. Cf. 1 R 10.17,21; 2 Cr 9.16,20; Is 22.8.
b **7.5** *Ventanas:* según la versión griega (LXX). Heb. *postes.*
c **7.6** Es difícil determinar con exactitud qué uso tenía esta *Sala de las Columnas.* Podría tratarse de una especie de pórtico que servía de entrada al palacio "Bosque del Líbano", o de un lugar de espera para los que deseaban ser admitidos en la Sala de Justicia (cf. v. 7). Aparentemente esta sala unía, como un corredor, el palacio y la Sala de Justicia.

del Tribunal, o Sala de Justicia, *d* para celebrar allí los juicios, y la cubrió de arriba abajo con madera de cedro.

⁸ El palacio donde Salomón vivía, tenía un patio en la parte de atrás, y una sala de igual construcción. Y el palacio que construyó para la hija del faraón que tomó por esposa, *e* tenía una sala semejante. ⁹ Todas estas construcciones, desde los cimientos hasta las cornisas y desde la fachada hasta el patio mayor, eran de piedras costosas, labradas y cortadas a la medida con sierras, lo mismo por fuera que por dentro. ¹⁰ Los cimientos eran también de piedras costosas y grandes, unas de cuatro metros y medio, y otras de tres metros y sesenta centímetros. ¹¹ La parte superior era también de piedras costosas, labradas a la medida, y de madera de cedro. ¹² Y alrededor del patio grande había tres hileras de piedras y una hilera de vigas de cedro, lo mismo que en el atrio interior y en el vestíbulo del templo del Señor.

Salomón contrata a Hiram *(2 Cr 2.13-14; 3.15-17)*

¹³ El rey Salomón mandó traer de Tiro a Hiram, *f* ¹⁴ que era hijo de una viuda de la tribu de Neftalí y de un nativo de Tiro experto en trabajar el bronce. Hiram era muy hábil e inteligente, y conocía la técnica para realizar cualquier trabajo en bronce, así que se presentó ante el rey Salomón y realizó todos sus trabajos. ¹⁵ Fundió dos columnas de bronce, que medían ocho metros de alto y cinco metros y medio de circunferencia. ¹⁶ Hizo también dos capiteles de bronce para colocarlos en la parte superior de las columnas. La altura de cada capitel era de dos metros y veinticinco centímetros. ¹⁷ Además hizo dos rejillas, trenzadas en forma de cadenas, para los capiteles que había en la parte superior de las columnas: una rejilla para cada capitel. *g* ¹⁸ Hizo también dos hileras de granadas alrededor de cada rejilla, para cubrir los capiteles de las columnas. Hizo lo mismo con ambos capiteles. ¹⁹ Los capiteles que había sobre las columnas del vestíbulo medían casi dos metros, y tenían forma de lirio. ²⁰ Alrededor y en lo alto de cada capitel, en su parte más ancha, en forma de globo, junto a la rejilla, había doscientas granadas en dos hileras. ²¹ Hiram puso estas columnas en el vestíbulo del templo. Y cuando las puso en su lugar, a la columna de la derecha la llamó Jaquín, y a la columna de la izquierda la llamó Bóaz. *h* ²² La parte superior de las columnas tenía forma de lirio. Así quedó terminado el trabajo de las columnas.

Mobiliario del templo *(2 Cr 4.1—5.1)*

²³ Hiram hizo después una enorme pila de bronce, para el agua. Era redonda, y medía cuatro metros y medio de un borde al otro. Su altura era de dos metros y veinticinco centímetros, y su circunferencia, de trece metros y medio. ²⁴ Por debajo del borde, alrededor de la pila, hizo dos enredaderas con frutos, en número de diez por cada cuarenta y cinco centímetros, formando una sola pieza con la pila. ²⁵ Esta descansaba sobre doce toros de bronce, de los cuales tres miraban al norte, tres al sur, tres al este y tres al oeste. Sus patas traseras estaban hacia dentro, y la pila descansaba sobre ellos. ²⁶ Las paredes de la pila tenían ocho centímetros de grueso; su borde imitaba el cáliz de un lirio, y cabían en ella cuarenta y cuatro mil litros de agua. *i*

²⁷ También hizo diez bases de bronce, cada una de un metro y ochenta centímetros de largo, otro tanto de ancho y un metro y treinta y cinco centímetros de alto. ²⁸ Las bases estaban hechas de este modo: tenían unos entrepaños sujetos por un marco, ²⁹ y sobre los entrepaños enmarcados había figuras de leones, de toros y de seres alados. Por encima y por debajo de los toros y de los leones había adornos de guirnaldas. ³⁰ Cada base tenía cuatro ruedas de bronce, con ejes también de bronce. En las cuatro esquinas de la base, por debajo de la pila, había unas repisas de bronce que a cada lado tenían guirnaldas. ³¹ La boca de la pila estaba dentro de un cerco que sobresalía hacia arriba cuarenta y cinco centímetros. La boca era redonda, y lo que le servía de soporte tenía sesenta y ocho centímetros de alto. También sobre la boca había grabados, cuyos marcos no eran redondos, sino cuadrados. ³² Las cuatro ruedas estaban debajo de los entrepaños, y los ejes de las ruedas sujetos a la base. La altura de cada rueda era de sesenta y ocho centímetros, ³³ y tenían la misma forma que las ruedas de los carros. Los ejes, aros, radios y cubos de las ruedas eran todos de bronce. ³⁴ Las cuatro repisas que había en las cuatro esquinas de cada base, formaban con esta una sola pieza. ³⁵ La parte superior terminaba en un borde circular de veintidós centímetros y medio de altura; y los entrepaños y molduras que había en lo alto de la base, formaban una sola pieza con esta. ³⁶ Hiram grabó seres alados, leones y palmeras sobre los entrepaños y las molduras, según lo permitía el espacio de cada uno, y guirnaldas alrededor. ³⁷ Así fue como hizo las diez bases, todas fundidas iguales y con la misma forma y medida.

³⁸ Hizo también diez pilas de bronce. *j* Cada una medía un metro y ochenta centímetros, con capacidad para ochocientos ochenta litros, y cada una fue puesta sobre una de las diez bases, ³⁹ cinco bases al lado derecho del

---

d **7.17** En el antiguo Oriente, lo que más se esperaba del rey era que hiciera justicia a sus súbditos (véase 1 R 10.9 n.). De ahí la importancia de esta *Sala del tribunal,* o *Sala de Justicia* (lit. *Sala del Trono*), donde el rey presidía los juicios legales. Cf. 2 S 15.2-6.

e **7.8** 1 R 3.1.

f **7.13** Este *Hiram* no es el rey de Tiro ya mencionado en 1 R 5.1(15), sino un experto artífice y constructor. El texto hebreo de 2 Cr 2.13(12) lo llama *Huram-abí.*

g **7.17** El texto hebreo de este v. es muy oscuro y su traducción poco segura. Las expresiones *además hizo dos* y *una rejilla* están tomadas de la versión griega (LXX).

h **7.21** *Jaquín... Bóaz:* Todavía no se ha podido explicar satisfactoriamente el significado de estas dos columnas puestas a la entrada del templo. Algunos consideran que representaban a dos enormes candeleros colocados como símbolos de la luz eterna del Señor, pero esto es solo una suposición. En cuanto a los nombres de las columnas, se ha pensado que son las palabras iniciales de dos frases referidas al rey. *Jaquín* sería el comienzo de la frase "El Señor establecerá (heb. *yakin*) el trono de David para siempre", y *Bóaz* iniciaría la frase "En la fuerza (*be'oz*) del Señor se alegrará el rey".

i **7.23-26** Esta enorme pila parece simbolizar el gran mar cósmico, que era para los antiguos la fuente de la vida y la fecundidad. Su uso estaba reservado exclusivamente a los sacerdotes, para diversos tipos de purificaciones. En 2 R 16.17; 25.13 se habla del fin que tuvo esta bella obra de arte.

j **7.38** Ex 30.17-21.

MOBILIARIO DEL TEMPLO DE SALOMÓN

Ubicación	Mueble	Referencia
En el patio	Altar de bronce	1 R 8.64
	Pila de bronce (con otras pilas más pequeñas)	1 R 7.23-26, 38-39
En el Lugar santo	Candelabros de oro	1 R 7.49
	Mesa (de oro) para el pan de la Presencia	1 R 7.48
	Altar del incienso (de oro)	1 R 6.20, 22
En el Lugar santísimo	Arca de la alianza	1 R 6.19

Véase *Templo* en el *Índice Temático*.

templo y cinco al lado izquierdo. La pila grande fue puesta al lado derecho del edificio, hacia el sudeste. *k*

40 Hiram hizo además ollas, *l* palas y tazones, y así terminó todo el trabajo que hizo para Salomón en el templo del Señor, **41** el cual consistió en las dos columnas, los capiteles redondos que estaban en la parte superior de las mismas, las dos rejillas para cubrir los capiteles, **42** las cuatrocientas granadas para las dos rejillas, en dos hileras para cada una de las rejillas, con que se cubrían los dos capiteles redondos que había en lo alto de las columnas; **43** las diez bases, las diez pilas que iban sobre ellas, **44** la pila grande para el agua, con los doce toros que tenía debajo, **45** además de las ollas, las palas y los tazones.

Todos estos utensilios que Hiram le hizo al rey Salomón para el templo del Señor, eran de bronce pulido. **46** El rey los fundió en moldes de arena, en la región del Jordán, entre Sucot y Saretán. **47** Eran tantos los utensilios de bronce, que Salomón no se preocupó por hacer que los pesaran.

48 También mandó hacer Salomón todos los demás utensilios que había en el templo del Señor: el altar de oro, *m* la mesa de oro sobre la que se ponían los panes que se consagran al Señor, *n* **49** los candelabros *ñ* de oro puro que había frente al Lugar santísimo, cinco a la derecha y cinco a la izquierda, con sus figuras de flores, las lámparas, las tenazas de oro, **50** las copas, las despabiladeras, los tazones, los cucharones y los incensarios, que eran todos de oro puro. También eran de oro los goznes de las puertas del Lugar santísimo, en el interior del templo, y los de las puertas del templo mismo.

51 Y cuando se acabaron todas las obras que el rey Salomón mandó realizar en el templo del Señor, llevó Salomón los utensilios de oro y de plata que David, su padre, había dedicado al Señor, *o* y los depositó en los tesoros del templo del Señor.

8 El arca de la alianza es llevada al templo (2 Cr 5.2-14)

1 Entonces Salomón reunió ante sí en Jerusalén a los ancianos de Israel, a todos los jefes de las tribus y a las personas principales de las familias israelitas, para trasladar el arca de la alianza *a* del Señor desde Sión, la Ciudad de David. *b* **2** Y en el día de la fiesta solemne, *c* en el mes de Etanim, *d* que es el séptimo mes del año, se reunieron con el rey Salomón todos los israelitas. **3** Llegaron todos los ancianos de Israel, y los sacerdotes tomaron el arca **4** y la trasladaron junto con la tienda del encuentro *e* con Dios y con todos los utensilios sagrados que había en ella, los cuales llevaban los sacerdotes y levitas. **5** El rey Salomón y toda la comunidad israelita que se había reunido con él, estaban delante del arca ofreciendo en sacrificio ovejas y toros en cantidad tal que no se podían contar. **6** Después llevaron los sacerdotes el arca de la alianza del Señor al interior del templo, hasta el Lugar santísimo, *f* bajo las alas de los seres alados, *g* **7** los cuales tenían sus alas extendidas sobre el sitio donde estaba el arca, cubriendo por encima tanto el arca como sus travesaños. **8** Pero los travesaños eran tan largos que sus extremos se veían desde el Lugar santo, frente al Lugar santísimo, aunque no podían verse por fuera; y así han quedado hasta hoy. **9** En el arca no había más que las dos tablas de piedra que Moisés había puesto allí en Horeb, *h* las tablas de la alianza que el Señor hizo con los israelitas cuando salieron de Egipto.

10 Al salir los sacerdotes del Lugar santo, la nube llenó el templo del Señor, *i* **11** y por causa de la nube los sacerdotes

---

k **7.27-39** Las *diez bases de bronce* eran una especie de mesas con ruedas, encima de las cuales se transportaban las pilas o lavabos para limpiar los instrumentos de los sacrificios (2 Cr 4.6).
l **7.40** *Ollas:* según la versión griega (LXX). Heb. *palanganas.* (Cf. v. 45.)
m **7.48** Ex 30.1-3.
n **7.48** Ex 25.23-30.
ñ **7.49** Ex 25.31-40.
o **7.51** 2 S 8.11; 1 Cr 18.11.
a **8.1** *Arca de la alianza:* Véase Ex 25.10-22 n. Cf. también 2 S 6.12-16; 1 Cr 15.25-29.
b **8.1** *Ciudad de David:* Cf. 2 S 5.9.
c **8.2** *En el día de la fiesta solemne:* Se trata sin duda de la fiesta de las Enramadas, llamada tradicionalmente de los Tabernáculos (Lv 23.33-44; Nm 29.12-40[30.1]).
d **8.2** *Etanim* corresponde a los meses de setiembre-octubre según nuestro calendario.
e **8.4** 2 S 6.17.
f **8.6** *Lugar Santísimo:* Véase 1 R 6.1-38 n.
g **8.6** *Seres alados:* Véase 1 R 6.23 n.
h **8.9** Dt 10.5. *Horeb:* Véase Ex 3.1 n.
i **8.10-11** Acerca de la *nube* como manifestación visible de la presencia

no pudieron quedarse para celebrar el culto, porque la gloria del Señor *j* había llenado su templo.

Salomón dedica el templo *(2 Cr 6.1—7.10)* ¹² Entonces Salomón dijo:

"Tú, Señor, has dicho
que vives en la oscuridad. *k*
¹³ Pero yo te he construido
un templo para que lo habites,
un lugar donde vivas para siempre." *l*

¹⁴ Luego el rey se volvió, de frente a toda la comunidad israelita, que estaba de pie, y la bendijo ¹⁵ diciendo: "Bendito sea el Señor, Dios de Israel, que ha cumplido lo que prometió a David, mi padre, cuando le dijo: ¹⁶ 'Desde el día en que saqué de Egipto a mi pueblo Israel, no había escogido yo ninguna ciudad entre todas las tribus de Israel para que en ella se construyera un templo donde residiera mi nombre. Pero escogí a David para que gobernara a mi pueblo Israel.' ¹⁷ Y David, mi padre, tuvo el deseo de construir un templo en honor del Señor, Dios de Israel. ¹⁸ Sin embargo, el Señor le dijo: 'Haces bien en querer construirme un templo; ¹⁹ pero no serás tú quien lo construya, sino el hijo que tendrás. Él será quien me construya el templo.' *m*
²⁰ "Pues bien, el Señor ha cumplido su promesa. Tal como dijo, yo he tomado el lugar de David, mi padre, y me he sentado en el trono de Israel y he construido un templo al Señor, el Dios de Israel. ²¹ Además, he destinado en él un lugar para el arca donde está la alianza *n* que el Señor hizo con nuestros antepasados cuando los sacó de Egipto."

²² Después se puso Salomón delante del altar del Señor, en presencia de toda la comunidad israelita, y extendiendo sus manos al cielo, *ñ* ²³ exclamó: "Señor, Dios de Israel: ni en el cielo ni en la tierra hay un Dios como tú, que cumples tu alianza y muestras tu bondad para con los que te sirven de todo corazón; ²⁴ que has cumplido lo que prometiste a tu siervo David, mi padre, uniendo así la acción a la palabra en este día. ²⁵ Por lo tanto, Señor, Dios de Israel, cumple también lo que prometiste a tu siervo David, mi padre: que no le faltaría un descendiente que, con tu favor, subiera al trono de Israel, con tal de que sus hijos cuidaran su conducta y se comportaran en tu presencia como él se comportó. *o* ²⁶ Así pues, Dios de Israel, haz que se cumpla la promesa que hiciste a mi padre, tu servidor David.

²⁷ "Pero ¿será verdad que Dios puede vivir sobre la tierra? Si el cielo, en toda su inmensidad, no puede contenerte, ¡cuánto menos este templo que he construido para ti! *p* ²⁸ No obstante, Señor y Dios mío, atiende mi ruego y mi súplica; escucha el clamor y la oración que este siervo tuyo te dirige hoy. ²⁹ No dejes de mirar, ni de día ni de noche, este templo, lugar donde tú has dicho que estarás presente. *q* Escucha la oración que aquí te dirige este siervo tuyo. ³⁰ Escucha mis súplicas y las de tu pueblo Israel cuando oremos hacia este lugar. Escúchalas en el cielo, lugar donde vives, y concédenos tu perdón.

³¹ "Cuando alguien cometa una falta contra su prójimo, y le obliguen a jurar ante tu altar en este templo, ³² escucha tú desde el cielo, y actúa; haz justicia a tus siervos. Condena al culpable, haciendo recaer sobre él el castigo por sus malas acciones, y haz justicia al inocente, según le corresponda.

³³ "Cuando el enemigo derrote a tu pueblo Israel por haber pecado contra ti, si luego este se vuelve a ti y alaba tu nombre, y en sus oraciones te suplica en este templo, ³⁴ escúchalo tú desde el cielo, perdona su pecado, y hazlo volver al país que diste a sus antepasados.

³⁵ "Cuando haya una sequía y no llueva porque el pueblo pecó contra ti, si luego ora hacia este lugar, y alaba tu nombre, y se arrepiente de su pecado a causa de tu castigo, ³⁶ escúchalo tú desde el cielo y perdona el pecado de tus siervos, de tu pueblo Israel, y enséñales el buen camino que deben seguir. Envía entonces tu lluvia a esta tierra que diste en herencia a tu pueblo.

³⁷ "Cuando en el país haya hambre, o peste, o las plantas se sequen por el calor, o vengan plagas de hongos, langostas o pulgón; cuando el enemigo rodee nuestras ciudades y las ataque, o venga cualquier otra desgracia o enfermedad, ³⁸⁻³⁹ escucha entonces toda oración o súplica hecha por cualquier persona, o por todo tu pueblo Israel, que al ver su desgracia y dolor extienda sus manos en oración hacia este templo. Escucha tú desde el cielo, desde el lugar donde habitas, y concede tu perdón; intervén y da a cada uno según merezcan sus acciones, pues solo tú conoces las intenciones y el corazón del hombre. ⁴⁰ Así te honrarán mientras vivan en la tierra que diste a nuestros antepasados.

⁴¹ "Aun si un extranjero, uno que no sea de tu pueblo, por causa de tu nombre viene de tierras lejanas ⁴² y ora hacia este templo (ya que se oirá hablar de tu nombre grandioso y de tu gran despliegue de poder), ⁴³ escucha tú desde el

---

j del Señor en el templo, cf. Ex 40.34-38; Ez 10.3, y también Ex 14.19-20; 19.16.

j 8.11 Según el AT, la *gloria del Señor* es la irradiación luminosa del ser y la santidad de Dios (cf. Nm 14.10; Is 6.3; Ez 1.28), que a veces se manifiesta en ciertos fenómenos de la naturaleza como las nubes, la tempestad, el fuego y la luz (cf. Ex 16.7,10; 24.16; 40.34-35; 2 Cr 5.14; Sal 19.1[2]). Según Jn 1.14, la gloria escondida de Dios se puso de manifiesto en Cristo. Véase Jn 1.14 nota *ñ*.

k 8.12 *Vives en la oscuridad*: alusión al Lugar Santísimo del templo, que por carecer de ventanas estaba siempre en la penumbra.

l 8.12-13 La versión griega (LXX) completa la primera parte de este pequeño poema (insertado en el v. 53) de la siguiente manera: *El Señor, que hizo brillar el sol en el cielo, ha decidido habitar en la nube oscura.* Además, según esa misma versión, este fragmento poético fue tomado del *Libro del Justo* (véase Jos 10.13 n.).

m 8.16-19 2 S 7.1-13; 1 Cr 17.1-12.

n 8.21 *Donde está la alianza*: La palabra *alianza*, en este contexto, se refiere concretamente a las *tablas de piedra* (cf. v. 9) donde estaban grabados los diez mandamientos. Acerca del significado de la palabra *alianza* o *pacto* en *Deuteronomio* y en la corriente deuteronomista, véase Dt 4.13 nota *g*.

ñ 8.22 *Extendió sus manos al cielo*: actitud de oración típica del antiguo Oriente (Ex 9.29; Is 1.15; 2 Mac 3.20). El suplicante, puesto de pie, levantaba los brazos con las palmas de las manos vueltas hacia el cielo.

o 8.25 2 S 7.11-16; 1 R 2.4. Véase también 1 R 6.11-13 n.

p 8.27 2 Cr 2.6(5).

q 8.29 Dt 12.11. *Lugar donde... estarás presente*: lit. *el lugar del cual dijiste: Allí estará mi Nombre.*

cielo, desde el lugar donde habitas, y concédele todo lo que te pida, para que todas las naciones de la tierra te conozcan y te honren como lo hace tu pueblo Israel, y comprendan que tu nombre es invocado en este templo que yo te he construido.

44 "Cuando tu pueblo salga a luchar contra sus enemigos, dondequiera que tú lo envíes, si ora a ti en dirección de la ciudad que tú escogiste y del templo que yo te he construido, **45** escucha tú desde el cielo su oración y su ruego, y defiende su causa.

46 "Y cuando pequen contra ti, pues no hay nadie que no peque, y tú te enfurezcas con ellos y los entregues al enemigo para que los haga cautivos y se los lleve a su país, sea lejos o cerca, **47** si en el país adonde hayan sido desterrados se vuelven a ti y te suplican y reconocen que han pecado y hecho lo malo, **48** si se vuelven a ti con todo su corazón y toda su alma en el país enemigo adonde los hayan llevado cautivos, y oran a ti en dirección de esta tierra que diste a sus antepasados, y de la ciudad que escogiste, y del templo que te he construido, **49** escucha tú sus oraciones y súplicas desde el cielo, desde el lugar donde habitas, y defiende su causa. **50** Perdónale a tu pueblo sus pecados contra ti, y todas sus rebeliones contra ti. Y concede que quienes lo desterraron tengan piedad de él. **51** Porque es tu pueblo y te pertenece; tú lo sacaste de Egipto, que era como un horno de fundición.[r]

52 "Atiende, pues, la oración de tu servidor y la súplica de tu pueblo Israel. ¡Óyenos, oh Dios, cuando clamemos a ti! **53** Porque tú, Señor, nos apartaste como propiedad tuya de entre todos los pueblos de la tierra, según dijiste por medio de tu servidor Moisés, cuando sacaste de Egipto a nuestros antepasados."

54 Cuando Salomón terminó esta oración y súplica al Señor, la cual hizo de rodillas delante del altar y levantando sus manos al cielo, **55** se puso de pie y bendijo a toda la comunidad israelita, diciendo en voz alta: **56** "¡Bendito sea el Señor, que ha concedido la paz a su pueblo Israel, según todo lo que ha prometido! Pues no ha dejado de cumplir ninguna de las buenas promesas que hizo por medio de su siervo Moisés.[s]

57 "Y ahora, que el Señor nuestro Dios esté con nosotros como estuvo con nuestros antepasados. Que no nos abandone ni nos deje, **58** sino que incline nuestro corazón hacia él para que en todo hagamos su voluntad y cumplamos los mandamientos, leyes y decretos que mandó cumplir a nuestros antepasados. **59** Que estas cosas que he pedido al Señor nuestro Dios, las tenga él siempre presentes, día y noche, para que haga justicia a su siervo y a su pueblo Israel, según sea necesario, **60** y para que todas las naciones de la tierra conozcan que el Señor es Dios y que no hay otro. **61** Por lo tanto, sean ustedes sinceros con el Señor nuestro Dios, y cumplan sus leyes y obedezcan sus mandamientos como en este día."[t]

62 Después de esto, el rey y todo Israel ofrecieron sacrificios al Señor. **63** Y Salomón ofreció al Señor veintidós mil toros y ciento veinte mil[u] ovejas, como sacrificios de reconciliación.[v]

Así fue como el rey y todos los israelitas consagraron el templo del Señor. **64** El mismo día, el rey consagró el centro del atrio que está frente al templo del Señor, pues allí ofreció los holocaustos, las ofrendas de cereales y la grasa de los sacrificios de reconciliación, porque el altar de bronce que había delante del Señor era pequeño y no cabían los holocaustos, las ofrendas de cereales y la grasa de los sacrificios de reconciliación.[w]

65 En dicha ocasión, Salomón y todo Israel, una gran muchedumbre que había venido desde la entrada de Hamat hasta el arroyo de Egipto,[x] celebraron la fiesta de las Enramadas[y] en honor del Señor nuestro Dios, y otra fiesta de siete días; en total, catorce días de fiesta. **66** Al día siguiente[z] despidió al pueblo, y ellos bendijeron al rey y se fueron a sus casas alegres y satisfechos por todo el bien que el Señor había hecho a David, su servidor, y a su pueblo Israel.

9 Dios hace una alianza con Salomón[a] (2 Cr 7.11-22)

1 Cuando Salomón terminó de construir el templo del Señor, el palacio real y todo lo que quiso hacer, **2** se le apareció el Señor por segunda vez, como se le había aparecido en Gabaón,[b] **3** y le dijo: "He escuchado la oración y el ruego que me has hecho, y he consagrado este templo que has construido como residencia perpetua de mi nombre.[c] Siempre lo cuidaré y lo tendré presente. **4** Ahora bien, si tú te comportas en mi presencia como lo hizo David, tu padre, con un corazón intachable y recto, poniendo en práctica todo lo que te he ordenado y obedeciendo mis leyes y decretos, **5** yo confirmaré para siempre tu reinado en Israel, como se lo prometí a David, tu padre, cuando le dije que nunca faltaría un descendiente suyo en el trono de Israel.[d]

6 Pero si ustedes y sus hijos se apartan de mí, y no cumplen

---

[r] **8.51** *Como un horno de fundición:* Esta misma imagen, que se refiere a los sufrimientos y a la opresión de los israelitas en Egipto, vuelve a encontrarse en Dt 4.20; Jer 11.4.

[s] **8.56** Dt 12.10; Jos 21.44-45.

[t] **8.61** Cf. Dt 10.12-22.

[u] **8.63** *Veintidós mil... ciento veinte mil:* Véase 1 R 3.4 nota g.

[v] **8.63** *Sacrificios de reconciliación:* Véase Lv 3.1 n. Cf. también 2 S 6.17-19; Neh 12.27-43.

[w] **8.64** Acerca de estas distintas formas de *sacrificios,* véanse Lv 1—7; al final las notas correspondientes.

[x] **8.65** *Desde la entrada de Hamat hasta el arroyo de Egipto:* Con esta expresión se abarca todo el territorio de Palestina, indicando, respectivamente, sus extremos norte y sur. Véase Jue 3.3 n. e *Índice de mapas;* cf. también Am 6.14; 2 R 14.25.

[y] **8.65** *Fiesta de las Enramadas:* lit. *fiesta de siete días.* Véase 1 R 8.2 nota c; cf. Neh 8.14-18.

[z] **8.66** *Al día siguiente:* lit. *al octavo día.*

[a] **9.1-9** La siguiente unidad literaria (vv. 1-9), que contiene la respuesta divina a la plegaria de Salomón, comienza con una promesa basada en la profecía de Natán (v. 5; cf. 2 S 7.11-16) y termina con una amenaza, ambas expresadas en forma condicional (cf. vv. 4,6). La palabra divina se dirige primero a Salomón (vv. 1-5), luego a él y a sus descendientes (v. 6) y finalmente a todo el pueblo (vv. 7-9). El lenguaje que se emplea es característico del *Deuteronomio* y de la literatura deuteronomista.

[b] **9.2** 1 R 3.5-14; 2 Cr 1.7-12.

[c] **9.3** *Residencia perpetua de mi nombre:* Véase 1 R 8.29 n., y cf. Dt 12.5.

[d] **9.5** 2 S 7.11-16; 1 R 2.4.

los mandamientos y leyes que les he dado, sino que sirven y adoran a otros dioses, *e* **7** yo arrancaré a Israel de la tierra que le he dado, *f* arrojaré de mi presencia el templo que he consagrado e Israel será motivo de burla *g* constante entre todas las naciones. **8** En cuanto a este templo, será convertido en un montón de ruinas, *h* y todo el que pase junto a él se asombrará y se burlará, y preguntará por qué actuó el Señor así con este país y con este templo. *i* **9** Y le responderán que fue porque abandonaron al Señor su Dios, que sacó de Egipto a sus antepasados, y porque se aferraron a adorar y servir a otros dioses; que por eso el Señor hizo venir sobre ellos tan grande mal." *j*

Otras actividades de Salomón *(2 Cr 8.1-18)* **10** Pasaron veinte años después de haber construido Salomón los dos edificios, el templo del Señor y el palacio real, **11** para los que Hiram, rey de Tiro, había provisto a Salomón de madera de cedro y de pino, y de todo el oro que quiso. El rey Salomón, a su vez, entregó a Hiram veinte ciudades en la región de Galilea. *k* **12** Pero cuando Hiram fue a ver las ciudades que le había dado Salomón, no le agradaron, **13** y dijo: "¿Qué clase de ciudades son estas que me has dado, hermano mío?" Por eso, a la región donde estaban esas ciudades la llamó Cabul, nombre que lleva hasta ahora. *l* **14** En cuanto a la cantidad de oro que Hiram envió al rey Salomón, fueron tres mil novecientos sesenta kilos.

15 Ahora bien, el motivo del trabajo obligatorio *m* que impuso el rey Salomón para construir el templo del Señor, su propio palacio, el terraplén y las murallas de Jerusalén, además de las ciudades de Hasor, Meguido y Guézer, *n* fue el siguiente: **16** el faraón, rey de Egipto, había llegado y conquistado la ciudad de Guézer; después la quemó, y mató a todos los cananeos que vivían en la ciudad, y luego la entregó como dote a su hija, la esposa de Salomón. **17** Entonces Salomón reconstruyó Guézer, Bet-horón de abajo, **18** Baalat y Tamar, en el desierto de Judá. **19** Además reconstruyó todas las ciudades donde almacenaba los alimentos, así como los cuarteles de los carros de combate, los cuarteles de la caballería y todo lo que quiso construir en Jerusalén, en el Líbano y en todo el territorio bajo su dominio. **20** En cuanto a los habitantes amorreos, hititas, ferezeos, heveos y jebuseos *ñ* que quedaron, los cuales no eran israelitas, **21** es decir, a sus descendientes, que quedaron después de ellos en el país y que los israelitas no pudieron aniquilar, Salomón los sometió a trabajos forzados, y así siguen hasta el día de hoy. **22** Pero no obligó a ningún israelita a servir como esclavo, sino como soldados, oficiales, jefes, capitanes y comandantes de los carros de combate y de la caballería. **23** En cuanto a los capataces que Salomón tenía a cargo de los trabajos, eran quinientos cincuenta, los cuales dirigían a la gente que los realizaba.

24 La hija del faraón se trasladó de la Ciudad de David al palacio que Salomón había edificado para ella. Entonces él construyó el terraplén.

25 Tres veces al año, *o* Salomón ofrecía holocaustos y sacrificios de reconciliación sobre el altar que había construido al Señor, y quemaba incienso delante del Señor. Así se terminó de construir el templo.

26 El rey Salomón construyó también barcos en Esiónguéber, que está junto a Elat, a orillas del Mar Rojo, *p* en el territorio de Edom. **27** Hiram envió en los barcos a sus oficiales, marinos expertos y conocedores del mar, junto con los oficiales de Salomón, **28** y llegaron a Ofir, *q* de donde tomaron casi catorce mil kilos de oro y se los llevaron al rey Salomón.

10

La reina de Sabá visita a Salomón *a* *(2 Cr 9.1-12)*

1-2 La reina de Sabá *b* oyó hablar de la fama que Salomón había alcanzado para honra del Señor, y fue a Jerusalén para ponerlo a prueba con preguntas difíciles. *c* Llegó rodeada de gran esplendor, con camellos cargados de perfumes y con gran cantidad de oro y piedras preciosas. Cuando llegó ante Salomón, le preguntó todo lo que tenía pensado, **3** y Salomón respondió a todas sus preguntas. No hubo una sola pregunta de la cual no supiera la respuesta. **4** Al ver la reina de Sabá la sabiduría de Salomón, y el palacio que había construido, **5** los manjares de su mesa, los lugares que ocupaban sus oficiales, el porte y la ropa de sus criados, sus coperos, y los holocaustos que ofrecía en el templo, se quedó tan asombrada **6** que dijo al rey: "Lo

---

e **9.6** Dt 28.15; Jer 26.4-6.
f **9.7** Alusión profética al exilio de los israelitas en Babilonia, entre los años 587 y 538 a.C.
g **9.7** *Motivo de burla:* lit. *proverbio y sátira.* Con estas expresiones se quiere dar a entender que el castigo infligido por el Señor está en la boca de todos y que se habla de él como un escarmiento ejemplar.
h **9.8** *Un montón de ruinas:* según versiones antiguas. Heb. *altísimo.*
i **9.8** 2 R 25.9; 2 Cr 36.19.
j **9.8-9** *Preguntará... le responderán:* Véase Dt 29.24-28(23-27) n.
k **9.11** *Veinte ciudades:* En realidad, se trataba de veinte aldeas de muy escaso valor. (Cf. vv. 12-13).
l **9.13** Quizá se haya querido jugar con la semejanza de sonido existente entre el nombre *Cabul* y la expresión hebrea que significa *como nada.* Otros intérpretes consideran que Cabul significa *lodazal* o *pantano.*
m **9.15** *Trabajo obligatorio:* Véase 1 R 5.13(27) n.; cf. 12.4.
n **9.15** *Hasor, Meguido* y *Guézer* eran tres ciudades estratégicas para la defensa del reino, porque se encontraban en el camino que unía a Egipto con Mesopotamia (véase Jos 11.1 nota *b*; cf. Jos 10.33; 17.11). Las excavaciones arqueológicas muestran que estas ciudades fueron fortificadas en tiempos de Salomón.

ñ **9.20** Acerca de esta lista de pueblos que habitaban en territorio de Canaán antes de la conquista israelita, véase Ex 3.8 nota *g.*
o **9.25** *Tres veces al año:* referencia a las tres grandes festividades del año litúrgico israelita (Ex 23.14-17; 34.23; Dt 16.16).
p **9.26** Esta parte del *Mar Rojo* se denomina actualmente Golfo de Akaba.
q **9.28** *Ofir:* En el AT se menciona con cierta frecuencia como un lugar del que provenía el oro de la mejor calidad (2 Cr 8.18; 9.10; Is 13.12). No hay ninguna seguridad acerca de su localización, aunque es probable que estuviera al sudoeste de Arabia, cerca de la costa del Mar Rojo.
a **10.1-13** El episodio relatado en este pasaje es una clara ilustración de lo afirmado en 1 R 4.34(5.14). Cf. Mt 12.42; Lc 11.31.
b **10.1-2** El reino de *Sabá* se encontraba al sudoeste de Arabia, en lo que hoy es el país del Yemen.
c **10.1-2** *Preguntas difíciles:* lit. *enigmas.* La costumbre de proponer acertijos o preguntas difíciles de resolver era muy común en el mundo antiguo (cf. Jue 14.12-18), particularmente en las cortes de los reyes. Esto daba lugar a una especie de juego o competición, que servía para poner a prueba el ingenio y demostrar los propios conocimientos. Véase 1 R 3.12 nota *m.*

que escuché en mi país acerca de tus hechos y de tu sabiduría, es verdad; ⁷ pero solo he podido creerlo ahora que he venido y lo he visto con mis propios ojos. En realidad, no me habían contado ni la mitad, pues tu sabiduría y tus bienes son más de lo que yo había oído. ⁸ ¡Qué felices deben de ser tus esposas,[d] y qué contentos han de sentirse estos servidores tuyos, que siempre están a tu lado escuchando tus sabias palabras! ⁹ ¡Bendito sea el Señor tu Dios, que te vio con agrado y te entregó el reino de Israel! ¡Por el amor que el Señor ha tenido siempre a Israel, te ha hecho rey para que gobiernes con rectitud y justicia!"[e]

¹⁰ Luego entregó ella al rey tres mil novecientos sesenta kilos de oro, y gran cantidad de perfumes y piedras preciosas. Nunca llegó a Israel tal cantidad de perfumes como la que regaló la reina de Sabá al rey Salomón.

¹¹ Además, la flota mercante de Hiram, que había traído oro de Ofir,[f] trajo también de allá mucha madera de sándalo y piedras preciosas. ¹² Con la madera de sándalo hizo el rey barandas para el templo del Señor y para el palacio real, y también arpas y salterios para los músicos. Nunca había llegado, ni se ha visto hasta hoy, tanta madera de sándalo. ¹³ Por su parte, el rey Salomón dio a la reina de Sabá todo lo que ella quiso pedirle, además de lo que él personalmente le regaló. Después la reina regresó a su país acompañada de la gente a su servicio.

Fama y riqueza de Salomón (2 Cr 9.13-24)

¹⁴ El oro que Salomón recibía cada año llegaba a unos veintidós mil kilos, ¹⁵ sin contar el tributo que le pagaban los comerciantes, los negociantes y todos los reyes de Arabia y gobernantes del país. ¹⁶ El rey Salomón mandó hacer doscientos escudos grandes de oro batido, empleando en cada uno seis kilos de oro.[g] ¹⁷ Mandó hacer también trescientos escudos más pequeños, empleando en cada uno poco más de un kilo y medio de oro batido, y los puso en el palacio llamado "Bosque del Líbano".[h] ¹⁸ Mandó hacer también un gran trono de marfil, y ordenó que lo recubrieran de oro puro. ¹⁹ El trono tenía seis escalones; su respaldo tenía un dosel redondo y brazos a cada lado del asiento, junto a los cuales había dos leones de pie. ²⁰ Había también doce leones de pie, uno a cada lado de los seis escalones. ¡Jamás se había construido en ningún otro reino nada semejante![i] ²¹ Además, todas las copas del rey eran de oro, lo mismo que toda la vajilla del palacio "Bosque del Líbano". No había nada de plata, porque en tiempos de Salomón esta no era de mucho valor, ²² ya que los barcos de Tarsis[j] que el rey tenía llegaban una vez cada tres años, junto con los barcos de Hiram, trayendo oro, plata, marfil, monos y pavos reales.[k]

²³ El rey Salomón superaba a todos los reyes de la tierra en riqueza y sabiduría.[l] ²⁴ Todo el mundo quería verlo y escuchar la sabiduría que Dios le había dado, ²⁵ y todos le llevaban cada año un regalo: objetos de plata y de oro, capas, armas, sustancias aromáticas, caballos y mulas.

Salomón comercia con carros y caballos (2 Cr 1.14-17; 9.25-28)

²⁶ Salomón reunió carros y jinetes. Tenía mil cuatrocientos carros y doce mil jinetes,[m] los cuales destinó a los cuarteles de carros de combate y a la guardia real en Jerusalén. ²⁷ El rey hizo que en Jerusalén hubiera tanta plata como piedras; y que abundara el cedro como las higueras silvestres en la llanura. ²⁸ Los caballos para Salomón eran llevados de Musri[n] y de Cilicia, pues los comerciantes de la corte los compraban allí. ²⁹ Un carro importado de Egipto valía seiscientas monedas de plata, y un caballo, ciento cincuenta. Y todos los reyes hititas[ñ] y sirios los compraban por medio de los agentes de Salomón.

11

Salomón se vuelve idólatra[a]

¹ Además de la hija del faraón, el rey Salomón amó a muchas mujeres extranjeras: moabitas, amonitas, edomitas, sidonias e hititas;[b] ² es decir, mujeres de las naciones con las que el Señor había prohibido a los israelitas establecer relaciones matrimoniales porque seguramente harían que sus corazones se desviaran hacia sus dioses.[c] Pero Salomón, enamorado, se unió con ellas. ³ Tuvo setecientas esposas de rango real y trescientas concubinas, las cuales desviaron su corazón. ⁴ Cuando Salomón ya era anciano, sus mujeres hicieron que su corazón se desviara hacia otros dioses, pues no se había entregado por completo al Señor su Dios, como lo había hecho David, su padre. ⁵ Salomón rindió culto a Astarté,[d] diosa de los sidonios, y a Milcom,[e] ídolo

---

[d] 10.8 *Tus esposas:* según tres versiones antiguas. Heb. *tus hombres.*
[e] 10.9 *Para que gobiernes con rectitud y justicia:* La instauración de un orden social justo era lo que más se esperaba del rey en todo el antiguo Oriente. Cf. 1 R 3.28; 4.25(5.5); Sal 72.1-4; Is 11.1-5; Jer 21.11-12; 22.1-6.
[f] 10.11 *Ofir:* Véase 1 R 9.28 n.
[g] 10.16 Cf. 1 R 14.25-26.
[h] 10.17 *Bosque del Líbano:* Véase 1 R 7.2 n.
[i] 10.19-20 Los *leones* eran el símbolo de la tribu de Judá, a la que pertenecía Salomón (Gn 49.9).
[j] 10.22 Los *barcos de Tarsis* eran naves de gran tamaño, capaces de hacer largos viajes y de transportar abundante mercancía. Acerca de la ubicación de *Tarsis,* véase Sal 48.7(8) n.
[k] 10.22 *Pavos reales:* Algunos comentaristas piensan que el vocablo hebreo tiene que ser traducido por *mandriles* (una especie de monos africanos).
[l] 10.23 1 R 3.10-13.
[m] 10.26 *Jinetes:* 1 R 4.26(5.6).
[n] 10.28 *Musri:* traducción probable. Heb. *Egipto. Musri* se encontraba en Asia Menor, al norte del monte Tauro.
[ñ] 10.29 *Hititas:* Véase Jos 1.4 n.
[a] 11.1-40 Este cap. presenta el lado negativo del brillante reinado de Salomón. La conducta de este rey se contrapone así a la de David, su padre (cf. v. 6), el cual se mantuvo fiel a los principios establecidos por el *Deuteronomio:* un solo Dios, una sola Ley, un solo Templo, un solo Pueblo y una sola Tierra. Con el pecado de Salomón se quebrantaron todos estos principios: Salomón fue en pos de otros dioses (vv. 4-5), desobedeció la Ley (v. 11), adoró en varios santuarios (v. 7) y, como resultado de todo esto, el reino se dividió y la tierra de Israel ya nunca más fue una sola (vv. 29-39). Aquí se subrayan los aspectos religiosos; en 1 R 12.4 se pondrá de manifiesto la injusticia social.
[b] 11.1 *Moabitas... hititas:* Todas estas mujeres provenían de pueblos vecinos de Israel: Moab, Edom y Amón al este; Sidón al noroeste, sobre la costa mediterránea. Acerca de las *hititas,* véase Jos 1.4 n. Los matrimonios de Salomón con estas mujeres debieron realizarse, en su gran mayoría, para ratificar acuerdos políticos y comerciales. Véase 1 R 3.1 nota b.
[c] 11.2 Ex 34.16; Dt 7.3-4.
[d] 11.5 *Astarté:* Véase Jue 3.7 nota c.
[e] 11.5 *Milcom:* Cf. 2 R 23.13.

repugnante de los amonitas. ⁶ Así pues, los hechos de Salomón fueron malos a los ojos del Señor, pues no siguió fielmente al Señor, como lo había hecho David, su padre.

⁷ Por aquel tiempo, Salomón construyó, en el monte que está al oriente de Jerusalén,ᶠ un santuario a Quemós,ᵍ ídolo repugnante de Moab, y a Moloc, ídolo repugnante de los amonitas.ʰ ⁸ Lo mismo hizo para todas sus mujeres extranjeras, las cuales ofrecían incienso y sacrificios a sus dioses. ⁹ El Señor, Dios de Israel, se enojó con Salomón, porque su corazón se había apartado de él, que se le había aparecido dos veces ¹⁰ y que le había ordenado no rendir culto a otros dioses. Sin embargo, él no hizo caso de lo que el Señor le había ordenado. ¹¹ Por lo tanto, el Señor le dijo a Salomón: "Ya que te has comportado así, y no has cumplido la alianza y las leyes que te ordené, voy a quitarte el reino y a dárselo a uno de los que te sirven. ¹² Sin embargo, por consideración a David, tu padre, no lo haré mientras vivas; pero se lo quitaré a tu hijo. ¹³ Aunque no le quitaré todo el reino: le dejaré una tribu, por consideración a tu padre y a Jerusalén, la ciudad que he escogido."

¹⁴ Entonces el Señor hizo que se levantara un enemigo contra Salomón: Hadad, un edomita, de la familia real de Edom. ¹⁵ Cuando David venció ⁱ a Edom, Joab, el jefe del ejército, que había ido a enterrar a los caídos en combate, mató a todos los hombres de Edom; ¹⁶ durante seis meses se quedó allí, con todos los israelitas, hasta que aniquiló a todos los hombres de Edom. ¹⁷ Pero Hadad, que entonces era un niño, huyó a Egipto ʲ con algunos de sus paisanos que estaban al servicio de su padre. ¹⁸ Salieron de Madián y llegaron a Parán, donde tomaron a su servicio algunos hombres del lugar. Llegaron a Egipto y se presentaron al faraón, rey de Egipto, y este les dio casa y comida, y les regaló tierras.

¹⁹ Hadad se ganó de tal modo el favor del faraón, que el faraón le dio por esposa a su cuñada, la hermana de la reina Tahpenés. ²⁰ La hermana de Tahpenés dio a Hadad un hijo que se llamó Guenubat, al cual Tahpenés crió en el palacio del faraón, junto con sus propios hijos. ²¹ Pero cuando Hadad supo en Egipto que David había muerto, y que también había muerto Joab, el jefe del ejército, dijo Hadad al faraón:

—Dame permiso para regresar a mi tierra.

²² El faraón le respondió:

—¿Y para qué quieres regresar a tu tierra? ¿Te hace falta algo aquí conmigo?

Hadad respondió:

—No me falta nada, pero te ruego que me permitas regresar.

²³ Además, Dios hizo que también Rezón se levantara contra Salomón. Rezón era hijo de Eliadá, que se había escapado de su amo, Hadad-ézer, el rey de Sobá. ²⁴ Había reunido algunos hombres y era el jefe de una banda de ladrones. Cuando David les mató gente, Rezón se fue a Damasco y se estableció allí como rey. ᵏ ²⁵ Fue enemigo de Israel mientras vivió Salomón, y esto se unió al daño que causaba Hadad, pues aborrecía a Israel. De este modo, Rezón llegó a ser rey de Siria.

²⁶ También Jeroboam, hijo de Nabat, se rebeló contra el rey. Jeroboam era un funcionario de Salomón, de la ciudad de Seredá y de la tribu de Efraín. Su madre era una viuda llamada Seruá. ²⁷ La razón por la que Jeroboam se rebeló contra el rey fue la siguiente: Salomón estaba construyendo el terraplén y cerrando la brecha de la Ciudad de David, su padre. ²⁸ Jeroboam era un hombre fuerte y decidido; y al ver Salomón que este joven era muy activo, lo puso a cargo de todo lo relacionado con los descendientes de José.ˡ

²⁹ Por aquel entonces, un día en que Jeroboam salió de Jerusalén, se encontró en el camino con el profeta Ahías, el de Siló, que iba cubierto con una capa nueva. Los dos estaban solos en el campo, ³⁰ y tomando Ahías la capa nueva que llevaba puesta, la rasgó en doce pedazos ³¹ y dijo a Jeroboam: "Toma para ti diez pedazos, ᵐ porque el Señor, Dios de Israel, te dice: 'Voy a quitarle el reino a Salomón, y a darte a ti diez tribus. ⁿ ³² A Salomón le dejaré solo una tribu,ñ por consideración a mi siervo David y a Jerusalén, la ciudad que he escogido entre todas las ciudades de las tribus de Israel. ³³ Porque Salomón me ha rechazado, y se ha puesto a adorar a Astarté, diosa de los sidonios; a Quemós, dios de los moabitas; y a Milcom, dios de los amonitas. Sus hechos no han sido buenos a mis ojos, y no ha cumplido mis leyes y decretos como lo hizo David, su padre. ³⁴ Sin embargo, no le quitaré todo el reino, sino que lo mantendré como gobernante mientras viva, por consideración a mi siervo David, a quien escogí, y quien cumplió mis mandamientos y mis leyes. ³⁵ Pero le quitaré el reino a su hijo, y te lo entregaré a ti; es decir, diez tribus.

ᶠ **11.7** *El monte que está al oriente de Jerusalén:* es decir, el Monte de los Olivos, donde había un antiguo lugar de culto (cf. 2 S 15.32).

ᵍ **11.7** *Quemós:* Cf. 2 R 23.13.

ʰ **11.7** *Ídolo repugnante:* Esta expresión corresponde a un vocablo hebreo que suele traducirse por *abominación*. En el AT, ese vocablo unas veces se refiere a ciertas prácticas religiosas incompatibles con la fe de Israel, y otras veces se emplea para designar despectivamente a los falsos dioses (cf. Is 66.3; Jer 4.1; 7.30; Ez 5.11; 20.7-8).

ⁱ **11.15** *Cuando David venció a:* traducción probable. Heb. *cuando David estaba en:* Cf. 2 S 8.13-14.

ʲ **11.17** Los líderes rebeldes de los pequeños estados siro-palestinenses solían encontrar buena acogida y refugio en Egipto, porque después podían ser usados para promover en esas regiones los intereses imperialistas del faraón.

ᵏ **11.23-24** Cf. 2 S 8.3-8; 10.15-19. El establecimiento de este reino arameo en Damasco (Siria) hizo que comenzara a desmembrarse el vasto imperio constituido por David.

ˡ **11.28** *Los descendientes de José* son las tribus de Manasés y Efraín. Véanse Jos 16.1 n.; 16.4 n.

ᵐ **11.31** *Diez pedazos:* En la comunicación del mensaje profético, las acciones simbólicas eran a veces tan importantes como las palabras (Is 20; Jer 27.1-8; 28.1-4; Ez 4—5). Cf. también 1 R 22.11. El hecho de que la *capa* sea *nueva* (v. 29) da más eficacia a la acción.

ⁿ **11.31** Jeroboam iba a reinar sobre las *diez tribus* del Norte, que después de la muerte de Saúl habían hecho un pacto con David y lo habían reconocido como rey (cf. 2 S 5.1-5). Ese estado de cosas se mantuvo durante todo el reinado de Salomón, pero no logró sobrevivir a la muerte de este último (1 R 12).

ñ **11.32** Esta única tribu es la de Judá, a la que se unió también la de Benjamín, o por lo menos una parte de ella (1 R 12.21).

³⁶ Solo dejaré una tribu a su hijo, para que la lámpara de David,ᵒ mi siervo, se mantenga siempre encendida ante mí en Jerusalén, la ciudad que escogí como residencia de mi nombre. ³⁷ Yo te tomaré a ti, para que reines sobre todo lo que quieras y seas el rey de Israel. ³⁸ Y si obedeces todo lo que yo te mande y tus hechos son rectos a mis ojos, y si cumples mis leyes y mandamientos, como lo hizo David, mi siervo, yo estaré contigo y estableceré firmemente tu dinastía, como establecí la de David; y te entregaré Israel. ³⁹ En cuanto a la descendencia de David, la castigaré por este motivo, pero no para siempre.' "

⁴⁰ Por causa de esto, Salomón procuró matar a Jeroboam; pero Jeroboam huyó a Egipto, donde reinaba Sisac,ᵖ y allí se quedó hasta la muerte de Salomón.

Muerte de Salomón *(2 Cr 9.29-31)* ⁴¹ El resto de la historia de Salomón y de su sabiduría, y de todo lo que hizo, está escrito en el libro de las crónicas de Salomón.ᑫ ⁴² Salomón reinó en Jerusalén sobre todo Israel durante cuarenta años,ʳ ⁴³ y cuando murió lo enterraron en la Ciudad de David, su padre. Después reinó en su lugar su hijo Roboam.

III. DIVISIÓN DEL REINO DAVÍDICO (12.1-33)

12 **División del reino**ᵃ *(2 Cr 10.1—11.4)* ¹ Roboam fue a Siquem,ᵇ porque todo Israel había ido allá para proclamarlo rey.ᶜ ² Pero lo supo Jeroboam,ᵈ hijo de Nabat, que estaba todavía en Egipto, adonde había huido del rey Salomón y donde se había quedado a vivir. ³ Cuando lo mandaron llamar, Jeroboam y todo el pueblo de Israel fueron a hablar con Roboam, y le dijeron:

⁴ —Tu padre fue muy duro con nosotros; ahora alivia tú la dura servidumbre y el pesado yugo que él nos impuso, y te serviremos.

⁵ Roboam les contestó:

—Váyanse, y vuelvan a verme dentro de tres días.

La gente se fue, ⁶ y entonces el rey Roboam consultó a los ancianos que habían servido a Salomón, su padre, cuando este vivía. Les preguntó:

—¿Qué me aconsejan ustedes que responda yo a esta gente?

⁷ Ellos le dijeron:

—Si hoy te pones al servicio de este pueblo y les respondes con buenas palabras, ellos te servirán siempre.

⁸ Pero Roboam no hizo caso del consejo de los ancianos, sino que consultó a los muchachos que se habían criado con él y que estaban a su servicio, ⁹ preguntándoles:

—¿Qué me aconsejan ustedes que responda yo a esta gente que me ha pedido que aligere el yugo que mi padre les impuso?ᵉ

¹⁰ Aquellos jóvenes, que se habían criado con él, le respondieron:

—A esta gente que te ha pedido que aligeres el yugo que tu padre les impuso, debes responderle lo siguiente: 'Si mi padre fue duro, yo lo soy mucho más;ᶠ ¹¹ si él les impuso un yugo pesado, yo lo haré más pesado todavía; y si él los azotaba con correas, yo los azotaré con látigos de puntas de hierro.'

¹² Al tercer día volvió Jeroboam a presentarse con todo el pueblo ante Roboam, como el rey les había dicho. ¹³ Pero el rey les contestó duramente, sin hacer caso del consejo que le habían dado los ancianos, ¹⁴ y les repitió lo que le habían aconsejado los muchachos: que si su padre les había impuesto un yugo pesado, él les impondría uno más pesado todavía, y que si su padre los había azotado con correas, él los azotaría con látigos de puntas de hierro. ¹⁵ El rey, pues, no hizo caso del pueblo, porque el Señor había dispuesto que sucediera así para que se cumpliera lo que el Señor había prometido a Jeroboam, hijo de Nabat, por medio de Ahías, el de Siló.ᵍ ¹⁶ Cuando todo el pueblo de Israel vio que el rey no le había hecho caso, le respondió de este modo:

ᵒ **11.36** La *lámpara de David* simboliza la continuidad de la dinastía (1 R 15.4; 2 R 8.19; Sal 18.28[29]; 132.17; cf. 2 S 14.7).

ᵖ **11.40** El faraón *Sísac* reinó en Egipto desde el año 950 hasta el año 929 a.C. aprox.

ᑫ **11.41** El *libro de las crónicas de Salomón* es una fuente de información utilizada para la composición de 1 R 3—11, pero que no ha llegado hasta nosotros. Ese libro debía contener informes sobre las actividades llevadas a cabo en la corte salomónica, archivos del templo y otros relatos que hacían constar los éxitos políticos y diplomáticos de Salomón, y en los que se ponía de manifiesto su sabiduría. Véase 3.1-2 n.

ʳ **11.42** El reinado de Salomón, lo mismo que el de David, duró *cuarenta años* (1 R 2.11). Tal coincidencia hace pensar que ese número es una cifra redonda y no un dato cronológico preciso. Véase Jue 3.11 n.

ᵃ **12.1-24** Este importante relato se refiere a un momento crucial en la historia del pueblo elegido. En él se da cuenta del vivo descontento que se había ido acumulando entre las tribus del norte por las excesivas cargas impuestas al pueblo durante el reinado de Salomón. También hace ver cómo su hijo Roboam, en vez de atender a los justos reclamos del pueblo, le respondió con desdeñosa altanería, provocando de ese modo en la asamblea una rebelión que trajo como consecuencia la división del reino davídico. De este modo se constituyó en el sur el reino de Judá, con su capital en Jerusalén, mientras que en el norte las tribus agrupadas en torno a Jeroboam formaron el reino de Israel. Véanse 1 R 4.20 nota *f*; 11.31 nota *n*. e *Introducción*.

ᵇ **12.1** *Siquem*: antiguo centro político y religioso, que en tiempos de Josué había sido escenario de una asamblea memorable (véase Jos 24.1 n.). Fue la primera capital del reino del norte (cf. 1 R 12.25), y después del exilio se convirtió en la principal ciudad de los samaritanos (cf. Eclo 50.26). Véase *Índice de mapas*.

ᶜ **12.1** Para explicar este encuentro de Roboam con las tribus del norte, se ha propuesto la siguiente hipótesis, que no carece de verosimilitud: Roboam, en su condición de descendiente de David, había sido aclamado rey de Judá por derecho hereditario; en cambio, para reinar sobre las tribus del norte, debía renovar el pacto que su abuelo David había hecho con los ancianos de Israel (cf. 2 S 5.1-5). Al fracasar este acuerdo (cf. v. 16), dichas tribus se apartaron de Judá y eligieron su propio rey. Véase 1 R 11.31 nota *n*.

ᵈ **12.2** *Jeroboam:* Cf. 1 R 11.26-40.

ᵉ **12.6-9** Estos *ancianos* habían sido antes los expertos consejeros del rey Salomón; los *muchachos*, por el contrario, eran los camaradas de juventud de Roboam. Dado que este último comenzó a reinar a los cuarenta y un años (1 R 14.21), para esta época ya no debían ser tan jóvenes.

ᶠ **12.10** *Si mi padre... soy mucho más:* lit. *mi dedo meñique es más grueso que los lomos de mi padre.*

ᵍ **12.15** Cf. 1 R 11.29-39.

"¡No tenemos nada que ver con David!
¡Ninguna herencia compartimos con el hijo de Jesé!
¡A sus casas, israelitas!
¡Y David que cuide de su familia!" [h]

Al momento, los israelitas se fueron a sus casas. [17] En cuanto a los israelitas que vivían en las ciudades de Judá, Roboam siguió reinando sobre ellos. [18] Y cuando Roboam envió a Adoram, [i] que era el encargado del trabajo obligatorio, todo Israel lo mató a pedradas. Entonces el rey Roboam subió rápidamente a su carro y huyó a Jerusalén. [19] De este modo se rebeló Israel contra la dinastía de David hasta el día de hoy.

[20] Al enterarse los de Israel de que Jeroboam había vuelto, lo mandaron llamar para que se presentara ante la comunidad, y lo proclamaron rey de todo Israel, sin quedar nadie que siguiera fiel a la dinastía de David, aparte de la tribu de Judá.

[21] Cuando Roboam llegó a Jerusalén, juntó ciento ochenta mil soldados escogidos de todas las familias de Judá y de la tribu de Benjamín, para luchar contra Israel y recuperar su reino. [22] Pero Dios habló a Semaías, hombre de Dios, y le ordenó: [23] "Di a Roboam, hijo de Salomón y rey de Judá, a todas las familias de Judá y de Benjamín, y al resto del pueblo, [24] que les ordeno que no luchen contra sus hermanos israelitas. Que se vuelvan todos a sus casas, porque así lo he dispuesto."

Al oir ellos lo que el Señor les decía, regresaron, como les ordenaba el Señor.

Jeroboam implanta la idolatría

[25] Jeroboam reconstruyó la ciudad de Siquem, que está en los montes de Efraín, y se estableció en ella. Luego reconstruyó también Penuel. [j] [26] Pero pensó: "La dinastía de David puede recuperar el reino, [27] si esta gente va a Jerusalén para ofrecer sacrificios en el templo del Señor. Volverán a sentir afecto por Roboam, rey de Judá, y entonces me matarán y se volverán a Roboam, rey de Judá."

[28] Después de haber consultado el asunto, hizo el rey dos becerros de oro, [k] y dijo al pueblo: "Ustedes, israelitas, ya han ido bastante a Jerusalén. Aquí tienen a sus dioses, que los sacaron de Egipto." [29] Entonces puso uno en Betel y el otro en Dan. [30] Y esto fue causa de que Israel pecara, pues la gente iba a Betel y a Dan para adorarlos. [31] Construyó también santuarios en lugares altos [l] y nombró sacerdotes a gente del pueblo, que no eran levitas. [32] Además estableció una fiesta religiosa el día quince del mes octavo, [m] como la fiesta que se celebraba en Judá, y él mismo ofreció sacrificios sobre el altar. Esto lo hizo en Betel, ofreciendo sacrificios a los becerros que había fabricado y

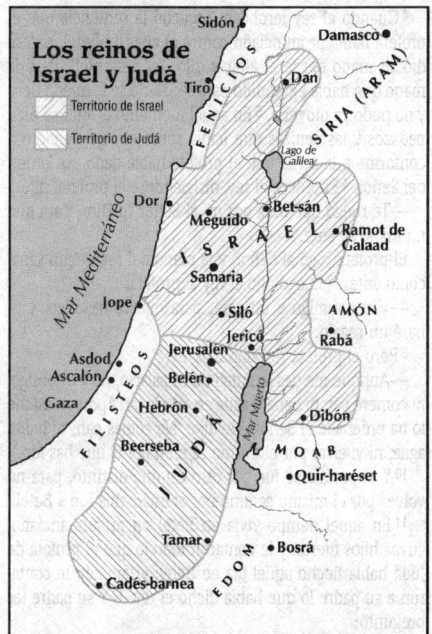

Los reinos de Israel y Judá

nombrando sacerdotes para los santuarios paganos que había construido. [33] Así pues, el día quince del mes octavo, Jeroboam ofreció sacrificios sobre el altar que había construido en Betel. Este era el mes de la fiesta que él inventó a su antojo, declarándola fiesta religiosa para los israelitas, el mismo mes en que subió al altar a quemar incienso.

IV. LOS DOS REINOS HASTA LOS TIEMPOS DE ELÍAS (13—16)

13 *Un profeta de Judá reprende a Jeroboam* [1] Cuando Jeroboam estaba quemando incienso sobre el altar, llegó a Betel un profeta de Judá mandado por el Señor. [2] Y por orden del Señor habló con fuerte voz contra el altar, diciendo: "Altar, altar: El Señor ha dicho: 'De la dinastía de David nacerá un niño, que se llamará Josías [a] y que sacrificará sobre ti a los sacerdotes de los santuarios en lugares altos que sobre ti queman incienso; y sobre ti quemarán huesos humanos.' "

[3] Aquel mismo día, el profeta dio una señal prodigiosa. Dijo: "Esta es la señal prodigiosa que el Señor ha anunciado: El altar se hará pedazos y la ceniza que hay sobre él se esparcirá."

---

[h] **12.16** Este mismo grito de rebelión había sido lanzado por el benjaminita Sebá al final del reinado de David (2 S 20.1).
[i] **12.18** *Adoram* (o *Adoniram*): Cf. 2 S 20.24; 1 R 4.6; 5.14(28).
[j] **12.25** *Penuel*: al este del río Jordán (véase Gn 32.30[31] nota k). Probablemente no se trata de una residencia real ni de una nueva capital del reino, sino de una plaza fuerte destinada a vigilar las rutas comerciales de la Transjordania.
[k] **12.28** *Dos becerros de oro*: Es probable que Jeroboam no haya erigido estos becerros como imágenes del Señor, sino como soportes visibles de su trono invisible, a la manera de esos seres alados o querubines que estaban sobre el arca de la alianza (véase Ex 25.18 n.) en el templo de Jerusalén. Sin embargo, la figura del toro o del becerro era, en el antiguo Oriente, símbolo de fuerza y fecundidad (véase Ex 32.4 nota d), y el pueblo podía confundir los becerros de oro con representaciones de Yahvé, el Dios de Israel.
[l] **12.31** *Santuarios en lugares altos*: Véase 1 R 3.2 n.
[m] **12.32** El *mes octavo* corresponde a nuestros meses de octubre-noviembre. Según el Pentateuco, la fiesta de las Enramadas se celebraba el día quince del séptimo mes (Lv 23.33-34; cf. 1 R 8.2).
[a] **13.2** *Josías*: Cf. 2 R 22.1—23.30.

⁴ Cuando el rey Jeroboam escuchó la sentencia que el profeta había pronunciado contra el altar de Betel, extendió su mano desde el altar y dijo: "¡Apréselo!" Pero la mano que había extendido para señalarlo se le quedó tiesa y no pudo ya moverla. ⁵ En aquel momento el altar se hizo pedazos y las cenizas que había sobre él se esparcieron, conforme a la señal que el profeta había dado por orden del Señor. ⁶ Entonces el rey, dirigiéndose al profeta, dijo:

—Te ruego que ores por mí al Señor tu Dios, para que mi mano se cure.

El profeta rogó al Señor, y la mano del rey quedó sana, como antes. ⁷ Luego dijo el rey al profeta:

—Ven conmigo a mi casa, para que comas algo, y te haré un regalo.

⁸ Pero el profeta respondió al rey:

—Aunque me des la mitad de tu palacio, no iré contigo, ni comeré pan ni beberé agua en este lugar; ⁹ porque así me lo ha ordenado el Señor. Me dijo: 'No comas pan, ni bebas agua, ni vuelvas por el mismo camino por el que has ido.'

¹⁰ Y el profeta se fue por otro camino distinto, para no volver por el mismo camino por el que había ido a Betel.

¹¹ En aquel tiempo vivía en Betel un profeta anciano, cuyos hijos fueron y le contaron todo lo que el profeta de Judá había hecho aquel día en Betel; y también le contaron a su padre lo que había dicho el rey. ¹² Y su padre les preguntó:

—¿Por qué camino se fue?

Sus hijos le indicaron el camino por el que había regresado el profeta de Judá. ¹³ Entonces les dijo a sus hijos:

—Aparéjenme el asno.

Ellos lo hicieron así, y el profeta montó y ¹⁴ salió tras el profeta de Judá. Lo encontró sentado debajo de una encina, y le preguntó:

—¿Eres tú el profeta que ha venido de Judá?

—Yo soy —le respondió.

¹⁵ —Ven a mi casa, a comer pan conmigo —dijo el profeta anciano.

¹⁶ Pero el profeta de Judá le contestó:

—No puedo acompañarte, ni entrar en tu casa, ni comer pan ni beber agua contigo en este lugar; ¹⁷ porque el Señor me ha ordenado claramente: 'No comas pan ni bebas agua aquí, ni regreses por el mismo camino por el que te fuiste.'

¹⁸ Pero el anciano insistió:

—Yo también soy profeta, lo mismo que tú, y un ángel de parte del Señor me ha ordenado que te lleve a mi casa y te dé de comer y de beber.

Y aunque el anciano le mentía, ¹⁹ el profeta de Judá se fue con él y comió y bebió en su casa. ²⁰ Y estando ellos sentados a la mesa, el Señor habló al profeta anciano que había hecho volver al profeta de Judá, ²¹ y en voz alta dijo el anciano a este:

—El Señor ha dicho que por haber tú desobedecido las órdenes que te dio, ²² pues te volviste para comer y beber donde el Señor te ordenó que no lo hicieras, no reposará tu cuerpo en el sepulcro de tus antepasados.

²³ Cuando el profeta de Judá acabó de comer y beber, el profeta anciano le aparejó el asno, ²⁴ y el profeta de Judá se fue. Pero en el camino le salió al encuentro un león y lo mató, y su cuerpo quedó tirado en el camino. El asno y el león, sin embargo, se quedaron junto al cadáver. ²⁵ En eso pasaron unos hombres y vieron el cadáver tirado en el camino, y que el león estaba todavía junto a él. Y cuando llegaron a la ciudad donde vivía el profeta anciano, contaron lo que habían visto. ²⁶ Al saberlo, el profeta anciano que había hecho volver al otro, exclamó: "Ese es el profeta que desobedeció la orden del Señor. Por eso el Señor lo ha entregado a un león, que lo ha despedazado y matado, conforme a lo que el Señor le dijo."

²⁷ En seguida pidió a sus hijos que le aparejaran un asno, y ellos lo hicieron así. ²⁸ Entonces el profeta anciano se fue y encontró el cadáver tirado en el camino y, junto a él, al asno y al león. El león no había devorado el cadáver ni despedazado al asno. ²⁹ Entonces el profeta anciano levantó el cuerpo del profeta de Judá, lo echó sobre el asno y volvió con él a su ciudad, para hacerle duelo y enterrarlo. ³⁰ Lo enterró en su propio sepulcro, y lloró por él, diciendo: "¡Ay, hermano mío!"

³¹ Después de enterrarlo, dijo a sus hijos:

—Cuando yo muera, entiérrenme en el mismo sepulcro en que he enterrado a este hombre de Dios. Pongan mis restos junto a los suyos, ³² porque sin duda se cumplirá lo que él anunció por orden del Señor contra el altar de Betel y contra todos los santuarios en lugares altos que hay en las ciudades de Samaria.ᵇ

³³ A pesar de esto, Jeroboam no abandonó su mala conducta, sino que volvió a nombrar sacerdotes de entre el pueblo para los santuarios en lugares altos. A quien así lo deseaba, Jeroboam lo consagraba sacerdote de tales santuarios. ³⁴ Tal proceder fue la causa de que la descendencia de Jeroboam pecara, y que, por lo mismo, fuera exterminada por completo.

14 Ahías anuncia la caída de Jeroboamᵃ

¹ Por aquel tiempo, Abías, el hijo de Jeroboam, cayó enfermo. ² Y dijo Jeroboam a su mujer:

—Anda, ponte un disfraz para que no reconozcan que eres mi mujer, y vete a Siló. Allí vive Ahías,ᵇ el profeta que me dijo que yo sería rey de esta nación. ³ Toma diez panes, tortas y una jarra de miel, y ve a verlo para que te diga lo que va a ser de este niño.

⁴ Así lo hizo la mujer de Jeroboam. Se preparó y fue a Siló, y llegó a casa de Ahías. Ahías no podía ver, pues su vista se había ido apagando a causa de su vejez, ⁵ pero el Señor le había hecho saber que la mujer de Jeroboam iría a consultarle acerca de su hijo, que estaba enfermo. También le hizo saber lo que debía responderle, y le advirtió que llegaría disfrazada.

ᵇ **13.32** Se hace mención anticipada de *Samaria* (que aún no había sido fundada: cf. 1 R 16.24) para designar las *ciudades* del reino de Israel que más tarde habrían de tenerla como capital.
ᵃ **14.1-20** Desde aquí hasta 2 R 17, los libros de *Reyes* relatan en forma simultánea la historia de los reinos de Israel y de Judá, mencionándolos en forma alternada las dos series de reyes. Los libros de *Crónicas*, por el contrario, se limitan en principio a la dinastía de David y solo en contadas ocasiones se refieren a los reyes del norte.
ᵇ **14.2** *Ahías:* Cf. 1 R 11.29-30.

⁶ Cuando Ahías oyó sus pasos al entrar ella por la puerta, le dijo:

—Entra, mujer de Jeroboam. ¿Por qué te haces pasar por otra? Yo he recibido el encargo de hablarte duramente, ⁷ así que vuelve y dile a Jeroboam que el Señor, Dios de Israel, ha dicho: 'Yo te saqué de entre el pueblo, y te hice jefe de mi pueblo Israel. ⁸ Yo le quité el reino a la dinastía de David, para dártelo a ti. Pero tú no has sido como David, mi siervo, que cumplió mis mandamientos y me siguió con todo su corazón, y cuyos hechos fueron rectos a mis ojos; ⁹ tú te has comportado peor que todos los que hubo antes de ti; tú, para hacerme enojar, te has hecho otros dioses e imágenes de hierro fundido, y me has despreciado. ¹⁰ Por eso voy a traer el mal sobre tu descendencia: haré que mueran todos tus descendientes varones en Israel; ninguno quedará con vida.^c Barreré por completo tu descendencia, como si barriera estiércol. ¹¹ A tus parientes que mueran en la ciudad se los comerán los perros; y a los que mueran en el campo se los comerán las aves de rapiña, porque yo, el Señor, así lo he dispuesto.'

¹² "En cuanto a ti, mujer, levántate y vete a tu casa. Tan pronto pongas un pie en la ciudad, el niño morirá. ¹³ Entonces todo Israel hará lamentación por él, y lo enterrarán; pues él será el único descendiente de Jeroboam que tendrá sepultura. Porque de toda la descendencia de Jeroboam, solo en él ha encontrado el Señor, Dios de Israel, algo que le agrade. ¹⁴ Después pondrá en Israel un rey que acabará con la dinastía de Jeroboam en su día. De ahora en adelante^d ¹⁵ el Señor va a sacudir a Israel como la corriente del río sacude las cañas. Lo arrancará de esta buena tierra que dio a sus antepasados, y lo arrojará más allá del río Éufrates, por haber hecho representaciones de Astarté, causando con ello la irritación del Señor. ¹⁶ El Señor entregará a Israel por los pecados que Jeroboam ha cometido y que ha hecho cometer a Israel."^e

¹⁷ Entonces la mujer de Jeroboam se levantó y se fue, y llegó a Tirsá;^f y en cuanto cruzó el umbral de la casa, el niño murió. ¹⁸ Todo Israel fue a su entierro y lloró por él, según lo había anunciado el Señor por medio de su siervo, el profeta Ahías.

¹⁹ El resto de la historia de Jeroboam, las batallas en que tomó parte y otros detalles de su reinado, están escritos en el libro de las crónicas de los reyes de Israel.^g ²⁰ Jeroboam reinó durante veintidós años, y después de su muerte reinó en su lugar su hijo Nadab.

Reinado de Roboam en Judá (2 Cr 12.1-16) ²¹ En Judá reinaba Roboam,^h hijo de Salomón. Tenía cuarenta y un años cuando comenzó a reinar, y reinó durante diecisiete años en Jerusalén, la ciudad que el Señor escogió entre todas las ciudades de las tribus de Israel como residencia de su nombre. La madre de Roboam se llamaba Naamá, y era amonita.

²² Pero los hechos de Roboam fueron malos a los ojos del Señor, y le irritaron más que todos los pecados que cometieron sus antepasados, ²³ pues también ellos construyeron santuarios en lugares altos y levantaron piedras y troncos sagrados en toda colina alta y debajo de todo árbol frondoso.ⁱ ²⁴ También los hombres del país practicaban la prostitución como un culto,^j y se cometían todas las infamias practicadas por las naciones paganas que el Señor había arrojado de la presencia de los israelitas.

²⁵ En el quinto año del reinado de Roboam, Sisac, rey de Egipto, fue y atacó a Jerusalén,^k ²⁶ apoderándose de los tesoros del templo del Señor y del palacio real. Todo lo saqueó, y se llevó también todos los escudos de oro que había hecho Salomón.^l ²⁷ El rey Roboam hizo en su lugar escudos de bronce, y los dejó al cuidado de los oficiales de la guardia que vigilaba la entrada del palacio real. ²⁸ Y cada vez que el rey iba al templo del Señor, los guardias los llevaban. Luego volvían a ponerlos en el cuarto de guardia.

²⁹ El resto de la historia de Roboam y de todo lo que hizo, está escrito en el libro de las crónicas de los reyes de Judá.^m ³⁰ Hubo guerra continuamente entre Roboam y Jeroboam. ³¹ Y cuando Roboam murió, fue enterrado con sus antepasados en la Ciudad de David. Su madre se llamaba Naamá, y era de Amón. Después reinó en su lugar su hijo Abiam.

15 *Reinado de Abiam en Judá (2 Cr 13.1-22)*

¹ Abiam comenzó a reinar en Judá en el año dieciocho del reinado de Jeroboam, hijo de Nabat. ² Reinó en Jerusalén durante tres años. Su madre se llamaba Maacá, y era hija de Absalón. ³ Abiam cometió los mismos pecados que su padre había cometido antes que él, y su corazón no fue fiel al Señor su Dios, como lo fue el de David, antepasado suyo. ⁴ Sin embargo, por consideración a David, el Señor concedió que su lámpara^a continuara encendida en Jerusalén, al poner a su hijo en el trono después de él y afirmar a Jerusalén; ⁵ pues David se había conducido de manera digna de aprobación por parte del Señor, ya que nunca en su vida se apartó de lo que el Señor le había mandado, excepto en el asunto de Urías el hitita.^b

⁶⁻⁷ Hubo guerra continuamente entre Roboam y Jeroboam mientras Roboam vivió. Y también hubo guerra

---

^c **14.10** 1 R 15.29.

^d **14.14** *En su día. De ahora en adelante:* traducción probable. Heb. *este es hoy, y qué también ahora.*

^e **14.16** La referencia a *los pecados de Jeroboam* se repite como estribillo en los libros de *Reyes* (cf. 1 R 15.26,30,34; 16.2,13,19,26, etc.).

^f **14.17** Jeroboam trasladó la capital de su reino de Siquem a *Tirsá*, ciudad situada a unos 10 km. al nordeste de aquella. Más tarde, Omrí fundó la ciudad de Samaria, que pasó a ser la capital definitiva del reino del Norte (1 R 16.23-24). Véase también 1 R 12.1 nota *b* e *Índice de mapas*.

^g **14.19** *El libro de las crónicas de los reyes de Israel* era probablemente el registro en el que los escribas de la corte real hacían constar los principales acontecimientos protagonizados por los reyes del reino de norte. Junto con los anales del reino de Judá (cf. v. 29), este libro fue utilizado como fuente para la composición de los libros de *Reyes*. Véase 1 R 11.41 n.

^h **14.21** *Roboam:* según la versión griega (LXX). Heb. *Judá.*

ⁱ **14.23** 2 R 17.9-10.

^j **14.24** *La prostitución como un culto:* Véase Dt 23.17(18) n.

^k **14.25** 2 Cr 12.2-8.

^l **14.26** 1 R 10.16-27; 2 Cr 9.15-16.

^m **14.29** *El libro... Judá:* Véase 1 R 14.19 n.

^a **15.4** *Su lámpara:* Véase 11.36 n.

^b **15.5** 2 S 11.1-27.

entre Abiam y Jeroboam. ᶜ El resto de la historia de Abiam y de todo lo que hizo, está escrito en el libro de las crónicas de los reyes de Judá. ⁸ Y cuando Abiam murió, lo enterraron en la Ciudad de David. ᵈ Después reinó en su lugar su hijo Asá.

Reinado de Asá en Judá *(2 Cr 14.1-5; 15.16-19)* ⁹ Asá comenzó a reinar en Judá en el año veinte del reinado de Jeroboam en Israel, ¹⁰ y reinó en Jerusalén cuarenta años. Su abuela se llamaba Maacá, y era hija de Absalón.

¹¹ Los hechos de Asá fueron buenos a los ojos del Señor, como los de su antepasado David. ¹² Echó fuera del país a los hombres que practicaban la prostitución como un culto, y quitó todos los ídolos que sus antepasados habían hecho. ᵉ ¹³ También quitó la categoría de reina madre a Maacá, su abuela, porque había mandado hacer una imagen de Aserá. Asá destruyó aquella imagen, y la quemó en el arroyo Cedrón. ¹⁴ Y aunque no se quitaron los santuarios en lugares altos, Asá fue siempre fiel al Señor, ¹⁵ y puso en el templo del Señor todo el oro y la plata que tanto él como su padre habían dedicado al Señor.

Pacto de Asá con Ben-hadad ᶠ *(2 Cr 16.1-10)* ¹⁶ Hubo guerra continuamente entre Asá y Baasá, rey de Israel. ¹⁷ Y cuando Baasá fue a atacar a Judá, fortificó Ramá ᵍ para cortarle toda comunicación al rey de Judá. ¹⁸ Entonces Asá tomó todo el oro y la plata que aún había en los tesoros del templo del Señor y del palacio real, y por medio de sus funcionarios los envió a Ben-hadad, ʰ rey de Siria, que era hijo de Tabrimón y nieto de Hezión, y tenía su residencia en Damasco. También le envió este mensaje: ¹⁹ "Hagamos tú y yo un pacto, como hicieron nuestros padres. Aquí te envío oro y plata como regalo. Rompe el pacto que tienes con Baasá, rey de Israel, y así me dejará en paz."

²⁰ Ben-hadad aceptó la proposición del rey Asá y envió a los jefes de sus tropas a atacar las ciudades de Israel. Así conquistó Iión, Dan, Abel-bet-maacá, toda Quinéret ⁱ y toda la región de Neftalí. ʲ ²¹ Cuando Baasá lo supo, dejó de fortificar Ramá y regresó a Tirsá. ᵏ ²² Entonces el rey Asá mandó llamar a todo Judá, sin que faltara nadie, y se llevaron de Ramá las piedras y la madera que Baasá había usado para fortificarla, y con ellas el rey Asá fortificó Gueba de Benjamín y Mispá.

Muerte de Asá *(2 Cr 16.11-14)* ²³ El resto de la historia completa de Asá y de sus hazañas, y lo que hizo, y las ciudades que construyó, está escrito en el libro de las crónicas de los reyes de Judá. ˡ

En su ancianidad, Asá enfermó de los pies; ᵐ ²⁴ y cuando murió, lo enterraron con sus antepasados en la Ciudad de David. Después reinó en su lugar su hijo Josafat.

Reinado de Nadab en Israel ⁿ ²⁵ En el segundo año del reinado de Asá en Judá, Nadab, hijo de Jeroboam, comenzó a reinar en Israel, y su reinado duró dos años. ²⁶ Pero sus hechos fueron malos a los ojos del Señor; cometió los mismos pecados que su padre había cometido, con los cuales hizo pecar a los israelitas. ²⁷ Pero Baasá, hijo de Ahías, que pertenecía a la tribu de Isacar, ñ formó un complot contra él y lo mató en Guibetón, ᵒ ciudad filistea que Nadab estaba sitiando con todo el ejército israelita.

²⁸ Baasá mató a Nadab en el tercer año del reinado de Asá en Judá, y reinó en su lugar. ²⁹ Y tan pronto como empezó a reinar, mató a toda la familia de Jeroboam. Conforme a lo que el Señor había anunciado por medio de Ahías de Siló, Baasá exterminó por completo a la familia de Jeroboam. No dejó vivo a nadie. ᵖ ³⁰ Esto fue a causa de los pecados que Jeroboam había cometido, con los cuales hizo pecar a los israelitas, provocando así la ira del Señor, Dios de Israel.

³¹ El resto de la historia de Nadab y de todo lo que hizo, está escrito en el libro de las crónicas de los reyes de Israel.

³² Entre Asá y Baasá, rey de Israel, hubo guerra continuamente.

Reinado de Baasá en Israel ³³ En el tercer año del reinado de Asá en Judá, Baasá, hijo de Ahías, ᵠ comenzó a reinar en Tirsá sobre todo Israel, y reinó durante veinticuatro años. ³⁴ Pero los hechos de Baasá fueron malos a los ojos del Señor, pues cometió los mismos pecados con que Jeroboam hizo pecar a los israelitas. ʳ

16 ¹ Entonces el Señor se dirigió a Jehú, hijo de Hananí, ᵃ para decir en contra de Baasá: ² "Yo te levanté

ᶜ **15.6-7** 2 Cr 13.3-21.
ᵈ **15.8** *La Ciudad de David:* Véase 1 R 2.10 n.
ᵉ **15.12** 2 Cr 15.8-15.
ᶠ **15.16-22** El país de Siria había sido vasallo de David y Salomón, pero la división del reino (1 R 12) hizo posible que aquel se independizara. Durante casi toda la existencia del reino del norte, hubo guerras y conflictos entre los arameos de Siria e Israel. De acuerdo con el relato siguiente, Asá de Judá se aprovechó de esta situación para conseguir, mediante el pago de una fuerte suma, que el rey de Siria lo ayudara a liberarse de la presión a que tenía sometido el reino del norte.
ᵍ **15.17** *Ramá:* localidad perteneciente a la tribu de Benjamín, situada a 9 km. al norte de Jerusalén (Jos 18.25; Jer 31.15; Mt 2.18). Véase Jue 4.5 n.
ʰ **15.18** Más adelante se mencionan otros dos reyes arameos con el mismo nombre de *Ben-hadad:* el segundo en 1 R 20; 2 R 8.7, y el tercero en 2 R 13.20.
ⁱ **15.20** *Quinéret:* región cercana al lago de Genesaret. Véase Jos 11.2 nota c.
ʲ **15.20** *Neftalí:* Véase Jos 19.32 n.
ᵏ **15.21** *Tirsá:* Véanse 1 R 14.17 n.; 16.6 n.
ˡ **15.23** *Las crónicas de los reyes de Judá:* Véase 1 R 14.19 n.
ᵐ **15.23** *enfermó de los pies:* Al dar esta noticia, el texto paralelo de 2 Cr 16.12 critica el comportamiento de Asá.
ⁿ **15.25-32** En las secciones siguientes, el relato se ocupa exclusivamente del reino del norte y no volverá a referirse a Judá hasta 1 R 22.41.
ñ **15.27** *Isacar:* Véase Jos 19.17 n.
ᵒ **15.27** *Guibetón:* poblado que se encontraba en territorio filisteo, entre Ecrón y Guézer. Véase *Índice de mapas*.
ᵖ **15.29** 1 R 14.10-11.
ᵠ **15.33** Este *Ahías* no es el profeta mencionado en 1 R 11.29; 12.15.
ʳ **15.34** *Cometió... israelitas:* Véase 1 R 14.16 n.
ᵃ **16.1** *Jehú, hijo de Hananí:* Cf. 2 Cr 20.34.

del polvo y te puse como jefe de Israel, mi pueblo. Pero tú, al igual que Jeroboam, has hecho pecar a Israel, mi pueblo. Has provocado mi ira con tus pecados. ³ Por lo tanto, Baasá, voy a acabar contigo y con tu familia; voy a hacer con ella lo mismo que hice con la de Jeroboam, hijo de Nabat. ⁴ Cualquier pariente tuyo que muera en la ciudad, será devorado por los perros; y al que muera en el campo, se lo comerán las aves de rapiña." *ᵇ*

⁵ El resto de la historia de Baasá, y de lo que hizo, y de sus hazañas, está escrito en el libro de las crónicas de los reyes de Israel. *ᶜ* ⁶ Cuando murió Baasá, lo enterraron en Tirsá. *ᵈ* Después reinó en su lugar su hijo Elá.

⁷ Por medio del profeta Jehú, hijo de Hananí, el Señor pronunció sentencia contra Baasá y su familia, porque sus hechos fueron malos a sus ojos. Baasá irritó al Señor, porque sus acciones fueron semejantes a las de Jeroboam y su familia, a quienes destruyó.

Reinados de Elá y de Zimrí en Israel ⁸ En el año veintiséis del reinado de Asá en Judá, Elá, hijo de Baasá, comenzó a reinar sobre Israel en Tirsá, y reinó durante dos años; ⁹ pero Zimrí, un oficial suyo al mando de la mitad de los carros de combate, formó un complot contra él. Un día en que Elá estaba en Tirsá, en casa de Arsá, su mayordomo, bebió hasta emborracharse. ¹⁰ De pronto llegó Zimrí y lo mató, para reinar en su lugar. Esto sucedió en el año veintisiete del reinado de Asá en Judá.

¹¹ Tan pronto como Zimrí subió al trono y comenzó a reinar, mató a toda la familia de Baasá, sin dejar vivo a ningún varón, pariente o amigo, que pudiera vengarlo. ¹² Así pues, Zimrí aniquiló a toda la familia de Baasá, conforme a la sentencia que el Señor había pronunciado contra Baasá por medio del profeta Jehú, ¹³ a causa de todos los pecados de Baasá y de su hijo Elá, con cuales hicieron pecar también a los israelitas, irritando con su idolatría al Señor, Dios de Israel.

¹⁴ El resto de la historia de Elá y de todo lo que hizo, está escrito en el libro de las crónicas de los reyes de Israel.

¹⁵ En el año veintisiete del reinado de Asá en Judá, y estando el ejército israelita acampado para atacar la ciudad filistea de Guibetón, Zimrí comenzó a reinar en Tirsá. Pero solo reinó siete días, ¹⁶ porque el mismo día en que el ejército que estaba en el campamento supo que Zimrí había conspirado contra el rey y lo había matado, todos en el campamento proclamaron rey de Israel a Omrí, *ᵉ* general del ejército. ¹⁷ Entonces Omrí y todo el ejército israelita dejaron de atacar Guibetón y atacaron Tirsá.

¹⁸ Al ver Zimrí que la ciudad había sido tomada, se metió en el reducto del palacio real, prendió fuego al palacio estando él dentro, y así murió. ¹⁹ Esto sucedió por causa de los pecados que cometió y por sus malas acciones a los ojos del Señor, pues cometió los mismos pecados que Jeroboam, con los cuales hizo pecar también a los israelitas.

²⁰ El resto de la historia de Zimrí y de su conspiración contra el rey Elá, está escrito en el libro de las crónicas de los reyes de Israel.

Reinado de Omrí en Israel ²¹ Entonces el pueblo de Israel se dividió en dos bandos. Unos estaban a favor de Tibní, hijo de Guinat, para que fuera el rey, y otros estaban a favor de Omrí. ²² Finalmente, el partido de Omrí se impuso al partido de Tibní, hijo de Guinat. Tibní murió, y así Omrí llegó a ser rey.

²³ Omrí comenzó a reinar en Israel en el año treinta y uno del reinado de Asá en Judá, y reinó durante doce años, de los cuales reinó seis en Tirsá. ²⁴ Le compró a Sémer el monte de Samaria por sesenta y seis kilos de plata, y allí construyó una ciudad fortificada a la que llamó Samaria, porque el dueño anterior del monte se llamaba Sémer. ²⁵ Los hechos de Omrí fueron malos a los ojos del Señor, e incluso peores que los de los reyes anteriores a él, ²⁶ pues cometió los mismos pecados que Jeroboam, hijo de Nabat, con los cuales hizo pecar también a los israelitas, provocando con su idolatría la ira del Señor, Dios de Israel. *ᶠ*

²⁷ El resto de la historia de Omrí y de todo lo que hizo, y de sus hazañas, está escrito en el libro de las crónicas de los reyes de Israel. *ᵍ* ²⁸ Cuando murió, lo enterraron en Samaria. Después reinó en su lugar su hijo Ahab.

Reinado de Ahab en Israel *ʰ* ²⁹ En el año treinta y ocho del reinado de Asá en Judá, Ahab, hijo de Omrí, comenzó a reinar en Israel. Y reinó sobre Israel durante veintidós años, en la ciudad de Samaria. ³⁰ Pero su conducta fue reprobable a los ojos del Señor, e incluso peor que la de los reyes anteriores a él, ³¹ pues no le importó cometer los mismos pecados de Jeroboam, hijo de Nabat. Para colmo, se casó con Jezabel, *ⁱ* hija de Et-baal, rey de Sidón, y acabó

ᵇ **16.3-4** Cf. 1 R 14.10-11.

ᶜ **16.5** *El libro... Israel:* Véase 1 R 14.19 n.

ᵈ **16.6** *Tirsá* fue la capital del reino de Israel durante los reinados de Baasá (1 R 15.21), de Elá y de Zimrí (1 R 16.8-10), hasta la fundación de Samaria en tiempos de Omrí. Véanse 1 R 13.32 n.; 14.17 n.

ᵉ **16.16** *Omrí,* el sexto rey de Israel, fue un gran hombre de estado, aunque el libro de *Reyes,* interesado solamente en la evaluación religiosa de los monarcas de Israel y de Judá, pronuncia sobre él un juicio severo. Incluso después de la desaparición de su dinastía, los asirios siguieron designando el reino de Israel con el nombre de *Bethumrí,* "la casa de Omrí". Él hizo construir la ciudad de Samaria para convertirla en capital del reino. Véanse 1 R 14.17 n.; 16.6 n.

ᶠ **16.26** Sobre *los pecados de Jeroboam,* véase 1 R 14.16 n.

ᵍ **16.27** *El libro de las crónicas de los reyes de Israel:* Véase 1 R 14.19 n.

ʰ **16.29-34** Con esta sección se inicia el reinado de Ahab, que ocupa una considerable extensión en el relato bíblico debido a la crisis religiosa que desencadenó su matrimonio con la reina fenicia Jezabel (1 R 16.29—22.40). Elías ejerció su ministerio durante el reinado de Ahab. Fue aquel uno de los más grandes profetas de la historia hebrea, cuya influencia se deja ver hasta el NT. Cf. Mal 4.5-6(3.23-24); Eclo 48.1-14; Mc 9.4-5,11-13; 15.35.

ⁱ **16.31** El nombre de la princesa fenicia *Jezabel* podría significar *¿Dónde está el Príncipe?* (es decir, Baal), o bien, *El Príncipe existe.* Al contraer matrimonio con Ahab, Jezabel llegó a Samaria con su religión y sus profetas (cf. 1 R 18.19), hecho bastante frecuente en aquella época (cf. 11.1-5). Luego emprendió una verdadera cruzada a fin de conquistar a Israel para la religión de Baal, pero encontró un insobornable opositor en el profeta Elías. En el libro de *Apocalipsis,* el nombre de *Jezabel* se aplica figuradamente a una falsa profetisa, que engañaba a los cristianos con sus enseñanzas (véase Ap 2.20 n.; 2.21 n.).

por adorar y rendir culto a Baal,^{j} ^{32} y construyó un altar y un templo a Baal en Samaria. ^{33} Hizo también una imagen de Aserá,^{k} con lo que irritó al Señor, Dios de Israel, más que todos los reyes de Israel anteriores a él.

^{34} En tiempos de Ahab, Hiel, el de Betel, reconstruyó la ciudad de Jericó.^{l} A costa de Abiram, su hijo mayor, echó los cimientos, y a costa de Segub, su hijo menor, puso las puertas, conforme a lo que el Señor había dicho por medio de Josué, hijo de Nun.^{m}

V. HISTORIA DEL PROFETA ELÍAS EN TIEMPOS DE AHAB (17—21)

17 **Elías anuncia la sequía**^{a} ^{1} El profeta Elías,^{b} que era de Tisbé,^{c} de la región de Galaad, dijo a Ahab: "¡Juro por el Señor, Dios de Israel, a quien sirvo, que en estos años no lloverá, ni caerá rocío hasta que yo lo diga!"^{d}

^{2} Por eso el Señor le dijo a Elías: ^{3} "Vete de aquí, hacia el oriente, y escóndete en el arroyo Querit, que está al oriente del Jordán.^{e} ^{4} Allí podrás beber agua del arroyo, y he ordenado a los cuervos que te lleven comida."

^{5} Elías hizo lo que el Señor le ordenó, y fue y se quedó a vivir junto al arroyo Querit, al oriente del río Jordán. ^{6} Y los cuervos le llevaban pan y carne por la mañana y por la tarde. El agua la bebía del arroyo. ^{7} Pero al cabo de unos días el arroyo se secó, porque no llovía en el país.

Elías y la viuda de Sarepta^f ^{8} Entonces el Señor le dijo a Elías: ^{9} "Levántate y vete a la ciudad de Sarepta, en Sidón,^{g} y quédate a vivir allá. Ya le he ordenado a una viuda que allí vive, que te dé de comer."

^{10} Elías se levantó y se fue a Sarepta. Al llegar a la entrada de la ciudad, vio a una viuda que estaba recogiendo leña. La llamó y le dijo:

—Por favor, tráeme en un vaso un poco de agua para beber.

^{11} Ya iba ella a traérselo, cuando Elías la volvió a llamar y le dijo:

—Por favor, tráeme también un pedazo de pan.

^{12} Ella le contestó:

—Te juro por el Señor tu Dios que no tengo nada de pan cocido. No tengo más que un puñado de harina en una tinaja y un poco de aceite en una jarra, y ahora estaba recogiendo un poco de leña para ir a cocinarlo para mi hijo y para mí. Comeremos, y después nos moriremos de hambre.

^{13} Elías le respondió:

—No tengas miedo. Ve a preparar lo que has dicho. Pero primero, con la harina que tienes, hazme una torta pequeña y tráemela, y haz después otras para ti y para tu hijo. ^{14} Porque el Señor, Dios de Israel, ha dicho que no se acabará la harina de la tinaja ni el aceite de la jarra hasta el día en que el Señor haga llover sobre la tierra.

^{15} La viuda fue e hizo lo que Elías le había ordenado. Y ella y su hijo^h y Elías tuvieron comida para muchos días. ^{16} No se acabó la harina de la tinaja ni el aceite de la jarra, tal como el Señor lo había dicho por medio de Elías.

^{17} Algún tiempo después cayó enfermo el hijo de la viuda, y su enfermedad fue gravísima, tanto que hasta dejó de respirar. ^{18} Entonces la viuda le dijo a Elías:

—¿Qué tengo yo que ver contigo, hombre de Dios? ¿Has venido a recordarme mis pecados y a hacer que mi hijo se muera?

^{19} —Dame acá tu hijo —le respondió él.

Y tomándolo del regazo de la viuda, lo subió al cuarto donde él estaba alojado y lo acostó sobre su cama. ^{20} Luego clamó al Señor en voz alta: "Señor y Dios mío, ¿también has de causar dolor a esta viuda, en cuya casa estoy alojado, haciendo morir a su hijo?"

^{21} Y en seguida se tendió tres veces sobre el niño, y clamó al Señor en voz alta: "Señor y Dios mío, ¡te ruego que devuelvas la vida a este niño!"^{i}

^{22} El Señor atendió a los ruegos de Elías, e hizo que el niño reviviera. ^{23} Inmediatamente Elías tomó al niño, lo bajó de su cuarto a la planta baja de la casa y lo entregó a su madre, diciéndole:

—¡Mira, tu hijo está vivo!

^{24} Y la mujer le respondió:

—Ahora sé que realmente eres un hombre de Dios, y que lo que dices es la verdad del Señor.

---

^{j} **16.31** *Baal:* Véase Jue 2.13 n.
^{k} **16.33** *Aserá:* Véase Jue 3.7 nota *c*.
^{l} **16.34** Es probable que la reconstrucción de *Jericó* haya tenido como finalidad proteger la frontera oriental de Palestina contra las incursiones de los moabitas. El texto bíblico aclara que esa reconstrucción violaba el antiguo juramento que Josué había hecho pronunciar en tiempos de la conquista de Canaán (Jos 6.26).
^{m} **16.34** Suele afirmarse con cierta frecuencia que este v. alude a una práctica conocida como "sacrificios de fundación", que consistía en enterrar los cadáveres de niños recién nacidos en los fundamentos de los edificios para asegurar así los atributos de estabilidad y permanencia. Sin embargo, no es del todo seguro que esta costumbre haya sido habitual en Canaán. Por eso, podría pensarse también que dos hijos de Hiel murieron mientras se estaba reconstruyendo la ciudad de Jericó, y que en esas muertes se vio el cumplimiento de la maldición pronunciada por Josué (Jos 6.26).
^{a} **17.1-7** Aquí comienza el ciclo de *Elías*, el gran profeta que ejerció su ministerio profético en el reino del norte, durante los reinados de Ahab y Ocozías, es decir, entre los años 874 y 852 a.C. Los caps. referentes a Elías son 1 R 17—19; 21 y 2 R 1.1-17.
^{b} **17.1** El nombre *Elías* significa *Yahvé es Dios*, o *Yahvé es mi Dios* (cf. 1 R 18.39). Nótese que los dos protagonistas de la lucha, Elías y Jezabel, llevan en sus propios nombres el de sus dioses (véase 1 R 16.31 nota *i*). En ambos casos, el nombre coincide con la misión del personaje.
^{c} **17.1** *De Tisbé:* según la versión griega (LXX). Heb. *de entre los huéspedes de*. Tisbé se encontraba al este del Jordán, en la región de *Galaad*. Véase Dt 2.36-37 n. En el AT esa localidad se menciona solamente en la historia de Elías, llamado el *tisbita* (1 R 21.17; 2 R 1.3,8; 9.36; cf. Tb 1.2).
^{d} **17.1** Eclo 48.2-3; Stg 5.17.
^{e} **17.3** Este *arroyo* corre por una quebrada estrecha y profunda, y podía, por eso mismo, servir de excelente refugio.
^{f} **17.8-24** El siguiente relato establece un contraste entre Jezabel, que siembra la muerte en Israel (cf. 1 R 18.4), y el profeta Elías, que da vida en Fenicia, la región de donde provenía aquella reina pagana.
^{g} **17.9** *Sarepta:* localidad fenicia, situada a unos 15 km. al sur de *Sidón* (véase Jos 11.8 n.), en una región que en aquel tiempo no estaba bajo el control del rey Ahab. Cf. Lc 4.25-26. Véase *Índice de mapas*.
^{h} **17.15** *Su hijo:* traducción probable. Heb. *su casa*.
^{i} **17.21** Cf. 2 R 4.34-35; Hch 20.9-10.

ELÍAS

Datos importantes de su vida	Referencias
Profetiza al rey Ahab una sequía de tres años.	1 R 17.1
Va al arroyo de Querit; los cuervos le llevan comida.	1 R 17.2-7
Al secarse el arroyo de Querit, va a Sarepta. Allí se aloja en casa de una viuda. La pequeña ración de harina y aceite de la viuda se multiplica milagrosamente mientras dura la sequía. El hijo de la viuda enferma y muere; Elías lo resucita.	1 R 17.8-24
Al pasar los 3 años, Elías vuelve a presentarse ante Ahab. Reta a los profetas de Baal. El Señor prueba que solo él es Dios. Acaba la sequía.	1 R 18
Huye para escapar de la venganza de Jezabel, esposa de Ahab.	1 R 19.1-4
En el monte Horeb, Dios lo anima, le da una nueva visión y nuevas instrucciones.	1 R 19.5-18
Consagra a Eliseo como su sucesor.	1 R 19.16,19-21
Ahab desea la viña de Nabot y Jezabel arregla el asesinato de este para obtenerla. Elías pronuncia el juicio de Dios sobre Ahab y Jezabel.	1 R 21
Ocozías, sucesor de Ahab, es herido. Elías le anuncia que va a morir.	2 R 1
Elías y Eliseo van a diferentes lugares. Elías es llevado al cielo en un torbellino, dejando a Eliseo como profeta en su lugar.	2 R 2.1-12

Otras referencias: Mal 4.5(3.23); Mt 11.14; 17.3-4; 17.10-12; Ro 11.2; Stg 5.17

18

Elías vuelve a presentarse ante Ahab **1** El tiempo pasó. Tres años después,[a] el Señor se dirigió a Elías y le dijo: "Ve y preséntate ante Ahab, pues voy a mandar lluvia sobre la tierra."

2 Elías fue y se presentó ante Ahab. El hambre que había en Samaria era tremenda. **3** Ahab llamó a Abdías, su mayordomo, que adoraba al Señor con profunda reverencia **4** y que, cuando Jezabel comenzó a matar a los profetas del Señor,[b] había recogido a cien de ellos y, después de dividirlos en dos grupos de cincuenta, los había escondido en dos cuevas y les había dado el alimento necesario. **5** Ahab le dijo a Abdías:

—Anda, vamos a recorrer el país y todos los manantiales y los ríos, a ver si podemos encontrar pasto para mantener vivos los caballos y las mulas. De lo contrario, nos quedaremos sin bestias.

6 Así pues, se repartieron las zonas del país que debían recorrer, y Ahab se fue por un camino y Abdías por otro. **7** Ya en el camino, Elías salió al encuentro de Abdías, que al reconocerlo se inclinó ante él y exclamó:

—¡Pero si es mi señor Elías!

8 —Sí, yo soy —respondió Elías. Y añadió—: Anda, dile a tu amo que estoy aquí.

9 Abdías contestó:

—¿Qué falta he cometido yo para que me entregues a Ahab y que él me mate? **10** Juro por el Señor tu Dios que no hay nación ni reino adonde mi amo no haya enviado a buscarte; y cuando respondían que no estabas allí, mi amo les hacía jurar que en verdad no te habían hallado. **11** ¡Y ahora me pides que vaya y le diga a mi amo que estás aquí! **12** Lo que va a pasar es que, al separarme yo de ti, el espíritu del Señor te llevará[c] a donde yo no sepa. Y cuando yo vaya a darle la noticia a Ahab, él no te encontrará y me matará. Este siervo tuyo, desde su juventud, siempre ha honrado al Señor. **13** ¿Acaso no te han contado lo que hice cuando Jezabel estaba matando a los profetas del Señor? Pues escondí a cien de ellos, y en grupos de cincuenta los metí en dos cuevas y les di el alimento necesario. **14** ¿Y ahora me pides que vaya y le diga a mi amo que tú estás aquí? ¡Me matará!

15 Elías le respondió:

—Juro por el Señor todopoderoso, a quien sirvo, que hoy mismo me presentaré ante Ahab.

16 Abdías fue a buscar a Ahab y darle el aviso, y entonces Ahab fue a encontrarse con Elías. **17** Cuando lo vio, le dijo:

—¿Así que tú eres el que está trastornando a Israel?

18 —Yo no lo estoy trastornando —contestó Elías—, sino tú y tu gente, por dejar los mandamientos del Señor y rendir culto a las diferentes representaciones de Baal. **19** Manda ahora gente que reúna a todos los israelitas en el monte Carmelo,[d] con los cuatrocientos cincuenta profetas de Baal y los cuatrocientos profetas de Aserá, a quienes Jezabel mantiene.

Elías y los profetas de Baal **20** Ahab mandó llamar a todos los israelitas, y reunió a los profetas en el monte Carmelo. **21** Entonces Elías, acercándose a todo el pueblo, dijo:

—¿Hasta cuándo van a continuar ustedes con este doble juego? Si el Señor es el verdadero Dios, síganlo a él, y si Baal lo es, a él deberán seguirlo.

---

[a] **18.1** Cf. 1 R 17.1.
[b] **18.4** Acerca de estos *profetas del Señor*, cf. 1 S 10.5-13; 2 R 2.3-5.
[c] **18.12** *El espíritu del Señor te llevará:* Cf. 2 R 2.16; Ez 3.12,14; 8.3; 11.1; 43.5; Hch 8.39.
[d] **18.19** El *Carmelo* es una cadena montañosa que se extiende a unos 30 km. al borde de la llanura de Jezreel o Esdrelón, y termina en un promontorio que da sobre el mar Mediterráneo. Tenía carácter sagrado tanto para los israelitas como para los fenicios, y la abundante vegetación que lo cubre llegó a ser para el AT un símbolo de fecundidad y hermosura. Cf. Is 35.2; Jer 46.18; Cnt 7.5(6). Véase *Índice de mapas.*

El pueblo no respondió palabra. ²² Y Elías continuó diciendo:

—Yo soy el único profeta del Señor que ha quedado con vida, en tanto que de Baal hay cuatrocientos cincuenta profetas. ²³ Pues bien, que se nos den dos becerros, y que ellos escojan uno, y lo descuarticen y lo pongan sobre la leña, pero que no le prendan fuego. Yo, por mi parte, prepararé el otro becerro y lo pondré sobre la leña, pero tampoco le prenderé fuego. ²⁴ Luego ustedes invocarán a sus dioses, y yo invocaré al Señor, ¡y el dios que responda enviando fuego, ᵉ ese es el Dios verdadero!

—¡Buena propuesta! —respondió todo el pueblo.

²⁵ Entonces Elías dijo a los profetas de Baal:

—Escojan uno de los becerros, y prepárenlo primero, ya que ustedes son muchos. Luego invoquen a su dios, pero no enciendan fuego.

²⁶ Así pues, ellos tomaron el becerro que se les entregó, y lo prepararon, y desde la mañana hasta el mediodía invocaron a Baal. Decían: "¡Contéstanos, Baal!", y daban pequeños brincos alrededor del altar que habían construido, ᶠ pero ninguna voz les respondía. ²⁷ Hacia el mediodía, Elías se burlaba de ellos diciéndoles:

—Griten más fuerte, porque es un dios. A lo mejor está ocupado, o está haciendo sus necesidades, o ha salido de viaje. ¡Tal vez esté dormido y haya que despertarlo! ᵍ

²⁸ Ellos seguían gritando y cortándose con cuchillos y lancetas, como tenían por costumbre, hasta quedar bañados en sangre. ʰ ²⁹ Pero pasó el mediodía, y aunque ellos continuaron gritando y saltando como locos hasta la hora de ofrecer el sacrificio, ⁱ no hubo ninguna respuesta. ¡Nadie contestó ni escuchó! ³⁰ Entonces Elías dijo a toda la gente:

—Acérquense a mí.

Toda la gente se acercó a él, y él se puso a reparar el altar del Señor, que estaba derrumbado. ʲ ³¹ Tomó doce piedras, ᵏ conforme al número de las tribus de los hijos de Jacob, a quien el Señor dijo que se llamaría Israel, ˡ ³² y construyó con ellas un altar al Señor; hizo luego una zanja alrededor del altar, donde cabrían unos veinte litros de grano, ³³ y tras acomodar la leña, descuartizó el becerro y lo puso sobre ella. ³⁴ Luego dijo:

—Llenen cuatro cántaros de agua, y vacíenlos sobre el holocausto y la leña.

Luego mandó que lo hicieran por segunda y tercera vez, y así lo hicieron ellos. ³⁵ El agua corría alrededor del altar, y también llenó la zanja. ³⁶ A la hora de ofrecer el holocausto, ᵐ el profeta Elías se acercó y exclamó: "¡Señor, Dios de Abraham, Isaac e Israel: haz que hoy se sepa que tú eres el Dios de Israel, y que yo soy tu siervo, y que hago todo esto porque me lo has mandado! ³⁷ ¡Respóndeme, Señor; respóndeme, para que esta gente sepa que tú eres Dios, y que los invitas a volverse de nuevo a ti!"

³⁸ En aquel momento, el fuego del Señor cayó y quemó el holocausto, la leña y hasta las piedras y el polvo, y consumió el agua que había en la zanja. ³⁹ Al ver esto, toda la gente se inclinó hasta tocar el suelo con la frente, y dijo: "¡El Señor es Dios, el Señor es Dios!" ⁿ

⁴⁰ Entonces Elías les dijo:

—¡Atrapen a los profetas de Baal! ¡Que no escape ninguno!

La gente los atrapó, y Elías los llevó al arroyo Quisón y allí los degolló. ñ

Elías ora para que llueva ⁴¹ Después Elías dijo a Ahab:

—Vete a comer y beber, porque ya se oye el ruido del aguacero.

⁴² Ahab se fue a comer y beber. Pero Elías subió a lo alto del monte Carmelo y, arrodillándose en el suelo, se inclinó hasta poner la cara entre las rodillas, ⁴³ dijo a su criado:

—Ve y mira hacia el mar.

Él fue y miró, y luego dijo:

—No hay nada.

Pero Elías le ordenó:

—Vuelve siete veces.

⁴⁴ La séptima vez el criado dijo:

—¡Allá, subiendo del mar, ᵒ se ve una nubecita del tamaño de una mano!

Entonces Elías le dijo:

—Ve y dile a Ahab que enganche su carro y se vaya antes que se lo impida la lluvia.

⁴⁵ Ahab subió a su carro y se fue a Jezreel. ᵖ Mientras tanto, el cielo se oscureció con nubes y viento, y cayó un fuerte aguacero. ᑫ ⁴⁶ En cuanto a Elías, el Señor le dio fuerzas; y luego de arreglarse la ropa, corrió hasta Jezreel y llegó antes que Ahab.

ᵉ **18.24** *Fuego:* El profeta del Señor desafía a los profetas de Baal en el terreno en que ellos pretendían ser fuertes, ya que Baal era venerado como el dios de las tormentas y de los fenómenos meteorológicos. En algunos relieves aparece con un "rayo" en su mano. Véase Jue 2.13 n.

ᶠ **18.26** Estas danzas rituales, que incluían a veces contorsiones grotescas, eran frecuentes en el mundo antiguo y lo son todavía en muchos de los pueblos llamados primitivos.

ᵍ **18.27** *¡Tal vez esté dormido y haya que despertarlo!:* Algunos intérpretes ven en estas palabras de Elías una alusión sarcástica al mito fenicio del dios Baal. Según este mito, Baal, el dios de las lluvias, moría y volvía a la vida de acuerdo con el ciclo de las estaciones: cuando cesaban las lluvias y empezaba la estación seca, era vencido por Mot, el dios de la muerte, y bajaba al reino de los muertos; pero luego despertaba de su largo sueño, cuando retornaban las lluvias y renacía la vegetación.

ʰ **18.28** Herirse hasta sangrar por razones rituales era una práctica prohibida por la ley hebrea (Lv 19.28; 21.5; Dt 14.1). Véase, sin embargo, Jer 16.6; 41.5.

ⁱ **18.29** *La hora de ofrecer el sacrificio:* es decir, las tres de la tarde (cf. Hch 3.1).

ʲ **18.30** El *altar del Señor* había sido destruido por los adoradores de Baal.

ᵏ **18.31** *Doce piedras:* Véase Ex 24.4 n.

ˡ **18.31** Gn 32.28; 35.10.

ᵐ **18.36** *La hora... holocausto:* Véase 18.29 n.

ⁿ **18.39** Véase 1 R 17.1 nota *b*.

ñ **18.40** Esta decisión de Elías se explica a partir de la ley deuteronómica, que obligaba a exterminar a todos aquellos que arrastraran al pueblo por el camino de la idolatría y de la infidelidad al Señor (Dt 13.12-18[13-19]; 20.12-13).

ᵒ **18.44** Este *mar* es el Mediterráneo, que podía verse desde el monte Carmelo. Véase 1 R 18.19 n.

ᵖ **18.45** *Jezreel* era una ciudad situada en la llanura del mismo nombre, cercana al monte Guilboa. Fue para algunos reyes de Israel una especie de segunda capital. Cf. 1 R 21.1; 2 R 8.29; 9.30.

ᑫ **18.42-45** Stg 5.17-18.

19 Elías huye a Horeb

1 Ahab contó a Jezabel todo lo que Elías había hecho y cómo había degollado a todos los profetas de Baal. **2** Entonces Jezabel[a] mandó un mensajero a decirle a Elías: "¡Si tú eres Elías, yo soy Jezabel! Y que los dioses me castiguen duramente, si mañana a esta hora no he hecho contigo lo mismo que tú hiciste con esos profetas."

3 Elías se dio cuenta de que corría peligro, y para salvar su vida se fue a Beerseba,[b] que pertenece a Judá, y allí dejó a su criado. **4** Luego él se fue hacia el desierto, y caminó durante un día, hasta que finalmente se sentó bajo una retama.[c] Era tal su deseo de morirse, que dijo: "¡Basta ya, Señor! ¡Quítame la vida, pues yo no soy mejor que mis padres!"[d]

5 Y se acostó allí, bajo la retama, y se quedó dormido. Pero un ángel llegó, y tocándolo le dijo: "Levántate y come." **6** Elías miró a su alrededor, y vio que cerca de su cabecera había una torta cocida sobre las brasas y una jarra de agua. Entonces se levantó, y comió y bebió; después se volvió a acostar. **7** Pero el Ángel del Señor vino por segunda vez, y tocándolo le dijo: "Levántate y come, porque si no el viaje sería demasiado largo para ti." **8** Elías se levantó, y comió y bebió. Y aquella comida le dio fuerzas para caminar cuarenta días y cuarenta noches hasta llegar a Horeb, el monte de Dios.[e] **9** Al llegar, entró en una cueva, y allí pasó la noche. Pero el Señor se dirigió a él, y le dijo: "¿Qué haces aquí, Elías?"[f]

10 Él respondió: "He sentido mucho celo por ti, Señor, Dios todopoderoso, porque los israelitas han abandonado tu alianza y derrumbado tus altares, y a filo de espada han matado a tus profetas. Solo yo he quedado, y me están buscando para quitarme la vida."

11 Y el Señor le dijo: "Sal fuera y quédate de pie ante mí, sobre la montaña."

En aquel momento pasó el Señor, y un viento fuerte y poderoso desgajó la montaña y partió las rocas ante el Señor; pero el Señor no estaba en el viento. Después del viento hubo un terremoto; pero el Señor tampoco estaba en el terremoto. **12** Y tras el terremoto hubo un fuego; pero el Señor no estaba en el fuego. Pero después del fuego se oyó un sonido suave y delicado. **13** Al escucharlo, Elías se cubrió la cara con su capa,[g] y salió y se quedó a la entrada de la cueva. En esto llegó a él una voz que le decía: "¿Qué haces ahí, Elías?"

14 Él contestó: "He sentido mucho celo por ti, Señor, Dios todopoderoso, porque los israelitas han abandonado tu alianza y derrumbado tus altares, y a filo de espada han matado a tus profetas. Solo yo he quedado, y me andan buscando para quitarme la vida."[h]

15 Entonces el Señor le dijo: "Anda, regresa por donde viniste al desierto de Damasco. Ve y consagra a Hazael como rey de Siria,[i] **16** y a Jehú, nieto[j] de Nimsí, como rey de Israel;[k] a Eliseo, hijo de Safat, del pueblo de Abel-meholá, conságralo como profeta en lugar tuyo.[l] **17** De esta manera, a quien escape de la espada de Hazael, lo matará Jehú, y a quien escape de la espada de Jehú, lo matará Eliseo. **18** No obstante, yo dejaré en Israel siete mil personas[m] que no se han arrodillado ante Baal[n] ni lo han besado."[ñ]

Llamamiento de Eliseo **19** Elías se fue de allí y encontró a Eliseo, que estaba arando. Delante de Eliseo iban doce yuntas de bueyes,[o] y él mismo llevaba la última. Elías se dirigió a él y le echó su capa encima.[p] **20** Al instante Eliseo dejó los bueyes, corrió tras Elías, y le dijo:

—Déjame dar a mis padres un beso de despedida, y luego te seguiré.

—Puedes ir —dijo Elías—, pero recuerda lo que he hecho contigo.[q]

21 Eliseo se apartó de Elías, y fue, tomó dos toros y los descuartizó, y con la madera del yugo asó la carne[r] y dio de

---

[a] **19.2** *¡Si tú eres Elías, yo soy Jezabel!:* según la versión griega (LXX); esta frase no aparece en el texto hebreo. Acerca del significado de esos dos nombres, véase 17.1 nota *b*.

[b] **19.3** La ciudad de *Beerseba* se encontraba en el extremo meridional de Judá, a 210 km. al sur de Jezreel.

[c] **19.4** La *retama* es el arbusto de mayor tamaño en las regiones desérticas de Palestina y Arabia; ofrece una sombra muy apreciada por los viajeros (cf. Job 30.4; Sal 120.4).

[d] **19.4** Cf. Nm 11.14; Job 7.15; Jon 4.3,8; Tb 3.6.

[e] **19.8** *Horeb:* más conocido como *Sinaí.* Véase Ex 3.1 n. Elías va hacia el *monte de Dios,* donde el Señor se había revelado a Moisés y había establecido alianza con Israel. Este retorno a los orígenes manifiesta su propósito de restaurar la fe de Israel en toda su pureza.

[f] **19.9** Este encuentro del Señor con Elías tiene como escenario el monte donde el mismo Señor, varios siglos antes, había establecido su pacto con Israel (cf. Ex 19; 24; 33—34). Hay, sin embargo, una notable diferencia en el modo de la revelación divina: según Ex 19, el Señor manifestó su presencia en el huracán, el terremoto y el fuego; aquí, en cambio, esos fenómenos son las señales que preceden al *sonido suave y delicado* (v. 12) en el cual se hace presente el Señor. Esta nueva manera de experimentar la presencia divina acentúa el contraste entre el Señor, Dios de Israel, y Baal, que en tiempos de Elías era conocido como dios de las tormentas, del rayo y de los fenómenos meteorológicos. Véase 1 R 18.24 n.

[g] **19.13** *Se cubrió la cara con su capa:* Véase Ex 3.6 nota *e*.

[h] **19.14** Ro 11.3.

[i] **19.15** 2 R 8.7-13.

[j] **19.16** *Nieto:* lit. *hijo.* Cf. 2 R 9.2,14.

[k] **19.16** *Jehú... rey de Israel:* Cf. 2 R 9.1-2.

[l] **19.16** *Conságralo:* Llama la atención esta orden de consagrar a un profeta, ya que habitualmente solo los reyes y los sacerdotes recibían la unción con el aceite sagrado. Véanse 1 R 1.34 n.; Sal 2.2 n.; cf. Lv 8.12.

[m] **19.18** *Siete mil personas:* Esta cantidad es un número redondo múltiplo de siete, que era considerado número perfecto. Véase Gn 4.23-24 n.

[n] **19.18** Ro 11.4.

[ñ] **19.18** *Besado:* Cf. Os 13.2. En Ro 11.5, Pablo comenta este v. recurriendo a la idea del resto o remanente fiel, es decir, de ese pequeño grupo elegido por Dios para llevar a cabo sus designios, a pesar de la infidelidad o el pecado de la mayoría. Cf. Am 5.15; Is 4.2-6; 10.20; 11.11.

[o] **19.19** La cantidad de *bueyes* indica que Eliseo pertenecía a una familia campesina de buena posición económica.

[p] **19.19** En el antiguo Israel, el gesto de echar *encima* el manto o *la capa* equivalía a una toma de posesión y a la adquisición de un derecho (véase Rt 3.9 n.). A la vez, este gesto era aquí una especie de investidura para el ministerio profético, ya que Eliseo, al quedar en posesión del manto de Elías, recibió también en espíritu y el poder que lo capacitaban para continuar la misión de su maestro. Cf. 2 R 2.13-15.

[q] **19.20** Cf. Lc 9.61.

[r] **19.21** El gesto simbólico de romper el yugo y de sacrificar los bueyes, elementos con los que estaba identificada la vida campesina de Eliseo, señala la ruptura total con el pasado para el desempeño de una misión nueva.

comer a la gente. Después se fue tras Elías y quedó a su servicio.

20 Ahab derrota a los sirios [a]

1 Ben-hadad, rey de Siria, reunió a todo su ejército, y a treinta y dos reyes aliados,[b] con su caballería y sus carros de combate, y fue a la ciudad de Samaria, la rodeó y la atacó. **2-3** Al mismo tiempo envió mensajeros a esta ciudad para que le dijeran a Ahab, rey de Israel: "Ben-hadad dice: 'Tus riquezas me pertenecen, lo mismo que tus mujeres y tus mejores hijos.' "

4 El rey de Israel contestó: "Tal como Su Majestad lo ha dicho, yo y todo lo que tengo es suyo."

5 Los mensajeros fueron una vez más a ver a Ahab, y le dijeron: "Ben-hadad dice: 'Ya te he mandado a decir que tienes que darme tus riquezas, tus mujeres y tus hijos. **6** Además, mañana a estas horas enviaré a mis oficiales a que registren tu palacio y las casas de tus funcionarios, y todo lo que les guste lo tomarán para sí.' "

7 Entonces el rey de Israel mandó llamar a todos los ancianos[c] del país, y les dijo:

—Como ustedes podrán darse cuenta, este hombre está buscando hacerme daño, a pesar de que yo no me he negado a entregarle mis mujeres, mis hijos y mis riquezas.

8 —Pues no lo escuches ni le hagas caso —respondieron los ancianos y toda la gente.

9 Entonces Ahab dijo a los enviados de Ben-hadad:

—Digan a Su Majestad que haré todo lo que me ordenó al principio, pero que no puedo hacer lo que ahora me exige.

Los enviados llevaron la respuesta a Ben-hadad, **10** y Ben-hadad mandó a decir a Ahab: "¡Que los dioses me castiguen duramente, si de Samaria queda polvo suficiente para darle un puñado a cada uno de mis seguidores!"

11 Por su parte, el rey de Israel le mandó a decir: "No cantes victoria antes de tiempo."

12 Cuando Ben-hadad recibió la respuesta, estaba bebiendo con los otros reyes en las enramadas que habían improvisado. Entonces dijo a sus oficiales: "¡Al ataque!" Y todos se dispusieron a atacar la ciudad.

13 Mientras tanto, un profeta se presentó ante Ahab, rey de Israel, y le dijo:

—El Señor ha dicho: 'Aunque veas esa gran multitud de enemigos, yo la voy a entregar hoy en tus manos, para que sepas que yo soy el Señor.'

14 —¿Y por medio de quién me la va a entregar? —preguntó Ahab.

—El Señor ha dicho que por medio de los jóvenes que ayudan a los gobernadores de las provincias —respondió el profeta.

—¿Y quién atacará primero? —insistió Ahab.

—Tú —respondió el profeta.

15 Entonces Ahab pasó revista a los jóvenes que ayudaban a los gobernadores de las provincias, que eran doscientos treinta y dos, y a todo el ejército israelita, compuesto de siete mil hombres. **16** Salieron al mediodía, mientras Ben-hadad y los treinta y dos reyes aliados suyos seguían emborrachándose en las enramadas que habían improvisado, **17** y avanzaron en primer lugar los ayudantes de los gobernadores. Cuando Ben-hadad recibió aviso de que algunos hombres habían salido de Samaria, **18** ordenó: "¡Sea que hayan salido en son de paz o en son de guerra, los quiero vivos!"

19 Los ayudantes de los gobernadores salieron de la ciudad, seguidos por el ejército. **20** Y cada uno de ellos mató a un contrario, y los sirios huyeron. Los israelitas los persiguieron, pero Ben-hadad, rey de los sirios, escapó a caballo con algunos soldados de caballería. **21** Entonces el rey de Israel avanzó y se apoderó de sus caballos y carros de combate, y les causó a los sirios una tremenda derrota. **22** Después el profeta se presentó ante el rey de Israel, y le dijo:

—Ve y refuerza tu ejército, y piensa bien lo que debes hacer; porque dentro de un año el rey de Siria volverá a atacarte.

23 Los oficiales del rey de Siria, por su parte, dijeron a este:

—Los dioses de los israelitas son dioses de las montañas;[d] por eso nos han vencido. Pero si luchamos contra ellos en la llanura, con toda seguridad los venceremos. **24** Lo que ahora debe hacer Su Majestad es quitar de su puesto a los reyes, y poner oficiales en su lugar, **25** organizar luego un ejército como el que fue derrotado, caballo por caballo y carro por carro. Entonces lucharemos contra ellos en el llano, y sin duda los venceremos.

Ben-hadad prestó atención a este consejo y lo siguió. **26** Un año después, Ben-hadad pasó revista a los sirios y se trasladó a Afec para luchar contra Israel. **27** También los israelitas pasaron revista a sus fuerzas y les dieron provisiones, y salieron al encuentro de los sirios. Acampados frente a los sirios, parecían apenas dos rebaños de cabras, pues los sirios ocupaban todo el terreno.

28 En esto se presentó un profeta ante el rey de Israel, y le dijo:

—Así dice el Señor: 'Puesto que los sirios han dicho que yo soy un dios de las montañas y no un dios de los valles, voy a entregar en tus manos a toda esta gran multitud. Así sabrás que yo soy el Señor.'

29 Durante siete días, sirios e israelitas estuvieron acampados frente a frente, y el séptimo día tuvo lugar la batalla.

---

[a] **20.1-43** La parte final de este *Primer* libro de *Reyes* contiene los relatos de tres campañas contra los arameos (caps. 20; 22), entre los cuales se inserta el episodio del viñedo de Nabot (cap. 21).

[b] **20.1** Estos *treinta y dos reyes aliados* eran en realidad vasallos de Ben-hadad (cf. v. 24), cuyos dominios no abarcaban nada más que una ciudad y el territorio situado alrededor de ella (cf. Jos 10.3-5; 11.1-2; 12.9-24).

[c] **20.7** El consejo de los *ancianos* fue una institución reconocida a lo largo de toda la historia bíblica; estaba formado por miembros respetables de las ciudades israelitas. (Véase Ex 3.16 nota *p*; cf. también 1 S 11.3; 1 R 21.8).

[d] **20.23** *Los dioses de los israelitas son dioses de las montañas:* Los sirios o arameos, al igual que muchos otros pueblos de aquella época, pensaban que los dioses de los pueblos tenían características vinculadas con las condiciones geográficas del sitio donde vivían sus adoradores. De ahí esta afirmación, que asocia al Dios de Israel con la ciudad de Samaria, construida sobre un monte. Damasco, la capital de Siria, estaba edificada sobre un valle.

Ese día los israelitas mataron a cien mil soldados sirios de infantería. [e] ³⁰ El resto del ejército huyó a la ciudad de Afec, pero la muralla de la ciudad cayó sobre los veintisiete mil hombres que habían logrado escapar. Ben-hadad también huyó, y llegó a la ciudad, y se escondió de habitación en habitación.

³¹ Entonces sus oficiales le dijeron:

—Hemos sabido que los reyes israelitas cumplen los tratos que hacen; así que pongámonos ropas ásperas y una soga en el cuello, [f] y vayamos ante el rey de Israel, a ver si nos perdona [g] la vida.

³² Entonces se pusieron ropas ásperas y una soga en el cuello, y se presentaron ante el rey de Israel y le dijeron:

—Ben-hadad ruega a Su Majestad que le perdone la vida.

Ahab respondió:

—¿Vive todavía? ¡Para mí es como un hermano! [h]

³³ A los hombres les pareció esto una buena señal, y tomándole la palabra contestaron inmediatamente:

—¡Ben-hadad es hermano de Su Majestad!

—¡Pues vayan a traerlo! —contestó Ahab.

Entonces Ben-hadad se presentó ante Ahab, y Ahab le hizo subir en su carro. ³⁴ Luego Ben-hadad le dijo:

—Te devolveré las ciudades que mi padre le quitó al tuyo; [i] y tú puedes tener negocios en Damasco, como mi padre los tenía en Samaria.

—Yo, por mi parte, me comprometo a dejarte ir —contestó Ahab.

De este modo, Ahab hizo un pacto con Ben-hadad y le dejó que se fuera.

³⁵ Sin embargo, un hombre que pertenecía al grupo de los profetas [j] pidió a un compañero suyo, por orden del Señor:

—¡Hiéreme, por favor! [k]

Pero el otro no quiso hacerlo. ³⁶ Entonces el profeta le dijo:

—Por no haber hecho caso a la orden del Señor, un león te atacará cuando te separes de mí.

En efecto, en cuanto el otro se separó del profeta, un león le salió al encuentro y lo mató.

³⁷ Después se encontró el profeta con otro hombre, y le pidió también que lo hiriera, y aquel hombre lo golpeó y lo hirió. ³⁸ Entonces el profeta fue a esperar al rey en el camino, disfrazado con un vendaje sobre los ojos. ³⁹ Y cuando el rey estaba pasando, el profeta le dijo en voz alta:

—Este servidor de Su Majestad marchó al frente de batalla, y de entre las filas salió un soldado y me trajo un prisionero. Me pidió que me hiciera cargo de él, advirtiéndome que, si se me escapaba, yo le respondería con mi vida o tendría que pagarle tres mil monedas de plata. ⁴⁰ Y como este servidor de Su Majestad se entretuvo con otras cosas, el prisionero se me escapó.

El rey de Israel le contestó:

—Tú mismo te has declarado culpable, y has pronunciado tu sentencia.

⁴¹ Pero el profeta se quitó rápidamente el vendaje de los ojos, y el rey se dio cuenta de que era uno de los profetas. ⁴² Entonces el profeta le dijo:

—Así dice el Señor: 'Como tú dejaste escapar al hombre que él había condenado a morir, [l] con tu vida pagarás por la suya, y con tu pueblo por el suyo.' [m]

⁴³ Entonces el rey de Israel se fue a Samaria, triste y malhumorado, y se metió en su palacio.

21 Ahab y el viñedo de Nabot [a]

¹ Algún tiempo después sucedió que un hombre de Jezreel, llamado Nabot, tenía un viñedo en aquel pueblo, junto al palacio de Ahab, el rey de Samaria. [b] ² Un día, Ahab le dijo a Nabot:

—Dame tu viñedo para que yo pueda tener en él una huerta, ya que está al lado de mi palacio. A cambio de él te daré un viñedo mejor; o, si lo prefieres, te pagaré su valor en dinero.

³ Pero Nabot respondió a Ahab:

—No permita Dios que yo te dé lo que he heredado de mis padres. [c]

⁴ Ahab se fue a su casa triste y malhumorado a causa de la respuesta de Nabot, pues le había dicho que no le daría lo que había heredado de sus padres. Llegó y se acostó de cara a la pared, y no quiso comer. [d] ⁵ Entonces Jezabel, su mujer, se acercó a él y le dijo:

---

[e] 20.29 *Cien mil soldados:* Probablemente se trata de una cifra redonda para indicar un número muy grande de soldados.

[f] 20.31 *Las ropas ásperas* eran una señal de luto y humillación; la *soga al cuello* simbolizaba el cautiverio.

[g] 20.31 *Nos perdona:* según dos versiones antiguas. Heb. *te perdona.*

[h] 20.32 Esta exclamación afirma la igualdad entre ambos reyes; generalmente, los reyes vasallos recibían el nombre de siervos y no de hermanos.

[i] 20.34 Es difícil saber en qué circunstancias Ben-hadad I infligió esta derrota a Israel y qué ciudades le arrebató. Podría pensarse en las ciudades mencionadas en 1 R 15.20, pero el *padre* de Ahab no fue Baasá sino Omrí. Véase 1 R 22.3 n.

[j] 20.35 *Grupo de los profetas:* lit. *hijos de los profetas.* En heb., la expresión *hijo de...* expresa a veces la pertenencia a una agrupación. Acerca de estas agrupaciones de profetas, cf. 2 R 2.3,5,7,15; 4.38; 5.22.

[k] 20.35 *¡Hiéreme, por favor!:* El profeta da esta orden porque quiere que lo confundan con un soldado herido en el combate. Cf. v. 39.

[l] 20.42 *Condenado a morir:* lit. *consagrado al exterminio.* Cf. Dt 7.2; 20.16; Jos 6.17; 1 S 15.3.

[m] 20.39-42 El profeta presenta un caso ficticio como si fuera real, para que el rey pronunciara una sentencia por la cual se condenaría a sí mismo. Véanse dos casos similares en 2 S 12.1-7; 14.2-20.

[a] 21.1-29 Este cap. continúa los relatos de 1 R 17—19. A su tolerancia de la idolatría, el rey Ahab añade ahora un grave pecado de injusticia, que será condenado severamente por el profeta Elías. Véase 1 R 20.1—22.40 n.

[b] 21.1 Ahab residía en *Samaria,* que era la capital del reino, pero también tenía una residencia de verano en Jezreel. Cf. 1 R 18.45.

[c] 21.3 De acuerdo con la legislación hebrea, los terrenos no debían venderse, porque eran patrimonio familiar. Cf. Nm 27.7-11; 36.1-12; Dt 19.14; Rt 4.1-11; Jer 32.6-9.

[d] 21.4 Este malhumor se debe a que el rey sabía que la legislación y las costumbres ancestrales de Israel estaban a favor de Nabot. Pero su esposa, que no tenía prejuicios y no reconocía ninguna ley, le hace actuar como un déspota que se atribuye un poder absoluto sobre la persona y las propiedades de sus súbditos. Cf. vv. 5-7.

—¿Por qué estás tan triste, y no quieres comer? **6** Ahab contestó:

—Hablé con Nabot, el de Jezreel, y le pedí que me vendiera su viñedo; o, si él lo prefería, le daría otro viñedo a cambio. Pero él no me lo quiere ceder.

7 Entonces Jezabel, su esposa, le respondió:

—¡Pero tú eres quien manda en Israel! Anda, come y tranquilízate. ¡Yo voy a conseguirte el viñedo de Nabot!

8 En seguida escribió ella cartas en nombre de Ahab, les puso el sello real; luego las envió a los ancianos[e] y jefes que vivían en el mismo pueblo de Nabot. **9** En las cartas les decía: "Anuncien ayuno[f] y sienten a Nabot delante del pueblo. **10** Luego sienten a dos testigos[g] falsos delante de él y háganlos declarar en contra suya, afirmando que ha maldecido a Dios y al rey. Después, sáquenlo y mátenlo a pedradas."

11 Los hombres del pueblo de Nabot, junto con los ancianos y los jefes, hicieron lo que Jezabel les ordenó en las cartas que les había enviado: **12** Anunciaron ayuno y sentaron a Nabot delante del pueblo. **13** Luego llegaron dos testigos falsos y declararon contra Nabot delante de todo el pueblo, afirmando que Nabot había maldecido a Dios y al rey. Entonces lo sacaron de la ciudad y lo mataron a pedradas.[h] **14** Luego mandaron a decir a Jezabel que Nabot había sido apedreado y había muerto.

15 En cuanto Jezabel lo supo, le dijo a Ahab:

—Ve y toma posesión del viñedo de Nabot, el de Jezreel, que no te lo quería vender. Nabot ya no vive; ahora está muerto.

16 Al enterarse Ahab de que Nabot había muerto, fue y se apoderó de su viñedo. **17** Entonces el Señor se dirigió a Elías, el de Tisbé,[i] y le dijo: **18** "Ve en seguida a ver a Ahab, rey de Israel, que vive en Samaria. En este momento se encuentra en el viñedo de Nabot, del cual ha ido a tomar posesión. **19** Le dirás: 'Así dice el Señor: Puesto que mataste a Nabot y le quitaste lo que era suyo, en el mismo lugar donde los perros[j] lamieron su sangre, lamerán también la tuya.' "[k]

20 Ahab le respondió a Elías:

—¿Así que tú, mi enemigo, me encontraste?

—Sí, te encontré —contestó Elías—. Porque no cometes más que malas acciones a los ojos del Señor. **21** Por lo tanto, el Señor ha dicho: 'Voy a traer sobre ti la desgracia, y voy a acabar con toda tu descendencia; destruiré a todos los varones descendientes tuyos que haya en Israel.[l] **22** Además, haré con tu familia lo mismo que hice con la de Jeroboam, hijo de Nabat, y con la de Baasá, hijo de Ahías, por haber provocado mi enojo al hacer pecar a Israel.' **23** En cuanto a Jezabel, el Señor ha dicho: 'Los perros[m] se comerán a Jezabel en los campos de Jezreel.'[n] **24** Y al familiar tuyo que muera en la ciudad, se lo comerán los perros; y al que muera en el campo, se lo comerán las aves de rapiña.

25 (No hubo nadie como Ahab, que, incitado por su esposa Jezabel, solo cometió malas acciones a los ojos del Señor. **26** Cometió una infamia al rendir culto a los ídolos,[ñ] como lo hacían todos los amorreos,[o] a quienes el Señor había arrojado de la presencia de los israelitas.)

27 Cuando Ahab escuchó todo esto, se rasgó la ropa, se puso ropas ásperas y ayunó. Dormía con esas ropas, y andaba muy triste. **28** Entonces el Señor dijo a Elías: **29** "¿Has visto cómo Ahab se ha humillado ante mí? Pues por haberse humillado ante mí, no traeré el mal sobre su familia mientras él viva, sino en vida de su hijo."

VI. FIN DEL REINADO DE AHAB (22.1-40)

22 Micaías anuncia la derrota de Ahab[a] *(2 Cr 18.1-34)*

1 Pasaron tres años sin que hubiera guerra entre sirios e israelitas. **2** Pero al tercer año, Josafat, rey de Judá, fue a visitar al rey de Israel.[b] **3** Y el rey de Israel dijo a sus funcionarios:

—Ya saben ustedes que Ramot de Galaad[c] nos pertenece. Entonces, ¿por qué no hacemos algo para rescatarla del dominio del rey sirio?

4 A Josafat le preguntó:

—¿Quieres acompañarme a atacar a Ramot de Galaad? Josafat le respondió:

—Yo, lo mismo que mi ejército y mi caballería, estamos contigo y con tu gente.[d] **5** Pero antes consulta la voluntad del Señor.

6 El rey de Israel reunió a los profetas, que eran cerca de cuatrocientos,[e] y les preguntó:

---

[e] **21.8** *Ancianos:* Véase 1 R 20.7 n.

[f] **21.9** La convocatoria a un *ayuno* era una práctica corriente en tiempos de calamidad e infortunio (cf. Jl 1.14; 2.15). El texto no indica qué pretexto buscó Jezabel para justificar esta orden.

[g] **21.10** *Dos testigos:* Cf. Dt 17.5-6; 19.15.

[h] **21.13** Cf. Ex 22.28; Lv 24.10-16.

[i] **21.17** *Tisbé:* Véase 17.1 nota *c*.

[j] **21.19** Los *perros,* en la antigüedad, eran animales vagabundos, que se alimentaban con desperdicios y cadáveres, y por eso la Biblia los considera impuros. Era un grave insulto llamar "perro" a un ser humano, y no había por manera de condenar a una persona que anunciarle que sería comida por los perros.

[k] **21.19** Esta maldición se cumplió en 1 R 22.38. Cf. 2 R 9.25-26.

[l] **21.21** Cf. 2 R 10.1-17.

[m] **21.23** *Perros:* Véase 1 R 21.19 nota *j*.

[n] **21.23** 2 R 9.36.

[ñ] **21.26** *Ídolos:* lit. *suciedades o inmundicias,* expresión injuriosa para referirse a los dioses paganos.

[o] **21.26** *Amorreos:* El AT utiliza a veces este término para designar a todos los que habitaban en Canaán antes de la llegada de los israelitas. Véase Dt 1.7 nota *i*.

[a] **22.1-40** Este cap. presenta un claro contraste entre dos maneras de ejercer la misión profética: la verdadera y la falsa (cf. Jer 23.9-32; 28). Véase 1 R 20.1-43 n.

[b] **22.2** En los vv. siguientes se repite con frecuencia la expresión *el rey de Israel,* sin mencionar el nombre; el contexto indica claramente que se trata del rey Ahab.

[c] **22.3** *Ramot de Galaad:* localidad de la Transjordania, al norte del río Jaboc (véase Dt 2.36-37 n.). Esta ciudad, que formaba parte del reino de Salomón (1 R 4.13), fue conquistada por el rey arameo Ben-hadad II, y este no la había devuelto después de su derrota en la batalla de Afec (1 R 20.34). Véase *Índice de mapas*.

[d] **22.1-4** El acercamiento entre los reinos de Judá e Israel fue favorecido por el matrimonio de Joram, hijo de Josafat, con una descendiente del rey Ahab. Este matrimonio, a su vez, pudo haber servido para ratificar una alianza política (cf. 2 R 8.18,26). Véase también 1 R 11.1 n.

[e] **22.6** Estos profetas, aunque eran considerados profetas del Señor (cf. v. 7), estaban bajo la autoridad del rey de Israel y esto los

—¿Debo atacar a Ramot de Galaad, o no?
Y ellos respondieron:
—Atácala, porque el Señor te la va a entregar.
7 Pero Josafat preguntó:
—¿No hay por aquí algún otro profeta del Señor a quien también podamos consultar?
8 El rey de Israel contestó a Josafat:
—Hay uno más, por medio del cual podemos consultar al Señor. Es Micaías, hijo de Imlá. Pero lo aborrezco, porque nunca me anuncia cosas buenas, sino solamente cosas malas.
Pero Josafat le dijo:
—No digas eso.
9 En seguida el rey de Israel llamó a un oficial,*f* y le ordenó:
—¡Pronto, que venga Micaías, hijo de Imlá!
10 Tanto el rey de Israel como Josafat, el rey de Judá, tenían puesta su armadura*g* y estaban sentados en sus tronos en la explanada a la entrada de Samaria, y todos los profetas caían en trance profético delante de ellos.
11 Sedequías, hijo de Quenaaná, se había hecho unos cuernos*h* de hierro, y gritaba: "¡Así ha dicho el Señor: 'Con estos cuernos atacarás a los sirios hasta exterminarlos!' "
12 Todos los profetas anunciaban lo mismo. Decían al rey: "Ataca a Ramot de Galaad y obtendrás la victoria, pues el Señor va a entregarte la ciudad."
13 El mensajero que había ido a llamar a Micaías, le dijo a este:
—Todos los profetas, sin excepción, han dado una respuesta favorable al rey. Así pues, te ruego que hables como todos ellos y anuncies algo favorable.
14 Micaías le contestó:
—¡Juro por el Señor que solo diré lo que el Señor me ordene decir!
15 Luego se presentó ante el rey, y el rey le preguntó:
—Micaías, ¿debemos atacar a Ramot de Galaad o no?
Y Micaías dijo:
—Atácala, y obtendrás la victoria, pues el Señor te la va a entregar.
16 Pero el rey le respondió:
—¿Cuántas veces te he de decir que bajo juramento me declares solo la verdad en el nombre del Señor?
17 Entonces Micaías dijo:

"He visto a todos los israelitas
desparramados por los montes,
como ovejas sin pastor.*i*
Y el Señor ha dicho:
'Estos no tienen dueño;
que cada uno vuelva en paz a su casa.' "

18 El rey de Israel dijo a Josafat:

—¿No te he dicho que este hombre nunca me anuncia cosas buenas, sino solo cosas malas?
19 Micaías añadió:
—Por eso que has dicho, escucha la palabra del Señor: Vi al Señor sentado en su trono, y a todo el ejército del cielo que estaba de pie, junto a él, a su derecha y a su izquierda.*j* **20** Entonces el Señor preguntó quién iría a incitar a Ahab para que atacara a Ramot de Galaad y cayera allí. Unos decían una cosa y otros otra. **21** Pero un espíritu se presentó delante del Señor y dijo que él lo haría. El Señor le preguntó cómo lo iba a hacer, **22** y el espíritu respondió que iba a inspirar mentiras en todos los profetas del rey. Entonces el Señor le dijo que, en efecto, conseguiría engañarlo, y que fuera a hacerlo. **23** Y ahora ya sabes que el Señor ha puesto un espíritu mentiroso en labios de todos estos profetas tuyos, y que ha determinado tu ruina.
24 Entonces Sedequías, hijo de Quenaaná, acercándose a Micaías le dio una bofetada y dijo:
—¿Por dónde se me fue el espíritu del Señor para hablarte a ti?
25 Y Micaías le respondió:
—Lo sabrás el día que andes escondiéndote de habitación en habitación.
26 Entonces el rey de Israel ordenó:
—¡Agarren a Micaías y llévenlo preso ante Amón, el gobernador de la ciudad, y ante Joás, mi hijo! **27** Díganles que yo ordeno que lo metan en la cárcel y lo tengan a ración escasa de pan y agua, hasta que yo regrese sano y salvo.
28 Todavía añadió Micaías:

"Si tú vuelves sano y salvo,
el Señor no ha hablado por medio de mí."*k*

29 Así pues, el rey de Israel, y Josafat, el rey de Judá, avanzaron contra Ramot de Galaad. **30** Y el rey de Israel dijo a Josafat:
—Yo voy a entrar en la batalla disfrazado, y tú pondrás mi ropa.*l*
Así el rey de Israel se disfrazó y entró en combate. **31** Pero el rey de Siria había ordenado a los treinta y dos capitanes de sus carros de combate que no atacaran a nadie que no fuera el rey de Israel. **32** Y cuando los capitanes de los carros vieron a Josafat, pensaron que él era el rey de Israel y lo rodearon para atacarlo. Entonces Josafat gritó pidiendo ayuda, **33** y al ver ellos que no era el rey de Israel, dejaron de perseguirlo. **34** Pero un soldado disparó su arco al azar, e hirió de muerte al rey de Israel por entre las juntas de la armadura. Entonces este le ordenó al conductor de su carro:
—Da la vuelta y sácame del combate, porque estoy gravemente herido.
35 La batalla fue dura aquel día, y al rey se le mantuvo en pie en su carro, haciendo frente a los sirios. Pero a la

---

predispoía al soborno. El número *cuatrocientos* recuerda a los profetas ya mencionados en 1 R 18.19.
f **22.9** Oficial: lit. *eunuco.*
g **22.10** *Tenían puesta su armadura:* traducción probable. Heb. oscuro.
h **22.11** Los *cuernos* eran, en el antiguo Oriente, símbolo de fuerza e invencibilidad. Véase Ex 27.2 n.

i **22.17** Nm 27.17; Jdt 11.19; Mt 9.36; Mc 6.34.
j **22.19** Is 6.1.
k **22.28** El texto heb. añade *Y dijo: ¡Pueblos todos, escuchen esto!* Probablemente se trata de una glosa, inspirada en Miq 1.2 y puesta aquí por un copista que consideró que Miqueas de Moréset y el Micaías mencionado en este pasaje eran el mismo profeta.
l **22.30** *Mi ropa:* según la versión griega (LXX). Heb. *tu ropa.*

tarde murió, pues la sangre de su herida corría por la plataforma del carro. **36** Cuando ya el sol se ponía, corrió la voz entre las filas del ejército: "¡Cada cual a su pueblo y a su tierra, **37** porque el rey ha muerto!"

Entonces el rey fue llevado a Samaria, y allí lo enterraron. **38** Después lavaron el carro en el estanque de Samaria, donde se bañaban las prostitutas, y los perros lamieron la sangre de Ahab, conforme a lo que el Señor había anunciado. *m*

39 El resto de la historia de Ahab y de todo lo que hizo, y del palacio de marfil *n* y las ciudades que construyó, está escrito en el libro de las crónicas de los reyes de Israel. *ñ* **40** Murió Ahab, y después reinó en su lugar su hijo Ocozías.

VII. JOSAFAT DE JUDÁ Y OCOZÍAS DE ISRAEL (22.41-53)

Reinado de Josafat en Judá (2 Cr 20.31-37) **41** En el cuarto año del reinado de Ahab en Israel, Josafat, hijo de Asá, comenzó a reinar en Judá. **42** Tenía entonces treinta y cinco años, y veinticinco años reinó en Jerusalén. Su madre se llamaba Azubá, y era hija de Silhí.

43 Josafat se condujo en todo con rectitud, como Asá, su padre. Sus hechos fueron rectos a los ojos del Señor. **43b(44)** *o* Sin embargo, los santuarios paganos, donde el pueblo ofrecía sacrificios y quemaba incienso a los ídolos, no fueron quitados.

44(45) Josafat hizo un tratado de paz con el rey de Israel. **45(46)** El resto de su historia y de sus hazañas, y de las guerras en que tomó parte, está escrito en el libro de las crónicas de los reyes de Judá. **46(47)** Josafat fue quien desterró del país a los que aún practicaban la prostitución como un culto, los que habían quedado desde el tiempo de Asá, su padre. **47(48)** (En Edom no había entonces rey, sino solo un intendente.)

48(49) Josafat construyó también barcos como los de Tarsis, para traer oro de Ofir; pero no pudieron ir porque se hicieron pedazos en Esión-guéber. **49(50)** Entonces Ocozías, hijo de Ahab, dijo a Josafat que permitiera a sus marinos acompañar a los suyos en los barcos, pero Josafat no lo permitió.

50(51) Josafat murió y fue enterrado en la Ciudad de David, su antepasado. Después reinó en su lugar su hijo Joram.

Reinado de Ocozías en Israel **51(52)** En el año diecisiete del reinado de Josafat en Judá, Ocozías, hijo de Ahab, comenzó a reinar sobre Israel en Samaria, y reinó durante dos años. **52(53)** Pero sus hechos fueron malos a los ojos del Señor, pues siguió el mal camino de su padre y de su madre, y de Jeroboam, hijo de Nabat, que hizo pecar a Israel. **53(54)** Además rindió culto a Baal y lo adoró, como antes había hecho su padre, provocando así la ira del Señor, el Dios de Israel.

---

m **22.38** 1 R 21.19.

n **22.39** *Palacio de marfil:* Las excavaciones arqueológicas realizadas en Samaria han desenterrado numerosas placas de marfil, finamente labradas, con las que se recubrían paredes y muebles.

ñ **22.39** *Crónicas de los reyes de Israel:* Véase 1 R 14.19 n.

o **22.43b(44)-53(54)** Los números entre paréntesis corresponden a la numeración del texto hebreo.

Segundo libro de los Reyes

El *Primer libro de Reyes* había llegado, con Josafat de Judá y Ocozías de Israel, hasta mediados del siglo IX a.C. Este segundo libro (=2 R) completa la historia del profeta Elías, que había quedado interrumpida, y luego narra algunos episodios de la vida de Eliseo, su discípulo y sucesor. La primera parte continúa la historia de los dos reinos, hasta la caída del reino del Norte, en el 721 a.C. La segunda se refiere a la última etapa del reino de Judá.

Como *1* y *2 Reyes* forman una sola obra, véase para más detalles la *Introducción* al *Primer libro de los Reyes.* El esquema siguiente presenta una visión sinóptica de este segundo libro:

    I. El profeta Elías y el rey Ocozías de Israel (1.1-18)
    II. Ascensión de Elías y comienzos de la historia de Eliseo (2.1-25)
    III. El profeta Eliseo durante el reinado de Joram (3.1—8.15)
    IV. Judá e Israel hasta la muerte de Eliseo (8.16—13.25)
    V. Judá e Israel hasta la destrucción de Samaria (14.1—17.41)
    VI. El reino de Judá hasta el exilio a Babilonia (18.1—25.26)
    VII. Liberación del rey Joaquín en Babilonia (25.27-30)

I. EL PROFETA ELÍAS Y EL REY OCOZÍAS DE ISRAEL
(1.1-18)

1 *Muerte de Ocozías* ¹ Después de la muerte de Ahab,[a] Moab se rebeló contra Israel. ² En cuanto a Ocozías,[b] se cayó por una ventana del piso alto de su palacio en Samaria y quedó muy lastimado. Entonces envió mensajeros a que consultaran a Baal-zebub, dios de Ecrón,[c] si se iba a recuperar, ³ pero el Ángel del Señor[d] le dijo a Elías, el de Tisbé:[e] "Ve al encuentro de los mensajeros del rey de Samaria, y pregúntales si acaso no hay Dios en Israel, para que tengan que consultar a Baal-zebub, el dios de Ecrón. ⁴ Y diles también que yo, el Señor, digo a Ocozías: 'Ya no te levantarás de la cama, sino que vas a morir.' "

Elías fue y lo hizo así. ⁵ Y cuando los mensajeros regresaron ante el rey, este les preguntó:

—¿Por qué han regresado?

⁶ Ellos respondieron:

—Porque un hombre nos salió al paso y nos dijo que nos volviéramos al rey que nos había mandado, y que le dijéramos: 'Así dice el Señor: ¿Acaso no hay Dios en Israel, para que mandes a consultar a Baal-zebub, el dios de Ecrón? Por esto que has hecho, ya no te levantarás de la cama, sino que vas a morir.'

⁷ El rey les preguntó:

—¿Cómo era ese hombre que les salió al encuentro y les dijo esto?

⁸ —Era un hombre vestido con una capa peluda, y con un cinturón de cuero[f] en la cintura —respondieron ellos.

—¡Es Elías, el de Tisbé! —exclamó el rey. ⁹ Y en seguida envió por él a un capitán con cincuenta soldados. Cuando llegaron, Elías estaba sentado en la cima de un monte. Entonces el capitán le dijo:

—¡Profeta, el rey ordena que bajes!

¹⁰ Elías respondió:

—Si yo soy profeta, que caiga fuego del cielo y te consuma a ti y a tus cincuenta soldados.

Al instante cayó fuego del cielo y los consumió.

¹¹ El rey envió a otro capitán con otros cincuenta soldados, el cual fue y dijo a Elías:

—¡Profeta, el rey ordena que bajes inmediatamente!

¹² Elías le respondió:

—Si yo soy profeta, que caiga fuego del cielo y te consuma a ti y a tus cincuenta soldados.

Y al instante cayó fuego del cielo y los consumió.

¹³ Después mandó el rey por tercera vez un capitán con otros cincuenta soldados. Pero el tercer capitán subió hasta donde estaba Elías, y arrodillándose delante de él, le rogó:

—Por favor, profeta, respeta mi vida y la de estos cincuenta servidores tuyos; ¹⁴ pues antes cayó fuego del cielo y consumió a los otros dos capitanes y a sus hombres. Yo te ruego que me tengas consideración.

¹⁵ Entonces el Ángel del Señor ordenó a Elías:

—Ve con él, no le tengas miedo.

Elías bajó y fue con el capitán a ver al rey, ¹⁶ y le dijo:

—Así dice el Señor: 'Puesto que enviaste mensajeros a consultar a Baal-zebub, el dios de Ecrón, como si en Israel no hubiera Dios a quien consultar, ya no te levantarás de tu cama, sino que vas a morir.'

¹⁷ Y en efecto, Ocozías murió, tal como el Señor lo había dicho por medio de Elías. Y como Ocozías nunca tuvo hijos, reinó en su lugar su hermano Joram. Esto fue en el segundo año del reinado de Joram, hijo de Josafat, en Judá.

¹⁸ El resto de la historia de Ocozías y de lo que hizo, está escrito en el libro de las crónicas de los reyes de Israel.

II. ASCENSIÓN DE ELÍAS Y COMIENZOS DE LA HISTORIA DE ELISEO (2.1-25)[a]

2 *Elías sube al cielo* ¹ Cuando llegó el momento en que el Señor iba a llevarse a Elías al cielo en un torbellino, Elías y Eliseo salieron de Guilgal.[b] ² Y Elías le dijo a Eliseo:

—Quédate aquí,[c] porque el Señor me ha enviado a Betel.[d]

---

[a] 1.1 *La muerte de Ahab:* Cf. 1 R 22.34-37.
[b] 1.2 *Ocozías:* Cf. 1 R 22.51-53.
[c] 1.2 *Baal-zebub,* nombre que significa *señor de las moscas,* es una deformación despectiva de *Baal-zebul, Baal el príncipe.* Esta antigua divinidad cananea era venerada particularmente en *Ecrón,* una de las cinco grandes ciudades filisteas (véanse 1 S 6.17 n. *Índice de mapas).* En el NT se da el nombre de *Beelzebú* al jefe de los demonios (Mc 3.22; Lc 11.15,18; cf. Mt 10.25).
[d] 1.3 *El Ángel del Señor:* Véanse Gn 16.7 nota *c;* Ex 3.2 n.
[e] 1.3 *Elías, el de Tisbé:* Véase 1 R 17.1 notas *p* y *c.*
[f] 1.8 *Cinturón de cuero:* Mt 3.4; Mc 1.6; cf. Zac 13.4.
[a] 2.1-25 Con el relato de la "ascensión" de Elías concluye el ciclo de este gran profeta y empieza el de su discípulo Eliseo. Además de numerosos milagros, el ciclo de Eliseo narra algunos episodios guerreros (2 R 3.1-27; 6.24—7.20) y varias actuaciones del profeta fuera de las fronteras de su país (8.7-15; 13.14-21; cf. 5.1-23).
[b] 2.1 *Guilgal:* Este nombre se refiere habitualmente al santuario ubicado entre Jericó y el río Jordán (véase Jos 4.19 nota *f*). Pero el contexto (v. 2) sugiere que aquí se trata de un sitio del mismo nombre más cercano a Betel.
[c] 2.2 *Quédate aquí:* Esta orden, repetida dos veces (vv. 4,6), hace pensar que Elías preveía lo que iba a suceder (cf. v. 11). La triple orden introduce en el relato una nota de suspenso y de misterio.
[d] 2.2 El santuario de *Betel* existía desde la época de los patriarcas (Gn 12.8; 28.10-22; 35.1-15) y luego fue convertido por Jeroboam I en templo nacional, rival de Jerusalén (1 R 12.28-33; Am 7.13).

Pero Eliseo le contestó:

—Juro por el Señor, y por ti mismo, que no voy a dejarte solo.

Entonces fueron juntos hasta Betel. ³ Pero los profetas ᵉ que vivían en Betel ᶠ salieron al encuentro de Eliseo y le dijeron:

—¿Sabes que el Señor va a quitarte hoy a tu maestro?

—Sí, ya lo sé —contestó Eliseo—, pero ustedes no digan nada.

⁴ Después Elías le dijo a Eliseo:

—Quédate aquí, porque el Señor me ha enviado a Jericó.

Pero Eliseo le contestó:

—Juro por el Señor, y por ti mismo, que no voy a dejarte solo.

Entonces fueron juntos hasta Jericó. ⁵ Pero los profetas que vivían en Jericó salieron al encuentro de Eliseo y le dijeron:

—¿Sabes que el Señor va a quitarte hoy a tu maestro?

—Sí, ya lo sé —respondió Eliseo—, pero ustedes no digan nada.

⁶ Luego le dijo Elías:

—Quédate aquí, porque el Señor me ha enviado al Jordán.

Pero Eliseo le contestó:

—Te juro por el Señor, y por ti mismo, que no voy a dejarte solo.

Entonces fueron los dos. ⁷ Pero cincuenta profetas llegaron y se detuvieron a cierta distancia, frente a ellos; Elías y Eliseo, por su parte, se detuvieron a la orilla del río Jordán. ⁸ Entonces Elías tomó su capa, la enrolló y golpeó el agua, y el agua se hizo a uno y otro lado, y los dos cruzaron el río como por terreno seco. ᵍ ⁹ En cuanto cruzaron, dijo Elías a Eliseo:

—Dime qué quieres que haga por ti antes que sea yo separado de tu lado.

Eliseo respondió:

—Quiero recibir una doble porción de tu espíritu. ʰ

¹⁰ —No es poco lo que pides —dijo Elías—. Pero si logras verme cuando sea yo separado de ti, te será concedido. De lo contrario, no se te concederá.

¹¹ Y mientras ellos iban caminando y hablando, de pronto apareció un carro de fuego, con caballos también de fuego, que los separó, y Elías subió al cielo en un torbellino. ⁱ ¹² Al ver esto, Eliseo gritó: "¡Padre mío, padre mío, ʲ que has sido para Israel como un poderoso ejército!" ᵏ

Después de esto no volvió a ver a Elías.

Eliseo sucede a Elías Entonces Eliseo tomó su ropa y la rasgó en dos. ¹³ Luego recogió la capa ˡ que se le había caído a Elías, y regresó al Jordán y se detuvo en la orilla. ¹⁴ Acto seguido, golpeó el agua con la capa, y exclamó: "¿Dónde está el Señor, el Dios de Elías?"

Apenas había golpeado el agua, cuando esta se hizo a uno y otro lado, y Eliseo volvió a cruzar el río. ¹⁵ Los profetas de Jericó, que estaban enfrente, dijeron al verlo: "¡El espíritu de Elías reposa ahora en Eliseo!"

Fueron entonces a su encuentro, e inclinándose ante él ¹⁶ le dijeron:

—Mira, entre nosotros, tus servidores, hay cincuenta valientes. Deja que vayan en busca de tu maestro, no sea que el espíritu de Dios lo haya alzado y arrojado sobre alguna montaña o en algún valle.

Pero él dijo:

—No, no manden ustedes a nadie.

¹⁷ Sin embargo, fue tanta la insistencia de ellos que al fin los dejó que mandaran aquellos cincuenta hombres, los cuales estuvieron buscando a Elías durante tres días, pero no lo encontraron. ¹⁸ Entonces regresaron a Jericó, donde se había quedado Eliseo, y este les dijo:

—Yo les advertí que no fueran.

Eliseo purifica el manantial de Jericó ᵐ ¹⁹ Los habitantes de la ciudad dijeron entonces a Eliseo:

—Mira, la ciudad tiene una buena situación, como puedes ver, pero el agua es mala y la tierra estéril.

²⁰ —Tráiganme un tazón nuevo, con sal ⁿ —respondió Eliseo.

En cuanto le llevaron el tazón, ²¹ Eliseo fue al manantial y arrojó allí la sal, diciendo:

ᵉ **2.3** *Los profetas*: lit. *los hijos de los profetas* (véase 1 R 20.35 nota *j*). Al parecer, los grupos de profetas extáticos que existían en Israel desde tiempos antiguos (1 S 10.10; 19.20) no deben identificarse sin más con los llamados *hijos de los profetas*, ya que estos practicaban una forma de vida más organizada: a veces vivían en comunidad (2 R 6.1), tenían comidas en común (4.38-41) y eran dirigidos por un jefe a quien llamaban *padre* (2.12; 6.21; 13.14). Además, estos relatos no los muestran en estado de trance colectivo, como sucedía con los profetas extáticos.

ᶠ **2.3** La importancia del santuario de *Betel* permite suponer que allí había una comunidad de profetas relativamente numerosa.

ᵍ **2.8** Esta escena recuerda el paso de los israelitas por el Mar Rojo (Ex 14.16,21-22) y el río Jordán (Jos 3.13-17).

ʰ **2.9** Al hacer esta petición, Eliseo expresaba su deseo de ser el heredero espiritual de Elías, ya que una *doble porción* era la parte reservada al hijo mayor o primogénito (cf. Dt 21.17).

ⁱ **2.11** El *carro* y los *caballos* simbolizan el invencible poder del Señor (cf. 2 R 6.17; Sal 68.17[18]). El *torbellino* y la tormenta acompañan las manifestaciones de Dios (véase 1 R 8.11 n.; cf. Ez 1.4; Nah 1.3). Cf. también Eclo 48.9,12.

ʲ **2.12** *"¡Padre mío, padre mío!"*: Eliseo lanza un grito de dolor ante la partida definitiva de su maestro.

ᵏ **2.12** *Para Israel como un poderoso ejército*: lit. *¡Carros y caballería de Israel!*: La exclamación da a entender que el pueblo tenía en el profeta una fuerza comparable a la de un ejército. La misma expresión se vuelve a encontrar en labios de Joás, rey de Israel (2 R 13.14).

ˡ **2.13** La *capa* de Elías, recogida por Eliseo, era el signo de la presencia del espíritu del Señor en él (cf. v. 15).

ᵐ **2.19-25** A diferencia del ciclo de Elías, el de Eliseo relata una extensa serie de milagros: el saneamiento del manantial (2 R 2.19-22), el castigo de los burlones (2.23-24), la multiplicación del aceite (4.1-7), el milagro de la comida (4.38-41), la multiplicación del pan (4.42-44), la recuperación del hacha (6.1-7) y la resurrección del muerto en la tumba del profeta (13.20-21). Al lado de estos relatos muy simples, se encuentran otros literariamente más detallados: el nacimiento y la curación del hijo de la sunamita (4.8-37) y la curación de Naamán (5.1-27).

ⁿ **2.20** En el antiguo Israel se atribuía a la *sal* fuerza purificadora. De ahí que se utilizara en algunos sacrificios (Lv 2.13; Ez 43.24; cf. Mc 9.49-50).

—Así dice el Señor: 'Yo he purificado esta agua, y nunca más causará muerte ni hará estéril la tierra.'

²² Desde entonces el agua quedó purificada, tal como lo había dicho Eliseo.

²³ Después Eliseo se fue de allí a Betel. Cuando subía por el camino,ⁿ un grupo de muchachos de la ciudad salió y comenzó a burlarse de él. Le gritaban: "¡Sube, calvo! ¡Sube, calvo!"

²⁴ Eliseo se volvió hacia ellos, los miró y los maldijo en el nombre del Señor. Al instante salieron dos ᵒ osos del bosque y despedazaron a cuarenta y dos de ellos. ²⁵ Luego Eliseo se fue al monte Carmelo, y de allí regresó a Samaria. ᵖ

III. EL PROFETA ELISEO DURANTE EL REINADO DE JORAM (3.1—8.15)

Reinado de Joram en Israel 3 ¹ En el año dieciocho del reinado de Josafat en Judá, Joram, hijo de Ahab, comenzó a reinar sobre Israel, y reinó en Samaria doce años. ² Sus hechos fueron malos a los ojos del Señor, pero no tanto como los de su padre y su madre, ya que él quitó la piedra sagrada de Baalᵃ que su padre había hecho. ³ No obstante, cometió los mismos pecados de Jeroboam, hijo de Nabat, con los cuales había hecho pecar a Israel.

Eliseo predice la victoria sobre Moab ⁴ Mesá, el rey de Moab, ᵇ se dedicaba a criar ovejas, ᶜ y tenía que entregar como tributo al rey de Israel cien mil corderos y cien mil carneros con su lana. ⁵ Pero cuando Ahab murió, el rey de Moabᵈ se rebeló contra el rey de Israel. ᵉ ⁶ Entonces el rey Joram salió de Samaria y pasó revista a todo el ejército de Israel. ⁷ Luego mandó decir al rey de Judá: "El rey de Moab se ha rebelado contra mí. ¿Quieres acompañarme a luchar contra él?"

El rey de Judá respondió: "Te acompañaré, pues yo, lo mismo que mi ejército y mi caballería, estamos contigo y con tu gente. ᶠ ⁸ Pero, ¿por qué camino atacaremos?" Y Joram contestó: "Por el camino del desierto de Edom." ᵍ

⁹ Así pues, los reyes de Israel, Judá y Edom se pusieron en marcha. Pero como tuvieron que dar un rodeo de siete días, se les terminó el agua para el ejército y sus animales. ¹⁰ Entonces dijo el rey de Israel:

—¡Vaya! Parece que el Señor nos ha traído a nosotros, los tres reyes, para entregarnos en manos de los moabitas.

¹¹ Y Josafat preguntó:

—¿No hay por aquí algún profeta del Señor, para que consultemos al Señor por medio de él? ʰ

Uno de los oficiales del rey de Israel dijo:

—Aquí está Eliseo, hijo de Safat, que era asistente de Elías.

¹² —Pues tendrá algo que decir de parte del Señor —contestó Josafat.

Inmediatamente el rey de Israel, Josafat y el rey de Edom fueron a ver a Eliseo; ¹³ pero Eliseo dijo al rey de Israel:

—¿Qué tengo yo que ver contigo? ⁱ Ve a consultar a los profetas de tus padres.

El rey de Israel insistió:

—No, porque el Señor nos ha traído para que los tres reyes caigamos en manos de los moabitas.

¹⁴ Entonces Eliseo le dijo:

—Juro por el Señor todopoderoso, que me está viendo, que si no fuera porque respeto a Josafat, rey de Judá, no te prestaría yo atención ni te miraría siquiera. ¹⁵ ¡Vamos, tráiganme a un músico! ʲ

Y cuando el músico se puso a tocar, el Señor se posesionó de Eliseo; ᵏ ¹⁶ y Eliseo dijo:

—El Señor ha dicho: 'Hagan muchas represas en este valle, ¹⁷ porque aunque no habrá viento ni verán ustedes llover, este valle se llenará de agua y todos ustedes beberán, lo mismo que sus ganados y sus bestias. ¹⁸ Y esto es solo una pequeña muestra de lo que el Señor puede hacer, porque además él va a entregar a los moabitas en las

---

ⁿ **2.23** *Cuando subía por el camino:* Para ir de Jericó a *Betel* había que subir desde 250 m. bajo el nivel del mar hasta 880 sobre el nivel del mar. Cf. Lc 10.30.

ᵒ **2.24** En la simbología bíblica, el número *cuarenta y dos* suele estar relacionado con algo destructivo (cf. 2 R 10.14; Ap 11.2; 13.5).

ᵖ **2.25** *El Carmelo:* Véanse 1 R 18.19 n.; Am 1.2 nota *j*. *Samaria:* Véase 1 R 14.17 n. Véase también el *Índice de mapas*.

ᵃ **3.2** *La piedra sagrada de Baal:* Cf. 1 R 16.31-32. Según parece, Joram advirtió el disgusto de muchos de sus súbditos por las concesiones hechas al culto de Baal. Sin embargo, una reforma a fondo era impensable mientras la reina madre, Jezabel, hiciera valer su influencia (véase 1 R 16.31 nota *t*).

ᵇ **3.4** *Mesá, el rey de Moab,* es célebre por una inscripción grabada en piedra, conocida como "estela del rey Mesá" y encontrada el siglo pasado en Transjordania; actualmente está en el Museo del Louvre. En esa inscripción, el rey de Moab relata cómo su reino estuvo sometido a Omrí y a su dinastía y cómo logró liberarse de la opresión. La estela arroja mucha luz sobre las tensiones existentes en aquella época entre el reino de Israel y el de Moab.

ᶜ **3.4** *Se dedicaba a criar ovejas:* heb. *noqued* (véase Am 1.1 nota *a*).

ᵈ **3.5** *Moab:* región y reino al oriente del Mar Muerto, entre Edom, al sur, y Amón, al norte; véase *Índice de mapas*. Los moabitas tuvieron numerosos contactos con los reinos de Israel y de Judá, hasta la destrucción de Jerusalén (587 a.C.). A partir de entonces, retornaron a una forma de vida seminómada y estuvieron sometidos a los persas,

a los nabateos (véase 2 Co 11.32-33 n.) y a los romanos. Véase Gn 19.37 n.

ᵉ **3.5** Según la "estela de Mesá" (véase v. 4 nota *b*), la opresión de Moab habría durado cuarenta años, durante los reinados de Omrí y de Ahab. Pero el número *cuarenta*, como en diversos pasajes de la Biblia, es una cifra redonda y no necesariamente una indicación cronológica precisa (véase Gn 7.12 n.).

ᶠ **3.7** Cf. 1 R 22.4, donde Josafat da esta misma respuesta al rey Ahab.

ᵍ **3.8** Los aliados no invadieron Moab a través del Jordán, sino que dieron un largo rodeo por el sur del Mar Muerto. Así evitaban el choque con varias plazas fuertes moabitas y tomaban al enemigo por sorpresa.

ʰ **3.11** *¿No hay... por medio de él?:* El rey de Judá había preguntado lo mismo antes de emprender la campaña contra los arameos (1 R 22.5). Véase también 2 R 19.2 nota *c*.

ⁱ **3.13** *¿Qué tengo yo que ver contigo?:* traducción de un modismo hebreo que se utilizaba en el lenguaje corriente para rechazar una intervención considerada inoportuna (1 R 17.18). La misma expresión se ha traducido de distintas maneras en Jue 11.12; 2 S 16.10; 19.22. Cf. también Mt 8.29; Jn 2.4.

ʲ **3.15** Los profetas recurrían a veces a la música para recibir la inspiración divina (1 S 10.5).

ᵏ **3.15** *El Señor se posesionó de Eliseo:* lit. *la mano del Señor fue sobre Eliseo* (véase Ez 1.1-3 nota *f*).

manos de ustedes, **19** y ustedes destruirán todas las ciudades amuralladas y ciudades importantes, y cortarán todos los árboles frutales, *l* cegarán todos los manantiales de agua y llenarán de piedras todos los terrenos de cultivo.

20 En efecto, a la mañana siguiente, a la hora de presentar la ofrenda, de la parte de Edom vino el agua, *m* la cual inundó el terreno. **21** Mientras tanto, los moabitas se habían enterado de que los reyes llegaban para atacarlos, por lo que llamaron a filas a todos los jóvenes y adultos en edad militar, y tomaron posiciones en la frontera. **22** Por la mañana temprano, cuando se levantaron, el sol se reflejaba sobre el agua, y los moabitas la vieron frente a ellos roja como la sangre. **23** Entonces dijeron: "Eso es sangre. Lo que ha ocurrido es que los reyes han luchado entre sí, y se han destruido unos a otros. ¡Moabitas, vamos ahora a apoderarnos de las cosas que han dejado!"

24 Pero al entrar los moabitas en el campamento israelita, los israelitas los atacaron y los hicieron huir. Entonces los israelitas los persiguieron y los mataron. **25** Luego destruyeron las ciudades, llenaron de piedras los terrenos de cultivo, cegaron todos los manantiales y cortaron todos los árboles frutales. Solo quedó en pie la ciudad de Quir-haréset. Pero los honderos la rodearon y la conquistaron.

26 Cuando el rey de Moab se dio cuenta de que el ataque era superior a sus fuerzas, tomó setecientos soldados de infantería para abrir una brecha hacia donde estaba el rey de Edom. Pero no lograron hacerlo. **27** Entonces tomó a su hijo mayor, *n* que había de reinar en su lugar, y lo ofreció en holocausto *ñ* sobre la muralla. *o* Esto causó gran enojo contra los israelitas, por lo que ellos levantaron el campamento y regresaron a su país.

4 El milagro del aceite

1 Cierta mujer, que había sido esposa de uno de los profetas, fue a quejarse a Eliseo, diciéndole:

—Mi marido ha muerto, y usted sabe que él honraba al Señor. Ahora el prestamista ha venido y quiere llevarse a mis dos hijos como esclavos.

2 Eliseo le preguntó:

—¿Qué puedo hacer por ti? Dime qué tienes en casa.

Ella le contestó:

—Esta servidora de usted no tiene nada en casa, excepto un jarrito de aceite.

3 Entonces Eliseo le dijo:

—Pues ve ahora y pide prestados a tus vecinos algunos jarros, ¡todos los jarros vacíos que puedas conseguir! **4** Luego métete en tu casa con tus hijos, cierra la puerta y ve llenando de aceite todos los jarros y poniendo aparte los llenos.

5 La mujer se despidió de Eliseo y se encerró con sus hijos. Entonces empezó a llenar los jarros que ellos le iban llevando. **6** Y cuando todos los jarros estuvieron llenos, le ordenó a uno de ellos:

—Tráeme otro jarro más.

Pero su hijo le respondió:

—No hay más jarros.

En ese momento el aceite dejó de correr. **7** Después fue ella y se lo contó al profeta, y este le dijo:

—Ve ahora a vender el aceite, y paga tu deuda. Con el resto podrán vivir tú y tus hijos. *a*

Eliseo y la mujer de Sunem

8 Un día en que Eliseo pasó por Sunem, *b* una mujer importante que allí vivía lo invitó con mucha insistencia a que pasara a comer. Y cada vez que Eliseo pasaba por allí, se quedaba a comer. **9** Entonces ella le dijo a su marido:

—Mira, yo sé que este hombre que cada vez que pasa nos visita, es un santo profeta de Dios. **10** Vamos a construir en la azotea un cuarto para él. Le pondremos una cama, una mesa, una silla y una lámpara. Así, cuando él venga a visitarnos, podrá quedarse allí.

11 Una vez en que llegó a ese cuarto para quedarse a dormir en él, **12** le dijo a Guehazí, su criado:

—Llama a la señora sunamita.

El criado la llamó, y cuando ella se presentó ante él, Eliseo ordenó al criado:

13 —Dile a esta señora que ha sido tan amable con nosotros, que si podemos hacer algo por ella; que si quiere que hablemos en su favor con el rey o con el jefe del ejército.

—Yo estoy bien aquí entre mi propia gente —respondió ella.

14 —Entonces, ¿qué podemos hacer por ella?

—No sé —respondió Guehazí—. No tiene hijos, y su marido es anciano.

15 —Llámala —dijo Eliseo.

El criado fue a llamarla, pero ella se quedó de pie en la puerta. **16** Entonces Eliseo le dijo:

—Para el año que viene, por este tiempo, tendrás un hijo en tus brazos.

Ella respondió:

—No, mi señor, no engañe un hombre de Dios a su servidora.

17 Pero tal como Eliseo se lo anunció, ella quedó embarazada y al año siguiente dio a luz un hijo. *c* **18** Y el niño creció. Pero un día en que salió a ver a su padre, que estaba con los segadores, **19** comenzó a gritarle a este:

—¡Ay, mi cabeza! ¡Me duele la cabeza!

Entonces su padre dijo a un criado:

—Llévalo con su madre.

20 El criado lo tomó y lo llevó a donde estaba su madre, la cual lo sentó sobre sus rodillas hasta el mediodía. Entonces el niño murió. **21** Pero ella lo subió al cuarto del profeta, lo

---

l **3.19** Cf. Dt 20.19-20, donde se prohíbe expresamente cortar los *árboles frutales* en territorio enemigo.

m **3.20** *De Edom vino el agua:* a causa de un violento aguacero, como los que suelen caer en aquella región.

n **3.27** Con la inmolación de su hijo primogénito, el rey pretendía aplacar la ira de Quemós, el dios de Moab, "que estaba enojado con su tierra" (*Inscripción de Mesá*, línea 5). Cf. Jer 48.7,13,46.

ñ **3.27** Aunque este rito pagano estaba severamente prohibido por la ley de Moisés (Lv 18.21; 20.2), también se practicó ocasionalmente en Israel (2 R 16.3).

o **3.27** El sacrificio fue ofrecido sobre la muralla, a la vista de las tropas enemigas que sitiaban la ciudad, con la manifiesta intención de sembrar el pánico en medio de ellas.

a **4.1-7** Cf. 1 R 17.8-16.

b **4.8** *Sunem:* Véase 1 R 1.3 n.

c **4.16-17** Véase Gn 18.10 n.

puso sobre la cama y salió, dejando cerrada la puerta. ²² Luego llamó a su marido y le dijo:

—Envíame un criado con una asna, para que yo vaya a ver al profeta. Luego volveré.

²³ —¿Por qué vas a verlo hoy? —preguntó su marido—. No es luna nueva ni sábado.

—No te preocupes —contestó ella.

²⁴ Y ordenó que le aparejaran el asna, y dijo a su criado:

—Vamos, adelántate. Y hasta que yo te lo diga, no hagas que me detenga.

²⁵ Así ella se fue y llegó al monte Carmelo, *d* donde estaba el profeta. Cuando Eliseo la vio venir a lo lejos, dijo a Guehazí, su criado:

—Mira, es la señora sunamita. ²⁶ Corre a recibirla y pregúntale cómo está, y cómo están su marido y su hijo.

El criado fue, y ella le dijo que estaban bien. ²⁷ Luego llegó al monte en donde se encontraba Eliseo, y se abrazó a sus pies. Guehazí se acercó para apartarla, pero Eliseo le ordenó:

—Déjala, porque está muy angustiada, y hasta ahora el Señor no me ha dicho lo que le ocurre.

²⁸ Entonces ella le dijo:

—Señor, ¿acaso le pedí a usted tener un hijo? ¿No le pedí a usted que no me engañara?

²⁹ Eliseo dijo entonces a Guehazí:

—Prepárate, toma mi bastón y ve allá. Si te encuentras con alguien, no lo saludes; y si alguien te saluda, no le respondas. Luego coloca mi bastón sobre la cara del niño.

³⁰ Pero la madre del niño dijo a Eliseo:

—Juro por el Señor, y por usted mismo, que de aquí no me iré sin usted.

Entonces Eliseo se fue con ella. ³¹ Mientras tanto, Guehazí se había adelantado a ellos y había colocado el bastón sobre la cara del muchacho, pero este no daba la menor señal de vida; así que Guehazí fue al encuentro de Eliseo y le dijo:

—El niño no vuelve en sí.

³² Cuando Eliseo entró en la casa, el niño ya estaba muerto, tendido sobre la cama. ³³ Entonces entró, y cerrando la puerta se puso a orar al Señor. Solo él y el niño estaban adentro. ³⁴ Luego se subió a la cama y se acostó sobre el niño, colocando su boca, sus ojos y sus manos contra los del niño y estrechando su cuerpo contra el suyo. El cuerpo del niño empezó a entrar en calor. ³⁵ Eliseo se levantó entonces y anduvo de un lado a otro por la habitación; luego se subió otra vez a la cama y volvió a estrechar su cuerpo contra el del niño. De pronto el muchacho estornudó siete veces, y abrió los ojos. ³⁶ Eliseo llamó a Guehazí, y le dijo:

—Llama a la señora sunamita.

Guehazí lo hizo así, y cuando ella llegó a donde estaba Eliseo, este le dijo:

—Aquí tienes a tu hijo.

³⁷ La mujer se acercó y se arrojó a los pies de Eliseo; luego tomó a su hijo y salió de la habitación. *e*

El milagro de la comida ³⁸ Después de esto, Eliseo regresó a Guilgal. Por aquel tiempo hubo mucha hambre en aquella región, y una vez en que los profetas estaban sentados alrededor de Eliseo, *f* dijo este a su criado: "Pon la olla grande en el fuego, y haz un guisado para los profetas."

³⁹ Uno de ellos salió al campo a recoger algunas hierbas, y encontró un arbusto silvestre del cual tomó unos frutos, como calabazas silvestres, con los que llenó su capa. Cuando volvió, los rebanó y los echó dentro del guisado, sin saber lo que eran. ⁴⁰ Después se sirvió de comer a los profetas, y al empezar a comer el guisado, ellos gritaron:

—¡Profeta, este guisado está envenenado!

Y ya no lo comieron. ⁴¹ Pero Eliseo ordenó:

—Tráiganme un poco de harina.

Y echando la harina dentro de la olla, ordenó:

—¡Ahora sírvanle de comer a la gente!

Y la gente comió, y ya no había nada malo en la olla.

⁴² Después llegó un hombre de Baal-salisá llevando a Eliseo veinte panes de cebada recién horneados, y trigo fresco en su morral. Eliseo ordenó entonces a su criado:

—Dáselo a la gente para que coma.

⁴³ Pero el criado respondió:

—¿Cómo voy a dar esto a cien personas? Y Eliseo contestó:

—Dáselo a la gente para que coma, porque el Señor ha dicho que comerán y habrá de sobra.

⁴⁴ Así pues, el criado les sirvió, y ellos comieron y hubo de sobra, como el Señor lo había dicho.

5 **Naamán es sanado de su lepra** ¹ Había un hombre llamado Naamán, jefe del ejército del rey de Siria, *a* muy estimado y favorecido por su rey, porque el Señor había dado la victoria a Siria por medio de él. Pero este hombre estaba enfermo de lepra.

² En una de las correrías de los sirios contra los israelitas, una muchachita fue hecha cautiva, y se quedó al servicio de la mujer de Naamán. ³ Esta muchachita dijo a su ama:

—Si mi amo fuera a ver al profeta que está en Samaria, *b* quedaría curado de su lepra.

⁴ Naamán fue y le contó a su rey lo que había dicho aquella muchacha. ⁵ Y el rey de Siria le respondió:

—Está bien, ve, que yo mandaré una carta al rey de Israel.

Entonces Naamán se fue. Tomó treinta mil monedas de plata, seis mil monedas de oro y diez mudas de ropa, ⁶ y le llevó al rey de Israel la carta, que decía: "Cuando recibas esta carta, sabrás que envío a Naamán, uno de mis oficiales, para que lo sanes de su lepra."

---

d **4.25** *Carmelo:* Véanse 1 R 18.19 n.; Am 1.2 nota *j.*

e **4.8-37** Cf. 1 R 17.17-24.

f **4.38** *Guilgal:* Véase Jos 4.19 nota *f. Los profetas estaban sentados alrededor de Eliseo:* Eliseo no fue un profeta solitario como su maestro Elías (cf. 1 R 17.5-7; 19.1-14); a él lo ven constantemente en compañía de otras personas, ya sea cerca de Jericó, entre sus discípulos los profetas (2 R 6.1-3), o en ciudades como Samaria (2 R 6.32) y Dotán (2 R 6.13), o participando activamente en los asuntos políticos de la época (2 R 9.1).

a **5.1** *Siria:* lit. *Aram.* Los arameos de Damasco (cf. v. 12) fueron durante mucho tiempo los más peligrosos enemigos de Israel (cf. 1 R 20.1; 22.3; 2 R 6.8,24).

b **5.3** *Samaria:* Véase 1 R 14.17 n.

⁷ Cuando el rey de Israel leyó la carta, se rasgó la ropa en señal de aflicción y dijo:

—¿Acaso soy Dios, que da la vida y la quita, para que este me mande un hombre a que lo cure de su lepra? ¡Fíjense bien y verán que está buscando un pretexto contra mí!

⁸ Al enterarse el profeta Eliseo de que el rey se había rasgado la ropa por aquella carta, le mandó a decir: "¿Por qué te has rasgado la ropa? Que venga ese hombre a verme, y sabrá que hay un profeta en Israel."

⁹ Naamán fue, con su carro y sus caballos, y se detuvo a la puerta de la casa de Eliseo. ¹⁰ Pero Eliseo envió un mensajero a que le dijera: "Ve y lávate siete veces en el río Jordán, y tu cuerpo quedará limpio de la lepra."

¹¹ Naamán se enfureció, y se fue diciendo:

—Yo pensé que iba a salir a recibirme, y que de pie iba a invocar al Señor su Dios, y que luego iba a mover su mano sobre la parte enferma, y que así me quitaría la lepra. ¹² ¿No son los ríos de Damasco, el Abaná y el Farfar, ᶜ mejores que todos los ríos de Israel? ¿No podría yo haber ido a lavarme en ellos y quedar limpio? ᵈ

Y muy enojado se fue de allí. ¹³ Pero sus criados se acercaron a él y le dijeron:

—Señor, si el profeta le hubiera mandado hacer algo difícil, ¿no lo habría hecho usted? Pues con mayor razón si solo le ha dicho que se lave usted y quedará limpio.

¹⁴ Naamán fue y se sumergió siete veces en el Jordán, según se lo había ordenado el profeta, y su carne se volvió como la de un jovencito, y quedó limpio. ¹⁵ Entonces él y todos sus acompañantes fueron a ver a Eliseo. Al llegar ante él, Naamán le dijo:

—Ahora estoy convencido de que en toda la tierra no hay Dios, sino solo en Israel! Por lo tanto, te ruego que aceptes un regalo de este servidor tuyo.

¹⁶ Pero Eliseo le contestó:

—Juro por el Señor, que me está viendo, que no lo aceptaré.

Y aunque Naamán insistió, Eliseo se negó a aceptarlo.

¹⁷ Entonces Naamán dijo:

—En ese caso permite que me lleve dos cargas de mula de tierra de Israel; porque este servidor tuyo no volverá a ofrecer holocaustos ni sacrificios a otros dioses, sino al Señor. ᵉ ¹⁸ Solamente ruego al Señor que me perdone una cosa: que cuando mi soberano vaya a adorar al templo de Rimón, ᶠ y se apoye en mi brazo, y yo tenga que arrodillarme en ese templo, que el Señor me perdone por esto. ᵍ

¹⁹ Eliseo le respondió:

—Vete tranquilo.

Naamán se fue de allí. Y cuando ya iba a cierta distancia, ²⁰ Guehazí, el criado del profeta Eliseo, pensó: "Mi señor ha dejado ir a Naamán el sirio sin aceptar nada de lo que él trajo. Juro por el Señor que voy a seguirlo rápidamente, a ver qué puedo conseguir de él."

²¹ Y se fue Guehazí tras Naamán; y cuando este lo vio detrás de él, se bajó de su carro para recibirlo, y le preguntó:

—¿Pasa algo malo?

²² —No, nada —contestó Guehazí—. Pero mi amo me ha enviado a decirle a usted que acaban de llegar dos profetas jóvenes, que vienen de los montes de Efraín, y ruega a usted que les dé tres mil monedas de plata y dos mudas de ropa.

²³ Naamán respondió:

—Por favor, toma seis mil monedas de plata.

E insistiendo Naamán en que las aceptara, las metió en dos sacos junto con las dos mudas de ropa, y se lo entregó todo a dos de sus criados para que lo llevaran delante de Guehazí. ²⁴ Cuando llegaron a la colina, Guehazí tomó la plata que llevaban los criados, la guardó en la casa y los despidió. ²⁵ Luego fue y se presentó ante su amo, y Eliseo le preguntó:

—¿De dónde vienes, Guehazí?

—Yo no he ido a ninguna parte —contestó Guehazí.

²⁶ Pero Eliseo insistió:

—Cuando cierto hombre se bajó de su carro para recibirte, yo estaba allí contigo, en el pensamiento. ʰ Pero este no es el momento de recibir dinero y mudas de ropa, ni de comprar huertos, viñedos, ovejas, bueyes, criados y criadas. ²⁷ Por lo tanto, la lepra de Naamán se te pegará a ti y a tu descendencia para siempre.

Y cuando Guehazí se separó de Eliseo, estaba tan leproso que se veía blanco como la nieve.

6 El milagro del hacha

¹ Un día, los profetas dijeron a Eliseo:

—Mira, el lugar donde vivimos contigo es demasiado estrecho para nosotros. ² Permítenos ir al río Jordán y tomar cada uno de nosotros un tronco, para construir allí un lugar donde vivir.

—Vayan, pues —respondió Eliseo.

³ —Por favor, acompáñanos —dijo uno de ellos.

—Muy bien, los acompañaré —contestó él.

⁴ Y Eliseo fue con ellos hasta el Jordán, y allí se pusieron a cortar árboles. ⁵ Pero ocurrió que, al cortar uno un tronco, el hacha se le cayó al agua. Entonces gritó:

—¡Ay, maestro! ¡Esa hacha era prestada!

⁶ —¿Dónde cayó? —le preguntó el profeta.

El otro señaló el lugar. Entonces Eliseo cortó un palo, lo arrojó allí e hizo que el hacha saliera a flote.

⁷ —Recógela —ordenó Eliseo.

El otro extendió la mano y recogió el hacha.

ᶜ **5.12** El *Abaná*, llamado *Amaná* en Cnt 4.8, es un río que nace en el Antilíbano; el *Farfar* desciende del Hermón y corre al sur de Damasco.

ᵈ **5.12** Naamán se sintió decepcionado porque esperaba que el profeta lo recibiera de modo más espectacular.

ᵉ **5.17** La tierra pura de Israel iba a utilizarse para erigir un altar donde ofrecer los *sacrificios*, ya que el suelo extranjero, contaminado por los ídolos, era considerado impuro (cf. Am 7.17; Os 9.3-4).

ᶠ **5.18** *Rimón* es otro nombre de Hadad, el dios arameo por excelencia, señor de las lluvias y las tormentas (cf. Zac 12.11 y el nombre *Tabrimón* en 1 R 15.18).

ᵍ **5.18** Un caso de conciencia semejante se les presentaba a los primeros cristianos, especialmente a los esclavos convertidos, que debían acompañar a sus amos a las ceremonias paganas.

ʰ **5.26** *Yo estaba allí contigo, en el pensamiento*: lit. *¿Mi corazón no iba (contigo)?*: El *corazón*, en el lenguaje bíblico, es el principio del que proceden las actividades intelectuales y volitivas (véase *corazón* en el *Índice temático*). Por tanto, estas palabras de Eliseo parecen referirse a una especie de visión profética que le dio a conocer lo que estaba sucediendo en su ausencia (2 R 6.12; cf. 1 R 14.5).

Eliseo y los sirios[a] **8** El rey de Siria estaba en guerra con Israel, y en un consejo que celebró con sus oficiales, dijo en qué lugares planeaba acampar.[b] **9** Entonces Eliseo mandó decir al rey de Israel que procurara no pasar por aquellos lugares, porque los sirios iban hacia allá. **10** De esa manera el rey de Israel envió su ejército al lugar que el profeta le había dicho al prevenirlo, y así se salvó en varias ocasiones.

11 El rey de Siria estaba muy confuso por ese motivo, así que llamó a sus oficiales y les dijo:

—¡Díganme quién de los nuestros está de parte del rey de Israel!

12 Uno de ellos contestó:

—Nadie, Majestad. Pero Eliseo, el profeta que está en Israel, le hace saber al rey de Israel todo lo que Su Majestad dice incluso en la intimidad de su dormitorio.[c]

13 Entonces el rey de Siria ordenó:

—Averigüen dónde está, para que envíe yo unos hombres a que lo capturen.

Cuando le dijeron que estaba en Dotán,[d] **14** envió un destacamento de caballería, y carros de combate, y mucha infantería, que llegaron de noche a Dotán y rodearon la ciudad. **15** A la mañana siguiente se levantó el criado de Eliseo, y al salir vio aquel ejército que rodeaba la ciudad con caballería y carros de combate; entonces fue a decirle a Eliseo:

—Y ahora, maestro, ¿qué vamos a hacer?

16 Eliseo le respondió:

—No tengas miedo, porque son más los que están con nosotros que los que están con ellos.

17 Y oró Eliseo al Señor, diciendo: "Te ruego, Señor, que abras sus ojos, para que vea." El Señor abrió entonces los ojos del criado, y este vio que la montaña estaba llena de caballería y de carros de fuego alrededor de Eliseo.[e]

18 Cuando ya los sirios iban a atacarlo, Eliseo rogó al Señor: "Te pido que dejes ciega a esta gente."

Y el Señor los dejó ciegos,[f] conforme a la petición de Eliseo. **19** Entonces Eliseo les dijo:

—Este no es el camino, ni es esta la ciudad que buscan. Síganme, y yo los llevaré hasta el hombre que buscan.

Y los llevó a Samaria. **20** Al llegar allí, Eliseo hizo esta oración: "Ahora, Señor, ábreles los ojos, para que puedan ver." Entonces ellos vieron[g] que estaban dentro de Samaria. **21** Y cuando el rey de Israel los vio, preguntó a Eliseo:

—¿Los mato, padre mío,[h] los mato?

22 Pero Eliseo respondió:

—No, no los mates. ¿Acaso acostumbras matar a quienes has hecho prisioneros con tu espada y con tu arco? Dales de comer y beber, y luego devuélvelos a su señor.

23 Se les hizo entonces una gran fiesta, y comieron y bebieron. Luego el rey los despidió, y ellos volvieron a su señor. Desde entonces los sirios dejaron de hacer correrías en territorio israelita.

Eliseo y el sitio de Samaria 24 Después de esto, Ben-hadad, rey de Siria, reunió todo su ejército y fue y rodeó a Samaria para atacarla.[i] **25** Hubo entonces gran hambre en Samaria, pues el cerco fue tan cerrado que una cabeza de asno llegó a costar ochenta monedas de plata, y un cuarto de litro de estiércol de paloma, cinco monedas de plata.

26 Un día, el rey de Israel pasaba sobre la muralla, y una mujer le gritó:

—¡Majestad, ayúdeme!

27 El rey respondió:

—Si el Señor no te ayuda, ¿cómo quieres que lo haga yo? ¿Acaso puedo darte trigo, o vino? **28** ¿Qué es lo que te pasa?

Ella contestó:

—Esta mujer me dijo que entregara mi hijo para que nos lo comiéramos hoy, y que mañana nos comeríamos el suyo. **29** Entonces guisamos a mi hijo, y nos lo comimos. Al día siguiente yo le dije que entregara a su hijo para que nos lo comiéramos, pero ella lo ha escondido.[j]

30 Al escuchar el rey lo que esa mujer decía, se rasgó las ropas en señal de furor. Como estaba sobre la muralla, la gente vio que sobre la piel vestía ropas ásperas.[k] **31** Y el rey exclamó: "¡Que Dios me castigue duramente si este mismo día no le corto la cabeza a Eliseo, el hijo de Safat!"[l]

32 Eliseo estaba en su casa, sentado con los ancianos.[m] Mientras tanto, el rey había enviado a uno de sus hombres. Pero antes de que el enviado del rey llegara, Eliseo dijo a los ancianos:

—Vean cómo este hijo de un asesino[n] ha enviado a alguien a cortarme la cabeza. Pero pongan atención, y cuando llegue su enviado cierren la puerta y sosténganla contra él, pues detrás de él se oyen los pasos de su amo.

33 Aún estaba hablando con ellos, cuando el mensajero llegó ante Eliseo y dijo:

—Ya que esta desgracia nos la ha enviado el Señor, ¿qué más puedo esperar de él?

7 **1** Eliseo respondió:

—Escucha la palabra del Señor. El Señor dice: 'Mañana a estas horas, a la entrada de Samaria se podrán

---

[a] **6.8-23** Es muy difícil determinar la fecha de los episodios aquí relatados, porque no se mencionan los nombres de los reyes de Israel y de Siria o Aram.
[b] **6.8** Véase 2 R 5.1 n.
[c] **6.12** Véase 2 R 5.26 n.
[d] **6.13** Dotán distaba unos 22 km. de Samaria, la capital del reino (cf. vv. 19-20). Véase Gn 37.17 n.
[e] **6.17** La *caballería* y los *carros de fuego* simbolizaban el poder con que el Señor protegía a su profeta. Véase 2 R 2.11 n.; cf. Sal 68.17(18).
[f] **6.18** *Los dejó ciegos:* Cf. Gn 19.10-11.
[g] **6.20** *Entonces ellos vieron:* Cf. Jn 3.7.
[h] **6.21** *Padre mío:* Esta es una forma respetuosa de dirigirse a un profeta del Señor (cf. 2 R 2.12; 13.11).
[i] **6.24** Podría tratarse de *Ben-hadad* II, que ya antes había sitiado Samaria (1 R 20.1), o de *Ben-hadad* III, hijo de Hazael. *Rey de Siria:* Véase 2 R 5.1 n.
[j] **6.29** Esta práctica atroz, motivada por la total falta de alimentos, era frecuente cuando un ejército enemigo sitiaba las ciudades amuralladas (cf. Lv 26.29; Dt 28.53-57; Jer 19.9; Lm 2.20; 4.10).
[k] **6.30** *Ropas ásperas:* Véase Is 37.1 n.
[l] **6.31** El texto no explica por qué el rey de Israel estaba irritado contra Eliseo; sin duda, lo consideraba responsable de la desgracia que se había desatado sobre la ciudad.
[m] **6.32** Estos *ancianos* habían ido a consultar al profeta en aquel momento crítico (cf. Ez 8.1; 14.1).
[n] **6.32** *Este hijo de un asesino:* probable alusión al rey Ahab, que había tolerado el asesinato de los profetas del Señor y de Nabot, el dueño de la viña (1 R 18.4; 21.13,17-19). En tal caso, este rey de Israel habría sido Joram, el hijo de Ahab.

comprar siete litros de harina por una sola moneda de plata, y también por una moneda de plata se podrán comprar quince litros de cebada.'*ª*

2 El ayudante personal del rey respondió al profeta:

—Aun si el Señor abriera ventanas en el cielo, no podría suceder lo que has dicho.

Pero Eliseo contestó:

—Pues tú lo verás con tus propios ojos, pero no comerás de ello. *ᵇ*

3 Mientras tanto, cuatro leprosos *ᶜ* que había a la entrada de la ciudad se dijeron entre sí:

—¿Qué hacemos aquí sentados esperando la muerte? **4** Si nos decidimos a entrar en la ciudad, moriremos, pues hay una gran hambre allí dentro; y si nos quedamos aquí sentados, también moriremos. Pasémonos, pues, al campamento sirio; si nos perdonan la vida, viviremos; y si nos matan, de todos modos vamos a morir.

5 Así pues, se levantaron al anochecer y se dirigieron al campamento sirio; pero cuando ya estuvieron cerca, se dieron cuenta de que no había nadie. **6** Y era que el Señor había hecho que el ejército sirio oyera ruido de carros de combate, de caballería y de un gran ejército; los sirios pensaron entonces que el rey de Israel había contratado a los reyes hititas *ᵈ* y a los reyes egipcios, para que los atacaran. **7** Por eso se levantaron y huyeron al anochecer, abandonando sus tiendas de campaña, sus caballos y sus asnos, y dejando el campamento tal como estaba para escapar con vida. **8** Al llegar los leprosos a los alrededores del campamento, penetraron en una tienda y se pusieron a comer y beber; se apoderaron de plata, oro y ropa, y luego fueron a esconderlo. Después volvieron y entraron en otra tienda, y también de allí tomaron cosas y fueron a esconderlas. **9** Pero luego dijeron entre sí:

—No estamos haciendo bien. Hoy es día de llevar buenas noticias, y nosotros nos las estamos callando. Si esperamos hasta la mañana, nos considerarán culpables. Es mejor que vayamos al palacio y demos aviso.

10 Fueron entonces y llamaron a los centinelas de la ciudad, y les dijeron:

—Hemos ido al campamento sirio, y no había absolutamente nadie; ni siquiera se oía hablar a nadie. Solo estaban los caballos y los asnos atados, y las tiendas de campaña tal como las instalaron.

11 Los que vigilaban la entrada de la ciudad llamaron en seguida a los de palacio. **12** Entonces se levantó el rey, y aunque era de noche dijo a sus oficiales:

—Voy a explicarles lo que tratan de hacernos los sirios. Como saben que estamos sufriendo hambre, han salido del campamento y se han escondido en el campo, pensando que cuando nosotros salgamos de la ciudad, ellos nos atraparán vivos y entrarán en la ciudad.

13 Pero uno de sus oficiales dijo:

—Que se envíen unos hombres en cinco de los caballos que quedan, y veamos qué pasa. Si viven o mueren, su situación no será mejor ni peor que la de los demás israelitas que quedamos aquí.

14 Así que tomaron dos carros con caballos, y el rey los mandó al campamento sirio con órdenes de inspeccionar. **15** Ellos fueron siguiendo el rastro de los sirios hasta el Jordán, y vieron que todo el camino estaba lleno de ropa y objetos que los sirios habían arrojado con las prisas por escapar. Luego regresaron los enviados del rey y le contaron lo que habían visto. **16** En seguida la gente salió y saqueó el campamento sirio. Y, conforme a lo anunciado por el Señor, *ᵉ* la harina se vendió a razón de siete litros por una moneda de plata; y la cebada, a razón de quince litros por una moneda de plata.

17 El rey ordenó a su ayudante personal que se encargara de cuidar la entrada de la ciudad, pero la gente lo atropelló en la puerta y murió, conforme a lo que había dicho el profeta cuando el rey fue a verlo.

18 Ocurrió, pues, lo que el profeta había anunciado al rey cuando le dijo que a la entrada de Samaria se comprarían siete litros de harina, o quince litros de cebada, con una sola moneda de plata. **19** El oficial había respondido al profeta que, aun si el Señor abriera ventanas en el cielo, no podría suceder aquello. Eliseo, por su parte, le había contestado que lo vería con sus propios ojos, pero no comería de ello. **20** En efecto, así sucedió, porque la gente lo atropelló a la entrada de la ciudad y murió.

8 *La mujer de Sunem recupera sus bienes* **1** Eliseo habló con la mujer a cuyo hijo había revivido, y le dijo que se fueran ella y su familia a vivir a otro lugar, porque el Señor había anunciado una gran hambre en el país, que duraría siete años. **2** La mujer se preparó e hizo lo que el profeta le aconsejó: se fue con su familia a territorio filisteo, y allí se quedó a vivir siete años. **3** Pasado este tiempo, la mujer regresó de territorio filisteo, y fue a ver al rey *ª* para reclamar la devolución de su casa y sus tierras. *ᵇ* **4** El rey estaba hablando con Guehazí, el criado del profeta Eliseo, pues le había pedido que le contara todas las maravillas que Eliseo había realizado. **5** Y en el momento en que Guehazí *ᶜ* le estaba contando al rey cómo Eliseo había revivido al hijo de una mujer, llegó esta a reclamar al rey su casa y sus tierras. Entonces Guehazí dijo al rey:

—Majestad, esta es la mujer, y este es su hijo, a quien Eliseo revivió.

ª **7.1** La caída de los precios era señal de abundancia; así anunciaba el profeta el fin del asedio.

ᵇ **7.2** *Si el Señor abriera ventanas en el cielo*, para derramar sus dones copiosamente (Mal 3.10). *No comerás de ello:* Cf. v. 20.

ᶜ **7.3** A los *leprosos* se les prohibía acercarse a los lugares poblados (Lv 13.45-46; Nm 5.1-4). Véase también *lepra, leproso* en el *Índice temático*.

ᵈ **7.6** *Hititas:* Véase Jos 1.4 n.

ᵉ **7.16** Conforme a lo anunciado por el Señor: Cf. v. 1.

ª **8.3** Acerca del rey como juez que administra justicia, cf. 2 S 14.4; 1 R 3.16-28; Jer 22.15-16. Véase también Sal 72.1(1b) n.

ᵇ **8.2-3** De acuerdo con la ley mosaica, al cabo de siete años debían devolverse las propiedades a sus dueños legales (Dt 15.1-2).

ᶜ **8.5** Según 2 R 5.27, *Guehazí* enfermó de lepra, y es poco probable que en esas condiciones haya podido entrar en la corte del rey. Hay que suponer, entonces, que el relato de estos episodios no sigue un orden cronológico preciso.

ELISEO

Datos importantes de su vida	Referencias
Elías lo llama para ser su sucesor.	1 R 19.19-21
Está con Elías cuando este es llevado al cielo. Se le asegura el poder para continuar con el trabajo de Elías.	2 R 2.1-12
El poder se manifiesta inmediatamente por medio de milagros.	2 R 13—25
Profetiza que los reyes de Judá, Israel y Edom vencerán a los moabitas.	2 R 3
Ayuda a una viuda proveyéndole aceite milagrosamente.	2 R 4.1-7
Profetiza el nacimiento de un hijo a una mujer de Sunem. Años después, cuando el niño muere, Eliseo lo resucita.	2 R 4.8-37
Eliseo provee comida, milagrosamente, para un grupo de profetas.	2 R 4.38-44
Sana a Naamán; el pecado de Guehazí es castigado.	2 R 5
Recupera el hacha de un profeta.	2 R 6.1-7
Previene al rey de Israel de los planes de los sirios. El rey sirio intenta capturarlo, pero Dios interviene.	2 R 6.8-23
Los sirios sitian Samaria y hay una gran hambruna. El rey de Israel culpa a Eliseo de la desgracia e intenta matarlo. Eliseo predice el fin del sitio. Dios interviene y los sirios huyen.	2 R 6.24—7.20
Predice la muerte del rey sirio Ben-hadad, y que Hazael lo sucederá en el trono de Siria.	2 R 8.7-15
Envía a un joven profeta a consagrar a Jehú como rey de Israel, en lugar de Joram.	2 R 9.1-13
Eliseo muere, después de profetizar que Jehú derrotará a los sirios. Un muerto lanzado dentro de la tumba de Eliseo resucitó al rozar los restos del profeta.	2 R 13.14-21

6 El rey hizo preguntas a la mujer, y ella le contó su historia. Después el rey ordenó a un oficial de su confianza [d] que se encargara de que fueran devueltas a la mujer todas sus propiedades y todo lo que habían producido sus tierras desde que había salido del país hasta aquel momento.

Hazael, rey de Siria **7** Después Eliseo fue a Damasco. En aquel tiempo estaba enfermo Ben-hadad, el rey de Siria, [e] y le dijeron que había llegado el profeta. [f] **8** Entonces dijo el rey a Hazael:

—Toma un regalo y vete a ver al profeta. Pídele que consulte al Señor para saber si sobreviviré a esta enfermedad.

9 Hazael fue a ver al profeta, y le llevó regalos de los mejores productos de Damasco, cargados en cuarenta camellos. Cuando llegó ante él, le dijo:

—Ben-hadad, rey de Siria, quien te ve como a un padre, me envía a preguntarte si sobrevivirá a su enfermedad.

10 Eliseo le respondió:

—Ve y dile que sobrevivirá a su enfermedad, aunque el Señor me ha hecho saber que de todos modos va a morir.

11 De pronto Eliseo se quedó mirando fijamente a Hazael, lo que hizo que este se sintiera incómodo. Luego el profeta se echó a llorar, **12** y Hazael le preguntó:

—¿Por qué lloras, mi señor?

Eliseo respondió:

—Porque sé que vas a causarles daño a los israelitas, pues vas a prender fuego a sus fortalezas, a matar a filo de espada a sus jóvenes, a asesinar a sus pequeñuelos y a abrirles el vientre a las mujeres embarazadas.

13 Hazael contestó:

—¡Pero si yo no soy más que un pobre perro! ¿Cómo podría hacer tal cosa?

Y Eliseo respondió:

—El Señor me ha hecho saber que tú vas a ser rey de Siria.

14 Hazael se despidió de Eliseo y se presentó ante su soberano, quien le preguntó:

—¿Qué te ha dicho Eliseo?

Hazael contestó:

—Me ha dicho que vas a sobrevivir a tu enfermedad.

15 Pero al día siguiente Hazael fue y tomó una manta, y luego de empaparla de agua, se la puso al rey sobre la cara, y el rey murió. Después de esto, Hazael reinó en su lugar.

IV. JUDÁ E ISRAEL HASTA LA MUERTE DE ELISEO (8.16—13.25)

Reinado de Joram en Judá *(2 Cr 21.1-20)* **16** En el quinto año del reinado de Joram, hijo de Ahab, en Israel, Joram, hijo de Josafat, comenzó a reinar en Judá. **17** Tenía treinta y dos años cuando comenzó a reinar, y reinó en Jerusalén ocho años. **18** Pero siguió los pasos de los reyes de Israel y de la descendencia de Ahab, pues su mujer era de la descendencia de Ahab; así que sus hechos fueron malos a los ojos del Señor. **19** Pero el Señor no quiso destruir a Judá, por consideración a su siervo David, a quien prometió que siempre tendría ante él una lámpara encendida.

20 Durante el reinado de Joram, Edom se rebeló contra el dominio de Judá y nombró su propio rey. **21** Entonces Joram

---

[d] **8.6** *Oficial de su confianza:* lit. *eunuco* (véase Jer 29.1-2 nota *b*).
[e] **8.7** Se trata de *Ben-hadad* II, mencionado varias veces en el AT por sus enfrentamientos con Ahab, rey de Israel (cf. 1 R 20.1-34; 2 R 6.24). *Rey de Siria:* Véase 2 R 5.1 n.
[f] **8.7** La fama de Eliseo en el territorio sirio podía deberse a la curación de Naamán (cf. 2 R 5).

se dirigió a Saír[g] con todos sus carros de combate, y durante la noche se levantaron él y los capitanes de los carros de combate y atacaron a los edomitas que los habían rodeado, y los hicieron huir. **22** Pero Edom logró hacerse independiente de Judá hasta el presente. También en aquel tiempo se hizo independiente la ciudad de Libná.

23 El resto de la historia de Joram y de todo lo que hizo, está escrito en el libro de las crónicas de los reyes de Judá. **24** Cuando Joram murió, lo enterraron con sus padres en la Ciudad de David. Después reinó en su lugar su hijo Ocozías.

Reinado de Ocozías en Judá *(2 Cr 22.1-6)* **25** En el año doce del reinado de Joram, hijo de Ahab, en Israel, Ocozías, hijo de Joram, rey de Judá, comenzó a reinar. **26** Tenía veintidós años cuando empezó a reinar, y reinó en Jerusalén un año. Su madre se llamaba Atalía,[h] y era descendiente de Omrí, rey de Israel. **27** Ocozías siguió los pasos de Ahab y su dinastía, y por causa de sus relaciones familiares con la casa de Ahab, sus hechos fueron malos a los ojos del Señor.

28 Ocozías se alió con Joram, hijo de Ahab, para pelear en Ramot de Galaad contra Hazael, rey de Siria. Pero los sirios hirieron a Joram,[i] **29** y este regresó a Jezreel para curarse de las heridas que le habían hecho los sirios en Ramot durante el combate contra Hazael, rey de Siria. Entonces, como Joram estaba enfermo, Ocozías fue a Jezreel a visitarlo.

9

Jehú es consagrado rey de Israel **1** El profeta Eliseo[a] llamó a uno del grupo de los profetas,[b] y le dijo:

—Prepárate[c] para salir. Toma este recipiente con aceite[d] y ve a Ramot de Galaad;[e] **2** cuando llegues allá, ve en busca de Jehú, hijo de Josafat[f] y nieto de Nimsí. Entra en donde él se encuentre, apártalo de sus compañeros y llévalo a otra habitación; **3** toma entonces el recipiente con aceite y derrámalo sobre su cabeza, diciendo: 'Así dice el Señor: Yo te consagro[g] como rey de Israel.' Abre luego la puerta y huye sin detenerte.

4 El joven profeta fue a Ramot de Galaad, **5** y cuando llegó allí, encontró reunidos a los capitanes del ejército. Entonces dijo:

—Tengo algo que comunicar a mi capitán.

—¿A cuál de todos nosotros? —respondió Jehú.

—A usted, mi capitán —contestó el profeta.

6 En seguida Jehú se levantó y entró en la habitación.[h] Entonces el profeta derramó el aceite sobre su cabeza, y le anunció:

—El Señor, Dios de Israel, dice: 'Yo te consagro como rey de Israel, mi pueblo.[i] **7** Tú acabarás con la descendencia de Ahab, tu amo, y así vengarás la sangre de mis profetas y de todos mis siervos, derramada por Jezabel.[j] **8** Toda la familia de Ahab será destruida; acabaré con todos los varones en Israel, y ninguno quedará con vida. **9** Voy a hacer con la descendencia de Ahab lo mismo que hice con la de Jeroboam, hijo de Nabat, y con la de Baasá, hijo de Ahías. **10** En cuanto a Jezabel, se la comerán los perros en el campo de Jezreel, y no habrá quien la entierre.'

Dicho esto, el profeta abrió la puerta y huyó.[k] **11** Y cuando Jehú fue a reunirse con los oficiales de su amo, estos le preguntaron:

—¿Qué pasa? ¿Para qué ha venido a verte ese loco?[l]

—Pues ustedes lo conocen, y conocen también su modo de hablar —dijo Jehú.

12 —No nos engañes —contestaron ellos—. ¡Vamos, cuéntanoslo todo!

Entonces Jehú les respondió:

—Pues me dijo lo siguiente: 'Así dice el Señor: Yo te consagro como rey de Israel.'

13 Al momento cada uno de ellos tomó su capa y la tendió a sus pies, sobre los escalones.[m] Luego tocaron el cuerno de carnero y gritaron: "¡Jehú es el rey!"[n]

Jehú mata a Joram, rey de Israel **14** Jehú, hijo de Josafat y nieto de Nimsí, conspiró contra Joram. Joram, que había estado con todos los de Israel defendiendo Ramot de Galaad del ataque de Hazael, rey de Siria, **15** había vuelto a Jezreel para curarse de las heridas que le habían hecho los sirios en el combate contra Hazael. Jehú dijo entonces a sus compañeros que, si en verdad querían que él fuera su rey, no permitieran que nadie saliera de la ciudad para dar la noticia en Jezreel. **16** Luego montó en su carro de combate y se fue a Jezreel, donde Joram estaba en cama.

---

[g] **8.20-21** *Edom:* Cf. Gn 25.30; 27.40. *Saír:* localidad desconocida, situada probablemente en territorio de Edom. Véase Jer 49.7 nota *j*.
[h] **8.26** *Atalía:* Cf. 2 R 11.
[i] **8.28** Cf. 1 R 22.1-39, donde también se habla de una expedición conjunta de Israel y Judá para reconquistar *Ramot de Galaad*.
[a] **9.1** Esta iniciativa del *profeta Eliseo* se proponía acabar con una familia real que había perseguido a los fieles del Señor (1 R 18.4) y tratado de implantar en Israel el culto de Baal (véase 1 R 16.31 nota *l*). Sobre la actitud crítica de los profetas con respecto a la realeza, véase 1 S 10.1 nota *a*.
[b] **9.1** *Del grupo de los profetas:* Véase 1 R 20.35 nota *j*.
[c] **9.1** *Prepárate:* Véase 2 R 4.29 n.
[d] **9.1** *Este recipiente con aceite:* Cf. 1 S 10.1; 16.1.
[e] **9.1** *Ramot de Galaad:* Cf. 1 R 22.3; 2 R 8.28. El rey arameo Hazael pretendía reconquistar esta ciudad, que había vuelto a caer en poder de los israelitas (cf. v. 14).
[f] **9.2** No debe confundirse al padre de *Jehú* con *Josafat*, rey de Judá (cf. 1 R 22.2).
[g] **9.3** *Yo te consagro:* Véase 1 S 10.1 nota *c*.

[h] **9.6** Esta acción profética realizada sin testigos, en un lugar apartado, evoca la unción de Saúl por el profeta Samuel (1 S 9.27—10.1).
[i] **9.6** Por medio de este *joven profeta* (cf. v. 4), Eliseo dio cumplimiento a la misión que el Señor había encomendado a Elías (1 R 19.16).
[j] **9.7** *La sangre... derramada por Jezabel:* Cf. 1 R 18.4; 19.10; 21.15.
[k] **9.9-10** Cf. 1 R 21.22-23.
[l] **9.11** *Ese loco:* Cf. Os 9.7; Jer 29.26. Los oficiales de Jehú confundieron al discípulo de Eliseo con uno de esos profetas extáticos que se caracterizaban por sus palabras y gestos frenéticos (Véanse 1 S 10.5 nota *k*; 2 R 2.3 nota *n*).
[m] **9.13** *Su capa... a sus pies:* Cf. Mt 21.8. *Los escalones:* Tal vez se trata de las gradas sobre las que se había erigido un trono improvisado. De este modo, los oficiales del ejército reconocieron a Jehú como rey y le tributaron honores reales.
[n] **9.13** El relato enumera los ritos característicos de la entronización real: la unción con el aceite sagrado, el toque del *cuerno de carnero* y la aclamación del nuevo rey (cf. 2 R 11.12). Solo que

También Ocozías, rey de Judá, había ido a visitar a Joram. *ñ* ¹⁷ Cuando el centinela que estaba en la torre de Jezreel vio acercarse al grupo de Jehú, gritó:

—¡Viene gente!

Entonces Joram ordenó:

—Manden a su encuentro un hombre a caballo, para que les pregunte si vienen en son de paz.

¹⁸ El jinete fue al encuentro de Jehú, y le dijo:

—El rey manda preguntar si vienen en son de paz.

Jehú le contestó:

—Eso no es asunto tuyo. ¡Ponte ahí detrás de mí!

Entonces el centinela informó:

—El mensajero ha llegado hasta ellos, pero no se le ve regresar.

¹⁹ Al momento envió el rey otro hombre a caballo, el cual llegó a ellos y dijo:

—El rey manda preguntar si vienen en son de paz.

Jehú respondió:

—Eso no es asunto tuyo. ¡Ponte ahí detrás de mí!

²⁰ El centinela informó de nuevo:

—El otro ha llegado también hasta ellos, pero no se le ve regresar. Y parece que quien conduce el carro es Jehú, el nieto de Nimsí, porque lo conduce como un loco, conforme a su manera de ser.

²¹ Entonces Joram ordenó:

—¡Enganchen mi carro de combate!

Engancharon su carro, y Joram, rey de Israel, y Ocozías, rey de Judá, salieron, cada uno en su carro de combate, al encuentro de Jehú. Lo encontraron en la propiedad de Nabot de Jezreel. ²² Y al ver Joram a Jehú, le dijo:

—¿Vienes en son de paz, Jehú?

Jehú respondió:

—¿Qué paz puede haber mientras tu madre, Jezabel, siga con sus prostituciones *o* y sus muchas hechicerías?

²³ En seguida Joram dio la vuelta y huyó, mientras le gritaba a Ocozías:

—¡Traición, Ocozías!

²⁴ Pero Jehú tendió su arco y disparó una flecha contra Joram, la cual le entró por la espalda y le atravesó el corazón, y Joram cayó herido de muerte sobre su carro. ²⁵ Jehú ordenó entonces a Bidcar, su ayudante:

—Sácalo de ahí y échalo en el campo de Nabot de Jezreel, porque recuerdo que cuando tú y yo conducíamos juntos los carros de combate de Ahab, su padre, el Señor pronunció esta sentencia contra él: ²⁶ 'Así como ayer vi la sangre de Nabot *p* y de sus hijos, así te daré tu merecido en este mismo terreno. *q* Yo, el Señor, lo afirmo.' Así que agárralo y échalo en el campo de Nabot, según lo anunció el Señor.

Jehú mata a Ocozías (2 Cr 22.7-9) ²⁷ Cuando Ocozías, rey de Judá, vio lo que sucedía, huyó hacia Bet-hagan. Pero Jehú lo persiguió, y ordenó:

—¡Mátenlo a él también!

Lo hirieron de muerte en su carro, en la cuesta de Gur, junto a Ibleam, pero él huyó hasta Meguido. Allí murió. ²⁸ Después sus criados lo llevaron a Jerusalén en un carro, y lo enterraron en su sepulcro familiar en la Ciudad de David.

²⁹ Ocozías había comenzado a reinar sobre Judá en el año once del reinado de Joram, hijo de Ahab.

Muerte de Jezabel ³⁰ Jehú se fue entonces a Jezreel. Al saberlo, Jezabel se pintó sombras alrededor de los ojos y se adornó el cabello; luego se asomó a una ventana. ³¹ Y cuando Jehú llegó a la entrada de la ciudad, ella le dijo:

—¿Cómo estás, Zimrí, asesino de tu señor? *r*

³² Jehú miró hacia la ventana, y dijo:

—¿Quién está de mi parte?

Dos o tres oficiales de palacio se asomaron a verlo, ³³ y Jehú les ordenó:

—¡Échenla abajo!

Ellos la echaron abajo, y parte de su sangre salpicó la pared y los caballos, los cuales pisotearon a Jezabel. ³⁴ Luego Jehú se fue a comer y beber.

Más tarde, Jehú ordenó:

—Encárguense de esa maldita mujer, y entiérrenla; porque después de todo era hija de un rey.

³⁵ Pero cuando fueron a enterrarla, solo encontraron de ella el cráneo, los pies y las palmas de las manos. ³⁶ Entonces regresaron a comunicárselo a Jehú, y Jehú comentó:

—Ya el Señor había dicho por medio de su siervo Elías, el de Tisbé, que los perros se comerían el cuerpo de Jezabel en el campo de Jezreel, *s* ³⁷ y que su cadáver quedaría esparcido, como estiércol, sobre el terreno del campo de Jezreel, hasta el punto de que nadie podría reconocer sus restos.

10 Jehú aniquila a la familia de Ahab

¹ Ahab tenía setenta hijos *a* en Samaria, así que Jehú escribió cartas a las autoridades de la ciudad, a los ancianos y a los tutores de los hijos de Ahab, en las que les decía: *b* ² "Puesto que

---

ñ **9.16** Los vv. siguientes relatan episodios de extrema violencia, ejecutados por Jehú metódicamente y a sangre fría. Tal despliegue de violencia deja entrever la enorme tensión cultural, política y religiosa que se había acumulado en el reino de Israel debido al comportamiento de la familia real, especialmente el de la reina fenicia Jezabel (cf. 1 R 16.31). Jehú contaba con un respaldo profético (cf. v. 1) y pretendía reivindicar los derechos del Señor (cf. v. 22), pero consumó su golpe de estado mediante un baño de sangre. Más tarde, el profeta Oseas condenaría severamente los crímenes que Jehú cometió en Jezreel (Os. 1.4-5).

Jehú no fue aclamado por todo el pueblo (cf. 1 R 1.39-40), ni por todo el ejército (cf. 1 R 16.16), sino por el reducido grupo de oficiales que lo apoyó en su rebelión contra la dinastía reinante.

o **9.22** *Siga con sus prostituciones:* Aquí, como en muchos otros textos proféticos, la prostitución es una metáfora o imagen para designar la idolatría. Véanse Jer 2.20 nota *w*; Os 1.2.

p **9.26** *El campo de Nabot:* Cf. 1 R 21.1.
q **9.26** Cf. 1 R 21.19.
r **9.31** Nótese la ironía de este saludo: *Zimrí*, el comandante del ejército, había usurpado el trono matando al rey Elá y a sus descendientes, pero su reinado duró apenas siete días (1 R 16.9-16).
s **9.36** Cf. 1 R 21.23.

a **10.1** *Setenta hijos:* número redondo que se refiere en general a todos los varones descendientes del rey Ahab (cf. Gn 46.27; Jue 8.30; 9.2; 12.14).
b **10.1** La toma de Jezreel no era más que un primer paso, ya que se trataba de una residencia secundaria, probablemente veraniega. El golpe decisivo debía darse en *Samaria*, la capital del reino, donde podía preverse una posible resistencia.

ustedes tienen consigo a los hijos de su señor, así como sus caballos y sus carros de combate, su plaza fuerte y sus armas, cuando esta carta llegue a ustedes, **3** escojan al mejor y más apto de los hijos de su señor, pónganlo en el trono de su padre y luchen por la casa de su señor."

4 Esto les causó mucho miedo, y dijeron: "Si dos reyes no pudieron resistir frente a él, ¿cómo vamos a resistir nosotros?"

5 Entonces el mayordomo de palacio, el gobernador de la ciudad, los ancianos y los tutores mandaron a decir a Jehú: "Nosotros estamos a tus órdenes, y haremos todo lo que nos mandes, pero no vamos a nombrar rey a nadie. Haz lo que te parezca mejor."

6 Por segunda vez les escribió Jehú, diciéndoles: "Si ustedes están de mi parte y quieren obedecer mis órdenes, tomen las cabezas de los hijos de su señor, y mañana a estas horas vengan a verme a Jezreel." *c*

Los setenta hijos varones del rey estaban con los grandes personajes de la ciudad que los habían criado, **7** así que al recibir esta carta, tomaron a los setenta varones y los mataron; luego echaron sus cabezas en unas canastas y las enviaron a Jezreel. **8** Cuando el mensajero llegó, le dijo a Jehú:

—Han traído las cabezas de los hijos del rey.

Jehú ordenó:

—Pónganlas en dos montones a la entrada de la ciudad, y déjenlas allí hasta mañana.

9 Al día siguiente salió Jehú, y puesto de pie dijo a todo el pueblo:

—Ustedes son inocentes. Yo fui quien conspiró contra mi señor y lo mató; pero, ¿quién ha matado a todos estos? **10** Sepan bien que nada de lo que el Señor habló contra la familia de Ahab dejará de cumplirse. El Señor mismo ha hecho lo que anunció por medio de Elías, su siervo. *d*

11 Y Jehú dio muerte en Jezreel al resto de la familia de Ahab, a todos sus hombres importantes y amigos íntimos, y a sus sacerdotes. No dejó a nadie con vida.

12 Después se dirigió a Samaria, y en el camino llegó a Bet-equed de los Pastores, **13** donde encontró a los hermanos de Ocozías, rey de Judá. Jehú les preguntó:

—¿Quiénes son ustedes?

Ellos le respondieron:

—Somos hermanos de Ocozías, y hemos venido a saludar a los hijos del rey y a los hijos de la reina.

14 Entonces Jehú ordenó a sus seguidores:

—Atrápenlos vivos.

Los seguidores de Jehú los atraparon vivos, y los degollaron junto al pozo de Bet-equed de los Pastores. Eran cuarenta y dos *e* hombres, y no dejaron a ninguno de ellos con vida.

15 Cuando Jehú se fue de allí, se encontró con Jonadab, hijo de Recab, *f* que había ido a verlo. Jehú lo saludó y le dijo:

—¿Son buenas tus intenciones hacia mí, como lo son las mías hacia ti?

—Así es —respondió Jonadab.

—En ese caso, dame la mano —dijo Jehú.

Jonadab le dio la mano, y Jehú lo hizo subir con él a su carro, **16** diciéndole:

—Acompáñame y verás mi celo por el Señor. *g*

Así pues, lo llevó en su carro. **17** Y al entrar en Samaria, Jehú mató a todos los descendientes de Ahab que aún quedaban con vida. Los exterminó por completo, según lo que el Señor se lo había anunciado a Elías.

Jehú elimina el culto de Baal

18 Después reunió Jehú a todo el pueblo, y les dijo:

—Ahab rindió un poco de culto a Baal, pero yo le voy a rendir mucho culto. **19** Por lo tanto, llamen a todos los profetas, adoradores y sacerdotes de Baal, sin que falte ninguno, porque he preparado un gran sacrificio en honor de Baal. El que falte será condenado.

Pero Jehú había planeado este engaño para aniquilar a los adoradores de Baal; **20** por eso ordenó que se anunciara una fiesta solemne a Baal, y así se hizo. **21** Después envió mensajeros por todo Israel, y todos los que adoraban a Baal llegaron al templo. *h* Ninguno de ellos faltó, así que el templo de Baal estaba lleno de lado a lado. **22** Jehú dijo entonces al encargado del guardarropa que sacara trajes de ceremonia para todos los adoradores de Baal, y el encargado lo hizo así. **23** A continuación, Jehú y Jonadab entraron en el templo de Baal, y Jehú dijo a los adoradores de Baal:

—Procuren que no haya entre ustedes ninguno de los adoradores de Baal, sino solo adoradores de Baal.

24 Los adoradores de Baal entraron en el templo para ofrecer sacrificios y holocaustos. Mientras tanto, Jehú puso ochenta hombres afuera, y les advirtió:

—Quien deje escapar a alguno de los hombres que he puesto en sus manos, lo pagará con su vida.

25 Y al terminar Jehú de ofrecer el holocausto, ordenó a los guardias y oficiales:

—¡Entren y mátenlos! ¡Que no escape ninguno!

Los hombres de Jehú los mataron a filo de espada, y luego los arrojaron de allí. Después entraron en el santuario del templo de Baal, **26** y sacaron los troncos sagrados y los quemaron. **27** Derribaron también el altar y el templo de Baal, y lo convirtieron todo en un muladar, que existe hasta el presente.

28 Así Jehú eliminó de Israel a Baal. **29** Sin embargo, no se apartó de los pecados con que Jeroboam, hijo de Nabat, hizo pecar a los israelitas, pues siguió rindiendo culto a los becerros de oro que había en Dan y en Betel.

30 El Señor dijo a Jehú: "Ya que ante mí has actuado bien y a mis ojos tus acciones han sido rectas, pues has hecho con la familia de Ahab todo lo que yo me había propuesto,

---

c **10.6** Una vez obtenida la total sumisión de los funcionarios del reino, Jehú estableció sus condiciones. De este modo se ahorraba el odioso trabajo de exterminar personalmente a la familia de su predecesor en el trono.

d **10.10** Cf. 1 R 21.21,29.

e **10.14** *Cuarenta y dos:* Véase 2 R 2.24 n.

f **10.15** *Jonadab, hijo de Recab,* fue el antepasado de los recabitas,

grupo que consideraba contrarias a la voluntad de Dios las prácticas propias de la vida sedentaria, como el hecho de vivir en ciudades y el cultivo de la tierra. Véase Jer 35.2 n.

g **10.16** *Verás mi celo por el Señor:* expresión característica del profeta Elías (1 R 19.10).

h **10.21** Se trata del *templo* construido en tiempos de Ahab (1 R 16.32).

tus descendientes se sentarán en el trono de Israel hasta la cuarta generación."

31 A pesar de esto, Jehú no se preocupó por cumplir fielmente la ley del Señor, el Dios de Israel, pues no se apartó de los pecados con que Jeroboam hizo pecar a los israelitas. **32** Por aquel tiempo, el Señor comenzó a recortar el territorio de Israel. Hazael atacó a los israelitas por todas sus fronteras: [i] **33** desde el este del Jordán, por toda la región de Galaad, Gad, Rubén y Manasés, y desde Aroer, que está junto al arroyo Arnón, incluyendo Galaad y Basán. [j]

34 El resto de la historia de Jehú y de todo lo que hizo, y de sus hazañas, está escrito en el libro de las crónicas de los reyes de Israel. **35** Cuando murió, lo enterraron en Samaria, y reinó en su lugar su hijo Joacaz. **36** Jehú reinó sobre Israel durante veinticinco años, en la ciudad de Samaria. [k]

11 Atalía usurpa el trono (2 Cr 22.10—23.21)

1 Cuando Atalía, [a] madre de Ocozías, supo que su hijo había muerto, [b] fue y eliminó a toda la familia real. **2** Pero Joseba, [c] hija del rey Joram y hermana de Ocozías, apartó a Joás, hijo de Ocozías, de los otros hijos del rey a los que estaban matando, y lo escondió de Atalía, junto con su nodriza, en un dormitorio. Así que no lo mataron, **3** y Joás estuvo escondido con su nodriza en el templo del Señor durante seis años. Mientras tanto, Atalía gobernó el país.

4 Al séptimo año, Joiadá mandó llamar a los capitanes, y a los quereteos [d] y los guardias, y los hizo entrar en el templo del Señor, donde él estaba. Allí hizo con ellos un pacto bajo juramento, y les mostró al príncipe Joás. **5** Luego les ordenó: "Esto es lo que van a hacer ustedes: una tercera parte de ustedes estará de guardia en el palacio en el sábado; **6** otra tercera parte estará en la puerta de Sur; y la otra tercera parte en la puerta posterior del cuartel de la guardia. Así cubrirán ustedes por turnos [e] la guardia del palacio. **7** Ahora bien, las dos secciones que salen de guardia el sábado, montarán la guardia en el templo del Señor, junto al rey. **8** Ustedes formarán un círculo alrededor del rey, cada uno con sus armas en la mano, y el que intente penetrar en las filas, morirá. Ustedes acompañarán al rey dondequiera que él vaya." [f]

9 Los capitanes hicieron todo lo que el sacerdote Joiadá les había ordenado. Cada cual tomó el mando de sus hombres, tanto los que entraban de guardia en sábado como los que salían, y se presentaron al sacerdote Joiadá. **10** Entonces el sacerdote entregó a los capitanes las lanzas y los escudos que habían pertenecido al rey David, y que estaban en el templo del Señor. [g] **11** Los guardias tomaron sus puestos, desde el ala derecha hasta el ala izquierda del templo, y alrededor del altar, cada cual con su arma en la mano para proteger al rey. **12** Entonces Joiadá sacó al hijo del rey, le puso la corona y las insignias reales, [h] y después de derramar aceite sobre él lo proclamó rey. [i] Luego todos aplaudieron y gritaron: "¡Viva el rey!" [j]

13 Cuando Atalía oyó las aclamaciones de los guardias y de la gente, fue al templo del Señor, donde estaban todos. **14** Vio allí al rey, de pie junto a la columna, según era la costumbre. A su lado estaban los jefes y la banda de música, y la gente muy alegre y tocando trompetas. Entonces Atalía rasgó sus vestidos, [k] y gritó:

—¡Traición! ¡Traición!

15 Pero el sacerdote Joiadá ordenó a los capitanes que estaban al mando del ejército:

—¡Sáquenla de entre las filas, y pasen a cuchillo al que la siga!

Como el sacerdote había ordenado que no la mataran en el templo del Señor, **16** la apresaron y la sacaron por la entrada de la caballería [l] al palacio real, y allí la mataron.

17 Después Joiadá hizo una alianza entre el Señor, el rey y el pueblo, de que ellos serían el pueblo del Señor, y también entre el rey y el pueblo. **18** Luego fueron todos al templo de Baal y lo derribaron, destrozando por completo sus altares y sus ídolos. En cuanto a Matán, el sacerdote de Baal, lo degollaron ante los altares. A continuación, el sacerdote puso una guardia en el templo del Señor; **19** luego tomó a los capitanes, a los quereteos, a los guardias y a toda la gente, y juntos acompañaron al rey desde el templo del Señor hasta el palacio real, entrando por la puerta de la guardia. Joás se sentó en el trono, **20** y todo el pueblo se alegró. Y como Atalía había muerto a filo de espada en el palacio real, la ciudad quedó tranquila.

12 Reinado de Joás en Judá (2 Cr 24.1-27)

21 (12.1) [m] Joás tenía siete años cuando comenzó a reinar, **1** (2) lo cual sucedió en el séptimo año del reinado de Jehú; y reinó en Jerusalén durante cuarenta años. Su madre se llamaba

---

[f] **10.32** Después de sufrir graves derrotas por parte de los asirios, *Hazael*, rey de Damasco, rehizo su ejército y arrebató a Israel toda la región de Galaad (cf. v. 33). Invadió, además, el territorio israelita, e incluso atacó a Jerusalén (2 R 12.17[18]).

[j] **10.33** Estas indicaciones geográficas designan regiones al este del Jordán. Véase *Índice de mapas*.

[k] **10.36** El texto bíblico no menciona a los asirios. Sin embargo, un obelisco del rey Salmanasar III (858-824 a.C.) representa a Jehú, a quien llama "hijo de Omri", pagando tributo, sin duda para evitar una invasión asiria. Este obelisco puede verse actualmente en el Museo Británico (Londres).

[a] **11.1** *Atalía* se había casado con Joram, rey de Judá, pero procedía del reino del norte, ya que era hija de Ahab y nieta de Omri (2 R 8.18,26).

[b] **11.1** *Su hijo había muerto*: Cf. 2 R 9.27-28.

[c] **11.2** Según 2 Cr 22.11, *Joseba* era esposa del sacerdote Joiadá. Así se explicaría su presencia en el templo y el conocimiento que tenía del lugar.

[d] **11.4** *Los quereteos*: Véase 1 R 1.38 n.

[e] **11.6** *Por turnos*: traducción probable.

[f] **11.5-8** El sacerdote Joiadá extremó las precauciones para no poner en peligro la vida de Joás.

[g] **11.10** *Los escudos... al rey David*: Cf. 2 S 8.7.

[h] **11.12** *Las insignias reales*: lit. *el testimonio*. Probablemente se trata de un documento entregado al nuevo rey en el momento de su entronización. Es posible que en ese documento se hiciera referencia a las promesas del Señor a David y a su dinastía, y se determinaran los derechos y obligaciones del rey. Véase Sal 2.7 nota *f*.

[i] **11.12** La unción con el *aceite* sagrado era un rito importante en la entronización de un nuevo rey. Véase 1 S 10.1 nota *c*.

[j] **11.12** *"¡Viva el rey!"*: Cf. 1 R 1.39; 2 R 9.13.

[k] **11.14** *Rasgó sus vestidos*: gesto de dolor (Gn 37.34) o de gran indignación (Mc 14.63).

[l] **11.16** *Por esta entrada* llegaba *la caballería* al palacio real. Por tanto, no debe confundirse con la *Puerta de los caballos*, que estaba en el muro oriental de Jerusalén (Jer 31.40; Neh 3.28).

[m] **11.21(12.1)** Los números entre paréntesis corresponden a la numeración del texto hebreo.

Sibiá, y era de Beerseba. **2**⁽³⁾ Los hechos de Joás fueron rectos a los ojos del Señor, porque lo había educado Joiadá, el sacerdote. ᵃ **3**⁽⁴⁾ Sin embargo, no se quitaron los santuarios paganos, en los que el pueblo seguía ofreciendo sacrificios y quemaba incienso.

4-5⁽⁵⁻⁶⁾ Un día, Joás dijo a los sacerdotes:

—Recojan ustedes todo el dinero de las ofrendas que se traigan al templo del Señor, tanto la cuota que debe pagar cada persona como el total de las ofrendas voluntarias que cada uno traiga al templo del Señor. Pídanselo a los administradores del tesoro, para que se hagan todas las reparaciones necesarias en el templo. ᵇ

6⁽⁷⁾ Pero llegó el año veintitrés del reinado de Joás, y los sacerdotes aún no habían reparado el templo. **7**⁽⁸⁾ Entonces el rey Joás llamó al sacerdote Joiadá y a los otros sacerdotes, y les dijo:

—¿Por qué no han reparado ustedes el templo? De ahora en adelante no recibirán más dinero de los administradores del tesoro; y el que tengan, deberán entregarlo para la reparación del templo.

8⁽⁹⁾ Los sacerdotes estuvieron de acuerdo en no recibir más dinero de la gente, y en no tener a su cargo la reparación del templo. ᶜ **9**⁽¹⁰⁾ Entonces el sacerdote Joiadá tomó un cofre, le hizo un agujero en la tapa y lo colocó al lado derecho del altar, según se entra en el templo del Señor; y los sacerdotes que vigilaban la entrada del templo ponían allí todo el dinero que se llevaba al templo del Señor. **10**⁽¹¹⁾ Cuando veían que el cofre tenía ya mucho dinero, llegaban el cronista del rey y el sumo sacerdote y contaban el dinero que encontraban en el templo del Señor; luego lo echaban en unas bolsas, **11**⁽¹²⁾ y una vez registrada la cantidad, lo entregaban a los encargados de las obras del templo para que pagaran a los carpinteros y maestros de obras que trabajaban en el templo del Señor, **12**⁽¹³⁾ así como a los albañiles y canteros, y para que compraran madera y piedras de cantera para reparar el templo y cubrieran los demás gastos del mismo. **13**⁽¹⁴⁾ Pero aquel dinero que se llevaba al templo del Señor no se usaba para hacer copas de plata, despabiladeras, tazones, trompetas u otros utensilios de oro y plata, ᵈ **14**⁽¹⁵⁾ sino que era entregado a los encargados de las obras para que hicieran con él la reparación del templo del Señor. **15**⁽¹⁶⁾ Sin embargo, no se pedían cuentas a los hombres a quienes se entregaba el dinero para pagar a los obreros, porque actuaban con honradez. ᵉ **16**⁽¹⁷⁾ Ahora bien, el dinero de las ofrendas por la culpa y por el pecado no se llevaba al templo, porque era para los sacerdotes.

17⁽¹⁸⁾ En aquel tiempo, Hazael, rey de Siria, lanzó un ataque contra Gat y la tomó, y después se dirigió contra Jerusalén. ᶠ **18**⁽¹⁹⁾ Pero Joás, rey de Judá, tomó todos los objetos sagrados que habían dedicado al culto los reyes Josafat, Joram y Ocozías, antepasados suyos en el reino de Judá; tomó también los que él mismo había dedicado, más todo el oro que se encontró en los tesoros del templo y del palacio real, y todo junto lo envió a Hazael, y este dejó entonces de atacar a Jerusalén.

19⁽²⁰⁾ El resto de la historia de Joás y de todo lo que hizo, está escrito en el libro de las crónicas de los reyes de Judá. **20**⁽²¹⁾ Sus propios oficiales tramaron un complot contra él, y lo mataron en el edificio del terraplén que está en la bajada de Silá. **21**⁽²²⁾ Así pues, Josacar, hijo de Simat, y Jozabad, hijo de Somer, oficiales suyos, lo hirieron de muerte, y cuando murió lo enterraron en la Ciudad de David. Después reinó en su lugar su hijo Amasías. ᵍ

13 Reinado de Joacaz en Israel

1 En el año veintitrés del reinado de Joás, hijo de Ocozías, en Judá, Joacaz, hijo de Jehú, comenzó a reinar en Israel, y reinó en Samaria durante diecisiete años. **2** Pero sus hechos fueron malos a los ojos del Señor, pues cometió los mismos pecados con que Jeroboam, hijo de Nabat, hizo pecar a Israel, sin apartarse de ellos. ᵃ **3** Por lo tanto se encendió la ira del Señor contra Israel, y por mucho tiempo los entregó en manos de Hazael, rey de Siria, y de Ben-hadad, su hijo. ᵇ

4 Entonces Joacaz oró al Señor, y el Señor atendió su oración, porque había visto de qué manera el rey de Siria oprimía a los israelitas. **5** Y dio el Señor a Israel un libertador, y así los israelitas se libraron del poder de Siria y volvieron a vivir tranquilos en sus casas, como antes. ᶜ **6** Sin embargo, no se apartaron de los pecados cometidos por los descendientes de Jeroboam, el cual hizo pecar a Israel, sino que siguieron pecando, y la representación de Aserá siguió estando en Samaria. ᵈ

7 A Joacaz no le había quedado más ejército que cincuenta soldados de caballería, diez carros de combate y diez mil soldados de infantería, porque el rey de Siria los había destruido y hecho polvo. ᵉ

8 El resto de la historia de Joacaz y de todo lo que hizo, y de sus hazañas, está escrito en el libro de las crónicas de

---

ᵃ **12.2(3)** La enseñanza de la Ley del Señor era una de las principales funciones de los sacerdotes (cf. Dt 31.9-13; Jer 18.18; Ez 7.26). La instrucción impartida al joven rey se refería principalmente al conocimiento y observancia de la Ley (cf. Dt 17.18-19).

ᵇ **12.4-5(5-6)** Cf. Ex 30.11-36.

ᶜ **12.8(12.9)** Estos *sacerdotes* no eran simples porteros, sino altos dignatarios del templo, encargados de recoger las ofrendas de los fieles (2 R 22.4). A veces se mencionan después del sumo sacerdote y del sacerdote que los seguía en dignidad (2 R 25.18; Jer 52.24).

ᵈ **12.13(14)** Estas medidas restrictivas podían estar relacionadas con el tributo pagado al rey arameo Hazael (cf. vv. 18-19).

ᵉ **12.15(16)** *El dinero... para los sacerdotes:* Probablemente se trata de la tarifa que se pagaba por los sacrificios ofrecidos en el templo. Dicho dinero no se destinaba a la reparación del edificio, sino que era entregada a los sacerdotes junto con una porción de las ofrendas (cf. Lv 7.6-7).

ᶠ **12.17(18)** *Hazael:* Véase 2 R 10.32 n. *Gat:* ciudad filistea situada sobre la llanura costera del Mediterráneo, al sur de Palestina (véase 1 S 6.17 n.). El rey arameo también se había dirigido contra Jerusalén, pero Joás logró contrarrestar el peligro pagando un elevado tributo (cf. v. 18).

ᵍ **12.20-21(21-22)** Joás, salvado milagrosamente de la masacre ejecutada por la reina Atalía (2 R 11.1-3), murió asesinado por sus propios oficiales. El texto no aclara los motivos del crimen.

ᵃ **13.2** Acerca del pecado de Jeroboam I, cf. 1 R 12 28-30.

ᵇ **13.3** *Hazael:* Véase 2 R 10.32 n.

ᶜ **13.3-5** Las expresiones utilizadas en estos vv. son típicas del libro de *Jueces.* Véase Jue 2.11-23 n.

ᵈ **13.6** *Asera:* Véase Jue 3.7 nota c.

ᵉ **13.7** Véase 2 R 10.32 n.

los reyes de Israel. ⁹ Cuando murió, lo enterraron en Samaria. Después reinó en su lugar su hijo Joás.

Reinado de Joás en Israel ¹⁰ En el año treinta y siete del reinado de Joás, rey de Judá, Joás, hijo de Joacaz, comenzó a reinar en Israel, y reinó en Samaria durante dieciséis años. ¹¹ Pero sus hechos fueron malos a los ojos del Señor, pues no se apartó de todos los pecados con que Jeroboam, hijo de Nabat, hizo pecar a Israel, sino que siguió cometiéndolos.

¹² El resto de la historia de Joás y de todo lo que hizo, y de sus hazañas, y de cómo luchó contra Amasías, rey de Judá, está escrito en el libro de las crónicas de los reyes de Israel. ¹³ Cuando Joás murió, lo enterraron en Samaria con los reyes de Israel. Después subió al trono Jeroboam.

Profecía final y muerte de Eliseo ¹⁴ Eliseo estaba enfermo de muerte, y Joás, rey de Israel, fue a verlo, y lloró y lo abrazó, diciendo:

—¡Padre mío, padre mío, que has sido para Israel como un poderoso ejército! *f*

¹⁵ Eliseo le dijo:

—Toma un arco y algunas flechas.

El rey tomó un arco y unas flechas. ¹⁶ Entonces Eliseo le dijo:

—Prepárate a disparar una flecha.

Mientras el rey hacía esto, Eliseo puso sus manos sobre las del rey ¹⁷ y le dijo:

—Abre la ventana que da al oriente.

El rey la abrió, y Eliseo le ordenó:

—Ahora, ¡dispara!

Y el rey disparó la flecha. Entonces Eliseo exclamó:

—¡Flecha salvadora del Señor! ¡Flecha salvadora contra Siria! ¡Tú vas a derrotar a los sirios en Afec, *g* y acabarás con ellos!

¹⁸ Después le dijo al rey:

—Toma las flechas.

Al tomarlas el rey, Eliseo le ordenó:

—Ahora golpea el suelo.

El rey golpeó el suelo tres veces, y se detuvo. ¹⁹ Entonces el profeta se enojó con él y le dijo:

—Si hubieras golpeado el suelo cinco o seis veces, habrías podido derrotar a los sirios hasta acabar con ellos; pero ahora los derrotarás solo tres veces. *h*

²⁰ Eliseo murió, y lo enterraron. Y como año tras año bandas de ladrones moabitas invadían el país, ²¹ en cierta ocasión en que unos israelitas estaban enterrando a un hombre, al ver que una de esas bandas venía, arrojaron al muerto dentro de la tumba de Eliseo y se fueron. Pero tan pronto el muerto rozó los restos de Eliseo, resucitó y se puso de pie.

²² Hazael, rey de Siria, oprimió a Israel mientras Joacaz vivió. ²³ Pero el Señor tuvo misericordia y compasión de ellos, y por causa de su alianza con Abraham, Isaac y Jacob, *i* puso su atención en ellos y no quiso destruirlos ni arrojarlos de su presencia. Y hasta ahora no lo ha hecho.

²⁴ Cuando Hazael, rey de Siria, murió, reinó en su lugar su hijo Ben-hadad. ²⁵ Entonces Joás, hijo de Joacaz, rescató del poder de Ben-hadad las ciudades que este le había quitado en la guerra a Joacaz, su padre. Y derrotó Joás a Ben-hadad tres veces, y recuperó las ciudades de Israel.

V. JUDÁ E ISRAEL HASTA LA DESTRUCCIÓN DE SAMARIA (14.1—17.41)

14 **Reinado de Amasías en Judá** *(2 Cr 25.1-28)* ¹ En el segundo año del reinado de Joás, hijo de Joacaz, rey de Israel, Amasías, hijo de Joás, comenzó a reinar en Judá. ² Amasías tenía veinticinco años cuando comenzó a reinar, y reinó en Jerusalén durante veintinueve años. Su madre se llamaba Joadán, y era de Jerusalén. ³ Los hechos de Amasías fueron rectos a los ojos del Señor, pero no tanto como los de su antepasado David. Pues hizo lo mismo que su padre Joás, ⁴ y no se quitaron los santuarios paganos, en los que el pueblo siguió ofreciendo sacrificios y quemando incienso.

⁵ Cuando Amasías se afirmó en el poder, mató a todos los oficiales que habían asesinado a su padre. *a* ⁶ Pero no dio muerte a los hijos de los asesinos, pues, según lo escrito en el libro de la ley de Moisés, el Señor ordenó: "Los padres no podrán ser condenados a muerte por culpa de lo que hayan hecho sus hijos, ni los hijos por lo que hayan hecho sus padres, sino que cada uno morirá por su propio pecado." *b*

⁷ Amasías fue quien mató a diez mil edomitas en el Valle de la Sal *c* y conquistó Selá, y la llamó Jocteel, que es su nombre hasta el día de hoy. *d*

⁸ Después de esto, envió un mensaje a Joás, hijo de Joacaz y nieto de Jehú, rey de Israel, en el que le decía: "Ven, y nos veremos las caras." ⁹ Pero Joás le envió la siguiente respuesta: "El cardo le mandó decir al cedro del Líbano: 'Dale tu hija a mi hijo, para que sea su mujer.' Pero una fiera pasó por allí y aplastó al cardo. ¹⁰ Tengo que reconocer que has derrotado a los edomitas, y que eso te hace sentirte orgulloso. Muy bien, siéntete orgulloso; pero mejor quédate en tu casa. ¿Por qué quieres provocar tu propia desgracia y la desgracia de Judá?" *e*

¹¹ Sin embargo, Amasías no le hizo caso. Entonces Joás se puso en marcha para enfrentarse con Amasías, en Bet-semes, que está en territorio de Judá. ¹² Y Judá fue derrotado por Israel, y cada cual huyó a su casa. ¹³ Joás, rey de Israel, hizo prisionero en Bet-semes a Amasías, rey de Judá, y

---

f **13.14** Acerca de este saludo, véase 2 R 2.12.

g **13.17** *Afec:* Véase 1 S 4.1b nota *d*.

h **13.15-19** Estos gestos simbólicos, realizados por orden de Eliseo, eran una especie de profecía en acción. Por tanto, tenían toda la eficacia de los anuncios proféticos. Véase Jer 13.1-11 n.

i **13.23** *Su alianza con Abraham, Isaac y Jacob:* Cf. Dt 1.8; 6.10; 9.5; 29.13; 34.4.

a **14.5** Cf. 1 R 12.20-21(21-22).

b **14.6** La cita del *libro de la ley de Moisés* coincide casi literalmente con Dt 24.16. Véanse Jer 31.29-30 n.; Ez 18.1-32 n.

c **14.7** El *Valle de la Sal*, llamado también *Arabá* (cf. Dt 1.1), se extiende desde el Mar Muerto hasta el Golfo de Akaba. Véase *Índice de mapas*.

d **14.7** El cambio de nombre era una forma de afirmar la dominación. Cf. 2 R 23.34; 24.17.

e **14.8-10** El rey de Israel respondió al desafío con una parábola semejante a la de Jotam (Jue 9.8-15).

luego se dirigió a Jerusalén, en cuyo muro abrió una brecha de ciento ochenta metros, desde la Puerta de Efraín hasta la Puerta de la Esquina.[f] **14** Además se apoderó de todo el oro y la plata, y de todos los objetos que había en el templo del Señor y en los tesoros del palacio real. Y después de tomar a algunas personas como rehenes, regresó a Samaria.

15 El resto de la historia de Joás y de lo que hizo, así como de sus hazañas y de la guerra que tuvo con Amasías, rey de Judá, está escrito en el libro de los reyes de Israel. **16** Cuando murió, lo enterraron en Samaria junto con los reyes de Israel. Después reinó en su lugar su hijo Jeroboam.

17 Amasías, hijo de Joás, rey de Judá, vivió aún quince años después de la muerte de Joás, hijo de Joacaz y rey de Israel. **18** El resto de la historia de Amasías está escrito en el libro de las crónicas de los reyes de Judá. **19** En Jerusalén se había conspirado contra Amasías, el cual huyó a Laquis;[g] pero lo persiguieron hasta esa ciudad, y allí le dieron muerte.[h] **20** Luego lo llevaron sobre un caballo y lo enterraron en Jerusalén con sus antepasados, en la Ciudad de David. **21** Entonces todo el pueblo de Judá tomó a Azarías, y lo hicieron rey en lugar de su padre Amasías. Azarías tenía entonces dieciséis años, **22** y él fue quien, después de la muerte de su padre, reconstruyó la ciudad de Elat y la recuperó para Judá.[i]

Reinado de Jeroboam II en Israel **23** En el año quince del reinado de Amasías, hijo de Joás, rey de Judá, Jeroboam,[j] hijo de Joás, rey de Israel, comenzó a reinar en Israel, y reinó en Samaria cuarenta y un años. **24** Pero sus hechos fueron malos a los ojos del Señor, pues no se apartó de ninguno de los pecados con que Jeroboam, hijo de Nabat, hizo pecar a Israel.[k]

25 Jeroboam volvió a establecer las fronteras de Israel, desde la entrada de Hamat hasta el mar del Arabá,[l] tal como lo había anunciado el Señor, el Dios de Israel, por medio de su siervo Jonás, hijo de Amitai, profeta de Gathéfer.[m] **26** Porque el Señor se dio cuenta del amargo sufrimiento de Israel, del que nadie había escapado, y de que Israel no contaba con ninguna ayuda. **27** Entonces los salvó por medio de Jeroboam, hijo de Joás, pues aún no había decidido borrar de este mundo el nombre de Israel.

28 El resto de la historia de Jeroboam y de todo lo que hizo, así como de sus hazañas y de las guerras que emprendió, y de cómo recuperó Damasco y Hamat para Israel, está escrito en el libro de las crónicas de los reyes de Israel. **29** Cuando Jeroboam murió, lo enterraron con los reyes de Israel. Después reinó en su lugar su hijo Zacarías.

15 Reinado de Azarías en Judá[a] *(2 Cr 26.3-5,16-23)*

1 En el año veintisiete del reinado de Jeroboam, rey de Israel, comenzó a reinar Azarías, hijo de Amasías, rey de Judá.[b] **2** Tenía dieciséis años[c] cuando comenzó a reinar, y reinó en Jerusalén cincuenta y dos años. Su madre se llamaba Jecolías, y era de Jerusalén.

3 Los hechos de Azarías fueron rectos a los ojos del Señor, como lo habían sido los de Amasías, su padre. **4** Sin embargo, no se quitaron los santuarios paganos, donde la gente todavía ofrecía sacrificios y quemaba incienso. **5** El Señor castigó al rey con lepra[d] hasta el día en que murió, así que el rey vivió aislado en su palacio, relevado de sus obligaciones, y Jotam, su hijo, se hizo cargo de la regencia y gobernó a la nación.

6 El resto de la historia de Azarías y de todo lo que hizo, está escrito en el libro de las crónicas de los reyes de Judá. **7** Cuando Azarías murió,[e] lo enterraron con sus antepasados en la Ciudad de David. Después reinó en su lugar su hijo Jotam.

Reinado de Zacarías en Israel **8** En el año treinta y ocho del reinado de Azarías, rey de Judá, Zacarías, hijo de Jeroboam, comenzó a reinar en Israel, y reinó en Samaria seis meses. **9** Pero sus hechos fueron malos a los ojos del Señor, como los de sus antepasados, pues no se apartó de los pecados con que Jeroboam, hijo de Nabat, hizo pecar a Israel.

10 Ahora bien, Salum, hijo de Jabés, conspiró contra él, y lo atacó en Ibleam y lo mató, reinando después en su lugar.[f]

---

[f] **14.13** *La Puerta de Efraín:* Cf. Neh 8.16. *La Puerta de la Esquina* o *del Ángulo:* Cf. Jer 31.38.

[g] **14.19** Plaza fuerte de Judá (cf. Jos 10.3), situada en la ruta que va de Jerusalén a Gaza (véase *Índice de mapas*). Los asirios la sitiaron en tiempos de Ezequías (2 R 18.14) y los babilonios en tiempos de Sedecías (Jer 34.7).

[h] **14.19** Amasías tuvo el mismo trágico fin que su padre Joás (cf. 2 R 12.20-21[21-22]; 14.5), pero tampoco en este caso se explican los motivos de la conjura.

[i] **14.22** La ciudad portuaria de *Elat,* en el Golfo de Akaba, abría una salida al Mar Rojo y era un punto estratégico para el comercio con el sur de Arabia y con el país de *Ofir* (véase 1 R 9.28 n.).

[j] **14.23** Este rey se identifica hoy habitualmente como *Jeroboam* II, para distinguirlo del monarca del mismo nombre, que reinó en Israel después de la muerte de Salomón (cf. 1 R 11.26-40; 12.1—14.20). Su largo reinado llegó hasta mediados del siglo VIII a.C., fecha en que comenzó la época de los grandes profetas.

[k] **14.24** En tiempos de Jeroboam II anunció su mensaje al reino de Israel el profeta Amós (Am 1.1). Amasías, el sacerdote de Betel, lo denunció ante el rey, acusándolo de conspirador (Am 7.10-17). También Oseas comenzó su actividad profética en los últimos años de Jeroboam II (Os 1.1).

[l] **14.25** *La entrada de Hamat,* en la frontera norte de Palestina (véase Jue 3.3 n.). *El mar del Arabá:* es decir, el Mar Muerto (véanse Dt 1.1 n. e *Índice de mapas*).

[m] **14.25** *Jonás:* Cf. Jon 1.1. *Gat-héfer:* en el territorio de Zabulón (Jos 19.13), probablemente no lejos de Nazaret.

[a] **15.1-7** Este capítulo menciona siete reyes; varios de ellos conquistaron el poder mediante golpes de Estado. Los acontecimientos relatados coinciden con el auge del poder asirio y de su expansión imperialista.

[b] **15.1** El largo y próspero reinado de *Azarías* (llamado también *Ozías,* cf. 2 Cr 26.1; Is 6.1) fue un periodo de relativa tranquilidad para Judá, como también lo fue, para Israel; el de su contemporáneo *Jeroboam* II (cf. 2 R 14.23-29).

[c] **15.2** En 2 Cr 26.15 se dan más detalles sobre la prosperidad y el poderío que alcanzó el reino de Judá en tiempos de Azarías.

[d] **15.5** Según 2 Cr 26.16, Azarías enfermó de *lepra* porque se atrevió a quemar incienso en el altar del templo. Esta acción provocó un grave conflicto entre el rey y los sacerdotes.

[e] **15.7** En este mismo año, Isaías fue llamado por el Señor para ejercer su misión profética (Is 6.1).

[f] **15.10** Con el alzamiento de *Salum,* comienza en Israel una larga serie de conspiraciones y asesinatos de reyes. Estos golpes de Estado reflejan las tensiones existentes entre los partidos que se disputaban el poder, en el contexto de la expansión asiria. Esos hechos de

11 El resto de la historia de Zacarías está escrito en el libro de las crónicas de los reyes de Israel. **12** Así se cumplió el anuncio que hizo el Señor a Jehú, cuando le dijo que sus hijos se sentarían en el trono de Israel hasta la cuarta generación.

Reinado de Salum en Israel **13** Salum, hijo de Jabés, comenzó a reinar en el año treinta y nueve del reinado de Ozías, rey de Judá.*g* Pero reinó solo un mes completo en Samaria, **14** pues Menahem, hijo de Gadí, llegó de Tirsá a Samaria y atacó a Salum, y después de matarlo reinó en su lugar.

15 El resto de la historia de Salum, incluyendo su conspiración contra Zacarías, está escrito en el libro de las crónicas de los reyes de Israel.

16 Entonces Menahem destruyó Tífsah y saqueó todo lo que había en ella y en su territorio, a partir de Tirsá, y también les abrió el vientre a todas las mujeres embarazadas. Lo hizo porque no le habían abierto las puertas de la ciudad.*h*

Reinado de Menahem en Israel **17** En el año treinta y nueve del reinado de Azarías, rey de Judá, Menahem, hijo de Gadí, comenzó a reinar sobre Israel, y reinó diez años en Samaria. **18** Pero sus hechos fueron malos a los ojos del Señor, pues no se apartó de los pecados con que Jeroboam, hijo de Nabat, hizo pecar a Israel.

En sus días, **19** Pul,*i* el rey de Asiria, invadió el país,*j* y Menahem le entregó treinta y tres mil kilos de plata para que le ayudara a fortalecer su reinado. **20** Para pagarle tal cantidad al rey de Asiria, Menahem ordenó que todos los ricos de Israel pagaran un impuesto de más de medio kilo de plata. De ese modo el rey de Asiria se volvió a su tierra, y no se detuvo más en el país.

21 El resto de la historia de Menahem y de todo lo que hizo, está escrito en el libro de las crónicas de los reyes de Israel. **22** Después de su muerte, reinó en su lugar su hijo Pecahías.

Reinado de Pecahías en Israel **23** En el año cincuenta del reinado de Azarías, rey de Judá, Pecahías, hijo de Menahem, comenzó a reinar sobre Israel, y reinó en Samaria dos años. **24** Pero sus hechos fueron malos a los ojos del Señor, pues no se apartó de los pecados con que Jeroboam, hijo de Nabat, hizo pecar a Israel.

25 Pero un oficial suyo, llamado Pécah, hijo de Remalías, conspiró contra él y, con la ayuda de cincuenta hombres de Galaad, lo atacó en la fortaleza del palacio real y lo mató, después de lo cual reinó en su lugar.

26 El resto de la historia de Pecahías y de todo lo que hizo, está escrito en el libro de las crónicas de los reyes de Israel.

Reinado de Pécah en Israel **27** En el año cincuenta y dos del reinado de Azarías, rey de Judá, Pécah, hijo de Remalías, comenzó a reinar sobre Israel, y reinó en Samaria veinte años. **28** Pero sus hechos fueron malos a los ojos del Señor, pues no se apartó de los pecados con que Jeroboam, hijo de Nabat, hizo pecar a Israel.

29 En el tiempo en que Pécah era rey de Israel, llegó Tiglat-piléser,*k* rey de Asiria, y conquistó Ijón, Abel-betmaacá, Janóah, Quedes, Hasor, Galaad, Galilea y toda la región de Neftalí, y a sus habitantes los llevó cautivos a Asiria.*l* **30** Entonces Oseas, hijo de Elá, conspiró contra Pécah, hijo de Remalías, y lo atacó y lo mató. De esa manera llegó a reinar en su lugar, en el año veinte del reinado de Jotam, hijo de Ozías.

31 El resto de la historia de Pécah y de todo lo que hizo, está escrito en el libro de las crónicas de los reyes de Israel.

Reinado de Jotam en Judá *(2 Cr 27.1-9)* **32** En el segundo año del reinado de Pécah, hijo de Remalías, Jotam, el hijo de Ozías, comenzó a reinar en Judá. **33** Tenía veinticinco años cuando comenzó a reinar, y reinó en Jerusalén dieciséis años. Su madre se llamaba Jerusá, hija de Sadoc.

34 Los hechos de Jotam fueron rectos a los ojos del Señor, como lo habían sido los de Ozías, su padre, **35** pues construyó la puerta superior del templo del Señor. Sin embargo, no se quitaron los santuarios paganos, donde el pueblo seguía ofreciendo sacrificios y quemando incienso.

36 El resto de la historia de Jotam y de todo lo que hizo, está escrito en el libro de las crónicas de los reyes de Judá.

37 Por aquel tiempo empezó el Señor a enviar contra Judá a Resín, rey de Siria, y a Pécah, hijo de Remalías. **38** Cuando murió Jotam, lo enterraron con sus antepasados en la Ciudad de David, su antepasado. Después reinó en su lugar su hijo Ahaz.

16 **Reinado de Ahaz en Judá** *(2 Cr 28.1-27)* **1** En el año diecisiete del reinado de Pécah, hijo de Remalías, comenzó a reinar Ahaz, hijo de Jotam, rey de Judá. **2** Tenía veinte años cuando comenzó a reinar, y reinó en Jerusalén dieciséis años; pero sus hechos no fueron rectos a los ojos del Señor su Dios, como los de su antepasado David, **3** sino

---

sangre ensombrecieron la historia del reino del norte hasta la destrucción de Samaria. Véanse Os 7.3-7 n.; 7.5 nota *d.*

g **15.13** Aquí y en vv.32,34, al rey Azarías se le da el nombre de *Ozías.* Esto se debe a que ambos nombres tienen en hebreo un significado parecido: Azarías significa *Yah* (abreviación de *Yahvé,* el nombre propio del Dios de Israel) *es mi ayuda* y *Ozías* equivale a *Yah es mi fuerza.* Cf. también Is 1.1; 7.1; Am 1.1; Os 1.1.

h **15.16** *Tirsá:* Véase 1 R 14.17 n. *Abrió el vientre... embarazadas:* Cf. Am 1.13.

i **15.19** *Pul:* según la versión griega (LXX). Heb. *todos sus días.* Este es otro nombre de Tiglat-piléser III, rey de Asiria (745-727 a.C.), que en el 727 a.C., cuando conquistó Babilonia, se hizo inscribir con el nombre de *Pulu* en la lista de los reyes babilónicos. Cf. 1 Cr 5.26.

j **15.19** *Invadió el país:* Poco después de usurpar el trono de Asiria, Tiglat-piléser III (Pul) inició su política de expansión del imperio y extendió su dominación en todas las direcciones, incluso hacia el oeste, donde atacó a Siria y Palestina. Solo los reyes que le pagaron tributo consiguieron mantener una independencia relativa. Cf. Is 10.13-14.

k **15.29** *Tiglat-piléser:* llamado *Pul* en el v. 19.

l **15.29** Los asirios deportaban poblaciones enteras a otras regiones del imperio con el fin de afianzar su dominio. Así quedaban eliminados los posibles focos de resistencia en los territorios sometidos (cf. 2 R 17.6,24). Más tarde, los babilonios emplearían el mismo método (cf. 2 R 25.11-12).

LOS ASIRIOS

Los asirios ocuparon la parte norte del actual Irak (la tierra entre los ríos Tigris y Éufrates) durante la mayor parte del periodo cubierto por el AT. Los montes y las planicies de esta fértil tierra contrastan con el desierto que se encuentra al oeste y con las escabrosas montañas al norte y al este. Por tal motivo, los asirios constantemente tuvieron que defender su país de los invasores.

Historia

Los asirios eran, en su mayoría, un pueblo semítico (grupo al que asimismo pertenecían los israelitas); su idioma era muy similar al babilónico. También usaban el sistema de escritura cuneiforme, hecha con signos en forma de cuña, que representaban sonidos o sílabas y se imprimían en tabletas de barro con una especie de punzón (llamado posteriormente "estilo").

Las listas reales muestran que los asirios ya estaban en su tierra por el año 2300 a.C., y la evidencia arqueológica señala que Nínive fue fundada cerca del 4000 a.C. Alrededor del año 1100 a.C. Asiria se había convertido en una potencia del cercano Oriente. Siguió un tiempo de decadencia. Pero desde cerca del 900 a.C. hubo una serie de reyes vigorosos, los que empezaron a establecer el poderoso imperio asirio.

Vida y arte

Con el imperio vino también la riqueza. Las historias narradas en la Biblia y en otros documentos, más las escenas de batallas que decoraban las paredes de los palacios asirios, dan la impresión de que se trataba de un cruel pueblo guerrero. Pero la vida asiria no se limitaba a la guerra.

Los reyes construyeron grandes palacios y templos en las ciudades más importantes (Nínive, Asur y Cala). Las paredes estaban revestidas con planchas de piedra talladas en bajorrelieve. Tales planchas mostraban al rey mientras cazaba, trataba con sus súbditos o adoraba a sus dioses, y también narraban sus victorias. El mobiliario de los palacios estaba bellamente decorado con paneles de marfil tallado o grabado. El rey, con la reina a su lado, descansaba en un sofá y bebía de copas doradas.

Bibliotecas

Miles de tabletas de barro se guardaban en las bibliotecas de los palacios. Muchas tienen que ver con asuntos diplomáticos y administrativos, otras detallan determinado reinado. Hay también documentos legales, diccionarios y listas de palabras. La literatura asiria incluye grandes épicas de la historia primitiva y leyendas (entre ellas las famosas historias del diluvio y de la creación), y otras historias de los dioses.

Religión

Asur, el dios nacional de Asiria, era considerado el rey de los dioses. Se creía que él y los otros dioses (dios de la luna, dios del sol, dios del clima, diosa del amor y de la guerra, etc.) controlaban todas las cosas. Cada ciudad tenía un templo principal donde se adoraba al dios de esa ciudad (dios patrono). En el día especial del dios y en las grandes festividades, las personas se aglomeraban para ver las procesiones, donde se exhibían las estatuas del dios.

Tomaban muy en serio al mundo espiritual. Solían usar amuletos para ahuyentar los espíritus malignos y los demonios, quienes causaban problemas y provocaban enfermedades. Consultaban adivinos y astrólogos para conocer el futuro. Se ofrecían ofrendas a los muertos. Sin embargo, la religión asiria no proveía ninguna esperanza de vida después de la muerte.

Asiria e Israel

Cerca del año 1200 a.C., quizá poco después de la conquista de Canaán por los hebreos, varios grupos conocidos como la "Gente del mar" invadieron la parte este del Mediterráneo. Arrasaron la costa, extendiendo el terror hasta las fronteras de Egipto. Allí, las fuerzas egipcias los derrotaron. Uno de aquellos grupos, los filisteos, se asentaron en la región costera del sur de Canaán, cerca de la frontera con Egipto.

Los asirios entran en la historia bíblica en la época de los últimos reyes de Israel (s. VIII a.C.), en la época en que Isaías (el profeta) se estaba dando a conocer en el reino de Judá. Desde ca. del 840 a.C., Asiria había considerado a Israel como estado vasallo. En el obelisco de piedra negra que documenta las victorias del rey Salmanasar III, se muestra a Jehú de Israel rindiendo tributo (cf. 2 R 9-10).

En el 745 a.C. Tiglat-piléser III asciende al trono de Asiria. Invadió Israel y forzó al rey Menahem a renovar el pago del tributo (2 R 15.17-23). Años más tarde, el rey asirio volvió a invadir Israel, capturando tierras y ciudades, y deportó a muchas personas. (Para evitar problemas posteriores, los asirios solían mandar al exilio a los conquistados y los establecían en otro país.)

Oseas de Israel resistió a los asirios. Fue derrotado, pero luego se rebeló. En esta ocasión, el rey asirio Salmanasar V sitió y capturó Samaria, la capital de Israel. Toda la población fue enviada al exilio; Samaria fue repoblada con gentes de otros pueblos. Era el año 721 a.C. (2 R 17; 18.9-12). Sargón II, sucesor de Salmanasar, declara haber deportado como prisioneros a "...27 290 de sus habitantes junto con sus carros... y los dioses en quienes confiaban". (Véase *Tabla cronológica I.*)

> **Asiria y Judá**
> El reino de Judá se había tornado en vasallo asirio al pedir protección contra el ataque de Israel y Siria (2 R 16.1-9). Así, cuando el rey Ezequías buscó la independencia de Judá, su acción llevó al ejército asirio hasta Judá. El rey asirio sitió y capturó Laquis y envió un gran ejército contra Jerusalén. Ezequías, por consejo del profeta Isaías, no se rindió, y los asirios tuvieron que retroceder (2 R 18.1-8,13--19.37).
> Judá permaneció leal a Asiria hasta que el imperio fue derrotado por los babilonios, quienes capturaron Nínive, la capital asiria, en el año 612 a.C. (cf. Dn 5).

que siguió los pasos de los reyes de Israel, pues hasta hizo quemar a su hijo en sacrificio,[a] conforme a las prácticas infames de las naciones que el Señor había arrojado de la presencia de los israelitas. **4** Además ofreció sacrificios y quemó incienso en los santuarios en lugares altos, en las colinas y bajo todo árbol frondoso.

5 Por aquel tiempo, Resín, rey de Siria, y Pécah, hijo de Remalías, rey de Israel, se dirigieron a Jerusalén para atacarla. Y sitiaron a Ahaz, pero no pudieron tomar la ciudad.[b] **6** Entonces el rey de Edom recuperó para Edom la ciudad de Elat;[c] y los edomitas llegaron, y después de arrojar de Elat a los de Judá, se quedaron a vivir allí hasta el día de hoy.

7 Entonces Ahaz envió unos mensajeros a Tiglat-piléser, rey de Asiria,[d] para que le dijeran de su parte: "Este servidor tuyo es como un hijo tuyo. Por lo tanto, ven y líbrame del rey de Siria y del rey de Israel, que me están atacando."

8 Ahaz tomó, además, la plata y el oro que había en el templo del Señor y en los tesoros del palacio real, y los envió como regalo al rey de Asiria, **9** el cual atendió su petición y organizó un ataque contra Damasco, y la conquistó, después de lo cual desterró a sus habitantes a Quir[e] y dio muerte a Resín.

10 Cuando el rey Ahaz fue a Damasco para encontrarse con Tiglat-piléser, rey de Asiria, vio el altar que allí había. Entonces envió al sacerdote Urías un plano exacto de la construcción del altar, **11** y Urías construyó un altar siguiendo todas las indicaciones que el rey Ahaz le había enviado desde Damasco, y lo tuvo listo para cuando el rey Ahaz regresó de Damasco.

12 Cuando el rey llegó de Damasco y vio el altar, se acercó y ofreció sobre él un holocausto; **13** lo quemó, al igual que su ofrenda de cereales, y derramó sobre el altar su ofrenda de vino, y roció sobre él la sangre de sus sacrificios de reconciliación.

14 En cuanto al altar de bronce que estaba frente al templo del Señor, Ahaz lo quitó de allí y lo puso al lado norte del altar, ya que ahora quedaba entre el nuevo altar y el templo del Señor. **15** Después ordenó al sacerdote Urías que en el altar grande quemara el holocausto de la mañana y la ofrenda de cereales de la tarde, así como el holocausto y la ofrenda de cereales del rey, y el holocausto y ofrendas de cereales y de vino del pueblo en general. También le dijo que rociara sobre ese altar toda la sangre de los holocaustos y los sacrificios, pero que el altar de bronce sería solo para que él consultara al Señor.

16 El sacerdote Urías hizo todo lo que el rey Ahaz le ordenó. **17** Luego el rey Ahaz cortó las entrepaños de las bases y quitó la enorme pila para el agua de encima de los toros de bronce que la sostenían, y la colocó sobre un pavimento de piedra. **18** Y para agradar al rey de Asiria, quitó del templo del Señor el estrado que habían construido para el sábado, y la puerta exterior reservada al rey.

19 El resto de la historia de Ahaz y de todo lo que hizo, está escrito en el libro de las crónicas de los reyes de Judá. **20** Cuando murió, lo enterraron con sus antepasados en la Ciudad de David. Después reinó en su lugar su hijo Ezequías.

17 Caída de Samaria y destierro de Israel

1 En el año doce del reinado de Ahaz, rey de Judá, Oseas, hijo de Elá, comenzó a reinar sobre Israel, y reinó nueve años en Samaria. **2** Pero sus hechos fueron malos a los ojos del Señor, aunque no tanto como los de los reyes que hubo antes de él en Israel.

3 Salmanasar, rey de Asiria,[a] atacó a Oseas, y este fue hecho su siervo y tributario. **4** Pero descubrió Salmanasar que Oseas estaba conspirando contra él, y que había enviado unos agentes[b] a So, rey de Egipto,[c] además de que ya no le pagaba el tributo anual. Ordenó entonces Salmanasar que arrestaran a Oseas y lo pusieran en prisión; **5** luego invadió el país entero y atacó a Samaria, manteniendo el ataque durante tres años. **6** Finalmente, en el año nueve del reinado de Oseas, el rey de Asiria tomó Samaria, y a los israelitas los llevó cautivos[d] a Asiria y los estableció en Halah, en la región del Habor, río de Gozán, y en las ciudades de los medos.[e]

---

[a] **16.3** *Hizo quemar a su hijo en sacrificio:* Cf. Lv 18.21. Según 2 R 23.10, estos sacrificios se ofrecían en el *valle de Ben-hinom* (véanse Is 57.5 nota *g*; Jer 2.23 nota *h*; 7.31 nota *s*).

[b] **16.5** Los historiadores modernos suelen designar esta coalición de Damasco e Israel con el nombre de "alianza siro-efraimítica", utilizando aquí el nombre Efraín para designar a todo el reino de Israel. En el marco de esta guerra, pronunció Isaías su célebre profecía de Is 7.1-9, y quizá su continuación en los vv. 10-17. También el pasaje de Os 5.8—6.6 parece tener como trasfondo el avance damasceno-israelita contra Jerusalén y Judá.

[c] **16.6** *Elat:* Véase 2 R 14.22 n.

[d] **16.7** *Tiglat-piléser, rey de Asiria:* Véase 2 R 15.19 notas *i* y *j*.

[e] **16.9** Según Am 9.7, *Quir* era el lugar de origen de los arameos.

[a] **17.3** *Salmanasar* V fue *rey de Asiria* desde el 726 hasta el 722 a.C.

[b] **17.4** *Había enviado unos agentes:* Los profetas condenaron severamente esta clase de negociaciones políticas (véanse Os 7.8 n.; 7.11 n.).

[c] **17.4** *So:* Probablemente se trata de un lugar llamado Lais, que se encontraba en el delta del Nilo. No se menciona al rey de Lais por su propio nombre, sino con el del sitio donde reinaba.

[d] **17.6** *Los llevó cautivos:* Véase 2 R 15.29 nota *l*. Estas deportaciones afectaban de un modo especial a las clases dirigentes (funcionarios del reino, sacerdotes, administradores de los bienes de la corona y grandes terratenientes). Cf. 2 R 24.14.

[e] **17.6** Los deportados fueron llevados al norte de Mesopotamia y a la región de Media, al este del río Tigris. Véase *Índice de mapas*.

7 Esto sucedió porque los israelitas habían pecado contra el Señor su Dios, que los hizo salir de Egipto y los libró del dominio del faraón, rey de Egipto, pues adoraron a otros dioses **8** y siguieron las prácticas de las naciones que el Señor había arrojado de la presencia de ellos, así como las establecidas por los reyes de Israel.

9 Además, los israelitas pronunciaron palabras impropias contra el Señor su Dios, y construyeron santuarios paganos en todas sus ciudades, lo mismo en las torres de vigilancia que en las ciudades fortificadas.*f* **10** También levantaron piedras sagradas y representaciones de Aserá*g* en cada colina y bajo todo árbol frondoso, **11** y conforme a las prácticas de las naciones que el Señor había desterrado de la presencia de ellos, quemaron incienso y cometieron acciones malvadas, provocando así la ira del Señor. **12** Adoraron ídolos, cosa que el Señor les había prohibido expresamente.

13 Ya por medio de todos los profetas y videntes, el Señor había advertido a los israelitas que se convirtieran de sus malos caminos*h* y cumplieran los mandamientos y leyes de toda la enseñanza que él había dado a sus antepasados por medio de sus siervos los profetas. **14** Pero ellos no hicieron caso, sino que fueron tan tercos como sus antepasados, los cuales no confiaron en el Señor su Dios; **15** despreciaron sus leyes, y la alianza que había hecho con sus antepasados, y los mandatos que les había dado. Además siguieron a dioses sin ningún valor, con lo que también ellos perdieron su valor, e imitaron a las naciones que había a su alrededor, cosa que les había prohibido el Señor. **16** Dejaron todos los mandamientos del Señor su Dios, y se hicieron dos becerros*i* de bronce fundido y una representación de Aserá, y además adoraron a todos los astros del cielo*j* y a Baal.*k* **17** También hicieron quemar a sus hijos e hijas, practicaron la adivinación y los augurios,*l* y se entregaron a hacer lo malo a los ojos del Señor, provocando así su ira.

18 Por lo tanto, el Señor se enfureció contra Israel y lo arrojó de su presencia, y no dejó más que a la tribu de Judá. **19** Pero tampoco Judá cumplió los mandamientos del Señor su Dios, sino que siguió las prácticas que los de Israel habían establecido. **20** Entonces el Señor rechazó a todos los descendientes de los israelitas y los humilló, entregándolos en manos de salteadores hasta arrojarlos de su presencia. **21** Separó de la dinastía de David a Israel, y los de Israel hicieron rey a Jeroboam, hijo de Nabat, quien hizo que los israelitas se apartaran del Señor y pecaran gravemente. **22** Así los de Israel cometieron los mismos pecados que había cometido Jeroboam, y no los abandonaron. **23** Finalmente el Señor apartó de su presencia a Israel, como lo había anunciado por medio de todos los profetas, sus siervos, y así los de Israel fueron llevados cautivos a Asiria, donde están hasta el día de hoy.

Repoblación de Samaria **24** El rey de Asiria llevó gente de Babilonia, Cuta, Avá, Hamat y Sefarvaim,*m* y la estableció en las ciudades de Samaria, en lugar de los israelitas. Así tomaron posesión de Samaria y vivieron en sus ciudades. **25** Pero como esta gente no rendía culto al Señor, cuando comenzaron a establecerse el Señor les mandó leones, los cuales mataron a algunos de ellos. **26** Fueron entonces a decirle al rey de Asiria: "La gente que has llevado a las ciudades de Samaria para que se establezca allí, no conoce la religión del dios de ese país*n* y, por no conocerla, él les ha mandado leones, que los están matando."

27 Así pues, el rey de Asiria ordenó: "Envíen alguno de los sacerdotes que trajeron cautivos, para que vaya a vivir allí y les enseñe la religión del dios del país." **28** Entonces uno de los sacerdotes que ellos habían desterrado de Samaria fue y se estableció en Betel, y les enseñó a rendir culto al Señor. **29** Pero cada nación se hizo su propio dios en la ciudad donde habitaba, y lo puso en los santuarios de los lugares altos que habían construido los samaritanos. **30** Los de Babilonia hicieron una representación de Sucot-benot; los de Cuta, una de Nergal, y los de Hamat, una de Asimá. **31** Los de Avá hicieron un Nibhaz y un Tartac, y los de Sefarvaim quemaban a sus hijos en el fuego como sacrificio a Adramélec y a Anamélec, sus dioses. **32** Además rendían culto al Señor, pero nombraron sacerdotes de entre ellos mismos para que prestaran servicio en los santuarios paganos. **33** Así que, aunque rendían culto al Señor, seguían adorando a sus propios dioses, según la costumbre de las naciones de donde habían sido desterrados.

34 Todavía hoy hacen lo mismo que antes hacían, pues no rinden culto al Señor*ñ* ni actúan de acuerdo con sus leyes y decretos, ni según la enseñanza y los mandamientos que el Señor ordenó cumplir a los descendientes de Jacob, a quien dio el nombre de Israel. **35** Cuando el Señor hizo una alianza con ellos, les ordenó: "No rindan culto a otros dioses, ni los adoren ni les sirvan ofreciéndoles sacrificios. **36** Ríndanme culto a mí, el Señor su Dios, que los sacó de Egipto con gran despliegue de poder. Solo a mí deben rendirme culto, y adorarme y ofrecerme sacrificios. **37** Además cumplan fielmente las leyes y decretos, y la enseñanza y mandamientos que les he dado por escrito, y no rindan culto a otros

---

f **17.9** *Lo mismo... ciudades fortificadas:* Las *torres de vigilancia* eran puestos más bien aislados, en medio de los campos o de las viñas (véase Is 1.8 n.); las *ciudades fortificadas,* lugares llenos de gente. De ahí este dicho proverbial, que significa *en todos los sitios poblados, grandes o pequeños.* Cp. 2 R 18.8.

g **17.10** *Aserá:* Véase Jue 3.7 nota *c.*

h **17.13** *Que se convirtieran de sus malos caminos:* Jer 18.11; 35.15; Ez 33.11; Zac 1.4; cf. Hch 3.26.

i **17.16** *Dos becerros:* Cf. 1 R 12.28-29.

j **17.16** *Todos los astros del cielo:* lit. *el ejército del cielo* (véanse Dt 4.19 n.; Jer 8.2 notas *a* y *b*).

k **17.16** *Baal:* dios cananeo de la fertilidad (véase Jue 2.13 n.), a quien el rey Ahab había construido un templo y erigido un altar en Samaria (1 R 16.32).

l **17.17** *Hicieron quemar a sus hijos e hijas:* 2 R 16.3. *La adivinación y los augurios:* Dt 18.10-11.

m **17.24** *Cuta:* al norte de Babilonia y al este del Éufrates. *Hamat:* Véase Jue 3.3 n. *Avá* y *Sefarvaim* aún no han podido ser localizadas.

n **17.26** *Del dios de ese país:* Para estos emigrados politeístas, el Señor, Dios de Israel, era un dios como tantos otros (cf. vv. 29-31); pero era el dios del lugar, y habría que rendirle homenaje para no provocar su enojo (cf. 1 R 20.23).

ñ **17.34** *No rinden culto al Señor:* El contexto indica que esta expresión tiene aquí un sentido más preciso que en los vv. 32-33: los habitantes de Samaria no servían al Señor de acuerdo con lo establecido en la Ley.

dioses. **38** No olviden la alianza que he hecho con ustedes, ni rindan culto a otros dioses, **39** sino solo a mí, el Señor su Dios, y yo los libraré del dominio de sus enemigos."

40-41 Sin embargo, esas naciones no hicieron caso, sino que siguieron con sus prácticas anteriores; y, a la vez que rendían culto al Señor, también seguían adorando a sus ídolos. Y sus descendientes hicieron lo mismo que sus antepasados, y hasta el día de hoy lo hacen así. *a*

VI. EL REINO DE JUDÁ HASTA EL EXILIO A BABILONIA (18.1—25.26)

18 *Reinado de Ezequías en Judá (2 Cr 29.1-2)* **1** En el tercer año del reinado de Oseas, hijo de Elá, rey de Israel, Ezequías, hijo de Ahaz, rey de Judá, comenzó a reinar. **2** Tenía entonces veinticinco años de edad, y reinó en Jerusalén veintinueve años. Su madre se llamaba Abí, y era hija de Zacarías. **3** Los hechos de Ezequías fueron rectos a los ojos del Señor, como todos los de su antepasado David. **4** Él fue quien quitó los santuarios paganos, hizo pedazos las piedras sagradas, rompió las representaciones de Aserá *a* y destrozó la serpiente de bronce que Moisés había hecho *b* y a la que hasta entonces los israelitas quemaban incienso y llamaban Nehustán. **5** Ezequías puso su confianza en el Señor, el Dios de Israel. Entre todos los reyes de Judá que hubo antes o después de él, no hubo ninguno como él. *c* **6** Permaneció fiel al Señor y nunca se apartó de él, sino que cumplió los mandamientos que el Señor había ordenado a Moisés. **7** Por eso el Señor le favorecía y le hacía tener éxito en todo lo que emprendía.

Ezequías se rebeló contra el rey de Asiria y se negó a someterse a él. *d* **8** Además derrotó a los filisteos hasta Gaza y sus fronteras, desde las torres de vigilancia hasta las ciudades fortificadas. *e*

Caída de Samaria **9** En el cuarto año del reinado de Ezequías, que era el séptimo del reinado de Oseas, hijo de Elá, rey de Israel, Salmanasar, rey de Asiria, rodeó la ciudad de Samaria y la atacó, **10** y al cabo de tres años la tomó. Era el año seis del reinado de Ezequías y el nueve del reinado de Oseas en Israel, cuando Samaria fue tomada. **11** El rey de Asiria desterró a los israelitas a Asiria y los estableció en Halah, en la región del Habor, río de Gozán, y en las ciudades de los medos. *f* **12** Esto sucedió porque no obedecieron al Señor su Dios, sino que violaron su alianza y no hicieron caso de todo lo que Moisés, siervo del Señor, les había mandado, ni lo pusieron en práctica. *g*

Senaquerib invade Judá *h* *(2 Cr 32.1-19; Is 36.1-22)* **13** En el año catorce del reinado de Ezequías, Senaquerib, rey de Asiria, *i* atacó a todas las ciudades fortificadas de Judá y las tomó. *j* **14** Entonces Ezequías, rey de Judá, envió un mensaje al rey de Asiria, que estaba en Laquis, *k* en el que decía: "He cometido un error. *l* Retírate de mi país y te pagaré el tributo que me impongas."

Por lo tanto, el rey de Asiria impuso a Ezequías, rey de Judá, un tributo de nueve mil novecientos kilos de plata y novecientos noventa kilos de oro. **15** Así que Ezequías le entregó toda la plata que encontró en el templo del Señor y en los tesoros del palacio real. **16** En aquella misma ocasión, Ezequías quitó del templo del Señor las puertas y sus marcos, que él mismo había cubierto de oro, y se las dio al rey de Asiria.

17 Después el rey de Asiria envió al rey Ezequías un alto oficial, un funcionario de su confianza y otro alto oficial, al frente de un poderoso ejército, y estos fueron de Laquis a Jerusalén, para atacarla. Cuando llegaron a Jerusalén, acamparon junto al canal del estanque de arriba, por el camino que va al campo del Lavador de Paños. *m* **18** Luego llamaron al rey, y Eliaquim, hijo de Hilquías, que era el mayordomo de palacio, y Sebná, *n* el cronista, y Joah, hijo de Asaf, el secretario del rey, salieron a encontrarse con ellos. **19** Allí el oficial asirio les dijo:

—Comuniquen a Ezequías este mensaje del gran rey, *ñ* el rey de Asiria: '¿De qué te sientes tan seguro? **20** ¿Piensas acaso que las palabras bonitas valen lo mismo que la

---

a 17.40-41 Esta mezcla de israelitas con gente de otras regiones dio origen a los samaritanos. Después del exilio, los samaritanos quisieron unirse a los judíos que volvían de Babilonia, pero fueron rechazados por Zorobabel y Nehemías (Esd 4.2-3; Neh 2.19-20). A partir de entonces, la enemistad entre ambos pueblos se hizo proverbial (Eclo 50.25-26; Jn 4.9; cf. Lc 9.51-56; 10.29-37).
a 18.4 *Santuarios paganos:* lit. *lugares altos* (véase 1 R 3.2 n.). *Aserá:* Véase Jue 3.7 nota *c*; cf. 2 R 16.10.
b 18.4 Los israelitas identificaban esta *serpiente de bronce* con la que había hecho Moisés en el desierto y le rendían culto (Nm 21.6-9; Sab 16.5-7). El nombre *Nehósetʼ* alude al bronce con que estaba fabricada (heb. *nehóset*) y a su forma de serpiente (heb. *nahás*).
c 18.5 En 2 R 22.2 y 23.25 se elogia al rey Josías en términos semejantes a estos.
d 18.7 Después de la muerte de Sargón II, rey de Asiria, en el 705 a.C., su hijo y sucesor Senaquerib debió sofocar varias rebeliones en el interior de su propio reino. Favorecido por esta circunstancia, Ezequías se liberó momentáneamente de Asiria y trató de llevar a cabo una política independiente, como lo atestigua su campaña contra los filisteos (cf. v. 8).
e 18.8 *Desde... ciudades fortificadas:* Véase 2 R 17.9 n.
f 18.9-11 Cf. 2 R 17.3-6.
g 18.12 Esta breve reflexión resume lo expresado mucho más ampliamente en 2 R 17.7-23.
h 18.13 El relato de 2 R 18.13—20.19 se encuentra también, con algunas variantes, en Is 36—39. El texto de 2 Cr 32.1-21 ofrece una versión más breve.
i 18.13 Los documentos asirios contienen numerosos detalles sobre la campaña de *Senaquerib* contra Palestina, en el año 701 a.C. En esos documentos, el rey de Asiria se jacta de haber arrebatado a Ezequías de Judá cuarenta y seis ciudades.
j 18.13 *Atacó... y las tomó:* Como consecuencia de estas conquistas, Jerusalén quedó totalmente aislada. A esa situación se refiere el profeta Isaías cuando dice que Sión se ha quedado *sola cual choza en medio de un viñedo* (Is 1.8). Véase también Is 1.4-9 n.
k 18.14 *Laquis:* Véase 2 R 14.19 nota *g*. Un gran relieve hallado en las ruinas del palacio de Senaquerib, en Nínive, representa en detalle el asedio y la toma de Laquis, como asimismo la deportación de los sobrevivientes.
l 18.14 *He cometido un error:* alusión a su intento de rebeldía (v. 7) y quizá también a su esfuerzo por obtener el apoyo de Egipto (v. 21).
m 18.17 *Junto al canal... Lavador de Paños:* En este mismo sitio se habían encontrado antes el profeta Isaías y el rey Ahaz (Is 7.3).
n 18.18 *Eliaquim... Sebná:* Véase Is 22.20 nota *n*.
ñ 18.19 *Gran rey* era el título oficial del rey de Asiria (cf. Os 5.13; 10.6).

táctica y la fuerza para hacer la guerra? ¿En quién confías para rebelarte contra mí? ²¹ Veo que confías en el apoyo de Egipto. Pues bien, Egipto es una caña astillada, que si uno se apoya en ella, se le clava y le atraviesa la mano. Eso es el faraón, rey de Egipto, para todos los que confían en él. ²² Y si me dicen ustedes: Nosotros confiamos en el Señor nuestro Dios, ¿acaso no suprimió Ezequías los lugares de culto y los altares de ese Dios, y ordenó que la gente de Judá y Jerusalén le diera culto solamente en el altar de Jerusalén? ²³ Haz un trato con mi amo, el rey de Asiria: yo te doy dos mil caballos, si consigues jinetes para ellos. ²⁴ Tú no eres capaz de hacer huir ni al más insignificante de los oficiales asirios, ¿y esperas conseguir jinetes y caballos en Egipto? ²⁵ Además, ¿crees que yo he venido a atacar y destruir este país sin contar con el Señor? ¡Él fue quien me ordenó atacarlo y destruirlo!'

²⁶ Eliaquim, Sebná y Joah respondieron al oficial asirio:

—Por favor, háblenos usted en arameo,ᵒ pues nosotros lo entendemos. No nos hable usted en hebreo, pues toda la gente que hay en la muralla está escuchando.

²⁷ Pero el oficial asirio dijo:

—No fue a tu amo, ni a ustedes, a quienes el rey de Asiria me mandó que dijera esto; fue precisamente a la gente que está sobre la muralla, pues ellos, lo mismo que ustedes, tendrán que comerse su propio excremento y beberse sus propios orines.ᵖ

²⁸ Entonces el oficial, de pie, gritó bien fuerte en hebreo:

—Oigan lo que les dice el gran rey, el rey de Asiria: ²⁹ 'No se dejen engañar por Ezequías; él no puede salvarlos de mi mano.' ³⁰ Si Ezequías quiere convencerlos de que confíen en el Señor, y les dice: 'El Señor ciertamente nos salvará; él no permitirá que esta ciudad caiga en poder del rey de Asiria', ³¹ no le hagan caso. El rey de Asiria me manda a decirles que hagan las paces con él, y que se rindan, y así cada uno podrá comer del producto de su viñedo y de su higuera y beber el agua de su propia cisterna. ³² Después los llevará a un país parecido al de ustedes, un país de trigales y viñedos, para hacer pan y vino, un país de aceite de oliva y miel. Entonces podrán vivir bien y no morirán. Pero no le hagan caso a Ezequías, porque los engaña al decir que el Señor los va a librar. ³³ ¿Acaso alguno de los dioses de los otros pueblos pudo salvar a su país del poder del rey de Asiria? ³⁴ ¿Dónde están los dioses de Hamat y de Arpad? ¿Dónde están los dioses de Sefarvaim, Hená e Ivá? ¿Acaso pudieron salvar del poder de Asiria a Samaria? ³⁵ ¿Cuál de todos los dioses de esos países pudo salvar a su nación del poder del rey de Asiria? ¿Por qué piensan que el Señor puede salvar a Jerusalén?ᑫ

³⁶ La gente se quedó callada y no le respondió ni una palabra, porque el rey había ordenado que no respondieran nada. ³⁷ Entonces Eliaquim, mayordomo de palacio, Sebná, el cronista, y Joah, secretario del rey, afligidos se rasgaron la ropa y se fueron a ver a Ezequías para contarle lo que había dicho el alto oficial asirio.

19

Judá es librado de Senaquerib (2 Cr 32.20-23; Is 37.1-38) ¹ Cuando el rey Ezequías oyó esto, se rasgó sus vestiduras, se puso ropas ásperas en señal de dolor y se fue al templo del Señor. ² Y envió a Eliaquim, mayordomo de palacio, al cronista Sebná y a los sacerdotes más ancianos, con ropas ásperas en señal de dolor, a ver al profeta Isaías,ᵃ hijo de Amós,ᵇ ³ y a decirle de parte del rey: "Hoy estamos en una situación de angustia, castigo y humillación,ᶜ como una mujer que, a punto de dar a luz, se quedara sin fuerzas.ᵈ ⁴ Ojalá el Señor tu Dios haya oído las palabras del oficial enviado por su amo, el rey de Asiria, para insultar al Dios viviente, y ojalá lo castigue por las cosas que el Señor mismo, tu Dios, habrá oído. Ofrece, pues, una oración por los que aún quedan."

⁵ Los funcionarios del rey Ezequías fueron a ver a Isaías, ⁶ e Isaías les encargó que respondieran a su amo: "El Señor dice: 'No tengas miedo de esas palabras ofensivas que dijeron contra mí los criados del rey de Asiria. ⁷ Mira, yo voy a hacer que llegue a él un rumor que lo obligue a volver a su país, y allí lo haré morir asesinado.' "ᵉ

⁸ El oficial asirio se enteró de que el rey de Asiria se había ido de la ciudad de Laquis.ᶠ Entonces se fue de Jerusalén, y encontró al rey de Asiria atacando a Libná. ⁹ Allí el rey de Asiria oyó decir que el rey Tirhaca de Etiopíaᵍ había emprendido una campaña militar contra él. Una vez más, el rey de Asiria envió embajadores al rey Ezequías de Judá, ¹⁰ a decirle: "Tu Dios, en el que tú confías, te asegura que Jerusalén no caerá en mi poder; pero no te dejes engañar por él. ¹¹ Tú has oído lo que han hecho los reyes de

---

ᵒ **18.26** En aquella época, el *arameo* era la lengua internacional, usada sobre todo en el comercio y en la diplomacia. La población de Jerusalén no la entendía, pero sí los funcionarios del reino. Más tarde, el arameo pasaría a ser la lengua corriente de los judíos de Palestina.

ᵖ **18.27** Los asedios prolongados traían como consecuencia la falta total de agua y de alimentos.

ᑫ **18.35** El oficial razona como si el Señor fuera simplemente el dios nacional de los hebreos (cf. 2 R 17.26), tan incapaz de salvar a su pueblo como los dioses de las otras naciones invadidas por el ejército asirio (cf. 2 R 19.12-13). El resto del relato va a mostrar que el Señor es más poderoso que todos los demás dioses, incluidos los de Asiria (2 R 19.35-36).

ᵃ **19.2** Esta es la primera vez que se menciona al profeta Isaías en el libro de *Reyes*, aunque venía ejerciendo su actividad profética desde mucho tiempo antes (cf. Is 6.1 nota *b*; 7.3).

ᵇ **19.2** La consulta a los profetas, en tiempos de guerra, era una costumbre habitual en el antiguo Oriente (1 R 22.6-23; 2 R 3.11; Jer 21.1-2; cf. 2 R 6.8-12). Véase también Ez 21.21(26) n.

ᶜ **19.3** El profeta Isaías se había opuesto a la rebelión de Ezequías contra el rey de Asiria, criticando sus intentos de entrar en alianza con Egipto (Is 30.1-5; 31.1-3). Además, había anunciado que Asiria era un instrumento del Señor para castigar a Judá por sus pecados. (Is 10.5-6; cf. 7.17).

ᵈ **19.3** *Como una mujer... sin fuerzas:* Esta sugestiva imagen indica el estado de postración en que había caído Judá a causa de la invasión de Senaquerib (cf. Os 13.13).

ᵉ **19.7** Cf. 2 R 19.35-36.

ᶠ **19.8-20** Algunos comentaristas piensan que esta sección se refiere a una segunda campaña de Senaquerib contra Judá, cerca del 688 a.C. Otros, en cambio, ponen en duda la existencia de esta segunda campaña, ya que para esa fecha el rey asirio estaba ocupado en someter a los grupos rebeldes de Babilonia.

ᵍ **19.9** *Tirhaca* reinó en Egipto entre el 685 y el 664 a.C. En el año 701 a.C. aún no había ascendido al trono de Egipto, pero tenía bajo su mando las tropas egipcias que operaban en Palestina contra Senaquerib. Aquí y en Is 37.9 se habla de *Tirhaca de Etiopía* porque él fue el tercero y último rey de una dinastía de origen etiope.

Asiria con todos los países que han querido destruir. ¿Y te vas a salvar tú? **12** ¿Acaso los dioses salvaron a los otros pueblos que mis antepasados destruyeron: a Gozán, a Harán, a Résef, y a la gente de Bet-edén que vivía en Telasar? **13** ¿Dónde están los reyes de Hamat, de Arpad, de Sefarvaim, de Hená y de Ivá?" [h]

14 Ezequías tomó la carta que le entregaron los embajadores, y la leyó. Luego se fue al templo y, extendiendo la carta delante del Señor, [i] **15** oró así: "Señor, Dios de Israel, que tienes tu trono sobre los querubines: [j] tú solo eres Dios de todos los reinos de la tierra; tú creaste el cielo y la tierra. [k] **16** Pon atención, Señor, y escucha. Abre tus ojos, Señor, y mira. Escucha las palabras que Senaquerib mandó decirme, palabras todas ellas ofensivas contra ti, el Dios viviente. **17** Es cierto, Señor, que los reyes de Asiria han destruido las naciones y sus tierras, **18** y que han echado al fuego sus dioses, porque en realidad no eran dioses, sino objetos de madera o de piedra hechos por el hombre. [l] Por eso los destruyeron. **19** Ahora pues, Señor y Dios nuestro, sálvanos de su poder, para que todas las naciones de la tierra sepan que tú, Señor, eres el único Dios." [m]

20 Entonces Isaías mandó a decir a Ezequías: "Esto dice el Señor, Dios de Israel, 'Yo he escuchado la oración que me hiciste acerca de Senaquerib, rey de Asiria.' **21** Estas son las palabras que dijo el Señor acerca del rey de Asiria:

"La ciudad de Sión, [n] como una muchacha,
se ríe de ti, Senaquerib.
Jerusalén mueve burlonamente la cabeza
cuando tú te retiras.
22 ¿A quién has ofendido e insultado?
¿Contra quién alzaste la voz
y levantaste los ojos altaneramente?
¡Contra el Dios Santo de Israel! [ñ]
23 Por medio de tus mensajeros insultaste al Señor.
"Dijiste:
'Con mis innumerables carros de guerra
subí a las cumbres de los montes,
a lo más empinado del Líbano.
Corté sus cedros más altos,
sus pinos más bellos.
Llegué a sus cumbres más altas,
a sus bosques, que parecen jardines.
24 En tierras extrañas
cavé pozos y bebí de esa agua,
y con las plantas de mis pies
sequé todos los ríos de Egipto.' [o]

25 ¿Pero no sabías que soy yo, el Señor,
quien ha dispuesto todas estas cosas?
Desde tiempos antiguos lo había planeado,
y ahora lo he realizado;
por eso tú destruyes ciudades fortificadas
y las conviertes en montones de ruinas. [p]
26 Sus habitantes, impotentes,
llenos de miedo y vergüenza,
han sido como hierba del campo,
como pasto verde,
como hierba que crece en los tejados
y que es quemada por el viento del este.
27 Yo conozco todos tus movimientos
y todas tus acciones;
yo sé que te has enfurecido contra mí.
28 Y como conozco tu furia y tu arrogancia,
voy a ponerte una argolla en la nariz,
un freno en la boca, [q]
y te haré volver por el camino
por donde viniste."

29 Isaías dijo entonces a Ezequías:
"Esta será una señal de lo que va a suceder:
este año y el siguiente comerán ustedes
el trigo que nace por sí solo,
pero al tercer año podrán sembrar y cosechar,
plantar viñedos y comer de sus frutos. [r]
30 Los sobrevivientes de Judá serán como plantas:
echarán raíces y producirán fruto.
31 Porque un resto [s] quedará en Jerusalén;
en el monte Sión habrá sobrevivientes.
Esto lo hará el ardiente amor del Señor todopoderoso.

32 "Acerca del rey de Asiria dice el Señor:
'No entrará en Jerusalén,
no le disparará ni una flecha,
no la atacará con escudos
ni construirá una rampa a su alrededor.
33 Por el mismo camino por donde vino, se volverá;
no entrará en esta ciudad.
Yo, el Señor, doy mi palabra.
34 Yo protegeré esta ciudad
y la salvaré,
por consideración a mi siervo David
y a mí mismo.' " [t]

35 Aquella misma noche el Ángel del Señor fue y mató a ciento ochenta y cinco mil hombres del campamento asirio, y al día siguiente todos amanecieron muertos. **36** Entonces

---

[h] **19.11-13** Véase 2 R 18.35 n.

[i] **19.14** *Delante del Señor:* es decir, ante el arca de la alianza, como parece indicarlo la mención de los querubines en el v. siguiente (cf. 2 S 7.18).

[j] **19.15** *Querubines:* Ex 25.18-22; 1 S 4.4; Sal 80.1; Is 37.16; Ez 1.26-28.

[k] **19.15** Esta profesión de fe en el Señor, Dios único y universal, se opone a la falsa idea que los asirios tenían de él (cf. 2 R.18.35).

[l] **19.18** *Objetos de madera o de piedra hechos por el hombre:* Véase Sal 115.4-8 n.; cf. también Dt 4.28; Jer 2.27; 3.9.

[m] **19.19** *Que todas las naciones... el único Dios:* Cf 1 R 8.60.

[n] **19.21** El Señor responde a la plegaria del rey por medio del profeta Isaías. *"La ciudad de Sión":* Véase Sal 2.6 n.

[ñ] **19.22** *El Dios santo de Israel:* Véase Is 1.4 n.

[o] **19.23-24** *Los cedros* del *Líbano* (véanse 1 R 7.2 n.; Jer 22.6 n.) y los *ríos de Egipto,* es decir, el Nilo y los canales del Delta (cf. Ez 29.3), eran fuente de riqueza y motivo de orgullo para aquellos países. *Cedros y pinos:* Véase Is 37.24 n.

[p] **19.25** Cf. Is 10.5-15.

[q] **19.28** Cf. Ez 29.4.

[r] **19.29** *Esta será una señal:* Cf. Ex 3.12; 2 R 20.8-9; Is 7.10-11.

[s] **19.31** *Un resto:* Véase Is 4.2-6 n.

[t] **19.34** *Yo protegeré esta ciudad y la salvaré:* Véanse Sal 46 n.; 48 n.; cf. también Sal 46.5(6); 48.8(9); 76.1-3(2-4); Is 10.24-27. *Por consideración a mi siervo David:* Cf. 2 S 7.1-16; Sal 132.11-12.

Senaquerib, rey de Asiria, levantó el campamento y regresó a Nínive.[u] [37] Y un día, cuando estaba adorando en el templo de Nisroc, su dios, sus hijos Adramélec y Sarézer fueron y lo asesinaron, y huyeron a la región de Ararat. Después reinó en su lugar su hijo Esarhadón.[v]

20 Enfermedad y curación de Ezequías[a] (2 Cr 32.24-26; Is 38.1-8)

[1] Por aquel tiempo,[b] Ezequías cayó gravemente enfermo, y el profeta Isaías, hijo de Amós, fue a verlo y le dijo:

—El Señor dice: 'Da tus últimas instrucciones a tu familia, porque vas a morir; no te curarás.'

[2] Ezequías volvió la cara hacia la pared[c] y oró así al Señor: [3] "Yo te suplico, Señor, que te acuerdes de cómo te he servido fiel y sinceramente, haciendo lo que te agrada." Y lloró amargamente.

[4] Y ocurrió que antes de que Isaías saliera al patio central del palacio, el Señor se dirigió a Isaías y le dijo: [5] "Vuelve y dile a Ezequías, jefe de mi pueblo: 'El Señor, Dios de tu antepasado David, dice: Yo he escuchado tu oración y he visto tus lágrimas. Voy a sanarte, y dentro de tres días podrás ir al templo del Señor. [6] Voy a darte quince años más de vida. A ti y a Jerusalén los libraré del rey de Asiria. Yo protegeré esta ciudad, por consideración a mi siervo David y a mí mismo.'"[d]

[7] Isaías mandó hacer una pasta de higos, y la hicieron y se la aplicaron al rey en la parte enferma, y el rey se curó.

[8] Entonces Ezequías preguntó a Isaías:

—¿Por medio de qué señal voy a darme cuenta de que el Señor me va a sanar, y de que dentro de tres días podré ir al templo del Señor?

[9] Isaías respondió:

—Esta es la señal que el Señor te dará en prueba de que te cumplirá su promesa: ¿Quieres que la sombra avance diez gradas, o que las retroceda?

[10] Y Ezequías le contestó:

—Que la sombra avance es cosa fácil. Lo difícil es que retroceda.

[11] Entonces el profeta Isaías invocó al Señor, y el Señor hizo que la sombra retrocediera las diez gradas que había avanzado en el reloj de sol[e] de Ahaz.

Ezequías recibe a los enviados de Babilonia (2 Cr 32.27-31; Is 39.1-8)

[12] Por aquel tiempo, el rey Merodac-baladán, hijo de Baladán, rey de Babilonia, oyó decir que Ezequías había estado enfermo, y por medio de unos mensajeros le envió cartas y un regalo.[f] [13] Ezequías los atendió y les mostró su tesoro, la plata y el oro, los perfumes, el aceite fino y su depósito de armas, y todo lo que se encontraba en sus depósitos. No hubo nada en su palacio ni en todo su reino que no les mostrara. [14] Entonces fue el profeta Isaías a ver al rey Ezequías y le preguntó:

—¿De dónde vinieron esos hombres, y qué te dijeron? Ezequías respondió:

—Vinieron de un país lejano; vinieron de Babilonia.

[15] Isaías le preguntó:

—¿Y qué vieron en tu palacio?

Ezequías contestó:

—Vieron todo lo que hay en él. No hubo nada en mis depósitos que yo no les mostrara.

[16] Isaías dijo entonces a Ezequías:

—Escucha este mensaje del Señor:[g] [17] 'Van a venir días en que todo lo que hay en tu palacio y todo lo que juntaron tus antepasados hasta el día de hoy, será llevado a Babilonia. No quedará aquí nada. [18] Aun a algunos de tus propios descendientes se los llevarán a Babilonia, los castrarán y los pondrán como criados en el palacio del rey.'

[19] Ezequías, pensando que al menos durante su vida habría paz y seguridad, respondió a Isaías:

—El mensaje que me has traído de parte del Señor es favorable.

Muerte de Ezequías (2 Cr 32.32-33)

[20] El resto de la historia de Ezequías y de sus hazañas, y de cómo construyó el estanque y el canal para llevar el agua a la ciudad,[h] está escrito en el libro de las crónicas de los reyes de Judá. [21] Cuando murió Ezequías, reinó en su lugar su hijo Manasés.

21 Reinado de Manasés en Judá (2 Cr 33.1-20)

[1] Manasés tenía doce años cuando comenzó a reinar, y reinó en Jerusalén cincuenta y cinco años. Su madre se llamaba Hepsiba. [2] Pero sus hechos fueron malos a los ojos del Señor, pues practicó las mismas infamias de las

---

[u] 19.35-36 *Aquella misma noche:* Esta expresión evoca la noche que precedió a la salida de los israelitas de Egipto (Ex 12.12). *El Ángel del Señor:* Véanse Gn 16.7 nota c; Ex 3.2 n.; cf. 12.23,29. El ejército asirio debió retirarse precipitadamente, tal vez a causa de una terrible epidemia (cf. 2 S 24.15). Cf. Eclo 48.21-24.

[v] 19.37 *Senaquerib* fue asesinado veinte años después, en el 681 a.C. La *región de Ararat*, llamada *Urartu* por los asirios, se encontraba en lo que hoy es Armenia.

[a] 20.1-11 El texto paralelo de Is 38—39 trae un relato más breve, pero añade el cántico del rey Ezequías (38.10-20).

[b] 20.1 *Por aquel tiempo:* Esta expresión, sumamente vaga, no es una indicación cronológica precisa. Según el v. 6, el rey Ezequías vivió quince años más después de su curación. En consecuencia, los episodios relatados en este capítulo debieron suceder antes de la invasión de Senaquerib, ya que esta tuvo lugar en el 701 a.C. y Ezequías murió en el 687.

[c] 20.2 *Volvió la cara hacia la pared:* No por despecho, como Ahab (1 R 21.4), sino para concentrarse mejor en la oración.

[d] 20.6 Véanse las referencias en 2 R 19.34 n.

[e] 20.11 *En el reloj de sol:* otra posible traducción: *en los escalones* o *gradas.* En este último caso, se trataría simplemente de la escalera por la que se subía a la terraza construida por Ahaz (2 R 23.12).

[f] 20.12 *Merodac-baladán* desempeñó un papel preponderante en la lucha de Babilonia contra Asiria. Reinó en Babilonia desde el 721 al 710 a. C., fecha en que fue destituido por el rey asirio Sargón II. En el 703 a.C., logró recuperar el trono, pero solo pudo reinar nueve meses. Fue por ese entonces cuando buscó en Ezequías un aliado contra Asiria. *Merodac-baladán* es la forma hebrea del babilonio *Marduc-apal-idin,* que significa (el dios) *Marduc ha dado un hijo.*

[g] 20.16 El profeta *Isaías* se opuso repetidamente a los intentos de establecer alianzas políticas y militares con naciones extranjeras (Is 30.1-7; 31.1-3); véase 2 R 19.3 nota c.

[h] 20.20 Este *canal* es el túnel subterráneo, excavado en la roca, que todavía lleva el agua de la fuente de Guihón (cf. 1 R 1.38) hasta el *estanque* o piscina de Siloé, dentro de los muros de Jerusalén (Is 8.6). Ese túnel mide unos 530 metros de largo y en él se encontró una inscripción conmemorativa. Cf. Eclo 48.17.

naciones que el Señor había arrojado de la presencia de los israelitas: **3** reconstruyó los santuarios paganos que Ezequías, su padre, había destruido; levantó altares a Baal e hizo una imagen de Aserá, como había hecho Ahab, rey de Israel; además adoró y rindió culto a todos los astros del cielo,[a] **4** y construyó altares en el templo del Señor, acerca del cual el Señor había dicho que sería la residencia de su nombre en Jerusalén. **5** Levantó otros altares en los dos atrios del templo del Señor, y los dedicó a todos los astros del cielo.

6 Además hizo quemar a sus hijos[b] en sacrificio, practicó la invocación de espíritus y la adivinación, y estableció el espiritismo y la hechicería. Tan malos fueron sus hechos a los ojos del Señor, que acabó por provocar su indignación. **7** También colocó una imagen de Aserá en el templo del Señor, acerca del cual el Señor había dicho a David y a su hijo Salomón: "Este templo en Jerusalén, que he escogido entre todas las tribus de Israel, será para siempre la residencia de mi nombre. **8** No volveré a arrojar a los israelitas de la tierra que di a sus antepasados, con tal de que cumplan y practiquen todo lo que les he ordenado, y todas las enseñanzas que les dio mi siervo Moisés."

9 Pero ellos no hicieron caso. Por el contrario, Manasés los llevó a actuar con más perversidad que las naciones que el Señor había aniquilado ante los israelitas. **10** Por lo tanto, el Señor habló por medio de sus siervos los profetas, y dijo: **11** "Por haber cometido Manasés tantas infamias, y por ser su maldad mayor que la de los amorreos[c] que hubo antes que él, ya que ha hecho que Judá peque con sus ídolos, **12** yo, el Señor, el Dios de Israel, declaro: Voy a acarrear tal desastre sobre Jerusalén y Judá, que hasta le van a doler los oídos a quien lo oiga. **13** Mediré a Jerusalén con la misma medida que a Samaria y a la descendencia de Ahab;[d] la voy a dejar limpia, como cuando se limpia un plato y se pone boca abajo. **14** En cuanto al resto de mi pueblo, lo abandonaré y lo entregaré en manos de sus enemigos, para que sean saqueados y despojados por ellos.[e] **15** Porque sus hechos han sido malos a mis ojos, y me han estado irritando desde el día en que sus antepasados salieron de Egipto hasta el presente."

16 Además de los pecados que Manasés hizo cometer a Judá y de sus malas acciones a los ojos del Señor, fue tanta la sangre inocente que derramó en Jerusalén, que la llenó de extremo a extremo. **17** El resto de la historia de Manasés y de todo lo que hizo, y sus pecados que cometió, está escrito en el libro de las crónicas de los reyes de Judá. **18** Cuando murió, lo enterraron en el jardín de su palacio, en el jardín de Uzá. Después reinó en su lugar su hijo Amón.

Reinado de Amón en Judá *(2 Cr 33.21-25)* **19** Amón tenía veintidós años cuando comenzó a reinar, y reinó en Jerusalén dos años. Su madre se llamaba Mesulémet, y era hija de Harús, de Jotbá. **20** Pero sus hechos fueron malos a los ojos del Señor, como los de su padre Manasés, **21** pues siguió sus mismos malos pasos y rindió culto y adoró a los mismos ídolos que su padre había adorado. **22** Así abandonó al Señor, el Dios de sus antepasados, y no actuó conforme a su voluntad.

23 Los oficiales de Amón conspiraron contra él, y lo asesinaron en su palacio.[f] **24** Pero la gente del pueblo mató a los que habían conspirado contra el rey Amón, y en su lugar hicieron reinar a su hijo Josías.

25 El resto de la historia de Amón y de lo que hizo, está escrito en el libro de las crónicas de los reyes de Judá. **26** Lo enterraron en su sepulcro del jardín de Uzá. Después reinó en su lugar su hijo Josías.

22

Reinado de Josías en Judá *(2 Cr 34.1-2)* **1** Josías tenía ocho años[a] cuando comenzó a reinar, y reinó en Jerusalén durante treinta y un años. Su madre se llamaba Jedidá, hija de Adaías, y era de Boscat. **2** Los hechos de Josías fueron rectos a los ojos del Señor, pues siguió en todo la conducta de David, su antepasado, sin desviarse de ella para nada.

Se encuentra el libro de la Ley *(2 Cr 34.8-33)* **3** En el año dieciocho del reinado de Josías, el rey envió al templo del Señor a su cronista Safán, hijo de Asalías y nieto de Mesulam. Le dijo:

4 —Ve a ver a Hilquías, el sumo sacerdote, y dile que reúna el dinero que ha sido llevado al templo del Señor y que los porteros han recogido de entre la gente, **5** y que le entregue a los encargados de las obras del templo del Señor, para que ellos a su vez paguen a los que trabajan en la reparación del templo, **6** es decir, a los carpinteros, maestros de obras y albañiles, y también para que compren madera y piedras de cantería para reparar el templo. **7** Dile también que no les pida cuentas del dinero que se les entregue, porque actúan con honradez.[b]

8 Hilquías, el sumo sacerdote, le contó a Safán, el cronista, que había encontrado el libro de la ley[c] en el templo del Señor; y le entregó el libro, y Safán lo leyó. **9** Después Safán fue a informar de esto al rey, y le dijo:

—Los siervos de Su Majestad han fundido la plata que había en el templo, y la han entregado a los encargados de reparar el templo del Señor.

10 También informó Safán al rey de que el sacerdote Hilquías le había entregado un libro, y lo leyó Safán al rey.

---

[a] 21.3 *Baal:* Véase 2 R 17.16 nota k. *Asera:* Véase Jue 3.7 nota c. *Todos los astros del cielo:* Véanse Dt 4.19 n.; Jer 8.2 notas a y b.
[b] 21.6 *Sus hijos:* según la versión griega (LXX). Heb. *su hijo.* Véase 2 R 16.3 n.
[c] 21.11 *Amorreos:* Véase Dt 1.7 nota i.
[d] 21.13 *Mediré a Jerusalén... Samaria:* Cf. 2 R 17.3-6. *La descendencia de Ahab:* Cf. 2 R 10.1-17.
[e] 21.14 Cf. 2 R 25.8-12.
[f] 21.23 Manasés, el padre de Amón, fue hasta el final de su largo reinado un fiel vasallo de Asiria; según parece, su hijo y sucesor continuó la misma política. Por eso, algunos sospechan que este asesinato fue ejecutado por elementos antiasirios, cuando el poderío de Nínive

había empezado a declinar y ya podía pensarse en obtener la plena independencia de Judá. Cf. Nah 2—3.
[a] 22.1 *Ocho años:* En el reino de Judá tenía plena vigencia la promesa del Señor a David sobre la perpetuidad de su dinastía (2 S 7.16). De ahí que no se pusiera en discusión el principio de la sucesión dinástica (cf. 2 R 11.1-3,12).
[b] 22.4-7 Cf. 2 R 12.10-16.
[c] 22.8 *Libro de la Ley:* Cf. Dt 30.10; 31.26; Jos 1.8. Un número considerable de intérpretes sostiene que se trata de *Deuteronomio*, no como lo conocemos actualmente, sino en forma abreviada. En la sección legislativa de Dt se inspiró Josías para llevar a cabo su reforma religiosa.

11 Al escuchar el rey lo que decía el libro de la Ley, se rasgó la ropa, [d] **12** y en seguida ordenó a Hilquías, a Ahicam, hijo de Safán, a Acbor, hijo de Micaías, a Safán, el cronista, y a Asaías, oficial del rey:

13 —Vayan a consultar al Señor por mí y por el pueblo y por todo Judá, en cuanto al contenido de este libro que se ha encontrado; pues el Señor debe estar muy furioso contra nosotros, ya que nuestros antepasados no prestaron atención a lo que dice este libro ni pusieron en práctica todo lo que está escrito en él.

14 Hilquías, Ahicam, Acbor, Safán y Asaías, fueron a ver a la profetisa Huldá, esposa de Salum, hijo de Ticvá y nieto de Harhás, encargado del guardarropa del templo. Huldá vivía en el Segundo Barrio de Jerusalén, y cuando le hablaron, [e] **15** ella les contestó:

—Esta es la respuesta del Señor, Dios de Israel: 'Díganle a la persona que los ha enviado a consultarme, **16** que yo, el Señor, digo: Voy a acarrear un desastre sobre este lugar y sobre sus habitantes, conforme a todo lo anunciado en el libro que ha leído el rey de Judá. **17** Pues me han abandonado y han quemado incienso a otros dioses, provocando mi irritación con todas sus prácticas; por eso se ha encendido mi ira contra este lugar, y no se apagará. **18** Díganle, pues, al rey de Judá, que los ha enviado a consultar al Señor, que el Señor, el Dios de Israel, dice también: Por haber prestado atención a lo que has oído, **19** y porque te has conmovido y sometido a mí al escuchar mi declaración contra este lugar y sus habitantes, que serán arrasados y malditos, y por haberte rasgado la ropa y haber llorado delante de mí, yo también por mi parte te he escuchado. Yo, el Señor, te lo digo. **20** Por lo tanto, te concederé morir en paz y reunirte con tus antepasados, sin que llegues a ver el desastre que voy a acarrear sobre este lugar.'

Los enviados del rey regresaron para llevarle a este la respuesta.

23 **1** Entonces el rey mandó llamar a todos los ancianos de Judá y de Jerusalén, para que se reunieran con él. **2** Luego el rey y todos los hombres de Judá, y los habitantes de Jerusalén, y los sacerdotes, los profetas y la nación entera, desde el más pequeño hasta el más grande, fueron al templo del Señor. Allí el rey les leyó en voz alta todo lo que decía el libro de la alianza que había sido encontrado en el templo del Señor. **3** Luego el rey se puso de pie junto a la columna, y se comprometió ante el Señor a obedecerle, a poner en práctica fielmente y con toda sinceridad sus mandamientos, mandatos y leyes, y a cumplir las condiciones de la alianza que estaban escritas en el libro. Y todo el pueblo aceptó también el compromiso. [a]

Reforma de Josías *(2 Cr 34.3-7)* **4** Entonces el rey ordenó a Hilquías, sumo sacerdote, y a su segundo sacerdote y a los porteros, que sacaran del templo del Señor todos los objetos del culto de Baal y de Aserá y de todos los astros del cielo, [b] y los quemó en las afueras de Jerusalén, en los campos de Cedrón, y llevó luego las cenizas a Betel. [c] **5** Después quitó de sus puestos a los sacerdotes que los reyes de Judá habían nombrado para que quemaran incienso en los santuarios en lugares altos [d] que había en las ciudades de Judá y en los alrededores de Jerusalén, y a los sacerdotes que quemaban incienso a Baal, al sol, a la luna, a los planetas y a todos los astros del cielo. **6** Sacó fuera de Jerusalén la imagen de Aserá que estaba en el templo del Señor, la quemó en el arroyo Cedrón hasta convertirla en ceniza y luego la esparció sobre la fosa común. **7** También derrumbó las habitaciones dedicadas a la prostitución entre hombres, que era practicada como un culto en el templo del Señor, donde las mujeres tejían mantos para la diosa Aserá.

8 Después ordenó que vinieran todos los sacerdotes de las ciudades de Judá, [e] y profanó todos los santuarios en lugares altos, desde Gueba hasta Beerseba, donde esos sacerdotes habían quemado incienso, y derribó los altares de los demonios [f] que había en la puerta de Josué, gobernador de la ciudad, situados a la entrada de la ciudad, al lado izquierdo. **9** Pero los sacerdotes de los santuarios en lugares altos no iban al altar del Señor en Jerusalén, sino que comían pan sin levadura con sus compañeros sacerdotes. [g]

10 Josías también profanó el quemadero que había en el valle de Ben-hinom, para que nadie quemara a su hijo o a su hija como sacrificio a Moloc. [h] **11** Quitó los caballos que los reyes de Judá habían dedicado al sol, los cuales estaban a la entrada del templo del Señor, junto a la habitación de Natán-mélec, el encargado de las dependencias, y quemó también el carro del sol. [i] **12** Además derribó los altares que los reyes de Judá habían construido en la parte alta de la

---

[d] **22.11** *Se rasgó la ropa:* en señal de dolor, por no haber cumplido los mandamientos del Señor (cf. v. 13) y por temor a las amenazas proferidas contra los transgresores de la Ley (cf. Dt 27; 28.15- 68). Véase 2 R 11.14 n.

[e] **22.13-14** Para *consultar al Señor* (cf. 1 R 22.8; Jer 21.1-2) no se recurrió a un profeta sino a una *profetisa,* quizá porque ella vivía en las cercanías del templo. En la Biblia se mencionan otras profetisas: *María* (Ex 15.20), *Débora* (Jue 4.4) y *Ana* (Lc 2.36). Cf. también Neh 6.14; Hch 21.9.

[a] **23.3** Como Josué en Siquem (Jos 24.1-28), el rey Josías hizo que todo el pueblo renovara la *alianza* con el Señor (véanse Ex 19.5 nota *g*; 24.1-11 n.).

[b] **23.4** *Baal:* Véase 2 R 17.16 nota *k. Asera:* divinidad femenina más conocida con el nombre de *Astarté* (véase Jue 3.7 nota *c*). *Todos los astros del cielo:* Véase 2 R 21.3 n.

[c] **23.4** *Cedrón:* valle situado al este de Jerusalén, entre la ciudad y el monte de los Olivos (cf. Jn 18.1). La mención de *Betel* anticipa el relato del v. 15.

[d] **23.5** *Santuarios en lugares altos:* Véase 1 R 3.3 n.

[e] **23.8** *Ordenó que vinieran todos los sacerdotes... de Judá:* La centralización del culto en el templo de Jerusalén (véase Dt 12.5 notas *d* y *f*) dejaba sin recursos a los sacerdotes de los santuarios locales, diseminados por todo el territorio de Judá. La reforma de Josías no desatendió por completo los derechos de estos sacerdotes, pero les asignó funciones de segundo orden en el culto del único santuario legítimo. Tales disposiciones están en el origen de la distinción entre sacerdotes y levitas (cf. 1 Cr 23; Lc 10.31-32).

[f] **23.8** *Los demonios:* Lv 17.7; 2 Cr 11.15.

[g] **23.9** Según la legislación deuteronómica (Dt 18.6-8), los sacerdotes de los antiguos santuarios locales tenían los mismos derechos que los del templo de Jerusalén. Sin embargo, Josías debió establecer una jerarquización entre unos y otros, sin duda porque los sacerdotes de Jerusalén no quisieron renunciar a su posición de privilegio. Cf. Ez 44.10-14.

[h] **23.10** *El quemadero:* lit. *el Tófet* (véase Jer 7.31 nota *s*). *El valle de Ben-hinom:* Véase Jer 2.23 nota *b. Moloc:* Lv 18.21.

[i] **23.11** La asociación de carros de guerra y caballos con el culto al sol era común en el antiguo Oriente, porque se pensaba que el dios

sala de Ahaz, y los altares que Manasés había construido en los patios del templo del Señor; los destrozó y arrojó sus escombros al arroyo Cedrón.

13 El rey profanó también los santuarios paganos que había al oriente de Jerusalén, en la parte sur del monte de los Olivos, los cuales había construido Salomón, rey de Israel, para Astarté, diosa aborrecible de los sidonios; para Quemós, ídolo aborrecible de los moabitas, y para Milcom, ídolo aborrecible de los amonitas. **14** También hizo pedazos las piedras y los troncos sagrados, y llenó de huesos humanos los lugares donde habían estado. **15** En cuanto al altar y al santuario pagano de Betel, que fueron construidos por Jeroboam, hijo de Nabat, que hizo pecar a los israelitas, Josías los destrozó hasta hacerlos polvo, y les prendió fuego; y le prendió fuego también a la representación de Aserá. *j*

16 Cuando Josías regresó y vio los sepulcros que había en la colina misma, mandó que sacaran los huesos que hubiera en ellos, y los quemó sobre el altar, profanándolo. Así se cumplió la palabra del Señor trasmitida por el profeta que había anunciado esto. **17** Luego preguntó:

—¿Qué monumento es ese que veo allá?

Los hombres de la ciudad le respondieron:

—Es el sepulcro del profeta que vino de Judá y anunció lo que Su Majestad ha hecho con el altar de Betel.

18 Entonces Josías ordenó:

—Déjenlo así. Que nadie toque sus huesos.

Así se respetaron sus restos y los del profeta que había venido de Samaria.

19 En cuanto a todos los edificios de los santuarios paganos que había en Samaria, y que los reyes de Israel habían construido provocando la ira del Señor, Josías los eliminó e hizo con ellos lo mismo que había hecho en Betel. **20** Después mató sobre los altares a todos los sacerdotes de los santuarios paganos que allí había, y sobre ellos quemó huesos humanos. Después regresó a Jerusalén.

Josías celebra la Pascua *(2 Cr 35.1-19)* **21** El rey ordenó a todo el pueblo que celebrara la Pascua en honor del Señor su Dios, según estaba escrito en el libro de la alianza. **22** Nunca se había celebrado una Pascua como esta desde la época de los caudillos que gobernaron en Israel, ni en todo el tiempo de los reyes de Israel y de Judá. **23** Fue en el año dieciocho del reinado de Josías cuando en Jerusalén *k* se celebró aquella Pascua en honor del Señor.

Devoción de Josías **24** Josías eliminó también a los brujos y adivinos, a los ídolos familiares y a otros ídolos, y a todos los aborrecibles objetos de culto que se veían en Judá y en Jerusalén. Lo hizo para cumplir los términos de la ley escritos en el libro que el sacerdote Hilquías había encontrado en el templo del Señor. **25** No hubo ningún rey, ni antes ni después de él, que como él se volviera al Señor con todo su corazón y con toda su alma y con todas sus fuerzas, conforme a la ley de Moisés.

26 A pesar de ello, el Señor siguió enojado, pues todavía estaba enfurecido contra Judá por todas las ofensas con que Manasés le había provocado. **27** Por eso dijo el Señor que iba a apartar de su presencia a Judá, como había apartado a Israel, y que iba a rechazar la ciudad de Jerusalén que había escogido, y el templo en el que había dicho que residiría su nombre.

Muerte de Josías *(2 Cr 35.20-27)* **28** El resto de la historia de Josías y de todo lo que hizo, está escrito en el libro de las crónicas de los reyes de Judá. **29** En su tiempo, el faraón Necao, rey de Egipto, se dirigió hacia el río Éufrates para ayudar al rey de Asiria. *l* El rey Josías le salió al encuentro; pero en Meguido, *m* en cuanto Necao lo vio, lo mató. *n* **30** Sus oficiales pusieron su cadáver en un carro y lo llevaron desde Meguido a Jerusalén, donde lo enterraron en su sepulcro. La gente del pueblo tomó entonces a Joacaz, hijo de Josías, y lo consagraron como rey en lugar de su padre.

Reinado de Joacaz en Judá *(2 Cr 36.1-4)* **31** Joacaz tenía veintitrés años cuando comenzó a reinar, y reinó en Jerusalén tres meses. Su madre se llamaba Hamutal, hija de Jeremías, y era de Libná. **32** Pero sus hechos fueron malos a los ojos del Señor, igual que los de sus antepasados. **33** El faraón Necao lo tuvo preso en Riblá, en la región de Hamat, *ñ* para que no reinara en Jerusalén, y obligó al país a pagar un tributo de tres mil trescientos kilos de plata y treinta y tres kilos de oro. **34** Además, el faraón Necao puso como rey a Eliaquim, hijo de Josías, en lugar de su padre, y le cambió el nombre *o* y le puso Joaquim, y a Joacaz lo tomó y lo llevó a Egipto, donde murió.

---

sol recorría el cielo como un guerrero en su carro de combate (véase Sal 19.5[6] n.).

j **23.15** La decadencia del imperio asirio permitió a Josías reconquistar una parte del antiguo reino del norte (cf. 1 R 12.1-24). Hasta allí extendió su reforma religiosa, profanando el santuario de Betel (cf. Am 7.13), donde el rey *Jeroboam* había instalado uno de los becerros de oro (1 R 12.25-30).

k **23.23** *En Jerusalén:* La celebración de la Pascua, que en su origen era una fiesta familiar (cf. Ex 12.1-4), se trasladó al santuario central, único lugar donde estaba permitido matar las víctimas de la Pascua (Dt 12.4-7). De ahí la costumbre de "subir" a Jerusalén con ocasión de la Pascua, práctica que aún en tiempos de Jesús era expresión fundamental de la religiosidad judía (véanse Sal 120 n.; Jn 2.13 n.).

l **23.29** *El faraón Necao... para ayudar al rey de Asiria:* Resulta bastante extraña esta alianza de Egipto con su antiguo adversario (cf. 2 R 18.19-21). Al parecer, el faraón quería aprovechar los cambios que la caída de Asiria estaba operando en el escenario político y militar del antiguo Oriente. Ganando posiciones en el norte, esperaba recuperar los territorios de Siria y Palestina que varios siglos antes habían estado bajo la dominación egipcia.

m **23.29** *El rey Josías le salió al encuentro:* Después de haberse independizado de Asiria, Josías trataba de impedir que su país volviera a convertirse en vasallo de una potencia extranjera. *Meguido:* Véase Jue 5.19 n.

n **23.29** *En cuanto Necao lo vio, lo mató:* Según 2 Cr 35.21-22, el faraón quiso evitar el enfrentamiento armado y solo recurrió a las armas cuando *Josías*, rehusando su invitación, insistió en luchar contra él. Lo que no puede saberse con certeza es si se trató de una batalla propiamente dicha o de un asalto imprevisto contra la persona del rey.

ñ **23.33** *El faraón Necao* no pudo evitar la ruina de Asiria, pero cuando regresaba a Egipto quiso afirmar su soberanía sobre el territorio de Palestina (véase 2 R 23.29 nota *l*). Por eso destituyó al rey Joacaz y nombró en su lugar a Eliaquim, que también era hijo de Josías (v. 34). *La región de Hamat:* Véase Jue 3.3 n. e *Índice de mapas.*

o **23.34** Acerca de este cambio de nombre, véase 2 R 14.7 nota *d*. Véanse también Gn 17.5 nota *c;* 32.28(29) nota *h*.

³⁵ Joaquim entregó a Necao la plata y el oro que este exigía, para lo cual tuvo que imponer una contribución a la gente del país. Y cada uno pagó en plata y en oro el impuesto que se le calculó, para entregárselo al faraón Necao. ᵖ

Reinado de Joaquim en Judá *(2 Cr 36.5-8)*
³⁶ Joaquim tenía veinticinco años cuando comenzó a reinar, y reinó en Jerusalén once años. Su madre se llamaba Zebudá, hija de Pedaías, y era de Rumá. ³⁷ Pero sus hechos fueron malos a los ojos del Señor, igual que los de sus antepasados. ᵠ

24 ¹ Durante el reinado de Joaquim, Nabucodonosor, rey de Babilonia, invadió el país, ᵃ y Joaquim estuvo sometido a él durante tres años. Luego cambió de parecer y se rebeló contra él. ² Pero el Señor mandó contra Joaquim bandas de ladrones caldeos, sirios, moabitas y amonitas. Las envió contra Judá, para que la destruyeran, conforme al anuncio que había hecho el Señor por medio de sus siervos los profetas. ³ Esto ocurrió con Judá porque el Señor así lo dispuso, para apartarla de su presencia por todos los pecados que Manasés ᵇ había cometido, ⁴ y también por la sangre inocente que había derramado y con la cual había llenado Jerusalén. Por eso el Señor no quiso perdonar más.
⁵ El resto de la historia de Joaquim y de todo lo que hizo está escrito en el libro de las crónicas de los reyes de Judá. ⁶ Cuando murió, reinó en su lugar su hijo Joaquín.
⁷ Desde entonces, el rey de Egipto no salió más de su país, porque el rey de Babilonia había conquistado todas sus posesiones, desde el arroyo de Egipto hasta el río Éufrates. ᶜ

Joaquín y su corte son desterrados a Babilonia *(2 Cr 36.9-10)*
⁸ Joaquín tenía dieciocho años cuando comenzó a reinar, y reinó en Jerusalén tres meses. Su madre se llamaba Nehustá, hija de Elnatán, y era de Jerusalén. ⁹ Pero sus hechos fueron malos a los ojos del Señor, igual que los de su padre.
¹⁰ En aquel tiempo, las tropas de Nabucodonosor, rey de Babilonia, marcharon contra Jerusalén y la rodearon para atacarla. ¹¹ Durante el ataque a la ciudad, llegó Nabucodonosor. ¹² Entonces Joaquín, rey de Judá, junto con su madre, sus oficiales, jefes y hombres de confianza, se rindieron al rey de Babilonia, quien los hizo prisioneros. Esto sucedió en el año ocho del reinado de Nabucodonosor.
¹³ Después Nabucodonosor sacó de allí todos los tesoros del templo del Señor y del palacio real y, tal como el Señor lo había anunciado, rompió todos los objetos de oro que Salomón, rey de Israel, había hecho para el templo del Señor. ¹⁴ Luego se llevó cautivos a todos los habitantes de Jerusalén, a todos los jefes y los mejores soldados, y a todos los artesanos y herreros, hasta completar diez mil prisioneros. ᵈ No quedó nadie en el país, a excepción de la gente más pobre.

¹⁵ Nabucodonosor se llevó también cautivos a Joaquín y a su madre, a sus esposas, a sus oficiales, y a las personas más importantes del país. Los llevó cautivos de Jerusalén a Babilonia. ¹⁶ El total de prisioneros de renombre que el rey de Babilonia se llevó, fue de siete mil; y mil el de artesanos y herreros, además de todos los hombres fuertes y aptos para la guerra. ¹⁷ Luego el rey de Babilonia nombró rey a Matanías, en lugar de su sobrino Joaquín, y le cambió su nombre ᵉ y le puso Sedequías.

Reinado de Sedequías *(2 Cr 36.11-16; Jer 52.1-3)*
¹⁸ Sedequías tenía veintiún años cuando comenzó a reinar, y reinó once años en Jerusalén. Su madre se llamaba Hamutal, hija de Jeremías, y era de Libná. ¹⁹ Pero sus hechos fueron malos a los ojos del Señor, igual que los de Joaquim. ²⁰ Por eso el Señor se enojó con Jerusalén y con Judá, y los echó de su presencia.

VII. LIBERACIÓN DEL REY JOAQUÍN EN BABILONIA (25.27-30)

25 Caída de Jerusalén ᵃ *(Jer 39.1-7; 52.3-11)* Después Sedequías se rebeló contra el rey de Babilonia. ¹ El día diez del mes décimo del año noveno del reinado de Sedequías, el rey Nabucodonosor marchó con todo su ejército contra Jerusalén, y la sitió. Acampó frente a ella, y a su alrededor construyó rampas para atacarla. ² La ciudad estuvo sitiada hasta el año once del reinado de Sedequías. ³ El día nueve del mes cuarto de ese año aumentó el hambre en la ciudad, y la gente no tenía ya nada que comer. ⁴ Entonces hicieron un boquete en las murallas de la ciudad, y aunque los caldeos la tenían sitiada, el rey y todos los soldados huyeron de la ciudad durante la noche. Salieron por la puerta situada entre las dos murallas, por el camino de los jardines reales, y tomaron el camino del valle del Jordán. ⁵ Pero los soldados caldeos persiguieron al rey Sedequías, y lo alcanzaron en la llanura de Jericó. Todo su ejército lo abandonó y se dispersó. ⁶ Los caldeos capturaron al rey y lo llevaron ante el rey de Babilonia, que estaba en Riblá, en el territorio de Hamat. Allí Nabucodonosor dictó sentencia contra Sedequías, ᵇ ⁷ y en presencia de este mandó degollar a sus hijos. En cuanto a Sedequías, mandó que le sacaran los ojos y que lo encadenaran para llevarlo a Babilonia.

ᵖ **23.35** Este fuerte tributo indica que desde la muerte de Josías (609 a.C.) hasta la batalla de Carquemis (605 a.C.), el reino de Judá fue vasallo de Egipto. Véase Jer 46.2 notas *c* y *d*.

ᵠ **23.37** Joaquim no fue un digno sucesor de Josías (cf. 2 R 22.2), sino un pequeño tirano sin aptitudes de gobernante (cf. Jer 22.13-19). Con él llegó a su fin la reforma religiosa y recrudecieron las costumbres paganas (cf. Jer 36.20-31).

ᵃ **24.1** *Nabucodonosor*, el más famoso de los reyes de Babilonia, reinó entre los años 605 y 562 a.C. Esta primera invasión tuvo lugar en los años 604-603 a.C. Véase Dn 1.1 nota *c*.

ᵇ **24.3** *Manasés:* Cf. 2 R 21.1-18.

ᶜ **24.7** Después de su victoria sobre los egipcios y sobre el resto de las tropas asirias en la batalla de Carquemis (605 a.C.), Nabucodonosor pasó a ser el dueño indiscutido de los territorios situados al oeste del río Éufrates (Jer 46.2). Véase 2 R 23.35 n.

ᵈ **24.14** *Diez mil prisioneros:* Aunque el número de los deportados no era muy grande en términos absolutos, sí lo era en relación con el total de la población. Además, entre los deportados se encontraba buena parte de la clase dirigente y productiva del país.

ᵉ **24.17** *Le cambió su nombre:* Véanse las referencias en 2 R 23.34 n.

ᵃ **25.1-7** Con la caída de Jerusalén y la destrucción del templo terminó dramáticamente la historia del reino de Judá. La consternación y el desconcierto producidos por estos dolorosos acontecimientos están expresados poéticamente en el libro de *Lamentaciones*. Véase también Sal 74 n.; 79 n.

ᵇ **25.4-6** *Caldeos:* Véase Gn 11.28 n. *Del valle del Jordán:* lit. *del Arabá* (véase Dt 1.1 n.). *Jericó:* Véase Jos 2.1 nota *b*. *Riblá:* Cf. 2 R 23.33.

LOS BABILONIOS

El antiguo reino de Babilonia ocupó la parte sur del moderno Irak (las tierras por las cuales los ríos Tigris y Éufrates fluyen hacia el Golfo Pérsico). La tierra es plana, y las ciudades se levantaron no mucho tiempo después de que la gente aprendió a utilizar el agua de los ríos para irrigar la tierra.

Civilización antigua

La civilización babilónica, junto con la egipcia, es una de las más antiguas del Oriente próximo. Los sumerios ya habitaban Babilonia mil años antes de Abraham. Listas de palabras, recibos de ventas y otras cuentas, escritos en sumerio, en tabletas de barro fechadas en el 3100 a.C. han sobrevivido como testimonio de su vida. Al norte de los sumerios vivían los acadios (pueblo semítico). Una dinastía de reyes acádicos residía en Ur (la patria de Abraham) ca. del 2000 a.C.

Escritura

La escritura más antigua conocida se encontró en Babilonia, y era anterior a la de las tabletas sumerias. Ese fue el inicio de la escritura cuneiforme babilónica, en la que 500 (o más) figuras simples representaban, inicialmente, objetos comunes o ideas y, más tarde, sílabas.

Artesanos

Antes del año 2000 a.C., los artesanos babilónicos ya estaban haciendo joyería en oro fino y plata, armas de bronce y cobre, y estatuas. Excelentes piezas se han encontrado en los sepulcros reales de Ur.

Babilonia y el imperio

La ciudad de Babilonia alcanzó gran poder ca. del 1850 a.C., pero por un corto tiempo (Hamurabi fue su rey más sobresaliente). Mil doscientos años después recobró su gloria, esta vez bajo Nabucodonosor II. Era la época del imperio neobabilónico.

En el s. VIII a.C. Asiria era la potencia nórdica del Oriente próximo. Pero en el 614, Asur cayó en poder de los medos, quienes se aliaron con los babilonios y tomaron Nínive en el año 612 a.C.

Rápidamente los babilonios controlaron toda el área. El faraón Necao (cf. 2 R 23.29-35) marchó hacia el Éufrates y luchó junto con los asirios en Carquemis, en el año 605 a.C., pero el ejército babilónico, dirigido por Nabucodonosor, lo derrotó; Egipto tuvo que retirarse.

Babilonia derrota a Judá

El ejército babilónico se movió hacia el sur, y el rey Joaquim de Judá consideró sabio declararse vasallo de Nabucodonosor. Unos años después cambió de opinión y decidió rebelarse. En el año en que murió Joaquim, los ejércitos babilónicos marcharon contra Jerusalén y la sitiaron. El nuevo rey (Joaquín) se rindió y fue llevado cautivo, junto con mucha gente de Judá, a Babilonia (2 R 23.36—24.17). Un texto cuneiforme indica las raciones que se les asignaron a él y a su familia en prisión. El sitio, con su fecha (15/16 de marzo del 597 a.C.) están anotados en el registro oficial, la Crónica babilónica: "El rey de Acad reunió sus tropas, marchó a la tierra de Hati y acampó contra la ciudad de Judá y... tomó la ciudad y capturó a su rey."

Diez años más tarde el rey Sedequías de Judá se rebeló contra Babilonia. Esta vez, los babilonios destruyeron Jerusalén y el templo, y deportaron a la mayoría de la población a Babilonia (2 R 24.18—25.21).

La Babilonia de Nabucodonosor

Los exiliados de Judá fueron llevados a la gran ciudad de Babilonia que Nabucodonosor había reconstruido. La ciudad interna estaba protegida por un ancho foso y paredes dobles de ladrillo (de 3.7 m. y 6.5 m. de ancho), con espacio para un camino militar a nivel del parapeto entre ellas. De las ocho grandes puertas, la más conocida es la Puerta de Istar, construida en honor del dios babilonio Marduc.

El pórtico está decorado con filas de toros (símbolo del dios Bel) alternadas con filas de dragones (símbolo del dios Marduc) hechas de tejas escarchadas. Una calle procesional (por la cual se transportaban las estatuas de los dioses en el festival de año nuevo) llevaba de la puerta al centro de la ciudad y a los grandes templos. Las paredes eran de ladrillo azul esmaltado, con relieves de leones (símbolo de la diosa Istar) en rojo, amarillo y blanco.

Babilonia tenía unos 53 templos, un gran templo-torre (zigurat) y una ciudadela con el complejo de palacios. Allí llevaron a Daniel para que se uniera a la corte del rey.

Caída del imperio

A pesar de toda su gloria, el imperio neobabilónico duró menos de un siglo. El ejército de Ciro el persa capturó Babilonia en el año 539 a.C. (cf. Dn 5).

Destrucción del templo (2 Cr 36.17-21; Jer 39.8-10; 52.12-30)

[8] El día siete del mes quinto del año diecinueve del reinado de Nabucodonosor, rey de Babilonia, Nebuzaradán, oficial del rey y comandante de la guardia real, llegó a Jerusalén [9] e incendió el templo, el palacio real y todas las casas de la ciudad, especialmente las casas de todos los personajes notables, [10] y el ejército caldeo que lo acompañaba derribó las murallas que rodeaban Jerusalén. [11] Luego

El imperio babilónico

Nebuzaradán llevó desterrados a Babilonia[c] tanto a los que aún quedaban en la ciudad como a los que se habían puesto del lado del rey de Babilonia, y al resto de los artesanos. [12] Solo dejó a algunos de entre la gente más pobre, para que cultivaran los viñedos y los campos.

[13] Los caldeos hicieron pedazos los objetos de bronce que había en el templo: las columnas, las bases y la enorme pila para el agua, y se llevaron todo el bronce a Babilonia. [14] También se llevaron los ceniceros, las palas, las despabiladeras, los cucharones y todos los utensilios de bronce para el culto. [15] Igualmente, el comandante de la guardia se llevó todos los objetos de oro y plata: los braseros y los tazones. [16] Por lo que se refiere a las dos columnas, la enorme pila para el agua y las bases que el rey Salomón había mandado hacer para el templo, su peso no podía calcularse. [17] Cada columna tenía más de ocho metros de altura, y en su parte superior tenía un capitel de bronce, de más de dos metros de altura, alrededor del cual había una rejilla toda de bronce, adornada con granadas. Las dos columnas eran iguales.

Destierro del pueblo de Judá [18] El comandante de la guardia apresó también a Seraías, sumo sacerdote, a Sofonías, sacerdote que le seguía en dignidad, y a los tres guardianes del umbral del templo.[d] [19] De la gente de la ciudad apresó al oficial que mandaba las tropas, a cinco hombres del servicio personal del rey que se encontraron en la ciudad, al funcionario militar que reclutaba hombres para el ejército y a sesenta ciudadanos notables que estaban en la ciudad. [20-21] Nebuzaradán llevó a todos estos ante el rey de Babilonia, que estaba en Riblá, en el territorio de Hamat. Allí el rey de Babilonia mandó que los mataran.

Así fue desterrado de su país el pueblo de Judá.[e]

El grupo restante huye a Egipto (Jer 40.7-10; 41.1-3,16-18)
[22] Nabucodonosor, rey de Babilonia, nombró gobernador a Guedalías, hijo de Ahicam y nieto de Safán, para que se hiciera cargo de la gente que él había dejado en Judá.[f] [23] Y cuando los jefes del ejército de Judá y sus hombres supieron esto, fueron a Mispá[g] para hablar con Guedalías. Eran Ismael, hijo de Netanías; Johanán, hijo de Caréah; Seraías, hijo de Tanhúmet, de Netofá; y Jaazanías, hijo de un hombre de Maacá. Fueron acompañados de sus hombres. [24] Guedalías les hizo un juramento a ellos y a sus hombres, y les dijo que no tuvieran miedo de los oficiales caldeos, que se quedaran a vivir en el país y sirvieran al rey de Babilonia, y que les iría bien.

[25] Pero en el mes séptimo, Ismael, hijo de Netanías y nieto de Elisamá, que era de la familia real de Judá, llegó acompañado de diez hombres, y entre todos mataron a Guedalías y a los judíos y caldeos que había con él en Mispá.[h] [26] Entonces toda la gente, por miedo a los caldeos, se levantó y se fue a Egipto, lo mismo grandes y pequeños que oficiales del ejército.

Joaquín es libertado y recibe honores en Babilonia (Jer 52.31-34) [27] El día veintisiete del mes doce del año treinta y siete del destierro del rey Joaquín de Judá, comenzó a reinar en Babilonia el rey Evil-merodac, el cual se mostró bondadoso con Joaquín y lo sacó de la cárcel.[i] [28] lo trató bien y le dio preferencia sobre los otros reyes que estaban con él en Babilonia. [29] De esta manera, Joaquín pudo quitarse la ropa que usaba en la prisión y comer con el rey por el resto de su vida. [30] Además, durante toda su vida, Joaquín recibió una pensión diaria de parte del rey de Babilonia.[j]

---

[c] **25.11** Los babilonios llevaron a cabo una deportación masiva, pero no introdujeron en el país una nueva población, como habían hecho los asirios en Samaria (2 R 17.24).

[d] **25.18** *Los tres guardianes del umbral del templo:* Véase 2 R 12.8 n.

[e] **25.20-21** Según Abd 10-14, los edomitas se asociaron a los babilonios en el saqueo de Jerusalén (cf. Sal 137.7; Lm 4.21-22).

[f] **25.22** *Guedalías* pertenecía a una familia noble de Judá; su padre *Ahicam* había salvado en una ocasión la vida de Jeremías (Jer 26.24), y es posible que su abuelo *Safán* haya sido un alto funcionario del rey Josías (2 R 22.3).

[g] **25.23** Quizá porque Jerusalén se había vuelto inhabitable, *Guedalías* estableció la sede de su gobierno en *Mispá* de Benjamín, situada a unos 8 km. más al norte. Ya en tiempos de los jueces, *Mispá* había sido un importante centro religioso de las tribus israelitas (1 S 7.5-7; 10.17).

[h] **25.25** El asesinato de Guedalías se relata más detalladamente en Jer 41.

[i] **25.27** *Joaquín* había sido deportado en el año 598 a.C., de manera que su liberación tuvo lugar en el 561. Esa fecha coincide con la ascensión al trono de *Evil-merodac*, como sucesor de Nabucodonosor.

[j] **25.27-30** La amnistía concedida al rey *Joaquín* en el exilio introduce una nota de esperanza en este dramático final. La destrucción de Jerusalén y la deportación a Babilonia no son la última palabra. La supervivencia de la dinastía de David en Babilonia parece ser el preanuncio de un porvenir más promisorio.

Primer libro de las Crónicas

A primera vista, los libros de *Crónicas* parecen ser una repetición de los episodios ya relatados en otros escritos, especialmente en *Samuel* y *Reyes*. Esto es verdad hasta cierto punto, ya que en los primeros vuelven a encontrarse, ampliados en algunos puntos y condensados en otros, casi todos los sucesos referidos en estos últimos. Sin embargo, no se trata de una mera reiteración, sino de una nueva presentación de los mismos hechos, adaptada a las circunstancias históricas en que se encontraba el pueblo judío después del exilio.

En efecto, cuando un grupo de judíos exiliados en Babilonia obtuvo el permiso para regresar a Jerusalén y emprender las obras de reconstrucción, sus condiciones de vida en el país de Judá no fueron las mismas que las de sus antepasados en tiempos de la monarquía. Esa pequeña comunidad ya no formaba un estado independiente, sino que estaba sometida al imperio persa. Este vasto imperio, a diferencia de Asiria y de Babilonia, practicaba por lo general una política de tolerancia en materia religiosa, y dio a los repatriados reiteradas muestras de benevolencia. Pero las poblaciones vecinas no compartían la misma actitud tolerante, sino que se manifestaron decididamente hostiles. En este nuevo contexto, se hacía indispensable tener una visión renovada de la historia de Israel, que pudiera iluminar la situación presente y servir de guía para el futuro. Esto fue, precisamente, lo que ofrecieron los libros de *Crónicas* a la comunidad judía postexílica: una meditación sobre la historia de Israel, que debía ser al mismo tiempo una lección de fidelidad al Señor, a su ley y al culto celebrado en el templo. Como se desconoce el nombre de su autor, los historiadores modernos suelen llamarlo "el Cronista". Por el carácter de su obra, cabe suponer que era un levita de Jerusalén y que escribió entre los años 330 y 250 a.C. Este mismo es el autor de los libros de Esdras y Nehemías.

El *Primer libro de las Crónicas* (=1 Cr) se abre con una larga serie de genealogías, que empiezan en Adán y llegan hasta la familia de Saúl, el primer rey de Israel (caps. 1—9). Estas listas genealógicas ofrecen un amplio panorama histórico, que se remonta hasta la creación de la humanidad y se detiene especialmente en la tribu de Judá y en la familia de David, en los levitas y en los habitantes de Jerusalén. Así se introduce la historia del reinado de David, que ocupa toda la parte final del primer libro (caps. 10—29).

A continuación viene el segundo libro, que consta de tres partes. Los capítulos iniciales están dedicados al reinado de Salomón (caps. 1—9). Luego el Cronista pasa a relatar la historia del reino de Judá hasta la destrucción de Jerusalén y la deportación a Babilonia (10.1—36.21), y concluye con una referencia al decreto de Ciro, el rey de Persia, que autorizó el regreso de los exiliados a Jerusalén y la reconstrucción del templo (36.22-23).

Para comprender el mensaje de esta obra, es muy útil compararla con los relatos paralelos de *Samuel* y *Reyes*. Así se pone de manifiesto que el Cronista expresa su mensaje, sobre todo, por medio de ampliaciones y omisiones.

Las ampliaciones permiten identificar los temas que más interesan al autor del libro: el templo de Jerusalén, el sacerdocio y el culto. Este interés hace que él concentre su atención de un modo especial en los reinados de David y Salomón, pero con una perspectiva histórica y teológica particular: Se presenta a David como el verdadero fundador del templo y de su ritual; él dispuso todo lo necesario para ese fin y encomendó a su hijo Salomón la ejecución del proyecto.

En la parte dedicada al reinado de David, el Cronista narra con especial detenimiento el traslado a Jerusalén del arca de la alianza, la organización del culto y los preparativos para la construcción del templo. David trazó el plano del edificio, reunió los materiales y organizó las funciones del clero hasta en los menores detalles. De manera semejante, la historia de Salomón se refiere, en su mayor parte, a la construcción del templo, a la oración del rey en la fiesta de la dedicación y a las promesas con que Dios respondió a esa plegaria. También la historia de los sucesores de David está centrada en el templo de Jerusalén, y los desarrollos más extensos hablan de los reyes que pusieron más empeño en la restauración del santuario y del culto: Asá (2 Cr 14—16), Josafat (2 Cr 17—20) y, sobre todo, Ezequías (2 Cr 29—32) y Josías (2 Cr 34—35). Por su piedad y devoción, estos reyes realizaron grandes reformas religiosas después de tiempos de apostasía.

Pero tan significativos como la insistencia en lo relacionado con el culto son los aspectos que se dejan de lado. El Cronista omite todo aquello que puede resultar desdoroso para David: sus conflictos con Saúl, su vida errante antes de ser proclamado rey, el pecado con Betsabé, los dramas familiares y la rebelión de su hijo Absalón. Igualmente notable es la supresión de toda referencia al reino del Norte, surgido del cisma de Jeroboam I (cf. 2 Cr 10.19). Solo el reino de Judá y la dinastía davídica son legítimos para el Cronista; el reino del Norte, con sus ceremonias religiosas contaminadas por el culto a Baal, no podía de ningún modo representar al verdadero pueblo de Dios.

Para escribir esta historia, el autor ha recurrido, en primer lugar, a los libros canónicos. De *Génesis*, *Éxodo*, *Números*, *Josué* y *Rut* tomó las listas que figuran al comienzo del libro, pero su fuente principal son los libros de *Samuel* y *Reyes*, de los que reproduce pasajes enteros casi al pie de la letra. Además, cita numerosas fuentes que no han llegado hasta nosotros: *las crónicas del rey David* (1 Cr 27.24), *el libro de los reyes de Judá y de Israel* (2 Cr 16.11; 27.7), *el libro de los reyes de Israel* (1 Cr 9.1; 20.34), *las crónicas de los reyes de Israel* (2 Cr 33.18), *el comentario del libro de los reyes* (2 Cr 24.27) y numerosos documentos relativos a los profetas (cf., por ejemplo, 1 Cr 29.29; 2 Cr 9.29; 12.15; 13.22; 32.32). Por la manera como selecciona los materiales de *Samuel* y *Reyes*, cabe suponer que el Cronista utilizó sus fuentes con gran libertad, incorporando aquello que servía a su propósito y descartando todo lo demás.

Los libros de *Crónicas* son una obra característica del judaísmo postexílico. En esa época, el pueblo estaba privado de su independencia política, pero gozaba de una cierta autonomía, reconocida por el gobierno persa. Esto le permitía vivir bajo la guía de sus sacerdotes y de acuerdo con las normas de su legislación religiosa, en torno al templo de Jerusalén. En este marco histórico, el Cronista compuso su vasto panorama histórico y teológico para recordar a sus lectores que la vida de la nación dependía enteramente de la fidelidad a Dios. Esa fidelidad debía expresarse de dos maneras complementarias: mediante la obediencia a la ley de Moisés en todas las dimensiones de la vida personal y social y mediante un culto animado de una auténtica piedad. Este era el espíritu que había tenido David y que él trató de inculcar a todo el pueblo de Israel. Si la comunidad se mantenía fiel a ese espíritu, Dios no dejaría de manifestarle su favor y de llevar a su pleno cumplimiento las promesas mesiánicas.

El esquema siguiente ofrece una visión sinóptica del *Primer libro de las Crónicas*:

I. Desde Adán hasta David (1—9)
II. El reinado de David (10—29)

I. DESDE ADÁN HASTA DAVID (1—9)

1 *Descendientes de Adán* (Gn 5.1-32) **1** Adán, Set,[a] Enós,[b] **2** Cainán, Mahalalel, Jéred, **3** Henoc, Matusalén, Lámec, **4** Noé.

Descendientes de Noé (Gn 10.1-32) Hijos de Noé:[c] Sem, Cam y Jafet.[d]

5 Hijos de Jafet: Gómer, Magog, Madai, Javán, Tubal, Mésec y Tirás. **6** Hijos de Gómer: Asquenaz, Rifat y Togarmá. **7** Hijos de Javán: Elisá, Tarsis, Quitim y Rodanim.

8 Hijos de Cam: Cus, Misraim, Fut y Canaán. **9** Hijos de Cus: Sebá, Havilá, Sabtá, Raamá y Sabtecá. Hijos de Raamá: Sebá y Dedán. **10** Cus fue el padre de Nimrod, el primer hombre poderoso de la tierra.

11 De Misraim descienden los ludeos, los anameos, los lehabitas, los naftuhítas, **12** los patruseos, los casluhítas y los caftoritas, de quienes descienden los filisteos.

13 Canaán fue padre de Sidón, su primer hijo, y de Het. **14** De Canaán descienden los jebuseos, amorreos, gergeseos, **15** heveos, araceos, sineos, **16** arvadeos, semareos y hamateos.

17 Hijos de Sem: Elam, Asur, Arfaxad, Lud y Aram. Los hijos de Aram fueron[e] Us, Hul, Guéter y Mas.[f] **18** Arfaxad fue el padre de Sélah, y Sélah fue el padre de Éber. **19** Éber tuvo dos hijos: el primero se llamaba Péleg,[g] porque en su tiempo la gente de la tierra se dividió. El hermano de Péleg se llamaba Joctán. **20** Joctán fue el padre de Almodad, Sélef, Hasar-mávet, Jérah, **21** Hadoram, Uzal, Diclá, **22** Obal,[h] Abimael, Sebá, **23** Ofir, Havilá y Jobab. Todos estos fueron hijos de Joctán.

Descendientes de Sem (Gn 11.10-26) **24** Sem, Arfaxad, Sélah, **25** Éber, Péleg, Reú, **26** Serug, Nahor, Térah **27** y Abram, que es Abraham.[i]

Descendientes de Ismael y de Queturá (Gn 25.1-6, 12-18)

28 Hijos de Abraham: Isaac e Ismael.[j] **29** Sus descendientes fueron: Nebaiot, hijo mayor de Ismael, Quedar, Adbeel, Mibsam, **30** Mismá, Dumá, Masá, Hadad, Temá, **31** Jetur, Nafís y Quedmá. Estos fueron los hijos de Ismael.

32 Hijos de Queturá, concubina de Abraham: Zimrán, Jocsán, Medán, Madián, Isbac y Súah. Hijos de Jocsán: Sebá y Dedán. **33** Hijos de Madián: Efá, Éfer, Hanoc, Abidá y Eldaá. Todos estos fueron descendientes de Queturá.

Descendientes de Esaú (Gn 36.1-43) **34** Abraham fue el padre de Isaac. Hijos de Isaac: Esaú e Israel.[k] **35** Hijos de Esaú: Elifaz, Reuel, Jeús, Jaalam y Coré. **36** Hijos de Elifaz: Temán, Omar, Sefó, Gatam y Quenaz; de Timná tuvo a Amalec.[l] **37** Hijos de Reuel: Náhat, Zérah, Samá y Mizá.

38 Hijos de Seír:[m] Lotán, Sobal, Sibón, Aná, Disón, Éser y Disán. **39** Hijos de Lotán: Horí y Hemam.[n] Timná era hermana de Lotán. **40** Hijos de Sobal: Alván, Manáhat, Ebal, Sefó y Onam. Hijos de Sibón: Aiá y Aná. **41** Aná fue padre de Disón. Hijos de Disón: Hemdán,[ñ] Esbán, Itrán y Querán. **42** Hijos de Éser: Bilhán, Zaaván y Jaacán. Hijos de Disán: Us y Arán.

43 Estos fueron los reyes que gobernaron en Edom antes que los israelitas tuvieran rey: Bela, hijo de Beor; su ciudad se llamaba Dinhaba. **44** Cuando Bela murió, gobernó

---

[a] 1.1 Cf. Gn 4.25.

[b] 1.1 Como el interés del Cronista está centrado principalmente en la historia de David y de la dinastía davídica, su obra comienza con una serie de listas genealógicas que abarcan desde Adán hasta los tiempos de David. La fuente de estas genealogías son las Escrituras hebreas, que en su tiempo ya eran un texto canónico.

[c] 1.4 *Hijos de Noé:* según la versión griega (LXX). En el texto hebreo no aparece esta frase.

[d] 1.4 Gn 5.32; 6.10; 9.18.

[e] 1.17 *Los hijos de Aram fueron:* según varios mss. y Gn 10.23. En el texto heb. no aparece esta frase.

[f] 1.17 *Mas:* según varios mss. y Gn 10.23. Heb. *Mésec*.

[g] 1.19 En hebreo, *Péleg* y la palabra que significa *división* tienen un sonido semejante.

[h] 1.22 *Obal:* según varios mss. y Gn 10.28. Heb. *Ebal*.

[i] 1.27 Gn 17.5; Neh 9.7.

[j] 1.28 Cf. Gn 16.11,15; 21.2-3; Gl 4.22-23; Heb 11.11.

[k] 1.34 Gn 21.2-3; 25.19,25-26,32,28-29; Mt 1.2; Lc 3.34.

[l] 1.36 *De Timná tuvo a Amalec:* texto probable (cf. Gn 36.12). Heb. *Timná y Amalec*.

[m] 1.38 *Seír:* otro nombre dado a Esaú (v. 35) o Edom (v. 43).

[n] 1.39 *Hemam:* según la versión griega (LXX) y Gn 36.22. Heb. *Homam*.

[ñ] 1.41 *Hemdán:* según varios mss. y Gn 36.26. Heb. *Amram*.

en su lugar Jobab, el hijo de Zérah, que era del pueblo de Bosrá.ᵒ ⁴⁵Cuando Jobab murió, gobernó en su lugar Husam, que era de la región de Temán. ᵖ ⁴⁶Cuando Husam murió, gobernó en su lugar Hadad, el hijo de Bedad, que derrotó a Madián en el campo de Moab; y su ciudad se llamaba Avit. ⁴⁷Cuando murió Hadad, gobernó en su lugar Samlá, que era del pueblo de Masrecá. ⁴⁸Cuando Samlá murió, gobernó en su lugar Saúl, que era de Rehobot, el pueblo que está junto al río. ⁴⁹Cuando Saúl murió, gobernó en su lugar Baal-hanán, que era hijo de Acbor. ⁵⁰Y cuando murió Baal-hanán, gobernó en su lugar Hadad; y su ciudad se llamaba Pau. ᑫ La esposa de Hadad se llamaba Mehetabel y era hija de Matred y nieta de Mezaab.

⁵¹Después de la muerte de Hadad, los jefes de Edom fueron: Timná, Alvá, Jetet, ⁵²Oholibamá, Elá, Pinón, ⁵³Quenaz, Temán, Mibsar, ⁵⁴Magdiel e Iram. Estos fueron los jefes de Edom.

2 Los hijos de Israelᵃ (Gn 35.22-26)

¹Los hijos de Israel fueron Rubén, Simeón, Leví, Judá, Isacar, Zabulón, ²Dan, José, Benjamín, Neftalí, Gad y Aser.

Descendientes de Judá ³Los hijos de Judá fueron Er, Onán y Selá. La madre de estos tres fue la hija de Súa, que era cananea. Pero Er, el hijo mayor de Judá, fue tan malo que el Señor le quitó la vida. ᵇ ⁴Tamar, la nuera de Judá, tuvo de este dos hijos, Fares y Zérah. En total, los hijos de Judá fueron cinco. ᶜ

⁵Los hijos de Fares fueron Hesrón y Hamul. ᵈ ⁶Los hijos de Zérah fueron Zimrí, Etán, Hemán, Calcol y Dardá, cinco en total.

⁷El hijo de Carmí fue Acar, ᵉ que trajo la desgracia sobre Israel al tomar lo que Dios había ordenado que se destruyera por completo. ᶠ ⁸El hijo de Etán fue Azarías.

⁹Los hijos de Hesrón fueron Jerahmeel, Ram y Quelubai. ᵍ,ʰ

¹⁰Ram fue padre de Aminadab, y Aminadab fue padre de Nahasón, jefe de los descendientes de Judá. ⁱ,ʲ ¹¹Nahasón fue padre de Salmá, Salmá fue padre de Booz, ¹²Booz fue padre de Obed, Obed fue padre de Jesé, ᵏ ¹³Jesé fue padre de Eliab, su primer hijo; de Abinadab, el segundo; de Simá, el tercero; ˡ,ᵐ ¹⁴de Natanael, el cuarto; de Radai, el quinto; ¹⁵de Ósem, el sexto, y de David, ⁿ el séptimo. ¹⁶Las hermanas de estos fueron Seruiá y Abigail. Los hijos de Seruiá fueron tres: Abisai, Joab y Asael. ñ ¹⁷Abigail tuvo un hijo, Amasá, cuyo padre fue Jéter el ismaelita. ᵒ

¹⁸Caleb, hijo de Hesrón, ᵖ tuvo de Azubá, su mujer, un hijo: ᑫ Jeriot. Sus otros hijos fueron Jéser, Sobab y Ardón. ¹⁹Cuando Azubá murió, Caleb se casó con Efrata, y tuvo de ella un hijo: Hur. ʳ ²⁰Hur fue padre de Urí, y Urí fue padre de Besalel. ˢ

²¹Cuando Hesrón tenía sesenta años, se casó con la hija de Maquir, el padre de Galaad, y tuvo de ella un hijo: Segub. ᵗ ²²Segub fue padre de Jaír, ᵘ quien tuvo veintitrés ciudades en la región de Galaad. ²³Pero Guesur y Aram se apoderaron de los campamentos de Jaír, y también de Quenat y sus aldeas; en total sesenta ciudades. Todos estos fueron los descendientes de Maquir, padre de Galaad. ᵛ

²⁴Después de la muerte de Hesrón, Caleb se casó con Efrata, esposa de su padre Hesrón, y tuvo de ella un hijo, Ashur, que fue padre de Tecoa. ʷ

²⁵Los hijos de Jerahmeel, ˣ hijo mayor de Hesrón, fueron Ram, el mayor, Buná, Oren, Ósem y Ahías. ʸ ²⁶Jerahmeel tuvo otra esposa, llamada Atará, que fue madre de Onam.

²⁷Los hijos de Ram, el hijo mayor de Jerahmeel, fueron Maas, Jamín y Équer. ²⁸Los hijos de Onam fueron Samai y Jadá.

Los hijos de Samai fueron Nadab y Abisur. ²⁹La esposa de Abisur se llamaba Abihail y fue madre de Ahbán y Molid.

³⁰Los hijos de Nadab fueron Séled y Apaim. Séled murió sin hijos. ³¹Apaim fue padre de Isí. Isí fue padre de Sesán. Sesán fue padre de Ahlai. ᶻ

³²Los hijos de Jadá, hermano de Samai, fueron Jéter y Jonatán. Jéter murió sin hijos. ³³Los hijos de Jonatán fueron Pélet y Zazá.

Estos fueron los descendientes de Jerahmeel.

ᵒ **1.44** Is 34.6; 63.1; Jer 49.13,22.
ᵖ **1.45** Cf. Job 2.11; Jer 49.7,20.
ᑫ **1.50** *Pau:* según varios mss. y Gn 36.39. Heb. *Pai.*
ᵃ **2.3-55** La genealogía de la tribu de Judá, a la que había pertenecido David, está antes de las de las otras tribus y es más extensa que las demás. Esto pone nuevamente de manifiesto el especial interés del Cronista por la persona del rey David. Además, el libro fue redactado cuando el pueblo de Dios estaba compuesto casi exclusivamente por miembros de la tribu de Judá. Véase la *Introducción* a los libros de *Crónicas.*
ᵇ **2.3** 1 Cr 4.21; cf. Gn 38.1-5; 46.12.
ᶜ **2.4** Gn 38.7,13-30; 46.12; Mt 1.3.
ᵈ **2.5** Cf. Gn 46.12.
ᵉ **2.7** El nombre *Acar* tiene un sonido semejante al de la palabra hebrea que significa *traer desgracia.* En Jos 7.1,18-25; 22.20, este nombre aparece bajo la forma *Acán.*
ᶠ **2.7** Jos 7.1
ᵍ **2.9** Mt 1.3.
ʰ **2.9** *Quelubai* es una variante del nombre Caleb (vv. 18,42). No se trata de *Quelub* (1 Cr 4.11).
ⁱ **2.10-17** Estos son los antepasados inmediatos del rey David. Una lista parecida se encuentra en Rt 4.19-22.
ʲ **2.10** Mt 1.4.

ᵏ **2.11-12** Nm 1.7; Mt 1.4,5.
ˡ **2.13-15** Cf. 1 S 16.6-13; 17.13,14.
ᵐ **2.13** 2 Cr 11.18.
ⁿ **2.15** Rt 4.18-22.
ñ **2.16** 2 S 2.18.
ᵒ **2.17** 2 S 17.25; 19.13; 20.4-13.
ᵖ **2.18-24** En 1 Cr 4.15, como algunas veces en el Pentateuco (Nm 13.6; 14.6,30; 26.65; etc), *Caleb* recibe el apelativo de *hijo de Jefuné.* Aquí es *hijo de Hesrón,* quizá porque los descendientes de Caleb fueron reconocidos como parte del clan de Hesrón.
ᑫ **2.18** *Tuvo de Azubá, su mujer, un hijo:* según una versión antigua. Heb. *fue padre de Azubá, una mujer, y de.*
ʳ **2.18-19** 1 Cr 2.24.
ˢ **2.20** Ex 24.14; 31.2; 35.30; 2 Cr 1.5.
ᵗ **2.21** Cf. Nm 26.29; 27.1; Jos 13.31; Jue 5.14.
ᵘ **2.22** Nm 32.41; 1 R 4.13.
ᵛ **2.23** Dt 3.14; Jos 13.30; Jue 10.4.
ʷ **2.24** 2 S 14.2; 1 Cr 2.19; 2 Cr 11.6.
ˣ **2.25** Los descendientes de *Jerahmeel* formaban una tribu en el Négueb de Judá.
ʸ **2.25** Cf. 1 S 27.10; 30.29; Job 32.2.
ᶻ **2.31** 1 Cr 4.20.

³⁴ Sesán no tuvo hijos: solo tuvo hijas. Pero tenía un esclavo egipcio llamado Jarhá ³⁵ y a este dio por esposa una de sus hijas, de la que tuvo un hijo: Atai. ³⁶ Atai fue padre de Natán, Natán fue padre de Zabad, ³⁷ Zabad fue padre de Eflal, Eflal fue padre de Obed, ³⁸ Obed fue padre de Jehú, Jehú fue padre de Azarías, ³⁹ Azarías fue padre de Heles, Heles fue padre de Elasá, ⁴⁰ Elasá fue padre de Sismai, Sismai fue padre de Salum, ⁴¹ Salum fue padre de Jecamías, y Jecamías fue padre de Elisamá.

⁴² Los hijos de Caleb,[a] hermano de Jerahmeel, fueron Mesá, el mayor, que fue padre de Zif, y Maresá, el segundo,[b] que fue padre de Hebrón. ⁴³ Los hijos de Hebrón fueron Coré, Tapúah, Réquem y Sema. ⁴⁴ Sema fue padre de Ráham, que fue padre de Jorcoam; y Réquem fue padre de Samai. ⁴⁵ De Samai fue hijo Maón, padre de Bet-sur.

⁴⁶ Efá, concubina de Caleb, fue madre de Harán, Mosá y Gazez. Harán fue el padre de Gazez.

⁴⁷ Los hijos de Jahdai fueron Réguem, Jotam, Guesán, Pélet, Efá y Sáaf.

⁴⁸ Maacá, concubina de Caleb, fue madre de Séber y de Tirhaná. ⁴⁹ También fue madre de Sáaf, padre de Madmaná, y de Sevá, padre de Macbená y de Guibeá. Caleb tuvo también una hija, llamada Acsa.[c]

⁵⁰ Estos fueron los descendientes de Caleb.

Los hijos de Hur,[d] hijo mayor de Efrata, fueron Sobal, padre de Quiriat-jearim; ⁵¹ Salmá, padre de Belén; y Haref, padre de Bet-gader.

⁵² Los hijos de Sobal, padre de Quiriat-jearim, fueron Reaías,[e] la mitad de los manahetitas ⁵³ y los clanes de Quiriat-jearim: los itritas, los futitas, los sumatitas y los misraítas, de quienes vienen los soratitas y los estaolitas.[f]

⁵⁴ Los hijos de Salmá fueron Belén, los netofatitas, Atrot-bet-joab, la otra mitad de los manahetitas, los soreítas ⁵⁵ y los clanes de los soferitas que vivían en Jabés, es decir, los tirateos, simateos y sucateos. Estos son los quenitas que descienden de Hamat, padre de Bet-recab.[g]

3
Los hijos de David *(2 S 3.2-5; 5.13-16; 1 Cr 14.3-7)* ¹ Los hijos de David nacidos en Hebrón fueron: el mayor, Amnón, hijo de Ahinóam, la de Jezreel; el segundo, Daniel,[a] hijo de Abigail, de Carmel; ² el tercero, Absalón, hijo de Maacá, la hija de Talmai, rey de Guesur; el cuarto, Adonías, hijo de Haguit; ³ el quinto, Sefatías, hijo de Abital; y el sexto, Itream, hijo de Eglá, otra esposa de David. ⁴ Estos seis hijos de David nacieron en Hebrón, donde reinó durante siete años y seis meses. Luego reinó treinta y tres años en Jerusalén,[b] ⁵ donde le nacieron cuatro hijos más: Simá,[c] Sobab, Natán y Salomón, todos ellos hijos de Betsabé,[d] hija de Amiel.[e] ⁶ Tuvo además otros nueve hijos: Ibhar, Elisamá, Elifélet, ⁷ Nógah, Néfeg, Jafía, ⁸ Elisamá, Eliadá y Elifélet. ⁹ Todos estos fueron hijos de David, sin contar los hijos tenidos de las concubinas. Tamar fue hermana de ellos.[f]

Descendientes de Salomón ¹⁰⁻¹⁴ Los descendientes de Salomón,[g] en línea directa, fueron Roboam, Abías, Asá, Josafat, Joram, Ocozías, Joás, Amasías, Azarías, Jotam, Ahaz, Ezequías, Manasés, Amón y Josías.[h]

¹⁵ Los hijos de Josías fueron: el mayor, Johanán; el segundo, Joaquim; el tercero, Sedequías; y el cuarto, Salum.[i,j]

¹⁶ Los hijos de Joaquim fueron Jeconías y Sedequías.[k]

¹⁷ Los descendientes de Jeconías, el desterrado, fueron Salatiel, su hijo mayor,[l] ¹⁸ y Malquiram, Pedaías, Senazar,[m] Jecamías, Hosamá y Nedabías.

¹⁹ Los hijos de Pedaías fueron Zorobabel y Simí. Los hijos de Zorobabel[n] fueron Mesulam y Hananías, y Selomit, hermana de estos,[ñ] ²⁰ y otros cinco hijos: Hasubá, Óhel, Bereuías, Hasadías y Jusab-hésed.

²¹ Los hijos de Hananías fueron Pelatías e Isaías. Los descendientes de Isaías, en línea directa, fueron Refaías, Arnán, Abdías y Secanías.

²² Los hijos de Secanías[o] fueron Semaías,[p] Hatús, Igal, Baríah, Nearías y Safat: seis en total.

²³ Los hijos de Nearías fueron tres: Elioenai, Ezequías y Azricam.

²⁴ Los hijos de Elioenai fueron siete: Hodavías, Eliasib, Pelaías, Acub, Johanán, Delaías y Ananí.

4
Descendientes de Judá ¹ Los hijos de Judá fueron Fares, Hesrón, Carmí, Hur y Sobal.[a] ² Reaías, hijo de Sobal, fue padre de Jáhat, y Jáhat fue padre de Ahumai y de Láhad. Estos fueron los clanes de los soratitas.

---

[a] **2.42-49** Esta es otra lista de los descendientes de Caleb, procedente de una época anterior al exilio. La tribu de Caleb habitó al sur de Judá.
[b] **2.42** *Maresá, el segundo:* texto probable. Heb. *y los hijos de Maresá.*
[c] **2.49** Jos 15.16; Jue 1.12.
[d] **2.50-55** Los *hijos de Hur* habitaban al sur y al oeste de Jerusalén, y estaban emparentados con los *hijos de Caleb.*
[e] **2.52** *Reaías:* texto probable. Heb. *Haroé.*
[f] **2.53** Jue 18.2.
[g] **2.55** Nm 24.21; Jue 1.16; 4.11; 1 S 15.6
[a] **3.1** *Daniel:* llamado *Quilab* en 2 S 3.3.
[b] **3.4** 2 S 2.11; 5.4-5; 1 R 2.11; 1 Cr 29.27.
[c] **3.5** *Simá:* llamado *Samúa* en 2 S 5.14.
[d] **3.5** *Betsabé:* texto probable. Heb. *Bet-súa* (cf. 2 S 11.3)
[e] **3.5** *Amiel:* llamado *Eliam* en 2 S 11.3.
[f] **3.9** 2 S 13.1-2.
[g] **3.10-17** Mt 1.7-12.
[h] **3.10-14** Cf. 1 R 11.43; 14.31; 15.1,8,24; 22.51; 2 R 12.21;
14.21; 15.7,38; 16.20; 20.21; 21.18,26; 2 Cr 9.31; 12.16; 17.1; 21.1; 22.1; 24.1,27; 25.1; 26.1,23; 27.1; 28.1,27; 32.33; 33.20,25.
[i] **3.15** *Salum:* se trata de *Joacaz,* sucesor de Josías (cf. Jer 22.11).
[j] **3.15** 2 R 24.17; 2 Cr 36.4,10.
[k] **3.16** 2 R 24.6,17; 2 Cr 36.8,10.
[l] **3.17** *Su hijo mayor:* texto probable. Heb. *su hijo.*
[m] **3.18** *Senazar:* se presume que se trata del mismo *Sesbasar* que fue el primer gobernador de Judá después del exilio (Esd 1.8,11; 5.14-16).
[n] **3.19** *Zorobabel* figura aquí como hijo de *Pedaías,* mientras que, según otros textos, es *hijo de Salatiel* (Hag 1.12,14; 2.2,23; Esd 3.2,8; 5.2; Neh 12.1). Esta última forma bien puede significar simplemente que Zorobabel sucedió a Salatiel como jefe de la familia de David. Véase también Esd 3.2 nota d.
[ñ] **3.17,19** Cf. Esd 2.2; 3.2,8; 5.2; Hag 1.1,12,14; Eclo 49.11; Mt 1.12-13; Lc 3.27.
[o] **3.22** Neh 3.29.
[p] **3.22** *Semaías:* texto probable. Heb. añade: *y los hijos de Semaías.*
[a] **4.1** Gn 38.29; 46.12; 1 Cr 2.4-5,7,9,50; Mt 1.3.

3-4 Los hijos de Hur fueron[b] Etam, Jezreel, Ismá, Idbás, Penuel, padre de Guedor, y Éser, padre de Husá. Estos tenían una hermana llamada Haslelponi. Estos fueron los hijos de Hur, hijo mayor de Efrata, antepasado de Belén.

5 Ashur, el padre de Tecoa, tuvo dos mujeres: Helá y Naará.[c] **6** Naará fue madre de Ahuzam, Héfer, Temení y Ahastarí. Estos fueron los hijos de Naará. **7** Los hijos de Helá fueron Séret, Jesohar y Etnán.

8 Cos fue padre de Anub y de Sobebá y antepasado de los clanes de Aharhel, hijo de Harum.

9 Jabés[d] fue más famoso que sus hermanos, y su madre le puso por nombre Jabés, porque dijo: "En verdad lo he dado a luz con dolor." **10** Jabés oró al Dios de Israel, diciendo: "Te ruego que me des tu bendición y un territorio muy grande, que me ayudes y me libres de males, para que yo no sufra." Y Dios le concedió lo que le había pedido.

11 Quelub, hermano de Suhá, fue padre de Mehír; Mehír fue padre de Estón; **12** Estón fue padre de Bet-rafá, de Paséah y de Tehiná, fundador de la ciudad de Nahas. Estos fueron los habitantes de Recá.

13 Los hijos de Quenaz fueron Otoniel y Seraías. Los hijos de Otoniel fueron Hatat[e] **14** y Meonotai, padre de Ofrá. Seraías fue padre de Joab, el antepasado de los habitantes del valle de Harasim,[f] los cuales se dedicaban a la artesanía.

15 Los hijos de Caleb, hijo de Jefuné, fueron Ir, Elá y Náam. Elá fue padre de Quenaz.[g]

16 Los hijos de Jahaleel fueron Zif, Zifá, Tirías y Asarel.

17-18 Los hijos de Esdras fueron Jéter, Méred, Éfer y Jalón. Méred se casó con Bitiá, hija del faraón, y sus hijos fueron María, Samai e Isbah, padre de Estemoa. Méred tuvo también una mujer de la tribu de Judá, que fue madre de Jéred, padre de Guedor, de Héber, padre de Socó, y de Jecutiel, padre de Zanóah.

19 Los hijos de la mujer de Hodías, hermana de Náham, el padre de Queilá, fueron Daliá[h] el garmita y Estemoa el maacateo.

20 Los hijos de Simón fueron Amnón, Riná, Ben-hanán y Tilón.

Los hijos de Isí fueron Zohet y Ben-zohet.

21 Los descendientes de Selá, hijo de Judá, fueron Er, padre de Lecá, Ladá, padre de Maresá, los clanes de los que trabajaban el lino en Bet-asbea,[i] **22** Joaquim, los habitantes de Cozebá, Joás y Saraf, los cuales fueron a casarse con mujeres moabitas[j] y volvieron a Belén, según antiguas crónicas. **23** Estos eran alfareros; vivían en Netaim y Guederá, y estaban al servicio del rey.

Descendientes de Simeón

24 Los hijos de Simeón fueron Nemuel, Jamín, Jarib, Zérah y Saúl.[k] **25** Saúl fue padre de Salum; Salum fue padre de Mibsam, y Mibsam fue padre de Mismá.

26 Mismá fue padre de Hamuel; de este fue hijo Zacur, y de este fue hijo Simí. **27** Simí tuvo dieciséis hijos y seis hijas; pero sus hermanos no tuvieron muchos hijos, de modo que sus clanes no crecieron tanto como los descendientes de Judá. **28** Vivían en Beerseba, Moladá, Hasar-sual, **29** Bilhá, Ésem, Tolad, **30** Betuel, Hormá, Siclag, **31** Bet-marcabot, Hasar-susim, Bet-birai y Saaraim. Estas fueron sus ciudades hasta el reinado de David. **32** Tenían además cinco pueblos: Etam, Ain, Rimón, Toquen y Asán,[l] **33** con todas las aldeas que estaban alrededor de estas ciudades hasta Baalat. Estos son los lugares en que vivieron y sus registros familiares.

34 Mesobab, Jamlec, Josías, hijo de Amasías, **35** Joel, Jehú, quien fue hijo de Josibías, este de Seraías, y este de Asiel; **36** Elioenai, Jaacoba, Jesohaías, Asaías, Adiel, Jesimiel, Benaías, **37** Zizá, quien fue hijo de Sifi, este de Alón, este de Jedaías, este de Simrí, este de Semaías. **38** Estos que han sido mencionados fueron jefes de clanes. Como sus familias aumentaron hasta ser muy numerosas,[m] **39** llegaron buscando pastos para sus rebaños a la entrada de Guerar,[n] al este del valle, **40** y allí encontraron buen pasto, fresco y abundante, y una gran extensión de terreno tranquilo y seguro. Allí habían vivido antes los descendientes de Cam, **41** pero en tiempos del rey Ezequías de Judá, vinieron estos que ya se han mencionado y los destruyeron junto con los campamentos y viviendas que allí encontraron, y se quedaron a vivir en lugar de ellos, pues había pasto para sus rebaños.[ñ] **42** Además, quinientos hombres de ellos, descendientes de Simeón, se fueron a la montaña de Seír capitaneados por Pelatías, Nearías, Refaías y Uziel, hijos de Isí, **43** y destruyeron al resto de los amalecitas. Desde entonces han vivido allí hasta el presente.[o]

5 Descendientes de Rubén

1-3 Los hijos de Rubén, el hijo mayor de Israel, fueron Hanoc, Falú, Hesrón y Carmí.[a] Rubén era realmente el hijo mayor, pero perdió sus derechos de hijo mayor por haber abusado de la mujer de su padre,[b] y esos derechos pasaron a los hijos de José, otro hijo de Israel. Sin embargo, después Judá llegó a ser más poderoso que sus hermanos, y de él salió un jefe;[c] pero los derechos de hijo mayor eran de José.

4-6 Los descendientes de Joel, en línea directa, fueron Semaías, Gog, Simí, Micaías, Reaías, Baal y Beerá, jefe de los rubenitas, que fue llevado cautivo por Tiglat-piléser, rey de Asiria.[d]

---

[b] **4.3** *Los hijos de Hur fueron:* texto probable. Heb. *el padre de.*
[c] **4.5** 1 Cr 2.24.
[d] **4.9** En hebreo, *Jabés* y la palabra que significa *dolor* tienen un sonido parecido.
[e] **4.13** Cf. Jos 15.17; Jue 1.13; 3,9,10.
[f] **4.14** En hebreo, *Harasím* significa *artesanos.*
[g] **4.15** Nm 13.6; 14.6; 32.12; Jos 14.6,14.
[h] **4.19** *Daliá:* según la versión griega (LXX). En el texto hebreo no aparece este nombre.
[i] **4.21** Gn 38.5; 46.12; Nm 26.20; 1 Cr 2.3.
[j] **4.22** *Fueron a casarse con mujeres moabitas:* otra posible traducción: *dominaron en Moab.*

[k] **4.24** Gn 46.10; Ex 6.15; Nm 26.12-13.
[l] **4.28-32** Jos 19.2-8.
[m] **4.38** Nm 1.2.
[n] **4.39** *Guerar:* según la versión griega (LXX). Heb. *Guedor.*
[ñ] **4.41** Cf. 2 R 18.1-2; 2 Cr 29.1.
[o] **4.43** Ex 17.8,14; Dt 25.17-19; 1 S 14.48; 15.2,7-8; 2 S 8.12.
[a] **5.1-3** Gn 46.9; Ex 6.14; Nm 26.5-6.
[b] **5.1-3** Gn 35.22; 48.5,15-22; 49.3-4; Dt 33.6.
[c] **5.1-3** Gn 49.8-10; 1 Cr 28.4.
[d] **5.4-6** 2 R 15.29.

7 Los hermanos de Beerá, según el orden en que sus clanes fueron registrados, fueron Jeiel, el principal, Zacarías **8** y Bela, hijo de Azaz, nieto de Sema, el hijo de Joel. Bela vivió en Aroer y su territorio se extendía hasta Nebo y Baal-meón. *e* **9** Por el oriente se estableció hasta el borde del desierto que se extiende desde el río Éufrates, pues sus ganados aumentaron mucho en la región de Galaad. *f*

10 Durante el reinado de Saúl, los rubenitas estuvieron en guerra con los agarenos, pero los derrotaron y se establecieron en la parte oriental de la región de Galaad. *g*

Descendientes de Gad **11** Los descendientes de Gad que vivieron frente a los rubenitas, en la región de Basán, hasta la ciudad de Salcá, fueron *h* **12** Joel, el principal, y después de él, Safán, luego Jaanai, y luego Safat. **13** Sus parientes, en orden de familias, fueron Micael, Mesulam, Sebá, Jorai, Jacán, Zía y Éber, siete en total. **14** Estos fueron hijos de Abihail, quien fue hijo de Hurí, este de Jaróah, este de Galaad, este de Micael, este de Jesisai, este de Jahdó, este de Buz. **15** Ahí, hijo de Abdiel y nieto de Guní, fue el jefe de sus familias. **16** Todos ellos vivieron en Galaad, en Basán y en sus aldeas, y en los campos de pastoreo de Sarón, hasta sus límites. **17** Todos ellos fueron inscritos en el registro familiar en tiempos de Jotam, rey de Judá, y de Jeroboam, rey de Israel.

Historia de las dos tribus y media **18** Los descendientes de Rubén y de Gad, y la media tribu de Manasés, eran soldados valientes, armados de escudo, espada y arco, y bien entrenados para combatir. Eran cuarenta y cuatro mil setecientos sesenta hombres aptos para la guerra. **19** Y pelearon contra los agarenos, y contra Jetur, Nafis y Nodab; *i* **20** pero Dios los ayudó, y los agarenos y sus aliados cayeron en sus manos, porque en medio de la batalla pidieron a Dios que los ayudara. Dios los ayudó porque confiaron en él. **21** Luego se llevaron los ganados de sus enemigos, que eran cincuenta mil camellos, doscientas cincuenta mil ovejas y dos mil asnos. Hicieron además cien mil prisioneros. **22** Muchos enemigos murieron, porque la guerra era de parte de Dios. Y se quedaron a vivir en aquellos lugares hasta la época del destierro.

23 Los descendientes de la media tribu de Manasés vivieron en la región que se extiende desde Basán hasta Baal-hermón, Senir y el monte Hermón, pues eran muchos. *j* **24** Los jefes de sus familias fueron Éfer, Isí, Eliel, Azriel, Jeremías, Hodavías y Jahdiel, todos ellos soldados valientes, hombres famosos y jefes de familia. **25** Pero se rebelaron contra el Dios de sus antepasados y le fueron infieles adorando a los dioses de los pueblos que Dios había destruido y eliminado delante de ellos. *k* **26** Por esta razón, el Dios de Israel incitó a Pul, *l* rey de Asiria, es decir, a Tiglat-piléser, quien desterró a los rubenitas y gaditas y a la media tribu de Manasés; y los llevó a Halah, Habor, Hará y al río Gozán, donde están hasta el presente. *m*

6

Lista de los sacerdotes hijos de Leví **1** (5.27) *a* Los hijos de Leví fueron Guersón, Quehat *b* y Merarí. *c*

2 (5.28) Los hijos de Quehat fueron Amram, Ishar, Hebrón y Uziel. *d* **3** (5.29) Los hijos de Amram fueron Aarón, Moisés y María. Los hijos de Aarón fueron Nadab, Abihú, Eleazar e Itamar. *e* **4** (5.30) Eleazar fue padre de Finees, Finees fue padre de Abisúa, *f* **5** (5.31) Abisúa fue padre de Buquí, Buquí fue padre de Uzí, **6** (5.32) Uzí fue padre de Zeraías, Zeraías fue padre de Meraiot, **7** (5.33) Meraiot fue padre de Amarías, Amarías fue padre de Ahitub, **8** (5.34) Ahitub fue padre de Sadoc, Sadoc fue padre de Ahimaas, **9** (5.35) Ahimaas fue padre de Azarías, Azarías fue padre de Johanán, **10** (5.36) Johanán fue padre de Azarías, que fue sacerdote en el templo que Salomón construyó en Jerusalén. **11** (5.37) Azarías fue padre de Amarías, Amarías fue padre de Ahitub, **12** (5.38) Ahitub fue padre de Sadoc, Sadoc fue padre de Salum, **13** (5.39) Salum fue padre de Hilquías, Hilquías fue padre de Azarías, **14** (5.40) Azarías fue padre de Seraías y Seraías fue padre de Josadac. **15** (5.41) Josadac fue llevado al destierro cuando el Señor desterró a Judá y Jerusalén por medio de Nabucodonosor.

Descendientes de Leví **16** (1) Los hijos de Leví *g* fueron Guersón, Quehat y Merarí. *h*

17 (2) Los hijos de Guersón fueron Libní y Simí.

18 (3) Los hijos de Quehat fueron Amram, Ishar, Hebrón y Uziel. *i*

19 (4) Los hijos de Merarí fueron Mahli y Musí. *j* Estos fueron los hijos de Leví.

20-21 (5-6) Los descendientes de Guersón, en línea directa, fueron Libní, Jáhat, Zimá, Joah, Idó, Zérah y Jeatrai.

22-24 (7-9) Los descendientes de Quehat, en línea directa, fueron Aminadab, Coré, Asir, Elcaná, Ebiasaf, Asir, Táhat, Uriel, Ozías y Saúl.

25-27 (10-12) Los hijos de Elcaná fueron Amasai y Ahimot, y los descendientes de Ahimot, en línea directa, fueron Elcaná, Sofai, Náhat, Eliab, Jeroham y Elcaná.

---

e **5.8** Cf. Nm 32.3,38; Jos 13.9,16-17.
f **5.9** Jos 22.9.
g **5.10** Sal 83.6.
h **5.11** Gn 46.16; Jos 13.11,24-28.
i **5.19** Gn 25.15; 1 Cr 1.31; 5.10; Sal 83.6.
j **5.23** Dt 3.8-10; Jue 3.3.
k **5.25** Ex 34.14-16; 2 R 17.7.
l **5.26** *Pul:* nombre que tomó Tiglat-piléser III, rey de Asiria (745-727 a.C.), cuando se hizo proclamar rey de Babilonia. Cf. 2 R 15.19.
m **5.26** *Tiglat-piléser:* 2 R 15.29. Cf. 2 R 15.9; 17.6
a **6.1(5.27)** Los vv. 6.1-81 corresponden a los vv. 5.27—6.66 en el texto hebreo.
b **6.1(5.27)** Esta lista hace resaltar el nombre de *Quehat,* de quien descendían los sacerdotes de la familia de Aarón (1 Cr 6.2-15) y el grupo más importante de cantores del templo (1 Cr 6.33-38).
c **6.1(5.27)** Cf. Gn 46.11; Ex 6.16; Nm 26.57; 1 Cr 23.6.
d **6.2(5.28)** Ex 6.18; 1 Cr 6.3.
e **6.3(5.29)** Ex 6.20; Nm 26.59-60.
f **6.4-15(5.30-41)** A partir del v. 10(5.36), esta genealogía repite algunos nombres que están en los vv. 8-9(5.34-35). Una lista similar, aunque más corta y con algunas variantes, se encuentra en Esd 7.1-5.
g **6.16-19(1-4)** Ex 6.16-19; Nm 26.57-59.
h **6.16(1)** Cf. Gn 46.11; 1 Cr 6.1; 23.6.
i **6.18(3)** Nm 3.19.
j **6.19(4)** Nm 3.20; 1 Cr 6.29.

28 (13) Los hijos de Samuel fueron Vasní, su hijo mayor, y Abías. *k*

29-30 (14-15) Los descendientes de Merarí, en línea directa, fueron Mahli, Libní, Simí, Uzá, *l* Simá, Haguías y Asaías.

Cantores del templo nombrados por David **31** (16) Estos son los cantores *m* que David nombró para que se encargaran de la música en el templo del Señor desde que se colocó allí el arca. **32** (17) Ellos cantaron ante la tienda del encuentro con Dios hasta que Salomón construyó el templo del Señor en Jerusalén, y luego siguieron prestando allí su servicio conforme a su costumbre.

33 (18) Los que estaban allí con sus hijos eran: de los descendientes de Quehat, el cantor Hemán, que fue hijo de Joel, que fue hijo de Samuel, **34** (19) que fue hijo de Elcaná, que fue hijo de Jeroham, que fue hijo de Eliel, que fue hijo de Tóah, **35** (20) que fue hijo de Suf, que fue hijo de Elcaná, que fue hijo de Máhat, que fue hijo de Amasai, **36** (21) que fue hijo de Elcaná, que fue hijo de Joel, que fue hijo de Azarías, que fue hijo de Sofonías, **37** (22) que fue hijo de Táhat, que fue hijo de Asir, que fue hijo de Ebiasaf, que fue hijo de Coré, *n* **38** (23) que fue hijo de Ishar, que fue hijo de Quehat, que fue hijo de Leví, que fue hijo de Israel.

39 (24) A la derecha de Hemán se colocaba su pariente Asaf, que fue hijo de Berequías, que fue hijo de Simá, **40** (25) que fue hijo de Micael, que fue hijo de Baaseías, que fue hijo de Malquías, **41** (26) que fue hijo de Etní, que fue hijo de Zérah, que fue hijo de Adaías, **42** (27) que fue hijo de Etán, que fue hijo de Zimá, que fue hijo de Simí, *ñ* **43** (28) que fue hijo de Jáhat, que fue hijo de Guersón, que fue hijo de Leví.

44 (29) A la izquierda de Hemán se colocaba su pariente de los descendientes de Merarí: Etán, que fue hijo de Quisí, que fue hijo de Abdí, que fue hijo de Maluc, **45** (30) que fue hijo de Hasabías, que fue hijo de Amasías, que fue hijo de Hilquías, **46** (31) que fue hijo de Amsí, que fue hijo de Baní, que fue hijo de Sémer, **47** (32) que fue hijo de Mahli, que fue hijo de Musí, que fue hijo de Merarí, que fue hijo de Leví. *o*

48 (33) Sus otros parientes descendientes de Leví quedaron a cargo de todo el servicio del templo de Dios. *p* **49** (34) Aarón y sus descendientes eran los que quemaban las ofrendas sobre el altar del holocausto y en el altar del incienso. También se ocupaban de todo el servicio del Lugar santísimo y de obtener el perdón de los pecados de Israel, de acuerdo con todo lo que había ordenado Moisés, el siervo de Dios. *q*

Descendientes de Aarón **50-53** (35-38) Los descendientes de Aarón, en línea directa, fueron Eleazar, Finees, Abisúa, Buquí, Uzí, Zeraías, Meraiot, Amarías, Ahitub, Sadoc y Ahimaas.

Ciudades de los levitas (Jos 21.1-42) **54** (39) Estos fueron los lugares de residencia y los límites territoriales de los descendientes de Aarón. *r* A los clanes quehatitas les tocó en suerte **55** (40) Hebrón, en la región de Judá, con sus campos de pastoreo. **56** (41) A Caleb hijo de Jefuné le dieron el campo de la ciudad y sus aldeas. **57** (42) A los descendientes de Aarón les entregaron Hebrón, ciudad de refugio, además de las aldeas de Libná, Jatir, Estemoa, **58-59** (43-44) Hilén, Debir, Asán y Bet-semes, todas ellas con sus campos de pastoreo. **60** (45) También les dieron ciudades de la tribu de Benjamín, que fueron Gueba, Alémet y Anatot, todas ellas con sus campos de pastoreo. Así que las ciudades que les tocaron a los clanes de Aarón fueron trece.

61 (46) A los otros clanes de Quehat les tocaron en suerte diez ciudades de la media tribu de Manasés, **62** (47) y a los descendientes de Guersón, según el número de sus clanes, les dieron trece ciudades de las tribus de Isacar, Aser y Neftalí, y de la tribu de Manasés que se había establecido en Basán.

63 (48) A los descendientes de Merarí, según el número de sus clanes, les tocaron en suerte doce ciudades de las tribus de Rubén, Gad y Zabulón.

64 (49) Los israelitas dieron estas ciudades con sus campos de pastoreo a los descendientes de Leví. **65** (50) De las tribus de Judá, Simeón y Benjamín les dieron las ciudades que ya se han mencionado, según les tocó en suerte. **66** (51) A algunos clanes quehatitas les tocaron en suerte ciudades de la tribu de Efraín. **67** (52) También les dieron Siquem, la ciudad de refugio, que está en los montes de Efraín, con sus campos de pastoreo, y también Guézer, **68-69** (53-54) Jocmeam, Bet-horón, Aialón y Gat-rimón, todas ellas con sus campos de pastoreo.

70 (55) A los clanes restantes de los quehatitas les dieron las ciudades de Aner y Bileam, que eran la media tribu de Manasés, con sus campos de pastoreo.

71 (56) A los descendientes de Guersón, según el número de sus clanes, les dieron la ciudad de Golán, que está en Basán, y la ciudad de Astarot, que había pertenecido a la media tribu de Manasés, con sus campos de pastoreo. **72-73** (57-58) También les dieron, de la tribu de Isacar, Quedes, Daberat, Ramot y Anem, cada una con sus campos de pastoreo. **74-75** (59-60) De la tribu de Aser les dieron Masal, Abdón, Hucoc y Rehob, cada una con sus campos de pastoreo. **76** (61) De la tribu de Neftalí les dieron Quedes de Galilea, Hamón y Quiriataim, cada una con sus campos de pastoreo.

77 (62) A los restantes descendientes de Merarí les dieron: de la tribu de Zabulón, Rimón y Tabor, cada una con sus campos de pastoreo; **78-79** (63-64) de la tribu de Rubén, al este del Jordán, frente a Jericó, Béser, que está en el desierto, Jahas, Cademot y Mefáat, cada una con sus campos de pastoreo; **80-81** (65-66) de la tribu de Gad, Ramot de Galaad, Mahanaim, Hesbón y Jazer, cada una con sus campos de pastoreo.

---

k 6.28(13) *Fueron Vasní, su hijo mayor, y Abías:* otra posible traducción, tomando en cuenta el v. 33(18), 1 S 8.2 y la versión griega (LXX): *fueron Joel, su hijo mayor, y Abías, el segundo.*

l 6.29-30(14-15) Cf. Ex 6.19; Nm 3.20; 26.58; 1 Cr 6.19.

m 6.31(16) En el templo reedificado después del exilio, los levitas servían también como *cantores.* El origen de esta actividad se atribuye aquí al rey David.

n 6.37(22) Ex 6.24.

ñ 6.42(27) 1 Cr 6.17,20.

o 6.47(32) Ex 6.19; Nm 26.58.

p 6.48(33) Cf. 1 Cr 15.17,19; 16.41-42; 2 Cr 5.12.

q 6.49(34) 1 Cr 16.39-40.

r 6.54-81(39-66) Jos 20.1-9a; 21.1-42a.

1 CRÓNICAS 7, 8

7 **Descendientes de Isacar** ¹ Los hijos de Isacar fueron cuatro: Tolá, Puvá, Jasub y Simrón.ª

² Los hijos de Tolá fueron Uzí, Refaías, Jeriel, Jahmai, Ibsam y Samuel, jefes de las familias de Tolá y guerreros valientes por tradición familiar. En tiempos de David, el número de sus descendientes llegó a veintidós mil seiscientos.ᵇ

³ El hijo de Uzí fue Israhías. Los hijos de Israhías fueron Micael, Abdías, Joel e Isías. Cinco jefes, en total. ⁴ Como tenían muchas mujeres e hijos, las varias generaciones de sus familias formaron ejércitos de hombres aptos para la guerra, que llegaban a treinta y seis mil.

⁵ Contando a todos los clanes de Isacar, según el registro familiar, llegaban a ochenta y siete mil hombres, todos ellos guerreros valientes.

Descendientes de Benjamín ⁶ Los hijos de Benjamín fueron tres: Bela, Béquer y Jediael.ᶜ

⁷ Los hijos de Bela fueron cinco: Esbón, Uzí, Uziel, Jerimot e Irí, todos ellos jefes de familia y guerreros valientes. Según su registro familiar, sus descendientes llegaban a veintidós mil treinta y cuatro personas.

⁸ Los hijos de Béquer fueron Zemirá, Joás, Eliézer, Elioenai, Omrí, Jerimot, Abías, Anatot y Alémet. Todos estos fueron hijos de Béquer, ⁹ y según el registro familiar de sus generaciones y jefes de familia, eran veinte mil doscientos hombres valientes.

¹⁰ El hijo de Jediael fue Bilhán. Los hijos de Bilhán fueron Jeús, Benjamín, Ehud, Quenaaná, Zetán, Tarsis y Ahisáhar. ¹¹ Todos estos eran descendientes de Jediael, jefes de familia y guerreros valientes aptos para la guerra. Llegaban a diecisiete mil doscientos hombres.

¹² Los hijos de Ir fueron Sufam y Hufam.ᵈ El hijo de Aher fue Husim.

Descendientes de Neftalí ¹³ Los hijos de Neftalí fueron Jahseel, Guní, Jéser y Salum. Estos fueron los descendientes de Bilhá.ᵉ

Descendientes de Manasés ¹⁴ Los hijos que Manasés tuvo con su concubina siria fueron Asriel y Maquir, padre de Galaad. ¹⁵ Maquir se casó con Maacá, mujer de la familia de Hufam y Sufam.ᶠ El segundo hijo de Maquir se llamaba Selofhad, quien solamente tuvo hijas. ᵍ ¹⁶ Maacá, la mujer de Maquir, tuvo un hijo, a quien puso por nombre Peres. El hermano de Peres se llamaba Seres, y sus hijos se llamaban Ulam y Réquem. ¹⁷ De Ulam fue hijo Bedán. Estos fueron los hijos de Galaad, hijo de Maquir, hijo de Manasés.

¹⁸ La hermana de Maquir, Hamoléquet, fue la madre de Is-hod, Abiézer y Mahlá.

¹⁹ Los hijos de Semidá fueron Ahián, Siquem, Liquehí y Aniam.ʰ

Descendientes de Efraín ²⁰⁻²¹ Los descendientes de Efraín,ⁱ en línea directa, fueron Sutélah, Béred, Táhat, Eladá, Táhat, Zabad, Sutélah. A Éser y Elad, los otros hijos de Efraín, los mataron los habitantes de la región de Gat, porque bajaron a quitarles sus ganados. ²² Efraín, su padre, les guardó luto por mucho tiempo, y vinieron sus familiares a consolarlo. ²³ Después se unió a su mujer, y ella quedó embarazada y tuvo un hijo a quien puso por nombre Beriá,ʲ porque la desgracia estaba en su casa.ᵏ

²⁴ Seerá, hija de Beriá, edificó Bet-horón de abajo y Bet-horón de arriba, y también Uzén-seerá.

²⁵⁻²⁷ Los descendientes de Beriá, en línea directa, fueron Réfah, Résef, Télah, Tahán, Ladán, Amihud, Elisamá,ˡ Nun y Josué. ²⁸ Sus tierras y lugares de residencia fueron Betel; Naarán, hacia el este; Guézer, hacia el oeste; y Siquem, hasta Ayah; todas estas ciudades con sus aldeas.ᵐ ²⁹ Los descendientes de Manasés tenían en su poder a Bet-seán, Taanac, Meguido y Dor, con sus correspondientes aldeas. En estos lugares vivieron los descendientes de José, hijo de Israel.ⁿ

Descendientes de Aser ³⁰ Los hijos de Aser fueron Imná, Isvá, Isví, Beriá y Sérah, hermana de ellos.

³¹ Los hijos de Beriá fueron Héber y Malquiel, padre de Birzávit.ñ ³² Héber fue padre de Jaflet, Sémer, Hotam y Suhá, hermana de ellos.

³³ Los hijos de Jaflet fueron Pasac, Bimhal y Asvat.

³⁴ Los hijos de Sémer, su hermano, fueron Rohgá, Jehubá y Aram.

³⁵ Los hijos de Hotam,ᵒ su hermano, fueron Sofah, Imná, Seles y Amal. ³⁶ Los hijos de Sofah fueron Súah, Harnéfer, Súal, Berí, Imrá, ³⁷ Béser, Hod, Samá, Silsá, Itrán y Beerá.

³⁸ Los hijos de Jéter fueron Jefuné, Pispá y Ará. ³⁹ Los hijos de Ulá fueron Árah, Haniel y Risiá.

⁴⁰ Todos estos fueron descendientes de Aser. Eran jefes de familia, de los mejores y más valientes soldados, y hombres de los más importantes. Según el registro familiar eran veintiséis mil hombres, aptos para la guerra.

8 **Descendientes de Benjamín** ¹ Benjamínª fue padre de Bela, su primer hijo; de Asbel, el segundo; de Ahrah, el tercero;ᵇ ² de Nohá, el cuarto, y de Rafá, el quinto. ³ Los hijos de Bela fueron Adar, Guerá, Abihud,ᶜ ⁴ Abisúa, Naamán, Ahóah, ⁵ Guerá, Sefufán e Hiram.

ª **7.1** Cf. Gn 46.13; Nm 26.23-24.
ᵇ **7.2** Jue 10.1.
ᶜ **7.6** Cf. Gn 46.21; Nm 26.38.
ᵈ **7.12** Nm 26.39.
ᵉ **7.13** Gn 46.24; Nm 26.48-49.
ᶠ **7.15** *Mujer de... Sufam:* traducción probable. Heb. oscuro.
ᵍ **7.15** Nm 26.33; Jos 17.3.
ʰ **7.14-19** Nm 26.29-33.
ⁱ **7.20-21** Nm 26.35.
ʲ **7.23** En hebreo, *Beriá* y la palabra que significa *en desgracia* tienen un sonido parecido.

ᵏ **7.23** 1 Cr 8.13.
ˡ **7.25-27** Cf. Nm 1.10; 2.18; 7.48; 10.22.
ᵐ **7.28** Gn 12.8; 1 R 9.16.
ⁿ **7.29** Jos 17.11.
ñ **7.30-31** Gn 46.17; Nm 26.44-46.
ᵒ **7.35** *Hotam:* texto probable (cf. v. 33). Heb. *Hélem.*
ª **8.1-40** Esta segunda lista de los descendientes de *Benjamín* difiere parcialmente de la primera y da especial importancia a la familia de Saúl (vv. 33-40).
ᵇ **8.1** Gn 46.21; Nm 26.38-40; 1 Cr 7.6.
ᶜ **8.3** Jue 3.15.

6 Los hijos de Ehud, jefes de familia que vivían en Gueba y que fueron desterrados a Manáhat, fueron **7** Naamán, Ahías y Guerá, padre de Uzá y Ahihud, que fue quien los llevó.

8 Saharaim tuvo otros hijos en el país de Moab, después de divorciarse de sus esposas Husim y Baará. **9** Los hijos que tuvo con su nueva esposa, que se llamaba Hodes, fueron Jobab, Sibiá, Mesá, Malcam, **10** Jeús, Saquías y Mirmá. Estos fueron sus hijos, jefes de familia. **11** Con su esposa Husim había tenido a sus hijos Abitub y Elpáal. **12** Los hijos de Elpáal fueron Éber, Misam y Sémed, que edificó las ciudades de Onó y Lod, con sus aldeas;*d* **13** Beriá y Sema, jefes de familia que vivían en Aialón, los cuales expulsaron a los antiguos habitantes de Gat; **14** y sus hermanos Sasac y Jeroham. *e* **15** Zebadías, Arad, Ader, **16** Micael, Ispá y Johá fueron hijos de Beriá. **17** Zebadías, Mesulam, Hizquí, Éber, **18** Ismerai, Izlías y Jobab fueron hijos de Elpáal. **19** Jaquim, Zicrí, Zabdí, **20** Elienai, Siletai, Eliel, **21** Adaías, Beraías y Simrat fueron hijos de Simí. **22** Ispán, Éber, Eliel, **23** Abdón, Zicrí, Hanán, **24** Hananías, Elam, Anatotías, **25** Ifdaías y Peniel fueron hijos de Sasac. **26** Samserai, Seharías, Atalías, **27** Jaresías, Elías y Zicrí fueron hijos de Jeroham. **28** Estos fueron los jefes principales de familia de sus respectivas generaciones, que vivieron en Jerusalén.

La familia de Saúl *(1 Cr 9.35-44)* **29** En la ciudad de Gabaón vivía Jehiel, *f* padre de Gabaón. Su mujer se llamaba Maacá. **30** Sus hijos fueron Abdón, el mayor, Sur, Quis, Baal, Ner, *g* Nadab, **31** Guedor, Ahió, Zéquer **32** y Miclot, que fue padre de Simí. También estos, siguiendo el ejemplo de sus hermanos, vivían con ellos en Jerusalén.

33 Ner fue padre de Quis, Quis fue padre de Saúl, y Saúl fue padre de Jonatán, Malquisúa, Abinadab y Esbaal. *h* **34** Hijo de Jonatán fue Merib-baal, que fue padre de Micaías. *i* **35** Los hijos de Micaías fueron Pitón, Mélec, Tarea y Ahaz. **36** Ahaz fue padre de Joadá, y Joadá fue padre de Alémet, Azmávet y Zimrí; Zimrí fue padre de Mosá, **37** y Mosá fue padre de Biná, que fue padre de Rafá, que fue padre de Elasá, que fue padre de Asel. **38** Los hijos de Asel fueron seis, que se llamaron: Azricam, Bocrú, Ismael, Searías, Abdías y Hanán. Estos fueron los hijos de Asel.

39 Los hijos de su hermano Ésec fueron Ulam, el mayor; Jehús, el segundo, y Elifélet, el tercero. **40** Los hijos de Ulam fueron soldados valientes, hábiles en el manejo del arco. Tuvieron muchos hijos y nietos, ciento cincuenta en total, todos ellos descendientes de Benjamín.

9 **1** De esta manera, todo Israel quedó registrado en el libro de los reyes de Israel. *a*

Los que regresaron de Babilonia *(Neh 11.1-24)* Pero la gente de Judá fue desterrada a Babilonia por causa de su maldad.

2 Los primeros en volver a establecerse en sus propiedades y ciudades fueron israelitas, sacerdotes, levitas y sirvientes del templo. **3** En Jerusalén se establecieron descendientes de Judá, Benjamín, Efraín y Manasés. *b* **4** De los descendientes de Judá: *c* Utai, hijo de Amihud, que fue hijo de Omrí, que fue hijo de Imrí, que fue hijo de Baní, de los descendientes de Fares, hijo de Judá. **5** Silonitas: Asaías, el mayor de sus hijos. **6** De los descendientes de Zérah: Jeuel y sus parientes, seiscientas noventa personas.

7 De los descendientes de Benjamín: Salú, hijo de Mesulam, que fue hijo de Hodavías, que fue hijo de Senúa; **8** Ibneías, hijo de Jeroham; Elá, hijo de Uzí, que fue hijo de Micrí; Mesulam, hijo de Sefatías, que fue hijo de Reuel, que fue hijo de Ibnías. **9** Sus parientes, según sus varias generaciones, fueron novecientos cincuenta y seis, todos ellos jefes de familia.

10 De los sacerdotes: Jedaías, Joiarib, Jaquín, **11** Azarías, hijo de Hilquías, que fue hijo de Mesulam, que fue hijo de Sadoc, que fue hijo de Meraiot, que fue hijo de Ahitub, jefe principal de la casa de Dios; **12** Adaías, hijo de Jeroham, que fue hijo de Pashur, que fue hijo de Malquías; Masai, hijo de Adiel, que fue hijo de Jahzera, que fue hijo de Mesulam, que fue hijo de Mesilemit, que fue hijo de Imer; **13** y sus parientes, que eran mil setecientos sesenta jefes de familia, hombres muy capacitados para el servicio de la casa de Dios.

14 De los levitas: Semaías, hijo de Hasub, que fue hijo de Azricam, que fue hijo de Hasabías, de la familia de Merarí; **15** Bacbacar, Heres, Galal y Matanías, hijo de Micaías, que fue hijo de Zicrí, que fue hijo de Asaf; **16** Abdías, hijo de Semaías, que fue hijo de Galal, que fue hijo de Jedutún; Berequías, hijo de Asá, que fue hijo de Elcaná, que vivió en las aldeas de los netofatitas.

17 Los porteros: Salum, Acub, Talmón, Ahimán. Salum, hermano de ellos, era su jefe **18** y, hasta el presente, guardián de la puerta del rey, que está al oriente. Estos fueron los porteros de los campamentos de los levitas.

19 Salum, hijo de Coré, que fue hijo de Ebiasaf, que fue hijo de Coré, y sus parientes coreítas, eran los encargados de cuidar la entrada del santuario, como antes sus antepasados habían cuidado la entrada del campamento del Señor.

20 Antes de eso, Finees, hijo de Eleazar, fue jefe de ellos. ¡Que el Señor esté con él! *d*

21 Zacarías, hijo de Meselemías, era portero de la tienda del encuentro con Dios. *e*

22 El total de los porteros escogidos era de doscientos doce, según el registro familiar de las poblaciones donde vivían. David y Samuel el vidente fueron quienes los nombraron para ese cargo, porque eran dignos de confianza.

---

d 8.12 Neh 11.35.
e 8.14 *Jeroham:* texto probable (cf. v. 27). Heb. *Jeremot*.
f 8.29 *Jehiel:* según 9.35 y la versión griega (LXX). En el texto hebreo no aparece este nombre.
g 8.30 *Ner:* según 9.36 y la versión griega (LXX). En el texto hebreo no aparece este nombre.
h 8.33 Cf. 1 S 9.1; 14.49,51; 31.2; 1 Cr 10.2.

i 8.34 2 S 4.4; 9.6,10,12.
a 9.1a Cf. 2 Cr 16.11; 20.34; 25.26; 27.7; 33.18; 36.1.
b 9.2-3 Esd 2.70; 7.7-8; Neh 7.73.
c 9.4 *De los descendientes de Judá:* texto probable. En el texto hebreo no aparece esta frase.
d 9.20 Cf. Ex 6.25; Nm 25.7,11; Jue 20.28.
e 9.21 1 Cr 26.2,14.

²³ Tanto ellos como sus hijos se turnaban para cuidar la entrada de la casa del Señor, es decir, el santuario. ᶠ ²⁴ Había porteros en los cuatro puntos cardinales: al este y al oeste, al norte y al sur. ²⁵ Sus familiares, que vivían en sus pueblos, venían para ayudarlos con un turno de siete días. ᵍ ²⁶ Pero los cuatro porteros principales, que eran levitas, estaban de guardia permanente, cuidando los cuartos y tesoros de la casa de Dios. ²⁷ Pasaban la noche en los alrededores del templo, porque estaban encargados de cuidarlo y de abrir sus puertas todas las mañanas. ²⁸ Algunos de ellos tenían a su cargo los utensilios que se usaban en el culto, y debían sacarlos y meterlos llevando la cuenta. ²⁹ Otros estaban encargados de los demás utensilios y de los objetos sagrados, además de la harina, el vino, el aceite, el incienso y los perfumes. ³⁰ Algunos de los sacerdotes eran quienes preparaban los perfumes; ʰ ³¹ y un levita llamado Matatías, hijo mayor de Salum el coreíta, era siempre el encargado de hacer las tortas para la ofrenda. ⁱ ³² Algunos de sus parientes quehatitas eran los encargados de preparar el pan consagrado ʲ que se ponía en hileras todos los sábados. ³³ Había también cantores, jefes de familias levitas que vivían en los cuartos del templo, libres de otros trabajos, porque día y noche estaban ocupados en su servicio.

³⁴ Estos fueron los jefes de familia de los levitas, en el orden de sus generaciones, que vivían en Jerusalén.

La familia de Saúl (1 Cr 8.29-40) ³⁵ En la ciudad de Gabaón vivía Jehiel, padre de Gabaón. Su mujer se llamaba Maacá. ³⁶ Sus hijos fueron Abdón, el mayor; Sur, Quis, Baal, Ner, Nadab, ³⁷ Guedor, Ahió, Zacarías y Miclot, ³⁸ que fue padre de Simam. También estos, siguiendo el ejemplo de sus hermanos, vivían con ellos en Jerusalén.

³⁹ Ner fue padre de Quis, Quis fue padre de Saúl, y Saúl fue padre de Jonatán, Malquisúa, Abinadab y Es-baal. ⁴⁰ Hijo de Jonatán fue Merib-baal, que fue padre de Micaías. ⁴¹ Los hijos de Micaías fueron Pitón, Mélec, Tarea y Ahaz. ⁴² Ahaz ᵏ fue padre de Jará, y Jará fue padre de Alémet, Azmávet y Zimrí; Zimrí fue padre de Mosá, ⁴³ y Mosá fue padre de Biná, que fue padre de Refaías, que fue padre de Elasá, que fue padre de Asel.

⁴⁴ Los hijos de Asel fueron seis, que se llamaron: Azricam, Bocrú, Ismael, Searías, Abdías y Hanán. Estos fueron los hijos de Asel.

II. EL REINADO DE DAVID (10—29)

10 *Saúl y sus hijos mueren en la guerra (1 S 31.1-13)*
¹ Los filisteos atacaron a Israel, y los israelitas huyeron ante ellos, pues fueron muchos los muertos en el monte Guilboa. ² Y los filisteos se fueron en persecución de Saúl y de sus hijos, y mataron a Jonatán, a Abinadab y a Malquisúa. ³ Luego concentraron todo su ataque sobre Saúl, y los arqueros lograron alcanzarlo y herirlo con sus flechas. ⁴ Por lo tanto, le dijo a su ayudante de armas: "Saca espada y atraviésame con ella, para que no vengan estos paganos y se diviertan conmigo."

Pero su ayudante no quiso hacerlo, porque tenía mucho miedo. Entonces Saúl tomó su espada y se dejó caer sobre ella. ⁵ Y cuando su ayudante vio que Saúl había muerto, también él se dejó caer sobre su propia espada y murió. ⁶ Así murieron aquel día Saúl, sus tres hijos y toda su familia. ⁷ Y cuando todos los israelitas que vivían en el valle vieron que habían huido, y que Saúl y sus hijos habían muerto, abandonaron las ciudades y huyeron también. Entonces los filisteos llegaron y se quedaron a vivir en ellas.

⁸ Al día siguiente, cuando los filisteos fueron a despojar a los muertos, encontraron a Saúl y a sus hijos tendidos en el monte Guilboa. ⁹ Entonces le quitaron la ropa y se llevaron su cabeza y sus armas, y enviaron mensajeros por todo el territorio filisteo para que dieran la noticia al pueblo y a sus dioses. ¹⁰ Luego pusieron las armas de Saúl en el templo de sus dioses y colgaron su cabeza en el templo de Dagón.

¹¹ Cuando todos los de Jabés de Galaad supieron lo que los filisteos habían hecho con Saúl, ¹² se pusieron de acuerdo todos los hombres valientes, y tomaron los cuerpos de Saúl y de sus hijos y se los llevaron a Jabés. Allí enterraron sus restos debajo de una encina. Después de eso guardaron siete días de ayuno. ᵃ

¹³ Así fue como murió Saúl a causa de su maldad, pues pecó al no obedecer las órdenes del Señor y al consultar a una adivina ᵇ ¹⁴ en vez de consultarlo a él. Por eso el Señor le quitó la vida, ᶜ y le dio el reino a David, hijo de Jesé. ᵈ

11 *David, rey de Israel y de Judá (2 S 5.1-5)* ¹ Todos los israelitas se reunieron y fueron a hablar con David en Hebrón. Allí le dijeron: "Nosotros somos de tu misma sangre, ² y en realidad, aunque Saúl era rey, tú dirigías a Israel en sus campañas. Además, el Señor tu Dios te ha prometido que tú serás quien dirija y gobierne a su pueblo Israel." ᵃ

³ De esta manera, todos los ancianos de Israel fueron y hablaron con el rey David en Hebrón, y él hizo un pacto con ellos, poniendo al Señor por testigo. Entonces ellos consagraron a David como rey de Israel, conforme a lo que Dios había prometido por medio de Samuel. ᵇ

David captura la fortaleza de Sión (2 S 5.6-10) ⁴ David y todos los israelitas se dirigieron a Jerusalén, que es Jebús. Los jebuseos ᶜ habitaban en aquella región, ⁵ y le dijeron a David: "Tú no podrás entrar aquí." Sin embargo, David capturó la fortaleza de Sión, ahora conocida como la Ciudad de David. ⁶ Y David había dicho: "Al primero que ataque a los jebuseos lo nombraré jefe principal." Y el primero en

---

ᶠ **9.23** 1 Cr 26.13.
ᵍ **9.25** 1 Cr 23.4-5.
ʰ **9.30** Ex 30.22-33.
ⁱ **9.31-32** Lv 2.1-4; 6.14-18; 7.11-12; 1 Cr 23.29.
ʲ **9.32** Ex 25.30; Lv 24.5-8.
ᵏ **9.42** *Ahaz:* según 8.35 y versiones antiguas. En el texto hebreo no aparece este nombre.
ᵃ **10.12** 2 S 2.5.

ᵇ **10.13** Lv 19.31; 20.6; 1 S 28.7-8; Dt 18.10-14; 1 S 13.8-14; 15.1-24.
ᶜ **10.13-14** Nótese cuáles son las razones dadas por el Cronista para explicar el trágico fin de Saúl.
ᵈ **10.14** Cf. 1 S 15.28; 2 S 3.9-10
ᵃ **11.2** Cf. 1 S 18.5,13-16,30; 19.8.
ᵇ **11.3** 1 S 16.1,13; 2 S 2.4.
ᶜ **11.4** Jos 15.8,63; Jue 1.21; 19.10-11.

atacar fue Joab, hijo de Seruiá, y fue nombrado jefe. *d* **7** Después se instaló David en la fortaleza; por eso la llamaron Ciudad de David. **8** Y construyó David la ciudad alrededor, desde el terraplén hasta los alrededores. Joab reconstruyó el resto de la ciudad. *e* **9** Y el poder de David iba aumentando, y el Señor todopoderoso estaba con él.

Héroes del ejército de David (2 S 23.8-39)

10 Estos son los soldados más sobresalientes de David, que le dieron apoyo en su reinado y que en unión de todos los israelitas lo hicieron rey, conforme a lo que el Señor había anunciado a Israel.

11 Esta es la lista de los mejores soldados de David: Jasobeam, hijo de Hacmoní, jefe de los tres más valientes, que en una ocasión mató a trescientos hombres con su lanza. *f,g* **12** Después de él seguía Eleazar, hijo de Dodó, el ahohíta, que era uno de los tres más valientes. *h* **13** Estuvo con David en Pas-damim, cuando los filisteos se juntaron allí para la batalla. Había allí un campo sembrado de cebada, y cuando la tropa israelita huyó ante los filisteos, *i* **14** él se plantó en medio del campo y lo defendió, *j* derrotando a los filisteos. Así el Señor les dio una gran victoria.

15 Una vez, tres de los treinta valientes fueron a la Peña a encontrarse con David en la cueva de Adulam. Las fuerzas filisteas tenían su campamento en el valle de Refaim. *k* **16** David se hallaba en la fortaleza, al tiempo que un destacamento filisteo se encontraba en Belén. **17** Y David expresó este deseo: "¡Ojalá alguien me diera a beber agua del pozo que está en la puerta de Belén!"

18 Entonces los tres valientes penetraron en el campamento filisteo y sacaron agua del pozo que está a la entrada de Belén, y se la llevaron a David. Pero David no quiso beberla, sino que la derramó como ofrenda al Señor, **19** diciendo: "¡Dios me libre de beberla! ¡Sería como beberme la sangre de estos hombres, pues arriesgando sus vidas fueron a traerla!" Y no quiso beberla.

Esta hazaña la realizaron los tres valientes.

20 Abisai, *l* hermano de Joab, era jefe de los treinta *m* valientes. En cierta ocasión atacó a trescientos hombres con su lanza y los mató. Así ganó fama entre los treinta, *n* **21** y recibió más honores que todos ellos, pues llegó a ser su jefe. Pero no igualó a los tres primeros.

22 Benaías, hijo de Joiadá, del pueblo de Cabseel, era un hombre valiente que realizó muchas hazañas. Él fue quien mató a los dos hijos de Ariel *ñ* de Moab. Un día en que estaba nevando bajó a un foso, y allí dentro mató a un león. **23** También mató a un egipcio de gran estatura, que medía casi dos metros y medio e iba armado con una lanza que parecía el rodillo de un telar. Benaías lo atacó con un palo, le arrebató la lanza de la mano y lo mató con su propia lanza. **24** Esta acción de Benaías, hijo de Joiadá, le hizo ganar fama entre los treinta *o* valientes, *p* **25** y recibió más honores que ellos, pero no igualó a los tres primeros. Y David lo puso al mando de su guardia personal.

26 Los valientes eran: Asael, hermano de Joab; Elhanán, hijo de Dodó, de Belén; *q* **27** Samot, de Harod; *r* Heles, el paltita; *s* **28** Irá, hijo de Iqués, de Tecoa; Abiézer, de Anatot; **29** Sibecai, de Husá; Ilai, el ahohíta; *t* **30** Maharai, de Netofá; Héled, hijo de Baaná, también de Netofá; *u* **31** Itai, hijo de Ribai, de Guibeá, que está en el territorio de Benjamín; Benaías, de Piratón; *v* **32** Hidai, *w* del arroyo de Gaas; Abiel, el arbatita; **33** Azmávet, de Bahurim; Eliahbá, el saalbonita; **34** los hijos de Jasén, el guizonita; Jonatán, hijo de Sagué el ararita; **35** Ahiam, hijo de Sacar, también ararita; Elifal, hijo de Ur; **36** Héfer, el mequeratita; Ahías, el pelonita; **37** Hesrai, de Carmel; Naarai, hijo de Esbai; **38** Joel, hermano de Natán; Mibhar, hijo de Hagrai; **39** Sélec, el amonita; Naharai, de Berot, ayudante de armas de Joab, hijo de Seruiá; **40** Irá, de Jatir; Gareb, también de Jatir; **41** Urías, el hitita; Zabad, hijo de Ahlai; **42** Adiná, hijo de Sizá, el rubenita, jefe de los rubenitas, y treinta hombres con él; **43** Hanán, hijo de Maacá; Josafat, el mitnita; **44** Ozías, de Astarot; Samá y Jehiel, hijos de Hotam, de Aroer; **45** Jediael, hijo de Simrí, y su hermano Johá, el tizita; **46** Eliel, de Mahanaim; *x* Jerebai y Josavía, hijos de Elnáam; Itmá, el moabita; **47** Eliel, Obed y Jaasiel, de Sobá.

12 Los aliados de David

1 Cuando David todavía estaba desterrado de la presencia de Saúl, hijo de Quis, un grupo de guerreros valientes que iban a ser sus aliados en la guerra fue a unirse con él en Siclag. *a* **2** Estos guerreros estaban armados con arcos, y lo mismo podían lanzar piedras con la honda que disparar flechas, con la mano derecha o con la izquierda. Eran los siguientes:

Parientes de Saúl, de la tribu de Benjamín: **3** Ahiézer, el jefe, y Joás, hijos de Semaá, del pueblo de Guibeá; Jeziel y Pélet, hijos de Azmávet; Beracá y Jehú, que era del pueblo de Anatot; **4** Ismaías, gabaonita, uno de los treinta valientes y jefe de ellos. **4b (5)** *b* Jeremías, Jahaziel, Johanán, Jozabad de Guederá, **5 (6)** Eluzai, Jerimot, Bealías, Semarías; Sefatías,

---

d 11.6 2 S 2.13-15; 8.16.
e 11.8 Cf. 1 R 9.15,24; 11.27; 2 Cr 32.5.
f 11.11 *Tres:* según una versión antigua. Heb. *treinta.*
g 11.11 *Los tres:* El Cronista solo nombra a dos de ellos: *Jasobeam* y *Eleazar.* Según 2 S 23.8-12, los tres eran: Jasobeam, Eleazar y Samá.
h 11.12 1 Cr 27.4.
i 11.13 1 S 17.1.
j 11.14 *Él se plantó... lo defendió:* según la versión griega (LXX) y 2 S 23.12. Heb. *ellos se plantaron... lo defendieron.*
k 11.15 2 S 5.18,22; 1 Cr 14.9.
l 11.20 Cf. 1 S 26.6-8; 2 S 16.9; 18.2; 21.17; 23.18-19.
m 11.20 *Treinta:* según una versión antigua y 2 S 23.18. Heb. *tres.*
n 11.20 Estos *treinta* se mencionan por su nombre en los vv. 26-47. La lista dada en 2 S 23.8-39 difiere un poco en los nombres y en su forma de escribirlos.
ñ 11.22 *Dos hijos de Ariel:* texto probable (cf. 2 S 23.20). Heb. *dos de Ariel.*
o 11.24 *Treinta:* texto probable. Heb. *tres.*
p 11.24 2 S 8.18; 20.23.
q 11.26 1 Cr 2.16; 27.7.
r 11.27 *Harod:* texto probable, según 2 S 23.25. Heb. *Haror.*
s 11.27 *Paltita:* texto probable, según 2 S 23.26. Heb. *pelonita.*
t 11.29 1 Cr 27.11.
u 11.30 1 Cr 27.13.
v 11.31 1 Cr 27.14.
w 11.32 *Hidai:* texto probable, según 2 S 23.31. Heb. *Hurai.*
x 11.46 *De Mahanaim:* texto probable. Heb. oscuro.
a 12.1 1 S 27.1-7.
b 12.4 Los vv. 12.4b-40 corresponden a los vv. 12.5-41 en el texto hebreo.

el harufita; **6** (7) Elcaná, Isías, Azarel, Joézer y Jasobeam, coreítas; **7** (8) y Joelá y Zebadías, hijos de Jeroham, de Guedor.

8 (9) También de la tribu de Gad se pasaron algunos al lado de David cuando estaba en la fortaleza del desierto. Eran guerreros valientes, entrenados en la guerra y armados con escudo y lanza. Tenían aspecto como de leones y corrían por los montes como venados. *c* **9** (10) Eran los siguientes: Éser, el primero; Abdías, el segundo; Eliab, el tercero; **10** (11) Mismaná, el cuarto; Jeremías, el quinto; **11** (12) Atai, el sexto; Eliel, el séptimo; **12** (13) Johanán, el octavo; Elzabad, el noveno; **13** (14) Jeremías, el décimo, y Macbanai, el undécimo. **14** (15) Estos descendientes de Gad eran jefes del ejército. Uno solo de ellos valía, el menor por cien, y el mayor por mil. **15** (16) Estos fueron los que atravesaron el Jordán en primavera, *d* cuando el río iba crecido hasta los bordes, e hicieron huir a todos los que había en los valles, al este y al oeste.

16 (17) Además algunos hombres de las tribus de Benjamín y de Judá fueron a unirse con David en la fortaleza. **17** (18) David salió a su encuentro y les dijo: "Si vienen ustedes en son de paz y para ayudarme, acepto de todo corazón que se unan conmigo; pero si vienen a traicionarme y entregarme a mis enemigos, a pesar de que no he cometido ningún crimen, ¡que el Dios de nuestros antepasados lo vea y los castigue!"

18 (19) Entonces Amasai, jefe de los treinta, poseído por el espíritu, exclamó:

"¡Paz a ti, David, hijo de Jesé!
¡Que la paz esté contigo!
¡Paz a ti y a los que te ayuden,
porque tu Dios te ha ayudado!"

David los recibió y les dio puestos entre los jefes de la tropa.

19 (20) También algunos de la tribu de Manasés se pasaron al lado de David cuando este se fue a vivir con los filisteos para luchar contra Saúl. Aunque de hecho David no pudo ayudar a los filisteos, porque sus gobernadores, después de reunirse, decidieron despedirlo, pues dijeron: "¡A costa de nuestras cabezas se pasará a Saúl, su señor!" **20** (21) Los hombres de la tribu de Manasés que se pasaron al lado de David cuando este se fue a Siclag, fueron Adná, Jozabad, Jediael, Micael, Jozabad, Elihú y Siletai, jefes de batallones de Manasés. **21** (22) Estos fueron los que ayudaron a David al frente de la tropa, porque todos eran guerreros valientes y llegaron a ser jefes del ejército. **22** (23) Y día tras día llegaban más refuerzos a David, hasta que se formó un gran ejército, un ejército de veras formidable.

El ejército de David **23** (24) Este es el total de las fuerzas equipadas para la guerra que se unieron a David en Hebrón, para pasarle el reino de Saúl, según el mandato del Señor: **24** (25) De la tribu de Judá, seis mil ochocientos hombres con escudos y lanzas, equipados para el combate. **25** (26) De la tribu de Simeón, siete mil cien guerreros valientes, equipados para la guerra. **26** (27) De la tribu de Leví, cuatro mil seiscientos, **27** (28) más tres mil setecientos de la familia de Aarón, con Joiadá, su jefe, **28** (29) y con Sadoc, joven y valiente guerrero, con veintidós jefes de su familia. **29** (30) De la tribu de Benjamín, la misma tribu de Saúl, tres mil hombres, pues hasta entonces la mayoría de ellos había permanecido fiel a Saúl. **30** (31) De la tribu de Efraín, veinte mil ochocientos guerreros valientes, famosos en su clan. **31** (32) De la media tribu de Manasés, dieciocho mil hombres que habían sido nombrados para ir a establecer a David como rey. **32** (33) De la tribu de Isacar, gente experta en conocer los tiempos para saber lo que Israel debía hacer, doscientos jefes con todos los hombres de su tribu bajo sus órdenes. **33** (34) De la tribu de Zabulón, cincuenta mil soldados en pie de guerra, con toda clase de armamento, firmemente decididos a ayudar a David. **34** (35) De la tribu de Neftalí, mil jefes con treinta y siete mil hombres armados con lanzas y escudos. **35** (36) De la tribu de Dan, veintiocho mil seiscientos soldados. **36** (37) De la tribu de Aser, cuarenta mil soldados en pie de guerra. **37** (38) Además, del otro lado del Jordán, ciento veinte mil hombres de las tribus de Rubén y Gad y de la media tribu de Manasés, equipados con toda clase de armamento.

38 (39) Todos estos guerreros, en formación de batalla, fueron a Hebrón firmemente decididos a establecer a David como rey de todo Israel; y todos los demás israelitas, sin excepción, estaban resueltos a hacer lo mismo. **39** (40) Estuvieron allí con David durante tres días, comiendo y bebiendo, porque sus compatriotas les habían preparado lo necesario. **40** (41) Además, sus vecinos, aun los que eran de Isacar, Zabulón y Neftalí, les llevaron comida en asnos, camellos, mulos y bueyes. Les llevaron provisiones varias: harina, tortas de higos, pasas, vino, aceite, toros y ovejas; todo en abundancia, porque había mucha alegría en Israel.

13 David hace planes para llevar el arca a Jerusalén

1 David consultó a los comandantes de batallón y a los capitanes, es decir, a todos los jefes, **2** y después dijo a todo el pueblo de Israel: "Si a ustedes les parece bien y el Señor nuestro Dios nos da la oportunidad, mandemos aviso a nuestros compatriotas que quedan todavía en las diversas regiones de Israel, y también a todos los sacerdotes y levitas que se hallan en sus ciudades y tierras de pastoreo, invitándolos a que se unan a nosotros, *a* **3** para que nos traigamos el arca de nuestro Dios, pues desde los tiempos de Saúl la hemos tenido olvidada." **4** Todo el pueblo estuvo de acuerdo en que se hiciera eso, pues a todos les pareció razonable la propuesta.

David intenta trasladar el arca del Señor *(2 S 6.1-11)* **5** David reunió a todo Israel, desde Sihor *b* en la frontera con Egipto hasta la entrada de Hamat, *c* para traer de Quiriat-jearim el arca de Dios. *d* **6** Luego, acompañado de todo Israel, subió a Quiriat-jearim, llamada también Baalá, que está en Judá, para trasladar de allí el arca de Dios, sobre la

---

c **12.8**(9) Dt 33.20.
d **12.15**(16) *Primavera:* lit. *el mes primero.*
a **13.2** Nm 35.1-8; Jos 14.4; 21.2-41.

b **13.5** *Sihor:* en la parte oriental del delta del Nilo.
c **13.5** *Hamat:* en Siria meridional.
d **13.5** Jos 13.3,5; 1 S 6.21; 7.1-2; 1 Cr 15.3.

que se invoca el nombre del Señor, que tiene su trono sobre los querubines.[e] ⁷ Pusieron el arca sobre una carreta nueva y se la llevaron de la casa de Abinadab. Uzá y Ahió iban guiando la carreta. ⁸ Mientras tanto, David y todo Israel iban delante de Dios cantando y bailando con todas sus fuerzas, al son de la música de arpas, salterios, panderos, platillos y trompetas. ⁹ Cuando llegaron al lugar conocido como Era de Quidón,[f] Uzá alargó la mano para sostener el arca, porque habían tropezado los bueyes. ¹⁰ Pero el Señor se enfureció con Uzá por haber extendido la mano hacia el arca, y le quitó la vida allí mismo, delante de él.

¹¹ David se disgustó mucho porque el Señor le quitó la vida[g] a Uzá, y por eso llamó a aquel lugar Peres-uzá,[h] nombre que tiene hasta el presente. ¹² Pero ese mismo día David tuvo mucho miedo ante Dios, y exclamó: "¡Ni pensar en llevarme el arca de Dios!" ¹³ Y no se llevó el arca a la Ciudad de David, sino que ordenó que la llevaran a casa de Obed-edom, un hombre de Gat. ¹⁴ El arca de Dios se quedó tres meses en casa de Obed-edom, y el Señor bendijo a la familia de Obed-edom y a todas sus cosas.[i]

14 Hiram envía embajadores a David *(2 S 5.11-12)*

¹ Hiram, rey de Tiro, envió sus embajadores a David, además de albañiles y carpinteros que llevaron madera de cedro para construirle el palacio.[a] ² Entonces David comprendió que el Señor lo había confirmado como rey de Israel, porque había hecho prosperar mucho su reinado en atención a su pueblo Israel.

Otros hijos de David *(2 S 5.13-16; 1 Cr 3.5-9)*

³ David tomó más esposas en Jerusalén, y tuvo más hijos e hijas. ⁴ Los hijos que le nacieron en Jerusalén se llamaban: Samúa, Sobab, Natán, Salomón, ⁵ Ibhar, Elisúa, Elpélet, ⁶ Nógah, Néfeg, Jafía, ⁷ Elisamá, Eliadá y Elifélet.

David derrota a los filisteos *(2 S 5.17-25)*

⁸ Cuando los filisteos supieron que David había sido consagrado como rey de todo Israel, se lanzaron todos en busca suya; pero David lo supo y les salió al encuentro. ⁹ Entonces los filisteos avanzaron e hicieron incursiones por el valle de Refaim.[b] ¹⁰ Por esto, David consultó al Señor, y le preguntó:

—¿Puedo atacar a los filisteos? ¿Me darás la victoria sobre ellos?

Y el Señor le respondió:

—Atácalos, pues te daré la victoria sobre ellos.

¹¹ David subió a Baal-perasim,[c] y allí los venció. Por eso dijo: "Como un torrente de agua, Dios me ha abierto paso entre mis enemigos." Y llamaron a aquel lugar Baal-perasim. ¹² Además, los filisteos dejaron abandonados a sus dioses, y David los mandó quemar.[d]

¹³ Pero los filisteos volvieron a hacer incursiones por el valle de Refaim, ¹⁴ así que David consultó de nuevo a Dios, y Dios le contestó:

—No los ataques de frente, sino rodéalos y atácalos por la retaguardia cuando llegues a los árboles de bálsamo. ¹⁵ Cuando escuches ruido de pasos por encima de las copas de los árboles, lánzate a la batalla, porque eso significa que yo voy delante de ti para herir de muerte al ejército filisteo.

¹⁶ David hizo lo que Dios le había ordenado, y derrotaron al ejército de los filisteos desde Gabaón hasta Guézer, ¹⁷ por lo cual su fama se extendió por todos los países y el Señor hizo que todas las naciones le tuvieran miedo.

15 David traslada el arca del Señor a Jerusalén *(2 S 6.12-23)*

¹ David hizo que le construyeran casas en la Ciudad de David, y preparó también un lugar para el arca de Dios en una tienda de campaña que levantó. ² Entonces ordenó: "Nadie, fuera de los levitas, debe llevar el arca de Dios, porque el Señor los ha escogido a ellos para que lleven el arca del Señor y para que estén siempre a su servicio."[a]

³ Luego reunió a todo Israel en Jerusalén para trasladar el arca del Señor al lugar que le había preparado.[b] ⁴ También reunió a los descendientes de Aarón y a los levitas. ⁵ De los descendientes de Quehat se juntaron ciento veinte: Uriel, el jefe, y sus parientes. ⁶ De los descendientes de Merarí, doscientos veinte: Asaías, el jefe, y sus parientes. ⁷ De los descendientes de Guersón, ciento treinta: Joel, el jefe, y sus parientes. ⁸ De los descendientes de Elisafán, doscientos: Semaías, el jefe, y sus parientes. ⁹ De los descendientes de Hebrón, ochenta: Eliel, el jefe, y sus parientes. ¹⁰ De los descendientes de Uziel, ciento doce: Aminadab, el jefe, y sus parientes.

¹¹ Luego llamó David a Sadoc y a Abiatar, los sacerdotes, y a los levitas Uriel, Asaías, Joel, Eliel y Aminadab,[c] ¹² y les dijo: "Ustedes, que son los jefes de las familias de los levitas, purifíquense ritualmente junto con sus parientes, para que puedan trasladar el arca del Señor, Dios de Israel, al lugar que le he preparado;[d] ¹³ pues como la primera vez no lo hicieron ustedes, el Señor nuestro Dios les quitó la vida a algunos de nosotros, porque no lo consultamos como era debido."[e]

¹⁴ Entonces los sacerdotes y levitas se purificaron ritualmente para poder trasladar el arca del Señor, Dios de Israel. ¹⁵ Lo hicieron sirviéndose de los travesaños, llevados sobre los hombros, según lo había mandado Moisés por orden del Señor.[f]

¹⁶ También ordenó David a los jefes de los levitas que, de entre los de su tribu, nombraran cantores que fueran con instrumentos musicales, salterios, arpas y platillos, y los

---

[e] 13.6 Cf. Ex 25.17-22; 1 S 4.4; 1 R 6.23-28; Sal 80.1; Is 37.16; Ez 1.26-28. En cuanto a Quiriat-jearim, véase Jos 9.17 nota k y cf. Jos 15.9; 18.14.
[f] 13.9 *Era de Quidón:* llamada *era de Nacón* en 2 S 6.6.
[g] 13.11 *Le quitó la vida:* lit. *abrió brecha en.*
[h] 13.11 En hebreo *Peres-uzá* significa *brecha de Uzá.*
[i] 13.14 1 Cr 26.4-5.
[a] 14.1 Cf. 1 R 5.1; 2 Cr 2.3.
[b] 14.9 1 Cr 11.15.

[c] 14.11 En hebreo, *Baal-perasim* significa *Señor de los pasos abiertos.*
[d] 14.12 Dt 7.5,25.
[a] 15.2 Cf. Nm 1.50; 7.9; Dt 10.8; 31.25; Jos 3.8; 1 S 6.15.
[b] 15.3 1 Cr 13.5.
[c] 15.11 Cf. 2 S 8.17; 15.29,35; 1 Cr 16.39.
[d] 15.12 2 Cr 29.5,15,34; 30.3,15,24.
[e] 15.13 1 Cr 13.3.
[f] 15.15 Cf. Ex 25.13-14; Nm 1.50; 7.9; 2 Cr 35.3.

tocaran con entusiasmo en señal de alegría. *g* ¹⁷ Los levitas nombraron a Hemán, hijo de Joel, y también a Asaf, hijo de Berequías, pariente de Hemán; de los descendientes de Merarí y parientes de los anteriores, a Etán, hijo de Cusaías; *h* ¹⁸ además nombraron a otros parientes de los anteriores, que pertenecían a la segunda categoría de servicio: Zacarías, *i* Jaaziel, Semiramot, Jehiel, Uní, Eliab, Benaías, Maaseías, Matatías, Elifelehu, Mecneías, y los porteros, que eran Obed-edom y Jeiel.

¹⁹ Los cantores Hemán, Asaf y Etán estaban encargados de hacer sonar los platillos de bronce. ²⁰ Zacarías, Aziel, Semiramot, Jehiel, Uní, Eliab, Maaseías y Benaías tenían salterios para tocar a la manera elamita, *j* ²¹ mientras que Matatías, Elifelehu, Mecneías, Obed-edom, Jeiel y Azazías tenían arpas para tocar a la manera siminita, *k* introduciendo el canto. ²² Quenanías, jefe de los levitas encargados del transporte, *l* era el que lo dirigía, pues era muy entendido. *m* ²³ Los porteros del arca eran Berequías y Elcaná. ²⁴ Y los sacerdotes Sebanías, Josafat, Natanael, Amasai, Zacarías, Benaías y Eliézer eran los que tocaban las trompetas delante del arca de Dios. Obed-edom y Jehías también eran porteros del arca. *n*

²⁵ Entonces David, los ancianos de Israel y los jefes de los batallones fueron con alegría a trasladar la casa de Obed-edom el arca de la alianza del Señor. ²⁶ Y como Dios ayudaba a los levitas que transportaban el arca, se sacrificaron siete novillos y siete carneros. *ñ* ²⁷ David iba vestido con un manto de lino fino, como también todos los levitas que llevaban el arca, los cantores y Quenanías, que dirigía el transporte; además David llevaba puesto un efod de lino. *o* ²⁸ Todo Israel llevaba así el arca de la alianza del Señor entre gritos de alegría y el sonido de cuernos de carnero, trompetas y platillos, y la música de salterios y arpas.

²⁹ Cuando el arca de la alianza del Señor llegó a la Ciudad de David, Mical, la hija de Saúl, se asomó a la ventana; y al ver al rey David bailando alegremente, sintió un profundo desprecio por él.

16 ¹ El arca de Dios fue llevada y puesta dentro de una tienda de campaña que David había levantado con ese propósito. En seguida se ofrecieron holocaustos y sacrificios de reconciliación delante de Dios, *a* ² y cuando terminó David de ofrecerlos bendijo al pueblo en nombre del Señor, ³ y a todos los israelitas, hombres y mujeres, les dio un pan, una torta de dátiles y otra de pasas.

⁴ David nombró entre los levitas a los que habían de servir delante del arca del Señor, para que se encargaran de celebrar, dar gracias y alabar al Señor, Dios de Israel. ⁵ El jefe era Asaf, y después de él estaba Zacarías; luego venían Jeiel, Semiramot, Jehiel, Matatías, Eliab, Benaías, Obed-edom y Jeiel, quienes tenían sus instrumentos musicales, sus salterios y sus arpas. Asaf tocaba los platillos, ⁶ y los sacerdotes Benaías y Jahaziel tocaban siempre las trompetas delante del arca de la alianza de Dios.

Salmo de acción de gracias de David (Sal 96.1-13; 105.1-15; 106.47-48) ⁷ Fue aquel mismo día cuando David ordenó por primera vez que Asaf y sus colegas elevaran al Señor la siguiente acción de gracias:

⁸ "¡Den gracias al Señor!
¡Proclamen su nombre!
Cuenten a los pueblos sus acciones.
⁹ Canten himnos en su honor.
¡Hablen de sus grandes hechos!
¹⁰ "Siéntanse orgullosos de su santo nombre.
¡Siéntase alegre el corazón
de los que buscan al Señor!
¹¹ Recurran al Señor, y a su poder;
recurran al Señor en todo tiempo.
¹² Recuerden sus obras grandes y maravillosas,
y los decretos que ha pronunciado:
¹³ ustedes, descendientes de su siervo Israel,
ustedes, hijos de Jacob, sus escogidos.
¹⁴ "Él es el Señor, nuestro Dios;
¡él gobierna toda la tierra!
¹⁵ Ni aunque pasen mil generaciones,
se olvidará *b* de las promesas de su alianza,
¹⁶ de la alianza que hizo con Abraham, *c*
del juramento que hizo a Isaac *d*
¹⁷ y que confirmó como ley para Jacob,
como alianza eterna para Israel,
¹⁸ cuando dijo:
'Voy a darte la tierra de Canaán
como la herencia que te toca.' *e*
¹⁹ "Aunque ellos eran pocos,
unos cuantos extranjeros en la tierra
²⁰ que iban de nación en nación
y de reino en reino,
²¹ Dios no permitió que nadie los maltratara;
y aun advirtió a los reyes:
²² 'No toquen a mis escogidos,
ni maltraten a mis profetas.' *f*
²³ "Canten al Señor, habitantes de toda la tierra;
anuncien día tras día su salvación.
²⁴ Hablen de su gloria y de sus maravillas
ante todos los pueblos y naciones,

---

g **15.16** Cf. 1 Cr 13.8; 16.5; 2 Cr 5.12; 29.25; Neh 12.27.
h **15.17** Cf. 1 Cr 6.31-47; 25.1-8.
i **15.18** Heb. añade *hijo de.*
j **15.20** *A la manera elamita:* otra posible traducción: *las notas altas.*
k **15.21** *A la manera siminita:* otra posible traducción: *las notas bajas.*
l **15.22** *Transporte:* otra posible traducción: *canto.* Así también en el v. 27.
m **15.22** 1 Cr 26.29.
n **15.24** Cf. Nm 10.8; Jos 6.4-6.
ñ **15.26** 1 Cr 29.21.
o **15.27** 1 S 2.18.
a **16.1** 1 Cr 15.1.
b **16.15** *Se olvidará:* texto probable, según Sal 105.8. Heb. *se olviden.*
c **16.16** Gn 12.7; 17.8.
d **16.16** Gn 26.3.
e **16.17-18** Gn 28.13.
f **16.21-22** Gn 20.3-7.

²⁵ porque el Señor es grande
y muy digno de alabanza,
y más terrible que todos los dioses.
²⁶ Los dioses de otros pueblos no son nada,
pero el Señor hizo los cielos.
²⁷ ¡Hay gran esplendor en su presencia!
¡Hay poder y alegría en su santuario!
²⁸ "Den al Señor, familias de los pueblos,
den al Señor el poder y la gloria;
²⁹ den al Señor la honra que merece;
con ofrendas preséntense ante él;
adoren al Señor en su santuario hermoso. ᵍ
³⁰ ¡Que todo el mundo tiemble delante de él!
Él afirmó el mundo para que no se mueva.
³¹ ¡Que se alegren los cielos y la tierra!
Que se diga en las naciones:
'¡El Señor es rey!'
³² ¡Que brame el mar y todo lo que contiene!
¡Que se alegre el campo y todo lo que hay en él!
³³ ¡Que griten de alegría los árboles del bosque
delante del Señor, que viene a gobernar la tierra!"
³⁴ "Den gracias al Señor, porque él es bueno,
porque su amor es eterno. ʰ
³⁵ Díganle:
¡Sálvanos, oh Dios, salvador nuestro!
¡Recógenos y líbranos de entre las naciones
para que alabemos tu santo nombre,
para que alegres te alabemos!
³⁶ ¡Bendito sea el Señor, Dios de Israel,
por toda la eternidad!"
Y todo el pueblo respondió: "¡Amén!", y alabó al Señor.
³⁷ Así pues, David dejó allí delante del arca de la alianza del Señor a Asaf y sus colegas para que sirvieran continuamente según se necesitara cada día. ³⁸ También dejó a Obed-edom y sus colegas, sesenta y ocho personas, con Obed-edom, hijo de Jedutún, y Hosá, como porteros. ⁱ ³⁹ Y a Sadoc y a sus colegas sacerdotes los dejó ante la tienda del Señor, en el santuario de Gabaón, ʲ ⁴⁰ para que ofrecieran continuamente holocaustos al Señor en el altar destinado a ellos, por la mañana y por la tarde, exactamente como está escrito en la ley del Señor, que él dejó como mandato a Israel. ᵏ ⁴¹ También dejó con ellos a Hemán, a Jedutún y al resto de los que fueron escogidos y designados por nombre para cantar: "Den gracias al Señor, porque su amor es eterno." ˡ ⁴² Estos tocaban trompetas, platillos y otros instrumentos musicales, con los que acompañaban los cantos a Dios. Los hijos de Jedutún estaban encargados de la puerta. ᵐ

⁴³ Después todos se volvieron a sus casas, y también David volvió a su casa para bendecir a su familia. ⁿ

17

Alianza de Dios con David (2 S 7.1-29) ¹ Cuando David estuvo ya instalado en su palacio, le dijo a Natán, el profeta:

—Mira, yo habito en un palacio de cedro, mientras que el arca de la alianza del Señor está bajo simples cortinas. ᵃ

² Y Natán le contestó:

—Pues haz todo lo que te has propuesto, porque cuentas con el apoyo de Dios.

³ Pero aquella misma noche, Dios se dirigió a Natán y le dijo: ⁴ "Ve y habla con David, mi siervo, y comunícale que yo, el Señor, he dicho: 'No serás tú quien me construya un templo para que habite en él. ᵇ ⁵ Desde el día en que saqué a Israel, hasta el presente, nunca he habitado en templos, sino que he estado viviendo de una tienda de campaña en otra y de un lugar en otro. ⁶ En todo el tiempo que anduve con ellos, jamás le pedí a ninguno de sus caudillos, a quienes puse para que gobernaran a mi pueblo, que me construyera un templo de madera de cedro.' ⁷ Por lo tanto, dile a mi siervo David que yo, el Señor todopoderoso, le digo: 'Yo te saqué del redil, y te quité de andar tras el rebaño, para que fueras el jefe de mi pueblo Israel; ᶜ ⁸ te he acompañado por dondequiera que has ido, he acabado con todos los enemigos que se te enfrentaron, y te he dado fama, como la que tienen los hombres importantes de este mundo. ⁹ Además he preparado un lugar para mi pueblo Israel, y allí los he instalado para que vivan en un sitio propio, donde nadie los moleste ni los malhechores los opriman como al principio, ¹⁰ cuando puse caudillos que gobernaran a mi pueblo Israel. Yo humillaré a todos tus enemigos. Y te hago saber que te daré descendientes, ¹¹ y que cuando tu vida llegue a su fin y mueras, yo estableceré a uno de tus descendientes y lo confirmaré en el reino. ¹² Él me construirá un templo, y yo afirmaré su trono para siempre. ᵈ ¹³ Yo le seré un padre, y él me será un hijo. ᵉ No le retiraré mi bondad como lo hice con tu predecesor, ¹⁴ sino que lo confirmaré para siempre en mi casa y en mi reino. Y su trono no quedará establecido para siempre.' "

¹⁵ Natán le contó todo esto a David, exactamente como lo había visto y oído. ¹⁶ Entonces el rey David entró para hablar delante del Señor, y dijo: "Señor y Dios, ¿quién soy yo y qué es mi familia para que me hayas hecho llegar hasta aquí? ¹⁷ ¡Y tan poca cosa te ha parecido esto, Señor y Dios, que hasta has hablado del porvenir de la dinastía de tu siervo y me has mirado como a un hombre de posición elevada! ᶠ ¹⁸ ¿Qué más te puedo decir del honor que has hecho a tu siervo, si tú conoces a este siervo tuyo? ¹⁹ Señor, todas estas maravillas las has hecho en atención a tu siervo,

---

ᵍ **16.29** *En un santuario hermoso:* otra posible traducción: *con ropas sagradas.* Cf. Sal 29.1-2.
ʰ **16.34** Cf. 2 Cr 5.13; 7.3; Esd 3.11; Sal 100.5; 106.1; 107.1; 118.1; 136.1; Jer 33.11.
ⁱ **16.38** 1 Cr 15.24.
ʲ **16.39** 1 R 3.4.
ᵏ **16.40** Cf. Ex 29.38-42; Lv 6.9; Nm 28.3,6; 2 Cr 13.11.
ˡ **16.41** Cf. 2 Cr 5.12; 7.3,6; 20.21; Esd 3.11.
ᵐ **16.42** 1 Cr 29.27.

ⁿ **16.43** 2 S 6.19-20.
ᵃ **17.1** Cf. 2 S 5.11; 1 Cr 15.1.
ᵇ **17.4** 1 R 8.19; 1 Cr 28.3.
ᶜ **17.7** 1 S 16.11.
ᵈ **17.12** Cf. 1 Cr 22.10; 28.6,10.
ᵉ **17.13** 2 Co 6.18; Heb 1.5.
ᶠ **17.17** *Y me has mirado... posición elevada:* traducción probable. Heb. oscuro.

según lo quisiste y para darlas a conocer. ²⁰ Señor, no hay nadie como tú, ni existe otro dios aparte de ti, según todo lo que nosotros mismos hemos oído. ²¹ En cuanto a Israel, tu pueblo, ¡no hay otro como él, pues es nación única en la tierra! Tú, oh Dios, lo libertaste para que fuera tu pueblo, y te hiciste famoso haciendo cosas grandes y maravillosas. Tú arrojaste de delante de tu pueblo, al que rescataste de Egipto, a las demás naciones, *g* ²² porque tú has tomado a Israel como tu pueblo para siempre, y tú, Señor, serás su Dios.

²³ "Así pues, Señor, confirma para siempre la promesa que has hecho a tu siervo y a su dinastía, y cumple lo que has dicho. ²⁴ ¡Que tu promesa se realice fielmente y que tu nombre sea siempre engrandecido, y se diga que el Señor todopoderoso es el Dios de Israel, que él es realmente Dios para Israel! ¡Que la dinastía de tu siervo David se mantenga firme con tu protección! ²⁵ Tú, Dios mío, me has hecho saber que vas a establecer mi dinastía; por eso yo, aunque soy tu siervo, voy a hacerte una súplica. ²⁶ Tú, Señor, eres Dios y has prometido a tu siervo tanta bondad; ²⁷ y ahora te dignaste bendecir a la dinastía de tu siervo para que permanezca para siempre bajo tu protección. Tú, Señor, la has bendecido y será bendita para siempre." *h*

18 Campañas militares de David (2 S 8.1-14)

¹ Después de esto, David venció a los filisteos, sometiéndolos y arrebatándoles de las manos la ciudad de Gat y sus aldeas. ² También derrotó a los moabitas, y así ellos fueron sometidos a David y tuvieron que pagarle tributo.

³ David venció también a Hadad-ézer, rey de Sobá, que está en dirección de Hamat, cuando este iba a imponer su dominio sobre la región del río Éufrates. ⁴ De ellos, David capturó mil carros de combate e hizo prisioneros a siete mil soldados de caballería y a veinte mil de infantería; y además les rompió las patas a todos los caballos de los carros de combate, con la excepción de los caballos necesarios para cien carros. *a*

⁵ Llegaron luego los sirios de Damasco para prestar ayuda a Hadad-ézer, el rey de Sobá, pero David venció a los sirios, matando a veintidós mil de ellos. ⁶ Luego puso David guarniciones en Siria de Damasco, y los sirios quedaron sometidos a él y sujetos al pago de tributos. Así pues, el Señor le daba la victoria a David por dondequiera que iba.

⁷ Después David se apoderó de los escudos de oro que usaban los oficiales de Hadad-ézer, y los llevó a Jerusalén. ⁸ También se apoderó de una gran cantidad de bronce de Tibhat y de Cun, ciudades que pertenecían a Hadad-ézer. Con ese bronce hizo después Salomón la enorme pila para el agua, las columnas y los utensilios de bronce para el templo. *b*

⁹ Cuando Toi, rey de Hamat, se enteró de que David había derrotado a todo el ejército de Hadad-ézer, rey de Sobá, ¹⁰ envió a su hijo Adoram con toda clase de objetos de oro, de plata y de bronce, para que saludara y felicitara al rey David por haber luchado con Hadad-ézer y haberlo vencido, pues Toi también había estado en guerra con él. ¹¹ David dedicó todos estos objetos al Señor, junto con el oro y la plata que les había quitado a todas las naciones, a Edom, a Moab, a los amonitas, a los filisteos y a los amalecitas.

¹² Además Abisai, hijo de Seruiá, derrotó a dieciocho mil edomitas en el Valle de la Sal. *c* ¹³ Luego puso David guarniciones en Edom, y todos los edomitas quedaron sometidos a él; y el Señor le daba la victoria por dondequiera que iba.

Oficiales de David (2 S 8.15-18; 20.23-26) ¹⁴ David reinó sobre todo Israel, actuando con justicia y rectitud para con todo su pueblo. ¹⁵ El jefe del ejército era Joab, hijo de Seruiá; y Josafat, hijo de Ahilud, era el secretario del rey. *d* ¹⁶ Sadoc, hijo de Ahitub, y Ahimélec, hijo de Abiatar, eran sacerdotes; *e* Savsá era el cronista, *f* ¹⁷ y Benaías, hijo de Joiadá, estaba al mando de la guardia de quereteos y peleteos. Los hijos de David *g* eran sus principales ayudantes. *h*

19 David derrota a los sirios y amonitas (2 S 10.1-19)

¹ Después de algún tiempo murió Nahas, el rey de los amonitas, y en su lugar reinó su hijo. ² Entonces David pensó que debía tratar a Hanún, el hijo de Nahas, con bondad, porque su padre lo había tratado a él con bondad, y mandó algunos embajadores para que le dieran a Hanún el pésame por la muerte de su padre. Pero cuando los oficiales de David llegaron al país amonita, ³ los jefes amonitas le dijeron a Hanún: "¿Y cree Su Majestad que David ha enviado esos hombres a dar el pésame, tan solo para honrar al padre de Su Majestad? ¡Seguramente han venido para inspeccionar, examinar *a* y espiar el país!"

⁴ Entonces Hanún ordenó que apresaran a los oficiales de David, y que los afeitaran y les rasgaran la ropa por la mitad hasta las asentaderas. Después los despidió. ⁵ Cuando fueron a decir a David lo que les había pasado a aquellos hombres, mandó que fueran a recibirlos, porque estarían sumamente avergonzados, y que se ordenaran quedarse en Jericó hasta que les creciera la barba, y que entonces regresaran.

⁶ Los amonitas comprendieron que se habían hecho odiosos a David, por lo que Hanún y los amonitas enviaron treinta y tres toneladas de plata para tomar a sueldo

---

g 17.21 Dt 4.7.
h 17.27 Nm 22.6.
a 18.4 Jos 11.6,9.
b 18.8 Cf. 1 R 7.15,23,27,40-47; 2 Cr 4.11-18.
c 18.12 Véase Sal 60.(2) nota *e*, y cf. 2 R 14.7.
d 18.15 1 R 4.3; 1 Cr 11.6.
e 18.16 Sadoc, hijo de Ahitub, y Ahimélec, hijo de Abiatar, eran sacerdotes: De acuerdo con 2 S 15.24,29,35; 17.15; 19.11; 20.25; 1 Cr 15.11, Abiatar fue el que compartió el servicio sacerdotal con Sadoc, y permaneció en ese cargo hasta los primeros años del reinado de Salomón (1 R 2.26; 4.4). Además, según 1 S 22.20; 23.6; 30.7, Ahimélec fue el padre y no el hijo de Abiatar. Algunos creen que la expresión *hijo de Abiatar* se debe a un error del copista, pero puede suponerse que el hijo de Abiatar tuvo el mismo nombre que su abuelo y compartió con su padre la función sacerdotal durante los últimos años de David.
f 18.16 1 Cr 24.3,6,31.
g 18.17 *Los hijos de David:* El Cronista utilizó aquí como fuente 2 S 8.18, y según este pasaje los hijos de David fueron sacerdotes. Sin embargo, considera que esa función solo podían ejercerla los descendientes de Aarón.
h 18.17 1 R 1.38,44; 1 Cr 11.22.
a 19.3 *Examinar:* según una versión antigua. Heb. *destruir.*

carros de combate y tropas de caballería en Mesopotamia, Siria, Maacá y Sobá, **7** y tomaron a sueldo treinta y dos mil carros de combate, así como al rey de Maacá con su ejército. Estos llegaron e instalaron su campamento frente a Medebá. Además los amonitas salieron de sus ciudades y se reunieron para entrar en el combate. **8** Pero David lo supo, y mandó a Joab con todos los soldados del ejército. **9** Los amonitas avanzaron y se prepararon para la batalla a la entrada misma de la ciudad. Los reyes que habían venido se quedaron en el campo. **10** Cuando Joab vio que iba a ser atacado por el frente y por la retaguardia, escogió los mejores soldados israelitas y se preparó para atacar a los sirios. *b* **11** Luego, para hacer frente a los amonitas, puso el resto de la tropa bajo el mando de su hermano Abisai, **12** y le dijo: "Si los sirios pueden más que yo, tú vendrás a ayudarme, y si los amonitas pueden más que tú, yo te ayudaré. **13** Ten ánimo, y luchemos con valor por nuestra nación y por las ciudades de nuestro Dios. ¡Y que el Señor haga lo que le parezca mejor!"

14 Joab avanzó con sus tropas para atacar a los sirios, pero estos huyeron ante él. **15** Y cuando los amonitas vieron que los sirios huían, ellos también huyeron de Abisai, hermano de Joab, y se metieron en la ciudad. Entonces Joab regresó a Jerusalén.

16 Cuando los sirios se dieron cuenta de que Israel los había vencido, enviaron mensajeros para hacer venir a los sirios que estaban al otro lado del río Éufrates. Al frente de ellos estaba Sofac, jefe del ejército de Hadad-ézer. **17** Pero le contaron esto a David, quien, movilizando en seguida a todo Israel, atravesó el río Jordán, avanzó y tomó posiciones contra ellos. David formó sus tropas para enfrentarse con los sirios, y estos lucharon con él, **18** pero finalmente huyeron de los israelitas, pues las bajas que les causó David fueron de cuarenta mil soldados de infantería y siete mil de los carros de combate; además, David mató a Sofac, el jefe del ejército sirio. **19** Al ver los aliados de Hadad-ézer que los israelitas los habían derrotado, hicieron la paz con David y quedaron sometidos a él. A partir de entonces, los sirios no quisieron volver a ayudar a los amonitas.

20 *David conquista Rabá (2 S 12.26-31)*

1 En cierta ocasión, durante la primavera, que es cuando los reyes acostumbran salir a campaña, Joab organizó una expedición y arrasó el territorio amonita. Avanzó, rodeó a Rabá y la atacó hasta dejarla en ruinas. Mientras tanto, David se quedó en Jerusalén. *a* **2** Después David tomó de la cabeza de su rey la corona de oro, que tenía piedras preciosas, y encontró que pesaba treinta y tres kilos; y se la pusieron a David. También sacó David de la ciudad muchísimas cosas de valor, **3** y a la gente que aún quedaba en la ciudad la sacó de allí y la puso a trabajar con sierras, trillos de hierro y hachas. Lo mismo hizo David con todas las ciudades amonitas, y después regresó con todas sus tropas a Jerusalén.

Peleas contra gigantes (2 S 21.18-20)

4 Después hubo una batalla con los filisteos en Guézer. En aquella ocasión, Sibecai el de Husá mató y humilló a Sipai, que era descendiente de los gigantes. *b* **5** Y en otra batalla que hubo contra los filisteos, Elhanán, hijo de Jaír, mató a Lahmí, hermano de Goliat *c* el de Gat, cuya lanza tenía el asta tan grande como el rodillo de un telar.

6 En Gat hubo otra batalla. Había allí un hombre de gran estatura, que tenía veinticuatro dedos: seis en cada mano y seis en cada pie. Era también descendiente de los gigantes, **7** pero desafió a Israel y lo mató Jonatán, hijo de Simá, el hermano de David. **8** Estos gigantes eran descendientes de Réfah, el de Gat, pero cayeron a manos de David y de sus oficiales.

21 *David censa la población (2 S 24.1-17)*

1 El ángel acusador *a* se puso contra los israelitas e incitó a David a hacer un censo de Israel. **2** Entonces David ordenó a Joab y a los jefes del pueblo:

—Vayan y hagan el censo de Israel desde Beerseba hasta Dan, y tráiganme el informe para que yo sepa cuántos son.

3 Pero Joab respondió:

—Que el Señor aumente su pueblo cien veces más de lo que es ahora; ¿pero acaso no son todos ellos servidores de Su Majestad? ¿Por qué desea esto Su Majestad? ¿Para qué hacerse culpable Israel?

4 Sin embargo, la orden del rey se impuso a Joab, y este se retiró, recorrió todo Israel y regresó a Jerusalén. **5** Joab entregó a David las cifras del censo de la población, y resultó que en todo Israel había un millón cien mil hombres aptos para la guerra, y cuatrocientos setenta mil en Judá. **6** Pero no se incluyó en el censo a las tribus de Leví y de Benjamín, porque a Joab no le gustó la orden del rey. *b*

7 A Dios le pareció mal todo esto, y mandó un castigo a Israel. **8** Pero David confesó a Dios:

—He cometido un grave pecado al hacer esto. Pero te ruego que perdones ahora el pecado de este siervo tuyo, pues me he portado como un necio.

9 Entonces el Señor dijo a Gad, vidente al servicio de David: *c* **10** "Ve a ver a David, y dile de mi parte que le propongo tres cosas, y que escoja la que él quiera que yo haga." **11** Gad fue a ver a David, y le dijo:

—Esto dice el Señor: Escoge **12** entre tres años de hambre, tres meses de derrota perseguido por la espada de tus enemigos, o tres días de peste en el país bajo la espada del Señor, con el Ángel del Señor causando estragos en todo el territorio de Israel. Decide ahora lo que he de responder al que me ha enviado.

13 David contestó a Gad:

---

b 19.10 1 R 2.28,34.
a 20.1 2 S 11.1.
b 20.4 1 Cr 11.29; 27.11.
c 20.5 *Elhanán... hermano de Goliat:* De esta forma, el Cronista resuelve la aparente contradicción entre 1 S 17.49-51 (David mató a Goliat) y 2 S 21.19 (Elhanán mató a Goliat). Cf. 1 S 17.4-7,23.

a 21.1 Mientras que aquí se habla del *ángel acusador* (lit. *satán*), el texto paralelo de 2 S 24.1 dice: *el Señor volvió a encenderse en ira contra los israelitas*. Este cambio trata de evitar que el mal sea atribuido directamente a Dios. Véanse *Demonio* y *Satanás* en el *Índice temático*.
b 21.6 Nm 1.49; 1 Cr 27.24.
c 21.9 Cf. 1 S 9.9; 1 Cr 29.29; 2 Cr 29.25.

—Estoy en un grave aprieto. Ahora bien, es preferible que caiga yo en manos del Señor, pues su bondad es muy grande, y no en manos de los hombres.

¹⁴ Entonces mandó el Señor una peste sobre Israel, y cayeron muertos setenta mil israelitas. ¹⁵ Y mandó Dios un ángel para destruir Jerusalén. Pero cuando la estaba destruyendo, el Señor lo vio, y le pesó aquel daño, y ordenó al ángel que estaba hiriendo: "¡Basta ya, no sigas!"

En aquel momento, el Ángel del Señor se encontraba junto al lugar donde Ornán el jebuseo trillaba el trigo.ᵈ ¹⁶ Al alzar David los ojos, vio que el Ángel del Señor se encontraba entre el cielo y la tierra, con una espada desenvainada en la mano, que apuntaba hacia Jerusalén. Entonces David y los ancianos, vestidos con ropas ásperas, se inclinaron hasta tocar el suelo con la frente, ¹⁷ y David dijo a Dios:

—¡Yo fui quien mandó hacer el censo de la población! ¡Yo soy quien ha pecado y ha hecho mal! ¿Pero qué han hecho estos inocentes?ᵉ Señor y Dios mío, yo te ruego que tu castigo caiga sobre mí y sobre mi familia, pero deja de herir a tu pueblo.

David levanta un altar *(2 S 24.18-25)* ¹⁸ Entonces el Ángel del Señor ordenó a Gad decirle a David que levantara un altar al Señor en el lugar donde Ornán el jebuseo trillaba el trigo.ᶠ ¹⁹ Entonces David fue a hacer lo que Gad le había dicho en nombre del Señor. ²⁰ Ornán, que estaba trillando el trigo, al volverse había visto al ángel, pero sus cuatro hijos, que estaban con él, habían ido a esconderse. ²¹ Cuando David se acercó a donde estaba Ornán, este miró, y al ver a David salió del lugar donde trillaba el trigo y se inclinó delante de David. ²² Entonces le dijo David a Ornán:

—Cédeme el lugar donde trillas el trigo, para construir allí un altar al Señor. Véndemelo por el precio exacto, a fin de que la peste se retire del pueblo.

²³ Y Ornán le contestó:

—Tómelo Su Majestad y haga lo que le parezca mejor. Yo le doy los toros para el holocausto, los trillos para la leña y el trigo para la ofrenda. ¡Todo esto se lo doy a Su Majestad!

²⁴ Pero el rey David respondió:

—Te lo agradezco, pero tengo que comprarlo todo por el precio exacto, pues no te voy a quitar lo tuyo para dárselo al Señor y ofrecerle un holocausto que no me haya costado nada.

²⁵ De esta manera, David le pagó a Ornán por aquel lugar seiscientas monedas de oro,ᵍ ²⁶ y allí construyó un altar al Señor y ofreció holocaustos y sacrificios de reconciliación. Luego invocó al Señor, y él le respondió enviando fuego desde el cielo sobre el altar del holocausto.ʰ ²⁷ Entonces el Señor ordenó al ángel que volviera a guardar su espada.

El lugar para el templo ²⁸ En aquel momento, al ver David que el Señor lo había escuchado en el lugar en que Ornán el jebuseo trillaba el trigo, ofreció allí sacrificios. ²⁹ Pues aunque la tienda de campaña que Moisés había levantado para el Señor en el desierto y el altar del holocausto se hallaban por entonces en el santuario de Gabaón,ⁱ ³⁰ David no pudo ir allá para consultar a Dios, porque se había llenado de espanto al ver la espada del Ángel del Señor.

22 ¹ Por eso dijo David: "Aquí estarán el templo de Dios, el Señor, y el altar del holocausto para Israel."ᵃ

Preparativos para el templo ² Después David mandó que se reunieran los extranjeros que vivían en Israel, y nombró canteros para que labraran la piedra para la construcción del templo de Dios.ᵇ ³ Además preparó hierro en abundancia para los clavos de las puertas y para las grapas; también una inmensa cantidad de bronce,ᶜ ⁴ y mucha madera de cedro en cantidad incalculable, porque los habitantes de Sidón y de Tiro le habían traído mucha madera de cedro.ᵈ

⁵ David pensaba: "Mi hijo Salomón es todavía un muchacho de tierna edad, y el templo que hay que construir para el Señor tiene que ser el más grande, famoso y bello de todo el mundo; así que le dejaré todo preparado."ᵉ

Por eso David hizo grandes preparativos antes de morir.ᶠ ⁶ Luego llamó a su hijo Salomón, y le encargó que construyera el templo del Señor, Dios de Israel, ⁷ diciéndole: "Hijo mío, yo tenía el propósito de construir un templo para el Señor mi Dios. ⁸ Pero el Señor me ha dicho: 'He visto que tú has derramado mucha sangre y has hecho muchas guerras; por eso no eres tú quien va a construirme un templo. ⁹ Pero tendrás un hijo que será un hombre pacífico; y además yo haré que sus enemigos por todas partes lo dejen en paz. Por eso se llamará Salomón.ᵍ En su tiempo concederé paz y tranquilidad a Israel.ʰ ¹⁰ Él me construirá un templo. Él me será un hijo y yo le seré un padre, y afirmaré su reino en Israel para siempre.'ⁱ ¹¹ Ahora, hijo mío, que el Señor esté contigo para que logres construir el templo del Señor tu Dios, conforme a lo que ha prometido que tú harías. ¹² Que el Señor te dé inteligencia y sabiduría, para que cuando él te encargue del gobierno de Israel,

---

ᵈ **21.15** Cf. Gn 6.6; Ex 32.14; Jon 3.10.
ᵉ **21.17** *Estos inocentes:* lit. *estas ovejas.*
ᶠ **21.18** 2 Cr 3.1.
ᵍ **21.25** *Seiscientas monedas de oro:* son una cifra mucho mayor que la indicada en 2 S 24.24 (*cincuenta monedas de plata*). El Cronista muestra así tanto el inmenso valor del terreno donde iba a levantarse el templo como el sacrificio que hizo David para comprarlo (cf. Sal 132.1).
ʰ **21.26** Cf. Lv 9.24; Jue 6.21; 1 R 18.38; 2 Cr 7.1; 2 Mac 2.10-12.
ⁱ **21.29** 1 Cr 16.39.
ᵃ **22.1** 1 Cr 21.18,26,28; 2 Cr 3.1.
ᵇ **22.2** Cf. 1 R 5.17-18; 9.20-21; 2 Cr 2.16-18.
ᶜ **22.3** 1 R 7.47; 1 Cr 18.5.
ᵈ **22.4** Esd 3.7.

ᵉ **22.5a** Aquí se relaciona estrechamente a David, rey ideal de Israel, con el templo de Jerusalén. De ahí la insistencia en afirmar que fue él quien preparó los materiales para la construcción del templo. Cf. 1 R 5.13-18.
ᶠ **22.5** 1 Cr 29.1.
ᵍ **22.9** En hebreo, *Salomón* y la palabra que significa *paz* tienen un sonido parecido (véase 2 S 12.24 n.). La figura de Salomón, hombre pacífico, contrasta con la de David, guerrero de grandes batallas (v. 8). A David no se le permitió construir el templo porque siempre estuvo ocupado en guerras (1 R 5.17) y por haber derramado mucha sangre (v. 8), lo que lo descalificaba ritualmente para aquella tarea.
ʰ **22.9** 2 S 12.24.
ⁱ **22.7-10** Cf. 2 S 7.1-16; 1 R 5.3-5; 8.17-21; 1 Cr 17.1-14; 28.2-7.

cumplas la ley del Señor tu Dios. **13** Todo te saldrá bien, si procuras cumplir las leyes y disposiciones que el Señor ordenó a Moisés para Israel. ¡Ten valor y firmeza; no te desanimes ni tengas miedo!*ʲ* **14** Mira, yo con muchos esfuerzos he podido preparar para el templo del Señor tres mil trescientas toneladas de oro, treinta y tres mil toneladas de plata, y una cantidad tan grande de bronce y hierro que no se puede pesar.*ᵏ* También he preparado madera y piedra, a la que tú debes añadir más.*ˡ* **15-16** Además tienes a tu disposición muchos obreros, canteros, albañiles y carpinteros, e innumerables especialistas de todo tipo y clase de trabajos en oro, plata, bronce y hierro. Así que, ¡manos a la obra, y que el Señor te ayude!"

17 Luego David ordenó a todos los jefes de Israel que ayudaran a su hijo Salomón, diciéndoles: **18** "El Señor su Dios ha estado con ustedes y les ha dado paz por todas partes, pues él ha puesto bajo mi poder a todos los habitantes del país, y este ha quedado sometido al Señor y a su pueblo.*ᵐ* **19** Por tanto, hagan ahora el firme propósito de buscar al Señor su Dios. Así que dispónganse a construir el santuario de Dios, el Señor, para trasladar el arca de la alianza del Señor y los utensilios sagrados de Dios al templo que se va a construir para el Señor."*ⁿ*

23 *Los levitas y sus obligaciones* **1** Siendo ya David un anciano de edad muy avanzada, nombró a su hijo Salomón como rey de Israel,*ᵃ* **2** y reunió a todos los jefes de Israel, y a los sacerdotes y levitas. **3** Contaron entonces a los levitas de treinta años de edad para arriba, y al hacer la cuenta resultó que su número era de treinta y ocho mil varones.*ᵇ* **4** De estos, se destinaron veinticuatro mil para dirigir la obra del templo, seis mil para ser oficiales y jueces, **5** cuatro mil para ser porteros, y otros cuatro mil para encargarse de alabar al Señor con los instrumentos musicales que David había mandado hacer con ese propósito.*ᶜ* **6** David los repartió en grupos, según los hijos que había tenido Leví: Guersón, Quehat y Merarí.*ᵈ*

7 Los hijos de Guersón: Ladán y Simí. **8** Los hijos de Ladán fueron tres: Jehiel, el mayor, Zetam y Joel.*ᵉ* **9** Los hijos de Simí*ᶠ* también fueron tres: Selomit, Haziel y Harán. Estos fueron los jefes de familia de los descendientes de Ladán. **10** Los hijos de Simí fueron cuatro: Jáhat, Zizá,*ᵍ* Jeús y Beriá. **11** El mayor era Jáhat, y el segundo Zizá; pero como Jeús y Beriá no tuvieron muchos hijos, para efectos del servicio no contaron como una sola familia.

12 Los hijos de Quehat fueron cuatro: Amram, Ishar, Hebrón y Uziel.*ʰ* **13** Los hijos de Amram fueron Aarón y Moisés. Aarón fue escogido por Dios para dedicar las ofrendas más sagradas, para quemar incienso ante el Señor, servirle y pronunciar siempre la bendición, cargo que deberían desempeñar Aarón y sus hijos para siempre.*ⁱ* **14** A Moisés, el hombre de Dios, y a sus descendientes también se les incluyó en la tribu de Leví.

15 Los hijos de Moisés fueron Guersón y Eliézer.*ʲ* **16** De los hijos de Guersón, primero fue Sebuel.*ᵏ* **17** El primer hijo de Eliézer fue Rehabías, y ya no tuvo más hijos; pero Rehabías sí tuvo muchos. **18** El primer hijo de Ishar fue Selomit. **19** Los hijos de Hebrón fueron: Jeraías, el primero; Amarías, el segundo; Jahaziel, el tercero; y Jecamán, el cuarto.*ˡ* **20** Los hijos de Uziel fueron: Micaías, el primero, e Isías, el segundo.*ᵐ*

21 Los hijos de Merarí fueron Mahli y Musí. Los hijos de Mahli fueron Eleazar y Quis.*ⁿ* **22** Eleazar murió sin haber tenido hijos varones: solo tuvo hijas, que se casaron con sus primos, los hijos de Quis.*ñ* **23** Los hijos de Musí fueron tres: Mahli, Éder y Jeremot.*ᵒ*

24 Estos fueron los descendientes de Leví, según sus familias, que estaban inscritos por nombre en el censo como jefes de familia, de veinte años para arriba, los cuales estaban ocupados en los oficios del templo.*ᵖ* **25** David había dicho: "El Señor, el Dios de Israel, ha concedido tranquilidad a su pueblo y ha fijado para siempre su propia residencia en Jerusalén.*ᵠ* **26** Por eso los levitas ya no tendrán que estar transportando la tienda del Señor ni los objetos que se usan en el culto."*ʳ*

27 Así pues, conforme a las últimas disposiciones de David, se hizo el censo de los descendientes de Leví de veinte años para arriba, **28** y quedaron a las órdenes de los sacerdotes, descendientes de Aarón, para los oficios del templo, como responsables de los atrios, de los cuartos y de la purificación de los objetos sagrados, así como de los demás oficios del templo. **29** Estaban encargados del pan consagrado que se ponía en hileras, de la harina para la ofrenda de cereales, de las hojuelas de pan sin levadura, de las ofrendas cocinadas en sartén, y de la masa y de todos los pesos y medidas.*ˢ* **30** Además tenían que estar presentes en el templo diariamente por la mañana y por la tarde para dar gracias y alabar al Señor, **31** y cuando se ofrecían todos los holocaustos al Señor los sábados, en las fiestas de la luna nueva y en las fiestas especiales, siempre sirviendo al Señor según el número prescrito para ellos.*ᵗ*

ʲ **22.13** Cf. Dt 31.6,23; Jos 1.6-9; 1 R 2.2-3; 1 Cr 28.7,20.
ᵏ **22.14** Estas cantidades ponen de relieve el inestimable valor del templo como centro del culto israelita. En otros pasajes se dan cantidades más modestas. Cf. 1 R 9.14,28; 10.10,14.
ˡ **22.14** 1 Cr 29.2-4.
ᵐ **22.18** Cf. Jos 21.44; 23.1; 2 S 7.1; 1 Cr 23.25.
ⁿ **22.19** Cf. 1 R 8.6,21; 2 Cr 5.7; 6.11.
ᵃ **23.1** 1 R 1.1-40; 1 Cr 28.5.
ᵇ **23.3** Cf. Nm 4.3,23,30,35,39,43,47; 8.23-26; 2 Cr 31.17.
ᶜ **23.5** 1 Cr 9.22.
ᵈ **23.6** Cf. Ex 6.16; Nm 3.17; 26.57; 1 Cr 6.1,16-30; 26.1-19.
ᵉ **23.8** 1 Cr 26.21-22; 29.8.
ᶠ **23.9** *Simí:* El nombre original debe haber sido otro (véase v. 10).
ᵍ **23.10** *Zizá:* según la versión griega (LXX). Heb. *Ziná*.

ʰ **23.12** Cf. Ex 6.18; Nm 3.19; 1 Cr 26.23.
ⁱ **23.13** Cf. Ex 6.20; 28.1; Nm 6.23; 1 Cr 6.49.
ʲ **23.15** Ex 2.22; 18.3-4.
ᵏ **23.16** 1 Cr 26.24.
ˡ **23.19** 1 Cr 24.23.
ᵐ **23.20** 1 Cr 24.24-25.
ⁿ **23.21** Cf. Ex 6.19; Nm. 3.20,33; 1 Cr 6.29; 24.26,28-29.
ñ **23.22** 1 Cr 24.28-29.
ᵒ **23.23** 1 Cr 6.47; 24.30.
ᵖ **23.24** 2 Cr 31.17; Esd 3.8.
ᵠ **23.25** 1 Cr 22.18; Sal 132.13.
ʳ **23.26** Cf. Dt 10.8; 1 Cr 15.15; 2 Cr 35.3.
ˢ **23.29** Cf. Lv 2.1,4-5; 24.5-8; 1 Cr 9.29,31-32.
ᵗ **23.30-31** Nm 28.2—29.39.

1 CRÓNICAS 23—25

³² Tenían también a su cargo el cuidado de la tienda del encuentro con Dios y del santuario, sirviendo en el templo con sus hermanos de tribu, los descendientes de Aarón. *u*

24 ¹ Los descendientes de Aarón también tenían sus turnos. Los hijos de Aarón fueron Nadab, Abihú, Eleazar e Itamar. *a* ² Pero como Nadab y Abihú murieron antes que su padre, *b* sin haber tenido hijos, Eleazar e Itamar se encargaron del sacerdocio.

³ David, con la ayuda de Sadoc, descendiente de Eleazar, y de Ahimélec, descendiente de Itamar, los repartió en turnos para que desempeñaran sus oficios. *c* ⁴ Pero como se dieron cuenta de que los varones descendientes de Eleazar eran más numerosos que los de Itamar, fueron repartidos de modo que quedaron dieciséis jefes de descendientes de Eleazar y ocho de descendientes de Itamar. ⁵ Los turnos se repartieron por suertes entre todos, pues tanto entre los descendientes de Eleazar como entre los de Itamar había funcionarios sagrados, funcionarios de Dios.

⁶ Luego Semaías el secretario, hijo de Natanael y uno de los levitas, escribió sus nombres en presencia del rey, de los jefes, del sacerdote Sadoc, de Ahimélec, hijo de Abiatar, *d* y de los jefes de familia de los sacerdotes y de los levitas. Los turnos se sacaban por suerte, dos turnos para los descendientes de Eleazar y uno para los de Itamar. *e*

⁷⁻¹⁸ Al sacar las suertes, quedaron los turnos en el siguiente orden, del primero al vigesimocuarto:

Joiarib
Jedaías
Harim
Seorim
Malquías
Mijamín
Cos
Abías *f*
Jesús
Secanías
Eliasib
Jaquim
Hupá
Jesebab
Bilgá
Imer
Hezir
Pisés
Petahías
Hezequiel
Jaquín
Gamul
Delaías
Maazías

¹⁹ Así pues, se repartieron los turnos para servir en el templo, según las normas que el Señor, Dios de Israel, había ordenado por medio de Aarón, antepasado de ellos. *g*

²⁰ Los levitas que quedaban eran: Subael, de los descendientes de Amram; Jehedías, de los de Subael; ²¹ Isías, que era el mayor, de los de Rehabías; ²² Selomot, de los de Ishar; Jáhat, de los de Selomot; ²³ de los descendientes de Hebrón: *h* Jerías, el primero; Amarías, el segundo; Jahaziel, el tercero; y Jecamán, el cuarto. ²⁴ Estaban también: Micaías, hijo de Uziel; Samir, hijo de Micaías; ²⁵ Isías, hermano de Micaías; Zacarías, hijo de Isías; ²⁶ Mahli y Musí, hijos de Merarí; los hijos de Jaazías, hijo también de Merarí. ²⁷ De los descendientes de Merarí, por parte de Jaazías, su hijo, estaban Sóham, Zacur e Ibrí; ²⁸ y por parte de Mahli, Eleazar, que no tuvo hijos, ²⁹ y Quis; Jerahmeel, hijo de Quis; ³⁰ los hijos de Musí, que eran Mahli, Éder y Jerimot.

Estos eran los levitas por familias. ³¹ También ellos se repartieron por suertes, tanto la familia del jefe como la del hermano menor, igual que sus parientes los descendientes de Aarón, en presencia del rey David, de Sadoc, Ahimélec y los jefes de familia de los sacerdotes y de los levitas. *i,j*

25 *Los músicos y cantores* ¹ Luego David y los jefes de los servicios religiosos asignaron oficios especiales a los hijos de Asaf, Hemán y Jedutún, quienes comunicaban mensajes proféticos acompañados de arpas, salterios y platillos. *a* Esta es la lista de los que estaban ocupados en esa labor.

² De los hijos de Asaf: Jacur, José, Netanías y Asarela. El que los dirigía era Asaf, su padre, quien comunicaba mensajes proféticos bajo las órdenes del rey.

³ Los seis hijos de Jedutún: Guedalías, Serí, Isaías, Simí, Hasabías y Matatías. El que los dirigía era su padre Jedutún, el cual comunicaba mensajes proféticos acompañado de arpa para dar gracias y alabar a Dios.

⁴ Los hijos de Hemán: Buquías, Matanías, Uziel, Sebuel, Jeremot, Hananías, Hananí, Eliatá, Guidalti, Romamtiézer, Josbecasa, Malotí, Hotir y Mahaziot. ⁵ Todos estos fueron hijos de Hemán, vidente al servicio del rey, según las promesas que Dios le había hecho de que lo haría muy poderoso; en efecto, Dios le dio a Hemán catorce hijos y tres hijas. *b* ⁶ A todos ellos los dirigía su padre cuando cantaban en los servicios religiosos del templo acompañados de platillos, salterios y cítaras.

Asaf, Jedutún y Hemán estaban bajo las órdenes del rey. *c* ⁷ El número total de músicos expertos, incluyendo a

---

u **23.32** Nm 3.5-9; 18.2-5.
a **24.1** Cf. Ex 6.23; Nm 3.2-4; 26.60.
b **24.2** Lv 10.1-7, 12.
c **24.3** Cf. 2 S 8.17; 1 Cr 18.16; 2 Cr 8.14.
d **24.6** *Ahimélec, hijo de Abiatar:* Véase 1 Cr 18.16 nota *e*.
e **24.6** Cf. 1 Cr 18.16; 2 S 8.17.
f **24.7-18** 1 Cr 9.10-12; Esd 2.36-38; Neh 7.39-41; 11.10-12; Lc 1.5.
g **24.19** 2 Cr 23.8.
h **24.23** *De Hebrón... el primero:* según 23.19 y la versión griega (LXX). En el texto hebreo no aparece *Hebrón* ni *el primero*.
i **24.20-31** 1 Cr 23.7-23.
j **24.31** 1 Cr 25.8; 26.13.
a **25.1** Cf. 1 Cr 6.31-33; 15.16-17, 19; 16.37; 2 Cr 5.12; 35.15; Neh 12.27, 45.
b **25.5** 2 Cr 35.15.
c **25.6** 1 Cr 15.16.

sus otros compañeros instruidos para cantar al Señor, era de doscientos ochenta y ocho.

⁸ Entonces se repartieron por suerte los turnos del servicio entre todos, fueran mayores o menores, maestros o aprendices. ᵈ

⁹⁻³¹ Al sacar la suerte, quedaron los turnos en el siguiente orden, del primero al vigesimocuarto:
José ᵉ
Guedalías
Zacur
Isrí
Netanías
Buquías
Jesarela
Isaías
Matanías
Simí
Azarel
Hasabías
Subael
Matatías
Jeremot
Hananías
Josbecasa
Hananí
Malotí
Eliatá
Hotir
Guidalti
Mahaziot
Romamti-ézer
Cada uno de ellos con sus hermanos e hijos eran doce. ᶠ

26 Porteros y otros funcionarios

¹ Al repartir los turnos de los porteros, quedaron los siguientes: De los coreítas, Meselemías, hijo de Coré, que fue hijo de Ebiasaf. ᵃ,ᵇ ² Los hijos de Meselemías: Zacarías, el mayor; Jediael, el segundo; Zebadías, el tercero; Jatniel, el cuarto; ³ Elam, el quinto; Johanán, el sexto, y Eliehoenai, el séptimo.

⁴ Los hijos de Obed-edom: Semaías, el mayor; Jozabad, el segundo; Joah, el tercero; Sacar, el cuarto; Natanael, el quinto; ⁵ Amiel, el sexto; Isacar, el séptimo, y Peultai, el octavo. Porque Dios había bendecido a Obed-edom con muchos hijos. ᶜ

⁶ Semaías, hijo de Obed-edom, tuvo dos hijos que gobernaban en sus familias porque eran hombres de mucho valor. ⁷ Los hijos de Semaías fueron Otní, Rafael, Obed, Elzabad, Elihú y Samaquías, hombres de valor. ⁸ Todos estos, descendientes de Obed-edom, y sus hijos y hermanos, eran hombres de valor por la energía que mostraban en el servicio. En total, sesenta y dos descendientes de Obed-edom.

⁹ Hijos y hermanos de Meselemías: dieciocho, todos hombres de gran valor.

¹⁰ Hijos de Hosá, descendientes de Merarí: Simrí, que era el jefe, pues aunque no era el hijo mayor, su padre lo puso de jefe; ᵈ ¹¹ Hilquías, el segundo; Tebalías, el tercero; Zacarías, el cuarto. Los hijos y hermanos de Hosá eran en total trece.

¹² Estos eran los turnos de los porteros. A ellos, lo mismo a los jefes que a sus compañeros, les correspondía el servicio en el templo. ¹³ Hicieron por familias el sorteo de cada puerta, y en él entraron tanto los mayores como los menores.

¹⁴ A Selemías le tocó en el sorteo la puerta del este, y a su hijo Zacarías, consejero prudente, le tocó la del norte. ᵉ ¹⁵ A Obed-edom le tocó la del sur, y a sus hijos les tocó el cuidado de los depósitos del templo. ¹⁶ A Hosá ᶠ le tocó la parte del oeste donde está la puerta de Saléquet, en el camino de subida.

Los servicios correspondientes se distribuían así: ¹⁷ cada día había seis porteros al este, cuatro al norte y cuatro al sur, y dos para cada uno de los depósitos. ¹⁸ En el atrio, ᵍ al oeste, había cuatro para la calzada y dos para el atrio mismo. ¹⁹ Así estaban repartidos los oficios de los porteros descendientes de Coré y Merarí.

²⁰ Otros levitas estaban encargados de cuidar los tesoros del templo y los depósitos de ofrendas sagradas. ʰ ²¹ De los hijos de Ladán, que descendían de Guersón y de Jehiel, ⁱ ²² los hijos de Jehiel y de sus hermanos Zetam y Joel tenían a su cargo los tesoros del templo.

²³ En cuanto a los descendientes de Amram, Ishar, Hebrón y Uziel, ²⁴ el encargado principal de los tesoros era Sebuel, descendiente de Guersón y de Moisés. ʲ

²⁵ Parientes suyos por parte de Eliézer eran Rehabías, hijo de Eliézer; Isaías, hijo de Rehabías; Joram, hijo de Isaías; Zicrí, hijo de Joram; y Selomit, hijo de Zicrí. ᵏ

²⁶ Selomit y sus hermanos tenían a su cargo todos los depósitos de objetos sagrados que David, los jefes de familia, los jefes de batallones y de compañías y los altos jefes del ejército habían consagrado al Señor. ˡ ²⁷ Eran cosas conseguidas en las guerras, y que ellos habían dedicado al mantenimiento del templo. ²⁸ También estaba allí lo que habían consagrado Samuel el vidente, Saúl hijo de Quis, Abner hijo de Ner, y Joab hijo de Seruiá.

ᵈ **25.8** 1 Cr 24.31.
ᵉ **25.9-31** *José:* texto probable. Heb. *Asaf, José.*
ᶠ **25.2-31** Aquí se establece un balance entre los cantores y los sacerdotes (cf. 1 Cr 24.4-19), mencionando a veinticuatro personas en cada lista. Algunos intérpretes consideran que los últimos nueve nombres en la lista de 25.4 fueron originariamente las frases con las que comenzaban algunos himnos. Con algunos pequeños cambios en la vocalización, los nombres podrían significar: *Oh, Señor; ten misericordia de mí; ten misericordia de mí; tú eres mi Dios; glorifico; alabo la ayuda de...; reposar en la adversidad; he cumplido; hizo abundar; visiones.*
ᵃ **26.1** *Ebiasaf:* texto probable según 9.19. Heb. *Asaf.*

ᵇ **26.1** Cf. 2 Cr 8.14; 23.19; 35.15; Neh 12.45.
ᶜ **26.5** 2 S 6.11; 1 Cr 13.14.
ᵈ **26.10** 1 Cr 16.38.
ᵉ **26.14** 1 Cr 9.24.
ᶠ **26.16** *Hosá:* según varios mss. griegos. Heb. *Supim y Hosá.*
ᵍ **26.18** *Atrio:* el sentido de esta palabra es incierto.
ʰ **26.20** 1 Cr 28.12; 1 R 7.51.
ⁱ **26.21** 1 Cr 23.7-8; 29.8.
ʲ **26.22-24** 1 Cr 23.8,12,16.
ᵏ **26.25** 1 Cr 23.17-18; 24.21.
ˡ **26.26** 2 S 8.11.

Todo lo consagrado estaba al cuidado de Selomit y sus hermanos.

²⁹ De los descendientes de Ishar, los que estaban ocupados de los asuntos exteriores de Israel, como oficiales y jueces, eran Quenanías y sus hijos. ᵐ

³⁰ De los descendientes de Hebrón, los que estaban encargados de inspeccionar a Israel al oeste del Jordán, tanto en todo lo relacionado con las cosas del Señor como en el servicio del rey, eran Hasabías y sus parientes, mil setecientos hombres de gran valor. ⁿ

³¹ En el año cuarenta del reinado de David se hicieron investigaciones en los anales familiares de los descendientes de Hebrón, y se encontró que entre ellos había hombres de gran valor en Jazer de Galaad. El jefe de los descendientes de Hebrón era Jerías; ñ ³² junto con sus parientes, hombres de gran valor, sumaban dos mil setecientos jefes de familia. El rey David los nombró para hacerse cargo de las tribus de Rubén y de Gad y de la media tribu de Manasés, para todos los asuntos relacionados con Dios o con el rey.

27 Organización militar y civil en el reino de David

¹ A continuación viene la lista de los israelitas enumerados según los jefes de familia, de los jefes de batallones y de compañías, y de los oficiales de los que estaban al servicio del rey, para todo lo relacionado con las divisiones militares que servían por turnos mensuales durante todo el año. Cada división estaba formada por veinticuatro mil hombres.

² Primera división, de guardia el primer mes: su jefe era Jasobeam, hijo de Zabdiel, ³ descendiente de Fares y comandante de todos los jefes de las tropas que prestaban servicio el primer mes.

⁴ División de guardia el segundo mes: su jefe era Dodai el ahohíta. ᵃ,ᵇ

⁵ División de guardia el tercer mes: su jefe militar era Benaías, hijo del sumo sacerdote Joiadá, ⁶ el cual era uno de los treinta valientes y su jefe. Pero su hijo Amizabad mandaba esta división. ᶜ

⁷ División de guardia el cuarto mes: su jefe era Asael, hermano de Joab. A él lo sucedió su hijo Zebadías. ᵈ

⁸ División de guardia el quinto mes: su jefe era Samhut el izraíta.

⁹ División de guardia el sexto mes: su jefe era Irá, hijo de Iqués, del pueblo de Tecoa.

¹⁰ División de guardia el séptimo mes: su jefe era Heles el paltita, ᵉ descendiente de Efraín.

¹¹ División de guardia el octavo mes: su jefe era Sibecai el de Husá, descendiente de Zérah. ᶠ

¹² División de guardia el noveno mes: su jefe era Ebiézer el de Anatot, descendiente de Benjamín.

¹³ División de guardia el décimo mes: su jefe era Maharai el de Netofá, descendiente de Zérah.

¹⁴ División de guardia el undécimo mes: su jefe era Benaías el de Piratón, descendiente de Efraín.

¹⁵ División de guardia el duodécimo mes: su jefe era Heldai el de Netofá, descendiente de Otoniel. ᵍ

¹⁶ Los jefes de las tribus de Israel eran los siguientes: de la tribu de Rubén, Eliézer, hijo de Zicrí; de la de Simeón, Sefatías, hijo de Maacá; ¹⁷ de la de Leví, Hasabías, hijo de Quemuel; de los descendientes de Aarón, Sadoc; ¹⁸ de la tribu de Judá, Elihú, un hermano de David; de la de Isacar, Omrí, hijo de Micael; ¹⁹ de la de Zabulón, Ismaías, hijo de Abdías; de la de Neftalí, Jerimot, hijo de Azriel; ²⁰ de la de Efraín, Oseas, hijo de Azazías; de la media tribu de Manasés, Joel, hijo de Pedaías; ²¹ de la otra media tribu que estaba en Galaad, Idó, hijo de Zacarías; de la de Benjamín, Jaasiel, hijo de Abner; ²² de la de Dan, Azarel, hijo de Jeroham. Estos eran los jefes de las tribus de Israel.

²³ David no hizo el censo de los que tenían menos de veinte años, porque el Señor había prometido que multiplicaría a los israelitas como las estrellas del cielo. ʰ ²⁴ Joab comenzó a hacer el censo, pero no lo terminó, porque eso trajo una calamidad a Israel. ⁱ Por eso no aparece el número en el libro de las crónicas del rey David.

²⁵ El tesorero real era Azmávet, hijo de Adiel, y el encargado de los almacenes que había en el campo, en las ciudades, en los pueblos y en las fronteras, era Jonatán, hijo de Ozías. ʲ

²⁶ Al frente de los trabajadores que cultivaban las tierras estaba Ezrí, hijo de Quelub. ²⁷ Al frente de los viñedos estaba Simí, de Ramat, y el encargado de recoger el vino para las bodegas era Zabdí, de Sefam. ²⁸ Al frente de los olivares y de los bosques de higueras silvestres que había en la llanura estaba Baal-hanán, de Guéder, y de los depósitos de aceite, Joás. ²⁹ Al frente del ganado que pastaba en Sarón estaba Sitrai, del propio Sarón, y al frente del ganado que pastaba en los valles estaba Safat, hijo de Adlai. ³⁰ Al frente de los camellos estaba Obil, el ismaelita; de las asnas, Jehedías, de Meronot; ³¹ y de las ovejas, Jaziz, el agareno. Todos estos eran los administradores de los bienes del rey David.

³² Jonatán, el tío de David, hombre sabio e instruido, era consejero, y Jehiel, hijo de Hacmoní, era quien acompañaba a los hijos del rey. ³³ También Ahitófel era consejero del rey, y Husai, el arquita, era el hombre de confianza del rey. ᵏ ³⁴ A Ahitófel le sucedieron en su

---

ᵐ **26.29** 1 Cr 23.4.
ⁿ **26.30** 1 Cr 27.17; Neh 11.15-16.
ñ **26.31** 1 Cr 23.19; 29.27.
ᵃ **27.4** *Ahohíta:* según la versión griega (LXX). Heb. añade: *y su división, y el jefe era Miclot.*
ᵇ **27.4** 2 S 23.9; 1 Cr 11.2.
ᶜ **27.5-6** Cf. 2 S 23.20-22; 1 Cr 11.22-24; 18.17.
ᵈ **27.7** 2 S 2.18; 23.24.
ᵉ **27.10** *Paltita:* según 2 S 23.26. Heb. *pelonita.*
ᶠ **27.11** 2 S 21.18-19; 1 Cr 11.29; 20.4.

ᵍ **27.1-15** Esta lista de comandantes del ejército coincide parcialmente con la lista de guerreros de David dada en 1 Cr 11.10-47. La enumeración esquemática de los soldados juega con el simbolismo del número 12, que es el número de las tribus de Israel (12 x 24.000 = 288.000 hombres).
ʰ **27.23** Gn 15.5; 22.17; 26.4.
ⁱ **27.24** Cf. 2 S 24.1-15; 1 Cr 21.1-14.
ʲ **27.25** 2 S 23.31.
ᵏ **27.33** Cf. 2 S 15.12, 32-37; 16.16-19, 23; 17.5-16, 23.

cargo Joiadá, hijo de Benaías, y Abiatar. El jefe del ejército real era Joab.

28

Salomón sucede a David [1] David reunió en Jerusalén a todas las autoridades de Israel: los jefes de las tribus, los jefes de las divisiones militares al servicio del rey, los comandantes de batallones y jefes de compañías, los administradores de todas las tierras y ganados del rey y de sus hijos, los personajes más importantes [a] y todos los militares notables. [b]

[2] Entonces David se puso de pie y dijo: "Escúchenme, hermanos y pueblo mío: Yo tenía el propósito de construir un lugar donde el arca de la alianza del Señor estuviera permanentemente y que fuera el sitio donde nuestro Dios pusiera su trono, y había hecho preparativos para construirlo. [3] Pero Dios me dijo: 'No eres tú quien va a construirme un templo, porque eres un guerrero y has derramado sangre.' [4] Sin embargo, el Señor, Dios de Israel, me escogió entre toda mi familia para hacerme rey de Israel por siempre. Pues él escogió la tribu de Judá como tribu gobernante; de la tribu de Judá escogió a mi familia; y de entre mis hermanos me escogió a mí para ser rey sobre todo Israel. [c] [5] Y ahora, entre todos mis hijos, pues son muchos los que el Señor me ha dado, el Señor ha escogido a mi hijo Salomón para que se siente en el trono del dominio del Señor sobre Israel. [d] [6] El Señor también me dijo: 'Tu hijo Salomón será quien construya mi templo y mis atrios, porque lo he escogido como hijo, y yo seré un padre para él, [e] [7] y afirmaré su reino para siempre, si él sigue esforzándose en cumplir mis mandamientos y disposiciones como hasta el día de hoy.' [f]

[8] "Ahora pues, en presencia de todo Israel, de esta asamblea del Señor, y de nuestro Dios que nos escucha, guarden con empeño todos los mandamientos del Señor, el Dios de ustedes, para que este hermoso país continúe siendo propiedad de ustedes y luego puedan dejárselo para siempre en herencia a sus hijos. [g] [9] Y tú, Salomón, hijo mío, reconoce al Dios de tu padre y sírvele de todo corazón y con buena disposición, porque el Señor examina todas las conciencias y distingue cualquier intención y pensamiento. Así que, si tú lo buscas, él permitirá que lo encuentres; pero si te apartas de él, te rechazará de una vez para siempre. [h] [10] Ten ahora presente que el Señor te ha escogido para que construyas un edificio que será su santuario. Por tanto, ¡ánimo y manos a la obra!"

[11] Entonces David entregó a su hijo Salomón el plano del vestíbulo del templo, de sus edificios, de los almacenes, de las salas del piso alto, de los cuartos interiores y del Lugar santísimo. [i] [12] Además le dio el proyecto de todo lo que tenía en mente para los atrios del templo y los cuartos que debían estar alrededor, los tesoros y los depósitos para las ofrendas sagradas, [13] y también los cuartos para los turnos de los sacerdotes y los levitas y para todos los servicios del templo, lo mismo que para todos los objetos del culto en el templo.

[14] También le dio oro y plata en cantidad suficiente para todos los objetos de oro y plata que se iban a usar en el culto; [15] para los candelabros y sus lámparas, tanto los de oro como los de plata, le dio conforme al peso que debía tener cada uno de ellos; [j] [16] y lo mismo hizo para cada una de las mesas, tanto las de oro como las de plata, donde debía ponerse en hileras el pan consagrado. [17] Le dio además oro para los tenedores, los tazones y las jarras, así como oro y plata suficiente para las copas de uno u otro metal, según el peso de cada una. [18] También le entregó suficiente cantidad de oro refinado para el altar del incienso, e igualmente le dio oro para la construcción del carro, es decir, de los seres alados que con las alas extendidas cubren el arca de la alianza del Señor. [k]

[19] Todo esto estaba en un escrito redactado por revelación del Señor a David, en el que se explicaban todos los trabajos que había que hacer de acuerdo con el plano.

[20] Entonces dijo David a Salomón: "¡Ten valor y firmeza, y pon manos a la obra! ¡No te desanimes ni tengas miedo, porque el Señor mi Dios estará contigo! Él no te dejará ni te abandonará hasta que se acabe toda la obra para el servicio del templo. [l] [21] Aquí están los turnos de los sacerdotes y levitas dispuestos para el servicio en el templo; para todos los trabajos tendrás también la ayuda de toda clase de voluntarios, expertos en todo tipo de servicio; y los jefes y todo el pueblo estarán a tus órdenes." [m]

29

[1] Después el rey David dijo a toda la asamblea: "Mi hijo Salomón, el único a quien Dios ha escogido, es un muchacho de tierna edad, mientras que la obra es enorme, porque no se trata del palacio para un hombre sino del templo para Dios, el Señor. [a] [2] Con todo esfuerzo he preparado lo necesario para el templo de mi Dios: oro, plata, bronce, hierro y madera respectivamente para cada cosa. Y también cornalina, piedras para engastar, mezcla, piedras para mosaico, toda clase de piedras preciosas y alabastro en abundancia. [b] [3] Pero además de todo lo que ya tengo preparado para el templo, y por el amor que tengo al templo de mi Dios, entrego para el templo el oro y la plata que son de mi propiedad personal: [4] cien mil kilos de oro más fino, doscientos treinta mil kilos de plata refinada para cubrir las paredes de los edificios. [c] [5] Todo el oro y la plata para hacer de uno u otro metal lo que sea necesario, y para todo trabajo que tengan que hacer los artesanos. Y ahora, ¿quién quiere contribuir voluntariamente haciendo un donativo para el Señor?" [d]

---

[a] **28.1** *Personajes más importantes:* lit. eunucos. Véase Jer 29.1-2 nota b.
[b] **28.1** Cf. 1 Cr 11.10-12; 27.2-22, 25-31.
[c] **28.4** Gn 49.8-10; 1 S 16.6-13; 1 Cr 17.23.
[d] **28.5** 1 Cr 3.1-9; 14.3-7; 22.9; 23.1; Sab 9.7.
[e] **28.6** Cf. 2 S 7.12-13; 1 Cr 17.11-13.
[f] **28.2-7** Cf. 2 S 7.1-16; 1 R 5.3; 1 Cr 17.1-14; 22.7-9; Sal 132.3-7.
[g] **28.8** Dt 4.5.
[h] **28.9** Cf. 1 R 8.61; 1 Cr 29.17; 2 Cr 15.2.
[i] **28.11** Ex 25.9, 40; 26.30.
[j] **28.15** Ex 25.31-37.
[k] **28.18** Cf. Ex 25.18-22; 30.1-10; 1 R 6.23-28.
[l] **28.20** Jos 1.5; 1 Cr 22.13, 16.
[m] **28.21** Ex 36.1-5.
[a] **29.1** 1 Cr 28.5.
[b] **29.1-2** 1 Cr 22.5, 14.
[c] **29.4** 1 R 9.28; 10.11; 2 Cr 9.10.
[d] **29.5** Ex 25.2; 35.5-6.

⁶ Entonces los jefes de familia, los jefes de las tribus de Israel, los jefes de batallones y de compañías, y los jefes de obras públicas del rey, hicieron donativos voluntarios, ᵉ ⁷ dando para las obras del templo ciento sesenta y cinco mil kilos y diez mil monedas ᶠ de oro, trescientos treinta mil kilos de plata, y cerca de seiscientos mil kilos de bronce y tres millones trescientos mil kilos de hierro. ᵍ

⁸ También los que tenían piedras preciosas las entregaron a la tesorería del templo, que estaba a cargo de Jehiel, descendiente de Guersón. ʰ

⁹ La gente se alegró de esta generosidad, porque habían dado estas cosas al Señor con toda sinceridad. También el rey David se puso muy contento. ⁱ

¹⁰ Entonces David bendijo al Señor en presencia de toda la asamblea, diciendo: "¡Bendito seas para siempre, Señor, Dios de nuestro padre Israel! ¹¹ ¡Tuyos son, Señor, la grandeza, el poder, la gloria, el dominio y la majestad! Porque todo lo que hay en el cielo y en la tierra es tuyo. Tuyo es también el reino, ʲ pues tú, Señor, eres superior a todos. ¹² De ti vienen las riquezas y la honra. Tú lo gobiernas todo. La fuerza y el poder están en tu mano, y en tu mano está también el dar grandeza y poder a todos. ᵏ ¹³ Por eso, Dios nuestro, te damos ahora gracias y alabamos tu glorioso nombre; ¹⁴ pues, ¿quién soy yo y qué es mi pueblo para que seamos capaces de ofrecerte tantas cosas? En realidad, todo viene de ti y solo te damos lo que de ti hemos recibido. ¹⁵ Pues ante ti somos como extranjeros que están de paso, igual que lo fueron todos nuestros antepasados, y nuestra vida sobre la tierra es como una sombra, sin ninguna esperanza. ˡ

¹⁶ "¡Oh Señor, Dios nuestro, tuyas y de ti han venido todas estas riquezas que hemos preparado para construir un templo a tu santo nombre! ¹⁷ Yo sé, Dios mío, que tú examinas las conciencias y que te agrada la rectitud. Por eso, con recta intención te he ofrecido todo esto. Y ahora puedo ver con alegría que tu pueblo, aquí reunido, te ha presentado generosamente sus ofrendas. ¹⁸ Señor, Dios de Abraham, de Isaac y de Israel, nuestros antepasados, conserva siempre esta disposición de ánimo en el corazón de tu pueblo, y dirige su corazón hacia ti. ᵐ ¹⁹ Concédele también a mi hijo Salomón un corazón íntegro para que pueda cumplir tus mandamientos, preceptos y leyes, poniéndolos todos en práctica, y para que pueda construir el templo para el que he hecho los preparativos."

²⁰ A continuación dijo David a toda la asamblea: "Ahora alaben al Señor su Dios." Entonces la asamblea en pleno alabó al Señor, Dios de sus antepasados, y de rodillas se inclinaron ante el Señor y ante el rey. ²¹ Al día siguiente ofrecieron al Señor sacrificios y holocaustos: mil becerros, mil carneros y mil corderos, con sus correspondientes ofrendas de vino y multitud de sacrificios por todo Israel. ²² Aquel día comieron y bebieron con mucha alegría en presencia del Señor. Después proclamaron por segunda vez ⁿ a Salomón, hijo de David, como rey, y lo consagraron ante Dios como soberano, y a Sadoc como sacerdote. ²³ Así pues, Salomón ocupó como rey el trono del Señor, en lugar de David, su padre, ñ y tuvo gran prosperidad. Todo Israel le obedeció. ²⁴ Y todos los jefes y guerreros, con todos los hijos del rey David, dieron su apoyo al rey Salomón. ²⁵ El Señor hizo que Salomón gozara de enorme prestigio ante todo Israel, y le dio tal esplendor a su reinado como jamás lo tuvo antes que él ningún rey en Israel. ᵒ

Muerte de David (1 R 2.10-12) ²⁶ David, hijo de Jesé, reinó, pues, sobre todo Israel. ²⁷ Fue rey de Israel durante cuarenta años, de los cuales reinó siete en Hebrón y treinta y tres en Jerusalén. ᵖ ²⁸ Murió en tranquila vejez, cargado de años, riquezas y honores. En su lugar reinó su hijo Salomón. ᵍ

²⁹ La historia del rey David, desde el principio hasta el final, está escrita en las crónicas del profeta Samuel, en las crónicas del profeta Natán y en las de Gad, el vidente, ʳ ³⁰ con todo lo referente a su reinado y su poder y a los sucesos que les ocurrieron a él, a Israel y a los demás países.

ᵉ **29.6** Cf. 1 Cr 27.1, 25-31; 28.1.
ᶠ **29.7** *Monedas:* lit. *dáricos.* Véase *Tabla de pesas, monedas y medidas.*
ᵍ **29.7** Cf. Esd 2.69; 8.27; Neh 7.70-72.
ʰ **29.8** 1 Cr 23.8; 26.21.
ⁱ **29.9** 2 R 12.4.
ʲ **29.11** Mt 6.13.
ᵏ **29.12** 2 Cr 20.6; Sab 6.3.
ˡ **29.15** Cf. Lv 25.23; Sab 2.5; 5.9.
ᵐ **29.18** Ex 3.6, 15-16; 4.5; 1 R 18.36.

ⁿ **29.22** *Por segunda vez:* Acerca de la primera vez, cf. 1 Cr 23.1. Esta *segunda vez* es una ratificación pública y solemne de la designación de Salomón como sucesor de David.
ñ **29.23** Cf. 1 R 2.12; 1 Cr 28.5; 2 Cr 9.8.
ᵒ **29.25** 1 R 3.13; 2 Cr 1.12.
ᵖ **29.27** 2 S 5.4-5; 1 Cr 3.4.
ᵍ **29.28** 1 Cr 23.1.
ʳ **29.29** 1 S 22.5; 1 Cr 21.9.

Segundo libro de las Crónicas

El *Segundo libro de las Crónicas* (=2 Cr) dedica sus nueve primeros capítulos al reinado de Salomón. Luego refiere la rebelión de las tribus del norte, cuyo resultado final fue la constitución de un reino independiente, separado de la dinastía davídica. A partir de este momento, toda la atención se concentra únicamente en los reyes de Judá, hasta la caída de Jerusalén (587 a.C.). Tras un breve resumen del exilio en Babilonia, el libro se refiere al decreto de Ciro, que autorizó el regreso de los judíos a Jerusalén.

Como *1* y *2 Crónicas* forman en realidad una sola obra, véase la *Introducción* al primer libro.
El siguiente esquema resume el contenido del libro:

I. El reinado de Salomón (1—9)
II. La división del reino (10.1—11.4)
III. Los reyes de Judá (11.5—36.23)

I. EL REINADO DE SALOMÓN (1—9)

1 **Salomón pide a Dios sabiduría (1 R 3.3-15)** ¹Salomón, hijo de David, consiguió fortalecer su reinado con la ayuda del Señor, que aumentó muchísimo su poder. ²Entonces llamó a todo Israel: a los jefes militares, a los principales funcionarios y a todos los jefes de familia que tenían autoridad en Israel. ³Y con toda la gente que se había reunido fue al santuario que había en Gabaón, porque allí estaba la tienda del encuentro con Dios, que Moisés, siervo de Dios, había hecho en el desierto. ⁴Pero David había llevado el arca de Dios desde Quiriat-jearim hasta el sitio que le tenía preparado, pues le había levantado una tienda de campaña en Jerusalén. *ᵃ* ⁵El altar de bronce *ᵇ* que había hecho Besalel, *ᶜ* hijo de Urí y nieto de Hur, también estaba en Gabaón delante de la tienda del Señor. *ᵈ* Salomón y toda la comunidad fueron allí a consultarlo.
⁶Salomón subió al altar de bronce que estaba ante el Señor, frente a la tienda del encuentro con Dios, y ofreció sobre él mil holocaustos.
⁷Y aquella misma noche, Dios se apareció a Salomón y le dijo: "Pídeme lo que quieras, y yo te lo daré."
⁸Salomón le respondió a Dios: "Tú trataste con gran bondad a mi padre David, y a mí me pusiste a reinar en su lugar. ⁹Ahora pues, Dios y Señor, cumple lo que dijiste a David mi padre, ya que me hiciste rey de un pueblo tan numeroso como el polvo de la tierra. *ᵉ* ¹⁰Por tanto, dame sabiduría y conocimiento para dirigir a este pueblo; porque ¿quién va a gobernar a este pueblo tuyo tan grande?"

¹¹Dios respondió a Salomón: "Puesto que este ha sido tu deseo, y no has pedido riquezas ni bienes ni honores, ni la muerte de tus enemigos, ni tampoco una larga vida, sino sabiduría y conocimiento para poder gobernar a mi pueblo, del que te hice rey, ¹²te concedo sabiduría y conocimiento, pero además te daré riquezas, bienes y honores, como no tuvieron los reyes que hubo antes de ti ni los tendrán los que habrá después de ti."
¹³Después Salomón volvió a Jerusalén desde el santuario *ᶠ* que había en Gabaón, y luego de haber visitado la tienda del encuentro con Dios, reinó en Israel.

Salomón comercia con carros y caballos (1 R 10.26-29; 2 Cr 9.25-28) ¹⁴Salomón reunió carros y jinetes. *ᵍ* Tenía mil cuatrocientos carros y doce mil jinetes, los cuales destinó a los cuarteles de carros de combate y a la guardia real en Jerusalén. ¹⁵El rey hizo que en Jerusalén hubiera tanta plata y oro como piedras; *ʰ* y que abundara el cedro como las higueras silvestres en la llanura. ¹⁶Los caballos para Salomón eran llevados de Musri *ⁱ* y de Cilicia, *ʲ* pues los comerciantes de la corte los compraban allí. *ᵏ* ¹⁷Un carro importado de Egipto valía seiscientas monedas de plata, y un caballo, ciento cincuenta. Y todos los reyes hititas y sirios los compraban por medio de los agentes de Salomón.

2 **Pacto de Salomón con Hiram, rey de Tiro (1 R 5.1-18; 7.13-14)** ¹⁽¹·¹⁸⁾ *ᵃ* Salomón decidió construir un templo al Señor y también su propio palacio real. ²⁽¹⁾Para ello designó setenta mil cargadores y ochenta mil canteros que

---

ᵃ **1.4** 2 S 6.1-17; 1 Cr 13.5-14; 15.25—16.1.
ᵇ **1.5** El *altar* fabricado por Besalel era de madera de acacia enchapada en *bronce* (Ex 27.1-2; 38.1-7). Más tarde, Salomón hizo un altar de bronce para el templo de Jerusalén (2 Cr 4.1).
ᶜ **1.5** *Besalel:* Ex 31.2; 1 Cr 2.20.
ᵈ **1.5** *La tienda del Señor:* Ex 36.8-38.
ᵉ **1.9** Gn 13.16; 28.14.
ᶠ **1.13** *Desde el santuario:* según varias versiones antiguas. Heb. *al santuario.*
ᵍ **1.14** 1 R 4.26.
ʰ **1.15** 2 Cr 9.27; cf. Dt 17.17.
ⁱ **1.16** *Musri:* texto probable. Heb. *Egipto.*
ʲ **1.16** *Musri y de Cilicia:* Algunos opinan que este dato está tomado de 1 R 10.28 y que se refiere a *Musur,* un distrito montañoso al norte de *Cilicia.* Sin embargo, es muy probable que el Cronista se refiera a Egipto (cf. 2 Cr 9.28). Al parecer, los caballos provenían de Cilicia y los carros de Egipto.
ᵏ **1.16** Dt 17.16.
ᵃ **2.1(1.18)** Los números entre paréntesis corresponden a la numeración del texto hebreo.

trabajaran en la montaña, y tres mil seiscientos capataces que los dirigieran.[b]

3 [2] Después Salomón mandó decir a Hiram, rey de Tiro: "Haz conmigo lo que hiciste con David, mi padre, a quien enviaste madera de cedro para que se construyera un palacio donde vivir. **4** [3] Mira, yo voy a construir un templo al Señor mi Dios, para consagrárselo, quemar perfumes en su honor, presentarle siempre las hileras de panes y ofrecerle holocaustos por la mañana y por la tarde, lo mismo que en los sábados, y en las fiestas de luna nueva y en las demás fiestas que en honor del Señor nuestro Dios se celebran siempre en Israel.[c] **5** [4] Pero el templo que voy a construir debe ser grande, porque nuestro Dios es más grande que todos los dioses. **6** [5] Sin embargo, ¿quién será capaz de construirle un templo,[d] si el cielo, con toda su inmensidad, no puede contenerlo? ¿Y quién soy yo para construirle un templo, aunque solo sea para quemar incienso en su honor? **7** [6] Envíame, por tanto, un experto en trabajos en oro, plata, bronce y hierro, y en tela púrpura, tela roja y tela morada. Que sepa también hacer grabados en colaboración con los maestros que están a mi servicio en Judá y en Jerusalén, y que contrató David mi padre. **8** [7] Mándame también del Líbano madera de cedro, ciprés y sándalo, porque sé que tus súbditos saben cortar madera del Líbano. Mis servidores ayudarán a los tuyos **9** [8] a prepararme gran cantidad de madera, ya que el templo que voy a construir tiene que ser grande y maravilloso. **10** [9] Pero ten en cuenta que daré como provisiones para tus trabajadores, los leñadores que corten la madera, cuatro millones cuatrocientos mil litros de trigo, igual cantidad de cebada, cuatrocientos cuarenta mil litros de vino y otros tantos de aceite."[e]

11 [10] Entonces Hiram, rey de Tiro, le envió a Salomón una carta en la que le decía: "El Señor te ha hecho rey de los israelitas, porque ama a su pueblo." **12** [11] Y añadía: "¡Bendito sea el Señor, el Dios de Israel, que hizo el cielo y la tierra, porque ha concedido al rey David un hijo tan sabio, instruido y prudente, que va a construir un templo al Señor y un palacio real para sí mismo![f] **13** [12] Te envío, pues, un hombre experto e inteligente: al maestro Hiram. **14** [13] Es hijo de una mujer de la tribu de Dan[g] y de un nativo de Tiro. Es experto en trabajos en oro, plata, bronce, hierro, piedra, madera, tela púrpura y morada, lino y tela roja, y en grabados de toda clase de figuras, y sabe realizar toda clase de diseños que se le encarguen en compañía de tus peritos y de los que tenía tu padre David, mi señor.[h] **15** [14] Por eso, señor, manda a tus servidores el trigo, la cebada, el aceite y el vino que has ofrecido. **16** [15] Entre tanto, nosotros cortaremos en el Líbano toda la madera que necesites, y te la llevaremos por mar, en balsas, hasta Jope. Luego tú te encargarás de que la lleven de allí a Jerusalén."[i]

17 [16] Después Salomón hizo el censo de todos los extranjeros que vivían en Israel, después del que David, su padre, había hecho, y resultó que había ciento cincuenta y tres mil seiscientos. **18** [17] De ellos reclutó setenta mil cargadores, ochenta mil canteros en la montaña y tres mil seiscientos capataces que hicieran trabajar a la gente.[j]

3 *Salomón construye el templo (1 R 6.1-38)* **1** Salomón comenzó la construcción del templo del Señor en Jerusalén, en el monte Moria[a], donde el Señor se apareció a David, su padre, en el sitio que David había preparado para ello, es decir, donde Ornán el jebuseo trillaba el trigo. **2** Comenzó la construcción el día dos del segundo mes del cuarto año de su reinado.[b]

3 Los cimientos que puso Salomón para la construcción del templo tenían estas medidas: veintisiete metros de largo por nueve de ancho.[c] **4** El vestíbulo que había en la parte delantera del templo medía nueve[d] metros de largo, igual que la anchura del templo, y la altura era también de nueve metros. Salomón recubrió de oro puro el interior del vestíbulo,[e] **5** y revistió el interior del edificio principal con tableros de pino, que recubrieron luego de oro fino, y pusieron relieves de palmeras y cadenas, **6** y lo adornó con incrustaciones de piedras preciosas. El oro que usaron era de la mejor calidad. **7** Revistió, pues, de oro todo el interior del edificio: las vigas, los umbrales, las paredes y las puertas, y grabó seres alados sobre las paredes.

8 Construyó además la sala del Lugar santísimo.[f] Tenía nueve metros de largo, igual que la anchura del templo, y también nueve metros de ancho. Luego lo revistió de oro fino, para lo que emplearon cerca de veinte mil kilos.[g] **9** Los clavos pesaban quinientos cincuenta gramos cada uno. También revistió de oro las salas del piso alto.

10 En el Lugar santísimo mandó esculpir dos seres alados, que fueron también recubiertos de oro. **11** La longitud total de las alas de los dos seres alados era de nueve metros; una de ellas, que medía dos metros y veinticinco centímetros, tocaba la pared de la sala, y la otra, de igual longitud, tocaba la punta del ala del otro ser alado. **12** De igual modo, un ala de este otro ser alado, de igual medida que las otras, tocaba la pared de la sala, y la otra, de igual longitud, tocaba la punta del ala del ser alado anterior. **13** Estos seres alados, cuyas alas medían en total nueve metros, estaban de pie, con las caras vueltas hacia la sala central.[h] **14** Hizo también la cortina[i] de tela morada, púrpura y de lino, e hizo bordar seres alados en ella.[j]

---

[b] **2.2(1)** 2 Cr 2.17-18; cf. 1 R 5.15-16(29-30).
[c] **2.4(3)** Lv 24.5-8; Nm 28-29. Véase *Sábado* en el *Índice temático*.
[d] **2.6(5)** 1 R 8.27; 2 Cr 6.18.
[e] **2.10(9)** 1 R 5.11.
[f] **2.12(11)** 1 R 5.7.
[g] **2.14(13)** *De la tribu de Dan:* En 1 R 7.14 se habla de *una viuda de la tribu de Neftalí.* Los de la tribu de Dan se habían establecido al norte del territorio ocupado por la tribu de Neftalí (Jue 18.27-29). Hiram era de la tribu de Dan (Ex 31.6). Véase *Índice de mapas*.
[h] **2.13-14(12-13)** Ex 31.1-5.
[i] **2.15-16(14-15)** 1 R 5.8-12; Esd 3.7.
[j] **2.18(17)** 1 Cr 22.2; 2 Cr 2.2.

[a] **3.1** *Monte Moria:* Este es el único pasaje de la Biblia que identifica el monte del templo con el sitio donde Abraham iba a sacrificar a su hijo Isaac (Gn 22.2).
[b] **3.1-2** 1 Cr 21.22-26.
[c] **3.3** Ez 40.5.
[d] **3.4** *Nueve:* según versiones antiguas. Heb. *cincuenta y cuatro.*
[e] **3.4** Ez 40.48.
[f] **3.8** Ez 26.33-34.
[g] **3.8** Ez 41.3-4.
[h] **3.13** Ez 25.18-20.
[i] **3.14** Ez 26.31.
[j] **3.14** Mt 27.51.

RITUAL DEL TEMPLO

Sacrificio	Ritual	Referencia
Matutino (6 a.m.)	El sacerdote se viste con vestiduras sagradas; limpia el altar y aviva el fuego del altar.	Lv 6.10-13
	Ofrece un holocausto, con ofrendas de cereal y de vino.	Ex 29.38-40; Nm 28.3-7
	Prepara las lámparas y ofrece incienso.	Ex 30.7
	Presenta una ofrenda de cereales por los sacerdotes.	Lv 6.19-23
Vespertino (en el AT se ofrecía a las 6 p.m.; en el NT a las 3 p.m.)	Ofrece un holocausto, con ofrendas de cereal y de vino.	Ex 29.38-40; Nm 28.3-7
	Enciende las lámparas y ofrece incienso.	Ex 30.8; Lv 24.1-4
	Presenta una ofrenda de cereales por los sacerdotes.	Lv 6.19-23

Véase también *Sacrificios* en el *Índice temático*.

Las dos columnas (1 R 7.15-22) **15** Salomón hizo dos columnas de casi dieciséis metros de altura para la fachada del templo. Sus capiteles medían dos metros veinticinco centímetros. **16** También hizo cadenas en forma de collar,*k* y las puso en lo alto de las columnas; además modeló cien granadas, que puso en las cadenas. **17** Puso las columnas en la fachada del templo, una a la derecha y otra a la izquierda. A la columna de la derecha la llamó Jaquín, y a la de la izquierda la llamó Bóaz.

4 **Mobiliario del templo (1 R 7.23-51)** **1** Salomón hizo también un altar de bronce*a* de nueve metros de largo por nueve de ancho y cuatro y medio de alto.*b* **2** Hizo también una enorme pila de bronce, para el agua. Era redonda, y medía cuatro metros y medio de un borde al otro. Su altura era de dos metros y veinticinco centímetros, y su circunferencia, de trece metros y medio. **3** Debajo y alrededor de la pila, en dos hileras, había figuras como de toros,*c* en número de diez por cada cuarenta y cinco centímetros, formando una sola pieza con la pila. **4** Esta descansaba sobre doce toros de bronce, de los cuales tres miraban al norte, tres al sur, tres al este y tres al oeste. Sus patas traseras estaban hacia dentro, y la pila descansaba sobre ellos. **5** Las paredes de la pila tenían ocho centímetros de grueso; su borde imitaba el cáliz de un lirio, y cabían en ella sesenta y seis mil litros de agua.
6 Hizo también diez pilas*d* de bronce para lavar, y puso cinco a la derecha y cinco a la izquierda. En ellas lavaban todo lo que se usaba en el holocausto; pero la pila grande era para que se lavaran en ella los sacerdotes.*e*
7 Hizo también diez candelabros de oro*f* en la forma prescrita, y los colocó en el templo, cinco a la derecha y cinco a la izquierda. **8** Además hizo diez mesas,*g* y las puso en el templo, cinco a la derecha y cinco a la izquierda. Hizo también cien tazones de oro.*h*

9 Construyó además el atrio de los sacerdotes y el atrio principal, con sus puertas, las cuales recubrió de bronce. **10** Y puso la pila grande al lado derecho del templo, hacia el suroeste.
11 Hiram hizo además las ollas, las palas y los tazones, y así terminó el trabajo que hizo para Salomón en el templo de Dios. **12** Este trabajo consistió en las dos columnas, los capiteles redondos que estaban en la parte superior de las mismas, las dos rejillas para cubrir los capiteles, **13** las cuatrocientas granadas para las dos rejillas, en dos hileras para cada una de las rejillas, con que se cubrían los dos capiteles redondos que había en lo alto de las columnas; **14** las diez bases, las diez pilas que iban sobre ellas, **15** la pila grande para el agua, con los doce toros que tenía debajo, **16** además de las ollas, las palas y los tenedores.
Todos los utensilios que Hiram, el maestro, le hizo al rey Salomón para el templo del Señor, eran de bronce pulido. **17** Los fundió en moldes de arena, en la región del Jordán, entre Sucot y Saretán.*i* **18** Salomón hizo tantos utensilios de bronce, que no se preocupó por hacer que los pesaran.
19 También mandó hacer Salomón todos los demás utensilios que había en el templo de Dios: el altar de oro, las mesas sobre las que se ponían los panes que se consagran al Señor, **20** los candelabros de oro puro con sus lámparas que había frente al Lugar santísimo, para encenderlos como estaba ordenado; **21** las figuras de flores, las lámparas y las tenazas, igualmente de oro puro; **22** las despabiladeras, los tazones, los cucharones y los incensarios, que eran todos de oro puro. También eran de oro, a la entrada del templo, las hojas de las puertas interiores, las del Lugar santísimo y las de las puertas del templo mismo.

5 **1** Y cuando se acabaron todas las obras que Salomón mandó realizar en el templo del Señor, llevó Salomón los utensilios de oro y de plata que David, su padre, había dedicado al Señor,*a* y los depositó en los tesoros del templo de Dios.

---

k **3.16** *En forma de collar:* texto probable. Heb. *en el Lugar Santísimo.*
a **4.1** Ex 27.1-2.
b **4.1** Ez 43.13-17.
c **4.3** *Dos hileras... como de toros:* Según 1 R 7.24, las figuras que estaban en estas hileras no eran *toros* sino *frutos.* El cambio se debe probablemente a que en hebreo las dos palabras tienen sonido semejante.
d **4.6** Ex 30.17-21.
e **4.6** Ez 40.38.
f **4.7** Ex 25.31-40.
g **4.8** Ex 25.23-30.
h **4.8** 1 Cr 28.16.
i **4.17** *Saretán:* según una versión antigua y 1 R 7.46. Heb. *Seredata.*
a **5.1** 2 S 8.11; 1 Cr 18.11.

2 CRÓNICAS 5, 6

El arca de la alianza es llevada al templo (1 R 8.1-11)

2 Entonces Salomón reunió en Jerusalén a los ancianos de Israel, a todos los jefes de las tribus y a las personas principales de las familias israelitas, para trasladar el arca de la alianza del Señor desde Sión, la Ciudad de David.[b] **3** Y en el día de la fiesta solemne, en el séptimo mes del año, se reunieron con el rey Salomón todos los israelitas. **4** Llegaron todos los ancianos de Israel, y los levitas tomaron el arca **5** y la trasladaron junto con la tienda del encuentro con Dios y con todos los utensilios sagrados que había en ella, los cuales llevaban los sacerdotes y levitas.[c] **6** El rey Salomón y toda la comunidad israelita que se había reunido con él, estaban delante del arca ofreciendo en sacrificio ovejas y toros en cantidad tal que no se podían contar. **7** Después llevaron los sacerdotes el arca de la alianza del Señor al interior del templo, hasta el Lugar santísimo, bajo las alas de los seres alados, **8** los cuales tenían sus alas extendidas sobre el sitio donde estaba el arca, cubriendo por encima tanto el arca como sus travesaños. **9** Pero los travesaños eran tan largos que sus extremos se veían desde el Lugar santo,[d] frente al Lugar santísimo, aunque no podían verse por fuera; y así han quedado hasta el día de hoy. **10** En el arca no había más que las dos tablas de piedra que Moisés había puesto allí en Horeb,[e] las tablas de la alianza que el Señor hizo con los israelitas cuando salieron de Egipto.

11 Los sacerdotes salieron del Lugar santo. Todos los sacerdotes que estaban presentes se habían purificado sin atenerse a los turnos en que estaban repartidos. **12** Todos los levitas cantores, Asaf, Hemán y Jedutún, junto con sus hijos y demás parientes, estaban de pie, al este del altar, vestidos de lino. Tenían platillos, salterios y arpas. Con ellos había ciento veinte sacerdotes que tocaban trompetas.

13 Entonces todos unidos se pusieron a tocar las trompetas y a cantar a una voz para alabar y dar gracias al Señor, haciendo sonar las trompetas, los platillos y los otros instrumentos musicales mientras se cantaba: "Alaben al Señor, porque él es bueno, porque su amor es eterno."[f] En aquel momento, el templo del Señor se llenó de una nube, **14** y por causa de la nube los sacerdotes no pudieron quedarse para celebrar el culto, porque la gloria del Señor había llenado el templo.[g]

6 Salomón dedica el templo (1 R 8.12-66)

1 Entonces Salomón dijo:

"Tú, Señor, has dicho
que vives en la oscuridad.
2 Pero yo te he construido
un templo para que lo habites,
un lugar donde vivas para siempre."

3 Luego el rey se volvió, de frente a toda la comunidad israelita, que estaba de pie, y la bendijo **4** diciendo: "Bendito sea el Señor, Dios de Israel, que ha cumplido lo que prometió a David, mi padre, cuando le dijo: **5** 'Desde el día en que saqué de Egipto a mi pueblo, no había escogido yo ninguna ciudad entre todas las tribus de Israel para que en ella se construyera un templo donde residiera mi nombre, ni había escogido a ningún hombre para que fuera el guía de mi pueblo Israel, **6** pero escogí a Jerusalén para que mi nombre resida allí, y escogí a David para que gobernara a mi pueblo Israel.' **7** Y David, mi padre, tuvo el deseo de construir un templo en honor del Señor, Dios de Israel. **8** Sin embargo, el Señor le dijo: 'Haces bien en querer construirme un templo; **9** pero no serás tú quien lo construya, sino el hijo que tendrás. Él será quien me construya el templo.'[a]

10 "Pues bien, el Señor ha cumplido su promesa. Tal como dijo, yo he tomado el lugar de David, mi padre, y me he sentado en el trono de Israel y he construido un templo al Señor, el Dios de Israel. **11** Además he puesto allí el arca donde está la alianza que el Señor hizo con los israelitas."

12 Después se puso Salomón delante del altar del Señor, en presencia de toda la comunidad israelita, y extendió sus manos. **13** Estaba subido sobre una plataforma de bronce de dos metros veinticinco centímetros de largo, otro tanto de ancho y un metro treinta y cinco centímetros de alto, la cual había construido y colocado en medio del atrio. Luego se arrodilló delante de toda la comunidad israelita, y extendiendo sus manos al cielo, **14** exclamó: "Señor, Dios de Israel: ni en el cielo ni en la tierra hay un Dios como tú, que cumples tu alianza y muestras tu bondad para con los que te sirven de todo corazón; **15** que has cumplido lo que prometiste a David, mi padre, uniendo así la acción a la palabra en este día. **16** Por lo tanto, Señor, Dios de Israel, cumple también lo que prometiste a tu siervo David, mi padre: que no le faltaría un descendiente que, con tu favor, subiera al trono de Israel, con tal de que sus hijos cuidaran su conducta y cumplieran tu ley como él la cumplió.[b] **17** Así pues, Señor, Dios de Israel, haz que se cumpla la promesa que hiciste a mi padre, tu servidor David.

18 "Pero ¿será verdad que Dios puede vivir con los hombres sobre la tierra? Si el cielo, en toda su inmensidad, no puede contenerte, ¡cuánto menos este templo que he construido para ti!![c] **19** No obstante, Señor y Dios mío, atiende mi ruego y mi súplica; escucha el clamor y la oración que este siervo tuyo te dirige. **20** No dejes de mirar, ni de día ni de noche, este templo, lugar donde tú has dicho que estarás presente.[d] Escucha la oración que aquí te dirige este siervo tuyo. **21** Escucha mis súplicas y las de tu pueblo Israel cuando oremos hacia este lugar. Escúchalas en el cielo, lugar donde vives, y concédenos tu perdón.

22 "Cuando alguien cometa una falta contra su prójimo, y le obliguen a jurar ante tu altar en este templo, **23** escucha desde el cielo, y actúa; haz justicia a tus siervos. Da su merecido al culpable, haciendo recaer sobre él el castigo

---

[b] **5.2** 2 S 6.12-15; 1 Cr 15.25-28.
[c] **5.4-5** 2 Cr 35.3.
[d] **5.9** *Desde el Lugar Santo:* según 1 R 8.8. Heb. *desde el arca.*
[e] **5.10** Dt 10.5.
[f] **5.13** 1 Cr 16.34; 2 Cr 7.3; 20.21; Esd 3.11; Sal 100.5; 106.1; 107.1; 118.1; 136.1; Jer 33.11; Dn (dc) 3.89-90.

[g] **5.13-14** Ex 40.34-35; 2 Cr 7.2.
[a] **6.9** 2 S 7.1-13; 1 Cr 17.1-12.
[b] **6.16** 2 S 7.11-16; 1 R 2.4.
[c] **6.18** 2 Cr 2.6.
[d] **6.20** Dt 12.11.

por sus malas acciones, y haz justicia al inocente, según le corresponda.

²⁴ "Cuando el enemigo derrote a tu pueblo Israel por haber pecado contra ti, si luego este vuelve y alaba tu nombre, y en sus oraciones te suplica en este templo, ²⁵ escúchalo tú desde el cielo, perdona su pecado, y hazlo volver al país que les diste a ellos y a sus antepasados.

²⁶ "Cuando haya una sequía y no llueva porque el pueblo pecó contra ti, si luego ora hacia este lugar, y alaba tu nombre, y se arrepiente de su pecado a causa de tu castigo, ²⁷ escúchalo tú desde el cielo y perdona el pecado de tus siervos, de tu pueblo Israel, y enséñales el buen camino que deben seguir. Envía entonces tu lluvia a esta tierra que diste en herencia a tu pueblo.

²⁸ "Cuando en el país haya hambre, o peste, o las plantas se sequen por el calor, o vengan plagas de hongos, langostas o pulgón; cuando el enemigo rodee nuestras ciudades y las ataque, o venga cualquier otra desgracia o enfermedad, ²⁹⁻³⁰ escucha entonces toda oración o súplica hecha por cualquier persona, o por todo tu pueblo Israel, que al ver su desgracia y dolor extienda sus manos en oración hacia este templo. Escucha tú desde el cielo, desde el lugar donde habitas, y concede tu perdón; da a cada uno según merezcan sus acciones, pues solo tú conoces las intenciones y el corazón del hombre. ³¹ Así te honrarán y te obedecerán mientras vivan en la tierra que diste a nuestros antepasados.

³² "Aun si un extranjero, uno que no sea de tu pueblo, viene de tierras lejanas por causa de tu nombre grandioso y de tu gran despliegue de poder, y ora hacia este templo, ³³ escucha tú desde el cielo, desde el lugar donde habitas, y concédele todo lo que te pida, para que todas las naciones de la tierra te conozcan y te honren como lo hace tu pueblo Israel, y comprendan que tu nombre es invocado en este templo que yo te he construido.

³⁴ "Cuando tu pueblo salga a luchar contra sus enemigos, dondequiera que tú lo envíes, si ora a ti en dirección de esta ciudad que tú escogiste y del templo que yo te he construido, ³⁵ escucha tú desde el cielo su oración y su ruego, y defiende su causa.

³⁶ "Y cuando pequen contra ti, pues no hay nadie que no peque, y tú te enfurezcas con ellos y los entregues al enemigo para que los haga cautivos y se los lleve a otro país, sea lejos o cerca, ³⁷ si en el país adonde hayan sido desterrados se vuelven a ti y te suplican y reconocen que han pecado y hecho lo malo, ³⁸ si se vuelven a ti con todo su corazón y toda su alma en el país adonde los hayan llevado cautivos, y oran en dirección de esta tierra que diste a sus antepasados, y de la ciudad que escogiste, y del templo que te he construido, ³⁹ escucha tú sus oraciones y súplicas desde el cielo, desde el lugar donde habitas, defiende su causa y perdónale a tu pueblo sus pecados contra ti.

⁴⁰ "Atiende, pues, Dios mío, y escucha las oraciones que se hagan en este lugar.

⁴¹ "Levántate, Dios y Señor, con tu arca poderosa,
y ven al lugar donde has de descansar.
Que tus sacerdotes, Dios y Señor,
se revistan de la salvación,
que tus fieles gocen de prosperidad.
⁴² No desaires, Dios y Señor, al rey que has escogido.
Recuerda tu amor por David, tu siervo." ᵉ

7 ¹ Cuando Salomón terminó esta oración, cayó fuego del cielo y consumió el holocausto y los sacrificios, ᵃ y la gloria del Señor llenó el templo, ² de modo que por eso los sacerdotes no podían entrar en él. ᵇ ³ Al ver todos los israelitas el fuego y la gloria del Señor que bajaban sobre el templo, se arrodillaron e inclinaron hasta tocar el suelo del enlosado con la frente, y adoraron y dieron gracias al Señor, repitiendo: "Porque él es bueno, porque su amor es eterno." ᶜ

⁴ Después de esto, el rey y todo el pueblo ofrecieron sacrificios al Señor. ⁵ Y el rey Salomón ofreció en sacrificio veintidós mil toros y ciento veinte mil ovejas.

Así fue como el rey y todo Israel consagraron el templo de Dios.

⁶ Los sacerdotes se mantenían en sus puestos, y también los levitas, con los instrumentos de música sagrada que el rey había hecho para acompañar el canto que dice: "Porque su amor es eterno", cuando David cantaba con ellos. Y los sacerdotes tocaban frente a ellos las trompetas, mientras todo Israel estaba de pie.

⁷ Salomón consagró también el centro del atrio que está frente al templo del Señor, pues allí ofreció los holocaustos y la grasa de los sacrificios de reconciliación, porque en el altar de bronce que él había construido no cabían los holocaustos, las ofrendas de cereales y la grasa.

⁸ En dicha ocasión, Salomón y todo Israel, una gran muchedumbre que había venido desde la entrada de Hamat hasta el arroyo de Egipto, celebraron la fiesta de las Enramadas. ᵈ ⁹ Al día siguiente ᵉ tuvieron una fiesta solemne, porque durante siete días habían celebrado la consagración del altar y durante otros siete días la fiesta de las Enramadas. ¹⁰ El día veintitrés del séptimo mes, el rey despidió al pueblo para que se fueran a sus casas alegres y satisfechos por el bien que el Señor había hecho a David, a Salomón y a su pueblo Israel. ᶠ

Dios hace una alianza con Salomón *(1 R 9.1-9)* ¹¹ Cuando Salomón terminó con éxito el templo del Señor, y el palacio real y todo lo que se propuso hacer en ellos, ¹² se le apareció de noche el Señor y le dijo: "He escuchado tu oración, y he escogido este sitio como templo para los sacrificios. ¹³ Así que, si mando una sequía y hago que no llueva, u ordeno a las langostas que destruyan los campos, o envío una peste sobre mi pueblo, ¹⁴ y si mi pueblo, el pueblo que lleva mi nombre, se humilla, ora, me busca y deja su mala conducta, yo lo escucharé desde el cielo, perdonaré sus pecados y devolveré la prosperidad a su país. ¹⁵ De ahora en adelante escucharé con atención las oraciones

---

6.42 Sal 132.8-10.
ᵃ **7.1** Lv 9.23-24.
ᵇ **7.2** Ex 24.16; 2 Cr 5.14.
ᶜ **7.3** 1 Cr 16.34; 2 Cr 5.13; Esd 3.11; Sal 100.5; 106.1; 107.1; 118.1; 136.1; Jer 33.11.
ᵈ **7.8** *Fiesta de las Enramadas*: lit. *fiesta de siete días*. Véase *Fiestas* en el *Índice temático*.
ᵉ **7.9** *Al día siguiente*: lit. *al octavo día*.
ᶠ **7.10** 1 R 8.66; 1 Cr 21.26; 2 Mac 2.10.

que se hagan en este lugar, **16** porque he escogido y consagrado este templo como residencia perpetua de mi nombre. Siempre lo cuidaré y lo tendré presente. **17** Ahora bien, si tú te comportas en mi presencia como lo hizo David, tu padre, poniendo en práctica todo lo que te he ordenado y obedeciendo mis leyes y decretos, **18** yo confirmaré tu reinado según lo pactado con David, tu padre, cuando le dije que nunca faltaría un descendiente suyo que gobernara a Israel.*g* **19** Pero si ustedes se apartan de mí, y no cumplen las leyes y los mandamientos que les he dado, sino que sirven y adoran a otros dioses, **20** los arrancaré a ustedes de la tierra que les he dado, arrojaré de mi presencia el templo que he consagrado y haré que sean motivo de burla constante entre todas las naciones. **21** Y este templo, que era tan glorioso, será convertido en un montón de ruinas,*h* y todo el que pase junto a él se asombrará y preguntará por qué actuó el Señor así con este país y con este templo. **22** Y le responderán que fue porque abandonaron al Señor, el Dios de sus antepasados, que los sacó de Egipto, y porque se aferraron a adorar y servir a otros dioses; que por eso hizo venir sobre ellos tan grande mal."

8 *Otras actividades de Salomón (1 R 9.10-28)* **1** Pasaron veinte años después de haber construido Salomón el templo del Señor y su propio palacio, **2** y entonces reconstruyó las ciudades que Hiram le había entregado*a* e instaló a los israelitas en ellas.

3 Después marchó contra Hamat de Sobá, y se apoderó de ella. **4** También reconstruyó Tadmor,*b* en el desierto, y todas las ciudades donde almacenaba los alimentos, las cuales había construido en Hamat. **5** Igualmente reconstruyó Bet-horón de arriba y Bet-horón de abajo, ciudades fortificadas, con murallas, puertas y barras, **6** y también a Baalat y demás ciudades donde almacenaba los alimentos, todos los cuarteles de los carros de combate, los cuarteles de la caballería y todo lo que quiso construir en Jerusalén, en el Líbano y en todo el territorio bajo su dominio. **7** En cuanto a los habitantes hititas, amorreos, heveos, ferezeos y jebuseos que quedaron, los cuales no eran israelitas, **8** es decir, a sus descendientes que quedaron después de ellos en el país y que los israelitas no exterminaron, Salomón los sometió a trabajos forzados, y así siguen hasta el día de hoy. **9** Pero no obligó a ningún israelita a servir como esclavo en sus obras, sino como soldados, jefes, capitanes y comandantes de los carros de combate y de la caballería. **10** En cuanto a los capataces que el rey Salomón tenía, eran doscientos cincuenta.

11 Salomón trasladó a la hija del faraón de la Ciudad de David al palacio que Salomón había edificado para ella, porque pensó que su esposa no debía vivir en el palacio de David, rey de Israel, ya que los lugares donde había entrado el arca del Señor eran sagrados.

12 Salomón ofrecía al Señor holocaustos sobre el altar del Señor que había construido frente al vestíbulo del templo, **13** en los días en que había que ofrecerlos según la ley de Moisés, es decir, los sábados,*c* en las fiestas de luna nueva*d* y en las tres fiestas que se celebran al año:*e* la de los panes sin levadura, la de las semanas y la de las Enramadas.

14 También estableció los turnos, según lo había dispuesto David, su padre, para que los sacerdotes hicieran su servicio y los levitas se encargaran de alabar al Señor y de colaborar con los sacerdotes en lo que se necesitara cada día. Y también los turnos de los porteros en cada puerta, porque así lo había ordenado David, hombre de Dios.*f* **15** Así pues, no se apartaron en ningún momento de las disposiciones del rey David en cuanto a los sacerdotes, los levitas y la tesorería. **16** Todo lo que Salomón tenía que realizar, se llevó a cabo, desde el día en que se pusieron los cimientos del templo hasta su terminación. El templo del Señor quedó perfectamente terminado.

17 Salomón fue, entonces, a Esión-guéber y a Elat, a orilla del mar, en el territorio de Edom. **18** Hiram, por medio de sus oficiales, le envió barcos y hombres a su servicio, conocedores del mar, que fueron junto con los oficiales de Salomón, y llegaron a Ofir, de donde tomaron casi quince mil kilos de oro y se los llevaron al rey Salomón.

9 *La reina de Sabá visita a Salomón (1 R 10.1-13)* **1** La reina de Sabá*a* oyó hablar de la fama que Salomón había alcanzado, y fue a Jerusalén para ponerlo a prueba con preguntas difíciles. Llegó rodeada de gran esplendor, con camellos cargados de perfumes y con gran cantidad de oro y piedras preciosas. Cuando llegó ante Salomón, le preguntó todo lo que tenía pensado, **2** y Salomón respondió a todas sus preguntas. No hubo una sola pregunta de la cual no supiera la repuesta. **3** Al ver la reina de Sabá la sabiduría de Salomón, y el palacio que había construido, **4** los manjares de su mesa, los lugares que ocupaban sus oficiales, el porte y la ropa de sus criados, sus coperos y su ropa, y cómo subía al templo,*b* se quedó tan asombrada **5** que dijo al rey: "Lo que escuché en mi país acerca de tus hechos y de tu sabiduría, es verdad; **6** pero solo he podido creerlo ahora que he venido y lo he visto con mis propios ojos. En realidad, no me habían contado ni la mitad de tu gran sabiduría, pues tú sobrepasas lo que yo había oído. **7** ¡Qué felices deben de ser tus esposas,*c* y qué contentos han de sentirse esos servidores tuyos, que siempre están a

---

g **7.18** 2 S 7.11-16; 1 R 2.4; Mt 12.42; Lc 11.31.

h **7.21** *Un montón de ruinas:* según varias versiones antiguas. Heb. *altísimo.* Cf. 1 R 9.8.

a **8.2** *Las ciudades que Hiram le había entregado:* De acuerdo con 1 R 9.10-14, Salomón había dado a Hiram varias ciudades como pago por la madera y el oro recibido de Tiro. Pero como esas ciudades no fueron de su agrado, es posible que se las haya devuelto a Salomón.

b **8.4** *Tadmor:* ciudad conocida más tarde como Palmira, sitio importante para el reabastecimiento de las caravanas en el desierto de Siria. El pasaje paralelo de 1 R 9.18 menciona, en cambio, a *Tamar,* población al sudeste de Judá (cf. Ez 47.19; 48.28). Es probable, sin embargo, que Salomón haya fortificado Tadmor para defenderse de los arameos.

c **8.13** Nm 28.9-10.

d **8.13** Nm 28.11-15.

e **8.13** Ex 23.14-17; 34.22-23; Nm 28.16—29.39; Dt 16.16.

f **8.14** 1 Cr 23—26; Neh 12.46.

a **9.1** Mt 12.42; Lc 11.31.

b **9.4** *Como subía al templo:* traducción probable. Otra posible traducción, con ligero cambio del texto: *los holocaustos que ofrecía en el templo.* Cf. 1 R 10.5.

c **9.7** *Tus esposas:* texto probable (cf. 1 R 10.8). Heb. *tus hombres.*

tu lado escuchando tus sabias palabras! **8** ¡Bendito sea el Señor tu Dios, que te vio con agrado y te puso sobre su trono para que fueras su rey! ¡Por el amor que tu Dios tiene a Israel, y para consolidarlo para siempre, te ha hecho rey sobre ellos para que gobiernes con rectitud y justicia!"

9 Luego entregó ella al rey tres mil novecientos sesenta kilos de oro, y gran cantidad de perfumes y piedras preciosas. Nunca llegó a Israel tal cantidad de perfumes como la que regaló la reina de Sabá al rey Salomón.

10 Además, los hombres al servicio de Hiram y de Salomón que habían traído oro de Ofir, trajeron también de allá madera de sándalo y piedras preciosas. **11** Con la madera de sándalo hizo el rey barandas para el templo del Señor y para el palacio real, y también arpas y salterios para los músicos. Nunca se había visto nada semejante en la tierra de Judá. **12** Por su parte, el rey Salomón dio a la reina de Sabá todo lo que ella quiso pedirle, además de lo que ya le había dado a cambio de lo que ella le había traído.*d* Después la reina regresó a su país acompañada de la gente a su servicio.

Fama y riqueza de Salomón *(1 R 10.14-29; 2 Cr 1.14-17)* **13** El oro que Salomón recibía cada año llegaba a unos veintidós mil kilos, **14** sin contar el tributo que le pagaban los comerciantes y viajeros. Además, todos los reyes de Arabia y los gobernadores del país le traían oro y plata a Salomón. **15** El rey Salomón mandó hacer doscientos escudos grandes de oro batido, empleando en cada uno seis kilos de oro. **16** Mandó hacer también trescientos escudos más pequeños, empleando en cada uno poco más de tres kilos de oro batido, y los puso en el palacio llamado "Bosque del Líbano". **17** Mandó hacer también un gran trono de marfil, y ordenó que lo recubrieran de oro puro. **18** El trono tenía sujetos a él seis escalones y un estrado de oro, y brazos a cada lado del asiento, junto a los cuales había dos leones de pie. **19** Había también doce leones de pie, uno a cada lado de los seis escalones. ¡Jamás se había construido en ningún otro reino nada semejante! **20** Además, todas las copas del rey eran de oro, lo mismo que toda la vajilla del palacio "Bosque del Líbano". No había nada de plata, porque en tiempos de Salomón esta no era de mucho valor, **21** ya que los barcos del rey iban a Tarsis con los hombres al servicio de Hiram, y llegaban una vez cada tres años, trayendo oro, plata, marfil, monos y pavos reales.

22 El rey Salomón superaba a todos los reyes de la tierra en riqueza y sabiduría. **23** Todos los reyes del mundo querían verlo y escuchar la sabiduría que Dios le había dado, **24** y todos le llevaban cada año un regalo: objetos de plata y de oro, capas, armas, sustancias aromáticas, caballos y mulas.

Salomón comercia con carros y caballos *(1 R 10.26-29; 2 Cr 1.14-17)* **25** Salomón tenía cuatro mil caballerizas para sus caballos y sus carros, y doce mil jinetes,*e* los cuales destinó a los cuarteles de los carros de combate y a la guardia real en Jerusalén. **26** Y Salomón era soberano de todos los reyes que había desde el río Éufrates hasta el país filisteo y hasta la frontera de Egipto.*f* **27** El rey hizo que en Jerusalén hubiera tanta plata como piedras;*g* y que abundara el cedro como las higueras silvestres en la llanura. **28** Los caballos para Salomón eran traídos de Musri*h* y de todos los otros países.*i*

Muerte de Salomón *(1 R 11.41-43)* **29** El resto de la historia de Salomón, desde el principio hasta el fin, está escrito en las crónicas del profeta Natán, en la profecía de Ahías el de Siló, y en las revelaciones del profeta Iddo concernientes a Jeroboam, hijo de Nabat. **30** Salomón reinó en Jerusalén sobre todo Israel durante cuarenta años, **31** y cuando murió lo enterraron en la Ciudad de David, su padre. Después reinó en su lugar su hijo Roboam.

II. LA DIVISIÓN DEL REINO (10.1—11.4)

10 ***División del reino*** *(1 R 12.1-24)* **1** Roboam fue a Siquem, porque todo Israel*a* había ido allá para proclamarlo rey. **2** Pero lo supo Jeroboam, hijo de Nabat, que estaba en Egipto, adonde había huido del rey Salomón, y regresó de Egipto. **3** Cuando lo mandaron llamar, Jeroboam y todo Israel fueron a hablar con Roboam, y le dijeron:

4 —Tu padre fue muy duro con nosotros; ahora alivia tú la dura servidumbre y el pesado yugo que él nos impuso, y te serviremos.

5 Roboam les contestó:

—Vuelvan a verme dentro de tres días.

La gente se fue, **6** y entonces el rey Roboam consultó a los ancianos que habían servido a Salomón, su padre, cuando este vivía. Les preguntó:

—¿Qué me aconsejan ustedes que responda yo a esta gente?

7 Ellos le dijeron:

—Si tratas bien a esta gente y procuras darles gusto y les respondes con buenas palabras, ellos te servirán siempre.

8 Pero Roboam no hizo caso del consejo de los ancianos, sino que consultó a los muchachos que se habían criado con él y que estaban a su servicio, **9** preguntándoles:

—¿Qué me aconsejan ustedes que responda yo a esta gente, que me ha pedido que aligere el yugo que mi padre les impuso?

10 Aquellos jóvenes, que se habían criado con él, le respondieron:

—A la gente que te ha pedido que aligeres el yugo que tu padre les impuso, debes responderle lo siguiente: 'Si mi padre fue duro, yo lo soy mucho más;*b* **11** si él les impuso un yugo pesado, yo lo haré más pesado todavía; y si él los azotaba con correas, yo los azotaré con látigos de puntas de hierro.'

12 Al tercer día volvió Jeroboam a presentarse con todo el pueblo ante Roboam, como el rey les había dicho. **13** Pero el rey Roboam les contestó duramente, sin hacer caso del

---

d **9.12** *Además... traído:* traducción probable. Heb. oscuro.
e **9.25** 1 R 4.26.
f **9.26** Gn 15.18; 1 R 4.21.
g **9.27** Dt 17.17.
h **9.28** *Musri:* texto probable. Heb. *Egipto.*
i **9.28** Dt 17.16.
a **10.1** *Todo Israel:* Como en 1 R 12.1, esta expresión se refiere a las tribus del norte, sin contar las tribus de Judá y Benjamín.
b **10.10** *Si mi padre... soy mucho más:* lit. *mi dedo meñique es más grueso que los lomos de mi padre.*

consejo de los ancianos, **14** y les repitió lo que le habían aconsejado los muchachos: que si su padre les había impuesto un yugo pesado, él les impondría uno más pesado todavía, y que si su padre los había azotado con correas, él los azotaría con látigos de puntas de hierro. **15** El rey, pues, no hizo caso del pueblo, porque el Señor había dispuesto que sucediera así para que se cumpliera lo que el Señor había prometido a Jeroboam, hijo de Nabat, por medio de Ahías el de Siló.*c* **16** Cuando todo el pueblo de Israel vio que el rey no le había hecho caso, le respondió de este modo:

"¡No tenemos nada que ver con David!
¡Ninguna herencia compartimos con el hijo de Jesé!
¡Cada uno a su casa, israelitas!
¡Y David que cuide de su familia!"

Al momento, todos los israelitas *d* se fueron a sus casas. **17** En cuanto a los israelitas que vivían en las ciudades de Judá, Roboam siguió reinando sobre ellos. **18** Y cuando Roboam envió a Adoram, que era el encargado del trabajo obligatorio, los israelitas lo mataron a pedradas. Entonces el rey Roboam subió rápidamente a su carro y huyó a Jerusalén. **19** De este modo se rebeló Israel contra la dinastía de David hasta el día de hoy.

11 **1** Cuando Roboam llegó a Jerusalén, juntó ciento ochenta mil soldados escogidos de las familias de Judá y de la tribu de Benjamín, para luchar contra Israel y recuperar su reino. **2** Pero el Señor habló a Semaías, hombre de Dios, y le ordenó: **3** "Di a Roboam, hijo de Salomón y rey de Judá, y a todos los israelitas de Judá y de Benjamín, **4** que les ordeno que no luchen contra sus hermanos. Que se vuelvan todos a sus casas, porque así lo he dispuesto."

Al oir ellos lo que el Señor les decía, regresaron, desistiendo de marchar contra Jeroboam.

III. LOS REYES DE JUDÁ (11.5—36.23)

Prosperidad de Roboam **5** Roboam se estableció en Jerusalén y construyó ciudades fortificadas en Judá. *a* **6** Reforzó así Belén, Etam, Tecoa, **7** Bet-sur, Socó, Adulam, **8** Gat, Maresá, Zif, **9** Adoraim, Laquis, Azecá, **10** Sorá, Aialón y Hebrón, que eran ciudades fortificadas de Judá y Benjamín. **11** Reforzó las fortificaciones y puso en ellas comandantes y provisiones de comida, aceite y vino. **12** Además proveyó de escudos y lanzas a todas y cada una de las ciudades, y las reforzó de manera extraordinaria. Así pues, Roboam quedó en posesión de Judá y Benjamín.

13 Los sacerdotes y levitas de todo Israel vinieron de todas partes para unirse a él, **14** pues los levitas tuvieron que abandonar sus tierras de pastoreo y demás posesiones, para irse a Jerusalén y a otros lugares de Judá, porque Jeroboam y sus sucesores les impidieron ejercer el sacerdocio del Señor. **15** Jeroboam había nombrado sus propios sacerdotes para los santuarios paganos y para el culto a los demonios y a los becerros que había fabricado.*b* **16** Además, los que tenían el sincero propósito de buscar al Señor, el Dios de Israel, siguieron el ejemplo de los sacerdotes y levitas, y se fueron a Jerusalén para ofrecer sacrificios al Señor, Dios de sus antepasados. **17** De esta manera fortalecieron el reino de Judá y apoyaron a Roboam, hijo de Salomón, durante tres años, pues solo durante tres años él siguió *c* el ejemplo de David y Salomón.

18 Roboam se casó con Mahalat, hija de Jerimot, hijo de David y Abihail, hija de Eliab y nieta de Jesé. **19** Hijos de Roboam y Mahalat fueron Jehús, Semarías y Záham. **20** Después se casó con Maacá, hija de Absalón, y sus hijos fueron Abiam,*d* Atai, Zizá y Selomit.*e* **21** Roboam tenía dieciocho esposas y sesenta concubinas, pero quería más a Maacá que a todas las demás. Tuvo veintiocho hijos y sesenta hijas.

22 Roboam nombró a Abiam, hijo de Maacá, jefe de sus hermanos, pues quería hacerlo rey. **23** Tuvo la buena idea de repartir a sus demás hijos entre todos los territorios de Judá y Benjamín y entre todas las ciudades fortificadas, dándoles provisiones en abundancia y consiguiéndoles muchas esposas.

12 ***Sisac invade Judá*** (1 R 14.21-31) **1** Cuando se consolidó el reinado de Roboam y él se sintió fuerte, dejó de cumplir la ley del Señor, y todo Israel hizo lo mismo. **2** Pero, como fueron infieles al Señor, en el quinto año del reinado de Roboam, Sisac, rey de Egipto, fue y atacó a Jerusalén **3** con mil doscientos carros de combate, sesenta mil soldados de caballería y una innumerable tropa que venía con él de Egipto: libios, suquienos *a* y etíopes. **4** Conquistó las ciudades fortificadas de Judá, y llegó hasta Jerusalén.

5 Entonces el profeta Semaías se presentó a Roboam y a los jefes de Judá que se habían reunido en Jerusalén ante el avance de Sisac, y les dijo:

—El Señor dice que ustedes lo han abandonado y que, por eso, él los abandona ahora en manos de Sisac. *b*

6 Los jefes de Israel y el rey reconocieron humildemente:
—¡El Señor tiene razón!

7 Al ver el Señor que se habían humillado, le dijo a Semaías: "Por haberse humillado, no los destruiré, sino que voy a librarlos dentro de poco, y no utilizaré a Sisac para descargar mi ira sobre Jerusalén; **8** pero van a quedar sometidos a él, y se darán cuenta de la diferencia que hay entre servirme a mí y servir a los reyes de otras naciones."

9 Sisac, rey de Egipto, atacó a Jerusalén y se apoderó de los tesoros del templo del Señor y del palacio real. Todo lo saqueó, y se llevó también los escudos de oro que había hecho Salomón. *c* **10** El rey Roboam hizo en su lugar escudos de bronce, y los dejó al cuidado de los oficiales de la guardia que vigilaba la entrada del palacio real. **11** Y cada vez que el rey iba al templo del Señor, iban los guardias y los llevaban. Luego volvían a ponerlos en el cuarto de guardia. **12** Así pues, por haberse humillado Roboam, se

---

c **10.15** 1 R 11.29-39.
d **10.16** 2 S 20.1
a **11.5-12** Estos vv., que no aparecen en 1 R, aportan información interesante y complementaria.
b **11.15** 1 R 12.31; Lv 17.7.
c **11.17** *Él siguió:* según la versión griega. Heb. *ellos siguieron.*

d **11.20** *Abiam:* en este libro, este nombre aparece como *Abías.*
e **11.20** 1 R 15.2.
a **12.3** *Suquienos:* mercenarios extranjeros en el ejército egipcio.
b **12.5** 2 Cr 11.2.
c **12.9** 1 R 10.16-17; 2 Cr 9.15-16.

calmó la ira del Señor contra él y no lo destruyó totalmente. A pesar de todo, también había cosas buenas en Judá. **13** El rey Roboam aumentó su poder en Jerusalén, y siguió reinando. Cuando comenzó a reinar tenía cuarenta y un años, y reinó diecisiete años en Jerusalén, ciudad que el Señor escogió entre todas las tribus de Israel para residir en ella. La madre de Roboam se llamaba Naamá, y era de Amón. **14** Sus actos fueron malos, pues no trató sinceramente de buscar al Señor.

15 La historia de Roboam, desde el principio hasta el fin, está escrita en las crónicas del profeta Semaías y del profeta Iddo, en el registro familiar.

16 (15b) Hubo guerra continuamente entre Roboam y Jeroboam. **17** (16) Y cuando Roboam murió, fue sepultado en la Ciudad de David. Después reinó en su lugar su hijo Abiam.

13 Reinado de Abiam en Judá (1 R 15.1-7)

1 Abiam comenzó a reinar en Judá en el año dieciocho del reinado de Jeroboam. **2** Reinó en Jerusalén durante tres años. Su madre se llamaba Micaías y era hija de Uriel de Guibeá. Estalló la guerra entre Abiam y Jeroboam. **3** Abiam empezó la batalla con un ejército de cuatrocientos mil soldados escogidos. Jeroboam, por su parte, tomó posiciones de batalla contra él con ochocientos mil soldados escogidos. **4** Entonces Abiam, de pie en el monte Semaraim, que está en la montaña de Efraín, gritó: "¡Jeroboam y todo Israel, escúchenme!*a* **5** ¿No saben ustedes que el Señor, el Dios de Israel, entregó el reino a David y a sus descendientes para siempre mediante una alianza irrevocable? **6** Sin embargo, Jeroboam, el hijo de Nabat, servidor de Salomón, hijo de David, se rebeló contra su amo.*b* **7** Y se le unieron unos hombres ociosos y malvados, que se impusieron a Roboam, hijo de Salomón, porque era joven y débil de carácter. Así que no tuvo fuerza para enfrentarse con ellos. **8** Y ahora ustedes intentan oponerse al gobierno del Señor ejercido por medio de los descendientes de David, solo porque ustedes son una gran multitud y tienen de su parte los becerros de oro que Jeroboam les hizo para que los tuvieran por dioses. **9** ¿Y no han expulsado ustedes también a los sacerdotes del Señor, descendientes de Aarón, y a los levitas, y se han nombrado sus propios sacerdotes como hacen las naciones paganas? ¡Cualquiera que viene a consagrarse con un becerro y siete carneros puede ser sacerdote de dioses que no son dioses! **10** Para nosotros, en cambio, nuestro Dios es el Señor, y no lo hemos abandonado. Los sacerdotes que están al servicio del Señor son descendientes de Aarón, y los que se encargan del servicio son los levitas. **11** Ellos ofrecen al Señor, mañana y tarde, holocaustos e incienso, presentan en una mesa ritualmente pura el pan consagrado, y encienden todas las tardes las lámparas que arden en el candelabro de oro. Porque nosotros cumplimos las disposiciones del Señor nuestro Dios, mientras que ustedes lo han abandonado. **12** Tengan en cuenta, pues, que al frente de nosotros están Dios y sus sacerdotes, y que están listas las

trompetas para dar el toque de guerra contra ustedes. Por consiguiente, israelitas, no peleen contra el Señor, el Dios de sus antepasados, porque no vencerán."

13 Jeroboam había ordenado que sus tropas de retaguardia dieran un rodeo y atacaran por detrás, de modo que el grueso del ejército de Jeroboam quedó frente al de Judá, mientras que la retaguardia atacaba por detrás. **14** Cuando los de Judá miraron hacia atrás, se dieron cuenta de que los atacaban por el frente y por detrás. Entonces invocaron al Señor, y los sacerdotes tocaron las trompetas. **15** Y cuando los de Judá lanzaron el grito de guerra, Dios derrotó a Jeroboam y a todo Israel frente a Abiam y Judá. **16** Los israelitas huyeron de los de Judá, porque Dios los entregó en manos de estos. **17** Abiam y su gente les hicieron una gran matanza, en la que cayeron quinientos mil soldados escogidos de Israel. **18** Así los israelitas fueron humillados en aquel tiempo, mientras que los de Judá se mostraron fuertes, porque se apoyaron en el Señor, Dios de sus antepasados.

19 Abiam persiguió a Jeroboam y le arrebató las ciudades de Betel, Jesaná y Efraín*c* con sus respectivas aldeas. **20** Jeroboam no pudo recuperar su poderío mientras vivió Abiam. Finalmente el Señor lo hirió, y Jeroboam murió. **21** Entre tanto, Abiam se afirmó en el poder. Tuvo catorce esposas, veintidós hijos y dieciséis hijas. **22** El resto de la historia de Abiam y de todo lo que hizo en su vida, está escrito en el comentario del profeta Iddo.*d*

14 Reinado de Asá en Judá (1 R 15.8-12)

1 (13.23)*a* Cuando Abiam murió, lo enterraron en la Ciudad de David. Después reinó en su lugar su hijo Asá. Durante su reinado, hubo paz en el país durante diez años.

2 (1) Los hechos de Asá fueron buenos y rectos a los ojos del Señor su Dios. **3** (2) Quitó los altares de los dioses extranjeros, así como los santuarios en lugares altos; hizo pedazos las piedras sagradas y rompió las representaciones de Aserá.*b* **4** (3) Además ordenó a Judá que acudiera al Señor, Dios de sus antepasados, y que cumpliera la ley y los mandamientos. **5** (4) Quitó de todas las ciudades de Judá los santuarios y altares en lugares altos. Y hubo paz durante su reinado.

6 (5) Aprovechando esos años en que la nación estaba en paz y no tenía que hacer frente a ninguna guerra, porque el Señor le concedió tranquilidad, Asá construyó en Judá ciudades fortificadas. **7** (6) Dijo a la gente de Judá: "Fortifiquemos estas ciudades y hagamos alrededor de ellas muros, torres, puertas y barras, mientras que el país está todavía en nuestro poder. Porque hemos buscado al Señor nuestro Dios, él nos ha dado paz con todos nuestros vecinos." Por tanto llevaron a cabo con éxito las construcciones.

8 (7) Asá tenía un ejército formado por trescientos mil soldados de Judá, armados con escudos y lanzas, y doscientos ochenta mil de Benjamín, equipados con escudos y arcos. Todos ellos eran soldados valientes. **9** (8) Contra ellos marchó Zérah el etiope con un ejército de un millón

---

a **13.4-12** El Cronista relata los hechos de tal manera que esta guerra aparece como resultado de un conflicto religioso y no político.
b **13.6** 1 R 11.26.
c **13.19** *Efraín:* otra posible traducción: *Efrón.*
d **13.22** 2 Cr 12.15.
a **14.1(13.23)** Los vv. 14.1-15 corresponden a los vv. 13.23—14.14 en el texto hebreo.
b **14.2-3(1-2)** 2 Cr 33.15; Ex 23.24; 34.13.

de hombres y trescientos carros de combate, y llegó hasta Maresá. ᶜ ¹⁰⁽⁹⁾ Entonces Asá le salió al encuentro, y con sus hombres tomó posiciones para la batalla en el valle de Sefata, junto a Maresá. ¹¹⁽¹⁰⁾ Asá invocó al Señor su Dios, diciendo: "Señor, para ti es igual ayudar al fuerte que al débil. Por tanto, ¡ayúdanos, Señor y Dios nuestro, ya que confiamos en ti, y en tu nombre hemos venido contra este ejército! Tú, Señor, eres nuestro Dios. ¡Muestra que nadie puede oponerte resistencia!" ᵈ

¹²⁽¹¹⁾ Entonces el Señor dio a Asá y a Judá la victoria sobre los etíopes, por lo cual estos huyeron. ᵉ ¹³⁽¹²⁾ Pero Asá y su gente los persiguieron hasta Guerar, y cayeron los etíopes hasta no quedar ni uno con vida, pues quedaron destrozados ante el Señor y su ejército, el cual se apoderó de gran cantidad de cosas de los enemigos. ¹⁴⁽¹³⁾ Después cayeron sobre todas las ciudades que había alrededor de Guerar, pues todas se llenaron de miedo ante el Señor. Los de Judá las saquearon, pues en ellas había grandes riquezas. ¹⁵⁽¹⁴⁾ También atacaron los campamentos donde había ganado, y se llevaron gran cantidad de ovejas y camellos. Después regresaron a Jerusalén.

15 Reformas religiosas de Asá (1 R 15.13-15)

¹ Azarías, hijo de Oded, poseído por el espíritu de Dios, ² salió al encuentro de Asá para decirle: "¡Escúchenme tú, Asá, y todos los de Judá y Benjamín! El Señor está con ustedes, si ustedes están con él. Si ustedes lo buscan, lo encontrarán; pero si lo abandonan, él también los abandonará. ᵃ ³ Israel ha estado mucho tiempo sin verdadero Dios, sin sacerdote que enseñe y sin instrucción religiosa. ⁴ Pero cuando, en medio de sus dificultades, el pueblo se ha vuelto al Señor, Dios de Israel, y lo ha buscado, él se ha dejado encontrar. ᵇ ⁵ En aquellos tiempos no había paz para nadie, sino mucho sobresalto para los habitantes de los diversos países. ⁶ Las naciones y las ciudades se destruían unas a otras, porque el Señor los aterraba con toda clase de calamidades. ᶜ ⁷ Pero ustedes sean valientes y no se desanimen, porque sus trabajos tendrán una recompensa." ᵈ

⁸ Cuando Asá oyó este mensaje del profeta, se armó de valor y eliminó los repugnantes ídolos de todo el territorio de Judá y Benjamín y de las ciudades que había conquistado en la montaña de Efraín, y reparó el altar del Señor que estaba frente al vestíbulo del templo del Señor. ⁹ Después reunió a todo Judá y Benjamín, más los forasteros que había con ellos procedentes de Efraín, Manasés y Simeón, pues muchos de Israel se habían pasado al lado de Asá, al ver que el Señor su Dios estaba con él.

¹⁰ Se juntaron en Jerusalén en el mes tercero del año quince del reinado de Asá, ¹¹ y ofrecieron en sacrificio al Señor, en ese día, setecientas reses y siete mil ovejas, de las que habían quitado a los enemigos. ¹² Luego se comprometieron solemnemente a buscar de todo corazón al Señor, el Dios de sus antepasados. ¹³ Y prometieron que cualquiera que no quisiera buscar al Señor, Dios de Israel, fuera mayor o menor, hombre o mujer, sería condenado a muerte. ¹⁴ Hicieron el juramento al Señor en alta voz y con gritos de alegría y al son de trompetas y cuernos. ¹⁵ Todo Judá se alegró por el juramento que habían hecho, pues juraron de todo corazón, y con toda su voluntad habían buscado al Señor, y él se había dejado encontrar de ellos y les había concedido paz con todos sus vecinos. ᵉ

¹⁶ Además, el rey Asá quitó la categoría de reina madre a Maacá, su abuela, porque había mandado hacer una imagen de Aserá. Asá destruyó aquella imagen; la hizo pedazos y la quemó en el arroyo Cedrón. ¹⁷ Y aunque no se quitaron de Israel los santuarios en lugares altos, Asá permaneció siempre fiel, ¹⁸ y puso en el templo de Dios todo el oro y la plata que tanto él como su padre habían dedicado al Señor. ¹⁹ Y no hubo guerra hasta el año treinta y cinco del reinado de Asá. ᶠ

16 Pacto de Asá con Ben-hadad (1 R 15.16-22)

¹ Pero en el año treinta y seis del reinado de Asá, el rey de Israel, Baasá, fue a atacar a Judá, y fortificó Ramá para cortarle toda comunicación al rey de Judá. ² Entonces Asá sacó el oro y la plata de los tesoros del templo del Señor y del palacio real, y los envió a Ben-hadad, rey de Siria, que tenía su residencia en Damasco. También le envió este mensaje: ³ "Hagamos tú y yo un pacto, como hicieron nuestros padres. Aquí te envío oro y plata. Rompe el pacto que tienes con Baasá, rey de Israel, y así me dejará en paz."

⁴ Ben-hadad aceptó la proposición del rey Asá, y envió a los jefes de sus tropas a atacar las ciudades de Israel. Así conquistaron Iión, Dan, Abel-maim y todas las ciudades de Neftalí que servían de almacenes. ⁵ Cuando Baasá lo supo, dejó de fortificar Ramá, suspendiendo sus trabajos. ⁶ Entonces el rey Asá tomó consigo a todo Judá, y se llevaron de Ramá las piedras y la madera que Baasá había usado para fortificarla, y con ellas fortificó Guebá y Mispá.

⁷ Por aquel tiempo fue el profeta Hananí a visitar a Asá, rey de Judá, y a decirle: "El ejército del rey de Siria se te ha escapado de las manos, porque te apoyaste en el rey de Siria y no en el Señor tu Dios. ⁸ ¿No formaban los etíopes y los libios un ejército sumamente poderoso, con muchísima caballería y carros de combate? Sin embargo, el Señor te entregó en tus manos porque te apoyaste en él. ᵃ ⁹ Pues el Señor está atento a lo que ocurre en todo el mundo, para dar fuerza a los que confían sinceramente en él. ¡En esto has actuado como un tonto! Porque de ahora en adelante tendrás más guerras." ᵇ

¹⁰ Entonces Asá se enfureció de tal manera contra el profeta, que lo mandó encarcelar. También en ese tiempo trató brutalmente a algunos del pueblo.

ᶜ **14.9(8)** 2 Cr 16.8.
ᵈ **14.11(10)** 2 Cr 32.8.
ᵉ **14.12(11)** Sal 20.7-8(8-9); 60.11-12(13-14).
ᵃ **15.2** Jer 29.13-14; Os 3.4-5.
ᵇ **15.4** Dt 4.29-31.
ᶜ **15.6** Is 19.2.
ᵈ **15.7** Is 7.4; Jer 31.16.
ᵉ **15.15** Dt 4.29; Jer 29.13.
ᶠ **15.10-19** Estos vv. describen una solemne ceremonia de renovación de la alianza que el Señor había establecido con el pueblo de Israel en el monte Sinaí. Cf. Ex 19.1-3; Lv 23.16.
ᵃ **16.8** Cf. 1 Cr 14.8-14.
ᵇ **16.9** Sal 33.13-15.

Muerte de Asá *(1 R 15.23-24)* **¹¹** La historia de Asá, desde el principio hasta el fin, está escrita en el libro de los reyes de Judá y de Israel. **¹²** En el año treinta y nueve de su reinado, Asá enfermó gravemente de los pies; pero en su enfermedad no recurrió al Señor, sino a los médicos. **¹³** Murió en el año cuarenta y uno de su reinado, **¹⁴** y lo enterraron en el sepulcro que había mandado hacer en la Ciudad de David. Lo colocaron en una camilla llena de perfumes y de toda clase de sustancias aromáticas hábilmente preparadas. Luego encendieron en su honor una enorme hoguera.

17 Reinado de Josafat

¹ En lugar de Asá reinó su hijo Josafat, quien se mostró fuerte en Israel.*ᵃ* **²** Puso tropas en todas las ciudades fortificadas de Judá, y destacamentos en todo el territorio de Judá y en las ciudades de Efraín que Asá, su padre, había conquistado.

³ El Señor estuvo con Josafat, *ᵇ* porque procedió como David, su antepasado, lo había hecho al principio. No sirvió a las diversas representaciones de Baal, **⁴** sino al Dios de su padre, cumpliendo sus mandamientos, sin seguir el ejemplo de la gente de Israel. **⁵** Por eso, el Señor consolidó bajo su mando el reino. Todo Judá le hacía regalos, y llegó a tener grandes riquezas y honores. **⁶** Siguió con orgullo el camino trazado por el Señor, y una vez más quitó de Judá los santuarios en lugares altos y las representaciones de Aserá. *ᶜ*

⁷ En el tercer año de su reinado envió a sus funcionarios Ben-hail, Abdías, Zacarías, Natanael y Micaías, para enseñar en las ciudades de Judá, **⁸** y con ellos a los levitas Semaías, Netanías, Zebadías, Asael, Semiramot, Jonatán, Adonías, Tobías y Tobadonías. Los acompañaban los sacerdotes Elisamá y Joram. *ᵈ* **⁹** Los envió para que, con el libro de la ley del Señor, enseñaran a la gente de Judá. Y ellos recorrieron todas las ciudades de Judá enseñando al pueblo. *ᵉ*

¹⁰ Entre tanto, todos los reinos de los países que rodeaban a Judá sentían tal miedo al Señor que no se atrevían a pelear contra Josafat. **¹¹** Al contrario, algunos de los filisteos traían regalos y plata como tributo a Josafat, y los árabes le llevaron siete mil setecientos carneros e igual cantidad de chivos.

¹² Josafat, pues, se fue haciendo sumamente poderoso. Construyó en Judá fortalezas y ciudades para almacenes, **¹³** y tuvo muchas propiedades en las ciudades de Judá. Tuvo también soldados muy valientes en Jerusalén, **¹⁴** cuya lista, según su registro por familias, es la siguiente:

Por Judá, como comandante de los jefes de batallón, estaba Adná con trescientos mil soldados. **¹⁵** Junto a este estaba el jefe Johanán con doscientos ochenta mil soldados, **¹⁶** y junto a él Amasías, hijo de Zicrí, que se había ofrecido voluntariamente para servir al Señor, con doscientos mil valientes soldados.

¹⁷ Por Benjamín estaba Eliadá, un valiente guerrero, con doscientos mil hombres armados con arcos y escudos, **¹⁸** y junto a él Jozabad con ciento ochenta mil hombres en pie de guerra.

¹⁹ Estos estaban al servicio del rey, sin contar los que el rey había destinado a las ciudades fortificadas de todo Judá.

18 Micaías anuncia la derrota de Ahab *(1 R 22.1-40)*

¹ Josafat consiguió grandes riquezas y honores, y llegó a ser consuegro de Ahab.

² Después de algunos años, Josafat fue a Samaria a visitar a Ahab, el cual, para festejar a Josafat y a sus acompañantes, mató muchas ovejas y reses, y trató de incitarlo a atacar a Ramot de Galaad. **³** En efecto, Ahab, rey de Israel, preguntó a Josafat, rey de Judá:

—¿Quieres acompañarme a marchar contra Ramot de Galaad?

Josafat le respondió:

—Yo, lo mismo que mi ejército, estamos contigo y con tu gente para ir a la guerra. **⁴** Pero antes consulta la voluntad del Señor.

⁵ El rey de Israel reunió a los profetas, que eran cuatrocientos, y les preguntó:

—¿Debemos atacar a Ramot de Galaad, o no?

Y ellos respondieron:

—Atácala, porque Dios te la va a entregar.

⁶ Pero Josafat preguntó:

—¿No hay por aquí algún otro profeta del Señor a quien también podamos consultar?

⁷ El rey de Israel contestó a Josafat:

—Hay uno más, por medio del cual podemos consultar al Señor. Es Micaías, hijo de Imlá. Pero lo aborrezco, porque nunca me anuncia cosas buenas, sino siempre malas.

Pero Josafat le dijo:

—No digas eso.

⁸ En seguida el rey de Israel llamó a un oficial, *ᵃ* y le ordenó:

—¡Pronto, que venga Micaías, hijo de Imlá!

⁹ Tanto el rey de Israel como Josafat, el rey de Judá, tenían puesta su armadura y estaban sentados en sus tronos en la explanada a la entrada de Samaria, y todos los profetas caían en trance profético delante de ellos. **¹⁰** Sedequías, hijo de Quenaaná, se había hecho unos cuernos de hierro, *ᵇ* y gritaba: "Así ha dicho el Señor: '¡Con estos cuernos atacarás a los sirios hasta exterminarlos!' "

¹¹ Todos los profetas anunciaban lo mismo. Decían al rey: "Ataca a Ramot de Galaad y obtendrás la victoria, pues el Señor va a entregarte la ciudad."

¹² El mensajero que había ido a llamar a Micaías, le dijo a este:

—Todos los profetas, sin excepción, han dado una respuesta favorable al rey. Así pues, te ruego que hables como todos ellos, y anuncies algo favorable.

¹³ Micaías le contestó:

—¡Juro por el Señor que solo diré lo que mi Dios me ordene decir!

ᵃ **17.1** *Se mostró fuerte en Israel:* otra posible traducción: *se fortificó contra Israel.*
ᵇ **17.3** *Josafat,* junto con Ezequías y Josías, fue uno de los reyes favoritos del Cronista. Cf. 2 Cr 19.3.
ᶜ **17.6** 2 Cr 20.33; Ex 34.13.
ᵈ **17.8** 2 Cr 19.8.
ᵉ **17.9** Esd 7.25.
ᵃ **18.8** *Oficial:* lit. *eunuco.* Véase Jer 29.1-2 nota *b.*
ᵇ **18.10** *Unos cuernos de hierro:* Véase 1 R 22.11 n.

14 Luego se presentó ante el rey, y el rey le preguntó:

—Micaías, ¿debemos atacar a Ramot de Galaad, o no?

Y Micaías dijo:

—Atáquenla, y obtendrán la victoria, pues Dios se la va a entregar.

15 Pero el rey le respondió:

—¿Cuántas veces te he de decir que bajo juramento me declares solo la verdad en el nombre del Señor?

16 Entonces Micaías dijo:

"He visto a todos los israelitas
desparramados por los montes,
como ovejas sin pastor. *c*
Y el Señor ha dicho:
'Estos no tienen dueño;
que cada uno vuelva en paz a su casa.'"

17 El rey de Israel dijo a Josafat:

—¿No te he dicho que este hombre nunca me anuncia cosas buenas, sino solo cosas malas?

18 Micaías añadió:

—Por eso que has dicho, oigan ustedes la palabra del Señor: Vi al Señor sentado en su trono, y a todo el ejército del cielo, que estaba de pie, junto a él, a su derecha y a su izquierda. **19** Entonces el Señor preguntó quién iría a incitar a Ahab, rey de Israel, para que atacara a Ramot de Galaad y cayera allí. Unos decían una cosa y otros otra. **20** Pero un espíritu se presentó delante del Señor y dijo que él lo haría. El Señor le preguntó cómo lo iba a hacer, **21** y el espíritu respondió que iba a inspirar mentiras en todos los profetas del rey. Entonces el Señor le dijo que, en efecto, conseguiría engañarlo, y que fuera a hacerlo. **22** Y ahora ya sabes que el Señor ha puesto un espíritu mentiroso en labios de estos profetas tuyos, y que ha determinado tu ruina.

23 Entonces Sedequías, hijo de Quenaaná, acercándose a Micaías le dio una bofetada y dijo:

—¿Por dónde se me fue el espíritu del Señor para hablarte a ti?

24 Y Micaías le respondió:

—Lo sabrás el día en que andes escondiéndote de habitación en habitación.

25 Entonces el rey de Israel ordenó:

—¡Agarren a Micaías y llévenlo preso ante Amón, el gobernador de la ciudad, y ante Joás, mi hijo! **26** Díganles que yo ordeno que lo metan en la cárcel y lo tengan a ración escasa de pan y agua, hasta que yo regrese sano y salvo.

27 Todavía añadió Micaías:

"Si tú vuelves sano y salvo,
el Señor no ha hablado por medio de mí." *d*

28 Así pues, el rey de Israel, y Josafat, el rey de Judá, avanzaron contra Ramot de Galaad. **29** Y el rey de Israel dijo a Josafat:

—Yo voy a entrar en la batalla disfrazado, y tú te pondrás mi ropa. *e*

Así el rey de Israel se disfrazó, y ambos entraron en combate. **30** Pero el rey de Siria había ordenado a los capitanes de sus carros de combate que no atacaran a nadie que no fuera el rey de Israel. **31** Y cuando los capitanes de los carros vieron a Josafat, pensaron que él era el rey de Israel y lo rodearon para atacarlo. Entonces Josafat gritó pidiendo ayuda, y el Señor lo ayudó. Dios los apartó de él, **32** pues al ver ellos que no era al rey de Israel, dejaron de perseguirlo. **33** Pero un soldado disparó su arco al azar, e hirió de muerte al rey de Israel por entre las juntas de la armadura. Entonces este le ordenó al conductor del carro:

—Da la vuelta y sácame del combate, porque estoy gravemente herido. *f*

34 La batalla fue dura aquel día, y el rey de Israel tuvo que mantenerse en pie en su carro, haciendo frente a los sirios hasta la tarde, y murió al ponerse el sol.

19

El profeta Jehú reprende a Josafat **1** Josafat, rey de Judá, volvió sano y salvo a su palacio de Jerusalén. **2** Pero el profeta Jehú, hijo de Hananí, *a* le salió al encuentro y le preguntó: "¿Por qué ayudas al malo y eres amigo de los enemigos del Señor? Por este motivo, el Señor se ha enojado contigo. **3** Sin embargo, hay otras cosas buenas a tu favor, pues has destruido las representaciones de Aserá que había en el país, y te has propuesto buscar a Dios."

Josafat nombra jueces **4** Josafat vivía en Jerusalén, pero acostumbraba visitar a su pueblo, desde Beerseba hasta los montes de Efraín, para hacerlos volver al Señor, Dios de sus antepasados. **5** Además estableció jueces en todas las ciudades fortificadas de Judá, una tras otra. **6** Y dijo a los jueces: "Fíjense bien en lo que hacen, porque no van a juzgar en nombre de los hombres, sino del Señor, que estará con ustedes cuando den el fallo. *b* **7** Así que respeten al Señor y tengan cuidado con lo que hacen, porque el Señor nuestro Dios no tolera injusticias, parcialidad ni sobornos." *c*

8 También estableció Josafat en Jerusalén algunos levitas, sacerdotes y jefes de familia de Israel, para servir de jueces en asuntos religiosos y en los pleitos de los habitantes de *d* Jerusalén. *e* **9** Y les dio las siguientes instrucciones: "Ustedes deben actuar siempre con respeto al Señor, fidelidad y honradez. **10** En cualquier pleito que sus compatriotas, los habitantes de las diversas ciudades, les presenten a ustedes para que decidan si una muerte es criminal o no, o para aplicar las diversas leyes, estatutos, reglamentos y ordenanzas, recomiéndenles no cometer faltas contra el Señor, para que él no se enoje con ustedes y con ellos. Hagan esto, y la culpa no será de ustedes. *f* **11** El sumo sacerdote Amarías será su superior en todas las cuestiones religiosas, y Zebadías, el hijo de Ismael y jefe

---

c **18.16** Nm 27.17; Ez 34.5; Mt 9.36; Mr 6.34.
d **18.29** El texto hebreo añade: *Y dijo: "¡Pueblos todos, escuchen esto!".*
e **18.29** *Mi ropa:* según la versión griega. Heb. *tu ropa.*
f **18.33** 2 Cr 35.23.
a **19.2** *Jehú, hijo de Hananí:* Es difícil que se trate del mismo profeta Jehú que unos cincuenta años antes había profetizado contra Baasá (1 R 16.1).

b **19.6** Dt 1.16-18; 16.19-20.
c **19.7** Dt 10.17.
d **19.8** *De los habitantes de:* según versiones antiguas. Heb. *y volvieron a.*
e **19.8** Dt 17.8-13; 2 Cr 17.8-9; Sal 122.3-5.
f **19.10** Nm 35.19.

de la tribu de Judá, lo será en todas las cuestiones civiles; y los levitas serán ayudantes de ustedes. ¡Ánimo, pues, y a trabajar! ¡Que el Señor esté con el que lo haga bien!"

20 Victoria sobre Moab y Amón [a]

1 Algún tiempo después, los moabitas y los amonitas, aliados con los meunitas,[b] atacaron a Josafat; **2** entonces fueron algunos a decirle: "¡De Edom,[c] del otro lado del Mar Muerto, viene un gran ejército contra ti! ¡Ya están en Hasesón-tamar!" (Hasesón-tamar es lo mismo que En-gadi.)

3 Josafat sintió miedo y decidió acudir al Señor. Así que anunció un ayuno en todo Judá, **4** y la gente de Judá se reunió para pedir ayuda al Señor. De todas las ciudades de Judá llegó gente. **5** Josafat se puso de pie en medio del pueblo de Judá que se había reunido en Jerusalén, frente al atrio nuevo del templo del Señor, **6** y exclamó: "Señor, Dios de nuestros antepasados, ¡tú eres el Dios del cielo, tú gobiernas a todas las naciones! ¡En tus manos están la fuerza y el poder: nadie puede oponerte resistencia!.[d] **7** Dios nuestro, tú arrojaste de la presencia de tu pueblo Israel a los habitantes de este territorio y se lo diste para siempre a los descendientes de Abraham, tu amigo.[e] **8** Después de haberse establecido aquí, construyeron un templo para ti, y dijeron: **9** 'Si nos viene algún mal como castigo, sea la guerra, la peste o el hambre, nos presentaremos delante de este templo, porque tú estás en este templo, y en nuestras angustias te pediremos ayuda, y tú nos escucharás y nos salvarás.' **10** Pues ahora, aquí están los amonitas, los moabitas y los de la montaña de Seír, en cuyos territorios no quisiste que entraran los israelitas cuando venían de Egipto,[f] sino que se apartaron de ellos y no los destruyeron. **11** En pago de eso, ahora nos atacan para arrojarnos de tu propiedad, la tierra que tú nos diste como propiedad. **12** Dios nuestro, ¿no vas a castigarlos? Pues nosotros no tenemos fuerza suficiente para hacer frente a ese gran ejército que nos ataca. ¡No sabemos qué hacer; por eso tenemos los ojos puestos en ti!"

13 Todo Judá estaba de pie delante del Señor, incluyendo sus mujeres y sus hijos, aun los niños más pequeños. **14** Y estando todo el pueblo reunido, Jahaziel, hijo de Zacarías y nieto de Benaías, el cual era hijo de Jeiel y nieto de Matanías, un levita descendiente de Asaf, quedó poseído por el espíritu del Señor **15** y dijo: "Pongan atención, habitantes de Judá y de Jerusalén, y tú, rey Josafat. El Señor les dice: 'No tengan miedo ni se asusten ante ese gran ejército, porque esta guerra no es de ustedes sino de Dios. **16** Bajen mañana a atacarlos. Vienen subiendo por la cuesta de Sis, y ustedes los encontrarán en el extremo del arroyo que está frente al desierto de Jeruel. **17** No son ustedes[g] los que van a pelear esta batalla. Tomen posiciones, esténse quietos y verán cómo el Señor los librará. ¡Habitantes de Jerusalén y de todo Judá, no tengan miedo ni se asusten; marchen mañana contra ellos, porque el Señor está con ustedes!' "

18 Entonces Josafat se arrodilló y se inclinó hasta tocar el suelo con la frente, y los habitantes de Judá y Jerusalén se postraron ante el Señor para adorarlo. **19** Y los levitas descendientes de Quehat y los descendientes de Coré empezaron a alabar en voz muy alta al Señor, Dios de Israel.

20 A la mañana siguiente se levantaron temprano para ponerse en camino hacia el desierto de Tecoa. Y en el momento de salir, Josafat se puso de pie para decirles: "Escúchenme, habitantes de Jerusalén y de Judá: confíen en el Señor, su Dios, y se sentirán seguros; confíen en sus profetas, y todo les saldrá bien."[h] **21** Y después de consultar con el pueblo, nombró algunos cantores para que, vestidos con ropas sagradas y marchando al frente de las tropas, alabaran al Señor con el himno: "Den gracias al Señor, porque su amor es eterno."[i]

22 Luego, en el momento en que empezaron a cantar con alegría himnos de alabanza, el Señor creó confusión[j] entre los amonitas, los moabitas y los de la montaña de Seír, que venían a atacar a Judá, y fueron derrotados. **23** Pues los amonitas y los moabitas atacaron a los de la montaña de Seír y los destruyeron por completo, y después de acabar con ellos, se destruyeron unos a otros.[k] **24** Cuando los hombres de Judá llegaron al sitio desde donde se ve el desierto, y miraron hacia el ejército enemigo, solo vieron cadáveres tendidos en el suelo. ¡Nadie había logrado escapar! **25** Entonces acudieron Josafat y su gente a recoger lo que habían dejado los enemigos, y encontraron gran cantidad de ganado, armas, vestidos[l] y objetos valiosos, y se apoderaron de todo. Había tantas cosas, que no podían llevárselas. Era tal la cantidad, que estuvieron tres días recogiendo cosas.

26 El cuarto día se reunieron en el valle de Beracá,[m] y allí bendijeron al Señor. Por eso llamaron aquel lugar el valle de Beracá, nombre que lleva hasta hoy. **27** Después todos los hombres de Judá y Jerusalén, con Josafat al frente, regresaron a Jerusalén muy contentos, porque el Señor les había dado motivo de alegría a costa de sus enemigos. **28** Cuando llegaron a Jerusalén, fueron al templo del Señor al son de salterios, cítaras y trompetas.

29 Al saber que el Señor había luchado contra los enemigos de Israel, todas las naciones se llenaron de miedo a Dios. **30** Y así el reinado de Josafat siguió tranquilo, porque Dios le concedió paz con los países vecinos.

Resumen del reinado de Josafat (1 R 22.41-50)

31 Josafat reinó, pues, sobre Judá. Tenía treinta y cinco años cuando comenzó a reinar, y veinticinco años reinó en Jerusalén. Su madre se llamaba Azubá, y era hija de Silhí.

---

[a] **20.1-30** Este pasaje se refiere probablemente a una invasión de nómadas contra Judá durante el reinado de Josafat, similar al ataque de Zérah contra Asá (2 Cr 14.8-14). Tal vez este hecho estuvo relacionado con la campaña de Israel y Judá contra Moab, a través del territorio de Edom (2 R 3.4-27).
[b] **20.1** *Meunitas:* según la versión griega (LXX). Heb. *amonitas.*
[c] **20.2** *Edom:* según contexto. Heb. *Siria.*
[d] **20.6** Dt 4.39; 2 Cr 32.7.
[e] **20.7** Is 41.8; Stg 2.23.
[f] **20.10** Dt 2.4-19.
[g] **20.15-17** Dt 20.1-4; Is 8.10.
[h] **20.20** Is 7.9.
[i] **20.21** 1 Cr 16.34,41; 2 Cr 5.13; 7.3; Esd 3.11; Sal 100.5; 106.1; 107.1; 118.1; 136.1; Jer 33.11.
[j] **20.22** *Confusión:* texto probable. Heb. *emboscadas.*
[k] **20.23** Jos 6.17; Ez 38.21.
[l] **20.25** *Vestidos:* según una versión antigua. Heb. *cadáveres.*
[m] **20.26** En hebreo, *Beracá* significa *bendición.*

32 Josafat se condujo con rectitud, como Asá, su padre. Sus hechos fueron rectos a los ojos del Señor. **33** Sin embargo, los santuarios en lugares altos no fueron quitados, pues el pueblo todavía no estaba firme en su propósito de seguir al Dios de sus antepasados.

34 El resto de su historia, desde el comienzo hasta el fin, está escrito en las crónicas de Jehú, hijo de Hananí, y está incluido en el libro de los reyes de Israel.

35 Más tarde, Josafat, rey de Judá, se alió con Ocozías, rey de Israel, el cual se comportaba perversamente. **36** Se hizo su socio para construir barcos para ir a Tarsis, y los construyeron en Esión-guéber. **37** Entonces Eliézer de Maresá, hijo de Dodavahu, pronunció contra Josafat esta profecía: "El Señor va a hacer pedazos lo que tú has hecho, por haberte asociado con Ocozías." Y, en efecto, los barcos se hicieron pedazos y ya no pudieron ir a Tarsis.

21 Reinado de Joram *(2 R 8.16-24)*

1 Josafat murió y fue enterrado en la Ciudad de David, su antepasado. Después reinó en su lugar su hijo Joram. **2** Hermanos de Joram, hijos también de Josafat, eran: Azarías, Jehiel, Zacarías, Micael y Sefatías. Todos ellos eran hijos de Josafat, rey de Judá.[a] **3** Su padre les había regalado muchos objetos de oro y plata, y otras cosas de valor. Les dio también ciudades fortificadas en Judá, pero el reino se lo entregó a Joram, por ser el hijo mayor. **4** Pero Joram, una vez que se aseguró en el trono de su padre, pasó a cuchillo a todos sus hermanos y también a algunos jefes de Israel. **5** Tenía treinta y dos años cuando comenzó a reinar, y reinó en Jerusalén ocho años. **6** Pero siguió los pasos de los reyes de Israel y de la descendencia de Ahab, pues su mujer era de la descendencia de Ahab;[b] así que sus hechos fueron malos a los ojos del Señor. **7** Pero el Señor no quiso destruir la dinastía de David por la alianza que había hecho con David, a quien prometió, lo mismo que a sus hijos, que siempre tendrían una lámpara encendida.[c]

8 Durante el reinado de Joram, Edom se rebeló contra el dominio de Judá[d] y nombró su propio rey. **9** Entonces Joram se dirigió con sus capitanes y con todos sus carros de combate, y durante la noche se levantaron él y los capitanes de los carros de combate y atacaron a los edomitas que los habían rodeado. **10** Pero Edom logró hacerse independiente de Judá hasta el presente. También en aquel tiempo se hizo independiente la ciudad de Libná, porque Joram había abandonado al Señor, Dios de sus antepasados.[e] **11** Además construyó santuarios paganos en los montes de Judá, y fue el causante de que los habitantes de Jerusalén fueran infieles al Señor, e hizo que Judá se extraviara.

12 Pero entonces Joram recibió una carta del profeta Elías,[f] que decía: "El Señor, Dios de David, tu antepasado, te dice: 'No has seguido el ejemplo de Josafat, tu padre, ni el de Asá, rey de Judá, **13** sino los ejemplos de los reyes de Israel, y has sido el causante de que Judá y los habitantes de Jerusalén fueran infieles al Señor como lo fue la familia de Ahab. Además, has matado a tus hermanos, que eran mejores que tú. **14** Por eso, el Señor va a hacer caer sobre tu pueblo, tus hijos, tus mujeres y todas tus posesiones una gran calamidad. **15** Y sobre ti hará caer muchas enfermedades. Te pondrás enfermo del estómago con una enfermedad crónica, hasta que se te salgan los intestinos.' "

16 Entonces el Señor hizo que los filisteos y los árabes vecinos de los de Cus se enfurecieran contra Joram; **17** por lo cual marcharon sobre Judá e invadieron el país, y se llevaron todos los bienes que hallaron en el palacio del rey, así como a sus hijos y a sus mujeres. El único que le quedó fue Joacaz, el menor. **18** Después de todo esto, el Señor lo castigó con una enfermedad incurable del estómago. **19** Pasó el tiempo y, al cabo de unos dos años, los intestinos se le salieron por causa de la enfermedad, y murió entre horribles dolores. Su pueblo ni siquiera encendió una hoguera en memoria suya, como habían hecho con sus antepasados. **20** Tenía treinta y dos años cuando comenzó a reinar, y reinó en Jerusalén ocho años. Se fue sin que nadie lo lamentara. Lo enterraron en la Ciudad de David, pero no en el panteón real.

22 Reinado de Ocozías *(2 R 8.25-29)*

1 Los habitantes de Jerusalén proclamaron rey, en lugar de Joram, a su hijo menor, Ocozías, pues las bandas de salteadores que junto con los árabes habían invadido el campamento, habían matado a todos los hijos mayores de Joram, rey de Judá. Así pues, Ocozías, hijo de Joram, rey de Judá, comenzó a reinar. **2** Tenía veintidós[a] años cuando empezó a reinar, y reinó en Jerusalén un año. Su madre se llamaba Atalía, y era descendiente de Omrí. **3-4** Y Ocozías también siguió los pasos de Ahab y su dinastía, pues su madre le daba malos consejos, y por causa de sus relaciones familiares con la casa de Ahab, sus hechos fueron malos a los ojos del Señor. Ellos, en efecto, fueron sus consejeros después de la muerte de su padre, y lo llevaron a la ruina.

5 Por seguir sus consejos, Ocozías se alió con Joram, hijo de Ahab y rey de Israel, para pelear en Ramot de Galaad contra Hazael, rey de Siria. Pero los sirios hirieron a Joram, **6** y este regresó a Jezreel para curarse de las heridas que le habían hecho en Ramot durante el combate contra Hazael, rey de Siria. Entonces, como Joram estaba enfermo, Ocozías fue a Jezreel a visitarlo.

Jehú mata a Ocozías *(2 R 9.27-29)* **7** Dios tenía dispuesto que Ocozías muriera al ir a visitar a Joram. Apenas llegó, salió con Joram a encontrarse con Jehú, hijo de Nimsí. Pero Dios había escogido a Jehú para que aniquilara a la familia de Ahab. **8** Cuando Jehú estaba haciendo justicia contra la familia de Ahab, encontró a los jefes de Judá y a los parientes de Ocozías, que estaban al servicio de este, y los mató. **9** Mandó buscar también a Ocozías, que se había

---

[a] 21.2 *Rey de Judá:* según 17.1-2 y las versiones antiguas. Heb. *rey de Israel.*
[b] 21.6 *Su mujer era de la descendencia de Ahab:* Se trata de Atalía, hija de Ahab y Jezabel. Cf. 2 R 8.26; 2 Cr 22.2.
[c] 21.7 1 R 11.36.
[d] 21.8 Gn 27.40.
[e] 21.10 Gn 27.40.
[f] 21.12 *Elías:* Esta es la única vez que el Cronista menciona a Elías, profeta del reino de Israel. Véase la *Introducción* a *Crónicas.*
[a] 22.2 *Veintidós:* según varios mss. griegos y 2 R 8.26. Heb. *cuarenta y dos.*

escondido en Samaria, y lo apresaron, se lo llevaron a Jehú y lo mataron. Pero lo enterraron, teniendo en cuenta que era hijo de Josafat, quien había buscado sinceramente al Señor. De esta manera no quedó nadie de la familia de Ocozías que fuera capaz de recuperar el poder real.

Atalía usurpa el trono (2 R 11.1-21) [10] Cuando Atalía, madre de Ocozías, supo que su hijo había muerto, fue y exterminó a toda la familia real de Judá. [11] Pero Joseba, hija del rey Joram, apartó a Joás, hijo de Ocozías, de los otros hijos del rey a los que estaban matando, y lo escondió de Atalía, junto con su nodriza, en un dormitorio. Así que no lo mataron. Esto lo hizo Joseba, [b] hija del rey Joram, hermana de Ocozías y esposa del sacerdote Joiadá. [12] Y Joás estuvo escondido con ellas en el templo del Señor. Mientras tanto, Atalía gobernó el país.

23 [1] Al séptimo año, Joiadá mandó llamar a los capitanes siguientes: Azarías hijo de Jeroham, Ismael hijo de Johanán, Azarías hijo de Obed, Maaseías hijo de Adaías, y Elisafat hijo de Zicrí, e hizo que se le unieran como aliados. [2] Ellos recorrieron Judá, y reunieron a los levitas de todas las ciudades de Judá y a los jefes de las familias de Israel, y fueron todos a Jerusalén. [3] Allí todos los que se habían reunido hicieron un pacto con el rey en el templo de Dios.

Joiadá les dijo: "¡Aquí tienen ustedes al hijo del rey! Él es quien debe ser rey, como lo prometió el Señor acerca de los descendientes de David. [a] [4] Esto es lo que van a hacer ustedes: una tercera parte de ustedes, los sacerdotes y levitas que están de servicio el sábado, cuidarán las puertas del templo; [5] otra tercera parte estará en el palacio real; y la otra tercera parte en la puerta de los cimientos. Mientras tanto, todo el pueblo estará en los atrios del templo. [6] Pero que nadie entre en el templo, fuera de los sacerdotes y levitas que estén de servicio. Solamente ellos pueden entrar, porque están consagrados; pero el resto del pueblo montará guardia en honor del Señor. [7] Los levitas formarán un círculo alrededor del rey, cada uno con sus armas en la mano, y el que intente penetrar en el templo, morirá. Acompañarán al rey dondequiera que él vaya."

[8] Los levitas y la gente de Judá hicieron todo lo que el sacerdote Joiadá les había ordenado. Cada cual tomó el mando de sus hombres, tanto los que entraban de guardia en sábado como los que salían, porque el sacerdote Joiadá no dejó que se fueran los que terminaban su turno. [b] [9] Entonces Joiadá entregó a los capitanes las lanzas y los diversos escudos que habían pertenecido al rey David, y que estaban en el templo de Dios. [10] Luego colocó en sus puertas a toda la gente, desde el ala derecha hasta el ala izquierda del templo, y alrededor del altar, cada uno con su lanza en la mano para proteger al rey. [11] Entonces Joiadá y sus hijos sacaron al hijo del rey, le pusieron la corona y las insignias reales, y después de derramar aceite sobre él lo proclamaron rey. Luego todos gritaron: "¡Viva el rey!"

[12] Cuando Atalía oyó los gritos de la gente que corría y aclamaba al rey, fue al templo del Señor, donde estaban todos. [13] Vio allí al rey, de pie junto a su columna, [c] a la entrada. A su lado estaban los jefes y la banda de música, y la gente muy alegre y tocando trompetas; los cantores, con instrumentos musicales, dirigían los himnos de alabanza. Entonces Atalía rasgó sus vestidos y gritó:

—¡Traición! ¡Traición!

[14] Pero el sacerdote Joiadá hizo salir a los capitanes que estaban al mando del ejército, y les dijo:

—¡Sáquenla de entre las filas, y pasen a cuchillo al que la siga!

Como el sacerdote había ordenado que no la mataran en el templo del Señor, [15] la apresaron y la sacaron por la puerta de la caballería al palacio real, y allí la mataron. [16] Después Joiadá hizo un pacto con todo el pueblo y con el rey, de que ellos serían el pueblo del Señor. [17] Luego fueron todos al templo de Baal y lo derribaron, destrozaron sus altares y sus ídolos. En cuanto a Matán, el sacerdote de Baal, lo degollaron ante los altares. [18] A continuación, Joiadá puso una guardia en el templo del Señor, bajo las órdenes de los sacerdotes y los levitas, a quienes David había repartido por turnos para servir en el templo ofreciendo al Señor los holocaustos, según está prescrito en la ley de Moisés, y cantando con alegría, como lo había dispuesto David. [d] [19] También puso porteros en las entradas del templo del Señor, para que nadie que por cualquier motivo estuviera ritualmente impuro pudiera entrar. [20] Luego tomó a los capitanes, a las personas más importantes, a los gobernadores del pueblo y a toda la gente, y acompañó al rey desde el templo del Señor hasta el palacio real, entrando por la puerta superior. Luego sentaron al rey en el trono real, [21] y todo el pueblo se alegró. Y como Atalía había muerto a filo de espada, la ciudad quedó tranquila.

24 *Reinado de Joás (2 R 12.1-21)* [1] Joás tenía siete años cuando comenzó a reinar, y reinó en Jerusalén durante cuarenta años. Su madre se llamaba Sibiá, y era de Beerseba. [2] Los hechos de Joás fueron rectos a los ojos del Señor, mientras vivió el sacerdote Joiadá. [3] Joiadá lo casó con dos esposas, después de las que Joás tuvo hijos e hijas.

[4] Algún tiempo después, Joás se propuso reparar el templo del Señor, [5] para lo cual reunió a los sacerdotes y a los levitas y les dijo: "Salgan por las ciudades de Judá, y recojan de todos los israelitas dinero [a] para reparar cada año el templo de Dios. Dense prisa en este asunto." Pero los levitas no se dieron prisa. [6] Entonces el rey llamó al sumo sacerdote Joiadá y le dijo:

---

[b] **22.11** Véase 2 R 11.2 n.
[a] **23.3** 2 S 7.12.
[b] **23.8** 1 Cr 24.19.
[c] **23.13** *Junto a su columna:* El rey tenía un sitio especial a la entrada oriental del patio del templo, donde estaba el altar de los holocaustos. Él ocupaba ese lugar en las fiestas y los sábados, cuando se ofrecían las ofrendas rituales, o cuando él mismo ofrecía algún sacrificio. Cf. Ez 46.1-8.
[d] **23.18** 1 Cr 23.13.
[a] **24.5** *Recojan... dinero:* De acuerdo con 2 R 12.4-5(5-6), el pueblo mismo llevó al templo el dinero que, al menos en parte, consistía en contribuciones voluntarias. En la época del Cronista (Neh 10.32), había un impuesto fijo para el mantenimiento del templo (2 Cr 34.9), basado en Ex 30.12-16. Este tributo estuvo en vigencia aun en la época del NT (Mt 17.24-25).

—¿Por qué no has procurado que los levitas traigan de Judá y Jerusalén la contribución que Moisés, el siervo del Señor, y la comunidad de Israel ordenaron recoger para la tienda de la alianza?[b]

7 Porque Atalía, que era la maldad misma, y sus seguidores, habían penetrado en el templo de Dios y habían tomado para el culto de sus ídolos todos los objetos del templo del Señor. **8** Entonces el rey mandó hacer un cofre, y lo colocaron junto a la puerta del templo del Señor, por fuera. **9** Luego anunciaron por todo Judá y Jerusalén que se debía llevar al Señor la contribución que Moisés, el siervo del Señor,[c] había ordenado a Israel en el desierto. **10** Y todos los jefes y todo el pueblo acudieron con gusto a depositar su contribución en el cofre, hasta llenarlo. **11** Los levitas llevaban el cofre al rey, para que lo examinara; y cuando veían que ya había bastante dinero, llegaban el cronista del rey y un inspector designado por el sumo sacerdote y vaciaban el cofre, y luego lo tomaban y lo volvían a colocar en su lugar. Así lo hacían diariamente, y recogían mucho dinero. **12** El rey y Joiadá entregaban ese dinero a los encargados de las obras del templo, para que contrataran canteros y carpinteros que repararan el templo del Señor. También debían contratar oficiales que trabajaran el hierro y el bronce, para reparar el templo. **13** Los encargados de las obras se pusieron a trabajar, y en sus manos progresó de tal modo la obra de reparación, que restauraron el templo de Dios según los planos originales y lo dejaron en buen estado. **14** Cuando terminaron, llevaron al rey y a Joiadá el dinero que sobró, y ellos mandaron hacer con él utensilios para el templo del Señor, tanto para los actos de culto como para holocaustos, y cucharones y otros utensilios de oro y plata. Mientras vivió Joiadá, se ofrecieron continuamente holocaustos en el templo del Señor.

15 Pero Joiadá envejeció, y siendo ya de edad muy avanzada, murió. Al morir tenía ciento treinta años; **16** y lo enterraron en la Ciudad de David, junto con los reyes, porque se había portado bien con Israel, con Dios y con su templo.

17 Después de la muerte de Joiadá, llegaron los jefes de Judá y rindieron homenaje al rey. Él se dejó aconsejar de ellos, **18** y ellos abandonaron el templo del Señor, Dios de sus antepasados, y dieron culto a las representaciones de Aserá y a otros ídolos. Por este pecado el Señor se enojó contra Judá y Jerusalén.[d] **19** Sin embargo, el Señor les envió profetas para hacer que se volvieran a él. Pero la gente no hizo caso a las amonestaciones de los profetas.

20 Entonces Zacarías, hijo del sacerdote Joiadá, fue poseído por el espíritu de Dios, se puso de pie en un lugar elevado y dijo al pueblo: "Dios dice: '¿Por qué no obedecen ustedes mis mandamientos? ¿Por qué se buscan ustedes mismos su desgracia? ¡Puesto que ustedes me han abandonado a mí, yo también los abandonaré a ustedes!' "[e]

21 Pero ellos se pusieron de acuerdo contra él, y lo apedrearon por orden del rey en el atrio del templo del Señor.

22 El rey Joás olvidó la lealtad que Joiadá, el padre de Zacarías, le había demostrado, y mató a Zacarías, su hijo, quien en el momento de morir exclamó: "¡Que el Señor vea esto y pida cuentas por ello!"

23 En la primavera,[f] el ejército sirio lanzó un ataque contra Joás, y después de avanzar hasta Judá y Jerusalén, exterminaron a todos los jefes de la nación, la saquearon y enviaron todas las cosas al rey de Damasco. **24** Solo había llegado un pequeño destacamento del ejército sirio, pero el Señor entregó en manos de ellos un ejército muy numeroso, por haber abandonado al Señor, Dios de sus antepasados. Así Joás sufrió el castigo merecido.[g]

25 Cuando los sirios se retiraron, dejándolo gravemente enfermo, sus funcionarios tramaron una conspiración contra él para vengar el asesinato del hijo del sacerdote Joiadá, y lo mataron en su propia cama. Después lo enterraron en la Ciudad de David, pero no en el panteón real. **26** Los de la conspiración contra él fueron Zabad hijo de Simat, un amonita, y Jozabad hijo de Simrit, un moabita.

27 Lo que se refiere a los hijos de Joás, a las muchas profecías contra él y a su restauración del templo de Dios, todo está escrito en el comentario del libro de los reyes. Después reinó en su lugar su hijo Amasías.

25 Reinado de Amasías (2 R 14.1-22)

1 Amasías tenía veinticinco años cuando comenzó a reinar, y reinó en Jerusalén durante veintinueve años. Su madre se llamaba Joadán, y era de Jerusalén. **2** Los hechos de Amasías fueron rectos a los ojos del Señor, pero no se portó con total sinceridad.

3 Cuando Amasías se afirmó en el poder, mató a todos los oficiales que habían asesinado a su padre. **4** Pero no dio muerte a los hijos de ellos, pues, según lo escrito en el libro de la ley de Moisés, el Señor ordenó: "Los padres no podrán ser condenados a muerte por culpa de lo que hayan hecho sus hijos, ni los hijos por lo que hayan hecho sus padres, sino que cada uno morirá por su propio pecado."[a]

5 Amasías reunió a todos los hombres de Judá y de Benjamín, y los organizó por familias bajo el mando de jefes militares. Luego hizo el censo de todos los que tenían de veinte años para arriba, y resultó que había trescientos mil soldados escogidos, listos para la guerra y capaces de usar lanzas y escudos. **6** Además contrató cien mil soldados de Israel por tres mil trescientos kilos de plata.

7 Pero un hombre de Dios se presentó ante él, y le dijo:

—Oh rey, que no se te junte el ejército de Israel, porque el Señor no está con Israel, con toda esa gente de Efraín. **8** Pero si quieres reforzar tu ejército con ayuda de ellos[b] para ir a la guerra, Dios te hará caer frente al enemigo, porque Dios tiene poder para ayudar y para derribar.

9 Amasías le preguntó al hombre de Dios:

—Pero, ¿qué voy a pasar entonces con los tres mil trescientos kilos de plata que di a las tropas de Israel?

El hombre de Dios le respondió:

---

[b] **24.6** 2 R 12.7-9(8-10); cf. Ex 25.1-9; 30.11-16; Neh 10.33.
[c] **24.9** *Se debía llevar al Señor:* 2 Cr 34.9.
[d] **24.18** Ex 34.13.
[e] **24.20** Mt 23.35; Lc 11.51.

[f] **24.23** *En la primavera:* lit. *a la vuelta del año.*
[g] **24.24** Dt 32.30.
[a] **25.4** Dt 24.16; Ez 18.2-4, 20.
[b] **25.8** *Con ayuda de ellos:* texto probable. Heb. oscuro.

—El Señor tiene suficiente para darte mucho más que eso.

10 Entonces Amasías hizo que las tropas que habían venido de Efraín a unírsele se separaran y volvieran a sus casas. Pero ellos se enfurecieron contra Judá, y se volvieron muy enojados a sus casas.

11 Amasías se armó de valor y llevó su ejército al Valle de la Sal, y mató a diez mil hombres de Seír. **12** Además los de Judá apresaron vivos a otros diez mil y los llevaron a la cumbre de un monte rocoso; desde allí los despeñaron, y todos se hicieron pedazos.

13 Entre tanto, las tropas que Amasías no había dejado que se le juntaran para la guerra y había hecho volver a sus casas, invadieron las ciudades de Judá desde Samaria hasta Bet-horón, mataron a tres mil personas y se llevaron muchas cosas que robaron.

14 Al volver Amasías de derrotar a los de Edom, se trajo con él los dioses de Seír, y los tomó como dioses suyos, los adoró y les quemó incienso. **15** El Señor se enojó con Amasías, y le envió un profeta a decirle:

—¿Por qué has recurrido a los dioses de una nación que ellos no pudieron librar de ti?

16 Pero cuando el profeta decía esto, el rey le replicó:

—¿Acaso te hemos nombrado consejero real? ¡Déjate de cosas! ¿O es que quieres que te maten?

El profeta no insistió más, pero dijo:

—Yo sé que Dios ha decidido destruirte por haber hecho esto y no seguir mi consejo.

17 Pero Amasías, rey de Judá, siguió el consejo de otros, y le mandó decir a Joás, hijo de Joacaz y nieto de Jehú, rey de Israel: "Ven, y nos veremos las caras." **18** Pero Joás le envió la siguiente respuesta: "El cardo le mandó decir al cedro del Líbano: 'Dale tu hija a mi hijo, para que sea su mujer.' Pero una fiera pasó por allí y aplastó al cardo. **19** Tú dices que has derrotado a los edomitas, y eso te hace sentirte orgulloso y buscar más honores. Pero mejor quédate en tu casa. ¿Por qué quieres provocar tu propia desgracia y la desgracia de Judá?"

20 Sin embargo, Amasías no le hizo caso, porque Dios lo había dispuesto así para entregarlos en poder de Joás, por haber recurrido ellos a los dioses de Edom. **21** Entonces Joás se puso en marcha para enfrentarse con Amasías, en Bet-semes, que está en territorio de Judá. **22** Y Judá fue derrotado por Israel, y cada cual huyó a sus casa. **23** Joás, rey de Israel, hizo prisionero en Bet-semes a Amasías, rey de Judá, y luego lo llevó a Jerusalén, en cuyo muro abrió una brecha de ciento ochenta metros, desde la Puerta de Efraín hasta la Puerta de la Esquina. **24** Además se apoderó de todo el oro y la plata, y de todos los objetos que había en el templo de Dios a cargo de Obed-edom,[c] y en los tesoros del palacio real. Y después de tomar a algunas personas como rehenes, regresó a Samaria.

25 Amasías, hijo de Joás, rey de Judá, vivió aún quince años después de la muerte de Joás, hijo de Joacaz y rey de Israel. **26** El resto de la historia de Amasías, desde el comienzo hasta el fin, está escrito en el libro de los reyes de Judá y de Israel. **27** Desde el momento en que Amasías se apartó del Señor, en Jerusalén se conspiró contra Amasías, el cual huyó a Laquis; pero lo persiguieron hasta esa ciudad, y allí le dieron muerte. **28** Luego lo llevaron sobre un caballo y lo enterraron con sus antepasados, en la Ciudad de David.[d]

26 Reinado de Ozías (2 R 14.21-22; 15.1-7)

1 Entonces todo el pueblo de Judá tomó a Ozías,[a] y lo hicieron rey en lugar de su padre Amasías. Ozías tenía entonces dieciséis años, **2** y él fue quien, después de la muerte de su padre, reconstruyó la ciudad de Elat y la recuperó para Judá.

3 Ozías tenía dieciséis años cuando comenzó a reinar, y reinó en Jerusalén cincuenta y dos años. Su madre se llamaba Jecolías, y era de Jerusalén.

4 Los hechos de Ozías fueron rectos a los ojos del Señor, como lo habían sido los de Amasías, su padre. **5** Procuró recurrir a Dios mientras vivió Zacarías,[b] quien le enseñó a respetar a Dios. Y mientras recurrió al Señor, él le dio prosperidad.

6 Ozías emprendió una campaña contra los filisteos, y derribó las murallas de Gat, Jabnia y Asdod, y construyó ciudades en el territorio de Asdod, entre los filisteos.[c] **7** Dios le ayudó contra los filisteos, contra los árabes que vivían en Gur-baal y contra los meunitas. **8** Los amonitas pagaban tributo a Ozías, y la fama de este se extendió hasta las fronteras de Egipto, porque su poder había aumentado mucho.

9 También construyó torres en Jerusalén, sobre la Puerta de la Esquina, sobre la Puerta del Valle y sobre la esquina, y las fortificó. **10** Además construyó torres en el desierto, y abrió muchos pozos, porque tenía mucho ganado, tanto en la llanura como en la meseta. También tenía hombres trabajando en los campos y viñedos que poseía en la región montañosa, y en sus huertos, pues era aficionado a la agricultura.

11 Ozías disponía, además, de un ejército en pie de guerra, que salía a campaña organizado por destacamentos, según el registro hecho por Jehiel, el cronista real, y por Maaseías, el oficial, bajo la dirección de Hananías, uno de los comandantes del rey. **12** El total de los jefes de familias compuestas por guerreros valientes era de dos mil seiscientos. **13** Bajo su mando había un ejército de trescientos siete mil quinientos soldados en pie de guerra, una fuerza poderosa que podía ayudar al rey en sus guerras. **14** Ozías preparó para todo el ejército escudos, lanzas, cascos, corazas, arcos y hondas. **15** Además construyó en Jerusalén ingeniosas máquinas de guerra para colocarlas en las torres y en los puntos más altos de la muralla, y disparar desde allí flechas y grandes piedras. Su fama se extendió hasta muy lejos, pues Dios le ayudó en forma tan extraordinaria que logró hacerse muy poderoso.

---

[c] **25.24** *Obed-edom:* se trata, posiblemente, del sacerdote de algún culto pagano edomita (cf. v. 14), aunque también podría pertenecer a la familia levítica que cuidaba las puertas del templo. Cf. 1 Cr 15.18; 26.12-15.
[d] **25.28** *Ciudad de David:* según varios mss. y 2 R 14.20. Heb. *ciudad de Judá.*
[a] **26.1** *Ozías:* llamado también Azarías. Cf. 2 R 15.1-7,32; Is 6.1.
[b] **26.5** Este *Zacarías,* más que profeta o sacerdote, debió ser un hombre piadoso.
[c] **26.6** Am 1.8.

16 Pero cuando se afirmó en el poder, se volvió orgulloso, lo cual fue su ruina. Fue infiel al Señor su Dios, pues entró en el templo del Señor para quemar incienso en el altar del incienso. **17** Pero detrás de él entró el sacerdote Azarías, acompañado de ochenta valientes sacerdotes del Señor, **18** que se enfrentaron al rey y le dijeron: "Rey Ozías, el ofrecer incienso al Señor no le corresponde a Su Majestad, sino a los sacerdotes descendientes de Aarón, que están consagrados para hacerlo. *d* Salga Su Majestad del santuario, porque ha cometido una infidelidad al Señor, y Dios no lo va a honrar por eso."

19 Ozías, que tenía un incensario en la mano para ofrecer el incienso, se enfureció con los sacerdotes. Y en ese momento, en pleno templo del Señor, junto al altar del incienso y en presencia de los sacerdotes, le salió lepra en la frente. *e* **20** Cuando el sumo sacerdote Azarías y todos los demás sacerdotes se fijaron en él, vieron que tenía lepra en la frente y lo sacaron inmediatamente de allí; él mismo quería salir cuanto antes, pues el Señor lo había castigado.

21 El rey Ozías fue leproso hasta el día en que murió, así que el rey vivió como leproso, aislado en una casa, y le prohibieron entrar en el templo del Señor, y Jotam, su hijo, se hizo cargo de la regencia y gobernó a la nación.

22 El resto de la historia de Ozías, desde el principio hasta el fin, lo escribió el profeta Isaías hijo de Amós. **23** Cuando Ozías murió, *f* lo enterraron con sus antepasados en un cementerio de propiedad real, teniendo en cuenta que era leproso. Después reinó en su lugar su hijo Jotam. *g*

27 Reinado de Jotam (2 R 15.32-38)

1 Jotam tenía veinticinco años cuando comenzó a reinar, y reinó en Jerusalén dieciséis años. Su madre se llamaba Jerusá, hija de Sadoc.

2 Los hechos de Jotam fueron rectos a los ojos del Señor, como lo habían sido los de Ozías, su padre. Sin embargo, no entró en el templo del Señor. Pero el pueblo continuó sus prácticas perversas. **3** Jotam fue quien construyó la puerta superior del templo del Señor, y también muchas otras edificaciones en la muralla de Ófel. **4** También construyó ciudades en la montaña de Judá, y fortalezas y torres en los bosques. **5** Estuvo en guerra con el rey de los amonitas, a los que venció. Aquel año los amonitas tuvieron que pagarle como tributo tres mil trescientos kilos de plata, dos millones doscientos mil litros de trigo y otros tantos de cebada. Lo mismo le entregaron en cada uno de los dos años siguientes.

6 Jotam se hizo poderoso porque su conducta fue recta a los ojos del Señor. **7** El resto de la historia de Jotam, con todo lo que se refiere a sus campañas militares y lo que realizó, está escrito en el libro de los reyes de Israel y de Judá.

8 Jotam tenía veinticinco años cuando comenzó a reinar, y reinó en Jerusalén dieciséis años. **9** Cuando murió, lo enterraron con sus antepasados en la Ciudad de David. Después reinó en su lugar su hijo Ahaz.

28 Reinado de Ahaz en Judá (2 R 16.1-20)

1 Ahaz tenía veinte años cuando comenzó a reinar, y reinó en Jerusalén dieciséis años; pero sus hechos no fueron rectos a los ojos del Señor, como los de su antepasado David, **2** sino que siguió los pasos de los reyes de Israel, y también hizo estatuas de metal fundido que representaban a Baal, **3** quemó incienso en el valle de Ben-hinom e hizo quemar a sus hijos en sacrificio, conforme a las prácticas infames de las naciones que el Señor había arrojado de la presencia de los israelitas. *a* **4** Además ofreció sacrificios y quemó incienso en los santuarios paganos, en las colinas y bajo todo árbol frondoso.

5 Por ese motivo, el Señor su Dios lo entregó en manos del rey de Siria, y los sirios lo derrotaron y le hicieron gran número de prisioneros que se llevaron a Damasco. También lo entregó el Señor en manos del rey de Israel, que le causó una gran derrota. *b* **6** En efecto, Pécah, hijo de Remalías, mató en Judá, en un solo día, ciento veinte mil hombres, todos ellos hombres de gran valor, por haber abandonado al Señor, Dios de sus antepasados. *c* **7** Y Zicrí, un guerrero de Efraín, mató a Maaseías, hijo del rey, a Azricam, jefe de palacio, y a Elcaná, primer oficial del rey. **8** Además, los soldados de Israel hicieron prisioneras a doscientas mil personas de Judá, entre mujeres, niños y niñas, y se apoderaron de muchas cosas y se las llevaron a Samaria.

9 Había allí un profeta del Señor, llamado Oded, que salió al encuentro del ejército cuando entraba en Samaria, y les dijo:

—El Señor, Dios de los antepasados de ustedes, se enojó con Judá, y por eso los ha entregado en manos de ustedes. Pero ustedes los han matado con un furor que ha llegado hasta el cielo. **10** Además, han decidido hacer de la gente de Judá y Jerusalén sus esclavos y esclavas. Pero, ¿acaso ustedes mismos no han pecado contra el Señor su Dios? **11** Por tanto, háganme caso y devuelvan los prisioneros que hicieron y que son sus hermanos, porque el Señor está muy enojado con ustedes.

12 Entonces Azarías hijo de Johanán, Berequías hijo de Mesilemot, Ezequías hijo de Salum, y Amasá hijo de Hadlai, que eran de los principales jefes de Efraín, se pusieron frente a los que volvían de la guerra, **13** y les dijeron:

—No traigan aquí a los prisioneros, pues eso nos hará culpables ante el Señor. Lo que ustedes pretenden, solo aumentará nuestros pecados y nuestras culpas, que ya son demasiados, y el Señor se enojará mucho con Israel.

14 Entonces los soldados soltaron a los prisioneros y dejaron las cosas que les habían quitado delante de los jefes y de todo el pueblo. **15** Luego, los hombres antes mencionados se hicieron cargo de los prisioneros, y de las mismas cosas que les habían quitado sacaron ropa para vestir a los que estaban desnudos, y los calzaron, les dieron de comer y de beber y les curaron las heridas, y llevaron montados en asnos a todos los inválidos hasta Jericó, la ciudad de las palmeras, y los dejaron con sus parientes. Después regresaron a Samaria. *d*

---

d **26.18** Ex 30.7-8; Nm 3.10.
e **26.19** Nm 12.10.
f **26.23** Is 6.1.
g **26.21-23** Lv 13.46; Nm 19.20.

a **28.3** Lv 18.21.
b **28.5** Is 7.1-9.
c **28.6** 2 R 16.5; Is 7.1.
d **28.15** Lc 10.25-37.

¹⁶ Por aquel tiempo, el rey Ahaz envió una embajada al rey de Asiria para pedirle ayuda, ¹⁷ pues los de Edom habían realizado una nueva invasión, y habían derrotado a Judá, y se habían llevado algunos prisioneros. ¹⁸ Por otra parte, los filisteos habían saqueado las ciudades de la llanura y del Néqueb pertenecientes a Judá; se habían apoderado de Bet-semes, Aialón y Guederot, y también de Socó, Timná y Guimzó con sus respectivas aldeas, y se habían instalado en ellas. ¹⁹ El Señor había querido humillar a Judá a causa de Ahaz, rey de Judá,[e] pues él había promovido el desenfreno en Judá y había sido sumamente infiel al Señor.

²⁰ Tiglat-piléser, rey de Asiria, se dirigió contra Ahaz, y en vez de apoyarlo, lo puso en aprietos.[f] ²¹ Pues aunque Ahaz sacó las cosas de valor del templo del Señor, del palacio real y de las casas de los jefes para dárselas como tributo al rey de Asiria, no consiguió con eso ninguna ayuda. ²² Y a pesar de encontrarse en tal aprieto, continuó siendo infiel al Señor. ¡Así era el rey Ahaz! ²³ Ofreció sacrificios a los dioses de Damasco, que fueron la causa de su derrota. Pensó que, si los dioses de Siria habían ayudado a los reyes de este país, también le ayudarían a él, si les ofrecía sacrificios. Pero ellos fueron la causa de su ruina y de la de todo Israel.[g] ²⁴ Ahaz juntó los utensilios del templo de Dios y los hizo pedazos, cerró las puertas del templo y mandó que le hicieran altares paganos en todas las esquinas de Jerusalén.[h] ²⁵ Edificó santuarios paganos en todas las ciudades de Judá para quemar incienso a otros dioses, provocando así la ira del Señor, Dios de sus antepasados.

²⁶ El resto de su historia y todo lo que realizó, desde el principio hasta el fin, está escrito en el libro de los reyes de Judá y de Israel. ²⁷ Cuando murió,[i] lo enterraron con sus antepasados en la ciudad de Jerusalén, pero no lo llevaron al panteón de los reyes de Israel. Después reinó en su lugar su hijo Ezequías.

29

Reinado de Ezequías (2 R 18.1-3) ¹ Ezequías empezó a reinar cuando tenía veinticinco años de edad, y reinó en Jerusalén veintinueve años. Su madre se llamaba Abí, y era hija de Zacarías. ² Los hechos de Ezequías fueron rectos a los ojos del Señor, como todos los de su antepasado David. ³ Él fue quien en el mes primero del primer año de su reinado abrió las puertas del templo del Señor, y las reparó.[a] ⁴ Luego llamó a los sacerdotes y levitas, los reunió en la plaza oriental ⁵ y les dijo: "Levitas, escúchenme: purifíquense ahora, y purifiquen también el templo del Señor, Dios de sus antepasados. Saquen del santuario todo lo que sea impuro. ⁶ Porque nuestros antepasados fueron infieles, sus actos fueron malos a los ojos del Señor nuestro Dios, y lo abandonaron. Apartaron su vista y despreciaron el lugar donde reside el Señor. ⁷ Cerraron las puertas del vestíbulo, apagaron las lámparas, y dejaron de quemar incienso y de ofrecer holocaustos en el santuario al Dios de Israel.[b] ⁸ Por eso, el Señor se enojó con Judá y Jerusalén, y las dejó convertidas en algo que causaba terror y espanto, como lo han visto ustedes con sus propios ojos. ⁹ Por eso, nuestros padres cayeron muertos en la guerra, y nuestros hijos e hijas y nuestras esposas fueron llevados prisioneros.[c] ¹⁰ Así pues, he decidido hacer una alianza con el Señor, Dios de Israel, para que aparte su ira de nosotros. ¹¹ Por consiguiente, hijos míos, no se den descanso, porque el Señor los ha escogido para que estén siempre a su disposición y le sirvan, y para que le ofrezcan incienso."

¹² Los levitas que inmediatamente empezaron a trabajar fueron los siguientes: de los descendientes de Quehat, Máhat hijo de Amasai y Joel hijo de Azarías; de los de Merarí, Quis hijo de Abdí y Azarías hijo de Jehaleel; de los de Guersón, Joah hijo de Zimá y Edén hijo de Joah; ¹³ de los de Elisafán, Simrí y Jehiel; de los de Asaf, Zacarías y Matanías; ¹⁴ de los de Hemán, Jehiel y Simí, y de los de Jedutún, Semaías y Uziel. ¹⁵ Primero reunieron a sus parientes y se purificaron todos; luego entraron en el templo para purificarlo, según la orden que el rey les había dado de acuerdo con el mandato del Señor.

¹⁶ Después penetraron los sacerdotes en el interior del templo para purificarlo. Sacaron al atrio del templo todas las cosas impuras que encontraron en el edificio interior, y los levitas las llevaron al arroyo Cedrón. ¹⁷ Comenzaron a hacer la purificación el día primero del primer mes, y para el día ocho del mes ya habían llegado al vestíbulo del templo del Señor. El resto del templo lo purificaron en otros ocho días, y para el día dieciséis ya habían terminado. ¹⁸ Después entraron en el palacio del rey Ezequías, y le dijeron: "Ya hemos purificado todo el templo: el altar de los holocaustos con todos sus utensilios, y la mesa para los panes consagrados con todos sus utensilios. ¹⁹ También hemos ordenado y purificado todos los utensilios que el rey Ahaz, durante su reinado, había desechado por causa de su infidelidad, y ahora están ya delante del altar del Señor."

²⁰ El rey Ezequías se levantó muy temprano, reunió a las autoridades de la ciudad y se fue al templo del Señor. ²¹ Llevaban siete becerros, siete carneros, siete corderos y siete cabritos, como ofrenda por el pecado a favor de la familia real, del templo y de Judá. El rey ordenó a los sacerdotes, descendientes de Aarón, que los ofrecieran en holocausto sobre el altar del Señor. ²² Los sacerdotes mataron los becerros, recogieron la sangre y rociaron con ella el altar. Luego hicieron lo mismo con los carneros, y también con los corderos.

²³ Después llevaron los cabritos de la ofrenda por el pecado delante del rey y de la comunidad, y ellos pusieron las manos sobre los animales. ²⁴ A continuación, los sacerdotes los mataron y derramaron su sangre sobre el altar como ofrenda por el pecado, para obtener el perdón de los pecados de todo Israel, pues el rey había ordenado que el holocausto se ofreciera por todo Israel.

²⁵ Ezequías también puso en el templo del Señor levitas con platillos, salterios y cítaras, según la norma que David, y Gad, vidente al servicio del rey, y el profeta Natán habían

---

[e] **28.19** *Rey de Judá:* según 28.1 y las versiones antiguas. Heb. *rey de Israel.*
[f] **28.20** Is 7.17-20; 8.5-8.
[g] **28.23** Is 10.20.
[h] **28.24** 2 Cr 29.3; 30.14.
[i] **28.27** Is 14.28.
[a] **29.3** 2 Cr 28.24.
[b] **29.7** 2 R 16.15.
[c] **29.8-9** Lv 26.32-33; Dt 28.25; Jer 25.18.

dado.[d] Porque aquella norma la había dado el Señor por medio de sus profetas.

²⁶ Los levitas estaban de pie con los instrumentos musicales de David, y los sacerdotes con las trompetas. ²⁷ Entonces Ezequías dispuso que se ofreciera el holocausto sobre el altar. Y en el momento de comenzar el holocausto, empezaron también los cantos en honor del Señor y el toque de las trompetas, acompañados por los instrumentos musicales del rey David. ²⁸ La comunidad estaba de rodillas en actitud de adoración mientras el coro cantaba y los sacerdotes tocaban las trompetas. Todo esto duró hasta que se terminó el holocausto. ²⁹ Cuando este terminó, el rey y todos los que lo acompañaban se arrodillaron en actitud de adoración. ³⁰ Después el rey Ezequías y las autoridades ordenaron a los levitas que alabaran al Señor con los salmos de David y del profeta Asaf. Y ellos lo hicieron con mucha alegría, y también se arrodillaron en actitud de adoración.

³¹ Luego Ezequías dijo a la gente: "Ya que ustedes se han consagrado ahora al Señor, acérquense y traigan sacrificios y ofrendas de acción de gracias para el templo del Señor." Entonces la comunidad llevó sacrificios y ofrendas de acción de gracias, y los que tuvieron voluntad de hacerlo, ofrecieron holocaustos. ³² Los animales que llevó la comunidad para los holocaustos fueron setenta toros, cien carneros y doscientos corderos. Todo era para ofrecerlo al Señor como holocausto. ³³ El total de animales que ofrecieron fue de seiscientas reses y tres mil cabezas de ganado menor.

³⁴ Pero como había pocos sacerdotes, y no alcanzaban a quitarles la piel a todos los animales para los holocaustos, tuvieron que ayudarles sus hermanos, los levitas, a terminar la labor, hasta que los otros sacerdotes se purificaron; porque los levitas se habían mostrado mejor dispuestos a purificarse que los sacerdotes.[e] ³⁵ Además, había una gran cantidad de holocaustos que ofrecer, y la grasa de los sacrificios de reconciliación, y las ofrendas de vino que se hacían junto con los holocaustos.

De este modo se restableció el culto en el templo del Señor. ³⁶ Y tanto Ezequías como todo el pueblo se alegraron de lo que Dios había hecho por el pueblo, pues todo había sucedido con gran rapidez.

30

Ezequías celebra la Pascua ¹ Ezequías mandó avisar en todo Israel y Judá, y también envió cartas a Efraín y Manasés, para invitarlos a acudir al templo del Señor en Jerusalén a celebrar la Pascua[a] del Señor, Dios de Israel. ² El rey, después de haber consultado con sus funcionarios y con toda la comunidad de Jerusalén, había decidido celebrar la Pascua en el segundo mes, ³ ya que no había podido celebrarla a su debido tiempo porque no había bastantes sacerdotes que se hubieran purificado ni el pueblo se había reunido en Jerusalén.[b] ⁴ Y como tanto al rey como a toda la comunidad les había parecido buena la propuesta, ⁵ decidieron hacer circular por todo Israel, desde Beerseba hasta Dan, la invitación a ir a celebrar en Jerusalén la Pascua del Señor,

Dios de Israel. Porque antes no la habían celebrado con mucha asistencia, como estaba prescrito.

⁶ Así pues, salieron mensajeros por todo Israel y Judá con cartas del rey y de sus funcionarios para proclamar la orden real: "Israelitas: vuélvanse al Señor, Dios de Abraham, Isaac e Israel, y él se volverá a ustedes, el resto que ha escapado de las manos de los reyes de Asiria. ⁷ No sean como sus antepasados y como sus hermanos, que por ser infieles al Señor, Dios de sus antepasados, él los entregó a la destrucción, como ustedes ven.[c] ⁸ Por consiguiente, no sean tercos como sus antepasados; extiendan la mano al Señor para renovar la alianza y vengan a su santuario, que él ha consagrado para siempre. Sirvan al Señor su Dios, y él dejará de estar enojado con ustedes. ⁹ Si ustedes se vuelven al Señor, los enemigos que ahora tienen prisioneros a sus hermanos y a sus hijos tendrán compasión de ellos y los dejarán volver a este país, porque el Señor, el Dios de ustedes, es compasivo y misericordioso y no los rechazará a ustedes, si ustedes se vuelven a él."[d]

¹⁰ Los mensajeros recorrieron el territorio de Efraín y Manasés, yendo de ciudad en ciudad hasta llegar a Zabulón. Pero la gente se reía y se burlaba de ellos. ¹¹ Sin embargo, algunos hombres de las tribus de Aser, Manasés y Zabulón se humillaron ante Dios y acudieron a Jerusalén. ¹² Dios también movió a la gente de Judá para que estuvieran de acuerdo en cumplir la orden del rey y de las autoridades, según lo mandado por el Señor.

¹³ Así pues, una multitud sumamente grande se reunió el segundo mes en Jerusalén para celebrar la fiesta de los panes sin levadura. ¹⁴ Empezaron por quitar todos los altares y lugares para quemar incienso que había en Jerusalén, y los echaron al arroyo Cedrón. ¹⁵ El día catorce del segundo mes mataron el cordero de la Pascua. Los sacerdotes y levitas, sintiendo vergüenza de sí mismos, se purificaron y llevaron al templo del Señor animales para los holocaustos. ¹⁶ Luego ocuparon sus puestos, según les está asignado en la ley de Moisés, hombre de Dios. Los sacerdotes rociaban la sangre que les entregaban los levitas. ¹⁷ Y como en la comunidad había muchos que no se habían purificado, los levitas tuvieron que matar para la Pascua los animales de todos aquellos que no se habían purificado, a fin de consagrarlos al Señor.[e] ¹⁸ En efecto, un gran número de personas de Efraín, Manasés, Isacar y Zabulón participaron de la comida de la Pascua, pero no de acuerdo con lo prescrito, pues no se habían purificado. Pero Ezequías oró por ellos, diciendo: "Señor bondadoso, perdona a todos los de corazón sincero que te buscan a ti, ¹⁹ oh Señor, Dios de sus antepasados, aunque no se hayan purificado como lo requiere la santidad del templo."

²⁰ Y el Señor atendió la petición de Ezequías y perdonó al pueblo. ²¹ Así que, durante siete días, los israelitas que se encontraban en Jerusalén celebraron con mucha alegría la fiesta de los panes sin levadura. Y los sacerdotes y levitas estuvieron alabando diariamente al Señor con los

---

[d] **29.25** 1 Cr 25.1.
[e] **29.34** 1 Cr 15.12.
[a] **30.1** Ex 12.1-13,21-27; Lv 23.5-8; Dt 16.1-8.
[b] **30.3** Nm 9.9-12.
[c] **30.7** Hch 7.51.
[d] **30.9** 1 R 8.50.
[e] **30.17** 2 Cr 35.6.

imponentes instrumentos de música sagrada. ²² Ezequías felicitó a todos los levitas que habían demostrado sus excelentes disposiciones para el servicio del Señor.

Y después de haber participado de la comida de la fiesta durante siete días, de haber ofrecido sacrificios de reconciliación y de haber alabado al Señor, Dios de sus antepasados, ²³ toda la comunidad decidió prolongar la fiesta por otros siete días, lo cual hicieron muy contentos; ²⁴ porque Ezequías, rey de Judá, regaló a la comunidad mil becerros y siete mil ovejas, y por su parte las autoridades regalaron al pueblo mil becerros y diez mil ovejas. Muchos sacerdotes se purificaron. ²⁵ Toda la comunidad de Judá se alegró, lo mismo que los sacerdotes, los levitas y toda la gente que había venido de Israel, y los extranjeros que llegaron del territorio de Israel o que vivían en Judá. ²⁶ Hubo, pues, mucha alegría en Jerusalén, porque desde los tiempos de Salomón, hijo de David y rey de Israel, no había ocurrido nada semejante en Jerusalén. ²⁷ Después los sacerdotes y levitas, de pie, bendijeron al pueblo; y el Señor los escuchó, y su oración llegó hasta el cielo, el lugar donde el Dios santo reside.

31 ¹ Cuando todo eso terminó, todos los israelitas que se encontraban allí se fueron a las ciudades de Judá e hicieron pedazos las piedras sagradas, rompieron las representaciones de Aserá y derribaron los santuarios en lugares altos, hasta que terminaron con todas aquellas cosas en todo Judá y en Benjamín, y también en Efraín y Manasés. Luego todos los israelitas regresaron a sus ciudades, cada uno a su propiedad. *ᵃ*

² Después Ezequías repartió a los sacerdotes y levitas por turnos, para que unos y otros, cada uno según su propio oficio, ofrecieran holocaustos y sacrificios de reconciliación, dieran gracias y alabaran al Señor, y sirvieran en las puertas del templo. ³ Además el rey contribuyó de sus propios bienes para el holocausto de la mañana y de la tarde, para los holocaustos del sábado, de la fiesta de luna nueva y de las fiestas solemnes, como está escrito en la ley del Señor. *ᵇ* ⁴ También ordenó a la gente que vivía en Jerusalén que entregaran a los sacerdotes y levitas la contribución que les correspondía, para que pudieran dedicarse con todo empeño a cumplir la ley del Señor. ⁵ Y cuando la orden se difundió, los israelitas dieron con gran generosidad lo mejor de su cosecha de trigo, vino, aceite, miel y toda clase de productos del campo. También llevaron la décima parte de todos sus productos, en gran cantidad. *ᶜ*

⁶ También los habitantes de Israel y los que vivían en otras ciudades de Judá trajeron la décima parte del ganado vacuno y del ganado menor, y la décima parte de las cosas consagradas al Señor su Dios. Todo lo colocaron en montones. ⁷ En el tercer mes empezaron a amontonar aquellas cosas, y terminaron en el séptimo. *ᵈ* ⁸ Y cuando Ezequías y las autoridades fueron a ver lo que se había amontonado, bendijeron al Señor y a su pueblo Israel.

⁹ Entonces Ezequías pidió a los sacerdotes y levitas información sobre aquellos montones, ¹⁰ y el sumo sacerdote Azarías, de la familia de Sadoc, le respondió: "Desde que empezaron a traer la contribución al templo del Señor, hemos tenido suficiente para comer y aun ha sobrado mucho; toda esta cantidad ha sobrado, porque el Señor ha bendecido a su pueblo." *ᵉ*

¹¹ Por tal motivo, Ezequías mandó que prepararan depósitos en el templo del Señor. Una vez hechos, ¹² metieron allí, fielmente, la contribución, la décima parte que habían entregado y las porciones consagradas al Señor. Pusieron de encargado principal de todo eso al levita Conanías, y a su hermano Simí como sustituto suyo. ¹³ Como vigilantes bajo las órdenes de Conanías y de su hermano Simí, fueron nombrados por el rey Ezequías y por Azarías, el jefe principal del templo de Dios, los siguientes: Jehiel, Azazías, Náhat, Asael, Jerimot, Jozabad, Eliel, Ismaquías, Máhat y Benaías. ¹⁴ El portero de la puerta oriental, que era el levita Coré, hijo de Imná, estaba encargado de las ofrendas voluntarias para Dios y de repartir la contribución para el Señor y las porciones consagradas a Dios. ¹⁵ A Coré lo ayudaban fielmente, en las ciudades de los sacerdotes, Edén, Minjamín, Jesús, Semaías, Amarías y Secanías, para hacer el reparto de las porciones entre sus colegas. Lo hacían de acuerdo con sus turnos, lo mismo a mayores que a menores, ¹⁶ a todos los que acudían al templo para sus diarias tareas, según sus turnos y sus propios oficios, con tal de que estuvieran inscritos en los registros, que incluían a todos los que tenían de tres años para arriba. *ᶠ* ¹⁷ Los sacerdotes estaban inscritos por familias, y los levitas de veinte años para arriba, según sus oficios y turnos. *ᵍ* ¹⁸ En el registro quedaban incluidos todos los niños pequeños, las esposas, los hijos y las hijas, es decir toda la comunidad, ya que por el oficio que se les ha confiado quedan consagrados a Dios. ¹⁹ En todas las ciudades había hombres nombrados para repartir las porciones a todo varón entre los sacerdotes descendientes de Aarón, y a todos los levitas que estaban inscritos y que vivían en las tierras de pastoreo de las ciudades de los sacerdotes.

²⁰ Ezequías hizo esto en todo Judá. Sus acciones fueron buenas, rectas y sinceras ante el Señor su Dios. ²¹ Todo lo que emprendió para el servicio del templo de Dios o referente a la ley y los mandamientos, lo hizo procurando buscar a Dios de todo corazón, y por eso tuvo éxito. *ʰ*

32 *Senaquerib invade Judá (2 R 18.13—19.37; Is 36—37)*
¹ Después de estas cosas y de esta muestra de fidelidad, llegó Senaquerib, rey de Asiria, invadió Judá y puso cerco a las ciudades fortificadas, con intención de conquistarlas.
² Al ver Ezequías que Senaquerib había llegado resuelto a atacar a Jerusalén, ³ consultó a sus jefes civiles y militares y les propuso cegar los manantiales que había fuera de

---

ᵃ 31.1 2 Cr 34.3-4; 2 R 18.4.
ᵇ 31.3 Nm 28.1—29.39; 1 Cr 29.3; Ez 45.17.
ᶜ 31.5 Nm 18.12-13,21; Dt 14.22-23.
ᵈ 31.7 *En el tercer mes... séptimo:* periodo entre la fiesta de Pentecostés y la fiesta de las Enramadas. En Palestina esta es una época

sin lluvias, lo que hacía más urgente la necesidad de almacenar alimentos (v. 11).
ᵉ 31.10 Lv 25.19-22.
ᶠ 31.16 1 Cr 23.3-4.
ᵍ 31.17 1 Cr 23.6-24.
ʰ 31.21 Sal 119.2-3; cf. Dt 11.13-14.

la ciudad, y ellos estuvieron de acuerdo. ⁴ ᵃ Entonces se reunió mucha gente y cegaron todos los manantiales, así como el canal subterráneo, para que cuando llegaran los reyes de Asiria no encontraran agua abundante.

⁵ Ezequías se armó de ánimo y reconstruyó la muralla, y también construyó torres sobre ella y una muralla exterior. Fortificó además el terraplén de la Ciudad de David, y fabricó buena cantidad de lanzas y escudos. ᵇ ⁶ Luego puso oficiales al mando de la gente, los reunió en la explanada de la puerta de la ciudad y les dio ánimo, diciéndoles: ⁷ "¡Sean fuertes y valientes! No tengan miedo ni se desanimen ante el rey de Asiria y todo el numeroso ejército que lo acompaña, porque nosotros tenemos más que él. ᶜ ⁸ Él cuenta con la fuerza de los hombres, pero con nosotros está el Señor nuestro Dios para ayudarnos a luchar nuestras batallas." Al oir las palabras del rey Ezequías, el pueblo se sintió animado. ᵈ

⁹ Después el rey Senaquerib de Asiria, quien se encontraba atacando a Laquis con todas sus tropas, mandó a Jerusalén unos oficiales suyos, para comunicar a Ezequías, rey de Judá, y a todos los habitantes de Jerusalén que estaban en Jerusalén, el siguiente mensaje:

¹⁰ "Senaquerib, rey de Asiria, manda a decirles: '¿Por qué se sienten tan seguros, que se quedan en Jerusalén a pesar de estar cercados? ¹¹ Si Ezequías les dice que el Señor su Dios los librará de mis manos, los está engañando y los está exponiendo a ustedes a morir de hambre y sed. ¹² ¿Acaso no suprimió Ezequías los lugares de culto y los altares de ese Dios, y ordenó que la gente de Judá y Jerusalén le diera culto y le ofreciera incienso solamente en un altar? ¹³ ¿No saben lo que yo y mis antepasados hemos hecho con todos los pueblos de los otros países? ¿Acaso pudieron los dioses de esas naciones librarlos de mi poder? ¹⁴ ¿Cuál de todos los dioses de esas naciones que destruyeron mis antepasados, pudo salvar a su país de mi poder? ¿Por qué piensan que su Dios puede salvarlos? ¹⁵ Por tanto, no se dejen engañar ni embaucar por Ezequías; no le crean, pues si ningún dios de ninguna de esas naciones fue capaz de librar a su pueblo de mi poder y del poder de mis antepasados, ¡mucho menos podrá el Dios de ustedes librarlos de mi poder!' "

¹⁶ Esto, y más todavía, dijeron los oficiales del rey de Asiria contra Dios, el Señor, y contra su siervo Ezequías. ¹⁷ Senaquerib escribió además cartas en que insultaba al Señor, Dios de Israel, y en que decía contra él: "Así como los dioses de los pueblos de otros países no pudieron librarlos de mi poder, tampoco el Dios de Ezequías podrá librar de mi poder a su pueblo."

¹⁸ Los oficiales de Senaquerib, dirigiéndose a la gente de Jerusalén que estaba en la muralla, gritaron bien fuerte en hebreo para asustarlos y aterrorizarlos, y así poder conquistar la ciudad. ¹⁹ Hablaban del Dios de Jerusalén como de los dioses de las otras naciones de la tierra, que son dioses hechos por los hombres.

²⁰ En esta situación, el rey Ezequías y el profeta Isaías, hijo de Amós, oraron y pidieron ayuda al cielo. ²¹ Entonces el Señor envió un ángel que exterminó a todos los soldados, capitanes y comandantes del campamento del rey de Asiria, quien tuvo que volverse a su país lleno de vergüenza. Y cuando entró en el templo de su dios, allí mismo lo asesinaron sus propios hijos.

²² De este modo, el Señor libró a Ezequías y a los habitantes de Jerusalén del poder de Senaquerib, rey de Asiria, y del poder de todos los demás, y les concedió paz con todos sus vecinos. ²³ Entonces hubo muchos que llevaron a Jerusalén ofrendas para el Señor, y regalos valiosos para Ezequías, rey de Judá. Y a partir de entonces, su prestigio aumentó frente a las demás naciones.

Enfermedad y curación de Ezequías (2 R 20.1-11; Is 38.1-22)

²⁴ Por aquel tiempo, Ezequías cayó gravemente enfermo; pero oró al Señor, quien le contestó por medio de una señal milagrosa. ²⁵ Pero, a pesar del beneficio que había recibido, Ezequías no fue agradecido, sino que se llenó de orgullo, por lo cual el Señor se enojó con él y también con Judá y Jerusalén. ²⁶ Sin embargo, a pesar de su orgullo, Ezequías se humilló ante Dios, y lo mismo hicieron los habitantes de Jerusalén, y el Señor no descargó su ira sobre ellos mientras Ezequías vivió.

Prosperidad de Ezequías ²⁷ Ezequías gozó de grandes riquezas y honores, y llegó a acumular grandes cantidades de plata, oro, piedras preciosas, perfumes, escudos y toda clase de objetos valiosos. ²⁸ Construyó también almacenes para guardar los cereales, el vino y el aceite, y establos para toda clase de ganado, y rediles para los rebaños. ²⁹ Además hizo construir ciudades, y tuvo mucho ganado mayor y menor, pues Dios le concedió muchísimos bienes.

³⁰ Ezequías fue también quien mandó cegar la salida del agua por la parte de arriba del manantial de Guihón, y la canalizó hacia abajo, hacia el lado occidental de la Ciudad de David. Así que Ezequías tuvo éxito en todo lo que emprendió.

Ezequías recibe a los enviados de Babilonia (2 R 20.12-19; Is 39.1-8) ³¹ Así sucedió también cuando las autoridades de Babilonia enviaron a unos para visitarlo e informarse del milagro que había ocurrido en el país. Dios dejó solo a Ezequías, para probarlo y conocer a fondo su manera de pensar.

Muerte de Ezequías (2 R 20.20-21) ³² El resto de la historia de Ezequías y de sus obras piadosas, está escrito en la revelación del profeta Isaías, hijo de Amós, y en el libro de los reyes de Judá y de Israel. ³³ Cuando murió Ezequías, lo enterraron en la parte superior del panteón ᵉ de la familia de David. Todo Judá y los habitantes de Jerusalén le rindieron honores; y reinó en su lugar su hijo Manasés.

ᵃ **32.4** Is 22.9,11.
ᵇ **32.5** Neh 2.17-18.
ᶜ **32.7** 2 Cr 14.10-11; 2 Cr 20.6-12; cf. Jos 1.6.

ᵈ **32.8** Is 31.3.

ᵉ **32.33** *La parte superior del panteón:* es decir, el lugar de honor más prominente.

33

Reinado de Manasés *(2 R 21.1-18)* **1** Manasés tenía doce años cuando comenzó a reinar, y reinó en Jerusalén cincuenta y cinco años. **2** Pero sus hechos fueron malos a los ojos del Señor, [a] pues practicó las mismas infamias de las naciones que el Señor había arrojado de la presencia de los israelitas: **3** reconstruyó los santuarios en lugares altos que Ezequías, su padre, había derribado; levantó altares a las representaciones de Baal, y hizo imágenes de Aserá; además adoró y rindió culto a todos los astros del cielo, **4** y construyó altares en el templo del Señor, acerca del cual el Señor había dicho que sería para siempre la residencia de su nombre en Jerusalén. [b] **5** Levantó otros altares en los dos atrios del templo del Señor, y los dedicó a todos los astros del cielo.

6 Además hizo quemar a sus hijos en sacrificio en el valle de Ben-hinom, practicó la invocación de los espíritus, la adivinación y la magia, y estableció el espiritismo y la hechicería. Tan malos fueron sus hechos a los ojos del Señor, que acabó por provocar su indignación. **7** También colocó la imagen del ídolo que había hecho en el templo de Dios, acerca del cual Dios había dicho a David y a su hijo Salomón: "Este templo en Jerusalén, que he escogido entre todas las tribus de Israel, será para siempre la residencia de mi nombre. **8** No volveré a desalojar a los israelitas de la tierra donde establecí a sus antepasados, con tal de que cumplan y practiquen todo lo que les he ordenado, y todas las enseñanzas, leyes y decretos que les he dado por medio de Moisés." [c]

9 Pero Manasés hizo que Judá y los habitantes de Jerusalén siguieran por el mal camino y que actuaran con más perversidad que las naciones que el Señor había aniquilado ante los israelitas. **10** El Señor habló a Manasés y a su pueblo, pero no le hicieron caso. **11** Por eso, el Señor trajo contra ellos a los jefes del ejército del rey de Asiria, quienes apresaron con ganchos a Manasés, lo sujetaron con cadenas de bronce y lo llevaron a Babilonia. [d,e]

12 Pero cuando se halló en aflicción invocó al Señor su Dios, y se humilló profundamente ante el Dios de sus antepasados. **13** Y cuando oró, Dios lo atendió, escuchó sus súplicas e hizo que volviera a Jerusalén a hacerse cargo de su reino. Entonces comprendió Manasés que el Señor es Dios.

14 Después de esto, Manasés le construyó a la Ciudad de David, al oeste de Guihón, una muralla exterior que pasaba por el arroyo y llegaba a la Puerta de los Pescados, para luego rodear a Ófel. La hizo de mucha altura. También puso comandantes militares en todas las ciudades fortificadas de Judá. **15** Además quitó del templo del Señor los dioses extranjeros y el ídolo, así como todos los altares paganos que había construido en el monte del templo y en Jerusalén, y los arrojó fuera de la ciudad. **16** Después reparó el altar del Señor, ofreció en él sacrificios de reconciliación y de acción de gracias, y ordenó a Judá que diera culto al Señor, Dios de Israel. **17** Sin embargo, el pueblo

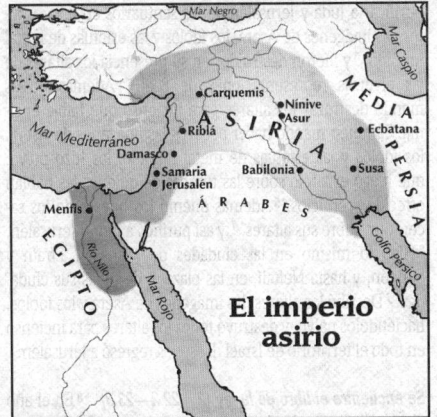

El imperio asirio

seguía ofreciendo sacrificios en los altares paganos, aunque los dedicaba al Señor su Dios.

18 El resto de la historia de Manasés, y su oración a Dios, y las declaraciones que los profetas le hicieron en nombre del Señor, Dios de Israel, están en las crónicas de los reyes de Israel. **19** Su oración y la respuesta que recibió, todo lo relativo a su pecado e infidelidad y a los sitios donde construyó santuarios en lugares altos y donde puso las imágenes de Aserá y los ídolos antes de humillarse ante Dios, están escritos en la historia de sus profetas. **20** Cuando murió, lo enterraron en el jardín de [f] su palacio. Después reinó en su lugar su hijo Amón.

Reinado de Amón *(2 R 21.19-26)* **21** Amón tenía veintidós años cuando comenzó a reinar, y reinó en Jerusalén dos años. **22** Pero sus hechos fueron malos a los ojos del Señor, como los de su padre Manasés. Ofreció sacrificios y rindió culto a todos los ídolos que su padre Manasés había hecho. **23** Pero no se humilló ante el Señor, como lo hizo su padre Manasés, sino que acumuló más culpas.

24 Sus oficiales conspiraron contra él, y lo asesinaron en su palacio. **25** Pero la gente del pueblo mató a los que habían conspirado contra el rey Amón, y en su lugar hicieron reinar a su hijo Josías.

34

Reinado de Josías *(2 R 22.1-2)* **1** Josías [a] tenía ocho años cuando comenzó a reinar, y reinó en Jerusalén durante treinta y un años. **2** Los hechos de Josías fueron rectos a los ojos del Señor, pues siguió la conducta de David, su antepasado, sin desviarse de ella para nada.

Reformas de Josías **3** En el octavo año de su reinado, siendo todavía joven, Josías empezó a buscar al Dios de su antepasado David. Y en el año doce [b] de su reinado comenzó a

---

[a] **33.2** Jer 15.4.
[b] **33.4** 2 S 7.13.
[c] **33.7-8** 1 R 9.3-5; 2 Cr 7.12-18.
[d] **33.11** Job 36.7-9; Ez 19.9.
[e] **33.11** Ningún otro texto habla del cautiverio del rey Manasés en Babilonia. Sin embargo, de acuerdo con inscripciones asirias, él pagó tributos a Esarhadón (680-669 a.C.) y Asurbanipal (668-627 a.C.),

reyes de Asiria. Además, Manasés, por ser vasallo, pudo haber sido obligado a ir a Nínive, la capital del imperio asirio.
[f] **33.20** *El jardín de:* texto probable según 2 R 21.18. En el texto hebreo no aparece esta frase.
[a] **34.1** Jer 3.6.
[b] **34.3** *En el año doce:* hacia el 628 a.C., es decir, un año después de la muerte de Asurbanipal, cuando Judá pudo liberarse del dominio

purificar a Judá y Jerusalén de los santuarios en lugares altos, las imágenes de Aserá, los ídolos y las estatuas de metal fundido, **4** y fueron destruidos en su presencia los altares de las diversas representaciones de Baal. *c* Además, Josías mandó destrozar los altares para incienso que había encima. También mandó hacer pedazos las imágenes de Aserá, los ídolos y las estatuas de metal fundido; los hizo polvo, que luego esparció sobre las tumbas de quienes les habían ofrecido sacrificios. **5** Además quemó los huesos de los sacerdotes sobre sus altares, *d* y así purificó a Judá y Jerusalén. **6** Hizo lo mismo en las ciudades de Manasés, Efraín y Simeón, y hasta Neftalí, en las plazas *e* de todas sus ciudades. **7** Derribó los altares, las imágenes de Aserá y los ídolos, haciéndolos polvo, y destruyó todos los altares para incienso en todo el territorio de Israel. Después regresó a Jerusalén. *f*

Se encuentra el libro de la ley (2 R 22.3—23.3) **8** En el año dieciocho de su reinado, después de haber purificado el país y el templo, envió a Safán, hijo de Asalías, a Amasías, alcalde de la ciudad, y a su secretario Joah, hijo de Joacaz, a reparar el templo del Señor su Dios. **9** Entonces estos fueron a ver al sumo sacerdote Hilquías y le entregaron el dinero que había sido llevado al templo de Dios y que los levitas porteros habían recogido en Manasés y Efraín, de la gente que había quedado en Israel, lo mismo que de todo Judá y Benjamín y de los habitantes de Jerusalén. *g* **10** Luego se lo entregaron a los encargados de las obras del templo del Señor, para que ellos a su vez pagaran a los que trabajaban en la reparación del templo. **11** Entregaron el dinero a los carpinteros y maestros de obras, para que compraran piedras de cantería y madera para los amarres y para poner vigas a los edificios que los reyes de Judá habían dejado derruir. **12-13** Estos hombres hacían su trabajo fielmente, y los que estaban al frente de ellos eran los levitas Jáhat y Abdías, descendientes de Merarí, y Zacarías y Mesulam, descendientes de Quehat, que eran los jefes. Ellos estaban también al frente de los cargueros, y dirigían a todos los que trabajaban en la obra. Todos los levitas eran músicos, y algunos de ellos eran cronistas, comisarios o porteros. **14** Cuando sacaban el dinero que había sido llevado al templo del Señor, el sacerdote Hilquías encontró el libro de la ley del Señor, dada por medio de Moisés. **15** En seguida le contó a Safán, el cronista, que había encontrado el libro de la ley en el templo del Señor; y le entregó el libro a Safán, **16** quien lo llevó al rey y le informó del asunto, diciéndole:

—Los servidores de Su Majestad están haciendo todo lo que se les encargó. **17** Han fundido la plata que había en el templo, y la han entregado a los que dirigen las obras y a los encargados de estas.

18 También informó Safán al rey de que el sacerdote Hilquías le había entregado un libro; y lo leyó Safán al rey. **19** Al escuchar el rey lo que decía el libro de la ley, se rasgó la ropa, **20** y en seguida ordenó a Hilquías, a Ahicam, hijo de Safán, a Abdón, hijo de Micaías, a Safán, el cronista, y a Asaías, oficial del rey:

21 —Vayan a consultar al Señor por mí y por la gente que queda en Israel y en Judá, en cuanto al contenido de este libro que se ha encontrado; pues el Señor debe estar muy furioso con nosotros, ya que nuestros antepasados no prestaron atención a lo que dijo el Señor, ni pusieron en práctica todo lo que está escrito en este libro.

22 Hilquías y los que el rey nombró fueron a ver a la profetisa Huldá, esposa de Salum, hijo de Ticvá y nieto de Harhás, encargado del guardarropa del templo. Huldá vivía en el Segundo Barrio de Jerusalén, y cuando le hablaron, **23** ella les contestó:

—Esta es la respuesta del Señor, Dios de Israel: 'Díganle a la persona que los ha enviado a consultarme, **24** que yo, el Señor, digo: Voy a acarrear un desastre sobre este lugar y sobre sus habitantes, conforme a todas las maldiciones que están escritas en el libro que han leído delante del rey de Judá. **25** Pues me han abandonado y han quemado incienso a otros dioses, provocando mi irritación con todas sus prácticas; por eso se ha encendido mi ira contra este lugar, y no se apagará. **26** Díganle, pues, al rey de Judá, que los ha enviado a consultar al Señor, que el Señor, el Dios de Israel, dice también: Por haber prestado atención a lo que has oído, **27** y porque te has conmovido y sometido a mí al escuchar mi declaración contra este lugar y sus habitantes, por haberte humillado ante mí, haberte rasgado la ropa y haber llorado ante mí, yo también por mi parte te he escuchado. Yo, el Señor, te lo digo. **28** Yo te concederé morir en paz y reunirte con tus antepasados, sin que llegues a ver el desastre que voy a acarrear sobre este lugar y sobre sus habitantes.'

Los enviados del rey regresaron para llevarle a este la respuesta. **29** Entonces el rey mandó llamar a todos los ancianos de Judá y Jerusalén, para que se reunieran. **30** Luego el rey y todos los hombres de Judá y los habitantes de Jerusalén, y los sacerdotes, los levitas y la nación entera, desde el más pequeño hasta el más grande, fueron al templo del Señor. Allí el rey les leyó en voz alta todo lo que decía el libro de la alianza que había sido encontrado en el templo del Señor. **31** Luego el rey se puso de pie junto a su columna, *h* y se comprometió ante el Señor a obedecerle, a poner en práctica fielmente y con toda sinceridad sus mandamientos, mandatos y leyes, y a cumplir las condiciones de la alianza que estaban escritas en este libro. **32** Después hizo que toda la gente de Jerusalén y de Benjamín se encontraba allí se comprometiera a cumplirla. Y los habitantes de Jerusalén cumplieron la alianza de Dios, el Dios de sus antepasados. **33** Josías suprimió las infames prácticas que había en todos los territorios de los israelitas, e hizo que todos los que se encontraban en Israel dieran culto al Señor su Dios. Y mientras él vivió, no se apartaron del Señor, Dios de sus antepasados.

---

asirio. De 2 R 22.1—23.25 podría deducirse que el rey Josías inició su reforma religiosa solo después de descubrir, en el templo, el libro de la ley, en el año dieciocho de su reinado. Sin embargo, lo más verosímil es que la reforma haya comenzado antes. De hecho, la reparación del templo, que llevó al descubrimiento del libro de la ley, tiene que haber formado parte de una profunda reforma del culto.

c **34.4** 2 R 21.3; 2 Cr 33.3.
d **34.5** 1 R 13.2.
e **34.6** *En las plazas:* texto probable. Heb. oscuro.
f **34.3-7** 2 Cr 14.1-4; 31.1; 2 R 23.4-20.
g **34.9** 2 Cr 24.8-9.
h **34.31** Véase 2 Cr 23.13 nota *c.*

35 Josías celebra la Pascua (2 R 23.21-33)

1 Josías celebró en Jerusalén la Pascua[a] en honor del Señor: el día catorce del primer mes del año se sacrificó el cordero para la fiesta. **2** Instaló a los sacerdotes en sus puestos de servicio, y los animó a que atendieran el servicio del templo del Señor. **3** Además, a los levitas, que eran los maestros de todo Israel y que estaban consagrados al Señor, les dio las siguientes instrucciones: "Coloquen el arca sagrada en el templo que construyó Salomón, hijo de David y rey de Israel. Ya no tendrán que llevarlo en hombros. Ahora dedíquense a servir al Señor su Dios, y a Israel, pueblo del Señor.[b] **4** Organícense por familias y turnos, según lo dejaron escrito David, rey de Israel, y su hijo Salomón.[c] **5** Quédese en el santuario un grupo de levitas por cada grupo de familias, como representantes de los grupos de familias de los otros israelitas, sus hermanos.[d] **6** Sacrifiquen el cordero de la Pascua, purifíquense y preparen lo necesario para que sus hermanos puedan cumplir lo que el Señor ordenó por medio de Moisés."[e]

7 Luego Josías, de su propio ganado, dio a toda la gente del pueblo que se encontraba allí animales para celebrar la Pascua: corderos y cabritos, con un total de treinta mil cabezas, y además tres mil novillos. **8** También los funcionarios del rey hicieron donativos voluntarios al pueblo, a los sacerdotes y a los levitas. A su vez, Hilquías, Zacarías y Jehiel, encargados del templo de Dios, entregaron a los sacerdotes dos mil seiscientos animales para celebrar la Pascua, y trescientos novillos;[f] **9** y Conanías, y sus colegas Semaías y Natanael, así como Hasabías, Jehiel y Jozabad, jefes de los levitas, les entregaron cinco mil animales para la celebración de la Pascua, y quinientos novillos.

10 Estando así ya dispuesta la celebración, los sacerdotes ocuparon sus puestos y los levitas se organizaron según sus turnos, como lo había ordenado el rey. **11** Entonces sacrificaron los animales de la Pascua, y mientras los levitas desollaban a los animales, los sacerdotes rociaban el altar con la sangre que los levitas les pasaban. **12** Después retiraron la grasa que debía ser quemada, de acuerdo con los grupos de familias del pueblo, para que la ofrecieran al Señor, como está ordenado en el libro de Moisés; y lo mismo hicieron con los novillos. **13** A continuación asaron los animales para la celebración de la Pascua, como está prescrito;[g] y las demás ofrendas sagradas las cocieron en ollas, calderos y sartenes, y a toda prisa las repartieron entre toda la gente del pueblo. **14** Luego los levitas prepararon lo que les correspondía a ellos y a los sacerdotes, porque los sacerdotes, descendientes de Aarón, estuvieron atareados hasta la noche ofreciendo los holocaustos y la grasa. Por eso los levitas tuvieron que preparar la parte que les correspondía a ellos y a los sacerdotes, descendientes de Aarón.

15 En cuanto a los cantores, descendientes de Asaf, también estaban en sus puestos, según lo dispuesto por David, Asaf, Hemán y Jedutún, vidente al servicio del rey.[h] Los porteros estaban en sus respectivas puertas; ninguno de ellos tuvo que abandonar su puesto, porque sus colegas, los levitas, les prepararon la parte de los sacrificios que les correspondía.

16 Así se organizó todo el servicio del Señor aquel día para celebrar la Pascua y ofrecer los holocaustos sobre el altar del Señor, según lo había mandado el rey Josías. **17** Los israelitas que estaban presentes en aquella ocasión celebraron la Pascua y los siete días en que se come el pan sin levadura.[i] **18** Nunca se había celebrado en Israel una Pascua como esta desde la época del profeta Samuel; ninguno entre los reyes de Israel celebró la Pascua como la celebró Josías, con los sacerdotes y levitas y la gente de Judá y de Israel que estaba presente, y con los habitantes de Jerusalén. **19** Fue en el año dieciocho del reinado de Josías cuando se celebró aquella Pascua.

Muerte de Josías (2 R 23.28-30)

20 Más tarde, cuando Josías ya había restaurado el templo, Necao, rey de Egipto, se dirigió hacia el río Éufrates para dar una batalla en Carquemis. Josías le salió al encuentro; **21** pero Necao le envió delegados a decirle: "Déjame en paz, rey de Judá. Ahora no vengo contra ti, sino contra otra nación con la que estoy en guerra. Dios me ha ordenado que me dé prisa; así que, por tu propio bien, deja de oponerte a Dios, que está de mi parte, y así no te destruirá."

22 Pero Josías no retrocedió, sino que insistió en luchar[j] contra él, sin hacer caso a la advertencia de Necao, la cual venía del mismo Dios. Así que entró en batalla en el valle de Meguido, **23** y los arqueros le dispararon al rey Josías. Entonces dijo el rey a sus oficiales: "¡Sáquenme de aquí, porque estoy gravemente herido!"[k] **24** Sus oficiales lo sacaron del carro de combate, lo trasladaron a un segundo carro que tenía y lo llevaron a Jerusalén, donde murió. Lo enterraron en el panteón de sus antepasados. Todo Judá y Jerusalén lloró la muerte de Josías. **25** Jeremías[l] compuso en su honor un poema fúnebre. Hasta el día de hoy, todos los cantores y cantoras recuerdan a Josías en sus canciones fúnebres. Estas canciones se han hecho costumbre en Israel y están escritas en las colecciones de tales cantos.

26 El resto de la historia de Josías, con las obras piadosas que hizo de acuerdo con lo escrito en el libro de la ley del Señor, **27** y sus hechos, desde el principio hasta el fin, está escrito en el libro de los reyes de Israel y de Judá.

36 Reinado de Joacaz (2 R 23.31-35)

1 La gente del pueblo tomó entonces a Joacaz, hijo de Josías, y lo pusieron como rey en Jerusalén en lugar de su padre.

---

[a] **35.1** Ex 12.1-13,21-27; Lv 23.5-8; Nm 28.16-25; Dt 16.1-8.
[b] **35.3** 1 Cr 15.12,15; 2 Cr 5.4.
[c] **35.4** 2 Cr 8.14.
[d] **35.5** 1 Cr 24—26.
[e] **35.6** 2 Cr 30.17.
[f] **35.8** Nm 7.1-83.
[g] **35.13** *Como está prescrito:* Ex 12.8-9.
[h] **35.15** 1 Cr 25.1.
[i] **35.17** Ex 12.1-20.
[j] **35.22** *Insistió en luchar:* según la versión griega (LXX) y otras versiones antiguas. Heb. *se disfrazó para luchar.*
[k] **35.23** 2 Cr 18.33-34.
[l] **35.25** Jer 1.1-2; 3.6; 22.10-15.

² Joacaz tenía veintitrés años cuando comenzó a reinar, y reinó en Jerusalén tres meses. ³ El rey de Egipto lo quitó del trono en Jerusalén e impuso al país un tributo de tres mil trescientos kilos de plata y treinta y tres kilos de oro. ⁴ Además, el rey de Egipto puso como rey de Judá y Jerusalén a Eliaquim, hermano de Joacaz, y le cambió el nombre y le puso Joaquim, y a Joacaz lo tomó y lo llevó a Egipto. *ª*

Reinado de Joaquim (2 R 23.36—24.7) ⁵ Joaquim *ᵇ* tenía veinticinco años, y reinó en Jerusalén once años. Pero sus hechos fueron malos a los ojos del Señor su Dios. ⁶ Nabucodonosor, rey de Babilonia, marchó contra él *ᶜ* y lo sujetó con cadenas de bronce para llevárselo a Babilonia. *ᵈ* ⁷ Nabucodonosor se llevó a Babilonia una parte de los utensilios del templo del Señor, y los puso en su templo de Babilonia.
⁸ El resto de la historia de Joaquim, con sus prácticas infames y lo que le ocurrió, está escrito en el libro de los reyes de Israel y de Judá. Y reinó en su lugar su hijo Joaquín.

Joaquín es desterrado a Babilonia (2 R 24.8-17) ⁹ Joaquín tenía dieciocho años cuando comenzó a reinar, y reinó en Jerusalén tres meses y diez días. Pero sus hechos fueron malos a los ojos del Señor.
¹⁰ En la primavera de aquel año, el rey Nabucodonosor mandó que lo llevaran a Babilonia, *ᵉ* junto con los utensilios de más valor del templo del Señor, y nombró rey de Judá y Jerusalén a Sedequías, pariente de Joaquín. *ᶠ,ᵍ*

Reinado de Sedequías ¹¹ Sedequías *ʰ* tenía veintiún años cuando comenzó a reinar, y reinó once años en Jerusalén. ¹² Pero sus hechos fueron malos a los ojos de su Dios. No se humilló ante el profeta Jeremías, que le hablaba de parte del Señor. *ⁱ* ¹³ Además se rebeló contra el rey Nabucodonosor, *ʲ* quien le había hecho jurar por Dios que sería su aliado, y se empeñó tercamente en no volverse al Señor, Dios de Israel. *ᵏ*
¹⁴ También todos los jefes de Judá, los sacerdotes *ˡ* y el pueblo extremaron su infidelidad, siguiendo las prácticas infames de las naciones paganas y profanando el templo del Señor que él había escogido como su santuario en Jerusalén. ¹⁵ El Señor, Dios de sus antepasados, les envió constantes advertencias por medio de sus mensajeros, porque tenía compasión de su pueblo y de su lugar de residencia. *ᵐ* ¹⁶ Pero ellos se rieron de los mensajeros de Dios, despreciaron sus avisos y se burlaron de sus profetas, hasta que la ira del Señor estalló contra su pueblo de modo que ya no hubo remedio. *ⁿ*

Destrucción del templo y destierro de Judá (2 R 25.8-21; Jer 39.8-10; 52.12-30) ¹⁷ Entonces el Señor hizo marchar contra ellos al rey de los caldeos, *ñ* que pasó a cuchillo a sus jóvenes en el propio edificio del templo y no tuvo piedad de los jóvenes ni de las muchachas, de los ancianos ni de los inválidos. A todos los entregó el Señor en sus manos. *ᵒ* ¹⁸ Todos los utensilios del templo de Dios, grandes y pequeños, y los tesoros del templo, del rey y de sus funcionarios, todo se lo llevó el rey de los caldeos a Babilonia. ¹⁹ Además quemaron el templo de Dios, *ᵖ* derribaron la muralla de Jerusalén, prendieron fuego a sus palacios y destruyeron todo lo que había de valor. *ᑫ*
²⁰ Después desterró a Babilonia a los sobrevivientes de la matanza, donde se convirtieron en esclavos suyos y de sus hijos hasta que se estableció el imperio persa, ²¹ para que se cumpliera lo que Dios había dicho por medio del profeta Jeremías. Así el país debía disfrutar de su reposo; porque descansó todo el tiempo que estuvo en ruinas, hasta que pasaron setenta años. *ʳ*

El decreto de Ciro (Esd 1.1-14) ²² *ˢ* En el primer año del reinado de Ciro, rey de Persia, y para que se cumpliera la palabra del Señor anunciada por Jeremías, el Señor impulsó a Ciro a que en todo su reino promulgara, de palabra y por escrito, este decreto: ²³ "Ciro, rey de Persia, declara lo siguiente: El Señor, Dios de los cielos, ha puesto en mis manos todos los reinos de la tierra, y me ha encargado que le construya un templo en Jerusalén, *ᵗ* que está en la región de Judá. Así que a cualquiera de ustedes que pertenezca al pueblo del Señor, que el Señor su Dios lo ayude, y váyase allá."

ª **36.4** Jer 22.11-12.
ᵇ **36.5** Jer 22.18-19; 26.1-6; 35.1-19.
ᶜ **36.6** Jer 25.1-38; 36.1-32; 45.1-5; Dn 1.1-2.
ᵈ **36.6** El Cronista no quiere decir que Joaquim fue de hecho llevado a Babilonia. De acuerdo con 2 R 24.1-6, Joaquim se sublevó después de haber sido vasallo de Nabucodonosor por tres años, y murió en Jerusalén antes de que Nabucodonosor sitiara la ciudad. Sin embargo, Dn 1.1-2, aparentemente basado en 2 Cr 36.6-7, habla de la deportación de Joaquim a Babilonia.
ᵉ **36.10** Jer 22.24-30; 24.1-10; 29.1-2; Ez 17.12.
ᶠ **36.10** *Pariente de Joaquín:* Sedequías era hermano de Joaquim y tío de Joaquín (2 R 24.17; Jer 37.1). Cf. 2 R 24.8,18; 2 Cr 36.9,11.
ᵍ **36.10** Jer 37.1; Ez 17.13.
ʰ **36.12** Jer 37—39.
ⁱ **36.13** Ez 17.15.
ʲ **36.13** 2 R 25.1; Jer 52.4.
ˡ **36.14** *Jefes de Judá, los sacerdotes:* según la versión griega (LXX). Heb. *jefe de los sacerdotes.*
ᵐ **36.15** Jer 7.25; Heb 1.1.
ⁿ **36.16** Mt 23.34-36.
ñ **36.17** Jer 21.1-10; 34.1-5.
ᵒ **36.17** Lm 1.15; 5.11-14.
ᵖ **36.19** 1 R 9.8.
ᑫ **36.19** Lm 2.8.
ʳ **36.21** Jer 25.11; 29.10; Zac 1.12.
ˢ **36.22** El contenido de los vs. 22-23 es idéntico al de Esd 1.1-4. Originalmente, Esd y Neh eran la última parte de la obra completa del Cronista. Pero cuando se consideró que los relatos de Esd y Neh eran la continuación natural de los libros de *Samuel* y *Reyes,* quedaron separados de los libros de *Crónicas* y puestos antes de estos en la Biblia hebrea. Así, 1 Cr y 2 Cr pasaron a ocupar el último lugar. Véase la *Introducción* a *Esdras* y *Nehemías.*
ᵗ **36.23** Is 44.28; 45.1-4.

Esdras

Los libros de *Esdras* (=Esd) y *Nehemías* (=Neh) son la continuación de los dos de *Crónicas*. Pasando por alto los cincuenta años del destierro en Babilonia, estos escritos retoman la narración en el momento en que Ciro, rey de Persia, promulgó un decreto autorizando el retorno de los judíos a Jerusalén para reconstruir el templo que aún se encontraba en ruinas (538 a.C.). La información que suministran es de capital importancia para conocer la etapa de la restauración judía después del exilio en Babilonia. Más aún: dada la escasa documentación acerca de aquel periodo histórico, sin estos escritos se sabría muy poco sobre la época en que los repatriados restablecieron el culto (Esd 3.1-7), reconstruyeron el templo (Esd 3.8-13; 6.13-15), restauraron los muros de la ciudad (Neh 2.11—7.4) y se organizaron para formar una comunidad regida enteramente por la ley de Dios (Neh 8—10).

Esdras y Nehemías no son los autores de todo el contenido de los libros que llevan sus nombres, sino sus principales protagonistas. De la persona del autor no ha quedado constancia, pero algunos indicios sugieren que fue el mismo que compuso la vasta síntesis histórica de 1 y 2 Crónicas. En estos libros se manifiesta un gran interés por todo lo relacionado con el templo, el sacerdocio, el culto, los objetos sagrados y las ofrendas. Otro indicio significativo es la conclusión de *2 Crónicas* (36.22-23), que coincide con el comienzo de *Esdras* (1.1-3). El autor muestra la continuidad histórica entre el Israel anterior al exilio y el posterior a él, y la repetición de las mismas frases al término de una etapa y al comienzo de la otra la pone de relieve. Por lo tanto, la fecha de composición de *Esdras* y *Nehemías* debió de ser la misma que la de *Crónicas* (entre fines del siglo IV y mediados del III a.C.).

El libro de *Esdras* consta de dos partes. Los caps. 1—6 ofrecen información muy valiosa sobre los dos primeros grupos de exiliados que volvieron a Jerusalén, uno bajo la conducción de Sesbasar y el otro al mando de Zorobabel. Esta sección explica las dificultades que afrontaron los israelitas al reconstruir el templo de Jerusalén, y culmina con el relato de la dedicación del santuario, en el 516 a.C.

Los caps. siguientes (7—10) se refieren a la reforma de Esdras. Este sacerdote de alto rango, descendiente de Aarón y de Sadoc, recibió un mandato especial del soberano persa para ir a Jerusalén y hacer que se cumpliera todo lo establecido por la ley de Dios (7.10,14,25-26). En el cumplimiento de su misión, Esdras debió afrontar dos problemas principales: muchos israelitas se habían casado con mujeres paganas, y esto les impedía cumplir estrictamente la ley; además, los sacrificios, el culto y la pureza ritual dejaban mucho que desear. Esdras actuó con firmeza y llevó a cabo una severa reforma religiosa y moral, destinada a preservar la fe de Israel de toda posible contaminación.

El libro de *Nehemías* recoge las "memorias" de este alto funcionario de la corte de Artajerjes I, que obtuvo del rey la autorización para ir a restaurar la muralla de Jerusalén (caps. 1—7 y 10—13). En ese relato autobiográfico, Nehemías narra cómo aquel trabajo se llevó a cabo con gran rapidez, a pesar de la hostilidad de las poblaciones vecinas, y cómo se repobló la ciudad. También se refiere a su segunda misión en Jerusalén (cf. 13.6-7) y a las medidas que se vio obligado a tomar para acabar con los abusos que se cometían en la ciudad.

En medio del libro de *Nehemías* (caps. 8—10), Esdras vuelve a ocupar el primer plano, con su solemne proclamación de la ley ante el pueblo reunido *frente a la puerta del Agua* (8.1).

Para componer estos escritos, el autor recurrió a distintas fuentes. Además de las ya mencionadas "memorias" de Nehemías, utilizó varios documentos, muchos de ellos contemporáneos de los hechos. Por eso cita documentos oficiales en hebreo y arameo, correspondencia diplomática (cf. Esd 4.9—6.18; 7.11-26), listas de repatriados y de la población de Jerusalén y, sobre todo, el informe en que Esdras dio cuenta de su misión. La diversidad de fuentes podría explicar por qué en el libro de *Esdras* se emplean dos lenguas diferentes, el arameo en 4.8—6.18; 7.12-26, y el hebreo en el resto del libro.

La cronología de *Esdras* y *Nehemías* es una cuestión difícil. Nehemías llegó a Jerusalén en el año vigésimo de Artajerjes I, rey de Persia, es decir, en el 445 a.C. Pero no puede determinarse con la misma precisión la fecha en que Esdras dio cumplimiento a su misión (cf. Esd 7.8-9). Algunos sitúan su llegada a Jerusalén en el séptimo año de Artajerjes I (458 a.C.); otros, en el séptimo año de Artajerjes II (398 a.C.); otros, finalmente, modificando el texto hebreo, piensan en el trigesimoséptimo año de Artajerjes I (428 a.C.). Todas estas propuestas tienen sus ventajas y sus inconvenientes, pero aún no se ha encontrado una solución definitiva.

Estos relatos destacan, sobre todo, las personalidades de Esdras y Nehemías, dos hombres muy distintos, pero animados por el mismo deseo de trabajar por la restauración espiritual y material de su pueblo. Esdras, sacerdote y escriba, lleno de celo por la Ley, llevó a cabo con todo rigor la reforma religiosa, sin aceptar ningún compromiso con las poblaciones paganas; Nehemías, laico de extraordinaria energía, se ocupó principalmente de la reconstrucción de la ciudad y de cuestiones administrativas, uniendo a su incansable actividad el ejemplo de su fe, de su oración y de su desinterés (cf. Neh 4.4-5; 5.14-19). La obra de uno y otro dejó una huella indeleble en la historia del judaísmo, y sigue siendo un modelo para quienes deban afrontar las consecuencias de una grave crisis y tratar de reconstruir lo que hubiera quedado en ruinas.

El esquema siguiente ofrece una visión sintética del libro de *Esdras*:

    I. Retorno de los exiliados y la reconstrucción del templo (1—6)
    II. Misión de Esdras (7—10)

I. RETORNO DE LOS EXILIADOS Y LA RECONSTRUCCIÓN DEL TEMPLO (1—6)

1 *El decreto de Ciro (2 Cr 36.22-23)* **1** En el primer año del reinado de Ciro,[a] rey de Persia, y para que se cumpliera la palabra del Señor anunciada por Jeremías,[b] el Señor impulsó[c] a Ciro a que en todo su reino promulgara, de palabra y por escrito, este decreto:[d] **2** "Ciro, rey de Persia, declara lo siguiente: El Señor, Dios de los cielos, ha puesto en mis manos todos los reinos de la tierra, y me ha encargado que le construya un templo en Jerusalén, que está en la región de Judá.[e] **3** Así que, a cualquiera de ustedes que pertenezca al pueblo del Señor, que Dios lo ayude, y vaya a Jerusalén, que está en Judá, a construir el templo del Señor, el Dios de Israel, que es el Dios que habita en Jerusalén. **4** Y a cualquiera de los sobrevivientes[f] que emigre del lugar donde ahora vive, que le ayuden sus vecinos con plata, oro, bienes y ganado, además de donativos para el templo de Dios en Jerusalén."

Los israelitas vuelven a Jerusalén **5** Los jefes de las familias de Judá y Benjamín, los sacerdotes y los levitas, o sea todos los que habían sido animados por Dios, se prepararon para ir a Jerusalén y reconstruir el templo del Señor. **6** Todos sus vecinos les ayudaron con plata, oro, bienes, ganado y objetos valiosos, además de toda clase de ofrendas voluntarias.[g] **7** El rey Ciro, por su parte, hizo entrega de los utensilios del templo del Señor, que Nabucodonosor había sacado de Jerusalén y llevado al templo de sus dioses.[h] **8** Ciro se los devolvió por conducto de Mitrídates, el tesorero, quien después de contarlos los entregó a Sesbasar,[i] gobernador de Judá. **9** La cuenta de los objetos fue la siguiente: treinta tazones de oro, mil tazones de plata, veintinueve cuchillos, **10** treinta tazas de oro, cuatrocientas diez tazas de plata de inferior calidad, y mil objetos más. **11** El total de objetos de oro y plata fue de cinco mil cuatrocientos.[j] Todo esto lo llevó Sesbasar de vuelta a Jerusalén,[k] al regresar de Babilonia con los desterrados.

2 *Los que regresaron de Babilonia*[a] *(Neh 7.5-73)* **1-2** Esta es la lista de los israelitas nacidos en Judá[b] que fueron desterrados a Babilonia por el rey Nabucodonosor, y que después del destierro volvieron a Jerusalén y a otros lugares de Judá, cada cual a su población, encabezados por Zorobabel,[c] Josué, Nehemías, Seraías, Reelaías, Mardoqueo,[d] Bilsán, Mispar, Bigvai, Rehúm y Baaná:

3 Los descendientes[e] de Parós, dos mil ciento setenta y dos;

4 los de Sefatías, trescientos setenta y dos;

5 los de Árah, setecientos setenta y cinco;

6 los de Pahat-moab, o sea, de Josué y Joab, dos mil ochocientos doce;

7 los de Elam, mil doscientos cincuenta y cuatro;

8 los de Zatú, novecientos cuarenta y cinco;

9 los de Zacai, setecientos sesenta;

10 los de Binuy, seiscientos cuarenta y dos;

11 los de Bebai, seiscientos veintitrés;

12 los de Azgad, mil doscientos veintidós;

13 los de Adonicam, seiscientos sesenta y seis;

14 los de Bigvai, dos mil cincuenta y seis;

---

[a] **1.1** *El primer año del reinado de Ciro:* el año 538 a.C., es decir, un año después de la conquista de Babilonia en el 539 a.C. Véase Dn 1.21 n.

[b] **1.1** Cf. 2 Cr 36.21; Jer 25.11; 29.10.

[c] **1.1** *El Señor impulsó:* lit. *el Señor despertó el espíritu*, expresión que designa un impulso o inspiración proveniente del Señor. Al atribuir esta decisión política de Ciro a una inspiración divina, el texto muestra no solo que el Señor es el Dios de Israel, sino también que el mundo entero está bajo su dominio. Cf. Is 41.25; 44.28; 45.1,13. Véase también Jer 27.5 nota *h*.

[d] **1.1** Este *decreto* fue proclamado en todos los lugares donde había comunidades de exiliados judíos. Tal edicto concordaba con la política persa de respeto por los cultos nacionales, siempre y cuando no comprometieran la lealtad al imperio. En Esd 6.3-5 se encuentra otra versión de este decreto, redactada en arameo. Véase Esd 4.7 nota *l*.

[e] **1.2** Is 41.25; 44.28; 45.1-4,13.

[f] **1.4** El v. 5 relaciona a estos *sobrevivientes* con las familias de Judá y de Benjamín. Hay que notar, sin embargo, que antes y después de la destrucción de Samaria (cf. 2 R 17.1-6) se habían incorporado a la tribu de Judá miembros de otras tribus y familias israelitas (cf. 1 Cr 9.3; 2 Cr 11.16; 30.11; 31.6).

[g] **1.6** Cf. Ex 11.2-3.

[h] **1.7** 2 R 24.13; 25.13-16; 2 Cr 36.10,18.

[i] **1.8** *Sesbasar* dirigió el primer grupo de exiliados que regresaron de Babilonia a Jerusalén y puso los cimientos para la reconstrucción del templo de Jerusalén. Algunas veces se lo ha identificado con Senazar, el hijo de Jeconías, rey de Judá (cf. 1 Cr 3.18), y otras, sin ninguna prueba convincente, con Zorobabel (cf. Esd 2.2; 3.8; 4.2; 5.2). Como aparece mencionado muy pocas veces (Esd 1.11; 5.14,16), es difícil saber a ciencia cierta quién era *Sesbasar* y qué papel desempeñó en la restauración de Israel después del exilio.

[j] **1.11** Nótese la diferencia entre la suma de los utensilios devueltos y el resultado total. Esta diferencia podría explicarse por la manera como el autor utilizó su fuente de información: en los vv. 9-10 incluyó solo una parte del inventario completo, mientras que en el v. 11 puso el total, que daba *cinco mil cuatrocientos*.

[k] **1.11** Esd 7.8-9.

[a] **2.1-70** La siguiente lista es un registro de las familias que llegaron a Jerusalén después del edicto de Ciro (véase Esd 1.1 nota *b*). Aparentemente se registra atestiguaba que las personas y grupos mencionados eran legítimos israelitas. Como algunos grupos son identificados por su lugar de origen (vv. 21-35), puede pensarse que ellos tenían derecho a recuperar parcelas de tierra confiscadas por los babilonios. Esta misma lista, con algunas variantes, se encuentra también en Neh 7.5-73.

[b] **2.1-2** *Nacidos en Judá:* lit. *de la provincia.*

[c] **2.1-2** *Zorobabel* era nieto de Joaquín, rey de Judá (1 Cr 3.17-19; Mt 1.12). Su nombre significa *semilla de Babel* (probablemente porque había nacido en Babilonia, durante el exilio). Los profetas Hageo y Zacarías lo estimularon a emprender decididamente la reconstrucción del templo (Esd 5.1-2; Hag 1.12; Zac 4.9-10). El empeño que puso en la ejecución de esta obra, lo mismo que el hecho de pertenecer a la familia de David, hicieron que en torno a él surgieran expectativas mesiánicas (Hag 2.23; Zac 4.6-8; cf. Eclo 49.11).

[d] **2.1-2** *Nehemías* y *Mardoqueo* eran nombres bastante comunes en aquella época; aquí no se trata de las personas que llevan ese mismo nombre en los libros de *Nehemías* y de *Ester*.

[e] **2.3** Esta lista incluye primero a los laicos, identificados por familias o por su lugar de origen (vv. 3-35). Luego se menciona a los sacerdotes (vv. 36-39), a los levitas, cantores y sirvientes (vv. 40-58) y a los que no pudieron probar su ascendencia judía (vv. 59-63). Finalmente, se hace el recuento de los totales (vv. 64-67) y de las ofrendas voluntarias (vv. 68-69) y se indica el lugar donde fueron a vivir los repatriados (v. 70).

¹⁵ los de Adín, cuatrocientos cincuenta y cuatro;
¹⁶ los de Ater, o sea de Ezequías, noventa y ocho;
¹⁷ los de Besai, trescientos veintitrés;
¹⁸ los de Jorá, ciento doce;
¹⁹ los de Hasum, doscientos veintitrés;
²⁰ los de Guibar, noventa y cinco;
²¹ los de Belén, ciento veintitrés.
²² Los hombres de Netofá, cincuenta y seis;
²³ los de Anatot, ciento veintiocho.
²⁴ Los descendientes de Bet-azmávet, cuarenta y dos;
²⁵ los de Quiriat-jearim, Quefirá y Beerot, setecientos cuarenta y tres;
²⁶ los de Ramá y Gueba, seiscientos veintiuno.
²⁷ Los hombres de Micmás, ciento veintidós;
²⁸ los de Betel y Ai, doscientos veintitrés.
²⁹ Los descendientes de Nebo, cincuenta y dos;
³⁰ los de Magbís, ciento cincuenta y seis;
³¹ los del otro Elam, mil doscientos cincuenta y cuatro;
³² los de Harim, trescientos veinte;
³³ los de Lod, Hadid y Onó, setecientos veinticinco;
³⁴ los de Jericó, trescientos cuarenta y cinco;
³⁵ los de Senaá, tres mil seiscientos treinta.
³⁶ Los sacerdotes descendientes de Jedaías, de la familia de Josué, novecientos setenta y tres;
³⁷ los descendientes de Imer, mil cincuenta y dos;
³⁸ los de Pashur, mil doscientos cuarenta y siete;
³⁹ los de Harim, mil diecisiete.
⁴⁰ Los levitas descendientes de Josué y de Cadmiel, que a su vez eran descendientes de Hodavías, setenta y cuatro.
⁴¹ Los cantores, descendientes de Asaf, ciento veintiocho.
⁴² Los porteros eran los descendientes de Salum, los de Ater, los de Talmón, los de Acub, los de Hatitá y los de Sobai. En total, ciento treinta y nueve.
⁴³ Los sirvientes del templo ᶠ eran los descendientes de Sihá, los de Hasufá, los de Tabaot, ⁴⁴ los de Querós, los de Siahá, los de Padón, ⁴⁵ los de Lebaná, los de Hagabá, los de Acub, ⁴⁶ los de Hagab, los de Salmai, los de Hanán, ⁴⁷ los de Guidel, los de Gáhar, los de Reaías, ⁴⁸ los de Resín, los de Necodá, los de Gazam, ⁴⁹ los de Uzá, los de Paséah, los de Besai, ⁵⁰ los de Asná, los de Meunim, los de Nefusim, ⁵¹ los de Bacbuc, los de Hacufá, los de Harhur, ⁵² los de Baslut, los de Mehidá, los de Harsá, ⁵³ los de Barcós, los de Sísara, los de Temá, ⁵⁴ los de Nesíah y los de Hatifá.
⁵⁵ Los descendientes de los sirvientes de Salomón eran los descendientes de Sotai, los de Soféret, los de Perudá, ⁵⁶ los de Jaalá, los de Darcón, los de Guidel, ⁵⁷ los de Sefatías, los de Hatil, los de Poquéret-hasebaím y los de Amón. ᵍ ⁵⁸ El total de los sirvientes del templo y de los

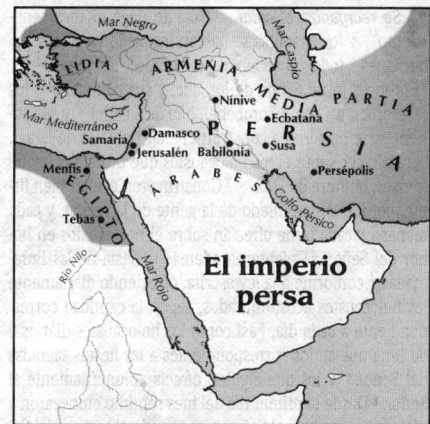

El imperio persa

descendientes de los sirvientes de Salomón era de trescientos noventa y dos.

⁵⁹ Los que llegaron de Tel-mélah, Tel-harsá, Querub, Adón e Imer, y que no pudieron demostrar si eran israelitas de raza o por parentesco, fueron los siguientes: ⁶⁰ los descendientes de Delaías, los de Tobías y los de Necodá, que eran seiscientos cincuenta y dos. ⁶¹ Y de los parientes de los sacerdotes: los descendientes de Hobaías, los de Cos y los de Barzilai, el cual se casó con una de las hijas de Barzilai, el de Galaad, y tomó el nombre de ellos. ⁶² Estos buscaron su nombre en el registro familiar, pero como no lo encontraron allí, fueron excluidos del sacerdocio. ⁶³ Además, el gobernador ʰ les ordenó que no comieran de los alimentos consagrados hasta que un sacerdote decidiera la cuestión por medio del Urim y el Tumim. ⁱ

⁶⁴ La comunidad se componía de un total de cuarenta y dos mil trescientas sesenta personas, ʲ ⁶⁵ sin contar sus esclavos y esclavas, que eran siete mil trescientas treinta y siete personas. Tenían también doscientos cantores y cantoras. ⁶⁶ Tenían además setecientos treinta y seis caballos, doscientas cuarenta y cinco mulas, ⁶⁷ cuatrocientos treinta y cinco camellos y seis mil setecientos veinte asnos.

⁶⁸ Algunos jefes de familia, al llegar al templo del Señor en Jerusalén, entregaron donativos para reconstruir en su sitio el templo de Dios. ⁶⁹ Y dieron para el fondo de reconstrucción, conforme a sus posibilidades, cuatrocientos ochenta y ocho kilos de oro, dos mil setecientos cincuenta kilos de plata y cien túnicas sacerdotales. ᵏ

⁷⁰ Los sacerdotes, los levitas y algunos del pueblo se quedaron a vivir en Jerusalén, ˡ y los cantores, porteros y sirvientes del templo, y los demás israelitas, se quedaron en sus propias ciudades. ᵐ

ᶠ **2.43** *Los sirvientes del templo:* Probablemente se trata de personas que prestaban servicios en el templo al servicio de los levitas (Esd 8.20; cf. Jos 9.26-27). Algunos de ellos llevan nombres no israelitas, quizá porque eran inmigrantes convertidos al judaísmo (cf. Esd 6.21).
ᵍ **2.57** *Amón:* texto probable, según Neh 7.59. Heb. *Amí.*
ʰ **2.63** Esd 1.8.
ⁱ **2.63** *Urim y Tumim:* Véase Ex 28.30 n.; cf. Nm 27.21; 1 S 14.41.
ʲ **2.64** La cifra total de los inmigrantes que se presenta en este v. es mayor que la suma de los grupos mencionados. Véase Esd 1.11 n.
ᵏ **2.65-69** El número de esclavos y la cantidad de las ofrendas indican que la comunidad poseía una riqueza considerable. Varios años después, según Hag 1.6,9; 2.17, el pueblo se había empobrecido considerablemente.
ˡ **2.70** *En Jerusalén:* según la versión griega (LXX). En el texto hebreo no aparece esta frase.
ᵐ **2.70** 1 Cr 9.2; Neh 11.3.

3 Se reorganiza el culto

1 Cuando llegó el mes séptimo,[a] y los israelitas se habían instalado ya en sus poblaciones, todo el pueblo se reunió en Jerusalén.[b] **2** Entonces Josué,[c] hijo de Josadac, y sus compañeros los sacerdotes, así como Zorobabel, hijo de Salatiel,[d] y sus parientes, se pusieron a construir el altar del Dios de Israel, para ofrecer sobre él los holocaustos que ordena la ley de Moisés, hombre de Dios.[e] **3** Construyeron el altar bien firme, porque tenían miedo de la gente de la región, y cada mañana y cada tarde ofrecían sobre él holocaustos en honor del Señor. **4** Celebraron además la fiesta de las Enramadas,[f] conforme a la ley escrita, ofreciendo diariamente los holocaustos acostumbrados, según la cantidad correspondiente a cada día, **5** así como los holocaustos diarios y de luna nueva, los correspondientes a las fiestas sagradas del Señor,[g] y los que alguien ofrecía voluntariamente al Señor. **6** Desde el primer día del mes séptimo empezaron a ofrecer holocaustos al Señor, aun cuando el templo del Señor no se había comenzado a reconstruir. **7** Luego dieron dinero a los albañiles y carpinteros, y comida, bebida y aceite a la gente de Tiro y Sidón, para que desde el Líbano llevaran por mar madera de cedro hasta Jope, según el permiso que les había dado Ciro, rey de Persia.[h]

Comienza la reconstrucción del templo

8 Zorobabel, hijo de Salatiel, y Josué, hijo de Josadac, junto con sus compañeros los sacerdotes y levitas, y con todos los desterrados que volvieron a Jerusalén, iniciaron la reconstrucción[i] del templo de Dios en el mes segundo del segundo año[j] de su llegada a Jerusalén, dejando la dirección de las obras en manos de los levitas mayores de veinte años.[k] **9** Josué y sus hijos y hermanos formaron un solo grupo con Cadmiel y sus hijos, que eran descendientes de Judá,[l] y con los descendientes e hijos y hermanos de Henadad, que eran levitas, para dirigir a los que trabajaban en el templo de Dios.

10 Cuando los constructores echaron los cimientos del templo del Señor, los sacerdotes se pusieron de pie, vestidos para la ocasión y con trompetas. Los levitas descendientes de Asaf llevaban platillos para alabar al Señor, según lo ordenado por David, rey de Israel.[m] **11** Unos cantaban alabanzas, y otros respondían: "Den gracias al Señor, porque él es bueno, porque su amor por Israel es eterno."[n] Y todo el pueblo gritaba de alegría y alababa al Señor, porque ya se había comenzado a reconstruir el templo del Señor. **12** Y muchos de los sacerdotes, levitas y jefes de familia, que eran ya ancianos y que habían visto el primer templo, lloraban en alta voz,[ñ] porque veían que se comenzaba a construir este nuevo templo. Al mismo tiempo, muchos otros gritaban de alegría. **13** Nadie podía distinguir entre los gritos de alegría y el llanto de la gente, pues gritaban tanto que desde muy lejos se oía el alboroto.

4 Los enemigos obligan a interrumpir las obras[a]

1 Cuando los enemigos de Judá y de Benjamín supieron que los que habían vuelto del destierro estaban reconstruyendo el templo del Señor, Dios de Israel,[b] **2** fueron a ver a Zorobabel y a Josué[c] y a los jefes de familia, y les dijeron:

—Permitan ustedes que les ayudemos en la construcción, porque nosotros, como ustedes, también hemos recurrido a su Dios y le hemos ofrecido sacrificios desde el tiempo de Esarhadón,[d] rey de Asiria, que nos trajo hasta aquí.

3 Pero Zorobabel, Josué y los otros jefes de familia israelitas les respondieron:

---

[a] **3.1** *El mes séptimo*, conocido también como *Tishri*, corresponde a septiembre-octubre, mes sagrado para el pueblo de Israel, porque en él se celebra la fiesta de las Enramadas o Tabernáculos (Lv 23.23-43; Nm 29).

[b] **3.1** Neh 7.73—8.1.

[c] **3.2** El sacerdote *Josué* es mencionado con frecuencia junto a Zorobabel, porque ambos eran, respectivamente, el jefe religioso y el jefe civil de la comunidad judía postexílica (cf. Esd 4.2-3; Hag 1.1,12,14; 2.2,4,21,23; Zac 4.11-14).

[d] **3.2** *Zorobabel, hijo de Salatiel:* Según 1 Cr 3.19, Zorobabel era hijo de Pedaías, hermano menor de *Salatiel*. Para explicar esta discrepancia, se ha tomado en cuenta la llamada "ley del levirato" (cf. Dt 25.5-10). Es posible, en efecto, que Pedaías haya tomado por esposa a la viuda de su hermano Salatiel, muerto sin hijos, y que de esa unión haya nacido *Zorobabel*. En tal caso, Zorobabel era hijo propio de Pedaías, pero hijo legal de Salatiel. Zorobabel era, además, el heredero legítimo del trono, ya que Salatiel había sido el hijo mayor del rey Joaquín (conocido también como Jeconías); cf. 1 Cr 3.17.

[e] **3.2** *El altar de Dios* fue construido antes que el templo para que se pudiera comenzar de inmediato a ofrecer los sacrificios rituales (cf. Ex 27.1). *Holocaustos:* Cf. Lv 1.

[f] **3.4** *La fiesta de las Enramadas:* una de las grandes fiestas judías (Lv 23.33-36; Nm 29.12-38; Dt 26.13-15). Véase *Fiestas* en el *Índice temático*.

[g] **3.5** *Las fiestas sagradas del Señor:* Nm 28.11—29.39.

[h] **3.7** Cf. 1 R 5.5-6; 2 Cr 2.11-16.

[i] **3.8** *Iniciaron la reconstrucción:* Cf. Esd 5.16.

[j] **3.8** *El mes segundo del segundo año* o mes de *Iyar*, corresponde a abril-mayo (en este caso, del año 536 a.C.). Cf. 2 Cr 3.2.

[k] **3.8** *Los levitas mayores de veinte años:* La edad en que los levitas comenzaban su servicio en el templo no fue siempre la misma. En Nm 4.3 son treinta años; en Nm 8.24, veinticinco.

[l] **3.9** *Descendientes de Judá:* según Esd 2.40 eran descendientes de *Hodavías*. En heb. estos dos nombres suenan de manera semejante, por lo que pueden confundirse.

[m] **3.10** 1 Cr 25.1; 2 Cr 29.25-30.

[n] **3.11** 1 Cr 16.34; 2 Cr 5.13; 7.3; Sal 100.5; 106.1; 107.1; 118.1; 136.1; Jer 33.11; Dn (dc) 3.89-90.

[ñ] **3.12** *Lloraban en alta voz:* El llanto podía ser de alegría, al ver que comenzaba la reconstrucción del templo; pero también podía ser de tristeza, porque el templo reconstruido sería más bien modesto y no tendría el esplendor del antiguo templo salomónico (cf. Hag 2.1-3).

[a] **4.1-24** Este cap. describe la oposición que encontraron los judíos cuando se pusieron a reconstruir el templo de Jerusalén. Tal oposición se extendió a lo largo de varios periodos: los vv. 1-5 se refieren al reinado de Ciro (539-530 a.C.) y al de Darío I (522-486); el v. 6 al de Jerjes I (486-465) y los vv. 7-23 al de Artajerjes I (464-423).

[b] **4.1** Estos *enemigos* de Judá, llamados en el v. 4 *gente de la región*, eran samaritanos, miembros de familias israelitas que no habían ido al exilio en el año 722 a.C., o descendientes de los deportados a ese lugar por el rey de Asiria (cf. 2 R 17.24). Aquellos inmigrantes habían adoptado el culto del Señor, pero su religiosidad estaba contaminada por muchas creencias y prácticas paganas (cf. 2 R 17.25-41).

[c] **4.2** *Y a Josué:* según la versión griega (LXX); el heb. lo omite (cf. 4.3; véase 3.2 nota *c*).

[d] **4.2** *Esarhadón, rey de Asiria* entre los años 681-669 a.C., continuó la política de conquistas y deportaciones iniciada por su abuelo Sargón (cf. 2 R 17.24-41).

—No podemos reconstruir junto con ustedes el templo de nuestro Dios. Lo tenemos que reconstruir nosotros solos para el Señor, Dios de Israel, pues así nos lo ordenó Ciro, rey de Persia. [e]

[4] Entonces la gente de la región [f] se dedicó a desanimar a la gente de Judá y a no dejarlos construir. [g] [5] Además sobornaron a ciertos funcionarios del gobierno, y estos se opusieron a sus propósitos durante todo el tiempo que Ciro fue rey de Persia, y hasta el reinado de Darío, rey de Persia. [6] En los comienzos del reinado de Asuero [h] presentaron una acusación contra los habitantes de Judá y de Jerusalén. [i] [7] Y en la época de Artajerjes, rey de Persia, Bislam, [j] Mitrídates, Tabeel y sus demás compañeros escribieron a Artajerjes. [k] La carta estaba escrita en arameo, [l] con su traducción correspondiente. [8] Rehúm, [m] que era el comandante, y Simsai, el secretario, escribieron al rey Artajerjes una carta en contra de los habitantes de Jerusalén. [9-11] Esta es la carta que le enviaron Rehúm el comandante, Simsai el secretario, y sus compañeros los jueces, generales y funcionarios de Persia, Érec, Babilonia y Susa, o sea Elam, y el resto de las naciones que el grande e ilustre Asnapar [n] llevó desterradas e instaló en las ciudades [ñ] de Samaria y en el resto de la provincia al oeste del río Éufrates: [o]

"Al rey Artajerjes, de parte de sus siervos de la provincia al oeste del río Éufrates:

[12] "Hacemos del conocimiento de Su Majestad que los judíos que de parte de Su Majestad vinieron a nosotros, han llegado a Jerusalén y están reconstruyendo esta ciudad rebelde y perversa. Ya han comenzado a levantar las murallas y a reparar los cimientos. [13] Y hacemos también del conocimiento de Su Majestad que si esta ciudad es reconstruida y levantada su muralla, esa gente no va a querer pagar tributo ni impuestos ni derechos, con lo que el tesoro real sufrirá pérdidas. [14] Y como nosotros estamos al servicio de Su Majestad, [p] no podemos permitir que se ofenda a Su Majestad de tal manera. Por eso enviamos a Su Majestad esta información, [15] para que se investigue en los archivos de los antepasados de Su Majestad.

Por lo que allí se diga, Su Majestad podrá comprobar que esta ciudad es rebelde y peligrosa para los reyes y para las otras provincias, y que ya en otros tiempos se organizaron rebeliones en ella, y que por eso fue destruida. [q] [16] Por lo tanto, hacemos saber a Su Majestad que si esta ciudad es reconstruida, y terminada de reparar su muralla, Su Majestad perderá el dominio sobre la provincia al oeste del río Éufrates."

[17] Entonces el rey Artajerjes les envió la siguiente respuesta:

"A Rehúm el comandante, a Simsai el secretario, y a sus compañeros que viven en Samaria y en el resto de la provincia al oeste del río Éufrates: saludos.

"En relación [18] con la carta que ustedes me han enviado, y cuya traducción ha sido leída en mi presencia, [r] [19] ordené que se hiciera una investigación. Se ha encontrado, en efecto, que esa ciudad se ha rebelado anteriormente contra los reyes, que se han organizado en ella revueltas y rebeliones, [20] y que hubo en Jerusalén reyes poderosos que dominaron en la provincia al oeste del río Éufrates, a los cuales se pagaba tributo, impuestos y derechos. [21] Por lo tanto, ordenen a esos hombres que detengan las obras y que, hasta nueva orden mía, no se reconstruya la ciudad. [22] No descuiden este asunto, para que no aumente el mal en perjuicio del reino."

[23] Cuando la carta del rey Artajerjes fue leída en presencia de Rehúm, de Simsai el secretario, y de sus compañeros, todos ellos fueron inmediatamente a Jerusalén, y por la fuerza obligaron a los judíos a detener las obras. [24] De esta manera, [s] la reconstrucción del templo de Dios en Jerusalén quedó suspendida hasta el segundo año del reinado de Darío de Persia. [t]

5 Reconstrucción del templo

[1] Los profetas Hageo y Zacarías hijo de Idó comunicaron a los judíos de Judá y Jerusalén los mensajes que habían recibido de parte de su

---

[e] **4.3** La religión poco pura de los pobladores del lugar ponía en peligro la fe de Israel. Por eso, Zorobabel se niega a comprometerse con ellos.

[f] **4.4** La gente de la región: lit. pueblo de la tierra (véase Esd 4.1 n.). Nótese que el profeta Hageo atribuye el retraso de la construcción del templo al descuido e indiferencia de la población de Judá (Hag 1.9).

[g] **4.4** La hostilidad entre judíos y samaritanos, que tenía sus raíces en la división del reino davídico (cf. 1 R 12), fue causa de graves conflictos en la época posterior al exilio (cf. Neh 4.1-2[3.33-34]). Esa rivalidad aún se mantenía en tiempos de Jesús (véase Jn 4.9 n.; cf. Jn 8.48).

[h] **4.6** Asuero: es otro nombre del rey persa Jerjes I (Est 1.1).

[i] **4.6** Algunos estudiosos ubican cronológicamente los vv. 6-23 entre Esd 6 y 7, o entre Esd 10 y Neh 1.

[j] **4.7** Bislam: algunos comentaristas, en lugar de este nombre propio, traducen contra Jerusalén; según otros, la expresión significa con el consentimiento de Mitrídates.

[k] **4.7** Véase Esd 4.1-24 n.; cf. Neh 1.1.

[l] **4.7** La carta estaba escrita en arameo: Desde Esd 4.8 hasta 6.18 el texto está escrito en arameo, que era la lengua diplomática del imperio persa. Véase Dn 2.4 n. donde se explica un caso similar.

[m] **4.8** Rehúm era el canciller o gobernador de Samaria (cf. v. 17). Ese distrito incluía también el territorio de Judá y su gobernador tenía autoridad sobre Jerusalén.

[n] **4.9-11** Asnapar: Posiblemente se trata de Asurbanipal, que fue rey de Asiria durante los años c. 668-629 a.C. y continuó la política de Sargón y Esarhadón (véase Esd 4.2 nota d).

[ñ] **4.9-11** Las ciudades: según el texto griego (LXX); heb. la ciudad.

[o] **4.9-11** La provincia al oeste del Éufrates: Esta satrapía o provincia incluía toda la región de Siria y Palestina (véase Índice de mapas). Su gobernador o sátrapa (cf. Esd 5.3-4) tenía autoridad sobre los gobernadores de Samaria y Judá.

[p] **4.14** Estamos al servicio de Su Majestad: lit. comemos la sal del palacio, es decir, la administración real proporciona los medios de subsistencia.

[q] **4.15** 2 R 24.13-15; Ez 17.12.

[r] **4.18** El arameo era la lengua diplomática del imperio; pero los reyes eran persas y hacían traducir a esa lengua los documentos oficiales.

[s] **4.24** De esta manera: Aquí continúa probablemente la narración comenzada en el v. 5. Véase Esd 4.6 nota i.

[t] **4.24** El segundo año... de Darío: el 520 a.C.; cf. Hag 1.1.

Señor, el Dios de Israel. **2** Entonces Zorobabel, hijo de Salatiel, y Josué, hijo de Josadac, se pusieron a trabajar de nuevo *a* en la reconstrucción del templo de Dios en Jerusalén, y los profetas de Dios estaban con ellos, para ayudarlos.

3-4 Pero Tatenai, *b* que era gobernador de la provincia al oeste del río Éufrates, y Setar-boznai y sus compañeros, fueron a decirles: "¿Quién les ha dado órdenes de reconstruir este templo y recubrirlo de madera? *c* ¿Cómo se llaman las personas que están reconstruyendo este edificio?" **5** Sin embargo, Dios protegía a los dirigentes judíos, así que no les impidieron continuar hasta que se enviara un informe a Darío y se recibiera la respuesta.

6 Esta es una copia de la carta que Tatenai, gobernador de la provincia al oeste del Éufrates, y Setar-boznai y sus compañeros, los funcionarios del gobierno al oeste del Éufrates, enviaron al rey Darío, **7-8** la cual decía:

"Deseando a Su Majestad salud y bienestar, le hacemos saber que hemos visitado la región de Judá y el templo del gran Dios, el cual está siendo reconstruido con grandes piedras labradas. *d* Ahora están recubriendo de tablas las paredes, pues trabajan aprisa y la obra avanza rápidamente. **9** Preguntamos a los dirigentes judíos quién les había dado órdenes de reconstruir el templo y recubrirlo de madera, **10** y cómo se llamaban las personas que los dirigen, para poder anotar sus nombres y comunicarlos a Su Majestad. **11** Ellos nos respondieron que adoran al Dios del cielo y de la tierra, y que están reconstruyendo el templo que ya hace muchos años había sido totalmente construido por un gran rey de Israel. *e* **12** Dijeron también que sus antepasados irritaron al Dios del cielo, y que él los había entregado en poder del rey Nabucodonosor de Babilonia, que era caldeo, y que fue quien destruyó aquel templo y los desterró a Babilonia. *f* **13** Más tarde Ciro, en su primer año como rey de Babilonia, ordenó que el templo de Dios fuera reconstruido. *g*

14 "También nos dijeron que el rey Ciro sacó del templo de Babilonia los utensilios de oro y plata que Nabucodonosor había tomado del templo de Dios en Jerusalén y llevado al templo de Babilonia, y que se los entregó a un tal Sesbasar, al cual había nombrado gobernador. *h* **15** Ciro ordenó a Sesbasar que recogiera aquellos utensilios y los devolviera al templo de Jerusalén, y que reconstruyera en el mismo sitio el templo de Dios. **16** Fue entonces cuando Sesbasar llegó y echó los cimientos del templo de Dios en Jerusalén; desde entonces se está reconstruyendo, pero no ha sido terminado todavía.

17 "Ahora, pues, si le parece bien a Su Majestad, pedimos que se busque en los archivos reales de Babilonia *i* y se averigüe si es cierto que el rey Ciro ordenó reconstruir el templo de Dios en Jerusalén, y que se nos comunique la decisión de Su Majestad sobre este asunto."

6 **1** Entonces el rey Darío ordenó buscar en los archivos donde se guardaban los documentos de valor en Babilonia; **2** y en el palacio de Ecbatana, *a* que está en la provincia de Media, se encontró un libro en el que constaba la siguiente memoria:

3 "En el primer año de su reinado, el rey Ciro *b* dictó esta orden: *c*
'En relación con el templo de Dios en Jerusalén: Que se pongan los cimientos y se reconstruya el edificio, para que se ofrezcan allí sacrificios. Ha de tener veintisiete metros de alto por veintisiete de ancho; **4** además, tres hileras de grandes bloques de piedra y una de madera nueva. *d* El tesoro real pagará los gastos. **5** En cuanto a los utensilios de oro y plata del templo de Dios, los cuales Nabucodonosor sacó del templo de Jerusalén y trajo a Babilonia, que se devuelvan y sean llevados a Jerusalén, y que sean colocados en el templo de Dios, que es su sitio.' "

6 Entonces el rey Darío dio la siguiente orden a Tatenai, *e* gobernador de la provincia al oeste del río Éufrates,

---

a **5.2** *De nuevo:* Entre el primer intento de reconstruir el templo, en el 536 a.C. (Esd 3.8 notas *i* y *j*), y este nuevo comienzo, en el 520 a.C., transcurrió un periodo de dieciséis años. La inestabilidad del imperio, producida por la llegada de un nuevo monarca (522 a.C.), y la predicación de los profetas Hageo y Zacarías entusiasmaron al pueblo para llevar adelante rápidamente la reconstrucción (cf. Hag 1—2; Zac 1.1; 4.6-10; 6.15).

b **5.3-4** Un documento babilónico identifica a *Tatenai* como *gobernador de la provincia situada al oeste del río Éufrates* (véase Esd 4.9-11 nota *o*), bajo la autoridad del sátrapa de Babilonia.

c **5.3-4** *Recubrirlo de madera:* algunas versiones antiguas traducen: *levantar estos muros.*

d **5.7-8** El uso de *grandes piedras labradas* pudo haber contribuido a que los gobernadores de las provincias vecinas consideraran sospechosa la reconstrucción del templo. En un momento de inestabilidad y de revueltas en diversas partes del imperio, pensaban que los judíos podían construir no solo un templo, sino también una fortaleza.

e **5.11** 1 R 6—7.

f **5.12** 2 R 25.8-12; 2 Cr 36.17-20; Jer 52.12-15.

g **5.13** Esd 1.2-11.

h **5.14** *Sesbasar* fue designado *gobernador* de Judá, pero es difícil saber si para esa época Judá era una provincia independiente o estaba bajo la jurisdicción de Samaria. También es posible que lo hayan encargado únicamente de cumplir instrucciones muy bien especificadas. Véase Esd 1.8 n.

i **5.17** Como Tatenai estaba sometido a la autoridad del sátrapa de Babilonia, era lógico buscar en los *archivos reales de Babilonia* (véase Esd 5.3-4 nota *b*). Sin embargo, los documentos necesarios se encontraron en Ecbatana (Esd 6.2).

a **6.1-2** El nombre de *Babilonia* designa aquí a todo el imperio persa. El palacio de Ecbatana, ciudad ubicada a unos 450 km. al nordeste de Babilonia, era la residencia de verano de los reyes persas (véase *Índice de mapas*). Es posible que Ciro haya estado en este palacio cuando promulgó el decreto en beneficio de los judíos (cf. Esd 1.1-4; 6.3-5). Ecbatana es la forma griega del nombre de la ciudad, que en arameo es Acmetá.

b **6.3** *El primer año de... Ciro:* Véase 1.1 nota *a*.

c **6.3** *El rey Ciro dictó esta orden:* Esta versión aramea del decreto pone de relieve los aspectos administrativos del proyecto de reconstrucción del templo. Véase Esd 1.1 nota *c*.

d **6.4** Esta hilera *de madera nueva* servía posiblemente para cubrir las paredes interiores del templo (Esd 5.8).

e **6.6** *Darío dio la siguiente orden a Tatenai:* La respuesta del rey Darío reconoció las decisiones de Ciro y continuaba la política persa de respeto hacia los cultos nacionales. También añadía varias regulaciones

y a Setar-boznai y sus compañeros, los funcionarios de esa misma provincia:

"Retírense de Jerusalén [7] y dejen que el gobernador de los judíos [f] y sus dirigentes se encarguen de reconstruir en su sitio el templo de Dios. [8] Estas son mis órdenes en cuanto a la manera de ayudar a los dirigentes judíos para que reconstruyan el templo de Dios: Que con los impuestos que el tesoro real recibe de la provincia al oeste del río Éufrates, se paguen puntualmente los gastos para que no se interrumpan las obras. [9] Y que diariamente y sin falta se entregue a los sacerdotes de Jerusalén, según sus indicaciones, todo lo que necesiten, sean becerros, carneros o corderos para los holocaustos al Dios del cielo; o bien trigo, sal, vino o aceite, [10] para que ofrezcan al Dios del cielo sacrificios agradables y rueguen también por la vida del rey y de sus hijos. [g] [11] "Ordeno también que si alguien desobedece esta orden, se arranque una viga de su propia casa y sea empalado [h] en ella; y que su casa sea convertida en un montón de escombros. [12] ¡Y que el Dios que escogió a Jerusalén como residencia de su nombre, destruya a cualquier rey o nación que se atreva a causar dificultades o perjuicios al templo del Señor que está en Jerusalén! Yo, Darío, he dado esta orden. Cúmplase al pie de la letra."

Continuación y terminación de las obras [13] Entonces Tatenai, gobernador de la provincia al oeste del río Éufrates, y Setar-boznai y sus compañeros cumplieron al pie de la letra la orden dada por el rey Darío. [14] Así los dirigentes judíos pudieron continuar los trabajos de reconstrucción, de acuerdo con lo dicho por los profetas Hageo y Zacarías, hijo de Idó. [i] Y la reconstrucción se terminó conforme a lo ordenado por el Dios de Israel, y según las órdenes de Ciro, Darío y Artajerjes, [j] reyes de Persia. [15] El templo quedó terminado el día tres del mes de Adar, del año seis del gobierno de Darío, rey de Persia. [k]

[16] Los israelitas, los sacerdotes, los levitas y los demás que estuvieron desterrados, celebraron con alegría la dedicación del templo de Dios. [l] [17] En aquella ocasión ofrecieron en sacrificio cien becerros, doscientos carneros y cuatrocientos corderos, y además doce chivos, uno por cada tribu israelita, como ofrendas por el pecado de todo Israel. [m] [18] Luego pusieron a los sacerdotes en sus turnos correspondientes, y a los levitas en sus puestos, para el culto de Dios en Jerusalén, conforme a lo escrito en el libro de Moisés.

[19] Los que volvieron del destierro celebraron además la Pascua [n] el día catorce del mes primero. [ñ] [20] Los sacerdotes y los levitas se habían purificado ya, así que todos estaban ritualmente limpios. Entonces ofrecieron el sacrificio de la Pascua por todos los que habían estado desterrados, por sus compañeros los sacerdotes y por ellos mismos. [21] Todos los israelitas que volvieron del destierro participaron en la comida de la Pascua, junto con todos aquellos que se habían apartado [o] de la corrupción de las naciones paganas y se unían a ellos en el culto al Señor, Dios de Israel. [22] Durante siete días celebraron con alegría la fiesta de los panes sin levadura, pues el Señor los había llenado de alegría al hacer que el rey de Persia [p] los favoreciera y ayudara en la reconstrucción del templo de Dios, el Dios de Israel.

II. MISIÓN DE ESDRAS (7—10)

Esdras y sus compañeros llegan a Jerusalén [1] Tiempo después, durante el reinado de Artajerjes, [a] rey de Persia, hubo un hombre llamado Esdras, [b] descendiente en línea directa de Seraías, [c] Azarías, Hilquías, [2] Salum, Sadoc, Ahitub, [3] Amarías, Azarías, Meraiot, [4] Zeraías, Uzí, Buquí, [5] Abisúa, Finees, Eleazar y Aarón, el primer sacerdote. [6] Este Esdras era un maestro instruido en la ley [d] que el Señor, Dios de Israel, había dado por medio de Moisés, y contaba con la ayuda del Señor, así que el rey Artajerjes le concedió todo lo que él pidió. De esta manera, Esdras regresó de Babilonia [7] a Jerusalén con un grupo de israelitas compuesto de sacerdotes, levitas, cantores, porteros y sirvientes del templo, en el séptimo año del reinado de

---

administrativas y la pena de muerte para los que desobedecieran la orden real.
[f] **6.7** *El gobernador de los judíos:* Probablemente se trata de Zorobabel (Hag 2.21). Véase Esd 2.1-2 nota *d*.
[g] **6.10** *Rueguen también por la vida del rey y de sus hijos:* Jer 29.7; 1 Mac 7.33; Bar 1.11; cf. 1 Ti 2.2.
[h] **6.11** *Empalado:* alusión a una de las formas de ejecutar la pena de muerte, que consistía en clavar en tierra un palo con la punta superior afilada y arrojar sobre él al condenado. Esta muerte cruel e ignominiosa debía servir también de escarmiento. Cf. Dt 21.22-23.
[i] **6.14** Esd 5.1-2; Hag 1.1; Zac 1.1.
[j] **6.14** *Artajerjes* I reinó en Persia en los años 465-423 a.C., es decir, medio siglo después de la inauguración del templo. Probablemente se menciona junto a *Ciro* y *Darío* porque más tarde, en tiempos de Nehemías, contribuyó a la reconstrucción de la ciudad de Jerusalén.
[k] **6.15** El año sexto del reinado de *Darío* fue el 515 a.C.; el mes de *Adar*, corresponde a febrero-marzo. Este *templo*, conocido también como el segundo templo, fue mejorado notablemente por Herodes el Grande a partir del año 20 a.C. (véase Jn 2.20 n.). En el 70 d.C., fue destruido por las tropas del imperio romano, al mando de Tito.
[l] **6.16** Cf. 1 R 8.62-63; 2 Cr 7.4-10.

[m] **6.17** Cf. Lv 3; Nm 7.
[n] **6.19** *La Pascua:* Ex 12.1-20; Dt 16.1-8. Véase *Índice temático*.
[ñ] **6.19** A partir de este v. la narración continúa en heb. (véase Esd 4.7 nota *l*).
[o] **6.21** Neh 9.2; 10.28; 13.3.
[p] **6.22** *Rey de Persia:* traducido según el contexto. Heb. *rey de Asiria*.
[a] **7.1** Si este rey era *Artajerjes* I, la llegada de Esdras a Jerusalén se produjo en el año 458 a.C. (cf. vv. 8-9), o sea que habían transcurrido unos cincuenta y siete años entre la inauguración del templo (Esd 6.15) y los sucesos que aquí se relatan. Otros intérpretes piensan que se trata de *Artajerjes* II (404-358 a.C.). Véase *Introducción* a *Esdras*.
[b] **7.1** *Esdras* era *sacerdote* (vv. 1-5) y *maestro de la ley* o escriba (v. 12). Por el papel que desempeñó en la proclamación de la ley, la tradición judía lo considera un segundo Moisés. Su nombre significa *ayuda de Dios*.
[c] **7.1** Esta genealogía no pretende ser completa (cf. 2 R 25.18; 1 Cr 6.7-15). Su objetivo era relacionar a Esdras con Aarón y Sadoc, legitimando así su condición de sacerdote y su derecho a introducir reformas en la comunidad judía.
[d] **7.6** *La ley:* es decir, la Torá o el Pentateuco (o, por lo menos, sus aspectos legales; véase Neh 8.1 n.).

Artajerjes. **8-9** Contando Esdras con la bondadosa ayuda de Dios, inició el regreso de Babilonia el día primero del mes primero[e] del séptimo año del reinado de Artajerjes, y llegó a Jerusalén el día primero del mes quinto[f] de ese mismo año. [g] **10** Y Esdras tenía el firme propósito de estudiar y de poner en práctica la ley del Señor, y de enseñar a los israelitas sus leyes y decretos.

11 Esta es la copia de la carta[h] que el rey Artajerjes entregó a Esdras, sacerdote y maestro instruido en todos los mandamientos y leyes del Señor para Israel:[i]

12 "El emperador Artajerjes saluda a Esdras, sacerdote y maestro instruido en la ley del Dios del cielo.[j] **13** "He ordenado que todo israelita que se encuentre en mi reino y que quiera irse a Jerusalén contigo, pueda hacerlo, incluso si es levita o sacerdote. **14** Porque el rey y sus siete consejeros[k] te envían a estudiar la situación en Judá y Jerusalén, conforme a la ley de tu Dios que tienes en la mano. **15** Lleva contigo la plata y el oro que el rey y sus consejeros ofrecen voluntariamente al Dios de Israel, que habita en Jerusalén, **16** y toda la plata y el oro que puedas conseguir en toda la provincia de Babilonia, más los donativos que el pueblo y los sacerdotes ofrezcan voluntariamente para el templo de Dios en Jerusalén. **17** Con ese dinero deberás comprar becerros, carneros y corderos, junto con sus ofrendas de cereales y de vino, para ofrecerlos sobre el altar del templo del Dios de ustedes, en Jerusalén. **18** En cuanto al oro y la plata restantes, hagan tú y tus compañeros lo que les parezca mejor, conforme a la voluntad de Dios. **19** Pero los utensilios que se te han entregado para el culto en el templo de tu Dios, entrégalos tú mismo al Dios de Jerusalén.[l] **20** "Cualquier otra cosa que debas proporcionar para el templo de tu Dios, puedes conseguirla en los almacenes reales. **21** Y yo, el rey Artajerjes, ordeno a todos los tesoreros al oeste del río Éufrates que, sin falta, entreguen a Esdras, sacerdote y maestro instruido en la ley del Dios del cielo, todo lo que él pida, **22** hasta tres mil trescientos kilos de plata, veintidós mil litros de trigo, dos mil doscientos litros de vino, dos mil doscientos litros de aceite y toda la sal que pida. **23** "Todo lo que pida el Dios del cielo para su templo, debe ser entregado rápidamente, para que no venga ningún castigo sobre los hijos del rey y sobre sus dominios. **24** Han de saber también que está prohibido imponer tributo, impuestos o derechos a cualquiera de los sacerdotes, levitas, cantores, porteros, sirvientes del templo o cualquier otra persona que sirva en el templo de Dios.

25 "En cuanto a ti, Esdras, de acuerdo con los conocimientos que tu Dios te ha dado, nombra jueces y gobernantes que hagan justicia a toda la gente de la provincia al oeste del río Éufrates, o sea, a todos los que conocen la ley de tu Dios; y a los que no la conozcan, enséñasela. **26** Y a todo el que no cumpla la ley de tu Dios y las leyes del rey, que se le condene inmediatamente a muerte, a destierro, al pago de una multa o a prisión."

Oración de Esdras **27** Entonces Esdras oró: "Bendito sea el Señor, Dios de nuestros padres, porque impulsó al rey a honrar el templo del Señor en Jerusalén, **28** y porque me demostró su bondad ante el rey y sus consejeros y los hombres más importantes de la corte, y me dio ánimos, pues con su ayuda pude reunir a los israelitas más importantes para que regresaran conmigo."[m]

8 *La lista de los que regresaron* **1** Esta es la lista de los jefes de familia,[a] según el registro familiar de cada uno de ellos, que durante el reinado de Artajerjes volvieron de Babilonia con Esdras:

2-3 Guersón, de los descendientes de Finees;
 Daniel, de los descendientes de Itamar;
 Hatús, hijo de Secanías,[b] de los descendientes de David;
 Zacarías, de los descendientes de Parós, acompañado de ciento cincuenta hombres apuntados en la lista;
4 Eliehoenai, hijo de Zeraías, de los descendientes de Pahat-moab, acompañado de doscientos hombres;
5 Secanías, hijo de Jahaziel, de los descendientes de Zatú,[c] acompañado de trescientos hombres;
6 Ébed, hijo de Jonatán, de los descendientes de Adín, acompañado de cincuenta hombres;

---

[e] **7.8-9** El *mes primero:* marzo-abril de nuestro calendario.
[f] **7.8-9** El *mes quinto:* julio-agosto.
[g] **7.8-9** El viaje desde *Babilonia* hasta *Jerusalén* debió durar unos cuatro meses, ya que la distancia entre ambas ciudades era de aproximadamente 1500 km. Para evitar el paso por el desierto, la caravana se dirigía primero hacia el norte, a través de Siria (véase *Índice de mapas*).
[h] **7.11** El texto de *la carta* (vv. 12-26) está redactado en arameo.
[i] **7.11** La orden real autorizaba una nueva caravana de judíos de Babilonia a Jerusalén (v. 13), afirmaba la ley de Moisés como fundamento de la comunidad judía (vv. 25-26) y nombraba a Esdras encargado de administrar los recursos económicos que serían llevados a Jerusalén (vv. 20-22).
[j] **7.12** En el texto arameo se añaden dos palabras de difícil traducción. La primera significa lit. *terminado* o *completo;* la segunda, *ahora bien.* Estas expresiones significan probablemente que la orden del rey ha sido promulgada y es irrevocable.
[k] **7.14** *Siete consejeros:* cf. Est 1.14.
[l] **7.19** Cf. Esd 1.7-11.
[m] **7.28** *Para que regresaran conmigo:* Aunque varios grupos de judíos habían regresado a Jerusalén (Esd 1.5-11), aún quedaba en Babilonia un número considerable. Esdras se tomó el trabajo de reclutar *a los israelitas más importantes,* a fin de animarlos a que emprendieran el viaje con él.
[a] **8.1** Esta *lista de los jefes de familias* incluye nombres que también aparecen en Esd 2 y en Neh 7, 10. El grupo es de aproximadamente 1 500 hombres, divididos en doce familias, número que representa, simbólicamente, a las doce tribus de Israel (cf. v. 35).
[b] **8.2-3** *Hijo de Secanías:* según un ms. griego; heb. *de los descendientes de Secanías.*
[c] **8.5** *De Zatú:* según la versión griega (LXX); en el texto heb. este nombre no aparece.

⁷ Isaías, hijo de Atalías, de los descendientes de Elam, acompañado de setenta hombres; ⁸ Zebadías, hijo de Micael, de los descendientes de Sefatías, acompañado de ochenta hombres; ⁹ Abdías, hijo de Jehiel, de los descendientes de Joab, acompañado de doscientos dieciocho hombres; ¹⁰ Selomit, hijo de Josifías, de los descendientes de Baní,ᵈ acompañado de ciento sesenta hombres; ¹¹ Zacarías, hijo de Bebai, de los descendientes de Bebai, acompañado de veintiocho hombres; ¹² Johanán, hijo de Hacatán, de los descendientes de Azgad, acompañado de ciento diez hombres; ¹³ Elifélet, Jeiel y Semaías, últimos descendientes de Adonicam, acompañados de sesenta hombres, volvieron más tarde. ¹⁴ Utai y Zabud, de los descendientes de Bigvai, acompañados de setenta hombres.

Los sirvientes del templo ¹⁵ Yo,ᵉ Esdras, los reuní a todos ellos junto al canal que va a dar al río Ahavá,ᶠ y acampamos allí tres días. Y cuando pasé revista a la gente y a los sacerdotes, no encontré a ningún levita.ᵍ ¹⁶ Por lo tanto envié a Eliézer, Ariel, Semaías, Elnatán, Jarib, Elnatán, Natán, Zacarías y Mesulam, que eran personas importantes, y también a los maestros Joiarib y Elnatán, ¹⁷ con la orden de visitar a Idó, jefe del lugar llamado Casifiá, y les dije todo lo que tenían que comunicar a Idó y sus compañeros, los sirvientes del templo ʰ que estaban en Casifiá, para que nos trajeran gente que nos ayudara en el templo de nuestro Dios. ¹⁸ Y, gracias a Dios, nos trajeron a Serebías, hombre muy capaz, descendiente de un levita llamado Mahli, con sus hijos y hermanos; dieciocho personas en total. ¹⁹ Además nos trajeron a Hasabías y Isaías, descendientes de Merarí, que con sus hijos y hermanos sumaban veinte personas. ²⁰ De los sirvientes del templo puestos por David y los dirigentes al servicio de los levitas, había doscientos veinte, todos ellos nombrados personalmente.

²¹ Después proclamé un ayuno ⁱ cerca del río Ahavá, para que reconociéramos nuestras faltas ante nuestro Dios, y para pedirle que nos llevara con bien a nosotros, nuestras familias y nuestras posesiones.ʲ ²² Pues me dio vergüenza pedirle al rey soldados de caballería para que nos protegieran del enemigo en el camino, ya que le habíamos dicho al rey que Dios protege a todos los que le buscan, pero que descarga su fuerza y su ira sobre todos los que le abandonan. ²³ De modo que ayunamos y rogamos a Dios por todo esto, y él nos atendió.

²⁴ Luego aparté a doce dirigentes de los sacerdotes: a Serebías, Hasabías y diez compañeros suyos, ²⁵ y les pesé y entregué la plata, el oro y los utensilios que el rey y sus consejeros y oficiales y todos los israelitas allí presentes habían ofrecido como donativo para el templo de nuestro Dios. ²⁶ Les pesé y entregué veintiún mil cuatrocientos cincuenta kilos de plata, ᵏ cien utensilios de plata y tres mil trescientos kilos de oro; ²⁷ además, veinte tazas de oro con un peso total de ocho kilos, y dos utensilios de bronce bruñido de primera calidad, tan valiosos como si fueran de oro.

²⁸ Luego les dije: "Ustedes están consagrados al Señor, lo mismo que los utensilios. La plata y el oro son para el Señor, Dios de nuestros padres. ˡ ²⁹ Tengan cuidado y guárdenlos hasta que los pesen en presencia de los jefes de los sacerdotes, y de los levitas y jefes de familia de Israel, en los cuartos del templo del Señor, en Jerusalén." ³⁰ Entonces los sacerdotes y los levitas recibieron la plata, el oro y los utensilios que habían sido pesados, y los llevaron a Jerusalén, al templo de nuestro Dios.

³¹ El día doce del mes primero ᵐ nos marchamos del río Ahavá para dirigirnos a Jerusalén. Nuestro Dios nos ayudó, librándonos de enemigos y de bandidos en el camino. ³² Cuando llegamos a Jerusalén, descansamos tres días. ³³ Al cuarto día se pesó la plata, el oro y los utensilios en el templo de nuestro Dios, y se entregó todo al sacerdote Meremot, hijo de Urías. Con él estaban Eleazar, hijo de Finees, y los levitas Jozabad, hijo de Josué, y Noadías, hijo de Binuy. ³⁴ Aquel mismo día se pesó y contó todo, y se tomó nota de la carga.

³⁵ Después, los desterrados que volvieron del exilio entregaron para los holocaustos al Dios de Israel, y en nombre de todos los israelitas, doce becerros, noventa y seis carneros, setenta y siete corderos y doce chivos para la ofrenda por el pecado. Todos fueron quemados en honor del Señor. ⁿ ³⁶ Luego entregaron la orden del rey ñ a las autoridades del reino y a los gobernadores de la provincia al oeste del río Éufrates, los cuales apoyaron al pueblo y al templo de Dios.

9

Pecado del pueblo y oración de Esdrasᵃ ¹ Cuando aquello se terminó, ᵇ los jefes se acercaron a mí para

---

ᵈ **8.10** *De Baní:* según la versión griega (LXX); este nombre no aparece en el texto hebreo.

ᵉ **8.15** *Yo:* En esta narración se incluyen algunos materiales autobiográficos, tomados probablemente de un informe preparado por Esdras.

ᶠ **8.15** *Ahavá:* nombre de un río y de un pueblo situado a sus orillas, de localización incierta.

ᵍ **8.15** *No encontré ningún levita:* Se desconoce la razón por la cual los *levitas* no se habían incorporado al grupo de Esdras. Algunos piensan que fueron pocos los levitas llevados al exilio en Babilonia; otros consideran que muchos de los levitas exiliados dejaron sus responsabilidades específicas para dedicarse a trabajos seculares. Cf. Esd 2.40; cf. también Nm 3.8-10; 4.7-15.

ʰ **8.17** *Los sirvientes del templo:* lit. *los dedicados;* heb. *netinim* (véase 2.43 n.).

ⁱ **8.21** *Ayuno:* cf. v. 23; 2 Cr 20.3; Est 4.16; Jer 36.9.

ʲ **8.21** Nótese la preocupación por la seguridad del grupo, ya que en la caravana había tesoros de gran valor (vv. 26-27).

ᵏ **8.26** *Cien utensilios de plata:* el texto heb. añade *con un valor...,* pero falta la cantidad. Algunos interpretan *cien utensilios de plata con un valor de doscientos talentos;* otros, *utensilios de plata con un valor de cien talentos.*

ˡ **8.28** Según Lv 22.2-3, solamente las personas consagradas al Señor podían utilizar o transportar *los utensilios* sagrados.

ᵐ **8.31** *El mes primero:* Véase Esd 7.8-9 nota *e.*

ⁿ **8.35** Los números *doce* y *noventa y seis* (que es un múltiplo de doce) representan, simbólicamente, a las doce tribus de Israel (cf. v. 24, véase 8.1 n.).

ñ **8.36** *La orden del rey:* cf. Esd 7.11.

ᵃ **9.1-15** Uno de los problemas más difíciles que Esdras y Nehemías debieron afrontar al regresar a Jerusalén fue el de los matrimonios mixtos (cf. Esd 9—10; Neh 10.28-30; 13.3,23-30). La prohibición

decirme: "Los israelitas, incluidos los sacerdotes y los levitas, no se han mantenido apartados de la gente del país, es decir, de los cananeos, hititas, ferezeos, jebuseos, amonitas, moabitas, egipcios y amorreos,[c] a pesar de sus odiosas costumbres paganas. **2** Ellos y sus hijos se han casado con las hijas de esa gente; por lo tanto, el pueblo de Dios se ha mezclado con la gente de otros pueblos. Y los primeros en cometer este pecado han sido los jefes y gobernantes."

3 Al escuchar esta noticia, me rasgué la ropa, me arranqué los pelos y la barba en señal de dolor, y me senté completamente deprimido.[d] **4** Todos los que temían el castigo del Dios de Israel por causa del pecado de los que habían vuelto del destierro, se unieron a mí; pero yo seguí sentado y deprimido hasta la hora del sacrificio de la tarde.[e] **5** A esa hora me recuperé de mi depresión y, todavía con la ropa rasgada, comencé a orar al Señor mi Dios,[f] **6** diciendo: "Dios mío, Dios mío, me siento tan avergonzado y confundido que no sé cómo dirigirme a ti. Nuestras faltas han sobrepasado el límite, y nuestras culpas llegan hasta el cielo. **7** Desde hace mucho tiempo y hasta ahora, hemos vivido en grave pecado. Por causa de nuestras maldades, tanto nosotros como nuestros reyes y sacerdotes hemos sido entregados al poder de los reyes de otros países. Hemos sido heridos, desterrados, saqueados y despreciados, y en esa misma situación estamos ahora. **8** Pero también ahora, Señor y Dios nuestro, tu bondad ha hecho posible que un grupo de nosotros quede en libertad y que se nos conceda establecer nuestro hogar en tierra santa; tú nos has dado nueva luz a nuestros ojos, nos has dado un pequeño respiro en medio de nuestra esclavitud. **9** Aunque somos esclavos, no nos has abandonado en nuestra esclavitud; nos has mostrado tu bondad ante los reyes de Persia, nos has concedido vida para reconstruir tu templo de entre sus ruinas, ¡nos has dado protección en Judá y Jerusalén!

10 "Pero ahora, Dios nuestro, ¿qué podemos decir después de todo lo que hemos hecho? No hemos cumplido los mandamientos **11** que ordenaste por medio de los profetas, tus servidores.[g] Tú nos advertiste que el país en el que íbamos a entrar y del que íbamos a tomar posesión, estaba corrompido por la maldad de la gente de aquellos lugares, que con sus odiosas costumbres paganas lo habían llenado de prácticas impuras. **12** También nos dijiste que no debíamos casar a nuestras hijas con sus hijos ni aceptar que sus hijas se casaran con nuestros hijos, ni procurar nunca la paz y el bienestar de esa gente, a fin de mantenernos fuertes, disfrutar de la bondad del país y dejárselo luego todo a nuestros descendientes como su herencia para siempre.[h]

13 "Después de todo lo que nos ha ocurrido por causa de nuestras maldades y grave culpa, y aunque no nos has castigado como merecíamos por nuestros pecados, sino que nos has dado esta libertad, **14** ¿podríamos acaso volver a desobedecer tus mandamientos y emparentar con gentes de tan odiosas costumbres? ¿Acaso no te enojarías contra nosotros y nos destruirías, hasta que no quedara con vida ni uno solo de nosotros?

15 "Señor, Dios de Israel, tú has sido justo con nosotros; tú has permitido que un grupo de nosotros haya podido sobrevivir, como hoy se puede ver. Y nosotros somos realmente culpables ante ti; por eso no podemos estar en tu presencia."

10

Expulsión de las mujeres extranjeras **1** Mientras Esdras oraba y hacía esta confesión llorando y de rodillas ante el templo de Dios, un grupo numeroso de israelitas, hombres, mujeres y niños, que lloraban también amargamente, se juntó a su alrededor. **2** Entonces Secanías, hijo de Jehiel y descendiente de Elam, tomó la palabra y dijo a Esdras: "Nosotros no hemos sido fieles a nuestro Dios, porque nos hemos casado con mujeres extranjeras, de naciones paganas; sin embargo, todavía hay esperanza para Israel. **3** Vamos a comprometernos a despedir a todas nuestras mujeres extranjeras y a sus hijos, y que se cumpla la ley,[a] tal como tú y quienes respetan el mandamiento del Señor nos aconsejan. **4** Levántate, porque esto es algo que a ti te toca hacer; nosotros te apoyaremos. Anímate, y manos a la obra."[b]

5 Entonces Esdras se puso de pie, e hizo prometer solemnemente a los jefes de los sacerdotes y de los levitas, y a todos los israelitas, que cumplirían su compromiso; y ellos lo prometieron. **6** Luego Esdras se retiró del templo de Dios para ir al cuarto de Johanán, hijo de Eliasib,[c] donde pasó la noche[d] sin comer ni beber nada, porque estaba muy triste por la infidelidad de los que habían vuelto del destierro.

---

de este tipo de matrimonio (Ex 34.15-16; Dt 7.2-6) trataba de evitar la contaminación religiosa y cultual entre los israelitas y los habitantes de Canaán. Entre los afectados por estas medidas había algunos dirigentes de la comunidad judía (v. 2). Cf. Neh 13.23-27.

[b] **9.1** *Cuando aquello terminó:* Esta expresión puede referirse a la llegada de Esdras y de los desterrados, que se describe en el cap. anterior (8.32-36). Quizá los sucesos narrados en 9.1—10.9 se desarrollaron después que Esdras estuvo cuatro meses en Jerusalén (cf. Esd 7.8-9; 10.9). Según algunos intérpretes, existe relación entre las medidas tomadas por Esdras y el relato de Neh 7.73b—8.18, ya que la lectura de la ley debió ser anterior a la disolución de los matrimonios mixtos y a la expulsión de las mujeres extranjeras.

[c] **9.1** *Cananeos... amorreos:* cf. Dt 7.1; 23.3.

[d] **9.3** Cf. Gn 37.34; 2 S 1.11; Job 1.20; Is 22.12; Jer 16.6; Miq 1.8. Cf. también Lv 19.27-28; Dt 14.1.

[e] **9.4** *La hora del sacrificio de la tarde:* las tres de la tarde, hora de la oración (cf. Hch 3.1).

[f] **9.5** *Comencé a orar al Señor mi Dios:* Esta plegaria es un ejemplo típico de oración penitencial, género que se desarrolló de un modo especial después del exilio (Neh 9.1-37; Dn 9.4-19; Bar 1.15—3.8). Dios se presenta, no como juez, sino como parte ofendida. La oración incluye la enumeración de los pecados cometidos por los antepasados; luego sigue el pedido de perdón y la promesa de no volver a pecar.

[g] **9.11** *Los profetas, tus servidores:* cf. Dt 18.15; 34.10.

[h] **9.12** El vocabulario y las ideas expuestas en los vv. 11-12 aluden a Dt 7.1-3; 11.8; 23.6; 2 R 21.16; Is 1.19.

[a] **10.3** *Que se cumpla la ley:* cf. Dt 7.1-6.

[b] **10.4** Cf. Jos 1.6,9,18.

[c] **10.6** *Johanán, hijo de Eliasib:* Algunos estudiosos señalan que *Eliasib* era sumo sacerdote en la época de Nehemías (Neh 3.1) y que, según Neh 12.10-11, era abuelo de *Johanán*. Pero el nombre *Johanán* (variante de *Jonatán*) era común en el período postexílico. Por lo tanto, no es seguro que este *Johanán* sea el mismo que el de Neh 12.11.

[d] **10.6** *Donde pasó la noche:* según la versión griega (LXX); heb. *y se fue.*

7 Después se hizo un llamado [e] general en Judá y en Jerusalén, para que se reunieran en Jerusalén todos los que habían regresado del destierro. **8** A todo aquel que no llegara en el plazo de tres días, según lo determinaron los jefes y consejeros, se le expropiarían sus propiedades y se le expulsaría de la comunidad de los que volvieron del destierro. **9** Por lo tanto, todos los hombres de Judá y de Benjamín se reunieron en Jerusalén el día veinte del mes noveno, es decir, en el término de tres días. Todos ellos se sentaron en la plaza del templo de Dios, temblando por causa de aquel asunto y de la lluvia que caía. [f] **10** Entonces el sacerdote Esdras se puso de pie y les dijo:

—Ustedes han pecado al casarse con mujeres extranjeras, aumentando así la culpa de Israel. **11** Por tanto, aquí, ante el Señor y Dios de sus padres, reconozcan ustedes que son culpables y cumplan la voluntad del Señor. Apártense de la gente pagana y de esas mujeres extranjeras. [g]

12 Y toda la gente respondió en alta voz:

—Sí, haremos lo que tú nos ordenes. **13** Pero somos muchos y no deja de llover; además, no podemos quedarnos en la calle, ya que este asunto no es cosa de un día ni dos, pues somos muchos los que hemos cometido este pecado. **14** Será mejor que se queden aquí nuestros jefes en representación nuestra, y que todos los que vivan en nuestras ciudades y se hayan casado con mujeres extranjeras vengan en una fecha indicada, acompañados por las autoridades y jueces de su ciudad, hasta que la ardiente ira de nuestro Dios por este asunto se aparte de nosotros.

15-16 Todos los que regresaron del destierro estuvieron de acuerdo en hacerlo así, con la excepción [h] de Jonatán, hijo de Asael, y de Jahazías, hijo de Ticvá, a quienes apoyaron Mesulam y Sabtai el levita. Entonces el sacerdote Esdras escogió y nombró personalmente algunos hombres, que eran jefes de sus respectivas familias, y el día primero del mes décimo [i] todos los nombres formaron el tribunal para evaluar cada caso. **17** Y el día primero del mes primero [j] terminaron con todos los casos de hombres que se habían casado con mujeres extranjeras.

18 Los sacerdotes [k] a quienes encontraron casados con mujeres extranjeras, fueron:

De los descendientes de Josué, hijo de Josadac, y de sus parientes: Maaseías, Eliézer, Jarib y Guedalías, **19** los cuales prometieron firmemente despedir a sus mujeres y presentaron un carnero como ofrenda por su pecado. [l]

20 De los descendientes de Imer: Hananí y Zebadías.

21 De los descendientes de Harim: Maaseías, Elías, Semaías, Jehiel y Ozías.

22 De los descendientes de Pashur: Elioenai, Maaseías, Ismael, Natanael, Jozabad y Elasá.

23 De los descendientes de levitas: Jozabad, Simí, Quelaías (o sea, Quelitá), Petahías, Judá y Eliézer.

24 De los cantores: Eliasib.

De los porteros: Salum, Télem y Urí.

25 Los demás israelitas que estaban en el mismo caso, fueron:

De los descendientes de Parós: Ramías, Jezías, Malquías, Mijamín, Eleazar, Malquías y Benaías.

26 De los descendientes de Elam: Matanías, Zacarías, Jehiel, Abdí, Jeremot y Elías.

27 De los descendientes de Zatú: Elioenai, Eliasib, Matanías, Jeremot, Zabad y Azizá.

28 De los descendientes de Bebai: Johanán, Hananías, Zabai y Atlai.

29 De los descendientes de Baní: Mesulam, Maluc, Adaías, Jasub, Seal y Ramot.

30 De los descendientes de Pahat-moab: Adná, Quelal, Benaías, Maaseías, Matanías, Besalel, Binuy y Manasés.

31 De los descendientes de Harim: Eliézer, Isías, Malquías, Semaías, Simeón, **32** Benjamín, Maluc y Semarías.

33 De los descendientes de Hasum: Matenai, Matatá, Zabad, Elifélet, Jeremai, Manasés y Simí.

34 De los descendientes de Baní: Madai, Amram, Uel, **35** Benaías, Bedías, Queluhu, **36** Vanías, Meremot, Eliasib, **37** Matanías, Matenai, Jaasai.

38 De los descendientes de Binuy: [m] Simí, **39** Selemías, Natán, Adaías, **40** Macnadbai, Sasai, Sarai, **41** Azarel, Selemías, Semarías, **42** Salum, Amarías y José.

43 De los descendientes de Nebo: Jeiel, Matatías, Zabad, Zebiná, Jadau, Joel y Benaías.

44 Todos estos [n] se habían casado con mujeres extranjeras, pero las despidieron a ellas y a sus hijos. [ñ]

---

[e] **10.7** *Se hizo un llamado:* Esta proclama contaba con la aprobación del gobierno persa, ya que Esdras era su representante oficial en Jerusalén (cf. Esd 7.26).

[f] **10.9** El *mes noveno*, o mes de Kislev, corresponde a noviembre-diciembre. Generalmente era un mes muy lluvioso.

[g] **10.11** Esdras aplicó la prohibición de Dt 7.2-6 de forma rigorista, al exigir la separación de los que ya estaban casados. Tal actitud se explica por la situación de la comunidad judía después del exilio (véase Esd 4.3 n.). Cf. Neh 13.23.

[h] **10.15-16** *Todos... estuvieron de acuerdo con la excepción:* Algunos piensan que *Jonatán* y *Jahazías* se opusieron a la forma de ejecutar los juicios y trámites legales; otros consideran, en cambio, que ellos rechazaron la decisión de expulsar a las mujeres extranjeras.

[i] **10.15-16** El *mes décimo*, o mes de Tebet, comenzaba con la luna nueva del mes de diciembre.

[j] **10.17** El *mes primero*, o de Nisán, corresponde a marzo-abril. El lapso de tres meses entre los vv. 15-16 y el v. 17 indica que la comisión nombrada para evaluar cada caso actuó con diligencia.

[k] **10.18** La lista de los que se casaron con mujeres extranjeras comienza con los sacerdotes, porque ellos eran los principales responsables de mantener la pureza de la fe.

[l] **10.19** Lv 5.17-19.

[m] **10.38** *De los descendientes de Binuy:* texto probable; heb. *y Baní y Binuy.*

[n] **10.44** *Todos estos:* De un total de aprox. 30 000 personas se encontraron 111 culpables. Si el pasaje de Mal 2.10-16 se refiere a la situación matrimonial en la época de Esdras, es evidente que algunos hombres se habían divorciado de sus esposas judías para casarse con mujeres extranjeras.

[ñ] **10.44** *Pero las despidieron a ellas y a sus hijos:* según la versión griega (LXX). Heb. *y de ellos había mujeres, y ellos pusieron hijos.*

Nehemías

Nehemías, comisionado oficialmente por el rey persa Artajerjes, viaja a Jerusalén y restaura la ciudad (caps. 3—7). Esta restauración, civil y material, forma parte de un gran proyecto de reforma, que incluye también, y principalmente, el aspecto religioso. Con tal propósito, Esdras realiza una lectura pública de la Ley y lleva a cabo una solemne renovación de la alianza (caps. 8—10). Los últimos caps. (11—13) consignan algunos datos sobre el personal del templo, describen la consagración de las murallas e informan sobre otras reformas emprendidas por Nehemías.

Como *Nehemías* (=Neh) continúa el relato iniciado en el libro de *Esdras*, véase la *Introducción* a este último libro.

El contenido de *Nehemías* aparece resumido en el bosquejo siguiente:

    I. Misión de Nehemías y reconstrucción de la muralla de Jerusalén (1.1—7.73a[72a])
   II. Lectura pública de la ley y compromiso del pueblo (7.73b[72b]—10.39)
  III. Continuación de las memorias de Nehemías (11—13)

I. LA MISIÓN DE NEHEMÍAS Y RECONSTRUCCIÓN DE LA MURALLA DE JERUSALÉN (1.1—7.73a[72a])[a]

Nehemías ora en favor de su pueblo **1** ¹ Esta es la historia de Nehemías, [b] hijo de Hacalías. En el año veinte del reinado de Artajerjes, [c] en el mes de Quisleu, yo, Nehemías, estaba en la ciudadela de Susa [d] ² cuando llegó mi hermano Hananí con unos hombres que venían de Judá. Entonces les pregunté por Jerusalén y por los judíos que habían escapado de ir al destierro. ³ Y me contestaron: "Los que escaparon de ir al destierro y se quedaron en la provincia, [e] están en una situación muy difícil y vergonzosa. En cuanto a Jerusalén, la muralla ha sido derribada y sus puertas han sido destruidas por el fuego." [f]

⁴ Al escuchar estas noticias, me senté a llorar, y por algunos días estuve muy triste, ayunando y orando [g] ante el Dios del cielo. ⁵ Y le dije: "Señor, Dios del cielo, Dios grande y terrible, que mantienes firme tu alianza y tu fidelidad con los que te aman y cumplen tus mandamientos, ⁶ te ruego ahora que atiendas a la oración que día y noche te dirijo en favor de tus siervos, los israelitas. Reconozco que nosotros los israelitas hemos pecado contra ti; ¡hasta mis familiares y yo hemos pecado! ⁷ Nos hemos conducido de la peor manera ante ti; no hemos cumplido los mandamientos, leyes y decretos que nos diste por medio de tu siervo Moisés. ⁸ Recuerda que le advertiste que si nosotros pecábamos, nos dispersarías por todo el mundo; [h] ⁹ pero que si nos volvíamos a ti y cumplíamos tus mandamientos, poniéndolos en práctica, aun cuando fuéramos esparcidos hasta el último rincón del mundo nos recogerías de allí y nos llevarías de nuevo al santo lugar que escogiste como residencia de tu nombre. [i]

¹⁰ "Nosotros somos tus siervos y tu pueblo, que rescataste con tu gran poder y fortaleza. [j] ¹¹ Te ruego, pues, Señor, que atiendas a mi oración y las súplicas de tus siervos, cuyo único deseo es honrarte. Te pido también que me des éxito y despiertes hacia mí las simpatías del rey."

2 Artajerjes permite a Nehemías ir a Jerusalén Yo era entonces copero [k] del rey Artajerjes. ¹ Y un día del mes de Nisán, en el año veinte de su reinado, [a] mientras yo le servía vino, el rey me vio tan triste [b] ² que me preguntó:

—Te veo muy triste. ¿Qué te pasa? No pareces estar enfermo, así que has de tener algún problema.

---

[a] **1.1—7.73a(72a)** La primera sección del libro contiene una serie de relatos autobiográficos conocidos como las "Memorias de Nehemías" (1.1—7.5). Estos relatos describen el trabajo de reconstrucción de los muros de Jerusalén (2.11-20) y pone de relieve especialmente las tensiones dentro de la comunidad judía (5.1-13) y la oposición de los vecinos de Judá al proyecto de restauración (caps. 3—4).

[b] **1.1** El nombre de *Nehemías*, que en hebreo significa *el Señor consuela*, era bastante corriente en el antiguo Israel (cf. Esd 2.1-2; Neh 3.16).

[c] **1.1** *Del reinado de Artajerjes:* Estas palabras no están en el texto heb., pero por Neh 2.1; 5.14 resulta evidente que se trata de este rey (465-423 a.C.). La fecha indicada corresponde a noviembre-diciembre (heb. *Quisleu*) del año 445 a.C.

[d] **1.1** *Susa:* una de las residencias reales de los monarcas persas (Est 1.1; 2.5; Dn 8.2). Véase *Índice de mapas*.

[e] **1.3** *En la provincia:* es decir, en Palestina, que después de la caída de Babilonia había sido anexada al imperio persa (véase Is 41.2 n.).

[f] **1.3** Probablemente se alude a sucesos más recientes que el incendio y la destrucción de la ciudad durante las campañas militares de Nabucodonosor, acaecidas unos ciento cuarenta años antes, en el año 587 a.C. (2 R 25.1-17).

[g] **1.4** En esta oración de confesión, Nehemías reconoce los pecados de Israel, pero al mismo tiempo apela a la palabra del Señor, que había prometido tomar en cuenta el arrepentimiento de su pueblo. Cf. oraciones semejantes en Esd 9.6-15; Neh 9.32-37.

[h] **1.8** Cf. Lv 26.33; Dt 28.64.

[i] **1.9** *Nos llevarías... residencia de tu nombre:* Cf. Dt 30.1-5. Aunque muchos judíos se adaptaron a las nuevas condiciones de vida en Babilonia, muchos otros se negaron a aceptar el destierro como algo definitivo. Cf. Sal 137 n.

[j] **1.10** Cf. Dt 9.29.

[k] **1.11** Los *coperos* asistían al rey en las comidas, sirviéndole el vino. Eran personas de mucha confianza, que actuaban a veces como consejeros reales. Este alto cargo da una idea de la posición que habían alcanzado algunos judíos en el exilio.

[a] **2.1** El año veinte de Artajerjes corresponde al 445 a.C. de nuestro calendario; el *mes de Nisán*, a marzo-abril. Según el relato, pasaron cuatro meses entre el momento en que Nehemías recibió la noticia (1.1-3) y el momento en que presentó su petición al rey (2.5,7-8).

[b] **2.1** La tristeza de Nehemías estaba relacionada con la condición de los judíos en Jerusalén; el *gran temor* (v. 2) parece reflejar su preocupación ante la posible reacción del rey, ya que lo que iba a solicitar requeriría un cambio en la política del imperio persa en relación con los judíos de Jerusalén (cf. Esd 4.17-22).

En ese momento sentí un gran temor, ³ y le dije al rey:

—¡Viva siempre Su Majestad! ¿Y cómo no he de verme triste, si la ciudad donde están las tumbas de mis padres se halla en ruinas y sus puertas han sido quemadas? ᶜ

⁴—¿Qué puedo hacer por ti? —preguntó el rey.

Entonces me encomendé al Dios del cielo, ⁵ y respondí al rey:

—Si a Su Majestad le parece bien, y si he alcanzado su favor, pido a Su Majestad que me mande a Judá, a la ciudad donde están enterrados mis padres, para que yo la reconstruya.

⁶ El rey, a cuyo lado estaba sentada la reina, ᵈ me contestó:

—¿Cuánto tiempo durará tu viaje? ¿Cuándo volverás?

Yo le indiqué la fecha, y él aceptó dejarme ir. ⁷ Además le dije que, si lo estimaba conveniente, se me diera una orden por escrito dirigida a los gobernadores al oeste del río Éufrates, ᵉ para que me dejaran pasar libremente hasta llegar a Judá; ⁸ y otra orden escrita para que Asaf, el guardabosques del rey, me diera madera para recubrir las puertas de la ciudadela del templo, así como para la muralla de la ciudad y para la casa donde yo tenía que vivir. Y el rey me lo concedió todo porque yo contaba con la bondadosa ayuda de mi Dios.

⁹ Cuando llegué ante los gobernadores al oeste del Éufrates, les entregué las cartas del rey, quien además había enviado conmigo una escolta de caballería al mando de jefes del ejército. ᶠ ¹⁰ Pero cuando supieron José Sambalat el de Horón y Tobías, el funcionario amonita, se disgustaron mucho porque había llegado alguien interesado en ayudar a los israelitas. ᵍ

Proyecto de reconstrucción de la muralla ¹¹ Llegué por fin a Jerusalén. Y a los tres días de estar allí, ¹² me levanté de noche, acompañado de algunos hombres, pero sin decir a nadie lo que Dios me había inspirado hacer por Jerusalén. No llevaba yo más cabalgadura que la que montaba. ¹³ Aquella misma noche salí por la puerta del Valle en dirección a la fuente del Dragón y a la puerta del Basurero, e inspeccioné la muralla de Jerusalén, que estaba derrumbada y sus puertas quemadas. ¹⁴ Luego seguí hacia la puerta de la Fuente y el estanque del Rey; pero mi cabalgadura no podía pasar por allí. ¹⁵ Siendo todavía de noche, subí a lo largo del arroyo, y después de haber

inspeccionado la muralla, regresé entrando por la puerta del Valle.

¹⁶ Los gobernantes no sabían a dónde había ido yo, ni lo que andaba haciendo. Tampoco había yo informado hasta entonces a los judíos, es decir, a los sacerdotes, nobles, gobernantes y demás personas que habían de participar en la obra. ¹⁷ Así que les dije:

—Ustedes saben bien que nos encontramos en una situación difícil, pues Jerusalén está en ruinas y sus puertas quemadas. Únanse a mí y reconstruyamos la muralla de Jerusalén, para que ya no seamos objeto de burla.

¹⁸ Y cuando les conté la forma tan bondadosa en que Dios me había ayudado y las palabras que me había dicho el rey, ellos respondieron:

—¡Comencemos la reconstrucción! ʰ

Y con muy buen espíritu se animaron unos a otros. ¹⁹ Pero cuando lo supieron Sambalat el de Horón, Tobías el funcionario amonita, y Guésem el árabe, ⁱ se burlaron de nosotros y nos dijeron con desprecio:

—¿Qué se traen ustedes entre manos? ¿Acaso piensan rebelarse contra el rey?

²⁰ Pero yo les contesté:

—El Dios del cielo nos dará el éxito. Nosotros, sus siervos, vamos a comenzar la reconstrucción, y ustedes no tienen parte, ni derecho, ni memoria en Jerusalén. ʲ

ᶜ **2.3** La destrucción de Jerusalén por parte de Nabucodonosor tuvo lugar en el 587 a.C. (2 R 25.8-10; 2 Cr 36.19; Jer 52.12-14). Quizá se alude también a alguna catástrofe posterior (véase Neh 1.3 nota *f*).

ᵈ **2.6** La presencia de *la reina* muestra la influencia que tuvieron las mujeres en el imperio persa. También en otros pasajes de este libro se pone de relieve el papel de las mujeres (cf. Neh 3.12; 5.1-5; 8.2-3; 10.31; 12.43).

ᵉ **2.7** El imperio persa estaba dividido en satrapías o provincias (Esd 4.9-11; Est 1.1). *Judá* formaba parte de la provincia ubicada *al oeste del río Éufrates*.

ᶠ **2.9** Cf. Esd 8.22.

ᵍ **2.10** *Sambalat*, el gobernador de Samaria, procedía de la ciudad de *Horón*, de localización desconocida. *Tobías* era un oficial que procedía de Amón. La expresión *funcionario amonita* podría indicar que Tobías era el gobernador de esa región.

ʰ **2.18** *¡Comencemos la reconstrucción!*: lit. *Levantémonos y construyamos*.

ⁱ **2.19** *Guésem el árabe:* era el líder de un grupo árabe adversario de Nehemías; posiblemente era conocido en la antigüedad como rey de Quedar. Aunque nominalmente estaba bajo el imperio persa, gozaba de cierta autonomía y ejercía gran influencia política y militar (cf. Neh 6.5-6).

ʲ **2.20** *Ustedes no tienen parte, ni derecho, ni memoria en Jerusalén:* Esta respuesta de Nehemías incluye varios aspectos legales de importancia: la expresión *no tienen parte* (cf. 2 S 20.1) y la referencia al *derecho* afirman que los enemigos carecían de autoridad legal sobre Jerusalén (cf. v. 6). La expresión *memoria* puede entenderse como una referencia al culto en el Templo, donde Sambalat y Tobías tampoco tenían autoridad (cf. Esd 4.3).

3 *Distribución del trabajo*[a] **1** Entonces el sumo sacerdote Eliasib[b] y sus compañeros los sacerdotes reconstruyeron la puerta de las Ovejas.[c] Le pusieron vigas[d] y colocaron las puertas, y reconstruyeron la muralla desde la torre de los Cien hasta la torre de Hananel. **2** El siguiente tramo de la muralla lo reconstruyeron los hombres de Jericó, y el siguiente lo hizo Zacur, el hijo de Imrí. **3** Los descendientes de Senaá reconstruyeron la puerta de los Pescados. Le pusieron vigas y colocaron sus puertas con sus cerrojos y barras. **4** El siguiente tramo de la muralla lo reforzó Meremot,[e] hijo de Urías y nieto de Cos; y el siguiente, Mesulam, hijo de Berequías y nieto de Mesezabel; el siguiente tramo lo restauró Sadoc, hijo de Baaná. **5** La reparación del siguiente tramo la hicieron los de Tecoa, aunque sus hombres importantes no quisieron ayudar a sus dirigentes. **6** Joiadá, hijo de Paséah, y Mesulam, hijo de Besodías, repararon la puerta de Jesaná.[f] Le pusieron vigas y colocaron sus puertas con sus cerrojos y barras. **7** El siguiente tramo de la muralla lo repararon Melatías de Gabaón y Jadón de Meronot, y la gente de Gabaón y de Mispá, lugares que estaban bajo la autoridad del gobernador al oeste del río Éufrates. **8** El siguiente tramo de la muralla lo reparó Uziel, hijo de Harhaías, el platero; y el siguiente lo reparó Hananías, el perfumero; ellos dos restauraron la muralla de Jerusalén hasta la muralla ancha. **9** El siguiente tramo lo reparó Refaías, hijo de Hur, que era alcalde[g] de la mitad del distrito de Jerusalén. **10** El siguiente tramo lo reparó Jedaías, hijo de Harumaf, pues quedaba frente a su casa, y el siguiente lo reparó Hatús, hijo de Hasabnías. **11** Malquías, hijo de Harim, y Hasub, hijo de Pahat-moab, repararon el siguiente tramo y la torre de los Hornos. **12** El siguiente lo repararon Salum, hijo de Halohés, que era alcalde de la otra mitad del distrito de Jerusalén, y sus hijas. **13** Hanún y los habitantes de Zanóah repararon la puerta del Valle; la reconstruyeron y colocaron sus puertas con sus cerrojos y barras, y restauraron cuatrocientos cincuenta metros de muralla, hasta la puerta del Basurero. **14** Malquías, hijo de Recab, gobernador del distrito de Bet-haquérem, reconstruyó la puerta del Basurero y colocó sus puertas con sus cerrojos y barras. **15** Salum, hijo de Colhozé, gobernador del distrito de Mispá, reparó la puerta de la Fuente: la reconstruyó y la techó, y colocó sus puertas con sus cerrojos y sus barras, y también reparó el muro del estanque de Siloé junto al Jardín Real, hasta las escaleras que bajan de la Ciudad de David. **16** Nehemías, hijo de Azbuc, gobernador de medio distrito de Bet-sur, reparó el siguiente tramo de la muralla hasta frente a los sepulcros de David,[h] hasta el depósito del agua y hasta el cuartel de los soldados. **17** El siguiente tramo lo repararon los levitas: Rehúm, hijo de Baní; y más adelante Hasabías, gobernador de medio distrito de Queilá, que lo hizo en nombre de su distrito. **18** El siguiente tramo lo repararon sus colegas: Bavai, hijo de Henadad, gobernador de la otra mitad del distrito de Queilá; **19** y Éser, hijo de Josué, gobernador de Mispá, reparó otro tramo frente a la subida al depósito de armas de la esquina. **20** A continuación de él, Baruc, hijo de Zabai, reparó otro tramo, desde la esquina hasta la puerta de la casa de Eliasib, el sumo sacerdote; **21** y Meremot, hijo de Urías y nieto de Cos, reparó el siguiente tramo, desde la puerta de la casa de Eliasib hasta el final de la misma. **22** El tramo siguiente de la muralla lo repararon los sacerdotes que vivían en el valle del Jordán. **23** A continuación de ellos, Benjamín y Hasub repararon la muralla frente a su casa. Y después de ellos, Azarías, hijo de Maaseías y nieto de Ananías, hizo la restauración junto a su casa. **24** El siguiente tramo lo reparó Binuy, hijo de Henadad, desde la casa de Azarías hasta el ángulo en la esquina. **25** A continuación de él, Palal, hijo de Uzai, reparó la muralla frente a la esquina y también la torre alta que sobresale del palacio real, la cual está en el patio de la guardia. El siguiente tramo lo reparó Pedaías, hijo de Parós, **26** hasta frente a la puerta del Agua, hacia el este, así como la torre que sobresale. (Los que vivían en Ófel eran los sirvientes del templo.) **27** Los de Tecoa repararon el siguiente tramo, desde enfrente de la torre grande que sobresale hasta la muralla de Ófel. **28** Los sacerdotes repararon la muralla, cada uno frente a su casa, desde la puerta de los Caballos. **29** A continuación de ellos, Sadoc, hijo de Imer, reparó la muralla frente a su casa; y el tramo siguiente lo reparó Semaías, hijo de Secanías, que era guardián de la puerta de Oriente. **30** Tras él repararon otro tramo Hananías, hijo de Selemías, y Hanún, que era el sexto hijo de Salaf; y a continuación de ellos, Mesulam, hijo de Berequías, lo hizo frente a su casa. **31** Malquías, el platero, reparó el siguiente tramo de la muralla hasta la casa de los servidores del templo, y la de los comerciantes, frente a la puerta de la Inspección y hasta el puesto de vigilancia de la esquina. **32** Los plateros y los comerciantes repararon el siguiente tramo desde el puesto de vigilancia de la esquina hasta la puerta de las Ovejas.

4 *Burlas de los enemigos* **1** (3.33)[a] Cuando Sambalat supo que estábamos reconstruyendo la muralla, se indignó y, enfurecido, comenzó a burlarse de los judíos **2** (3.34) diciendo

---

[a] **3.1-32** Este relato contiene una serie importante de indicaciones topográficas acerca de la ciudad de Jerusalén durante el periodo postexílico (cf. 2.20; 4.1). También se destacan en él las cualidades administrativas y organizativas de Nehemías (cf. 2.13-15; 12.31-39).

[b] **3.1** Cf. 12.10,22; 13.4. *Eliasib* era nieto del sacerdote Josué, (que había regresado a Jerusalén con Zorobabel después del exilio en Babilonia; cf. Esd 2.1-2; 3.2).

[c] **3.1** La reconstrucción comenzó en *la puerta de las Ovejas*, al norte de la ciudad, continuó hacia el oeste y el sur, y terminó en el punto de origen (v. 32). No todos los lugares que se mencionan pueden ubicarse con precisión.

[d] **3.1** *Le pusieron vigas:* texto probable; heb. *consagraron.*

[e] **3.4** *Meremot:* cf. Esd 8.33.

[f] **3.6** *La puerta de Jesaná:* o *la puerta vieja;* 12.39.

[g] **3.9** En contraposición con los *hombres importantes de Tecoa* (v. 5), que se negaron a colaborar, otras personas importantes participaron activamente en la reconstrucción de las murallas (cf v. 12).

[h] **3.16** *Los sepulcros de David:* cf. 2 Cr 32.33.

[a] **4.1(3.33)** Los números entre paréntesis corresponden a la numeración del texto hebreo.

ante sus compañeros y el ejército de Samaria: "¿Qué se creen estos judíos muertos de hambre? ¿Acaso piensan que se les va a permitir ofrecer sacrificios otra vez? ¿O que podrán terminar el trabajo en un día? ¿O que de los montones de escombros van a sacar nuevas las piedras que se quemaron?"

3 (3.35) A su lado estaba Tobías, el amonita, *b* que añadió: "Para colmo, miren el muro que están construyendo: ¡hasta una zorra lo puede echar abajo, si se sube en él!"

Oración de Nehemías **4** (3.36) Entonces yo oré: *c* "Dios nuestro: escucha cómo se burlan de nosotros. Haz que sus ofensas se vuelvan contra ellos, y que caigan en poder del enemigo y sean llevados cautivos a otro país. **5** (3.37) No les perdones su maldad, ni borres de tu presencia su pecado, pues han insultado a los que están reconstruyendo la muralla."

Amenazas de los enemigos **6** (3.38) Continuamos, pues, reconstruyendo la muralla, que estaba ya levantada hasta la mitad. La gente trabajaba con entusiasmo. **7** (*1*) Pero cuando Sambalat, Tobías, los árabes, los de Amón y los de Asdod *d* supieron que la reparación de la muralla de Jerusalén seguía adelante y que se había comenzado a tapar las brechas, se enojaron muchísimo, **8** (*2*) y todos juntos formaron un plan para atacar Jerusalén y causar destrozos en ella. **9** (*3*) Entonces oramos a nuestro Dios, y pusimos guardia día y noche para defendernos de ellos. *e* **10** (*4*) Y la gente de Judá decía: "La fuerza del cargador desmaya ante tal cantidad de escombros, y nosotros somos incapaces de reconstruir esta muralla."

11 (*5*) Nuestros enemigos pensaban que no nos daríamos cuenta ni veríamos nada hasta que se metieran en medio de nosotros para matarnos y detener las obras. **12** (*6*) Pero cuando los judíos que vivían cerca de ellos vinieron a decirnos una y otra vez *f* que esa gente iba a atacarnos por todos lados, **13** (*7*) ordené que la gente se pusiera por familias detrás de la muralla, y en las partes bajas, y en las brechas, con espadas, lanzas y arcos. **14** (*8*) Y al ver que tenían miedo, me puse de pie y dije a los nobles, a los gobernantes y al resto del pueblo: "No les tengan miedo. Recuerden que el Señor es grande y terrible, y luchen por sus compatriotas, por sus hijos e hijas, mujeres y hogares."

15 (*9*) Cuando nuestros enemigos supieron que estábamos preparados y que Dios había desbaratado sus planes, todos nosotros volvimos a la muralla, cada cual a su trabajo.

16 (*10*) A partir de aquel momento, la mitad de mis hombres trabajaba en la obra, y la otra mitad se mantenía armada con lanzas, escudos, arcos y corazas. Los jefes daban todo su apoyo a la gente de Judá **17** (*11*) que estaba reconstruyendo la muralla. Los cargadores seguían llevando cargas, pero con una mano trabajaban y con la otra sujetaban el arma. **18** (*12*) Todos los que trabajaban en la construcción tenían la espada a la cintura, y a mi lado estaba el encargado de tocar la trompeta, **19** (*13*) pues yo había dicho a los nobles y gobernantes, y al resto del pueblo: "Las obras son enormes y extensas, y nosotros estamos repartidos por la muralla, separados unos de otros. **20** (*14*) Por lo tanto, allá donde escuchen el toque de trompeta, únanse a nosotros, y nuestro Dios luchará a nuestro lado."

21 (*15*) De este modo, mientras nosotros trabajábamos de sol a sol en la obra, la mitad de la gente se mantenía con la lanza en la mano. **22** (*16*) Además, en aquella ocasión dije a la gente que todos, incluso los ayudantes, debían pasar la noche dentro de Jerusalén, para que nos protegieran durante la noche y trabajaran durante el día. **23** (*17*) Además, ni yo ni mis parientes y ayudantes, ni los hombres de la guardia que me acompañaban, nos quitábamos la ropa, y cada uno tenía la lanza en la mano. *g*

5
Problemas internos **1** Hubo en aquel tiempo una gran protesta *a* de parte del pueblo y de sus mujeres contra sus compatriotas judíos, **2** pues algunos decían que tenían muchos hijos e hijas y necesitaban conseguir trigo para no morirse de hambre; **3** otros decían que debido a la falta de alimentos habían tenido que hipotecar sus terrenos, viñedos y casas, **4** y otros decían que habían tenido que pedir dinero prestado para pagar los impuestos al rey, dando en garantía sus terrenos y viñedos. Decían además: **5** "Tanto nuestros compatriotas como nosotros somos de la misma raza; nuestros hijos no se diferencian en nada de los de ellos. Sin embargo, nosotros tenemos que someter a nuestros hijos e hijas a la esclavitud. De hecho, algunas de nuestras hijas son ya esclavas, y no podemos hacer nada por evitarlo, porque nuestros terrenos y viñedos ya pertenecen a otros." *b*

6 Cuando escuché sus quejas y razones, me llené de indignación. **7** Después de pensarlo bien, reprendí a los nobles y gobernantes por imponer una carga tal a sus compatriotas. Convoqué además una asamblea general para tratar su caso, **8** y les dije: *c* "Nosotros, hasta donde nos ha sido posible, hemos rescatado a nuestros compatriotas

---

b 4.3(3.35) *Tobías, el amonita:* Véase Neh 2.10 n.
c 4.4(3.36) La oración imprecatoria de Nehemías recuerda las imprecaciones de los Salmos (Sal 74; 79; 123; cf. 2 R 19.14-19; Jer 18.19-23). Véase también la *Introducción a los Salmos (3) (h)*.
d 4.7(1) La oposición contra Nehemías aumentó rápidamente. A la iniciativa de los samaritanos en el norte (v. 2) se unieron *los árabes* por el sur y el sudoeste, *los de Amón* por el este, y *los de Asdod* por el oeste.
e 4.9(3) Nehemías combina la oración y la acción práctica. La superación del peligro requería, junto con la ayuda de Dios, la sabiduría y el compromiso del pueblo; cf. 1.11; 2.4-5; Mt 26.41.
f 4.12(6) *Una y otra vez:* lit. *diez veces*. Los enemigos de Judá utilizaron a algunos miembros de la comunidad judía para desalentar a los trabajadores.

g 4.23(17) *Cada uno tenía la lanza en la mano:* sentido probable; heb. *cada uno su lanza el agua*.
a 5.1 La *gran protesta* del pueblo se relaciona con la pobreza en que vivían. Las dificultades con los vecinos de Judá (4.6-10) y la posibilidad de un ataque enemigo habían afectado a la agricultura, pues los que podían cultivar la tierra debían defender la ciudad y trabajar en la reconstrucción de las murallas.
b 5.5 *Nuestros terrenos y viñedos ya pertenecen a otros:* Un sector de la comunidad había aprovechado la crisis para enriquecerse indebidamente, provocando de ese modo una situación de injusticia que había sido condenada por los profetas de Israel (cf. Is 1.10-20; Am 2.6-16).
c 5.8 El discurso de Nehemías estaba dirigido especialmente a *los nobles y gobernantes* del pueblo (v. 7). Sus críticas y demandas están en consonancia con el año del perdón de las deudas

judíos que habían sido vendidos a las naciones paganas; ¿y ahora ustedes los vuelven a vender para que nosotros tengamos que volver a rescatarlos?"
Ellos se quedaron callados, pues no sabían qué responder. **9** Y yo añadí: "Lo que están haciendo no está bien. Deberían mostrar reverencia por nuestro Dios, y evitar así las burlas de los paganos, nuestros enemigos. **10** También mis familiares, mis ayudantes y yo, les hemos prestado a ellos dinero y trigo; así que, ¡vamos a perdonarles esta deuda! **11** Y les ruego también que les devuelvan ahora mismo sus terrenos, viñedos, olivares y casas, y que cancelen las deudas *d* que tienen con ustedes, sean de dinero, grano, vino o aceite." **12** Ellos respondieron: "Devolveremos todo eso, y no les reclamaremos nada. Haremos todo tal como lo has dicho."
Entonces llamé a los sacerdotes, y en su presencia les hice jurar lo que prometieron. **13** Además me sacudí la ropa y dije: "Así sacuda Dios fuera de su casa y de sus propiedades a todo aquel que no cumpla este juramento, y así lo despoje de todo lo que ahora tiene." Toda la multitud respondió: "Amén", y alabaron al Señor. *e*

Generosidad de Nehemías La gente cumplió su promesa, **14** y durante doce años, es decir, desde aquel día del año veinte en que el rey Artajerjes me nombró gobernador de la región de Judá hasta el año treinta y dos de su reinado, ni yo ni mis colaboradores hicimos uso de la pensión que me correspondía como gobernador. *f* **15** En cambio, los gobernadores que estuvieron antes que yo, fueron una carga para el pueblo, pues diariamente cobraban cuarenta monedas de plata para comida y vino. Además, sus empleados oprimían al pueblo. Pero yo no lo hice así, por respeto a Dios. *g* **16** Por otra parte, cumplí con mi tarea de reconstruir la muralla de la ciudad, y no adquirí terrenos. En cuanto a mis empleados, todos ellos tomaron parte en el trabajo. **17** A mi mesa se sentaban hasta ciento cincuenta personas, tanto judíos del pueblo como funcionarios del gobierno, sin contar a los que venían a visitarnos de las naciones vecinas. **18** Y lo que se preparaba diariamente por mi cuenta, era: un buey y seis de las mejores ovejas, y aves; y cada diez días había vino en abundancia. A pesar de esto, nunca reclamé la pensión que me correspondía como gobernador, porque ya era excesiva la carga que

pesaba sobre este pueblo. **19** ¡Tómame en cuenta, Dios mío, para mi bien, todo lo que he hecho por este pueblo! *h*

6 *Complot contra Nehemías* *a* **1** Cuando Sambalat, Tobías, Guésem el árabe y los demás enemigos nuestros supieron que yo había reconstruido la muralla sin dejar en ella ninguna brecha (aunque me faltaba todavía colocar las puertas en su sitio), *b* **2** me enviaron un mensaje Sambalat y Guésem para que nos reuniéramos en alguna de las aldeas del valle de Onó. Pero lo que tramaban era hacerme daño. *c* **3** Entonces envié mensajeros a decirles que yo estaba ocupado en una obra importante, y que no podía ir, ya que el trabajo se detendría si yo lo dejaba por ir a verlos. **4** Cuatro veces me enviaron el mismo mensaje, pero mi respuesta fue siempre la misma.
5 Entonces Sambalat, por medio de un criado suyo, me envió por quinta vez el mismo mensaje en una carta abierta, *d* **6** que decía: "Corre el rumor entre la gente, y también lo dice Guésem, de que tú y los judíos están planeando una rebelión, y que por eso están reconstruyendo la muralla. Según estos rumores, tú vas a ser su rey, **7** y has nombrado ya profetas *e* para que te proclamen rey en Jerusalén y digan que ya hay rey en Judá. Estos rumores bien pueden llegar a oídos del rey Artajerjes, así que ven y conversaremos personalmente."
8 Entonces yo le envié contestación, diciéndole que no había nada de cierto en aquellos rumores, sino que eran producto de su imaginación. **9** Pues ellos trataban de asustarnos, pensando que nos desanimaríamos y que no llevaríamos a cabo la obra; pero yo puse aún mayor empeño. *f* **10** Después fui a casa de Semaías, hijo de Delaías y nieto de Mehetabel, que se había encerrado en su casa, y me dijo: "Reunámonos en el templo de Dios, dentro del santuario, y cerremos las puertas, porque esta noche piensan venir a matarte." **11** Pero yo le respondí: "Los hombres como yo, no huyen ni se meten en el templo para salvar el pellejo. Yo, al menos, no me meteré."
12 Además me di cuenta de que él no hablaba de parte de Dios, sino que decía todo aquello contra mí porque Sambalat y Tobías lo habían sobornado; **13** le pagaban por asustarme, para que así yo pecara. De ese modo podrían crearme mala fama y desprestigiarme. **14** ¡Dios mío: recuerda lo que Sambalat y Tobías han hecho! ¡No te olvides

---

(Dt 15.1-11) y el año de la liberación (Lv 25.8-38) previstos en la ley judía.

d **5.11** *Las deudas:* texto probable; heb. *la centésima parte.* Quizá se hace referencia a una deuda importante o al interés que tenía que pagarse. El texto sugiere que las deudas debían cancelarse totalmente.

e **5.13** *Me sacudí la ropa:* Este gesto simbolizaba lo que Dios haría si no se cumplían con las disposiciones del juramento (v. 12).

f **5.14** Nehemías fue *gobernador de la región de Judá* en dos ocasiones (cf. 13.6). Su primer periodo duró *doce años* (445-433 a.C.).

g **5.15** Según la ley persa, los *gobernadores* podían cobrar impuestos al pueblo para sufragar los gastos administrativos y personales (v. 18). Pero Nehemías rechazó esa posibilidad por dos razones: por su *respeto a Dios* y por su gran compasión hacia el pueblo (vv. 14, 18).

h **5.19** En los relatos de Nehemías se intercalan varias oraciones breves, que se caracterizan por expresiones como "tómame en cuenta" o "acuérdate de mí" (cf. 13.14,22,31). En ellas se destacan, además, las acciones de Nehemías a favor del pueblo judío.

a **6.1-19** Este cap. relata un nuevo intento de interrumpir la reconstrucción de las murallas. Cuando el proyecto ya estaba a punto de finalizar, los enemigos idearon una nueva estrategia: eliminar a Nehemías.

b **6.1** Véanse 2.10 n. y 2.19 n.

c **6.2** *El valle de Onó:* tal vez estaba ubicado entre los territorios de Samaria, Asdod y Judá, a unos 40 km. al noroeste de Jerusalén.

d **6.5** *La carta abierta* incluía serias acusaciones contra Nehemías, en particular la de traición al imperio persa (v.6), que era un delito extremadamente grave.

e **6.7** Las aspiraciones mesiánicas del pueblo habían sido renovadas, un siglo antes, por Hageo y Zacarías (cf. Esd 5.1; Hag 1.14—2.9; Zac 4.6-10; 6.15).

f **6.9** *Yo puse aún mayor empeño:* según varias versiones antiguas; heb. *hazme poner más empeño* (véase 5.19 n.).

tampoco de Noadías, la profetisa, ni de los otros profetas que quisieron asustarme!*g*

15 La muralla quedó terminada el día veinticinco del mes de Elul,*h* y en la obra se emplearon cincuenta y dos días. **16** Nuestros enemigos lo supieron, y todas las naciones que había a nuestro alrededor tuvieron mucho miedo y se vino abajo su orgullo, porque comprendieron que esta obra se había llevado a cabo con la ayuda de nuestro Dios.

17 En aquellos días hubo mucha correspondencia entre Tobías*i* y personas importantes de Judá, **18** porque muchas personas de Judá habían jurado lealtad a Tobías, por ser el yerno de Secanías, hijo de Árah, y porque su hijo Johanán se había casado con la hija de Mesulam, hijo de Berequías. **19** De modo que lo elogiaban en mi presencia y le contaban lo que yo decía. Tobías, por su parte, me enviaba cartas para asustarme.

7 *Nehemías nombra dirigentes* **1** Cuando la muralla quedó reconstruida y se le colocaron las puertas, se nombraron porteros, cantores y levitas. **2** Al frente de Jerusalén puse a mi hermano Hananí*a* y a Hananías, el comandante de la ciudadela, que era un hombre digno de confianza y más temeroso de Dios que muchas personas. **3** Les dije que no debían abrirse las puertas de Jerusalén hasta bien entrado el día, y que debían cerrarse y asegurarse estando en sus puestos los de la guardia. También nombré vigilantes entre los mismos habitantes de Jerusalén, para que vigilaran, unos en sus puestos y otros frente a su propia casa. **4** La ciudad era grande y extensa, pero había en ella poca gente porque las casas no se habían reconstruido.

Los que volvieron del destierro (Esd 2.1-70) **5** Entonces Dios me impulsó a reunir a las personas importantes, las autoridades y el pueblo, para hacer un registro familiar,*b* y encontré el libro del registro familiar de los que habían llegado antes. En él estaba escrito lo siguiente:*c*

6-7 "Esta es la lista*d* de los israelitas nacidos en Judá que fueron desterrados a Babilonia por el rey Nabucodonosor, y que después del destierro volvieron a Jerusalén y a otros lugares de Judá, cada cual a su población, encabezados por Zorobabel, Josué, Nehemías, Azarías, Raamías, Nahamaní, Mardoqueo, Bilsán, Mispéret, Bigvai, Nehúm y Baaná:

8 "Los descendientes de Parós, dos mil ciento setenta y dos;

9 los de Sefatías, trescientos setenta y dos;

10 los de Árah, seiscientos cincuenta y dos;

11 los de Pahat-moab, que eran descendientes de Josué y de Joab, dos mil ochocientos dieciocho;

12 los de Elam, mil doscientos cincuenta y cuatro;

13 los de Zatú, ochocientos cuarenta y cinco;

14 los de Zacai, setecientos sesenta;

15 los de Binuy, seiscientos cuarenta y ocho;

16 los de Bebai, seiscientos veintiocho;

17 los de Azgad, dos mil trescientos veintidós;

18 los de Adonicam, seiscientos sesenta y siete;

19 los de Bigvai, dos mil sesenta y siete;

20 los de Adín, seiscientos cincuenta y cinco;

21 los de Ater, que eran descendientes de Ezequías, noventa y ocho;

22 los de Hasum, trescientos veintiocho;

23 los de Besai, trescientos veinticuatro;

24 los de Harif, ciento doce;

25 los de Gabaón, noventa y cinco.

26 Los hombres de Belén y de Netofá, ciento ochenta y ocho;

27 los de Anatot, ciento veintiocho;

28 los de Bet-azmávet, cuarenta y dos;

29 los de Quiriat-jearim, Quefirá y Beerot, setecientos cuarenta y tres;

30 los de Ramá y de Gueba, seiscientos veintiuno;

31 los de Micmás, ciento veintidós;

32 los de Betel y de Ai, ciento veintitrés;

33 los de Nebo,*e* cincuenta y dos.

34 Los descendientes del otro Elam, mil doscientos cincuenta y cuatro;

35 los de Harim, trescientos veinte;

36 los de Jericó, trescientos cuarenta y cinco;

37 los de Lod, Hadid y Onó, setecientos veintiuno;

38 los de Senaá, tres mil novecientos treinta.

39 Los sacerdotes descendientes de Jedaías, de la familia de Josué, novecientos setenta y tres;

40 los descendientes de Imer, mil cincuenta y dos;

41 los de Pashur, mil doscientos cuarenta y siete;

42 los de Harim, mil diecisiete.

43 "Los levitas descendientes de Josué y de Cadmiel, que a su vez eran descendientes de Hodavías, eran setenta y cuatro.

44 "Los cantores descendientes de Asaf eran ciento cuarenta y ocho.

45 "Los porteros eran los descendientes de Salum, los de Ater, los de Talmón, los de Acub, los de Hatitá y los de Sobai. En total, ciento treinta y ocho.

46 "Los sirvientes del templo eran los descendientes de Sihá, los de Hasufá, los de Tabaot, **47** los de Queros, los de Siahá, los de Padón, **48** los de Lebaná, los de Hagabá, los de Salmai, **49** los de Hanán, los de Guidel, los de Gáhar, **50** los de Reaías, los de Resín, los de Necodá, **51** los de Gazam, los de Uzá, los de Paséah, **52** los de Besai, los de Meunim, los

---

g **6.14** Véanse 4.4 n. y 5.19 n.

h **6.15** *Mes de Elul:* es decir, agosto-septiembre. La reconstrucción de las murallas finalizó a los 52 días de haber comenzado la obra, posiblemente en el año 445 a.C. Este periodo relativamente breve parece indicar que no fue necesario reparar la totalidad de las murallas, ya que después del exilio disminuyó el tamaño de la ciudad de Jerusalén.

i **6.17** *Tobías* practicaba un juego doble: por un lado, tenía buenas relaciones familiares y comerciales con algunas familias importantes de Jerusalén; por el otro, participaba del plan contra Nehemías (cf. v. 17; véase 2.10 n.).

a **7.2** *Hananí:* Cf. Neh 1.2.

b **7.5** *Dios me impulsó:* Nehemías declara expresamente que hizo este *registro familiar* por inspiración divina, y no como David, que fue incitado por el ángel acusador (1 Cr 21.1).

c **7.5** Aquí se interrumpe el relato autobiográfico, que se retoma luego en 11.1 (véase 1.1-11 n.).

d **7.6-7** Los vv. 6-73 reproducen con algunas variantes la lista de Esd 2.1-70.

e **7.33** *Los de Nebo:* según Esd 2.29; heb. *los del otro Nebo.*

de Nefusim,^f ^53 los de Bacbuc, los de Hacufá, los de Harhur, ^54 los de Baslut, los de Mehidá, los de Harsá, ^55 los de Barcós, los de Sísara, los de Temá, ^56 los de Nesíah y los de Hatifá.

^57 "Los descendientes de los sirvientes de Salomón eran los descendientes de Sotai, los de Soféret, los de Perudá, ^58 los de Jaalá, los de Darcón, los de Guidel, ^59 los de Sefatías, los de Hatil, los de Poquéret-hasebaím y los de Amón. ^60 El total de los sirvientes del templo y de los descendientes de los sirvientes de Salomón era de trescientos noventa y dos.

^61 "Los que llegaron de Tel-mélah, Tel-harsá, Querub, Adón e Imer, y que no pudieron demostrar si eran israelitas de raza o por parentesco, fueron los siguientes: ^62 los descendientes de Delaías, los de Tobías y los de Necodá, que eran seiscientos cuarenta y dos. ^63 Y de los parientes de los sacerdotes: los descendientes de Hobaías, los de Cos y los de Barzilai, el cual se casó con una de las hijas de Barzilai, el de Galaad, y tomó el nombre de ellos. ^64 Estos buscaron su nombre en el registro familiar, pero como no lo encontraron allí, fueron eliminados del sacerdocio. ^65 Además, el gobernador les ordenó que no comieran de los alimentos consagrados hasta que un sacerdote decidiera la cuestión por medio del Urim y el Tumim.^g

^66 "La comunidad se componía de un total de cuarenta y dos mil trescientas sesenta personas, ^67 sin contar sus esclavos y esclavas, que eran siete mil trescientas treinta y siete personas. Tenían también doscientos cuarenta y cinco cantores y cantoras. ^68 Tenían además setecientos treinta y seis caballos, doscientas cuarenta y cinco mulas, ^h ^69 (68b) cuatrocientos treinta y cinco camellos y seis mil setecientos veinte asnos.

^70 (69) "Algunos jefes de familia entregaron donativos para la obra; el gobernador dio para la tesorería ocho kilos de oro, cincuenta tazones y quinientas treinta túnicas sacerdotales.^i ^71 (70) Los jefes de familia dieron para la tesorería de la obra ciento sesenta kilos de oro y mil doscientos diez kilos de plata; ^72 (71) y el resto del pueblo dio ciento sesenta kilos de oro, mil cien kilos de plata y sesenta y siete túnicas sacerdotales.

^73 (72) "Los sacerdotes, los levitas, los porteros, los cantores, la gente del pueblo, los sirvientes del templo y todo Israel se establecieron en sus poblaciones."

II. LECTURA PÚBLICA DE LA LEY Y COMPROMISO DEL PUEBLO (7.73b[72b]—10.39)

La ley es leída en público^j   Cuando llegó el mes séptimo, ya los israelitas estaban instalados en sus localidades.

8 ^1 Entonces todo el pueblo en masa se reunió en la plaza que está frente a la puerta del Agua, y le dijeron al maestro Esdras que trajera el libro de la ley de Moisés, que el Señor había dado a Israel. ^2 El día primero del séptimo,^a el sacerdote Esdras trajo el libro de la ley ante la reunión compuesta de hombres, mujeres y todos los que tenían uso de razón; ^3 y desde la mañana hasta el mediodía lo leyó en presencia de todos ellos, delante de la plaza que está frente a la puerta del Agua.

Todo el pueblo estaba atento a la lectura del libro de la ley. ^4 El maestro Esdras estaba de pie sobre una tribuna de madera construida para ese fin. También de pie y a su derecha estaban Matatías, Sema, Anías, Urías, Hilquías y Maaseías. A su izquierda estaban Pedaías, Misael, Malquías, Hasum, Hasbadana, Zacarías y Mesulam. ^5 Entonces Esdras abrió el libro a la vista de todo el pueblo, ya que se le podía ver por encima de todos; y al abrirlo, todo el mundo se puso de pie. ^6 Entonces Esdras alabó al Señor, el Dios todopoderoso, y todo el pueblo, con los brazos en alto, respondió: "Amén, amén." Luego se inclinaron hasta tocar el suelo con la frente, y adoraron al Señor.

^7 Los levitas Josué, Baní, Serebías, Jamín, Acub, Sabtai, Hodías, Maaseías, Quelitá, Azarías, Jozabad, Hanán y Pelaías explicaban la ley al pueblo. Mientras la gente permanecía en su sitio, ^8 ellos leían en voz alta el libro de la ley de Dios, y lo traducían^b para que se entendiera claramente la lectura. ^9 Y como todo el pueblo lloraba al oír los términos de la ley, tanto el gobernador Nehemías^c como el maestro y sacerdote Esdras, y los levitas que explicaban la ley al pueblo, dijeron a todos que no se pusieran tristes ni lloraran, porque aquel día estaba dedicado al Señor, su Dios. ^10 Además les dijo Esdras: "Vayan y coman de lo mejor, beban vino dulce e inviten a quienes no tengan nada preparado, porque hoy es un día dedicado a nuestro Señor. No estén tristes, porque la alegría del Señor es nuestro refugio."

^11 También los levitas calmaban a la gente, diciéndoles que se callaran y no lloraran, porque era un día dedicado al Señor. ^12 Entonces toda la gente se fue a comer y beber, y a compartir su comida y celebrar una gran fiesta, porque habían comprendido lo que se les había enseñado.

---

^f **7.52** *Nefusim*: según Esd 2.50; heb. *Nefisesim*.
^g **7.65** Cf. Ex 28.30; Nm 27.21; Dt 33.8.
^h **7.68** Este v. no aparece en el texto heb.; se incluye aquí según Esd 2.66. Los vv. 69-73 corresponden a los vv. 68-72 de dicho texto.
^i **7.70(69)** *Quinientas treinta túnicas sacerdotales*: lit. *túnicas sacerdotales treinta y quinientas*. Según la LXX, *treinta túnicas sacerdotales*. La traducción de este v. presenta algunas dificultades. Posiblemente el texto original incluía una referencia a las *minas* o *kilos de plata* que se mencionan en Esd 2.69.
^j **7.73b(72b)—8.12** La ubicación de toda la sección 7.73b—9.37 es objeto de discusión. Para algunos, este relato está relacionado con Esd 8 o con Esd 10, ya que se refiere nuevamente a la obra de Esdras; para otros, toda la sección debe colocarse después de Neh 13, pues puede entenderse como una continuación de las reformas finales de Nehemías.

^a **8.2** El *séptimo mes* (septiembre-octubre) es muy importante en el calendario religioso judío, ya que en el primer día se celebra la fiesta de las Trompetas, el diez es el día del Perdón y el quince comienza la fiesta de las Enramadas (cf. Lv 23.23-38; Nm 29.1,7,12). Además, en 2 Cr 5.3; 31.7; Esd 3.1,6; Zac 7.5; 8.19 se mencionan otros acontecimientos significativos que ocurrieron o se celebraban en ese mismo mes.
^b **8.8** *Lo traducían*: Los levitas traducían al idioma arameo y explicaban el *libro de la ley* (v. 1), que estaba escrito en hebreo. Durante y después del exilio en Babilonia (cf. 2 R 25) el arameo se convirtió en el idioma corriente de los judíos.
^c **8.9** La referencia *al gobernador Nehemías* en este relato es difícil de explicar. Algunos comentaristas piensan que no formaba parte del texto original y que fue añadida posteriormente para relacionar a este reformador con la persona y obra de Esdras.

Celebración de la fiesta de las Enramadas [13] Al día siguiente, todos los jefes de familia [d] y los sacerdotes y los levitas se reunieron con el maestro Esdras para estudiar los términos de la ley, [14] y encontraron escrito en ella que el Señor había ordenado por medio de Moisés que, durante la fiesta religiosa del mes séptimo, los israelitas debían vivir debajo de enramadas. [e] [15] Entonces, por todas las ciudades y en Jerusalén, se hizo correr la voz de que la gente saliera a los montes a buscar ramas de olivo, arrayán, palmera o cualquier otro árbol frondoso para hacer las enramadas, conforme a lo que estaba escrito en la ley. [16] Y la gente salió y volvió con ramas para hacer sus propias enramadas en las azoteas y en los patios, como también en el atrio del templo de Dios, en la plaza de la puerta del Agua y en la plaza de la puerta de Efraín. [17] Toda la comunidad que volvió del destierro hizo enramadas y se instaló debajo de ellas, pues desde el tiempo de Josué, hijo de Nun, hasta aquel día no se había hecho tal cosa. Y hubo una gran alegría. [18] Celebraron la fiesta religiosa durante siete días; y desde el primer día hasta el último, Esdras leía diariamente pasajes del libro de la ley de Dios; y en el día octavo hubo una reunión solemne, conforme a la costumbre establecida. [f]

9

Esdras confiesa los pecados de Israel [a] [1] El día veinticuatro del mismo mes, los israelitas se reunieron para ayunar; se vistieron con ropas ásperas y se echaron tierra sobre la cabeza. [b] [2] y separándose de aquellos que descendían de extranjeros, [c] se pusieron de pie y reconocieron sus propios pecados y los de sus antepasados. [d] [3] Mientras permanecían en su lugar, durante tres horas se leyó públicamente el libro de la ley del Señor su Dios, y durante otras tres horas confesaron sus pecados y adoraron al Señor. [4] Después los levitas Josué, Binuy, Cadmiel, Sebanías, Binui, Serebías, Baní y Quenaní subieron a la tribuna e invocaron en voz alta al Señor su Dios; [5] luego dijeron los levitas Josué, Cadmiel, Binuy, Hasabnías, Serebías, Hodías, Sebanías y Petahías: "Levántense, alaben al Señor su [e] Dios por siempre y siempre. ¡Alabado sea, con bendiciones y alabanzas, su alto y glorioso nombre!"

[6] Y Esdras dijo: [f] "Tú eres el Señor, y nadie más. [g] Tú hiciste el cielo y lo más alto del cielo, y todas sus estrellas; tú hiciste la tierra y todo lo que hay en ella, los mares y todo lo que contienen. Tú das vida a todas las cosas. Por eso te adoran las estrellas del cielo. [h]

[7] "Tú, Señor, eres el Dios que escogiste a Abram; tú lo sacaste de Ur, ciudad de los caldeos, y le pusiste por nombre Abraham. [i] [8] Viste que era un hombre que confiaba en ti, e hiciste con él una alianza: que darías a sus descendientes el país de los cananeos, hititas, amorreos, ferezeos, jebuseos y gergeseos; [j] ¡y has cumplido tu palabra, porque tú siempre cumples! [9] Tú viste cómo sufrían nuestros antepasados en Egipto, [k] y escuchaste sus lamentos junto al Mar Rojo. [l] [10] Hiciste grandes prodigios y maravillas en contra del faraón, de todos sus siervos y de toda la gente de su país, [m] porque te diste cuenta de la insolencia con que ellos trataban a los israelitas. Y te ganaste así la gran fama que tienes hoy. [11] Partiste en dos el mar delante de ellos, y pasaron por en medio sobre terreno seco; pero hundiste a sus perseguidores hasta el fondo, como una piedra en aguas profundas. [n] [12] Luego los guiaste de día con una columna de nube, y de noche con una columna de fuego, para alumbrarles el camino que tenían que seguir. [ñ]

[13] "Después bajaste al monte Sinaí, y hablaste con ellos desde el cielo; les diste decretos justos, enseñanzas verdaderas, y leyes y mandamientos buenos. [14] Les enseñaste también a consagrarte el sábado, y les diste mandamientos, enseñanzas verdaderas, leyes y enseñanzas por medio de tu siervo Moisés. [o] [15] Les diste además pan del cielo para saciar su hambre [p] y agua de la roca para apagar su sed. [q] Luego les dijiste que entraran a ocupar el país que les habías prometido. [r]

[16] "Pero ellos y nuestros antepasados fueron orgullosos y testarudos, y no hicieron caso a tus mandamientos. [17] No quisieron obedecerte ni recordar las grandes cosas que hiciste en favor suyo. Fueron tan testarudos que nombraron a un jefe que los llevara de nuevo a su esclavitud en Egipto. [s] Pero tú eres un Dios perdonador, un Dios tierno y compasivo, paciente y todo amor, [t] y no los abandonaste. [18] Aun cuando se hicieron un becerro de metal fundido, y dijeron

---

[d] **8.13** *Los jefes de familia:* Cf. Dt 6.4-9.
[e] **8.14** La fiesta de las *Enramadas*, una de las más importantes para el pueblo judío (cf. Ex 23.14-19; 34.18-26; Dt 16.1-17), evoca la liberación de Israel de la esclavitud en Egipto y la marcha del pueblo por el desierto (Lv 23.34-44).
[f] **8.18** Cf. Dt 31.10-13.
[a] **9.1-37** Esta sección consta de dos partes: la primera (vv. 1-5) describe un acto de arrepentimiento; la segunda (vv. 6-37) presenta una oración de Esdras, que hace un resumen histórico de las relaciones entre Dios e Israel, poniendo de relieve la infidelidad del pueblo y la misericordia de Dios. La oración destaca asimismo la importancia del arrepentimiento para obtener una verdadera restauración nacional.
[b] **9.1** Las *ropas ásperas* y la *tierra sobre la cabeza* eran señales de arrepentimiento (1 Cr 21.16; Dn 9.3; Jon 3.5,8). Cf. también 1 S 4.12; 2 S 1.2; Job 2.12.
[c] **9.2** Véase Esd 9.1-15 n.; cf. Esd 10.11; Neh 13.1-3,23-28.
[d] **9.2** En esta confesión, como en la de Esd 9.6-15, se incluyen también los pecados de los antepasados. Un testimonio similar de solidaridad se encuentra en Neh 1.6; 9.16-31; cf. Sal 106.6.
[e] **9.5** *Su:* según una versión antigua; heb. *tu.*

[f] **9.6** *Y Esdras dijo:* según la versión griega (LXX). Esta frase no aparece en el texto hebreo.
[g] **9.6** Dt 6.4; 2 R 19.15; Is 37.16,20.
[h] **9.6** La oración de los vv. 6-37 incluye alusiones y citas de otros libros del AT. La representación de la historia del pueblo es similar a la de Sal 78; 105; 106; 135; 136. Cf. también 1 Cr 29.10-19; 2 Cr 20.6-12; Esd 9.6-15.
[i] **9.7** Gn 12.1; 17.7; véase *Índice temático*.
[j] **9.8** Gn 15.18-21.
[k] **9.9** Ex 3.7; 4.31; véase *Índice temático*.
[l] **9.9** Ex 14.10-12.
[m] **9.10** Ex 7—12; Dt 4.34; 7.19.
[n] **9.11** Ex 14.21-29; 15.4-5; Sal 78.13; Is 43.16; 63.12.
[ñ] **9.12** Ex 13.21-22.
[o] **9.13-14** Ex 19.18—23.33.
[p] **9.15** Ex 16.4-15; Sal 105.40.
[q] **9.15** Ex 17.1-7.
[r] **9.15** Dt 1.21.
[s] **9.17** Nm 14.1-4; Dt 1.26-33.
[t] **9.17** Ex 34.6; Sal 86.15; Jl 2.13.

que ese era el dios que los había sacado de Egipto, *u* y cometieron graves ofensas, **19** tú, por tu gran compasión, no los abandonaste en el desierto. La columna de nube no se apartó de ellos durante el día para guiarlos por el camino, ni la columna de fuego durante la noche para alumbrarles el camino que tenían que seguir. *v* **20** Además les diste de tu buen espíritu para instruirlos; jamás les faltó de la boca el maná que les enviabas, y les diste agua para calmar su sed. **21** Durante cuarenta años les diste de comer en el desierto, y nunca les faltó nada: ni se desgastaron sus ropas ni se les hincharon los pies. *w* **22** "Les entregaste reinos y naciones, y se los repartiste en parcelas, y ellos tomaron posesión de Hesbón, país del rey Sihón, y de Basán, país del rey Og. *x* **23** Hiciste que tuvieran tantos hijos como estrellas hay en el cielo, *y* y los llevaste a tomar posesión del país que habías prometido dar en propiedad a sus antepasados. *z* **24** Y ellos entraron y conquistaron la tierra de Canaán; humillaste ante ellos a los habitantes de esa tierra, y a sus reyes y a la gente de esa región los pusiste en sus manos para que hicieran con ellos lo que quisieran. *a* **25** También se apoderaron de ciudades fortificadas y de tierras fértiles, de casas llenas de lo mejor, de pozos, viñedos, olivares y muchos otros árboles frutales; comieron hasta quedar satisfechos, engordaron y disfrutaron de tu gran bondad. *b*

26 "Pero fueron desobedientes, se rebelaron contra ti y despreciaron tu ley. Mataron además a tus profetas, que los acusaban abiertamente y les decían que se volvieran a ti, y te ofendieron grandemente. *c* **27** Por eso los entregaste al poder de sus enemigos, que los oprimieron. Después, estando afligidos, te pidieron ayuda, y tú, por tu gran compasión, los escuchaste desde el cielo; les diste hombres que los libraran del poder de sus opresores.

28 "Sin embargo, en cuanto tenían un poco de paz, volvían a hacer lo malo en tu presencia; por eso los dejaste caer en poder de sus enemigos, los cuales los sometieron. Luego volvían a pedirte ayuda, y tú, lleno de compasión, los escuchabas desde el cielo, librándolos en muchas ocasiones. *d* **29** Les aconsejabas que volvieran a cumplir tus leyes; pero ellos se creían suficientes y no hacían caso de tus mandamientos; violaban tus decretos, que dan vida a quienes los practican; *e* fueron rebeldes y testarudos, y no hicieron caso. **30** Durante muchos años tuviste paciencia con ellos y les hiciste advertencias por medio de tu espíritu y de tus profetas; pero no hicieron caso, *f* y por eso los entregaste al dominio de las naciones de la tierra. *g* **31** Sin embargo, por tu gran compasión no los destruiste del todo ni los abandonaste; porque tú eres un Dios tierno y compasivo. *h*

32 "Por lo tanto, Dios nuestro, Dios grande, poderoso y terrible, que mantienes tu alianza y tu gran amor, no tengas en poco todas las calamidades que han ocurrido a nuestros reyes, jefes, sacerdotes y profetas, y a nuestros antepasados, y a todo el pueblo, desde el tiempo de los reyes de Asiria *i* hasta el presente. **33** No obstante, tú estás limpio de culpa en todo lo que nos ha sucedido; pues tú has actuado con fidelidad, en tanto que nosotros hemos hecho lo malo. *j* **34** Ni nuestros reyes, jefes y sacerdotes, ni nuestros antepasados, cumplieron tu ley ni hicieron caso de tus mandamientos y de las advertencias que les hiciste. *k* **35** Por el contrario, en su reino, y a pesar de los muchos bienes que les diste y del grande y fértil país que les entregaste, no te rindieron culto ni abandonaron sus malas acciones. *l*

36 "Míranos hoy, convertidos en esclavos precisamente en el país que diste a nuestros antepasados para que se alimentaran de sus productos y bienes. **37** Lo que se produce en abundancia es para los reyes que, por causa de nuestros pecados, ha puesto sobre nosotros. Nosotros y nuestros ganados estamos sujetos a sus caprichos. Por eso estamos tan afligidos."

Alianza del pueblo para cumplir la ley *m* **38** (10.1) *n* Por todo esto, nosotros nos comprometemos firmemente por escrito, y el documento sellado lo firman nuestros jefes, levitas y sacerdotes. *ñ*

10 **1** (2) Las siguientes personas firmamos el documento: *a* Yo, Nehemías *b* hijo de Hacalías, que era el gobernador; Sedequías, **2** (3) Seraías, Azarías, Jeremías, **3** (4) Pashur, Amarías, Malquías, **4** (5) Hatús, Sebanías, Maluc, **5** (6) Harim, Meremot, Abdías, **6** (7) Daniel, Guinetón, Baruc, **7** (8) Mesulam, Abías, Mijamín, **8** (9) Maazías, Bilgay y Semaías. Estos eran sacerdotes.

---

u 9.18 Ex 32.1-4.
v 9.19 Cf. v. 12.
w 9.20-21 Dt 8.4; 29.4-5.
x 9.22 Nm 21.21-35; Dt 2.26—3.4; Sal 135.11-12; 136.19-20.
y 9.23 Gn 15.5; 22.17.
z 9.23 Jos 3.14-17; 21.43-45.
a 9.24 Jos 11.23.
b 9.25 Dt 6.10-11.
c 9.26 1 R 14.9; 2 R 17.15.
d 9.25-28 Dt 32.15-43; Jue 2.11-16.
e 9.29 Lv 18.5.
f 9.30 2 R 17.13-18; 2 Cr 36.14-16; Zac 7.8-14.
g 9.30 Jue 6.1; 13.1; 2 R 13.3; Sal 106.41-42; Jer 20.4-5.
h 9.31 Cf. v. 17.
i 9.32 *Los reyes de Asiria:* Esta expresión puede aludir a algún soberano de aquel antiguo imperio (2 R 15.19,29; 17.3-6); puede ser también una forma velada de referirse a los reyes persas.
j 9.33 Esd 9.15; Sal 119.137.
k 9.34 2 R 17.15.

l 9.35 Cf. Dt 28.20.
m 9.38—10.27(10.1-28) Este cap. presenta un acto de renovación de la alianza o pacto del pueblo con Dios. El tema de la renovación de la alianza se relaciona, en el AT, con varias reformas religiosas (cf. 2 Cr 15; 23; 29; 34).
n 9.38 Los números entre paréntesis corresponden a la numeración del texto heb.
ñ 9.38(10.1) Las palabras hebreas traducidas por *nos comprometemos firmemente,* sugieren la idea de estabilidad y fidelidad, condiciones indispensables para el mantenimiento de la alianza.
a 10.1(2) *Las siguientes personas firmamos el documento:* lit. *sobre el documento sellado estaban* (cf. Jer 32.11). De la solemnidad del compromiso asumido deja constancia *el documento sellado* por *los jefes, levitas y sacerdotes del pueblo* (9.38[10.1]). El sello garantizaba su autenticidad. Muchos de los nombres que se incluyen aquí aparecen también en otras listas de los libros de Esdras y Nehemías (cf. Esd 2; Neh 3; 7).
b 10.1(2) Véase 8.9 n.

9 (10) Los levitas: Josué, hijo de Azanías, Binuy, descendiente de Henadad, y Cadmiel; **10 (11)** y sus hermanos, Sebanías, Hodías, Quelitá, Pelaías, Hanán, **11 (12)** Micaías, Rehob, Hasabías, **12 (13)** Zacur, Serebías, Sebanías, **13 (14)** Hodías, Baní y Beninu.

14 (15) Los jefes de la nación: Parós, Pahat-moab, Elam, Zatú, Baní, **15 (16)** Binuy, Azgad, Bebai, **16 (17)** Adonías, Bigvai, Adín, **17 (18)** Ater, Ezequías, Azur, **18 (19)** Hodías, Hasum, Besai, **19 (20)** Harif, Anatot, Nebai, **20 (21)** Magpías, Mesulam, Hezir, **21 (22)** Mesezabel, Sadoc, Jadúa, **22 (23)** Pelatías, Hanán, Anaías, **23 (24)** Oseas, Hananías, Hasub, **24 (25)** Halohés, Pilhá, Sobec, **25 (26)** Rehúm, Hasabná, Maaseías, **26 (27)** Ahías, Hanán, Anán, **27 (28)** Maluc, Harim y Baaná.

Otros compromisos del pueblo para con Dios [c] **28 (29)** En cuanto a los demás ciudadanos, es decir, los sacerdotes, levitas, porteros, cantores, sirvientes del templo, y todos los que se habían separado de la gente de la región para cumplir con la ley de Dios, junto con sus mujeres y todos sus hijos e hijas con uso de razón, [d] **29 (30)** se unieron a sus parientes y a sus jefes, y juraron [e] conducirse según la ley que Dios había dado por medio de su siervo Moisés, y cumplir fielmente todos los mandamientos y decretos y leyes de nuestro Señor. **30 (31)** Por lo tanto, no daríamos en casamiento nuestras hijas a las gentes del país, ni aceptaríamos que sus hijas se casaran con nuestros hijos. [f] **31 (32)** Y cuando la gente del país viniera en sábado [g] a vender sus productos y toda clase de granos, no les compraríamos nada, ni en sábado ni en cualquier otro día festivo; así mismo, en el séptimo año renunciaríamos a las cosechas [h] y perdonaríamos las deudas. [i]

32 (33) También decidimos imponernos la obligación de contribuir cada año con cuatro gramos de plata para cubrir los gastos del servicio del templo de nuestro Dios; [j] **33 (34)** para el pan de la Presencia, [k] las ofrendas diarias de cereales, los holocaustos diarios, los sacrificios de los sábados y de luna nueva, y de las otras fiestas religiosas; y para las ofrendas en general, los sacrificios para obtener el perdón por los pecados de Israel, y para todo el culto en el templo de nuestro Dios.

34 (35) Además, los sacerdotes, los levitas y todo el pueblo, según nuestras familias, echamos suertes [l] para llevar cada año al templo de nuestro Dios la provisión de leña en el tiempo señalado, para quemarla en el altar del Señor nuestro Dios, como está escrito en la ley. [m] **35 (36)** También acordamos llevar cada año al templo del Señor los primeros frutos de nuestros campos y de todos los árboles frutales, [n] **36 (37)** y llevar también al templo de nuestro Dios a nuestros primeros hijos y las primeras crías de nuestras vacas y de nuestras ovejas, como está escrito en la ley, [ñ] ante los sacerdotes que sirven en el templo. **37 (38)** También acordamos llevar a los almacenes [o] del templo de nuestro Dios, como contribución para los sacerdotes, nuestra primera harina y los primeros frutos de todo árbol, y nuestro primer vino y nuestro primer aceite, y llevar a los levitas la décima parte de nuestras cosechas, [p] ya que son ellos los que recogen la décima parte en todas nuestras fincas.

38 (39) Y cuando los levitas vayan a recoger la décima parte, los acompañará un sacerdote descendiente de Aarón. Luego los levitas deberán llevar a los almacenes del templo de nuestro Dios la décima parte de la décima parte que ellos recojan, [q] **39 (40)** pues los israelitas y los levitas llevan las contribuciones de trigo, vino y aceite a los almacenes donde están los utensilios sagrados y los sacerdotes en servicio, los porteros y los cantores. Y prometimos no abandonar el templo de nuestro Dios. [r]

III. CONTINUACIÓN DE LAS MEMORIAS DE NEHEMÍAS (11—13)

11
Los habitantes de Jerusalén [a] *(1 Cr 9.1-34)* **1** Las autoridades de la nación se establecieron en Jerusalén; y el resto del pueblo echó suertes [b] para que una de cada diez familias fuera a vivir a Jerusalén, la ciudad

---

[c] **10.28-39(29-40)** Esta sección incluye el contenido del documento firmado por los jefes del pueblo (véase 9.38—10.27 [10.1-28] n.; 9.38[10.1] n.; 10.1[2] nota a), que formaba parte de la ceremonia de renovación de la alianza.

[d] **10.28(29)** *Los que se habían separado:* descendientes de israelitas que habían permanecido en Palestina durante el exilio y ahora se incorporaban al grupo que renovaba su fidelidad a la alianza (cf. Esd 6.21).

[e] **10.29(30)** *Y juraron:* lit. *para entrar en una maldición y juramento,* expresión que en otras versiones se traduce por *juraron solemnemente* o *bajo imprecación y juramento.* Todas las alianzas que se hacían en el antiguo Oriente contenían fórmulas de bendición para los que se mantenían fieles a lo estipulado (cf. Dt 28.1-14), y de maldición para los que rompían el acuerdo (cf. Dt 28.15-68).

[f] **10.30(31)** Sobre el tema de los matrimonios mixtos durante la época postexílica, cf. Esd 9.1-2; Neh 13.23-29; Mal 2.10-16; cf. también 2 Co 6.14—7.1. Es importante notar que la ley de Moisés (Neh 10.29[30]) no incluía recomendaciones específicas acerca de los que ya estaban casados con extranjeras (cf. Ex 34.16; Dt 7.3).

[g] **10.31(32)** Ex 20.8; Neh 13.15-22.

[h] **10.31(32)** Ex 23.10-11; Lv 25.1-7.

[i] **10.31(32)** Dt 15.1-2.

[j] **10.32(33)** *Servicio del templo de nuestro Dios:* El pueblo debía proveer los recursos necesarios para el buen funcionamiento del culto en el templo de Jerusalén. Según Ex 30.11-16, el impuesto era de cinco *je* de plata, que se recaudaba al hacerse un censo (cf. 2 Cr 24.6-9). Aquí es de solo *cuatro gramos de plata,* pero debía ser pagado *cada año.* En tiempos de Jesús, el impuesto era de dos dracmas anuales (véase Mt 17.24 n.).

[k] **10.33(34)** Ex 25.30; Lv 24.5-8.

[l] **10.34(35)** *Echamos suertes:* Esta práctica era frecuente en la antigüedad para identificar a los responsables de algún delito o para conocer la voluntad de Dios (cf. 1 S 10.19-27; Jon 1.7; Hch 1.23-26).

[m] **10.34(35)** Lv 6.12; Neh 13.31.

[n] **10.35(36)** Ex 23.19; 34.26; Dt 26.2.

[ñ] **10.36(37)** Ex 13.2,11-15.

[o] **10.37(38)** Esd 8.29; Neh 13.13.

[p] **10.37(38)** Lv 27.30; Nm 18.21.

[q] **10.38(39)** Nm 18.26.

[r] **10.39(40)** *No abandonar el templo de nuestro Dios:* Una recomendación semejante se encuentra también en los escritos de varios profetas postexílicos; cf. Hag 1.9; Zac 8.9; Mal 3.10.

[a] **11.1-24** La sección final del libro (11—13) continúa la narración de 7.4 (véase 7.1 n.; 7.73—8.12 n.). Además de la referencia a que fue repoblada la ciudad de Jerusalén (11.1-24), se destaca la importancia de los sacerdotes, de los levitas, del culto y de la observancia del sábado en las reformas llevadas a cabo por Nehemías.

[b] **11.1** Véase 10.34 nota *l*.

santa,[c] mientras que las otras nueve se quedarían en las demás poblaciones. **2** Luego el pueblo bendijo a todos los que voluntariamente se ofrecieron a vivir en Jerusalén.

3 A continuación[d] figuran los jefes principales de los repatriados que establecieron su residencia en Jerusalén.[e] En las ciudades de Judá se establecieron los israelitas, los sacerdotes, los levitas, los sirvientes del templo y los descendientes de los sirvientes de Salomón, cada uno en su respectiva población y propiedad.

4 Algunos de Judá y Benjamín que se establecieron en Jerusalén fueron, por parte de Judá: Ataías, que era hijo de Ozías, que era hijo de Zacarías, que era hijo de Amarías, que era hijo de Sefatías, que era hijo de Mahalalel, descendiente de Fares; **5** y Maaseías, que era hijo de Baruc, que era hijo de Colhozé, que era hijo de Hazaías, que era hijo de Adías, que era hijo de Joiarib, que era hijo de Zacarías, que era hijo de Siloní. **6** El total de los descendientes de Fares que se quedaron a vivir en Jerusalén fue de cuatrocientos sesenta y ocho, todos ellos hombres de guerra.

7 Por parte de Benjamín: Salú, que era hijo de Mesulam, que era hijo de Joed, que era hijo de Pedaías, que era hijo de Colaías, que era hijo de Maaseías, que era hijo de Itiel, que era hijo de Isaías; **8** y sus hermanos[f] Gabai y Salai. En total: novecientos veintiocho. **9** Su jefe era Joel, hijo de Zicrí; y Judá, hijo de Senuá, que era el segundo jefe de la ciudad.

10 De los sacerdotes: Jedaías, hijo de Joiarib, Jaquín, **11** y Seraías, hijo de Hilquías, que era hijo de Mesulam, que era hijo de Sadoc, que era hijo de Meraiot, que era hijo de Ahitub, el jefe principal del templo de Dios. **12** También sus compañeros, que trabajaban en el servicio del templo y eran ochocientos veintidós; y Adaías, que era hijo de Jeroham, que era hijo de Pelalías, que era hijo de Amsí, que era hijo de Zacarías, que era hijo de Pashur, que era hijo de Malquías. **13** Sus parientes, jefes de familia, sumaban doscientos cuarenta y dos; y Amasai, que era hijo de Azarel, que era hijo de Ahzai, que era hijo de Mesilemot, que era hijo de Imer. **14** Sus parientes, que eran hombres de guerra, sumaban ciento veintiocho personas, y su jefe era Zabdiel, hijo de Guedolim.[g]

15 De los levitas: Semaías, que era hijo de Hasub, que era hijo de Azricam, que era hijo de Hasabías, que era hijo de Binuy; **16** Sabtai y Jozabad, que eran de los jefes de los levitas, estaban encargados de las obras fuera del templo de Dios;[h] **17** Matanías, que era hijo de Micaías, que era hijo de Zabdí, que era hijo de Asaf, era el director del coro que cantaba la alabanza y la acción de gracias a la hora de la oración; Bacbuquías, que era el segundo de la familia, y Abdá, que era hijo de Samúa, que era hijo de Galal, que era hijo de Jedutún. **18** El total de levitas que quedaron en la ciudad santa fue de doscientos ochenta y cuatro.

19 De los porteros:[i] Acub, Talmón y sus parientes, que vigilaban las puertas ciento setenta y dos.

20 Los demás israelitas en general, y el resto de los sacerdotes y levitas, se instalaron en las otras poblaciones de Judá, cada uno en su propiedad; **21** aunque los sirvientes del templo,[j] cuyos dirigentes eran Sihá y Guispá, se instalaron en Ofel.[k]

22 El jefe de los levitas de Jerusalén era Uzí, que era hijo de Baní, que era hijo de Hasabías, que era hijo de Matanías, que era hijo de Micaías, de los descendientes de Asaf, los cuales dirigían los cantos en el servicio del templo de Dios, **23** pues el rey[l] había dado órdenes acerca de los deberes diarios de los cantores.

24 El representante ante el rey para cualquier asunto civil, era Petahías,[m] hijo de Mesezabel, que era descendiente de Zérah, hijo de Judá.

Lugares habitados además de Jerusalén **25** Algunos de la tribu de Judá se instalaron[n] en Quiriat-arbá,[ñ] Dibón, Jecabseel, **26** Josué, Moladá, Bet-pélet, **27** Hasar-sual, Beersebá, **28** Siclag, Meconá, **29** En-rimón, Sorá, Jarmut, **30** Zanóah, Adulam, Laquis y Azecá, con sus aldeas y campos respectivos. Se establecieron desde Beerseba hasta el valle de Hinom.[o] **31** Y los de la tribu de Benjamín se instalaron en Gueba, Micmás, Aías, Betel y sus aldeas; **32** también en Anatot, Nob, Ananías, **33** Hasor, Ramá, Guitaim, **34** Hadid, Seboím, Nebalat, **35** Lod, Onó, y en el valle de los Artesanos.[p] **36** Además, a algunos de los levitas se les dieron terrenos en Judá y Benjamín.

---

[c] **11.1** *La ciudad santa:* Cf. Is 48.2; 52.1; Dn 9.24; Jl 3.17.

[d] **11.3** La lista *de los repatriados que establecieron su residencia en Israel* es similar a la que se incluye en 1 Cr 9.1-34. Es probable que ambas nóminas hayan sido tomadas de un documento legal guardado en los archivos del Templo.

[e] **11.3** Los judíos que se establecieron en *Jerusalén* pertenecían a las tribus de Judá y de Benjamín. Los de Judá estaban representados por dos familias: la *de Fares* (v. 4), hijo de Judá (Gn 38.29; Nm 26.20), y la *de Siloní* (v. 5). Los silonitas eran, a su vez, descendientes de Selá, que también era hijo de Judá (Gn 38.5; Nm 26.20; 1 Cr 9.5). De los benjaminitas solo se identifica a la familia *de Salú* (v. 7).

[f] **11.8** *Y sus hermanos:* según la versión griega (LXX); heb. *y después de él.*

[g] **11.14** *Hijo de Guedolim:* otra posible traducción: *de una familia importante.*

[h] **11.16** *Las obras* realizadas *fuera del templo* debían ser la recolección y almacenamiento de provisiones, la colecta de los diezmos e impuestos y la supervisión de las instalaciones exteriores al edificio del Templo (cf. Esd 8.33; 10.15; Neh 8.7).

[i] **11.19** Los deberes de *los porteros* se exponen más detalladamente en 1 Cr 9.17-27.

[j] **11.21** *Sirvientes del templo:* cf. 1 Cr 9.2; Esd 2.43-54; Neh 7.46-56.

[k] **11.21** *Ofel* era la colina ubicada en la parte sur del Templo.

[l] **11.23** *El rey:* podría tratarse de David (cf. 1 Cr 25; Neh 12.24), o bien del soberano persa, que había manifestado interés por el buen funcionamiento del culto en el templo de Jerusalén (cf. Esd 7.21-24).

[m] **11.24** *Petahías* era un judío noble que representaba al imperio persa en Jerusalén y a los judíos *ante el rey.*

[n] **11.25** La lista de las ciudades de los vv. 25-36 muestra que los judíos se instalaron en varias comunidades al norte y al oeste de Jerusalén (véase Neh 11.3 nota e) y en el sur de Judá, hasta el desierto del Néguev.

[ñ] **11.25** *Quiriat-arbá:* es decir, Hebrón (Jos 14.15; véase *Índice de mapas*). El texto hebreo añade *y sus hijos,* para referirse a sus aldeas o municipios.

[o] **11.30** *El valle de Hinom* marcaba los límites sur y sudoeste de la ciudad de Jerusalén (véase *Índice de mapas*). Véase Jer 2.23 nota b.

[p] **11.35** *Lod* y *Onó* eran ciudades cercanas al puerto de Jope, al noroeste de Jerusalén, donde llegaban los cargamentos de madera del Líbano (Esd 3.7).

NEHEMÍAS 12

12 *Sacerdotes y levitas*[a] **1** Estos son los sacerdotes y levitas que regresaron con Zorobabel, hijo de Salatiel, y con Josué:

Los sacerdotes: Seraías, Jeremías, Esdras,[b] **2** Amarías, Maluc, Hatús, **3** Secanías, Rehúm, Meremot, **4** Idó, Guinetón, Abías, **5** Mijamín, Maadías, Bilgá, **6** Semaías, Joiarib, Jedaías, **7** Salú, Amoc, Hilquías y Jedaías. Estos eran los jefes de los sacerdotes y sus parientes en tiempos de Josué.

8 Los levitas: Josué, Binuy, Cadmiel,[c] Serebías, Judá y Matanías, quien, con sus colegas, estaba encargado de los himnos de alabanza; **9** y Bacbuquías y Uní, también colegas suyos, estaban frente a ellos para el desempeño de sus funciones.

10 Josué fue padre de Joaquim, Joaquim lo fue de Eliasib, Eliasib lo fue de Joiadá, **11** Joiadá lo fue de Johanán[d], y Johanán lo fue de Jadúa.[e]

12 En tiempos de Joaquim, los sacerdotes jefes de familia eran: de la familia de Seraías, Meraías; de la de Jeremías, Hananías; **13** de la de Esdras, Mesulam; de la de Amarías, Johanán; **14** de la de Melicú, Jonatán; de la de Sebanías, José; **15** de la de Harim, Adná; de la de Meraiot, Helcai; **16** de la de Idó, Zacarías; de la de Guinetón, Mesulam; **17** de la de Abías, Zicrí; de la de Miniamín,...;[f] de la de Moadías, Piltai; **18** de la de Bilgá, Samúa; de la de Semaías, Jonatán; **19** de la de Joiarib, Matenai; de la de Jedaías, Uzí; **20** de la de Salai, Calai; de la de Amoc, Éber; **21** de la de Hilquías, Hasabías; y de la familia de Jedaías, Natanael.

22 En la época de Eliasib, Joiadá, Johanán y Jadúa, y hasta el reinado de Darío el persa,[g] los levitas fueron inscritos como jefes de familia, y también los sacerdotes. **23** Por su parte, los levitas jefes de familia fueron inscritos en el libro de las crónicas hasta la época de Johanán, nieto de Eliasib.

24 Los jefes de los levitas eran: Hasabías, Serebías, Josué, Binuy y[h] Cadmiel, y sus compañeros estaban frente a ellos para alabar y dar gracias al Señor durante su respectivo turno[i] de servicio, como lo había mandado David, hombre de Dios. **25** Y los porteros que cuidaban las puertas de entrada eran: Matanías, Bacbuquías, Abdías, Mesulam, Talmón y Acub. **26** Estos vivieron en tiempos de Joaquim, hijo de Josué y nieto de Josadac; y en la época del gobernador Nehemías y del sacerdote y maestro Esdras.

Consagración de la muralla[j] **27** Cuando llegó el día de consagrar la muralla de Jerusalén, buscaron a los levitas en todos los lugares donde vivían, y los llevaron a Jerusalén para que celebraran la consagración con alegría, alabanzas e himnos, acompañados de platillos, arpas y liras. **28** Y los cantores levitas[k] acudieron de los alrededores de Jerusalén, de las aldeas de Netofá, **29** del caserío de Guilgal y de los campos de Gueba y de Azmávet; pues los cantores se habían construido aldeas alrededor de Jerusalén. **30** Entonces se purificaron los sacerdotes y los levitas. Luego purificaron al pueblo y las puertas de la ciudad y la muralla.[l]

31 Después hice que autoridades de Judá se subieran a la muralla, y organicé dos coros grandes. El primer coro marchaba sobre la muralla hacia la derecha, en dirección a la puerta del Basurero.[m] **32** Detrás del coro iba Hosaías con la mitad de las autoridades de Judá, es decir, **33** con Azarías, Esdras, Mesulam, **34** Judá, Benjamín, Semaías y Jeremías. **35** De los sacerdotes, los acompañaban con trompetas: Zacarías, hijo de Jonatán, cuyos antepasados eran Semaías, Matanías, Micaías, Zacur y Asaf; **36** además de sus parientes Semaías, Azarel, Milalai, Guilalai, Maai, Natanael, Judá y Hananí, los cuales tocaban los instrumentos de música de David, hombre de Dios. Al frente de ellos iba el maestro Esdras.[n] **37** Y sobre la puerta de la Fuente, y siguiendo adelante sobre lo alto de la muralla, subieron por sobre las

---

[a] **12.1-26** Aquí se presentan varias listas de sacerdotes, sumos sacerdotes y levitas que sirvieron a la comunidad judía durante el periodo postexílico. Muchos de estos nombres aparecen también en otras listas incluidas en los libros de Esdras y Nehemías (cf. Esd 2; Neh 7; 10).

[b] **12.1** *Esdras:* posiblemente era también conocido por Azarías (cf. Neh 10.2).

[c] **12.8** Esd 2.40.

[d] **12.11** *Johanán:* texto probable (cf. v. 23); heb. *Jonatán.*

[e] **12.10-11** Los seis sumos sacerdotes aquí mencionados sirvieron en Jerusalén desde la época de Zorobabel (c. 538-522 a.C.) hasta una fecha más o menos cercana al año 400 a.C. *Josué* regresó de los deportados en el 538 a.C. (Esd 2.2; Neh 7.6-7); *Eliasib* era el sumo sacerdote cuando Nehemías llegó a Jerusalén en el 445 a.C. (Neh 3.1,20-21); *Johanán* ejerció sus funciones hacia el año 410 a.C. (cf. vv. 22- 23).

[f] **12.17** *Minjamín:* El nombre del jefe correspondiente no se encuentra en el texto hebreo.

[g] **12.22** *Darío el persa:* Posiblemente se trata de Darío I, que reinó en Persia entre los años 522 y 486 a.C. (cf. Esd 4.5; 5.6—6.12). Darío II reinó del 423 al 404 a.C. y Darío III desde el 336 hasta el 331 a.C.

[h] **12.24** *Binuy y:* según el v. 8; heb. *hijo de.* En heb. ambas expresiones son similares.

[i] **12.24** Expresiones como *frente a ellos* y *durante su respectivo turno* parecen indicar que los cánticos se hacían en coros alternados (vv. 31,40). Cf. 1 Cr 16.4; 23.30; 2 Cr 29.25.

[j] **12.27-43** En estos vv. se presenta el acto de dedicación de la muralla de Jerusalén. Parte de la narración está en primera persona (vv. 31,38,40) y se relaciona con las memorias de Nehemías (véase 1.1-11 n.). El relato destaca la importancia de los levitas (vv. 27-30; cf. 2 Cr 29.25-27; Esd 3.10; 6.16), la consagración y purificación de todo el pueblo (vv. 27,30,43) y la organización de los participantes en dos grupos, cada uno con su respectivo coro (vv. 31,38).

[k] **12.28** *Los cantores levitas:* texto probable; heb. *los hijos de los cantores.*

[l] **12.30** La purificación incluía la abstención de relaciones sexuales, el lavado de la ropa, un baño ritual y una ofrenda (cf. Gn 35.2-4; Ex 19.10,14-15; Nm 8.5-7,21-26; 19.12-19; 2 Cr 29.15; 35.6; Esd 6.20; Neh 13.22; Ez 36.25). *Las puertas* y *la muralla* debían ser purificadas para evitar una posible contaminación de los que trabajaban en la obra de restauración.

[m] **12.31** La dedicación de los muros comenzó en *la puerta del Basurero* (cf. 2.13). Los participantes se organizaron en dos procesiones que caminaron sobre los muros *hacia la izquierda* (el norte) y *hacia la derecha* (el sur) de la ciudad. El orden de cada grupo era semejante: un coro (vv. 31 y 38), un laico prominente (vv. 32 y 38, 40), la mitad de las autoridades (vv. 32 y 40), varios sacerdotes con trompetas (vv. 35-36 y 41-42) y un director musical (vv. 36 y 42b). La narración destaca el carácter litúrgico de este gran acontecimiento. Cf. 1 Cr 13.8; 15.16,28; 16.5; 25.1,6; 2 Cr 5.12; 29.25.

[n] **12.36** Según este v., *Esdras* participó, junto con Nehemías, en la dedicación del muro de Jerusalén, pero esta inclusión plantea graves problemas de cronología. Por eso algunos han sugerido que el nombre de *Esdras* fue añadido (también en el v. 33), para hacer resaltar la figura de los dos grandes reformadores. Véase Neh 8.9 n.

escaleras de la Ciudad de David, arriba del palacio de David y hasta la puerta del Agua, que está al este.

38 El segundo coro marchaba hacia la izquierda. Yo iba detrás del coro sobre la muralla con la otra mitad de la gente, desde la torre de los Hornos hasta la muralla ancha, **39** pasando por la puerta de Efraín, la puerta de Jesaná, la puerta de los Pescados, la torre de Hananel y la torre de los Cien, hasta la puerta de las Ovejas; y nos detuvimos en la puerta de la Guardia. **40** Luego los dos coros ocuparon sus puestos en el templo de Dios; y yo también, con la mitad de los gobernantes que me acompañaban.

41 Los sacerdotes que tocaban las trompetas eran: Eliaquim, Maaseías, Miniamín, Micaías, Elioenai, Zacarías, Hananías, **42** Maaseías, Semaías, Eleazar, Uzí, Johanán, Malquías, Elam y Éser. Y los cantores, dirigidos por Izrahías, cantaron a coro.

43 Aquel día se ofrecieron muchos sacrificios, *ñ* y la gente se alegró mucho porque Dios los llenó de gran alegría. Las mujeres y los niños también estuvieron muy contentos, y el regocijo que hubo en Jerusalén se oía desde lejos.

Víveres para sacerdotes y levitas **44** Por aquel tiempo se nombraron personas encargadas de los depósitos de los tesoros, de las ofrendas, de los primeros frutos y de los diezmos, para almacenar en ellos lo que conforme a la ley llegaba de los campos de cada ciudad para los sacerdotes y levitas; porque los de Judá estaban contentos con los sacerdotes y levitas que estaban en servicio. **45** Tanto ellos como los cantores *o* y los porteros, *p* eran quienes celebraban el culto a su Dios y el rito de la purificación, tal como lo habían dispuesto David y su hijo Salomón. **46** Pues antiguamente, en tiempos de David y de Asaf, había jefes de cantores, cantos de alabanza y acción de gracias a Dios. **47** Así que, en la época de Zorobabel y de Nehemías, todo Israel entregaba diariamente los víveres a los cantores y porteros; daba también a los levitas la parte que les correspondía, y estos hacían lo mismo con los descendientes de Aarón. *q*

13 *Reformas de Nehemías* **1** Por aquel tiempo se leyó públicamente el libro de Moisés, y en él se halló escrito que los amonitas y moabitas no debían jamás pertenecer al pueblo de Dios. *a* **2** (Porque ellos no salieron a recibir a los israelitas con comida y bebida, sino que le pagaron a Balaam para que pronunciara maldiciones contra ellos, aunque nuestro Dios convirtió la maldición en bendición.) **3** Así que, en cuanto oyeron lo que decía la ley, separaron de Israel a todos los que ya se habían mezclado con extranjeros.

4 Antes de esto, *b* el sacerdote Eliasib estaba a cargo de los almacenes del templo de nuestro Dios. Como Eliasib era pariente de Tobías, *c* **5** había facilitado a este un cuarto grande en el que antes se guardaban las ofrendas, el incienso, los utensilios y el diezmo del trigo, del vino y del aceite que se ordenaba dar a los levitas, cantores y porteros, además de las contribuciones para los sacerdotes. **6** Cuando todo esto ocurrió, yo no estaba en Jerusalén, *d* porque en el año treinta y dos del reinado de Artajerjes, rey de Babilonia, *e* volví a la corte; aunque al cabo de algún tiempo pedí permiso al rey **7** y regresé a Jerusalén. *f* Fue entonces cuando comprobé el mal que había hecho Eliasib por complacer a Tobías, proporcionándole una sala en el atrio del templo de Dios. **8** Aquello me disgustó mucho, *g* y eché fuera de la sala todos los muebles de la casa de Tobías. **9** Luego ordené que la purificaran y que volvieran a colocar en su sitio los utensilios del templo de Dios, las ofrendas y el incienso.

10 También supe que no se habían entregado a los levitas sus provisiones, *h* y que los levitas y cantores encargados del culto habían huido, cada uno a su tierra. **11** Entonces reprendí a las autoridades por el abandono en que tenían el templo de Dios. Después reuní a los sacerdotes y levitas, y los instalé en sus puestos, **12** y todo Judá trajo a los almacenes el diezmo *i* del trigo, del vino y del aceite. **13** Luego puse a cargo de los almacenes al sacerdote Selemías, al secretario Sadoc y a un levita llamado Pedaías; puse también como ayudante suyo a Hanán, hijo de Zacur y nieto de Matanías, porque eran dignos de confianza. Ellos se encargarían de hacer el reparto a sus compañeros. **14** ¡Dios mío: tómame en cuenta esto que he hecho; y no olvides todo lo bueno *j* que he hecho por el templo de mi Dios y por su culto! *k*

15 En aquellos días vi que en Judá había quienes en sábado *l* pisaban uvas para hacer vino, acarreaban manojos de trigo, cargaban los asnos con vino y racimos de uvas,

---

ñ **12.43** Esd 6.17.
o **12.45** 1 Cr 25.1-8; Esd 2.41.
p **12.45** 1 Cr 26.12; Esd 2.42.
q **12.47** *Los descendientes de Aarón:* esto es, los sacerdotes.
a **13.1** Esta prohibición se encuentra en Dt 23.3-5(4-6) y alude al incidente descrito en Nm 22—24 (cf. Nm 22.1-6). Según parece, ya al principio se prohibía la participación de *los amonitas y moabitas* en el culto del templo; pero más tarde, debido a la situación de la comunidad judía postexílica (cf. Neh 4.6-10), esta prohibición fue aplicada con mucho más rigor y se extendió a todos los extranjeros.
b **13.4** *Antes de esto:* Se alude al tiempo que Nehemías pasó en Persia, luego de finalizar su primer mandato como gobernador de Jerusalén (véase 13.6 n.).
c **13.4** *Tobías:* Véase Neh 2.10 n.; cf. 6.18.
d **13.6** Nehemías finalizó su misión como gobernador de Jerusalén en *el año treinta y dos* de *Artajerjes* (véase Esd 7.1 n.), es decir, en el 433 a.C. Posteriormente regresó a Persia y, después de algún tiempo, solicitó permiso para regresar nuevamente a Jerusalén, a fin de continuar con las reformas que se describen en los vv. 4-31.
e **13.6** *Rey de Babilonia:* Algunos reyes de Persia adoptaron también este título.
f **13.7** La narración no indica el tiempo que Nehemías estuvo ausente de *Jerusalén*. Durante ese periodo se produjeron cambios importantes en la vida interna de la ciudad (cf. v. 5).
g **13.8** La reacción de Nehemías, al comprobar que Eliasib había permitido a Tobías instalarse en el templo (v. 5), fue de rechazo y disgusto. La *sala* que ocupaba Tobías era necesaria para el culto. Su presencia en el templo fue interpretada por Nehemías como un acto de profanación.
h **13.10** Dt 12.19; Neh 10.39.
i **13.12** Lv 27.30; Nm 18.21; Mal 3.8-10.
j **13.14** La palabra hebrea traducida aquí como *lo bueno* incluye las ideas de misericordia, piedad, amor y compromiso. También en relaciona con acciones motivadas por la lealtad y la fidelidad.
k **13.14** Cf. 5.19; 13.22,29,31.
l **13.15** En los vv. 15-22 se destaca la importancia que se dio a la observancia del *sábado* durante la época postexílica. Cf. Ex 20.8-10; Is 56.2,4,6; 58.13; Jer 17.17; Ez 20.12-14.

LOS PERSAS

Los persas eran un pueblo nómada que emigró de la parte sur de Rusia a Irán cerca del año 1000 a.C. Se establecieron al este del Golfo Pérsico en un área llamada Farsistán. El primer rey persa del que tenemos noticia es Ciro I, quien reinó a mediados del s. VII a.C.

Ciro el Grande

Los persas entran dramáticamente en la historia bíblica cuando el nieto de Ciro I, Ciro II el Grande, entra triunfante en Babilonia.

En el año 550 a.C. Ciro se apoderó de Ecbatana, la capital de los medos. Conquistó la actual Turquía y movió sus ejércitos hacia el este, entrando hasta el noroeste de la India. Diez años más tarde estaría listo para retar el poderío del imperio neobabilónico (véase la tabla *Los babilonios*).

La caída de Babilonia

El "Cilindro de Ciro", enterrado en las bases de un edificio en Babilonia, contiene el relato, contado por el rey, de cómo capturó la ciudad. La tomó, sin que presentaran batalla, en el año 539 a.C. El curso del río Éufrates había cambiado, lo que permitió a los invasores entrar a la ciudad por el cauce seco del río. No hubo destrucción (Dn 5). De hecho, Ciro restauró los templos y edificios principales.

Cambio de política administrativa

Los asirios y babilonios habían deportado a los pueblos conquistados. Ciro revirtió el proceso: Reunió a los prisioneros de guerra y los devolvió a sus países, junto con las imágenes de los dioses nacionales que se habían llevado a Babilonia. Así, en el año 538 a.C. se les permitió a los judíos regresar a Israel. Llevaron consigo los tesoros del templo de Jerusalén, el cual debían reconstruir.

El imperio persa

El imperio persa bajo Ciro y los reyes que lo sucedieron constituye el trasfondo histórico de los libros de *Esdras, Nehemías, Ester* y parte del de *Daniel*.

Los reyes persas ampliaron las fronteras de su imperio. Sus tierras al este se extendían hasta la India; Turquía y Egipto les pertenecían. El rey Darío I (522-486 a.C.) quien construyó la espléndida nueva capital en Persépolis, conquistó Macedonia, al norte de Grecia, en el 513 a.C. Después de la derrota de Maratón (490 a.C.), el nuevo rey, Jerjes I (486-465), conquistó las tierras hacia el sur hasta llegar a Atenas, antes de caer derrotado en la batalla marítima de Salamina.

A pesar de los ataques de Egipto y Grecia, el poderío persa se mantuvo por 200 años. En el año 333 a.C. Alejandro Magno cruzó el Helesponto y en pocos años convirtió a Grecia en el imperio dominante.

Gobierno ilustrado

El ejército babilónico se movió hacia el sur, y el rey Joaquim de Judá consideró sabio declararse vasallo de Nabucodonosor. Unos años después cambió de opinión y decidió rebelarse. En el año en que murió Joaquim, los ejércitos babilónicos marcharon contra Jerusalén y la sitiaron. El nuevo rey (Joaquín) se rindió y fue llevado cautivo, junto con mucha gente de Judá, a Babilonia (2 R 23.36—24.17). Un texto cuneiforme indica las raciones que se les asignaron a él y a su familia en prisión. El sitio, con su fecha (15/16 de marzo del 597 a.C.) están anotados en el registro oficial, la Crónica babilónica: "El rey de Acad reunió sus tropas, marchó a la tierra de Hati y acampó contra la ciudad de Judá y... tomó la ciudad y capturó a su rey."

Diez años más tarde el rey Sedequías de Judá se rebeló contra Babilonia. Esta vez, los babilonios destruyeron Jerusalén y el templo, y deportaron a la mayoría de la población a Babilonia (2 R 24.18—25.21).

Persia pudo controlar territorios extensos gracias a la sabia administración de su gobierno. Ciro el Grande dividió el imperio en provincias (o satrapías), y cada una tenía su propio gobernante (o sátrapa). Estos eran nobles persas o medos, pero bajo ellos había nacionales que mantenían cierta cuota de poder. Se permitía y alentaba a los pueblos a seguir con sus costumbres y a adorar a sus dioses, lo cual contribuía a mantenerlos contentos. Darío I (cf. Esd 6) mejoró el sistema gubernamental. También introdujo el uso de la moneda y un sistema legal. El sistema postal que estableció fue vital para la comunicación a lo largo del imperio.

Otro factor unificador fue el uso del arameo como lengua diplomática del imperio. El arameo se hablaba aún en la lejana Judá desde los tiempos del imperio asirio: "Háblenos usted en arameo", dijeron los oficiales de Ezequías a los mensajeros asirios, "pues nosotros lo entendemos" (2 R 18.26).

Arte y cultura

El imperio creó mucha riqueza, y aumentó el número de artesanos. El libro de *Ester* nos permite entrever la lujosa vida palaciega en Persia. Las ruinas de Persépolis y Pasargade muestran la magnificencia de las capitales persas. Los platos dorados y las joyas del famoso Tesoro de Oxus revelan la habilidad de los artesanos del imperio y la belleza de los productos de lujo.

higos y toda clase de carga, y que también en sábado lo llevaban a Jerusalén. Entonces los reprendí por vender sus mercancías en ese día. **16** Además, algunos de la ciudad de Tiro *m* que vivían allí, llevaban pescado y toda clase de mercancías, y se lo vendían en sábado a los judíos de Jerusalén. **17** Entonces reprendí a los jefes de Judá, diciéndoles:

—¿Qué maldad están cometiendo, al profanar el sábado? **18** Esto es precisamente lo que hicieron sus antepasados, y por eso nuestro Dios trajo tantas desgracias sobre nosotros y sobre esta ciudad. ¿Acaso quieren irritar más aún a Dios contra Israel por profanar el sábado? *ñ*

19 Entonces ordené que tan pronto como las sombras de la tarde anunciaran el comienzo del sábado, se cerraran las puertas de Jerusalén y no fueran abiertas hasta pasado el día. Puse además en las puertas a algunos de mis sirvientes para que en sábado no entrara ningún cargamento. *ñ* **20** Los negociantes y vendedores de mercancías se quedaron varias veces a pasar la noche fuera de Jerusalén, **21** pero yo discutí con ellos y los reprendí por quedarse a pasar la noche delante de la muralla, y les dije que si volvían a hacerlo los haría arrestar. Desde entonces no volvieron a presentarse en sábado. **22** Después ordené a los levitas que se purificaran y que fueran a vigilar las puertas, para que el sábado no fuera profanado. ¡Dios mío: acuérdate de mí también por esto, y ten compasión de mí conforme a tu bondad!

23 Vi también en aquellos días que algunos judíos se habían casado con mujeres de Asdod, Amón y Moab; *o* **24** y la mitad de sus hijos hablaban la lengua de Asdod y de otras naciones, pero no sabían hablar la lengua de los judíos. *p* **25** Discutí con ellos y los maldije. *q* A algunos de ellos los golpeé y les arranqué el pelo, y los obligué a jurar por Dios que no permitirían más que sus hijas e hijos se casaran con extranjeros, ni aceptarían como esposas para sus hijos o para ellos mismos a las mujeres de ellos. *r* Les dije además: **26** "¡Este fue el pecado de Salomón, rey de Israel! Y a pesar de que entre las muchas naciones no hubo un rey como él, y de que Dios lo amó *s* y lo puso como rey de todo Israel, las mujeres extranjeras lo hicieron pecar. *t* **27** Por lo tanto, no se tolerará que ustedes pequen tan gravemente contra nuestro Dios, casándose con mujeres extranjeras."

28 A uno de los hijos de Joiadá, el hijo del sumo sacerdote Eliasib, que era además yerno de Sambalat *u* el horonita, lo hice huir de mi presencia. **29** ¡Dios mío: acuérdate de los que han manchado el sacerdocio y la alianza sacerdotal y levítica! *v*

30 Así que los limpié de todo lo que era extranjero y organicé los turnos de sacerdotes y levitas, cada cual en su obligación; *w* **31** la provisión de leña en las fechas señaladas y la entrega de los primeros frutos. ¡Dios mío: acuérdate de favorecerme!

---

m **13.16** *La ciudad* fenicia *de Tiro* estaba situada en la costa del Mediterráneo, al norte de Palestina (véase *Índice de mapas*). Sus ciudadanos eran famosos por sus actividades comerciales. Cf. Ez 27.12-36; 28.12-24.

n **13.18** Cf. Jer 17.21-27; Ez 20.12-24.

ñ **13.19** El *sábado* comenzaba al atardecer y finalizaba al oscurecer del día siguiente, ya que los días se contaban a partir de la puesta del sol.

o **13.23** Cf. Esd 9—10; Neh 10.30.

p **13.23-24** La gravedad de la crisis que presentaban los matrimonios mixtos se destaca al indicar que *la mitad de sus hijos* no hablaban *la lengua de los judíos*. Nehemías estaba consciente de la importancia del idioma para la unidad e identidad nacional. Las lenguas amonita y moabita eran similares al heb.; *la lengua de Asdod* era, probablemente, un dialecto arameo o filisteo.

q **13.25** La maldición de Nehemías estaba relacionada, posiblemente, con una de las disposiciones de la alianza que el pueblo anteriormente había hecho: la de no casarse con mujeres extranjeras (cf. Neh 10.29-30; Dt 28).

r **13.23-25** Ex 34.11-16; Dt 7.1-5.

s **13.26** 2 S 12.24-25.

t **13.26** 1 R 11.1-8.

u **13.28** *Yerno de Sambalat:* Este nieto del sumo sacerdote *Eliasib,* en contra de lo establecido por la ley (Lv 21.14), se había casado con una hija de *Sambalat,* el gobernador de Samaria y encarnizado enemigo de Nehemías (Neh 2.10; 4.1-2[3.33-34],7-8[1-2]; 6.1-14).

v **13.29** Véase 5.19 n.; cf. Mal 2.1-9.

w **13.30** Cf. 10.30-39; 12.44-47; 13.12-13.

Ester

La acción del libro de *Ester* (=Est) se sitúa en Susa, una de las capitales del imperio persa, en tiempos del rey Asuero (Jerjes I). Se relata cómo el primer ministro del rey, el amalecita Amán, que era enemigo de los judíos, quiso exterminarlos en todo el imperio. Se describe también cómo el judío Mardoqueo, quien ya antes había salvado la vida al rey, obtuvo, con la ayuda de Ester, que había llegado a ser esposa del rey, la liberación para su pueblo. Como resultado de toda la trama, Amán recibió el castigo de su maldad. Al final del libro se cuenta cómo los judíos establecieron la fiesta de Purim, en recuerdo de esta liberación.

Varios detalles de este libro llaman la atención al lector moderno, especialmente si es cristiano. Ante todo, no se menciona explícitamente a Dios en ninguna parte, aunque es verdad que implícita e indirectamente se alude a su actuación (cf. Est 4.14). La fiesta de Purim, estrechamente relacionada con el libro, parece más una fiesta profana, y este carácter lo ha conservado hasta ahora. Tampoco se habla de Israel ni de su tierra, aunque sí de los "judíos" y de las diversas provincias del imperio persa. Resulta difícil situar a los personajes y sus acciones en la historia del reino persa que conocemos por otras fuentes. La intención de Amán de exterminar a los judíos no parece conciliarse con la tolerancia de los reyes persas (recuérdese lo que se dice de Ciro en 2 Cr 36.22-23; Is 45). Finalmente, las matanzas ejecutadas por los judíos, según Est 9, resultan sorprendentes, tanto desde un punto de vista histórico como religioso.

En realidad, a la misma tradición judía le resultaron extrañas algunas cosas de este libro; por eso tenemos una versión griega bastante diferente del texto hebreo. En ella se introducen muy claramente los aspectos religiosos y se amplían los relatos de diversas maneras.

Para el tema general del libro, parece que se ha tomado como base la liberación del pueblo de Israel de la esclavitud de Egipto y el establecimiento de la fiesta de Pascua, cuando Dios realizó un vuelco total de las situaciones. Este tema aparece aquí traspuesto a una situación posterior, el judaísmo en la diáspora del imperio persa (entre los años 538 y 332 a.C.), y los intermediarios son Mardoqueo y Ester. La fiesta es la de Purim.

Quizá deba leerse este libro como una parábola que, sin mencionar directamente a Dios, presenta su actuación salvadora en favor del pueblo judío realizada por personajes humanos: Mardoqueo, Ester, el rey Asuero, en circunstancias que se dieron más de una vez en la historia de Israel.

De todas maneras, no debemos buscar las enseñanzas evangélicas en este libro, nacido en otras circunstancias y con otros intereses. Sobre el tema del castigo de los malvados, véase la *Introducción* a los *Salmos*.

Se ha pensado que el libro pudo haber sido compuesto o al final del periodo persa (siglo IV a.C.) o en el periodo de la dominación griega (entre los años 332 y 63 a.C.). En todo caso, se escribió en alguna de las regiones de la diáspora, fuera de Palestina.

Las partes principales de que se compone el relato son las siguientes:

    I. Preámbulos (1—2)
   II. El peligro para los judíos (3—5)
  III. La liberación (6.1—9.19)
 IV. La fiesta de Purim (9.20—10.3)

I. PREÁMBULOS (1—2) [a]

1 *Banquete del rey Asuero* **1** Esta historia tuvo lugar en el tiempo en que Asuero [b] reinaba sobre un imperio de ciento veintisiete provincias, que se extendía desde la India hasta Etiopía, **2** y que tenía establecido su gobierno central en la ciudadela de Susa. [c]

3 En el tercer año de su reinado, el rey Asuero dio una fiesta en honor de todos los funcionarios y colaboradores del gobierno, de los jefes del ejército persa y medo, [d] y de los gobernadores y jefes de las provincias, **4** con el fin de mostrarles la riqueza y grandeza de su reino y el extraordinario esplendor de su poderío. [e] La fiesta duró medio año, **5** al cabo del cual el rey dio otra fiesta que duró siete días, en el patio del jardín del palacio real. Todos los que vivían en la ciudadela de Susa, tanto los más importantes como los menos importantes, fueron invitados. **6** El patio estaba adornado con finas cortinas blancas y azules, sostenidas por cordones de lino color púrpura que pasaban por anillos de plata, y estaban sujetas a unas columnas de mármol. También habían puesto divanes de oro y plata, y el suelo estaba embaldosado con piedras finas, nácar y mármol blanco y negro. [f] **7** Las bebidas se servían en copas de oro, cada una de ellas de diferente forma, y el vino corría en abundancia, como corresponde a la generosidad de un rey. **8** Sin embargo, el rey había dado orden a los jefes de los camareros de palacio, de que no se obligara a nadie a beber, sino que cada invitado tomara lo que quisiera. **9** Por su parte, la reina Vasti dio también un banquete a las esposas de los invitados en el palacio del rey Asuero.

10 En el séptimo día de fiesta, el rey estaba muy alegre debido al vino, y mandó a Mehumán, Biztá, Harboná, Bigtá, Abagtá, Zetar y Carcás, siete hombres de su confianza, [g] **11** que llevaran a su presencia a la reina Vasti luciendo la corona real, para que el pueblo y los grandes personajes pudieran admirar la belleza de la reina, pues realmente era muy hermosa. **12** Pero la reina se negó a cumplir la orden que el rey le había dado por medio de sus hombres de confianza. Entonces el rey se enojó mucho. Lleno de ira, **13** consultó a los entendidos en cuestiones de leyes, [h] ya que era costumbre que los asuntos del rey fueran tratados con los que conocían las leyes y el derecho. **14** De ellos, los más allegados al rey eran Carsená, Setar, Admata, Tarsis, Meres, Marsená y Memucán, siete altas personalidades de Persia y Media, que formaban parte del consejo real y ocupaban altos cargos en el gobierno de la nación. **15** El rey les preguntó:

—De acuerdo con la ley, ¿qué debe hacerse con la reina Vasti por no obedecer la orden que le di por medio de mis mensajeros?

16 Y en presencia de los que formaban parte del consejo real, Memucán respondió al rey:

—La reina Vasti no solamente ha ofendido a Su

---

[a] **1.1—2.23** Estos primeros caps. sirven de introducción a la parte principal del relato, para mostrar cómo Ester llegó a ser reina.

[b] **1.1** *Asuero:* Este nombre se aplica en los textos hebreos (cf. también Esd 4.6) al rey persa conocido como Jerjes I (486-465 a.C.). El imperio persa fue uno de los grandes imperios de la antigüedad y se extendía, en efecto, desde la India hasta Etiopía. Véase *Índice de mapas.*

[c] **1.2** *Susa,* una de las capitales del imperio, estaba situada en el este del actual Irán. Allí se encontraba la *ciudadela,* con sus palacios y fortificaciones.

[d] **1.3** *Persa y medo:* Entre los pueblos que formaban el imperio persa, los persas y los medos eran los dos más importantes.

[e] **1.4** La riqueza del imperio persa era famosa en la antigüedad. Jerjes I fue quien terminó la construcción del palacio.

[f] **1.6** *El patio estaba... blanco y negro:* traducción probable. Heb. oscuro.

[g] **1.10** *Hombres de su confianza:* lit. *eunucos.* Eran hombres, de ordinario castrados, al servicio del rey y de las esposas de este. Véase Jer 29.1-2 nota *b.*

[h] **1.13** *Los entendidos en cuestiones de leyes:* lit. *los conocedores de los tiempos.* Eran expertos que aconsejaban al rey lo que se debía hacer en determinadas circunstancias.

Majestad, sino también a todas las autoridades y a toda la población de las provincias del rey Asuero. ¹⁷ Lo que ha hecho la reina lo van a saber todas las mujeres, y eso va a ser la causa de que ellas pierdan el respeto a sus maridos, pues dirán: 'El rey Asuero mandó llamar a la reina Vasti, y ella se negó a ir'. ¹⁸ Las esposas de los funcionarios de Persia y de Media, al saber lo que ha hecho la reina, lo van a discutir hoy mismo con sus maridos, y eso traerá desprecio y disgustos. ¹⁹ Por lo tanto, si a Su Majestad le parece bien, que se dé a conocer el siguiente decreto real, y que quede registrado entre las leyes de los persas y los medos, para que no sea anulado: *i* 'La reina Vasti no podrá presentarse nunca más delante del rey.' Y que el título de reina le sea dado a otra mujer más digna. ²⁰ El decreto real deberá darse a conocer por todo el reino, y así todas las mujeres respetarán a sus maridos, cualquiera que sea su posición social.

²¹ La idea de Memucán les pareció bien al rey y a los miembros del consejo real, y el rey la puso en práctica. ²² Envió cartas a todas las provincias de su reino, *j* escritas en la lengua y la escritura propias de cada provincia y pueblo de su imperio, ordenando en ellas que los maridos mantuvieran su autoridad en sus casas y hablaran como mejor les pareciera. *k*

2

Ester es elegida reina ¹ Después de algún tiempo, el rey Asuero, con el ánimo ya calmado, se acordó de Vasti, de lo que ella había hecho y del decreto promulgado contra ella. ² Entonces los funcionarios de su gobierno le dijeron:

—Es necesario que se busquen para el rey jóvenes vírgenes y bellas. *a* ³ Que nombre el rey delegados en todas las provincias de su reino, con el encargo de traerlas todas al palacio de las mujeres que el rey tiene en la ciudadela de Susa, y que sean puestas al cuidado de Hegai, hombre de confianza del rey y guardián de las mujeres. Que Hegai, a su vez, las someta a un tratamiento de belleza, ⁴ y que la joven que más le guste al rey sea nombrada reina y ocupe el lugar de Vasti.

La idea le agradó al rey, y así se hizo.

⁵ En la ciudadela de Susa vivía un judío llamado Mardoqueo, hijo de Jaír, y descendiente de Simí y de Quis, de la tribu de Benjamín. ⁶ Era uno de los muchos que el rey Nabucodonosor de Babilonia había desterrado de Jerusalén junto con Jeconías, rey de Judá. *b* ⁷ Mardoqueo tenía una prima, huérfana de padre y madre, que él había adoptado como hija cuando sus padres murieron. Se llamaba Hadasá, o Ester, *c* y era muy bella y de hermoso porte. ⁸ Cuando el edicto del rey se publicó y muchas jóvenes fueron reunidas en el palacio real de la ciudadela de Susa y puestas bajo el cuidado de Hegai, el guardián de las mujeres, entre ellas estaba Ester. ⁹ La joven agradó mucho a Hegai y se ganó su estimación, así que Hegai la sometió en seguida a un tratamiento de belleza y le dio los mejores alimentos; puso a su servicio siete de las mejores criadas que había en el palacio real, y con ellas la trasladó a las mejores habitaciones del palacio de las mujeres.

¹⁰ Ester no dijo nada sobre su raza ni su familia, pues Mardoqueo le había ordenado que no lo hiciera. ¹¹ Y Mardoqueo se paseaba todos los días frente al patio del palacio de las mujeres, para saber si Ester estaba bien, y cómo la trataban.

¹² Todas aquellas jóvenes eran sometidas a un tratamiento de belleza durante doce meses. Los primeros seis meses se untaban el cuerpo con aceite de mirra, y los seis meses restantes con perfumes y cremas de los que usan las mujeres. Terminado el tratamiento, cada una de las jóvenes se presentaba por turno ante el rey Asuero, ¹³ y se le permitía llevar del palacio de las mujeres al palacio real todo lo que pidiera. ¹⁴ Iba al palacio real por la noche, y a la mañana siguiente pasaba a otra sección del palacio de las mujeres, que estaba al cuidado de Saasgaz, hombre de confianza del rey y guardián de las concubinas; después de eso no volvía a presentarse ante el rey, a menos que a este le hubiera agradado y la mandara llamar.

¹⁵ Cuando a Ester, hija de Abihail, tío de Mardoqueo, le tocó presentarse ante el rey, solo llevó lo que le había indicado Hegai, hombre de confianza del rey y guardián de las mujeres. Para entonces, Ester se había ganado ya la simpatía de todos los que la trataban. ¹⁶ Ester fue llevada al palacio real para presentarse ante el rey Asuero, en el mes décimo, también llamado Tébet, *d* del séptimo año de su reinado. ¹⁷ Y Asuero se enamoró de Ester como nunca se había enamorado de ninguna otra mujer, y de tal manera se ganó ella el cariño de Asuero, que este la favoreció más que a todas las otras jóvenes que habían estado con él, y le puso la corona real en la cabeza y la nombró reina en lugar de Vasti. ¹⁸ Luego dio un gran banquete en honor de Ester, al que invitó a todos los funcionarios y colaboradores de su reino, rebajó impuestos a las provincias y repartió muchos regalos, como corresponde a la generosidad de un rey.

Mardoqueo descubre un complot contra el rey *e* ¹⁹ Por los días en que las jóvenes eran llevadas a la otra sección del palacio de las mujeres, Mardoqueo estaba sentado a la puerta del palacio real. ²⁰ Tal como le había aconsejado Mardoqueo, Ester no había dicho nada acerca de su pueblo ni de su familia, sino que seguía cumpliendo las instrucciones que Mardoqueo le había dado, como cuando estaba bajo su protección. ²¹ Mientras Mardoqueo estaba sentado a la puerta del palacio real, oyó hablar a Bigtán y Teres, dos oficiales de la guardia real que vigilaban la

---

i **1.19** Est 8.8; Dn 6.8.

j **1.22** Cf. 1.1.

k **1.22** *Y hablaran como mejor les pareciera:* texto probable. Heb. *y que hablaran la lengua de su pueblo.* La autoridad del marido era indiscutida, en general, en la antigüedad.

a **2.2** Era común en las cortes antiguas que los reyes, además de una esposa principal, tuvieran numerosas concubinas. Cf. 1 R 11.1-3.

b **2.5-6** 2 R 24.10-16; 2 Cr 36.10. El destierro a Babilonia había ocurrido 114 años antes, en el año 597 a.C.

c **2.7** Probablemente, *Hadasá* era el nombre hebreo y *Ester* el nombre persa.

d **2.16** Este mes corresponde a parte de diciembre y de enero.

e **2.19** Este relato, al parecer desconectado de lo anterior, prepara uno de los temas importantes del libro: el paso repentino de la

MUJERES FAMOSAS DEL AT

Mujer	Referencias
Agar	Gn 16.1,15; 21.17; Gl 4.24*
Ana (madre de Samuel)	1 S 1.2; 2.1
Betsabé	2 S 11; 1 R 1.15; Sal 51.(1)
Dalila	Jue 16.4,10,18
Débora	Jue 4.4*; 5.15
Ester	Est 2.7*; 8.4; 9.32
Eva	Gn 2.7*; 4.1; 2 Co 11.3; 1 Ti 2.13
Gómer	Os 1.3
Lía	Gn 29.13,32; 30.18
María (hermana de Moisés)	Ex 15.20*; Nm 12.10; Dt 24.9
Rahab	Jue 2.1-21; 6.22-25; Mt 1.5
Raquel	Gn 29.16-31; 30.1-7,14-15,22-24; 31.14-16,19,32-35; 35.16-20
Rebeca	Gn 24; 25.20-24; 27.5-16,42-46
Reina de Sabá	1 R 10.4; 2 Cr 9.1-12; Mt 12.42
Rut	Rt 1.4*,16; Mt 1.5
Sara	Gn 17.15*; Is 51.2; Heb 11.11; 1 P 3.6

Véase *Mujeres* en el *Índice temático*.

entrada del palacio. Estos, muy enojados, hacían planes para asesinar al rey Asuero. **22** Cuando Mardoqueo supo de este complot, se lo contó a la reina Ester, quien a su vez lo comunicó al rey de parte de Mardoqueo. **23** El asunto fue investigado y, al descubrirse que era cierto, los dos oficiales fueron condenados a la horca. De este hecho se dejó constancia, en presencia del rey, en el libro en que se escribía la historia de la nación.

II. EL PELIGRO PARA LOS JUDÍOS (3—5)

3 **Mardoqueo y Amán** **1** Algún tiempo después, el rey Asuero elevó a Amán, hijo de Hamedata, descendiente de Agag,*a* al cargo de jefe de gobierno de la nación. **2** Todos los que servían al rey en su palacio, se ponían de rodillas e inclinaban la cabeza cuando Amán pasaba o cuando estaban delante de él, porque así lo había mandado el rey; pero Mardoqueo no quiso obedecer esta orden.*b*
3 Entonces los funcionarios del rey preguntaron a Mardoqueo por qué no cumplía la orden dada por el rey. **4** Y todos los días le preguntaban lo mismo, pero él no les hacía caso. Entonces fueron a contárselo a Amán, para ver si Mardoqueo sostendría sus palabras, pues ya les había dicho que era judío. **5** Y cuando Amán comprobó que Mardoqueo no se arrodillaba ni inclinaba la cabeza cuando él pasaba, se llenó de indignación; **6** pero como ya le habían dicho de qué raza era Mardoqueo, le pareció que no bastaría con castigarlo solo a él, y empezó a pensar en cómo acabar con todos los judíos que vivían en el reino de Asuero.*c*

Decreto para destruir a los judíos **7** El primer mes del año, o sea el mes de Nisán,*d* en el año decimosegundo del reinado de Asuero, se echaron suertes*e* en presencia de Amán para fijar el día y el mes en que convenía llevar a cabo su plan, y salió el día trece del mes doce, o sea el mes de Adar. **8** Entonces dijo Amán al rey Asuero:
—Entre todos los pueblos que componen las provincias del reino de Su Majestad, hay uno que vive separado de los demás; tiene leyes distintas de las de otros pueblos, y no cumple las órdenes de Su Majestad. No conviene a Su Majestad que este pueblo siga viviendo en su reino.*f* **9** Por lo tanto, si a Su Majestad le parece bien, publíquese un decreto que ordene su exterminio, y yo por mi parte entregaré a los funcionarios de hacienda trescientos treinta mil kilos de plata*g* para el tesoro real.

---

humillación a la exaltación y viceversa; en este caso, se trata de la exaltación de Mardoqueo.
a **3.1** *Amán... descendiente de Agag*, es decir, perteneciente a los amalecitas, población enemiga de Israel (cf. Ex 17.8-16; 1 S 15.1-8; 30.1-20).
b **3.2** La negación de Mardoqueo a postrarse ante Amán puede explicarse por la enemistad entre judíos y amalecitas (véase 3.1 n.) o porque le atribuye a ese gesto un sentido religioso.
c **3.6** El número de judíos que siguieron viviendo en diversas regiones del reino persa (parte de la llamada *diáspora*) fue considerable.
d **3.7** *Nisán:* mes correspondiente a marzo-abril.
e **3.7** La palabra *suertes*, en hebreo *pur* (en plural *purim*), se tomará como explicación del nombre de la fiesta que se menciona en 9.24-26. Véase 9.26 n.
f **3.8** Diversos autores antiguos mencionan la diferencia entre las leyes y costumbres del pueblo judío y las de otros pueblos. Esa diferencia se hizo especialmente crítica durante la dominación griega. Cf. Dn 1.8; 3.8-12.
g **3.9** *Trescientos treinta mil kilos:* lit. *diez mil talentos*. Véase la *Tabla de pesas, monedas y medidas*. Se trata de una suma enorme. Según

¹⁰ Entonces el rey se quitó su anillo*ʰ* y se lo dio a Amán, enemigo de los judíos, ¹¹ diciéndole:

—Puedes quedarte con la plata. En cuanto a ese pueblo, haz con él lo que mejor te parezca.

¹² El día trece del primer mes del año*ⁱ* fueron llamados los secretarios del rey, los cuales escribieron las órdenes de Amán a los gobernadores regionales y provinciales y a las autoridades de cada nación. Estas órdenes fueron escritas en la escritura y la lengua propias de cada provincia y pueblo, y firmadas en nombre del rey Asuero y selladas con el sello real, ¹³ y enviadas luego por medio de correos a todas las provincias del reino. En ellas se ordenaba destruir por completo, y en un solo día, a todos los judíos, fueran jóvenes o viejos, niños o mujeres, y apoderarse de todos sus bienes. El día señalado era el trece del mes doce, o sea el mes de Adar.*ʲ* ¹⁴ La copia de este decreto fue publicada como ley y dada a conocer en todas las provincias y pueblos, a fin de que estuvieran preparados para ese día. ¹⁵ Los correos partieron inmediatamente por orden del rey,*ᵏ* y el decreto fue publicado en la ciudadela de Susa. Y mientras el rey y Amán se sentaban a brindar, en Susa reinaba la confusión.

4

Tristeza de los judíos por el edicto ¹ Cuando Mardoqueo supo todo lo que había pasado, se rasgó la ropa en señal de dolor, se vistió con ropas ásperas,*ᵃ* se echó ceniza sobre la cabeza y empezó a recorrer la ciudad dando gritos llenos de amargura. ² Así llegó hasta la entrada del palacio real, pues no se permitía que entrara nadie vestido de tal manera. ³ También en cada provincia adonde llegaban la orden y el edicto del rey, hubo gran aflicción entre los judíos, los cuales manifestaban su tristeza con ayunos, lágrimas y lamentos, y muchos de ellos se acostaron sobre ceniza y se vistieron con ropas ásperas.

La intervención de Ester ⁴ Las criadas que estaban al servicio de la reina Ester y los hombres que formaban su guardia personal, comunicaron a esta lo que estaba sucediendo. Entonces la reina se llenó de angustia y envió ropa a Mardoqueo para que se cambiara la ropa áspera que tenía puesta, pero él no quiso aceptarla. ⁵ Ester llamó entonces a Hatac, que era oficial de la guardia real, y le ordenó que fuera a ver a Mardoqueo y le preguntara qué estaba sucediendo y por qué hacía todo aquello. ⁶ Hatac fue a hablar con Mardoqueo, que estaba en la plaza de la ciudad, frente a la puerta del palacio real, ⁷ y Mardoqueo lo puso al corriente de lo que pasaba y de la cantidad de plata que Amán había prometido entregar al tesoro real a cambio de que los judíos fueran exterminados. ⁸ También le entregó una copia del decreto de exterminación publicado en Susa, para que se la diera a Ester y así pudiera ella estar informada de todo. También le recomendaba a Ester que hablara personalmente con el rey y le suplicara que interviniera en favor de su pueblo.

⁹ Hatac regresó y le contó a Ester lo que Mardoqueo le había dicho. ¹⁰ Entonces Ester envió nuevamente a Hatac con la siguiente respuesta para Mardoqueo: ¹¹ "Todos los que sirven al rey, y los habitantes de las provincias bajo su gobierno, saben que hay una ley que condena a muerte a todo hombre o mujer que entre en el patio interior del palacio para ver al rey sin que él lo haya llamado, a no ser que el rey tienda su cetro de oro hacia esa persona en señal de clemencia, y le perdone así la vida. Por lo que a mí toca, hace ya treinta días que no he sido llamada por el rey."

¹² Cuando Mardoqueo recibió la respuesta de Ester, ¹³ le envió a su vez este mensaje: "No creas que tú, por estar en el palacio real, vas a ser la única judía que salve la vida. ¹⁴ Si ahora callas y no dices nada, la liberación de los judíos vendrá de otra parte,*ᵇ* pero tú y la familia de tu padre morirán. ¡A lo mejor tú has llegado a ser reina precisamente para ayudarnos en esta situación!"

¹⁵ Entonces Ester envió esta respuesta a Mardoqueo: ¹⁶ "Ve y reúne a todos los judíos de Susa, para que ayunen por mí. Que no coman ni beban nada durante tres días y tres noches. Mis criadas y yo haremos también lo mismo, y después iré a ver al rey, aunque eso vaya contra la ley. Y si me matan, que me maten."

¹⁷ Entonces Mardoqueo se fue y cumplió todas las indicaciones de Ester.

5

Ester se presenta al rey ¹ Tres días después, Ester se puso las vestiduras reales y entró en el patio interior de palacio, deteniéndose ante la sala en que el rey estaba sentado en su trono, el cual quedaba frente a la puerta. ² En cuanto el rey vio a la reina Ester en el patio, se mostró cariñoso con ella y extendió hacia ella el cetro de oro que llevaba en la mano. Ester se acercó y tocó el extremo del cetro, ³ y el rey le preguntó:

—¿Qué te pasa, reina Ester? ¿Qué deseas? ¡Aun si me pides la mitad de mi reino, te la concederé!*ᵃ*

Y Ester respondió:

⁴ —Si le parece bien a Su Majestad, le ruego que asista hoy al banquete que he preparado en su honor, y que traiga también a Amán.

Entonces el rey ordenó:

⁵ —Busquen en seguida a Amán, y que se cumpla el deseo de la reina Ester.

Así el rey y Amán fueron al banquete que la reina había preparado. ⁶ Durante el banquete, el rey dijo a Ester:

—¡Pídeme lo que quieras, y te lo concederé, aun si me pides la mitad de mi reino!

⁷ Y Ester contestó:

Herodoto, los tributos de las provincias sometidas al imperio persa en tiempos del rey Darío ascendían a 7 600 talentos de plata.

ʰ 3.10 El *anillo,* que estaba provisto de un sello, era símbolo de autoridad (cf. v. 12).

ⁱ 3.12 *El día trece del primer mes del año:* era la víspera de la celebración de la Pascua (cf. Ex 12.2,6).

ʲ 3.13 *Adar:* correspondía a febrero-marzo.

ᵏ 3.15 Los autores antiguos informan que fueron los persas quienes establecieron los correos rápidos para la comunicación con las provincias.

ᵃ 4.1 Vestirse con ropas ásperas era señal de dolor y abatimiento.

ᵇ 4.14 *Vendrá de otra parte:* Sin mencionar explícitamente a Dios, se alude a la ayuda que él puede prestar de diversas maneras al pueblo judío.

ᵃ 5.3 Fórmula hiperbólica o de exageración. Cf. 5.6; 7.2; Mc 6.23.

—Solo deseo y pido esto: **8** que si Su Majestad me tiene cariño y accede a satisfacer mi deseo y a concederme lo que pido, asista mañana, acompañado de Amán, a otro banquete que he preparado en su honor. Entonces haré lo que Su Majestad me pide. *b*

Amán prepara la horca para Mardoqueo **9** Amán salió del banquete muy contento y satisfecho; pero se llenó de ira al ver que Mardoqueo, que estaba a la puerta del palacio, no se levantaba y ni siquiera se movía al verlo pasar. **10** Sin embargo, en ese momento no demostró el odio que sentía; pero cuando llegó a su casa mandó llamar a sus amigos y a Zeres, su mujer, **11** y habló con ellos de sus grandes riquezas, de los muchos hijos que tenía, y de cómo el rey lo había distinguido entre sus funcionarios y colaboradores, dándole un puesto superior al de todos ellos. **12** Y añadió:

—Además, yo soy el único a quien la reina Ester ha invitado al banquete que hoy ofreció al rey; y me ha invitado de nuevo al banquete que le ofrecerá mañana. **13** Sin embargo, mientras yo vea a ese judío Mardoqueo sentado a la puerta del palacio real, todo esto no significará nada para mí.

14 Entonces su mujer y todos sus amigos le dijeron:

—Manda construir una horca, de unos veintidós metros de altura, y mañana por la mañana pídele al rey que cuelguen en ella a Mardoqueo. Así podrás ir al banquete con el rey sin ninguna preocupación.

Esta idea le agradó a Amán, y mandó preparar la horca.

III. LA LIBERACIÓN (6.1—9.19)

6 **Triunfo de Mardoqueo** **1** Aquella misma noche, el rey no podía dormir, por lo que mandó que le trajeran el libro en que estaban escritos todos los sucesos importantes de la nación, para que se lo leyeran. **2** En él encontraron el relato de cómo Mardoqueo había descubierto el complot preparado por Bigtán y Teres, oficiales de la guardia real, para asesinar al rey Asuero. *a* **3** Entonces el rey preguntó:

—¿Qué recompensa y honor ha recibido Mardoqueo por esta acción?

—Nada absolutamente —respondieron sus funcionarios.

4 En aquel momento entró Amán en el patio al cual daban las habitaciones particulares del rey, para pedirle que Mardoqueo fuera colgado en la horca que había mandado preparar.

—¿Quién anda en el patio? —preguntó el rey.

5 —Es Amán —contestaron los funcionarios.

—¡Háganlo pasar! —ordenó.

6 Amán entró, y el rey le preguntó:

—¿Qué debe hacerse al hombre a quien el rey quiere honrar?

Amán se dijo a sí mismo: "¿Y a quién va a querer honrar el rey sino a mí?" **7** Así que respondió:

—Para ese hombre **8** deberá traerse la misma túnica que usa Su Majestad, y un caballo de los que *b* Su Majestad monta, que lleve en su cabeza una corona real. *c* **9** La túnica y el caballo se entregarán a uno de los más grandes personajes del gobierno, para que sea él quien vista al hombre a quien Su Majestad desea honrar, y lo conduzca a caballo por la plaza de la ciudad, gritando delante de él: '¡Así se trata al hombre a quien el rey quiere honrar!'

10 Entonces el rey dijo a Amán:

—Pues date prisa, toma la túnica y el caballo, tal como has dicho, y haz eso mismo con el judío Mardoqueo, que está sentado a la puerta del palacio. No dejes de cumplir ningún detalle de los que has dicho. *d*

11 Amán tomó la túnica y el caballo, y vistió a Mardoqueo y lo condujo a caballo por la plaza de la ciudad, gritando delante de él: "¡Así se trata al hombre a quien el rey quiere honrar!"

12 Una vez terminado el paseo, Mardoqueo volvió a la puerta del palacio, y Amán se fue a toda prisa a su casa, triste y con la cara tapada. **13** Allí les contó a su mujer y a sus amigos todo lo que había pasado, y ellos le dijeron:

—Si ese Mardoqueo, ante el cual has comenzado a perder autoridad, es judío, no podrás vencerlo, sino que fracasarás por completo.

14 Todavía no habían terminado de hablar, cuando llegaron los criados que estaban al servicio personal del rey, para llevar inmediatamente a Amán al banquete que Ester había preparado.

7 **Amán es condenado a muerte** **1** El rey y Amán fueron al banquete, **2** y también en este segundo día dijo el rey a Ester durante el banquete:

—¡Pídeme lo que quieras, y te lo concederé, aun si me pides la mitad de mi reino! *a*

3 Y Ester le respondió:

—Si Su Majestad me tiene cariño, y si le parece bien, lo único que deseo y pido es que Su Majestad me perdone la vida y la de mi pueblo; **4** pues tanto a mi pueblo como a mí se nos ha vendido para ser destruidos por completo. Si hubiéramos sido vendidos como esclavos, yo no diría nada, porque el enemigo *b* no causaría entonces tanto daño a los intereses de Su Majestad.

5 Entonces Asuero preguntó:

—¿Quién es y dónde está el que ha pensado hacer semejante cosa?

6 —¡El enemigo y adversario es este malvado Amán! —respondió Ester.

Al oír esto, Amán se quedó paralizado de miedo ante el rey y la reina. **7** Asuero se levantó lleno de ira y, abandonando la sala donde estaban celebrando el banquete, salió al jardín del palacio. Pero Amán, al darse cuenta de que el rey había decidido condenarlo a muerte, se quedó en la sala

---

b 5.8 La demora de Ester para expresar su petición crea una tensión creciente en el desarrollo de la acción.
a 6.2 Est 2.21-22.
b 6.8 *Un caballo de los que*: otra posible traducción: *El caballo que.*
c 6.8 El texto hebreo en su forma actual parece indicar que la corona real debe ponerse en la cabeza del caballo. Podría tratarse de una especie de turbante en forma de corona. Las versiones antiguas lo refieren a la persona que debe ser honrada. También puede traducirse toda la frase: *y un caballo como el que* (o bien: *el caballo que*) *Su Majestad montó, cuando le pusieron en la cabeza la corona real.*
d 6.10 El cambio radical de la situación empieza a realizarse ahora.
a 7.2 Véase 5.3 n.
b 7.4 *El enemigo*: otra posible traducción: *Nuestra aflicción.*

para rogar a la reina Ester que le salvara la vida. **8-9** Cuando el rey volvió del jardín y entró en la sala del banquete, vio a Amán de rodillas junto al diván en que estaba recostada Ester, y exclamó:

—¿Acaso quieres también deshonrar a la reina en mi presencia y en mi propia casa?

Tan pronto como el rey hubo pronunciado estas palabras, unos oficiales de su guardia personal cubrieron la cara de Amán. *c* Y uno de ellos, llamado Harboná, dijo:

—En casa de Amán está lista una horca, como de veintidós metros, que él mandó construir para Mardoqueo, el hombre que tan buen informe dio a Su Majestad.

—¡Pues cuélguenlo en ella! —ordenó el rey.

10 Y así Amán fue colgado en la misma horca que había preparado para Mardoqueo. *d* Con eso se calmó la ira del rey.

8 Decreto en favor de los judíos

1 Aquel mismo día, el rey Asuero regaló a la reina Ester la casa de Amán, *a* enemigo de los judíos, y Mardoqueo se presentó ante el rey, pues ya Ester le había dicho que Mardoqueo era su primo. **2** Entonces el rey se quitó el anillo que había recobrado de Amán, y se lo dio a Mardoqueo. Ester, por su parte, lo nombró administrador de todos los bienes que habían sido de Amán. **3** Luego Ester habló nuevamente con el rey y, echándose a sus pies y con lágrimas en los ojos, le suplicó que anulara la malvada orden de Amán y que no se llevaran a cabo sus planes contra los judíos. **4** El rey tendió hacia Ester su cetro de oro. Ella se levantó, y de pie ante él **5** dijo:

—Si a Su Majestad le parece bien y cree que mi petición es justa, y si realmente Su Majestad me quiere y siente cariño por mí, que se escriba una orden que anule las cartas que Amán envió con la orden de exterminar a los judíos de todas las provincias del reino. **6** Pues ¿cómo podré soportar la desgracia que está por caer sobre mi pueblo, y la exterminación de mi propia familia?

7 El rey Asuero contestó entonces a la reina Ester y a Mardoqueo, el judío:

—Yo le he dado ya a Ester la casa de Amán, y a este lo han colgado en la horca por haber atentado contra la vida de los judíos. **8** Ahora los autorizo a escribir, en mi nombre, lo que mejor les parezca en favor de los judíos. ¡Y sellen las cartas con el sello real!

(Una carta firmada en nombre del rey, y sellada con su sello, no se puede anular.) *b*

9 Los secretarios del rey fueron llamados inmediatamente. Era el día veintitrés del mes tercero, o sea el de Siván, *c* y todo lo que ordenó Mardoqueo fue escrito a los judíos, a los gobernadores regionales y provinciales y a las demás autoridades de las ciento veintisiete provincias que se extendían desde la India hasta Etiopía, en la lengua y escritura propias de cada provincia. También a los judíos se les escribió en su lengua y escritura. **10** Las cartas fueron firmadas en nombre del rey Asuero y, después de sellarlas con el sello real, fueron enviadas por medio de correos que montaban veloces caballos de las caballerizas del rey. **11** En ellas el rey autorizaba a los judíos, en cualquier ciudad donde vivieran, a reunirse para defender sus vidas, y a matar, destruir, exterminar y apoderarse de los bienes de la gente armada de cualquier pueblo o provincia que les atacara, sin respetar a las mujeres ni a los niños. **12** Todo esto debería hacerse en un mismo día en todas las provincias del rey Asuero; el día señalado era el trece del mes doce, o sea el mes de Adar. *d* **13** Una copia de la orden debía ser publicada como ley y dada a conocer en todas las poblaciones y provincias, para que los judíos estuvieran preparados aquel día para vengarse de sus enemigos. **14** Por orden del rey, los correos partieron a toda prisa y en caballos de sus caballerizas, y el edicto fue publicado también en la ciudadela de Susa.

15 Mardoqueo salió del palacio vestido con una túnica real de color azul y blanco, una gran corona de oro y un manto de lino y púrpura. Toda la ciudad de Susa dio gritos de alegría, **16** y para los judíos todo fue luz, gozo, alegría y honra. **17** En todas las provincias, ciudades y lugares adonde llegaba el decreto real, los judíos se llenaron de gozo y alegría, y celebraron banquetes y fiestas. Además, entre la gente del país hubo muchos que se hicieron judíos, porque el miedo a los judíos se había apoderado de ellos.

9 Triunfo de los judíos

1 El día trece del mes doce, llamado Adar, *a* era la fecha señalada para el cumplimiento de la orden del rey, y también el día en que los enemigos de los judíos esperaban dominarlos; pero sucedió todo lo contrario, pues los judíos los dominaron a ellos. **2** En todas las provincias del rey Asuero, los judíos se reunieron en las ciudades donde vivían, para atacar a los que habían querido su desgracia. No hubo nadie que se enfrentara con ellos, porque el terror se había apoderado de todos los pueblos. **3** Todas las autoridades de las provincias, los gobernadores regionales y provinciales, y los que ocupaban altos cargos en el gobierno, apoyaban a los judíos por miedo a Mardoqueo, **4** pues él era ya un gran personaje en el palacio real y su fama se había extendido por todas las provincias, y cada día tenía más poder. **5** A filo de espada acabaron los judíos con todos sus enemigos; los exterminaron por completo e hicieron con ellos lo que quisieron. **6** Tan solo en la ciudadela de Susa mataron a quinientos hombres; **7** mataron también a Parsandata, Dalfón, Aspata, **8** Porata, Adalías, Aridata, **9** Parmasta, Arisai, Aridai y Vaizata, **10** que eran los diez hijos de Amán, el enemigo de los judíos; pero no tocaron sus bienes. *b*

---

c **7.8-9** *Cubrieron la cara de Amán:* Se ha interpretado esto como señal de que su muerte ya había sido decretada.
d **7.10** Pr 5.22; 26.27; cf. Eclo 27.26-27(29-30).
a **8.1** Los bienes de un condenado a muerte pasaban a ser propiedad del rey. Cf. 1 R 21.
b **8.8** Dado que el decreto ya publicado no se podía anular, este nuevo decreto sirve de contrapeso al primero.

c **8.9** *Siván:* correspondía a mayo-junio.
d **8.12** *Adar:* correspondía a febrero-marzo.
a **9.1** *Adar:* Véase 8.12 n.
b **9.10** *No tocaron sus bienes:* Con esta indicación, el autor da a entender que los judíos actúan solo para defenderse, no para enriquecerse. Cf. también 9.15-17.

¹¹ Aquel mismo día, al enterarse el rey del número de muertos que había habido en la ciudadela de Susa, ¹² le dijo a la reina Ester:

—Los judíos han matado a quinientos hombres y a los diez hijos de Amán en la ciudadela de Susa. ¿Qué más habrán hecho en las otras provincias del reino? ¡Dime qué más deseas, y te lo concederé!

¹³ Y Ester respondió:

—Si a Su Majestad le parece bien, que se permita a los judíos de Susa hacer mañana lo mismo que han hecho conforme al decreto, y que se cuelguen en la horca los cuerpos de los diez hijos de Amán.

¹⁴ El rey ordenó que se hiciera así. El decreto se publicó en Susa, y los cadáveres de los diez hijos de Amán fueron colgados.

¹⁵ Los judíos que vivían en Susa se volvieron a reunir el día catorce del mes de Adar, y mataron allí a trescientos hombres más; pero no tocaron sus bienes. ¹⁶⁻¹⁷ Los judíos que vivían en las otras provincias se reunieron, el día trece del mismo mes, para defender sus vidas y deshacerse de sus enemigos; mataron a setenta y cinco mil de ellos, pero no tocaron sus bienes. El día catorce descansaron y lo celebraron con banquetes y alegría.

¹⁸ Como los judíos de Susa se habían concentrado los días trece y catorce, descansaron el día quince, celebrándolo también con banquetes y alegría. ¹⁹ Pero los judíos que viven en pueblos y aldeas que no tienen murallas, celebran el día catorce del mes de Adar con alegría y fiestas, y unos a otros se hacen regalos. ᶜ

IV. LA FIESTA DE PURIM (9.20—10.3)

²⁰ Mardoqueo puso por escrito estos acontecimientos, y envió cartas a todos los judíos que habitaban en las provincias del reino de Asuero, tanto cercanas como lejanas, ²¹ ordenándoles que cada año celebraran los días catorce y quince del mes de Adar ²² como los días en que los judíos se deshicieron de sus enemigos, y como el mes en que la tristeza y los gritos de dolor se cambiaron para ellos en alegría y fiesta. Estos días deberían celebrarse con banquetes y alegría, haciéndose regalos unos a otros y dando limosnas a los pobres. ²³ Los judíos convirtieron en costumbre este acontecimiento y lo que Mardoqueo les había escrito. ²⁴ Pues Amán, el enemigo de todos los judíos, había pensado exterminarlos echando suertes para matarlos y destruirlos; ²⁵ pero cuando Ester se presentó al rey, este ordenó por escrito que todo el mal que Amán había pensado hacer a los judíos cayera sobre él. Así Amán y sus hijos fueron colgados en la horca. ²⁶ Por esta razón, estos días fueron llamados purim, que es el plural de pur. ᵈ

Así pues, conforme a la carta de Mardoqueo y a lo que habían visto y les había tocado vivir, ²⁷ los judíos establecieron esta costumbre para ellos y sus descendientes, y para todos los que se convirtieran al judaísmo: celebrar todos los años, sin falta, estos dos días en la fecha señalada, conforme a las instrucciones que se habían dado; ²⁸ y que estos días fueran recordados y celebrados de generación en generación, en cada clan, provincia y ciudad, para que jamás se perdiera su recuerdo entre los judíos y sus descendientes. ²⁹ La reina Ester, hija de Abihail, y Mardoqueo el judío, escribieron con plena autoridad una segunda carta referente a la fiesta de Purim, para confirmar la primera, ³⁰ y la enviaron a todos los judíos de las ciento veintisiete provincias del reino de Asuero, con palabras amistosas y sinceras, ³¹ ordenando que se celebrara la fiesta de Purim en la fecha señalada, tal como lo habían ordenado Mardoqueo y la reina Ester para ellos y sus descendientes. Al mismo tiempo se añadieron ciertas reglas referentes a ayunos y lamentaciones, ³² y la orden de Ester confirmó las reglas que deberían seguirse para la celebración del Purim. Todo esto se puso por escrito en un libro.

10 *Elogio de Mardoqueo y conclusión*
¹ El rey Asuero impuso un tributo ᵃ tanto a los países en tierra firme como a los de las islas. ² Todo lo que hizo con autoridad y poder, así como el relato exacto del alto cargo que dio a Mardoqueo, está escrito en el libro donde se anotaban todos los sucesos del reino de Media y de Persia. ³ El judío Mardoqueo ocupaba el primer lugar después del rey; fue un gran personaje entre los judíos, amado por todos sus compatriotas, porque buscó el bien de su pueblo y luchó por el bienestar de su raza.

ᶜ 9.19 *Regalos:* lit. *porciones.*

ᵈ 9.26 La palabra *pur,* derivada de la lengua acádica, significa "suerte" (véase 3.7 nota *e*) y quizá signifique también "porción" (véase 9.19 n.). La fiesta se conoce generalmente como "fiesta de Purim" (cf. 9.29,31,32).

ᵃ 10.1 *Tributo:* En hebreo, esta palabra encierra la idea de trabajo forzado.

Los Libros Sapienciales y Poéticos

La Biblia hebrea presenta, después de *la ley y los profetas* (véase *Introducción* a la *Biblia*), la sección llamada *los escritos* (heb. *ketubim*). Forman parte de ella obras de diversos géneros literarios: hay libros narrativos e históricos (*Rut, 1 y 2 Crónicas, Esdras, Nehemías y Ester*), proféticos (*Daniel*), y poéticos (*Salmos, Cantar de los cantares, Lamentaciones, Job, Proverbios y Eclesiastés*).

En realidad, en esos libros los géneros literarios se entre mezclan: Muchas secciones de los libros proféticos tienen características poéticas (cf. Is 40—55, joya poética de la literatura del antiguo Oriente), al igual que algunas secciones del Pentateuco (cf. Gn 49.2-27; Ex 15.2-18,21; sobre las características de la poesía hebrea, véase *Introducción* a los *Salmos [2]*).

Entre los textos narrativos hay relatos proféticos (en 1 y 2 R se encuentra la historia de Elías y Eliseo, y, además, se mencionan a otros profetas).

En la literatura poética también se entremezclan diversos géneros de literatura (véase *Introducción* a los *Salmos [3]*). Entre ellos, ocupa un lugar destacado el género sapiencial (del latín "sapientia", que significa "sabiduría"), representado por los libros de *Job, Proverbios y Eclesiastés*, además de algunos salmos y algunas secciones de otros libros.

La sabiduría que tratan de inculcar estos escritos didácticos tiene un carácter eminentemente práctico. Lo más importante es *saber vivir*, es decir, comportarse como es debido en las distintas circunstancias de la vida y desempeñar de manera correcta la función que le corresponde a cada uno dentro de la comunidad. Así como el buen artesano posee la "sabiduría" manual que le permite trabajar la madera, forjar los metales, engastar piedras preciosas y tejer bellas telas (cf. Ex 35.31-35), también el sabio tiene la habilidad, la agudeza y las cualidades necesarias para afrontar con éxito todas las contingencias de la vida.

Esta sabiduría es don de Dios y fruto de la experiencia y de la reflexión. Para actuar sabiamente, es preciso tener una noción clara del mundo en que se vive, y la experiencia cotidiana es una fuente inagotable de sabiduría para el que tiene los ojos abiertos y no se complace en su ignorancia. Por eso, el sabio observa la realidad, juzga lo que ve y comunica a sus discípulos lo que le enseña la experiencia.

Para trasmitir su enseñanza, los sabios recurren con frecuencia al *proverbio* o refrán, que suele presentar dos formas distintas: la *amonestación* y la *sentencia*. Esta última describe brevemente un hecho de experiencia, algo que todo el mundo puede comprobar. Tales sentencias hacen ver las cosas como son, sin pronunciar ningún juicio moral (como ejemplos de estas sentencias, cf. Job 28.20; 37.24; Pr 10.12; 14.17; Ec 3.17; Cnt 8.7). Las amonestaciones, en cambio, advierten a los discípulos sobre el camino que deben seguir, y es fácil reconocerlas porque los consejos y exhortaciones se expresan con verbos en imperativo (cf. Pr 19.18; 20.13; Ec 7.21).

Otras formas en que los sabios trasmiten su mensaje son los poemas sapienciales (Pr 1—9), diálogos (Job 3—31), disgresiones (características de *Eclesiastés*), alegorías (Pr 5.15-19) y oraciones de alabanza (Sal 1; 73; 119).

Al comunicar los resultados de su experiencia, los sabios de Israel desean inculcar en sus discípulos (a quienes suelen llamar *hijos*; cf. Pr 1.8) la importancia de algunos aspectos prácticos de la vida: el dominio de sí mismo, especialmente al hablar (Job 15.5; Pr 12.18; 13.3; Ec 3.7); la dedicación al trabajo (cf. Job 1.10; Pr 12.24; 19.24; Ec 2.22) y la virtud de la humildad, que no es debilidad, sino lo contrario de la arrogancia y la excesiva confianza en sí mismo (Job 26.12; Pr 15.33; 22.4). También valoran la amistad sincera (Job 22.21; Pr 17.17; 18.24), condenan la mentira y el falso testimonio (Job 34.6; Pr 14.25; 19.5) y recomiendan la fidelidad conyugal (Pr 5.15-20). De modo muy especial, exhortan a ser generosos con los pobres (Job 29.12; 31.16; Pr 17.5; 19.17; Ec 5.8) y a practicar la justicia (cf. Pr 10.2; 21.3,15,21; 22.8). Si el discípulo sigue el consejo de su maestro, tendrá vida; la necedad (no tanto intelectual, sino, sobre todo, práctica) acarrea muerte (véase *Índice temático*).

Un problema característico que aborda la sabiduría es el de la retribución (cf. Job 34.11,33; Pr 11.31; 13.13), o sea, la forma en que serán recompensados los justos y castigados los pecadores (el *sabio* y el *necio*, figuras contrapuestas en esta literatura), según sus acciones. *Proverbios* sostiene un punto de vista más optimista que *Job* y *Eclesiastés*.

La razón del sufrimiento (Job 11; 22.23-30; 36.7-14; Pr 2; Ec 3.16-18; cf. Ro 11.33; 1 Co 2.6-16) y de la muerte (Job 33.9-30; 33.16-18; Pr 18.21; 24.11-12; Ec 8.8) son temas que siempre han inquietado a la humanidad; los sabios, por tanto, también han contribuido con sus importantes aportes, especialmente en *Job* y *Eclesiastés*.

En los escritos sapienciales no solo se escucha la voz de los sabios de Israel: algunas veces oímos la voz de los sabios de otros pueblos (véanse Pr 30.1 nota *b*; 31.1 n.). También la Sabiduría (personificada) habla e invita a recibir su enseñanza, que es un tesoro de incomparable valor (Pr 8.10-11). Como una ama de casa, ha preparado un banquete y quiere que todos sean sus comensales (cf. Pr 9.1-6). Frente a ella está la Necedad, también personificada, que trata de atraer a los inexpertos con sus falsos encantos y seducciones (Pr 9.13-18).

En una etapa posterior, el pueblo hebreo identificó la sabiduría con la *ley* (lit. *instrucción*) promulgada por Moisés en el Monte Sinaí. Así, Pr 1.7 estipula que *la sabiduría comienza por honrar* (lit. *temer*; véase Dt 6.13 nota *j*) *fielmente al Señor*, y Job 28.28 aclara el sentido de esta oración: *Servir* (lit. *temer*) *fielmente al Señor: eso es sabiduría; apartarse del mal: eso es inteligencia*, lo cual es una amonestación, no solo de la ley de Moisés, sino de toda la Biblia.

La sabiduría proverbial del antiguo Israel contiene numerosas enseñanzas, válidas aun en nuestros días. Leídas a la luz del evangelio, tales enseñanzas adquieren una profundidad mucho mayor. Pero también poseen algunas limitaciones, que han sido señaladas en las *Introducciones* a *Job, Proverbios* y *Eclesiastés*.

Job

Después de los textos narrativos, comienza con el libro de *Job* (=Job) la serie de los escritos poéticos. La narración en prosa queda reducida en este libro al prólogo (caps. 1—2) y a la conclusión (42.7-17). Lo demás es poesía, caracterizada por el ritmo y la sonoridad del lenguaje, por una extraordinaria abundancia de imágenes poéticas y por el uso del paralelismo (véase la *Introducción* a los *Salmos [2]*).

La sección narrativa presenta a un hombre de conducta intachable, llamado Job, que vivía en la región de Us, fuera del territorio de Israel. Job gozaba de gran prosperidad, rodeado de una familia numerosa, hasta que de la manera más imprevista se vio sometido a una prueba terrible: perdió todos sus bienes, se quedó sin hijos y contrajo una horrible enfermedad. Pero en medio de tantas desgracias, no dejó de bendecir el nombre del Señor (1.21), y más bien afirma: *Si aceptamos los bienes que Dios nos envía, ¿por qué no vamos a aceptar también los males?* (2.10).

Después de este prólogo en prosa, que introduce a los personajes del drama, viene la parte poética. Allí la actitud de Job cambia por completo. Ya no se manifiesta como el prototipo de la persona paciente y sumisa (cf. Stg 5.11), sino que da rienda suelta a su dolor y expone, en tono apasionado, su angustia y sus amargos interrogantes. Su pregunta más insistente es por qué Dios le envió una calamidad tan grande, siendo así que él había sido siempre su fiel servidor y no había hecho nada malo.

A este interrogante responden por turno tres amigos suyos, que llegaron supuestamente a consolarlo. Su respuesta es siempre la misma: la desgracia es el castigo del pecado; si Job padece sufrimientos tan penosos, algún pecado habrá cometido; que se convierta al Señor y volverá a ser feliz. Pero esa respuesta no tranquiliza el espíritu atormentado de Job; él sabe que es inocente, y manifiesta su deseo de encontrarse con Dios cara a cara, para pedirle cuenta de su modo de actuar tan incomprensible (cf. 31.35-37).

Una vez concluida esta serie de diálogos, aparece en forma inesperada un cuarto personaje, llamado Elihú, que no oculta su disgusto por el atrevimiento de Job y por las respuestas de sus tres amigos (caps. 32—37). El estilo de esta sección es más difuso, reiterativo y enfático, y los discursos, anunciados como la exposición imparcial de un maestro de sabiduría, se convierten con frecuencia en una acusación (cf. 34.7-9,34-37). Elihú exalta la justicia, la sabiduría, la santidad y la grandeza divinas, y pone de relieve, de modo particular, el valor pedagógico del sufrimiento: Dios puede valerse de él para llamar a la reflexión y hacer que el pecador se convierta de su maldad: *Por medio del sufrimiento, Dios salva al que sufre; por medio del dolor lo hace entender* (36.15).

Por último, interviene Dios mismo, *de en medio de la tempestad* (38.1; 40.6). Job se había quejado muchas veces del inexplicable silencio divino, y al fin obtiene que el Señor se le manifieste y le dé una respuesta. Esta respuesta resulta a primera vista sorprendente, porque no dice nada sobre los padecimientos de Job. Se trata, más bien, de una larga serie de preguntas, que no dejan ninguna duda sobre la insondable grandeza del Creador y sobre la sabiduría con que él gobierna el universo. De este modo, la palabra divina produce el efecto querido por Dios: al verse confrontado con un poder y una sabiduría que superan infinitamente su capacidad de comprensión, Job se ve obligado a confesar su atrevimiento y su ignorancia. Había hablado de cosas que no sabía, pero al fin reconoce que el hombre no tiene derecho a pedirle cuentas a Dios. El porqué del sufrimiento sigue siendo para él un misterio, pero queda satisfecho de haber visto a Dios con sus propios ojos (38.1—42.6).

La conclusión (42.7-17), lo mismo que el prólogo, es una breve narración en prosa. Dios reprende a los tres visitantes, aprueba la fidelidad de Job y le devuelve, multiplicada, su antigua prosperidad.

El libro de *Job* no es un tratado teórico sobre el misterio del sufrimiento del justo. Es, más bien, una admirable polifonía, donde varias voces expresan puntos de vista diversos. Por un lado, está Job, el hombre dolorido, que expresa las angustias de todo ser humano frente al sufrimiento del inocente y que no acepta que su dolor pueda explicarse como un castigo divino. Por el otro, están sus visitantes, tristes consoladores, que no se dejan conmover ante el espectáculo del sufrimiento humano y solo saben ofrecer a la persona que sufre el consuelo de una doctrina. Por último, se escucha la voz del Señor: ante ella, Job no tiene más remedio que reconocer su pequeñez y su incapacidad para comprender los misteriosos designios de Dios. Pero este encuentro con el Señor, al enfrentarlo con sus propios límites, le da una lección de humildad y lo introduce en una sabiduría más profunda.

El libro no contiene indicaciones sobre su autor, ni sobre la época en que fue redactado. Es indudable, sin embargo, que su autor ha sido un gran poeta, que poseía un dominio extraordinario de la lengua hebrea, una gran experiencia de la vida y un pensamiento extremadamente audaz. Algunos indicios hacen pensar, asimismo, que la obra pasó por varias etapas antes de recibir su forma definitiva, hacia el siglo V a.C. Es notoria, por ejemplo, la diferencia entre los relatos en prosa y las secciones poéticas, y esto permite suponer que el autor utilizó un relato muy antiguo como marco para expresar su propio pensamiento. Otro elemento que parece haber sido añadido más tarde son los discursos de Elihú. Este personaje se presenta en forma inesperada, y su intervención introduce un largo suspenso entre la respuesta de Dios y las palabras de Job en 31.35-40. Por otra parte, no se menciona a Elihú al comienzo, cuando aparecen los otros tres amigos, ni tampoco al final, cuando se vuelven a citar los nombres de Elifaz, Bildad y Sofar (42.9). El autor mismo, o un revisor posterior, pudieron añadir estos pasajes, tal vez con la finalidad de aclarar algunos temas que se consideraban incompletos en los diálogos anteriores.

Desde el punto de vista literario, el libro de Job es una de las obras cumbres de la poesía universal. Su vocabulario es muy rico y su estilo poético utiliza con incomparable maestría los recursos sintácticos y sonoros de la lengua hebrea. No es nada extraño, entonces, que una obra de esta envergadura contenga numerosos giros y expresiones difíciles de traducir. Algunas de estas dificultades se mencionan en las notas aclaratorias.

El libro consta de las partes siguientes:

    I. Prólogo (1—2)
    II. Debate de Job con sus tres amigos (3—27)
    III. Himno a la sabiduría (28.1-28)
    IV. Defensa de Job (29—31)
    V. Discursos de Elihú (32—37)
    VI. Discursos del Señor y respuestas de Job (38.1—42.6)
    VII. Epílogo (42.7-17)

I. PRÓLOGO (1—2)

1 *Dios permite que Job caiga en la miseria* **1** En la región de Us*ᵃ* había un hombre llamado Job,*ᵇ* que vivía una vida recta y sin tacha, y que era un fiel servidor de Dios, cuidadoso de no hacer mal a nadie.*ᶜ* **2** Job tenía siete hijos y tres hijas,*ᵈ* **3** y era dueño de siete mil ovejas, tres mil camellos, quinientas yuntas de bueyes y quinientas asnas. Tenía también un gran número de esclavos. Era el hombre más rico de todo el oriente.

4 Los hijos de Job acostumbraban celebrar banquetes en casa de cada uno de ellos, por turno, y siempre invitaban a sus tres hermanas. **5** Terminados los días del banquete, Job llamaba a sus hijos y, levantándose de mañana, ofrecía holocaustos*ᵉ* por cada uno de ellos, para purificarlos de su pecado. Esto lo hacía Job siempre, pensando que sus hijos podían haber pecado maldiciendo*ᶠ* a Dios en su interior.

6 Un día en que debían presentarse ante el Señor sus servidores celestiales,*ᵍ* se presentó también el ángel acusador*ʰ* entre ellos. **7** El Señor le preguntó:

—¿De dónde vienes?

Y el acusador contestó:

—He andado recorriendo la tierra de un lado a otro.

8 Entonces le dijo el Señor:

—¿Te has fijado en mi siervo Job? No hay nadie en la tierra como él, que me sirva tan fielmente y viva una vida tan recta y sin tacha, cuidando de no hacer mal a nadie.

9 Pero el acusador respondió:

—Pues no de balde*ⁱ* te sirve con tanta fidelidad. **10** Tú no dejas que nadie lo toque, ni a él ni a su familia ni a nada de lo que tiene; tú bendices todo lo que hace, y él es el hombre más rico en ganado de todo el país. **11** Pero quítale todo lo que tiene y verás cómo te maldice*ʲ* en tu propia cara.

12 El Señor respondió al acusador:

—Está bien. Haz lo que quieras con todas las cosas de Job, con tal de que a él mismo no le hagas ningún daño.*ᵏ*

Entonces el acusador se retiró de la presencia del Señor.*ˡ*

13 Un día, mientras los hijos y las hijas de Job estaban celebrando un banquete en casa del hermano mayor, **14** un hombre llegó a casa de Job y le dio esta noticia:

—Estábamos arando el campo con los bueyes, y las asnas estaban pastando cerca; **15** de repente llegaron los sabeos,*ᵐ* y se robaron el ganado y mataron a cuchillo a los hombres. Solo yo pude escapar para venir a avisarte.

16 Aún no había terminado de hablar aquel hombre, cuando llegó otro y dijo:

—Cayó un rayo y mató a los pastores y las ovejas. Solo yo pude escapar para venir a avisarte.

17 Aún no había terminado de hablar ese hombre, cuando llegó un tercero y dijo:

—Tres grupos de caldeos*ⁿ* nos atacaron y se robaron los camellos, y mataron a cuchillo a los hombres. Solo yo pude escapar para venir a avisarte.

ᵃ **1.1** *Us:* Esta región se encontraba fuera del territorio de Israel, probablemente al este de Palestina y al norte de Edom (cf. Lm 4.21). En Gn 22.21, *Us* aparece como hijo de Nahor, el hermano de Abraham.
ᵇ **1.1** *Job:* Cf. Ez 14.14; Stg 5.11. El narrador no sitúa estas escenas en un momento preciso de la historia, dándoles así un valor más universal. La experiencia de Job es un drama humano que trasciende las fronteras de Israel.
ᶜ **1.1** Al poner tan de relieve las cualidades morales de Job, el texto está dando a entender que también fuera de Israel había personas que conocían a Dios y obraban rectamente.
ᵈ **1.2** *Siete hijos y tres hijas:* Siete y tres son números que simbolizaban la perfección. Véase Gn 4.18 n.
ᵉ **1.5** *Holocaustos:* Cf. Lv 1. *Para purificarlos de su pecado:* En cierta medida, Job se hace responsable ante Dios de toda su familia.
ᶠ **1.5** *Maldiciendo:* lit. *bendiciendo.* Este cambio se debe a que se consideraba blasfemo poner el verbo *maldecir* junto al nombre de Dios. El mismo eufemismo vuelve a encontrarse en Job 1.11; 2.5,9.
ᵍ **1.6** *Servidores celestiales:* lit. *hijos de Dios.* De este modo se designa a los miembros de la corte divina, habitualmente llamados *ángeles.* Cf. 1 R 22.19; Job 38.7; Sal 29.1; 82.1; 89.7.
ʰ **1.6** *Ángel acusador:* lit. *el satán* (cf. Job 1.7-12; 2.1-7). Esta figura no tiene aún todas las características asignadas a Satanás en el NT (véase *Índice temático*). Aquí no se trata de un ser demoníaco, rebelde contra Dios, sino de un ser celestial, que integra la corte del Señor y dialoga familiarmente con él, pero que trata de perjudicar a los seres humanos.
ⁱ **1.9** *No de balde:* El *acusador* no pone en duda la piedad y la justicia de Job (cf. v. 1); lo que se niega a reconocer es que su piedad sea desinteresada, es decir, que no esté ligada a la expectativa de una recompensa. De ahí el desafío que dirige a Dios (cf. vv. 10-11).
ʲ **1.11** *Maldice:* Véase 1.5 nota *f.*
ᵏ **1.12** El ángel acusador (heb. *el satán*) no dispone de poder autónomo, sino que actúa dentro de los límites fijados por el Señor (cf. Job 2.6).
ˡ **1.12** Dios sabe que Job no lo sirve por interés y, por eso, acepta el desafío. De ahora en adelante, el honor de Dios estará en las manos de Job, aunque él mismo no lo sepa.
ᵐ **1.15** *Sabeos:* tribus nómadas de Arabia, que hacían incursiones robando y matando.
ⁿ **1.17** *Caldeos:* pueblo semita radicado al sur de Mesopotamia. Véanse Gn 11.28 n. e *Índice de mapas.*

18 Aún no había terminado de hablar este hombre, cuando llegó uno más y dijo:

—Tus hijos y tus hijas estaban celebrando un banquete en la casa de tu hijo mayor, **19** cuando de pronto un viento del desierto vino y sacudió la casa por los cuatro costados, derrumbándola sobre tus hijos. Todos ellos murieron. Solo yo pude escapar para venir a avisarte.

20 Entonces Job se levantó, y lleno de dolor se rasgó la ropa, se rapó la cabeza[ñ] y se inclinó en actitud de adoración. **21** Entonces dijo:

—Desnudo vine a este mundo, y desnudo saldré de él.[o] El Señor me lo dio todo, y el Señor me lo quitó; ¡bendito sea el nombre del Señor!

22 Así pues, a pesar de todo, Job no pecó ni dijo nada malo contra Dios.[p]

2 **1** Cuando llegó el día en que debían presentarse ante el Señor sus servidores celestiales, se presentó también el ángel acusador entre ellos. **2** El Señor le preguntó:

—¿De dónde vienes?

Y el acusador contestó:

—He andado recorriendo la tierra de un lado a otro.

3 Entonces el Señor le dijo:

—¿Te has fijado en mi siervo Job? No hay nadie en la tierra como él, que me sirva tan fielmente y viva una vida tan recta y sin tacha, cuidando de no hacer mal a nadie. Y aunque tú me hiciste arruinarlo sin motivo alguno, él se mantiene firme en su conducta intachable.

4 Pero el acusador contestó al Señor:

—Mientras no lo tocan a uno en su propio pellejo, todo va bien. El hombre está dispuesto a sacrificarlo todo por salvar su vida. **5** Pero tócalo en su propia persona y verás cómo te maldice[a] en tu propia cara.[b]

6 El Señor respondió al acusador:

—Está bien, haz con él lo que quieras, con tal de que respetes su vida.

7 El acusador se alejó de la presencia del Señor,[c] y envió sobre Job una terrible enfermedad de la piel que lo cubrió de pies a cabeza.[d] **8** Entonces Job fue a sentarse junto a un montón de basura, y tomó un pedazo de olla rota para rascarse. **9** Pero su mujer le dijo:

—¿Todavía te empeñas en seguir siendo bueno? ¡Maldice[e] a Dios y muérete!

10 Job respondió:

—¡Mujer, no digas tonterías![f] Si aceptamos los bienes que Dios nos envía, ¿por qué no vamos a aceptar también los males?

Así pues, a pesar de todo, Job no pecó ni siquiera de palabra.

Los amigos de Job van a visitarlo **11** Ahora bien, Job tenía tres amigos: Elifaz, de la región de Temán, Bildad, de la región de Súah, y Sofar, de la región de Naamat.[g] Al enterarse estos de todas las desgracias que le habían sucedido a Job, decidieron ir a consolarlo y acompañarlo en su dolor. **12** A cierta distancia alcanzaron a ver a Job, y como apenas podían reconocerlo, empezaron a gritar y llorar, y llenos de dolor se rasgaron la ropa y lanzaron polvo al aire y sobre sus cabezas. **13** Luego se sentaron en el suelo con él, y durante siete días y siete noches estuvieron allí, sin decir una sola palabra, pues veían que el dolor de Job era muy grande.[h]

II. DEBATE DE JOB CON SUS TRES AMIGOS (3—27)

3 *Job se queja de su desdicha* **1-2** Por fin Job rompió el silencio,[a] y maldijo el día en que había nacido.[b]

Job

3 ¡Maldita sea la noche en que fui concebido!
¡Maldito sea el día en que nací!
4 ¡Ojalá aquel día se hubiera convertido en noche,
y Dios lo hubiera pasado por alto
y no hubiera amanecido!
5 ¡Ojalá una sombra espesa lo hubiera oscurecido,
o una nube negra lo hubiera envuelto,
o un eclipse lo hubiera llenado de terror!
6 ¡Ojalá aquella noche se hubiera perdido en las tinieblas
y aquel día no se hubiera contado
entre los días del mes y del año!
7 ¡Ojalá hubiera sido una noche estéril,
en que faltaran los gritos de alegría!
8 ¡Ojalá la hubieran maldecido los hechiceros,
que tienen poder sobre Leviatán![c]

[ñ] **1.20** Rasgarse *la ropa* y raparse *la cabeza* eran señal de dolor. Cf. Gn 37.34; 2 S 1.11; Jer 7.29.

[o] **1.21** Cf. Sal 49.17(18); Ec 5.15; 1 Ti 6.7.

[p] **1.20-22** La total sumisión a la voluntad divina, aun en medio de los peores sufrimientos, ha hecho de Job el prototipo del hombre paciente (Stg 5.11). Al final del largo debate poético (40.3-5; 42.1-6) mostrará una actitud semejante, pero solo después de haber pasado por una profunda crisis. Véase la *Introducción* a *Job*.

[a] **2.5** *Maldice:* Véase Job 1.5 nota *f*.

[b] **2.4-5** El *acusador* sigue sospechando que la piedad de Job no es desinteresada. Por eso vuelve a la carga y lanza a Dios un nuevo desafío (cf. Job 1.9-11).

[c] **2.7** *Se alejó de la presencia del Señor:* Esta es la última escena en la corte celestial. Todo lo que sucederá después, incluida la revelación final de Dios (caps. 38—41), va a transcurrir en la tierra.

[d] **2.7** Las afecciones en la piel, especialmente las más repulsivas, obligaban al enfermo a mantenerse aislado de las demás personas (cf. Lv 13).

[e] **2.9** *Maldice:* Véase 1.5 nota *f*. Al maldecir a Dios, este le enviaría una muerte pronta.

[f] **2.10** *Tonterías:* o razonamientos propios de una persona impía (cf. 1 S 25.25; Sal 10.4; 14.1[1b]; Pr 1.7).

[g] **2.11** *Elifaz... Bildad... Sofar:* Estos tres amigos de Job parecen ser tres jefes de regiones orientales. De estas tres regiones, solo *Temán* es bien conocida por otros textos (Jer 49.7; Ez 25.13; Am 1.12; Abd 9; Hab 3.3; Bar 3.22).

[h] **2.13** Aquí termina el prólogo en prosa y se inserta la sección poética, formada por una serie de largos discursos, primero de Job y sus amigos, luego de un personaje inesperado, Elihú, y finalmente de Dios mismo.

[a] **3.1-2** *Job rompió el silencio:* La protesta vehemente y lo osado del lenguaje contrastan con la humilde sumisión manifestada por Job al comienzo del relato (cf. 1.21-22; 2.9-10).

[b] **3.1-19** Job no maldice a Dios, como el acusador había supuesto (2.5), sino el día en que vino al mundo para soportar tan terribles sufrimientos (Jer 20.14-18; Eclo 23.14).

[c] **3.8** *Leviatán:* legendario monstruo marino, descrito a veces con los

⁹ ¡Ojalá aquella mañana no hubieran brillado los luceros,
 ni hubiera llegado la luz tan esperada,
 ni se hubiera visto parpadear la aurora!
¹⁰ ¡Maldita sea aquella noche, que me dejó nacer
 y no me ahorró ver tanta miseria!
¹¹ ¿Por qué no habré muerto en el vientre de mi madre,
 o en el momento mismo de nacer?
¹² ¿Por qué hubo rodillas que me recibieran
 y pechos que me alimentaran?
¹³ Si yo hubiera muerto entonces,
 ahora estaría durmiendo tranquilo,
 descansando en paz,
¹⁴ con los reyes y ministros
 que se construyen grandes pirámides, *d*
¹⁵ o con los gobernantes
 que llenan sus palacios de oro y plata.
¹⁶ ¿Por qué no me enterraron como a los abortos,
 como a los niños muertos antes de nacer? *e*
¹⁷ En la tumba tiene fin la agitación de los malvados,
 y los cansados alcanzan su reposo;
¹⁸ allí encuentran paz los prisioneros,
 y dejan de escuchar los gritos del capataz;
¹⁹ allí están grandes y pequeños por igual,
 y el esclavo se ve libre de su amo.
²⁰ ¿Por qué deja Dios ver la luz al que sufre? *f*
 ¿Por qué le da vida al que está lleno de amargura,
²¹ al que espera la muerte y no le llega, *g*
 aunque la busque más que a un tesoro escondido?
²² La alegría de ese hombre llega
 cuando por fin baja a la tumba.
²³ Dios lo hace caminar a ciegas,
 le cierra el paso por todos lados.
²⁴ Los gemidos son mi alimento;
 mi bebida, las quejas de dolor.
²⁵ Todo lo que yo temía,
 lo que más miedo me causaba,
 ha caído sobre mí.
²⁶ No tengo descanso ni sosiego;
 no encuentro paz, sino inquietud. *h*

4

Primera serie de diálogos *(Caps. 4—14)*
Elifaz *a*

¹⁻² Seguramente, Job, te será molesto
 que alguien se atreva a hablarte,
 pero no es posible quedarse callado.

³ Tú, que dabas lecciones a muchos
 y fortalecías al débil;
⁴ tú, que animabas a levantarse al que caía
 y sostenías al que estaba por caer,
⁵ ¿te acobardas y pierdes el valor
 ahora que te toca sufrir?
⁶ Tú, que eres un fiel servidor de Dios,
 un hombre de recta conducta,
 ¿cómo es que no tienes plena confianza?
⁷ Piensa, a ver si recuerdas un solo caso
 de un inocente que haya sido destruido.
⁸ La experiencia me ha enseñado
 que los que siembran crimen y maldad
 cosechan lo que antes sembraron.
⁹ Dios, en su furor, sopla sobre ellos
 y los destruye por completo.
¹⁰ Por más que gruñan y rujan como leones,
 Dios los hará callar rompiéndoles los dientes.
¹¹ Morirán como leones que no hallaron presa,
 y sus hijos *b* serán dispersados. *c*

¹² Calladamente me llegó un mensaje,
 tan suave que apenas escuché un murmullo.
¹³ Por la noche, cuando el sueño cae
 sobre los hombres,
 tuve una inquietante pesadilla.
¹⁴ El terror se apoderó de mí;
 todos los huesos me temblaban.
¹⁵ Un soplo me rozó la cara
 y la piel se me erizó.
¹⁶ Alguien estaba allí,
 y pude ver su silueta
 pero no el aspecto que tenía.
 Todo en silencio... Luego oí una voz:
¹⁷ "¿Puede el hombre ser justo ante Dios?
 ¿Puede ser puro ante su creador?
¹⁸ Ni aun sus servidores celestiales
 merecen toda su confianza.
 Si hasta en sus ángeles encuentra Dios defectos,
¹⁹ ¡cuánto más en el hombre, ser tan débil
 como una casa de barro construida sobre el polvo,
 y que puede ser aplastado como la polilla!
²⁰ Entre la mañana y la tarde es destruido;
 muere para siempre, y a nadie le importa.
²¹ Su vida acaba como un hilo que se corta;
 muere sin haber alcanzado sabiduría." *d*

---

rasgos característicos del cocodrilo (Job 41.1-34). Cf. Sal 74.14; 104.26; Is 27.1. Mediante una audaz imagen poética, Job personifica la noche de su nacimiento y desea que ese monstruo la hubiera devorado.

d **3.14** *Pirámides:* texto probable. Heb. *ruinas.* También puede entenderse como *que reconstruyen ciudades en ruinas* (cf. Is 58.12; 61.4).

e **3.16** Cf. Ec 6.3-5.

f **3.20-26** En este pasaje las quejas se dirigen a Dios.

g **3.21** Ap 9.6.

h **3.24-26** Finalmente, Job se concentra en su propia miseria.

a **4.1—5.27** Con elevado tono oratorio, *Elifaz* expone la doctrina de la retribución, comúnmente aceptada, que se resumía en estos dos principios: Dios recompensa en la tierra las acciones buenas y malas, y hay una proporción exacta entre lo que cada uno hace y el premio o el castigo que recibe. De ahí la conclusión: si a Job le ha tocado sufrir tanto, en algo grave habrá ofendido a Dios. El mismo Job había compartido esa doctrina en otro tiempo (cf. 29.18-20; 30.26), pero su terrible experiencia le hizo cambiar de parecer.

b **4.11** En contraposición con la doctrina de Elifaz, que extendía el castigo a los *hijos* del malvado, el profeta Ezequiel insiste en la responsabilidad personal de cada individuo (cf. Ez 14.13-23; 18).

c **4.7-11** La referencia a las desgracias de los impíos aparece regularmente en los discursos de los tres amigos: 5.2-7; 15.17-35; 22.15-18 (Elifaz); 8.8-19; 18.5-21 (Bildad); 11.20; 20.4-29; 27.13-23; 24.18-24 (Sofar).

d **4.17-21** El tema de la indignidad del hombre ante Dios se encuentra también en Job 15.14-16; 25.4-6.

5

¹ Grita, Job, a ver quién te responde.
¿A qué ángel vas a recurrir?[a]
² Entregarse a la amargura o a la pasión
es una necedad que lleva a la muerte.
³ He visto al necio empezar a prosperar,
mas su casa fue pronto destruida.[b]
⁴ Sus hijos no tienen quien los ayude;
en los tribunales los tratan injustamente
y no hay quien los defienda.
⁵ Sus cosechas se las comen los hambrientos
sacándolas de entre los espinos,
y los sedientos les envidian sus riquezas.
⁶ La maldad no brota del suelo;
la desdicha no nace de la tierra:
⁷ es el hombre el que causa[c] la desdicha,
así como del fuego salen volando las chispas.
⁸ En tu lugar, yo me volvería hacia Dios
y pondría mi causa en sus manos;
⁹ ¡él hace tantas y tan grandes maravillas,
cosas que nadie es capaz de comprender![d]
¹⁰ Él envía la lluvia a la tierra,
y con ella riega los campos;
¹¹ él enaltece a los humildes
y da seguridad a los afligidos;
¹² él desbarata los planes del astuto
y los hace fracasar.
¹³ Él atrapa al astuto en su propia astucia,[e]
y hace que fracasen sus planes malvados:
¹⁴ ¡a plena luz del día andan ellos a tientas,
envueltos en tinieblas, como si fuera de noche!
¹⁵ Dios salva al pobre y oprimido
del poder de los malvados,
¹⁶ él es la esperanza de los débiles,
¡él les tapa la boca a los malvados!
¹⁷ Feliz el hombre a quien Dios reprende;
no rechaces la represión del Todopoderoso.[f]
¹⁸ Si él hace una herida, también la vendará;[g]
si con su mano da el golpe, también da el alivio.
¹⁹ Una y otra vez[h] te librará del peligro,
y no dejará que el mal llegue a ti.
²⁰ En tiempo de hambre te librará de la muerte,
y en tiempo de guerra te salvará de la espada.
²¹ Te protegerá de las malas lenguas,
y no habrás de temer cuando llegue el desastre.
²² Te reirás de hambres y calamidades,
y no tendrás miedo a los animales salvajes.
²³ Las piedras no estorbarán en tus campos,
y las fieras serán tus amigas.
²⁴ En tu casa tendrás prosperidad,
y al revisar tu ganado lo encontrarás completo.
²⁵ Tendrás tanta descendencia
como hierba hay en el campo.
²⁶ Llegarás a la vejez en pleno vigor,
como un manojo de espigas maduras.[i]
²⁷ La experiencia nos enseña que esto es así;
escucha esto, y compruébalo tú mismo.[j]

6

Job

¹⁻² Si todas mis penas y desgracias
pudieran pesarse en una balanza,
³ pesarían más que la arena del mar.[a]
Por eso he hablado con pasión.
⁴ El Todopoderoso ha clavado en mí sus flechas,[b]
y el veneno de ellas me corre por el cuerpo.
Dios me ha llenado de terror con sus ataques.[c]
⁵ ¿Acaso rebuzna el asno, si tiene hierba?
¿O brama el toro, si tiene pasto?
⁶ ¿Quién come sin sal una cosa desabrida?
¿Qué gusto tiene una cosa sin sabor?[d]
⁷ Pues lo que jamás quise comer
es ahora mi alimento.[e]
⁸ ¡Ojalá Dios me conceda lo que le pido;
ojalá me cumpla lo que deseo!
⁹ ¡Ojalá Dios se decida por fin
a aplastarme y acabar con mi vida!
¹⁰ A pesar de la violencia del dolor,
eso sería un gran consuelo para mí,
pues siempre he respetado las leyes
del Dios santo.
¹¹ Ya no me quedan fuerzas para resistir,
ni razón alguna para seguir viviendo.
¹² No tengo la dureza de la roca,
ni la consistencia del bronce.
¹³ No puedo valerme por mí mismo,
ni cuento con ningún apoyo.
¹⁴ Al amigo que sufre se le ama,
aun cuando no haya sido fiel[f] al Todopoderoso.[g]
¹⁵ Pero ustedes, mis amigos, me han fallado,
como arroyos que se quedan secos.

---

[a] 5.1 Se trata, al parecer, de recurrir a los ángeles como defensores de la inocencia de Job ante Dios. Cf. 16.19-21; 33.23-24.
[b] 5.3 *Fue pronto destruida:* según la versión griega (LXX). Heb. *Yo maldije.*
[c] 5.7 *Causa:* otra traducción posible: *nace para.*
[d] 5.9 Job 9.10.
[e] 5.13 Cf. 1 Co 3.19.
[f] 5.17 Cf. Sal 94.12; Pr 3.11-12; Heb 12.5-6.
[g] 5.18 Cf. Os 6.1.
[h] 5.19 *Una y otra vez:* lit. *seis y siete veces.* El número *siete* indica un número completo. Véase Gn 4.23-24 n.
[i] 5.17-26 Los tres amigos comparten la doctrina de la recompensa en esta vida asegurada a los justos. Cf. 22.21-30 (Elifaz); 8.5-7,20-22 (Bildad); 11.13-19 (Sofar).
[j] 5.27 *Compruébalo tú mismo:* Esto es precisamente lo que niega Job con toda su alma, apelando unas veces a la *experiencia* común y otras veces a la suya propia. Cf. 13.12.

[a] 6.3 En este segundo discurso (6.1—7.21), Job vuelve a lamentarse amargamente de su situación (6.1-7).
[b] 6.4 Cf. Job 16.12-13; Sal 38.2(3).
[c] 6.4 Cf. Sal 88.16(17).
[d] 6.6 *Cosa sin sabor:* El sentido exacto de la expresión hebrea no es claro; se ha pensado en el jugo de una planta, en la clara del huevo o en el suero del queso.
[e] 6.7 El sentido de este v. es oscuro.
[f] 6.14 *Aun cuando no haya sido fiel:* traducción probable. Otras posibles traducciones: *aunque haya olvidado,* o *no sea que se olvide.*
[g] 6.14-20 En esta sección Job expresa la decepción que le han causado las palabras de sus amigos.

¹⁶ El agua baja turbia,
revuelta con el hielo y la nieve;
¹⁷ pero pasa el deshielo y se secan los arroyos,
viene el calor y se acaba el agua. ʰ
¹⁸ Hacen que las caravanas se desvíen de su camino,
y que avancen por el desierto y mueran.
¹⁹ Las caravanas de Temá y de Sabá ⁱ
buscan llenas de esperanza esos arroyos,
²⁰ pero al llegar se ven decepcionadas,
queda frustrada su esperanza.
²¹ Así son ustedes para mí: ʲ
ven mi horrible situación, y sienten miedo.
²² Pero yo no les he pedido nada,
ni que den dinero por salvarme,
²³ ni que me libren de un enemigo,
ni que me rescaten de las manos de los bandidos.
²⁴ Denme lecciones, y guardaré silencio: ᵏ
muéstrenme el error que he cometido.
²⁵ Nadie puede rechazar un argumento correcto;
pero ustedes me acusaron sin razón.
²⁶ Ustedes me critican por mis palabras,
palabras locas que se lleva el viento.
²⁷ ¡Capaces son de jugarse la vida de un huérfano
y de vender aun a su propio amigo!
²⁸ Mírenme ahora cara a cara;
díganme si miento.
²⁹ Retiren lo dicho, no sean injustos;
reconozcan que tengo razón.
³⁰ ¿Acaso creen que soy un mentiroso
que no se da cuenta de lo que dice?

7

¹ La vida del hombre aquí en la tierra
es la de un soldado que cumple su servicio,
² la de un esclavo que suspira por la sombra,
la de un peón que espera con ansias su salario,
³ Me ha tocado vivir meses enteros de desengaño,
noche tras noche de sufrimiento.
⁴ Me acuesto y la noche se me hace interminable;
me canso de dar vueltas hasta el alba,
y pienso: ¿Cuándo me levantaré?
⁵ Tengo el cuerpo lleno de gusanos y de costras,
y me supuran las heridas de la piel.
⁶ Mis días se acercan a su fin, sin esperanza,
con la rapidez de una lanzadera de telar.

⁷ Recuerda, oh Dios, que mi vida es como un suspiro,
y que nunca más tendré felicidad.
⁸ Nadie podrá volver a verme;
pondrás en mí tus ojos, y dejaré de existir.
⁹⁻¹⁰ Como nube que pasa y se deshace,
así es el que baja al sepulcro:
jamás regresa de allí,
sus familiares no vuelven a verlo.
¹¹ Por eso no puedo quedarme callado.
En mi dolor y mi amargura
voy a dar rienda suelta a mis quejas. ᵃ
¹² ¿Soy acaso un monstruo del mar ᵇ
para que así me vigiles?
¹³ Cuando pienso que en la cama encontraré descanso
y que el sueño aliviará mi pena,
¹⁴ me llenas de terror en mis sueños;
¡me espantas con pesadillas!
¹⁵ Sería mejor que me estrangularas;
prefiero la muerte a esta vida. ᶜ
¹⁶ No puedo más. No quiero seguir viviendo.
Déjame en paz, que mi vida es como un suspiro. ᵈ
¹⁷ ¿Qué es el hombre, que le das tanta importancia?
¿Por qué te preocupas por él? ᵉ
¹⁸ ¿Por qué lo vigilas día tras día,
y lo pones a prueba a cada instante? ᶠ
¹⁹ ¿Por qué no apartas tu vista de mí,
y me dejas siquiera tragar saliva?
²⁰ Si peco, ¿qué perjuicio te causo,
vigilante de los hombres?
¿Por qué me tomas por blanco de tus flechas?
¿Acaso soy una carga para ti? ᵍ
²¹ ¿No puedes perdonarme mi pecado?
¿No puedes perdonar el mal que he cometido?
Pronto estaré tendido en el polvo;
me buscarás, y ya no existiré.

8

Bildad
¹⁻² ¿Hasta cuándo vas a seguir hablando así,
hablando como un viento huracanado?
³ Dios, el Todopoderoso,
nunca tuerce la justicia ni el derecho. ᵃ
⁴ Seguramente tus hijos pecaron contra Dios,
y él les dio el castigo merecido.

ʰ **6.17** En el Oriente próximo, muchos arroyos solo tienen agua en el invierno.
ⁱ **6.19** De *Temá* y *Sabá* partían caravanas cargadas de sustancias aromáticas, muy apreciadas en otros países. Cf. Is 60.6.
ʲ **6.21** *Para mí*: según versiones antiguas. Heb. *no*. Otra posible traducción: *Así ustedes se han vuelto nada.*
ᵏ **6.24-30** Job insiste en su inocencia, declarando una vez más que la acusación de sus amigos es injusta.
ᵃ **7.11** *Voy a dar rienda suelta a mis quejas:* Esta afirmación se ve confirmada por la audacia con que Job habla de Dios. Él considera que el Todopoderoso lo trata con injustificada violencia, y expresa esta idea con numerosas imágenes y comparaciones: Dios es como un arquero que lo ha convertido en blanco de sus flechas (6.4; 7.20); como un capitán que lanza contra él sus tropas (10.17; 19.12); como un luchador que lo toma por el cuello y lo estruja (16.12); como un león que se abalanza sobre su presa (10.16); como un guerrero que lo cubre de heridas (16.21).

ᵇ **7.12** *Monstruo del mar:* Este monstruo es la personificación del caos originario, dominado por Dios en la creación (véase Job 3.8 n.).
ᶜ **7.15** *A esta vida:* lit. *a mis huesos.*
ᵈ **7.16** *Mi vida es como un suspiro:* Para Job, los sufrimientos que Dios le inflige son tanto más injustificados, cuanto que están dirigidos contra una criatura tan débil y mortal como el hombre. También esta idea se expresa con diversas imágenes poéticas: el ser humano es como una flor que brota y se marchita (14.2), o como un leño que se va pudriendo (13.28); sus días huyen en veloz carrera (9.25) y se disipan como una sombra (8.9). Cf. Sal 144.4; 1 P 1.24.
ᵉ **7.17** Cf. Sal 8.4(5); 144.3.
ᶠ **7.18** Cf. Sal 17.3.
ᵍ **7.20** *Para ti:* según una versión antigua. Heb. *para mí.*
ᵃ **8.3** La argumentación de *Bildad* (cap. 8) es la misma de sus amigos: el sufrimiento de Job es un castigo merecido a causa de algún pecado. Véase 4.1—5.27 n.

⁵ Busca a Dios, al Todopoderoso,
   y pídele que tenga compasión de ti.
⁶ Si tú actúas con pureza y rectitud,
   él velará por ti, y te dará
   el hogar que justamente mereces.
⁷ La riqueza que tenías no será nada
   comparada con lo que tendrás después.

⁸ Consulta a las generaciones pasadas,
   aprende ᵇ de la experiencia de los antiguos.
⁹ Nosotros somos apenas de ayer, y nada sabemos;
   nuestros días en esta tierra pasan como una sombra. ᶜ
¹⁰ Pero los antiguos podrán hablarte
   y enseñarte muchas cosas. ᵈ
¹¹ El junco y el papiro ᵉ
   crecen solo donde abunda el agua;
¹² sin embargo, estando aún verdes y sin cortar,
   se secan antes que otras hierbas.
¹³ Lo mismo pasa con los malvados,
   con los que se olvidan de Dios:
   sus esperanzas quedan frustradas.
¹⁴ Su confianza y su seguridad
   son como el hilo de una telaraña.
¹⁵ Querrán agarrarse al hilo, y no resistirá;
   o apoyarse en la telaraña, y no los soportará.
¹⁶ Los malvados son como verdes hierbas al sol,
   que se extienden por todo el jardín;
¹⁷ enredan sus raíces entre las rocas
   y se adhieren ᶠ a las piedras,
¹⁸ pero si alguien las arranca de su sitio
   nadie podrá saber que estuvieron allí.
¹⁹ Así termina su prosperidad,
   y en su lugar brotan otras hierbas.

²⁰ Dios no abandona al hombre intachable,
   ni brinda su apoyo a los malvados.
²¹ Él hará que vuelvas a reír
   y que grites de alegría;
²² en cambio, tus enemigos se cubrirán de vergüenza
   y la casa de los malvados será destruida.

9 Job

¹⁻² Yo sé muy bien que esto es así,
   y que ante Dios
   el hombre no puede alegar inocencia. ᵃ,ᵇ
³ Si alguno quisiera discutir con él,
   de mil argumentos no podría rebatirle uno solo.

⁴ Dios es grande en poder y sabiduría,
   ¿quién podrá hacerle frente y salir bien librado?
⁵ Dios, en su furor, remueve las montañas;
   las derrumba, y nadie se da cuenta.
⁶ Él hace que la tierra se sacuda
   y que sus bases se estremezcan.
⁷ Él ordena al sol que no salga,
   y a las estrellas, que no brillen.
⁸ Sin ayuda de nadie extendió el cielo
   y aplastó al monstruo del mar.
⁹ Él creó las constelaciones:
   la Osa Mayor, el Orión y las Pléyades, ᶜ
   y el grupo de estrellas del sur.
¹⁰ ¡Él hace tantas y tan grandes maravillas,
   cosas que nadie es capaz de comprender! ᵈ
¹¹ Si Dios pasa junto a mí, no lo podré ver;
   pasará y no me daré cuenta.
¹² Si de algo se adueña, ¿quién podrá reclamárselo?
   ¿Quién podrá pedirle cuentas de lo que hace?
¹³ Si Dios se enoja, no se calma fácilmente;
   a sus pies quedan humillados los aliados de Rahab. ᵉ
¹⁴ ¿Cómo, pues, encontraré palabras
   para contradecir a Dios?
¹⁵ Por muy inocente que yo sea,
      no puedo responderle; ᶠ
   él es mi juez, y solo puedo pedirle compasión.
¹⁶ Si yo lo llamara a juicio, y él se presentara,
   no creo que hiciera caso a mis palabras.
¹⁷ Haría que me azotara una tempestad,
   y aumentaría mis heridas sin motivo;
¹⁸ me llenaría de amargura
   y no me dejaría tomar aliento.
¹⁹ ¿Acudir a la fuerza? Él es más poderoso.
   ¿Citarlo a juicio? ¿Y quién lo hará presentarse? ᵍ
²⁰ Por más recto e intachable que yo fuera,
   él me declararía culpable y malo. ʰ
²¹ Yo soy inocente, pero poco importa;
   ya estoy cansado de vivir.
²² Todo es lo mismo. Y esto es lo que pienso:
   que él destruye lo mismo a culpables
      que a inocentes. ⁱ
²³ Si en un desastre muere gente inocente,
   Dios se ríe de su desesperación.
²⁴ Deja el mundo en manos de los malvados
   y a los jueces les venda los ojos.
   Y si no ha sido Dios, ¿quién, entonces?

ᵇ **8.8** *Aprende:* según una versión antigua. Heb. *prepara.* Cf. Eclo 8.9.
ᶜ **8.9** Cf. Job 14.2; Sal 39.5-6(6-7); 102.11(12); 109.23; Ec 6.12.
ᵈ **8.10** *Enseñarte muchas cosas:* lit. *sacar palabras del corazón.* El corazón equivale aquí a la memoria.
ᵉ **8.11** *Papiro:* planta parecida al junco, que crece en lugares pantanosos.
ᶠ **8.17** *Se adhieren:* texto probable. Heb. *contemplan.*
ᵃ **9.1-35** En su tercer discurso, Job reconoce ante todo la sabiduría y el poder soberano de Dios (9.1-19), pero lo que no acaba de entender es su justicia (9.20-35).
ᵇ **9.1-2** *Alegar inocencia:* otra traducción posible: *tener razón.* Cf. Sal 143.2.
ᶜ **9.9** Cf. Job 38.31; Am 5.8.
ᵈ **9.10** Cf. Job 5.9; Sal 147.1-6; Is 40.28.

ᵉ **9.13** *Rahab:* monstruo mitológico que para los antiguos simbolizaba los poderes enemigos de Dios. Véase Sal 87.4 nota *e*; cf. Job 26.12; Is 51.9.
ᶠ **9.15** *No puedo responderle:* otra interpretación posible: *no recibiría respuesta.*
ᵍ **9.19** *Lo hará presentarse:* texto probable. Heb. *me hará presentarme.*
ʰ **9.20** *Él:* texto probable. Heb. *yo.* Otra posible traducción: *mi propia boca me declararía culpable y malo.*
ⁱ **9.22** *Él destruye lo mismo a culpables que a inocentes:* Job no comprende por qué sufre el inocente (cf. 10.2-7), y esa ignorancia, además de dejarlo indefenso frente a los reproches de sus amigos, le impide saber si valió la pena haber sido toda su vida *un fiel servidor de Dios* (1.1).

²⁵ Mis días huyen en veloz carrera,
sin haber visto la felicidad.
²⁶ Se van como barcos ligeros,
como águila que se lanza tras la presa.
²⁷ Si trato de olvidar mis penas
y de parecer alegre,
²⁸ todo mi dolor vuelve a asustarme,
pues sé que Dios no me cree inocente.
²⁹ Y si él me tiene por culpable,
de nada sirve que yo me esfuerce.
³⁰ Aunque me lave las manos con jabón ʲ
y me las frote con lejía,
³¹ Dios me hundirá en el fango,
y hasta mi ropa sentirá asco de mí.
³² Yo no puedo encararme con Dios
como con otro hombre,
ni decirle que vayamos los dos a un tribunal.
³³ ¡Ojalá entre nosotros hubiera un juez
que tuviera autoridad sobre los dos,
³⁴ que impidiera que Dios me siga castigando
y me siga llenando de terror!
³⁵ Entonces yo hablaría sin tenerle miedo,
pues no creo haberle faltado. ᵏ

10 ¹ ¡Ya estoy cansado de vivir!
Voy a desahogarme con mis quejas,
voy a dar rienda suelta a mi amargura. ᵃ
² ¡Oh Dios, no me declares culpable!
¡Dime de qué me acusas!
³ Siendo así que tú mismo me creaste,
¿te parece bien maltratarme y despreciarme,
y mostrarte favorable a los planes de los malos?
⁴ ¿Acaso ves las cosas como las ven los hombres?
⁵ ¿Acaso es tu vida tan corta
como la de un mortal?
⁶ Entonces, ¿por qué andas
buscándome faltas y pecados,
⁷ aun cuando sabes que yo no soy culpable
y que nadie me puede salvar de tu poder?
⁸ Tú me formaste con tus propias manos,
¡y ahora me quieres destruir!
⁹ Recuerda que me hiciste de barro:
¿vas ahora a convertirme otra vez en polvo?
¹⁰ Hiciste que mi cuerpo se formara
como se forma el queso al cuajarse la leche;
¹¹ me revestiste de carne y de piel,
entrelazaste mis huesos y tendones;
¹² me diste vida, me brindaste amor,
y con tus cuidados me has mantenido con vida.
¹³ Pero ahora veo que allá en tu corazón
tenías una intención secreta:
¹⁴ me estabas observando para ver si yo pecaba,
y así poder condenarme por mi falta.
¹⁵ Si soy culpable, estoy perdido;

si soy inocente, de poco puedo alegrarme,
pues me tienes humillado y afligido.
¹⁶ Si me muestro arrogante, tú, como un león,
me persigues
y hasta haces milagros para destruirme.
¹⁷ Nunca te faltan testigos contra mí;
tu ira contra mí va en aumento;
¡como un ejército, me atacas sin cesar!
¹⁸ ¿Por qué me dejaste nacer?
Debí morir antes que nadie pudiera verme.
¹⁹ Habría pasado del seno de mi madre a la tumba;
sería como si nunca hubiera existido.
²⁰ Ya que mi vida es corta, ¡déjame en paz!
Déjame tener un poco de alegría
²¹ antes de irme al viaje sin regreso, ᵇ
al país de la oscuridad y las tinieblas,
²² al país de las sombras y la confusión,
donde la luz misma es igual a las tinieblas.

11 *Sofar*
¹⁻² Toda esa palabrería merece una respuesta,
pues no por hablar mucho se tiene la razón. ᵃ
³ ¿Crees que con tu verborrea nos vas a hacer callar,
y que nadie es capaz de responder a tus burlas?
⁴ Tú dices que tu doctrina es recta,
y tú mismo te consideras puro.
⁵ ¡Ojalá Dios hablara para responderte!
⁶ Él te enseñaría los secretos de la sabiduría,
que son muy difíciles de entender. ᵇ
Así verías que Dios no te ha castigado
tanto como mereces.
⁷ ¿Crees que puedes penetrar en los misterios de Dios
y llegar hasta lo más profundo de su ser?
⁸ ¿Qué puedes hacer,
si son más altos que el cielo?
¿Qué sabes tú, si son más profundos que el abismo?
⁹ Son más grandes que la tierra
y más anchos que el mar.
¹⁰ Si Dios viene, y arresta y llama a juicio,
¿quién habrá que se lo impida?
¹¹ Él sabe quién es mentiroso;
él ve la maldad, ¿o crees que no se da cuenta?
¹² El día que el asno salvaje deje de serlo,
ese día el necio entrará en razón. ᶜ
¹³ Decídete a actuar con rectitud,
y dirige tus súplicas a Dios.
¹⁴ Si estás cargado de pecado, aléjalo de ti;
no des lugar en tu casa a la maldad.
¹⁵ Así podrás alzar limpia la frente,
y estarás tranquilo y sin temor;
¹⁶ echarás en el olvido tus sufrimientos;
los olvidarás como al agua que pasa.

ʲ **9.30** *Jabón:* otra posible traducción: *agua de nieve.*
ᵏ **9.35** *No creo haberle faltado:* según la versión griega (LXX). Heb. *yo no soy así conmigo.*
ᵃ **10.1-22** En este cap. hay una apasionada queja contra Dios por el terrible sufrimiento que le ha enviado.
ᵇ **10.20-21** Cf. Job 16.22; Sal 39.13(14).

ᵃ **11.1-20** La intervención de Sofar insiste en el carácter inaccesible de la sabiduría de Dios (11.1-12) e invita a Job a liberarse del pecado para poder gozar de las bendiciones divinas (11.13-20).
ᵇ **11.6** *Muy difíciles de entender:* traducción probable. Heb. oscuro.
ᶜ **11.12** La frase es un reproche irónico a Job.

¹⁷ Tu vida brillará más que el sol a mediodía;
 tus horas más oscuras serán como el amanecer.
¹⁸ Tendrás esperanza y podrás vivir confiado;
 bajo el cuidado de Dios ᵈ dormirás tranquilo.
¹⁹ Nada te asustará cuando descanses.
 Muchos vendrán a buscar tu favor.
²⁰ Los malos, en cambio, buscarán ayuda en vano;
 no encontrarán lugar donde refugiarse,
 y la muerte será su única esperanza.

12 *Job*

¹⁻² ¡No hay duda de que ustedes
 son la voz del pueblo,
 y de que cuando mueran no habrá más sabiduría! ᵃ
³ Pero también yo tengo entendimiento,
 y en nada soy inferior a ustedes.
 ¿Quién no sabe todo esto?

⁴ Aunque soy inocente e intachable,
 y en otro tiempo Dios oía mis súplicas,
 mis amigos se ríen de mí.
⁵ El que está seguro desprecia al infeliz;
 no le importa empujar al que está a punto de caer. ᵇ
⁶ Los bandidos tienen paz en sus hogares;
 los que ofenden a Dios viven tranquilos,
 pensando que lo tienen en un puño.
⁷ Pregunta a las bestias o a las aves:
 ellas te pueden enseñar.
⁸ También a la tierra y a los peces del mar
 puedes pedirles que te instruyan. ᶜ
⁹ ¿Hay alguien todavía que no sepa
 que Dios lo hizo todo con su mano?
¹⁰ En su mano está la vida
 de todo ser viviente.
¹¹ El oído distingue las palabras,
 igual que el paladar reconoce los sabores. ᵈ

¹² Los ancianos tienen sabiduría;
 la edad les ha dado entendimiento.
¹³ Pero Dios es sabio y poderoso;
 él hace planes, y los lleva a cabo.
¹⁴ Lo que Dios destruye, nadie lo puede reconstruir;
 al que Dios encierra, nadie lo puede libertar.
¹⁵ Si él retiene la lluvia, todo se seca;
 si le da salida, se inunda la tierra.
¹⁶ Su poder le da siempre la victoria.
 Sujetos a él están el engañado y el que engaña.
¹⁷ Él hace que los sabios pierdan su inteligencia ᵉ
 y que los jueces se vuelvan locos.

¹⁸ Deja sin autoridad a los reyes
 y los hace ir cautivos y desnudos.
¹⁹ Quita a los sacerdotes de su oficio
 y derroca a los que están en el poder.
²⁰ A los consejeros de confianza deja sin palabra
 y quita el buen juicio a los ancianos.
²¹ Hace que los señores queden sin honra
 y que los fuertes pierdan su fuerza.
²² Da a conocer los secretos más ocultos
 y saca a la luz las cosas más oscuras. ᶠ
²³ Él engrandece y destruye a las naciones,
 las dispersa y las reúne.
²⁴ Quita la inteligencia a los jefes de un país
 y los hace perderse en un desierto sin camino, ᵍ
²⁵ donde andan a tientas en la oscuridad,
 tambaleándose como borrachos. ʰ

13

¹ Todo esto lo he visto con mis propios ojos,
 lo he escuchado con mis propios oídos.
² Lo que ustedes saben, también yo lo sé;
 en nada soy inferior a ustedes.
³ Pero prefiero hablar con Dios,
 prefiero discutir con el Todopoderoso. ᵃ
⁴ Ustedes cubren la verdad con sus mentiras;
 son médicos que a nadie curan.
⁵ ¡Si al menos guardaran ustedes silencio,
 podrían pasar por personas sabias! ᵇ

⁶ Escuchen, por favor, con atención,
 mientras yo expongo mis razones.
⁷ ¿Creen acaso que defienden a Dios
 con sus mentiras, ᶜ
 y que le hacen un servicio con palabras engañosas?
⁸ Ustedes se han puesto de su parte
 y quieren defender su causa,
⁹ pero, ¿qué pasará si Dios los examina?
 ¿Podrán ustedes engañarlo como a un hombre?
¹⁰ Si con disimulo se ponen de su parte,
 él los reprenderá duramente.
¹¹ La grandeza de Dios
 los llenará de espanto y de terror.
¹² Sus anticuados argumentos son puro polvo;
 es como querer defenderse con murallas de barro.

¹³ Y ahora, ¡cállense, que voy a hablar,
 páseme lo que me pase!
¹⁴ Voy a arriesgar mi vida,
 voy a jugarme el todo por el todo.
¹⁵ Aunque él me mate, me mantendré firme,
 con tal de presentarle mi defensa cara a cara.

ᵈ **11.18** *Bajo el cuidado de Dios:* texto probable. Heb. *mirarás o cavarás.*
ᵃ **12.1—13.2** Job comienza irónicamente (12.1-2) su nuevo discurso y recuerda a sus amigos que también él es una persona instruida y conoce las doctrinas expuestas por ellos sobre el poder de Dios (12.3—13.2).
ᵇ **12.5** Con estas frases, Job critica indirectamente la actitud de sus amigos.
ᶜ **12.8** Los animales manifiestan la sabiduría y el poder de Dios. Cf. Sal 104.17-18,20-22.
ᵈ **12.11** Job 34.3.

ᵉ **12.17** *Hace que los sabios pierdan su inteligencia:* texto probable. Heb. *Quita a los sabios de su oficio.* Algunos traducen *Conduce desnudos a los consejeros.*
ᶠ **12.22** Cf. Dn 2.22.
ᵍ **12.24** Cf. Sal 107.40.
ʰ **12.17-25** Este cambio radical de las situaciones humanas expresa el poder supremo de Dios.
ᵃ **13.3-19** Job expresa de nuevo a sus amigos su deseo de pedir a Dios la explicación de su sufrimiento.
ᵇ **13.5** Cf. Pr 17.28.
ᶜ **13.7** Job se refiere a la falsa acusación de ser un malvado.

¹⁶ Quizá en eso esté mi salvación,
    pues un malvado no entraría hasta su presencia.
¹⁷ Escuchen, pues, con atención
    la exposición que voy a hacerles.
¹⁸ Voy a presentar mi defensa,
    y sé que tengo la razón.
¹⁹ Si alguien tiene de qué acusarme,
    yo guardaré silencio y moriré.
²⁰ Concédeme solo dos cosas, oh Dios,
    y no me esconderé de ti: *d*
²¹ Deja ya de castigarme
    y no me hagas sentir tanto miedo.
²² Llámame, y yo te responderé;
    o yo hablaré primero, y tú me responderás.
²³ Dime, ¿cuáles son mis pecados y delitos?
    ¿Cuáles son mis crímenes?
²⁴ ¿Por qué te escondes de mí? *e*
    ¿Por qué me tratas como a un enemigo?
²⁵ Soy como una hoja al viento,
    ¿por qué quieres destruirme?
    No soy más que paja seca,
    ¿por qué me persigues?
²⁶ Traes amargas acusaciones contra mí;
    me pides cuentas de las faltas de mi juventud.
²⁷ Me pones cadenas en los pies,
    vigilas todos mis pasos
    y examinas todas mis pisadas.
²⁸ Me voy deshaciendo, *f* como algo podrido,
    como ropa que se come la polilla.

14 ¹ El hombre, nacido de mujer,
    tiene una vida corta y llena de zozobras.
² Es como una flor que se abre y luego se marchita;
    pasa y desaparece como una sombra. *a*
³ ¿Y en este hombre has puesto los ojos,
    y contra él quieres entablar un juicio?
⁴ No hay nadie que pueda sacar
    pureza de la impureza.
⁵ Si tú eres quien determina
    cuánto ha de vivir el hombre,
    y le pones un límite que no puede pasar,
⁶ aparta de él tus ojos y déjalo en paz;
    ¡déjalo disfrutar de su vida de asalariado!
⁷ Cuando se corta un árbol,
    queda aún la esperanza de que retoñe
    y de que jamás le falten renuevos.
⁸ Aunque ya esté vieja la raíz
    y el tronco se esté pudriendo en el suelo,

⁹ al sentir la frescura del agua, reverdecerá;
    echará ramas como una planta tierna.
¹⁰ En cambio, el hombre muere sin remedio;
    y al morir, ¿a dónde va?
¹¹ El agua del mar podrá evaporarse,
    y los ríos quedarse secos;
¹² pero mientras el cielo exista,
    el hombre no se levantará de su tumba,
    no despertará de su sueño. *b*
¹³ ¡Ojalá me escondieras en el reino de la muerte
    mientras pasa tu ira,
    y fijaras un plazo para acordarte de mí!
¹⁴ Si un hombre muere, ¿volverá a vivir? *c*
    Yo esperaría todo el tiempo que durara mi servicio
    hasta que viniera el alivio de mis penas.
¹⁵ Tú me llamarías, y yo te respondería;
    me mirarías con afecto, pues eres mi creador.
¹⁶ Si ahora vigilas cada uno de mis pasos,
    entonces no te fijarías en mis pecados;
¹⁷ echarías mis faltas al olvido
    y me limpiarías de mis delitos.
¹⁸ Aun las montañas acaban por derrumbarse,
    y los peñascos por cambiar de sitio.
¹⁹ Así como el agua desgasta la piedra
    y las lluvias arrastran el polvo del suelo,
    así destruyes tú la esperanza del hombre.
²⁰ Lo derrotas para siempre, lo echas de su tierra,
    y él se va desfigurado.
²¹ Si sus hijos alcanzan honores, él no se entera;
    si caen en desgracia, él no se da cuenta;
²² solo siente los dolores de su propio cuerpo,
    el sufrimiento de su propio ser.

15 **Segunda serie de diálogos** *a* (Caps. 15—21)
Elifaz *b*
¹⁻² El que es sabio no responde con palabras huecas
    ni se hincha con razones que solo son viento;
³ no habla solo por hablar
    ni usa argumentos sin valor.
⁴ Pero tú acabas con la reverencia a Dios:
    ¡destruyes la devoción sincera! *c*
⁵ Tu mala conciencia hace que hables así
    y que uses palabras engañosas.
⁶ No hace falta que yo te acuse,
    pues tu propia boca te condena.
⁷ ¿Piensas que antes de ti no hubo ningún hombre,
    y que ni siquiera existían las montañas?

---

d **13.20** En 13.20—14.22, Job se dirige a Dios para pedirle explicación de su actitud y quejarse amargamente por su propio sufrimiento.
e **14.24** Cf. Sal 44.24(25).
f **13.28** *Me voy deshaciendo:* texto probable. Heb. *se va deshaciendo.* También puede unirse con lo que sigue, refiriéndolo al ser humano en general.
a **14.1-2** Cf. Sal 39.4-6(5-6); 102.11(12); 109.23; Ec 6.12; Eclo 40.1-10; Sab 2.1-4.
b **14.12** La esperanza de una vida más allá de la muerte no aparece en Israel sino más tarde. Cf. Sal 6.5(6); 88.10-12(11-13); 115.16-17; Is 38.18; Eclo 14.19. Al principio surge la idea de una vida nueva con Dios (Sal 16.10-11; Dn 12.12-13; 2 Mac 7.9,14,23; Sab 3.1-9).

Esta certeza aparecerá claramente en el NT (Mt 13.43; 1 Co 15; Ap 21—22).
c **14.14** La primera línea de este v. (14a) interrumpe la idea. En cuanto al sentido, puede unirse al v. 12 ó al 19.
a **15—21** Aquí comienza una segunda serie de intervenciones de los amigos de Job.
b **15.1-35** La argumentación de *Elifaz* sigue siendo la misma. Ante todo, reprocha a Job su manera de hablar, que, según él, procede más de la pasión que de la sabiduría (15.1-19).
c **15.4** El querer enfrentarse con Dios, es para Elifaz, un acto irreverente.

⁸ ¿Acaso te crees el consejero privado de Dios, ᵈ
o el único sabio del mundo?
⁹ ¿Qué sabes tú que nosotros no sepamos?
¿Qué conoces tú que nosotros ignoremos?
¹⁰ ¡Nosotros somos gente ya madura,
con más experiencia que tu propio padre!
¹¹ ¿No te basta con que Dios mismo te consuele
y con que te hablemos suavemente?
¹² ¿Por qué te dejas llevar de la pasión
y echas chispas por los ojos?
¹³ ¿Por qué te enfureces contra Dios
y das rienda suelta a tus protestas?
¹⁴ No hay hombre que sea puro
ni que esté libre de culpa.
¹⁵ Si ni aun los ángeles merecen toda su confianza,
si ni siquiera el cielo es puro a sus ojos,
¹⁶ ¡mucho menos el hombre, corrompido y despreciable,
que hace el mal como quien bebe agua! ᵉ

¹⁷ Escúchame, pues te voy a decir
algo que sé por experiencia,
¹⁸ algo que los sabios nos enseñan.
Ellos lo aprendieron de sus antepasados,
¹⁹ a quienes fue dada la tierra
y entre quienes no hubo mezcla de extranjeros.

²⁰ La vida del hombre malvado y violento
es corta y llena de tormentos. ᶠ
²¹ Oye ruidos que lo asustan;
cuando más seguro está, lo asaltan los ladrones.
²² No tiene esperanza de escapar de la oscuridad:
¡un puñal está en espera de matarlo!
²³ Su cadáver servirá de alimento a los buitres;
él sabe que su ruina ᵍ es inevitable.
²⁴ La oscuridad lo llenará de terror,
y lo asaltarán la angustia y la desgracia,
como cuando un rey ataca en la batalla.

²⁵ Esto le pasa al que levanta su mano contra Dios,
al que se atreve a desafiar al Todopoderoso,
²⁶ al que, protegido con un escudo,
se lanza en forma insolente contra Dios. ʰ
²⁷ Llenos de grasa tiene
la cara y los costados. ⁱ
²⁸ Las ciudades donde viva quedarán en ruinas;
las casas quedarán abandonadas
y convertidas en un montón de escombros.

²⁹ No será rico por mucho tiempo,
ni se extenderán sus posesiones en la tierra.
³⁰ No podrá escapar de las tinieblas.
Será como una planta cuyos retoños quema el fuego
o cuyas flores ʲ arranca el viento.
³¹ Que no confíe tontamente en el engaño,
pues no logrará más que ser engañado.
³² Antes de tiempo se marchitarán ᵏ sus ramas
y no volverán a reverdecer.
³³ Será como una vid cuyas uvas no maduran,
como un olivo cuyas flores se caen.
³⁴ Los impíos no tendrán descendencia,
y sus casas, enriquecidas con soborno,
arderán en el fuego.
³⁵ Están preñados de maldad y dan a luz desdicha;
el fruto que producen es el engaño. ˡ

16 Job ᵃ

¹⁻² Ya he oído muchas veces cosas parecidas.
Ustedes, en vez de consolarme, me atormentan.
³ ¿Es que no hay fin para las palabras huecas?
¿Qué manía es esa de contradecirme?
⁴ Si ustedes estuvieran ahora en mi lugar,
también yo hablaría como ustedes;
movería burlonamente la cabeza
y les lanzaría un torrente de palabras,
⁵ palabras amables y consoladoras,
para darles ánimo y valor. ᵇ
⁶ Pero ni el hablar calma mi dolor,
ni el callar me trae alivio.
⁷ Dios ha acabado con mis fuerzas;
me ha quitado todos mis amigos
⁸ y me ha puesto en prisión.
Ha levantado testimonios contra mí;
contra mí ha presentado acusaciones falsas.
⁹ El Señor me persigue y me desgarra,
me amenaza como una fiera,
me clava los ojos cual si fuera mi enemigo.
¹⁰ La gente se amontona contra mí,
me hace muecas
y me da de bofetadas para humillarme.
¹¹ Dios me ha puesto en manos
de gente malvada y criminal. ᶜ
¹² Yo estaba en paz, y él me agarró del cuello;
me estrujó, me hizo pedazos.
Me convirtió en el blanco de sus flechas.

ᵈ **15.8** Cf. Is 40.13; Jer 23.18; Ro 11.34.
ᵉ **15.14-16** Job 4.17-19.
ᶠ **15.20-35** En estos vv. viene la argumentación propiamente dicha. Elifaz repite el principio de que el malvado recibe inevitablemente su castigo.
ᵍ **15.23** *Su ruina:* texto probable. Heb. *en su mano.*
ʰ **15.25-26** *Esto le pasa... en forma insolente contra Dios:* Los amigos de Job afirmaban, con razón, que el orgullo y la arrogancia ante Dios (cf. 20.6; 22.17), lo mismo que la ambición desmesurada y la explotación de los pobres (20.19-21; 24.21), son los pecados que más atraen la condenación divina (cf. 24.22). Pero su error estaba en pensar que el pecado se castiga siempre en esta vida con una desgracia proporcionada. Véase 4.1—5.27 n.
ⁱ **15.27** Cf. Sal 73.7.
ʲ **15.30** *Flores:* según la versión griega (LXX). Heb. *boca.*
ᵏ **15.32** *Se marchitarán:* texto probable. Heb. *se llenará.*
ˡ **15.35** Cf. Sal 7.14(15); Is 59.4.
ᵃ **16.1—17.16** Job vuelve a rechazar las argumentaciones de sus amigos: ellos apelan a una falsa experiencia y describen a un Dios puramente imaginario, en vez de ponerse en lugar del que sufre (16.4), solo repiten frases hechas. De ahí la incapacidad de ellos para darle verdadero consuelo (16.1-2). También se lamenta apasionadamente de su situación, a la que no le ve salida.
ᵇ **16.4-5** También es posible tomar las frases de los vv. 4-5 desde *también yo...* como interrogativas equivalentes a una negación: *¿acaso hablaría yo como ustedes...?*
ᶜ **16.11** *Dios me ha puesto... y criminal:* traducción probable. El texto heb. de los vv. 7-11 es oscuro.

¹³ De todos lados me dispara;
atraviesa mi cuerpo sin ninguna compasión,
y se esparcen mis entrañas por el suelo.
¹⁴ Me abre herida tras herida,
se lanza contra mí como un guerrero.
¹⁵ Lleno de tristeza, me puse ásperas ropas
y hundí en el polvo mi cabeza.
¹⁶ La cara se me ha hinchado de llorar;
se me ha nublado la vista,
¹⁷ a pesar de que nunca hice violencia a nadie
y de que ha sido pura mi oración.

¹⁸ Este crimen contra mí, clama justicia;
¡tierra, no sepultes mi clamor! [d]
¹⁹ Alguien debe de haber en el cielo
que declare en mi favor,
²⁰ que interprete ante Dios mis pensamientos,
para que él vea mis lágrimas;
²¹ alguien que hable ante Dios en mi favor,
como se habla ante un hombre en favor de otro. [e]
²² Los pocos años que me quedan van pasando,
y pronto emprenderé el viaje sin regreso. [f]

17

¹ Me estoy quedando sin aliento;
mi vida va acercándose a su fin;
me está esperando la tumba.
² Junto a mí no hay más que gente burlona;
día y noche veo sus provocaciones.
³ Pero tú, Señor, puedes responder por mí;
¿quién sino tú puede hacerlo?
⁴ Tú, que les has entorpecido el entendimiento,
no dejes que me venzan. [a]
⁵ Sufrirán hambre [b] los hijos de quienes,
por una recompensa, traicionan a sus amigos.
⁶ Tú has hecho que todos hablen mal de mí
y que me escupan en la cara.
⁷ Los ojos se me nublan de dolor;
mi cuerpo es apenas una sombra.
⁸ Al ver esto, los buenos se quedan asombrados;
se enojan y me tienen por impío.
⁹ Insisten en que ellos son justos,
en que tienen limpias las manos. [c]
¹⁰ Pero vengan aquí, todos ustedes,
y no encontraré entre ustedes un solo sabio.
¹¹ Van pasando los días de mi vida,
y mis planes y deseos se ven frustrados.
¹² Pero ustedes convierten la noche en día;
¡a pesar de la oscuridad, dicen que la luz se acerca!
¹³ Lo único que puedo esperar es la muerte,

y tenderme a dormir en las tinieblas.
¹⁴ ¡Mi padre, mi madre, mis hermanos,
son los gusanos y el sepulcro!
¹⁵ ¿Dónde ha quedado mi esperanza?
¿Dónde está mi bienestar? [d]
¹⁶ ¿Bajarán conmigo al reino de la muerte,
para que juntos reposemos en el polvo? [e]

18 Bildad [a]

¹⁻² ¿Cuándo va a dejar de hablar esta gente?
Si fuera razonable, podríamos hablar.
³ ¿Por qué se nos trata como animales
y se nos considera estúpidos?
⁴ ¿Crees tú que por desgarrarte rabiosamente
va a quedar desierta la tierra
o las rocas van a cambiar de lugar?
⁵ Al malvado se le apagará la luz,
y su fuego no volverá a dar llama.
⁶ Su lámpara se apagará;
en su casa no brillará la luz.
⁷ Su paso firme perderá fuerza,
y quedará atrapado en su propia trampa.
⁸ Se pondrá una red a su paso,
y en esa red quedará atrapado.
⁹ Se tenderá un lazo a sus pies,
y alrededor del tobillo se le cerrará el nudo.
¹⁰ La trampa estará oculta en el camino
para atraparle cuando pase.
¹¹ Por todas partes se siente amenazado;
se siente perseguido a cada paso.
¹² Sus fuerzas se acaban por el hambre;
la desgracia está lista a caerle encima.
¹³ La enfermedad, hija preferida [b] de la muerte,
le devora la carne poco a poco.
¹⁴ Arrancado es también de la paz de su hogar
y llevado a rastras ante el rey del terror. [c]
¹⁵ Se prende fuego [d] a su casa;
sus posesiones son rociadas con azufre.
¹⁶ Es como un árbol de raíces secas
y ramas marchitas.
¹⁷ Su recuerdo se borrará de la tierra
y no se volverá a pronunciar su nombre. [e]
¹⁸ Lo arrojarán de la luz a las tinieblas;
lo expulsarán de este mundo.
¹⁹ No tendrá descendientes en su pueblo;
nadie en su casa quedará con vida. [f]
²⁰ Cuando sepan su destino, en oriente y occidente
quedarán espantados, llenos de terror.

---

[d] **16.18** La sangre derramada clama a Dios pidiendo justicia. Cf. Gn 4.10; Is 26.21; Ez 24.8.
[e] **16.19-21** Job 33.23-24.
[f] **16.22** Job 10.21.
[a] **17.4** Job describe su situación como la de un inocente perseguido por enemigos crueles (cf. Sal 13.1-4[2-5]; 30.1[2]; 41.11[12]).
[b] **17.5** *Sufrirán hambre:* lit. *se les debilitarán los ojos.* El hambre hace que la vista se debilite (cf. Jer 14.6).
[c] **17.9** Otra posible traducción: *Los justos se afirman en su proceder; los que tienen limpias las manos aumentan su vigor.*
[d] **17.15** *Mi bienestar:* según una versión antigua. Heb. *mi esperanza.*

[e] **17.16** Este v. también puede leerse como afirmación, para expresar la decepción de Job.
[a] **18.1-21** En su segunda intervención, más áspera que la primera (cap. 8), Bildad se contenta con volver a describir los castigos que sufre el malvado.
[b] **18.13** *Hija preferida:* Con esta imagen se expresa la estrecha relación entre la enfermedad y la muerte.
[c] **18.14** *Rey del terror* es otra imagen de la muerte.
[d] **18.15** *Se prende fuego:* texto probable. Heb. oscuro.
[e] **18.17** Cf. Sal 9.5(6); 34.16(17).
[f] **18.19** Cf. Sal 37.28.

²¹ En eso acaba la vida ᵍ del malvado,
del hombre que desprecia a Dios.

19 Job ᵃ

¹⁻² ¿Hasta cuándo van a atormentarme
y herirme con sus palabras?
³ Una y otra vez me insultan;
¿no se avergüenzan de tratarme así?
⁴ Aun cuando yo fuera culpable,
mi culpa solo a mí me afectaría.
⁵ Ustedes se creen mejores que yo,
y me echan en cara mi desgracia.
⁶ Pues sepan bien que Dios me ha derribado,
que es él quien me ha hecho caer en la trampa.
⁷ Yo grito: "¡Me matan!", y nadie responde;
pido ayuda, y nadie me hace justicia.
⁸ Dios me ha cerrado el camino para que yo no pase;
ha envuelto mis caminos en oscuridad.
⁹ Me ha despojado de mis riquezas;
me ha quitado mi corona. ᵇ
¹⁰ Me ha dejado en la más completa ruina;
¡ha dejado sin raíces mi esperanza!
¹¹ Descargó su ira contra mí
y me trató como a un enemigo.
¹² Todas sus tropas se lanzaron contra mí;
acamparon alrededor de mi casa
y prepararon el ataque.
¹³ Dios ha hecho que mis hermanos y amigos
se alejen de mí y me traten como a un extraño. ᶜ
¹⁴⁻¹⁵ Mis parientes y amigos me han abandonado;
los que vivían en mi casa me han olvidado.
Mis criadas me tienen por un extraño;
ya no me reconocen.
¹⁶ Si llamo a un criado, no contesta,
por más que se lo ruegue.
¹⁷ Si me acerco a mi esposa, me rechaza;
a mis propios hijos ᵈ les repugno.
¹⁸ Aun los niños me desprecian;
apenas me levanto, hablan mal de mí.
¹⁹ Mis más íntimos amigos me aborrecen;
los que más estimo se han vuelto contra mí. ᵉ
²⁰ La piel se me pega a los huesos,
y a duras penas logro seguir con vida. ᶠ
²¹ Tengan compasión de mí, ustedes mis amigos,
porque Dios ha dejado caer su mano sobre mí.
²² ¿Por qué me persiguen ustedes como Dios?
¿No me han mordido ya bastante?

²³ ¡Ojalá alguien escribiera mis palabras
y las dejara grabadas en metal!
²⁴ ¡Ojalá alguien con un cincel de hierro
las grabara en plomo o en piedra
para siempre!
²⁵ Yo sé que mi defensor ᵍ vive,
y que él será mi abogado aquí en la tierra.
²⁶ Y aunque la piel se me caiga a pedazos,
yo, en persona, ʰ veré a Dios.
²⁷ Con mis propios ojos he de verlo, ⁱ
yo mismo y no un extraño.

Las fuerzas me fallaron
²⁸ al oir que ustedes decían:
"¿Cómo podremos perseguirlo?
La raíz de sus males está en él mismo." ʲ
²⁹ Pero tengan miedo a la espada,
la espada con que Dios castiga el mal.
Sepan que hay uno que juzga. ᵏ

20 Sofar ᵃ

¹⁻² Tú me pones inquieto e impaciente;
por eso quiero contestarte.
³ Con tus reproches me insultas,
pero yo sé cómo responderte. ᵇ
⁴ Tú sabes que siempre ha sido así
desde que el hombre existe sobre la tierra:
⁵ la alegría del malvado dura poco;
su gozo es solo por un momento.
⁶ Aunque sea tan alto como el cielo
y su cabeza llegue hasta las nubes,
⁷ acabará como el estiércol
y sus amigos no sabrán su paradero. ᶜ
⁸ Desaparecerá como un sueño,
como una visión nocturna,
y nadie podrá encontrarlo. ᵈ
⁹ Los que vivían con él y lo veían,
no lo volverán a ver.
¹⁰ Sus hijos tendrán que devolver a los pobres
lo que él había robado. ᵉ
¹¹ En pleno vigor y juventud
bajará a la tumba.
¹² El mal le parece tan delicioso
que lo saborea con la lengua;
¹³ retiene su sabor en la boca y lo paladea lentamente.
¹⁴ Pero luego, en el estómago,
se le convierte en veneno de serpiente.

ᵍ **18.21** *La vida:* lit. *las habitaciones.*

ᵃ **19.1-29** En esta intervención Job insiste en que es Dios quien le ha causado esta calamidad.

ᵇ **19.9** *Corona:* símbolo de honor y de autoridad. Cf. Is 28.1.

ᶜ **19.13** Cf. Sal 31.11(12); 38.11(12); 69.8(9); 88.18(19).

ᵈ **19.17** *Mis propios hijos:* lit. *los hijos de mi vientre.* Algunos traducen *hermanos.*

ᵉ **19.19** Cf. Sal 41.9(10); Eclo 6.8-12.

ᶠ **19.20** *Y a duras... vida:* traducción probable. Heb. oscuro.

ᵍ **19.25** *Defensor:* Puede referirse a Dios mismo o a ese personaje hipotético mencionado en 9.33-34; 16.19-21.

ʰ **19.26** *Yo, en persona:* traducción probable. Otra posible traducción: *yo, sin carne.*

ⁱ **19.26-27** Job 42.5.

ʲ **19.27-28** *Las fuerzas... mismo:* traducción probable. Heb. oscuro.

ᵏ **19.29** Cf. Sal 58.11(12).

ᵃ **20.1-29** Una vez más, Sofar expone la doctrina conocida: el malvado recibirá el castigo merecido.

ᵇ **20.3** *Pero yo... responderte:* traducción probable. Heb. oscuro.

ᶜ **20.6-7** Cf. Sal 37.35-36.

ᵈ **20.8** Cf. Sal 1.4; Is 29.5; Sab 5.14.

ᵉ **20.10** *Sus hijos... robado:* traducción probable. Otra posible

15 Vomita las riquezas que había devorado;
Dios se las saca del estómago.
16 Estaba chupando veneno de serpiente,
y ese veneno lo matará.
17 No podrá disfrutar de la abundancia
de la leche y la miel, que corren como ríos.
18 Todo lo que había ganado, tendrá que devolverlo;
no podrá aprovecharlo ni gozar de sus riquezas.
19 Explotó y abandonó a los pobres;
se adueñó de casas que no había construido. *f*
20 Nunca quedaba satisfecho su apetito,
ni nada se libraba de su ambición;
21 nada escapaba a su voracidad.
Por eso no podrá durar su dicha.
22 Cuanta más abundancia tenga, más infeliz será;
sobre él caerá la mano de los malvados.
23 Cuando trate de llenar su estómago,
Dios descargará su ira sobre él:
hará llover sobre él su enojo. *g*
24 Si escapa de un arma de hierro,
lo alcanzarán con un arco de bronce.
25 La flecha le atravesará el cuerpo, *h*
y la punta le saldrá por el hígado.
Se llenará de terror;
26 total oscuridad lo envolverá. *i*
Un fuego que no hará falta avivar
acabará con él y con toda su casa.
27 El cielo pondrá al descubierto su pecado,
y la tierra se levantará para acusarlo.
28 Cuando la ira de Dios se desborde sobre él,
se perderán todas sus riquezas.
29 Esto es lo que Dios ha destinado para el malo;
esta es la suerte que le tiene preparada.

21 Job *a*

1-2 El mejor consuelo que ustedes pueden darme
es escuchar mis palabras.
3 Tengan paciencia mientras hablo,
y después, ríanse si quieren.

4 Mi pleito no es con ningún hombre;
por eso estoy tan impaciente.
5 Si me ponen atención,
se quedarán mudos de miedo.
6 Si yo mismo pienso en ello, me espanto;
mi cuerpo se estremece.
7 ¿Por qué siguen con vida los malvados,
y llegan a viejos, llenos de poder?
8 Ven crecer a sus hijos y a sus nietos,

que a su lado gozan de seguridad.
9 Nada amenaza la paz de sus hogares;
Dios no los castiga. *b*
10 Su ganado es siempre fecundo;
las crías nunca se malogran.
11 Sus hijos corretean y juegan como corderitos,
12 y alegres bailan y saltan
al son del arpa, los tambores y las flautas.
13 Terminan su vida en la prosperidad;
bajan tranquilos a la tumba.
14 A Dios le dicen: "¡Déjanos en paz,
no queremos conocer tus leyes!
15 ¿Quién es el Todopoderoso, para que le sirvamos?
¿Qué ganamos con orar ante él?" *c*
16 (Pero los malvados no son dueños de su bienestar.
¡Lejos de mí pensar como ellos!) *d*
17 ¿Cuándo se ha apagado la luz de los malvados?
¿Cuándo han caído en la desgracia?
¿Cuándo se ha enojado Dios con ellos
y los ha hecho sufrir?
18 ¿Cuándo han sido dispersados como paja
que arrastra el viento en sus torbellinos? *e*
19 Se dice que Dios hace pagar a los hijos
por las faltas de sus padres. *f*
Pero es el propio malvado
quien debe pagar y escarmentar. *g*
20 Él debe recibir el castigo
de la ira del Todopoderoso.
21 ¿Qué le importa lo que pueda pasarle a su familia
una vez que él haya muerto?
22 (Pero, ¿quién puede dar lecciones a Dios,
que juzga aun a los habitantes del cielo?) *h*
23 Hay quienes llegan a la muerte
llenos de vigor, felices y tranquilos,
24 llenos de prosperidad y de salud.
25 Otros, en cambio, viven amargados
y mueren sin haber probado la felicidad.
26 Sin embargo, todos en la tumba son iguales; *i*
a unos y a otros se los comen los gusanos.
27 Yo sé lo que ustedes piensan de mí
y las ideas perversas que tienen.
28 Se preguntan: "¿Dónde ha quedado la casa
de aquel malvado tirano?"
29 ¿No han hablado ustedes con la gente que viaja?
¿No han oído las cosas que ellos cuentan:
30 que cuando Dios se enoja, manda una desgracia
y al malvado no le pasa nada?

---

traducción: *Sus hijos, empobrecidos, tendrán que mendigar, pues él tuvo que devolver sus riquezas.*
f **20.19** Cf. Pr 14.31; 17.5.
g **20.23** *Hará llover sobre él su enojo:* texto probable. Heb. oscuro.
h **20.25** *La flecha le atravesará el cuerpo:* traducción probable. Heb. oscuro.
i **20.26** *Total oscuridad lo envolverá:* traducción probable. Heb. oscuro.
a **21.1-34** Nótese una vez más el modo de razonar de Job y el de sus amigos. Estos partían de una doctrina y la afirmaban sin aceptar la crítica que procede de la experiencia; Job, al contrario, argumenta a partir de la experiencia: no siempre se castiga al pecador; muchos impíos viven felices y acrecientan sus fortunas.
b **21.7-9** Cf. Sal 73.4; Mal 3.15.
c **21.14-15** Cf. Mal 3.14.
d **21.16** *(Pero los malvados... como ellos!):* Este v. interrumpe las palabras de Job, y puede entenderse como objeción de los amigos de Job o como paréntesis destinado al lector.
e **21.18** Cf. Sal 1.4.
f **21.19** Cf. Ex 20.5; 34.7; Nm 14.18; Dt 5.9; Jer 31.29; Ez 18.2.
g **21.19** Cf. Dt 24.16; Jer 31.30; Ez 18.20.
h **21.22** Véase 21.16 n.
i **21.26** Cf. Ec 2.14; 9.2-3.

³¹ Nadie le echa en cara su conducta,
nadie le da su merecido.
³²⁻³³ Y cuando al fin lo llevan a enterrar,
todos en cortejo lo acompañan,
unos delante y otros detrás,
y hacen guardia en el sepulcro,
y hasta la tierra es suave para él.
³⁴ ¡Es absurdo que ustedes quieran consolarme!
¡Es mentira todo lo que dicen!

22 Tercera serie de diálogos (Caps. 22—27)
Elifaz ᵃ

¹⁻² ¿Crees tú que el hombre, por muy sabio que sea,
puede serle a Dios de alguna utilidad?
³ ¿Qué interés o beneficio obtiene el Todopoderoso
de que tú seas recto e intachable? ᵇ
⁴ Si él te corrige y te llama a juicio,
no es porque tú le sirvas con fidelidad,
⁵ sino porque tu maldad es mucha
y tus pecados no tienen límite.
⁶ Tú, sin necesitarlo, exigías prenda a tus hermanos;
les quitabas su ropa y los dejabas desnudos. ᶜ
⁷ A quien tenía sed, no le dabas agua;
a quien tenía hambre, no le dabas de comer.
⁸ ¡Como eras poderoso y respetable,
te creías el dueño de la tierra!
⁹ Dejabas ir a las viudas con las manos vacías,
y maltratabas a los huérfanos. ᵈ
¹⁰ Por eso ahora el peligro te rodea
y te sientes de pronto lleno de terror.
¹¹ Todo es oscuridad, no puedes ver nada;
un torrente de agua te inunda.
¹² Dios está en lo más alto del cielo;
las estrellas más altas quedan a sus pies. ᵉ
¹³⁻¹⁴ ¿Cómo puedes decir que Dios no se da cuenta,
que las densas nubes le impiden juzgar?
¿Cómo puedes decir que Dios no ve
porque anda paseando de un lado a otro del cielo? ᶠ
¹⁵ ¿Piensas seguir por el camino oscuro
que han seguido los malvados?
¹⁶ Ellos murieron muy pronto
como arrebatados por un río crecido.
¹⁷ Decían a Dios: "¡Déjanos en paz!
¿Qué puede hacer el Todopoderoso por nosotros?"
¹⁸ (Y sin embargo, él fue quien llenó sus casas
de bienes.

¡Lejos de mí pensar como los malos!) ᵍ
¹⁹ Los justos ven esto y se alegran;
los inocentes se ríen
²⁰ al ver que las riquezas de los malos
acaban devoradas por el fuego.
²¹ Ponte de nuevo en paz con Dios,
y volverás a tener prosperidad.
²² Deja que él te instruya,
grábate en la mente sus palabras.
²³ Si te humillas, ʰ y te vuelves al Todopoderoso,
y alejas el mal de tu casa,
²⁴ y si miras aun el oro más precioso
como si fuera polvo, como piedras del arroyo,
²⁵ el Todopoderoso será entonces
tu oro y tu plata en abundancia.
²⁶ Él será tu alegría,
y podrás mirarlo con confianza.
²⁷ Si le pides algo, él te escuchará,
y tú cumplirás las promesas que le hagas. ⁱ
²⁸ Tendrás éxito en todo lo que emprendas;
la luz brillará en tu camino.
²⁹ Porque Dios humilla al orgulloso ʲ
y salva al humilde.
³⁰ Él te librará, si eres inocente, ᵏ
si estás limpio de pecado.

23 Job ᵃ

¹⁻² Una vez más mis quejas son amargas
porque Dios ha descargado su mano sobre mí. ᵇ
³ ¡Ojalá supiera yo dónde encontrarlo,
y cómo llegar a donde vive!
⁴ Presentaría ante él mi caso,
pues me sobran argumentos.
⁵ ¡Ya sabría cómo responder
a lo que él me contestara!
⁶ Pero él no usaría la fuerza como argumento,
sino que me escucharía
⁷ y reconocería que tengo la razón;
me declararía inocente,
¡me dejaría libre para siempre!
⁸ Pero busco a Dios en el oriente, y no está allí;
lo busco en el occidente, y no lo encuentro.
⁹ Me dirijo ᶜ al norte, y no lo veo;
me vuelvo ᵈ al sur, y no lo percibo.
¹⁰ Él conoce cada uno de mis pasos;
puesto a prueba, saldré puro como el oro.

ᵃ **22.1-30** Elifaz no se contenta con exponer la doctrina tradicional: insiste en acusar a Job de pecados supuestos, y lo invita a ponerse en paz con Dios a fin de recuperar la prosperidad.
ᵇ **22.1-3** Cf. Job 35.6-8.
ᶜ **22.6** Cf. Ex 22.25-26; Dt 23.19; 24.10-13.
ᵈ **22.9** Cf. Ex 22.22-24; Dt 24.17; 27.19.
ᵉ **22.12** *Las estrellas más altas quedan a sus pies:* lit. *mira la cumbre de las estrellas, cómo se elevan.*
ᶠ **22.13-14** Cf. Sal 73.11; Is 29.15; Eclo 16.17.
ᵍ **22.18** Véase 21.16 n.
ʰ **22.23** *Si te humillas:* según una versión antigua. Heb. *serás reconstruido.*
ⁱ **22.27** *Y tú cumplirás... hagas:* Cuando Job le pida algo a Dios,

haciéndole una promesa, Dios lo escuchará. Cf. Sal 22.26(27); 50.14(16); 61.8(9); 65.1-2(2-3).
ʲ **22.29** *Porque Dios humilla al orgulloso:* traducción probable. Heb. oscuro.
ᵏ **22.30** *Inocente:* según versiones antiguas. Heb. oscuro.
ᵃ **23.1-17** Job insiste, una vez más, en su deseo de enfrentarse con Dios en una especie de juicio, pero encuentra que es imposible. Cf. 31.35-37.
ᵇ **23.1-2** *Dios ha descargado su mano sobre mí:* según versiones antiguas. Heb. *mi mano pesa.*
ᶜ **23.9** *Me dirijo:* según versiones antiguas. Heb. *él se dirige.*
ᵈ **23.9** *Me vuelvo:* según versiones antiguas. Heb. *él se vuelve.*

¹¹ Yo siempre he seguido sin desviarme
el camino que él me ha señalado.
¹² Siempre he cumplido sus leyes y mandatos,
y no mi propia voluntad.
¹³ Cuando él decide realizar algo, lo realiza;
nada le hace cambiar de parecer.
¹⁴ Lo que él ha dispuesto hacer conmigo, eso hará,
junto con otras cosas semejantes.
¹⁵ Por eso le tengo miedo;
solo el pensarlo me llena de terror.
¹⁶ Dios, el Todopoderoso,
me tiene acobardado.
¹⁷ ¡Ojalá^e la noche me hiciera desaparecer
y me envolviera la oscuridad!

24 ¹ ¿Por qué el Todopoderoso no señala fechas
para actuar,^a
de modo que sus amigos puedan verlas?^b
² Los malvados cambian los linderos de los campos,
roban ovejas para aumentar sus rebaños,^c
³ despojan de sus animales
a los huérfanos y las viudas.
⁴ Apartan a los pobres del camino,
y la gente humilde tiene que esconderse.
⁵ Los pobres, como asnos salvajes del desierto,
salen a buscar con trabajo su comida,
y del desierto sacan alimento para sus hijos.
⁶ Van a recoger espigas en campos ajenos
o a rebuscar en los viñedos de los malos.
⁷ Pasan la noche sin nada con que cubrirse,
sin nada que los proteja del frío.
⁸ La lluvia de las montañas los empapa,
y se abrazan a las rocas en busca de refugio.

⁹ Les quitan^d a las viudas sus recién nacidos,
y a los pobres les exigen prendas.
¹⁰ Los pobres andan casi desnudos,
cargando trigo mientras se mueren de hambre.
¹¹ Mueven las piedras del molino para sacar aceite;
pisan las uvas para hacer vino,
y mientras tanto se mueren de sed.
¹² Lejos de la ciudad, los que agonizan
lloran y lanzan gemidos,
pero Dios no escucha su oración.

¹³ Hay algunos que odian la luz,
y en todos sus caminos se apartan de ella.^e
¹⁴ El asesino madruga para matar al pobre,
y al anochecer se convierte en ladrón.

¹⁵ El adúltero espera a que oscurezca,
y se tapa bien la cara,
pensando: "Así nadie me ve."
¹⁶ El ladrón se mete de noche en las casas.
Todos ellos se encierran de día;
son enemigos de la luz.
¹⁷ La luz del día es para ellos densa oscuridad;
prefieren los horrores de la noche.

Sofar^f
¹⁸ El malvado es arrastrado por el agua.
Sus tierras quedan bajo maldición
y nadie vuelve^g a trabajar en sus viñedos.
¹⁹ Con el calor de la sequía, la nieve se derrite;
y en el sepulcro, el pecador desaparece.
²⁰ Su propia madre se olvidará de él;
los gusanos se lo comerán,
y nadie volverá a acordarse de él.
El malo caerá como un árbol cortado.
²¹ Con las mujeres sin hijos y con las viudas
fue siempre cruel;^h jamás las ayudó.
²² Pero Dios, con su fuerza, derriba a los poderosos;
cuando él actúa, nadie tiene segura la vida.
²³ Dios los deja vivir confiados,
pero vigila cada uno de sus pasos.
²⁴ Por un momento se levanta el malo,
pero pronto deja de existir.
Se marchita como hierba arrancada,ⁱ
como espiga que se dobla.
²⁵ Y si esto no es así, ¿quién podrá desmentirme
y probar que estoy equivocado?^j

25 *Bildad*^a
¹⁻² Dios es poderoso y temible;
él establece la paz en el cielo.
³ Sus ejércitos son incontables,
su luz brilla sobre todos.
⁴ ¿Podrá, pues, un simple hombre
ser puro e inocente frente a Dios?
⁵ A sus ojos, ni la luna tiene brillo
ni son puras las estrellas,
⁶ ¡mucho menos el hombre;
este gusano miserable!

26 *Job*^a
¹⁻² ¡Qué manera de ayudar al débil,
de salvar al que ya no tiene fuerzas!

---

^e **23.17** *¡Ojalá!:* texto probable. Heb. *no.*

^a **24.1** *Fechas para actuar:* es decir, para dar a cada uno su merecido.

^b **24.1-17** En esta parte de su discurso, Job traza un cuadro pesimista de la opresión, el crimen y la maldad que reinan en este mundo.

^c **24.2** Cf. Dt 19.14; 27.17; Pr 22.28; 23.10; Os 5.10.

^d **24.9** *Les quitan:* El sujeto de este verbo es el mismo que el de los vv. 2-4: *los malvados.*

^e **24.13** Cf. Jn 3.20.

^f **24.18-25** *Sofar:* En el texto heb., los vv. 18-25 aparecen como continuación de las palabras de Job, y no se menciona un tercer discurso de *Sofar.* Generalmente se considera que 24.18-25 y 27.13-23 forman el tercer discurso de este.

^g **24.18** *Nadie vuelve:* otra posible traducción: *no vuelve.*

^h **24.21** *Fue siempre cruel:* texto probable. Heb. *apacentaba.*

ⁱ **24.24** *Como hierba arrancada:* según la versión griega (LXX). Heb. *como todo.*

^j **24.25** Algunos consideran que el v. 25 pertenece al discurso de Job, después de 24.17.

^a **25.1-6** En su tercera intervención, *Bildad* insiste en la grandeza de Dios, ante el cual nadie es inocente. El discurso de Bildad podría encontrarse en 25.1-6 y 26.5-14.

^a **26.1-4** *Job* insiste, una vez más, en su inocencia. Es probable que el discurso de Job esté en 26.1-4 y 27.1-12.

³ ¡Qué bien sabes dar consejos
  e instruir al ignorante!
⁴ ¿Con ayuda de quién has dicho esas palabras?
  ¿Quién te ha inspirado para hablar así?

Bildad [b]
⁵ Los muertos, que habitan el mar profundo,
  tiemblan de miedo en el fondo del mar.
⁶ El sepulcro, reino de la muerte,
  no encierra misterios para Dios.
⁷ Dios extendió el cielo [c] sobre el vacío
  y colgó la tierra sobre la nada.
⁸ Él encierra el agua en las nubes
  sin que las nubes revienten con el peso;
⁹ oscurece la cara de la luna [d]
  cubriéndola con una nube;
¹⁰ ha puesto el horizonte del mar
  como límite entre la luz y las tinieblas.
¹¹ Cuando Dios amenaza, tiemblan de miedo
  los montes en que se apoya el cielo. [e]
¹² Con su fuerza dominó al mar;
  con su habilidad derrotó al monstruo Rahab. [f]
¹³ Con su soplo dejó el cielo despejado;
  con su mano mató a la serpiente escurridiza.
¹⁴ Y esto no es más que una parte de sus obras;
  lo que hemos oído es apenas un murmullo.
  ¿Quién podrá entender su trueno poderoso? [g]

27 *Job*

¹⁻² [a] ¡Juro por Dios, por el Todopoderoso,
  quien se niega a hacerme justicia
  y me llena de amargura,
³ que mientras él me dé fuerza para respirar,
⁴ jamás diré mentiras
  ni pronunciaré palabras falsas!
⁵ Mientras yo viva, insistiré en mi inocencia;
  ¡no admitiré que ustedes tengan razón
  al acusarme!
⁶ No dejaré de insistir en mi honradez,
  pues no tengo nada que reprocharme.

⁷ ¡Que todo el que se declare mi enemigo
  corra la suerte del malvado y del injusto!

⁸ ¿Qué esperanza habrá para el impío
  cuando Dios le quite la vida?
⁹ Cuando se encuentre en dificultades,
  Dios no hará caso de sus ruegos.
¹⁰ Pues él no encuentra su alegría en el Todopoderoso,
  ni lo invoca en ningún momento.

¹¹ Voy a mostrarles el gran poder de Dios,
  los planes del Todopoderoso.
¹² Y si todos ustedes ya lo han visto,
  ¿por qué dicen cosas absurdas?

Sofar [b]
¹³ Este es el castigo que Dios, el Todopoderoso,
  dará a los hombres crueles y malvados:
¹⁴ aunque sus hijos sean muchos,
  morirán en la guerra o por no encontrar qué comer.
¹⁵ A los que queden con vida, los matará la peste,
  y sus viudas no los llorarán.

¹⁶ Aunque el malvado amontone plata como tierra,
  y tenga ropa en grandes cantidades,
¹⁷ será un hombre honrado el que use esa ropa
  y algún hombre honrado el que disfrute de esa plata.
¹⁸ La casa del malvado es frágil como un nido, [c]
  como la choza de quien cuida los campos.
¹⁹ Se acostará rico por última vez,
  y al despertar, ya no tendrá nada.
²⁰ El terror le llegará de día, [d]
  la tempestad se lo llevará de noche.
²¹ El viento huracanado del oriente
  lo arrancará de su casa;
²² soplará contra él sin compasión,
  por más que trate de escapar.
²³ El viento lo perseguirá con estruendos y silbidos. [e]

III. HIMNO A LA SABIDURÍA (28.1-28) [a]

28
¹ Hay minas de donde se saca la plata
  y lugares donde se refina el oro. [b]
² El hierro se saca de la tierra,
  y las piedras, al fundirse, producen el cobre.
³ El hombre ha puesto fin a las tinieblas:
  baja a los lugares más profundos
  y allí, en la oscuridad, busca piedras.

---

[b] **26.5-14** *Bildad:* En el texto heb., los vv. 5-14 aparecen como continuación del discurso de Job. Sin embargo, concuerdan mejor con el discurso de Bildad (25.1-6), demasiado corto, y por lo general se consideran continuación de este.
[c] **26.7** *Cielo:* lit. *norte* (heb. *safon*). Esta palabra fue originalmente el nombre cananeo del monte Casio, situado al norte de Palestina y, por extensión, llegó a significar *norte.* Véase Sal 48.2(3) nota b.
[d] **26.9** *Luna:* texto probable. Heb. *trono.*
[e] **26.11** Estos *montes* son los más altos de la tierra.
[f] **26.12** *Rahab:* Véase 9.13 n.; cf. Is 51.9.
[g] **26.14** Cf. Is 55.8; Eclo 43.32; Sab 9.13; 1 Co 2.16.
[a] **27.1-12** Lit. *Job continuó su exposición diciendo:* según el texto heb. Los vv. 1-12 se entienden generalmente como continuación de 26.1—4.
[b] **27.13-23** En el texto heb., los vv. 13-23 aparecen como continuación de las palabras de *Job.* Pero por lo general se considera que, junto con 25.18-25, forman parte del discurso de *Sofar,* que se echa de menos.

[c] **27.18** *Un nido:* otra posible traducción: *de polilla.*
[d] **27.20** *De día.* texto probable. Heb. *como agua.*
[e] **27.23** *El viento lo perseguirá con estruendos y silbidos:* traducción probable. Heb. oscuro.
[a] **28.1-28** Este himno a la sabiduría es una especie de intervalo entre la discusión de Job con sus amigos y su defensa final (caps. 29—31). Los vv. 1-12 contraponen la habilidad técnica de los mineros, que abren túneles en las rocas para extraer piedras y metales preciosos, y la incapacidad humana para alcanzar la sabiduría, cuyo valor inapreciable se describe a continuación (vv. 13-19). Al poner tan de relieve el carácter inaccesible de la sabiduría (vv. 20-28), el poema prepara la revelación de Dios en la última parte del libro (38.1—42.6).
[b] **28.1** La extracción de metales (plata, oro, hierro, cobre) de la tierra se ha practicado desde tiempos muy antiguos. Aquí se menciona como especialmente ingeniosa la excavación de minas subterráneas.

⁴ Balanceándose suspendidos de una soga,
abren minas en lugares solitarios,
en lugares por donde nadie pasa,
lejos de las ciudades. ᶜ
⁵ La tierra, por encima, produce trigo,
y por debajo está revuelta como por fuego.
⁶ Allí se encuentran zafiros,
y oro mezclado con tierra.
⁷ Ni los halcones ni otras aves de rapiña
han visto jamás esos senderos.
⁸ Las fieras no pasan por ellos
ni los frecuentan los leones.
⁹ El hombre pone la mano en el pedernal
y arranca de raíz las montañas.
¹⁰ Abre túneles en los peñascos
y descubre toda clase de tesoros.
¹¹ Explora los nacimientos ᵈ de los ríos
y saca a la luz cosas escondidas.
¹² ¿Pero de dónde viene la sabiduría?
¿En qué lugar está la inteligencia? ᵉ
¹³ El hombre no sabe lo que ella vale,
ni la encuentra en este mundo.
¹⁴ El océano dice: "Aquí no está",
y el mar: "Yo no la tengo."
¹⁵ No se puede conseguir con oro,
ni se puede comprar con plata.
¹⁶ No se puede pagar con el oro más precioso,
ni con joyas de cornalina o de zafiro.
¹⁷ Vale más que el oro y el cristal;
no se puede cambiar
por objetos de oro puro.
¹⁸ La sabiduría es más preciosa que el coral,
y que el cristal de roca y las perlas.
¹⁹ El crisólito de Etiopía no la iguala,
ni se puede pagar con el oro más fino.
²⁰ ¿De dónde, pues, viene la sabiduría?
¿En qué lugar está la inteligencia?
²¹ Está escondida a la vista de las fieras,
oculta a las aves del cielo.
²² Aun la destrucción y la muerte dicen:
"Solo de oídas hemos sabido de ella."
²³ Pero Dios conoce el camino de la sabiduría;
solo él sabe dónde encontrarla,
²⁴ pues él ve hasta el último rincón de la tierra
y todo lo que hay debajo del cielo.
²⁵ Cuando Dios le fijó la fuerza al viento
y puso un límite al agua,

²⁶ cuando estableció las leyes de la lluvia
y señaló el camino a la tormenta,
²⁷ también vio a la sabiduría, vio su justo valor,
la examinó y le dio su aprobación. ᶠ
²⁸ Y dijo Dios a los hombres:
"Servir fielmente al Señor: eso es sabiduría;
apartarse del mal: eso es inteligencia." ᵍ

IV. DEFENSA DE JOB (29—31) ᵃ

29 Job
¹⁻² ¡Ojalá pudiera yo volver a aquellos tiempos
en que Dios me protegía!
³ Cuando él me iluminaba con su luz
y yo podía andar en la oscuridad;
⁴ cuando yo estaba en plena madurez
y Dios cuidaba de mi hogar;
⁵ cuando el Todopoderoso estaba a mi lado
y mis hijos me hacían compañía;
⁶ cuando la leche corría por el suelo ᵇ
y el aceite brotaba de las rocas;
⁷ cuando yo tomaba asiento
en el lugar de reunión de la ciudad.
⁸ Los jóvenes, al verme, se hacían a un lado
y los ancianos se ponían de pie.
⁹ Aun los hombres importantes dejaban de hablar
y hacían señas de guardar silencio.
¹⁰ Los gobernantes bajaban la voz;
se les pegaba la lengua al paladar.
¹¹ La gente, al verme o escucharme,
me felicitaba y hablaba bien de mí,
¹² pues yo socorría al huérfano y al pobre,
gente a la que nadie ayudaba.
¹³ El que estaba en la ruina me daba las gracias;
mi ayuda era a las viudas motivo de alegría.
¹⁴ La justicia y la honradez
eran parte de mí mismo;
eran mi ropa de todos los días.
¹⁵ ¡Yo era ojos para el ciego
y pies para el lisiado,
¹⁶ padre de los necesitados
y defensor de los extranjeros!
¹⁷ Yo les rompía la quijada a los malvados
y les quitaba la presa de los dientes.
¹⁸ Yo pensaba: "Mis días serán tantos como la arena;
moriré anciano y en mi propio hogar.
¹⁹ Soy como un árbol plantado junto al agua, ᶜ
cuyas ramas baña el rocío de la noche.

ᶜ **28.4** *Balanceándose... ciudades:* traducción probable. Heb. oscuro.

ᵈ **28.11** *Explora los nacimientos:* texto probable. Heb. *ata* (o *detiene*) *las goteras.*

ᵉ **28.12** El estribillo (cf. v. 20) relativiza las discusiones de Job con sus amigos y, en general, todo el saber humano: la verdadera sabiduría se oculta a los ojos de los hombres; solo Dios la posee y conoce sus caminos (v. 23).

ᶠ **28.12-28** Cf. Pr 8.22-31; Eclo 1.6-9; Bar 3.15,29-37.

ᵍ **28.28** Este v. es la culminación del poema: la sabiduría de Dios supera toda capacidad humana; pero hay una sabiduría más humilde, que Dios ha querido revelar y poner al alcance de todos. Esta sabiduría consiste en *servir fielmente al Señor* (lit. *temer al Señor:* Véase Dt 6.13 nota *j*). Cf. también Job 1.1; Sal 111.10; Pr 1.7; 9.10; 15.33; Eclo 1.14; 15.1; 19.20.

ᵃ **29—31** Los caps. 29—31 presentan la defensa final de Job: recuerda ante todo su situación anterior de prosperidad (cap. 29) y luego describe su miseria presente (cap. 30); finalmente insiste en su inocencia (cap. 31).

ᵇ **29.6** *La leche corría por el suelo:* lit. *me lavaba los pies en leche.* Estas imágenes expresan la abundancia y prosperidad de Job.

ᶜ **29.19** Cf. Sal 1.3.

²⁰ Mi esplendor se renovará conmigo,
 y no me faltarán las fuerzas."

²¹ Todos me escuchaban
 y esperaban en silencio mis consejos.
²² Después de hablar yo, ninguno replicaba.
 Mis palabras caían gota a gota sobre ellos,
²³ y ellos las esperaban ansiosos,
 como se espera la lluvia en tiempo de calor.
²⁴ Cuando yo les sonreía, apenas lo creían,
 y no dejaban de mirar mi rostro alegre.
²⁵ Yo establecía mi autoridad sobre ellos
 y decidía lo que ellos debían hacer,
 como un rey al frente de sus tropas.
 Cuando estaban tristes, yo los consolaba.

30

¹ Pero ahora se ríen de mí
 muchachos más jóvenes que yo,
 cuyos padres no hubiera yo aceptado
 para estar con los perros que cuidaban mis rebaños.
² ¿De qué me hubiera servido la fuerza de sus brazos?
 Ellos eran gente desgastada
³ por el hambre terrible y la necesidad.
 De noche, en el desierto solitario,
 tenían que roer raíces secas;
⁴ arrancaban hierbas amargas de los matorrales,
 y hasta raíces de retama *ᵃ* comían. *ᵇ*
⁵ Eran gente rechazada por la sociedad,
 perseguida a gritos como los ladrones;
⁶ tenían que vivir en cuevas,
 en los barrancos y entre los peñascos;
⁷ aullaban en la maleza,
 amontonados bajo sus matorrales.
⁸ Gente inútil, hijos de nadie,
 indignos de vivir en el país.

⁹ Pero ahora ellos se burlan
 y hacen chistes a costa mía.
¹⁰ Con repugnancia se alejan de mí,
 y hasta me escupen en la cara.
¹¹ Ahora que estoy desarmado y humillado,
 no me tienen ningún respeto.
¹² A mi lado se presentan en montón,
 me hacen caer, me atacan
 y procuran darme muerte.
¹³ Me cierran el camino, para destruirme,
 y nadie los detiene. *ᶜ*
¹⁴ Como por un boquete abierto en la muralla,
 se lanzan sobre mí con gran estruendo.
¹⁵ El terror cayó sobre mí;
 mi dignidad huyó como el viento,
 mi prosperidad, como una nube.
¹⁶ Ya no tengo ganas de vivir;
 la aflicción se ha apoderado de mí.

¹⁷ El dolor me penetra hasta los huesos;
 sin cesar me atormenta por las noches.
¹⁸ Dios me ha agarrado por el cuello,
 y con fuerza me sacude *ᵈ* la ropa.
¹⁹ Me ha arrojado en el lodo,
 como si yo fuera polvo y ceniza.

²⁰ Te pido ayuda, oh Dios, y no respondes,
 te suplico y no me haces caso.
²¹ Te has vuelto cruel conmigo,
 me persigues con rigor.
²² Haces que el viento me arrebate,
 que la tempestad me sacuda.
²³ Ya sé que tú quieres llevarme a la muerte,
 al destino reservado a todo ser viviente.
²⁴ ¿Acaso no he ayudado al pobre
 y lo he salvado de su miseria? *ᵉ*
²⁵ ¿Acaso no he llorado por el que sufre,
 ni tenido compasión del necesitado?
²⁶ Yo esperaba la felicidad, y vino la desdicha;
 aguardaba la luz, y llegó la oscuridad.
²⁷ Mi corazón se agita sin descanso;
 solo me esperan días de aflicción.
²⁸ Llevo una vida triste, sin luz de sol;
 delante de todos pido ayuda.
²⁹ Parezco hermano de los chacales,
 amigo de los avestruces. *ᶠ*
³⁰ Mi piel se ha vuelto negra,
 mi cuerpo arde a causa de la fiebre.
³¹ La música de las arpas y las flautas
 se convirtió para mí en llanto de dolor.

31

¹ Yo me he impuesto la norma
 de no codiciar ni siquiera a las solteras.
² ¿Cuál es la recompensa que el Todopoderoso
 da a cada hombre desde lo alto del cielo?
³ ¿No es acaso al malvado y pecador
 a quien corresponde la desgracia?
⁴ ¿O es que Dios no ve lo que hago
 ni observa cada uno de mis pasos?

⁵ Juro que nunca he procedido con malicia
 ni he intentado engañar a nadie.
⁶ ¡Que Dios me pese con balanza justa,
 y se convencerá de mi inocencia!
⁷ Si me he desviado del camino recto,
 si me he dejado llevar de la codicia,
 si algo ajeno se ha encontrado en mi poder,
⁸ que otros se coman lo que yo he sembrado
 y arranquen de raíz lo que planté.

⁹ Si me he dejado seducir de una mujer
 o me he puesto a espiar a la mujer de mi vecino, *ᵃ*
¹⁰ que mi esposa sea esclava de *ᵇ* otros
 y que extraños se acuesten con ella.

ᵃ **30.4** *Retama:* Esta planta no es propiamente comestible. Véase Sal 120.4 n.
ᵇ **30.4** *Comían:* Algunos, cambiando las vocales de la palabra hebrea, traducen *para calentarse.*
ᶜ **30.13** *Los detiene:* texto probable. Heb. *los ayuda.*
ᵈ **30.18** *Sacude:* texto probable. Heb. *desfigura.*
ᵉ **30.24** *¿Acaso no... su miseria?:* traducción probable. Heb. oscuro.
ᶠ **30.29** *Avestruces:* animales salvajes, que viven lejos de los hombres.
ᵃ **31.9** Aquí se trata de la mujer casada. Cf. Pr 6.23-35; 7.6-27; Eclo 9.3,8-9.
ᵇ **31.10** *Sea esclava de:* lit. *muela para.*

¹¹ Pues mis acciones serían infames;
   serían actos dignos de castigo.
¹² Serían como un incendio destructor
   que destruiría todo lo que tengo.
¹³ Si mis criados me reclamaban algo,
   yo siempre atendía a sus peticiones.
¹⁴ ¿De qué otra manera podría yo presentarme ante Dios?
   ¿Qué le respondería cuando él me pidiera cuentas?
¹⁵ Un mismo Dios nos formó en el vientre,
   y tanto a ellos como a mí nos dio la vida.
¹⁶ Nunca dejé de socorrer al pobre en su necesidad,
   ni permití que las viudas pasaran hambre.
¹⁷ Nunca comí yo solo mi bocado
   sin compartirlo con el huérfano.
¹⁸ Siempre traté al huérfano ᶜ como un padre;
   siempre fui protector de las viudas.
¹⁹ Cuando yo veía que alguien moría por falta de ropa,
   o que un pobre no tenía con qué cubrirse,
²⁰ con la lana de mis propias ovejas le daba calor,
   y él me quedaba agradecido.
²¹ Jamás amenacé a un huérfano
   valiéndome de mi influencia con los jueces.
²² Y si esto no es verdad,
   que los brazos se me rompan;
   que se me caigan de los hombros.
²³ Yo temía el castigo de Dios;
   ¡no habría podido resistir su majestad!
²⁴ Jamás el oro ha sido para mí
   la base de mi confianza y seguridad. ᵈ
²⁵ Jamás mi dicha ha consistido
   en tener grandes riquezas
   o en ganar mucho dinero.
²⁶ He visto brillar el sol
   y avanzar la luna en todo su esplendor,
²⁷ pero jamás los adoré en secreto
   ni les envié besos con la mano. ᵉ
²⁸ Esto habría sido digno de castigo;
   ¡habría sido negar al Dios del cielo!
²⁹ Nunca me alegré del mal de mi enemigo,
   ni de que le hubiera venido una desgracia. ᶠ
³⁰ Jamás lancé sobre él una maldición
   ni le deseé la muerte.

³¹ Si algunos de los que vivían conmigo
   querían abusar de un extranjero, ᵍ
³² yo no lo dejaba pasar la noche en la calle.
   Siempre abrí las puertas de mi casa a los viajeros.
³³ Jamás he ocultado mis faltas, como hacen otros, ʰ
   ni he tratado de tenerlas en secreto
³⁴ por miedo de la gente. ⁱ
   Jamás me he quedado encerrado y en silencio
   por temor al desprecio de mis familiares.
³⁵ ¡Ojalá que alguien me escuchara!
   Con mi firma respaldo lo que he dicho;
   ahora, ¡que el Todopoderoso me responda!
   Las acusaciones que me hagan por escrito,
³⁶ las llevaré conmigo honrosamente;
   me las pondré por corona. ʲ
³⁷ Yo daré cuenta a Dios de todas mis acciones,
   me acercaré con dignidad a su presencia.
³⁸ Mis tierras no claman al cielo contra mí,
   ni sus surcos lloran afligidos. ᵏ
³⁹ Pero si a alguien le he robado sus productos,
   o si he explotado a los campesinos,
⁴⁰ ¡que mis tierras produzcan espinos en vez de trigo,
   y mala hierba en vez de cebada!

Con esto terminó Job su defensa.

V. DISCURSOS DE ELIHÚ (32—37) ᵃ

32 ¹ Al ver los tres hombres que Job insistía en que era inocente, dejaron de discutir con él. ² Entonces un hombre llamado Elihú, ᵇ hijo de Baraquel el buzita, ᶜ descendiente de Ram, no pudo contener más su enojo contra Job, al ver que insistía en su inocencia y culpaba a Dios. ³ Pero también se enojó con los tres amigos de Job, porque, al no haber sabido responderle, habían hecho quedar mal a Dios. ᵈ ⁴ Como Elihú era el más joven de todos, esperó a que los otros terminaran de hablar con Job; ⁵ pero al ver que ellos no sabían ya cómo responderle, no se pudo contener ⁶ y comenzó a hablar.

Primer discurso de Elihú
Elihú
Como yo soy joven y ustedes ancianos,
no me atrevía a expresarles mi opinión.

ᶜ **31.18** *Traté al huérfano:* traducción probable. Heb. oscuro.
ᵈ **31.24** Cf. Sal 49.6(7); 52.6-7(8-9); Eclo 31.5-11.
ᵉ **31.26-27** En muchos pueblos antiguos era frecuente adorar al sol y a la luna. Cf. Dt 4.19.
ᶠ **31.29** Cf. Pr 24.17.
ᵍ **31.31** *Querían abusar de un extranjero:* lit. *querían saciarse de su carne.* Parece referirse al abuso sexual contra los extranjeros, como en el caso de Sodoma y Gomorra (Gn 19); otros lo interpretan como una forma extrema de agresividad.
ʰ **31.33** *Como hacen otros:* otra posible traducción: *como Adán.*
ⁱ **31.34** *Por miedo de la gente:* Esta frase también puede unirse con lo que sigue.
ʲ **31.36** Job está seguro de su inocencia. Cf. 10.6-7.
ᵏ **31.38** La tierra habría clamado al cielo si Job hubiera cometido injusticias contra los que la trabajaban. Cf. Stg 5.4.
ᵃ **32—37** Elihú aparece de manera inesperada, cuando parecía que la discusión había ya acabado (32.15). Su larga intervención interrumpe la continuidad del poema, dado que el desafío lanzado por Job (31.35-37) estaba pidiendo una respuesta de Dios, que ahora se hace esperar (hasta el cap. 38). Además, no se vuelve a mencionar a Elihú en el resto del libro, ni siquiera cuando el Señor pronuncia su veredicto acerca de Elifaz y sus *dos* amigos (42.7). Esto hace pensar que quizá el propio autor del libro sintió la necesidad de agregar algunas precisiones a lo que había expuesto antes (cf. 32.1) y añadió, más tarde, esta serie de discursos.
ᵇ **32.2** A diferencia de los otros amigos de Job, el nombre *Elihú* es israelita y significa *Él es mi Dios;* ya se utilizaba en la época de los Jueces (1 S 1.1; 1 Cr 12.21; 26.7; 27.18).
ᶜ **32.2** *Buzita:* perteneciente a la tribu de Buz en el oriente (cf. Jer 25.23).
ᵈ **32.3** *A Dios:* texto probable. El texto heb. tiene *a Job,* que se considera generalmente como una corrección de los escribas, por eufemismo.

⁷ Y pensé: "Que hable la voz de la experiencia;
que muestren los muchos años su sabiduría."
⁸ Aunque en realidad todo hombre
tiene entendimiento,
pues el Todopoderoso le infundió su espíritu.
⁹ Los muchos años no hacen sabio a nadie,
ni las barbas traen consigo una recta comprensión.
¹⁰ Por eso dije: "Ahora, que me escuchen,
pues yo también tengo algo que decir." ᵉ
¹¹ Yo he estado atento y he escuchado
los argumentos presentados por ustedes.
Les he visto buscar las mejores palabras,
¹² y he visto también que ninguno de ustedes
ha podido darle a Job la debida respuesta. ᶠ
¹³ Pues para que no se crean ustedes tan sabios,
Dios, y no un hombre, le responderá. ᵍ
¹⁴ Pero, ni Job se ha dirigido a mí,
ni yo voy a contestarle como ustedes.
¹⁵ Job, estos tres están confundidos
y les faltan palabras para responderte;
¹⁶ pero no creas que yo voy a callar porque ellos callan,
porque se quedan sin responderte.
¹⁷ Voy a tomar parte en el asunto
y diré lo que tengo que decir.
¹⁸ Estoy tan lleno de palabras
que ya no puedo contenerme;
¹⁹ estoy a punto de estallar,
como el vino encerrado en cueros nuevos.
²⁰ Tengo que hablar para desahogarme,
tengo que darte una respuesta.
²¹ No voy a halagar a nadie;
trataré a todos por igual.
²² En realidad, yo no acostumbro hacer halagos;
¡el Creador me castigaría en seguida
si los hiciera!

33

¹ Por lo tanto, Job, escucha mis palabras;
pon atención a lo que voy a decirte.
² Ya tengo en los labios la respuesta:
³ voy a hablar con sinceridad
y a decir francamente lo que pienso.
⁴ Dios, el Todopoderoso, me hizo,
e infundió en mí su aliento.
⁵ Respóndeme, si puedes;
prepárate a hacerme frente.
⁶ Tú y yo somos iguales ante Dios;
yo también fui formado de barro.

⁷ Así que no tienes por qué asustarte de mí,
pues no te voy a imponer mi autoridad.
⁸ Me parece que te oí decir
(tales son las palabras que escuché):
⁹ "Yo soy puro e inocente,
y no tengo falta ni pecado.
¹⁰ Pero Dios busca de qué acusarme,
y me trata como a su enemigo;
¹¹ me ha puesto cadenas en los pies,
y vigila cada uno de mis pasos."
¹² Pero tal afirmación es incorrecta,
pues Dios es más grande que los hombres.
¹³ ¿Por qué le echas en cara
que no conteste a ninguno de tus argumentos?
¹⁴ Dios habla de muchas maneras,
pero no nos damos cuenta.
¹⁵ A veces lo hace en las noches,
en un sueño o una visión,
cuando los hombres ya duermen,
cuando el sueño los domina.
¹⁶ Dios habla al oído de los hombres;
los reprende y los llena de miedo,
¹⁷ para apartarlos de sus malas obras
y prevenirlos contra el orgullo. ᵃ
¹⁸ Así los libra de la tumba,
los salva de la muerte.
¹⁹ Otras veces Dios corrige al hombre
con enfermedades,
con fuertes dolores en todo su cuerpo.
²⁰ Todo alimento, aun el más delicioso,
le resulta entonces insoportable.
²¹ La carne se le va desgastando,
se le pueden ver los huesos.
²² Su vida está al borde del sepulcro,
a las puertas de la muerte.
²³ Pero si hay cerca de él un ángel, ᵇ
uno entre mil ᶜ que hable en su favor
y dé testimonio de su rectitud, ᵈ
²⁴ que le tenga compasión y diga a Dios:
"Líbralo de la muerte,
pues he encontrado su rescate",
²⁵ entonces su cuerpo recobrará la salud
y volverá a ser como en su juventud.
²⁶ Hará súplicas a Dios, y él lo atenderá;
con alegría verá a Dios cara a cara,
y cantará ᵉ a los hombres la bondad de Dios. ᶠ

ᵉ **32.9-10** Este joven critica con arrogancia la sabiduría de los antiguos, pero no la sustituye por nada que pueda considerarse realmente nuevo.
ᶠ **32.11-12** Elihú se presenta como espectador atento y silencioso de un debate que aparentemente se había desarrollado sin testigos. Esto le permite citar algunas frases de Job y conocer lo que sus amigos habían expresado antes.
ᵍ **32.13** *Pues para... le responderá:* otra posible traducción: *No se crean ustedes tan sabios y que solo Dios, no un hombre, les puede responder.*
ᵃ **33.17** *Para apartarlos... el orgullo:* traducción probable. Heb. oscuro.

ᵇ **33.23** Según parece, a este *ángel* o mediador celestial se le atribuye una doble misión: la de explicar al pecador el porqué de su enfermedad y sus padecimientos, a fin de hacerlo volver al arrepentimiento y al buen camino, y la de interceder por él para que Dios le devuelva la salud.
ᶜ **33.23** *Uno entre mil:* alusión a la multitud de ángeles que forman la corte celestial del Señor en el cielo (cf. 1 R 22.19; Job 1.6; Dn 7.10; Ap 5.11).
ᵈ **33.23** Job 5.1; 16.19-21.
ᵉ **33.26** *Cantará:* texto probable. Heb. *devolverá*.
ᶠ **33.26** *Y cantará a los hombres la bondad de Dios:* otra posible traducción: *y Dios le restituirá al hombre su bondad.*

²⁷ Dirá:ᵍ "Pequé, cometí injusticias,
pero Dios no quiso castigarme;
²⁸ por el contrario, me salvó de la muerte
y todavía puedo ver la luz."
²⁹ Así trata Dios al hombre
una y otra vez;
³⁰ lo salva de la muerte,
lo deja seguir viendo la luz.
³¹ Escúchame, Job, con atención;
guarda silencio mientras hablo.
³² Si tienes algo que decir, respóndeme;
si tienes razón, lo admitiré con gusto; ʰ
³³ pero si no, escúchame en silencio,
y yo te enseñaré a ser sabio.

34 Segundo discurso de Elihú

¹⁻² Ustedes, sabios e instruidos,
escuchen mis palabras.
³ El oído distingue las palabras,
igual que el paladar reconoce los sabores. ᵃ
⁴ Así también, examinemos nosotros el caso
y decidamos lo que nos parezca mejor.
⁵ Job afirma: "Yo soy inocente,
pero Dios se niega a hacerme justicia.
⁶ Sería una mentira el admitir que soy culpable;
mi herida no sana, aun cuando no he pecado." ᵇ
⁷ ¡No hay nadie como Job!
Se burla de Dios como quien bebe agua;
⁸ le gusta juntarse con los malvados,
andar con la gente mala.
⁹ Dice que nada gana el hombre
con tratar de agradar a Dios.
¹⁰ Pero ustedes, gente sensata, escúchenme.
¡Ni pensar que Dios, el Todopoderoso,
haga el mal o cometa injusticias!
¹¹ Él paga a cada uno según sus obras;
hace que cada cual reciba lo que merece. ᶜ
¹² En verdad, Dios, el Todopoderoso,
no hace nada malo ni injusto;
¹³ de nadie recibió el poder
para gobernar al mundo entero.
¹⁴⁻¹⁵ Si les quita a los hombres
el aliento de vida,
todos ellos mueren por igual
y otra vez vuelven al polvo. ᵈ
¹⁶ Si tú eres sensato, escúchame;
pon atención a mis palabras.
¹⁷ Si Dios odiara la justicia, no podría gobernar.
¿Cómo puedes condenar a quien es inmensamente justo?

¹⁸ Si los reyes y los nobles son malvados,
Dios no duda en echárselo en cara.
¹⁹ Él no se pone de parte de los gobernantes,
ni favorece más a los ricos que a los pobres,
pues él fue quien los hizo a todos.
²⁰ Los hombres mueren en un instante,
en medio de la noche;
la gente se alborota y desaparece;
el poderoso es eliminado
sin esfuerzo humano.
²¹ Dios vigila los pasos del hombre
y conoce todas sus andanzas.
²² No hay tinieblas tan oscuras
que puedan ocultar a un malhechor.
²³ Dios no fija un plazo al hombre ᵉ
para que se presente ante él a juicio.
²⁴ No necesita investigar
para derribar a los grandes
y dar a otros su lugar.
²⁵ Dios conoce lo que hacen,
llega de noche y los destroza.
²⁶ Los azota como a criminales,
a la vista de todos,
²⁷ porque no quisieron obedecerle
ni aceptar sus normas de conducta.
²⁸ Hicieron que los gritos de los pobres y oprimidos
llegaran hasta Dios, y él los escuchó.
²⁹ Pero si Dios calla, ¿quién podrá condenarlo?
Si oculta su rostro, ¿quién podrá verlo?
Él vigila ᶠ a pueblos e individuos
³⁰ para que no gobierne al pueblo
un malvado que lo engañe.
³¹ ¿Acaso le has dicho a Dios:
"Me dejé engañar; no volveré a pecar.
³² Muéstrame las faltas que yo no veo.
Si he actuado mal, no lo volveré a hacer"?
³³ ¿Acaso quieres que Dios te recompense
como mejor te parezca,
aunque tú lo hayas rechazado?
Ya que eres tú quien decide, y no yo,
dinos lo que sabes. ᵍ
³⁴ Los hombres sabios que me escuchan,
y las personas sensatas, me dirán:
³⁵ "Job está hablando sin saber;
sus palabras no tienen sentido.
³⁶ ¡Que se examine a fondo a Job,
pues sus respuestas son las de un malvado!
³⁷ Job no solo es pecador, sino rebelde;
delante de nosotros se burla de Dios
y se pone a discutir con él."

ᵍ **33.27** *Dirá:* texto probable. Heb. *Cantará ante los hombres y dirá.*

ʰ **33.32** Elihú pide una respuesta, pero en realidad no trata de entrar en diálogo ni con Job ni con sus amigos. En ningún momento deja de hablar y solo se escucha a sí mismo (cf. v. 33).

ᵃ **34.3** Job 12.11.

ᵇ **34.5-6** Job 27.1-5.

ᶜ **34.11** Cf. Sal 62.11-12(12-13); Pr 24.12; Jer 17.10; Ez 18.30; 33.20; Eclo 16.12,14; Mt 16.27; Ro 2.6.

ᵈ **34.14-15** Cf. Sal 104.29.

ᵉ **34.23** *Dios no fija un plazo al hombre:* otra traducción posible: *No toca al hombre fijar un plazo.*

ᶠ **34.29** *Vigila:* texto probable. Heb. *igualmente.*

ᵍ **34.31-33** *¿Acaso le has... lo que sabes:* traducción probable. El texto heb. de estos vv. es oscuro.

JOB 35, 36

35 Tercer discurso de Elihú

1-2 ¿Te parece justo, Job, afirmar
que Dios debe darte la razón?
3 Pues le has dicho a Dios:
"¿Qué te importa si yo peco?
¿En que te perjudica *a* mi pecado?" *b*
4 Pues yo te voy a responder
a ti, y también a tus amigos.
5 Fíjate en el cielo,
y mira qué altas están las nubes sobre ti.
6 Si pecas, eso no afecta a Dios;
por muchos pecados que cometas, no le haces nada.
7 Y si actúas bien, nada le das;
no le haces ningún beneficio.
8 Es a los hombres como tú
a quienes afecta tu pecado
y a quienes benefician tus buenas acciones. *c*

9 Bajo el peso de la opresión, los hombres gritan
y buscan quien los salve de los poderosos;
10 pero no buscan al Dios que los creó,
al que da fuerzas *d* en las horas más oscuras,
11 al que nos instruye y nos enseña
por medio de los animales y las aves.
12 Gritan, pero Dios no les contesta,
porque son hombres malos y orgullosos.
13 Dios, el Todopoderoso,
no hace caso a las falsedades.
14 Aun cuando dices que no ves a Dios,
espéralo, pues tu caso está en su presencia. *e*
15 Dices que él no se enoja ni castiga,
que no presta mucha atención al pecado.
16 ¡Pero, Job, estás diciendo cosas sin sentido,
estás hablando mucho y sin inteligencia!

36 Cuarto discurso de Elihú

1-2 Ten un poco de paciencia, y te instruiré,
pues aún tengo argumentos a favor de Dios.
3 Usaré mis amplios conocimientos
para mostrar que mi Creador tiene razón.
4 Te aseguro que no diré nada falso;
tienes delante a un sabio consumado.
5 Dios es poderoso e inmensamente sabio,
y no desprecia al inocente. *a*
6 No perdona la vida al malvado,
pero hace justicia a los pobres;
7 siempre protege a los hombres rectos;
afirma a los reyes en sus tronos,
y los mantiene en alta posición.

8 Pero si son sujetados con cadenas
y el dolor los atormenta,
9 Dios les hace ver el mal que cometieron
y cómo se dejaron llevar por el orgullo.
10 Les habla para corregirlos
y pedirles que dejen su maldad.
11 Si le hacen caso y se someten,
gozan de dicha y felicidad
por el resto de sus días.
12 Pero si no hacen caso,
mueren y bajan al sepulcro
antes de que puedan darse cuenta.
13 Los impíos se llenan de furor,
y ni aun estando presos piden ayuda.
14 Mueren en plena juventud;
su vida termina en forma vergonzosa. *b*
15 Por medio del sufrimiento, Dios salva al que sufre;
por medio del dolor lo hace entender. *c*
16 A ti también te libró de los peligros,
y te dio abundancia y libertad;
llenó tu mesa de comidas deliciosas.
17 En ti se cumple la sentencia del malvado,
y no podrás evitar que se te juzgue y condene.
18 Cuida de no dejarte sobornar,
de no dejarte seducir por el mucho dinero.
19 En la angustia no te servirán de nada
tus gritos ni todo tu poder.
20 No suspires por que llegue la noche,
cuando los pueblos desaparecen. *d*
21 Cuida de no volver a la maldad,
tú que fuiste probado por el sufrimiento.

22 Fíjate en el gran poder de Dios.
Ningún maestro es comparable a él;
23 nadie puede decirle lo que tiene que hacer,
ni echarle en cara el haber hecho mal.
24 Todo el mundo alaba sus obras;
acuérdate también tú de alabarlas.
25 Todo hombre puede verlas,
aunque sea de lejos.
26 Dios es tan grande,
que no podemos comprenderlo;
tampoco podemos contar sus años.
27 Él recoge en un depósito las gotas de agua,
y luego las convierte en lluvia.
28 La lluvia chorrea de las nubes
y cae en aguaceros sobre la gente.
29 ¿Quién entiende por qué avanzan las nubes,
o por qué resuena el trueno en el cielo?

---

a **35.3** *¿En qué te perjudica...?:* según dos versiones antiguas. Heb. *¿Qué provecho saco...?*
b **35.3** Job 7.20.
c **35.6-8** Job 22.2-3.
d **35.10** *Fuerzas:* traducción probable. Otra posible traducción: *canciones.*
e **35.14** *Espéralo... en su presencia:* otra posible traducción: *que tu caso está en sus manos y tú sigues esperando.*
a **36.5** *Al inocente:* según la versión griega (LXX). En el texto heb. no aparecen estas palabras.

b **36.14** *En forma vergonzosa:* lit. *como los que practican la prostitución cúltica* (cf. Dt 23.17; 1 R 14.24).
c **36.15** Elihú insiste una vez más en el carácter pedagógico del sufrimiento (cf. Job 33.19). La prueba es un llamado que Dios dirige al pecador (36.10), a fin de librarlo de la muerte (33.29-30; cf. Ez 18.23; 33.11). Este tema, esbozado por Elifaz (5.17-27; 22.21-30) y por Sofar (11.13-19), ocupa un lugar más destacado en los discursos de Elihú.
d **36.17-20** *En ti se... desaparecen:* traducción probable. El texto heb. de estos vv. es oscuro.

⁣³⁰ Dios extiende el relámpago sobre el mar,
dejando oculto el fondo del océano. *e*
³¹ Así alimenta *f* a los pueblos
y les da comida en abundancia.
³² Sujeta el rayo entre sus manos,
y este da en el blanco, tal como él lo ordena.
³³ El trueno anuncia a Dios,
la tempestad proclama su ira. *g*

37

¹ Al ver la tempestad, mi corazón palpita
como si fuera a salírseme del pecho.
² Escuchen el estruendo de la voz de Dios,
el trueno que sale de su boca.
³ Él lanza el relámpago por todo el cielo
y de un extremo a otro de la tierra.
⁴ Luego se oye un estruendo,
cuando hace resonar su voz majestuosa;
y mientras se oye el trueno,
los relámpagos *a* no cesan.
⁵ Cuando Dios hace tronar su voz,
se producen maravillas;
suceden grandes cosas que nadie puede comprender.
⁶ Ordena a la nieve caer sobre la tierra
y hace que la lluvia caiga con violencia.
⁷ Hace que los hombres se queden en sus casas,
y que todos reconozcan que él es quien actúa. *b*
⁸ Los animales entran en sus cuevas,
y allí se quedan escondidos.
⁹ Del sur viene el huracán,
y del norte viene el frío.
¹⁰ Por el soplo de Dios se forma el hielo
y las aguas extensas se congelan. *c*
¹¹ Él carga de humedad las nubes,
y hace que de ellas surja el rayo;
¹² y el rayo va, zigzagueando por el cielo,
cumpliendo así las órdenes de Dios
en toda la superficie de la tierra.
¹³ De todo ello se vale Dios para castigar a la tierra
o para mostrarle su bondad.
¹⁴ Job, ten paciencia y escucha,
considera las cosas admirables que hace Dios.
¹⁵ ¿Sabes tú cómo Dios dispone todo esto,
y cómo brilla el relámpago en la nube?
¹⁶ ¿Sabes tú cómo flotan las nubes en el aire,
prueba admirable de su perfecta inteligencia?
¹⁷ Tú te sofocas de calor entre tu ropa
cuando el viento del sur adormece la tierra.
¹⁸ ¿Puedes tú ayudar a Dios a extender el cielo
y dejarlo firme como una hoja de metal? *d*

¹⁹ Enséñanos qué debemos decirle a Dios,
pues estamos a oscuras y sin argumentos.
²⁰ Yo ni siquiera le diría que quiero hablar,
pues sería como querer que me destruya.
²¹ No es posible ver la luz del sol
cuando las nubes lo ocultan;
pero si el viento sopla, el cielo se aclara.
²² Resplandores de oro aparecen por el norte,
cuando Dios se rodea de terrible majestad.
²³ No podemos comprender al Todopoderoso,
pues él es inmensamente fuerte y justo;
es recto y no oprime a nadie.
²⁴ Por eso los hombres le temen;
nada significan los sabios para él.

VI. DISCURSOS DEL SEÑOR Y RESPUESTAS DE JOB (38.1—42.6)

38

Dios interpela a Job ¹ Entonces el Señor le habló a Job de en medio de la tempestad. *a*

El Señor
² ¿Quién eres tú para dudar de mi providencia
y mostrar con tus palabras tu ignorancia? *b*
³ Muéstrame ahora tu valentía,
y respóndeme a estas preguntas: *c*
⁴ ¿Dónde estabas cuando yo afirmé la tierra?
¡Dímelo, si de veras sabes tanto!
⁵ ¿Sabes quién decidió cuánto habría de medir,
y quién fue el arquitecto que la hizo?
⁶ ¿Sobre qué descansan sus cimientos?
¿Quién le puso la piedra principal de apoyo, *d*
⁷ mientras cantaban a coro las estrellas de la aurora
entre la alegría de mis servidores celestiales?
⁸ Cuando el mar brotó del seno de la tierra,
¿quién le puso compuertas para contenerlo?
⁹ Yo le di una nube por vestido
y la niebla por pañales.
¹⁰ Yo le puse *e* un límite al mar
y cerré con llave sus compuertas.
¹¹ Y le dije: "Llegarás hasta aquí,
y de aquí no pasarás;
aquí se romperán *f* tus olas arrogantes." *g*
¹² ¿Alguna vez en tu vida has dado órdenes
de que salga la aurora y amanezca el día?
¹³ ¿Y de que la luz se difunda por la tierra
y los malvados vayan a esconderse?
¹⁴ Entonces aparecen los relieves de la tierra *h*
y se tiñen de color como un vestido;

---

e **36.29-30** Cf. Sal 18.13-15(14-16); Eclo 43.13-16.
f **36.31** *Alimenta:* texto probable. Heb. *juzga.*
g **36.33** *El trueno... su ira:* traducción probable. Heb. oscuro.
a **37.4** *Los relámpagos:* texto probable. Estas palabras no aparecen en el texto heb.
b **37.7** *Todos reconozcan que él es quien actúa:* según versiones antiguas. Heb. *todos los hombres que él hizo reconozcan.*
c **37.10** Cf. Sal 147.17; Eclo 43.20.
d **37.18** Cf. Gn 1.6.
a **38.1** La respuesta de Dios a Job está articulada en dos discursos:

el primero (38.1—40.2) habla de la grandeza de Dios creador y gobernador del mundo natural; acerca del segundo, véase Job 40.6 n.
b **38.2** Job 42.3.
c **38.3** Job 40.7.
d **38.6** Los antiguos hebreos concebían la tierra como una plataforma asentada sobre bases sólidas (cf. Sal 24.2; 104.5; Pr 8.29; Zac 12.1).
e **38.10** *Puse:* según una versión antigua. Heb. *rompí.*
f **38.11** *Se romperán:* según una versión antigua. Heb. *pondré en.*
g **38.8-11** Cf. Sal 104.6-9; Pr 8.29; Jer 5.22.
h **38.14** *Entonces aparecen... de la tierra:* lit. *entonces se moldea como el barro por un sello.* Se trata de sellos de relieve.

¹⁵ se les niega la luz a los malvados
y se pone fin a su amenaza.

¹⁶ ¿Has visitado el misterioso abismo
donde tiene sus fuentes el océano?

¹⁷ ¿Has visto dónde están las puertas
del tenebroso reino de la muerte?

¹⁸ ¿Tienes idea de la anchura de la tierra?
¡Dímelo, si en verdad lo sabes todo!

¹⁹ ¿En dónde están guardadas
la luz y las tinieblas?

²⁰ ¿Sabes hacerlas llegar hasta el último rincón
y que luego regresen a su casa?

²¹ ¡Debes de saberlo, pues tienes tantos años
que para entonces ya habrías nacido!

²² ¿Has visitado los depósitos
donde guardo la nieve y el granizo

²³ para enviarlos en tiempos de desgracia,
en tiempos de batallas y de guerra? *ⁱ*

²⁴ ¿Qué caminos sigue la luz al repartirse?
¿Cómo se extiende el viento del este sobre el mundo?

²⁵ ¿Quién abre una salida al aguacero
y señala el camino a la tormenta,

²⁶ para que llueva en el desierto,
en lugares donde nadie vive,

²⁷ para que riegue la tierra desolada
y haga brotar la hierba?

²⁸ ¿Quién es el padre de la lluvia y del rocío?

²⁹ ¿Quién es la madre del hielo y de la escarcha?

³⁰ ¿Quién vuelve el agua dura como la piedra
y congela la superficie del océano?

³¹ ¿Eres tú quien mantiene juntas a las Pléyades
y separadas las estrellas de Orión? *ʲ*

³² ¿Eres tú quien saca a su hora
al lucero de la mañana?
¿Eres tú quien guía a las estrellas
de la Osa Mayor y de la Osa Menor?

³³ ¿Conoces tú las leyes que gobiernan el cielo?
¿Eres tú quien aplica esas leyes en la tierra?

³⁴ ¿Puedes dar órdenes a las nubes
de que te inunden con agua?

³⁵ Si mandas al rayo que vaya a alguna parte,
¿acaso te responde: "Aquí estoy, a tus órdenes"?

³⁶ ¿Quién dio instinto inteligente
a aves como el ibis *ᵏ* o el gallo? *ˡ*

³⁷ ¿Quién es tan sabio que sepa cuántas nubes hay?
¿Quién puede vaciarlas para que den su lluvia,

³⁸ para que el polvo se convierta en barro
y se peguen los terrones entre sí?

³⁹ ¿Eres tú quien busca presa para las leonas,
para que coman sus cachorros hasta llenarse,

⁴⁰ cuando se esconden en su guarida
o se ponen al acecho en la maleza?

⁴¹ ¿Quién da de comer a los cuervos,
cuando sus crías andan buscando comida
y con grandes chillidos me la piden?

39 ¹ ¿Sabes cuándo dan a luz las cabras monteses?
¿Has visto parir a las hembras del venado?

² ¿Sabes cuántos meses necesitan
para que den a luz?

³ Al dar a luz se encorvan,
y entonces nacen sus crías.

⁴ Luego estas se hacen fuertes,
crecen en el campo,
y al fin se van y no regresan.

⁵ ¿Quién dio libertad al asno salvaje?
¿Quién lo dejó andar suelto?

⁶ Yo le señalé, como lugar donde vivir,
el desierto y las llanuras salitrosas.

⁷ No le gusta el ruido de la ciudad,
ni obedece a los gritos del arriero.

⁸ Recorre las lomas en busca de pasto,
buscando cualquier hierba verde para comer.

⁹ ¿Crees que el toro salvaje querrá servirte
y pasar la noche en tu establo?

¹⁰ ¿Podrás atarlo al yugo y obligarlo a arar,
o a ir detrás de ti rastrillando el campo?

¹¹ ¿Podrás confiar en él porque es tan fuerte,
y dejar que te haga tus trabajos?

¹² ¿Crees que te servirá para recoger tu cosecha
y para juntar el grano en tu era?

¹³ Ahí tienes al avestruz: aletea alegremente,
como si tuviera alas de cigüeña, *ᵃ*

¹⁴ y abandona los huevos en la arena
para que se incuben al calor del sol.

¹⁵ No piensa que alguien puede aplastarlos,
que algún animal puede pisotearlos.

¹⁶ Es cruel con sus crías, como si no fueran suyas,
y no le importa que resulte inútil su trabajo.

¹⁷ Es que yo no le di inteligencia;
le negué el buen sentido.

¹⁸ Pero cuando se levanta y echa a correr,
se ríe de caballos y jinetes.

¹⁹ ¿Acaso fuiste tú quien dio fuerza al caballo,
quien adornó su cuello con la crin?

²⁰ ¿Acaso tú lo haces saltar como langosta,
con ese soberbio resoplido que impone terror?

²¹ Escarba arrogante en la llanura,
y sin temor se lanza a la batalla.

²² Se ríe del terror y no se asusta,
ni se acobarda ante la espada,

²³ por más que resuene la aljaba del jinete
y lancen chispas las lanzas y las jabalinas.

²⁴ Con ímpetu incontenible devora las distancias;
suena la trompeta
y ya no puede estarse quieto.

ⁱ **38.22-23** Cf. Ex 9.13-35; Jos 10.11; Is 30.30.
ʲ **38.31** Job 9.9; Am 5.8.
ᵏ **38.36** *Ibis:* ave de Egipto que aparecía durante las inundaciones del Nilo.
ˡ **38.36** *Gallo:* Según los antiguos, el gallo anunciaba la lluvia.
ᵃ **39.13** *Ahí tienes... de cigüeña:* traducción probable. Heb. oscuro.

²⁵ Contesta con relinchos al toque de trompeta;
desde lejos siente el olor de la batalla
y oye las voces de mando y el griterío.
²⁶ ¿Acaso eres tan sabio
   que enseñas a volar al halcón,
y a tender su vuelo hacia el sur?
²⁷ ¿Eres tú quien ha ordenado al águila
que ponga su nido en las alturas?
²⁸ Ella vive día y noche en los peñascos,
levanta su fortaleza en un picacho.
²⁹ Desde allá arriba mira
y acecha a su presa.
³⁰ Sus crías se alimentan de sangre,
y donde hay cadáveres, allí se la encuentra.

40 ¹⁻² ᵃ Tú, que querías entablarme juicio
a mí, al Todopoderoso,
¿insistes todavía en responder? ᵇ

Job ᶜ
³⁻⁴ ¿Qué puedo responder yo, que soy tan poca cosa?
Prefiero guardar silencio.
⁵ Ya he hablado una y otra vez,
y no tengo nada que añadir.

Dios vuelve a interpelar a Job ⁶ Volvió el Señor a hablarle a Job de en medio de la tempestad. ᵈ

El Señor
⁷ Muéstrame ahora tu valentía,
y respóndeme a estas preguntas: ᵉ
⁸ ¿Pretendes declararme injusto y culpable,
a fin de que tú aparezcas inocente?
⁹ ¿Acaso eres tan fuerte como yo?
¿Es tu voz de trueno, como la mía?
¹⁰ Revístete entonces de grandeza y majestad,
cúbrete de gloria y esplendor.
¹¹ Mira a todos los orgullosos:
da rienda suelta a tu furor y humíllalos.
¹² Sí, derríbalos con tu mirada,
aplasta a los malvados donde se encuentren.
¹³ Sepúltalos a todos en la tierra,
enciérralos en la prisión de los muertos.
¹⁴ Entonces yo mismo reconoceré
que fue tu poder el que te dio la victoria.
¹⁵ Fíjate en el monstruo Behemot, ᶠ
criatura mía igual que tú:
come hierba, como los bueyes;
¹⁶ mira qué fuertes son sus lomos,
y qué poderosos sus músculos.
¹⁷ Su cola es dura como el cedro,
los tendones de sus patas forman nudos.
¹⁸ Sus huesos son como tubos de bronce,
como barras de hierro.
¹⁹ Es mi obra maestra;
solo yo, su creador, puedo derrotarlo.
²⁰ De los montes, donde juegan las fieras,
le traen hierba para que coma.
²¹ Se echa debajo de los lotos,
se esconde entre las cañas del pantano.
²² Los lotos le dan sombra,
los álamos del arroyo lo rodean.
²³ Si el río crece, no se asusta;
aunque el agua ᵍ le llegue al hocico, está tranquilo.
²⁴ ¿Quién es capaz de agarrarlo y sacarle los ojos,
o de pasarle un lazo por la nariz?

41 ¹ ⁽⁴⁰·²⁵⁾ ᵃ Y a Leviatán, ᵇ ¿lo pescarás con un anzuelo?
¿Podrás atarle la lengua con una cuerda?
² ⁽⁴⁰·²⁶⁾ ¿Podrás pasarle un cordel por las narices
o atravesarle con un gancho la quijada?
³ ⁽⁴⁰·²⁷⁾ ¿Acaso va a rogarte que le tengas compasión,
y a suplicarte con palabras tiernas?
⁴ ⁽⁴⁰·²⁸⁾ ¿Acaso harás que te prometa
ser tu esclavo toda la vida?
⁵ ⁽⁴⁰·²⁹⁾ ¿Jugarás con él como con un pajarito?
¿Lo atarás como juguete de tus hijas?
⁶ ⁽⁴⁰·³⁰⁾ ¿Se pondrán a regatear por él en el mercado?
¿Lo cortarán en pedazos para venderlo?
⁷ ⁽⁴⁰·³¹⁾ ¿Podrás atravesarle el cuero con flechas,
o la cabeza con arpones?
⁸ ⁽⁴⁰·³²⁾ Si llegas a ponerle la mano encima,
te dará tal batalla que no la olvidarás,
y nunca volverás a hacerlo.
⁹ ⁽¹⁾ Con solo ver a Leviatán,
cualquiera se desmaya de miedo.
¹⁰ ⁽²⁾ Si alguien lo provoca, se pone furioso;
nadie es capaz de hacerle frente.
¹¹ ⁽³⁾ ¿Quién, que se le enfrente, ᶜ saldrá sano y salvo?
¡Nadie ᵈ en todo el mundo! ᵉ
¹² ⁽⁴⁾ No dejaré de mencionar sus patas
y su fuerza sin igual. ᶠ
¹³ ⁽⁵⁾ ¿Quién puede quitarle el cuero que lo cubre,
o atravesar su doble coraza ᵍ protectora?
¹⁴ ⁽⁶⁾ ¿Quién puede abrirle el hocico,
con su cerco de terribles dientes?

ᵃ **40.1-2** La mayoría de los mss. colocan las palabras: *El Señor respondió a Job:* al principio de este v.
ᵇ **40.1-2** Job 13.15-23; 23.5; 31.35-37.
ᶜ **40.3-5** La primera respuesta de Job es un reconocimiento de su pequeñez ante Dios.
ᵈ **40.6** En la segunda parte de su respuesta, Dios insistirá en su grandeza ante Job; la inocencia del hombre, aun cuando tenga que sufrir, no significa que Dios sea injusto (40.7—41.34).
ᵉ **40.7** Job 38.3.
ᶠ **40.15** *Behemot:* monstruo legendario, descrito con los rasgos del hipopótamo.
ᵍ **40.23** *El agua:* lit. *el Jordán.*

ᵃ **41.1(40.25)** En el texto heb. los vv. 41.1-34 están numerados como 40.25—41.26.
ᵇ **41.1(40.25)** *Leviatán:* Véase 3.8 n.
ᶜ **41.11(3)** *Se le enfrente:* texto probable. Heb. *se me enfrente.*
ᵈ **41.11(3)** *Nadie:* texto probable. Heb. *para mí él.*
ᵉ **41.10-11(2-3)** Algunos traducen los vv. 10-11(2-3) así, refiriéndolos a Dios: *No será cruel cuando lo provoque. Nadie es capaz de hacerme frente. ¿Quién, que se me enfrente, saldrá sano y salvo? Todo en el mundo es mío.*
ᶠ **41.12(4)** *Sin igual:* texto probable. Heb. oscuro.
ᵍ **41.13(5)** *Coraza:* según la versión griega (LXX). Heb. *freno.*

15 (7) Sus lomos ʰ son hileras de escudos
cerrados y duros como la piedra. ⁱ
16 (8) Tan apretados están unos contra otros,
que ni el aire puede pasar entre ellos.
17 (9) Tan unidos y trabados están,
que nadie puede separarlos.
18 (10) Sus estornudos son como relámpagos;
sus ojos brillan como el sol cuando amanece.
19 (11) De su hocico salen llamaradas
y se escapan chispas de fuego.
20 (12) De sus narices sale humo,
como de una caldera que hierve ʲ al fuego.
21 (13) Su aliento enciende las brasas,
de su hocico salen llamas.
22 (14) Su cuello es tan fuerte
que ante él todos se llenan de miedo.
23 (15) Aun la parte carnosa de su cuerpo
es dura e impenetrable, como hierro fundido.
24 (16) Tiene el corazón duro como la roca,
duro como piedra de moler.
25 (17) Cuando él se levanta, los dioses ᵏ se espantan
y huyen llenos de terror.
26 (18) Ni espada ni lanza ni flecha ni dardo
sirven de nada para atacarlo.
27 (19) Para él, el hierro es como paja,
y el bronce como madera podrida.
28 (20) Las flechas no lo hacen huir;
lanzarle piedras es como lanzarle paja.
29 (21) Un golpe de mazo le es como un golpe de caña;
se ríe al oír silbar las jabalinas.
30 (22) Cuando se arrastra, abre surcos en el barro,
como si lo hiciera con afilados trillos.
31 (23) Hace hervir como una olla al mar profundo;
como una caldera para mezclar ungüentos.
32 (24) Va dejando en el agua una estela
blanca y brillante como melena de canas.
33 (25) No hay en la tierra nada que se le parezca;
fue hecho para no sentir miedo jamás.
34 (26) Hace frente aun a los más arrogantes,
y es el rey de todas las fieras.

42 Dios vuelve a interpelar a Job
Job ᵃ
1-2 Yo sé que tú lo puedes todo

y que no hay nada que no puedas realizar.
³ ¿Quién soy yo para dudar de tu providencia,
mostrando así mi ignorancia? ᵇ
Yo estaba hablando de cosas que no entiendo,
cosas tan maravillosas que no las puedo comprender.
⁴ Tú me dijiste: "Escucha, que quiero hablarte;
respóndeme a estas preguntas." ᶜ
⁵ Hasta ahora, solo de oídas te conocía,
pero ahora te veo con mis propios ojos. ᵈ
⁶ Por eso me retracto arrepentido,
sentado en el polvo y la ceniza. ᵉ

VII. EPÍLOGO (42.7-17)
Dios devuelve la prosperidad a Job ⁷ Después que el Señor dijo estas cosas a Job, dijo también a Elifaz: "Estoy muy enojado contigo y con tus dos amigos, porque no dijeron la verdad acerca de mí, como lo hizo mi siervo Job. ᶠ ⁸ Tomen ahora siete toros y siete carneros y vayan a ver a mi siervo Job, y ofrézcanlos como holocausto ᵍ por ustedes. Mi siervo Job orará por ustedes, y yo aceptaré su oración y no les haré ningún daño, aunque se lo merecen por no haber dicho la verdad acerca de mí, como lo hizo mi siervo Job."

⁹ Elifaz, Bildad y Sofar fueron e hicieron lo que el Señor les ordenó, y el Señor aceptó la oración de Job. ʰ

¹⁰ Después que Job oró por sus amigos, Dios le devolvió su prosperidad anterior, ⁱ y aun le dio dos veces más de lo que antes tenía. ¹¹ Entonces fueron a visitarlo todos sus hermanos, hermanas y amigos, y todos sus antiguos conocidos, y en su compañía celebraron un banquete en su casa. Le ofrecieron sus condolencias y lo consolaron por todas las calamidades que el Señor le había enviado, y cada uno de ellos le dio una cantidad de dinero y un anillo de oro.

¹² Dios bendijo a Job en sus últimos años más abundantemente que en los anteriores. Llegó a tener catorce mil ovejas, seis mil camellos, mil yuntas de bueyes y mil asnas. ʲ ¹³ También tuvo catorce ᵏ hijos y tres hijas. ¹⁴ A la mayor la llamó Jemimá, ˡ a la segunda, Quesiá ᵐ y a la tercera, Queren-hapuc. ⁿ ¹⁵ No había en todo el mundo mujeres tan bonitas como las hijas de Job. Su padre las hizo herederas de sus bienes, junto con sus hermanos. ñ

¹⁶⁻¹⁷ Después de esto, Job vivió ciento cuarenta años, ᵒ y murió a una edad muy avanzada, llegando a ver a sus hijos, nietos, bisnietos y tataranietos.

ʰ **41.15(7)** *Sus lomos:* según varias versiones antiguas. Heb. *su orgullo.*
ⁱ **41.15(7)** *Y duros como la piedra:* traducción probable. Heb. *un sello de piedra.*
ʲ **41.20(12)** *Que hierve:* según dos versiones antiguas. Heb. *juncos.*
ᵏ **41.25(17)** *Dioses:* otra posible traducción: *héroes.*
ᵃ **42.1-6** En su intervención final, Job reconoce el poder supremo y la providencia de Dios, y su propia incapacidad de comprender los designios divinos.
ᵇ **42.3** Job 38.2.
ᶜ **42.4** Job 38.3, 40.7.
ᵈ **42.5** Lo más importante para Job no es haber puesto en claro la doctrina sobre la retribución, sino haberse encontrado con Dios.
ᵉ **42.6** Ante la grandeza de Dios, Job confiesa con humildad su pequeñez.

ᶠ **42.7** *Mi siervo Job:* Cf. Dt 34.5; Jos 24.29; Is 41.9; 42.1.
ᵍ **42.8** Job 1.5.
ʰ **42.7-9** La retractación de Job no quiere decir que sus amigos tenían razón. Al contrario: él debe interceder por quienes lo habían injuriado y no habían dicho la verdad acerca de Dios.
ⁱ **42.10** Job 1.1-3.
ʲ **42.12** El doble de lo que tenía antes: cf. 1.3.
ᵏ **42.13** *Catorce:* Algunas versiones traducen *siete.*
ˡ **42.14** En heb., *Jemimá* significa *paloma.*
ᵐ **42.14** En heb., *Quesiá* significa *canela.*
ⁿ **42.14** En heb., *Queren-hapuc* significa *pomo de cosméticos.*
ñ **42.15** *Hermanos:* En Israel, las hijas no recibían herencia sino en casos especiales (cf. Nm 27.1-11; 36.1-13).
ᵒ **42.16-17** Cf. Gn 25.7-8; 35.28-29. *Ciento cuarenta:* Según Sal 90.10, la vida normal del ser humano son setenta años.

Salmos

Todas las instituciones y prácticas del Antiguo Testamento que tienen que ver con el culto —el templo de Jerusalén, el sacerdocio levítico y los sacrificios rituales— quedaron abolidos después de la venida de Cristo, a quien la iglesia confiesa como el verdadero templo (cf. Jn 2.21), el único sumo sacerdote del nuevo pacto o alianza (Heb 8.1-6) y el *Cordero que fue sacrificado* (Ap 5.12) *una sola vez y para siempre* (Heb 10.10) por los pecados de todo el mundo (cf. Jn 1.29). Sin embargo, no sucedió lo mismo con los himnos y oraciones del libro de los *Salmos* (=Sal). Desde los comienzos mismos de su historia, la iglesia cristiana los siguió recitando y cantando, como antes lo habían hecho el pueblo de Israel en la liturgia del templo y el mismo Jesús durante su vida terrena (cf. Mt 26.30; 27.46; Lc 23.46).

La tradición hebrea dio al libro de los *Salmos* el nombre de *Tehilim*, que significa "cantos de alabanza" o, más simplemente, "alabanzas". En cambio, la más antigua de las traducciones griegas, la llamada de los Setenta (LXX), le puso los títulos de *Psalmoi* y *Psalterion*, expresiones de las que derivan nuestros términos *Salmos* y *Salterio*. La palabra griega *psalmos* designaba originariamente un poema para ser cantado al son de instrumentos de cuerda, y el *psalterion* era uno de esos instrumentos. Pero estos significados fueron perdiéndose poco a poco, y ahora la palabra *Salterio* suele emplearse como sinónimo de libro de los *Salmos*, mientras que el término *salmo* designa a cada uno de los poemas que lo integran.

(1) Formación del libro de los Salmos

La formación del libro de los *Salmos*, como la de casi todos los demás libros del AT, tuvo una historia larga y compleja. Ya no es posible reconstruir esa historia en todos sus detalles, pero los "títulos hebreos" que figuran en el encabezamiento de un buen número de salmos ofrecen algunas indicaciones valiosas. Esos títulos muestran que los salmos, antes de formar parte de un solo libro, estuvieron agrupados en distintas colecciones independientes, que se fueron formando en distintas épocas para responder, sobre todo, a las necesidades del culto en el templo de Jerusalén.

Entre estas colecciones parciales pueden mencionarse, por ejemplo, la de "los hijos de Coré" (Sal 42—49; 84—85; 87—88) y la de Asaf (Sal 50; 73—83), que eran dos familias de levitas cantores (véanse Sal 42.[1] n.; 50.[1a] n.). También había una colección de salmos llamados "aleluyáticos", porque comienzan o terminan con la exclamación litúrgica *Aleluya*, "¡Alabado sea el Señor!" (Sal 104—106; 111—117; 135; 146—150), otra de salmos "graduales" o "de peregrinación" (120—134), que eran cantados por los israelitas cuando "subían" a Jerusalén para las grandes fiestas, y dos colecciones de salmos davídicos, una grande (Sal 3—41) y otra más pequeña (Sal 51—70). Estas colecciones parciales, y algunos salmos más, fueron luego reunidos en un solo conjunto; y cuando estuvieron agrupados los ciento cincuenta salmos, estos fueron distribuidos en cinco secciones o libros, cada uno de los cuales termina con una doxología o alabanza: 1—41; 42—72; 73—89; 90—106 y 107—150.

(2) La poética hebrea

Los salmos son oraciones y plegarias compuestas para diversas circunstancias, pero todos tienen un elemento común: están expresados en *lenguaje poético*. Por eso se los comprenderá mucho mejor si se tienen en cuenta los elementos característicos de la poética hebrea.

Esta poesía atribuye una gran importancia al ritmo que resulta de la acentuación de las sílabas. Pero su rasgo distintivo más notable es el así llamado *paralelismo de los miembros*. En virtud de este paralelismo, la expresión poética más elemental está construida por dos frases paralelas (aunque a veces también pueden ser tres), que se corresponden mutuamente por su forma y su contenido y se equilibran como los platillos de una balanza. De este modo, la idea no se expresa toda de una vez, sino, por así decirlo, en dos tiempos sucesivos.

En general, suelen distinguirse tres formas de paralelismo:

(a) *paralelismo sinónimo*, que consiste en expresar dos veces la misma idea con palabras distintas, como en Sal 15.1:

Señor, ¿quién puede residir en tu santuario?,
¿quién puede habitar en tu santo monte?

(b) *paralelismo antitético*, que se establece por la oposición o el contraste de dos ideas o de dos imágenes poéticas; por ejemplo, Sal 37.22:

Los que el Señor bendice heredarán la tierra,
pero los que él maldice serán destruidos.

(c) *paralelismo sintético*, que se da cuando el segundo miembro prolonga o termina de expresar el pensamiento enunciado en el primer miembro, añadiendo elementos nuevos, como en Sal 19.8(9):

Los preceptos del Señor son justos,
porque traen alegría al corazón.

A veces el paralelismo sintético presenta una forma particular, que consiste en desarrollar la idea repitiendo algunas palabras del verso anterior. Entonces suele hablarse de *paralelismo progresivo*, como en el caso de Sal 145.18:

El Señor está cerca de los que lo invocan,
de los que lo invocan con sinceridad.

CÁNTICOS DE LA BIBLIA

Cántico	Referencia
Cánticos de Moisés	Ex 15.1-18; Dt 31.30—32.52
Cántico de María	Ex 15.19-21
Canto de marcha de Israel	Nm 21.17-20
Dalila	Jue 16.4,10,18
Débora	Jue 4.4*; 5.15
Cántico de Débora	Jue 5.1-31
Cántico de Ana	1 S 2.1-10
Cántico de recibimiento a David	1 S 18.7
Canto fúnebre de David	2 S 1.17-27
Canto de alabanza (de David)	2 S 22.1-51
Canto al viñedo del amigo	Is 5.1-7
Cántico de regocijo en Judá	Is 26
Canto de Ezequías	Is 38.9-20
Canto I del siervo del Señor	Is 42.1-9
Himno de victoria	Is 42.10-17
Canto II del siervo del Señor	Is 49.1-7
Canto III del siervo del Señor	Is 50.4-11
Canto IV del siervo del Señor	Is 52.13—53.12
Canto de María (Magnificat)	Lc 1.46-55
Himno de Zacarías (Benedictus)	Lc 1.67-79
Canto de los ángeles por el nacimiento de Jesús	Lc 2.14
Canto de Simeón	Lc 2.29-35
Humillación y exaltación de Cristo	Flp 2.6-11
Cantos de alabanza al Cordero	Ap 5.9-10,12-13
Canto del Cordero	Ap 15.3-4

(3) Géneros literarios de los salmos

Los ciento cincuenta salmos están distribuidos en el *Salterio* sin un orden aparente, y esto impide descubrir a primera vista las relaciones de un salmo con otro. Sin embargo, una lectura más atenta muestra que ellos presentan ciertas características de forma y de contenido que permiten clasificarlos en grupos o familias, de acuerdo con el *género literario* al que pertenecen. Aprender a identificar el género literario de un salmo es un paso importante para comprenderlo mejor y para situarlo en el contexto social y en la situación humana que están en el origen del mismo. Por eso se enumeran a continuación las principales familias de salmos.

(a) Los *himnos* o cantos de alabanza, que celebran la gloria, el poder y el amor del Señor manifestados en las obras de la creación y en la historia de su pueblo. Ejemplos: Sal 8; 103; 104; 117; 147; 148; 150.

Entre los himnos, se destacan además dos grupos particulares: los *himnos a la realeza del Señor*, que aclaman al Dios de Israel como Rey universal (Sal 47; 93; 96—99), y los *cantos de Sión*, que se refieren al monte Sión como lugar elegido por el Señor para habitar en él (Sal 46; 48; 76; 87; 122).

(b) Las *súplicas*, que se dividen a su vez en *colectivas* e *individuales*. Las súplicas *colectivas*, nacionales, o de toda la comunidad, son oraciones en las que todo el pueblo de Israel se dirige al Señor para que aleje de él su ira y lo libre de las calamidades que lo afligen. Ejemplos: Sal 12; 44; 74; 79; 80; 83. Véase Lm 5.1-22 n.

Las súplicas *individuales* son muy numerosas, y expresan el clamor de los pobres, los enfermos, los perseguidos y los oprimidos por el sufrimiento, que se dirigen al Señor en demanda de auxilio. Dentro de este grupo pueden mencionarse especialmente las súplicas de un *inocente* acusado injustamente por falsos testigos (Sal 7; 17; 26), y que acude al Señor en el templo para que le haga justicia. Otros ejemplos de súplicas individuales: Sal 3—6; 9—10; 22; 42—43; 51; 54—57; 69—71.

(c) Los *cantos de acción de gracias*, cuyo contenido puede resumirse en estas palabras de Sal 18.6 (7): *En mi angustia llamé al Señor, pedí ayuda a mi Dios, y él me escuchó desde su templo*. Ejemplos: Sal 18; 21; 32; 107; 116; 118.

(d) Los *salmos reales,* que se caracterizan no por su estructura literaria uniforme, sino porque en todos ellos el rey ocupa el lugar central. Estos salmos fueron compuestos para diversas circunstancias, como la entronización de un nuevo monarca de la dinastía davídica (Sal 2; 110) o las bodas de un rey israelita (Sal 45). Pero sobre todo a partir del exilio babilónico, cuando el pueblo de Israel ya no tuvo más reyes, los salmos comenzaron a interpretarse en sentido mesiánico. Véanse también Sal 18; 20—21; 72; 89; 101; 132; 144 y las notas correspondientes.

(e) Los salmos *sapienciales* o *didácticos,* que tratan de inculcar, en el estilo propio de los maestros de sabiduría, una enseñanza de capital importancia para la vida. Sus temas más característicos son las excelencias de la ley revelada por el Señor a su pueblo Israel (Sal 1; 19.7-11 [8-12]; 119) y el angustioso problema del sufrimiento de los inocentes (Sal 37; 49; 73). Cf. también Sal 91; 112; 127; 133.

(f) Los *salmos históricos,* que enumeran los beneficios concedidos por el Señor a su pueblo elegido, contraponiéndolos a veces a la ingratitud y a las infidelidades de Israel (Sal 78; 105—106).

(g) También hay que señalar la existencia de un grupo de salmos llamados *alfabéticos.* El procedimiento alfabético consiste en disponer en forma vertical las letras del alfabeto hebreo y en comenzar cada verso (o incluso cada estrofa, como en el caso del Salmo 119) siguiendo el orden de las letras. Este procedimiento era muy apreciado en Israel, porque sugería la idea de totalidad y ayudaba a aprender el poema de memoria. Cf. Sal 9—10; 25; 34; 37; 111; 112; 119; 145.

(h) Por último, no puede pasarse por alto que algunos pasajes de los salmos resultan particularmente duros para los oídos cristianos. A veces los salmistas se encuentran totalmente indefensos frente a la maldad y violencia de sus enemigos, y por eso no solo claman al Señor, que es el único que puede salvarlos, sino que también piden a Dios que haga caer sobre ellos los peores males. Así se unen en un mismo salmo la súplica más ardiente y las más violentas *imprecaciones* (cf. Sal 58.6-11 [7-12]; 83.9-18 [10-19]; 109.6-19; 137.7-9).

Las dificultades que plantean estos pasajes de los salmos son evidentes, y por eso es necesario tratar de comprenderlos situándolos en su verdadero contexto. Para ello es preciso recordar, en primer lugar, que los salmos se formaron bajo el régimen de la antigua ley, cuando Jesús aún no había revelado que el mandamiento del amor al prójimo incluye también el amor al enemigo (Mt 5.43-48; Ro 12.17-21). Además, los salmos provienen de una época en la que todavía eran insuficientes y rudimentarias las ideas sobre la vida más allá de la muerte y la recompensa reservada a los justos en la vida eterna (véase Sal 6.5 [6] n.). Según las ideas corrientes entre los antiguos israelitas, en efecto, las buenas o malas acciones eran recompensadas en la vida presente, y el malvado debía recibir su castigo aquí abajo y lo antes posible, a fin de que se pusiera de manifiesto que *hay un Dios que juzga al mundo* (Sal 58.11 [12]). Finalmente, el cristiano no puede dejar de reconocer el hambre y sed de justicia que se expresan en esas súplicas al Señor para que se manifieste como justo Juez (cf. Jer 15.15). El amor a los enemigos no significa indiferencia frente al mal, y cuando triunfan la injusticia, la violencia, la opresión de los más débiles y el desprecio de Dios, el cristiano puede decir al Señor:

> Tú eres el Juez del mundo;
> ¡levántate contra los orgullosos
> y dales su merecido!
> ¿Hasta cuándo, Señor,
> hasta cuándo se alegrarán los malvados? (Sal 94.2-3)

(4) Numeración de los salmos

La *numeración* de los salmos en el texto hebreo difiere de la utilizada en las versiones griega (LXX) y latina (Vulgata). Esta diferencia se debe a que algunos salmos han sido divididos en forma distinta. Así, por ejemplo, los salmos 9 y 10 del hebreo corresponden al Salmo 9 de las versiones griega y latina. Aquí los salmos se citan de acuerdo con la numeración hebrea, pero al comienzo de cada salmo se pone entre paréntesis la otra numeración. El siguiente cuadro presenta en forma comparada la doble numeración:

Texto hebreo	Versión griega (LXX)
1 a 8	1 a 8
9	9.1-21
10	9.22-39
11 a 113	10 a 112
114	113.1-8
115	113.9-26
116.1-9	114
116.10-19	115
117 a 146	116 a 145
147.1-11	146
147.12-20	147
148 a 150	148 a 150

En cuanto a la manera de numerar los versículos, nótese que el número puesto entre paréntesis es el que figura en el texto hebreo del Antiguo Testamento.

LIBRO I
(Salmos 1—41)

1 Felicidad verdadera [a]

1 Feliz [b] el hombre
que no sigue el consejo de los malvados,
ni va por el camino de los pecadores,
ni hace causa común con los que se burlan de Dios,
2 sino que pone su amor [c] en la ley [d] del Señor
y en ella medita noche y día. [e]
3 Ese hombre es como un árbol
plantado a la orilla de un río, [f]
que da su fruto a su tiempo
y jamás se marchitan sus hojas.
¡Todo lo que hace, le sale bien!

4 Con los malvados no pasa lo mismo,
pues son como paja que se lleva el viento. [g]
5 Por eso los malvados caerán bajo [h] el juicio de Dios
y no tendrán parte en la comunidad de los justos.
6 El Señor cuida [i] el camino de los justos,
pero el camino [j] de los malos lleva al desastre. [k]

2 Tú eres mi hijo [a]

1 ¿Por qué se alborotan los pueblos paganos?
¿Por qué hacen planes sin sentido?
2 Los reyes y gobernantes de la tierra
se rebelan, y juntos conspiran
contra el Señor y su rey escogido. [b,c]
3 Y gritan:
"¡Vamos a quitarnos sus cadenas!
¡Vamos a librarnos de sus ataduras!"

4 El Señor, el que reina en el cielo,
se ríe de ellos; [d]
5 luego, enojado, los asusta;
lleno de furor les dice:
6 "Ya he consagrado a mi rey sobre Sión,
mi monte santo." [e]

7 Voy a anunciar la decisión del Señor: [f]
él me ha dicho: "Tú eres mi hijo;
yo te he engendrado hoy. [g]
8 Pídeme que te dé las naciones como herencia
y hasta el último rincón del mundo en propiedad,
y yo te los daré.
9 Con cetro [h] de hierro destrozarás a los reyes; [i]
¡los harás pedazos como a ollas de barro!"

10 Reyes y gobernantes de la tierra, entiendan esto,
¡aprendan bien esta lección!
11-12 Adoren al Señor con alegría y reverencia;
inclínense ante él con temblor, [j]
no sea que se enoje
y ustedes mueran en el camino,
pues su furor se enciende fácilmente.

¡Felices los que buscan protección en él!

---

[a] **Salmo 1** Salmo didáctico o sapiencial, que sirve de prólogo o de introducción a las cinco colecciones de poemas que forman el libro de los *Salmos*.

[b] **1.1** *Feliz...*: exclamación típica de las "bienaventuranzas" o exclamaciones gozosas que declaran felices o dichosos a una persona o a un grupo de personas, unas veces por lo que son (por ej., *los pobres* en Lc 6.20) y otras por lo que hacen (por ej., *los que trabajan por la paz* en Mt 5.9). Las "bienaventuranzas" son una forma característica de los escritos sapienciales (Pr 14.21; 16.20; 20.7; 28.14; 29.18), que también aparece con frecuencia en *Salmos* (2.12; 32.1-2; 34.8 [9]; 41.1 [2]; 84.4-5 [5-6],12 [13]; 112.1; 119.1-2; 128.1), en los evangelios (véase Mt 5.3-12 n.) y en *Apocalipsis* (véase 1.3 nota *f*).

[c] **1.2** *Pone su amor:* lit. *(está) su deleite.* El término hebreo implica aquí algo más que mero placer o complacencia; es voluntad, deseo, adhesión gozosa y obediencia fundada en el amor.

[d] **1.2** *Ley:* La palabra hebrea *torá*, traducida habitualmente por "ley", significa más bien "instrucción" o "enseñanza". Esta "instrucción", que está contenida principalmente en los primeros cinco libros de la Biblia, no es concebida como un conjunto impersonal de mandamientos y preceptos; es palabra viva de Dios, que sale al encuentro de los hombres para manifestarles su voluntad y conducirlos por el camino del bien y de la vida. Cf. Sal 19.7-14 (8-15); 119.

[e] **1.2** Jos 1.8.

[f] **1.3** Job 29.19; Jer 17.8.

[g] **1.4** Job 21.18; Jer 13.24; Os 13.3; Sof 2.2.

[h] **1.5** *Caerán bajo:* lit. *no se levantarán* o *permanecerán de pie*, es decir, no podrán resistir al juicio de Dios.

[i] **1.6** *Cuida:* lit. *conoce.* El verbo conocer se emplea muchas veces en la Biblia para designar una relación personal estrecha e incluso muy íntima. Cf. Mt 11.27; Jn 10.14-15.

[j] **1.6** Jer 21.8; cf. Dt 30.15-20.

[k] **1.6** Pr 4.18-19; cf. Mt 7.13-14.

[a] **Salmo 2** Salmo real, utilizado originariamente en la ceremonia de entronización o de ascensión al trono de un nuevo rey, perteneciente a la dinastía davídica. Sobre los ritos de entronización, cf. 1 R 1.28-53; 2 R 11.12.

[b] **2.1-2** Hch 4.25-26; cf. Sal 83.2-8 (3-9).

[c] **2.2** *Su rey escogido:* lit. *su ungido.* Se llamaba al rey "el Ungido del Señor", porque en el momento de recibir la investidura real era "ungido", es decir, un sacerdote le echaba sobre su cabeza aceite consagrado (2 R 11.12; cf. 1 S 10.1; 16.13). Las palabras *Mesías* y *Cristo,* procedentes una del hebreo y la otra del griego, significan originariamente *ungido.* Véanse *Escoger [AT](c),* y los términos *Cristo* y *Mesías* en el *Índice temático.*

[d] **2.4** Sal 59.8 (9).

[e] **2.6** *Sión* era el nombre de la fortaleza que David arrebató a los jebuseos para hacerla capital de su reino (2 S 5.7). Luego, ese mismo nombre se aplicó a la colina situada un poco más al norte, donde Salomón construyó el templo del Señor (cf. Sal 78.68-69), y también pasó a designar toda la ciudad de Jerusalén (cf. Sal 48.12-14 [13-15]). Los salmos aluden constantemente a Sión y a su templo, y lo llaman *monte santo* porque el Señor *lo ha elegido para vivir allí* (Sal 132.13). Véase *Sión* en el *Índice temático.*

[f] **2.7** *La decisión del Señor:* lit. *el decreto del Señor.* Posible referencia al documento que establecía las prerrogativas del rey en el día de su entronización.

[g] **2.7** En el día de su elevación al trono, el rey era constituido "hijo de Dios" por adopción, de acuerdo con la promesa de 2 S 7.14: *"Yo le seré un padre, y él me será un hijo"* (cf. Sal 89.26-27 [27-28]). El NT cita estas palabras en Hch 13.33; Heb 1.5; 5.5.

[h] **2.9** El *cetro* es la insignia del poder real, que incluye el gobierno de la comunidad, el mando militar y la responsabilidad de administrar justicia. Cf. Sal 45.4 (5); 72.1-4; 110.2.

[i] **2.9** Ap 2.27-28; 12.5; 19.15.

[j] **2.11-12** *Adoren al Señor... con temblor:* traducción probable. El texto hebreo dice literalmente: *Y alégrense con temblor. Besen al hijo.*

SALMOS 3—5

3 Oración pidiendo la ayuda del Señor [a] (1) *Salmo de David, cuando huía de su hijo Absalón.* [b]

1 (2) Señor,
muchos son mis enemigos,
muchos son los que se han puesto en contra mía,
2 (3) ¡muchos son los que dicen de mí:
"Dios no va a salvarlo"! [c]
3 (4) Pero tú, Señor,
eres mi escudo protector, [d]
eres mi gloria,
eres quien me reanima.
4 (5) A gritos pido ayuda al Señor
y él me contesta desde su monte santo. [e]
5 (6) Me acuesto y duermo, y vuelvo a despertar, [f]
porque el Señor me da su apoyo.
6 (7) No me asusta ese enorme ejército
que me rodea dispuesto a atacarme.
7 (8) ¡Levántate, Señor!
¡Sálvame, Dios mío!
Tú golpearás en la cara a mis enemigos;
¡les romperás los dientes a los malvados!
8 (9) Tú, Señor, eres quien salva;
¡bendice, pues, a tu pueblo!

4 Plena confianza en el Señor [a] (1) *Del maestro de coro,* [b] *con instrumentos de cuerda. Salmo de David.*

1 (2) Dios y defensor mío, [c]
¡contéstame cuando te llame!
Tú, que en mi angustia me diste alivio,
¡ten compasión de mí y escucha mi oración!
2 (3) Ustedes, que se creen grandes señores, [d]
¿hasta cuándo ofenderán mi honor?,
¿hasta cuándo desearán y buscarán
lo que no tiene sentido,
lo que solo es falsedad?

3 (4) Sepan que el Señor prefiere al
hombre que le es fiel;
sepan que el Señor me escucha cuando lo llamo.
4 (5) ¡Tiemblen y no pequen más! [e]
Ya acostados, [f] y en silencio,
examinen su propia conciencia;
5 (6) ofrezcan sacrificios sinceros
y confíen en el Señor.
6 (7) Muchos dicen: "¿Quién nos mostrará la dicha?"
¡Señor, míranos con buenos ojos! [g]
7 (8) Tú has puesto en mi corazón más alegría
que en quienes tienen trigo y vino en abundancia. [h]
8 (9) Yo me acuesto tranquilo y me duermo en seguida,
pues tú, Señor, me haces vivir confiado. [i]

5 Comenzando el día con Dios [a] (1) *Del maestro de coro, para flautas. Salmo de David.*

1-2 (2-3) Señor, Rey mío y Dios mío, [b]
escucha mis palabras,
atiende a mis gemidos,
oye mis súplicas,
pues a ti elevo mi oración.
3 (4) De mañana escuchas mi voz;
muy temprano te expongo mi caso, [c]
y quedo esperando tu respuesta.
4 (5) No eres tú un Dios que se complace en lo malo;
los malvados no pueden vivir a tu lado,
5 (6) ni en tu presencia hay lugar para los orgullosos.
Tú odias a los malhechores,
6 (7) destruyes a los mentirosos
y rechazas a los traidores y asesinos. [d]
7 (8) En cambio yo, por tu gran amor,
puedo entrar en tu templo;
¡puedo adorarte con toda reverencia
mirando hacia tu santo templo! [e]

---

[a] **Salmo 3** Súplica individual, animada de un profundo sentimiento de confianza en el Señor. Véase *Confianza* en el *Índice temático*.
[b] **3. (1)** Cf. 2 S 15.13-23.
[c] **3.2 (3)** El texto hebreo añade al final de este v. la palabra *Selá*, cuyo significado es dudoso. Parece ser una indicación musical o litúrgica, y podría significar "pausa", "repetición" o "cambio de voz". Aparece muchas veces en los *Salmos*, pero debido a su significado incierto, en esta versión se ha preferido omitirla.
[d] **3.3 (4)** *Escudo protector:* título que caracteriza al Señor como *protector* de sus fieles. Cf. 2 S 22.3; Sal 18.2 (3); 91.4; 144.2.
[e] **3.4 (5)** *Monte santo:* Véase Sal 2.6 n.; cf. 2 S 22.7; Sal 18.6 (7).
[f] **3.5 (6)** Frase que ha dado motivo para que este salmo sea utilizado como oración de la mañana. Véase Sal 4.8 (9) n.
[a] **Salmo 4** Como la anterior, esta súplica individual está acompañada de una inalterable confianza en el Señor. Véase *Confianza* en el *Índice temático*.
[b] **4. (1)** La expresión *Del maestro de coro* aparece 57 veces en los *Salmos*. Se refiere, probablemente, al levita encargado de dirigir los cantos en el templo. Véase 1 Cr 15.21.
[c] **4.1 (2)** *Dios y defensor mío:* lit. *Dios de mi justicia.* Cf. Sal 35.23-24. Véase *Señor* en el *Índice temático*.
[d] **4.2 (3)** *Grandes señores:* lit. *hijos de hombre.* La exhortación parece estar dirigida a las personas que ocupan un puesto destacado en la sociedad y que se aprovechan de su poder en perjuicio de los más débiles.

[e] **4.4 (5)** En Ef 4.26 se citan estas palabras de acuerdo con la versión griega (LXX).
[f] **4.4 (5)** *Ya acostados:* Las horas de la noche son un momento favorable para la reflexión silenciosa y la plegaria. Cf. Sal 63.6 (7); 77.4-6 (5-7); 119.55,62; Is 26.9.
[g] **4.6 (7)** *¡Míranos con buenos ojos!:* Esta frase traduce el hebraísmo *haz resplandecer tu rostro,* que significa mostrar benevolencia. Cf. Sal 31.16 (17); 67.1 (2); 80.3 (4),7 (8),19 (20).
[h] **4.7 (8)** La alegría que reinaba cuando había una cosecha abundante era proverbial en Israel. Cf. Sal 126.6; Is 9.3 (2); 16.10; Jer 48.33.
[i] **4.8 (9)** A causa de este v., el salmo suele utilizarse como oración de la noche. Véase 3.5 (6) n. Cf. Pr 3.24.
[a] **Salmo 5** Súplica de una persona acusada injustamente, que acude al Señor para que le haga justicia.
[b] **5.1-2 (2-3)** *Rey mío y Dios mío:* Sal 44.4 (5); 68.24 (25); 74.12; 84.3 (4).
[c] **5.3 (4)** *Te expongo mi caso:* o bien, *te ofrezco un sacrificio.*
[d] **5.6 (7)** *Mentirosos, traidores, asesinos:* Cf. Sal 52.4-5 (6-7); 55.23 (24); Eclo 34.20-22.
[e] **5.7 (8)** Los israelitas oraban mirando hacia el Lugar Santísimo del templo de Jerusalén (cf. 1 R 6.16), sea que estuvieran dentro del santuario o en sus atrios (Sal 134.1-2; 138.2), o en algún sitio más o menos alejado de él (1 R 8.48; Dn 6.10 [11]). El gesto de extender las manos hacia el templo solía acompañar a la oración (Sal 28.2).

⁸ ⁽⁹⁾ Señor, por causa de mis enemigos
guíame en tu justicia,
llévame por el buen camino.
⁹ ⁽¹⁰⁾ Ellos nunca hablan con sinceridad;
¡están corrompidos por dentro!
Sepulcro abierto es su garganta;
¡su lengua es mentirosa! *f*
¹⁰ ⁽¹¹⁾ ¡Castígalos, Dios mío!
¡Haz que fracasen sus intrigas!
Recházalos por sus muchos pecados,
porque se han rebelado contra ti.
¹¹ ⁽¹²⁾ Alégrense los que buscan tu protección;
canten siempre de alegría
porque tú los proteges.
Los que te aman, se alegran por causa tuya,
¹² ⁽¹³⁾ pues tú, Señor, bendices al que es fiel;
tu bondad lo rodea como un escudo.

6
Oración en momentos de angustia ᵃ ⁽¹⁾ *Del maestro de coro, con instrumentos de ocho cuerdas. Salmo de David.*

¹ ⁽²⁾ Señor,
no me reprendas en tu enojo,
no me castigues en tu furor. *b*
² ⁽³⁾ Señor, ten compasión de mí,
pues me siento sin fuerzas.
Señor, devuélveme la salud,
pues todo el cuerpo me tiembla.
³ ⁽⁴⁾ ¡Estoy temblando de miedo!
Y tú, Señor, ¿cuándo vendrás?
⁴ ⁽⁵⁾ Ven, Señor, ¡salva mi vida!,
¡sálvame, por tu amor!
⁵ ⁽⁶⁾ Nadie que esté muerto puede acordarse de ti;
¿quién podrá alabarte en el sepulcro? *c*
⁶ ⁽⁷⁾ Estoy cansado de llorar.
Noche tras noche lloro tanto
que inundo de lágrimas mi almohada.
⁷ ⁽⁸⁾ El dolor me nubla la vista;
¡se me nubla por culpa de mis enemigos!
⁸ ⁽⁹⁾ ¡Apártense de mí, malhechores, *d*
que el Señor ha escuchado mis sollozos!
⁹ ⁽¹⁰⁾ El Señor ha escuchado mis ruegos,
¡el Señor ha aceptado mi oración!

¹⁰ ⁽¹¹⁾ Mis enemigos, muertos de miedo,
quedarán en ridículo;
¡en un abrir y cerrar de ojos
huirán avergonzados!

7
El Señor es un juez justo ᵃ ⁽¹⁾ *Lamentación de David, cuando cantó al Señor, a propósito de Cus, el benjaminita.* *b*

¹⁻² ⁽²⁻³⁾ Señor, mi Dios, en ti busco protección;
¡sálvame de todos los que me persiguen!
¡Líbrame, pues son como leones; *c*
no sea que me despedacen
y no haya quien me salve!

³ ⁽⁴⁾ Señor, mi Dios,
¿en cuál de estas cosas he incurrido?
¿Acaso he cometido un crimen?
⁴ ⁽⁵⁾ ¿Acaso he pagado a mi amigo mal por bien?
¿Acaso he oprimido sin razón a mi enemigo? *d*
⁵ ⁽⁶⁾ De ser así, que mi enemigo me persiga;
que me alcance y me arrastre por el suelo,
y que haga rodar por el suelo mi honor. *e*

⁶ ⁽⁷⁾ ¡Levántate, Señor, con furor!
¡Haz frente a la furia de mis enemigos!
Tú, que has decretado hacer justicia,
¡ponte de mi parte!
⁷ ⁽⁸⁾ Rodéate del conjunto de las naciones
y pon tu trono en lo alto, por encima de ellas.
⁸ ⁽⁹⁾ Señor, tú juzgas a las naciones:
júzgame conforme a mi honradez;
júzgame conforme a mi inocencia.
⁹ ⁽¹⁰⁾ Dios justo,
que examinas los pensamientos
y los sentimientos más profundos, *f*
¡pon fin a la maldad de los malvados,
pero al hombre honrado manténlo firme!

¹⁰ ⁽¹¹⁾ Mi protección es el Dios altísimo,
que salva a los de corazón sincero.
¹¹ ⁽¹²⁾ Dios es un juez justo
que condena la maldad en todo tiempo.
¹² ⁽¹³⁾ Si el hombre no se vuelve a Dios,
Dios afilará su espada;
ya tiene su arco tenso,

---

f **5.9 (10)** Ro 3.13.

a **Salmo 6** Súplica de un enfermo grave, semejante a Sal 38; 41; 88; 102.1-11 (2-12). Cf. 2 R 20.1-3; Is 38.9-20. Este es uno de los siete salmos llamados penitenciales (Sal 32; 38; 51; 102; 130; 143).

b **6.1 (2)** Sal 38.1 (2); cf. Jer 10.24.

c **6.5 (6)** *Sepulcro:* heb. *sheol* o "morada de los muertos". Los antiguos israelitas se representaban esa morada como un lugar oscuro, situado en lo más profundo de la tierra (Job 10.21-22; Sal 63.9 [10]). En aquel "mundo del silencio" (Sal 115.17) los muertos no podían ejercer ninguna actividad ni mucho menos alabar a Dios (Sal 30.9 [10]; 88.4-6 [5-7], 10-12 [11-13]; Is 38.18-19; Bar 2.17). Más tarde, estas antiguas creencias fueron sustituidas por la fe y la esperanza en la resurrección de los muertos al fin de los tiempos. Cf. Dn 12.1-3. Cf. también Sab 3.1-10; y para la concepción del NT, véase 2 Co 5.8 n.

d **6.8 (9)** Mt 7.23; Lc 13.27.

a **Salmo 7** Súplica de una persona perseguida y acusada injustamente, que se confiesa inocente delante del Señor y le pide que lo libre de sus perseguidores. Cf. Sal 17; 26.

b **7. (1)** Alusión a un personaje y a un episodio que no aparecen mencionados en los relatos históricos referentes a David.

c **7.1-2 (2-3)** Sal 10.9; 17.12; 22.13 (14); 35.17; 1 P 5.8.

d **7.3-4 (4-5)** Al hacer esta profesión de inocencia, el salmista no pretende declararse libre de todo pecado (cf. Sal 130.3; 143.2); lo que quiere decir es que no tiene que reprocharse nada que pueda justificar los violentos ataques de sus enemigos. Cf. Sal 17.3-5; 26.3-5.

e **7.3-5 (4-6)** 1 R 8.31-32; Job 31.1-34.

f **7.9 (10)** Jer 11.20; 17.10; 20.12; Ap 2.22-23.

13 (14) ya apunta sus flechas encendidas,
    ¡ya tiene listas sus armas mortales!
14 (15) Miren al malvado:
    tiene dolores de parto,
    está preñado de maldad
    y dará a luz mentira. *g*
15 (16) Ha hecho una fosa muy honda,
    y en su propia fosa caerá. *h*
16 (17) ¡Su maldad y su violencia
    caerán sobre su propia cabeza!
17 (18) Alabaré al Señor porque él es justo;
    cantaré himnos al nombre del Señor,
    al nombre del Altísimo.

8 La gloria de Dios y la dignidad del hombre *a*
(1) *Del maestro de coro, con la cítara de Gat.* *b* *Salmo de David.*

1 (2) Señor, soberano nuestro,
    ¡tu nombre *c* domina en toda la tierra!,
    ¡tu gloria se extiende más allá del cielo! *d*
2 (3) Con la alabanza de los pequeños,
    de los niñitos de pecho,
    has construido una fortaleza
    por causa de tus enemigos,
    para acabar con rebeldes y adversarios. *e*
3 (4) Cuando veo el cielo que tú mismo hiciste,
    y la luna y las estrellas que pusiste en él,
4 (5) pienso:
    ¿Qué es el hombre?
    ¿Qué es el ser humano?
    ¿Por qué lo recuerdas y te preocupas por él? *f*
5 (6) Pues lo hiciste casi como un dios, *g*
    lo rodeaste de honor y dignidad,
6 (7) le diste autoridad sobre tus obras,
    lo pusiste por encima de todo: *h,i*
7 (8) sobre las ovejas y los bueyes,
    sobre los animales salvajes,
8 (9) sobre las aves que vuelan por el cielo,
    sobre los peces que viven en el mar,
    ¡sobre todo lo que hay en el mar!
9 (10) Señor, soberano nuestro,
    ¡tu nombre domina en toda la tierra!

9 (9a) Alabanzas a la justicia de Dios *a*
(1) *Del maestro de coro, para flautas y arpas.* *b* *Salmo de David.*

1 (2) Oh Señor,
    quiero alabarte con todo el corazón
    y contar tus muchas maravillas.
2 (3) Oh Altísimo, *c*
    por ti quiero gritar lleno de alegría;
    ¡quiero cantar himnos a tu nombre!
3 (4) Mis enemigos huyen delante de ti;
    caen y mueren.
4 (5) Tú eres juez justo:
    te has sentado en tu trono,
    para hacerme justicia.
5 (6) Has reprendido a los paganos,
    has destruido a los malvados,
    ¡has borrado su recuerdo para siempre!
6 (7) El enemigo ha muerto,
    y con él han muerto sus ciudades;
    tú las destruiste,
    y no quedó de ellas ni el recuerdo.
7 (8) Pero el Señor es Rey por siempre;
    ha afirmado su trono para el juicio:
8 (9) juzgará al mundo con justicia,
    dictará a los pueblos justa sentencia.
9 (10) El Señor protege a los oprimidos;
    él los protege en tiempos de angustia. *d*
10 (11) Señor,
    los que te conocen, confían en ti,
    pues nunca abandonas a quienes te buscan.
11 (12) Canten himnos al Señor,
    que reina en Sión;
    anuncien a los pueblos lo que ha hecho.

---

g **7.14 (15)** Job 15.35; Is 59.4.
h **7.15 (16)** Sal 9.15-16 (16-17); Pr 26.27.
a **Salmo 8** Himno o canto de alabanza al Dios creador, que ha concedido al hombre el dominio de todas las cosas creadas. Cf. Gn 1.26-28.
b **8. (1)** *Gat:* Podría tratarse de un instrumento musical o de una melodía procedente de la ciudad filistea de Gat (véase *Índice de mapas*).
c **8.1 (2)** *Tu nombre:* En el lenguaje bíblico, el *nombre* es mucho más que el vocablo que se emplea para llamar o designar a una persona; es más bien la persona misma, que se hace presente y se revela dando a conocer su nombre. Por eso, pedirle a una persona que diga su nombre es pedirle que dé a conocer su naturaleza y su identidad (Gn 32.29 [30]; Ex 3.13-14); y bendecir, invocar o conocer el nombre del Señor es bendecirlo, invocarlo y conocerlo a él mismo, y no solamente a la palabra con que se lo nombra. Cf. Sal 103.1; 113.1; 135.1,3; 138.2. Véase Sal 23.3 nota *f*.
d **8.1 (2)** Sal 57.5 (6),11 (12); 108.5 (6).
e **8.1-2 (2-3)** *¡Tu gloria se extiende más allá del cielo! Con la alabanza... adversarios:* traducción probable de un texto oscuro. La versión griega (LXX) traduce: *Con los cantos de los pequeños, de los niños de pecho, has dispuesto tu alabanza,* y así se cita este salmo en Mt 21.16. Cf. Sab 10.21.
f **8.4 (5)** Job 7.17-18; Sal 144.3.
g **8.5 (6)** La palabra *dios* designa aquí a los seres celestiales, superiores al hombre. Algunas versiones antiguas la traducen por *ángeles.* Cf. Job 1.6.
h **8.4-6 (5-7)** Heb 2.6-8.
i **8.6 (7)** Gn 1.26-28, Eclo 17.1-4; Sab 9.2-3. Cf. Ef 1.22.
a **Salmo 9** Los salmos 9 y 10 del texto hebreo forman en realidad un solo poema, como lo muestra el empleo del procedimiento "alfabético". Esta forma de composición hace que la plegaria tenga una estructura bastante compleja, en la que se combinan varios géneros: canto de acción de gracias (cf. 9.1-6 [2-7]), alabanza (cf. 9.7-12 [8-13]) y súplica con reiteradas expresiones de confianza en el Señor (cf. 9.13 [14],19-20 [20-21]; 10.12-15). Sobre el procedimiento "alfabético", véase *Introducción* a los *Salmos (3 [g])*.
b **9. (1)** *Para flautas y arpas:* texto probable; heb. oscuro.
c **9.2 (3)** *Altísimo:* título muy antiguo de Dios, que afirma su autoridad y dominio universales. Cf. Gn 14.18; Sal 47.2 (3); 83.18 (19).
d **9.9 (10)** Sal 37.39.

¹² ⁽¹³⁾ Dios ᵉ se acuerda de los afligidos
y no olvida sus lamentos;
castiga a quienes les hacen violencia.

¹³ ⁽¹⁴⁾ Señor, ten compasión de mí,
mira cómo me afligen los que me odian,
¡sácame de las puertas de la muerte!

¹⁴ ⁽¹⁵⁾ Y así, a las puertas de Jerusalén,
diré a todo el mundo que tú eres digno de alabanza,
y que yo soy feliz porque me has salvado.

¹⁵ ⁽¹⁶⁾ Los paganos caen en su propia trampa;
sus pies quedan atrapados
en la red que ellos mismos escondieron.

¹⁶ ⁽¹⁷⁾ El Señor se ha dado a conocer:
¡ha hecho justicia!
El malvado queda preso
en la trampa ᶠ tendida por él mismo. ᵍ

¹⁷ ⁽¹⁸⁾ Los malvados y paganos,
los que se olvidan de Dios,
acabarán en el reino de la muerte;

¹⁸ ⁽¹⁹⁾ pues no siempre serán olvidados los pobres,
ni para siempre se perderá su esperanza.

¹⁹ ⁽²⁰⁾ Levántate, Señor,
no consientas la altanería del hombre;
¡juzga a los paganos en tu presencia!

²⁰ ⁽²¹⁾ Hazles sentir temor, Señor;
¡hazles saber que no son más que hombres!

10 ⁽⁹ᵇ⁾ ᵃ *Oración pidiendo la ayuda de Dios*

¹ Señor, ¿por qué te quedas tan lejos?,
¿por qué te escondes en tiempos de angustia?

² Con altanería, el malvado
persigue rabiosamente al humilde;
pero ha de quedar atrapado
en las trampas que él mismo ha puesto.

³ El malvado se jacta de sus propios deseos;
el ambicioso maldice y desprecia al Señor.

⁴ Levanta insolente la nariz, y dice:
"No hay Dios. No hay quien me pida cuentas."
Eso es todo lo que piensa. ᵇ

⁵ Siempre tiene éxito en lo que hace.
Para él, tus juicios están lejos,
muy lejos de su vista.
Se burla de sus enemigos,

⁶ y piensa que nadie lo hará caer,
que jamás tendrá problemas.

⁷ Su boca está llena de maldiciones,
de mentiras y de ofensas; ᶜ
sus palabras ocultan opresión y maldad.

⁸ Se pone al acecho, por las aldeas,
y a escondidas mata al inocente.
No pierde de vista al indefenso:

⁹ como si fuera un león en su cueva,
espía al pobre desde su escondite,
esperando el momento de caer sobre él,
y cuando lo atrapa, lo arrastra en su red.

¹⁰ Se agacha, se encoge,
y caen en sus garras los indefensos.

¹¹ El malvado cree que Dios se olvida,
que se tapa la cara y que nunca ve nada.

¹² ¡Levántate, Señor, levanta tu brazo!
¡No olvides a los afligidos!

¹³ ¿Por qué, Dios mío, han de burlarse los malos,
pensando que no habrás de pedirles cuentas?

¹⁴ Tú mismo has visto su irritante maldad;
¡la has visto, y les darás su merecido!
A ti se acogen los indefensos;
tú eres la ayuda de los huérfanos.

¹⁵ ¡Rómpeles el brazo a los malvados!
¡Pídeles cuentas de su maldad
hasta que no quede nada pendiente!

¹⁶ El Señor es el Rey eterno;
¡los paganos serán echados de su país!

¹⁷ Señor, tú escuchas la oración de los humildes,
tú los animas y los atiendes.

¹⁸ Haz justicia al huérfano y al oprimido;
¡que el hombre, hecho de tierra,
no vuelva a sembrar el terror!

11 ⁽¹⁰⁾ *Plena confianza en el Señor* ᵃ ⁽¹ᵃ⁾ *Del maestro de coro. De David.*

¹ ⁽¹ᵇ⁾ Yo busco mi refugio en el Señor.
Es por demás que me digan:
"Huye a los montes, como las aves.

² Fíjate en los malvados:
ponen la flecha en la cuerda,
tensan el arco
y, desde un lugar escondido,
disparan contra los hombres honrados. ᵇ

³ Y cuando las bases mismas se vienen abajo,
¿qué puede hacer el hombre honrado?" ᶜ

⁴ El Señor está en su santo templo. ᵈ
El Señor tiene su trono en el cielo, ᵉ

ᵉ **9.12 (13)** *Dios:* lit. *el que demanda las sangres,* es decir, el que no deja sin castigo a los asesinos. La palabra *sangres,* en plural, designa siempre, en el lenguaje bíblico, la sangre humana derramada por medio de la violencia. Cf. Gn 4.10.

ᶠ **9.15-16 (16-17)** La *trampa,* lo mismo que la red y los lazos, son imágenes típicas de los salmos para describir las insidias de los enemigos. Cf. Sal 57.6 (7); 64.5 (6); 124.7; 141.9; 142.3 (4).

ᵍ **9.16 (17)** El texto hebreo añade aquí, antes de *Selá* (véase Sal 3.2 [3] n.), la palabra *higgayón,* que suele traducirse por "sordina" o "bajada del tono de voz."

ᵃ **Salmo 10 (9b)** La cifra puesta entre paréntesis corresponde a la numeración de la versión griega llamada "de los Setenta" (LXX), seguida en este punto por la versión latina llamada "Vulgata". Estas versiones consideran como una unidad los salmos 9 y 10 del hebreo. Véase *Introducción* a los *Salmos.*

ᵇ **10.4** Sal 14.1; 53.1 (2); 73.11; Sof 1.12.

ᶜ **10.7** Ro 3.14.

ᵃ **Salmo 11** El salmista expresa la alegría y la seguridad que brotan de la profunda confianza en el Señor, aun en medio de los mayores peligros.

ᵇ **11.2** Sal 37.14; 64.3-4 (4-5).

ᶜ **11.3** Sal 82.2-5.

ᵈ **11.4** Hab 2.20; Sof 1.7; Zac 2.13 (17).

ᵉ **11.4** Sal 103.19; Is 66.1; Mt 5.34.

y con ojos bien abiertos
vigila atentamente a los hombres. *f*
5 El Señor vigila a justos y a malvados,
y odia con toda su alma
a los que aman la violencia.
6 El Señor hará llover sobre los malos
brasas, fuego y azufre, *g*
y traerá un viento que todo lo quemará.
¡El Señor les dará su merecido!
7 El Señor es justo
y ama lo que es justo;
¡por eso lo verán cara a cara los sinceros!

12 ⁽¹¹⁾ *Oración pidiendo la ayuda de Dios* ^a   ⁽¹⁾*Del maestro de coro, con instrumentos de ocho cuerdas. Salmo de David.*

1 ⁽²⁾ Sálvanos, Señor, pues ya no hay creyentes fieles; *b*
ya no hay hombres sinceros. *c*
2 ⁽³⁾ Unos a otros se mienten;
hablan con hipocresía y doble sentido. *d*
3 ⁽⁴⁾ Arranca, Señor, de raíz
a los hipócritas y fanfarrones,
4 ⁽⁵⁾ a los que dicen:
"Con tener boca nos basta;
nuestra lengua nos defiende.
¿Quién se atreve a darnos órdenes?"
5 ⁽⁶⁾ Esto ha dicho el Señor:
"A los pobres y débiles
se les oprime y se les hace sufrir.
Por eso voy ahora a levantarme,
y les daré la ayuda que tanto anhelan." *e*
6 ⁽⁷⁾ Las promesas del Señor son puras;
¡son como la plata más pura,
refinada en el horno siete veces! *f*
7 ⁽⁸⁾ Tú, Señor, nos cuidarás;
¡siempre nos protegerás de tales gentes!
8 ⁽⁹⁾ Los malvados rondan por todos lados
y todo el mundo alaba la maldad. *g*

13 ⁽¹²⁾ *Oración pidiendo ayuda* ^a   ⁽¹⁾*Del maestro de coro. Salmo de David.*

1 ⁽²⁾ Señor,
¿hasta cuándo me olvidarás?
¿Me olvidarás para siempre?
¿Hasta cuándo te esconderás de mí?
2 ⁽³⁾ ¿Hasta cuándo mi alma y mi corazón
habrán de sufrir y estar tristes todo el día?
¿Hasta cuándo habré
de estar sometido al enemigo?
3 ⁽⁴⁾ Señor, Dios mío,
¡mírame, respóndeme, llena mis ojos de luz!
¡Que no caiga yo en el sueño de la muerte! *b*
4 ⁽⁵⁾ ¡Que no diga mi enemigo: "Lo he vencido"!
¡Que no se alegre si yo fracaso!
5 ^(6a) Yo confío en tu amor;
mi corazón se alegra porque tú me salvas.
6 ^(6b) ¡Cantaré al Señor
por el bien que me ha hecho!

14 ⁽¹³⁾ *Perversión del hombre* ^a *(Sal 53)*   ^(1a)*Del maestro de coro. De David.*

1 ^(1b) Los necios piensan que no hay Dios:
todos se han pervertido;
han hecho cosas horribles;
¡no hay nadie que haga lo bueno! *b*
2 Desde el cielo mira el Señor a los hombres
para ver si hay alguien con entendimiento,
alguien que busque a Dios.
3 Pero todos se han ido por mal camino;
todos por igual se han pervertido.
¡Ya no hay quien haga lo bueno!
¡No hay ni siquiera uno! *c*
4 No tienen entendimiento los malhechores,
los que se comen a mi pueblo
como quien come pan,
los que no invocan el nombre del Señor.
5 Temblarán llenos de miedo,
pues Dios está con los que lo obedecen.
6 Se burlan de los anhelos del humilde,
pero el Señor lo protege.
7 ¡Ojalá que del monte Sión *d*
venga la salvación de Israel!
Cuando el Señor haga cambiar
la suerte *e* de su pueblo,

---

f 11.4 Sal 14.2; 102.19 (20).
g 11.6 Cf. Gn 19.24; Ez 38.21-22.
a **Salmo 12** Súplica colectiva, motivada por la presencia de tanta malicia y falta de sinceridad en las relaciones entre los hombres.
b 12.1 (2) Cf. Miq 7.2.
c 12.1 (2) *Sinceros:* lit. *firmes* o *dignos de confianza.*
d 12.2 (3) *Doble sentido:* lit. *con corazón y corazón,* modismo hebreo que indica doblez en la persona que habla. Para los antiguos israelitas, el corazón era la sede del pensamiento, de las actitudes profundas y de las decisiones. Cf. Is 29.13; Mc 7.21.
e 12.5 (6) El Señor responde a la súplica con una promesa de liberación para todos los oprimidos. Véase Sal 55.22 (23) nota *m.* Cf. Is 33.10.
f 12.6 (7) Sobre la imagen del *horno* o crisol donde se purifican los metales, cf. Job 23.10; Sal 17.3; Pr 17.3; Is 48.10; Zac 13.8-9. El *siete* es el número que simboliza la perfección y la plenitud. Cf. Gn 4.15,24; Sal 79.12; véase Ap 1.4 nota *k.*
g 12.8 (9) *Alaba la maldad:* traducción probable; heb. oscuro.

a **Salmo 13** Súplica individual. La pregunta ¿*hasta cuándo?,* típica de los salmos de súplica, se repite cuatro veces, con gran efecto poético. Cf. Sal 74.10; 79.5; 80.4 (5); 89.46 (47); 94.3.
b 13.3 (4) *El sueño de la muerte:* Cf. Jer 51.39,57; véase Sal 6.5 (6) n.
a **Salmo 14** Denuncia profética de los pecados que corrompen a la sociedad. La raíz de todos esos males es la negación de Dios, que el salmo condena como la mayor insensatez. Cf. Sal 53.
b 14.1 (1b) Más que hacer una profesión de ateísmo, el necio niega o pone en duda que Dios intervenga activamente en los asuntos humanos. La consecuencia inmediata de esta negación práctica de Dios es una conducta perversa. Cf. Job 22.13-14; Sal 10.4,11; 36.1 (2); 73.11; 94.7.
c 14.1-3 Ro 3.10-12.
d 14.7 *Monte Sión:* Véase Sal 2.6 n.
e 14.7 *Haga cambiar la suerte:* otra posible traducción: *haga volver a los cautivos.* Cf. Dt 30.3; Sal 126.1; Jer 29.14; 30.3,18. Véase Sal 85.1 (2) n.

se alegrarán los descendientes de Jacob,
todo el pueblo de Israel. ᶠ

15 ⁽¹⁴⁾ *Lo que Dios espera del hombre* ᵃ ⁽¹ᵃ⁾ *Salmo de David.*

¹ ⁽¹ᵇ⁾ Señor,
¿quién puede residir en tu santuario?,
¿quién puede habitar en tu santo monte?
² Solo el que vive sin tacha y practica la justicia; ᵇ
el que dice la verdad de todo corazón;
³ el que no habla mal de nadie;
el que no hace daño a su amigo
ni ofende a su vecino;
⁴ el que mira con desprecio a quien desprecio merece,
pero honra a quien honra al Señor;
el que cumple sus promesas aunque le vaya mal;
⁵ el que presta su dinero sin exigir intereses; ᶜ
el que no acepta soborno ᵈ
en contra del inocente.
El que así vive, jamás caerá.

16 ⁽¹⁵⁾ *No hay mejor herencia* ᵃ ⁽¹ᵃ⁾ *Poema* ᵇ *de David.*

¹ ⁽¹ᵇ⁾ ¡Cuida, oh Dios, de mí,
pues en ti busco protección!
² Yo te he dicho:
"Tú eres mi Señor, mi bien;
nada es comparable a ti."

³ Los dioses del país son poderosos,
según dicen los que en ellos se complacen,
⁴ los que aumentan el número de sus ídolos ᶜ
y los siguen con gran devoción. ᵈ
¡Jamás tomaré parte en sus sangrientos sacrificios! ᵉ
¡Jamás pronunciaré sus nombres con mis labios!

⁵ Tú, Señor, eres mi todo; ᶠ
tú me colmas de bendiciones;
mi vida está en tus manos.
⁶ Primoroso lugar me ha tocado en suerte; ᵍ
¡hermosa es la herencia que me ha correspondido!

⁷ Bendeciré al Señor, porque él me guía,
y en lo íntimo de mi ser ʰ me corrige por las noches.
⁸ Siempre tengo presente al Señor;
con él a mi derecha, nada me hará caer.
⁹ Por eso, dentro de mí,
mi corazón está lleno de alegría.

Todo mi ser vivirá confiadamente,
¹⁰ pues no me dejarás en el sepulcro,
¡no abandonarás en la fosa a tu amigo fiel! ⁱ
¹¹ Me mostrarás el camino de la vida.
Hay gran alegría en tu presencia;
hay dicha eterna junto a ti. ʲ,ᵏ

17 ⁽¹⁶⁾ *Oración pidiendo justicia* ᵃ ⁽¹ᵃ⁾ *Oración de David.*

¹ ⁽¹ᵇ⁾ Señor, escucha mi causa justa,
atiende a mi clamor,
presta oído a mi oración,
pues no sale de labios mentirosos.

² ¡Que venga de ti mi sentencia,
pues tú sabes lo que es justo!
³ Tú has penetrado mis pensamientos;
de noche has venido a vigilarme;
me has sometido a pruebas de fuego, ᵇ
y no has encontrado maldad en mí.
No he dicho cosas indebidas,
⁴ como hacen los demás;
me he alejado de caminos de violencia,
de acuerdo con tus mandatos.

ᶠ **14.7** *Se alegrarán... de Israel:* lit. *se regocijará Jacob y se alegrará Israel.* Ejemplo típico de paralelismo sinónimo en la poesía hebrea. Acerca de este paralelismo, véase la *Introducción* a los *Salmos* (2 [a]). Jacobe Israel no son dos personajes o pueblos distintos, sino uno solo. Véase *Jacob* en el *Índice temático.*

ᵃ **Salmo 15** Antes de entrar en el templo, se instruye a los fieles sobre las condiciones morales necesarias para participar dignamente en el culto del Señor. Cf. Sal 24.3-6; Is 33.14-16.

ᵇ **15.1-2** Sal 24.3-4.

ᶜ **15.5** Ex 22.25 (24); Lv 25.36-37; Dt 23.19-20 (20-21); Ez 18.8,17.

ᵈ **15.5** Ex 23.8; Dt 16.18-20; 27.25.

ᵃ **Salmo 16** Súplica individual, que expresa un profundo sentimiento de gratitud, de alegría y de confianza en el Señor.

ᵇ **16. (1a)** *Poema,* en heb. *miktam;* término de significado incierto, interpretada a veces como "oración en voz baja".

ᶜ **16.4** *Los que aumentan el número de sus ídolos:* otra posible traducción: *¡que aumenten sus dolores!* La ambigüedad del texto original permite al salmista sugerir al mismo tiempo estas dos ideas.

ᵈ **16.3-4** *Los dioses del país... con gran devoción:* traducción aproximada de un texto muy oscuro. Se alude, probablemente, a los israelitas que rendían culto a los dioses de Canaán.

ᵉ **16.4** *Sangrientos sacrificios:* lit. *libaciones de sangre.* Las libaciones eran ofrendas, generalmente de vino, agua o aceite, que se ofrecían como sacrificio a la divinidad (cf. Ex 29.40; Lv 23.13; Nm 15.5-10; 2 S 23.13-17). Estas libaciones sangrientas eran, probablemente, ciertos ritos idolátricos practicados por los cananeos.

ᶠ **16.5** *Mi todo:* lit. *la porción de mi herencia y mi copa.* La copa de vino distribuida entre los comensales era un símbolo del destino y de la suerte de cada uno. La "parte" que el salmista le ha tocado en suerte es la posesión de Dios. Cf. Nm 18.20; Sal 73.26; 142.5 (6).

ᵍ **16.6** *Primoroso lugar me ha tocado en suerte:* lit. *las cuerdas me cayeron en lugares placenteros.* La mención de la *herencia* en la línea siguiente parece indicar que se alude al uso de *cuerdas* para medir y distribuir las tierras, como en tiempos de Josué (Jos 14—19; cf. Nm 18.20).

ʰ **16.7** *Lo íntimo de mi ser:* lit. *mis riñones,* considerados, de acuerdo con el pensamiento semítico, como la sede de las emociones y de los sentimientos más profundos. Cf. Sal 7.9 (10); 26.2; Jer 11.20.

ⁱ **16.10** *No abandonarás en la fosa a tu amigo fiel:* lit. *no dejarás que tu fiel vea la corrupción.* "Ver la corrupción" es un modismo hebreo que equivale a experimentar la muerte y la consiguiente corrupción del cadáver en el sepulcro. En Hch 2.27 y 13.35 estas palabras se interpretan como un anuncio profético de la resurrección de Cristo.

ʲ **16.11** *Junto a ti:* lit. *a tu mano derecha,* es decir, en el lugar de honor reservado para los fieles. Cf. Sal 110.1.

ᵏ **16.8-11** Hch 2.25-28.

ᵃ **Salmo 17** Súplica individual, semejante a la de Sal 7.

ᵇ **17.3** Cf. Job 7.18; Sal 26.2; 139.23.

⁵ He seguido firme en tus caminos;
jamás me he apartado de ellos.

⁶ Oh Dios, a ti mi voz elevo,
porque tú me contestas;
préstame atención, escucha mis palabras.

⁷ Dame una clara muestra de tu amor,
tú, que salvas de sus enemigos
a los que buscan protección en tu poder.

⁸ Cuídame como a la niña de tus ojos; ᶜ
protégeme bajo la sombra de tus alas ᵈ

⁹ de los malvados que me atacan,
¡de los enemigos mortales que me rodean!

¹⁰ Son engreídos, hablan con altanería;

¹¹ han seguido de cerca mis pasos
esperando el momento de echarme por tierra.

¹² Parecen leones, feroces leones
que agazapados en su escondite
esperan con ansias dar el zarpazo.

¹³ Levántate, Señor, ¡enfréntate con ellos!
¡Hazles doblar las rodillas!
Con tu espada, ponme a salvo del malvado;

¹⁴ con tu poder, Señor, líbrame de ellos;
¡arrójalos de este mundo,
que es su herencia en esta vida!
Deja que ellos se llenen de riquezas, ᵉ
que sus hijos coman hasta que revienten,
y que aún sobre para sus nietos.

¹⁵ Pero yo, en verdad, quedaré satisfecho
con mirarte cara a cara, ᶠ
¡con verme ante ti cuando despierte!

18 ⁽¹⁷⁾ **Un canto de victoria** ᵃ *(2 S 22.1-51)* ⁽¹⁾ *Del maestro de coro. De David, el servidor del Señor, que entonó este canto cuando el Señor lo libró de caer en manos de Saúl y de todos sus enemigos.*

⁽²ᵃ⁾ Él dijo:

¹ ⁽²ᵇ⁾ Tú, Señor, eres mi fuerza;
¡yo te amo!

² ⁽³⁾ Tú eres mi protector, ᵇ
mi lugar de refugio,
mi libertador,

mi Dios,
la roca que me protege,
mi escudo,
el poder que me salva,
mi más alto escondite.

³ ⁽⁴⁾ Tú, Señor, eres digno de alabanza:
cuando te llamo, me salvas de mis enemigos.

⁴ ⁽⁵⁾ La muerte me enredó en sus lazos;
sentí miedo ante el torrente destructor. ᶜ

⁵ ⁽⁶⁾ La muerte me envolvió en sus lazos;
¡me encontré en trampas mortales!

⁶ ⁽⁷⁾ En mi angustia llamé al Señor,
pedí ayuda a mi Dios,
y él me escuchó desde su templo;
¡mis gritos llegaron a sus oídos! ᵈ

⁷ ⁽⁸⁾ Hubo entonces un fuerte temblor de tierra:
los montes se estremecieron hasta sus bases;
fueron sacudidos por la furia del Señor. ᵉ

⁸ ⁽⁹⁾ De su nariz brotaba humo,
y de su boca un fuego destructor;
¡por la boca lanzaba carbones encendidos!

⁹ ⁽¹⁰⁾ Descorrió la cortina del cielo, y descendió.
¡Debajo de sus pies había grandes nubarrones!

¹⁰ ⁽¹¹⁾ Montó en un ser alado, ᶠ y voló
deslizándose sobre las alas del viento. ᵍ

¹¹ ⁽¹²⁾ Tomó como escondite,
como tienda de campaña,
la densa oscuridad que lo rodeaba
y los nubarrones cargados de agua.

¹² ⁽¹³⁾ Un fulgor relampagueante salió de su presencia;
brotaron de las nubes granizos
y carbones encendidos.

¹³ ⁽¹⁴⁾ El Señor, el Altísimo, ʰ
hizo oír su voz de trueno desde el cielo;
granizos y carbones encendidos.

¹⁴ ⁽¹⁵⁾ Lanzó sus rayos como flechas,
y a mis enemigos hizo huir en desorden. ⁱ

¹⁵ ⁽¹⁶⁾ El fondo del mar quedó al descubierto;
las bases del mundo ʲ quedaron a la vista
por la voz amenazante del Señor,
por el fuerte soplo que lanzó. ᵏ

ᶜ **17.8** Dt 32.10.
ᵈ **17.8** *Alas:* Probablemente se alude a los querubines o seres alados cuyas alas extendidas protegían el arca de la alianza en el templo de Jerusalén (1 R 8.6-7). Cf. Sal 36.7 (8); 57.1 (2); 61.4 (5); 63.7 (8); 91.4.
ᵉ **17.14** *Con tu poder... de riquezas:* traducción probable; heb. oscuro.
ᶠ **17.15** *Cara a cara:* Esta misma expresión se vuelve a encontrar en Ap 22.4. Acerca de la contemplación de Dios en la vida eterna, según el NT, cf. 1 Co 13.12. Cf. también Mt 5.8; Heb 12.14; 1 Jn 3.2.
ᵃ **Salmo 18** Acción de gracias del rey (cf. v. 50 [51]) por la victoria y la protección que le ha concedido el Señor. Este mismo salmo se vuelve a encontrar en 2 S 22.
ᵇ **18.2 (3)** *Mi protector:* lit. *mi roca,* símbolo de la estabilidad y la firmeza de Dios. Esta imagen poética se encuentra con relativa frecuencia en la Biblia, y de modo especial en los Salmos. Cf. Dt 32.4; Sal 28.1; 31.3; 144.1.
ᶜ **18.4 (5)** *Torrente destructor:* lit. *los torrentes de Belial.* Los torrentes simbolizan los peligros mortales (Sal 42.7 (8); 124.5); *Belial* es una potencia maléfica que aquí se refiere a la muerte y más tarde pasó a ser, en el judaísmo, un nombre popular de Satanás. Véase 2 Co 6.15 n.
ᵈ **18.6 (7)** Sal 120.1; Jon 2.2 (3).
ᵉ **18.7-16 (8-17)** Jue 5.4-5; Job 36.30; Sal 29.3-9; 77.16-19 (17-20); Hab 3.3-13; Eclo 43.16.
ᶠ **18.10 (11)** *Ser alado:* lit. *querubín.* Los antiguos israelitas se representaban a los querubines como seres alados que sostenían el trono invisible del Señor (Ez 10.1-22). Véase Sal 80.1 (2) nota *d*.
ᵍ **18.10 (11)** Sal 68.33 (34); 104.3.
ʰ **18.13 (14)** *Altísimo:* Véase Sal 9.2 (3) n.
ⁱ **18.13-14 (14-15)** En esta manifestación de Dios a través de los fenómenos naturales, se identifica el *trueno* con la *voz* del Señor y se describen los *rayos* como sus *flechas.* Cf. Sal 144.6.
ʲ **18.15 (16)** *Las bases del mundo:* Los antiguos hebreos se imaginaban al mundo como una masa de tierra seca asentada sobre unas bases o fundamentos que se hundían en las profundidades del gran océano subterráneo. Cf. Sal 24.2.
ᵏ **18.13-15 (14-16)** Ex 15.8; 19.19.

16 (17) Dios me tendió la mano desde lo alto,
y con su mano me sacó del mar inmenso.
17 (18) Me salvó de enemigos poderosos
que me odiaban y eran más fuertes que yo.
18 (19) Me atacaron cuando yo estaba en desgracia,
pero el Señor me dio su apoyo:
19 (20) me sacó a la libertad;
¡me salvó porque me amaba!
20 (21) El Señor me ha dado la recompensa
que merecía mi limpia conducta,
21 (22) pues yo he seguido el camino del Señor;
¡jamás he renegado de mi Dios!
22 (23) Yo tengo presentes todos sus decretos;
¡jamás he rechazado sus leyes!
23 (24) Me he conducido ante él sin tacha alguna;
me he alejado de la maldad.
24 (25) El Señor me ha recompensado
por mi limpia conducta en su presencia.
25 (26) Tú, Señor, eres fiel con el que es fiel,
irreprochable con el que es irreprochable,
26 (27) sincero con el que es sincero,
pero sagaz con el que es astuto.
27 (28) Tú salvas a los humildes,
pero humillas a los orgullosos.
28 (29) Tú, Señor, me das luz;
tú, Dios mío, alumbras mi oscuridad.
29 (30) Con tu ayuda atacaré al enemigo,
y sobre el muro de sus ciudades pasaré.
30 (31) El camino de Dios es perfecto;
la promesa del Señor es digna de confianza;
¡Dios protege a cuantos en él confían! *l*
31 (32) ¿Quién es Dios, fuera del Señor?
¿Qué otro dios hay que pueda protegernos? *m*
32 (33) Dios es quien me da fuerzas,
quien hace intachable mi conducta,
33 (34) quien me da pies ligeros, como de ciervo, *n*
quien me hace estar firme en las alturas,
34 (35) quien me entrena para la batalla,
quien me da fuerzas para tensar arcos de bronce.
35 (36) Tú me proteges y me salvas,
me sostienes con tu mano derecha;
tu bondad me ha hecho prosperar.
36 (37) Has hecho fácil mi camino,
y mis pies no han resbalado.
37 (38) Perseguí a mis enemigos y los alcancé,
y solo volví después de destruirlos.
38 (39) Los hice pedazos. Ya no se levantaron.
¡Cayeron debajo de mis pies!

39 (40) Tú me diste fuerza en la batalla;
hiciste que los rebeldes se inclinaran ante mí,
40 (41) y que delante de mí huyeran mis enemigos.
Así pude destruir a los que me odiaban.
41 (42) Pedían ayuda, y nadie los ayudó;
llamaban al Señor, y no les contestó.
42 (43) ¡Los deshice como a polvo que se lleva
el viento!
¡Los pisoteé como a barro de las calles!
43 (44) Me libraste de un pueblo rebelde,
me hiciste jefe de naciones
y me sirve gente que yo no conocía.
44 (45) En cuanto me oyen, me obedecen;
gente extranjera me halaga,
45 (46) gente extranjera se acobarda
y sale temblando de sus refugios.
46 (47) ¡Viva el Señor! ¡Bendito sea mi protector!
¡Sea enaltecido Dios mi salvador!
47 (48) Él es el Dios que me ha vengado
y que me ha sometido los pueblos.
48 (49) Él me salva de la furia de mis enemigos,
de los rebeldes que se alzaron contra mí.
¡Tú, Señor, me salvas de los hombres violentos!
49 (50) Por eso te alabo entre las naciones
y canto himnos a tu nombre. *ñ*
50 (51) Concedes grandes victorias
al rey que has escogido; *o*
siempre tratas con amor a David y a su descendencia.

19 (18) *La gloria de Dios en la creación* *a* (1) Del maestro de coro. Salmo de David.

1 (2) El cielo proclama la gloria de Dios;
de su creación nos habla la bóveda celeste. *b*
2 (3) Los días se lo cuentan entre sí;
las noches hacen correr la voz.
3 (4) Aunque no se escuchan palabras
ni se oye voz alguna,
4 (5) su mensaje llega a toda la tierra,
hasta el último rincón del mundo. *c*
Allí Dios puso un lugar para el sol,
5 (6) y este sale como un novio
de la habitación nupcial,
y se alegra como un atleta
al emprender su camino. *d*
6 (7) Sale el sol por un lado del cielo
y da la vuelta hasta llegar al otro,
sin que nada pueda huir de su calor.

7 (8) La enseñanza del Señor es perfecta,
porque da nueva vida.

---

l 18.30 (31) Pr 30.5.
m 18.31 (32) Is 44.8.
n 18.33 (34) Hab 3.19.
ñ 18.49 (50) Ro 15.9.
o 18.50 (51) *Al rey que has escogido:* lit. *a su ungido;* véase Sal 2.2 n.
a **Salmo 19** Este salmo consta de dos partes notablemente diversas por sus temas y su estilo. La primera (vv. 1-6 [2-7]) es un himno a la gloria de Dios manifestada en la creación. La segunda celebra las excelencias de la ley revelada por el Señor a su pueblo Israel (vv. 7-11 [8-12]) y termina con una plegaria humilde y confiada (vv. 12-14 [13-15]).
b 19.1 (2) Sal 50.6; cf. Ro 1.20.
c 19.4 (5) Ro 10.18.
d 19.5 (6) *Como un novio... como un atleta:* El sol es presentado poéticamente como un héroe que recorre cada día la inmensidad del cielo. En los pueblos del Antiguo Oriente, se consideraba que el sol era un dios; aquí se lo presenta, en cambio, como parte de la creación de Dios.

El mandato del Señor es fiel,
porque hace sabio al hombre sencillo.
8 (9) Los preceptos del Señor son justos,
porque traen alegría al corazón.
El mandamiento del Señor es puro
y llena los ojos de luz. *e*
9 (10) El temor del Señor es limpio
y permanece para siempre.
Los decretos del Señor son verdaderos,
todos ellos son justos, *f*
10 (11) ¡son de más valor que el oro fino!, *g*
¡son más dulces que la miel del panal! *h*
11 (12) Son también advertencias
a este siervo tuyo,
y le es provechoso obedecerlas.

12 (13) ¿Quién se da cuenta de sus propios errores?
¡Perdona, Señor, mis faltas ocultas!
13 (14) Quítale el orgullo a tu siervo;
no permitas que el orgullo me domine.
Así seré un hombre sin tacha;
estaré libre de gran pecado. *i*

14 (15) Sean aceptables a tus ojos
mis palabras y mis pensamientos,
oh Señor, refugio y libertador mío.

20 (19) *Oración por la victoria* *a* (1) *Del maestro de coro. Salmo de David.*

1 (2) Que el Señor te escuche cuando estés angustiado;
que el Dios mismo de Jacob te defienda.
2 (3) Que te envíe auxilio y ayuda
desde el santuario de Sión. *b*
3 (4) Que se acuerde de todas tus ofrendas
y acepte con agrado tus holocaustos.
4 (5) Que cumpla todos tus deseos
y lleve a cabo todos tus planes.
5 (6) Celebraremos así tu victoria,
y levantaremos banderas
en el nombre del Dios nuestro.
¡Que el Señor cumpla todas tus peticiones!

6 (7) Estoy convencido de que el Señor
dará la victoria al rey que ha escogido; *c*
de que le contestará desde su santo cielo,
dándole grandes victorias con su poder.

7 (8) Unos cuentan con sus carros de guerra
y otros cuentan con sus caballos;
pero nosotros contamos con el Señor
nuestro Dios.
8 (9) A ellos se les doblan las rodillas, y caen,
pero nosotros seguimos firmes y en pie. *d*
9 (10) Señor, ¡dale la victoria al rey!
¡Respóndenos cuando te llamemos!

21 (20) *Un canto de victoria* *a* (1) *Del maestro de coro. Salmo de David.*

1 (2) Señor,
el rey está alegre porque le has dado fuerzas;
¡está muy alegre porque le has dado la victoria!
2 (3) Has cumplido sus deseos;
no le has negado sus peticiones.
3 (4) Lo recibiste con grandes bendiciones
y le pusiste una corona de oro.
4 (5) Te pidió vida, y se la diste:
vida larga y duradera.
5 (6) Gracias a tu ayuda, es grande su poder;
le has dado honor y dignidad.
6 (7) Lo has bendecido para siempre;
con tu presencia lo llenas de alegría.

7 (8) Tú, oh rey, jamás caerás,
pues confías en el Señor;
¡confías en el amor del Altísimo!
8 (9) Tu poder alcanzará a todos tus enemigos;
tu derecha alcanzará a los que te odian;
9 (10) los pondrás en un horno encendido
cuando aparezcas para juzgar.
El Señor, en su furor,
los consumirá con un fuego destructor.
10 (11) Borrarás del mundo
y de entre los hombres
a sus hijos y sus descendientes. *b*
11 (12) Aunque quieran hacerte daño
y hagan planes contra ti,
no se saldrán con la suya,
12 (13) pues tú los pondrás en fuga;
con tu arco apuntarás contra ellos.

13 (14) ¡Levántate con tu poder, Señor!
¡Celebraremos con himnos tus victorias!

---

e **19.8 (9)** La imagen de la *luz*, aplicada a la ley, pone a esta en paralelismo con el sol, del que se habla en la primera parte del salmo. Según algunos intérpretes, esta semejanza entre la luz en sentido físico y la luz en sentido moral podría explicar la reunión en un mismo salmo de dos poemas tan diversos. Véase *Índice temático.*

f **19.7-9 (8-10)** Los términos *mandato, preceptos, mandamientos y decretos*, más que indicar diferentes prescripciones de Dios, son sinónimos de su *ley* o *enseñanza* (heb. *torá*). Véanse Sal 1.2 nota *d*; 119.2 n.

g **19.10 (11)** Sal 119.127

h **19.10 (11)** Sal 119.103; Eclo 24.20.

i **19.13 (14)** *Libre de gran pecado:* probable alusión al "gran pecado" de la idolatría, mencionado con esas palabras en Ex 32.31-33 y 2 R 17.21, en el texto hebreo.

a **Salmo 20** Salmo real. La comunidad congregada en el templo pide al Señor que proteja al rey, ya que de sus victorias y de su buen gobierno dependen en gran medida el bienestar y la felicidad del pueblo. Cf. Sal 72.

b **20.2 (3)** *El santuario de Sión:* es decir el templo en Jerusalén. Cf. Sal 14.7; 128.5; 134.3, y véase Sal 2.6 n.

c **20.6 (7)** *Al rey que ha escogido:* lit. *a su ungido;* véase Sal 2.2 n.

d **20.7-8 (8-9)** Estos vv. expresan una idea fundamental de la Biblia: la verdadera fuerza del pueblo de Dios no radica en la eficacia de las armas o de otros medios puramente humanos, sino en el poder del Señor y en la ayuda que procede de él. Cf. 1 S 17.45-47; Sal 33.16-17; 147.10-11; Pr 21.31; Is 31.1; Os 1.7; 1 Co 1.25.

a **Salmo 21** Salmo real, como el anterior. Solo que aquí no se trata de una súplica, sino de un canto de acción de gracias por los favores concedidos al rey. Cf. Sal 18.

b **21.10 (11)** Job 18.19; Sal 37.28; 109.13.

22

[21] **Grito de angustia y canto de alabanza**[a] [1] *Del maestro de coro, según la melodía de "La cierva de la aurora".*[b] *Salmo de David.*

1 [2] Dios mío, Dios mío,
¿por qué me has abandonado?,[c]
¿por qué no vienes a salvarme?,
¿por qué no atiendes a mis lamentos?

2 [3] Dios mío,
día y noche te llamo, y no respondes;
¡no hay descanso para mí!

3 [4] Pero tú eres santo;
tú reinas, alabado por Israel.

4 [5] Nuestros padres confiaron en ti;
confiaron, y tú los libertaste;

5 [6] te pidieron ayuda, y les diste libertad;
confiaron en ti, y no los defraudaste.

6 [7] Pero yo no soy un hombre,[d] sino un gusano;[e]
¡soy el hazmerreír de la gente![f]

7 [8] Los que me ven, se burlan de mí;
me hacen muecas, mueven la cabeza[g]

8 [9] y dicen:
"Este confiaba en el Señor;
pues que el Señor lo libre.
Ya que tanto lo quiere, que lo salve."[h]

9 [10] Y así es:
tú me hiciste nacer del vientre de mi madre;
en su pecho me hiciste descansar.

10 [11] Desde antes que yo naciera,
fui puesto bajo tu cuidado;
desde el vientre de mi madre,
mi Dios eres tú.

11 [12] No te alejes de mí,
pues estoy al borde de la angustia
y no tengo quien me ayude.

12 [13] Mis enemigos me han rodeado como toros,
como bravos toros de Basán;[i]

13 [14] rugen como leones feroces,
abren la boca y se lanzan contra mí.

14 [15] Soy como agua que se derrama;
mis huesos están dislocados.
Mi corazón es como cera
que se derrite dentro de mí.

15 [16] Tengo la boca[j] seca como una teja;
tengo la lengua pegada al paladar.
¡Me has hundido hasta el polvo de la muerte!

16 [17] Como perros, una banda de malvados
me ha rodeado por completo;
me han desgarrado[k] las manos y los pies.

17 [18] ¡Puedo contarme los huesos!
Mis enemigos no me quitan la vista de encima;

18 [19] se han repartido mi ropa entre sí,
y sobre ella echan suertes.[l]

19 [20] Pero tú, Señor, que eres mi fuerza,
¡no te alejes!, ¡ven pronto en mi ayuda!

20 [21] Líbrame de morir a filo de espada,
no dejes que me maten esos perros,

21 [22] sálvame de la boca de esos leones,
¡defiéndeme de los cuernos de esos toros!

22 [23] Yo hablaré de ti a mis hermanos,
te alabaré en sus reuniones.[m]

23 [24] Ustedes, los que honran al Señor,
¡alábenlo!
¡Glorifíquenlo todos los descendientes de Jacob!
¡Adórenlo todos los descendientes de Israel!

24 [25] Pues él no desprecia ni pasa por alto
el sufrimiento de los pobres,
ni se esconde de ellos.
¡Él los oye cuando le piden ayuda!

25 [26] En presencia de tu pueblo numeroso
alabaré tu fidelidad;
delante de los que te honran
te cumpliré mis promesas.

26 [27] Coman, ustedes los oprimidos,
hasta que estén satisfechos;
alaben al Señor, ustedes que lo buscan,
y vivan muchos años.

27 [28] Razas y naciones todas,
gente de todos los rincones de la tierra:
acuérdense del Señor, y vengan a él;
¡arrodíllense delante de él!

28 [29] Porque el Señor es el Rey,
y él gobierna las naciones.

29 [30] Inclínense y adórenlo solo a él
todos los que viven en abundancia,
todos los que han de volver al polvo,
pues en sí mismos no tienen vida.

30 [31] Mis descendientes adorarán al Señor
y hablarán de él toda la vida;

31 [32] a los que nazcan después, les contarán
de su justicia y de sus obras.

---

[a] **Salmo 22** Este salmo consta de dos partes. En la primera, el salmista expresa su profundo dolor, especialmente el de sentirse abandonado por el Señor, y le suplica que lo haga experimentar de nuevo su presencia y su protección (vv. 1-21 [2-22]). La segunda es un canto de acción de gracias por la liberación obtenida (vv. 22-31 [23-32]).

[b] **22. (1)** *"La cierva de la aurora":* Parece ser el título de una canción; este salmo se cantaba probablemente con esa misma melodía.

[c] **22.1 (2)** Con estas mismas palabras, recitadas en arameo, Jesús expresó sus propios sentimientos durante la crucifixión (Mt 27.46; Mc 15.34).

[d] **22.6 (7)** Is 52.14; cf. Jn 19.5.

[e] **22.6 (7)** Job 25.6.

[f] **22.6 (7)** Is 53.2-3.

[g] **22.7 (8)** Mt 27.39; Mc 15.29; Lc 23.35.

[h] **22.8 (9)** Mt 27.43; cf. Sab 2.18-20.

[i] **22.12 (13)** *Basán:* región al este del Lago de Genesaret, célebre por la fertilidad de su suelo, que permitía la cría de grandes rebaños. Cf. Sal 68.15 (16); Ez 39.18. Véase *Índice de mapas.*

[j] **22.15 (16)** *La boca:* texto probable. Heb. *mi fuerza.*

[k] **22.16 (17)** *Me han desgarrado:* según versiones antiguas. Heb. *como león.*

[l] **22.18 (19)** Mt 27.35; Mc 15.24; Lc 23.34; Jn 19.24.

[m] **22.22 (23)** Heb 2.12. *Reuniones:* Se refiere a la comunidad reunida en el templo para dar culto al Señor.

23 [(22)] El Señor es mi pastor[a]   [(1a)] Salmo de David.

[1](1b) El Señor es mi pastor;[b]
nada me falta.
[2] En verdes praderas me hace descansar,
a las aguas tranquilas me conduce,[c]
[3] me da nuevas fuerzas[d]
y me lleva por caminos rectos,[e]
haciendo honor a su nombre.[f]

[4] Aunque pase por el más oscuro de los valles,
no temeré peligro alguno,
porque tú, Señor, estás conmigo;
tu vara y tu bastón me inspiran confianza.

[5] Me has preparado un banquete[g]
ante los ojos de mis enemigos;
has vertido perfume en mi cabeza,[h]
y has llenado mi copa a rebosar.[i]
[6] Tu bondad y tu amor me acompañan
a lo largo de mis días,
y en tu casa, oh Señor, por siempre viviré.[j]

24 [(23)] El Rey de la gloria[a]   [(1a)] Salmo de David.

[1](1b) Del Señor es el mundo entero,
con todo lo que en él hay,
con todo lo que en él vive.[b]
[2] Porque el Señor puso las bases de la tierra
y la afirmó sobre los mares y los ríos.[c]

[3] ¿Quién puede subir al monte del Señor?[d]
¿Quién puede permanecer en su santo templo?
[4] El que tiene las manos y la mente
limpias de todo pecado;[e]
el que no adora ídolos[f]
ni hace juramentos falsos.

[5] El Señor, su Dios y Salvador,
lo bendecirá y le hará justicia.
[6] Así deben ser los que buscan al Señor,
los que buscan la presencia del Dios de Jacob.[g]

[7] ¡Ábranse, puertas eternas![h]
¡Quédense abiertas de par en par,
y entrará el Rey de la gloria!

[8] ¿Quién es este Rey de la gloria?
¡Es el Señor, el fuerte y valiente!
¡Es el Señor, valiente en la batalla!

[9] ¡Ábranse, puertas eternas!
¡Quédense abiertas de par en par,
y entrará el Rey de la gloria!

[10] ¿Quién es este Rey de la gloria?
¡Es el Señor todopoderoso![i]
¡Él es el Rey de la gloria!

25 [(24)] Oración pidiendo la dirección de Dios[a]   [(1a)] De David.

[1](1b) Señor, a ti dirijo mi oración;
[2] mi Dios, en ti confío:
no dejes que me hunda en la vergüenza.
¡Que no se rían de mí mis enemigos!
[3] ¡Que no sea jamás avergonzado
ninguno de los que en ti confían!
¡Que sean puestos en vergüenza
los que sin motivo se rebelan contra ti!

[4] Señor,
muéstrame tus caminos;
guíame por tus senderos;
[5] guíame, encamíname en tu verdad,

---

[a] **Salmo 23** En este salmo se aplican al Señor dos imágenes poéticas: la del pastor que cuida sus ovejas (vv. 1-4) y la del anfitrión que agasaja a su invitado con un magnífico banquete. El sentimiento predominante del Salmo 23 es el de plena confianza en el amor y la fidelidad del Señor. Cf. Sal 27.

[b] **23.1 (1b)** *Pastor:* Véase Jn 10.11 n., y cf. Gn 49.24; Is 40.11; Jer 31.10; Ez 34.11-16; Jn 10.14-16; Heb 13.20; 1 P 5.4. Véase *Pastor* en el *Índice temático*.

[c] **23.2** Cf. Jer 31.9; Ez 34.13-15; Ap 7.17.

[d] **23.3** Cf. Is 40.31.

[e] **23.3** *Caminos rectos:* lit. *caminos de justicia.* Cf. Pr 4.11-12.

[f] **23.3** *Haciendo honor a su nombre:* lit. *por causa de su nombre,* es decir, por razón de lo que él es, haciendo honor a lo que él es realmente. Véase Sal 8.1 (2) nota *c,* y cf. 25.11; 31.3 (4); 106.8.

[g] **23.5** *Me has preparado un banquete:* lit. *tendiste ante mí una mesa.* La invitación a comer era no solo un gesto de hospitalidad, sino también símbolo de solidaridad y de alianza. Cf. Gn 18.5-8; 19.2-3; Sal 41.9 (10); Lc 22.17-21.

[h] **23.5** El hecho de verter aceite perfumado sobre la cabeza del huésped era otro signo de amistad y hospitalidad. (Lc 7.37-38,46). Véase Sal 92.10 (11) n.

[i] **23.5** Cf. 1 Co 10.16.

[j] **23.6** Sal 27.4.

[a] **Salmo 24** Este salmo consta de tres partes: un breve himno o canto de alabanza al Dios creador (vv. 1-2); una instrucción sobre las cualidades requeridas para entrar en el templo (vv. 3-6) y un poema que celebra la instalación del arca de la alianza en Jerusalén (vv. 7-10; cf. 2 S 6.1-23; Sal 132) o su regreso a la ciudad santa después de una campaña victoriosa.

[b] **24.1 (1b)** Sal 50.12; 89.11 (12); 1 Co 10.26.

[c] **24.2** Sobre este concepto antiguo, véase Sal 18.15 (16) n.

[d] **24.3** *Monte del Señor:* La colina de Sión, considerada como el lugar que el Señor eligió para habitar en él. Véanse Sal 2.6 n.; y *Sión* en el *Índice temático*.

[e] **24.3-4** Sal 15.1-2; cf. Is 33.14-16; Mt 5.8.

[f] **24.4** *El que no adora ídolos:* lit. *el que no eleva su alma a la vanidad,* modismo hebreo que indica una actitud de adoración. En los Salmos y en los escritos proféticos se llama "vanidad" a los ídolos paganos, por ser dioses "vanos" o vacíos. Véanse Sal 115.4-8 n; 135.15-18.

[g] **24.3-6** Sal 15; Is 33.14-16.

[h] **24.7** *¡Ábranse, puertas eternas!:* lit. *levanten sus cabezas, puertas eternas,* o bien, *puertas antiguas.* En este estribillo, que se vuelve a repetir en el v. 9, el salmista se dirige en forma poética a las puertas de Jerusalén, las cuales, a pesar de su grandeza y amplitud, no bastan para dar paso al Señor, el *Rey de la gloria.*

[i] **24.10** *El Señor todopoderoso:* lit. *el Señor de los ejércitos.* En los libros históricos, este título de Dios parece aludir a la presencia del Señor entre las huestes o ejércitos israelitas (cf. 1 S 17.45); pero en los escritos proféticos adquiere características cósmicas y afirma el poder soberano de Dios en el cielo y en la tierra (cf. Is 6.3). Así lo entendieron los traductores de la versión griega (LXX), que con frecuencia lo traducen por *kyrios pantokrator,* es decir, *Señor todopoderoso.*

[a] **Salmo 25** Súplica individual, en la que se intercalan algunas reflexiones de carácter sapiencial (cf. especialmente los vv. 12-14).

pues tú eres mi Dios y Salvador.
¡En ti confío a todas horas!

⁶ Señor,
acuérdate del amor y la ternura
que siempre nos has manifestado,
⁷ pero no te acuerdes de mis pecados
ni del mal que hice en mi juventud.
Señor, acuérdate de mí,
por tu gran amor y bondad.

⁸ El Señor es bueno y justo;
él corrige la conducta de los pecadores
⁹ y guía por su camino a los humildes;
¡los instruye en la justicia!
¹⁰ Él siempre procede con amor y fidelidad, ᵇ
con los que cumplen su alianza
y sus mandamientos.

¹¹ Señor, es grande mi maldad;
perdóname, haz honor a tu nombre.
¹² Al hombre que honra al Señor,
él le muestra el camino que debe seguir; ᶜ
¹³ lo rodea de bienestar
y da a sus descendientes posesión del país. ᵈ
¹⁴ El Señor es amigo de quienes lo honran,
y les da a conocer su alianza.
¹⁵ Siempre dirijo mis ojos al Señor,
porque él me libra de todo peligro.

¹⁶ Mírame, Señor, y ten compasión de mí,
porque estoy solo y afligido.
¹⁷ Mi corazón se aflige más y más;
líbrame de mis angustias.
¹⁸ Mira mis tristezas y trabajos,
y perdona mis pecados.
¹⁹ Mira cuántos enemigos tengo
que sienten por mí un odio mortal.
²⁰ ¡Cuídame, sálvame la vida!
¡No dejes que me hunda en la vergüenza,
pues en ti busco protección!
²¹ Que me protejan mi honradez y mi inocencia,
pues en ti he puesto mi confianza.

²² ¡Dios mío,
salva a Israel de todas sus angustias!

26 ⁽²⁵⁾ *La seguridad de una vida limpia* ᵃ   ⁽¹ᵃ⁾ *De David.*

¹ ⁽¹ᵇ⁾ Señor, hazme justicia,
pues mi vida no tiene tacha.
En ti, Señor, confío firmemente;

² examíname, ¡ponme a prueba!,
¡pon a prueba mis pensamientos
y mis sentimientos más profundos! ᵇ
³ Yo tengo presente tu amor
y te he sido fiel;
⁴ jamás conviví con los mentirosos
ni me junté con los hipócritas.
⁵ Odio las reuniones de los malvados;
¡jamás conviví con los perversos! ᶜ

⁶ Lavadas ya mis manos ᵈ y limpias de pecado,
quiero, Señor, acercarme a tu altar,
⁷ y entonar cantos de alabanza,
y proclamar tus maravillas.

⁸ Yo amo, Señor, el templo donde vives,
el lugar donde reside tu gloria. ᵉ
⁹ No me quites la vida junto con los pecadores;
no me hagas correr la suerte de los asesinos,
¹⁰ de esos que tienen las manos
llenas de maldad y soborno.

¹¹ Pero mi vida es intachable;
¡sálvame, ten compasión de mí!
¹² Mis pies están en terreno firme;
¡bendeciré al Señor en presencia de su pueblo!

27 ⁽²⁶⁾ *El Señor es mi luz y mi salvación* ᵃ   ⁽¹ᵃ⁾ *De David.*

¹ ⁽¹ᵇ⁾ El Señor es mi luz y mi salvación,
¿de quién podré tener miedo?
El Señor defiende mi vida,
¿a quién habré de temer?
² Los malvados, mis enemigos,
se juntan para atacarme y destruirme;
pero ellos son los que tropiezan y caen.
³ Aunque un ejército me rodee,
mi corazón no tendrá miedo;
aunque se preparen para atacarme,
yo permaneceré tranquilo.

⁴ Solo una cosa he pedido al Señor,
solo una cosa deseo:
estar en el templo del Señor
todos los días de mi vida, ᵇ
para adorarlo en su templo
y contemplar su hermosura.
⁵ Cuando lleguen los días malos,
el Señor me dará abrigo en su templo;
bajo su sombra me protegerá.

Como se trata de un salmo "alfabético", las ideas se van sucediendo libremente. Véase Sal 9 nota *a.*
ᵇ **25.10** *Él siempre procede con amor y fidelidad:* lit. *todos los senderos del Señor son amor y fidelidad.* Este es uno de los numerosos casos en los que aparece el binomio *hésed* ("amor") y *emet* ("fidelidad"), términos que se complementan mutuamente para resumir las características más esenciales de la acción de Dios en favor de los hombres. Cf. Sal 89.14 (15); Pr 14.22. Véase *Señor* en el *Índice temático.*
ᶜ **25.12** Sal 34.7-12 (8-13); Pr 3.6.
ᵈ **25.12-13** Dt 11.8-9; Sal 37.9,11,29; Mt 5.5.

ᵃ **Salmo 26** Súplica de una persona acusada injustamente, semejante a la del Sal 7.
ᵇ **26.2** Sal 7.9 (10); 17.3; 139.23.
ᶜ **26.4-5** Sal 1.1.
ᵈ **26.6** Sal 73.13.
ᵉ **26.8** *Gloria:* Cf. 1 R 8.11.
ᵃ **Salmo 27** Este salmo consta de dos partes: la primera es una profesión de confianza en el Señor, aun en medio de los mayores peligros (vv. 1-6); la segunda es una súplica individual, que brota de esa actitud confiada (vv. 7-14).
ᵇ **27.4** Sal 23.6.

¡Me pondrá a salvo sobre una roca!
⁶ Entonces podré levantar la cabeza
   por encima de mis enemigos;
   entonces podré ofrecer sacrificios en el templo,
   y gritar de alegría, y cantar himnos al Señor.

⁷ A ti clamo, Señor: escúchame.
   Ten compasión de mí, ¡respóndeme!
⁸ El corazón me dice:
   "Busca la presencia del Señor."
   Y yo, Señor, busco tu presencia.
⁹ ¡No te escondas de mí!
   ¡No me rechaces con ira!
   ¡Mi única ayuda eres tú!
   No me dejes solo y sin amparo,
   pues tú eres mi Dios y salvador.
¹⁰ Aunque mi padre y mi madre me abandonen,
   tú, Señor, te harás cargo de mí. ᶜ

¹¹ Señor, muéstrame tu camino;
   guíame por el buen camino
   a causa de mis enemigos;
¹² no me entregues a su voluntad,
   pues se han levantado contra mí
   testigos falsos y violentos.
¹³ Pero yo estoy convencido
   de que llegaré a ver la bondad del Señor
   a lo largo de esta vida. ᵈ

¹⁴ ¡Ten confianza en el Señor!
   ¡Ten valor, no te desanimes!
   ¡Sí, ten confianza en el Señor!

28 ⁽²⁷⁾ *El Señor escucha nuestros ruegos* ᵃ ⁽¹ᵃ⁾ *De David.*

¹ ⁽¹ᵇ⁾ Señor, mi protector, ᵇ
   a ti clamo.
   ¡No te niegues a responderme!
   Pues si te niegas a responderme,
   ya puedo contarme entre los muertos.
² Oye mis gritos cuando te pido ayuda,
   cuando extiendo mis manos hacia tu santo templo.

³ No me arrastres junto con los malvados,
   no me hagas correr la suerte de los malhechores,
que por fuera se muestran amistosos
pero por dentro son todo maldad.
⁴ Dales su merecido,
   conforme a sus malas acciones; ᶜ
   págales con la misma moneda,
   conforme al mal que han cometido.
⁵ Ya que no tienen presentes
   las cosas que hizo el Señor,
   ¡que él los destruya y no los vuelva a levantar!

⁶ ¡Bendito sea el Señor, que ha escuchado mis ruegos!
⁷ El Señor es mi poderoso protector;
   en él confié plenamente, y él me ayudó.
   Mi corazón está alegre;
   cantaré y daré gracias al Señor. ᵈ

⁸ El Señor es la fuerza de su pueblo;
   es ayuda y refugio de su rey escogido. ᵉ
⁹ Salva a tu pueblo, Señor;
   bendice a los tuyos.
   Cuídalos como un pastor;
   ¡llévalos en tus brazos para siempre! ᶠ

29 ⁽²⁸⁾ *La poderosa voz del Señor* ᵃ ⁽¹ᵃ⁾ *Salmo de David.* ᵇ

¹ ⁽¹ᵇ⁾ Alaben al Señor, seres celestiales: ᶜ
   alaben el poder y la gloria del Señor,
² alaben el glorioso nombre del Señor,
   adoren al Señor en su hermoso santuario. ᵈ,ᵉ

³ La voz del Señor ᶠ resuena sobre el mar;
   el Dios glorioso hace tronar:
   ¡el Señor está sobre el mar inmenso!
⁴ La voz del Señor resuena con fuerza;
   la voz del Señor resuena imponente;
⁵ la voz del Señor desgaja los cedros.
   ¡El Señor desgaja los cedros del Líbano!
⁶ Hace temblar los montes Líbano y Sirión; ᵍ
   ¡los hace saltar como toros y becerros!
⁷ La voz del Señor lanza llamas de fuego;
⁸ la voz del Señor hace temblar al desierto;
   ¡el Señor hace temblar al desierto de Cadés!
⁹ La voz del Señor sacude las encinas ʰ
   y deja sin árboles los bosques.
   En su templo, todos le rinden honor.

ᶜ **27.10** Is 49.14-15.
ᵈ **27.13** *A lo largo de esta vida:* otra posible traducción: *en el mundo de los que viven* (cf. Sal 116.9).
ᵃ **Salmo 28** Súplica individual, ante la amenaza de un peligro mortal.
ᵇ **28.1 (1b)** *Protector:* lit. *mi roca.* Véase Sal 18.2 (3) n.
ᶜ **28.4** Jer 50.29; Ap 18.6.
ᵈ **28.6-7** Canto de acción de gracias que el salmista entona anticipadamente, porque está seguro de que su oración será escuchada. Cf. Sal 22.22-25 (23-26).
ᵉ **28.8** *Su rey escogido:* lit. *su ungido.* Véase Sal 2.2 n.
ᶠ **28.8-9** Oración por el rey y por el pueblo, añadida probablemente más tarde, para el uso litúrgico del salmo.
ᵃ **Salmo 29** Himno o canto de alabanza que celebra la gloria y el poder del Señor manifestados en el fragor de la tempestad. Cf. Sal 19.1-6 (2-7); 104.

ᵇ **29. (1a)** La versión griega (LXX) añade en el título esta indicación sobre el uso litúrgico del salmo: *Para el último día de la fiesta de las Enramadas* (cf. Lv 23.33-36,39-43; Nm 29.12-38; Dt 16.13-15), fiesta en la que se pedía al Señor abundantes lluvias (Zac 14.16-19). Cf. Jn 7.2,37-39.
ᶜ **29.1 (1b)** *Seres celestiales:* lit. *hijos de Dios.* Cf. Job 1.6; Sal 89.5-7 (6-8), y véase Sal 8.5 (6) n.
ᵈ **29.2** *En su hermoso santuario:* otra posible traducción: *vestidos con ropas sagradas,* o bien, *al manifestarse su santidad.*
ᵉ **29.1-2** 1 Cr 16.28-29; Sal 96.7-9.
ᶠ **29.3** *La voz del Señor:* es decir, el trueno (Sal 18.13 [14]).
ᵍ **29.6** *Sirión:* nombre que los fenicios daban al monte Hermón (Dt 3.8-9). Véase Sal 42.6 (7) n.
ʰ **29.9** *Sacude las encinas:* traducción probable. Heb. *hace a las ciervas dar a luz* (lit. *retorcerse en parto*).

¹⁰ El Señor gobierna las lluvias;
¡el Señor gobierna cual rey eterno!
¹¹ El Señor da fuerza a su pueblo;
el Señor bendice a su pueblo con paz.

30 ⁽²⁹⁾ Alabanzas de gratitud al Señor ᵃ ⁽¹⁾ Salmo. Canto para la dedicación del templo. ᵇ De David.

¹ ⁽²⁾ Señor, yo te alabo
porque tú me libertaste,
porque no has permitido
que mis enemigos se burlen de mí.
² ⁽³⁾ Señor, mi Dios,
te pedí ayuda, y me sanaste;
³ ⁽⁴⁾ tú, Señor, me salvaste de la muerte; ᶜ
me diste vida, me libraste de morir.
⁴ ⁽⁵⁾ Ustedes, fieles del Señor, ¡cántenle himnos!,
¡alaben su santo nombre!
⁵ ⁽⁶⁾ Porque su enojo dura un momento,
pero su buena voluntad, toda la vida.
Si lloramos por la noche,
por la mañana tendremos alegría. ᵈ
⁶ ⁽⁷⁾ Yo me sentí seguro, y pensé:
"Nada me hará caer jamás."
⁷ ⁽⁸⁾ Pero tú, Señor, en tu bondad
me habías afirmado en lugar seguro,
y apenas me negaste tu ayuda
el miedo me dejó confundido.
⁸ ⁽⁹⁾ A ti, Señor, clamo;
a ti, Señor, suplico:
⁹ ⁽¹⁰⁾ ¿Qué se gana con que yo muera,
con que sea llevado al sepulcro?
¡El polvo no puede alabarte
ni hablar de tu fidelidad! ᵉ
¹⁰ ⁽¹¹⁾ Señor, óyeme y ten compasión de mí;
Señor, ¡ayúdame!
¹¹ ⁽¹²⁾ Has cambiado en danzas mis lamentos;
me has quitado el luto
y me has vestido de fiesta. ᶠ
¹² ⁽¹³⁾ Por eso, Señor y Dios,
no puedo quedarme en silencio:
¡te cantaré himnos de alabanza
y siempre te daré gracias!

31 ⁽³⁰⁾ Plena confianza en el Señor ᵃ ⁽¹⁾ Del maestro de coro. Salmo de David.

¹ ⁽²⁾ Señor, en ti busco protección;
¡no me defraudes jamás!
¡Ponme a salvo, pues tú eres justo!
² ⁽³⁾ Dígnate escucharme;
¡date prisa, líbrame ya!
Sé tú mi roca protectora,
¡sé tú mi castillo de refugio y salvación!
³ ⁽⁴⁾ ¡Tú eres mi roca y mi castillo!
¡Guíame y protégeme; haz honor a tu nombre!
⁴ ⁽⁵⁾ ¡Sácame de la trampa que me han tendido,
pues tú eres mi protector!
⁵ ⁽⁶⁾ En tus manos encomiendo mi espíritu; ᵇ
¡rescátame, Señor, Dios de la verdad!
⁶ ⁽⁷⁾ Odio a los que adoran ídolos inútiles.
He puesto mi confianza en el Señor.
⁷ ⁽⁸⁾ Tu amor me trae gozo y alegría.
Tú has visto mis tristezas,
conoces mis aflicciones;
⁸ ⁽⁹⁾ no me entregaste en manos del enemigo;
¡me hiciste poner pie en lugar seguro!
⁹ ⁽¹⁰⁾ Señor, ten compasión de mí,
pues estoy en peligro.
El dolor debilita mis ojos,
mi cuerpo, ¡todo mi ser!
¹⁰ ⁽¹¹⁾ ¡El dolor y los lamentos
acaban con los años de mi vida!
La tristeza ᶜ acaba con mis fuerzas;
¡mi cuerpo se está debilitando!
¹¹ ⁽¹²⁾ Soy el hazmerreír de mis enemigos,
objeto de burla ᵈ de mis vecinos,
horror de quienes me conocen.
¡Huyen de mí cuantos me ven en la calle! ᵉ
¹² ⁽¹³⁾ Me han olvidado por completo,
como si ya estuviera muerto.
Soy como un jarro hecho pedazos. ᶠ
¹³ ⁽¹⁴⁾ Puedo oír que la gente cuchichea:
"Hay terror por todas partes." ᵍ
Como un solo hombre,
hacen planes contra mí;
¡hacen planes para quitarme la vida!
¹⁴ ⁽¹⁵⁾ Pero yo, Señor, confío en ti;
yo he dicho: "¡Tú eres mi Dios!"
¹⁵ ⁽¹⁶⁾ Mi vida está en tus manos;
¡líbrame de mis enemigos, que me persiguen!
¹⁶ ⁽¹⁷⁾ Mira con bondad a este siervo tuyo,
y sálvame, por tu amor.
¹⁷ ⁽¹⁸⁾ A ti clamo, Señor;
¡no me hundas en la vergüenza!

ᵃ **Salmo 30** Acción de gracias de alguien que ha sido liberado por el Señor de una enfermedad mortal.
ᵇ **30. (1)** *Canto para la dedicación del templo:* 1 Mac 4.59. Véase Jn 10.22 n.
ᶜ **30.3 (4)** *Muerte:* lit. *morada de los muertos,* en heb. *sheol;* véase Sal 6.5 (6) n. Véase *Morir* en el Índice temático.
ᵈ **30.5 (6)** Cf. Is 54.7-8.
ᵉ **30.9 (10)** Cf. Is 38.18.
ᶠ **30.11 (12)** Sal 126.5-6; Jer 31.13.

ᵃ **Salmo 31** Súplica individual. El salmista invoca al Señor con tanta confianza que habla como si ya hubiera obtenido el beneficio que pide.
ᵇ **31.5 (6)** Según Lc 23.46 estas fueron las últimas palabras de Jesús. Cf. también Hch 7.59.
ᶜ **31.10 (11)** *La tristeza:* según versiones antiguas. Heb. *mi maldad.*
ᵈ **31.11 (12)** *Objeto de burla:* texto probable. Heb. *mucho.*
ᵉ **31.11 (12)** Cf. Job 19.13; Sal 38.11 (12); 69.8 (9); 88.18 (19).
ᶠ **31.12 (13)** Jer 22.28; 48.38.
ᵍ **31.13 (14)** Jer 20.4,10; 46.5; 49.29.

¡Hunde en la vergüenza a los malvados;
    húndelos en el silencio del sepulcro!ʰ
¹⁸ ⁽¹⁹⁾ Queden en silencio los labios mentirosos,
    que hablan con burla y desprecio,
    y ofenden al hombre honrado.

¹⁹ ⁽²⁰⁾ ¡Qué grande es tu bondad
        para aquellos que te honran!
    La guardas como un tesoro
    y, a la vista de los hombres,
    la repartes a quienes confían en ti.
²⁰ ⁽²¹⁾ Con la protección de tu presencia
    los libras de los planes malvados del hombre;
    bajo tu techo los proteges
    de los insultos de sus enemigos.

²¹ ⁽²²⁾ Bendito sea el Señor, que con su amor
    hizo grandes cosas por mí
    en momentos de angustia.ⁱ
²² ⁽²³⁾ En mi inquietud llegué a pensar
    que me habías echado de tu presencia;
    pero cuando te pedí ayuda,
    tú escuchaste mis gritos.

²³ ⁽²⁴⁾ Amen al Señor, todos sus fieles.
    El Señor cuida de los sinceros,
    pero a los altaneros
    les da con creces su merecido.
²⁴ ⁽²⁵⁾ Den ánimo y valor a sus corazones
    todos los que confían en el Señor.ʲ

32 ⁽³¹⁾ *Confesión y perdón*ᵃ ⁽¹ᵃ⁾ *Instrucción*ᵇ *de David.*

¹ ⁽¹ᵇ⁾ Feliz ᶜ el hombre a quien sus culpas y pecados
    le han sido perdonados por completo.
² Feliz el hombre que no es mal intencionado
    y a quien el Señor no acusa de falta alguna.ᵈ

³ Mientras no confesé mi pecado,
    mi cuerpo iba decayendo
    por mi gemir de todo el día,
⁴ pues de día y de noche
    tu mano pesaba sobre mí.
    Como flor marchita por el calor del verano,
    así me sentía decaer.

⁵ Pero te confesé sin reservas
    mi pecado y mi maldad;
    decidí confesarte mis pecados,
    y tú, Señor, los perdonaste.ᵉ

⁶ Por eso, en momentos de angustia ᶠ
    los fieles te invocarán,
    y aunque las aguas caudalosas se desborden,
    no llegarán hasta ellos.
⁷ Tú eres mi refugio:
    me proteges del peligro,
    me rodeas de gritos de liberación.

⁸ El Señor dice: ᵍ
    "Mis ojos están puestos en ti.
    Yo te daré instrucciones,
    te daré consejos,
    te enseñaré el camino que debes seguir.
⁹ No seas como el mulo o el caballo,
    que no pueden entender
    y hay que detener su brío
    con el freno y con la rienda,
    pues de otra manera no se acercan a ti."

¹⁰ Los malvados tendrán muchos dolores,
    pero el amor del Señor envuelve
    a los que en él confían.
¹¹ Alégrense en el Señor,
    hombres buenos y honrados;
    ¡alégrense y griten de alegría!

33 ⁽³²⁾ *Alabanza y gratitud al Señor* ᵃ

¹ Aclamen al Señor, hombres buenos;
    en labios de los buenos,
    la alabanza es hermosa.
² Den gracias al Señor al son del arpa,
    cántenle himnos con música de salterio,
³ cántenle un nuevo canto,ᵇ
    ¡toquen con arte al aclamarlo!

⁴ La palabra del Señor es verdadera;
    sus obras demuestran su fidelidad.
⁵ El Señor ama lo justo y lo recto;
    ¡su amor llena toda la tierra!
⁶ Por la palabra del Señor
    fueron hechos los cielos,
    y por el soplo de su boca,
    todos los astros.
⁷ Él junta y almacena
    las aguas del mar profundo.ᶜ

⁸ Honren al Señor todos en la tierra;
    ¡hónrenlo todos los habitantes del mundo!

ʰ **31.17 (18)** Jer 17.18.
ⁱ **31.21 (22)** *En momentos de angustia:* texto probable. Heb. *en una ciudad sitiada.*
ʲ **31.19-24 (20-25)** Estos vv. son un canto de acción de gracias.
ᵃ **Salmo 32** Canto de acción de gracias de un pecador que ha confesado sus pecados al Señor y ha obtenido el perdón divino. Cf. Sal 51. Este es uno de los siete salmos llamados penitenciales (Sal 6; 38; 51; 102; 130; 143).
ᵇ **32. (1a)** *Instrucción:* traducción probable del término hebreo *maskil,* cuyo significado exacto se desconoce. Tal vez se refiere a una composición poética de contenido sapiencial y destinada a transmitir una enseñanza. Cf. v. 8.
ᶜ **32.1 (1b)** *Feliz...:* Véase Sal 1.1 n.

ᵈ **32.1-2** Ro 4.6-8.
ᵉ **32.5** Compárese este v. con el texto de Pr 28.13; 1 Jn 1.9.
ᶠ **32.6** *En momentos de angustia:* según versiones antiguas; heb. *en tiempo de encontrar solamente* (cf. Is 55.6); gr. *en tiempo oportuno* (cf. Is 49.8).
ᵍ **32.8** El canto de acción de gracias concluye con una instrucción de carácter sapiencial, que extrae de la experiencia vivida por el salmista una lección válida para todos.
ᵃ **Salmo 33** Himno o canto de alabanza al Señor, que gobierna todas las cosas con sabiduría, justicia y amor.
ᵇ **33.3** *Nuevo canto:* no un canto ya entonado otras veces, sino compuesto para la ocasión presente. Cf. Sal 40.3 (4); 96.1; 98.1; Is 42.10; Jdt 16.13; Ap 5.9; 14.3. Véase *Cantar* en el *Índice temático.*

⁹ Pues él habló, y todo fue hecho;
 él ordenó, y todo quedó firme.
¹⁰ El Señor hace fracasar por completo
 los proyectos de los pueblos paganos,
¹¹ pero los proyectos del Señor
 permanecen firmes para siempre.
¹² Feliz el pueblo cuyo Dios es el Señor, [d]
 el pueblo que ha escogido como suyo.
¹³ El Señor mira desde el cielo
 y ve a todos los hombres;
¹⁴ desde el lugar donde vive
 observa a los que habitan la tierra;
¹⁵ él es quien formó sus corazones
 y quien vigila todo lo que hacen.
¹⁶ Ningún rey se salva por su gran ejército,
 ni se salvan los valientes por su mucha fuerza;
¹⁷ los caballos no sirven para salvar a nadie;
 aunque son muy poderosos,
 no pueden salvar. [e]
¹⁸ Pero el Señor cuida siempre
 de quienes lo honran y confían en su amor,
¹⁹ para salvarlos de la muerte
 y darles vida en épocas de hambre.
²⁰ Nosotros confiamos en el Señor;
 ¡él nos ayuda y nos protege!
²¹ Nuestro corazón se alegra en el Señor;
 confiamos plenamente en su santo nombre.
²² ¡Que tu amor, Señor, nos acompañe,
 tal como esperamos de ti!

34 ⁽³³⁾ Alabanzas a la bondad del Señor [a] ⁽¹⁾ De David, cuando se retiró de la presencia de Abimélec, ante quien había fingido sufrir un ataque de locura. [b]

¹ ⁽²⁾ Bendeciré al Señor a todas horas;
 mis labios siempre lo alabarán.
² ⁽³⁾ Yo me siento orgulloso del Señor;
 ¡óiganlo y alégrense, hombres humildes!
³ ⁽⁴⁾ Alabemos juntos y a una voz
 la grandeza del nombre del Señor.
⁴ ⁽⁵⁾ Recurrí al Señor, y él me contestó,
 y me libró de todos mis temores.
⁵ ⁽⁶⁾ Los que miran al Señor
 quedan radiantes de alegría
 y jamás se verán defraudados.

⁶ ⁽⁷⁾ Este pobre gritó, y el Señor lo oyó
 y lo libró de todas sus angustias.
⁷ ⁽⁸⁾ El ángel del Señor [c] protege y salva
 a los que honran al Señor.
⁸ ⁽⁹⁾ Prueben, y vean que el Señor es bueno. [d]
 ¡Feliz el hombre que en él confía!
⁹ ⁽¹⁰⁾ Honren al Señor, los consagrados a él,
 pues nada faltará a los que lo honran.
¹⁰ ⁽¹¹⁾ Los ricos [e] se vuelven pobres, y sufren hambre,
 pero a los que buscan al Señor
 nunca les faltará ningún bien.
¹¹ ⁽¹²⁾ Vengan, hijos míos, y escúchenme:
 voy a enseñarles a honrar al Señor.
¹² ⁽¹³⁾ ¿Quieres vivir mucho tiempo?
 ¿Quieres gozar de la vida?
¹³ ⁽¹⁴⁾ Pues refrena tu lengua de hablar mal,
 y nunca digan mentiras tus labios.
¹⁴ ⁽¹⁵⁾ Aléjate de la maldad, y haz lo bueno;
 busca la paz, y síguela.
¹⁵ ⁽¹⁶⁾ El Señor cuida de los hombres honrados
 y presta oído a sus clamores.
¹⁶ ⁽¹⁷⁾ El Señor está en contra de los malhechores,
 para borrar de la tierra su recuerdo. [f]
¹⁷ ⁽¹⁸⁾ El Señor atiende al clamor del hombre honrado,
 y lo libra de todas sus angustias.
¹⁸ ⁽¹⁹⁾ El Señor está cerca, para salvar
 a los que tienen el corazón hecho pedazos
 y han perdido la esperanza.
¹⁹ ⁽²⁰⁾ El hombre honrado pasa por muchos males,
 pero el Señor lo libra de todos ellos. [g]
²⁰ ⁽²¹⁾ Él le protege todos los huesos;
 ni uno solo le romperán. [h]
²¹ ⁽²²⁾ A los malvados los mata su propia maldad;
 los que odian al hombre honrado serán castigados.
²² ⁽²³⁾ Pero el Señor salva la vida a sus siervos;
 ¡no serán castigados los que en él confían!

35 ⁽³⁴⁾ Oración pidiendo la ayuda del Señor [a] ⁽¹ᵃ⁾ De David.

¹ ⁽¹ᵇ⁾ Señor, oponte a los que se oponen a mí;
 ataca a los que me atacan.
² Toma tu escudo y ven en mi ayuda;
³ toma tu lanza y haz frente a los que me persiguen;
 ¡dime que eres tú mi salvador!
⁴ Huyan avergonzados

---

[c] 33.6-7 Gn 1.3-31; Jn 1.3.
[d] 33.12 Sal 144.15.
[e] 33.16-17 1 S 17.47; Sal 20.7-8 (8-9); 147.10; Os 1.7; Jdt 9.7.
[a] Salmo 34 Salmo "alfabético". La primera parte (vv. 1-10 [2-11]) es un canto de acción de gracias al Señor que escucha el clamor de los pobres (v. 6 [7]). La segunda (vv. 11-22 [12-23]) es una lección de sabiduría: el que desea ser feliz debe temer al Señor, porque él paga con justicia a buenos y malos.
[b] 34. (1) Cf. 1 S 21.10-15 (11-16).
[c] 34.7 (8) El ángel del Señor: lit. el enviado del Señor. En los textos bíblicos más antiguos (cf. Gn 16.7; Ex 14.19), el ángel del Señor no es un ser distinto de Dios, sino el mismo Señor que se manifiesta y hace que los seres humanos experimenten su presencia de manera sensible. Aquí, en cambio, la expresión designa a un miembro de los "ejércitos celestiales" (véase Sal 103.20 n.), enviado por Dios con la misión de ejecutar sus órdenes y proteger a sus fieles. Cf. Sal 35.
[d] 34.8 (9) 1 P 2.3.
[e] 34.10 (11) Ricos: según la versión griega (LXX). Heb. leones.
[f] 34.12-16 (13-17) 1 P 3.10-12.
[g] 34.19 (20) Sal 18.16-19 (17-20); 34.4 (5); 91.3-4; Eclo 1.13; cf. 2 Co 1.8-10; 2 Ti 3.10-12.
[h] 34.20 (21) Jn 19.36.
[a] Salmo 35 Súplica de una persona acusada falsamente (cf. v. 11) y víctima de la ingratitud de sus adversarios, que le devuelven mal por bien (cf. v. 5).

los que quieren matarme;
huyan avergonzados
los que quieren hacerme daño;
⁵ ¡sean como paja que se lleva el viento, ᵇ
arrojados por el ángel del Señor! ᶜ
⁶ ¡Sea su camino oscuro y resbaladizo,
perseguidos por el ángel del Señor!
⁷ Sin motivo me pusieron una trampa;
sin motivo hicieron un hoyo
para que yo cayera en él.
⁸ ¡Que los sorprenda la desgracia!
¡Que caigan en su propia trampa!
¡Que caigan en desgracia!
⁹ Entonces me alegraré en el Señor,
porque él me habrá salvado.
¹⁰ De todo corazón diré:
"¿Quién como tú, Señor?
A los pobres y necesitados los libras
de quienes son más fuertes que ellos,
de quienes los explotan."
¹¹ Se levantan testigos malvados
y me preguntan cosas que yo no sé.
¹² Me han pagado mal por bien,
y esto me causa mucha tristeza;
¹³ pues cuando ellos se enfermaban
yo me afligía por ellos,
me ponía ropas ásperas y ayunaba,
y en mi interior no dejaba de orar.
¹⁴ Andaba yo triste y decaído,
como si estuviera de luto por mi madre,
por un amigo o por mi propio hermano.
¹⁵ Pero cuando caí,
todos juntos se rieron de mí;
como si fueran gente extraña y desconocida, ᵈ
me maltrataron sin cesar.
¹⁶ Me atormentaron, se burlaron de mí, ᵉ
me lanzaron miradas cargadas de odio. ᶠ
¹⁷ Señor, ¿cuánto tiempo seguirás viendo esto?
¡Sálvame la vida, mi única vida,
de esos leones que andan rugiendo!
¹⁸ Te daré gracias ante tu pueblo numeroso;
¡te alabaré ante la gran multitud! ᵍ
¹⁹ Que no se alegren de mí mis enemigos;
que no se guiñen el ojo ʰ los que me odian sin razón. ⁱ
²⁰ Pues ellos no buscan la paz,
sino que hacen planes traicioneros
contra la gente pacífica del país;

²¹ abren tamaña boca contra mí, y dicen:
"¡Miren lo que hemos llegado a ver!"
²² ¡A ti te consta, Señor!
¡No te quedes en silencio!
¡No te alejes de mí!
²³ Levántate, Señor y Dios mío, ¡despierta!
Hazme justicia, ponte de mi parte.
²⁴ Júzgame, Señor y Dios mío,
de acuerdo con tu justicia.
¡Que no se rían de mí!
²⁵ Que no digan ni piensen:
"¡Esto es lo que queríamos!
¡Lo hemos arruinado por completo!"
²⁶ Que queden cubiertos de vergüenza
los que se alegran de mi desgracia;
que queden totalmente cubiertos de vergüenza
los que se creen superiores a mí.
²⁷ Pero que se alegren y griten de alegría
los que quieren verme victorioso;
que digan constantemente:
"¡El Señor es grande,
y le agrada el bienestar de su siervo!"
²⁸ Con mi lengua hablaré de tu justicia;
¡todo el día te alabaré!

36 ⁽³⁵⁾ Maldad del hombre y bondad de Dios ᵃ
⁽¹⁾ Del maestro de coro. De David, el servidor del Señor.

¹ ⁽²⁾ La maldad habla al malvado
en lo íntimo de su corazón.
Jamás tiene él presente
que hay que temer a Dios. ᵇ
² ⁽³⁾ Se cree tan digno de alabanzas,
que no encuentra odiosa su maldad.
³ ⁽⁴⁾ Es malhablado y mentiroso,
perdió el buen juicio, dejó de hacer el bien.
⁴ ⁽⁵⁾ Acostado en su cama, planea hacer lo malo;
tan aferrado está a su mal camino
que no quiere renunciar a la maldad.
⁵ ⁽⁶⁾ Pero tu amor, Señor, ᶜ llega hasta el cielo;
tu fidelidad alcanza al cielo azul. ᵈ
⁶ ⁽⁷⁾ Tu justicia es como las grandes montañas;
tus decretos son como el mar grande y profundo.
Tú, Señor, cuidas de hombres y animales.
⁷ ⁽⁸⁾ ¡Qué maravilloso es tu amor, oh Dios!
¡Bajo tus alas, ᵉ
los hombres buscan protección!

ᵇ **35.5** Sobre esta metáfora, véanse las referencias en Sal 1.4 n.
ᶜ **35.5** *Ángel del Señor:* Véase Sal 34.7 (8) n.
ᵈ **35.15** *Como si fueran gente extraña y desconocida:* traducción probable. Heb. *golpean* (?) *y yo no supe* (o *no conocí*).
ᵉ **35.16** *Me atormentaron, se burlaron de mí:* según la versión griega (LXX).
ᶠ **35.16** *Me lanzaron miradas cargadas de odio:* lit. *rechinaron los dientes contra mí.*
ᵍ **35.18** Sal 22.22 (23),25 (26).
ʰ **35.19** Guiñar el ojo es un gesto de complicidad (Pr 6.12-14; 10.10).

ⁱ **35.19** Sal 69.4 (5); Jn 15.25.
ᵃ **Salmo 36** En este salmo pueden distinguirse tres partes: una reflexión sapiencial (vv. 1-4 [2-5]), un himno o canto de alabanza al Señor (vv. 5-9 [6-10]) y una súplica (vv. 10-12 [11-13]).
ᵇ **36.1 (2)** Ro 3.18; cf. Sal 14.1-4; 53.1-4 (2-5).
ᶜ **36.5 (6)** Este paso brusco de la reflexión sapiencial a la alabanza hace resaltar más la oposición entre la bondad del Señor y la maldad del impío. Cf. Sal 5.4-6 (5-7).
ᵈ **36.5 (6)** Sal 57.10 (11).
ᵉ **36.7 (8)** *Bajo tus alas:* Véase Sal 17.8 nota d.

8 (9) Quedan completamente satisfechos
con la abundante comida de tu casa;
tú les das a beber de un río delicioso,
9 (10) porque en ti está la fuente de la vida
y en tu luz podemos ver la luz.
10 (11) Brinda siempre tu amor y tu justicia
a los que te conocen,
a los hombres honrados.
11 (12) No dejes que me pisoteen los orgullosos
ni que me zarandeen los malvados.
12 (13) ¡Vean cómo caen los malhechores!
¡Caen para no volver a levantarse!

37 (36) Confía en el Señor [a] (1a) De David.

1 (1b) No te enojes por causa de los malvados,
ni sientas envidia de los malhechores,
2 pues pronto se secan, como el heno;
¡se marchitan como la hierba! [b]
3 Confía en el Señor y haz lo bueno,
vive en la tierra y manténte fiel.
4 Ama al Señor con ternura,
y él cumplirá tus deseos más profundos. [c]
5 Pon tu vida en las manos del Señor;
confía en él, y él vendrá en tu ayuda. [d]
6 Hará brillar tu rectitud y tu justicia
como brilla el sol de mediodía.
7 Guarda silencio ante el Señor;
espera con paciencia a que él te ayude.
No te irrites por el que triunfa en la vida,
por el que hace planes malvados.
8 Deja el enojo, abandona el furor;
no te enojes, porque eso empeora las cosas.
9 Pues los malvados serán arrojados del país,
pero los que confían en el Señor
tomarán posesión de él. [e]
10 Dentro de poco no habrá malvados;
por más que los busques,
no volverás a encontrarlos.
11 Pero los humildes heredarán la tierra [f]
y disfrutarán de completa paz.
12 El malvado trama hacer daño al hombre bueno,
y le lanza miradas cargadas de odio.
13 Pero el Señor se ríe, porque sabe
que al malvado se le acerca su hora.
14 Los malvados sacan la espada y tensan el arco
para hacer caer a los pobres y humildes,
¡para matar a los de buena conducta!
15 Pero su propia espada se les clavará en el corazón,
y sus arcos quedarán hechos pedazos.
16 Lo poco que tiene el hombre bueno
es mejor que la mucha riqueza de los malos. [g]
17 Porque el Señor pondrá fin a los malos,
pero sostendrá a los buenos.
18 El Señor cuida de los que viven sin tacha,
y la herencia de ellos durará para siempre.
19 En épocas malas, cuando haya hambre,
no pasarán vergüenza, pues tendrán suficiente comida.
20 Los malvados arderán como hierba seca; [h]
los enemigos del Señor se desvanecerán como el humo.
21 El malvado pide prestado y no paga,
pero el hombre bueno es compasivo y generoso.
22 Los que el Señor bendice heredarán la tierra,
pero los que él maldice serán destruidos.
23 El Señor dirige los pasos del hombre [i]
y lo pone en el camino que a él le agrada;
24 aun cuando caiga, no quedará caído,
porque el Señor lo tiene de la mano.
25 Yo fui joven, y ya soy viejo,
pero nunca vi desamparado al hombre bueno
ni jamás vi a sus hijos pedir limosna.
26 A todas horas siente compasión, y da prestado;
sus hijos son una bendición.
27 Aléjate de la maldad y haz lo bueno,
y tendrás siempre un lugar donde vivir.
28 Pues el Señor ama la justicia
y no abandona a quienes le son fieles;
pero destruye a los malvados [j]
y los deja sin descendencia. [k]
29 Los hombres buenos heredarán la tierra
y vivirán en ella para siempre.
30 El hombre bueno habla con sabiduría;
el hombre bueno habla con justicia.
31 Lleva en el corazón la enseñanza de su Dios;
¡jamás resbalarán sus pies!
32 El malvado espía al hombre bueno,
con la intención de matarlo;
33 pero el Señor no dejará que caiga en sus manos,
ni dejará tampoco que lo declaren culpable.
34 Tú, confía en el Señor, y obedécelo,

---

[a] **Salmo 37** Salmo didáctico o sapiencial. Cuando un hombre justo es visitado por la desgracia y ve al mismo tiempo que mucha gente mala prospera y vive feliz, se pregunta dolorosamente si es verdad que el Señor gobierna el mundo con justicia. Este poema, lo mismo que el libro de *Job* y que los salmos 49 y 73, trata de responder a este inquietante problema. Véase la *Introducción* a los *Salmos [3 (e)]*. Cf. Jer 12.1-6; Hab 1.
[b] **37.2** Sal 90.5-6; 103.15-16; Is 40.6-8; Stg 1.10-11; 1 P 1.24.
[c] **37.1-4** Sal 49.16-17 (17-18); Pr 3.31; 23.17; 24.1-2,19; Eclo 9.11-12.
[d] **37.5** Pr 16.3; Eclo 2.6.
[e] **37.9** Pr 2.21-22.
[f] **37.11** Mt 5.5, al citar este texto, amplía el horizonte; ya no se trata de la "tierra" de Palestina, sino del reino de Dios. Cf. Dt 11.8-9; Sal 25.12-13.
[g] **37.16** Pr 15.16.
[h] **37.20** *Como hierba seca:* texto probable. Heb. oscuro.
[i] **37.23** Pr 20.24.
[j] **37.28** *Destruye a los malvados:* según la versión griega (LXX). Heb. *siempre los protege.*
[k] **37.28** Job 18.19.

pues él te enaltecerá y te dará el país
como herencia.
¡Con tus ojos verás la destrucción
de los malvados!

³⁵ He visto al malvado, lleno de altanería,
extenderse como un árbol frondoso;
³⁶ pero se fue, dejó de existir;
lo busqué, y no pude encontrarlo.
³⁷ Fíjate en el hombre honrado y sin tacha:
el futuro de ese hombre es la paz.
³⁸ Pero los rebeldes serán destruidos por completo;
el futuro de los malos será su destrucción.
³⁹ La ayuda a los hombres buenos viene del Señor,
que es su refugio en tiempos difíciles. *f*
⁴⁰ El Señor los ayuda a escapar.
Los hace escapar de los malvados, y los salva,
porque en él buscaron protección.

38 ⁽³⁷⁾ Oración pidiendo la ayuda de Dios *a*   ⁽¹⁾ Salmo de David, para hacer recordar. *b*

¹ ⁽²⁾ Señor, no me reprendas en tu enojo
ni me castigues en tu furor. *c*
² ⁽³⁾ Pues en mí se han clavado tus flechas; *d*
¡tu mano ha descargado sobre mí!
³ ⁽⁴⁾ Por tu enojo debido a mis pecados,
todo mi cuerpo está enfermo;
¡no tengo un solo hueso sano!
⁴ ⁽⁵⁾ Mis maldades me tienen abrumado;
son una carga que no puedo soportar.
⁵ ⁽⁶⁾ Por causa de mi necedad,
mis heridas se pudren y apestan.
⁶ ⁽⁷⁾ Todo el día ando triste,
cabizbajo y deprimido.
⁷ ⁽⁸⁾ La espalda me arde de fiebre;
¡tengo enfermo todo el cuerpo!
⁸ ⁽⁹⁾ Estoy completamente molido y sin fuerzas;
¡mis quejas son quejas del corazón!
⁹ ⁽¹⁰⁾ Señor, tú conoces todos mis deseos,
¡mis suspiros no son un secreto para ti!
¹⁰ ⁽¹¹⁾ Mi corazón late de prisa,
las fuerzas me abandonan,
¡aun la vista se me nubla!
¹¹ ⁽¹²⁾ Mis mejores amigos, y hasta mis parientes,
se mantienen a distancia, lejos de mis llagas. *e*
¹² ⁽¹³⁾ Los que me quieren matar, me ponen trampas;

los que me quieren perjudicar,
hablan de arruinarme
y a todas horas hacen planes traicioneros.
¹³ ⁽¹⁴⁾ Pero yo me hago el sordo, como si no oyera;
como si fuera mudo, no abro la boca. *f*
¹⁴ ⁽¹⁵⁾ Soy como el que no oye
ni puede decir nada en su defensa.
¹⁵ ⁽¹⁶⁾ Yo espero de ti, Señor y Dios mío,
que seas tú quien les conteste.
¹⁶ ⁽¹⁷⁾ Tan solo pido que no se rían de mí,
que no canten victoria cuando yo caiga.
¹⁷ ⁽¹⁸⁾ En verdad, estoy a punto de caer;
mis dolores no me dejan ni un momento.
¹⁸ ⁽¹⁹⁾ ¡Voy a confesar mis pecados,
pues me llenan de inquietud!
¹⁹ ⁽²⁰⁾ Mis enemigos han aumentado;
muchos son los que me odian sin motivo.
²⁰ ⁽²¹⁾ Me han pagado mal por bien;
porque busco hacer el bien se ponen
en contra mía.
²¹ ⁽²²⁾ Señor, ¡no me dejes solo!
Dios mío, ¡no te alejes de mí!
²² ⁽²³⁾ Dios y Salvador mío, ¡ven pronto en mi ayuda!

39 ⁽³⁸⁾ La vida es breve *a* ⁽¹⁾ Del maestro de coro. De Jedutún. *b* Salmo de David.

¹ ⁽²⁾ Yo había prometido cuidar mi conducta,
y no pecar con mi lengua,
y ponerle un freno a mis labios
mientras hubiera malvados delante de mí. *c*
² ⁽³⁾ Y me hacía el mudo: no decía nada.
¡Ni siquiera hablaba de lo bueno! *d*
Pero mi dolor iba en aumento;
³ ⁽⁴⁾ ¡el corazón me ardía en el pecho!
Pensando en ello, un fuego se encendió dentro de mí,
y dije entonces con voz fuerte:
⁴ ⁽⁵⁾ "Señor, hazme saber qué fin tendré
y cuánto tiempo voy a vivir,
para que comprenda cuán breve es mi vida.
⁵ ⁽⁶⁾ Me has dado una vida muy corta;
no es nada mi vida delante de ti.
¡Todo hombre dura lo que un suspiro!
⁶ ⁽⁷⁾ ¡Todo hombre pasa como una sombra!
De nada le sirve amontonar riquezas,
pues no sabe quién se quedará con ellas. *e*

---

f **37.39** Sal 9.9 (10).
a **Salmo 38** Súplica de un enfermo que padece, además de una grave enfermedad, el abandono por parte de sus amigos y la persecución por parte de sus enemigos. Este es uno de los siete salmos llamados penitenciales (Sal 6; 32; 51; 102; 130; 143).
b **38.** (1) Indicación de carácter litúrgico, de significado dudoso. Significa, probablemente, que este salmo debía utilizarse en el momento de presentar alguna de las ofrendas de "recordación" mencionadas en Lv 2.2 ó 24.7.
c **38.1 (2)** Sal 6.1 (2); cf. Jer 10.24.
d **38.2 (3)** Las *flechas* son imágenes del castigo divino (Dt 32.23-24; Job 6.4; 16.12-13; Lm 3.12-13; Ez 5.16).
e **38.11 (12)** Cf. Job 19.13; Sal 31.11 (12); 69.8 (9); 88.18 (19).

f **38.13 (14)** Is 53.7.
a **Salmo 39** Súplica individual. El salmista se ha quedado callado largo tiempo, pero al fin, cansado ya de tanto sufrir, expone su queja al Señor y le pide ayuda. La oración va acompañada de una meditación sobre la brevedad de la vida.
b **39.** (1) *Jedutún:* Cf. 1 Cr 16.41; 25.1; 2 Cr 5.12.
c **39.1 (2)** El salmista no quiere pronunciar quejas amargas contra Dios.
d **39.2 (3)** *¡Ni siquiera hablaba de lo bueno!:* otra posible traducción: *Me callé más de lo conveniente.*
e **39.4-6 (5-7)** Job 7.16; 8.9; 14.1-2; Ec 6.2; Eclo 40.1-10; Sab 2.1-4. Véase *Vida* en el *Índice temático.*

7 (8) Y así, Señor, ¿qué puedo ya esperar?
    ¡Mi esperanza está en ti!
8 (9) Líbrame de mis pecados;
    no dejes que los necios se burlen de mí.
9 (10) "Me hice el mudo y no abrí la boca,
    porque tú eres el que actúa.
10 (11) Aparta de mí tus golpes;
    estoy acabado por los golpes de tu brazo.
11 (12) Tú corriges al hombre
        castigando su maldad,
    y reduces a polvo lo que más ama.
    ¡Todo hombre es un suspiro!
12 (13) "Señor, escucha mi oración,
    ¡presta oído a mis lamentos!,
    ¡no te quedes callado ante mis lágrimas!
    Yo soy para ti un extranjero,
    un ave de paso, como mis antepasados. *f*
13 (14) Deja ya de mirarme,
        dame un momento de respiro, *g*
    antes que me vaya y deje de existir."

40 (39) *Me agrada hacer tu voluntad, Dios mío* *a*
(Sal 70)   (1) *Del maestro de coro. Salmo de David.*

1 (2) Puse mi esperanza en el Señor,
    y él se inclinó para escuchar mis gritos;
2 (3) me salvó de la fosa mortal, *b*
    me libró de hundirme en el pantano. *c*
    Afirmó mis pies sobre una roca,
    dio firmeza a mis pisadas.
3 (4) Hizo brotar de mis labios un nuevo canto, *d*
    un canto de alabanza a nuestro Dios.
    Muchos, al ver esto, se sintieron conmovidos
    y pusieron su confianza en el Señor.
4 (5) ¡Feliz el hombre que confía en el Señor
    y no busca a los insolentes
    ni a los que adoran a dioses falsos! *e*
5 (6) Señor y Dios mío,
    muchas son las maravillas que tú has hecho
    y las consideraciones que nos tienes.
    ¡Nada es comparable a ti!
    Quisiera anunciarlas, hablar de ellas,
    pero son más de las que puedo contar.

6 (7) Tú no te complaces en los sacrificios
    ni en las ofrendas de cereales;
    tampoco has pedido holocaustos
    ni ofrendas para quitar el pecado. *f*
    En cambio, me has abierto los oídos. *g*
7 (8) Por eso he dicho: Aquí estoy,
    tal como el libro dice de mí.
8 (9) A mí me agrada hacer tu voluntad,
        Dios mío;
    ¡llevo tu enseñanza en el corazón! *h*
9 (10) En presencia de tu pueblo numeroso
    he dado a conocer lo que es justo.
    ¡Tú bien sabes, Señor, que no he guardado
        silencio!
10 (11) No me he quedado callado acerca de tu justicia;
    he hablado de tu fidelidad y salvación.
    Jamás he ocultado tu amor y tu verdad
    ante tu pueblo numeroso.
11 (12) Y tú, Señor, ¡no me niegues tu ternura!
    ¡Que siempre me protejan tu amor
        y tu fidelidad!
12 (13) Pues me han pasado tantas desgracias
    que ni siquiera las puedo contar.
    Me han atrapado mis propias maldades;
    ¡hasta he perdido la vista!
    Son más que los pelos de mi cabeza,
    y hasta el ánimo he perdido.
13 (14) Señor, por favor, ¡ven a librarme!
    Señor, ¡ven pronto en mi ayuda!
14 (15) ¡Que sean puestos en completo ridículo
    los que tratan de acabar con mi vida!
    ¡Que huyan en forma vergonzosa
    los que quieren hacerme daño!
15 (16) ¡Que huyan avergonzados
    los que se burlan de mí!
16 (17) Pero que todos los que te buscan
    se llenen de alegría;
    que cuantos desean tu salvación
    digan siempre: "¡El Señor es grande!"
17 (18) Y a mí, que estoy pobre y afligido,
    no me olvides, Señor.
    Tú eres quien me ayuda y me liberta;
    ¡no te tardes, Dios mío! *i*

---

f **39.12 (13)** Lv 25.23; Sal 119.19; 1 P 2.11.
g **39.13 (14)** Cf. Job 7.19; 10.20-21; 14.6.
a **Salmo 40** Este salmo consta de dos partes: la primera (vv. 1-10 [2-11]) es un canto de acción de gracias; la segunda (vv. 13-17 [14-18]) es una súplica individual en un momento de grave peligro. Los vv. 11-12 (12-13) sirven de lazo de unión entre ambas partes.
b **40.2 (3)** *Fosa mortal:* Se refiere al sepulcro y, más concretamente, al *sheol* (heb.) o morada de los muertos. Véanse Sal 6.5 (6) n. y *Reino de la muerte* en el *Índice temático.*
c **40.2 (3)** *Pantano:* Sal 69.2 (3); cf. Jer 38.6-13.
d **40.3 (4)** *Nuevo canto:* Véase Sal 33.3 n.
e **40.4 (5)** *Adoran a dioses falsos:* lit. *se desvían (tras la) mentira.* Falsedad, mentira y otros sinónimos sirven con frecuencia, en el texto hebreo, para designar a los falsos dioses de los pueblos paganos. Véase Sal 24.4 n.

f **40.6 (7)** El fiel cumplimiento de la voluntad de Dios es más importante que las *ofrendas* y los *sacrificios* (1 S 15.22; cf. Mt 9.13). Este mismo tema es tratado frecuentemente por los profetas (Is 1.11-17; Jer 6.20; 7.21-23; Os 6.6; Am 5.21-25; Miq 6.6-8) y también se encuentra en los escritos sapienciales (Pr 15.8; 21.3,27; Eclo 34.18-20; 35.1-3). Cf. Sal 50.8; 51.16-17 (18-19).
g **40.6 (7)** *Me has abierto los oídos:* Esta expresión se refiere a la acción de Dios que predispone para escuchar atentamente la palabra divina y para cumplirla con fidelidad. Algunos mss. de la versión griega (LXX) traducen: *me has dado un cuerpo* (véase Heb 10.5 n.).
h **40.6-8 (7-9)** Heb 10.5-7 cita este pasaje de acuerdo con la versión griega (LXX) y lo pone en labios de Jesús cuando hace su entrada en este mundo, en el momento de la encarnación.
i **40.13-17 (14-18)** Esta segunda parte se repite, casi sin ningún cambio, en Sal 70.

41 (40) Oración de un hombre enfermo [a]   (1) Del maestro de coro. Salmo de David.

1 (2) Dichoso el que piensa en el débil y pobre; [b]
el Señor lo librará en tiempos malos.

2 (3) El Señor lo protegerá,
le dará vida y felicidad en la tierra,
y no lo abandonará al capricho
de sus enemigos.

3 (4) El Señor le dará fuerzas en el lecho
del dolor;
¡convertirá su enfermedad en salud! [c]

4 (5) Yo he dicho:
"Señor, tenme compasión;
cúrame, aunque he pecado contra ti." [d]

5 (6) Mis enemigos me desean lo peor:
"¿Cuándo morirá y se perderá su recuerdo?"

6 (7) Vienen a verme, y no son sinceros;
guardan en su memoria todo lo malo,
y al salir a la calle lo dan a saber.

7 (8) Los que me odian se juntan y hablan de mí;
piensan que estoy sufriendo por mi culpa,

8 (9) y dicen:
"Su enfermedad es cosa del demonio;
ha caído en cama y no volverá a levantarse."

9 (10) Aun mi mejor amigo, en quien yo confiaba,
el que comía conmigo, se ha vuelto
contra mí. [e]

10 (11) Pero tú, Señor, tenme compasión;
haz que me levante y les dé su merecido.

11 (12) En esto conoceré que te he agradado:
en que mi enemigo no cante victoria
sobre mí.

12 (13) En cuanto a mí, que he vivido una vida
sin tacha,
tómame en tus manos,
manténme siempre en tu presencia.

13 (14) ¡Bendito sea el Señor, Dios de Israel,
ahora y siempre!
¡Amén! [f]

LIBRO II
(Salmos 42—72)

42-43 (41-42) Mi esperanza está en Dios [a]   (1) Del maestro de coro. Poemas de los hijos de Coré. [b]

42 1 (2) Como ciervo sediento en busca de un río,
así, Dios mío, te busco a ti.

2 (3) Tengo sed de Dios, del Dios de la vida. [c]
¿Cuándo volveré a presentarme ante Dios? [d]

3 (4) Día y noche, mis lágrimas son mi alimento,
mientras a todas horas me preguntan:
"¿Dónde está tu Dios?" [e]

4 (5) Cuando pienso en estas cosas,
doy rienda suelta a mi dolor.
Recuerdo cuando yo iba con la gente,
conduciéndola al templo de Dios
entre gritos de alegría y gratitud.
¡Qué gran fiesta entonces!

5 (6) ¿Por qué voy a desanimarme?
¿Por qué voy a estar preocupado?
Mi esperanza he puesto en Dios,
a quien todavía seguiré alabando.
¡Él es mi Dios y Salvador! [f]

6 (7) Me siento muy desanimado.
Por eso pienso tanto en ti
desde la región del río Jordán,
desde los montes Hermón y Misar. [g]

7 (8) Se escucha en los precipicios
el eco atronador de tus cascadas;
los torrentes de agua que tú mandas
han pasado sobre mí. [h]

8 (9) De día el Señor me envía su amor,
y de noche no cesa mi canto
ni mi oración al Dios de mi vida.

9 (10) Le digo a Dios, mi defensor:
"¿Por qué me has olvidado?
¿Por qué tengo que andar triste
y oprimido por mis enemigos?"

---

[a] **Salmo 41** Súplica individual, en un caso de enfermedad grave. El enfermo, calumniado por sus enemigos y traicionado hasta por su amigo más íntimo, pide al Señor que lo auxilie en su lecho de dolor y lo libre en su enfermedad. Cf. Sal 6; 38; 88; 102.1-11 (2-12).

[b] **41.1 (2)** *Pobre:* Falta en hebreo. Añadido según el griego, porque así parece exigirlo el ritmo de la frase. Cf. Pr 14.21; Tb 4.7-11.

[c] **41.1-3 (2-4)** Esta breve reflexión didáctico-sapiencial sirve de introducción a la plegaria. Cf. Sal 32.1-2.

[d] **41.4 (5)** Cf. Sal 32.3-5; 38.3 (4).

[e] **41.9 (10)** *El que comía... contra mí:* En Jn 13.18 se interpreta esta frase como un anuncio de la traición de Judas. Cf. Mt 26.23; Mc 14.18-20; Lc 22.21.

[f] **41.13 (14)** Con esta alabanza al Señor concluye la primera parte del libro de *Salmos.* Cf. Sal 72.18-20; 89.52 (53); 106.48.

[a] **Salmos 42—43** Los salmos 42 y 43 forman un solo poema, como lo indica la repetición del mismo estribillo (42.5 [6],11 [12]; 43.5) y la presencia de otras expresiones que también se repiten (42.9 [10]; 43.2). Se trata de la súplica de un israelita piadoso (quizá un sacerdote o un levita) que se encuentra exiliado en un ambiente hostil y, sobre todo, lejos del templo de Jerusalén. Cf. Sal 63; 84.

[b] **42. (1)** En tiempos de David, los *hijos de Coré,* es decir, sus descendientes (Nm 16; 26.9-11), pasaron a cumplir diversas funciones en el templo (1 Cr 6.37 [22]; 26.1). A ellos se les atribuyen los salmos 42—49, 84—85 y 87—88.

[c] **42.1-2 (2-3)** Sal 63.1 (2); 143.6. Véase *Señor* en el *Índice temático.*

[d] **42.2 (3)** *¿Cuándo volveré a presentarme ante Dios?:* Esta pregunta expresa el ardiente deseo de ver de nuevo el templo y participar de su culto. Otra posible traducción: *¿Cuándo iré a ver el rostro de Dios?* Cf. Sal 27.4.

[e] **42.3 (4)** *"¿Dónde está tu Dios?":* Pregunta llena de sarcasmo, que se encuentra con frecuencia en labios de los paganos cuando los fieles del Señor padecen algún sufrimiento o pasan por alguna situación difícil. Cf. Sal 79.10; 115.2; Jl 2.17; Miq 7.10.

[f] **42.5 (6)** Este estribillo divide el salmo en tres partes iguales, cada una con su aporte propio, pero también con los temas característicos de todo el poema: el abatimiento del salmista y la nostalgia de Dios y de su templo.

[g] **42.6 (7)** El monte *Misar* (o "monte insignificante"), de ubicación incierta. Quizá se trata de un monte cercano al *Hermón,* en la región donde nace el río Jordán (véase *Índice de mapas*).

[h] **42.7 (8)** Cf. Jon 2.3 (4).

10 (11) Hasta los huesos me duelen
por las ofensas de mis enemigos,
que a todas horas me preguntan:
"¿Dónde está tu Dios?"

11 (12) ¿Por qué voy a desanimarme?
¿Por qué voy a estar preocupado?
Mi esperanza he puesto en Dios,
a quien todavía seguiré alabando.
¡Él es mi Dios y Salvador!

43 ¹ Oh Dios, hazme justicia;
¡ponte de mi parte contra esta gente pagana!
¡Ponme a salvo del mentiroso y del malvado,
² porque tú eres mi Dios y protector!
¿Por qué me has alejado de ti?
¿Por qué tengo que andar triste
y oprimido por mis enemigos?
³ Envía tu luz y tu verdad,
para que ellas me enseñen el camino
que lleva a tu santo monte,
al lugar donde tú vives.
⁴ Llegaré entonces a tu altar, oh Dios,
y allí te alabaré al son del arpa,
pues tú, mi Dios, llenas mi vida de alegría.

⁵ ¿Por qué voy a desanimarme?
¿Por qué voy a estar preocupado?
Mi esperanza he puesto en Dios,
a quien todavía seguiré alabando.
¡Él es mi Dios y Salvador!

44 (43) *Oración pidiendo la ayuda de Dios* ᵃ (1) *Del maestro de coro. Poema de los hijos de Coré.*

¹ ⁽²⁾ Oh Dios,
hemos oído con nuestros oídos,
y nuestros padres nos han contado ᵇ
lo que tú hiciste en sus días,
en aquellos tiempos pasados:
² (3) con tu propia mano
echaste fuera a los paganos,
castigaste a las naciones
y estableciste allí a nuestros padres.
³ (4) Pues no fue su brazo ni su espada
lo que les dio la victoria;
ellos no conquistaron la tierra.
¡Fue tu poder y tu fuerza! ᶜ
¡Fue el resplandor de tu presencia,
porque tú los amabas!

⁴ (5) ¡Mi Rey! ¡Mi Dios! ᵈ
Tú diste las victorias a tu pueblo;
⁵ (6) por ti vencimos a nuestros enemigos;
¡en tu nombre aplastamos a los que nos atacaban! ᵉ
⁶ (7) Porque no confiaría yo en mi arco,
ni mi espada podría darme la victoria;
⁷ (8) fuiste tú quien nos hizo vencer a nuestros enemigos,
quien puso en ridículo a los que nos odiaban. ᶠ
⁸ (9) ¡Siempre estaremos orgullosos de ti, oh Dios,
y siempre alabaremos tu nombre!

⁹ (10) Pero nos has rechazado;
nos has cubierto de vergüenza.
Ya no sales con nuestros ejércitos. ᵍ
10 (11) Nos has hecho dar la espalda a nuestros enemigos,
los que nos odian nos roban
y se llevan lo que quieren.
11 (12) Nos has entregado
cual si fuéramos ovejas para el matadero;
nos has dispersado entre los paganos;
12 (13) has vendido a tu pueblo muy barato,
y nada has ganado con venderlo.
13 (14) Nos has convertido en objeto de insultos;
nuestros vecinos nos ofenden y ridiculizan.
14 (15) Has hecho que los paganos se burlen de nosotros;
al vernos, mueven burlones la cabeza. ʰ
15 (16) No hay momento en que no me vea humillado;
se me cae la cara de vergüenza
16 (17) por culpa del enemigo, que trata de vengarse
y que me ofende y ultraja.

17 (18) Esto que nos ha pasado
no fue por haberte olvidado.
¡No hemos faltado a tu alianza!
18 (19) No hemos pensado abandonarte
ni hemos dejado tus caminos.
19 (20) Sin embargo, tú nos has aplastado
en lugares de miseria. ⁱ
¡Nos has cubierto de terrible oscuridad!
20 (21) Si te hubiéramos olvidado, oh Dios,
y adorado en tu lugar a un dios extraño,
21 (22) tú te habrías dado cuenta,
pues conoces los más íntimos secretos.
22 (23) Pero por causa tuya estamos siempre
expuestos a la muerte;
nos tratan como a ovejas para el matadero. ʲ

23 (24) ¿Por qué duermes, Señor?
¡Despierta, despierta!
¡No nos rechaces para siempre!
24 (25) ¿Por qué te escondes?
¿Por qué te olvidas de nosotros,
que sufrimos tanto, tanto?

ᵃ **Salmo 44** Súplica de toda la comunidad, después de sufrir una grave derrota. Cf. Sal 74; 79; 80.

ᵇ **44.1 (2)** Según había ordenado el Señor, cada generación de israelitas debía contar a sus hijos las "maravillas" que había realizado el Señor en favor de su pueblo. Cf. Ex 10.2; 12.26-27; 13.14-15; Dt 4.9; 6.20-25; Sal 78.3-8.

ᶜ **44.3 (4)** Sal 20.7-8 (8-9); cf. también cf Dt 8.17-18; Jos 24.12; Jue 7.2.

ᵈ **44.4 (5)** Aquí, lo mismo que en los vv. 6 (7) y 15-16 (16-17), el salmista emplea la primera persona del singular porque habla en nombre y en representación de todo el pueblo.

ᵉ **44.5 (6)** Sal 60.12 (14).

ᶠ **44.5-7 (6-8)** Cf. Dt 20.1-4; Zac 9.13-16. Véase Sal 20.7-8 (8-9) n.

ᵍ **44.9 (10)** Sal 60.10 (12); 108.11 (12).

ʰ **44.13-14 (14-15)** Sal 79.4; 80.6 (7).

ⁱ **44.19 (20)** *Lugares de miseria:* según la versión griega (LXX). Heb. *lugar de chacales.*

ʲ **44.22 (23)** Ro 8.36.

²⁵ ⁽²⁶⁾ Estamos rendidos y humillados,
arrastrando nuestros cuerpos por el suelo.
²⁶ ⁽²⁷⁾ ¡Levántate,
ven a ayudarnos
y sálvanos por tu gran amor!

45 ⁽⁴⁴⁾ **Poema para las bodas del rey** ᵃ ⁽¹⁾ *Del maestro de coro, según la melodía de "Los lirios".* ᵇ *Poema de los hijos de Coré. Canto de amor.*

¹ ⁽²⁾ Palabras hermosas bullen en mi mente;
mi lengua es como la pluma de un buen escritor.
¡Voy a recitar mi poesía ante el rey!

² ⁽³⁾ ¡Eres el más hermoso de los hombres!
¡El encanto brota de tus labios!
Por eso Dios te bendijo para siempre.

³ ⁽⁴⁾ ¡Ponte la espada a la cintura, valiente!
¡Ella es tu adorno esplendoroso!

⁴ ⁽⁵⁾ Tu gloria consiste en avanzar triunfante,
luchando en favor de la verdad
y haciendo justicia a los humildes. ᶜ
¡Tu mano derecha realiza grandes proezas!

⁵ ⁽⁶⁾ Los pueblos caen a tus pies, oh rey;
tus flechas son agudas y se clavan
en el corazón de tus enemigos.

⁶ ⁽⁷⁾ Tu reinado, oh Dios, es eterno,
y es un reinado de justicia.

⁷ ⁽⁸⁾ Amas el bien y odias el mal.
Por eso te ha escogido Dios, tu Dios,
y te ha colmado de alegría
más que a tus compañeros. ᵈ

⁸ ⁽⁹⁾ Toda tu ropa es perfume de mirra, áloe y canela;
con música de instrumentos de cuerda
te alegran en los palacios de marfil.

⁹ ⁽¹⁰⁾ Entre las damas de tu corte hay princesas;
a la derecha de tu trono está la reina,
adornada con el oro más fino. ᵉ

¹⁰ ⁽¹¹⁾ Escucha, hijita;
fíjate bien en lo que voy a decirte:
Olvídate de tu familia y de tu gente,

¹¹ ⁽¹²⁾ pues el rey desea tu belleza;
él es tu señor, y debes obedecerlo.

¹² ⁽¹³⁾ Princesa de Tiro,
los más ricos del pueblo
procuran con regalos ganarse tu favor.

¹³ ⁽¹⁴⁾ ¡Aquí entra la princesa, en toda su hermosura!
¡Su vestido es de brocado de oro!

¹⁴ ⁽¹⁵⁾ Espléndidamente vestida la llevan ante el rey,
seguida de sus damas de honor,
del cortejo de sus amigas.

¹⁵ ⁽¹⁶⁾ Avanzan con gran alegría;
alegres entran en el palacio del rey.

¹⁶ ⁽¹⁷⁾ Tus hijos, oh rey,
ocuparán el trono de tus antepasados,
y harás que gobiernen en todo el país.

¹⁷ ⁽¹⁸⁾ Yo haré que tu nombre se recuerde
en cada nueva generación,
y que los pueblos te alaben por siempre.

46 ⁽⁴⁵⁾ **El Señor está con nosotros** ᵃ ⁽¹⁾ *Del maestro de coro. Canto para flautas de los hijos de Coré.*

¹ ⁽²⁾ Dios es nuestro refugio y nuestra fuerza;
nuestra ayuda en momentos de angustia.

² ⁽³⁾ Por eso no tendremos miedo,
aunque se deshaga la tierra,
aunque se hundan los montes en el fondo del mar,

³ ⁽⁴⁾ aunque ruja el mar y se agiten sus olas,
aunque tiemblen los montes a causa de su furia. ᵇ

⁴ ⁽⁵⁾ Un río alegra con sus brazos la ciudad de Dios, ᶜ
la más santa de las ciudades del Altísimo.

⁵ ⁽⁶⁾ Dios está en medio de ella, y la sostendrá;
Dios la ayudará al comenzar el día. ᵈ

⁶ ⁽⁷⁾ Las naciones rugen, los reinos tiemblan,
la tierra se deshace cuando él deja oir su voz.

⁷ ⁽⁸⁾ ¡El Señor todopoderoso está con nosotros!
¡El Dios de Jacob es nuestro refugio! ᵉ

⁸ ⁽⁹⁾ Vengan a ver las cosas sorprendentes
que el Señor ha hecho en la tierra:

⁹ ⁽¹⁰⁾ ha puesto fin a las guerras
hasta el último rincón del mundo;
ha roto los arcos,
ha hecho pedazos las lanzas,
¡ha prendido fuego a los carros de guerra! ᶠ

ᵃ **Salmo 45** Salmo real, pero diferente de los demás porque no es una plegaria dirigida al Señor, sino un poema en honor del rey. Fue compuesto para las bodas de un monarca israelita con una princesa de la ciudad fenicia de Tiro (cf. v. 12 [13] y 1 R 16.31), pero el bello elogio del rey hizo que pronto todo el poema se aplicara al Mesías. Los primeros cristianos interpretaron el presente salmo en este sentido mesiánico. Cf. Heb 1.8-9. Véase *Mesías* en el *Índice temático*.

ᵇ **45. (1)** *Según la melodía de "Los lirios":* Véase Sal 22. (1) n.

ᶜ **45.4 (5)** *Y haciendo justicia a los humildes:* traducción probable. Heb. *y humildad de la justicia.* La instauración de un orden social justo y la defensa del derecho de los más pobres era lo primero que el pueblo esperaba de su rey. Cf. Sal 72.1-4. Véase *Justicia* en el *Índice temático*.

ᵈ **45.6-7 (7-8)** Heb 1.8-9.

ᵉ **45.9 (10)** *El oro más fino:* lit. *oro de Ofir*, región célebre por la calidad de su oro, pero de localización incierta. En general se piensa que se encontraba en Arabia, sobre la costa oriental del Mar Rojo.

ᵃ **Salmo 46** Este salmo es uno de los "cantos de Sión", lo mismo que Sal 48; 76; 87; 122. El poema exalta la gloria de Jerusalén como "ciudad de Dios" y lugar donde habita el reina el Altísimo (vv. 4-5 [5-6]; cf. Sal 48.1-3 [2-4]). También es una profesión de fe en el poder del Señor, que está siempre presente en medio de su pueblo para librarlo de todos los peligros (vv. 7 [8],11 [12]).

ᵇ **46.1-3 (2-4)** Is 54.10; Jl 3.16 (4.16).

ᶜ **46.4 (5)** La mención de este *río* trae a la memoria el río que nacía en el jardín de Edén y que luego se dividía en cuatro brazos (Gn 2.10). Cf. también Ez 47.1-12; Jl 3.18 (4.18); Zac 14.8; Ap 22.1-2.

ᵈ **46.5 (6)** La liberación llega *al comenzar el día*, del mismo modo que los israelitas, al salir de Egipto, fueron liberados de sus perseguidores *al amanecer* (Ex 14.27; cf. 2 R 19.35).

ᵉ **46.7 (8)** Is 8.10; Sof 3.15.

ᶠ **46.9 (10)** Is 2.4; Ez 39.3; Miq 4.3.

10 (11) "¡Ríndanse! ¡Reconozcan que yo soy Dios!
¡Yo estoy por encima de las naciones!
¡Yo estoy por encima de toda la tierra!"

11 (12) ¡El Señor todopoderoso está con nosotros!
¡El Dios de Jacob es nuestro refugio!

47 (46) Dios es el Rey de toda la tierra [a] (1) Del maestro de coro. Salmo de los hijos de Coré.

1 (2) ¡Aplaudan, pueblos todos!
¡Aclamen a Dios con gritos de alegría!
2 (3) Porque el Señor, el Altísimo, [b] es terrible;
es el gran Rey [c] de toda la tierra.
3 (4) Destrozó pueblos y naciones
y los sometió a nuestro yugo.
4 (5) Nos ha escogido nuestra herencia,
que es orgullo de Jacob, [d] a quien amó.
5 (6) ¡Dios el Señor ha subido a su trono [e]
entre gritos de alegría y toques de trompeta!
6 (7) ¡Canten, canten himnos a Dios!
¡Canten, canten himnos a nuestro Rey!
7 (8) ¡Canten un poema a Dios,
porque él es el Rey de toda la tierra!
8 (9) ¡Dios es el Rey de las naciones!
¡Dios está sentado en su santo trono!
9 (10a) Los hombres importantes de las naciones
se unen al pueblo del Dios de Abraham, [f]
10 (10b) pues de Dios son los poderes del mundo. [g]
¡Él está por encima de todo!

48 (47) Grandeza de Sión, ciudad de Dios [a] (1) Cántico. Salmo de los hijos de Coré.

1 (2) ¡El Señor es grande!
¡Nuestro Dios es digno de alabanza
en su ciudad y en su santo monte!
2 (3) ¡Qué hermosa altura la del monte Sión,
allá, en el extremo norte! [b]
¡Es la alegría de toda la tierra!
¡Es la ciudad del gran Rey! [c]
3 (4) Dios está en los palacios de Jerusalén;
Dios se ha dado a conocer
como un refugio seguro.
4 (5) Pues los reyes se reunieron
y juntos avanzaron contra ella;
5 (6) pero al ver la ciudad se sorprendieron,
se inquietaron y huyeron. [d]
6 (7) El miedo se adueñó de ellos:
se retorcían de dolor, como mujer de parto;
7 (8) como el viento del este,
que destroza los barcos de Tarsis. [e]
8 (9) En la ciudad de nuestro Dios,
el Señor todopoderoso,
hemos visto con nuestros ojos
lo mismo que nos habían contado:
¡Dios afirmará para siempre a Jerusalén!
9 (10) Oh Dios,
en medio de tu templo
pensamos en tu gran amor.
10 (11) Oh Dios,
por toda la tierra eres alabado
como corresponde a tu nombre.
Con tu poder haces plena justicia.
11 (12) ¡Que se alegre el monte Sión!
¡Que salten de alegría las ciudades de Judá [f]
por tus justas decisiones!
12 (13) Caminen alrededor de Sión
y cuenten las torres que tiene;
13 (14) fíjense en su muralla y en sus palacios,

---

[a] **Salmo 47** Este salmo pertenece al grupo de cánticos litúrgicos denominados habitualmente "himnos a la realeza del Señor". Cf. Sal 93; 96—99. Sobre este grupo de salmos, véase la *Introducción* a los *Salmos (3 [a])*. Véase también *Señor* en el *Índice temático*.

[b] **47.2 (3)** *Altísimo:* Cf. Gn 14.18-20.

[c] **47.2 (3)** *El Señor... es el gran Rey:* Esta frase recuerda el grito con que se proclamaba a un nuevo rey (2 R 9.13); también los aplausos, los toques de trompeta y las aclamaciones del pueblo formaban parte del rito de entronización de un rey terreno (2 S 15.10; 1 R 1.39-40; 2 R 11.12). Aquí aparecen todos estos elementos como parte de una fiesta litúrgica destinada a celebrar la realeza del Señor sobre todas las naciones. Cf. Mal 1.14.

[d] **47.4 (5)** *Jacob* es una designación poética del pueblo de Israel. Cf. Gn 32.28 (29); Is 41.14; 43.1. Véase *Jacob* en el *Índice temático*.

[e] **47.5 (6)** *El Señor ha subido a su trono:* alusión a la solemne procesión organizada por David cuando introdujo en el monte Sión el arca de la alianza *entre gritos de alegría y toques de trompeta* (2 S 6.14-15). Algunos intérpretes, apoyándose en textos más o menos paralelos, como 1 R 8.1-13 y Sal 132, piensan que este acontecimiento histórico se conmemoraba todos los años en Jerusalén, durante el período de los reyes, con una liturgia procesional presidida por el arca de la alianza.

[f] **47.9 (10a)** Esta unión del *pueblo del Dios de Abraham* con todos los demás pueblos dará pleno cumplimiento a las promesas de Gn 12.3; 17.6; 35.11. Cf. Is 2.2-5; Miq 4.1-4; Mt 8.11.

[g] **47.10 (10b)** *Los poderes del mundo:* lit. *los escudos de la tierra*, es decir, los reyes de las naciones.

[a] **Salmo 48** Canto de Sión, compuesto para ser cantado cuando los israelitas "subían" a Jerusalén con motivo de las grandes fiestas de peregrinación (Ex 23.14-19; Dt 16.1-17). En él se exalta el poder que despliega el Señor desde su santuario y que asegura a la ciudad santa una constante protección. Cf. Sal 46; 76; 84; 122.

[b] **48.2 (3)** Aquí no se trata de una mera indicación geográfica, sino de una expresión metafórica. Según la mitología cananea, *en el extremo norte* (heb. *Safón)* se encontraba la cima del monte donde se reunían los dioses (cf. Is 14.13). El salmista se vale de esta imagen para indicar que Sión, y no aquella montaña mitológica, es el verdadero monte de Dios.

[c] **48.2 (3)** Mt 5.35.

[d] **48.5 (6)** Cf. 2 R 19.32-36.

[e] **48.7 (8)** *Los barcos de Tarsis* eran los que podían navegar en alta mar (Ez 27.25). En cuanto al sitio llamado *Tarsis,* aún no se ha podido localizar con exactitud. Algunos textos parecerían indicar que se trataba de un lugar situado en Arabia, en la India o en la costa africana (cf. 1 R 10.22; 22.48 [49]); otros, en cambio, sugieren más bien alguna localidad en las costas del Mediterráneo (cf. Jon 1.3). Algunos autores identifican a Tarsis con Tarteso, en la Península Ibérica, que en la antigüedad era considerada como uno de los extremos de la tierra.

[f] **48.11 (12)** *Las ciudades de Judá:* lit. *las hijas de Judá.* Cf. Sal 97.8.

para que puedan contar
a las generaciones futuras
14 (15) que así es nuestro Dios
por toda la eternidad.
¡Él es nuestro guía eternamente!

49 (48) El dinero no lo es todo [a]   (1) Del maestro de coro. Salmo de los hijos de Coré.

1 (2) Oigan bien esto,
pueblos y habitantes de todo el mundo,
2 (3) lo mismo los ricos que los pobres,
lo mismo los poderosos que los humildes.
3 (4) Voy a hablar con sabiduría
y expresaré pensamientos profundos;
4 (5) pondré atención a los refranes, [b]
y diré mi secreto al son del arpa. [c]

5 (6) ¿Por qué voy a tener miedo
cuando vengan los días malos,
cuando me encuentre rodeado
de la maldad de mis enemigos? [d]
6 (7) Ellos confían en sus riquezas
y se jactan de sus muchos bienes,
7 (8) pero nadie puede salvarse a sí mismo [e]
ni pagarle a Dios porque le salve la vida.
8 (9) ¡No hay dinero que pueda comprar
la vida de un hombre,
9 (10) para que viva siempre y se libre de la muerte!
10 (11) Pues se ve que todos mueren por igual,
lo mismo los sabios que los tontos,
y se quedan para otros sus riquezas.
11 (12) Aunque dieron su nombre a sus tierras,
el sepulcro [f] será su hogar eterno;
¡allí se quedarán para siempre!

12 (13) El hombre no es eterno, por muy rico que sea;
muere lo mismo que los animales. [g]

13 (14) Así acaban los que en sí mismos confían;
así terminan los que a sí mismos se alaban.
14 (15) Para esa gente, la muerte es el pastor
que los conduce al sepulcro

como si fueran ovejas.
Cuando llegue la mañana,
los buenos triunfarán sobre ellos;
su fuerza irá decayendo
y el sepulcro será su hogar.
15 (16) Pero Dios me salvará
del poder de la muerte,
pues me llevará con él.

16 (17) No te inquietes si alguien se hace rico
y aumenta el lujo de su casa,
17 (18) pues cuando muera no podrá llevarse nada, [h]
ni su lujo le seguirá al sepulcro.
18 (19) Aunque se sienta feliz mientras vive,
y la gente lo alabe por ser rico,
19 (20) llegará el día en que se muera,
y no volverá a ver la luz.

20 (21) El hombre no es eterno, [i]
por muy rico que sea;
muere lo mismo que los animales.

50 (49) Dios es un juez justo [a]   (1a) Salmo de Asaf. [b]

1 (1b) El Señor, el Dios de los dioses, [c] ha hablado;
ha llamado a los que habitan la tierra
del oriente al occidente.
2 Dios resplandece desde Sión,
la ciudad de belleza perfecta. [d]
3 Nuestro Dios viene, pero no en silencio:
delante de él, un fuego destructor;
a su alrededor, una fuerte tormenta. [e]
4 Desde lo alto, Dios llama al cielo y a la tierra
a presenciar el juicio de su pueblo:

5 "Reúnan a los que me son fieles,
a los que han hecho una alianza conmigo
ofreciéndome un sacrificio." [f]
6 Y el cielo declara que Dios es juez justo.

7 "Escucha, Israel, pueblo mío;
voy a poner las cosas en claro contigo.
¡Yo soy Dios! ¡Yo soy tu Dios!

---

[a] **Salmo 49** Salmo didáctico o sapiencial, que trata, como el Sal 37, el problema de la retribución. Aquí, la idea central es que todos los hombres son iguales ante la muerte, y que los ricos no se llevarán a la tumba las riquezas que acumularon en vida. Cf. Sal 73.
[b] **49.4 (5)** Los *refranes* son una expresión típica de la sabiduría popular, de la que el AT, especialmente en el libro de *Proverbios*, ofrece muy buenos ejemplos. Se trata de sentencias o máximas fundadas en la experiencia y expresadas en forma poética, que sirven de orientación práctica para la vida.
[c] **49.4 (5)** *Diré mi secreto al son del arpa:* El sentido de esta frase se puede aclarar a la luz de 2 R 3.14-15: por medio de una música suave, el profeta se prepara para recibir del Señor la revelación de un mensaje, que luego él, a su vez, va a comunicar a los demás.
[d] **49.5 (6)** *Maldad de mis enemigos:* traducción probable. Heb. *maldad de mis talones*.
[e] **49.7 (8)** *Salvarse a sí mismo:* según varios mss. hebreos. Otros mss.: *salvar a su hermano*.
[f] **49.11 (12)** *El sepulcro:* según la versión griega (LXX) y otras versiones antiguas. Heb. *sus íntimos pensamientos*.
[g] **49.12,20 (13,21)** Ec 3.19.

[h] **49.17 (18)** Job 1.21; Ec 5.15 (14); 1 Ti 6.7.
[i] **49.20 (21)** *El hombre no es eterno:* según el v. 12 (13). Heb. *el hombre no comprende*.
[a] **Salmo 50** En el estilo característico de las denuncias y de las exhortaciones proféticas, el Señor reprende a su pueblo por haber sido infiel a su alianza y le muestra en qué consiste la verdadera religiosidad. Cf. Dt 32.1-47; Miq 6.1-8.
[b] **50. (1a)** *Asaf* es el antepasado de una familia de levitas que desempeñaban el oficio de cantores en el templo de Jerusalén (1 Cr 6.39 [24]). Se le atribuyen también los salmos 73—83.
[c] **50.1 (1b)** *El Dios de los dioses:* Esta es una forma hebrea de expresar el superlativo, como cuando se llama a Dios *Rey de reyes* y *Señor de los señores*. Por lo tanto, esta expresión no afirma ni niega nada acerca de la existencia o no existencia de otros dioses además del Señor. Cf. Dt 10.17; Jos 22.22; Sal 95.3; 136.2; Dn 2.47. Véase también Sal 97.7 n.
[d] **50.2** Sal 48.2 (3); Lm 2.15.
[e] **50.3** Ex 19.16-19; Dt 33.2; Jue 5.4-5; Sal 18.7-15 (8-16).
[f] **50.5** Alusión al sacrificio con que fue sellado el pacto del Sinaí (Ex 24.5-8).

⁸ No te censuro por los sacrificios
   y holocaustos que siempre me ofreces.
⁹ No te pido becerros de tu ganado
   ni machos cabríos de tus corrales,
¹⁰ pues míos son todos los animales salvajes,
   lo mismo que los ganados de las serranías;
¹¹ mías son las aves de las montañas
   y todo lo que bulle en el campo.
¹² Si yo tuviera hambre, no te lo diría a ti,
   pues el mundo es mío,
      con todo lo que hay en él.
¹³ ¿Acaso me alimento de carne de toros,
   o bebo sangre de machos cabríos?
¹⁴ ¡Sea la gratitud tu ofrenda a Dios;
   cumple al Altísimo tus promesas! ᵍ
¹⁵ Llámame cuando estés angustiado;
   yo te libraré, y tú me honrarás."

¹⁶ Pero al malvado Dios le dice:
   "¿Qué derecho tienes de citar mis leyes
   o de mencionar mi alianza,
¹⁷ si no te agrada que yo te corrija
   ni das importancia a mis palabras? ʰ
¹⁸ Al ladrón lo recibes con los brazos abiertos;
   ¡te juntas con gente adúltera!
¹⁹ Para el mal y para inventar mentiras
   se te sueltan la lengua y los labios.
²⁰ Calumnias a tu hermano;
   ¡contra tu propio hermano lanzas ofensas!
²¹ Todo esto has hecho, y me he callado;
   pensaste que yo era igual que tú.
   Pero voy a acusarte cara a cara,
   ¡voy a ajustarte las cuentas!

²² "Entiendan bien esto, ustedes que olvidan a Dios,
   no sea que empiece yo a despedazarlos
   y no haya quien los libre:
²³ el que me ofrece su gratitud, me honra.
   ¡Yo salvo al que permanece en mi camino!"

51
(50) *Oh Dios, ten compasión de mí* ᵃ (1) *Del maestro de coro. Salmo de David,* (2) *después que el profeta Natán lo reprendió por haber cometido adulterio con Betsabé.* ᵇ

¹ (3) Por tu amor, oh Dios, ten compasión de mí;
   por tu gran ternura, borra mis culpas.
² (4) ¡Lávame de mi maldad!
   ¡Límpiame de mi pecado!

³ (5) Reconozco que he sido rebelde;
   mi pecado no se borra de mi mente.
⁴ (6) Contra ti he pecado, y solo contra ti,
   haciendo lo malo, lo que tú condenas.
   Por eso tu sentencia es justa;
   irreprochable tu juicio. ᶜ

⁵ (7) En verdad, soy malo desde que nací;
   soy pecador desde el seno de mi madre. ᵈ
⁶ (8) En verdad, tú amas al corazón sincero,
   y en lo íntimo me has dado sabiduría.
⁷ (9) Purifícame con hisopo, ᵉ y quedaré limpio;
   lávame, y quedaré más blanco que la nieve. ᶠ
⁸ (10) Lléname de gozo y alegría;
   alégrame de nuevo,
      aunque me has quebrantado.
⁹ (11) Aleja de tu vista mis pecados
   y borra todas mis maldades.

¹⁰ (12) Oh Dios,
   ¡pon en mí un corazón limpio!,
   ¡dame un espíritu nuevo y fiel! ᵍ
¹¹ (13) No me apartes de tu presencia
   ni me quites tu santo espíritu.
¹² (14) Hazme sentir de nuevo
   el gozo de tu salvación;
   sosténme con tu espíritu generoso,
¹³ (15) para que yo enseñe a los rebeldes
      tus caminos
   y los pecadores se vuelvan a ti.
¹⁴ (16) Líbrame de cometer homicidios, ʰ
   oh Dios, Dios de mi salvación,
   y anunciaré con cantos que tú eres justo.

¹⁵ (17) Señor, abre mis labios,
   y con mis labios te cantaré alabanzas.
¹⁶ (18) Pues tú no quieres ofrendas
   ni holocaustos;
   yo te los daría, pero no es lo que te agrada.
¹⁷ (19) Las ofrendas a Dios son un espíritu dolido;
   ¡tú no desprecias, oh Dios,
      un corazón hecho pedazos!

¹⁸ (20) Haz bien a Sión, por tu buena voluntad;
   vuelve a levantar los muros de Jerusalén.
¹⁹ (21) Entonces aceptarás
   los sacrificios requeridos,
   las ofrendas y los holocaustos;
   entonces se ofrecerán becerros sobre tu altar. ⁱ

ᵍ **50.7-14** Sobre este tema importante, véase Sal 40.6 (7) nota *f*.
ʰ **50.16-17** Ro 2.21-22.
ᵃ **Salmo 51** Esta súplica individual, en razón de su contenido, es la oración penitencial por excelencia. El salmista pide al Señor que lo purifique y lo renueve interiormente, para que él, a su vez, pueda dar testimonio de la misericordia divina y trabajar por la conversión de los pecadores (v. 13 [15]). Este es uno de los siete salmos llamados penitenciales (Sal 6; 32; 38; 102; 130; 143).
ᵇ **51. (2)** Cf. 2 S 12.1-14.
ᶜ **51.4 (6)** Ro 3.4.
ᵈ **51.5 (7)** Acerca de este tema, cf. Gn 8.21; Job 15.14-16; Pr 20.9; Jer 17.9; Ro 7.14-23.
ᵉ **51.7 (9)** *Hisopo:* arbusto de hojas pequeñas y tupidas, cuyas ramas se utilizaban en algunos ritos de purificación para rociar a las personas y ciertos objetos (Lv 14.4-7,49-53). Véase Jn 19.29 nota *p*, y cf. Ex 12.22; Heb 9.13-14,19.
ᶠ **51.7 (9)** Is 1.18.
ᵍ **51.10 (12)** Ez 11.19; 36.26; 2 Co 5.17.
ʰ **51.14 (16)** *Líbrame de cometer homicidios:* lit. *líbrame de la sangre.* También podría tratarse de la muerte prematura como castigo por las faltas cometidas. Cf. Sal 30.9 (10).
ⁱ **51.18-19 (20-21)** Estos vv. provienen de la época anterior a los años 445-443 a.C., cuando los muros de Jerusalén, destruidos en el año 587 a.C. por el ejército de Nabucodonosor, rey de Babilonia, aún no habían sido restaurados.

52 [51] *La inútil jactancia del malvado* [a] [1] Del maestro de coro. Instrucción [b] de David, [2] cuando Doeg el edomita fue a contarle a Saúl que David había estado en la casa de Ahimélec. [c]

1 [3] ¿Por qué presumes de tu maldad, oh poderoso? [d]
¡El amor de Dios es constante! [e]
2 [4] Solo piensas en hacer lo malo;
tu lengua es traicionera como un cuchillo afilado. [f]
3 [5] Prefieres lo malo a lo bueno,
prefieres la mentira a la verdad.
4 [6] Lengua embustera,
prefieres las palabras destructivas;
5 [7] pero Dios también te destruirá [g] para siempre:
te tomará y te echará de tu casa; te quitará la vida.
6 [8] Los que obedecen a Dios, verán esto
y sentirán temor;
pero se burlarán de aquel hombre, diciendo:
7 [9] "Miren al que no busca protección en Dios;
al que confía en sus grandes riquezas
y persiste en su maldad."
8 [10] Pero yo soy como un olivo [h] verde
en el templo de Dios;
¡siempre confiaré en su amor!
9 [11] Oh Dios, siempre te daré gracias
por lo que has hecho;
esperaré en ti delante de tus fieles,
porque eres bueno.

53 [52] *Perversión del hombre* [a] (Sal 14) [1] Del maestro de coro, para la enfermedad. [b] Instrucción [c] de David.

1 [2] Los necios piensan que no hay Dios:
todos se han pervertido,
han hecho cosas malvadas;
¡no hay nadie que haga lo bueno!
2 [3] Desde el cielo, Dios mira a los hombres
para ver si hay alguien con entendimiento,
alguien que busque a Dios.
3 [4] Pero todos se han desviado,
todos por igual se han pervertido.
¡Ya no hay quien haga lo bueno!
¡No hay ni siquiera uno!
4 [5] No tienen entendimiento los malhechores,
los que se comen a mi pueblo como quien come pan,
los que no invocan el nombre de Dios.
5 [6] Aunque no haya razón para temblar,
ellos temblarán de miedo,
porque Dios esparce los huesos del enemigo.
Quedarán en ridículo, porque Dios los rechaza.
6 [7] ¡Ojalá que del monte Sión
venga la salvación de Israel!
Cuando Dios cambie la suerte de su pueblo,
se alegrarán los descendientes de Jacob,
todo el pueblo de Israel.

54 [53] *Oración en que se pide la ayuda de Dios* [a] [1] Del maestro de coro, con instrumentos de cuerda. Instrucción de David, [2] cuando los habitantes de Zif fueron a decir a Saúl: "¿No se ha escondido David entre nosotros?" [b]

1 [3] ¡Sálvame, Dios mío, por tu nombre!
¡Defiéndeme con tu poder!
2 [4] Escucha, Dios mío, mi oración;
presta oído a mis palabras,
3 [5] pues gente arrogante y violenta
se ha puesto en contra mía y quiere matarme.
¡No tienen presente a Dios! [c]
4 [6] Sin embargo, Dios me ayuda;
el Señor me mantiene con vida.
5-6 [7-8] Él hará que la maldad de mis enemigos
se vuelva contra ellos mismos.

¡Destrúyelos, Señor, pues tú eres fiel!
Yo te ofreceré sacrificios voluntarios
y alabaré tu nombre, porque eres bueno,
7 [9] porque me has librado de todas mis angustias
y he visto vencidos a mis enemigos.

---

[a] **Salmo 52** Es difícil clasificar este salmo dentro de un género literario determinado. En él se combinan elementos provenientes de la tradición profética con otros que proceden de la tradición sapiencial. El salmista denuncia primero la prepotencia de los poderosos, que no dudan en recurrir a la mentira y a la calumnia con tal de llevar a cabo sus malos propósitos (vv. 1-4 [3-6]). Luego anuncia el justo castigo que espera a tales personas, poniéndolo en contraste con la paz y la prosperidad de las que goza él mismo a causa de su confianza en Dios (vv. 8-9 [10-11]). Cf. Sal 58; 82.

[b] **52. (1)** *Instrucción:* Véase Sal 32. (1a) n.

[c] **52. (1-2)** El título hebreo del salmo alude al episodio narrado en 1 S 22.9-10. Cf. 1 S 21.7 (8).

[d] **52.1 (3)** Reproches semejantes a este se encuentran en Sal 4.2 (3); 58.1 (2); 62.3-4 (4-5). Aquí el salmista no se dirige a una persona en particular, sino que dialoga con un personaje imaginario, que representa a todos los que solo confían en su poder y en sus riquezas. De este modo, su denuncia profética adquiere mayor fuerza expresiva.

[e] **52.1 (3)** *¡El amor de Dios es constante!:* traducción poco segura, heb. oscuro. La versión griega (LXX) traduce *héroe de maldad,* expresión que se adapta mejor al contexto.

[f] **52.2 (4)** En Sal 55.21 (22); 57.4 (5); 64.2-3 (3-4) se compara la lengua o las palabras del calumniador con una espada bien afilada. Cf. Stg 3.1-12.

[g] **52.5 (7)** *Te destruirá:* El salmo sigue el modelo de los mensajes proféticos, que comienzan con una denuncia del pecado y luego anuncian el castigo correspondiente. Cf., por ej., Is 3.16-26; 22.15-19; Am 1.3—2.5.

[h] **52.8 (10)** También en Jer 11.16; Os 14.6 (7) se presenta la planta de *olivo* como símbolo de esplendor y de prosperidad.

[a] **Salmo 53** Este salmo es la repetición de Sal 14, excepto unas pocas variantes.

[b] **53. (1)** *Para la enfermedad:* traducción poco segura de un término técnico que vuelve a aparecer en Sal 88. (1). Algunas versiones antiguas traducen *en coro.*

[c] **53. (1)** *Instrucción:* Véase Sal 32. (1a) n.

[a] **Salmo 54** Súplica individual; el salmista pide auxilio al Señor contra la violencia de sus enemigos.

[b] **54. (2)** Cf. 1 S 23.14-19; 26.1.

[c] **54.3 (5)** Sal 86.14.

55 ⁽⁵⁴⁾ Oración de un perseguido ᵃ

⁽¹⁾ *Del maestro de coro, con instrumentos de cuerda. Instrucción ᵇ de David.*

1 ⁽²⁾ Dios mío, escucha mi oración;
no desatiendas mi súplica.
2-3 ⁽³⁻⁴⁾ Hazme caso, contéstame;
en mi angustia te invoco.
Me hacen temblar la voz del enemigo
y los gritos de los malvados.

Me han cargado de aflicciones;
me atacan rabiosamente.
4 ⁽⁵⁾ El corazón me salta en el pecho;
el terror de la muerte ha caído sobre mí.
5 ⁽⁶⁾ Me ha entrado un temor espantoso;
¡estoy temblando de miedo! ᶜ
6 ⁽⁷⁾ Y digo:
"Ojalá tuviera yo alas como de paloma;
volaría entonces y podría descansar.
7 ⁽⁸⁾ Volando me iría muy lejos;
me quedaría a vivir en el desierto.
8 ⁽⁹⁾ Correría presuroso a protegerme
de la furia del viento y de la tempestad." ᵈ
9 ⁽¹⁰⁾ Destrúyelos, Señor, confunde su lenguaje, ᵉ
pues tan solo veo ᶠ violencia y discordia,
10 ⁽¹¹⁾ que día y noche rondan la ciudad.
Hay en ella maldad e intrigas;
hay en ella corrupción;
11 ⁽¹²⁾ sus calles ᵍ están llenas de violencia
y engaño. ʰ

12 ⁽¹³⁾ No me ha ofendido un enemigo,
lo cual yo podría soportar;
ni se ha alzado contra mí el que me odia,
de quien yo podría esconderme.
13 ⁽¹⁴⁾ ¡Has sido tú, mi propio camarada,
mi más íntimo amigo,
14 ⁽¹⁵⁾ con quien me reunía en el templo de Dios
para conversar amigablemente,
con quien caminaba entre la multitud! ⁱ
15 ⁽¹⁶⁾ ¡Que sorprenda la muerte a mis enemigos!
¡Que caigan vivos en el sepulcro, ʲ
pues la maldad está en su corazón!

16 ⁽¹⁷⁾ Pero yo clamaré a Dios;
el Señor me salvará.
17 ⁽¹⁸⁾ Me quejaré y lloraré
mañana, tarde y noche, ᵏ
y él escuchará mi voz.
18 ⁽¹⁹⁾ En las batallas me librará;
me salvará la vida,
aunque sean muchos mis adversarios.
19 ⁽²⁰⁾ Dios, el que reina eternamente,
me oirá y los humillará,
pues ellos no cambian de conducta
ni tienen temor de Dios.
20 ⁽²¹⁾ Levantan la mano contra sus amigos;
no cumplen su promesa de amistad.
21 ⁽²²⁾ Usan palabras más suaves que la mantequilla,
pero sus pensamientos son de guerra.
Usan palabras más suaves que el aceite,
pero no son sino espadas afiladas.
22 ⁽²³⁾ Deja tus preocupaciones ˡ al Señor,
y él te mantendrá firme;
nunca dejará que caiga
el hombre que lo obedece. ᵐ
23 ⁽²⁴⁾ Dios mío,
los asesinos y mentirosos no vivirán
ni la mitad de su vida;
tú harás que caigan al fondo del sepulcro,
pero yo confío en ti.

56 ⁽⁵⁵⁾ Confío en Dios y alabo su palabra ᵃ

⁽¹⁾ *Del maestro de coro, según la melodía de "La paloma de los dioses lejanos". ᵇ Poema de David, cuando los filisteos lo capturaron en Gat. ᶜ*

1 ⁽²⁾ Ten compasión de mí, Dios mío,
pues hay gente que me persigue;
a todas horas me atacan y me oprimen.
2 ⁽³⁾ A todas horas me persiguen mis enemigos;
son muchos los que me atacan con altanería. ᵈ

ᵃ **Salmo 55** Súplica individual. Cruelmente perseguido por sus enemigos, (v. 3 [4]) y traicionado por su mejor amigo (vv. 12-14 [13-15]), el salmista pide al Señor que lo defienda y libre de sus adversarios.
ᵇ **55. (1)** *Instrucción:* Véase Sal 32. (1a) n.
ᶜ **55.5 (6)** Cf. Job 4.14.
ᵈ **55.6-8 (7-9)** Cf. Jer 9.2 (1).
ᵉ **55.9 (10)** *Confunde su lenguaje:* posible alusión al episodio de la confusión de las lenguas (Gn 11.7-9).
ᶠ **55.9 (10)** *Veo:* no como un mero espectador, sino como quien sufre la violencia en carne propia.
ᵍ **55.11 (12)** *Sus calles:* lit. *su plaza*, es decir, el espacio junto a la puerta de la ciudad, donde se hacían los negocios y el tribunal juzgaba los pleitos.
ʰ **55.9-11 (10-12)** Cf. Is 1.21-23; Jer 5.1-5; Hab 1.2-4.
ⁱ **55.14 (15)** *Con quien caminaba entre la multitud,* cuando los israelitas iban en peregrinación al templo de Jerusalén. Cf. Dt 16.16-17.
ʲ **55.15 (16)** *¡Que caigan vivos en el sepulcro...!,* como sucedió con los partidarios de Coré, según Nm 16.31-33.
ᵏ **55.17 (18)** *Mañana, tarde y noche:* lit. *tarde, mañana y mediodía,* orden que refleja la costumbre oriental de situar el comienzo del día a la caída del sol.
ˡ **55.22 (23)** *Preocupaciones:* traducción probable de una palabra que no vuelve a aparecer en el hebreo bíblico; en los escritos rabínicos tiene el significado de cosa muy pesada.
ᵐ **55.22 (23)** Cuando se recitaba este salmo en el templo de Jerusalén, la exhortación y la consoladora promesa contenidas en este v. eran pronunciadas probablemente por un sacerdote o por un profeta cultual. Véase Sal 12.5 (6) n. Cf. Mt 6.25-34; 1 P 5.7. Véase también *Confianza* en el *Índice temático.*
ᵃ **Salmo 56** Súplica individual, acompañada de repetidas expresiones de confianza en el Señor. Cf. Sal 3; 4; 27.
ᵇ **56. (1)** *"La paloma de los dioses lejanos":* traducción poco segura; heb. oscuro. Otros traducen *"La paloma enmudecida a lo lejos".* Se trata probablemente del título de una canción con cuya melodía se entonaba el salmo. Véase Sal 22. (1) n.
ᶜ **56. (1)** Los pasajes de 1 S 21.10-15 (11-16); 27; 29 se refieren a la permanencia de David entre los filisteos, pero allí no se dice que estos lo capturaron en Gat.
ᵈ **56.1-2 (2-3)** Los verbos hebreos sugieren la idea de un combate

³ ⁽⁴⁾ Cuando tengo miedo, confío en ti.
⁴ ⁽⁵⁾ Confío en Dios y alabo su palabra;
confío en Dios y no tengo miedo.
¿Qué me puede hacer el hombre? ᵉ,ᶠ

⁵ ⁽⁶⁾ A todas horas me hieren con palabras;
solo piensan en hacerme daño.
⁶ ⁽⁷⁾ Andan escondiéndose aquí y allá,
siguiéndome los pasos,
esperando el momento de matarme.

⁷ ⁽⁸⁾ ¿Acaso escaparán de su propia maldad?
Oh, Dios, humilla a los pueblos con tu enojo.
⁸ ⁽⁹⁾ Tú llevas la cuenta de mis huidas;
tú recoges cada una de mis lágrimas. ᵍ
¿Acaso no las tienes anotadas en tu libro? ʰ
⁹ ⁽¹⁰⁾ Mis enemigos se pondrán en retirada
cuando yo te pida ayuda.
Yo sé muy bien que Dios está de mi parte.

¹⁰ ⁽¹¹⁾ Confío en Dios y alabo su palabra;
confío en el Señor y alabo su palabra;
¹¹ ⁽¹²⁾ confío en Dios y no tengo miedo.
¿Qué me puede hacer el hombre?

¹² ⁽¹³⁾ Las promesas que te hice, oh Dios,
te las cumpliré con alabanzas,
¹³ ⁽¹⁴⁾ porque me has salvado de la muerte,
porque me has librado de caer,
a fin de que yo ande en la luz de la vida, ⁱ
en la presencia de Dios.

57 ⁽⁵⁶⁾ Oración en que se pide la ayuda divina ᵃ
(Sal 108.1-5[2-6]) ⁽¹⁾ Del maestro de coro. "No destruyas". ᵇ Poema de David, cuando huyó de Saúl y se escondió en la cueva. ᶜ

¹ ⁽²⁾ Ten compasión de mí, Dios mío, ten compasión de mí,
pues en ti busco protección.
Quiero protegerme debajo de tus alas ᵈ
hasta que el peligro haya pasado.

² ⁽³⁾ Voy a clamar al Dios altísimo,
al Dios que en todo me ayuda.
³ ⁽⁴⁾ Él enviará desde el cielo su amor y su verdad,
y me salvará de quienes con rabia me persiguen.

⁴ ⁽⁵⁾ Tendido estoy, por el suelo,
entre leones que se comen a la gente;
sus dientes son como lanzas y flechas,
su lengua es una espada afilada.

⁵ ⁽⁶⁾ Dios mío, tú estás por encima del cielo.
¡Tu gloria llena toda la tierra! ᵉ

⁶ ⁽⁷⁾ Mis enemigos me pusieron una trampa
para doblegar mi ánimo;
hicieron un hoyo a mi paso,
pero ellos mismos cayeron en él.

⁷ ⁽⁸⁾ Mi corazón está dispuesto, Dios mío,
mi corazón está dispuesto a cantarte himnos.
⁸ ⁽⁹⁾ Despierta, alma mía;
despierten, arpa y salterio;
¡despertaré al nuevo día! ᶠ
⁹ ⁽¹⁰⁾ Te alabaré con himnos, Señor,
en medio de pueblos y naciones.
¹⁰ ⁽¹¹⁾ Pues tu amor es grande hasta los cielos;
tu lealtad alcanza al cielo azul. ᵍ

¹¹ ⁽¹²⁾ Dios mío, tú estás por encima del cielo.
¡Tu gloria llena toda la tierra! ʰ

58 ⁽⁵⁷⁾ Clamor de justicia ᵃ ⁽¹⁾ Del maestro de coro. "No destruyas". ᵇ Poema de David.

¹ ⁽²⁾ Ustedes, los poderosos, ᶜ
¿en verdad dictan sentencias justas
y juzgan rectamente a los hombres? ᵈ
² ⁽³⁾ Al contrario, actúan con mala intención;
abren camino a la violencia en el país.

³ ⁽⁴⁾ Los malvados se pervierten desde el vientre;
los mentirosos se descarrían desde antes de nacer.

---

militar. Por eso se ha pensado que este salmo es la súplica de un rey atacado por enemigos extranjeros. Sin embargo, también podría tratarse de simples expresiones metafóricas.
ᵉ 56.3-4 (4-5) Sal 118.5-6; Heb 13.6.
ᶠ 56.4 (5) *El hombre*, en hebreo lit. *la carne*, término que pone de relieve la debilidad de los seres humanos, en contraste con el poder de Dios. Cf. Is 40.6-7.
ᵍ 56.8 (9) *Tú recoges cada una de mis lágrimas:* lit. *mis lágrimas están recogidas en tu odre,* es decir, en un trozo de cuero cosido de tal manera que puede contener ciertos líquidos, como el agua o el vino. Esta imagen audaz expresa el íntimo conocimiento que tiene Dios de la aflicción del salmista.
ʰ 56.8 (9) *Tu libro:* El salmista habla como si Dios fuera anotando en un *libro* las acciones buenas o malas de los hombres, con vistas al día del juicio (Dn 7.10; Mal 3.16; Ap 20.12; 21.27). Véanse Sal 69.28 (29) n.; 139.16 n.
ⁱ 56.13 (14) *La luz de la vida:* en oposición al *sheol* o morada de los muertos, que es el *país de la oscuridad y las tinieblas* (Job 10.21-22). Véase Sal 6.5 (6) n.
ᵃ **Salmo 57** Súplica individual (vv. 1-5 [2-6]), seguida de un canto de acción de gracias (vv. 6-11 [7-12]).
ᵇ 57. (1) *"No destruyas"* designa probablemente el comienzo de

una canción cuya melodía era semejante a la de este salmo. Véase Sal 22. (1) n.
ᶜ 57. (1) Cf. 1 S 22.1-2; 24.
ᵈ 57.1 (2) *Debajo de tus alas:* Véase Sal 17.8 nota d.
ᵉ 57.5 (6),11 (12) Sal 8.1 (2); 108.5 (6).
ᶠ 57.8 (9) *Al nuevo día:* lit. *a la aurora;* es decir, que ya antes del alba el salmista alabará a Dios en el templo, porque temprano en la mañana es la hora de oración por excelencia (Sal 59.16 [17]; 88.13 [14]; 119.147; Eclo 39.5; Sab 16.28).
ᵍ 57.10 (11) Sal 36.5 (6).
ʰ 57.7-11 (8-12) Con unas pocas variantes, estos mismos vv. se encuentran también en Sal 108.1-5 (2-6).
ᵃ **Salmo 58** Violenta denuncia contra los jueces que no practican la justicia, y súplica al Señor para que los haga desaparecer. Cf. Sal 52; 82.
ᵇ **58. (1)** *"No destruyas":* Véase Sal 57. (1) nota b.
ᶜ 58.1 (2) *Poderosos:* sentido dudoso. Las mismas consonantes hebreas hacen posibles otras traducciones: *Cuando ustedes hablan, la justicia se queda muda.* O bien, como prefieren muchos traductores modernos: *¡Ustedes, dioses!* En este último caso, el salmista llamaría irónicamente "dioses" a los jueces que deberían impartir justicia y no lo hacen. Véanse las notas a Sal 82.
ᵈ 58.1 (2) También en los escritos proféticos abundan los severos reproches contra los que practican la injusticia y, en particular,

4 (5) Son venenosos como víboras;
 son como una serpiente venenosa
 que se hace la sorda, que se tapa los oídos ^{e}
5 (6) para no oir la música del mago,
 del experto en encantamientos. ^{f}
6 (7) Dios mío, ¡rómpeles los dientes!
 Señor, ¡rómpeles los colmillos a esos leones! ^{g}
7 (8) Que desaparezcan,
 como el agua que se escurre;
 que se sequen, como la hierba del camino;
8 (9) que se deshagan, como el caracol en su baba, ^{h}
 ¡como el niño abortado que nunca vio la luz!,
9 (10) que ardan como espinos
 antes que se den cuenta;
 que sean arrancados con furia,
 como hierba verde. ^{i}
10 (11) El que es fiel se alegrará de verse vengado;
 ¡empapará sus pies en la sangre del malvado!
11 (12) Y entonces se dirá:
 "¡Vale la pena ser fiel!
 ¡Hay un Dios que juzga al mundo!" ^{j}

59 (58) El Señor es nuestro protector ^{a} (1) Del maestro de coro. "No destruyas". Poema de David, cuando Saúl ordenó que vigilaran la casa de David para darle muerte. ^{b}

1 (2) Dios mío, líbrame de mis enemigos;
 ponme a salvo de mis agresores.
2 (3) Líbrame de los malhechores,
 sálvame de los asesinos,
3 (4) porque hay hombres poderosos
 que esperan el momento de matarme.
 Señor, no he sido rebelde ni he pecado;
4 (5) no he hecho nada malo,
 y, sin embargo, se apresuran a atacarme.
 ¡Despierta! ¡Ven a mi encuentro y mira! ^{c}
5 (6) Tú, Señor,

 Dios todopoderoso, Dios de Israel,
 despierta y castiga a esos paganos; ^{d}
 no tengas compasión de esos malvados traidores.
6 (7) Regresan por la noche, ladrando como perros,
 y rondan la ciudad.
7 (8) Echando espuma por la boca,
 dicen con tono hiriente: ^{e}
 "¡No hay nadie que nos oiga!"
8 (9) Pero tú, Señor, te ríes de ellos; ^{f}
 tú te burlas de esos paganos.
9 (10) En ti estaré protegido, Dios mío,
 pues tú eres mi fortaleza y protección.
10 (11) El Dios que me ama
 vendrá a mi encuentro;
 me hará ver la derrota de mis enemigos.
11 (12) No les tengas compasión, ^{g}
 para que mi pueblo lo tenga presente;
 dispérsalos con tu poder, y humíllalos.
 ¡El Señor es nuestro protector!
12 (13) Pecan en todo lo que dicen;
 ¡pues que sean presa de su propio orgullo
 y de sus falsos juramentos!
13 (14) ¡Acábalos, acábalos con tu enojo!
 ¡Que dejen de existir!
 ¡Que se sepa que Dios es Rey
 en Jacob ^{h} y hasta lo último de la tierra!
14-15 (15-16) Cuando vuelvan por la noche
 ladrando como perros,
 y ronden la ciudad en busca de comida,
 aullarán por no encontrar suficiente.
16 (17) En cuanto a mí, te cantaré por la mañana;
 anunciaré a voz en cuello tu amor y tu poder.
 Pues tú has sido mi protección,
 mi refugio en momentos de angustia.
17 (18) A ti cantaré himnos, Dios mío,
 pues tú eres mi fortaleza y protección;
 ¡tú eres el Dios que me ama!

---

contra los jueces que favorecen a los poderosos y pisotean el derecho de los más débiles. Cf. Is 1.23; 5.23; 10.1-2; Jer 5.26-28; Am 5.7; 6.12; Miq 3.11.
^{e} 58.4 (5) *Como una serpiente... que se tapa los oídos:* Esta comparación un poco extraña tiene un sentido claro: los jueces injustos se niegan obstinadamente a escuchar el clamor de los que piden justicia.
^{f} 58.5 (6) Con canciones y música, el encantador hipnotiza a la serpiente y la vuelve inofensiva.
^{g} 58.6 (7) Cf. Job 29.17; Pr 30.14.
^{h} 58.8 (9) Como el *caracol* va dejando una huella de *baba,* los antiguos pensaban que se iba disolviendo a medida que avanzaba.
^{i} 58.9 (10) *Que sean... hierba verde:* traducción probable. Heb. oscuro.
^{j} 58.11 (12) Expresión de absoluta confianza en que Dios hará triunfar finalmente la justicia sobre la tierra.
^{a} Salmo 59 El salmista, acusado injustamente y víctima de una encarnizada persecución, pide al Señor que ponga fin a la violencia de sus enemigos; así todos podrán ver el triunfo de Dios y de su justicia (v. 13 [14]).
^{b} 59. (1) El título hebreo alude al episodio relatado en 1 S 19.11-17.

^{c} 59.4 (5) Acerca de esta declaración de inocencia, véanse Sal 7.3-4 (4-5) n. y las referencias en 7.9 (10) n.
^{d} 59.5 (6) La reiterada mención de los *paganos* (cf. v. 8 [9]) hace pensar que este salmo fue compuesto después del exilio, cuando Israel se vio obligado a mantener contactos más frecuentes con sus dominadores extranjeros. Algunos piensan incluso que el salmista pertenecía al grupo de los leales servidores del Señor, que debieron sostener un duro enfrentamiento con los que detentaban el poder y hacían causa común con los paganos. Así se explica mejor la violencia de las imprecaciones lanzadas contra los enemigos. Cf., por ej., 1 Mac 1—2.
^{e} 59.7 (8) *Dicen con tono hiriente:* lit. *hay espadas en sus labios.* Véase Sal 52.2 (4) n.
^{f} 59.8 (9) Sal 2.4.
^{g} 59.11 (12) *No les tengas compasión:* traducción probable. Heb. *no los mates.* Algunos prefieren esta última traducción y la interpretan de la manera siguiente: el salmista pide al Señor que no masacre a sus enemigos de un solo golpe, sino que los vaya derribando poco a poco, para que su caída sirva de lección. Cf. Ex 9.16.
^{h} 59.13 (14) *Jacob:* Véase Sal 47.4 (5) n.

60 (59) Oración en que se pide la ayuda divina [a]
(Sal 108.6-13[7-14]) [(1)] *Del maestro de coro, según la melodía de "Los lirios del testimonio".* [b] *Poema didáctico* [c] *de David,* [(2)] *cuando salió a luchar contra los arameos de Naharaim y de Sobá,* [d] *y Joab, al volver, derrotó a doce mil hombres de Edom en el Valle de la Sal.* [e]

1 [(3)] En tu enojo, oh Dios, nos has abandonado,
 nos has deshecho;
 ¡devuélvenos ahora nuestra fuerza!
2 [(4)] Hiciste que la tierra temblara y se abriera;
 ¡cierra ahora sus grietas, pues se desmorona!
3 [(5)] Has hecho pasar a tu pueblo duras pruebas,
 nos has dado un vino que enloquece. [f]
4 [(6)] Diste a los que te honran la señal
 para que escaparan de las flechas. [g]
5 [(7)] ¡Respóndenos, sálvanos con tu poder!
 ¡Libera a los que amas!
6 [(8)] Dios ha dicho en su santuario: [h]
 "¡Con qué alegría dividiré Siquem [i]
 y repartiré el valle de Sucot! [j]
7 [(9)] Galaad y Manasés me pertenecen;
 Efraín es el casco que cubre mi cabeza;
 Judá es mi bastón de mando;
8 [(10)] Moab es la palangana en que me lavo;
 sobre Edom arrojaré mi sandalia;
 ¡gritaré de triunfo sobre los filisteos!" [k]
9 [(11)] ¿Quién me llevará a la ciudad amurallada?
 ¿Quién me guiará hasta Edom?
10 [(12)] Pues tú, oh Dios, nos has rechazado;
 ¡no sales ya con nuestras tropas!
11 [(13)] Ayúdanos contra el enemigo,
 pues nada vale la ayuda del hombre.
12 [(14)] Con la ayuda de Dios haremos grandes cosas;
 ¡él aplastará a nuestros enemigos! [l]

61 [(60)] Confianza en la protección de Dios [a]
[(1)] *Del maestro de coro, con instrumentos de cuerda. De David.*

1 [(2)] Dios mío, escucha mis gritos de dolor,
 ¡atiende a mi oración! [b]
2 [(3)] Desde el último rincón de la tierra [c] clamo a ti,
 pues mi corazón desfallece.
 Ponme a salvo sobre una alta roca, [d]
3 [(4)] pues tú eres mi refugio.
 ¡Eres como una torre fuerte [e]
 que me libra del enemigo!
4 [(5)] Quiero vivir en tu casa [f] para siempre,
 protegido debajo de tus alas. [g]
5 [(6)] Tú, Dios mío, has escuchado mis promesas,
 y me has dado la herencia [h]
 de los que honran tu nombre.
6 [(7)] Concédele al rey una larga vida;
 que viva muchos, muchísimos años,
7 [(8)] y que reine siempre con tu bendición.
 Cuídalo con tu amor y fidelidad;
8 [(9)] así alabaré tu nombre en todo tiempo
 y cumpliré mis promesas día tras día.

62 [(61)] Dios, el único refugio [a]
[(1)] *Del maestro de coro. De Jedutún.* [b] *Salmo de David.*

1 [(2)] Solo en Dios encuentro paz;
 mi salvación viene de él.
2 [(3)] Solo él me salva y me protege. [c]
 No caeré, porque él es mi refugio.

---

[a] **Salmo 60** Súplica colectiva, compuesta para el culto penitencial en el templo. El pueblo, desalentado a causa de una grave derrota, acude al Señor pidiendo auxilio. El Señor responde a la súplica con un mensaje de salvación (vv. 6-8 [8-10]). Cf. Sal 74; 79; 80.

[b] **60. (1)** *"Los lirios del testimonio"* es, probablemente, el nombre completo de la melodía mencionada en el título hebreo de Sal 45 y 69. Véase Sal 22. (1) n.

[c] **60. (1)** *Didáctico:* lit. *para enseñar.* Cf. Dt 11.18 (19); 2 S 1.17-18.

[d] **60. (2)** *Naharaim* (o *Aram-naharaim,* es decir, *Aram de los dos ríos,*) era el nombre de la vasta llanura comprendida entre el río Jaboc y el gran desvío del río Éufrates, en la parte norte de Mesopotamia. La tradición israelita situaba en aquella región la patria de Abraham (Gn 12.4; 24.4,10). *Sobá* era un reino al norte de Damasco (1 S 14.47; 2 S 8.5; 10.6,8; 1 R 11.23.).

[e] **60. (2)** Acerca de estas victorias del rey David, cf. 2 S 8.3-14; 1 Cr 18.3-12.

[f] **60.3 (5)** Este *vino que enloquece* tiene relación con la *copa de la ira del Señor* (Is 51.17,22; Jer 25.15). Véase Sal 75.8 (9) n.

[g] **60.4 (6)** Una *señal,* no para el ataque, sino para emprender la retirada y librarse del exterminio.

[h] **60.6 (8)** *En su santuario:* es decir, en el lugar donde Dios se hace presente y comunica su palabra. Otra posible traducción: *por su santidad.*

[i] **60.6 (8)** *Siquem* era una antigua ciudad de la Palestina central, cerca de 60 km. al norte de Jerusalén. Véase *Índice de mapas.*

[j] **60.6-8 (8-10)** En este mensaje de salvación, el Señor se presenta como un guerrero victorioso, que anuncia a Israel la recuperación y expansión de sus antiguos territorios, incluidos el *valle de Sucot* y la región de *Galaad,* al este del río Jordán. Véase *Índice de mapas.*

[k] **60.8 (10)** Al territorio de Israel se añade aun el de otros pueblos, reducidos a la condición de vasallos: *Moab,* comparado aquí con una *palangana* quizá porque estaba situado en la ribera oriental del Mar Muerto, *Edom* al sur de Judá, y el país de los *filisteos,* sobre la costa del Mediterráneo. El gesto de arrojar la sandalia equivalía a una toma de posesión (cf. Rt 4.7-8). Sobre estos lugares, véase *Índice de mapas.*

[l] **60.6-12 (8-14)** Estos vv. se vuelven a encontrar en Sal 108.7-13 (8-14).

[a] **Salmo 61** Súplica de un israelita piadoso, que sufre porque se encuentra lejos de Jerusalén y del templo.

[b] **61.1 (2)** Cf. Sal 5.1-2 (2-3); 17.1; 102.1 (2).

[c] **61.2 (3)** *El último rincón de la tierra:* Esta frase expresa el dolor y la nostalgia del que se siente como desterrado en una región lejana.

[d] **61.2 (3)** La *roca* elevada es símbolo de firmeza y seguridad (véase Sal 18.2 [3] n.). Es probable que aquí esta imagen se refiera al monte Sión, donde el salmista se encontrará seguro, en la presencia del Señor y bajo su protección.

[e] **61.3 (4)** *Torre fuerte:* Cf. Pr 18.10.

[f] **61.4 (5)** *Tu casa:* lit. *tu tienda de campaña.* Cf. Sal 69.9 (10) (citado en Jn 2.17) y véanse también Sal 87.2 n.; 118.15 n. y 118.19-20 n.

[g] **61.4 (5)** *Debajo de tus alas:* Véase Sal 17.8 nota d.

[h] **61.5 (6)** Esta *herencia* es la Tierra Prometida, es decir, Palestina.

[a] **Salmo 62** Profesión de confianza en el Señor, aun en medio de los mayores peligros. La expresa con dos ritmos (vv. 1-2 [2-3],5-7 [6-8]), que protege a sus fieles (v. 8 [9]) y retribuye a cada uno según el bien o el mal que haya cometido (vv. 11-12 [12-13]).

[b] **62. (1)** *Jedutún:* Véase Sal 39. (1) n.

[c] **62.2 (3)** *Me protege:* lit. *es mi roca;* véase Sal 18.2 (3) n.

3 (4) ¿Hasta cuándo me atacarán ustedes
y tratarán de echarme abajo,
cual si fuera una pared que se derrumba
o una cerca a punto de caer al suelo?
4 (5) Solo piensan en derribarme;
su mayor placer es la mentira.
Me alaban con los labios,
pero me maldicen con el pensamiento.

5 (6) Solo en Dios encuentro paz;
pues mi esperanza viene de él.
6 (7) Solo él me salva y me protege.
No caeré, porque él es mi refugio.

7 (8) De Dios dependen mi salvación y mi honor;
él es mi protección y mi refugio.
8 (9) ¡Pueblo mío, confía siempre en él! *d*
¡Háblenle en oración con toda confianza!
¡Dios es nuestro refugio!

9 (10) El hombre es pura ilusión,
tanto el pobre como el rico;
si en una balanza *e* los pesaran juntos,
pesarían menos que nada.
10 (11) No confíen en la violencia;
¡no se endiosen con el pillaje!
Si llegan a ser ricos,
no pongan su confianza en el dinero. *f*

11-12 (12-13) Más de una vez he escuchado
esto que Dios ha dicho: *g*
que el poder y el amor le pertenecen,
y que él recompensa a cada uno
conforme a lo que haya hecho. *h*

63 (62) Dios, satisfacción del hombre *a* (1) Salmo de David, cuando estaba en el desierto de Judá. *b*

1 (2) ¡Dios mío, tú eres mi Dios!
Con ansias te busco, pues tengo sed de ti; *c*
mi ser entero te desea,
cual tierra árida, sedienta, sin agua.

2 (3) ¡Quiero verte en tu santuario,
y contemplar tu poder y tu gloria,
3 (4) pues tu amor vale más que la vida!
Con mis labios te alabaré;
4 (5) toda mi vida te bendeciré,
y a ti levantaré mis manos en oración.
5 (6) Quedaré muy satisfecho,
como el que disfruta de un banquete delicioso,
y mis labios te alabarán con alegría.

6 (7) Por las noches, ya acostado,
te recuerdo y pienso en ti;
7 (8) pues tú eres quien me ayuda.
¡Soy feliz bajo tus alas! *d*
8 (9) Mi vida entera está unida a ti;
tu mano derecha no me suelta.

9 (10) Los que tratan de matarme
caerán al fondo del sepulcro; *e*
10 (11) ¡morirán a filo de espada
y serán devorados por los lobos! *f*
11 (12) Pero el rey se alegrará en Dios;
cantarán alabanzas todos los que juran por él, *g*
pero a los que mienten se les tapará la boca.

64 (63) Oración pidiendo la protección de Dios *a* (1) Del maestro de coro. Salmo de David.

1 (2) Dios mío, escucha mi queja;
protege mi vida de terribles enemigos.
2 (3) Escóndeme de los malvados
y de sus planes secretos;
líbrame de la conspiración de los malvados,
3 (4) que afilan su lengua como espada
y lanzan como flechas palabras venenosas. *b*

4 (5) Desde su escondite disparan
contra el inocente;
disparan por sorpresa y sin temor.
5 (6) Se animan entre sí a hacer lo malo;
planean poner trampas escondidas
y piensan que nadie podrá verlos,

---

d **62.8 (9)** Cf. Sal 22.23-25 (24-26); 130.7; Is 26.4.
e **62.9 (10)** Según Is 40.15, hasta las naciones enteras son como un grano de polvo sobre el platillo de una *balanza*.
f **62.10 (11)** Cf. 1 Ti 6.17-19.
g **62.11-12 (12-13)** *Más de una vez... dicho:* lit. *una vez habló el Señor, dos veces yo lo escuché.* Esta forma literaria, llamada habitualmente "proverbio numérico", aparece con cierta frecuencia en los escritos sapienciales (cf., por ej., Pr 30.18,21,29). Aquí la emplea el salmista para destacar la importancia de lo que se va a decir y para que la idea quede bien grabada en la memoria.
h **62.11-12 (12-13)** La justa retribución por las buenas y malas acciones es una enseñanza fundamental tanto del AT (Job 34.11; Pr 11.21; 24.12; Jer 17.10) como del NT (Mt 16.27; Ro 2.5-6; 2 Ti 4.14). Pero los textos del AT, durante una época bastante avanzada de la historia de Israel (cf. Dn 12.1-3), solo hablan de una retribución temporal y terrena (cf. Pr 11.31), mientras que el NT la sitúa también más allá de la muerte y de la vida presente (2 Co 5.1-10). Véase Sal 6.5 (6) n.
a **Salmo 63** Oración de un israelita piadoso, que desea ardientemente gozar de la presencia del Señor en el templo de Jerusalén. Cf. Sal 27; 42-43; 61; 84.

b **63. (1)** La mención de la tierra árida y sin agua hizo que este salmo se atribuyera equivocadamente a David, fugitivo en el desierto (cf. 1 S 23.14; 2 S 15.22-23). Pero, por las repetidas alusiones al templo de Jerusalén, construido más tarde por su hijo Salomón (1 R 6—8), resulta muy poco probable que el salmo haya sido redactado en tiempos de David.
c **63.1 (2)** *Con ansias te busco:* lit. *te busco desde la aurora.* Cf. Sal 27.4; 42.1-2 (2-3); 84.2-4 (3-5); 143.6.
d **63.7 (8)** *Bajo tus alas:* Véase Sal 17.8 nota *d*.
e **63.9 (10)** *Sepulcro:* Véase Sal 6.5 (6) n.
f **63.10 (11)** *Lobos:* o bien, *chacales.* El hecho de morir sin ser sepultado y de convertirse en alimento de las fieras era algo espantoso para los antiguos hebreos. Cf. Is 14.18-20; Jer 7.33.
g **63.11 (12)** *Los que juran por él:* No se ve claro si esta expresión se refiere a Dios o al rey. Véase Sal 28.8-9 n.
a **Salmo 64** Súplica individual. Víctima de las intrigas y calumnias de sus adversarios, el salmista pide ayuda al Señor, quien puede cambiar el curso de las cosas y hacer que los malvados caigan en su propia trampa (v. 8 [9]).
b **64.3 (4)** Sobre esta metáfora, véase Sal 52.2 (4) n.

⁶ ⁽⁷⁾ que nadie investigará sus maldades.

Pero aquel que puede conocer
los pensamientos más íntimos del hombre,
hará la investigación. *c*
⁷ ⁽⁸⁾ Dios los herirá con sus flechas,
los herirá por sorpresa;
⁸ ⁽⁹⁾ caerán por sus propias palabras, *d*
y quienes los vean se burlarán de ellos.
⁹ ⁽¹⁰⁾ Todos entonces honrarán a Dios
y hablarán de sus acciones;
comprenderán lo que él ha hecho.
¹⁰ ⁽¹¹⁾ El hombre bueno se alegrará en el Señor
y buscará protección en él,
y todos los hombres honrados
se sentirán satisfechos.

65 ⁽⁶⁴⁾ Dios es digno de alabanza *a* ⁽¹⁾ Del maestro de coro. Salmo y cántico de David.

¹ ⁽²⁾ Oh Dios de Sión,
¡tú eres digno de alabanza!,
¡tú mereces que te cumplan lo prometido,
² ⁽³⁾ pues escuchas la oración!

Todo el mundo viene a ti.
³ ⁽⁴⁾ Nuestras maldades nos dominan,
pero tú perdonas nuestros pecados.
⁴ ⁽⁵⁾ Feliz el hombre a quien escoges
y lo llevas a vivir cerca de ti,
en las habitaciones de tu templo. *b*
¡Que seamos colmados con lo mejor
de tu casa,
con la santidad de tu templo!

⁵ ⁽⁶⁾ Dios y Salvador nuestro,
tú nos respondes
con maravillosos actos de justicia;
la tierra entera confía en ti,
y también el mar lejano;
⁶ ⁽⁷⁾ tú mantienes firmes las montañas
con tu poder y tu fuerza.
⁷ ⁽⁸⁾ Tú calmas el estruendo de las olas
y el alboroto de los pueblos;
⁸ ⁽⁹⁾ aun los que habitan en lejanas tierras
tiemblan ante tus maravillas;

por ti hay gritos de alegría
del oriente al occidente. *c*
⁹ ⁽¹⁰⁾ Tú tienes cuidado de la tierra;
le envías lluvia y la haces producir;
tú, con arroyos caudalosos, *d*
haces crecer los trigales.
¡Así preparas el campo!
¹⁰ ⁽¹¹⁾ Tú empapas los surcos de la tierra
y nivelas sus terrones;
ablandas la tierra con lluvias abundantes
y bendices sus productos.
¹¹ ⁽¹²⁾ Tú colmas el año de bendiciones,
tus nubes *e* derraman abundancia;
¹² ⁽¹³⁾ los pastos del desierto están verdes
y los montes se visten de gala;
¹³ ⁽¹⁴⁾ los llanos se cubren de rebaños,
los valles se revisten de trigales;
¡todos cantan y gritan de alegría!

66 ⁽⁶⁵⁾ Tus obras son maravillosas *a* ⁽¹ᵃ⁾ Del maestro de coro. Salmo, cántico.

¹ ⁽¹ᵇ⁾ Canten a Dios con alegría,
habitantes de toda la tierra;
² canten himnos a su glorioso nombre;
cántenle gloriosas alabanzas.
³ Díganle a Dios:
"Tus obras son maravillosas.
Por tu gran poder
tus enemigos caen aterrados ante ti;
⁴ todo el mundo te adora
y canta himnos a tu nombre." *b*

⁵ Vengan a ver las obras de Dios,
las maravillas que ha hecho por los hombres:
⁶ convirtió el mar en tierra seca,
y nuestros antepasados cruzaron el río a pie; *c*
¡alegrémonos en Dios!
⁷ Con su poder, gobierna para siempre;
vigila su mirada a las naciones,
para que los rebeldes
no se levanten contra él.

⁸ ¡Naciones, bendigan a nuestro Dios!,
¡hagan resonar himnos de alabanza!

---

c **64.6 (7)** *Pero aquel... hará la investigación:* traducción poco segura. Heb. oscuro; otra posible traducción: *Conciben maldades y ocultan lo que han proyectado; en el interior del hombre, el corazón es un abismo profundo.*

d **64.8 (9)** *Caerán por sus propias palabras,* o sea, que en el mismo pecado está el castigo. Esta idea aparece con frecuencia en los escritos sapienciales (Pr 26.27; Ec 10.8-9; Sab 11.16). Cf. Sal 7.15-16 (16-17); 35.8; 141.10.

a **Salmo 65** Este salmo consta de dos partes. La primera es un himno al Señor, que es digno de alabanza por el perdón que concede a los pecadores y por las acciones admirables que realiza en toda la creación (vv. 1-8 [2-9]); la segunda es un canto de acción de gracias después de una buena cosecha (vv. 9-13 [10-14]).

b **65.4 (5)** *Feliz... tu templo:* Se refiere a los sacerdotes y levitas que tenían a su cargo el cuidado y el culto del templo. Cf. 1 Cr 23—26.

c **65.8 (9)** *Del oriente al occidente:* lit. *las puertas de la mañana y del atardecer.* En la antigüedad se pensaba que el sol salía por una de esas puertas al amanecer y entraba por la otra al caer la tarde.

d **65.9 (10)** *Arroyos caudalosos:* El texto hebreo habla del *canal de Dios,* aludiendo tal vez al gran océano que, según se pensaba antiguamente, está por encima del cielo y es la fuente de la que proceden las lluvias. Cf. Gn 1.6-8.

e **65.11 (12)** *Tus nubes:* traducción probable. Heb. *tus caminos.*

a **Salmo 66** En este salmo se encuentran reunidos un himno o canto de alabanza al Señor (vv. 1-7), un canto colectivo de acción de gracias (vv. 8-12) y una acción de gracias individual (vv. 13-20).

b **66.1-4** Todos los habitantes de la tierra son invitados a unir sus voces para proclamar la gloria y el poder del Señor (Sal 96.1-4; 98.4-6; 100; 117). Véase *Alabar a Dios* en el *Índice temático.*

c **66.6** Alusión al paso milagroso a través del Mar Rojo (Ex 14.21-22) y del río Jordán (Jos 3.14-17).

⁹ Porque nos ha mantenido con vida;
no nos ha dejado caer.

¹⁰ Dios nuestro, tú nos has puesto a prueba,
¡nos has purificado como a la plata! *ᵈ*
¹¹ Nos has hecho caer en la red;
nos cargaste con un gran peso.
¹² Dejaste que un cualquiera nos pisoteara; *ᵉ*
hemos pasado a través de agua y fuego, *ᶠ*
pero al fin nos has dado respiro.

¹³ Entraré en tu templo y te ofreceré holocaustos;
así cumpliré mis promesas,
¹⁴ las promesas que te hice
cuando me hallaba en peligro.
¹⁵ Te presentaré holocaustos de animales engordados;
te ofreceré toros y machos cabríos, *ᵍ*
y sacrificios de carneros.

¹⁶ ¡Vengan todos ustedes,
los que tienen temor de Dios!
¡Escuchen, que voy a contarles
lo que ha hecho por mí!
¹⁷ Con mis labios y mi lengua
lo llamé y lo alabé. *ʰ*
¹⁸ Si yo tuviera malos pensamientos,
el Señor no me habría escuchado;
¹⁹ ¡pero él me escuchó y atendió mis oraciones!
²⁰ ¡Bendito sea Dios,
que no rechazó mi oración
ni me negó su amor!

67 ⁽⁶⁶⁾ ¡Que te alaben todos los pueblos! *ᵃ* ⁽¹⁾ *Del maestro de coro, con instrumentos de cuerda. Salmo y cántico.*

¹ ⁽²⁾ Que el Señor tenga compasión y nos bendiga, *ᵇ*
que nos mire con buenos ojos, *ᶜ*
² ⁽³⁾ para que todas las naciones de la tierra
conozcan su voluntad y salvación. *ᵈ*

³ ⁽⁴⁾ Oh Dios,
que te alaben los pueblos;
¡que todos los pueblos te alaben!

⁴ ⁽⁵⁾ Que las naciones griten de alegría,
pues tú gobiernas los pueblos con justicia;
¡tú diriges las naciones del mundo!

⁵ ⁽⁶⁾ Oh Dios,
que te alaben los pueblos;
¡que todos los pueblos te alaben!

⁶ ⁽⁷⁾ La tierra ha dado su fruto;
¡nuestro Dios nos ha bendecido!
⁷ ⁽⁸⁾ ¡Que Dios nos bendiga!
¡Que le rinda honor el mundo entero!

68 ⁽⁶⁷⁾ La marcha triunfal de Israel *ᵃ* ⁽¹⁾ *Del maestro de coro. Salmo y cántico de David.*

¹ ⁽²⁾ Cuando Dios entra en acción,
sus enemigos se dispersan;
los que le odian huyen de su presencia; *ᵇ*
² ⁽³⁾ desaparecen como el humo *ᶜ* en el aire,
se derriten como la cera *ᵈ* en el fuego;
¡ante Dios están perdidos los malvados!
³ ⁽⁴⁾ Pero los buenos se alegran;
ante Dios se llenan de gozo,
¡saltan de alegría!

⁴ ⁽⁵⁾ Canten ustedes a Dios,
canten himnos a su nombre;
alaben al que cabalga sobre las nubes. *ᵉ*
¡Alégrense en el Señor!
¡Alégrense en su presencia!
⁵ ⁽⁶⁾ Dios, que habita en su santo templo,
es padre de los huérfanos
y defensor de las viudas; *ᶠ*
⁶ ⁽⁷⁾ Dios da a los solitarios un hogar donde vivir,
libera a los prisioneros y les da prosperidad; *ᵍ*
pero los rebeldes vivirán en tierra estéril.

⁷ ⁽⁸⁾ Oh Dios, cuando saliste al frente de tu pueblo
marchando a través del desierto,

ᵈ **66.10** Las pruebas que el Señor envía purifican a sus fieles como el fuego elimina las impurezas de los metales preciosos. Véase Sal 12.6 (7) n.

ᵉ **66.12** *Dejaste... pisoteara:* lit. *Dejaste que un cualquiera cabalgara sobre nuestras cabezas.* Posible alusión a la costumbre de que el vencedor pusiera su pie sobre la nuca de los vencidos (Jos 10.24; Is 51.23).

ᶠ **66.12** El *fuego* y el *agua* simbolizan aquí un peligro y una calamidad muy graves; quizá se aluda al exilio en Babilonia.

ᵍ **66.15** El chivo o macho cabrío figura únicamente entre las víctimas ofrecidas por los jefes de las tribus israelitas (cf. Nm 7.16-17,88). De ahí se podría concluir que, también en este caso, el que ofrece los sacrificios es un jefe del pueblo.

ʰ **66.17** *Con mis labios... alabé:* traducción probable; heb. oscuro.

ᵃ **Salmo 67** Canto de acción de gracias. Toda la comunidad expresa su alegría y su gratitud al Señor por la cosecha abundante (v. 6 [7]). Cf. Sal 4.7 (8); 65.9-13 (10-14). Véase *Alabar a Dios* y *Bendecir* en el *Índice temático*.

ᵇ **67.1 (2)** Esta plegaria se inspira en la fórmula de bendición que pronunciaban los sacerdotes, según Nm 6.23-26.

ᶜ **67.1 (2)** *Que nos mire con buenos ojos:* Véase Sal 4.6 (7) n.

ᵈ **67.2 (3)** Las bendiciones y favores concedidos a Israel deben hacer que todas las naciones reconozcan al Señor como único Dios y Salvador.

ᵃ **Salmo 68** Vibrante himno de alabanza al Señor, Salvador de su pueblo. El salmo evoca las acciones que realizó el Señor cuando condujo victoriosamente a su pueblo desde el Sinaí hasta la Tierra Prometida, y cuando eligió como morada la humilde colina de Sión, prefiriéndola a otras montañas mucho más elevadas (cf. vv. 15-16 [16-17]).

ᵇ **68.1 (2)** El comienzo del salmo recuerda las palabras que pronunciaba Moisés cada vez que se ponía en marcha el arca de la alianza (Nm 10.35).

ᶜ **68.2 (3)** Sal 37.20; 102.3 (4); Os 13.3.

ᵈ **68.2 (3)** Sal 22.14 (15); 97.5; Miq 1.4.

ᵉ **68.4 (5)** *Al que cabalga sobre las nubes:* El salmista aplica al Dios de Israel este título de Baal, el dios cananeo de las tormentas y de la fertilidad. De este modo da a entender que es el Señor, y no Baal, el que derrama las lluvias y hace brotar la vegetación. Cf. Os 2.8 (10).

ᶠ **68.5 (6)** Ex 22.22-24 (21-23); Dt 10.17-18; Sal 146.9; Eclo 4.10.

ᵍ **68.6 (7)** *Libera... da prosperidad:* traducción probable. Heb. oscuro.

SALMOS 68(67)

8 (9) la tierra tembló,
la lluvia cayó del cielo,
el Sinaí tembló delante de Dios, *h*
delante del Dios de Israel. *i*
9 (10) Oh Dios, tú hiciste llover en abundancia;
tu pueblo estaba agotado, y tú le diste fuerza. *j*
10 (11) Tu pueblo se estableció allí
y tú, oh Dios, por tu bondad,
le diste al pobre lo necesario.
11 (12) El Señor dio un mensaje;
muchas mujeres lo anunciaban:
12 (13) "¡Están huyendo los reyes y sus ejércitos!"
En casa, las mujeres se repartían
lo que se le había quitado al enemigo, *k*
13 (14) pero ustedes se quedaron entre los rediles. *l*
¡Alas de paloma cubiertas de plata!
¡Sus plumas cubiertas de oro fino! *m*
14 (15) Cuando el Todopoderoso *n* hizo huir
a los reyes,
nevaba sobre el monte Salmón. *ñ*
15 (16) ¡Qué altos son los montes de Basán, *o*
y qué elevadas sus cumbres! *p*
16 (17) Ustedes, que son montes tan altos,
¿por qué miran con envidia
el monte donde Dios quiso residir? *q*
¡El Señor vivirá allí para siempre!
17 (18) Dios cuenta por millones
sus carros de combate;
del Sinaí vino en ellos a su templo. *r*
18 (19) Oh Dios, subiste a lo alto
llevando cautivos;
recibiste tributo entre los hombres *s*
y hasta los rebeldes se rindieron a ti, *t* Señor.
19 (20) ¡Bendito sea el Señor, nuestro Dios y Salvador,
que día tras día lleva nuestras cargas!

20 (21) Nuestro Dios es un Dios que salva
y que puede librarnos de la muerte.
21 (22) Dios partirá la cabeza de sus enemigos,
la cabeza de los que siguen pecando.
22 (23) El Señor ha dicho:
"Te haré volver de Basán;
te haré volver del mar profundo,
23 (24) para que bañes tus pies
en la sangre de tus enemigos
y tus perros se la beban."
24 (25) Oh Dios, mi Dios y Rey,
en tu santuario se ven las procesiones
que celebran en tu honor.
25 (26) Los cantores van al frente
y los músicos detrás,
y en medio las jovencitas
van tocando panderetas.
26 (27) ¡Bendigan todos ustedes a Dios el Señor!
¡Bendígalo todo Israel reunido! *u*
27 (28) Al frente de ellos va Benjamín, *v* el menor,
con muchos jefes de Judá, *w*
de Zabulón y de Neftalí. *x*
28 (29) Dios mío, demuestra tu poder;
¡reafirma lo que has hecho por nosotros!
29 (30) Desde tu alto templo, en Jerusalén,
adonde los reyes te traen regalos,
30 (31) reprende a Egipto, a esa bestia de los juncos,
a esa manada de toros bravos y de becerros
que en su afán de riquezas
humillan a los pueblos; *y*
¡dispersa a la gente que ama la guerra!
31 (32) De Egipto vendrán embajadores; *z*
Etiopía levantará sus manos a Dios.
32 (33) ¡Canten a Dios, reinos de la tierra,
canten himnos al Señor,

---

h 68.8 (9) Ex 19.18.
i 68.7-8 (8-9) Jue 5.4-5. Alusión a los acontecimientos del éxodo y del monte Sinaí.
j 68.9 (10) Alusión a los milagros que realizó el Señor para alimentar a su pueblo durante la marcha por el desierto. Cf. Sal 78.24,27.
k 68.11-12 (12-13) Estos vv. se refieren probablemente a las victorias que obtuvieron los israelitas cuando comenzaron a tomar posesión de la Tierra Prometida (Jue 4—5). Cf. Jos 10.7-14.
l 68.13 (14) *Pero ustedes se quedaron entre los rediles:* Esta frase parece estar inspirada en Jue 5.16, donde se dirige un reproche a las tribus israelitas que se negaron a participar en el combate. Cf. Gn 49.14.
m 68.13 (14) *¡Alas de paloma... oro fino!:* Estas exclamaciones se han interpretado de distintas maneras. Algunos piensan que se trata de un objeto precioso arrebatado al enemigo (cf. Sal 74.9); según otros, la *paloma* es Israel.
n 68.14 (15) *Todopoderoso:* Véase Sal 91.1 n.
ñ 68.14 (15) *Monte Salmón:* probablemente una de las cimas del monte Guerizim, cercano a Siquem (Jue 9.48), aunque la mención de los montes de Basán, en el v. siguiente, no excluye la posibilidad de que el Salmón sea algún monte de aquella región.
o 68.15 (16) *Basán:* Véanse Sal 22.12 (13) n. e *Índice de mapas.*
p 68.15 (16) Probable alusión al monte Hermón, que domina toda la región de Basán con su altura de más de 2 700 m. sobre el nivel del mar.
q 68.16 (17) El *monte donde Dios quiso residir* es el monte Sión. Cf. Sal 78.68; 132.13-14. Véase *Sión* en el *Índice temático.*
r 68.17 (18) *Del Sinaí vino en ellos a su templo:* traducción probable. Heb. oscuro.
s 68.18 (19) Ef 4.8.
t 68.18 (19) *Hasta los rebeldes se rindieron a ti:* traducción probable. Heb. *hasta rebeldes para morar.*
u 68.26 (27) *Todo Israel reunido:* traducción probable. Heb. *desde la fuente de Israel.*
v 68.27 (28) *Benjamín:* el más pequeño de los hijos de Jacob, pero de cuya tribu salió Saúl, el primer rey de Israel. Cf. 1 S 9.1-2. Respecto del territorio que ocupó esta tribu, véase *Índice de mapas.*
w 68.27 (28) *Judá* representa aquí al reino del sur. Cf. 1 R 12.20; véase *Índice de mapas.*
x 68.27 (28) *Zabulón y Neftalí* representan al reino del norte, sin duda porque estas tribus se distinguieron por su arrojo en el combate (Jue 5.18). Véase *Índice de mapas.*
y 68.30 (31) *Que en su afán de riquezas humillan a los pueblos:* traducción probable. Heb. oscuro.
z 68.31 (32) El hecho de enviar embajadores es un signo de reconocimiento de la soberanía del Dios de Israel.

33 (34) al que cabalga en los cielos,
en los cielos eternos!
Escuchen cómo resuena su voz,
su voz poderosa.
34 (35) Reconozcan el poder de Dios:
su majestad se extiende sobre Israel,
su poder alcanza el cielo azul.
35 (36) Maravilloso es Dios en su santuario;
el Dios de Israel da poder y fuerza a su pueblo.
¡Bendito sea Dios!

69

(68) **Un grito de angustia** [a] (1) *Del maestro de coro, según la melodía de "Los lirios".* [b] *De David.*

1 (2) Sálvame, Dios mío,
porque estoy a punto de ahogarme;
2 (3) me estoy hundiendo en un pantano profundo [c]
y no tengo dónde apoyar los pies. [d]
He llegado a lo más hondo del agua
y me arrastra la corriente. [e]
3 (4) Ya estoy ronco de tanto gritar;
la garganta me duele;
¡mis ojos están cansados
de tanto esperar a mi Dios!
4 (5) Son más los que me odian sin motivo [f]
que los pelos de mi cabeza;
han aumentado mis enemigos,
los que sin razón me destruyen
y me exigen que devuelva
lo que no he robado.
5 (6) Dios mío, tú sabes cuán necio he sido;
no puedo esconderte mis pecados. [g]
6 (7) Señor, Dios todopoderoso,
¡que no pasen vergüenza por mi culpa
los que confían en ti!
Dios de Israel,
¡que no se decepcionen por mi causa
los que con ansia te buscan! [h]
7 (8) Por ti he soportado ofensas;
mi cara se ha cubierto de vergüenza;
8 (9) ¡soy como un extraño y desconocido
para mis propios hermanos! [i]

9 (10) Me consume el celo por tu casa; [j]
en mí han recaído las ofensas
de los que te insultan. [k]
10 (11) Cuando lloro y ayuno, se burlan de mí;
11 (12) si me visto de luto, soy el hazmerreír [l] de todos.
12 (13) Ando de boca en boca, [m]
y los borrachos me hacen canciones.
13 (14) Pero yo, Señor, a ti clamo.
Dios mío, ¡ayúdame ahora!
Por tu gran amor, ¡respóndeme!
Por tu constante ayuda, ¡sálvame! [n]
14 (15) ¡No dejes que me hunda en el lodo!
¡Ponme a salvo de los que me odian
y de las aguas profundas!
15 (16) ¡No dejes que me arrastre la corriente!
¡No dejes que el profundo remolino
me trague y se cierre tras de mí!
16 (17) Señor, respóndeme;
¡tú eres bueno y todo amor!
Por tu inmensa ternura, fíjate en mí;
17 (18) ¡no rechaces a este siervo tuyo!
¡Respóndeme pronto, que estoy en peligro!
18 (19) Acércate a mí, y sálvame;
¡líbrame de mis enemigos!
19 (20) Tú conoces las ofensas,
la vergüenza y la deshonra que he sufrido;
tú sabes quiénes son mis enemigos.
20 (21) Las ofensas me han roto el corazón;
¡estoy sin ánimo y sin fuerzas!
Inútilmente he buscado
quien me consuele y compadezca.
21 (22) En mi comida pusieron veneno,
y cuando tuve sed me dieron a beber vinagre. [ñ]
22 (23) ¡Que su mesa y sus comidas de amistad
se conviertan en trampa para ellos!
23 (24) ¡Haz que se queden ciegos
y que siempre les tiemblen las piernas! [o]
24 (25) Descarga tu enojo sobre ellos;
¡que tu furia encendida los alcance!
25 (26) Que su campamento se vuelva un desierto,
y que nadie viva en sus tiendas; [p]

---

[a] **Salmo 69** Como el 22, esta súplica es un grito al Señor en demanda de auxilio. En peligro de muerte a causa de su enfermedad (v. 29 [30]), acusado y perseguido injustamente (v. 4 [5]), y abandonado hasta por sus amigos y parientes (v. 8 [9]), el salmista pide a Dios que lo proteja en la aflicción y lo defienda de sus enemigos. Sal 18.30 (31),46 (47); 28.7; 33.20; 59.11 (12); 84.11 (12).

[b] **69.** (1) *Según la melodía de "Los lirios":* Véanse Sal 22. (1) n.

[c] **69.2 (3)** *El pantano profundo* es un símbolo de las calamidades y de los peligros mortales (Sal 40.2 [3]).

[d] **69.2 (3)** Cf. Jer 38.6.

[e] **69.2 (3)** Cf. Sal 18.4 (5),16 (17); 42.7 (8); 124.4; cf. también Jon 2.6 (7).

[f] **69.4 (5)** Sal 35.19. Jesús cita estas palabras en Jn 15.25.

[g] **69.5 (6)** Sal 19.12 (13); 25.7; 51.1-5 (3-7), 9-10 (11-12).

[h] **69.6 (7)** Los padecimientos del salmista ponen en juego el honor del Señor: si él no lo ayuda, quedarán decepcionados todos los fieles que esperan y confían en Dios. Cf. Sal 35.25-27. Véase *Confianza* en el *Índice temático*.

[i] **69.8 (9)** Cf. Job 6.15; 19.13-19; Sal 38.11 (12); 41.9 (10); 88.8 (9).

[j] **69.9 (10)** Jn 2.17.

[k] **69.9 (10)** Ro 15.3.

[l] **69.11 (12)** *El hazmerreír:* lit. *un proverbio.* La situación del salmista es tema de conversación de todos, de manera que se ha convertido en una frase proverbial que provoca risas y burlas.

[m] **69.12 (13)** *Ando de boca en boca:* lit. *Hablan de mí los que se sientan a la puerta.* Se refiere a la puerta de la ciudad, punto de reunión donde se resolvían los pleitos y se divulgaban las últimas noticias.

[n] **69.13 (14)** *Pero yo, Señor... ¡sálvame!:* sentido probable. Otra posible traducción: *Pero yo dirijo mi oración a ti, Señor, en el tiempo propicio; ¡respóndeme por tu gran misericordia, sálvame por tu fidelidad!*

[ñ] **69.21 (22)** Cf. Mt 27.34,48; Mc 15.23,36; Lc 23.36; Jn 19.28-29.

[o] **69.22-23 (23-24)** Ro 11.9-10.

[p] **69.25 (26)** Hch 1.20.

26 (27) pues persiguen al que has afligido
y se burlan del dolor del que has herido.
27 (28) Devuélveles mal por mal;
¡que no alcancen tu perdón!
28 (29) ¡Bórralos del libro de la vida! *q*
¡No los pongas en la lista de los justos!
29 (30) Pero a mí, que estoy enfermo y afligido,
levántame, Dios mío, y sálvame.
30 (31) Alabaré con cantos el nombre de Dios;
lo alabaré con gratitud, *r*
31 (32) y el Señor quedará más complacido
que si le ofreciera un toro en sacrificio
o un novillo con cuernos y pezuñas. *s*
32 (33) Al ver esto, se alegrarán los afligidos
y se animará el corazón
de los que buscan a Dios;
33 (34) pues el Señor escucha a los pobres
y no desprecia a los suyos que están presos.
34 (35) ¡Alaben al Señor el cielo, la tierra y el mar,
y todos los seres que en ellos viven!
35-36 (36-37) Pues Dios salvará a Sión
y reconstruirá las ciudades de Judá.
Los hijos de sus siervos heredarán la ciudad,
allí vivirán y tomarán posesión de ella;
¡los que aman su nombre la habitarán! *t*

70 (69) *Ven pronto en mi ayuda* *a* *(Sal 40.13-17[14-18])*
(1) *Del maestro de coro. De David, para hacer recordar.* *b*

1 (2) Dios mío, ¡ven a librarme!
Señor, ¡ven pronto en mi ayuda!
2 (3) ¡Que sean puestos en ridículo
los que tratan de matarme!
¡Que huyan en forma vergonzosa
los que quieren hacerme daño!
3 (4) ¡Que huyan avergonzados
los que se burlan de mí!
4 (5) Pero que todos los que te buscan
se llenen de alegría;
que los que desean tu salvación
digan siempre: "¡Dios es grande!"
5 (6) Y a mí, que estoy pobre y afligido,

Dios mío, ¡ven pronto a ayudarme!
Tú eres quien me ayuda y me liberta;
¡no te tardes, Señor!

71 (70) *Oración de un anciano* *a*
1 Señor, en ti busco protección;
¡no me defraudes jamás!
2 ¡Líbrame, ponme a salvo,
pues tú eres justo!
Dígnate escucharme, y sálvame.
3 Sé tú mi roca protectora, *b*
¡sé tú mi castillo de refugio *c* y salvación!
¡Tú eres mi roca y mi castillo! *d*
4 Dios mío,
líbrame de las manos del malvado,
de las manos del criminal y del violento,
5 pues tú, Señor, desde mi juventud
eres mi esperanza y mi seguridad.
6 Aún estaba yo en el vientre de mi madre
y ya me apoyaba en ti.
¡Tú me hiciste nacer! *e*
¡Yo te alabaré siempre!
7 He sido motivo de asombro para muchos,
pero tú eres mi refugio.
8 Todo el día están llenos mis labios
de alabanzas a tu gloria;
9 no me desprecies cuando ya sea viejo;
no me abandones
cuando ya no tenga fuerzas.
10 Mis enemigos, los que quieren matarme,
se han aliado y hacen planes contra mí.
11 Dicen: "¡Persíganlo y agárrenlo,
pues Dios lo ha abandonado
y nadie puede salvarlo!"
12 No te alejes de mí, Dios mío;
¡ven pronto a ayudarme!
13 ¡Que sean avergonzados y destruidos
los enemigos de mi vida!
¡Que sean puestos en ridículo
los que quieren mi desgracia!
14 Pero yo esperaré en todo momento,
y más y más te alabaré;

---

q **69.28 (29)** Es decir, que tengan una muerte prematura. Aquí el *libro de la vida* es el registro donde están escritos los nombres de los que todavía viven (Ex 32.32). En el NT, esta misma expresión metafórica se refiere a los que gozarán de la felicidad eterna junto a Dios, después de la muerte (Flp 4.3; véanse las referencias en Ap 3.5 nota *f*). Véanse también Sal 56.8 (9) nota *h*; 139.16 n.

r **69.30-36 (31-37)** *Alabaré... gratitud:* En esta parte final se percibe un sensible cambio de tono. Seguro de ser escuchado, el salmista promete dar gracias al Señor públicamente, para edificación y alegría de todos los fieles. Cf. Sal 22.22-31 (23-32).

s **69.31 (32)** La acción de gracias, lo mismo que el fiel cumplimiento de la voluntad de Dios (Sal 40.6-8 [7-9]) y la conversión interior (Sal 51.17 [19]), son más agradables al Señor que todas las víctimas de los sacrificios. Cf. Sal 50.14; Is 1.10-17; Os 6.6; Am 5.22-24. Véase Sal 40.6 (7) nota *f*.

t **69.35-36 (36-37)** Estos vv. indican que el salmo fue compuesto cuando todavía Israel no se había restablecido de la catástrofe del 587 a.C. Cf. 2 R 25.1-7.

a **Salmo 70** Con muy pocas variantes, este salmo reproduce los vv. 13-17 (14-18) de Sal 40.

b **70. (1)** *Para hacer recordar:* Véase Sal 38. (1) n.

a **Salmo 71** Súplica de un anciano que, a pesar de la persecución y la adversidad, mantiene firme su confianza en el Señor y acude a él para pedirle ayuda y protección.

b **71.3** *Roca protectora:* según varios mss. griegos y Sal 31.2 (3). Heb. *roca de habitación.*

c **71.3** *Mi castillo de refugio:* según la versión griega (LXX) y Sal 31.2 (3). Heb. *para ir siempre tú ordenaste.* Algunos traducen: *Tú prometiste venir siempre (a salvarme).*

d **71.1-3** Con ligeras variantes, estos vv. corresponden a Sal 31.1-3 (2-4).

e **71.5-6** Cf. Sal 22.9-10 (10-11).

¹⁵ todo el día anunciaré con mis labios
que tú nos has salvado y nos has hecho justicia.
¡Esto es algo que no alcanzo a comprender!
¹⁶ Contaré las grandes cosas que tú, Señor, has hecho;
¡proclamaré que solo tú eres justo!
¹⁷ Dios mío,
tú me has enseñado desde mi juventud,
y aún sigo anunciando tus grandes obras.
¹⁸ Dios mío, no me abandones
aun cuando ya esté yo viejo y canoso,
pues aún tengo que hablar de tu gran poder ᶠ
a esta generación y a las futuras.
¹⁹ Tu justicia, oh Dios, llega hasta el cielo; ᵍ
tú has hecho grandes cosas; ʰ
¡no hay nadie como tú!
²⁰ Aunque me has hecho ver
muchas desgracias y aflicciones,
me harás vivir de nuevo;
me levantarás ⁱ de lo profundo de la tierra,
²¹ aumentarás mi grandeza
y volverás a consolarme.
²² Yo, por mi parte,
cantaré himnos y alabaré tu lealtad
al son del arpa y del salterio,
Dios mío, Santo de Israel. ʲ
²³ Mis labios se alegrarán al cantarte,
lo mismo que todo mi ser, que tú has salvado.
²⁴ También mi lengua dirá a todas horas
que tú eres justo,
pues los que querían mi desgracia
han quedado cubiertos de vergüenza.

72 ⁽⁷¹⁾ Oración por el rey ᵃ   ⁽¹ᵃ⁾ De Salomón.

¹ ⁽¹ᵇ⁾ Concede, oh Dios, al rey,
tu propia justicia y rectitud, ᵇ
² para que con rectitud y justicia
gobierne a tu pueblo y a tus pobres.
³ Ofrezcan las montañas y los cerros
paz y rectitud al pueblo.
⁴ ¡Que haga justicia el rey a los pobres!
¡Que salve a los hijos de los necesitados
y aplaste a los explotadores!
⁵ ¡Que tenga el rey temor de ti por siempre,
mientras el sol y la luna existan!
⁶ ¡Que sea como la lluvia y el rocío
que riegan la tierra y los pastos!
⁷ ¡Que abunden la paz y la rectitud
en los días de su reinado,
hasta que la luna deje de existir!
⁸ ¡Que domine de mar a mar,
del río Éufrates al último rincón del mundo! ᶜ
⁹ ¡Que sus enemigos, que habitan en el desierto,
se rindan humillados ante él!
¹⁰ ¡Que le traigan regalos y tributos
los reyes de Tarsis y de las islas,
los reyes de Sabá y de Sebá! ᵈ
¹¹ ¡Que todos los reyes se arrodillen ante él!
¡Que todas las naciones le sirvan!
¹² Pues él salvará al pobre que suplica
y al necesitado que no tiene quien lo ayude.
¹³ Tendrá compasión de los humildes
y salvará la vida a los pobres.
¹⁴ Los salvará de la opresión y la violencia,
pues sus vidas le son de gran valor.

¹⁵ ¡Viva el rey!
¡Que le den el oro de Sabá!
¡Que siempre se pida a Dios por él!
¡Que sea siempre bendecido!
¹⁶ ¡Que haya mucho trigo en el país
y que abunde en la cumbre de los montes!
¡Que brote el grano como el Líbano
y que haya tantas espigas ᵉ como hierba en el campo!
¹⁷ ¡Que el nombre del rey permanezca siempre;
que su fama dure tanto como el sol!
¡Que todas las naciones del mundo
reciban bendiciones por medio de él!
¡Que todas las naciones lo llamen feliz!

¹⁸ Bendito sea Dios, Señor y Dios de Israel,
el único que hace grandes cosas;
¹⁹ bendito sea por siempre su glorioso nombre.
¡Que toda la tierra se llene de su gloria!
¡Amén! ᶠ

²⁰ Aquí terminan las oraciones de David, el hijo de Jesé. ᵍ

ᶠ **71.18** *Tu gran poder:* lit. *tu brazo... y tu fuerza.*
ᵍ **71.19** Sal 36.5 (6); 57.10 (11).
ʰ **71.19** Ex 15.11; Sal 35.10.
ⁱ **71.20** *Me has hecho ver... me harás vivir... me levantarás:* según el contexto (cf. v. 21) y la sugerencia marginal del texto hebreo. Heb. *nos has hecho ver... nos harás vivir... nos levantarás.*
ʲ **71.22** *Santo de Israel:* título dado al Señor en Isaías (1.4; 5.19; 10.20; 12.6). Cf. Sal 78.41; 89.18 (19).
ᵃ **Salmo 72** Súplica en favor del rey, recitada en el día de su entronización o en el aniversario de su ascensión al trono (cf. Sal 2). Más tarde, cuando el pueblo de Israel ya no era gobernado por reyes, la tradición judía vio en este salmo una descripción del futuro rey Mesías. Véase *Mesías* en el *Índice temático*.
ᵇ **72.1 (1b)** Al rey le correspondía, sobre todo, asegurar un orden social justo y defender el derecho de los más débiles (véase Sal 45.4 [5] n.); por eso, lo primero que la comunidad pide para él es

justicia y rectitud. Es probable que la tradición judía haya atribuido este salmo al rey *Salomón* (cf. el título hebreo) porque él obtuvo del Señor gran sabiduría para hacer justicia (1 R 3.28). Cf. Pr 29.14.
ᶜ **72.8** Cf. Gn 15.18; 1 R 4.21 (5.1); Zac 9.10; Eclo 44.21.
ᵈ **72.10** *Tarsis:* Véase Sal 48.7 (8) n. *Las islas* son en general las islas y costas del mar Mediterráneo. El reino de *Sabá* se encontraba al sudoeste de Arabia (cf. 1 R 10.1-13). *Sebá* era la región situada en la ribera opuesta del Mar Rojo, probablemente en lo que hoy es Etiopía.
ᵉ **72.16** *Espigas:* traducción probable. Heb. *desde la ciudad.*
ᶠ **72.18-19** Estas bendiciones marcan el final de la segunda parte del libro de *Salmos.* Véase Sal 41.13 (14) n.
ᵍ **72.20** Esta indicación atribuye a David los salmos contenidos en la colección anterior, en contraste con la colección de Asaf, que comienza en Sal 73.

LIBRO III
(Salmos 73—89)

73 [72] La bondad de Dios [a]   [1a] Salmo de Asaf. [b]

1 [1b] ¡Qué bueno es Dios con Israel,
 con los de limpio corazón!
2 Un poco más, y yo hubiera caído;
 mis pies casi resbalaron.
3 Pues tuve envidia al ver cómo prosperan
 los orgullosos y malvados.
4 A ellos no les preocupa la muerte,
 pues están llenos de salud;
5 no han sufrido las penas humanas
 ni han estado en apuros como los demás.
6 Por eso el orgullo es su collar
 y la violencia su vestido;
7 están tan gordos que los ojos se les saltan,
 y son demasiadas sus malas intenciones.
8 Con burla, orgullo y descaro,
 amenazan hacer maldad y violencia;
9 atacan al cielo con sus labios
 y recorren la tierra con su lengua.
10 Por eso la gente los alaba
 y no encuentra ninguna falta en ellos. [c]
11 Preguntan: "¿Acaso Dios va a saberlo?
 ¿Acaso se dará cuenta el Altísimo?" [d]
12 ¡Miren a estos malvados!
 Con toda tranquilidad aumentan
 sus riquezas.
13 ¡De nada me sirve tener limpio el corazón
 y limpiarme las manos de toda maldad!
14 Pues a todas horas recibo golpes,
 y soy castigado todas las mañanas. [e]
15 Si yo hubiera pensado como ellos,
 habría traicionado a tus hijos.
16 Traté de comprender esto,
 pero me fue muy difícil.
17 Solo cuando entré en el santuario de Dios [f]
 comprendí a dónde van ellos a parar:
18 los has puesto en lugar resbaladizo
 y los empujas a la ruina.
19 ¡En un momento quedarán destruidos!
 ¡El miedo acabará con ellos!
20 Cuando tú, Señor, te levantes,
 como cuando uno despierta de un sueño,
 despreciarás su falsa apariencia.
21 Yo estuve lleno de amargura
 y en mi corazón sentía dolor,
22 porque era un necio que no entendía;
 ¡era ante ti igual que una bestia!
23 Sin embargo, siempre he estado contigo.
 Me has tomado de la mano derecha,
24 me has dirigido con tus consejos
 y al final me recibirás con honores.
25 ¿A quién tengo en el cielo? ¡Solo a ti!
 Estando contigo nada quiero en la tierra.
26 Todo mi ser se consume,
 pero Dios es mi herencia eterna
 y el que sostiene mi corazón.
27 Los que se alejen de ti, morirán;
 destruirás al que no te sea fiel.
28 Pero yo me acercaré a Dios,
 pues para mí eso es lo mejor.
 Tú, Señor y Dios, eres mi refugio,
 y he de proclamar todo lo que has hecho.

74 [73] Oración pidiendo la liberación del pueblo [a]   [1a] Poema de Asaf.

1 [1b] Oh Dios,
 ¿por qué nos has abandonado para siempre?
 ¿Por qué se ha encendido tu furor [b]
 contra las ovejas de tu prado? [c]
2 Acuérdate de tu pueblo,
 el que adquiriste desde el principio,
 el que rescataste para hacerlo tribu tuya; [d]
 acuérdate del monte Sión, [e]
 donde has vivido.
3 Ven a ver estas ruinas sin fin;
 ¡el enemigo lo ha destruido todo en el santuario!
4 Tus enemigos [f] cantan victoria en tu santuario;
 ¡han puesto sus banderas extranjeras
5 sobre el portal de la entrada!
 Cual si fueran leñadores
 en medio de un bosque espeso,
6 a golpe de hacha y martillo
 destrozaron los ornamentos de madera. [g]
7 Prendieron fuego a tu santuario;

---

[a] **Salmo 73** Salmo didáctico o sapiencial, semejante por su contenido a los salmos 37 y 49.
[b] **73. (1a)** *Asaf:* Véase Sal 50. (1a) n.
[c] **73.10** *Por eso... falta en ellos:* sentido probable de un texto difícil; otra posible traducción: *Por eso mi pueblo se vuelve hacia ellos y bebe sus aguas a raudales.*
[d] **73.11** Job 22.13-14; Sal 10.4,11; 14.1; 53.1 (2); Is 29.15.
[e] **73.3-14** Job 21; Jer 12.1; Hab 1.
[f] **73.17** *Santuario de Dios:* Se trata, probablemente, de una revelación que el salmista recibió en el templo (cf. Is 6.1-13). Otros, en cambio, traducen: *hasta que penetré en los secretos de Dios.*
[a] **Salmo 74** Súplica nacional. La comunidad de Israel, reunida en torno del templo profanado, incendiado y en ruinas (vv. 1-9), expresa el dolor de sentirse abandonada por el Señor (vv. 10-11) y le pide que venga pronto en su ayuda. Todo parece indicar que este salmo fue compuesto cuando todavía estaba vivo el recuerdo de la destrucción de Jerusalén y del templo por las tropas de Nabucodonosor, en el 587 a.C. Cf. 2 R 25.8-10.
[b] **74.1 (1b)** *Encendido tu furor:* Cf. Sal 79.5.
[c] **74.1 (1b)** *Ovejas de tu prado:* Sal 79.13; 95.7; 100.3.
[d] **74.2** Ex 15.13,16.
[e] **74.2** *Monte Sión:* Véase Sal 2.6 n. Cf. Ex 15.17.
[f] **74.4** *Tus enemigos:* A los ojos del salmista, los enemigos de Israel son enemigos de Dios. Por eso en su plegaria pone de relieve estas dos ideas: la humillación que ha sufrido Israel es una afrenta para el mismo Dios (vv. 10,18), y al salir en defensa de su pueblo, el Señor defiende su propio honor (vv. 22-23). Cf. Lm 1.10. Véase *Enemigo* en el *Índice temático.*
[g] **74.6** *Ornamentos de madera:* Cf. 1 R 6.14-36.

¡deshonraron tu propio templo,
derrumbándolo hasta el suelo!
8 Decidieron destruirnos del todo;
¡quemaron todos los lugares del país
donde nos reuníamos para adorarte!
9 Ya no vemos nuestros símbolos sagrados; [h]
ya no hay ningún profeta, [i]
y ni siquiera sabemos lo que esto durará.
10 Oh Dios,
¿hasta cuándo nos ofenderá el enemigo?
¿Hasta cuándo seguirá hablando mal de ti?
11 ¿Por qué escondes tu mano poderosa?
¿Por qué te quedas cruzado de brazos? [j]
12 Desde tiempos antiguos, tú eres mi Rey. [k]
Tú, oh Dios, alcanzaste muchas victorias
en medio de la tierra:
13 tú dividiste el mar con tu poder,
les rompiste la cabeza a los monstruos del mar, [l]
14 aplastaste las cabezas del monstruo Leviatán [m]
y lo diste por comida a las fieras del desierto.
15 Tú hiciste brotar fuentes y ríos,
y secaste los ríos inagotables.
16 Tuyos son el día y la noche;
tú afirmaste la luna y el sol; [n]
17 tú marcaste los límites del mundo;
tú hiciste el verano y el invierno.
18 Ten en cuenta, Señor, que el enemigo te ofende,
y que gente necia habla mal de ti.
19 ¡No te olvides tanto de nosotros!
Somos débiles como tórtolas;
¡no nos entregues a las fieras!
20 ¡Acuérdate de tu alianza,
porque el país está lleno de violencia
hasta el último rincón!
21 No dejes que se humille al oprimido;
¡haz que te alaben el pobre y el humilde!
22 ¡Levántate, oh Dios! ¡Defiende tu causa!
¡Recuerda que los necios te ofenden sin cesar!
23 No olvides los gritos de tus enemigos,
el creciente clamor de los rebeldes.

75 (74) Dios, el Juez [a]
(1) *Del maestro de coro. "No destruyas".* [b] *Salmo y cántico de Asaf.*

1 (2) Te damos gracias, oh Dios,
te damos gracias;
invocamos [c] tu nombre y cantamos tus maravillas.
2 (3) El Señor dice: [d]
"En el momento que yo escoja,
juzgaré [e] con toda rectitud. [f]
3 (4) Cuando tiembla la tierra, con todos sus habitantes,
soy yo quien mantiene firmes sus bases."
4 (5) A los presumidos y a los malvados digo:
"No sean tan altivos y orgullosos;
5 (6) no hagan tanto alarde de su poder
ni sean tan insolentes al hablar."
6 (7) Pues el juicio no viene
ni del este ni del oeste,
ni del desierto ni de las montañas,
7 (8) sino que el Juez es Dios:
a unos los humilla y a otros los levanta.
8 (9) El Señor tiene en la mano la copa [g] de su ira,
con vino mezclado y fermentado.
Cuando él derrame el vino,
todos los malvados de la tierra
lo beberán hasta la última gota.
9 (10) Yo siempre anunciaré al Dios de Jacob
y le cantaré alabanzas;

---

[h] **74.9** *Símbolos sagrados*: lit. *signos* o *señales*. Podría referirse a ciertos estandartes religiosos o militares, como las *banderas* del v. 4. Otros ven en esa expresión una referencia a los milagros, que son "signos" o "señales" de la presencia del Señor en medio de su pueblo.

[i] **74.9** Una de las peores desgracias, para el pueblo de Israel, era carecer de profetas que le hicieran conocer la voluntad del Señor (Lm 2.9; Ez 7.26). Cf. 1 S 3.1; Am 8.11-12.

[j] **74.11** *¿Por qué escondes... de brazos?*: lit. *¿Por qué retiras tu mano derecha y la retienes sobre el pecho?* La mano derecha es un símbolo del poder del Señor. El hecho de mantenerla apretada contra el pecho sugiere la idea de una total inactividad por parte de Dios.

[k] **74.12** *Tú eres mi Rey*: La profesión de confianza en el Señor, que es un elemento típico de los salmos de súplica, aparece aquí bajo la forma de un himno o canto de alabanza al poder de Dios manifestado en la creación y en la historia (vv. 12-17). Véase *Señor* en el *Índice temático*.

[l] **74.13** *Monstruos del mar*: alusión a una creencia muy difundida entre los pueblos del Oriente antiguo. Según esta creencia, el mundo fue creado después que uno de los dioses logró derrotar a un monstruo temible, que le oponía resistencia y representaba el estado caótico en que se encontraba el universo antes de la creación. El salmista utiliza esta imagen poética para describir la acción creadora de Dios (cf. Gn 1.1; Sal 89.10 [11]). La referencia a la división del *mar* parece evocar también el paso de los israelitas a través del Mar Rojo (Ex 14.21-22).

[m] **74.14** *Leviatán*: nombre de un monstruo mitológico, que en Is 27.1 se describe como la *serpiente enroscada*, la *serpiente tortuosa* y el *dragón que está en el mar*. Los antiguos israelitas, como sus vecinos cananeos, veían en este monstruo la representación simbólica de las fuerzas del caos. Cf. Job 3.8; Sal 104.26.

[n] **74.16-17** Gn 1.3-18.

[a] **Salmo 75** Himno o canto litúrgico de alabanza al Señor, Juez universal. El juicio de Dios hará que al final triunfe la justicia (vv. 7-8 [8-9]) y este triunfo del Señor será un motivo de alegría para sus fieles (v. 9 [10]).

[b] **75. (1)** *"No destruyas"*: Véase Sal 57. (1) nota *b*.

[c] **75.1** (2) *Invocamos*: según dos versiones antiguas. Heb. *cercano*.

[d] **75.2** (3) *El Señor dice*: Esta frase no está en hebreo, pero se ha añadido en la traducción para mayor claridad. Según parece, en el marco de la celebración litúrgica un profeta cultual toma la palabra y habla a la comunidad en nombre del Señor. Véase Sal 55.22 (23) nota *m*.

[e] **75.2** (3) *Juzgaré*: En el lenguaje bíblico, "juzgar" significa mucho más que pronunciar un fallo o sentencia; es rectificar una situación de injusticia. Por eso, el verbo "juzgar" es muchas veces sinónimo de "gobernar", ya que la primera responsabilidad del gobernante es asegurar el triunfo de la justicia. Cf. Sal 72.1-2; 98.9; 99.4.

[f] **75.2** (3) Dios es el Señor de la historia y es él quien dirige el curso de los tiempos (Dn 2.21; Hab 2.3; Hch 1.7).

[g] **75.8** (9) La *copa* tiene, en el AT, varios significados simbólicos (véase Sal 16.5 n.). Aquí se refiere a la ira de Dios y a su juicio sobre los malvados (véase Sal 60.3 [5] n., y cf. Jer 25.15-16; Ez 23.31-34). Cf. también Ap 14.10; 16.19.

10 (11) porque él destruirá el orgullo de los malvados,
pero aumentará el poder del hombre bueno.

76 (75) Dios, el vencedor [a]   (1) Del maestro de coro, con instrumentos de cuerda. Salmo y cántico de Asaf. [b]

1 (2) Dios es conocido en Judá;
su nombre es famoso en Israel.
2 (3) Su templo está sobre el monte Sión,
en Jerusalén; [c]
3 (4) allí rompió las armas de guerra:
escudos, espadas, arcos y flechas. [d]
4 (5) ¡Tú eres glorioso, oh Dios!
¡Eres más grandioso que las montañas eternas! [e]
5 (6) Los más valientes fueron despojados;
los más fuertes nada pudieron hacer; [f]
¡durmieron su último sueño! [g]
6 (7) Ni aun moverse pueden el carro y el caballo
cuando tú, Dios de Jacob, los amenazas.
7 (8) ¡Tú eres terrible!
¿Quién puede estar en pie delante de ti
cuando se enciende tu furor?
8 (9) Desde el cielo das a conocer tu juicio;
la tierra tiene miedo y se queda quieta,
9 (10) oh Dios,
cuando te levantas para hacer justicia
y salvar a todos los oprimidos de este mundo. [h]
10 (11) El enojo del hombre
se convierte en tu alabanza;
¡aun su más mínimo enojo
se convierte en tu corona! [i]
11 (12) Hagan ustedes promesas al Señor, su Dios,
pero cúmplanselas.
Ustedes, que rodean al que es digno de temor,
¡tráiganle ofrendas!
12 (13) Pues él quita la vida a los gobernantes
y causa temor a los reyes del mundo.

77 (76) Reflexiones sobre los actos de Dios [a]   (1) Del maestro de coro. De Jedutún. [b] Salmo de Asaf.

1 (2) A Dios clamo con fuerte voz
para que él me escuche.
2 (3) El día que estoy triste busco al Señor,
y sin cesar levanto mis manos
en oración por las noches.
Mi alma no encuentra consuelo.
3 (4) Me acuerdo de Dios, y lloro;
me pongo a pensar, y me desanimo.
4 (5) Tú, Señor, no me dejas pegar los ojos;
¡estoy tan aturdido, que no puedo hablar!
5 (6) Pienso en los días y los años de antes; [c]
6 (7) recuerdo cuando cantaba por las noches.
En mi interior medito, y me pregunto:
7 (8) ¿Acaso va a estar siempre enojado el Señor?
¿No volverá a tratarnos con bondad? [d]
8 (9) ¿Acaso su amor se ha terminado?
¿Se ha acabado su promesa para siempre?
9 (10) ¿Acaso se ha olvidado Dios de su bondad?
¿Está tan enojado, que ya no tiene compasión?
10 (11) Lo que más me duele es pensar
que el Altísimo ya no es el mismo con nosotros.
11 (12) Recordaré las maravillas
que hizo el Señor en otros tiempos;
12 (13) pensaré en todo lo que ha hecho. [e]
13 (14) Oh Dios, tú eres santo en tus acciones;
¿qué dios hay tan grande como tú? [f]
14 (15) ¡Tú eres el Dios que hace maravillas!
¡Diste a conocer tu poder a las naciones!
15 (16) Con tu poder rescataste a tu pueblo,
a los hijos de Jacob y de José.
16 (17) Oh Dios,
cuando el mar te vio, tuvo miedo,
y temblaron sus aguas más profundas;
17 (18) las nubes dejaron caer su lluvia,
y hubo truenos en el cielo
y relámpagos por todas partes.
18 (19) Se oían tus truenos en el torbellino;
el mundo se iluminó con tus relámpagos
y la tierra se sacudió con temblores.
19 (20) Te abriste paso por el mar;
atravesaste muchas aguas,
pero nadie encontró tus huellas.
20 (21) Dirigiste a tu pueblo como a un rebaño, [g]
por medio de Moisés y de Aarón. [h]

---

[a] **Salmo 76** Este salmo pertenece al grupo de los "cantos de Sión" (cf. Sal 46; 48; 87; 122). Por ser el lugar donde habita y reina el Señor, el monte Sión es también el sitio donde él se da a conocer (v. 1 [2]) y el escenario de sus victorias (vv. 5-6 [6-7]). Véase *Sión* en el *Índice temático*.
[b] **76.** (1) *Asaf:* Véase Sal 50. (1a) n.
[c] **76.2** (3) *Jerusalén:* heb. *Salem*, nombre antiguo de aquella ciudad (Gn 14.18).
[d] **76.3** (4) Is 2.4; Ez 39.3; Miq 4.3.
[e] **76.4** (5) *Montañas eternas:* según la versión griega (LXX). Heb. *montañas de presa.* Cf. Sal 90.2.
[f] **76.5** (6) *Nada pudieron hacer:* lit. *no encontraron sus manos.*
[g] **76.5** (6) Cf. 2 R 19.35.
[h] **76.9** (10) *Los oprimidos de este mundo:* otra posible traducción: *los oprimidos del país,* refiriéndose a los israelitas pobres y humillados. Véase *Pobre* en el *Índice temático.*
[i] **76.10** (11) *Se convierte en tu corona:* traducción poco segura de un texto oscuro; heb. *te ceñirás.* Tal vez se quiera sugerir que el poder del Señor siempre triunfa sobre la furia de sus enemigos y lo obliga a rendirle homenaje.

[a] **Salmo 77** Este salmo es una súplica (vv. 1-10 [2-11]) seguida de un himno o canto de alabanza, que recuerda las acciones que el Señor realizó en otro tiempo en favor de Israel (vv. 11-20 [12-21]). En realidad, la súplica es individual solo en cuanto a la forma, porque la aflicción del salmista no proviene de una desgracia personal, sino de la triste situación en que se encuentra su pueblo.
[b] **77.** (1) *Jedutún:* Véase Sal 39. (1) n.
[c] **77.5** (6) Alusión al duro contraste entre un pasado glorioso y un presente lleno de amargura. Cf. Sal 42.4 (5).
[d] **77.7** (8) Cf. Sal 74.1; Lm 5.22.
[e] **77.11-12** (12-13) Cf. Is 63.7-14.
[f] **77.13** (14) Ex 15.11.
[g] **77.20** (21) Sal 78.52; 80.1 (2); Is 63.11-14.
[h] **77.16-20** (17-21) Evocación poética de los prodigios realizados

78 (77) Acciones de Dios en favor de su pueblo [a]
(1a) Poema didáctico de Asaf.

1 (1b) Pueblo mío, atiende a mi enseñanza;
¡inclínate a escuchar lo que te digo!
2 Voy a hablar por medio de refranes; [b]
diré cosas que han estado en secreto
desde tiempos antiguos. [c]
3 Lo que hemos oído y sabemos
y nuestros padres nos contaron,
4 no lo ocultaremos a nuestros hijos.
Con las generaciones futuras alabaremos al Señor
y hablaremos de su poder y maravillas.

5 Dios estableció una ley para Jacob;
puso una norma de conducta en Israel,
y ordenó a nuestros antepasados
que la enseñaran a sus descendientes,
6 para que la conocieran las generaciones futuras,
los hijos que habían de nacer,
y que ellos, a su vez, la enseñaran a sus hijos; [d]
7 para que tuvieran confianza en Dios
y no olvidaran lo que él había hecho;
para que obedecieran sus mandamientos
8 y no fueran como sus antepasados,
rebeldes y necios,
faltos de firmeza en su corazón y espíritu;
¡generación infiel a Dios! [e]

9 Los de la tribu de Efraín,
que estaban armados con arcos y flechas,
dieron la espalda el día del combate; [f]
10 no respetaron su alianza con Dios
ni quisieron obedecer sus enseñanzas.
11 Se olvidaron de lo que él había hecho,
de las maravillas que les hizo ver.
12 Dios hizo maravillas delante de sus padres
en la región de Soan, [g]
que está en Egipto: [h]
13 partió en dos el mar, y los hizo pasar por él,
deteniendo el agua como un muro. [i]
14 De día los guió con una nube,
y de noche con luz de fuego. [j]
15 En el desierto partió en dos las peñas,
y les dio a beber agua en abundancia.
16 ¡Dios hizo brotar de la peña
un torrente de aguas caudalosas! [k]

17 Pero ellos siguieron pecando contra Dios;
se rebelaron contra el Altísimo en el desierto.
18 Quisieron ponerle a prueba
pidiendo comida a su antojo.
19 Hablaron contra él, diciendo:
"¿Acaso puede Dios servir una mesa
en el desierto?
20 Es verdad que Dios partió la peña,
que de ella brotó agua como un río,
y que la tierra se inundó;
pero, ¿podrá dar también pan?
¿Podrá dar carne a su pueblo?"

21 Cuando el Señor oyó esto, se enojó;
¡su furor, como un fuego,
se encendió contra Jacob!
22 Porque no confiaron en Dios
ni creyeron en su ayuda.
23 Sin embargo, Dios dio órdenes a las nubes
y abrió las puertas del cielo;
24 ¡hizo llover sobre su pueblo el maná,
trigo del cielo, para que comieran!
25 ¡El hombre comió pan de ángeles! [l]
¡Dios les dio de comer en abundancia!
26 El viento del este y el viento del sur
soplaron en el cielo;
¡Dios los trajo con su poder!
27 Hizo llover carne sobre su pueblo;
¡llovieron aves como arena del mar!
28 Dios las hizo caer en medio del campamento
y alrededor de las tiendas de campaña.
29 Y comieron hasta hartarse,
y así Dios les cumplió su deseo.
30 Pero aún no habían calmado su apetito,
todavía tenían la comida en la boca,
31 cuando el furor de Dios cayó sobre ellos
y mató a los hombres más fuertes.
¡Hizo morir a los mejores hombres de Israel! [m]

32 A pesar de todo, volvieron a pecar;
no creyeron en las maravillas de Dios.
33 Por eso Dios puso fin a sus vidas
como si fueran un suspiro
y en medio de un terror espantoso.
34 Si Dios los hacía morir, entonces lo buscaban;
se volvían a él y lo buscaban sin descanso;

---

por el Señor en el Mar Rojo y en el Sinaí (Ex 14.21-22; 15.4-8; 19.16-19; Sal 114.3-6).

[a] **Salmo 78** Meditación sobre la historia de Israel desde el éxodo de Egipto hasta la instauración de la dinastía davídica. El relato poético de los acontecimientos históricos va contraponiendo el amor y la fidelidad del Señor a las constantes infidelidades y rebeldías de su pueblo. Cf. Sal 105; 106.

[b] **78.2** *Refranes:* Véase Sal 49.4 (5) nota *b*.

[c] **78.2** Mt 13.35 cita esta frase de acuerdo con la versión griega (LXX) y la refiere a la costumbre que tenía Jesús de enseñar por medio de parábolas.

[d] **78.3-6** Cf. Ex 10.2; Dt 4.9; 32.7; Sal 44.1 (2).

[e] **78.8** Cf. Dt 32.5-6.

[f] **78.9** Este v. se anticipa a los hechos relatados en los vv. 56-72. *Efraín* representa aquí a todas las tribus del norte, que dieron la espalda a la dinastía de David y se constituyeron como reino independiente (cf. 1 R 12).

[g] **78.12** *Soan* es el nombre hebreo de Tanis, ciudad del antiguo Egipto situada en el Delta oriental del Nilo. Cf. v. 43; Nm 13.22.

[h] **78.12** Ex 7.8—12.32; Sab 16—19.

[i] **78.13** Ex 14.21-22.

[j] **78.14** Ex 13.21-22.

[k] **78.15-16** Ex 17.1-7; Nm 20.2-13.

[l] **78.24-25** Sab 16.20-29; Jn 6.31. *Pan de ángeles:* lit. *pan de los fuertes.* Esta última expresión designa aquí a los seres que están en la presencia y al servicio del Señor en el cielo. Cf. los *servidores celestiales* (lit. los *hijos de Dios*) de Job 1.6. En Sal 105.40 se llama al maná *pan del cielo* y en 1 Co 10.3 *alimento espiritual.*

[m] **78.18-31** Ex 16.2-15; Nm 11.4-23, 31-35.

SALMOS 78

35 entonces se acordaban del Dios altísimo
   que los protegía y los rescataba.
36 Pero con su boca y su lengua
   le decían hermosas mentiras,
37 pues nunca le fueron sinceros [n]
   ni fieles a su alianza.

38 Pero Dios tenía compasión,
   perdonaba su maldad y no los destruía;
   muchas veces hizo a un lado el enojo
   y no se dejó llevar por la furia.
39 Dios se acordó de que eran simples hombres;
   de que eran como el viento, que se va y no vuelve.

40 ¡Cuántas veces desobedecieron a Dios
   y le causaron dolor en el desierto!
41 Pero volvían a ponerlo a prueba;
   ¡entristecían al Santo de Israel!
42 No se acordaron de aquel día
   cuando Dios, con su poder, los salvó del enemigo;
43 cuando en los campos de Soán, en Egipto,
   hizo cosas grandes y asombrosas;
44 cuando convirtió en sangre los ríos,
   y los egipcios no pudieron beber de ellos. [ñ]
45 Mandó sobre ellos tábanos [o] y ranas, [p]
   que todo lo devoraban y destruían;
46 entregó a la langosta las cosechas
   por las que ellos habían trabajado. [q]
47 Con granizo y escarcha
   destruyó sus higueras y sus viñas.
48 Sus vacas y sus ovejas murieron
   bajo el granizo y los rayos. [r]
49 Dios les envió la furia de su enojo:
   furor, condenación y angustia,
   como mensajeros de calamidades.
50 ¡Dio rienda suelta a su furor!
   No les perdonó la vida,
   sino que los entregó a la muerte;
51 ¡hizo morir en Egipto mismo
   al primer hijo de toda familia egipcia! [s]
52 Sacó a Israel como a un rebaño de ovejas; [t]
   llevó a su pueblo a través del desierto.
53 Los llevó con paso seguro
   para que no tuvieran miedo,
   pero a sus enemigos el mar los cubrió. [u]

54 Dios trajo a su pueblo a su tierra santa, [v]
   ¡a las montañas que él mismo conquistó!
55 Quitó a los paganos de la vista de Israel; [w]
   repartió la tierra en lotes entre sus tribus,
   y las hizo vivir en sus campamentos.

56 Pero ellos pusieron a prueba al Dios altísimo
   rebelándose contra él [x]
   y desobedeciendo sus mandatos;
57 pues, lo mismo que sus padres,
   lo abandonaron y le fueron infieles;
   ¡se torcieron igual que un arco falso!
58 Lo hicieron enojar con sus altares paganos; [y]
   adorando ídolos, lo provocaron a celos.
59 Dios se enojó al ver esto,
   y rechazó por completo a Israel,
60 y abandonó el santuario de Siló, [z]
   que era su casa entre los hombres.
61 Permitió que sus enemigos capturaran
   el símbolo de su gloria y su poder. [a]
62 Tan furioso estaba contra su pueblo,
   que los entregó a la espada del enemigo.
63 Los muchachos murieron quemados;
   ¡no hubo canción de bodas para las novias!
64 Los sacerdotes murieron [b] a filo de espada,
   y sus viudas no los lloraron.

65 Pero despertó el Señor, como de un sueño,
   como guerrero que vuelve en sí del vino, [c]
66 y derrotó a sus enemigos, y los hizo huir;
   ¡los cubrió de vergüenza para siempre! [d]
67 Rechazó además a la casa de José,
   y no escogió a la tribu de Efraín;
68 eligió en cambio a la tribu de Judá
   y a su amado monte Sión.
69 Construyó un santuario, alto como el cielo,
   y lo afirmó para siempre, como a la tierra.
70 Escogió a su siervo David,
   el que era pastor de ovejas;
71 lo quitó de andar tras los rebaños,
   para que cuidara a su pueblo,
   para que fuera pastor de Israel. [e]
72 Y David cuidó del pueblo de Dios;
   los cuidó y los dirigió
   con mano hábil y corazón sincero.

---

[n] **78.37** Hch 8.21.
[ñ] **78.44** Ex 7.17-21; Sab 11.6.
[o] **78.45** Ex 8.20-24 (16-20).
[p] **78.45** Ex 8.1-6 (7.26—8.2).
[q] **78.46** Ex 10.12-15; Sab 16.9.
[r] **78.47-48** Ex 9.22-25; Sab 16.16.
[s] **78.51** Ex 12.29; Sab 18.5-19. *De toda familia egipcia:* lit. *en las tiendas de Cam,* designación poética de Egipto. Acerca de Cam, cf. Gn 5.32; 10.6.
[t] **78.52** Ex 13.17-22; Sal 77.20 (21); Is 63.11-14.
[u] **78.53** Ex 14.26-28; Sab 10.18-19.
[v] **78.54** Ex 15.17; Jos 3.14-17.
[w] **78.55** Jos 11.16-23.
[x] **78.56** Jue 2.11-15.
[y] **78.58** *Altares paganos:* lit. *lugares altos.* Eran las colinas donde se rendía culto a los dioses cananeos Baal y Astarté.
[z] **78.60** Antes de David, el *santuario de Siló* era el principal centro de culto israelita, ya que allí se encontraba el arca de la alianza. Cf. Jos 18.1; 1 S 1.3; Jer 7.12-14; 26.5.
[a] **78.61** *El símbolo de su gloria y de su poder:* es decir, el arca de la alianza. Cf. 1 S 4.4-22.
[b] **78.64** *Los sacerdotes murieron:* posible alusión a la muerte de los dos hijos de Elí. Cf. 1 S 4.11.
[c] **78.65** Esta imagen audaz quiere hacer ver cómo el Señor, después de haber abandonado momentáneamente a su pueblo, acudió de nuevo en su auxilio.
[d] **78.66** Este v. se refiere al castigo que el Señor aplicó a los filisteos que habían capturado el arca de la alianza (1 S 5.6,12).
[e] **78.70-71** 1 S 16.11-12; 2 S 7.8; 1 Cr 17.7.

79 [78] *Dolor ante la destrucción de Jerusalén* [a]
[1a] *Salmo de Asaf.*

1 [1b] ¡Oh Dios,
los paganos han invadido tu propiedad!
¡Han profanado tu santo templo
y han convertido en ruinas a Jerusalén! [b]
2 ¡Han dejado los cadáveres de tus siervos,
de los que te fueron fieles,
para que sirvan de alimento
a los buitres y a los animales salvajes!
3 Como agua han derramado su sangre
por toda Jerusalén,
y no hay quien los entierre.
4 Somos la burla de nuestros vecinos;
el hazmerreír de cuantos nos rodean.

5 Oh Señor,
¿hasta cuándo estarás enojado?
¿Arderá siempre tu enojo como el fuego?
6 ¡Descarga tu furia sobre los reinos paganos
que no te conocen ni te invocan!
7 Porque ellos devoraron a Jacob
y convirtieron en ruinas el país. [c]
8 No nos hagas pagar a nosotros
por la maldad de nuestros antepasados; [d]
¡que venga tu ternura pronto a nuestro encuentro,
porque estamos abatidos!

9 Oh Dios, Salvador nuestro,
¡ayúdanos, líbranos y perdónanos,
por la gloria de tu nombre! [e]
10 No tienen por qué decir los paganos:
"¿Dónde está su Dios?" [f]
¡Permítenos ver vengada la muerte de tus siervos!
¡Que los paganos también lo sepan!
11 Atiende las quejas de los presos, [g]
y salva con tu gran poder
a los sentenciados a muerte.

12 Oh Señor,
véngate siete veces [h] de nuestros vecinos
por las ofensas que te han hecho; [i]
13 y nosotros, que somos tu pueblo,
que somos ovejas de tus prados, [j]
gracias te daremos siempre,
¡cantaremos tus alabanzas por todos los siglos!

80 [79] *¡Míranos con buenos ojos!* [a]
[1] *Del maestro de coro, según la melodía de "Los lirios".* [b]
Testimonio y salmo de Asaf.

1 [2] Pastor de Israel, [c]
que guías a José como a un rebaño,
que tienes tu trono sobre los querubines, [d]
¡escucha!
¡Mira con buenos ojos a Efraín,
2 [3] Benjamín y Manasés! [e]
¡Despierta y ven a salvarnos con tu poder!

3 [4] Oh Dios,
¡haz que volvamos a ser lo que fuimos!
¡Míranos con buenos ojos y estaremos a salvo!

4 [5] Señor, Dios todopoderoso,
¿hasta cuándo estarás enojado
con la oración de tu pueblo? [f]
5 [6] Nos has dado lágrimas por comida;
por bebida, lágrimas en abundancia.
6 [7] Nos has convertido en la burla de nuestros vecinos,
y nuestros enemigos se ríen de nosotros.

7 [8] Dios todopoderoso,
¡haz que volvamos a ser lo que fuimos!
¡Míranos con buenos ojos y estaremos a salvo!

8 [9] De Egipto sacaste una vid; [g]
arrojaste a los paganos y la plantaste.
9 [10] Limpiaste el terreno para ella,
y la vid echó raíces y llenó el país.

---

[a] **Salmo 79** Súplica nacional, motivada por la profanación del templo, la destrucción de Jerusalén y la matanza de una buena parte de la población. Las circunstancias en que fue redactado este salmo son las que ya fueron descritas a propósito de Sal 74.
[b] **79.1 (1b)** Cf. 2 R 25.8-10; 2 Cr 36.17-19; Jer 52.12-14; Lm 1.1-10.
[c] **79.6-7** Cf. Jer 10.25.
[d] **79.8** Los textos del AT muestran que la doctrina de la retribución se fue modificando con el tiempo. Algunos textos antiguos afirmaban que el Señor *castiga la maldad de los padres en sus hijos, nietos y bisnietos* (Ex 20.5; Dt 5.9). Por eso algunos israelitas se lamentaron a veces de tener que pagar las culpas de sus antepasados. Los profetas Jeremías y Ezequiel reaccionaron contra esta idea y afirmaron enfáticamente que cada persona en particular, y no sus descendientes, recibirá la justa retribución de sus buenas o malas acciones (Jer 31.29-30; Ez 18.2-4). Cf. Dt 24.16.
[e] **79.9** *Por la gloria de tu nombre:* Cf. Ez 20.9,14,22.
[f] **79.10** *"¿Dónde está tu Dios?":* Véase Sal 42.3 (4) n.
[g] **79.11** Los *presos* son los israelitas capturados por el enemigo y deportados a Babilonia (2 R 25.11).
[h] **79.12** *Siete veces:* El número siete es la cifra de la perfección o plenitud (cf. Gn 4.24; Mt 18.21; Lc 17.4). Lo que aquí se pide es un castigo ejemplar.
[i] **79.12** *Por las ofensas que te han hecho:* Véase Sal 74 nota *a*.
[j] **79.13** *Ovejas de tus prados:* Sal 74.1; 95.7; 100.3.

[a] **Salmo 80** Súplica nacional, en un momento de grave calamidad para el pueblo de Dios. Según parece, la catástrofe que motivó la composición de este salmo fue la destrucción de Samaria por parte de los asirios, en el 722—721 a.C. Cf. 2 R 17.1-23.
[b] **80. (1)** *Según la melodía de "Los lirios":* Véanse Sal 22. (1) n.
[c] **80.1 (2)** *Pastor de Israel:* Véanse las referencias en Sal 23.1 n.
[d] **80.1 (2)** Los *querubines* eran los seres alados que extendían sus alas sobre el arca de la alianza (Ex 25.18-22; 1 S 4.4; 1 R 6.23-27; Sal 99.1; Is 37.16; Ez 1.26-28). Véase también Sal 18.10 (11) nota *f*.
[e] **80.1-2 (2-3)** *José* era el padre de *Efraín* y *Manasés* (Gn 48.1), los antepasados de las dos tribus principales del reino del norte (cf. Jos 17.14-18; 1 R 12). La tribu de *Benjamín* se unió al reino de Judá (1 R 12.21), pero algunas ciudades benjaminitas quedaron sometidas al reino del norte. La especial mención de estas tribus norteñas es un buen indicio de que el salmo se refiere a la catástrofe del 722 a.C.
[f] **80.4 (5)** Sal 74.1.
[g] **80.8-13 (9-14)** Con la imagen de la *vid*, el salmista narra la historia de Israel desde el éxodo de Egipto hasta que se estableció en Canaán y logró extender sus fronteras en el territorio comprendido entre el río Éufrates y el mar Mediterráneo (cf. v. 11 [12]). El tema de la vid, como imagen del pueblo de Dios, es frecuente en el AT (Is 5.1-7; 27.2-5; Jer 2.21; Ez 15.1-8; Os 10.1); también se encuentra en el NT (Mt 21.33-43; Jn 15.1-6).

10 (11) Cubrió los montes con su sombra,
y con sus ramas los árboles más altos.
11 (12) Se extendieron sus ramas hasta el mar,
y hasta el río Éufrates sus retoños.
12 (13) ¿Por qué has derribado su cerca, *h*
dejando que le arranquen uvas
los que van por el camino?
13 (14) El jabalí la destroza;
¡los animales salvajes la devoran!
14 (15) Dios todopoderoso, regresa, por favor;
mira atentamente desde el cielo
y ten consideración de esta vid,
15 (16) de la vid que tú mismo plantaste,
del retoño que tú mismo afirmaste.
16 (17) Destruye con tu furor
a quienes la cortan y la queman;
17 (18) pero ayuda al hombre
que has escogido,
al retoño de hombre que tú mismo afirmaste,
18 (19) y nunca más nos apartaremos de ti.
¡Danos vida, y solo a ti te invocaremos!

19 (20) Oh Señor, Dios todopoderoso,
¡haz que volvamos a ser lo que fuimos!
¡Míranos con buenos ojos y estaremos a salvo!

81 (80) Bondad de Dios y maldad de Israel *a* (1) *Del maestro de coro, con la cítara de Gat.* *b* *De Asaf.* *c*

1 (2) ¡Canten alegres a Dios, que es nuestra fuerza!
¡Alaben con gritos de alegría al Dios de Jacob!
2 (3) Canten al son del pandero,
de la dulce arpa y del salterio.
3 (4) Toquen la trompeta al llegar la luna nueva,
y también al llegar la luna llena,
que es el día de nuestra gran fiesta. *d*
4 (5) Porque este es el mandamiento *e*
que el Dios de Jacob dio a Israel;

5 (6) es el mandato dado a José *f*
cuando Dios salió contra Egipto.

Oí una voz que yo no conocía: *g*
6 (7) "Te he quitado la carga de los hombros,
te he aliviado del trabajo duro. *h*
7 (8) En tu angustia me llamaste, y te salvé; *i*
te contesté desde la nube que tronaba;
te puse a prueba junto a las aguas de Meribá. *j*
8 (9) Escucha, pueblo mío, mi advertencia;
¡ojalá me obedezcas, Israel!
9 (10) No tengas dioses extranjeros;
no adores dioses extraños. *k*
10 (11) Yo soy el Señor, tu Dios,
el que te sacó de la tierra de Egipto; *l*
abre tu boca, y yo te satisfaré.

11 (12) "Pero mi pueblo no quiso oírme;
¡Israel no quiso obedecerme!
12 (13) Por eso los dejé seguir con su capricho,
y vivieron como mejor les pareció.
13 (14) ¡Si mi pueblo me hubiera escuchado!
¡Si Israel hubiera seguido mis caminos,
14 (15) en un abrir y cerrar de ojos
yo habría humillado a sus enemigos
y castigado a sus contrarios!"

15 (16) Los que odian al Señor caerían aterrados, *m*
y su condenación quedaría sellada.
16 (17) Pero alimentaría a su pueblo con lo mejor del trigo,
y con miel silvestre apagaría su sed.

82 (81) Dios, el Juez supremo *a* (1a) *Salmo de Asaf.*

1 (1b) Dios se alza en la asamblea divina *b*
y dicta sentencia en medio de los dioses: *c*
2 "¿Hasta cuándo harán ustedes juicios falsos
y se pondrán de parte de los malvados?
3 ¡Hagan justicia al débil y al huérfano!
¡Hagan justicia al pobre y al necesitado!

---

h **80.12 (13)** Se refiere a la costumbre de levantar una *cerca* alrededor de la viña para protegerla de los animales salvajes.

a **Salmo 81** Este salmo comienza con una invitación a celebrar alegremente una fiesta en honor del Señor (vv. 1-5 [2-6]) y luego hace oír la voz de Dios bajo la forma de un mensaje profético (vv. 6-16 [7-17]).

b **81. (1)** *Gat:* Véase Sal 8. (1) n.

c **81.1 (1)** *Asaf:* Véase Sal 50. (1a) n.

d **81.3 (4)** Nm 10.10. Se refiere al periodo festivo del que se habla en Nm 29. Ese periodo comenzaba al aparecer la *luna nueva* (es decir, el primer día) del séptimo mes, e incluía la fiesta de las Enramadas, que se celebraba alegremente durante una semana completa, a partir de la *luna llena* (es decir, del día quince) de ese mismo mes.

e **81.4 (5)** *Mandamiento:* Israel recibió de Dios la orden de mantener siempre vivo el recuerdo de las acciones que el Señor había realizado en favor de su pueblo, y de celebrarlas anualmente en sus fiestas litúrgicas. Cf. Lv 23.33-44.

f **81.5 (6)** *José* representa aquí a las doce tribus de Israel. Véase, en sentido diferente, Sal 80.1-2 (2-3) n.

g **81.5 (6)** *Oí una voz que yo no conocía:* Aquí un profeta cultual toma la palabra para comunicar un mensaje de parte del Señor (véase Sal 75.2 [3] nota *d*). Como este mensaje tiene su origen en una inspiración divina, y no procede de él mismo, el profeta aclara que antes no lo conocía.

h **81.6 (7)** Alusión a los trabajos forzados que los israelitas debieron realizar en Egipto (Ex 1.11).

i **81.7 (8)** Ex 3.16-17; Dt 26.6-7.

j **81.7 (8)** *Meribá:* Cf. Ex 17.7; Nm 20.13.

k **81.9 (10)** Ex 20.2-3; Dt 5.6-7.

l **81.10 (11)** Ex 20.2.

m **81.15 (16)** *Caerían aterrados:* otra posible traducción: *lo adularían.*

a **Salmo 82** Este salmo presenta al Señor como un juez que llama a juicio a los dioses de las naciones paganas y con ello reduce a la impotencia total (cf. v. 6), después de haberlos declarado culpables de promover toda clase de injusticias. Por medio de esta dramatización poética, adquiere más fuerza expresiva el reproche que el salmista dirige contra la injusticia y parcialidad de los jueces, severamente condenadas por la ley y los profetas. Cf. Sal 58.

b **82.1 (1b)** *Asamblea divina:* lit. *dioses.* Esta expresión refleja una creencia común entre los cananeos, los cuales representaban a sus dioses reunidos en concilio o asamblea, bajo la presidencia de un dios supremo. Aquí la supremacía le corresponde al Dios de Israel, que juzga y dicta sentencia. Cf. Is 3.13-15.

c **82.1 (1b)** Cf. Lv 19.15; Dt 1.17.

⁴ ¡Libren a los débiles y pobres,
y defiéndanlos de los malvados! ᵈ

⁵ "Pero ustedes no saben, no entienden;
andan en la oscuridad.
Tiemblan los cimientos de la tierra.

⁶ Yo dije que ustedes son dioses; ᵉ
que todos son hijos del Altísimo.

⁷ Sin embargo, morirán ᶠ como todo hombre,
¡caerán como cualquier tirano!" ᵍ

⁸ ¡Oh Dios, dispónte a juzgar la tierra,
pues tú eres el dueño de todas las naciones!

83 ⁽⁸²⁾ Oración pidiendo la intervención de Dios ᵃ
⁽¹⁾ Cántico y salmo de Asaf.

¹ ⁽²⁾ Oh Dios, ¡no te quedes en silencio!,
¡no te quedes inmóvil y callado! ᵇ

² ⁽³⁾ Mira a tus enemigos, a los que te odian:
alborotan y se rebelan contra ti.

³ ⁽⁴⁾ Han hecho planes astutos
en contra de tu pueblo,
¡en contra de tus protegidos!

⁴ ⁽⁵⁾ Han pensado venir a destruirnos
para que dejemos de existir como nación,
para que no vuelva a recordarse el nombre de Israel.

⁵ ⁽⁶⁾ Han hecho un pacto ᶜ en contra tuya,
han conspirado como un solo hombre: ᵈ

⁶ ⁽⁷⁾ los campamentos de Edom y de Ismael,
los descendientes de Agar y de Moab,

⁷ ⁽⁸⁾ Guebal, Amón y Amalec,
los filisteos, los que viven en Tiro,

⁸ ⁽⁹⁾ y hasta los asirios se han unido a ellos,
y son el brazo fuerte de los hijos de Lot. ᵉ

⁹ ⁽¹⁰⁾ Haz con ellos como hiciste con Madián,
como hiciste con Sísara,
como hiciste con Jabín en el arroyo de Quisón,

¹⁰ ⁽¹¹⁾ que fueron destruidos en Endor,
¡que fueron convertidos en estiércol de la tierra! ᶠ

¹¹ ⁽¹²⁾ Haz con sus hombres importantes
como hiciste con Oreb y con Zeeb;
haz con todos sus jefes
como hiciste con Zébah y con Salmuná,

¹² ⁽¹³⁾ que quisieron apropiarse de los pastizales de Dios. ᵍ

¹³ ⁽¹⁴⁾ Dios mío, haz que rueden como zarzas,
como hojas secas arrastradas por el viento;

¹⁴ ⁽¹⁵⁾ y así como el fuego quema el bosque
y consume los montes con sus llamas,

¹⁵ ⁽¹⁶⁾ ¡así persíguelos con tus tormentas
y espántalos con tus tempestades!

¹⁶ ⁽¹⁷⁾ ¡Avergüénzalos, Señor,
para que recurran a ti!

¹⁷ ⁽¹⁸⁾ Que sean avergonzados para siempre;
¡que se avergüencen y mueran!

¹⁸ ⁽¹⁹⁾ ¡Que sepan que solo tú eres el Señor,
que solo tú eres el Altísimo
sobre toda la tierra!

84 ⁽⁸³⁾ Anhelo por la casa de Dios ᵃ ⁽¹⁾ Del maestro de coro, con la cítara de Gat. ᵇ De los hijos de Coré. Salmo.

¹ ⁽²⁾ ¡Cuán hermoso es tu santuario,
Señor todopoderoso!

² ⁽³⁾ ¡Con qué ansia y fervor
deseo estar en los atrios de tu templo!
¡Con todo el corazón
canto alegre al Dios de la vida! ᶜ

³ ⁽⁴⁾ Aun el gorrión y la golondrina
hallan lugar en tus altares
donde hacerles nido a sus polluelos,
oh Señor todopoderoso,
Rey mío y Dios mío.

⁴ ⁽⁵⁾ ¡Felices los que viven en tu templo
y te alaban sin cesar!

⁵ ⁽⁶⁾ ¡Felices los que en ti encuentran ayuda,
los que desean peregrinar hasta tu monte! ᵈ

ᵈ **82.3-4** Este mismo reproche se encuentra frecuentemente en los escritos proféticos (Is 1.23; 10.2; Jer 5.26-28; Am 2.6-8; Miq 3.11). Cf. también Ex 22.22-24 (21-23); 23.6; Dt 24.17; Pr 23.10-11.

ᵉ **82.6** *Ustedes son dioses:* frase citada por Jesús en una de sus polémicas con los judíos (Jn 10.34).

ᶠ **82.7** *Morirán:* Los dioses de las naciones paganas son entregados a la muerte a causa de su injusticia. Con esta sugestiva imagen, el salmo quiere poner de relieve que el Señor ha manifestado su decisión irrevocable de hacer reinar la justicia en la tierra.

ᵍ **82.7** La representación simbólica de un ser divino destronado y condenado a morir se encuentra también en Ez 28.11-19.

ᵃ **Salmo 83** Ante la agresividad de las naciones vecinas, que amenazaban con destruir a Israel, un vocero de la comunidad suplica al Señor que repita las proezas que realizó en el pasado para la liberación de su pueblo.

ᵇ **83.1 (2)** Cf. Is 62.6-7

ᶜ **83.5 (6)** *Han hecho un pacto:* Ningún otro texto bíblico menciona la alianza simultánea de todos los pueblos mencionados en los vv. 6-8 (7-9). Por eso cabe suponer que el salmo no se refiere a un hecho histórico particular, sino que describe una situación típica, ya que el pueblo de Dios, a lo largo de toda su historia, ha tenido que soportar las agresiones de sus enemigos.

ᵈ **83.5 (6)** Sal 2.2.

ᵉ **83.6-8 (7-9)** Aquí aparecen reunidos con libertad poética los nombres de diez pueblos que, en el pasado o en el presente, habían manifestado su enemistad hacia Israel. Los *descendientes de Ismael* y *de Agar* eran tribus nómadas del norte de Arabia y de las regiones desérticas al este del Jordán. *Guebal* se encontraba probablemente al sur del Mar Muerto. *Amalec* era otra tribu nómada al sur del desierto del Négueb, y *Tiro,* una ciudad fenicia situada sobre la costa del Mediterráneo, al norte de Palestina. Los *hijos de Lot* eran *Moab* y *Amón.* Véanse Sal 60.8 (10) n. y *Amalec, Tiro, Moab* y *Amón* en el *Índice de mapas.*

ᶠ **83.9-10 (10-11)** *Madián:* Cf. Jue 7.1-22; véase *Índice de mapas. Sísara... Jabín... Quisón:* Cf. Jue 4—5.

ᵍ **83.11-12 (12-13)** *Oreb... Zeeb:* Cf. Jue 7.25. *Zébah... Salmuná:* Cf. Jue 8.1-21.

ᵃ **Salmo 84** Canto de un peregrino, que expresa la alegría de encontrarse finalmente en los atrios del templo de Jerusalén. Cf. Sal 42-43; 61; 63.

ᵇ **84. (1)** *Gat:* Véase Sal 8. (1) n.

ᶜ **84.2 (3)** Sal 27.4; 42.1-2 (2-3); 61.4 (5); 63.1 (2).

ᵈ **84.5 (6)** *Los que desean peregrinar hasta tu monte:* lit. *las calzadas (están) en su corazón.* Se trata, indudablemente, de las calzadas

6 (7) Cuando pasen por el valle de las Lágrimas [e]
lo convertirán en manantial,
y aun la lluvia lo llenará de bendiciones;
7 (8) irán sus fuerzas en aumento,
y en Sión verán al Dios supremo.

8 (9) Señor, Dios todopoderoso,
Dios de Jacob,
¡escucha mi oración!
9 (10) Mira, oh Dios, con buenos ojos
a aquel que es nuestro escudo,
a quien tú has escogido como rey.

10 (11) ¡Más vale estar un día en tus atrios,
que mil fuera de ellos!
Prefiero ser portero del templo de mi Dios,
que vivir en lugares de maldad.
11 (12) Porque Dios el Señor nos alumbra
y nos protege;
el Señor ama y honra a los que viven sin tacha,
y nada bueno les niega.
12 (13) Señor todopoderoso,
¡felices los que en ti confían!

85

(84) *¡Sálvanos otra vez!* [a] (1) *Del maestro de coro. Salmo de los hijos de Coré.* [b]

1 (2) Señor,
tú has sido muy bueno con este país tuyo;
has cambiado la suerte de Jacob; [c]
2 (3) has perdonado la maldad de tu pueblo
y todos sus pecados; [d]
3 (4) has calmado por completo
tu enojo y tu furor.

4 (5) Dios y Salvador nuestro,
¡sálvanos también ahora [e]
y no sigas enojado con nosotros!
5 (6) ¿Acaso vas a prolongar por siempre
tu enojo contra nosotros? [f]
6 (7) ¿No volverás a darnos vida,
para que tu pueblo se alegre por ti?
7 (8) Oh Señor,
¡muéstranos tu amor, y sálvanos!

8 (9) Escucharé lo que el Señor va a decir; [g]
pues va a hablar de paz a su pueblo,
a los que le son fieles,
para que no vuelvan a hacer locuras. [h]
9 (10) En verdad, Dios está muy cerca,
para salvar a los que le honran;
su gloria [i] vivirá en nuestra tierra.

10 (11) El amor y la verdad se darán cita,
la paz y la justicia se besarán,
11 (12) la verdad brotará de la tierra
y la justicia mirará desde el cielo. [j]
12 (13) El Señor mismo traerá la lluvia,
y nuestra tierra dará su fruto.
13 (14) La justicia irá delante de él,
y le preparará el camino. [k]

86

(85) *Solo tú eres Dios* [a] (1a) *Oración de David.*

1 (1b) Señor, dígnate escucharme,
porque estoy muy triste y pobre;
2 protégeme, pues te soy fiel.
Tú eres mi Dios;
¡salva a este siervo tuyo que en ti confía!

3 Señor, ten compasión de mí,
que a ti clamo a todas horas.
4 Señor, alegra el ánimo de este siervo tuyo,
pues a ti dirijo mi oración.
5 Porque tú, Señor, eres bueno y perdonas;
eres todo amor con los que te invocan. [b]

6 Señor, escucha mi oración,
¡atiende mi plegaria!
7 En mi angustia clamo a ti,
porque tú me respondes.
8 ¡No hay dios comparable a ti, Señor!
¡No hay nada que iguale a tus obras! [c]

9 Oh Señor,
tú has formado a todas las naciones,
y ellas vendrán a ti para adorarte
y para glorificar tu nombre. [d]
10 Porque solo tú eres Dios;
¡tú eres grande y haces maravillas! [e]

---

o de los caminos que debían recorrer los peregrinos cuando subían a Jerusalén.

[e] **84.6 (7)** *Valle de las Lágrimas:* según algunos mss. hebreos y versiones antiguas. Heb. *valle de los Bálsamos,* lo que apuntaría a un lugar cercano a Jerusalén, plantado con ese tipo de árboles (cf. 2 S 5.23).

[a] **Salmo 85** Súplica nacional, dividida en tres partes: la primera recuerda la misericordia que el Señor puso de manifiesto cuando hizo volver de Babilonia a los cautivos (vv. 1-3 [2-4]); la segunda es una súplica que brota de las aflicciones presentes (vv. 4-7 [5-8]); la tercera contiene un mensaje profético de salvación, que anuncia al pueblo la paz y la prosperidad (vv. 8-13 [9-14]).

[b] **85. (1)** *Los hijos de Coré:* Véase Sal 42. (1) n.
[c] **85.1 (2)** *Has cambiado la suerte de Jacob:* es decir, has hecho regresar del exilio a los israelitas que habían estado cautivos. Cf. Sal 126.1; Jer 29.14.
[d] **85.2 (3)** Cf. Sal 32.1.
[e] **85.4 (5)** Cf. Sal 80.3 (4); 126.4.

[f] **85.5 (6)** Cf. Sal 74.1; 77.9 (10); 79.5.
[g] **85.8 (9)** *Lo que el Señor va a decir:* Véase Sal 75.2 (3) nota *d.*
[h] **85.8 (9)** *Para que no vuelvan a hacer locuras:* otra posible traducción, de acuerdo con la versión griega (LXX): *y a los que se vuelven a él de corazón.*
[i] **85.9 (10)** *Gloria:* Cf. 1 R 8.11.
[j] **85.10-11 (11-12)** Estos cuatro atributos divinos aparecen aquí personificados. El salmista se vale de este bello recurso poético para describir el cúmulo de bendiciones que el Señor va a derramar sobre su pueblo.
[k] **85.13 (14)** La *justicia* se representa aquí como un mensajero que va delante del Señor y anuncia su llegada.

[a] **Salmo 86** Súplica individual, compuesta casi en su totalidad con frases tomadas de otros pasajes de la Sagrada Escritura.
[b] **86.5** Ex 34.6; Nm 14.18.
[c] **86.8** Ex 15.11; Dt 3.24; Is 45.21; Jer 10.6.
[d] **86.9** Is 24.15; cf. Ap 15.4.
[e] **86.10** Sal 72.18; 77.14 (15).

¹¹ Oh Señor, enséñame tu camino,
para que yo lo siga fielmente.
Haz que mi corazón honre tu nombre. ᶠ
¹² Mi Señor y Dios,
te alabaré con todo el corazón
y glorificaré siempre tu nombre.
¹³ ¡Inmenso es tu amor por mí!
¡Me has librado de caer en el sepulcro! ᵍ
¹⁴ Oh Dios,
una banda de insolentes y violentos,
que no te tienen presente,
se han puesto en contra mía y quieren matarme. ʰ
¹⁵ Pero tú, Señor,
eres Dios tierno y compasivo,
paciente, todo amor y verdad. ⁱ
¹⁶ Mírame, ¡ten compasión de mí!
¡Salva a este siervo tuyo! ¡Dale tu fuerza!
¹⁷ Dame una clara prueba de tu bondad,
y que al verla se avergüencen los que me odian.
¡Tú, Señor, me das ayuda y consuelo!

87 ⁽⁸⁶⁾ *Alabanza a la ciudad de Dios* ᵃ ⁽¹ᵃ⁾ *Salmo y cántico de los hijos de Coré.* ᵇ

¹ ⁽¹ᵇ⁾ Los cimientos de la ciudad de Dios
están sobre los montes santos. ᶜ
² El Señor ama las puertas de Sión
más que a todas las casas de Jacob. ᵈ
³ Ciudad de Dios,
qué cosas tan hermosas se dicen de ti:
⁴ "Entre los pueblos que me conocen
puedo nombrar a Egipto ᵉ y Babilonia,
Filistea, Tiro y Etiopía;
todos ellos nacieron en ti." ᶠ
⁵ De la ciudad de Sión dirán:
"Este y aquel nacieron en ella."
El Altísimo mismo la ha afirmado.

⁶ El Señor escribe en el libro
donde constan los nombres de los pueblos:
"Este nació en ella." ᵍ

⁷ Y los que cantan y los que bailan dicen:
"Mi hogar ʰ está en ti."

88 ⁽⁸⁷⁾ *Señor, ¿por qué me desprecias?* ᵃ ⁽¹⁾ *Cántico y salmo de los hijos de Coré. Del maestro de coro, para la enfermedad.* ᵇ *Instrucción de Hemán* ᶜ *el ezrahíta, para ser entonada.*

¹ ⁽²⁾ Señor, mi Dios y Salvador,
día y noche te pido ayuda,
² ⁽³⁾ ¡acepta mi oración!,
¡atiende a mi plegaria!

³ ⁽⁴⁾ Tanto es el mal que ha caído sobre mí,
que me encuentro al borde de la muerte;
⁴ ⁽⁵⁾ ¡ya me pueden contar entre los muertos,
pues me he quedado sin fuerzas!
⁵ ⁽⁶⁾ Estoy abandonado entre difuntos;
soy como los que han muerto en combate
y ya han sido enterrados;
como los que han perdido tu protección
y ya han sido olvidados por ti.
⁶ ⁽⁷⁾ Me has echado en lo más hondo del hoyo,
en lugares oscuros y profundos.
⁷ ⁽⁸⁾ Has descargado tu enojo sobre mí,
¡me has hundido bajo el peso de tus olas! ᵈ
⁸ ⁽⁹⁾ Has hecho que mis amigos
    me abandonen;
me has hecho insoportable para ellos. ᵉ
¡Soy como un preso que no puede escapar!
⁹ ⁽¹⁰⁾ De tanto llorar me estoy quedando ciego.
¡Todos los días clamo a ti, Señor,
y a ti levanto las manos!
¹⁰ ⁽¹¹⁾ ¿Acaso harás milagros por los muertos?
¿Acaso podrán los muertos darte gracias?

ᶠ **86.11** Sal 25.4; 27.11.
ᵍ **86.13** Sal 16.10.
ʰ **86.14** Sal 54.3 (5).
ⁱ **86.15** Ex 34.6; Sal 103.8.

ᵃ **Salmo 87** Este salmo pertenece al grupo de los "cantos de Sión" (cf. Sal 46; 48; 76; 122). El salmista celebra a Jerusalén como ciudad de Dios y madre espiritual de todos los pueblos. Cf. Is 2.2-5; Miq 4.1-3; Zac 8.20-23. Véase *Sión* en el *Índice temático*.
ᵇ **87. (1a)** *Los hijos de Coré:* Véase Sal 42. (1) n.
ᶜ **87.1 (1b)** *Los montes santos:* el monte Sión y las colinas sobre las que está situada la ciudad de Jerusalén (Sal 125.2).
ᵈ **87.2** *Las casas* (lit. *las moradas*) *de Jacob:* designación poética de los antiguos y venerables santuarios israelitas, como Bet-el, Siquem y Siló. La predilección del Señor por *las puertas de Sión,* es decir, por la ciudad de Jerusalén, se puso de manifiesto cuando David trasladó al monte Sión el arca de la alianza (2 S 6.12-19). Véase *Jerusalén* en el *Índice temático*.
ᵉ **87.4** En el texto hebreo, a *Egipto* se le llama *Rahab.* Este nombre evocaba para los israelitas la figura de un monstruo mitológico, en el que estaban representadas simbólicamente todas las potencias enemigas de Dios. Cf. Job 9.13; 26.12; Is 51.9.
ᶠ **87.4** Los pueblos aquí mencionados representan a todas las

naciones de la tierra. Es sorprendente que en la lista figuren algunos de los más encarnizados enemigos de Israel. Véase *Índice de mapas*.
ᵍ **87.6** El salmista presenta al Señor como si anotara en un *libro* los nombres de todos los pueblos (cf. Neh 12.22-23; Ez 13.9; Lc 2.1-3). Al quedar anotados en ese registro, los nacidos en todas las naciones pasarán a ser considerados ciudadanos nativos de Jerusalén, de manera que esta se convertirá en la verdadera patria de todos los hombres.
ʰ **87.7** *Mi hogar:* traducción posible, basada en la versión griega (LXX). Heb. *mis fuentes.*
ᵃ **Salmo 88** Súplica de un enfermo que se ve cómo un mal incurable va consumiendo su vida. El salmista se siente al borde de la muerte (v. 3 [4]), abandonado de Dios (v. 14 [15]) y de sus seres queridos (v. 8 [9]), sin alegría ni esperanza (v. 15 [16]). De ahí el tono de su plegaria, la más triste y sombría de todo el libro de *Salmos.*
ᵇ **88. (1)** *Para la enfermedad:* Véase Sal 53. (1) nota *b.*
ᶜ **88. (1)** *Hemán* es probablemente uno de los cantores de David (1 Cr 15.17,19), aunque también se menciona a un sabio (1 R 4.31 [5.11]) y a un vidente (1 Cr 25.5) del mismo nombre.
ᵈ **88.6-7 (7-8)** El *hoyo,* los *lugares oscuros y profundos,* las *olas:* todas estas son expresiones metafóricas que designan el *sheol* o morada de los muertos. Véase Sal 6.5 (6) n.
ᵉ **88.8 (9)** Job 19.13-19.

SALMOS 88(87), 89(88)

11 (12) ¿Acaso se hablará de tu verdad y de tu amor
en el sepulcro, en el reino de la muerte?^f
12 (13) En las sombras de la muerte, donde todo se olvida,
¿habrá quién reconozca tu rectitud y maravillas?^g
13 (14) Pero yo, Señor, a ti clamo;
de mañana elevo a ti mi oración.
14 (15) ¿Por qué me desprecias, Señor?
¿Por qué te escondes de mí?
15 (16) Desde los días de mi juventud
he estado afligido y al borde de la muerte;
he soportado cosas terribles de tu parte,
y ya no puedo más.
16 (17) Tu furor terrible ha pasado sobre mí,
y me ha vencido;^h
17 (18) me rodea por completo a todas horas,
como una inundación.
18 (19) Has alejado de mí amigos y compañeros,
y ahora solo tengo amistad con las tinieblas.

89 (88) El pacto de Dios con David^a   (1) Instrucción de Etán el ezrahíta.^b

1 (2) Señor, siempre diré en mi canto
que tú eres bondadoso;
constantemente contaré
que tú eres fiel.
2 (3) Proclamaré que tu amor es eterno;
que tu fidelidad^c es invariable,
invariable como el mismo cielo.
3 (4) Hiciste una alianza con David;
prometiste a tu siervo escogido:
4 (5) "Haré que tus descendientes
reinen siempre en tu lugar."^{d,e}
5 (6) Oh Señor,
todos los seres celestiales
alaban tu fidelidad y tus maravillas.
6 (7) ¡Ningún dios, nadie en el cielo
puede compararse a ti, Señor!

7 (8) Dios grande y terrible,
rodeado de seres celestiales.
8 (9) Señor, Dios todopoderoso,
todo el poder es tuyo y la verdad te rodea;
¡no hay nadie igual a ti!
9 (10) Tú dominas el mar embravecido
y aquietas sus olas encrespadas;
10 (11) aplastaste al monstruo marino^f
como si fuera un cadáver;
dispersaste a tus enemigos
con la fuerza de tu brazo.
11 (12) El cielo y la tierra son tuyos;
tú formaste el mundo y todo lo que hay en él.^g
12 (13) Tú creaste el norte y el sur;
los montes Tabor y Hermón^h
cantan alegres a tu nombre.
13 (14) Tu brazo es poderoso;
tu mano derecha es fuerte y victoriosa.
14 (15) Tu trono está afirmado en la justicia y el derecho;
el amor y la fidelidad salen a tu encuentro.ⁱ
15 (16) Oh Señor,
feliz el pueblo que sabe alabarte con alegría
y camina alumbrado por tu luz,
16 (17) que en tu nombre se alegra todo el tiempo
y se entusiasma por tu rectitud.
17 (18) En verdad, tú eres su fuerza y hermosura;
nuestro poder aumenta por tu buena voluntad.
18 (19) ¡Nuestro escudo es el Señor!
¡Nuestro Rey es el Santo de Israel!^j
19 (20) En otro tiempo hablaste en una visión,
y dijiste a tus siervos fieles:^k
"He escogido a un valiente de mi pueblo,
lo he puesto en alto y lo he ayudado.
20 (21) ¡He encontrado a mi siervo David!^l
Con mi aceite sagrado lo he designado rey,^m
21 (22) y nunca le faltará mi ayuda.
Con mi poder lo fortaleceré,

---

^f **88.11 (12)** *El reino de la muerte:* heb. *Abadón.* Acerca de este término, que aquí significa *lugar de perdición* o *destrucción* y es sinónimo de *sheol,* véanse Ap 9.11 n. y *Reino de la muerte* en el *Índice temático.*

^g **88.10-12 (11-13)** Job 10.21-22; Sal 6.5 (6); 115.17; Is 38.18-19; Eclo 17.27-28; Bar 2.17-18.

^h **88.16 (17)** Job 6.4.

^a **Salmo 89** En este salmo, un himno al Señor rey del universo (vv. 1-18 [2-19]) y una evocación de las promesas hechas a David y a su descendencia (vv. 19-37 [20-38]) sirven de base para una súplica en favor del rey (vv. 38-52 [39-53]). El salmo fue compuesto probablemente hacia fines de la época de los reyes, cuando el creciente poderío de Babilonia se había convertido en una grave amenaza para el reino de Judá. Cf. 2 R 24.

^b **89. (1)** *Etán* es mencionado junto con Hemán entre los cantores de David (1 Cr 15.17,19), aunque también figura un Etán entre los sabios de Israel (1 R 4.31 [5.11]). Véase Sal 88. (1) nota *c.*

^c **89.2 (3)** El salmista apela repetidamente al *amor* y a la *fidelidad* del Señor, puestos de manifiesto de un modo especial en el pacto o *alianza* con David (vv. 14 [15],24 [25],28 [29],33 [34]). Véase *Alianza* en el *Índice temático.*

^d **89.3-4 (4-5)** Alusión a la profecía de Natán (2 S 7.12-16), que va a comentarse poéticamente en la segunda parte del salmo (vv. 19-37 [20-38]).

^e **89.4 (5)** Acerca de estas promesas, cf. 2 S 7.16; Sal 132.11-12; Jer 33.21; Hch 2.30.

^f **89.10 (11)** *Monstruo marino:* lit. *Rahab* (Job 9.13; 26.12; Is 51.9). Sobre esta figura mitológica, véanse Sal 74.13 n.; 87.4 nota *e.*

^g **89.11 (12)** Sal 24.1-2; 74.16-17; 95.4-5; 1 Co 10.26.

^h **89.12 (13)** El *Tabor* domina la llanura de Jezreel (Esdrelón), entre las montañas de Samaria y las de Galilea. El *Hermón* es un imponente macizo montañoso que se menciona en Dt 3.8 y Jos 12.1 como límite septentrional del territorio conquistado por los israelitas.

ⁱ **89.14 (15)** Estos cuatro atributos divinos aparecen personificados como en Sal 85.10-11 (11-12).

^j **89.18 (19)** *¡Nuestro escudo... el Santo de Israel!:* otra posible traducción: *Del Señor es nuestro escudo y del Santo de Israel es nuestro rey.* Si esta última traducción es la correcta, el paralelismo sugiere que la palabra *escudo* se refiere al *rey.*

^k **89.19 (20)** *A tus siervos fieles:* Aunque la expresión está en plural, se alude evidentemente al profeta Natán, quien comunicó a David las promesas divinas (2 S 7.4-16).

^l **89.20 (21)** 1 S 13.14; Hch 13.22.

^m **89.20 (21)** 1 S 16.12.

22 (23) y no lo atacarán sus enemigos
ni lo vencerán los malvados.
23 (24) Aplastaré a sus enemigos;
¡los quitaré de su vista!
¡Destrozaré a los que lo odian!
24 (25) Él contará con mi amor y fidelidad,
y por mí aumentará su poder.
25 (26) Afirmaré su poder y dominio
desde el Mediterráneo hasta el Éufrates. *n*
26 (27) Él me dirá: 'Tú eres mi Padre;
eres mi Dios, que me salva y me protege.'
27 (28) Y yo le daré los derechos de hijo mayor,
por encima de los reyes del mundo. *ñ*
28 (29) Mi amor por él será constante,
y mi alianza con él será firme.
29 (30) Sus descendientes reinarán en su lugar
siempre, mientras el cielo exista.
30 (31) "Pero si ellos abandonan mi enseñanza
y no viven de acuerdo con mis mandatos,
31 (32) si faltan a mis leyes
y no obedecen mis mandamientos,
32 (33) castigaré su rebelión y maldad
con golpes de vara; *o*
33 (34) pero no dejaré de amar a David,
ni faltaré a mi fidelidad hacia él.
34 (35) No romperé mi alianza
ni faltaré a mi palabra.
35 (36) Una vez le he jurado *p* por mi santidad,
y no le mentiré:
36 (37) sus descendientes reinarán en su lugar,
siempre, mientras el sol exista.
37 (38) ¡Siempre firmes, como la luna!
¡Siempre firmes, mientras el cielo exista!"
38 (39) Sin embargo, has rechazado y despreciado
al rey que tú escogiste;
¡te has enojado con él!
39 (40) Has roto la alianza con tu siervo;
has arrojado al suelo su corona.
40 (41) Abriste brechas en todos sus muros;
¡convertiste en ruinas sus ciudades!
41 (42) Todo el mundo pasa
y roba lo que quiere; *q*
sus vecinos se burlan de él.
42 (43) Has hecho que sus enemigos
levanten la mano alegres y triunfantes.
43 (44) Le quitaste el filo a su espada
y no lo sostuviste en la batalla.

44 (45) Has apagado su esplendor;
has arrojado su trono por los suelos;
45 (46) le has quitado años de vida
y lo has llenado de vergüenza.

46 (47) Oh Señor,
¿hasta cuándo estarás escondido?
¿Arderá siempre tu enojo, como el fuego?
47 (48) Señor, recuerda que mi vida es corta;
que el hombre, que tú has creado, vive poco
tiempo. *r*
48 (49) ¡Nadie puede vivir y no morir nunca!
¡Nadie puede librarse del poder de la muerte!
49 (50) Señor,
¿dónde está tu amor primero,
que en tu fidelidad prometiste a David?
50 (51) Señor, recuerda que a tus siervos
los ofende mucha gente;
que llevo esos insultos en mi pecho.
51 (52) Oh Señor,
¡así nos ofenden tus enemigos!;
¡así ofenden a tu escogido a cada paso!

52 (53) Bendito sea el Señor por siempre.
¡Amén!

LIBRO IV
(Salmos 90—106)

90 (89) *Eternidad de Dios y fragilidad del hombre* *a*
(1a) *Oración de Moisés, el hombre de Dios.* *b*

1 (1b) Señor, tú has sido nuestro refugio
por todas las edades.
2 Desde antes que se formaran los montes
y que existieran la tierra y el mundo,
desde los tiempos antiguos
y hasta los tiempos postreros,
tú eres Dios.
3 Haces que el hombre vuelva al polvo
cuando dices: "Vuelvan al polvo, seres humanos." *c*

4 En verdad, mil años, para ti,
son como el día de ayer, que pasó.
¡Son como unas cuantas horas de la noche! *d*
5 Arrastras a los hombres con violencia,
cual si fueran solo un sueño; *e*
6 son como la hierba, que brota y florece a la mañana,
pero a la tarde se marchita y muere. *f*

7 En verdad, tu furor nos consume,
¡nos deja confundidos!

---

n **89.25 (26)** *Desde el Mediterráneo hasta el Éufrates:* lit. *en el mar y en los ríos.*
ñ **89.27 (28)** Ap 1.5.
o **89.32 (33)** Dt 8.5; 2 S 7.14; Sal 94.12; Pr 3.11-12; Heb 12.5-11.
p **89.35 (36)** El juramento del Señor expresa una decisión que nada puede cambiar. Cf. Sal 110.4.
q **89.41 (42)** Sal 80.12 (13).
r **89.47 (48)** La brevedad de la vida es un tema frecuente en los escritos sapienciales (Job 10.20; 14.1-2). Cf. Sal 39.5-6 (6-7); 90.9-10; 103.15-16.
a **Salmo 90** Este salmo consta de dos partes: una meditación de tono didáctico o sapiencial (vv. 1-12) y una súplica colectiva (vv. 13-17). La meditación contrapone la eternidad de Dios a la brevedad de la vida humana, hecha en su mayor parte de trabajos y miserias (v. 10). En la súplica, el salmista pide al Señor una alegría tan prolongada como fueron largos sus años de aflicción (v. 15).
b **90. (1a)** *Moisés, el hombre de Dios:* Dt 33.1.
c **90.3** Alusión a Gn 3.19; cf. Sal 104.29; Ec 3.20; 12.7.
d **90.4** 2 P 3.8.
e **90.5** *Un sueño:* Job 20.8.
f **90.6** Acerca de esta metáfora, véanse referencias en Sal 37.2 n.

⁸ Nuestros pecados y maldades
quedan expuestos ante ti.

⁹ En verdad, toda nuestra vida
termina a causa de tu enojo;
nuestros años se van como un suspiro.

¹⁰ Setenta son los años que vivimos;
los más fuertes llegan hasta ochenta; *g*
pero el orgullo de vivir tanto
solo trae molestias y trabajo.
¡Los años pronto pasan,
lo mismo que nosotros! *h*

¹¹ ¿Quién conoce la violencia de tu enojo?
¿Quién conoce tu furor?

¹² Enséñanos a contar bien nuestros días,
para que nuestra mente alcance sabiduría. *i*

¹³ ¡Señor, vuélvete a nosotros!
¿Cuánto más tardarás?
¡Ten compasión de estos siervos tuyos!

¹⁴ Llénanos de tu amor al comenzar el día, *j*
y alegres cantaremos toda nuestra vida.

¹⁵ Danos tantos años de alegría
como los años de aflicción que hemos tenido.

¹⁶ ¡Haz que tus siervos y sus descendientes
puedan ver tus obras y tu gloria!

¹⁷ Que la bondad del Señor, nuestro Dios,
esté sobre nosotros.
¡Afirma, Señor, nuestro trabajo!
¡Afirma, sí, nuestro trabajo!

91 ⁽⁹⁰⁾ *El Señor es nuestro refugio* ᵃ

¹ El que vive bajo la sombra protectora
del Altísimo y Todopoderoso, *b*

² dice al Señor: "Tú eres mi refugio,
mi castillo, ¡mi Dios, en quien confío!"

³ Solo él puede librarte
de trampas ocultas y plagas mortales,

⁴ pues te cubrirá con sus alas,
y bajo ellas estarás seguro. *c*
¡Su fidelidad te protegerá como un escudo! *d*

⁵ No tengas miedo a los peligros nocturnos, *e*
ni a las flechas lanzadas de día,

⁶ ni a las plagas que llegan con la oscuridad,
ni a las que destruyen a pleno sol;

⁷ pues mil caerán muertos a tu izquierda
y diez mil a tu derecha,
pero a ti nada te pasará. *f*

⁸ Solamente lo habrás de presenciar:
verás a los malvados recibir su merecido. *g*

⁹ Ya que has hecho del Señor tu refugio, *h*
del Altísimo tu lugar de protección,

¹⁰ no te sobrevendrá ningún mal
ni la enfermedad llegará a tu casa;

¹¹ pues él mandará que sus ángeles
te cuiden por dondequiera que vayas. *i*

¹² Te levantarán con sus manos
para que no tropieces con piedra alguna. *j*

¹³ Podrás andar entre leones,
entre monstruos y serpientes. *k*

¹⁴ "Yo lo pondré a salvo,
fuera del alcance de todos,
porque él me ama y me conoce.

¹⁵ Cuando me llame, le contestaré;
¡yo mismo estaré con él!
Lo libraré de la angustia
y lo colmaré de honores;

¹⁶ lo haré disfrutar de una larga vida:
¡lo haré gozar de mi salvación!" *l*

92 ⁽⁹¹⁾ *Un canto de alabanza* ᵃ ⁽¹⁾ *Salmo y cántico para el sábado.*

¹ ⁽²⁾ Altísimo Señor,
¡qué bueno es darte gracias
y cantar himnos en tu honor!

² ⁽³⁾ Anunciar por la mañana y por la noche
tu gran amor y fidelidad,

³ ⁽⁴⁾ al son de instrumentos de cuerda,
con música suave de arpa y de salterio.

⁴ ⁽⁵⁾ Oh Señor,
¡tú me has hecho feliz con tus acciones!
¡Tus obras me llenan de alegría!

⁵ ⁽⁶⁾ Oh Señor,
¡qué grandes son tus obras!,
¡qué profundos tus pensamientos! *b*

---

g **90.10** Cf. Gn 6.3; Eclo 18.9.
h **90.10** Job 14.1; Ec 2.23; 11.8.
i **90.12** Ef 5.15-16; Col 4.5.
j **90.14** *Al comenzar el día:* Véase Sal 46.5 (6) n. Cf. Sal 30.5 (6); 143.8.
a **Salmo 91** Con un lenguaje lleno de imágenes poéticas, este poema didáctico o sapiencial invita a confiar en el Señor, porque él es el único refugio seguro contra todas las adversidades y peligros. Cf. Sal 27.1-6.
b **91.1** *Todopoderoso:* Así traducen las versiones antiguas el nombre divino *Sadai,* que también se encuentra en otros pasajes del AT (por ej., Gn 17.1; 28.3; Ex 6.3; Job 5.17; 27.1-2; 32.8; Job 68.14 [15]).
c **91.4** Sobre la metáfora de la protección "bajo sus alas", véanse las referencias en Sal 17.8 nota *d.*
d **91.4** *Escudo:* Cf. 2 S 22.3; Sal 3.3 (4); 18.2 (3); 144.2.

e **91.5** *Peligros nocturnos:* lit. *terrores de la noche,* como los descritos en Job 7.13-14; Jer 49.9; Abd 5; Eclo 40.5-7.
f **91.7** Cf. Ex 12.23.
g **91.8** Cf. Ex 14.30-31.
h **91.9** *Tu refugio:* según versiones. Heb. *mi refugio.*
i **91.11** Mt 4.6; Lc 4.10.
j **91.12** Mt 4.6; Lc 4.11.
k **91.13** Cf. Lc 10.19.
l **91.14-16** Aquí el Señor toma la palabra para confirmar las declaraciones del salmista. Véase Sal 75.2 (3) nota *d.*
a **Salmo 92** Canto de acción de gracias, con una clara tendencia didáctica o sapiencial. El salmista ha experimentado personalmente la ayuda del Señor (v. 4 [5]), y su experiencia le ha enseñado esta lección de sabiduría: el Señor colma de bendiciones a sus fieles (vv. 12-15 [13-16]) y les hace ver qué breve y pasajero es el triunfo de los malvados (vv. 7-9 [8-10],11 [12]).
b **92.5 (6)** Sal 104.24.

6 (7) ¡Solo los necios ^{c}
no pueden entenderlo!
7 (8) Si los malvados y malhechores
crecen como la hierba, ^{d} y prosperan,
es solo para ser destruidos para siempre.
8 (9) Pero tú, Señor, por siempre estás
en lo alto.
9 (10) Una cosa es cierta, Señor:
que tus enemigos serán destruidos;
que todos los malhechores serán dispersados.
10 (11) Tú aumentas mis fuerzas
como las fuerzas de un toro,
y viertes perfume sobre mi cabeza. ^{e}
11 (12) He de ver cómo caen mis enemigos;
¡he de oír las quejas de esos malvados!
12 (13) Los buenos florecen como las palmas
y crecen como los cedros ^{f} del Líbano.
13 (14) Están plantados en el templo del Señor;
florecen en los atrios de nuestro Dios. ^{g}
14 (15) Aun en su vejez, darán fruto;
siempre estarán fuertes y lozanos,
15 (16) y anunciarán que el Señor, mi protector,
es recto y no hay en él injusticia.

93 (92) ¡El Señor es Rey! ^{a}

1 ¡El Señor es Rey! ^{b}
¡El Señor se ha vestido de esplendor
y se ha rodeado de poder!
Él afirmó el mundo, para que no se mueva.
2 Desde entonces, Señor, tu trono está firme.
¡Tú siempre has existido!

3 Oh Señor,
los ríos braman y levantan grandes olas;
4 pero tú, Señor, en las alturas,
eres más poderoso que las olas
y que el rugir de los mares. ^{c}

5 Oh Señor,
tus mandatos son muy firmes.
¡La santidad es el adorno eterno de tu templo!

94 (93) El Señor es el Juez del mundo ^{a}

1 ¡Muéstrate, ^{b} Señor, Dios de las venganzas! ^{c}
2 Tú eres el Juez del mundo; ^{d}
¡levántate contra los orgullosos ^{e}
y dales su merecido!

3 ¿Hasta cuándo, Señor,
hasta cuándo se alegrarán los malvados?
4 Todos esos malhechores
son insolentes y altaneros;
¡son unos fanfarrones!
5 Oh Señor,
ellos destrozan a tu pueblo;
¡humillan a los tuyos!
6 Matan viudas y extranjeros;
asesinan huérfanos.
7 Dicen que el Señor no ve,
que el Dios de Jacob no se da cuenta. ^{f}

8 ¡Entiendan, gente torpe y necia! ^{g}
¿Cuándo podrán comprender?
9 ¿Acaso no habrá de oír
el que ha hecho los oídos?
¿Y acaso no habrá de ver
el que ha formado los ojos?
10 ¿Acaso no ha de castigar
el que corrige a las naciones?
¿Y acaso no ha de saber
el que instruye en el saber al hombre?
11 El Señor sabe que el hombre
solo piensa tonterías. ^{h}

12 Oh Señor,
feliz ^{i} aquel a quien corriges
y le das tus enseñanzas
13 para que tenga tranquilidad
cuando lleguen los días malos,
mientras que al malvado
se le prepara la fosa.
14 El Señor no abandonará a su pueblo,
ni dejará solos a los suyos.
15 La justicia volverá a los tribunales,
y todo hombre honrado la seguirá.

---

^{c} **92.6 (7)** *Los necios:* término típico de la literatura sapiencial; se refiere especialmente a los que se niegan a comprender los secretos de la sabiduría divina y, por eso, pueden ser reprobados a causa de su ignorancia (Sal 32.9; 73.21-22; 94.8; cf. 1 Co 1.20-21). Véase también Sal 14.1 n.
^{d} **92.7 (8)** Sal 37.2,20.
^{e} **92.10 (11)** El gesto de derramar perfume o aceite perfumado sobre la cabeza era símbolo de alegría (Sal 23.5; 45.7-8 [8-9]).
^{f} **92.12 (13)** Las *palmas* y los *cedros*, dos árboles muy admirados por su altura y su larga vida. Cf. Sal 1.3; 52.8 (10).
^{g} **92.13 (14)** *En los atrios de nuestro Dios:* se refiere al templo de Jerusalén. Cf. Sal 27.4-5; 84.4 (5).
^{a} **Salmo 93** Himno o canto de alabanza a la realeza del Señor, quien, como Creador de todas las cosas, ejerce desde siempre su soberanía sobre el universo. Cf. Sal 47; 96—99.
^{b} **93.1** *¡El Señor es Rey!:* lit. *¡El Señor reina!* Exclamación típica de los salmos que celebran al Señor como rey universal (Sal 96.10; 97.1; 99.1). Cf. Sal 5.1-2 (2-3); 47.2 (3),6-7 (7-8); 98.6. Véase *Señor* en el *Índice temático*.

^{c} **93.3-4** Sal 89.9-10 (10-11).
^{a} **Salmo 94** Este salmo comienza con una súplica al Señor para que intervenga en favor de todas las víctimas de la injusticia y la violencia (vv. 1-4). Luego, el salmista adopta el estilo de un maestro de sabiduría y dirige un severo reproche a los que ponen en duda el triunfo final de la justicia (cf. vv. 14-15).
^{b} **94.1** *Muéstrate:* lit. *resplandece,* es decir, manifiéstate en favor de los oprimidos con todo el esplendor de tu poder y tu justicia.
^{c} **94.1** *Dios de las venganzas:* La palabra "venganza" tiene aquí el sentido de justa retribución. El Señor *es un Dios que a cada cual le da lo que merece* (Jer 51.56).
^{d} **94.2** Sal 50.6; 75.7 (8). Cf. Gn 18.25.
^{e} **94.2** Los *orgullosos* son los enemigos implacables del Señor y de su pueblo (Sal 73.6-9; 123.4; 140.5 [6]), que *tendrán que bajar la vista* ante el juicio de Dios (Is 2.11). Cf. Lc 1.51.
^{f} **94.7** Sal 14.1; 53.1 (2); 73.11.
^{g} **94.8** *Gente... necia:* Véase Sal 92.6 (7) n.
^{h} **94.11** Citado en 1 Co 3.20.
^{i} **94.12** *Feliz:* Véase Sal 1.1 n.

¹⁶ ¿Quién se levantará a defenderme
  de los malvados y malhechores?
¹⁷ Si el Señor no me hubiera ayudado,
  yo estaría ya en el silencio de la muerte.
¹⁸ Cuando alguna vez dije: "Mis pies resbalan",
  tu amor, Señor, vino en mi ayuda.
¹⁹ En medio de las preocupaciones
  que se agolpan en mi mente,
  tú me das consuelo y alegría.
²⁰ Tú no puedes ser amigo de jueces injustos,
  que actúan mal y en contra de la ley;
²¹ que conspiran contra el inocente y honrado,
  y lo condenan a muerte.
²² Pero el Señor es mi refugio;
  mi Dios es la roca que me defiende.
²³ El Señor hará que los malvados
  sean destruidos por su propia maldad. *i*
  ¡Nuestro Dios los destruirá!

95 ⁽⁹⁴⁾ *Cantemos al Señor con alegría* ᵃ

¹ Vengan, cantemos al Señor con alegría;
  cantemos a nuestro protector ᵇ y Salvador.
² Entremos a su presencia ᶜ con gratitud,
  y cantemos himnos en su honor.
³ Porque el Señor es Dios grande,
  el gran Rey de todos los dioses. ᵈ
⁴ Él tiene en su mano
  las regiones más profundas de la tierra;
  suyas son las más altas montañas.
⁵ El mar le pertenece, pues él lo formó;
  ¡con sus propias manos formó la tierra seca! ᵉ
⁶ Vengan, adoremos de rodillas;
  arrodillémonos delante del Señor,
  pues él nos hizo.
⁷ Él es nuestro Dios, y nosotros su pueblo;
  somos ovejas de sus prados. *f*

Escuchen hoy lo que él les dice: ᵍ
⁸ "No endurezcan su corazón, como en Meribá;
  como aquel día en Masá, en el desierto,
⁹ cuando me pusieron a prueba
  sus antepasados,
  aunque habían visto mis obras. ʰ
¹⁰ Cuarenta años *i*
  estuve enojado
  con aquella generación,
  y dije: 'Esta gente anda muy descarriada;
  ¡no obedecen mis mandatos!' *j*
¹¹ Por eso juré en mi furor
  que no entrarían en el lugar de mi reposo." ᵏ, *l*

96 ⁽⁹⁵⁾ *Una canción nueva al Señor* ᵃ *(1 Cr 16.23-33)*

¹ Canten al Señor una canción nueva; ᵇ
  canten al Señor, habitantes de toda la tierra;
² canten al Señor, bendigan su nombre;
  anuncien día tras día su salvación.
³ Hablen de su gloria y de sus maravillas
  ante todos los pueblos y naciones,
⁴ porque el Señor es grande
  y muy digno de alabanza; ᶜ
  ¡más terrible que todos los dioses!
⁵ Los dioses de otros pueblos no son nada, ᵈ
  pero el Señor hizo los cielos.
⁶ ¡Hay gran esplendor en su presencia!
  ¡Hay poder y belleza en su santuario!
⁷ Den al Señor, familias de los pueblos, ᵉ
  den al Señor el poder y la gloria;
⁸ den al Señor la honra que merece;
  entren a sus atrios con ofrendas,
⁹ adoren al Señor en su hermoso santuario. *f*
  ¡Que todo el mundo tiemble delante de él! ᵍ
¹⁰ Digan a las naciones:
  "¡El Señor es Rey!" ʰ
  Él afirmó el mundo, para que no se mueva;
  él gobierna a los pueblos con igualdad.
¹¹ ¡Que se alegren los cielos y la tierra!
  ¡Que brame el mar y todo lo que contiene!
¹² ¡Que se alegre el campo
  y todo lo que hay en él!

---

i **94.23** *El Señor... maldad:* Véase Sal 64.8 (9) n.

ᵃ **Salmo 95** La primera parte de este salmo es un canto litúrgico de alabanza al Señor (vv. 1-7). Luego, un profeta cultual se dirige a todo el pueblo, en nombre del Señor, para exhortarlo a escuchar dócilmente la palabra del Señor (vv. 8-11). Por su estructura y su contenido, este poema es muy semejante a Sal 81.

ᵇ **95.1** *Protector:* lit. *roca.* Véase Sal 18.2 (3) n.

ᶜ **95.2** *Entremos a su presencia:* es decir, al templo de Jerusalén, que era la morada del Señor en medio de su pueblo. Cf. Sal 65.4 (5); 100.2,4.

ᵈ **95.3** *Gran Rey:* Sal 77.13 (14); 96.4-5; 97.9; 136.2-3; 145.1; cf. Ex 15.11. Véanse también Sal 50.1 n. y 93.1 n.

ᵉ **95.4-5** Sal 24.1-2; 89.11-12 (12-13).

f **95.7** *Ovejas de sus prados:* Sal 74.1; 79.13; 100.3.

ᵍ **95.7** *Escuchen hoy lo que él les dice:* Véanse Sal 75.2 (3) nota *d*; 81.5 (6) nota *g*.

ʰ **95.8-9** Acerca del comportamiento de los israelitas en *Masá* y *Meribá,* cf. Ex 17.1-7; Dt 6.16; 9.22; 33.8; Sal 106.32-33.

i **95.10** *Cuarenta años:* Cf. Nm 14.34.

j **95.10** Nm 14.20-23,33; Dt 1.34-36.

ᵏ **95.11** *El lugar de mi reposo:* se refiere a la Tierra Prometida, lugar donde el pueblo pudo descansar después de su larga y difícil marcha a través del desierto. En Heb 4.3 se cita este v., que es interpretado alegóricamente.

l **95.7-11** Heb 3.7-11.

ᵃ **Salmo 96** Himno a la realeza del Señor (cf. Sal 47; 93; 97—99). Israel, las naciones y la creación entera son invitados a festejar alegremente la llegada del Señor, que viene a establecer su reino de justicia y verdad (cf. v. 13). En 1 Cr 16.23-33 se cita este salmo casi textualmente.

ᵇ **96.1** *Canción nueva:* Véase Sal 33.3 n., y cf. Is 42.10. Véase *Cantar, canto* en el *Índice temático.*

ᶜ **96.4** Sal 18.3 (4); 48.1 (2); 145.3.

ᵈ **96.5** Sal 97.7; 115.4-8; 135.15-18; Is 41.21-24.

ᵉ **96.7** *Familias de los pueblos:* Las naciones paganas son invitadas a dar culto al Señor en su templo. Cf. Is 60.6-10; Hag 2.7-9; Zac 14.16,20-21.

f **96.9** *En su hermoso santuario:* Véase Sal 29.2 n.

ᵍ **96.7-9** Sal 29.1-2.

ʰ **96.10** *"¡El Señor es Rey!":* Véase Sal 93.1 n.

98 ⁽⁹⁷⁾ ¡El Señor ha alcanzado la victoria! ᵃ
⁽¹ᵃ⁾ *Salmo.*

¹ ⁽¹ᵇ⁾ ¡Canten al Señor una canción nueva, ᵇ
pues ha hecho maravillas!
¡Ha alcanzado la victoria
con su gran poder, ᶜ con su santo brazo! ᵈ
² El Señor ha anunciado su victoria,
ha mostrado su justicia
a la vista de las naciones;
³ ha tenido presentes su amor y su lealtad
hacia el pueblo de Israel.
¡Hasta el último rincón del mundo ha sido vista
la victoria de nuestro Dios! ᵉ

⁴ Canten a Dios con alegría,
habitantes de toda la tierra;
den rienda suelta a su alegría
y cántenle himnos. ᶠ
⁵ Canten himnos al Señor al son del arpa,
al son de los instrumentos de cuerda,
⁶ Canten con alegría ante el Señor, el Rey,
al son de los instrumentos de viento.

⁷ Que brame el mar y todo lo que contiene,
el mundo y sus habitantes;
⁸ que aplaudan los ríos;
que se unan las montañas en gritos de alegría ᵍ
⁹ delante del Señor,
que viene a gobernar la tierra.
Él gobernará a los pueblos del mundo
con rectitud e igualdad. ʰ

97 ⁽⁹⁶⁾ ¡El Señor es Rey! ᵃ
¹ ¡Alégrese toda la tierra!
¡Alégrense las islas numerosas!
¡El Señor es Rey! ᵇ
² Está rodeado de espesas nubes; ᶜ
la justicia y el derecho sostienen su trono; ᵈ
³ el fuego va delante de él
y quema a los enemigos que lo rodean. ᵉ
⁴ Sus relámpagos iluminan el mundo;
¡la tierra tiembla al verlos! ᶠ
⁵ Las montañas se derriten como cera ᵍ
ante el Señor, ante el dueño
de toda la tierra.
⁶ Los cielos anuncian su justicia;
todos los pueblos ven su gloria. ʰ
⁷ Quedan humillados los que adoran ídolos,
los que se sienten orgullosos de ellos.
¡Todos los dioses se inclinan ante él! ⁱ

⁸ Oh Señor,
Sión y las ciudades de Judá ʲ
se alegran mucho por tus decretos;
⁹ pues tú, Señor altísimo,
estás por encima de toda la tierra
y mucho más alto que todos los dioses.

¹⁰ El Señor ama a los que odian el mal; ᵏ
protege la vida de los que le son fieles;
los libra de caer en manos de malvados.
¹¹ La luz brilla ˡ para el hombre bueno;
la alegría es para la gente honrada.
¹² ¡Alégrense en el Señor, hombres buenos,
y alaben su santo nombre!

99 ⁽⁹⁸⁾ El Señor es el Rey supremo ᵃ
¹ ¡El Señor es Rey! ᵇ
¡Él tiene su trono sobre los querubines! ᶜ
Tiemblen las naciones, y aun la tierra entera.
² El Señor es grande en el monte Sión; ᵈ
el Señor está por encima de todos los pueblos.
³ Sea alabado su nombre, grande y terrible;
¡Dios es santo! ᵉ

ⁱ 96.13 Sal 98.9.
ᵃ **Salmo 97** Himno a la realeza del Señor (cf. Sal 47; 93; 96; 98—99). Cuando el Señor se manifiesta como Rey universal, su pueblo se alegra, toda la naturaleza se conmueve y se cubren de vergüenza los que adoran dioses falsos.
ᵇ 97.1 *¡El Señor es Rey!*: Véase Sal 93.1 n.
ᶜ 97.2 Sal 18.8-9 (9-10). Cf. Ex 19.16-20.
ᵈ 97.2 Sal 89.14 (15).
ᵉ 97.3 Sal 50.3. Cf. Mal 4.1 (3.19).
ᶠ 97.4 Sal 77.17 (18).
ᵍ 97.5 Sal 68.2 (3); Miq 1.4; Nah 1.5; Hab 3.6.
ʰ 97.6 Sal 50.6; Is 35.2; 40.5.
ⁱ 97.7 *¡Todos los dioses se inclinan ante él!:* En los textos mitológicos del Antiguo Oriente, los dioses aparecen con frecuencia rindiendo homenaje a una divinidad suprema. Aquí se trata solamente de una imagen poética que se refiere a la derrota de la idolatría. Cf. Is 42.17; 44.9; 45.16. Véanse también Sal 50.1 n. y las referencias en Sal 96.5 n.
ʲ 97.8 *Las ciudades de Judá:* Véase Sal 48.11 (12) n.
ᵏ 97.10 *El Señor ama a los que odian el mal:* texto probable. Heb. *ustedes que aman al Señor, odien el mal.* Cf. Pr 8.13.

ˡ 97.11 *La luz brilla:* texto probable, según varias versiones antiguas. Heb. *la luz es sembrada.*
ᵃ **Salmo 98** Por su forma y su contenido, este himno a la realeza del Señor es muy semejante a Sal 96.
ᵇ 98.1 *Canción nueva:* Véanse Sal 33.3 n. y 96.1 n.
ᶜ 98.1 *Su gran poder:* lit. *su mano derecha.* Cf. Ex 15.6; Sal 18.35 (36); 21.8 (9); 89.13 (14).
ᵈ 98.1 *El brazo* del Señor es el símbolo de su poder divino. Cf. Ex 15.16; Sal 89.10 (11).
ᵉ 98.1-3 Cf. Is 52.10.
ᶠ 98.4 Sal 96.1; 100.1-2.
ᵍ 98.7-8 Cf. Sal 44.23.
ʰ 98.9 Sal 96.13.
ᵃ **Salmo 99** El último de los himnos a la realeza del Señor (cf. Sal 47; 93; 96—98). Al mismo tiempo que proclama la soberanía del Señor sobre todo el universo, el salmista expresa un profundo sentimiento de adoración ante la grandeza y santidad de Dios (cf. vv. 3,5,9).
ᵇ 99.1 *¡El Señor es Rey!:* Véanse Sal 93.1 n. y 95.3 n.
ᶜ 99.1 Acerca de los *querubines*, véase Sal 80.1 (2) nota *d.*
ᵈ 99.2 Is 12.6. Cf. Sal 48.1-3 (2-4).
ᵉ 99.3 *¡Dios es santo!:* Is 6.3. Cf. Lv 11.44-45; 19.2; 20.7,26; Lc 1.49.

⁴ Tú eres un Rey poderoso ᶠ que ama la justicia;
 tú mismo estableciste la igualdad.
 Has tratado a los hijos de Jacob
 con justicia y rectitud.
⁵ ¡Alaben al Señor, nuestro Dios,
 y arrodíllense delante de sus pies! ᵍ

 ¡Dios es santo!

⁶ Moisés y Aarón están entre sus sacerdotes; ʰ
 Samuel ⁱ está entre los que alabaron su nombre.
 El Señor les respondía
 cuando ellos pedían su ayuda.
⁷ Dios habló con ellos
 desde la columna de nube, ʲ
 y ellos cumplieron sus mandatos
 y la ley que les dio.
⁸ Señor, Dios nuestro, ¡tú les respondías!
 Fuiste para ellos un Dios de perdón,
 pero también castigaste sus maldades. ᵏ
⁹ Alaben al Señor nuestro Dios,
 ¡arrodíllense ante su santo monte!

 ¡Nuestro Dios, el Señor, es santo!

100 ⁽⁹⁹⁾ *El Señor nos hizo y somos suyos* ᵃ
⁽¹ᵃ⁾ *Salmo para la acción de gracias.*

¹ ⁽¹ᵇ⁾ ¡Canten al Señor con alegría,
 habitantes de toda la tierra! ᵇ
² Con alegría adoren al Señor;
 ¡con gritos de alegría vengan a su presencia!
³ Reconozcan que el Señor es Dios;
 él nos hizo y somos suyos;
 ¡somos pueblo suyo y ovejas de su prado! ᶜ
⁴ Vengan a las puertas y a los atrios
 de su templo
 con himnos de alabanza y gratitud.
 ¡Denle gracias, bendigan su nombre!
⁵ Porque el Señor es bueno;
 su amor es eterno ᵈ
 y su fidelidad no tiene fin.

101 ⁽¹⁰⁰⁾ *Promesa del rey a Dios* ᵃ ⁽¹ᵃ⁾ *Salmo de David.*

¹ ⁽¹ᵇ⁾ Quiero alabar el amor y la justicia; ᵇ
 quiero, Señor, cantarte himnos;
² quiero vivir con rectitud.
 ¿Cuándo vendrás a mí? ᶜ

 Será intachable mi conducta
 aun en mi propio palacio;
³ no pondré jamás la mira
 en propósitos perversos.

 Odio a quienes son desleales a Dios;
 ¡jamás permitiré que se me acerquen!
⁴ Alejaré de mí los pensamientos perversos:
 ¡no quiero hacer nada malo!
⁵ Haré callar a aquellos
 que a escondidas hablan mal de su vecino;
 ¡no soporto al altanero y arrogante!
⁶ Pondré mis ojos en los hombres leales,
 para que vivan junto a mí;
 solo estará a mi servicio
 el que lleve una vida recta.
⁷ Para el tramposo no habrá lugar en mi palacio;
 ¡ningún mentiroso podrá estar en mi presencia!
⁸ Día tras día reduciré al silencio
 a todos los malvados del país;
 ¡arrojaré de la ciudad del Señor
 a todos los malhechores!

102 ⁽¹⁰¹⁾ *Oración de un afligido* ᵃ ⁽¹⁾ *Oración de un afligido que en su desaliento da rienda suelta a su queja delante del Señor.*

¹ ⁽²⁾ Señor, escucha mi oración,
 ¡permite que mi grito llegue a ti!
² ⁽³⁾ No escondas de mí tu rostro
 cuando me encuentre angustiado;
 ¡dígnate escucharme!,
 ¡respóndeme pronto cuando te llame!
³ ⁽⁴⁾ Pues mi vida se acaba como el humo,
 mis huesos arden como brasas, ᵇ

ᶠ **99.4** *Tú eres un Rey poderoso:* traducción probable. Heb. *el poder del Rey.* El amor por la *justicia* era lo que el pueblo más apreciaba en un rey (véanse Sal 45.4 [5] n.; 72.1 n.). Por eso en este canto a la realeza del Señor se exalta especialmente este atributo divino.
ᵍ **99.5** *Delante de sus pies:* lit. *ante el estrado de sus pies,* es decir, ante el monte Sión (cf. v. 9).
ʰ **99.6** *Entre sus sacerdotes:* o sea, como mediadores entre Dios y el pueblo. Una forma de ejercer esta función mediadora era la intercesión en favor de Israel cuando este había provocado la ira del Señor (Ex 17.11-13; 32.11-14, 31-34; Nm 12.9-15; 17.6-13).
ⁱ **99.6** Acerca de la intercesión de Samuel, cf. 1 S 7.8-12; 12.19-25; Jer 15.1; Eclo 46.16-18.
ʲ **99.7** Ex 33.9.
ᵏ **99.8** *Pero también castigaste sus maldades:* Esta frase puede referirse a los pecados de los mediadores entre el pueblo y Dios (véase 99.6 nota *h*, y cf. Nm 20.12,24; 27.13-14; Dt 3.23-27), o bien a los del pueblo en general.
ᵃ **Salmo 100** Himno o canto de alabanza para ser cantado al entrar en el templo. Cf. Sal 15; 24.
ᵇ **100.1 (1b)** Sal 47.1 (2); 66.1; 98.4.
ᶜ **100.3** Sal 79.13; 95.7.
ᵈ **100.5** *Su amor es eterno:* Véase Sal 136.1 n.
ᵃ **Salmo 101** Un rey, probablemente en la ceremonia de su entronización (véanse Sal 2 nota *a;* 110 nota *a*), expone el programa de acción que se propone llevar a la práctica, tanto en la vida privada como en la vida pública, a fin de gobernar con rectitud y justicia la "ciudad del Señor" (v. 8).
ᵇ **101.1 (1b)** El *amor* y la *justicia* son dos atributos divinos en los que el buen gobernante ha de inspirar su conducta. Cf. Sal 89.14 (15).
ᶜ **101.2** *¿Cuándo vendrás a mí?:* traducción probable. Al parecer, el rey se dirige al Señor para pedirle que venga en su ayuda.
ᵃ **Salmo 102** Según parece, este salmo es la oración de un enfermo, que fue adaptada para el uso comunitario en una época en que Jerusalén se encontraba en ruinas (después de la catástrofe del 598 a.C.). Por eso en el marco de la súplica se inserta un mensaje profético que anuncia la reconstrucción de la ciudad santa (vv. 15-18 [16-19]). Este es uno de los siete salmos llamados penitenciales (Sal 6; 32; 38; 51; 130; 143).
ᵇ **102.3 (4)** Job 30.30.

SALMOS 102, 103

4 (5) mi corazón está decaído
como la hierba marchita;
¡ni aun deseos tengo de comer!

5 (6) La piel se me pega a los huesos
de tanto gemir.

6 (7) Soy como una lechuza del desierto,
como un búho [c] entre las ruinas.

7 (8) No duermo.
Soy como un pájaro solitario en el tejado.

8 (9) Mis enemigos me ofenden sin cesar
y usan mi nombre para maldecir.

9 (10) En vez de pan, como ceniza; [d]
en mi bebida se mezclan mis lágrimas,

10 (11) por causa de tu enojo y tu furor,
pues me alzaste para derribarme después.

11 (12) Mis días pasan como una sombra; [e]
me voy marchitando como la hierba.

12 (13) Pero tú, Señor, reinas por siempre;
¡tu nombre será siempre recordado!

13 (14) Levántate, compadécete de Sión,
pues ya se cumplió el tiempo;
¡ya es hora de que la perdones!

14 (15) Tus siervos aman sus piedras;
sienten dolor por sus ruinas. [f]

15 (16) Todas las naciones y reyes de la tierra
honrarán el nombre glorioso del Señor

16 (17) cuando él reconstruya a Sión
y aparezca en su gloria,

17 (18) cuando atienda a la oración del desamparado
y no desoiga sus ruegos.

18 (19) Que esto quede escrito
para las generaciones futuras,
para que alaben al Señor
los que aún han de nacer.

19 (20) El Señor miró la tierra desde el cielo,
desde su santa altura,

20 (21) para atender los lamentos de los prisioneros
y libertar a los condenados a muerte;

21 (22) para que en Sión, en Jerusalén,
se proclame y se alabe el nombre del Señor

22 (23) cuando gentes de todas las naciones
se reúnan para adorarlo.

23 (24) Él me ha quitado fuerzas a medio
camino;
ha hecho más corta mi vida.

24 (25) Yo le digo: "Dios mío,
no me lleves en la mitad de mi vida." [g]
¡Tus años no tienen fin!

25 (26) Afirmaste la tierra desde el principio;
tú mismo hiciste el cielo.

26 (27) Todo ello dejará de existir,
pero tú permaneces firme.
Todo ello se gastará, como la ropa;
¡tú lo cambiarás y quedará cambiado,
como quien se cambia de ropa!

27 (28) Pero tú eres el mismo;
tus años nunca terminarán. [h]

28 (29) Darás seguridad a los descendientes
de tus siervos;
en tu presencia misma los establecerás.

103 [(102)] Bendeciré al Señor [a]   (1a) De David.

1 (1b) Bendeciré al Señor
con toda mi alma; [b]
bendeciré con todo mi ser su santo nombre.

2 Bendeciré al Señor con toda mi alma;
no olvidaré ninguno de sus beneficios.

3 Él es quien perdona todas mis maldades,
quien sana todas mis enfermedades,

4 quien libra mi vida del sepulcro,
quien me colma de amor y ternura,

5 quien me satisface con todo lo mejor
y me rejuvenece como un águila. [c]

6 El Señor juzga con verdadera justicia
a los que sufren violencia. [d]

7 Dio a conocer sus caminos y sus hechos
a Moisés [e] y al pueblo de Israel.

8 El Señor es tierno y compasivo;
es paciente y todo amor. [f]

9 No nos reprende en todo tiempo
ni su rencor es eterno;

10 no nos ha dado el pago que merecen
nuestras maldades y pecados;

11 tan inmenso es su amor por los que lo honran
como inmenso es el cielo sobre la tierra. [g]

12 Nuestros pecados ha alejado de nosotros,
como ha alejado del oriente el occidente.

13 El Señor es, con los que lo honran,
tierno como un padre con sus hijos;

14 pues él sabe de qué estamos hechos:
sabe bien que somos polvo. [h]

---

[c] **102.6 (7)** *Como una lechuza... como un búho:* traducción probable. El salmista se refiere a dos aves que habitan en lugares desolados y emiten un sonido semejante a un quejido. Cf. Is 13.21.

[d] **102.9 (10)** *En vez de pan, como ceniza:* expresión hiperbólica, que indica una aflicción extrema. Para los antiguos israelitas, echarse ceniza (o polvo) sobre la cabeza (2 S 13.19; Lm 2.10) y sentarse o acostarse sobre ceniza (Est 4.3; Job 42.6) eran señal de duelo o de gran dolor.

[e] **102.11 (12)** Job 8.9; 14.2; Sal 39.5-6 (6-7); 109.23.

[f] **102.14 (15)** Is 40.2.

[g] **102.24 (25)** Una muerte prematura, de acuerdo con el principio de la retribución temporal, era la suerte reservada a los malvados (Sal 26.9; 55.23 [24]; Pr 10.27).

[h] **102.25-27 (26-28)** Estas frases están inspiradas en Is 51.6-8, y aparecen citadas en Heb 1.10-12.

[a] **Salmo 103** Canto de acción de gracias a la bondad y el amor del Señor, quien perdona y colma de bienes a sus fieles.

[b] **103.1 (1b)** Sal 104.1; 146.1.

[c] **103.5** *Me rejuvenece como un águila:* Por la agilidad de su vuelo y por la constante renovación de sus plumas, el águila es símbolo de eterna juventud. Cf. Is 40.31.

[d] **103.6** Sal 146.7.

[e] **103.7** Cf. Ex 33.13-17.

[f] **103.8** Sal 145.8; Eclo 2.11; Stg 5.11.

[g] **103.11** Sal 36.5 (6); 57.10 (11).

[h] **103.14** *Somos polvo:* Véase Sal 90.3 n.

¹⁵ La vida del hombre es como la hierba;ⁱ
    brota como una flor silvestre;
¹⁶ tan pronto la azota el viento,
        deja de existir,
    y nadie vuelve a saber de ella.
¹⁷ Pero el amor del Señor es eterno
    para aquellos que lo honran;
    su justicia es infinita
    por todas las generaciones,ʲ
¹⁸ para los que cumplen con su alianza
    y no se olvidan de obedecer sus mandatos.
¹⁹ El Señor ha puesto su trono en el cielo,
    y su reino domina sobre todo.
²⁰ ¡Bendigan al Señor, ángeles poderosos!ᵏ
    Ustedes, que cumplen sus órdenes,
    que están atentos a obedecerlo.
²¹ ¡Bendigan al Señor todos sus ejércitos,
    que lo sirven y hacen su voluntad!
²² ¡Bendiga al Señor la creación entera,
    en todos los lugares de su reino!ˡ

¡Bendeciré al Señor con toda mi alma!

104 ⁽¹⁰³⁾ *Alabanzas al Creador* ᵃ

¹ ¡Bendeciré al Señor con toda mi alma!ᵇ
¡Cuán grande eres, Señor y Dios mío!
Te has vestido de gloria y esplendor;
² te has envuelto en un manto de luz.ᶜ
¡Tú extendiste el cielo como un velo!
³ ¡Tú afirmaste sobre el agua
    los pilares de tu casa, allá en lo alto!ᵈ
Conviertes las nubes en tu carro;
¡viajas sobre las alas del viento!
⁴ Los vientos son tus mensajeros,
    y las llamas de fuego tus servidores.ᵉ
⁵ Pusiste la tierra sobre sus basesᶠ
    para que nunca se mueva de su lugar.
⁶ El mar profundo cubría la tierra
    como si fuera un vestido.
    El agua cubría las montañas.
⁷ Pero tú la reprendiste, y se fue;
    huyó de prisa al escuchar tu voz
        de trueno.

⁸ Subiendo a los montes
    y bajando a los valles,
    se fue al lugar que le habías señalado,
⁹ al límite que le ordenaste no cruzar,
    para que no volviera a cubrir la tierra.ᵍ
¹⁰ Tú envías el agua de los manantiales
    a los ríos que corren por las montañas.
¹¹ De esa agua beben los animales salvajes;
    con ella apagan su sed los asnos del monte.
¹² A la orilla de los ríos
    anidan las aves del cielo;
    ¡allí cantan, entre las ramas de los árboles!
¹³ Tú eres quien riega los montes
    desde tu casa, allá en lo alto;
    con los torrentes del cielo
        satisfaces a la tierra.
¹⁴ Haces crecer los pastos para los animales,
    y las plantas que el hombre cultiva
    para sacar su pan de la tierra,
¹⁵ el pan que le da fuerzas,
    y el vino, que alegra su vida
    y hace brillar su cara más que el aceite.ʰ
¹⁶ Sacian su sed los árboles,
    los cedros del Líbano que el Señor plantó.
¹⁷ En ellos anidan las aves más pequeñas,
    y en los pinos viven las cigüeñas.
¹⁸ Los montes altos son para las cabras,
    y en las peñas se esconden los tejones.
¹⁹ Hiciste la luna para medir el tiempo;ⁱ
    el sol sabe cuándo debe ocultarse.
²⁰ Tiendes el manto oscuro de la noche,
    y entonces salen los animales del bosque.
²¹ Los leones rugen por la víctima;
    piden que Dios les dé su comida.
²² Pero al salir el sol, se van
    y se acuestan en sus cuevas.
²³ Entonces sale el hombre a su labor
    y trabaja hasta la noche.
²⁴ ¡Cuántas cosas has hecho, Señor!
    Todas las hiciste con sabiduría;
    ¡la tierra está llena de todo
        lo que has creado!

ⁱ **103.15** Sobre esta metáfora, véanse referencias en Sal 37.2 n.
ʲ **103.15-17** Cf. Is 40.6-8.
ᵏ **103.20** Los *ángeles* reciben aquí el calificativo de héroes *poderosos*, que el Señor envía como mensajeros con la misión de ejecutar sus mandatos. En el v. siguiente la palabra *ejércitos* también se refiere a los ángeles. Cf. Sal 148.2. Véase *Ángel* en el *Índice temático*.
ˡ **103.21-22** Cf. Sal 148.
ᵃ **Salmo 104** Himno o canto de alabanza al Dios creador. El salmista hace ver cómo el Señor está presente y activo en todos los acontecimientos que suceden tanto en el mundo de la naturaleza como en la vida de los seres humanos.
ᵇ **104.1** Sal 103.1; 146.1.
ᶜ **104.2** 1 Ti 6.16.
ᵈ **104.3** *¡Tú afirmaste... allá en lo alto!:* Los antiguos israelitas, lo mismo que sus contemporáneos de otros pueblos, pensaban que por encima de la bóveda celeste había un gran océano (Gn 1.6-8; 7.11), del que provenían las lluvias y sobre el cual se elevaba el trono celestial de Dios.
ᵉ **104.4** En Heb 1.7 se cita este v. de acuerdo con la versión griega (LXX).
ᶠ **104.5** Job 38.6; Sal 24.2; Pr 8.29.
ᵍ **104.6-9** Esta es una descripción poética de la obra de Dios, que pone orden y armonía en su creación. Cf. Gn 1.6-10.
ʰ **104.15** *Y hace brillar su cara más que el aceite:* otra posible traducción: *y el aceite que hace brillar su cara. Pan, vino y aceite* eran los alimentos principales para los pueblos del mundo mediterráneo. Cf. Os 2.8 (10).
ⁱ **104.19** *Para medir el tiempo:* otra posible traducción: *para indicar las estaciones.* El calendario judío se basa en el mes lunar. La *luna* se menciona antes que el *sol* porque los hebreos contaban los días a partir del atardecer. Cf. Gn 1.14-18.

²⁵ Allí está el mar, ancho y extenso,
donde abundan incontables animales,
grandes y pequeños;
²⁶ allí navegan los barcos, allí está el Leviatán, ʲ
el monstruo que hiciste para jugar con él.
²⁷ Todos ellos esperan de ti
que les des su comida a su tiempo.
²⁸ Tú les das, y ellos recogen;
abres la mano, y se llenan de lo mejor;
²⁹ si escondes tu rostro, se espantan;
si les quitas el aliento, mueren
y vuelven a ser polvo.
³⁰ Pero si envías tu aliento de vida,
son creados,
y así renuevas el aspecto de la tierra. ᵏ
³¹ ¡La gloria del Señor es eterna!
¡El Señor se alegra en su creación!
³² La tierra tiembla cuando él la mira;
¡echan humo los montes cuando él los toca!
³³ Mientras yo exista y tenga vida,
cantaré himnos al Señor mi Dios. ˡ
³⁴ Quiera el Señor agradarse de mis pensamientos,
pues solo en él encuentro mi alegría.
³⁵ ¡Que desaparezcan de la tierra los pecadores!
¡Que dejen de existir los malvados!

¡Bendeciré al Señor con toda mi alma!
¡Aleluya! ᵐ

105 ⁽¹⁰⁴⁾ *Los actos de Dios por Israel* ᵃ *(1 Cr 16.8-22)*

¹ ¡Den gracias al Señor!
¡Proclamen su nombre!
Cuenten a los pueblos sus acciones. ᵇ
² Canten himnos en su honor.
¡Hablen de sus grandes hechos!
³ Siéntanse orgullosos de su santo nombre.
¡Siéntase alegre el corazón
de los que buscan al Señor!
⁴ Recurran al Señor, y a su poder;
recurran al Señor en todo tiempo.
⁵ Recuerden sus obras grandes y maravillosas,
y los decretos que ha pronunciado; ᶜ
⁶ ustedes, descendientes de su siervo Abraham;
ustedes, hijos de Jacob, sus escogidos.
⁷ Él es el Señor, nuestro Dios;
¡él gobierna toda la tierra!
⁸ Ni aunque pasen mil generaciones
se olvidará de las promesas de su alianza,
⁹ de la alianza que hizo con Abraham, ᵈ
del juramento que hizo a Isaac ᵉ
¹⁰ y que confirmó como ley para Jacob,
como alianza eterna para Israel,
¹¹ cuando dijo:
"Voy a darte la tierra de Canaán
como la herencia que te toca." ᶠ

¹² Aunque ellos eran pocos,
unos cuantos extranjeros en la tierra,
¹³ que iban de nación en nación
y de reino en reino, ᵍ
¹⁴ Dios no permitió que nadie los maltratara,
y aun advirtió a los reyes: ʰ
¹⁵ "No toquen a mis escogidos
ni maltraten a mis profetas." ⁱ

¹⁶ Hizo venir hambre a aquella tierra,
y les quitó todo alimento. ʲ
¹⁷ Pero envió delante de ellos a José,
al que habían vendido como esclavo. ᵏ
¹⁸ Le lastimaron los pies con cadenas;
¡lo aprisionaron con hierros!
¹⁹ La palabra del Señor puso a prueba a José,
hasta que se cumplió
lo que José había anunciado. ˡ
²⁰ El rey, el que gobernaba a mucha gente,
ordenó que le dieran libertad; ᵐ
²¹ lo nombró amo y señor de su casa
y de todo cuanto tenía, ⁿ
²² para que enseñara e hiciera sabios
a los jefes y a los ancianos.
²³ Vino después Israel, que es Jacob,

ʲ **104.26** *Leviatán:* Aquí no se trata, probablemente, del temible monstruo marino (véase Sal 74.14 n.), sino de los grandes cetáceos que circulan por los mares.
ᵏ **104.29-30** Gn 2.7; Job 34.14-15.
ˡ **104.33** Sal 146.2.
ᵐ **104.35** *¡Aleluya!:* expresión hebrea tradicional que significa lit. *¡Alaben a Yahvé!*
ᵃ **Salmo 105** Salmo de carácter histórico, que relata a grandes rasgos algunos episodios de la historia de Israel, desde los tiempos de Abraham hasta la entrada en la Tierra Prometida. A diferencia de los salmos 78 y 106, no hay aquí ninguna alusión a las infidelidades de Israel. El salmista destaca, sobre todo, la fidelidad del Señor a sus promesas y los beneficios concedidos a su pueblo. Los vv. 1-15 se vuelven a encontrar, con pequeñas modificaciones, en 1 Cr 16.8-22.
ᵇ **105.1** *Cuenten a los pueblos sus acciones:* Esta proclamación universal de la grandeza del Señor, Dios de Israel, es típica de la época posterior al destierro. Cf. Sal 96.7-10; 97.1; 98.2-4.
ᶜ **105.5** Las *obras grandes y maravillosas* son, principalmente, los milagros del éxodo. Cf. Ex 7.1—17.7.

ᵈ **105.9** Gn 12.7; 17.8.
ᵉ **105.9** Gn 26.3.
ᶠ **105.10-11** Gn 28.13.
ᵍ **105.12-13** Alusión a los patriarcas, que vivieron como peregrinos y extranjeros en la Tierra Prometida (Gn 23.4; 47.9; Dt 26.5).
ʰ **105.14** Este v. se refiere a los episodios relatados en Gn 12.14-19; 20.1-18; 26.7-11.
ⁱ **105.15** *Mis profetas:* Cf. Gn 20.7, donde Dios califica a Abraham de "profeta".
ʲ **105.16** Gn 41.53-57. La frase *les quitó todo alimento* traduce el modismo hebreo *quebró la vara del pan*. Esta expresión alude a la costumbre de preparar el pan en forma de rosca y de colgarlo en una vara para tenerlo como reserva.
ᵏ **105.17** Gn 37.28; 45.5.
ˡ **105.18-19** El relato del Génesis no dice que José haya sido aprisionado *con hierros*, pero el salmista se permite esta licencia poética (cf. Gn 39.20—40.23).
ᵐ **105.20** Gn 41.14.
ⁿ **105.21** Gn 41.39-41.

y vivió como extranjero en Egipto,
en la tierra de Cam. ⁿ
²⁴ Dios hizo grande en número a su pueblo,
y más fuerte que los egipcios.
²⁵ Pero hizo que los egipcios
se pusieran en contra de su pueblo
y engañaran a los siervos de Dios. ᵒ
²⁶ Entonces Dios envió a su siervo Moisés,
y a Aarón, a quien había escogido, ᵖ
²⁷ y ellos realizaron señales de Dios en el desierto:
¡grandes maravillas en la tierra de Cam!
²⁸ Envió Dios una oscuridad
que todo lo cubrió, ᑫ
pero los egipcios desatendieron ʳ
sus palabras.
²⁹ Convirtió en sangre el agua de sus ríos,
y mató a sus peces; ˢ
³⁰ infestó de ranas el país,
y aun la alcoba del rey. ᵗ
³¹ Habló Dios, y nubes de tábanos
y mosquitos
invadieron el territorio egipcio. ᵘ
³² En vez de lluvia, envió granizo
y llamas de fuego sobre el país.
³³ Destrozó sus viñas y sus higueras;
¡destrozó los árboles de Egipto! ᵛ
³⁴ Habló Dios, y llegaron las langostas;
¡tantas eran, que no se podían contar!
³⁵ ¡Devoraron la hierba del campo
y todo lo que la tierra había producido! ʷ
³⁶ ¡Hirió de muerte, en Egipto mismo,
al primer hijo de toda familia egipcia! ˣ
³⁷ Dios sacó después a su pueblo
cargado de oro y plata,
y nadie entre las tribus tropezó.
³⁸ Los egipcios se alegraron de verlos partir,
pues estaban aterrados. ʸ
³⁹ Dios extendió una nube para cubrirlos
y un fuego para alumbrarlos de noche. ᶻ
⁴⁰ Pidieron comida, y les mandó codornices,
y con pan del cielo los dejó satisfechos. ᵃ
⁴¹ Partió la roca, y de ella brotó agua
que corrió por el desierto como un río. ᵇ

⁴² Pues se acordó de la santa promesa
que había hecho a su siervo Abraham.
⁴³ Fue así como Dios sacó a su pueblo escogido,
entre gritos de alegría,
⁴⁴ y les dio las tierras de otras naciones
y el fruto del trabajo de otros pueblos, ᶜ
⁴⁵ para que respetaran y atendieran
las leyes y enseñanzas del Señor.

¡Aleluya!

106 ⁽¹⁰⁵⁾ *La constante rebeldía de Israel* ᵃ
¹ ¡Aleluya!

Den gracias al Señor, porque él es bueno,
porque su amor es eterno. ᵇ
² ¿Quién podrá describir las victorias del Señor? ᶜ
¿Quién podrá alabarlo como merece?
³ Felices los que practican la justicia
y hacen siempre lo que es justo.
⁴ Acuérdate de mí, Señor,
cuando hagas bien a tu pueblo;
tenme presente cuando vengas a salvar,
⁵ para que vea yo la dicha de tus escogidos,
para que me alegre y enorgullezca
con el pueblo que te pertenece.

⁶ Hemos pecado igual que nuestros padres;
nos hemos pervertido; hemos hecho lo malo.
⁷ Nuestros padres, allá en Egipto,
no dieron importancia a tus grandes hechos;
se olvidaron de tu gran amor,
y junto al Mar Rojo se rebelaron contra ti. ᵈ

⁸ Pero Dios los salvó,
y dio a conocer su poder
haciendo honor a su nombre. ᵉ
⁹ Reprendió al Mar Rojo y lo dejó seco.
Los hizo pasar por el fondo del mar
como por un desierto.
¹⁰ Así los salvó de sus enemigos,
del poder de quienes los odiaban.
¹¹ El agua cubrió a sus rivales
y ni uno de ellos quedó con vida.
¹² Entonces creyeron en las promesas de Dios ᶠ
y le cantaron alabanzas. ᵍ

ⁿ **105.23** Gn 46.6; 47.11. *La tierra de Cam* es Egipto (véase Sal 78.51 n.).
ᵒ **105.24-25** Ex 1.7-14.
ᵖ **105.26** Ex 3.1—4.17.
ᑫ **105.28** Ex 10.21-23.
ʳ **105.28** *Desatendieron:* traducción probable. Heb. *no se rebelaron.*
ˢ **105.29** Ex 7.17-21.
ᵗ **105.30** Ex 8.1-6 (7.26—8.2).
ᵘ **105.31** Ex 8.16-24 (12-20).
ᵛ **105.32-33** Ex 9.22-25.
ʷ **105.34-35** Ex 10.12-15.
ˣ **105.36** Ex 12.29.
ʸ **105.37-38** Ex 12.33-36.
ᶻ **105.39** Ex 13.21-22.
ᵃ **105.40** Ex 16.2-15.
ᵇ **105.41** Ex 17.1-7; Nm 20.2-13.
ᶜ **105.44** Jos 11.16-23.
ᵃ **Salmo 106** Salmo de contenido histórico, que formaba parte de una liturgia penitencial como la descrita en Neh 9. Aquí se presenta la historia de Israel como una serie ininterrumpida de pecados, infidelidades y rebeldías, que provocaron constantemente la ira del Señor. Pero el Señor, aunque no dejó sin castigo a los culpables (cf. Nm 14.18), terminó siempre por compadecerse de su pueblo (cf. vv. 44-45). Cf. también Is 63.7—64.12 (11); Dn 9.3-20; Bar 1.15—3.8.
ᵇ **106.1** *Porque su amor es eterno:* Véase Sal 136.1 n.
ᶜ **106.1-48** Ez 20.2-44.
ᵈ **106.7** Ex 14.10-12.
ᵉ **106.8** Dt 7.7-8; Ez 20.9; 36.22-23.
ᶠ **106.9-12** Ex 14.21-31.
ᵍ **106.12** Ex 15.1-21.

¹³ Pero muy pronto olvidaron los hechos de Dios,
y no esperaron a conocer sus planes.
¹⁴ Allá, en la soledad del desierto,
pusieron a prueba a Dios
exigiéndole que les cumpliera sus deseos.
¹⁵ Y Dios les dio lo que pidieron,
pero les mandó una enfermedad mortal. ʰ
¹⁶ En el campamento tuvieron envidia de Moisés,
y también de Aarón, el consagrado del Señor.
¹⁷ Entonces se abrió la tierra y se tragó a Datán,
y también a la pandilla de Abiram.
¹⁸ ¡El fuego ardió contra todos ellos!
¡Las llamas quemaron a los malvados! ⁱ
¹⁹ En el monte Horeb hicieron un becerro,
un ídolo de oro fundido, y lo adoraron:
²⁰ ¡cambiaron al Dios glorioso
por la imagen de un buey que come hierba! ʲ
²¹ Olvidaron a Dios, su Salvador,
que había hecho grandes cosas en Egipto,
²² que había hecho maravillas en el país de Cam
y cosas sorprendentes en el Mar Rojo.
²³ Dios habló de destruirlos;
pero Moisés, su escogido, se interpuso
y calmó el furor de Dios,
evitando que los destruyera. ᵏ
²⁴ Más tarde despreciaron un país hermoso,
y no creyeron en las promesas de Dios;
²⁵ dentro de sus tiendas hablaron mal del Señor,
y no obedecieron sus órdenes.
²⁶ Entonces él levantó la mano y les juró
que los haría morir en el desierto, ˡ
²⁷ que haría morir a sus descendientes
y los dispersaría entre las naciones paganas. ᵐ
²⁸ Se hicieron esclavos de Baal-peor,
y comieron de lo sacrificado a dioses sin vida.
²⁹ Con sus malas acciones provocaron a Dios,
y se extendió una plaga entre ellos.
³⁰ Pero Finees se levantó y ejecutó al culpable,
y así la plaga se detuvo.
³¹ Y Dios le tomó en cuenta esa justa acción, ⁿ
para siempre y de padres a hijos. ñ
³² Hicieron también que Dios se enojara
junto a las aguas de Meribá,
y por causa de ellos
le fue muy mal a Moisés,
³³ pues le amargaron el ánimo
y él habló sin pensar lo que decía. ᵒ
³⁴ No destruyeron a los pueblos
que el Señor había ordenado destruir.
³⁵ Por el contrario,
se mezclaron con los paganos
y aprendieron sus costumbres:
³⁶ adoraron ídolos paganos,
los cuales fueron causa de su ruina, ᵖ
³⁷ pues ofrecieron a sus hijos y a sus hijas
en sacrificio a esos demonios. ᑫ
³⁸ Derramaron sangre inocente, ʳ
la sangre de sus hijos y sus hijas,
y la ofrecieron a los dioses de Canaán. ˢ
La tierra se manchó con su sangre,
³⁹ y ellos se mancharon y prostituyeron ᵗ
con todas sus malas acciones.
⁴⁰ El Señor se enfureció contra su pueblo,
y renegó de ellos, de los que eran suyos;
⁴¹ los abandonó en manos de los paganos,
y sus enemigos los dominaron;
⁴² sus enemigos los aplastaron,
los humillaron bajo su poder.
⁴³ Dios los salvó muchas veces,
pero ellos se opusieron a sus planes
y se hundieron en su propia maldad.
⁴⁴ Sin embargo, al verlos angustiados
y al escuchar sus lamentos,
⁴⁵ se acordó de su alianza con ellos
y cambió de parecer,
porque su amor es muy grande:
⁴⁶ hizo que aun sus conquistadores
los trataran con bondad! ᵘ
⁴⁷ ¡Sálvanos, Señor y Dios nuestro!
¡Recógenos de entre las naciones
para que alabemos tu santo nombre,
para que alegres te alabemos! ᵛ
⁴⁸ ¡Bendito sea el Señor, Dios de Israel,
por toda la eternidad!
¡Que todos digan: "Amén"! ʷ

¡Aleluya! ˣ

ʰ **106.14-15** Nm 11.4-34.
ⁱ **106.16-18** Nm 16.1-35.
ʲ **106.20** Jer 2.11; Ro 1.23.
ᵏ **106.19-23** Ex 32.1-14.
ˡ **106.24-26** Nm 14.1-35.
ᵐ **106.27** Lv 26.33.
ⁿ **106.31** *Dios le tomó en cuenta esa justa acción:* expresión semejante a la de Gn 15.6, que será luego retomada y profundizada por el apóstol Pablo. Véase Ro 4.3 n.
ñ **106.28-31** Nm 25.1-13.
ᵒ **106.32-33** Nm 20.2-13.
ᵖ **106.34-36** Jue 2.1-3; 3.5-6.
ᑫ **106.37** 2 R 17.17; Bar 4.7.
ʳ **106.38** Nm 35.33.
ˢ **106.38** Los sacrificios humanos estaban severamente prohibidos por la ley de Moisés (Lv 18.21; Dt 12.31; 18.10), pero algunos textos del AT indican que los israelitas no siempre tuvieron en cuenta esa prohibición (2 R 17.17; Jer 7.31; Ez 16.20).
ᵗ **106.39** A partir del profeta Oseas (1.2; 2.5 [7]; 5.3), el pecado en general, y en particular el de idolatría, era considerado como una prostitución o adulterio, es decir, como una infidelidad al Señor, esposo de Israel (Jer 3.1-2; Ez 16.15-16; 23.19-20).
ᵘ **106.40-46** Jue 2.14-18.
ᵛ **106.47** 1 R 8.33-34.
ʷ **106.47-48** 1 Cr 16.35-36.
ˣ **106.48** Con esta doxología termina la cuarta parte del libro de *Salmos*. Véase Sal 41.13 (14) n.

LIBRO V
(Salmos 107—150)

107 [106] *El constante amor del Señor* [a]

1 Den gracias al Señor, porque él es bueno,
porque su amor es eterno. [b]
2 Díganlo los que el Señor ha salvado,
los que salvó del poder del enemigo,
3 los que reunió de entre los países
del norte y del sur,
del este y del oeste.

4 Andaban perdidos por el desierto arenoso,
sin hallar el camino a una ciudad donde vivir;
5 tenían hambre y sed,
¡estaban a punto de morir!
6 Pero en su angustia clamaron al Señor,
y él los libró de la aflicción. [c]
7 Después los puso en el buen camino
hacia una ciudad donde vivir.

8 Den gracias al Señor por su amor,
¡por lo que hace en favor de los hombres!
9 Pues él apaga la sed del sediento
y da abundante comida al hambriento. [d]

10 Vivían en profunda oscuridad,
presos de la tristeza y las cadenas,
11 por rebelarse contra las órdenes del Señor,
por despreciar los planes del Altísimo.
12 Dios los sometió a duros trabajos;
tropezaban, y nadie los ayudaba.
13 Pero en su angustia clamaron al Señor,
y él los salvó de la aflicción;
14 los sacó de la profunda oscuridad
y los libró de las cadenas.

15 Den gracias al Señor por su amor,
¡por lo que hace en favor de los hombres!
16 ¡Él hizo pedazos puertas de bronce!
¡Él hizo pedazos barras de hierro!

17 Enfermos [e] y afligidos
por sus propias maldades y pecados,
18 no soportaban ningún alimento;
¡ya estaban a las puertas de la muerte!
19 Pero en su angustia clamaron al Señor,
y él los salvó de la aflicción;
20 envió su palabra, [f] y los sanó;
¡los libró del sepulcro!

21 Den gracias al Señor por su amor,
¡por lo que hace en favor de los hombres!
22 Ofrézcanle sacrificios de gratitud
y hablen con alegría de sus actos.

23 Se hicieron a la mar los comerciantes.
Surcaron las aguas con sus barcos,
24 y allí, en alta mar, vieron
la creación maravillosa del Señor.
25 A la voz del Señor se desató una tormenta
que levantaba grandes olas;
26 eran lanzados hasta el cielo
y hundidos hasta el fondo del mar;
¡perdieron el valor ante el peligro!
27 Se tambaleaban como borrachos;
¡de nada les servía su pericia!
28 Pero en su angustia clamaron al Señor,
y él los sacó de la aflicción;
29 convirtió en brisa la tempestad,
y las olas se calmaron.
30 Al ver tranquilas las olas, se alegraron,
y Dios los llevó hasta el puerto deseado.

31 Den gracias al Señor por su amor,
¡por lo que hace en favor de los hombres!
32 ¡Aclámenlo al reunirse el pueblo!
¡Alábenlo en la reunión de ancianos!

33 El Señor convierte ríos y manantiales
en desiertos y tierras secas;
34 convierte tierras fértiles en salitrosas,
por la maldad de sus habitantes; [g]
35 convierte desiertos en lagunas
y tierras secas en manantiales; [h]
36 allí establece a los que tienen hambre,
y ellos construyen sus ciudades.
37 Siembran campos, plantan viñedos
y recogen cosechas abundantes.
38 Él los bendice, hace que aumenten
y que crezca el número de sus ganados.
39 Y si mueren y su número decrece
a causa de la opresión,
de la desgracia y el dolor,
40 Dios desprecia a los opresores
y los hace perderse en desiertos sin camino. [i]
41 Él saca a los pobres de su tristeza;
¡hace crecer sus familias como rebaños!
42 Al ver esto, los hombres honrados se alegran,
y los malvados cierran la boca.

43 El que es inteligente,
debe tener esto en cuenta
y comprender el amor del Señor. [j]

---

[a] **Salmo 107** Después de una breve introducción (vv. 1-3), este canto de acción de gracias describe cómo el Señor socorre a sus fieles que están en peligro, sea que anden perdidos por el desierto (vv. 4-9), encerrados en una cárcel (vv. 10-16), enfermos y afligidos (vv. 17-22), o a punto de naufragar en medio de una gran tormenta (vv. 23-32). La última parte (vv. 33-43) es un himno o canto de alabanza al Señor.

[b] **107.1** *Porque su amor es eterno:* Véase Sal 136.1 n.

[c] **107.6** Esta frase, con pequeñas variantes, se repite en los vv. 13, 19 y 28.

[d] **107.8-9** Un estribillo semejante a este divide la primera parte del salmo en cuatro estrofas de idéntica estructura. Cf. vv. 15-16, 21-22, 31-32.

[e] **107.17** *Enfermos:* según algunas versiones antiguas. Heb. *insensatos*.

[f] **107.20** Cf. Sal 147.15,18; Is 55.10-11; Sab 18.14-16.

[g] **107.34** Alusión velada a la ruina de Sodoma y Gomorra (Gn 19.23-28).

[h] **107.33-35** Cf. Dt 29.23 (22); Sal 78.15-16; 105.41; 114.8; Is 40.3; 43.19; Eclo 39.22-23.

[i] **107.40** Job 12.24.

108 *Mi corazón está dispuesto*ª *(Sal 57.7-11 [8-12]; 60.5-12[7-14])* ⁽¹⁾ *Cántico y salmo de David.*

¹ ⁽²⁾ Mi corazón está dispuesto, Dios mío,
¡dispuesto a cantarte himnos!
Despierta, alma mía;
² ⁽³⁾ despierten, arpa y salterio;
¡despertaré al nuevo día!
³ ⁽⁴⁾ Te alabaré con himnos, Señor,
en medio de pueblos y naciones.
⁴ ⁽⁵⁾ Pues tu amor es más grande que los cielos.
¡Tu lealtad alcanza al cielo azul! ᵇ
⁵ ⁽⁶⁾ ¡Dios mío, tú estás por encima del cielo;
tu gloria llena toda la tierra! ᶜ
⁶ ⁽⁷⁾ Sálvanos con tu poder,
para que sean libertados los que amas.
¡Respóndenos!

⁷ ⁽⁸⁾ Dios habló desde su santuario:
"¡Con qué alegría dividiré Siquem
y repartiré el valle de Sucot!
⁸ ⁽⁹⁾ Galaad y Manasés me pertenecen;
Efraín es el casco que cubre mi cabeza;
Judá es mi bastón de mando;
⁹ ⁽¹⁰⁾ Moab es la palangana en que me lavo;
sobre Edom arrojaré mi sandalia;
¡cantaré victoria sobre los filisteos!"

¹⁰ ⁽¹¹⁾ ¿Quién me llevará a la ciudad amurallada?
¿Quién me guiará hasta Edom?
¹¹ ⁽¹²⁾ Pues tú, oh Dios, nos has rechazado;
¡no sales ya con nuestras tropas!
¹² ⁽¹³⁾ Ayúdanos contra el enemigo,
pues nada vale la ayuda del hombre.
¹³ ⁽¹⁴⁾ Con la ayuda de Dios haremos grandes cosas;
¡él aplastará a nuestros enemigos!

109 ⁽¹⁰⁸⁾ *Apelación al Juez supremo*ª ⁽¹ᵃ⁾ *Del maestro de coro. Salmo de David.*

¹ ⁽¹ᵇ⁾ Oh Dios,
no te quedes callado ante mi oración,
² pues labios mentirosos y malvados
hablan mal de mí,
y es falso lo que de mí dicen.

³ Sus expresiones de odio me rodean;
¡me atacan sin motivo!
⁴ A cambio de mi amor, me atacan;
pero yo hago oración. ᵇ
⁵ Me han pagado mal por bien,
y a cambio de mi amor, me odian.

⁶ Pon como juez suyo a un malvado,
y que lo acuse su propio abogado; ᶜ
⁷ que lo declaren culpable en el juicio;
que lo condene su propia defensa.
⁸ ¡Que viva poco tiempo
y que otro se apodere de sus bienes! ᵈ
⁹ ¡Que sus hijos queden huérfanos
y viuda su esposa! ᵉ
¹⁰ ¡Que sus hijos anden vagando y pidiendo limosna!
¡Que los echen ᶠ de las ruinas de su casa!
¹¹ Que se lleve el prestamista
todo lo que le pertenecía.
Que gente extraña le arrebate
el fruto de su trabajo.
¹² Que no haya quien tenga compasión
de él ni de sus hijos huérfanos.
¹³ Que se acabe su descendencia,
que se borre para siempre su apellido. ᵍ
¹⁴ Que se acuerde el Señor de la maldad de su padre
y nunca borre el pecado de su madre;
¹⁵ que el Señor los tenga siempre presentes
y borre de la tierra su recuerdo.

¹⁶ Nunca pensó en ser compasivo;
a los pobres y humildes y afligidos
los persiguió hasta matarlos.
¹⁷ Ya que prefirió la maldición, ¡que lo maldigan!
No quiso bendición,
¡pues que nunca lo bendigan! ʰ
¹⁸ Que lo cubra la maldición como un vestido;
que le entre en el vientre y en los huesos
cual si fuera agua o aceite;
¹⁹ ¡que lo cubra como un vestido
y lo oprima como un cinto!
²⁰ ¡Así pague el Señor a mis enemigos
y a los que hablan mal de mí!

²¹ Pero tú, Señor,

---

i **107.43** El salmo termina con una reflexión de carácter sapiencial, al estilo de Os 14.9 (10).

a **Salmo 108** Este salmo está compuesto con fragmentos de otros dos salmos: los vv. 1-5 (2-6) reproducen casi textualmente Sal 57.7-11 (8-12); los vv. 6-13 (7-14) corresponden a Sal 60.5-12 (7-14).

b **108.4 (5)** Sal 36.5 (6).

c **108.5 (6)** Sal 8.1 (2).

a **Salmo 109** Súplica individual, célebre por los terribles deseos de venganza expresados en los vv. 6-19. El salmista, víctima del odio y las persecuciones de sus enemigos, pide al Señor que lo bendiga, haciendo ineficaces, de ese modo, las maldiciones de que es objeto (cf. v. 28).

b **109.4** Este *amor* y esta entrega a la *oración* contrastan sensiblemente con la imprecación que viene después. De ahí podría sacarse un argumento más en favor de la interpretación a la que se hace referencia en 109.6 n.

c **109.6** Aquí comienza la imprecación más larga y violenta de todo el libro de *Salmos*. Por lo general, se le atribuye a la persona que ha venido hablando hasta ahora. Sin embargo, cuando el salmista se refiere a sus enemigos emplea siempre el plural (vv. 1-5,20,27-29). La imprecación, en cambio, está dirigida contra uno solo, en singular. Por eso podría pensarse que él no hace más que repetir, en presencia del Señor, las palabras de sus acusadores y perseguidores. Acerca de estas imprecaciones, véase la *Introducción* a los *Salmos (3 [h])*.

d **109.8** Hch 1.20. *Sus bienes:* otra posible traducción: *su nombramiento*.

e **109.9** Jer 18.21; Am 7.17.

f **109.10** *Que los echen:* según la versión griega (LXX). Heb. *y busquen*.

g **109.13** Job 18.19; Sal 37.28.

h **109.17** Aquí se expresa en todo su rigor el principio formulado en la ley del talión (Ex 21.23-24). Cf. Sal 7.15-16 (16-17); 57.6 (7); Pr 1.31; 5.22.

haz honor a tu nombre, y trátame bien.
¡Sálvame, por la bondad de tu amor!
²² Estoy muy pobre y afligido,
tengo herido el corazón,
²³ me voy desvaneciendo como una sombra,
¡el viento me arrastra como a una langosta! *i*
²⁴ De no comer me tiemblan las rodillas;
adelgazo por falta de alimento.
²⁵ ¡Soy el hazmerreír de la gente!
¡Al verme, mueven burlones la cabeza! *j*
²⁶ Ayúdame, Señor y Dios mío;
¡sálvame, por tu amor!
²⁷ Que sepan que tú, Señor,
has hecho esto con tu mano.
²⁸ No importa que me maldigan,
con tal que tú me bendigas.
Que ellos se avergüencen
mientras tu siervo se alegra.
²⁹ ¡Que mis enemigos se llenen de vergüenza!
¡Que los cubra la vergüenza como una capa!
³⁰ Con mis labios daré al Señor gracias infinitas;
¡lo alabaré en medio de mucha gente!
³¹ Porque él aboga en favor del pobre
y lo pone a salvo de los que lo condenan.

110 ⁽¹⁰⁹⁾ *El Señor da poder al rey* ᵃ ⁽¹ᵃ⁾ *Salmo de David.*

¹ ⁽¹ᵇ⁾ El Señor dijo ᵇ a mi señor:
"Siéntate a mi derecha,
hasta que yo haga de tus enemigos
el estrado de tus pies." *c*
² Desde Sión, el Señor te entrega
el cetro, *d* símbolo de tu poder.
¡Domina, pues, a tus enemigos!
³ Tu pueblo se te entrega
en el día de tu victoria.
Sobre los montes santos,
y como el rocío *e* que nace de la aurora,
tu juventud se renueva de día en día. *f*
⁴ El Señor ha hecho un juramento,
y no va a desdecirse:
"Tú eres sacerdote para siempre,
de la misma clase que Melquisedec." *g*
⁵ El Señor está a tu mano derecha;
en el día de su furor, destruirá reyes;
⁶ dictará sentencia contra las naciones;
amontonará cadáveres;
¡estrellará cabezas en toda la tierra!
⁷ En el camino, beberá agua de un arroyo,
y el agua le dará nuevas fuerzas. *h*

111 ⁽¹¹⁰⁾ *Alabanza de los actos de Dios* ᵃ

¹ ¡Aleluya!

Alabaré al Señor de todo corazón
en la reunión de los hombres honrados,
en la comunidad entera.
² Las obras del Señor son grandes,
y quienes las aman, las estudian.
³ Su obra es bella y esplendorosa,
y su justicia permanece para siempre.
⁴ Ha hecho inolvidables sus maravillas. *b*

El Señor es tierno y compasivo;
⁵ da alimentos *c* a los que lo honran;
¡se acuerda siempre de su alianza!
⁶ Mostró a su pueblo el poder de sus obras,
dándole lo que era posesión de los paganos.
⁷ Lo que él hace es justo y verdadero;
se puede confiar en sus mandamientos,
⁸ pues son firmes hasta la eternidad
y están hechos con verdad y rectitud.
⁹ Dio libertad a su pueblo
y afirmó su alianza para siempre.
Dios es santo y terrible.

---

i 109.23 Job 8.9; 14.2; Sal 39.5-6 (6-7); 102.11 (12).

j 109.25 Cf. Mt 27.39; Mc 15.29.

ᵃ **Salmo 110** Salmo real de entronización o de ascensión al trono de un nuevo rey davídico (véase Sal 2 nota a). Es el salmo más citado por el NT, que lo interpreta en sentido mesiánico y lo refiere a la glorificación de Jesús, sentado en el cielo a la derecha del Padre. Véase Sal 45 n.

ᵇ **110.1 (1b)** *El Señor dijo:* lit. *palabra* o *mensaje del Señor.* Esta expresión hebrea es propia del lenguaje profético y designa una solemne declaración de Dios. Aquí la declaración está dirigida al rey, a quien el salmista llama *mi señor.*

ᶜ **110.1 (1b)** Mt 22.44; Mc 12.36; Lc 20.42-43; Hch 2.34-35; Co 15.25; Ef 1.20-22; Col 3.1; Heb 1.13; 8.1; 10.12-13.

ᵈ **110.2** El *cetro* es una insignia del rey y tiene una significación semejante a la del bastón de mando. Véase Sal 2.9 nota *h.*

ᵉ **110.3** El *rocío* es símbolo de bendición y de fecundidad. Véase Sal 133.3 n.

ᶠ **110.3** Este v. es uno de los textos más difíciles de toda la Biblia. Se han propuesto diversas traducciones, ninguna de ellas completamente satisfactoria. Especialmente digna de mención, por su influencia en el cristianismo, es la que se encuentra en la versión griega (LXX): *Tú eres príncipe en el día de tu poder, con esplendor de santidad; desde el seno, antes de la aurora, yo te he engendrado.* Véase Sal 2.7 nota *g.*

ᵍ **110.4** La carta a los Hebreos se apoya principalmente en este v. cuando habla del sacerdocio de Cristo (Heb 5.6; 6.20—7.28). Acerca de *Melquisedec,* rey de Salem (Jerusalén) y sacerdote del Dios altísimo, cf. Gn 14.18-20.

ʰ **110.7** Según algunos intérpretes, aquí se alude a un rito que tenía lugar durante la ceremonia de entronización del nuevo rey. Este bajaba al valle del Cedrón, donde está la fuente de Guihón, y allí bebía de esa agua. Este rito estaba vinculado con el simbolismo del agua, que purifica y renueva las energías. Cf. 1 R 1.33-34,38-39.

ᵃ **Salmo 111** Este himno o canto de alabanza al poder y a la bondad del Señor pertenece al grupo de los salmos alfabéticos. Véase Sal 9 nota *a.*

ᵇ **111.4** *Ha hecho inolvidables sus maravillas:* es decir, el Señor ha querido que sus acciones en favor de Israel permanezcan siempre vivas en la memoria de su pueblo, y por eso ordenó que fueran recordadas sobre todo en las fiestas litúrgicas. Cf. Ex 12.14,26-27; 23.14; 34.18; Dt 16.1,3,6,12.

ᶜ **111.5** *Da alimentos:* probable alusión al maná y a las codornices del desierto. Cf. Sal 78.24-29; 105.40.

¹⁰ La mayor sabiduría consiste en honrar al Señor; ᵈ
los que lo honran, tienen buen juicio.
¡Dios será siempre alabado!

112 ⁽¹¹¹⁾ *La dicha del hombre honrado* ᵃ
¹ ¡Aleluya!

Feliz ᵇ el hombre que honra al Señor
y se complace en sus mandatos.
² Los descendientes del hombre honrado
serán bendecidos y tendrán poder en la tierra.
³ En su casa hay abundantes riquezas,
y su generosidad es constante.
⁴ Brilla una luz ᶜ en la oscuridad
para los hombres honrados,
para el que es compasivo, clemente y justo.
⁵ El hombre de bien presta con generosidad
y maneja con honradez sus negocios;
⁶ por eso jamás llegará a caer.
¡El hombre justo será siempre recordado!
⁷ No tiene miedo de malas noticias;
su corazón está firme, confiado en el Señor.
⁸ Su corazón está firme; no tiene miedo,
y aun mira con burla a sus enemigos.
⁹ Reparte limosna entre los pobres,
su generosidad es constante, ᵈ
levanta la frente con honor.
¹⁰ El malvado se enfurece al verlo;
en su impotencia rechina los dientes.
La ambición de los malvados fracasará.

113 ⁽¹¹²⁾ *Alabanza a la bondad del Señor* ᵃ
¹ ¡Aleluya!
Siervos del Señor, ¡alaben su nombre!

² ¡Bendito sea ahora y siempre
el nombre del Señor!
³ ¡Alabado sea el nombre del Señor
del oriente al occidente!
⁴ El Señor está por encima de las naciones; ᵇ
¡su gloria está por encima del cielo!
⁵ Nadie es comparable al Señor nuestro Dios,
que reina allá en lo alto;
⁶ y que, sin embargo, se inclina
para mirar el cielo y la tierra.
⁷ El Señor levanta del suelo al pobre,
y saca del lugar más bajo al necesitado
⁸ para sentarlo entre gente importante,
entre la gente importante de su pueblo. ᶜ
⁹ A la mujer que no tuvo hijos
le da la alegría de ser madre
y de tener su propio hogar. ᵈ

¡Aleluya!

114 ⁽¹¹³ᵃ⁾ ᵃ *Recuerdos de la salida de Egipto* ᵇ
¹ Cuando Israel, la casa de Jacob,
salió de Egipto, ᶜ del país extraño, ᵈ
² Judá llegó a ser el santuario del Señor;
Israel llegó a ser su dominio. ᵉ

³ Cuando el mar vio a Israel, huyó, ᶠ
y el río Jordán se hizo atrás.
⁴ ¡Los cerros y las montañas
saltaron como carneros y corderitos!

⁵ ¿Qué te pasó, mar, que huiste?
¿Qué te pasó, Jordán, que te hiciste atrás?
⁶ ¿Qué les pasó, cerros y montañas,
que saltaron como carneros y corderitos?

⁷ ¡Tiembla tú, tierra,
delante del Señor, Dios de Jacob!
⁸ ¡Él convirtió las peñas en lagunas!
¡Él convirtió las rocas en manantiales! ᵍ

115 ⁽¹¹³ᵇ⁾ *Nuestro Dios está en el cielo* ᵃ
¹ Señor,
glorifícate a ti mismo, y no a nosotros;
¡glorifícate, por tu amor y tu verdad!

ᵈ 111.10 Job 28.28; Pr 1.7; 9.10; Eclo 1.14.

ᵃ **Salmo 112** Salmo alfabético, muy semejante al anterior en su aspecto formal, pero de contenido didáctico. En él se celebran las virtudes del justo y se le promete recompensa abundante.

ᵇ 112.1 *Feliz...:* Véase Sal 1.1 n.

ᶜ 112.4 La *luz* es símbolo de vida y prosperidad, en oposición a las tinieblas, que simbolizan la muerte y toda clase de males (Job 29.3; Sal 37.6; 97.11; Is 58.10).

ᵈ 112.9 2 Co 9.9.

ᵃ **Salmo 113** Himno o canto de alabanza a la gloria y a la bondad del Señor, que exalta a los humildes. Con este salmo comienza una colección de seis himnos (113—118) que la tradición rabínica llama "Halel", palabra vinculada con la exclamación litúrgica "Aleluya", "¡Alabado sea el Señor!". Estos salmos se cantaban en las principales fiestas litúrgicas de Israel, especialmente en la celebración de la cena pascual (Mt 26.30).

ᵇ 113.4 Sal 99.2.

ᶜ 113.5-8 Cf. 1 S 2.2-8; Lc 1.48-53.

ᵈ 113.9 Entre los antiguos israelitas, la esterilidad era una deshonra para la mujer (Gn 16.1-4; 30.1; 1 S 1.4-7). Al darle la alegría de ser madre, el Señor le concede un puesto de honor en el hogar y la libra del peligro de ser abandonada por su marido. Cf. Is 54.1.

ᵃ **Salmo 114 (113a)** En las versiones griega (LXX) y latina (Vulgata), este salmo y el siguiente están unidos.

ᵇ **Salmo 114** Este himno pascual describe poéticamente el paso de los israelitas a través del Mar Rojo y del río Jordán, destacando, sobre todo, el dominio del Señor sobre las fuerzas de la naturaleza. Cf. Sal 78; 105; 106. Acerca de la categoría a la cual pertenece el Sal 114, véase Sal 113 nota a.

ᶜ 114.1 Ex 12.51.

ᵈ 114.1 *País extraño:* La expresión hebrea se refiere concretamente a un país donde se habla una lengua que parece estar hecha de sonidos extraños e incomprensibles. Cf. Dt 28.49; Is 28.11; 33.19; Jer 5.15.

ᵉ 114.2 Ex 15.17; Sal 78.54.

ᶠ 114.3,5 Ex 14.21; Jos 3.14-17; Sal 66.6; 77.16-20 (17-21).

ᵍ 114.8 Ex 17.1-7; Nm 20.2-13; Sal 107.35; 1 Co 10.4.

ᵃ **Salmo 115** Este salmo es una profesión de fe en el único Dios, en abierta polémica con el politeísmo y la idolatría de los pueblos vecinos. Los vv. 4-6,8-11 se vuelven a encontrar casi textualmente en Sal 135.15-20. El Sal 115 pertenece a la llamada colección de himnos "Halel"; véase Sal 113 nota a.

² ¿Por qué han de preguntar los paganos
dónde está nuestro Dios? *b*
³ Nuestro Dios está en el cielo;
él ha hecho todo lo que quiso.

⁴ Los ídolos de los paganos son oro y plata,
objetos que el hombre fabrica con sus manos:
⁵ tienen boca, pero no pueden hablar;
tienen ojos, pero no pueden ver;
⁶ tienen orejas, pero no pueden oir;
tienen narices, pero no pueden oler;
⁷ tienen manos, pero no pueden tocar;
tienen pies, pero no pueden andar;
¡ni un solo sonido sale de su garganta!
⁸ Iguales a esos ídolos
son quienes los fabrican
y quienes en ellos creen. *c*

⁹ Israelitas, ¡confíen en el Señor!
Él nos ayuda y nos protege.
¹⁰ Sacerdotes, *d* ¡confíen en el Señor!
Él nos ayuda y nos protege.
¹¹ Ustedes que honran al Señor, ¡confíen en él!
Él nos ayuda y nos protege.

¹² ¡El Señor se ha acordado de nosotros
y nos bendecirá!
Bendecirá a los israelitas,
bendecirá a los sacerdotes,
¹³ bendecirá a los que lo honran,
a grandes y pequeños. *e*

¹⁴ ¡Que el Señor les aumente la descendencia
a ustedes y a sus hijos!
¹⁵ ¡Que el Señor, creador del cielo y de la tierra,
les dé a ustedes su bendición! *f*

¹⁶ El cielo pertenece al Señor,
y al hombre le dio la tierra. *g*
¹⁷ Los que han bajado al mundo del silencio, *h*
los que ya han muerto, no pueden alabar al Señor;
¹⁸ pero nosotros lo alabaremos
ahora y siempre.
¡Aleluya!

116 ⁽¹¹⁴⁻¹¹⁵⁾ *a* *Oración de gratitud* *b*

¹ Amo al Señor
porque ha escuchado mis súplicas,
² porque me ha prestado atención.
¡Toda mi vida lo invocaré!
³ La muerte me enredó en sus lazos,
la angustia del sepulcro me alcanzó
y me hallé preso del miedo y del dolor.
⁴ Entonces invoqué el nombre del Señor
y le rogué que me salvara la vida. *c*

⁵ El Señor es justo y compasivo;
nuestro Dios es todo ternura.
⁶ El Señor cuida de los sencillos.
Cuando yo estaba sin fuerzas, me salvó.
⁷ Ahora sí,
puedo volver a sentirme tranquilo
porque el Señor ha sido bueno conmigo,
⁸ porque me ha librado de la muerte,
porque me ha librado de llorar y de caer.
⁹ Seré obediente al Señor
en el mundo de los que viven.

¹⁰ Yo tenía fe, a pesar de que decía *d*
que era grande mi aflicción.
¹¹ Desesperado, afirmé
que todo hombre es mentiroso. *e*

¹² ¿Cómo podré pagar al Señor
todo el bien que me ha hecho?
¹³ ¡Levantaré la copa de la salvación *f*
e invocaré su nombre!
¹⁴ Cumpliré mis promesas al Señor
en presencia de todo su pueblo.

¹⁵ Mucho le cuesta al Señor
ver morir a los que lo aman. *g*
¹⁶ ¡Oh Señor, yo soy tu siervo!
¡Yo soy el hijo de tu sierva!
Tú has roto los lazos que me ataban.
¹⁷ En gratitud, te ofreceré sacrificios,
e invocaré, Señor, tu nombre.
¹⁸ Cumpliré mis promesas al Señor
en presencia de todo su pueblo,

---

b 115.2 Sal 42.3 (4),10 (11); 79.10; Jl 2.17; Miq 7.10.

c **115.4-8** La polémica contra los ídolos aparece con frecuencia en los escritos proféticos (Is 40.18-20; 44.9-20; Jer 10.3-16; Os 8.5-6). Más tarde fue continuada especialmente por los judíos dispersos fuera de Palestina, preocupados por reafirmar y extender su fe monoteísta en los ambientes paganos. (Sab 13.10—14.31; Bar 6.3-72). Cf. Sal 135.15-18; Ap 9.20.

d **115.10** *Sacerdotes:* lit. *familia de Aarón,* el primer sumo sacerdote que tuvo el pueblo de Israel. Igualmente en el v. 12. Cf. Lv 8—9.

e 115.13 Ap 11.18; 19.5.

f **115.12-15** En el culto del templo, probablemente uno o varios sacerdotes pronunciaban esta bendición. Cf. Nm 6.24-26; Sal 134.3.

g 115.16 Cf. Gn 1.28; Sal 8.4-8 (5-9); Sab 9.2-3; 10.1-2.

h **115.17** *El mundo del silencio:* es decir, el *sheol* o reino de la muerte (véase *Reino de la muerte* en el *Índice temático*). Véase también Sal 6.5 (6) n.

a **Salmo 116 (114-115)** La versión griega (LXX) divide este salmo en dos partes: vv. 1-9 (114) y vv. 10-19 (115).

b **Salmo 116** Canto de acción de gracias por la liberación de un peligro mortal (cf. v. 3). La referencia a los sacrificios y a la asamblea reunida en el templo (vv. 17-19) indica que el salmo fue compuesto para ser recitado públicamente, en el marco de una celebración litúrgica. Cf. Sal 22.22-31 (23-32), y véase Sal 113 nota *a*.

c 116.3-4 Sal 18.5-6 (6-7).

d 116.10 2 Co 4.13.

e 116.11 Ro 3.4.

f **116.13** *La copa de la salvación:* probable alusión a la copa que se utilizaba para derramar una ofrenda de vino sobre la víctima del sacrificio (Ex 29.40; Eclo 50.15).

g **116.15** El Señor tiene un gran aprecio por la vida de sus fieles (cf. Sal 72.14). Si él no quiere la muerte del pecador, sino que cambie de conducta y viva (Ez 33.11), tampoco puede ver con indiferencia que sus servidores se hundan en el reino de la muerte. Véase Sal 6.5 (6) n.

¹⁹ en los atrios del templo del Señor,
¡en medio de ti, Jerusalén!

¡Aleluya!

117 ⁽¹¹⁶⁾ *Alabanza al Señor* ᵃ
¹ Naciones y pueblos todos,
alaben al Señor, ᵇ
² pues su amor por nosotros es muy grande;
¡la fidelidad del Señor es eterna!

¡Aleluya!

118 ⁽¹¹⁷⁾ *El poder del Señor es extraordinario* ᵃ
¹ Den gracias al Señor,
porque él es bueno,
porque su amor es eterno. ᵇ
² Que digan los israelitas:
"El amor del Señor es eterno."
³ Que digan los sacerdotes: ᶜ
"El amor del Señor es eterno."
⁴ Que digan los que honran al Señor:
"El amor del Señor es eterno."

⁵ En mi angustia llamé al Señor;
él me escuchó y me dio libertad. ᵈ
⁶ El Señor está conmigo; no tengo miedo.
¿Qué me puede hacer el hombre? ᵉ
⁷ El Señor está conmigo; él me ayuda.
¡He de ver derrotados a los que me odian!
⁸ Es mejor confiar en el Señor
que confiar en el hombre.
⁹ Es mejor confiar en el Señor
que confiar en grandes hombres.

¹⁰ Todas las naciones me rodearon,
pero en el nombre del Señor las derroté.
¹¹ Me rodearon por todos lados,
pero en el nombre del Señor las derroté.
¹² Me rodearon como avispas, ᶠ
pero su furia se apagó
como fuego de espinos;
¡en el nombre del Señor las derroté!

¹³ Me empujaron con violencia, para que cayera,
pero el Señor vino en mi ayuda.
¹⁴ Yo canto al Señor, que me da fuerzas.
¡Él es mi Salvador! ᵍ,ʰ

¹⁵ En las casas de los hombres fieles ⁱ
hay alegres cantos victoriosos:
"¡El poder del Señor alcanzó la victoria!
¹⁶ ¡El poder del Señor es extraordinario!
¡El poder del Señor alcanzó la victoria!"
¹⁷ ¡No moriré, sino que he de vivir
para contar lo que el Señor ha hecho!
¹⁸ El Señor me ha castigado con dureza,
pero no me ha dejado morir.

¹⁹ ¡Abran las puertas del templo, ʲ
que quiero entrar a dar gracias al Señor!
²⁰ Esta es la puerta del Señor,
y por ella entrarán los que le son fieles.

²¹ Te doy gracias, Señor,
porque me has respondido
y porque eres mi salvador.
²² La piedra que los constructores despreciaron
se ha convertido en la piedra principal. ᵏ
²³ Esto lo ha hecho el Señor,
y estamos maravillados. ˡ
²⁴ Este es el día en que el Señor ha actuado:
¡estemos hoy contentos y felices!

²⁵ Por favor, Señor, ¡sálvanos!
Por favor, Señor, ¡haz que nos vaya bien!
²⁶ ¡Bendito el que viene en el nombre del Señor! ᵐ
Bendecimos a ustedes
desde el templo del Señor.
²⁷ El Señor es Dios; ¡él nos alumbra!
Comiencen la fiesta y lleven ramas
hasta los cuernos del altar.

²⁸ Te doy gracias y alabo tu grandeza,
porque tú eres mi Dios.
²⁹ Den gracias al Señor, porque él es bueno,
porque su amor es eterno.

ᵃ **Salmo 117** Este salmo -el más breve de todos- es un himno de dimensiones universales. El amor del Señor hacia Israel debe provocar la admiración y la alabanza de todos los pueblos. Acerca del grupo al que pertenece el Sal 117, véase Sal 113 nota a.
ᵇ 117.1 Ro 15.11.
ᵃ **Salmo 118** Canto litúrgico de acción de gracias (véase Sal 113 nota a). Toda la comunidad, liberada de un grave peligro (vv. 10-13), se congrega en el templo para expresar su reconocimiento al Señor y rendirle culto. El salmo va señalando las distintas etapas de la celebración, y describe los cantos y gestos que les corresponde ejecutar a los que participan en ella.
ᵇ 118.1 *Porque su amor es eterno:* Véase Sal 136.1 n.
ᶜ 118.3 *Los sacerdotes:* lit. *la familia de Aarón.* Véase Sal 115.10 n.
ᵈ 118.5 Sal 4.1 (2); 18.19 (20).
ᵉ 118.6 Sal 27.1; 56.4 (5),11 (12); Heb 13.6.
ᶠ 118.12 *Como avispas:* Cf. Dt 1.44.
ᵍ 118.14 Ex 15.2; Is 12.2.
ʰ 118.10-14 La triple repetición de la misma frase parece indicar que en el canto de esta estrofa se iban alternando dos coros, o bien un solista y el coro formado por toda la asamblea. Véase Sal 136 nota a.
ⁱ **118.15** *En las casas de los hombres fieles:* lit. *en las tiendas de los justos.* Algunos ven aquí una alusión a las cabañas hechas de ramas en las que vivían los israelitas durante la fiesta de las Enramadas. Cf. Neh 8.13-17.
ʲ **118.19-20** Antes de entrar en el templo, la multitud pide a los sacerdotes y levitas que les abran las puertas. *Las puertas del templo:* lit. *las puertas de la justicia,* porque, de acuerdo con lo establecido en Sal 15 y 24.3-6, solo los que practican lo que es bueno y recto están en condiciones de entrar en la casa del Señor (v. 20).
ᵏ **118.22** *La piedra principal:* lit. *la cabeza del ángulo.* Se refiere a la piedra puesta para sostener una esquina del edificio. El sentido de la imagen es claro: lo que había sido rechazado como despreciable ha pasado a ocupar el lugar de honor. El NT refiere este texto a la muerte y a la resurrección de Cristo (Lc 20.17; Hch 4.11; 1 P 2.7). Cf. Is 28.16.
ˡ **118.22-23** Mt 21.42; véase Mc 12.10-11 n.
ᵐ **118.26** Mt 21.9; 23.39; Mc 11.9; Lc 13.35; 19.38; Jn 12.13.

119

(118) Alabanzas a la ley de Dios [a]

¹ Felices [b] los que se conducen sin tacha
y siguen la enseñanza [c] del Señor.
² Felices los que atienden a sus mandatos [d]
y lo buscan de todo corazón,
³ los que no hacen nada malo,
los que siguen el camino del Señor.
⁴ Tú has ordenado que tus preceptos
se cumplan estrictamente.
⁵ ¡Ojalá yo me mantenga firme
en la obediencia a tus leyes!
⁶ No tendré de qué avergonzarme
cuando atienda a todos tus mandamientos.
⁷ Te alabaré con corazón sincero
cuando haya aprendido tus justos decretos.
⁸ ¡Quiero cumplir tus leyes!
¡No me abandones jamás!

⁹ ¿Cómo podrá el joven llevar una vida limpia?
¡Viviendo de acuerdo con tu palabra!
¹⁰ Yo te busco de todo corazón;
no dejes que me aparte de tus mandamientos.
¹¹ He guardado tus palabras en mi corazón
para no pecar contra ti.
¹² ¡Bendito tú, Señor!
¡Enséñame tus leyes!
¹³ Con mis labios contaré
todos los decretos que pronuncies.
¹⁴ Me alegraré en el camino de tus mandatos,
más que en todas las riquezas.
¹⁵ Meditaré en tus preceptos
y pondré mi atención en tus caminos.
¹⁶ Me alegraré con tus leyes
y no me olvidaré de tu palabra.

¹⁷ ¡Concédele vida a este siervo tuyo!
¡Obedeceré tu palabra!
¹⁸ Abre mis ojos, para que contemple
las maravillas de tu enseñanza.
¹⁹ Yo soy extranjero en esta tierra;
no escondas de mí tus mandamientos. [e]
²⁰ Me siento oprimido a todas horas
por el deseo de conocer tus decretos.
²¹ Tú reprendes a los insolentes y malditos
que se apartan de tus mandamientos.
²² Aléjame de sus ofensas y desprecios,
pues he atendido a tus mandatos.
²³ Aunque hombres poderosos
tramen hacerme daño,
este siervo tuyo meditará en tus leyes.

²⁴ Yo me alegro con tus mandatos;
ellos son mis consejeros.

²⁵ Estoy a punto de morir;
¡dame vida, conforme a tu promesa!
²⁶ Te he expuesto mi conducta, y me has respondido.
¡Enséñame tus leyes!
²⁷ Dame entendimiento para seguir tus preceptos,
pues quiero meditar en tus maravillas.
²⁸ Estoy ahogado en lágrimas de dolor;
¡manténme firme, conforme a tu promesa!
²⁹ Aléjame del camino de la mentira
y favoréceme con tu enseñanza.
³⁰ He escogido el camino de la verdad
y deseo tus decretos.
³¹ Señor, me he apegado a tus mandatos;
¡no me llenes de vergüenza!
³² Me apresuro a cumplir tus mandamientos
porque llenas de alegría mi corazón.

³³ Señor, enséñame el camino de tus leyes,
pues quiero seguirlo hasta el fin.
³⁴ Dame entendimiento para guardar tu enseñanza;
¡quiero obedecerla de todo corazón!
³⁵ Llévame por el camino de tus mandamientos,
pues en él está mi felicidad.
³⁶ Haz que mi corazón prefiera tus mandatos
a las ganancias mal habidas.
³⁷ No dejes que me fije en falsos dioses;
¡dame vida para seguir tu camino!
³⁸ Confirma a este siervo tuyo
las promesas que haces a los que te honran.
³⁹ Aleja de mí la ofensa que temo,
pues tus decretos son buenos.
⁴⁰ Yo he deseado tus preceptos;
¡dame vida, pues tú eres justo!

⁴¹ Muéstrame, Señor, tu amor y salvación,
tal como lo has prometido.
⁴² Así podré responder al que me ofenda,
pues confío en tu palabra.
⁴³ No quites de mi boca la palabra de verdad,
pues he puesto mi esperanza en tus decretos.
⁴⁴ ¡Quiero poner en práctica tu enseñanza,
siempre, por toda la eternidad!
⁴⁵ Así podré vivir en libertad,
pues he seguido tus preceptos.
⁴⁶ Hablaré de tus mandatos ante los reyes
y no sentiré vergüenza.
⁴⁷ Pues amo tus mandamientos
y me alegro con ellos.

---

[a] **Salmo 119** Este largo poema didáctico o sapiencial es el más pulido de los salmos llamados "alfabéticos". Consta de veintiocho estrofas, de acuerdo con el número de letras del alfabeto hebreo, y cada estrofa, a su vez, está compuesta de ocho vv. que comienzan siempre con la letra correspondiente a la estrofa. En cuanto a su contenido, el salmo es un encendido elogio de la ley, entendida no solamente como un código de preceptos, sino también como el conjunto de las revelaciones y enseñanzas dadas por el Señor a Israel. Cf. Sal 1; 19.7-14 (8-15).

[b] **119.1** *Felices:* Véase Sal 1.1 n.

[c] **119.1** *Enseñanza:* en heb. *torá.* Véase Sal 1.2 nota d.

[d] **119.2** Además de la palabra *torá,* que significa *ley* o *enseñanza,* el salmista emplea otros términos tomados del vocabulario de la literatura sapiencial o del lenguaje de los tribunales, tales como *mandatos, preceptos, camino, mandamientos, decretos, leyes* y *palabras.* Todos estos términos son prácticamente sinónimos y se emplean con la finalidad estilística de evitar las repeticiones. Nótese que en casi todos los v. se encuentra alguno de estos vocablos.

[e] **119.19** Sal 39.12 (13); 1 P 2.11.

SALMOS 119

⁴⁸ Amo y anhelo ᶠ tus mandamientos,
y pienso mucho en tus leyes.
⁴⁹ Recuerda la palabra que diste a este siervo tuyo:
en ella me hiciste poner la esperanza.
⁵⁰ Este es mi consuelo en la tristeza:
que con tus promesas me das vida.
⁵¹ Los insolentes me ofenden sin cesar,
pero yo no me aparto de tu enseñanza.
⁵² Recuerdo tus decretos de otros tiempos,
y en ellos, Señor, encuentro consuelo.
⁵³ Los malvados que abandonan tu enseñanza
me llenan de furor.
⁵⁴ Tus leyes han sido mis canciones
en esta tierra donde soy un extranjero.
⁵⁵ Señor, por las noches me acuerdo de ti;
¡quiero poner en práctica tu enseñanza!
⁵⁶ Esto es lo que me corresponde:
obedecer tus preceptos.
⁵⁷ Tú, Señor, eres todo lo que tengo;
he prometido poner en práctica
tus palabras.
⁵⁸ De todo corazón he procurado agradarte;
trátame bien, conforme a tu promesa.
⁵⁹ Me puse a pensar en mi conducta,
y volví a obedecer tus mandatos.
⁶⁰ Me he dado prisa, no he tardado
en poner en práctica tus mandamientos.
⁶¹ Me han rodeado con trampas los malvados,
pero no me he olvidado de tu enseñanza.
⁶² A medianoche me levanto a darte gracias
por tus justos decretos.
⁶³ Yo soy amigo de los que te honran
y de los que cumplen tus preceptos.
⁶⁴ Señor, la tierra está llena de tu amor; ᵍ
¡enséñame tus leyes!
⁶⁵ Señor, tú has tratado bien a este siervo tuyo,
conforme a tu promesa.
⁶⁶ Enséñame a tener buen juicio y conocimiento,
pues confío en tus mandamientos.
⁶⁷ Antes de ser humillado cometí muchos errores,
pero ahora obedezco tu palabra.
⁶⁸ Tú eres bueno, y haces el bien;
¡enséñame tus leyes!
⁶⁹ Los insolentes me acusan falsamente,
pero yo cumplo tus preceptos de todo corazón.
⁷⁰ Ellos tienen la mente entorpecida,
pero yo me alegro con tu enseñanza.
⁷¹ Me hizo bien haber sido humillado,
pues así aprendí tus leyes.
⁷² Para mí vale más la enseñanza de tus labios,
que miles de monedas de oro y plata.
⁷³ Tú mismo me hiciste y me formaste;
¡dame inteligencia
para aprender tus mandamientos!
⁷⁴ Los que te honran se alegrarán al verme,
porque he puesto mi esperanza en tu palabra.
⁷⁵ Señor, yo sé que tus decretos son justos
y que tienes razón cuando me afliges.
⁷⁶ ¡Que tu amor me sirva de consuelo,
conforme a la promesa que me hiciste!
⁷⁷ Muéstrame tu ternura, y hazme vivir,
pues me siento feliz con tu enseñanza.
⁷⁸ Sean avergonzados los insolentes
que sin razón me maltratan;
yo quiero meditar en tus preceptos.
⁷⁹ Que se reúnan conmigo los que te honran,
los que conocen tus mandatos.
⁸⁰ Que mi corazón sea perfecto en tus leyes,
para no tener de qué avergonzarme.
⁸¹ Con ansia espero que me salves;
¡he puesto mi esperanza en tu palabra!
⁸² Mis ojos se consumen esperando tu promesa,
y digo: "¿Cuándo vendrás a consolarme?"
⁸³ Aunque soy un viejo inútil y olvidado,
no me he olvidado de tus leyes.
⁸⁴ ¿Cuánto más habré de esperar?
¿Cuándo juzgarás a los que me persiguen?
⁸⁵ Gente insolente que no sigue tu enseñanza
ha cavado trampas a mi paso.
⁸⁶ ¡Ayúdame, pues soy perseguido sin motivo!
¡Tus mandamientos son todos verdaderos!
⁸⁷ Casi he sido borrado de la tierra,
pero no he descuidado tus preceptos.
⁸⁸ Dame vida, de acuerdo con tu amor,
y cumpliré los mandatos de tus labios.
⁸⁹ Señor, tu palabra es eterna;
¡afirmada está en el cielo! ʰ
⁹⁰ Tu fidelidad permanece para siempre;
tú afirmaste la tierra, y quedó en pie.
⁹¹ Todas las cosas siguen firmes,
conforme a tus decretos,
porque todas ellas están a tu servicio.
⁹² Si tu enseñanza no me trajera alegría,
la tristeza habría acabado conmigo.
⁹³ Jamás me olvidaré de tus preceptos,
pues por ellos me has dado vida.
⁹⁴ ¡Sálvame, pues soy tuyo
y he seguido tus preceptos!
⁹⁵ Los malvados esperan el momento
de destruirme,
pero yo estoy atento a tus mandatos.
⁹⁶ He visto que todas las cosas tienen su fin,
pero tus mandamientos son infinitos.
⁹⁷ ¡Cuánto amo tu enseñanza!
¡Todo el día medito en ella!
⁹⁸ Tus mandamientos son míos para siempre;
me han hecho más sabio que mis enemigos.
⁹⁹ Entiendo más que todos mis maestros
porque pienso mucho en tus mandatos.

ᶠ **119.48** *Anhelo:* otra posible traducción: *recibo con gusto.* Lit. *levanto las manos a* (véanse Sal 5.7 [8] n.; 141.2 nota c).
ᵍ **119.64** Sal 33.5
ʰ **119.89** Is 40.8.

¹⁰⁰ Entiendo más que los ancianos
porque obedezco tus preceptos.
¹⁰¹ He alejado mis pies de todo mal camino
para cumplir tu palabra.
¹⁰² No me he apartado de tus decretos
porque tú eres quien me enseña.
¹⁰³ Tu promesa es más dulce a mi paladar
que la miel a mi boca.ⁱ
¹⁰⁴ De tus preceptos he sacado entendimiento;
por eso odio toda conducta falsa.

¹⁰⁵ Tu palabra es una lámpara a mis pies
y una luz en mi camino.ʲ
¹⁰⁶ Hice un juramento, y lo voy a cumplir:
¡pondré en práctica tus justos decretos!
¹⁰⁷ Señor, me siento muy afligido;
¡dame vida, conforme a tu promesa!
¹⁰⁸ Acepta, Señor, las ofrendas de mis labios,
y enséñame tus decretos.
¹⁰⁹ Siempre estoy en peligro de muerte,
pero no me olvido de tu enseñanza.
¹¹⁰ Los malvados me ponen trampas,
pero no me aparto de tus preceptos.
¹¹¹ Mi herencia eterna son tus mandatos,
porque ellos me alegran el corazón.
¹¹² De corazón he decidido practicar tus leyes,
para siempre y hasta el fin.

¹¹³ Odio a la gente hipócrita,
pero amo tu enseñanza.
¹¹⁴ Tú eres quien me ampara y me protege;
en tu palabra he puesto mi esperanza.
¹¹⁵ ¡Aléjense de mí, malvados,
que quiero cumplir los mandatos de mi Dios!
¹¹⁶ Dame fuerzas, conforme a tu promesa,
y viviré;
¡no defraudes mi esperanza!
¹¹⁷ Ayúdame, y estaré a salvo;
así cumpliré siempre tus leyes.
¹¹⁸ Tú desprecias a los que se apartan
de tus leyes,
porque sus pensamientos no tienen sentido.
¹¹⁹ Los malvados de la tierra son para ti como basura;
por eso yo amo tus mandatos.
¹²⁰ Mi cuerpo tiembla de temor delante de ti;
¡siento reverencia por tus decretos!

¹²¹ Nunca he dejado de hacer lo que es justo;
no me abandones en manos de mis opresores.
¹²² Hazte responsable de mi bienestar;
que no me maltraten los insolentes.
¹²³ Mis ojos se consumen
esperando que me salves,
esperando que me libres,
conforme a tu promesa.ᵏ
¹²⁴ Trata a este siervo tuyo
de acuerdo con tu amor;

¡enséñame tus leyes!
¹²⁵ Yo soy tu siervo. Dame entendimiento,
pues quiero conocer tus mandatos.
¹²⁶ Señor, ya es tiempo de que hagas algo,
pues han desobedecido tu enseñanza.
¹²⁷ Por eso yo amo tus mandamientos
mucho más que el oro fino.
¹²⁸ Por eso me guíoˡ por tus preceptos
y odio toda conducta falsa.

¹²⁹ Tus mandatos son maravillosos;
por eso los obedezco.
¹³⁰ La explicación de tus palabras ilumina,
instruye a la gente sencilla.
¹³¹ Con gran ansia abro la boca,
pues deseo tus mandamientos.
¹³² Mírame, y ten compasión de mí,
como haces con los que te aman.
¹³³ Hazme andar conforme a tu palabra;
no permitas que la maldad me domine.
¹³⁴ Líbrame de la violencia humana,
pues quiero cumplir tus preceptos.
¹³⁵ Mira con buenos ojos a este siervo tuyo,
y enséñame tus leyes.
¹³⁶ Ríos de lágrimas salen de mis ojos
porque no se respeta tu enseñanza.

¹³⁷ Señor, tú eres justo;
rectos son tus decretos.
¹³⁸ Todos tus mandatos
son justos y verdaderos.
¹³⁹ Me consume el celo que siento por tus palabras,
pues mis enemigos se han olvidado de ellas.
¹⁴⁰ Tu promesa ha pasado las más duras pruebas;
por eso la ama este siervo tuyo.
¹⁴¹ Humilde soy, y despreciado,
pero no me olvido de tus preceptos.
¹⁴² Tu justicia es siempre justa,
y tu enseñanza es la verdad.
¹⁴³ Me he visto angustiado y en aprietos,
pero tus mandamientos me alegraron.
¹⁴⁴ Tus mandatos son siempre justos;
¡dame entendimiento
para que pueda yo vivir!

¹⁴⁵ Señor, te llamo con todo el corazón;
¡respóndeme, pues quiero cumplir tus leyes!
¹⁴⁶ A ti clamo, ayúdame
para que cumpla tus mandatos.
¹⁴⁷ Antes de amanecer, me levanto a pedirte ayuda;
he puesto mi esperanza en tu promesa.
¹⁴⁸ Antes de anochecer, mis ojos ya están velando
para meditar en tu promesa.
¹⁴⁹ Oye mi voz, Señor, por tu amor;
dame vida, conforme a tu justicia.
¹⁵⁰ Están cerca mis crueles perseguidores,
pero están lejos de tu enseñanza.

ⁱ **119.103** Sal 19.10 (11); Eclo 24.20.
ʲ **119.105** Pr 6.23.
ᵏ **119.123** *Que me libres, conforme a tu promesa:* otra posible traducción: *que cumplas con tu justa promesa.*
ˡ **119.128** *Me guío:* según las versiones griega (LXX) y latina (Vulgata). Heb. oscuro.

¹⁵¹ Tú, Señor, estás cerca,
y todos tus mandamientos son verdaderos.
¹⁵² Desde hace mucho conozco tus mandatos,
establecidos por ti eternamente.
¹⁵³ Mira mi aflicción y líbrame,
pues no me he olvidado de tu enseñanza.
¹⁵⁴ Defiende mi caso y rescátame;
¡dame vida, conforme a tu promesa!
¹⁵⁵ Tu ayuda está lejos de los malvados,
porque no siguen tus leyes.
¹⁵⁶ Señor, es muy grande tu ternura;
dame vida, conforme a tu justicia.
¹⁵⁷ Muchos son mis enemigos y opresores,
pero yo no me aparto de tus mandatos.
¹⁵⁸ No soporto a los traidores,
a los que no obedecen tus mandamientos.
¹⁵⁹ Señor, mira cómo amo tus preceptos;
¡dame vida, por tu amor!
¹⁶⁰ En tu palabra se resume la verdad;
eternos y justos son todos tus decretos.
¹⁶¹ Hombres poderosos me persiguen sin motivo,
pero mi corazón reverencia tus palabras.
¹⁶² Yo me siento feliz con tu promesa,
como quien se encuentra un gran tesoro.
¹⁶³ Odio la mentira, no la soporto;
pero amo tu enseñanza.
¹⁶⁴ A todas horas te alabo
por tus justos decretos.
¹⁶⁵ Los que aman tu enseñanza gozan de mucha paz,
y nada los hace caer.
¹⁶⁶ Señor, espero que me salves,
pues he puesto en práctica tus mandamientos.
¹⁶⁷ Yo obedezco tus mandatos
y los amo de todo corazón.
¹⁶⁸ Yo obedezco tus preceptos y mandatos;
¡tú conoces toda mi conducta!
¹⁶⁹ Lleguen mis gritos, Señor, a tu presencia;
¡dame entendimiento,
conforme a tu palabra!
¹⁷⁰ Llegue mi oración a tu presencia;
¡líbrame, conforme a tu promesa!
¹⁷¹ Brote de mis labios la alabanza,
pues tú me has enseñado tus leyes.
¹⁷² Entonen mis labios un canto a tu promesa,
porque todos tus mandamientos son justos.

¹⁷³ Esté lista tu mano a darme ayuda,
porque he preferido tus preceptos.
¹⁷⁴ Señor, ¡deseo que me salves!
¡Yo me siento feliz con tu enseñanza!
¹⁷⁵ Quiero vivir para alabarte;
que tu justicia me ayude.
¹⁷⁶ Me he extraviado como una oveja; ᵐ
¡ven en busca mía,
pues no me he olvidado de tus mandamientos!

120 ⁽¹¹⁹⁾ Oración ante el peligro ᵃ ⁽¹ᵃ⁾ Cántico de las subidas. ᵇ

¹ ⁽¹ᵇ⁾ Cuando estoy angustiado, llamo al Señor,
y él me responde. ᶜ
² Señor, líbrame de los labios mentirosos
y de la lengua embustera. ᵈ

³ ¿Qué más puedes recibir, lengua embustera?
⁴ ¡Flechas puntiagudas de guerrero!
¡Ardientes brasas de retama! ᵉ

⁵ ¡Pobre de mí,
que vivo como extranjero en Mésec, ᶠ
que he acampado entre las tiendas de Quedar! ᵍ
⁶ Demasiado he vivido entre los que odian la paz;
⁷ ¡cuando yo hablo de paz, ellos hablan de guerra!

121 ⁽¹²⁰⁾ El Señor es tu protector ᵃ ⁽¹ᵃ⁾ Cántico de las subidas. ᵇ

¹ ⁽¹ᵇ⁾ Al contemplar las montañas me pregunto:
"¿De dónde vendrá mi ayuda?"
² Mi ayuda vendrá del Señor,
creador del cielo y de la tierra. ᶜ

³ ¡Nunca permitirá que resbales!
¡Nunca se dormirá el que te cuida!
⁴ No, él nunca duerme;
nunca duerme el que cuida de Israel.

⁵ El Señor es quien te cuida;
el Señor es quien te protege,
quien está junto a ti para ayudarte.
⁶ El sol no te hará daño de día,
ni la luna de noche. ᵈ

⁷ El Señor te protege de todo peligro;
él protege tu vida.
⁸ El Señor te protege en todos tus caminos, ᵉ
ahora y siempre.

ᵐ **119.176** Is 53.6; Jer 50.6; Ez 34.11-16.
ᵃ **Salmo 120** Aquí comienza una colección de quince salmos (120—134) cuyo título hebreo es *Cántico de las subidas*. Este título se debe a que estos salmos los cantaban los peregrinos que "subían" a Jerusalén, especialmente en las tres grandes fiestas (Ex 23.14-17).
ᵇ **120. (1a)** *Subidas:* Téngase presente que Jerusalén está situada a más de 750 m. por encima del nivel del mar.
ᶜ **120.1 (1b)** 2 S 22.7; Sal 18.6 (7); Jon 2.2 (3).
ᵈ **120.2** *Lengua embustera:* Cf. Sal 12.2 (3); 31.18 (19); 52.2 (4); 109.2-3.
ᵉ **120.4** *Brasas de retama:* La retama es una planta muy apreciada como combustible, ya que produce *brasas* que dan un calor muy intenso y duradero.

ᶠ **120.5** *Mésec:* región situada en el extremo norte del Asia Menor (Ez 38.2,15), en las cercanías del Mar Negro (cf. Gn 10.2). Véase *Índice de mapas.* Quedar: Véase *Índice de mapas.*
ᵍ **120.5** *Quedar:* tribu nómada del desierto de Arabia (Gn 25.13). Estos dos nombres representan simbólicamente la crueldad de los enemigos del salmista.
ᵃ **Salmo 121** Expresión de confianza en el Señor, que está siempre pronto a acudir en ayuda de sus fieles (cf. v. 4).
ᵇ **121. (1a)** *Cántico de las subidas:* Véanse Sal 120 nota *a*; 120. (1a) n.
ᶜ **121.2** Sal 124.8.
ᵈ **121.6** Sal 91.5-6; Is 4.5-6; 49.10; Ap 7.16.
ᵉ **121.8** *En todos tus caminos:* lit. *tu salida y tu entrada.*

122 [(121)] Alabanzas a Jerusalén [a]   [(1a)] *Cántico de las subidas,* [b] *de David.*

[1] [(1b)] ¡Qué alegría cuando me dicen:
"Vamos al templo del Señor"!
[2] Jerusalén,
¡ya estamos dentro de tus puertas!
[3] Jerusalén, ciudad construida
para que en ella se reúna la comunidad. [c]
[4] A ella vienen las tribus del Señor
para alabar su nombre,
como se le ordenó a Israel. [d]
[5] En ella están los tribunales de justicia,
los tribunales de la casa real de David. [e]

[6] Digan ustedes de corazón:
"Que haya paz en ti, Jerusalén;
que vivan tranquilos los que te aman.
[7] Que haya paz en tus murallas;
que haya seguridad en tus palacios."

[8] Y ahora, por mis hermanos y amigos diré:
"Que haya paz en ti.
[9] Por el templo del Señor nuestro Dios,
procuraré tu bien."

123 [(122)] Oración de confianza en Dios [a]   [(1a)] *Cántico de las subidas.* [b]

[1] [(1b)] Hacia ti, Señor, miro suplicante;
hacia ti, que reinas en el cielo.
[2] Suplicantes miramos al Señor nuestro Dios, [c]
como mira el criado la mano de su amo,
como mira la criada la mano de su ama,
esperando que él nos tenga compasión.
[3] Ten compasión de nosotros, Señor,
ten compasión de nosotros,
pues ya no soportamos sus insultos.
[4] ¡Demasiado hemos sufrido

la burla de los ricos
y el desprecio de los orgullosos! [d]

124 [(123)] Dios, Salvador de Israel [a]   [(1a)] *Cántico de las subidas,* [b] *de David.*

[1] [(1b)] Si el Señor no hubiera estado de nuestra parte
—que lo diga ahora Israel—, [c]
[2] si el Señor no hubiera estado de nuestra parte [d]
cuando los hombres se levantaron para atacarnos, [e]
[3] nos habrían tragado vivos
al encenderse su furor contra nosotros.
[4] Entonces las aguas nos habrían arrastrado;
¡un río habría pasado sobre nosotros!
[5] ¡Entonces las aguas turbulentas
habrían pasado sobre nosotros!

[6] ¡Bendito sea el Señor,
que no dejó que nos despedazaran con sus dientes!
[7] Nos hemos escapado de la trampa
como un ave que escapa del cazador;
la trampa se rompió, y nosotros escapamos.
[8] La ayuda nos viene del Señor,
creador del cielo y de la tierra. [f]

125 [(124)] Dios protege a los suyos [a]   [(1a)] *Cántico de las subidas.* [b]

[1] [(1b)] Los que confían en el Señor son inconmovibles;
igual que el monte Sión, permanecen para siempre.
[2] Así como los montes rodean a Jerusalén,
el Señor rodea a su pueblo ahora y siempre.
[3] El mal gobierno [c] no siempre dominará
en la tierra que Dios ha dado a su pueblo,
no sea que su pueblo comience
a practicar la maldad.

[4] Señor, haz bien a los hombres buenos,
a los hombres de corazón sincero;

---

[a] **Salmo 122** Este "canto de Sión" expresa la emoción y la alegría de los peregrinos que ya están a las puertas de Jerusalén y esperan llegar muy pronto al templo del Señor. Cf. Sal 46; 48; 76; 87. Véanse *Jerusalén* y *Templo* en el *Índice temático*.

[b] **122. (1a)** *Cántico de las subidas:* Véanse Sal 120 nota *a*; 120. (1a) n.

[c] **122.3** *Ciudad construida para que en ella se reúna la comunidad:* otra posible traducción: *ciudad en la que toda la construcción se mantiene bien unida.* Heb. oscuro.

[d] **122.4** *Como se le ordenó a Israel:* Cf. Ex 23.17; 34.23; Dt 16.16-17.

[e] **122.5** *Los tribunales de la casa real de David:* Al rey le correspondía administrar justicia y el suyo era el tribunal supremo. A él podían acudir los israelitas en demanda de justicia, sobre todo cuando los tribunales inferiores no podían resolver los pleitos (cf. 2 S 15.2; 1 R 7.7; Jer 21.11-12). Véase también Sal 72.1 n.

[a] **Salmo 123** Súplica colectiva. Aunque en el v. 1 el salmista emplea la primera persona del singular, en seguida aparece el "nosotros" característico de esta clase de súplicas. Cf., por ej., Sal 74; 79; 80.

[b] **123. (1a)** *Cántico de las subidas:* Véanse Sal 120 nota *a*; 120. (1a) n.

[c] **123.2** Sal 25.15; 141.8.

[d] **123.4** Se trata, probablemente, de las humillaciones que debieron sufrir los israelitas a la vuelta del destierro, cuando estaban sometidos a la dominación extranjera. Cf. Neh 4.1-10 (3.33—4.4); Ez 36.4.

[a] **Salmo 124** Todo el pueblo de Israel entona este canto de acción de gracias al Señor, que lo ha liberado de un grave peligro.

[b] **124. (1a)** *Cántico de las subidas:* Véanse Sal 120 nota *a*; 120. (1a) n.

[c] **124.1 (1b)** *Que lo diga ahora Israel:* La comunidad en pleno es invitada solemnemente a participar en el canto de acción de gracias. Cf. Sal 118.2-4; 129.1.

[d] **124.1 (1b)-2** Repetición enfática semejante a la de Sal 129.1-2.

[e] **124.2** *Se levantaron para atacarnos:* El salmo no aporta detalles concretos que permitan determinar cuándo el pueblo de Israel atravesó por esta peligrosa situación. Algunos piensan que se alude a la reconstrucción de los muros de Jerusalén, realizada en medio de muchas amenazas, en tiempos de Nehemías (Neh 4). Véase Sal 149.6 n.

[f] **124.8** Sal 121.2.

[a] **Salmo 125** Salmo didáctico o sapiencial. La ciudad de Jerusalén, rodeada por un cerco de colinas, es una imagen de la protección que el Señor brinda a sus fieles (cf. v. 2).

[b] **125. (1a)** *Cántico de las subidas:* Véanse Sal 120 nota *a*; 120. (1a) n.

[c] **125.3** *El mal gobierno:* lit. *el cetro del impío.* Se refiere sin duda a la dominación extranjera a la que Israel estuvo sometido después del destierro. Véase Sal 2.9 nota *h*.

⁵ pero a los que van por mal camino
   hazlos correr la suerte de los malhechores.

   ¡Que haya paz en Israel! ᵈ

126 ⁽¹²⁵⁾ ¡Haz que cambie nuestra suerte! ᵃ
(1a) *Cántico de las subidas.* ᵇ

¹ ⁽¹ᵇ⁾ Cuando el Señor cambió la suerte de Sión, ᶜ
nos pareció que estábamos soñando.
² Entonces nuestra boca y nuestros labios
se llenaron de risas y gritos de alegría;
entonces los paganos decían:
"¡El Señor ha hecho grandes cosas por ellos!" ᵈ
³ Sí, el Señor había hecho grandes cosas por nosotros,
y estábamos alegres.

⁴ ¡Señor, haz que cambie de nuevo nuestra suerte,
como cambia el desierto con las lluvias! ᵉ
⁵ Los que siembran con lágrimas,
cosecharán con gritos de alegría.
⁶ Aunque lloren mientras llevan el saco de semilla,
volverán cantando de alegría,
con manojos de trigo entre los brazos. ᶠ

127 ⁽¹²⁶⁾ Todo viene del Señor ᵃ
(1a) *Cántico de las subidas,* ᵇ *de Salomón.*

¹ ⁽¹ᵇ⁾ Si el Señor no construye la casa,
de nada sirve que trabajen los constructores;
si el Señor no protege la ciudad,
de nada sirve que vigilen los centinelas.
² De nada sirve trabajar de sol a sol
y comer un pan ganado con dolor,
cuando Dios lo da a sus amigos
    mientras duermen. ᶜ,ᵈ

³ Los hijos que nos nacen
son ricas bendiciones del Señor.
⁴ Los hijos que nos nacen en la juventud
son como flechas en manos de un guerrero.

⁵ ¡Feliz el hombre que tiene muchas flechas
    como esas!
No será avergonzado por sus enemigos
cuando se defienda de ellos ante los jueces. ᵉ

128 ⁽¹²⁷⁾ Las bendiciones del Señor ᵃ
(1a) *Cántico de las subidas.* ᵇ

¹ ⁽¹ᵇ⁾ Feliz ᶜ tú, que honras al Señor
y le eres obediente.
² Comerás del fruto de tu trabajo,
serás feliz y te irá bien.
³ En la intimidad de tu hogar,
tu mujer será como una vid cargada de uvas;
tus hijos, alrededor de tu mesa,
serán como retoños de olivo.
⁴ Así bendecirá el Señor al hombre que lo honra.

⁵ ¡Que el Señor te bendiga desde el monte Sión!
¡Que veas el bienestar de Jerusalén
todos los días de tu vida!
⁶ ¡Que llegues a ver a tus nietos!

¡Que haya paz en Israel! ᵈ

129 ⁽¹²⁸⁾ El Señor da libertad ᵃ
(1a) *Cántico de las subidas.* ᵇ

¹ ⁽¹ᵇ⁾ Por muchas angustias he pasado
desde mi juventud
   —que lo diga ahora Israel—, ᶜ
² por muchas angustias he pasado
desde mi juventud, ᵈ
pero no han podido conmigo.
³ Me han herido la espalda con azotes,
y me han abierto grandes surcos,
⁴ pero el Señor, que es justo,
me ha librado del dominio de los malvados.

⁵ ¡Que sean avergonzados y huyan
los enemigos de Sión!

ᵈ **125.5** Sal 128.6; cf. Gl 6.16.
ᵃ **Salmo 126** Canto de acción de gracias y súplica. Después de haber recordado la acción del Señor en favor de su pueblo, el salmista pide al Señor que lleve a buen término la obra comenzada (v. 4). Cf. Sal 85.
ᵇ **126. (1a)** *Cántico de las subidas:* Véanse Sal 120 nota *a;* 120. (1a) n.
ᶜ **126.1 (1b)** *Cambió la suerte de Sión:* otra posible traducción: *hizo volver la cautividad de Sión.* Véase Sal 85.1 (2) n.
ᵈ **126.2** Los pueblos que se habían burlado de Israel y de su Dios (Sal 79.10; cf. 115.2) tienen que reconocer ahora el poder del Señor, tal como se había anunciado en Ez 36.23.
ᵉ **126.4** *Como cambia el desierto con las lluvias:* lit. *como los torrentes del Négueb.* El *Négueb* es un desierto situado al sur de Palestina, cuyos arroyos se secan en verano y vuelven a llenarse de agua en la estación de las lluvias.
ᶠ **126.6** Sobre esta metáfora, véase Sal 4.7 (8) n.
ᵃ **Salmo 127** Salmo didáctico o sapiencial. De nada valen los proyectos y esfuerzos de los hombres, si el Señor no los hace prosperar.
ᵇ **127. (1a)** *Cántico de las subidas:* Véase Sal 120 nota *a;* 120. (1a) n.
ᶜ **127.1 (1b)-2** Cf. Dt 8.11-18; Pr 3.5; 21.31; Mt 6.25-34; Jn 15.3-5.
ᵈ **127.2** El salmista no invita a la inacción o a la pereza, tantas veces reprobadas en los escritos sapienciales (Pr 6.6-11; 10.4; 20.4; 24.30-34), sino que condena la excesiva preocupación (Lc 10.40-41).
ᵉ **127.5** *Ante los jueces:* lit. *en las puertas de la ciudad,* donde se trataban los asuntos públicos y se reunían los jueces para resolver los pleitos. Cf. Rt 4.1-2.
ᵃ **Salmo 128** Salmo didáctico o sapiencial. El Señor bendice a los justos concediéndoles un hogar próspero y feliz. En la perspectiva de la retribución temporal, propia del AT, esta era la bendición por excelencia.
ᵇ **128. (1a)** *Cántico de las subidas:* Véanse Sal 120 nota *a;* 120. (1a) n.
ᶜ **128.1 (1b)** *Feliz...:* Véase Sal 1.1 n.
ᵈ **128.6** Sal 125.5; cf. Gl 6.16.
ᵃ **Salmo 129** Este salmo es una profesión de confianza en el Señor, fundada en las experiencias pasadas. Desde los comienzos de su historia, Israel padeció muchas opresiones, pero pudo sobrevivir gracias a la eficaz protección de su Dios. Cf. Sal 124.
ᵇ **129. (1a)** *Cántico de las subidas:* Véanse Sal 120 nota *a;* 120. (1a) n.
ᶜ **129.1 (1b)** *Que lo diga ahora Israel:* Véase Sal 124.1 n.
ᵈ **129.1 (1b)-2** Repetición enfática semejante a la de Sal 124.1-2.

⁶ ¡Que sean como la hierba que crece en los tejados, *e*
que antes de arrancarla se marchita!
⁷ Hierba que nunca llena las manos
del que cosecha el trigo y lo ata en manojos;
⁸ hierba de la que nadie que pase dirá:
"¡El Señor los ha bendecido!"

Nosotros los bendecimos a ustedes
en el nombre del Señor. *f*

130 ⁽¹²⁹⁾ Confianza en el Señor *a* ⁽¹ᵃ⁾ Cántico de las subidas. *b*

¹ ⁽¹ᵇ⁾ Desde el fondo del abismo
clamo a ti, Señor: *c*
² ¡Escucha, Señor, mi voz!,
¡atiendan tus oídos mi grito suplicante!
³ Señor, Señor,
si tuvieras en cuenta la maldad,
¿quién podría mantenerse en pie? *d*
⁴ Pero en ti encontramos perdón,
para que te honremos. *e*
⁵ Con toda mi alma espero al Señor,
y confío en su palabra.
⁶ Yo espero al Señor
más que los centinelas a la mañana.
Así como los centinelas esperan a la mañana,
⁷ espera tú, Israel, al Señor,
pues en él hay amor y completa libertad.
⁸ ¡Él librará a Israel de toda su maldad! *f*

131 ⁽¹³⁰⁾ Oración de confianza *a* ⁽¹ᵃ⁾ Cántico de las subidas, *b* de David.

¹ ⁽¹ᵇ⁾ Señor, no es orgulloso mi corazón,
ni son altaneros mis ojos,
ni voy tras cosas grandes y extraordinarias
que están fuera de mi alcance.

² Al contrario, estoy callado y tranquilo,
como un niño recién amamantado
que está en brazos de su madre.
¡Soy como un niño recién amamantado! *c*

³ Israel, espera en el Señor ahora y siempre. *d*

132 ⁽¹³¹⁾ Las promesas de Dios a David *a* ⁽¹ᵃ⁾ Cántico de las subidas. *b*

¹ ⁽¹ᵇ⁾ Acuérdate, Señor, de David
y de todas sus aflicciones;
² acuérdate del firme juramento, *c*
que te hizo a ti, el Poderoso de Jacob:
³ "No me pondré bajo techo
ni me acostaré a descansar,
⁴ no cerraré los ojos
ni dormiré un solo instante,
⁵ mientras no encuentre casa
para el Señor, el Poderoso de Jacob." *d*
⁶ En Efrata *e* oímos hablar del arca de la alianza,
y la encontramos en los campos de Jáar. *f*
⁷ ¡Vayamos al santuario del Señor!
¡Arrodillémonos ante el estrado de sus pies!
⁸ Levántate, Señor, *g* con tu arca poderosa,
y ven al monte donde has de descansar.
⁹ Que tus sacerdotes se revistan de justicia;
que tus fieles griten de alegría.
¹⁰ Por consideración a David, tu siervo,
no rechaces al rey que has escogido. *h*

¹¹ El Señor hizo a David un firme juramento,
juramento del que no va a desdecirse: *i*
¹² "Pondré en tu trono a uno de tus descendientes.
Si tus hijos cumplen con mi alianza
y con los mandatos que voy a enseñarles,
también los hijos de ellos
ocuparán tu trono para siempre."

---

e **129.6** 2 R 19.26; Is 37.27.
f **129.8** Sobre esta bendición, véase Sal 115.12-15 n. Cf. Rt 2.4.
a **Salmo 130** Súplica humilde y confiada de un pecador que implora el perdón divino. Este es uno de los siete salmos llamados penitenciales (Sal 6; 32; 38; 51; 102; 143).
b **130. (1a)** *Cántico de las subidas:* Véanse Sal 120 nota *a;* 120. (1a) n.
c **130.1 (1b)** Sal 32.3-4; Jon 2.2 (3).
d **130.3** Si el Señor pidiera cuenta rigurosa de los pecados cometidos, nadie podría escapar a la condenación. Cf. Ro 3.23.
e **130.4** Miq 7.18.
f **130.8** Mt 1.21; Tit 2.14.
a **Salmo 131** La humildad y la confianza en Dios son los sentimientos que predominan en este salmo. Renunciando a toda pretensión de grandeza, el salmista se pone en las manos de su Dios con la sencillez de un niño pequeño.
b **131. (1a)** *Cántico de las subidas:* Véanse Sal 120 nota *a;* 120. (1a) n.
c **131.2** Cf. Mt 18.2-5.
d **131.3** Este v. fue añadido, probablemente, para el uso del salmo en el culto del templo. Cf. Sal 130.7.
a **Salmo 132** Este salmo real consta de dos partes. La primera recuerda el celo que puso David en trasladar el cofre de la alianza al monte Sión (cf. 2 S 6.12-19), y termina con una breve súplica en favor del rey (v. 10). La segunda muestra cómo el Señor recompensó a David, prometiéndole que su trono habría de durar para siempre (cf. v. 12). En esta promesa tuvo su origen la esperanza mesiánica de Israel.
b **132. (1a)** *Cántico de las subidas:* Véanse Sal 120 nota *a;* 120. (1a) n.
c **132.1 (1b)-2** El salmista presenta como un *juramento* hecho por David su firme resolución de construir un templo para el Señor (cf. 2 S 7.1-3; 1 R 8.17; 1 Cr 28.2). A esta decisión del rey responde luego el juramento que le hace el Señor (cf. v. 11).
d **132.5** *El Poderoso de Jacob:* título de Dios muy antiguo, que en Is 1.24 aparece como *el Poderoso de Israel.* Cf. Gn 49.24; Is 49.26; 60.16.
e **132.6** *Efrata:* nombre asociado al de Belén, la patria de David (Gn 35.19; Rt 4.11; Miq 5.2 [1]).
f **132.6** *Jáar* parece ser una abreviatura poética de Quiriat-jearim, lugar situado a unos 15 km. al noroeste de Jerusalén (cf. Jos 9.17), donde estuvo el arca de la alianza una vez que los filisteos lo devolvieron (1 S 7.1).
g **132.8** *Levántate, Señor:* alusión a Nm 10.35. Véase Sal 68.1 (2) n.
h **132.8-10** 2 Cr 6.41-42.
i **132.11** 2 S 7.12-16; 1 Cr 17.11-14; Sal 89.3-4 (4-5); Hch 2.30.

¹³ ¡El Señor ha escogido el monte Sión!
¡Lo ha elegido para vivir allí!
¹⁴ "Este es el monte donde siempre quiero estar;
en él viviré, porque así me agradó.
¹⁵ Bendeciré mucho sus alimentos
y saciaré el hambre de sus pobres.
¹⁶ Revestiré de salvación a sus sacerdotes
y haré que griten de alegría los que le son fieles.
¹⁷ Allí haré que renazca el poder de David.
Ya he preparado una lámpara
para el rey que he escogido." ʲ
¹⁸ A sus enemigos los llenaré de vergüenza,
pero a él lo cubriré de esplendor."

133 ⁽¹³²⁾ *Alabanza al amor fraternal* ᵃ ⁽¹ᵃ⁾ *Cántico de las subidas,* ᵇ *de David.*

¹ ⁽¹ᵇ⁾ ¡Vean qué bueno y agradable es
que los hermanos vivan unidos!
² Es como el buen perfume
que corre por la cabeza de los sacerdotes ᶜ
y baja por su barba
hasta el cuello de su ropaje. ᵈ
³ Es como el rocío del monte Hermón, ᵉ
que cae sobre los montes de Sión.
Allí es donde el Señor envía
la bendición de una larga vida.

134 ⁽¹³³⁾ *Que el Señor te bendiga* ᵃ ⁽¹ᵃ⁾ *Cántico de las subidas.* ᵇ

¹ ⁽¹ᵇ⁾ ¡Vamos, siervos del Señor!
¡Bendigan al Señor todos ustedes,
que están en su templo por las noches!
² ¡Eleven sus manos al santuario ᶜ
y bendigan al Señor!
³ ¡Que el Señor, creador del cielo y de la tierra,
te bendiga desde el monte Sión! ᵈ

135 ⁽¹³⁴⁾ *Los grandes hechos de Dios* ᵃ

¹ ¡Aleluya!

Alaben el nombre del Señor;
alábenlo ustedes, siervos suyos,
² que están en el templo del Señor,
en los atrios del templo del Dios nuestro.
³ Alaben al Señor, porque él es bueno;
canten himnos a su nombre,
porque él es bondadoso.
⁴ Pues escogió a Jacob, a Israel,
para que fuera su tesoro propio.

⁵ Yo sé muy bien que el Señor
nuestro Dios
es más grande que todos los dioses.
⁶ El Señor hace todo lo que quiere,
lo mismo en el cielo que en la tierra,
lo mismo en el mar que en sus profundidades.
⁷ Levanta las nubes desde el extremo del mundo,
hace los relámpagos que anuncian la lluvia,
y de sus depósitos saca al viento. ᵇ
⁸ Él fue quien hirió de muerte
al hijo mayor de toda familia egipcia
y a las primeras crías de sus animales.
⁹ En pleno corazón de Egipto,
envió señales maravillosas
contra el faraón y sus ministros. ᶜ
¹⁰ Hirió de muerte a muchas naciones,
quitó la vida a reyes poderosos:
¹¹ a Sihón, el rey amorreo,
a Og, el rey de Basán, ᵈ
y a todos los reyes de Canaán;
¹² y las tierras de esos reyes
se las dio como herencia a su pueblo Israel.

¹³ Señor, tu nombre es eterno;
por siempre serás recordado.
¹⁴ El Señor hace justicia a su pueblo; ᵉ
tiene compasión de sus siervos.
¹⁵ Los ídolos de los paganos son oro y plata,
objetos que el hombre fabrica con sus manos.
¹⁶ Tienen boca, pero no pueden hablar;
tienen ojos, pero no pueden ver;
¹⁷ tienen orejas, pero no pueden oír;
¡ni siquiera tienen vida!
¹⁸ Iguales a esos ídolos

ʲ **132.17** 1 R 11.36.

ᵃ **Salmo 133** Este breve poema sapiencial hace un cálido elogio de la unión y el amor fraternos. Era particularmente apropiado para ser cantado por los peregrinos que acudían a Jerusalén con motivo de las grandes fiestas, ya que esas celebraciones populares estrechaban los lazos fraternales entre los miembros del pueblo de Dios.

ᵇ **133. (1a)** *Cántico de las subidas:* Véanse Sal 120 nota a; 120. (1a) n.

ᶜ **133.2** *De los sacerdotes:* lit. *de Aarón* (véase Sal 115.10 n.). Para consagrar al sumo sacerdote se empleaba aceite perfumado con las mejores plantas aromáticas (Ex 30.23-33).

ᵈ **133.2** Ex 29.7,21.

ᵉ **133.3** *El rocío del monte Hermón,* es decir, un rocío muy abundante. La expresión debe entenderse en sentido figurado, ya que el Hermón queda demasiado lejos de Jerusalén como para que su rocío pueda llegar hasta el monte Sión. Véanse Sal 68.15 (16) nota *p;* 110.3 nota *e.*

ᵃ **Salmo 134** Himno o canto de alabanza. Antes de retirarse del templo, el pueblo pide a los sacerdotes que sigan alabando al Señor durante la noche. Los sacerdotes responden impartiendo una bendición (v. 3).

ᵇ **134. (1a)** *Cántico de las subidas:* Véanse Sal 120 nota a; 120. (1a) n.

ᶜ **134.2** Acerca de la elevación de las manos, véase Sal 5.7 (8) n.

ᵈ **134.2-3** El verbo *bendecir* se emplea aquí en su doble significado: el pueblo bendice al Señor, es decir, reconoce su gloria y su grandeza, y lo alaba por su misericordia y su fidelidad (Sal 103.1-2; 104.1-2); el Señor, a su vez, bendice al pueblo concediéndole vida y fecundidad en virtud de su palabra creadora (Gn 1.28).

ᵃ **Salmo 135** Himno o canto de alabanza al Señor, el único Dios, que eligió a Israel de entre todas las naciones. El salmo carece de originalidad literaria, ya que está compuesto con elementos tomados de otros salmos y de otros textos de la Biblia. Sin embargo, refleja el entusiasmo propio de la celebración litúrgica a la que estaba destinado originariamente.

ᵇ **135.7** Jer 10.13; 51.16; Eclo 43.13-14.

ᶜ **135.8-9** Ex 12.29-30.

ᵈ **135.11** Nm 21.21-35. Véase *Índice de mapas.*

ᵉ **135.14** Dt 32.36.

son quienes los fabrican
y quienes en ellos creen. *f*

¹⁹ Israelitas, bendigan al Señor;
sacerdotes, *g* bendigan al Señor;
²⁰ levitas, *h* bendigan al Señor;
ustedes que honran al Señor, bendíganlo.
²¹ ¡Bendito sea en Sión
el Señor, el que vive en Jerusalén!

¡Aleluya!

136 ⁽¹³⁵⁾ *Amor eterno de Dios a Israel* *a*

¹ Den gracias al Señor, porque él es bueno,
porque su amor es eterno. *b*
² Den gracias al Dios de dioses, *c*
porque su amor es eterno.
³ Den gracias al Señor de señores,
porque su amor es eterno.
⁴ Al único que hace grandes maravillas,
porque su amor es eterno.
⁵ Al que hizo los cielos *d* con sabiduría,
porque su amor es eterno.
⁶ Al que extendió la tierra sobre las aguas, *e*
porque su amor es eterno.
⁷ Al que hizo el sol y la luna,
porque su amor es eterno:
⁸ el sol, para alumbrar de día,
porque su amor es eterno;
⁹ la luna y las estrellas, para alumbrar de noche, *f*
porque su amor es eterno.
¹⁰ Al que hirió al primer hijo
de toda familia egipcia, *g*
porque su amor es eterno.
¹¹ Al que sacó de Egipto a los israelitas, *h*
porque su amor es eterno;
¹² extendiendo su brazo con gran poder,
porque su amor es eterno.

¹³ Al que partió en dos el Mar Rojo,
porque su amor es eterno.
¹⁴ Al que hizo pasar a Israel por en medio del mar,
porque su amor es eterno.
¹⁵ Al que hundió en el Mar Rojo
al Faraón y su ejército, *i*
porque su amor es eterno.
¹⁶ Al que llevó a su pueblo por el desierto, *j*
porque su amor es eterno.
¹⁷ Al que hirió de muerte a grandes reyes,
porque su amor es eterno.
¹⁸ Al que a reyes poderosos quitó la vida,
porque su amor es eterno:
¹⁹ a Sihón, el rey amorreo, *k*
porque su amor es eterno;
²⁰ y a Og, el rey de Basán, *l*
porque su amor es eterno.
²¹ Al que repartió la tierra de esos reyes,
porque su amor es eterno,
²² y la dio como herencia a su siervo Israel,
porque su amor es eterno.
²³ Al que nos recuerda cuando estamos abatidos,
porque su amor es eterno.
²⁴ Al que nos libra de nuestros enemigos,
porque su amor es eterno.
²⁵ Al que da de comer a hombres y animales,
porque su amor es eterno.
²⁶ ¡Den gracias al Dios del cielo, *m*
porque su amor es eterno!

137 ⁽¹³⁶⁾ *Junto a los ríos de Babilonia* *a*

¹ Sentados junto a los ríos de Babilonia, *b*
llorábamos al acordarnos de Sión.
² En los álamos que hay en la ciudad
colgábamos nuestras arpas.
³ Allí, los que nos habían llevado cautivos,
los que todo nos lo habían arrebatado, *c*

---

f **135.15-18** Véase Sal 115.4-8 n.; cf. Is 44.9-20; Jer 10.1-16; Sab 15.15; Ap 9.20.
g **135.19** *Sacerdotes:* Cf. Sal 115.10.
h **135.20** A los grupos mencionados en Sal 115.9-11; 118.2-4 se añaden aquí los *levitas,* miembros de la tribu sacerdotal, pero de segundo orden.
a **Salmo 136** Canto litúrgico de acción de gracias, en el que se recuerdan y proclaman las grandes obras de Dios, primero en la creación (vv. 1-9) y luego en la historia de su pueblo (vv. 10-26). La constante repetición del mismo estribillo hace pensar que en la recitación del salmo se iban alternando dos coros, o bien un solista y un coro. Los judíos llaman a este himno "gran Halel" o "gran aclamación" y lo recitan al final de la cena pascual. Cf. Sal 113.
b **136.1** *Porque su amor es eterno:* Este estribillo, antes de ser incorporado al texto de algunos salmos (100.5; 106.1; 107.1; 118.1-4), parece haber tenido existencia independiente como exclamación litúrgica de la comunidad congregada en el templo (1 Cr 16.34; 2 Cr 5.13; 7.3; Esd 3.11; Jer 33.11; cf. Dn (dc) 3.89-90). La palabra traducida por *amor,* en hebreo *hésed,* es una expresión rica en significado, que incluye, además, las ideas de bondad, misericordia y fidelidad.
c **136.2** *Dios de dioses:* Véase Sal 50.1 n.
d **136.5** Gn 1.1.

e **136.6** Sobre este concepto antiguo, véase Sal 104.3 n.
f **136.7-9** Gn 1.16.
g **136.10** Ex 12.29.
h **136.11** Ex 12.51.
i **136.13-15** Ex 14.21-29.
j **136.16** Dt 8.2,15.
k **136.19** Nm 21.21-30.
l **136.20** Nm 21.31-35. Véase *Basán* en el *Índice de mapas.*
m **136.26** *Dios del cielo:* expresión que se hizo bastante común en la época de la dominación persa (2 Cr 36.23; Esd 1.2; 6.10; Jon 1.9).
a **Salmo 137** Los sentimientos de los israelitas desterrados a Babilonia se expresan con intensidad creciente en las tres partes que componen este salmo, el cual, por su belleza literaria, es una de las cumbres de la poesía hebrea. El salmo evoca primero la tristeza, la nostalgia y la humillación de los que han sido arrancados de la patria (vv. 1-4). Luego viene el juramento de mantener siempre vivo el recuerdo de Jerusalén y del monte Sión, polo de atracción y centro espiritual de la vida nacional y religiosa (vv. 5-6). Por último, sin ninguna transición, sigue una apasionada imprecación contra aquellos que provocaron la ruina de Israel (vv. 7-9).
b **137.1** Ez 3.15.
c **137.3** *Los que todo nos lo habían arrebatado:* según la versión griega (LXX). Heb. oscuro.

nos pedían que cantáramos con alegría;
¡que les cantáramos canciones de Sión! [d]

⁴ ¿Cantar nosotros canciones del Señor
en tierra extraña? [e]
⁵ ¡Si llego a olvidarte, Jerusalén,
que se me seque la mano derecha!
⁶ ¡Que se me pegue la lengua al paladar
si no me acuerdo de ti,
si no te pongo, Jerusalén,
por encima de mi propia alegría!

⁷ Señor, acuérdate de los edomitas,
que cuando Jerusalén cayó, [f] decían:
"¡Destrúyanla, destrúyanla hasta sus cimientos!" [g]

⁸ ¡Tú, Babilonia, serás destruida!
¡Feliz el que te dé tu merecido
por lo que nos hiciste! [h]
⁹ ¡Feliz el que agarre a tus niños
y los estrelle contra las rocas! [i]

138 [(137)] *Oración de gratitud al Señor* [a] [(1a)] *De David.*
¹ [(1b)] Te daré gracias, Señor, de todo corazón;
te cantaré himnos delante de los dioses. [b]
² Me arrodillaré en dirección a tu santo templo [c]
para darte gracias por tu amor y tu verdad,
pues has puesto tu nombre y tu palabra
por encima de todas las cosas.
³ Cuando te llamé, me respondiste,
y aumentaste mis fuerzas.
⁴ Todos los reyes del mundo te alabarán
al escuchar tus promesas.
⁵ Alabarán al Señor por lo que él ha dispuesto,
porque grande es la gloria del Señor.
⁶ Aunque el Señor está en lo alto,
se fija en el hombre humilde,
y de lejos reconoce al orgulloso. [d]

⁷ Cuando me encuentro en peligro,
tú me mantienes con vida;
despliegas tu poder y me salvas
de la furia de mis enemigos.

⁸ ¡El Señor llevará a feliz término
su acción en mi favor!
Señor, tu amor es eterno;
¡no dejes incompleto lo que has emprendido! [e]

139 [(138)] *Dios lo sabe todo* [a] [(1a)] *Del maestro de coro. Salmo de David.*
¹ [(1b)] Señor, tú me has examinado y me conoces; [b]
² tú conoces todas mis acciones;
aun de lejos te das cuenta de lo que pienso.
³ Sabes todas mis andanzas,
¡sabes todo lo que hago!
⁴ Aún no tengo la palabra en la lengua,
y tú, Señor, ya la conoces.
⁵ Por todos lados me has rodeado;
tienes puesta tu mano sobre mí.
⁶ Sabiduría tan admirable está fuera
de mi alcance;
¡es tan alta que no alcanzo a comprenderla!

⁷ ¿A dónde podría ir, lejos de tu espíritu?
¿A dónde huiría, lejos de tu presencia?
⁸ Si yo subiera a las alturas de los cielos,
allí estás tú;
y si bajara a las profundidades de la tierra,
también estás allí;
⁹ si levantara el vuelo hacia el oriente,
o habitara en los límites del mar occidental,
¹⁰ aun allí me alcanzaría [c] tu mano;
¡tu mano derecha no me soltaría!
¹¹ Si pensara esconderme en la oscuridad,
o que se convirtieran en noche
la luz que me rodea,
¹² la oscuridad no me ocultaría de ti,
y la noche sería tan brillante como el día.
¡La oscuridad y la luz son lo mismo para ti! [d]

¹³ Tú fuiste quien formó todo mi cuerpo;
tú me formaste en el vientre de mi madre. [e]
¹⁴ Te alabo porque estoy maravillado,
porque es maravilloso lo que has hecho.
¡De ello estoy bien convencido!

---

[d] **137.3** Obligar a los cautivos a cantar era ya una humillación; pero hacerlos cantar sus himnos religiosos era una humillación mayor, porque eso equivalía a reconocer que su propio dios era menos poderoso que el dios del pueblo vencedor.
[e] **137.4** *En tierra extraña:* no solo extranjera, sino también manchada por la idolatría y por otras inmoralidades cometidas por los paganos.
[f] **137.7** *Cuando Jerusalén cayó:* lit. *el día de Jerusalén.* Cf. 2 R 25.8-11; Jer 52.12-15.
[g] **137.7** Los *edomitas,* antiguos vasallos y enemigos tradicionales de Israel, hicieron causa común con Babilonia y celebraron triunfalmente el desastre de Israel (Abd 10-15). Por eso se los incluye en esta violenta imprecación. Cf. Ez 25.12-14. Acerca de Edom, véase Sal 60.8 (10) n.
[h] **137.8** Jer 50.29; Ap 18.6.
[i] **137.9** Esta práctica salvaje formaba parte de las costumbres guerreras de aquellos tiempos. Cf. Is 13.16; Os 10.14; Nah 3.10.
[a] **Salmo 138** Canto de acción de gracias al Señor, quien siempre lleva a feliz término la obra comenzada (cf. v. 8).

[b] **138.1 (1b)** *Delante de los dioses:* Esta expresión se refiere a los seres superiores que están al servicio del Señor y forman la corte divina en el cielo. Cf. Job 1.6; 2.1; Sal 82.1; 89.5-7 (6-8).
[c] **138.2** Sobre esta práctica, véase Sal 5.7 (8) n.
[d] **138.6** 2 S 22.28; Sal 113.5-8; Is 57.15; Lc 1.51-53.
[e] **138.8** Flp 1.6.
[a] **Salmo 139** En un bello lenguaje poético, el salmista expresa el asombro que le produce la misteriosa sabiduría de Dios (cf. v. 6). Él está presente en todas partes, y nada puede hacer el hombre a escondidas de su Creador, que conoce hasta los actos y pensamientos más secretos. Cf. Heb 4.13.
[b] **139.1 (1b)-4** Pr 15.11; Jer 12.3.
[c] **139.10** *Alcanzaría:* según versiones antiguas. Heb. *guiaría.*
[d] **139.7-12** Jer 23.23-24; Am 9.2; Eclo 16.17.
[e] **139.13** Detrás de las causas naturales que intervienen en la procreación, la fe percibe la acción creadora de Dios, fuente de toda vida. Cf. Job 10.8-11; Sal 119.73; Sab 7.1-2.

¹⁵ No te fue oculto el desarrollo de mi cuerpo
mientras yo era formado en lo secreto,
mientras era formado en lo más profundo
de la tierra.ᶠ
¹⁶ Tus ojos vieron mi cuerpo en formación;
todo eso estaba escrito en tu libro.ᵍ
Habías señalado los días de mi vida
cuando aún no existía ninguno de ellos.
¹⁷ Oh Dios,
qué profundos me son tus pensamientos;
¡infinito es el conjunto de ellos!
¹⁸ Si yo quisiera contarlos, serían más que la arena;
y si acaso terminara,ʰ aún estaría contigo.ⁱ
¹⁹ Oh Dios,
quítales la vida a los malvados
y aleja de mí a los asesinos,
²⁰ a los que hablan mal de ti
y se levantan en vano en contra tuya.
²¹ Señor,
¿no odio acaso a los que te odian
y desprecio a los que te desafían?
²² ¡Los odio con toda mi alma!
¡Los considero mis enemigos!
²³ Oh Dios,
examíname, reconoce mi corazón;
ponme a prueba, reconoce mis pensamientos;ʲ
²⁴ mira si voy por el camino del mal,
y guíame por el camino eterno.ᵏ

140 ⁽¹³⁹⁾ *Oración pidiendo la protección de Dios* ᵃ
⁽¹⁾ *Del maestro de coro. Salmo de David.*

¹ ⁽²⁾ Señor, líbrame de los malvados;
protégeme de los violentos,ᵇ
² ⁽³⁾ de los que traman el mal
y a todas horas provocan peleas.ᶜ
³ ⁽⁴⁾ Su lengua es aguda, como de serpiente;
sus palabras son como veneno de víbora.ᵈ .

⁴ ⁽⁵⁾ Señor, protégeme del poder de los malvados,
protégeme de los violentos,
de los que hacen planes para que yo caiga.
⁵ ⁽⁶⁾ Esos orgullosos me han puesto una trampa;
me han tendido red y lazos;
me han puesto trampas junto al camino.ᵉ
⁶ ⁽⁷⁾ Le he dicho al Señor: "Tú eres mi Dios;
¡escucha, pues, mi grito suplicante!ᶠ
⁷ ⁽⁸⁾ Señor, Señor, mi Salvador poderoso,
tú proteges mi cabeza en el combate."
⁸⁻⁹ ⁽⁹⁻¹⁰⁾ Señor, no concedas al malvado sus deseos;
no dejes que sus planes sigan adelante.
Los que me rodean levantan la cabeza;
¡que caiga sobre ellos la maldición que lanzan!ᵍ
¹⁰ ⁽¹¹⁾ Que caigan sobre ellos carbones encendidos;
que los echen en pozos, de donde no salgan más.
¹¹ ⁽¹²⁾ Que no permanezca en la tierra
el deslenguado;
que el mal persiga al violento y lo destruya.
¹² ⁽¹³⁾ Yo sé que el Señor hace justicia al pobre
y defiende el derecho del afligido.
¹³ ⁽¹⁴⁾ Los hombres honrados alabarán tu nombre;
¡los hombres rectos vivirán en tu presencia!

141 ⁽¹⁴⁰⁾ *Mis ojos están puestos en ti* ᵃ ⁽¹ᵃ⁾ *Salmo de David.*

¹ ⁽¹ᵇ⁾ A ti clamo, Señor: ¡ven pronto!,
¡escucha mi voz cuando te invoco!
² Sea mi oración como incienso en tu presencia,ᵇ
y mis manos levantadas, como ofrenda de la tarde.ᶜ
³ Señor, ponle a mi boca un guardián;
vigílame cuando yo abra los labios.ᵈ
⁴ Aleja mi pensamiento de la maldad;
no me dejes andar en malas acciones
ni tomar parte en banquetes de malhechores.ᵉ
⁵ Es un favor que el hombre honrado me castigue,
un perfume delicadoᶠ que me reprenda.

ᶠ **139.15** *El seno materno es misterioso y fecundo como* lo más profundo de la tierra. Cf. Eclo 40.1.
ᵍ **139.16** *El libro de* Salmos *menciona varios libros que están en las manos de Dios. Aquí se trata del* libro *en el que están escritas las acciones futuras de los hombres, tal como la sabiduría de Dios las tiene previstas. Véanse Sal 56.8 (9) nota* h; *69.28 (29) n.*
ʰ **139.18** *Si acaso terminara:* texto probable. Heb. *despertara.*
ⁱ **139.17-18** Sal 40.5 (6); 92.5 (6); Eclo 18.4-7.
ʲ **139.23** *Declaración típica de las personas perseguidas y acusadas injustamente (cf. Sal 7.3-4 [4-5]; 26.2-5). Confiando en su inocencia, el salmista apela al Señor, Juez supremo e imparcial. Cf. Sal 50.6.*
ᵏ **139.24** *El camino eterno:* otra posible traducción: *el camino antiguo.*
ᵃ **Salmo 140** *Súplica individual. El salmista invoca la protección de Dios contra la violencia de sus adversarios. Su fe viva le da la certeza de que el Señor lo salvará, para alegría de todos los que confían en su bondad y en su poder (cf. vv. 12-13 [13-14]).*
ᵇ **140.1 (2)** Sal 71.4.
ᶜ **140.2 (3)** Sal 120.6-7.
ᵈ **140.3 (4)** Ro 3.13.
ᵉ **140.5 (6)** *Sobre estas imágenes, véase* Sal 9.15-16 (16-17) n.

ᶠ **140.6 (7)** Sal 31.14 (15).
ᵍ **140.8-9 (9-10)** ¡*Que caiga... lanzan!:* es decir, que su propio pecado les sirva de castigo. Véase Sal 64.8 (9) n.
ᵃ **Salmo 141** *Amenazado por gente malvada que quiere llevarlo por el mal camino, el salmista pide al Señor que le dé la fuerza necesaria para resistir a las seducciones del mal.*
ᵇ **141.2** *La plegaria sube hasta Dios como el* incienso *que se ofrecía junto con la ofrenda de algunos sacrificios. Cf. Lv 2.1-2,15-16; 5.11; 6.15 (8), y también Ap 5.8. Véase* Oración en el *Índice temático.*
ᶜ **141.2** *Mis manos levantadas:* alusión a un gesto que con frecuencia acompaña a la oración (véase Sal 5.7 [8] n.). Acerca de la *ofrenda de la tarde,* cf. Ex 29.38-39; 30.8; Nm 28.3-4.
ᵈ **141.3** Cf. Eclo 22.27, y también Sal 34.13 (14); 39.1 (2); Pr 13.3; 21.23; Stg 1.26.
ᵉ **141.4** *Ni tomar parte en banquetes de malhechores:* La comida en común es expresión de comunidad y solidaridad (véase Sal 23.5 nota *g*). Probablemente se trata de una figura literaria para indicar la decisión de no hacerse cómplice de los malhechores.
ᶠ **141.5** *Perfume delicado:* Se refiere al aceite perfumado que solía derramarse sobre la cabeza del huésped (cf. Lc 7.46). Junto con la voluntad de resistir a las tentaciones del mal (v. 4), el salmista

Tales cosas no rechazaré;
a pesar de sus golpes, seguiré orando.
⁶ Los jefes de los malvados serán despeñados,
y verán que mis palabras eran agradables.
⁷ Sus huesos serán esparcidos junto al sepulcro,
como cuando se abren surcos en la tierra. ᵍ
⁸ Señor, Señor, mis ojos están puestos en ti.
En ti busco protección: no me abandones.
⁹ Líbrame de la trampa que me han puesto;
líbrame de la trampa de los malhechores. ʰ
¹⁰ Que caigan los malvados en su propia red,
mientras yo sigo adelante.

142 ⁽¹⁴¹⁾ *Tú eres mi refugio* ᵃ ⁽¹⁾ *Instrucción y oración de David, cuando estaba en la cueva.* ᵇ

¹ ⁽²⁾ Con fuerte voz clamo al Señor,
con fuerte voz le pido misericordia. ᶜ
² ⁽³⁾ En su presencia expongo mi queja,
en su presencia doy a conocer mi angustia
³ ⁽⁴⁾ cuando me encuentro totalmente deprimido.

Señor, tú conoces mi camino:
en el camino por donde voy,
me han puesto una trampa.
⁴ ⁽⁵⁾ Vuelvo la mirada a la derecha
y nadie viene en mi ayuda.
¡No hay nadie que me defienda!
¡No hay nadie que se preocupe de mí!

⁵ ⁽⁶⁾ A ti clamo, Señor,
y te digo: "Tú eres mi refugio;
tú eres todo lo que tengo en esta vida." ᵈ
⁶ ⁽⁷⁾ Presta atención a mis gritos,
porque me encuentro sin fuerzas.
Líbrame de los que me persiguen,
porque son más fuertes que yo.
⁷ ⁽⁸⁾ Sácame de mi prisión
para que pueda yo alabarte.
Los hombres honrados me rodearán ᵉ
cuando me hayas tratado bien.

143 ⁽¹⁴²⁾ *En ti he puesto mi confianza* ᵃ ⁽¹ᵃ⁾ *Salmo de David.*

¹ ⁽¹ᵇ⁾ Señor, escucha mi oración;
pon atención a mi súplica.
¡Respóndeme, pues tú eres justo y fiel!
² No llames a cuentas a tu siervo,
porque ante ti nadie es inocente. ᵇ
³ Mis enemigos me persiguen,
me han aplastado contra el suelo; ᶜ
me obligan a vivir en la oscuridad,
como los que han muerto hace tiempo. ᵈ
⁴ Me encuentro totalmente deprimido;
turbado tengo el corazón.
⁵ Me acuerdo de tiempos anteriores,
y pienso en todo lo que has hecho. ᵉ
⁶ Hacia ti tiendo las manos, ᶠ
sediento de ti, cual tierra seca. ᵍ

⁷ Señor, ¡respóndeme pronto,
pues ya se me acaba el aliento!
No me niegues tu ayuda, ʰ
porque entonces seré como los muertos.
⁸ Por la mañana ⁱ hazme saber de tu amor,
porque en ti he puesto mi confianza.
Hazme saber cuál debe ser mi conducta, ʲ
porque a ti dirijo mis anhelos.
⁹ Líbrame, Señor, de mis enemigos,
porque en ti busco refugio.
¹⁰ Enséñame a hacer tu voluntad,
porque tú eres mi Dios.
¡Que tu buen espíritu me lleve
por un camino recto!

¹¹ Por tu nombre, Señor, ¡hazme vivir!
Porque eres justo, ¡sácame de la angustia!
¹² Porque eres fiel, ¡destruye a mis enemigos! ᵏ
¡destruye a todos mis enemigos,
pues yo soy tu siervo! ˡ

144 ⁽¹⁴³⁾ *Gratitud de un rey a Dios* ᵃ ⁽¹ᵃ⁾ *De David.*

¹ ⁽¹ᵇ⁾ ¡Bendito sea el Señor, mi protector!

---

expresa su buena disposición para recibir la reprensión de las personas honradas, aunque le resulte penosa.
ᵍ **141.5-7** El texto hebreo de estos vv. es muy oscuro y la traducción es solo probable.
ʰ **141.9** Sobre esta imagen, véase Sal 9.15-16 (16-17) n.
ᵃ **Salmo 142** Súplica individual. Abatido por el sufrimiento y desprovisto de toda ayuda, el salmista se entrega confiadamente en las manos de Dios.
ᵇ **142. (1)** Cf. 1 S 22.1-5; 24; Sal 57. (1).
ᶜ **142.1 (2)** Sal 30.8 (9).
ᵈ **142.5 (6)** *Tú eres todo lo que tengo en esta vida:* lit. *tú eres mi parte en la tierra de los que viven.* Véanse Sal 16.5 n.; 27.13 n.
ᵉ **142.7 (8)** La liberación del que acude al Señor pidiendo auxilio es un motivo de alegría para todos los fieles (Sal 64.10 [11]).
ᵃ **Salmo 143** Súplica individual, compuesta en su mayor parte con frases tomadas de otros salmos. El resultado es una bella plegaria, animada de un profundo sentimiento religioso. Cf. Sal 86. Este es uno de los siete salmos llamados penitenciales (Sal 6; 32; 38; 51; 102; 130).
ᵇ **143.2** Ro 3.20; Gl 2.16.
ᶜ **143.3** Sal 7.5 (6).
ᵈ **143.3** Sal 88.4-6 (5-7); Lm 3.6.
ᵉ **143.5** Al meditar en las acciones que el Señor realizó en favor de su pueblo, el salmista encuentra un motivo para seguir confiando en él (Sal 77.5 [6]).
ᶠ **143.6** Sobre extender las manos, véase Sal 5.7 (8) n.
ᵍ **143.6** Sal 42.1-2 (2-3); 63.1 (2).
ʰ **143.7** *No me niegues tu ayuda:* lit. *no me escondas tu rostro.* Cuando el Señor oculta su rostro (Sal 102.2 [3]; 104.29), ya no hace sentir su presencia, y sus fieles experimentan la angustia de verse abandonados por él.
ⁱ **143.8** *Por la mañana:* Véase Sal 57.8 (9) n.
ʲ **143.8** Sal 25.4-5; 27.11; 86.11.
ᵏ **143.12** Sal 54.5-6 (7-8).
ˡ **143.12** Sal 116.6.
ᵃ **Salmo 144** La primera parte de este salmo (vv. 1-11) es la súplica de un rey de Judá (cf. v. 10), que pide ser liberado de sus enemigos; la segunda (vv. 12-15) es una súplica colectiva por la prosperidad de la nación.

Él es quien me entrena y me prepara
para combatir en la batalla; *b*

² él es mi amigo fiel, mi lugar de protección,
mi más alto escondite, mi libertador;
él es mi escudo, y con él me protejo;
él es quien pone a los pueblos bajo mi poder. *c*

³ Señor,
¿qué es el hombre, para que pienses en él?
¿Qué es el ser humano, para que tanto lo estimes? *d*

⁴ El hombre es como un suspiro;
su vida pasa como una sombra. *e*

⁵ Señor,
descorre la cortina de los cielos, y baja;
toca los montes para que echen humo;

⁶ lanza tus flechas, tus relámpagos,
y haz huir en desorden a tus enemigos. *f*

⁷ Extiende tu mano desde lo alto,
y líbrame del mar inmenso;
líbrame del poder de gente extraña,

⁸ de los que dicen mentiras
y levantan su derecha para jurar en falso.

⁹ Señor,
voy a cantarte una canción nueva; *g*
voy a cantarte himnos con el salterio.

¹⁰⁻¹¹ Tú, que das la victoria a los reyes;
tú, que libraste a tu siervo David, *h*
líbrame de la espada mortal;
líbrame del poder de gente extraña,
de los que dicen mentiras
y levantan su derecha para jurar en falso.

¹² Nuestros hijos crecen como plantas
en un jardín;
nuestras hijas son cual columnas labradas
que sostienen la estructura del templo.

¹³ Nuestros graneros están llenos,
repletos de toda clase de alimentos.
Nuestros rebaños aumentan por millares,
por miles y miles en nuestros campos.

¹⁴ Nuestras vacas quedan preñadas,
y no tienen su cría antes de tiempo.
No hay gritos de alarma en nuestras calles. *i*

¹⁵ ¡Feliz el pueblo que tiene todo esto!
¡Feliz el pueblo cuyo Dios es el Señor! *j*

145 ⁽¹⁴⁴⁾ *Que todo hombre alabe al Señor* *a* ⁽¹ᵃ⁾ *Alabanza de David.*

¹ ⁽¹ᵇ⁾ Hablaré de tu grandeza, mi Dios y Rey; *b*
bendeciré tu nombre por siempre.

² Diariamente te bendeciré;
alabaré tu nombre por siempre.

³ El Señor es grande y muy digno
de alabanza; *c*
su grandeza excede nuestro entendimiento.

⁴ De padres a hijos se alabarán tus obras, *d*
se anunciarán tus hechos poderosos.

⁵ Se hablará de tu majestad gloriosa,
y yo hablaré de tus maravillas.

⁶ Se hablará de tus hechos poderosos y terribles,
y yo hablaré de tu grandeza.

⁷ Se hablará de tu bondad inmensa,
y a gritos se dirá que tú eres justo.

⁸ El Señor es tierno y compasivo,
es paciente y todo amor. *e*

⁹ El Señor es bueno para con todos,
y con ternura cuida sus obras.

¹⁰ ¡Que te alaben, Señor, todas tus obras!
¡Que te bendigan tus fieles!

¹¹ ¡Que hablen del esplendor de tu reino!
¡Que hablen de tus hechos poderosos!

¹² ¡Que se haga saber a los hombres tu poder
y el gran esplendor de tu reino!

¹³ Tu reino es un reino eterno,
tu dominio es por todos los siglos. *f*

¹⁴ El Señor sostiene a los que caen
y levanta a los que desfallecen. *g*

¹⁵ Los ojos de todos esperan de ti
que tú les des su comida a su tiempo.

¹⁶ Abres tu mano, y con tu buena voluntad
satisfaces a todos los seres vivos. *h*

¹⁷ El Señor es justo en sus caminos,
bondadoso en sus acciones.

¹⁸ El Señor está cerca de los que lo invocan,
de los que lo invocan con sinceridad.

¹⁹ Él cumple los deseos de los que lo honran;
cuando le piden ayuda, los oye y los salva.

²⁰ El Señor protege a los que lo aman,
pero destruye a los malvados. *i*

---

b **144.1 (1b)** Sal 18.34 (35),46 (47).
c **144.2** Sal 18.2 (3).
d **144.3** Sal 8.4 (5); cf. Job 7.17-18.
e **144.4** Sal 39.5 (6); 62.9 (10); 102.11 (12); 109.23; cf. Job 7.7; 14.2.
f **144.5-6** Sal 18.9-14 (10-15), 16-17 (17-18); cf. 2 S 22.8-17.
g **144.9** *Canción nueva:* Véase Sal 33.3 n.
h **144.10-11** Sal 18.50 (51).
i **144.14** Aunque el significado de algunas palabras hebreas no es claro, el texto sugiere la idea de prosperidad y de paz.
j **144.15** *¡Feliz...!:* Sal 33.12; véase Sal 1.1 n.
a **Salmo 145** Himno o canto de alabanza al Dios universal en sus atributos de rey justo y poderoso, a la vez que compasivo y lleno de misericordia. Como en otros salmos alfabéticos (9-10; 25; 34; 111; 112; 119), los temas se van sucediendo sin una trabazón muy estrecha. El tono de alabanza es el que da unidad a todo el salmo. Véase Sal 9 nota *a*.
b **145.1 (1b)** *Mi Dios y Rey:* Sal 5.1-2 (2-3); 10.16; 47.2 (3); 84.3 (4).
c **145.3** Sal 18.3 (4); 48.1 (2); 96.4.
d **145.4** Sal 78.3-4.
e **145.8** Ex 34.6-7; Nm 14.18; Sal 103.8; Eclo 2.11; Stg 5.11.
f **145.13** En el texto hebreo falta el v. correspondiente a la letra *nun*. Un manuscrito muy antiguo, la versión griega (LXX) y otras versiones llenan esta laguna añadiendo: *Fiel es el Señor en todas sus promesas y leal en todo lo que hace.*
g **145.14** Sal 146.8; 147.6.
h **145.15-16** Sal 104.27-28.
i **145.20** Sal 104.35.

21 ¡Que mis labios alaben al Señor!
¡Que todos bendigan su santo nombre,
ahora y siempre!

146 (145) Alabanzas a los hechos de Dios [a]
1 ¡Aleluya!

Alabaré al Señor con toda mi alma. [b]
2 Alabaré al Señor mientras yo viva;
cantaré himnos a mi Dios mientras yo exista. [c]
3 No pongan su confianza en hombres importantes,
en simples hombres que no pueden salvar, [d]
4 pues cuando mueren regresan al polvo, [e]
y ese mismo día terminan sus proyectos.

5 Feliz [f] quien recibe ayuda del Dios de Jacob,
quien pone su esperanza en el Señor su Dios.
6 Él hizo cielo, tierra y mar,
y todo lo que hay en ellos. [g]
Él siempre mantiene su palabra.
7 Hace justicia a los oprimidos [h]
y da de comer a los hambrientos. [i]

El Señor da libertad a los presos;
8 el Señor devuelve la vista a los ciegos;
el Señor levanta a los caídos;
el Señor ama a los hombres honrados;
9 el Señor protege a los extranjeros [j]
y sostiene a los huérfanos y a las viudas,
pero hace que los malvados pierdan el camino.

10 Oh Sión, el Señor reinará por siempre;
tu Dios reinará por todos los siglos.

¡Aleluya! [k]

147 (146-147) No hizo lo mismo con todas las naciones [a]
1 ¡Aleluya!

¡Qué bueno es cantar himnos a nuestro Dios!
¡A él se le deben dulces alabanzas! [b]
2 El Señor reconstruye a Jerusalén [c]
y reúne a los dispersos de Israel.

3 Él sana a los que tienen roto el corazón,
y les venda las heridas.
4 Él determina el número de las estrellas,
y a cada una le pone nombre.
5 Grande es nuestro Dios, y grande su poder;
su inteligencia es infinita.
6 El Señor levanta a los humildes,
pero humilla por completo a los malvados.

7 Canten al Señor con gratitud;
canten himnos a nuestro Dios, al son del arpa.
8 Él cubre de nubes el cielo,
prepara la lluvia para la tierra,
hace crecer los pastos en los montes,
9 da de comer a los animales
y a las crías de los cuervos cuando chillan.
10 No es la fuerza del caballo
ni los músculos del hombre
lo que más agrada al Señor;
11 a él le agradan los que lo honran,
los que confían en su amor. [d]

12 Jerusalén, alaba al Señor;
Sión, alaba a tu Dios.
13 Pues él reforzó los cerrojos de tus puertas
y bendijo a tus hijos dentro de la ciudad. [e]
14 Él trae la paz a tu territorio
y te satisface con lo mejor del trigo.
15 Él envía su palabra a la tierra,
y su palabra corre a toda prisa. [f]
16 Él produce la nieve como si fuera lana,
y esparce la escarcha como si fuera polvo.
17 Él envía el hielo en forma de granizo;
con el frío que envía, el agua se congela. [g]
18 Pero envía su palabra, y la derrite;
hace soplar el viento, y el agua corre. [h]
19 Él dio a conocer a Jacob, a Israel,
su palabra, sus leyes y decretos. [i]
20 No hizo lo mismo con las otras naciones,
las cuales nunca conocieron sus decretos.

¡Aleluya! [j]

---

[a] **Salmo 146** Reflexión de carácter sapiencial o didáctico (vv. 3-9), que comienza y termina con expresiones típicas de los himnos o cantos de alabanza (vv. 1-2,10). La versión griega (LXX) atribuye este salmo a Hageo y Zacarías, dos profetas de fines del siglo VI a.C.
[b] **146.1** Sal 103.1; 104.1.
[c] **146.2** Sal 104.33.
[d] **146.3** Sal 118.8-9; Is 2.22; 31.3; Jer 17.5.
[e] **146.4** Gn 3.19; Sal 90.3; 104.29; Ec 12.7.
[f] **146.5** *Feliz:* Véase Sal 1.1 n.
[g] **146.6** Gn 1.
[h] **146.7** Sal 103.6.
[i] **146.7** Lc 1.53.
[j] **146.9** Se refiere a los *extranjeros* residentes en Israel. Cf. Dt 10.18; 14.29.
[k] **146.10** Ex 15.18.

[a] **Salmo 147** Himno o canto de alabanza al Señor, Dios de Israel, que manifiesta su predilección por los humildes y colma de beneficios a su pueblo.
[b] **147.1** Sal 33.1; 92.1 (2).
[c] **147.2** Alusión a la reconstrucción de la ciudad de *Jerusalén* y de su templo, realizada a la vuelta del exilio. Cf. Neh 4; Hag 1.8-9,12-15; 2.15,18; Zac 1.16-17; 2.4-5 (8-9).
[d] **147.10-11** Sal 20.7-8 (8-9); 33.16-19; Am 2.15.
[e] **147.13** Algunos ven en este v. una alusión a las medidas que tomó Nehemías para reconstruir los muros de Jerusalén (cf. Neh 3.28; 7.1) y aumentar la población de la ciudad (cf. Neh 11.1-2).
[f] **147.15** Los antiguos israelitas atribuían a la *palabra* un poder y una eficacia muy grandes, sobre todo en algunos casos especiales: por ej., cuando se hacía alguna promesa o se pronunciaba una bendición o una maldición. Una vez pronunciada, la palabra cobraba vida propia y quedaba fuera del dominio de quien la había dicho (cf. Gn 27.35). A partir del exilio, esta noción se desarrolló y se aplicó de un modo particular a la palabra de Dios, presentada a veces como mensajera y ejecutora de la voluntad divina. Cf. Is 55.10-11; Sab 18.14-16; Heb 4.12-13.
[g] **147.17** *El agua se congela:* texto probable. Heb. *¿quién mantendrá en pie?*
[h] **147.16-18** Job 37.9-11.
[i] **147.19** Dt 33.3-4; Ro 3.2.
[j] **147.20** Dt 4.7-8,32-35.

148 La creación alaba al Señor [a]
1 ¡Aleluya!

¡Alaben al Señor desde el cielo!
¡Alaben al Señor desde lo alto! [b]
2 ¡Alábenlo ustedes, todos sus ángeles!
¡Alábenlo ustedes, ejércitos del cielo! [c]
3 ¡Alábenlo, sol y luna!
¡Alábenlo ustedes, brillantes luceros!
4 ¡Alábalo tú, altísimo cielo,
y tú, agua que estás encima del cielo! [d]

5 Alaben el nombre del Señor,
pues él dio una orden y todo fue creado; [e]
6 él lo estableció todo para siempre,
y dictó una ley que no puede ser violada. [f]

7 ¡Alaben al Señor desde la tierra,
monstruos del mar, [g] y mar profundo!
8 ¡El rayo y el granizo, la nieve y la neblina!
¡El viento tempestuoso
que cumple sus mandatos!
9 ¡Los montes y las colinas!
¡Todos los cedros y los árboles frutales!
10 ¡Los animales domésticos y los salvajes!
¡Las aves y los reptiles!
11 ¡Los reyes del mundo y todos los pueblos!
¡Todos los jefes y gobernantes del mundo!
12 ¡Hombres y mujeres, jóvenes y viejos!

13 ¡Alaben todos el nombre del Señor,
pues solo su nombre es altísimo!
¡Su honor está por encima del cielo y de la tierra!
14 ¡Él ha dado poder a su pueblo!

¡Alabanza de todos sus fieles,
de los israelitas, su pueblo cercano! [h]

¡Aleluya!

149 Dios, Creador y Rey [a]
1 ¡Aleluya!

Canten al Señor un canto nuevo; [b]
alábenlo en la comunidad de los fieles.
2 Alégrense los israelitas,
el pueblo de Sión,
porque Dios es su Creador y Rey.
3 Alaben su nombre con danzas,
cántenle himnos al son de arpas
y panderos.
4 Porque el Señor se complace en su pueblo;
da a los humildes el honor de la victoria.
5 Alégrense los fieles con el triunfo,
y aun dormidos canten de alegría.
6 Haya alabanzas a Dios en sus labios,
y en su mano una espada de dos filos [c]
7 para vengarse de los paganos,
para castigar a las naciones,
8 para encadenar a los reyes
y gente poderosa
con pesadas cadenas de hierro,
9 para cumplir en ellos la sentencia escrita. [d]
¡Esto será una honra para todos sus fieles!

¡Aleluya! [e]

150 Alabanza universal a Dios [a]
1 ¡Aleluya!

¡Alaben a Dios en su santuario!
¡Alábenlo en su majestuosa bóveda celeste!
2 ¡Alábenlo por sus hechos poderosos!
¡Alábenlo por su grandeza infinita!
3 ¡Alábenlo con toques de trompeta!
¡Alábenlo con arpa y salterio!
4 ¡Alábenlo danzando al son de panderos!
¡Alábenlo con flautas e instrumentos de cuerda!
5 ¡Alábenlo con platillos sonoros!
¡Alábenlo con platillos vibrantes! [b]
6 ¡Que todo lo que respira alabe al Señor!

¡Aleluya!

---

[a] **Salmo 148** Himno o canto de alabanza que las criaturas entonan a su Creador. Todos los seres del cielo y de la tierra son invitados a unirse en un gran coro festivo, para dar gloria al Dios de Israel. Cf. Dn (dc) 3.57-90.
[b] **148.1** Cf. Lc 2.14.
[c] **148.2** *Ángeles... ejércitos del cielo:* Véase Sal 103.20 n.
[d] **148.4** *Agua que estás encima del cielo:* Véase Sal 104.3 n.
[e] **148.5** Gn 1; Sal 33.6,9.
[f] **148.5-6** Cf. Jer 31.35-36.
[g] **148.7** *Monstruos del mar:* Gn 1.21.
[h] **148.14** *Su pueblo cercano:* Cf. Dt 4.33-34; Jer 30.21-22.

[a] **Salmo 149** Himno o canto de alabanza al Señor, creador, rey y reivindicador de Israel. En el marco de una celebración cultual, la comunidad es invitada a celebrar anticipadamente la victoria final que el Señor le tiene preparada. La otra cara de esta victoria es el juicio divino contra el pecado de las naciones, ya que el reinado de la justicia exige la supresión de toda injusticia (cf. v. 9).
[b] **149.1** *Canto nuevo:* Véase Sal 33.3 n.
[c] **149.6** *Haya alabanzas... espada de dos filos:* como los israelitas en tiempos de Nehemías, que con una mano trabajaban en la reconstrucción del templo y con la otra sujetaban el arma (Neh 4.15-17 [9-12]). A partir de este v. el salmo se distingue por un tono guerrero y nacionalista que ya no tiene cabida en la revelación del NT. El evangelio, en efecto, elimina las barreras nacionales y descarta toda forma de violencia en la lucha contra el mal. Cf. Ef 6.15-17; Heb 4.12.
[d] **149.9** *Sentencia escrita:* Se refiere al juicio de las naciones anunciado por los profetas. Cf. Is 13—23; Jer 25.13-38; Ez 25—32; Am 1.2—3.8.
[e] **149.7-9** Estos vv. expresan la idea más característica de todo el salmo: el pueblo de Israel es invitado no solo a alegrarse por el triunfo del Señor, sino a ejecutar la sentencia que él ha pronunciado contra las naciones paganas. Cf. Ez 25.14; 2 Mac 15.26-27.

[a] **Salmo 150** El libro de *Salmos* concluye con este canto de alabanza al Señor. El imperativo *¡Alaben!*, repetido diez veces, se dirige no solamente a la comunidad del Señor, congregada en el templo, sino también a los habitantes del cielo y a todos los seres vivientes (vv. 1,6).
[b] **150.3-5** Estos instrumentos musicales solían acompañar los cantos en la liturgia del templo. Cf. 1 Cr 15.16; Sal 149.3.

Proverbios

El libro de *Proverbios* (=Pr) reúne varias colecciones de refranes, poemas y otras sentencias sapienciales provenientes del antiguo Israel. El libro en su conjunto ha sido atribuido a Salomón, el hijo y sucesor de David en el trono de Jerusalén (cf. Pr 1.1), rey célebre por su sabiduría, y autor, según 1 R 4.32(5.12), de tres mil proverbios y de mil cinco poemas.

Sin embargo, el lector advierte de inmediato que la composición del libro es más compleja de lo que podría parecer a primera vista. El cap. 10, en efecto, trae un nuevo encabezamiento, y lo mismo sucede en Pr 22.17; 24.23; 25.1; 30.1; 31.1. Además, entre los autores y recopiladores de proverbios y dichos sapienciales no se menciona solamente al rey Salomón, sino también a otros sabios como Agur, Lemuel y los escribas que cumplían sus funciones en la corte de Ezequías, rey de Judá.

De ahí que la estructura del libro pueda presentarse sintéticamente en el esquema siguiente:

 I. Introducción (1.1-7)
 II. Primera colección de poemas sapienciales (1.8—9.18)
 III. Segunda colección: "dichos de Salomón" (10.1—22.16)
 IV. Tercera colección: "dichos de los sabios" (22.17—24.22)
 V. Cuarta colección: otros "dichos de los sabios" (24.23-34)
 VI. Quinta colección: "dichos de Salomón" recopilados por la gente de Ezequías, rey de Judá (25.1—29.27)
 VII. Sexta colección: "dichos de Agur" (30.1-33)
 VIII. Séptima colección: "dichos del rey Lemuel" (31.1-9)
 IX. Apéndice: alabanza de la mujer ejemplar (31.10-31)

Entre estas colecciones hay algunas diferencias. La primera, por ejemplo, es bastante uniforme en lo que respecta a su forma y a su contenido, de manera que resulta fácilmente legible. En las otras colecciones, por el contrario, los refranes se van sucediendo sin un orden lógico perceptible, y así aparecen, uno tras otro, dichos y proverbios relacionados con los asuntos más diversos.

El libro de *Proverbios* representa, en lo esencial, un tipo de sabiduría que es común a todos los pueblos. Desde los comienzos de su historia, en efecto, los hombres han tratado de encontrar en la innumerable *variedad* de los acontecimientos y asuntos humanos un cierto *orden* y una cierta *regularidad*, con el fin de saber qué actitud tomar y cómo comportarse frente a las contingencias de la vida. La sabiduría consiste, entonces, en observar cuidadosamente lo que acontece en el mundo, en sumar otras experiencias a la suya propia y en hallar, tras el aparente desorden de los hechos humanos, esas normas y regularidades siempre repetidas, que es provechoso e incluso indispensable conocer para tener éxito en la vida. Toda experiencia reconocida como válida queda luego expresada en una *sentencia* breve, que impresiona por su agudeza y acierto, y que puede, por eso mismo, retenerse fácilmente en la memoria. De este modo, cada máxima o sentencia sapiencial se convierte en una especie de señal, que permite evitar un peligro o encontrar el camino recto en circunstancias particularmente difíciles o ambiguas.

De ahí que la sabiduría expresada en el libro de los *Proverbios* tenga, en amplia medida, lo que se ha dado en llamar un carácter "internacional". Los refranes, efectivamente, pasan con mucha facilidad de un pueblo a otro, y dichos sapienciales semejantes se encuentran abundantemente en la literatura de la antigua Mesopotamia, de Egipto y de otros pueblos del antiguo Oriente. Por otra parte, el recopilador de *Proverbios* no ha tenido ningún reparo en incorporar dos colecciones atribuidas una a Agur y otra a Lemuel *de Masá*, es decir, a dos sabios que no eran originariamente israelitas (cf. Pr 30.1, y véase 1 n.). Así se explica también la semejanza que existe entre Pr 22.17—23.14 y un célebre testimonio de la antigua sabiduría egipcia.

En hebreo, el dicho sapiencial se designa con la palabra *mashal*. Este vocablo está emparentado con una raíz que, entre otros significados, también incluye la idea de "dominio". Es decir, que no cualquier sentencia es un *mashal*, sino solamente la sentencia *eficaz*, la que tiene fuerza persuasiva y sirve de guía y de estímulo para la acción. Tales dichos sapienciales pueden presentar diversas formas: el *refrán* o *proverbio* propiamente dicho, la *sentencia exhortatoria* que aconseja una actuación recta o un comportamiento prudente, y el *dicho sentencioso* que valora o contrapone diversas actitudes y formas de conducta (como, por ejemplo, la dedicación al trabajo y la pereza, la palabra oportuna y la indiscreción en el hablar). Además, la palabra *mashal* designa a veces expresiones más alejadas del refrán propiamente dicho, tales como la parábola, la fábula e incluso el acertijo y la adivinanza (cf. 1 R 10.1-3).

El ámbito propio de la sabiduría proverbial es aquella dimensión de la vida humana que no está regulada por el culto ni por los mandamientos *expresos* del Señor. Por eso la mayoría de los proverbios no se refiere a temas específicamente religiosos, sino que se extiende a todas las esferas de la vida personal, familiar y social: la educación (Pr 13.24; 22.6), el hogar y la familia (12.4; 19.14; 21.9; 31.10-31), el adulterio (6.24; 23.27), las relaciones con los padres (10.1; 28.24; 30.17), el modo de comportarse ante el rey (14.35; 22.29; 25.6; cf. 16.12), la honestidad en los negocios (11.1; 20.10,23) y la buena conducta en sociedad (23.1-3). En algunos casos se tratan cuestiones de moral general (cf. 12.17; 15.21) y en otras se proponen reglas de urbanidad y de buenas maneras (cf. 25.17; 27.1). Pero siempre se trata de una sabiduría eminentemente práctica, orientada hacia la acción y basada fundamentalmente en la observación, la experiencia y el sentido común.

Sin embargo, la religión israelita imprimió su propio sello en esa sabiduría adquirida a través de la experiencia y es de horizonte más universalista. La mejor prueba de ello se encuentra en la frase de Pr 1.7: *La sabiduría comienza por honrar al Señor* (lit. *por el temor del Señor*). Es decir, que la condición indispensable para alcanzar la sabiduría es el respeto, la sumisión y la obediencia al Señor, Dios de Israel, que se revela en la historia y es fiel a su alianza y a sus promesas; o, en otras palabras, que la verdadera sabiduría es un conocimiento y un estilo de vida fundados en el temor del Señor y en el amor a la justicia (cf. Pr 9.10; 31.8-9; cf. 17.15,23; 18.5).

Conviene notar, finalmente, que el pensamiento de los sabios estaba dominado por la idea de la *retribución* o de la recompensa debida a las buenas y malas acciones. Esta idea aparece constantemente en *Proverbios* (cf. 3.31-35), y casi siempre se la presenta como un hecho *inevitable* (12.7,14; 17.5; 24.12; 28.20) y como una sanción que se hace realidad en este mundo: *Si el justo recibe su paga aquí en la tierra, ¡con cuánta más razón el malvado y el pecador!* (11.31).

Estas promesas de éxito y de felicidad pueden ser un estímulo valioso para inculcar el amor a la justicia y llevar a la práctica del bien. Pero la experiencia muestra que la virtud y la prosperidad material no están siempre unidas (cf. Sal 73.1-12; Jer 12.1-2), y por eso esta sabiduría tradicional entró en una profunda crisis, de la que dan testimonio sobre todo los libros de *Job* y de *Eclesiastés*. De ahí la conveniencia de leer conjuntamente y de comparar las enseñanzas impartidas por estos tres libros.

I. INTRODUCCIÓN (1.1-7)

1 Valor de los proverbios

1 Dichos de Salomón,[a] hijo de David, rey de Israel, 2 que tienen como propósito:
 comunicar sabiduría e instrucción,[b]
 ayudar a comprender palabras llenas de sentido,
3 adquirir instrucción, prudencia,
 justicia, rectitud[c] y equilibrio;
4 hacer sagaces a los jóvenes inexpertos,
 y darles conocimiento y reflexión.
5 El que es sabio e inteligente, los escucha,
 y adquiere así más sabiduría y experiencia[d]
6 para entender los dichos[e] de los sabios,
 y sus palabras, ejemplos y adivinanzas.[f]

7 La sabiduría comienza por honrar al Señor;[g]
 los necios[h] desprecian la sabiduría y la instrucción.

II. PRIMERA COLECCIÓN DE POEMAS SAPIENCIALES (1.8—9.18)

Consejos a los jóvenes

8 Hijo mío, atiende la instrucción de tu padre
 y no abandones la enseñanza de tu madre,[i]
9 pues serán para ti un bello adorno:
 como un collar[j] o una corona.[k]
10 Si los pecadores quieren engañarte,
 ¡no se lo permitas, hijo mío![l]

11 Tal vez te digan: "Ven con nosotros;
 por capricho tenderemos una trampa
 para matar a algún inocente cuando pase.[m]
12 Nos tragaremos vivos a los hombres honrados
 como se traga la muerte a quienes caen
 en el sepulcro.[n]
13 Tendremos toda clase de riquezas,
 ¡llenaremos nuestras casas
 con todo lo robado!
14 Ven y comparte tu suerte con nosotros,
 y comparte también nuestro fondo común."
15 ¡Pero no vayas con ellos, hijo mío!
 Aléjate de sus malos caminos,
16 pues tienen prisa por hacer lo malo;
 ¡tienen prisa por derramar sangre![ñ]

17 Aunque no vale la pena tender una trampa
 si los pájaros pueden verla,
18 esos hombres se tienden la trampa[o] a sí mismos
 y ponen su vida en peligro.
19 Tal es el final de los ambiciosos:
 su propia ambición los mata.[p]

Invitación de la sabiduría[q]

20 Por calles y avenidas
 la sabiduría hace oír su voz;[r]

---

[a] 1.1 *Salomón:* 1 R 4.29-32; Pr 10.1; 25.1; cf. Ec 1.1; Cnt 1.1.
[b] 1.2 Cf. Stg 1.5; 3.13-17.
[c] 1.3 *Justicia, rectitud:* Cf. Pr 2.9; Flp 4.8.
[d] 1.5 Cf. Pr 9.9; Ec 9.17.
[e] 1.6 *Dichos:* o *refranes.* Véase Sal 49.4(5) nota *b*; cf. Sal 78.2.
[f] 1.6 *Adivinanzas:* el término hebreo también puede referirse a *alegorías* y *comparaciones* (véase *Alegoría* en el Índice temático, y cf. Jn 16.25).
[g] 1.7 *Honrar:* lit. *el temor.* Véase Dt 6.13 nota *j* y cf. Sal 112.1; 128.1; Pr 9.10; Ec 12.13; Eclo 1.27-28.
[h] 1.7 El *necio* y el *sabio* aparecen frecuentemente contrapuestos en el libro de los *Proverbios. Necios* son los que desprecian *la instrucción,* (v. 22) y la corrección (Pr 12.1), dan rienda suelta a sus impulsos (29.11) y provocan discusiones inútiles (20.3). Necio es también el que confía en sus propias ideas (12.15; 28.26), desechando la sabiduría divina. Véase Sal 92.6(7) n.
[i] 1.8 *Hijo mío:* Este tipo de introducción (vv. 8-9), muy utilizado en los discursos didácticos de Pr (cf. 4.1; 6.20; 7.1), consta de dos partes: primero, el sabio asume el papel de padre y exhorta a su discípulo a que atienda y obedezca sus *enseñanzas, instrucciones* o *mandatos;* luego se enumeran algunos beneficios prometidos al que siga el camino trazado por él. *Instrucción:* heb. *torá* (véase Sal 1.2 nota *d*).
[j] 1.9 *Collar:* Cf. Pr 3.22.
[k] 1.8-9 Pr 4.1,9; 6.20-21; Eclo 6.24-29.
[l] 1.10-16 Sal 1.1.
[m] 1.11 Sal 10.8.
[n] 1.12 *Sepulcro:* heb. *Sheol.* Véase Sal 6.5(6) n.
[ñ] 1.16 Is 59.7; Ro 3.15. Cf. Gn 6.5.
[o] 1.17-19 Cf. Sal 35.8.
[p] 1.17-19 Pr 15.27; cf. Is 17.14; Ro 6.23. En Pr 28.16 se promete una larga vida al que no es codicioso.
[q] 1.20-32 La sabiduría personificada quiere atraer al joven y servirle de guía. En los vv. 10-19, era la necedad la que intentaba seducirlo.
[r] 1.20 *Hace oír su voz:* Cf. Pr 9.1-6.

²¹ proclama sus palabras por las puertas, ˢ
  por los puntos más concurridos de la ciudad: ᵗ
²² "Jóvenes inexpertos, ᵘ burlones y necios,
  ¿hasta cuándo amarán la inexperiencia,
  y hallarán placer en sus burlas,
  y despreciarán el saber? ᵛ
²³ Presten atención a mis correcciones
  y yo los colmaré de mi espíritu;
  les daré a conocer mis pensamientos.
²⁴ Yo los he llamado, los he invitado a venir,
  pero ustedes no han querido hacerme caso. ʷ
²⁵ Al contrario, han rechazado mis consejos;
  no han querido recibir mi corrección.
²⁶ ¡Ya me tocará reír cuando les llegue la desgracia!
  ¡Ya me burlaré cuando estén muertos de miedo,
²⁷ cuando vengan sobre ustedes temores
    y problemas,
  desesperación y angustia,
  como un torbellino que todo lo destruye! ˣ
²⁸ "Ese día me llamarán, pero no responderé;
  me buscarán, pero no me encontrarán; ʸ
²⁹ pues desprecian la sabiduría
  y no quieren honrar al Señor.
³⁰ No desean recibir mis consejos;
  desprecian mis correcciones.
³¹ ¡Pues sufrirán las consecuencias de su conducta!
  ¡Quedarán hartos de sus malas intenciones! ᶻ
³² A los inexpertos los mata su falta de experiencia,
  y a los necios los destruye su despreocupación; ᵃ
³³ pero el que me preste atención, vivirá en paz
  y sin temor de ningún peligro." ᵇ

2 Beneficios que ofrece la sabiduría

¹ Haz tuyas mis palabras, hijo mío;
  guarda en tu mente mis mandamientos. ᵃ
² Presta oído a la sabiduría;
  entrega tu mente a la inteligencia.
³ Pide con todas tus fuerzas
  inteligencia y buen juicio;
⁴ entrégate por completo a buscarlos,
  cual si buscaras plata o un tesoro escondido. ᵇ
⁵ Entonces sabrás lo que es honrar al Señor; ᶜ
  ¡descubrirás lo que es conocer ᵈ a Dios!
⁶ Pues el Señor es quien da la sabiduría; ᵉ
  la ciencia y el conocimiento brotan de sus labios.
⁷ El Señor da su ayuda y protección
  a los que viven rectamente y sin tacha; ᶠ
⁸ cuida de los que se conducen con justicia,
  y protege a los que le son fieles. ᵍ,ʰ
⁹ Sabrás también lo que es recto y justo,
  y estarás atento a todo lo bueno, ⁱ
¹⁰ pues tu mente obtendrá sabiduría
  y probarás la dulzura del saber. ʲ
¹¹ La discreción y la inteligencia
  serán tus constantes protectoras; ᵏ
¹² ellas te librarán del mal camino
  y de los hombres perversos,
¹³ de los que dejan el buen camino
  y se van por senderos oscuros, ˡ
¹⁴ que se divierten haciendo daño
  y festejan sus malas acciones, ᵐ
¹⁵ que andan por caminos torcidos ⁿ
  y se han desviado del recto sendero.
¹⁶ Te librarán también de la mujer ajena,
  de la extraña de palabras seductoras ñ
¹⁷ que abandona al compañero de su juventud
  y olvida su compromiso con Dios. ᵒ
¹⁸ Tomar el camino que lleva a la casa de ella
  es tomar el camino que lleva a la muerte; ᵖ
¹⁹ los que entran en su casa ya no vuelven,
  jamás vuelven a recorrer el sendero de la vida. ᵠ
²⁰ Anda, pues, por el buen camino,
  y practica la conducta de los justos.
²¹ Porque los que viven rectamente y sin tacha
  vivirán para siempre en la tierra; ʳ

ˢ **1.21** En las *puertas* de la ciudad se reunían los ancianos (véase Ex 3.16 nota *p*) para resolver los casos judiciales (cf. Rut 4.11; Job 29.7). Como allí también se encontraba el mercado (2 R 7.1), las puertas eran lugares muy concurridos.

ᵗ **1.20-21** Pr 8.1-3; Sab 6.12-16.

ᵘ **1.22** La palabra hebrea traducida por *inexpertos* designa a los que carecen de un firme criterio moral y se dejan arrastrar fácilmente hacia el mal. Cf. Pr 7.7; 8.5; 9.4,16.

ᵛ **1.22** Cf. Sal 94.8.

ʷ **1.24** *No han querido hacerme caso:* Cf. Is 65.2,12; Mt 23.37.

ˣ **1.26-27** Cf. Dt 28.15,63.

ʸ **1.28** *Me llamarán... pero no me encontrarán:* Cf. Dt 1.45; Job 27.9; Jer 11.11.

ᶻ **1.31** *Sufrirán las consecuencias de su conducta:* Gl 6.7-10.

ᵃ **1.28-32** Pr 8.36; Jer 5.12-14. Esta *despreocupación* es producto de la falsa seguridad, típica del necio o imprudente.

ᵇ **1.33** Cf. Sal 25.12-14; Pr 3.23.

ᵃ **2.1** *Guarda... mis mandamientos:* Sal 119.9,11; Ec 12.1.

ᵇ **2.2-4** Pr 22.17; 23.12.

ᶜ **2.5** *Honrar al Señor:* lit. *temer al Señor.* Véase Dt 6.13 nota *j*.

ᵈ **2.5** Véase Os 4.1 nota *c*; cf. Jn 10.14-15.

ᵉ **2.6** *El Señor es el que da la sabiduría:* 1 R 3.12; Job 32.8; Eclo 1.1; Sab 9-10; Stg 1.5.

ᶠ **2.7** Gn 15.1; Sal 28.7; 91.1-2; Pr 30.5-6.

ᵍ **2.8** *Cuida... a los que le son fieles:* 1 S 2.9; Sal 97.10.

ʰ **2.7-8** Sal 91.3-7,9-13.

ⁱ **2.9** El conocimiento del Señor (v. 5) y el don de la *sabiduría* (v. 6) proporcionan criterios adecuados para discernir lo bueno de lo malo (cf. Heb 5.11-14; véase Gn 2.9 nota *l*).

ʲ **2.10** *Probarás la dulzura del saber:* Cf. Pr 16.23-24.

ᵏ **2.11-19** *La discreción y la inteligencia* (o sea, la sabiduría; cf. Pr 4.6) protegen de las tentaciones provenientes de *los hombres perversos* (vv. 12-15) y de *la mujer ajena* (vv. 16-19).

ˡ **2.13** *De los... que van por senderos oscuros:* Sal 1.4-6; Pr 4.19. Cf. Jn 3.19.

ᵐ **2.14** Cf. 10.23; 15.21. Cf. también 1.10-16.

ⁿ **2.15** *Andan por caminos torcidos:* Pr 21.8; Is 59.8.

ñ **2.16** *Te librarán... de palabras seductoras:* Pr 5.20; 7.4-5; Eclo 9.9; cf. Ec 9.9.

ᵒ **2.17** *Compromiso:* lit. *alianza.* Otra posible traducción: *olvida la alianza de su Dios.* Véase Mal 2.14 n. Este *compromiso* o *alianza* puede aludir al contrato matrimonial (véase Mt 1.18 nota *i*) o al mandamiento que prohíbe el adulterio (Ex 20.14).

ᵖ **2.18** *Tomar el camino... a la muerte:* Cf. Pr 5.5-6; 7.25-27.

ᵠ **2.19** Ec 7.26.

ʳ **2.21** *Vivirán... en la tierra:* Véanse Gn 12.2 n.; Mt 5.5 n. Cf.

22 pero los malvados y traidores
serán arrancados y expulsados de ella. *s,t*

3 Recomendaciones para alcanzar sabiduría

1 No olvides mis enseñanzas, hijo mío;
guarda en tu memoria mis mandamientos, *a*
2 y tendrás una vida larga *b*
y llena de felicidad. *c*
3 No abandones nunca el amor y la verdad; *d*
llévalos contigo como un collar.
Grábatelos en la mente, *e*
4 y tendrás el favor y el aprecio
de Dios y de los hombres. *f*
5 Confía de todo corazón en el Señor *g*
y no en tu propia inteligencia. *h*
6 Ten presente al Señor en todo lo que hagas,
y él te llevará por el camino recto. *i*
7 No te creas demasiado sabio;
honra al Señor y apártate del mal: *j*
8 ¡esa es la mejor medicina
para fortalecer tu cuerpo! *k*
9 Honra al Señor con tus riquezas
y con los primeros frutos *l* de tus cosechas;
10 así se llenarán a reventar
tus graneros y tus depósitos de vino. *m*
11 No rechaces, hijo mío, la corrección del Señor,
ni te disgustes por sus represiones; *n*
12 porque el Señor corrige a quien él ama, *ñ*
como un padre corrige a su hijo *o* favorito. *p*
13 Feliz *q* el que halla sabiduría,
el que obtiene inteligencia;
14 porque son más provechosas que la plata
y rinden mayores beneficios que el oro. *r*
15 La sabiduría vale más
que las piedras preciosas;
¡ni aun las cosas más deseables
se le pueden comparar! *s*
16 Con la derecha ofrece larga vida,
y con la izquierda, riquezas y honores. *t*
17 Seguir sus pasos es muy agradable;
andar por sus senderos es vivir en paz. *u*
18 La sabiduría es vida para quien la obtiene; *v*
¡felices los que saben retenerla!
19 Con sabiduría e inteligencia,
el Señor afirmó los cielos y la tierra; *w*
20 con sabiduría hizo que el mar se dividiera *x*
y que de las nubes brotara el rocío. *y*
21 Conserva siempre el buen juicio, hijo mío,
y no pierdas de vista la discreción,
22 pues serán para ti fuente de vida
y te adornarán como un collar. *z*
23 Podrás andar confiado por el camino
y jamás tropezarás. *a*
24 Cuando descanses, no tendrás que temer;
cuando te acuestes, dormirás tranquilo. *b*

Sal 37.11,29. *Vivir en la tierra* de Canaán era una parte fundamental de la promesa del Señor a Abraham. (Gn 15.18-21).

s **2.22** *Los malvados... serán... expulsados de ella:* en cumplimiento de lo estipulado en Dt 28.63; 29.28.

t **2.21-22** Sal 37.9; Pr 10.30.

a **3.1** Véase Pr 1.8 n.

b **3.2** Según este v., obedecer los mandamientos de Dios fortalece el cuerpo (v. 8) y prolonga la *vida* (cf. Dt 8.1; 30.16; Pr 9.6,11; Eclo 1.20). Nótense, sin embargo, las restricciones puestas a este principio en Pr 3.11-12 n.

c **3.1-12** Este breve poema presenta una serie de mandatos positivos y negativos, ordenados en seis estrofas (1-2,3-4,5-6,7-8,9-10,11-12). Al principio, los mandamientos son muy generales (vv. 1-4), pero luego tocan temas más específicos (vv. 5-12). Los vv. 5-12 refuerzan y precisan así la enseñanza dada al comienzo.

d **3.3** Cf. Sal 85.10(11).

e **3.3** *Llévalos... en la mente:* Cf. Dt 6.6-9; Pr 6.21; 7.3. Véase Jer 31.33 nota *b*. La sabiduría ha de *grabarse en la mente* para que recuerde cuál es la conducta agradable a Dios.

f **3.4** 1 S 2.26; Lc 2.52.

g **3.5** *Confía... en el Señor:* Sal 37.5; Eclo 2.6.

h **3.5** Pr 28.26; Ro 12.16.

i **3.6** Sal 5.8; Pr 16.3; Is 40.3; Jer 42.3. *Él te llevará por el camino recto:* otra posible traducción: *Él enderezará tus caminos* (cf. Pr 16.9).

j **3.7** Cf. Pr 16.6, donde *apartarse del mal* es el resultado de *honrar al Señor* (véase Dt 6.13 nota *j*). Cf. también Sal 34.9,14.

k **3.7-8** La idea de que hacer *el mal* acarrea como consecuencia la enfermedad estaba muy difundida en el mundo antiguo (cf. Sal 32.3; 38.3-8[4-9]). Véanse Job 4.1—5.27 n.; Mc 2.5 n.; y cf. Jn 9.1-2.

l **3.9** *Primeros frutos:* Los israelitas debían ofrecer al Señor los *primeros frutos* (o primicias) de la *cosecha* anual (Ex 22.29; 23.19; Dt 26.1-11).

m **3.9-10** *Se llenarán a reventar:* La generosidad para con Dios (Mc 12.17) es fuente de prosperidad. Cf. Dt 28.8; Mal 3.10-12; véase Sal 4.7(8) n.

n **3.11** *No rechaces... sus represiones:* Dt 8.5; Job 5.17; Heb 12.5-6.

ñ **3.12** Cf 2 S 7.14; Pr 13.24; Ap 3.19.

o **3.11-12** Heb 12.5-6. Esta es una advertencia contra la idea de que los justos siempre gozan de prosperidad, como podría desprenderse del v. 2. Cuando Dios *reprende* o *castiga*, el justo debe discernir la acción educativa del Señor.

p **3.5-12** Por grande que sea la sabiduría de un hombre, nunca podrá compararse con la del Señor. Véanse Ec 1.18 n.; 2.14 nota *j*.

q **3.13-18** Este poema empieza y termina con la palabra *feliz*. Véanse Sal 1.1 n. y *Bienaventuranza* en el *Índice temático*.

r **3.14** Cf. Job 28.15; Sal 19.10; 119.103,127.

s **3.14-15** Cf. Job 28.12,15-19.

t **3.16** *Larga vida, riquezas y honores:* Cf. 1 R 3.11-14; Pr 8.18; 22.4. Véase 3.2 n.

u **3.17** Cf. Pr 16.7.

v **3.18** Pr 4.4. *Es vida... la obtiene:* lit. *es árbol de vida para los que de ella echan mano:* posible alusión al árbol de la vida del jardín del Edén (Gn 2.9).

w **3.19** Gn 1.1; 2.4b; Sal 136.5-6; Is 42.5. Aquí se compara la obra de la creación con la construcción de un edificio (cf. Job 38.4-6).

x **3.20** Gn 1.10; Job 28.25-27; Sal 136.6. *Se dividiera:* o *se reventara*, aludiendo al cataclismo descrito en Gn 7.11. En las regiones áridas de Palestina, el agua, en todas sus manifestaciones (*lluvia, rocío*), es signo de bendición.

y **3.19-20** En Pr 8.22-31 se describe más detalladamente el papel de la sabiduría en la creación.

z **3.21-22** Pr 1.8-9; 4.10,20-22.

a **3.23** Sal 91.12; Pr 1.33; 4.12.

b **3.24** Sal 3.5-6; 4.8. Véase Pr 6.22 n.

²⁵ No temerás a los peligros repentinos
 ni a la ruina que vendrá sobre los malvados, ᶜ
²⁶ porque el Señor te infundirá confianza
 y evitará que caigas en alguna trampa.
²⁷ Nunca niegues un favor a tus dueños, ᵈ
 cuando en tu mano esté el hacerlo.
²⁸ No dejes para mañana
 la ayuda que puedas dar hoy. ᵉ
²⁹ No hagas planes perversos
 contra el que vive confiado en ti. ᶠ
³⁰ No busques pelea con nadie,
 si nadie te ha hecho daño. ᵍ
³¹ No envidies al desalmado
 ni trates de imitar su conducta; ʰ
³² porque al Señor le repugnan ⁱ los malvados,
 pero a los buenos les brinda su confianza. ʲ
³³ El Señor maldice la casa del malvado, ᵏ
 pero bendice el hogar del hombre justo. ˡ
³⁴ El Señor se burla de los burlones,
 pero trata con bondad a los humildes. ᵐ
³⁵ La honra es el premio de los sabios,
 pero los necios ⁿ se destacan por su deshonra.

4

Exhortaciones a seguir el buen camino
¹ Hijos, atiendan a los consejos de su padre; ᵃ
 pongan atención, para que adquieran buen juicio. ᵇ
² Yo les he dado una buena instrucción,
 así que no descuiden mis enseñanzas.
³ Pues yo también he sido hijo:
 mi madre me amaba con ternura
⁴ y mi padre me instruía de esta manera:
 "Grábate en la mente mis palabras;
 haz lo que te ordeno, y vivirás. ᶜ
⁵ Adquiere sabiduría y buen juicio; ᵈ
 no eches mis palabras al olvido.
⁶ Ama a la sabiduría, no la abandones ᵉ
 y ella te dará su protección. ᶠ

⁷ Antes que cualquier otra cosa,
 adquiere sabiduría y buen juicio. ᵍ
⁸ Ámala, y te enaltecerá;
 abrázala, y te honrará;
⁹ ¡te obsequiará con la más bella guirnalda
 y te coronará ʰ con ella!"
¹⁰ Atiende a mis palabras, hijo mío, ⁱ
 hazlas tuyas y aumentarán los años de tu vida. ʲ
¹¹ Yo te llevaré por el camino ᵏ de la sabiduría:
 te haré andar por el buen camino,
¹² en el que no habrá estorbos a tu paso,
 en el que no tropezarás aun cuando corras. ˡ
¹³ Aférrate a la instrucción y no la descuides;
 ponla en práctica, pues es vida para ti. ᵐ
¹⁴ No vayas tras los pasos de los malvados,
 no sigas su mala conducta. ⁿ
¹⁵ Evita el pasar por su camino;
 apártate de ellos y sigue adelante,
¹⁶ pues no están en paz si no hacen lo malo;
 pierden el sueño, si no hacen caer a alguno. ñ
¹⁷ ¡Su comida y su bebida
 son la maldad y la violencia!
¹⁸ El camino de los justos es como la luz
 de un nuevo día:
 va en aumento hasta brillar
 en todo su esplendor. ᵒ
¹⁹ Pero el camino de los malvados es oscuro; ᵖ
 ¡ni siquiera saben contra qué tropiezan! ᵍ
²⁰ Atiende a mis palabras, hijo mío;
 préstales atención. ʳ
²¹ Jamás las pierdas de vista,
 ¡grábatelas en la mente! ˢ
²² Ellas dan vida y salud
 a todo el que las halla.
²³ Cuida tu mente más que nada en el mundo,
 porque ella es fuente de vida. ᵗ

ᶜ **3.25** Cf. Sal 91.5. *Ni la ruina... sobre los malvados:* Cf. Sal 54.7(9); Pr 29.16.
ᵈ **3.27** Eclo 4.3-4; Mt 5.42; véase Mt 7.12 n.
ᵉ **3.28** Cf. Lv 19.13; Stg 2.15-16.
ᶠ **3.29** Cf. Pr 14.22.
ᵍ **3.30** Ro 12.18.
ʰ **3.31** *Desalmado:* lit. violento. Cf. Sal 37.1; Pr 23.17; Eclo 11.21.
ⁱ **3.32** La palabra hebrea traducida por *repugnan* designa en otros textos la aversión que siente Dios por las prácticas idolátricas (Dt 18.9,12). Cf. Pr 11.20.
ʲ **3.32** *A los buenos les brinda su confianza:* Cf. Sal 25.14; Jn 15.15.
ᵏ **3.33** *El Señor maldice... malvado:* Dt 11.28; Zac 5.4; Mal 2.2.
ˡ **3.33** *Bendice el hogar del... justo:* Job 8.6. Cf. este mismo contraste en Dt 11.26-28.
ᵐ **3.34** Este pasaje se cita, según la versión griega (LXX), en Stg 4.6; 1 P 5.5.
ⁿ **3.35** *Necios:* Véase 1.7 nota h.
ᵃ **4.1** Pr 1.8; 2.1-2.
ᵇ **4.1** Pr 19.20.
ᶜ **4.4** *Grábate... y vivirás:* Pr 7.2; 8.35.
ᵈ **4.5** Véanse las referencias en 3.14 n. y 3.14-15 n.
ᵉ **4.6** El amor a la *sabiduría* es fuente de prosperidad (8.21); *olvidarla* es lo mismo que desear la muerte (8.36).
ᶠ **4.6** *Ella te dará su protección:* Cf. 1.33; 2.7,11-17.
ᵍ **4.7** Pr 23.23; cf. Mt 13.44-46. Para obtener *sabiduría* y *buen juicio* debe reconocerse que se necesita, sin perder de vista los sacrificios que exige esa adquisición.
ʰ **4.9** Pr 1.9. Las *guirnaldas* o *coronas* se utilizaban en las bodas o fiestas, como expresión de júbilo (cf. Ez 16.12; 23.42).
ⁱ **4.10** *Hijo mío:* Véase Pr 1.8 n.
ʲ **4.10** Cf. Pr 3.1-2.
ᵏ **4.10-19** Estos diez vv. tratan el tema de los dos *caminos* más extensamente que el cap. anterior (3.6,23,26). Cf. Sal 1.1,6.
ˡ **4.11-12** Sal 23.3.
ᵐ **4.13** Pr 3.21-22.
ⁿ **4.14** Sal 1.1; 17.5.
ñ **4.14-16** Cf. Pr 1.15-16. Cf. también Sal 36.1-4(2-5); Miq 2.1.
ᵒ **4.18** Cf. Dn 12.3; Jn 8.12. Véase Jn 1.9 n.
ᵖ **4.19** Job 3.23; Pr 2.13.
ᵍ **4.18-19** Sal 1.6; Pr 13.9; Eclo 39.24.
ʳ **4.20** Véase Pr 1.8 n.
ˢ **4.21** *¡Grábatelas en tu mente!:* lit. ¡guárdalas en medio de tu corazón! Acerca del *corazón* como órgano del que proceden los pensamientos y las decisiones, véase Sal 12.2(3) n.
ᵗ **4.22-23** Las *palabras* del padre, portadoras de sabiduría, preservarán la *vida* del *hijo* (cf. 3.1-2) y guiarán su conducta (cf. los vv. siguientes).

²⁴ Evita el decir cosas falsas;
 apártate de la mentira. ᵘ
²⁵ Mira siempre adelante,
 mira siempre de frente. ᵛ
²⁶ Fíjate bien en dónde pones los pies,
 y siempre pisarás terreno firme. ʷ
²⁷ No te desvíes de tu camino; ˣ
 evita el andar en malos pasos. ʸ

5 La mujer fácil, perdición del hombre ᵃ
¹ Atiende a mi sabiduría, hijo mío;
 presta atención a mi inteligencia. ᵇ
² Así sabrás ser discreto
 y podrás hablar con conocimiento.
³ Pues la mujer ajena habla con dulzura
 y su voz es más suave que el aceite; ᶜ
⁴ pero termina siendo más amarga que el ajenjo ᵈ
 y más cortante que una espada de dos filos. ᵉ
⁵ Andar con ella conduce a la muerte;
 sus pasos llevan directamente al sepulcro. ᶠ
⁶ A ella no le importa el camino de la vida
 ni se fija en lo inseguro de sus pasos. ᵍ
⁷ Por lo tanto, hijo mío, atiéndeme,
 no te apartes de mis enseñanzas. ʰ
⁸ Aléjate de la mujer ajena;
 ni siquiera te acerques a la puerta de su casa, ⁱ
⁹ para que no pierdas la riqueza de tus años
 en manos de gente extraña y cruel; ʲ
¹⁰ para que ningún extraño se llene
 con el fruto de tu esfuerzo y tu trabajo. ᵏ
¹¹ De lo contrario, acabarás por lamentarlo
 cuando tu cuerpo se consuma poco a poco. ˡ
¹² Y dirás: "¡Cómo pude despreciar la corrección!
 ¡Cómo pude rechazar las represiones!
¹³ ¡No quise escuchar a mis maestros,
 no atendí a los que me instruían,

¹⁴ y por poco llego al colmo de la desgracia
 ante la comunidad entera!"
¹⁵ Calma tu sed con el agua
 que brota de tu propio pozo. ᵐ
¹⁶ No derrames el agua de tu manantial;
 no la desperdicies derramándola por la calle.
¹⁷ Pozo y agua son tuyos, y de nadie más;
 ¡no los compartas con extraños!
¹⁸ ¡Bendita sea tu propia fuente! ⁿ
 ¡Goza con la compañera de tu juventud, ñ
¹⁹ delicada y amorosa cervatilla!
 ¡Que nunca te falten sus caricias!
 ¡Que siempre te envuelva con su amor! ᵒ
²⁰ ¿Por qué enredarte, hijo mío, con la mujer ajena?
 ¿Por qué arrojarte en brazos de una extraña? ᵖ
²¹ El Señor está pendiente de la conducta del hombre;
 no pierde de vista ninguno de sus pasos. ᵠ
²² Al malvado lo atrapa su propia maldad;
 su propio pecado lo sujeta como un lazo. ʳ
²³ Su indisciplina lo llevará a la muerte;
 su gran necedad, a la perdición. ˢ

6 Advertencias contra el dar fianza
¹ Hijo mío, ᵃ si das fianza por tu amigo
 o te haces responsable de un extraño,
² tú solo te pones la trampa:
 quedas atrapado en tus propias palabras. ᵇ
³ Para librarte, hijo mío,
 pues estás en las manos de otro,
 haz lo siguiente:
 trágate el orgullo y cóbrale a tu amigo.
⁴ No te duermas,
 no te des ni un momento de descanso;
⁵ huye, como un venado del cazador;
 huye, como un ave de la trampa.

ᵘ **4.24** *Evita... la mentira:* Ex 20.16; 23.1; Dt 5.20.
ᵛ **4.25** Cf. Job 31.1; Sal 119.37; Mt 5.28; 6.22-23.
ʷ **4.26** Heb 12.13.
ˣ **4.27** Cf. Dt 5.32-33; 28.13-14.
ʸ **4.20-27** Estas sentencias abarcan la totalidad de la persona: *oído* (v. 20), *ojo* (vv. 21,25), *mente* (vv. 21,23), *cuerpo* (v. 22), *boca* (v. 24) y *pies* (v. 26).
ᵃ **5.1-23** Aquí continúa el tema expuesto en el cap. anterior, con especial referencia al adulterio.
ᵇ **5.1** Véase Pr 1.8 n.
ᶜ **5.3** *Más suave que el aceite:* Cf. Sal 55.21(22); Pr 6.24; 7.5. *Mujer ajena:* La palabra hebrea se traduce a veces por *ramera* o *prostituta*, pero, en realidad, se trata de la mujer adúltera. Las *palabras* de esta mujer se mencionan en 7.14-20.
ᵈ **5.4** *Ajenjo:* planta medicinal de sabor amargo, que a veces se usaba con bebidas fermentadas, como el vino y el vinagre, para aliviar los dolores.
ᵉ **5.3-4** Cf. Ec 7.26.
ᶠ **5.5** Cf. Jue 16.4-22; Sal 9.17(18). *Sepulcro:* heb. *sheol* (véase Sal 6.5(6) n.). La figura de esta mujer contrasta con la de la sabiduría, que alarga los días y es fuente de vida (Pr 4.13).
ᵍ **5.6** El hebreo de este v. es oscuro y la traducción es solo probable.
ʰ **5.7** Véase Pr 1.8 n.
ⁱ **5.8** Cf. Pr 2.19; 9.14; 2 Ti 2.22.
ʲ **5.9** *Para que no... cruel:* otra posible traducción: *para que no des*

lo mejor de tu fuerza a extraños, ni tus años al cruel. La palabra *cruel* podría referirse al esposo de la mujer.
ᵏ **5.9-10** Pr 29.3.
ˡ **5.11** *Cuando tu cuerpo se consuma poco a poco:* Probablemente se alude al pecado como fuente de enfermedades. Véase Pr 3.7-8 n.
ᵐ **5.15-19** La fidelidad a la *compañera de la juventud* (v. 18) es el mejor antídoto contra la tentación de ceder ante la mujer ajena. Esta estrofa rebosa de imágenes y figuras relacionadas con el *agua* (*pozo, manantial*), que es símbolo de vida y frescura (véase Pr 3.20 n.).
ⁿ **5.18** Cf. Cnt 4.12,15.
ñ **5.18** *Gózate con la compañera de tu juventud:* Cf. Dt 20.7; Pr 2.16-17; Ec 9.9; Mal 2.14.
ᵒ **5.19** Las *cervatillas* son un símbolo de la gracia y la hermosura. *¡Que nunca te falten sus caricias!:* otra posible traducción: *¡que siempre te embriaguen sus caricias!* La imagen se explica en el v. 20.
ᵖ **5.20** Las preguntas son retóricas, ya que la respuesta está dada en el v. anterior.
ᵠ **5.21** Job 34.21-22,25; Sal 139.1-12.
ʳ **5.22** Sal 9.16(17) Pr 1.17-19,31-32.
ˢ **5.23** Cf. Pr 10.21; 11.5. Cf. también Ro 6.23.
ᵃ **6.1-19** *Hijo mío:* Véase Pr 1.8 n. Los vv. 1-19 interrumpen la instrucción sobre la sexualidad, que va a ser retomada en el v. 20.
ᵇ **6.1-2** *Acerca de las fianzas,* cf. Pr 11.15; 17.18; 20.16; 22.26-27; 27.13. Con esta advertencia, el sabio previene al discípulo contra

Exhortación a los perezosos [c]

6 Anda a ver a la hormiga, perezoso;
   fíjate en lo que hace, y aprende la lección: [d]
7 aunque no tiene quien la mande
   ni quien le diga lo que ha de hacer, [e]
8 asegura su comida en el verano,
   la almacena durante la cosecha. [f]
9 ¡Basta ya de dormir, perezoso!
   ¡Basta ya de estar acostado! [g]
10 Mientras tú sueñas y cabeceas,
   y te cruzas de brazos para dormir mejor, [h]
11 la pobreza vendrá y te atacará
   como un vagabundo armado. [i]

Características del malvado

12 El que es malvado y perverso
   anda siempre contando mentiras;
13 guiña los ojos, [j]
   hace señas con los pies,
   señala con los dedos;
14 su mente es perversa,
   piensa siempre en hacer lo malo
   y en andar provocando peleas. [k]
15 Por eso, en un instante le vendrá el desastre;
   en un abrir y cerrar de ojos
   quedará arruinado sin remedio. [l]

Lo que el Señor aborrece [m]

16 Hay seis cosas, y hasta siete,
   que el Señor aborrece por completo: [n]
17 los ojos altaneros,
   la lengua mentirosa,
   las manos que asesinan a gente inocente, [ñ]
18 la mente [o] que elabora planes perversos,
   los pies que corren ansiosos al mal;
19 el testigo falso y mentiroso,
   y el que provoca peleas entre hermanos. [p]

Consecuencias del adulterio [q]

20 Hijo mío, guarda siempre en tu memoria
   los mandamientos y enseñanzas
   de tus padres. [r]
21 Llévalos siempre sobre tu corazón,
   átalos alrededor de tu cuello; [s]
22 te guiarán cuando andes de viaje,
   te protegerán cuando estés dormido, [t]
   hablarán contigo cuando despiertes.
23 En verdad, los mandamientos y las enseñanzas
   son una lámpara encendida;
   las correcciones y los consejos
   son el camino de la vida. [u]
24 Te protegerán de la mujer malvada,
   de las palabras melosas de la mujer ajena. [v]
25 No permitas que su belleza encienda tu pasión;
   ¡no te dejes atrapar por sus miradas! [w]
26 La prostituta va tras un bocado de pan,
   pero la adúltera va tras el hombre que vale. [x]
27 El que se echa fuego en el pecho,
   sin duda se quema la ropa.
28 El que camina sobre las brasas,
   se quema los pies.
29 El que se enreda con la mujer ajena,
   no quedará sin castigo. [y]
30 Nadie desprecia al ladrón
   que roba para calmar su hambre; [z]
31 aunque si lo encuentran robando,
   tendrá que devolver siete veces lo robado,
   y aun tendrá que dar todo cuanto tenga. [a]

---

los abusos de que suelen ser objeto los que salen de fiadores. Cf. Eclo 29.14-20.

[c] **6.6-11** El perezoso, si no cambia de actitud, se verá atrapado por la más severa *pobreza* (cf. 20.4,13; 22.13; 24.30-34; 30.24-25).

[d] **6.6** *Aprende la lección:* lit. *sé sabio.* La naturaleza puede enseñar sabiduría a todo el que desee *aprender*, como la *hormiga* instruye al *perezoso* sobre los beneficios del trabajo. Cf. Jn 9.4.

[e] **6.7** Cf. 30.27.

[f] **6.8** El texto griego (LXX) añade: *O mira la abeja, cuán diligente es, y qué importante es el trabajo que hace. La miel que produce la usan reyes y pueblos para su salud; todos la buscan y aprecian. Aunque la abeja sea débil, la respetan por honrar a la sabiduría.*

[g] **6.9** Pr 26.13-16.

[h] **6.10** En Ec 4.5 se atribuye este gesto al *necio*, equiparándolo así al *perezoso*.

[i] **6.10-11** Pr 24.33-34.

[j] **6.13** *Guiña los ojos:* Véase Sal 35.19 nota *h;* cf. Pr 10.10; 16.30.

[k] **6.14** Cf. Sal 140.2(3).

[l] **6.15** Job 5.3; Pr 14.32; 29.1. El *desastre* y la *ruina* son manifestaciones del juicio y castigo divinos.

[m] **6.16-19** Este es un caso de "proverbio numérico", que consiste en hacer una enumeración dando primero una cifra y añadiendo una unidad más al número original. Es un artificio literario característico de los escritos sapienciales (Pr 30.15-33; Ec 4.9-12; Eclo 23.16-17; 25.7; 26.5-6,28; 50.25), aunque también se encuentra a veces en la literatura profética (Is 17.6; Am 1.3,6,9,11,13).

[n] **6.16** *Aborrece por completo:* Véase Pr 3.32 nota *i.*

[ñ] **6.17** *Lengua mentirosa:* Dt 5.20; Pr 12.22. *Asesinan a gente inocente:* Dt 19.10; Pr 1.16; Is 59.7; Jer 2.34.

[o] **6.18** *Mente:* heb. *corazón* (véase Pr 4.21 n. y cf. Mt 12.34). Todas las acciones descritas en los vv. 16-19 son producto de una *mente perversa.*

[p] **6.19** *Testigo... mentiroso:* Cf. Dt 19.16.

[q] **6.20-35** Estos vv. retoman el tema del adulterio, que había quedado interrumpido en 5.23.

[r] **6.20** Véase Pr 1.8 n.

[s] **6.20-21** Pr 1.8-9. *Átalos alrededor de tu cuello:* cf. Pr 3.3.

[t] **6.22** *Te protegerá cuando estés dormido:* Cf. 3.24. Esta es una de las bendiciones de la alianza (Lv 26.6). Cf. Job 11.18-19; Sof 3.13.

[u] **6.23** Sal 19.8(9); 119.105.

[v] **6.24** Pr 2.16; 5.3; 7.5.

[w] **6.25** *No te dejes... miradas:* Las miradas pueden inducir al joven al pecado. Cf. Cnt 4.9.

[x] **6.26** Esta es la primera referencia directa a la *prostituta.* La mujer *adúltera* es más peligrosa que la *prostituta*, porque esta se contenta con su paga, pero aquella busca la *vida* (lit. *alma*) del hombre.

[y] **6.29** Esta sentencia está en consonancia con lo estipulado en la alianza del Sinaí (Ex 20.14; véase *Adulterio* en el *Índice temático*).

[z] **6.30** *Nadie... hombre:* Otra posible traducción del v.: *Al ladrón se le desprecia, aunque robe para calmar su hambre.*

[a] **6.31** Acerca de la retribución reservada al ladrón, cf. Ex 22.1-8.

³² ¡Qué imprudente es el que anda
  con la mujer ajena!
¡El que lo hace se destruye a sí mismo! *b*
³³ Tendrá que afrontar golpes y ofensas,
  y no habrá nada que borre su deshonra. *c*
³⁴ Porque el hombre celoso es como un fuego,
  y no perdona a la hora de vengarse;
³⁵ no acepta desagravio alguno,
  ni se calma ante muchos regalos. *d*

7 Artimañas de la mujer adúltera

¹ Obedece mis palabras, hijo mío;
  guarda en tu mente mis mandamientos.
² Obedece mis mandamientos y enseñanzas;
  cuídalos como a las niñas de tus ojos,
  y vivirás. *a*
³ Átalos a tus dedos,
  grábatelos en la mente. *b*
⁴ Haz de la sabiduría tu hermana,
  haz de la inteligencia tu amiga. *c*
⁵ Ellas te librarán de la mujer adúltera,
  de la extraña de palabras seductoras. *d*
⁶ Un día estaba yo mirando
  entre las rejas de mi ventana
⁷ a unos jóvenes sin experiencia,
  y me fijé en el más imprudente de ellos. *e*
⁸ Al llegar a la esquina cruzó la calle
  en dirección a la casa de aquella mujer. *f*
⁹ La tarde iba cayendo,
  y comenzaba a oscurecer. *g*
¹⁰ De pronto la mujer salió a su encuentro,
  con toda la apariencia y los gestos de una prostituta, *h*
¹¹ de una mujer ligera y caprichosa
  que no puede estarse en su casa
¹² y que anda por calles, plazas y esquinas
  esperando atrapar al primero que pase. *i*
¹³ La mujer abrazó y besó al joven,
  y descaradamente le dijo:
¹⁴ "Yo había prometido sacrificios
  de reconciliación,
  y hoy he cumplido mi promesa. *j*
¹⁵ Por eso he salido a tu encuentro;
  ¡tenía ganas de verte, y te he encontrado!
¹⁶ Sobre mi cama he tendido
  una hermosa colcha de lino egipcio, *k*
¹⁷ la he perfumado con aroma
  de mirra, áloe y canela. *l*
¹⁸ Ven, vaciemos hasta el fondo la copa del amor;
  gocemos del amor hasta que amanezca, *m*
¹⁹ pues mi esposo no está en casa:
  ha salido para un largo viaje;
²⁰ se ha llevado una bolsa de dinero
  y no volverá hasta el día de la luna llena."
²¹ Sus palabras melosas e insistentes
  acabaron por convencer al muchacho,
²² que sin más se fue tras ella:
  como un buey rumbo al matadero,
  como un ciervo que cae en la trampa *n*
²³ y al que luego una flecha le parte
  el corazón;
  como un ave que se lanza contra la red
  sin saber que eso le va a costar la vida. *ñ*
²⁴ Así pues, hijo mío, *o* escúchame;
  presta atención a mis palabras.
²⁵ No desvíes hacia esa mujer
  tus pensamientos;
  no te pierdas por ir tras ella, *p*
²⁶ porque a muchos los ha herido
  de muerte;
  ¡sus víctimas son numerosas! *q*
²⁷ Tomar el camino de su casa
  es tomar el camino de la muerte. *r*

---

b **6.32** *¡El que... a sí mismo!:* Cf. Pr 1.19.
c **6.33** Pr 5.9-14.
d **6.34-35** Cf. Nm 5.14; Pr 27.4.
a **7.1-2** Véase Pr 1.8 n.; cf. 4.4. *Niñas de tus ojos:* es decir, las pupilas o la parte más delicada del ojo, que requiere especial protección (cf. Dt 32.10; Sal 17.8).
b **7.3** Cf. Dt 6.8. *Grábatelos en la mente:* lit. *Grábatelos en la tablilla de tu corazón* (véanse Pr 3.3 nota *e;* 4.21 n.). Se alude a las *tablillas* donde los estudiantes escribían las enseñanzas de sus maestros.
c **7.4** La palabra *hermana* puede referirse aquí a la novia o esposa (cf. Cnt 4.9-10,12; 5.1-2).
d **7.5** Cf. Pr 2.16; 6.24.
e **7.7** *Sin experiencia:* Véase Pr 1.22 nota *u.* Cf. 6.32, donde se da uno de los criterios para reconocer a la persona *imprudente.*
f **7.8** En Pr 5.8-14 se indican los peligros a los que lleva esta conducta.
g **7.9** Cf. Job 24.15.
h **7.10** *Con toda la apariencia... de una prostituta:* otra posible traducción: *vestida como ramera y astuta de corazón,* es decir, que se acerca al joven con la intención de seducirlo.
i **7.12** Otra posible traducción del v.: *ahora anda en la calle, luego en las plazas, acechando en todas las esquinas.* La adúltera es comparada con una fiera que *acecha* a su presa y luego se lanza sobre ella para matarla y devorarla (cf. Pr 7.22,27; 23.28).
j **7.14** La persona que ofrecía un *sacrificio de reconciliación* recibía una porción de carne de la víctima para comerla con sus familiares y amigos en un banquete sacrificial (Lv 7.16-17). Con esta expresión, la mujer está diciendo que en su casa hay comida abundante.
k **7.16** El *lino* de Egipto era famoso por su buena calidad.
l **7.17** Estas clases de esencias aromáticas se relacionan a veces con el amor y las bodas (Sal 45.8[9]; Cnt 4.14; 5.5), aunque también se usaban en el culto.
m **7.18** *Vaciemos... la copa del amor:* lit. *emborrachémonos de caricias* (cf. Pr 5.19). El amor sexual se compara con la comida y la bebida, aquí y en 9.17; 30.20; Cnt 4.16; 5.1.
n **7.22** *Como un ciervo que cae en la trampa:* según la versión griega (LXX). Hebreo oscuro.
ñ **7.23** *Le va a costar la vida:* Cf. Pr 5.5-6; 6.26,32.
o **7.24-27** Estos cuatro vv. son el resumen y conclusión de este cap. y del tema expuesto en Pr 5; 6.20-35. La expresión *hijo mío* (cf. Pr 7.1), da a estos vv. el carácter de una breve instrucción (véase Pr 1.8 n.).
p **7.25** Cf. Pr 5.8.
q **7.26** Cf. Pr 9.18. El joven inexperto e imprudente (v. 7), que antes había sido invitado a compartir del banquete sacrificial (vv. 14-15), ahora se ha convertido en *víctima* de la adúltera.
r **7.27** Cf. 2.18; 5.5-6. Cf. también Pr 16.25; Ap 22.15.

PROVERBIOS 8

8 *Discurso de la sabiduría* [a]

¹ La sabiduría clama a voz en cuello;
la inteligencia hace oir su voz. [b]
² Se para en lo alto de las colinas,
se detiene donde se cruzan los caminos,
³ se hace oir junto a las puertas,
a la entrada de la ciudad:
⁴ "Para ustedes los hombres
van estas palabras mías.
⁵ Jóvenes inexpertos y necios,
¡aprendan a ser prudentes y entendidos! [c]
⁶ Atiendan, que voy a decirles
cosas importantes [d] e irreprochables.
⁷ Lo que voy a decir es la verdad;
no me gusta hablar mentira. [e]
⁸ Todas mis palabras son justas;
no hay en ellas la menor falsedad.
⁹ Para el inteligente y entendido,
mis palabras son claras e irreprochables.
¹⁰ En vez de plata y oro fino,
adquieran instrucción y conocimiento."
¹¹ Vale más sabiduría que piedras preciosas;
¡ni lo más deseable se le puede comparar! [f]
¹² "Yo, [g] la sabiduría, habito con la inteligencia,
y sé hallar los mejores consejos.
¹³ Honrar al Señor [h] es odiar el mal.
Yo odio el orgullo y la altanería,
el mal camino y la mentira. [i]
¹⁴ En mí están el plan y su realización,
yo soy el buen juicio y la fuerza.
¹⁵ Gracias a mí reinan los reyes [j]
y los gobernantes establecen el derecho.
¹⁶ Gracias a mí dominan los jefes de Estado
y dictan sentencia las autoridades. [k]
¹⁷ Yo amo a los que me aman, [l]
y los que me buscan, me encuentran. [m]
¹⁸ Yo doy riquezas y honra,
grandes honores y prosperidad. [n]
¹⁹ Lo que yo doy es mejor que el oro más refinado;
lo que yo ofrezco es mejor que la plata más fina. [ñ]
²⁰ Yo voy por el camino recto,
por las sendas de la justicia. [o]
²¹ A los que me aman les doy su parte:
lleno sus casas de tesoros. [p]
²² "El Señor me creó [q] al principio de su obra, [r]
antes de que él comenzara a crearlo todo.
²³ Me formó en el principio del tiempo,
antes de que creara la tierra.
²⁴ Me engendró antes de que existieran
los grandes mares,
antes de que brotaran los ríos y los manantiales. [s]
²⁵ Antes de afirmar los cerros y los montes, [t]
el Señor ya me había engendrado;
²⁶ aún no había creado él la tierra y sus campos,
ni el polvo de que el mundo está formado. [u]
²⁷ Cuando él afirmó la bóveda del cielo
sobre las aguas del gran mar, [v] allí estaba yo.
²⁸ Cuando afirmó las nubes en el cielo
y reforzó las fuentes del mar profundo,
²⁹ cuando ordenó a las aguas del mar
no salirse de sus límites,
cuando puso las bases de la tierra, [w]
³⁰ allí estaba yo, fielmente, a su lado. [x]
Yo era su constante fuente de alegría,
y jugueteaba en su presencia a todas horas;
³¹ jugueteaba en el mundo creado,
¡me sentía feliz por el género humano!
³² "Y ahora, hijos míos, escúchenme;
sigan mi ejemplo y serán felices.
³³ Atiendan a la instrucción;
no rechacen la sabiduría.

---

[a] **8.1-36** Este discurso de la *sabiduría* personificada puede dividirse en tres partes: después de una amplia introducción (vv. 1-11), ella explica lo que puede ofrecer a todos los que la buscan con amor y constancia; habla asimismo de sus relaciones con Dios y con la creación (vv. 12-31), y concluye con una exhortación a sus *hijos* (vv. 32-36). Este discurso y el del cap. 9 son la cumbre poética y doctrinal de este libro. Cf. otros discursos semejantes en Job 28; Eclo 1.1-27; Sab 6—9.

[b] **8.1** El v. puede traducirse también como dos preguntas retóricas: ¿Acaso no clama la sabiduría a voz en cuello? ¿No hace oir su voz la inteligencia?

[c] **8.5** *Jóvenes... necios:* Pr 1.4,22. Con esta designación no se limita el discurso solo a los jóvenes, pues es aplicable a todas las personas con necesidades y capacidad de aprender.

[d] **8.6** *Cosas importantes:* texto probable. Heb. *jefes.*

[e] **8.7** Sal 37.30.

[f] **8.10-11** Cf. Job 28.17; Pr 3.14-15; 8.19.

[g] **8.12** En este v. empieza el discurso de la sabiduría propiamente dicho.

[h] **8.13** *Honrar al Señor:* lit. *temer al Señor* (véase Dt 6.13 nota *j*).

[i] **8.13** El *orgullo y la altanería:* Cf. 2 S 22.28; Sal 18.27(28); 138.6; Ro 12.16; 1 Ti 6.17. Acerca del *mal camino* y *la mentira* como enemigos de la sabiduría, cf. Job 28.28; Eclo 15.8.

[j] **8.15** *Gracias... reyes:* Dn 2.21; Ro 13.1. Salomón pidió el don de la sabiduría para gobernar al pueblo de Israel (1 R 3.9; 2 Cr 1.10).

[k] **8.15-16** Cf. Pr 29.4.

[l] **8.17** *Amo a los que me aman:* Cf. 1 S 2.30; Jn 14.21-24.

[m] **8.17** Cf. Sab 6.12; Mt 7.7-11 (véanse también las referencias en las notas a estos vv. de Mt); Stg 1.5.

[n] **8.18** Pr 3.16; 21.21.

[ñ] **8.19** Cf. Pr 3.13-16.

[o] **8.20** *Camino recto... sendas de justicia:* Cf. Pr 2. 11-12,20; 3.17.

[p] **8.21** Cf. 3.10; 8.18; 24.4.

[q] **8.22-31** Esta parte del himno se refiere al origen de la sabiduría (vv. 22-26) y al papel desempeñado por ella en la creación (vv. 27-31). Es manifiesta la influencia de estos vv. en el prólogo del *Evangelio de Juan.* Cf. Job 28.23-27; Eclo 24.5; Sab 8.6; 9.9. *Creó:* según el texto griego (LXX); el verbo hebreo puede traducirse también por *me adquirió* o *me poseyó.*

[r] **8.22** *El Señor... de su obra:* Col 1.4,9; 24.9; Sab 9.9; Ap 3.14.

[s] **8.24** Véanse Gn 1.2 nota *c*; 1.6-8 n. *Los grandes mares:* probable referencia al océano subterráneo, de donde llegan hasta la superficie de la tierra las aguas de los *ríos y manantiales.*

[t] **8.25** Cf. Sal 90.2.

[u] **8.26** Cf. Gn 1.9-10.

[v] **8.27** *Bóveda del cielo:* Véase Gn 1.6-8 n.; cf. Pr 3.19.

[w] **8.29** Job 38.8-11; Sal 104.6-9; Jer 5.22; Miq 6.2.

[x] **8.30** *Allí estaba... a su lado:* otra posible traducción: *Allí estaba yo, a su lado, como artesano.*

³⁴ Feliz ʸ aquel que me escucha,
y que día tras día se mantiene vigilante
a las puertas de mi casa. ᶻ
³⁵ Porque hallarme a mí es hallar la vida
y ganarse la buena voluntad del Señor; ᵃ
³⁶ pero apartarse de mí es poner la vida
en peligro;
¡odiarme es amar la muerte!"

9 Contraste entre la sabiduría y la necedad ᵃ

¹ La sabiduría construyó su casa,
la adornó con siete columnas; ᵇ
² mató animales para el banquete, ᶜ
preparó un vino especial, ᵈ
puso la mesa
³ y envió a sus criadas a gritar
desde lo alto de la ciudad: ᵉ
⁴ "¡Vengan acá, jóvenes inexpertos!"
Mandó a decir a los imprudentes: ᶠ
⁵ "Vengan a comer de mi pan
y a beber del vino que he preparado. ᵍ,ʰ
⁶ Dejen de ser imprudentes, y vivirán;
condúzcanse como gente inteligente." ⁱ

⁷ Corrige al insolente y malvado,
y solo lograrás que te insulte y ofenda. ʲ

⁸ Reprende al insolente y te ganarás su odio;
corrige al sabio y te ganarás su aprecio.

⁹ Dale al sabio y se hará más sabio;
enseña al hombre bueno ᵏ y aumentará
su saber. ˡ

¹⁰ La sabiduría comienza por honrar al Señor; ᵐ
conocer al Santísimo es tener inteligencia.

¹¹ Gracias a la sabiduría, vivirás mucho tiempo
y aumentarán los años de tu vida. ⁿ

¹² Si eres sabio, tuyo será el provecho; ñ
si eres insolente, tuya será la responsabilidad. ᵒ

¹³ La necedad ᵖ es como una mujer chismosa, ᵠ
tonta e ignorante.

¹⁴ Se sienta en una silla, a las puertas de su casa,
en la parte más alta de la ciudad, ʳ

¹⁵ y llama a los caminantes
que van por buen camino:

¹⁶ "¡Vengan acá, jóvenes inexpertos!"
Manda a decir a los imprudentes:

¹⁷ "El agua robada es más sabrosa;
el pan comido a escondidas sabe mejor." ˢ

¹⁸ Pero ellos no saben que sus invitados
son ahora sombras en el reino de la muerte. ᵗ,ᵘ

III. SEGUNDA COLECCIÓN: "DICHOS DE SALOMÓN" (10.1—22.16)

10 Primera colección de dichos de Salomón

¹ Dichos ᵃ de Salomón: ᵇ

El hijo sabio alegra a sus padres;
el hijo necio los hace sufrir. ᶜ

² Las riquezas mal habidas no son de provecho,
pero la honradez libra de la muerte. ᵈ

³ El Señor no deja con hambre al que es bueno,
pero impide al malvado calmar su apetito. ᵉ

ʸ **8.34** *Feliz:* Véase Sal 1.1 n.
ᶻ **8.34** Cf. Sal 119.1-2; Pr 3.13,18. *A las puertas de mi casa:* Nótese la contraposición entre esta advertencia y la de ni siquiera acercarse a la casa de la mujer extraña o ajena (5.8; 7.6-23).
ᵃ **8.35** *Porque... la vida:* Cf. Pr 3.1-2,13-18; Jn 11.25-26. *Y ganarse... del Señor:* otra posible traducción: *y ganarse el favor del Señor* (cf. 18.22; Eclo 1.20; 4.12). La sabiduría se ofrece como mediadora eficaz entre Dios y el hombre. El NT presentará más tarde a Cristo como la sabiduría de Dios (1 Co 1.24,30; Col 2.2-3) y como el único mediador eficaz entre Dios y el género humano (1 Ti 2.5).
ᵃ **9.1-18** Este cap. está compuesto por tres estrofas de seis versos cada una. El contraste entre la sabiduría (vv. 1-6) y la necedad (v. 13-18) está interrumpido por una serie de consejos de carácter sapiencial (vv. 7-12).
ᵇ **9.1** *Siete columnas:* El número *siete* es símbolo de plenitud y perfección. La *sabiduría* y la necedad tienen casa (cf. v. 14), pero solo de la sabiduría se dice que la *construyó*.
ᶜ **9.2** *Banquete:* Tal vez se trata de un *banquete* sacrificial (véase Pr 7.14 n.).
ᵈ **9.2** *Vino especial,* es decir, mezclado con especias aromáticas para darle más sabor.
ᵉ **9.3** *Desde lo más alto de la ciudad:* Cf. v.14. La sabiduría, por medio de sus *criadas,* invita a los *inexpertos* e *imprudentes* (v. 4) que transitan por los lugares más concurridos de la *ciudad* (8.2-3). Así todos podrán oír su invitación y asistir al banquete.
ᶠ **9.4** *Inexpertos:* Cf. 1.4,22,32; 7.7. *Imprudente:* Cf. 6.32; 7.7.
ᵍ **9.5** *Vengan a comer... preparado:* Cf. Is 55.1-2; Eclo 24.19-21.
ʰ **9.3-5** En la primera sección de Pr (caps. 1—9), la sabiduría da un mensaje similar e invita a las mismas personas: 1.20-22; 7.7; 8.1-2,5.

ⁱ **9.6** *Vivirán:* Véanse las referencias en Pr 8.35 n.
ʲ **9.7** Estos seis vv. (7-12) están dirigidos al sabio o maestro, para indicarle a quién debe corregir y reprender si no quiere trabajar en vano.
ᵏ **9.9** Cf. Pr 10.8; 17.10.
ˡ **9.9** *Dale al sabio... y aumentará su saber:* Cf. Pr 19.25; 21.11.
ᵐ **9.10** Job 28.28; Sal 111.10. Véanse Job 28.28 n.; Dt 6.13 nota *j.*
ⁿ **9.11** Véase Pr 3.2 n.
ñ **9.12** Acerca de las ventajas que reporta la sabiduría, cf. Pr 3.16-18; 4.22; 8.35; 14.14.
ᵒ **9.12** Véanse las referencias en Mt 16.27 nota *v.*
ᵖ **9.13** Aquí se retoma la comparación interrumpida en el v. 6. Acerca de los *necios,* véase Pr 1.7 nota *h.*
ᵠ **9.13** La palabra hebrea vertida por *chismosa* se ha traducido por *ligera* en Pr 7.11 (cf. Ro 1.30). *Tonta e ignorante:* Cf. Pr 5.6.
ʳ **9.14** La *necedad* espera que el caminante pase por su casa, mientras que la sabiduría envía a sus criadas para llamar a sus invitados (véase Pr 9.3 n.). *A las puertas de su casa:* Cf. Pr 5.8; 8.34.
ˢ **9.16-17** Compárese este banquete con el preparado por la sabiduría (vv. 2,5). Cf. Pr 4.17.
ᵗ **9.18** Cf. Pr 2.18-19. *Pero ellos... son... de la muerte:* Cf. Pr 2.18; 5.5; 7.27.
ᵘ **9.13-18** La necedad tiene muchas semejanzas con la mujer adúltera de los caps. 5 y 7.
ᵃ **10.1** *Dichos:* Véase Pr 1.6 nota *e.*
ᵇ **10.1** *Salomón:* Véase Pr 1.1 n.
ᶜ **10.1** Cf. Pr 15.20; 17.21,25; 19.13; 29.3; Eclo 16.1.
ᵈ **10.2** Pr 1.17-19; 11.4; Eclo 5.8.
ᵉ **10.3** Sal 34.9-10(10-11); 37.19,25; Pr 13.25; 28.25.

⁴ Poco trabajo, pobreza;
   mucho trabajo, riqueza. ᶠ

⁵ Cosechar en verano es de sabios;
   dormirse en la cosecha es de descarados. ᵍ

⁶ Sobre el hombre bueno llueven bendiciones,
   pero al malvado lo ahoga la violencia. ʰ

⁷ Al hombre bueno se le recuerda con bendiciones;
   al malvado, muy pronto se le olvida. ⁱ

⁸ El que es sabio acepta mandatos;
   el que dice necedades acaba en la ruina. ʲ

⁹ El que nada debe, nada teme;
   el que mal anda, mal acaba. ᵏ

¹⁰ El que guiña el ojo acarrea grandes males;
   el que dice necedades acaba en la ruina. ˡ

¹¹ Las palabras del justo son fuente de vida,
   pero al malvado lo ahoga la violencia. ᵐ

¹² El odio provoca peleas,
   pero el amor perdona todas las faltas. ⁿ

¹³ En labios del sabio hay sabiduría;
   para el imprudente, un garrotazo en la espalda. ñ

¹⁴ Los sabios se reservan sus conocimientos,
   mas cuando los necios hablan, el peligro amenaza. ᵒ

¹⁵ La defensa del rico es su riqueza;
   la ruina del pobre, su pobreza. ᵖ

¹⁶ La recompensa del justo es la vida;
   la cosecha del malvado es el pecado. ᑫ

¹⁷ El que atiende la corrección va camino a la vida;
   el que la desatiende, va camino a la perdición. ʳ

¹⁸ Es de mentirosos disimular el odio, ˢ
   y es de necios divulgar chismes.

¹⁹ El que mucho habla, mucho yerra;
   callar a tiempo es de sabios. ᵗ

²⁰ Plata fina es la lengua del justo;
   la mente del malo no vale nada. ᵘ

²¹ Los labios del justo instruyen a muchos,
   pero el necio muere por su imprudencia. ᵛ

²² La bendición del Señor es riqueza
   que no trae dolores consigo. ʷ

²³ El necio goza cometiendo infamias;
   el sabio goza con la sabiduría. ˣ

²⁴ Lo que más teme el malvado, eso le sucede,
   pero al justo se le cumplen sus deseos. ʸ

²⁵ Pasa el huracán y el malvado desaparece,
   pero el justo permanece para siempre. ᶻ

²⁶ El perezoso es, para el que lo envía,
   como el vinagre a los dientes o el humo a los ojos. ᵃ

²⁷ El honrar al Señor alarga la vida,
   pero a los malvados se les acorta. ᵇ

²⁸ Para los justos, el porvenir es alegre;
   para los malvados, ruinoso. ᶜ

²⁹ El Señor protege a los que hacen bien,
   pero destruye a los que hacen mal. ᵈ

³⁰ Jamás el justo fracasará,
   pero el malvado no permanecerá en la tierra. ᵉ

³¹ De los labios del justo brota sabiduría, ᶠ
   pero al perverso le cortarán la lengua. ᵍ

ᶠ **10.4** Cf. Pr 12.24; 13.4; 15.19; 19.15. Véase Pr 6.6 n. Muchos proverbios destacan el valor del *trabajo* y del *trabajador,* y censuran, en cambio, la pereza y al perezoso.
ᵍ **10.5** *Dormirse... es de descarados:* Cf. Pr 6.9-11; 20.4; 24.30-34.
ʰ **10.6** *Pero... lo ahoga la violencia:* Esta línea es idéntica al v. 11b. Cf. Pr 13.3.
ⁱ **10.7** *Al hombre bueno... bendiciones:* Sal 112.6. *Al malvado... se le olvida:* lit. *el nombre del malvado se pudre.* Cf. Job 18.17; Sal 109.13; Pr 10.27.
ʲ **10.8** Cf. Pr 10.14; Eclo 20.18; Mt 7.24-27.
ᵏ **10.9** *El que nada... teme:* lit. *el que camina íntegramente anda seguro. Mal acaba:* texto probable. Heb. *es conocido.* Cf. 28.18.
ˡ **10.10** Cf. Sal 35.19; Eclo 27.22. *El que dice necedades acaba en la ruina:* Véase Pr 6.13 n.; cf. 10.8b. La versión griega (LXX) dice *el que reprende abiertamente trae alivio.*
ᵐ **10.11** Acerca del simbolismo del *agua,* véase Pr 3.20 n.
ⁿ **10.12** *El amor... las faltas:* Cf. Pr 17.19; véase 1 P 4.8 n.
ñ **10.13** *Para... la espalda:* Cf. Pr 19.29; 26.3.
ᵒ **10.14** Cf. Mt 12.34-35. *Se reservan:* lit. *atesoran. Cuando los necios... amenaza:* Cf. 18.6-7.
ᵖ **10.15** Sal 49.6(7); Pr 18.11; 19.7; Eclo 8.2. La *riqueza* atrae amigos (cf. Pr 14.20; 19.4) y poder (18.23; 22.7). El pobre no tiene muchas amistades, ni poder, ni seguridad material.
ᑫ **10.16** Pr 11.18; 12.28. En Ro 6.21-23, Pablo desarrolla un poco más el tema de la retribución del justo y del pecador. Ro 6.23 podría estar basado en este v.

ʳ **10.17** Cf. Pr 6.23; 15.10,32.
ˢ **10.18** Cf. Sal 120.2; Pr 6.24-26. A veces el *mentiroso* adula y halaga para disimular su *odio.*
ᵗ **10.19** Cf. Pr 13.3; 17.27; Ec 5.2-3; Eclo 28.25-26; Stg 1.19; 3.2-12.
ᵘ **10.20** *La mente:* lit. *el corazón* (véase Pr 4.21 n.). Cf. Pr 25.11.
ᵛ **10.21** *El necio... imprudencia:* Cf. Pr 5.22-23.
ʷ **10.22** Sal 37.22; 90.17; 127.2; Pr 15.6
ˣ **10.23** Cf. Pr 15.21. *El necio... infamias:* Cf. Pr 2.14.
ʸ **10.24** Job 3.25; Sal 37.4; 145.19; 1 Jn 5.14-15.
ᶻ **10.25** Cf. Pr 12.3; Mt 7.24-27; 1 Jn 2.17. El *huracán* puede aludir veladamente a una manifestación del Señor para castigar al *malvado.*
ᵃ **10.26** Cf. 13.17; 25.13; 26.6. La reprobación de la pereza es un tema frecuente en el libro de Proverbios (6.6,9; 12.24,27; 15.19; 20.4; 26.13-16).
ᵇ **10.27** *Honrar al Señor:* lit. *temer al Señor* (véase Dt 6.13 nota *j*).
ᶜ **10.28** Este v. sigue el tema del v. anterior y retoma lo dicho en el v. 24. Cf. Job 8.13; Sal 112.10.
ᵈ **10.29** *El Señor... mal:* lit. *el camino del Señor es refugio para el justo y destrucción para los que practican el mal.* El *camino del Señor* puede referirse a la forma en que Dios actúa (cf. Sal 64.10[11]) o al *camino* que él traza para que el hombre lo siga (cf. Os 14.9). Cf. 2 P 2.21.
ᵉ **10.30** Cf. Pr 2.21-22. *Jamás fracasará:* Véase Pr 3.11-12 n.
ᶠ **10.31** Cf. Sal 37.30.
ᵍ **10.31** *Al perverso... lengua:* Véase Mt 5.29-30 n.

32 El justo dice cosas agradables;
el malvado, solo cosas perversas. *h*

11

1 El Señor reprueba las balanzas falsas
y aprueba las pesas exactas. *a*

2 El orgullo acarrea deshonra;
la sabiduría está con los humildes. *b*

3 A los hombres rectos los guía su rectitud;
a los hombres falsos los destruye su falsedad.

4 De nada servirán las riquezas el día del juicio,
pero la justicia libra de la muerte. *c*

5 La justicia endereza el camino del justo,
pero el malvado cae por su propia maldad.

6 La justicia libera a los hombres rectos,
pero la codicia aprisiona a los traidores.

7 Cuando el malvado muere,
mueren con él sus esperanzas e ilusiones. *d*

8 Dios libra de la angustia al justo,
y en su lugar pone al malvado. *e*

9 Las palabras del malvado destruyen
a sus semejantes,
pero la inteligencia del justo los salva.

10 Cuando los justos prosperan, la ciudad se alegra;
cuando los malvados mueren, salta de alegría. *f*

11 Con la bendición de los justos se construye una
ciudad,
pero las palabras de los malvados la destruyen. *g*

12 El imprudente habla mal de su amigo;
el prudente guarda silencio.

13 El chismoso todo lo cuenta;
la persona digna de confianza guarda el secreto. *h*

14 Si no hay buen gobierno, la nación fracasa;
el triunfo depende de los muchos consejeros. *i*

15 Mal resulta salir fiador de un extraño;
el que evita dar fianzas vive tranquilo. *j*

16 La mujer agraciada recibe honores,
y el hombre audaz obtiene riquezas. *k*

17 El que es compasivo se hace bien a sí mismo,
pero el que es cruel provoca su propio mal. *l*

18 El malvado recibe una paga engañosa;
el que actúa con justicia, recompensa efectiva. *m*

19 Ir tras la justicia conduce a la vida,
pero ir tras la maldad conduce a la muerte.

20 El Señor aborrece a los que tienen mente perversa,
pero mira con agrado a los de conducta intachable. *n*

21 Ciertamente el malvado no quedará sin castigo,
pero los justos saldrán bien librados. *ñ*

22 Anillo de oro en hocico de cerdo
es la mujer bella de poco cerebro.

23 El deseo de los justos siempre resulta bien;
el capricho de los malvados solo provoca enojo. *o*

24 Hay gente desprendida que recibe más de lo que da,
y gente tacaña que acaba en la pobreza. *p*

25 El que es generoso, prospera;
el que da, también recibe. *q*

26 Al que acapara trigo, la gente lo maldice;
al que lo vende, lo bendice.

27 El que anda tras el bien, busca ser aprobado;
al que anda tras el mal, mal le irá. *r*

28 El que confía en sus riquezas, caerá como hoja seca, *s*
pero los justos reverdecerán como las ramas.

29 Al que descuida su casa, nada le queda;
el necio siempre será esclavo del sabio.

30 La justicia da vida,
la violencia la quita. *t*

---

h **10.32** Cf. Pr 15.2; Ec 10.12.
a **11.1** Este mismo tema se vuelve a encontrar en la Ley (Lv 19.35-36; Dt 25.13-16) y en los escritos proféticos (Os 12.8; Am 8.5-6; Miq 6.10-11). Cf. también Pr 16.11; 20.10,23.
b **11.2** *El orgullo... deshonra:* Cf. Pr 16.18. *La sabiduría... humildes:* Cf. Pr 13.10.
c **11.4** Sal 49.6-8(7-9); Pr 10.2; Eclo 5.8. *Día del juicio:* lit. *día de la ira.* Algunos piensan que el sabio se refiere al *día del Señor* (véanse Am 5.18 nota *o;* Sof 1.2—2.3 n.).
d **11.7** Otra posible traducción del v.: *Cuando el malvado muere, perece su esperanza, y la ilusión puesta en las riquezas se desvanece.* Cf. Sal 39.7.
e **11.8** Otra forma de traducir el v.: *El justo se libra del peligro, y su lugar lo ocupa el malvado;* cf. Pr 21.18.
f **11.10** Pr 28.12.
g **11.11** Pr 14.1.
h **11.13** Pr 10.19; 17.27-28; 20.19.
i **11.14** Pr 15.22; 24.6; Sab 6.24.
j **11.15** Véase Pr 6.1-2 n.
k **11.16** *La mujer... honores:* Cf. 31.10-31. *El hombre audaz:* otra posible traducción: *el violento.* El texto griego (LXX) lee: *La mujer agraciada honra a su marido, la que odia la justicia es objeto de deshonra. Las posesiones de los perezosos son pocas, y los audaces obtienen riquezas.*
l **11.17** *El que es... a sí mismo:* Cf. Mt 5.7. *El cruel... mal:* Cf. Pr 15.10; Eclo 14.6.
m **11.18** Este mismo tema prosigue en los vv. 24-26,28-29. Cf. 2 Co 9.6; Gl 6.8.
n **11.20** Pr 12.22; 15.9.
ñ **11.21** Cf. Pr 12.21; 16.5. *Ciertamente:* lit. *mano a mano,* aludiendo, probablemente, a la costumbre de darse la mano para sellar una transacción.
o **11.23** *Provoca enojo:* el texto griego (LXX) lee *perece.*
p **11.24** Cf. la *parábola del dinero* (Mt 25.14-30; Lc 19.11-27).
q **11.25** *El... recibe:* Cf. Is 58.7-11; Mt 7.2; 10.42; 2 Co 9.6-8.
r **11.27** Sal 5.22.
s **11.28** Sal 1.4; 37.1-2; 52.7-8(9-10); Eclo 5.1; Mc 10.23.
t **11.30** *La justicia da vida:* según el texto griego (LXX). Heb. *el fruto del justo es árbol de vida* (véase Pr 3.18 n.). *La violencia la quita:* según el texto griego (LXX). Heb. *el sabio cautiva vidas,* tal vez en el sentido de que el *sabio* trata de ganar a los demás para el bien (1 Co 9.19 y Stg 5.20; cf. Pr 12.6).

PROVERBIOS 11—13

³¹ Si el justo recibe su paga aquí en la tierra,
¡con cuánta más razón el malvado y el pecador! ᵘ

12 ¹ Amar la disciplina es amar el saber;
odiar la represión es ser ignorante. ᵃ

² Al hombre bueno el Señor lo aprueba, ᵇ
y al pícaro lo condena.

³ El mal no es base firme para nadie;
los justos tienen raíz permanente. ᶜ

⁴ La mujer ejemplar hace de su marido un rey,
pero la mala esposa lo destruye por completo. ᵈ

⁵ Los hombres justos piensan en la justicia;
los malvados, solo en el engaño.

⁶ Las palabras del malvado son una trampa mortal;
las del hombre justo, salvación. ᵉ

⁷ Los malvados caen, y ese es su fin,
pero la casa de los justos queda en pie. ᶠ

⁸ Al hombre se le alaba según su inteligencia,
pero el tonto solo merece desprecio.

⁹ Más vale menospreciado pero servido,
que reverenciado pero mal comido.

¹⁰ El justo sabe que sus animales sienten, ᵍ
pero el malvado nada entiende de compasión.

¹¹ El que trabaja su tierra tiene abundancia de pan;
el imprudente se ocupa en cosas sin provecho. ʰ

¹² Los malos deseos son la red de los malvados;
la raíz de los justos es permanente. ⁱ

¹³ El malvado se enreda en sus propias mentiras,
pero el hombre justo sale bien del apuro. ʲ

¹⁴ Cada uno recoge el fruto de lo que dice
y recibe el pago de lo que hace. ᵏ

¹⁵ El necio cree que todo lo que hace está bien,
pero el sabio atiende los consejos.

¹⁶ El necio muestra en seguida su enojo;
el prudente pasa por alto la ofensa.

¹⁷ El testigo verdadero declara la verdad;
el testigo falso afirma mentiras. ˡ

¹⁸ Hay quienes hieren con sus palabras,
pero hablan los sabios y dan el alivio. ᵐ

¹⁹ El que dice la verdad permanece para siempre,
pero el mentiroso, solo un instante.

²⁰ En los planes de los malvados hay mentira;
en los consejos del hombre de paz, alegría.

²¹ El hombre justo jamás sufrirá ningún mal,
pero el malvado recibirá todos los males juntos. ⁿ

²² El Señor aborrece a los mentirosos,
pero mira con agrado a los que actúan con verdad. ñ

²³ El inteligente no hace alarde de su saber,
pero el necio hace gala de su estupidez. ᵒ

²⁴ El que trabaja, dominará;
el perezoso será dominado. ᵖ

²⁵ La angustia deprime al hombre;
la palabra amable lo alegra. ᵠ

²⁶ El justo sirve de guía a su prójimo, ʳ
pero los malvados pierden el camino.

²⁷ El cazador perezoso no alcanza presa,
pero el diligente alcanza grandes riquezas. ˢ

²⁸ El camino de la justicia lleva a la vida;
el de la imprudencia lleva a la muerte. ᵗ

13 ¹ El hijo sabio acepta la corrección del padre;
el insolente no hace caso de represiones. ᵃ

² Cada uno recoge el fruto de lo que dice,
pero los traidores tienen hambre de violencia. ᵇ

³ Cuidar las palabras es cuidarse uno mismo; ᶜ
el que habla mucho se arruina solo. ᵈ

ᵘ **11.31** 1 P 4.18. Cf. 2 S 22.21,25.
ᵃ **12.1** Cf. Pr 13.18; 15.5; Eclo 21.6. *Amar... el saber:* otra posible traducción: *amar el saber es amar la disciplina.* El tema de la *disciplina* es frecuente en Pr (cf. 1.23,25,30; 5.12; 10.17; 15.5,10,31-32).
ᵇ **12.2** *Al hombre... aprueba:* Cf. 11.27.
ᶜ **12.3** Sal 1.3-6; Pr 10.25.
ᵈ **12.4** *Mujer ejemplar:* Cf. Pr 31.10-31. *La mala esposa... por completo:* lit. *la mala esposa es como cáncer en los huesos.*
ᵉ **12.6** Pr 11.9; 14.3.
ᶠ **12.7** 10.25; 14.11; 15.25; Mt 7.24-27.
ᵍ **12.10** *El justo... sienten:* otra forma de traducir esta parte del v.: *El justo sabe cuáles son las necesidades de sus animales;* cf. 27.23.
ʰ **12.11** Pr 28.19.
ⁱ **12.12** *Los malos... es permanente:* texto probable. Hebreo oscuro.
ʲ **12.13** *El malvado... mentiras:* Cf. Pr 10.19; 18.7. *El justo... apuro:* Cf. Pr 24.15-16.
ᵏ **12.14** *Cada uno... dice:* Cf. Pr 13.2; 18.20. *Recibe... hace:* Cf. Lc 6.38.
ˡ **12.17** Pr 14.25.
ᵐ **12.18** Cf. Pr 15.4. Cf. también Sal 52.2(4); 55.21(22); 57.4(5); 64.2-3(3-4). *Dan el alivio:* otra forma de traducir esta frase: *sanan,* o sea, no solo *dan el alivio,* sino que curan lo que causa el mal.
ⁿ **12.21** Sal 91.10; Pr 11.21.
ñ **12.22** Cf. una construcción similar en Pr 11.20. *Aborrece:* Véase Pr 3.32 nota *i.*
ᵒ **12.23** Pr 10.19; 13.16; 15.2.
ᵖ **12.24** *El que trabaja, dominará,* porque obtendrá la riqueza necesaria para contratar a otros jornaleros que trabajen para él. *El perezoso,* en cambio, tendrá que ponerse al servicio de otros. Cf. Pr 10.4.
ᵠ **12.25** Pr 15.13.
ʳ **12.26** *El justo... prójimo:* traducción probable. Hebreo oscuro.
ˢ **12.27** *El diligente... riquezas:* texto probable. Hebreo oscuro.
ᵗ **12.28** Cf. Pr 10.16; Ro 6.21-22. *El de la imprudencia lleva a la muerte:* texto probable. Hebreo oscuro. La versión griega (LXX) dice: *el camino de los rencorosos lleva a la muerte.* Cf. Sal 1.6.
ᵃ **13.1** Pr 12.1; 15.5.
ᵇ **13.2** *Cada uno... dice:* Pr 12.14. *Los traidores... violencia:* Cf. Sal 27.12; Pr 4.14-17.
ᶜ **13.3** *Cuidarse uno mismo:* Cf. Pr 21.23.
ᵈ **13.3** *El que habla... solo:* Cf. Pr 18.7; Eclo 28.25-26; Stg 3.2-12.

4 El perezoso desea y no consigue; *e*
el que trabaja, prospera.

5 El hombre justo odia la mentira;
el malvado es motivo de vergüenza y deshonra.

6 La rectitud protege al hombre intachable;
la maldad destruye al pecador. *f*

7 Hay quienes no tienen nada y presumen de ricos,
y hay quienes todo lo tienen y aparentan ser pobres. *g*

8 La riqueza del rico le salva la vida;
el pobre jamás escucha amenazas. *h*

9 Los justos son como una luz brillante;
los malvados, como lámpara que se apaga. *i*

10 El orgullo solo provoca peleas;
la sabiduría está con los humildes. *j*

11 La riqueza ilusoria, disminuye; *k*
el que la junta poco a poco, la aumenta.

12 Esperanza frustrada, corazón afligido,
pero el deseo cumplido es como un árbol de vida. *l*

13 El que desatiende una orden, lo lamentará;
el que respeta el mandato será recompensado. *m*

14 La enseñanza del sabio es fuente de vida
y libra de los lazos de la muerte. *n*

15 El buen juicio se gana el aprecio,
pero los traidores marchan a su ruina.

16 El que es prudente actúa con inteligencia,
pero el necio hace gala de su necedad. *ñ*

17 El mensajero malvado acarrea problemas,
pero el mensajero fiel los alivia. *o*

18 Pobreza y deshonra tendrá quien desprecia el consejo;
grandes honores, quien atiende la corrección. *p*

19 El deseo cumplido es causa de alegría.
Los necios no soportan alejarse del mal. *q*

20 Júntate con sabios y obtendrás sabiduría;
júntate con necios y te echarás a perder. *r*

21 Los pecadores son perseguidos por el mal;
los justos, recompensados con el bien. *s*

22 El hombre bueno deja herencia a sus nietos;
el pecador amasa fortunas que serán del justo. *t*

23 En el campo del pobre hay comida abundante,
pero mucho se pierde donde no hay justicia.

24 Quien no corrige a su hijo, no lo quiere;
el que lo ama, lo corrige. *u*

25 El justo come hasta estar satisfecho,
pero el malvado se queda con hambre. *v*

14

1 La mujer sabia construye su casa;
la necia, con sus propias manos la destruye. *a*

2 El de recta conducta honra al Señor; *b*
el de conducta torcida lo desprecia. *c*

3 De la boca del necio brota el orgullo;
de los labios del sabio, su protección. *d*

4 Cuando no hay bueyes, el trigo falta;
con la fuerza del buey, la cosecha aumenta. *e*

5 El testigo verdadero no miente;
el testigo falso dice mentiras. *f*

6 El insolente busca sabiduría y no la encuentra;
para el inteligente, el saber es cosa fácil. *g*

7 Aléjate del necio,
pues de sus labios no obtendrás conocimiento. *h*

8 La sabiduría hace al sabio entender su conducta,
pero al necio lo engaña su propia necedad. *i*

---

e **13.4** Cf. Pr 6.6-11; 21.25-26.
f **13.6** 11.3.
g **13.7** *Hay quienes... presumen de ricos:* Cf. Pr 13.11; Ap 3.17. *Hay quienes... ser pobres:* Cf. Lc 12.21,33; 2 Co 6.10.
h **13.8** Cf. Pr 15.16. *Escucha amenazas:* texto probable (cf. v.1). Hebreo oscuro.
i **13.9** Cf. Pr 4.18. En la Biblia, la *luz* y la *lámpara* son frecuentemente símbolos de vida.
j **13.10** Cf. Pr 11.2. *Con los humildes:* texto probable, según 1.2, que es casi idéntico. Heb. *con los que admiten consejo.* Otra posible traducción de la segunda parte del v.: *la insolencia, discordias.*
k **13.11** Cf. Pr 13.7; 20.21. El texto griego (LXX) lee: *la riqueza repentina, disminuye.*
l **13.12** *Esperanza... afligido:* Cf. la amonestación de Pr 3.28. *Árbol de vida:* Véase 3.18 n.; cf. 13.19.
m **13.13** Pr 10.8.
n **13.14** Pr 14.27; Eclo 21.13.
ñ **13.16** *El necio hace gala de su necedad:* Cf. Pr 12.23; Ec 10.3.
o **13.17** *El mensajero... problemas:* Cf. Pr 10.26; 26.6. *El mensajero... alivia:* Pr 25.13. El envío de *mensajeros* era muy frecuente en la antigüedad, no solo en las relaciones internacionales, sino también en los asuntos domésticos.

p **13.18** Cf. v. 13. *Pobreza... consejo:* Cf. Pr 1.7; 12.1; 13.1. *Grandes honores... corrección:* Cf. Sal 141.5; Pr 15.31-32.
q **13.19** *El deseo... alegría:* Cf. v. 12. *Los necios... mal:* Cf. Pr 29.27.
r **13.20** Pr 14.7; Eclo 6.33-36; 8.8-9; 9.14; 13.1.
s **13.21** Cf. Sal 32.10. Nótese el sentido ético, sapiencial y existencial de los vv. 17-21.
t **13.22** *El pecador amasa fortunas que serán del justo:* Cf. Job 27.16-17; Pr 28.8; Ec 2.26.
u **13.24** Véase Pr 3.12 n. Cf. Pr 22.15; 23.13-14; 29.15,17; Ef 6.4.
v **13.25** Sal 34.10(11).
a **14.1** *La mujer... casa:* Véase Pr 9.1 n.; cf. 24.3; 31.10-31.
b **14.2** *Honra al Señor:* lit. *teme al Señor* (véase Dt 6.13 nota *j*).
c **14.2** La segunda parte del v. es difícil de traducir. Otras posibles traducciones: *el que lo desprecia tuerce su conducta* o *el que tuerce su conducta lo desprecia.*
d **14.3** Véanse las referencias en Pr 12.6 n.
e **14.4** Sal 104.14-15; 144.13-14.
f **14.5** Cf. 10.11; 11.9; 12.6,17; 14.25. Sobre el *testigo falso,* cf. 6.19; 19.5,9; 21.28; 24.28. Cf. también Ex 20.16; 23.1; Dt 19.15-21. Este v. y 12.17 son casi idénticos.
g **14.6** *Para el inteligente... fácil:* Cf. Pr 9.9.
h **14.7** Cf. 13.20. *Necio:* Véase Pr 1.7 nota *h*.
i **14.8** 14.15,24; 15.21.

⁹ Los necios se burlan de sus culpas,
pero entre los hombres honrados hay buena voluntad.

¹⁰ El corazón conoce sus propias amarguras,
y no comparte sus alegrías con ningún extraño.

¹¹ La casa de los malvados será destruida;
la de los hombres honrados prosperará. *j*

¹² Hay caminos que parecen derechos,
pero al final de ellos está la muerte. *k*

¹³ Hasta de reírse duele el corazón,
y al final la alegría acaba en llanto. *l*

¹⁴ El necio está satisfecho de su conducta;
el hombre bueno lo está de sus acciones. *m*

¹⁵ El imprudente cree todo lo que le dicen;
el prudente se fija por dónde anda.

¹⁶ El sabio teme al mal y se aparta de él,
pero al necio nada parece importarle. *n*

¹⁷ El que es impulsivo actúa sin pensar;
el que es reflexivo mantiene la calma. *ñ*

¹⁸ Los imprudentes son herederos de la necedad;
los prudentes se rodean de conocimientos.

¹⁹ Los malvados se inclinarán *o* ante los buenos;
los malos suplicarán a las puertas de los justos.

²⁰ Al pobre, hasta sus propios amigos lo odian;
al rico le sobran amigos. *p*

²¹ El que desprecia a su amigo comete un pecado,
pero ¡feliz aquel que se compadece del pobre! *q*

²² Los que buscan hacer lo malo, pierden el camino;
los que buscan hacer lo bueno son objeto
de amor y lealtad. *r*

²³ De todo esfuerzo se saca provecho;
del mucho hablar, solo miseria. *s*

²⁴ La corona del sabio es su inteligencia;
la de los necios, su necedad. *t*

²⁵ El testigo verdadero salva a otros la vida;
el testigo falso es causa de muerte. *u*

²⁶ El honrar al Señor es una firme esperanza
que da seguridad a los hijos.

²⁷ El honrar al Señor es fuente de vida
que libra de los lazos de la muerte. *v*

²⁸ Gobernar a muchos es una honra para el rey;
gobernar a pocos es su ruina. *w*

²⁹ Ser paciente es muestra de mucha inteligencia;
ser impaciente es muestra
de gran estupidez. *x*

³⁰ La mente tranquila es vida para el cuerpo,
pero la envidia corroe hasta los huesos. *y*

³¹ Ofende a su Creador quien oprime al pobre,
pero lo honra quien le tiene compasión. *z*

³² Al malvado lo arruina su propia maldad;
al hombre honrado lo protege su honradez. *a*

³³ La sabiduría habita en mentes que razonan,
pero entre los necios es desconocida. *b*

³⁴ La justicia es el orgullo de una nación;
el pecado es su vergüenza.

³⁵ El siervo capaz se gana el favor del rey,
pero el incapaz se gana su enojo.

15 ¹ La respuesta amable calma el enojo;
la respuesta violenta lo excita más.

² De la lengua de los sabios brota sabiduría;
de la boca de los necios, necedades. *a*

³ El Señor está en todo lugar
vigilando a los buenos y a los malos. *b*

⁴ La lengua amable es un árbol de vida;
la lengua perversa hace daño al espíritu. *c*

⁵ El necio desprecia la corrección de su padre;
el que la atiende, demuestra inteligencia. *d*

---

j **14.11** Cf. Pr 3.33; 12.7; 15.25. *La casa... destruida:* Cf. Job 8.22.
k **14.12** Pr 16.25; Eclo 21.10; Ro 6.20-21.
l **14.13** Ec 2.1-2; 7.2-6; Lc 6.25.
m **14.14** Pr 1.31; 12.14.
n **14.16** Pr 22.3.
ñ **14.17** *El que es... pensar:* Cf. 29.22. *Mantiene la calma:* texto probable. Heb. *será odiado.* Otra posible traducción: *el intrigante será odiado.*
o **14.19** *Se inclinarán* en señal de humillación.
p **14.20** 19.4,6-7; Eclo 6.8-12; 13.21-23.
q **14.21** Cf. Sal 41.1-3(2-4); Pr 11.12. *Comete un pecado:* otra posible traducción: *fracasa* (en la vida). *Feliz:* Véase Sal 1.1 n.
r **14.22** *Los que buscan... el camino:* puede traducirse también como pregunta retórica: *¿no se extravía el que busca hacer el mal?*
s **14.23** Las palabras traducidas por *provecho* y *miseria* tienen que ver con la economía. Cf. 10.4.
t **14.24** *Su inteligencia:* según la versión griega (LXX). Heb. *su riqueza.*
u **14.25** Cf. Pr 12.17. *Es causa de muerte:* texto probable. Heb. *dirá mentiras.*
v **14.26-27** *Honrar:* lit. *temer* (véase Dt 6.13 nota *j*). Cf. Pr 13.14; 19.23; Is 33.6.
w **14.28** La *honra* de un *rey* no está en sus riquezas ni en el esplendor de su corte, sino en hacer que el pueblo crezca y prospere. En este sentido, cf. 2 S 24.3; Jer 22.15.
x **14.29** Pr 14.17; 15.18; 19.11; Stg 1.19.
y **14.30** Pr 17.22; Eclo 30.22,24.
z **14.31** *Ofende... al pobre:* Cf. Pr 17.5. *Lo honra... compasión:* Cf. Dt 15.11; Pr 19.17; Mt 25.35-40.
a **14.32** *Su honradez:* según la versión griega (LXX). Heb. *su muerte.* El texto hebreo puede aludir a la retribución después de la *muerte.*
b **14.33** *Desconocida:* según la versión griega (LXX). Heb. *conocida.* Otra posible traducción de la segunda parte del v.: *aun entre los necios se da a conocer.*
a **15.2** Cf. Pr 10.32; 12.23; 13.16; Ec 10.12. *De la lengua... sabiduría:* Cf. v. 7a. *De la boca... necedades:* Cf. v. 14b.
b **15.3** Job 34.21; Pr 5.21; 15.11; 16.2; Zac 4.10; Eclo 23.19. Véase Sal 139 n.
c **15.4** *Es un árbol de vida:* Véase Pr 3.18 n.
d **15.5** Cf. Pr 12.1; 13.1.

⁶ Gran abundancia hay en casa del hombre honrado,
pero al malvado no le aprovechan sus ganancias.

⁷ Los sabios esparcen sabiduría con sus labios;
los necios, con su mente,
hacen todo lo contrario.

⁸ El Señor no soporta las ofrendas de los malvados, ᵉ
pero recibe con agrado la oración de los justos.

⁹ El Señor no soporta la conducta de los malvados,
pero ama a quien vive una vida recta. ᶠ

¹⁰ Al que deja el buen camino se le corrige con dureza;
el que odia la reprensión, morirá. ᵍ

¹¹ Si a la vista del Señor están la muerte y el sepulcro,
¡con mayor razón los pensamientos de los hombres! ʰ

¹² El insolente no ama al que le reprende, ⁱ
ni busca la compañía de los sabios.

¹³ Corazón alegre, cara feliz;
corazón enfermo, semblante triste. ʲ

¹⁴ La mente inteligente busca el saber,
pero los necios se alimentan de necedades.

¹⁵ Para quien está afligido, todos los días son malos;
para quien está contento, son una fiesta constante. ᵏ

¹⁶ Más vale ser pobre y honrar al Señor,
que ser rico y vivir angustiado. ˡ

¹⁷ Más vale comer verduras con amor,
que carne de res con odio.

¹⁸ El que es impulsivo provoca peleas; ᵐ
el que es paciente las apacigua.

¹⁹ Para el perezoso, el camino está lleno de espinas;
para el hombre recto, el camino es amplia calzada.

²⁰ El hijo sabio alegra a sus padres;
el hijo necio los menosprecia. ⁿ

²¹ El imprudente goza con su necedad;
el inteligente corrige sus propios pasos. ñ

²² Cuando no hay consulta, los planes fracasan;
el éxito depende de los muchos consejeros. ᵒ

²³ ¡Qué grato es hallar la respuesta apropiada,
y aún más cuando es oportuna! ᵖ

²⁴ El camino de la vida va cuesta arriba,
y libra al sabio de bajar al sepulcro. ᵠ

²⁵ El Señor destruye la casa del orgulloso,
pero mantiene invariable la propiedad de la viuda. ʳ

²⁶ El Señor no soporta los planes malvados,
pero le agradan las palabras sin malicia.

²⁷ El que se da a la codicia arruina su propia casa,
pero el que rechaza el soborno, vivirá. ˢ

²⁸ El hombre justo piensa lo que ha de responder,
pero el malvado lanza maldad por la boca. ᵗ

²⁹ El Señor se aleja de los malvados,
pero atiende a la oración de los justos. ᵘ

³⁰ Los ojos radiantes alegran el corazón;
las buenas noticias dan nuevas fuerzas.

³¹ El que atiende a la reprensión que da vida,
tendrá un lugar entre los sabios.

³² El que desprecia la corrección no se aprecia a sí mismo;
el que atiende a la reprensión
adquiere entendimiento. ᵛ

³³ El honrar al Señor instruye en la sabiduría;
para recibir honores, primero hay que ser humilde. ʷ

16 ¹ Los planes son del hombre;
la palabra final la tiene el Señor. ᵃ

² Al hombre le parece bueno todo lo que hace,
pero el Señor es quien juzga las intenciones. ᵇ

³ Pon tus actos en las manos del Señor
y tus planes se realizarán. ᶜ

⁴ El Señor lo ha creado todo con un propósito:
aun al hombre malvado para el día del castigo. ᵈ

ᵉ **15.8** *El Señor... malvados:* Cf. 1 S 15.22; Pr 21.27; Is 1.11; Jer 6.20. La oposición no es entre *ofrendas* (lit. *sacrificios*) y *oración*, sino entre *malvado* y *justo*.
ᶠ **15.9** Cf. Pr 11.20; 12.22.
ᵍ **15.10** Pr 12.1; 15.32.
ʰ **15.11** *La muerte* y *el sepulcro:* lit. *sheol* y *abadón* (véanse Sal 6.5[6] n.; Ap 9.11 n.). Cf. Job 26.6; Sal 139.8. Los *pensamientos* humanos, que no son tan profundos, no pueden esconderse de la mirada divina (cf. Pr 11.20; Jn 2.25.).
ⁱ **15.12** Pr 9.8; 13.1.
ʲ **15.13** Pr 12.25; 17.22; Eclo 13.25-26; Mt 6.22-23; Lc 6.45.
ᵏ **15.15** v. 13; Eclo 30.25.
ˡ **15.16** Cf. Sal 37.16; Pr 13.8; 16.8; 17.1. *Honrar:* lit. *temer* (véase Dt 6.13 nota *j*).
ᵐ **15.18** Pr 14.29; 26.21; 28.25; 29.22; Eclo 28.8.
ⁿ **15.20** Pr 10.1; 17.25; 23.22.
ñ **15.21** Ef 5.15.
ᵒ **15.22** Pr 11.14; 20.18.
ᵖ **15.23** Pr 25.11.
ᵠ **15.24** Pr 4.18; Ec 3.21. *Sepulcro:* lit. *sheol.*

ʳ **15.25** Cf. Sal 68.5-6(6-7); Pr 12.7; 22.28; 23.10-11. Como *la viuda* no tiene a nadie que la defienda, el Señor mismo es su defensor. Los terrenos de una persona eran *propiedad* inalienable, porque eran un bien otorgado por el Señor a los israelitas en tiempos de la conquista (cf. Lv 25.23). Cf. también Dt 19.14; 27.17; Os 5.10.
ˢ **15.27** *El que... casa:* Cf. Pr 1.19. *El que rechaza el soborno, vivirá:* Is 33.15-16.
ᵗ **15.28** Pr 19.28.
ᵘ **15.29** Sal 138.6; Is 59.2; Lc 1.51-53.
ᵛ **15.31-32** Pr 15.10; 19.20; 25.12; 2 Co 7.8-10.
ʷ **15.33** *El honrar al Señor:* lit. *temer al Señor* (véase Dt 6.13 nota *j*). *Para recibir... humilde:* Cf. Pr 18.12.
ᵃ **16.1** Cf. Pr 16.9; 19.21; Ec 9.1.
ᵇ **16.2** Pr 21.2. *Juzga:* lit. *pesa.*
ᶜ **16.3** Sal 37.5; Pr 3.6.
ᵈ **16.4** Cf. Ro 9.22. Más que afirmar que Dios creó a los *malvados* para manifestar en ellos su justicia, lo que se quiere indicar es que ni siquiera el *hombre malvado* puede sustraerse de los *propósitos* o planes divinos.

⁵ El Señor no soporta a los orgullosos;
  tarde o temprano tendrán su castigo. ᵉ

⁶ Con amor y verdad se perdona el pecado;
  honrando al Señor se aleja uno del mal. ᶠ

⁷ Cuando al Señor le agrada la conducta
    de un hombre,
  hasta a sus enemigos los pone en paz con él.

⁸ Vale más lo poco ganado honradamente,
  que lo mucho ganado en forma injusta. ᵍ

⁹ Al hombre le toca hacer planes,
  y al Señor dirigir sus pasos. ʰ

¹⁰ El rey habla de parte de Dios
  y no dicta sentencias injustas. ⁱ

¹¹ Pesas y medidas caen bajo el juicio del Señor;
  todas las pesas han sido creadas por él. ʲ

¹² Los reyes reprueban las malas acciones,
  porque el trono se basa en la justicia. ᵏ

¹³ Los reyes aman y ven con agrado
  a quien habla con honradez y sinceridad. ˡ

¹⁴ La ira del rey es mensajera de muerte,
  y es de sabios procurar calmarla. ᵐ

¹⁵ La alegría del rey es promesa de vida, ⁿ
  y su buena voluntad es como nube de lluvia.

¹⁶ Más vale adquirir sabiduría que oro;
  más vale entendimiento que plata. ñ

¹⁷ La norma de los justos es apartarse del mal;
  cuidar la propia conducta es cuidarse uno mismo.

¹⁸ Tras el orgullo viene el fracaso;
  tras la altanería, la caída. ᵒ

¹⁹ Más vale humillarse con los pobres
  que hacerse rico con los orgullosos.

²⁰ Al que bien administra, bien le va;
  ¡feliz aquel que confía en el Señor! ᵖ

²¹ Al que piensa sabiamente, se le llama inteligente;
  las palabras amables convencen mejor. ᑫ

²² Tener buen juicio es tener una fuente de vida;
  instruir a los necios es también necedad. ʳ

²³ El que piensa sabiamente, se sabe expresar,
  y sus palabras convencen mejor. ˢ

²⁴ Las palabras dulces son un panal de miel:
  endulzan el ánimo y dan nuevas fuerzas. ᵗ

²⁵ Hay caminos que parecen derechos,
  pero al final de ellos está la muerte. ᵘ

²⁶ El apetito del que trabaja lo impulsa a trabajar;
  el hambre que siente lo empuja a ello.

²⁷ El malvado es un horno de maldad; ᵛ
  ¡aun sus palabras parecen llamas de fuego! ʷ

²⁸ El perverso provoca peleas; ˣ
  el chismoso es causa de enemistades.

²⁹ El violento engaña a su amigo
  y lo desvía por el mal camino.

³⁰ Guiña los ojos quien piensa hacer lo malo;
  se muerde los labios quien ya lo ha cometido.

³¹ Las canas son una digna corona,
  ganada por una conducta honrada. ʸ

³² Más vale ser paciente que valiente;
  más vale vencerse uno mismo
  que conquistar ciudades. ᶻ

³³ El hombre echa las suertes,
  pero el Señor es quien lo decide todo. ᵃ

17

¹ Más vale comer pan duro y vivir en paz
  que tener muchas fiestas y vivir peleando. ᵃ

ᵉ **16.5** Cf. Pr 11.21. Los *orgullosos* no desean arrepentirse y, por eso, se niegan a sí mismos la posibilidad de ser perdonados. La oposición de Dios contra el orgullo y la soberbia es también un tema fundamental de la literatura profética (cf. Is 2.6-22).
ᶠ **16.6** *Honrando:* lit. *temiendo* (véase Dt 6.13 nota *j*).
ᵍ **16.8** Pr 15.16.
ʰ **16.9** Véase Pr 16.1 n.
ⁱ **16.10** Este v. inicia una serie de proverbios acerca del rey (vv. 10-15). En la antigüedad se creía que el rey, cuando pronunciaba una sentencia, estaba manifestando la justicia divina y, por lo tanto, emitía una especie de profecía. Cf. 2 S 14.17.
ʲ **16.11** Cf. Pr 11.1. *Pesas y medidas caen bajo juicio del Señor:* texto probable. Heb. *pesas y medidas de justicia del Señor.*
ᵏ **16.12** Cf. Pr 25.5; 29.14; véase Sal 72.1 n.
ˡ **16.13** Pr 14.35; 22.11.
ᵐ **16.14** Pr 19.12; 20.2.
ⁿ **16.15** *La alegría del rey:* lit. *el rostro del rey* (véase Sal 4.6[7] n.). Cf. Pr 19.12.
ñ **16.16** Pr 3.13-14; 8.19.
ᵒ **16.18** Pr 11.2; 15.33.
ᵖ **16.20** *Al que bien administra:* otra posible traducción: *al que atiende al mandamiento* (lit. *la palabra*). Cf. Sal 2.11-12; 40.4[5]; Pr 13.7.

ᑫ **16.21** 16.23.
ʳ **16.22** *Fuente de vida:* Pr 10.11; 13.14; 14.27.
ˢ **16.23** 16.21; Ec 10.12.
ᵗ **16.24** Cf. Sal 19.7-10(8-11). En el antiguo Oriente, la *miel* era considerada un alimento de los dioses.
ᵘ **16.25** Pr 14.12; Eclo 21.10.
ᵛ **16.27** *El malvado es un horno de maldad:* texto probable. Heb. *el hombre de Belial causa maldad* (sobre *Belial,* véanse Sal 18.4[5]; 2 Co 6.15 n.).
ʷ **16.27** *¡Aun sus palabras parecen llamas de fuego!:* Cf. Stg 3.6.
ˣ **16.28** *El perverso provoca peleas:* Cf. Pr 6.12-14; Eclo 28.13-26.
ʸ **16.31** Al hablar de las *canas,* se alude a una larga vida, que es el premio de una conducta recta. Esto implica que el pelo encanecido es propio de un hombre experimentado y sabio. Cf. Job 8.9; 15.10; 32.6; 38.21; Eclo 25.4-6.
ᶻ **16.32** Pr 25.28.
ᵃ **16.33** En Israel, muchos asuntos se resolvían por medio de las *suertes* (Lv 16.8; Jos 7; 1 S 14; Hch 1.26).
ᵃ **17.1** Cf. Pr 15.16-17; 16.8. *Muchas fiestas:* probable alusión a los banquetes ofrecidos con la carne de los sacrificios de reconciliación (véase Pr 7.14 n.).

² El siervo capaz llega a ser amo del hijo indigno,
y tiene parte en la herencia
como los otros hermanos.

³ El oro y la plata, el fuego los prueba;
los pensamientos los prueba el Señor. *b*

⁴ El malvado y el mentiroso
hacen caso de las malas lenguas.

⁵ El que se burla del pobre ofende a su Creador;
el que se alegra de su desgracia
no quedará sin castigo. *c*

⁶ La corona de los ancianos son sus nietos;
el orgullo de los hijos son sus padres. *d*

⁷ Ni al tonto le sienta bien el hablar con elegancia,
ni al hombre respetable el hablar con engaños.

⁸ El que practica el soborno cree tener
poderes mágicos,
pues alcanza el éxito en todo lo que emprende. *e*

⁹ Quien pasa por alto la ofensa, crea lazos de amor;
quien insiste en ella, aleja al amigo. *f*

¹⁰ Cala más un regaño en el entendido
que cien azotes en el necio. *g*

¹¹ El revoltoso solo busca pelea,
pero le enviarán un mensajero cruel.

¹² Vale más toparse con una osa furiosa
que con un necio empeñado en algo.

¹³ Jamás el mal se apartará de la casa
del que paga mal por bien. *h*

¹⁴ Río desbordado es el pleito que se inicia;
vale más retirarse que complicarse en él. *i*

¹⁵ Perdonar al culpable y condenar al inocente
son dos cosas que no soporta el Señor. *j*

¹⁶ ¿Por qué viene el necio, dinero en mano,
a comprar sabiduría, si no tiene entendimiento?

¹⁷ Un amigo es siempre afectuoso,
y en tiempos de angustia es como un hermano. *k*

¹⁸ El imprudente da fianza por su amigo
y se hace responsable de él. *l*

¹⁹ Al que le gusta ofender, le gusta pelear;
el fanfarrón *m* provoca su propia ruina.

²⁰ Jamás la mente perversa se encontrará con el bien;
la lengua embustera caerá en la desgracia.

²¹ Ser padre de un necio trae solo dolor;
ser padre de un tonto no es ninguna alegría. *n*

²² Buen remedio es el corazón alegre,
pero el ánimo triste resta energías. *ñ*

²³ El malvado acepta soborno en secreto,
para torcer el curso de la justicia. *o*

²⁴ La sabiduría es la meta del inteligente,
pero el necio no tiene meta fija. *p*

²⁵ El hijo necio es para sus padres
motivo de enojo y amargura. *q*

²⁶ No está bien multar al inocente
ni azotar al hombre honorable. *r*

²⁷ Es de sabios hablar poco,
y de inteligentes mantener la calma. *s*

²⁸ Hasta el necio pasa por sabio e inteligente
cuando se calla y guarda silencio. *t*

18
¹ El egoísta solo busca su interés,
y se opone a todo buen consejo.

² El necio no tiene deseos de aprender;
solo le importa presumir de lo que sabe. *a*

³ Con la maldad viene la vergüenza;
con el orgullo, la deshonra. *b*

⁴ Las palabras del hombre son aguas profundas,
río que corre, pozo de sabiduría. *c*

---

b **17.3** *El oro... prueba:* Cf. Pr 27.21; Eclo 2.5. *Los pensamientos... Dios:* Cf. Pr 24.12. El *fuego* como medio para probar y purificar los metales es una imagen común en la literatura profética (cf. Jer 9.6-7; 11.20; 12.3; 17.10; Zac 13.9). Cf. también 1 P 1.7.
c **17.5** Pr 14.31.
d **17.6** Sal 128.6; Eclo 3.10-11.
e **17.8** *Soborno:* Véase Pr 17.23 n.
f **17.9** 10.12; 16.6.
g **17.10** *Cien azotes:* Se trata de una exageración intencional, ya que la ley mosaica prohibía que se castigara con más de cuarenta azotes (Dt 25.3).
h **17.13** 2 S 12.10.
i **17.14** Mt 5.25.
j **17.15** Ex 23.7.
k **17.17** 1 S 20; 2 S 1.26; Eclo 6.14-17.
l **17.18** Acerca de las *fianzas,* véase Pr 6.1-2 n.
m **17.19** Pr 29.22. *El fanfarrón:* lit. *el que abre demasiado la puerta,* dejando entrar a cualquiera, incluso a los ladrones.
n **17.21** Cf. Pr 10.1; 13.1; 15.20; 19.13; Eclo 22.3.
ñ **17.22** Véanse las referencias en Pr 14.30 n.
o **17.23** Sobre el *soborno,* cf. Ex 23.8; Dt 16.19; 1 S 8.3; Pr 17.8;

Am 5.12. *Para torcer... la justicia:* al sobornar a los jueces y pagar testigos falsos.
p **17.24** *El necio... fija:* lit. *los ojos del necio vagan hasta el fin de la tierra.* El *necio* tiene dinero que no le sirve para comprar (v. 16) y *ojos* que no atinan a encontrar lo que buscan.
q **17.25** Véanse las referencias en Pr 17.21 n.
r **17.26** Este proverbio puede indicar una progresión: *multar al inocente* no es bueno; *azotar al hombre honorable* es todavía peor.
s **17.27** Pr 10.19.
t **17.28** Job 13.5; Eclo 20.5.
a **18.2** Cf. Pr 12.23. *Solo le importa presumir de lo que sabe:* lit. *solo le importa descubrir su corazón. Descubrir el corazón,* en este contexto, no significa ser sincero, sino ser presumido en el hablar. La literatura sapiencial alaba al que sabe poner una barrera entre el corazón y la boca (Sal 141.3; Eclo 22.27).
b **18.3** Pr 16.18.
c **18.4** Cf. Pr 13.14; 20.5; Eclo 21.13; Jn 7.38. Véase Pr 3.20 n. La palabra *profundo,* en hebreo, tiene a veces un carácter negativo. En tal caso, se trataría de un paralelismo antitético (véase *Introducción* a los *Salmos [2][b]).*

⁵ No está bien que los jueces favorezcan al culpable
 y le nieguen sus derechos al inocente. ᵈ

⁶ Con sus labios, el necio se mete en líos;
 con sus palabras se busca buenos azotes.

⁷ Las palabras del necio son su propia ruina;
 con sus labios se echa la soga al cuello. ᵉ

⁸ Los chismes son como golosinas, ᶠ
 pero calan hasta lo más profundo. ᶠ

⁹ Los perezosos y los destructores
 ¡hasta hermanos resultan!

¹⁰ El nombre del Señor es una torre poderosa
 a la que acuden los justos en busca de protección. ᵍ

¹¹ El rico cree que sus riquezas
 son una ciudad protegida por altos muros. ʰ

¹² Tras el orgullo viene el fracaso;
 tras la humildad, la prosperidad. ⁱ

¹³ Es una necedad y una vergüenza
 responder antes de escuchar. ʲ

¹⁴ Al enfermo lo levanta su ánimo,
 pero al ánimo decaído, ¿quién podrá levantarlo? ᵏ

¹⁵ Los sabios e inteligentes
 adquieren los conocimientos que buscan. ˡ

¹⁶ Con un regalo se abren todas las puertas
 y se llega hasta la gente importante.

¹⁷ El primero en defenderse parece tener la razón,
 pero llega su contrario y lo desmiente.

¹⁸ El juicio divino pone fin a los pleitos
 y separa a las partes en pugna. ᵐ

¹⁹ Más se cierra el hermano ofendido
 que una ciudad amurallada.
 Los pleitos separan
 como las rejas de un palacio. ⁿ

²⁰ Cada uno comerá hasta el cansancio
 del fruto de sus palabras. ñ

²¹ La vida y la muerte dependen de la lengua;
 los que hablan mucho sufrirán las consecuencias. ᵒ

²² Encontrar esposa es encontrar lo mejor:
 es recibir una muestra del favor de Dios. ᵖ

²³ El pobre habla con ruegos;
 el rico responde con altanería. ᑫ

²⁴ Algunas amistades se rompen fácilmente,
 pero hay amigos más fieles que un hermano. ʳ

19

¹ Más vale ser pobre y honrado,
 que necio y calumniador. ᵃ

² No es bueno el afán sin reflexión;
 las muchas prisas provocan errores. ᵇ

³ La necedad del hombre le hace perder el camino,
 y luego el hombre le echa la culpa al Señor. ᶜ

⁴ La riqueza atrae multitud de amigos,
 pero el pobre hasta sus amigos pierde.

⁵ El testigo falso no quedará sin castigo;
 el mentiroso no saldrá bien librado. ᵈ

⁶ Al que es dadivoso y desprendido,
 todo el mundo lo busca y se hace su amigo. ᵉ

⁷ Si al pobre hasta sus hermanos lo desprecian,
 con mayor razón sus amigos se alejarán de él. ᶠ

⁸ El que aprende y pone en práctica lo aprendido,
 se estima a sí mismo y prospera. ᵍ

⁹ El testigo falso no quedará sin castigo;
 al mentiroso le espera la muerte. ʰ

¹⁰ No es propio del necio hacer derroche de lujos,
 ni mucho menos del esclavo gobernar
 a grandes señores. ⁱ

¹¹ La prudencia consiste en refrenar el enojo,
 y la honra, en pasar por alto la ofensa. ʲ

¹² La ira del rey es como el rugido del león,
 pero su buena voluntad es como rocío
 sobre la hierba. ᵏ

ᵈ **18.5** Pr 17.15,23; Pr 24.23.
ᵉ **18.6-7** Pr 10.14; 12.13; 13.3.
ᶠ **18.8** Pr 26.22.
ᵍ **18.10** Sal 18.2(3); 61.3(4); 124.8.
ʰ **18.11** Pr 10.15.
ⁱ **18.12** *Tras el orgullo viene el fracaso:* Cf. Pr 16.18. *Tras la humildad, la prosperidad:* Cf. 15.33.
ʲ **18.13** Eclo 11.8; Jn 7.51.
ᵏ **18.14** Pr 17.22.
ˡ **18.15** Cf. Pr 15.14; 17.24. Los vv. 13, 15 presentan actitudes contrapuestas.
ᵐ **18.18** Cf. Pr 16.33. *El juicio divino:* lit. *la suerte* (véase Pr 16.33 n.).
ⁿ **18.19** *Más se cierra... un palacio:* traducción probable. Hebreo oscuro. La versión griega (LXX) dice: *Un hermano ayudado por su hermano es más que una ciudad amurallada, es fuerte como un palacio.*
ñ **18.20** Pr 12.14; 13.2.
ᵒ **18.21** Pr 21.23; Eclo 37.18; Stg 3.2-10.

ᵖ **18.22** Cf. Pr 31.10-31; Eclo 26.1-4; véase Pr 5.15-19 n.
ᑫ **18.23** El proverbio parece indicar que *el pobre ruega* al *rico,* pero este le *responde* con altanería. Cf. 14.31; 17.5.
ʳ **18.24** Sobre la *amistad,* véase Pr 17.17 n.
ᵃ **19.1** *Más vale... honrado:* Cf. Pr 28.6.
ᵇ **19.2** Pr 21.5; Mt 6.34.
ᶜ **19.3** Eclo 15.11-20; Stg 1.13-14.
ᵈ **19.5** Cf. Ex 23.1; Pr 6.19; 19.9, 21.28. *No saldrá bien librado:* lit. *no escapará.*
ᵉ **19.6** Cf. v. 4. *Al que es... desprendido:* lit. *muchos buscan el favor del generoso* (cf. Pr 23.6).
ᶠ **19.7** Cf. v. 4; Eclo 13.21. Al final de este v., el texto hebreo añade cuatro palabras de sentido oscuro.
ᵍ **19.8** Cf. las palabras de la sabiduría personificada, en Pr 8.35-36.
ʰ **19.9** Pr 19.5
ⁱ **19.10** Pr 30.21-22; Ec 10.5-7.
ʲ **19.11** Pr 14.29; Stg 1.19.
ᵏ **19.12** Cf. Pr 16.14-15; 20.2. El *rocío* fertiliza los campos y es una señal de bendición.

¹³ Un hijo necio hace sufrir a su padre.
Como gotera constante es la mujer pendenciera. *l*

¹⁴ De los padres se reciben casa y riquezas;
del Señor, la esposa inteligente. *m*

¹⁵ La pereza hace dormir profundamente,
y el perezoso habrá de pasar hambre. *n*

¹⁶ El que cumple el mandamiento protege su vida;
el que desprecia la enseñanza del Señor, muere. *ñ*

¹⁷ Un préstamo al pobre es un préstamo al Señor,
y el Señor mismo pagará la deuda. *o*

¹⁸ Corrige a tu hijo mientras aún pueda ser corregido,
pero procura no matarlo a causa del castigo. *p*

¹⁹ El que mucho se enoja, recibe su merecido;
librarlo del castigo es empeorar las cosas. *q*

²⁰ Atiende al consejo y acepta la corrección;
así llegarás a ser sabio. *r*

²¹ El hombre hace muchos planes,
pero solo se realiza el propósito divino. *s*

²² Lo que se quiere del hombre es lealtad;
más vale ser pobre que tramposo.

²³ La reverencia al Señor conduce a la vida;
uno vive contento y sin sufrir ningún mal. *t*

²⁴ El perezoso mete la mano en el plato,
pero no es capaz ni de llevársela a la boca. *u*

²⁵ Del castigo al insolente, el imprudente aprende;
el sabio aprende con la sola corrección. *v*

²⁶ Maltratar al padre y echar de la casa a la madre
son actos vergonzosos y reprobables en un hijo. *w*

²⁷ Hijo mío, si dejas de atender a la reprensión
te apartarás de los buenos consejos. *x*

²⁸ El testigo falso se burla de la justicia;
el malvado lanza maldad por la boca. *y*

²⁹ Listas están las varas para los insolentes;
los buenos azotes para la espalda de los necios. *z*

20

¹ El vino hace insolente al hombre;
las bebidas fuertes lo alborotan;
bajo sus efectos nadie actúa sabiamente. *a*

² Un rey furioso es como un león rugiente;
quien lo provoca, pone su vida en peligro. *b*

³ Es honra del hombre evitar discusiones,
mas cualquier necio puede iniciarlas.

⁴ Cuando es tiempo de arar, el perezoso no ara;
pero al llegar la cosecha, buscará y no encontrará. *c*

⁵ Las intenciones secretas son como aguas profundas,
pero el que es inteligente sabe descubrirlas. *d*

⁶ Hay muchos que presumen de leales,
pero no se halla a nadie en quien se pueda confiar.

⁷ ¡Felices los hijos que deja
quien ha vivido con rectitud y honradez!

⁸ Cuando el rey toma asiento en el tribunal,
le basta una sola mirada para barrer el mal. *e*

⁹ Nadie puede decir: "Tengo puro el corazón,
estoy limpio de pecado." *f*

¹⁰ Pesas falsas y medidas con trampa
son dos cosas que el Señor aborrece. *g*

¹¹ Por sus acciones se conoce
si un joven se conduce con rectitud. *h*

¹² El oído para oír y el ojo para ver
fueron creados por el Señor.

¹³ No te entregues al sueño, o te quedarás pobre;
manténte despierto y tendrás pan de sobra. *i*

¹⁴ "¡Que mala mercancía!", dice el comprador,
pero una vez comprada se felicita a sí mismo.

¹⁵ Vale más quien habla con sabiduría,
que todo el oro y las joyas del mundo. *j*

---

l **19.13** *Un hijo... su padre:* Cf. Pr 17.21,25. *Como gotera... mujer pendenciera:* Cf. Pr 27.15.
m **19.14** *Del Señor, la esposa inteligente:* Véase Pr 18.22 n.
n **19.15** Cf. las amonestaciones contra el *perezoso* en Pr 6.6-11; 10.4.
ñ **19.16** Dt 30.15-16; Eclo 32.24; Lc 10.28; 11.28.
o **19.17** Cf. Pr 28.27; Mt 25.40. *Un préstamo:* otra posible traducción: *un acto de piedad.* Este v. complementa los vv. 4,7.
p **19.18** Dt 21.18-21; Pr 23.13.
q **19.19** *El que mucho... las cosas:* traducción probable. Hebreo oscuro.
r **19.20** Pr 15.32.
s **19.21** Pr 16.1,9,33; Ec 9.1.
t **19.23** Cf. Pr 14.27. *La reverencia:* lit. *el temor* (véase Dt 6.13 nota *j*).
u **19.24** Pr 19.15; 26.15.
v **19.25** Cf. Pr 9.8; 21.11. El necio o *insolente* necesita ser *castigado* (lit. *golpeado*) para aprender; al *sabio*, le basta una sola reprensión verbal.
w **19.26** Ex 21.17; Pr 20.20; 23.22; 28.24; 30.17.
x **19.27** Otra posible traducción del v.: *Hijo mío, deja de atender a la reprensión y te apartarás de los buenos consejos.* Esta sería una exhortación para dejar de llevar una vida inconsistente e incongruente.
y **19.28** Pr 15.28.
z **19.29** Pr 10.13; 26.3.
a **20.1** Pr 23.29-35; Is 28.7-8.
b **20.2** Véase Pr 16.14 n.; 19.12 n.
c **20.4** 10.4; 19.15,24; 21.25; 24.30-34.
d **20.5** Pr 18.4.
e **20.8** Cf. v. 26. *Barrer:* lit. *aventar,* como lo hace un agricultor con el trigo (véase Mt 3.12 n.); otra posible traducción: *discernir.*
f **20.9** Sal 51.3-5(5-7); Ro 3.23; 1 Jn 1.8.
g **20.10** Véase Pr 11.1 n.; cf. Lv 19.35-36; Dt 25.13-16; Pr 20.23; Am 8.5.
h **20.11** Mt 7.16.
i **20.13** Cf. 26.14. Véase Sal 127.2 n.
j **20.15** Pr 3.13-15.

¹⁶ Al que salga fiador por un extraño,
quítale la ropa y tómasela en prenda. ᵏ

¹⁷ Al hombre le gusta alimentarse de mentiras,
aunque a la larga le resulte como bocado
de tierra. ˡ

¹⁸ Los planes se afirman con un buen consejo;
la guerra se hace con una buena estrategia. ᵐ

¹⁹ El chismoso no sabe guardar un secreto,
así que no te juntes con gente chismosa. ⁿ

²⁰ El que maldice a su padre o a su madre,
morirá en la más espantosa oscuridad. ñ

²¹ Lo que al principio se adquiere fácilmente,
al final no es motivo de alegría. ᵒ

²² Nunca hables de tomar venganza;
confía en el Señor, y él te hará triunfar. ᵖ

²³ El Señor aborrece el uso de pesas falsas;
las balanzas falsas son reprobables. ᑫ

²⁴ El Señor dirige los pasos del hombre;
nadie conoce su propio destino. ʳ

²⁵ Es peligroso que el hombre le prometa algo a Dios
y que después reconsidere su promesa. ˢ

²⁶ El rey sabio aleja de sí a los malvados
y los aplasta bajo una rueda. ᵗ

²⁷ El espíritu que Dios ha dado al hombre
es luz que alumbra lo más profundo de su ser. ᵘ

²⁸ El rey se mantiene seguro en su trono
cuando practica el amor y la verdad. ᵛ

²⁹ El orgullo de los jóvenes está en su fuerza;
la honra de los ancianos, en sus canas. ʷ

³⁰ La maldad se cura con golpes y heridas;
los golpes hacen sanar la conciencia.

21

¹ La mente del rey, en manos del Señor,
sigue, como los ríos, el curso que el Señor quiere.

² Al hombre le parece bien todo lo que hace,
pero el Señor es quien juzga las intenciones.

³ Practica la rectitud y la justicia,
pues Dios prefiere eso a los sacrificios. ᵃ

⁴ Ojos altivos, mente orgullosa;
la luz de los malvados es pecado.

⁵ Los planes bien meditados dan buen resultado;
los que se hacen a la ligera causan la ruina. ᵇ

⁶ Las riquezas que se obtienen por medio de mentiras
son ilusión pasajera de los que buscan la muerte. ᶜ

⁷ A los malvados los destruirá su propia violencia,
por no haber querido practicar la justicia.

⁸ La conducta del malvado es torcida e insegura;
las acciones del hombre honrado son limpias.

⁹ Más vale vivir en el borde de la azotea,
que en una amplia mansión con una mujer
pendenciera. ᵈ

¹⁰ El malvado solo piensa en hacer el mal;
jamás mira con bondad a sus semejantes.

¹¹ Del castigo al insolente, el imprudente aprende;
el sabio aprende con la sola explicación. ᵉ

¹² El Dios justo observa la casa del malvado,
y entrega a los malvados a la ruina. ᶠ

¹³ El que no atiende a los ruegos del pobre
tampoco obtendrá respuesta cuando pida ayuda. ᵍ

¹⁴ El regalo hecho con discreción
calma aun el enojo más fuerte. ʰ

¹⁵ Cuando se hace justicia, el justo se alegra,
y a los malhechores les llega la ruina.

¹⁶ El que no sigue una conducta prudente,
irá a parar entre los muertos.

¹⁷ El que se entrega al placer, el vino y los perfumes,
terminará en la pobreza. ⁱ

¹⁸ El hombre falso y malvado
sufrirá en lugar del justo y honrado. ʲ

¹⁹ Vale más vivir en el desierto
que con una mujer irritable y pendenciera. ᵏ

ᵏ **20.16** Cf. Pr 6.1-5; 27.13. *Fiar* de esta forma es necedad (véase Pr 6.1-2 n.).
ˡ **20.17** Job 20.12-14; Pr 9.17-18.
ᵐ **20.18** Pr 15.22; 24.6.
ⁿ **20.19** Pr 11.13.
ñ **20.20** Véanse las referencias en Pr 19.26 n.
ᵒ **20.21** Pr 13.11.
ᵖ **20.22** Lv 19.18; Dt 32.35; Pr 25.21-22; Ro 12.17-21; 1 Ts 5.15.
ᑫ **20.23** Véase Pr. 20.10 n.
ʳ **20.24** *El Señor dirige los pasos del hombre:* Cf. Sal 37.23; Pr 16.9; 19.21. *Nadie conoce su propio destino:* Cf. Jer 10.23.
ˢ **20.25** Sobre *prometerle algo a Dios,* cf. Dt 23.21-23; Ec 5.4-5; Mt 5.33-37.
ᵗ **20.26** Véase Pr 20.8 n.
ᵘ **20.27** Cf. Mt 6.22; 1 Co 2.11. También hay otras lámparas que iluminan el camino de la vida humana (Sal 119.105; Pr 6.23).
ᵛ **20.28** Aquí concluye la enseñanza contenida en este cap. sobre las cualidades de un buen monarca: autoridad (vv. 2,8), sabiduría (v. 26), amor y veracidad (v. 28).
ʷ **20.29** *La honra... en sus canas:* Véase Pr 16.31 n.
ᵃ **21.3** 1 S 15.22; Pr 15.8; Am 5.22-24; Os 6.6; Mt 9.13.
ᵇ **21.5** Pr 19.2.
ᶜ **21.6** Ec 5.10-17.
ᵈ **21.9** Pr 19.13; 21.19; 25.24; Eclo 25.16.
ᵉ **21.11** Véase Pr 19.25 n.
ᶠ **21.12** *El Dios... la ruina:* traducción probable. Hebreo oscuro. Cf. Pr 14.11. Otra posible traducción: *el justo observa cómo el malvado se arruina.*
ᵍ **21.13** Mt 5.7; 18.23-35; Stg 2.13.
ʰ **21.14** Sobre los *regalos,* cf. Pr 18.16; 19.6.
ⁱ **21.17** Pr 23.20-21.
ʲ **21.18** Pr 11.8.
ᵏ **21.19** Véanse las referencias en Pr 21.9 n.

²⁰ En casa del sabio hay riquezas y perfumes,
pero el necio gasta todo lo que tiene.

²¹ El que busca ser recto y leal,
encuentra vida y honor. *l*

²² El sabio ataca una ciudad bien defendida,
y acaba con el poder en que ella confiaba. *m*

²³ El que tiene cuidado de lo que dice,
nunca se mete en aprietos. *n*

²⁴ Pedante, orgulloso e insolente se le llama
al que actúa con demasiada pedantería.

²⁵ De deseos se muere el perezoso,
porque sus manos no quieren trabajar;
²⁶ todo el día se lo pasa deseando.
El justo, en cambio, da sin tacañerías. *ñ*

²⁷ El Señor aborrece las ofrendas de los malvados, *o*
porque las ofrecen con malas intenciones.

²⁸ El testigo falso será destruido; *p*
pero quien sabe escuchar,
siempre podrá responder. *q*

²⁹ El malvado aparenta seguridad;
el honrado está seguro de su conducta.

³⁰ Ante el Señor no hay sabiduría que valga,
ni inteligencia ni buenas ideas. *r*

³¹ El hombre prepara el caballo para entrar
en batalla,
pero el Señor es quien da la victoria. *s*

22

¹ Vale más tener buena fama y reputación,
que abundancia de oro y plata. *a*

² El rico y el pobre tienen algo en común:
a los dos los ha creado el Señor. *b*

³ El prudente ve el peligro y lo evita;
el imprudente sigue adelante y sufre el daño. *c*

⁴ La humildad y la reverencia *d* al Señor
traen como premio riquezas, honores y vida.

⁵ El camino del malvado está lleno de trampas;
pero el que tiene cuidado de su propia vida,
las evita. *e*

⁶ Dale buena educación al niño de hoy,
y el viejo de mañana jamás la abandonará. *f*

⁷ Entre los pobres, el rico es rey;
entre los deudores, el prestamista.

⁸ El que siembra maldad, cosechará calamidades;
¡el Señor lo destruirá con el cetro de su furia! *g*

⁹ El que mira a otros con bondad, será bendecido
por compartir su pan con los pobres. *h*

¹⁰ Despedido el insolente, se va la discordia
y se acaban los pleitos y las ofensas.

¹¹ El rey aprecia al de corazón sincero,
y brinda su amistad al que habla con gracia. *i*

¹² El Señor vigila atentamente al sabio
y desmiente las afirmaciones del mentiroso.

¹³ Para no trabajar, el perezoso pretexta
que en la calle hay un león que lo quiere matar. *j*

¹⁴ Los labios de la adúltera son un pozo profundo
donde caen los que el Señor maldice. *k*

¹⁵ La necedad es parte de las ideas juveniles,
pero se quita cuando se corrige con golpes. *l*

¹⁶ El que para enriquecerse oprime al pobre
o le da al rico, terminará en la pobreza. *m*

IV. TERCERA COLECCIÓN: "DICHOS DE LOS SABIOS" (22.17—24.22) *n*

Los treinta dichos de los sabios

¹⁷ Presta toda tu atención a los dichos de los sabios;
concéntrate en lo que te enseño. *ñ*

¹⁸ Te agradará guardarlos en tu memoria
y poder repetirlos todos juntos.

¹⁹ Hoy te los hago saber
para que pongas tu confianza en el Señor. *o*

---

l 21.21 Cf. Mt 5.6. *Vida y honor:* según la versión griega (LXX). Heb. *vida, justicia y honor.*
m 21.22 Ec 9.13-16.
n 21.23 Pr 10.19; 13.3.
ñ 21.25-26 Cf. Pr 13.4; 20.4. *El justo da sin tacañerías:* Cf. Lc 6.30,34-35; Hch 20.35.
o 21.27 Sobre esta actitud del *Señor,* cf. Pr 15.8; 21.3; Eclo 7.9.
p 21.28 *El testigo falso será destruido:* Cf. Pr 19.5,9.
q 21.28 *Pero quien... podrá responder:* traducción probable. Hebreo oscuro.
r 21.30 Is 8.9-10; Jer 9.23.
s 21.31 Sal 20.7-8.
a 22.1 Ec 7.1; Eclo 41.12.
b 22.2 Job 31.13-15; Pr 29.13; Sab 6.7; Mt 5.45.
c 22.3 Pr 27.12.
d 22.4 *La reverencia:* lit. *el temor* (véase Dt 6.13 nota *j*).
e 22.5 Pr 15.19.
f 22.6 Cf. Eclo 6.18. Este v. no está en la versión griega (LXX).
g 22.8 *El que siembra... calamidades:* Cf. Job 4.8; Pr 12.14. ¡*El Señor lo destruirá con el cetro de su furia!:* traducción probable. Hebreo oscuro.
h 22.9 Sal 112.9; Pr 19.17; 28.27; Lc 14.13-14.
i 22.11 Pr 16.13.
j 22.13 Pr 26.13.
k 22.14 *Adúltera:* otra posible traducción: *prostituta.* Cf., en Pr 5, la advertencia para no dejarse atrapar por la mujer *adúltera.*
l 22.15 Pr 13.24; 29.15,17.
m 22.16 *El que para... la pobreza:* traducción probable. Hebreo oscuro.
n 22.17—24.22 Esta sección retorna al estilo didáctico de la primera parte (caps. 1—9), aunque los poemas no son tan extensos y se presentan, por lo general, en forma de mandatos positivos o negativos con algunas cláusulas a modo de comentario. En estos caps. encontramos algunos paralelos con la literatura sapiencial egipcia (*Enseñanza de Amenemope*) y aramea (*Palabras de Ahiqar*).
ñ 22.17 Cf. Pr 5.1; 23.12, donde también se invita a *prestar atención* a las palabras de los *sabios,* con el fin de adquirir sabiduría.
o 22.19 *Pongas tu confianza en el Señor:* Cf. Pr 3.5

²⁰ Yo te he escrito treinta dichos [p]
  que contienen consejos y conocimientos,
²¹ para enseñarte a conocer la verdad,
  para que puedas dar un fiel informe
  a quien te pregunte. [q,r]

- 1 -

²² No abuses del pobre por ser pobre,
  ni oprimas ante los jueces al indefenso, [s]
²³ pues el Señor saldrá en su defensa
  y oprimirá a quienes los opriman. [t]

- 2 -

²⁴ No te hagas amigo ni compañero
  de gente violenta y malhumorada,
²⁵ no sea que aprendas sus malas costumbres
  y te eches la soga al cuello.

- 3 -

²⁶ Nunca te hagas responsable
  de las deudas de otra persona,
²⁷ pues si no tienes con qué pagar,
  hasta la cama te quitarán. [u]

- 4 -

²⁸ No cambies de lugar los linderos
  establecidos por tus antepasados. [v]

- 5 -

²⁹ El que hace bien su trabajo,
  estará al servicio de reyes
  y no de gente insignificante.

- 6 -

23 ¹ Cuando un gran señor te invite a comer,
  piensa bien delante de quién te encuentras.
² Aunque tengas mucha hambre,
  controla tu apetito;
³ no codicies sus deliciosos manjares,
  porque te puede estar engañando. [a]

- 7 -

⁴ No te esfuerces por hacerte rico;
  deja de preocuparte por eso.

⁵ Si te fijas bien, verás que no hay riquezas;
  de pronto se van volando, como águilas,
  como si les hubieran salido alas. [b]

- 8 -

⁶ No te sientes a la mesa de un tacaño,
  ni codicies sus deliciosos manjares,
⁷ que son como un pelo en la garganta: [c]
  él te invita a comer y beber,
  pero no lo dice en serio;
⁸ vomitarás después lo que comiste
  y de nada te habrán servido
  tus palabras amables. [d]

- 9 -

⁹ No hables a oídos del necio,
  pues se burlará de tus sabias palabras. [e]

- 10 -

¹⁰ No cambies de lugar los linderos antiguos,
  ni invadas el terreno de los huérfanos,
¹¹ porque ellos tienen un poderoso libertador
  que saldrá contra ti en su defensa. [f]

- 11 -

¹² Aplica tu mente y tus oídos
  a la instrucción y a los conocimientos.

- 12 -

¹³ No dejes de corregir al joven,
  que unos cuantos azotes no lo matarán;
¹⁴ por el contrario, si lo corriges,
  lo librarás de la muerte. [g]

- 13 -

¹⁵ Cuando alcances la sabiduría, hijo mío,
  no habrá nadie más feliz que yo;
¹⁶ sentiré una profunda alegría
  al oírte hablar como es debido. [h]

- 14 -

¹⁷ No tengas envidia de los pecadores; [i]
  antes bien, honra siempre al Señor;

---

[p] **22.20** *Treinta dichos:* La *Enseñanza de Amenemope* (véase Pr 22.17—24.22 n.) ha ayudado a comprender mejor esta difícil frase hebrea.

[q] **22.21** *Te pregunte:* según la versión griega (LXX). Heb. *te envíe.*

[r] **22.17-21** Esta introducción a los *dichos de los sabios* pide la colaboración de toda la persona: oído (v. 17), mente (vv. 17-18), corazón (v. 17 en el texto hebreo) y labios (v. 18). La introducción tiene un triple propósito: que el instruido *confíe en el Señor, conozca la verdad* y *pueda dar un fiel informe al que le pregunte* (cf. 1 P 3.15).

[s] **22.22** Cf. Ex 23.6. *No abuses del... ser pobre:* otra posible traducción: *no abuses del pobre, porque es pobre.* O sea, dado que es pobre, no debe abusarse de él. *Ante los jueces:* lit. *en la puerta* (de la ciudad; véase Gn 23.10 n.).

[t] **22.23** Pr 23.11; Is 33.1.

[u] **22.26-27** Cf. Pr 6.1-5 (y véanse las notas a estos vv.).

[v] **22.28** Cf. Pr 23.10-11; véase Pr 15.25 n.

[a] **23.1-3** Cf. Pr 23.6 ; Eclo 31.13-21 . *Porque te puede estar engañando:* en el sentido de *poner a prueba* para medir la calidad de la persona.

[b] **23.4-5** Ec 5.13-17.

[c] **23.7** *Como un pelo en la garganta:* según la versión griega (LXX). Hebreo oscuro. Un *pelo en la garganta* puede ocasionar vómito, con lo cual los manjares no serían de ningún provecho.

[d] **23.6-8** Pr 23.1-3; Eclo 31.13-21.

[e] **23.9** En Mt 7.6, Jesús da la misma enseñanza con otras palabras.

[f] **23.10-11** Estos vv. completan y complementan lo dicho en Pr 22.28. Véase Pr 15.25 n. A la luz de estos vv., el *poderoso libertador* es Dios mismo.

[g] **23.13-14** Véase Pr 19.18 n.; cf. Eclo 30.1,7-13. El sabio expone su pensamiento contraponiendo dos clases de males: el mal menor es el que puede sentir el *joven* al ser castigado; el mal definitivo (la *muerte*) es el que le sobrevendrá si no es corregido a tiempo.

[h] **23.15-16** Véase Pr 10.1 nota *d.*

[i] **23.17-18** *No tengas envidia de los pecadores:* Cf. Sal 37.1-4; Pr 3.31; Eclo 9.11-12.

¹⁸ entonces tendrás un buen fin,ʲ
y tu esperanza jamás será destruida. ᵏ

- 15 -

¹⁹ Atiende bien, hijo mío, y aprende;
procura seguir el buen camino.
²⁰ No te juntes con los borrachos
ni con los que comen demasiado,
²¹ pues los borrachos y los glotones acaban en la ruina,
y los perezosos se visten de harapos. ˡ

- 16 -

²² Atiende a tu padre, que te engendró;
no desprecies a tu madre cuando sea anciana.
²³ Compra la verdad y la sabiduría,
la instrucción y el entendimiento,
¡y no los vendas!
²⁴ El padre del hijo bueno y sabio
tiene razón para estar feliz y orgulloso;
²⁵ ¡haz, pues, que tu padre y tu madre
se sientan felices y orgullosos! ᵐ

- 17 -

²⁶ Pon toda tu atención en mí, hijo mío,
y mira con buenos ojos mi ejemplo;
²⁷ porque la mujer extraña, la prostituta,
es como un pozo profundo y angosto; ⁿ
²⁸ se pone al acecho, como un ladrón,
y hace que muchos hombres se pierdan.

- 18 -

²⁹ ¿Quién sufre? ¿Quién se queja?
¿Quién anda en pleitos y lamentos?
¿Quién es herido sin motivo?
¿Quién tiene turbia la mirada?
³⁰ El que no abandona jamás el vino
y anda ensayando nuevas bebidas.
³¹ No te fijes en el vino.
¡Qué rojo se pone y cómo brilla en la copa!
¡Con qué suavidad se resbala!
³² Pero al final es como una serpiente
que muerde y causa dolor.
³³ Te hará ver cosas extrañas,
y pensar y decir tonterías;
³⁴ te hará sentir que estás en alta mar,
recostado en la punta del palo mayor, ñ
³⁵ y dirás:
"Me golpearon, y no lo sentí;
me azotaron, y no me di cuenta;
pero en cuanto me despierte
iré en busca de más vino."

- 19 -

24 ¹ No tengas envidia de los malvados
ni ambiciones estar en su compañía,
² porque solo piensan en la violencia
y no hablan más que de hacer lo malo. ᵃ

- 20 -

³ Con sabiduría se construye la casa, ᵇ
y con inteligencia se ponen sus cimientos;
⁴ con conocimientos se llenan sus cuartos
de objetos valiosos y de buen gusto.

- 21 -

⁵ Vale más hombre sabio que hombre fuerte;
vale más el saber que el poder,
⁶ pues la guerra se hace con buenos planes
y la victoria depende de los muchos consejeros. ᶜ

- 22 -

⁷ El necio no sabe qué decir ante el tribunal,
pues la sabiduría está fuera de su alcance. ᵈ

- 23 -

⁸ Quien solo piensa en hacer daño,
gana fama de malintencionado.
⁹ La intención del necio es el pecado; ᵉ
¡no hay quien soporte al insolente!

- 24 -

¹⁰ Si te desanimas cuando estás en aprietos,
no son muchas las fuerzas que tienes.

- 25 -

¹¹ Salva a los condenados a muerte;
libra del peligro a los que están por morir.
¹² Pues aunque afirmes que no lo sabías,
el que juzga los motivos habrá de darse cuenta;
bien lo sabrá el que te vigila,
el que paga a cada uno según sus acciones. ᶠ

- 26 -

¹³ Come, hijo mío, la dulce miel del panal;
prueba lo deliciosa que está.
¹⁴ Así de dulces te parecerán
la sabiduría y el conocimiento;
si los encuentras, tendrás un buen fin
y tu esperanza jamás será destruida. ᵍ

- 27 -

¹⁵ No hagas planes malvados
en contra del hombre honrado,
ni causes destrozos en la casa donde vive,

ʲ **23.18** *Tendrás un buen fin:* según la versión griega (LXX). Heb. *tendrá buen fin.*
ᵏ **23.18** Pr 24.14.
ˡ **23.19-21** La Ley establecía una severa sanción para los que se comportaban de este modo (Dt 21.18-21). Cf. también Pr 21.17; Eclo 18.30-33.
ᵐ **23.22-25** Pr 10.1; 17.25; 19.26; 23.15-16.
ⁿ **23.27** Cf. Pr 22.14. *El pozo profundo y angosto:* posible alusión al *pozo del abismo* (cf. Ap 9.1-2).
ñ **23.34** Sal 107.26-27.

ᵃ **24.1-2** Sal 37.1-4; Pr 3.31; 23.17-18.
ᵇ **24.3** *Con sabiduría se construye una casa:* Véase Pr 9.1 n.
ᶜ **24.6** Pr 11.14; 20.18.
ᵈ **24.7** *El tribunal:* lit. *la puerta* (véase Gn 23.10 n.).
ᵉ **24.8-9** *Quien solo piensa en... el pecado:* Cf. Pr 6.12-14.
ᶠ **24.12** Job 34.11; Sal 62.11-12(12-13); Jer 17.10; Ez 18.30; 33.20; Eclo 16.12,14; Mt 16.27; Ro 2.6.
ᵍ **24.13-14** Cf. Pr 23.18. En los escritos sapienciales y proféticos (cf. Is 7.15), el sabor de la *miel* se relaciona a veces con la capacidad de discernir entre lo bueno y lo malo.

¹⁶ porque aunque caiga siete veces,
otras tantas se levantará;
pero los malvados se hundirán en la desgracia. ʰ

- 28 -

¹⁷ No te alegres ni hagas fiesta
por los tropiezos y caídas de tu enemigo, ⁱ
¹⁸ porque al Señor no le agradará ver esto,
y entonces su enojo se apartará de él.

- 29 -

¹⁹ No te enojes por causa de los malvados
ni sientas envidia de los perversos, ʲ
²⁰ porque el malvado no tendrá un buen fin:
¡el malvado se apagará como una lámpara! ᵏ

- 30 -

²¹ Honra a Dios y al rey, hijo mío;
no te juntes con los enemigos, ˡ
²² porque su ruina llega en un instante
y nadie sabe el castigo que Dios
y el rey pueden dar. ᵐ,ⁿ

V. CUARTA COLECCIÓN: OTROS "DICHOS DE LOS SABIOS" (24.23-34) ñ

²³ También estos son dichos de los sabios:

No está bien que en los tribunales
se discrimine a nadie.
²⁴ Al que declara inocente al culpable,
los pueblos lo maldicen y las naciones lo desprecian;
²⁵ pero a quienes lo castigan, les va bien
y la gente los cubre de bendiciones. ᵒ

²⁶ El que da buenas respuestas
es como si diera un beso en los labios.

²⁷ Arregla tus negocios en la calle
y realiza tus tareas en el campo,
y luego podrás construir tu casa.

²⁸ No declares sin razón contra tu prójimo ᵖ
ni hagas afirmaciones falsas.

²⁹ No pienses jamás en vengarte,
haciéndole al otro lo mismo que él te hizo. ᵠ

³⁰ Pasé por el campo del perezoso
y por el viñedo del hombre falto de seso:
³¹ y lo que vi fue un terreno lleno de espinos,
con su cerca de piedras derrumbada.
³² Al ver esto, lo grabé en mi mente;
lo vi y aprendí esta lección: ʳ
³³ mientras tú sueñas y cabeceas,
y te cruzas de brazos para dormir mejor,
³⁴ la pobreza vendrá y te atacará
como un vagabundo armado. ˢ

VI. QUINTA COLECCIÓN: "DICHOS DE SALOMÓN" RECOPILADOS POR LA GENTE DE EZEQUÍAS, REY DE JUDÁ (25.1—29.27) ᵃ

25

Segunda colección de dichos de Salomón ¹ También estos son dichos de Salomón, copiados por gente al servicio de Ezequías, rey de Judá: ᵇ

² Es gloria de Dios tener secretos,
y honra de los reyes penetrar en ellos. ᶜ

³ La altura del cielo,
la profundidad de la tierra
y los pensamientos de los reyes,
son cosas en las que no es posible penetrar.

⁴ Aparta de la plata las impurezas,
y el platero producirá una copa;
⁵ aparta del servicio del rey al malvado,
y su trono se afirmará en la justicia. ᵈ

ʰ **24.15-16** Job 5.19; Sal 34.19(20).
ⁱ **24.17** Job 31.29.
ʲ **24.19** Sal 37.1; Eclo 9.11-12.
ᵏ **24.20** Sal 37.38; Pr 13.9.
ˡ **24.21** *Honra:* lit. *teme* (véase Dt 6.13 nota ʲ). *Los enemigos:* traducción probable; otra posible traducción: *los volubles.*
ᵐ **24.22** *El castigo que Dios y el rey pueden dar:* traducción probable; otra posible traducción: *el castigo de los volubles* (o *de los enemigos*).
ⁿ **24.21-22** Al final de este proverbio, la versión griega (LXX) añade cinco vv. más, aparentemente para explicar los vv. 21-22: **22a** *El hijo que atiende y obedece la palabra escapará de la destrucción.* **22b** *Que no se digan mentiras sobre el rey, y ninguna mentira saldrá de su boca.* **22c** *La lengua del rey es una espada, no carne;* el *que caiga bajo su poder queda triturado.* **22d** *Pues, si su ira se enciende, hasta los nervios del hombre destruye,* **22e** *y devora los huesos de los hombres y, como una llama, los quema de tal forma que no sirven ni de alimento para las crías de las águilas.*
ñ **24.23-34** Esta breve colección de proverbios o *dichos*, también atribuida a *los sabios* (véase Pr 22.17—24.22 n.), suele considerarse como apéndice de la sección anterior.
ᵒ **24.23-25** Cf. Pr 18.5; 28.21. Tanto la ley mosaica (Lv 19.15; Dt 1.17; 16.19) como los profetas (Is 10.2; Jer 5.28; Ez 22.12; Am 2.6; Miq 3.9,11) condenan la discriminación en los tribunales, apoyándose en el hecho de que Dios es un juez imparcial e insobornable (Sal 82.1[b]-4; Is 11.3-5; Jer 23.5-6).

ᵖ **24.28** *No declares sin razón contra tu prójimo:* Esta frase condena el falso testimonio, especialmente en perjuicio de otra persona. Cf. Ex 20.16.
ᵠ **24.29** Este v. puede unirse al anterior. Cf. Pr 20.22; Eclo 28.1-7; Mt 5.39-48; 6.12,14-15; Ro 12.17-19.
ʳ **24.30-34** Estos vv. muestran cómo suelen formarse los proverbios: el sabio observa los aspectos más relevantes de la vida diaria, reflexiona sobre la experiencia vivida y así saca conclusiones que luego transmite a sus discípulos.
ˢ **24.33-34** Pr 6.10-11.
ᵃ **25.1—29.27** La *segunda colección de dichos de Salomón* recoge 128 proverbios. Esta colección puede dividirse en dos secciones: la comparativa, llamada así por el marcado uso de comparaciones y prohibiciones (caps. 25—27); y la real, cuyos temas predominantes son los pobres, la justicia y el rey (caps. 28—29). Esta colección es probablemente fruto de una recopilación hecha por los escribas del rey Ezequías.
ᵇ **25.1** *Ezequías* fue *rey de Judá* desde el 716 hasta el 687 a.C. Cf. 2 Cr 29—32.
ᶜ **25.2** Cf. Dt 29.29(28); Ro 11.33-35. *Penetrar en ellos:* no se refiere a la necesidad de *penetrar* en los secretos de Dios, sino a la obligación que tiene el rey de conocer a fondo los asuntos que debe resolver.
ᵈ **25.4-5** Nótese la referencia al tema de la *justicia* como fundamento de todo buen gobierno (cf. Pr 16.12; 29.14; véase Sal 72.1 n.).

⁶ No ᵉ te des importancia ante el rey,
ni tomes el lugar de la gente importante;
⁷ vale más que te inviten a subir allí,
que ser humillado ante los grandes señores. ᶠ

Lo que veas con tus propios ojos
⁸ no lo lleves en seguida a los tribunales,
porque otro testigo puede desmentirte
y al final no sabrás qué hacer.

⁹ Defiéndete de quien te acuse,
pero no descubras el secreto ajeno; ᵍ
¹⁰ pues alguien puede oírte y ponerte en vergüenza,
y tu mala fama será cosa sin remedio.

¹¹ Las palabras en el momento oportuno
son como manzanas de oro incrustadas en plata. ʰ
¹² Como un anillo y un collar del oro más fino,
es la sabia reprensión en quien sabe recibirla.

¹³ El mensajero fiel es para el que lo envía
cual frescura de nieve en día caluroso,
pues da nuevos ánimos a su señor. ⁱ

¹⁴ Nubes y viento y nada de lluvia,
es quien presume de dar y nunca da nada.

¹⁵ La paciencia calma el enojo; ʲ
las palabras suaves rompen la resistencia. ᵏ

¹⁶ Si encuentras miel, ˡ no comas más de la cuenta,
no sea que de mucho comer la vomites.
¹⁷ Si visitas a tu amigo, no lo hagas con frecuencia,
no sea que se canse de ti y llegue a odiarte. ᵐ

¹⁸ Mazo, espada, flecha puntiaguda,
¡eso es quien declara en falso contra su amigo!

¹⁹ Confiar en un traidor en momentos de angustia
es como andar con una pierna rota
o comer con un diente picado.

²⁰ Cantar canciones al corazón afligido
es como echar vinagre en la llaga ⁿ
o quitarse la ropa en tiempo de frío.

²¹ Si tu enemigo tiene hambre, dale de comer;
y si tiene sed, dale de beber;
²² así harás que le arda la cara de vergüenza,
y el Señor te lo pagará. ñ

²³ Por el viento del norte viene la lluvia,
y por las malas lenguas las malas caras.

²⁴ Más vale vivir en el borde de la azotea,
que en una amplia mansión
con una mujer pendenciera. ᵒ

²⁵ Como agua fresca en garganta sedienta
así caen las buenas noticias ᵖ de tierras lejanas.

²⁶ Manantial de agua turbia y revuelta
es el inocente que tiembla ante el culpable.

²⁷ No hace bien comer mucha miel,
pero es una honra investigar lo difícil. ᑫ

²⁸ Como ciudad sin muralla y expuesta al peligro,
así es quien no sabe dominar sus impulsos. ʳ

26

¹ No le va bien la nieve al verano
ni la lluvia a la cosecha
ni los honores al necio.

² Como gorrión perdido o golondrina sin nido,
la maldición sin motivo jamás llegará a su destino. ᵃ

³ Al caballo hay que domarlo,
al asno hay que frenarlo
y al necio hay que azotarlo. ᵇ

⁴ El que al necio no responde,
por necio no pasa.
⁵ El que al necio sabe responder,
como tal le hace parecer. ᶜ

⁶ Confiar al necio un mensaje
es cortarse los pies y buscarse problemas.

⁷ No va lejos el cojo con sus piernas
ni el proverbio dicho por un necio. ᵈ

⁸ Tan absurdo es atar la piedra a la honda
como dar honra a los necios.

⁹ Ni el borracho la espina siente,
ni el necio el proverbio entiende. ᵉ

ᵉ **25.6** En este v. empieza una serie de mandatos negativos (vv. 6-8) y uno positivo (vv. 9-10). Los mandatos, lo mismo que los proverbios, eran también una forma literaria utilizada por los sabios para comunicar sus enseñanzas.
ᶠ **25.6-7** Cf. Eclo 7.4-6; 13.9-10; Lc 14.8-10.
ᵍ **25.9** *Defiéndete de quien te acuse:* otra posible traducción: arregla la disputa con tu vecino. A veces los pleitos podían arreglarse sin necesidad de recurrir a los tribunales. Cf. Mt 5.25; 18.15-17.
ʰ **25.11** *Manzanas de oro:* algunos ven en esta expresión una referencia a naranjas o albaricoques; otros la toman literalmente, y piensan en un trabajo con metales que daba como resultado una bellísima joya.
ⁱ **25.13** Sobre el *mensajero,* véase Pr 13.17 n.
ʲ **25.15** *Enojo:* texto probable. Heb. *dirigente.*
ᵏ **25.15** Cf. la parábola narrada por Jesús en Lc 18.1-8.
ˡ **25.16** Pr 24.13-14; 25.27; 27.7.
ᵐ **25.17** Este v. amplía la enseñanza del anterior, de manera que los dos pueden considerarse como un solo proverbio.
ⁿ **25.20** *Llaga:* según la versión griega (LXX). Heb. *salitre.*
ñ **25.21-22** Cf. Ex 23.4-5. Esta enseñanza ocupa un lugar fundamental en el NT (Mt 5.44-48); Pablo cita estos vv. en Ro 12.20.
ᵒ **25.24** Véase Pr 21.9 n.
ᵖ **25.25** *Buenas noticias:* Cf. Pr 15.30; 25.13.
ᑫ **25.27** *Pero es una honra investigar lo difícil:* sentido probable. Hebreo oscuro. Sobre la *miel,* véanse Pr 24.13-14 n.; 25.16 n.
ʳ **25.28** Los impulsos fuera de control son una debilidad, no una fuerza (cf. Pr 16.32; Eclo 6.2-4; 22.27; 23.6).
ᵃ **26.2** Cf. Nm 23.8. En el mundo antiguo se creía que las *maldiciones* tenían un poder temible (cf. Zac 5.4). Pero si la maldición es injustificada, Dios no puede prestarle atención y por lo tanto, carece de eficacia.
ᵇ **26.3** Pr 10.13; 19.29.
ᶜ **26.4-5** Estos dos proverbios son contradictorios solo en apariencia, ya que uno y otro deben ser aplicados según las circunstancias. A veces, la persona prudente pasa por tonta si se pone a litigar con un *necio;* otras veces, es conveniente dar al necio una respuesta oportuna, para impedir que se crea sabio.
ᵈ **26.7** 26.9
ᵉ **26.9** Pr 26.7.

¹⁰ Arquero que apunta a todo el que pasa
es quien da al necio trabajo en su casa. ᶠ

¹¹ El perro vuelve a su vómito, ᵍ
y el necio a su necedad.

¹² Más se puede esperar del necio
que de quien se cree muy sabio. ʰ

¹³ Para no trabajar, el perezoso pretexta
que en la calle hay un león al acecho. ⁱ

¹⁴ La puerta gira en sus bisagras
y el perezoso gira en la cama.

¹⁵ El perezoso mete la mano en el plato,
pero luego es incapaz de llevársela a la boca. ʲ

¹⁶ El perezoso se cree más sabio
que siete personas que saben responder.

¹⁷ Meterse en pleitos ajenos
es agarrar a un perro por las orejas.

¹⁸ Como un loco que lanza
mortales flechas de fuego,
¹⁹ así es quien engaña a su amigo
y luego dice que todo era un juego.

²⁰ Sin leña se apaga el fuego,
y sin chismes se acaba el pleito.

²¹ Para hacer brasas, el carbón;
para hacer fuego, la leña;
y para entablar pleitos, el pendenciero. ᵏ

²² Los chismes son como golosinas,
pero calan hasta lo más profundo. ˡ

²³ Baño de plata sobre olla de barro
son las palabras suaves
que llevan mala intención. ᵐ

²⁴ El que odia, lo disimula cuando habla,
pero en su interior hace planes malvados.

²⁵ No le creas si te habla con ternura,
pues su mente está llena de maldad;

²⁶ aunque trate de ocultar su odio,
su maldad se descubrirá ante todos. ⁿ

²⁷ El que cava una fosa, en ella cae;
al que hace rodar una roca, la roca lo aplasta. ñ

²⁸ El mentiroso odia la verdad, ᵒ
el de suaves palabras provoca el desorden.

27

¹ No presumas del día de mañana,
pues no sabes lo que el mañana traerá. ᵃ

² Deja que sean otros los que te alaben;
no está bien que te alabes tú mismo. ᵇ

³ Las piedras y la arena son pesadas,
pero más pesado es el enojo del necio.

⁴ La ira es cruel, y el enojo destructivo,
pero los celos son incontrolables. ᶜ

⁵ Vale más reprender con franqueza
que amar en secreto.

⁶ Más se puede confiar en el amigo que hiere
que en el enemigo que besa. ᵈ

⁷ El que está lleno, hasta la miel ᵉ desprecia;
al que tiene hambre, hasta lo amargo le sabe dulce.

⁸ Como ave que vaga lejos de su nido
es el que anda lejos del lugar donde nació.

⁹ Para alegrar el corazón, buenos perfumes;
para endulzar el alma, un consejo de amigos. ᶠ

¹⁰ Nunca abandones a tus amigos
ni a los amigos de tu padre.

Nunca vayas con tus problemas
a la casa de tu hermano.

Más vale vecino cercano
que hermano lejano. ᵍ

¹¹ Sé sabio, hijo mío, y me harás feliz;
así podré responder a los que me ofendan. ʰ

¹² El prudente ve el peligro y lo evita;
el imprudente sigue adelante y sufre el daño. ⁱ

¹³ Al que salga fiador por un extraño,
quítale la ropa y tómasela en prenda. ʲ

ᶠ **26.10** *Arquero que... su casa:* traducción probable. Hebreo oscuro.

ᵍ **26.11** *El perro... su vómito:* 2 P 2.22. El *perro* era un animal impuro para los judíos; ser comparado con ese animal era uno de los peores insultos. Cf. Flp 3.2.

ʰ **26.12** *El que se cree muy sabio* piensa que ha llegado a la perfección del saber; por eso *puede esperarse más del necio* que de él, ya que el necio puede al menos reconocer su ignorancia. Cf. Pr 3.7; 29.20.

ⁱ **26.13** Pr 22.13.

ʲ **26.15** Pr 19.24.

ᵏ **26.20-21** Sobre los *pleitos,* cf. Pr 15.18; 22.10; 29.22; Eclo 28.10.

ˡ **26.22** Pr 18.8.

ᵐ **26.23** Mt 23.25-28; 1 Jn 3.18.

ⁿ **26.24-26** Cf. Sal 28.3; Jer 9.4-8; Eclo 12.10-11; 27.23. *Está llena de maldad:* lit. *hay siete abominaciones en su corazón.* El número *siete* es símbolo de plenitud. Véase Gn 4.18 n.

ñ **26.27** Sal 7.15-16(16-17); Ec 10.8; Eclo 27.25-27.

ᵒ **26.28** *Odia la verdad:* según la versión griega (LXX). Hebreo oscuro.

ᵃ **27.1** Eclo 11.18-19; Lc 12.16-20; Stg 4.13-16.

ᵇ **27.2** *No está bien que te alabes tú mismo:* Cf. Mt 6.2-5,16; 2 Co 10.18.

ᶜ **27.4** Acerca de los *celos,* cf. Nm 5.11-31; Pr 6.34-35; Eclo 9.1.

ᵈ **27.5-6** Pr 26.24-26; 28.23; Eclo 12.16; 27.22-24.

ᵉ **27.7** *Miel:* Véanse las referencias en Pr 25.16 n.

ᶠ **27.9** *Para endulzar... de amigos:* traducción probable. Hebreo oscuro. Cf. vv. 5-6.

ᵍ **27.10** Pr 17.17; 18.24.

ʰ **27.11** Sal 127.3-5; Pr 10.1; 15.20.

ⁱ **27.12** Pr 22.3.

ʲ **27.13** Sobre el *dar fianza,* cf. Pr 6.1-5 (y véanse las notas correspondientes); 20.16.

¹⁴ Saludar al amigo a gritos y de madrugada,
es para él lo mismo que insultarlo. ᵏ

¹⁵ Lo mismo es una mujer pendenciera
que una gotera constante en tiempo de lluvia. ˡ

¹⁶ Querer detenerla es querer detener el viento
o retener el aceite en la mano. ᵐ

¹⁷ El hierro se afila con hierro,
y el hombre con otro hombre.

¹⁸ El que cuida de la higuera come los higos;
el que cuida de su amo recibe honores.

¹⁹ Así como las caras se reflejan en el agua,
así también los hombres se reflejan
en su mente. ⁿ

²⁰ La muerte, el sepulcro y la codicia del hombre
jamás quedan satisfechos. ñ

²¹ Al oro y la plata, el fuego los prueba; ᵒ
al hombre lo prueban las alabanzas.

²² Al necio no se le quita lo necio
ni aunque lo muelas y lo remuelas.

²³ Manténte al tanto de tus ovejas,
preocúpate por tus rebaños, ᵖ

²⁴ pues ni riquezas ni coronas
duran eternamente.

²⁵ Cuando el pasto aparezca, y brote el verdor,
y se recoja la hierba de los montes,

²⁶ de tus corderos tendrás lana para vestirte,
de tus cabritos dinero para comprar terrenos

²⁷ y de tus cabras leche abundante
para alimentarte tú y tu familia
y todos los que estén a tu servicio.

28

¹ El malvado huye aunque nadie lo persiga,
pero los justos viven confiados como el león. ᵃ

² Cuando el país anda mal,
los gobernantes aumentan,
pero el buen dirigente sabe mantener el orden. ᵇ

³ El malvado que oprime a los pobres
es como fuerte lluvia que destruye las cosechas.

⁴ Los que se apartan de la ley alaban al malvado; ᶜ
los que la cumplen están en contra de él.

⁵ Los malvados no entienden nada de la justicia,
pero los que recurren al Señor lo entienden todo. ᵈ

⁶ Más vale ser pobre y honrado
que rico y malintencionado. ᵉ

⁷ El que cumple la ley de Dios es un hijo inteligente,
pero el que anda con glotones es la vergüenza
de su padre.

⁸ El que amontona riquezas cobrando intereses,
las amontona para el que se compadece de los pobres. ᶠ

⁹ Si alguno no quiere atender la ley de Dios,
tampoco Dios soportará sus oraciones. ᵍ

¹⁰ El que lleva a los buenos por mal camino,
caerá en su propia trampa;
pero los hombres intachables recibirán lo mejor. ʰ

¹¹ El rico se cree muy sabio,
pero el pobre e inteligente puede ponerlo a prueba.

¹² Cuando triunfan los justos, se hace gran fiesta;
cuando triunfan los malvados, la gente se esconde. ⁱ

¹³ Al que disimula el pecado, no le irá bien;
pero el que lo confiesa y lo deja, será perdonado. ʲ

¹⁴ Feliz el hombre que honra siempre al Señor;
pero el terco caerá en la desgracia. ᵏ

¹⁵ Igual que un león rugiente o un oso voraz
es el malvado que gobierna a un pueblo pobre. ˡ

¹⁶ El gobernante insensato aumenta la opresión;
pero el que no es codicioso tendrá larga vida.

¹⁷ El que ha cometido un asesinato
no parará hasta caer en la tumba:
¡que nadie intente detenerlo!

¹⁸ El hombre honrado será puesto a salvo,
pero el perverso caerá en la desgracia. ᵐ

¹⁹ Al que cultiva su campo, hasta le sobra comida;
al que anda con ociosos, lo que le sobra es pobreza. ⁿ

ᵏ **27.14** *Insultarlo:* o *maldecirlo.* El Talmud prohíbe el saludo antes de las oraciones matutinas.
ˡ **27.15** Pr 19.13.
ᵐ **27.16** *Querer detenerla... la mano:* traducción probable. Hebreo oscuro.
ⁿ **27.19** Cf. Pr 20.27.
ñ **27.20** *La codicia:* lit. *los ojos,* que ven y aprecian si algo es deseable o no. Cf. Pr 30.15-16; Ec 1.8; 1 Jn 2.16.
ᵒ **27.21** Cf. Pr 17.3; Eclo 2.5.
ᵖ **27.23** Pr 12.10; Eclo 7.22.
ᵃ **28.1** Lv 26.17,36; Sal 118.6.
ᵇ **28.2** *Cuando el país anda mal:* lit. *a causa de los crímenes del país.*
ᶜ **28.4** Cf. Sal 73.2-12, sobre la descripción de la prosperidad y alabanza que reciben los *malvados.*
ᵈ **28.5** Sab 3.9; 1 Co 2.14.
ᵉ **28.6** Pr 19.1.
ᶠ **28.8** Ex 22.25(24); Lv 25.35-38; Dt 15.7-11; 23.19-20; Job 27.16-17; Pr 13.22; Ec 2.26.

ᵍ **28.9** Cf. Pr 15.8. Esta es una aplicación de la ley del talión (véase Ex 21.23-25 n.). Cf. también Jer 11.10-11.
ʰ **28.10** Cf. Pr 26.27 y la advertencia que Jesús mismo da en Mt 18.6. El texto hebreo añade, al final del v., *pero los justos heredarán riquezas.*
ⁱ **28.12** Pr 11.10; 28.28; 29.2,16.
ʲ **28.13** Cf. Eclo 4.20; Lc 18.9-14; 1 Jn 1.9. También algunos salmos muestran la necesidad de reconocer y confesar los pecados para alcanzar perdón y paz (cf. Sal 32.3-5; 38.3-4,18[4-5,19]).
ᵏ **28.14** *Feliz:* Véase Sal 1.1 n. *Honra:* lit. *teme* (véase Dt 6.13 nota *j*).
ˡ **28.15** Acerca de la ferocidad y crueldad de los *gobernantes,* cf. Sof 3.3.
ᵐ **28.18** Cf. Pr 10.9. *El perverso caerá en la desgracia:* lit. *el que oscila entre dos malos caminos caerá en uno de ellos.*
ⁿ **28.19** Pr 12.11 presenta una versión algo diferente del mismo proverbio.

²⁰ Quien es digno de confianza, será alabado;
quien tiene ansias de riquezas, no quedará sin castigo.

²¹ No está bien discriminar a nadie;
hasta por un pedazo de pan se puede pecar. ñ

²² El ambicioso tiene prisa por ser rico,
y no sabe que sobre él vendrá la pobreza.

²³ Con el tiempo, más se aprecia
al que critica que al que alaba. º

²⁴ Amigo de criminales
es quien roba a sus padres
y alega que no ha pecado.

²⁵ El que mucho ambiciona, provoca peleas;
pero el que confía en el Señor, prospera. ᵖ

²⁶ Solo un necio confía en sus propias ideas;
el que actúa con sabiduría saldrá bien librado. ᵠ

²⁷ Al que ayuda al pobre, nada le faltará;
pero al que le niega su ayuda,
mucho se le maldecirá. ʳ

²⁸ Cuando triunfan los malvados, la gente se esconde;
cuando les llega su fin, predominan los justos. ˢ

29

¹ El que se pone terco cuando lo reprenden,
pronto será destruido sin remedio. ᵃ

² Cuando predominan los justos, la gente se alegra;
cuando los malvados gobiernan, la gente sufre. ᵇ

³ El hijo sabio hace feliz a su padre;
el que anda con prostitutas derrocha el dinero. ᶜ

⁴ El rey que hace justicia, afirma a su país;
el que solo exige impuestos, lo arruina. ᵈ

⁵ El que siempre alaba a su amigo,
en realidad le está tendiendo una trampa. ᵉ

⁶ La trampa del malvado son sus propios pecados; ᶠ
pero el hombre honrado vive alegre y feliz.

⁷ El justo toma en cuenta los derechos del pobre,
pero al malvado nada le importa. ᵍ

⁸ Los alborotadores agitan a una ciudad;
los sabios saben calmar los ánimos.

⁹ El sabio que entabla pleito contra un necio,
se enoja, recibe burlas y no arregla nada.

¹⁰ Los asesinos y desalmados ʰ
odian a muerte al hombre honrado.

¹¹ El necio da rienda suelta a sus impulsos,
pero el sabio acaba por refrenarlos. ⁱ

¹² El gobernante que hace caso de mentiras
corrompe a todos sus servidores. ʲ

¹³ El oprimido y el opresor tienen algo en común:
el Señor les ha dado la vista a ambos. ᵏ

¹⁴ El rey que gobierna a los pobres con lealtad,
afirma su trono para siempre. ˡ

¹⁵ A golpes y reprensiones se aprende,
pero el hijo consentido avergüenza a su madre. ᵐ

¹⁶ Si los malvados abundan, abunda el pecado;
pero los hombres honrados los verán fracasar.

¹⁷ Corrige a tu hijo y te hará vivir tranquilo,
y te dará muchas satisfacciones. ⁿ

¹⁸ Donde no hay dirección divina,
no hay orden;
¡feliz el pueblo que cumple la ley de Dios! ñ

¹⁹ Con palabras no se corrige al esclavo,
porque entiende pero no hace caso.

²⁰ Más se puede esperar de un necio
que de quien habla sin pensar. º

²¹ El que consiente a su esclavo
desde pequeño,
al final tendrá que lamentarlo. ᵖ

²² El que es violento e impulsivo,
provoca peleas y comete muchos errores. ᵠ

²³ Al que es orgulloso se le humilla,
pero al que es humilde se le honra. ʳ

ñ **28.21** Véase Pr 24.23-25 n.
º **28.23** Pr 27.5-6.
ᵖ **28.25** Pr 3.5-6; 15.18; 16.20.
ᵠ **28.26** Pr 3.7; 1 Co 3.18.
ʳ **28.27** *Al que ayuda... nada le faltará:* Cf. Pr 11.24; 19.17; 22.9.
ˢ **28.28** Pr 11.10; 28.12; 29.2,16.
ᵃ **29.1** El fin del *terco* y del malvado es el mismo (cf. Pr 6.12-15).
ᵇ **29.2** Pr 11.10; 28.12; 29.16.
ᶜ **29.3** Cf. Pr 5.10; 6.26; 10.1; Eclo 9.6; Lc 15.13-17. En la primera colección de proverbios (caps. 1—9), se contraponen con frecuencia la sabiduría y la prostituta. Cf. 9.13-18, donde se presenta a la locura o falta de sabiduría como una ramera.
ᵈ **29.4** Pr 14.34; Is 11.4-5.
ᵉ **29.5** Pr 27.5-6; 28.23.
ᶠ **29.6** *La trampa del malvado son sus propios pecados:* Cf. Job 18.7-10; Pr 12.13.
ᵍ **29.7** Sal 41.1(2); Is 1.23.
ʰ **29.10** *Desalmados:* traducción probable. Heb. *rectos*.
ⁱ **29.11** Pr 12.16.

ʲ **29.12** *Corrompe a todos sus servidores:* otra posible traducción: *todos sus servidores serán personas corruptas. Servidores:* se refiere a los ministros que ayudan al rey a gobernar.
ᵏ **29.13** Pr 22.2; Mt 5.45.
ˡ **29.14** Este consejo se complementa con los de Pr 16.12; 20.28. Cf. Sal 72.4,12.
ᵐ **29.15** Pr 10.1; 22.15; 29.17; Eclo 22.3,6; 30.1-13.
ⁿ **29.17** Cf. Pr 13.24; 19.18 y véanse las referencias en Pr 29.15 n.
ñ **29.18** *Dirección divina:* lit. *visión, profecía. Ley:* heb. *torá*, que también puede traducirse por *enseñanza, instrucción.*
º **29.20** *Más se puede esperar de un necio:* expresión idéntica a Pr 26.12a. Sobre el *necio,* véase Pr 1.7 nota h. *De quien habla sin pensar:* otras posibles traducciones: *de quien se precipita en sus asuntos* o *de quien actúa sin pensar.*
ᵖ **29.21** *Tendrá que lamentarlo:* traducción probable. Hebreo oscuro.
ᵠ **29.22** Cf. Pr 15.18; 26.21; Eclo 1.22. En Pr 28.25 se dice lo mismo del ambicioso.
ʳ **29.23** *Al que es orgulloso... se le honra:* Véanse las referencias en Mt 23.12 n. Sobre el *orgulloso,* cf. Pr 11.2; 16.18; Eclo 10.6-8.

²⁴ El cómplice del ladrón es enemigo de sí mismo,
pues aunque oye maldiciones no confiesa. ˢ

²⁵ El miedo a los hombres es una trampa,
pero el que confía en el Señor estará protegido. ᵗ

²⁶ Muchos buscan el favor del gobernante,
pero solo el Señor hace justicia.

²⁷ Los hombres honrados no soportan a los malvados,
y los malvados no soportan a los honrados. ᵘ

VII. SEXTA COLECCIÓN: "DICHOS DE AGUR" (30.1-33) ᵃ

30 ¹ Dichos de Agur, hijo de Jaqué de Masá. ᵇ Agur habló a Itiel y a Ucal de la siguiente manera: ᶜ

² Soy el más estúpido de los hombres,
no hay en mí entendimiento humano. ᵈ
³ No he adquirido sabiduría,
ni sé nada acerca del Santísimo. ᵉ
⁴ ¿Quién ha subido y bajado del cielo?
¿Quién puede contener el viento en su puño?
¿Quién envuelve al mar en su capa?
¿Quién estableció los límites de la tierra?
¡No me digas que sabes su nombre,
y aun el nombre de su hijo! ᶠ
⁵ El Señor protege a los que en él confían; ᵍ
todas sus promesas son dignas de confianza.
⁶ No añadas nada a lo que él diga; ʰ
de lo contrario, te puede reprender
y te hará quedar como mentiroso. ⁱ
⁷ Solo dos cosas te he pedido, oh Dios;
concédemelas antes de que muera: ʲ
⁸ aleja de mí la falsedad y la mentira,
y no me hagas rico ni pobre;
dame solo el pan necesario,

⁹ porque si me sobra, podría renegar de ti
y decir que no te conozco;
y si me falta, podría robar
y ofender así tu divino nombre. ᵏ

¹⁰ No hables mal del esclavo delante de su amo,
pues te puede maldecir y sufrirás las consecuencias. ˡ

¹¹ Hay quienes maldicen a su padre
y no bendicen a su madre. ᵐ
¹² Hay quienes se creen muy limpios,
y no se han limpiado de sus impurezas.
¹³ Hay quienes se creen importantes,
y miran a otros con altanería.
¹⁴ Hay quienes tienen espadas en vez de dientes
y puñales en vez de muelas,
para acabar por completo
con la gente pobre del país. ⁿ

¹⁵ Dos hijas tiene la sanguijuela,
que solo saben pedir. ñ

Hay tres cosas, y hasta cuatro,
que nunca se satisfacen:
¹⁶ el sepulcro,
la mujer estéril,
la tierra falta de agua
y el fuego insatisfecho. ᵒ

¹⁷ El que mira a su padre con desprecio
y se burla de su madre anciana,
merece que los cuervos le saquen los ojos
y que las águilas lo devoren. ᵖ

¹⁸ Hay tres cosas, y hasta cuatro,
que me asombran y no alcanzo a comprender:
¹⁹ el camino del águila en el cielo,
el camino de la víbora en las rocas,

ˢ **29.24** *El cómplice del ladrón es enemigo de sí mismo:* Cf. Lv 5.1. *Aunque oye maldiciones:* Cuando alguien hacía una declaración bajo juramento, quedaba expuesto, en caso de mentir, a *maldiciones* que unas veces se formulaban expresamente y otras se daban por sobreentendidas. Cf. Jue 17.2.

ᵗ **29.25** *El que confía en el Señor estará protegido:* Cf. Sal 91; Pr 16.20; 18.10.

ᵘ **29.27** Acerca de esta incompatibilidad radical entre *justos* y *malvados*, cf. Sal 139.21-22; 2 Co 6.14-16.

ᵃ **30.1-33** El estilo de este cap. se asemeja un poco al de la primera colección (caps. 1—9). *Los dichos de Agur* se extienden hasta el v. 14; en el resto del cap. (vv. 15-33) hay proverbios numéricos no necesariamente asociados a Agur.

ᵇ **30.1** *Agur... de Masa:* Muy probablemente, *Agur* era un sabio no israelita. *Masa* puede ser el nombre de una tribu ismaelita del norte de Arabia (cf. Gn 25.14; Jer 31.1). Los sabios de aquella región eran famosos en todo el mundo antiguo (cf. 1 R 5.10; Job 2.11; Jer 49.7). Sin embargo, la palabra hebrea *masa* también puede traducirse por *profecía*.

ᶜ **30.1** *Dichos de Agur... siguiente manera:* traducción probable. Hebreo oscuro. Los nombres *Itiel* y *Ucal* también podrían traducirse por *me he cansado, oh Dios; me he cansado y agotado*, lo cual serviría como introducción a la primera parte del cap.

ᵈ **30.2** En Sal 73.22, el salmista también reconoce su falta de entendimiento.

ᵉ **30.3** Cf. Pr 9.10. *Del Santísimo:* en hebreo, esta frase está en plural (*los santos*), por lo que también podría referirse a *los sabios*.

ᶠ **30.4** Cf. Job 38.8-9; Sal 104.3; Is 40.12; 45.18; Eclo 1.2-3. Véanse también las referencias en Jn 3.13 n.

ᵍ **30.5** *El Señor protege a los que en él confían:* Cf. 2 S 22.31; Sal 18.30; Pr 29.25.

ʰ **30.6** *No añadas nada a lo que él diga:* Cf. Dt 4.2; 12.32; Ap 22.18.

ⁱ **30.2-6** Estos vv. son difíciles de interpretar y pueden traducirse de distintas maneras.

ʲ **30.7** *Concédemelas antes de que muera:* lit. *no me las rehúses mientras viva.*

ᵏ **30.8-9** Cf. Sal 119.29, y también Dt 6.12; 32.15; Mt 6.11.

ˡ **30.10** *Te puede maldecir:* El esclavo era débil ante la ley y difícilmente se le daría la razón en contra de un ciudadano libre. Su único recurso era proferir una maldición, pidiendo a Dios que él mismo castigue al que le ocasionó el perjuicio. Cf. Flm 8-20.

ᵐ **30.11** Ex 20.12; 21.17.

ⁿ **30.14** Job 29.17; Sal 52.2(4); Is 9.11-12.

ñ **30.15** *Que solo saben pedir:* lit. ¡dame! ¡dame!

ᵒ **30.15-16** Con estos vv. se inicia una serie de proverbios numéricos (véase Pr 6.16-19 n.), interrumpidos por breves enseñanzas. Las cuatro cosas enumeradas aquí pertenecen al ámbito de la muerte.

ᵖ **30.17** Cf. Pr 19.26. *Su madre anciana:* según la versión griega (LXX). Heb. *la obediencia de su madre.*

el camino de un barco en alta mar
y el camino del hombre en la mujer.ᑫ

²⁰ La mujer infiel hace lo siguiente:
come, se limpia la boca
y afirma que no ha hecho nada malo.

²¹ Hay tres tipos de gente, y hasta cuatro,
que son insoportables y hacen temblar a un país:
²² el esclavo que llega a ser rey,ʳ
el tonto que tiene comida de sobra,
²³ la mujer despreciada que encuentra marido
y la esclava que toma el lugar de su señora.

²⁴ Hay cuatro animalitos en la tierra
que son más sabios que los sabios:
²⁵ las hormigas, gran ejército sin fuerza
que asegura su comida en el verano;
²⁶ los tejones, grupo no muy numeroso
que vive entre las peñas;
²⁷ las langostas, que sin tener rey
marchan en orden perfecto;ˢ
²⁸ las lagartijas, que caben en un puño
y llegan hasta el palacio del rey.

²⁹ Hay tres valientes, y hasta cuatro,
que tienen un paso airoso:
³⁰ el león, el animal más terrible,
que no huye ante nada ni ante nadie;
³¹ el gallo orgulloso, el macho cabrío
y el rey que marcha al frente de su ejército.ᵗ

³² Si tontamente te has dado importancia
y has hecho planes malvados, ponte a pensar
³³ que si bates la leche, obtendrás mantequilla,
si te suenas fuerte, te sangrará la nariz,
y si irritas a otro, acabarás en una pelea.

VIII. SÉPTIMA COLECCIÓN: "DICHOS DEL REY LEMUEL" (31.1-9)

31 *Dichos de Lemuel* ¹ Dichos del rey Lemuel de Masá,ᵃ con los cuales su madre le dio instrucción:

² Hijo mío, fruto de mis entrañas,
respuesta de Dios a mis ruegos,
¿qué más te puedo decir?
³ Que no gastes tu energía con mujeres,
pues por ellas los reyes se pierden.ᵇ
⁴ Y no está bien, Lemuel, que reyes y gobernantes
beban vino y bebidas fuertes,

⁵ pues podrían olvidarse de la ley
y violar los derechos de los más humildes.ᶜ
⁶ Deja el vino y las bebidas fuertes
para los decaídos y deprimidos;
⁷ ¡que beban y no vuelvan a acordarse
de su pobreza y sufrimientos!
⁸ Levanta la voz por los que no tienen voz;
¡defiende a los indefensos!
⁹ Levanta la voz, y hazles justicia;
¡defiende a los pobres y a los humildes!ᵈ

IX. APÉNDICE: ALABANZA A LA MUJER EJEMPLAR (31.10-31)ᵉ

¹⁰ Mujer ejemplar no es fácil hallarla;
¡vale más que las piedras preciosas!
¹¹ Su esposo confía plenamente en ella,
y nunca le faltan ganancias.
¹² Brinda a su esposo grandes satisfacciones
todos los días de su vida.
¹³ Va en busca de lana y lino,
y con placer realiza labores manuales.
¹⁴ Cual si fuera un barco mercante,
trae de muy lejos sus provisiones.
¹⁵ Antes de amanecer se levanta
y da de comer a sus hijos y a sus criadas.ᶠ
¹⁶ Inspecciona un terreno y lo compra,
y con sus ganancias planta viñedos.
¹⁷ Se reviste de fortaleza
y con ánimo se dispone a trabajar.
¹⁸ Cuida de que el negocio marche bien,
y de noche trabaja hasta tarde.
¹⁹ Con sus propias manos
hace hilados y tejidos.
²⁰ Siempre les tiende la mano
a los pobres y necesitados.
²¹ No teme por su familia cuando nieva,
pues todos los suyos andan bien abrigados.
²² Ella misma hace sus colchas,
y se viste con las telas más finas.
²³ Su esposo es bien conocido en la ciudad,
y se cuenta entre los más respetados
del país.
²⁴ Ella hace túnicas y cinturones,
y los vende a los comerciantes.
²⁵ Se reviste de fuerza y dignidad,
y el día de mañana no le preocupa.

ᑫ **30.18-19** Cf. Sab 5.10-12. *El camino del hombre en la mujer:* Esta expresión no se refiere a lo que el *hombre* hace para enamorar a la *mujer*, sino al misterio del matrimonio y la procreación.
ʳ **30.22** *El esclavo que llega a ser rey:* Cf. Pr 19.10; Ec 10.5-7.
ˢ **30.24-27** *Las hormigas:* Cf. 6.6-8. Los *tejones* son pequeños animales que viven entre las rocas y se ocultan fácilmente (cf. Lv 11.5; Sal 104.18). *Las langostas:* Cf. Jl 1.4; 2.2-11.
ᵗ **30.31** *El gallo orgulloso... su ejército:* traducción probable. Hebreo oscuro.
ᵃ **31.1** *Lemuel, rey de Masá:* probablemente no era de Israel. *Masá:* Véase Pr 30.1 nota *b*.
ᵇ **31.3** *Gastar energías con mujeres:* Cf. Pr 5.3-23; 7.6-27; 23.27;

Eclo 9.1-9. En 1 R 11.1-4 hay un claro ejemplo de lo que puede suceder si no se observa esta instrucción.
ᶜ **31.4-5** El *vino* puede convertirse en un grave peligro para un *rey* (cf. Pr 20.1; Ec 10.17; Is 28.7).
ᵈ **31.8-9** Sal 72.2-4,12-14.
ᵉ **31.10-31** Este poema final es acróstico o alfabético, ya que cada v. empieza con una letra diferente, conforme al orden del alfabeto hebreo (véase Sal 119 n.). Describe a la *mujer ejemplar*, eficiente en las labores domésticas y virtuosa en todas las esferas de la vida.
ᶠ **31.15** *Y a sus criadas:* otra posible traducción: *y da órdenes a sus criadas.*

²⁶ Habla siempre con sabiduría,
y da con amor sus enseñanzas.
²⁷ Está atenta a la marcha de su casa,
y jamás come lo que no ha ganado.
²⁸ Sus hijos y su esposo
la alaban y le dicen:
²⁹ "Mujeres buenas hay muchas,
pero tú eres la mejor de todas."
³⁰ Los encantos son una mentira,
la belleza no es más que ilusión,
pero la mujer que honra al Señor [g]
es digna de alabanza.
³¹ ¡Alábenla ante todo el pueblo!
¡Denle crédito por todo lo que ha hecho!

---

[g] 31.30 *Honra al Señor:* lit. *teme al Señor* (véase Dt 6.13 nota *j*).

Eclesiastés

El libro de *Eclesiastés* (=Ec) es el más breve de los escritos sapienciales del AT, pero también es el que encierra el mayor número de enigmas. Su autor fue un "sabio" como muchos otros en el pueblo de Israel y, en cuanto tal, puso todo su empeño en buscar la verdad y en encontrar las palabras adecuadas para poder comunicarla (cf. Ec 12.9-10). Fue, al mismo tiempo, un pensador profundamente original, que no se contentó con aceptar ideas ya hechas, con repetir aforismos de escuela o con aprobar sin examen previo los postulados de una tradición. Como consecuencia de ello, este libro posee un conjunto de características que le asignan un sitio especial entre todos los demás escritos de la Biblia.

Ya el nombre del sabio resulta bastante enigmático. En el libro se le da el nombre de *Qohelet*, término derivado de la palabra hebrea *qahal* ("asamblea") y que designa probablemente un oficio o función. De ahí que *Qohelet* signifique algo así como "encargado de reunir a la asamblea y de dirigirle la palabra".

Este sentido se ve confirmado por la versión griega del AT llamada Septuaginta (LXX): en ella, el nombre de Qohelet se traduce por *Eclesiastés*. Este vocablo está vinculado con la palabra *ekklesia*, que en griego significa "asamblea"; por eso, *Eclesiastés* equivale, aproximadamente, a "orador público" o "predicador". De hecho, *El Predicador* es el título que se suele dar a este libro en algunas lenguas modernas, si bien es preciso notar que en la Biblia hebrea el término *Qohelet* aparece unas veces con artículo y otras sin él, es decir, como designación profesional (Ec 12.8; cf. 7.27) y como nombre propio (1.12; 12.9) respectivamente. En la presente versión no se hace tal distinción.

Sin embargo, más que a un discurso pronunciado ante una asamblea, el libro se parece a un diálogo del autor consigo mismo. En esa especie de debate interior, él suele contraponer realidades opuestas, tales como la vida y la muerte, la sabiduría y la necedad, la riqueza y la indigencia, el despotismo y la absoluta falta de poder. Lo que más se acentúa en esta contraposición es el aspecto negativo de la realidad, pero nunca se llega hasta el extremo de negar totalmente lo que la vida tiene de positivo. Así, *Eclesiastés* reconoce que en cada ámbito de la existencia y de la experiencia humanas –ya sea en el trabajo, el placer, la familia, la propiedad e, incluso, en la sabiduría– hay muchos aspectos valiosos (cf. Ec 2.11,13). Pero todas estas cosas tienen un valor muy relativo, ya que ninguna de ellas, y ni siquiera todas juntas, son capaces de colmar por completo los anhelos más profundos del corazón humano (véase Ec 1.18 n.).

La pregunta que más inquieta a *Eclesiastés* es la relativa al sentido de la vida. Él se pregunta concretamente *qué provecho saca el hombre de todos los trabajos que realiza en este mundo* (Ec 1.3) y qué es lo que debe saber y hacer para vivir una vida plenamente lograda. Y no se contenta con respuestas parciales, sino que pretende formarse un juicio total y definitivo acerca del valor y del sentido de la existencia humana sobre la tierra.

Con el fin de obtener una respuesta a esta pregunta fundamental, va analizando sistemáticamente las distintas actividades que podrían asegurarle el logro de esa meta, como, por ejemplo, la búsqueda del placer (2.1), la adquisición de mucha sabiduría (1.13), o la realización de grandes obras (2.4). Pero esta encuesta resulta en definitiva decepcionante, ya que al término de sus muchos esfuerzos lo único que puede decir es que *todo es vana ilusión* (1.1-2; 12.8) y como *querer atrapar el viento* (2.11); porque la "obra" que Dios realiza en el mundo es un misterio impenetrable para los seres humanos, y la sabiduría ofrece una ayuda muy precaria cuando se intenta descorrer el velo del misterio (véase Ec 3.11 nota *f*).

Eclesiastés ha querido descifrar el enigma de la existencia y descubrir el sentido de las cosas con total independencia de juicio, apoyándose exclusivamente en su propia experiencia y en sus propios razonamientos. Esta actitud crítica lo llevó a distanciarse del sereno optimismo del libro de *Proverbios*, y le impidió compartir la gran esperanza de los profetas hebreos, o llegar a la fe en la resurrección (cf. Dn 12.1-13; 1 Co 15).

Sin embargo, es preciso reconocer que la Biblia quedaría empobrecida si le faltara este libro extraordinario. La implacable honestidad con que *Eclesiastés* analiza los hechos y critica los lugares comunes es el correctivo necesario de toda fe inmadura o poco reflexiva. Él obliga a sus lectores a mirar sin ilusiones la oscuridad en la que están sumergidos y a examinar con gran libertad de espíritu los fundamentos de sus creencias. En este sentido, la lectura de *Eclesiastés* ofrece una buena oportunidad para crecer y madurar en la fe.

El texto no proporciona datos demasiado precisos para determinar con exactitud la fecha en que fue redactado. El nombre de Salomón no aparece en el libro, pero se alude a él en expresiones como *hijo de David* (1.1) y *rey de Israel en Jerusalén* (1.12). Esta referencia al sabio de Israel por excelencia confería autoridad al escrito. Pero el hebreo utilizado por el autor y las ideas que expresa parecen indicar que la obra fue escrita hacia mediados o fines del siglo III a.C., cuando la cultura helenística comenzaba a difundirse ampliamente por todo el Cercano Oriente. De todas maneras, como sucede con el libro de *Job*, no es indispensable conocer la fecha de composición para apreciar en profundidad el contenido de la obra.

El siguiente esquema presenta las partes en que puede dividirse el libro:

    I. Experiencias del Predicador (1—2)
    II. Visión de la vida (3.1—12.8)
    III. Epílogo (12.9-14)

I. EXPERIENCIAS DEL PREDICADOR (1—2)

Todo es vana ilusión

1 ¹⁻² Estos son los dichos del Predicador,^a hijo de David, que reinó en Jerusalén.

¡Vana ilusión, vana ilusión!^b
¡Todo es vana ilusión!^c
³ ¿Qué provecho^d saca el hombre
de tanto trabajar en este mundo?^e
⁴ Unos nacen, otros mueren,
pero la tierra jamás cambia.^f
⁵ Sale el sol, se oculta el sol,
y vuelve pronto a su lugar
para volver a salir.
⁶ Sopla el viento hacia el sur,
y gira luego hacia el norte.
¡Gira y gira el viento!
¡Gira y vuelve a girar!
⁷ Los ríos van todos al mar,
pero el mar nunca se llena;
y vuelven los ríos a su origen
para recorrer el mismo camino.
⁸ No hay nadie capaz de expresar
cuánto aburren todas las cosas;
nadie ve ni oye lo suficiente
como para quedar satisfecho.
⁹ Nada habrá que antes no haya habido;
nada se hará que antes no se haya hecho.
¡Nada hay nuevo en este mundo!

¹⁰ Nunca faltará quien diga:
"¡Esto sí que es algo nuevo!"
Pero aun eso ya ha existido
siglos antes de nosotros.
¹¹ Las cosas pasadas han caído en el olvido,
y en el olvido caerán las cosas futuras
entre los que vengan después.

Experiencias del Predicador ¹² Yo, el Predicador, fui rey de Israel en Jerusalén, ¹³ y me entregué de lleno^g a investigar y estudiar con sabiduría todo lo que se hace en este mundo. ¡Vaya carga pesada que ha puesto Dios sobre los hombres para humillarlos con ella! ¹⁴ Y pude darme cuenta de que todo lo que se hace en este mundo es vana ilusión, es querer atrapar el viento.^h

¹⁵ ¡Ni se puede enderezar lo torcido, ni hacer cuentas con lo que no se tiene!

¹⁶⁻¹⁷ Entonces me dije a mí mismo: "Aquí me tienen, hecho un gran personaje, más sabio que todos los que antes de mí reinaron en Jerusalén;ⁱ entregado por completo a profundizar en la sabiduría y el conocimiento, y también en la estupidez y la necedad, tan solo para darme cuenta de que también esto es querer atrapar el viento."^j ¹⁸ En realidad, a mayor sabiduría, mayores molestias; cuanto más se sabe, más se sufre.^k

2¹ También me dije a mí mismo: "Ahora voy a hacer la prueba divirtiéndome; voy a darme buena

---

^a **1.1-2** *Del Predicador:* Véase *Introducción.*

^b **1.1-2** *¡Vana ilusión!:* La expresión hebrea, traducida habitualmente por *vanidad de vanidades,* tiene el valor de un superlativo. Cf. expresiones semejantes como *el Dios de los dioses y el Señor de los señores* (Dt 10.17), o el *Cantar de los cantares,* es decir, *el más hermoso de los poemas* (véase *Introducción* a Cantares; cf. Cnt 1.1).

^c **1.1-2** La palabra hebrea traducida por *ilusión* (o *vanidad*) designa todo aquello que es vacío, inconsistente y fugaz como un soplo, la niebla o una ráfaga de viento. A veces se emplea para poner de relieve el carácter frágil y transitorio de la condición humana sobre la tierra (Sal 62.9[10]). Cf. Ec 1.14; 2.1; 4.8; 6.12.

^d **1.3** *¿Qué provecho...:* La pregunta planteada en este v. va a estar en el trasfondo de todo el libro (cf. Ec 2.22). Con el fin de hallar una respuesta, el autor realizó las experiencias a las que alude, por ej., en 1.16-17; 2.1.

^e **1.3** *En este mundo:* lit. *bajo el sol.* Esta expresión, que se repite más de 25 veces, sitúa y delimita el campo de observación que realmente interesa al Predicador: las cosas que suceden aquí, en la tierra, y están directamente relacionadas con el valor y el sentido de la vida humana.

^f **1.4** La mirada de *Eclesiastés* se dirige en primer lugar al mundo de la naturaleza, que es el escenario y el marco de la existencia humana (vv. 4-11). Todo en él está en constante movimiento; pero la

ese continuo ir y venir no resulta nada nuevo, porque cada movimiento, una vez que llega a su término, recomienza su curso y repite incansablemente el mismo ciclo. Cf. Eclo 14.18-19.

^g **1.13** *Me entregué de lleno:* lit. *apliqué mi corazón.* En el lenguaje bíblico, el *corazón* es la sede de la actividad consciente, tanto intelectual como afectiva y voluntaria. Véase Sal 12.2(3) n.

^h **1.14** El verbo *atrapar* traduce un vocablo arameo que significa *deseo, búsqueda* o *ambición.* También hay aquí, probablemente, un juego de palabras con un verbo hebreo que tiene un sonido semejante y significa *pastorear* o *apacentar.* De este modo se pone de relieve una idea bien característica de *Eclesiastés:* la falta de proporción entre los esfuerzos realizados y los resultados alcanzados (cf. Ec 1.3) hace que toda actividad humana sea como un intento de *atrapar* (o de pastorear) *el viento,* es decir, de obtener un resultado que es en sí mismo inalcanzable. Cf. Ec 2.11,17,26; 4.4,6; 6.9.

ⁱ **1.16-17** Cf. 1 R 4.29-31(5.9-11); Eclo 47.14-19.

^j **1.16-17** Este diálogo consigo mismo es un artificio literario destinado a hacer resaltar el carácter estrictamente personal de las observaciones y experiencias: el autor de este libro observa la realidad, reflexiona sobre ella y saca sus conclusiones con total independencia de juicio. Cf. Ec 2.1-2.

^k **1.18** *Cuanto más se sabe, más se sufre:* La sabiduría que se

vida."[a] ¡Pero hasta eso resultó vana ilusión! **2** Y concluí que la risa es locura y que el placer de nada sirve.

3 Con mi mente bajo el control de la sabiduría, quise probar el estímulo del vino, y me entregué a él para saber si eso es lo que más le conviene al hombre[b] durante sus contados días en este mundo.[c] **4** Realicé grandes obras; me construí palacios;[d] tuve mis propios viñedos. **5** Cultivé mis propios huertos y jardines, y en ellos planté toda clase de árboles frutales. **6** Construí represas de agua para regar los árboles plantados; **7** compré esclavos y esclavas, y aun tuve criados nacidos en mi casa; también tuve más vacas y ovejas que cualquiera otro antes de mí en Jerusalén.[e] **8** Junté montones de oro y plata, tesoros que antes fueron de otros reyes y de otras provincias.[f] Tuve cantores y cantoras, placeres humanos y concubina[g] tras concubina.[h]

9 Fui un gran personaje,[i] y llegué a tener más que todos los que fueron antes de mí en Jerusalén. Además de eso, la sabiduría no me abandonaba. **10** Nunca me negué ningún deseo; jamás me negué ninguna diversión. Gocé de corazón con todos mis trabajos, y ese gozo fue mi recompensa. **11** Me puse luego a considerar mis propias obras y el trabajo que me había costado realizarlas, y me di cuenta de que todo era vana ilusión, un querer atrapar el viento, y de que no hay nada de provecho en este mundo.

12 Después me puse a reflexionar sobre la sabiduría, la estupidez y la necedad: ¿Qué más podrá hacer el que reine después de mí, sino lo que ya antes ha sido hecho? **13** Y encontré que es más provechosa la sabiduría que la necedad, así como es más provechosa la luz que la oscuridad. **14** El sabio usa bien los ojos, pero el necio anda a oscuras.[j] Sin embargo, me di cuenta de que a todos les espera lo mismo,[k] **15** y me dije: "Lo que le espera al necio también me espera a mí, así que de nada me sirve tanta sabiduría. ¡Hasta eso es vana ilusión! **16** Porque nunca nadie se acordará ni del sabio ni del necio; con el correr del tiempo todo se olvida, y sabios y necios mueren por igual."

17 Llegué a odiar la vida, pues todo lo que se hace en este mundo resultaba en contra mía. Realmente, todo es vana ilusión, ¡es querer atrapar el viento! **18** Llegué a odiar también todo el trabajo que había realizado en este mundo, pues todo ello tendría que dejárselo a mi sucesor. **19** Y una cosa era segura: que él, ya fuera sabio o necio, se adueñaría de todo lo que con tanto trabajo y sabiduría logré alcanzar en este mundo. ¡Y esto también es vana ilusión!

20 Al ver lo que yo había hecho en este mundo, lamenté haber trabajado tanto, **21** pues hay quien pone sabiduría, conocimientos y experiencia en su trabajo, tan solo para dejárselo todo a quien no trabajó para obtenerlo. ¡Y también esto es vana ilusión y una gran injusticia!

22 En fin, ¿qué saca el hombre de tanto trabajar y de tanto preocuparse en este mundo? **23** Toda su vida es de sufrimientos,[l] es una carga molesta; ni siquiera de noche descansa su mente. ¡Y esto también es vana ilusión!

24 Lo mejor que puede hacer el hombre es comer y beber, y disfrutar del fruto de su trabajo, pues he encontrado que también esto viene de parte de Dios.[m] **25** Porque, ¿quién puede comer, o gozar, si no es por él?[n] **26** De hecho, Dios da sabiduría, conocimiento[ñ] y alegría a quien él mira con buenos ojos; pero al que peca le deja la carga de prosperar y amontonar tesoros para luego dárselos a quien él mira con buenos ojos.[o] ¡También esto es vana ilusión y querer atrapar el viento!

---

puede alcanzar mediante la observación y el razonamiento es útil y deseable (cf. Ec 7.5,11,12,19). Pero esa sabiduría no logra dar respuesta satisfactoria a las preguntas que más inquietan al espíritu humano (cf. Ec 3.11) ni asegura a los sabios un destino mejor que el de los necios (Ec 2.14-16). De ahí que la mucha sabiduría sea también una fuente de pesadumbre e insatisfacción. Cf. Ec 8.16-17.

[a] **2.1** *"Ahora voy... buena vida."*: Nótese que el autor no se pregunta acerca de la bondad o maldad moral de los placeres, sino acerca de su capacidad o incapacidad para colmar las aspiraciones más profundas del corazón humano. Por supuesto, también aquí la conclusión es negativa: los grandes placeres resultan tanto más decepcionantes cuanto más se había esperado de ellos (cf. Ec 2.4-11).

[b] **2.3** *Lo que más le conviene al hombre:* En esta expresión se resume el objeto de la "investigación" llevada a cabo por el Eclesiastés. Él tiene especial interés en saber qué es lo más conveniente (lit. *dónde está lo bueno*) para el ser humano, porque sin ese conocimiento es imposible ordenar adecuadamente la propia conducta. De sus numerosas observaciones y experiencias extrae la conclusión formulada en Ec 2.24; 3.12-13,22; 5.18(17); 8.15; 9.7-10.

[c] **2.3** *Sus contados días en este mundo:* La brevedad de la vida es otro de los temas que atraviesa todo el libro. A pesar de los muchos sinsabores que se padecen en este mundo, es bueno ver el sol y disfrutar de la dulzura de la luz (Ec 11.7); pero los seres humanos son mortales, y cuando Dios les quita el aliento de vida, tanto el necio como el sabio vuelven al polvo del que habían sido sacados (Ec 2.15-16; 3.19- 20; 9.5-6; 12.1-7).

[d] **2.4** 1 R 7.1-12.

[e] **2.7** 1 R 4.22-23(5.2-3).

[f] **2.8** 1 R 9.28; 10.10-22.

[g] **2.8** 1 R 11.3.

[h] **2.4-8** 1 R 10.23-27; 2 Cr 9.22-27.

[i] **2.9** 1 Cr 29.25.

[j] **2.14** *Eclesiastés* pone muy bien de relieve las limitaciones de la sabiduría humana (véase Ec 1.18 n., y cf. 8.16-17), pero no por eso la desprecia o la considera desprovista de valor. Al contrario, afirma que ella da al sabio una fuerza superior a las armas de guerra (9.18), hace que le tenga los ojos bien abiertos (2.14), da brillo a su rostro, suaviza la dureza de su semblante (8.1) y le atrae el aprecio de los demás (10.12). Pero también reconoce que el sabio, si es pobre, no suele ser escuchado (9.16), y recomienda buscar la sabiduría con la debida moderación. 7.16; cf. 12.11-12.

[k] **2.14** El hecho de que el *sabio* y el *necio* tengan un mismo fin se interpreta de manera distinta aquí y en Sal 49.10(11). Lo que para el salmista era motivo de consuelo resulta decepcionante para el Eclesiastés. Cf. Ec 9.10.

[l] **2.23** Cf. Job 14.1.

[m] **2.24** *Lo mejor que puede hacer el hombre...:* El autor se había preguntado qué es lo más conveniente para el hombre (véase Ec 2.3 nota b) y ahora da su respuesta. A pesar de la necedad, la injusticia y la miseria que reinan en este mundo (cf. Ec 3.16; 4.1), hay una porción de auténtica felicidad que Dios tiene reservada a los hombres: son las pequeñas alegrías de la vida cotidiana, como el comer, el beber y la satisfacción por el trabajo bien cumplido. Las referencias al goce moderado de los bienes de este mundo se repiten como un estribillo, estableciendo una cierta correspondencia con las reiteradas alusiones a la "vanidad" de la vida. Cf. Ec 3.12-13,22; 5.18(17); 8.15; 9.7- 10.

[n] **2.25** *Si no es por él?:* según la versión griega (LXX). Heb. *si no es por mí.*

[ñ] **2.26** Job 32.8; Pr 2.6.

II. VISIÓN DE LA VIDA (3.1—12.8)

3 *Todo tiene su tiempo* ¹En este mundo todo tiene su hora;ª hay un momento para todo cuanto ocurre: ᵇ

² Un momento para nacer,
y un momento para morir.
Un momento para plantar,
y un momento para arrancar lo plantado.
³ Un momento para matar,
y un momento para curar.
Un momento para destruir,
y un momento para construir.
⁴ Un momento para llorar,
y un momento para reír.
Un momento para estar de luto,
y un momento para estar de fiesta.
⁵ Un momento para esparcir piedras,
y un momento para recogerlas.
Un momento para abrazarse,
y un momento para separarse.
⁶ Un momento para intentar,
y un momento para desistir.
Un momento para guardar,
y un momento para tirar.
⁷ Un momento para rasgar,
y un momento para coser.
Un momento para callar,
y un momento para hablar.
⁸ Un momento para el amor,
y un momento para el odio.
Un momento para la guerra,
y un momento para la paz.

⁹ ¿Qué provecho saca el hombre de tanto trabajar? ᶜ ¹⁰ Me doy cuenta de la carga que Dios ha puesto sobre los hombres para humillarlos con ella. ᵈ ¹¹Él, en el momento preciso, todo lo hizo hermoso; puso además en la mente humana la idea de lo infinito, ᵉ aun cuando el hombre no alcanza a comprender en toda su amplitud lo que Dios ha hecho y lo que hará. ᶠ

¹² Yo sé que lo mejor que puede hacer el hombre es divertirse y disfrutar de la vida, ¹³ pues si comemos y bebemos y contemplamos los beneficios de nuestro trabajo, es porque Dios nos lo ha concedido. ᵍ ¹⁴ Y también sé que todo lo que Dios ha hecho permanecerá para siempre. No hay nada que añadirle ni nada que quitarle; Dios lo ha hecho así, para que ante él se guarde reverencia. ʰ ¹⁵ Nada existe que no haya existido antes, y nada existirá que no exista ya. Dios hace que el pasado se repita. ⁱ

Injusticias de la vida ¹⁶ He podido ver también que en este mundo hay corrupción y maldad donde debiera haber justicia y rectitud. ʲ ¹⁷ Por lo tanto digo que Dios juzgará al hombre honrado y al malvado, ᵏ porque hay un momento para todo lo que ocurre y para todo lo que se hace.

¹⁸ También digo, en cuanto a la conducta humana, que Dios está poniendo a prueba a los hombres para que se den cuenta de que también ellos son como animales. ¹⁹ En realidad, hombres y animales tienen el mismo destino: unos y otros mueren por igual, ˡ y el aliento de vida es el mismo para todos. Nada de más tiene el hombre que el animal: ᵐ todo es vana ilusión, ²⁰ y todos paran en el mismo lugar; del polvo fueron hechos todos, y al polvo todos volverán. ⁿ ²¹ ¿Quién puede asegurar que el espíritu del hombre sube a las alturas de los cielos, y que el espíritu del animal baja a las profundidades de la tierra? ñ ²² Me he dado cuenta de que no hay nada mejor para el hombre que disfrutar de su trabajo, pues eso es lo que le ha tocado, ya que nadie lo traerá a que vea lo que habrá de ocurrir después de su muerte.

ᵒ **2.26** Job 27.16-17; Pr 13.22.
ª **3.1-8** El siguiente poema enuncia primero un principio general (v. 1) y luego enumera 14 pares de acciones contrarias (vv. 2-8). Esta enumeración no pretende ser exhaustiva, pero abarca prácticamente la totalidad de las acciones que los seres humanos se ven inclinados o forzados a realizar durante su vida (entre los límites de su nacimiento y de su muerte: v. 2). De este modo, se pone de manifiesto algo que pertenece a la experiencia común: de dos acciones contrarias no se puede realizar más que una, y para hacer lo más conveniente en cada situación es preciso conocer el *momento* oportuno, ya que el éxito de una decisión depende en parte de la libertad humana y en parte de circunstancias y factores que el ser humano no elige y a los que está sometido. Cf. Ec 9.11.
ᵇ **3.1** Cf. Pr 15.23; 25.11; Eclo 22.6.
ᶜ **3.9** *¿Qué provecho...?:* Véase Ec 1.3 nota *d*.
ᵈ **3.10** Cf. Ec 1.13.
ᵉ **3.11** *La idea de lo infinito:* traducción probable de un término hebreo que significa *eternidad* o, con más exactitud, *el tiempo que se prolonga indefinidamente hacia el pasado y el futuro*. Aquí se refiere con mucha probabilidad, a la capacidad humana de abarcar con el pensamiento la totalidad de los acontecimientos pasados y futuros, y al irresistible deseo de comprender su sentido y su porqué. Véase Ec 1.18 n.
ᶠ **3.11** *Lo que Dios ha hecho y lo que hará:* lit. *la obra que Dios realiza desde el comienzo hasta el fin*. En conformidad con los otros escritos sapienciales del AT, *Eclesiastés* afirma que todo lo que acontece en el mundo está sometido al gobierno divino y de él depende. Pero se aparta de la tradición sapiencial al poner de relieve, una vez más, la insuperable limitación de la sabiduría humana: por más que el ser humano se esfuerce en comprender, la *obra* que Dios realiza constituye para él un enigma indescifrable (Ec 7.23-24; 8.17). Cf. Sal 139.17; Is 55.8-9; Ro 11.33-34.
ᵍ **3.12-13** *Lo mejor que puede hacer el hombre...:* Véase Ec 2.24 n.
ʰ **3.14** Sal 33.11; Eclo 18.6.
ⁱ **3.15** Cf. Ec 1.9. *Dios hace que el pasado se repita:* sentido probable de una frase que, traducida literalmente, dice *Dios busca lo que es perseguido*.
ʲ **3.16** El Eclesiastés comprueba con amargura la existencia de grandes injusticias sociales, pero no las combate como habían hecho los profetas (cf. Is 5.8-10; 10.1-4; Am 2.6-16; Miq 2.1-5); además, no está muy convencido de que esa situación pueda cambiar realmente (cf. Ec 4.1; 5.8-9[7-8]).
ᵏ **3.17** Acerca del juicio de Dios, cf. Ec 11.9; 12.14.
ˡ **3.19** Sal 49.12(13),20(21).
ᵐ **3.19** *Nada de más tiene el hombre que el animal:* El autor no identifica sin más a los hombres con los animales. Afirma, simplemente, que todos los seres vivientes están animados por el aliento vital que se manifiesta en la respiración (cf. Gn 2.7; 7.22), y que cuando Dios les retira ese aliento, todos, indistintamente, vuelven al polvo común (cf. Gn 3.19). Frente al hecho de la muerte, se borran todas las diferencias.
ⁿ **3.20** Gn 3.19; Job 34.15; Eclo 17.1.
ñ **3.20-21** Ec 12.7.

4 ¹ Dirigí luego mi atención a los actos de opresión que se cometen en este mundo. Y vi que los oprimidos lloran, pero no hay quien los consuele; sus opresores les hacen violencia, pero no hay quien los consuele. ² Por eso consideré más felices a los que ya han muerto que a los que aún viven; ª ³ aunque en mejores condiciones que estos dos están los que aún no han nacido, pues todavía no han visto la maldad que se comete en este mundo.

⁴ Vi también que el mucho trabajar y el éxito en una empresa provocan la envidia de unos contra otros, y esto también es vana ilusión y querer atrapar el viento.

⁵ La gente dice: "El necio se cruza de brazos y se destruye a sí mismo." ⁶ Pero yo digo: "Más vale un puñado de descanso que dos de fatiga por querer atrapar el viento."

⁷ Al volverme hacia otro lado, vi otra vana ilusión en este mundo: ⁸ un hombre solo, sin amigos ni hijos ni hermanos, que jamás se toma un momento de descanso y que nunca se cansa de contemplar sus riquezas, ni se pregunta: "¿Y para quién trabajo tanto? ¿Para qué me niego el bienestar?" ᵇ Pues también esto es vana ilusión y una pesada carga.

La unión hace la fuerza ⁹ Más valen dos que uno, pues mayor provecho obtienen de su trabajo. ¹⁰ Y si uno de ellos cae, el otro lo levanta. ¡Pero ay del que cae estando solo, pues no habrá quien lo levante! ¹¹ Además, si dos se acuestan juntos, uno a otro se calientan; pero uno solo, ¿cómo va a entrar en calor? ¹² Uno solo puede ser vencido, pero dos podrán resistir. Y además, la cuerda de tres hilos no se rompe fácilmente.

La sabiduría no está en la edad ¹³ Por otra parte, más vale el joven pobre pero sabio que el rey viejo pero necio, porque este ya no admite consejos. ᶜ ¹⁴⁻¹⁵ Aunque el joven que luego reinará en lugar de ese rey haya llegado de la cárcel al trono, o haya subido de la pobreza al reinado, he visto a la gente de este mundo darle su apoyo. ᵈ ¹⁶ Y aunque es incontable el pueblo sobre el cual reinará, ni a ellos ni a sus descendientes los dejará contentos. ᵉ Y también esto es vana ilusión y querer atrapar el viento.

5 **Hay que cumplir lo que se promete** ¹ ⁽⁴·¹⁷⁾ ᵃ Cuando vayas al templo de Dios, cuida tu conducta: en vez de ofrecer sacrificios como la gente tonta que no se da cuenta de que hace mal, acércate dispuesto a obedecer.

² ⁽¹⁾ No te apresures, ni con los labios ni con el pensamiento, a hacer promesas a Dios, pues Dios está en el cielo y tú en la tierra. Por eso, habla lo menos que puedas, ᵇ ³ ⁽²⁾ porque por mucho pensar se tienen pesadillas, y por mucho hablar se dicen tonterías. ᶜ

⁴ ⁽³⁾ Cuando hagas una promesa a Dios, no tardes en cumplirla, porque a él no le agradan los necios. Cumple lo que prometes, ᵈ ⁵ ⁽⁴⁾ pues vale más no prometer, que prometer y no cumplir. ᵉ

⁶ ⁽⁵⁾ No permitas que tus labios te hagan pecar, y luego digas ante el enviado de Dios ᶠ que lo hiciste por error. ¿Por qué hacer que Dios se enoje por lo que dices y destruya lo que has hecho? ⁷ ⁽⁶⁾ Por lo tanto, en medio de tantas pesadillas y de tantas palabras y cosas sin sentido, tú debes mostrar reverencia hacia Dios. ᵍ

Contradicciones de la vida ⁸ ⁽⁷⁾ No te sorprendas si en algún país ves que se oprime al pobre y que se hace violencia a la justicia y al derecho, porque a un alto oficial lo encubre otro más alto, y otros más altos oficiales encubren a estos dos. ʰ ⁹ ⁽⁸⁾ ¡Y a eso se le llama progreso del país y estar el rey al servicio del campo! ⁱ

¹⁰ ⁽⁹⁾ El que ama el dinero, siempre quiere más; el que ama las riquezas, nunca cree tener bastante. Esto es también vana ilusión, ¹¹ ⁽¹⁰⁾ porque mientras más se tiene, más se gasta. ¿Y qué se gana con tener, aparte de contemplar lo que se tiene? ¹² ⁽¹¹⁾ El que trabaja, coma poco o mucho, siempre duerme a gusto; al rico, en cambio, sus riquezas no lo dejan dormir.

¹³ ⁽¹²⁾ Una cosa realmente lamentable he visto en este mundo: que el amontonar riquezas va en perjuicio de su dueño, ¹⁴ ⁽¹³⁾ pues un mal negocio puede acabar con toda esa riqueza, y si él tiene un hijo, ya no tendrá después nada que dejarle. ¹⁵ ⁽¹⁴⁾ Y tal como vino a este mundo, así se irá: tan desnudo como cuando nació, y sin llevarse nada del fruto de su trabajo. ʲ ¹⁶ ⁽¹⁵⁾ Esto es realmente lamentable: que tal como vino al mundo, así también se irá. ¿Y qué sacó de tanto trabajar para nada? ¹⁷ ⁽¹⁶⁾ Para colmo, toda su vida se la pasó en tinieblas, y con muchas molestias, dolores y resentimientos.

ª **4.2** Cf. Job 3.11-19; Jer 20.14-18.

ᵇ **4.8** Nótese la ironía contenida en este v. La presencia de un heredero a quien legar los bienes justificaría, al menos en parte, tan desmesurados esfuerzos. Cf. Ec 5.13-16(12-15).

ᶜ **4.13** Los sabios de Israel elogian unánimemente la capacidad de dar y de recibir un buen consejo. Cf. Pr 11.14; 12.15; 24.6.

ᵈ **4.14-15** *Aunque el joven... su apoyo:* traducción probable. Heb. oscuro.

ᵉ **4.14-16** No parece que el autor se refiera aquí a un caso en especial. El desencanto popular después de un entusiasmo pasajero es un hecho cotidiano, que podría confirmarse con miles de ejemplos.

ᵃ **5.1(4.17)—5.20(19)** Los números entre paréntesis corresponden a la numeración del texto hebreo.

ᵇ **5.2(1)** *Habla lo menos que puedas:* Cf. Eclo 7.14; Mt 6.7.

ᶜ **5.2-3(1-2)** Pr 10.19.

ᵈ **5.4(3)** Sal 66.13-14.

ᵉ **5.4-5(3-4)** Acerca de la obligación de cumplir las promesas, cf. Nm 30.3-16(4-17); Dt 23.21-23(22-24); Eclo 18.22.

ᶠ **5.6(5)** *El enviado de Dios:* Podría tratarse de un sacerdote o de un funcionario del templo, encargado de velar para que los responsables cumplieran puntualmente sus promesas.

ᵍ **5.7(6)** *Por lo tanto... Dios:* traducción probable. Heb. oscuro.

ʰ **5.8(7)** Nótese esta aguda observación, válida para todos los tiempos. En todas las sociedades humanas hay una burocracia constituida por un excesivo número de funcionarios subordinados unos a otros, que en lugar de favorecer el buen gobierno no hacen otra cosa que oprimir al pueblo.

ⁱ **5.8-9(7-8)** *No te sorprendas... del campo!:* traducción poco segura de un texto oscuro. Otras posibles traducciones del v.9: *Y a pesar de todo, es una ventaja para el país, para el territorio cultivado, tener un rey;* o bien, *Pues la mayor ventaja para el país es tener un rey obedecido en el territorio.* Estas versiones presuponen una atenuación de la crítica al orden establecido que había sido propuesta en el v. anterior.

ʲ **5.15(14)** Job 1.21; Sal 49.17(18); 1 Ti 6.7.

18 (17) He encontrado que lo mejor y más agradable es comer y beber, y disfrutar del fruto de tanto trabajar en este mundo durante la corta vida que Dios nos da, pues eso es lo que nos ha tocado. [k] **19** (18) Por otra parte, a todo aquel a quien Dios da abundantes riquezas, le da también la facultad de comer de ellas y de tomar lo que le corresponde, pues el disfrutar de tanto trabajo viene de parte de Dios. **20** (19) Y como Dios le llena de alegría el corazón, no se preocupa mucho por el curso de su vida.

6 **1** En este mundo hay otro mal muy común entre los hombres, según he podido ver: **2** Dios les da a algunos abundantes riquezas y esplendor, y nunca les falta nada de lo que desean; pero no les permite gozar de todo ello,[a] sino que otros lo disfrutan. ¡Esto es también una ilusión vana y realmente lamentable![b] **3** Un hombre puede tener cien hijos[c] y vivir muchos años; pero por mucho que viva, si no disfruta completamente de lo bueno, y si ni siquiera recibe sepultura,[d] yo sostengo que un niño abortado vale más que ese hombre. **4** Pues aunque ese niño se pierda en la nada, en la oscuridad, donde su nombre quedará ignorado, **5** y aunque no llegue a ver el sol[e] ni a saber nada, al menos habrá tenido más descanso que aquel hombre, **6** el cual podría haber vivido dos mil años y, sin embargo, no disfrutar de sus bienes. Y al fin de cuentas, ¡todos van al mismo lugar![f]

7 El hombre trabaja y trabaja para comer, pero nunca queda satisfecho. **8** ¿Qué tiene el sabio que no tenga el necio, a no ser sus conocimientos[g] para hacerle frente a la vida?[h] **9** Vale más lo que uno ve que lo que se imagina.[i] Pero también esto es vana ilusión, es querer atrapar el viento. **10** Lo que ahora existe, hace mucho que recibió su nombre,[j] y se sabe cuál es. Nadie puede luchar con quien es más poderoso que él. **11** Una cosa es cierta: donde abundan las palabras, abundan los disparates; y nada se gana con eso. **12** De hecho, nadie sabe lo que es mejor para el hombre durante los contados días de esta vana ilusión que es su vida. Sus días pasarán como una sombra,[k] ¿y quién podrá decirle lo que ha de ocurrir en este mundo después de su muerte?

7 **Hay que atender a lo más importante**[a]
1 Vale más la buena fama
que el buen perfume.[b]

Vale más el día en que se muere
que el día en que se nace.[c]

2 Vale más ir a un funeral
que ir a divertirse;
pues la muerte es el fin de todo hombre,
y los que viven debieran recordarlo.

3 Vale más llorar que reír,
pues podrá hacerle mal al semblante
pero le hace bien al corazón.

4 El sabio piensa en la muerte,
pero el necio, en ir a divertirse.

5 Vale más oír reprensiones de sabios
que alabanzas de necios.[d]

6 Las risas del necio se parecen
al crujir de las zarzas en el fuego,[e]
y también son vana ilusión.

7 La violencia entorpece al sabio,
y el soborno corrompe su carácter.

8 Vale más terminar un asunto
que comenzarlo.

Vale más ser paciente
que valiente.

---

[k] **5.18(17)** *Lo mejor... es comer y beber:* Véase Ec 2.24 n.
[a] **6.2** *No les permite gozar de todo ello:* ya sea a causa de enfermedad o de muerte prematura. Cf. Eclo 30.14-20; Lc 12.20.
[b] **6.2** Sal 39.6(7).
[c] **6.3** *Cien hijos:* En el antiguo Israel se consideraba que los muchos hijos eran una de las mejores bendiciones divinas. Cf. Dt 28.11; Job 1.2; Sal 127.3-5; 128.3,6; Pr 17.6; 31.28.
[d] **6.3** *Si ni siquiera recibe sepultura:* Véase Jer 7.33 n.
[e] **6.5** *Ver el sol:* es decir, gozar de la vida en este mundo, donde la luz es agradable (Ec 11.7), en oposición al *sheol* o Reino de los muertos (véase Sal 6.5[6] n.), donde *los días de oscuridad* serán numerosos (Ec 11.8). Véase *Reino de la muerte* en el *Índice temático.*
[f] **6.6** *¡Todos van al mismo lugar!:* Cf. Ec 2.15-16; 3.19-20; 9.5-6.
[g] **6.8** *A no ser sus conocimientos:* traducción probable. Heb. *¿Qué tiene el pobre que sabe...?*
[h] **6.8** *¿Qué tiene el... a la vida?:* otra posible traducción: *¿Qué tiene el sabio, qué tiene el pobre que saber* (para) *hacerle frente a la vida, que no tenga el insensato?*
[i] **6.9** *Lo que se imagina:* traducción probable. Este v. parece sugerir que lo más conveniente es aprovechar las oportunidades que están al alcance de la mano, sin dejarse arrastrar por deseos ilusorios o inalcanzables.
[j] **6.10** *Recibió su nombre:* Véase Sal 8.1(2) nota *c.*
[k] **6.12** La imagen de la *sombra,* referida a la fugacidad de la vida humana, aparece con frecuencia en la Biblia. Cf. Job 8.9; 14.2; Sal 39.5-6(6-7); 102.11(12); 109.23; Ec 8.13.

[a] **7.1-22** Esta sección contiene una serie de máximas y sentencias a modo de refranes y distribuidas sin un orden lógico aparente. En esta serie se destacan particularmente las sentencias comparativas, introducidas por la frase *Vale más* (cf. vv. 1-3,5,8). El autor no siempre explica por qué considera una cosa más valiosa que la otra, pero en algunos casos justifica sus apreciaciones (cf., por ej., vv. 2-3).
[b] **7.1** Este refrán contiene un juego de palabras con los vocablos hebreos *shem* (*nombre*) y *shemen* (*aceite* u *óleo perfumado*); cf. Cnt 1.3. Aquí el buen nombre (es decir, la *buena fama*) se contrapone al aceite de buena calidad que se utilizaba como *perfume* en los banquetes y fiestas (Sal 23.5; Am 6.6). Cf. Pr 22.1; Eclo 41.12-13.
[c] **7.1** Esta es una de las sentencias que el autor enuncia sin añadir ninguna explicación; por eso, su interpretación resulta en cierta medida problemática. Lo que trata de insinuar, probablemente, es que si la vida humana sobre la tierra constituye un enigma y un tejido de ilusiones, es mejor salir de este mundo que entrar en él (cf. Ec 4.1-3). Nótese, sin embargo, que el aforismo o refrán, cuando enuncia las verdades que intenta comunicar, se vale con frecuencia de expresiones irónicas, incisivas y aun paradójicas. De ahí que para hacer justicia al sentido de un refrán sea conveniente tener en cuenta, al mismo tiempo, la afirmación complementaria o incluso opuesta. Cf., por ej., Ec 9.4; 11.7,9-10.
[d] **7.5** Cf. Pr 27.5-6.
[e] **7.6** *En el fuego:* lit. *bajo la olla.*

⁹ No te dejes llevar por el enojo,[f] porque el enojo es propio de gente necia.

¹⁰ Nunca te preguntes por qué todo tiempo pasado fue mejor, pues esa no es una pregunta inteligente.

¹¹ Buena y provechosa es la sabiduría para los que viven en este mundo, si además va acompañada de una herencia. ¹² Porque la sabiduría protege lo mismo que el dinero, pero la sabiduría tiene la ventaja de darle vida al sabio.[g]

¹³ Fíjate bien en lo que Dios ha hecho:[h] ¿quién podrá enderezar lo que él ha torcido? ¹⁴ Cuando te vaya bien, disfruta ese bienestar; pero cuando te vaya mal, ponte a pensar que lo uno y lo otro son cosa de Dios, y que el hombre nunca sabe lo que ha de traerle el futuro.

¹⁵ Todo esto he visto durante esta vana ilusión que es mi vida: hombres buenos que mueren a pesar de su bondad, y malvados que a pesar de su maldad viven muchos años.

¹⁶ No hay que pasarse de bueno,
ni tampoco pasarse de listo.
¿Para qué arruinarse uno mismo?

¹⁷ No hay que pasarse de malo,
ni tampoco pasarse de tonto.
¿Para qué morir antes de tiempo?

¹⁸ Lo mejor es agarrar bien esto
sin soltar de la mano aquello.

El que honra a Dios
saldrá bien de todas estas cosas.

¹⁹ Da más fuerza la sabiduría al sabio,
que diez gobernantes a una ciudad.

²⁰ Sin embargo, no hay nadie en la tierra tan perfecto que haga siempre el bien y nunca peque.[i]

²¹ No hagas caso de todo lo que se dice, y así no oirás cuando tu siervo hable mal de ti. ²² Aunque también tú, y lo sabes muy bien, muchas veces has hablado mal de otros.

Búsqueda de la sabiduría ²³ Todo esto lo examiné con sabiduría, pues me había propuesto ser sabio; pero estaba fuera de mi alcance. ²⁴ ¡Fuera de mi alcance está todo lo que existe! ¡Es demasiado profundo y nadie puede comprenderlo!

²⁵ Me dediqué entonces a adquirir conocimientos, y a estudiar y buscar algunas sabias conclusiones. Y pude darme cuenta de que es malo ser necio, y una locura ser estúpido.

²⁶ He encontrado algo que es más amargo que la muerte: la mujer que tiende trampas con el corazón y aprisiona con los brazos. El que agrada a Dios escapará de ella, pero el pecador caerá en sus redes.[j]

²⁷ En mi intento de encontrar la razón de las cosas, yo, el Predicador, he hallado lo siguiente: ²⁸ ¡que todavía no he dado con lo que realmente busco! He encontrado un hombre entre mil, pero ni una sola mujer entre todas ellas. ²⁹ Solamente he encontrado lo siguiente: que Dios hizo perfecto al hombre,[k] pero este se ha complicado la vida.

8 ¹ ¿Quién puede compararse al sabio? ¿Quién conoce el sentido de las cosas? La sabiduría ilumina la cara del hombre; hace que cambie su duro semblante.[a]

La obediencia al rey ² Cumple las órdenes del rey, pues así lo has jurado ante Dios. ³ No salgas de su presencia con demasiada rapidez. No tomes parte en asuntos malvados, porque él puede hacer lo que se le antoje. ⁴ La palabra del rey tiene autoridad final, y nadie puede pedirle cuenta de sus actos.

⁵ Al que cumple una orden, no le pasará nada malo, y el que es sabio entiende cuándo y cómo debe cumplirla. ⁶ En realidad, hay un momento y un modo de hacer todo lo que se hace, pero el gran problema del hombre ⁷ es que nunca sabe lo que va a suceder, ni hay nadie que se lo pueda advertir.[b]

Nadie tiene poder sobre la vida y la muerte ⁸ No hay quien tenga poder sobre la vida, como para retenerla, ni hay tampoco quien tenga poder sobre la muerte. No hay quien escape de esta batalla. Al malvado no lo salvará su maldad.[c]

⁹ Todo esto he visto al entregarme de lleno a conocer lo que se hace en este mundo y el poder que el hombre tiene de hacer daño a sus semejantes.

Hay cosas que no tienen sentido ¹⁰ También he visto que a gente malvada, que se mantuvo alejada del lugar santo, la alaban el día de su entierro; y en la ciudad donde cometió su maldad, nadie después lo recuerda.[d] Y esto no tiene sentido, ¹¹ porque al no ejecutarse en seguida la sentencia para castigar la maldad, se provoca que el hombre solo piense en hacer lo malo. ¹² ¡Así resulta que el que peca y sigue pecando vive muchos años! (Lo que yo sabía es que a los que honran a Dios y guardan reverencia ante él, les va bien; ¹³ y que, por el contrario, a los malvados les va mal y su vida pasa como una sombra[e] porque no muestran reverencia ante Dios.) ¹⁴ Y así se da en este mundo el caso sin sentido de hombres buenos que sufren como si fueran malos, y de hombres malos que gozan como si fueran buenos.[f] ¡Yo digo que tampoco esto tiene sentido![g]

---

[f] **7.9** *No... enojo:* Cf. Stg 1.19.
[g] **7.11-12** Acerca de las ventajas de la sabiduría, véase Ec 2.14 nota j.
[h] **7.13** *Lo que Dios ha hecho:* Véase Ec 3.11 nota f.
[i] **7.20** *Y nunca peque:* Cf. 1 Jn 1.8-10.
[j] **7.26** Acerca de *la mujer que tiende trampas,* cf. Pr 5.7.
[k] **7.29** Cf. Gn 1.26-31.
[a] **8.1** *¿Quién puede compararse al sabio?:* Véase Ec 2.14 nota j.
[b] **8.5-7** Al parecer, este pasaje critica, una vez más, el principio que establecía una conexión infalible entre la práctica del bien y la prosperidad material (cf., por ej., Pr 19.16). Los hechos desmienten esta doctrina, dice *Eclesiastés,* ya que el futuro es igualmente incierto para buenos y malos. EC 10.14; 11.5.
[c] **8.8** Cf. Sal 49.6-12(7-13).
[d] **8.10** *También he visto... recuerda:* traducción probable. Heb. oscuro.
[e] **8.13** *Pasa como una sombra:* Véase Ec 6.12 n.
[f] **8.14** Sal 73; Jer 12.1-4; Hab 1.2-4,12-17.
[g] **8.12-14** Ec 9.2.

15 Por eso, me declaro en favor de la alegría. Y lo mejor que puede hacer el hombre en este mundo es comer, beber y divertirse, porque eso es lo único que le queda de su trabajo en los días de vida que Dios le da en este mundo. *h*

16 Mientras más me entregué a aprender y a saber y a observar todo lo que se hace en este mundo —llega un momento en que no puede uno dormir a ninguna hora—, **17** más cuenta me di de que el hombre no puede comprender lo que Dios hace ni lo que ocurre en este mundo. Por más que luche buscando la respuesta, no la encontrará; aun cuando el sabio diga conocerla, en realidad no ha podido encontrarla.

9

Consideraciones sobre la vida y la muerte **1** A todo esto me he entregado de lleno, tan solo para descubrir que las obras de buenos y de sabios están en las manos de Dios. *a* Nada sabe el hombre del amor ni del odio, aun cuando los tenga ante sus ojos. **2** Al fin y al cabo, a todos les espera lo mismo: al justo y al injusto, al bueno y al malo, *b* al puro y al impuro, al que ofrece sacrificios y al que no los ofrece; lo mismo al bueno que al pecador, al que jura mentos y al que no los hace.

3 Esto es lo malo de todo lo que pasa en este mundo: que a todos les espera lo mismo. Por otra parte, el pensamiento del hombre está lleno de maldad; la estupidez domina su mente durante toda su vida; y al fin de cuentas, ¡al cementerio!

4 Tiene más esperanza aquel a quien se concede seguir viviendo, pues vale más perro vivo que león muerto. *c* **5** Además, los que viven saben que han de morir, pero los muertos ni saben nada ni ganan nada, porque se les echa al olvido. **6** Allí terminan su amor, su odio y sus pasiones, y nunca más vuelven a tomar parte en nada de lo que se hace en este mundo.

7 ¡Vamos, pues! Disfruta del pan que comes; goza del vino que bebes, porque a Dios le han agradado tus acciones. **8** Vístete siempre con ropas blancas; ponte siempre perfume en la cabeza. **9** Goza de la vida con la mujer amada, *d* cada instante de esta vida sin sentido que Dios te ha dado en este mundo; eso es lo único que sacarás de tanto trabajar en este mundo. **10** Y todo lo que esté en tu mano hacer, hazlo con todo empeño; porque en el sepulcro, que es donde irás a parar, no se hace nada ni se piensa nada, ni hay conocimientos ni sabiduría. *e*

Injusticias de la vida **11** En este mundo he visto algo más: que no son los veloces los que ganan la carrera, ni los valientes los que ganan la batalla; que no siempre los sabios tienen pan, ni los inteligentes son ricos, ni los instruidos son bien recibidos; todos ellos dependen de un momento de suerte. **12** Por otra parte, nunca sabe nadie cuándo le llegará su hora: así como los peces quedan atrapados en la red y las aves en la trampa, así también el hombre, cuando menos lo espera, se ve atrapado en un mal momento.

13 También he visto en este mundo algo que me parece encerrar una gran enseñanza: **14** una ciudad pequeña, con pocos habitantes, es atacada por un rey poderoso que levanta alrededor de ella una gran maquinaria de ataque. **15** Y en la ciudad vive un hombre pobre, pero sabio, que con su sabiduría podría salvar a la ciudad, ¡y nadie se acuerda de él!

Por sobre todas las cosas, sabiduría **16** Sin embargo, yo afirmo que vale más ser sabio que valiente, *f* aun cuando la sabiduría del hombre pobre no sea tomada en cuenta ni se preste atención a lo que dice. *g*

17 Más se oyen las palabras tranquilas de los sabios
que el criterio del rey de los necios.
18 Vale más la sabiduría
que las armas de guerra.

Un solo error
causa grandes destrozos.

10

1 Una mosca muerta apesta
y echa a perder el buen perfume.

Cuenta más la tontería más ligera
que la sabiduría más respetable.

2 La mente del sabio se inclina al bien,
pero la del necio se inclina al mal.

3 El necio, en todo lo que hace,
muestra la pobreza de sus ideas,
aun cuando vaya diciendo
que los necios son los demás. *a*

4 Si el que gobierna se enoja contigo,
no pierdas la cabeza;
el remedio para los grandes errores
es tomar las cosas con calma.

5 Me he dado cuenta de un error que se comete en este mundo, y que tiene su origen en los propios gobernantes: **6** aun al necio se le da de alto cargo, mientras que la gente que vale ocupa puestos humildes. **7** He visto esclavos andar a caballo, y príncipes andar a pie como si fueran esclavos.

8 El que hace el hoyo,
en él se cae. *b*

Al que rompe el muro,
la serpiente lo muerde.

---

h **8.15** *Lo mejor que puede hacer el hombre...*: Véase Ec 2.24 n.
a **9.1** *En las manos de Dios:* Pr 16.1,9; 19.21.
b **9.2** *Y al malo:* según una versión antigua. En el hebreo no aparece esta expresión.
c **9.4** *Vale más perro vivo que león muerto:* El autor cita aquí un proverbio popular. Para percibir toda la fuerza de esta afirmación es conveniente tener en cuenta que, para los antiguos, el perro era un animal despreciable (cf. 1 S 17.43; 24.14[15]; véanse Ec 7.1-22 n.; Flp 3.2 nota *b*; Ap 22.15 nota *s*).
d **9.9** *Goza... amada:* Pr 5.15-19.
e **9.10** Ec 11.7-8; 12.6-7; Eclo 14.16.
f **9.16** Pr 24.5.
g **9.16** Nueva insistencia en los límites de la sabiduría humana. Esta es sin duda más valiosa que la fuerza bruta, pero muchas veces pasa inadvertida y resulta ineficaz. Véase Ec 2.14 nota *j*.
a **10.3** *Aun cuando... los demás:* otra posible traducción: *y revela a todos que es un necio.*
b **10.8** Sal 7.15(16); Pr 26.27; Eclo 27.26-27.

⁹ El que labra piedras,
se lastima con ellas.

El que parte leña,
corre el riesgo de cortarse.

¹⁰ Si el hacha se desafila
y no se la vuelve a afilar,
habrá que golpear con más fuerza.

Vale más hacer las cosas bien y con sabiduría.

¹¹ ¿De qué sirve un encantador,
si la serpiente muerde antes de ser encantada?

¹² Las palabras del sabio le atraen simpatías,
pero las del necio son su propia ruina: *c*
¹³ comienza diciendo puras tonterías,
y acaba diciendo las peores estupideces.
¹⁴ ¡Al necio no le faltan las palabras!

¿Quién puede decir lo que ha de suceder,
si nadie sabe nada del futuro? *d*

¹⁵ Tanto se mata el necio trabajando,
que no sabe ni el camino a la ciudad.

¹⁶ ¡Ay del país que tiene por rey a un chiquillo,
y en el que sus príncipes
amanecen en banquetes!

¹⁷ ¡Dichoso el país que tiene un rey honorable,
y en el que los gobernantes
comen a la hora debida,
para reponer sus fuerzas
y no para emborracharse!

¹⁸ Al holgazán se le cae el techo;
al que no hace nada, toda la casa.

¹⁹ El pan es para disfrutarlo,
y el vino para gozar de la vida;
mas para eso hace falta dinero.

²⁰ No critiques al rey
ni siquiera con el pensamiento.

No hables mal del rico, aunque estés a solas,
porque las aves vuelan y pueden ir a contárselo.

11 ¹ Echa tu pan al agua;
después de algún tiempo lo encontrarás. *a*

² Comparte lo que tienes lo más que puedas,
pues no sabes el mal que puede venir sobre el país.

³ Si las nubes están cargadas,
la lluvia cae sobre la tierra.

Caiga el árbol al norte
o caiga el árbol al sur,
en el lugar donde caiga
allí se habrá de quedar.

⁴ El que mira al viento, no siembra,
y el que mira a las nubes, no cosecha.

⁵ Así como no sabes por dónde va el viento, *b* ni cómo se forma el niño en el vientre de la madre, *c* tampoco sabes nada de lo que hace Dios, *d* creador de todas las cosas.

⁶ Siembra tu semilla por la mañana, y por la tarde siémbrala también, porque nunca se sabe qué va a resultar mejor, si la primera siembra o la segunda, o si las dos prosperarán.

⁷ Muy agradable es la luz, y es bueno que los ojos vean el sol; *e* ⁸ pero aunque uno viva muchos años y disfrute de todos ellos, debe recordar que los días de oscuridad serán muchos, y que todo lo que está por venir es vana ilusión.

Consejos a los jóvenes ⁹ Diviértete, joven, ahora que estás lleno de vida; disfruta de lo bueno ahora que puedes. Déjate llevar por los impulsos de tu corazón y por todo lo que ves, pero recuerda que de todo ello Dios te pedirá cuentas. ¹⁰ Aleja de tu mente las preocupaciones y echa fuera de ti el sufrimiento, porque aun los mejores días de la juventud son vana ilusión. *f*

12 ¹ Acuérdate de tu Creador ahora que eres joven y que aún no han llegado los tiempos difíciles; *a* ya vendrán años en que digas: "No me trae ningún placer vivirlos." ² Hazlo ahora, cuando aún no se apaga la luz del sol, de la luna y de las estrellas, y cuando aún hay nubes después de la lluvia. ³ Llegará un día en que tiemblen los guardianes del palacio y se doblen los valientes; quedarán tan pocas molineras, que dejarán de moler; las que miran por las ventanas, comenzarán a perder la vista. ⁴ Cuando llegue ese día, se cerrarán las puertas que dan a la calle; el ruido del molino se irá apagando; las aves dejarán oir su canto, pero las canciones dejarán de oírse; ⁵ la altura causará miedo, y en el camino habrá peligros.

---

c **10.12** Pr 10.32; 15.2.

d **10.14** *Nadie sabe nada del futuro:* Véase Ec 8.5-7 n.

a **11.1** El significado de esta recomendación no es del todo claro. Un proverbio árabe utiliza la expresión *echa tu pan al agua* con el sentido de *practica el bien,* y de allí concluyen algunos intérpretes que también este v. es una invitación a realizar buenas acciones, ya que estas no quedarán sin recompensa. Otros ven, en cambio, una referencia al comercio marítimo: el autor estaría recomendando enviar el *pan* (es decir, los resultados del propio esfuerzo) a través del mar. Aunque esa operación es altamente arriesgada, reporta en definitiva grandes beneficios.

b **11.5** Cf. Jn 3.8.

c **11.5** La gestación de una nueva vida en el seno materno constituía para los antiguos un hecho asombroso y cargado de misterio (cf. Sal 139.13-16; Pr 30.19; Sab 7.1-2).

d **11.5** *Tampoco sabes nada de lo que hace Dios:* Véase Ec 3.11 nota *f.*

e **11.7** La evocación de la luz solar y de la alegría que ella produce hace que este sabio, tan compenetrado de la nada de las cosas, entone, a pesar de todo, un canto a la vida. Véase 6.5 n.

f **11.9-10** Este consejo dirigido a los jóvenes está en consonancia con lo que el autor ha venido diciendo hasta ahora. Si bien es cierto que todo es "vanidad", no por eso hay que cerrar los ojos a los aspectos positivos de la existencia humana, en especial a esa porción de felicidad que también es parte de la vida (cf. Ec 9.7-9), como lo son asimismo los *días de oscuridad,* que nunca tardan en llegar (cf. Ec 11.8).

a **12.1-7** Contrastando con los últimos ecos de la alegría (cf. Ec 11.9-10), el libro se cierra con una evocación poética de la vejez y de la muerte. Por la sobriedad de su estilo y por su sorprendente

El almendro comenzará a florecer,
la langosta resultará una carga
y la alcaparra [b] no servirá para nada.
Pues el hombre va a su hogar eterno,
y en la calle se escucha ya
a los que lloran su muerte. [c]

6 Acuérdate de tu Creador ahora que aún no se ha roto el cordón de plata ni se ha hecho pedazos la olla de oro; ahora que aún no se ha roto el cántaro a la orilla de la fuente ni se ha hecho pedazos la polea del pozo. **7** Después de eso el polvo volverá a la tierra, como antes fue, y el espíritu volverá a Dios, que es quien lo dio. [d]

8 Yo, el Predicador, repito:
¡Vana ilusión, vana ilusión!
¡Todo es vana ilusión!

III. EPÍLOGO (12.9-14)

9 Y mientras más sabio llegó a ser el Predicador, más conocimientos impartió a la gente. También se dio a la tarea de estudiar gran número de proverbios, y de clasificarlos ordenadamente. **10** Hizo todo lo posible por encontrar las palabras más adecuadas, para escribir convenientemente dichos verdaderos.

11 Los dichos de los sabios son como aguijones, y una vez reunidos en colecciones son como estacas bien clavadas, puestas por un solo pastor. [e] **12** Lo que uno saca de ellos son grandes advertencias. [f] El hacer muchos libros no tiene fin, y el mucho estudio cansa.

13 El discurso ha terminado. Ya todo ha sido dicho. Honra a Dios y cumple sus mandamientos, porque eso es el todo del hombre. **14** Dios habrá de pedirnos cuentas de todos nuestros actos, sean buenos o malos, y aunque los hayamos hecho en secreto.

---

despliegue de imágenes y metáforas, este poema es, sin duda, una de las cumbres de la poesía bíblica y universal.

[b] **12.5** El organismo del anciano está tan debilitado que las propiedades estimulantes y afrodisíacas de la *alcaparra* ya no surten más efecto.

[c] **12.3-5** Según algunos intérpretes, este poema sería una alegoría en la que cada metáfora corresponde a un miembro del cuerpo humano. Los *guardianes del palacio* serían los brazos y las manos; las *molineras*, los dientes; *las que miran por las ventanas*, los ojos; las *puertas que dan a la calle*, los oídos; el *ruido del molino*, la voz debilitada por los años, y así sucesivamente. Pero esta interpretación alegórica, llevada hasta el extremo, resulta demasiado artificial.

[d] **12.7** Según la doctrina corriente en al AT, el hombre recibe el *espíritu* o aliento de vida en forma provisoria (cf. Gn 2.7; 6.3). Una vez que se cumplen los contados días de su existencia, Dios toma de nuevo para sí ese aliento vital, y todo el hombre vuelve al polvo del que había sido formado (Gn 3.19; Sal 104.29; Ec 3.20- 21). El autor del *Eclesiastés* compartía esta creencia, y él escribió su libro antes que surgiera en Israel la fe en la resurrección de los muertos (cf. Dn 12.1-2). Véase también Sal 6.5(6) n.

[e] **12.11** *Y una vez reunidos... pastor:* traducción probable. Heb. oscuro.

[f] **12.12** *Lo que uno saca... advertencias:* otra posible traducción: *recibe además, hijo mío, esta otra advertencia.*

El Cantar de los Cantares

Cantar de los cantares (=Cnt) es la traducción literal de un hebraísmo que significa propiamente "el más bello de los cantares" o "el canto por excelencia". En los poemas que integran el libro, dos jóvenes enamorados no cesan de manifestarse sus apasionados sentimientos de amor mutuo. Pero esos poemas no están redactados en un sencillo lenguaje popular, sino en el más elevado estilo poético y con una deslumbrante profusión de imágenes y metáforas: la viña, la fuente y el jardín simbolizan a la joven (Cnt 1.6; 2.15 n.; 4.12-13; 8.12); los frutos y las flores, el vino, la leche y la miel son igualmente recursos poéticos para describir la belleza de los enamorados (4.3; 5.13; 6.7; 7.7-8[8-9]) o las delicias y alegrías del amor (4.11; 5.1; 6.2; 8.2). De este modo encuentran su expresión, en el lenguaje de la más depurada poesía lírica, los afectos y sentimientos más diversos: angustia por la ausencia de la persona amada (1.7; 3.1-3; 5.8), felicidad en el momento del encuentro (2.8-14; 3.4) y, sobre todo, deseos de entrega recíproca y de mutua posesión (1.2-4; 8.1-2).

Desde el primer poema hasta el último, este libro es un canto al amor del hombre y la mujer. Tanto entre los rebaños de los pastores (1.8) como en las calles de la ciudad (3.2), en los jardines, los viñedos, los campos y las casas (1.16; 2.4; 3.4; 7.12[13]), el amor es el impulso irresistible que inspira las palabras de los enamorados y determina sus acciones. Y no es solo el varón el que toma las iniciativas, sino que también la joven manifiesta abiertamente sus deseos y hace oír su voz: *¡Corre, amado mío...!* (8.14). *¡Dame un beso de tus labios!* (1.2). *¡Llévame pronto contigo!* (1.4).

La transparencia del lenguaje empleado en *El cantar* deja pocas dudas acerca del sentido y la finalidad de estos cantos al amor humano. Sin embargo, la interpretación literal ha sido rechazada muchas veces, tanto por intérpretes judíos como cristianos. La razón aducida para fundamentar este rechazo es que en un libro *sagrado* como la Biblia no habría lugar para un conjunto de cantos *profanos*, dedicados exclusivamente a celebrar las excelencias del amor entre el hombre y la mujer.

Esta objeción ha condicionado durante siglos la interpretación de *El cantar de los cantares,* pero es suficiente una simple observación para poner de manifiesto su inconsistencia. Porque basta con recorrer las primeras páginas de la Biblia para descubrir que el amor y la sexualidad, además de ser un don de Dios, desempeñan un papel fundamental en la realización del plan divino sobre la creación. Según el primer capítulo de *Génesis,* en efecto, la humanidad creada a imagen de Dios tiene como una de sus características esenciales la división y la complementariedad de los sexos (Gn 1.27-28); y de acuerdo con el relato de Gn 2, cuando Adán despierta de su sueño y se encuentra por primera vez con la mujer, descubre esa "ayuda" perfecta que no había hallado antes en ninguna otra criatura: *¡Esta sí que es de mi propia carne y de mis propios huesos!* (Gn 2.23). Por lo tanto, no es nada aventurado afirmar que *El cantar de los cantares* es una expansión y un desarrollo de este primer canto de amor, entonado en los albores de la creación.

Por su expresión literaria y por el tema que tratan, los poemas reunidos en este libro están sin duda emparentados con los cantos que se entonaban en las fiestas de bodas (cf. Jer 25.10), fiestas que solían durar siete días (Gn 29.27-28; Jue 14.10,17) y en las que se hacían oír *los cantos de los novios* (Jer 33.11).

Es importante señalar, sin embargo, que cuando *El cantar* fue incluido en el canon de los libros sagrados, ya había sido puesto bajo el nombre de Salomón, el rey considerado por la tradición judía como prototipo y modelo del sabio (cf. 1 R 3.10-12; 4.29-34[5.9-14]). Esto no quiere decir necesariamente que Salomón haya sido el autor del libro, ya que la parte final del título (Cnt 1.1) lo mismo puede significar *de Salomón* que *dedicado* o *concerniente* a él. Pero la vinculación con el sabio por excelencia asignó a *El cantar de los cantares* un lugar bien definido entre los escritos *sapienciales* de Israel. Esta asignación hizo que en la lectura de los poemas se pusieran de relieve, sobre todo, aquellas cualidades del amor humano que la enseñanza de los sabios valoraba y recomendaba como las más excelentes: no la mera pasión erótica, sino ese amor *inquebrantable como la muerte* (Cnt 8.6), que se pone de manifiesto en la mutua donación de los esposos y en su fidelidad al compromiso matrimonial (cf. Pr 5.15-19).

Pero, por otra parte, la unión de los esposos es uno de los símbolos que la Biblia utiliza para expresar la alianza de Dios con su pueblo. En el Antiguo Testamento hay frecuentes referencias a Israel como la esposa del Señor (Os 1—3; Jer 2.1-3; Ez 16), y el Nuevo Testamento presenta a la iglesia como la esposa de Cristo (Ef 5.23-32; Ap 21.2,9). De ahí que *El cantar* haya podido interpretarse como una *alegoría* o cadena de metáforas destinadas a celebrar la alianza del Señor con Israel, de Cristo con la iglesia, e incluso del alma con Dios. El texto bíblico no ofrece ninguna clave segura para fundamentar dicha interpretación. Pero estos cantos nupciales no habrían podido interpretarse en tal sentido si no se hubiera visto en el amor del varón y la mujer un reflejo y un hermoso símbolo del amor de Dios.

La casi totalidad de los exégetas contemporáneos está de acuerdo en afirmar que la disposición de los poemas en *El cantar de los cantares* no obedece a un plan determinado. La unidad y coherencia del libro, en efecto, no proviene de un esquema tal, sino del tema común y de la sostenida belleza del lenguaje poético. Por lo tanto, la mejor manera de leer *El cantar* consiste en no imponer al conjunto del libro un esquema más o menos arbitrario, sino en dejarse llevar por la sencillez, la naturalidad y la transparencia tan características de estos cantos de amor.

El siguiente esquema ofrece una visión sinóptica del libro:

Título (1.1)
Primer canto (1.2—2.7)
Segundo canto (2.8—3.5)
Tercer canto (3.6—5.1)
Cuarto canto (5.2—6.3)
Quinto canto (6.4—8.4)
Sexto canto (8.5-14)

1

Título [1] El más hermoso de los poemas de Salomón.[a]

Primer Canto
Ella

[2] ¡Dame un beso de tus labios!
Son más dulces que el vino tus caricias,
[3] deliciosos al olfato tus perfumes,
tu nombre[b] es perfume derramado.
¡Por eso te aman las mujeres!

[4] ¡Llévame pronto contigo!
¡Llévame, oh rey,[c] a tus habitaciones!

Coro

Contigo estaremos muy alegres;
evocaremos tus caricias más que el vino.
¡Con razón te aman las mujeres!

Ella

[5] Mujeres de Jerusalén,
soy morena,[d] pero hermosa;
morena como los campamentos de Quedar,[e]
hermosa como las cortinas de Salomón.

[6] No se fijen en que soy morena,
ni en que el sol me ha quemado la piel.

---

[a] **1.1** *De Salomón:* otra posible traducción: *dedicado a Salomón.* Cf. 1 R 4.32(5.12); Cnt 3.9-11.

[b] **1.3** *Tu nombre:* Véase Sal 8.1(2) nota *c.*

[c] **1.4** El término *rey* es un calificativo del amado y no el de un tercer personaje que se interpone entre los dos enamorados. Cf. Cnt 1.12; 7.5(6).

[d] **1.5** *Soy morena:* El v. siguiente muestra que esta expresión se refiere a la tez bronceada por el sol. La joven se presenta aquí como una campesina, mientras que en otros pasajes es llamada *princesa* (lit. *hija de nobles*), es decir, perteneciente a una familia de alto rango.

[e] **1.5** *Quedar:* tribu del norte de Arabia, que según Gn 25.13 estaba emparentada con Ismael. La comparación se debe a que estos

Mis hermanos se enojaron conmigo
y me pusieron a cuidar las viñas,
¡y mi propia viña descuidé! *f*

7 Dime, amor de mi vida,
¿dónde apacientas tus rebaños?,
¿dónde los llevas a descansar al mediodía?
¿Por qué he de andar como una vagabunda, *g*
junto a los rebaños de tus compañeros?

Coro
8 Si no lo sabes tú,
hermosa entre las hermosas, *h*
sigue las pisadas del rebaño
y apacienta tus cabritos
junto a las chozas de los pastores.

Él
9 Tú eres para mí, amor mío,
cual fina yegua *i* del carro del faraón.
10 ¡Qué lindas son tus mejillas
entre los pendientes! *j*
¡Qué lindo es tu cuello
entre los collares de perlas!
11 Te haremos pendientes de oro
con incrustaciones de plata!

Ella
12 Mientras el rey *k* se sienta a la mesa, *l*
mi nardo *m* esparce su fragancia.
13 Mi amado es para mí como el saquito *n* de mirra *ñ*
que está siempre entre mis pechos.
14 Mi amado es para mí como flor de alheña *o*
en los viñedos de En-gadi. *p*

Él
15 ¡Qué hermosa eres, amor mío,
qué hermosa eres!
¡Tus ojos son dos palomas!

Ella
16 ¡Qué hermoso eres, amor mío,
qué hermoso eres! *q*

Él
¡La verde hierba es nuestro lecho!
17 Los cedros son las vigas de la casa,
y los cipreses, el techo que nos cubre.

Ella
2 **1** Soy la flor *a* de los llanos de Sarón, *b*
soy la rosa de los valles.

Él
2 Mi amada es, entre las mujeres,
como una rosa entre los espinos.

Ella
3 Mi amado es, entre los hombres,
como un manzano entre los árboles del bosque.

¡Qué agradable es sentarme a su sombra!
¡Qué dulce me sabe su fruta!
4 Me llevó a la sala de banquetes *c*
y sus miradas para mí fueron de amor. *d*

5 ¡Reanímenme con tortas de pasas,
aliméntenme con manzanas,
porque me muero de amor! *e*
6 ¡Que ponga él su izquierda bajo mi cabeza,
y que con su derecha me abrace! *f*

Él
7 Prométanme, mujeres de Jerusalén,
por las gacelas y cervatillas del bosque, *g*
no interrumpir el sueño de mi amor.
¡Déjenla dormir hasta que quiera despertar! *h*

---

nómadas solían fabricar sus campamentos con pieles de cabras negras.
f **1.6** La palabra *viña* encierra una alusión al cuerpo de la joven: por haber tenido que trabajar en las viñas ella no ha podido cuidarse a sí misma.
g **1.7** *Vagabunda:* según versiones antiguas. Heb. *tapada* (con un velo). Cf. Gn 38.14.
h **1.8** *Hermosa entre las hermosas:* Cnt 5.9; 6.1.
i **1.9** En el antiguo Oriente esta comparación sugería las ideas de prestancia y belleza, y no tenía las connotaciones negativas que ha recibido en otras culturas.
j **1.10** *Pendientes:* traducción probable. Dado que el término hebreo deriva de una raíz que puede significar *ir dando vueltas,* se piensa en una joya de forma redonda como los aros o pendientes. Otros prefieren traducir por *trenzas.*
k **1.12** *El rey:* Véase Cnt 1.4 n.
l **1.12** *Se sienta a la mesa:* lit. *está (reclinado) en su diván.* Esta expresión alude, probablemente, a la antigua costumbre de comer recostados sobre tapices, alrededor de una mesa muy baja.
m **1.12** *Nardo:* óleo aromático extraído de una planta que crece en la India septentrional y oriental. Cf. Mc 14.3 y véase la nota correspondiente.
n **1.13** Aquí se alude a la costumbre de llevar atado al cuello un *saquito* con esencias aromáticas.
ñ **1.13** *Mirra:* resina importada de Arabia, de Etiopía o de la India. Se utilizaba para preparar un aceite sagrado (Ex 30.23-25), como estimulante (Pr 7.17), como cosmético (Est 2.12), para perfumar los trajes de bodas (Sal 45.8[9]) y para embalsamar los cadáveres (Jn 19.39).
o **1.14** La *alheña* es una planta cuyas flores tienen un olor muy penetrante. Las mujeres del Cercano Oriente suelen utilizar sus hojas para preparar tinturas y cosméticos.
p **1.14** *En-gadi:* nombre hebreo que significa *Fuente de la cabra* y designa a un oasis situado sobre la costa oeste del Mar Muerto, en medio de rocas muy escarpadas.
q **1.16** Cf. Cnt 7.6(7).
a **2.1** La palabra hebrea traducida por *flor* se refiere a una clase especial de flores, pero su significado exacto es dudoso. En general se suele pensar en el *narciso* o el *jacinto.*
b **2.1** *Sarón* es el nombre de la estrecha llanura que se extiende sobre la costa del Mediterráneo, al sur del monte Carmelo. Cf. 1 Cr 5.16; Is 35.2; 65.10.
c **2.4** La expresión traducida aquí por *sala de banquetes* (lit. *casa del vino*) ha sido interpretada de distintas maneras. Unos piensan en una posada u hostería; otros, en una cabaña construida en las viñas, donde los viñadores descansaban y bebían. Cf. Est 7.7-9; Jer 16.8; Dn 5.10.
d **2.4** *Y sus miradas... amor:* otra posible traducción: *y su enseña* (o *estandarte*) *sobre mí era "Amor".*
e **2.5** *Me muero de amor:* Cnt 5.8.
f **2.6** Estas mismas palabras se vuelven a encontrar en Cnt 8.3.
g **2.7** Las *gacelas y cervatillas* se mencionan con frecuencia en el resto del libro. Cf. 3.5; 7.3(4); véase 8.14 n.
h **2.7** Este v. se repite en Cnt 3.5 y, parcialmente, en 8.4.

Segundo canto
Ella
⁸ ¡Ya viene mi amado!
¡Ya escucho su voz!
Viene saltando sobre los montes,
viene saltando por las colinas.
⁹ Mi amado es como un venado:
como un venado pequeño.
¡Aquí está ya, tras la puerta,
asomándose a la ventana,
espiando a través de la reja!
¹⁰ Mi amado me dijo:
"Levántate, amor mío;
anda, cariño, vamos.
¹¹ ¡Mira! El invierno ha pasado
y con él se han ido las lluvias.
¹² Ya han brotado flores en el campo,
ya ha llegado el tiempo de cantar,ⁱ
ya se escucha en nuestra tierra
el arrullo de las tórtolas.
¹³ Ya tiene higos la higuera,
y los viñedos esparcen su aroma.

"Levántate, amor mío;
anda, cariño, vamos.
¹⁴ "Paloma mía,ʲ que te escondes en las rocas,
en altos y escabrosos escondites,
déjame ver tu rostro,
déjame escuchar tu voz.
¡Es tan agradable el verte!
¡Es tan dulce el escucharte!"

Los dos
¹⁵ Atrapen las zorras, las zorras pequeñas
que arruinan nuestros viñedos,
nuestros viñedos en flor.ᵏ

Ella
¹⁶ Mi amado es mío, y yo soy suya.
Él apacienta sus rebaños entre las rosas.ˡ

¹⁷ Mientras llega el día
y huyen las sombras,ᵐ

vuelve, amado mío;
sé como un venado,
como un venado pequeño
por los montes escarpados.ⁿ

3¹ En mi cama, por las noches,
busqué al amor de mi vida.
Lo busqué y no lo encontré.
² Entonces me levanté
y recorrí la ciudad
buscando al amor de mi vida
por las calles y las plazas.
Lo busqué y no lo encontré.
³ Pregunté a los guardias
que hacen la ronda de la ciudad:
"¿No han visto ustedes al amor de mi vida?"

⁴ Apenas me había alejado de ellos,
cuando encontré al amor de mi vida.
Lo tomé de la mano, y sin soltarlo
lo llevé a las habitaciones de mi madre.

Él
⁵ Prométanme, mujeres de Jerusalén,
por las gacelas y cervatillas del bosque,
no interrumpir el sueño de mi amor.
¡Déjenla dormir hasta que quiera despertar!ᵃ

Tercer canto
Coro
⁶ ¿Qué es esoᵇ que viene del desierto
y avanzaᶜ entre columnas de humo,
entre humo de mirraᵈ y de incienso
y de toda clase de perfumes?

⁷ ¡Es la litera de Salomón!
Viene escoltada por sesenta soldados
de los más valientes de Israel;ᵉ
⁸ todos ellos manejan la espada
y son expertos guerreros;
cada uno lleva la espada al cinto
en previsión de peligros nocturnos.ᶠ

⁹ El rey Salomón se ha hecho una litera
con finas maderas del Líbano.ᵍ

ⁱ **2.12** En otros contextos, el verbo hebreo traducido por *cantar* significa *cortar*. De ahí que algunos traduzcan: *el tiempo de podar*.
ʲ **2.14** *Paloma mía:* Cnt 5.2; 6.9.
ᵏ **2.15** Este enigmático v. ha dado pie a distintas interpretaciones. El poema retoma la imagen de la viña, (introducida en Cnt 1.6) y habla de los *viñedos en flor* para referirse a los enamorados y al amor que los une. En cuanto a la orden de atrapar *las zorras*, podría expresar el deseo de disfrutar de un sitio tranquilo, lejos de todo aquello que pudiera perturbarlos.
ˡ **2.16** Una frase casi igual a esta la encontramos en Cnt 6.3 y, parcialmente, en 7.10(11).
ᵐ **2.17** *Mientras... las sombras:* Cnt 4.6.
ⁿ **2.17** Según algunos intérpretes, la palabra traducida por *escarpados* es un nombre propio, de manera que sería preciso traducir *montañas de Beter*. Otros hacen notar que ese término deriva de una raíz que significa *cortar* o *dividir en dos*, y de ahí concluyen que la joven invita a su amado a volver recorriendo rápidamente *las montañas que separan* a los dos enamorados.

ᵃ **3.5** Cnt 2.7; 8.4.
ᵇ **3.6** *¿Qué es eso...?:* Esta pregunta retórica es un artificio literario para introducir la descripción que sigue inmediatamente (cf. Is 60.8; 63.1; Jer 46.7).
ᶜ **3.6** *Que viene... y avanza:* Los vv. 6-11 describen un imponente cortejo nupcial. De acuerdo con algunos intérpretes, la referencia a Salomón sería solo una ficción literaria. Otros piensan, en cambio, que el canto fue compuesto efectivamente para las bodas de Salomón con una princesa extranjera, probablemente egipcia (cf. 1 R 3.1; 11.1). Véase también Sal 45 nota *a*.
ᵈ **3.6** *Mirra:* Véase Cnt 1.13 nota *ñ*.
ᵉ **3.7** La escolta formada por estos *sesenta* guerreros recuerda a los treinta amigos que acompañaban a Sansón durante su banquete nupcial (Jue 14.11).
ᶠ **3.8** *Peligros nocturnos:* Véase Sal 91.5 n.; cf. Sal 121.6.
ᵍ **3.9** *Finas maderas del Líbano:* Las montañas del Líbano son célebres por la belleza y calidad de sus cedros. Cf. 1 R 5.6(20); 2 R 14.9.

¹⁰ Las columnas son de plata;
el respaldo, de oro;
el asiento, tapizado de púrpura;
el interior, decorado con amor
por las mujeres de Jerusalén.
¹¹ Mujeres de Sión,^h
¡salgan a ver al rey Salomón!
Lleva puesta la corona
que le hizo su madre para el día de su boda,
para el día más feliz de su vida.

Él

4 ¹ ¡Qué hermosa eres, amor mío!
¡Qué hermosa eres!
Tus ojos son dos palomas ^a
escondidas tras tu velo; ^b
tus cabellos son como cabritos
que retozan por los montes de Galaad. ^c
² Tus dientes, todos perfectos,
son cual rebaño de ovejas
recién salidas del baño
y listas para la trasquila. ^d
³ Tus labios son rojos
como hilos de escarlata,
y encantadoras tus palabras.
Tus mejillas son dos gajos de granada
escondidos tras tu velo.
⁴ Tu cuello es semejante
a la bella torre de cantería
que se construyó para David. ^e
De ella cuelgan mil escudos,
escudos de valientes.
⁵ Tus pechos son dos gacelas,
dos gacelas mellizas ^f
que pastan entre las rosas.
⁶ Mientras llega el día
y huyen las sombras,
me iré al monte de la mirra,
a la colina del incienso. ^g

⁷ ¡Tú eres hermosa, amor mío;
hermosa de pies a cabeza!
¡En ti no hay defecto alguno!
⁸ Baja conmigo del Líbano, novia mía;
baja conmigo del Líbano.
Contempla el valle desde la cumbre del Amaná, ^h
desde la cumbre del Senir y del Hermón; ^i
desde las cuevas de los leones,
desde los montes de los leopardos.
⁹ Me robaste el corazón,
hermanita, ^j novia mía;
me robaste el corazón
con una sola mirada tuya,
con uno de los hilos de tu collar.
¹⁰ ¡Qué gratas son tus caricias,
hermanita, novia mía!
¡Son tus caricias más dulces que el vino,
y más deliciosos tus perfumes
que todas las especias aromáticas! ^k
¹¹ Novia mía,
de tus labios brota miel.
¡Miel y leche ^l hay debajo de tu lengua!
¡Como fragancia del Líbano
es la fragancia de tu vestido! ^m
¹² Tú, hermanita, novia mía,
eres jardín cerrado,
cerrada fuente,
sellado manantial;
¹³ jardín ^n donde brotan los granados
de frutos exquisitos;
jardín donde hay flores de alheña, ^ñ
¹⁴ nardos y azafrán,
caña aromática y canela,
y toda clase de árboles de incienso,
de mirra y de áloe; ^o
¡todas las mejores especias aromáticas!
¹⁵ La fuente del jardín

---

^h 3.11 *Sión* es el nombre de la colina donde estaba edificado el Templo, pero a veces el AT emplea ese nombre como designación poética de toda la ciudad de Jerusalén. Véase Sal 2.6 n.
^a 4.1 Cnt 1.15.
^b 4.1 *Escondidas tras tu velo:* Véase Cnt 1.7 n.; cf. también 4.3; 6.7. El *velo* lo usaban principalmente las vírgenes, para no ser vistas por otras personas fuera de sus familiares cercanos. Era una deshonra que una virgen fuera sorprendida en la calle sin el velo, o que un hombre se lo levantara.
^c 4.1 *Tus cabellos... Galaad:* La comparación se refiere con toda probabilidad a las ondas de los cabellos. Estos "ondean", efectivamente, como los rebaños que bajan saltando por las laderas de las montañas. *Galaad:* Véase Dt 2.36-37 n.
^d 4.2 Este v. vuelve a encontrarse en Cnt 6.6.
^e 4.4 Esta *torre* de *David,* que sin duda era notable por su belleza y magnificencia, no se ha localizado.
^f 4.5 Cnt 7.3(4).
^g 4.6 Aquí no se trata de un *monte* y una *colina* reales, sino de imágenes poéticas. Algunos intérpretes han visto en estos montes una alusión a los senos de la joven. Cf. Cnt 8.10. *Mirra:* Véase 1.13 nota ñ.

^h 4.8 El *Amaná* es una de las cumbres del Antilíbano, al norte del monte Hermón. Allí se origina el río Abaná, mencionado en 2 R 5.12.
^i 4.8 Según Dt 3.9, *Senir* era el nombre con que los antiguos pobladores de Palestina designaban al monte *Hermón;* en 1 Cr 5.23, por el contrario, los dos nombres parecen referirse a montes distintos. Acerca del *Hermón,* véanse Sal 68.15(16) nota *p;* 133.3 n.
^j 4.9 *Hermanita:* En la poesía del antiguo Oriente es bastante frecuente llamar "hermano" o "hermana" a la persona amada. Cf. Cnt 4.10,12; 5.1-2.
^k 4.10 Cf. Cnt 1.2-3.
^l 4.11 *Miel* y *leche* son dos términos que suelen emplearse en el Pentateuco para describir la fertilidad y abundancia de la Tierra prometida. Véase Ex 3.8 nota *f.*
^m 4.11 Cf. Os 14.6(7).
^n 4.13 La palabra hebrea traducida por *jardín* es una transcripción del vocablo persa *pardes,* del que deriva la palabra castellana *paraíso.*
^ñ 4.13 *Alheña:* Véase Cnt 1.14 nota *o.* El hebreo añade *y nardos.*
^o 4.14 *Áloe:* árbol originario de la India, cuya madera da un perfume muy agradable.

es un pozo del cual brota
el agua que baja desde el Líbano.

16 Viento del norte, ¡despierta!
Viento del sur, ¡ven acá!
¡Soplen en mi jardín y esparzan su perfume!

Ella

Ven, amado mío, a tu jardín,
y come de sus frutos exquisitos.

Él

5 **1** Ya he entrado en mi jardín,
hermanita, novia mía.
Ya he tomado mi mirra y mis perfumes,
ya he probado la miel de mi panal,
ya he bebido mi vino y mi leche.

Coro

Queridos amigos,
coman y beban,
¡beban todo lo que quieran!

Cuarto canto
Ella

2 Yo dormía, pero no mi corazón.
Y oí que mi amado llamaba a la puerta:
"¡Ábreme, amor mío;
hermanita,
palomita virginal!
¡Mi cabeza está empapada de rocío!
¡El rocío nocturno me corre por el cabello!"

3 "Ya me he quitado la ropa;
¡tendría que volver a vestirme!
Ya me he lavado los pies;
¡se me volverían a llenar de polvo!"

4 Mi amado metió la mano
por el agujero de la puerta.
¡Eso me conmovió profundamente!

5-6 Entonces me levanté
para abrirle a mi amado.
De mis manos y mis dedos
cayeron gotitas de mirra
sobre el pasador de la puerta.
¡Al oírlo hablar
sentí que me moría!

Abrí la puerta a mi amado,
pero él ya no estaba allí.
Lo busqué y no lo encontré, *a*
lo llamé y no me respondió.

7 Me encontraron los guardias
que hacen la ronda de la ciudad; *b*
me golpearon, me hirieron;

¡los que cuidan la entrada de la ciudad
me arrancaron el velo con violencia!

8 Mujeres de Jerusalén,
si encuentran a mi amado,
prométanme decirle
que me estoy muriendo de amor. *c*

Coro

9 ¿Qué de especial tiene tu amado,
hermosa entre las hermosas? *d*
¿Qué de especial tiene tu amado
que nos pides hacerte tal promesa? *e*

Ella

10 Mi amado es trigueño claro,
inconfundible entre miles de hombres.
11 Su cabeza es oro puro;
su cabello es ondulado
y negro como un cuervo;
12 sus ojos son dos palomas bañadas en leche,
posadas junto a un estanque;
13 sus mejillas son amplios jardines
de fragantes flores.
Sus labios son rosas
por las que ruedan gotitas de mirra;
14 sus manos son abrazaderas de oro
cubiertas de topacios;
su cuerpo es pulido marfil
con incrustaciones de zafiros;
15 sus piernas son columnas de mármol
afirmadas sobre bases de oro puro;
su aspecto es distinguido
como los cedros del Líbano;
16 su paladar es dulcísimo.
¡Todo él es un encanto!

Así es mi amado,
así es el amor mío,
mujeres de Jerusalén.

Coro

6 **1** ¿A dónde se ha ido tu amado,
hermosa entre las hermosas?
¿A dónde se ha dirigido?
¡Iremos contigo a buscarlo!

Ella

2 Mi amado ha ido a su jardín,
a su jardín perfumado,
a apacentar su rebaño
y cortar las rosas.

3 Yo soy de mi amado, y él es mío.
Él apacienta sus rebaños entre las rosas. *a*

---

a **5.5-6** *Lo busqué y no lo encontré:* Cnt 3.1.
b **5.7** *Los guardias... ciudad:* Cf. Cnt 3.3.
c **5.8** Los jóvenes enamorados invocan varias veces a las *mujeres de Jerusalén* (cf. 1.5; 2.7; 3.5; 5.16; 8.4) *Me estoy muriendo de amor:* Cnt 2.5.
d **5.9** *Hermosa entre las hermosas:* Cnt 1.8; 6.1. Como las que pronuncian estas palabras son probablemente las mujeres de Jerusalén (cf. v. 8), es posible que este calificativo tenga aquí un dejo de ironía.
e **5.9** Estas preguntas provocativas dan motivo a la joven para hacer un encendido elogio de los encantos de su amado. Véase Cnt 3.6 nota *b*.
a **6.3** Cnt 2.16.

Quinto canto
Él
4 Tú, amor mío,
eres hermosa y encantadora
como las ciudades de Tirsá [b] y Jerusalén;
irresistible como un ejército en marcha.
5 ¡Deja ya de mirarme,
pues tus ojos me han vencido!

Tus cabellos son como cabritos
que retozan por los montes de Galaad. [c]
6 Tus dientes, todos perfectos,
son cual rebaño de ovejas
recién salidas del baño
y listas para la trasquila. [d]
7 Tus mejillas son dos gajos de granada
escondidos tras tu velo.

8 Sesenta son las reinas,
ochenta las concubinas
y muchísimas las doncellas,
9 pero mi palomita virginal es una sola;
una sola es la hija preferida
de la mujer que la dio a luz.
Al verla, las jóvenes la felicitan;
reinas y concubinas la alaban.

Coro
10 ¿Quién es esta que se asoma
como el sol en la mañana?
Es hermosa como la luna,
radiante como el sol,
¡irresistible como un ejército en marcha!

Ella
11 Fui al bosque de los nogales
a admirar el verdor en el arroyo;
quería ver los brotes de los viñedos
y las flores de los granados.
12 Después ya no supe qué pasó
hasta que me vi en un carro junto a mi príncipe. [e]

Coro
13 (7.1) [f] ¡Regresa, Sulamita, [g] regresa!
¡Regresa, queremos verte!

Ella
¿Y qué quieren ver de la Sulamita?

Coro
¡Una danza, como en los campamentos!

Él
7 **1** (2) ¡Qué hermosos son tus pies
en las sandalias, princesa!
Las curvas de tus caderas
son como adornos de oro fino
hechos por manos expertas.
2 (3) Tu ombligo es una copa redonda
donde no falta el buen vino;
tu vientre es una pila de trigo
rodeada de rosas.
3 (4) Tus pechos son dos gacelas,
dos gacelas mellizas. [a]
4 (5) Tu cuello es una torre de marfil;
tus ojos son dos estanques
de la ciudad de Hesbón, [b]
junto a la puerta de Bat-rabim; [c]
tu nariz es como la torre del Líbano
que mira hacia la ciudad de Damasco. [d]
5 (6) Tu cabeza, sobre tu cuerpo,
es como el monte Carmelo; [e]
hilos de púrpura son tus cabellos:
¡un rey está preso entre sus rizos!

6 (7) Amor mío, mujer encantadora, [f]
¡qué bella, qué hermosa eres!
7 (8) Tu porte es como el porte de una palmera;
tus pechos son como racimos.
8 (9) Yo pienso subir a la palmera
y adueñarme de sus racimos.
Tus pechos serán entonces
como racimos de uvas;
tu aliento, perfume de manzanas;
9 (10) tu paladar, como el buen vino
que resbala suavemente
por los labios y los dientes. [g]

Ella
10 (11) Yo soy de mi amado:
los impulsos de su amor lo atraen a mí.

11 (12) ¡Anda, amado mío, vayamos al campo!
Pasaremos la noche entre flores de alheña.
12 (13) Por la mañana iremos a los viñedos,
a ver si ya tienen brotes,
si se abren ya sus botones,
si ya han florecido los granados.
¡Allí te daré mi amor!
13 (14) Las mandrágoras [h] esparcen su aroma.

---

[b] **6.4** *Tirsá* fue la capital del reino del Norte (véase 1 R 14.17 n.) hasta los tiempos de Omrí, rey de Israel (véase 1 R 16.6 n.). Aquí se la menciona probablemente porque su nombre deriva de una raíz que significa *bella* o *agradable*.
[c] **6.5** *Tus cabellos... Galaad:* Véase Cnt 4.1 nota *c*.
[d] **6.6** Cnt 4.2.
[e] **6.12** *Hasta que me vi... mi príncipe:* traducción poco segura de un texto muy oscuro. La primera parte del v. se refiere a la pérdida del sentido a causa de la extrema alegría.
[f] **6.13(7.1)—7.13(14)** Los números entre paréntesis corresponden a la numeración del texto hebreo.
[g] **6.13(7.1)** El nombre *Sulamita* está emparentado con la palabra hebrea *shalom*, que significa *paz, prosperidad, felicidad*. Algunos ven en este nombre una variante de *sunamita*, es decir, proveniente, como la bella Abisag, de la población llamada Sunem (cf. 1 R 1.3).
[a] **7.3(4)** Cnt 4.5.
[b] **7.4(5)** *Hesbón:* localidad de Transjordania, bien provista de aguas, habitada antiguamente por los amorreos (cf. Nm 21.26-30).
[c] **7.4(5)** *Bat-rabim,* en hebreo, significa *hija de muchos*.
[d] **7.4(5)** *La torre del Líbano:* Podría tratarse de una torre real, aunque desconocida para nosotros, o de un nombre metafórico del monte Hermón, que se alza majestuoso en las cercanías de *Damasco*.
[e] **7.5(6)** *El monte Carmelo:* Véanse 1 R 18.19 n.; Am 1.2 nota *j*.
[f] **7.6(7)** *Mujer encantadora:* según dos versiones antiguas. Heb. *en las delicias*.
[g] **7.9(10)** *Tu paladar... los dientes:* traducción probable. Heb. oscuro.

A nuestra puerta hay fruta de todas clases:
fruta seca y fruta recién cortada,
que para ti, amado mío, aparté.

8 ¹ ¡Ojalá fueras tú un hermano mío, [a]
criado a los pechos de mi madre!
Así, al encontrarte en la calle,
podría besarte y nadie se burlaría de mí;
² podría llevarte a la casa de mi madre,
te haría entrar en ella,
y tú serías mi maestro. [b]
Yo te daría a beber del mejor vino
y del jugo de mis granadas.

³ ¡Que ponga él su izquierda bajo mi cabeza,
y que con su derecha me abrace! [c]

Él

⁴ Prométanme, mujeres de Jerusalén,
no interrumpir el sueño de mi amor.
¡Déjenla dormir hasta que quiera despertar! [d]

Sexto canto

Coro

⁵ ¿Quién es esta que viene del desierto, [e]
recostada en el hombro de su amado?

Él

Bajo un manzano interrumpí tu sueño:
allí donde tu madre tuvo dolores;
allí donde tu madre te dio a luz.

Ella

⁶ Llévame grabada [f] en tu corazón,
¡llévame grabada en tu brazo!
El amor es inquebrantable como la muerte;
la pasión, [g] inflexible como el sepulcro. [h]
¡El fuego ardiente del amor
es una llama divina! [i]
⁷ El agua de todos los mares [j]
no podría apagar el amor;
tampoco los ríos podrían extinguirlo.
Si alguien ofreciera todas sus riquezas
a cambio del amor,
burlas tan solo recibiría. [k]

Coro

⁸ Nuestra hermanita no tiene pechos. [l]
¿Qué vamos a hacer con ella
cuando vengan a pedirla?
⁹ Si fuera una muralla,
construiríamos sobre ella almenas de plata;
si fuera una puerta,
la recubriríamos con tablas de cedro.

Ella

¹⁰ Yo soy como una muralla,
y mis pechos como torres.
Por eso, a los ojos de él,
ya he encontrado la felicidad.

¹¹ Salomón tenía un viñedo en Baal-hamón. [m]
Lo dejó al cuidado de unos guardianes,
que al llegar la cosecha le entregaban
mil monedas de plata cada uno.
¹² Las mil monedas son para ti, Salomón,
y doscientas para los guardianes;
¡yo cuido mi propia viña! [n]

Él

¹³ ¡Déjame oir tu voz,
oh reina de los jardines!
¡Nuestros amigos esperan escucharla!

Ella

¹⁴ ¡Corre, amado mío,
corre como un venado,
como el hijo de una gacela [ñ]
sobre los montes llenos de aromas!

---

[h] **7.13(14)** *Mandrágoras:* Véase Gn 30.14 n.
[a] **8.1** *¡Ojalá fueras tú un hermano mío...!:* La joven desearía abrazar a su amado públicamente, pero las severas costumbres de la época solo permitían dar esas pruebas de afecto a un pariente cercano.
[b] **8.2** *Y tú serías mi maestro:* lit. *y tú me enseñarías,* se sobreentiende, los secretos y encantos del amor.
[c] **8.3** Cnt 2.6.
[d] **8.4** Cnt 2.7; 3.5.
[e] **8.5** Cnt 3.6.
[f] **8.6** *Grabada:* lit. *como un sello.* Los sellos se hacían de metal o de piedra y servían para certificar la autenticidad de un documento escrito. El propietario llevaba su sello como anillo (Jer 22.24) o atado al cuello (Gn 38.18), y no se separaba de él por ningún motivo (cf. Hag 2.23).
[g] **8.6** *La pasión:* La palabra hebrea suele traducirse por *celos;* pero como este término tiene algunas connotaciones negativas, es preferible la traducción aquí propuesta, máxime si se tiene en cuenta el paralelismo con la palabra *amor* (véase la *Introducción a los Salmos [2]*).
[h] **8.6** *Sepulcro:* heb. *sheol,* o *reino de los muertos.* Véase Sal 6.5(6) n.
[i] **8.6** *Llama divina:* lit. *llama de Yah,* abreviación del nombre divino *Yahvé,* que en esta versión se traduce por *el Señor* (véase Ex 3.15 n.). Nótese asimismo que el nombre de Dios, puesto al lado de un sustantivo, tiene a veces en el AT un valor de superlativo (véase Gn 1.2 nota *d*), y por eso algunos proponen la traducción *llama ardiente.* Otros, en cambio, traducen por *rayo,* ya que este es el sentido que tiene algunas veces la expresión *fuego de Dios* (cf. 2 R 1.12).
[j] **8.7** *El agua de todos los mares:* alusión a las aguas del océano primordial (véase Gn 1.2 nota c), que en algunos textos del AT aparecen asociadas a la muerte (cf. 2 S 22.5-6,17; Sal 18.4-5[5-6],16[17]; Jon 2.2-3). De ahí la conexión de esta frase con las del v. anterior.
[k] **8.7** En el antiguo Israel los matrimonios se arreglaban entre las familias y el novio debía pagar una dote (cf. Gn 34.12). Algunos ven aquí una crítica a esta costumbre, que subordinaba el amor a los intereses familiares.
[l] **8.8** La expresión *no tiene pechos* alude a la juventud de la *hermanita.* De ahí la necesidad de protegerla (v. 9).
[m] **8.11** *Baal-hamón:* sitio no identificado, cuyo nombre significa *dueño de riqueza.*
[n] **8.11-12** Las *mil monedas* podrían aludir al harén del rey Salomón (cf. 1 R 11.3) y los *guardianes* serían los eunucos encargados de cuidar (cf. Est 2.3,14). En abierto contraste con esto, el joven confiesa el intenso amor que lo une a su única amada (*mi propia viña,* véase Cnt 1.6 n.).
[ñ] **8.14** En este libro, se compara al joven varias veces con el *venado* (cf. 2.9,17) y a la mujer con una *gacela* (cf. 4.5; 7.3[4]), por la vitalidad y esbeltez de estos animales.

Los libros Proféticos

La Biblia hebrea se divide en tres grandes secciones: la *Torá*, los *Profetas* y los *Escritos*. Los *Profetas*, a su vez, se subdividen en *Profetas anteriores* y *posteriores*. A los primeros pertenecen varios libros de carácter narrativo (*Josué, Jueces, 1 y 2 Samuel, 1 y 2 Reyes*). Los profetas posteriores son *Isaías, Jeremías, Ezequiel* y los *Doce profetas* llamados "menores", no porque su enseñanza sea menos valiosa o importante, sino porque sus escritos no son tan extensos como los de los "grandes" profetas. Esta versión de la Biblia, de acuerdo con la versión griega de los Setenta (LXX), incluye también entre los profetas los libros de *Lamentaciones* y *Daniel*; pero el canon hebreo los pone en la tercera sección, es decir, entre los *Escritos* (véanse las *Introducciones* a estos dos libros).

La palabra *profeta* es una transcripción del vocablo griego *profetes*, compuesto del verbo *femi*, que significa "decir" o "anunciar", y de la preposición *pro*, que tiene un sentido local ("delante de" o "en presencia de"). *Profeta* es, entonces, aquella persona que anuncia delante de otros un mensaje de la divinidad. Además, de este sentido local, el *pro* puede tener sentido sustitutivo: "en lugar de", "en nombre de", y así el vocablo *profeta* puede significar también "el que habla en lugar de (Dios)". En la Biblia griega, la palabra *profetes* traduce el hebreo *nabí*, que según algunos intérpretes deriva de una raíz semítica que significa "llamar". En tal caso, el profeta sería el *llamado* (por Dios).

En el lenguaje corriente, suele llamarse *profeta* a la persona que anuncia el futuro. Pero esa idea tiene muy poco que ver con lo que dice la Biblia acerca de los profetas. Estos no eran adivinos, magos o astrólogos, que se dedicaban a leer el porvenir para poder anunciarlo anticipadamente. Eran los mensajeros y portavoces del Dios de Israel, enviados a proclamar la palabra del Señor en un momento histórico preciso, y su mensaje, incluso cuando incluía alguna referencia al futuro, estaba siempre vinculado a las necesidades de aquel momento (véase, por ejemplo, Is 7.1-17 y las notas correspondientes). De ahí la importancia de conocer el contexto histórico en el que los profetas proclamaron la palabra de Dios, a fin de comprender su verdadero sentido. Solo entonces se podrá actualizar su mensaje, en conformidad con las circunstancias y necesidades del tiempo presente.

Los textos narrativos de la Biblia mencionan a numerosos profetas: Samuel, Natán, Elías y Eliseo son los más conocidos. Pero al lado de estas grandes figuras hay muchos otros, cuyos nombres no suelen ser tan familiares, como, por ejemplo, Gad, Ajías de Siló, Semaías, Micaías hijo de Imlá, y algunas profetisas como María, Débora y otra llamada Huldá, que vivió en Jerusalén en tiempos del rey Josías. Estos relatos refieren a veces algunas palabras de estos profetas (cf., por ejemplo 1 S 8.11-18; 2 S 7.4-16). Pero el acento recae, de modo especial, sobre la intervención de los profetas en momentos decisivos de la historia de Israel (cf. 1 R 18). En los libros proféticos, por el contrario, las secciones narrativas pasan a un segundo plano, y lo que más se destaca es la palabra del Señor.

Los profetas, por lo general, introducen sus mensajes con la frase *Así dice el Señor*. Al utilizar esa expresión u otras semejantes, se presentan a sí mismos como mensajeros de Dios (cf. Is 6.8), investidos de autoridad para proclamar su palabra. Esta certeza de haber sido enviados por Dios es un elemento distintivo de la conciencia profética. Amós dice que el Señor lo quitó de andar cuidando ovejas y le dijo: *Ve y habla en mi nombre a mi pueblo Israel* (7.15). Jeremías escuchó la voz del Señor que le decía: *Yo pongo mis palabras en tus labios* (1.10). Y Ezequiel comió el rollo donde estaba escrito el mensaje del Señor (3.2). Por lo tanto, como enseña Isaías, todo el que cierra sus oídos al mensaje profético desprecia la palabra del Dios Santo de Israel (5.24).

Con muy pocas excepciones, los escritos proféticos llevan un *título*, que sitúa al profeta en un momento histórico determinado. Esta ambientación histórica se hace a partir de la cronología de los reyes (Is 1.1; Os 1.1), o de un acontecimiento importante y bien conocido, como la toma de Jerusalén o la deportación a Babilonia (Jer 1.3; Ez 1.1-3).

Para comunicar la palabra del Señor, los profetas emplean distintos géneros literarios. Hay entre sus escritos relatos de visiones (Jer 1.11-13; Am 7.1-9; 8.1-3; 9.1-4), himnos parecidos a los salmos (Is 12.1-6; 25.1-5), reflexiones de tipo sapiencial (Is 28.23-29; cf. Am 3.3-8) y relatos de acciones simbólicas (Is 20.1-6; Jer 13.1-14; Os 1—3). Particularmente significativos son, asimismo, los pasajes que describen el momento en que el Señor los llamó a ejercer la actividad profética (Is 6; Jer 1.4-10; Ez 1—3). Pero los dos géneros más frecuentes son los mensajes de salvación y los de juicio y condenación. Estos últimos, que a veces comienzan con la fórmula *¡Ay de los que...!*, denuncian primero los pecados cometidos por el pueblo de Israel (por ejemplo, Am 2.6-16), por las naciones paganas (por ejemplo, Am 1.3—2.3), o por algún individuo (Is 22.15-19; Jer 20.1-6), y esta acusación fundamenta el anuncio del castigo. Los mensajes de salvación, en cambio, proclaman el amor misericordioso del Señor, que perdona y restaura a su pueblo (cf., por ejemplo, Is 4.3-6; Jer 31.31-34; Ez 37.1-14).

El Dios de los profetas es un Dios exigente. Él denuncia con extrema severidad los pecados de su pueblo, porque su justicia y santidad no pueden tolerar la mentira, la idolatría, los crímenes y la injusticia. Pero no es un Dios que se revele únicamente en actos de juicio y de condenación. Su mayor gloria consiste en darse a conocer como un Dios que salva, y en mostrar que no solo Israel será el beneficiario de sus dones. Al ver la liberación de un pueblo que parecía perdido para siempre, todas las naciones reconocerán que el Dios de Israel es el único Dios (cf. Ez 36.23,36; 37.28; 39.7-8) y exclamarán: *Vengan, subamos al monte del Señor, al templo del Dios de Jacob, para que él nos enseñe sus caminos y podamos andar por sus senderos* (Is 2.3).

Los profetas ejercieron una influencia decisiva, primero en la religión de Israel y luego en el cristianismo. Pero muy pocas veces los primeros destinatarios de su mensaje les prestaron la debida atención (cf., en este sentido, Hag 1.14-15). En un primer momento, sus palabras cayeron casi siempre en el vacío, y hay en los escritos proféticos toda una serie de textos que dan testimonio de este rechazo. Cuando la palabra del profeta resultaba demasiado molesta, trataban de hacerlo callar, como lo declara el mismo Señor por medio de Amós: *Prohibieron a los profetas que hablaran en mi nombre* (Am 2.12; cf. 7.10-13). Otras veces les decían: *No nos cuenten revelaciones verdaderas; háblennos palabras suaves; no nos quiten nuestras ilusiones* (Is 30.10). Y cuando esas pretensiones chocaban con la inquebrantable fidelidad de los profetas a la palabra de Dios (cf. Jer 20.9), se intentaba desacreditar su mensaje, alegando que los anuncios proféticos tardaban mucho en cumplirse. Por este motivo, Isaías denuncia el escepticismo de sus oyentes, que exclamaban: *Que Dios haga pronto sus cosas, para que las veamos; que el Dios Santo de Israel cumpla de prisa sus planes, para que los conozcamos* (Is 5.19; cf. 28.9-10). Y Ezequiel dirige el mismo reproche a los que decían: *Pasan los días, y las visiones del profeta no se cumplen* (12.22; cf. también 2.3-7; 12.26-28; 33.30-33).

Después de todos estos testimonios, no es nada extraño que Jesús haya podido declarar: *Les aseguro que ningún profeta es bien recibido en su propia tierra* (Lc 4.24). Para no incurrir en ese mismo pecado, es urgente abrir los oídos y el corazón al mensaje de los profetas, *pues ese mensaje es como una lámpara que brilla en un lugar oscuro, hasta que el día amanezca y la estrella de la mañana salga para alumbrarles el corazón* (2 P 1.19).

PROFETAS DE LA BIBLIA

Profeta	Fecha aproximada de su actividad profética	Referencia
Abraham	c. 1850 a.C.	Gn 20.7
Moisés	c. 1350-1220 a.C.	Nm 12; Dt 18.15-22
María, hermana de Moisés	c. 1350-1220 a.C.	Ex 15.20
Débora	c. 1130 a.C.	Jue 4—5
Samuel	c. 1040 a.C.	1 S 3.20; 9.9
Gad	c. 1010-970 a.C.	1 S 22.5; 2 S 24.11
Natán	c. 1010-970 a.C.	2 S 7.2-16; 12.1-14; 1 R 1.10-14
Ahías	c. 940 a.C.	1 R 11.29-39
Semaías	c. 927 a.C.	2 Cr 12.5-8
Iddo		2 Cr 12.15
Azarías	c. 896 a.C.	2 Cr 15.1-8
Jehú	c. 886 a.C.	1 R 16.7
Elías	c. 865 a.C.	1 R 17.1—2 R 2.12a
Eliseo	c. 850 a.C.	1 R 19.19—2 R 13.25
Jonás, hijo de Amitai	c. 785 a.C.	2 R 14.25
Amós	c. 750 a.C.	Véase *Introducción* a Am
Oseas	c. 750 a.C.	Véase *Introducción* a Os
Isaías	c. 740 a.C.	Véase *Introducción* a Is
Miqueas	c. 740 a.C.	Véase *Introducción* a Miq
Obed	c. 737-732 a.C.	2 Cr 28.9-11
Sofonías	c. 630 a.C.	Véase *Introducción* a Sof
Jeremías	c. 627 a.C.	Véase *Introducción* a Jer
Huldá		2 R 22.14-20
Urías	c. 622 a.C.	Jer 26.20
Nahúm	c. 612 a.C.	Véase *Introducción* a Nah
Habacuc	c. 605 a.C.	Véase *Introducción* a Hab
Ezequiel	c. 593 a.C.	Véase *Introducción* a Ez
Hageo	c. 520 a.C.	Véase *Introducción* a Hag
Zacarías	c. 520 a.C.	Véase *Introducción* a Zac
Jonás		Véase *Introducción* a Jon
Malaquías	c. 450 a.C.	Véase *Introducción* a Mal
Abdías	c. 450 a.C.	Véase *Introducción* a Abd
Joel	c. 450 a.C.?	Véase *Introducción* a Jl
Juan el Bautista	c. 30-31 d.C.	Mt 11.29; Lc 7.26

Véanse *Tabla cronológica del AT* y *Profecía* en el *Índice temático*.

Isaías

El profeta Isaías era un ciudadano de Jerusalén, la capital del reino de Judá. Fue llamado a ejercer la misión profética hacia el año 740 a.C. (cf. Is 6.1) y desarrolló su actividad hasta fines del siglo VIII a.C. Tuvo por lo menos dos hijos (7.3; 8.3-4), cuyos nombres simbolizaban aspectos importantes de su mensaje. Su esposa es llamada *la profetisa* (8.3), lo que no implica necesariamente que haya profetizado ella misma, como lo hicieron otras mujeres en Israel (cf. Ex 15.20; Jue 4.4; 2 R 22.14). Tal vez quiere decir, simplemente, que era la esposa del profeta y que sus hijos habían sido puestos por el Señor como *señales* vivientes para el pueblo de Israel (cf. Is 8.18).

El texto bíblico no da indicaciones concretas sobre la vida y la condición social de Isaías. Sin embargo, algunos indicios diseminados en los caps. 1—39 permiten afirmar que fue una persona de reconocida autoridad e influencia en la corte real y que quizá pertenecía a la aristocracia de Jerusalén. Los indicios más significativos son la facilidad con que podía presentarse ante los reyes (7.3-17; 39.3; cf. 37.2), su activa participación en los asuntos del reino (cf., por ejemplo, 37.5-7) y su vinculación con algunos sacerdotes y altos funcionarios de Jerusalén (8.2).

En tiempos de Isaías, el reino de Judá estuvo constantemente amenazado por los ataques del enemigo. Al comienzo mismo de su misión profética, los reinos de Israel y de Damasco se aliaron contra el rey Ahaz en la llamada guerra siro-efraimita (7.1-2). Más tarde, Jerusalén soportó la invasión y el asedio del rey asirio Senaquerib (cf. caps. 36—37). Otro hecho de enorme importancia, acaecido también durante la vida del profeta, fue la desaparición del reino de Israel: en el año 721 a.C., Samaria fue sitiada y destruida por los asirios, con lo cual llegó a su fin la historia del reino del Norte (cf. 2 R 17.3-6).

El contenido del libro de *Isaías* (=Is) puede dividirse en tres grandes secciones. En la primera (caps. 1—39), el profeta condena severamente los pecados e infidelidades de su pueblo. Para Isaías, el Señor era, ante todo, el *Dios Santo de Israel* (1.4; 5.19,24; 10.20), que pedía justicia en las relaciones sociales y sinceridad en el culto que se le tributaba. Pero allí donde el Señor esperaba justicia, no se escuchó otra cosa que el clamor de los oprimidos (5.7); y el culto celebrado en el Templo no era agradable a sus ojos, porque los que presentaban sacrificios y ofrendas tenían *las manos manchadas de sangre* (1.15).

El mensaje de Isaías está muy ligado a los acontecimientos históricos de su época. Así, por ejemplo, el llamado "libro del Emanuel" (caps. 7—12) relata la actividad del profeta durante la llamada guerra siro-efraimita. También intervino activamente cuando Jerusalén fue asediada por Senaquerib (701 a.C.). Dirigió gran parte de su mensaje a los responsables políticos y militares de Judá (cf. 9.1-2), sobre todo a los que esperaban salvar a la nación entablando negociaciones con otros países (cf. 30.1-5). En todas estas intervenciones, Isaías aparece como el profeta de la fe: solo la inquebrantable confianza en el Señor, y no las alianzas con naciones extranjeras, podía traer la salvación a Israel (7.8-9).

Esta sección incluye también otra serie de mensajes proféticos provenientes de distintas épocas: oráculos contra las naciones paganas (caps. 13—23), el apocalipsis de Isaías (caps. 24—27), poemas (caps. 34—35) y pasajes narrativos (caps. 36—39).

La segunda sección del libro de Isaías (caps. 40—55) se abre con un mensaje de consolación a los israelitas deportados a Babilonia (40.1). Ya no se escuchan palabras de juicio y de condenación, sino que el profeta anuncia a los exiliados, en nombre del Señor, que muy pronto serían devueltos a la patria de la que habían sido desterrados. Ciro, rey de los persas, era el instrumento elegido por el Señor para llevar a cabo esta liberación (véase 41.2 n.), descrita a veces como un nuevo éxodo (43.18-19).

Para darle más fuerza a su mensaje, el profeta recurre una y otra vez al tema de la creación: Dios es el creador de todas las cosas y todo está bajo su dominio. Este Dios poderoso, que eligió a Israel, lo entregó en manos de sus enemigos a causa de sus pecados (43.28; 47.6). Pero no se ha olvidado de él, sino que con el mismo poder desplegado en la creación pronto liberará a su pueblo (40.28-31; 51.13-16).

En esta segunda parte del libro se destacan los poemas del Siervo del Señor (véase 42.1-9 n.). Estos presentan al perfecto discípulo del Señor, que proclama la verdadera fe, soporta duros padecimientos para expiar los pecados de su pueblo y es glorificado por Dios. Desde sus comienzos, la iglesia cristiana ha reconocido en estos poemas el anuncio misterioso de la muerte redentora y de la glorificación de Jesús, el Siervo del Señor por excelencia.

La tercera y última parte (caps. 56—66) contiene mensajes proféticos referidos a temas diversos: advertencias sobre el verdadero ayuno (58.1-12) y la observancia del sábado (58.13-14), críticas a los malos gobernantes (56.9-12), denuncias del falso culto y de perversiones morales y religiosas (57.4-5,9; 65.4; 66.3). Esto hace pensar que los destinatarios de estos mensajes proféticos ya no eran, como en la segunda parte, los deportados a Babilonia, sino los que habían regresado a su patria y luchaban por reconstruir la nación en medio de dificultades internas y de amenazas externas. Para combatir la desesperanza colectiva (cf. 59.9-10), el profeta declara que el pecado es el que retrasa la llegada de la salvación definitiva (59.9) y reafirma la fidelidad del Señor a sus promesas. El va a crear *un cielo nuevo y una tierra nueva* (65.17; 66.22), hará brillar sobre Jerusalén una luz resplandeciente (60.1) y todas las naciones verán su gloria (62.2).

El siguiente esquema presenta las secciones que integran este libro profético:

    I. Primera parte (1—39)
        1. Mensajes acerca de Jerusalén y de Judá (1—6)
        2. El libro del Emanuel (7—12)

3. Mensajes sobre los pueblos extranjeros (13—23)
4. El apocalipsis de Isaías (24—27)
5. Diversos poemas sobre Israel y Judá (28—35)
6. Apéndice histórico (36—39)
II. Segunda parte: la consolación de Israel (40—55)
III. Tercera parte (56—66)

I. PRIMERA PARTE (1—39)

1. Mensajes acerca de Jerusalén y de Judá (1—6)

Judá, nación pecadora[a] **1** Profecías que Isaías, hijo de Amós, recibió por revelación[b] acerca de Judá y Jerusalén,[c] durante los reinados de Ozías, Jotam, Ahaz y Ezequías en Judá.[d]

2 Cielo y tierra,[e]
escuchen lo que el Señor dice:
"Crié hijos[f] hasta que fueron grandes,
pero ellos se rebelaron contra mí.
3 El buey reconoce a su dueño
y el asno el establo de su amo;
pero Israel, mi propio pueblo,
no reconoce ni tiene entendimiento."[g]

4 ¡Ay, gente pecadora,[h]
pueblo cargado de maldad,
descendencia de malhechores,
hijos pervertidos!
Se han alejado del Señor,
se han apartado del Dios Santo de Israel,[i]
lo han abandonado.
5 Ustedes se empeñan en ser rebeldes,
y en su cuerpo ya no hay donde castigarlos.
Tienen herida toda la cabeza,
han perdido las fuerzas por completo.
6 De la punta del pie a la cabeza
no hay nada sano en ustedes;
todo es heridas, golpes, llagas abiertas;
nadie se las ha curado ni vendado,
ni les ha calmado los dolores con aceite.[j]

7 Su país ha quedado hecho un desierto,
y arden en llamas las ciudades.
En la propia cara de ustedes
los enemigos se comen lo que ustedes sembraron.[k]
Todo ha quedado hecho un desierto,
como Sodoma[l] cuando fue destruida.
8 Sión nada más ha quedado en pie,
sola cual choza en medio de un viñedo,
sola cual cobertizo en medio de un melonar,
sola cual ciudad rodeada por el enemigo.[m]
9 Si el Señor todopoderoso
no hubiera dejado a unos cuantos[n] de nosotros,
ahora mismo estaríamos
como Sodoma y Gomorra.[ñ]

El verdadero culto a Dios[o]

10 Jefes de Sodoma, escuchen la palabra del Señor;

---

[a] **1.1-31** Además de una breve introducción (v. 1), este cap. contiene un conjunto de mensajes proféticos pronunciados por Isaías en distintas ocasiones. En ellos, el profeta denuncia los pecados de Judá y proclama el juicio de Dios, que será castigo purificador y de renovación (cf. vv. 24-27). De este modo, el cap. 1 forma una unidad literaria que introduce y anticipa los temas principales de Is 1—39.

[b] **1.1** Nótese la semejanza de este encabezamiento con los de Jer 1.1-3; Os 1.1; Am 1.1; Miq 1.1. Esta semejanza sugiere que las introducciones fueron añadidas cuando se recopilaron las palabras de los distintos profetas para formar con ellos el canon de los escritos proféticos. Los encabezamientos incluyen, por lo general, el nombre del profeta, una referencia al momento en que ejerció su actividad y una indicación sobre los destinatarios del mensaje. Véase Is 2.1 n.

[c] **1.1** *Judá y Jerusalén:* El libro contiene mensajes dirigidos también a otros pueblos y naciones (Is 9.8-21; 13.1—23.18), pero los destinatarios principales fueron el reino de *Judá* y su ciudad capital.

[d] **1.1** Los reyes mencionados reinaron sucesivamente *en Judá*, del 781 al 687 a.C. *Ozías* (también llamado Azarías): 2 R 15.1-7; 2 Cr 26.1-23 (cf. Is 6.1). *Jotam:* 2 R 15.32-38; 2 Cr 27.1-9. *Ahaz:* 2 R 16.1-20; 2 Cr 28.1-27. *Ezequías:* 2 R 18.1—20.21; 2 Cr 29.1—32.33.

[e] **1.2** Dios, como acusador y juez, llama a *cielo y tierra* por testigos de su denuncia contra sus *hijos*, el pueblo de *Israel* (cf. Is 3.13-15)

[f] **1.2** Cf. Ex 4.22; Dt 14.1; 32.5-6; Is 63.8,16; Jer 3.19; Os 2.1; 11.1, que también se refieran a la paternidad de Dios y a la solicitud con que guía y educa a su pueblo.

[g] **1.3** Cf. Jer 8.4-5,7; Am 6.12.

[h] **1.4-9** Estas palabras pueden referirse a la invasión de Palestina por los asirios alrededor del 734 a.C., bajo Tiglat-piléser III (2 R 16;

2 Cr 28; cf. Is 7.1-9), o bien a la invasión del rey Senaquerib en el 701 a.C. (2 R 18.13-16; 2 Cr 32.1-23; Is 36). La casi total destrucción (v. 7) hace más probable la segunda fecha (véase v. 7 nota k).

[i] **1.4** *El Dios Santo de Israel:* lit. *el Santo de Israel;* es el título preferido de Isaías para designar al Señor (5.16,19,24; 10.20; 30.11; cf. 6.3). La expresión tiene un doble sentido: por un lado, exalta la santidad de Dios, es decir, su majestad, bondad y poder infinitos, que están por encima de todo lo creado; por el otro, realza la condescendencia divina, pues se ha revelado a Israel y se hace presente en medio de él. Este Dios santo quiere para sí un pueblo santo (cf. Lv 19.2).

[j] **1.5-6** Cf. una descripción similar en Jer 30.12-15.

[k] **1.7** *Los enemigos se comen lo que ustedes sembraron:* Algunos refieren estas palabras a la invasión de Senaquerib, rey de Asiria, en el 701 a.C. (2 R 18.13-16; 2 Cr 32.1-23; Is 36). Sin embargo, el contexto parece indicar que Isaías las pronunció en los primeros años de su actividad profética, hacia el año 734 a.C., cuando las tropas de Damasco y de Israel invadieron Judá y sitiaron Jerusalén (cf. 2 R 16.5-6; Is 7.1-2).

[l] **1.7** *Sodoma:* texto probable; heb. *extranjeros.*

[m] **1.8** *Sión:* es decir, Jerusalén (véase Sal 2.6 n.). *Choza... cobertizo:* Se trata de habitaciones provisionales, construidas en los campos de Palestina para refugio de los que cuidaban los sembrados y los protegían de animales salvajes.

[n] **1.9** *Dejado a unos cuantos:* Véase Is 4.2-6 n.

[ñ] **1.9** Citado en Ro 9.29; cf. Gn 19.1-29.

[o] **1.10-20** Este célebre pasaje expone otro de los temas fundamentales de la predicación profética: Dios no puede aceptar los sacrificios ofrecidos por manos llenas de sangre inocente (cf. v. 15). Véanse Sal 40.6(7) nota *f*; Am 5.21-24 n.

pueblo de Gomorra, oye atentamente
lo que nuestro Dios ᵖ te va a enseñar.

11 El Señor dice:
"¿Para qué me traen tantos sacrificios?
Ya estoy harto de sus holocaustos de carneros
y de la grasa de los terneros;
me repugna la sangre de los toros,
carneros y cabritos.
12 Ustedes vienen a presentarse ante mí,
pero ¿quién les pidió que pisotearan mis atrios?
13 No me traigan más ofrendas sin valor;
no soporto el humo de ellas.
Ustedes llaman al pueblo
a celebrar la luna nueva y el sábado, ᵠ
pero yo no soporto las fiestas
de gente que practica el mal.
14 Aborrezco sus fiestas de luna nueva y sus reuniones;
¡se me han vuelto tan molestas
que ya no las aguanto! ʳ
15 Cuando ustedes levantan las manos para orar, ˢ
yo aparto mis ojos de ustedes;
y aunque hacen muchas oraciones,
yo no las escucho.
Tienen las manos manchadas de sangre.
16 ¡Lávense, límpiense!
¡Aparten de mi vista sus maldades!
¡Dejen de hacer el mal!
17 ¡Aprendan a hacer el bien,
esfuércense en hacer lo que es justo,
ayuden al oprimido,
hagan justicia ᵗ al huérfano,
defiendan los derechos de la viuda!" ᵘ

18 El Señor dice:
"Vengan, vamos a discutir ᵛ este asunto.
Aunque sus pecados sean como el rojo más vivo,
yo los dejaré blancos como la nieve;
aunque sean como tela teñida de púrpura,
yo los dejaré blancos como la lana.
19 Si aceptan ser obedientes,
comerán de lo mejor que produce la tierra;
20 pero si insisten en ser rebeldes,
morirán sin remedio en la guerra."
El Señor mismo lo ha dicho.

El Señor purificará a Jerusalén

21 ¡Cómo has llegado, ciudad fiel,
a ser igual que una prostituta! ʷ
Antes toda tu gente actuaba con justicia
y vivía rectamente,
pero ahora no hay más que asesinos.
22 Eras plata y te has convertido en basura,
eras buen vino y te has vuelto agua.
23 Tus gobernantes son rebeldes
y amigos de bandidos.
Todos se dejan comprar con dinero
y buscan que les hagan regalos.
No hacen justicia al huérfano
ni les importan los derechos de la viuda. ˣ
24 Por eso, el Señor todopoderoso,
el Poderoso de Israel, afirma:
"¡Basta! Yo ajustaré las cuentas a mis enemigos.
Me vengaré de ellos.
25 Voy a levantar de nuevo mi mano contra ti
y a quemar por completo tu basura;
voy a limpiarte de toda tu impureza.
26 Haré que vuelvas a tener jueces como antes
y consejeros como los del principio.
Después que yo lo haya hecho, volverán a llamarte
'Ciudad de justicia', 'Ciudad fiel'. ʸ
27 Con mi justicia y acción salvadora
libertaré a los habitantes de Sión que se vuelvan a mí;
28 pero haré pedazos a los rebeldes y pecadores,
y los que me abandonen morirán.
29 Se avergonzarán ustedes de esas encinas y jardines
que tanto les gustan,
donde dan culto a los ídolos. ᶻ
30 Ustedes serán como encina de hojas marchitas,
y semejantes a un jardín sin agua.
31 El hombre fuerte se convertirá en paja,
y sus obras en chispa;
los dos arderán al mismo tiempo
y no habrá quien los apague."

ᵖ **1.10** En este contexto, la palabra *enseñanza* (en heb. *torá*) evoca una práctica que los sacerdotes realizaban a las puertas del templo: instruían a los fieles, antes de entrar al santuario, sobre las condiciones requeridas para presentarse ante Dios y participar en el culto. Tal instrucción se refería especialmente a las disposiciones interiores y a las relaciones con *Dios* y con el prójimo en la vida cotidiana (Sal 15; 24.3-6; cf. Sal 118.20).

ᵠ **1.13** *Luna nueva:* fiesta celebrada el primer día de cada mes, de acuerdo con el calendario lunar hebreo (Nm 28.11-15). Véase Sal 81.3(4) n.

ʳ **1.14** Jer 6.20; Am 5.21-22.

ˢ **1.15** *Cuando... para orar:* alusión a una actitud típica de la oración, que consistía en permanecer de pie con las manos extendidas hacia el cielo (1 R 8.22; 2 Mac 3.20; cf. Mt 6.5).

ᵗ **1.17** La exhortación a practicar la *justicia*, especialmente con los pobres y oprimidos, es uno de los temas constantes en el libro de Isaías. Cf., p. ej., Is 8.21—9.5; 29.18-21; 58.6-7; 61.1-2. También es un tema que se acentúa en otros libros proféticos, como *Amós*.

ᵘ **1.17** En los códigos del antiguo Oriente (p. ej., en el de Hamurabi, rey de Babilonia) y en algunos textos cananeos, hacer *justicia* al *oprimido*, al *huérfano* y a la *viuda* era un deber primordial del rey. La nueva exigencia, introducida por Isaías, es que esta obligación ya no es exclusiva del rey, sino de cada israelita en particular, e incluso de todo ser humano. Cf. Ex 22.21-22; Dt 24.17-21; 27.19.

ᵛ **1.18** *Vamos a discutir:* Los reproches del Señor se expresan a veces en el lenguaje típico de los procesos judiciales. Cf. Miq 6.1-8.

ʷ **1.21** Jer 3.6-10; Ez 16.15-36; 23.1-49.

ˣ **1.23** El *huérfano* y la *viuda* se citan como representantes típicos de las personas marginadas y oprimidas. Véanse estas palabras en el *Índice temático* y también Is 1.17 nota *u*.

ʸ **1.26** Cf. Zac 8.3.

ᶻ **1.29** *Encinas y jardines:* lugares dedicados al culto a los dioses paganos de la fertilidad, donde se practicaban ritos para hacer que campos y animales fueran fecundos (véase Os 4.14 n.). El profeta afirma (v. 30) que el efecto será el contrario del previsto: quienes sigan tales prácticas perecerán al igual que sus objetos de culto (véase Os 9.11-12 n.).

2 El Señor hará que reine la paz entre las naciones [a]
(Miq 4.1-3) **1** Estas son las profecías que Isaías, hijo de Amós, recibió por revelación acerca de Judá y Jerusalén: [b]

2 En los últimos tiempos quedará afirmado
el monte donde se halla el templo del Señor.
Será el monte más alto,
más alto que cualquier otro monte.
Todas las naciones vendrán a él;
3 pueblos numerosos llegarán, diciendo:
"Vengan, subamos al monte del Señor, [c]
al templo del Dios de Jacob,
para que él nos enseñe sus caminos
y podamos andar por sus senderos." [d]
Porque de Sión saldrá la enseñanza [e] del Señor,
de Jerusalén vendrá su palabra.
4 El Señor juzgará entre las naciones
y decidirá los pleitos de pueblos numerosos.
Ellos convertirán sus espadas en arados
y sus lanzas en hoces.
Ningún pueblo volverá a tomar las armas contra otro
ni a recibir instrucción para la guerra. [f]
5 ¡Vamos, pueblo de Jacob,
caminemos a la luz del Señor!

Castigo de los soberbios [g]

6 Señor, has abandonado a tu gente,
al pueblo de Jacob;
el país está lleno de adivinos [h] venidos del oriente,
de magos como entre los filisteos, [i]
y se hacen tratos con extranjeros.
7 El país está lleno de oro y plata,
de tesoros inmensos;
el país está lleno de caballos
y de infinidad de carros.
8 ¡Pero también está lleno de ídolos!
La gente adora los dioses que ha hecho
con sus manos,
con sus propios dedos.
9 Se han humillado, se han rebajado.
¡No los perdones!
10 La gente se meterá entre las rocas, [j]
debajo del suelo;
se esconderá de la presencia terrible del Señor, [k]
del resplandor de su majestad.
11 Los orgullosos tendrán que bajar la vista;
los altaneros se verán humillados.
Solo el Señor mostrará su grandeza en aquel día, [l]
12 el día en que el Señor todopoderoso actúe
contra todo hombre orgulloso y soberbio,
contra todo hombre altanero, para humillarlo;
13 contra todos los que se creen cedros del Líbano,
altos y elevados,
o robles de Basán; [m]
14 contra todos los que se creen montes altos
o cerros elevados,
15 contra todos los que se creen torres altas
o fuertes murallas,
16 contra todos los que se creen naves de Tarsis [n]
o barcos preciosos.
17 Los orgullosos y altaneros
serán humillados por completo.
Solamente el Señor mostrará su grandeza
en aquel día,
18 y acabará con todos los ídolos.
19 Cuando el Señor se levante y llene de terror la tierra,
la gente se meterá en las cuevas de las rocas,
en los hoyos del suelo;
se esconderá de la presencia terrible del Señor,
del resplandor de su majestad. [ñ]
20 En aquel día el hombre echará sus ídolos
a las ratas y a los murciélagos, [o]
esos ídolos de oro y de plata
que él mismo se hizo para adorarlos,
21 y se meterá en los huecos de las rocas,
en las cuevas de las peñas,

---

[a] **2.1-5** Esta profecía, que se encuentra en forma casi idéntica en Miq 4.1-3, habla de la exaltación de *Sión* (Jerusalén) y de su templo, que en el futuro será lugar de reunión de todas las naciones (vv. 2-3). La promesa de un reino de paz (v. 4) aparece también en Is 9.2-7; 11.1-9.

[b] **2.1** Este nuevo encabezamiento parece indicar que los caps. 2—5, o parte de ellos, formaban originalmente un documento aparte, incluido más tarde en el libro de Isaías (véase Is 1.1 nota *b*).

[c] **2.3** *Monte del Señor:* el monte Sión, la colina de Jerusalén donde se encontraba el templo. Véase Sal 2.6 n.

[d] **2.3** Cf. Is 56.6-7; Zac 8.20-22.

[e] **2.3** *La enseñanza:* en heb. *torá*, término que a veces se traduce por *ley.* Véase Sal 1.2 nota *d.*

[f] **2.4** *Hoces:* o *podaderas.* Esta imagen, que también se encuentra en Miq 4.3, aparece con otro sentido en Jl 3.10.

[g] **2.6-22** El profeta denuncia todas las manifestaciones de la altanería y el orgullo humanos, representados simbólicamente por cosas que se elevan hacia las alturas: los *cedros,* los *montes,* las *torres,* las *fuertes murallas* y los *barcos* de gran calado. La alusión a las riquezas y al poderío militar (v. 7) sugiere que este pasaje proviene de una época de prosperidad económica, cercana a la fecha en que Isaías fue llamado a ejercer su misión profética (hacia el 740 a.C.).

[h] **2.6** Lv 20.27; Dt 18.10-11.

[i] **2.6** *El país... los filisteos:* texto probable, heb. oscuro.

[j] **2.10** En Ap 6.15 se alude a este v. y a los vv. 19 y 21.

[k] **2.10** *Presencia... del Señor:* Véase 2 Ts 1.9 n.

[l] **2.11** *Aquel día:* el *día* del Señor (también en vv. 12,17,20). Según el concepto popular de la época, Dios iba a castigar en ese día a los enemigos de Israel; sin embargo, los profetas del siglo VIII a.C. lo entendieron como el momento en que Dios juzgaría a su propio pueblo (cf. Am 5.18-20).

[m] **2.13** *Líbano:* región montañosa de la costa norte de Palestina, famosa por sus cedros. *Basán:* región situada al nordeste de Palestina, conocida por sus campos fértiles y sus bosques de *robles* (véase *Índice de mapas*). Cf. Ez 27.5-6.

[n] **2.16** *Naves de Tarsis:* barcos grandes, de tipo fenicio, usados para el comercio en toda la región del mar Mediterráneo. La expresión se aplicó en sentido general a cualquier nave marítima grande o elegante. Véanse Sal 48.7 n.; Jon 1.3 nota *a.*

[ñ] **2.19** Véase v. 10 nota *j.* Los lugares rocosos de Palestina tienen muchas *cuevas* que sirven como refugio.

[o] **2.20** Los *ídolos* serán abandonados a la compañía de animales que, además de ser impuros (Lv 11.19,29), habitan en sitios oscuros e inaccesibles.

para esconderse de la presencia terrible del Señor,
del resplandor de su majestad,
cuando él se levante y llene de terror la tierra.
²² Dejen de confiar en el hombre,
que bien poco es lo que vale.
La vida del hombre no es más que un suspiro. *p*

3 Castigo de Judá y Jerusalén *a*

¹ ¡Fíjense bien! El Señor todopoderoso
les quitará a Jerusalén y a Judá
toda clase de proveedores
y toda provisión de pan y de agua.
² Hará desaparecer al valiente, al guerrero,
al juez, al profeta, al adivino, al anciano,
³ al capitán, al aristócrata,
al consejero, al mago y al brujo, *b*
⁴ y les pondrá por jefes a unos muchachos;
unos chiquillos los gobernarán.
⁵ La situación será tal en el pueblo,
que unos a otros, aun entre amigos, se atacarán.
Los jóvenes la emprenderán contra los viejos,
los despreciados contra la gente importante.
⁶ Tanto que un hermano tomará a otro
en la casa de su padre
y le dirá: "Tú al menos tienes ropa que ponerte;
sé, pues, nuestro jefe; gobierna este montón de ruinas."
⁷ Y el otro le responderá:
"Yo no puedo remediar esos males,
en mi casa no tengo comida ni ropa que ponerme.
No me hagan jefe del pueblo."
⁸ Ciertamente Jerusalén se derrumba,
Judá se queda en ruinas,
porque allí se dicen y hacen cosas contra el Señor,
cosas que ofenden su majestad.
⁹ Su mismo descaro los acusa;
no ocultan sus pecados;
igual que Sodoma, los hacen saber a todo el mundo. *c*
¡Ay de ellos, pues preparan su propio castigo!
¹⁰ Dichoso el justo, porque *d* le irá bien
y gozará del fruto de sus acciones.
¹¹ ¡Ay del malvado, pues le irá mal!
Dios le pagará según sus propias acciones.

¹² Un chiquillo es el tirano de mi pueblo;
el gobierno está en manos de mujeres.
Tus dirigentes te engañan, pueblo mío,
te llevan por camino equivocado.
¹³ El Señor se ha preparado para juzgar, *e*
está listo para enjuiciar a su pueblo. *f*
¹⁴ El Señor llamará a juicio, y dirá
a los ancianos *g* y a los jefes del pueblo:
"Ustedes han estado destruyendo mi viñedo; *h*
han robado a los pobres,
y lo que roban lo guardan en sus casas.
¹⁵ ¿Con qué derecho oprimen a mi pueblo
y pisotean la cara a los pobres?"
Lo afirma el Señor todopoderoso.

Castigo a las mujeres de Jerusalén *i*

¹⁶ El Señor dice también:
"A las mujeres de Sión, que son orgullosas,
que andan con la cabeza levantada,
mirando con insolencia,
caminando con pasitos cortos
y haciendo sonar los adornos de los pies,
¹⁷ en castigo las dejaré calvas por la tiña
y pondré su desnudez al descubierto."
¹⁸ En aquel día,
el Señor hará desaparecer todos los adornos:
los adornos de los pies, las diademas, las lunetas, *j*
¹⁹ los pendientes, los brazaletes y los velos, *k*
²⁰ las bandas de la cabeza, las cadenitas de los pies, *l*
los cinturones, los frasquitos de perfume
y los amuletos,
²¹ los anillos, los adornos de la nariz, *m*
²² los vestidos elegantes, los mantos, los chales y los bolsos,
²³ los espejos, *n* las telas finas,
los turbantes y las mantillas.
²⁴ En vez de perfume habrá pestilencia;
en vez de cinturón, una soga;
en vez de elegante peinado, la cabeza calva;
en vez de finos vestidos, ropa áspera;
en vez de belleza, una marca con hierro candente. *ñ*
²⁵ Tus hombres caerán en la guerra,
tus guerreros morirán en la batalla.

---

p 2.22 Sal 39.5.
a 3.1-15 Esta descripción de la decadencia de Judá, de la violencia introducida en su vida social y de la corrupción de sus dirigentes civiles y religiosos, puede corresponder al reinado de Ahaz, alrededor del 734 a.C.
b 3.2-3 En las naciones vecinas de Israel, los *adivinos, magos y brujos* trataban de forzar la voluntad de los dioses. Tales prácticas estaban prohibidas a los israelitas (Dt 18.9-13; cf. Is 44.25-26).
c 3.9 Gn 19.4-5; cf. Is 1.9.
d 3.10 Sentido probable; heb. *digan al justo que.*
e 3.13-15 Cf. Miq 6.1-5. Este lenguaje recuerda el que se emplea en los procesos legales (véase Is 1.2 nota e). Cf. también Miq 1.1-5.
f 3.13 *Su pueblo:* según dos versiones antiguas; heb. *los pueblos.*
g 3.14 *Ancianos:* Se trata, probablemente, de los que actuaban como jueces en los pleitos. Véase Jl 1.2 nota d.
h 3.14 Para la figura del *viñedo,* cf. Is 5.1-7.
i 3.16—4.1 Así como en Is 2.6-22 los reprendidos son los hombres, en esta sección se reprende a las mujeres pudientes y orgullosas (cf. Am 4.1-3). En los vv. 18-23 hay una lista de veintiún artículos de adorno femenino, algunos de ellos difíciles de identificar con certeza. Cf. Jdt 10.3-4.
j 3.18 *Adornos de los pies:* a manera de campanillas, que servían para llamar la atención (v. 16). *Diademas:* adornos para la cabeza, a veces ornamentados con oro. *Lunetas:* joyas en forma de media luna, colgadas de los collares.
k 3.19 *Pendientes:* o *aretes. Velos:* probablemente de tela fina, que envolvían la cabeza y colgaban por detrás; las mujeres hebreas no usaban velo para taparse la cara.
l 3.20 Cadenas ligeras que unían los tobillos para conseguir un paso corto y llamativo.
m 3.21 Estos *adornos* reflejan la costumbre de perforar un ala de la nariz para prender en ella un arete.
n 3.23 *Espejos:* otra posible traducción: *vestidos de gasa.*
ñ 3.24 Esta *marca* es un símbolo de servidumbre, ya que a los esclavos se les marcaba la frente con un *hierro candente.*

²⁶ La ciudad llorará y se pondrá de luto,
  y quedará en completo abandono. ᵒ

4 ¹ En aquel día quedarán tan pocos hombres
  que siete mujeres pelearán por uno de ellos,
  y le dirán:
  "Nosotras nos mantendremos por nuestra cuenta
  y nos vestiremos con nuestros propios medios,
  pero déjanos llevar tu nombre,
  líbranos de nuestra vergüenza." ᵃ

Promesa de felicidad para el futuro ᵇ

² En aquel día,
  el retoño que el Señor hará brotar
  será el adorno y la gloria
  de los que queden con vida en Israel;
  las cosechas que produzca la tierra
  serán su orgullo y su honor.
³ A los que queden con vida en Sión,
  a los que sobrevivan en Jerusalén
  y reciban el privilegio de vivir allí,
  se les llamará "consagrados al Señor".
⁴ Cuando el Señor dicte su sentencia
  y ejecute su castigo, ᶜ
  limpiará a Jerusalén de la sangre de sus crímenes
  y lavará las manchas de los habitantes de Sión.
⁵ Sobre toda la extensión del monte Sión ᵈ
  y sobre el pueblo reunido allí,
  el Señor creará una nube oscura en el día,
  y en la noche resplandor y llamas de fuego.
  Por encima de todos estará la gloria del Señor,
⁶ para protegerlos y defenderlos;
  les servirá de sombra contra el calor del día
  y de protección contra la lluvia y la tempestad. ᵉ

El viñedo, imagen de Judá ᵃ

5 ¹ Voy a entonar en nombre de mi mejor amigo
  el canto dedicado a su viñedo.
  Mi amigo tenía un viñedo
  en un terreno muy fértil. ᵇ
² Removió la tierra, la limpió de piedras
  y plantó cepas de la mejor calidad.
  En medio del sembrado levantó una torre
  y preparó también un lugar donde hacer el vino.
  Mi amigo esperaba del viñedo uvas dulces,
  pero las uvas que este dio fueron agrias.
³ Ahora, habitantes de Jerusalén, gente de Judá,
  digan ustedes ᶜ quién tiene la culpa,
  si mi viñedo o yo.
⁴ ¿Había algo más que hacerle a mi viñedo?
  ¿Hay algo que yo no le haya hecho?
  Yo esperaba que diera uvas dulces,
  ¿por qué, entonces, dio uvas agrias?
⁵ Pues bien, les voy a decir
  qué pienso hacer con mi viñedo:
  voy a quitarle la cerca, para que lo destruyan;
  voy a agrietarle el muro, para que lo pisoteen;
⁶ voy a dejarlo abandonado.
  No lo podarán ni lo desyerbarán,
  y se llenará de espinos y maleza.
  Voy a ordenar a las nubes
  que no envíen su lluvia sobre él.
⁷ El viñedo del Señor todopoderoso,
  su sembrado preferido,
  es el país de Israel,
  el pueblo de Judá.
  El Señor esperaba de ellos respeto a su ley,
  y solo encuentra asesinatos;
  esperaba justicia,
  y solo escucha gritos de dolor. ᵈ

Amenazas contra los malvados ᵉ

⁸ ¡Ay de ustedes, que compran casas y más casas,
  que consiguen campos y más campos,
  hasta no dejar lugar a nadie más,
  y se instalan como si fueran los únicos
  en el país! ᶠ

ᵒ **3.26** Cf. Jer 14.2; Lm 1.4.

ᵃ **4.1** El marido tenía la obligación de mantener a su esposa (o esposas) y concubinas. Pero la destrucción y la escasez de hombres causadas por la guerra hacían que las mujeres, renunciando a este derecho, se mostraran dispuestas a entregarse como esposas, concubinas o esclavas, para evitar la vergüenza de quedar sin marido y sin hijos (cf. Gn 30.23; 1 S 1.6).

ᵇ **4.2-6** En la literatura profética, los mensajes de esperanza siguen con frecuencia a pasajes anunciadores de juicio y castigo. La frase *los que queden con vida en Israel* (v.2) introduce un tema importante: Dios va a conservar una parte de su pueblo y no permitirá que sea destruido del todo. A los sobrevivientes, salvados únicamente por la bondad de Dios, se les llama a veces "el resto" (cf. Is 1.9; 10.20-22; 11.10-16; 28.5; 37.4,30-32; véanse Is 6.13 n.; 7.3 nota *d;* cf. también 1 R 19.18; Esd 9.15).

ᶜ **4.4** *Dicte su sentencia y ejecute su castigo:* otra posible traducción: *con soplo justiciero y quemante.*

ᵈ **4.5** *Monte Sión:* Véase Is 2.3 nota *c.*

ᵉ **4.5-6** Por medio de la *nube* y del *fuego,* Dios condujo a su pueblo por el desierto después de sacarlo de Egipto (Ex 13.21-22; 40.34-38; cf. Ex 24.16).

ᵃ **5.1-7** Este pasaje es una parábola en forma de canción, como las entonadas en la vendimia o cosecha de la uva, posiblemente durante la fiesta de las Enramadas (Dt 16.13-15). La gente de Judá que escuchaba al profeta debió acompañar con gusto el canto, hasta que se dio cuenta de que se trataba de una condena contra ellos mismos, a causa de su infidelidad (v. 7). El *viñedo* y la viña son imágenes frecuentes, que representan al pueblo de Israel (Sal 80.8-12[9-13]; Is 27.2-4; Jer 2.21; 12.10-11; cf. Mt 21.33-41).

ᵇ **5.1** El profeta toma la palabra en nombre del Señor y se presenta como su *amigo,* es decir, como el que representa sus intereses y es su portavoz.

ᶜ **5.3** *Digan ustedes:* Al poner a sus oyentes como jueces, el profeta hace que los verdaderos acusados se condenen a sí mismos (cf. 2 S 12.1-5).

ᵈ **5.5-7** Cf. la parábola de la higuera en Lc 13.6-9.

ᵉ **5.8-30** Esta sección contiene seis "ayes" o pronunciamientos de juicio: vv. 8-10, contra los que acaparan casas y terrenos; vv. 11-17, contra la vida disoluta de los poderosos; vv. 18-19, contra los que con sus acciones se burlan de Dios; v. 20, contra los que pervierten los conceptos morales; v. 21, contra los que se creen sabios, y vv. 22-24, contra los jueces corruptos. Cf. también el "ay" de Is 10.1-4, contra los que promulgan leyes injustas y atropellan los derechos de los pobres. Algunos intérpretes creen que los vv. 25-30 eran parte del poema de Is 9.8—10.4. Tal opinión se basa en el tema, en la métrica hebrea y en el uso de un refrán (v. 25) que se repite en dicho poema (cf. Is 9.12,17,21; 10.4). Cf. los "ayes" de Jesús: Mt 11.20-24; 23.13-36.

ᶠ **5.8-10** Los ricos acumulaban bienes tratando injustamente a los

9 El Señor todopoderoso me ha jurado:
"Muchas casas serán destruidas;
y por grandes y hermosas que sean,
nadie las habitará.
10 Tres hectáreas plantadas de uvas
no rendirán más que un barrilito de vino.
Diez costales de semilla
solo rendirán uno de trigo."
11 ¡Ay de ustedes, que madrugan para emborracharse,
y al calor del vino se quedan hasta la noche! *g*
12 Todo es música de arpas, salterios, tambores
y flautas,
y mucho vino en sus banquetes;
pero no se fijan en lo que hace el Señor,
no toman en cuenta sus obras.
13 Por eso, por no querer entender,
mi pueblo irá al destierro.
Todo el pueblo, con sus jefes,
morirá de hambre y de sed.
14 Como una fiera, el sepulcro abre su boca sin medida,
para tragarse al pueblo y a sus jefes,
a esa gente que vive en juergas y diversiones.
15 La gente quedará completamente humillada;
los orgullosos tendrán que bajar los ojos.
16 El Señor todopoderoso mostrará su grandeza
en el juicio;
el Dios Santo mostrará su santidad haciendo justicia.
17 Las ciudades serán destruidas *h*
y en sus ruinas pastarán ovejas y cabras. *i*
18 ¡Ay de ustedes, que con mentiras arrastran la maldad,
que arrastran el pecado como quien tira de un carro!
19 Ustedes que dicen: "Que Dios haga pronto sus cosas,
para que las veamos;
que el Dios Santo de Israel cumpla de prisa
sus planes,
para que los conozcamos."
20 ¡Ay de ustedes, que llaman bueno a lo malo,
y malo a lo bueno;
que convierten la luz en oscuridad,
y la oscuridad en luz;
que convierten lo amargo en dulce,
y lo dulce en amargo!
21 ¡Ay de ustedes, que se creen sabios
y se consideran inteligentes!

22 ¡Ay de ustedes, que son campeones bebiendo vino,
y nadie les gana en preparar licores!
23 Ustedes, que por dinero declaran inocente
al culpable
y desconocen los derechos del inocente. *j*
24 Por eso, así como el fuego quema la paja
y las llamas devoran las hojas secas,
así también perecerán ustedes,
como plantas que se pudren de raíz
y cuyas flores se deshacen como el polvo.
Porque despreciaron las enseñanzas y las órdenes
del Señor todopoderoso, el Dios Santo de Israel.
25 Por eso el Señor se enojó contra su pueblo
y levantó la mano para castigarlo.
Los montes se estremecieron,
los cadáveres quedaron tirados como basura
en las calles.
Y sin embargo la ira del Señor no se ha calmado;
él sigue amenazando todavía. *k*
26 El Señor levanta una bandera
y a silbidos llama a una nación lejana; *l*
de lo más lejano de la tierra la hace venir.
Viene en seguida, llega con gran rapidez;
27 no hay entre ellos nadie débil ni cansado,
nadie que no esté despierto,
nadie que no tenga el cinturón bien ajustado,
nadie que tenga rotas las correas de sus sandalias.
28 Tienen las flechas bien agudas
y todos sus arcos bien tensos.
Los cascos de sus caballos son como dura piedra,
y como un torbellino las ruedas de sus carros;
29 su rugido es como el rugido de un león,
que gruñe y agarra la presa,
y se la lleva sin que nadie se la pueda quitar.
30 Esa nación, al llegar el día señalado,
rugirá, como el mar, contra Israel;
y si alguien observa la tierra,
la verá envuelta en tinieblas
y oscurecida la luz por los nubarrones.

6 Llamamiento de Isaías *a*

1 El año en que murió el rey Ozías, *b* vi al Señor sentado en un trono *c* muy alto; el borde de su manto llenaba el templo. **2** Unos seres como de fuego *d* estaban por encima de él. Cada uno tenía seis alas. Con dos alas se cubrían la cara, con otras dos se

---

pobres y creando una economía latifundista. Esto atentaba contra la legislación israelita, que consideraba la tierra como patrimonio inalienable de cada familia (Lv 25.10,13-16,23-24). Miqueas, que fue contemporáneo de Isaías, lanza la misma acusación (Miq 2.1-2,9).

g **5.11** Cf. Is 28.1,7-8; Am 6.4-6; Sab 2.7-9.

h **5.17** *Las ciudades serán destruidas*: traducción probable; heb. oscuro.

i **5.17** *Cabras:* texto probable; heb. *nómadas.* Otra posible traducción del v.: *Carneros y cabritos engordados pastarán en las ruinas como en sus pastizales.*

j **5.22-23** Los jueces corruptos quieren demostrar su valer, no con decisiones justas, sino con sus excesos en la bebida.

k **5.25-30** El refrán del v. 25 reaparece en Is 9.12,17,21; 10.4; véase vv. 8-30 n.

l **5.26** *Una nación lejana:* texto probable; heb. *naciones lejanas.* Probablemente se trata de Asiria.

a **6.1-13** El relato de la vocación de Isaías no figura al comienzo del libro, como en Jer 1.4-19 y Ez 1—3, sino que sirve de prólogo al llamado "libro del Emanuel" (Is 7.1—9.6). Al evocar el momento en que el Señor lo llamó para que fuera su *mensajero* (cf. v. 8), Isaías pone de manifiesto la autenticidad de su misión profética.

b **6.1** *El año:* alrededor del 740 a.C. Cf. 2 R 15.7; 2 Cr 26.23.

c **6.1** El arca de la alianza, en el Lugar Santísimo del templo, era el trono visible del Dios invisible (Ex 25.21-22; Sal 99.1).

d **6.2** *Seres como de fuego:* lit. *serafines*, palabra hebrea que

cubrían la parte inferior del cuerpo[e] y con las otras dos volaban. **3** Y se decían el uno al otro:

"Santo, santo, santo es el Señor todopoderoso;[f]
toda la tierra está llena de su gloria."

4 Al resonar esta voz, las puertas del templo temblaron, y el templo mismo se llenó de humo.[g] **5** Y pensé: "¡Ay de mí, voy a morir![h] He visto con mis ojos al Rey, al Señor todopoderoso; yo, que soy un hombre de labios impuros y vivo en medio de un pueblo de labios impuros."

6 En ese momento uno de aquellos seres como de fuego voló hacia mí. Con unas tenazas sostenía una brasa que había tomado de encima del altar, **7** y tocándome con ella la boca, me dijo:

"Mira, esta brasa ha tocado tus labios.
Tu maldad te ha sido quitada,
tus culpas te han sido perdonadas."

8 Entonces oí la voz del Señor, que decía:
"¿A quién voy a enviar?
¿Quién será nuestro mensajero?"[i]

Yo respondí:
"Aquí estoy yo, envíame a mí."

9 Y él me dijo:
"Anda y dile a este pueblo lo siguiente:
'Por más que escuchen, no entenderán;
por más que miren, no comprenderán.'
10 Entorpece la mente[j] de este pueblo;
tápales los oídos y cúbreles los ojos
para que no puedan ver ni oír,
ni puedan entender,
para que no se vuelvan a mí
y yo no los sane."[k]

11 Yo le pregunté:
"¿Cuánto tiempo durará esto, Señor?"

Y él me contestó:
"Hasta que las ciudades queden destruidas
y sin ningún habitante;
hasta que las casas queden sin gente,
y los campos desiertos,
12 y el Señor haga salir desterrada a la gente,
y el país quede completamente vacío.
13 Y si aún queda una décima parte del pueblo,
también será destruida,
como cuando se corta un roble o una encina
y solo queda el tronco."
(Pero de ese tronco saldrá un retoño sagrado.)[l]

2. El libro de Emanuel (7—12)

7 *Primer mensaje de Isaías a Ahaz*[a] **1** El rey de Siria, Resín, y el rey de Israel, Pécah, hijo de Remalías, atacaron a Jerusalén y quisieron conquistarla, pero no pudieron. Esto sucedió cuando Ahaz, hijo de Jotam y nieto de Ozías, era rey de Judá.[b] **2** En esa ocasión llevaron esta noticia al rey Ahaz y a su familia: "Los sirios se han aliado con Efraín."[c] El rey y el pueblo empezaron a temblar como tiemblan los árboles del bosque cuando sopla el viento.

3 Entonces el Señor dijo a Isaías: "Toma a tu hijo Sear-ia-sub[d] y ve a encontrarte con el rey Ahaz en el extremo del canal del estanque superior, en el camino que va al campo del Lavador de Paños,[e] **4** y dile:

'Ten cuidado, pero no te asustes;
no tengas miedo ni te acobardes
por esos dos tizones humeantes,
Resín con sus sirios, y el hijo de Remalías,[f]
que están ardiendo en furor.

---

significa "los ardientes". Solo aquí menciona la Biblia a estos seres celestiales.

[e] *6.2 La parte inferior del cuerpo:* lit. *los pies.* Es una manera discreta de referirse a los órganos genitales.

[f] *6.3 Santo, santo, santo:* La triple repetición tiene la fuerza del superlativo. Conocida como la "trishagion", esta aclamación ha pasado a formar parte del culto cristiano. Cf. Ap 4.8.

[g] *6.4* Cf. Ap 15.8.

[h] *6.5* Ex 33.20.

[i] *6.8 Nuestro mensajero:* El que ha sido llamado tiene que cumplir una misión de parte de Dios (cf. Ex 3.10; Jer 1.7; Ez 2.4), y el destinatario de esa misión siempre es el pueblo (cf. v. 9). El plural *nuestro* parece indicar que el Señor incluye también a los miembros de su corte en el cielo (cf. 1 R 22.19; véase Sal 82.1[1b] nota *b*).

[j] *6.10 La mente:* lit. *el corazón.* Véase Sal 12.2(3) n.

[k] *6.10 Entorpece... y yo no los sane:* Isaías fue enviado a proclamar la palabra de Dios a un pueblo que no estaba dispuesto a escucharla. Aunque trató de hacerles ver y comprender, ellos, empezando por el rey Ahaz (cf. Is 7.12), siguieron sus propios criterios, y no los del Señor. De ahí el resultado paradójico de su predicación: la palabra de Dios anunciada por el profeta, al no ser escuchada ni obedecida, dejó a sus oyentes más ciegos y endurecidos de lo que habían estado antes de oírla. El NT cita con frecuencia estos vv. (Mt 13.14-15; Mc 4.12; Lc 8.10; Jn 12.40; Hch 28.26-27). Cf. Ez 12.2.

[l] *6.13 Como cuando se corta... sagrado:* texto probable; heb. oscuro. Algunos intérpretes ven aquí una alusión a la idea del "resto" o remanente de Israel (véase Is 4.2-6 n.).

[a] *7.1-9* Hacia el año 735 a.C., el rey Ahaz de Judá no quiso aliarse con los reyes de Siria y de Israel, que habían formado una coalición para detener el avance de Asiria. Estos reyes intentaron destronar a Ahaz y sustituirlo por un monarca que favoreciera sus planes (cf. v. 6). En medio de esta grave crisis, que ponía en peligro la supervivencia de la dinastía davídica, el rey Ahaz desestimó el consejo del profeta Isaías (vv. 4-9) y pidió ayuda a Tiglat-piléser, rey de Asiria. Véase 2 R 16.5 n.

[b] *7.1* 2 R 16.5; cf. 2 Cr 28.5-6. Ahaz fue rey de Judá del 736 al 716 a.C. (véase Is 1.1 nota *d*).

[c] *7.2 Efraín* es otro nombre de Israel, el reino del norte (cf. vv. 5,8,9,17). Véase también Os 4.17-18 n.

[d] *7.3* Es muy significativa la presencia del *hijo* de Isaías en este encuentro del profeta con Ahaz, ya que el nombre hebreo del niño, *Sear-iasub*, significa *un resto volverá* (véase Is 4.2-6 n.; 10.21). Este nombre debía recordarle al rey que el Señor no dejaría de mantener la promesa hecha a David (2 S 7.1-16), a pesar de la gravedad de la situación.

[e] *7.3* Es probable que Ahaz haya ido a este lugar para revisar el sistema de abastecimiento de agua, en previsión del posible asedio de la ciudad (véase Is 8.6-7 n.). Años más tarde, el oficial principal del ejército asirio habló de modo insultante al rey Ezequías en aquel mismo sitio (Is 36.2).

[f] *7.4 Tizones humeantes:* Imagen irónica, que insinúa que el poder de Siria y de Israel se estaba extinguiendo. *El hijo de Remalías* es Pécah, rey de Israel (v. 1), a quien el profeta, en señal de desprecio, ni siquiera menciona por nombre.

⁵ Los sirios, con el pueblo de Efraín y el hijo de Remalías, han tramado hacerte mal. Han dicho:
⁶ Invadamos Judá y metámosle miedo; apoderémonos de ella y pongamos por rey al hijo de Tabeel. ᵍ
⁷ Pero el Señor dice: ¡Eso jamás sucederá! ʰ
⁸⁻⁹ Damasco es la capital de Siria, y Resín es el rey de Damasco; Samaria es la capital de Efraín, y el hijo de Remalías es el rey de Samaria; ⁱ pero dentro de sesenta y cinco años Efraín dejará de ser nación; ʲ y si ustedes no tienen una fe firme, tampoco quedarán firmemente en pie.' " ᵏ

Segundo mensaje: el nacimiento de Emanuel ˡ ¹⁰ El Señor dijo también a Ahaz: ¹¹ "Pide al Señor tu Dios que haga un milagro que te sirva de señal, ᵐ ya sea abajo en lo más profundo ⁿ o arriba en lo más alto."

¹² Ahaz contestó: "No, yo no voy a poner a prueba al Señor pidiéndole una señal." ñ
¹³ Entonces Isaías dijo:

"Escuchen ustedes, los de la casa real de David. ᵒ
¿Les parece poco molestar a los hombres,
que quieren también molestar a mi Dios?
¹⁴ Pues el Señor mismo les va a dar una señal:
La joven ᵖ está encinta
y va a tener un hijo, ᵠ
al que pondrá por nombre Emanuel. ʳ,ˢ
¹⁵ En los primeros años de vida del niño,
se comerá leche cuajada y miel.
¹⁶ Pero antes de que el niño tenga uso de razón,
el país de los dos reyes que te causan miedo
quedará abandonado. ᵗ

¹⁷ "El Señor hará venir sobre ti,
sobre tu pueblo y la casa real,
días como no habían venido
desde que Efraín se separó de Judá." ᵘ
(Esto se refiere al rey de Asiria.)

ᵍ **7.6** No existen datos para identificar con certeza a este *hijo de Tabeel*. Según algunos intérpretes, podría tratarse de un hijo de Tubail, el rey de Tiro, que también formaba parte de la coalición antiasiria.

ʰ **7.7** *¡Eso jamás sucederá!:* Al hacer esta afirmación tan categórica, Isaías exhortaba al rey a confiar en el Señor y no en los recursos humanos. La estabilidad de la dinastía davídica no dependía de la fuerza de las armas, sino de la fidelidad del Señor a su palabra (cf. 2 S 7.15-16; Sal 89.33-37[34-38]; 132.11-12).

ⁱ **7.8-9** *Damasco... Samaria:* Estas frases quedan en suspenso, pero su sentido se aclara si se completan con alguna expresión como la siguiente: "Jerusalén es la capital de Judá y un descendiente de David es el rey de Jerusalén." Es decir, que los enemigos de Judá no triunfarían, porque el rey Ahaz, a diferencia de los otros reyes, podía apoyarse en algo tan firme como la promesa del Señor a David.

ʲ **7.8-9** La indicación *sesenta y cinco años* es difícil de explicar, pues los asirios conquistaron *Damasco* en el 732 a.C., y *Samaria* en el 721 a.C. (2 R 17.5-12). Cf. el plazo señalado en los vv. 15-16, y véase Is 8.1 n. Véase la *Tabla Cronológica*.

ᵏ **7.8-9** *Una fe firme:* El Señor será fiel a su palabra, pero el rey debe poner toda su confianza en la promesa del Señor y actuar en consecuencia. *Si ustedes... firmemente en pie:* El texto hebreo hace aquí un juego de palabras, porque expresa las ideas de *creer* (heb. *taaminu*) y de *mantenerse firme* (heb. *teamenu*) con dos formas distintas de un mismo verbo. Como ese verbo tiene las mismas consonantes de la palabra *amén*, la frase hebrea pierde mucho de su fuerza expresiva al ser traducida. Lit. significa: *Si ustedes no creen, tampoco permanecerán*.

ˡ **7.10-25** Esta conversación tuvo lugar poco después del encuentro anterior. Ahaz, contradiciendo los consejos de Isaías, seguía empeñado en pedir ayuda a los asirios. Para disuadirlo de tal propósito, que lo convertiría en vasallo de aquel poderoso imperio, el profeta ofrece al rey una señal de parte de Dios. La referencia a *lo más profundo* y *lo más alto* (v. 11) da una idea de la amplitud del campo donde podría realizarse esa señal divina.

ᵐ **7.11** La comparación con otros pasajes de *Isaías* (8.18; 20.3; 37.30; 38.7-8) muestra que la palabra *señal* no se refiere necesariamente a un milagro. Lo verdaderamente decisivo es que la señal sea un hecho presente o cercano, cuya realización garantiza que en un futuro más lejano se cumplirá lo anunciado por el profeta. En este caso, el objeto del anuncio profético era la derrota de los reyes que intentaban destronar al descendiente de David (cf. Is 7.4-7). Cf. Ex 4.9,17.

ⁿ **7.11** *En lo más profundo:* lit. *en lo profundo del sheol* o *morada de los muertos* (véanse Sal 6.5[6] n. y *Reino de la muerte* en el *Índice temático*).

ñ **7.12** Cf. Dt 6.16. El v. siguiente hace ver que esta respuesta del rey, aparentemente piadosa, no era más que un pretexto.

ᵒ **7.13** *Los de la casa real de David:* Isaías se dirige al rey Ahaz, representante de la dinastía davídica.

ᵖ **7.14** *La joven:* El texto hebreo emplea aquí la palabra *alma*, que en otros contextos se ha traducido por *muchacha* o *jovencita* (cf. Gn 24.43; Ex 2.8; Sal 68.25[26]; Cnt 6.8). Ese término designa a una muchacha joven, en edad de contraer matrimonio o incluso casada. La palabra *virgen*, que aparece en algunas traducciones, corresponde a la versión griega de los Setenta (LXX). Véase Is 7.14 nota *r*.

ᵠ **7.14** La identificación de este niño ha sido objeto de muchas discusiones, pero la gran mayoría de los intérpretes modernos considera que la *señal* dada por el profeta (véase Is 7.11 nota *m*) debía ser un acontecimiento cercano. De lo contrario, Ahaz no habría podido recibir esa señal como prueba de que los reyes de Damasco y Samaria fracasarían en el intento de arrebatarle el trono al descendiente de David. Por tanto, la madre del niño debió ser una mujer conocida de Ahaz, muy probablemente su propia esposa.

ʳ **7.14** Años más tarde, la versión griega de los Setenta (LXX) tradujo el heb. *alma* (véase Is 7.14 nota *p*) por la palabra griega *parthenos*, que significa *virgen*. De este modo, el texto de Isaías se enriqueció con una perspectiva mesiánica que no poseía en su forma original. Esta relectura mesiánica no carecía por completo de fundamento, porque las palabras de Isaías se fundaban en la promesa del Señor a David, es decir, en una palabra profética que contenía como en germen toda la esperanza mesiánica de Israel (véase 2 S 7.16 n.). Por eso, Mt pudo citar esta profecía como anuncio de la concepción virginal de Jesús (véase Mt 1.23 nota *q*).

ˢ **7.14** *Emanuel* significa, en heb., *Dios (está) con nosotros*. Este nombre simbólico reafirmaba una vez más la protección divina para la dinastía real y para el pueblo.

ᵗ **7.15-16** *Leche* y *miel* eran alimentos asociados con la vida nómada de los israelitas (Dt 32.13-14). Por tanto, el texto puede significar que la invasión de Judá reduciría al país a un nivel más sencillo de vida campesina. Esta situación debía durar hasta que el niño tuviera *uso de razón*; después, Israel (el reino del norte) y Siria dejarían de ser una amenaza para Judá. En efecto, Siria fue derrotada unos tres años después (731 a.C.), y Samaria, capital de Israel, al cabo de otros diez años (721 a.C.).

ᵘ **7.17** Se trata de la separación entre Israel y Judá, después de la muerte de Salomón (2 R 12.1-20).

ISAÍAS 7, 8

¹⁸ En ese tiempo [v] el Señor hará venir como moscas a los que viven en los lejanos ríos de Egipto, y hará venir como abejas a los que viven en Asiria. ¹⁹ Todos ellos vendrán a instalarse en las cañadas profundas y en las cuevas de las rocas, en todos los matorrales espinosos y en los sitios donde bebe el ganado. ²⁰ En ese día el Señor usará al rey de Asiria como navaja alquilada más allá del río Éufrates, y les afeitará a los israelitas la cabeza, la barba y la parte inferior del cuerpo. [w]

²¹ En ese tiempo, el que críe una vaca y dos ovejas ²² tendrá tanta leche que podrá comer leche cuajada. Y todos los que se salven de la destrucción en el país podrán comer leche cuajada y miel. [x] ²³ En ese tiempo, lo que antes era un viñedo con mil plantas y valía mil monedas de plata, quedará convertido en espinos y matorrales. ²⁴ Solo se podrá entrar allí con arco y flechas para cazar, porque todo el país quedará convertido en espinos y matorrales. ²⁵ En las colinas que antes se cultivaban con azadón, habrá tantos espinos y matorrales que nadie irá a ellas. Solo servirán como pastizal para los bueyes y las ovejas.

8 Nombre simbólico de un hijo de Isaías [a]

¹ El Señor me dijo: "Toma una tabla grande y escribe en ella, con letras comunes y corrientes: 'Maher-salal-hasbaz.' [b] ² Toma luego como testigos de confianza al sacerdote Urías y a Zacarías, el hijo de Jeberequías." [c] ³ Más tarde me uní a la profetisa, mi esposa, [d] y ella quedó encinta y tuvo un niño. Entonces el Señor me dijo: "Ponle por nombre Maher-salal-hasbaz. ⁴ Porque antes de que el niño sepa decir 'papá' y 'mamá', Damasco y Samaria serán saqueadas, y sus riquezas serán llevadas al rey de Asiria." ⁵ Y de nuevo me dijo el Señor:

⁶ "Ya que por miedo a [e] Resín y al hijo de Remalías [f] desprecia esta gente [g] el agua de Siloé, [h] que corre mansamente,
⁷ el Señor los va a inundar con la violenta corriente del río Éufrates (es decir, el rey de Asiria con todo su poder). Se desbordará por todos sus canales, se saldrá por todas las orillas,
⁸ pasará hasta Judá y la cubrirá, la inundará, le llegará hasta el cuello. Será como un ave con las alas extendidas, que cubrirá, Emanuel, toda tu tierra." [i]

⁹ Reúnanse, [j] naciones, y llénense de espanto; escuchen esto, todos los países lejanos: por más que tomen las armas, quedarán espantados; sí, por más que tomen las armas, quedarán espantados.
¹⁰ Hagan planes, que serán desbaratados; propongan lo que quieran, que no se realizará, porque Dios está con nosotros. [k,l]

Al Señor es a quien hay que temer

¹¹ El Señor me tomó fuertemente con su mano y me advirtió que no siguiera el camino de esta gente. Me dijo: ¹² "No llamen ustedes conspiración a todo lo que este pueblo llama conspiración. No se asusten ni tengan miedo por todo lo que a ellos les da miedo. ¹³ Al Señor todopoderoso es a quien hay que tener por santo; a él es a quien hay que temer; hay que tener miedo en su presencia. [m] ¹⁴ Él será para ustedes como una trampa; [n] será la piedra con la que tropezarán, la cual hará caer a los dos reinos de Israel; será como una trampa en la que caerán los habitantes de Jerusalén. ¹⁵ Muchos tropezarán, caerán y morirán; muchos caerán [ñ] en la trampa, y quedarán atrapados."

---

[v] **7.18-25** Este pasaje reúne cuatro profecías que desarrollan el tema del v. 17; cada una de esas profecías comienza con la frase *en ese tiempo* o *en ese día* (vv. 18,20-21,23).

[w] **7.20** Lit. *y los pies* (Is 6.2 nota *e*). Esta figura literaria describe una derrota y humillación completas.

[x] **7.21-22** Posible alusión irónica a la señal de los vv. 14-16: habrá suficiente *leche* y *miel*, precisamente porque será poca la gente que aún quede tras la invasión de los asirios.

[a] **8.1-10** Otra señal, basada en un nombre simbólico y dirigida al pueblo en general (vv. 1-4); los vv. 5-10 anuncian la invasión del rey de Asiria.

[b] **8.1** *Letras comunes y corrientes:* o *letras legibles para todos.* La expresión hebrea *Maher-salal-hasbaz* significa *muy pronto habrá saqueo y destrucción.* Este nombre se da también al hijo de Isaías (v. 3). Con la conquista de Damasco y Samaria por los asirios (Is 7.8-9 nota *i*), que confirmaba la autenticidad de este mensaje, quedaría demostrado que Isaías era un profeta verdadero.

[c] **8.2** *Urías:* cf. 2 R 16.10-16. *Zacarías:* posiblemente se trata del mismo que se menciona como suegro de Ahaz en 2 R 18.2.

[d] **8.3** *La profetisa, mi esposa:* El heb. dice *la profetisa,* término que aquí se usa probablemente como título de la esposa de un profeta.

[e] **8.6** *Por miedo a:* texto probable; heb. *por alegría con.*

[f] **8.6** *Hijo de Remalías:* El rey Pécah (véase Is 7.4 n.).

[g] **8.6** *Esta gente:* la de Judá.

[h] **8.6-7** El profeta se refiere al canal que conducía el agua desde el estanque superior, al norte de Jerusalén, hasta el estanque de *Siloé,* hacia el sur, donde se almacenaba para uso de la ciudad. Este canal simboliza aquí la tranquilidad y el bienestar que Ahaz no había aceptado de Dios, al intentar aliarse con Asiria (véase Is 7.1-9 n.). Más tarde, Asiria invadiría Judá como las aguas desbordadas del *río Éufrates.*

[i] **8.8** La imagen de un ave de presa (cf. Jer 48.40) sustituye a la del río desbordado. Como *Emanuel* significa *Dios está con nosotros* (Is 7.14 nota *s*), hay otra posible traducción de la última línea: *que cubrirá toda la tierra. ¡Que Dios esté con nosotros!* Las últimas dos líneas también pueden entenderse como una imagen de la presencia protectora de Dios: *¡Dios está con nosotros! Sus alas extendidas cubrirán toda la tierra* (cf. Sal 17.8; 91.4).

[j] **8.9** *Reúnanse:* traducción probable. Otra posible traducción, según la versión gr. (LXX): *Sepan.* Heb. *Sean malas.*

[k] **8.9-10** Este pasaje expresa una confianza en Dios que Ahaz no había demostrado (cf. Sal 46).

[l] **8.10** *Dios está con nosotros:* Véase v. 8 n., y el simbolismo del nombre *Emanuel.*

[m] **8.12-13** Cf. 1 P 3.14-15.

[n] **8.14** *Una trampa:* según una versión antigua; heb. *un lugar sagrado.*

[ñ] **8.14-15** Cf. 1 P 2.8.

ISAÍAS 8, 9

Advertencias de Isaías a sus discípulos [o]

16 Guarden bien este mensaje;
mantengan ocultas estas instrucciones,
estas enseñanzas mías.
17 Aunque el Señor se oculta del pueblo de Jacob,
yo confío en él.
En él he puesto mi esperanza.
18 Yo y los hijos que me dio el Señor [p]
somos señales milagrosas para Israel,
puestas por el Señor todopoderoso
que vive en el monte Sión.
19 Sin duda la gente les dirá a ustedes:
"Consulten a los espíritus de los muertos [q]
y a esos adivinos que cuchichean y susurran.
¿Acaso no debe un pueblo consultar a sus dioses,
y pedir consejo a los muertos acerca de los vivos
20 para recibir una instrucción o un mensaje?"
Sin duda que hablarán así,
pero lo que dicen es una tontería. [r]

21 La gente irá de una parte a otra,
oprimida y con hambre,
y por el hambre se pondrán furiosos.
Maldecirán a su rey y a sus dioses. [s]
Volverán la cara hacia arriba
22 y después mirarán al suelo,
y no encontrarán más que miseria y oscuridad,
tinieblas y angustia.
Todo lo cubrirá la noche.

9 **1a** (8.23a) Y el oprimido no podrá escapar. [a]

Nacimiento y reinado del Príncipe de la paz [b]

1b (8.23b) [c] Al principio Dios humilló a Galilea, tierra de Zabulón y de Neftalí, [d] región vecina a los paganos, que se extiende desde el otro lado del Jordán hasta la orilla del mar; pero después le concedió mucho honor.

2 (1) El pueblo que andaba en la oscuridad
vio una gran luz;
una luz ha brillado [e]
para los que vivían en tinieblas. [f]
3 (2) Señor, has traído una gran alegría;
muy grande es el gozo. [g]
Todos se alegran delante de ti como en tiempo de cosecha,
como se alegran los que se reparten grandes riquezas.
4 (3) Porque tú has deshecho
la esclavitud que oprimía al pueblo,
la opresión que lo afligía,
la tiranía a que estaba sometido.
Fue como cuando destruiste a Madián. [h]
5 (4) Las botas hacían resonar los soldados
y los vestidos manchados de sangre
serán quemados, destruidos por el fuego. [i]
6 (5) Porque nos ha nacido un niño,
Dios nos ha dado un hijo, [j]
al cual se le ha concedido el poder de gobernar. [k]
Y le darán estos nombres:
Admirable en sus planes, Dios invencible,
Padre eterno, Príncipe de la paz.
7 (6) Se sentará en el trono de David;
extenderá su poder real a todas partes
y la paz no se acabará;
su reinado quedará bien establecido,
y sus bases serán la justicia y el derecho
desde ahora y para siempre. [l]
Esto lo hará el ardiente amor del Señor todopoderoso.

---

[o] **8.16-22** Hacia el año 734 a.C., después que Ahaz rechazó sus consejos (Is 7.1-9 n.), Isaías se apartó por un tiempo de la actividad pública. Muchos comentaristas piensan que esta sección contiene una misión encomendada por el profeta a sus discípulos, que tal vez ya habían comenzado a formar una "escuela de Isaías", integrada por un grupo de sus seguidores, que recopilarían sus escritos. Existen alusiones a otros grupos proféticos en la historia anterior de Israel, aunque estos no dejaron mensajes escritos (cf. 1 S 10.5,10; 19.20; 2 R 2.3-7,15).

[p] **8.17-18** Cf. Heb 2.13.

[q] **8.19** Sobre la prohibición de consultar a los *muertos,* cf. Dt 18.10-14.

[r] **8.20** *Pero lo que... tontería:* texto probable; heb. *para lo cual no hay amanecer.*

[s] **8.21-22** Estos vv., de interpretación dudosa, parecen reflejar una situación semejante a la de Is 5.30. Quizá se refieren a la desesperación y a la amargura sufridas bajo la dominación asiria.

[a] **9.1a(8.23a)** *Y el oprimido no podrá escapar:* otra posible traducción: *Mas ya no habrá tinieblas para el que sufre angustia.*

[b] **9.1a(8.23a)** Los vv. 9.1-21 corresponden a 8.23—9.20 en el texto heb.

[c] **9.1b-7(8.23b—9.6)** La opresión y la desesperación (8.21-22) se contraponen al gozo y la esperanza (9.2-7[1-6]).

[d] **9.1b(8.23b)** Las tribus de *Zabulón y de Neftalí* ocupaban el territorio situado al noroeste de Galilea y habían soportado duramente las invasiones de Tiglat-piléser III, hacia el año 733 a.C. (2 R 15.29). Véase *Índice de mapas.*

[e] **9.2(1)** La *luz* simboliza la salvación (véase Is 60.1 nota b), pero en este contexto parece aludir a la llegada del nuevo rey. En 2 S 23.2-3 se compara al rey que gobierna con justicia con la *luz* del alba; y el Sal 110.3 habla del rey, en el día de su entronización, como del *rocío que nace de la aurora.*

[f] **9.1-2(8.23—9.1)** Estos vv. se citan en Mt 4.15-16; el v. 2(9.1) también se cita en Lc 1.79.

[g] **9.3(2)** *Has traído... gozo:* texto probable; heb. *has hecho crecer la nación, pero no has aumentado la alegría.*

[h] **9.4(3)** *Como cuando destruiste a Madián:* lit. *como en el día de Madián,* es decir, cuando los israelitas, al mando de Gedeón, derrotaron a los madianitas (Jue 7—8; cf. Sal 83.9[10]). La mención de este día es muy sugestiva, porque indica que la victoria anunciada por el profeta también se debe a una intervención de Dios y no al poderío de las armas (cf. Is 10.24-27).

[i] **9.5(4)** El v. introductorio (véase Is 9.1b[8.23b] nota d) sugiere que esta referencia a las *botas de los soldados* y a las ropas manchadas de *sangre* tiene un trasfondo histórico determinado: se trata del ejército asirio, que invadió y conquistó parte del territorio israelita.

[j] **9.6(5)** *Dios nos ha dado un hijo:* Cuando el rey de Judá tomaba posesión del trono, se convertía en hijo de Dios por adopción (véanse 2 S 7.14; Sal 2.7 nota g; 89.26-27[27-28]). Por eso, buena parte de los intérpretes modernos consideran que aquí no se trata del nacimiento físico del heredero real, sino de su nacimiento como rey, es decir, de su entronización. Más tarde, cuando el pueblo de Israel ya no tuvo más reyes, este pasaje fue reinterpretado a la luz de Is 7.14; Miq 5.2-3, y referido al nacimiento del Mesías. Véase la *Introducción a los Salmos* (3) (d).

[k] **9.6(5)** *Se le ha concedido el poder de gobernar:* lit. *el principado* (o *la soberanía*) *sobre su hombro:* probable alusión al manto real, que era símbolo del *poder* (cf. Mt 27.28-29; Jn 19.2-3).

[l] **9.7(6)** Cf. Lc 1.32-33.

Ira del Señor contra el reino de Israel [m]

8 (7) El Señor ha enviado un mensaje a Israel,
al pueblo de Jacob;
9 (8) todo el pueblo de Efraín, que vive en Samaria, [n]
lo ha entendido.
Ellos dicen con orgullo y altanería:
10 (9) "Se han caído los ladrillos,
pero vamos a construir con piedra.
Han cortado las vigas de sicómoro,
pero las vamos a cambiar por madera de cedro." [ñ]
11 (10) El Señor ha hecho venir terribles enemigos; [o]
él mismo les ha ordenado atacar.
12 (11) Por el oriente los sirios,
por el occidente los filisteos. [p]
De un bocado se tragaron a Israel.
Y, sin embargo, la ira del Señor no se ha calmado;
él sigue amenazando todavía.

13 (12) Pero el pueblo no se volvió a Dios,
que lo castigaba;
no buscó al Señor todopoderoso.
14 (13) Entonces el Señor trató al reino de Israel
como quien corta a un animal la cola y la cabeza,
como quien derriba palmeras y juncos por igual.
¡Todo esto en un solo día!
15 (14) (La cabeza representa a los ancianos y los jefes,
la cola a los profetas que enseñan mentiras.)
16 (15) Los jefes han extraviado a este pueblo,
y los que buscaban un guía se perdieron.
17 (16) Por eso el Señor no tuvo compasión [q]
de los jóvenes,
ni misericordia de los huérfanos y las viudas.
Porque el pueblo entero es impío y perverso
y todos dicen disparates.
Y sin embargo la ira del Señor no se ha calmado;
él sigue amenazando todavía.
18 (17) La maldad hace estragos [r]

como un incendio que devora espinos y matorrales
y quema luego los árboles del bosque,
y los lanza por los aires entre torbellinos
de humo.
19-20 (18-19) Por la ira del Señor todopoderoso
el país está incendiado,
el fuego destruye al pueblo;
se comen la carne de sus propios hijos [s]
y no tienen compasión de sus hermanos.
Aquí hay uno que engulle y queda con hambre,
allá hay otro que come y no se siente satisfecho.
21 (20) Manasés destruye a Efraín, Efraín a Manasés, [t]
y ambos se lanzan contra Judá.
Y sin embargo la ira del Señor no se ha calmado;
él sigue amenazando todavía.

10 ¹ ¡Ay de ustedes, que dictan leyes injustas
y publican decretos intolerables,
2 que no hacen justicia a los débiles
ni reconocen los derechos de los pobres
de mi pueblo,
que explotan a las viudas
y roban a los huérfanos!
3 ¿Qué harán ustedes cuando tengan
que rendir cuentas,
cuando vean venir de lejos el castigo?
¿A quién acudirán pidiendo ayuda?
¿En dónde dejarán sus riquezas?
4 Si no son humillados y llevados presos,
caerán con los que mueran asesinados.
Y sin embargo la ira del Señor no se ha calmado;
él sigue amenazando todavía. [a]

Dios se vale de Asiria para el castigo [b]

5 "¡El rey de Asiria!
Él es el palo con que yo en mi ira castigo,
la vara que uso [c] cuando me enojo.

---

[m] **9.8—10.4(9.7—10.4)** Esta sección contiene cuatro mensajes distintos (vv. 8-12[7-11],13-17[12-16],18-21[17-20]; 10.1-4), con un refrán que se repite al final de cada uno de ellos. Según algunos comentaristas, Is 5.25-30, que contiene el mismo refrán, también formaba parte de esta sección, pero fue separado de ella cuando el libro recibió su forma actual (véase Is 5.8-30 n.). Los tres primeros mensajes se dirigen a Israel, el reino del norte; el cuarto parece estar dirigido a Judá. Cf. la serie similar de mensajes en Am 4.6-12.

[n] **9.8-9(7-8)** Los nombres *Israel* y *Efraín* se usan aquí como sinónimos; ambos designan el reino del norte, cuya capital era *Samaria* (Is 7.2 n.). Al parecer, el profeta pronunció estas palabras antes de la destrucción de esta ciudad por los asirios, entre el 724 y el 722 a.C.

[ñ] **10.8(9)** Afirmación jactanciosa, basada, tal vez, en un dicho proverbial: si el enemigo destruía los viejos edificios, ellos construirían otros mejores. *Ladrillos* o *adobes*, ya que la *piedra* y el *cedro* solo se usaban en las casas de lujo y en los palacios de los reyes. Cf. Jer 22.15.

[o] **9.11(10)** *Terribles enemigos:* texto probable; heb. *los enemigos de Resín.*

[p] **9.12(11)** En 734 a.C., *los sirios* se aliaron con Israel contra Judá (Is 7.1-17). Es probable que la alianza de *los filisteos* con Siria, en contra de Judá, se haya efectuado antes.

[q] **9.17(16)** *El Señor no tuvo compasión:* según un ms. antiguo; otros mss. dicen *el Señor no se regocijó.*

[r] **9.18-21(17-20)** La *maldad* dominante, la anarquía y la guerra civil son datos que apuntan al periodo del 743 al 737 a.C. en el reino del norte (2 R 15.8-26; cf. Os 7.3-7). El ataque contra Judá (v. 21) pudo haber tenido lugar hacia el 735 a.C. (véase Is 7.1-9 n.).

[s] **9.19-20(18-19)** Acerca de un periodo anterior igualmente conflictivo, cf. 2 R 6.24-33.

[t] **9.21(20)** *Efraín* y *Manasés:* dos de las tribus que pertenecían al reino de Israel. Véase *Índice de mapas.*

[a] **10.1-4** En este pasaje (véase Is 9.8—10.4[9.7—10.4] n.), *mi pueblo* podría referirse al reino del norte; pero el uso del término en Is 1.3 y las acusaciones hechas aquí (cf. Is 1.23; 3.13-15) indican más probablemente a Judá.

[b] **10.5-27** Cf. Is 14.24-27; Nah 1—3; Sof 2.13-15. Los vv. 5-19 afirman con especial vigor el gobierno divino de la historia. El Señor no solo se ocupa de su propio pueblo, sino que es el soberano de todas las naciones. Al rey de Asiria lo envió para castigar los pecados de Judá, pero Asiria aquel desbordó con arrogancia los límites de su misión y por eso fue humillado. Luego, el profeta vuelve a referirse al tema del "resto" (vv. 20-23), relata el ataque del invasor en el estilo de una balada guerrera (vv. 28-32) y concluye con una referencia al juicio de Dios sobre aquellos mismos que atacaron a su pueblo (vv. 33-34).

[c] **10.5** *Que uso:* texto probable; heb. *que ellos usan.*

⁶ Lo mando a atacar a un pueblo impío, ᵈ
  a una nación que me ofende,
  para que la robe y le quite sus riquezas,
  para que la pisotee como al barro de las calles.
⁷ Pero el rey de Asiria no piensa así,
  ni es eso lo que él se propone.
  No piensa más que en destruir
  y en acabar con muchas naciones.
⁸ Dice: 'Todos los reyes son jefes a mis órdenes.
⁹ Para mí son iguales las ciudades de Calnó
    y de Carquemis,
  Hamat igual que Arpad, ᵉ
  Samaria lo mismo que Damasco. ᶠ
¹⁰ Me he encontrado naciones con muchos dioses,
  con más ídolos ᵍ que los de Jerusalén y Samaria.
¹¹ Pues bien, lo que hice con Samaria y sus dioses,
  ¿no seré capaz de hacerlo con Jerusalén
    y sus ídolos?' "

¹² Cuando el Señor haya hecho todo lo que tiene
    que hacer
  en el monte Sión ʰ y en Jerusalén,
  castigará al rey de Asiria
  por esta obra de su orgullo,
  y por su altanería y arrogancia.
¹³ El rey de Asiria ha dicho:
  "Yo lo he hecho con mi propia fuerza;
  yo soy inteligente, y he hecho los planes.
  Yo he cambiado las fronteras de las naciones,
  me he apoderado de sus riquezas,
  y, como un valiente, he derribado a los reyes.
¹⁴ He puesto mi mano en las riquezas de los pueblos,
  me he apoderado de toda la tierra
  como quien toma de un nido
    unos huevos abandonados,
  y no hubo nadie que moviera las alas,
  nadie que abriera el pico y chillara."

¹⁵ Pero, ¿acaso puede el hacha
  creerse más importante que el que la maneja?,
  ¿la sierra más que el que la mueve?
  ¡Como si el bastón, que no es más que un palo, ᶦ
  fuera el que moviera al hombre que lo lleva!
¹⁶ Por eso, el Señor todopoderoso

va a dejar sin fuerzas a esos que son tan robustos,
  y hará que les arda el cuerpo con el fuego de la fiebre.
¹⁷ El Dios Santo, luz de Israel,
  se convertirá en llama de fuego,
  y en un día quemará y destruirá
  todos los espinos y matorrales que hay en el país.
¹⁸ Destruirá completamente
  la belleza de sus bosques y sus huertos.
  Los dejará como un enfermo
  que ya no tiene fuerzas. ʲ
¹⁹ Y serán tan pocos los árboles que queden
    en el bosque,
  que hasta un niño los podrá contar.
²⁰ En ese tiempo
  los pocos que hayan quedado de Israel,
  aquellos del pueblo de Jacob
    que se hayan salvado,
  no volverán a apoyarse en el que los destruyó
  sino que se apoyarán firmemente
  en el Señor, el Dios Santo de Israel.
²¹ Unos cuantos del pueblo de Jacob
  se volverán ᵏ hacia el Dios invencible.
²² Aunque tu pueblo, Israel, sea tan numeroso
  como los granos de arena del mar, ˡ
  solo unos cuantos volverán.
  La destrucción está decidida
  y se hará justicia por completo.
²³ Porque el Señor todopoderoso
  ha decidido la destrucción
  y la va a llevar a cabo en todo el país.
²⁴ El Señor todopoderoso dice así:
  "Pueblo mío, que vives en Sión, ᵐ
  no tengas miedo a los asirios, ⁿ
  aunque te golpeen con su vara
  y levanten su bastón contra ti
  como hicieron los egipcios.
²⁵ Porque dentro de muy poco tiempo
  va a llevarse a cabo el castigo,
  y mi ira los destruirá.
²⁶ El Señor todopoderoso los castigará
  como cuando derrotó a Madián
  en la roca de Oreb, ñ
  y mostrará su poder contra Asiria ᵒ
  como cuando lo mostró contra Egipto.

ᵈ **10.6** *Un pueblo impío:* el de Judá, a causa de su rebelión contra Dios.

ᵉ **10.9** Los nombres corresponden a ciudades arameas conquistadas por Asiria. El monarca asirio instalaba en ellas reyes vasallos y se designaba a sí mismo "rey de reyes".

ᶠ **10.9** *Damasco,* capital de un reino arameo de Siria, fue tomada por Tiglat-piléser III en el 731 a.C. *Samaria,* capital de Israel, cayó bajo el ataque de su hijo Sargón II, en el 721 a.C.

ᵍ **10.10** *Con más ídolos:* Desde el punto de vista pagano, las naciones o las ciudades eran tanto más fuertes cuanto más numerosos eran sus dioses o ídolos.

ʰ **10.12** *El monte Sión:* Véase Sal 2.6 n.

ᶦ **10.15** Se recoge la imagen del v. 5 para indicar la soberanía de Dios sobre sus instrumentos de castigo.

ʲ **10.16-18** Las imágenes del *fuego de la fiebre* y el *fuego* que

quema los *bosques* se unen para indicar que Dios destruirá a Asiria; posiblemente se trata del episodio relatado en Is 37.36. Cf. 2 R 19.20-32.

ᵏ **10.20-23** Isaías, recurriendo al juego de palabras que hay en el nombre de su hijo Sear-iasub (véase Is 7.3 nota *d*), indica el doble aspecto, alentador y a la vez amenazante, de la promesa: por una parte, algunos *se volverán* (v. 21); pero, por otra, serán *solo unos cuantos* (v. 22). Acerca del tema del "resto", véase Is 4.2-6 n.

ˡ **10.22** Aquí se recuerda la promesa hecha a Abraham (Gn 22.17; 32.12); los vv. 22-23 se citan en Ro 9.27-28.

ᵐ **10.24** *Sión:* Véase Sal 2.6 n.

ⁿ **10.24** *No tengas miedo a los asirios:* Cf. Is 37.6.

ñ **10.26** Jue 7.23-25.

ᵒ **10.26** *Asiria:* lit. *el mar,* es decir, el Éufrates, río de *Asiria* llamado *mar* por la importancia de su caudal.

⁲⁷ En ese día se te quitará
la carga que han puesto sobre tus espaldas,
y será quebrado el yugo que te han puesto
en la nuca."

El avance de los asirios ᵖ
El invasor viene por Rimón, ᵠ
²⁸ llega a Aiat, ʳ
pasa por Migrón,
deja la carga en Micmás,
²⁹ cruza el paso del torrente,
acampa en Gueba;
Ramá se llena de terror,
Guibeá de Saúl sale huyendo.
³⁰ ¡Da gritos, Bat-galim!
¡Óyelos, Laisa!
¡Responde, ˢ Anatot!
³¹ Madmená sale huyendo,
los habitantes de Guebim se esconden.
³² Hoy mismo se detiene el invasor en Nob;
da la señal de atacar el monte Sión,
la colina de Jerusalén.
³³ Miren, el Señor todopoderoso
derriba los árboles con fuerza terrible; ᵗ
los más altos caen cortados,
los más elevados se vienen al suelo.
³⁴ Con un hacha derriba lo más espeso del bosque,
y los árboles más bellos del Líbano se derrumban. ᵘ

11 *El descendiente de Jesé trae un reinado de paz y justicia* ᵃ

¹ De ese tronco que es Jesé, sale un retoño;
un retoño brota de sus raíces.
² El espíritu del Señor estará continuamente sobre él,
y le dará sabiduría, ᵇ inteligencia,
prudencia, fuerza,
conocimiento y temor del Señor. ᶜ
³ Él no juzgará por la sola apariencia, ᵈ
ni dará su sentencia fundándose en rumores.
⁴ Juzgará con justicia a los débiles
y defenderá los derechos de los pobres del país.
Sus palabras serán como una vara para castigar
al violento, ᵉ
y con el soplo de su boca hará morir al malvado. ᶠ
⁵ Siempre irá revestido de justicia y verdad. ᵍ
⁶ Entonces el lobo y el cordero vivirán en paz, ʰ
el tigre y el cabrito descansarán juntos,
el becerro y el león crecerán ⁱ uno al lado del otro,
y se dejarán guiar por un niño pequeño.
⁷ La vaca y la osa serán amigas,
y sus crías descansarán juntas.
El león comerá pasto, como el buey.
⁸ El niño podrá jugar en el hoyo de la cobra,
podrá meter la mano en el nido de la víbora.
⁹ En todo mi monte santoʲ
no habrá quien haga ningún daño,
porque así como el agua llena el mar,
así el conocimiento del Señor llenará
todo el país. ᵏ
¹⁰ En ese tiempo
el retoño de esta raíz que es Jesé
se levantará como una señal para los pueblos;
las naciones irán en su busca,
y el sitio en que esté será glorioso.

Regreso triunfal de los desterrados ˡ
¹¹ En ese tiempo mostrará otra vez el Señor su poder
reconquistando el resto de su pueblo, ᵐ
haciéndolo volver de Asiria y de Egipto,

ᵖ **10.27b-34** En este vibrante poema, el profeta enumera las ciudades invadidas por las tropas asirias, hasta el momento en que el invasor da la orden de *atacar el monte Sión* (v. 32). Entonces interviene el Señor con su *fuerza terrible* (v. 33), de manera que el enemigo es derrotado por intervención divina y no por la fuerza de las armas (vv. 33-34). Véanse Sal 46 n.; 48 n.; 76 n. Cf. también Is 14.4-27; 37.22-35.

ᵠ **10.27** *El invasor viene por Rimón:* texto probable; heb. *el yugo será quebrado por el aceite.*

ʳ **10.28-32** Este y los demás nombres mencionados aquí pertenecen a lugares cercanos a Jerusalén, por los que tendría que pasar un *invasor* (v. 27) que viniera del norte. El estilo conciso del pasaje describe gráficamente el incontenible avance del enemigo y el *terror* (v. 29) que causará cuando ataque Jerusalén (véanse las notas a los vv. 5-34).

ˢ **10.30** *Responde:* según una versión antigua; heb. *desgracia.*

ᵗ **10.33-34** El profeta compara la intervención divina para castigar a la nación enemiga con la tala de un bosque.

ᵘ **10.34** *El Líbano,* al norte de Palestina, era famoso por sus cedros (cf. Is 40.16), árboles muy altos y de madera aromática. Véase *Índice de mapas.*

ᵃ **11.1-10** Este pasaje se refiere a un tiempo en el que el descendiente del rey David establecerá a la nación un gobierno de justicia (vv. 3-5), que traerá paz y armonía (vv. 6-9) a toda la creación (cf. Is 9.1-7; Miq 5.2-5). La sección se abre (v. 1) y se cierra (v. 10) con la imagen de un *tronco que es Jesé,* el padre del rey David y cabeza de su linaje (1 S 16.1-20), y de un *retoño* que brotará de ese tronco como su

descendiente ideal. A esta figura se alude en Ro 15.12; Ap 5.5; 22.16; una expresión parecida, pero que usa otro término heb., aparece en Jer 23.5; 33.15; Zac 3.8; 6.12.

ᵇ **11.2** *El espíritu del Señor:* el poder y la asistencia especial de Dios, que capacita para gobernar. La *sabiduría,* necesaria para el buen gobierno, debía ser una de las cualidades del rey (1 R 3.8-9).

ᶜ **11.2-5** Cf. las cualidades mencionadas en el Sal 72, en la oración en favor del rey.

ᵈ **11.3** El texto heb. añade al comienzo: *Y se deleitará en el temor del Señor* (véase Dt 6.13 nota *j*).

ᵉ **11.4** *Al violento:* texto probable; heb. *a la tierra.*

ᶠ **11.4** Cf. 2 Ts 2.8.

ᵍ **11.5** Cf. Ef 6.14.

ʰ **11.6-9** La *paz* y la armonía descritas son como las del jardín del Edén (Gn 2); cf. Is 65.25; Ez 34.25-31; Os 2.18-20.

ⁱ **11.6** *Crecerán:* texto probable; heb. *y el ternero cebado estarán.*

ʲ **11.9** *Mi monte santo:* Véase Sal 2.6 n.

ᵏ **11.9** Hab 2.14. *El conocimiento del Señor* es más que una ciencia intelectual; incluye el reconocimiento de la presencia de Dios en la vida y en la conducta personal. Véanse Os 4.1 nota *c*; Jn 17.3 n.

ˡ **11.11-16** Esta sección se refiere al regreso de los israelitas de la diáspora, o sea, al retorno de los dispersados entre las naciones, después de la deportación a Babilonia (vv. 11-12; cf. Miq 7.12; Zac 10.8-10). Este mismo tema vuelve a encontrarse en Is 40—55; cf. Is 43.5-7; 49.22.

ᵐ **11.11** *El resto:* Véase Is 4.2-6 n.

de Patros, de Etiopía, de Elam,
de Sinar, de Hamat[n] y de los países del mar.
¹² Levantará una señal para las naciones
y reunirá a los israelitas que estaban desterrados;
juntará desde los cuatro puntos cardinales
a la gente de Judá que estaba dispersa.
¹³ La envidia de Efraín terminará,
y el rencor de Judá se calmará;
Efraín no tendrá envidia de Judá,
y Judá no sentirá rencor contra Efraín.
¹⁴ Los dos se lanzarán hacia el occidente
contra los filisteos
y les caerán por la espalda;
juntos les quitarán sus riquezas a las tribus de oriente.
Su poder llegará hasta Edom y Moab,
y dominarán a los amonitas.[ñ]
¹⁵ El Señor les abrirá un camino por el Mar Rojo,
extenderá su brazo sobre el río Éufrates,
hará soplar un viento terrible
que lo dividirá en siete brazos,
y podrán cruzarlos sin quitarse las sandalias.[o]
¹⁶ Cuando ese resto del pueblo del Señor
vuelva de Asiria,
encontrará un amplio camino,
como Israel cuando salió de Egipto.[p]

12 Canto de acción de gracias[a]

¹ En ese tiempo dirás:
"Te doy gracias, Señor,
porque aunque estuviste enojado conmigo,
tu ira ya pasó
y me has devuelto la paz.
² Dios es quien me salva;
tengo confianza, no temo.
El Señor es mi refugio y mi fuerza,
él es mi salvador."[b]
³ También ustedes podrán ir a beber con alegría
en esa fuente de salvación,
⁴ y entonces dirán:
"Den gracias e invoquen al Señor,
cuenten a las naciones[c] las cosas que ha hecho,
recuérdenles que él está por encima de todo.

⁵ Canten al Señor, porque ha hecho algo grandioso
que debe conocerse en toda la tierra.
⁶ Den gritos de alegría, habitantes de Sión,
porque el Dios Santo de Israel
está en medio de ustedes
con toda su grandeza."

3. Mensajes sobre los pueblos extranjeros (13—23)

13 Profecía contra Babilonia[a]

¹ Palabras proféticas contra Babilonia, las cuales recibió por revelación Isaías, hijo de Amós:[b]

² "¡Alcen en un monte pelado la señal de combate!
¡Den la orden de ataque a los soldados!
¡Levanten la mano para que avancen
por las puertas de los nobles!
³ Ya he llamado a mis valientes,
he dado órdenes a mis guerreros consagrados,[c]
a los que se alegran por mi triunfo,
para que ejecuten mi castigo."

⁴ Se oye un griterío en los montes,
como de mucha gente.
Se oye el rugir de las naciones,
de los pueblos que se han reunido.
El Señor todopoderoso pasa revista
a sus tropas dispuestas para la batalla.
⁵ Vienen de un país lejano,
de más allá del horizonte.
Es el Señor con los instrumentos de su ira,
que viene a destruir toda la tierra.
⁶ Den alaridos, porque el día del Señor[d]
está cerca,
llega como un golpe del Todopoderoso.
⁷ Entonces todo el mundo dejará caer los brazos,
todos perderán el valor
⁸ y quedarán aterrados.
Les vendrá una angustia y un dolor tan grandes
que se retorcerán como mujer de parto.
Unos a otros se mirarán asombrados
y les arderá la cara de vergüenza.
⁹ Ya llega el día del Señor,
día terrible, de ira y furor ardiente,

---

[n] 11.11 *Patrós:* la parte sur de Egipto. *Etiopía:* territorio al sur de Egipto, que corresponde en general a lo que hoy es Sudán. *Elam:* al sudeste de Mesopotamia, en el Irán actual. *Hamat:* ciudad de Siria (Is 10.9). Véase *Índice de mapas.*

[ñ] 11.14 *Edom y Moab:* regiones situadas respectivamente al sur y al oriente del Mar Muerto. *Amonitas:* pobladores de la región al oriente del Jordán. Véase *Índice de mapas.*

[o] 11.15 Ap 16.12 contiene un eco de este v.

[p] 11.15-16 El regreso de los desterrados será un acontecimiento aún más notable que la salida de Egipto (Ex 34).

[a] 12.1-6 Con este cap. concluye la primera sección de la primera parte de Isaías. Así como el éxodo de Egipto se había celebrado con un canto (Ex 15.1-18), también el retorno de los desterrados será motivo de himnos y acciones de gracias.

[b] 12.2 Cf. Ex 15.2; Sal 118.14.

[c] 12.4-5 *Cuenten a las naciones:* Véase Sal 105.1 n.

[a] 13.1-22 Los caps. 13—23 contienen principalmente mensajes contra las naciones extranjeras (cf. también Jer 46—51; Ez 25—32; Am 1—2). Estos mensajes no son expresión de fanatismo nacionalista, sino de una verdadera fe profética que reconoce la soberanía de Dios sobre todo gobierno humano (cf. Is 10.5-19). Is 13.1—14.23 tiene como tema a Babilonia, el imperio que reemplazó a Asiria como potencia mundial después de la destrucción de Nínive, su capital, en el 612 a.C. (cf. también Is 47.1-15.) Para entender correctamente estos dos caps., se requiere algún conocimiento de las circunstancias históricas de ese periodo posterior.

[b] 13.1 Respecto de este nuevo encabezamiento, véase Is 2.1 n.

[c] 13.3 El mismo Dios ha *consagrado* a los *guerreros* para que lleven a cabo el ataque contra Babilonia; probablemente se trata de los soldados medos (v. 17).

[d] 13.6 El *día del Señor* tiene aquí carácter universal y es una amenaza contra los enemigos del pueblo de Israel (véase Is 2.11 n.; cf. Ez 30.2-3; Jl 1.15; Sof 1.14-18; Mal 3.2; Ap 6.17).

que convertirá la tierra en desierto
y acabará con los pecadores que hay en ella.
¹⁰ Las estrellas y constelaciones del cielo
dejarán de dar su luz;
el sol se oscurecerá apenas salga,
y la luna no brillará. ᵉ
¹¹ El Señor dice:
"Voy a castigar al mundo por su maldad,
a los malvados por sus crímenes.
Voy a terminar con la altanería de los orgullosos,
voy a humillar a los soberbios e insolentes.
¹² Voy a hacer que los hombres sean
más escasos que el oro fino de Ofir. ᶠ
¹³ Entonces el cielo se estremecerá
y la tierra se moverá de su sitio
por la ira que tendré en ese día,
por mi ardiente furor.
¹⁴ "La gente parecerá gacela perseguida,
o un rebaño cuando se dispersa
y no hay nadie que le junte.
Cada uno se volverá a su propio país,
huirá a su propia tierra. ᵍ
¹⁵ Todo el que se deje encontrar será apuñalado,
todo el que se deje agarrar caerá asesinado.
¹⁶ Ante sus propios ojos
estrellarán contra el suelo a sus hijos pequeños;
sus casas serán saqueadas
y violadas sus esposas.
¹⁷ Voy a incitar contra ellos al pueblo de los medos, ʰ
gente que no se preocupa por la plata
y a la que el oro no le llama la atención.
¹⁸ Con sus flechas derribarán a los jóvenes.
No tienen compasión de los recién nacidos,
ni sienten lástima por los niños.
¹⁹ Y Babilonia, la perla de las naciones,
joya y orgullo de los caldeos,
quedará como Sodoma y Gomorra,
cuando yo las destruí. ⁱ
²⁰ Nunca más volverá a ser habitada, ʲ
nadie volverá a vivir jamás en ella.
Los árabes no volverán a acampar allí,
ni los pastores harán que allí descansen sus rebaños.

²¹ Allí habitarán los gatos monteses,
las lechuzas llenarán las casas,
los avestruces vivirán en ella,
y también retozarán los chivos.
²² Los chacales aullarán en los castillos, ᵏ
y en los lujosos palacios habrá lobos.
Ya se le acerca su hora a Babilonia;
no le quedan muchos días."

14 Regreso del destierro ᵃ

¹ Sí, el Señor tendrá misericordia de Jacob. De nuevo tendrá a Israel como su elegido, ᵇ y hará que los israelitas vuelvan a establecerse en su tierra. Los extranjeros se acercarán a ellos, se unirán al pueblo de Jacob. ᶜ ² Muchas naciones recibirán a los israelitas y los acompañarán hasta su patria, y los israelitas los tomarán como esclavos en la tierra del Señor. Los israelitas llevarán presos a quienes antes los habían puesto presos, y dominarán a quienes antes los oprimieron. ᵈ

Burla al rey de Babilonia ᵉ

³ Pueblo de Israel, cuando el Señor te haga descansar de tus sufrimientos, de tus penas y de la cruel esclavitud a que fuiste sometido, ᶠ ⁴ recitarás este poema para burlarte del rey de Babilonia:

"¡Miren en qué vino a parar el tirano!
¡Miren en qué vino a parar su arrogancia! ᵍ
⁵ El Señor ha roto el poder del malvado,
ha hecho pedazos la vara del tirano
⁶ que castigaba a las naciones con ira
y las golpeaba sin parar,
que aplastaba a los pueblos con furor
y los perseguía sin compasión.
⁷ Toda la tierra está en paz y tranquila,
y grita de alegría.
⁸ Hasta los pinos y los cedros del Líbano
se alegran de tu ruina
y dicen: 'Desde que tú caíste,
nadie ha vuelto a cortarnos.' ʰ
⁹ Abajo, entre los muertos, ⁱ hay gran agitación
y salen a recibirte.
Las sombras de los muertos se despiertan,
todos los jefes de la tierra salen a tu encuentro;

ᵉ **13.10** Este v. se cita en otros pasajes que tratan del día del Señor y ha influido en el lenguaje relativo a ese tema. Cf. Ez 32.7; Mt 24.29; Mc 13.24-25; Lc 21.25; Ap 6.12-13; 8.12.
ᶠ **13.12** *Ofir:* lugar famoso por su oro y otros productos; su ubicación es incierta; posiblemente estaba situado en la costa oriental de África.
ᵍ **13.14** Cf. Jer 50.16.
ʰ **13.17** *Los medos:* habitantes de una nación al nordeste de Babilonia; fue incorporada al imperio persa en el 550 a.C. (véase Índice de mapas).
ⁱ **13.19** *Sodoma y Gomorra:* cf. Gn 19.24.
ʲ **13.19-22** Jer 50.39-40; cf. Ap 18.2,22-23.
ᵏ **13.22** *Los castillos:* texto probable; heb. *las viudas de él.*

ᵃ **14.1-2** Con respecto al regreso de los desterrados, cf. Is 11.11-16. Estos dos vv. forman parte de la transición entre la condenación de Babilonia en el cap. anterior y el poema contra el rey de Babilonia, iniciado en el v. 4.

ᵇ **14.1** Cf. Dt 14.2.
ᶜ **14.1** *Los extranjeros:* los no judíos que irán a adorar al Dios de Israel (cf. Is 2.2-3; 56.6-8; Zac 8.20-22; Hch 2.10; 6.5.)
ᵈ **14.2** Cf. Is 60.10,14; 61.5.
ᵉ **14.3-23** Los vv. 3-4 introducen el poema de los vv. 4-21, indicando que se trata del rey de Babilonia; lo reafirman los vv. 22-23, que sirven de conclusión.
ᶠ **14.3** El lenguaje que describe la situación de los israelitas exiliados en Babilonia es semejante al que se utiliza para describir la esclavitud de Israel en Egipto (cf. Ex 1.13-14).
ᵍ **14.4** *Su arrogancia:* otra posible traducción según un antiguo ms. y varias versiones antiguas: *su violencia.* El heb. de otros mss., tomado del arameo, dice *la (ciudad) que exige oro.*
ʰ **14.8** Alusión al hecho de que los reyes explotaban excesivamente los bosques para construir edificios.
ⁱ **14.9** Véase *Reino de la muerte* en el Índice Temático; cf. Ez 32.17-32.

todos los reyes de los pueblos
se levantan de sus tronos. *j*

10 Todos ellos toman la palabra
y te dicen:
'Tú también has perdido tu fuerza,
has llegado a ser como nosotros.
11 Aquí vinieron a parar tu orgullo
y tu música de cítaras.
Tu cama es podredumbre,
tus mantas son gusanos.'

12 "¡Cómo caíste del cielo, *k*
lucero del amanecer! *l*
Fuiste derribado por el suelo,
tú que vencías a las naciones.
13 Pensabas para tus adentros:
'Voy a subir hasta el cielo;
voy a poner mi trono
sobre las estrellas de Dios;
voy a sentarme allá lejos en el norte,
en el monte donde los dioses se reúnen.
14 Subiré más allá de las nubes más altas;
seré como el Altísimo.'
15 ¡Pero en realidad has bajado al reino de la muerte,
a lo más hondo del abismo! *m*
16 Los que te ven se quedan mirándote,
y fijando su atención en ti, dicen:
'¿Este es el hombre que hacía temblar la tierra,
que destruía las naciones,
17 que dejó el mundo hecho un desierto,
que arrasaba las ciudades
y no dejaba libres a los presos?' *n*
18 Todos los reyes de las naciones descansan con honor,
cada uno en su tumba;
19 a ti, en cambio, te arrojan lejos del sepulcro
como basura *ñ* repugnante,
como cadáver pisoteado,
entre gente asesinada, degollada,
arrojada al abismo lleno de piedras.
20 No te enterrarán como a los otros reyes,
porque arruinaste a tu país
y asesinaste a la gente de tu pueblo.

La descendencia de los malhechores
no durará para siempre.
21 Prepárense para matar a los hijos
por los crímenes que sus padres cometieron,
para que no piensen más en dominar la tierra
ni en llenar el mundo de ciudades."

22 El Señor todopoderoso afirma:
"Voy a entrar en acción contra ellos,
voy a acabar con el nombre de Babilonia
y con lo que quede de ella,
con sus hijos y sus nietos.
23 La convertiré en un pantano,
en región plagada de lechuzas.
La barreré con la escoba de la destrucción."
Es el Señor todopoderoso quien lo afirma. *o*

Asiria será destruida *p* **24** El Señor todopoderoso ha jurado:
"Sin duda alguna, lo que yo he decidido, se hará;
lo que yo he resuelto, se cumplirá.
25 Destruiré al pueblo asirio en mi país,
lo aplastaré en mis montañas.
Su yugo dejará de oprimir a mi pueblo,
su tiranía no pesará más sobre sus hombros.
26 Esta es mi decisión en cuanto a toda la tierra.
Mi mano amenaza a todas las naciones."
27 El Señor todopoderoso lo ha decidido,
y nadie podrá oponérsele.
Su mano está amenazando,
y nadie lo hará cambiar de parecer.

Profecía contra los filisteos *q* **28** El año en que murió el rey Ahaz, *r* Isaías pronunció esta profecía:

29 No te alegres, nación filistea,
de que haya sido quebrada la vara *s*
con que te castigaban,
pues de donde salió una serpiente saldrá una víbora,
más aún, saldrá un dragón volador. *t*
30 Los pobres tendrán en mis campos pasto
para sus rebaños, *u*

---

j **14.9** *Se levantan* en homenaje burlón, como se ve en el saludo irónico de los vv. 10-11.

k **14.12** Ap 8.10; 9.1 contienen un eco de esta frase.

l **14.12-15** Aquí se compara al rey de Babilonia con el *lucero del amanecer*, astro que los cananeos tenían por un dios que había querido ponerse a la cabeza de los demás dioses (v. 13). Ese dios, según creían los cananeos, habitaba en un *monte* ubicado en un lejano punto *en el norte*. Con esta imagen, el autor ridiculiza el orgullo y la arrogancia del rey de Babilonia, insinuando que también él será derribado como aquel dios pagano. Cf. el pasaje sobre la caída del rey de Tiro en Ez 28.11-19.

m **14.13-15** El NT aplica esta idea a Cafarnaúm (cf. Mt 11.23; Lc 10.15).

n **14.17** La política de Babilonia, como la de Asiria, consistía en quebrantar el espíritu de los pueblos sojuzgados deportando a los prisioneros de guerra a regiones lejanas.

ñ **14.19** Basura (o *carroña*): texto probable. Heb. *retoño*, quizá en contraste irónico con Is 11.1.

o **14.22-23** Afirmación concluyente del Señor con respecto a Babilonia; véase vv. 3-23 n.

p **14.24-27** La situación histórica coincide con la de Is 10.5-34: Asiria tendrá que ceder ante la decisión de Dios (cf. el libro de *Nahúm* y Sof 2.13-15).

q **14.28-32** Cf. también Jer 47.1-7; Ez 25.15-17; Jl 3.4-8; Am 1.6-8; Sof 2.4-7; Zac 9.5-7.

r **14.28** *El año... Ahaz*: alrededor del 716 a.C. (2 R 16.20; 2 Cr 28.27).

s **14.29** La *vara* que ha sido *quebrada* es un rey de Asiria, probablemente Sargón II (721-705 a.C.). Cf. Is 10.5. Los filisteos pensaban que la muerte de ese monarca había puesto fin a la invasión; pero el profeta les advierte que esa alegría no iba a ser duradera.

t **14.29** *Serpiente... víbora... dragón volador*: Estas imágenes parecen aludir a la continua amenaza de Asiria, de donde vendrían otras invasiones.

u **14.30** *Los pobres... rebaños*: según un ms. antiguo y la versión latina; otros mss. dicen *los primogénitos de los pobres apacentarán* (o *serán apacentados*).

y la gente sin recursos descansará tranquila.
Yo, en cambio, haré que tu gente muera de hambre,
y mataré a los pocos que te queden.
³¹ ¡Laméntense, ciudades filisteas, ᵛ
griten de dolor, tiemblen de espanto!
Porque del norte viene un ejército
como una nube de humo;
ni un solo hombre se sale de las filas.
³² ¿Qué se puede responder a los enviados de ese país?
Que el Señor ha dado firmeza a Sión, ʷ
y los afligidos de su pueblo se refugiarán allí.

15 Profecía contra Moab ᵃ

¹ Profecía contra Moab:
En la noche en que Ar fue destruida,
ocurrió la ruina de Moab;
en la noche en que Quir ᵇ fue destruida,
ocurrió la ruina de Moab.
² La gente de Dibón ᶜ sube a llorar
al templo situado en la colina.
Moab se lamenta de la destrucción
de Nebo y de Medebá.
Todos tienen la cabeza rapada,
la barba cortada. ᵈ
³ Por las calles va la gente con ropas ásperas; ᵉ
en las terrazas gritan de dolor. ᶠ
En las plazas todo el mundo se lamenta
y se deshace en lágrimas.
⁴ Hesbón y Elalé piden socorro;
hasta en Jahas se oyen sus gritos.
Por eso se acobardan los guerreros de Moab
y se llenan de terror.
⁵ Mi corazón pide socorro para Moab;
su gente sale huyendo hasta Sóar, hasta Eglat-selisiya.
Por la cuesta de Luhit suben llorando;
por el camino de Horonaim
lanzan gritos de dolor ante el desastre.
⁶ Los pozos de Nimrim han quedado secos,
la hierba está marchita, muerta la vegetación,
no queda ni una hoja verde.
⁷ Por eso la gente recoge sus riquezas
y las lleva más allá del arroyo de los Álamos.
⁸ El grito de socorro da la vuelta
por las fronteras de Moab;

los lamentos llegan hasta Eglaim
y hasta Beer-elim.
⁹ Aunque los pozos de Dimón están llenos de sangre,
aún le enviaré mayores males;
un león devorará a los que se salven de Moab,
a los que queden con vida en la tierra.

16 La gente de Moab se refugia en Judá ᵃ

¹ Desde Selá ᵇ en el desierto,
los jefes del país envían corderos ᶜ
hasta el monte Sión.
² Los habitantes de Moab en el paso del Arnón
son como pájaros espantados
que huyen de su nido.
³ Dicen a Sión:
"Haz planes para protegernos,
toma tú nuestra defensa.
Extiende tu sombra en pleno mediodía,
como si fuera de noche;
ofrece asilo a los desterrados,
no traiciones a los fugitivos.
⁴ Deja que se refugien en ti
los fugitivos de Moab.
Sírveles de asilo
frente al destructor."

Cuando termine la opresión
y la destrucción haya pasado,
cuando el invasor se vaya del país,
⁵ un descendiente de David alcanzará el reinado,
reinado estable fundado en la bondad.
Será un juez honrado,
que establecerá el derecho
y hará llegar pronto la justicia. ᵈ

⁶ Conocemos el orgullo enorme de Moab:
su arrogancia, su altivez, su soberbia
y su inútil charlatanería.
⁷ Por eso todos los habitantes de Moab
llorarán por su nación;
afligidos en extremo, se dolerán
por los hombres de Quir-haréset. ᵉ
⁸ Los viñedos de Hesbón y de Sibmá
han quedado marchitos,
destrozados por los señores de las naciones.

ᵛ **14.31** Las cinco *ciudades filisteas*, cerca de la costa sur de Palestina, eran Ascalón, Asdod, Ecrón, Gaza y Gat (véanse Jos 11.22 nota *n*; 13.3 nota *c* e *Índice de mapas*).

ʷ **14.32** *Sión:* Véase Sal 2.6 n.

ᵃ **15.1-9** Los caps. 15 y 16 tienen notables semejanzas con Jer 48; cf. también Is 25.10-12; Ez 25.8-11; Am 2.1-3; Sof 2.8-11. Generalmente se supone que la nación enemiga de Moab era Asiria, pero no es posible que el texto se refiera a la invasión de algunas tribus árabes alrededor del 650 a.C. Para aquel tiempo, Moab, al oriente del Mar Muerto, véase *Índice de mapas*), dejó de ser nación independiente. Los lugares aquí mencionados se encontraban en aquella región, pero no es posible precisar la ubicación de todos ellos.

ᵇ **15.1** *Quir:* ciudad importante de Moab, situada a unos 18 km. al oriente del Mar Muerto, llamada *Quir-haréset* en Is 16.7,11 (véase *Índice de mapas*).

ᶜ **15.2** *Gente de Dibón:* texto probable; heb. *gente y Dibón*.

ᵈ **15.2** Señales de humillación; cf. Is 7.20.

ᵉ **15.3** *Ropas ásperas:* señal de luto y dolor. Véase Jl 1.13 nota *k*.

ᶠ **15.3** *Gritan de dolor:* texto probable (cf. Jer 48.38); en el texto heb. no aparece esta frase.

ᵃ **16.1-13** Véase Is 15.1-9 n.

ᵇ **16.1** *Selá:* ciudad edomita donde se refugiaron los moabitas que escaparon de la destrucción de su país (Is 15.5-9). Desde allí enviaban mensajes a Judá suplicando asilo (vv. 3-4).

ᶜ **16.1** *Los jefes del país envían corderos:* texto probable; heb. *envíen un cordero jefe del país*. En el pasado, el rey de Moab había enviado corderos a Israel como tributo (2 R 3.4).

ᵈ **16.4-5** Esta estrofa prevé un tiempo en que un sucesor del rey David reinará sobre Judá y Moab (cf. Is 9.7).

ᵉ **16.7** *Por los hombres:* texto probable; heb. *por las tortas de pasa*. *Quir-haréset:* Véase Is 15.1 n.

Sus ramas llegaban hasta Jazer,
se extendían por el desierto
y alcanzaban hasta más allá del mar.
⁹ Por eso lloro por los viñedos de Sibmá,
lo mismo que por Jazer,
y derramo lágrimas por Hesbón y Elalé,
porque sobre sus frutos y cosechas
resonó el grito de guerra.
¹⁰ La alegría y el bullicio se acabarán en los campos;
no habrá más gritos de alegría
ni cantos en los viñedos,
ni exprimirán más las uvas para sacar vino.
Los gritos se acabaron. [f]
¹¹ Mi corazón se estremece como un arpa
por Moab y por Quir-haréset.
¹² Por más que Moab vaya a las colinas
y ruegue allí hasta el cansancio,
por más que vaya a su templo a orar,
nada va a conseguir. [g]

¹³ Estas fueron las palabras que dijo el Señor contra Moab hace mucho tiempo. ¹⁴ Ahora dice el Señor:

"Dentro de tres años,
tal como los cuenta un obrero que vive de su salario,
la grandeza de Moab se hará despreciable,
a pesar de su inmenso gentío;
solo quedará un puñado pequeño, impotente."

17 Profecía contra Damasco [a]

¹ Profecía contra Damasco: [b]
Damasco dejará de ser ciudad;
no será más que un montón de ruinas.
² Quedará abandonada para siempre, [c]
convertida en pastizales;
los animales podrán pastar tranquilamente.
³ Efraín, que es el orgullo de Israel,
ya no tendrá ciudad fortificada;
así también Damasco, lo que queda de Siria,
dejará de ser un reino.
Lo afirma el Señor todopoderoso.

Castigo de Israel [d]

⁴ En ese día Samaria, orgullo de Jacob,
perderá su fuerza,
y su prosperidad desaparecerá.
⁵ Será como cuando el segador cosecha el trigo

y recoge las espigas con las manos,
o cuando se recogen las espigas
en el valle de Refaim, [e]
⁶ donde solo quedan restos olvidados;
o como cuando se golpea un olivo
y solo quedan dos o tres aceitunas
en la punta de una rama,
o a lo sumo cuatro o cinco en todo el árbol.
Lo afirma el Señor, el Dios de Israel.

⁷ En ese día
el hombre volverá sus ojos a su creador,
al Dios Santo de Israel.
⁸ No volverá a mirar los altares ni otros objetos hechos
por los hombres con sus propias manos.
No se fijará más en esos troncos sagrados [f]
ni en esos altares donde queman incienso
a los dioses.

⁹ En ese día
tus ciudades fortificadas serán abandonadas,
como fueron abandonadas
las ciudades de los heveos y de los amorreos [g]
por miedo a los israelitas.
Quedarán convertidas en desierto,
¹⁰ porque olvidaste al Dios que te salvó,
no recordaste que él es tu refugio seguro.
Tú cultivas esos jardines agradables, [h]
siembras tus plantas en honor a un dios extranjero,
¹¹ las proteges el día en que las plantas,
y haces que brote la semilla al día siguiente.
Pero cuando vengan la enfermedad
y el mal incurable,
se perderá la cosecha.

¹² ¡Oigan el estruendo de pueblos numerosos, [i]
estruendo como el que produce el mar!
Es el rugido que lanzan las naciones,
como el rugido de aguas impetuosas.
¹³ Pero cuando Dios los reprende,
salen huyendo lejos,
como la paja que el viento se lleva por los montes
o como el cardo que arrastra el huracán.
¹⁴ Por la tarde parecen terribles,
pero antes del amanecer dejan de existir.
En eso paran los que nos saquean,
así terminan los que nos arruinan.

---

[f] **16.10** *Los gritos se acabaron:* según una versión antigua; heb. *he hecho cesar los gritos.*
[g] **16.12** Cf. Jer 48.7,13. Los moabitas rendían culto al dios Quemós.
[a] **17.1-3** Esta profecía se refiere a la alianza de Siria e Israel contra Judá (véase Is 7.1—8.4 con las notas correspondientes; cf. Jer 49.23-27; Am 1.3-5; Zac 9.1).
[b] **17.1** *Damasco,* la capital de Siria, fue conquistada por Asiria en el 732 a.C.
[c] **17.2** *Quedará abandonada para siempre:* según versiones antiguas; heb. *las ciudades de Aroer están abandonadas.*
[d] **17.4-14** Los vv. 4-6 continúan la profecía de los vv. 1-3. La derrota de Israel sucedió en el 722 a.C., cuando Samaria, su capital, fue conquistada por Asiria. Los vv. 7-11 condenan la idolatría y los vv. 12-14 aluden a una invasión enemiga, posiblemente la desencadenada por Asiria (cf. vv. 12-14).
[e] **17.5** *El segador:* texto probable; heb. *la cosecha. El valle de Refaim:* probablemente el llano situado al sudoeste de Jerusalén.
[f] **17.8** *Troncos sagrados:* símbolos de Asera, la diosa cananea de la fertilidad (cf. 1 R 15.16).
[g] **17.9** *Las ciudades de los heveos y de los amorreos:* según una versión antigua; heb. *el bosque y la rama.* Estos pueblos se contaban entre los primitivos habitantes de Canaán, antes de la llegada de los israelitas (Dt 7.1).
[h] **17.10** Véase Is 1.29 n.
[i] **17.12-14** Esta invasión se presenta como una tormenta; quizá se trata de la invasión asiria en el 701 a.C. (cf. Is 36.1-21).

18
Profecía contra Etiopía [a]

1 ¡Ay del país donde resuena
un zumbido de insectos, [b]
del país situado más allá de los ríos de Etiopía, [c]
2 que envía sus embajadores por el Nilo, [d]
viajando por el agua en barcas de junco! [e]
Vayan, veloces mensajeros,
a un pueblo de alta estatura y piel brillante,
a una nación temida en todas partes,
pueblo fuerte y altanero [f]
que vive en una tierra bañada por ríos.
3 Todos ustedes, habitantes del mundo,
verán cuando se alce la señal en la montaña,
y oirán cuando suene la trompeta.

4 El Señor me dijo:
"Desde mi lugar miro tranquilo,
como la luz en un día de verano,
como una nube de rocío en tiempo ardiente
de cosecha.
5 Cuando pase la floración en los viñedos,
y la flor se vuelva uva madura,
pero antes del tiempo de la cosecha,
podarán las ramas con cuchillos,
las cortarán y las retirarán.
6 Todo quedará abandonado en las montañas
a las aves de rapiña
y a los animales salvajes.
Las aves pasarán allí el verano,
y todos los animales salvajes
se quedarán allí en el invierno." [g]

7 En ese tiempo
traerán al Señor todopoderoso
ofrendas de parte del pueblo
de alta estatura y piel brillante,
nación temida en todas partes,
pueblo fuerte y altanero,
que vive en una tierra bañada por ríos. [h]
Las traerán al monte Sión,
donde se invoca el nombre del Señor todopoderoso.

19
Profecía contra Egipto [a]

1 Profecía contra Egipto:
Miren al Señor:
Viene a Egipto montado en veloz nube.
Ante él tiemblan los ídolos de Egipto,
y los egipcios se llenan de terror.
2 "Voy a hacer que los egipcios se dividan —dice—
y peleen unos contra otros:
amigo contra amigo, ciudad contra ciudad,
reino contra reino.
3 Les haré perder la cabeza,
haré fracasar sus planes.
Entonces consultarán a los ídolos y a los brujos,
a los espíritus de los muertos y a los adivinos.
4 Pero yo pondré a Egipto
en poder de un amo duro; [b]
un rey cruel va a gobernarlo."
Lo afirma el Señor todopoderoso.

5 El agua del Nilo se agotará,
el río quedará completamente seco,
6 los canales despedirán mal olor.
Las corrientes de agua de Egipto
irán disminuyendo hasta secarse,
las cañas y los juncos se marchitarán;
7 los juncales que están al borde del Nilo,
y todos los sembrados que hay en sus orillas,
se secarán y dejarán de existir.
8 Todos los que pescan en el Nilo
se pondrán a gemir y a lamentarse;
los que echan sus redes al agua se entristecerán. [c]
9 Los que trabajan el lino se sentirán desanimados,
las cardadoras [d] y los tejedores se pondrán pálidos;

---

[a] 18.1-7 Los caps. 18—20 se refieren a las relaciones de Judá con Egipto. El motivo de esta intervención profética parece haber sido la llegada a Jerusalén de unos emisarios de Etiopía, cuya vigesimoquinta dinastía gobernaba en Egipto aproximadamente entre el 714 y el 687 a.C., coincidiendo en parte con el reinado de Ezequías sobre Judá. Los enviados propiciaban una alianza entre Judá y Egipto, en contra de Asiria. El profeta les dirige algunas palabras elogiosas y los manda de regreso a su país (v. 2).

[b] 18.1 Traducción probable; lit. *país de alas revoloteadas*. Posible alusión a los mosquitos y otros insectos comunes en la región del Nilo. Otros prefieren traducir esta expresión por *país de barcos alados*, en referencia a las embarcaciones de dos velas que navegaban por el río.

[c] 18.1 *Etiopía*: región al sur de Egipto (Is 11.11 nota n), que se extendía *más allá* (es decir, más al sur) del río Nilo y sus afluentes. Cf. Gn 10.6; véase *Índice de mapas*.

[d] 18.2 *Embajadores*: Véase Is 18.1-7 n. *El Nilo*: lit. *el mar*, término que también se usa para este río en el heb. de Is 19.5; Nah 3.8. El Nilo, única vía de comunicación y transporte de mercancías por el interior de Egipto, abría el acceso a regiones situadas al sur del país.

[e] 18.2 *Barcas de junco*: embarcaciones hechas de cañas de papiro y calafateadas con betún.

[f] 18.2 *Vayan*: es decir, de regreso a su país. *De alta estatura y piel brillante*: Entre los habitantes de Etiopía había (y todavía hay)

muchos de piel lisa y estatura extraordinaria; eran famosos por su hermosura y por su fuerza para el combate.

[g] 18.3-6 El profeta anuncia la batalla (v. 3) y la describe en lenguaje figurado: ante la tranquila mirada de Dios (v. 4), todo será destruido y los cadáveres servirán de alimento a las *aves de rapiña* (vv. 5-6). Los asirios dominaban toda Palestina y eran también una amenaza para Egipto; el texto parece aludir a la derrota de Asiria, aunque algunos lo refieren a la de los etíopes en Egipto.

[h] 18.7 Esta sección repite algunas expresiones del v. 2 y anuncia que los etíopes se convertirían al Señor. Cf. Sof 3.10.

[a] 19.1-25 Cf. Jer 46.2-26; Ez 29—32. Es difícil reconstruir las circunstancias históricas de esta profecía. Podría tratarse de sucesos ocurridos durante el reinado de Ezequías, quizá cuando la vigesimoquinta dinastía etíope (véase Is 18.1-7 n.) se apoderó de Egipto en el 714 a.C., o bien un poco más tarde, tal vez en el contexto de una invasión asiria hacia el 711 a.C. (véase Is 20.1-6 n.). En todo caso, Egipto tendrá que sufrir a causa de las luchas internas (vv. 2-4), los desastres económicos (vv. 5-10) y los funcionarios incompetentes (vv. 11-15).

[b] 19.4 *Un amo duro*: posiblemente un personaje asirio, o alguno de los contendientes egipcios del v. 2.

[c] 19.5-10 Toda la economía de Egipto dependía del riego y la fertilización de sus tierras gracias al desbordamiento anual del Nilo. Véase Dt 11.10 nota *f*.

[d] 19.9 *Las cardadoras*: texto probable; heb. *(lino) cardado*.

¹⁰ los fabricantes de telas quedarán abatidos,
y todos los artesanos confundidos.

¹¹ ¡Qué tontos son ustedes, jefes de Soan, ᵉ
los consejeros más sabios de Egipto,
que en realidad son consejeros estúpidos!
¿Cómo se les ocurre decirle al faraón:
"Somos descendientes de sabios,
de reyes de la antigüedad"? ᶠ

¹² ¿Dónde están tus sabios, faraón,
para que te enseñen y te anuncien
los planes que el Señor todopoderoso
tiene contra Egipto?

¹³ Los jefes de Soan son tontos,
los jefes de Menfis ᵍ se dejaron engañar,
los jefes de las provincias
han llevado a Egipto por camino falso.

¹⁴ El Señor ha puesto en ellos
un espíritu de confusión;
ellos llevan a Egipto por camino falso
en todo lo que hace,
como un borracho que vomita y pierde el equilibrio.

¹⁵ Y nadie, sea cabeza o cola,
palmera o junco,
podrá hacer nada por Egipto.

¹⁶ En ese día ʰ los egipcios parecerán mujeres; se llenarán de miedo y espanto cuando vean que el Señor todopoderoso levanta su mano contra ellos. ¹⁷ Los egipcios sentirán terror ante Judá; con solo recordar su nombre se llenarán de espanto por los planes que el Señor todopoderoso tiene contra Egipto. ¹⁸ En ese día habrá en Egipto cinco ciudades que hablarán hebreo y que jurarán fidelidad al Señor todopoderoso. ⁱ Una de ellas se llamará Ciudad del Sol. ʲ

¹⁹ En ese día habrá un altar dedicado al Señor en pleno Egipto, y cerca de su frontera se levantará una piedra en honor al Señor. ²⁰ Servirá de señal, para que se recuerde al Señor todopoderoso en el país de Egipto. Cuando griten al Señor pidiendo ayuda contra los que los oprimen, él les enviará un libertador, para que los defienda y los salve. ²¹ El Señor se dará a conocer a los egipcios, y ellos reconocerán al Señor, le darán culto y le ofrecerán sacrificios y ofrendas. Harán promesas al Señor y las cumplirán. ²² El Señor herirá a Egipto, pero después lo sanará. Ellos se volverán al Señor, y él se compadecerá de ellos y los sanará.

²³ En ese día habrá un amplio camino desde Egipto hasta Asiria. Los asirios podrán llegar hasta Egipto y los egipcios hasta Asiria, y los egipcios y los asirios adorarán juntos al Señor.

²⁴ En ese día Israel se colocará a la par con Egipto y Asiria, y será una bendición en medio de la tierra. ᵏ ²⁵ El Señor todopoderoso los bendecirá, diciendo: "Yo bendigo a Egipto, mi pueblo, a Asiria, obra de mis manos, y a Israel, mi propiedad."

20 Asiria conquistará a Egipto y Etiopía ᵃ

¹ En cierta ocasión, el rey Sargón de Asiria envió a un alto oficial a la ciudad de Asdod, y el oficial atacó a la ciudad y la conquistó. ² Por ese tiempo ᵇ habló el Señor por medio de Isaías, hijo de Amós, y le dijo: "Quítate esa ropa áspera que llevas puesta y el calzado que tienes en los pies."

Isaías lo hizo así y se quedó descalzo y medio desnudo. ᶜ ³ Entonces dijo el Señor: "Mi siervo Isaías ha estado descalzo y medio desnudo durante tres años, como señal y anuncio para Egipto y Etiopía. ⁴ Así también el rey de Asiria llevará al destierro a los egipcios y a los etiopes, sean viejos o jóvenes, descalzos y desnudos, con el trasero al aire para su vergüenza. ⁵ La gente se llenará de miedo y sentirá vergüenza de Etiopía, que era su esperanza, y de Egipto, que era su orgullo. ⁶ En ese tiempo dirán todos los que viven en aquella costa: 'Miren al que vino a parar el que era nuestra esperanza, al que acudíamos a pedir auxilio, para que nos librara del rey de Asiria. ¿Cómo vamos a salvarnos ahora?' "

21 Profecía sobre la caída de Babilonia ᵃ

¹ Profecía acerca del desierto: ᵇ
Como huracanes que avanzan por el sur,
vienen del desierto, lugar espantoso.

² Terrible es la visión que Dios me ha mostrado:
el traidor traiciona,
el destructor destruye.

ᵉ **19.11** *Soán:* ciudad situada en el delta del Nilo, que en un tiempo fue capital de Egipto; más tarde recibió el nombre de Tanis.

ᶠ **19.11** *Faraón:* título del rey de Egipto (véase Ex 1.11 nota k). El país tenía fama por sus *sabios* (1 R 4.30), pero ninguno de ellos era capaz de discernir lo que Dios quería de su nación.

ᵍ **19.13** *Menfis:* una de las ciudades principales de Egipto, y su capital durante algún tiempo. Véase *Índice de mapas.*

ʰ **19.16-25** Estos vv. contienen cinco anuncios proféticos relativos a Egipto, que quizá provienen de una fecha distinta de la anterior (véase 19.1-25 n.). Cada uno de estos anuncios comienza con la expresión *en ese día* (vv. 16,18,19,23,24), utilizada frecuentemente para aludir al *día del Señor* (véase Is 13.6 n.; Jl 1.15; Am 5.18-20; Sof 1.14-18).

ⁱ **19.18** *Cinco:* probablemente un número redondo que significa *unas cuantas.* Algunas comunidades judías se establecieron en Egipto a partir del siglo VI a.C.

ʲ **19.18** *Ciudad del Sol:* de identificación incierta; algunos sugieren Heliópolis (Jer 43.13). La traducción se basa en un ms. heb.; otros mss. dicen *Ciudad de Destrucción,* con un probable juego de palabras basado en la semejanza de los dos vocablos en heb.

ᵏ **19.24** Cf. Gn 12.3.

ᵃ **20.1-6** Según inscripciones dejadas por Sargón II, rey de Asiria, entre los años 714 y 711 a.C., Egipto conspiró con algunos pueblos de Palestina para oponerse a la dominación asiria. La ciudad filistea de Asdod, centro de la rebelión, fue derrotada por Sargón en el 711 a.C., sin que Egipto acudiera en su ayuda. La acción simbólica de Isaías (v. 2) probablemente hizo que Ezequías, rey de Judá, desistiera de mezclarse en ese conflicto.

ᵇ **20.2** *Por ese tiempo:* evidentemente, unos tres años antes (v. 3). Con frecuencia, los profetas daban más fuerza a su mensaje realizando acciones simbólicas. Véase Jer 13.1-11 n., y cf. Ez 4.1—5.17.

ᶜ **20.2** *Medio desnudo:* lit. *desnudo.* Probablemente estaba vestido con un taparrabo, como el que solían llevar los prisioneros de guerra.

ᵃ **21.1-10** Generalmente se relaciona esta sección con la destrucción de la ciudad de Babilonia en el 539 a.C. por las tropas de Ciro, rey de Persia; pero algunos intérpretes consideran que se trata de una conquista anterior, realizada por Senaquerib, rey de Asiria, en el 689 a.C.

ᵇ **21.1** *Desierto:* lit. *desierto del mar.* Por *mar* parece entenderse aquí el actual Golfo Pérsico. Babilonia se menciona explícitamente en el v. 9.

¡Levántate, Elam!
¡Medos, al asalto! [c]
¡No permito más quejas!
³ Mi cuerpo se estremece,
me retuerzo de dolor como mujer de parto,
la angustia no me deja oír,
el terror me impide ver.
⁴ Tengo la mente confundida,
me estremezco de terror.
El fresco del atardecer, que tanto me gustaba,
se ha vuelto para mí algo terrible.
⁵ La mesa ya está puesta, tendidas las alfombras,
el banquete ha comenzado.
¡De pie, capitanes: saquen brillo a los escudos!
⁶ Porque el Señor me ha dicho:
"Ve y coloca un centinela
que dé aviso de todo cuanto vea.
⁷ Si ve carros tirados por parejas de caballos
o gente montada en asnos o camellos,
que mire con mucha atención."

⁸ Y el que vigilaba [d] gritó:
"En mi puesto, Señor,
permanezco todo el día,
y noche tras noche me mantengo vigilante.
⁹ Y veo venir un carro tirado por un par de caballos."
Alguien dijo entonces:
"¡Cayó, cayó Babilonia! [e]
Todas las estatuas de sus dioses
quedaron por el suelo hechas pedazos."

¹⁰ Pueblo mío, pisoteado como el trigo,
yo te anuncio lo que escuché
del Señor todopoderoso, el Dios de Israel.

Profecía contra Edom [f]   ¹¹ Profecía contra Edom: [g]
Alguien me grita desde Seír:
"Centinela, ¿qué horas de la noche son?
Centinela, ¿qué horas de la noche son?"
¹² Y el centinela responde:
"Ya viene la mañana,
pero también la noche. [h]
Si quieren preguntar, pregunten,
y vuelvan otra vez." [i]

Profecía en el desierto [j]   ¹³ Profecía en el desierto:
Caravanas de Dedán, [k] que pasan la noche
en los matorrales del desierto,
¹⁴ salgan al encuentro del que tiene sed
y ofrézcanle agua.
Habitantes del país de Temá, [l]
salgan al paso del que huye
y ofrézcanle alimento.
¹⁵ Porque huyen de la espada,
de la espada afilada,
del arco listo para disparar
y del furor de la batalla.

¹⁶ El Señor me dijo:
"Dentro de un año,
tal como lo cuenta un obrero que vive de su salario,
se habrá terminado toda la grandeza de Quedar. [m]
¹⁷ Y pocos serán los arcos
que les quedarán a los guerreros de Quedar."
El Señor, el Dios de Israel, lo ha dicho.

22 Profecía acerca de Jerusalén [a]

¹ Profecía acerca del valle de la visión: [b]
¿Qué pasa, que todos suben a las azoteas?
² Ciudad llena de alboroto y bulla,
ciudad amiga de las diversiones,
tus muertos no cayeron a filo de espada,
no murieron en la guerra;
³ tus jefes salieron todos corriendo,
y al huir de los arcos los pusieron presos.
Tus hombres más valientes huyeron lejos,
pero los pusieron presos. [c]
⁴ Por eso dije: Apártense de mí,
que quiero llorar con amargura;
no traten de consolarme
de la catástrofe de mi pueblo.
⁵ Porque el Señor todopoderoso
ha decretado que llegue un día de pánico,
de destrucción y aturdimiento
en el valle de la visión.
Están derribando las murallas;
llegan los gritos hasta las montañas.

⁶ Los elamitas prepararon ya sus flechas,

---

[c] **21.2** El profeta llama a *Elam* y a *Media*, países situados en lo que hoy es Irán, a participar en el ataque. Véase *Índice de mapas*.
[d] **21.8** *El que vigilaba:* según un antiguo ms. y una versión antigua; otros mss. dicen *un león*.
[e] **21.9** Ap 14.8; 18.2.
[f] **21.11-12** *Edom:* Véase Is 11.14 n.
[g] **21.11** *Edom:* según la versión griega (LXX); heb. *Dumá.*
[h] **21.12** Después de un periodo de paz (*la mañana*) habrá otro de guerra (*la noche*); cf. Is 9.1-2; Am 5.18.
[i] **21.12** El profeta parece indicar que aún no hay una revelación clara acerca del resultado.
[j] **21.13-17** Se refiere a las tribus del desierto de Arabia; se desconoce la ocasión de la profecía.
[k] **21.13** *Dedán:* nombre de un lugar y de una tribu nómada y comerciante del norte de Arabia (cf. Jer 49.8; Ez 25.13).
[l] **21.14** *Temá:* lugar en el norte de Arabia, centro importante de las rutas de caravanas.

[m] **21.16** *Quedar:* región en el nordeste de Arabia; posiblemente sus *guerreros* (v. 17) sean los que habían atacado a Dedán y Temá.
[a] **22.1-14** Algunos sugieren el 711 a.C. como la fecha de este mensaje; en dicho año, Sargón II de Asiria invadió Palestina, aunque no atacó Jerusalén (véase Is 20.1-6 n.). Es más probable que la ocasión del prematuro regocijo (vv. 1-2) se diera en el 701 a.C., cuando el rey Ezequías pagó tributo a Senaquerib y el ejército asirio dejó de sitiar Jerusalén (2 R 18.13-16; 19.35-36). Jerusalén hizo entonces preparativos militares, pero sin poner su fe en Dios.
[b] **22.1** *Valle de la visión:* frase oscura; posiblemente se refiera al *valle* de Hinom, al sudoeste de Jerusalén.
[c] **22.3** *Tus hombres más valientes:* según una versión antigua; heb. *tus hombres que fueron encontrados.* Unas inscripciones de Senaquerib atestiguan que algunos soldados de Ezequías desertaron durante el sitio de Jerusalén; quizá el profeta se refiera a esta circunstancia.

y están montados en sus carros y caballos;
los de Quir sacaron sus escudos. *d*

⁷ Tus valles más hermosos están llenos de carros,
y la caballería ataca la puerta de la ciudad.
⁸ La defensa de Judá quedó desamparada.

En ese día ustedes se fijaron en el depósito de armas de la Casa del Bosque, *e* ⁹ vieron las muchas grietas que había en la Ciudad de David y llenaron de agua el estanque inferior; ¹⁰ inspeccionaron las casas de Jerusalén y derribaron algunas para reforzar la muralla. *f* ¹¹ Entre las dos murallas hicieron una cisterna para el agua del estanque viejo. *g* Pero no se fijaron en el que hizo todo aquello, el que desde hace mucho tiempo lo preparó. *h*

¹² Ese día el Señor todopoderoso
los invitó a ustedes a llorar y a lamentarse,
a raparse la cabeza
y a ponerse ropas ásperas en señal de dolor.
¹³ Pero lo que hay es diversión y alegría,
matar vacas y ovejas,
comer carne y beber vino.
"Comamos y bebamos,
que mañana moriremos" *i* —dicen.
¹⁴ Y el Señor todopoderoso se me apareció
y me aseguró al oído:
"No voy a perdonarles este pecado;
antes de eso morirán ustedes."
Son palabras del Señor todopoderoso.

Contra el funcionario encargado del palacio *j*

¹⁵ El Señor todopoderoso me dijo: "Ve a ver a Sebná, mayordomo de palacio, y dile:

¹⁶ '¿Qué negocio tienes aquí, o quién te dio el derecho
de construirte aquí un sepulcro,
de hacerte una tumba en la parte alta
y cavarte en la roca un lugar de reposo? *k*
¹⁷ El Señor te va a arrojar muy lejos,
como lo hace un hombre robusto.
Te agarrará con fuerza, *l*
¹⁸ te hará rodar como una pelota
y te arrojará a una tierra inmensa.
Allá morirás,
allá pararán los carros que eran tu gloria,
y serás la vergüenza del palacio de tu señor.
¹⁹ Yo te quitaré de tu puesto,
te retiraré de tu oficio.

²⁰ 'En ese día llamaré a mi siervo, *m*
a Eliaquim, hijo de Hilquías; *n*
²¹ lo vestiré con tu túnica,
le pondré tu cinturón de honor
y le daré tu autoridad.
Será como un padre para los habitantes de Jerusalén
y para el pueblo de Judá.
²² En sus hombros le pondré
la llave de la casa de David;
nadie podrá cerrar lo que él abra
ni abrir lo que él cierre. *ñ*
²³ Él será como un trono de honor
para la familia de su padre.
Yo haré que quede firme en su lugar,
como si fuera un clavo.
²⁴ En él se podrá colgar todo lo que haya de valioso *o*
en la familia de su padre
y de toda su descendencia,
toda clase de vajilla pequeña,
desde copas hasta jarros.

²⁵ 'En ese día,
cederá el clavo que estaba clavado firmemente
en su lugar;
será arrancado y se caerá,
y todas las cosas que de él estaban colgadas,
se romperán.' " *p*
Lo afirma el Señor todopoderoso.

---

d **22.6** Acción de los aliados de Asiria en el sitio de Jerusalén. *Elamitas:* habitantes de Elam (Is 11.11 nota *n*; 21.2 n.). *Quir:* lugar de ubicación desconocida (no es el de Is 15.1; 16.7).

e **22.8** *Casa del Bosque:* edificio construido por el rey Salomón (1 R 7.2-5; 10.16-17) y usado como arsenal.

f **22.9-10** *La Ciudad de David:* la parte fortificada del sudeste de Jerusalén (2 S 5.7).

g **22.9-11** Los preparativos para abastecer de agua a la ciudad con el fin de resistir el asedio se refieren, probablemente, al canal de Siloé, construido por Ezequías (véase 2 R 20.20 n.).

h **22.8-11** La preparación militar no vale nada si no va acompañada de la fe en Dios; los de Jerusalén *se fijaron* en sus armas, en la fortificación de la ciudad y en el abastecimiento de agua, pero *no se fijaron* en Dios, *el que hizo todo aquello*. Véase Is 7.8-9 nota *k*.

i **22.13** Citado en 1 Co 15.32.

j **22.15-25** A veces, los profetas dirigen su mensaje de condenación a algún individuo (Jer 20.1-6; 28.12-17; Am 7.16-17). La falta cometida por Sebná no se especifica, pero es posible que en su función de mayordomo (v. 15; cf. 2 R 18.18) aconsejara a Ezequías una alianza con Egipto, en contra de los consejos de Isaías (cf. Is 30.2-5; 31.1-3).

k **22.16** Los ricos se hacían excavar sepulcros en la roca, para no ser enterrados en el lugar común de los pobres (cf. Jer 26.23).

l **22.17** El sentido del heb. es dudoso. Otra posible traducción del v. 17: *El Señor te va a sacudir, como se sacude una prenda para quitarle los piojos.*

m **22.20** *Mi siervo:* título honorífico, reservado a los fieles servidores del Señor como Abraham (Gn 26.24), Moisés (Nm 12.7; Jos 1.1), David (2 S 3.18; 7.5) y el mismo Isaías (20.3); también se usa para referirse a aquellos quienes Dios, como Señor de la historia, ha designado para el cumplimiento de una misión particular (Jer 27.6; 43.10). Cf. Is 42.1.

n **22.20** Cuando llegó la crisis del año 701 a.C., Eliaquim ya había reemplazado a Sebná, aunque este continuaba en un puesto inferior (Is 36.3; 37.2).

ñ **22.22** Palabras recogidas en Ap 3.7; cf. Mt 16.19. La persona que estuviera en posesión de *la llave* del palacio podía decidir quiénes tenían acceso al rey.

o **22.24-25** *Valioso:* o *pesado.* La palabra hebrea tiene ambos significados, y también el de *honor.* Con este último sentido se encuentra en el v. 23, en en un juego de palabras difícil de traducir. Según algunos comentaristas, los vv. 24-25 sugieren que Eliaquim, aprovechándose de su situación, comenzó a beneficiar con cargos y privilegios a sus parientes y amigos. Pero ese favoritismo provocaría su caída, representada por la imagen de un clavo cargado con un peso mayor del que puede soportar. En tal caso, los vv. 24-25 habrían sido escritos en fecha posterior a la de los vv. 22-23.

p **22.25** Probable alusión a los funcionarios corruptos, que hundirán a la nación en el caos. Por eso la administración de Eliaquim

23 Profecía contra Tiro y Sidón [a]

1 Profecía contra Tiro:
Las naves de Tarsis [b] están gimiendo,
porque el puerto [c] ha sido destruido.
El puerto a donde se llegaba de Chipre
ha sido arrasado.
2 La gente de Tiro y los comerciantes de Sidón
guardan silencio.
Sus agentes atravesaban el mar
3 y sus aguas inmensas.
Sacaban sus ganancias
del grano de Sihor, de las cosechas del Nilo,
y comerciaban con las naciones.
4 Llénate de vergüenza, Sidón, fortaleza del mar,
pues tendrás que decir: [d]
"Ya no tengo dolores de parto, ya no doy a luz.
Ya no tengo hijos que criar
ni hijas que educar."
5 Cuando llegue la noticia a los egipcios,
se llenarán de angustia por lo que le pasó a Tiro.
6 Dirán: "Váyanse a Tarsis, [e]
pónganse a gemir, habitantes de la costa."

7 ¿Es esta la ciudad de origen tan antiguo
y tan amiga de las diversiones?
¿Es esta la que viajaba
para establecerse en lejanas regiones? [f]
8 ¿Quién decretó esto contra Tiro,
la ciudad real,
cuyos comerciantes eran príncipes,
y sus negociantes los más poderosos de la tierra?
9 El Señor todopoderoso lo decretó
para humillar todo orgullo
y dejar por el suelo a todos los poderosos de la tierra.
10 Pueblo de Tarsis, ponte a cultivar la tierra, [g]
que el astillero ya no existe.
11 El Señor extendió su mano sobre el mar,
hizo temblar a las naciones
y mandó destruir las fortificaciones de Canaán.

12 Y dijo a Sidón:
"Déjate de diversiones, muchacha violada.
Aunque resuelvas pasar hasta Chipre,
tampoco allí encontrarás descanso."

13 Miren esta tierra,
tierra destinada a naves.
Los caldeos levantaron torres
y demolieron los palacios de Sidón,
los convirtieron en ruinas.
Ellos fueron los culpables, no Asiria. [h]

14 Pónganse a gemir, naves de Tarsis,
porque su fortaleza ha sido destruida.

15 En ese tiempo Tiro será echada al olvido durante setenta años, el tiempo que dura la vida de un rey. [i] Al cabo de esos setenta años se le aplicará a Tiro lo que dice aquella canción de la prostituta:

16 "Prostituta olvidada,
toma tu arpa, recorre la ciudad,
toca buena música, entona muchos cantos,
a ver si se acuerdan de ti." [j]

17 Al cabo de setenta años el Señor volverá a ocuparse de Tiro. Ella volverá a alquilarse y se prostituirá con todos los países de la tierra. **18** Pero las ganancias de su comercio serán consagradas al Señor; no serán guardadas ni almacenadas, sino que serán dadas a los que sirven al Señor, para que compren alimentos en abundancia y vestidos finos. [k]

4. El apocalipsis de Isaías (24—27)

24 El juicio sobre toda la tierra [a]

1 Miren, el Señor va a arrasar la tierra,
va a devastarla y trastornarla, [b]
y dispersará a sus habitantes.
2 Y será igual para el sacerdote y el pueblo,
para el amo y el esclavo,
para el ama y la esclava,
para el que compra y el que vende,

---

será, al final, tan desastrosa como la de Sebná (véase Is 22.15-25 n.).

[a] **23.1-8** Cf. Ez 26—28; Jl 3.4-8; Am 1.9-10; Zac 9.1-4; cf. también Mt 11.21-22; Lc 10.13-14. Tiro y Sidón eran importantes puertos de Fenicia, en la costa norte de Palestina (véase *Índice de mapas*). Los fenicios habían establecido colonias en la isla de Chipre, situada al noroeste de Tiro (v. 1), y durante siglos habían comerciado con el trigo de Egipto (v. 3), transportándolo a distintos destinos, incluso a España, en el extremo occidental del Mediterráneo.

[b] **23.1** *Tarsis:* Véase Sal 48.7(8) n.

[c] **23.1** *El puerto:* texto probable; heb. *sin casa.*

[d] **23.4** *Pues tendrás que decir:* otra posible traducción: *pues el mar dirá;* es decir, que el *mar,* visto como la madre de los marineros, desconocerá a los fenicios, por más que fueran gente de mar.

[e] **23.6** *Tarsis:* considerado entonces como el lugar más lejano del mundo (v. 1). Lo que *dirán* posiblemente incluye también los vv. 7-8.

[f] **23.7** Sobre la importancia del comercio y la influencia de Tiro, cf. Ez 27.1-25.

[g] **23.10** *La tierra:* según un ms. antiguo y la versión griega (LXX); otros mss. dicen *pasa* (o *desborda*) *su tierra como el Nilo.*

[h] **23.13** El heb. de este v. es oscuro; se da una traducción probable. *Los caldeos:* esto es, *los babilonios,* que infligieron a Tiro una gran derrota (cf. Ez 26.7-14).

[i] **23.15** *Setenta años:* número redondo, que indica un largo periodo de tiempo (Sal 90.10). Cf. la profecía de Jeremías sobre la duración del exilio en Babilonia (Jer 25.11-12).

[j] **23.16** El profeta se dirige a la ciudad de Tiro como si fuera una *prostituta olvidada* que ha perdido los encantos de su juventud, y la invita irónicamente a que trate de recuperar su antiguo poderío comercial. Cf. Is 1.7, donde el mensaje profético también se comunica en forma de canción.

[k] **23.17-18** A pesar de su mensaje de condenación, el profeta prevé un tiempo en que Dios permitirá a *Tiro* restaurar su antiguo comercio, solo que entonces sus *ganancias* estarán *consagradas al Señor.*

[a] **24.1-23** Los caps. 24—27 han sido considerados por algunos comentaristas como "el apocalipsis de Isaías", por sus semejanzas con el género de literatura llamado "apocalíptico" (véase *Introducción al Apocalipsis*). Este pasaje incluye alusiones a un banquete en los días últimos, al castigo de los poderes celestiales y a la resurrección de los muertos. El cap. 24 trata del juicio sobre el mundo entero (vv. 1-6; cf. v. 13) y la cesación de toda alegría (vv. 7-13), excepto la de los sobrevivientes (vv. 14-16a). Luego vuelve al tema del juicio: hasta los poderes celestiales tendrán que dar cuenta al Señor victorioso (vv. 16b-23).

[b] **24.1** *Trastornarla:* con terremotos (cf. vv. 18-20).

para el que presta y el que recibe prestado,
para el deudor y el acreedor. *c*
³ La tierra será totalmente arrasada,
totalmente saqueada.
Porque esto es lo que ha dicho el Señor.
⁴ La tierra se seca y se marchita,
el mundo entero se reseca, se marchita,
y el cielo y la tierra se llenan de tristeza.
⁵ La tierra ha sido profanada por sus habitantes,
porque han dejado de cumplir las leyes,
han desobedecido los mandatos,
han violado la alianza eterna. *d*
⁶ Por eso, una maldición ha acabado con la tierra,
y sus habitantes sufren el castigo. *e*
Por eso, los habitantes de la tierra han disminuido,
y queda poca gente.
⁷ El vino escasea, los viñedos se enferman,
los que vivían alegres se llenan de tristeza.
⁸ Se terminó la alegría de los tambores y del arpa,
se calló el bullicio de los amigos de la diversión.
⁹ No más beber vino al son de las canciones;
las bebidas se volverán amargas para los bebedores.
¹⁰ La ciudad del desorden *f* está en ruinas,
no se puede entrar en ninguna casa.
¹¹ La gente llora en las calles por la escasez de vino;
toda la alegría se ha apagado,
ha quedado desterrada de la tierra.
¹² La ciudad está en ruinas,
la puerta quedó hecha pedazos.
¹³ Así será en todas las naciones de la tierra:
como cuando se hacen caer a golpes las aceitunas,
o cuando se rebuscan las uvas
una vez terminada la cosecha.
¹⁴ Los sobrevivientes gritarán llenos de alegría,
levantarán la voz desde occidente
al ver la majestad del Señor.
¹⁵ También en el oriente
y en los países del mar
darán gloria al Señor, el Dios de Israel.
¹⁶ Desde el extremo de la tierra los hemos oído cantar:
"¡Honor al justo!" *g*

Pero yo dije: ¡Ay, qué miseria, qué miseria!
¡Los traidores cometen una vil traición!
¹⁷ Los habitantes de la tierra
serán como animales perseguidos por los cazadores
o en peligro de caer en un hoyo o una trampa.

¹⁸ El que escape de los cazadores caerá
en el hoyo,
y el que salga del hoyo caerá en la trampa.
Un diluvio caerá del cielo *h*
y temblarán los cimientos de la tierra. *i*
¹⁹ La tierra temblará terriblemente,
se sacudirá, se hará pedazos.
²⁰ Se tambaleará como un borracho,
temblará como una débil choza.
Sus pecados pesan tanto sobre ella
que caerá y no volverá a levantarse.
²¹ En ese día el Señor castigará
a los poderes celestiales *j*
y a los reyes de la tierra;
²² los reunirá, los encerrará en un calabozo,
los tendrá encarcelados,
y después de mucho tiempo los castigará.
²³ Cuando el Señor todopoderoso actúe como rey
en el monte Sión, *k* en Jerusalén,
el sol y la luna se oscurecerán
y los jefes de su pueblo verán la gloria del Señor.

25 Canto de alabanza a Dios *a*

¹ Señor, tú eres mi Dios;
yo te alabo y bendigo tu nombre,
porque has realizado tus planes admirables,
fieles y seguros desde tiempos antiguos. *b*
² Has convertido las ciudades en montones de piedras,
las ciudades fortificadas en ruinas;
destruiste los palacios de los enemigos,
y no serán reconstruidos jamás.
³ Por esto un pueblo violento te honra,
las ciudades de gente cruel te temen.
⁴ Porque tú has sido un refugio para el pobre,
un protector para el necesitado en su aflicción,
refugio contra la tempestad,
sombra contra el calor.
El aliento de los hombres crueles
es como una tempestad de invierno, *c*
⁵ o como el calor en tierra seca.
Tú dominas el tumulto de los enemigos
como calmas el calor con la sombra de una nube.
Tú obligas a los hombres crueles
a guardar silencio.
⁶ En el monte Sión, el Señor todopoderoso
preparará para todas las naciones

---

c **24.2** Cf. Os 4.9. El juicio divino alcanzará no solo a los sacerdotes, sino a toda la humanidad.
d **24.5** *La alianza eterna:* Podría referirse a la *alianza* hecha con Noé (Gn 9.1-17), o bien a la del Sinaí (Ex 20; 24).
e **24.6** Cf. Gn 3.17-19.
f **24.10** *La ciudad del desorden:* o *la ciudad desolada.* No se dice de qué *ciudad* se trata.
g **24.16** *Al justo:* probablemente se trata de Israel ya restaurado, aunque algunos traducen con mayúscula, *al Justo,* refiriendo la palabra a Dios.
h **24.18** Probable alusión al *diluvio* en tiempos de Noé (Gn 7.11; 8.2).
i **24.17-18** Cf. Jer 48.43-44.

j **24.21** *Los poderes celestiales:* es decir, los astros, a los que rendían culto las naciones paganas (cf. Jer 19.13; Sof 1.5 y véase Dn 8.10 nota *k*).
k **24.23** *El monte Sión:* Véase Sal 2.6 n.
a **25.1-12** El cap. 25 incluye varios temas: Los vv. 1-5 son un himno de gratitud a Dios por la derrota de los enemigos y por su ayuda a los necesitados; los vv. 6-9 reanudan el tema de Is 24.21-23 y anuncian un banquete en los últimos días; los vv. 10-12 se refieren al castigo de Moab, considerado, quizá, como figura de todos los enemigos del Señor.
b **25.1-5** Cf. Sal 145.
c **25.4** *De invierno:* texto probable; heb. *contra una pared.*

un banquete con ricos manjares y vinos añejos,
con deliciosas comidas y los más puros vinos. [d]

⁷ En este monte destruirá el Señor
el velo que cubría a todos los pueblos,
el manto que envolvía a todas las naciones.

⁸ El Señor destruirá para siempre la muerte, [e]
secará las lágrimas de los ojos de todos [f]
y hará desaparecer en toda la tierra
la deshonra de su pueblo.
El Señor lo ha dicho.

⁹ En ese día se dirá:
"Este es nuestro Dios,
en él confiamos y él nos salvó.
Alegrémonos, gocémonos, él nos ha salvado."

¹⁰ La mano del Señor protegerá al monte Sión,
mientras que a Moab [g] la pisoteará
como se pisotea la paja en un basurero.

¹¹ Moab extenderá sus brazos
como los extiende un nadador,
pero con cada movimiento
se hundirá más su altanería.

¹² El Señor hará caer
sus altas y fuertes murallas;
las derribará,
las dejará tiradas por el suelo.

26 Canto de victoria [a]

¹ En ese día se cantará este canto en la tierra de Judá:

"Tenemos una ciudad fuerte;
para salvarnos,
el Señor levantó murallas y fortificaciones.

² Abran las puertas [b] para que pase una nación justa
que se mantiene fiel.

³ Señor, tú conservas en paz a los de carácter firme,
porque confían en ti.

⁴ Confíen siempre en el Señor,
porque él es refugio eterno.

⁵ Él hace caer a los orgullosos,
y humilla a la ciudad soberbia
derribándola hasta el suelo,

⁶ para que los humildes y los pobres
la pisoteen con sus pies."

⁷ El camino de los justos es recto;
tú, Señor, haces llano su camino. [c]

⁸ Nosotros también nos sentimos seguros
en el camino señalado por tus leyes, Señor.
Lo que nuestro corazón desea es pensar en ti.

⁹ De todo corazón suspiro por ti en la noche;
desde lo profundo de mi ser te busco.
Cuando tú juzgues la tierra,
los hombres aprenderán lo que es justicia.

¹⁰ Aunque tengas compasión de los malos,
ellos no aprenderán a ser rectos;
son perversos en tierra de gente honrada
y no tienen en cuenta la grandeza del Señor.

¹¹ Señor, tienes el castigo preparado,
pero ellos no quieren darse cuenta;
cuando vean tu ardiente amor por tu pueblo,
quedarán en ridículo.
¡Ojalá que el fuego de tu ira los devore! [d]

¹² Señor, tú nos concedes bienestar;
eres tú, en verdad,
quien realizas todas nuestras obras. [e]

¹³ Señor y Dios nuestro,
otros señores han sido nuestros amos,
pero solo a ti te reconocemos por Señor.

¹⁴ Ellos están muertos, no volverán a vivir;
no son más que sombras, y no volverán
 a levantarse;
pues los has castigado, los has destruido,
has acabado con todo recuerdo de ellos. [f]

¹⁵ Tú hiciste crecer la nación, Señor;
la hiciste crecer para gloria tuya,
extendiste todas las fronteras del país.

¹⁶ En la aflicción te buscamos, Señor,
cuando nos corriges con un simple murmullo. [g]

¹⁷ Delante de ti estábamos, Señor,
como cuando a una mujer encinta
se le acerca el momento del parto
y se retuerce y grita de dolor.

¹⁸ Concebimos, sentimos los dolores del parto
y dimos a luz, pero no era más que viento.
No hemos traído la salvación al país,
ni va a nacer gente que pueble el mundo. [h]

¹⁹ Pero tus muertos sí volverán a vivir,
sus cadáveres resucitarán.
Los que duermen en la tierra se despertarán
y darán gritos de alegría.
Porque tú envías tu luz como rocío
y los muertos volverán a nacer de la tierra. [i]

---

[d] **25.6** Alusión al tema del banquete mesiánico, frecuente en el NT (véase Mt 8.11 nota *i*).

[e] **25.8** Cf. 1 Co 15.26,54.

[f] **25.8** Cf. Ap 7.17; 21.4.

[g] **25.10-12** Is 15.1—16.14; Jer 48.1-47; Ez 25.8-11; Am 2.1-3; Sof 2.8-11.

[a] **26.1-21** Los vv. 1-19 son un salmo, compuesto, probablemente, de dos o más himnos distintos. En los vv. 1-6 se reconoce que el triunfo de Judá debe atribuirse a Dios. Los vv. 7-19 son una oración de confianza en Dios y de petición de ayuda frente a los hombres y frente a los enemigos (cf. Sal 44; 60; 74). Los vv. 20-21 son la respuesta a la plegaria del pueblo, al que se le aconseja que espere la victoria del Señor.

[b] **26.2** *Abran las puertas:* las de la ciudad; cf. Sal 24.7-10; 118.19-20.

[c] **26.7** Cf. Sal 37.23-24; Pr 20.24.

[d] **26.11** Cf. Heb 10.27.

[e] **26.12** *Eres tú... nuestras obras:* otra posible traducción: *tú, en verdad, nos tratas conforme a nuestras obras.*

[f] **26.14** Nótese el contraste con el v. 19.

[g] **26.16** *En la aflicción... simple murmullo:* traducción probable. Otra posible traducción: *Señor, en la angustia causada por tu castigo murmuramos una oración.* Heb. oscuro.

[h] **26.18** El heb. de la última parte del v. es oscuro.

[i] **26.19** Algunos intérpretes ven en este pasaje la más antigua alusión a la resurrección de los muertos, referida específicamente a los justos (cf. Dn 12.2, que también habla de la resurrección de los malos). Sin embargo, algunos comentaristas opinan que aquí se trata, en sentido figurado, de la restauración de la nación de Israel, como en Ez 37.

²⁰ Ve, pueblo mío, entra en tu casa
y cierra las puertas detrás de ti.
Escóndete un poco, hasta que pase la ira del Señor.
²¹ Porque el Señor va a salir de su palacio
para castigar por sus pecados
a los habitantes de la tierra,
y la tierra no ocultará más sus víctimas
sino que dejará ver los crímenes cometidos
en ella. *ʲ*

27 Liberación de Israel *ᵃ*

¹ En ese día el Señor castigará
con su espada terrible, inmensa, poderosa,
a Leviatán, la serpiente enroscada,
a Leviatán, la serpiente tortuosa,
y matará al dragón que está en el mar. *ᵇ*

² En ese día el Señor dirá:
"Canten al viñedo delicioso.
³ Yo, el Señor, soy quien lo cuido
y con frecuencia lo riego.
Lo cuido día y noche,
para que no sufra ningún daño.
⁴ No estoy enojado con él.
Si tuviera espinos y maleza,
saldría a hacerles la guerra
y los quemaría por completo. *ᶜ*
⁵ Si quiere que yo lo proteja,
que haga las paces conmigo,
sí, que haga las paces conmigo."

⁶ En el futuro el pueblo de Jacob echará raíces,
Israel retoñará y florecerá, *ᵈ*
y llenará el mundo con sus frutos.
⁷ Dios no ha castigado a Israel
como castigó a sus opresores, *ᵉ*
ni ha dado muerte a Israel
como dio muerte a sus asesinos.
⁸ Dios castigó a su pueblo mandándolo al destierro,
lo expulsó con su soplo terrible,
como cuando sopla el viento del este. *ᶠ*

⁹ Pero perdonará el pecado de Jacob
y bajo esta condición borrará sus faltas:
que haga polvo todos sus altares paganos
como si triturara la piedra de cal,
y que no queden más troncos sagrados *ᵍ*
ni altares de incienso en honor de los dioses.

¹⁰ La ciudad fortificada *ʰ* quedó en ruinas,
como casa abandonada,
como desierto sin gente.
Es un lugar donde pasta el ganado,
donde come las ramas y se echa a descansar.
¹¹ Las ramas de un árbol se quiebran cuando se secan;
entonces las mujeres las recogen y hacen fuego
con ellas.
Es un pueblo sin inteligencia.
Por eso su Creador, el que lo hizo,
no le tendrá compasión ni misericordia.

¹² En ese día el Señor actuará
desde el Éufrates hasta el río de Egipto, *ⁱ*
como quien trilla las espigas;
pero ustedes, israelitas, serán recogidos uno por uno.
¹³ En ese día se tocará la gran trompeta, *ʲ*
y los que estaban perdidos en Asiria,
lo mismo que los que estaban desterrados en Egipto,
vendrán a adorar al Señor
en Jerusalén, en el monte santo. *ᵏ*

5. Diversos poemas sobre Israel y Judá (28—35)

28 Advertencia a Samaria *ᵃ*

¹ ¡Ay de Samaria, orgullo y corona
de Efraín, *ᵇ* ese pueblo borracho;
adorno glorioso de flores marchitas,
que se alza por encima del fértil valle,
ciudad de gente dominada por el vino!
² El Señor tiene reservado un hombre fuerte, *ᶜ*
poderoso como tormenta de granizo,
como tempestad destructora, como lluvia torrencial,
como terrible inundación.
Con la mano echará por tierra,

ʲ **26.20-21** Véase vv. 1-21 n. Antes que Dios pueda bendecir a su pueblo, tendrán que recibir su castigo los malvados, ya que la sangre de los asesinados clama desde la tierra (cf. Gn 4.10).

ᵃ **27.1-13** Este pasaje trata varios temas, sin clara conexión entre sí: Las naciones serán juzgadas (v. 1 n.); Israel, el viñedo de Dios (vv. 2-6), tendrá que sufrir (vv. 7-11), pero los israelitas desterrados retornarán del cautiverio (vv. 12-13).

ᵇ **27.1** Las naciones que oprimen a Israel aparecen como monstruos legendarios. Véase Job 3.8 n.; cf. Sal 74.13-14; 104.26.

ᶜ **27.4** Los *espinos y maleza* simbolizan a los enemigos de Israel, contra los que Dios hará la *guerra*.

ᵈ **27.6** *Jacob... Israel:* nombres sinónimos, que después de la canción revelan la identidad del viñedo (cf. Is 5.7).

ᵉ **27.7-11** Este pasaje podría indicar que el Señor ya ha castigado suficientemente a Israel por sus pecados (cf. Is 40.2) y que ahora lo bendecirá por haber abandonado toda idolatría (vv. 7-9). Sus enemigos, en cambio, no quedarán sin castigo (vv. 10-11).

ᶠ **27.8** Este v. es poco claro en heb.

ᵍ **27.9** *Troncos sagrados:* Véase Is 17.8 n.

ʰ **27.10** *La ciudad fortificada:* Se trata de alguna *ciudad* enemiga de Jerusalén (cf. Is 24.10; 26.5).

ⁱ **27.12** Los límites ideales del territorio israelita se extendían desde el río *Éufrates* hasta el *río* que formaba la frontera con *Egipto* (Gn 15.18). Véase *Índice de mapas.*

ʲ **27.12-13** El retorno a Jerusalén de los israelitas dispersos (véase 11.11-16 n.) se presenta con imágenes de la cosecha (cf. Jl 3.13; Mt 13.39; Ap 14.15-16) y de la convocatoria, al son de *trompetas,* a las reuniones solemnes (Nm 10.2-10; Jl 2.15; cf. Mt 24.31; 1 Ts 4.16).

ᵏ **27.13** *El monte santo:* Véase Sal 2.6 n.

ᵃ **28.1-6** Los caps. 28—33, con pocas excepciones, se refieren a la crisis provocada por Asiria entre los años 705 y 701 a.C. Cuando murió el rey Sargón II (705 a.C.), heredó el trono su hijo Senaquerib. Por aquel tiempo, Ezequías, rey de Judá (Is 1.1), hizo alianza con Egipto, lo que determinó la invasión de Palestina por parte de los asirios. Los distintos mensajes de estos caps. pueden agruparse de acuerdo con los seis "ayes" o anuncios de desastre con los que comienzan: Is 28.1; 29.1,15; 30.1; 31.1; 33.1. La advertencia a Israel, el reino del norte, en los vv. 1-6, fue hecha, probablemente, antes de la caída de Samaria (721 a.C.). Aquí sirve de introducción al mensaje dirigido a Judá (vv. 7-11).

ᵇ **28.1** *Efraín:* Véase Is 7.2 n.

ᶜ **28.2** *Un hombre fuerte:* es decir, el rey de Asiria.

³ y con los pies aplastará,
a la que es orgullo y corona
de ese pueblo borracho de Efraín.
⁴ Y ese adorno glorioso de flores marchitas
que se alza por encima del fértil valle,
será como los primeros higos de la temporada:
que en cuanto alguien los ve
y los tiene a la mano, se los come.

⁵ En ese día
el Señor todopoderoso será una corona gloriosa,
un adorno magnífico para los que queden
de su pueblo, ᵈ
⁶ e inspirará justicia a los jueces en el tribunal
y valor a los soldados que defiendan la ciudad.

Advertencias y promesas a Jerusalén ᵉ
⁷ También hay otros que se tambalean por el vino
y dan traspiés por las bebidas fuertes:
sacerdotes y profetas se tambalean
por las bebidas fuertes,
se atontan con el vino;
dan traspiés por las bebidas fuertes,
se tambalean al tener visiones
y están borrachos al dictar sentencia. ᶠ
⁸ Todas las mesas están llenas
de vómito asqueroso,
y no hay un solo lugar limpio.
⁹ Hablan de mí y dicen:
"¡Venir a darnos lecciones a nosotros,
a enseñarnos lo que Dios ha revelado!
¡Como si fuéramos niños chiquitos
¹⁰ que apenas estuvieran aprendiendo a leer:
ba be bi bo bu!" ᵍ
¹¹ Pues bien, si no hacen caso,
será en lenguaje enredado, en idioma extraño, ʰ
como Dios hablará a este pueblo.
¹² Ya él les había dicho antes:
"Aquí está la calma,
aquí está el descanso;
que descanse el fatigado."
Pero no quisieron hacerle caso. ⁱ

¹³ Por eso el Señor les hablará
como si fueran niños chiquitos
que estuvieran aprendiendo a leer.
Y así, al caminar, caerán de espaldas,
se herirán, caerán en la trampa,
quedarán atrapados.

¹⁴ Escuchen, pues, la palabra del Señor,
hombres insolentes
que gobiernan este pueblo de Jerusalén.
¹⁵ Ustedes dicen:
"Hemos hecho un pacto con la muerte,
un contrato con el reino de los muertos, ʲ
para que cuando venga la terrible calamidad,
no nos alcance;
hemos buscado refugio en las mentiras,
protección en el engaño."

¹⁶ Por eso, el Señor dice:
"Voy a poner en Sión una piedra,
una piedra escogida y muy valiosa,
que será la piedra principal
y servirá de fundamento.
El que tenga confianza, podrá estar tranquilo. ᵏ
¹⁷ En esa construcción usaré por plomada ˡ la justicia
y por nivel la rectitud."

El refugio que ustedes habían buscado
en las mentiras
lo destruirá el granizo,
y el agua arrasará su lugar de protección.
¹⁸ Su pacto con la muerte será anulado,
y su contrato con el reino de los muertos
quedará sin valor.
Vendrá la terrible calamidad
y a ustedes los aplastará. ᵐ
¹⁹ Cada vez que venga, los arrastrará.
Vendrá mañana tras mañana, de día y de noche.
El solo oír la noticia los hará temblar.
²⁰ Será como acostarse en una cama estrecha
y abrigarse con una manta corta. ⁿ
²¹ El Señor actuará como en el monte Perasim,
intervendrá como en el valle de Gabaón, ñ

ᵈ **28.5** La *corona gloriosa*, que es *el Señor*, se contrapone a la corona de flores marchitas de los vv. 1,4. *Los que queden:* Véase Is 4.2-6 n. Este "resto" fiel contrasta con los borrachos de Israel (v. 1) y de Judá (vv. 7-8).

ᵉ **28.7—29.16** La siguiente sección incluye varios temas: la amonestación a los borrachos de Judá (28.7-13); la represión a Judá por haber buscado la ayuda de Egipto contra Asiria, en lugar de confiar en el Señor (28.14-22); la parábola relativa a los sabios planes de Dios (28.23-29); el anuncio de la angustia de Jerusalén y de su liberación (29.1-8); las declaraciones sobre la ceguera del pueblo (29.13-14) y sobre los que pretenden actuar a espaldas del Señor (29.15-16).

ᶠ **28.7** Los verdaderos *profetas* tenían frecuentes conflictos con los sacerdotes y los profetas falsos (cf. Jer 26.8-19; Os 4.4-8; Am 7.10-17; Miq 3.5-11).

ᵍ **28.10** También podría tratarse de una imitación de los balbuceos de los borrachos, que remedaban de ese modo los mensajes proféticos.

ʰ **28.11** O sea, en el lenguaje de los asirios (cf. Jer 5.15), comparado irónicamente (v. 13) con las palabras burlonas (v. 10) usadas contra el profeta.

ⁱ **28.12** 1 Co 14.21.

ʲ **28.15** Cf. Sab 1.16. Con ironía se alude en estos términos a la *alianza* hecha con Egipto. *Muerte:* heb. *mot*, nombre que también designaba al dios cananeo del *reino de los muertos;* la frase sugiere que este dios pagano, bajo su nombre egipcio (probablemente Osiris o Set), había sido invocado como testigo de un pacto que solo podía conducir al desastre. Cf. también el v. 18.

ᵏ **28.16** Este v. se cita en 1 P 2.6. Cf. Is 8.14; Sal 118.22-23; Ro 9.33; 10.11. Con respecto a la *confianza* o a la fe que conduce a la tranquilidad, cf. Is 7.9; 8.17; 26.4; 30.15.

ˡ **28.17** *Plomada:* pesa colgada de una cuerda, que sirve al constructor para mantener la línea vertical de una pared (cf. Am 7.7).

ᵐ **28.18** Cf. v. 15.

ⁿ **28.20** Probablemente se trata de un dicho proverbial: los oyentes no pueden cambiar su situación. Cf. Jer 13.23; 17.1.

ñ **28.21** En el monte Perasim, David venció a los filisteos (2 S 5.20; 1 Cr 14.11). En *Gabaón,* Josué había derrotado anteriormente a unos reyes cananeos (Jos 10.9-12).

para realizar su acción, por extraña que parezca,
para llevar a cabo su obra, su obra misteriosa.[o]

²² Así pues, ¡no más insolencia!,
no sea que sus cadenas se les aprieten más;
porque he oído que el Señor todopoderoso
ha decretado la destrucción de todo el país.

²³ Pongan atención, escuchen lo que digo,
oigan con cuidado mis palabras:
²⁴ Cuando un agricultor va a sembrar,
no se pasa todo el tiempo arando
o rompiendo o rastrillando su terreno.
²⁵ ¿No es verdad que, después de haberlo aplanado,
esparce semillas de eneldo o comino,
y que luego siembra trigo en hileras,
y que en los bordes siembra cebada y centeno?[p]
²⁶ Dios le enseña cómo debe hacerlo.
²⁷ Porque el eneldo no se trilla,
ni se hace rodar sobre el comino una carreta;
sino que el eneldo se sacude con un palo
y el comino con una vara.
²⁸ El trigo se trilla, sí, pero no sin parar;
se hacen pasar las ruedas de la carreta
y se separa el grano, pero sin machacarlo.
²⁹ Así también hace sus planes el Señor todopoderoso.
Él tiene planes admirables,
y los lleva a cabo con gran sabiduría.

29

¹ ¡Ay de Ariel, Ariel,[a]
la ciudad donde acampó David![b]
Que pasen unos cuantos años
con sus series de fiestas,
² y yo pondré a Ariel en apuros,
y habrá llanto y gemidos.
La ciudad será para mí realmente como Ariel.[c]
³ Enviaré mi ejército para que te rodee,
pondré un cerco de fortalezas en tu derredor
y levantaré trincheras para atacarte.
⁴ Quedarás humillada, tendida en el suelo;
tu voz parecerá la de un fantasma;
tus palabras sonarán como un susurro.
⁵⁻⁶ Pero de repente, en un instante,
el Señor todopoderoso castigará a tus enemigos
con truenos, terremotos, gran estruendo,
tormenta, tempestad e incendios destructores.
Tus innumerables enemigos quedarán
hechos polvo fino,
tus muchos perseguidores serán arrastrados
como paja.

⁷ Todos esos pueblos incontables
que hacen la guerra a Ariel,
todos los que lo combaten
y atacan sus fortificaciones,
los mismos que lo oprimen,
serán como un sueño o una visión nocturna.
⁸ Será como cuando un hambriento sueña
y cree que está comiendo,
pero luego se despierta con el estómago vacío;
o como cuando un sediento sueña
y cree que está bebiendo,
pero luego se despierta con sed
y con la garganta reseca.
Así sucederá con todos esos innumerables pueblos
que atacan el monte Sión.

⁹ ¡Sigan ustedes siendo estúpidos![d]
¡Sigan siendo ciegos, sin ver nada!
¡Sigan tambaleándose como borrachos,
aunque no hayan tomado bebidas embriagantes!
¹⁰ Pues el Señor ha enviado sobre ustedes
un sueño profundo.
Los profetas son los ojos del pueblo,
pero el Señor los ha cubierto con un velo.
¹¹ Toda visión se ha convertido para ustedes
en algo así como lo escrito
en un pliego enrollado y sellado.
Si alguien se lo da a uno que sabe leer
y le dice: "Lee esto",
él responderá:
"No puedo, porque está sellado."
¹² Y si se lo da a uno que no sabe leer
y le dice: "Lee esto",
él responderá: "No sé leer."

¹³ El Señor me dijo:
"Este pueblo me sirve de palabra
y me honra con la boca,
pero su corazón está lejos de mí,
y el culto que me rinde
son cosas inventadas por los hombres[e]
y aprendidas de memoria.
¹⁴ Por eso, con prodigios y milagros
dejaré otra vez maravillado a este pueblo.
La sabiduría de sus sabios
y la inteligencia de sus inteligentes desaparecerán."[f]

¹⁵ ¡Ay de aquellos que se esconden del Señor
para ocultar sus planes,[g]

---

[o] **28.21** *Su obra misteriosa:* la de luchar contra su pueblo, no a favor de él.

[p] **28.25** *Centeno* (o *escanda*): Este grano, lo mismo que la *cebada*, era menos estimado que el *trigo;* a veces se sembraba *en los bordes* de los campos para evitar que la gente, al pasar, arrancara el trigo.

[a] **29.1** Este segundo anuncio de desastre, en los vv. 1-14 (véase Is 28.1-6 n.), señala el terrible ataque contra Jerusalén, aunque lleva consigo un mensaje de esperanza (vv. 5-8). *Ariel:* como nombre propio, sirve aquí para designar a Jerusalén. La palabra heb., que también puede significar *monte de Dios,* aparece en Ez 43.15-16, donde se refiere al altar.

[b] **29.1** *Donde acampó David:* alusión a la conquista de Jerusalén, la antigua ciudad jebusea (2 S 5.6-7).

[c] **29.2** *Como Ariel:* otra posible traducción: *como un brasero del altar,* haciendo así un juego de palabras (véase v. 1 nota *a*).

[d] **29.9-12** El profeta alaba sarcásticamente la terquedad demostrada por los que saben leer (v. 11) y por los que no saben (v. 12). Cf. Is 6.9-10.

[e] **29.13** Cf. Mt 15.8-9; Mc 7.6-7.

[f] **29.14** Citado en parte en 1 Co 1.19.

[g] **29.15** El tercer anuncio de desastre (vv. 15-16; véase Is 28.1-6 n.) parece referirse a los *planes* de los dirigentes de Judá para sublevarse

que hacen sus maldades en la sombra
y dicen: "Nadie nos ve. Nadie se da cuenta"!
¹⁶ ¡Qué modo de pervertir las cosas!
Como si el barro fuera igual
a aquel que lo trabaja.
Un objeto no va a decir al que lo hizo:
"Tú no me hiciste",
ni una pieza de barro al que la fabrica:
"No sabes lo que estás haciendo." *h*

Promesa de salvación a Israel *i*
¹⁷ Dentro de poco tiempo
el bosque se convertirá en campos de cultivo
y los campos de cultivo parecerán un bosque. *j*
¹⁸ En ese día los sordos podrán oír
cuando alguien les lea,
y los ciegos podrán ver,
libres de oscuridad y de tinieblas.
¹⁹ Los humildes volverán a alegrarse en el Señor,
los más pobres se gozarán
en el Dios Santo de Israel.
²⁰ Se acabarán los insolentes,
dejarán de existir los arrogantes
y desaparecerán los que solo piensan en hacer
el mal, *k*
²¹ esos que acusan de crímenes a otros,
y ponen trampas al juez,
y con engaños niegan justicia al inocente.
²² Por eso, el Señor, el Dios de Israel,
el que rescató a Abraham, dice:
"De ahora en adelante Jacob no sentirá vergüenza,
ni su rostro se enrojecerá,
²³ porque cuando sus descendientes
vean lo que he hecho en su pueblo,
reconocerán mi santidad y me temerán a mí,
el Dios Santo de Israel.
²⁴ Los que estaban confundidos aprenderán a ser sabios,
y los murmuradores aceptarán las enseñanzas." *l*

30 Contra los que buscan apoyo en Egipto *a*
¹ El Señor afirma:
"¡Ay de los hijos rebeldes,
que hacen planes sin contar conmigo

y preparan proyectos que yo no les inspiro,
de manera que amontonan pecado sobre pecado!
² Se van a toda prisa a Egipto,
y a mí no me consultan;
buscan apoyo bajo la protección del faraón, *b*
se refugian bajo la sombra de Egipto.
³ Pero la protección del faraón los defraudará,
y el refugio a la sombra de Egipto
será su humillación.
⁴ Aunque ustedes hayan enviado embajadores
hasta las ciudades de Soan y de Hanés, *c*
⁵ todos quedarán defraudados por esa nación inútil,
que no les trae ayuda ni provecho,
sino solo desilusión y desgracia."

⁶ Profecía acerca de los animales del Négueb: *d*
Por territorio lleno de peligros,
habitado por leones que rugen,
por víboras y dragones voladores,
llevan sus tesoros y riquezas
a lomo de burro y de camello
a Egipto, pueblo inútil,
⁷ impotente, incapaz de ayudar.
Por eso le he puesto este nombre:
"Monstruo que ruge y no hace nada". *e*
⁸ Ven ahora y escríbelo en una tabla,
ponlo en una inscripción
que quede ahí para el futuro,
como testimonio eterno. *f*
⁹ Esta gente es un pueblo rebelde, infiel,
que no quiere escuchar las enseñanzas del Señor.
¹⁰ A los videntes dicen:
"No tengan visiones",
y a los profetas:
"No nos cuenten revelaciones verdaderas;
háblennos palabras suaves;
no nos quiten nuestras ilusiones.
¹¹ Apártense del camino,
desvíense del sendero recto,
no nos pongan delante al Dios Santo de Israel." *g*
¹² Por eso, el Dios Santo de Israel dice:
"Ustedes rechazan esta advertencia,
y confían en la violencia y la maldad,
y se apoyan en ellas;

---

contra Asiria con la ayuda de Egipto (cf. Is 30.1-2; 31.1-3). Tales *planes* habrían de fracasar ante la justicia y santidad de Dios (vv. 17-24).
h **29.16** En su arrogancia, los dirigentes olvidaban que ante Dios son como barro en manos del alfarero (cf. Is 45.9). Este texto se cita en Ro 9.20-21. Cf. también Is 64.8; Jer 18.1-6; Eclo 33.13.
i **29.17-24** Véase v. 15 n.
j **29.17** Is 32.15.
k **29.18-20** Nótese el cambio de situación con respecto a la terquedad descrita en los vv. 9-12.
l **29.22-24** Cf. Ez 36.22-32.
a **30.1-17** Cuarto anuncio de desastre (vv. 1-7; véase Is 28.1-6 n.). Cerca del 703 a.C., dos años después de la muerte de Sargón II de Asiria, el rey Ezequías trató de establecer una alianza con Egipto en contra de Asiria (véanse las ocasiones mencionadas en los 20.1-6 n.; 29.15 n.; cf. también Is 28.14-22, y las advertencias hechas en Jer 2.18,36-37). Egipto prometió ayuda, pero no dio apoyo efectivo (cf. Is 31.1-3).

b **30.2** *Faraón:* título del rey de Egipto.
c **30.4** *Soán:* Véase Is 19.11 nota *e*. *Hanés:* ciudad egipcia, situada al sur de Menfis.
d **30.6** El heb. de esta línea es poco claro.
e **30.7** O *"El dragón inofensivo". Monstruo:* heb. *Rahab,* nombre de un monstruo legendario (véase Sal 87.4 nota *e*). Egipto era tenido por país poderoso; Isaías, con sarcasmo, lo considera impotente e inútil.
f **30.8** Este v. parece contener una orden dada por Dios a Isaías alrededor de los años 705-701 a.C.: debía poner por escrito sus profecías, para que el *pueblo rebelde* (v. 9) supiera que había sido amonestado (véase Is 8.16-22 n.). Los caps. 28—31, que tratan de las relaciones de Judá con Egipto, quizá constituyen básicamente este material.
g **30.11** El *Dios Santo de Israel:* Véase Is 1.4 n. La gente se burla de la frase usada por Isaías para hablar de Dios, pero él sigue utilizándola (vv. 12,15).

¹³ por eso, ustedes son culpables.
Parecen un alto muro agrietado
que cuando menos se piensa se derrumba; ʰ
¹⁴ serán destruidos como un jarrón de barro,
que se quiebra tan completamente
que no queda entre los pedazos rotos
ni uno que sirva para recoger las brasas del fogón
o para sacar agua de un pozo."

¹⁵ El Señor, el Dios Santo de Israel, dice:
"Vuelvan, quédense tranquilos
y estarán a salvo.
En la tranquilidad y la confianza ⁱ
estará su fuerza."
Pero ustedes no quisieron,
¹⁶ sino que dijeron: "No, mejor huiremos a caballo."
Bueno, así tendrán que huir.
También dijeron: "Montaremos en carros veloces."
Bueno, veloces serán los que los persigan.
¹⁷ Mil huirán amenazados por un solo hombre,
y todos ustedes huirán amenazados por cinco,
hasta que queden tan pocos
como queda un palo en la cumbre de un monte
o una señal levantada sobre una colina.

Promesa de misericordia para el pueblo ʲ ¹⁸ Pero el Señor los espera, para tener compasión de ustedes; él está ansioso por mostrarles su amor, porque el Señor es un Dios de justicia. ¡Dichosos todos los que esperan en él!

¹⁹ Pueblo de Sión, que vives en Jerusalén: ya no llorarás más. El Señor tendrá compasión de ti al oír que gritas pidiendo ayuda, y apenas te oiga, te responderá. ²⁰ Y aunque el Señor te dé el pan del sufrimiento y el agua de la aflicción, él, que es tu maestro, no se esconderá más; con tus propios ojos lo verás. ᵏ ²¹ Y si te desvías a la derecha o a la izquierda, oirás una voz detrás de ti, que te dirá: "Por aquí es el camino, vayan por aquí." ²² Y despreciarás como cosas impuras tus imágenes de plata y tus ídolos recubiertos de oro. Los rechazarás como algo impuro y los considerarás como basura. ˡ ²³ El Señor te dará lluvia para la semilla que siembres en la tierra, y la tierra producirá trigo abundante y fértil. En ese día tu ganado tendrá lugar en abundancia para pastar. ²⁴ Hasta los bueyes y los burros que trabajan en tus campos tendrán para comer el mejor y más exquisito forraje. ²⁵ Cuando llegue el día de la gran matanza y caigan las fortalezas, habrá ríos y torrentes de agua en todas las altas montañas y en las colinas elevadas. ²⁶ El Señor curará y vendará las heridas de su pueblo. Entonces la luna alumbrará como el sol, y la luz del sol será siete veces más fuerte, como la luz de siete soles juntos.

Castigo de Asiria ᵐ
²⁷ Miren, el Señor en persona viene de lejos;
su furor está ardiendo con espesa humareda,
sus labios están llenos de ira,
su lengua es como fuego destructor,
²⁸ su aliento es como un río desbordado
que llega hasta el cuello;
él viene a poner un yugo a las naciones
para llevarlas a la ruina,
a poner un freno en la boca de los pueblos
para hacerlos extraviar.
²⁹ Para ustedes, en cambio, habrá cantos,
como en noche de fiesta sagrada;
su corazón estará alegre,
como el de quien camina al son de la flauta
para ir al monte del Señor,
al refugio de Israel.
³⁰ El Señor dejará oír su voz majestuosa
y mostrará su poder, que actuará con ira terrible,
con las llamas de un fuego devorador,
con rayos, aguacero y granizo. ⁿ
³¹ Al oír la voz del Señor y recibir su castigo,
Asiria se llenará de terror,
³² y a cada golpe que descargue el Señor sobre ella,
sonarán tambores y arpas.
El Señor le hará una guerra terrible.
³³ Desde hace mucho tiempo
está preparado para Asiria y para su rey
el lugar del tormento, ancho y profundo,
una hoguera encendida con leña abundante. ñ
La encenderá el soplo del Señor,
como un torrente de azufre.

31
Contra los que buscan ayuda en Egipto ᵃ
¹ ¡Ay de los que van a Egipto a buscar ayuda,
de los que confían en los caballos,
de los que ponen su confianza
en que tienen muchos carros
y en que es muy numerosa su caballería,
y no vuelven la vista al Dios Santo de Israel,
no buscan al Señor!

ʰ **30.12-13** Cf. el uso similar de esta imagen en Ez 13.10-16.
ⁱ **30.15** Véase Is 28.16 n.
ʲ **30.18-26** La profecía adquiere súbitamente un tono de esperanza.
ᵏ **30.20** *Él, que... lo verás:* según algunos mss.; otros dicen *tus maestros no se esconderán más; con tus propios ojos los verás,* lo cual aludiría (con el v. 21) al resurgimiento de los profetas y su mensaje.
ˡ **30.22** Cf. Is 2.20.
ᵐ **30.27-33** Esta sección data, probablemente, de una época cercana al 701 a.C., en la época de los acontecimientos narrados en Is 36—37.
ⁿ **30.27-30** La *espesa humareda,* el *fuego destructor* y los fenómenos atmosféricos (*rayos, aguacero y granizo*) son expresiones usuales en el AT para describir las manifestaciones del Señor (cf. Jue 5.4-5; Sal 18.7-15; Hab 3.3-15).
ñ **30.33** Este v. contiene un juego sutil de palabras. En heb., *hoguera* es el término *Tófet,* nombre de un lugar en el valle Hinom, donde durante largo tiempo se sacrificaron niños como ofrenda al dios pagano Moloc (2 R 23.10). Por otra parte, el nombre Moloc viene del heb. *melek* (=*rey*), que en este pasaje debe referirse al rey de Asiria. Este juego de palabras indica que el mismo rey será sacrificado, en vez de recibir tales ofrendas macabras. Véase Lv 18.21 n.
ᵃ **31.1-9** Quinto anuncio de desastre (Is 28.1-6 n.); vuelve a condenarse la alianza con Egipto (Is 30.1-17 n.), pero en los vv. 4-9 hay una nota de esperanza; nótese la sucesión de condenación y esperanza en Is 29.1-8.

EL ANTIGUO EGIPTO: RELACIONES ENTRE EGIPTO E ISRAEL

Personas-acontecimientos	Fechas	Referencias
Viaje de Abraham a Egipto.	Dinastía XII (s. XIX a.C.)	Gn 12.10-20
José y Jacob en Egipto.	Dinastías XIII-XVII (1786-1540 a.C.)	Gn 37—50
Esclavitud y salida.	Dinastía XIX (faraones Setis I y Ramsés II), c. 1300-1200 a.C.	Ex 1—15
Derrota de Israel poco después de la ocupación de la tierra de Canaán.	Dinastía XIX (faraón Marniptah) c. 1220 a.C.	[documento extrabíblico: Estela de piedra]
Alianzas políticas y comerciales entre Salomón y el rey de Egipto.	Dinastía XXI (c. 1069-935 a.C.)	1 R 3.1; 7.8; 9.16,24; 11.1
Sisac, fundador de la dinastía XXII, dio asilo a Jeroboam. Al final del reinado de Roboam, rey de Judá, Sisac atacó Jerusalén y saqueó el templo.	C. 935-914 a.C.	1 R 11.40; 14.25-26
Zérah, rey de Egipto, atacó a Asá, rey de Judá, pero fue derrotado.	Dinastía XXII (c. 914-874 a.C.)	2 Cr 14.9-15
Oseas, rey de Israel, pidió ayuda a So, rey de Egipto, contra los asirios.	Dinastía XXIV (c. 725-524 a.C.)	2 R 17.4
Ezequías, rey de Judá, busca apoyo egipcio para detener a los asirios.	Dinastía XXV, de faraones etiopes (c. 701 a.C.). La capital, Tebas, fue destruida por los asirios (663 a.C.).	2 R 18.21; Nah 3.8-10
Josías, rey de Judá, queriendo congraciarse con Babilonia, salió al encuentro del rey egipcio Necao II, para detenerlo, pero este lo mató. Necao fue derrotado por Nabucodonosor, rey de Babilonia.	610-594 a.C., de la dinastía XXVI.	2 R 23.29-30; Jer 46.2
Sedequías, rey de Judá, en su rebelión contra Nabucodonosor, pide ayuda al rey de Egipto, Jofrá.	589-570 a.C. de la dinastía XXVI.	Jer 37.5; Ez 17.11-21
Después de la caída de Jerusalén y del asesinato de Guedalías, Jeremías es llevado a Egipto. Con él fueron muchos refugiados judíos.	586 a.C.	Jer 43
En plena época romana, José, María y el niño Jesús huyen a Egipto.	c. 4 a.C.	Mt 2.13-15

² Pero él también es hábil y sabe causar desgracias,
y cuando dice una cosa, no se vuelve atrás.
Él actuará contra la gente malvada,
contra los que ayudan a los malhechores.
³ Los egipcios son hombres, no dioses;
sus caballos son de carne, no espíritus.
El Señor extenderá su mano para castigarlos,
y tanto el protector como el protegido caerán;
todos perecerán a la vez.

⁴ El Señor me dijo:
"Así como un león que ha matado una oveja
no se deja asustar por los pastores,
aunque todos ellos se reúnan

y traten de asustarlo con sus gritos,
así vendrá el Señor todopoderoso
a defender a su pueblo en el monte Sión.
⁵ Como el ave que protege su nido
volando encima de él,
así protegerá el Señor todopoderoso a Jerusalén;
la cuidará, la salvará,
la defenderá, la librará."

⁶ Hijos de Israel, vuelvan a aquel
a quien han ofendido tan gravemente.
⁷ Porque el día en que todos ustedes
rechacen los ídolos de oro y de plata
que han hecho con sus manos culpables, ᵇ

ᵇ 31.7 Cf. Is 2.20.

⁸ Asiria caerá a filo de espada,
pero no por un poder humano.
La guerra hará huir a su gente,
y a sus jóvenes guerreros los harán esclavos;
⁹ a causa del miedo, su rey saldrá corriendo
y sus capitanes desertarán de su bandera. *c*
Esto lo afirma el Señor,
que en Jerusalén tiene una hoguera
para castigar a sus enemigos. *d*

32 Reino de justicia *a*

¹ Habrá un rey que reinará con rectitud
y gobernantes que gobernarán con justicia.
² Cada uno de ellos será como refugio contra el viento
y protección contra la tempestad,
como canales de riego en tierra seca,
como la sombra de una gran roca en el desierto.
³ Tendrán los ojos bien abiertos
y estarán dispuestos a escuchar con atención;
⁴ no actuarán con precipitación sino con prudencia,
y dirán las cosas con toda claridad.
⁵ La gente no llamará noble al canalla
ni tratará al pícaro como persona de importancia. *b*
⁶ Porque el canalla habla como canalla
y en su mente hace planes malvados;
busca cometer el crimen
y habla mentiras contra el Señor;
deja ir con las manos vacías al hambriento
y no da de beber al que tiene sed.
⁷ El que es pícaro se vale de artimañas
y trama cosas infames;
perjudica con mentiras a los pobres
y al necesitado que pide justicia.
⁸ En cambio, el que es noble tiene planes nobles,
y en esos planes se mantiene firme.

Contra las mujeres frívolas *c*

⁹ Y ustedes, mujeres despreocupadas,
oigan lo que les voy a decir.
Mujeres confiadas, escuchen mis palabras.
¹⁰ Ahora están confiadas,
pero dentro de poco más de un año se estremecerán,
porque se terminará la cosecha
y no recogerán más uvas.
¹¹ Ustedes que viven despreocupadas, tiemblen;
ustedes que se sienten confiadas, estremézcanse,
quítense esos vestidos
y pónganse ropas ásperas en señal de dolor. *d*
¹² Hagan demostraciones de dolor
por los campos risueños y los fértiles viñedos.
¹³ Espinos y matorrales crecerán en mi país,
en toda casa alegre de la ciudad
amiga de las diversiones.
¹⁴ El palacio estará abandonado;
la ciudad, tan poblada, quedará desierta;
las fortificaciones, abandonadas para siempre;
allí vivirán contentos los asnos salvajes,
y podrá comer el ganado.
¹⁵ Pero el poder creador del Señor
vendrá de nuevo sobre nosotros,
y el desierto se convertirá en tierra de cultivo,
y la tierra de cultivo será mucho más fértil. *e*
¹⁶ La rectitud y la justicia reinarán
en todos los lugares del país.
¹⁷ La justicia producirá paz,
tranquilidad y confianza para siempre.
¹⁸ Mi pueblo vivirá en un lugar pacífico,
en habitaciones seguras,
en residencias tranquilas,
¹⁹ aunque el bosque sea talado
y humillada la ciudad. *f*
²⁰ Ustedes vivirán felices,
con riego abundante para sus sembrados
y pastos seguros para el burro y el buey.

33 Esperanza en el Señor *a*

¹ ¡Ay de ti, destructor no destruido;
traidor no traicionado!
Cuando acabes de destruir, serás destruido,
cuando acabes de traicionar, serás traicionado. *b*
² Señor, ten compasión de nosotros,
que esperamos en ti.
Sé nuestro apoyo todas las mañanas,
nuestra salvación en tiempos de dificultad.

---

c **31.8-9** Cf. la derrota de los asirios, narrada en Is 37.36-38. *Su rey:* o quizá *sus oficiales* (lit. *su roca*).

d **31.9** *Que en Jerusalén... enemigos:* lit. *que en Sión tiene una lumbre, y un horno en Jerusalén.*

a **32.1-8** Algunos intérpretes refieren esta sección al reino mesiánico (cf. en Is 9.1-7; 11.1-10); otros, en cambio, la aplican a los gobernantes que habrían de llevar a cabo un gobierno justo. El pasaje (especialmente los vv. 5-8) tiene un estilo semejante al de la literatura sapiencial y un enfoque parecido al de Pr 8.15-16; 16.10-15; 20.16,28.

b **32.5** Este v. insinúa que en tiempos del profeta se habían trastornado todos los valores morales, en contraposición con lo que habrá de suceder en el futuro.

c **32.9-20** Posiblemente se trata de un mensaje pronunciado durante la fiesta de vendimia (véase Is 5.1-7 n.). Las mujeres son reprendidas por su despreocupación y frivolidad (vv. 9-15; cf. Is 3.16—4.1). Después de estos reproches, hay un nuevo mensaje de esperanza (vv. 15-20).

d **32.11** *Ropas ásperas:* signo tradicional de luto y dolor. Véase Is 37.1 n.

e **32.15** Is 29.17; cf. Is 44.3-4; Ez 39.29; Jl 2.28-29. *El poder creador* o *el espíritu:* la palabra heb. puede entenderse en ambos sentidos, según el contexto.

f **32.19** Traducción según un ms. heb. y versiones antiguas. Los otros mss. son poco claros; una posible traducción a partir de estos últimos es *aunque el granizo abata el bosque, y la ciudad sea humillada* (o *arrasada*).

a **33.1-24** Podría tratarse de un texto perteneciente al culto del templo, recitado en forma dialogada entre varios interlocutores. El sexto anuncio de desastre (Is 28.1-6 n.), hecho en el v. 1, va seguido de una oración de súplica (vv. 2-4) y un himno de alabanza (vv. 5-6). Luego viene un lamento (vv. 7-9), la respuesta del Señor (vv. 10-13) y un diálogo sobre quiénes pueden acercarse a él (vv. 14-16). El texto termina con una promesa de salvación (vv. 17-24).

b **33.1** Cf. el lenguaje usado en relación con Babilonia (Is 21.2), y el proceder de Dios con Asiria (Is 10.5-12).

³ Al oir tus amenazas huyen los pueblos,
cuando tú intervienes se dispersan las naciones;
⁴ sus enemigos, como nube de langostas,
se lanzan sobre ellos y les quitan sus riquezas.
⁵ El Señor es soberano, pues vive en el cielo;
él ha llenado a Sión de rectitud y justicia,
⁶ y siempre le dará seguridad.
La sabiduría y el conocimiento
son un tesoro que salva;
el temor del Señor es una riqueza.
⁷ ¡Oye cómo gritan los valientes en la calle
y cómo lloran los enviados a negociar la paz!
⁸ Los caminos están desiertos,
nadie transita por ellos.
Se rompen las alianzas y los convenios; *c*
no hay respeto para nadie.
⁹ La tierra está de luto y triste,
el Líbano se marchita avergonzado,
el valle de Sarón se ha convertido en un desierto,
Basán y el monte Carmelo están pelados. *d*
¹⁰ El Señor dice:
"Ahora voy a actuar;
ahora voy a mostrar toda mi grandeza y majestad.
¹¹ Los planes y las obras de ustedes son paja y basura;
mi soplo *e* los devorará como un incendio.
¹² Los pueblos serán reducidos a cenizas;
como espinos cortados arderán en el fuego.
¹³ Los que están lejos escuchen lo que he hecho,
y los que están cerca reconozcan mi poder."
¹⁴ En Sión tiemblan los pecadores,
y los impíos se llenan de terror y dicen:
"¿Quién de nosotros puede vivir
en un fuego destructor, en una hoguera eterna?"
¹⁵ El que procede rectamente y dice la verdad,
el que no se enriquece abusando de la fuerza
ni se deja comprar con regalos,
el que no hace caso a sugerencias criminales
y cierra los ojos para no fijarse en el mal, *f*
¹⁶ ese vivirá seguro,

tendrá su refugio en una fortaleza de rocas,
siempre tendrá pan y el agua no le faltará.
¹⁷ De nuevo verás al rey en su esplendor; *g*
las fronteras del país llegarán hasta muy lejos.
¹⁸ Al recordar el miedo en que vivías, dirás:
"¿Dónde está el que contaba los impuestos?
¿Dónde está el que comprobaba el peso?
¿Dónde está el que contaba las torres?" *h*
¹⁹ Ya no vivirás entre un pueblo insolente,
de lengua difícil de entender,
de idioma enredado, que nadie comprende. *i*
²⁰ Mira a Sión, la ciudad de nuestras fiestas;
dirige tus ojos a Jerusalén, ciudad segura;
será como un campamento firme,
cuyas estacas no se arrancarán
ni se romperán sus cuerdas.
²¹ Ahí se muestra glorioso el Señor con nosotros.
Es un lugar de ríos, de corrientes muy anchas,
pero no lo invadirán los enemigos
con sus barcos de remo y sus naves poderosas. *j*
²²⁻²³ Las cuerdas de esas naves
no pueden sostener el mástil;
la vela no se puede extender. *k*
Arrebataremos tantas riquezas a los enemigos,
que hasta el ciego recibirá su parte
y los lisiados se dedicarán al saqueo.
Porque el Señor es nuestro juez,
nuestro legislador y nuestro rey,
y él nos salvará. *l*
²⁴ Ningún habitante dirá: "Estoy enfermo."
Dios perdonará los pecados a los habitantes de Sión. *m*

34 Castigo de Dios sobre Edom *a*

¹ Acérquense, pueblos, a escuchar;
naciones, presten atención.
Que escuche la tierra y lo que hay en ella,
el mundo y todo lo que él produce.
² Porque el Señor está enojado
con las naciones y con todos sus ejércitos,
y los ha condenado a destrucción y muerte. *b*

---

c **33.8** *Y convenios:* traducción probable; heb. oscuro. Un ms. antiguo dice *y se rechazan los testigos.*
d **33.9** *Sarón:* llanura fértil, junto a la costa del Mediterráneo, entre el monte Carmelo al norte y Jope al sur. *Basán:* rica región al nordeste del Lago de Galilea. Véase *Índice de mapas.*
e **33.11** *Mi soplo:* según una versión antigua; heb. *el soplo de ustedes.*
f **33.14-15** Cf. las preguntas y respuestas en Sal 15.2-5; 24.3-5.
g **33.17** Cf. Is 32.1. Podría referirse a una visión de Dios, o también a la presencia del Mesías.
h **33.18** *El que contaba las torres:* es decir, los que inspeccionaban las fortificaciones con el objeto de reforzarlas (Is 22.10), o espías enemigos que planeaban un ataque.
i **33.19** Cf., por contraste, Is 28.11-13.
j **33.21** Este v. es poco claro en heb., aunque parece prometer aguas abundantes para la era mesiánica (cf. Ez 47), sin peligros de guerra.
k **33.22-23** Con la imagen de una nave mal aparejada, se sugiere que el enemigo tiene grandes planes, pero pocas posibilidades de ejecutarlos.

l **33.22-23** *El Señor es... nuestro rey:* Aunque el rey del v. 17 no sea Dios en sentido estricto, no existe conflicto alguno, ya que el rey mesiánico ha de gobernar con autoridad divina.
m **33.24** Según el pensamiento hebreo, *los pecados* eran la causa de las enfermedades. Véanse Mc 2.5 nota *c* y las *Introducciones* a *Job* y *Proverbios.*
a **34.1-17** Cf. otras profecías acerca de Edom en Is 63.1-6; Jer 49.7-22; Ez 25.12-14; 35.1-15; Am 1.11-12; Abd 1-14; Mal 1.2-5. Esta sección y el cap. 35 muestran, respectivamente, dos aspectos de la actividad de Dios en la historia: su juicio sobre las naciones y su acción salvadora. Ya no se trata del peligro de los asirios (que se destaca en los caps. anteriores), sino del tiempo posterior al exilio de Judá en Babilonia. Estos caps. tienen una marcada afinidad con los caps. 40–66, que también se refieren a la liberación de Israel en el exilio. Los vv. 1-8 hablan del terrible juicio de Dios y los vv. 9-17, de la devastación que sigue.
b **34.1-2** El profeta convoca a las *naciones* para que oigan la sentencia contra ellas. *Condenado a destrucción y muerte:* como en una guerra santa (cf. Jos 6.17,21; Is 66.15-16). Véase también Jl 3.9(4.9).

³ Los muertos serán abandonados,
el mal olor se levantará de los cadáveres
y ríos de sangre correrán por las montañas.
⁴ Todos los astros del cielo se desintegrarán,
el cielo se envolverá como un rollo
y todas las estrellas se apagarán,
como se marchita y cae una hoja desprendida
de una vid o de una higuera. ᶜ
⁵ Sí, la espada del Señor ᵈ aparece en el cielo
y va a caer sobre Edom,
pueblo condenado a muerte.
⁶ La espada del Señor se cubrirá de sangre
y de grasa,
como cuando se matan corderos y cabras
en los sacrificios.
El Señor va a hacer un sacrificio en Bosrá, ᵉ
una gran matanza en Edom.
⁷ Y caerán como los búfalos,
los becerros y los toros;
su tierra se empapará de sangre,
y el polvo se llenará de grasa.
⁸ Sí, será el día de la venganza del Señor,
el año del desquite, para la causa de Sión.
⁹ Los arroyos de Edom se convertirán en brea,
su polvo en azufre;
la tierra arderá como brea. ᶠ
¹⁰ No se apagará ni de día ni de noche;
siempre se levantará su humareda. ᵍ
Por siglos y siglos quedará abandonada;
nadie volverá a pasar jamás por allí.
¹¹ Allí se instalarán el búho y el mochuelo,
y harán sus nidos el cuervo y la lechuza.
El Señor convertirá ese país
en desierto y soledad. ʰ
¹² No volverá a tener un rey que lo gobierne; ⁱ
todos sus jefes desaparecerán.
¹³ En sus palacios crecerán espinos,
y ortigas y cardos en sus fortalezas.
Será un lugar donde vivan los chacales
y se refugien los avestruces.
¹⁴ Los gatos monteses harán compañía a los chacales,
las cabras se llamarán unas a otras.

Allí habitará el fantasma que espanta de noche, ʲ
y encontrará sitio para descansar.
¹⁵ Allí el búho hará su nido,
pondrá sus huevos y sacará sus crías,
y las reunirá para protegerlas.
Allí también se reunirán los gavilanes,
cada macho con su hembra. ᵏ
¹⁶ Consulten el libro del Señor ˡ y lean:
No faltará ni uno solo de esos animales,
y a ninguno le faltará su hembra,
porque el Señor mismo lo ha dispuesto
y con su soplo los reunirá.
¹⁷ A cada uno le ha señalado su lugar,
con su mano le ha asignado su territorio,
y lo ocuparán por siempre;
por siglos y siglos vivirán allí.

35 Regreso del pueblo a Sión ᵃ

¹ Que se alegre el desierto, tierra seca;
que se llene de alegría, que florezca,
² que produzca flores como el lirio,
que se llene de gozo y alegría.
Dios lo va a hacer tan bello como el Líbano,
tan fértil como el Carmelo y el valle de Sarón. ᵇ
Todos verán la gloria del Señor,
la majestad de nuestro Dios.
³ Fortalezcan a los débiles,
den valor a los cansados, ᶜ
⁴ digan a los tímidos:
"¡Ánimo, no tengan miedo!
¡Aquí está su Dios para salvarlos,
y a sus enemigos los castigará como merecen!"
⁵ Entonces los ciegos verán
y los sordos oirán;
⁶ los lisiados saltarán como venados
y los mudos gritarán. ᵈ
En el desierto, tierra seca,
brotará el agua a torrentes.
⁷ El desierto será un lago,
la tierra seca se llenará de manantiales.
Donde ahora viven los chacales,
crecerán cañas y juncos. ᵉ

ᶜ **34.4** Cf. Ap 6.13-14; cf. también Mt 24.29; Mc 13.25; Lc 21.26.
ᵈ **34.5-8** Cf. Ez 21.8-17, donde *la espada del Señor* amenaza a su propio pueblo. Aquí se dirige a *Edom,* antiguo enemigo de Israel y símbolo, en este contexto, de todas las naciones impías. La imagen de un banquete sacrificial (v. 6) aparece también en Is 25.6; Jer 46.10; Ez 39.17-20; Sof 1.7. Es una figura que caracteriza el juicio de Dios, en contraste con las imágenes del cap. siguiente, referidas a la restauración de Israel.
ᵉ **34.6** *Bosrá:* ciudad importante, situada al norte del territorio de Edom; hoy Busiera (véase *Índice de mapas*).
ᶠ **34.9** Cf. la destrucción de Sodoma y Gomorra con fuego y *azufre* (Gn 19.24).
ᵍ **34.10** Cf. Ap 14.11; 19.3.
ʰ **34.11** *Desierto y soledad:* Las mismas palabras hebreas aparecen en Gn 1.2 y Jer 4.23; sugieren la idea de una total devastación.
ⁱ **34.12** El texto heb. presenta ciertas dificultades; otra posible traducción es: *de sus nobles, no habrá ninguno a quien puedan proclamar rey.*
ʲ **34.14** *Cabras:* o *sátiros,* imaginados en forma de cabra. *Fantasma que espanta de noche:* un demonio femenino, que, según se creía, habitaba en lugares desiertos.
ᵏ **34.9-15** Cf. en Is 13.19-22 el pasaje acerca de Babilonia.
ˡ **34.16** *El libro del Señor:* tal vez en el sentido de Sal 139.16; Dn 12.1; Mal 3.16 (cf. Is 4.3); otros lo entienden como una alusión a los libros proféticos en general o a ciertos pasajes de ellos.
ᵃ **35.1-10** En marcado contraste con las escenas de juicio en el cap. anterior, este poema prevé el alegre retorno de Israel después de su deportación a Babilonia en el año 587 a.C.
ᵇ **35.2** Estos lugares son regiones fértiles, citadas como símbolo de la fecundidad de todo el país (cf. Is 33.9).
ᶜ **35.3** Citado en Heb 12.12.
ᵈ **35.5-6** Este pasaje encuentra eco en Mt 11.5; Lc 7.22; cf. también Is 42.7,16; 61.1-2.
ᵉ **35.6-7** *Brotará el agua:* Cf. Is 41.18; 43.20; 44.3-4. Para los israelitas, que vivían angustiados por la escasez de agua en su país, la provisión de *agua en el desierto* significaba bendición de Dios y abundancia de vida. Este pasaje les traería recuerdos del agua dada

⁸ Y habrá allí una calzada
que se llamará "el camino sagrado".ᶠ
Los que no estén purificados
no podrán pasar por él;
los necios no andarán por él. ᵍ
⁹ Allí no habrá leones
ni se acercarán las fieras.
Por ese camino volverán los libertados,
¹⁰ los que el Señor ha redimido;
entrarán en Sión con cantos de alegría,
y siempre vivirán alegres.
Hallarán felicidad y dicha,
y desaparecerán el llanto y el dolor. ʰ

6. Apéndice histórico (36—39)

36 *La invasión de Senaquerib*ᵃ *(2 R 18.13-37; 2 Cr 32.1-19)* ¹ En el año catorce ᵇ del reinado de Ezequías, Senaquerib, rey de Asiria, atacó a todas las ciudades fortificadas de Judá y las tomó. ᶜ ² Desde Laquis ᵈ envió a un alto oficial, con un poderoso ejército, a ver al rey Ezequías en Jerusalén, y se colocaron junto al canal del estanque superior, en el camino que va al campo del Lavador de Paños. ᵉ ³ Allá salieron a su encuentro Eliaquim, hijo de Hilquías, que era mayordomo de palacio; el cronista Sebná; ᶠ y Joah, hijo de Asaf, el secretario del rey. ⁴ El oficial asirio les dijo:

—Comuniquen a Ezequías este mensaje del gran rey, el rey de Asiria: '¿De qué te sientes tan seguro? ⁵ ¿Piensas acaso que las palabras bonitas valen lo mismo que la táctica y la fuerza para hacer la guerra? ¿En quién confías para rebelarte contra mí? ⁶ Veo que confías en el apoyo de Egipto. Pues bien, Egipto es una caña astillada, ᵍ que si uno se apoya en ella, se le clava y le atraviesa la mano. Eso es el faraón, rey de Egipto, para todos los que confían en él. ʰ ⁷ Y si me dices: Nosotros confiamos en el Señor nuestro Dios, ¿acaso no suprimió Ezequías los lugares de culto y los altares de ese Dios, y ordenó que la gente de Judá y Jerusalén le diera culto solamente en un altar?' ⁱ ⁸ Haz un trato con mi amo, el rey de Asiria: yo te doy dos mil caballos, si consigues jinetes para ellos. ⁹ Tú no eres capaz de hacer huir ni al más insignificante de los oficiales asirios, ¿y esperas conseguir jinetes y caballos en Egipto? ¹⁰ Además, ¿crees que yo he venido a atacar y destruir este país sin contar con el Señor? ¡Él fue quien me ordenó atacarlo y destruirlo!'

¹¹ Eliaquim, Sebná y Joah respondieron al oficial asirio:

—Por favor, háblenos usted en arameo, pues nosotros lo entendemos. No nos hable usted en hebreo, ʲ pues toda la gente que hay en la muralla está escuchando.

¹² Pero el oficial asirio dijo:

—No fue a tu amo, ni a ustedes, a quienes el rey de Asiria me mandó que dijera esto. Fue precisamente a la gente que está sobre la muralla, pues ellos, lo mismo que ustedes, tendrán que comerse su propio estiércol y beberse sus propios orines.

¹³ Entonces el oficial, de pie, gritó bien fuerte en hebreo:

—Oigan lo que les dice el gran rey, el rey de Asiria: ¹⁴ 'No se dejen engañar por Ezequías; él no puede salvarlos.' ¹⁵ Si Ezequías quiere convencerlos de que confíen en el Señor, y les dice: 'El Señor ciertamente nos salvará; él no permitirá que esta ciudad caiga en poder del rey de Asiria', ¹⁶ no le hagan caso. El rey de Asiria me manda a decirles que hagan las paces con él, y que se rindan, y así cada uno podrá comer del producto de su viñedo y de su higuera y beber el agua de su propia cisterna. ᵏ ¹⁷ Después los llevará a un país parecido al de ustedes, un país de trigales y viñedos, para hacer pan y vino. ¹⁸ Si Ezequías les dice que el Señor los va a salvar, no se dejen engañar por él. ¿Acaso alguno de los dioses de los otros pueblos pudo salvar a su país del poder del rey de Asiria? ¹⁹ ¿Dónde están los dioses de Hamat y de Arpad? ¿Dónde están los dioses de Sefarvaim? ¿Acaso pudieron salvar del poder de Asiria a Samaria? ˡ ²⁰ ¿Cuál de todos los dioses de esos países pudo salvar a su nación del poder del rey de Asiria? ¿Por qué piensan que el Señor puede salvar a Jerusalén?

²¹ Ellos se quedaron callados y no le respondieron ni una palabra, porque el rey había ordenado que no respondieran nada. ²² Entonces, afligidos, Eliaquim, mayordomo de palacio; Sebná, cronista; y Joah, secretario del rey, se rasgaron la ropa ᵐ y se fueron a ver a Ezequías para contarle lo que había dicho el comandante asirio.

37 *El Señor libra a Judá del invasor (2 R 19.1-37; 2 Cr 32.20-23)* ¹ Cuando el rey Ezequías oyó esto, se rasgó sus vestiduras, se puso ropas ásperas en señal de dolorᵃ y se fue al templo del Señor. ² Y envió a Eliaquim,

---

milagrosamente a Israel durante su paso por el desierto (Ex 17.1-7; Nm 20.2-13; cf. Is 48.21).

ᶠ **35.8-10** Cf. Is 40.3-4; 42.16; 43.19; 49.10-11.

ᵍ **35.8** *Los necios no andarán por él:* texto probable; heb. oscuro. Otras posibles traducciones: *los necios no desviarán a quienes anden por él,* o *ni tampoco en él se extraviarán los tontos.*

ʰ **35.10** Is 51.11.

ᵃ **36.1-22** Los caps. 36—39 forman un apéndice histórico a los caps. 1—35. Son prácticamente idénticos a 2 R 18.13—20.19, con la excepción de Is 38,9-20, que no aparece en 2 R. Además, en Isaías se omite el pasaje que relata cómo el rey Ezequías se rindió ante los asirios y tuvo que pagarles un fuerte tributo (2 R 18.14-16).

ᵇ **36.1** *El año catorce:* es decir, el 701 a.C.

ᶜ **36.1** *Senaquerib,* hijo de Sargón II de Asiria, fue rey de Asiria entre el 705 y el 681 a.C. Véase 2 R 18.13 notas *i* y *j.*

ᵈ **36.2** *Laquis:* ciudad situada a unos 45 km. al sudoeste de Jerusalén (véase *Índice de mapas*). Véase también 2 R 18.14 nota *k.*

ᵉ **36.2** Véase 2 R 18.17 n.

ᶠ **36.3** Sobre la relación entre *Eliaquim* y *Sebná,* véase Is 22.20 nota *n.*

ᵍ **36.6** Ez 29.6-7.

ʰ **36.6** Cf. Is 30.1-7; 31.1-3.

ⁱ **36.7** El oficial alude a las reformas de Ezequías, rey de Judá (2 R 18.4; 2 Cr 29—31).

ʲ **36.11** *Arameo:* Véase 2 R 18.26 n. El *hebreo* era la lengua hablada en Judá por la gente común.

ᵏ **36.16** *Comer del producto de su viñedo y de su higuera:* expresión corriente para referirse a una vida feliz y sin angustias.

ˡ **36.19** *Hamat y Arpad:* Véase Is 10.9 nota *e. Sefarvaim:* lugar aún no localizado, conquistado por Asiria. *Samaria:* antigua capital de Israel (cf. 1 R 16.24).

ᵐ **36.22** *Se rasgaron la ropa,* en señal de dolor (cf. Is 37.1).

ᵃ **37.1** *Ropas ásperas:* Para expresar el luto, el dolor o el arrepentimiento, los hebreos solían ponerse ropas que causaban molestia,

mayordomo de palacio, al cronista Sebná y a los sacerdotes más ancianos, con ropas ásperas en señal de dolor, a ver al profeta Isaías, hijo de Amós, ³ y a decirle de parte del rey: "Hoy estamos en una situación de angustia, castigo y humillación; como una mujer que, a punto de dar a luz, se quedara sin fuerzas. ⁴ Ojalá el Señor tu Dios haya oído las palabras del oficial enviado por su amo, el rey de Asiria, para insultar al Dios viviente, y ojalá lo castigue por las cosas que el Señor mismo, tu Dios, habrá oído. Ofrece, pues, una oración por los que aún quedan." ᵇ

⁵ Los funcionarios del rey Ezequías fueron a ver a Isaías, ⁶ e Isaías les encargó que respondieran a su amo: "El Señor dice: 'No tengas miedo de esas palabras ofensivas que dijeron contra mí los criados del rey de Asiria. ⁷ Mira, yo voy a hacer que llegue a él un rumor que lo obligue a volver a su país, y allí lo haré morir asesinado.' " ᶜ

⁸ El oficial asirio se enteró de que el rey de Asiria se había ido de la ciudad de Laquis. Entonces se fue de Jerusalén, y encontró al rey de Asiria atacando a Libná. ᵈ ⁹ Allí el rey de Asiria oyó decir que el rey Tirhaca de Etiopía ᵉ había emprendido una campaña militar contra él. Una vez más, el rey de Asiria envió embajadores al rey Ezequías de Judá, a decirle: ¹⁰ "Tu Dios, en el que tú confías, te asegura que Jerusalén no caerá en mi poder; pero no te dejes engañar por él. ¹¹ Tú has oído lo que han hecho los reyes de Asiria con todos los países que han querido destruir. ¿Y te vas a salvar tú? ¹² ¿Acaso los dioses salvaron a los otros pueblos que mis antepasados destruyeron: a Gozán, a Harán, a Résef, y a la gente de Bet-edén que vivía en Telasar? ᶠ ¹³ ¿Dónde están los reyes de Hamat, de Arpad, de Sefarvaim, de Hená y de Ivá?" ᵍ

¹⁴ Ezequías tomó la carta que le entregaron los embajadores, y la leyó. Luego se fue al templo y, extendiendo la carta delante del Señor, ¹⁵ oró así: ¹⁶ "Señor todopoderoso, Dios de Israel, que tienes tu trono sobre los querubines, ʰ tú solo eres Dios de todos los reinos de la tierra; tú creaste el cielo y la tierra. ¹⁷ Pon atención, Señor, y escucha. Abre tus ojos, Señor, y mira. Escucha las palabras que Senaquerib mandó decirme, palabras todas ellas ofensivas contra ti, el Dios viviente. ¹⁸ Es cierto, Señor, que los reyes de Asiria han destruido todas las naciones y sus tierras, ¹⁹ y que han echado al fuego sus dioses, porque en realidad no eran dioses, sino objetos de madera o de piedra hechos por el hombre. Por eso los destruyeron. ⁱ ²⁰ Ahora pues, Señor y Dios nuestro, sálvanos de su poder, para que todas las naciones de la tierra sepan que tú, Señor, eres el único Dios."

²¹ Entonces Isaías mandó a decir a Ezequías: "Esto dice el Señor, Dios de Israel: 'Yo he escuchado la oración que me hiciste acerca de Senaquerib, rey de Asiria.' "

²² Estas son las palabras que dijo el Señor acerca del rey de Asiria: ʲ

"La ciudad de Sión, como una muchacha,
se ríe de ti, Senaquerib.
Jerusalén mueve burlonamente la cabeza
cuando tú te retiras.
²³ ¿A quién has ofendido e insultado?
¿Contra quién alzaste la voz
y levantaste tus ojos altaneramente?
¡Contra el Dios Santo de Israel!
²⁴ Por medio de tus funcionarios insultaste
al Señor.
Dijiste:
'Con mis innumerables carros de guerra
subí a las cumbres de los montes,
a lo más empinado del Líbano.
Corté sus cedros más altos,
sus pinos más bellos. ᵏ
Alcancé sus cumbres más altas,
y sus bosques, que parecen jardines.
²⁵ En tierras extrañas
cavé pozos y bebí de esa agua,
y con las plantas de mis pies
sequé todos los ríos de Egipto.' ˡ
²⁶ ¿Pero no sabías que soy yo, el Señor,
quien ha dispuesto todas estas cosas?
Desde tiempos antiguos lo había planeado,
y ahora lo he realizado;
por eso tú destruyes ciudades fortificadas
y las conviertes en montones de ruinas.
²⁷ Sus habitantes, impotentes,
llenos de miedo y vergüenza,
han sido como hierba del campo,
como pasto verde,
como hierba que crece en los tejados
y que es quemada por el viento del este. ᵐ
²⁸ Yo conozco todos tus movimientos
y todas tus acciones;
yo sé que te has enfurecido contra mí.
²⁹ Y como conozco tu furia y tu arrogancia,
voy a ponerte una argolla en la nariz,
un freno en la boca,

---

porque estaban hechas con pelo de cabra o con material muy tosco. También esparcían sobre sus cabezas polvo o ceniza.

ᵇ **37.4** *Los que aún quedan:* Véase Is 4.2-6 n.

ᶜ **37.7** *Un rumor:* Probablemente se trataba de noticias sobre disturbios en su propio país (cf. v. 28).

ᵈ **37.8-20** Véase 2 R 19.8-20 n.

ᵉ **37.9** *Tirhaca de Etiopía* pertenecía a la vigesimoquinta dinastía, llamada etiope (Is 18.1-7 n.). Reinó sobre Egipto, como corregente junto a su hermano, alrededor del 690 a.C., y como rey del 685 al 664 a.C.

ᶠ **37.12** Estos pueblos pertenecían a Mesopotamia.

ᵍ **37.13** Los asirios ya habían conquistado estos lugares de Siria.

ʰ **37.16** *Querubines:* Véase Gn 3.24 nota n. Los *querubines* evocaban la majestad divina. Las dos figuras de querubines sobre el arca de la alianza (Ex 25.17-20) eran el *trono* visible del Dios invisible.

ⁱ **37.18-19** Alusión a lo dicho por los asirios en Is 36.18-20.

ʲ **37.22-29** Cf. Is 10.5-9, palabras también dirigidas a Asiria en una ocasión anterior.

ᵏ **37.24** *Cedros* y *pinos:* imágenes poéticas que designan a los reyes derrotados por los asirios.

ˡ **37.25** *Sequé todos los ríos de Egipto:* expresión metafórica referida a la derrota de los egipcios.

ᵐ **37.27** Cf. Sal 129.6. *Quemada por el viento del este:* texto probable; heb. *marchita antes de crecer.* Los techos de las casas eran de lodo, de manera que en ellos crecían hierbas que pronto eran quemadas por el sol.

y te haré volver por el camino
por donde viniste."

30 Isaías dijo entonces a Ezequías:
"Esta será una señal de lo que va a suceder:
este año y el siguiente comerán ustedes
el trigo que nace por sí solo,
pero al tercer año podrán sembrar y cosechar,
plantar viñedos y comer de sus frutos.
31 Los sobrevivientes de Judá serán como plantas:
echarán raíces y producirán fruto,
32 porque un resto quedará en Jerusalén;
en el monte Sión habrá sobrevivientes. [n]
Esto lo hará el ardiente amor del Señor todopoderoso.

33 "Acerca del rey de Asiria dice el Señor:
'No entrará en Jerusalén,
no le disparará ni una flecha,
no la atacará con escudos
ni construirá una rampa a su alrededor.
34 Por el mismo camino por donde vino, se volverá;
no entrará en esta ciudad.
Yo, el Señor, doy mi palabra.
35 Yo protegeré esta ciudad
y la salvaré,
por consideración a mi siervo David [ñ]
y a mí mismo.'"

36 Y el ángel del Señor fue y mató a ciento ochenta y cinco mil hombres del campamento asirio; al día siguiente, todos amanecieron muertos. [o] **37** Entonces Senaquerib, rey de Asiria, levantó el campamento y regresó a Nínive. **38** Y un día, cuando estaba adorando en el templo de Nisroc, su dios, sus hijos Adramélec y Sarézer fueron y lo asesinaron, [p] y huyeron a la región de Ararat. Después reinó en su lugar su hijo Esarhadón. [q]

38 Enfermedad y curación de Ezequías [a] (2 R 20.1-11; 2 Cr 32.24-26)

1 Por aquel tiempo Ezequías cayó gravemente enfermo, y el profeta Isaías, hijo de Amós, fue a verlo y le dijo:
—El Señor dice: 'Da tus últimas instrucciones a tu familia, porque vas a morir. No te curarás.'
2 Ezequías volvió la cara hacia la pared y oró así al Señor:
3 "Yo te suplico, Señor, que te acuerdes de cómo te he servido fiel y sinceramente, haciendo lo que te agrada." Y lloró amargamente.

4 El Señor ordenó a Isaías **5** que fuera y le dijera a Ezequías: "El Señor, Dios de tu antepasado David, dice: 'Yo he escuchado tu oración y he visto tus lágrimas. Voy a darte quince años más de vida. **6** A ti y a Jerusalén los libraré del rey de Asiria. Yo protegeré esta ciudad.'"
21 [b] Isaías mandó hacer una pasta de higos para que se la aplicaran al rey en la parte enferma, y el rey se curó.
22 Entonces Ezequías preguntó a Isaías:
—¿Por medio de qué señal voy a darme cuenta de que puedo ir al templo del Señor?
7 Isaías respondió:
—Esta es la señal que el Señor te dará en prueba de que te cumplirá su promesa: **8** En el reloj de sol [c] de Ahaz voy a hacer que la sombra del sol retroceda las diez gradas que ya ha bajado.
Y la sombra del sol retrocedió las diez gradas que ya había bajado.

9 Cuando el rey Ezequías de Judá sanó de su enfermedad, compuso este salmo: [d]

10 Yo había pensado:
En lo mejor de mi vida tendré que irme;
se me ordena ir al reino de la muerte [e]
por el resto de mis días.
11 Yo pensé: Ya no veré más al Señor en esta tierra,
no volveré a mirar a nadie
de los que viven en el mundo.
12 Deshacen mi habitación, me la quitan,
como tienda de pastores.
Mi vida era cual la tela de un tejedor,
que es cortada del telar.
De día y de noche me haces sufrir.
13 Grito de dolor toda la noche,
como si un león estuviera quebrándome los huesos.
De día y de noche me haces sufrir. [f]
14 Me quejo suavemente como las golondrinas,
gimo como las palomas.
Mis ojos se cansan de mirar al cielo.
¡Señor, estoy oprimido, responde tú por mí!
15 ¿Pero qué podré yo decirle,
si él fue quien lo hizo?
El sueño se me ha ido
por la amargura de mi alma.
16 Aquellos a quienes el Señor protege, vivirán,
y con todos ellos viviré yo.

Tú me has dado la salud, me has devuelto la vida. [g]

---

[n] **37.30-32** *Un resto:* Véase Is 4.2-6 n.

[ñ] **37.35** Cf. la promesa hecha a David en 2 S 7.1-16.

[o] **37.36** Véase 2 R 19.35-36 n.

[p] **37.38** Senaquerib fue asesinado en el 681 a.C.

[q] **37.38** *La región de Ararat:* en la actual Armenia, parte de Turquía (véase *Índice de mapas*). *Esarhadón:* rey de Asiria y Babilonia entre el 681 y el 669 a.C.

[a] **38.1-20** La narración de los vv. 1-8 (concluida en los vv. 21-22) difiere en algunos detalles del relato paralelo de 2 R 20.1-11. La fecha es un poco posterior al 705 a.C. El salmo de alabanza de los vv. 9-20 no aparece en 2 R 20; es un cántico litúrgico, usado posiblemente en el culto del templo. Cf. Sal 6, que también contiene las súplicas del salmista y termina con un canto de alabanza, porque Dios ha escuchado su plegaria.

[b] **38.21** Los vv. 21-22 se han colocado entre los vv. 6 y 7 (cf. 2 R 20.7-8). Véase Is 38.20 n.

[c] **38.8** *El reloj de sol:* Podría tratarse de gradas dispuestas en tal forma que la sombra de algún objeto, al dar sobre ellas, marcaba la hora. Véase 2 R 20.11 n.

[d] **38.9** *Este salmo:* véase vv. 1-20 n.

[e] **38.10** *Reino de la muerte:* Véanse Sal 6.5(6) n. y el *Índice Temático*.

[f] **38.12-13** Traducción probable del v. 13 y del final del v. 12; el heb. es oscuro.

[g] **38.15-16** *¿Pero qué podré yo decirle... viviré yo:* traducción probable; heb. oscuro.

¹⁷ Mira, en vez de amargura, ahora tengo paz.
Tú has preservado[h] mi vida
de la fosa destructora,
porque has perdonado todos mis pecados.
¹⁸ Quienes están en el sepulcro no pueden alabarte,
los muertos no pueden darte gloria,
los que bajan a la fosa
no pueden esperar tu fidelidad.[i]
¹⁹ Solo los que viven pueden alabarte,
como hoy lo hago yo.
Los padres hablan a sus hijos
de tu fidelidad.
²⁰ El Señor está aquí para salvarme.
Toquemos nuestras arpas y cantemos
todos los días de nuestra vida
en el templo del Señor.[j]

39 Ezequías recibe a los enviados de Babilonia
(2 R 20.12-19; 2 Cr 32.27-31) ¹ Por aquel tiempo el rey Merodac-baladán, hijo de Baladán, rey de Babilonia, oyó decir que Ezequías había estado enfermo pero que ya había recobrado la salud, y por medio de unos mensajeros le envió cartas y un regalo. ² Ezequías se alegró de su llegada y les mostró su tesoro, la plata y el oro, los perfumes, el aceite fino y su depósito de armas, y todo lo que se encontraba en sus depósitos. No hubo nada en su palacio ni en todo su reino que no les mostrara.[a] ³ Entonces fue el profeta Isaías a ver al rey Ezequías, y le preguntó:

—¿De dónde vinieron esos hombres, y qué te dijeron?

Ezequías respondió:

—Vinieron de un país lejano; vinieron de Babilonia.

⁴ Isaías le preguntó:

—¿Y qué vieron en tu palacio?

Ezequías contestó:

—Vieron todo lo que hay en él. No hubo nada en mis depósitos que yo no les mostrara.[b]

⁵ Isaías dijo entonces a Ezequías:

—Escucha este mensaje del Señor todopoderoso: ⁶ 'Van a venir días en que todo lo que hay en tu palacio y todo lo que juntaron tus antepasados hasta el día de hoy, será llevado a Babilonia.[c] No quedará aquí nada. ⁷ Aun a algunos de tus propios descendientes se los llevarán a Babilonia, los castrarán y los pondrán como criados en el palacio del rey.'

⁸ Ezequías, pensando que al menos durante su vida habría paz y seguridad, respondió a Isaías:

—El mensaje que me has traído de parte del Señor es favorable.

II. SEGUNDA PARTE: LA CONSOLACIÓN DE ISRAEL
(40—55)

40 El Señor consuela a Jerusalén
¹ El Dios de ustedes dice:
"Consuelen,[a] consuelen a mi pueblo;
² hablen con cariño[b] a Jerusalén[c]
y díganle que su esclavitud[d] ha terminado,
que ya ha pagado por sus faltas,
que ya ha recibido de mi mano
el doble del castigo[e] por todos sus pecados."[f]

³ Una voz grita:[g]
"Preparen al Señor un camino en el desierto,[h]
tracen por tierra seca
una calzada recta en la región estéril.
⁴ Rellenen todas las cañadas,
allanen los cerros y las colinas,
conviertan la región quebrada y montañosa
en llanura completamente lisa.

---

[h] 38.17 *Has preservado:* según versiones antiguas; heb. *has amado.*
[i] 38.18-19 Sal 88.10-12; Eclo 17.27-28; Bar 2.17-18.
[j] 38.20 Los vv. 21-22 se han colocado entre los vv. 6 y 7; véase v. 6 n.
[a] 39.1-2 *Merodac-baladán:* Véase 2 R 20.12 n. Puede ser que esta visita haya tenido por objeto pedir ayuda a Ezequías contra Asiria. La posesión del rico *tesoro* sugiere una fecha cercana al 703 a.C., año en que Ezequías quitó del templo la plata y el oro (2 R 18.15-16).
[b] 39.3-4 Isaías debió sospechar que los dos reyes estaban tramando algún complot contra Asiria.
[c] 39.5-7 Algunos relacionan este anuncio con la prisión de Manasés, hijo de Ezequías, en *Babilonia,* narrada en 2 Cr 33.10-13; pero es más probable que se refiera a la deportación masiva que tuvo lugar más tarde, bajo Nabucodonosor (2 R 24.10—25.17).
[a] 40.1 *Consuelen:* En este imperativo, que se repite para aumentar su fuerza expresiva, se resume el mensaje que va a ser proclamado en los caps. siguientes (Is 40—55) y cuyos destinatarios inmediatos eran los deportados a Babilonia (cf. Sal 137.1-6). Esta promesa de restauración es la respuesta del Señor a su pueblo, que en tiempos del exilio se quejaba amargamente de no encontrar ningún consuelo (Lm 1.9,16,21; Ez 37.11).
[b] 40.2 *Hablen con cariño:* lit. *hablen al corazón.* En el presente contexto, la expresión significa probablemente *convencer* o *persuadir,* empleando el lenguaje del amor y la amistad. Cf. Os 2.14(16).
[c] 40.2 El nombre de *Jerusalén,* lo mismo que el de *Sión,* se emplea aquí y en otros pasajes para designar a todo el pueblo de Judá, especialmente a los exiliados. Cf. Is 40.9; 49.14; 51.16; 52.2,7.
[d] 40.2 La palabra hebrea traducida por *esclavitud* significa propiamente *ejército* o *servicio militar,* pero aquí se refiere más bien a un periodo de tiempo particularmente duro y lleno de privaciones. Cf. Job 7.1; 14.14.
[e] 40.2 *El doble del castigo:* Cf. Jer 16.18; Ap 18.6.
[f] 40.2 *Ya ha pagado... sus pecados.* En esto consiste la novedad del mensaje anunciado en Is 40—55. Los profetas anteriores al exilio habían proclamado que Israel estaba bajo el juicio de Dios y que debía recibir el justo castigo por *sus pecados* (cf., por ej., Is 5.1-7; Jer 17.1-4; Os 4.1-3; Am 2.6-16). Aquí, en cambio, se anuncia que la deportación a Babilonia ha sido un castigo más que suficiente y que ahora ha comenzado el tiempo del perdón y la restauración. Cf. Is 43.25; 46.13.
[g] 40.3 *Una voz grita:* La palabra de Dios no llega al profeta directamente, sino a través de la *voz* de unos personajes misteriosos, cuya identidad no se puede determinar con absoluta certeza. Algunos intérpretes piensan que se trata de voces provenientes de ángeles o mensajeros celestiales que han estado presentes en el *consejo divino* (véase Jer 23.18 n.) y por eso pueden comunicar al profeta el mensaje que debe transmitir en nombre del Señor (cf. 1 R 22.19-23; Job 1.6; 2.1; Is 6.2). Otros consideran que se trata de un recurso literario para destacar la trascendencia del Señor, última fuente de la que procede este mensaje de salvación. Lo importante, en todo caso, es percibir el movimiento de la palabra de Dios, que va pasando de boca en boca hasta llegar a sus destinatarios (cf. Sal 19.1-4[2-5]).
[h] 40.3 *Una voz... en el desierto:* La versión griega (LXX) cambió la puntuación de esta frase, y es así como se cita en el NT. Cf. Mt 3.3; Mc 1.3; Lc 3.4; Jn 1.23.

⁵ Entonces mostrará el Señor su gloria,
y todos los hombres juntos la verán. *i*
El Señor mismo lo ha dicho." *j*

⁶ Una voz dice: *k* "Grita",
y yo pregunto: "¿Qué debo gritar?"
"Que todo hombre es como hierba, *l*
¡tan firme como una flor del campo!
⁷ La hierba se seca y la flor se marchita *m*
cuando el soplo del Señor *n* pasa sobre ellas.
Ciertamente la gente es como hierba.
⁸ La hierba se seca y la flor se marchita,
pero la palabra de nuestro Dios
permanece firme para siempre." *ñ*

⁹ Súbete, Sión, *o* a la cumbre de un monte,
levanta con fuerza tu voz
para anunciar una buena noticia.
Levanta sin miedo la voz, Jerusalén, *p*
y anuncia a las ciudades de Judá:
"¡Aquí está el Dios de ustedes!" *q*
¹⁰ Llega ya el Señor con poder,
sometiéndolo todo con la fuerza de su brazo.
Trae a su pueblo
después de haberlo rescatado. *r*
¹¹ Viene como un pastor *s* que cuida su rebaño;
levanta los corderos en sus brazos,
los lleva junto al pecho
y atiende con cuidado a las recién paridas.

Grandeza del Dios de Israel *t*

¹² ¿Quién ha medido el océano con la palma
   de la mano,
o calculado con los dedos la extensión del cielo?
¿Quién ha puesto en una medida
   todo el polvo de la tierra,
o ha pesado en balanza
   las colinas y montañas? *u*
¹³ ¿Quién ha corregido al Señor
o quién le ha dado instrucciones? *v*
¹⁴ ¿Quién le dio consejos y entendimiento?
¿Quién le enseñó a juzgar con rectitud?
¿Quién lo instruyó en la ciencia?
¿Quién le dio lecciones de sabiduría?
¹⁵ Para él las naciones son como una gota de agua,
como un grano de polvo en la balanza;
los países del mar valen lo que un grano de arena. *w*
¹⁶ En todo el Líbano no hay animales suficientes
para ofrecerle un holocausto,
ni leña suficiente para el fuego. *x*
¹⁷ Todas las naciones no son nada en su presencia;
para él no tienen absolutamente ningún valor.

¹⁸ ¿Con quién van ustedes a comparar a Dios?
¿Con qué imagen van a representarlo?
¹⁹ Un escultor funde una estatua,
y un joyero la recubre de oro
y le hace cadenas de plata. *y*
²⁰ El que fabrica una estatua
escoge madera que no se pudra,
y busca un hábil artesano
que la afirme, para que no se caiga. *z*

²¹ ¿Acaso no lo sabían ustedes?
¿No lo habían oído decir?
¿No se lo contaron desde el principio?
¿No lo han comprendido desde la creación
   del mundo?
²² Dios tiene su trono sobre la bóveda
   que cubre la tierra,
y ve a los hombres como si fueran saltamontes.
Él extiende el cielo como un toldo,
lo despliega como una tienda de campaña. *a*
²³ Él convierte en nada a los grandes hombres
y hace desaparecer a los jefes de la tierra.
²⁴ Son como plantas tiernas, recién plantadas,
que apenas han echado raíces en la tierra.
Si Dios sopla sobre ellos, se marchitan,
y el huracán se los lleva como a paja.
²⁵ El Dios Santo pregunta:
"¿Con quién me van a comparar ustedes?
¿Quién puede ser igual a mí?"
²⁶ Levanten los ojos al cielo y miren:
¿Quién creó *b* todo eso?

---

i **40.5** La *gloria* del Señor, en sentido bíblico, es la manifestación luminosa del poder, la grandeza y la santidad de Dios para salvar a su pueblo (cf. Ex 33.18-23; Sal 19.1[2]; Is 6.3; Ez 1.28; 10.4; véase Jn 1.14 nota *ñ*). La liberación de los deportados a Babilonia hará que esa *gloria* divina se manifieste a la vista de todas las naciones. Cf. Is 42.8, y véase Jer 2.11 n.
j **40.3-5** Cf. Bar 5.7; Lc 3.4-6.
k **40.6** *Una voz dice:* Véase Is 40.3 nota *g*.
l **40.6** Cf. Sal 103.15-16.
m **40.7** Cf. Job 14.2.
n **40.7** *El soplo del Señor:* es decir, el viento, especialmente el viento caluroso que viene del desierto y marchita la vegetación.
ñ **40.6-8** Cf. Is 55.10-11; Stg 1.10-11; 1 P 1.24-25.
o **40.9** *Sión:* Véase Sal 2.6 n.
p **40.9** *Jerusalén* debe ser el heraldo o mensajero del Señor que anuncia la buena noticia a todas *las ciudades de Judá*.
q **40.9** Cf. Is 58.9; 65.1.
r **40.10** Aquí se describe al Señor como un guerrero victorioso que rescata a su pueblo de sus enemigos (Is 62.11) y lo trae del exilio. Véase Is 63.1-6 n.
s **40.11** *Como un pastor:* Véanse las referencias en Sal 23.1 n.
t **40.12-31** Esta sección contiene la respuesta a los israelitas que habían caído en la desesperanza, porque pensaban que su Dios los había abandonado (cf. v. 27). Las ideas predominantes son el poder y la sabiduría del Señor (cf. v. 14), su incomparable majestad (v. 18) y su inquebrantable decisión de acudir en auxilio de los que confían en él (v. 31).
u **40.12** Cf. Job 38.4-11; Pr 8.29.
v **40.13** Cf. Eclo 42.21; Ro 11.34; 1 Co 2.16.
w **40.15** Cf. Sab 11.22. Véase Is 40.26 n.
x **40.16** Alusión a los famosos cedros del *Líbano* y a la abundante fauna que poblaba sus bosques. Cf. Is 60.13, y véase Jer 22.6 nota *f*.
y **40.18-19** Cf. Hch 17.29.
z **40.18-20** Cf. Is 41.6-7; 44.9-20; Jer 10.1-16; Sab 13.10—14.21; Bar 6.7-72.
a **40.22** Sobre este concepto, véanse Is 42.5 nota *h*; 48.13 nota *j*.
b **40.26** *Creó:* heb. *bará* (véase Gn 1.1 nota *a*). La fe en el poder creador de Dios ofrece un sólido punto de apoyo al mensaje de salvación anunciado en Is 40—55. Si el Señor es el único creador del universo, todo cuanto existe está sometido a su dominio. Por tanto,

El que los distribuye uno por uno
y a todos llama por su nombre.
Tan grande es su poder y su fuerza
que ninguno de ellos falta.
²⁷ Israel, pueblo de Jacob,
¿por qué te quejas? ¿Por qué dices:
"El Señor no se da cuenta de mi situación;
Dios no se interesa por mí"?
²⁸ ¿Acaso no lo sabes? ¿No lo has oído?
El Señor, el Dios eterno,
el creador del mundo entero,
no se fatiga ni se cansa;
su inteligencia es infinita.
²⁹ Él da fuerzas al cansado,
y al débil le aumenta su vigor.
³⁰ Hasta los jóvenes pueden cansarse y fatigarse,
hasta los más fuertes llegan a caer,
³¹ pero los que confían ᶜ en el Señor
tendrán siempre nuevas fuerzas
y podrán volar como las águilas;
podrán correr sin cansarse
y caminar sin fatigarse. ᵈ

41 Dios promete la liberación a Israel

¹ "Callen ante mí, países del mar. ᵃ
Naciones, ármense de todo su valor.
Vengan, para que hablemos de este asunto;
vamos a reunirnos para discutirlo. ᵇ
² ¿Quién fue el que hizo aparecer en el oriente
a ese rey ᶜ que siempre sale victorioso?
¿Quién le entrega las naciones
y hace que los reyes se le humillen,
para que con su espada y su arco
los triture y los disperse como a paja?
³ ¿Quién hace que los persiga y que avance tranquilo
como si no tocara el camino con los pies?
⁴ ¿Quién ha realizado esta obra?
¿Quién, desde el principio,
ha ordenado el curso de la historia?
Yo, el Señor, el único Dios, ᵈ
el primero y el último. ᵉ
⁵ Los países del mar lo vieron
y se llenaron de miedo;

la tierra tembló de un extremo a otro.
Ya se acercan, ya vienen."
⁶ Cada artesano ayuda
y anima a su compañero.
⁷ El escultor anima al joyero;
el que martilla anima al que golpea el yunque,
y dice si la soldadura es buena,
y luego asegura la estatua con clavos
para que no se tambalee. ᶠ
⁸ "Escucha, Israel, pueblo de Jacob,
mi siervo, a quien yo he elegido,
pueblo descendiente de mi amigo Abraham: ᵍ
⁹ Yo te saqué del extremo de la tierra,
te llamé desde el rincón más alejado
y te dije: 'Tú eres mi siervo.'
Yo te elegí y no te he rechazado.
¹⁰ No tengas miedo, pues yo estoy contigo; ʰ
no temas, ⁱ pues yo soy tu Dios.
Yo te doy fuerzas, yo te ayudo,
yo te sostengo con mi mano victoriosa.
¹¹ Todos los que te odian
quedarán avergonzados y humillados;
los que luchan contra ti
quedarán completamente exterminados.
¹² Buscarás a tus enemigos
y no los encontrarás;
los que te hacen la guerra
serán como si no existieran.
¹³ Porque yo, el Señor tu Dios,
te he tomado de la mano;
yo te he dicho: 'No tengas miedo, yo te ayudo.' "
¹⁴ El Señor afirma:
"Israel, pueblo de Jacob,
por pequeño y débil que seas,
no tengas miedo; yo te ayudo.
Yo, el Dios Santo de Israel, soy tu redentor. ʲ
¹⁵ Haré de ti un instrumento de trillar,
nuevo y con buenos dientes;
trillarás los montes, los harás polvo,
convertirás en paja las colinas.
¹⁶ Los aventarás y el viento se los llevará;
el huracán los desparramará.

---

ninguna fuerza humana es capaz de impedir que él lleve a buen término sus designios de salvación. Cf. Is 40.28; 43.13; 45.7; 51.6; 52.10.
ᶜ **40.31** *Los que confían:* Cf. Sal 25.3; 33.20-21; Is 49.23.
ᵈ **40.31** *Como las águilas:* Cf. Sal 103.5.
ᵃ **41.1** La palabra hebrea traducida por *países del mar* designa, en general, las costas e islas del Mediterráneo.
ᵇ **41.1** *Vamos a reunirnos para discutirlo:* El Señor invita a una especie de debate público para que se ponga en evidencia quién es el verdadero Dios. Este recurso literario, inspirado en la práctica de las cortes judiciales, se encuentra también en Is 41.21-29; 43.8-13; 44.6-8,21-22; 45.20-25.
ᶜ **41.2** *A ese rey:* alusión a Ciro, rey de los persas, que puso término a la supremacía de Babilonia y autorizó el regreso de los israelitas a Jerusalén (2 Cr 36.22-23; Esd 1.1-4). Cf. Is 41.25; 44.28; 45.1-6,13; 46.11; 48.14-15.
ᵈ **41.4** *Yo, el Señor, el único Dios:* Esta es la respuesta a la serie de preguntas formuladas en los vv. 2-4. El Señor, y no los dioses de los pueblos paganos, es el que ordena el curso de los acontecimientos históricos con miras a la realización de sus designios.
ᵉ **41.4** Cf. Is 43.10; 44.6; Ap 1.8,17; 22.13.
ᶠ **41.6-7** Estos dos vv. continúan el tema tratado en Is 40.19-20.
ᵍ **41.8** *Mi amigo Abraham:* Cf. 2 Cr 20.7; Stg 2.23.
ʰ **41.10** *Yo estoy contigo:* Véanse las referencias en Ex 3.12 nota *j*.
ⁱ **41.10** *No temas:* Cf. Gn 15.1; 21.17; Jos 1.9; 8.1; Is 43.5; 44.2; Lc 1.30.
ʲ **41.14** El término traducido por *redentor*, heb. *goel*, designa en primer lugar al pariente más cercano, que tenía la obligación de socorrer al miembro de su familia que había perdido su libertad o su patrimonio familiar (cf. Lv 25.47-49, y véase Ex 6.6 n.; Rt 2.20 n.; Jer 32.7 n.). Al aplicar este vocablo al Dios de Israel, el profeta sugiere que el Señor va a rescatar a su pueblo de la esclavitud y a devolverle la tierra de la que había sido despojado. Cf. Is 54.5-8.

DIOSES FALSOS EN LA BIBLIA

Nombre	Referencia
Artemisa	Véase *Diana*
Asera (Astarot)	Ex 34.13; Dt 16.21; Jue 2.13; 3.7; 6.25-28
Astarot	Véase *Asera*
Astarté	Véase *Asera*
Baal	Nm 22.41; 1 R 18; Jer 19.5
Baal-berit	Jue 8.33; 9.4,46
Baal-peor	Nm 25; Dt 4.3; 1 Co 10.8
Baal-sefón	Ex 14.2; Nm 33.7
Baal-zebub (Beelzebú)	2 R 1.1-6; Lc 11.18-19
Beelzebú	Véase *Baal-zebub*
Bel	Is 46.1; Jer 50.2; 51.44
Dagón	Jue 16.23; 1 S 5.1-4; 1 Mac 10.83-84
Diana (Artemisa)	Hch 19.23-41; Ef 2.19-22
Mercurio	Hch 14.11-12
Merodac-baladán	2 R 20.12; 25.27; Is 39.1; Jer 53.31
Milcom	Véase *Moloc*
Moloc (Milcom)	1 R 11.5; 2 R 23.13; Jer 49.1-3
Nebo	Is 46.1
Nehustán	Nm 21.4-9; 2 R 18.4; 24.8
Nergal	2 R 17.30
Nisroc	2 R 19.37; Is 37.38
Pitón	Ex 1.11; 5.10-21
Quemós	Nm 21.29; 1 R 11.7; 2 R 23.13; Jer 13.46; 48.7
Quiiún (Refán)	Jos 24.14; Ez 20.7-18; Am 5.26; Hch 7.43
Refán	Véase *Quiiún*
Rimón	2 R 5.18
Tamuz	Jer 9.17-21; 16.4-6; Ez 8.14
Tartac	2 R 17.31

Entonces tú te alegrarás en el Señor,
estarás orgulloso del Dios Santo de Israel.

17 "La gente pobre y sin recursos busca agua
y no la encuentra.
Tienen la lengua reseca por la sed;
pero yo, el Señor, los atenderé,
yo, el Dios de Israel, no los abandonaré.
18 Haré brotar ríos en los cerros desiertos
y manantiales en medio de los valles;
convertiré el desierto en ciénagas,
haré brotar arroyos en la tierra seca. *k*
19 En el desierto plantaré cedros,
acacias, arrayanes y olivos;

en la tierra seca haré crecer pinos
juntamente con abetos y cipreses,
20 para que todo el mundo vea y sepa,
y ponga atención y entienda
que yo, el Señor, he hecho esto con mi poder,
que yo, el Dios Santo de Israel, lo he creado."

Dios desafía a los falsos dioses *l*

21 El Señor, el rey de Jacob, dice:
"Vengan, ídolos, a presentar su defensa,
vengan a defender su causa.
22 Vengan a anunciarnos el futuro
y a explicarnos el pasado,
y pondremos atención;

---

k **41.18** Cf. Is 35.6-8; 43.19-20; 44.3-4.
l **41.21-29** Una vez más el Señor entabla una especie de proceso judicial contra los falsos dioses, a fin de poner en evidencia que ellos no son ni pueden nada (v. 24). Cf. Is 40.18-26.

anúnciennos las cosas por venir,
para ver en qué terminan; [m]
²³ díganos qué va a suceder después,
demuéstrennos que en verdad son dioses.
Hagan lo que puedan, bueno o malo,
algo que nos llene de miedo y de terror.
²⁴ ¡Pero ustedes no son nada
ni pueden hacer nada!
Despreciable es aquel que los escoge a ustedes.
²⁵ "Hice aparecer un hombre en el oriente; [n]
lo he llamado por su nombre, [ñ]
y llega por el norte.
Pisotea a los gobernantes como si fueran barro;
como el alfarero, que amasa el barro con sus pies.
²⁶ ¿Quién anunció esto desde el comienzo,
para que lo supiéramos?
¿Quién lo predijo desde antes,
para que admitiéramos que tiene la razón?
Ninguno de ustedes lo anunció,
nadie les oyó decir una palabra.
²⁷ Yo fui quien lo anunció [o] a Sión desde el principio,
y quien envió a Jerusalén un mensajero
para decirle que su gente pronto volvería.
²⁸ Miro, y ninguno de los otros dioses aparece;
nadie que pueda dar consejo,
nadie que responda a mis preguntas.
²⁹ ¡Ninguno de ellos es nada!
Nada pueden hacer;
no son más que ídolos vacíos.

42 El siervo del Señor [a]

¹ "Aquí está mi siervo, [b] a quien sostengo,
mi elegido, en quien me deleito. [c]
He puesto en él mi espíritu [d]
para que traiga la justicia a todas las naciones.
² No gritará, no levantará la voz,
no hará oir su voz en las calles, [e]
³ no acabará de romper la caña quebrada
ni apagará la mecha que arde débilmente. [f]
Verdaderamente traerá la justicia.
⁴ No descansará ni su ánimo se quebrará,
hasta que establezca la justicia en la tierra.
Los países del mar estarán atentos
a sus enseñanzas." [g]
⁵ Dios, el Señor, que creó el cielo y lo extendió, [h]
que formó la tierra y lo que crece en ella,
que da vida y aliento a los hombres
que la habitan, [i]
dice a su siervo:
⁶ "Yo, el Señor, te llamé
y te tomé por la mano,
para que seas instrumento de salvación;
yo te formé, pues quiero que seas
señal de mi alianza con el pueblo, [j]
luz de las naciones. [k]
⁷ Quiero que des vista a los ciegos
y saques a los presos de la cárcel,
del calabozo donde viven en la oscuridad. [l]
⁸ Yo soy el Señor, ese es mi nombre,
y no permitiré que den mi gloria a ningún otro [m]
ni que honren a los ídolos en vez de a mí.
⁹ Miren cómo se cumplió todo lo que antes anuncié,
y ahora voy a anunciar cosas nuevas;
se las hago saber a ustedes antes que aparezcan." [n]

---

[m] **41.22** El anuncio anticipado de los hechos futuros se propone como criterio para distinguir al Dios verdadero de los dioses falsos. El Dios de Israel es el Señor de la historia y tiene pleno dominio sobre el presente, el pasado y el futuro. Él sabe de antemano lo que va a suceder y, por tanto, puede anunciarlo por medio de sus profetas. Cf. Is 44.25-26.

[n] **41.25** *Un hombre en el oriente:* Nueva referencia a Ciro, rey de los persas, sin mencionar su nombre. Véase Is 41.2 n.

[ñ] **41.25** *Lo he llamado por su nombre:* otra posible traducción: *él invoca mi nombre.*

[o] **41.27** *Yo fui quien lo anunció:* traducción probable. Heb. *He ahí, helos ahí.*

[a] **42.1-9** En los vv. 1-7 de este cap. se encuentra el primero de los cuatro poemas designados habitualmente con el nombre de "Cantos del Siervo sufriente" (cf. 49.1-6; 50.4-9; 52.13—53.12). En estos poemas se describe al Siervo como un profeta elegido y llamado por el Señor, colmado de su espíritu y enviado a cumplir una misión en beneficio no solo de Israel sino de todas las naciones (cf. vv. 1,4). Para llevar a cabo su misión, debe afrontar muchos padecimientos, pero el Señor lo sostiene con su poder y al final lo eleva a una dignidad tal que provoca la admiración de reyes y naciones (cf. Is 52.13-15). El NT cita repetidamente estos "Cantos del Siervo sufriente" y los interpreta como una anticipación profética de la persona y la obra de Cristo. Cf. Mt 8.17; Hch 8.32-33; Ro 15.21.

[b] **42.1** *Mi siervo:* En el AT reciben el título de *siervo* las personas que cumplen una tarea importante en el servicio del Señor, como Moisés, Josué, David y los profetas. Cf. Jos 1.1-2; 24.29; Sal 89.20(21); Jer 25.4. En Is 40—55 este título se aplica con frecuencia al pueblo de Israel. Cf. Is 41.8; 44.2,21; 45.4; 48.20. Cf. también Ro 1.1; Flp 1.1.

[c] **42.1** Cf. Mt 3.17; 17.5; Mc 1.11; Lc 3.22; 9.35.

[d] **42.1** *He puesto en él mi espíritu:* El espíritu del Señor, en el AT, es un don concedido especialmente a los que deben llevar a cabo una tarea arriesgada o difícil, como los caudillos o jueces (Jue 3.10), los reyes (1 S 16.13) y los profetas (Nm 11.24-30). Cf. Ex 31.3-5; Is 11.2; 61.1.

[e] **42.2** A diferencia de los profetas anteriores al exilio, que debieron alzar la voz para anunciar el juicio divino sobre Israel, el Siervo del Señor anuncia su mensaje con una dulzura y suavidad no desprovista de firmeza (cf. v. 4).

[f] **42.3** La *caña* y la *mecha* son dos imágenes poéticas que en otros pasajes del AT se refieren a un pueblo que se ha quedado sin fuerzas. Cf. 1 R 14.15; 2 R 18.21; Is 43.17; Ez 29.6.

[g] **42.1-4** Cf. Mt 12.18-21.

[h] **42.5** *Y lo extendió:* Cf. Sal 104.2; véanse también Is 48.13 nota *j*; Jer 10.12 n.

[i] **42.5** Cf. Sal 104.5; Hch 17.24-25.

[j] **42.6** *Señal de mi alianza con el pueblo:* lit. *alianza del pueblo.* El sentido exacto de esta expresión es dudoso, por lo que ha sido interpretada de distintas maneras. Según algunos, el Siervo está llamado a ser una *alianza,* es decir, un lazo de unión entre los miembros del pueblo de Dios; según otros intérpretes, su misión consiste en restablecer la relación entre el Señor e Israel y en hacer que el *pueblo* tome conciencia de las obligaciones que resultan de esa relación. Cf. Is 49.6.

[k] **42.6** Cf. Lc 2.32; Hch 13.47.

[l] **42.7** Cf. Is 61.1.

[m] **42.8** Cf. Is 48.11.

[n] **42.9** Acerca del anuncio de cosas que se cumplirán en el futuro, véase Is 41.22 n.

Himno de alabanza por la acción salvadora de Dios

10 Canten al Señor un canto nuevo;[ñ]
desde lo más lejano de la tierra alábenle
quienes navegan por el mar
y los animales que viven en él,
los países del mar y sus habitantes.[o]
11 Que se alegren el desierto y sus ciudades
y los campamentos de la tribu de Quedar.[p]
Que canten de gozo los habitantes de Selá;
que alcen la voz desde las cumbres de los montes.
12 Que den gloria al Señor
y proclamen su alabanza en los países del mar.
13 El Señor saldrá como un héroe
y luchará con ardor como un guerrero;[q]
alzará la voz, dará el grito de batalla
y derrotará a sus enemigos.
14 El Señor dice:
"Por mucho tiempo me quedé callado,
guardé silencio y me contuve;[r]
pero ahora voy a gritar como mujer de parto,
gimiendo y suspirando.[s]
15 Voy a destruir montañas y colinas,
y a dejar seca toda su vegetación;
voy a convertir los ríos en desiertos[t]
y a dejar secas las lagunas.
16 Llevaré a los ciegos por caminos
y senderos que no conocían.
Convertiré la oscuridad en luz delante de ellos,
y en terreno llano los lugares quebrados.
Estas cosas las haré sin falta.
17 Los que confían en un ídolo,
los que a unas estatuas dicen:
'Ustedes son nuestros dioses',
se alejarán avergonzados.[u]

Ceguera de Israel

18 "Sordos, escuchen;
ciegos, fíjense y vean.[v]
19 Nadie hay tan ciego ni tan sordo
como mi siervo, mi enviado,
nadie tan ciego ni tan sordo
como mi mensajero, el siervo del Señor.

20 Ha visto muchas cosas, pero no se fija en ellas;
puede oír, pero no escucha nada.
21 El Señor, por ser un Dios que salva,
quiso hacer grande y gloriosa su enseñanza;
22 pero a este pueblo lo roban y saquean,
a todos los han hecho caer presos,
los han encerrado en calabozos;
se apoderan de ellos, y no hay quien los libre;
los secuestran, y no hay quien los rescate."[w]
23 ¿Pero quién de ustedes hace caso de esto?
¿Quién está dispuesto a escuchar
lo que va a suceder?
24 ¿Quién permitió que Israel, el pueblo de Jacob,
fuera conquistado y secuestrado?
¿No es verdad que fue el Señor?
Ellos pecaron contra él,
no quisieron seguir por el camino
que él les había señalado,
ni obedecieron su enseñanza.
25 Por eso se enojó con ellos y los castigó
con una guerra violenta que los hizo arder
en llamas;
mas ni aun así quisieron entender.

43 El Señor es el único Salvador

1 Pero ahora, Israel, pueblo de Jacob,
el Señor que te creó te dice:
"No temas, que yo te he libertado;
yo te llamé por tu nombre, tú eres mío.
2 Si tienes que pasar por el agua, yo estaré contigo,
si tienes que cruzar ríos, no te ahogarás;
si tienes que pasar por el fuego, no te quemarás,
las llamas no arderán en ti.[a]
3 Pues yo soy tu Señor, tu salvador,
el Dios Santo de Israel.
Yo te he adquirido;
he dado como precio de rescate
a Egipto, a Etiopía y a Sabá,[b]
4 porque te aprecio,
eres de gran valor y yo te amo.
Para tenerte a ti y para salvar tu vida
entrego hombres y naciones.

[ñ] **42.10** La expresión *canto nuevo* aparece con frecuencia en el libro de los *Salmos* (véase Sal 33.3 n.). Nótese la correspondencia entre este *canto nuevo* y las *cosas nuevas* que el Señor está a punto de realizar (Is 42.9).

[o] **42.10** Cf. Sal 96.1; 149.1.

[p] **42.11** *Quedar:* Véase Sal 120.5 nota *g.*

[q] **42.13** Cf. Ex 15.3.

[r] **42.14** En los Salmos de súplica, los salmistas suelen interrogar al Señor acerca del porqué de su *silencio* (cf. Sal 22.1-2[2-3]; 28.1). El profeta emplea aquí la misma metáfora, pero en sentido contrario: el Señor sale de su silencio y entra en acción para liberar a su pueblo de la esclavitud. Véase Sal 78.65 n.

[s] **42.14** Los dolores de *parto* representan simbólicamente el nacimiento de un nuevo orden de cosas (cf. Is 43.19; Ro 8.22).

[t] **42.15** *Desiertos:* traducción probable. Heb. *países del mar.*

[u] **42.17** Cf. Is 45.16,20.

[v] **42.18** Los vv. 18-25 son una respuesta a la queja de los israelitas en el exilio. Según Is 40.27, ellos se lamentaban de que el Señor no se daba cuenta del triste destino que les había tocado. Ahora el Señor les responde que los verdaderos *ciegos* y *sordos* son ellos, que ven y oyen, pero no comprenden lo que el Señor les está diciendo a través de los acontecimientos.

[w] **42.22** Cf. 2 R 24.1—25.21.

[a] **43.2** El *agua* y el *fuego* representan simbólicamente los peligros que deberán afrontar los exiliados al regresar a Jerusalén (cf. Sal 66.12). La mención de estos dos elementos evoca probablemente el paso de los israelitas a través del Mar Rojo (Ex 14.22) y a través de los ardores del desierto (Dt 32.10).

[b] **43.3** *He dado como precio de rescate a Egipto, a Etiopía y a Sabá:* Esta frase se refiere a los cambios históricos que hicieron posible la liberación de los israelitas cautivos en Babilonia y su retorno a la Tierra prometida. No solamente Babilonia, sino también Egipto y la región del alto Nilo cayeron bajo la dominación del Imperio persa, que fue el instrumento utilizado por el Señor para devolver la libertad a su pueblo. Véanse Is 41.2 n. e *Índice de mapas.*

ISAÍAS 43

⁵ No tengas miedo, pues yo estoy contigo. ᶜ
Desde oriente y occidente
haré volver a tu gente para reunirla.
⁶ Diré al norte: 'Devuélvelos',
y al sur: 'No te quedes con ellos.
Trae a mis hijos y mis hijas
desde lejos, desde el extremo del mundo,
⁷ a todos los que llevan mi nombre,
a los que yo creé y formé,
a los que hice para gloria mía.'
⁸ "Hagan venir a mi pueblo,
que tiene ojos pero está ciego,
y tiene oídos pero está sordo. ᵈ
⁹ Reúnanse todos los pueblos,
júntense las naciones.
¿Quién entre ellas había predicho esto,
o había anunciado los sucesos pasados?
Que presenten testigos ᵉ
y prueben tener razón,
para que se oiga y se diga que es la verdad."
¹⁰ El Señor afirma:
"Ustedes son mis testigos, ᶠ
mis siervos, ᵍ que yo elegí
para que me conozcan y confíen en mí
y entiendan quién soy.
Antes de mí no ha existido ningún dios,
ni habrá ninguno después de mí.
¹¹ Solo yo soy el Señor;
fuera de mí nadie puede salvar."
¹² El Señor afirma:
"Yo lo anuncié y lo proclamé: yo los he salvado;
no lo hizo un dios extraño,
y ustedes son mis testigos.
¹³ Desde siempre, yo soy Dios.
Nadie puede librar de mi poder.
Nadie puede deshacer lo que yo hago." ʰ
¹⁴ El Señor, el Dios Santo de Israel,
el que les dio la libertad, dice:
"Para salvarlos a ustedes mandaré gente a Babilonia
y haré abrir todas las puertas,
y la alegría de los caldeos se convertirá en dolor. ⁱ

¹⁵ Yo soy el Señor, el creador de Israel,
el Dios Santo y rey de ustedes."
¹⁶ El Señor abrió un camino a través del mar,
un sendero por entre las aguas impetuosas;
¹⁷ hizo salir todo un poderoso ejército,
con sus carros y caballos, para destruirlo.
Quedaron derribados y no pudieron levantarse;
se acabaron como mecha que se apaga. ʲ
¹⁸ Ahora dice el Señor a su pueblo:
"Ya no recuerdes el ayer,
no pienses más en cosas del pasado.
¹⁹ Yo voy a hacer algo nuevo,
y verás que ahora mismo va a aparecer. ᵏ
Voy a abrir un camino en el desierto
y ríos en la tierra estéril.
²⁰ Me honrarán los animales salvajes,
los chacales y los avestruces,
porque hago brotar agua en el desierto,
ríos en la tierra estéril,
para dar de beber a mi pueblo elegido, ˡ
²¹ el pueblo que he formado
para que proclame mi alabanza. ᵐ
²² "Pero tú, Israel, pueblo de Jacob,
no me invocaste, sino que te cansaste de mí.
²³ No me ofreciste holocaustos de ovejas
ni me honraste con sacrificios.
Yo no te cansé pidiéndote ofrendas,
ni te molesté exigiéndote incienso.
²⁴ No has tenido que comprar caña aromática
para traérmela como ofrenda,
ni has tenido que complacerme
con la grasa de animales sacrificados.
Por el contrario, me cansaste con tus pecados;
me molestaste con tus maldades.
²⁵ "Pero yo, por ser tu Dios, borro tus crímenes
y no me acordaré más de tus pecados.
²⁶ Si tienes algo contra mí, sometámoslo a juicio.
Trae tus argumentos, a ver si sales inocente.
²⁷ Tu primer antepasado pecó, ⁿ
tus maestros se rebelaron contra mí,
²⁸ tus gobernantes profanaron mi templo; ñ

ᶜ **43.5** *Yo estoy contigo:* Véanse las referencias en Ex 3.12 nota *j*.

ᵈ **43.8** El pueblo no tiene *ojos* ni *oídos* suficientemente agudos para percibir todo lo que el Señor ha hecho y sigue haciendo en favor de él. Véase Is 42.18 n.

ᵉ **43.9** *Que presenten testigos:* Esta invitación está dirigida a los falsos dioses de las religiones paganas. El Señor ha entablado un proceso contra ellos (véase Is 41.4 nota *d*) y los desafía a *que presenten testigos* que puedan darles la razón. Cf. Jer 10.1-11.

ᶠ **43.10** *Ustedes son mis testigos:* En el proceso contra los falsos dioses, el Señor aduce como testimonio de su poder la obra que realizó en el pasado en favor de Israel y la que está a punto de realizar en favor de los exiliados. Cf. Is 41.17-20; 42.16.

ᵍ **43.10** *Mis siervos:* Véase Is 42.1 nota *b*.

ʰ **43.10-13** Cf. Dt 4.35.

ⁱ **43.14** *Y haré abrir... en dolor:* traducción probable. Heb. oscuro.

ʲ **43.16-17** Cf. Ex 14.13-31.

ᵏ **43.18-19** Nótese la contraposición entre las *cosas del pasado* y lo *nuevo* que está a punto de *aparecer*. Las cosas del pasado son las acciones que el Señor realizó antiguamente, especialmente el éxodo, que hizo posible la liberación de los israelitas esclavizados en Egipto. Lo *nuevo* es la liberación prometida a los cautivos en Babilonia, que el profeta describe como un nuevo éxodo, más espectacular y glorioso que el antiguo. Cf. Is 52.11-12.

ˡ **43.19-20** Cf. Ex 17.1-7; Is 35.6-8; 41.18; 44.3-4.

ᵐ **43.16-21** Cf. Jer 16.14-15; 23.7-8.

ⁿ **43.27** *Tu primer antepasado pecó:* alusión a Jacob, el *antepasado* de las doce tribus de Israel. Para dejar fuera de duda que el exilio fue un castigo merecido (cf. v. 26), el Señor recuerda que la propensión de Israel al pecado se puso de manifiesto desde los comienzos de su historia. Al pecado de Jacob se hace referencia también en Jer 9.4(3); Os 12.3(4). Cf. Gn 25.26; 27.36.

ñ **43.28** *Tus gobernantes profanaron mi templo:* según versiones antiguas. Heb. *yo profané a los gobernantes del templo.*

por eso dejé que Israel, el pueblo de Jacob,
fuera destruido e insultado.

44

Fidelidad del Señor, único Dios

¹ "Escúchame ahora, Israel, pueblo de Jacob,
mi siervo, mi elegido.
² Yo soy el Señor, tu creador,
que te formó desde antes de nacer*ᵃ* y que te ayuda.
No temas, Jesurún,*ᵇ* pueblo de Jacob,
mi siervo, mi elegido,
³ porque voy a hacer que corra agua en el desierto,
arroyos en la tierra seca.
Yo daré nueva vida a tus descendientes,
les enviaré mi bendición.
⁴ Y crecerán como hierba bien regada,
como álamos a la orilla de los ríos.*ᶜ*
⁵ Uno dirá: 'Yo soy del Señor',
otro se llamará descendiente de Jacob,
y otro se grabará en la mano: 'Propiedad del Señor',
y añadirá el nombre de Israel al suyo propio."

⁶ El Señor, el rey y redentor de Israel,
el Señor todopoderoso, dice:
"Yo soy el primero y el último;*ᵈ*
fuera de mí no hay otro dios.
⁷ ¿Quién hay igual a mí?
Que hable y me lo explique.
¿Quién ha anunciado desde el principio el futuro,
y dice lo que está por suceder?*ᵉ*
⁸ Pero, ¡ánimo, no tengan miedo!
Yo así lo dije y lo anuncié desde hace mucho,
y ustedes son mis testigos.
¿Hay acaso otro dios fuera de mí?
No hay otro refugio; no conozco ninguno."

Contra la idolatríaᶠ ⁹ Ninguno de los que hacen ídolos vale nada, y para nada sirven los ídolos que ellos tanto estiman. Los que les dan culto son ciegos y estúpidos, y por eso quedarán en ridículo.*ᵍ* ¹⁰ El que funde una estatua para adorarla como si ella fuera un dios, pierde su tiempo. ¹¹ Todos los que la adoren quedarán en ridículo. Los que fabrican ídolos son simples hombres. Si todos juntos se presentaran a juicio, quedarían humillados y llenos de terror.

¹² Veamos qué hace el herrero: toma su cincel y, después de calentar el metal entre las brasas, le da forma a golpes de martillo. Lo trabaja con su fuerte brazo. Pero si el herrero no come, se le acaba la fuerza, y si no bebe agua, se cansa.

¹³ O veamos al escultor: toma las medidas con su regla, traza el dibujo con lápiz y compás y luego lo trabaja con escoplo; así hace una estatua dándole la figura de una persona e imitando la belleza humana, y luego la instala en un templo.

¹⁴ O también, alguien planta cedros y la lluvia los hace crecer; después tendrá cedros para cortar. O si prefiere cipreses o robles, los cuida en el bosque hasta que están bien gruesos. ¹⁵ Luego la gente los usa para hacer fuego; se llevan unos pedazos para calentarse con ellos; se llevan otros para cocer pan; y otros pedazos los usan para hacer la estatua de un dios, y se inclinan ante ella para adorarla.

¹⁶ O también: la mitad de la madera la pone uno a arder en el fuego, asa carne, se come el asado y queda satisfecho. También se calienta con ella, y dice: "¡Qué bien se está junto al fuego; ya estoy entrando en calor!" ¹⁷ Y de la madera sobrante hace la estatua de un dios, se inclina ante ella para adorarla, y suplicante le dice: "¡Sálvame, porque tú eres mi dios!"*ʰ*

¹⁸ Esa gente no sabe, no entiende; tienen los ojos tan ciegos que no pueden ver, y el entendimiento tan cerrado que no pueden comprender. ¹⁹ No se ponen a pensar, les falta entendimiento para comprender y decir: "La mitad de la madera la puse a arder y en las brasas cocí pan, asé carne y me la comí; del resto hice esta cosa detestable, ¡y lo que estoy adorando es un pedazo de palo!" ²⁰ Verdaderamente, es como comer ceniza. Es dejarse engañar por ideas falsas. Esas personas no podrán salvarse. No serán capaces de entender que lo que tienen en sus manos es pura mentira.

El Señor perdona y salva a Israel

²¹ "Israel, pueblo de Jacob,
recuerda que tú eres mi siervo;
tú eres mi siervo, pues yo te formé.
Israel, no te olvides de mí.
²² Yo he hecho desaparecer tus faltas y pecados,
como desaparecen las nubes.
Vuélvete a mí, pues yo te he libertado."*ⁱ*

²³ ¡Cielo, grita de alegría por lo que el Señor ha hecho!
¡Lancen vivas, abismos de la tierra!
¡Montañas y bosques con todos sus árboles,
griten llenos de alegría,
porque el Señor ha mostrado su gloria
libertando a Israel, el pueblo de Jacob!

²⁴ Esto dice el Señor, tu redentor,
el que te formó desde antes que nacieras:
"Yo soy el Señor, creador de todas las cosas,
yo extendí el cielo y afirmé la tierra
sin que nadie me ayudara.
²⁵ Yo no dejo que se cumplan
las predicciones de los falsos profetas;
yo hago que los adivinos pierdan la razón.

ᵃ **44.2** Cf. Is 44.24; 49.1,5; Jer 1.5.
ᵇ **44.2** *Jesurún:* Véase Dt 32.15 n.; cf. Dt 33.5,26.
ᶜ **44.3-4** Cf. Is 43.19-21; Jer 31.12; Ez 47.1-12; Jn 4.10-14; 7.37-39; Ap 22.1-2.
ᵈ **44.6** Cf. Is 41.4; 48.12; Ap 1.17; 22.13.
ᵉ **44.7** *¿Quién hay igual a mí?... está por suceder?:* traducción probable. Heb. oscuro.
ᶠ **44.9-20** Después del proceso contra los falsos dioses (véase Is 43.9 n.) sigue una sátira contra los ídolos y contra aquellos que los fabrican y les rinden culto. Cf. Sal 115.4-8; 135.15-18; Is 40.18-20; 41.6-7; 42.17; 45.16; Jer 10.1-16; Sab 13.10—14.21; Bar 6.7-72.
ᵍ **44.9** Cf. Jer 10.8.
ʰ **44.17** Cf. Is 45.20.
ⁱ **44.22** Cf. Is 40.2.

Yo hago que los sabios se contradigan
y que sus conocimientos resulten pura tontería. *j*
²⁶ Pero hago que se cumplan las palabras
de mis siervos *k*
y que salgan bien los planes de mis enviados.
Yo declaro que Jerusalén volverá a ser habitada
y que las ciudades de Judá serán reconstruidas.
Yo haré que se levanten de sus ruinas.
²⁷ Yo puedo ordenar que se seque el océano
y que sus ríos se queden sin agua.
²⁸ Yo le digo a Ciro: *l* 'Tú eres mi pastor,
tú harás todo lo que yo quiero';
y le digo a Jerusalén: 'Tú serás reconstruida';
y al templo: 'Se pondrán tus cimientos.' "

45 El Señor confía una misión a Ciro

¹ El Señor consagró *a* a Ciro *b* como rey,
lo tomó de la mano
para que dominara las naciones
y desarmara a los reyes.
El Señor hace que delante de Ciro
se abran las puertas de las ciudades
sin que nadie pueda cerrárselas.
Y ahora le dice:
² "Yo iré delante de ti,
derribaré las alturas, *c*
romperé las puertas de bronce
y haré pedazos las barras de hierro.
³ Yo te entregaré tesoros escondidos,
riquezas guardadas en lugares secretos,
para que sepas que yo soy el Señor,
el Dios de Israel, que te llama por tu nombre.
⁴ Por consideración a mi siervo Jacob,
al pueblo de Israel, que he elegido,
te he llamado por tu nombre
y te he dado el título de honor que tienes,
sin que tú me conocieras.
⁵ Yo soy el Señor, no hay otro;
fuera de mí no hay Dios.
Yo te he preparado para la lucha
sin que tú me conocieras,
⁶ para que sepan todos, de oriente a occidente,
que fuera de mí no hay ningún otro.
Yo soy el Señor, no hay otro.
⁷ Yo creo la luz y la oscuridad,
produzco el bienestar y la desgracia. *d*
Yo, el Señor, hago todas estas cosas.

El poder soberano de Dios

⁸ "Yo enviaré de lo alto mi victoria,
como rocío del cielo y lluvia de las nubes,
y la tierra la recibirá;
como fruto producirá la salvación
y a su lado florecerá la justicia." *e*

⁹ Una vasija de barro, igual a otra cualquiera,
no se pone a discutir con quien la hizo.
El barro no dice al que lo trabaja:
"¿Qué estás haciendo?",
ni el objeto hecho por él le dice:
"Tú no sabes trabajar." *f*
¹⁰ Tampoco puede un hijo reprochar a sus padres
el haberlo traído a este mundo.
¹¹ El Señor, el Dios Santo de Israel,
quien lo formó, dice:
"¿Van acaso ustedes a pedirme cuentas
de mis hijos,
o a darme lecciones de cómo hacer mis cosas? *g*
¹² Yo creé la tierra y sus habitantes,
extendí el cielo con mis manos
y mandé que aparecieran todos los astros.
¹³ Yo hice aparecer a Ciro para que triunfe,
y voy a hacerle fáciles todos los caminos;
él reconstruirá mi ciudad *h*
y dejará en libertad a mis desterrados,
sin exigir pago ni compensación." *i*
El Señor todopoderoso ha hablado.

¹⁴ El Señor dice a Israel:
"Los campesinos de Egipto,
los comerciantes de Etiopía,
y la gente de Sabá, de alta estatura,
se rendirán a ti y serán esclavos tuyos;
irán encadenados detrás de ti,
se arrodillarán delante de ti y te suplicarán:
'Ciertamente que Dios está entre ustedes,
y no hay más, no hay otro dios.' "

¹⁵ Sin embargo, tú eres un Dios invisible,
Dios salvador de Israel.
¹⁶ Todos los que hacen ídolos
quedarán avergonzados, humillados
y en ridículo. *j*
¹⁷ Pero a Israel lo salvó el Señor,
lo salvó para siempre,
y jamás quedará avergonzado ni humillado.

---

j **44.25** Cf. 1 Co 1.20.
k **44.26** Cf. Dt 18.21-22.
l **44.28** Hasta ahora no se había mencionado el nombre de Ciro, rey de Persia, aunque ya se había hablado de él (cf. Is 41.1-5; 41.25—42.9). Ahora se dice su nombre, y más adelante volverá a mencionarse (Is 45.1-13; 46.8-13; 48.12-16). Véase 41.2 n.
a **45.1** *Consagró:* El texto hebreo se refiere concretamente a la unción con el aceite consagrado (véase Sal 2.2 n.), que habilitaba al "ungido" para el cumplimiento de una misión, infundiéndole el espíritu del Señor (véase Is 42.1 nota *d*; cf. 61.1). Por medio de esta unción se consagraba a los reyes (2 S 5.3), a los sacerdotes (Ex 29.7) y a veces también a los profetas (1 R 19.16). En el caso de Ciro se trata de una consagración para el ejercicio de la realeza.

b **45.1** *Ciro:* Véanse Is 41.2 n.; 44.28 n.
c **45.2** *Derribaré las alturas:* Cf. Is 40.4.
d **45.7** Cf. Is 40.28; Am 3.6.
e **45.8** Cf. Os 2.21-23(23-25).
f **45.9** Cf. Is 29.16; Jer 18.6; Ro 9.20.
g **45.11** Cf. Is 64.8(7).
h **45.13** *Él reconstruirá mi ciudad:* es decir, la ciudad de Jerusalén. Cf. Is 44.28.
i **45.13** El pueblo de Israel no deberá pagar ninguna *compensación* por su rescate; pero al reino de Persia, que fue el instrumento elegido por el Señor para liberar a su pueblo, se le promete, en cambio, una recompensa. Véase Is 43.3 n.; cf. también 44.14.
j **45.16** Cf. Is 42.17.

¹⁸ El creador del cielo,
el que es Dios y Señor,
el que hizo la tierra y la formó,
el que la afirmó,
el que la creó, no para que estuviera vacía ᵏ
sino para que tuviera habitantes, dice:
"Yo soy el Señor, y no hay otro.
¹⁹ Yo no hablo en secreto ni en lugares oscuros
de la tierra.
Yo no digo a los descendientes de Jacob:
'Búsquenme donde no hay nada.'
Yo, el Señor, hablo la verdad,
digo lo que es justo.

El Señor se enfrenta a los ídolos

²⁰ "Reúnanse y vengan,
acérquense todos los sobrevivientes de los pueblos.
Son unos ignorantes quienes llevan en procesión
sus ídolos de madera
y se ponen a orar a un dios
que no puede salvarlos. ˡ
²¹ Hablen y presenten sus pruebas,
consúltense, si quieren, unos con otros:
¿Quién predijo estas cosas desde el principio?
¿Quién las anunció desde hace tiempo?
¿No fui acaso yo, el Señor?
Y no hay Dios fuera de mí.
Fuera de mí no hay Dios victorioso y salvador.
²² "Vengan a mí, que yo los salvaré,
pueblos del extremo de la tierra,
pues yo soy Dios, y no hay otro.
²³ Yo lo juré por mí mismo,
hice una promesa de triunfo,
y esa promesa se cumplirá:
que ante mí todos doblarán la rodilla,
y por mí jurarán todos ᵐ
²⁴ y dirán: 'Solamente en el Señor
están la victoria y el poder.'
Todos los que me odian
quedarán en ridículo.
²⁵ Gracias a mí, todo el pueblo de Israel
saldrá triunfante y estará orgulloso de mí."

46

¹ El dios Bel ᵃ se dobla,
y el dios Nebo ᵇ cae al suelo. ᶜ

Los ídolos son cargados sobre bestias,
y son pesada carga para animales cansados.
² Los dioses se doblan y caen al suelo
sin poder salvarse,
y ellos mismos van al destierro.

³ "Óiganme, descendientes de Jacob,
todos los que quedan del pueblo de Israel:
Yo he cargado con ustedes ᵈ
desde antes que nacieran;
yo los he llevado en brazos,
⁴ y seguiré siendo el mismo cuando sean viejos;
cuando tengan canas, todavía los sostendré.
Yo los hice, y seguiré cargando con ustedes;
yo los sostendré y los salvaré.

⁵ "¿Con quién pueden ustedes compararme?
¿A quién piensan que puedo parecerme?
⁶ Hay quienes sacan mucho oro de sus bolsas,
y pesan plata en la balanza;
luego contratan a un artesano que les haga un dios
para inclinarse ante él y adorarlo.
⁷ Lo cargan sobre los hombros y se lo llevan;
lo colocan sobre un soporte
y ahí se queda, sin moverse de su sitio. ᵉ
Por más que gritan pidiéndole ayuda,
no les responde
ni puede salvarlos de sus angustias. ᶠ

⁸ "Recuerden esto, pecadores,
no se hagan ilusiones, piénsenlo bien;
⁹ recuerden lo que ha pasado
desde tiempos antiguos. ᵍ
Yo soy Dios, y no hay otro;
soy Dios, y no hay nadie igual a mí.
¹⁰ Yo anuncio el fin desde el principio;
anuncio el futuro desde mucho antes.
Yo digo: Mis planes se realizarán;
yo haré todo lo que me propongo.
¹¹ He llamado a un hombre del oriente,
que vendrá de lejos como un ave de rapiña
y llevará a cabo mis planes.
Lo he dicho y así lo haré,
he hecho mi plan y lo cumpliré.

¹² Escúchenme, gente obstinada,
que piensan que la liberación está muy lejos;

ᵏ **45.18** *Vacía:* heb. *tohu,* término usado en Gn 1.2 para designar el estado de cosas anteriores a la creación. Véase Jer 4.23 nota *q*.

ˡ **45.20** La referencia al único Dios, a su acción creadora y a la verdad del mensaje anunciado a los exiliados (vv. 18-19) sirve de ocasión para entablar un nuevo proceso contra los ídolos de los falsos dioses y contra sus adoradores (vv. 20-25). Véase Is 41.4 nota *d*.

ᵐ **45.23** Cf. Ro 14.11; Flp 2.10-11.

ᵃ **46.1** *Bel,* lo mismo que *Baal,* significa *señor* o *dueño.* En Babilonia, este título se daba a varios dioses, especialmente, como en este caso, a *Marduc,* el principal dios de la ciudad y del imperio babilónico. Véase Gn 1.21 n.

ᵇ **46.1** *Nebo* es la forma hebraizada de *Nabú,* otro de los dioses de los babilonios. Considerado hijo e intérprete de Marduc, lo veneraban como dios de la escritura y la sabiduría. La dinastía reinante en Babilonia le tributaba un culto especial, como lo atestigua, entre otros, el nombre del rey Nabucodonosor.

ᶜ **46.1** La caída de *Bel* (*Marduc*) y de *Nebo* (*Nabú*) representa simbólicamente el sometimiento de Babilonia a Ciro, rey de los persas, y el fin de la dominación que había ejercido el imperio babilónico, especialmente desde los tiempos de Nabucodonosor. Véanse Jer 1.14-15 n.; 25.1 nota *c*; 27.6 n.; 46.2 nota *d*.

ᵈ **46.1-3** Nótese la contraposición irónica establecida en estos vv.: los falsos dioses, representados por sus ídolos, son una *pesada carga* (v. 1) para los hombres; el Señor, en cambio, *carga* con su pueblo, lo protege y lo libera (v. 3). Cf. Is 40.10-11.

ᵉ **46.7** Cf. Jer 10.5.

ᶠ **46.1-7** Cf. Jer 50.2; 51.44; Bar 6.40.

ᵍ **46.9** El recuerdo de las acciones que el Señor realizó en el pasado debe infundir confianza en el poder que él tiene para acudir en auxilio de su pueblo y rescatarlo de la esclavitud. Cf. Is 43.18.

¹³ Yo hago que se acerque mi acción liberadora;
mi salvación no se demora, no está lejos.
Yo daré a Sión la salvación,
yo daré a Israel mi honor.

47 Caída de Babilonia [a]

¹ "Baja, joven Babilonia, todavía sin marido,
y siéntate en el polvo;
baja de tu trono, joven Caldea, [b]
y siéntate en el suelo,
porque ya no volverán a llamarte
tierna y delicada.
² Toma la piedra de moler
y muele la harina,
quítate el velo,
recógete las faldas,
desnúdate las piernas,
pasa a pie los ríos;
³ que se te vea el cuerpo desnudo,
sí, que quede tu sexo al descubierto.
Voy a vengarme,
y nadie podrá impedirlo con sus ruegos."

⁴ Nuestro redentor,
el Dios Santo de Israel,
cuyo nombre es Señor todopoderoso, dice:
⁵ "Siéntate en silencio,
joven Caldea,
métete en la oscuridad,
porque ya no volverán a llamarte
'reina de las naciones'.
⁶ Cuando estuve enojado con mi pueblo,
entregué mi propia nación a la deshonra
y los dejé caer en tu poder.
Tú no tuviste compasión de ellos,
y pusiste sobre los ancianos tu pesado yugo.
⁷ Dijiste: 'Seré reina siempre';
no reflexionaste sobre estas cosas
ni pensaste cómo habrían de terminar.
⁸ Por eso, escucha ahora esto,
mujer amante del lujo, que estás tranquila en tu trono,
que piensas en tu interior:
'Yo y nadie más que yo;
yo no seré viuda
ni me quedaré sin hijos.'

⁹ De repente, en un mismo día,
te vendrán ambas desgracias:
quedarás viuda y sin hijos, a pesar de tus muchas
brujerías
y de tus incontables magias. [c]
¹⁰ Tú te sentías segura en tu maldad,
y pensaste: 'Nadie me ve.'
Tu sabiduría y tus conocimientos te engañaron.
Pensaste en tu interior:
'Yo y nadie más que yo.'
¹¹ Pero va a venir la desgracia sobre ti,
y no podrás impedirlo con tu magia;
caerá sobre ti un desastre
que no podrás evitar;
una calamidad que no esperabas
vendrá de repente sobre ti.
¹² Sigue con tus hechicerías
y con las muchas brujerías
que has practicado desde tu juventud,
a ver si te sirven de algo,
a ver si logras que la gente te tenga miedo.
¹³ Has tenido consejeros en abundancia,
hasta cansarte.
¡Pues que se presenten tus astrólogos,
los que adivinan mirando las estrellas,
los que te anuncian el futuro mes por mes,
y que traten de salvarte! [d]
¹⁴ Pero, mira, son iguales a la paja:
el fuego los devora,
no pueden salvarse de las llamas.
Porque no es un fuego de brasas,
para sentarse frente a él y calentarse.
¹⁵ En eso pararon tus hechiceros, [e]
con los que tanto trato has tenido toda tu vida.
Cada uno por su lado siguió su falso camino
y no hay nadie que te salve.

48 El Señor anuncia cosas nuevas [a]

¹ "Escucha esto, familia de Jacob,
que llevas el nombre de Israel
y eres descendiente de Judá; [b]
que juras por el nombre del Señor;
que invocas al Dios de Israel,
aunque sin honradez ni rectitud;

---

[a] **47.1-15** La inminente caída de Babilonia debe engendrar en los deportados la esperanza de recuperar su libertad. Esa caída se describe poéticamente en este cap., que presenta ciertas analogías con los oráculos de los profetas contra las naciones (cf., por ej., Is 13—14; Jer 50—51). El tema central de esta sección es el anuncio del juicio de Dios sobre la potencia dominadora, en que se incluye la acusación por los crímenes cometidos, la sanción con todas sus consecuencias y una última advertencia sobre la inutilidad de los ritos idolátricos. La principal acusación se refiere a la crueldad y el orgullo con que el imperio babilónico afirmó su poderío sobre los pueblos sometidos. Cf. Ap 17—18.

[b] **47.1** *Caldea:* Véanse Gn 11.28 n. e *Índice de mapas.*

[c] **47.7-9** Cf. Ap 18.7-8.

[d] **47.13** Los sabios de Babilonia eran excelentes conocedores de la astronomía, pero utilizaban sus conocimientos, sobre todo, para la predicción del futuro y para otras prácticas vinculadas con la astrología.

[e] **47.15** *Tus hechiceros:* traducción probable. Heb. *tus traficantes.*

[a] **48.1-22** La característica más notable de este cap. es la constante alternancia entre los anuncios de salvación y los reproches dirigidos contra los israelitas. En esta serie de reproches se incluye la falsa religiosidad (v. 1), la obstinación y falta de fe (v. 4), la propensión a la idolatría (v. 5), la arrogancia, la infidelidad y la rebeldía (vv. 7-8). Al final del cap. (vv. 20-21), los exiliados reciben la orden de huir de Babilonia para gozar de la libertad que el Señor concede a su pueblo.

[b] **48.1** *Descendiente de Judá:* lit. *de las aguas de Judá.* Los deportados a Babilonia pertenecían en su mayor parte al reino de *Judá;* pero aquí se quiere indicar expresamente que el mensaje profético no va dirigido exclusivamente a la población de *Judá,* sino a todo el pueblo de *Israel,* designado con el título de *familia de Jacob* (cf. Gn 29.31—30.24; 35.16-17).

² que dices ser de la ciudad santa,ᶜ
y apoyarte en el Dios de Israel,
cuyo nombre es Señor todopoderoso:
³ Desde el principio te anuncié las cosas del pasado;
yo mismo las di a conocer.
De pronto actué, y se hicieron realidad. ᵈ
⁴ Como yo sabía que eres tan terca,
que eres dura como el hierro
e inflexible como el bronce, ᵉ
⁵ te lo anuncié desde hace mucho,
te lo comuniqué antes de que sucediera.
Así no podrías decir: 'Fue mi ídolo el que lo hizo,
la estatua que hice fue quien lo dispuso.'
⁶ Tú has oído todo esto; fíjate en ello,
y tendrás que admitir que es cierto.
Ahora te voy a anunciar cosas nuevas,
cosas secretas que no conocías,
⁷ cosas creadas ahora, no en tiempos antiguos,
de las que no habías oído hablar hasta hoy.
Así no podrás decir: 'Ya lo sabía.'
⁸ Tú no habías oído hablar de ellas,
ni las conocías,
porque siempre has tenido los oídos sordos.
Yo sabía que eres infiel,
que te llaman rebelde desde que naciste.

⁹ "Pero tuve paciencia por respeto a mí mismo,
por mi honor me contuve y no te destruí.
¹⁰ Yo te purifiqué, pero no como se hace
con la plata, ᶠ
sino que te probé en el horno del sufrimiento.
¹¹ Por mi honor, por mi honor lo he hecho,
pues mi nombre no puede ser profanado.
No permitiré que den mi gloria a ningún otro. ᵍ

El Señor salvará a su pueblo

¹² "Óyeme, Israel, pueblo de Jacob,
a quien he llamado:
Yo soy el único Dios,
yo soy el primero y el último. ʰ
¹³ Con mi mano afirmé la tierra, ⁱ
con mi mano extendí el cielo; ʲ
en cuanto pronuncié su nombre,
empezaron a existir. ᵏ

¹⁴ Reúnanse todos ustedes y escuchen:
¿Quién de ustedes anunció esto que va a suceder:
que el hombre a quien he escogido
hará lo que he pensado hacer con Babilonia
y con la raza ˡ de los caldeos? ᵐ
¹⁵ Yo fui quien lo dijo, yo lo llamé,
yo lo hice venir,
y por donde vaya tendrá éxito.
¹⁶ Acérquense a mí y escuchen esto:
Desde el principio, yo nunca hablé en secreto;
y cuando todo esto sucedía, yo estaba presente.
Y ahora yo, el Señor, le he dado mi poder
y lo he enviado."

¹⁷ Así dice el Señor, tu redentor,
el Dios Santo de Israel:
"Yo soy el Señor tu Dios;
yo te enseño lo que es para tu bien,
yo te guío por el camino que debes seguir.
¹⁸ ¡Ojalá hubieras hecho caso de mis órdenes!
Tu bienestar iría creciendo como un río,
tu prosperidad sería como las olas del mar, ⁿ
¹⁹ tus descendientes serían numerosos, ñ
incontables como la arena del mar;
yo nunca los hubiera destruido,
ni los hubiera apartado de mi vista."

²⁰ Salgan de Babilonia, ᵒ huyan de los caldeos.
Anuncien esta noticia con gritos de alegría,
y denla a conocer hasta el extremo de la tierra.
Digan: "¡El Señor ha libertado
a Jacob su siervo!"
²¹ Aunque los hizo pasar por lugares desiertos,
no tuvieron sed;
él partió la roca
e hizo brotar torrentes de agua. ᵖ
²² Para los malos, en cambio, no hay bienestar.
El Señor lo ha dicho. ᵠ

49 El siervo del Señor, luz de las naciones ᵃ

¹ Óiganme, países del mar, ᵇ
préstenme atención, naciones lejanas:
El Señor me llamó desde antes de que yo naciera;
pronunció mi nombre
cuando aún estaba yo en el seno de mi madre. ᶜ

ᶜ **48.2** *Ciudad santa* es un título honorífico de Jerusalén. Cf. Neh 11.1; Is 52.1; Dn 9.24; Mt 4.5; 27.53; Ap 21.2.
ᵈ **48.3** Respecto de la soberanía de Dios sobre la historia, véase Is 41.22 n.
ᵉ **48.4** Cf. Dt 9.6,13; Ez 2.4; 3.7.
ᶠ **48.10** *Pero no como se hace con la plata*: traducción probable de un texto oscuro. Probablemente se alude a la técnica utilizada para separar la plata de la escoria. Cf. Jer 6.27-30. Otros traducen: *pero no por dinero*, es decir, sin obtener ninguna ganancia. Cf. Is 45.13; 50.1.
ᵍ **48.9-11** Cf. Is 42.8; Ez 20.22; 36.22-23.
ʰ **48.12** Cf. Is 41.4; 44.6; Ap 1.17; 22.13.
ⁱ **48.13** *Afirmé la tierra*: Cf. Job 38.4; Sal 24.2; Pr 3.19.
ʲ **48.13** *Extendí el cielo*: Cf. Is 40.22; 42.5; 44.24; 45.12.
ᵏ **48.13** Cf. Sal 147.4; Is 40.26.
ˡ **48.14** *La raza de*: según la versión griega (LXX). Heb. *el brazo de él.*
ᵐ **48.14** *Los caldeos*: Véase Gn 11.28 n.

ⁿ **48.18** Cf. Dt 29.5(4); Sal 23.3; 27.11.
ñ **48.19** Cf. Gn 22.17.
ᵒ **48.20** Cf. Jer 50.8; 51.6,45; Ap 18.4.
ᵖ **48.21** Cf. Ex 17.1-7.
ᵠ **48.22** Este v. se repite casi textualmente en Is 57.21.
ᵃ **49.1-6** Este es el segundo de los "Cantos del Siervo sufriente" (véase Is 42.1-9 n.). En la primera parte del poema (vv. 1-4), el Siervo da testimonio de la misión que ha recibido del Señor y describe su desilusión por su aparente fracaso. En la segunda parte (vv. 5-6), el Señor lo reconforta asegurándole que no ha trabajado ni sufrido en vano. Aquí se hace referencia por primera vez, de manera explícita, al aspecto doloroso de la misión que deberá cumplir el Siervo (cf. v. 4), tema que volverá a encontrarse en el tercer Cántico (cf. Is 50.6) y en la mayor parte del cuarto (cf. Is 52.13—53.12).
ᵇ **49.1** *Países del mar*: Véase Is 41.1 nota a.
ᶜ **49.1** Jer 1.5; cf. Is 44.2,24.

² Convirtió mi lengua en espada afilada, ᵈ
me escondió bajo el amparo de su mano,
me convirtió en una flecha aguda
y me guardó en su aljaba.
³ Me dijo: "Israel, ᵉ tú eres mi siervo, ᶠ
en ti me mostraré glorioso."
⁴ Y yo que había pensado:
"He pasado trabajos en vano,
he gastado mis fuerzas sin objeto, para nada."
En realidad mi causa está en manos del Señor,
mi recompensa está en poder de mi Dios.

⁵ He recibido honor delante del Señor mi Dios,
pues él ha sido mi fuerza.
El Señor, que me formó desde el seno de mi madre
para que fuera su siervo,
para hacer que Israel, el pueblo de Jacob,
se vuelva y se una a él,
⁶ dice así:
"No basta que seas mi siervo
solo para restablecer las tribus de Jacob
y hacer volver a los sobrevivientes de Israel;
yo haré que seas la luz de las naciones, ᵍ
para que lleves mi salvación
hasta las partes más lejanas de la tierra." ʰ

⁷ El Señor, el redentor,
el Dios Santo de Israel,
dice al pueblo que ha sido totalmente despreciado,
al que los otros pueblos aborrecen,
al que ha sido esclavo de los tiranos:
"Cuando los reyes y los príncipes te vean,
se levantarán y se inclinarán delante de ti ⁱ
porque yo, el Señor, el Dios Santo de Israel,
te elegí y cumplo mis promesas."

Anuncio de la reconstrucción de Jerusalén

⁸ El Señor dice:
"Vino el momento de mostrar mi bondad,
y te respondí;
llegó el día de la salvación, y te ayudé. ʲ
Yo te protegí
para establecer por ti mi alianza con el pueblo, ᵏ
para reconstruir el país,
para hacer que tomen posesión
de las tierras arrasadas,
⁹ para decir a los presos: 'Queden libres',
y a los que están en la oscuridad: 'Déjense ver.' ˡ
Junto a todos los caminos encontrarán pastos,
y en cualquier monte desierto
tendrán alimento para su ganado.

¹⁰ "No tendrán hambre ni sed,
ni los molestará el sol ni el calor,
porque yo los amo y los guío,
y los llevaré a manantiales de agua. ᵐ
¹¹ Abriré un camino a través de las montañas
y haré que se allanen los senderos."

¹² ¡Miren! Vienen de muy lejos:
unos del norte, otros de occidente,
otros de la región de Asuán. ⁿ
¹³ ¡Cielo, grita de alegría!
¡Tierra, llénate de gozo!
¡Montañas, lancen gritos de felicidad!
Porque el Señor ha consolado a su pueblo, ñ
ha tenido compasión de él en su aflicción. ᵒ

¹⁴ "Sión decía:
'El Señor me abandonó,
mi Dios se olvidó de mí.' ᵖ
¹⁵ Pero ¿acaso una madre olvida
o deja de amar a su propio hijo?
Pues aunque ella lo olvide,
yo no te olvidaré.
¹⁶ Yo te llevo grabada en mis manos,
siempre tengo presentes tus murallas.
¹⁷ Los que te reconstruyen van más de prisa
que los que te destruyeron;
ya se han ido los que te arrasaron.
¹⁸ Levanta los ojos y mira alrededor,
mira cómo se reúnen todos
y vuelven hacia ti.

"Yo, el Señor, juro por mi vida
que todos ellos serán como joyas que te pondrás,
como los adornos de una novia.

ᵈ **49.2** *Convirtió mi lengua en espada afilada:* Alusión a la misión profética del Siervo sufriente, comisionado para anunciar la palabra de Dios, *que es más aguda que cualquier espada de dos filos* (Heb 4.12; cf. Ap 1.16).

ᵉ **49.3** Algunos comentaristas consideran que la palabra *Israel* no se encontraba en la redacción original del poema, sino que fue introducida posteriormente para identificar al Siervo con el pueblo de *Israel.* Los argumentos en favor de esta hipótesis son particularmente dos: en estos cantos se presenta al Siervo con rasgos acentuadamente individuales y no como la personificación de un grupo o de una entidad colectiva; además, en el v. 5 aparece como alguien distinto de *Israel,* ya que a él se le encomienda la misión de hacer que *las tribus de Jacob* se conviertan al Señor. Nótese, sin embargo, que el nombre *Israel* figura en la casi totalidad de los mss. hebreos y en todas las versiones antiguas.

ᶠ **49.3** *Mi siervo:* Véase Is 42.1 nota *b.*

ᵍ **49.6** Cf. Is 42.6; 60.1-3; Lc 2.32; Jn 8.12; Hch 26.23.

ʰ **49.6** Cf. Hch 13.47.

ⁱ **49.7** Cf. Is 52.15.

ʲ **49.8** Cf. 2 Co 6.2.

ᵏ **49.8** *Establecer por ti mi alianza con el pueblo:* Véase Is 42.6 nota *i.*

ˡ **49.9** Cf. Is 42.7; 61.1.

ᵐ **49.10** Cf. Ap 7.16-17.

ⁿ **49.12** *Asuán:* traducción probable. Heb. *el país de Sinim.* Cf. Ez 29.10; 30.6.

ñ **49.13** *El Señor ha consolado a su pueblo:* Véase Is 40.1 n.

ᵒ **49.13** Esta explosión de alegría es la respuesta al anuncio de salvación proclamado en los vv. 8-12. Las expresiones y el estilo son característicos de los himnos o cantos de alabanza (cf. Sal 96.11-12; 97.1; 98.7-8). Véase también la *Introducción a los Salmos (3).*

ᵖ **49.14** Cf. Is 40.27. Este lamento contrasta sensiblemente con la alegría expresada en el v. anterior. Como en otros pasajes, el profeta describe la felicidad futura como si ya fuera una realidad, y vuelve luego a la dura experiencia presente para renovar sus anuncios de salvación.

¹⁹ Tu país estaba en ruinas,
destruido, arrasado;
pero ahora tu territorio
será pequeño para tus habitantes.
Los que te destruyeron están lejos.
²⁰ Los hijos que dabas por perdidos
te dirán al oído:
'Este país es demasiado pequeño para nosotros;
haznos lugar para vivir.'
²¹ Y tú dirás en tu interior:
'¿Quién me ha dado estos hijos?
Yo no tenía hijos, ni podía tenerlos;
estaba desterrada y apartada,
¿quién los crió?
Me habían dejado sola,
¿de dónde vinieron?' " *q*

²² El Señor dice:
"Voy a dar órdenes a las naciones;
voy a dar una señal a los pueblos
para que traigan en brazos a tus hijos,
y a tus hijas las traigan sobre los hombros. *r*
²³ Los reyes serán tus padres adoptivos,
y las princesas tus niñeras.
Se inclinarán hasta el suelo delante de ti,
y lamerán el polvo de tus pies.
Y reconocerás que yo soy el Señor,
y que los que en mí confían no quedan defraudados."

²⁴ ¿Se le puede arrebatar a un hombre fuerte
lo que ha ganado en la batalla?
¿O puede un preso escapar de un tirano? *s*
²⁵ El Señor afirma que sí:
"Al hombre fuerte le arrebatarán lo conquistado,
y al tirano le quitarán lo ganado.
Yo me enfrentaré con los que te buscan pleito;
yo mismo salvaré a tus hijos. *t*
²⁶ Obligaré a tus opresores a comer su propia carne
y a emborracharse con su sangre, como si fuera vino.
Así toda la humanidad sabrá
que yo, el Señor, soy tu salvador;
que yo, el Poderoso de Jacob, *u* soy tu redentor." *v*

50 ¹ El Señor dice:
"¡No crean que yo repudié a Israel,
madre de ustedes,
como un hombre repudia a su mujer,
o que los vendí a ustedes como esclavos
porque tuviera deudas con alguno!
Ustedes fueron vendidos porque pecaron;
Israel, la madre de ustedes, fue repudiada
porque ustedes fueron rebeldes. *a*
² ¿Por qué, cuando yo vine, no encontré a nadie?
¿Por qué, cuando llamé, nadie me contestó?
¿Creyeron acaso que yo no era capaz
de rescatarlos? *b*
¿Creyeron acaso que no podía libertarlos?
Basta una orden mía para que se seque el mar
y los ríos se conviertan en desierto;
para que los peces se mueran de sed
y se pudran por falta de agua.
³ Yo visto el cielo de luto
y lo cubro con vestido de tristeza."

Confianza del siervo del Señor en medio del sufrimiento *c*
⁴ El Señor me ha instruido
para que yo consuele a los cansados
con palabras de aliento.
Todas las mañanas me hace estar atento
para que escuche dócilmente.
⁵ El Señor me ha dado entendimiento,
y yo no me he resistido
ni le he vuelto las espaldas.
⁶ Ofrecí mis espaldas para que me azotaran
y dejé que me arrancaran la barba.
No retiré la cara
de los que me insultaban y escupían. *d*
⁷ El Señor es quien me ayuda;
por eso no me hieren los insultos;
por eso me mantengo firme como una roca,
pues sé que no quedaré en ridículo. *e*
⁸ A mi lado está mi defensor:
¿Alguien tiene algo en mi contra?
¡Vayamos juntos ante el juez!

---

q **49.20-21** Cf. Jer 31.15-17.
r **49.22** Cf. Is 60.4; Bar 5.6.
s **49.24** Estas preguntas expresan la desesperanza de los exiliados: ellos pensaban que Babilonia era demasiado poderosa para permitir que le arrebataran el botín de guerra, es decir, a los israelitas que habían sido llevados al cautiverio. El Señor responde que él es más fuerte que todos los tiranos y que tiene poder suficiente para quitarles lo que habían conquistado. *Un tirano:* traducción probable. Heb. *un justo.*
t **49.24-25** Cf. Is 61.1; Jer 30.8-10; 31.11.
u **49.26** *El Poderoso de Jacob:* Véase Sal 132.5 n.
v **49.26** Cf. Is 51.17-23.
a **50.1** El Señor refuta a los israelitas que lo acusan de haber rechazado a Israel sin motivo suficiente y de una manera definitiva. En realidad, ha habido una separación transitoria, pero no un divorcio, y por lo tanto, no existe ningún impedimento para que la unión matrimonial pueda rehacerse (cf. Dt 24.1-4; Jer 3.1,8). Además, el Señor no se ha comportado como un padre de familia que vende a sus hijos como esclavos para pagar sus deudas (cf. Ex 21.7; 2 R 4.1; Neh 5.5; Bar 4.6).
b **50.2** *¿Creyeron... rescatarlos?:* lit. *¿acaso mi mano es demasiado corta para rescatarlos?* En este contexto, la *mano* es símbolo de poder. Cf. Ex 15.6.
c **50.4-9** Este es el tercero de los "Cánticos del Siervo" sufriente (véase Is 42.1-9 n.). Una vez más, el Siervo se refiere a su misión profética y expresa su confianza en la ayuda divina (cf. vv. 7-9). Esta misión consiste en anunciar la palabra que ha recibido del Señor, y ahora se especifica que son palabras de consuelo para los que están *cansados* (v. 4). Además, se acentúa el aspecto doloroso de la misión que se le ha confiado: ya no se trata solamente de la duda sobre el éxito de sus esfuerzos (cf. Is 49.4) sino de una abierta hostilidad que llega hasta la agresión física (v. 6).
d **50.6** Cf. Mt 26.67; Mc 14.65.
e **50.6-7** La situación del Siervo sufriente tiene muchas semejanzas con la que se describe en las "confesiones" del profeta Jeremías (véase Jer 11.18—12.6 n.). Sin embargo, las diferencias son también significativas: a diferencia de Jeremías, el Siervo acepta sus padecimientos sin quejas ni reproches (cf. Jer 15.18) y no reclama venganza contra sus enemigos y perseguidores (cf. Jer 11.20; 15.15). Él sabe que el Señor está de su parte (cf. vv. 8-9) y que su recompensa está en las manos de Dios (Is 49.4).

¿Alguien se cree con derecho a acusarme?
¡Que venga y me lo diga!
⁹ El Señor es quien me ayuda;
¿quién podrá condenarme?
Todos mis enemigos desaparecerán
como vestido comido por la polilla. ᶠ

¹⁰ Ustedes que honran al Señor
y escuchan la voz de su siervo:
si caminan en la oscuridad,
sin un rayo de luz,
pongan su confianza en el Señor;
apóyense en su Dios. ᵍ
¹¹ Pero todos los que prenden fuego
y preparan flechas encendidas,
caerán en las llamas de su propio fuego,
bajo las flechas que ustedes mismos encendieron.
El Señor les enviará este castigo
y quedarán tendidos en medio de tormentos.

51 Palabras de consuelo a Jerusalén ᵃ

¹ Óiganme todos los que quieren vivir con rectitud
y me buscan —dice el Señor—.
Miren la roca de donde fueron cortados,
la cantera de donde fueron sacados;
² miren a Abraham, su padre,
y a Sara, la que les dio la vida.
Cuando yo lo llamé, era uno solo,
pero lo bendije y le di muchos descendientes. ᵇ
³ Yo seré bondadoso con Sión,
la ciudad que estaba toda en ruinas. ᶜ
Convertiré las tierras secas del desierto en un jardín,
como el jardín que el Señor plantó en Edén. ᵈ
Allí habrá felicidad y alegría,
cantos de alabanza y son de música.

⁴ "Pueblos, préstenme atención,
escúchenme, naciones:
yo publicaré mi enseñanza
y mis mandamientos alumbrarán a los pueblos.
⁵ Mi victoria está cercana,
mi acción salvadora está en camino;
con mi poder gobernaré a los pueblos.
Los países del mar esperarán en mí
y confiarán en mi poder.

⁶ "Levanten los ojos al cielo,
y miren abajo, a la tierra:
el cielo se desvanecerá como el humo,
la tierra se gastará como un vestido
y sus habitantes morirán como mosquitos.
Pero mi salvación será eterna,
mi victoria no tendrá fin. ᵉ

⁷ "Escúchenme, ustedes que saben lo que es justo,
pueblo que toma en serio mi enseñanza.
No teman las injurias de los hombres,
no se dejen deprimir por sus insultos,
⁸ porque perecerán como un vestido apolillado,
como lana roída por gusanos.
Pero mi victoria será eterna,
mi salvación durará por siempre."

⁹ Despierta, despierta, brazo del Señor, ᶠ
ármate de fuerza;
despierta como lo hiciste en el pasado,
en tiempos muy lejanos.
Tú despedazaste a Rahab, ᵍ el monstruo marino; ʰ
¹⁰ secaste el mar,
el agua del profundo abismo,
y convertiste el fondo del mar en camino
para que pasaran los libertados. ⁱ
¹¹ Así también regresarán los rescatados por el Señor,
y entrarán en Sión dando gritos de alegría;
sus rostros estarán siempre alegres;
encontrarán felicidad y dicha,
y el dolor y el llanto desaparecerán. ʲ

¹² "Yo, yo mismo, te doy ánimo.
¿A quién tienes miedo? ¿A los hombres?
¿A los hombres mortales, que no son más que hierba?
¹³ ¿Vas a olvidarte del Señor, tu creador,
que extendió el cielo y afirmó la tierra?
¿Vas a temblar continuamente, a todas horas,
por la furia de los opresores,
que están listos para destruirte?
Pero, ¿dónde está esa furia?
¹⁴ El que sufría la opresión,
pronto quedará libre;
no morirá en el calabozo
ni le faltará su pan.

¹⁵ "Yo soy el Señor tu Dios,
mi nombre es Señor todopoderoso;
yo agité el mar
y rugieron las olas,
¹⁶ extendí ᵏ el cielo

ᶠ **50.8-9** Cf. Ro 8.33-34.

ᵍ **50.10** Este v. y el siguiente contienen una promesa de salvación para los que siguen las enseñanzas del Siervo del Señor y un anuncio de condenación para sus enemigos y perseguidores. Cf. Is 53.7-9.

ᵃ **51.1-23** Todo este cap. es un llamado a la esperanza: los hijos de Abraham no deben abrigar ningún temor, porque el brazo del Señor los va a liberar de la esclavitud, renovando los prodigios del pasado (cf. vv. 9-11); la furia de los opresores no podrá hacer nada contra el pueblo de Dios, porque el pueblo de Israel es el Señor del universo (vv. 15-16) y él va a hacer que *la copa de su ira* sea bebida por los enemigos de su pueblo (vv. 17-23). Véase *Copa (c)* en el *Índice temático*.

ᵇ **51.1-2** Los descendientes de *Abraham* y de *Sara*, padres del pueblo de Israel, son como piedras extraídas de una *roca* o de una *cantera*. Véase Gn 12.2-3 n.

ᶜ **51.3** Cf. Sal 74.3-9; 79.1-5.

ᵈ **51.3** *El jardín que el Señor plantó:* Véase Gn 13.10 nota *b. Edén:* Véase Gn 2.8 n.; cf. también Ez 36.35.

ᵉ **51.6** Cf. Sal 102.25-28(26-29); Mt 24.35.

ᶠ **51.9** El *brazo* es símbolo del poder. Cf. Ex 15.16.

ᵍ **51.9** *Rahab:* Véase Sal 89.10(11) n.

ʰ **51.9** *El monstruo marino:* Véase Sal 74.13 n.

ⁱ **51.10** Cf. Ex 14.21-22.

ʲ **51.11** Cf. Is 35.10.

ᵏ **51.16** *Extendí:* según una versión antigua. Heb. *planté*. Véanse las referencias en Is 48.13 nota *j*.

y afirmé la tierra.
Yo puse en tu boca mis palabras ^{l}
y te protegí al amparo de mi mano.
Yo dije a Sión: 'Tú eres mi pueblo.' "

¹⁷ Despierta, despierta,
Jerusalén, levántate. ^{m}
Tú sufriste la ira del Señor
como quien bebe una copa, ^{n}
y la bebe hasta el fondo,
hasta quedar borracho.
¹⁸ Entre todos los hijos que has tenido,
no hay ninguno que te guíe;
entre todos los hijos que criaste,
no hay ninguno que te lleve de la mano.
¹⁹ Estas dos desgracias vinieron sobre ti:
tu país fue destruido y saqueado,
y tu gente murió por el hambre y la guerra.
¿Quién tendrá lástima de ti?
¿Quién te consolará?
²⁰ Como antílopes atrapados en la red,
tus hijos están sin fuerzas,
tendidos en la esquina de cualquier calle,
heridos por la ira del Señor,
por la corrección de tu Dios.
²¹ Por eso, ciudad desdichada, escucha esto,
tú que estás borracha, pero no de vino;
²² tu Señor y tu Dios,
el que defiende la causa de su pueblo, dice:
"Te voy a quitar de la mano
esa copa con que te has emborrachado;
ya no volverás a beber más la copa de mi ira.
²³ Yo se la daré
a los que te atormentaron,
a los que te decían:
'Échate al suelo, que vamos a pasar sobre ti';
y tú te tendiste en el suelo
para que te pisotearan como al polvo."

52 Anuncio de liberación a Jerusalén
¹ Despierta, Sión, ^{a} despierta,
ármate de fuerza; ^{b}
Jerusalén, ciudad santa, ^{c}
vístete tu ropa más elegante,
porque los paganos, gente impura,
no volverán a entrar en ti. ^{d}
² Levántate, Jerusalén,
sacúdete el polvo,
siéntate en el trono.
Sión, joven prisionera,
quítate ya el yugo del cuello. ^{e}
³ El Señor dice:
"Ni un centavo recibí
cuando ustedes fueron llevados como esclavos;
pues ni un centavo daré
ahora que yo los rescate. ^{f}
⁴ Al principio mi pueblo fue a Egipto
y vivió allí como extranjero; ^{g}
después Asiria lo oprimió sin motivo. ^{h}
⁵ Y ahora, ¿qué es lo que veo?
Sin motivo se han llevado mi pueblo a Babilonia.
Quienes lo dominan, gritan orgullosos ^{i}
y me ofenden sin cesar.
⁶ Pero vendrá el día en que mi pueblo reconozca
y sepa que yo, que le he hablado, soy el Señor."

⁷ ¡Qué hermoso es ver llegar por las colinas
al que trae buenas noticias,
al que trae noticias de paz, ^{j}
al que anuncia la liberación
y dice a Sión: "Tu Dios es rey"! ^{k}
⁸ ¡Escucha! Tus centinelas levantan la voz
y a una dan gritos de triunfo,
porque ven con sus propios ojos
cómo vuelve el Señor a Sión. ^{l}
⁹ ¡Estallen en gritos de triunfo,
ruinas de Jerusalén,
porque el Señor ha tenido compasión de su pueblo,
ha liberado a Jerusalén! ^{m}
¹⁰ El Señor ha mostrado su poder
a la vista de todas las naciones.
Por toda la tierra se sabrá
que nuestro Dios nos ha salvado. ^{n}
¹¹ ¡Salgan, salgan ya de Babilonia,
no toquen nada impuro, ^{ñ}
salgan ya de Babilonia!

---

^{l} **51.16** Cf. Jer 1.9.

^{m} **51.17** Cf. Is 52.1.

^{n} **51.17** *La copa* llena de vino embriagador, que deja postrado, física y mentalmente, al que lo bebe simboliza la ira de Dios y su juicio sobre los malvados. Este símbolo aparece con relativa frecuencia en los profetas y en los Salmos. Véanse Sal 60.3(5) n.; 75.8(9) n., y cf. Jer 25.15; Ap 14.10; 16.19.

^{a} **52.1** *Sión:* Véase Sal 2.6 n.

^{b} **52.1** Cf. Is 51.17.

^{c} **52.1** *Ciudad santa:* Véase Is 48.2 n.

^{d} **52.1** *Los paganos... entrar en ti:* alusión a la destrucción de Jerusalén, llevada a cabo por el ejército de Nabucodonosor, rey de Babilonia, en el 587 a.C. Cf. 2 R 25.1-21; véanse también Sal 74 nota a; Sal 79 nota a.

^{e} **52.2** *Quítate ya el yugo del cuello:* Jeremías había anunciado que el reino de Judá y los reinos vecinos iban a estar sometidos por un tiempo al *yugo* del rey de Babilonia (cf. Jer 27.1-8). Aquí, por el contrario, se anuncia que ha llegado el momento de desatar ese *yugo*.

^{f} **52.3** El Señor no vendió a su pueblo como esclavo (véase Is 50.1 n.). Por eso no tiene que pagar nada a nadie para liberarlo.

^{g} **52.4** Cf. Gn 46.1-7; Dt 26.5.

^{h} **52.4** Cf. 2 R 17.3-6; 18.13—19.37; Is 10.5.

^{i} **52.5** Cf. Sal 137; Ro 2.24.

^{j} **52.7** Cf. Nah 1.15(2.1); Ro 10.15; Ef 6.15.

^{k} **52.7** *¡Tu Dios es rey!:* Cf. Sal 47.2(3),7(8); 93.1; 96.10; 97.1; 98.6; 99.1.

^{l} **52.8** Cf. Is 40.9-11.

^{m} **52.9** Sobre la promesa de la restauración del pueblo de Israel, véase Is 40.1 n.

^{n} **52.10** Acerca de la manifestación universal de Dios, véase Is 40.5 n.

^{ñ} **52.11** Cf. 2 Co 6.17.

¡Consérvense limpios
los que transportan los utensilios del Señor!*o*
¹² Pero no tendrán que salir a toda prisa,
no tendrán que salir huyendo,
porque el Señor, el Dios de Israel,
los protegerá por todos lados. *p*

Sufrimientos y triunfo del siervo del Señor *q*
¹³ Mi siervo tendrá éxito,
será levantado y puesto muy alto.
¹⁴ Así como muchos se asombraron de él,
al ver su semblante, tan desfigurado
que había perdido toda apariencia humana,
¹⁵ así también muchas naciones se quedarán admiradas;
los reyes, al verlo, no podrán decir palabra,
porque verán y entenderán
algo que nunca habían oído. *r*

53 ¹ ¿Quién va a creer lo que hemos oído? *a*
¿A quién ha revelado el Señor su poder? *b*
² El Señor quiso que su siervo
creciera como planta tierna
que hunde sus raíces en la tierra seca.
No tenía belleza ni esplendor,
su aspecto no tenía nada atrayente;
³ los hombres lo despreciaban y lo rechazaban. *c*
Era un hombre lleno de dolor,
acostumbrado al sufrimiento.
Como a alguien que no merece ser visto,
lo despreciamos, no lo tuvimos en cuenta.
⁴ Y sin embargo él estaba cargado con nuestros sufrimientos,
estaba soportando nuestros propios dolores. *d*
Nosotros pensamos que Dios lo había herido,
que lo había castigado y humillado.
⁵ Pero fue traspasado a causa de nuestra rebeldía,
fue atormentado a causa de nuestras maldades;
el castigo que sufrió nos trajo la paz,
por sus heridas alcanzamos la salud. *e*

⁶ Todos nosotros nos perdimos como ovejas, *f*
siguiendo cada uno su propio camino,
pero el Señor cargó sobre él la maldad
de todos nosotros.
⁷ Fue maltratado, pero se sometió humildemente,
y ni siquiera abrió la boca;
lo llevaron como cordero al matadero, *g*
y él se quedó callado, sin abrir la boca,
como una oveja cuando la trasquilan.
⁸ Se lo llevaron injustamente,
y no hubo quien lo defendiera;
nadie se preocupó de su destino.
Lo arrancaron de esta tierra, *h*
le dieron muerte por los pecados de mi pueblo.
⁹ Lo enterraron al lado de hombres malvados,
lo sepultaron con gente perversa, *i*
aunque nunca cometió ningún crimen
ni hubo engaño en su boca. *j*
¹⁰ El Señor quiso oprimirlo con el sufrimiento.
Y puesto que él se entregó en sacrificio por el pecado,
tendrá larga vida
y llegará a ver a sus descendientes;
por medio de él tendrán éxito los planes del Señor.
¹¹ Después de tanta aflicción verá la luz, *k*
y quedará satisfecho al saberlo;
el justo siervo del Señor liberará a muchos,
pues cargará con la maldad de ellos.
¹² Por eso Dios le dará un lugar entre los grandes,
y con los poderosos participará del triunfo,
porque se entregó a la muerte
y fue contado entre los malvados, *l*
cuando en realidad cargó con los pecados de muchos
e intercedió por los pecadores.

54 **Amor eterno de Dios** *a*
¹ Da gritos de alegría, mujer estéril y sin hijos; *b*
estalla en cantos de gozo,
tú que nunca has dado a luz,

---

o **52.11** *Los que transportan los utensilios del Señor:* es decir, los sacerdotes encargados de llevar de nuevo a Jerusalén los objetos sagrados que Nabucodonosor se había llevado a Babilonia como botín de guerra. Cf. Esd 1.7.

p **52.12** El éxodo de Egipto se había realizado *a toda prisa* y en medio del temor (cf. Ex 12.11,33-34; Dt 16.3). La salida de Babilonia, en cambio, no será una fuga precipitada sino un retorno triunfal a la Tierra prometida. Cf. Is 41.17-20.

q **52.13—53.12** En el cuarto "Cántico del Siervo sufriente" hay una notable contraposición entre los sufrimientos a que él fue sometido injustamente y su victoria final. Muchos creyeron al principio que el Señor le había infligido un horrible castigo (cf. 53.4), pero luego reconocieron que los culpables eran ellos, y que el Siervo era inocente. En realidad, esos sufrimientos formaban parte de los planes de Dios (cf. 53.10) y sirvieron para reparar los pecados de la multitud (53.5). Al final del poema (53.10-12) se habla de la gloriosa recompensa concedida al Siervo por haber soportado pacientemente una pena inmerecida, a causa de los pecados cometidos por otros. Véase Is 42.1-9 n.

r **52.15** Cf. Ro 15.21.
a **53.1** Cf. Ro 10.16.
b **53.1** Cf. Jn 12.38.
c **53.3** Cf. Sal 22.6-7(7-8); Is 49.7.
d **53.4** Cf. Mt 8.17.
e **53.5** Cf. 1 P 2.24.
f **53.6** Cf. 1 P 2.25.
g **53.7** Cf. Ap 5.6.
h **53.7-8** Hch 8.32-33.
i **53.9** *Gente perversa:* traducción probable. Heb. *un rico.*
j **53.9** Cf. 1 P 2.22.
k **53.11** *Verá la luz:* según un ms. antiguo y la versión griega (LXX). Heb. *verá.*
l **53.12** Cf. Lc 22.37; véase Mc 15.27 nota *v.*

a **54.1-17** El mensaje de salvación contenido en este cap. está dirigido a Jerusalén, considerada como esposa del Señor y madre del pueblo de Israel. Por su forma y su contenido, este pasaje se asemeja sustancialmente a Is 49.14-23. Cf. también Is 40.2, y véanse las notas correspondientes.

b **54.1-17** La humillación y restauración de Jerusalén se expresa con una serie de imágenes de una gran fuerza poética: la *mujer estéril* va a ser madre de una gran multitud (vv. 1-3); la que había quedado *viuda* va a ser nuevamente desposada por el Señor (vv. 4-5); la que había sido *abandonada* va a experimentar otra vez la compasión, la bondad y el amor del Señor (vv. 6-10); la que había sido *azotada* o destruida va a ser reconstruida con magnificencia (vv. 11-12); la que

porque el Señor dice:
"La mujer abandonada tendrá más hijos
que la mujer que tiene esposo." *c*
² Agranda tu tienda de campaña,
extiende sin miedo el toldo bajo el cual vives;
alarga las cuerdas, clava bien las estacas,
³ porque te vas a extender a derecha e izquierda;
tus descendientes conquistarán muchas naciones
y poblarán las ciudades ahora desiertas.
⁴ No tengas miedo, no quedarás en ridículo;
no te insultarán ni tendrás de qué avergonzarte.
Olvidarás la vergüenza de tu juventud
y no te acordarás más de la deshonra
de tu viudez,
⁵ porque tu creador te tomará por esposa.
Su nombre es Señor todopoderoso;
tu redentor es el Dios Santo de Israel,
el Dios de toda la tierra.
⁶ Eras como una esposa joven
abandonada y afligida,
pero tu Dios te ha vuelto a llamar y te dice: *d*
⁷ "Por un corto instante te abandoné,
pero con bondad inmensa te volveré
a unir conmigo. *e*
⁸ En un arranque de enojo, por un momento,
me oculté de ti,
pero con amor eterno te tuve compasión."
Lo dice el Señor, tu redentor.

⁹ "Así como juré a Noé, cuando el diluvio,
no volver a inundar la tierra, *f*
así juro ahora
no volver a enojarme contigo
ni volver a amenazarte.
¹⁰ Aunque las montañas cambien de lugar
y los cerros se vengan abajo,
mi amor por ti no cambiará
ni se vendrá abajo mi alianza de paz." *g*
Lo dice el Señor, que se compadece de ti.

La nueva Jerusalén

¹¹ "¡Desdichada ciudad, azotada por la tempestad,
sin nadie que te consuele!
Yo pondré tus piedras sobre azabache
y tus cimientos sobre zafiro; *h*
¹² de rubíes haré tus torres
y de berilo tus puertas,
y de piedras preciosas todas tus murallas.

¹³ Yo instruiré a todos tus hijos; *i*
todos ellos tendrán gran bienestar.
¹⁴ La justicia te hará fuerte,
quedarás libre de opresión y miedo,
y el terror no volverá a inquietarte.
¹⁵ Si alguien te ataca, no será por causa mía,
pero tú vencerás al que te ataque.

¹⁶ "Mira, yo he creado al herrero
que aviva el fuego en las brasas
y hace armas para diversos usos;
yo también he creado al hombre destructor
para que cause ruina;
¹⁷ pero nadie ha hecho el arma
que pueda destruirte.
Dejarás callado a todo el que te acuse.
Esto es lo que yo doy a los que me sirven: la victoria."
El Señor es quien lo afirma.

55 Ofrecimiento generoso del Señor

¹ "Todos los que tengan sed,
vengan a beber agua; *a*
los que no tengan dinero, vengan,
consigan trigo de balde y coman;
consigan vino y leche sin pagar nada.
² ¿Por qué dar dinero a cambio de lo que no es pan?
¿Por qué dar su salario
por algo que no deja satisfecho?
Óiganme bien y comerán buenos alimentos,
comerán cosas deliciosas. *b*
³ Vengan a mí y pongan atención,
escúchenme y vivirán.
Yo haré con ustedes una alianza eterna, *c*
cumpliendo así las promesas que por amor
hice a David. *d*
⁴ Yo lo puse a él como testigo para las naciones,
como jefe e instructor de los pueblos.
⁵ Tú llamarás a pueblos desconocidos;
pueblos que no te conocían irán corriendo a ti,
porque yo, tu Señor, el Dios Santo de Israel,
te he honrado.

⁶ "Busquen al Señor mientras puedan encontrarlo,
llámenlo mientras está cerca.
⁷ Que el malvado deje su camino,
que el perverso deje sus ideas;
vuélvanse al Señor, y él tendrá compasión de ustedes;
vuélvanse a nuestro Dios,
que es generoso para perdonar. *e*

---

había sido *oprimida* va a estar protegida de sus agresores y a vivir en paz y sin temor (vv. 13-17).
c 54.1 Cf. Gl 4.27.
d 54.5-8 Cf. Ez 16; Os 1—3.
e 54.7-8 Cf. Sal 30.5(6); Is 60.10; Lm 3.31-33.
f 54.9 Cf. Gn 9.8-17.
g 54.10 Cf. Jer 31.35-36; 32.40; Mc 13.31.
h 54.11-12 Cf. Ap 21.18-21.
i 54.13 Cf. Jn 6.45.
a 55.1-2 Cf. Eclo 24.19-22; Jn 7.37-38; Ap 21.6; 22.17.
b 55.1-2 Por la vivacidad de su estilo, se ha comparado esta

invitación con los gritos de los aguateros y de otros vendedores, tan comunes en el Oriente próximo. Compárese también Pr 9.1-6, donde la Sabiduría personificada invita a los transeúntes a participar de su banquete.
c 55.3 *Alianza eterna:* Véase Jer 31.31 nota *y;* cf. Is 61.8; Jer 32.40; Ez 16.60.
d 55.3 Acerca de las *promesas* que el Señor hizo a *David,* cf. 2 S 7.4-16; 23.5; 1 R 8.23-26; Sal 89.27-37(28-38); Hch 13.34. Ahora el Señor anuncia que estas *promesas,* hechas originariamente a David como rey de Israel, serán para todo el pueblo.
e 55.7 Cf. Lm 3.40-42; Zac 1.3; Mal 3.7.

8-9 Porque mis ideas no son como las de ustedes,
y mi manera de actuar no es como la suya.
Así como el cielo está por encima de la tierra,
así también mis ideas y mi manera de actuar
están por encima de las de ustedes."
El Señor lo afirma.

10 "Así como la lluvia y la nieve bajan del cielo,
y no vuelven allá, sino que empapan la tierra,
la fecundan y la hacen germinar,
y producen la semilla para sembrar
y el pan para comer, *f*
11 así también la palabra que sale de mis labios
no vuelve a mí sin producir efecto,
sino que hace lo que yo quiero
y cumple la orden que le doy. *g*

12 "Ustedes saldrán de allí con alegría,
volverán a su país con paz.
Al verlos, los montes y las colinas
estallarán en cantos de alegría
y todos los árboles del campo aplaudirán.
13 En vez de zarzas crecerán pinos,
en vez de ortigas crecerán arrayanes;
esto hará glorioso el nombre del Señor;
será una señal eterna, indestructible."

III. TERCERA PARTE (56—66)

56 Recompensa de la fidelidad a la alianza

1 El Señor dice:
"Practiquen la justicia, *a*
hagan lo que es recto,
porque pronto voy a llevar a cabo la liberación;
voy a mostrar mi poder salvador.
2 Dichoso el hombre que sigue estos mandatos
y los cumple con fidelidad,
que respeta el sábado *b* y no lo profana,
que tiene buen cuidado
de no hacer nada malo."

3 Si un extranjero *c* se entrega al Señor,
no debe decir:
"El Señor me tendrá separado de su pueblo."
Ni tampoco el eunuco debe decir:
"Yo soy un árbol seco."
4 Porque el Señor dice:
"Si los eunucos *d* respetan mis sábados,
y si cumplen mi voluntad
y se mantienen firmes en mi alianza,
5 yo les daré algo mejor que hijos e hijas;
les concederé que su nombre quede grabado
para siempre
en mi templo, dentro de mis muros;
les daré un nombre eterno,
que nunca será borrado.
6 Y a los extranjeros que se entreguen a mí,
para servirme y amarme,
para ser mis siervos,
si respetan el sábado y no lo profanan
y se mantienen firmes en mi alianza,
7 yo los traeré a mi monte sagrado *e*
y los haré felices en mi casa de oración.
Yo aceptaré en mi altar sus holocaustos y sacrificios,
porque mi casa será declarada
casa de oración para todos los pueblos. *f*
8 Yo haré que vuelvan y se reúnan
los que aún están en el destierro."
Esto lo afirma el Señor,
que hace que vuelvan a reunirse
los israelitas que estaban dispersos. *g*

Reproches a los malos jefes

9 Vengan, fieras salvajes;
vengan, animales del bosque,
a devorar el rebaño;
10 porque los guardianes de mi pueblo *h* están ciegos,
no se dan cuenta de nada.
Todos ellos son perros mudos,
que no pueden ladrar;
se pasan la vida echados y soñando;
les encanta dormir.
11 Son perros hambrientos que nunca se llenan,
son pastores que no entienden nada; *i*
cada uno sigue su propio camino,
solo busca sus propios intereses.
12 Dicen: "Vamos a buscar vino y bebidas fuertes
para emborracharnos.
Y hagamos mañana lo mismo que hoy,
o mucho más aún."

57
1 Los hombres honrados mueren
y nadie se preocupa;
los hombres buenos desaparecen,

---

f **55.10** Cf. 2 Co 9.10.

g **55.10-11** La imagen de la *lluvia* que fecunda la tierra y hace brotar la vegetación es particularmente apropiada para describir la eficacia de la palabra de Dios. Compárese este texto con el de Heb 4.12-13, donde el poder y eficacia de la palabra divina se expresa con la imagen de la espada de doble filo.

a **56.1** *Practiquen la justicia:* La parte final del libro de Isaías (caps. 56—66) insiste de modo especial en la necesidad de practicar la *justicia.* En Is 40—55, se invitaba al pueblo a escuchar la palabra profética que le anunciaba su liberación (Is 42.18; 44.1; 48.1; 51.1). Ahora debe responder a esa acción divina con una conducta apropiada (cf., por ej., Is 58.5-7).

b **56.2** Cf. Ex 20.8-11; Is 58.13-14; Jer 17.19-27.

c **56.3** Los vv. 3-8 atestiguan que en la comunidad de Israel habían surgido dudas acerca de quiénes podían pertenecer al pueblo de Dios. El profeta responde que también el *extranjero* y el *eunuco* (cf. v. 3) pueden ser miembros de ese pueblo si se convierten al verdadero Dios y cumplen sus mandamientos.

d **56.4-5** Antes los *eunucos* habían sido excluidos de la comunidad cultual (Dt 23.1[2]) y del sacerdocio (Lv 21.20). Cf. Sab 3.14.

e **56.7** *Monte sagrado:* Véase Sal 2.6 n.; cf. 15.1.

f **56.7** Cf. Mt 21.13; Mc 11.17; Lc 19.46.

g **56.7-8** Cf. Is 60.1-14.

h **56.10** *Los guardianes de mi pueblo* son los jefes de la comunidad, denunciados aquí por su incompetencia, su holgazanería y su inclinación a los excesos en la comida y en la bebida. Véase Jer 2.8 nota *i.*

i **56.11** Cf. Ez 34.2.

y nadie entiende
que al morir se ven libres de los males
² y entran en la paz.
Habían seguido un camino recto
y ahora descansan en sus tumbas. ᵃ

Contra los cultos idolátricos ᵇ
³ Acérquense ᶜ ustedes, hijos de hechicera, ᵈ
nacidos de un adúltero y una prostituta: ᵉ
⁴ ¿De quién se burlan ustedes?
¿A quién le hacen gestos de desprecio?
¿A quién le enseñan la lengua?
Ustedes son hijos de pecado, gente mentirosa;
⁵ debajo de los robles y de todo árbol frondoso ᶠ
se entregan a actos inmorales,
y sacrifican niños ᵍ junto a los arroyos,
en las grietas de las rocas.
⁶ "Israel,
tú prefieres dar culto a las piedras lisas ʰ del arroyo,
pues allí tienes un lugar destinado para ti.
A ellas les has derramado ofrendas de vino, ⁱ
les has ofrecido cereales.
¿Y después de todo esto voy a sentirme contento?
⁷ En un monte alto y empinado ʲ
pusiste tu cama,
y allá también has subido a ofrecer sacrificios.
⁸ Detrás de la puerta de tu casa
pusiste tus ídolos ᵏ obscenos.
Te olvidaste de mí, te desnudaste
y te acostaste en tu ancha cama;
hiciste tratos con los hombres
con quienes querías acostarte,
y mirabas al ídolo.
⁹ "Corriste hacia el dios Mélec ˡ llevando aceite
y gran cantidad de perfumes;
enviaste mensajeros hasta muy lejos,
los hiciste bajar hasta el reino de la muerte. ᵐ

¹⁰ Te cansaste de tantos viajes,
pero no reconociste que todo era inútil.
Tenías a la mano el sustento,
y por eso no te cansabas.
¹¹ "¿Quiénes son esos dioses que tú temías y honrabas,
para que me fueras infiel
y me olvidaras por completo?
Cuando tú no me honrabas,
yo callaba y disimulaba. ⁿ
¹² Pero voy a denunciar tu conducta,
que tú crees tan perfecta.
¹³ Cuando grites pidiendo auxilio,
tus ídolos no te ayudarán ni te librarán.
A todos ellos se los llevará el viento; ñ
un soplo los hará desaparecer.
En cambio, el que confía en mí
habitará en el país ᵒ
y vivirá en mi monte santo." ᵖ

Castigo y curación de Israel
¹⁴ Entonces se oirá decir:
"Preparen un camino bien llano,
quiten los obstáculos para que pase mi pueblo." ᵠ
¹⁵ Porque el Altísimo,
el que vive para siempre
y cuyo nombre es santo, dice:
"Yo vivo en un lugar alto y sagrado,
pero también estoy con el humilde y afligido,
y le doy ánimo y aliento.
¹⁶ No estaré siempre acusando a mi pueblo,
ni estaré enojado todo el tiempo;
pues haría que los hombres que he creado
perdieran el ánimo ante mí.
¹⁷ A causa del pecado de Israel
estuve enojado un tiempo,
y lo castigué y me aparté de él;
pero él se rebeló y se dejó llevar
de sus caprichos.

ᵃ **57.2** *Descansan en sus tumbas*: lit. *en sus lechos.*

ᵇ **57.3-13** El siguiente pasaje condena algunas prácticas idolátricas que se habían infiltrado entre algunos miembros de la comunidad, como el culto a los árboles sagrados, los sacrificios de niños (v. 5) y ciertos ritos orgiásticos (vv. 7-8). El pasaje concluye con una severa advertencia contra los idólatras y con una promesa de salvación para los que confían en el verdadero Dios (vv. 12-13).

ᶜ **57.3** *Acérquense:* Dios llama a los acusados a comparecer ante el tribunal para escuchar la sentencia condenatoria. Cf. Is 41.1; 45.20; 48.16.

ᵈ **57.3** *Hijos de hechicera:* es decir, todos los que practican la hechicería y otras cosas semejantes, como la magia, la adivinación, la astrología y el espiritismo (cf. 2 Cr 33.6; Is 2.6; Jer 27.9; Miq 5.12[11]).

ᵉ **57.3** *Adúltero... prostituta:* El adulterio y la prostitución expresan simbólicamente la infidelidad al Señor, el esposo de Israel. Véase Jer 2.20 y notas correspondientes; cf. también Os 2.2(4); 4.15.

ᶠ **57.5** *Árbol frondoso:* Cf. Dt 12.2; 1 R 14.23; 2 R 16.4; Jer 2.20.

ᵍ **57.5** La ley mosaica prohibía severamente los sacrificios de *niños* (cf. Lv 18.21; 20.2-5; Dt 12.31; 18.10). Sin embargo, los israelitas los practicaron ocasionalmente, sobre todo en tiempos de crisis (2 R 16.3; 17.17; 21.6; cf. 2 R 3.27). Esta práctica pagana hizo que el valle de Ben-hinom fuera tristemente célebre. Véase Jer 2.23 nota *b.*

ʰ **57.6** *Piedras lisas:* Se trata, sin duda, de piedras erigidas como emblemas sexuales de las divinidades masculinas y relacionadas con el culto de la fertilidad practicado por los pueblos cananeos.

ⁱ **57.6** Acerca de estas *ofrendas o libaciones de vino*, véase Sal 16.4 n.

ʲ **57.7** *Monte alto y empinado:* alusión a los lugares altos. Véanse 1 R 3.2 n.; Jer 2.20 nota *v.*

ᵏ **57.8** *Mirabas al ídolo:* lit. *la mano.* Esta expresión enigmática es probablemente un eufemismo para designar una representación del miembro viril, ante la cual se celebraban los ritos orgiásticos aquí descritos.

ˡ **57.9** *Mélec*, en hebreo, significa *rey.* En el antiguo Oriente se honraba con este título a numerosos dioses paganos.

ᵐ **57.9** *El reino de la muerte:* heb. *sheol.* Véanse Sal 6.5(6) n. y *Reino de la muerte* en el *Índice temático.*

ⁿ **57.11** *Y disimulaba:* según la versión griega (LXX). Heb. *desde la eternidad.*

ñ **57.13** Cf. 1 R 18.26-27.

ᵒ **57.13** Cf. Sal 37.9,11,22,29; Pr 2.21-22; Mt 5.4.

ᵖ **57.13** *Mi monte santo:* Véase Sal 2.6 n.

ᵠ **57.14** Es Is 40.3-4.

¹⁸ He visto su conducta,
 pero lo sanaré y le daré descanso
 y tranquilidad completa.
 Yo consolaré a los tristes,
¹⁹ y diré a todos:
 '¡Paz a los que están lejos,
 y paz a los que están cerca!ʳ
 ¡Yo sanaré a mi pueblo!'
²⁰ Pero los malos son como un mar agitado,
 que no puede calmarse
 y que arroja entre sus olas lodo y suciedad.
²¹ Para los malos no hay bienestar." ˢ
 Dios lo ha dicho.

58 El verdadero ayuno ᵃ

¹ El Señor me dijo:
 "Grita fuertemente, sin miedo,
 alza la voz como una trompeta;
 reprende a mi pueblo por sus culpas,
 al pueblo de Jacob por sus pecados.
² Diariamente me buscan
 y están felices de conocer mis caminos,
 como si fueran un pueblo que hace el bien
 y que no descuida mis leyes;
 me piden leyes justas
 y se muestran felices de acercarse a mí,
³ y, sin embargo, dicen:
 '¿Para qué ayunar, si Dios no lo ve?
 ¿Para qué sacrificarnos, si él no se da cuenta?'
 El día de ayuno ᵇ lo dedican ustedes a hacer negocios
 y a explotar a sus trabajadores;
⁴ el día de ayuno lo pasan en disputas y peleas
 y dando golpes criminales con los puños.
 Un día de ayuno así, no puede lograr
 que yo escuche sus oraciones.
⁵ ¿Creen que el ayuno que me agrada
 consiste en afligirse,
 en agachar la cabeza como un junco
 y en acostarse con ásperas ropas sobre la ceniza?
 ¿Eso es lo que ustedes llaman 'ayuno',
 y 'día agradable al Señor'?
⁶ Pues no lo es.
 El ayuno que a mí me agrada consiste en esto:
 en que rompas las cadenas de la injusticia
 y desates los nudos que aprietan el yugo;
 en que dejes libres a los oprimidos
 y acabes, en fin, con toda tiranía;
⁷ en que compartas tu pan con el hambriento
 y recibas en tu casa al pobre sin techo;

en que vistas al que no tiene ropa
 y no dejes de socorrer a tus semejantes.
⁸ Entonces brillará tu luz como el amanecer
 y tus heridas sanarán muy pronto.
 Tu rectitud irá delante de ti
 y mi gloria te seguirá.
⁹ Entonces, si me llamas, yo te responderé;
 si gritas pidiendo ayuda, yo te diré: 'Aquí estoy.'
 Si haces desaparecer toda opresión,
 si no insultas a otros
 ni les levantas calumnias,
¹⁰ si te das a ti mismo en servicio del hambriento,
 si ayudas al afligido en su necesidad,
 tu luz brillará en la oscuridad,
 tus sombras se convertirán en luz de mediodía.
¹¹ Yo te guiaré continuamente,
 te daré comida abundante en el desierto,
 daré fuerza a tu cuerpo
 y serás como un jardín bien regado,
 como un manantial al que no le falta el agua.
¹² Tu pueblo reconstruirá las viejas ruinas
 y afianzará los cimientos puestos hace siglos.
 Llamarán a tu pueblo
 'reparador de muros caídos',
 'reconstructor de casa en ruinas'.

Sobre el sábado

¹³ "Respeta el sábado; ᶜ
 no te dediques a tus negocios en mi día santo.
 Considera este día como día de alegría,
 como día santo del Señor y digno de honor;
 hónralo no dedicándote a tus asuntos,
 ni buscando tus intereses y haciendo negocios.
¹⁴ Si haces esto, encontrarás tu alegría en mí,
 y yo te llevaré en triunfo sobre las alturas del país
 y te haré gozar de la herencia de tu padre Jacob."
 El Señor mismo lo ha dicho.

59 Culpa y castigo de Israel

¹ El poder del Señor no ha disminuido
 como para no poder salvar, ᵃ
 ni él se ha vuelto tan sordo ᵇ
 como para no poder oír.
² Pero las maldades cometidas por ustedes
 han levantado una barrera entre ustedes y Dios;
 sus pecados han hecho que él se cubra la cara
 y que no los quiera oír.
³ Ustedes tienen las manos manchadas de sangre ᶜ
 y los dedos manchados de crímenes;

ʳ **57.19** Cf. Ef 2.17.
ˢ **57.21** Véase Is 48.22 n.
ᵃ **58.1-12** El siguiente cap. responde a las preguntas formuladas en el v. 3. El pueblo se lamenta de haber ayunado en vano, ya que el Señor no tiene en cuenta los sacrificios realizados. El Señor le hace ver que las prácticas religiosas carecen de valor si no van acompañadas por la justicia y el amor al prójimo. El verdadero ayuno no consiste principalmente en actitudes exteriores (v. 5), sino en la renuncia a la injusticia y en la sincera dedicación al servicio de los demás (cf. vv. 6-7). Cf. Mt 6.16-18; véase Is 56.1 n.
ᵇ **58.3** En los primeros tiempos, la proclamación de un *día de ayuno* estaba reservada para los tiempos de calamidad nacional (cf. Jer 36.9; Jl 1.14; 2.12,15); pero después de la destrucción de Jerusalén en el 587 a.C., se establecieron días fijos para dicha práctica (Zac 7.1-7; 8.19). Cf. Lv 23.27.
ᶜ **58.13-14** Respeta el sábado: Cf. Ex 20.8-11; Is 56.2; Jer 17.19-27.
ᵃ **59.1** *El poder del Señor... salvar:* lit. *la mano del Señor no es demasiado corta para salvar.* Véase Is 50.2 n.
ᵇ **59.1** Sobre el sentido figurado de *sordo,* véase Is 42.18 n.
ᶜ **59.3** Cf. Is 1.15.

sus labios dicen mentiras,
su lengua emite maldad.
⁴ Nadie hace denuncias justas,
ni va a juicio con honradez.
Confían más bien en la mentira ᵈ
y en palabras falsas;
están preñados de maldad
y dan a luz el crimen.
⁵ Incuban huevos de víbora
y tejen telarañas; ᵉ
el que come esos huevos, se muere,
y si uno los aplasta, salen serpientes venenosas.
⁶ Con esas telarañas no se hacen vestidos;
nadie puede vestirse con lo que ellos tejen.
Sus acciones son todas criminales:
sus manos trabajan para hacer violencia,
⁷ sus pies les sirven para correr al mal,
para darse prisa a derramar sangre inocente.
Sus pensamientos se dirigen al crimen,
y a su paso solo dejan destrucción y ruina. ᶠ
⁸ No conocen el camino de la paz,
no hay rectitud en sus acciones.
Los caminos que siguen son torcidos;
los que andan por ellos no encuentran la paz. ᵍ

⁹ Por eso la salvación se ha alejado de nosotros
y la liberación no se nos acerca;
esperábamos la luz, y no hay más que oscuridad;
esperábamos la claridad, y andamos en tinieblas. ʰ
¹⁰ Andamos a tientas, como ciegos junto a una pared,
como si no tuviéramos ojos;
en pleno mediodía tropezamos
   como si fuera de noche;
teniendo salud, estamos como muertos.
¹¹ Todos nosotros gruñimos como osos,
gemimos como palomas; ⁱ
esperamos la salvación, pero no llega;
esperamos la liberación, pero está lejos.
¹² Nosotros te hemos ofendido mucho,
y nuestros propios pecados nos acusan;
tenemos presentes nuestras culpas
y conocemos nuestras maldades.
¹³ Hemos sido rebeldes e infieles al Señor,
no quisimos seguir a nuestro Dios,
hemos hablado de violencia y de traición,
hemos hecho planes para engañar a los demás.
¹⁴ La justicia ha sido despreciada,
la rectitud se mantiene a distancia,
la sinceridad tropieza en la plaza pública
y la honradez no puede presentarse.
¹⁵ La sinceridad ha desaparecido,
y al que se aparta del mal le roban lo que tiene.

El Señor se ha disgustado
al ver que no hay justicia.
¹⁶ El Señor quedó asombrado
al ver que nadie ponía remedio a esto;
entonces actuó con su propio poder,
y él mismo obtuvo la victoria. ʲ
¹⁷ Se cubrió de triunfo como con una coraza,
se puso la salvación como un casco en la cabeza, ᵏ
se vistió de venganza como con una túnica
y se envolvió de ira como con un manto.
¹⁸ El Señor dará a cada cual su merecido;
castigará a sus enemigos.
A quienes lo odian, les dará lo que se merecen;
aun a los que viven en los países del mar.
¹⁹ Todo el mundo, desde oriente hasta occidente,
respetará al Señor, al ver su majestad,
porque él vendrá como un río crecido
movido por un viento poderoso.
²⁰ Vendrá como redentor de Sión
y de todos los descendientes de Jacob
que se arrepientan de sus culpas. ˡ
El Señor lo afirma.

²¹ El Señor dice:
"Yo hago una alianza con ustedes y les prometo
que mi poder y las enseñanzas que les he dado
no se apartarán jamás de ustedes
ni de sus descendientes
por toda la eternidad." ᵐ

60 La gloria de la nueva Jerusalén ᵃ

¹ Levántate, Jerusalén, envuelta en resplandor,
porque ha llegado tu luz ᵇ
y la gloria del Señor brilla sobre ti. ᶜ
² La oscuridad cubre la tierra,
la noche envuelve a las naciones,
pero el Señor brillará sobre ti
y sobre ti aparecerá su gloria.
³ Las naciones vendrán hacia tu luz,
los reyes vendrán hacia el resplandor
de tu amanecer. ᵈ

ᵈ **59.4** La palabra traducida aquí por *mentira* podría referirse a los falsos dioses. Cf. 1 S 12.21; Is 41.29.

ᵉ **59.5** *Incuban... víbora:* Esta metáfora denuncia un modo de proceder lleno de malignidad (Sal 58.4-5[5-6]). Las *telarañas* hacen pensar en algo fugaz y falto de consistencia (Job 8.14-15).

ᶠ **59.7** Cf. Pr 1.16.

ᵍ **59.7-8** Cf. Ro 3.15-17.

ʰ **59.9** El pecado no solo pone una barrera entre el hombre y Dios (cf. v. 2), sino que también retrasa la llegada de la salvación.

ⁱ **59.11** El arrullo de la paloma sugiere la idea de una gran aflicción (cf. Is 38.14; Nah 2.7[8]).

ʲ **59.16** Cf. Is 63.5.

ᵏ **59.17** Sab 5.17-23; Ef 6.17; 1 Ts 5.8.

ˡ **59.20** Citado en Ro 11.26.

ᵐ **59.21** Sobre esa alianza *por toda la eternidad,* véase Jer 31.31 nota y.

ᵃ **60.1-22** El tema predominante en los caps. 60—62 es la futura gloria de Jerusalén. La ciudad santa ha conocido el desprecio y la humillación (cf. 62.4), pero el Señor hará aún más bello su antiguo templo (60.7) y lo convertirá en punto de atracción de todos los pueblos de la tierra. Véase Is 2.1-5n.

ᵇ **60.1** En todo el AT la *luz* es el símbolo de la salvación (Sal 27.1; Is 9.2[1]; 58.8,10). Nótese en los vv. 19-20 esta *luz eterna* se identifica con el mismo Dios (cf. Ap 21.23).

ᶜ **60.1** *La gloria del Señor:* Véase Is 40.5 n.

ᵈ **60.3** Cf. Ap 21.24.

⁴ Levanta los ojos, y mira a tu alrededor:
todos se reúnen y vienen hacia ti. ᵉ
Tus hijos vendrán desde lejos;
tus hijas serán traídas en brazos.

⁵ Tú, al verlos, estarás radiante de alegría,
tu corazón se llenará de gozo;
te traerán los tesoros de los países del mar,
te entregarán las riquezas de las naciones.

⁶ Te verás cubierta de caravanas de camellos
que vienen de Madián y de Efá;
vendrán todos los de Sabá,
cargados de oro y de incienso, ᶠ
y proclamarán las acciones gloriosas del Señor.

⁷ Todos los rebaños de Quedar ᵍ serán para ti;
los carneros de Nebaiot ʰ estarán a tu servicio,
para que los ofrezcas al Señor en su altar
como ofrendas agradables,
y él hará aún más bello su hermoso templo.

⁸ ¿Quiénes son esos que vuelan como nubes,
que van como palomas a sus palomares?

⁹ Son barcos que vienen juntos,
con las naves de Tarsis a la cabeza,
trayendo de lejos a tus hijos,
con su oro y su plata,
en honor de tu Señor, el Dios Santo de Israel,
quien te hizo gloriosa.

¹⁰ Gente extranjera reconstruirá tus murallas,
y sus reyes te servirán;
pues aunque en su ira el Señor te castigó,
ahora en su bondad te ha tenido compasión. ⁱ

¹¹ Tus puertas estarán siempre abiertas;
no se cerrarán de día ni de noche,
para que puedan traerte las riquezas de las naciones ʲ
y entren los reyes con su comitiva.

¹² El país que no te sirva, perecerá;
naciones enteras serán destruidas.

¹³ El Señor dice a Jerusalén:
"Las riquezas del Líbano ᵏ vendrán a ti:
pinos, abetos y cipreses,
para embellecer mi templo,
para dar gloria al lugar donde pongo mis pies.

¹⁴ Los hijos de los que te oprimieron
vendrán a humillarse delante de ti,
y todos los que te despreciaban
se arrodillarán a tus pies ˡ

y te llamarán 'Ciudad del Señor',
'Sión del Dios Santo de Israel'.

¹⁵ Ya no estarás abandonada,
odiada y sola,
sino que yo te haré gloriosa eternamente,
motivo de alegría para siempre.

¹⁶ Las naciones te darán sus mejores alimentos
y los reyes te traerán sus riquezas;
y reconocerás que yo, el Señor, soy tu salvador,
que yo, el Poderoso de Jacob, ᵐ soy tu redentor.

¹⁷ "En vez de bronce te daré oro,
en vez de hierro, plata,
en vez de madera, bronce,
y en vez de piedras, hierro.
Haré que la paz te gobierne
y que la rectitud te dirija.

¹⁸ En tu tierra no se volverá a oír
el ruido de la violencia,
ni volverá a haber destrucción y ruina
en tu territorio,
sino que llamarás a tus murallas 'Salvación'
y a tus puertas 'Alabanza'.

¹⁹ "Ya no necesitarás que el sol te alumbre de día,
ni que la luna te alumbre de noche,
porque yo, el Señor, seré tu luz eterna;
yo, tu Dios, seré tu esplendor. ⁿ

²⁰ Tu sol no se ocultará jamás
ni tu luna perderá su luz,
porque yo, el Señor, seré tu luz eterna;
tus días de luto se acabarán.

²¹ "Todos los de tu pueblo serán gente honrada,
serán dueños de su país por siempre,
retoños de una planta que yo mismo he plantado,
obra que he hecho con mis manos
para mostrar mi gloria.

²² Este puñado tan pequeño se multiplicará por mil;
este pequeño número será una gran nación.
Yo soy el Señor,
yo haré que se realice pronto,
a su debido tiempo."

61 Anuncio de salvación a Israel ᵃ

¹ El espíritu del Señor ᵇ está sobre mí,
porque el Señor me ha consagrado; ᶜ

ᵉ **60.4** Esta parte del v. es una repetición de la primera parte de Is 49.18.
ᶠ **60.6** *Madián:* Véase Ex 2.15 n. *Efá* era una tribu madianita (Gn 25.4; 1 Cr 1.33). *Sabá* se encontraba en la Arabia meridional, en lo que hoy es la región del Yémen, y era famosa por su oro y su incienso (cf. Sal 72.10,15; Jer 6.20; Ez 27.22).
ᵍ **60.7** *Quedar:* Véase Sal 120.5 nota *g;* cf. también Is 42.11; Ez 27.21.
ʰ **60.7** Según Gn 25.13; 1 Cr 1.29 (cf. Gn 28.9; 36.3), *Nebaiot* era el hijo mayor de Ismael. Algunos autores piensan que se trata de los antepasados de los *nabateos,* tribu nómada que tenía su centro en Petra, a unos 80 km. al sudeste del Mar Muerto. Cf. 1 Mac 5.25; 9.35.
ⁱ **60.10** Is 54.7-8; Lm 3.31-33.
ʲ **60.11** Cf. Ap 21.25-26.

ᵏ **60.13** *Las riquezas del Líbano:* lit. *la gloria del Líbano.* Véase Jer 22.6 nota *f.*
ˡ **60.14** Cf. Ap 3.9.
ᵐ **60.16** *El Poderoso de Jacob:* Véase Sal 132.5 n.
ⁿ **60.19** Cf. Ap 21.23; 22.5.
ᵃ **61.1—62.12** El profeta se presenta aquí como el portavoz de Dios, enviado para anunciar a los pobres un mensaje de liberación. El pueblo ha debido sufrir muchos males (cf. 61.7), pero el Señor le devolverá la alegría y establecerá en favor de él una *alianza eterna* (61.8). En 61.10-11, la comunidad responde a este anuncio gozoso con un canto de alabanza.
ᵇ **61.1** *El espíritu del Señor:* Véase Is 42.1 nota *d.*
ᶜ **61.1** *El Señor me ha consagrado:* lit. *me ha ungido.* La unción con el aceite sagrado se utilizaba en el rito de consagración de los

me ha enviado a dar buenas noticias a los pobres,
a aliviar a los afligidos,
a anunciar libertad a los presos,
libertad a los que están en la cárcel; *d*
² a anunciar el año favorable *e* del Señor, *f*
el día en que nuestro Dios
nos vengará de nuestros enemigos.
Me ha enviado a consolar a todos los tristes, *g*
³ a dar a los afligidos de Sión *h*
una corona en vez de ceniza, *i*
perfume de alegría *j* en vez de llanto,
cantos de alabanza en vez de desesperación.
Los llamarán "robles victoriosos",
plantados por el Señor para mostrar su gloria. *k*

⁴ Se reconstruirán las viejas ruinas,
se levantarán los edificios destruidos hace mucho,
y se repararán las ciudades en ruinas.
⁵ Los extranjeros se pondrán a cuidar
los rebaños, los campos y los viñedos de ustedes.
⁶ Y a ustedes los llamarán sacerdotes del Señor,
siervos de nuestro Dios.
Disfrutarán de la riqueza de otras naciones
y se adornarán con el esplendor de ellas.
⁷ Y como mi pueblo ha tenido que sufrir
doble porción de deshonra e insultos,
por eso recibirá en su país
doble porción de riquezas
y gozará de eterna alegría. *l*

⁸ Porque el Señor ama la justicia,
y odia el robo y el crimen. *m*
Él les dará fielmente su recompensa
y hará con ellos una alianza eterna. *n*
⁹ Sus descendientes serán famosos entre las naciones;
todos los que los vean reconocerán
que son un pueblo que el Señor ha bendecido.

¹⁰ ¡Cómo me alegro en el Señor!
Me lleno de gozo en mi Dios, *ñ*
porque me ha brindado su salvación,
¡me ha cubierto de victoria!

Soy como un novio que se pone su corona
o una novia que se adorna con sus joyas. *o*
¹¹ Porque así como nacen las plantas de la tierra
y brotan los retoños en un jardín,
así hará el Señor que brote su victoria
y que todas las naciones entonen cantos de alabanza.

62 ¹ Por amor a ti, Sión, no me quedaré callado;
por amor a ti, Jerusalén, no descansaré
hasta que tu victoria brille como el amanecer
y tu salvación como una antorcha encendida.
² Las naciones verán tu salvación,
todos los reyes verán tu gloria. *a*
Entonces tendrás un nombre nuevo *b*
que el Señor mismo te dará.
³ Tú serás una hermosa corona real
en la mano del Señor tu Dios.
⁴ No volverán a llamarte "Abandonada",
ni a tu tierra le dirán "Destruida",
sino que tu nombre será "Mi predilecta",
y el de tu tierra, "Esposa mía". *c*
Porque tú eres la predilecta del Señor,
y él será como un esposo para tu tierra.
⁵ Porque así como un joven se casa con su novia,
así Dios te tomará por esposa,
te reconstruirá *d* y será feliz contigo,
como es feliz el marido con su esposa.
⁶ Jerusalén, en tus murallas he puesto centinelas *e*
que ni de día ni de noche dejan de decir:
"No se queden callados los que invocan
al Señor,
⁷ no lo dejen descansar
hasta que haya reconstruido a Jerusalén
y haya hecho que todo el mundo la alabe."

⁸ El Señor ha jurado
alzando su poderoso brazo derecho:
"Nunca más permitiré
que tus enemigos se coman tu trigo
ni que los extranjeros se beban el vino
que has hecho con tu trabajo;

---

reyes (véase Sal 2.2 n.) y de los sacerdotes (Ex 29.7; Lv 8.12). Aquí esta expresión se emplea en sentido metafórico, para subrayar la importancia de la misión que *el Señor* ha confiado al profeta.
d 61.1 Cf. Mt 11.5; Lc 7.22.
e 61.2 La liberación de los oprimidos se presenta como un *año* sabático (Ex 21.2; Dt 15.1,12) o un año jubilar (Lv 25.8-16), en los que se perdonaban las deudas y se devolvía la libertad a los esclavos. Véase Jer 34.8 n.
f 61.1-2 Según Lc 4.18-19, Jesús utilizó este texto para definir el sentido y la finalidad de su misión.
g 61.2 Cf. Is 57.18; Mt 5.4.
h 61.3 Los *afligidos de Sión* son los israelitas que a la vuelta del exilio esperaban con ansiedad que se cumplieran plenamente las promesas contenidas en Is 40—55.
i 61.3 *En vez de ceniza:* alusión a la práctica de echarse *ceniza* sobre la cabeza en señal de duelo (2 S 13.19; Est 4.1; Jer 6.26).
j 61.3 *Perfume de alegría:* lit. *óleo* o *aceite de alegría.* Acerca de la costumbre de verter aceite perfumado sobre la cabeza de los huéspedes, véase Sal 23.5 nota *h.* Sobre el uso del *perfume* en los entierros, cf. Jn 19.40; cf. también Jn 12.7.

k 61.3 *Su gloria:* Véase Is 40.5 n.
l 61.7 Cf. Is 40.1-2.
m 61.8 *Y el crimen:* según versiones antiguas. Heb. *con holocausto.*
n 61.8 *Alianza eterna:* Cf. Is 61.8; Jer 32.40; Ez 16.60. Véase también Jer 31.31 nota *y.*
ñ 61.10 Cf. Lc 1.46-47.
o 61.10 Cf. Ap 21.2.
a 62.1-12 En este cap. reaparecen los grandes temas de Is 61—62: la *gloria* futura de Sión, que volverá a ser para siempre la esposa amada del Señor (vv. 1-6); la solicitud constante del Señor, que ya no volverá a permitir que los enemigos opriman a su pueblo (vv. 8-9); el retorno de los israelitas dispersos (vv. 10-11) y los títulos de honor que recibirán el pueblo del Señor y la ciudad de Jerusalén (v. 12).
b 62.2 Cf. Is 1.26; 62.12; Jer 33.16; Ez 48.35.
c 62.4 Cf. Is 60.15; Os 2.23(25).
d 62.5 *Así Dios... te reconstruirá:* traducción probable. Heb. *se casarán contigo tus hijos.*
e 62.6 Cf. Is 52.8; Ez 33.

⁹ sino que ustedes mismos recogerán la cosecha,
se la comerán y me alabarán a mí;
y recogerán las uvas y beberán el vino
en los atrios de mi santo templo."

¹⁰ Salgan, salgan por las puertas,
preparen el camino para mi pueblo.
Construyan con cuidado la calzada
y límpienla de piedras;
levanten la señal para llamar a las naciones.

¹¹ El Señor anuncia esto
hasta el extremo de la tierra:
"Digan a la ciudad de Sión
que ha llegado ya su salvador.
El Señor trae a su pueblo
después de haberlo rescatado." ᶠ

¹² A los israelitas los llamarán "El pueblo santo",
"Los libertados por el Señor",
y a Jerusalén, "La ciudad deseada",
"La ciudad no abandonada".

63 Dios castiga a sus enemigos ᵃ

¹ —¿Quién es ese que viene de Bosrá,
capital de Edom, ᵇ
con su ropa teñida de rojo, ᶜ
que viene vestido espléndidamente
y camina con fuerza terrible?

—Soy yo, que anuncio la victoria
y soy poderoso para salvar.

² —¿Y por qué tienes rojo el vestido,
como si hubieras pisado uvas con los pies? ᵈ

³ —Sí, estuve pisando las uvas yo solo, ᵉ
nadie me ayudó;
lleno de ira pisoteé a mis enemigos,
los aplasté con furor,
y su sangre me salpicó los vestidos
y me manchó toda la ropa. ᶠ

⁴ Yo decidí que un día tendría que hacer justicia;
había llegado el tiempo de libertar a mi pueblo.

⁵ Miré, y no había quien me ayudara;
quedé admirado de que nadie me apoyara.
Mi brazo me dio la victoria
y mi ira me sostuvo. ᵍ

⁶ Lleno de ira aplasté a las naciones,
las destruí con furor
e hice correr su sangre por el suelo. ʰ

Bondad de Dios para Israel

⁷ Yo quiero hablar del amor del Señor,
cantar sus alabanzas
por todo lo que él ha hecho por nosotros,
por su inmensa bondad con la familia
de Israel,
por lo que ha hecho en su bondad
y en su gran amor.

⁸ Él dijo: "Ellos son mi pueblo,
hijos que no habrán de traicionarme."
Y él los salvó

⁹ de todas sus aflicciones.
No fue un enviado suyo quien los salvó;
fue el Señor en persona. ⁱ
Él los libertó por su amor y su misericordia,
los levantó, los tomó en brazos.
Así lo ha hecho siempre.

¹⁰ Pero ellos se rebelaron contra el Señor
y ofendieron su santidad;
por eso se volvió
enemigo de ellos
y les hizo la guerra. ʲ

¹¹ Ellos se acordaron de los tiempos antiguos,
de Moisés ᵏ que libertó a su pueblo,
y se preguntaban:
"¿Dónde está Dios, que salvó del Nilo
a Moisés, pastor de su rebaño?
¿Dónde está el que puso en Moisés
su santo espíritu, ˡ

¹² el que hizo que su glorioso poder
acompañara a Moisés,
el que dividió el mar delante de su pueblo ᵐ
para alcanzar fama eterna,

¹³ el que los hizo pasar por el fondo del mar
sin resbalar,
como caballos por el desierto,

¹⁴ como ganado que baja a la llanura?"
El espíritu del Señor los guiaba. ⁿ
Así condujo a su pueblo
y alcanzó fama y gloria.

ᶠ **62.11** Cf. Is 40.10.

ᵃ **63.1-6** El siguiente poema tiene forma de diálogo: Un guerrero que viene del sur, con las ropas manchadas de sangre, es invitado a revelar su identidad. Él no dice su nombre, pero sus palabras dan a entender que no puede ser otro que el Señor (v. 1), que llega para liberar a su pueblo (v. 4). Sus ropas están salpicadas de sangre, porque ha aplastado a los enemigos de su pueblo como se aplasta la uva para hacer el vino (v. 3).

ᵇ **63.1** *Edom* era un reino vecino de Israel, cuya capital, *Bosrá*, se encontraba a unos 30 km. al sudeste del Mar Muerto (cf. Is 34.6; Jer 49.13,22; Am 1.12). Su hostilidad contra los judíos de Palestina en tiempos del exilio había hecho de él el enemigo por excelencia de Israel (Sal 137.7; Lm 4.21-22). Se menciona aquí, más que como una nación particular, como el representante típico de los adversarios de Dios y de su pueblo.

ᶜ **63.1** Nótese que el nombre de *Edom* se parece a la palabra hebrea que significa *rojo* (*adom*). Además, el nombre de *Bosrá* trae a la memoria la figura del viñador (heb. *bozer*).

ᵈ **63.2** Cf. Gn 49.11.

ᵉ **63.3** Cf. Lm 1.15; Jl 3.13(4.13); Ap 14.20; 19.15.

ᶠ **63.3** Cf. Ap 19.13.

ᵍ **63.5** Cf. Is 59.16.

ʰ **63.1-6** Cf. Is 34.5-17; Jer 49.7-22; Ez 25.12-14; 35.1-15; Am 1.11-12; Abd 1-14; Mal 1.2-5.

ⁱ **63.9** Cf. Dt 32.11-12.

ʲ **63.10** Cf. Dt 32.15-25.

ᵏ **63.11** Cf. Ex 2.1-10.

ˡ **63.11** Cf. Nm 11.24-30.

ᵐ **63.12** Cf. Ex 14.21.

ⁿ **63.14** Cf. Sal 77.20(21).

Oración a Dios para implorar su ayuda
15 Mira, Señor, desde el cielo,
desde el lugar santo y glorioso en que vives.
¿Dónde están tu ardiente amor y tu fuerza?
¿Dónde están tus sentimientos?
¿Se agotó tu misericordia con nosotros?
16 ¡Tú eres nuestro padre!
Aunque Abraham no nos reconozca,
ni Israel se acuerde de nosotros,
tú, Señor, eres nuestro padre;
desde siempre eres nuestro redentor.[ñ]
17 ¿Por qué, Señor,
haces que nos desviemos de tus caminos,
y endureces nuestros corazones
para que no te respetemos?
Cambia ya, por amor a tus siervos
y a las tribus que te pertenecen.
18 ¡Qué poco tiempo tu pueblo santo fue dueño
del país!
Nuestros enemigos han pisoteado tu templo.
19 Estamos como si tú nunca nos hubieras gobernado,
como si nunca hubiéramos llevado tu nombre.

64

1 (63.19b) [a] Ojalá rasgaras el cielo y bajaras
haciendo temblar con tu presencia
las montañas,[b]
2 (1) como cuando el fuego quema las zarzas
o hace hervir el agua.
Entonces tus enemigos conocerían tu nombre
y las naciones temblarían ante ti.
3 (2) Cuando hiciste cosas terribles
que no esperábamos,
cuando bajaste, las montañas temblaron ante ti.
4 (3) Jamás se ha escuchado ni se ha visto
que haya otro dios fuera de ti
que haga tales cosas
en favor de los que en él confían.[c]
5 (4) Tú aceptas a quien hace el bien con alegría
y se acuerda de hacer lo que tú quieres.

Tú estás enojado porque hemos pecado;
desde hace mucho te hemos ofendido.[d]
6 (5) Todos nosotros somos como un hombre impuro;
todas nuestras buenas obras son
como un trapo sucio;
todos hemos caído como hojas marchitas,
y nuestros crímenes nos arrastran como el viento.
7 (6) No hay nadie que te invoque
ni se esfuerce por apoyarse en ti;
por eso te ocultaste de nosotros
y nos has abandonado[e] por causa de nuestra maldad.
8 (7) Sin embargo, Señor, tú eres nuestro padre;
nosotros somos el barro, tú nuestro alfarero;[f]
¡todos fuimos hechos por ti mismo!
9 (8) Señor, no te enojes demasiado
ni te acuerdes siempre de nuestros crímenes.
¡Mira que somos tu pueblo!
10 (9) Tus santas ciudades están convertidas en desierto,
Jerusalén está en ruinas, destruida.
11 (10) Nuestro santuario glorioso,
donde nuestros padres te alababan,
quedó destruido por el fuego.
¡Todo lo que más queríamos está en ruinas!
12 (11) Y ante todo esto, Señor, ¿no vas a hacer nada?
¿Te vas a quedar callado
y vas a humillarnos hasta el extremo?

65

Acusación contra los rebeldes
1 El Señor dice:
"Los que no me habían pedido nada
fueron los que acudieron a mí;
los que no me habían buscado
fueron los que me encontraron.[a]
A un pueblo que no me había invocado
fue al que le dije: 'Aquí estoy.'[b]
2 Todo el día extendí mis manos
para atraer a un pueblo rebelde[c]
que iba por caminos perversos
siguiendo sus propios caprichos;
3 un pueblo que en mi propia cara
me ofendía continuamente;
que ofrecía sacrificios a los dioses en los jardines[d]
y quemaba incienso en altares de ladrillo;[e]
4 que se sentaba entre los sepulcros[f]
y pasaba las noches en sitios escondidos;
que comía carne de cerdo[g]
y llenaba sus ollas de caldos impuros.
5 Dicen: 'Quédate ahí, no me toques;[h]

[ñ] **63.16** Cf. Dt 1.31; Sal 90.1; Is 41.14; Tb 13.4.
[a] **64.1(63.19b)—64.12(11)** Los números entre paréntesis corresponden a la numeración del texto hebreo.
[b] **64.1-3(63.19b—64.2)** Cf. Ex 19.16-18; Jue 5.4-5; Hab 3.3-15.
[c] **64.4(3)** Cf. 1 Co 2.9.
[d] **64.5(4)** *Desde hace mucho te hemos ofendido:* traducción probable. Heb. oscuro.
[e] **64.7(6)** *Y nos has abandonado:* según versiones antiguas. Heb. *nos has hecho derretir.*
[f] **64.8(7)** Cf. Is 29.16; 45.9; Jer 18.1-6; Eclo 33.13; Sab 15.7.
[a] **65.1** Cf. Ro 10.20.
[b] **65.1** Los que no habían *buscado* ni *invocado* al Señor son el *pueblo rebelde* mencionado en el v. 2, es decir, Israel. *Aquí estoy:* Cf. Is 40.9; 58.9.
[c] **65.2** Cf. Ro 10.21.

[d] **65.3** *En los jardines:* Esta expresión alude a los bosques sagrados donde se rendía culto a los dioses de la fertilidad. Cf. Is 66.17-18; Ez 6.13.
[e] **65.3** *Altares de ladrillo:* Probablemente se trata de pequeños *altares* hechos con *ladrillos* y destinados a quemar perfumes en honor de los dioses (cf. Jer 19.13).
[f] **65.4** *Se sentaba entre los sepulcros,* con el fin de ponerse en contacto con los muertos y recibir de ellos alguna revelación (cf. 1 S 28.3-24). La necromancia, o costumbre de consultar a los muertos, estaba severamente prohibida por la ley mosaica (cf. Dt 18.11).
[g] **65.4** Cf. Lv 11.7; Dt 14.8; Is 66.3.
[h] **65.5** Al parecer, estas palabras las pronunciaban los adherentes a ciertos cultos considerados particularmente misteriosos y que requerían una iniciación especial. Se creía que la participación en esos ritos comunicaba una especie de potencia mágica, que se transmitía por contagio y era tan peligrosa para el que la poseía como para el que se acercaba a él. Cf. Ez 44.19; 46.20.

soy demasiado sagrado para que me toques.'
Esa gente es como fuego que arde todo el día;
me molestan como el humo en las narices.
⁶ Pero todo esto está escrito delante de mí,
y no voy a quedarme cruzado de brazos;
voy a darles su merecido,
⁷ tanto por los crímenes de ellos
como por los de sus padres.
Ellos quemaban incienso sobre los montes
y me ofendían en las colinas. *i*
Haré primero la cuenta
y les daré su merecido."
El Señor lo ha dicho.

El Señor promete sus bendiciones

⁸ El Señor dice:
"Cuando las uvas tienen mucho jugo
la gente no las echa a perder,
porque pueden sacar mucho vino.
Así haré yo también por amor a mis siervos:
no destruiré a toda la nación.
⁹ Haré que Jacob tenga descendientes
y que haya gente en Judá que viva
  en mis montañas.
Mis elegidos poseerán la tierra,
mis servidores vivirán allí.
¹⁰ El valle de Sarón *j* se llenará de rebaños
y en el valle de Acor *k* pastará el ganado
que tendrá el pueblo que me busca.
¹¹ Pero a ustedes que se apartan del Señor
y se olvidan de mi monte santo,
que ofrecen comida y vino
a Gad y Mení, dioses de la fortuna, *l*
¹² mala fortuna les espera:
los haré morir a filo de espada.
Porque yo los llamé y ustedes no respondieron;
les hablé y no me escucharon;
hicieron lo que yo no apruebo,
escogieron lo que a mí me disgusta." *m*

¹³ Por eso, el Señor dice:
"Mis servidores tendrán de comer,
pero ustedes sufrirán hambre;
ellos tendrán de beber,
pero ustedes sufrirán sed;
ellos se alegrarán,
pero ustedes quedarán en ridículo;
¹⁴ ellos cantarán de alegría
por el gozo de su corazón,
pero ustedes gritarán y llorarán
por la tristeza y la aflicción.
¹⁵ Mis elegidos usarán el nombre de ustedes
para maldecir y desear la muerte a otros,
pero a mis siervos les cambiaré de nombre.
¹⁶ Cualquiera que en el país pida una bendición,
la pedirá al Dios fiel;
y cualquiera que en el país haga un juramento,
jurará por el Dios fiel.
Las aflicciones anteriores han quedado olvidadas,
han desaparecido de mi vista.

¹⁷ "Miren, yo voy a crear
un cielo nuevo y una tierra nueva. *n*
Lo pasado quedará olvidado,
nadie se volverá a acordar de ello.
¹⁸ Llénense de gozo y alegría para siempre
por lo que voy a crear,
porque voy a crear una Jerusalén feliz
y un pueblo contento que viva en ella.
¹⁹ Yo mismo me alegraré por Jerusalén
y sentiré gozo por mi pueblo.
En ella no se volverá a oír llanto
ni gritos de angustia. *ñ*
²⁰ Allí no habrá niños que mueran
  a los pocos días,
ni ancianos que no completen su vida.
Morir a los cien años será morir joven,
y no llegar a los cien años será una maldición.
²¹ La gente construirá casas y vivirá en ellas,
sembrará viñedos y comerá sus uvas. *o*
²² No sucederá que uno construya y otro viva allí,
o que uno siembre y otro se aproveche.
Mi pueblo tendrá una vida larga,
  como la de un árbol;
mis elegidos disfrutarán del trabajo
  de sus manos.
²³ No trabajarán en vano
ni tendrán hijos que mueran antes de tiempo,
porque ellos son descendientes
de los que el Señor ha bendecido,
y lo mismo serán sus descendientes.
²⁴ Antes que ellos me llamen,
yo les responderé;
antes que terminen de hablar,
yo los escucharé.
²⁵ El lobo y el cordero comerán juntos,
el león comerá pasto, como el buey,
y la serpiente se alimentará de tierra. *p*

---

i **65.7** *En las colinas:* Véanse 1 R 3.2 n.; Is 57.7 n.; Jer 2.20 nota v.
j **65.10** *Sarón,* llanura situada al sur del monte Carmelo, sobre la costa del Mediterráneo. Cf. Jos 12.18; Cnt 2.1.
k **65.10** El *valle de Acor* se encuentra entre Jerusalén y Jericó (cf. Jos 7.24; 15.7). *Acor,* en hebreo, significa *desgracia;* pero el profeta Oseas había anunciado que el valle de ese nombre se convertiría en puerta de esperanza. Cf. Os 2.15(17).
l **65.11** *Gad* y *Mení* eran dioses venerados por los cananeos. El nombre del primero significa *suerte* y el del segundo, *repartición,* términos que corresponden aprox. a los conceptos de *destino* y *fortuna.*
m **65.12** Cf. Is 66.4; Jer 7.13.
n **65.17** El nuevo éxodo anunciado en Is 43.14-21 y la completa transformación de los seres humanos (cf. Is 65.18) llegarán a su plenitud con la creación de *un cielo nuevo y una tierra nueva.* Este universo renovado será la culminación de la obra creadora de Dios (cf. Gn 1.1—2.4a), y en él no habrá lugar para el pecado y el mal, sino que *todo será justo y bueno* (2 P 3.13; cf. Is 66.22; Ap 21.1).
ñ **65.19** Cf. Ap 21.4.
o **65.21** Cf. Jer 31.5; Am 9.14.
p **65.25** Cf. Gn 3.14.

En todo mi monte santo
no habrá quien haga ningún daño." ^{q}
El Señor lo ha dicho.

66 Contra el culto falso
1 El Señor dice:
"El cielo es mi trono ^{a}
y la tierra es el estrado de mis pies. ^{b}
¿Dónde podrán construirme una casa?
¿Dónde podrán hacerme un lugar de descanso?
2 ¡Yo mismo hice todas estas cosas,
y así empezaron a existir! ^{c}
Yo, el Señor, lo afirmo.

"El hombre en quien yo me fijo
es el pobre y afligido
que respeta mi palabra.
3 Pero hay quienes sacrifican un toro,
y también matan a un hombre;
degüellan una oveja,
y también desnucan un perro;
ofrecen cereales, y también la sangre
de un cerdo;
queman incienso, y también adoran a un ídolo.
A los que escogieron esos ritos detestables,
les encanta hacer todo esto. ^{d}
4 Yo también escogeré el sufrimiento para ellos,
y les traeré lo que ellos tanto temen.
Porque llamé y nadie me respondió,
hablé y nadie me escuchó;
hicieron lo que yo no apruebo,
escogieron lo que a mí me disgusta." ^{e}

Juicio y liberación
5 Escuchen la palabra del Señor,
ustedes que respetan su palabra:
"Algunos compatriotas de ustedes,
que los odian,
que los persiguen porque invocan mi nombre,
dicen:
'Que el Señor muestre su gloria;
queremos verlos alegres.'
Pero ellos quedarán en ridículo.
6 Ese estruendo que viene de la ciudad,
ese ruido que viene del templo,
es el ruido que hace el Señor
al dar su merecido a sus enemigos. ^{f}

7 "Sión dio a luz en un momento,
antes de sentir los dolores del parto. ^{g}
8 ¿Quién ha oído decir algo parecido?
¿Quién ha visto algo semejante?
¿Nace una nación en un solo día?
¿Nace un pueblo en un momento?
Pero cuando Sión comenzó a sentir los dolores,
en seguida dio a luz a sus hijos.
9 ¿Cómo iba yo a impedir el nacimiento,
si yo soy quien hace dar a luz?"
El Señor tu Dios lo ha dicho.

10 "Alégrense con Jerusalén,
llénense de gozo con ella todos los que la aman;
únanse a su alegría
todos los que han llorado por ella;
11 y ella, como una madre,
los alimentará de sus consuelos
hasta que queden satisfechos.
12 Porque yo, el Señor, digo:
Yo haré que la paz venga sobre ella
como un río,
y las riquezas de las naciones
como un torrente desbordado.
Ella los alimentará a ustedes,
los llevará en sus brazos
y los acariciará sobre sus rodillas.
13 Como una madre consuela a su hijo,
así los consolaré yo a ustedes,
y encontrarán el consuelo en Jerusalén."

14 Cuando ustedes vean esto,
su corazón se alegrará;
su cuerpo se renovará como la hierba.
El Señor dará a conocer su poder
entre sus siervos,
y su ira entre sus enemigos.
15 Porque el Señor llega en medio de fuego,
sus carros parecen un torbellino;
va a descargar el ardor de su ira
y las llamas ardientes de su castigo.
16 Sí, el Señor va a hacer el juicio con fuego,
va a juzgar a todo el mundo con su espada
y hará morir a muchos.

17-18 El Señor afirma:
"Los que se consagran y purifican
para el culto pagano en los jardines ^{h}
siguiendo a uno que va en medio,
los que comen carne de cerdo, de rata
o de otros animales impuros,
serán exterminados de una sola vez,
porque yo conozco sus acciones
y sus pensamientos.

"Entonces vendré ^{i} yo mismo
a reunir a todos los pueblos y naciones,
y vendrán y verán mi gloria.
19 Yo les daré una señal:

---

^{q} **65.25** Cf. Is 11.6-9.
^{a} **66.1** Cf. Sal 11.4; Mt 5.34; 23.22.
^{b} **66.1** Cf. Mt 5.35.
^{c} **66.1-2** Cf. Hch 7.49-50.
^{d} **66.3** Aquí se establece una contraposición entre algunos actos de culto prescritos por la ley de Moisés y ciertas prácticas idolátricas, hechas en honor de los falsos dioses. La contaminación del culto al verdadero Dios con *esos ritos detestables* es objeto de severa condena. Cf. Is 65.2-7.
^{e} **66.4** Cf. Is 65.12; Jer 7.13.
^{f} **66.6** Cf. Ap 16.17.
^{g} **66.7** Cf. Ap 12.5.
^{h} **66.17-18** *En los jardines:* Véase Is 65.3 nota *d*.
^{i} **66.17-18** *Vendré:* según versiones antiguas. Heb. *ella viene.*

dejaré que escapen algunos
y los enviaré a las naciones:
a Tarsis, a Libia,
a Lidia, país donde saben manejar el arco,
a Tubal,[j] a Grecia[k]
y a los lejanos países del mar,
que nunca han oído hablar de mí
ni han visto mi gloria;
ellos anunciarán mi gloria entre las naciones.
²⁰ Harán venir de todas las naciones
a todos los compatriotas de ustedes,
a caballo, en carros, en literas,
en mulas y en camellos.
Serán una ofrenda para mí
en Jerusalén, mi monte santo,
como las ofrendas que traen los israelitas
en vasos limpios a mi templo.
Yo, el Señor, lo he dicho.
²¹ "A algunos de ellos los elegiré
para que sean sacerdotes y levitas.
Yo, el Señor, lo he dicho."

²² También afirma el Señor:
"Así como el nuevo cielo y la nueva tierra[l]
que yo voy a crear
durarán para siempre,
así también durarán tus descendientes
y tu nombre.[m]
²³ Y cada mes, en el día de la luna nueva,
y cada semana, en el sábado,
todos los hombres vendrán a postrarse
delante de mí.
Yo, el Señor, lo he dicho.
²⁴ "Vendrán y verán los cadáveres de los hombres
que se rebelaron contra mí.
Los gusanos que se los comen no morirán,
y el fuego que los devora no se apagará.[n]
¡Serán algo repugnante
para toda la humanidad!"

[j] **66.19** *Tarsis:* Véase Sal 48.7(8) n.; *Libia:* según una versión antigua. Heb. *Put* (véase Jer 46.9 nota *g*); *Lidia:* región de Asia Menor. Véase *Índice de mapas*; *Tubal:* región al sur del Mar Negro (cf. Gn 10.2). Véase *Índice de mapas*.

[k] **66.19** *Grecia:* lit. *Javán*, nombre bíblico de la antigua *Jonia*, es decir, del conjunto de ciudades griegas situadas al oeste de Asia Menor (cf. Gn 10.2-4). Véanse Dn 8.21 n. y *Grecia* en el *Índice de mapas*.

[l] **66.22** Cf. Is 65.17; 2 P 3.13; Ap 21.1.

[m] **66.22** Cf. Jer 31.35-36.

[n] **66.24** Cf. Jdt 16.17; Mc 9.48.

Jeremías

Jeremías, oriundo de Anatot, una aldea situada a unos 5 km. al nordeste de Jerusalén, pertenecía a una familia sacerdotal, pero cuando era todavía muy joven, Dios lo llamó a ejercer la misión profética (Jer 1.1-2). En esa época, Asiria estaba llegando a su ocaso y Babilonia aún no había empezado a someter los territorios que se habían liberado de la dominación asiria. Ayudado por esas circunstancias externas favorables, el rey Josías de Judá empezó a promover su reforma religiosa y a desarrollar una política independiente (véase 2 Cr 34.3 n.). Pero este proceso de restauración quedó trágicamente interrumpido por la muerte del joven rey en Meguido, en el año 609 a.C. (2 R 23.29-30). Los reyes que le sucedieron en el trono, mal asesorados por sus funcionarios, cometieron un desacierto tras otro, y el resultado final de la desintegración política y moral fue la destrucción de Jerusalén en el 587 a.C.

Desde el momento en que Jeremías llegó a Jerusalén, hasta su muerte en Egipto, transcurrieron unos cuarenta años. En ese tiempo, el panorama político del Oriente próximo cambió radicalmente. Nínive, la orgullosa capital de Asiria, fue destruida en el 612 a.C. (cf. Nah 1—3). Egipto trató de aprovecharse de aquel momentáneo vacío de poder, pero su intento terminó en fracaso. En cambio, la victoria de Carquemis aseguró la supremacía de Nabucodonosor, rey de Babilonia, quien no tardó mucho tiempo en someter los territorios vecinos (véanse Jer 25.12 n.; 46.2 nota *c*). El peso de esta dominación se hizo sentir también en el reino de Judá, que hasta el momento de su caída se vio internamente dividido por dos corrientes contrarias: unos aceptaban someterse, al menos temporalmente, al yugo de Babilonia; otros, los nacionalistas a ultranza, opusieron una obstinada resistencia a la potencia dominadora. Jeremías, como profeta del Señor, tuvo que tomar partido frente a los acontecimientos de su época (cf. 27.6-8), y esta firme toma de posición le ocasionó innumerables padecimientos (cf. 38.1-37).

Con sus 52 capítulos, el libro de *Jeremías* (=Jer) es una de las colecciones más extensas de escritos proféticos. Por tanto, para facilitar la lectura es conveniente tener una idea de cómo están agrupados los textos en las distintas secciones.

Los caps. 1—25 son en su mayoría poéticos y corresponden a la predicación de Jeremías en las dos primeras décadas de su actividad profética. En esa etapa, su principal preocupación fue lograr que Israel tomara conciencia de sus pecados. De ahí la insistencia con que el profeta denuncia la mentira, la violencia, la injusticia con el prójimo, la dureza de corazón (11.8; 16.12) y, sobre todo, el pecado que está en la raíz de todos estos males: el abandono de Dios (2.13; 9.3[2] nota *f*). En lugar de mantenerse fiel al Señor, que lo había liberado de la esclavitud en Egipto, el pueblo le dio la espalda (2.27; 7.24), lo abandonó (2.19) y se prostituyó sirviendo a otros dioses (3.1; 13.10). Esta infidelidad a la alianza debía traer como consecuencia inevitable el juicio divino. Por eso, al mismo tiempo que condenaba la gravedad del pecado y llamaba a la conversión, Jeremías anunció la inminencia del desastre, y hasta se atrevió a predecir públicamente la destrucción del templo de Jerusalén (7.14).

Esta predicación de Jeremías, especialmente después de la muerte del rey Josías, encontró una resistencia cada vez más obstinada de parte de sus compatriotas (cf. 11.18-19). El pueblo y sus gobernantes no atinaban a encontrar el verdadero camino, y ni siquiera eran capaces de reaccionar cuando la voz de los profetas los llamaba a la reflexión. La experiencia de este rechazo, repetida una y otra vez, hizo que Jeremías se interrogara dolorosamente sobre el porqué de aquella resistencia a la palabra de Dios, y sus conclusiones fueron francamente pesimistas: el corazón humano es duro y rebelde (5.23), y el pecado está grabado en él *con cincel de hierro* y *punta de diamante* (17.1). La *cigüeña* conoce el curso de las estaciones, pero Israel no comprende el mandato del Señor (8.7). Y así como el *leopardo* no puede sacarse las *manchas* de la piel, así tampoco los habitantes de Judá, demasiado habituados al mal, eran capaces de hacer lo que es bueno (13.23).

La expresión más conmovedora de estas dolorosas experiencias son las llamadas "Confesiones de Jeremías", que se encuentran diseminadas en esta sección (véase 11.18—12.6 n.). La lectura de esos pasajes, que tienen algunas semejanzas con los Salmos de lamentación, deja entrever la sinceridad y profundidad del diálogo que el profeta mantuvo con el Señor en sus momentos de crisis. Jeremías expresa su decepción y amargura por los innumerables sufrimientos que le había reportado el cumplimiento de su misión, y las respuestas que le da el Señor resultan a primera vista desconcertantes: unas veces le responde con nuevas preguntas, otras le da a entender que las pruebas aún no han terminado y que deberá afrontar otras todavía más duras. Así el Señor le fue revelando poco a poco que el sufrimiento por la fidelidad a la Palabra es inseparable del ministerio profético.

La sección comprendida por los caps. 26—45 está redactada predominantemente en prosa. Allí se narran varios incidentes de la vida del profeta, y en medio de los relatos se insertan algunos resúmenes de su predicación. Estos caps. muestran la oposición de que fue objeto y la tenacidad con que se mantuvo fiel a su misión. También hay referencias a Baruc, el fiel compañero y secretario de Jeremías. Tales referencias ofrecen datos importantes para reconstruir el proceso en que fue redactado este libro profético (cf. 36.1-4, 27-32).

Pero Jeremías no fue enviado solamente para *arrancar y derribar*, sino también para *construir y plantar* (1.10). Por eso, esta serie de relatos se interrumpe con varias promesas de salvación, que forman lo que se ha dado en llamar "el libro de la consolación" o "de la esperanza" (caps. 30—33). La ubicación de estos anuncios en el conjunto del libro es muy significativa, porque tienen como contexto inmediato los relatos que evocan el asedio de Jerusalén por el ejército de Babilonia y la situación dolorosa del profeta. Así se pone de manifiesto que aun en medio de la desgracia, el pueblo debía seguir confiando en la misericordia del Señor.

Entre estas promesas de salvación se destaca el anuncio de la *nueva alianza:* Dios va a restablecer su lazo de unión con Israel, que había sido roto por los pecados del pueblo; pero esa nueva alianza no será como la antigua, ya que el Señor no grabará su ley sobre tablas de piedra, como lo había hecho en el monte Sinaí, sino que la escribirá en los corazones, produciendo así en el interior de cada uno la capacidad de conocer a Dios y de serle fiel (31.31-34). Este anuncio de la nueva alianza, que tuvo una gran repercusión en el NT (cf. Mt 26.28; Heb 8.7-13), era la respuesta a las afirmaciones de Jeremías sobre la dureza del corazón humano: Dios tiene que transformarlo radicalmente, porque de lo contrario el pueblo no sería capaz de dar el primer paso.

Como otros escritos proféticos, el libro de Jeremías contiene también una serie de mensajes contra las naciones paganas (caps. 46—51), cuya introducción se encuentra en 25.15-38. Jeremías, en efecto, había sido constituido *profeta de las naciones* (1.5), y si bien debió hablar, ante todo, a los habitantes de Judá y de Jerusalén, tuvo que hacerlo en un contexto donde los pueblos vecinos de Israel desempeñaban un papel importante (cf. 27.1-3). Además, en todos estos pasajes se pone de relieve una misma convicción: el Dios de Israel es el Señor de la historia; su señorío no se limita al pueblo elegido, sino que se extiende más allá de las fronteras de Israel. Hay que notar, asimismo, que los mensajes contra las naciones extranjeras también contienen anuncios de salvación para algunas de ellas (46.26; 48.47; 49.6; 49.39).

Por último, el cap. 52 reproduce con algunas variantes el relato de 2 R 24.18—25.30 sobre la caída de Jerusalén. Así queda demostrado que Jeremías era un verdadero profeta, ya que el Señor dio pleno cumplimiento a sus anuncios (cf. Dt 18.21-22).

El siguiente esquema presenta una visión global de este libro profético:

    I. Mensajes proféticos sobre Judá y Jerusalén (1—25)
    II. Relatos biográficos y anuncios de salvación (26—45)
    III. Mensajes contra las naciones extranjeras (46—51)
    IV. Apéndice histórico: la caída de Jerusalén (52.1-34)

I. MENSAJES PROFÉTICOS SOBRE JUDÁ Y JERUSALÉN
(1—25)

1 *Introducción* [a] **1** Dichos y hechos [b] de Jeremías, hijo de Hilquías. [c] Jeremías pertenecía a una familia de sacerdotes que vivían en el pueblo de Anatot, [d] en la región de la tribu de Benjamín. [e] **2** El Señor le habló a Jeremías cuando Josías, hijo de Amón, estaba en el año trece de su reinado en Judá. [f] **3** También le habló durante el tiempo en que Joaquim, hijo de Josías, era rey de Judá, y hasta que Sedequías, [g] también hijo de Josías, cumplió once años como rey de Judá; es decir, hasta el quinto mes de aquel año, cuando los habitantes de Jerusalén fueron llevados al destierro. [h]

El Señor llama a Jeremías [i]

4 El Señor se dirigió a mí, y me dijo:
5 "Antes de darte la vida, [j] ya te había yo escogido; [k]
antes de que nacieras, ya te había yo apartado; [l]
te había destinado a ser profeta de las naciones." [m]

6 Yo contesté:
"¡Ay, Señor! ¡Yo soy muy joven y no sé hablar!" [n]

7 Pero el Señor me dijo:
"No digas que eres muy joven.
Tú irás a donde yo te mande,
y dirás lo que yo te ordene. [ñ]
8 No tengas miedo de nadie,
pues yo estaré contigo [o] para protegerte.
Yo, el Señor, doy mi palabra." [p]

9 Entonces el Señor extendió la mano, me tocó los labios y me dijo:
10 "Yo pongo mis palabras en tus labios. [q]
Hoy te doy plena autoridad
sobre reinos y naciones,
para arrancar y derribar,
para destruir y demoler,
y también para construir y plantar." [r]

11 El Señor se dirigió a mí, y me dijo:
"Jeremías, ¿qué es lo que ves?" [s]

---

[a] 1.1-3 Acerca de estos primeros vv., que sirven de encabezamiento a todo el libro, véase Is 1.1 nota *b*.

[b] 1.1 *Dichos y hechos:* Esta expresión traduce un vocablo hebreo que habitualmente significa *palabras,* pero que en determinados contextos se refiere a *sucesos* o *acontecimientos.* El libro de Jeremías no contiene solamente *dichos* o palabras del profeta, sino también numerosos relatos de carácter biográfico.

[c] 1.1 *Hilquías,* el padre de Jeremías, no es el sacerdote del mismo nombre que encontró el *libro de la ley* en el templo de Jerusalén, en el año 622 a.C. (2 R 22.8).

[d] 1.1 *Anatot* era una población situada a unos 5 km. al nordeste de Jerusalén y se menciona en la lista de las ciudades levíticas (Jos 21.13-18). Los *sacerdotes* de Anatot estaban sin duda emparentados con Abiatar, uno de los sacerdotes de David (cf. 1 S 22.20-23), que fue expulsado de Jerusalén por el rey Salomón (cf. 1 R 2.26-27). Además, los miembros de esta familia sacerdotal eran probablemente descendientes de Elí, el sacerdote del antiguo santuario de Siló. Véanse 1 S 2.33 n. e *Índice de mapas.*

[e] 1.1 *En la región de la tribu de Benjamín:* Véase Jos 18.11 n.

[f] 1.2 Jer 25.3. *Josías* reinó en Judá entre los años 640 y 609 a.C., de manera que el año *trece* de su reinado correspondió al año 627 a.C. Cf. 2 R 22.1—23.30; 2 Cr 34—35.

[g] 1.3 Acerca de los reyes *Joaquim* y *Sedequías,* cf. 2 R 23.36—25.7, y véanse Jer 22.30 n.; 26.1 nota *b;* 27.1 nota *c.*

[h] 1.3 Este *destierro* de los habitantes de Judá a Babilonia tuvo lugar en el año 586 a.C. (cf. 2 R 25.8-21). Jeremías no integró la caravana de los deportados (cf. Jer 40.1-6), sino que después de la destrucción de Jerusalén siguió ejerciendo una importante actividad entre sus compatriotas que no fueron condenados al exilio. Acerca de esta última etapa de su actividad profética, cf. Jer 42—44.

[i] 1.4-10 Compárese el siguiente relato de vocación al profetismo con otros semejantes, como los de Ex 3—4; 1 S 3; 1 R 19.19-21; Is 6; Ez 2—3. En comparación con la solemne grandiosidad de estos últimos, el relato de la vocación de Jeremías se destaca por su sencillez y simplicidad.

[j] 1.5 *Antes de darte la vida:* lit. *antes de formarte en el vientre materno* (Job 10.8-12; Sal 139.13-16; Sab 7.1; 2 Mac 7.22-23; cf. Jer 18.6). En realidad, el Señor no llama a Jeremías para invitarlo a ejercer la misión profética; le informa, más bien, que él le ha dado la vida con la expresa finalidad de hacer de él un profeta.

[k] 1.5 *Escogido:* lit. *conocido,* en el sentido bíblico del verbo *conocer,* que implica casi siempre una relación muy íntima y personal (cf. Jn 10.3-4,14-15) y en algunos contextos, como en el caso presente, incluye la idea de discernimiento y elección. Véase Am 3.2 nota *b.*

[l] 1.5 *Te había yo apartado:* Esta expresión traduce un verbo hebreo que significa *consagrar,* que pone en este contexto sugiere la idea de ser predestinado y puesto aparte para el cumplimiento de una misión. Cf. Is 49.1,5; Gl 1.15-16.

[m] 1.5 Para llevar a cabo su misión, Jeremías tendrá que ocuparse de *naciones* distintas de Israel (cf. Jer 25.15-38; 27; 46—51), lo mismo que otros profetas, como Amós (caps. 1—2), Isaías (caps. 13—23) y Ezequiel (caps. 25—32).

[n] 1.6 Jeremías no quiere decir, como Moisés, que él es *torpe para hablar* (Ex 4.10; 6.12), sino que aún no tiene la edad requerida para participar activamente en la vida pública. En el antiguo Israel, era muy apreciada la sabiduría de los ancianos y las personas de poca edad debían guardar silencio en presencia de los mayores (cf. Job 32.4,6); por eso Jeremías objeta que sus palabras, por ser las de alguien demasiado *joven,* carecerían de autoridad.

[ñ] 1.7 El Señor no acepta la objeción, porque él tiene poder para hacer oír su palabra por medio de quien él quiere. Cf. Ex 4.11-12; véase Jue 6.15 n.

[o] 1.8 *Yo estaré contigo:* Véanse las referencias en Ex 3.12 nota *j.*

[p] 1.8 *Yo, el Señor, doy mi palabra:* Esta frase corresponde a una expresión hebrea que en otras versiones suele traducirse por *oráculo del Señor.* El oráculo es una forma literaria característica de los escritos proféticos, que expresa de manera concisa, y por lo general en lenguaje poético, el mensaje que el profeta debe transmitir como portavoz del Señor.

[q] 1.9-10 *Yo pongo mis palabras en tus labios:* Cf. Dt 18.18, donde casi con estos mismos términos el Señor promete que nunca dejará de enviar a su pueblo profetas como Moisés. Así se pone de manifiesto que Jeremías se sitúa en la corriente profética inaugurada por el libertador de Israel (cf. Dt 34.10).

[r] 1.10 Estos verbos especifican la misión que deberá cumplir Jeremías. La desproporción entre los cuatro primeros, de carácter negativo, y los dos últimos, de contenido positivo, da a entender que su misión consistirá principalmente en anunciar el juicio de Dios sobre el pueblo pecador. Pero en su mensaje habrá también anuncios de salvación (cf. caps. 30—33). Estos mismos verbos se encuentran también, total o parcialmente, en 18.7-9; 24.6; 31.28; 42.10; 45.4.

[s] 1.11-19 Dos visiones cargadas de simbolismo completan el relato de la vocación de Jeremías. La primera (vv. 11-12) se refiere a la eficacia de la palabra de Dios, que el profeta debe proclamar; la segunda (vv. 13-15) tiene que ver con el contenido de esa palabra, es decir, con el mensaje que ella anuncia. En ambos casos, la revelación divina llega a través de dos objetos familiares y cotidianos, como son una rama de almendro o una olla que hierve sobre el fuego.

"Veo una rama de almendro",[t] —contesté.
¹² "Tienes razón —me dijo el Señor—.
En efecto, voy a estar atento
a que mis palabras se cumplan."

¹³ El Señor se dirigió a mí por segunda vez:
"¿Qué es lo que ves?" —me preguntó.
"Veo una olla hirviendo,
a punto de derramarse desde el norte"[u]
—contesté.

¹⁴ Entonces el Señor me dijo:
"Desde el norte va a derramarse la calamidad
sobre todos los habitantes de este país.
¹⁵ Yo, el Señor, les aseguro
que voy a llamar a todos los reinos del norte.
Vendrán sus reyes
y pondrán sus tronos
a la entrada misma de Jerusalén,
frente a todas las murallas que la rodean
y frente a todas las ciudades de Judá.[v]
¹⁶ Este es el castigo que voy a decretar
contra esos pecadores que me abandonaron,
que quemaron incienso y adoraron
a dioses extranjeros que ellos mismos hicieron.
¹⁷ Y tú, ármate de valor;
ve y diles todo lo que yo te mande.
No les tengas miedo, porque de otra manera
yo te haré temblar delante de ellos.
¹⁸ Yo te pongo hoy
como ciudad fortificada,
como columna de hierro,
como muralla de bronce,[w]
para que te enfrentes a todo el país de Judá:
a sus reyes, jefes y sacerdotes,
y al pueblo en general.[x]
¹⁹ Ellos te harán la guerra, pero no te vencerán

porque yo estaré contigo para protegerte.
Yo, el Señor, doy mi palabra."

2 Infidelidad de Israel[a]

¹ El Señor se dirigió a mí, y me dijo:
² "Ve y habla a la ciudad de Jerusalén;
grita para que lo oiga bien:
'¡Así dice el Señor!
Recuerdo que cuando eras joven, me eras fiel,
que cuando te hice mi esposa,[b] me amabas
y me seguiste a través del desierto,[c]
tierra en que nada se cultiva.'[d]
³ Israel estaba consagrada a mí,
era lo mejor de mi cosecha.[e]
Si alguien le hacía daño, yo lo castigaba
enviándole calamidades.
Yo, el Señor, lo afirmo."

⁴ Descendientes de Jacob, familias todas de Israel, escuchen la palabra del Señor. ⁵ El Señor les dice:

"¿Qué de malo encontraron en mí sus antepasados,
que se alejaron de mí?
Se fueron tras dioses que no son nada,
y en nada se convirtieron ellos mismos.
⁶ No se preocuparon por buscarme a mí,
que los saqué de Egipto,
que los guié por el desierto,
tierra seca y llena de barrancos,
tierra sin agua, llena de peligros,
tierra donde nadie vive, por donde nadie pasa.[f]
⁷ Yo los traje a esta tierra fértil,
para que comieran de sus frutos
y de sus mejores productos.
Pero ustedes vinieron y profanaron mi tierra,
me hicieron sentir asco de este país,
de mi propiedad.[g]

---

[t] **1.11-12** La *rama de almendro* es la primera que florece, anticipándose a la primavera, y por eso en hebreo se llama *shaqued* (vigilante). Del mismo modo, el Señor está *atento* (v. 12) o *vigila* (*shoqued*) para que su palabra no deje de cumplirse. Cf. Is 55.10-11; Ez 12.28.

[u] **1.13** La *olla hirviendo* está inclinada y a punto de volcarse de *norte* a sur, es decir, en dirección a Jerusalén y Judá.

[v] **1.14-15** Jer 4.6; 6.1; 13.20. Todavía no se especifica quién es el enemigo que viene *del norte*, pero más adelante va a quedar claro que se trata del imperio neobabilónico. Este imperio, sobre todo bajo el reinado de Nabucodonosor, dominó la política del antiguo Oriente a fines del siglo VII a.C. y a comienzos del VI. Cf. Jer 27.6-11.

[w] **1.18** Jer 15.20.

[x] **1.18** *Al pueblo en general:* lit. *al pueblo del país.* Con esta expresión se designaba, antes del exilio, no tanto al conjunto de la población sino a los ciudadanos que gozaban de plenos derechos cívicos y que tenían, además, determinadas obligaciones, como la participación en los asuntos públicos (cf. 2 R 21.24; 23.30) y el servicio militar (cf. Jer 52.25). Después del exilio, la expresión va a designar a la gente de la región, es decir, a los pobladores de Palestina que no eran judíos (cf. Esd 4.4). Nótese que en este pasaje el *pueblo del país* se distingue expresamente de los *reyes,* los *jefes* y los *sacerdotes.* Véase una enumeración parecida en Ez 22.26-29.

[a] **2.1-8** Aquí comienza una sección (caps. 2—6) en la que aparecen los temas más característicos de la predicación de Jeremías en la primera etapa de su actividad profética: el pueblo ha abandonado a su Dios, única fuente de vida (2.13), atrayendo sobre sí la muerte y la destrucción. El desastre ya está en camino, pero no ha llegado todavía (4.7). Por tanto, es posible evitarlo mediante el arrepentimiento y la conversión al Señor (4.1-2).

[b] **2.2** Jeremías, lo mismo que Oseas (caps. 1—3), recurre al simbolismo de la unión matrimonial para referirse a la relación del Señor con su pueblo Israel.

[c] **2.2** En el *desierto,* los israelitas todavía no estaban expuestos a la tentación de rendir culto a los dioses de la fertilidad, como lo estarían más tarde, después de su entrada en Canaán (cf. Jer 2.7-8).

[d] **2.2** Esta visión idealizada de la época del desierto contrasta con la que presentan las tradiciones del Pentateuco (Ex 17.1-7; 32; Nm 20.1-13) y el profeta Ezequiel (cap. 16). Para este último, ya en el desierto los israelitas se rebelaron contra el Señor y desobedecieron sus leyes (Ez 20.13).

[e] **2.3** *Lo mejor de mi cosecha:* Las primicias o primeros frutos de la cosecha pertenecían exclusivamente al Señor y debían ser consagrados a él (Dt 26.1-11). De manera semejante, solo el Señor podía disponer de su pueblo Israel, porque él lo había elegido de entre todos los otros pueblos para que estuviera consagrado a su servicio (cf. Dt 7.7-11).

[f] **2.6** Dt 32.10-12.

[g] **2.6-7** Cf. Dt 8.2-16.

⁸ Los sacerdotes no me buscaron,
   los instructores de mi pueblo no me reconocieron,
   los jefes se rebelaron contra mí,
   y los profetas hablaron en nombre de Baal [h]
   y se fueron tras ídolos que no sirven para nada. [i]

Proceso contra Israel

⁹ "Por eso, yo, el Señor, afirmo:
   Voy a entablar un proceso contra ustedes
   y sus nietos. [j]
¹⁰ Vayan a las islas de occidente y observen;
   envíen a alguien a Quedar [k] para que se fije bien,
   a ver si se ha dado el caso
¹¹ de que una nación pagana haya cambiado
   a sus dioses. [l]
   ¡Y eso que son dioses falsos!
   Pero mi pueblo me ha dejado a mí,
   que soy su gloria, [m]
   por ídolos que no sirven para nada.
¹² ¡Espántate, cielo, ante esto!
   ¡Ponte a temblar de horror!
   Yo, el Señor, lo afirmo.

¹³ "Mi pueblo ha cometido un doble pecado:
   me abandonaron a mí,
   fuente de agua viva, [n]
   y se hicieron sus propias cisternas,
   pozos rotos que no conservan el agua. [ñ]

Consecuencias de la infidelidad de Israel

¹⁴ "Israel no es un esclavo;
   él no nació en la esclavitud. [o]
   ¿Por qué, pues, lo saquean?
¹⁵ ¿Por qué lo atacan como leones, [p]
   lanzando fuertes rugidos?
   Han dejado en ruinas su país;
   sus ciudades fueron incendiadas
   y nadie quedó en ellas.
¹⁶ La gente de Menfis y de Tafnes [q]
   te rompió [r] la cabeza.
¹⁷ Esto te ha pasado por haberme abandonado
   a mí, que soy el Señor tu Dios
   y que te guiaba por el camino.
¹⁸ Y ahora, ¿qué ganas con ir a Egipto
   a beber agua del Nilo?
   ¿Qué ganas con ir a Asiria
   a beber agua del Éufrates? [s]
¹⁹ Tu propia maldad te castigará,
   tu infidelidad te condenará.
   Piensa y verás lo malo y amargo
   que ha sido que me abandones
   y que no me hayas honrado,
   a mí, que soy el Señor tu Dios.
   Yo, el Señor todopoderoso, [t] lo afirmo.

Rebeldía de Israel [u]

²⁰ "Desde hace mucho te rebelaste contra mí,
   te negaste a obedecerme.
   Dijiste: 'No quiero servir.'
   Sobre toda loma alta [v]
   y bajo todo árbol frondoso
   te dedicaste a la prostitución. [w]

---

[h] **2.8** *Baal:* Véase Jue 2.13 n.

[i] **2.8** La acusación va dirigida, ante todo, contra los principales responsables. En primer lugar, contra los *sacerdotes*, no en cuanto a ministros del culto, sino en su función de instructores, es decir, en cuanto a depositarios de la Ley y encargados de enseñarla al pueblo (cf. Os 4.4-10). Luego, contra los *jefes*, lit. los *pastores*, título que en el antiguo Oriente se daba a los reyes, de quienes se esperaba que establecieran un orden social justo (véase Sal 72.1 n.; cf. Jer 22.13-19). Finalmente, contra los *profetas*, infieles a su misión de proclamar la palabra de Dios (cf. Jer 1.9). La lucha contra los falsos profetas fue una de las pruebas más duras que debió afrontar Jeremías (cf. Jer 23.9-40; 28.1-17).

[j] **2.9** El Señor ha decidido entablar un *proceso* judicial contra su pueblo infiel y pone como testigo al *cielo* (v. 12; cf. Is 1.2). Los motivos de la acusación se especifican en los vv. 5-8,10-11,13.

[k] **2.10** *Las islas de occidente:* lit. *las islas de Quitim*, nombre que designa no solo a los habitantes de la isla de Chipre, sino, en general, a todas las poblaciones costeras en la parte oriental del Mediterráneo. *Quedar* era una tribu nómada del norte de Arabia (véase Sal 120.5 nota *g*). Con respecto a Palestina, los sitios aquí mencionados representan puntos bastante alejados en direcciones opuestas, es decir, hacia el oeste y el este, respectivamente. Véase *Índice de mapas*.

[l] **2.10-11** Cf. Sal 106.19-20; Ro 1.23.

[m] **2.11** En el lenguaje bíblico, la *gloria* del Señor suele describirse como una manifestación luminosa que hace percibir de manera sensible la presencia divina en la creación (cf. Sal 19.1[2]; Is 6.3), en el templo (Is 6.3-4; Ez 10.4) o en medio de su pueblo (Ex 40.34-38; Ez 1.27-28). Véase Jn 1.14 nota *ñ*.

[n] **2.13** *Agua viva:* Cf. Jn 4.10-14; 7.37-38; véase Jn 4.10 n.

[ñ] **2.13** *Pozos rotos:* En una región como Palestina, donde el agua no abunda, se hacía indispensable construir *cisternas* para conservar el agua (cf. 2 S 2.13). Estas cisternas se cavaban en la piedra porosa y luego se impermeabilizaban con una mezcla de cal y arena. Sin embargo, siempre existía la posibilidad de que se agrietaran y dejaran escapar el agua. Además, la calidad del agua estancada no admitía comparación con la que brotaba de la *fuente*.

[o] **2.14** Se podía ser *esclavo* por haber sido comprado o adquirido como botín de guerra, o bien por haber nacido de padres esclavos. El texto se refiere a este último tipo de *esclavitud*.

[p] **2.15** *Como leones:* probable alusión a la prolongada opresión que el "león" asirio ejerció sobre el pueblo de Israel. Cf. 2 R 16.17—17.6; 18.9—19.37.

[q] **2.16** *Menfis* y *Tafnes* eran dos importantes ciudades egipcias. La primera se encontraba a unos 20 km. al sur de El Cairo; la segunda, en el nordeste de Egipto (cf. Jer 44.1). Véase *Índice de mapas*.

[r] **2.16** *Te rompió:* traducción probable. Otra posible traducción: *te afeitó la cabeza*.

[s] **2.18** *Beber agua:* Con esta metáfora se alude a las alianzas políticas y militares de los israelitas con los grandes imperios de Asiria y Egipto. Jeremías, lo mismo que los demás profetas, condena estas negociaciones como desleales al Dios de Israel y como absoluta falta de confianza en él (cf. Is 30.1-5; Os 7.11-12).

[t] **2.19** *Señor todopoderoso:* lit. *Señor de los ejércitos;* heb. *Yahvé Sebaot.* Véase 1 S 1.3 nota *f*.

[u] **2.20-25** En estos vv., la rebeldía de Israel se presenta con una notable variedad de imágenes: prostitución (v. 20), viña escogida que se vuelve silvestre (v. 21), mancha imborrable (v. 22), animal en celo que *resopla jadeante de deseos* (v. 24) y trata por todos los medios posibles de satisfacer su sensualidad.

[v] **2.20** *Loma alta:* alusión a los lugares altos, donde se rendía culto a Baal y a los dioses cananeos de la fertilidad (cf. 1 R 3.2).

[w] **2.20** La infidelidad al Señor, el esposo de Israel (cf. Is 54.5; Jer 2.2; Os 2.16[18]), y el culto tributado a otros dioses, se expresa

²¹ Yo te planté como vid de la mejor calidad,
como vid de la semilla más fina. *ˣ*
¡Pero te has degenerado tanto,
que ya ni te reconozco! *ʸ*
²² Por más que te laves con lejía
y uses todo el jabón que quieras,
ante mí sigue presente la mancha de tu pecado.
Yo, el Señor, lo afirmo. *ᶻ*
²³ ¿Cómo puedes decir: 'No me he manchado *ᵃ*
ni he dado culto a dioses falsos'?
Mira cuál fue tu conducta en el valle, *ᵇ*
fíjate en todo lo que has hecho
tú, camella ligera de cascos
que corre en todas direcciones;
²⁴ asna salvaje que tira al monte
y resopla jadeante de deseos.
Cuando está en celo, nadie puede controlarla.
Si un macho la busca, no tiene que cansarse:
siempre la encuentra en época de celo. *ᶜ*
²⁵ "¡Israel, no lastimes tus pies corriendo descalza,
no dejes que se te seque la garganta!
Pero tú dijiste: 'No, imposible;
amo a los extraños y me voy con ellos.'

Israel merece castigo

²⁶ "Como el ladrón se avergüenza cuando lo descubren,
así quedará avergonzado Israel,
el pueblo, los reyes, los jefes,
los sacerdotes y los profetas;
²⁷ pues a un árbol le dicen: 'Tú eres mi padre',
y a una piedra: 'Tú eres mi madre.' *ᵈ*
A mí, en cambio, me dan la espalda y no la cara.
Sin embargo, apenas se ven en peligro, me dicen:
'¡Ven a salvarnos!'
²⁸ Judá, ¿dónde están los dioses que te hiciste?
¡Tienes tantos dioses como ciudades!
¡Pues que vengan ellos, a ver si pueden salvarte
cuando te llegue la desgracia! *ᵉ*
²⁹ ¿Qué alegan ustedes en mi contra,
si todos ustedes me han sido rebeldes?
Yo, el Señor, lo afirmo. *ᶠ*

³⁰ En vano castigué a los hijos de ustedes,
pues no quisieron aprender la lección. *ᵍ*
Ustedes mismos, como leones feroces,
asesinaron a sus profetas. *ʰ*
³¹ (También ustedes, los de la generación actual,
presten atención al mensaje del Señor.) *ⁱ*
Israel, ¿acaso ha sido un desierto para tí?,
¿una tierra llena de sombras?
Pueblo mío, ¿por qué dices:
'Somos libres; nunca más volveremos a ti'?
³² ¿Puede olvidarse una mujer
de sus joyas y adornos de novia?
Mi pueblo, sin embargo,
hace mucho que se olvidó de mí.
³³ "¡Qué bien conoces el camino
cuando de buscar amantes se trata!
¡Eres maestra en la escuela del mal!
³⁴ Tienes la ropa toda manchada
de sangre de pobres e inocentes, *ʲ*
de gente que no sorprendiste en ningún delito. *ᵏ*
³⁵ Pero a pesar de todo dices:
'Soy inocente. Dios ya no está enojado conmigo.' *ˡ*
Pues bien, ya que dices que no has pecado,
te voy a entablar un juicio. *ᵐ*
³⁶ ¿Por qué tienes tanta prisa por cambiar de aliados?
También Egipto te va a fallar,
como ya te ha fallado Asiria. *ⁿ*
³⁷ Y tendrás que regresar de Egipto
llena de vergüenza,
porque yo he rechazado
a los que te inspiran confianza,
y nada vas a ganar con su amistad."

Israel ha sido infiel al Señor

3 ¹ El Señor dice:
"Si un hombre se divorcia de su mujer
y ella, al separarse de él,
se casa con otro hombre,
el primero no volverá a unirse con ella.
¡Eso sería una grave ofensa al país! *ᵃ*
Sin embargo, tú, Israel,

---

aquí con la imagen del adulterio y la *prostitución* (Jer 3.1-4; 5.7; 13.27; Os 2.5[7]; 4.10-13).
ˣ **2.21** Cf. Is 5.1-7; Lc 13.6-9.
ʸ **2.21** *¡Pero te has... reconozco!*: texto probable. Heb. oscuro.
ᶻ **2.22** Cf. Is 1.18.
ᵃ **2.23** Esta obstinada pretensión de inocencia es para Jeremías el pecado más grave. Mientras no reconozca su pecado, Israel no tendrá oídos para escuchar la palabra de Dios (Jer 5.13-14; 6.10) y será incapaz de convertirse (Jer 17.1). Tampoco sabrá reconocer los castigos que el Señor le envía para corregirlo (Jer 2.30; 5.3; 17.23; 32.33) y no podrá ser perdonado (Jer 5.1).
ᵇ **2.23** *En el valle:* probable alusión al valle de Ben-hinom, en las afueras de Jerusalén, donde se practicaban ritos paganos, incluido el sacrificio de niños. Cf. 7.31-32; 19.5-6.
ᶜ **2.23-24** Os 2.5[7]; 4.12-13
ᵈ **2.27** El *árbol* alude probablemente al poste sagrado que simbolizaba a la diosa Asera, madre de Baal (véase Jue 3.7 nota *c*). La *piedra* parece ser un eufemismo para designar los pilares que representaban al dios cananeo de la fertilidad.

ᵉ **2.28** Dt 32.37-38.
ᶠ **2.29** Jer 2.5.
ᵍ **2.30** Véase 2.23 nota *a*.
ʰ **2.30** 1 R 19.10; Mt 23.37.
ⁱ **2.31** Las palabras puestas entre paréntesis fueron sin duda añadidas más tarde, para indicar que el *mensaje* de Jeremías también era aplicable a la *generación* presente.
ʲ **2.34** La denuncia de la injusticia social es uno de los temas dominantes de la predicación profética. Cf. Is 1.17; Os 4.1-3; Am 2.6-8; 4.1; 5.24.
ᵏ **2.34** *Gente que no sorprendiste en ningún delito:* alusión a la cláusula de Ex 22.2-3, que no imputaba como delito el hecho de matar al ladrón sorprendido durante la noche, en el momento mismo del robo.
ˡ **2.35** *Soy inocente:* Véase Jer 2.23 nota *a*.
ᵐ **2.35** *Un juicio:* Véase Jer 2.9 n.
ⁿ **2.36** Sobre las alianzas con *Egipto* y *Asiria*, véase Jer 2.18 n.
ᵃ **3.1** En Dt 24.1-4 se establece que la mujer divorciada y casada otra vez no puede regresar a su primer esposo, aun cuando el segundo haya muerto.

te has prostituido con muchos amantes,
¡y ahora quieres volver a mí!
Yo, el Señor, lo afirmo. *b*

² "Mira las lomas peladas, *c* fíjate bien:
¿dónde no te has dejado deshonrar?
Sentada como árabe del desierto,
a la orilla del camino esperabas a tus amantes.
Has manchado el país con tu prostitución
y tu maldad.
³ Por eso han faltado las lluvias
en invierno y primavera. *d*
Tienes el descaro de una prostituta; *e*
¡debería darte vergüenza!
⁴ Hace poco me decías:
'Padre mío, amigo de mi juventud,
⁵ ¿vas a estar siempre enojado?,
¿te va a durar la ira para siempre?'
Y mientras decías esto,
hacías todo el mal que podías."

El Señor exhorta a Israel y a Judá al arrepentimiento *f*

⁶ En tiempos del rey Josías *g* me dijo el Señor: "¿Has visto lo que hizo la rebelde Israel? Fue y se dedicó a la prostitución sobre toda loma alta y bajo todo árbol frondoso. ⁷ Yo pensé que, aun después de todo lo que ella había hecho, volvería a mí; pero no volvió. Su hermana, la infiel Judá, vio esto; ⁸ y vio también que yo repudié a la rebelde Israel y que me divorcié de ella precisamente por el adulterio cometido. Pero Judá, la infiel hermana de Israel, no tuvo temor, sino que también ella fue y se dedicó a la prostitución. *h* ⁹ Y lo hizo con tanta facilidad, que profanó el país. Me fue infiel adorando a las piedras y a los árboles. *i* ¹⁰ Y después de todo esto, la infiel Judá tampoco volvió a mí de todo corazón, sino que me engañó. Yo, el Señor, lo afirmo."

¹¹ El Señor me dijo: "La rebelde Israel es menos culpable que la infiel Judá. ¹² Ve y anuncia este mensaje mirando hacia el norte:

'El Señor afirma:
¡Vuelve a mí, rebelde Israel!
No te recibiré de mal modo
ni mantendré mi enojo por siempre,
porque soy bondadoso. *j*
Yo, el Señor, doy mi palabra.
¹³ Reconoce tan solo tu maldad,
y que fuiste rebelde contra el Señor tu Dios;
que corriste en busca de amores extraños
debajo de todo árbol frondoso,
y que no obedeciste mis órdenes.
Yo, el Señor, lo afirmo.' "

¹⁴ El Señor afirma: "Regresen, hijos rebeldes, pues yo soy su dueño. *k* Tomaré uno de cada ciudad y dos de cada clan, y los haré volver a Sión. *l* ¹⁵ Les daré los gobernantes que a mí me agradan, y ellos los gobernarán a ustedes con sabiduría y entendimiento. ¹⁶ Y cuando ustedes hayan aumentado en el país y tengan ya muchos hijos, nadie volverá a hablar más del arca de la alianza *m* del Señor; nadie pensará en ella ni se acordará más de ella; ya no hará falta ni se hará una nueva. Yo, el Señor, doy mi palabra. *n* ¹⁷ Jerusalén será llamada entonces el trono del Señor; todas las naciones se reunirán allí para honrarme, y no volverán a seguir tercamente las malas inclinaciones de su corazón. *ñ*

¹⁸ "Cuando llegue ese día, Judá se unirá a Israel, y juntos regresarán del país del norte a la tierra que di como herencia a los antepasados de ustedes. *o*

---

b 3.1 Jeremías emplea con frecuencia el verbo *volver* con referencia al arrepentimiento y la conversión (cf. Jer 3.12,14,22; 4.1). Para reconciliarse con su Dios, Israel tiene que *volver al buen camino* (Jer 5.3), y este retorno presupone, como condición indispensable, el reconocimiento y el abandono del pecado. Véase *Volverse a Dios* en el *Índice temático*.

c 3.2 *Lomas peladas:* alusión a las colinas donde se rendía culto a los dioses de la fertilidad. Véanse 1 R 3.2 n.; Jer 2.20 nota *v.*

d 3.3 Las lluvias de *invierno* caen entre octubre y diciembre; las de *primavera*, entre marzo y abril. Al retener la caída de las lluvias, el Señor quiere dar a entender que es él, y no Baal, el que da fertilidad a la tierra. Cf. Jer 14.22; Os 2.8-9(10-11).

e 3.3 *El descaro de una prostituta:* Quizás hay aquí una referencia a la marca o señal con que las prostitutas se daban a conocer (cf. Gn 38.14-15).

f 3.6-18 En este pasaje, el nombre *Israel* se refiere concretamente al reino del norte (véase 1 R 12.1-24 n.; 12.1 nota *b*). El Señor compara los reinos de Israel y de Judá a dos hermanas. Cf. Ez 16; 23.

g 3.6 *Josías:* Véase Jer 1.2 n.

h 3.8 El reino de Israel fue destruido en el año 721 a.C. por las tropas asirias (cf. 2 R 17.3-6); aunque este trágico fin debió ser un escarmiento para su hermana Judá, esta fue incapaz de aprender la lección.

i 3.9 *A las piedras y a los árboles:* Véase Jer 2.27 n.

j 3.12 *Vuelve a mí:* Véase Jer 3.1 nota *b*. *Bondadoso:* Sal 145.17.

k 3.14 En el texto hebreo hay un juego de palabras entre el vocablo *dueño* y el nombre del dios cananeo *Baal*, que significa *dueño, esposo*

o *señor*. La idea que se quiere afirmar es que Israel pertenece al Señor, no a Baal.

l 3.14 Este v. anuncia un nuevo comienzo para Israel y para Judá. La reconciliación con el Señor tendrá como consecuencia la reunificación de los dos reinos en un solo pueblo de Dios. Pero no puede haber reconciliación sin una vuelta sincera al Señor. Acerca de *Sión*, véase Sal 2.6 n.

m 3.16 El *arca de la alianza* se presenta alternativamente, en el AT, como el receptáculo de las tablas de la ley (Dt 10.1-5) o como el trono visible del Dios de Israel (1 S 4.4; Sal 80.1[2]). En cualquier de los dos casos, era el objeto sagrado que simbolizaba la presencia del Señor en medio de su pueblo. Véanse Ex 25.10-22 n.; Sal 68.1(2) n.; cf. también Nm 10.33-35.

n 3.16 Se desconoce la fecha exacta en que desapareció *el arca de la alianza*, pero ya antes de la toma de Jerusalén fue saqueado más de una vez (cf. 1 R 14.25-26; 2 R 14.12-14). Sin embargo, su desaparición no pudo ser posterior a la caída de Jerusalén y a la destrucción del templo por Nabucodonosor, rey de Babilonia (cf. 2 R 25.9,13-17; Jer 52.13,17-23). Según la promesa contenida en este v., el arca no será echada de menos porque el mismo Señor hará sentir su presencia sin la mediación de ningún objeto sagrado. Cf. Ap 21.3; 22.5.

ñ 3.17 Esta segunda promesa prolonga y completa la anterior. El arca de la alianza fue en un tiempo el *trono del Señor* (véase Jer 3.16 nota *m*), en el futuro será reemplazada por la ciudad de Jerusalén, convertida en punto de reunión de todas las naciones (Is 2.2-5; Miq 4.1-3).

o 3.18 Cf. Gn 13.14-15.

La idolatría de Israel

19 "Israel, yo decidí aceptarte como hijo [p]
y darte una tierra envidiable,
el país más bello de todo el mundo.
Yo pensé que me llamarías padre [q]
y que nunca te alejarías de mí.
20 Pero como una mujer que es infiel a su esposo,
así ustedes me fueron infieles.
Yo, el Señor, lo afirmo. [r]

21 "Se oyen voces en las lomas desiertas:
¡son los israelitas, que lloran y piden compasión!
Se desviaron del camino recto
y se olvidaron de mí, el Señor su Dios.
22 Vuélvanse a mí, hijos rebeldes,
y yo los curaré de su rebeldía." [s]

Respuesta de los israelitas al Señor

"Aquí estamos, acudimos a ti,
porque tú eres el Señor nuestro Dios.
23 De nada nos sirve ir a las colinas
o gritar sobre los montes; [t]
solo en el Señor nuestro Dios
encuentra Israel su salvación.
24 La vergonzosa idolatría nos ha hecho perder
lo que nuestros padres consiguieron
desde que éramos niños:
ovejas y ganado, hijos e hijas.
25 Humillémonos, pues, avergonzados,
cubiertos de deshonra,
pues desde niños y hasta ahora,
nosotros y nuestros antepasados
hemos pecado contra el Señor nuestro Dios
y no le hemos obedecido."

4 Exhortación al arrepentimiento

1 El Señor afirma:
"Si te quieres volver, Israel,
es a mí a quien debes volverte. [a]
Si alejas tus ídolos odiosos [b]
y no te apartas de mí,
2 entonces podrás jurar por mi nombre
con verdad, justicia y rectitud.
Mi nombre será para las naciones
motivo de bendición y alabanza."

3 El Señor dice a la gente de Judá y Jerusalén:
"Cultiven terrenos no cultivados; [c]
ya no siembren entre los espinos.
4 Gente de Judá y de Jerusalén,
circuncídense y reconózcanme como Señor,
pongan en su corazón la marca de la alianza; [d]
no sea que, por sus malas acciones,
mi enojo se encienda como un fuego
y arda sin que nadie pueda apagarlo.

La invasión amenaza a Judá

5 "Anuncien esto en Jerusalén y en Judá,
proclámenlo a son de trompeta [e] por todo el país,
grítenlo bien fuerte:
'¡Vamos! ¡A reunirse!
¡A las ciudades fortificadas!'
6 Levanten la bandera apuntando a Sión;
¡busquen refugio, no se detengan!
Porque voy a traer del norte [f]
gran calamidad y destrucción.
7 El león ya ha salido de su guarida,
el que destruye las naciones está en marcha;
ha salido de su patria para destruir tu país,
para dejar desiertas y en ruinas tus ciudades.
8 Por eso, vístanse con ropas ásperas,
lloren y giman de dolor,
pues la ardiente ira del Señor
no se ha apartado de nosotros." [g]

9 El Señor afirma:
"Cuando llegue ese día,
el rey y los jefes temblarán de miedo,
los sacerdotes sentirán terror
y los profetas quedarán espantados." [h]

10 Yo dije: [i] "¡Ay, Señor,
cómo has engañado a la gente de Jerusalén!
Les prometiste paz,
y lo que tienen es un cuchillo en el cuello."

11 Cuando llegue ese momento,
se dirá al pueblo de Jerusalén:
"Un viento caliente [j] del desierto
sopla en dirección de mi pueblo.
No es la brisa que sirve
para limpiar de paja el trigo;

---

[p] **3.19** *Hijo:* Véase Ex 4.22-23 n.; cf. Os 11.1.
[q] **3.19** Cf. Dt 32.6.
[r] **3.20** Os 2.2(4).
[s] **3.22** *Vuélvanse a mí:* Véase Jer 3.1 nota b.
[t] **3.23** Las *colinas* y los *montes,* es decir, los lugares altos. Véanse 1 R 3.2 n.; Jer 2.20 nota v.
[a] **4.1** Sobre el uso del verbo *volver,* véase Jer 3.1 nota b.
[b] **4.1** Cf. Jer 7.30; 16.18; 32.34.
[c] **4.3** Cf. Os 10.12.
[d] **4.4** *Pongan en su corazón la marca de la alianza:* lit. *circuncíden el prepucio de su corazón.* La circuncisión era el signo exterior de pertenencia al pueblo de Dios (véase Gn 17.10-14 n.). Pero esa marca exterior de nada vale sin la actitud interior de fidelidad y obediencia al Señor. Véase Dt 10.16 n., y cf. Dt 30.6; Ro 2.25-29.

[e] **4.5** Aquí la *trompeta* toca a retirada e invita a ponerse a salvo frente al avance del enemigo. Cf. vv. 19-21.
[f] **4.6** *Voy a traer del norte:* Véase Jer 1.14-15 n.
[g] **4.8** En la visión profética de la historia, los acontecimientos aparecen cargados de sentido. La invasión de Judá no es un episodio histórico más, sino la manifestación de la *ira del Señor* y el juicio divino sobre el pecado del pueblo. Cf. Is 10.3-4; Jl.
[h] **4.9** Véase Jer 2.8 nota i.
[i] **4.10** *Yo dije:* En esta sección se entabla una especie de diálogo entre el Señor y el profeta. El Señor anuncia la invasión que viene del norte (cf. vv. 6,16) y el profeta se hace eco de la palabra divina: aquí intercede por el pueblo (pero véase Jer 7.16 n.); en los vv. 19-21,23-26, expresa su dolor y su consternación.
[j] **4.11** *Un viento caliente:* alusión al siroco, *viento* que sopla desde el este y produce un calor sofocante en Palestina.

¹² el viento que yo haré venir
será demasiado fuerte para eso,
pues ahora voy a dictar sentencia contra ellos."

Los enemigos rodean a Israel

¹³ Miren, el enemigo avanza como una nube,
sus carros de guerra parecen un huracán,
sus caballos son más ligeros que las águilas.
¡Ay de nosotros, estamos perdidos!
¹⁴ Jerusalén, limpia del mal tu corazón
y así te salvarás.
¿Hasta cuándo darás vueltas en tu cabeza
a pensamientos perversos?
¹⁵ Desde Dan y las colinas de Efraín ᵏ
llegan malas noticias:
¹⁶ "Adviertan a las naciones y a Jerusalén
que de un país lejano vienen enemigos ˡ
lanzando gritos de guerra
contra las ciudades de Judá.
¹⁷ Rodearán a Judá, como los que cuidan
los campos,
porque se rebeló contra el Señor.
Yo, el Señor, lo afirmo.
¹⁸ "Tu conducta y tus acciones
son la causa de lo que te ha sucedido;
tu maldad te ha dado este amargo fruto
y te hiere el corazón."

Dolor de Jeremías por su pueblo

¹⁹ ¡Me retuerzo de dolor!
¡El corazón me palpita con violencia!
¡Estoy inquieto, no puedo callarme!
He escuchado un toque de trompeta,
un griterío de guerra.
²⁰ Llegan noticias de continuos desastres;
todo el país está en ruinas.
De repente han sido destruidos mis campamentos,
han quedado deshechas mis tiendas de campaña.
²¹ ¿Cuánto tiempo aún veré en lo alto la bandera
y escucharé el toque de la trompeta? ᵐ
²² "Mi pueblo es estúpido, no me conoce ⁿ
—dice el Señor—.
Son hijos sin juicio, que no reflexionan. ñ
Les sobra talento para hacer el mal,
pero no saben hacer el bien." ᵒ

Jeremías ve la destrucción futura

²³ Miré ᵖ a la tierra, y era un desierto sin forma; ᑫ
miré al cielo, y no había luz. ʳ
²⁴ Miré a los montes, y estaban temblando;
todas las colinas se estremecían. ˢ
²⁵ Miré y ya no había ningún hombre,
y todas las aves se habían escapado.
²⁶ Miré y vi los jardines convertidos en desierto,
y todas las ciudades estaban en ruinas.
La ira terrible del Señor
había causado todo esto.
²⁷ El Señor dice:
"Toda la tierra será arrasada,
pero no la destruiré totalmente. ᵗ
²⁸ La tierra se llenará de tristeza
y el cielo se pondrá de luto.
He hablado, y no me arrepentiré;
lo he resuelto, y no me volveré atrás.
²⁹ Ante los gritos de los jinetes y de los arqueros,
toda la gente sale corriendo;
se esconden en los matorrales
o trepan a los peñascos.
Todas las ciudades quedan abandonadas;
ya no hay nadie que viva en ellas.
³⁰ Y tú, ciudad en ruinas,
¿para qué te vistes de púrpura?,
¿para qué te cubres con joyas de oro?,
¿para qué te pintas de negro los ojos?
De nada sirve que te embellezcas,
pues tus amantes te han rechazado
y lo que buscan es tu muerte.
³¹ Oigo gritos de dolor, como de una mujer
que da a luz a su primer hijo;
son los gritos de Sión, ᵘ
que gime, extiende los brazos y dice:
'¡Ay de mí! ¡Me van a matar los asesinos!' "

5 Pecado de Jerusalén

¹ El Señor dice:
"Recorran las calles de Jerusalén,
miren bien, busquen por las plazas,
a ver si encuentran a alguien
que actúe con justicia,
que quiera ser sincero. ᵃ
Si lo encuentran, perdonaré a Jerusalén. ᵇ

ᵏ **4.15** *Dan*, en las vertientes del río Jordán, marcaba el límite norte de Palestina; las *colinas de Efraín* son las montañas situadas a unos pocos km. al norte de Jerusalén. Véanse Jos 19.40 n. e *Índice de mapas*.
ˡ **4.16** *Enemigos:* texto probable. Heb. *guardias* o *vigilantes*.
ᵐ **4.19-21** El *toque de la trompeta* y la *bandera* en alto anuncian la presencia del ejército enemigo (cf. v. 5).
ⁿ **4.22** *No me conoce;* Véase Jer 22.16 n.; cf. Jer 8.7; Os 4.1.
ñ **4.22** Dt 32.5-6; Is 1.2-3.
ᵒ **4.22** Is 1.16-17.
ᵖ **4.23** Los vv. 23-26 describen una de las visiones proféticas más dramáticas de todo el AT. La palabra *miré* se repite cuatro veces, y el espectáculo que se ofrece a la mirada del profeta es el retorno al estado de cosas anterior a la creación (cf. Gn 1.2), como si el desorden reinante en la sociedad a causa de la idolatría, la injusticia y la mentira se hubiera extendido al resto del universo.
ᑫ **4.23** *Desierto sin forma:* El primer relato de la creación (Gn 1.1—2.4a) utiliza la misma expresión hebrea para designar el estado del mundo antes de la creación. Véase Gn 1.2 nota *c*.
ʳ **4.23** *No había luz:* otra referencia a las tinieblas que lo envolvían todo cuando Dios aún no había creado la luz (cf. Gn 1.3).
ˢ **4.24** Los *montes* y *colinas* se consideraban símbolos de firmeza y estabilidad.
ᵗ **4.27** *No la destruiré totalmente:* Esta frase introduce una nota de esperanza en medio de un panorama bastante sombrío.
ᵘ **4.31** *Sión:* Véase Sal 2.6 n.
ᵃ **5.1** Cf. Sal 12.1(2).
ᵇ **5.1** Gn 18.23-33.

² Hay quienes juran por la vida del Señor,
   pero juran en falso."

³ Señor, lo que tú buscas es gente sincera.
   Los castigaste, pero no les dolió;
   los arruinaste, pero no quisieron aprender.
   Tercos, más duros que la piedra,
   no quisieron volver al buen camino. ᶜ
⁴ Yo pensé:
   Solo los pobres ᵈ se comportan como tontos,
   porque no saben lo que el Señor quiere,
   lo que su Dios ordena.
⁵ Me dirigiré a la gente importante ᵉ
   y les hablaré.
   Ellos, sin duda, sabrán lo que el Señor quiere,
   lo que su Dios ordena.
   Pero todos se habían rebelado contra Dios,
   se habían negado a obedecerle.
⁶ Por eso saldrán leones de la selva y los matarán,
   los lobos del desierto los despedazarán,
   los leopardos los atacarán junto a sus ciudades
   y los harán pedazos cuando salgan;
   porque han cometido muchos pecados,
   numerosas traiciones.

⁷ El Señor dice:
   "¿Cómo voy a perdonarte todo esto?
   Tus hijos me han abandonado,
   y juran por dioses que no son dioses.
   Les di comida en abundancia,
   pero me fueron infieles
   y en masa se entregaron a la prostitución. ᶠ
⁸ Como caballos sementales en celo,
   relinchan por la mujer de su prójimo.
⁹ ¿Y no los he de castigar por estas cosas?
   ¿No he de dar su merecido a un pueblo así?
¹⁰ ¡Que sus enemigos entren y arrasen el viñedo,
   aunque no lo destruyan del todo!
   ¡Que le arranquen las ramas,
   porque ya no es mi viñedo! ᵍ
¹¹ ¡Israel y Judá me han traicionado!
   Yo, el Señor, lo afirmo."

Anuncio del castigo

¹² Israel y Judá han negado al Señor;
   han dicho: "Dios no cuenta. ʰ
   Nada malo va a pasarnos,
   no tendremos ni guerra ni hambre."

¹³⁻¹⁴ Los profetas son puro viento, ⁱ
   pues la palabra del Señor no está en ellos.

   Pues bien, esto me ha dicho
   el Señor, el Dios todopoderoso:
   "Por decir ellos esas cosas,
   esto es lo que les sucederá:
   Voy a hacer que mis palabras
   sean en tu boca como fuego,
   y que el pueblo sea como leña,
   y que ese fuego lo devore."

¹⁵ El Señor afirma:
   "Israel, voy a traer contra ti
   un pueblo que viene de lejos, ʲ
   un pueblo fuerte y muy antiguo.
   Tú no conoces su idioma
   ni entiendes lo que dicen.
¹⁶ Todos ellos son guerreros valientes,
   y sus armas significan la muerte.
¹⁷ Se comerán tus cosechas, tu pan,
   y aun devorarán a tus hijos y a tus hijas.
   Se comerán tus ovejas, tus reses,
   tus viñas y tus higueras.
   Con sus armas destruirán
   las ciudades fortificadas en que tú confías." ᵏ

¹⁸ El Señor afirma: "En ese tiempo, sin embargo, no los destruiré por completo. ˡ ¹⁹ Cuando te pregunten: '¿Por qué nos hizo todo esto el Señor nuestro Dios?', respóndeles: 'Así como abandonaron al Señor y se pusieron a servir a dioses extranjeros en su propia tierra, así también tendrán que servir a gente extranjera en una tierra ajena.' ᵐ

Advertencia a Israel

²⁰ "Avisen al reino de Israel,
   y digan a Judá:
²¹ 'Oye esto, pueblo tonto y estúpido,
   que tiene ojos y no ve,
   que tiene oídos y no oye. ⁿ
²² Yo, el Señor, digo:
   ¿Es que ustedes no me temen?
   ¿Es que no tiemblan delante de mí?
   Yo puse la playa como límite del mar,
   un límite que el mar no puede pasar.
   Sus olas se agitan impotentes
   y rugen, pero no pueden pasarlo.
²³ Ustedes tienen un corazón terco y rebelde;
   me abandonaron y se fueron. ñ

ᶜ **5.3** Véase Jer 2.23 nota *a*; cf. Am 4.6-11.
ᵈ **5.4** *Los pobres*: es decir, la gente ignorante, que no había tenido la oportunidad de ser instruida en el conocimiento de la Ley.
ᵉ **5.5** *Gente importante*: los sectores sociales más instruidos, que tenían además la responsabilidad de dar buen ejemplo. Véase Jer 2.8 nota *i*.
ᶠ **5.7** *Se entregaron a la prostitución*: Véase Jer 2.20 nota *w*.
ᵍ **5.10** Acerca del *viñedo* como imagen del pueblo de Dios, cf. Jer 2.21, y véase Is 5.1-7 n.
ʰ **5.12** *Dios no cuenta*: ateísmo práctico. Véase Sal 14.1(1b) n., y cf. Sof 1.12.
ⁱ **5.13-14** La misma palabra hebrea, según el contexto, puede significar *espíritu* o *viento*. Los falsos *profetas* pretendían estar llenos del *espíritu* del Señor; pero, en realidad, sus palabras no eran más que *viento*, porque tenían su origen en ellos mismos y no en la palabra de Dios.
ʲ **5.15** *Un pueblo que viene de lejos*: Véase Jer 1.14-15 n.
ᵏ **5.15-17** Cf. Dt 28.49-52; Bar 4.15.
ˡ **5.18** *No los destruiré por completo*: Véase Jer 4.27 n.
ᵐ **5.18-19** Estos vv. en prosa presuponen la experiencia del exilio. Véase Dt 29.24-28(23-27) n.
ⁿ **5.21** Is 6.9-10; Ez 12.2; Mc 8.18.
ñ **5.22-23** Las *olas* del mar, símbolo del caos anterior a la creación, se mantienen dentro de los límites que el Señor les ha fijado (cf. Job

JEREMÍAS 5, 6

²⁴ No reflexionaron ni dijeron:
Respetemos al Señor nuestro Dios,
que a su debido tiempo nos da la lluvia
en otoño y primavera, º
y nos reserva el tiempo señalado para la cosecha.
²⁵ Pero el pecado de ustedes ha cambiado las cosas,
y no pueden disfrutar de esos beneficios.
²⁶ Porque hay en mi pueblo hombres malos
que acechan como cazadores de pájaros,
que ponen trampas para atrapar a los demás.
²⁷ Llenan sus casas de objetos robados,
como se llenan de pájaros las jaulas.
Así se hicieron poderosos y ricos,
²⁸ y están gordos y bien alimentados.
Su maldad no tiene límites:
no hacen justicia al huérfano
ni reconocen el derecho de los pobres. ᵖ
²⁹ ¿No los he de castigar por estas cosas?
¿No he de dar su merecido a gente así?
Yo, el Señor, lo afirmo.
³⁰ 'Algo terrible, espantoso,
está pasando en este país. ᑫ
³¹ Lo que anuncian los profetas es mentira;
los sacerdotes gobiernan a su antojo,
¡y mi pueblo así lo quiere!
Pero, ¿qué harán ustedes cuando llegue el fin?' " ʳ

6 El enemigo rodea a Jerusalén

¹ ¡Gentes de la región de Benjamín, ᵃ
¡busquen refugio, huyan de Jerusalén!
Toquen la trompeta ᵇ en Tecoa, ᶜ
levanten una señal en Bet-haquérem, ᵈ
porque una desgracia, una gran calamidad,
amenaza desde el norte. ᵉ
² La hija de Sión ᶠ es como una bella pradera
que será destruida, ᵍ
³ a donde van los pastores con sus rebaños; ʰ
acampan a su alrededor
y cada rebaño pasta por su lado.
⁴ Sus enemigos dicen:
"¡Prepárense a pelear contra ella!
¡Vengan, ataquémosla a mediodía!
Pero, ¡qué lástima!,
ya es tarde, y las sombras se alargan.

⁵ ¡Entonces ataquémosla de noche ⁱ
y destruyamos sus torres!"
⁶ El Señor todopoderoso ha dado esta orden:
"¡Corten árboles y construyan una rampa
para atacar a Jerusalén! ʲ
La ciudad está condenada al castigo,
porque está llena de opresión.
⁷ De Jerusalén brota la maldad
como de un pozo brota el agua.
No se oye en ella más que violencia
y atropellos;
no veo en ella más que heridas y dolor.
⁸ Escarmienta, Jerusalén,
porque si no, me apartaré de ti disgustado,
te convertiré en un desierto,
te dejaré sin habitantes."

Anuncio del castigo

⁹ El Señor todopoderoso dice:
"A los israelitas que queden
los van a buscar y rebuscar,
como se rebusca entre las ramas de un viñedo
hasta que no queda ninguna uva." ᵏ
¹⁰ Yo respondí: "¿Quién me va a oír,
si les hablo y les doy este aviso?
Tienen tapados los oídos, ˡ Señor,
y no pueden escuchar;
se burlan de tu palabra,
no les agrada.
¹¹ Estoy lleno de tu ira, Señor;
ya no puedo contenerla."

El Señor me dijo:
"Derrámala sobre los muchachos en la calle,
sobre las pandillas de jóvenes.
Se llevarán presos a los maridos
con sus esposas
y a los ancianos cargados de años.
¹² Sus casas, sus campos y sus esposas
pasarán a ser de otros.
Porque voy a levantar mi mano
para castigar a los que viven en este país.
Yo, el Señor, lo afirmo.
¹³ "Todos, grandes y pequeños,

38.8-11; Sal 104.6-9). El pueblo de Dios, por el contrario, ha llevado su rebeldía hasta el extremo de sobrepasar todos los límites (cf. Jer 2.20; 8.7).
º **5.24** Sobre las lluvias del *otoño* y la *primavera*, véase Jer 3.3 nota d.
ᵖ **5.28** Véase Dt 10.18-19 n.
ᑫ **5.30** Jer 23.13-14.
ʳ **5.31** Véase Jer 2.8 nota i.
ᵃ **6.1** *Benjamín:* Véase Jos 18.11 n.
ᵇ **6.1** Cf. Jer 4.5.
ᶜ **6.1** *Tecoa:* población situada a unos 20 km. al sur de Jerusalén, de la que procedía el profeta Amós (Am 1.1).
ᵈ **6.1** *Bet-haquérem:* localidad no identificada con seguridad; algunos la sitúan en el lugar que actualmente se llama *Ramat Rahel*, entre Jerusalén y Belén (cf. Neh 3.14).

ᵉ **6.1** *Desde el norte:* Cf. Jer 1.14-15.
ᶠ **6.2** *Sión:* Véase Sal 2.6 n.
ᵍ **6.2** *Como una bella pradera:* texto probable. Heb. oscuro.
ʰ **6.3** Los *pastores con sus rebaños* son los jefes con sus ejércitos; el v. siguiente aclara que se trata de ejércitos *enemigos*.
ⁱ **6.4-5** *A mediodía... de noche:* Los combates solían entablarse temprano en la mañana para evitar el calor del mediodía; pero los enemigos de Jerusalén estaban tan ansiosos por destruirla que se muestran dispuestos a empezar el ataque en pleno mediodía y a continuarlo en la oscuridad de la noche.
ʲ **6.6** *Corten árboles:* Véase Dt 20.19 n.
ᵏ **6.9** Sobre la imagen de la *rebusca entre las ramas de un viñedo*, véase Jue 8.2 n.
ˡ **6.10** *Tienen tapados los oídos:* lit. *tienen oídos incircuncisos*. Cf. Jer 5.21.

solo piensan en las ganancias mal habidas;
profetas y sacerdotes,
todos cometen fraudes.
¹⁴ Tratan por encima las heridas de mi pueblo;
dicen que todo está bien,
cuando todo está tan mal. *m*
¹⁵ ¡Debería darles vergüenza
de hacer esas cosas que no soporto!
Pero no, no sienten vergüenza,
¡ya ni saben lo que es avergonzarse!
Por eso, cuando yo los castigue,
tropezarán y caerán como los otros.
Yo, el Señor, lo digo." *n*

Rebeldía de Israel
¹⁶ El Señor dice a su pueblo:
"Párense en los caminos y miren,
pregunten por los senderos antiguos, *ñ*
dónde está el mejor camino;
síganlo y encontrarán descanso." *o*
Pero ellos dicen:
"No, no queremos seguirlo."
¹⁷ El Señor puso centinelas, *p* y dijo al pueblo:
"Pongan atención a la señal de alarma."
Pero el pueblo dijo: "No queremos hacer caso."
¹⁸ Por eso dice el Señor:
"Escuchen, naciones,
sepan lo que va a pasarle a mi pueblo.
¹⁹ Escucha, tierra:
Voy a traer a este pueblo una desgracia
que es consecuencia de sus planes malvados;
porque no hicieron caso de mis palabras,
sino que despreciaron mi ley. *q*
²⁰ ¿Para qué me traen ustedes incienso de Sabá *r*
y plantas olorosas de países lejanos?
A mí no me agradan sus holocaustos
ni sus otros sacrificios."
²¹ Por eso, el Señor dice:
"Voy a hacer que este pueblo tropiece y caiga.
Padres e hijos, vecinos y amigos,
morirán por igual."

Invasión desde el norte
²² El Señor dice:
"Desde lejanas tierras del norte
se prepara a venir una nación poderosa.
²³ Están armados de arcos y espadas;
son crueles, no tienen compasión;
sus gritos son como el estruendo del mar,
y van montados a caballo.
Están listos para la batalla contra Sión." *s*
²⁴ En Jerusalén la gente dice:
"Hemos oído la noticia,
y el miedo nos ha dejado sin fuerzas;
sentimos angustia y dolor,
como una mujer de parto.
²⁵ ¡No salgan al campo,
no vayan por los caminos!
¡El enemigo está armado;
hay terror por todas partes!" *t*
²⁶ ¡Hija de mi pueblo, ponte ropas ásperas
en señal de dolor;
revuélcate en la ceniza,
ponte de luto y llora amargamente,
como cuando se muere un hijo único;
porque el que nos va a destruir
vendrá muy pronto contra nosotros!
²⁷ El Señor me dijo: "Te encargo que pongas a prueba a mi pueblo. *u* Examínalo, para ver cuál es su conducta."
²⁸ Todos ellos, Señor, son muy rebeldes;
son gente chismosa y pervertida;
no son más que bronce y hierro.
²⁹ Cuando el fuelle sopla con fuerza,
hace que el fuego derrita el plomo.
De nada sirve que a ellos se les refine,
pues los malvados no desaparecen.
³⁰ Habrá que llamarlos "plata de desecho",
porque tú, Señor, los has desechado.

7

Jeremías predica en el templo *a* ¹ El Señor se dirigió a Jeremías, y le dijo: ² "Ponte a la entrada del templo del Señor *b* y da a conocer allí este mensaje: Habitantes todos de Judá, que entran por estas puertas a adorar al

---

m **6.14** Jer 8.11; Ez 13.10.

n **6.12-15** Estos vv. se encuentran también en Jer 8.10-12.

ñ **6.16** *Los senderos antiguos:* Esta expresión se refiere probablemente a los mandamientos y preceptos que Israel recibió del Señor en los comienzos de su historia (cf. Ex 19—24). Tales mandamientos le mostraban el buen *camino* que debía seguir para vivir en conformidad con la voluntad de Dios.

o **6.16** *Síganlo y encontrarán descanso:* Esta frase es como un esbozo de las palabras de Jesús en Mt 11.29.

p **6.17** Los profetas son como *centinelas* puestos por el Señor para dar la voz de alarma frente al peligro inminente. Cf. Is 21.6,11; Ez 3.17; Os 9.8.

q **6.19** *Palabras... ley:* Probablemente, *las palabras* son los reiterados mensajes que el Señor dirige a su pueblo por medio de los profetas (cf. Jer 25.4; 26.12; 28.8), mientras que la *ley* (heb. *torá*) se refiere concretamente a la ley de Moisés (véase Sal 1.2 nota *d*). Así,

la ley y los profetas son los instrumentos de que se vale el Señor para indicar a su pueblo el camino que debe seguir. Cf. Jer 8.8-9.

r **6.20** *Sabá:* Véase 1 R 10.1-2 nota *b*.

s **6.22-23** Jer 50.41-42.

t **6.25** Sal 31.13(14); Jer 20.10; 46.5; 49.29; Lm 2.22; véase también Jer 20.3 n.

u **6.27** Heb. añade *una fortaleza*.

a **7.1-15** Este sexto discurso (7.1—8.3) es el primero de una serie de textos redactados en prosa, cuyo contenido y forma literaria se asemeja mucho a los del libro de *Deuteronomio* (cf. Jer 11.1-17; 13.1-14; 18.1-12). En tales discursos se denuncian principalmente los pecados de idolatría y otros abusos cometidos en el culto del templo de Jerusalén.

b **7.2** *A la entrada del templo,* el profeta debe enumerar las condiciones morales requeridas para que el culto celebrado en el lugar sagrado sea realmente agradable al Señor (cf. Sal 15; 24.3-6). En Jer 26 se indican las circunstancias en que se pronunció este

Señor, escuchen este mensaje ³ del Señor todopoderoso, el Dios de Israel: 'Mejoren su vida y sus obras, y yo los dejaré seguir viviendo en esta tierra. ᶜ ⁴ No confíen en esos que los engañan diciendo: ¡Aquí está el templo del Señor, aquí está el templo del Señor! ᵈ

⁵ 'Si mejoran su vida y sus obras y son justos los unos con los otros; ⁶ si no explotan a los extranjeros, a los huérfanos y a las viudas, ni matan a gente inocente en este lugar, ni dan culto a otros dioses, con lo que ustedes mismos se perjudicarían, ⁷ yo los dejaré seguir viviendo aquí, en la tierra que di para siempre a sus antepasados. ᵉ

⁸ 'Ustedes confían en palabras engañosas que no les sirven de nada. ⁹ Roban, matan, cometen adulterio, juran en falso, ᶠ ofrecen incienso a Baal, dan culto a dioses con los que ustedes nada tienen que ver, ᵍ ¹⁰ y después vienen a este templo que me está dedicado, a presentarse ante mí. Se creen que aquí están seguros; creen que pueden seguir haciendo esas cosas que yo no soporto. ¹¹ ¿Acaso piensan que este templo que me está dedicado es una cueva de ladrones? ʰ Yo he visto todo eso. Yo, el Señor, lo afirmo. ¹² Vayan a mi santuario en Siló, ⁱ el primer lugar que escogí para residir, y vean lo que hice con él por la maldad de mi pueblo Israel. ¹³ Y aunque una y otra vez les he advertido acerca de su conducta, ustedes no han querido obedecerme, y ni siquiera me han respondido. Yo, el Señor, lo afirmo. ʲ ¹⁴ Por eso, lo mismo que hice con el santuario de Siló, lo voy a hacer con este templo dedicado a mí, el cual les di a ustedes y a sus antepasados y en el que ustedes confían. ¹⁵ Los arrojaré a ustedes de mi presencia como antes arrojé a sus hermanos, los descendientes de Efraín.' ᵏ

Infidelidad de Israel ¹⁶ "Tú, Jeremías, no ores por este pueblo, no me ruegues ni me supliques por ellos. No me insistas, porque no te escucharé. ˡ ¹⁷ ¿No ves lo que ellos hacen en las ciudades de Judá y en las calles de Jerusalén?

¹⁸ Los hijos recogen la leña, los padres encienden el fuego y las mujeres preparan la masa para hacer tortas y ofrecerlas a la diosa que llaman Reina del Cielo. ᵐ Me ofenden, además, ofreciendo vino a dioses extraños. ¹⁹ Pero más que ofenderme a mí, se ofenden a sí mismos, para su propia vergüenza. Yo, el Señor, lo afirmo. ²⁰ Por eso yo, el Señor, les aseguro que voy a descargar toda mi ira contra este lugar y contra la gente, y aun contra los animales, los árboles del campo y las cosechas. Será como un incendio que no se apagará."

²¹ El Señor todopoderoso, el Dios de Israel, dice a su pueblo: "Ofrezcan todos los holocaustos y sacrificios que quieran, y coman de esa carne. ²² Pero cuando yo saqué a sus antepasados de Egipto, nada les dije ni ordené acerca de holocaustos y sacrificios. ⁿ ²³ Lo que sí les ordené fue que me obedecieran; pues así yo sería su Dios y ellos serían mi pueblo. Y les dije que se portaran como yo les había ordenado, para que les fuera bien. ñ ²⁴ Pero no me obedecieron ni me hicieron caso, sino que tercamente se dejaron llevar por las malas inclinaciones de su corazón. En vez de volverse a mí, me volvieron la espalda. ²⁵ Desde que sus antepasados salieron de Egipto hasta ahora, yo les he enviado a ustedes, uno tras otro, a todos mis siervos los profetas. ²⁶ Pero ustedes no me obedecieron ni me hicieron caso, sino que se portaron aún más tercamente que sus antepasados.

²⁷ 'Tú, Jeremías, diles todas estas cosas, aunque no te hagan caso; grítales, aunque no te respondan. ²⁸ Diles: 'Esta es la nación que no obedece al Señor su Dios ni quiere ser corregida. ᵒ La sinceridad ha desaparecido por completo de sus labios.' "

Culto pagano en Jerusalén ²⁹ ¡Jerusalén, córtate la cabellera ᵖ y tírala! ¡Entona un canto triste en las lomas desiertas!

---

discurso y la reacción que provocó entre aquellos que lo escucharon por primera vez.

ᶜ **7.3** *Y yo los dejaré seguir viviendo en esta tierra:* otra posible traducción, apoyada por algunas versiones antiguas: *y yo habitaré con ustedes en este lugar.* Cf. v. 7.

ᵈ **7.4** Estas palabras, repetidas casi como una fórmula mágica, denuncian la falsa confianza que el pueblo había depositado en el templo. De nada vale vivir a la sombra de un glorioso santuario, si no se practica la justicia y no se observan los mandamientos del Señor.

ᵉ **7.7** Véase Jer 7.3 n.

ᶠ **7.9** *Roban, matan, cometen adulterio, juran en falso:* Ex 20.13-16; Dt 5.17-20; Os 4.2.

ᵍ **7.9** *Dioses con los que ustedes nada tienen que ver:* lit. *dioses que ustedes no conocían.* Cf. Dt 11.28; 13.2(3),6-9(7-10); 28.64; Jer 19.4; 44.3.

ʰ **7.11** *Una cueva de ladrones:* Con esta imagen poética se condena la falsa seguridad que infundía en el pueblo la presencia material del templo de Jerusalén. Tal como los ladrones, una vez cometidos sus delitos, se refugian en una caverna y allí se sienten seguros, así también los israelitas se sentían protegidos por el santuario, a pesar de sus crímenes y malas acciones. Acerca de esta expresión en labios de Jesús, cf. Mt 21.13; Mc 11.17; Lc 19.46.

ⁱ **7.12** El antiguo *santuario de Siló* se encontraba en territorio de Efraín (véase Jos 16.4 n.), a unos 30 km. al norte de Jerusalén; lo atendía la familia sacerdotal de Elí. La presencia del arca de la alianza lo convirtió en un importante centro de peregrinación (cf. 1 S 1.3); pero hacia el año 1050 a.C., los filisteos infligieron una dura derrota a los israelitas y se llevaron el arca para depositarla como trofeo en el templo de su dios (cf. 1 S 4). Para esa misma época, la ciudad y el santuario de Siló fueron saqueados y devastados. Véanse Jos 18.1 notas a y b; Sal 78.60 n., y cf. Jer 26.6.

ʲ **7.13** Is 65.12; 66.4.

ᵏ **7.14-15** Cf. Sal 78.56-67, donde también aparecen asociados el rechazo de Efraín y la destrucción del templo de Siló.

ˡ **7.16** *No ores... no te escucharé:* Ya es demasiado tarde para interceder en favor del pueblo; él está tan hundido en sus pecados que ya no manifiesta ningún interés por cambiar de actitud. Cf. Jer 11.14; 17.1.

ᵐ **7.18** *Reina del Cielo* era el título que se daba a la "diosa madre", muy venerada en el mundo antiguo por su vinculación con la sexualidad y con las fuentes de la vida. En Mesopotamia recibía el nombre de *Istar* y era identificada con el planeta Venus; en Canaán la llamaban *Astarté* (véase Jue 3.7 nota c). La mención de los *hijos,* los *padres* y las *mujeres* da a entender que se trataba de un culto familiar. Cf. Jer 44.17-19.

ⁿ **7.22** Sal 51.16-19(18-21); Am 5.25.

ñ **7.23** Ex 19.5; Lv 26.3-12; Jer 11.4; 30.21-22; 31.33.

ᵒ **7.28** *Ni quiere ser corregida:* Véase Jer 2.23 nota a.

ᵖ **7.29** *Córtate la cabellera:* El término hebreo se refiere concretamente a los cabellos que el nazareo se dejaba crecer para expresar su consagración a Dios (cf. Nm 6.5). La orden de cortarse los cabellos da a entender que Judá ha dejado de ser un pueblo consagrado al Señor. En otros contextos, esta acción es expresión de duelo, de pesar o

Porque el Señor está enojado con tu gente,
la ha abandonado y rechazado.

30 El Señor afirma: "La gente de Judá ha hecho algo que me disgusta: pusieron sus despreciables ídolos en el templo dedicado a mí, y lo profanaron. *q* **31** En el valle de Ben-hinom *r* construyeron el altar de Tófet *s* para quemar a sus hijos y a sus hijas, cosa que yo no les había ordenado y que ni siquiera me pasó por la mente. *t* **32** Por eso yo, el Señor, afirmo que vendrá el día en que a ese lugar ya no lo llamarán Tófet ni Valle de Ben-hinom, sino Valle de la Matanza. *u* Y en Tófet enterrarán a los muertos, por no haber más lugar. **33** Los cadáveres de esta gente servirán de comida a las aves de rapiña y a las fieras, y no habrá quien las espante. *v* **34** Haré desaparecer de las ciudades de Judá y de las calles de Jerusalén los cantos de fiesta y alegría, y los cantos de bodas; *w* todo el país quedará convertido en un desierto."

8 **1** El Señor afirma: "En aquel tiempo sacarán de sus tumbas los huesos de los reyes y de los jefes de Judá, de los sacerdotes, de los profetas y de los que vivieron en Jerusalén, **2** y los dejarán tendidos al sol, a la luna y a todas las estrellas *a* a las que habían amado, servido, seguido, consultado y adorado. *b* Nadie los recogerá para enterrarlos. Quedarán en el suelo, como estiércol. *c* **3** Los que queden con vida de esta gente tan mala, en cualquier lugar en que se encuentren después que yo los disperse, preferirán la muerte a la vida. Yo, el Señor todopoderoso, lo afirmo.

Traición y castigo de Israel

4 "Tú, Jeremías, comunícale al pueblo este mensaje de mi parte:

'Cuando uno se cae, se levanta;
cuando pierde el camino, vuelve a él.
5 Entonces, Israel, ¿por qué me traicionaste?
¿Por qué, Jerusalén, renegaste de mí
para siempre?
¿Por qué te empeñas en ser rebelde
y no quieres volver?
6 He estado escuchando con atención,
pero no he oído a nadie
que se arrepienta de su maldad
y tenga la franqueza de decir:
¿Qué es lo que he hecho?
Todos siguen veloces su camino,
como caballos desbocados en la batalla.
7 Aun la cigüeña en el cielo
sabe cuándo debe volver.
La tórtola, la golondrina y la grulla
saben cuándo deben ir a otro lugar.
En cambio tú, pueblo mío,
no conoces mis leyes. *d*
8 ¿Cómo pueden ustedes decir que son sabios
y que tienen la ley del Señor?
¡Si los cronistas, con pluma mentirosa,
la han falsificado! *e*
9 Pero esos sabios *f* quedarán humillados,
acobardados, como animales caídos en la trampa.
¿Dónde está su sabiduría,
si han rechazado mi palabra?
10 Por eso, voy a entregar sus mujeres a otros hombres,
y sus tierras a otros dueños.
Porque todos, grandes y pequeños,
solo piensan en las ganancias mal habidas;
profetas y sacerdotes,
todos cometen fraudes.
11 Tratan por encima las heridas de mi pueblo;
dicen que todo está bien,
cuando todo está tan mal. *g*
12 ¡Debería darles vergüenza
de hacer esas cosas que no soporto!
Pero no, no sienten vergüenza,
¡ya ni saben lo que es avergonzarse!
Por eso, cuando yo los castigue,
tropezarán y caerán como los otros.
Yo, el Señor, lo digo.' " *h*

13 El Señor afirma:
"Voy a cortar a mi pueblo como si fuera trigo. *i*
No quedará ni una uva en el viñedo,

---

de arrepentimiento. Cf. Job 1.20; Is 15.2; Jer 48.37; Ez 7.1-18; Miq 1.16.
q 7.30 Cf. Ez 8.
r 7.31 *Ben-hinom:* Véase Jer 2.23 nota *b*.
s 7.31 *Tófet* significa probablemente *hoguera* y designaba el lugar donde en algunas circunstancias se ofrecían sacrificios humanos. Cf. 2 R 23.10, Jer 32.35.
t 7.31 Lv 18.21; Is 57.5; Jer 19.5.
u 7.32 *Valle de la Matanza:* Jer 19.6. Los enemigos de Judá provocarán una masacre y los cadáveres quedarán expuestos en el valle de Ben-hinom (cf. vv. 32b-33), profanando de ese modo el lugar donde se rendía culto al dios Moloc (cf. 2 R 23.16).
v 7.33 Nótese la gravedad del castigo que se anuncia. Para los antiguos israelitas, no ser sepultado después de muerto era una de las cosas más horribles que podían ocurrirle a una persona. Cf. Dt 28.26; Jer 8.1-2; 9.22(21); 16.4; 19.7; 34.20.
w 7.34 Jer 16.9; 25.10; Bar 2.23; Ap 18.23.
a 8.2 *Todas las estrellas:* lit. *todo el ejército del cielo* (cf. 2 R 17.16; 21.3,5; Sof 1.5).
b 8.2 *A las que habían... consultado y adorado:* En el antiguo Oriente estaban muy difundidos el culto a los astros y la práctica de la astrología. Se pensaba que los astros ejercían una misteriosa influencia sobre el destino de los seres humanos, y por eso se estudiaba el movimiento de las constelaciones con la esperanza de poder predecir el futuro. Este v. desautoriza, con tono de ironía, todas esas creencias y prácticas supersticiosas: los astros siguen su curso imperturbable sobre los cadáveres de sus fieles adoradores, sin prestarles ninguna atención y ninguna ayuda. Véase Gn 1.14-18 n.
c 8.1-2 Jer 25.33.
d 8.7 Cf. Is 1.3.
e 8.8 Es difícil determinar el sentido exacto de este v. Según parece, los *cronistas* o escribas aquí mencionados eran los principales responsables de hacer copias de la ley y de instruir al pueblo para que la pusiera en práctica. Pero en lugar de interpretarla y enseñarla correctamente, desviaban al pueblo del verdadero camino, poniendo el acento en cuestiones de menor importancia y pasando por alto lo esencial. Cf. Mt 23.23-26.
f 8.9 Estos *sabios* son los cronistas o escribas del v. anterior.
g 8.11 Jer 6.14; Ez 13.10.
h 8.10-12 Estos vv. son una repetición de Jer 6.12-15.
i 8.13 *Voy a cortar... trigo:* traducción probable. Heb. oscuro.

ni un higo en la higuera.
Solo quedarán hojas marchitas." *j*

¹⁴ Y el pueblo dirá:
"¿Para qué nos quedamos aquí?
¡Vámonos todos a las ciudades fortificadas,
a que nos maten de una vez!
El Señor, nuestro Dios, va a hacernos morir;
nos da a beber agua envenenada,
porque pecamos contra él.
¹⁵ Esperábamos prosperidad,
pero nada bueno nos ha llegado.
Esperábamos salud,
pero solo hay espanto.
¹⁶ ¡Ya viene el enemigo!
¡Ya se oye desde Dan *k* el resoplar de sus caballos!
Cuando relinchan, tiembla toda la tierra.
Vienen a destruir el país y todos sus bienes,
las ciudades y a los que en ellas viven."

¹⁷ El Señor afirma:
"Voy a enviar contra ustedes serpientes venenosas,
que los van a morder;
contra ellas no hay magia que valga."

Dolor de Jeremías por su pueblo

¹⁸ Mi dolor no tiene remedio, *l*
mi corazón desfallece.
¹⁹ Los ayes de mi pueblo
se oyen por todo el país:
"¿Ya no está el Señor en Sión? *m*
¿Ya no está allí su rey?"
Y el Señor responde:
"¿Por qué me ofendieron adorando a los ídolos,
a dioses inútiles y extraños?" *n*
²⁰ Pasó el verano, se acabó la cosecha
y no ha habido salvación para nosotros.
²¹ Sufro con el sufrimiento de mi pueblo;
la tristeza y el terror se han apoderado de mí.
²² ¿No habrá algún remedio en Galaad? *ñ*
¿No habrá allí nadie que lo cure?
¿Por qué no puede sanar mi pueblo?

9 ¹ (8.23) *a* ¡Ojalá fueran mis ojos como un manantial,
como un torrente de lágrimas,
para llorar día y noche
por los muertos de mi pueblo! *b*
² ⁽¹⁾ ¡Ojalá tuviera yo en el desierto
un lugar donde vivir,
para irme lejos de mi pueblo! *c*
Porque todos han sido infieles;
son una partida de traidores. *d*
³ ⁽²⁾ Siempre están listos a decir mentiras
como si dispararan flechas con un arco. *e*
En el país reina la mentira, no la verdad;
han ido de mal en peor,
y el Señor mismo afirma:
"No han querido reconocerme." *f*
⁴ ⁽³⁾ Hay que desconfiar hasta del amigo;
ni siquiera en el hermano se puede confiar,
pues los hermanos se engañan entre sí *g*
y los amigos se calumnian unos a otros.
⁵ ⁽⁴⁾ Cada uno se burla del otro,
y no hay quien diga la verdad.
Se han acostumbrado a mentir;
son perversos, incapaces ⁶ ⁽⁵⁾ de cambiar.

El Señor afirma:
"¡Atropello tras atropello, *h*
falsedad tras falsedad!
Mi pueblo no quiere reconocerme.
⁷ ⁽⁶⁾ Por eso yo, el Señor todopoderoso, digo:
¿Qué otra cosa puedo hacer con mi pueblo,
sino ponerlo al fuego para refinarlo? *i*
⁸ ⁽⁷⁾ Sus lenguas son flechas mortales;
andan diciendo falsedades.
Saludan cordialmente a sus amigos,
pero en realidad les están poniendo trampas.
⁹ ⁽⁸⁾ ¿Y no los he de castigar por estas cosas?
¿No he de darle su merecido a un pueblo así?
Yo, el Señor, lo afirmo.

¹⁰ ⁽⁹⁾ "Lloren y giman por las montañas,
entonen un lamento por las praderas,
porque están quemadas y ya nadie pasa por ellas;

---

j 8.13 *El Señor... hojas marchitas:* según la versión griega (LXX). El texto heb. añade unas palabras oscuras.
k 8.16 *Dan:* Véanse Jos 19.40 n.; Jer 4.15 n.
l 8.18 *Mi dolor no tiene remedio:* texto probable. Heb. oscuro.
m 8.19 *Sión:* Véase Sal 2.6 n.
n 8.19 *Dioses inútiles y extraños:* Cf. Jer 2.10-11.
ñ 8.22 *Algún remedio:* lit. *algún bálsamo,* es decir, un ungüento aromático con propiedades curativas. Las caravanas que iban de Damasco a Egipto transportando el bálsamo entraban en el territorio de Israel a través de *Galaad,* al este del Jordán. Véanse Dt 2.36 n. e *Índice de mapas.*
a 9.1(8.23) Los vv. 9.1-26 corresponden a los vv. 8.23—9.25 en el texto hebreo.
b 9.1(8.23) Lm 3.48-51.
c 9.2(1) Aquí el profeta expresa su deseo de alejarse de una sociedad moralmente corrompida, que avanza hacia su propia ruina (cf. Sal 55.6-8[7-9]); en otros pasajes, se lamenta con amargura de tener que anunciar la palabra de Dios a un pueblo que se niega a escucharla y él se siente como impulsado a desistir de su misión profética (Jer 20.8;

cf. 5.21; 11.21). Pero el Señor no le permite seguir ese camino fácil: debe mantenerse fiel a su misión, a pesar del sufrimiento que ella le produce (cf. Jer 15.20-21).
d 9.2(1) *Traidores:* Cf. Jer 5.11.
e 9.3(2) Cf. Sal 64.3(4); Pr 6.17-18; Stg 3.1-12.
f 9.3(2) *No han querido reconocerme:* Esta frase pone al descubierto la raíz de todos los males que afligían al pueblo de Judá. Por no *reconocer* la soberanía del Señor, reinaban por todas partes la injusticia, la mentira y la calumnia (cf. vv. 4-9[3-8]), y el Señor no podía permitir que esos pecados quedaran sin castigo (cf. Jer 5.7,29).
g 9.4(3) *Los hermanos se engañan entre sí:* lit. *un hermano suplanta al otro,* es decir, procura desplazarlo por medio de la violencia o el engaño para ocupar su lugar. Esta frase alude al texto de Gn 27.36, donde el verbo *hacer trampa* o *suplantar* (heb. *aqab*) se asocia al nombre de Jacob. Cf. Os 12.3.
h 9.5-6(4-5) *Incapaces* ⁵ *de cambiar... Atropello tras atropello:* según la versión griega (LXX). Heb.: *cansado* ⁶ *tú vives en medio.*
i 9.7(6) *Ponerlo al fuego para refinarlo:* alusión al horno o crisol donde se purifican los metales. Véase Sal 12.6(7) n.; cf. Jer 6.29.

ya no se oye el mugir del ganado,
y hasta las aves y las fieras se fueron huyendo.

11 (10) "Voy a convertir a Jerusalén
en un montón de piedras,
en una guarida de chacales;
convertiré en un desierto las ciudades de Judá,
y quedarán sin habitantes."

12 (11) ¿Quién es lo bastante sabio para comprender esto? ¿A quién le ha dado a conocer el Señor estas cosas, para que él se las pueda explicar a los demás?[j] ¿Por qué está el país en ruinas, seco como un desierto por donde nadie pasa?[k] **13** (12) El Señor responde: "Todo esto sucedió porque los israelitas abandonaron las instrucciones que yo les di; no me obedecieron y no las pusieron en práctica. **14** (13) Siguieron tercamente las inclinaciones de su corazón y dieron culto a dioses falsos, como sus padres les enseñaron. **15** (14) Por eso yo, el Señor todopoderoso, el Dios de Israel, digo: Voy a darles de comer algo muy amargo, voy a darles de beber agua envenenada.[l] **16** (15) Los voy a dispersar entre naciones que ni ellos ni sus padres conocieron; haré que los persigan espada en mano, hasta que no quede ni uno solo."

Lamentaciones en Jerusalén

17 (16) El Señor todopoderoso dice:
"¡Atención! Manden llamar a las mujeres
que tienen por oficio hacer lamentación."[m]

18 (17) ¡Sí, que vengan pronto
y que hagan lamentación por nosotros;
que se nos llenen de lágrimas los ojos
y nuestros párpados se inunden de llanto!

19 (18) Desde Sión nos llegan ayes de dolor:
¡Ay, cómo hemos quedado en ruinas!,
¡qué deshonra hemos sufrido!
Tenemos que abandonar nuestra patria,
nuestros hogares están en ruinas.

20 (19) Mujeres, escuchen la palabra del Señor,
pongan atención a su mensaje.
Enseñen a sus hijas a llorar
y a sus amigas a lamentarse así:

21 (20) "La muerte entró en nuestros hogares,
llegó a nuestros palacios;
mata a los niños en las calles
y a los jóvenes en las plazas.

22 (21) Los cadáveres de los hombres quedaron tendidos
como estiércol en el campo,
como espiga que cae detrás del segador
y que nadie la recoge."
El Señor lo afirma.

23 (22) El Señor dice:
"Que no se enorgullezca el sabio de ser sabio,
ni el poderoso de su poder,
ni el rico de su riqueza.

24 (23) Si alguien se quiere enorgullecer,
que se enorgullezca de conocerme,
de saber que yo soy el Señor,[n]
que actúo en la tierra con amor, justicia y rectitud,
pues eso es lo que a mí me agrada.
Yo, el Señor, lo afirmo."

25 (24) El Señor afirma: "Viene el día en que castigaré a todos los pueblos que se circuncidan físicamente: **26** (25) a Egipto, Judá, Edom, Amón y Moab, y a todos los que viven en el desierto y se afeitan las sienes.[ñ] Porque todos esos pueblos, y aun todo el pueblo de Israel, son realmente paganos de corazón."[o]

10

Idolatría y culto verdadero a Dios[a] **1** Escucha, pueblo de Israel, este mensaje que el Señor te dirige.
2 El Señor dice:

"No sigan el ejemplo de otras naciones[b]
ni se dejen asustar por las señales del cielo,[c]
como esas naciones lo hacen.
3 La religión de esos pueblos no vale nada.
Cortan un tronco en el bosque,
un escultor lo labra con su cincel,
4 luego lo adornan con plata y oro,
y lo aseguran con clavos y martillo
para que no se caiga.
5 Los ídolos parecen espantapájaros
en un campo sembrado de melones;
no pueden hablar,
y hay que cargar con ellos, porque no caminan.[d]
No tengan miedo de ellos,
que a nadie hacen mal ni bien."[e]

---

[j] **9.12(11)** En los vv. 12-16(11-15) se encuentra otro de los textos en prosa que reflejan el estilo y las ideas de *Deuteronomio*. Véase Jer 7.1-15 n.; cf. 16.10-13.

[k] **9.12(11)** *¿Por qué está el país en ruinas...?*: Esta pregunta preocupaba a los israelitas después de la destrucción de Jerusalén y del templo. La respuesta (vv. 13-16[12-15]) concuerda con la predicación de todos los profetas anteriores al exilio.

[l] **9.15(14)** Jer 23.15.

[m] **9.17(16)** El llamado está dirigido a las "plañideras", que acompañaban los ritos fúnebres con llantos y gritos de dolor.

[n] **9.24(23)** A este texto se alude en 1 Co 1.31; 2 Co 10.17.

[ñ] **9.25-26(24-25)** *Edom, Amón y Moab* eran reinos vecinos de Israel, situados al sur y al este del Mar Muerto. Véase *Índice de mapas*. *Y se afeitan las sienes:* alusión a ciertos clanes del desierto de Arabia que se rapaban una parte del cabello. Estos pueblos practicaban la circuncisión.

[o] **9.25-26(24-25)** Aquí se vuelve a insistir en un tema frecuente en la Biblia: la circuncisión practicada en la carne (véase Gn 17.10-14 n.) carece de importancia si falta la verdadera circuncisión, que es la del corazón (cf. Hch 7.51, y véase Jer 4.4 n.).

[a] **10.1-11** Esta sátira contra la idolatría (vv. 1-11) presupone un ambiente donde el culto de los ídolos era una práctica corriente (cf. Dt 28.64). Desde el punto de vista doctrinal y literario, el texto se asemeja a Sal 115.3-8; 135.15-18; Is 40.19-22; 41.7,29; 44.9-20; 46.5-7. Cf. Sab 13.10—14.21; Bar 6.7-72.

[b] **10.2** *El ejemplo* (lit. *el camino*) *de otras naciones:* es decir, las creencias y prácticas religiosas de los pueblos paganos.

[c] **10.2** *Las señales del cielo:* alusión a ciertos fenómenos celestiales poco comunes, como los cometas y eclipses de sol o de luna, que infundían temor porque los interpretaban como presagios o anuncios de alguna catástrofe inminente. Véase Jer 8.2 nota *b*.

[d] **10.5** Cf. Is 46.1-7.

[e] **10.5** Cf. Sal 115.4-8; 135.15-18; Is 41.23-24,29.

6 Señor, no hay nadie como tú:
tú eres grande,
tu nombre es grande y poderoso. [f]
7 ¿Quién no te teme, rey de las naciones? [g]
Tú mereces ser temido.
Entre todos los sabios y reyes del mundo,
no hay nadie como tú.
8 Todos ellos son necios,
no tienen ninguna inteligencia.
¡Nada puede enseñarles un pedazo de madera! [h]
9 Sus ídolos son tan solo plata traída de Tarsis [i]
y oro traído de Ufaz; [j]
objetos hechos por escultores y orfebres
y vestidos con telas moradas y rojas,
todos ellos fabricados por hábiles artistas.
10 El Señor es el Dios verdadero,
el Dios viviente, el Rey eterno.
Cuando se enoja, tiembla la tierra;
las naciones no pueden resistir su ira.

11 (Ustedes, israelitas, digan a los paganos: "Los dioses que no hicieron el cielo ni la tierra desaparecerán de la tierra; ni uno de ellos quedará debajo del cielo.") [k]

Himno de alabanza a Dios [l] *(Jer 51.15-19)*

12 El Señor, con su poder, hizo la tierra;
con su sabiduría afirmó el mundo;
con su inteligencia extendió el cielo. [m]
13 Con voz de trueno hace rugir el agua en el cielo, [n]
hace subir las nubes desde el extremo de la tierra,
hace brillar los relámpagos en medio de la lluvia
y saca del viento de donde lo tiene guardado. [ñ]
14 Necio e ignorante es todo hombre.
Los ídolos defraudan al que los fabrica;
son imágenes engañosas y sin vida;
15 son objetos sin valor, ridículos,
que el Señor, en el juicio, destruirá.
16 ¡Qué diferente es el Dios de Jacob,
creador de todo lo que existe!
Él escogió a Israel como su propiedad. [o]
El Señor todopoderoso: ese es su nombre.

Diálogo entre el profeta y la nación [p]

17 —Y tú, nación en estado de sitio, [q]
recoge tus cosas.
18 Porque el Señor dice:
'Esta vez voy a lanzar lejos
a los habitantes de este país.
Voy a ponerlos en aprietos,
a ver si así me encuentran.' [r]

19 —¡Ay de mí, que estoy en ruinas!
¡Mis heridas no tienen curación!
¡Y yo que pensé que podría
soportar este dolor!
20 Mi campamento está destruido,
todas las cuerdas están rotas.
Mis hijos me han abandonado,
¡ya no existen!
Ya no hay quien vuelva a plantar mis tiendas,
quien vuelva a extender sus lonas. [s]

21 —Los jefes [t] de este pueblo son necios;
no buscan al Señor.
Por eso han fracasado
y todo su rebaño está disperso.

22 ¡Atención! ¡Llega una noticia!
De un país del norte [u] viene
un gran estruendo
que va a convertir las ciudades de Judá
en un desierto donde solo vivan los chacales.

23 Señor, yo sé que el hombre no es dueño
de su vida,
que no tiene dominio sobre su destino. [v]
24 Corrígenos conforme a tu justicia,
y no con ira, pues nos destruirías. [w]
25 Descarga tu ira sobre las naciones
que no te reconocen,
sobre los pueblos que no te invocan,
porque han devorado al pueblo de Jacob,
lo han destruido por completo
y han dejado en ruinas el país. [x]

---

[f] **10.6** *Tu nombre es grande y poderoso:* Véase Sal 8.1(2) nota c.
[g] **10.7** *Rey de las naciones:* Cf. Sal 22.28(29); 47.2(3),7(8); Zac 14.9,16-17; Mal 1.14, y también Ap 15.4. Al profeta no le basta con decir que los dioses de los pueblos paganos son falsos e impotentes. También afirma que el Señor es el único soberano del universo, y que él dispone el curso de los acontecimientos para dar cumplimiento a sus designios.
[h] **10.8** *¡Nada... madera!:* traducción probable. Heb. oscuro.
[i] **10.9** *Tarsis:* Véase Sal 48.7(8) n.
[j] **10.9** *Ufaz*, lugar aún no identificado con precisión.
[k] **10.11** Este v. del libro de *Jeremías* no está escrito en hebreo sino en arameo. Algunos piensan que se trata de una nota marginal incorporada más tarde.
[l] **10.12-16** Este himno o canto de alabanza establece una contraposición entre el poder creador del Señor y la impotencia y falta de vida de los falsos dioses.
[m] **10.12** *Extendió el cielo:* Esta expresión refleja la concepción del mundo que se tenía en la antigüedad, según la cual el cielo era una inmensa bóveda extendida sobre la tierra. Véase Gn 1.6-8 n.; cf. Sal 104.2.
[n] **10.13** *El agua en el cielo:* Véase Gn 1.2 nota c.

[ñ] **10.13** Sal 135.7.
[o] **10.16** *Como su propiedad:* Véase Ex 19.5 nota h.
[p] **10.17-25** En este pasaje se escuchan distintas voces, que entablan una especie de diálogo: el profeta que habla en nombre del Señor (vv. 17-18,21), la nación de Judá personificada (vv. 19-20) y un centinela que da el grito de alerta (v. 22). El pasaje concluye con una reflexión sapiencial y una plegaria dirigida al Señor (vv. 23-25).
[q] **10.17** *En estado de sitio:* Esta expresión se refiere, posiblemente, al asedio que precedió a la caída de Jerusalén en el año 586 a.C. Cf. 2 R 25.1.
[r] **10.18** *Me encuentran:* texto probable. Heb. oscuro.
[s] **10.19-20** Cf. Is 49.19-23; Jer 4.20.
[t] **10.21** *Jefes:* lit. *pastores.* Véase Jer 2.8 nota i; cf. también Jer 23.1-4; Ez 34.1-10.
[u] **10.22** *País del norte:* Véase Jer 1.14-15 n.
[v] **10.23** Cf. Pr 20.24; Mt 6.27.
[w] **10.24** Sal 6.1(2); 38.1(2).
[x] **10.25** Este v. alude a la destrucción de Jerusalén por el ejército de Nabucodonosor. Véanse Sal 74 nota a; 79 nota a.

11

Violación de la alianza [a] **1** El Señor se dirigió a mí, Jeremías, y me dijo: **2** "Que los israelitas pongan atención a los términos de esta alianza. Habla a la gente de Judá y a los habitantes de Jerusalén, [b] **3** y diles que yo, el Señor, el Dios de Israel, declaro maldito [c] al que no obedezca los términos de esta alianza. [d] **4** Es la alianza que hice con sus antepasados cuando los saqué de Egipto, país que era para ellos como un horno de fundir hierro. Les dije: Obedézcanme, hagan todo lo que yo les ordene y ustedes serán mi pueblo y yo seré su Dios. [e] **5** Si ustedes me hacen caso, yo cumpliré el juramento que hice a sus antepasados, de darles una tierra, la tierra que ahora tienen, donde la leche y la miel corren como el agua."

Y yo respondí: "Sí, Señor." [f]

6 Entonces el Señor me dijo: "Proclama este mensaje en las ciudades de Judá y en las calles de Jerusalén. Di a la gente: 'Escuchen cuáles son los términos de esta alianza, y cúmplanlos. **7** Cuando yo saqué de Egipto a los antepasados de ustedes, les advertí solemnemente que me hicieran caso, y desde entonces hasta ahora se lo he seguido advirtiendo. **8** Pero no me hicieron caso ni me obedecieron, sino que tercamente se dejaron llevar por las malas inclinaciones de su corazón. No quisieron cumplir los términos que yo les había ordenado, y entonces hice que les vinieran los castigos anunciados en la alianza.' "

9 El Señor siguió diciéndome: "La gente de Judá y los habitantes de Jerusalén conspiran contra mí. **10** Han vuelto a los mismos pecados que antes cometieron sus antepasados, los cuales se negaron a obedecerme y se fueron tras otros dioses y los adoraron. Tanto Israel como Judá han violado la alianza que yo hice con sus antepasados. **11** Por lo tanto, voy a enviarles una calamidad de la que no podrán escapar. Por más que griten pidiéndome auxilio, no los escucharé. Yo, el Señor, lo afirmo. **12** Entonces la gente de Judá y los habitantes de Jerusalén irán a pedir ayuda a los dioses a los que ofrecen incienso, pero ellos no podrán salvarlos cuando llegue la calamidad. **13** Judá tiene tantos dioses como ciudades, y los habitantes de Jerusalén han levantado tantos altares para ofrecer incienso a Baal como calles hay en la ciudad. [g] **14** Así que tú, Jeremías, no ores en favor de este pueblo; no me ofrezcas oraciones ni súplicas por ellos, porque no voy a escucharlos cuando me pidan ayuda en medio de la calamidad. [h]

15 "¿Qué busca Israel, mi amada, [i] en mi templo,
después de haber hecho tantas cosas malas?
¿Acaso la grasa [j] y la carne de los sacrificios [k]
alejarán de ti la desgracia,
y podrás así escapar?" [l]
16 El Señor te había llamado "olivo frondoso, [m]
cargado de hermosos frutos."
Pero en medio de fuertes truenos
él prendió fuego a tus hojas
y arden tus ramas.

17 El Señor todopoderoso, que te plantó, ha ordenado la calamidad contra ti por causa de las maldades que Israel y Judá han cometido, pues lo han ofendido ofreciendo incienso a Baal. [n]

Los enemigos de Jeremías pretenden darle muerte [ñ] **18** El Señor me hizo saber que mis enemigos estaban tramando algo malo. Él me abrió los ojos, para que me diera cuenta. **19** Yo estaba tranquilo, como un cordero que llevan al matadero, [o] sin saber que estaban haciendo planes contra mí. Decían: "Cortemos el árbol ahora que está en todo su vigor; [p] arranquémoslo de este mundo de los vivientes, para que nadie vuelva a acordarse de él."

20 Pero tú, Señor todopoderoso,
eres un juez justo;
tú conoces hasta lo más íntimo del hombre. [q]

---

[a] **11.1-17** Este es otro de los discursos en prosa donde se percibe la influencia de *Deuteronomio* (véase Jer 7.1-15 n.). El profeta proclama las exigencias de la alianza (v. 3) y advierte sobre los resultados de la desobediencia (v. 11). Pero los habitantes de Judá persisten en su obstinación, lo mismo que sus antepasados (v. 10).

[b] **11.2** Cf. Jer 7.2.

[c] **11.3** *Declaro maldito*: El pacto o *alianza*, al mismo tiempo que establecía un vínculo especial entre el Señor e Israel, imponía al pueblo la obligación de observar fielmente las prescripciones de la ley. El cumplimiento de la voluntad divina llevaba aparejado una promesa de bendición; pero el que se apartaba del Señor, fuente de bendición y de vida, caía bajo el dominio de la maldición (Dt 31.16-20). Cf. Dt 27.11—28.68.

[d] **11.3** Este pacto o *alianza* que el Señor estableció en el Sinaí por la mediación de Moisés (cf. Ex 24.1-8), fue reafirmado en las llanuras de Moab (Dt 1.5) y renovado en algunas circunstancias especiales (cf. Jos 24; 2 R 23.3). Acerca del significado de la palabra *alianza* en el *Deuteronomio*, véase Dt 4.13 nota *g* y *Alianza (pacto)* en el *Índice temático*.

[e] **11.4** Dt 4.20; 1 R 8.51; Jer 7.23.

[f] **11.5** *Donde la leche y la miel corren como el agua*: Dt 6.3; 11.9; 27.3; 31.20; véase Ex 3.8 nota *f*.

[g] **11.13** Jer 2.28.

[h] **11.14** *No ores... no voy a escucharlos*: Véase Jer 7.16 n.

[i] **11.15** *Mi amada*: A pesar de sus repetidas infidelidades, Israel no ha dejado de ser la esposa *amada* del Señor (Jer 2.2; cf. Is 5.1).

[j] **11.15** *Grasa*: según la versión latina (Vulgata). Heb. *muchos*.

[k] **11.15** Véase Sal 40.6(7) nota *f*.

[l] **11.15** *Podrás así escapar*: según la versión griega (LXX). Heb. *entonces te alegrarás*.

[m] **11.16** *Olivo frondoso*: Véase Sal 52.8(10) n.

[n] **11.17** *Baal*: Véase Jue 2.13 n.

[ñ] **11.18—12.6** Este pasaje es el primero de una serie de poemas y de fragmentos poéticos designados habitualmente, aunque de manera bastante inadecuada, con el nombre de "Confesiones de Jeremías" (cf. 15.10-21; 17.14-18; 18.18-23; 20.7-8). Tales poemas constituyen una de las cumbres de la literatura profética, y son en su mayoría plegarias y diálogos con el Señor, redactados en el estilo de los salmos de lamentación y de súplica. Aunque el profeta se expresa en primera persona del singular, eso no significa que estas "Confesiones" solo tienen interés biográfico. Exponen, más bien, los sufrimientos a que está expuesto todo profeta que se mantiene fiel a la misión recibida del Señor. Acerca de los salmos de lamentación y de súplica, véase la *Introducción* a los *Salmos (3)*.

[o] **11.19** *Como un cordero que llevan al matadero*: Sal 44.11(12); Is 53.7.

[p] **11.19** *Vigor*: texto probable. Heb. *pan*.

[q] **11.20** *Tú conoces hasta lo más íntimo del hombre*: lit. *tú sondeas el corazón y los riñones*. Para los antiguos israelitas, los riñones eran el asiento de las emociones y de los sentimientos profundos; el corazón, en cambio, era la sede del pensamiento y

Hazme ver cómo castigas a esa gente,
pues he puesto mi causa en tus manos. *r*

²¹ Y a los hombres de Anatot, que buscaban mi muerte y que me ordenaban no hablar en nombre del Señor, si no quería que me mataran, *s* ²² el Señor todopoderoso les dice: "Voy a ajustar cuentas con ustedes: los jóvenes morirán en la guerra, y sus hijos y sus hijas morirán de hambre. ²³ No quedará ni uno solo de ellos, porque viene el día en que yo ajustaré cuentas con ustedes, hombres de Anatot, y traeré sobre ustedes la calamidad."

12 *El profeta se dirige a Dios*

¹ Señor, si me pongo a discutir contigo,
tú siempre tienes la razón;
y sin embargo quisiera preguntarte
el porqué de algunas cosas.
¿Por qué les va bien a los malvados?
¿Por qué viven tranquilos los traidores? *a*
² Tú los plantas,
y ellos echan raíces, y crecen y dan fruto.
De labios para afuera, te tienen cerca,
pero en su interior están lejos de ti. *b*
³ Tú, en cambio, Señor, me conoces;
tú me ves y sabes
cuáles son mis sentimientos hacia ti. *c*
¡Llévate a esa gente como ovejas al matadero;
márcalos para el día de la matanza!
⁴ ¿Hasta cuándo *d* va a estar seca la tierra
y marchita la hierba de los campos?
Los animales y las aves se están muriendo *e*
por la maldad de los habitantes del país,
que piensan que no ves lo que ellos hacen. *f*

Respuesta de Dios *g*

⁵ "Si tanto te cansas corriendo contra gente de a pie,
¿cómo podrás competir con gente de a caballo?
En terreno seguro te sientes tranquilo,
¿pero qué harás en la espesura del Jordán? *h*
⁶ Aun tus hermanos, los de tu propia familia,
te han traicionado,
y a gritos te insultan a tus espaldas. *i*
No confíes en ellos,
ni aunque te hablen con buenas palabras. *j*

Tristeza del Señor por la suerte de su pueblo *k*

⁷ "He abandonado a mi pueblo, *l*
he rechazado a la que fue mi posesión.
He puesto en manos de sus enemigos
a la nación que yo tanto amaba.
⁸ Este pueblo, que fue mi posesión,
es ahora para mí como un león en la selva;
ruge contra mí, por eso lo aborrezco.
⁹ Mi pueblo es como un ave de bello plumaje,
a la que otras aves atacan.
¡Vengan, todos los animales salvajes;
júntense a darse su banquete!
¹⁰ Muchos jefes enemigos han destruido mi viñedo, *m*
han pisoteado mi campo.
Han convertido en desolado desierto
el terreno que yo más quiero.
¹¹ Lo dejaron desierto y desolado,
y yo lo veo lamentarse.
Todo el país está desierto,
pero a nadie le preocupa.
¹² Por todas las lomas del desierto
vinieron hombres violentos,
porque yo, el Señor, tengo una espada
que destruirá el país de extremo a extremo,
y no habrá paz para ninguno.
¹³ Sembraron trigo y cosecharon espinos;

---

de la voluntad, y de él procedían las decisiones personales. Véase Sal 12.2(3) n.
r **11.20** *Hazme ver... en tus manos:* En esta frase se encuentran dos elementos característicos de los salmos de súplica: la expresión de confianza en el Señor, que hace justicia a los perseguidos y oprimidos (cf., por ej., Sal 17.1-7), y el pedido de venganza contra los enemigos (cf. Sal 17.13-14; 74.18-21). Cf. también Jer 20.12.
s **11.21** Se ignora el motivo de esta conspiración contra Jeremías. En general, aunque sin ninguna prueba decisiva, se afirma que la oposición de *los hombres de Anatot* está relacionada con la reforma religiosa del rey Josías (cf. 2 R 23), de la que el profeta habría sido un ardiente defensor. Como esa reforma centralizaba el culto en el único templo de Jerusalén, las medidas dispuestas por el rey asestaban un duro golpe a los sacerdotes de los santuarios locales, incluida la familia de Jeremías, que tenía a su cargo el "lugar alto" de Anatot (cf. Jer 1.1 nota *d*). Otros intérpretes consideran que es imposible saber qué actitud asumió Jeremías con respecto a dicha reforma y afirman, en cambio, que la oposición tenía motivos políticos: los compatriotas del profeta querían evitar toda complicidad con alguien que era acusado de traidor, porque predicaba la rendición a Babilonia, el más odiado enemigo (véase Jer 21.8-10 n.).
a **12.1** Estas inquietantes preguntas vuelven a encontrarse en Hab 1.13, en algunos salmos (véase Sal 37 nota *a*; cf. también Sal 49; 73) y atraviesan todo el libro de *Job* (cf. especialmente Job 21).
b **12.2** Cf. Is 29.13; Mt 15.8-9.
c **12.3** *Tú... me conoces:* Véase Jer 11.20 nota *q*.

d **12.4** *¿Hasta cuándo?:* Véase Sal 13 nota *a*.
e **12.4** Cf. Os 4.3.
f **12.4** *Piensan que no ves lo que ellos hacen:* Véase Sal 14.1 n.
g **12.5-6** Las "Confesiones" de Jeremías concluyen a veces con una respuesta del Señor a la plegaria del profeta (cf. Jer 15.19-21). En el caso presente (vv. 5-6), la respuesta divina es una invitación a superar el desaliento y el temor: si Jeremías no es capaz de soportar una prueba ligera, mucho menos estará en condiciones de afrontar los peligros que se avecinan y que serán mucho más graves. Cf. Jer 45.5.
h **12.5** La palabra traducida por *espesura* significa propiamente *grandeza, orgullo* o *majestad*. Sin duda se refiere a la abundante vegetación que suele crecer a orillas del Jordán y que servía de asilo a las fieras salvajes. Cf. Jer 49.19; 50.44.
i **12.6** Respecto de la *traición* aludida aquí, véase Jer 11.21 n.
j **12.6** Cf. Miq 7.5.
k **12.7-17** El poema y el fragmento en prosa que figuran al final de este cap. introducen temas completamente distintos del expuesto en el pasaje anterior (vv. 1-6). El primero se refiere a una devastación llevada a cabo por los vecinos de Israel (vv. 7-13). El segundo anuncia el destino que el Señor tiene preparado para esos pueblos vecinos (vv. 14-17).
l **12.7** *Mi pueblo:* lit. *mi casa*, expresión que en labios del Señor designa al templo de Jerusalén, pero que en este contexto se refiere a Palestina y al pueblo de Israel. Cf. Os 8.1; 9.15.
m **12.10** *Mi viñedo:* Cf. Sal 80.8-13(9-14). La invasión aquí descrita tuvo lugar probablemente en el año 602 a.C., época en que unas bandas de caldeos, arameos, moabitas y amonitas fueron enviadas

todos sus trabajos fueron vanos.
La cosecha fue un fracaso
por causa de mi ardiente ira."

Promesas del Señor a los pueblos vecinos de Israel **14** Así dice el Señor acerca de los pueblos malvados, vecinos de Israel, que han destruido la tierra que él dio como herencia a su pueblo Israel: "Yo los arrancaré de sus tierras, y sacaré a Judá de en medio de ellos. **15** Pero después de arrancarlos volveré a tener compasión de ellos, y los haré regresar a su propia tierra y a su propio país. **16** Ciertamente ellos enseñaron a mi pueblo a jurar por Baal, pero ahora podrán establecerse en medio de mi pueblo, si de veras aceptan la religión de mi pueblo y juran por mi nombre diciendo: 'Por la vida del Señor.' *n* **17** Pero a la nación que no me obedezca, la arrancaré de raíz y la destruiré. Yo, el Señor, lo afirmo."

13 *Acción simbólica sobre la infidelidad de Israel* [a]

1 El Señor me dijo: "Ve y cómprate un cinturón de lino y póntelo en la cintura, pero no lo mojes con agua." [b] **2** Yo compré el cinturón, como el Señor me lo había ordenado, y me lo puse en la cintura. **3** Entonces me habló de nuevo el Señor y me dijo: **4** "Toma el cinturón que compraste y que tienes puesto, vete al río Éufrates [c] y escóndelo allí, en la grieta de una roca." **5** Fui entonces al río Éufrates y lo escondí, como el Señor me lo había ordenado.

6 Al cabo de mucho tiempo, el Señor me dijo: "Ve al río Éufrates y trae el cinturón que te ordené que escondieras allá." **7** Fui al río Éufrates, busqué en la tierra y saqué el cinturón del sitio en que lo había escondido, pero ya estaba podrido y no servía para nada. [d]

8 Entonces el Señor se dirigió a mí una vez más, **9** y me dijo: "De esta misma manera destruiré el orgullo de Judá y Jerusalén. **10** Este pueblo malvado se niega a obedecer mis órdenes y sigue tercamente las inclinaciones de su corazón. Se ha ido tras otros dioses, para servirlos y adorarlos. Es como ese cinturón, que no sirve para nada. **11** Así como uno se aprieta el cinturón alrededor de la cintura, así tuve a todo el pueblo de Israel y a todo el pueblo de Judá muy unidos a mí, para que fueran mi pueblo y dieran a conocer mi nombre, y fueran mi honor y mi gloria. Pero no me obedecieron. Yo, el Señor, lo afirmo. [e]

Otra acción simbólica sobre el futuro castigo **12** "Diles también: 'El Señor, el Dios de Israel, dice: Cualquier vasija puede llenarse de vino.' Los israelitas te van a contestar: '¿Acaso no sabemos de sobra que cualquier vasija puede llenarse de vino?' [f] **13** Y tú les responderás: 'El Señor dice: Voy a emborrachar [g] a todos los que viven en este país; a los reyes que se sientan en el trono de David, a los sacerdotes, a los profetas y a todos los que viven en Jerusalén. **14** Luego los romperé como vasijas, unos contra otros, padres e hijos por igual. No les tendré compasión; los destruiré sin misericordia y sin piedad. Yo, el Señor, lo afirmo.' " [h]

Advertencia a Israel

15 ¡Israelitas, el Señor ha hablado!
No sean orgullosos, escúchenlo con atención.
16 Honren al Señor su Dios,
antes que él haga llegar la oscuridad
y tropiecen ustedes en los montes tenebrosos;
antes que él convierta en tinieblas,
en pesada sombra,
la luz que ustedes esperaban. [i]
17 Si ustedes no hacen caso,
lloraré en secreto a causa de su orgullo;
de mis ojos correrán las lágrimas,
porque se llevan preso el rebaño del Señor.

---

contra Judá, a causa de la rebelión del rey Joaquim contra Nabucodonosor, rey de Babilonia (2 R 24.1-2).

[n] **12.16** Nótese el contenido universalista de este anuncio profético. Incluso los enemigos de Israel podrán pertenecer al pueblo de Dios si se convierten al Señor y abandonan sus falsos dioses. Cf. Is 56.3-8; Jer 3.17; 18.7-10.

[a] **13.1-11** Los profetas anunciaban su mensaje no solamente de viva voz, sino que a veces reforzaban sus palabras con acciones simbólicas. Estas acciones podían formar parte de la vida misma del profeta, como el matrimonio de Oseas (caps. 1—3), el celibato de Jeremías (16.1-4) o la viudez de Ezequiel (24.15-27), o podían referirse a determinados objetos en circunstancias particulares (cf. por ej., Jer 19). Además, estas acciones simbólicas eran algo más que meras ilustraciones visuales del mensaje anunciado, ya que de alguna manera llevaban a la realidad aquello que anunciaban (cf. Jer 25.15-19; 27.1-3,12; 32.1-15; 43.8-13; 51.59-64). Textos como 1 R 22.11 y Jer 28.10-11 muestran que también los falsos profetas realizaban acciones semejantes.

[b] **13.1** *Un cinturón de lino:* es decir, confeccionado con tela valiosa. La orden de no sumergirlo en *el agua* manifiesta la intención de evitarle todo contacto que lo deteriorara.

[c] **13.4** *Río Éufrates:* heb. *Perat.* Para llegar hasta el *río Éufrates* y volver, Jeremías habría tenido que recorrer a pie no menos de 2.000 km., y esto hubiera exigido realizar un viaje de unos cuantos meses (cf. Esd 7.8-9). Por eso se ha sugerido que el texto no se refiere a ese río de Mesopotamia, sino a una población llamada *Pará* (cf. Jos 18.23), que se encontraba, lo mismo que Anatot, en territorio de Benjamín. Nótese, sin embargo, que la palabra *Perat* se emplea normalmente en la Biblia hebrea para designar el río Éufrates.

[d] **13.6-7** Para evitar la dificultad que plantea este doble viaje hasta el Éufrates, algunos intérpretes opinan que aquí no se trata de una acción simbólica ejecutada realmente, sino de una parábola o de una visión profética (cf. Jer 25.15-29). Otros piensan, quizá con mayor probabilidad, en una dramatización comparable a la de Ez 12.1-16; 21.18-22 y realizada por Jeremías en el mismo territorio de Judá. El río *Éufrates* podría haber sido representado simbólicamente con un dibujo o con cualquier otra imagen visual.

[e] **13.8-11** Es difícil percibir la correspondencia entre la acción simbólica y la interpretación aquí propuesta, porque la explicación no menciona para nada al río Éufrates. En todo caso, la acción en sí misma parece indicar que la población de *Judá*, simbolizada en el *cinturón* de lino, va a deteriorarse por causa del exilio a Babilonia.

[f] **13.12** *Cualquier vasija puede llenarse de vino:* El profeta se vale de este proverbio popular, aceptado por todos sus oyentes, para anunciar una vez más el desastre que se avecina sobre el pueblo de Judá a causa de sus pecados (cf. Jer 1.13-16).

[g] **13.13** *Voy a emborrachar:* alusión al juicio de Dios sobre el pecado de su pueblo. En otros pasajes, el juicio divino sobre Israel o sobre las naciones se expresa simbólicamente con la imagen de la copa de vino, que el Señor hace beber hasta el fondo (cf. Is 51.17; Jer 25.15-29; 49.12; Ez 23.32-34; Ap 16). Véase *Copa (cáliz)* en el *Índice temático.*

[h] **13.14** En Jer 19.1-13, el profeta mismo rompe un cántaro para comunicar por medio de una acción simbólica un mensaje similar.

[i] **13.16** Cf. Am 5.18-20.

Mensaje de parte de Dios para el rey

18 "Di al rey[j] y a la reina madre:[k]
'Bajen del trono, siéntense en el suelo,
pues de su cabeza ha caído
la corona que los adornaba.'
19 Las ciudades del Négueb están sitiadas;[l]
nadie puede pasar.
Todos los de Judá fueron llevados al destierro,
a un destierro total.
20 Alcen la vista y miren
cómo viene del norte el enemigo.[m]
¿Dónde está el rebaño que yo te había confiado,
ese rebaño que era tu orgullo?

Anuncio del destierro de Israel

21 "¿Y qué vas a decir, Jerusalén,
cuando tengas que ser gobernada
por gente que tú misma instruiste?
Te vendrán dolores
como a mujer de parto.[n]
22 Y si preguntas por qué te pasa esto,
debes saber que es por tus graves pecados;
¡por eso te han desnudado
y han abusado de ti![ñ]
23 ¿Puede un negro[o] cambiar de color?
¿Puede un leopardo quitarse sus manchas?[p]
Pues tampoco ustedes, acostumbrados al mal,
pueden hacer lo bueno.
24 Por eso voy a dispersarlos a ustedes
como a paja que arrastra el viento del desierto.[q]
25 Ese es tu destino, Israel,
eso has merecido que yo te haga.
Yo, el Señor, lo afirmo.
Pues te olvidaste de mí
y pusiste tu confianza en falsos ídolos.
26 Yo también te voy a desnudar del todo
y a exponerte a la vergüenza.[r]
27 He visto tu pasión, tus adulterios,
tu vergonzosa conducta de prostituta,[s]
tus repugnantes acciones
en las colinas[t] y en los campos.
¡Ay de ti, Jerusalén!,
¿cuánto tiempo seguirás estando impura?"

14

La gran sequía[a] **1** Por causa de la sequía, el Señor se dirigió a Jeremías, y le dijo:

2 "Judá llora de tristeza,
sus ciudades están afligidas,
la gente está tendida por el suelo.
Jerusalén lanza gritos de dolor.[b]
3 Los ricos mandan a sus criados por agua;
estos van a las cisternas, pero no la encuentran,
y vuelven con sus cántaros vacíos;
defraudados y llenos de vergüenza,
se cubren la cabeza.[c]
4 Los campesinos se sienten defraudados
y se cubren la cabeza,
porque falta la lluvia
y la tierra está reseca.
5 Aun las ciervas, en el campo,
abandonan sus crías recién nacidas,
porque no hay hierba que comer.
6 Los asnos salvajes,
parados en las lomas desiertas,
toman aire como los chacales;
y la vista se les nubla
porque no hay pasto que comer."

El profeta invoca al Señor en nombre del pueblo

7 ¡Señor, aunque nuestros pecados nos acusan,
actúa por el honor de tu nombre![d]
Muchas veces te hemos sido infieles,
hemos pecado contra ti.
8 Esperanza de Israel,
salvador nuestro en tiempos difíciles,
¿por qué te portas como un extraño en el país,
como un viajero que solo se queda a pasar la noche?

---

[j] **13.18** El *rey* es, posiblemente, Joaquín, que ocupó el trono de Judá durante tres meses, después de la muerte de su padre en el año 598 a.C. Joaquín fue llevado cautivo a Babilonia y no volvió a su tierra natal. Cf. Jer 52.31-34.

[k] **13.18** La *reina madre* gozaba en Israel de honores especiales (cf. 1 R 2.19; 15.13). Según 2 R 24.8, el nombre de la madre de Joaquín era Nehustá.

[l] **13.19** El *Négueb* es la región semidesértica que separa a Israel de Egipto (véase *Índice de mapas* y cf. Gn 12.9). Las *ciudades del Négueb* eran las ciudades situadas al sur de Judá, que también sufrían el asedio del ejército de Nabucodonosor (cf. 2 R 24.10).

[m] **13.20** Acerca del *enemigo que viene del norte*, véase Jer 1.14-15 nota *v*.

[n] **13.21** *¿Y qué vas... mujer de parto:* texto probable. Heb. oscuro.

[ñ] **13.22** *¡Por eso... abusado de ti!:* La invasión de Jerusalén por el ejército de Babilonia se compara con la violación de una mujer (cf. v. 26).

[o] **13.23** *Un negro:* lit. *un etíope.* Cf. Is 18.1-2.

[p] **13.23** Estas dos preguntas dan a entender hasta qué punto Jeremías veía a su pueblo sumergido en el pecado. Un juicio igualmente pesimista sobre el pecado de Judá y sobre sus posibilidades de conversión se encuentra en Jer 17.1. Solo la transformación del corazón por medio de una especial acción divina puede hacer posible el retorno a Dios y la reconciliación con él. Véanse Jer 2.23 nota *a*; 3.1 nota *b*; 31.33 nota *e*.

[q] **13.24** Véase Sal 1.4 n.; cf. Os 13.3; Sof 2.2.

[r] **13.26** Os 2.3(5).

[s] **13.27** *Adulterios... prostituta:* Véanse Jer 2.20 nota *w*; 3.3 nota *e*.

[t] **13.27** *En las colinas:* Véase Jer 3.2 n.

[a] **14.1—15.4** Esta sección presenta un extenso diálogo entre el profeta y su Dios. La ocasión de este diálogo es una calamidad nacional provocada especialmente por una prolongada sequía. Después de describir el mal que azota al país (14.1-6), sigue una oración que el profeta pronuncia en nombre del pueblo (14.7-9). Como respuesta negativa de Dios (14.10), y a causa de esto se entabla un diálogo acerca del valor de la intercesión y de la predicación de los otros profetas (14.11-16). Por último, hay una nueva oración pronunciada en nombre de la comunidad (14.19-22) y la respuesta final del Señor (15.1-4).

[b] **14.2** Is 3.26; Lm 1.4.

[c] **14.3** *Se cubren la cabeza:* Este gesto expresa gran dolor y consternación (2 S 15.30; Est 6.12).

[d] **14.7** *Por el honor de tu nombre:* Véase Sal 23.3 nota *f*.

⁹ ¿Por qué estás como un hombre aturdido,
como un guerrero que no puede ayudar?
Pero, Señor, tú estás en medio de nosotros, ᵉ
todos saben que somos tu pueblo; ᶠ
¡no nos abandones!

¹⁰ El Señor dice esto acerca del pueblo de Israel: "A este pueblo le encanta andar siempre de un lado para otro. Por eso no lo miro con agrado. Ahora voy a acordarme de sus pecados y a pedirle cuenta de ellos."

¹¹ El Señor me dijo: "No me ruegues por el bienestar de este pueblo. ᵍ ¹² Por mucho que ayune, no escucharé sus súplicas; por muchos holocaustos y ofrendas de cereales que me traiga, no lo miraré con agrado. Voy a destruirlo con guerra, hambre y peste." ʰ

¹³ Y yo le contesté: "Pero, Señor; los profetas le están diciendo al pueblo que no va a haber guerra ni hambre, y que tú le vas a conceder una paz duradera en este lugar."

¹⁴ Entonces el Señor me respondió: "Si eso dicen en mi nombre los profetas, es que están mintiendo. Yo no los he enviado, ni les he dado ninguna orden, y ni siquiera les he hablado. Son revelaciones falsas, visiones engañosas, inventos de su propia fantasía. Esto es lo que les anuncian esos profetas. ¹⁵ Pues yo, el Señor, digo de esos profetas que pretenden hablar en mi nombre sin que yo los haya enviado, y que dicen que no va a haber guerra ni hambre en este país: esos profetas morirán por la guerra y el hambre. ⁱ ¹⁶ Y el pueblo al que ellos se dirigen, morirá también por la guerra y el hambre, con sus mujeres, sus hijos y sus hijas. Los cadáveres serán arrojados a las calles de Jerusalén, y no habrá quien los entierre. Así les haré pagar su maldad. ¹⁷ Di al pueblo lo siguiente:

'Que broten lágrimas de mis ojos
día y noche, sin cesar,
por la terrible desgracia de mi pueblo,
por la gravedad de su herida.
¹⁸ Salgo al campo, y veo los cadáveres
de los muertos en batalla;
entro en la ciudad, y veo gente
que se está muriendo de hambre,
Aun los profetas y los sacerdotes ʲ
se van a un país desconocido.'" ᵏ

El profeta se dirige al Señor

¹⁹ Señor, ¿has rechazado del todo a Judá?
¿Te has cansado de la ciudad de Sión? ˡ
¿Por qué nos heriste irremediablemente?
Esperábamos prosperidad,
pero nada bueno nos ha llegado.
Esperábamos salud,
pero solo hay espanto.
²⁰ Reconocemos, Señor, nuestra maldad
y la culpa de nuestros antepasados;
hemos pecado contra ti. ᵐ
²¹ ¡Por el honor de tu nombre, no nos rechaces;
no trates con desprecio a la ciudad
donde está tu glorioso trono!
¡Recuerda la alianza que hiciste con nosotros,
no faltes a ella! ⁿ
²² ¿Hay acaso entre los ídolos paganos ñ
alguno que pueda hacer llover?
¿Acaso el cielo envía los aguaceros por sí mismo?
¡No, Señor y Dios nuestro!
Tú eres quien los envía,
tú eres quien hace todas estas cosas;
¡por eso esperamos en ti!

15

Anuncio del castigo ¹ El Señor me dijo: "Aunque Moisés y Samuel ᵃ se presentaran aquí, delante de mí, yo no tendría compasión de este pueblo. Diles que salgan de mi presencia, que se vayan. ᵇ ² Y si te preguntan a dónde han de ir, diles esto de mi parte:

'Los destinados a morir de peste,
a morir de peste;
los destinados a morir en la guerra,
a morir en la guerra;
los destinados a morir de hambre,
a morir de hambre;
los destinados al destierro,
al destierro.' ᶜ

³ "Yo, el Señor, afirmo: Voy a enviarles cuatro diferentes castigos: los matarán en la guerra, los arrastrarán los perros, se los comerán las aves de rapiña y los devorarán las fieras. ⁴ Haré que todas las naciones de la tierra sientan horror de lo que voy a hacer con ellos, por causa de lo que el rey de Judá, Manasés, hijo de Ezequías, ha hecho en Jerusalén. ᵈ

ᵉ **14.9** Sal 46; 48.9(10).
ᶠ **14.9** Sal 100.3.
ᵍ **14.11** *No me ruegues:* Véase Jer 7.16 n.
ʰ **14.12** *Guerra, hambre y peste:* Jer 21.7; 24.10; 27.13; 29.17-18.
ⁱ **14.14-15** Estos vv. anticipan el tema de los falsos profetas, que va a ser desarrollado con más amplitud en Jer 23.9-32. Véanse especialmente Jer 23.14 nota *k* ; 29.1-23 n.
ʲ **14.18** *Los profetas y los sacerdotes:* Véase Jer 2.8 nota *i.*
ᵏ **14.18** *Se van a un país desconocido:* texto probable. Heb. oscuro.
ˡ **14.19** *La ciudad de Sión:* es decir, Jerusalén. Véase Sal 2.6 n.
ᵐ **14.20** Neh 9.16-31.
ⁿ **14.21** Sal 74.2.
ñ **14.22** La palabra hebrea utilizada para designar a los dioses de las naciones paganas, representados por sus *ídolos,* significa propiamente algo vano, inútil e inconsistente. Cf. Jer 2.5; 8.19; 10.8; 16.19.

ᵃ **15.1** En repetidas oportunidades *Moisés* se vio obligado a interceder en favor de Israel para obtener del Señor el perdón de los pecados y rebeldías del pueblo (Ex 32.11; 34.9; Nm 11.2; 21.7; Dt 9.20). El papel de intercesor lo desempeñó también *Samuel* (1 S 7.5-10; 12.19,23; Eclo 46.16), y al menos en dos ocasiones se le pide a Jeremías que haga valer su intercesión delante de Dios (Jer 37.3; 42.2,20).
ᵇ **15.1** Siguiendo el ejemplo de Moisés, de Samuel y de otros profetas (cf. Am 7.2,5), Jeremías intercedió delante del Señor en favor de Israel, e incluso de sus propios enemigos (Jer 15.11; 18.20). Pero tres veces recibió del Señor la orden de no orar por el pueblo, porque ya era demasiado tarde para evitar el castigo (véase Jer 7.16 n.; cf. también 11.14; 14.11).
ᶜ **15.2** Jer 14.12; 43.11; Ap 13.10.
ᵈ **15.4** Acerca del reinado de *Manasés,* cf. 2 R 21.1-18.

⁵ "¿Quién tendrá compasión de ti, Jerusalén?ᵉ
¿Quién va a sentir lástima de ti?
¿Quién se va a preocupar de tu salud?
⁶ Tú me abandonaste, me diste la espalda.
Yo, el Señor, lo afirmo.
Por eso yo, cansado de tener paciencia,
levanté mi mano para castigarte, y te destruí.
⁷ Dispersé a tu gente como a paja,
sacándola de las ciudades del país;
dejé sin hijos a mi pueblo, lo destruí
porque no quiso dejar su mala vida.
⁸ Dejé entre ellos más viudas
que granos de arena tiene el mar.
En pleno mediodía hice caer la muerte
sobre las madres con hijos jóvenes;
de repente hice caer sobre ellas
la angustia y el terror.
⁹ Madres con muchos hijosᶠ
se desmayan, quedan sin aliento;
avergonzadas y humilladas,
la luz del día se les vuelve oscuridad.
Si algunos quedan con vida,
haré que sus enemigos los maten.
Yo, el Señor, doy mi palabra."

Exclamación del profetaᵍ
¹⁰ ¡Ay de mí, madre mía, que me diste a luzʰ
solo para disputar y pelear con todo el mundo!ⁱ
A nadie he prestado dinero,
ni me lo han prestado a mí,
y sin embargo todos me maldicen.
¹¹ Que sus maldiciones se cumplan,ʲ Señor,
si no te he servido bien,
si no te he rogado en favor de mis enemigos,ᵏ
cuando estaban en desgracia y aflicción.

Dios anuncia el castigo a Israel
¹² "¿Quién puede romper
el hierro del norteˡ y el bronce?

¹³ A causa de todos tus pecados, Israel,
voy a entregar a tus enemigos
tu riqueza y tus tesoros,
todo lo que tienes en tu territorio,
para que se lo lleven gratuitamente.
¹⁴ Voy a hacerte esclavo de tus enemigos
en una tierra que tú no conoces,
porque mi ira se ha encendido
como un fuego que te consumirá."ᵐ

El profeta invoca al Señor
¹⁵ Señor, tú que lo sabes todo,ⁿ
¡acuérdate de míñ y ven en mi ayuda!ᵒ
¡Toma venganza de los que me persiguen!ᵖ
No seas con ellos tan paciente
que me dejes morir a mí;
mira que por ti soporto insultos.ᑫ
¹⁶ Cuando me hablabas, yo devoraba tus palabras;ʳ
ellas eran la dicha y la alegría de mi corazón,
porque yo te pertenezco,
Señor y Dios todopoderoso.
¹⁷ Yo he evitado juntarme
con los que solo piensan en divertirse;
desde que tú te apoderaste de mí
he llevado una vida solitaria,
pues me llenaste de tu ira.ˢ
¹⁸ ¿Por qué mi dolor nunca termina?
¿Por qué mi herida es incurable,
rebelde a toda curación?ᵗ
Te has vuelto para mí
como el agua engañosa de un espejismo.ᵘ

Respuesta del Señor
¹⁹ Entonces el Señor me respondió:
"Si regresas a mí, volveré a recibirte
y podrás servirme.ᵛ
Si evitas el hablar por hablar
y dices solo cosas que valgan la pena,
tú serás quien hable de mi parte.

ᵉ **15.5** Este poema (vv. 5-9) alude probablemente a la catástrofe del año 597 a.C. (cf. 2 R 24.8-17). Su estilo se asemeja al de *Lamentaciones*, que se refieren a la destrucción de Jerusalén acaecida unos diez años después (cf. 2 R 25.1-21). Véase la *Introducción* al libro de *Lamentaciones*.

ᶠ **15.9** *Madres con muchos hijos:* lit. *madres con siete hijos.* El número *siete* es la cifra de la perfección y la plenitud (véase Gn 4.23-24 n.). Por tanto, el hecho de tener *siete hijos* era considerado en el antiguo Israel como una señal muy especial del favor divino.

ᵍ **15.10-21** Esta sección pertenece a las "Confesiones de Jeremías" (véase Jer 11.18—12.6 n.). En ella se alternan las quejas y protestas del profeta por los padecimientos, humillaciones y persecuciones a que se veía sometido (vv. 10-11,15-18) y las respuestas del Señor en esos requerimientos (vv. 12-14,19-21).

ʰ **15.10** *¡Ay de mí, madre mía, que me diste a luz...!:* Esta expresión de honda desesperanza es superada únicamente por la amarga lamentación de Jer 20.14-18.

ⁱ **15.10** *Para disputar y pelear con todo el mundo:* El libro de *Jeremías* relata ampliamente la serie de conflictos que debió afrontar el profeta a causa de su fidelidad a Dios. Sus principales antagonistas fueron los reyes (cf. Jer 36.20-26), los funcionarios del reino (cf. Jer 38.4), los sacerdotes (cf. Jer 26.7-9) y, sobre todo, los falsos profetas (cf. Jer 28).

ʲ **15.11** *Que sus maldiciones se cumplan:* según la versión griega (LXX). Heb. *dijo.*

ᵏ **15.11** *Si no te he rogado en favor de mis enemigos:* Véase Jer 15.1 nota *b.*

ˡ **15.12** *Hierro del norte:* El hierro, y en general la industria de los metales, procedía de Asia Menor y del norte de Palestina (véase 1 S 13.19 n.). Aquí el hierro y el bronce representan a Babilonia, el enemigo que viene del norte (véase Jer 1.14-15 n.).

ᵐ **15.13-14** Estos vv. se vuelven a encontrar, con algunas variantes, en Jer 17.3-4.

ⁿ **15.15** *Tú que lo sabes todo:* Cf. Sal 139.

ñ **15.15** *Acuérdate de mí:* Véase Gn 8.1 n.

ᵒ **15.15** *Ven en mi ayuda:* lit. *visítame:* Véase Ex 3.16 nota *q.*

ᵖ **15.15** *¡Toma venganza... persiguen!:* Véase Jer 11.20 nota *r.*

ᑫ **15.15** *Mira que por ti soporto insultos:* Sal 69.7-9(8-10).

ʳ **15.16** *Yo devoraba tus palabras:* Cf. Ez 3.1-3.

ˢ **15.17** Cf. Jer 16.1-17.

ᵗ **15.18** Cf. Jer 30.12,15.

ᵘ **15.18** *Como... espejismo:* Cf. Job 6.15-20.

ᵛ **15.19** *Si regresas a mí... podrás servirme:* Esta frase es como una renovación del llamado que recibió Jeremías al comienzo de su actividad profética. El Señor lo invita a superar el desaliento en que

Son ellos quienes deben volverse a ti,
y no tú quien debe volverse a ellos.
²⁰ Yo haré que seas para este pueblo
como un muro de bronce, difícil de vencer.
Te harán la guerra,
pero no te vencerán,
pues yo estoy contigo para salvarte y librarte.
Yo, el Señor, doy mi palabra. *w*
²¹ Te libraré del poder de los malvados,
¡te salvaré del poder de los violentos!"

16 Jeremías recibe órdenes del Señor *a*

¹ El Señor se dirigió a mí, y me dijo: ² "No te cases ni tengas hijos en este país. *b* ³ Porque yo, el Señor, te voy a decir lo que va a suceder a los hijos que nazcan en este país y a los padres que los tengan. ⁴ Morirán de enfermedades terribles y nadie llorará por ellos ni los enterrará: quedarán tendidos en el suelo como estiércol. La guerra y el hambre acabarán con ellos, y sus cadáveres serán devorados por las aves de rapiña y las fieras." *c*

⁵ El Señor me dijo también: "No entres en una casa donde estén de luto por un muerto; no llores ni muestres tu dolor por él, porque a este pueblo le he retirado mi paz, mi amor y mi misericordia. *d* Yo, el Señor, lo afirmo. ⁶ Grandes y pequeños morirán en este país; nadie les dará sepultura, ni los llorará, ni mostrará dolor por ellos hiriéndose en el cuerpo o rapándose la cabeza. *e* ⁷ Nadie celebrará banquetes fúnebres *f* para consolar a los parientes, ni aun cuando se trate de la muerte del padre o de la madre.

⁸ "Tampoco entres en una casa donde haya un banquete, a sentarte con ellos a comer y beber. ⁹ Porque yo, el Señor todopoderoso, el Dios de Israel, declaro: Yo haré que terminen en este país los cantos de fiesta y alegría, y los cantos de bodas. *g* Esto pasará en sus propios días, y ustedes mismos lo verán.

¹⁰ "Cuando comuniques al pueblo este mensaje, te van a preguntar: '¿Por qué ha ordenado el Señor contra nosotros este mal tan grande? ¿Qué mal hemos hecho? ¿Qué pecado hemos cometido contra el Señor nuestro Dios?' ¹¹ Tú contéstales: 'El Señor afirma: Esto es porque los antepasados de ustedes me dejaron y se fueron tras otros dioses, para darles culto y adorarlos; a mí me abandonaron y no cumplieron las instrucciones que yo les di. ¹² Y ustedes han sido peores que sus antepasados, pues cada uno ha seguido tercamente las malas inclinaciones de su corazón y no me ha obedecido. ¹³ Por eso los voy a echar de esta tierra a un país que ni ustedes ni sus antepasados conocían, y allá servirán día y noche a otros dioses, pues no tendré compasión de ustedes.' *h*

¹⁴ "Pero vendrá un tiempo —yo, el Señor, lo afirmo— en que ya no jurarán diciendo: 'Por la vida del Señor, que sacó a los israelitas de Egipto', ¹⁵ sino que dirán: 'Por la vida del Señor, que sacó a los israelitas del país del norte y de todos los demás países por donde los había dispersado'. Yo haré que ustedes regresen a su tierra, a la tierra que di a sus antepasados. *i*

¹⁶ "Voy a hacer venir muchos pescadores —yo, el Señor, lo afirmo— para que pesquen a los israelitas. Luego haré venir muchos cazadores *j* para que los cacen y los saquen de las montañas y colinas y hasta de las grietas de las rocas. ¹⁷ Porque veo todas sus acciones; ninguna queda oculta para mí, ni sus pecados pueden esconderse de mi vista. ¹⁸ Primero los haré pagar el doble *k* por sus maldades y pecados, porque profanaron mi tierra con sus aborrecibles ídolos muertos, *l* y en toda la tierra que les di como herencia hicieron cosas que yo deteste."

Jeremías invoca al Señor *m*

¹⁹ Señor, fuerza y protección mía,
mi refugio en el momento de peligro;
a ti vendrán las naciones *n*
desde el extremo de la tierra, y te dirán:
"Solo dioses falsos, inútiles y sin poder
recibieron nuestros padres como herencia.
²⁰ ¿Puede el hombre hacer sus propios dioses?
¡Entonces esos dioses no son verdaderos!" *ñ*

Respuesta del Señor

²¹ "Por eso, de una vez por todas,
voy a mostrarles mi poder;
así sabrán que mi nombre es el Señor. *o*

---

w 15.20 Jer 1.18.

a 16.1-18 El celibato de Jeremías anticipa simbólicamente la suerte que le está reservada al reino de Judá. Su vida solitaria anuncia la desolación que va a reinar en el país. Como en los casos de Oseas (cf. Os 1—3) y Ezequiel (cf. Ez 24.16-24), el estilo de vida del profeta es parte de su mensaje. Véase Jer 13.1-11 n.

b 16.2 *No te cases ni tengas hijos:* Esta orden del Señor a Jeremías resulta mucho más sorprendente si se tiene en cuenta que el celibato no gozaba de ningún aprecio en el antiguo Israel. Véase, Sal 128 n.

c 16.4 Véase Jer 7.33 n.

d 16.5 Cf. Os 1.6.

e 16.6 La costumbre de hacerse heridas *en el cuerpo* o de raparse *la cabeza* en señal de duelo estaba prohibida por la ley mosaica (cf. Lv 19.28; Dt 14.1). Sin embargo, aquí se presenta como un rito funerario practicado corrientemente.

f 16.7 *Banquetes fúnebres:* Los parientes del difunto solían ayunar hasta el atardecer (cf. 2 S 1.12; 3.35), y a esa hora los vecinos los consolaban trayéndoles comida y bebida. había caído a causa del aparente fracaso de su misión: si de veras logra convertirse, recibirá de él la protección necesaria para reanudar con nuevo entusiasmo la tarea comenzada.

g 16.9 Jer 7.34; 25.10; Ap 18.23.

h 16.10-13 Acerca del recurso al diálogo imaginario entre el profeta y el pueblo, véase 1 R 9.8-9. El pasaje concluye con una referencia al exilio babilónico (v. 13). Cf. Jer 5.19.

i 16.14-15 Jer 23.7-8. Estos vv. introducen una nota de esperanza en medio de un contexto bastante sombrío: el Señor hará volver de Babilonia a los cautivos en un éxodo más glorioso y espectacular que la antigua salida de Egipto. Cf. Is 43.16-21; 48.16-21; 51.9-11.

j 16.16 *Pescadores... cazadores:* Estas dos metáforas se combinan para poner de relieve la severidad del juicio de Dios a causa de los pecados e infidelidades de su pueblo. Cf. Ez 12.13; 29.4; Am 4.2; Hab 1.14-17.

k 16.18 *Los haré pagar el doble:* Cf. Is 40.2.

l 16.18 *Ídolos muertos:* Cf. Lv 26.30.

m 16.19-21 Este breve poema añade otra nota de esperanza: las naciones paganas reconocerán que sus dioses son falsos y se convertirán al verdadero Dios.

n 16.19 *A ti vendrán las naciones:* Cf. Is 2.1-5; Miq 4.1-3.

ñ 16.20 Cf. Jer 2.5,11.

o 16.21 *Sabrán que mi nombre es el Señor:* Ez 36.23,38.

17 Pecado y castigo de Judá

1 "Judá, tu pecado está escrito con cincel de hierro,
está grabado con punta de diamante
en la piedra de tu corazón,[a]
en los cuernos de tus altares.[b]
2 Tus hijos se acuerdan de los altares
y de los troncos sagrados
que había junto a los árboles frondosos
y sobre las colinas elevadas[c]
3 y sobre los montes del campo.
Por causa de tus pecados,
haré que te roben tus riquezas y tesoros,
y que saqueen tus colinas sagradas[d]
en todo tu territorio.
4 Tendrás que abandonar[e] la tierra
que yo te di como herencia,
y te haré esclava de tus enemigos
en una tierra que no conoces,
porque mi ira se ha encendido
como un fuego que te consumirá."[f]

Mensajes varios[g]

5 El Señor dice:
"Maldito aquel que aparta de mí su corazón,
que pone su confianza en los hombres
y en ellos busca apoyo.
6 Será como la zarza del desierto,
que nunca recibe cuidados:
que crece entre las piedras,
en tierras de sal, donde nadie vive.

7 "Pero bendito el hombre que confía en mí,
que pone en mí su esperanza.
8 Será como un árbol plantado a la orilla de un río,
que extiende sus raíces hacia la corriente
y no teme cuando llegan los calores,
pues su follaje está siempre frondoso.
En tiempo de sequía no se inquieta,
y nunca deja de dar fruto.[h]

9 "Nada hay tan engañoso y perverso[i]
como el corazón humano.
¿Quién es capaz de comprenderlo?
10 Yo, el Señor, que investigo el corazón
y conozco a fondo los sentimientos;[j]
que doy a cada cual lo que se merece,
de acuerdo con sus acciones."[k]

11 El que se hace rico injustamente
es como la perdiz que empolla huevos ajenos.[l]
En pleno vigor tendrá que abandonar su riqueza,
y al fin solo será un tonto más.

12 Nuestro templo es un trono glorioso,[m]
puesto en alto desde el principio.

13 Señor, tú eres la esperanza de Israel.
Todo el que te abandona quedará avergonzado.
Todo el que se aleja de ti
desaparecerá como un nombre escrito en el polvo,[n]
por abandonarte a ti, manantial de frescas aguas.[ñ]

Jeremías invoca al Señor[o]

14 Sáname tú, Señor, y seré sanado;
sálvame tú, y seré salvado,
pues solo a ti te alabo.
15 La gente me dice:
"¿Qué pasó con las palabras del Señor?
¡Que se cumplan ahora mismo!"
16 Y, sin embargo, yo no he insistido
en que tú les envíes un desastre,[p]

---

[a] **17.1** Estas vigorosas expresiones hacen ver hasta qué punto el *pecado* había echado raíces en la vida de la nación (véanse Jer 9.3[2] nota *f*; 13.23 nota *p*). *Tu corazón:* Véase Sal 12.2(3) n.

[b] **17.1** *En los cuernos de tus altares:* Véase Ex 27.2 n. Cuando se ofrecían sacrificios de expiación por el pecado, se rociaban los cuernos del altar con la sangre de la víctima (cf. Lv 4.25). Pero el pecado de Judá se había adherido de tal manera que ya no podía ser purificado con ese rito expiatorio.

[c] **17.2** Los *troncos sagrados* eran objetos erigidos en honor de la diosa Asera o Astarté (véase Jue 3.7 nota *c*). *Árboles frondosos:* Los sitios poblados de *árboles* y con vegetación exuberante eran particularmente apropiados para rendir culto a los dioses de la fertilidad (véase Is 65.3 nota *d*).

[d] **17.2-3** *Colinas elevadas,... colinas sagradas:* Véase Jer 2.20 nota *v*.

[e] **17.4** *Abandonar:* según versiones antiguas. Heb. oscuro.

[f] **17.1-4** El texto hebreo de estos vv. presenta numerosas dificultades, por el sentido del conjunto resulta suficientemente claro. Los vv. 3-4 son una repetición parcial de Jer 15.13-14.

[g] **17.5-13** Los textos poéticos y en prosa reunidos en el resto de este cap. pertenecen a distintos géneros literarios y no ofrecen ninguna unidad temática.

[h] **17.5-8** Este poema, en el que se contraponen una maldición y una bienaventuranza, es muy semejante al Salmo 1. La correspondencia más notoria es la comparación del que confía en el Señor con un *árbol plantado* junto a una corriente de agua (v. 8; Sal 1.3). La diferencia más notable es la referencia a la ley, que en el salmo desempeña un papel importante y aquí, por el contrario, ni siquiera se menciona.

[i] **17.9** *Y perverso:* lit. *y sin remedio,* es decir, irremediablemente enfermo.

[j] **17.10** Sal 7.9(10); Jer 11.20; Ap 2.22-23.

[k] **17.10** Véanse las referencias en Ro 2.6 n. y cf. Pr 24.12; Ez 18.30; Eclo 16.12,14; Mt 16.27.

[l] **17.11** La comparación propuesta en este proverbio popular parece apuntar a lo siguiente: *la perdiz que empolla huevos ajenos* no puede retener sus crías, porque estas, apenas empiezan a crecer, reconocen por instinto que no pertenecen a la misma especie y la abandonan. De manera semejante, *el que se hace rico injustamente* no puede conservar las riquezas mal adquiridas.

[m] **17.12** El *templo* de Jerusalén, y más concretamente el Lugar Santísimo o Santo de los Santos, era considerado la morada del Señor (cf. 1 R 8.6,12-13), que tiene su *trono* sobre los querubines.

[n] **17.13** El *nombre escrito en el polvo* contrasta manifiestamente con el nombre *escrito en el libro de la vida* (véase Ex 32.31-32 n.). Algunos, sin embargo, piensan que esta frase debe traducirse: *Todos los que en esta tierra te abandonan deben ser humillados.*

[ñ] **17.13** *Manantial de aguas frescas:* Véase Jer 2.13 nota *ñ*.

[o] **17.14-18** Este poema es la tercera de las "Confesiones de Jeremías", compuesta en el estilo de los salmos de lamentación y de súplica. Véanse Jer 11.18—12.6 n. y la *Introducción* a los *Salmos (3) (b)*.

[p] **17.16** *En que tú les envíes un desastre:* texto probable. Heb. *para no ser pastor detrás de ti.*

ni he deseado calamidades para ellos.
Tú bien sabes lo que he dicho,
pues lo dije en tu presencia.
¹⁷ No te conviertas para mí en terror,
pues eres mi refugio en momentos de angustia.
¹⁸ Deja en ridículo a mis perseguidores, y no a mí;
que ellos queden espantados, y no yo.
Haz venir sobre ellos momentos de angustia,
destrózalos por completo una y otra vez.

Sobre la observancia del sábado ¹⁹ El Señor me dijo: "Ve y párate en la Puerta del Pueblo, *q* por donde entran y salen los reyes de Judá, y luego haz lo mismo en las demás puertas de Jerusalén. ²⁰ Di a la gente: 'Reyes y pueblo todo de Judá, habitantes todos de Jerusalén que entran por estas puertas, escuchen la palabra del Señor. ²¹ El Señor dice: En el sábado y por consideración a sus propias vidas, no lleven cargas ni las metan por las puertas de Jerusalén. *r* ²² No saquen tampoco ninguna carga de sus casas en el sábado, ni hagan en él ningún trabajo. Conságrenme el sábado, tal como se lo ordené a sus antepasados. *s* ²³ Pero ellos no me hicieron caso ni me obedecieron, sino que fueron tercos y no quisieron obedecer ni escarmentar.

²⁴ 'Yo, el Señor, afirmo: Obedézcanme de veras, no lleven ninguna carga por las puertas de la ciudad en el sábado; conságrenme este día y no hagan en él ningún trabajo. ²⁵ Si lo hacen así, siempre habrá reyes que ocupen el trono de David y que entren por las puertas de esta ciudad en carrozas y caballos, acompañados de los jefes y de la gente de Judá y de Jerusalén. Y Jerusalén siempre tendrá habitantes. ²⁶ Y vendrá gente de las ciudades de Judá que están en los alrededores de Jerusalén, y del territorio de Benjamín, de la llanura, de la región montañosa y del Néguev. Traerán al templo animales para el holocausto y para los demás sacrificios, ofrendas de cereales e incienso, y ofrendas de acción de gracias. ²⁷ Pero si ustedes no obedecen mi mandato de consagrarme el sábado y de no meter cargas en ese día por las puertas de Jerusalén, entonces pondré fuego a las puertas de la ciudad, un fuego que destruirá los palacios de Jerusalén y que nadie podrá apagar.' "

18

Acción simbólica del alfarero y el barro *a* ¹ El Señor se dirigió a mí, y me dijo: ² "Baja a la casa del alfarero *b* y allí te comunicaré un mensaje." ³ Yo, Jeremías, bajé y encontré al alfarero trabajando el barro en el torno. ⁴ Cuando el objeto que estaba haciendo le salía mal, volvía a hacer otro con el mismo barro, hasta que quedaba como él quería.

⁵ Entonces el Señor me dijo: ⁶ "¿Acaso no puedo hacer yo con ustedes, israelitas, lo mismo que este alfarero hace con el barro? Ustedes son en mis manos como el barro en las manos del alfarero. Yo, el Señor, lo afirmo. ⁷ En un momento dado decido arrancar, derribar y destruir *c* una nación o un reino. ⁸ Pero si esa nación se aparta del mal, entonces ya no le envío el castigo que le tenía preparado. ⁹ En otra ocasión decido construir y hacer crecer una nación o un reino. ¹⁰ Pero si esa nación hace lo malo y desatiende mis advertencias, entonces ya no le envío los beneficios que le tenía preparados.

¹¹ "Di, pues, a la gente de Judá y a los habitantes de Jerusalén que yo, el Señor, les digo: 'Estoy haciendo planes contra ustedes; estoy pensando en castigarlos. Dejen ya el mal camino; mejoren su conducta y sus obras.' ¹² Ellos te van a decir: '¡No pierdas tu tiempo! Preferimos vivir como a nosotros nos gusta y seguir tercamente las malas inclinaciones de nuestro corazón.' " *d*

¹³ Por eso, el Señor dice:
"Pregunten entre las naciones,
si alguien ha oído cosa semejante.
¡El pueblo de Israel
ha hecho algo muy horrible!
¹⁴ ¿Desaparece alguna vez la nieve
de las altas rocas del Líbano?
¿Se secarán acaso las frescas aguas
que bajan de las montañas? *e*
¹⁵ Pero mi pueblo me ha olvidado,
y ofrece incienso a dioses falsos.
Se ha extraviado en su camino,
el camino antiguo,
y sigue senderos desconocidos. *f*
¹⁶ Así ha convertido su país en un desierto,
en un constante motivo de asombro.
Todo el que pase por él
moverá espantado la cabeza.
¹⁷ Yo, como un viento del este, dispersaré a Israel;
lo haré huir de sus enemigos.
Yo le volveré la espalda, no la cara,
cuando llegue el día de su castigo."

---

q **17.19** *La Puerta del Pueblo:* lit. *Puerta de los Hijos del Pueblo,* de localización desconocida. Otra posible traducción: *La Puerta de Benjamín,* también de localización incierta. Algunos identifican esta puerta con la *Puerta de las Ovejas* (Neh 3.1,32) o con la *Puerta de la Inspección* (Neh 3.31), localizadas al norte y nordeste en el muro de Jerusalén, respectivamente. Sobre la importancia de las puertas de una ciudad, véanse Rut 3.11 n.; 4.1 n.

r **17.21** Cf. Neh 13.15-22.

s **17.22** Ex 20.8-10; Dt 5.12-14; cf. Is 58.13-14.

a **18.1-17** Este relato en prosa (vv. 1-12) muestra cómo un espectáculo cotidiano y aparentemente trivial puede convertirse en medio de revelación divina. En el taller del alfarero que hace y rehace sus vasijas, Jeremías descubre la acción de Dios que modela y remodela a su pueblo conforme a sus designios. En los vv. 7-10 se afirma expresamente que esa acción divina no se limita al pueblo de Israel sino que se extiende a todas las naciones. Véase Jer 1.11-19 n.; cf. también Is 64.8(7); Eclo 33.13.; Sab 15.7; Ro 9.20-21.

b **18.2** La mención de la Puerta de los Tiestos junto al Valle de Ben-hinom (véase Jer 19.2 nota *c*) hace suponer que *la casa del alfarero* se encontraba cerca de ese valle, al sur de Jerusalén.

c **18.7** *Arrancar, derribar y destruir:* Véase Jer 1.10 n.

d **18.12** Este deliberado y desafiante rechazo del Señor y de la salvación que él ofrece se describe de distintas maneras en el libro de *Jeremías* (cf. Jer 2.27; 3.19-20; 5.7; 8.5). Cf. especialmente Jer 6.16-17.

e **18.14** *¿Se secarán... montañas?:* texto probable. Heb. oscuro.

f **18.15** *Se ha extraviado:* según el texto griego (LXX); heb. *lo han extraviado* (aludiendo, probablemente, a los líderes nacionales). *El camino antiguo:* Véase Jer 6.16 nota *ñ.* Los *senderos desconocidos* son todo aquello que aparta del Señor.

JEREMÍAS 18—20

Planes contra el profeta ¹⁸ La gente dijo: "Vamos a preparar un plan para deshacernos de Jeremías. Jamás faltarán sacerdotes que nos instruyan, ni sabios que nos den consejos, ni profetas que nos comuniquen la palabra de Dios. Acusémoslo, para que lo maten. No hagamos caso a nada de lo que dice."

Oración de Jeremías *g*
¹⁹ ¡Señor, préstame atención!
¡Oye lo que dicen mis enemigos!
²⁰ ¿Es con el mal como se paga el bien?
¡Ellos han cavado mi sepultura!

Recuerda que me he enfrentado contigo
para hablarte en favor de ellos,
para pedirte que apartaras de ellos tu ira.
²¹ ¡Pero ahora, haz que sus hijos mueran
de hambre o a filo de espada;
que queden viudas y sin hijos sus esposas!
¡Que la peste mate a sus hombres
y sus jóvenes caigan en el campo de batalla!
²² Envía de repente contra ellos
una banda de ladrones;
¡que se oigan sus gritos de terror!
Porque cavaron un hoyo para atraparme,
pusieron trampas a mi paso.
²³ Pero tú, Señor, conoces todos los planes
que han hecho para darme muerte.
¡No les perdones su maldad
ni olvides sus pecados!
¡Hazlos caer delante de ti,
castígalos con ira!

19 **Acción simbólica del cántaro roto** *a* ¹ El Señor me dijo: "Ve y compra un cántaro de barro, y llama a algunos ancianos del pueblo y a algunos sacerdotes ancianos. ² Luego sal al Valle de Ben-hinom, *b* frente a la Puerta de los Tiestos, *c* y proclama allí el mensaje que voy a comunicarte. ³ Di: 'Reyes de Judá y habitantes de Jerusalén, escuchen este mensaje del Señor todopoderoso, el Dios de Israel: Voy a enviar una calamidad tan grande sobre este lugar, que todo el que oiga la noticia quedará aturdido. *d* ⁴ Porque los israelitas me abandonaron y convirtieron este lugar en tierra extraña; en él ofrecieron incienso a otros dioses, que no conocían ni ellos ni sus antepasados ni los reyes de Judá, y lo llenaron de sangre de gente inocente. ⁵ Además construyeron altares para quemar a sus hijos en holocausto a Baal, *e* cosa que yo no les ordené ni les dije, y que ni siquiera me pasó por la mente. *f* ⁶ Por eso vendrán días en que este lugar ya no se llamará Tófet *g* ni Valle de Ben-hinom, sino Valle de la Matanza. *h* Yo, el Señor, lo afirmo. ⁷ En este lugar haré pedazos *i* los planes de Judá y de Jerusalén. Haré que sus enemigos mortales los derroten y los maten, y que sus cadáveres sirvan de comida a las aves de rapiña y a las fieras. ⁸ Convertiré esta ciudad en un desierto, en algo que cause espanto. Todos los que pasen por ella se quedarán espantados y asombrados al ver su completa destrucción. ⁹ Haré que la gente se coma a sus propios hijos e hijas, y que se coman unos a otros a causa de la situación desesperada a que los someterán sus enemigos mortales durante el sitio de la ciudad.' *j*

¹⁰ "Después de decir esto, haz pedazos el cántaro a la vista de los hombres que te acompañan, ¹¹ y diles: 'El Señor todopoderoso dice: Haré pedazos este pueblo y esta ciudad como quien hace pedazos un cántaro de barro, que ya no se puede reparar. La gente tendrá que enterrar a los muertos en Tófet, por no haber más lugar donde enterrarlos. ¹² Así haré con esta ciudad y sus habitantes. La dejaré en las mismas condiciones que a Tófet. Yo, el Señor, lo afirmo. ¹³ Las casas de Jerusalén, los palacios de los reyes de Judá y las azoteas de las casas donde ofrecían incienso a todos los astros y derramaban ofrendas de vino a otros dioses, serán considerados impuros, lo mismo que Tófet.' "

¹⁴ Después de esto, Jeremías regresó de Tófet, adonde el Señor lo había enviado a hablar en su nombre, y parándose en el atrio del templo, dijo a todo el pueblo: ¹⁵ "El Señor todopoderoso, el Dios de Israel, dice: 'Voy a enviar a esta ciudad y a todos sus poblados todos los castigos que les he anunciado, porque se han puesto tercos para no obedecer mis palabras.' "

20 **Profecía acerca de Pashur, enemigo de Jeremías** ¹ Cuando Pashur, hijo de Imer, que era sacerdote e inspector mayor en el templo, *a* oyó a Jeremías pronunciar esta profecía, ² mandó que lo golpearan y lo sujetaran con el cepo que estaba en la Puerta Superior de Benjamín, *b* junto al templo. ³ Un día después mandó que quitaran a Jeremías

---

g **18.19-23** Este poema es el cuarto de las "Confesiones de Jeremías" (véanse Jer 11.18—12.6 n. e *Introducción* a los *Salmos [3] [b]*). El v. 18 es un preámbulo a esta oración.
a **19.1-15** Este relato describe otra acción simbólica de Jeremías: rompe públicamente un cántaro y pronuncia al mismo tiempo un oráculo en el que anuncia el desastre que se avecina sobre Jerusalén y Judá. Luego, proclama un anuncio semejante en el atrio del templo (vv. 14-15). Véase Jer 13.1-11 n.
b **19.2** *Valle de Ben-hinom:* Véase Jer 2.23 nota *b*, y cf. 2 R 23.10; Jer 32.34-35.
c **19.2** *Puerta de los Tiestos:* Se desconoce la ubicación exacta de esta *puerta* en la antigua ciudad de Jerusalén. Se ha pensado que estaba en la parte oriental del Valle de Ben-hinom, cerca del lugar donde los alfareros arrojaban los tiestos rotos o defectuosos. Algunos la identifican con la Puerta del Basurero, mencionada en Neh 2.13; 3.13-14; 12.31.
d **19.3** *Voy a enviar... aturdido:* 2 R 21.12.
e **19.5** *Baal:* Véase Jue 2.13 n.
f **19.5** Véase Lv 18.21 n.; cf. Is 57.5.
g **19.6** *Tófet:* Véase Jer 7.31 nota *s*.
h **19.6** *Valle de la Matanza:* Véase Jer 7.32 n.
i **19.7** *Haré pedazos:* En hebreo, esta expresión tiene un sonido semejante al de la palabra traducida por *cántaro de barro*, en el v. 1. Nótese asimismo que las acciones simbólicas de los profetas, lo mismo que la palabra de Dios que anunciaban (cf. Is 55.10-11), tenían poder efectivo. Véase, a este respecto, Jer 13.1-11 n.
j **19.9** Cf. Dt 28.53-57; Ez 5.10.
a **20.1** *Pashur, hijo de Imer:* Véase Jer 21.1-2 nota *c*. Su cargo de *inspector* hacía de él algo así como un jefe de seguridad del templo.
b **20.2** Esta *Puerta Superior de Benjamín* no debe confundirse

del cepo, y entonces Jeremías le dijo: "El Señor te ha cambiado el nombre de Pashur por el de Magor-misabib. ^c
⁴ Porque el Señor dice: 'Te voy a convertir en terror para ti mismo y para todos tus amigos; ante tus propios ojos, tus amigos caerán bajo la espada de sus enemigos. Entregaré a todos los habitantes de Judá en manos del rey de Babilonia, el cual los llevará desterrados a Babilonia o los pasará a cuchillo. ⁵ Entregaré también en manos de sus enemigos todas las riquezas de esta ciudad, todas sus posesiones y objetos de valor, y todos los tesoros de los reyes de Judá, para que se los lleven a Babilonia. ⁶ Y tú, Pashur, serás desterrado a Babilonia, junto con toda tu familia. Allí morirás y allí te enterrarán a ti y a todos los amigos a quienes profetizabas cosas falsas.' "

Quejas de Jeremías ante el Señor ^d

⁷ Señor, tú me engañaste, ^e
 y yo me dejé engañar; ^f
 eras más fuerte, y me venciste.
 A todas horas soy motivo de risa;
 todos se burlan de mí.
⁸ Siempre que hablo es para anunciar
 violencia y destrucción; ^g
 continuamente me insultan y me hacen burla
 porque anuncio tu palabra.
⁹ Si digo: "No pensaré más en el Señor,
 no volveré a hablar en su nombre",
 entonces tu palabra en mi interior
 se convierte en un fuego que devora,
 que me cala hasta los huesos.
 Trato de contenerla,
 pero no puedo. ^h
¹⁰ Puedo oir que la gente cuchichea:
 "¡Hay terror por todas partes!" ⁱ
 Dicen: "¡Vengan, vamos a acusarlo!"
 Aun mis amigos esperan
 que yo dé un paso en falso.
 Dicen: "Quizá se deje engañar;
 entonces lo venceremos y nos vengaremos
 de él."
¹¹ Pero tú, Señor, estás conmigo
 como un guerrero invencible;
 los que me persiguen caerán,
 y no podrán vencerme;
 fracasarán, quedarán avergonzados,
 cubiertos para siempre de deshonra inolvidable.

¹² Señor todopoderoso,
 tú que examinas con justicia,
 tú que ves hasta lo más íntimo del hombre, ^j
 hazme ver cómo castigas a esa gente,
 pues he puesto mi causa en tus manos. ^k

¹³ ¡Canten al Señor, alaben al Señor!,
 pues él salva al afligido del poder
 de los malvados.

¹⁴ ¡Maldito el día en que nací! ^l
 ¡Que el día en que mi madre me dio a luz
 no sea bendito!
¹⁵ ¡Maldito el que alegró a mi padre
 con la noticia de que un hijo varón
 le había nacido!
¹⁶ ¡Que ese hombre sea como las ciudades
 que Dios destruye para siempre! ^m
 ¡Que oiga de mañana gritos de dolor,
 y alarma de guerra a mediodía,
¹⁷ pues Dios no me hizo morir en el seno
 de mi madre!
 Así ella hubiera sido mi sepulcro,
 y yo nunca habría nacido.
¹⁸ ¿Por qué salí del vientre
 solo para ver dolor y penas,
 y para terminar mi vida cubierto de vergüenza?

---

con la *Puerta de Benjamín* mencionada en Jer 37.13; 38.7, que era una de las entradas a la ciudad de Jerusalén. Probablemente se trata de la puerta situada al norte del templo, en dirección al territorio de Benjamín, que algunos identifican con la puerta superior construida por el rey Jotam de Judá (cf. 2 R 15.35; Ez 9.2).

^c 20.3 *Magor-misabib:* En hebreo, este nombre significa *hay terror por todas partes,* frase característica del profeta Jeremías.

^d 20.7-18 En esta parte del cap. se encuentra otra de las "Confesiones de Jeremías". Una vez más, el profeta manifiesta su dolor por las burlas y persecuciones de que es objeto. Ninguna otra de las "Confesiones" expresa con tanto vigor la tensión que produce en su alma la necesidad de proclamar la palabra de Dios a un auditorio hostil y poco dispuesto a recibirla. Véase Jer 11.18—12.6 n.

^e 20.7 *Tú me engañaste:* o bien, *tú me has seducido, has abusado de mi ingenuidad.* Jeremías se lamenta de haber sido engañado por Dios, es decir, de haber sido enviado a cumplir la misión profética sin conocer de antemano todos los sufrimientos que le iba a producir la fidelidad a esa misión.

^f 20.7 El verbo hebreo traducido por *engañar* se emplea en otros textos para hablar de la violación de una joven virgen (Ex 22.16[15]), o de la mujer que se vale de sus encantos para seducir a un hombre (Jue 16.5). Cf. también Ez 14.9.

^g 20.8 *Violencia y destrucción:* posible alusión a la invasión de Judá por el ejército de Babilonia (cf. Jer 51.34-35), o bien a la violencia, opresión e injusticia en el interior de la comunidad (cf. Jer 6.7).

^h 20.9 Esta es una magnífica expresión de la lucha en que se debatía el alma del profeta: por una parte, el deseo de abandonar un ministerio que solo le producía sufrimientos (véase Jer 9.2[1] nota c); y por otra, la imposibilidad de resistirse a una compulsión interior mucho más fuerte que él. En Jer 4.19 el profeta se expresa en términos parecidos a los de este v.; cf. también Am 3.8; 1 Co 9.16.

ⁱ 20.10 *¡Hay terror por todas partes!:* Según algunos intérpretes, esta frase se habría convertido en una especie de apodo de Jeremías, debido a la frecuencia con que la pronunciaba. Véase Jer 20.3 n.

^j 20.12 *Tú ves hasta lo más íntimo del hombre:* Véase Jer 11.20 nota *q.*

^k 20.10-12 Sal 6.9-10(10-11); 31.13-18(14-19); Jer 46.5; 49.29; Lm 2.22.

^l 20.14-18 En esta parte final, el lamento de Jeremías adquiere un tono de honda desesperación. La vida se le presenta como algo absolutamente falto de sentido, en vista de los reiterados fracasos que debió experimentar. Este grito de dolor del profeta tiene un notable paralelo en Job 3.1-19.

^m 20.16 *Las ciudades... para siempre:* alusión a la destrucción de Sodoma y Gomorra. Cf. Gn 19; Is 1.9.

21 Anuncio del castigo a Jerusalén [a]

1-2 El rey Sedequías[b] envió a Pashur, hijo de Malquías,[c] y al sacerdote Sofonías, hijo de Maaseías,[d] a ver a Jeremías y a decirle: "Por favor, consulta al Señor por nosotros, porque Nabucodonosor, rey de Babilonia,[e] nos está atacando. Tal vez quiera el Señor hacer uno de sus milagros y obligue a Nabucodonosor a retirarse."[f]

Entonces habló el Señor a Jeremías, **3** y este respondió a los enviados de Sedequías: "Díganle a Sedequías **4** que el Señor, el Dios de Israel, dice: 'Voy a hacer retroceder a las tropas[g] con las que, fuera de las murallas, están ustedes respondiendo al ataque del rey de Babilonia y de los caldeos, y las reuniré en medio de esta ciudad. **5** Yo mismo pelearé contra ustedes,[h] con gran despliegue de poder[i] y con ardiente ira y gran furor.[j] **6** Mataré a todos los habitantes de esta ciudad; hombres y animales morirán de una peste terrible. **7** Después entregaré a Sedequías, rey de Judá, en manos de Nabucodonosor y de sus otros enemigos mortales, junto con sus oficiales y tropas y la gente que haya quedado con vida en la ciudad[k] después de la peste, la guerra y el hambre.[l] Yo haré que los maten a filo de espada, sin piedad ni compasión. Yo, el Señor, lo afirmo.

8 'Anuncia también al pueblo que yo, el Señor, digo: Les doy a escoger entre el camino de la vida y el camino de la muerte.[m] **9** El que se quede en esta ciudad morirá en la guerra, o de hambre o de peste. En cambio, el que salga y se entregue a los caldeos que están ahora atacando la ciudad, no morirá; al menos podrá salvar su vida.[n] **10** Porque yo he decidido traer mal en vez de bien sobre esta ciudad. Voy a entregársela al rey de Babilonia, y él le prenderá fuego.[ñ] Yo, el Señor, lo afirmo.[o]

Anuncio contra el rey de Judá

11-12 'A la casa real de Judá, a la casa del rey David,[p] dile de mi parte:

'Escucha el mensaje del Señor:
Haz justicia todos los días;[q]
libra de explotadores a los oprimidos,
no sea que, por tus malas acciones,
mi enojo se encienda como un fuego
y arda sin que nadie pueda apagarlo.

Anuncio de castigo a Jerusalén

13 'Ciudad[r] que dominas el valle,
como peñasco en la llanura,[s]
yo, el Señor, me declaro contra ti.
Ustedes dicen: ¿Quién podrá atacarnos?
¿Quién podrá llegar hasta nuestro refugio?
14 Yo los castigaré como merecen sus acciones;
prenderé fuego a sus bosques,[t]
y ese fuego devorará todos los alrededores.
Yo, el Señor, lo afirmo.'"

22 Mensaje a la casa real de Judá

1 El Señor me dijo: "Baja[a] al palacio real y proclama este mensaje **2** ante el rey de Judá, que está sentado en el trono de David,[b] y

---

[a] **21.1-10** La siguiente sección (21.1—23.8) incluye textos en prosa y mensajes proféticos relativos a los últimos reyes y a la casa real de Judá. El tono predominante es de juicio y reprobación por los abusos cometidos, pero al final el profeta anuncia la futura restauración de la nación y de la monarquía davídica, y proclama el advenimiento de un descendiente de David que gobernará al pueblo de Dios con sabiduría y justicia (23.5-6).

[b] **21.1-2** En varias oportunidades *Sedequías* de Judá acudió a Jeremías para consultarlo o pedirle que intercediera ante el Señor. Unas veces, como aquí y en Jer 37.3-10, lo hizo por intermedio de emisarios; otras veces él mismo se encontró con el profeta en privado (Jer 37.17-21; 38.14-28).

[c] **21.1-2** *Pashur, hijo de Malquías:* Este oficial del reino no es Pashur, hijo de Imer, era sacerdote e inspector en el templo (Jer 20.1). En Jer 38.1-4 se menciona a este oficial entre los funcionarios que acusaron a Jeremías de traición y pidieron su condena a muerte.

[d] **21.1-2** *Sofonías, hijo de Maaseías:* Cf. Jer 29.24-32.

[e] **21.1-2** *Nabucodonosor, rey de Babilonia,* atacó la ciudad de Jerusalén y la destruyó después de un prolongado asedio (586 a.C.). Cf. 2 R 25.1-11; 2 Cr 36.17-21. Véase Jer 1.14-15 n.

[f] **21.1-2** El rey Sedequías parece aludir a la milagrosa liberación de Jerusalén acaecida un siglo antes, cuando la ciudad fue atacada y sitiada por Senaquerib, rey de Asiria (2 R 18.13—19.37).

[g] **21.4** *Las tropas:* lit. *las armas de combate.*

[h] **21.5** *Yo mismo pelearé contra ustedes:* En tiempos del éxodo y de la conquista de Canaán, el Señor había combatido a favor de Israel (cf. Ex 15.1-10; Jos 10.9-14; Jue 5.10-11). Ahora se han invertido los papeles, a causa de los pecados del pueblo y de su obstinación en el mal. Véanse Jer 2.23 nota *a;* 9.3(2) nota *f;* 13.23 nota *p.*

[i] **21.5** *Con gran despliegue de poder:* expresión típica de *Deuteronomio* (Dt 4.34; 5.15; 7.19; 11.2; 26.8). Véase también Jer 7.1-15 n.

[j] **21.5** Dt 29.28(27); Jer 32.37.

[k] **21.7** Cf. 2 R 25.6-7.

[l] **21.7** *Peste, guerra y hambre:* Véanse las referencias en Jer 14.12 n.

[m] **21.8** Cf. Dt 30.15-19.

[n] **21.9** Jer 38.2.

[ñ] **21.10** Jer 38.17-18.

[o] **21.8-10** Para Jeremías, la nación de Judá ya no podía escapar al juicio de Dios a causa de sus pecados (véanse Jer 2.23 nota *a;* 9.3[2] nota *f;* 13.23 nota *p*), y Babilonia era el instrumento elegido por el Señor para ejecutar sus designios (véase Jer 27.6 n.). Por lo tanto, someterse al rey de Babilonia era obedecer a la voluntad de Dios y la única forma de salvar a la nación del desastre inminente. Sin embargo, muchos contemporáneos de Jeremías no comprendieron el verdadero sentido de su mensaje y lo acusaron de traición a la patria (cf. Jer 38.4).

[p] **21.11-12** *A la casa real de Judá, a la casa del rey David:* El término *casa,* en este contexto, equivale a *dinastía.* Todos los reyes de Judá fueron descendientes del rey David (cf. 2 S 7.16).

[q] **21.11-12** Lo que más se esperaba del rey, en el antiguo Israel, era el establecimiento de un orden social justo y la administración efectiva de la *justicia,* sobre todo en favor de los más débiles (véanse Sal 72.1[1]b n.; 101 nota *a*). La costumbre establecía que el rey resolviera los pleitos temprano en la mañana (cf. 2 S 15.2).

[r] **21.13** El contexto indica que este breve oráculo (vv. 13-14) se refiere a la *ciudad* de Jerusalén, aunque no la mencione expresamente.

[s] **21.13** *Dominas... en la llanura:* Estas expresiones no corresponden a la posición geográfica de la ciudad de Jerusalén. Por eso se ha pensado que el mensaje estuvo destinado originariamente contra otra ciudad, y que luego fue aplicado a la capital del reino de Judá.

[t] **21.14** *Sus bosques:* Quizá se trata de una alusión al llamado "Bosque del Líbano" y a otros edificios construidos con cedros (véanse 1 R 7.2 n.; cf. Jer 22.6-7).

[a] **22.1** *Baja:* Esta orden hace suponer que el profeta se encontraba en el recinto del templo. Véase Jer 26.10 nota *e.*

[b] **22.2** *Que está sentado en el trono de David:* expresión que evoca la promesa hecha por el Señor a David (2 S 7.16).

ante sus funcionarios y la gente de la ciudad: 'Escuchen la palabra del Señor. ³ Practiquen en este lugar la justicia y la rectitud,ᶜ libren del explotador al oprimido, no humillen ni maltraten a los extranjeros, los huérfanos y las viudas. No maten gente extranjera en este lugar.ᵈ ⁴ Si de veras hacen esto que les mando, seguirá habiendo reyes que ocupen el trono de David, los cuales entrarán en carrozas y a caballo por las puertas de este palacio, acompañados de los funcionarios y del pueblo. ⁵ Pero si no hacen caso de estas advertencias, este palacio quedará convertido en ruinas. Yo, el Señor, lo afirmo.' "ᵉ

⁶ Porque el Señor dice acerca del palacio del rey de Judá:

"Tú eres para mí como el monte Galaad,
  como la cumbre del Líbano,ᶠ
pero juroᵍ que te convertiré en desierto,
  en un lugar sin habitantes.
⁷ Voy a enviar gente armada contra ti,
  con la misión de destruirte.
Cortarán tus hermosas columnas de cedro
  y las echarán al fuego.

⁸ "Gentes de muchas naciones pasarán después junto a esta ciudad, y se preguntarán unos a otros: '¿Por qué trató así el Señor a esta ciudad tan grande?' ⁹ Y responderán: 'Porque abandonaron la alianza que el Señor, su Dios, había hecho con ellos, y adoraron y dieron culto a otros dioses.' "ʰ

Mensaje de Jeremías acerca de Salum (Joacaz)

¹⁰⁻¹¹ No lloren por el rey Josías,
  no lloren por su muerte;ⁱ
  lloren más bien por su hijo Salum,
que se va para no volver;
  ya no verá más su tierra natal.

Pues el Señor dice acerca de Salum, hijo de Josías, rey de Judá, que ocupó el trono después de su padre, y que salió de este lugar: "No regresará, ¹² sino que morirá en el país adonde lo llevaron desterrado, y no volverá a ver este país.ʲ

Mensaje acerca de Joaquimᵏ

¹³ "¡Ay de ti, que a base de maldad e injusticias
  construyes tu palacio y tus altos edificios,
que haces trabajar a los demás
  sin pagarles sus salarios!ˡ
¹⁴ Que dices: 'Voy a construirme un gran palacio,
  con amplias salas en el piso superior.'
Y le abres ventanas,
  recubres de cedro sus paredes
  y lo pintas de rojo.
¹⁵ ¿Piensas que ser rey
  consiste en vivir rodeado de cedro?ᵐ
Tu padre gozó de la vida;ⁿ
  pero actuaba con justicia y rectitud,
  y por eso le fue bien.
¹⁶ Defendía los derechos de pobres y oprimidos,
  y por eso le fue bien.
Eso es lo que se llama conocerme.ñ
  Yo, el Señor, lo afirmo.
¹⁷ "Pero tú solo te preocupas
  por las ganancias mal habidas;
haces morir al inocente,
  y oprimes y explotas a tu pueblo."

¹⁸ El Señor dice acerca de Joaquim, hijo de Josías, rey de Judá:

"No habrá nadie que llore su muerte.
No habrá nadie que llore y diga:
  '¡Ay, hermano! ¡Ay, hermana!
  ¡Ay, Señor! ¡Ay, Majestad!'
¹⁹ Lo enterrarán como a un asno:
  lo arrastrarán y lo echarán
  fuera de Jerusalén."ᵒ

Mensaje acerca de Jerusalén

²⁰ "¡Judá, sube al monte Líbano y grita!
¡Levanta la voz en las montañas de Basán!ᵖ

ᶜ **22.3** *Practiquen... la justicia y la rectitud:* Véase Sal 72.1(1b) n.
ᵈ **22.3** Sal 72.4; Is 1.17; Jer 7.6. Sobre el tratamiento de los *extranjeros,* las *viudas* y los *huérfanos,* véase Dt 10.18-19 n.
ᵉ **22.5** La amenaza contra el *palacio* real está en correspondencia con el anuncio de la destrucción del templo (Jer 7.12-15).
ᶠ **22.6** *Galaad* y el *Líbano* se proponen como símbolos de esplendor y abundancia: el primero, por sus bosques, y el segundo, por sus cedros (cf. Is 2.13; 37.24; Zac 11.1). Véanse Dt 2.36-37 n.; 1 R 7.2 n.
ᵍ **22.6** La palabra *juro,* puesta en labios del Señor, es una expresión metafórica que indica el carácter irrevocable de la decisión divina (cf. Sal 110.4). En este sentido, cuando el Señor pronuncia un juramento no puede hacerlo más que por sí mismo (Gn 22.16; Heb 6.13), por su nombre soberano (Jer 44.26), por su santidad (Am 4.2; Sal 89.35[36]), o por su fidelidad (Sal 89.49[50]). Cf. Is 62.8.
ʰ **22.8-9** Véase Dt 29.24-28(23-27) n.
ⁱ **22.10-11** Cf. 2 R 23.29-30; 2 Cr 35.20-25.
ʲ **22.10-12** Después de la muerte de Josías, *su hijo Salum* (1 Cr 3.15), llamado también Joacaz, solo pudo reinar tres meses, ya que el faraón Necao lo destituyó y lo llevó prisionero a Egipto (2 R 23.31-34; 2 Cr 36.1-4).
ᵏ **22.13-19** *Joaquim* (cf. 2 R 23.34; véase Jer 26.1 n.). Acerca del significado del cambio de nombre, véase Gn 2.19-20 n. y *Nombre* en el *Índice temático.*
ˡ **22.13** Lv 19.13; Dt 24.15; Stg 5.4.
ᵐ **22.15** *¿Piensas... rodeado de cedro?:* En esta pregunta llena de ironía se resume una de las críticas más severas que los profetas hicieron a los reyes de Israel y de Judá: la grandeza de un gobernante no se manifiesta en el esplendor de sus construcciones, sino en el esfuerzo por instaurar un orden social justo. Cf. 1 S 8, y véase Sal 72.1(1b)n.; 101 nota a.
ⁿ **22.15** *Gozó de la vida:* lit. *comía y bebía.* La contraposición entre el *padre* (Josías) y el hijo (Joaquim) tiene también algo de ironía: un rey puede comer y beber, es decir, gozar de los placeres ordinarios de la vida, sin dejar por eso de ser un buen gobernante.
ñ **22.16** Nótese la extrema importancia de la verdad expresada en este v. El conocimiento de Dios se identifica concretamente con la defensa del pobre y del oprimido, es decir, con la práctica de la justicia, sobre todo, en favor de los más débiles (cf. Is 58.1-12; Am 2.7; Miq 6.8; Stg 1.22-27). De manera semejante, el NT enseña que solo el que ama conoce a Dios, porque Dios es amor (1 Jn 4.7-8).
ᵒ **22.18-19** Es imposible saber cómo se cumplió este anuncio profético, ya que los relatos históricos no dicen nada acerca de la sepultura de *Joaquim* (2 R 24.6; 2 Cr 36.8).
ᵖ **22.20** *Basán:* Véase Sal 22.12(13) n.

¡Grita desde las colinas de Abarim, *q*
pues todos tus amantes *r* han sido derrotados!
²¹ Yo te hablé en el tiempo de tu prosperidad,
pero no quisiste oírme.
Así lo has hecho desde tu juventud:
¡no has querido escuchar mi voz!
²² El viento arrastrará a todos tus jefes, *s*
y tus amantes irán al destierro.
Quedarás avergonzada y humillada
por causa de todas tus maldades.
²³ Tú estás ahora tranquila en tu nido,
entre los cedros traídos del Líbano, *t*
¡pero ya sufrirás cuando te vengan dolores,
dolores como de parto!"

Mensaje de Dios al rey Jeconías *u* ²⁴ El Señor ha dicho a Jeconías, hijo de Joaquim, rey de Judá: "Lo juro por mi vida: Aunque fueras un anillo de sellar puesto en mi mano derecha, te arrancaría de ahí ²⁵ para entregarte a tus enemigos mortales, a los que tú tanto temes. Te entregaré a Nabucodonosor, rey de Babilonia, y a los caldeos. ²⁶ Y te arrojaré a ti y a tu madre a una tierra que no los vio nacer, y allá morirán los dos." ²⁷ Así que ellos no volverán a la tierra a la que tanto desearán volver.

Exclamación del profeta

²⁸ ¿Es Jeconías *v* una vasija rota e inútil,
un trasto que nadie quiere?
¿Por qué son lanzados él y sus hijos
a una tierra desconocida?
²⁹ ¡Tierra, tierra, tierra;
escucha la palabra del Señor!

³⁰ El Señor dice:
"Anoten a este hombre en los registros
como un hombre sin hijos,
como un hombre que fracasó en la vida.
Porque ninguno de sus descendientes

llegará a ocupar el trono de David
para reinar de nuevo en Judá." *w*

23 Esperanzas para el futuro *a*

¹ El Señor afirma: "¡Ay de los pastores que dejan que mis ovejas se pierdan y dispersen!" *b*

² El Señor, el Dios de Israel, dice a los pastores que gobiernan a su pueblo: "Ustedes han dispersado mis ovejas, las han hecho huir y no las han cuidado. Pues bien, yo tendré que cuidado de castigar sus malas acciones. Yo, el Señor, lo afirmo. ³ Y yo mismo traeré el resto de mis ovejas de los países adonde las hice huir, las reuniré y las haré volver a sus pastos, para que tengan muchas crías. ⁴ Les pondré pastores que las cuiden, para que no tengan nada que temer ni falte ninguna de ellas. *c* Yo, el Señor, lo afirmo."

⁵ El Señor afirma:
"Vendrá un día en que haré
que David tenga un descendiente *d* legítimo,
un rey que reine con sabiduría
y que actúe con justicia y rectitud en el país.
⁶ Durante su reinado, Judá estará a salvo,
y también Israel vivirá seguro.
Este es el nombre con que lo llamarán:
'El Señor es nuestra victoria.' " *e,f*

⁷ El Señor afirma: "Vendrán días en que ya no jurarán diciendo: 'Por la vida del Señor, que sacó a los israelitas de Egipto', ⁸ sino que jurarán diciendo: 'Por la vida del Señor, que sacó a los descendientes de Israel, del país del norte y de todos los demás países por donde los había dispersado.' Y vivirán en su propia tierra."

Mensaje acerca de los profetas *g*

⁹ Mensaje acerca de los profetas:
Estoy profundamente perturbado;
todo el cuerpo me tiembla,
parezco un borracho,

---

q **22.20** *Abarim:* cadena de montañas al nordeste del Mar Muerto (véase Nm 27.12 n.), en la región de los montes Pisgá y Nebo (véase Dt 3.27 n.).

r **22.20** *Tus amantes:* Jer 30.14; Lm 1.19. El v. 22, que habla del destierro de los *amantes*, parece indicar que estos no son los dioses de Canaán (Jer 2.20; Os 2.5-13[7-15]), sino los aliados de Judá en la oposición a Babilonia (cf. Jer 27.1-3).

s **22.22** *Tus jefes:* lit. *tus pastores* (Jer 23.1-2), término con que se designa al rey y a todos los que están investidos de autoridad política o religiosa, como los funcionarios del reino, los sacerdotes y los profetas. La referencia a los *pastores* parece ser el motivo por el cual se incluyó este oráculo contra Judá en la sección dedicada a los reyes.

t **22.23** *Cedros del Líbano:* Cf. Jer 22.15.

u **22.24-27** *Jeconías,* llamado también *Joaquín,* se rindió ante Nabucodonosor, rey de Babilonia, y fue llevado al exilio junto con los tesoros del palacio real y del templo y con un importante sector de la población (2 R 24.8-17). Según 2 R 24.8, había reinado tres meses; según 2 Cr 36.9, tres meses y diez días.

v **22.28** En el texto hebreo aparece *Conías,* diminutivo de *Jeconías.*

w **22.30** *Ninguno de sus descendientes... en Judá:* El sucesor de Jeconías (Joaquín) fue su tío Matanías, que recibió de Nabucodonosor el nombre de Sedequías y reinó desde el año 598 a.C. hasta la caída de Jerusalén en el año 586 (2 R 24.17). Véase Jer 1.3 nota *g.*

a **23.1-8** La serie de textos relativos a los reyes se completa con una denuncia de los malos pastores (vv. 1-2) y con varias promesas de salvación: la reunificación del rebaño disperso (vv. 3-4), la restauración del reino davídico (vv. 5-6) y el retorno de los exiliados (vv. 7-8).

b **23.1-4** Ez 34.1-10; Jn 10.1-21.

c **23.4** Jn 6.37-39.

d **23.5** *Descendiente:* lit. *germen* o *retoño.* Cf. Is 11.1; Zac 3.8; 6.12.

e **23.6** *El Señor es nuestra victoria:* En este nombre simbólico se resumen todos los bienes prometidos para los tiempos mesiánicos. La palabra hebrea traducida por *victoria* incluye las ideas de rectitud y justicia, salvación y liberación. Cf. Is 9.7(6); Miq 5.4(3).

f **23.5-6** Jer 33.14-16; Ez 34.23.

g **23.9-32** Después de la sección relativa a los reyes de Judá (Jer 21.11-12; 22.1—23.8), la atención se dirige hacia los falsos *profetas,* denunciados como particularmente responsables de la ruina espiritual y material de la nación. La sección consta de dos partes: luego de expresar su dolor por la corrupción generalizada (vv. 9-11), Jeremías condena a los profetas que desvían al pueblo del camino verdadero y engendran vanas esperanzas (vv. 12-32). Cf. Jer 14.13-15; 27.9-10,16-18; Ez 13.1-16.

un hombre dominado por el vino,
por causa del Señor
y de sus palabras santas.

¹⁰ El país está lleno de adúlteros,[h]
de gente que corre a hacer el mal,
que usa su poder para cometer injusticias.
Por eso el Señor maldijo la tierra,
y la tierra se secó,
y los pastos del desierto se quemaron.

¹¹ El Señor afirma:
"Hasta los profetas y los sacerdotes son impíos;
en mi propio templo los he encontrado
haciendo el mal.[i]

¹² Por eso su camino
será oscuro y resbaladizo:
yo haré que los empujen y caigan.
Cuando ajuste cuentas con ellos,
traeré sobre ellos la desgracia.
Yo, el Señor, lo afirmo.

¹³ "Yo he visto a los profetas de Samaria[j]
hacer cosas que me ofenden:
han profetizado en nombre de Baal
y han hecho que mi pueblo Israel se extravíe.

¹⁴ Yo he visto a los profetas de Jerusalén
hacer cosas horribles:[k]
cometen adulterios y fraudes,
animan de tal modo a los malvados
que nadie se aparta de su maldad.[l]
Ellos y los habitantes de la ciudad
son para mí como Sodoma y Gomorra.[m]

¹⁵ Por eso yo, el Señor todopoderoso,
digo esto contra los profetas:
Voy a darles de comer algo muy amargo;
voy a darles de beber agua envenenada,[n]
porque de los profetas de Jerusalén
se ha extendido la maldad a todo el país."

¹⁶ El Señor todopoderoso dice:

"Israelitas, no hagan caso
a lo que les dicen los profetas.
Lo que dicen no son más que mentiras,
cosas que ellos mismos inventan,[ñ]
que yo no les he comunicado.

¹⁷ A los que desprecian mi palabra
les dicen: 'Todo les saldrá bien.'
Y a los que siguen tercamente
las inclinaciones de su corazón,
les dicen: 'No les vendrá ningún mal.' "

Exclamación de Jeremías

¹⁸ Pero ¿quién asistió al concilio secreto
del Señor?,[o]
¿quién ha visto o escuchado su palabra?,
¿quién le ha prestado atención?

¹⁹ La ira del Señor es como una tormenta,
como un viento huracanado
que se agita sobre los malvados.

²⁰ La ira del Señor no cesará
hasta que él haya realizado sus propósitos.
Vendrá el tiempo en que ustedes pensarán
y entenderán estas cosas.[p]

Mensaje del Señor contra los falsos profetas

²¹ "Yo no envié a esos profetas,
y ni siquiera les hablé,
pero ellos salieron corriendo
a hablar en mi nombre.

²² Si hubieran conocido mis secretos,
habrían anunciado mi palabra a mi pueblo;
lo habrían hecho apartarse de su mal camino
y dejar sus malas acciones."

²³ El Señor afirma:
"Lejos o cerca, yo soy Dios.[q]

²⁴ ¿Quién podrá esconderse de mi vista?
Con mi presencia lleno el cielo y la tierra.
Yo, el Señor, lo afirmo.[r]

---

[h] **23.10** La palabra *adúlteros* podría entenderse en sentido propio o en sentido figurado, es decir, como referencia a las prácticas de la religión cananea (véase Jer 2.20 nota *w*). Es probable que aquí estén implicados los dos sentidos. Cf. Mt 12.39; Mc 8.38. Véase *Adulterio* en el *Índice temático*.

[i] **23.11** Cf. Ez 8.

[j] **23.13** *Los profetas de Samaria:* es decir, los que actuaron en la capital del reino del norte (véanse 1 R 12.1 nota *c;* 16.16 n.) antes que esta fuera destruida por los asirios en el año 721 a.C. (2 R 17.3-6).

[k] **23.14** La presencia de *profetas* que extraviaban al pueblo con sus enseñanzas imponía la necesidad de elaborar criterios para distinguir al verdadero profeta del falso. Algunos de estos criterios pueden extraerse de los vv. 14-32, donde se describe el comportamiento característico de los falsos profetas: algunos de ellos llegan al extremo de profetizar en nombre de Baal (v. 13); pero incluso los que pretenden hablar en nombre del Señor, están moralmente corrompidos e incitan a cometer el mal (vv. 14-15); prometen paz y prosperidad, en vez de llamar a la conversión, despertando de ese modo falsas expectativas (v. 17); no han estado en el *concilio secreto del Señor* (véase 23.18 n.), y por eso no anuncian la palabra divina sino lo que ellos mismos inventan (vv. 16,25-27); además, se roban unos a otros los mensajes que proclaman (v. 20). A estos criterios negativos pueden añadirse los positivos que se indican en Jer 28.8-9 (cf. Dt 13.1-5[2-6]; 18.20-22).

[l] **23.13-14** La comparación de los profetas de *Samaria* con los de *Jerusalén* es semejante a la que se establece entre Israel y Judá en Jer 3.6-11.

[m] **23.14** *Sodoma* y *Gomorra* son la expresión típica de los que atraen sobre sí el juicio de Dios a causa de sus malas acciones. Cf. Gn 18.20; Is 1.10; Ez 16.46-50.

[n] **23.15** Jer 9.15(14).

[ñ] **23.16** *Cosas que ellos mismos inventan:* La misión del profeta es anunciar la palabra de Dios. Por lo tanto, la fuente de su inspiración no está en él mismo, sino en la revelación que recibe del Señor. Cf. Jer 1.9-10; 15.16; Ez 3.1-4.

[o] **23.18** *¿Quién asistió al concilio secreto del Señor?:* La palabra *concilio* evoca aquí la idea de una reunión confidencial, destinada a tomar una decisión de común acuerdo. El verdadero profeta tiene acceso a la intimidad del Señor y, por eso, puede comunicar su palabra (cf. Am 3.7).

[p] **23.19-20** Estos vv. se repiten con alguna variante en Jer 30.23-24.

[q] **23.23** *Lejos o cerca, yo soy Dios:* El Señor no es un dios local, limitado a una pequeña región, sino que está presente y actúa siempre y en todas partes (cf. Is 40.28; 41.4).

[r] **23.24** Sal 139.7-12.

25 "He oído las mentiras de esos profetas que pretenden hablar en mi nombre y comunicarse en sueños conmigo. [s] **26** ¿Hasta cuándo esos profetas van a seguir anunciando cosas falsas, inventos de su propia fantasía? **27** Con sus sueños que se cuentan unos a otros, pretenden hacer que mi pueblo se olvide de mí, como también sus antepasados me olvidaron y se fueron tras Baal. **28-29** ¡Si un profeta tiene un sueño, que diga que es un sueño, pero si recibe mi palabra, que la anuncie fielmente! No se puede comparar la paja con el trigo. Mi palabra es como el fuego, [t] como un martillo que hace pedazos la roca. Yo, el Señor, lo afirmo.

30 "Por eso me declaro contra esos profetas que se roban unos a otros mis palabras. Yo, el Señor, lo afirmo. **31** Me declaro contra esos profetas que hacen pasar como mensaje mío cosas que ellos inventan. **32** Me declaro contra esos profetas que cuentan sueños mentirosos; que con sus mentiras y habladurías hacen que mi pueblo se extravíe. Yo no los he enviado ni les he dado orden alguna, así que son incapaces de ayudar al pueblo. Yo, el Señor, lo afirmo.

Cómo hablar de los mensajes del Señor [u]

33 "Jeremías, si alguna persona del pueblo o un profeta o un sacerdote te pregunta: '¿Cuál es el encargo del Señor?' diles: 'El Señor afirma que su carga son ustedes, y que la va a dejar caer.' **34** Y si un profeta o un sacerdote o una persona del pueblo usa la frase 'encargo del Señor', yo le castigaré, a él y a su familia. **35** Cuando alguien le pregunte a un amigo o familiar suyo, podrá decir: '¿Qué respuesta ha dado el Señor? ¿Qué ha dicho?' **36** Pero no vuelvan a usar la frase 'encargo del Señor', porque si alguien la usa, haré que sus palabras se le vuelvan una carga. Ustedes han pervertido el sentido de las palabras del Dios viviente, de su Dios, el Señor todopoderoso.

37 "Jeremías, pregunta a los profetas: '¿Qué respuesta ha dado el Señor? ¿Qué ha dicho?' **38** Y si dicen 'encargo del Señor', respóndanles: 'El Señor dice: Puesto que ustedes siguen usando la frase que les prohibí que usaran, **39** yo los levantaré como una carga, [v] a ustedes y a la ciudad que les di a ustedes y a sus antepasados, y los dejaré caer lejos de mí.

40 Y para siempre traeré sobre ustedes humillación y vergüenza tales que no podrán olvidarlas.' "

24 Visión de las canastas de higos [a]

1 Después que Nabucodonosor, rey de Babilonia, se llevó desterrado a Jeconías, hijo de Joaquim, rey de Judá, junto con los jefes de Judá y los artesanos y los cerrajeros, [b] el Señor me hizo ver dos canastas de higos colocadas delante del templo. **2** Una de ellas tenía higos muy buenos, de los primeros en madurar, pero la otra tenía higos muy malos, tan malos que no se podían comer.

3 Y el Señor me preguntó: "Jeremías, ¿qué ves?" [c] Yo respondí: "Higos. Los buenos son muy buenos; pero los malos son tan malos que no se pueden comer."

4 Entonces me dijo el Señor: **5** "Yo, el Señor, el Dios de Israel, digo: Como a higos buenos miraré al pueblo de Judá, que mandé desterrado de aquí al país de los caldeos. Los miraré favorablemente, **6** los tendré bajo mi protección y los haré regresar a este país. Aquí los haré prosperar, y no los volveré a destruir; los plantaré, y no los volveré a arrancar. [d] **7** Les daré entendimiento [e] para que reconozcan que yo soy el Señor, y ellos serán mi pueblo y yo seré su Dios, [f] porque volverán a mí de todo corazón.

8 "En cambio, a Sedequías, rey de Judá, y a los jefes y demás habitantes de Jerusalén que se quedaron en el país, o que se instalaron en Egipto, [g] los trataré como a los higos malos, que de malos no se pueden comer. **9** Haré con ellos algo que causará horror [h] a todas las naciones de la tierra, y seré ejemplo [i] de humillación, desprecio y maldición en todos los países por donde yo los disperse. **10** Les enviaré la guerra, el hambre y la peste, [j] hasta que no quede uno solo en el país que les di a ellos y a sus antepasados.

25 El enemigo que viene del norte [a]

1 El año cuarto del reinado de Joaquim, [b] hijo de Josías, en Judá, el Señor dirigió a Jeremías un mensaje acerca de todo el pueblo de Judá. Ese era el primer año del reinado de Nabucodonosor en Babilonia. [c] **2** El profeta Jeremías comunicó el mensaje a todo el pueblo de Judá y a los habitantes de

---

[s] **23.25** Los sueños pueden ser un medio a través del cual Dios revela su palabra (cf. Gn 20.3; 1 R 3.5), pero en este caso son producto de la imaginación. Véase Dt 13.1(2) nota *b*.

[t] **23.28-29** *Mi palabra es como el fuego:* Cf. Jer 20.9; Heb 12.29.

[u] **23.33-40** En toda esta sección se hace un juego de palabras con un término hebreo que puede significar, de acuerdo con el contexto, *carga* y *encargo* o *mensaje*.

[v] **23.39** *Yo los levantaré como una carga:* según versiones antiguas. Heb. *yo los echaré al olvido.*

[a] **24.1-10** Este cap. describe una visión simbólica y da su interpretación. Después de la primera deportación a Babilonia, en el año 597 a.C., los habitantes de Judá que no habían ido al exilio podían considerarse más afortunados o mejores que los exiliados. Pero el profeta considera que no es así. Los *higos buenos* son los deportados, que se convertirán al Señor de corazón, volverán a su tierra y serán el pueblo de Dios.

[b] **24.1** Cf. 2 R 24.12-16; 2 Cr 36.10.

[c] **24.3** *Jeremías, ¿qué ves?:* Jer 1.11,13.

[d] **24.6** *Destruir... plantaré... arrancar:* Véase Jer 1.10 n.

[e] **24.7** *Les daré entendimiento:* lit. *les daré un corazón.* Véase Sal 12.2(3) n.; cf. también Jer 31.33; Ez 11.17-20; Ap 21.3.

[f] **24.7** *Ellos serán mi pueblo y yo seré su Dios:* Ez 36.28; 37.27; Os 2.23(25); Zac 13.8-9.

[g] **24.8** *Se instalaron en Egipto:* alusión a los judíos que después de la caída de Jerusalén buscaron refugio en Egipto. Cf. Jer 43—44.

[h] **24.9** *Horror:* según la versión griega (LXX). Heb. añade *para el mal.*

[i] **24.9** *Será ejemplo:* lit. *proverbio,* es decir, un castigo proverbial o ejemplar, que todos comentan con espanto y estupor. Véase Sal 69.11(12) n.

[j] **24.10** *Guerra, hambre y peste:* Véanse las referencias en Jer 14.12 n.

[a] **25.1-14** Con esta sección concluye la primera parte del libro de *Jeremías*. En ella se resumen los principales temas expuestos en los caps. anteriores y se añade un elemento nuevo: al cabo de *setenta años* Babilonia dejará de ejercer la dominación sobre los pueblos que había sometido y recibirá el justo castigo de sus pecados (vv. 11-14).

[b] **25.1** 2 R 24.1; 2 Cr 36.5-7; Dn 1.1-2.

[c] **25.1** *Nabucodonosor* ocupó el trono de Babilonia en el año 604 a.C., después de la victoria que obtuvo en Carquemis (véanse Jer 46.2 nota *d* e *Índice de mapas*). En esta batalla intervino como príncipe heredero, al frente de las tropas de su padre Nabopolasar.

Jerusalén. Dijo: **3** "Desde el año trece del reinado de Josías, hijo de Amón, en Judá, hasta ahora, es decir, desde hace veintitrés años, *d* el Señor se ha dirigido a mí, y yo les he hablado a ustedes una y otra vez; pero ustedes no me han hecho caso. **4** Y a pesar de que una y otra vez el Señor les ha enviado sus siervos los profetas, ustedes no han hecho caso, ni han querido prestar ninguna atención u obedecer. *e* **5** Ellos les han dicho: 'Dejen su mala conducta y sus malas acciones; así podrán vivir en la tierra que el Señor les dio para siempre a ustedes y a sus antepasados. **6** No sigan a otros dioses; no les den culto ni los adoren. No irriten al Señor adorando dioses hechos por ustedes mismos, y él no les enviará ningún mal.' *f* **7** Y ahora, el Señor dice: 'Ustedes no han querido hacerme caso; me irritan adorando dioses hechos por ustedes mismos, y esto será para su propio mal.'

8 "Por eso dice el Señor todopoderoso: 'Ya que ustedes no han hecho caso a mis advertencias, **9** voy a llamar a todos los pueblos del norte y a mi servidor *g* Nabucodonosor, rey de Babilonia, *h* para que vengan y ataquen a este país, a todos sus habitantes y a todas las naciones vecinas. Los voy a destruir completamente. Los convertiré para siempre en ruinas, en algo que cause terror y espanto. **10** Voy a hacer que entre ellos no vuelvan a oírse cantos de fiesta y alegría, ni cantos de bodas, *i* ni el sonido de las piedras de moler, ni que vuelva a verse la luz de las lámparas. **11** Todo este país quedará destruido y convertido en ruinas. Durante setenta años *j* estas naciones estarán sometidas al rey de Babilonia. **12** Y cuando se completen los setenta años, *k* pediré cuentas de sus pecados al rey de Babilonia y a su nación, el país de los caldeos, y lo destruiré para siempre. Yo, el Señor, lo afirmo. **13** Haré caer sobre ese país todo lo que he anunciado y está escrito en este libro: todo lo que Jeremías ha dicho en mi nombre contra todas las naciones. **14** Grandes naciones y reyes poderosos los someterán también a ellos. Así les daré el pago que merecen sus acciones.' "

Castigo de las naciones

15 El Señor, el Dios de Israel, me dijo: "Mira esta copa llena del vino de mi ira. *l* Tómala y dásela a beber a todas las naciones a las que yo te envíe. **16** Cuando beban de ella, comenzarán a vomitar y se pondrán como locos a causa de la guerra que les voy a enviar."

17 Yo tomé la copa, de la mano del Señor, y se la di a beber a todas las naciones a las que el Señor me envió. **18** Se la di a beber a Jerusalén y a las ciudades de Judá, junto con sus reyes y jefes, para destruirlas y dejarlas convertidas en ruinas, en algo que causara terror y espanto, en el ejemplo de maldición que aún hoy siguen siendo. **19** Igualmente se la di a beber al faraón, rey de Egipto, y a sus funcionarios y jefes, y a todo su pueblo, **20** y a la gente de diversas razas que hay allí; a todos los reyes del país de Us *m* y de la región de los filisteos: Ascalón, Gaza, Ecrón y lo que queda de Asdod; *n* **21** a Edom, Moab y Amón; *ñ* **22** a todos los reyes de Tiro y de Sidón; a todos los reyes de los países del mar Mediterráneo; **23** a las tribus de Dedán, Temá y Buz, y a los pueblos que se afeitan las sienes; *o* **24** a todos los reyes de Arabia; a todos los reyes de las diversas razas que viven en el desierto; **25** a todos los reyes de Zimrí, *p* Elam *q* y Media; *r* **26** a todos los reyes del norte, *s* cercanos o lejanos uno del otro. Es decir, a todos los reinos de la tierra. Por último beberá el rey de Babilonia. *t*

27 Luego me dijo el Señor: "Diles que yo, el Señor todopoderoso, el Dios de Israel, les ordeno que beban hasta que se emborrachen y vomiten y caigan al suelo para no levantarse, por causa de la guerra que les voy a enviar. **28** Y si no quieren recibir de ti la copa y beberla, diles: 'El Señor todopoderoso dice: Tendrán que beberla de todos modos. **29** Pues comenzaré a enviar mis castigos sobre la ciudad que me está consagrada. *u* ¿Y creen ustedes que

---

d **25.3** *Veintitrés años:* Véase Jer 1.2 n.
e **25.4** Jer 7.5-7; 35.15.
f **25.6** Jer 7.18; 32.30; 44.8; cf. Ex 20.3-4; Dt 12.29—14.2.
g **25.9** *Mi servidor:* Véase Jer 27.6 n.
h **25.9** *Pueblos del norte... Nabucodonosor, rey de Babilonia:* Véase Jer 1.14-15 n.
i **25.10** Jer 7.34; 16.9; Ap 18.22-23.
j **25.11** *Setenta años:* Cf. 2 Cr 36.21; Jer 29.10; Dn 9.2; Zac 1.12. Los israelitas y sus vecinos del antiguo Oriente asignaban a los números, además de su valor aritmético, determinados valores simbólicos. Uno de los simbolismos más notorios era el del número *siete*, que representaba la perfección y la plenitud. Por lo tanto, el número *setenta* (diez veces siete) sugería espontáneamente la idea de algo acabado y completo. Además, según Sal 90.10, *setenta años* es lo que dura la vida del hombre, entendiendo esta cifra no como una indicación rigurosamente precisa, sino como un número ideal (cf. Is 23.15-17). Al parecer, estas referencias simbólicas deben tomarse en cuenta en la interpretación de los *setenta años* que aquí se mencionan.
k **25.12** *Cuando se completen los setenta años:* Si esta cifra se entiende literalmente, el problema consiste en determinar los acontecimientos que están al comienzo y al fin de este número de años. Entre los acontecimientos propuestos como punto inicial, están la caída de Nínive (612 a.C.), la batalla de Carquemis (605), la primera deportación a Babilonia (598) y la destrucción de Jerusalén (586); entre los puestos al final, la caída de Babilonia (539), el edicto de Ciro (538) y la reconstrucción del templo (hacia el año 515). Pero ninguno de los cómputos realizados resulta totalmente satisfactorio, y por eso es preferible interpretar el número *setenta* como una cifra redonda y simbólica. Los *setenta años* equivalen aprox. a tres generaciones (Jer 27.7) y sugieren además la idea de un periodo completo. Véase Jer 25.11 n.
l **25.15** *Copa... de mi ira:* Véase *Copa (cáliz)* AT (b); NT (c) en el *Índice temático.*
m **25.20** *Us:* la patria de Job (véase Gn 10.23 n.; cf. Job 1.1).
n **25.20** *Ascalón, Gaza, Ecrón y Asdod:* importantes ciudades filisteas al sur de Palestina (véanse Jos 11.22 nota *n* e *Índice de mapas*).
ñ **25.21** *Edom, Moab y Amón:* Véase Jer 9.25-26(24-25) nota *ñ*.
o **25.23** *Dedán, Temá y Buz* eran tribus árabes del desierto, lo mismo que *los pueblos que se afeitan las sienes* (véase Jer 9.25-26[24-25] nota ñ).
p **25.25** *Zimrí:* localización no identificada.
q **25.25** *Elam:* Véase Gn 14.1 n.
r **25.25** *Media:* Territorio al norte y al este de Babilonia. Véase Gn 10.2 nota *d*.
s **25.26** *Los reyes del norte:* es decir, de Babilonia y Asiria, de donde venía la mayor parte de las invasiones. Véase Jer 1.14-15 n.
t **25.26** *Babilonia:* heb. *Sesac,* que era una fórmula en clave para designar a Babilonia. Véase Jer 51.1 n.; cf. Jer 51.41.
u **25.29** *La ciudad... consagrada:* Jerusalén.

van a quedar sin castigo? Pues no se quedarán sin él, porque voy a enviar la guerra a todos los habitantes de la tierra. Yo, el Señor todopoderoso, lo afirmo.'

³⁰ "Tú, Jeremías, anúnciales en mi nombre todas esas cosas. Diles:

'El Señor lanza su voz de trueno
desde lo alto, desde el santo lugar donde vive. ᵛ
Pues contra su rebaño
grita como los que pisan las uvas,
contra todos los habitantes de la tierra.
³¹ El estruendo llega hasta el extremo de la tierra,
porque el Señor va a entablar un proceso
contra las naciones,
va a llamar a juicio a todos los mortales,
a condenar a muerte a los malvados.
El Señor lo afirma.' "

³² El Señor todopoderoso dice:
"La calamidad va a llegar
a una nación tras otra;
una terrible tormenta se levanta
desde el extremo de la tierra. ʷ
³³ Los que el Señor haga morir ese día,
quedarán tendidos de un extremo a otro de la tierra.
Nadie llorará por ellos,
nadie recogerá sus cadáveres para enterrarlos;
quedarán tendidos en el suelo como estiércol. ˣ
³⁴ ¡Griten, pastores, griten de dolor!
¡Ustedes, que guían el rebaño,
revuélquense en el suelo!
Pues ha llegado el momento de la matanza ʸ
y a ustedes los matarán como a carneros ᶻ gordos.
³⁵ Los pastores no podrán huir,
los que guían el rebaño no podrán escapar.
³⁶ Los pastores gritan,
gritan de dolor los que guían el rebaño,
porque el Señor ha destruido sus pastos.
³⁷ El Señor se enojó y destruyó sus hermosos campos.
³⁸ Salió como un león de su guarida
y el país de ellos quedó convertido en ruinas,
pues se encendió la ira del Señor
y envió una guerra terrible."

II. RELATOS BIOGRÁFICOS Y ANUNCIOS DE SALVACIÓN (26—45)

26 *Jeremías amenazado de muerte* ᵃ ¹ Al comienzo del reinado de Joaquim, ᵇ hijo de Josías, en Judá, el Señor se dirigió a Jeremías ² y le dijo: "Párate en el atrio del templo, ᶜ y di todo lo que te ordené que dijeras a la gente que viene de las ciudades de Judá para adorar en el templo. No dejes nada por decir. ³ Quizá te hagan caso y dejen su mala conducta, y yo decida no castigarlos por sus malas acciones, como había pensado. ⁴ Diles que yo, el Señor, digo: 'Si no me hacen caso ni cumplen las instrucciones que les he dado, ⁵ ni hacen caso a las advertencias de mis siervos los profetas, que una y otra vez les he enviado y a los que ustedes han desobedecido, ⁶ entonces haré con este templo lo que hice con el de Siló. ᵈ Haré de esta ciudad un ejemplo de maldición para todas las naciones de la tierra.' "

⁷ Los sacerdotes, los profetas y todo el pueblo oyeron estas palabras que Jeremías pronunció en el templo. ⁸ Y cuando él terminó de decir lo que el Señor le había ordenado, los sacerdotes, los profetas y el pueblo lo agarraron y le dijeron: "¡Vas a morir! ⁹ ¿Cómo te atreves a decir en nombre del Señor que este templo quedará como el de Siló, y que esta ciudad será destruida y quedará sin habitantes?" Y todo el pueblo se agolpó en el templo, alrededor de Jeremías.

¹⁰ Los jefes de Judá, al oír lo que pasaba, fueron del palacio del rey al templo, ᵉ y allí, en la Puerta Nueva, se sentaron. ᶠ ¹¹ Entonces los sacerdotes y los profetas dijeron a los jefes y a todo el pueblo: "Este hombre debe ser condenado a muerte porque ha hablado contra esta ciudad. Ustedes lo oyeron con sus propios oídos."

¹² Jeremías se dirigió a los jefes y al pueblo, y les dijo: "El Señor fue quien me envió a hablar en su nombre, y a decir contra este templo y esta ciudad todo lo que ustedes han oído. ¹³ Mejoren su conducta y sus acciones, obedezcan al Señor su Dios y él no les enviará las calamidades que les ha anunciado. ᵍ ¹⁴ En cuanto a mí, estoy en manos de ustedes; hagan conmigo lo que les parezca. ¹⁵ Pero, eso sí, sepan bien esto: si me matan, ustedes y los habitantes de esta ciudad serán culpables de matar a un inocente; porque en verdad fue el Señor quien me envió a anunciarles claramente todas esas cosas."

ᵛ **25.30** *El Señor lanza... donde vive:* Cf. Jl 3.16(4.16); Am 1.2.
ʷ **25.32** Cf. Jer 6.22.
ˣ **25.33** Jer 8.1-2.
ʸ **25.34** *Matanza:* Según la versión griega (LXX); el texto hebreo añade una palabra de significado oscuro.
ᶻ **25.34** *Carneros:* según la versión griega (LXX) antigua. Heb. *instrumentos.*
ᵃ **26.1-24** Este cap. forma parte de una serie de relatos que muestran a Jeremías en abierto conflicto con las autoridades políticas y religiosas de Judá, especialmente con los falsos profetas (cf., por ej., Jer 27—28). En él se indican las circunstancias en que pronunció el discurso del templo (Jer 7.1—8.3) y se describe la violenta reacción que provocó el anuncio de la destrucción del santuario (cf. vv. 8-9).
ᵇ **26.1** *Joaquim, hijo de Josías,* sustituyó a su hermano Joacaz cuando este fue destituido por el faraón Necao (cf. 2 R 23.34;

2 Cr 36.4). El *comienzo* de su *reinado* corresponde a los años 609-608 a.C.
ᶜ **26.2** *Párate en el atrio del templo:* Cf. Jer 7.2.
ᵈ **26.6** *Siló:* Véase Jer 7.12 n.
ᵉ **26.10** El *palacio del rey* y el *templo* eran dos edificios anexos (cf. 2 R 11.19), de manera que *los jefes de Judá,* es decir, las autoridades civiles, pudieron recibir la información e intervenir rápidamente. Cf. Jer 36.10-12.
ᶠ **26.10** La intervención de los *jefes* hace que el amotinamiento se convierta en una especie de proceso judicial. Jeremías, el acusado, fundamenta su defensa en el origen divino de su misión (cf. Am 7.15); los *sacerdotes y profetas* lo acusan de blasfemia y reclaman para él la pena de muerte (cf. v. 11); los *jefes* del pueblo, que hacen las veces de jueces, lo declaran inocente (cf. v. 16); el *pueblo* asume al comienzo una actitud hostil (cf. vv. 7-9), pero al fin reconoce a Jeremías como verdadero profeta (v. 16).
ᵍ **26.13** Jer 7.5-7.

¹⁶ Entonces los jefes y el pueblo dijeron a los sacerdotes y a los profetas: "No hay motivo para condenar a muerte a este hombre; nos ha hablado en nombre del Señor nuestro Dios."

¹⁷ Algunos ancianos se levantaron y dijeron al pueblo que estaba allí reunido: ¹⁸ "En tiempos de Ezequías, rey de Judá, ʰ Miqueas de Moreset ⁱ habló en nombre del Señor a todo el pueblo de Judá, diciéndole:

'El Señor todopoderoso dice:
Sión quedará convertida en un campo arado,
Jerusalén quedará hecha un montón de ruinas
y la colina del templo se llenará de maleza.' ʲ

¹⁹ "¿Acaso el rey Ezequías y todo el pueblo de Judá mataron a Miqueas? Todo lo contrario: el rey sintió temor del Señor y le pidió que tuviera compasión de ellos. Entonces el Señor no envió contra ellos la calamidad que les había anunciado. ¿Y vamos nosotros a cargar con la responsabilidad de un crimen tan grande?"

²⁰ También el profeta Urías, hijo de Semaías, de la ciudad de Quiriat-jearim, ᵏ habló en nombre del Señor contra esta ciudad y contra el país, del mismo modo que Jeremías. ²¹ El rey Joaquim, sus funcionarios y sus jefes oyeron lo que él dijo, y el rey quiso hacerlo matar. Pero cuando Urías se enteró, tuvo miedo y huyó a Egipto. ²² El rey Joaquim envió a Egipto a Elnatán, ˡ hijo de Acbor, ᵐ y a otros hombres, ²³ los cuales trajeron de Egipto a Urías y lo entregaron al rey Joaquim, quien mandó que lo mataran y que echaran su cadáver a la fosa común.

²⁴ Ahicam, ⁿ hijo de Safán, ñ habló en favor de Jeremías, y esto hizo que no lo entregaran al pueblo para que lo mataran.

27 Acción simbólica: el yugo ᵃ

¹ El año cuarto ᵇ del reinado de Sedequías, ᶜ hijo de Josías, en Judá, el Señor se dirigió a Jeremías, ² y le dijo: "Hazte unas correas y un yugo, y póntelo todo al cuello. ³ Luego manda un recado ᵈ a los reyes de Edom, Moab, Amón, Tiro y Sidón ᵉ por medio de los mensajeros que han venido a Jerusalén a visitar al rey Sedequías. ᶠ ⁴ Ordénales decir a sus soberanos que yo, el Señor todopoderoso, el Dios de Israel, digo: ⁵ Con gran despliegue de poder hice el mundo, ᵍ y los hombres y animales que hay en él, y puedo dárselo a quien yo quiera. ʰ ⁶ Pues bien, yo he puesto todas estas tierras bajo el poder de mi servidor Nabucodonosor, rey de Babilonia, ⁱ y hasta a los animales salvajes los he puesto bajo su dominio. ⁷ Todas las naciones estarán sometidas a él, a su hijo y a su nieto, hasta que a su país le llegue el momento de estar también sometido a grandes naciones y reyes poderosos. ⁸ Y si algunas naciones o reyes no se someten al yugo de Nabucodonosor, yo los castigaré con guerra, hambre y peste, ʲ hasta que todos queden bajo su poder. Yo, el Señor, lo afirmo.

⁹ "Por tanto, no hagan ustedes caso a esos profetas, adivinos o intérpretes de sueños, ni a los hechiceros que pretenden predecir el futuro y que les aconsejan no someterse al rey de Babilonia. ¹⁰ Eso que les dicen es mentira, y lo único que van a conseguir ustedes es que los destierren de su país, y que yo los disperse y mueran. ¹¹ En cambio, a la nación que se someta al poder del rey de Babilonia, yo la dejaré quedarse en su tierra para que viva en ella y la cultive. Yo, el Señor, lo afirmo."

¹² Yo, Jeremías, repetí todo esto a Sedequías, rey de Judá, y además le dije: "Sométanse al poder del rey de Babilonia y de su pueblo, y vivirán. ¹³ ¿Qué necesidad hay de que mueran tú y tu pueblo a causa de la guerra, el hambre y la peste? Porque el Señor ha dicho que esto le pasará a toda nación que no se someta al rey de Babilonia. ¹⁴ No hagan caso a esos profetas que les aconsejan no someterse al rey de Babilonia, porque lo que les dicen es mentira.

ʰ **26.18** *Ezequías* fue *rey de Judá* entre los años 716 y 687 a.C. (cf. 2 R 18—20).

ⁱ **26.18** *Miqueas de Moréset,* contemporáneo de Isaías, había ejercido su actividad profética en el reino de Judá, un siglo antes que Jeremías. Véase Miq 1.1 nota *a*.

ʲ **26.18** Este texto es una cita de Miq 3.12. El hecho de que se recuerden las palabras de Miqueas un siglo después de que las pronunciara dio una idea de la viva impresión que originalmente causaron.

ᵏ **26.20** Este *profeta Urías* no vuelve a mencionarse en ningún otro pasaje del AT. *Quiriat-jearim:* Véase Jos 9.17 nota *k*.

ˡ **26.22** Tiempo más tarde, *Elnatán* trató de evitar que el rey *Joaquim* quemara el rollo de papiro en el que estaban escritas las palabras de Jeremías (Jer 36.25).

ᵐ **26.22** Acerca de *Acbor,* cf. 2 R 22.12,14.

ⁿ **26.24** Antes de ser funcionario del rey Joaquim, *Ahicam* había prestado servicios durante el reinado de Josías (cf. 2 R 22.12,14). Su hijo Guedalías fue gobernador de Judá después de la caída de Jerusalén en el año 586 a.C. (cf. 2 R 25.22).

ñ **26.24** En las secciones narrativas del libro de *Jeremías* se mencionan varios familiares de *Safán,* el cronista o secretario de Josías, que leyó en presencia del rey el libro de la ley encontrado en el templo (2 R 22.8-10). Cf. Jer 29.3; 36.11-13; 39.14; 40.5.

ᵃ **27.1-22** Una vez más, el profeta anuncia su mensaje valiéndose de una acción simbólica (véase Jer 13.1-11 n.). Dios, que es el Señor de la historia, ha concedido por un tiempo la soberanía a Nabucodonosor, rey de Babilonia (cf. v. 6), y las naciones que no se sometan a él tendrán que atenerse a las consecuencias (cf. v. 8). Cf. Jer 21.3-10.

ᵇ **27.1** *El año cuarto:* texto probable (cf. Jer 28.1). Heb. *al comienzo.*

ᶜ **27.1** *Sedequías:* según algunas versiones y mss. antiguos (cf. v. 3). Heb. *Joaquim. Sedequías* reinó entre los años 598 y 587 a.C., de manera que el año cuarto corresponde al año 594 a.C. Cf. 2 R 24.18-20; 2 Cr 36.11-13.

ᵈ **27.3** *Un recado:* texto probable. Heb. *a ellos.*

ᵉ **27.3** *Edom, Moab* y *Amón* se encontraban, respectivamente, al sur, al sudeste y al este de Judá (véase Jer 9.25-26[24-25] nota ñ). *Tiro* y *Sidón,* en Fenicia, sobre la costa del Mediterráneo. Véanse Jos 11.8 n. e *Índice de mapas.*

ᶠ **27.3** Estos *mensajeros* habían ido a Jerusalén para formar una coalición contra el rey de Babilonia.

ᵍ **27.5** *Con gran despliegue de poder:* Dt 4.34; 5.15; 7.19; 9.29; 11.2; 26.8. *Hice el mundo:* Véanse las referencias en Jer 32.17 n.

ʰ **27.5** El Señor posee la plenitud del *poder,* y él puede dárselo a quien quiera. La literatura apocalíptica desarrollará ampliamente esta idea. Cf. Dn 2.20-21,37-38; 4.25-32[22-32].

ⁱ **27.6** *Mi servidor Nabucodonosor, rey de Babilonia:* Nabucodonosor recibe este calificativo porque el Señor se vale de él para llevar a cabo sus designios. Cf. Is 45.1.

ʲ **27.8** *Guerra, hambre* y *peste:* Véanse las referencias en Jer 14.12 n.

15 El Señor afirma que él no los envió; falsamente hablan ellos en el nombre del Señor. Y así, el Señor acabará por dispersarlos a ustedes, y ustedes y los profetas que les han dicho esas cosas morirán."

16 También me dirigí a los sacerdotes y a todo el pueblo, y les dije: "Esto dice el Señor: 'No hagan caso a los profetas que les aseguran que muy pronto van a ser devueltos de Babilonia los utensilios del templo.[k] Eso que les dicen es mentira. **17** ¡No les hagan caso! Sométanse al rey de Babilonia y vivirán. ¿Qué necesidad hay de que esta ciudad se convierta en un montón de ruinas? **18** Si realmente son profetas, y en verdad yo les he hablado, que me pidan a mí, el Señor todopoderoso, que no permita que sean llevados a Babilonia los utensilios que aún quedan en el templo, en el palacio del rey de Judá y en Jerusalén.'

19-21 "Cuando el rey Nabucodonosor se llevó de Jerusalén a Jeconías, hijo de Joaquim, rey de Judá, y lo desterró a Babilonia junto con todos los hombres principales de Judá y de Jerusalén,[l] no se llevó las columnas, ni la enorme pila de bronce para el agua, ni las bases, ni el resto de los utensilios del templo. El Señor todopoderoso dice a propósito de esos objetos que quedaron en el templo y en el palacio del rey de Judá y en Jerusalén:[m] **22** 'Se los llevarán a Babilonia, y allí se quedarán hasta que yo quiera traerlos otra vez a este lugar.[n] Yo, el Señor, lo afirmo.' "

28 Jeremías y el profeta Hananías[a]

1 En el quinto mes[b] del mismo año, es decir, del año cuarto[c] del reinado de Sedequías[d] en Judá, el profeta Hananías, hijo de Azur,[e] del pueblo de Gabaón,[f] se dirigió a Jeremías en el templo, delante de los sacerdotes y de todo el pueblo, y le dijo:

2 —El Señor todopoderoso, el Dios de Israel, dice: 'Voy a romper el yugo del rey de Babilonia,[g] y **3** dentro de dos años haré que sean devueltos a este lugar todos los utensilios del templo que se llevó a Babilonia el rey Nabucodonosor.[h] **4** Y también haré que regresen a este lugar Jeconías, hijo de Joaquim, rey de Judá, y toda la demás gente que salió desterrada de Judá a Babilonia.[i] Sí, yo romperé el yugo del rey de Babilonia. Yo, el Señor, lo afirmo.'

5 El profeta Jeremías respondió al profeta Hananías, delante de los sacerdotes y de todo el pueblo que se encontraba en el templo:

6 —¡Sí, ojalá el Señor haga eso! ¡Ojalá haga el Señor que se cumplan las palabras que has dicho, y que sean devueltos los utensilios del templo y regresen de Babilonia todos los desterrados! **7** Pero escucha esto que te digo a ti y a todo el pueblo:[j] **8** Los profetas que hubo en tiempos pasados, antes que naciéramos tú y yo, anunciaron guerra, calamidad y peste[k] contra numerosas naciones y reinos poderosos. **9** Pero cuando un profeta anuncia prosperidad, solamente si se cumplen sus palabras se comprueba que realmente el Señor lo envió.[l]

10 Entonces Hananías le quitó a Jeremías el yugo del cuello y lo hizo pedazos, **11** al tiempo que decía delante de todo el pueblo:

—El Señor dice: 'De esta misma manera, dentro de dos años quitaré del cuello de todas las naciones el yugo del rey Nabucodonosor de Babilonia, y lo romperé.'

Y Jeremías se fue. **12** Algún tiempo después de que Hananías le quitara a Jeremías el yugo que llevaba al cuello y lo rompiera, el Señor se dirigió al profeta Jeremías, y le dijo: **13** "Ve y dile a Hananías que yo, el Señor, digo: Hiciste pedazos un yugo de madera, pero yo te he preparado[m] un yugo de hierro. **14** Porque yo, el Señor todopoderoso, el Dios de Israel, digo: He puesto sobre el cuello de todas esas naciones un yugo de hierro para que sirvan como esclavos al rey Nabucodonosor de Babilonia. Hasta a los animales salvajes los he puesto bajo su poder."

15 Entonces dijo Jeremías a Hananías:

—¡Escucha, Hananías! El Señor no te ha enviado, y tú estás dando a este pueblo una falsa confianza. **16** Por eso, el Señor dice: 'Te voy a enviar, sí, pero para hacerte desaparecer de la tierra. Este año morirás, porque con tus palabras has llevado al pueblo a ponerse en contra mía.'[n]

17 Y el profeta Hananías murió en el séptimo mes de aquel mismo año.[ñ]

29 Carta de Jeremías a los desterrados[a]

1-2 Después de que el rey Jeconías salió al destierro, junto con

---

[k] **27.16** Estos *utensilios del templo* habían sido llevados a Babilonia en la primera deportación. Cf. 2 R 24.13.
[l] **27.19-21** Cf. 2 R 24.8-17; 2 Cr 36.9-10.
[m] **27.19-21** Acerca de las *columnas*, la *pila de bronce* y las *bases*, cf. 1 R 7.15-39. Los babilonios las consideraban particularmente valiosas a causa del metal con que habían sido fabricadas.
[n] **27.22** *Traerlos otra vez a este lugar:* Cf. Esd 1.7-11; 5.14-15; 6.5; 7.19.
[a] **28.1-17** La mención del *yugo del rey de Babilonia* (v. 2) relaciona este relato con el del cap. anterior, si bien aquí la narración está en tercera y no en primera persona. El relato presenta a dos profetas, *Hananías* y *Jeremías*, como representantes de dos puntos de vista antagónicos. *Hananías* representa a los profetas que anuncian paz y prosperidad; *Jeremías* declara que ese anuncio engendra una falsa esperanza. De este encuentro resulta quién es el falso profeta y cuál es el criterio para identificarlo. Cf. Jer 23.9-32.
[b] **28.1** El *quinto mes*, llamado en hebreo *Ab*, corresponde a julio-agosto en nuestro calendario.
[c] **28.1** *Año cuarto*: según la versión griega (LXX). Heb. añade *al comienzo de su reinado*. Véase Jer 27.1 nota *b*.
[d] **28.1** *Sedequías*: Véase Jer 27.1 nota *c*.

[e] **28.1** El relato de este incidente es la única información disponible acerca del profeta Hananías. La versión griega (LXX) lo califica de falso profeta (*pseudoprofetes*).
[f] **28.1** *Gabaón*: Véase Jos 9.3 n.
[g] **28.2** *El yugo del rey de Babilonia*: Cf. Jer 27.5.
[h] **28.3** *Que sean devueltos... Nabucodonosor:* Véase Jer 27.16 n.
[i] **28.4** Cf. 2 R 24.12,15-16.
[j] **28.6-7** Nótese la respuesta de Jeremías. Él quiere la felicidad de su pueblo y, por eso, desea de todo corazón que la predicción de su adversario sea verdadera; pero la palabra del Señor le hace ver lo contrario (cf. vv. 13-14).
[k] **28.8** *Guerra, calamidad y peste:* Véanse las referencias en Jer 14.12 n.
[l] **28.9** Cf. Dt 18.21-22.
[m] **28.13** *Yo te he preparado:* según la versión griega (LXX). Heb. *tú haces.*
[n] **28.15-16** Cf. Dt 13.6-10(7-11).
[ñ] **28.17** El cumplimiento del anuncio indica que Jeremías, y no Hananías, era el verdadero profeta. Cf. Ez 11.1-13, donde se relata un episodio similar.
[a] **29.1-23** Algunos profetas habían despertado falsas expectativas entre los deportados a Babilonia en el año 597 a.C. (véase Jer 24.1-10 n.).

la reina madre, los criados del palacio,[b] los jefes de Judá y Jerusalén, los artesanos y los cerrajeros, el profeta Jeremías envió desde Jerusalén una carta a los ancianos que quedaban de los desterrados, y a los sacerdotes, profetas y gente que Nabucodonosor había llevado desterrados de Jerusalén a Babilonia.[c] **3** Esta carta fue enviada por medio de Elasá, hijo de Safán,[d] y de Guemarías, hijo de Hilquías,[e] a quienes Sedequías, rey de Judá, había enviado a Babilonia para presentarse ante el rey Nabucodonosor. La carta decía:

4 "Así dice el Señor todopoderoso, el Dios de Israel, a todos los que hizo salir desterrados de Jerusalén a Babilonia: **5** 'Construyan casas y establézcanse; planten árboles frutales y coman de su fruto. **6** Cásense, tengan hijos e hijas, y que ellos también se casen y tengan hijos. Aumenten en número allá, y no disminuyan. **7** Trabajen en favor de la ciudad a donde los desterré, y pídanme a mí por ella, porque del bienestar de ella depende el bienestar de ustedes. **8** Yo, el Señor todopoderoso, el Dios de Israel, les advierto esto: No se dejen engañar por los profetas y los adivinos que viven entre ustedes; no hagan caso de los sueños que ellos tienen.[f] **9** Lo que ellos les anuncian en mi nombre es mentira. Yo no los he enviado. Yo, el Señor, lo afirmo.'

10 "El Señor dice: 'Cuando se le cumplan a Babilonia los setenta años,[g] actuaré en favor de ustedes[h] y les cumpliré mi promesa favorable de hacerlos regresar a este lugar. **11** Yo sé los planes que tengo para ustedes, planes para su bienestar y no para su mal, a fin de darles un futuro lleno de esperanza. Yo, el Señor, lo afirmo. **12** Entonces ustedes me invocarán, y vendrán a mí en oración y yo los escucharé. **13** Me buscarán y me encontrarán, porque me buscarán de todo corazón.[i] **14** Sí, yo dejaré que ustedes me encuentren, y haré que cambie su suerte:[j] los sacaré de todas las naciones y de todos los lugares por donde los dispersé, y los reuniré y haré que vuelvan a este lugar de donde los desterré. Yo, el Señor, lo afirmo.'

15 "Ustedes dicen: 'El Señor nos ha dado profetas en Babilonia.' **16** (El Señor dice acerca del rey que ocupa el trono de David y acerca de los habitantes de esta ciudad, parientes de ustedes que no fueron llevados con ustedes al destierro: **17** 'Yo, el Señor todopoderoso, digo: Voy a enviarles guerra, hambre y peste. Voy a hacer que queden como esos higos podridos, que de tan malos no se pueden comer. **18** Los voy a perseguir con guerra, hambre y peste. Haré que todas las naciones de la tierra sientan horror al verlos, y los convertiré en ejemplo de maldición y de vergüenza, en algo que causará horror y espanto en todas las naciones por donde yo los haya dispersado. **19** Porque no hicieron caso de las advertencias que les hice por medio de mis siervos los profetas, a quienes una y otra vez envié, sin que ustedes los escucharan. Yo, el Señor, lo afirmo. **20** Obedezcan, pues, mi palabra, todos los que hice desterrar de Jerusalén a Babilonia.')[k]

21 "El Señor todopoderoso, el Dios de Israel, dice acerca de Ahab, hijo de Colaías, y acerca de Sedequías, hijo de Maaseías,[l] quienes dicen a ustedes cosas falsas en el nombre del Señor: 'Voy a hacer que caigan en poder del rey Nabucodonosor de Babilonia, y él los matará delante de ustedes. **22** Así, cuando los desterrados de Judá que están en Babilonia quieran maldecir a alguno, dirán: Que el Señor haga contigo como hizo con Sedequías y Ahab, a quienes el rey de Babilonia asó al fuego. **23** Eso les va a suceder por haber hecho cosas infames en Israel: cometieron adulterio con las mujeres de sus prójimos[m] y dijeron en mi nombre cosas falsas que yo no les ordené decir. Yo lo sé y me consta. Yo, el Señor, lo afirmo.' "

Mensaje a Semaías **24** El Señor ordenó a Jeremías que le dijera a Semaías de Nehelam: **25** "El Señor todopoderoso, el Dios de Israel, dice: 'Tú enviaste en tu propio nombre una carta a todo el pueblo que está en Jerusalén, y al sacerdote Sofonías,[n] hijo de Maaseías, y a todos los demás sacerdotes. En la carta decías a Sofonías: **26** El Señor te ha puesto como sacerdote en lugar de Joiadá, para que seas el inspector mayor[ñ] del templo. Si se presenta un loco y empieza a hablar como profeta, tú debes ponerlo en el cepo y atarlo con cadenas. **27** ¿Por qué, pues, no has reprendido a Jeremías de Anatot, que se ha puesto a hablar ante ustedes como profeta? **28** Hasta nos mandó una carta a Babilonia, en la que decía: El destierro va a durar mucho tiempo; construyan casas e instálense, y siembren árboles frutales y coman de su fruto.' "

---

[a] Para contrarrestar esta esperanza engañosa (cf. vv. 8-9,15), Jeremías les envía una *carta* en la que les anuncia que el exilio va a ser bastante largo. Por eso los exhorta a adaptarse a las nuevas condiciones de vida y les dice que si procuran el bienestar de la ciudad donde viven saldrán beneficiados ellos mismos (v. 7). Uno de los temas subyacentes en la carta es el conflicto con los falsos profetas, y esto podría explicar la inserción de este texto junto con los caps. 27—28.

[b] **29.1-2** *Criados del palacio:* lit. *eunucos.* En un principio se designaba con este nombre a los siervos que habían sido castrados para que atendieran y custodiaran el harén. Pero los eunucos llegaron a tener tanta importancia en las cortes de los reyes, que el término dejó de usarse exclusivamente en su sentido literal y pasó a designar también a los funcionarios de toda confianza del rey. En Gn 39.1 se llama así a Potifar, que era casado.

[c] **29.1-2** 2 R 24.12-16; 2 Cr 36.10.

[d] **29.3** *Elasá, hijo de Safán:* Véase Jer 26.24 nota ñ.

[e] **29.3** *Guemarías, hijo de Hilquías:* Véase Jer 36.10 n.

[f] **29.8** *Que ellos tienen:* texto probable. Heb. *que ustedes hacen tener.*

[g] **29.10** *Setenta años:* Véase Jer 25.11 n.

[h] **29.10** *Actuaré en favor de ustedes:* lit. *los visitaré.* Véase Ex 3.16 nota q.

[i] **29.13** *De todo corazón:* Acerca de esta expresión típicamente deuteronómica, cf. Dt 4.29; véase también Dt 6.5 nota e.

[j] **29.14** *Haré que cambie su suerte:* expresión frecuente en el libro de *Jeremías* (30.3,18; 31.23; 32.44; 33.7,11,26; cf. 48.47; 49.6,39).

[k] **29.20** Los vv. 16-20 no aparecen en la versión griega (LXX). Los vv. 21-23 deben leerse después del v. 15.

[l] **29.21** *Ahab... Sedequías:* Los nombres de estos dos profetas no vuelven a mencionarse en el AT.

[m] **29.23** Cf. Jer 23.10.

[n] **29.25** *Al sacerdote Sofonías:* Cf. Jer 21.1-2.

[ñ] **29.26** *Para que seas el inspector mayor:* según versiones antiguas. Heb. *para ser los inspectores mayores.*

²⁹ El sacerdote Sofonías leyó la carta a Jeremías. ³⁰ Entonces el Señor se dirigió al profeta, y le dijo: ³¹ "Manda a decir a todos los que están en el destierro que yo, el Señor, les digo: Puesto que Semaías de Nehelam les ha hablado en mi nombre sin que yo lo haya enviado, y les ha inspirado a ustedes una falsa confianza, ³² yo, el Señor, digo que voy a castigar a Semaías y a su descendencia. No tendrá descendientes entre mi pueblo, ni gozará de la felicidad que yo voy a conceder a mi pueblo, porque con sus palabras lo llevó a ponerse en contra mía. Yo, el Señor, lo afirmo."

30 Promesas del Señor para el futuro ᵃ

¹ Este es el mensaje que el Señor dirigió a Jeremías. Le dijo: ² "El Señor, el Dios de Israel, dice: Escribe en un libro ᵇ todo lo que te he dicho, ³ porque viene el día en que cambiaré la suerte de mi pueblo Israel y Judá. ᶜ Yo, el Señor, lo afirmo. Yo los haré volver a la tierra que di a sus padres ᵈ como su propiedad."

⁴ Este es el mensaje del Señor acerca de Israel y de Judá.
⁵ El Señor dice:

"¡Se oyen gritos de terror,
de miedo e intranquilidad!
⁶ Pregunten, a ver si es posible
que un hombre dé a luz.
¿Por qué, pues, veo retorcerse a los hombres
como si tuvieran dolores de parto?
¿Por qué se han puesto pálidos todos ellos?
⁷ ¡Se acerca un día terrible,
un día como ningún otro!
Será un tiempo de angustia para el pueblo de Jacob,
pero yo los salvaré. ᵉ
⁸ Yo, el Señor todopoderoso, afirmo:
Libraré a mi pueblo del yugo de la esclavitud, ᶠ
y no volverá a ser esclavo de extranjeros.
⁹ Y me servirá a mí, su Señor y Dios, y a David,
a quien yo le pondré por rey. ᵍ

El Señor salvará a su pueblo (Jer 46.27-28)

¹⁰ "Yo, el Señor, afirmo:
No temas, pueblo de Jacob, siervo mío;
no tengas miedo, Israel, ʰ
pues a ti y a tus hijos los libraré

de ese país lejano donde están desterrados. ⁱ
Volverás a vivir en paz,
tranquilo, sin que nadie te asuste.
¹¹ Yo, el Señor, afirmo
que estoy contigo para salvarte. ʲ
Destruiré a todas las naciones
entre las cuales te dispersé.
Pero a ti no te destruiré; ᵏ
solo te castigaré como mereces: ˡ
no te dejaré sin tu castigo." ᵐ

¹² El Señor dice:
"Tu herida es incurable,
tu mal no tiene remedio.
¹³ No hay quien se ocupe de ti;
no hay quien te cure las heridas,
y no tienes curación. ⁿ
¹⁴ Todos tus amantes ñ te olvidaron;
ya no se preocupan por ti.
Y es que yo te herí, como si fuera tu enemigo,
te castigué duramente
por tus muchas maldades,
por tus innumerables pecados.
¹⁵ ¿Por qué te quejas de tus heridas?
Tu dolor es incurable.
Por tus muchas maldades
y tus innumerables pecados,
te he tratado así.
¹⁶ Pero todo el que te devore será devorado,
y todos tus enemigos irán al destierro;
haré que sean saqueados los que te saqueen,
y que los roben a los que te roben a ti.
¹⁷ Te devolveré la salud,
curaré tus heridas,
por más que digan tus enemigos:
'Sión está abandonada,
nadie se preocupa por ella.' ᵒ
Yo, el Señor, lo afirmo."

¹⁸ El Señor dice:
"Cambiaré la suerte de la nación de Jacob,
tendré compasión de su país;
las ciudades se reconstruirán sobre sus ruinas
y los palacios en su debido lugar.

ᵃ **30.1-9** La misión profética de Jeremías no consistió únicamente en *arrancar* y *destruir*, sino también en *edificar* y *plantar* (véase Jer 1.10 n.). En los caps. anteriores ya había algunos breves anuncios de salvación (Jer 3.14-17; 23.3-4), y la carta a los exiliados en Babilonia anunciaba el fin del cautiverio y el retorno de los deportados al cabo de *setenta años* (Jer 29.10). Pero ahora estas promesas de salvación y de futura restauración se amplían hasta formar el llamado "Libro de consolación" (Jer 30—33). En esta sección se combinan los oráculos poéticos, los relatos en prosa y las acciones simbólicas (véase Jer 13.1-11 n.) para transmitir al pueblo de Dios un mensaje de esperanza.

ᵇ **30.2** *Escribe en un libro:* Cf. Jer 36.2,4,28,32.

ᶜ **30.3** *Cambiaré la suerte:* Véase Jer 29.14 n.

ᵈ **30.3** *La tierra que di a sus padres:* expresión típica del libro de Deuteronomio. Cf. Dt 6.10,23; 7.8; 8.1; 10.11; 11.9,21.

ᵉ **30.7** *Se acerca un día terrible... pero yo los salvaré:* alusión al día del Señor (cf. Jl 2.1,11; Sof 1.14; Ap 6.17). Amós había caracterizado ese día como día de tinieblas y no de luz (Am 5.18); Jeremías ve detrás de las tinieblas el *amor eterno* del Señor (31.3), que aplaca el ardor de su enojo (30.24), sana las heridas de su pueblo (30.17) y lo reúne de entre las naciones para hacerlo volver a la tierra de sus padres (31.8).

ᶠ **30.8** Nah 1.13; cf. Jer 27—28.

ᵍ **30.9** Ez 34.23-24; 37.24; Os 3.5.

ʰ **30.10** Is 44.2.

ⁱ **30.10** Cf. Is 49.25.

ʲ **30.11** *Estoy contigo para salvarte;* Jer 1.8,19; 15.20; 42.11.

ᵏ **30.11** *No te destruiré:* Cf. Jer 4.27; 5.10.

ˡ **30.11** *Te castigaré como mereces:* Cf. Jer 10.24.

ᵐ **30.10-11** Estos vv. se repiten en Jer 46.27-28.

ⁿ **30.12-13** Cf. Is 1.6; Jer 8.22; 10.19; 14.17.

ñ **30.14** *Tus amantes:* Véase Jer 22.20 nota r.

ᵒ **30.17** Cf. Os 14.4(5).

¹⁹ De ellos saldrán cantos de gratitud
y risas de alegría.
No disminuirán, pues yo haré que aumenten.
No los despreciarán, porque yo los honraré.
²⁰ Los israelitas serán como antes;
su pueblo estará firme en mi presencia,
y yo castigaré a sus opresores.
²¹⁻²² De entre ellos saldrá su jefe:
un gobernante saldrá de entre ellos mismos. ᵖ
Haré que se acerque a mí,
pues, ¿quién se atrevería a acercárseme?
Ellos serán mi pueblo y yo seré su Dios. ᑫ
Yo, el Señor, lo afirmo."
²³ La ira del Señor es como una tormenta,
como un viento huracanado
que se agita sobre los malvados.
²⁴ La ira del Señor no cesará
hasta que él haya realizado sus propósitos.
Vendrá el tiempo en que ustedes
entenderán estas cosas. ʳ

31 Regreso de los israelitas a su patria

¹ El Señor afirma: "En ese tiempo yo seré el Dios de todas las tribus de Israel, y ellas serán mi pueblo." ᵃ

² El Señor dice:
"En el desierto me mostré bondadoso ᵇ
con el pueblo que escapó de la muerte.
Cuando Israel buscaba un lugar de descanso,
³ yo me aparecí a él ᶜ de lejos.
Yo te he amado con amor eterno; ᵈ
por eso te sigo tratando con bondad.
⁴ Te reconstruiré, Israel.
De nuevo vendrás con panderetas
a bailar alegremente.
⁵ Volverás a plantar viñedos ᵉ
en las colinas de Samaria, ᶠ
y los que planten viñas
gozarán de sus frutos.
⁶ Porque vendrá un día en que los centinelas
gritarán en las colinas de Efraín: ᵍ
'Vengan ustedes, vamos a Sión,
al Señor nuestro Dios.' " ʰ

⁷ El Señor dice:
"Canten de gozo y alegría por el pueblo
de Jacob,
la principal entre todas las naciones.
Hagan oír sus alabanzas y digan:
'El Señor salvó a su pueblo, ⁱ
lo que quedaba de Israel.'
⁸ Voy a hacerlos volver del país del norte,
y a reunirlos del último rincón del mundo.
Con ellos vendrán los ciegos y los cojos,
las mujeres embarazadas y las que ya dieron a luz;
¡volverá una enorme multitud!
⁹ Vendrán orando y llorando.
Yo los llevaré a corrientes de agua,
por un camino llano, donde no tropiecen.
Pues soy el padre de Israel,
y Efraín ʲ es mi hijo mayor. ᵏ

¹⁰ "Naciones, escuchen la palabra del Señor
y anuncien en las costas lejanas:
'El Señor dispersó a Israel,
pero lo reunirá y lo cuidará
como cuida el pastor a sus ovejas.'
¹¹ Porque el Señor rescató al pueblo de Jacob,
lo libró de una nación más poderosa. ˡ

¹² "Vendrán y cantarán de alegría en lo alto de Sión,
se deleitarán con los beneficios del Señor:
el trigo, el vino y el aceite,
las ovejas y las reses.
Serán como una huerta bien regada,
y no volverán a perder las fuerzas.
¹³ Las muchachas bailarán alegremente,
lo mismo que los jóvenes y los viejos.
Yo les daré consuelo:
convertiré su llanto en alegría,
y les daré una alegría mayor que su dolor.
¹⁴ Haré que los sacerdotes coman
los mejores alimentos

ᵖ **30.21-22** *Un gobernante saldrá de entre ellos mismos:* alusión a Dt 17.15.

ᑫ **30.21-22** *Ellos serán mi pueblo y yo seré su Dios:* Véanse las referencias en Jer 7.23 n.

ʳ **30.23-24** Estos vv. son una repetición casi literal de Jer 23.19-20.

ᵃ **31.1** *Yo seré el Dios… mi pueblo:* Véanse las referencias en Jer 7.23 n.

ᵇ **31.2** Acerca del *desierto* como lugar del encuentro y del reencuentro con Dios, cf. Jer 2.1-3; Os 2.14(16).

ᶜ **31.3** *Yo me aparecí a él:* según la versión griega (LXX). Heb. *el Señor se me apareció.*

ᵈ **31.3** *Yo te he amado con amor eterno:* Esta frase explica toda la historia del pueblo de Dios: la elección de que fue objeto por parte del Señor (cf. Dt 7.7-8), los repetidos llamados a la conversión (cf. Jer 4.1-4), el perdón de sus infidelidades y pecados (cf. Jer 31.34) y las promesas de su futura restauración (cf. Jer 30.10). Cf. Os 11.1,3-4,8-9.

ᵉ **31.5** La viña tarda varios años en dar frutos; por lo tanto, la promesa de volver *a plantar viñedos* sugiere la idea de un largo periodo de paz y seguridad. Cf. Is 65.21; Am 9.14.

ᶠ **31.5** *Samaria,* capital del reino del norte (véase 1 R 16.16 n.), destruida por los asirios en el año 721 a.C. (cf. 2 R 17.3-6). Las promesas contenidas en este "Libro de la Consolación" (véase Jer 30.1-9 n.) se refieren no solo al reino de Judá sino también al de Israel (cf. Jer 30.4).

ᵍ **31.6** *Efraín* era la más importante entre las tribus del norte, y su nombre se utiliza con frecuencia para designar a todo el reino de Israel. Cf. Os 4.17-18; 5.3; 7.8; 11.3,8.

ʰ **31.6** La decisión de subir al monte *Sión* (véase Sal 2.6 n.), para rendir culto al *Señor* en el templo de Jerusalén, es la señal de la reunificación de las doce tribus después de haber estado separadas durante siglos (véase 1 R 12.1-24 n.).

ⁱ **31.7** *El Señor salvó a su pueblo:* según algunas traducciones antiguas. Heb. *Salva, Señor, a tu pueblo.*

ʲ **31.9** Nótese el paralelismo entre *Israel* y *Efraín,* utilizados aquí como términos sinónimos (véase *Introducción* a los *Salmos [2] [a]*).

ᵏ **31.9** *Hijo mayor:* En la familia israelita, el primogénito gozaba de numerosos privilegios y era objeto de consideración especial. Cf. Gn 27; Ex 4.22; 13.11-16; Lc 2.22-23.

ˡ **31.11** Cf. Is 49.25-26.

y que mi pueblo disfrute en abundancia de mis bienes.
Yo, el Señor, lo afirmo."

15 El Señor dice:
"Se oye una voz en Ramá, *m*
de alguien que llora amargamente.
Es Raquel, *n* que llora por sus hijos,
y no quiere ser consolada
porque ya están muertos." *ñ*

16 Pero el Señor le dice:
"Raquel, no llores más;
ya no derrames tus lágrimas,
pues tus penas tendrán su recompensa:
tus hijos volverán del país enemigo.
Yo, el Señor, lo afirmo.

17 Hay una esperanza para tu futuro:
tus hijos volverán a su patria.
Yo, el Señor, lo afirmo.

18 He oído al pueblo de Efraín quejarse amargamente:
'Yo era como un novillo sin domar,
pero tú me has domado;
hazme volver a ti,
pues tú eres el Señor, mi Dios.

19 Yo me aparté de ti,
pero estoy arrepentido;
he reconocido mi pecado
y me doy golpes en el muslo; *o*
me siento avergonzado y humillado
por los pecados de mi juventud.'

20 "El pueblo de Efraín *p* es para mí un hijo amado;
es el hijo que más quiero.
Aun cuando lo reprendo,
no dejo de acordarme de él;
mi corazón se conmueve
y siento por él gran compasión.
Yo, el Señor, lo afirmo. *q*

21 "Israel, marca con señales el camino,
para que vuelvas a encontrarlo fácilmente;
fíjate bien en el camino que anduviste.
¡Vuelve, pueblo de Israel,
vuelve a tus ciudades!

22 ¿Hasta cuándo vas a ir de un lado a otro,
como una hija descarriada?
Yo, el Señor, he creado algo nuevo en este mundo:
una mujer que corteja a un hombre." *r*

Prosperidad futura de Israel **23** El Señor todopoderoso, el Dios de Israel, dice: "Cuando yo cambie la suerte de la gente de Judá, *s* y ellos estén de nuevo en su tierra y en sus ciudades, dirán otra vez: '¡Que el Señor bendiga este monte santo *t* donde habita la justicia!' **24** La gente de Judá y sus ciudades, los agricultores y los pastores de rebaños vivirán ahí. **25** Pues daré de comer y de beber en abundancia a los que estén cansados y sin fuerzas."

26 En esto me desperté y abrí los ojos. Mi sueño me agradó. *u*

27 El Señor afirma: "Vendrá un día en que haré que hombres y animales abunden en Israel y en Judá. **28** Y así como estuve atento para arrancar, derribar, echar abajo, destruir y causar daños, así también estaré vigilante *v* para construir y plantar. *w* Yo, el Señor, lo afirmo.

29 "En aquel tiempo no volverá a decirse: 'Los padres comen uvas agrias y a los hijos se les destemplan los dientes.' **30** Porque será que a quien coma uvas agrias, a ese se le destemplarán los dientes. Cada cual morirá por su propio pecado." *x*

31 El Señor afirma: "Vendrá un día en que haré una nueva alianza *y* con Israel y con Judá. *z* **32** Esta alianza no será como la que hice con sus antepasados, cuando los tomé de la mano para sacarlos de Egipto; porque ellos quebrantaron mi alianza, *a* a pesar de que yo era su dueño. Yo, el Señor, lo afirmo. **33** Esta será la alianza que haré con Israel en aquel tiempo: Pondré mi ley en su corazón y la escribiré en su mente. *b* Yo seré su Dios y ellos serán

---

m **31.15** *Ramá:* población situada a unos 8 km. al norte de Jerusalén, en el territorio de la tribu de Benjamín. Véase 1 S 1.1 nota *b.*
n **31.15** *Raquel* era la esposa preferida de Jacob (cf. Gn 29.15-30), madre de José y de Benjamín (Gn 30.22-24; 35.16-18).
ñ **31.15** Texto citado en Mt 2.18.
o **31.19** Los *golpes en el muslo* (o *golpes en la ingle*) eran una señal de duelo y de pesar.
p **31.20** *Efraín:* Véase Jer 31.6 nota *g.*
q **31.20** Cf. Os 11.8-9.
r **31.22** *Una mujer que corteja a un hombre:* traducción poco segura de un texto oscuro, que se ha interpretado de diversas maneras. Probablemente se refiere a una realidad sorprendente y difícil de creer: lo *nuevo* creado por Dios podría ser una intervención divina que supera la imaginación humana.
s **31.23** Respecto de la expresión *cambié la suerte,* véanse las referencias en Jer 29.14 n.
t **31.23** *Monte santo:* es decir, el monte Sión, donde había sido erigido el templo de Jerusalén. Véase Sal 2.6 n.
u **31.26** Acerca de los sueños como uno de los medios utilizados por Dios para comunicar su palabra, véase 1 R 3.5 n.; cf. también Jer 23.25. En el caso presente, el *sueño* resulta agradable porque transmite un mensaje de esperanza para el pueblo de Dios.
v **31.28** *Estaré vigilante:* Véase Jer 1.11-12 n.

w **31.28** *Arrancar... y plantar:* Véase Jer 1.10 n.
x **31.29-30** El principio expuesto en estos vv. recibe algo de amplio desarrollo en Ez 18.1-20. Véase Dt 24.16 n.; cf. 2 R 14.6.
y **31.31** *Nueva alianza:* El mensaje de esperanza contenido en el "Libro de la consolación" (véase Jer 30.1-9 n.) llega a su punto culminante con este anuncio de un nuevo pacto o *alianza* del Señor con Israel. La antigua alianza se había roto a causa de los pecados e infidelidades del pueblo. Pero ahora el Señor anuncia un nuevo comienzo: él no solo va a sustituir la alianza sellada en el Sinaí por una nueva, sino que va a transformar el interior de cada uno, a fin de hacerlo dócil a la voluntad de Dios e infundirle el amor de Dios por encima de todo. Esta inquebrantable fidelidad al Señor hará que el nuevo pacto sea también una *alianza eterna* (Jer 32.40).
z **31.31** Cf. Mc 14.24; 1 Co 11.25; 2 Co 3.6.
a **31.32** *Quebrantaron mi alianza:* La *alianza* del Sinaí imponía a Israel la obligación de cumplir fielmente la voluntad de Dios, expresada de modo especial en los mandamientos y prescripciones de la ley mosaica. Al no cumplir con esta obligación, Israel había hecho que la alianza quedara reducida a letra muerta.
b **31.33** Citado en Heb 10.16. Este v. especifica la auténtica novedad de la *alianza* prometida para el futuro: la *ley* del Señor ya no estará escrita en tablas de piedra (cf. Ex 24.12; 31.18; 34.1; Dt 4.13) sino *en corazones* humanos (2 Co 3.3).

ALIANZAS DE DIOS EN EL AT

Alianza	Referencias
Con Noé	Gn 9.8-17
Con Abraham (abrahámica)	Gn 12.2-3; 15.9-21; 17
En el Sinaí (sinaítica)	Ex 19—24
Con Finees, sacerdote	Nm 25.10-13
Con David (davídica)	2 S 7.4-16
Nueva alianza	Jer 31.31-34

Véase *Alianza* en el *Índice temático*.

mi pueblo. *c* Yo, el Señor, lo afirmo. **34** Ya no será necesario que unos a otros, amigos y parientes, tengan que instruirse para que me conozcan, *d* porque todos, desde el más grande hasta el más pequeño, me conocerán. Yo les perdonaré su maldad y no me acordaré más de sus pecados. *e* Yo, el Señor, lo afirmo." *f*

35 El Señor, que puso el sol para alumbrar de día
y la luna y las estrellas para alumbrar de noche, *g*
que hace que el mar se agite y rujan sus olas,
que tiene por nombre el Señor todopoderoso, dice: *h*
36 "Si un día llegaran a fallar
estas leyes que he establecido,
ese día Israel dejaría de ser mi pueblo.
Yo, el Señor, lo afirmo.
37 Si un día se llegara a medir el cielo
y a explorar la tierra hasta sus cimientos,
ese día yo rechazaría a Israel
por todo lo que ha hecho. *i*
Yo, el Señor, lo afirmo." *j*

38 El Señor afirma: "Vendrá un día en que mi ciudad será reconstruida, desde la torre de Hananel hasta la Puerta del Ángulo. **39** Los límites irán, en línea recta, desde allí hasta la colina de Gareb, y luego torcerán hacia Goá. **40** Todo el valle donde se entierra a los muertos y se tira la ceniza, y todos los campos que están encima del arroyo Cedrón hasta el ángulo de la Puerta de los Caballos, al oriente, me estarán consagrados, y todo esto no volverá jamás a ser derribado ni destruido." *k*

32 *Jeremías compra un terreno* *a* **1** El Señor habló a Jeremías en el año décimo del reinado de Sedequías en Judá, que era el año dieciocho del reinado de Nabucodonosor. **2** Por aquel tiempo el ejército del rey de Babilonia estaba atacando a Jerusalén, *b* y el profeta Jeremías estaba encerrado en el patio de la guardia del palacio real. *c* **3** El rey Sedequías lo había mandado arrestar, porque Jeremías había dicho: "El Señor dice: 'Voy a hacer que esta ciudad caiga en poder del rey de Babilonia, **4** y el rey Sedequías no escapará de los caldeos, sino que caerá en poder del rey de Babilonia y tendrá que presentarse ante él. **5** Nabucodonosor se llevará a Sedequías a Babilonia, donde se quedará hasta que yo me vuelva a ocupar de él. *d* Aunque ustedes peleen contra los caldeos, no tendrán éxito. Yo, el Señor, lo afirmo.'"

6 Y dijo Jeremías: "El Señor se dirigió a mí, y me dijo: **7** 'Mira, tu primo Hanamel, el hijo de tu tío Salum, va a venir a proponerte que le compres un terreno que tiene en Anatot, pues tú tienes el derecho de comprarlo por ser el pariente más cercano.' *e* **8** Tal como el Señor me lo dijo, mi

---

c **31.33** *Yo seré su Dios y ellos serán mi pueblo:* Véanse las referencias en Jer 7.23 n.

d **31.34** *Me conozcan:* Acerca del significado bíblico del verbo *conocer*, véanse Gn 2.9 nota *l*; Jer 1.5 nota *k*.

e **31.34** El *perdón* de los *pecados* hará que el nuevo pacto sea una alianza de reconciliación. Cf. Is 43.25; 44.22; Jer 50.20; Ez 36.29; Zac 13.1.

f **31.31-34** Este pasaje se cita entero en Heb 8.8-12, y parcialmente en Ro 11.27. Cf. Jer 32.38-40; Heb 10.16-17.

g **31.35** Cf. Gn 1.16.

h **31.35** Cf. Am 5.8-9.

i **31.36-37** Cf. Jer 33.19-26.

j **31.35-37** Estos vv. confirman la promesa divina de la nueva alianza. El Creador y Señor del universo tiene poder para dar pleno cumplimiento a su palabra, y esto debe ser una fuente de esperanza para su pueblo. Cf. Is 55.10-11.

k **31.38-40** Este oráculo profético señala expresamente los límites de Jerusalén para indicar que *toda* la ciudad sería reconstruida después de su destrucción en el año 586 a.C. La *torre de Hananel* se encontraba en el extremo nordeste (Neh 3.1; 12.39; Zac 14.10); la *Puerta del Ángulo* (llamada también *Puerta de la Esquina;* cf. 2 R 14.13; 2 Cr 26.9), en el extremo noroeste; el *valle* de *Ben-hinom,* al sur (Jer 7.31-32); y el *arroyo Cedrón,* al este. La *Puerta de los Caballos* estaba probablemente ubicada cerca del sudeste de la ciudad (2 R 11.16; Neh 3.28), y la *colina de Gareb* y *Goá,* al sudoeste y sudoeste, respectivamente.

a **32.1-15** Una vez más, Jeremías recibe del Señor la orden de realizar una acción de hondo contenido simbólico. La compra de un campo en Anatot, llevada a cabo cuando todo parecía perdido (cf. v. 2), se convierte en un signo de esperanza para el futuro. Sobre las acciones simbólicas, véase Jer 13.1-11 n.

b **32.1-2** *Nabucodonosor, rey de Babilonia,* sitió la ciudad de *Jerusalén* a partir de enero del año 588 a.C., es decir, del décimo mes del *décimo año del reinado de Sedequías* (cf. Jer 39.1; 52). El asedio duró 18 meses (cf. Jer 52.6).

c **32.2** *Encerrado... palacio real:* Cf. Jer 37.11-21.

d **32.5** *Hasta que yo me vuelva a ocupar de él:* lit. *hasta que yo lo visite.* La expresión es ambigua, porque el término traducido por *visitar,* en el AT, puede referirse a una intervención del Señor favorable y liberadora o a una acción punitiva. El contexto parece indicar el segundo sentido. Véase Ex 3.16 nota *q*.

e **32.7** Según la legislación israelita (Lv 25.25), el *pariente más cercano* (heb. *goel*) tenía el derecho y la obligación de adquirir la propiedad que corría el peligro de no pertenecer más al patrimonio familiar, ya sea por la falta de herederos o de recursos económicos.

primo Hanamel vino a verme al patio de la guardia y me pidió que le comprara el campo que tenía en Anatot, en territorio de la tribu de Benjamín,[f] porque yo tenía el derecho de comprarlo y quedarme con él, por ser el pariente más cercano. Al darme cuenta de que aquello era una orden del Señor, **9-10** le compré el campo a mi primo Hanamel. Le entregué diecisiete monedas de plata, que fue el precio convenido, y puse el contrato por escrito, sellado y firmado por los testigos.[g] **11** Luego tomé las dos copias del contrato, una sellada y con las condiciones de compra, y otra abierta, **12** y se las di a Baruc, hijo de Nerías y nieto de Maaseías,[h] delante de mi primo Hanamel, de los testigos que habían firmado el contrato y de todos los judíos que estaban sentados en el patio de la guardia. **13** Delante de ellos dije a Baruc: **14** 'El Señor todopoderoso, el Dios de Israel, dice: Toma las dos copias de este contrato, la sellada y la abierta, y guárdalas en una vasija de barro, para que se conserven mucho tiempo. **15** Pues el Señor todopoderoso, el Dios de Israel, dice: En esta tierra volverán a comprarse casas, campos y viñedos.'

Oración de Jeremías **16** "Después de darle el contrato de compra a Baruc, hijo de Nerías, dirigí al Señor esta oración: **17** 'Tú, Señor, con gran despliegue de poder creaste el cielo y la tierra. Nada hay imposible para ti.[i] **18** Tú muestras tu amor por mil generaciones,[j] pero también castigas a los hombres por los pecados de sus padres. ¡Oh Dios grande y poderoso, tu nombre es Señor todopoderoso! **19** Tú eres grandioso en tus planes y poderoso en tus obras. Tú ves todo lo que hacen los hombres y das a cada uno lo que merecen sus acciones. **20** Tú hiciste milagros y señales en Egipto, y aún hoy los sigues haciendo tanto en Israel como entre todos los hombres, de manera que tu nombre se ha hecho famoso. **21** Tú, con gran despliegue de poder, sacaste de Egipto a tu pueblo Israel, haciendo milagros y señales y llenando de terror a todos. **22** Le diste a Israel esta tierra en que la leche y la miel corren como el agua, según lo habías prometido a sus antepasados. **23** Pero cuando ellos entraron en el país y tomaron posesión de él, no te obedecieron ni siguieron las instrucciones que les diste, ni hicieron nada de lo que les ordenaste. Por eso les enviaste toda esta calamidad.[k] **24** 'Ahora los caldeos han levantado rampas para atacar la ciudad, y la guerra, el hambre y la peste[l] van a hacer que la ciudad caiga en manos de los atacantes. Señor, ya ves que se está cumpliendo lo que dijiste. **25** Y sin embargo, Señor, tú me ordenaste que comprara y pagara aquel terreno en presencia de testigos, aunque la ciudad va a caer en manos de los caldeos.' "

26 Entonces el Señor respondió a Jeremías: **27** "Yo soy el Señor, el Dios de todo ser viviente. Nada hay imposible para mí. **28** Así pues, yo te digo: Voy a hacer que esta ciudad caiga en poder de Nabucodonosor, rey de Babilonia, y de los caldeos.[m] **29** Los caldeos que están atacando la ciudad entrarán en ella y le prenderán fuego; la quemarán junto con las casas en cuyas azoteas, para ofenderme, se quemaba incienso a Baal y se ofrecía vino a dioses extraños. **30** Desde el principio, el pueblo de Israel y el pueblo de Judá han hecho siempre lo que me desagrada; los israelitas no han dejado de ofenderme con ídolos que ellos mismos se hicieron. Yo, el Señor, lo afirmo. **31** Y esta ciudad, desde el día en que empezó a construirse hasta este día, no ha hecho más que provocar mi ira y mi enojo. Por eso voy a hacerla desaparecer, **32** por todo lo que me han ofendido con sus malas acciones el pueblo de Israel y el pueblo de Judá, lo mismo que sus reyes, sus jefes, sus sacerdotes, sus profetas y todos los habitantes de Judá y de Jerusalén. **33** Me han dado la espalda, no la cara. Y aunque en ningún momento he dejado de instruirlos, no me han hecho caso ni han querido recibir corrección. **34** Hasta han llegado a profanar el templo consagrado a mí, poniendo allí sus ídolos detestables.[n] **35** También construyeron altares a Baal en el valle de Ben-hinom,[ñ] para quemar sus hijos y sus hijas en sacrificio a Moloc,[o] y así hacer pecar a Judá, cosa detestable que yo no les ordené y que ni siquiera pasó por mi mente.

Promesas para el futuro **36** "Yo, el Señor, el Dios de Israel, digo acerca de esta ciudad que tú dices[p] que va a caer en poder del rey de Babilonia por causa de la guerra, el hambre y la peste: **37** Voy a reunir a sus ciudadanos de entre todos los países por donde los dispersé cuando me llené de enojo, ira y furor terrible, y los haré volver a este lugar para que en él vivan tranquilos. **38** Ellos serán mi pueblo, y yo seré su Dios. **39** Haré que solo tengan voluntad y determinación de honrarme toda su vida, para su propio bien y el de sus descendientes. **40** Haré con ellos una alianza eterna: me comprometeré a no dejar nunca de hacerles bien, y les llenaré del deseo de honrarme y de no apartarse nunca de mí.[q] **41** Yo me alegraré de hacerles bien,[r] y de todo corazón y con toda sinceridad los haré habitar en este país."

En razón de esta costumbre, a Jeremías le correspondía ejercer ese derecho. Véanse Ex 6.6 n.; Rt 2.20 n.
[f] **32.8** *Anatot, en territorio de la tribu de Benjamín:* Véanse Jos 18.11 n.; Jer 1.1 nota *d*.
[g] **32.9-10** Estos *testigos* debían verificar la existencia y la validez de la transacción (Rt 4.9-10).
[h] **32.12** *Baruc* desempeña un papel relevante en las secciones narrativas del libro de *Jeremías*. Además de participar en esta transacción, escribe en un rollo las palabras que le dicta el profeta (Jer 36.4), es acusado de ejercer una perniciosa influencia sobre Jeremías (43.3), se refugia en Egipto junto con su maestro y otros judíos después de la destrucción de Jerusalén (43.4-7) y es el destinatario de una promesa divina en los difíciles tiempos que le toca vivir (cap. 45).
[i] **32.17** *Creaste el cielo y la tierra:* Gn 1.1; Is 37.16; 42.5; Sal 102.25(26); Hch 17.24. *Nada hay imposible para ti:* Gn 18.14; Lc 1.37.
[j] **32.18** Véase Ex 20.6 n.
[k] **32.20-23** Ex 3.8; 7—14; Dt 4.34-40.
[l] **32.24** *La guerra, el hambre y la peste:* Véanse las referencias en Jer 14.12 n.
[m] **32.28** 2 R 25.1-11; 2 Cr 36.17-21.
[n] **32.34** Jer 7.30-31.
[ñ] **32.35** Cf. 2 R 23.10; Jer 7.31; 19.1-6.
[o] **32.35** Lv 18.21.
[p] **32.36** *Tú dices:* según la versión griega (LXX). Heb. *ustedes dicen.* Lo mismo en el v. 43.
[q] **32.38-40** Jer 31.31-34.
[r] **32.41** Dt 30.9.

42 El Señor añadió: "Así como envié esta calamidad tan grande a este pueblo, también le enviaré todos los bienes que le he prometido. **43** Y en este país, que dices *s* que va a quedar desierto, sin hombres ni animales, y que va a caer en poder de los caldeos, se volverán a comprar terrenos. **44** Se comprarán y se harán los contratos por escrito, con sello y firmas de testigos. Esto sucederá en el territorio de Benjamín, en los alrededores de Jerusalén y en las ciudades de Judá, tanto de la región montañosa como de la llanura, y en las ciudades del Néguev, porque yo haré que cambie su suerte. Yo, el Señor, lo afirmo."

33 Anuncio de esperanza *a*

1 Mientras Jeremías todavía estaba preso en el patio de la guardia, *b* el Señor se dirigió a él de nuevo, y le dijo: **2** "Yo, el Señor, que hice la tierra, la formé y la coloqué firmemente en su sitio, *c* te digo: **3** Llámame y te responderé, y te anunciaré cosas grandes y misteriosas *d* que tú ignoras. **4-5** Yo, el Señor, el Dios de Israel, tengo un mensaje acerca de las casas de Jerusalén y de las casas de los reyes de Judá que van a ser derribadas. El salir a pelear con espadas contra los caldeos que levantan rampas para atacar la ciudad, solo servirá para llenarla de cadáveres. Yo, en mi terrible ira, los haré morir, porque he apartado mi rostro de esta ciudad a causa de las muchas maldades que han cometido. *e* **6** Pero los curaré, les daré la salud y haré que con honra disfruten de paz y seguridad. **7** Cambiaré la suerte de Judá y de Israel, *f* y los reconstruiré para que vuelvan a ser como al principio. **8** Los purificaré de todos los pecados que cometieron contra mí; les perdonaré todas las maldades que cometieron y con las que se rebelaron contra mí. **9** Jerusalén será para mí un motivo de alegría, honor y gloria ante todas las naciones de la tierra. Cuando ellas oigan hablar de todos los beneficios que voy a traer sobre los habitantes de Jerusalén, y de toda la prosperidad que le voy a dar, temblarán de miedo."

10 El Señor dice: "Ustedes dicen que este lugar está desierto y que no hay en él hombres ni animales; que las calles de Jerusalén y las ciudades de Judá están vacías; y que nadie, ni hombres ni animales, vive allí. Pues bien, aquí se volverán a oir **11** los cantos de fiesta y alegría, y los cantos de los novios, *g* y se oirá decir: 'Den gracias al Señor todopoderoso, porque el Señor es bueno, porque su amor es eterno.' *h* Y traerán al templo ofrendas de gratitud. Sí, yo cambiaré la suerte de este país, para que vuelva a ser como al principio. Yo, el Señor, lo afirmo."

12 El Señor todopoderoso dice: "En este país que ahora está desierto, sin hombres ni animales, y en todas sus ciudades, volverá a haber pastos adonde los pastores lleven sus rebaños. *i* **13** Tanto en las ciudades de la región montañosa como en las de la llanura, y en las del Néguev *j* y del territorio de Benjamín, *k* y en los alrededores de Jerusalén y en las demás ciudades de Judá, se volverá a ver a los pastores contando sus ovejas. Yo, el Señor, lo digo."

14 El Señor afirma: "Llegará el día en que cumpliré las promesas de bendición que hice al pueblo de Israel y de Judá. **15** Cuando llegue ese tiempo y ese día, haré que David tenga un descendiente legítimo, que establecerá la justicia y la rectitud en el país. **16** En aquel tiempo Judá estará a salvo y Jerusalén vivirá segura. Este es el nombre con que la llamarán: 'El Señor es nuestra victoria.' *l* **17** Yo, el Señor, digo: Nunca faltará un descendiente de David que ocupe el trono de Israel, *m* **18** ni faltarán jamás sacerdotes descendientes de Leví *n* que todos los días me ofrezcan holocaustos, quemen ofrendas de cereales *ñ* en mi honor y me dediquen otros sacrificios."

19 El Señor se dirigió a Jeremías, y le dijo: **20** "Yo, el Señor, digo: Es imposible que deje de cumplirse la alianza que he hecho con el día y con la noche, *o* de manera que el día y la noche dejen de llegar a su debido tiempo. **21** Del mismo modo, es imposible que deje de cumplirse mi alianza con mi siervo David, *p* y que deje de haber un descendiente suyo que reine en su trono, o que deje de cumplirse mi alianza con mis ministros los sacerdotes descendientes de Leví. *q* **22** Y a los descendientes de mi siervo David, y a mis ministros, los descendientes de Leví, los haré tan numerosos como las estrellas del cielo y los granos de arena del mar, que nadie puede contar."

23 El Señor se dirigió a Jeremías, y le dijo: **24** "¿No has notado que la gente dice que he rechazado a las dos familias *r* que yo mismo había escogido, a Israel y Judá? ¡Por

---

s **32.43** *Dices:* Véase 32.36 n.

a **33.1-26** El siguiente cap. continúa el tema de la consolación iniciado en Jer 30—32: Israel y Judá serán restaurados (vv. 4-13), y tanto el linaje de David como el sacerdocio levítico continuarán para siempre (vv. 14-26).

b **33.1** Cf. Jer 32.2; 38.28.

c **33.2** Jer 32.17.

d **33.3** *Cosas grandes y misteriosas:* Esta expresión se ha interpretado de distintas maneras. Podría tratarse de algo inaccesible e impenetrable, como una fortaleza o una ciudad amurallada, o también de algo escondido; o bien, como en Is 48.6, de algo que hasta el momento se había mantenido en secreto.

e **33.4-5** *Yo, el Señor... han cometido:* Traducción probable de un texto muy oscuro.

f **33.7** Una vez más, las promesas de restauración se refieren a los dos antiguos reinos, el de *Judá* y el de *Israel.* Véanse Jer 29.14 n.; 31.5 nota *f.*

g **33.11** *Los cantos de los novios:* Exactamente lo contrario del juicio anunciado en Jer 7.34; 16.9; 25.10.

h **33.11** *Den gracias... su amor es eterno:* Acerca de este cántico de acción de gracias, véase Sal 136.1 n.

i **33.12** Cf. Jer 31.24.

j **33.13** *Néguev:* Véase Gn 12.9 nota *j.*

k **33.13** *Territorio de Benjamín:* Véase Jos 18.11 n.

l **33.14-16** Estos vv. son un paralelo en prosa de Jer 23.5-6. *El Señor es nuestra victoria.* Aquí se aplica a Jerusalén el título que antes se le había dado al descendiente de David. Véase Jer 23.6 n.

m **33.17** Cf. 1 R 2.4; 8.25; 9.5.

n **33.18** En las promesas relativas al futuro del pueblo de Dios se menciona a los *sacerdotes* descendientes de *Leví* junto con la dinastía de David. Cf. 2 S 7.12-16; 1 R 2.4; 1 Cr 17.11-14.

ñ **33.18** *Holocaustos... ofrendas de cereales:* Cf. Lv 1—2.

o **33.20** *Alianza... con el día y con la noche:* El término *alianza* se emplea aquí en sentido metafórico, para indicar la constancia y estabilidad del orden impuesto por Dios al mundo de la naturaleza. Cf. Gn 9.8-17.

p **33.21** *Mi alianza con mi siervo David:* Cf. 2 S 7.16.

q **33.21** *Mi alianza... descendientes de Leví:* Cf. Nm 25.12-13; Neh 13.29; Mal 2.4-9.

r **33.24** Estas *dos familias* son probablemente los dos antiguos reinos, el de Israel y el de Judá, y no la familia de David y la de los levitas.

eso miran con desprecio a mi pueblo, y ya ni lo consideran una nación! ²⁵ Pues yo, el Señor, digo: Yo, que he hecho una alianza con el día y con la noche, y que he fijado las leyes que gobiernan el cielo y la tierra, ²⁶ jamás rechazaré a los descendientes de Jacob y de David mi siervo, ni dejaré de sacar de entre ellos a quienes gobiernen a los descendientes de Abraham, Isaac y Jacob. Porque yo tendré compasión de ellos y haré que cambie su suerte."

34 Mensaje al rey Sedequías ᵃ

¹ Cuando Nabucodonosor, rey de Babilonia, con todo su ejército formado por gente de todas las naciones de la tierra sometidas a él, estaba atacando Jerusalén ᵇ y todas las ciudades vecinas, el Señor se dirigió a Jeremías, y le dijo: ² "Yo, el Señor, el Dios de Israel, te ordeno que vayas a decirle a Sedequías, rey de Judá: 'Así dice el Señor: Voy a hacer que el rey de Babilonia se apodere de esta ciudad y le prenda fuego. ³ Tú no podrás escapar de caer en sus manos; te capturarán y te entregarán a él, y después de que te hayan llevado ante su presencia, serás llevado a Babilonia. ᶜ ⁴ Con todo, escucha, Sedequías, rey de Judá, lo que yo, el Señor, te voy a decir: No morirás a filo de espada. ᵈ ⁵ Morirás en paz, y quemarán perfumes en tus funerales, como los quemaron en los funerales de tus antepasados que reinaron antes de ti, y dirán: ¡Ay, señor!, haciendo lamentación por ti. Yo, el Señor, lo afirmo y doy mi palabra.' " ᵉ

⁶ El profeta Jeremías repitió todo esto al rey Sedequías en Jerusalén. ⁷ Entre tanto, el ejército del rey de Babilonia estaba atacando Jerusalén, Laquis y Azecá, ᶠ las únicas ciudades fortificadas de Judá que aún quedaban.

Violación de la alianza de libertar a los esclavos hebreos

⁸ El Señor se dirigió a Jeremías, después que el rey Sedequías hizo un pacto ᵍ con todos los habitantes de Jerusalén para dejar libres a los esclavos. ⁹ El pacto establecía que los que tuvieran esclavos o esclavas hebreos los dejaran en libertad, para que nadie tuviera como esclavo a un compatriota judío. ¹⁰ Todos los jefes y todo el pueblo aceptaron los términos del pacto, y dejaron libres a sus esclavos y no los obligaron más a servirles. ¹¹ Pero después se arrepintieron de haberles dado libertad, y los obligaron a volver y a servirles de nuevo como esclavos.

¹² Entonces el Señor se dirigió a Jeremías, y le dijo: ¹³ "Yo, el Señor, el Dios de Israel, hice una alianza con los antepasados de ustedes cuando los saqué de Egipto, donde servían como esclavos. ʰ Les ordené ¹⁴ que cada siete años dejaran libre a cualquier hebreo que se hubiera vendido a ellos y que les hubiera servido durante seis años. ⁱ Pero sus antepasados no me hicieron caso ni me obedecieron. ¹⁵ Ahora ustedes habían cambiado de conducta, y habían hecho lo que a mí me agrada, al dejar en libertad a sus compatriotas esclavos. Y se comprometieron con una alianza hecha en mi presencia, en el templo que está dedicado a mí. ¹⁶ Pero después cambiaron de parecer y, profanando mi nombre, obligaron a los esclavos que habían dejado en libertad a volver y servirles de nuevo como esclavos. ¹⁷ Así pues, yo, el Señor, digo: Ustedes no me obedecieron, puesto que no dejaron en libertad a sus compatriotas esclavos; por lo tanto, ahora yo voy a dejar en libertad a la guerra, la peste y el hambre, para que hagan con ustedes algo que cause horror a todos los reinos de la tierra. Yo, el Señor, lo afirmo. ¹⁸⁻¹⁹ Los jefes de Judá y de Jerusalén, junto con los criados del palacio, los sacerdotes y todos los demás ciudadanos hicieron una alianza en mi presencia: partieron en dos un becerro y pasaron por entre las dos partes. ʲ Pero luego violaron la alianza y faltaron a su compromiso. ²⁰ Por lo tanto, haré que ellos caigan en poder de sus enemigos mortales, y que sus cadáveres sirvan de comida a las aves de rapiña y a las fieras. ²¹ También haré que Sedequías, rey de Judá, y sus oficiales caigan en poder de sus enemigos mortales, en poder del ejército del rey de Babilonia, que ahora ha dejado de atacarles. ᵏ ²² Voy a ordenarles que vuelvan contra esta ciudad y que la ataquen, que la tomen y le prendan fuego. Y haré que las demás ciudades de Judá queden desiertas y sin ningún habitante. Yo, el Señor, lo afirmo."

35 Jeremías y los recabitas ᵃ

¹ En el tiempo en que Joaquim, hijo de Josías, era rey de Judá, ᵇ el Señor se dirigió a mí, y me dijo: ² "Ve a la comunidad de los recabitas ᶜ y habla con ellos. Llévalos luego a uno de los cuartos

---

ᵃ **34.1-22** Este cap. consta de dos partes. En la primera (vv. 1-8), Jeremías anuncia la caída de Jerusalén, pero le promete al rey Sedequías que va a morir en paz después de haber visto cara a cara al rey de Babilonia; la segunda (vv. 9-22) contiene un oráculo profético contra el rey y los habitantes de Jerusalén, que en el momento del peligro dejaron en libertad a sus esclavos y luego, cuando la crisis parecía superada, los sometieron nuevamente a esclavitud.

ᵇ **34.1** 2 R 25.1-11; 2 Cr 36.17-21; Jer 39.1-10.

ᶜ **34.3** Cf. Jer 39.7; 52.9-11.

ᵈ **34.4** *No morirás a filo de espada:* Aunque le arrancaron los ojos y lo llevaron prisionero, Sedequías murió en Babilonia de muerte natural.

ᵉ **34.5** Compárese este anuncio profético con el de Jer 22.18-19.

ᶠ **34.7** *Laquis y Azecá:* Véanse Jos 10.3 n.; 10.10 nota *g*.

ᵍ **34.8** Este *pacto* se realizó en el templo del Señor (cf. v. 15). Por tanto, cabe pensar en una ceremonia de renovación de la alianza del Sinaí, similar a la llevada a cabo por el rey Josías en el año 622 a.C. (2 R 23.1-3). En esta ceremonia solemne, el rey Sedequías y el pueblo en general se comprometieron una vez más a servir al Señor y a obedecer sus leyes (cf. Ex 24.7), una de las cuales era la que obligaba a liberar a los esclavos al cabo de siete años (cf. Ex 21.2-6; Dt 15.12-18; Jer 34.15,17]).

ʰ **34.13** Cf. Ex 19.5; Dt 5.2.

ⁱ **34.13-14** Ex 21.2; Dt 15.12.

ʲ **34.18-19** La renovación del pacto o *alianza* se llevó a cabo con un rito similar al descrito en Gn 15.9-10,17-18: los que sellaban la *alianza* pasaban en medio de un animal dividido en dos *partes* y reclamaban para sí la misma suerte de la víctima, en caso de faltar al compromiso contraído solemnemente. Véase Gn 15.9 n.

ᵏ **34.21** *Ha dejado de atacarles:* Esta expresión se refiere probablemente a un avance del ejército egipcio (588 a.C.), que obligó a las tropas de Nabucodonosor a levantar el asedio de Jerusalén por un breve tiempo. Cf. Jer 37.5-8.

ᵃ **35.1-19** El siguiente relato contrasta la lealtad y obediencia de los recabitas a las órdenes recibidas de su antepasado con la infidelidad de Israel a la ley del Señor. El texto está redactado en estilo deuteronómico (véase Jer 7.1-15 n.).

ᵇ **35.1** Esta indicación se refiere de modo general al reinado de *Joaquim*, sin añadir ninguna precisión. Sin embargo, el v. 11 aclara que el episodio relatado tuvo lugar cuando tropas caldeas y sirias e arameas invadieron Judá, hecho al que se hace referencia en 2 R 24.1-2.

ᶜ **35.2** La *comunidad de los recabitas* había sido fundada por Jonadab, hijo de Recab, el cual había participado activamente en la

que hay en el templo, y ofréceles vino." ³Yo, Jeremías, fui a buscar a Jaazanías (hijo de otro Jeremías y nieto de Habasinías), y a sus hermanos e hijos, y a toda la comunidad de los recabitas, ᵈ ⁴y los llevé al templo, al cuarto de los hijos de Hanán, hijo de Igdalías, que era un hombre de Dios. ᵉ Este cuarto se encuentra junto al de los jefes del templo y encima del cuarto de Maaseías, hijo de Salum, ᶠ que era el guardián del umbral del templo. ᵍ ⁵Serví a los recabitas jarros y copas llenos de vino, y les dije: "Tomen un poco de vino."

⁶Ellos respondieron: "Nosotros no bebemos vino, porque Jonadab, hijo de Recab, nuestro antepasado, prohibió para siempre que nosotros y nuestros descendientes bebiéramos vino. ⁷También nos prohibió hacer casas, sembrar campos y plantar o tener viñedos. Nos mandó que habitáramos siempre en tiendas de campaña, para vivir mucho tiempo en esta tierra donde andamos como extranjeros. ⁸Nosotros hemos obedecido todas las órdenes de nuestro antepasado Jonadab, y nunca bebemos vino, ni nosotros ni nuestras mujeres ni nuestros hijos, ⁹ni construimos casas para vivir, ni tenemos viñedos ni terrenos sembrados. ¹⁰Vivimos en tiendas de campaña y cumplimos todo lo que nuestro antepasado Jonadab nos ordenó. ¹¹Pero cuando Nabucodonosor, rey de Babilonia, invadió este país, decidimos venir a Jerusalén para huir de los ejércitos caldeos y sirios; por eso estamos viviendo en Jerusalén." ʰ

¹²Entonces el Señor se dirigió a Jeremías, y le dijo: ¹³"Yo, el Señor todopoderoso y Dios de Israel, te ordeno que vayas y digas a la gente de Judá y de Jerusalén: 'Aprendan la lección y obedezcan mis órdenes. Yo, el Señor, lo digo. ¹⁴Los descendientes de Jonadab, hijo de Recab, han cumplido la orden que él les dio de no beber vino, y hasta el día de hoy no lo beben porque han obedecido la orden de su antepasado. Yo también les he dado a ustedes órdenes una y otra vez, pero no me han obedecido. ¹⁵Les he enviado, uno tras otro, a todos mis siervos los profetas, ⁱ para decirles: Dejen su mala conducta y sus malas acciones. No se vayan tras otros dioses ni les rindan culto, y así podrán seguir viviendo en la tierra que les he dado a ustedes y a sus antepasados. Pero ustedes no quisieron hacerme caso ni me han obedecido.ʲ ¹⁶Los descendientes de Jonadab, hijo de Recab, ᵏ han cumplido la orden que su antepasado les dio; en cambio, el pueblo de Israel no me ha obedecido. ¹⁷Por eso yo, el Señor todopoderoso y Dios de Israel, digo: Voy a hacer que caigan sobre Judá y sobre los habitantes de Jerusalén todas las calamidades que les he anunciado. Porque yo les he hablado, y ustedes no me han hecho caso; los he llamado, y ustedes no me han respondido.'

¹⁸Además, Jeremías dijo a los recabitas: "El Señor todopoderoso y Dios de Israel dice: 'Ya que ustedes han obedecido las órdenes de su antepasado Jonadab, y han observado sus instrucciones y cumplido todo lo que él les ordenó, ¹⁹yo, el Señor todopoderoso y Dios de Israel, les aseguro que nunca faltará un descendiente de Jonadab que esté siempre a mi servicio.' " ˡ

36 Baruc lee el rollo en el templo ᵃ

¹El año cuarto del gobierno de Joaquim, ᵇ hijo de Josías, rey de Judá, el Señor se dirigió a Jeremías, y le dijo: ²"Toma un rollo de escribir, y escribe en él todo lo que te he dicho acerca de Israel, de Judá y de las demás naciones, desde que comencé a hablarte en tiempos de Josías hasta ahora. ᶜ ³Quizá cuando los de Judá sepan de todas las calamidades que pienso enviarles, dejarán su mala conducta y yo les perdonaré sus maldades y pecados."

⁴Jeremías llamó a Baruc, hijo de Nerías, ᵈ y le dictó todo lo que el Señor le había dicho, y Baruc lo escribió en un rollo. ᵉ ⁵Luego Jeremías dio a Baruc las siguientes instrucciones: "Mira, la situación en que me encuentro me impide ir al templo del Señor. ᶠ ⁶Por lo tanto, ve tú el próximo día de

---

rebelión de Jehú contra la familia de Ahab y en la consiguiente eliminación de todas las prácticas vinculadas con el culto a Baal (cf. 2 R 10.15-17). Los recabitas se mantenían fieles al estilo de vida nómada (cf. vv. 6-10), porque consideraban que la vida sedentaria y la práctica de la agricultura eran costumbres propias de los cananeos, incompatibles con la religión de Israel.

ᵈ **35.3** Según 1 Cr 2.55, *los recabitas* (Bet-recab) eran una rama de los quenitas, un clan seminómada que había entrado en contacto con los israelitas en el desierto, después de la salida de Egipto (cf. Jue 1.16; 4.11; 1 S 15.6; 30.29).

ᵉ **35.4** *Un hombre de Dios:* es decir, un profeta, que probablemente prestaba servicios en el culto del templo.

ᶠ **35.4** Todas las personas mencionadas en este cap. son desconocidas, salvo *Maaseías, hijo de Salum,* que tal vez era el padre del sacerdote Sofonías (cf. Jer 21.1; 29.25; 37.3; 52.24).

ᵍ **35.4** *Guardián del umbral del templo:* A este oficio se hace referencia en 2 R 12.9(10); 25.18; Jer 52.24.

ʰ **35.11** La presencia de los recabitas en la ciudad estaba en contradicción con su estilo de vida, pero podía justificarse por la gravedad de la situación. Véanse Jer 35.1-19 n.; 35.2 n.

ⁱ **35.15** *Les he enviado... profetas:* Jer 7.25; 25.4; 26.5; 29.19; 44.4.

ʲ **35.15** Jer 7.5-7; 26.4-6.

ᵏ **35.16** *Jonadab, hijo de Recab:* Véase Jer 35.2 n.

ˡ **35.19** *Les aseguro... a mi servicio:* Es difícil determinar el sentido preciso de esta promesa. De acuerdo con una tradición judía, los recabitas fueron incorporados al servicio del templo, gracias al matrimonio de sus hijas con sacerdotes levíticos.

ᵃ **36.1-26** En el siguiente relato, el profeta Jeremías desaparece de escena (cf. v. 5) para dejar lugar a la palabra de Dios, que debe ser anunciada públicamente a todos los estratos de la sociedad: el pueblo (v. 10), los funcionarios del reino (v. 15), el rey y los más altos funcionarios (v. 21). El profeta no es más que el portavoz de esa palabra (cf. 1.10).

ᵇ **36.1** La fecha corresponde a los años 605-604 a.C. Cf. 2 R 24.1; 2 Cr 36.5-7; Dn 1.1-2.

ᶜ **36.2** Cf. Jer 1.2; 25.3.

ᵈ **36.4** *Baruc, hijo de Nerías:* Véase Jer 32.12 n.

ᵉ **36.4** Muchas veces se ha tratado de reconstruir el contenido de esta primera colección de oráculos proféticos, pero las soluciones propuestas no han resultado satisfactorias. De todas maneras, este v. permite afirmar sin ninguna duda que el libro de *Jeremías* fue adquiriendo progresivamente su forma definitiva. A este núcleo original, formado probablemente por textos poéticos, se le añadieron luego otros bloques, en especial los relatos biográficos, los textos en prosa (véanse Jer 7.1-15 n.; 11.1-17 n.) y las promesas de salvación (caps. 30—31).

ᶠ **36.5** Se desconoce la naturaleza del impedimento que mantuvo a Jeremías alejado del *templo.* En general, se atribuye a la hostilidad de que era objeto por parte del rey y de los sacerdotes; sin embargo, otros textos lo muestran desplazándose con toda libertad por el templo y sus alrededores (cf. 22.1; 35.2-5). También se ha relacionado esa prohibición con el incidente relatado en Jer 20.1-6.

ayuno*g* y lee el rollo que yo te dicté y que tú escribiste, para que el pueblo y todos los habitantes de las ciudades de Judá que hayan venido acá, oigan el mensaje del Señor. ⁷ Quizá dirijan al Señor sus ruegos y dejen todos su mala conducta, porque la ira y el furor con que el Señor ha amenazado a este pueblo son terribles." ⁸ Baruc hizo todo lo que el profeta Jeremías le había ordenado: fue al templo y leyó en el rollo el mensaje del Señor.

⁹ El noveno mes del año quinto del gobierno de Joaquim, hijo de Josías, rey de Judá,*h* se dispuso que, tanto los habitantes de Jerusalén como los que habían venido de otras ciudades de Judá, ayunaran ante el Señor. ¹⁰ Baruc fue al atrio superior del templo, a la entrada de la Puerta Nueva, y desde el cuarto de Guemarías, hijo de Safán *i* el cronista, leyó a todo el pueblo el rollo donde estaban las palabras de Jeremías.

Baruc lee el rollo ante los altos funcionarios ¹¹ Micaías, hijo de Guemarías y nieto de Safán, oyó todo el mensaje del Señor que Baruc leyó en el rollo, ¹² y fue al palacio real,*j* al cuarto del cronista, donde estaban reunidos todos los altos funcionarios: Elisamá, el cronista; Delaías, hijo de Semaías; Elnatán, hijo de Acbor; *k* Guemarías, hijo de Safán; Sedequías, hijo de Hananías, y otros funcionarios. ¹³ Micaías les contó todo lo que había oído cuando Baruc leyó en el rollo delante del pueblo. ¹⁴ Los funcionarios enviaron a Jehudí, que era hijo de Netanías, nieto de Selemías y bisnieto de Cusí, a decirle a Baruc que les llevara el rollo que había leído delante del pueblo. Baruc tomó entonces el rollo y se presentó ante ellos, ¹⁵ y ellos le dijeron: *l*

—Siéntate y léenos el rollo.

Baruc se lo leyó, ¹⁶ y tan pronto como lo oyeron, llenos de miedo se volvieron unos a otros y dijeron:

—Tenemos que informar de todo esto al rey.

¹⁷ Luego dijeron a Baruc:

—Cuéntanos cómo escribiste todo esto. *m*

¹⁸ Baruc respondió:

—Jeremías personalmente me lo dictó todo, y yo lo escribí con tinta en el rollo.

¹⁹ Entonces le dijeron a Baruc:

—¡Pues tú y Jeremías vayan a esconderse, y que nadie sepa dónde están!

El rey Joaquim quema el rollo ²⁰ Los altos funcionarios dejaron el rollo en el cuarto de Elisamá, el cronista, y fueron al palacio a informar de todo esto al rey. ²¹ El rey mandó a Jehudí traer el rollo del cuarto de Elisamá, el cronista, y cuando Jehudí lo trajo, lo leyó delante del rey y de todos los altos funcionarios que lo rodeaban. ²² Como era el mes noveno, el rey se encontraba en su cuarto de invierno, ante un brasero encendido. ²³ En cuanto Jehudí terminaba de leer tres o cuatro columnas, el rey las cortaba con un cuchillo y las echaba al fuego del brasero. Así lo hizo hasta quemar todo el rollo.*n* ²⁴ Ni el rey ni los altos funcionarios que oyeron toda la lectura, sintieron miedo ni dieron señales de dolor.*ñ* ²⁵ Elnatán, Delaías y Guemarías rogaron al rey que no quemara el rollo, pero él no les hizo caso, ²⁶ sino que ordenó a Jerahmeel, príncipe de sangre real, a Seraías, hijo de Azriel, y a Selemías, hijo de Abdeel, que apresaran al profeta Jeremías y a su secretario Baruc. Pero el Señor los ocultó.

Jeremías dicta otro rollo ²⁷ Después que el rey quemó el rollo con las palabras que Jeremías le había dictado a Baruc, el Señor se dirigió a Jeremías y le dijo: ²⁸ "Toma otro rollo y vuelve a escribir en él todo lo que estaba escrito en el primero, el que quemó Joaquim, rey de Judá. ²⁹ Y dile lo siguiente: 'Así dice el Señor: Tú quemaste el rollo, y reprendiste a Jeremías por haber escrito en él que el rey de Babilonia va a venir sin falta, a destruir el país y a dejarlo sin hombres ni animales. ³⁰ Pues bien, yo, el Señor, te digo a ti, Joaquim, rey de Judá, que tú no tendrás descendiente en el trono de David. *o* Tu cadáver quedará expuesto al calor del día y a las heladas de la noche, ³¹ y a ti y a tus descendientes, lo mismo que a tus funcionarios, los castigaré por sus pecados. Haré que caigan sobre ustedes y sobre los habitantes de Jerusalén y de Judá todas las calamidades que les anuncié, y a las que ustedes no hicieron caso.' "

³² Entonces Jeremías tomó otro rollo y se lo dio a Baruc, su secretario, quien escribió todo lo que Jeremías le dictó, es decir, todo lo que estaba escrito en el rollo que el rey Joaquim había quemado. Jeremías añadió además muchas otras cosas parecidas.

37
Petición de Sedequías a Jeremías *a* ¹ Nabucodonosor, rey de Babilonia, puso como rey de Judá a Sedequías, hijo de Josías, en lugar de Jeconías, hijo de Joaquim. *b* ² Pero ni Sedequías ni sus funcionarios ni el pueblo hicieron caso del mensaje que el Señor les dirigió por medio del profeta Jeremías.

---

g 36.6 Este *ayuno* incluía una ceremonia penitencial que congregaba en el templo a una gran cantidad de gente. Véase Is 58.3 n.; cf. Jl 1.14.

h 36.9 Esta fecha corresponde a noviembre-diciembre del año 604 a.C.

i 36.10 No debe confundirse a este *Guemarías* con el mencionado en Jer 29.3, que era hijo de Hilquías. *Safán:* Cf. 2 R 22.3, y véase Jer 26.24 nota *ñ*.

j 36.12 *Fue al palacio real:* Véase Jer 26.10 nota *e*.

k 36.12 *Elnatán, hijo de Acbor:* Cf. Jer 26.22.

l 36.15 *Dijeron:* según la versión griega (LXX). Heb. añade *a Baruc*.

m 36.17 *Esto:* según la versión griega (LXX). Heb. añade *¿Él te lo dictó?*

n 36.23 Algunos intérpretes creen que el *rey* Joaquim quemó el rollo para restarle eficacia a la palabra profética que anunciaba la próxima caída de Judá en poder de Babilonia (cf. v. 29). Otros interpretan su gesto como una simple expresión de desprecio, o como una manera simbólica de hacer ver quién era el que mandaba en su reino.

ñ 36.24 Compárese este v. con 2 R 22.10-13, donde se pone de manifiesto cuál debe ser la actitud que corresponde asumir cuando se habla de la palabra de Dios.

o 36.30 *Tú no tendrás descendiente en el trono de David:* En realidad, su hijo le sucedió en el trono, pero su reinado duró apenas tres meses (2 R 24.8-17). Cf. Jer 22.18-19.

a 37.1—45.5 Los caps 37—45 se refieren a los últimos años del reinado de Judá, desde el reinado de Sedequías hasta la huida a Egipto del "resto" que sobrevivió a la catástrofe del año 586 a.C. Los episodios aquí relatados completan la información proporcionada por 2 R 24.18—25.26.

b 37.1 Cf. 2 R 24.17; 2 Cr 36.10.

³ El rey Sedequías envió a Jucal, hijo de Selemías, ᶜ y al sacerdote Sofonías, hijo de Maaseías, ᵈ a ver al profeta Jeremías y decirle: "Ora por nosotros al Señor nuestro Dios." ᵉ ⁴ A Jeremías todavía no lo habían apresado, así que podía moverse libremente entre el pueblo. ⁵ Mientras tanto, el ejército del faraón había salido de Egipto. Cuando los caldeos que estaban atacando Jerusalén lo supieron, se retiraron de allí. ᶠ

⁶ Entonces el Señor se dirigió al profeta Jeremías, y le ordenó decir ⁷ de parte suya a los enviados: "Digan al rey de Judá, que los envió a consultarme, que el ejército del faraón, que se había puesto en camino para ayudarlos, ha regresado a Egipto. ⁸ Los caldeos volverán para atacar la ciudad de Jerusalén, y la tomarán y le prenderán fuego. ⁹ Yo, el Señor, les advierto: No se hagan ilusiones ni crean que los caldeos se van a retirar, porque no será así. ¹⁰ Aun cuando ustedes derrotaran a todo el ejército caldeo que los está atacando, y no le quedaran más que unos cuantos hombres heridos en el campamento, esos hombres se levantarían y le prenderían fuego a la ciudad."

Encarcelamiento de Jeremías ¹¹ Cuando el ejército de los caldeos se estaba retirando de Jerusalén, porque supieron que venía el ejército del faraón, ¹² Jeremías salió de la ciudad para dirigirse al territorio de Benjamín y ocuparse de la repartición de una herencia ᵍ entre los de su tierra. ¹³ Pero cuando llegó a la Puerta de Benjamín, ʰ un hombre llamado Irías, hijo de Selemías y nieto de Hananías, que era jefe de la guardia, detuvo a Jeremías y le dijo:

—¡Tú te vas a pasar a los caldeos!

¹⁴ Jeremías respondió:

—¡No es verdad, no me voy a pasar a los caldeos!

Pero Irías no lo escuchó, sino que lo arrestó y lo llevó ante los funcionarios. ¹⁵ Estos se pusieron furiosos con Jeremías, y mandaron que lo golpearan y lo encarcelaran en la casa de Jonatán, el cronista, ⁱ la cual habían convertido en cárcel. ¹⁶ Jeremías fue a parar al calabozo del sótano, ʲ donde estuvo mucho tiempo.

¹⁷ El rey Sedequías ordenó que llevaran a Jeremías al palacio, y cuando Jeremías fue llevado ante el rey, este le preguntó en secreto: ᵏ

—¿Hay algún mensaje del Señor?

Jeremías respondió:

—Sí, y es el siguiente: que Su Majestad va a caer en poder del rey de Babilonia.

¹⁸ A su vez, Jeremías le preguntó al rey Sedequías:

—¿Qué crimen he cometido contra Su Majestad, o contra sus funcionarios, o contra el pueblo, para que me hayan metido en la cárcel? ¹⁹ ¿Dónde están esos profetas que aseguraban que el rey de Babilonia no los atacaría, ni a ustedes ni al país? ²⁰ Escuche ahora Su Majestad, y concédame esta petición que le voy a hacer: No permita que me lleven otra vez a la casa de Jonatán, el cronista, no sea que yo muera allá.

²¹ Entonces el rey Sedequías ordenó que Jeremías quedara preso en el patio de la guardia y que cada día le llevaran un pan de la calle de los Panaderos, ˡ Y esto se hizo así mientras hubo pan en la ciudad. De esta manera, Jeremías se quedó en el patio de la guardia.

38 Echan a Jeremías en una cisterna seca ᵃ

¹ Sefatías, hijo de Matán, Guedalías, hijo de Pashur, Jucal, hijo de Selemías, ᵇ y Pashur, hijo de Malquías, ᶜ oyeron a Jeremías pronunciar ante el pueblo las siguientes palabras: ² "El Señor dice: 'El que se quede en la ciudad morirá en la guerra o de hambre o de peste.' ᵈ En cambio, el que salga y se entregue a los caldeos, podrá al menos salvar su vida.' ᵉ ³ El Señor dice: 'Esta ciudad va a caer en poder del ejército del rey de Babilonia. Él la tomará, y nadie podrá evitarlo.' "

⁴ Entonces los funcionarios dijeron al rey:

—Hay que matar a este hombre, pues con sus palabras desmoraliza a los soldados que aún quedan en la ciudad, y a toda la gente. Este hombre no busca el bien del pueblo, sino su mal.

⁵ El rey Sedequías les respondió:

—Está bien, hagan con él lo que quieran. Yo nada puedo contra ustedes. ᶠ

ᶜ **37.3** *Jucal, hijo de Selemías:* Cf. Jer 38.1.
ᵈ **37.3** *Sofonías, hijo de Maaseías:* Jer 21.1-2; 29.24-32.
ᵉ **37.3** Véase Jer 21.1-2 nota *b*.
ᶠ **37.5** La salida del *ejército* egipcio fue ordenada por el *faraón* Hofra (588-569 a.C.) y tenía como finalidad ayudar a Sedequías en su lucha contra Babilonia (posiblemente en el año 588 a.C.). Esta incursión obligó a los babilonios a levantar momentáneamente el asedio de Jerusalén. Cf. Jer 34.21.
ᵍ **37.12** *Y ocuparse de la repartición de una herencia:* traducción probable. Otra posible traducción: *y recibir allí una herencia*. El texto hebreo no permite saber con certeza si este pasaje se refiere a la compra del terreno relatada en Jer 32.1-15.
ʰ **37.13** La *Puerta de Benjamín* (cf. Jer 38.7) se encontraba probablemente en el lado norte del muro de Jerusalén y conducía al territorio ocupado por la tribu de Benjamín (cf. Jer 38.7). No debe confundirse con la puerta del mismo nombre en el edificio del templo (cf. Jer 20.2).
ⁱ **37.15** *Jonatán, el cronista:* Cf. Jer 37.20; 38.26.
ʲ **37.16** *Al calabozo del sótano:* lit. *a la casa del pozo* (o *de la cisterna*) *y a las bóvedas.* El significado preciso de la expresión no es del todo claro, pero lo cierto es que Jeremías fue encerrado en una celda subterránea, donde las posibilidades de sobrevivir eran escasas. Cf. Jer 38.6.
ᵏ **37.17** Esta consulta *en secreto* indica que el *rey* temía a los funcionarios del reino que consideraban a *Jeremías* como un traidor (cf. Jer 38.4). Pero, por otra parte, pone de manifiesto la ansiedad de Sedequías por la gravedad de la situación y muestra que él reconocía a Jeremías como verdadero profeta. Cf. Jer 21.1-2; 37.3.
ˡ **37.21** *La calle de los Panaderos:* Este nombre indica que en la antigua Jerusalén las personas dedicadas a un mismo oficio se agrupaban en el mismo sector de la ciudad.
ᵃ **38.1-28** Este cap. contiene un segundo relato del encarcelamiento de Jeremías (vv. 1-13) y de la entrevista que el profeta mantuvo con el rey Sedequías (vv. 14-26). En su respuesta a la pregunta del rey, Jeremías reafirma una vez más su posición: para salvar a la nación del desastre es necesario deponer las armas ante el ejército de Babilonia (cf. vv. 17-18).
ᵇ **38.1** *Jucal, hijo de Selemías:* Cf. Jer 37.3.
ᶜ **38.1** *Pashur, hijo de Malquías:* Véase Jer 21.1-2 nota *c*.
ᵈ **38.2** *Guerra, hambre y peste:* Véanse las referencias en Jer 14.12 n.
ᵉ **38.2** *Al menos salvar su vida:* Véase Jer 21.8-10 n.
ᶠ **38.5** *Yo nada puedo contra ustedes:* Esta frase refleja el estado de anarquía que reinaba en Jerusalén antes de la caída de la ciudad en poder del rey de Babilonia (cf. Jer 39.1-10).

6 Entonces ellos se apoderaron de Jeremías y lo echaron en la cisterna del príncipe Malquías, que se encontraba en el patio de la guardia. Lo bajaron con sogas, y como en la cisterna no había agua, sino lodo, Jeremías se hundió en él.

7 Un etíope llamado Ébed-mélec, que era hombre de confianza en el palacio real,[g] oyó decir que habían echado a Jeremías en la cisterna. Por aquel tiempo, el rey estaba en una sesión en la Puerta de Benjamín.[h] **8** Entonces Ébed-mélec salió del palacio real y fue a decirle al rey:

9 —Majestad, lo que esos hombres han hecho con Jeremías es un crimen. Lo han echado en una cisterna, y ahí se está muriendo de hambre, porque ya no hay pan en la ciudad.

10 En seguida el rey ordenó a Ébed-mélec que se llevara con él a treinta hombres[i] para sacar a Jeremías de la cisterna, antes que muriera. **11** Ébed-mélec se llevó a los hombres, fue al depósito de ropa[j] del palacio y tomó de allí unos trapos viejos, se los bajó con sogas a Jeremías en la cisterna, **12** y le dijo:

—Ponte esos trapos bajo los brazos, para que las sogas no te lastimen.

Jeremías lo hizo así. **13** Entonces los hombres tiraron de las sogas y lo sacaron de allí. Después de esto, Jeremías se quedó en el patio de la guardia.

Sedequías manda llamar a Jeremías

14 El rey Sedequías mandó que llevaran ante él al profeta Jeremías, a la tercera entrada del templo.[k] Allí el rey le dijo:

—Voy a hacerte una pregunta, y quiero que me contestes con toda franqueza.

15 Jeremías le respondió:

—Si contesto a la pregunta, Su Majestad me mandará matar; y si le doy algún consejo, no me hará caso.

16 Pero en secreto el rey Sedequías le hizo este juramento a Jeremías:

—Te juro por el Señor, que nos dio la vida, que no te mandaré matar ni te entregaré en manos de los que quieren matarte.

17 Jeremías dijo entonces a Sedequías:

—El Señor todopoderoso, el Dios de Israel, dice: 'Si te entregas de una vez a los generales del rey de Babilonia, tú y tu familia salvarán la vida, y esta ciudad no será incendiada. **18** Pero si no te entregas a ellos, los caldeos se apoderarán de la ciudad y le prenderán fuego, y tú no podrás escapar.'

19 Sedequías respondió:

—Tengo miedo de los judíos que se han pasado a los caldeos;[l] si caigo en manos de ellos, me torturarán.[m]

20 Jeremías contestó:

—Pero Su Majestad no caerá en manos de ellos. Obedezca Su Majestad, por favor, a la voz del Señor, que yo le he comunicado, y le irá bien y salvará la vida. **21** El Señor me ha hecho ver[n] lo que pasará, si Su Majestad se empeña en no rendirse: **22** todas las mujeres que queden en el palacio del rey de Judá serán sacadas y entregadas a los generales del rey de Babilonia, y ellas mismas dirán:

> 'Los mejores amigos del rey
> lo engañaron y lo vencieron;
> dejaron que sus pies se hundieran en el lodo
> y le dieron la espalda.'

23 Y Jeremías continuó diciendo al rey:

—Todas las mujeres y los hijos de Su Majestad serán entregados a los caldeos, y Su Majestad no escapará de ellos, sino que será entregado al rey de Babilonia, y prenderán fuego a la ciudad.

24 Entonces Sedequías respondió a Jeremías:

—Si en algo aprecias tu vida, no hables de esto con nadie. **25** Si los funcionarios llegan a saber que he estado hablando contigo, vendrán y te preguntarán qué me dijiste tú, y qué te dije yo, y con la promesa de salvarte la vida, te pedirán que les cuentes todo. **26** Pero tú respóndeles que solo me estabas suplicando que no te mandara de nuevo a la casa de Jonatán, para no morir allí.

27 En efecto, todos los funcionarios fueron a ver a Jeremías y le hicieron preguntas, pero él les respondió exactamente lo que el rey le había ordenado. Entonces lo dejaron en paz, porque nadie había oído la conversación. **28** Y Jeremías se quedó en el patio de la guardia hasta el día en que Jerusalén fue tomada.[ñ]

39 Caída de Jerusalén[a] *(2 R 24.20—25.21; 2 Cr 36.17-21; Jer 52.3-30)*

1 En el mes décimo del año noveno[b] del reinado de Sedequías en Judá, Nabucodonosor, rey de Babilonia, marchó con todo su ejército contra Jerusalén, y la sitió. **2** El día nueve del mes cuarto del año once[c] del gobierno de Sedequías, el ejército enemigo entró en la

---

[g] **38.7** *Hombre de confianza en el palacio real:* lit. *eunuco de la casa del rey* (véase Jer 29.1-2 nota *b*). El nombre *Ébed-mélec* significa *siervo del rey.*

[h] **38.7** *En una sesión en la Puerta de Benjamín:* Como los pleitos y casos legales se resolvían habitualmente en la puerta de la ciudad (cf. 2 S 15.2-4), el *rey* podía estar presidiendo una sesión del tribunal; o quizá, más simplemente, observaba y discutía los preparativos para la defensa de la ciudad (véase Is 7.3 nota *e*).

[i] **38.10** *Treinta hombres:* según la mayoría de los mss. hebreos; uno de estos, sin embargo, dice *tres* en lugar de *treinta,* cifra que parece mucho más verosímil.

[j] **38.11** *Depósito de ropa:* texto probable (cf. 2 R 10.22). Heb. *debajo del tesoro.*

[k] **38.14** *Tercera entrada del templo:* Nada se sabe concretamente acerca de la localización de esta *entrada.* Tal vez era una puerta para uso exclusivo del rey.

[l] **38.19** Cf. Jer 39.9; 52.15, donde también se hace referencia a algunos judíos que se habían pasado a los caldeos antes y durante la caída de Jerusalén. En Jer 37.13 aun el profeta es denunciado como desertor.

[m] **38.19** Cf. Jer 39.

[n] **38.21** *Me ha hecho ver:* Cf. Am 7.1,4,7; 8.1.

[ñ] **38.28** Ez 33.21.

[a] **39.1-10** Este relato de la caída de Jerusalén coincide casi literalmente con 2 R 25.1-12; Jer 52.4-16. Sin embargo, su posición en este lugar es particularmente apropiada, ya que reivindica a Jeremías como verdadero profeta. El pueblo que no quiso escuchar la palabra de Dios (caps. 26—36) y que trató de eliminar al profeta que la anunciaba (caps. 37—38) ha caído ahora bajo el juicio de Dios, experimentando así el cumplimiento de esa palabra.

[b] **39.1** *Mes décimo del año noveno:* diciembre, 589 a.C.

[c] **39.2** *Mes cuarto del año once:* junio, 587 a.C.

ciudad, ³ y todos los oficiales *ᵈ* del rey de Babilonia entraron y se instalaron en la puerta central. *ᵉ* Eran Nergal-sarézer, *ᶠ* Samgar-nebó, Sarsequim, alto funcionario de la corte, y otro Nergal-sarézer, también alto funcionario. *ᵍ*
⁴ Cuando el rey Sedequías y sus soldados vieron lo que pasaba, huyeron de la ciudad. Salieron de noche por el camino de los jardines reales, por la puerta situada entre las dos murallas, y tomaron el camino del valle del Jordán. *ʰ* ⁵⁻⁶ Pero los soldados caldeos los persiguieron, y alcanzaron a Sedequías en la llanura de Jericó. *ⁱ* Lo capturaron y lo llevaron ante el rey Nabucodonosor, que estaba en Riblá, *ʲ* en el territorio de Hamat. *ᵏ* Allí Nabucodonosor dictó sentencia: hizo degollar a los hijos de Sedequías en presencia de este, y también a todos los nobles de Judá. ⁷ En cuanto a Sedequías, mandó que le sacaran los ojos y que lo encadenaran para llevarlo a Babilonia.
⁸ Los caldeos prendieron fuego al palacio real y a las casas de la ciudad, y derribaron las murallas de Jerusalén. ⁹ Por último, Nebuzaradán, comandante de la guardia real, llevó desterrados a Babilonia tanto a los habitantes de la ciudad que aún quedaban como a los que se habían pasado a los caldeos; en fin, a todo el pueblo. ¹⁰ Solo dejó en el territorio de Judá a algunos de los más pobres, de los que no tenían nada, y ese día les dio viñedos y campos de cultivo.

Jeremías es puesto en libertad

¹¹ El rey Nabucodonosor de Babilonia dio a Nebuzaradán, comandante de la guardia, las siguientes órdenes respecto de Jeremías: ¹² "Tómalo bajo tu cuidado, y no lo trates mal, sino dale todo lo que te pida." ¹³ Entonces Nebuzaradán, junto con Nebusazbán y Nergal-sarézer, dos altos funcionarios de la corte, y todos los demás oficiales del rey de Babilonia, ¹⁴ mandaron sacar a Jeremías del patio de la guardia y lo pusieron bajo el cuidado de Guedalías, hijo de Ahicam *ˡ* y nieto de Safán, para que lo llevaran a su casa. *ᵐ* Así pues, Jeremías se quedó a vivir entre el pueblo.

Promesas a Ébed-mélec

¹⁵ Cuando Jeremías estaba todavía preso en el patio de la guardia, *ⁿ* el Señor se dirigió a él, y le dijo: ¹⁶ "Ve y dile a Ébed-mélec, el etíope: *ñ* 'El Señor todopoderoso, el Dios de Israel, dice: Voy a cumplir lo que le he anunciado a esta ciudad, para su mal y no para su bien. Cuando esto suceda, tú estarás presente. ¹⁷ Pero yo te protegeré, para que no caigas en poder de esa gente a la que temes. Yo, el Señor, lo afirmo. ¹⁸ Yo te libraré de que te maten. Podrás escapar con vida, *ᵒ* porque confiaste en mí. Yo, el Señor, lo afirmo.' "

40 Jeremías se queda con Guedalías *ᵃ*

¹ El Señor se dirigió a Jeremías, después que Nebuzaradán, comandante de la guardia, dejó libre a Jeremías en Ramá. *ᵇ* Nebuzaradán lo había encontrado preso y encadenado entre la gente de Jerusalén y de Judá que era llevada al destierro a Babilonia.

² El comandante de la guardia llevó aparte a Jeremías, y le dijo: "El Señor tu Dios amenazó con enviar esta desgracia a esta tierra, ³ y ahora ha cumplido su amenaza. Esto les ha pasado a ustedes porque pecaron contra el Señor y no lo obedecieron. ⁴ Mira, ahora mismo te quito las cadenas con que estás atado. Si quieres venir conmigo a Babilonia, ven; yo te cuidaré. Pero si no quieres venir, quédate. Tienes todo el país a tu disposición: ve a donde mejor te parezca. ⁵ Si prefieres regresar, *ᶜ* vuélvete a Guedalías, hijo de Ahicam y nieto de Safán, a quien el rey de Babilonia ha nombrado gobernador de las ciudades de Judá, y vive con él y con tu pueblo. Ve a donde te parezca mejor." Luego el comandante dio a Jeremías un regalo y provisiones, y lo despidió. ⁶ Jeremías se fue con Guedalías a Mispá, *ᵈ* y vivió con él y con la gente que había quedado en el país.

Conspiración contra Guedalías (2 R 25.23-24)

⁷ Cuando los comandantes y los soldados de las tropas judías que aún estaban en los campos se enteraron de que el rey de Babilonia había nombrado gobernador del país a Guedalías, hijo de Ahicam, y que había puesto bajo su cuidado a los hombres, mujeres y niños de la gente más pobre del país, los cuales no habían sido deportados a Babilonia, *ᵉ*

ᵈ **39.3** Estos *oficiales* actúan como si fueran a constituir una corte judicial o un gobierno militar provisorio. Cf. Jer 40.7.

ᵉ **39.3** *Puerta central:* Se desconoce la ubicación de esta *puerta.* Algunos la identifican con la puerta oriental del atrio interior del templo (cf. Ez 40.32-34).

ᶠ **39.3** Los nombres y los títulos de estos oficiales no están claros en el texto hebreo. Otra lectura posible: *Nergal-sarézer de Simagir, Nebo-sarsequim, el eunuco principal, Nergal-sarézer, el comandante de las tropas, y todos los otros oficiales del rey de Babilonia.* Simagir era el nombre de un distrito de Babilonia, del cual Nergal-sarézer parece haber sido gobernador.

ᵍ **39.3** Este v. no figura en los relatos paralelos de Jer 52 y 2 R 25.

ʰ **39.4** *Del valle del Jordán:* lit. *en dirección al Arabá.* Véase Dt 1.1 n.

ⁱ **39.5-6** *Jericó:* ciudad al oeste del Jordán, cerca de la desembocadura de este río en el Mar Muerto. Véase Jos 2.1 nota *b.*

ʲ **39.5-6** *Riblá:* localidad situada en el territorio de Siria, cerca de la frontera con el Líbano.

ᵏ **39.5-6** *El territorio de Hamat:* en Siria, sobre el río Orontes. Véase *Índice de mapas.*

ˡ **39.14** *Ahicam:* Véase 26.24 nota *z.*

ᵐ **39.14** *A su casa:* lit. *la casa.* La expresión se refiere probablemente a la residencia del gobernador en Mispá (cf. Jer 41.1-3).

ⁿ **39.15** Cf. Jer 38.28.

ñ **39.16** Cf. Jer 38.7-13.

ᵒ **39.18** *Podrás escapar con vida:* Véase Jer 45.5 n.

ᵃ **40.1—44.30** Los caps. 40—44 proporcionan alguna información sobre los acontecimientos posteriores a la destrucción de Jerusalén. Los principales episodios relatados son la designación de Guedalías como gobernador de Judá, su posterior asesinato, la huida de los judíos a Egipto y la actividad de Jeremías entre los refugiados en Egipto.

ᵇ **40.1** *Ramá:* Véase Jer 31.15 nota *m.* Posiblemente allí eran sometidos a examen los que iban a ser deportados a Babilonia.

ᶜ **40.5** *Si prefieres regresar:* texto probable. Heb. *y aún él no se volvía.*

ᵈ **40.6** *Mispá:* Se trata probablemente de una localidad situada a unos 13 km. al norte de Jerusalén, al noroeste de Ramá.

ᵉ **40.7** La residencia de *Guedalías* en *Mispá* se convierte en punto de reunión de la población que no había sido deportada a Babilonia (cf. vv. 11-12). Sin embargo, este comienzo promisorio va a quedar pronto frustrado por el asesinato del *gobernador* (cf. Jer 41.1-3). *La gente más pobre del país:* Cf. Jer 39.10.

⁸ fueron con su gente a Mispá, a ver a Guedalías. Entre ellos estaban: Ismael, hijo de Netanías; ᶠ Johanán y Jonatán, hijos de Caréah; Seraías, hijo de Tanhúmet; los hijos de Efai de Netofá; y Jezanías, hijo de un hombre de Maacat, y sus hombres. ⁹ Guedalías les aseguró bajo juramento: "No tengan miedo de someterse a los caldeos. Quédense a vivir en el país, sométanse al rey de Babilonia, y les irá bien. ¹⁰ Yo me quedaré en Mispá, para representarlos a ustedes ante los caldeos cuando ellos vengan aquí. Ustedes dedíquense a almacenar vino, frutas y aceite, y así podrán quedarse en las ciudades que han tomado." ¹¹ También los judíos que se encontraban en Moab, Amón, Edom ᵍ y otros países se enteraron de que el rey de Babilonia había permitido que algunos judíos se quedaran en su tierra, y que había nombrado a Guedalías como gobernador de ellos. ¹² Entonces volvieron a Judá de todos los sitios por donde se habían dispersado, y se presentaron ante Guedalías en Mispá. Y también ellos almacenaron vino y frutas en grandes cantidades.

Conspiración de Ismael contra Guedalías ¹³ Johanán, hijo de Caréah, y todos los demás comandantes de tropas que habían quedado en los campos, fueron a Mispá, a ver a Guedalías, ¹⁴ y le dijeron:

—¿No sabes que el rey Baalís de Amón ha enviado a Ismael, el hijo de Netanías, a matarte? ʰ

Pero Guedalías no les creyó. ¹⁵ Entonces Johanán le dijo en secreto a Guedalías:

—Deja que yo vaya y mate a Ismael. Nadie tiene que saber quién lo hizo. ¿Por qué vamos a dejar que él te mate a ti? Eso traería la dispersión de todos los judíos que se han reunido a tu alrededor, y sería la ruina de lo que aún queda de Judá.

¹⁶ Pero Guedalías le respondió:

—¡No lo hagas! Lo que dices de Ismael no es verdad.

41 *Asesinato de Guedalías (2 R 25.25-26)* ¹ En el séptimo mes, ᵃ Ismael, hijo de Netanías y nieto de Elisamá, miembro de la familia real, ᵇ fue a Mispá para entrevistarse con Guedalías. Iba acompañado de diez hombres. Y allí en Mispá, mientras comían juntos, ² Ismael y los diez hombres que lo acompañaban se levantaron de pronto y a filo de espada mataron a Guedalías, a quien el rey de Babilonia había nombrado gobernador de Judá. ³ Ismael mató también a todos los judíos y soldados caldeos que estaban con Guedalías en Mispá.

⁴ Al día siguiente del asesinato de Guedalías, cuando todavía nadie se había enterado de lo sucedido, ⁵ llegaron de Siquem, Siló y Samaria ᶜ ochenta hombres, los cuales traían la barba afeitada, la ropa rasgada y el cuerpo lleno de heridas ᵈ que ellos mismos se habían hecho. Traían además cereales e incienso para ofrecerlos al Señor en el templo. ⁶ Entonces Ismael salió de Mispá a su encuentro, llorando por el camino. Apenas se encontró con ellos, les dijo:

—Vengan a ver a Guedalías, hijo de Ahicam.

⁷ Pero tan pronto como llegaron al centro de la ciudad, Ismael y sus hombres los mataron y los echaron en una cisterna. ⁸ Sin embargo, diez de los hombres de ese grupo dijeron a Ismael:

—No nos mates; nosotros tenemos trigo, cebada, aceite y miel escondidos en el campo.

Entonces Ismael no los mató como a sus compañeros. ⁹ La cisterna en que Ismael echó los cadáveres de todos los hombres que había matado era la misma que el rey Asá había mandado hacer cuando se defendía del rey Baasá de Israel. ᵉ Era una cisterna muy grande, pero quedó llena con los cadáveres de la gente que Ismael mató. ¹⁰ Además, Ismael apresó a las hijas del rey y a la gente que quedaba en Mispá, a quienes Nebuzaradán, comandante de la guardia, había puesto bajo el mando de Guedalías. Ismael los apresó, y se puso en camino con intención de pasar al territorio de Amón.

¹¹ Cuando Johanán, hijo de Caréah, y los jefes militares que estaban con él se enteraron del crimen que Ismael había cometido, ¹² reunieron a toda su gente y se fueron a luchar contra él. Lo encontraron junto al gran estanque que hay en Gabaón. ᶠ ¹³ Cuando los que Ismael llevaba presos vieron a Johanán y a todos los jefes militares que lo acompañaban, se pusieron muy contentos, ¹⁴ y se volvieron y fueron a reunirse con Johanán. ¹⁵ Pero Ismael y ocho de sus hombres lograron escapar de Johanán y se fueron al país de Amón.

¹⁶ Por su parte, Johanán y los jefes militares que lo acompañaban se hicieron cargo de los soldados, las mujeres, los niños y los altos funcionarios que Ismael se había llevado presos de Mispá después de haber matado a Guedalías, y que Johanán había traído de vuelta desde Gabaón. ¹⁷ Se pusieron así en camino hasta llegar a Guerutquimam, ᵍ junto a Belén, donde hicieron un alto. Su intención era continuar hasta Egipto ¹⁸ para escapar de los caldeos, pues les tenían miedo por haber matado Ismael a Guedalías, a quien el rey de Babilonia había nombrado gobernador del país.

ᶠ **40.8** Este *Ismael* era miembro de la familia real (cf. Jer 41.1) y probablemente pretendía restaurar el reino de Judá y convertirse él mismo en rey.

ᵍ **40.11** *Moab, Amón, Edom:* Véanse Jer 9.25-26(24-25) nota ñ; 48.1-47 n.; 49.1 nota a; 49.7 nota j.

ʰ **40.14** Es probable que *Baalís*, el *rey de Amón*, haya apoyado a los enemigos de *Guedalías* porque trataba de evitar que Judá volviera a la normalidad. En medio de la anarquía, él tenía más posibilidades de adueñarse de alguna parte del territorio al este del Jordán.

ᵃ **41.1** *Séptimo mes:* heb. *Tishri*, correspondiente a septiembre-octubre.

ᵇ **41.1** *Miembro de la familia real:* según la versión griega (LXX). El texto hebreo añade *y los principales funcionarios del rey*.

ᶜ **41.5** *Siquem:* Véase Gn 12.6 n. *Siló:* Véase Jos 18.1 nota a. *Samaria:* Véase 1 R 16.16 n. Estas tres ciudades se encontraban al norte de Jerusalén, en el territorio perteneciente al antiguo reino de Israel. Véase *Índice de mapas*.

ᵈ **41.5** La *barba afeitada*, la *ropa rasgada* y las *heridas* eran señales de penitencia y de duelo. Cf. Jer 16.6.

ᵉ **41.9** *Baasá* fue rey de Israel hacia los años 909-886 a.C. Cf. 1 R 15.16-22.

ᶠ **41.12** *Gabaón:* Véase Jos 9.3 n. El *estanque* aquí mencionado fue escenario del duelo sangriento que se relata en 2 S 2.13-17.

ᵍ **41.17** *Guerut-quimam:* Probablemente se trata de un albergue en las cercanías de Belén (cf. Miq 5.2[1]; Mt 2.1,5-6; Lc 2.4), ciudad situada a unos 8 km. al sur de Jerusalén.

42 El pueblo pide a Jeremías que ore por ellos [a]

1 Todos los jefes militares, incluyendo a Johanán, hijo de Caréah, y a Azarías, [b] hijo de Hosaías, y toda la gente, chicos y grandes, se acercaron **2** al profeta Jeremías y le dijeron:

—Vamos a pedirte una cosa; no nos la niegues: Ruega al Señor tu Dios por nosotros, los pocos que quedamos. Antes éramos muchos, pero ahora quedamos solo unos pocos, como puedes ver. **3** Ruega al Señor tu Dios que nos enseñe el camino que debemos seguir y lo que debemos hacer.

4 Jeremías les respondió:

—Está bien. Voy a rogar al Señor su Dios por ustedes, como me lo han pedido, y les daré a conocer todo lo que él me responda, sin ocultarles nada.

5 Entonces ellos dijeron a Jeremías:

—Que el Señor tu Dios sea testigo fiel y verdadero en contra nuestra, si no hacemos lo que él te encargue decirnos. **6** Nos guste o nos disguste su respuesta, obedeceremos al Señor nuestro Dios, a quien te hemos pedido que recurras, para que así nos vaya bien. [c]

Respuesta del Señor a la oración de Jeremías

7 Diez días más tarde, el Señor le habló a Jeremías, **8** y este llamó a Johanán, hijo de Caréah, y a los jefes militares que lo acompañaban, y a toda la gente, desde el más chico hasta el más grande, **9** y les dijo: "El Señor, el Dios de Israel, a quien ustedes me encargaron que fuera a presentar su petición, dice: **10** 'Si ustedes están dispuestos a quedarse en esta tierra, yo los haré prosperar; no los destruiré, sino que los plantaré y no los arrancaré, pues me pesa haberles enviado esa calamidad. [d] **11** No tengan miedo del rey de Babilonia, al que tanto temen. No le tengan miedo, porque yo estoy con ustedes para salvarlos y librarlos de su poder. Yo, el Señor, lo afirmo. **12** Tendré compasión de ustedes, y haré que también él les tenga compasión y los deje volver a su tierra.'

13 "Pero si ustedes no quieren quedarse en este país, sino que desobedecen al Señor su Dios **14** y dicen: 'Preferimos ir a vivir a Egipto, donde no veremos guerra, ni oiremos el sonido de la trompeta, ni nos moriremos de hambre', **15** entonces escuchen ustedes, los que quedan de Judá, lo que les dice el Señor todopoderoso, el Dios de Israel: 'Si ustedes se empeñan en ir a vivir a Egipto, **16** la guerra y el hambre que ustedes tanto temen los alcanzará allí mismo, y allí morirán. **17** Todos los que están empeñados en irse a vivir a Egipto, morirán allá por la guerra, el hambre o la peste. Nadie quedará con vida; nadie escapará a la calamidad que les voy a enviar.'

18 "El Señor todopoderoso, el Dios de Israel, dice: 'Así como mi ira y mi furor se encendieron contra los habitantes de Jerusalén, así se encenderán también contra ustedes, si se van a Egipto. Se convertirán en ejemplo de maldición, en algo que causará terror, y no volverán a ver este lugar.' **19** A ustedes, los que aún quedan de Judá, el Señor les ordena que no vayan a Egipto. Sépanlo bien, yo se lo advierto ahora. **20** Ustedes cometen un error fatal, pues ustedes mismos me encargaron que acudiera al Señor su Dios, y me dijeron: 'Ruega al Señor nuestro Dios por nosotros, y haznos saber todo lo que él ordene, para que lo hagamos.' **21** Yo les he dado a conocer hoy lo que el Señor su Dios me encargó decirles, pero ustedes no quieren obedecer. **22** Por lo tanto, sepan bien que por causa de la guerra, el hambre y la peste, ustedes morirán en el país a donde quieren ir a vivir."

43 Se llevan a Jeremías a Egipto

1 Cuando Jeremías terminó de comunicar al pueblo todo lo que el Señor, el Dios de ellos, le había encargado decirles, **2** Azarías, hijo de Hosaías, Johanán, hijo de Caréah, y otros hombres arrogantes dijeron a Jeremías: "¡Lo que dices es mentira! El Señor nuestro Dios no te ha encargado decirnos que no vayamos a vivir en Egipto. **3** Es Baruc, hijo de Nerías, el que te ha predispuesto contra nosotros, para hacer que caigamos en poder de los caldeos y que nos maten o nos lleven desterrados a Babilonia." [a]

4 Así pues, ni Johanán ni los jefes militares ni la gente se quedaron en el territorio de Judá, desobedeciendo así la orden del Señor. **5** Por el contrario, Johanán y todos los jefes militares reunieron a la poca gente de Judá que aún quedaba y que, después de haber sido dispersada por distintos países, había vuelto a Judá para establecerse allí: **6** hombres, mujeres, niños, las hijas del rey y todas las personas que Nebuzaradán, comandante de la guardia, había dejado bajo el cuidado de Guedalías, incluyendo a Jeremías y a Baruc. [b] **7** Sin hacer caso de la orden del Señor, todos ellos se fueron a Egipto [c] y llegaron hasta la ciudad de Tafnes. [d]

8 En Tafnes, el Señor se dirigió a Jeremías y le dijo: **9** "Toma unas piedras grandes y, a la vista de la gente de Judá, entiérralas en el piso de barro de la terraza, [e] frente a la entrada del palacio real de la ciudad. [f] **10** Y diles: 'El Señor todopoderoso, Dios de Israel, dice: Voy a hacer venir a mi siervo Nabucodonosor, rey de Babilonia, y voy a poner

---

[a] **42.1-6** Jeremías, a quien no se había mencionado en los relatos de los caps. 40.7—41.18, aparece de nuevo en escena y es consultado por los jefes de la comunidad. Esta consulta marca el comienzo de la sección relativa a la última fase de su actividad profética.

[b] **42.1** *Azarías:* según la versión griega (LXX). Cf. Jer 43.2. Heb. *Jezanías.*

[c] **42.5-6** El tono enfático de esta promesa realza aún más la desobediencia posterior a la palabra de Dios transmitida por el profeta (cf. Jer 43.2).

[d] **42.10** Acerca de los verbos utilizados en este v., véase Jer 1.10 n.

[a] **43.3** *Baruc:* Véase Jer 32.12 n. Esta acusación parece indicar que Baruc no fue un simple secretario de Jeremías, sino que también ejerció una cierta influencia sobre él.

[b] **43.6** El texto no aclara si *Jeremías y Baruc* emigraron a Egipto de buen grado o fueron llevados por la fuerza. Es improbable, sin embargo, que el profeta haya desobedecido voluntariamente la orden del Señor (cf. Jer 42.7-22).

[c] **43.5-7** 2 R 25.26.

[d] **43.7** *Tafnes:* Véase Jer 2.16 nota *q.*

[e] **43.9** *Entiérralas en... la terraza:* texto probable. Heb. oscuro. Acerca de las acciones simbólicas realizadas por los profetas, véase Jer 13.1-11 n.

[f] **43.9** Este *palacio real* se utilizaba probablemente para albergar al faraón cuando visitaba la ciudad.

su trono ^{g} y su tienda real encima de estas piedras que he enterrado aquí. **11** Él vendrá y destruirá el país de Egipto. Los que están destinados a morir, morirán; los que están destinados a ir al destierro, irán al destierro; y los que están destinados a morir en la guerra, morirán en la guerra. ^{h} **12** Prenderá fuego a los templos de los dioses de Egipto, y a sus dioses les prenderá fuego ^{i} o se los llevará como si fueran prisioneros. Limpiará el país de Egipto, como un pastor que limpia de piojos su ropa, y luego se irá sin que nadie se lo impida. ^{j} **13** Destruirá los obeliscos de Heliópolis, en Egipto, ^{k} y prenderá fuego a los templos de los dioses de Egipto.' "

44 Mensaje del Señor a los judíos que fueron a Egipto ^{a}

1 Mensaje que Jeremías recibió para todos los judíos que vivían en Egipto, en las ciudades de Migdol, ^{b} Tafnes, Menfis ^{c} y la región del sur: **2** "El Señor todopoderoso, el Dios de Israel, dice: 'Ustedes han visto todas las calamidades que hice caer sobre Jerusalén y las demás ciudades de Judá. Ahora están en ruinas, y nadie vive en ellas **3** por causa de las maldades que cometieron, pues me ofendieron adorando a otros dioses ^{d} y ofreciéndoles incienso; dioses con los que ni ellos ni ustedes ni sus antepasados tenían nada que ver. **4** Una y otra vez envié a mis siervos los profetas para que les dijeran a ustedes que no hicieran esas cosas repugnantes que yo detesto. **5** Pero ustedes no me obedecieron ni me hicieron caso. En vez de dejar su maldad, siguieron ofreciendo incienso a otros dioses. **6** Entonces se encendieron mi ira y mi furor, y ardieron como un fuego en las ciudades de Judá y en las calles de Jerusalén. Quedaron en ruinas y desiertas hasta el día de hoy.

7 'Así pues, yo, el Señor todopoderoso, el Dios de Israel, digo: ¿Por qué traen sobre ustedes mismos ese mal tan grande? ¿Por qué hacen que muera toda la gente de Judá, hombres, mujeres y niños, y hasta recién nacidos, de manera que no quede nadie? **8** ¿Por qué me ofenden con sus acciones y ofrecen incienso a otros dioses aquí en Egipto, donde han venido a vivir? Con ello van a provocar su propia destrucción, y se convertirán en ejemplo de maldición y humillación entre todas las naciones de la tierra. **9** ¿Ya se han olvidado de todas las maldades que cometieron los antepasados de ustedes, y de las que cometieron los reyes de Judá y sus esposas, y de las que ustedes mismos y las esposas de ustedes cometieron en el territorio de Judá y en las calles de Jerusalén? **10** Hasta ahora ustedes no han cambiado de conducta, ni han sentido temor, ni han cumplido las instrucciones y leyes que a ustedes y a sus antepasados les di.

11 'Por eso yo, el Señor todopoderoso, el Dios de Israel, les digo: He decidido traer mal sobre ustedes y destruir a todo Judá. **12** Haré que los que quedaron de Judá y se empeñaron en irse a vivir a Egipto, sean destruidos allá por completo. Todos, desde el más chico hasta el más grande, morirán por la guerra o el hambre, y se convertirán en ejemplo de maldición y humillación, en algo que causará terror. **13** Castigaré a los que vivan en Egipto como castigué a Jerusalén, con la guerra, el hambre y la peste. **14** Nadie de ese pequeño resto de Judá que se ha ido a vivir a Egipto, podrá escapar o quedar con vida. Y aunque quieran volver a Judá para establecerse allí, no volverán, a no ser unos cuantos refugiados.' "

15 Entonces, aquellos que sabían que sus esposas ofrecían incienso a otros dioses, y las mujeres que se encontraban allí, todos los cuales formaban un grupo numeroso, más los judíos que vivían en la región sur de Egipto, ^{e} respondieron a Jeremías:

16 —No haremos caso de ese mensaje que nos has traído de parte del Señor. **17** Al contrario, seguiremos haciendo lo que habíamos decidido hacer. Seguiremos ofreciendo incienso y ofrendas de vino a la diosa Reina del Cielo, ^{f} como lo hemos hecho hasta ahora y como antes lo hicieron nuestros antepasados y nuestros reyes y jefes en las ciudades de Judá y en las calles de Jerusalén. Pues antes teníamos comida en abundancia, nos iba bien y no nos vino ninguna desgracia; **18** pero desde que dejamos de ofrecer incienso y ofrendas de vino a la Reina del Cielo, nos falta de todo, y nuestra gente muere de hambre o en la guerra.

19 Las mujeres añadieron:

—Nosotras hacíamos tortas que representaban a la Reina del Cielo, y le ofrecíamos incienso y ofrendas de vino, pero todo ello con el consentimiento de nuestros esposos. Y lo seguiremos haciendo.

20 Entonces Jeremías respondió a todos los hombres y mujeres que le habían contestado de esa manera:

21 —¿Creen ustedes que el Señor no se daba cuenta, o se había olvidado, de que ustedes y sus antepasados, sus reyes, sus jefes y el pueblo en general, ofrecían incienso a otros dioses en las ciudades de Judá y en las calles de Jerusalén? **22** Pero el Señor ya no pudo soportar más las malas acciones que ustedes cometían y que a él tanto le disgustan. Por eso

---

^{g} **43.10** *Y voy a poner su trono:* Algunas versiones antiguas dicen *y él va a poner su trono.*

^{h} **43.11** Jer 15.2.

^{i} **43.12** *Prenderá fuego:* según versiones antiguas. Heb. *prenderé fuego.* Véase *Fuego* en el *Índice temático.*

^{j} **43.10-12** *Nabucodonosor* invadió Egipto en 568-567 a.C. y combatió con el faraón Amasis (570-526 a.C.). Sin embargo, las fuentes históricas disponibles no informan sobre el resultado de la batalla ni sobre el alcance de esa invasión.

^{k} **43.13** *Heliópolis* (heb. *Betsemes*): ciudad situada a unos 8 km. al nordeste de El Cairo. Su nombre significa *Ciudad del sol,* y el hebreo añade *en Egipto* para distinguirla de Betsemes, ciudad de Palestina cuyo nombre significa lo mismo que Heliópolis. La ciudad era famosa en tiempos antiguos como lugar de culto al dios Sol, designado por los egipcios con el nombre de *Ra* (o *Re*).

^{a} **44.1-30** El relato de la actividad profética de Jeremías culmina con este largo discurso. A pesar de la catástrofe que se había desatado sobre Judá y Jerusalén, la propensión a la idolatría aún se mantiene viva entre los judíos refugiados en Egipto. A causa de esto, el profeta pronuncia un oráculo extremadamente serio (cf. vv. 11-14,27).

^{b} **44.1** *Migdol:* Este nombre significa *torre,* y aparece varias veces en el AT. En Ex 14.2; Nm 33.7, es una de las etapas en la ruta del éxodo de Egipto; según Ez 29.10; 30.6, se encontraba al norte de Egipto. Sin embargo, es probable que haya habido varios lugares con ese nombre.

^{c} **44.1** *Tafnes y Menfis:* Véase Jer 2.16 nota *q.*

^{d} **44.3** Ex 20.3.

^{e} **44.15** *Región sur de Egipto:* heb. *Patros.*

^{f} **44.17** *Reina del Cielo:* Véase Jer 7.18 n.

el país de ustedes está hoy en ruinas y sin nadie que viva en él; se ha convertido en ejemplo de maldición, en algo que causa terror. ²³ Esta desgracia en que ahora se encuentran les ha venido precisamente porque ofrecieron incienso a otros dioses, pecando así contra el Señor, y porque no obedecieron sus instrucciones y leyes, ni cumplieron sus mandatos.

²⁴ Jeremías dijo además a todo el pueblo, y especialmente a las mujeres:

—Escuchen este mensaje del Señor todos ustedes, gente de Judá que vive en Egipto. ²⁵ El Señor todopoderoso, el Dios de Israel, dice: 'Ustedes las mujeres *ᵍ* lo dicen de boca y lo practican de hecho. Ustedes dicen que han prometido ofrecer incienso y ofrendas de vino a la Reina del Cielo, y que cumplirán sin falta su promesa. ¡Muy bien, cumplan y pongan por obra lo que han prometido! ²⁶ Pero oigan todos ustedes, gente de Judá que vive en Egipto, lo que yo, el Señor, les digo: Juro por mi nombre soberano que ninguno de los de Judá volverá a pronunciar mi nombre en todo Egipto, diciendo: Por la vida del Señor. ²⁷ Porque yo estaré vigilando para enviarles calamidades y no beneficios. Todos los de Judá que viven en Egipto serán completamente aniquilados por la guerra o el hambre. ²⁸ Serán muy contados los que escapen de morir en la guerra y vuelvan de Egipto a Judá. Así, todos los que quedaban en Judá y vinieron a vivir a Egipto, verán qué palabras se cumplieron, si las mías o las de ellos. ²⁹ Yo, el Señor, les daré a ustedes esta señal como prueba de que mis amenazas se van a cumplir, y de que los castigaré en este país: ³⁰ Yo entregaré al faraón Hofra, rey de Egipto, en poder de sus enemigos mortales, así como entregué a Sedequías, rey de Judá, en poder de Nabucodonosor, rey de Babilonia, *ʰ* su enemigo mortal.'

45 Promesas del Señor a Baruc *ᵃ*

¹ El año cuarto del gobierno de Joaquim, *ᵇ* hijo de Josías, rey de Judá, mientras Baruc, hijo de Nerías, *ᶜ* escribía lo que el profeta Jeremías le dictaba, *ᵈ* dijo Jeremías a Baruc: ²⁻³ "Tú, Baruc, dices: '¡Ay de mí! ¡El Señor no me da sino penas y dolores! Ya estoy cansado de llorar y no encuentro ningún alivio.' Pues el Señor dice respecto de ti, *ᵉ* ⁴ y me manda que te diga: 'Yo destruyo lo que construí, y arranco lo que planté. *ᶠ* Y lo mismo haré con toda la tierra. ⁵ ¿Quieres pedir para ti algo extraordinario? Pues no lo pidas, porque yo voy a enviar calamidades sobre toda la humanidad. Pero al menos permitiré que conserves tu vida por dondequiera que vayas. Yo, el Señor, lo afirmo.' " *ᵍ*

III. MENSAJES CONTRA LAS NACIONES EXTRANJERAS (46—51) *ᵃ*

46 Derrota de Egipto en Carquemis

¹ El Señor habló al profeta Jeremías acerca de las naciones. ² Este fue su mensaje acerca de Egipto, *ᵇ* y en particular acerca del ejército del faraón Necao, *ᶜ* rey de Egipto, que se hallaba en Carquemis, *ᵈ* junto al río Éufrates, y a quien el rey Nabucodonosor de Babilonia derrotó en el año cuarto del gobierno de Joaquim, hijo de Josías, rey de Judá:

³ "¡Preparen los escudos!
¡Láncense al ataque!
⁴ ¡Ensillen los caballos!
¡Monten, jinetes!
¡Pónganse los cascos y formen líneas!
¡Afilen las lanzas!
¡Pónganse las corazas!
⁵ "Pero ¿qué es lo que veo?
Retroceden llenos de terror.
Sus guerreros se dispersan derrotados;
salen corriendo, sin mirar atrás.
¡Hay terror por todas partes! *ᵉ*
Yo, el Señor, lo afirmo.
⁶ ¡No pueden huir los más veloces,
ni escapar los más valientes!
En el norte, junto al río Éufrates,
tropiezan y caen.
⁷ ¿Quién es ese que crece como el Nilo,
como un río de aguas violentas?
⁸ Es Egipto, que crece como el Nilo,
como un río de aguas violentas.
Egipto dice: 'Voy a crecer y a inundar la tierra,
voy a destruir las ciudades y sus habitantes.'

ᵍ **44.25** *Ustedes las mujeres:* Según la versión griega (LXX). Heb. *ustedes y las mujeres.*
ʰ **44.30** 2 R 25.1-7.
ᵃ **45.1-5** Baruc, lo mismo que su maestro Jeremías, debió desempeñar su misión en circunstancias particularmente difíciles, que fueron para él causa de desaliento; pero el Señor lo reconfortó con una promesa especial.
ᵇ **45.1** *El año cuarto... Joaquim:* Véase Jer 36.1 n.
ᶜ **45.1** Acerca de *Baruc, hijo de Nerías,* el discípulo, secretario y estrecho colaborador de Jeremías, véase Jer 32.12 n.
ᵈ **45.1** *Lo que el profeta Jeremías le dictaba:* Cf. Jer 36.4,27-28,32.
ᵉ **45.2-3** Esta expresión de desaliento trae a la memoria las "Confesiones" del profeta Jeremías (véase Jer 11.18—12.6 n.).
ᶠ **45.4** Sobre el uso de estos verbos, véase Jer 1.10 n.
ᵍ **45.5** El texto no especifica la naturaleza de la cosa extraordinaria que Baruc esperaba alcanzar. Sin embargo, el sentido de este oráculo divino es suficientemente claro: en medio de una crisis que amenazaba con no dejar nada en pie, era inútil pretender grandes cosas; debía contentarse con poner a salvo su vida. Cf. Jer 38.2.
ᵃ **46.1—51.64** En la última parte de *Jeremías* (caps 46—51) hay una serie de oráculos proféticos (véase Jer 1.8 nota *p*) contra las naciones vecinas de Judá. En medio de estos oráculos se intercalan algunas palabras de esperanza para el pueblo de Dios (46.27-28; 50.4-10,17-20; 51.36-40,50-53) y un himno de alabanza al Señor (51.15-19). Véase también 25.15-38.
ᵇ **46.2** El mensaje contra *Egipto* consta de dos oráculos en forma de poemas (vv. 3-12,14-24) y de uno en prosa (vv. 24-26). Al final del cap. se añade un anuncio de salvación para Judá e Israel (vv. 27-28). Cf. Is 19; Ez 29—32.
ᶜ **46.2** El *faraón Necao* (609-593 a.C.) derrotó y dio muerte en Meguido al rey Josías de Judá (609 a.C., cf. 2 R 23.29-30), pero poco tiempo después sufrió una derrota decisiva en la batalla de Carquemis (véase Jer 25.1 nota *c*).
ᵈ **46.2** *Carquemis,* importante ciudad de Mesopotamia, estaba situada en la ribera occidental del Éufrates, en lo que hoy es la frontera entre Siria y Turquía. Después de la batalla de Carquemis, en el año 605 a.C., el territorio de Siria y Palestina cayó en poder de Babilonia. Las reiteradas rebeliones de Judá contra esta dominación culminarán con la destrucción de Jerusalén y la desaparición del reino davídico. Cf. Jer 52.4-30; véase *Índice de mapas.*
ᵉ **46.5** Sal 31.13(14); Jer 6.25; 20.4,10; 49.29; Lm 2.22.

⁹ "'¡Que avance la caballería!
¡Adelante los carros!
¡Que se pongan en marcha los guerreros:
los soldados de Etiopía ᶠ y de Libia,ᵍ
armados de escudos;
los soldados de Lidia, ʰ
que manejan bien el arco!
¹⁰ Este es el día del Señor todopoderoso,
el día en que va a vengarse de sus enemigos.
La espada herirá hasta saciarse,
hasta emborracharse de sangre.
Pues el Señor todopoderoso hará una matanza ⁱ
en el país del norte, junto al Éufrates.
¹¹ "¡Pueblo de Egipto,
ve a Galaad en busca de medicinas! ʲ
¡Pero por más remedios que uses,
de nada te van a servir,
pues no hay remedio para ti!
¹² Las naciones ya saben que has sido humillado,
y en toda la tierra se te oye gritar;
chocan los guerreros unos contra otros,
y juntos ruedan por el suelo."

El ataque de Nabucodonosor a Egipto ¹³ El Señor habló al profeta Jeremías cuando Nabucodonosor, rey de Babilonia, se dirigía a atacar a Egipto: ᵏ

¹⁴ "Anuncien en Egipto,
en Migdol, en Menfis y en Tafnes: ˡ
'¡Alerta, estén listos!
¡La espada hace estragos a tu alrededor!'
¹⁵ ¿Por qué huyó Apis, ᵐ tu toro sagrado? ⁿ
¿Por qué no pudo tenerse en pie?
Pues porque yo, el Señor, lo derribé.
¹⁶ Tus soldados tropiezan y caen,
y unos a otros se dicen:
'¡Vámonos de aquí, volvamos a nuestra patria,
al país donde nacimos!
¡Huyamos de la violencia de la guerra!'
¹⁷ "Pónganle este apodo al faraón, el rey de Egipto:

'Mucho ruido, pero a destiempo'. ñ
¹⁸ Yo, que soy el rey
y me llamo el Señor todopoderoso,
lo juro por mi vida:
Como el Tabor, que se destaca entre los montes,
y como el Carmelo, que se alza sobre el mar,
así es el enemigo que vendrá. ᵒ
¹⁹ Prepárense para el destierro,
habitantes de Egipto,
pues Menfis se convertirá en desierto,
en ruinas donde nadie vivirá.
²⁰ Egipto parece una hermosa novilla,
pero viene a picarle un tábano del norte. ᵖ
²¹ Sus soldados mercenarios
son como becerros gordos,
pero ellos también saldrán corriendo
y no podrán resistir,
porque llega el día de su desastre,
la hora de su castigo.
²² Egipto huirá silbando como una serpiente ᑫ
cuando se acerquen los ejércitos
y lo ataquen con hachas,
como si cortaran árboles.
²³ ¡Cortarán sus espesos bosques!
Yo, el Señor, lo afirmo.
Eran más numerosos que las langostas,
y nadie los podía contar.
²⁴ Egipto será humillado,
y caerá en poder del pueblo del norte."

²⁵ El Señor todopoderoso, el Dios de Israel, dice: "Voy a castigar a Amón, el dios de Tebas, ʳ a Egipto con sus dioses y sus reyes, y al faraón y a los que en él confían. ²⁶ Haré que caigan en poder de sus enemigos mortales, de Nabucodonosor, rey de Babilonia, y de su gente. Pero al cabo de un tiempo, Egipto volverá a estar habitado como antes. Yo, el Señor, lo afirmo.

El Señor salvará a su pueblo (Jer 30.10-11)
²⁷ "No temas, pueblo de Jacob, siervo mío;
no tengas miedo, Israel.

ᶠ **46.9** *Etiopía:* heb. *Cush.* Cf. Is 18; Jer 38.7.
ᵍ **46.9** *Libia:* traducción probable del heb. *Fut* (cf. Gn 10.6; 1 Cr 1.11; Is 66.19). Otros piensan, en cambio, que se trata de una región situada en la costa oriental de África, al sur del Mar Rojo.
ʰ **46.9** *Lidia:* traducción probable del heb. *Lud* (cf. Gn 10.13,22; 1 Cr 1.11; Is 66.19; Ez 27.10). En tal caso, aquí habría una alusión a los soldados lidios enrolados como mercenarios en el ejército egipcio. Otros, por el contrario, consideran que *Lud* no era una región de Asia Menor sino un lugar aún no identificado, de África.
ⁱ **46.10** *Matanza:* lit. *sacrificio.* Pues el Señor... *matanza:* Otra posible traducción: *Pues será sacrificio al Señor todopoderoso.* Cf. Sof 1.7.
ʲ **46.11** *Ve a Galaad en busca de medicinas:* Véase Jer 8.22 n.
ᵏ **46.13** Cf. Jer 43.10-13.
ˡ **46.14** *Migdol:* Véase Jer 44.1 nota *b. Menfis y Tafnes:* Véase Jer 2.16 nota *q.*
ᵐ **46.15** *Apis* era el *toro sagrado* venerado por los egipcios en Menfis desde tiempos muy antiguos. La costumbre de representar a los dioses de la fertilidad en forma de toro estaba muy difundida en el antiguo Oriente (véase 1 R 12.28 n.).

ⁿ **46.15** *¿Por qué huyó Apis, tu toro sagrado?:* según la versión griega (LXX). Heb. *¿por qué fueron derribados tus toros?*
ñ **46.17** Esta descripción alude irónicamente a la incapacidad del *faraón* para cumplir las promesas hechas a sus aliados (cf. Is 36.6 y 30.7).
ᵒ **46.18** *El Tabor:* Véanse Jos 19.10 n.; Jue 4.6 nota *h;* Sal 89.12(13) n. *El Carmelo:* Véase 1 R 18.19 n. Como el monte *Tabor* domina la llanura que está a su alrededor y el monte *Carmelo* se eleva majestuoso sobre el nivel del *mar,* así será el enemigo que va a invadir el territorio de Egipto. El texto se refiere probablemente a la invasión de Egipto por el ejército de Nabucodonosor en el año 568 a.C. Véase *Índice de mapas.*
ᵖ **46.20** *Del norte:* alusión al enemigo que viene del *norte.* Véase Jer 1.14-15 n.
ᑫ **46.22** *Silbando como una serpiente:* La comparación es particularmente apropiada, a causa de la importancia que tenían las serpientes en la religión y en las insignias reales del antiguo Egipto. Cf. Ex 7.10-12.
ʳ **46.25** *Tebas* era la capital del alto Egipto; y *Amón,* el dios principal de la ciudad. Cf. Nah 3.8.

JEREMÍAS 46—48

Pues a ti y a tus hijos los libraré
de ese país lejano donde están desterrados.
Volverás a vivir en paz,
tranquilo, sin que nadie te asuste.
²⁸ Yo, el Señor, afirmo:
No temas, pueblo de Jacob, siervo mío,
porque yo estoy contigo.
Destruiré todas las naciones
entre las cuales te dispersé.
Pero a ti no te destruiré;
solo te corregiré como mereces;
no te dejaré sin tu castigo." ˢ

47 Profecía acerca de los filisteos ᵃ

¹ Este es el mensaje que el Señor dirigió al profeta Jeremías acerca de los filisteos, ᵇ antes que el faraón atacara Gaza: ᶜ

² "Yo, el Señor, digo:
Del norte ᵈ llega una inundación,
como de un río desbordado;
inunda el país y todo lo que hay en él,
las ciudades y los que en ellas viven.
Todos los habitantes del país gritan,
la gente lanza ayes de dolor.
³ Al oír el galope de los caballos,
el estruendo de los carros
y el ruido de las ruedas,
les faltan fuerzas a los padres
y abandonan a sus hijos.
⁴ Porque llegó el día de aniquilar a los filisteos,
de quitarles a Tiro y Sidón ᵉ
la ayuda que aún les queda."

Sí, el Señor va a destruir a los filisteos,
que emigraron de la isla de Creta. ᶠ
⁵ La gente de Gaza se rapa la cabeza, ᵍ
la gente de Ascalón ʰ se queda muda.
Último resto de los antiguos gigantes, ⁱ
¿hasta cuándo te harás cortaduras en la carne
en señal de dolor? ʲ
⁶ ¡Ay, espada del Señor!
¿Cuándo te vas a detener?
¡Vuelve a entrar en tu vaina,
cálmate, quédate quieta!
⁷ ¿Pero cómo podría quedarse quieta
si el Señor le ha dado órdenes,
si le ha dado el encargo
de atacar a Ascalón y toda la costa?

48 Profecía acerca de Moab ᵃ

¹ Mensaje del Señor todopoderoso, el Dios de Israel, acerca de Moab: ᵇ

"¡Pobre ciudad de Nebo, ᶜ
qué destruida está!
¡Quiriataim ᵈ fue tomada y humillada!
¡Su fortaleza fue derribada al suelo!
² El esplendor de Moab ha terminado.
En Hesbón ᵉ los enemigos hacen planes
para que Moab, como nación, desaparezca.
Tú también, Madmén, serás destruida,
y la guerra no dejará de amenazarte.
³ De Horonaim salen gritos:
'¡Ruina y gran destrucción!'

⁴ "Moab está en ruinas;
los gritos de dolor llegan hasta Sóar. ᶠ
⁵ Con lágrimas en los ojos avanzan
los que suben por la cuesta de Luhit;
gritan de dolor ante el desastre
los que bajan a Horonaim. ᵍ
⁶ ¡Huyan! ¡Sálvese quien pueda!
¡Sean como la zarza en el desierto! ʰ

⁷ "Moab, tú confiabas en tu fuerza
y en tus riquezas,
pero también tú serás tomada.

ˢ **46.27-28** Estos vv. son una repetición casi literal de Jer 30.10-11. Otros oráculos proféticos contra los filisteos se encuentran en Is 14.28-32; Ez 25.15-17; Jl 3.4-8(4.4-8); Am 1.6-8; Sof 2.4-7; Zac 9.5-7.
ᵇ **47.1** *Los filisteos:* Véase Jos 13.3 nota *c.*
ᶜ **47.1** *Gaza* era una de las cinco ciudades que formaban la así llamada "Pentápolis filistea". Véase Jos 11.22 nota *n.*
ᵈ **47.2** *Del norte:* Véase Jer 1.14-15 n.
ᵉ **47.4** *Tiro y Sidón* eran dos ciudades fenicias (cf. Gn 10.19; Jos 11.8; 1 R 5.1[15]). Aquí se mencionan probablemente porque habían hecho una alianza con los *filisteos.* Véase *Índice de mapas.*
ᶠ **47.4** *La isla de Creta:* heb. *Caftor.* Este término incluía también a otras islas del Mar Egeo, de donde procedían no solamente los filisteos sino también otros pueblos afines a ellos, que los textos egipcios llaman "pueblos del mar". Cf. Dt 2.23; Am 9.7. Véase *Índice de mapas.*
ᵍ **47.5** *Raparse la cabeza* era expresión de dolor y señal de duelo. Cf. Jer 41.5; 48.37; Miq 1.16.
ʰ **47.5** *Ascalón:* otra de las cinco ciudades filisteas, junto con Gaza, Asdod, Gat y Ecrón. Véanse Jos 11.22 nota *n* e *Índice de mapas.*
ⁱ **47.5** *Los antiguos gigantes:* según la versión griega (LXX). Heb. *del valle de ellos.* Cf. Jos 11.22, y véanse Nm 13.33 n.; Dt 2.10-11 n. *Último resto... gigantes:* Otra posible traducción: *último resto de su fuerza,* es decir, de su capacidad para resistir al ejército invasor.

ʲ **47.5** Cf. Jer 41.5.
ᵃ **48.1-47** Cf. Is 25.10-12; Ez 25.8-11; Am 2.1-3; Sof 2.8-11. Este largo oráculo contra Moab tiene muchos elementos comunes con Is 15—16. En él se mencionan varios sitios que aún no han podido identificarse con precisión.
ᵇ **48.1** El antiguo reino de *Moab* ocupaba el territorio situado al este del Mar Muerto (véase *Índice de mapas*). El río Arnón marcaba su límite norte, pero en algunos periodos de su historia los moabitas fueron más allá de esta frontera. Cf. Nm 35.1, y véanse Dt 2.9 notas *h* e *i*; 2.24 n.; Jer 9.25-26(24-25) nota *ñ.*
ᶜ **48.1** *Nebo:* Cf. Nm 32.3,38.
ᵈ **48.1** *Quiriataim:* Cf. Jos 13.19.
ᵉ **48.2** *Hesbón* era la capital de Sihón, el rey amorreo (cf. Nm 21.25-30). Jos 13.26 la menciona entre las ciudades pertenecientes a la tribu de Gad, y Jos 13.17, entre las ciudades de Rubén; pero más tarde cayó en poder de Moab. Probablemente se encontraba a unos 80 km. al este de Jerusalén. Véase *Índice de mapas.*
ᶠ **48.4** *Hasta Sóar:* según la versión griega (LXX). Heb. *de sus pequeños. Sóar* era una de las ciudades del valle, mencionada en Gn 13.10, junto con Sodoma y Gomorra.
ᵍ **48.5** Este v. es casi idéntico a la segunda parte de Is 15.5. Se desconoce la ubicación de *la cuesta del Luhit* y de *Horonaim* (cf. v. 3).
ʰ **48.6** *Como la zarza en el desierto:* según la versión latina (Vulgata). Heb. oscuro.

Tu dios Quemós[i] irá al destierro,
con sus sacerdotes y gente importante.
⁸ La destrucción llegará a todas las ciudades,
y ni una sola escapará;
el valle y la meseta quedarán en ruinas.
Yo, el Señor, lo afirmo.
⁹ Pónganle una lápida[j] a Moab,
porque la van a destruir;
sus ciudades quedarán en ruinas
y sin ningún habitante."

¹⁰ (¡Maldito el que no haga con gusto el trabajo que el Señor encarga! ¡Maldito el que se niegue a tomar parte en la matanza!)
¹¹ Moab siempre ha vivido en paz, nunca ha tenido que ir al destierro. Es como el vino que se deja asentar, que no se pasa de una vasija a otra, y por eso nunca pierde su sabor ni su aroma.
¹² Pero el Señor afirma: "Va a llegar el día en que yo enviaré gente que eche ese vino en otras vasijas, y que a las vasijas vacías las haga pedazos. ¹³ Entonces Moab se sentirá defraudado por su dios Quemós, así como Israel se sintió defraudado por Betel,[k] en quien tenía puesta su confianza.

¹⁴ "Que no diga Moab: 'Somos valientes,
guerreros poderosos.'
¹⁵ Ya llega el destructor de Moab y sus ciudades;
lo mejor de su juventud morirá.
Lo afirma el Rey, cuyo nombre es el Señor
todopoderoso.
¹⁶ El desastre de Moab se acerca,
su desgracia está a punto de llegar.
¹⁷ Vecinos de Moab,
y todos los que conocen su fama,
lloren por él y digan:
'¡Miren cómo quedó deshecho su dominio
tan fuerte y tan glorioso!'
¹⁸ "Baja de tu sitio de honor, ciudad de Dibón,[l]
y siéntate en el suelo reseco,
porque el destructor de Moab avanza contra ti
y ha destruido tus fortificaciones.
¹⁹ Ciudad de Aroer,[m]
párate al lado del camino y mira;
pregunta a los sobrevivientes
qué fue lo que pasó.
²⁰ Moab está humillado, lleno de terror.
¡Lloren de dolor por él!
¡Anuncien en el río Arnón[n]
que Moab ha sido destruido!"

²¹ Llegó el castigo decretado contra las ciudades de la meseta: Holón, Jahas, Mefáat, ²² Dibón, Nebo, Bet-diblataim, ²³ Quiriataim, Bet-gamul, Bet-meón, ²⁴ Queriot, Bosrá y todas las ciudades de Moab, cercanas y lejanas.[ñ]

²⁵ El Señor afirma:
"La fuerza de Moab ha sido rota,
y su poder destruido."

²⁶ Emborrachen a Moab,
porque se rebeló contra el Señor.
Entonces Moab se revolcará en su vómito
y todos se burlarán de él.
²⁷ Moab, ¿no te burlabas tú de Israel
y hablabas siempre de él con desprecio,
como si fuera un ladrón?
²⁸ Abandonen las ciudades, habitantes de Moab;
váyanse a las peñas, a vivir como las palomas
que anidan al borde de los precipicios.
²⁹ Conocemos el gran orgullo de Moab:
su arrogancia, su altivez y su soberbia.
³⁰ También el Señor conoce su insolencia,
su charlatanería y sus bravatas.
³¹ Por eso lloraré y me lamentaré
por todo el pueblo de Moab
y por los hombres de Quir-heres.[o]
³² Lloraré por ti, viñedo de Sibmá,
más de lo que se lloró por Jazer.
Tus ramas pasaban más allá del mar
y llegaban hasta Jazer.
Pero ahora tu cosecha de uvas
ha quedado destruida.
³³ Ya no se oyen gritos de contento
en los jardines de Moab.
El vino se ha acabado en los depósitos.
Ya no hay quien pise las uvas,
ya no hay más cantos de alegría.
³⁴ La gente de Hesbón grita de dolor,
y sus gritos llegan hasta Elalé y Jahas,
y desde Sóar hasta Horonaim y Eglat-selisiya,
porque aun los manantiales de Nimrim están secos.
³⁵ El Señor afirma:
"Yo destruiré a la gente de Moab
que sube a las colinas, a los santuarios paganos,
para ofrecer sacrificios e incienso a sus dioses."
³⁶ Por eso mi corazón gime por Moab
y por los hombres de Quir-heres
con sonido de flautas fúnebres,
pues las riquezas que juntó se han perdido.
³⁷ Toda cabeza está rapada y toda barba cortada;
todos se han hecho heridas en las manos
y se han vestido con ropas ásperas.

---

[i] **48.7** *Quemós* era el dios de Moab. Cf. 1 R 11.7.
[j] **48.9** *Lápida:* según la versión griega (LXX). Heb. oscuro.
[k] **48.13** *Betel* es aquí el nombre de un dios y no el de la ciudad o el santuario del mismo nombre (cf. 1 R 12.28-30; Am 7.10-13).
[l] **48.18** *Dibón:* ciudad situada al norte del río Arnón, la moderna Dibán. Véase *Índice de mapas*.
[m] **48.19** *Aroer:* Véase Dt 2.36 n.
[n] **48.20** El *río Arnón* recorre la meseta de Moab a través de una profunda quebrada, hasta desembocar en el Mar Muerto. Véase Dt 2.24 n.
[ñ] **48.21-24** Las *ciudades de Moab* mencionadas en estos vv. no han podido identificarse con precisión.
[o] **48.31** *Quir-heres*, también designada con el nombre de *Quir-haréset* (2 R 3.25; Is 16.7), se encontraba probablemente a unos 27 km. al sur del río Arnón y a unos 18 km. al este del Mar Muerto. Véase *Índice de mapas*.

38 "En todas las terrazas de Moab
y en todas sus calles
no se oye más que llanto,
porque yo hice pedazos a Moab
como a una vasija inútil.
Yo, el Señor, lo afirmo."
39 ¡Hagan lamentación por Moab!
¡Qué lleno de terror está!
¡Volvió la espalda de manera vergonzosa!
Se convirtió en algo horrible y despreciable
para todos sus vecinos.
40 El Señor dice:
"El enemigo de Moab se lanza contra él
como un águila con las alas extendidas.
41 Ciudades y fortalezas
caerán en poder del enemigo.
En ese día los guerreros de Moab
temblarán como mujer de parto.
42 Moab dejará de ser nación,
porque se levantó contra mí, contra el Señor.
43 Por eso yo, el Señor, afirmo:
Los habitantes de Moab serán
como animales perseguidos por los cazadores
o en peligro de caer en un hoyo o una trampa.
44 El que escape de los cazadores caerá en el hoyo,
y el que salga del hoyo caerá en la trampa, *p*
porque yo traeré sobre Moab
el tiempo de su castigo.
Yo, el Señor, lo afirmo.
45 "Algunos huyen sin fuerzas
a buscar refugio a la sombra de Hesbón;
pero Hesbón, la ciudad del rey Sihón, *q*
está en llamas, y el fuego se extiende
y devora los montes de Moab,
ese pueblo revoltoso.
46 ¡Ay de ti, Moab!
¡Pueblo de Quemós, estás perdido!
¡A tus hijos y a tus hijas se los llevan al
destierro!

47 Pero al final yo cambiaré la suerte de Moab; *r*
yo, el Señor, lo afirmo."

Esta es la sentencia del Señor contra Moab.

49 Profecía acerca de los amonitas

1 Mensaje del Señor acerca de Amón: *a*
"¿Dónde están los hijos de Israel?
¿Dónde están sus herederos?
¿Por qué el dios Milcom *b* es ahora dueño de Gad? *c*
¿Por qué los amonitas habitan en sus ciudades?

2 "Pues bien, yo, el Señor, afirmo:
Va a llegar el día
en que haré que la ciudad amonita de Rabá *d*
escuche el grito de guerra;
se convertirá en un montón de ruinas,
y sus poblaciones arderán en llamas.
Entonces Israel reconquistará sus ciudades.
Yo, el Señor, lo afirmo.

3 "¡Gime, Hesbón, pues Ai ha sido destruida! *e*
¡Hagan lamentación, mujeres de Rabá!
¡Vístanse de luto, golpéense el pecho!
¡Corran como locas, hiéranse el cuerpo! *f*
Porque el dios Milcom va al destierro,
con sus sacerdotes y gente importante.

4 ¿Por qué te jactas de tu fuerza?
Tu fuerza ya se acaba, pueblo rebelde,
que confías en las riquezas que has juntado
y dices: '¿Quién me va a atacar?'

5 Pues bien, de todas partes
voy a enviar terror sobre ti.
Yo, el Señor todopoderoso, lo afirmo.
Cada uno de ustedes saldrá corriendo por su lado,
y no habrá nadie que los vuelva a reunir.

6 Pero después cambiaré la suerte de los
amonitas. *g*
Yo, el Señor, lo afirmo." *h*

Profecía acerca de Edom *i*

7 Mensaje del Señor todopoderoso acerca de Edom: *j*

---

p **48.43-44** Is 24.17-18; cf. Am 5.19.
q **48.45** *Hesbón, la ciudad del rey Sihón:* Cf. Dt 2.26-37.
r **48.47** *Cambiaré la suerte de Moab:* Esta misma expresión vuelve a encontrarse en los oráculos contra Amón (Jer 49.6) y Elam (Jer 49.39), pero no en el oráculo contra Edom (véase Jer 49.7 nota *j*).
a **49.1** El reino de *Amón* ocupaba los bordes del desierto de Siria en la parte central de la Transjordania. Véase Dt 2.9 nota *h*. Véase *Índice de mapas.*
b **49.1** *Milcom:* según varias versiones antiguas. Heb. *su rey.* Milcom era el dios nacional de los amonitas. Cf. 1 R 11.5.
c **49.1** El territorio de la tribu de *Gad* se encontraba al este del río Jordán y al nordeste del Mar Muerto (cf. Jos 13.8,24-29; véase *Índice de mapas*). En el año 734 a.C., Tiglat-piléser III, rey de Asiria, invadió ese territorio y deportó a sus habitantes. Entonces los amonitas aprovecharon esa circunstancia e invadieron la región.
d **49.2** *Rabá* era la capital del reino de Amón (véase *Índice de mapas*). Se la suele identificar con Amán, la actual capital del reino de Jordania.
e **49.3** *Hesbón* era una ciudad de Moab (véanse Jer 48.2 n. e

Índice de mapas). Por tanto, este pasaje parece indicar que en aquel momento Amón había conquistado una parte del territorio moabita. *Ai:* lugar no identificado, cuyo nombre significa *la ruina.* Nótese que no es la ciudad del mismo nombre mencionada en Gn 12.8; 13.3; Jos 7.2-15; 8.1-29.
f **49.3** *Hiéranse el cuerpo:* texto probable. Heb. *en los cercados.*
g **49.6** *Cambiaré la suerte de los amonitas:* Véase Jer 48.47 n.
h **49.1-6** Ez 21.28-32(33-37); 25.1-7; Am 1.13-15; Sof 2.8-11.
i **49.7-22** Otros oráculos proféticos contra los edomitas se encuentran en Is 34.5-17; 63.1-6; Ez 25.12-14; 35; Am 1.11-12; Abd 1-15; Mal 1.2-5.
j **49.7** *Edom* era otro de los reinos vecinos de Israel, cuyo territorio se extendía al sur del Mar Muerto (véanse Dt 2.4 n. e *Índice de mapas*). Según Jer 27.1-8, Edom se asoció con Judá para oponer resistencia a Babilonia. Pero cuando Sedequías se rebeló contra Nabucodonosor, los edomitas se pusieron de parte del invasor y aprovecharon la ocasión para ocupar la parte sur del territorio de Judá, que por eso comenzó a llamarse *Idumea.* Esta traición explica por qué los israelitas, después de la catástrofe del año 586 a.C., sintieron una especial aversión por sus vecinos de Edom. Cf., sobre todo, Sal 137.7.

"¿Ya no hay sabiduría en Temán?[k]
¿Ya no saben qué hacer los inteligentes?
¿Se echó a perder su sabiduría?
⁸ ¡Habitantes de Dedán,[l] salgan corriendo,
vayan a esconderse!
Porque voy a destruir el pueblo de Esaú;[m]
ha llegado el tiempo en que voy a castigarlo.
⁹ Cuando se cosechan las uvas,
se dejan algunos racimos;
cuando por la noche llegan ladrones,
solo se llevan lo que necesitan.
¹⁰ Pero yo he dejado al pueblo de Esaú sin nada,
he descubierto sus escondites
y ya no puede ocultarse.
Sus hijos, sus parientes y vecinos,
fueron todos destruidos;
no quedó nadie que diga:[n,ñ]
¹¹ 'Déjame a tus huérfanos, que yo los cuidaré.
Tus viudas pueden contar conmigo.' "

¹² El Señor dice: "Si aquellos que no merecían la copa del castigo[o] han tenido que beberla, de ningún modo quedarás tú sin castigo, sino que tendrás que beber también de ella. ¹³ Yo, el Señor, lo juro por mí mismo: La ciudad de Bosrá[p] quedará convertida en un desierto, en ruinas, en ejemplo de humillación y maldición, y las demás ciudades quedarán en ruinas para siempre."

¹⁴ Me ha llegado una noticia de parte del Señor;
un heraldo proclama entre las naciones:
"¡Reúnanse y marchen contra Edom!
¡Prepárense para la batalla!
¹⁵ Yo te haré el más pequeño de los pueblos,
el más despreciado entre los hombres.
¹⁶ Te dejaste engañar por tu orgullo,[q]
porque infundías terror.
Vives entre las grietas de las rocas,
agarrado a las cumbres de los montes.
Pero aunque anides tan alto como el águila,
de allá te haré bajar.
Yo, el Señor, lo afirmo.[r]

¹⁷ "La destrucción de Edom será tan grande que causará espanto. Todo el que pase por allí se espantará al ver el castigo,[s] ¹⁸ pues quedará como Sodoma y Gomorra y las ciudades vecinas, cuando fueron destruidas.[t] Nadie volverá a vivir allí, ni siquiera de paso. Yo, el Señor, lo digo. ¹⁹ Vendré repentinamente, como un león que sale de los matorrales del Jordán,[u] y se lanza a los lugares donde siempre hay pasto fresco, y haré huir de ahí a los de Edom, y haré que gobierne la persona que yo escoja. Pues ¿quién puede compararse a mí? ¿Quién puede desafiarme? ¿Qué pastor me puede hacer frente?[v] ²⁰ Escuchen el plan que yo, el Señor, he preparado contra Edom, el proyecto que he formulado contra los habitantes de Temán:[w] Aun a los corderos más pequeños se los llevarán, y las praderas mismas serán también destrozadas. ²¹ La caída de Edom hará tanto ruido, que la tierra temblará; gritará pidiendo auxilio, y sus gritos se oirán hasta en el Mar Rojo.[x] ²² El enemigo se lanzará contra Bosrá como un águila con las alas extendidas, y ese día los guerreros de Edom temblarán como mujer de parto."

Profecía acerca de Damasco

²³ Mensaje acerca de Damasco:

"Las ciudades de Hamat y Arpad[y] están avergonzadas,
porque les han llegado malas noticias.
Se llenan de terror,[z] no pueden estar tranquilas.
²⁴ Damasco, ya sin fuerzas, se dispone a huir.
La dominan el pánico, la angustia y el dolor,
como a una mujer de parto.
²⁵ La ciudad famosa, la ciudad feliz,[a]
ha quedado abandonada.
²⁶ Ese día quedarán sus jóvenes tendidos en las calles,
y todos sus guerreros morirán.
Yo, el Señor todopoderoso, lo afirmo.
²⁷ Voy a prender fuego a las murallas de Damasco,
y ese fuego destruirá los palacios de Ben-hadad."[b]

Profecía acerca de Quedar y Hasor

²⁸ Mensaje del Señor acerca de la tribu de Quedar[c] y de los jefes de Hasor,[d] a los cuales derrotó Nabucodonosor, rey de Babilonia:

---

[k] **49.7** *Temán:* región de Edom que no ha podido ser localizada con precisión. Uno de los interlocutores de Job era Elifaz de *Temán* (Job 2.11). Cf. también Abd 9; Bar 3.22-23. Aquí el nombre de esa región se emplea poéticamente para designar a todo el país de Edom.

[l] **49.8** *Dedán:* región situada al noroeste de Arabia y al sudeste de Edom.

[m] **49.8** Según Gn 36, *Esaú,* el hermano de Jacob, fue el antepasado de los edomitas.

[n] **49.9-10** Estos vv. indican que el Señor no va a actuar como los que *cosechan las uvas* o roban de *noche:* estos no se lo llevan todo; el Señor, en cambio, va a destruir a Edom completamente. *No quedó nadie que diga:* texto probable. Heb. *y él ya no existe.*

[ñ] **49.9-10** Abd 5-6.

[o] **49.12** *La copa del castigo:* Véase Is 51.17 nota *n.* Aquí hay una clara alusión a Jer 25.15-19. Véase *Copa (cáliz)* en el *Índice temático.*

[p] **49.13** *Bosrá:* Esta ciudad edomita es distinta de la localidad del mismo nombre mencionada en Jer 48.24. Probablemente se encontraba a unos 40 km. al sudeste del Mar Muerto. Cf. Is 34.6. Véase *Índice de mapas.*

[q] **49.16** *Tu orgullo:* traducción probable. Heb. oscuro.

[r] **49.14-16** Abd 1-4.

[s] **49.17** Cf. Jer 19.8.

[t] **49.18** *Sodoma y Gomorra:* Cf. Gn 19.24-25; véase Jer 23.14 nota *m.*

[u] **49.19** *Los matorrales del Jordán:* Cf. Jer 5.6; véase 12.5 n.

[v] **49.19** Cf. Job 9.19-20; Jer 12.1; Sab 12.12.

[w] **49.20** *Temán:* Véase Jer 49.7 nota *k.*

[x] **49.18-21** Jer 50.40,44-46. *Mar Rojo:* Véanse Ex 14.21-22 n. e *Índice de mapas.*

[y] **49.23** *Damasco, Hamat* y *Arpad* eran las capitales de tres reinos arameos, en territorio de Siria. Las tres, pero especialmente *Damasco,* desempeñaron un papel importante en la historia de Siria y Palestina durante el periodo monárquico (cf., por ej., 1 R 15.18-20; 19.15; 20.1-34). Sin embargo, a mediados del siglo VIII a.C. los asirios invadieron estos reinos, que perdieron su independencia (cf. 2 R 16.9; 18.34; 19.13). Véase *Índice de mapas.*

[z] **49.23** *Se llenan de terror:* traducción probable. Heb. oscuro.

[a] **49.25** *Feliz:* según versiones antiguas. Heb. *de mi felicidad.*

[b] **49.23-27** Is 17.1-3; Am 1.3-5; Zac 9.1. *Ben-hadad* es el nombre de varios reyes arameos (cf. 1 R 15.18,20; 2 R 13.24).

[c] **49.28** *Quedar:* importante tribu árabe, mencionada frecuentemente en el AT (Gn 25.13; Sal 120.5; Cnt 1.5; Is 21.16-17; Jer 2.10).

[d] **49.28** *Hasor* era otra tribu árabe de las regiones desérticas al este

"¡Adelante, ataquen a Quedar!
¡Destruyan a esa tribu de oriente! *e*
²⁹ Apodérense de sus tiendas y de sus rebaños,
de sus lonas y de todos sus utensilios.
Quítenles sus camellos *f* y grítenles:
'¡Hay terror por todas partes!' *g*
³⁰ ¡Salgan corriendo, habitantes de Hasor!
¡Vayan a esconderse!
Yo, el Señor, lo digo.
Pues Nabucodonosor, el rey de Babilonia,
ha hecho planes contra ustedes.
³¹ Yo, el Señor, les ordeno:
¡Adelante, ataquen a ese pueblo
que vive confiado y tranquilo,
sin puertas ni cerrojos
y completamente solo!
³² ¡Róbenle sus camellos y todo su ganado!
Voy a dispersar en todas direcciones
a esa gente que se afeita las sienes; *h*
de todas partes les traeré el desastre.
Yo, el Señor, lo afirmo.
³³ Hasor será para siempre
un desierto y guarida de chacales.
Nadie volverá a vivir allí ni siquiera de paso."

Profecía acerca de Elam ³⁴ Cuando Sedequías comenzó a reinar en Judá, el Señor dirigió este mensaje a Jeremías acerca de Elam: *i*

³⁵ "Yo, el Señor todopoderoso, afirmo:
Voy a romper los arcos de Elam, *j*
que son su arma principal.
³⁶ Voy a traer vientos contra este pueblo
desde las cuatro direcciones,
para que lo dispersen por todas partes,
hasta que no quede país
adonde no lleguen sus refugiados.
³⁷ Haré temblar a Elam ante sus enemigos mortales,
le enviaré calamidades,
desataré mi ira contra él,
y le enviaré la guerra hasta destruirlo
por completo.
Yo, el Señor, lo afirmo.
³⁸ Pondré mi trono en Elam,
y haré morir a sus reyes y a sus jefes.
Yo, el Señor, lo afirmo.
³⁹ Pero en el futuro cambiaré la suerte de Elam.
Yo, el Señor, lo afirmo."

50

Caída de Babilonia *a* ¹ Mensaje acerca de Babilonia, país de los caldeos, *b* que el Señor comunicó por medio del profeta Jeremías:

² "Anuncien esto, denlo a conocer entre las naciones.
Levanten la señal de anuncio; no oculten nada.
Digan: '¡Babilonia fue tomada! *c*
¡El dios Bel quedó en ridículo,
el dios Marduc *d* está lleno de terror!
¡Sus ídolos, sus falsos dioses,
quedaron en ridículo y llenos de terror!'
³ Porque del norte *e* avanza contra ella una nación
que convertirá su país en un desierto.
Nadie, ni hombres ni animales,
volverá a vivir allí,
pues todos se irán huyendo."

Regreso de los israelitas ⁴ El Señor dice: "En aquel tiempo, la gente de Israel y de Judá *f* vendrá llorando a buscarme a mí, el Señor su Dios. *g* ⁵ Preguntarán por el camino de Sión, *h* y hacia allá irán, diciendo: 'Vayamos al Señor, y unámonos con él en una alianza eterna, *i* que no se olvide nunca.'

---

del Jordán y al norte de Arabia. Probablemente el nombre correcto es *Haser* y no *Hasor*.

e **49.28** Documentos procedentes de *Babilonia* atestiguan que *Nabucodonosor* atacó a las tribus árabes que se desplazaban por las regiones desérticas al este del Jordán y al norte de Arabia. No obstante esto, desde mediados del siglo VI a.C. estas tribus fueron ocupando los territorios de Moab y Amón, en la Transjordania, provocando de ese modo la desaparición de aquellos dos reinos. Véanse Jer 48.1 nota *b*; 49.1 nota *a*.

f **49.29** La mención de las *tiendas* de campaña y de los *camellos* indica que estas tribus llevaban una vida nómada.

g **49.29** Sal 31.13(14); Jer 6.25; 20.10; Lm 2.22; véase Jer 20.3 n.

h **49.32** *Que se afeita las sienes:* Véase Jer 9.25-26(24-25) nota *ñ*; cf. 25.23.

i **49.34** *Elam:* región situada al norte del Golfo Pérsico, que limitaba al oeste con Babilonia, al norte con Media y al este con Persia. (Véase *Índice de mapas.*) El reino establecido en esa región conoció momentos de gloria antes de ser incorporado al imperio de Ciro el Grande, rey de los persas (véase Is 41.2 n.).

j **49.35** *Los arcos de Elam:* alusión a la fama de que gozaban los arqueros elamitas. Cf. Is 22.6.

a **50.1—51.64** El profeta Jeremías había recomendado insistentemente la sumisión a Babilonia (véase Jer 21.8-10 n.), pero también había anunciado que esa orgullosa nación al final recibiría su castigo (véanse Jer 25.1-14 n.; 25.11 n.; 25.12 n.). Este último tema será ampliamente desarrollado en estos caps., que sirven de conclusión a la serie de oráculos contra las naciones. Cf. Is 13.1—14.23; 47.

b **50.1** *País de los caldeos:* Véase Gn 11.28 n.

c **50.2** *¡Babilonia fue tomada!:* Aquí se da como un hecho ya acaecido la conquista de Babilonia por Ciro, rey de Persia, en el año 539 a.C. (véase Is 41.2 n.).

d **50.2** *Bel:* Véase Is 46.1 nota *a*, y cf. Bar 6.40; Dn(dc) 14.3-22. *Marduc* era el principal dios de Babilonia, celebrado como rey de los dioses por su victoria sobre las fuerzas del caos primordial (véase Gn 1.21 n.).

e **50.3** De la misma manera como Babilonia fue el enemigo *del norte* que invadió y destruyó a Israel (véase Jer 1.14-15 n.), así también un enemigo *del norte* sería el encargado de ejecutar el juicio del Señor contra Babilonia. Aquí la expresión tiene evidentemente sentido metafórico, ya que Ciro, rey de Persia, venía del sudeste y no del norte.

f **50.4** *La gente de Israel y de Judá:* Como en el "Libro de la consolación" (véase Jer 30.1-9 n.), la promesa de liberación está dirigida a los habitantes de los dos antiguos reinos, el del norte y el del sur (véase 1 R 12.1-24 n.). Cf. Jer 30.3-4; 31.31.

g **50.4** Este v. introduce el segundo de los temas predominantes en Jer 50—51: la caída de Babilonia (50.1-3,11-16,21-27; 51.1-14,20-35,41-49,54-58) hace posible el retorno de los israelitas que vivían en el exilio (50.4-10,17-20).

h **50.5** *Sión:* Véase Sal 2.6 n.

i **50.5** *Una alianza eterna:* Esta expresión alude claramente a la nueva *alianza* anunciada en Jer 31.31-34. Cf. Jer 32.40.

⁶ "Mi pueblo era como ovejas perdidas, mal guiadas por sus pastores, que las dejaron perderse en los montes. Iban de un monte al otro, y hasta olvidaron su corral. ⁷ Sus enemigos, al encontrarlos, los devoraban y decían: 'No es culpa nuestra, porque ellos pecaron contra el Señor, su pastizal seguro, la esperanza de sus antepasados.' ʲ

⁸ "¡Huyan de Babilonia, ᵏ del país de los caldeos!
¡Salgan como guías al frente del rebaño!
⁹ Pues voy a hacer que un grupo
de poderosos pueblos del norte ˡ
ataque al mismo tiempo a Babilonia.
Se alinearán y la conquistarán.
Son guerreros expertos,
que disparan sus flechas sin fallar el tiro.
¹⁰ Saquearán a los caldeos;
los saquearán hasta llenarse.
Yo, el Señor, lo afirmo.

Caída de Babilonia

¹¹ "Ustedes, caldeos, que saquearon mi pueblo,
¡alégrense y diviértanse!
¡Salten como una novilla en la hierba!
¡Relinchen como caballos!
¹² Pero su patria y su ciudad natal
quedarán cubiertas de vergüenza.
Será la última de las naciones,
un desierto seco y desolado.
¹³ Porque me enojaré y la dejaré sin habitantes,
completamente convertida en un desierto.
Todo el que pase por allí quedará espantado
al ver el castigo que recibió. ᵐ
¹⁴ "¡A sus puestos, arqueros, rodeen Babilonia!
¡Disparen contra ella todas sus flechas,
porque pecó contra mí, contra el Señor!
¹⁵ ¡Lancen gritos de guerra por todos lados!
¡Babilonia ya se rinde!
¡Cayeron las torres, ⁿ se derrumbaron las murallas!
¡Esta es mi venganza: vénguense de ella!
¡Hagan con ella lo mismo que ella hizo!
¹⁶ No dejen en Babilonia a nadie que siembre o recoja
las cosechas.
Al ver la guerra destructora,
los extranjeros volverán a su patria,
cada cual huyendo hacia su tierra. ñ

Regreso de Israel

¹⁷ "Israel es como una oveja perdida, perseguida por leones. Primero se lo comió el rey de Asiria; después, Nabucodonosor, rey de Babilonia, le royó los huesos. ᵒ ¹⁸ Por eso yo, el Señor todopoderoso, el Dios de Israel, digo: Voy a castigar al rey de Babilonia y a su país, como lo hice con el rey de Asiria. ᵖ ¹⁹ Haré que Israel vuelva a su tierra, y como una oveja tendrá pastos abundantes en el Carmelo, ᑫ en Basán, ʳ en la región montañosa de Efraín ˢ y en Galaad. ᵗ ²⁰ Yo, el Señor, afirmo: En aquel tiempo, Israel y Judá estarán libres de culpas y pecados, porque yo perdonaré a los que deje con vida. ᵘ

Derrota de Babilonia

²¹ "¡Ataquen la región de Merataim
y a los habitantes de Pecod! ᵛ
¡Persíganlos, destrúyanlos por completo!
¡Cumplan mis órdenes en todo!
Yo, el Señor, lo ordeno."

²² En el país se oye estruendo de batalla,
de gran destrucción.
²³ ¡Babilonia, el martillo del mundo ʷ entero,
ha quedado roto, hecho pedazos!
¡Qué horror sienten las naciones
al ver lo que a Babilonia le ha pasado!
²⁴ Tú misma, Babilonia, te tendiste una trampa,
y sin darte cuenta caíste en ella.
Quedaste presa, atrapada,
porque te opusiste al Señor.
²⁵ El Señor abrió el depósito de sus armas
y sacó las armas de su ira,
porque el Señor todopoderoso
tiene una tarea que llevar a cabo
en la nación de los caldeos.
²⁶ ¡Atáquenla por todas partes!
¡Abran sus graneros!
¡Amontonen a la gente y destrúyanla!
¡Que no quede nadie con vida! ˣ
²⁷ ¡Maten a todos sus soldados,
envíenlos al matadero!
¡Ay de ellos! ¡Les llegó su día,
la hora de su castigo!

²⁸ (Gente escapada de Babilonia llega a Sión contando cómo el Señor nuestro Dios ha dado su merecido a Babilonia por lo que ella hizo con el templo.)

ʲ **50.6-7** Ez 34.5-6; Zac 10.2; Mc 6.34.
ᵏ **50.8** Is 48.20; 52.11; Jer 51.6,45; Ap 18.4.
ˡ **50.9** *Pueblos del norte:* Véase Jer 50.3 n.
ᵐ **50.13** Cf. Jer 18.16; 19.8; 25.9,11; 49.17.
ⁿ **50.15** *Torres:* traducción dudosa de un término que no vuelve a aparecer en el AT. Otros lo traducen por *pilares, bastiones* o *cimientos*.
ñ **50.16** *Los extranjeros volverán... a su tierra:* Is 13.14.
ᵒ **50.17** *El rey de Asiria:* Los asirios destruyeron Samaria, la capital del reino del norte, en el año 721 a.C. (cf. 2 R 17.3-6). Véase *Índice de mapas.* Nabucodonosor, rey de Babilonia, invadió Jerusalén en el año 598 a.C. y la destruyó por completo en el año 586 a.C. (cf. 2 R 24.1—25.21).
ᵖ **50.18** Nínive, la capital del imperio asirio, había sido destruida en el año 612 a.C. Cf. Nah 1—3.
ᑫ **50.19** *El Carmelo:* Véanse 1 R 18.19 n.; Jer 46.18 n.

ʳ **50.19** *Basán:* Véase Sal 22.12(13) n.
ˢ **50.19** *Efraín:* Véase Jer 31.6 nota *g*.
ᵗ **50.19** *Galaad:* Véase Dt 2.36 n.
ᵘ **50.20** El perdón de los *pecados* es una característica esencial de la nueva alianza anunciada en Jer 31.31-34. Véase Is 40.2 nota *f*.
ᵛ **50.21** *Merataim* era el nombre de una región al sur de Babilonia y *los habitantes de Pecod* eran los miembros de una de sus tribus. El profeta elige estos nombres por su parecido con dos palabras hebreas que significan, respectivamente, *doble rebelión* y *lugar de castigo*.
ʷ **50.23** *El martillo del mundo:* gráfica descripción de la potencia política y militar que sometió a numerosos pueblos del antiguo Oriente, sobre todo, en la primera mitad del siglo VI a.C. Véase Jer 1.14-15 n.; cf. 51.20-23.
ˣ **50.26** Jer 50.21.

²⁹ "¡Llamen a todos los arqueros,
para que ataquen a Babilonia!
¡Acampen alrededor de la ciudad
para que nadie escape!
¡Páguenle como merece!ʸ
¡Hagan con ella lo mismo que ella hizo!
Porque ha sido insolente conmigo,
con el Señor, el Dios Santo de Israel.
³⁰ Por eso sus jóvenes caerán muertos por las calles
y todos sus guerreros morirán en ese día.
Yo, el Señor, lo afirmo."

³¹ El Señor todopoderoso dice:
"Nación insolente, yo estoy en contra tuya;
ha llegado tu día,ᶻ la hora de castigarte.
³² Nación insolente, tropezarás y caerás,
y nadie te levantará.
Prenderé fuego a todas tus ciudades,
y ese fuego destruirá todos tus contornos."

³³ El Señor todopoderoso dice: "El pueblo de Israel y el pueblo de Judáᵃ están sufriendo la opresión. Sus enemigos los tienen presos y no quieren soltarlos. ³⁴ Pero su redentorᵇ es fuerte y se llama el Señor todopoderoso. Él se encargará de hacerles justicia; traerá paz al país y terror a los habitantes de Babilonia."

³⁵ El Señor dice:
"¡Guerra a Babilonia y a sus habitantes!
¡A sus jefes y a sus sabios!
³⁶ ¡Guerra a sus adivinos: que se vuelvan locos!
³⁷ ¡Guerra a sus soldados: que tiemblen de miedo!
¡Guerra a sus caballos y sus carros!
¡Guerra a sus soldados mercenarios:
que se vuelvan como mujeres!
¡Guerra a sus tesoros: que se los roben!
³⁸ ¡Guerra a sus ríos: que se sequen!
Porque Babilonia es un país de ídolos horribles,
y por ellos ha perdido el sentido.

³⁹ "Por eso, en Babilonia harán sus guaridas los gatos monteses y los chacales,ᶜ y allí vivirán los avestruces. Jamás en todos los siglos venideros volverá a ser habitada. ⁴⁰ Quedará como Sodoma y Gomorra y las ciudades vecinas,ᵈ cuando fueron destruidas. Nadie volverá a vivir allí, ni siquiera de paso. Yo, el Señor, lo afirmo.

⁴¹ "Desde lejanas tierras del norte,ᵉ
una nación poderosa y numerosos reyes
se preparan a venir.
⁴² Están armados de arcos y lanzas;
son crueles, no tienen compasión,
sus gritos son como el estruendo del mar,
y van montados a caballo.
Están listos para la batalla contra Babilonia.ᶠ
⁴³ El rey de Babilonia, al saber esta noticia,
se ha quedado paralizado de miedo,
y siente angustia y dolor
como mujer de parto.

⁴⁴ "Vendré repentinamente como un león que sale de los matorrales del Jordán y se lanza a los lugares donde siempre hay pasto fresco, y haré huir de ahí a los de Babilonia, y haré que gobierne la persona que yo escoja. Pues ¿quién puede compararse a mí? ¿Quién puede desafiarme? ¿Qué pastor me puede hacer frente? ⁴⁵ Escuchen el plan que yo, el Señor, he preparado contra Babilonia; el proyecto que he formulado contra el país de los caldeos: Aun a los corderos más pequeños se los llevarán, y las mismas praderas serán también destrozadas. ⁴⁶ La caída de Babilonia hará tanto ruido, que la tierra temblará, y sus gritos se oirán en las demás naciones."ᵍ

51 Destrucción de Babilonia

¹ El Señor dice:
"Voy a enviar un viento destructor
contra Babilonia y los caldeos.ᵃ
² Haré que sus enemigos traten a Babilonia
como a trigo que se lanza al aire;
haré que dejen sin habitantes su territorio.
Cuando llegue el día del desastre,
la atacarán por todas partes.
³ ¡Que preparen sus arcos los arqueros!
¡Que se pongan las corazas!ᵇ
¡No tengan compasión de los jóvenes de Babilonia;
destruyan su ejército por completo!
⁴ Por todo el país de los caldeos
la gente quedará tendida por las calles,
⁵ pues aunque Israel y Judá han pecado contra mí
y han llenado de pecado su país,
yo, el Señor todopoderoso,
el Dios Santo de Israel,
aún no los he abandonado.

⁶ "¡Huyan de Babilonia! ¡Sálvese quien pueda!
¡No mueran por causa del pecado de ella!ᶜ
Esta es la hora de mi venganza,
y le pagaré como merece.ᵈ
⁷ Babilonia era en mi mano una copa de oro
que embriagaba a todo el mundo.

ʸ **50.29** Sal 28.4; 137.8; Ap 18.6.
ᶻ **50.31** *Ha llegado tu día:* Véanse Jer 25.1-14 n.; 50.1—51.64 n.
ᵃ **50.33** *El pueblo de Israel y el pueblo de Judá:* Véase Jer 50.4 nota *f.*
ᵇ **50.34** *Su redentor:* o bien, *su liberador;* véase Is 41.14 n.
ᶜ **50.39** *Los gatos monteses y los chacales:* traducción dudosa. Cf. Is 13.20-22; Ap 18.2.
ᵈ **50.40** *Sodoma y Gomorra:* Cf. Gn 19.24-25; véase Jer 23.14 nota *m.*
ᵉ **50.41** *Del norte:* Véase Jer 50.3 n.
ᶠ **50.41-42** Cf. Jer 6.22-23.

ᵍ **50.40,44-46** Cf. Jer 49.18-21.

ᵃ **51.1** *Los caldeos:* Así traduce la versión griega (LXX) el texto hebreo que dice lit. *el corazón de los que se levantan contra mí.* Probablemente esta expresión era una fórmula en clave para designar a los caldeos.

ᵇ **51.3** *¡Que preparen... corazas!:* traducción probable, según la versión griega (LXX). Heb. oscuro.

ᶜ **51.6** *Por causa del pecado de ella:* otra posible traducción: *en su castigo.*

ᵈ **51.6** Cf. Is 48.20; Jer 50.8; 51.45; Ap 18.4.

Las naciones bebían de ese vino
y perdían el sentido. *e*
8 Pero de pronto Babilonia cayó hecha pedazos. *f*
¡Pónganse a llorar por ella!
Traigan remedios para sus heridas,
a ver si se cura."
9 Ya le pusimos remedios a Babilonia,
pero no se curó.
¡Déjenla! Vámonos de aquí,
cada uno a su patria,
pues su crimen llega hasta el cielo, *g*
se levanta hasta las nubes.
10 El Señor hizo triunfar nuestro derecho.
Vengan, vamos a contar en Sión
lo que ha hecho el Señor nuestro Dios.
11 El Señor quiere destruir Babilonia,
y ha despertado en los reyes de Media *h*
ese mismo sentimiento.
Esa es la venganza del Señor
por lo que hicieron con su templo.
¡Preparen las flechas! ¡Sujeten los escudos!
12 ¡Den la señal de atacar los muros de Babilonia!
¡Refuercen la guardia!
¡Pongan centinelas!
¡Tiendan emboscadas!
Porque el Señor preparó y llevó a cabo
los planes que había anunciado
contra los habitantes de Babilonia.
13 Tú, Babilonia, que estás junto a grandes ríos *i*
y tienes grandes riquezas,
¡ya te ha llegado tu fin,
el término de tu existencia!
14 El Señor todopoderoso ha jurado por su vida:
"¡Te llenaré de enemigos, como de langostas,
y ellos cantarán victoria sobre ti!"

Himno de alabanza a Dios *j* (Jer 10.12-16)

15 El Señor, con su poder, hizo la tierra;
con su sabiduría afirmó el mundo;
con su inteligencia extendió el cielo.
16 Con voz de trueno hace rugir el agua en el cielo,
hace subir las nubes desde el extremo de la tierra,
hace brillar los relámpagos en medio de la lluvia
y saca el viento de donde lo tiene guardado. *k*
17 Necio e ignorante es todo hombre.
Los ídolos defraudan al que los fabrica:
son imágenes engañosas y sin vida;
18 son objetos sin valor, ridículos,
que el Señor, en el juicio, destruirá.
19 ¡Qué diferente es el Dios de Jacob,
creador de todo lo que existe!
Él escogió a Israel como su propiedad.
El Señor todopoderoso: ese es su nombre.

Babilonia, instrumento de castigo del Señor *l*

20 "¡Babilonia, tú eres mi mazo,
mi arma de guerra!
Contigo destrozo naciones
y destruyo reinos.
21 Contigo destrozo caballos y jinetes,
carros y cocheros.
22 Contigo destrozo hombres y mujeres,
ancianos y jóvenes,
muchachos y muchachas.
23 Contigo destrozo pastores y rebaños,
labradores y bueyes,
gobernadores y funcionarios.

Castigo de Babilonia

24 "Pero ante los propios ojos de ustedes
pagaré a Babilonia y a todos los caldeos
como merecen, por el mal que hicieron a Sión.
Yo, el Señor lo afirmo.
25 Yo estoy en contra tuya, montaña destructora,
que destruyes toda la tierra.
Yo, el Señor, lo afirmo.
Levantaré la mano para castigarte,
te haré rodar desde los peñascos
y te convertiré en un cerro quemado.
26 Ninguna de las piedras de tus ruinas
servirá para construir edificios.
Serás un desierto para siempre.
Yo, el Señor, lo afirmo.
27 "¡Den en el país la señal de ataque!
¡Toquen la trompeta y preparen a las naciones
para atacar a Babilonia!
¡Levanten contra ella a los reinos de Ararat,
de Miní y de Asquenaz! *m*
¡Nombren un general *n* que dirija la batalla!
¡Hagan avanzar la caballería como langostas furiosas!
28 Preparen a las naciones para atacarla;
preparen a los reyes de Media,
y a sus gobernadores y funcionarios,
y toda la tierra que dominan."
29 La tierra tiembla y se estremece,
porque el Señor está cumpliendo sus planes
de convertir Babilonia en un horrible desierto.
30 Los soldados babilonios dejaron de luchar,
se quedaron en sus fortalezas;

---

e **51.7** Cf. Jer 25.15-26; Ap 17.2-4; 18.3.
f **51.8** Ap 18.2.
g **51.9** Ap 18.5.
h **51.11** *Ha despertado en los reyes de Media:* Esta expresión se refiere a Ciro, rey de los medos y de los persas, que conquistó la ciudad de Babilonia en el año 539 a.C. (véase Is 41.2 n.).
i **51.13** *Grandes ríos:* alusión al río Éufrates y sus canales, que regaban las llanuras de Babilonia. Cf. Ap 17.1. Véase *Índice de mapas.*
j **51.15-19** Estos vv. son una repetición de Jer 10.12-16.
k **51.16** Sal 135.7; Eclo 43.13-14.
l **51.20-23** Cf. Jer 50.23.
m **51.27** *Ararat, Miní y Asquenaz* (véase Gn 10.3 n.) eran regiones situadas al norte de Babilonia.
n **51.27** *Un general:* traducción probable de un término sumeroacádico. Otros intérpretes piensan que se trata de un oficial encargado del reclutamiento de los soldados.

sus fuerzas se agotaron,
y hasta parecían mujeres.
Sus ciudades fueron invadidas
y sus casas incendiadas.
³¹ Uno tras otro corren los mensajeros
a anunciar al rey de Babilonia
que su ciudad fue conquistada por completo.
³² El enemigo ocupó los pasos de los ríos,
incendió los puestos de defensa ⁿ
y los soldados se llenaron de terror.
³³ Porque el Señor todopoderoso,
el Dios de Israel, dice:
"¡Babilonia es como una era
pisoteada en el tiempo de la trilla,
y muy pronto va a llegarle el tiempo
    de la cosecha!"
³⁴⁻³⁵ Dice Jerusalén, la ciudad de Sión:
"Nabucodonosor, el rey de Babilonia,
me hizo pedazos y me devoró;
me dejó como un plato vacío.
Como un monstruo del mar, me tragó;
se llenó con lo que más le gustó de mí,
y el resto lo tiró. ᵒ
¡Que pague Babilonia por la violencia que me hizo!
¡Que paguen los caldeos por la gente
    que me mataron!"

Promesa a Israel

³⁶ El Señor dice:
"Yo te voy a hacer justicia,
me voy a vengar de tus enemigos.
Voy a dejar completamente secos
el río y los manantiales de Babilonia,
³⁷ que quedará convertida en un montón de ruinas,
en guarida de chacales,
en un lugar inhabitable
que a todos causará espanto y horror.
³⁸ Todos ellos rugirán como leones
y gruñirán como cachorros.
³⁹ Cuando ardan de calor, yo les daré a beber
bebidas que los embriaguen
y les hagan perder el sentido. ᵖ
Así caerán en un sueño eterno
del que no despertarán.
Yo, el Señor, lo afirmo.
⁴⁰ Luego los llevaré al matadero,
como se lleva a los corderos, chivos y carneros."

Caída de Babilonia

⁴¹ ¡Babilonia, ᵠ la ciudad famosa en todo el mundo,
ha caído, ha sido conquistada!
¡Cómo se espantan las naciones al verla!
⁴² El mar inundó Babilonia,
la cubrió con sus grandes olas.
⁴³ Sus ciudades se convirtieron en horrible desierto,
en tierra seca y desolada,
donde nadie vive,
por donde nadie pasa.
⁴⁴ "Castigaré al dios Bel en Babilonia,
le haré vomitar lo que se había tragado,
y no volverán las naciones a acudir a él.
¡Ya cayeron las murallas de Babilonia!
⁴⁵ Pueblo mío, sal de ahí,
¡y que cada cual salve su vida
de mi ardiente ira! ʳ
⁴⁶ No se asusten, no tengan miedo
por los rumores que corren en el país.
Cada año correrán rumores diferentes,
rumores de violencia en el país
y de luchas entre gobernantes.
⁴⁷ Así pues, vendrá el día
en que castigaré a los ídolos de Babilonia.
Todo el país quedará humillado
y cubierto de cadáveres.
⁴⁸ El cielo y la tierra y todo lo que existe
se alegrarán cuando caiga Babilonia, ˢ
cuando vengan del norte sus destructores.
Yo, el Señor, lo afirmo.
⁴⁹ Sí, Babilonia ha de caer
por los muertos que le causó a Israel
y por los muertos que causó en todo el mundo." ᵗ

Mensaje a los judíos que están en Babilonia

⁵⁰ Ustedes, los que escaparon de la matanza,
huyan sin parar,
y aun cuando estén lejos, piensen en el Señor
y acuérdense de Jerusalén.
⁵¹ Ustedes dicen: "Sentimos vergüenza
al oír cómo nos insultan.
La deshonra cubre nuestros rostros,
porque gente extranjera ha entrado
hasta los sitios más santos del templo."
⁵² Pero el Señor afirma:
"Viene el día
en que castigaré a los ídolos de Babilonia,
y en todo su territorio gemirán los heridos.
⁵³ Y aunque Babilonia suba hasta el cielo
para poner bien alta su fortaleza,
aun allí le enviaré enemigos que la destruyan.
Yo, el Señor, lo afirmo."

Destrucción de Babilonia

⁵⁴ Desde Babilonia llegan gritos de dolor,
desde el país de los caldeos llega un gran ruido.
⁵⁵ Es el Señor, que destruye a Babilonia
y pone fin a su bullicio.
Los enemigos, como olas rugientes,
caerán sobre ella con gran estruendo.

ⁿ **51.32** *Puestos de defensa:* traducción probable. Heb. *pantanos.*
ᵒ **51.34-35** *Y el resto lo tiró:* traducción probable. Heb. oscuro.
ᵖ **51.39** *Y les hagan perder el sentido:* según varias versiones antiguas. Heb. *se diviertan.*
ᵠ **51.41** *Babilonia:* Véanse Jer 25.26 nota *t;* 51.1 n.
ʳ **51.45** Is 48.20; Jer 50.8.
ˢ **51.48** Ap 18.20.
ᵗ **51.49** Ap 18.24.

⁵⁶ Vinieron a destruir Babilonia;
ya capturaron a sus guerreros
y les hicieron pedazos sus arcos.
Porque el Señor es un Dios
que a cada cual le da lo que merece.
⁵⁷ El Rey, el Señor todopoderoso, afirma:
"Emborracharé a los jefes de Babilonia,
a sus sabios y gobernadores,
y a sus funcionarios y soldados,
y caerán en un sueño eterno
del que no despertarán.
⁵⁸ Yo, el Señor todopoderoso, digo:
Las anchas murallas de Babilonia
serán derribadas por completo,
y sus enormes puertas serán incendiadas.
Inútilmente habrán trabajado las naciones,
pues sus fatigas terminarán en el fuego."

Llevan a Babilonia el mensaje de Jeremías ⁵⁹ En el año cuarto del gobierno de Sedequías, rey de Judá, el profeta Jeremías dio un encargo a Seraías, hijo de Nerías y nieto de Maaseías. Seraías acompañaba al rey Sedequías en su viaje a Babilonia, como encargado de arreglar el hospedaje del rey. ⁶⁰ Jeremías había escrito en un libro su mensaje acerca de todas las calamidades que habrían de venir sobre Babilonia, es decir, todo lo escrito acerca de ella, ⁶¹ y le dijo a Seraías: "Cuando llegues a Babilonia, ten cuidado de leer todo este mensaje. ⁶² Luego dirás: 'Señor, tú has dicho que destruirás este lugar, de manera que nadie vuelva a vivir aquí, ni hombres ni animales, porque lo vas a convertir en un desierto para siempre.' ⁶³ Y luego que termines de leer este libro, átale una piedra y échalo al río Éufrates, ⁶⁴ y di: 'Así se hundirá Babilonia, y no se volverá a levantar ᵘ del desastre que el Señor le va a enviar.'" ᵛ

Aquí terminan las palabras de Jeremías.

IV. APÉNDICE HISTÓRICO: LA CAÍDA DE JERUSALÉN (52.1-34) ᵃ

52
Reinado de Sedequías *(2 R 24.18-20; 2 Cr 36.11-16)*
¹ Sedequías tenía veintiún años cuando comenzó a reinar, y reinó en Jerusalén once años. Su madre se llamaba Hamutal, hija de Jeremías, y era de Libná. ² Pero sus hechos fueron malos a los ojos del Señor, igual que los de Joaquim. ³ Por eso el Señor se enojó con Jerusalén y con Judá, y los echó de su presencia.

Caída de Jerusalén *(2 R 24.20—25.7; Jer 39.1-7)* Después Sedequías se rebeló contra el rey de Babilonia. ⁴ El día diez del mes décimo del año noveno del reinado de Sedequías, el rey Nabucodonosor marchó con todo su ejército contra Jerusalén, y la sitió. ᵇ Acampó frente a ella, y a su alrededor construyó rampas para atacarla. ⁵ La ciudad estuvo sitiada hasta el año once del reinado de Sedequías. ⁶ El día nueve del mes cuarto de ese año aumentó el hambre en la ciudad, y la gente no tenía ya nada que comer. ⁷ Entonces hicieron un boquete en las murallas de la ciudad, ᶜ y aunque los caldeos la tenían sitiada, el rey ᵈ y todos los soldados huyeron de la ciudad durante la noche. Salieron por la puerta situada entre las dos murallas, por el camino de los jardines reales, y tomaron el camino del valle del Jordán. ⁸ Pero los soldados caldeos persiguieron al rey Sedequías, y lo alcanzaron en la llanura de Jericó. Todo su ejército lo abandonó y se dispersó. ⁹ Los caldeos capturaron al rey y lo llevaron ante el rey de Babilonia, que estaba en Riblá, en el territorio de Hamat. Allí Nabucodonosor dictó sentencia contra Sedequías, ¹⁰ y en presencia de este mandó degollar a sus hijos y a todos los nobles de Judá. ¹¹ En cuanto a Sedequías, mandó que le sacaran los ojos y que lo encadenaran para llevarlo a Babilonia, ᵉ en donde estuvo preso hasta que murió.

Destrucción del templo *(2 R 25.8-21; 2 Cr 36.17-21; Jer 39.8-10)*
¹² El día diez del mes quinto del año diecinueve del reinado de Nabucodonosor, rey de Babilonia, Nebuzaradán, ministro del rey y comandante de la guardia real, llegó a Jerusalén ¹³ e incendió el templo, ᶠ el palacio real y todas las casas de la ciudad, especialmente las casas de todos los personajes notables, ¹⁴ y el ejército caldeo que lo acompañaba derribó las murallas que rodeaban a Jerusalén. ¹⁵ Luego Nebuzaradán llevó desterrados a Babilonia ᵍ tanto a los que aún quedaban en la ciudad como a los que se habían puesto del lado del rey de Babilonia, y al resto de los artesanos. ¹⁶ Solo dejó a algunos de entre la gente más pobre, para que cultivaran los viñedos y los campos. ʰ

¹⁷ Los caldeos hicieron pedazos los objetos de bronce que había en el templo: las columnas, las bases y la enorme pila para el agua, y se llevaron todo el bronce a Babilonia. ¹⁸ También se llevaron los ceniceros, las palas, las despabiladeras, los tazones, los cucharones y todos los utensilios de bronce para el culto. ¹⁹ Igualmente, el comandante de la guardia se llevó todos los objetos de oro y plata: las palanganas, los braseros, los tazones, los ceniceros, los candelabros, los cucharones y las copas para las ofrendas de vino. ²⁰ Por lo que se refiere a las dos columnas, la enorme pila para el agua con los doce toros de bronce que la sostenían y las bases que el rey Salomón había mandado hacer para el templo, su peso no podía calcularse. ²¹ Cada columna tenía más de ocho metros de altura y como cinco metros y medio de circunferencia; eran huecas por dentro, y el grosor del bronce era de siete centímetros. ²² Cada columna tenía en su parte superior un capitel de bronce, de más de dos metros de altura, alrededor del cual había una rejilla toda de bronce, adornada con granadas. Las dos columnas eran iguales. ²³ En la rejilla de cada

---

ᵘ **51.63-64** Ap 18.21.
ᵛ **51.64** Heb. añade *y se fatigarán*.
ᵃ **52.1-34** Este cap. reproduce casi literalmente el relato de 2 R 25.1-21,27-30. Tal vez ha sido incluido en el libro de *Jeremías* para atestiguar que los anuncios del profeta se cumplieron realmente.
ᵇ **52.4** Ez 24.2.
ᶜ **52.7** Ez 33.21.
ᵈ **52.7** *El rey:* incluido según 39.4. En el texto hebreo no aparece esta frase.
ᵉ **52.4-11** Ez 12.8-13; 17.19-20.
ᶠ **52.13** 1 R 9.8.
ᵍ **52.15** Heb. añade *a algunos de entre la gente más pobre*.
ʰ **52.15-16** Ez 12.14-16; 17.21.

capitel había cien granadas, de las cuales noventa y seis estaban a la vista. *i*

Los judíos llevados al destierro ²⁴ El comandante de la guardia apresó también a Seraías, sumo sacerdote, a Sofonías, sacerdote que le seguía en dignidad, y a los tres guardianes del umbral del templo. ²⁵ De la gente de la ciudad apresó al oficial que mandaba las tropas, a siete hombres del servicio personal del rey que se encontraron en la ciudad, al funcionario militar que reclutaba hombres para el ejército y a sesenta ciudadanos notables que estaban en la ciudad. ²⁶⁻²⁷ Nebuzaradán llevó a todos estos ante el rey de Babilonia, que estaba en Riblá, en el territorio de Hamat. Allí el rey de Babilonia mandó que los mataran.

Así pues, el pueblo de Judá fue desterrado de su país.

²⁸ El número de personas desterradas por Nabucodonosor fue el siguiente: el año séptimo de su reinado desterró a tres mil veintitrés personas de Judá; ²⁹ el año dieciocho desterró a ochocientas treinta y dos de Jerusalén; ³⁰ el año veintitrés, Nebuzaradán desterró a setecientas cuarenta y cinco de Judá, lo que dio un total de cuatro mil seiscientas personas desterradas.

Joaquín es libertado y recibe honores en Babilonia
(2 R 25.27-30) ³¹ El día veinticinco del mes doce del año treinta y siete del destierro del rey Joaquín de Judá, comenzó a reinar en Babilonia el rey Evil-merodac, el cual se mostró bondadoso con Joaquín y lo sacó de la cárcel, ³² lo trató bien y le dio preferencia sobre los otros reyes que estaban con él en Babilonia. ³³ De esta manera, Joaquín pudo quitarse la ropa que usaba en la prisión y comer con el rey por el resto de su vida. ³⁴ Además, durante toda su vida, hasta que murió, Joaquín recibió una pensión diaria de parte del rey de Babilonia.

---

i **52.17-23** 1 R 7.15-47.

Lamentaciones

Después de la destrucción de Jerusalén en el año 587 a.C. (2 R 25.1-21), comenzaron a celebrarse, junto a las ruinas del Templo, ceremonias conmemorativas de la gran catástrofe nacional. En estas celebraciones, la oración y el ayuno se unían a otras manifestaciones de aflicción y de duelo (cf. Jer 41.5; Zac 7.3; 8.19), y de ese modo se mantenían vivos, a un mismo tiempo, el recuerdo de aquel trágico acontecimiento y la esperanza en la restauración anunciada por los profetas (cf. Jer 30—31).

Un eco de las ideas y sentimientos que animaban aquellas conmemoraciones se encuentra en los cinco poemas que forman el libro de *Lamentaciones* (=Lm). En estos poemas se presenta a Jerusalén como una mujer que se ha quedado viuda (1.1), o como una madre que llora y se lamenta amargamente por la muerte, la dispersión y la humillación de sus hijos (2.19,22). Pero, sobre todo, el pueblo confiesa sus pecados (1.8,14,20; 3.42; 4.6) y reconoce que el Señor no ha cometido ninguna injusticia al tratar a Jerusalén y a Judá con tanta severidad (1.18). Por eso, este libro no contiene solamente lamentos individuales (cf. 1.12-16) o colectivos (cf. 3.43-47; 5.1-22), sino también expresiones de profunda confianza en el Señor (3.21-24), cantos de alabanza (5.19) y de acción de gracias (3.55-57), e invitaciones a reflexionar en profundidad sobre el sentido de los recientes acontecimientos (3.40-41).

Los cuatro primeros poemas contienen 22 estrofas, y las letras que están al comienzo de cada estrofa siguen el orden del alfabeto hebreo. Es decir, que estos cuatro poemas son "acrósticos" o "alfabéticos", lo mismo que algunos salmos y otras composiciones poéticas del AT (véase Sal 9 nota *a*; cf. Pr 31.10-31). La quinta lamentación no usa este artificio literario, pero cuenta con 22 versículos, que es el número de las letras del alfabeto hebreo.

El nombre de *Lamentaciones* proviene de la versión griega del AT llamada de los Setenta o Septuaginta (LXX). La Biblia hebrea, en cambio, da a este libro el nombre de *Eijá* (lit. ¡*Cuán...!*), de acuerdo con la costumbre judía de nombrar los libros de la Biblia con la palabra que figura al comienzo de cada uno de ellos. La tradición hebrea, por otra parte, lo llama *Quinot*, término que designaba originariamente los lamentos o cantos fúnebres que se entonaban por un muerto (cf. 2 Cr 35.25), y que luego se aplicó también a los poemas compuestos con ocasión de alguna catástrofe nacional (cf. Jer 7.29; 9.10[9],19[18]; Am 5.1-2). El poeta de las *Lamentaciones* emplea esta forma literaria, pero le añade un contenido nuevo. Porque él no solo expresa su dolor por la tragedia que puso fin a una etapa en la historia de Israel, sino mantiene firme su fe y su confianza en el Señor, sabiendo que es preciso *esperar en silencio* (3.26), *hasta que el Señor del cielo nos mire desde lo alto* (3.50).

En el texto hebreo del AT no hay ninguna referencia que relacione este libro con el profeta Jeremías. Pero en la versión griega (LXX), el libro está precedido por una nota que dice: "Y sucedió que cuando Israel fue llevado al cautiverio y Jerusalén quedó devastada, el profeta Jeremías se sentó a llorar y entonó esta lamentación por Jerusalén, diciendo...". Esta nota pasó luego a la versión latina (Vulgata) y dio lugar a que el libro fuera conocido como *Lamentaciones de Jeremías*.

El siguiente esquema ofrece una visión global del libro:

    I. Primer lamento (1.1-22)
    II. Segundo lamento (2.1-22)
    III. Tercer lamento (3.1-66)
    IV. Cuarto lamento (4.1-22)
    V. Quinto lamento (5.1-22)

LAMENTACIONES 1

I. PRIMER LAMENTO (1.1-22)[a]

1 ¹ ¡Cuán solitaria ha quedado
la ciudad antes llena de gente!
¡Tiene apariencia de viuda[b]
la ciudad capital de los pueblos!
¡Sometida está a trabajos forzados
la princesa de los reinos![c]

² Se ahoga en llanto por las noches;
lágrimas corren por sus mejillas.
De entre todos sus amantes[d]
no hay uno que la consuele.[e]
Todos sus amigos la han traicionado;
se han vuelto sus enemigos.[f]

³ A más de sufrimientos y duros trabajos,
Judá sufre ahora el cautiverio.[g]
La que antes reinaba entre los pueblos,
ahora no encuentra reposo.
Los que la perseguían, la alcanzaron
y la pusieron en aprietos.

⁴ ¡Qué tristes están los caminos de Sión![h]
¡No hay nadie que venga a las fiestas!
Las puertas de la ciudad están desiertas,
los sacerdotes lloran,
las jóvenes se afligen
y Jerusalén pasa amarguras.[i]

⁵ Sus enemigos dominan,
sus adversarios prosperan.
Es que el Señor la ha afligido
por lo mucho que ha pecado.
Sus hijos fueron al destierro
llevados por el enemigo.

⁶ Desapareció de la bella Sión
toda su hermosura;
sus jefes, como venados,
andan en busca de pastos;
arrastrando los pies, avanzan
delante de sus cazadores.

⁷ Jerusalén recuerda aquellos días,
cuando se quedó sola y triste;
recuerda todas las riquezas que tuvo
en tiempos pasados;
recuerda cuando cayó en poder del enemigo
y nadie vino en su ayuda,
cuando sus enemigos la vieron
y se burlaron de su ruina.

⁸ Jerusalén ha pecado tanto
que se ha hecho digna de desprecio.[j]
Los que antes la honraban, ahora la desprecian,
porque han visto su desnudez.
Por eso está llorando,
y avergonzada vuelve la espalda.[k]

⁹ Tiene su ropa llena de inmundicia;
no pensó en las consecuencias.
Es increíble cómo ha caído;
no hay quien la consuele.
¡Mira, Señor, mi humillación
y la altivez del enemigo!

¹⁰ El enemigo se ha adueñado
de las riquezas de Jerusalén.[l]
La ciudad vio a los paganos
entrar violentamente en el santuario,
¡gente a la que tú, Señor, ordenaste
que no entrara en tu lugar de reunión!

¹¹ Todos sus habitantes lloran,
andan en busca de alimentos;
dieron sus riquezas a cambio de comida
para poder sobrevivir.
¡Mira, Señor, mi ruina!
¡Considera mi desgracia!

¹² ¡Ustedes,[m] los que van por el camino,
deténganse a pensar
si hay dolor como el mío,
que tanto me hace sufrir!
¡El Señor me mandó esta aflicción
al encenderse su enojo!

¹³ El Señor lanzó desde lo alto
un fuego que me ha calado hasta los huesos;
tendió una trampa a mi paso
y me hizo volver atrás;

---

[a] **1.1-22** Este poema se divide en dos partes que tienen la misma extensión: la primera (vv.1-11) describe poéticamente la ruina de Jerusalén, estableciendo una impresionante contraposición entre su gloria pasada y su desgracia presente; en la segunda (vv. 12-22), la ciudad, personificada, se lamenta amargamente de su soledad y desamparo, implorando la compasión de los hombres (cf. v. 12) y la misericordia de Dios (cf. v. 20).

[b] **1.1** En las culturas del antiguo Oriente, la situación de la mujer *viuda* era en extremo precaria. Por carecer de la protección de su marido, quedaba expuesta a la miseria y a la explotación (cf. Rt 1.3-5; Is 54.4). La comparación de Jerusalén con una *viuda* sugiere la idea de total desolación.

[c] **1.1** *Ciudad capital... princesa de los reinos:* Estos calificativos y otros semejantes ponen de relieve la magnitud de la catástrofe: la que ahora está en ruinas no es una ciudad cualquiera, sino Jerusalén, *la ciudad de Dios, la más santa de las ciudades del Altísimo* (Sal 46.4[3]) y *la ciudad del gran rey* David (Sal 48.2[3]). Véase Sal 48 n.

[d] **1.2** *Amantes:* Véase Jer 2.20 nota *r;* cf. Jer 3.1; Os 2.2,7.

[e] **1.2** *No hay uno que la consuele:* Lm 1.9,16-17,21. El verbo hebreo traducido por *consolar* no se refiere aquí a un consuelo dado solo de palabra (cf. Gn 37.35), sino que incluye la acción y la ayuda eficaz. Cuando el Señor *consuela* a su pueblo, actúa en favor de él para reconfortarlo, colmarlo de alegría y darle la salvación (Sal 71.20-21; Is 40.1-2; 57.18; Jer 31.13). Véase también Jn 14.16-17 nota *m.* Cf. Sal 69.20; Jer 9.17-19; 13.17; Bar 4.12.

[f] **1.2** Cf. Jer 30.13-14.

[g] **1.3** *Sufre... cautiverio:* Cf. 2 R 24.18-21.

[h] **1.4** *Sión:* Véase Sal 2.6 n.

[i] **1.4** Cf. Is 3.26; Jer 14.2.

[j] **1.8** *Digna de desprecio:* lit. *impura* (por menstruación). Cf. v. 17.

[k] **1.8** Cf. Ez 16.35-37.

[l] **1.10** Cf. 2 R 24.13; 25.13-17.

[m] **1.12** *Ustedes:* traducción probable. Heb. *no a ustedes.*

me ha entregado al abandono,
al sufrimiento a cada instante.

¹⁴ Mis pecados los ha visto el Señor;
me han sido atados por él mismo,
y como un yugo [n] pesan sobre mí:
¡acaban con mis fuerzas!
El Señor me ha puesto en manos de gente
ante la cual no puedo resistir.

¹⁵ El Señor arrojó lejos de mí
a todos los valientes que me defendían.
Lanzó un ejército a atacarme,
para acabar con mis hombres más valientes.
¡El Señor ha aplastado a la virginal Judá
como se aplastan las uvas para sacar vino! [ñ]

¹⁶ Estas cosas me hacen llorar.
Mis ojos se llenan de lágrimas,
pues no tengo a nadie que me consuele,
a nadie que me dé nuevo aliento.
Entre ruinas han quedado mis hijos,
porque pudo más el enemigo que nosotros.

¹⁷ Sión extiende las manos suplicante,
pero no hay quien la consuele.
El Señor ha ordenado que a Jacob
lo rodeen sus enemigos;
Jerusalén es para ellos
objeto de desprecio.

¹⁸ El Señor hizo lo debido,
porque me opuse a sus mandatos.
¡Escúchenme, pueblos todos;
contemplen mi dolor!
¡Mis jóvenes y jovencitas
han sido llevados cautivos!

¹⁹ Pedí ayuda a mis amantes,
pero ellos me traicionaron.
Mis sacerdotes y mis ancianos
murieron en la ciudad:
¡andaban en busca de alimentos
para poder sobrevivir!

²⁰ ¡Mira, Señor, mi angustia!
¡Siento que me estalla el pecho!
El dolor me oprime el corazón
cuando pienso en lo rebelde que he sido.
Allá afuera la espada mata a mis hijos,
y aquí adentro también hay muerte. [o]

²¹ La gente escucha mis lamentos,
pero no hay quien me consuele.
Todos mis enemigos saben de mi mal,
y se alegran de que tú lo hayas hecho.

¡Haz que venga el día que tienes anunciado,
y que les vaya a ellos como me ha ido a mí!

²² Haz que llegue a tu presencia
toda la maldad que han cometido;
trátalos por sus pecados
como me has tratado a mí,
pues es mucho lo que lloro;
¡tengo enfermo el corazón!

II. SEGUNDO LAMENTO (2.1-22) [a]

2 ¹ ¡Tan grande ha sido el enojo del Señor,
que ha oscurecido a la bella Sión!
Ha derribado la hermosura de Israel, [b]
como del cielo a la tierra;
ni siquiera se acordó, en su enojo,
del estrado de sus pies. [c]

² El Señor no ha dejado en pie
ni una sola de las casas de Jacob;
en un momento de furor ha destruido
las fortalezas de la bella Judá;
ha echado por tierra, humillados,
al reino y sus gobernantes.

³ Al encenderse su enojo, cortó de un tajo
todo el poder de Israel.
Nos retiró el apoyo de su poder
al enfrentarnos con el enemigo;
¡ha prendido en Jacob un fuego
que devora todo lo que encuentra!

⁴ El Señor, como un enemigo,
tensó el arco, afirmó el brazo;
igual que un adversario,
destrozó lo que era agradable a la vista;
como un fuego, lanzó su enojo
sobre el campamento de la bella Sión.

⁵ El Señor actuó como un enemigo:
destruyó por completo a Israel;
derrumbó todos sus palacios,
derribó sus fortalezas,
colmó a la bella Judá
de aflicción tras aflicción.

⁶ Como un ladrón, hizo violencia a su santuario;
destruyó el lugar de las reuniones.
El Señor hizo que en Sión se olvidaran
las fiestas y los sábados.
En el ardor de su enojo,
rechazó al rey y al sacerdote. [d]

⁷ El Señor ha rechazado su altar,
ha despreciado su santuario; [e]

---

[n] **1.14** *Mis pecados... un yugo:* traducción probable, según la versión griega (LXX). Heb. oscuro.
[ñ] **1.15** Cf. Is 63.3; Jl 3.13; Ap 14.20; 19.15.
[o] **1.20** Cf. Jer 4.19; 9.21.
[a] **2.1-22** El comienzo (v. 1) y el final (v.22) del poema expresan claramente el tema predominante en esta segunda lamentación: el día de la destrucción de Jerusalén ha sido el día de la ira del Señor.
[b] **2.1** *La hermosura de Israel:* es decir, Jerusalén y su templo.
[c] **2.1** *El estrado de sus pies:* expresión metafórica que se refiere a la presencia divina en este mundo. En Sal 132.7 es el arca de la alianza (cf. 1 Cr 28.2); en Is 66.1, la tierra; aquí, el templo de Sión (cf. Ez 43.7).
[d] **2.6** Cf. Is 1.13.
[e] **2.7** Cf. Ez 24.21.

ha entregado en poder del enemigo
las murallas que protegían la ciudad.
¡Hay un griterío en el templo del Señor,
como si fuera día de fiesta!

⁸ El Señor decidió derrumbar
las murallas de la bella Sión.
Trazó el plan de destrucción ᶠ
y lo llevó a cabo sin descanso.
Paredes y murallas, que él ha envuelto en luto,
se han venido abajo al mismo tiempo.

⁹ La ciudad no tiene puertas ni cerrojos:
¡quedaron destrozados, tirados por el suelo!
Su rey y sus gobernantes están entre paganos; ᵍ
ya no existe la ley de Dios. ʰ
¡Ni siquiera sus profetas tienen
visiones de parte del Señor! ⁱ

¹⁰ Los ancianos de la bella Sión
se sientan silenciosos en el suelo,
se echan polvo sobre la cabeza
y se visten de ropas burdas.
Las jóvenes de Jerusalén
agachan la cabeza hasta el suelo.

¹¹ El llanto acaba con mis ojos,
y siento que el pecho me revienta;
mi ánimo se ha venido al suelo,
al ver destruida la ciudad de mi gente,
al ver que hasta los niños de pecho
mueren de hambre por las calles.

¹² Decían los niños a sus madres:
"¡Ya no tenemos pan ni vino!"
Y caían como heridos de muerte
por las calles de la ciudad,
exhalando el último suspiro
en brazos de sus madres.

¹³ ¿A qué te puedo comparar o asemejar,
hermosa Jerusalén?
¿Qué ejemplo puedo poner para consolarte,
pura y bella ciudad de Sión?
Enorme como el mar ha sido tu destrucción;
¿quién podrá darte alivio?

¹⁴ Las visiones que tus profetas te anunciaron
no eran más que un vil engaño. ʲ
No pusieron tu pecado al descubierto
para hacer cambiar tu suerte; ᵏ

te anunciaron visiones engañosas,
y te hicieron creer en ellas. ˡ

¹⁵ Al verte, los que van por el camino
aplauden en son de burla;
silban y mueven burlones la cabeza,
diciendo de la bella Jerusalén:
"¿Y es esta la ciudad a la que llaman
la máxima belleza de la tierra?" ᵐ

¹⁶ Todos tus enemigos
abren la boca en contra tuya.
Entre silbidos y gestos de amenaza, dicen:
"La hemos arruinado por completo.
Este es el día que tanto esperábamos;
¡por fin pudimos verlo!"

¹⁷ El Señor llevó a cabo sus planes,
cumplió su palabra.
Destruyó sin miramientos
lo que mucho antes había resuelto destruir, ⁿ
permitió que el enemigo se riera de ti
y puso en alto el poder ñ del adversario.

¹⁸ ¡Pídele ayuda al Señor,
bella ciudad de Sión!
¡Deja correr de día y de noche
el torrente de tus lágrimas!
¡No dejes de llorar,
no des reposo a tus ojos! ᵒ

¹⁹ Levántate, grita por las noches,
grita hora tras hora;
vacía tu corazón delante del Señor,
déjalo que corra como el agua;
dirige a él tus manos suplicantes
y ruega por la vida de tus niños,
que en las esquinas de las calles
mueren por falta de alimentos.

²⁰ Mira, Señor, ponte a pensar
que nunca a nadie has tratado así.
¿Tendrán acaso las madres
que comerse a sus niños de pecho? ᵖ
¿Tendrán los sacerdotes y profetas
que ser asesinados en tu santuario?

²¹ Tendidos por las calles
se ven jóvenes y ancianos;
mis jóvenes y jovencitas
cayeron a filo de espada.

ᶠ **2.8** *Trazó el plan de destrucción:* lit. *tendió una cuerda,* como para nivelar el suelo y dejarlo completamente liso. Cf. 2 R 21.13.
ᵍ **2.9** *Entre paganos:* es decir, en el exilio (cf. 2 R 24.8-17; 25.11,25).
ʰ **2.9** *La ley de Dios:* no la ley promulgada en el Sinaí, sino la instrucción dada por el sacerdote (Dt 17.8-13), puesta aquí en paralelismo con las *visiones* de los *profetas* (cf. Jer 18.18). De este modo, en los vv. 9-10 se mencionan todos los responsables de conducir al pueblo de Dios (rey, gobernantes, sacerdotes, profetas y ancianos).
ⁱ **2.7-9** Cf. Sal 74.3-9; Ez 7.26.
ʲ **2.14** *Las visiones... engaño:* Cf. Jer 23.9-17; Lm 4.13.

ᵏ **2.14** *Cambiar tu suerte:* La catástrofe no era inevitable: el reconocimiento a tiempo del pecado y la conversión a Dios habrían podido evitarlo. Cf. Dt 30.2-3.
ˡ **2.14** Cf. Jer 5.31; 23.25-27; Ez 13.10.
ᵐ **2.15** *¿Es esta... de la tierra?:* Sal 48.2(3).
ⁿ **2.17** 1 R 9.6-9.
ñ **2.17** *El poder:* lit. *el cuerno* (véase Ex 27.2 n.).
ᵒ **2.18** *Bella:* traducción probable; otra posible traducción: *gime. Tus ojos:* lit. *la hija de tus ojos,* es decir, la *pupila,* o quizá más bien las *lágrimas* que brotan de los ojos.
ᵖ **2.20** Cf. Dt 28.53; 2 R 6.28-29; Jer 19.9.

En el día de tu ira, heriste de muerte,
¡mataste sin miramientos!

²² Has hecho venir peligros de todos lados, *q*
como si acudieran a una fiesta;
en el día de tu ira, Señor,
no hubo nadie que escapara.
A los que yo crié y eduqué,
el enemigo los mató.

III. TERCER LAMENTO (3.1-66)

3 ¹ Yo soy el que ha experimentado el sufrimiento *a*
bajo los golpes de la furia del Señor.
² Me ha llevado a regiones oscuras,
me ha hecho andar por caminos sin luz; *b*
³ una y otra vez, a todas horas,
descarga su mano sobre mí. *c*

⁴ Ha hecho envejecer mi carne y mi piel,
ha hecho pedazos mis huesos; *d*
⁵ ha levantado a mi alrededor
un cerco de amargura y sufrimientos; *e*
⁶ me ha hecho vivir en las sombras,
como los que murieron hace tiempo. *f*

⁷ Me encerró en un cerco sin salida; *g*
me oprimió con pesadas cadenas;
⁸ aunque grité pidiendo ayuda,
no hizo caso de mis ruegos; *h*
⁹ me cerró el paso con muros de piedra, *i*
¡cambió el curso de mis senderos!

¹⁰ Él ha sido para mí como un león escondido, *j*
como un oso a punto de atacarme.
¹¹ Me ha desviado del camino, me ha desgarrado,
¡me ha dejado lleno de terror!
¹² ¡Tensó el arco y me puso
como blanco de sus flechas!

¹³ Las flechas lanzadas por el Señor
se me han clavado muy hondo. *k*
¹⁴ Toda mi gente se burla de mí;
a todas horas soy el tema de sus burlas. *l*
¹⁵ El Señor me ha llenado de amarguras;
amarga es la bebida que me ha dado. *m*
¹⁶ Me estrelló los dientes contra el suelo;
me hizo morder el polvo.
¹⁷ De mí se ha alejado la paz *n*
y he olvidado ya lo que es la dicha.
¹⁸ Hasta he llegado a pensar que ha muerto
mi firme esperanza en el Señor. *ñ*

¹⁹ Recuerdo mi tristeza y soledad,
mi amargura y sufrimiento;
²⁰ me pongo a pensar en ello
y el ánimo se me viene abajo.
²¹ Pero una cosa quiero tener presente
y poner en ella mi esperanza:

²² El amor del Señor no tiene fin,
ni se han agotado sus bondades.
²³ Cada mañana se renuevan;
¡qué grande es su fidelidad! *o*
²⁴ Y me digo: ¡El Señor lo es todo para mí;
por eso en él confío! *p*

²⁵ El Señor es bueno con los que en él confían,
con los que a él recurren. *q*
²⁶ Es mejor esperar en silencio
a que el Señor nos ayude.
²⁷ Es mejor que el hombre se someta
desde su juventud.

²⁸ El hombre debe quedarse solo y callado
cuando el Señor se lo impone;
²⁹ debe, humillado, besar el suelo,
pues tal vez aún haya esperanza;
³⁰ debe ofrecer la mejilla a quien le hiera,
y recibir el máximo de ofensas. *r*

³¹ El Señor no ha de abandonarnos
para siempre.
³² Aunque hace sufrir, también se compadece,
porque su amor es inmenso. *s*
³³ Realmente no le agrada afligir
ni causar dolor a los hombres.

³⁴ El pisotear sin compasión
a los prisioneros del país,
³⁵ el violar los derechos de un hombre
en la propia cara del Altísimo,
³⁶ el torcer la justicia de un proceso,
son cosas que el Señor condena.

---

q **2.22** Cf. Sal 31.13; Jer 20.3,10; 46.5; 49.29.
a **3.1** Es difícil saber si el que se lamenta es un individuo o el pueblo personificado en la figura de un hombre (y no de una mujer como en las lamentaciones anteriores). De todas maneras, este individuo encarna y expresa los padecimientos de su nación (cf. vv. 40-47, donde ya no se emplea la primera persona del singular sino la del plural, es decir, una expresión típica de las lamentaciones colectivas). Véase *Introducción a los Salmos (3) (b)*.
b **3.2** Job 19.8.
c **3.3** Cf. Job 7.16-19; Sal 88.7,15-16.
d **3.4** Job 7.5; 30.30.
e **3.5** Job 19.12.
f **3.6** Cf. Sal 88.5-6; 143.3.
g **3.7** Cf. Job 3.23; 19.8.
h **3.8** Job 30.20.
i **3.9** Cf. Job 3.23; 19.8.
j **3.10-11** Cf. Job 10.16; 16.9.
k **3.12-13** Job 16.12-13.
l **3.14** Cf. Dt 28.37; Job 30.9; Sal 69.10-12; Jer 20.7.
m **3.15** Job 9.18.
n **3.17** *La paz:* heb. *shalom,* entendida en el sentido bíblico del término, que no comporta solamente ausencia de guerra, sino también prosperidad, bienestar colectivo y existencia vivida en plenitud. Algunos textos destacan de modo especial la estrecha relación entre la *paz* y la *justicia* (Sal 85.11; Is 9.7; Zac 8.16). Véase también *Paz* en el *Índice temático.*
ñ **3.16-18** Cf. Job 17.15-16; 19.9-10; 30.19.
o **3.22-23** Cf. Ex 34.6-7; Sal 136.
p **3.24** Cf. Sal 16.5; 119.57.
q **3.25** Is 30.18.
r **3.30** Mt 5.39.
s **3.31-33** Cf. Sal 30.5; Is 54.7-8; 60.10.

³⁷ Cuando algo se dice, cuando algo pasa,
es porque el Señor lo ha ordenado.
³⁸ Tanto los bienes como los males
vienen porque el Altísimo así lo dispone. ᵗ
³⁹ Siendo el hombre un pecador,
¿de qué se queja en esta vida?

⁴⁰ Reflexionemos seriamente en nuestra conducta,
y volvamos nuevamente al Señor.
⁴¹ Elevemos al Dios del cielo
nuestros pensamientos y oraciones.
⁴² Nosotros pecamos y fuimos rebeldes,
y tú no perdonaste. ᵘ

⁴³ Nos rodeaste con tu furia, nos perseguiste,
¡nos quitaste la vida sin miramientos!
⁴⁴ Te envolviste en una nube
para no escuchar nuestros ruegos.
⁴⁵ Nos has tratado como a vil basura
delante de toda la gente.

⁴⁶ Todos nuestros enemigos
abren la boca en contra de nosotros;
⁴⁷ temores, trampas, destrucción y ruina,
¡eso es lo que nos ha tocado!
⁴⁸ Ríos de lágrimas brotan de mis ojos
ante la destrucción de mi amada ciudad. ᵛ

⁴⁹ Lloran mis ojos sin descanso,
pues no habrá alivio
⁵⁰ hasta que el Señor del cielo
nos mire desde lo alto.
⁵¹ Me duelen los ojos hasta el alma,
por lo ocurrido a las hijas de mi ciudad.

⁵² Sin tener ningún motivo,
mis enemigos me han cazado como a un ave;
⁵³ me enterraron vivo en un pozo,
y con una piedra taparon la salida.
⁵⁴ El agua me ha cubierto por completo,
y he pensado: "Estoy perdido." ʷ

⁵⁵ Yo, Señor, invoco tu nombre
desde lo más profundo del pozo; ˣ
⁵⁶ tú escuchas mi voz,
y no dejas de atender a mis ruegos.
⁵⁷ El día que te llamo, vienes a mí,
y me dices: "No tengas miedo."

⁵⁸ Tú me defiendes, Señor, en mi lucha,
tú rescatas mi vida.
⁵⁹ Tú ves, Señor, las injusticias que sufro,
¡hazme justicia!

⁶⁰ Tú ves sus deseos de venganza
y todos los planes que hacen contra mí.

⁶¹ Escucha, Señor, sus ofensas
y todos los planes que hacen contra mí;
⁶² las habladurías de mis enemigos,
que a todas horas hablan en contra mía.
⁶³ ¡Mira cómo en todas sus acciones
soy objeto de sus burlas!

⁶⁴ Dales, Señor, su merecido,
dales lo que sus hechos merecen.
⁶⁵ Enduréceles el entendimiento,
y pon sobre ellos tu maldición.
⁶⁶ Persíguelos con furia, Señor,
¡haz que desaparezcan de este mundo!

IV. CUARTO LAMENTO (4.1-22) ᵃ

4 ¹ ¡Cómo se ha empañado el oro!
¡Cómo perdió su brillo el oro fino!
¡Esparcidas por todas las esquinas
están las piedras del santuario!

² Los habitantes de Sión, tan estimados,
los que valían su peso en oro,
ahora son tratados como ollas de barro
hechas por un simple alfarero.

³ Hasta las hembras de los chacales dan la teta
y amamantan a sus cachorros,
pero la capital de mi pueblo es cruel,
cruel como un avestruz del desierto.

⁴ Tienen tanta sed los niños de pecho
que la lengua se les pega al paladar.
Piden los niños pan,
pero no hay nadie que se lo dé.

⁵ Los que antes comían en abundancia,
ahora mueren de hambre por las calles. ᵇ
Los que crecieron en medio de lujos,
ahora viven en los muladares.

⁶ La maldad de la capital de mi pueblo
es mayor que el pecado de Sodoma,
la cual fue destruida en un instante
sin que nadie la atacara. ᶜ

⁷ Más blancos que la nieve eran sus hombres escogidos, ᵈ
más blancos que la leche;
su cuerpo, más rojizo que el coral;
su porte, hermoso como el zafiro.

⁸ Pero ahora se ven más sombríos que las tinieblas;
nadie en la calle podría reconocerlos.

ᵗ **3.38** Cf. Job 2.10; Is 45.7.
ᵘ **3.40-42** Is 55.7.
ᵛ **3.48-51** Cf. Jer 9.1; Lm 2.11.
ʷ **3.54** Cf. Sal 69.2-3(3-4); Jon 2.3-6.
ˣ **3.55-56** Cf. Sal 130.1-2.
ᵃ **4.1-22** La cuarta lamentación describe el triste estado a que se han visto reducidos los habitantes de Jerusalén, incluidos el *rey* (v. 20) y la nobleza (v. 5). Como causantes de tan graves males se mencionan particularmente *el pecado de sus profetas* y *la maldad de sus sacerdotes* (v. 13). Pero Edom, el enemigo tradicional, no tiene motivos para alegrarse, porque también él dará cuenta a Dios de sus *pecados* (v. 22).
ᵇ **4.4-5** Cf. 2 R 25.3; Jer 52.6.
ᶜ **4.6** Gn 19.24.
ᵈ **4.7** *Sus hombres escogidos*: lit. *sus nazareos* (véase Nm 6.2 n.). Este término tiene aquí, probablemente, un sentido más amplio y se aplica, en general, a los miembros de la nobleza.

La piel se les pega a los huesos,
¡la tienen seca como leña!

⁹ Mejor les fue a los que murieron en batalla
que a los que murieron de hambre,
porque estos murieron lentamente
al faltarles los frutos de la tierra.

¹⁰ Con sus propias manos,
mujeres de buen corazón cocieron a sus hijos;
sus propios hijos les sirvieron de comida
al ser destruida la capital de mi pueblo. *e*

¹¹ El Señor agotó su enojo,
dio rienda suelta al ardor de su furia;
le prendió fuego a Sión
y destruyó hasta sus cimientos.

¹² Jamás creyeron los reyes de la tierra,
todos los que reinaban en el mundo,
que el enemigo, el adversario,
entraría por las puertas de Jerusalén. *f*

¹³ ¡Y todo por el pecado de sus profetas, *g*
por la maldad de sus sacerdotes,
que dentro de la ciudad misma
derramaron sangre inocente!

¹⁴ Caminan inseguros, como ciegos,
por las calles de la ciudad;
tan sucios están de sangre
que nadie se atreve a tocarles la ropa. *h*

¹⁵ "¡Apártense, apártense —les gritan—;
son gente impura, no los toquen!" *i*
"Son vagabundos en fuga —dicen los paganos—,
no pueden seguir viviendo aquí."

¹⁶ La presencia del Señor los dispersó,
y no volvió a dirigirles la mirada.
No hubo respeto para los sacerdotes
ni compasión para los ancianos.

¹⁷ Con los ojos cansados, pero atentos,
en vano esperamos ayuda.

Pendientes estamos de la llegada
de un pueblo que no puede salvar. *j*

¹⁸ Vigilan todos nuestros pasos;
no podemos salir a la calle.
Nuestro fin está cerca, nos ha llegado la hora;
¡ha llegado nuestro fin!

¹⁹ Más veloces que las águilas del cielo
son nuestros perseguidores;
nos persiguen por los montes,
¡nos ponen trampas en el desierto!

²⁰ Preso ha caído *k* el escogido del Señor,
el que daba aliento a nuestra vida, *l*
el rey de quien decíamos:
"A su sombra *m* viviremos entre los pueblos."

²¹ ¡Ríete, alégrate, nación de Edom;
tú que reinas en la región de Us! *n*
¡También a ti te llegará el trago amargo, *ñ*
y quedarás borracha y desnuda!

²² Tu castigo ha terminado, ciudad de Sión; *o*
el Señor no volverá a desterrarte.
Pero castigará tu maldad, nación de Edom,
y pondrá al descubierto tus pecados. *p*

V. QUINTO LAMENTO (5.1-22) *a*

5 ¹ *b* Recuerda, Señor, lo que nos ha pasado;
míranos, ve cómo nos ofenden.

² Todo lo nuestro está ahora en manos de extranjeros;
ahora nuestras casas son de gente extraña.

³ Estamos huérfanos, sin padre;
nuestras madres han quedado como viudas. *c*

⁴ ¡Nuestra propia agua tenemos que comprarla;
nuestra propia leña tenemos que pagarla!

⁵ Nos han puesto un yugo en el cuello;
nos cansamos, y no nos dejan descansar.

⁶ Para llenarnos de pan, tendemos la mano
a los egipcios y a los asirios.

---

e **4.10** Cf. Dt 28.56-57; Lm 2.20; Ez 5.10.
f **4.12** *Jamás creyeron... por las puertas de Jerusalén:* Véase Lm 1.1 nota *c*.
g **4.13** *El pecado de tus profetas:* Cf. Jer 23.9-17; Lm 2.14.
h **4.14-15** Nm 19.11-16.
i **4.15** *¡No los toquen!:* como si fueran leprosos (Lv 13.45-46).
j **4.17** *Pendientes... no puede salvar:* alusión a las alianzas políticas con los grandes imperios de aquella época, que no trajeron la salvación sino la ruina de los reinos de Israel y de Judá. Cf. Is 8.6-10; Jer 37.5-10; y véanse Os 7.8 n.; 7.11 n.
k **4.20** *Preso ha caído:* alusión a la captura y deportación de Sedecías, rey de Judá (2 R 25.4-7; Jer 39.4-6).
l **4.20** *El escogido del Señor:* lit. *el ungido del Señor* (véase Sal 2.2 nota *c*). *El que daba aliento a nuestra vidas:* lit. *el soplo de nuestras narices.* Estos dos títulos indican el lugar de preeminencia que se asignaba al rey de la dinastía davídica durante el período monárquico. El primer título lo caracteriza en su relación con el Señor; el segundo, en su relación con el pueblo. En otros pasajes se llama al rey *hijo* de Dios (2 S 7.14; Sal 89.27[28]) y *lámpara de Israel* (2 S 21.17).

m **4.20** *A su sombra:* es decir, bajo su protección.
n **4.21** *Us:* Cf. Job 1.1.
ñ **4.21** *El trago amargo:* lit. *la copa* (véase Sal 75.8[9] n.).
o **4.22** Is 40.2.
p **4.21-22** Abd 1-12.
a **5.1-22** Por su forma y contenido, esta quinta lamentación se asemeja a las súplicas colectivas del Salterio (véase *Introducción a los Salmos [3] [b]*). Como en los poemas anteriores, aquí se expresa el dolor de un pueblo que ha sido arrasado por completo y que lucha, a pesar de todo, para no hundirse en la desesperanza (cf. v. 21). Cf. Sal 44.9-26; 74; 79.
b **5.1** (número del v.) A diferencia de las otras lamentaciones, aquí no se emplea el artificio alfabético, aunque también este poema consta de 22 vv. (el número de letras del alfabeto hebreo).
c **5.3** En el AT, y en general en todo el antiguo Oriente, *huérfanos* y *viudas* eran los representantes típicos de las personas indefensas y desprotegidas (véanse las referencias en Sal 68.5[6] n.). Véase también Dt 16.9-12 n.; Lm 1.1 nota *b* y *Huérfanos* en el *Índice temático*.

⁷ Nuestros padres pecaron, y ya no existen,
y nosotros cargamos con sus culpas. ᵈ

⁸ Ahora somos dominados por esclavos,
y no hay quien nos libre de sus manos.

⁹ El pan lo conseguimos a riesgo de la vida
y a pesar de los guerreros del desierto.

¹⁰ La piel nos arde como un horno,
por la fiebre que el hambre nos causa.

¹¹ En Sión y en las ciudades de Judá,
mujeres y niñas han sido deshonradas.

¹² Nuestros jefes fueron colgados de las manos,
los ancianos no fueron respetados.

¹³ A los hombres más fuertes los pusieron a moler;
los jóvenes cayeron bajo el peso de la leña.

¹⁴ Ya no hay ancianos a las puertas de la ciudad; ᵉ
ya no se escuchan canciones juveniles.

¹⁵ Ya no tenemos alegría en el corazón;
nuestras danzas de alegría acabaron en tristeza.

¹⁶ Se nos cayó de la cabeza la corona;
¡ay de nosotros, que hemos pecado!

¹⁷ Por eso tenemos enfermo el corazón;
por eso se nos nubla la vista.

¹⁸ El monte Sión ᶠ es un montón de ruinas;
en él van y vienen las zorras.

¹⁹ Pero tú, Señor, por siempre reinarás;
¡siempre estarás en tu trono! ᵍ

²⁰ ¿Por qué has de olvidarnos para siempre?
¿Por qué has de abandonarnos tanto tiempo? ʰ

²¹ ¡Haznos volver a ti, Señor, y volveremos!
¡Haz que nuestra vida sea otra vez lo que antes fue! ⁱ

²² Pero tú nos has rechazado por completo; ʲ
mucho ha sido tu enojo con nosotros. ᵏ

ᵈ **5.7** *Nuestros padres... con sus culpas:* Cf. Jer 31.29; Ez 18.2.
ᵉ **5.14** *Las puertas de la ciudad:* Véase Sal 127.2 n.
ᶠ **5.18** *El monte Sión:* Véase Sal 2.6 n.
ᵍ **5.19** Cf. Sal 102.12; 145.13; 146.10. Ni siquiera en las circunstancias más penosas el pueblo deja de alabar al Señor y de confiar en él (cf. Sal 22.3-5[4-6]).
ʰ **5.20** Sal 74.1.
ⁱ **5.21** Cf. Sal 80.3-7; Jer 31.18.
ʲ **5.22** Cf. Sal 74.1.
ᵏ **5.19-22** La profesión de fe en la realeza del Señor (v. 19) y la súplica (vv. 20-21) marcan el punto culminante de esta quinta lamentación: ellas mantienen viva la esperanza en el Señor y en el poder que tiene para renovar la *vida* (cf. Ro 4.18-21).

Ezequiel

Cuando se considera la magnitud de la catástrofe que se abatió sobre el reino de Judá en el 587 a.C., resulta asombroso que el pueblo de Israel no haya desaparecido de la historia como tantas otras naciones del antiguo Oriente. Jerusalén fue arrasada, el templo incendiado y buena parte de la población llevada al exilio (2 R 25.8-11). Abrumados por la desgracia, algunos israelitas ponían en duda la justicia divina (Ez 18.2); otros se hundían en la desesperanza, pensando que todo había terminado para Israel como nación (Ez 37.11); otros, en fin, suplicaban la misericordia divina sin llegar a ver el término de sus padecimientos (Lm 1.20-21).

Esta crisis debió agravarse todavía más cuando los deportados a Babilonia, arrancados de su suelo patrio, entraron en contacto con aquel gran centro político y cultural y se vieron rodeados de un esplendor y un poderío insólitos. Frente a tanta magnificencia, su propia cultura debió parecerles en extremo pobre y atrasada. No es de extrañar, entonces, que muchos exiliados se hayan adaptado, tal vez con resignación al comienzo, y después de buena gana, a las nuevas condiciones de vida en el país del exilio.

Sin embargo, no todos los deportados aceptaron sin más la idea de quedarse a vivir para siempre en Babilonia. El territorio de Israel era para ellos mucho más que un lugar como cualquier otro: era la Tierra prometida a la descendencia de Abraham y el sitio donde se encontraba la *Ciudad de Dios* (véase Sal 46 n.). Este recuerdo mantenía vivo el deseo de retornar a Jerusalén (cf. Sal 137), para reconstruir el templo destruido e impedir que el pueblo de Israel se desintegrara en medio de naciones más poderosas que él.

Entre los que más contribuyeron a mantener despierta la conciencia de los israelitas en el exilio ocupa un lugar preeminente el profeta Ezequiel, autor del libro que lleva su nombre (=Ez). Situado en el límite de un mundo ya muerto y de otro que debía nacer, su mensaje profético está lleno de evocaciones del pasado (cf. Ez 16; 20; 23), de referencias a la situación presente (cf. 18.2,31-32) y de promesas de salvación para el futuro (caps. 36—37).

Puede afirmarse con suficiente seguridad, que Ezequiel integró la columna de israelitas que fueron llevados al exilio junto con Joaquín, rey de Judá, en la llamada primera deportación a Babilonia (cf. 2 R 24.8-17). En Jerusalén, antes de partir para el destierro, había sido sacerdote en el culto del templo; pero un día, mientras estaba *a orillas del río Quebar, en Babilonia* (Ez 1.1-3), tuvo una deslumbrante visión que cambió por completo su vida: el Dios de Israel lo llamó a ejercer la misión profética, y a partir de aquel momento fue el portavoz del Señor en medio de los deportados (cf. Ez 3.10-11). Su actividad se extendió por lo menos hasta el 571 a.C., pues ninguno de sus mensajes lleva una indicación cronológica posterior a esa fecha.

En la primera parte de su ministerio, cuando Jerusalén aún no había sido destruida, Ezequiel anunció incansablemente que la ruina de la ciudad era ya inevitable (cf. Ez 9.8-10). La imagen del matrimonio y del adulterio, heredada de Oseas y de Jeremías, le sirvió para resumir la historia de Israel como una historia de infidelidades e idolatrías. Jerusalén era el lugar donde más se había concentrado el pecado (caps. 8—12); era una ciudad llena de crímenes, y la justicia de Dios no podía dejarla sin castigo (Ez 22). Además, para hacer que su mensaje penetrara más profundamente en aquel auditorio muchas veces rebelde y escéptico, el profeta realizaba extrañas acciones simbólicas (Ez 4—5), ininteligibles para sus destinatarios, que se veían obligados a preguntarle: *Explícanos qué quiere decir para nosotros eso que estás haciendo* (24.19; cf. 12.9). (Véase Jer 13.1-11 n.)

Cuando la caída de Jerusalén confirmó la verdad de sus anuncios proféticos (cf. 33.21-22), Ezequiel debió gozar de un prestigio incuestionable entre los exiliados a Babilonia. Su hermosa voz y sus aptitudes musicales (cf. 33.32) debían ejercer una especial fascinación sobre el espíritu de sus compatriotas. Su misión consistió entonces, sobre todo, en preparar a sus hermanos de exilio para la futura restauración, haciéndoles comprender el verdadero motivo de aquella catástrofe (36.16-19).

Los temas de su predicación en esta segunda etapa son de una gran riqueza doctrinal. Ezequiel ya no anunció la inminencia del castigo, sino la llegada de la salvación. El pueblo disperso iba a ser congregado y llevado de nuevo a la tierra prometida (34.13; 36.24). El mismo Señor lo apacentaría, como un pastor apacienta sus ovejas, y lo haría descansar en los mejores pastizales (34.14-15). Particularmente significativo es el lenguaje utilizado por el profeta para referirse a la total transformación que iba a realizar el Señor en el pueblo rescatado del exilio: *Los lavaré con agua pura...; pondré en ustedes un corazón nuevo y un espíritu nuevo. Quitaré de ustedes ese corazón duro como la piedra y les pondré un corazón dócil. Pondré en ustedes mi espíritu y haré que cumplan mis leyes y decretos; vivirán en el país que di a sus padres, y serán mi pueblo y yo seré su Dios* (36.25-28).

Entre estas dos secciones se intercalan los mensajes contra las naciones (caps. 25—32). Los paganos, instrumentos momentáneos de la ira divina, sufrirían a su vez el castigo merecido por su exceso de soberbia y de crueldad. Estos mensajes sirven de preludio a la gran visión final, que describe el nuevo templo de Jerusalén en medio de la nación totalmente purificada y renovada (caps. 40—48).

Se ha afirmado con razón que en la persona de Ezequiel convivían muchas almas: era sacerdote y profeta, contemplativo y hombre de acción, poeta inspirado y razonador sutil, heraldo de ruina y profeta de salvación. Esta rica personalidad explica la riqueza y complejidad de su mensaje. Su condición de sacerdote se manifiesta en la preocupación por el templo del Señor (10.18-22; 43.1-12), en el horror por las impurezas rituales (4.14) y en el cuidado por distinguir lo sagrado de lo profano (45.1-6). Pero ese sacerdote era al mismo tiempo profeta, y tenía clara conciencia de haber sido puesto como centinela de Israel en uno de los momentos más críticos de su historia (3.16-21). Por otra parte, algunos pasajes de *Ezequiel* anticipan los temas y el estilo de la literatura apocalíptica (cf. caps. 37—39). Sus grandiosas visiones preparan las de Daniel, y no es extraño que el *Apocalipsis* de Juan se refiera con frecuencia a sus escritos.

La presencia de un profeta como Ezequiel contribuyó en gran medida a que el exilio en Babilonia fuera uno de los periodos más ricos y fecundos en la historia de Israel. Ezequiel, como antes Oseas, compara el exilio con una vuelta al desierto, de la que Israel debía salir purificado (20.35-37). Antiguamente, antes de entrar en la Tierra prometida, el pueblo de Dios había pasado por el desierto; ahora, del desierto del exilio, ese pueblo saldría renovado. La prueba era mucho más que un medio de purificación; era también una experiencia espiritual que le permitía acceder a un renacimiento más profundo.

El libro de Ezequiel consta de las partes siguientes:

    I. Llamamiento del profeta (1—3)
   II. Predicación de Ezequiel hasta la caída de Jerusalén (4—24)
  III. Mensajes contra las naciones (25—32)
  IV. Promesas de salvación (33—39)
   V. La Jerusalén del futuro (40—48)

I. LLAMAMIENTO DEL PROFETA (1—3) [a]

1 **Visión del trono de Dios** 1-3 Yo, el sacerdote Ezequiel, hijo de Buzí, estaba un día a orillas del río Quebar, [b] en Babilonia, entre los que habían sido llevados al destierro. En esto se abrió el cielo, [c] y vi a Dios en una visión. Era el día cinco del mes cuarto del año treinta, [d] cinco años después que el rey Joaquín había sido llevado al destierro. [e] El Señor puso su mano sobre mí. [f] 4 Entonces vi que del norte

---

[a] **1.1—3.27** El libro de *Ezequiel* se abre con una visión grandiosa, que describe la llegada del Dios de Israel a Babilonia, donde se encontraban los israelitas que habían sido llevados al exilio (cf. 1.1-3); véase *Índice de mapas*. En esta visión se mencionan varios elementos diversos: el viento huracanado, la nube, el fuego, los seres vivientes y el trono. Pero el campo visual se va estrechando cada vez más, hasta centrarse en el objeto esencial: el aspecto visible de la *gloria del Señor* (cf. Ez 1.28).

[b] **1.1-3** *El río Quebar*: canal tributario del Éufrates, que corre al sudeste del sitio donde se encontraba la antigua Babilonia. Véase *Índice de mapas*.

[c] **1.1-3** *Se abrió el cielo:* Cf. Ap 19.11.

[d] **1.1-3** El texto no indica a partir de qué fecha se cuentan estos treinta años. Algunos intérpretes piensan que se refieren a la edad de Ezequiel. En tal caso se estaría afirmando su autoridad como sacerdote, ya que los miembros de las familias sacerdotales podían comenzar a ejercer sus funciones a partir de esa edad (cf. Nm 4). Otros consideran que en estos vv. se han unido, sin tratar de armonizarlas, dos indicaciones cronológicas referentes a dos momentos diversos en la vida del profeta.

[e] **1.1-3** *El quinto año del destierro del rey Joaquín* corresponde al año 593 a.C. Cf. 2 R 24.10-16; 2 Cr 36.9-10.

[f] **1.1-3** *El Señor puso su mano sobre mí:* Esta expresión da una idea del poder con que el Señor se revela al profeta para actuar y hablar por medio de él. Cf. Ez 3.14,22; 8.1; 33.22; 37.1; 40.1.

venía un viento huracanado; de una gran nube salía un fuego ^{g} como de relámpagos, y en su derredor había un fuerte resplandor. ^{h} En medio del fuego brillaba algo semejante al metal bruñido, **5** y en el centro mismo había algo parecido a cuatro seres con aspecto humano. **6** Cada uno de ellos tenía cuatro caras y cuatro alas; **7** sus piernas eran rectas, con pezuñas como de becerro, y brillaban como bronce muy pulido. **8-9** Además de sus cuatro caras y sus cuatro alas, estos seres tenían manos de hombre en sus cuatro costados, debajo de sus alas. Las alas se tocaban unas con otras. Al andar, no se volvían, sino que caminaban de frente. **10** Las caras de los cuatro seres tenían este aspecto: por delante, su cara era la de un hombre; a la derecha, la de un león; a la izquierda, la de un toro; y por detrás, la de un águila. ^{i} **11** Las alas ^{j} se extendían hacia arriba. Dos de ellas se tocaban entre sí, y con las otras dos se cubrían el cuerpo. **12** Todos caminaban de frente, y no se volvían al andar. Iban en la dirección en que el poder de Dios los llevaba. **13** El aspecto de los seres era como de carbones encendidos, o como de algo parecido a antorchas ^{k} que iban y venían en medio de ellos; el fuego era resplandeciente, y de él salían relámpagos. **14** Los seres iban y venían rápidamente, como si fueran relámpagos. ^{l}

15 Miré a aquellos seres y vi que en el suelo, al lado de cada uno de ellos, había una rueda. **16** Las cuatro ruedas eran iguales y, por la manera en que estaban hechas, brillaban como el topacio. Parecía como si dentro de cada rueda hubiera otra rueda. **17** Podían avanzar en cualquiera de las cuatro direcciones, sin tener que volverse. **18** Vi ^{m} que las cuatro ruedas tenían sus aros, y que en su derredor estaban llenas de reflejos. ^{n} **19** Cuando aquellos seres avanzaban, también avanzaban las ruedas con ellos, y cuando los seres se levantaban del suelo, también se levantaban las ruedas. **20** Los seres se movían en la dirección en que el poder de Dios los impulsaba, y las ruedas se levantaban junto con ellos, porque las ruedas formaban parte viva de los seres. **21** Cuando los seres se movían, se movían también las ruedas, y cuando ellos se detenían, las ruedas también se detenían; y cuando los seres se levantaban del suelo, también las ruedas se levantaban con ellos, porque las ruedas formaban parte viva de los seres. ^{ñ}

22 Por encima de sus cabezas se veía una especie de bóveda, brillante como el cristal. ^{o} **23** Debajo de la bóveda se extendían rectas las alas de aquellos seres, tocándose unas con otras. Con dos de ellas se cubrían el cuerpo. **24** Y oí también el ruido que hacían las alas cuando avanzaban: era como el ruido del agua de un río crecido, ^{p} como la voz del Todopoderoso, ^{q} como el ruido de un gran ejército. Cuando se detenían, bajaban las alas. **25** Y salió un ruido de encima de la bóveda que estaba sobre la cabeza de ellos. ^{r} **26** Encima de la bóveda vi algo como un trono que parecía de zafiro, ^{s} y sobre aquella especie de trono había alguien que parecía un hombre. ^{t} **27** De lo que parecía ser su cintura para arriba, vi que brillaba como metal bruñido rodeado de fuego, ^{u} y de allí para abajo vi algo semejante al fuego. En su derredor había un resplandor **28** parecido al arco iris cuando aparece entre las nubes en un día de lluvia. De esta manera se me presentó la gloria del Señor. ^{v} Al verla, me incliné hasta tocar el suelo con la frente.

2 **Dios llama a Ezequiel** ^{a} Luego oí una voz **1** que me decía: "Tú, hombre, ^{b} ponte de pie, que te voy a hablar." **2** Mientras esa voz me hablaba, entró en mí el poder de Dios ^{c} y me hizo ponerme de pie. ^{d} Entonces oí que la

---

^{g} **1.4** El *fuego* suele estar asociado a las manifestaciones de Dios en el AT. Unas veces, como la *columna de fuego* en Ex 14.24, representa la presencia protectora del Señor; otras, como en Nm 16.35; Sof 1.18, simboliza el juicio de Dios.

^{h} **1.4** El *resplandor* de la luz es otra característica de las manifestaciones divinas (Is 9.2[1]). Cf. también Is 60.1-3, donde se compara la llegada de la gloria de Dios con la claridad de una aurora radiante.

^{i} **1.10** Cf. Ez 10.14; Ap 4.7.

^{j} **1.11** *Las alas:* así, según versiones antiguas. El texto hebreo añade *y sus caras.*

^{k} **1.13** Cf. Ap 4.5.

^{l} **1.14** El rápido desplazamiento de los cuatro *seres* sugiere la idea de una gran movilidad. La presencia divina no está ligada exclusivamente al templo de Jerusalén o la Tierra santa, sino que también puede manifestarse en Babilonia o en cualquier otra parte donde el pueblo necesita encontrarse con su Dios. Cf. Ez 10; 43.1-12, que muestran cómo la *gloria del Señor* abandona el templo y luego vuelve a entrar en él.

^{m} **1.18** *Vi:* según la versión griega (LXX). Heb. *temor.*

^{n} **1.18** *Reflejos:* lit. *ojos.* Cf. Ap 4.8.

^{ñ} **1.15-21** Ez 10.9-13.

^{o} **1.22** Cf. Ap 4.6.

^{p} **1.24** Cf. Ap 1.15; 19.6.

^{q} **1.24** *Todopoderoso:* heb. *Shadai.* Véase Gn 17.1 n.

^{r} **1.25** El texto hebreo repite: *Cuando se detenían, bajaban las alas.*

^{s} **1.26** *Un trono... de zafiro:* Cf. Ex 24.10.

^{t} **1.26** Cf. Ez 10.1; Ap 4.2-3.

^{u} **1.27** Ez 8.2.

^{v} **1.28** La *gloria del Señor* es la manifestación visible de la presencia divina (Ez 3.12,23; 8.4; 43.1-5). Cf. Ex 24.16-17; 40.34-35; véanse Jn 1.14 nota *ñ*; 2.11 n. Todos los elementos antes descritos preceden y acompañan la revelación de la *gloria del Señor,* que es el aspecto más importante de esta visión profética.

^{a} **2.1-10** La grandiosa visión del cap. 1 tiene por finalidad hacer de Ezequiel un *profeta,* es decir, un portavoz de Dios (cf. Dt 18.18; Jer 1.9). Por eso el Señor, después de manifestarle su gloria, le hace oír su palabra y le ordena que él, a su vez, la haga llegar a los demás miembros del pueblo (v. 7). Así vuelve a ponerse de manifiesto una de las características más importantes de las visiones proféticas: no son un espectáculo mudo, sino que están siempre ordenadas a la palabra; si el Señor hace ver algo, es para que esa visión se vuelva portadora de un mensaje (cf., por ej., Am 7.7-9; 8.1-3).

^{b} **2.1** *Hombre:* lit. *hijo de hombre,* modismo hebreo que expresa la pertenencia al género humano. Esta expresión, que en el libro de *Ezequiel* aparece 87 veces, pone de relieve la pequeñez del ser humano frente a la majestad de Dios. En el libro de *Daniel* y en los Evangelios, las expresiones *hijo de hombre* e *hijo del hombre* van a recibir una nueva significación. Véanse Dn 7.13 nota *o;* Mt 8.20 nota *n.*

^{c} **2.2** *El espíritu de Dios:* Ningún profeta ha utilizado tanto como Ezequiel la palabra hebrea que puede traducirse, según los contextos, por *viento, aliento vital, espíritu,* y algunas veces también por *fuerza* o *poder.* Hay una cierta analogía, en efecto, entre el *viento* que sopla con fuerza (cf. Ez 1.4), el *aliento de vida* que anima por dentro a los seres vivientes (cf. Ez 37.9-10) y la acción misteriosa de Dios que comunica la inspiración profética (cf. Ez 8.3) o transforma radicalmente el interior del hombre (cf. Ez 36.27: *pondré en ustedes mi espíritu*). Acerca del *Espíritu* en el NT, véase el *Índice temático.*

^{d} **2.2** *Me hizo ponerme de pie:* El vocabulario de Ezequiel hace resaltar el ímpetu con que el *espíritu del Señor* invade al profeta y lo hace entrar en éxtasis (3.24), lo levanta (3.12; 8.3), lo traslada de un lugar a otro (11.1; 43.5; cf. 37.1), o se le manifiesta como la

voz que me hablaba ³ seguía diciendo: "A ti, hombre, te voy a enviar ᵉ a los israelitas, un pueblo desobediente que se ha rebelado contra mí. Ellos y sus antepasados se han levantado contra mí hasta este mismo día. ⁴ También sus hijos son tercos y de cabeza dura. ᶠ Pues te voy a enviar a ellos, para que les digas: 'Esto dice el Señor.' ⁵ Y ya sea que te hagan caso o no, ᵍ pues son gente rebelde, sabrán que hay un profeta en medio de ellos. ⁶ Tú, hombre, no tengas miedo de ellos ni de lo que te digan, aunque te sientas como rodeado de espinos o viviendo entre alacranes. No tengas miedo de lo que te digan ni te asustes ante la cara que pongan, por muy rebeldes que sean. ⁷ Tú comunícales mis palabras, ya sea que te hagan caso o no, pues son muy rebeldes. ⁸ Atiende bien lo que te digo, y no seas rebelde como ellos. Abre la boca y come lo que te voy a dar."

⁹ Entonces vi una mano extendida hacia mí, la cual tenía un escrito enrollado. ¹⁰ La mano lo desenrolló delante de mí. Estaba escrito por ambos lados: eran lamentos, ayes

3 de dolor y amenazas. ʰ¹ Entonces me dijo: "Tú, hombre, cómete este escrito, ᵃ y luego ve a hablar a la nación de Israel."

² Abrí la boca y él me hizo comer el escrito. ³ Luego me dijo: "Trágate ahora este escrito que te doy, y llena con él tu estómago."

Yo me lo comí, y me supo tan dulce como la miel. ᵇ ⁴ Entonces me dijo: "Ve y comunica al pueblo de Israel lo que tengo que decirle. ⁵ Yo no te envío a un pueblo que habla una lengua complicada o difícil de entender, sino al pueblo de Israel. ⁶ No te envío a naciones numerosas que hablan idiomas complicados o difíciles, que tú no entenderías. Aunque, si yo te enviara a esos pueblos, ellos te harían caso. ⁷ En cambio, el pueblo de Israel no va a querer hacerte caso, porque no quiere hacerme caso a mí. Todo el pueblo de Israel es terco y de cabeza dura. ⁸ Pero yo voy a hacerte tan obstinado y terco como ellos. ⁹ Voy a hacerte duro como el diamante, más duro que la piedra. No les tengas miedo, ni te asustes ante la cara que pongan, por muy rebeldes que sean."

¹⁰ Luego me dijo: "Escucha atentamente todo lo que te voy a decir, y grábatelo en la memoria. ¹¹ Ve a ver a tus compatriotas que están en el destierro y, ya sea que te hagan caso o no, diles: 'Esto dice el Señor.' "

¹² Entonces el poder de Dios me levantó, y detrás de mí oí un fuerte ruido, como de un terremoto, al levantarse ᶜ de su sitio la gloria del Señor. ¹³ El ruido lo hacían las alas de los seres al rozarse unas con otras, y las ruedas que estaban junto a ellos; el ruido era como el de un gran terremoto. ¹⁴ El poder de Dios me levantó y me sacó de allí, y yo me fui triste y amargado, mientras el Señor me agarraba fuertemente con su mano. ¹⁵ Y llegué a Tel Abib, a orillas del río Quebar, donde vivían los israelitas desterrados, y durante siete días me quedé allí con ellos, sin saber qué hacer ni qué decir.

Dios pone a Ezequiel como centinela ᵈ *(Ez 33.1-9)* ¹⁶ Al cabo de los siete días, el Señor se dirigió a mí, y me dijo: ¹⁷ "A ti, hombre, yo te he puesto de centinela para el pueblo de Israel. Cuando yo te comunique algún mensaje, deberás anunciárselo de mi parte, para que estén advertidos. ¹⁸ Puede darse el caso de que yo pronuncie sentencia de muerte contra un malvado; pues bien, si tú no le hablas a ese malvado y le adviertes que deje su mala conducta para que pueda seguir viviendo, él morirá por su pecado, pero yo te pediré a ti cuentas de su muerte. ¹⁹ Si tú, en cambio, adviertes al malvado y él no deja su maldad ni su mala conducta, él morirá por su pecado, pero tú salvarás tu vida. ²⁰ También puede darse el caso de que un hombre recto deje su vida de rectitud y haga lo malo, y que yo lo ponga en peligro de caer; si tú no se lo adviertes, morirá. Yo no tomaré en cuenta el bien que haya hecho, y morirá por su pecado, pero a ti te pediré cuentas de su muerte. ᵉ ²¹ Si tú, en cambio, adviertes a ese hombre que no peque, y él no peca, seguirá viviendo, porque hizo caso de la advertencia, y tú salvarás tu vida."

Ezequiel se queda mudo ²² El Señor puso allí mismo su mano sobre mí, y me dijo: "Levántate y sal a la llanura, que allí te voy a hablar." ²³ Yo me levanté y salí a la llanura, y allí vi la gloria del Señor, como la había visto a orillas del río Quebar. Me incliné hasta tocar el suelo con la frente, ²⁴ pero el poder de Dios entró en mí y me hizo poner de pie. Entonces el Señor me habló de esta manera: "Ve y enciérrate en tu casa. ²⁵ Mira, te van a atar con cuerdas, de manera que no podrás salir y estar con el

---

fuerza que penetra dentro de los cuerpos inanimados para darles vida (37.5).

ᵉ **2.3** *Te voy a enviar:* La misión es un aspecto esencial de la actividad profética (cf. Is 6.8; Jer 1.7; Am 7.15). En este caso, a Ezequiel se le confía la misión de anunciar a sus compatriotas que el Dios de Israel no los tiene olvidados (cf. Ez 2.7), a pesar de sus constantes rebeldías y aunque hayan sido desterrados fuera de su patria. Véase Ez 1.14 n.

ᶠ **2.3-4** La insistencia en la terquedad y en la desobediencia de los que habrán de oír su mensaje (cf. Ez 2.6-8; 3.9) hace resaltar las enormes dificultades que deberá afrontar el profeta para dar cumplimiento a su misión (cf. Jer 20.10).

ᵍ **2.5** *Sea que te hagan caso o no:* La responsabilidad del profeta consiste en anunciar la palabra de Dios, sin dejarse guiar por el éxito que obtenga entre sus oyentes (cf. Ez 2.7; 3.11).

ʰ **2.9-10** Cf. Zac 5.1-4; Ap 5.1.

ᵃ **3.1** *Cómete este escrito:* Para ser el portavoz de Dios, el profeta tiene que asimilar y hacer suyas las palabras que el Señor le comunica. Al confiar la misión profética a Jeremías, el Señor le había dicho:

Yo pongo mis palabras en tus labios (Jer 1.9; cf. Dt 18.18; Is 51.16), y el profeta, a su vez, había declarado: *Cuando me hablabas, yo devoraba tus palabras* (Jer 15.16). En el caso de Ezequiel, esas expresiones metafóricas se transforman en una experiencia fuertemente realista y en una acción simbólica. Acerca de las acciones simbólicas de los profetas, véase Jer 13.1-11 n.

ᵇ **3.3** *Tan dulce como la miel:* Compárese esta expresión con Ap 10.9-11.

ᶜ **3.12** *Al levantarse:* traducción probable. Heb. *bendita*.

ᵈ **3.16-21** Este pasaje es una versión un poco abreviada de Ez 33.1-9. En Jer 6.17 ya se encontraba la imagen del *centinela* aplicada a los profetas en general; aquí, la misión de alertar a Israel sobre las graves consecuencias de la injusticia y del pecado le compete, en particular, a Ezequiel. Cf. también Is 21.6,11; Os 9.8.

ᵉ **3.18-20** La advertencia profética debe dirigirse tanto al *malvado* como al *hombre recto:* al primero, para que se convierta y se decida a cambiar de vida; al segundo, para que no se desvíe del buen camino y persevere en la práctica del bien.

pueblo. ²⁶ Además yo voy a hacer que tu lengua se te quede pegada al paladar y que te quedes mudo. No podrás reprenderlos, aunque son un pueblo rebelde. ²⁷ Pero cuando yo quiera decirte algo, te devolveré el habla, y entonces les dirás: 'Esto dice el Señor.' El que quiera oír, oirá, pero el que no quiera, no oirá. Porque son un pueblo rebelde. ᶠ

II. LA PREDICACIÓN DE EZEQUIEL HASTA LA CAÍDA DE JERUSALÉN (4—24)

4 *Ezequiel anuncia el ataque a Jerusalén*ᵃ ¹ "Y tú, hombre, toma un adobe, ponlo delante de ti y dibuja sobre él la ciudad de Jerusalén. ² Luego rodéala de ejércitos y de instrumentos de asalto, construye un muro a su alrededor, y también una rampa, para que se vea como una ciudad sitiada. ³ Toma en seguida una lámina de hierro y ponla entre ti y la ciudad, como si fuera una muralla, y colócate frente a la ciudad, como si la estuvieras atacando. Esto servirá de señal a los israelitas. ᵇ

⁴ "Y tú te acostarás sobre el lado izquierdo, y echarás sobre ti la culpa del pueblo de Israel. Tendrás que estar acostado sobre ese lado, llevando sobre ti su culpa ⁵ trescientos noventa días, o sea, un día por cada año de culpa de Israel. ⁶ Cuando hayas cumplido ese tiempo, te acostarás sobre el lado derecho y echarás sobre ti la culpa del reino de Judá durante cuarenta días. Un día por cada año de culpa. ⁷ Luego te volverás hacia Jerusalén, rodeada de enemigos; te desnudarás el brazo y hablarás en mi nombre contra ella. ⁸ Mira, te voy a atar con cuerdas, para que no te puedas volver de un lado a otro hasta que completes los días en que debes estar sufriendo.

⁹ "Toma en seguida un poco de trigo, cebada, mijo y avena, y también habas y lentejas; mézclalo todo en una sola vasija y haz con ello tu pan. Eso es lo que comerás durante los trescientos noventa días que estarás acostado sobre el lado izquierdo. ¹⁰ Tomarás tu comida a horas fijas, en raciones de un cuarto de kilo por día; ¹¹ el agua la tomarás también a horas fijas, en raciones de medio litro por día. ¹² Tu comida será una torta de cebada, cocida en fuego de estiércol humano, y la prepararás donde la gente te vea."

¹³ Luego añadió el Señor: "Comida impura como esa es la que tendrán que comer los israelitas en los países a donde los voy a desterrar."

¹⁴ Yo le contesté: "Pero, Señor, yo nunca en mi vida he tocado nada impuro; ᶜ nunca he comido carne de un animal muerto por sí solo, o despedazado por las fieras, ni he probado nunca carne impura."

¹⁵ Entonces él me dijo: "Bueno, te permito que uses estiércol de vaca en vez de estiércol humano, para cocer tu pan."

¹⁶ Después me dijo: "Voy a hacer que falten alimentos en Jerusalén. La comida estará racionada, y la gente se la comerá con angustia; el agua estará medida, y la beberán llenos de miedo. ¹⁷ Les faltará agua y comida, y unos a otros se mirarán llenos de miedo. Y por sus pecados se irán pudriendo en vida."

5 ¹ El Señor me dijo: "Ahora, hombre, toma un cuchillo afilado como navaja de afeitar, y rápate la cabeza y la barba. ᵃ Toma luego una balanza, y divide tu pelo en tres partes. ² Cuando termine el ataque a la ciudad, quema una de las tres partes del pelo en medio de la ciudad; toma después un cuchillo, y corta otra de esas tres partes de pelo alrededor de la ciudad, y la parte restante lánzala al viento. Yo iré detrás de la gente de la ciudad, con una espada en la mano. ³ Toma unos cuantos de aquellos pelos, y átalos en el borde de tu vestido. ᵇ ⁴ Toma luego unos pocos de ellos, y échalos al fuego para que se quemen. De allí saldrá fuego contra todo el pueblo de Israel.

⁵ "Yo, el Señor, lo digo: Ahí está Jerusalén. Yo fui quien la puse en medio de los pueblos y naciones. ⁶ Pero ella se rebeló contra mis leyes y mandatos, y ha resultado peor que los pueblos y naciones a su alrededor, pues no obedece mis leyes ni sigue mis mandatos.

⁷ "Por eso yo, el Señor, lo digo: Ustedes han sido más rebeldesᶜ que los pueblos que los rodean, y no han seguido mis mandatos; ni siquiera han cumplido las leyes de los pueblos que los rodean. ⁸ Por eso yo, el Señor, lo digo: Yo también me voy a poner contra ti, Jerusalén; voy a ejecutar la sentencia contra ti a la vista de las naciones, ⁹ como nunca lo había hecho ni lo volveré a hacer. Tan detestables son todas tus acciones. ¹⁰ Dentro de ti habrá padres que se comán a sus hijos, ᵈ e hijos que se coman a sus padres. Ejecutaré la sentencia contra ti, y a los que sobrevivan los dispersaré a los cuatro vientos. ¹¹ Yo, el Señor, lo juro por mi vida: como ustedes han profanado mi santo templo con sus ídolos inmundos y sus acciones detestables, también yo los voy a destrozar sin misericordia; no tendré compasión de ustedes. ¹² Una tercera parte de tus habitantes morirá de peste y de hambre dentro de ti, otra tercera parte caerá

ᶠ **3.22-27** Este relato alude probablemente a una grave enfermedad de Ezequiel, que lo redujo por un tiempo al silencio y a la inmovilidad.

ᵃ **4.1—5.17** La predicación de Ezequiel continua con una serie de acciones simbólicas bastante extrañas, que anuncian proféticamente el asedio y la destrucción de Jerusalén. Primero se describe el ataque contra la ciudad (4.1-3) y luego se hace referencia a la duración del destierro (4.4-8), al hambre durante el asedio (4.9-11,16-17), al alimento impuro de los deportados (4.12-15) y a la suerte de la población (5.1-4). Por último, el Señor explica el simbolismo de los gestos realizados por el profeta (5.7-17).

ᵇ **4.1-3** En la primera etapa de su actividad profética, Ezequiel anuncia que la destrucción de la ciudad santa y del templo es inevitable, a causa de los pecados cometidos por los habitantes de Jerusalén y de Judá. Así lucha contra las creencias de los primeros deportados (cf. 2 R 24.8-17), que se ilusionaban pensando que el exilio habría de durar poco tiempo. Cf. Jer 29.

ᶜ **4.14** *Nunca en mi vida he tocado nada impuro*: declaración típica de un hombre como Ezequiel, que era al mismo tiempo sacerdote y profeta (cf. Ez 1.1-3), y que sentía, por eso mismo, una fuerte repulsión frente a toda forma de impureza. Distinguir lo puro de lo impuro era, en efecto, una de las funciones que la legislación del AT asignaba a los sacerdotes (cf. Lv 10.10; Ez 44.23; cf. 22.26).

ᵃ **5.1** Entre los antiguos hebreos, el hecho de raparse los cabellos y la barba era señal de duelo y de gran aflicción (cf. Jer 16.6).

ᵇ **5.3** *Átalos en el borde de tu vestido*: Este gesto simbólico anticipa la idea del remanente o "resto", tema que aparecerá repetidamente en los caps. siguientes. Cf. Ez 6.8-10; 12.16; 14.22-23; cf. 11.13.

ᶜ **5.7** *Ustedes han sido más rebeldes*: sentido probable. Heb. *el tumulto de ustedes*.

ᵈ **5.10** Cf. Dt 28.53-57; Jer 19.9; Lm 4.10.

asesinada por los enemigos en los alrededores, y a la tercera parte restante la dispersaré a los cuatro vientos. Yo iré detrás de ellos con una espada en la mano.[e] **13** Entonces descargaré mi furor; haré que mi ira contra ellos quede satisfecha, y me calmaré. Y cuando haya descargado mi ira contra ellos, sabrán que yo, el Señor, fui quien lo dijo en el ardor de mis celos.[f,g] **14** Yo te convertiré en un montón de ruinas, Jerusalén; te humillaré en medio de los pueblos que te rodean, para que lo vean todos los que pasen. **15** Cuando yo ejecute con ira y furor la sentencia contra ti, y te castigue duramente, todos te insultarán y te ofenderán, y servirás de escarmiento terrible para los pueblos que te rodean. Yo, el Señor, lo he dicho. **16** Yo haré que venga el hambre sobre ustedes, como terribles flechas destructoras. Sí, haré que vengan sobre ustedes la destrucción y el hambre y la escasez de alimentos. **17** Sí, haré venir sobre ustedes hambre, enfermedad y muerte, y animales feroces que los dejarán sin hijos; y haré que muchos de ustedes mueran en la guerra.[h] Yo, el Señor, lo he dicho."

6

Ezequiel denuncia la idolatría **1** El Señor se dirigió a mí, y me dijo: **2** "Mira hacia los montes de Israel, y háblales en mi nombre[a] **3** de la siguiente manera: 'Escuchen, montes de Israel, lo que dice el Señor a los montes, las colinas, los ríos y los valles: Voy a hacer venir sobre ustedes la guerra, y a destruir sus lugares altos de culto pagano. **4** Haré pedazos los altares donde ustedes ofrecen sacrificios y queman incienso, y haré que sus hombres caigan muertos delante de los ídolos. **5** Arrojaré los cadáveres de los israelitas delante de sus ídolos, y esparciré sus huesos alrededor de sus altares.[b] **6** En todos los lugares donde ustedes vivan, las ciudades serán destruidas y sus altares de culto pagano quedarán en ruinas. Sus altares quedarán completamente destruidos, sus ídolos, hechos pedazos; sus altares para quemar incienso, derrumbados; todo lo que ustedes han hecho desaparecerá.[c] **7** Y cuando vean caer muerta entre ustedes a tanta gente, reconocerán que yo soy el Señor. **8** Pero yo haré que algunos de ustedes se salven de la muerte y queden con vida, esparcidos entre las naciones. **9** Los sobrevivientes[d] se acordarán de mí en esas naciones; se acordarán de cómo los hice sufrir[e] por haberme sido infieles y por haberse apartado de mí para adorar ídolos. Ellos sentirán asco de sí mismos por todas las maldades que han hecho, por todas sus acciones detestables. **10** Entonces reconocerán que yo soy el Señor y que, cuando prometí enviarles estos males, no hice vanas amenazas.' "

11 El Señor me dijo: "Laméntate dando golpes con las manos y los pies; lanza gritos de dolor por las maldades detestables del pueblo de Israel, pues va a morir por causa de la guerra, el hambre y las enfermedades. **12** Los que estén lejos morirán por las enfermedades, los que estén cerca morirán en la guerra, y los que queden con vida morirán de hambre. Así acabaré de descargar mi ira contra ellos. **13** Y cuando vean los cadáveres de esa gente entre sus ídolos y alrededor de los altares, en todas las colinas elevadas, en las cumbres de los montes, debajo de todo árbol verde, debajo de toda encina frondosa, y en los lugares en que ofrecieron a sus ídolos perfumes agradables, entonces reconocerán que yo soy el Señor. **14** Levantaré mi mano para castigarlos y, desde el desierto del sur hasta Riblá[f] en el norte, convertiré su país y todos sus lugares habitados en un desierto espantoso. Entonces reconocerán que yo soy el Señor."

7

El fin está cerca **1** El Señor se dirigió a mí, y me dijo: **2** "Yo, el Señor, digo al país de Israel: Ya llega el fin, ya llega el fin de la tierra entera. **3** Ya llega tu fin, Israel. Voy a descargar mi ira contra ti; voy a pedirte cuentas de tu conducta y a castigarte por todas tus acciones detestables. **4** No te voy a tratar con misericordia; voy a castigarte por tu conducta y a hacerte pagar las consecuencias de tus acciones detestables. Y reconocerán ustedes que yo soy el Señor.

5-6 "Yo, el Señor, digo: Mira, ya se acerca el fin, y va a venir desgracia tras desgracia; ya está cerca el fin para ti. **7** Llega la destrucción,[a] habitantes del país. El momento ha llegado; se acerca el día[b] en que solo habrá confusión. Se acabará la alegría en las montañas. **8** Ahora mismo, en seguida, descargaré mi ira contra ti hasta quedar satisfecho, te pediré cuentas de tu conducta y te castigaré por todas tus acciones detestables. **9** No te voy a tratar con misericordia; voy a castigarte por tu conducta y a hacerte pagar las consecuencias de tus acciones detestables. Y reconocerán ustedes que yo, el Señor, soy quien los castiga.

10 "¡Aquí está el día! ¡Ya llegó! ¡Vino la destrucción![c] La maldad triunfa por todas partes y es mucha la insolencia. **11** La violencia aparece y produce maldad. Pero ellos no lograrán nada con sus riquezas y su griterío. No hay en ellos

---

[e] **5.12** Este v. explica el gesto simbólico de dividir el pelo en tres partes (cf. v. 1).

[f] **5.13** La palabra *celos* se refiere aquí al amor del Señor, pero incluye al mismo tiempo una nota de enojo e indignación a causa de las infidelidades de su pueblo (cf. Ez 16.42). Véase también Ex 20.5 n.

[g] **5.13** *Sabrán que yo, el Señor...*: *El Señor* está a punto de realizar en la historia de Israel actos de juicio y de salvación en los que se pondrá de manifiesto con toda claridad que los acontecimientos están en sus manos. En consecuencia, tanto los israelitas (cf. Ez 34.27) como las demás naciones (cf. Ez 39.26-27) tendrán que reconocer que únicamente él es el verdadero Dios. Nótese asimismo que esta expresión, típica de Ezequiel, subraya con frecuencia el carácter universal de este reconocimiento del *Señor* (cf. Ez 36.23): como *el Señor* actuará a la vista de todos, también los pueblos vecinos reconocerán que es él quien reconstruye lo destruido y vuelve a sembrar lo arrasado (Ez 36.36).

[h] **5.16-17** Cf. Ez 14.21; Ap 6.8.

[a] **6.2** El profeta dirige su mensaje a *los montes de Israel*, donde los israelitas solían erigir altares y "lugares altos" para rendir culto a los falsos dioses (cf. vv. 3-4). Véase 1 R 3.2 n.

[b] **6.5** El hecho de arrojar *cadáveres* y *huesos* al rededor de los *ídolos* y de los *altares* podría ser una forma de profanarlos (cf. 2 R 23.16). O bien, como sugieren otros intérpretes, podría tratarse de una acción destinada a mostrar la impotencia de esos falsos dioses para preservar de la muerte a sus adoradores.

[c] **6.3-6** Cf. Lv 26.30-31.

[d] **6.9** *Los sobrevivientes*: Véase Ez 5.3 n.

[e] **6.9** *Los hice sufrir*: según versiones antiguas. Heb. *fui quebrantado*.

[f] **6.14** *Riblá*: traducción probable (cf. 2 R 25.6). Heb. *Diblá*.

[a] **7.7** *Llega la destrucción*: traducción probable. Heb. *la guirnalda*.

[b] **7.7** *El día*: Se trata, evidentemente, de una referencia al *día del Señor*. Véase Am 5.18 nota *o*.

[c] **7.10** *La destrucción*: Véase 7.7 nota *a*.

nada de valor. **12** Llegó el momento, vino el día. Ni el vendedor tiene de qué alegrarse, ni el comprador por qué ponerse triste. Voy a castigar con ira el orgullo de Israel. **13** El que haya vendido algo no lo recuperará en toda su vida, ni podrá deshacer el negocio que hizo. *d* Los malvados no podrán conservar su vida.

14 "Suena la trompeta llamando a la batalla; todos se preparan, pero nadie sale a luchar. Voy a castigar con ira el orgullo de Israel. **15** Afuera hay guerra, y adentro enfermedades y hambre. Los que estén en los campos morirán en la guerra, y los que estén en la ciudad morirán de hambre y enfermedad. **16** Aunque algunos logren escapar a las montañas, como palomas asustadas, todos morirán *e* por sus pecados. **17** Todos dejarán caer los brazos, y les temblarán de miedo las rodillas. **18** Se vestirán con ropas ásperas en señal de dolor; todo el cuerpo les temblará, e irán con la cara roja de vergüenza y la cabeza rapada. **19** Tirarán su plata a la calle; tirarán su oro como si fuera basura. Ni su oro ni su plata podrá salvarlos en el día de la ira del Señor. No podrán calmar el hambre ni llenar el estómago, porque el oro fue la causa de que cayeran en la maldad. **20** Por la belleza de sus joyas se llenaron de vanidad, y con ellas hicieron las detestables imágenes de sus ídolos. Por eso yo convertiré esas joyas suyas en basura. **21** Haré que vengan extranjeros y se las roben, que venga la gente más despreciable de la tierra y se las quite, y las trate como cosa impura. **22** Yo me apartaré de este país y dejaré que profanen mi templo, que era mi tesoro. Vendrán bandidos y lo profanarán.

23 "Prepara una cadena, porque en el país se condena a muchos por asesinato y la ciudad está llena de violencia. **24** Yo voy a hacer que venga gente malvada y se apodere de las casas de la ciudad. Pondré fin al orgullo de los poderosos; haré que sus lugares sagrados sean profanados. **25** El terror se apoderará de ellos; buscarán la paz, y no la encontrarán. **26** Vendrá desgracia tras desgracia; malas noticias, una tras otra. En vano buscarán algún profeta que les haga una revelación; no habrá sacerdotes que los instruyan ni ancianos que les den consejos. **27** El rey se pondrá de luto, el gobernante caerá en la tristeza y el pueblo se pondrá a temblar. Los trataré según su conducta y los juzgaré según su manera de juzgar. Así reconocerán que yo soy el Señor."

8 Visión de las cosas detestables que se cometían en Jerusalén *a*

1 El día cinco del mes sexto del año sexto, estaba yo sentado en mi casa en compañía de los ancianos de Judá. De repente el Señor puso su mano sobre mí, **2** y vi algo que parecía un hombre. *b* De lo que parecía ser su cintura para abajo, vi algo semejante al fuego, y de allí para arriba brillaba como metal bruñido. *c* **3** El hombre extendió lo que parecía ser una mano y me agarró por el pelo. Entonces el poder de Dios me levantó por los aires y, en visiones producidas por Dios, me llevó a Jerusalén *d* y me colocó a la entrada de la puerta interior de la ciudad, que da hacia el norte, donde se encuentra el ídolo que provoca la ira del Señor. *e* **4** Allí estaba la gloria del Dios de Israel, como yo la había visto en la visión que tuve en la llanura. *f* **5** Entonces me dijo: "Dirige tu vista hacia el norte".

Dirigí mi vista hacia el norte y, en la entrada, junto a la puerta del altar, vi el ídolo que provoca la ira del Señor. *g*

6 Luego me dijo: "¿Ves las cosas tan detestables que hacen los israelitas, con las cuales me alejan de mi santo templo? Pues todavía verás otras peores."

7 Luego me llevó a la entrada del atrio. En el muro se veía un boquete. **8** Entonces me dijo: "Agranda el boquete del muro."

Yo agrandé el boquete y encontré una entrada. **9** Entonces me dijo: "Entra y verás las cosas tan horribles que hacen allí." **10** Entré y, a todo lo largo del muro, vi pintadas toda clase de figuras de reptiles y de otros animales impuros, y toda clase de ídolos del pueblo de Israel. **11** Setenta ancianos *h* israelitas, entre los que se encontraba Jaazanías, hijo de Safán, rendían culto a esos ídolos. Cada uno tenía un incensario en la mano, del cual subía una espesa nube de incienso.

12 Y me dijo: "¿Ves lo que hacen en secreto los ancianos israelitas, cada uno en el nicho de su ídolo? Piensan que yo no los veo, *i* que he abandonado el país." **13** Y añadió: "Todavía los verás hacer cosas peores."

14 Y me llevó a la puerta de entrada del templo del Señor, que da hacia el norte. Allí estaban sentadas unas mujeres, llorando por el dios Tamuz. *j* **15** Entonces me dijo: "¿Ves esto? Pues todavía verás cosas peores."

16 Entonces me llevó al atrio interior del templo del Señor y, a la entrada del santuario, entre el vestíbulo y el altar, unos veinticinco hombres estaban de espaldas al santuario;

---

d **7.13** El texto hebreo añade aquí una frase de sentido oscuro.

e **7.16** *Morirán:* traducción probable. Heb. *gimen.*

a **8.1-18** Este cap. describe cuatro prácticas idolátricas, cuya gravedad va progresivamente en aumento (cf. vv. 6,13,15: *Pues todavía verás otras peores*). Como el número cuatro es una de las cifras que simbolizan la totalidad, es probable que el profeta haya querido abarcar de este modo todos los pecados de idolatría cometidos por los israelitas.

b **8.2** *Hombre:* según la versión griega (LXX). Heb. *fuego.*

c **8.2** Ez 1.27.

d **8.3** *El espíritu del Señor... me llevó a Jerusalén:* Esta expresión alude claramente a un estado de trance, es decir, a una experiencia de tipo extático.

e **8.3** *El ídolo que provoca la ira del Señor:* lit. *el ídolo de los celos, que provoca los celos.* Según el lenguaje del AT, todo aquello que atenta contra la soberanía del Señor provoca sus *celos.* Cf. Nm 25.11; Ez 16.38,42.

f **8.4** Ez 1.28.

g **8.5** En el antiguo Oriente solían ponerse estatuas de divinidades protectoras a la entrada de los templos, de los palacios y de las ciudades. Este ídolo se parecía probablemente a una de esas estatuas.

h **8.11** *Setenta* es una cifra que sugiere la idea de algo completo. Cf. Gn 46.27; Ex 24.1; Nm 11.16; Jue 1.7. *Ancianos:* Véase Ex 3.16 nota p.

i **8.10-12** *Piensan que yo no los veo:* Cualquiera que sea el carácter de las representaciones pintadas en el muro, lo cierto es que el Dios de Israel ya no tenía ningún valor para estos dirigentes del pueblo.

j **8.14** *Tamuz* era un dios de la vegetación, venerado en la antigua Mesopotamia. Según la mitología asirio-babilónica, cuando el fuerte sol del verano secaba las plantas, este dios del mundo subterráneo se celebraba su "muerte" con ritos especiales, como el llanto de las *mujeres,* que aquí se menciona. Esos ritos se realizaban en el cuarto mes del año (junio-julio), que todavía lleva el nombre de *Tamuz* en los calendarios siríaco, árabe y hebreo.

inclinados hacia el oriente, y con la frente en el suelo, adoraban al sol.[k] **17** Entonces el Señor me dijo: "¿Lo ves? ¡No le ha bastado al pueblo de Judá con hacer aquí estas cosas tan detestables, que además ha llenado el país de actos de violencia! Una y otra vez provocan mi ira, y hacen que su pestilencia me llegue a la nariz.[l] **18** Pero yo voy a actuar con ira. No tendré ninguna compasión de ellos. Aunque me llamen a gritos, no los escucharé."

9 *Visión del castigo de Jerusalén*

1 Después oí una voz muy fuerte, que me gritó al oído: "¡Ya llegan los que van a castigar la ciudad, cada uno con su arma de destrucción en la mano!"

2 Vi entonces que seis hombres[a] entraban por la puerta superior que da al norte, cada uno con un mazo en la mano. En medio de ellos venía un hombre vestido de lino,[b] que llevaba a la cintura instrumentos de escribir.[c] Entraron y se detuvieron junto al altar de bronce. **3** Entonces la gloria del Dios de Israel se elevó de encima de los seres alados, donde había estado, y se dirigió a la entrada del templo. El Señor llamó al hombre vestido de lino que llevaba a la cintura instrumentos de escribir, **4** y le dijo: "Recorre la ciudad de Jerusalén, y pon una señal[d] en la frente de los que sientan tristeza y pesar por todas las cosas detestables que se hacen en ella."[e]

5-6 Luego oí que les decía a los otros hombres: "Vayan tras él a recorrer la ciudad y, comenzando por mi templo, maten sin ninguna compasión a ancianos, jóvenes, muchachas, niños y mujeres. Pero no toquen a nadie que tenga la señal." Ellos, entonces, comenzaron por los ancianos que estaban delante del templo.[f]

7 Después les dijo: "Vayan al templo, y profánenlo; y llenen de cadáveres sus atrios."[g]

Ellos salieron y comenzaron a matar gente en la ciudad. **8** Y mientras lo hacían, yo me quedé solo. Entonces me incliné hasta tocar el suelo con la frente, y lleno de dolor grité: "Señor, ¿vas a descargar tu ira sobre Jerusalén hasta destruir lo poco que queda de Israel?"[g]

9 El Señor me respondió: "El pecado del pueblo de Israel y de Judá es muy grande. El país está lleno de crímenes; la ciudad está llena de injusticia. Piensan que yo he abandonado al país y que no veo lo que hacen. **10** Pues no voy a tener ninguna compasión de ellos, sino que les voy a pedir cuentas de su conducta."

11 Entonces el hombre vestido de lino que llevaba a la cintura instrumentos de escribir, volvió y dijo: "Ya he cumplido la orden que me diste."

10 *La gloria del Señor abandona el templo*

1 Luego vi que, encima de la bóveda que estaba sobre las cabezas de los seres alados,[a] apareció algo así como un trono que parecía de zafiro.[b] **2** Y el Señor dijo al hombre vestido de lino: "Métete entre las ruedas del carro,[c] debajo de los seres alados, y toma un puñado de brasas encendidas, de esas que están en medio de los seres alados, y espárcelas sobre la ciudad."[d]

Y vi cómo el hombre se metió. **3** En ese momento los seres alados estaban al sur del templo, y una nube llenaba el atrio interior. **4** Entonces la gloria del Señor se elevó de encima de los seres alados y se dirigió a la entrada del templo; y la nube llenó el templo, y el atrio se iluminó con el resplandor de la gloria del Señor. **5** El ruido que hacían las alas de los seres alados se oía hasta en el atrio exterior. Era como si el Dios todopoderoso estuviera hablando. **6** Entonces el Señor ordenó al hombre vestido de lino que tomara fuego de entre las ruedas del carro, de en medio de los seres alados. El hombre fue y se puso junto a una de las ruedas. **7-8** Debajo de las alas de los seres alados se veía algo así como una mano de hombre. Uno de ellos extendió la mano hacia el fuego que estaba en medio y, tomando un poco, se lo puso en las manos al hombre vestido de lino, el cual lo tomó y se fue. **9** Junto a los seres alados vi cuatro ruedas, una junto a cada uno de ellos. Las ruedas brillaban como si fueran de topacio. **10** Las cuatro ruedas eran iguales y parecían estar una dentro de la otra. **11** Cuando los seres alados avanzaban en una de las cuatro direcciones, no tenían que volverse, sino que avanzaban en la dirección en que iba el de adelante. **12** Su cuerpo, sus espaldas, sus manos y sus alas estaban llenos de reflejos[f] por todos lados,[g] lo mismo que las cuatro ruedas. **13** Yo mismo oí que a las ruedas

---

[k] **8.16** Estos hombres dan la espalda al santuario, donde estaba la gloria del Señor, y se postran hacia el oriente, sitio de nacimiento del sol. De este modo, no solo adoran a un falso dios, sino que lo hacen *entre el vestíbulo y el altar,* es decir, en el recinto mismo del templo. Cf. Dt 4.19; Ro 1.25.

[l] **8.17** *Hacen que su pestilencia me llegue a la nariz:* traducción probable. Heb. *lanzan la rama* (de vid) *a su nariz.* Alusión probable a las ramas que, según el historiador Estrabón, usaban en sus ritos los adoradores del sol. Al parecer, el texto hebreo dice *su nariz* para evitar lo que podría tener de chocante la referencia a la nariz de Dios.

[a] **9.2** *Seis hombres:* Parecería que esta cifra deja abierta una esperanza: como el número siete representa la plenitud, el *seis* (siete menos uno) podría sugerir simbólicamente que el exterminio no iba a ser completo.

[b] **9.2** *Vestido de lino:* El *lino* era la tela con que se hacían las vestiduras sacerdotales (Ex 28.42; Lv 16.23; 1 S 2.18; 2 S 6.14).

[c] **9.2** Los *instrumentos de escribir* caracterizan la misión asignada a este *hombre.* A diferencia de los exterminadores, él debía trazar una señal salvadora en todos aquellos que no habían caído en la idolatría ni se habían contaminado con las cosas detestables que se cometían en Jerusalén (cf. v. 4).

[d] **9.4** *Una señal:* lit. *una taw,* la última letra del alfabeto hebreo. Como la *taw,* en la antigua escritura hebrea, tenía forma de cruz (x o +), muchos cristianos han visto en esta *señal* una referencia profética a la cruz de Cristo.

[e] **9.4** En la primera noche pascual, la *señal* de la sangre había librado del exterminio a los primogénitos de los israelitas (Ex 12.13). En el caso de Ezequiel, la liberación por la *señal* en la *frente* evoca la idea del "resto", frecuente en los escritos proféticos. Véase Ez 5.3 n.

[f] **9.4-6** Cf. Ap 7.2-3; 9.4; 14.1.

[g] **9.8** Acerca del profeta como intercesor ante Dios en favor del pueblo, véanse Jer 15.1 notas *a* y *b.*

[a] **10.1** *Seres alados:* lit. *querubines.* Véase 1 R 6.23 n.

[b] **10.1** Cf. Ez 1.26; Ap 4.2.

[c] **10.2** *Entre las ruedas del carro:* traducción posible de un vocablo oscuro. La palabra hebrea se refiere a un objeto con forma de círculo, pero cuya naturaleza exacta se desconoce.

[d] **10.2** Cf. Ap 8.5.

[e] **10.3-4** Cf. Ex 16.10; 24.16; Nm 10.34.

[f] **10.12** *Reflejos:* lit. *ojos.*

[g] **10.12** Cf. Ez 1.18; Ap 4.8.

también les daban el nombre de "carro".[h] **14** Cada ser alado tenía cuatro caras: la primera cara era la de un toro;[i] la segunda, la de un hombre; la tercera, la de un león; y la cuarta, la de un águila.[j] **15** Estos seres son los mismos que yo había visto junto al río Quebar.[k]

Los seres alados se levantaron, **16** y cuando ellos avanzaban, también avanzaban las ruedas; y cuando alzaban las alas para levantarse del suelo, las ruedas no se apartaban de su lado; **17** cuando se detenían, se detenían también las ruedas; y cuando se levantaban, se levantaban también las ruedas, porque las ruedas formaban parte viva de ellas. **18** Entonces la gloria del Señor se elevó de encima del templo y se colocó sobre los seres alados. **19** Estos alzaron las alas y se levantaron del suelo. Yo vi cómo se levantaron, con las ruedas a su lado, y cómo se detuvieron en la puerta oriental del templo del Señor. La gloria del Dios de Israel estaba encima de ellos. **20** Eran los mismos seres alados que yo había visto debajo del Dios de Israel, junto al río Quebar.[l] Entonces me di cuenta de lo que eran. **21** Cada uno de ellos tenía cuatro caras y cuatro alas, y debajo de las alas se veía algo que parecía manos de hombre. **22** Las caras tenían la misma apariencia que las de los seres alados que yo había visto junto al río Quebar. Cada uno avanzaba de frente.

11 Castigo de Jerusalén

1 El poder de Dios me levantó y me llevó hasta la entrada oriental del templo del Señor. En la puerta había veinticinco hombres. Entre ellos distinguí a Jaazanías, hijo de Azur, y a Pelatías, hijo de Benaías, que eran jefes del pueblo. **2** El Señor me dijo: "Estos son los que están tramando crímenes y haciendo planes malvados en esta ciudad. **3** Dicen: 'No hace mucho que reconstruimos las casas. Aquí estaremos a salvo, como la carne en la olla.'[a] **4** Por eso, háblales en mi nombre."

5 El espíritu del Señor se posesionó de mí, y me ordenó que dijera: "Esto dice el Señor: 'Eso es lo que ustedes piensan, israelitas. Yo conozco sus pensamientos. **6** Ustedes han cometido muchos asesinatos en esta ciudad, y han llenado de cadáveres las calles. **7** Por eso yo, el Señor, les aseguro: Jerusalén será como una olla, pero la carne no serán ustedes, sino los cadáveres de los que ustedes mataron, pues a ustedes los voy a sacar de la olla. **8** ¿Tienen miedo a la guerra? Pues haré venir guerra sobre ustedes. Yo, el Señor, doy mi palabra. **9** Ejecutaré la sentencia contra ustedes: los sacaré de aquí y los entregaré a gente extranjera. **10** Morirán a filo de espada. Yo los juzgaré a ustedes en los límites de Israel, y entonces reconocerán que yo soy el Señor. **11** La ciudad no les servirá a ustedes de olla, ni ustedes serán la carne. Yo los juzgaré a ustedes en los límites de Israel, **12** y entonces reconocerán que yo soy el Señor. Ustedes no han vivido de acuerdo con mis órdenes ni han practicado mis leyes, sino que han seguido las prácticas de las naciones que los rodean.' "

13 Mientras yo les hablaba en nombre del Señor, cayó muerto Pelatías,[b] hijo de Benaías. Yo me incliné hasta tocar el suelo con la frente, lancé un fuerte grito y dije: "¡Ay, Señor! ¿Vas a terminar con lo poco que queda de Israel?"[c]

Dios anuncia una nueva alianza

14 El Señor se dirigió a mí, y me dijo: **15** "La gente que vive en Jerusalén habla de los israelitas, tus compatriotas, y dice: '¡Ellos están lejos del Señor! A nosotros, en cambio, nos dio el país para que seamos dueños de él.' **16** Por eso diles: 'Esto dice el Señor: Yo los desterré y los dispersé entre las naciones, entre países extraños, pero solo por un corto tiempo. Ahora yo mismo seré un santuario para ellos en los países adonde han ido.' **17** Diles también: 'Esto dice el Señor: Yo los haré volver de esos países y naciones adonde los he dispersado, y los reuniré y les daré el país de Israel. **18** Ellos volverán a su país y acabarán con todas las prácticas odiosas y detestables que hay en él. **19** Yo les quitaré ese corazón duro como la piedra, y les daré un nuevo corazón y un nuevo espíritu.[d] **20** Entonces vivirán de acuerdo con mis leyes y decretos, y los pondrán en práctica. Ellos serán mi pueblo y yo seré su Dios.[e] **21** Pero a los que viven apegados a esas prácticas odiosas y detestables, les pediré cuentas de su conducta. Yo, el Señor, doy mi palabra.' "

La gloria del Señor se aleja de Jerusalén

22 Los seres alados levantaron el vuelo, y las ruedas los siguieron. Entonces la gloria del Dios de Israel, que estaba encima de ellos, **23** se levantó y se alejó de la ciudad, yendo a colocarse sobre el monte que está al oriente de la ciudad.[f] **24** Luego el poder de Dios me levantó y me hizo volver a Babilonia, donde estaban los otros desterrados. Esto sucedió en una visión que el espíritu de Dios me hizo ver. Después de esto la visión desapareció, **25** y yo les conté a los desterrados todo lo que el Señor me había revelado.

12 Ezequiel anuncia el destierro[a]

1 El Señor se dirigió a mí, y me dijo: **2** "Tú, hombre, vives en medio de un pueblo rebelde. Tienen ojos para ver, pero no ven; y oídos para oír, pero no oyen,[b] porque son un pueblo rebelde. **3** Por eso, prepara lo necesario para salir al destierro y, a pleno día y a la vista de todos, sal de tu casa y vete a otro lugar; tal vez se den cuenta de que son un pueblo rebelde. **4** A pleno día y a la vista de todos, saca tus cosas como para ir al destierro; y por la tarde, también a la vista

---

[h] 10.9-13 Ez 1.15-21.
[i] 10.14 *Era la de un toro:* según 1.10. Heb. *era la de un querubín.*
[j] 10.14 Cf. Ez 1.10; Ap 4.7.
[k] 10.15 *Quebar:* Véase Ez 1.1-3 nota *b.*
[l] 10.20 *Quebar:* Véase Ez 1.1-3 nota *b.*
[a] 11.3 Ez 24.1-14.
[b] 11.13 *Pelatías,* en hebreo, significa *rescatado* o *liberado por el Señor.* La reacción y el *fuerte grito* de Ezequiel parecen indicar que él interpreta esta muerte como una señal divina: ya nadie va a ser *liberado* del exterminio completo.

[c] 11.13 *Lo poco que queda de Israel:* Cf. Ez 9.8.
[d] 11.19 Cf. Sal 51.10(12).
[e] 11.19-20 Ez 36.26-28.
[f] 11.22-23 Ez 10.1-22; 43.2-5.
[a] 12.1-16 Esta nueva acción simbólica representa dramáticamente la deportación de los habitantes de Jerusalén. El texto incluye también una alusión al destino del *jefe,* es decir, del rey Sedequías de Judá (vv. 12-13).
[b] 12.2 Cf. Is 6.9-10; Jer 5.21; Mc 8.18.

de todos, sal como si fueras al destierro. ⁵ Después, haz un boquete en el muro, a la vista de todos, y sal por él con tus cosas. ⁶ Y cuando oscurezca, échate al hombro tus cosas y sal con ellas a la vista de todos. Tápate la cara, de modo que no puedas ver el país. Quiero que seas una señal de alarma para el pueblo de Israel."

⁷ Yo preparé mis cosas tal como el Señor me lo había ordenado, y a pleno día salí con ellas, como quien va al destierro. Por la tarde hice con mis manos un boquete en el muro, y cuando oscureció, a la vista de todos me eché las cosas al hombro y salí con ellas.

⁸ A la mañana siguiente, el Señor se dirigió a mí, y me dijo: ⁹ "Seguramente los israelitas, ese pueblo rebelde, te habrán preguntado qué estabas haciendo. ¹⁰ Pues diles de mi parte que esto es un anuncio para el rey de Jerusalén y para todos los israelitas que allí viven. ¹¹ Diles que tú eres una señal de alarma para ellos, y que tendrán que hacer lo mismo que tú hiciste, porque serán llevados al destierro. ¹² El jefe que tienen habrá de echarse sus cosas al hombro, y cuando oscurezca saldrá con ellas por un boquete que harán en el muro. Irá con la cara tapada, para que nadie pueda verlo a él ni él pueda ver ᶜ el país. ¹³ Yo le echaré encima mi red y lo atraparé con ella. Lo llevaré a Babilonia, tierra de los caldeos, tierra que no podrá ver, ᵈ y allí morirá. ¹⁴ Y dispersaré a los cuatro vientos la guardia que lo rodea para defenderlo, lo mismo que sus otras tropas, y los perseguiré con la espada en la mano. ¹⁵ Y cuando ya los haya dispersado por otros países y naciones, reconocerán que yo soy el Señor. ¹⁶ Pero haré que unos cuantos escapen de la guerra, el hambre y las enfermedades, para que en las naciones adonde vayan cuenten todas las cosas detestables que cometieron y reconozcan que yo soy el Señor."

Nuevo anuncio de castigo ¹⁷ El Señor se dirigió a mí una vez más, y me dijo: ¹⁸ "Tú, hombre, tiembla de miedo al comer, y muéstrate angustiado al beber. ¹⁹ Y diles a los habitantes del país y de Jerusalén, y a todos los israelitas: 'Esto dice el Señor: Comerán su comida llenos de angustia, y tomarán sus bebidas llenos de miedo; el país quedará destruido y vacío, por causa de la violencia de sus habitantes. ²⁰ Toda ciudad habitada será destruida; el país quedará convertido en desierto. Entonces reconocerán ustedes que yo soy el Señor.' "

²¹ El Señor se dirigió a mí, y me dijo: ²² "¿Qué quieren decir los israelitas con eso de 'Pasan los días, y las visiones del profeta no se cumplen'? ᵉ ²³ Pues diles: 'Esto dice el Señor: Yo voy a hacer que no se repitan más esas palabras en Israel.' Y diles también que ya está cerca el día en que se cumplirá todo lo anunciado en las visiones. ²⁴ No volverá a haber entre los israelitas visiones falsas ni profecías que sean mentira, ²⁵ porque yo, el Señor, voy a hablar, y lo que diga se cumplirá sin tardanza. Ustedes mismos lo verán, pueblo rebelde; yo hablaré y haré que se cumpla lo que diga. Yo, el Señor, doy mi palabra."

²⁶ El Señor se dirigió a mí, y me dijo: ²⁷ "Los israelitas andan diciendo que tus visiones proféticas son de cumplimiento a largo plazo. ²⁸ Por lo tanto, diles: 'Esto dice el Señor: Mis palabras no tardarán en cumplirse; lo que he dicho se cumplirá. ᶠ Yo, el Señor, doy mi palabra.' "

13 El Señor condena a los falsos profetas ᵃ

¹ El Señor se dirigió a mí, y me dijo: ² "Habla en mi nombre contra los profetas de Israel, esos profetas que hablan por su propia cuenta, y diles: 'Oigan la palabra del Señor: ³ ¡Ay de los profetas estúpidos que siguen su propia inspiración y no tienen verdaderas visiones! ⁴ Tus profetas, Israel, son como zorras que viven entre ruinas. ⁵ No han hecho nada para defender a Israel, ᵇ para que pueda resistir en la batalla cuando venga el día del Señor. ⁶ Sus visiones son falsas y sus profecías son mentira. Dicen que hablan de mi parte, pero yo no los he enviado. ¡Y esperan que sus palabras se cumplan! ⁷ ¡Las visiones que ustedes tienen son falsas! ¡Sus profecías son mentira! Dicen que hablan de mi parte, pero yo no he dicho nada. ⁸ Por eso yo, el Señor, digo: Como ustedes dicen cosas falsas y sus visiones son mentira, yo estoy contra ustedes. Yo, el Señor, lo afirmo. ⁹ Voy a levantar la mano para castigar a los profetas que tienen visiones falsas y cuyas profecías son mentira. No podrán tomar parte en las reuniones de mi pueblo Israel; sus nombres no serán anotados en las listas de los israelitas, ni entrarán en la tierra de Israel. Entonces reconocerán ustedes que yo soy el Señor.'

¹⁰ "Sí, ellos engañaron a mi pueblo diciéndole que todo iba bien, ᶜ cuando en realidad no era así. ᵈ Son como quien levanta una pared insegura y luego la recubre con cal. ¹¹ Pues diles a esos que blanquean la pared, que la pared se vendrá abajo. Vendrá la lluvia a torrentes, y caerán granizos como piedras, y soplará un viento huracanado, ¹² y la pared se vendrá abajo. Entonces se preguntarán: '¿Qué pasó con la cal que le pusieron?' ¹³ Por eso yo, el Señor, digo: En mi ira voy a hacer que sople un viento huracanado; en mi furor voy a hacer que llueva a torrentes y que caigan granizos como piedras, para destruirlo todo con furia. ¹⁴ Y derribaré esa pared que ustedes blanquearon; la echaré por tierra, y sus cimientos quedarán al descubierto. Sí, la pared se vendrá abajo, y ustedes morirán entre sus escombros. Entonces reconocerán que yo soy el Señor. ¹⁵ Descargaré toda mi ira contra esa pared y contra los que la blanquearon, y la gente dirá: ᵉ 'No quedó nada de la pared ni de los que la

---

ᶜ **12.12** *Para que nadie pueda verlo a él ni él pueda ver:* según la versión griega (LXX). Heb. *porque él no ve*.
ᵈ **12.13** Cf. 2 R 25.7; Jer 52.4-11; Ez 17.18-20.
ᵉ **12.22** Cf. 2 P 3.4.
ᶠ **12.28** *Lo que he dicho se cumplirá:* El cumplimiento de las profecías es una de las señales que permiten distinguir al verdadero profeta del falso (Dt 18.21-22).
ᵃ **13.1-16** Acerca de los falsos profetas, véanse Jer 23.9-32 n.; 23.14 nota k.
ᵇ **13.5** *Para defender a Israel:* El verdadero profeta no solo es el centinela* que anuncia la llegada del peligro (cf. Ez 3.16-21; 33.1-9), sino que también provee a la comunidad de buenas defensas, a fin de que pueda resistir frente a cualquier clase de asedio o de amenaza. Los falsos profetas, por el contrario, levantan paredes poco seguras y tratan de ocultar sus puntos débiles recubriéndolas superficialmente con cal (cf. vv. 10-12).
ᶜ **13.10** *Engañaron... que todo iba bien:* Un rasgo característico de los falsos profetas fue el anuncio de una paz engañosa (cf. Miq 3.11).
ᵈ **13.10** Cf. Jer 6.14; 8.11.
ᵉ **13.15** *La gente dirá:* traducción probable. Heb. *diré*.

blanquearon, **16** esos profetas de Israel que tenían visiones falsas y anunciaban a Jerusalén que todo iba bien, cuando en realidad no era así.' Yo, el Señor, lo afirmo.

El Señor condena a las profetisas **17** "Ahora, hombre, dirígete a las mujeres de tu pueblo que se ponen a hablar en mi nombre por su propia cuenta, **18** y diles: 'Esto dice el Señor: ¡Ay de ustedes, que andan a caza de la gente; que cosen vendas mágicas para que todo el mundo se las ponga como pulseras, y hacen velos *f* para que todos se los pongan en la cabeza! ¿Creen que pueden disponer de la vida y de la muerte de mi pueblo, según les convenga? **19** Ustedes, por unos puñados de cebada y unos bocados de pan, me deshonran delante de mi pueblo; dan muerte a gente que no debía morir, y dejan con vida a gente que no debía vivir. Así engañan a mi pueblo, que hace caso a las mentiras. **20** Por eso yo, el Señor, digo: Yo me declaro enemigo de esas vendas mágicas que ustedes hacen, con las que atrapan a la gente como a pájaros. Yo libraré del poder de ustedes a esas personas, y las dejaré volar libremente; **21** libraré a mi pueblo del poder de ustedes y de los velos que le han puesto, y no lo volverán a atrapar. Entonces reconocerán ustedes que yo soy el Señor. **22** Ustedes, con sus mentiras, han acobardado a los buenos, cosa que yo no quería hacer, y en cambio han animado a los malvados a seguir en su mala conducta, para que yo no les dé vida. **23** Por eso no volverán ustedes a tener sus falsas visiones ni a proclamar sus profecías de mentira. Yo salvaré a mi pueblo del poder de ustedes, y reconocerán ustedes que yo soy el Señor.' "

14 Contra el culto a los ídolos *a*

1 Varios ancianos de Israel vinieron a verme para consultar al Señor. **2** Entonces el Señor se dirigió a mí, y me dijo: **3** "Estos hombres se han entregado por completo al culto de sus ídolos y han puesto sus ojos en lo que les hace pecar. ¿Y acaso voy a permitir que me consulten? **4** Habla con ellos y diles: 'Esto dice el Señor: Todo israelita que se entregue al culto de los ídolos y ponga sus ojos en lo que le hace pecar, y que venga luego a consultar al profeta, tendrá de mi parte la respuesta que se merece por tener tantos ídolos.'

5 "Yo les tocaré el corazón a todos los israelitas que se apartaron de mí por causa de sus ídolos. **6** Por eso, diles a los israelitas: 'Esto dice el Señor: Vuélvanse a mí, apártense de sus ídolos y dejen todas esas cosas detestables.' **7** Si un israelita o un extranjero que viva en Israel se aparta de mí y se entrega por completo al culto de sus ídolos, y pone sus ojos en lo que le hace pecar, y luego recurre a un profeta para consultarme, yo mismo le daré la respuesta: **8** Me enfrentaré con ese hombre y le daré un castigo ejemplar, algo de lo que todos hablen, y lo eliminaré de entre mi pueblo. Entonces reconocerán ustedes que yo soy el Señor.

9 "Y si un profeta da un mensaje falso, es porque yo, el Señor, engañé a ese profeta; y yo levantaré mi mano para castigarlo y lo eliminaré de mi pueblo Israel. **10** Tanto el hombre que hace la consulta como el profeta serán castigados por su pecado, **11** para que el pueblo de Israel no vuelva jamás a apartarse de mí ni a mancharse con esos crímenes. Ellos serán mi pueblo, y yo seré su Dios. Yo, el Señor, lo afirmo."

Jerusalén merece ser castigada **12** El Señor se dirigió a mí, y me dijo: **13** "Si un país peca contra mí y me es infiel, yo levantaré la mano para castigarlo y le quitaré sus provisiones de alimento; enviaré hambre sobre él, y haré que mueran hombres y animales. **14** Y si en ese país vivieran Noé, *b* Danel *c* y Job, *d* solo ellos tres se salvarían por ser justos. Yo, el Señor, lo afirmo.

15 "Y si envío animales feroces a un país, para que maten a sus habitantes y lo conviertan en un desierto donde nadie se atreva a pasar por miedo a las fieras, **16** si vivieran allí esos tres hombres, no podrían salvar ni a sus hijos ni a sus hijas; solo ellos se salvarían, y el país quedaría convertido en un desierto. Yo, el Señor, lo juro por mi vida.

17 "Y si hago venir la guerra sobre todo ese país y ordeno la muerte de hombres y animales, **18** si vivieran allí esos tres hombres, no podrían salvar ni a sus hijos ni a sus hijas; solo ellos se salvarían. Yo, el Señor, lo juro por mi vida.

19 "Y si envío enfermedades a ese país, y en mi ira siembro allí la muerte y hago que mueran hombres y animales, **20** si vivieran allí Noé, Danel y Job, no podrían salvar ni a sus hijos ni a sus hijas; solo ellos se salvarían por ser justos. Yo, el Señor, lo juro por mi vida.

21 "Yo, el Señor, digo: Peor todavía será cuando yo mande contra Jerusalén mis cuatro castigos terribles: la guerra, el hambre, los animales salvajes y las enfermedades, *e* y mate a hombres y animales. **22** Solo unos cuantos quedarán con vida y podrán salir de allí con sus hijos e hijas. Cuando ellos vayan a ustedes, ustedes verán cómo se han portado y las cosas que han hecho, y se consolarán del castigo que hice venir sobre Jerusalén. **23** Se consolarán al ver cómo se han portado ellos y las cosas que han hecho. Entonces reconocerán ustedes que no me faltaba motivo para hacer todo lo que hice con Jerusalén. Yo, el Señor, lo afirmo."

15 Israel comparado a una vid inútil *a*

1 El Señor se dirigió a mí, y me dijo:
2 "¿En qué es mejor el tronco de la vid
que la madera de los árboles?

---

f **13.18** *Vendas mágicas... velos:* Alusión a ciertas prácticas mágicas y supersticiosas, destinadas a producir maleficios y encantamientos, o a preservarse de sus posibles efectos perniciosos.

a **14.1-23** Una vez más, el profeta condena a los que rinden culto a los ídolos y a los dioses falsos. La idolatría lleva de manera inevitable a la destrucción del país, aunque en él haya hombres tan justos como Noé, Danel y Job (cf. v. 14). De este modo, el profeta da a entender que el Señor trata a cada uno según sus buenas o malas acciones, tema que volverá a desarrollar más detenidamente en el cap. 18.

b **14.14** *Noé:* Cf. Gn 6.9.

c **14.14** *Danel,* héroe de la antigüedad, famoso por su justicia y sabiduría; también se menciona en un documento extrabíblico anterior al año 1200 a.C. (cf. Ez 28.3).

d **14.14** *Job:* Cf. Job 1.5,8.

e **14.21** Cf. Ap 6.8.

a **15.1-8** El profeta aplica aquí a Jerusalén la antigua imagen de la vid (cf. Sal 80.8-11; Is 5.1-7); pero toma en consideración únicamente la calidad de esa madera, que cuando está seca solo sirve

³ Su tronco no sirve para nada,
¡ni siquiera para hacer una percha!
⁴ No sirve más que para leña.
Y cuando el fuego ha quemado las puntas
y el centro está hecho carbón,
¿para qué puede servir?
⁵ Si cuando estaba entero
no servía para nada,
¡menos ahora que está quemado
podrá servir para algo!

⁶ "Por eso yo, el Señor, digo:
Así como al tronco de la vid
se le echa en el fuego para que arda,
así también echaré en el fuego
a los habitantes de Jerusalén.
⁷ Yo me declararé enemigo de ellos.
Escaparán de un fuego,
pero otro fuego los devorará.
Y cuando yo me declare su enemigo,
ustedes reconocerán que yo soy el Señor.
⁸ Convertiré su país en un desierto,
por haberme sido infieles.
Yo, el Señor, lo afirmo."

16 Infidelidad de Jerusalén [a]

¹ El Señor se dirigió a mí, y me dijo: ² "Tú, hombre, hazle ver a Jerusalén las cosas tan detestables que ha hecho. ³ Dile: 'Esto dice el Señor: Por lo que toca a tu origen, tú, Jerusalén, eres cananea de nacimiento; tu padre fue amorreo y tu madre hitita. [b] ⁴ El día en que naciste no te cortaron el ombligo, ni te bañaron, ni te frotaron con sal, ni te fajaron. ⁵ Nadie tuvo compasión de ti ni se preocupó de hacerte esas cosas. El día en que naciste, te dejaron tirada en el campo porque sentían asco de ti. ⁶ Yo pasé junto a ti, y al verte pataleando en tu sangre, decidí que debías vivir. ⁷ Te hice crecer como una planta del campo. Te desarrollaste, llegaste a ser grande y te hiciste mujer. Tus pechos se hicieron firmes, y el vello te brotó. Pero estabas completamente desnuda.

⁸ 'Volví a pasar junto a ti, y te miré; estabas ya en la edad del amor. Extendí mi manto sobre ti, y cubrí tu cuerpo desnudo, y me comprometí contigo; hice una alianza contigo, y fuiste mía. Yo, el Señor, lo afirmo. ⁹ Y te bañé, te limpié la sangre y te perfumé; ¹⁰ te puse un vestido de bellos colores y sandalias de cuero fino; te di un cinturón de lino y un vestido de finos tejidos; ¹¹ te adorné con joyas, te puse brazaletes en los brazos y un collar en el cuello; ¹² te puse un anillo en la nariz, aretes en las orejas y una hermosa corona en la cabeza. ¹³ Quedaste cubierta de oro y plata; tus vestidos eran de lino, de finos tejidos y de telas de bellos colores. Te alimentabas con el mejor pan, y con miel y aceite de oliva. Llegaste a ser muy hermosa: te convertiste en una reina. ¹⁴ Te hiciste famosa entre las naciones por tu belleza, que era perfecta por el encanto con que te adorné. Yo, el Señor, lo afirmo.

¹⁵ 'Pero confiaste en tu belleza y te aprovechaste de tu fama para convertirte en una prostituta, entregando tu cuerpo a todo el que pasaba. [c] ¹⁶ Con tus vestidos hiciste tiendas de culto pagano en las colinas, y te prostituiste en ellas. [d] ¹⁷ Tomaste las joyas de oro y de plata que yo te había regalado, e hiciste figuras de hombres para prostituirte con ellos; ¹⁸ les pusiste tus vestidos de bellos colores y les ofreciste mi aceite y mi incienso. ¹⁹ El pan que yo te había dado, que era de la mejor harina, y el aceite y la miel con que yo te había alimentado, se los ofreciste a ellos como ofrenda de olor agradable. Yo, el Señor, lo afirmo.

²⁰ 'Tomaste también a los hijos e hijas que tuve contigo, y los sacrificaste a esos ídolos como alimento para ellos. ¿Te parecía poco haberte convertido en prostituta, ²¹ que además sacrificaste a mis hijos entregándolos a morir quemados en honor de esos ídolos? ²² Con tu detestable vida de prostituta ya no te acuerdas de cuando eras niña y estabas completamente desnuda, pataleando en tu propia sangre.

²³ 'Esto afirmo yo, el Señor: ¡Ay de ti! Además de todos los males que hiciste, ²⁴ te construiste en todo sitio despejado un lugar donde dar culto a los ídolos y entregarte a la prostitución. ²⁵ Al término de todo camino construiste tales lugares, y convertiste tu belleza en algo detestable ofreciendo tu cuerpo a todo el que pasaba, en continuos actos de prostitución. ²⁶ Practicaste la prostitución con tus vecinos, esos egipcios de gran potencia sexual, y provocaste mi ira con tus continuos actos de prostitución.

²⁷ 'Entonces levanté la mano para castigarte: te hice pasar privaciones, y te entregué a las ciudades filisteas, que se odian y que estaban disgustadas por tu conducta vergonzosa. ²⁸ Pero no contenta con eso, te entregaste a la prostitución con los asirios; y ni aun así quedaste satisfecha. ²⁹ Y seguiste entregándote a la prostitución en Babilonia, tierra de comerciantes; y ni aun así quedaste satisfecha. ³⁰ Yo, el Señor, afirmo: ¡Qué enfermo tenías el corazón para cometer todos esos actos propios de una prostituta desvergonzada! ³¹ Al término de todo camino y en todo sitio despejado, te construiste un altar donde dar culto a los ídolos y entregarte a la prostitución. Pero tú no te portabas como las prostitutas: ¡tú no cobrabas!

³² 'La mujer que es infiel a su marido, recibe a extraños. ³³ A toda prostituta se le da una paga; pero tú eras más bien la que dabas regalos a todos tus amantes y les pagabas

---

para ser quemada (cf. Jn 15.6). De este modo, se refiere proféticamente a los acontecimientos que culminaron con la destrucción y el incendio de Jerusalén (cf. 2 R 25.8-10).

[a] 16.1-63 Con un estilo alegórico y a veces crudamente realista, *Ezequiel* pinta grandes cuadros que resumen la historia de Israel y el drama de sus relaciones con Dios. Este cap., el más extenso del libro, presenta uno de esos cuadros históricos mediante el simbolismo de la unión matrimonial, que ya antes habían utilizado Oseas (Os 1—3) y Jeremías (Jer 2.1-3). Cf. también Ez 23.

[b] 16.3 Este v. evoca los orígenes paganos de la ciudad de Jerusalén, que antes de ser conquistada por David había sido una ciudad cananea, habitada por los jebuseos (cf. 2 S 5.6-9). En este origen pagano el profeta percibe un anticipo de las futuras infidelidades de Jerusalén.

[c] 16.15 *Confiaste... te aprovechaste...*: Ezequiel, como antes de él Oseas y Jeremías, comprueba que el pueblo elegido se aprovechó de los dones extraordinarios recibidos del Señor para alejarse cada vez más de él (cf. Os 11.1-2). *Una prostituta:* acerca de la infidelidad al Señor expresada con la imagen del adulterio o la prostitución, véase Jer 2.20 nota *w*.

[d] 16.16 El texto hebreo añade *ellas no vienen y él no será*.

para que vinieran de todas partes a pecar contigo. **34** En tu prostitución has hecho lo contrario de lo que hacen otras mujeres: nadie te busca para pecar, ni ellos te pagan a ti, sino que tú les pagas a ellos. ¡Solo en eso eres diferente!

35 'Por eso, escucha, prostituta, mi palabra: **36** Yo, el Señor, te digo: Tú has descubierto desvergonzadamente tu cuerpo para entregarte a la prostitución con tus amantes y con todos tus detestables ídolos, y has derramado la sangre de tus hijos que ofreciste en sacrificio. **37** Por eso, yo voy a reunir a todos los amantes que has complacido, a todos los que amaste y a todos los que odiaste; los reuniré alrededor de ti, y delante de ellos descubriré tu cuerpo para que te vean completamente desnuda. [e] **38** Te juzgaré por adulterio y asesinato, y con ira y celo te entregaré a la muerte. **39** Te dejaré en manos de ellos, para que destruyan tus lugares de prostitución y de culto a los ídolos. Te arrancarán tus vestidos y tus magníficos adornos, y te dejarán completamente desnuda. **40** Levantarán al pueblo contra ti, te apedrearán y te matarán con sus espadas. **41** Prenderán fuego a tus casas y ejecutarán la sentencia contra ti delante de muchas mujeres. Pondré fin a tu prostitución, y no volverás a pagar más a tus amantes. **42** Entonces mi ira contra ti quedará satisfecha y mis celos [f] se calmarán; me tranquilizaré y ya no estaré enojado. **43** Tú te olvidaste de cuando eras joven, y me irritaste con todas tus acciones infames y detestables; por lo tanto, yo te castigaré por esa conducta tuya. Yo, el Señor, lo afirmo.

De tal madre, tal hija

44 'Todos los amigos de decir refranes, dirán refiriéndose a ti: De tal madre, tal hija. **45** Tú eres hija de una madre que odiaba a su marido y a sus hijos, y también tus hermanas odiaban a sus maridos y a sus hijos. La madre de todas ustedes era hitita, y su padre, amorreo. **46** Al norte estaba tu hermana mayor, la ciudad de Samaria, [g] con sus aldeas; al sur, tu hermana menor, la ciudad de Sodoma, [h] también con sus aldeas. **47** Y tú seguiste su ejemplo y cometiste sus mismas acciones detestables. Y no satisfecha con esto, tu conducta fue peor que la de ellas. **48** Yo, el Señor, lo juro por mi vida: ni tu hermana Sodoma ni sus aldeas hicieron lo que tú y tus aldeas han hecho. **49** Este fue el pecado de tu hermana Sodoma: ella y sus aldeas se sentían orgullosas de tener abundancia de alimentos y de gozar de comodidad, pero nunca ayudaron al pobre y al necesitado. **50** Se volvieron orgullosas y cometieron cosas que yo detesto; por eso las destruí, como has visto. **51** En cuanto a Samaria, no cometió ni la mitad de tus pecados. Tú has hecho más cosas detestables que ellas; tantas que, a tu lado, ellas parecen inocentes. **52** Tú tendrás que soportar tu humillación, pues al cometer pecados más detestables que tus hermanas, las hiciste parecer inocentes. Tú tendrás que sufrir esa vergüenza y soportar tu humillación, pues hiciste parecer inocentes a tus hermanas.

53 'Yo devolveré la prosperidad a Sodoma y Samaria, y a sus aldeas; y también a ti volveré a darte prosperidad, **54** pero tendrás que soportar tu humillación y avergonzarte de lo que hiciste, con lo cual tú serás para ellas motivo de consuelo. **55** Y cuando Sodoma y Samaria y sus aldeas vuelvan a ser lo que antes fueron, también tú y tus aldeas volverán a serlo. **56** Tú te burlabas del castigo de tu hermana Sodoma, cuando te sentías tan orgullosa **57** y todavía no se había puesto al descubierto tu maldad; pero ahora [i] las ciudades edomitas y filisteas, todas tus vecinas, te insultan; ¡todo el mundo te desprecia! **58** Ahora tienes que soportar el castigo de tus acciones malas y detestables. Yo, el Señor, lo afirmo.

59 'Yo, el Señor, digo: Te voy a dar tu merecido, pues faltaste a tu juramento y no cumpliste la alianza. **60** Pero yo sí me acordaré de la alianza que hice contigo cuando eras joven, y haré contigo una alianza eterna. **61** Cuando yo te dé como hijas a tu hermana mayor y a tu hermana menor, a pesar de que la alianza no me obliga a ello, tú te acordarás de tu conducta pasada y sentirás vergüenza. **62** Yo renovaré mi alianza contigo, y reconocerás que yo soy el Señor. **63** Tú te acordarás, y sentirás tanta vergüenza y humillación que no volverás a abrir la boca cuando yo te perdone todo lo que has hecho. Yo, el Señor, lo afirmo.' "

17 La vid y el águila [a]

1 El Señor se dirigió a mí, y me dijo: **2** "Tú, hombre, propón al pueblo de Israel una comparación. **3** Diles:

'Esto dice el Señor:
Un águila enorme llegó al Líbano;
sus alas eran grandes y de mucho alcance,
cubiertas de plumas de muchos colores.
Agarró la punta de un cedro,
4 cortó la rama más alta
y fue a plantarla en un país de comerciantes,
en una ciudad de mucho comercio.
5 Luego tomó de la tierra una semilla
y la sembró en un terreno cultivado,
a la orilla de un arroyo,
con agua abundante. [b]
6 La semilla nació
y se convirtió en una vid frondosa;
y aunque era poca su altura,
dirigió sus ramas hacia el águila,
mientras hundía sus raíces en la tierra.
Se convirtió en una vid;
produjo retoños y echó ramas.

---

[e] **16.35-37** Cf. Ap 17.16.
[f] **16.42** *Mis celos:* Véase Ez 5.13 nota *f.*
[g] **16.46** La ciudad de *Samaria* había sido la capital de Israel, el reino del norte (cf. 1 R 16.24), hasta que fue destruida por los asirios (2 R 17.5-6). Véase *Índice de mapas.*
[h] **16.46** *Sodoma:* Véase Gn 13.10 nota *c.*
[i] **16.57** *Pero ahora:* según la versión griega (LXX). Heb. *como tiempo.* Otra posible traducción: *pero ahora eres como ella.*
[a] **17.1-10** El profeta emplea la imagen del *cedro* (v. 3) y de la *vid* (v. 6) para referirse alegóricamente a un episodio de importancia decisiva en la historia de Israel. Nabucodonosor, el *águila enorme* (v. 3), deportó a Babilonia al rey Joaquín y puso en su lugar al rey Sedequías (cf. 2 R 24.12-17), imponiéndole un juramento de fidelidad. Pero este, violando el juramento, buscó la amistad del faraón, la *otra águila enorme* (v. 7). En represalia contra esta traición, Nabucodonosor lanzó su último ataque contra Jerusalén (2 R 25.1-20).
[b] **17.5** *A la orilla... abundante:* otra posible traducción: *la puso junto al agua abundante como se planta un sauce.*

⁷ Pero había otra águila enorme,
de grandes alas y abundante plumaje.
Entonces la vid dirigió sus raíces
y tendió sus ramas hacia esta águila,
para que le diera más agua,
lejos del lugar donde estaba plantada.
⁸ Sin embargo, estaba plantada en buena tierra,
junto a agua abundante,
donde podía echar ramas y dar fruto
y convertirse en una vid hermosa.'

⁹ "Diles, pues, de mi parte:
'Esto dice el Señor:
Esta vid no prosperará.
El águila primera le arrancará las raíces,
y le hará caer los frutos;
con poco esfuerzo y sin mucha gente
la arrancará de raíz,
y se secarán todos sus nuevos retoños.
¹⁰ Aunque la trasplanten, no retoñará;
se secará al soplar sobre ella el viento del este;
se secará en el lugar donde debía retoñar.' "

¹¹ El Señor se dirigió a mí, y me dijo: ¹² "Pregunta a este pueblo rebelde si saben lo que significa esta comparación. Diles: 'El rey de Babilonia vino a Jerusalén e hizo prisioneros al rey de Judá y a sus funcionarios, y se los llevó con él a Babilonia. ¹³ Luego tomó a un príncipe de la familia real e hizo un pacto con él, obligándolo a jurarle fidelidad, y se llevó a la gente importante del país ¹⁴ para que Judá fuera un reino débil, incapaz de levantarse, aunque dispuesto a cumplir ese pacto y a mantenerlo en vigor. ¹⁵ Pero este príncipe se rebeló contra el rey de Babilonia ᶜ y envió embajadores a Egipto para pedir caballos y hombres en gran cantidad. ¿Creen ustedes que después de eso podrá tener éxito y escapar con vida? ¿Puede escapar con vida quien no cumple un pacto? ¹⁶ Yo, el Señor, juro por mi vida que morirá en Babilonia en el mismo lugar del juramento y no cumplió el pacto que hizo con el rey que lo puso en el trono. ¹⁷ Cuando el rey de Babilonia lo ataque, y construya rampas y muros alrededor de la ciudad, y mate a mucha gente, el faraón no enviará en su ayuda un poderoso ejército ni gran cantidad de gente, ¹⁸ pues él se burló del juramento y no cumplió el pacto; se había comprometido y,

sin embargo, ha hecho todo esto. Por eso no podrá escapar con vida.

¹⁹ 'Yo, el Señor, lo juro por mi vida: él se burló del juramento que me hizo, y no cumplió la alianza que había hecho conmigo; por eso yo le voy a pedir cuentas. ᵈ ²⁰ Voy a echar sobre él mis redes, y lo atraparé en ellas; lo llevaré a Babilonia, y allá lo someteré a juicio por haberme sido infiel. ᵉ ²¹ Sus mejores soldados ᶠ morirán en batalla, y los que queden con vida serán esparcidos a los cuatro vientos. Entonces reconocerán ustedes que yo, el Señor, he hablado.

²² 'Yo, el Señor, digo: También yo voy a tomar la punta más alta del cedro; arrancaré un retoño tierno de la rama más alta, y yo mismo lo plantaré en un monte muy elevado, ²³ en el monte más alto de Israel. Echará ramas, dará fruto y se convertirá en un cedro magnífico. Animales ᵍ de toda clase vivirán debajo de él, y aves de toda especie anidarán a la sombra de sus ramas. ²⁴ Y todos los árboles del campo sabrán que yo soy el Señor. Yo derribo el árbol orgulloso y hago crecer el árbol pequeño. Yo seco el árbol verde y hago reverdecer el árbol seco. Yo, el Señor, lo digo y lo cumplo.' "

18 Responsabilidad personal ᵃ

¹ El Señor se dirigió a mí, y me dijo: ² "¿Por qué en Israel no deja de repetirse aquel refrán ᵇ que dice: 'Los padres comen uvas agrias y a los hijos se les destemplan los dientes'? ᶜ ³ Yo, el Señor, juro por mi vida que nunca volverán ustedes a repetir este refrán en Israel. ⁴ A mí me pertenece todo ser humano, lo mismo el padre que el hijo. Aquel que peque, morirá.

⁵ "El hombre recto es el que hace lo que es justo y recto: ⁶ no participa en los banquetes que se celebran en las colinas para honrar a los ídolos, ni pone su confianza en los falsos dioses de Israel; no le quita la mujer a su prójimo, ni se une con su propia mujer cuando ella está en su periodo de menstruación; ⁷ no oprime a nadie, sino que devuelve a su deudor lo que había recibido de él en prenda; no roba a nadie; comparte su pan con el hambriento y da ropa al desnudo; ᵈ ⁸ no presta dinero con usura ni exige intereses; no causa daño a nadie; es justo cuando juzga un pleito entre dos personas; ⁹ actúa de acuerdo con mis leyes y cumple fielmente mis mandamientos. Ese hombre es verdaderamente recto, y por lo tanto vivirá. ᵉ Yo, el Señor, lo afirmo.

ᶜ **17.12-15** Cf. 2 R 24.15-20; 2 Cr 36.10-13.

ᵈ **17.19** *Del juramento que me hizo... el pacto que había hecho conmigo:* En el antiguo Oriente, los pactos y juramentos se hacían en presencia de los dioses, que actuaban como testigos y garantes del compromiso asumido (cf. Gn 31.44-54). Por tanto, el rey Sedequías hizo su *pacto* con Nabucodonosor, rey de Babilonia, poniendo por testigo al Señor, Dios de Israel. De ahí que el Señor pueda considerar como hecho a él mismo el juramento que Sedequías prestó a Nabucodonosor (vv. 12-14) y que luego quebrantó, al reclamar la ayuda de los egipcios (cf. v. 15).

ᵉ **17.18-20** Cf. Jer 37.1-2; 52.4-11; Ez 12.13.

ᶠ **17.21** *Sus mejores soldados:* según versiones antiguas. Heb. *todos sus fugitivos en toda su tropa.*

ᵍ **17.23** *Animales:* según la versión griega (LXX). Esta palabra no aparece en el texto hebreo.

ᵃ **18.1-32** En este célebre cap., Ezequiel sale en defensa de la justicia divina (cf. v. 29), desarrollando con gran amplitud el tema de la retribución individual y no colectiva o hereditaria. Cada uno es responsable de su propia conducta y será juzgado de acuerdo con sus buenas o malas acciones (v. 30). Por tanto, el justo vivirá gracias a su rectitud y el pecador morirá a causa de su injusticia. Como conclusión lógica de este principio de la más estricta responsabilidad personal, el profeta dirige un apremiante llamado a la conversión (cf. vv. 31-32).

ᵇ **18.2** Con motivo del asedio y la caída de Jerusalén (597 a.C.), los deportados a Babilonia comenzaron a repetir este *refrán,* que también estaba en labios de los judíos de Palestina (Jer 31.29-30). Cf. Lm 5.7.

ᶜ **18.2** *Los padres... los hijos...:* Los israelitas se lamentaban de sufrir las consecuencias de un mal que no habían cometido ellos sino sus antepasados (cf. Ex 20.5-6). El profeta rechaza de plano esta visión fatalista y exhorta a buscar la gracia de Dios y la salvación mediante la conversión personal. Cf. Ez 18.2-3,31-32.

ᵈ **18.7** Cf. Mt 25.35-40.

ᵉ **18.9** Cf. Lv 18.5.

10 "Pero si este hombre tiene un hijo violento y asesino, que hace cualquiera de esas cosas **11** que su padre no hacía, es decir, que participa en los banquetes que se celebran en las colinas para honrar a los ídolos, que le quita la mujer a su prójimo, **12** que oprime al pobre y al necesitado, que roba a los demás, que no devuelve a sus deudores lo que había recibido de ellos en prenda, que pone su confianza en los falsos dioses y hace cosas que yo detesto, **13** que presta dinero con usura y exige intereses: ese hombre no podrá vivir. Después de haber hecho todas esas cosas que yo detesto, morirá sin remedio, y él mismo será responsable de su muerte.

14 "Puede ser que este hombre, a su vez, tenga un hijo que vea todos los pecados cometidos por su padre, pero que no siga su ejemplo; **15** es decir, que no participe en los banquetes que se celebran en las colinas para honrar a los ídolos, ni ponga su confianza en los falsos dioses de Israel; que no le quite la mujer a su prójimo **16** ni oprima a nadie; que no exija nada en prenda cuando le pidan prestado; que no robe a nadie, sino que comparta su pan con el hambriento y dé ropa al desnudo; **17** que no haga daño a nadie *f* ni preste dinero con usura o intereses; y que cumpla mis leyes y actúe según mis mandatos: ese hombre no morirá por los pecados de su padre. Ciertamente vivirá.

18 "Su padre, que fue opresor, y cometió robos, e hizo lo malo en medio de su pueblo, morirá en castigo de sus propios pecados. **19** Ustedes preguntarán: '¿Por qué no paga el hijo también por los pecados del padre?' Pues porque el hijo hizo lo que es recto y justo, y cumplió y puso en práctica todas mis leyes: por eso ciertamente vivirá. **20** Solo aquel que peque morirá. Ni el hijo ha de pagar por los pecados del padre, ni el padre por los pecados del hijo. *g* El justo recibirá el premio a su justicia; y el malvado, el castigo a su maldad.

El Señor actúa con justicia (Ez 33.10-20) **21** "Y si el malvado se aparta de todos los pecados que cometía, y cumple todas mis leyes y hace lo que es recto y justo, ciertamente vivirá y no morirá. **22** Yo no volveré a acordarme de todo lo malo que hizo, y él vivirá por hacer lo que es recto. **23** Yo no quiero que el malvado muera, sino que cambie de conducta y viva. *h* Yo, el Señor, lo afirmo.

24 "Pero si el justo deja de actuar rectamente, y hace todo lo malo y detestable que hace el malvado, ¿piensan ustedes que habrá de seguir viviendo? Yo no volveré a acordarme de todo lo bueno que haya hecho: morirá por culpa de su infidelidad y de sus pecados. **25** Ustedes dirán que yo no estoy actuando con justicia; pero escucha, pueblo de Israel, ¿piensan ustedes que yo no estoy actuando bien? ¿No será más bien lo contrario, que son ustedes los que están actuando mal? **26** Si el justo deja de hacer lo bueno y hace lo malo, morirá por culpa de sus malas acciones. **27** Por el contrario, si el malvado se aparta de su maldad y hace lo que es recto y justo, salvará su vida. **28** Si abre los ojos y se aparta de todas las maldades que había hecho, ciertamente vivirá y no morirá.

29 "Pero el pueblo de Israel dirá que yo no actúo con justicia. ¿Que yo no actúo con justicia? ¿No será más bien el pueblo de Israel el que no actúa con justicia? **30** Yo los juzgo a cada uno de ustedes, israelitas, de acuerdo con sus acciones. *i* Yo, el Señor, lo afirmo. Abandonen de una vez por todas sus maldades, para que no se hagan culpables de su propia ruina. **31** Apártense de todas las maldades que han cometido contra mí, y háganse de un corazón y un espíritu nuevos. *j* ¿Por qué habrás de morir, pueblo de Israel, **32** si yo no quiero que nadie muera? Apártense del mal y vivirán. Yo, el Señor, lo afirmo. *k*

19 Lamento por los reyes de Israel *a*

1 "Y tú, hombre, dedica este canto fúnebre a los reyes de Israel:

2 'Tu madre *b* era una leona
que vivía entre leones.
Hizo su guarida entre ellos,
y allí crió a sus cachorros.
3 A uno especialmente lo hizo crecer
hasta su pleno desarrollo.
Aprendió a desgarrar la presa,
y devoraba hombres.
4 Las naciones oyeron hablar de él;
lo apresaron en una trampa,
y con ganchos lo arrastraron
hasta el país de Egipto. *c*
5 Al ver la leona que su esperanza
quedaba frustrada por completo,
tomó otro de sus cachorros
y lo ayudó a desarrollarse.
6 Hecho ya todo un león,
iba y venía entre los leones.
Aprendió a desgarrar la presa,
y devoraba hombres.
7 Hacía destrozos en los palacios *d*
y arruinaba las ciudades;
con sus rugidos
hacía temblar a todo el mundo.

---

f **18.17** *Que no haga daño a nadie:* según la versión griega (LXX). Heb. *se abstiene del infeliz.*

g **18.20** Cf. Dt 24.16.

h **18.23** Cf. 2 P 3.9.

i **18.30** Cf. Job 34.11; Sal 62.11-12(12-13); Pr 24.12; Jer 17.10; Ez 33.20; Eclo 16.12,14; Mt 16.27; Ro 2.6.

j **18.31** *Háganse de un corazón y un espíritu nuevos:* Estas palabras podrían dar la impresión de que Ezequiel tiene demasiada confianza en las posibilidades morales de los hombres. Sin embargo, más adelante afirma que el Señor *dará* a su pueblo el *corazón* y el *espíritu nuevos,* mostrando así que la iniciativa y la acción de Dios son la condición indispensable para que el pueblo pueda convertirse y vivir. Véanse Ez 36.22 nota *c*; 36.25-27 nota *c*.

k **18.32** Cf. Ez 33.11; Sab 1.13; 2 P 3.9.

a **19.1-14** El siguiente *canto fúnebre* se refiere a dos reyes de Judá, Joacaz y Joaquín, tomados prisioneros y llevados al exilio por los egipcios (v. 4) y por los babilonios (v. 9), respectivamente. La figura de la *madre* (vv. 2,10) es la personificación de todo el reino de Judá y quizá también de Jerusalén.

b **19.2** *Tu madre:* Cf. Is 50.1; Os 2.2(4).

c **19.3-4** Estos vv. aluden al faraón Necao y a la deportación de Joacaz a *Egipto* (2 R 23.33-35; Jer 22.10-12).

d **19.7** *Hacía destrozos en los palacios:* según versiones antiguas. Heb. *y conocía sus viudas.*

⁸ Entonces levantaron contra él
a los pueblos de las provincias vecinas;
le tendieron sus redes
y lo hicieron caer en la trampa.
⁹ Con ganchos lo encerraron en una jaula
y se lo llevaron al rey de Babilonia;
allí lo metieron preso,
para que nadie volviera a oír sus rugidos
en las montañas de Israel. *e*

¹⁰ 'Tu madre parecía una vid *f*
plantada junto al agua,
fecunda y frondosa
gracias a la abundancia de riego.
¹¹ Sus ramas se hicieron tan fuertes
que llegaron a ser cetros de reyes,
y tanto creció
que llegó hasta las nubes.
Se destacaba por su altura
y por sus ramas frondosas.
¹² Pero la arrancaron con furia
y la echaron al suelo.
El viento del oriente la secó
y se le cayeron las uvas;
se secaron sus fuertes ramas
y las echaron al fuego.
¹³ Ahora está plantada en el desierto,
en tierra seca y sedienta.
¹⁴ De sus ramas sale un fuego
que devora sus retoños y sus frutos.
Ya no le quedan ramas fuertes
que lleguen a ser cetros de reyes.' " *g*

(Este es un canto fúnebre, y como canto fúnebre será usado.)

20 Fidelidad de Dios y rebeldía de Israel *a*

¹ El día décimo del mes quinto del año séptimo, unos ancianos de Israel fueron a consultar al Señor, y se sentaron delante de mí. ² El Señor se dirigió a mí, y me dijo: ³ 'Tú, hombre, habla a los ancianos de Israel y diles: "Esto dice el Señor: ¿Vienen ustedes a consultarme? Pues yo, el Señor, juro por mi vida que no me dejaré consultar por ustedes.' ⁴ Júzgalos más bien tú, hombre; júzgalos y hazles reconocer las cosas detestables que sus padres cometieron. ⁵ Diles: 'Esto dice el Señor: Cuando elegí a Israel, hice un juramento a sus descendientes y me manifesté a ellos en Egipto. Solemnemente les juré: Yo soy el Señor su Dios. ⁶ En ese día me comprometí a sacarlos de Egipto y a llevarlos al país que yo les había buscado, un país donde la leche y la miel corren como el agua, ¡el país más hermoso de todos! *b* ⁷ Y a todos sin excepción les ordené que se deshicieran de sus detestables dioses y que no se mancharan con los ídolos de Egipto, porque yo, el Señor, soy su Dios. *c*

⁸ 'Pero ellos se rebelaron contra mí, y no quisieron escucharme; no se deshicieron de sus detestables dioses ni abandonaron los ídolos de Egipto. Yo pensé en descargar mi ira contra ellos, y en castigarlos en Egipto hasta que mi furor quedara satisfecho. ⁹ Pero actué por honor a mi nombre, *d* para no quedar mal a los ojos de las naciones en medio de las cuales vivían, pues delante de esas naciones me había manifestado a ellos y les había prometido sacarlos de Egipto. ¹⁰ Yo los saqué de Egipto y los llevé al desierto; ¹¹ allí les di a conocer mis leyes y mandamientos, que dan vida a quien los practica. *e* ¹² También les di a conocer mis sábados, *f* que debían ser una señal entre ellos y yo, y un recuerdo de que yo, el Señor, los había consagrado para mí. ¹³ Pero se rebelaron contra mí en el desierto, *g* y no obedecieron mis leyes; rechazaron los mandamientos que les había dado para que, cumpliéndolos, tuvieran vida, y profanaron completamente mis sábados. Pensé entonces en descargar mi ira contra ellos y en aniquilarlos allí, en el desierto, ¹⁴ pero por honor a mi nombre no lo hice, para no quedar mal a los ojos de las naciones que habían visto cómo los había sacado de Egipto.

¹⁵ 'También en el desierto les juré que no los haría entrar en el país que les había dado, *h* el más hermoso de todos, donde la leche y la miel corren como el agua, ¹⁶ porque rechazaron mis mandamientos, no obedecieron mis leyes y profanaron mis sábados, porque el corazón se les iba tras sus ídolos. ¹⁷ Sin embargo, me dio lástima destruirlos y no los aniquilé en el desierto. ¹⁸ Entonces les pedí a sus hijos que no hicieran lo que sus padres les mandaban, que no cumplieran lo que les ordenaban, que no se contaminaran con los ídolos. ¹⁹ Les dije: Yo soy el Señor su Dios. Cumplan al pie de la letra mis leyes y decretos, ²⁰ y respeten como sagrados mis sábados, de manera que sean una señal entre ustedes y yo; así reconocerán que yo soy el Señor su Dios.

²¹ 'Pero también los hijos de ellos se rebelaron contra mí. No obedecieron mis leyes, ni cumplieron mis mandamientos, que dan vida a quien los practica, y profanaron mis sábados. Pensé en descargar mi ira contra ellos y aniquilarlos allí, en el desierto, para calmar mi furor, ²² pero me contuve por honor a mi nombre, para no

---

e 19.5-9 Acerca del destierro del rey Joaquín a *Babilonia,* cf. 2 R 24.10-15; cf. también Jer 22.24-30, donde Joaquín recibe el nombre de Jeconías.

f 19.10 Por tercera vez el profeta recurre al tema alegórico de la *vid* (Ez 15; 17.7-9). Aquí esa imagen se refiere al pueblo de Judá, del que surgió la dinastía real de David. Cf. Is 5.1-4; Jer 2.21.

g 19.11-14 Cf. Jer 52.1-11.

a 20.1-44 Este cap. presenta otra de las grandes visiones históricas que son uno de los aportes originales de Ezequiel. La historia de Israel es para este profeta una historia de constantes infidelidades (cf. Ez 16; 23), como lo pone de manifiesto la simple evocación de los hechos pasados. Por eso, después de una breve introducción (vv. 1-4), el profeta enumera la serie interminable de rebeldías y pecados cometidos por los israelitas en Egipto (vv. 5-9), en el desierto (vv. 10-17) y en Canaán (vv. 18-29). Estos pecados han provocado un terrible castigo (vv. 30-38); pero, al fin, Israel se convertirá y el Señor lo reunirá y lo hará volver del exilio a la Tierra prometida (vv. 39-44). Cf. Sal 106.

b 20.5-6 Cf. Ex 3.14-16; 6.2-8; 20.2.

c 20.7 Cf. Jos 24.14.

d 20.9,14 Cf. Dt 7.7-8; Sal 106.8; Jer 14.7; Ez 36.22-23.

e 20.11,13 Cf. Lv 18.5.

f 20.12 Cf. Ex 20.8-11; 31.13-17.

g 20.13 Cf. Ex 14.11; 15.24; 32; Nm 11.1,4.

h 20.15 Cf. Nm 14.26-35; Dt 1.34-40.

quedar mal a los ojos de las naciones que habían visto cómo los había sacado de Egipto. ²³ En el desierto les juré que los iba a dispersar por todas las naciones del mundo, ʲ ²⁴ porque no cumplieron mis mandamientos, rechazaron mis leyes, profanaron mis sábados y solo tuvieron ojos para los ídolos de sus padres. ²⁵ Y hasta llegué a imponerles leyes que no eran buenas y mandamientos con los que no podían encontrar la vida. ²⁶ Dejé que se contaminaran llevando ofrendas a los ídolos y sacrificándoles en el fuego a sus hijos mayores. Esto lo hice para que se llenaran de miedo y reconocieran que yo soy el Señor.'

²⁷ "Y tú, hombre, diles a los israelitas: 'Esto dice el Señor: También los padres de ustedes me han ofendido; me han sido infieles. ²⁸ Cuando yo los hice entrar en la tierra que había jurado darles, apenas veían una colina elevada o un árbol frondoso, allí ofrecían sus sacrificios y hacían las ofrendas que tanto me ofenden, ponían sus sustancias perfumadas y derramaban sus ofrendas de vino. ʲ ²⁹ Yo les pregunté: ¿Qué santuario pagano ᵏ es ese donde van ustedes? Y se le quedó el nombre de Santuario Pagano hasta el día de hoy.'

³⁰ "Dile al pueblo de Israel: 'Esto dice el Señor: ¿Por qué quieren ustedes mancharse lo mismo que sus antepasados? ¿Por qué me son infieles adorando esos ídolos detestables? ³¹ Al presentar esas ofrendas y sacrificar en el fuego a sus hijos, ustedes siguen todavía manchándose con sus ídolos. ¿Y así quieren ustedes, israelitas, venir a consultarme? Yo, el Señor, juro por mi vida que no me dejaré consultar por ustedes. ³² Se les ha metido en la cabeza ser como las demás naciones de la tierra, que adoran al palo y a la piedra, pero no será así. ³³ Yo, el Señor, juro por mi vida que, con gran despliegue de poder y castigando con ira, reinaré sobre ustedes. ³⁴ Yo los reuniré de entre los pueblos y naciones donde se encuentren dispersos, desplegando mi gran poder y castigando con ira. ³⁵⁻³⁶ Los llevaré al desierto de los pueblos, y cara a cara los llamaré a juicio, de la misma manera que llamé a juicio a sus padres en el desierto de Egipto. Yo, el Señor, lo afirmo. ³⁷ Yo los examinaré a ustedes como un pastor que cuenta sus ovejas, y haré que se sometan a la alianza. ³⁸ Separaré de ustedes a los rebeldes y revoltosos, y los sacaré de la tierra extranjera en que ahora están viviendo; pero ellos no entrarán en la tierra de Israel. Entonces reconocerán ustedes que yo soy el Señor.

³⁹ 'Pueblo de Israel, esto dice el Señor: ¡Vayan a adorar a sus ídolos...! Pero después ustedes me obedecerán, y no volverán a profanar mi santo nombre haciendo esas ofrendas y adorando a sus ídolos. ⁴⁰ Todo Israel me adorará en mi santo monte, en el monte elevado de Israel, situado en mi país. Yo, el Señor, lo afirmo. Allí los recibiré con gusto; allí les pediré que me hagan sus ofrendas, y que me traigan los primeros frutos de sus cosechas y todo lo que hayan de consagrarme. ⁴¹ Cuando yo los reúna de los países y naciones donde ahora están dispersos, y muestre mi santidad entre ustedes a la vista de todos los pueblos, ˡ entonces aceptaré sus ofrendas de olor agradable.

⁴² 'Y cuando yo los haga entrar en Israel, en el país que había jurado dar a los antepasados de ustedes, entonces reconocerán que yo soy el Señor. ⁴³ Allí se acordarán de todas las malas acciones con que se han profanado, y sentirán asco de ustedes mismos por la mucha maldad que han cometido. ⁴⁴ Pueblo de Israel, cuando yo los trate a ustedes, no de acuerdo con su mala conducta y peores acciones, sino haciendo honor a mi nombre, entonces reconocerán que yo soy el Señor. Yo, el Señor, lo afirmo.' " ᵐ

Castigo de la región del sur

⁴⁵ ⁽²¹·¹⁾ ⁿ El Señor se dirigió a mí, y me dijo: ⁴⁶ ⁽²¹·²⁾ "Tú, hombre, vuélvete hacia el sur, y dirige hacia allá tus palabras; habla en mi nombre contra el bosque de la región del sur, ⁴⁷ ⁽²¹·³⁾ y dile: 'Esto dice el Señor: Yo voy a prender en ti un fuego que devorará todos tus árboles, verdes y secos; este fuego arderá sin apagarse y le quemará la cara a toda la gente que hay en ti, de norte a sur. ñ ⁴⁸ ⁽²¹·⁴⁾ Y todo el mundo verá que yo, el Señor, fui quien lo encendió. Y el fuego no se apagará.' "

⁴⁹ ⁽²¹·⁵⁾ Yo le contesté: "¡Ay, Señor, la gente anda diciendo que yo solo digo cosas que nadie entiende!"

21 La espada del Señor

¹ ⁽⁶⁾ Entonces el Señor se dirigió a mí, y me dijo: ² ⁽⁷⁾ "Tú, hombre, vuélvete hacia Jerusalén y dirige tu palabra contra su templo. Habla en mi nombre contra el país de Israel, ³ ⁽⁸⁾ y dile: 'Esto dice el Señor: Yo me declaro tu enemigo. Voy a sacar mi espada, y mataré lo mismo a justos que a pecadores. ⁴ ⁽⁹⁾ Sí, voy a sacar mi espada para matar a todos por igual, a justos y a pecadores, desde el norte hasta el sur. ⁵ ⁽¹⁰⁾ Y todo el mundo sabrá que yo, el Señor, he sacado la espada y no la voy a guardar.'

⁶ ⁽¹¹⁾ "Y tú, hombre, llora amargamente y con el corazón hecho pedazos; llora delante del pueblo. ⁷ ⁽¹²⁾ Y si acaso te preguntan por qué lloras, diles que es por la noticia de algo que está a punto de suceder, y que todo el mundo se quedará sin ánimo y dejará caer los brazos; nadie tendrá valor, a todos les temblarán las rodillas de miedo. Ya llega el momento, ya va a suceder. Yo, el Señor, lo afirmo."

⁸ ⁽¹³⁾ El Señor se dirigió a mí, y me dijo: ⁹ ⁽¹⁴⁾ "Tú, hombre, habla en nombre mío y di que yo, el Señor, te he ordenado decir:

'¡La espada, la espada!
Ya está afilada y pulida.

ⁱ **20.23** Cf. Lv 26.33.

ʲ **20.27-29** Cf. Dt 12.2-3; Ez 6.1-7; 16.15-22.

ᵏ **20.29** *Santuario pagano:* El término hebreo significa lit. *lugar alto* (véase 1 R 3.2 n.). El profeta juega con las palabras *qué* y *lugar alto,* que en hebreo tienen un sonido semejante.

ˡ **20.41** *Muestre mi santidad... a la vista de todos los pueblos:* Al ver que el Señor es un Dios poderoso, capaz de intervenir eficazmente en favor de su pueblo Israel, todas las naciones reconocerán que él es el único Dios vivo y santo (Ez 28.25). Véase Ez 36.20-21 n.

ᵐ **20.44** *Haciendo honor a mi nombre:* El profeta pone de relieve enfáticamente que este es el único motivo determinante de la conducta del Señor (cf. vv. 9,14,22).

ⁿ **20.45(21.1)—21.32(37)** Los números entre paréntesis corresponden a la numeración hebrea.

ñ **20.47(21.3)** Cf. Jer 5.13-17.

10 (15) Afilada para hacer una matanza,
pulida para lanzar rayos; [a]
11 (16) la hicieron pulir para que uno la empuñe.
La espada está afilada y pulida,
para ponerla en la mano del asesino.
12 (17) Y tú, hombre, ¡grita, chilla,
porque está destinada a matar a mi pueblo,
a todos los gobernantes de Israel!
Están condenados a morir con mi pueblo,
así que date golpes de dolor. [b]
13 (18) Yo, el Señor, lo afirmo.' [c]

14 (19) "Tú, hombre, habla en nombre mío;
incita a la espada a que hiera
con el doble y el triple de furor.
Es una espada para matar,
la terrible espada de la matanza
que amenaza al pueblo por todas partes.
15 (20) Ella los va a llenar de miedo,
va a hacer muchas víctimas.
En todas sus casas
he puesto la espada asesina.
Es la espada pulida para lanzar rayos,
afilada para la matanza.
16 (21) ¡Afilada te quiero, [d]
a la derecha, a la izquierda,
cortando a uno y otro lado!
17 (22) Yo también la voy a incitar
hasta que mi ira se calme.
Yo, el Señor, lo he dicho."

18 (23) El Señor se dirigió a mí, y me dijo: **19** (24) "Traza dos caminos, para que el rey de Babilonia pase con su espada. Los dos caminos deben salir del mismo país, y al comienzo de cada camino deberás poner una señal que diga a qué ciudad lleva. [e] **20** (25) Debes trazar un camino por donde pase el rey con la espada. Las ciudades son Rabá y Jerusalén, la ciudad fortificada de Judá. **21** (26) El rey de Babilonia se ha colocado donde comienzan los dos caminos, y consulta a la suerte: revuelve las flechas, consulta a sus dioses, examina hígados de animales. [f] **22** (27) En la mano derecha le salió la flecha que señala a Jerusalén, y ello significa que debe atacarla con instrumentos de asalto y dar órdenes de matanza, lanzar gritos de guerra, atacar sus puertas, construir una rampa y rodearla por completo. **23** (28) Pero a la gente de Jerusalén le parece que esta es una falsa profecía, por las alianzas que han hecho. Pero en realidad es una acusación contra el pecado de ellos, y un anuncio de su captura. **24** (29) Por eso yo, el Señor, digo: Las maldades y los crímenes de ustedes saltan a la vista; los pecados que cometen en todas sus acciones están al descubierto. Por eso van a ser capturados. **25** (30) Y a ti, rey de Israel, criminal malvado, se te acerca el momento de recibir el castigo final. [g] **26** (31) Yo, el Señor, digo: Te quitarán el turbante, te arrebatarán la corona, y todo será diferente. ¡Llegue a la cumbre lo que está en el llano, y caiga por tierra lo que está en la cumbre! **27** (32) Todo lo dejaré convertido en ruinas, ruinas y más ruinas. Pero esto solo sucederá cuando venga aquel a quien, por encargo mío, le corresponde hacer justicia. [h]

Castigo de los amonitas **28** (33) "Tú, hombre, habla en mi nombre y diles de mi parte a los amonitas [i] que insultan a Israel, que la espada ya está desenfundada: lista para matar y pulida para lanzar rayos y destruir. **29** (34) Sus visiones son falsas, y sus predicciones son mentira. La espada caerá sobre el cuello de esos malvados criminales. Ya se acerca el momento de su castigo final.

30 (35) "¡Espada, vuelve a tu funda! Yo te voy a juzgar allí donde te forjé, en la tierra en que naciste, **31** (36) y descargaré sobre ti mi ira como un incendio terrible; te entregaré en poder de gente brutal y destructora. **32** (37) Serás quemada, destruida; tu sangre correrá por todo el país y nadie volverá a acordarse de ti. Yo, el Señor, lo he dicho."

22 Crímenes de Jerusalén [a]

1 El Señor se dirigió a mí, y me dijo: **2** "Tú, hombre, vas a dictar la sentencia contra la ciudad criminal. [b] La acusarás de todas las cosas detestables que ha hecho, **3** y le dirás: 'Esto dice el Señor: Ciudad que matas a tus habitantes y fabricas ídolos para contaminarte, ¡ya te va a llegar tu hora! **4** Con los asesinatos que has cometido te has hecho culpable, y con los ídolos que has fabricado te has contaminado; has hecho que tu hora se acerque y que haya llegado el fin de tus días. Así pues, yo voy a hacer que los pueblos te insulten, que todas las naciones se burlen de ti. **5** Los de cerca y los de lejos se burlarán de ti, ciudad famosa por tu idolatría y tu gran desorden. **6** Allí están los gobernantes de Israel, que viven en medio de ti y cometen todos los crímenes que pueden. **7** Tus habitantes no honran a su padre ni a su madre, [c] maltratan a los extranjeros, explotan a los huérfanos y a las viudas. [d] **8** No respetan

---

[a] **21.10(15)** El texto hebreo añade unas palabras oscuras.
[b] **21.12(17)** *Golpes de dolor:* lit. *golpes en el muslo.* Véase Jer 31.19 n.
[c] **21.13(18)** El texto hebreo añade *Se hizo la prueba y qué, si tampoco habrá un cetro altanero.*
[d] **21.16(21)** *Afilada te quiero:* traducción probable. Heb. *Sé única o únete.*
[e] **21.19(24)** *Y al comienzo... lleva:* traducción probable. El texto hebreo añade la palabra *corta* después de *señal* y al final del v.
[f] **21.21(26)** Este v. menciona distintas formas de adivinación usuales en el antiguo Oriente, particularmente cuando un ejército partía para la guerra.
[g] **21.25(30)** Cf. Jer 21.7.
[h] **21.27(32)** *Por encargo mío, le corresponde hacer justicia:* Jer 27.6; cf. Is 10.5-6.

[i] **21.28-32(33-37)** Cf. Jer 49.1-6; Ez 25.1-7; Am 1.3-15; Sof 2.8-11.
[a] **22.1-31** Este cap. comprende tres partes: La primera (vv. 1-12) es una denuncia de los pecados cometidos por los habitantes de Jerusalén, tales como la idolatría, la violencia y el asesinato. Luego sigue el anuncio del castigo (vv. 13-16), ilustrado con la imagen del horno en el que se funden los metales (vv. 17-22). Por último, se hace el recuento de los crímenes que provocaron la ruina de Jerusalén, mencionando en particular los pecados de los *jefes* y *gobernantes*, de los *sacerdotes*, de los falsos *profetas* y de la *gente del pueblo* (vv. 23-31).
[b] **22.2** *La ciudad criminal:* es decir, la ciudad de Jerusalén considerada como si fuera una persona. Cf. Lm 1.1-2.
[c] **22.7** Cf. Ex 20.12; Lv 19.3; Dt 5.16; 27.16.
[d] **22.7** Cf. Ex 22.21-22(20-21); Dt 24.17.

mis lugares sagrados ni mis sábados. [e] **9** Por causa de sus mentiras, algunos de tus habitantes son los culpables de que otros mueran; asisten a los banquetes que se celebran en los montes en honor de los ídolos, y hacen cosas detestables. **10** Algunos tienen relaciones sexuales con la esposa de su padre, o abusan de la mujer que está en su periodo de menstruación. **11** Hay quienes cometen adulterio con la mujer de su prójimo, o tienen relaciones vergonzosas con su nuera, o hacen violencia a una media hermana. [f] **12** Algunos de tus habitantes se dejan comprar para matar a otros. [g] Prestan dinero a usura e interés, [h] explotan y hacen violencia a su prójimo, y se olvidan de mí. Yo, el Señor, lo afirmo.

13 'Yo estoy muy enojado por tus explotaciones y asesinatos. **14** No pienses que vas a poder hacerme frente cuando yo tome medidas contra ti. Yo, el Señor, lo he dicho y lo voy a cumplir: **15** te esparciré por todas las naciones, te dispersaré por todos los países [i] y te limpiaré totalmente de tu impureza; **16** me harás quedar mal [j] a los ojos de las demás naciones, pero reconocerás que yo soy el Señor.' "

17 El Señor se dirigió a mí, y me dijo: **18** "El pueblo de Israel es para mí como el resto inservible que queda cuando se echa cobre, estaño, hierro, plomo o plata en el horno. **19** Por eso yo, el Señor, digo: Como todos ustedes se han convertido en un resto inservible, los voy a reunir en medio de Jerusalén. **20** Así como la plata, el cobre, el hierro, el plomo y el estaño se echan juntos en un horno, y se atiza el fuego para fundirlos, así yo, en mi ira terrible, los voy a reunir a ustedes y los pondré a fundir. **21** Sí, voy a atizar el fuego de mi ira, y los reuniré a ustedes para fundirlos en medio de la ciudad. **22** Así como se funde la plata en el horno, así serán fundidos ustedes en medio de la ciudad, y así reconocerán que yo, el Señor, he descargado mi ira contra ustedes."

23 El Señor se dirigió a mí, y me dijo: **24** "Tú, hombre, dile a Israel: 'Eres un país castigado con falta de lluvias [k] y de agua, **25** un país con gobernantes [l] como leones, que rugen y despedazan su presa; que en su territorio devoran a la gente, le roban sus tesoros y riquezas y dejan viudas a muchas mujeres. **26** Los sacerdotes de este país tuercen el sentido de mis enseñanzas y profanan las cosas que yo considero sagradas; no hacen ninguna distinción entre lo sagrado y lo profano, ni enseñan a otros a distinguir entre lo puro y lo impuro. [m] No ponen atención a mis sábados, ni me honran. **27** Los jefes de este país son como lobos que despedazan su presa, listos a derramar sangre y a matar gente con tal de enriquecerse. **28** Los profetas ocultan la verdad, como quien blanquea una pared; dicen tener visiones, y anuncian cosas que resultan falsas. Aseguran que hablan en mi nombre, cuando en realidad yo no he hablado. [n] **29** La gente del pueblo se dedica a la violencia y al robo; explotan al pobre y al necesitado, y cometen violencias e injusticias con los extranjeros. **30** Yo he buscado entre esa gente a alguien que haga algo en favor del país y que interceda ante mí para que yo no los destruya, pero no lo he encontrado. **31** Por eso he descargado mi castigo sobre ellos y los he destruido con el fuego de mi ira, para hacerlos responder por su conducta. Yo, el Señor, lo afirmo.' "

23 Samaria y Jerusalén, dos hermanas pecadoras [a]

1 El Señor se dirigió a mí, y me dijo: **2** "Había una vez dos mujeres, hijas de la misma madre. **3** Desde jóvenes, estas dos mujeres se entregaron a la prostitución; en Egipto dejaron que les manosearan los pechos, y perdieron su virginidad. **4** La mayor se llamaba Oholá (que representa a Samaria), y su hermana Oholibá [b] (que representa a Jerusalén). Yo las tomé por esposas, y me dieron hijos e hijas. **5** Oholá me fue infiel y se apasionó por sus amantes, los guerreros asirios, **6** con sus uniformes de púrpura, todos ellos jefes y gobernadores, jóvenes apuestos, jinetes montados en sus caballos, **7** ¡lo más selecto de los asirios! Oholá se entregó a la prostitución con ellos, y hasta se apasionó por todos sus ídolos y se rebajó adorándolos. **8** Desde que estuvo en Egipto se volvió una prostituta, y jamás dejó de serlo. Desde que era joven, muchos se acostaron con ella y le quitaron su virginidad, convirtiéndola en una prostituta. **9** Por eso la entregué en manos de sus amantes, los asirios, por quienes ella se había apasionado, **10** y ellos la deshonraron; luego le quitaron a sus hijos e hijas, y a ella la mataron a filo de espada, ejecutando así la sentencia contra ella. Y su caso se hizo famoso entre las mujeres.

11 "Su hermana Oholibá vio esto, y sin embargo se entregó, más aún que su hermana, a la pasión y la prostitución. **12** También ella se apasionó por los asirios, [c] todos ellos jefes y gobernadores, guerreros espléndidamente vestidos, jinetes montados a caballo, jóvenes apuestos. **13** Me di cuenta de que también ella se había manchado, y que había seguido el ejemplo de su hermana. **14-15** Pero ella fue aún más lejos en sus prostituciones: vio en las paredes imágenes de babilonios, grabadas y pintadas de rojo;

---

[e] **22.8** Cf. Lv 19.30; 26.2.
[f] **22.10-11** Cf. Lv 18.7-20.
[g] **22.12** Cf. Ex 23.8; Dt 16.19.
[h] **22.12** Cf. Ex 22.25(24); Lv 25.36-37; Dt 23.19.
[i] **22.15** Cf. Lv 26.33.
[j] **22.16** *Me harás quedar mal:* traducción probable. Heb. *tú te profanarás en ti.*
[k] **22.24** *Castigado con falta de lluvias:* según la versión griega (LXX). Heb. *no purificado.*
[l] **22.25** *Un país con gobernantes:* según la versión griega (LXX). Heb. *la conspiración de sus profetas.*
[m] **22.26** Cf. Lv 10.10.
[n] **22.28** *Los profetas... yo no he hablado:* Ez 13.2.
[a] **23.1-49** Con la imagen de las dos hermanas, Ezequiel narra la historia de los dos reinos (Israel y Judá), designados con los nombres de sus respectivas capitales: Samaria y Jerusalén. Para trazar este cuadro histórico, el profeta vuelve a utilizar el simbolismo conyugal, heredado de Oseas (Os 2.2-20) y Jeremías (Jer 3.6-13; cf. Ez 16); pero, como es característico en él, los temas tradicionales aparecen reinterpretados de una forma muy personal. Cf. también Ez 20.
[b] **23.4** El nombre simbólico de *Samaría,* la antigua capital del reino del norte, es *Oholá,* que en hebreo significa *Su tienda de campaña;* el de *Jerusalén* es *Oholibá,* que quiere decir *Mi tienda de campaña (está) en ella.* Ambas hermanas se prostituyeron con Egipto, Asiria y Babilonia, y han debido pagar las consecuencias de su infidelidad. Véase *Índice de mapas.*
[c] **23.11-21** Cf. 2 R 16.7-19.

todos ellos tenían aspecto de oficiales, a juzgar por sus cinturones y turbantes. **16** Al ver a estos babilonios, se apasionó por ellos y envió mensajeros a Babilonia; **17** y los babilonios vinieron y se acostaron con ella, y le hicieron el amor, manchándola con sus prostituciones. Tanto la mancharon que al fin sintió asco de ellos. **18** Entonces se entregó públicamente a la prostitución, mostrando su cuerpo desnudo, hasta que yo sentí asco de ella como antes lo había sentido de su hermana. **19** Pero se entregó más y más a la prostitución, recordando el tiempo de su juventud, cuando se prostituyó en Egipto **20** y se apasionó por sus amantes egipcios, que en sus impulsos sexuales se parecen a los asnos y los caballos.

21 "Tú, Oholibá, sentías nostalgia del libertinaje de tu juventud, cuando los egipcios te manoseaban los pechos. **22** Por eso yo, el Señor, digo: Voy a hacer que esos amantes tuyos, de los que ahora sientes asco, se vuelvan tus enemigos. De todas partes voy a lanzar contra ti **23** a los babilonios y a los caldeos, a los de Pecod,*d* Soa y Coa,*e* y a todos los asirios; todos ellos jóvenes apuestos, jefes y gobernadores, oficiales y guerreros;*f* todos ellos gente de a caballo. **24** Vendrán contra ti, con gran número de carros y de ejércitos; te rodearán por todas partes, armados y con cascos y escudos, y yo les daré el derecho de juzgarte, y ellos te juzgarán según sus leyes. **25** Yo descargaré sobre ti el furor de mi ira, y ellos te tratarán con crueldad; te cortarán la nariz y las orejas, y a los que aún queden vivos los matarán a filo de espada. Te arrebatarán a tus hijos y a tus hijas, y al fin caerás devorada por el fuego. **26** Te quitarán tus vestidos y se apoderarán de tus joyas. **27** Así pondré fin a tu libertinaje y a la prostitución a que te entregaste en Egipto, y no volverás a ver a los egipcios ni a acordarte de ellos.

28 "Esto digo yo, el Señor: Voy a dejar que caigas en poder de las naciones que odias, y por las que sientes asco. **29** Ellas te tratarán con odio, se adueñarán de lo que has ganado con tu trabajo y te dejarán completamente desnuda; quedará al descubierto tu cuerpo, el cual entregaste a la prostitución. Tu libertinaje y tu prostitución **30** son la causa de lo que hoy te pasa, pues te entregaste a la prostitución con esas naciones y te rebajaste adorando sus ídolos. **31** Seguiste los pasos de tu hermana; por eso te daré a beber la misma copa que le di a ella.

32 "Esto digo yo, el Señor:
Beberás de la misma copa que tu hermana,*g*
una copa grande, ancha y profunda,
llena de burla y desprecio,
33 llena de ruina y destrucción.
Es la copa de tu hermana Samaria,
con la que quedarás borracha y dolorida.
34 La beberás hasta el fondo,
y luego la harás pedazos

y te desgarrarás los pechos.
Yo, el Señor, he hablado;
yo he dado mi palabra.

35 "Por eso yo, el Señor, digo: Puesto que te has olvidado de mí y me has vuelto la espalda, tendrás que sufrir el castigo de tu libertinaje y de tus prostituciones."

36 El Señor me dijo: "Y tú, hombre, ¿quieres pronunciar la sentencia contra Oholá y Oholibá?*h* Entonces échales en cara sus acciones detestables. **37** Ellas me han sido infieles y tienen las manos manchadas de sangre. Me han sido infieles adorando a sus ídolos, y en honor de ellos han sacrificado en el fuego a sus propios hijos, los hijos que yo tuve con ellas. **38** Además, han hecho esto contra mí: en un mismo día profanaron mi santo templo y deshonraron mis sábados. **39** Y el mismo día que sacrificaron a sus hijos para honrar a sus ídolos, vinieron a mi santo templo y lo profanaron. ¡Esto es lo que han hecho, en mi propia casa!

40 "Enviaron mensajeros para hacer venir hombres de lejos, y ellos vinieron. Ellas dos se bañaron, se pintaron los ojos y se pusieron joyas para recibirlos; **41** se sentaron en una cama lujosa, con la mesa ya servida, y en ella pusieron el incienso y el aceite consagrados a mi servicio. **42** Se escuchaban los gritos de una multitud haciendo fiesta; eran hombres venidos del desierto, que adornaban a las mujeres poniéndoles brazaletes en los brazos y hermosas coronas en la cabeza. **43** Yo me decía: 'Ahora van a servirse de estas prostitutas gastadas por los adulterios. ¡Nada menos que con ellas!*i* **44** Vienen a Oholá y a Oholibá,*j* mujeres libertinas, como quien va a las prostitutas.' **45** Pero los hombres justos dictarán contra ellas la sentencia que merecen las adúlteras y las asesinas.*k* Porque adúlteras son, y tienen las manos manchadas de sangre."

46 Esto dice el Señor: "Que se reúna el pueblo contra ellas, que las haga sentir pánico y las robe; **47** que el pueblo entero las mate a pedradas y las atraviese con sus espadas; que mate a sus hijos e hijas y queme sus casas. **48** Yo haré que desaparezca del país esta conducta infame. Así todas las mujeres aprenderán la lección y no seguirán su ejemplo inmoral. **49** En cuanto a esas dos, recibirán el castigo de su conducta inmoral y de sus pecados de idolatría. Y ustedes reconocerán que yo soy el Señor."

24 Imagen de la olla*a*

1 El día diez del mes décimo del año noveno, el Señor se dirigió a mí, y me dijo: **2** "Anota esta fecha, la fecha de hoy, porque hoy el rey de Babilonia ha atacado Jerusalén. **3** Y recítale a este pueblo rebelde un poema que le sirva de ejemplo. Dile de mi parte:

'Pon una olla al fuego y échale agua;*b*
4 pon en ella pedazos de carne,

---

d **23.23** *Pecod:* tribu caldea establecida al sur del río Éufrates y en las costas del golfo pérsico.
e **23.23** *Soa y Coa:* tribus nómadas diseminadas en esa misma región.
f **23.23** *Guerreros:* traducción probable. Heb. *llamados.*
g **23.32-34** Cf. Sal 75.8(9); Jer 25.15-29; Hab 2.16.
h **23.36** *Oholá y Oholibá:* Véase 23.4 n.
i **23.43** *Yo me decía... con ellas:* traducción probable. Heb. oscuro.
j **23.44** *Oholá y Oholibá:* Véase 23.4 n.
k **23.45** Cf. Gn 9.6; Lv 20.10.
a **24.1-14** El profeta realiza otra acción simbólica, destinada a prefigurar una vez más la destrucción de Jerusalén (cf. Ez 4—5).
b **24.2-3** A causa del asedio por las tropas de Nabucodonosor, los habitantes de Jerusalén están aprisionados como si estuvieran dentro de una *olla* puesta sobre el *fuego.* Cf. 2 R 25.1; Jer 52.4.

buenos pedazos de pierna y de lomo,
y también lo mejor de los huesos.
⁵ Toma luego una de las mejores ovejas,
y amontona leña ᶜ debajo
para que hierva bien,
hasta que queden cocidos los huesos.
⁶ 'Porque el Señor dice:
¡Ay de la ciudad asesina!
Es como una olla enmohecida,
a la que el moho no se le quita.
Saca tú, uno a uno, los pedazos de carne,
hasta dejar la olla vacía. ᵈ
⁷ La ciudad está llena de la sangre derramada;
y derramada, no sobre la tierra
para que el polvo la cubriera,
sino sobre la roca desnuda.
⁸ Pues yo voy a dejar la sangre allí,
sobre la roca desnuda,
de manera que no se pueda cubrir,
para que mi ira se encienda
y se haga justicia.
⁹ 'Porque el Señor dice:
¡Ay de la ciudad asesina!
Yo mismo voy a hacer una hoguera.
¹⁰ Y tú trae mucha leña, enciende el fuego
y cuece bien la carne,
hasta que se acabe el caldo y se quemen los huesos;
¹¹ pon luego la olla vacía sobre el fuego,
hasta que el cobre se ponga al rojo vivo
y quede limpio de sus impurezas;
¡hasta que el moho desaparezca!
¹² Sin embargo, tan enmohecido está
que no se limpia ni con fuego. ᵉ
¹³ 'Jerusalén, yo he querido limpiarte de la impureza de tu libertinaje, pero no has quedado limpia. Solo quedarás limpia cuando descargue mi ira sobre ti. ¹⁴ Yo, el Señor, lo he dicho, y así será. Yo mismo voy a hacerlo, y no dejaré de cumplirlo; no tendré compasión ni me arrepentiré. Te castigaré por tu conducta y tus acciones. Yo, el Señor, lo afirmo.' "

Muerte de la esposa de Ezequiel ᶠ ¹⁵ El Señor se dirigió a mí, y me dijo: ¹⁶ "Voy a quitarte de un solo golpe a la persona que tú más quieres. ᵍ Pero no te lamentes ni llores; no derrames lágrimas. ʰ ¹⁷ Sufre en silencio y no guardes luto como se hace por los muertos. No andes con la cabeza descubierta ni vayas descalzo; no te cubras la cara en señal de dolor ni comas el pan que se come en tales casos."

¹⁸ Por la mañana estuve hablando con la gente, y por la tarde murió mi esposa; a la mañana siguiente hice lo que el Señor me había ordenado. ¹⁹ Entonces la gente del pueblo me dijo: "Explícanos qué quiere decir para nosotros eso que estás haciendo."

²⁰ Yo les dije: "El Señor se dirigió a mí, y me dijo: ²¹ 'Dile al pueblo de Israel: Esto dice el Señor: Voy a profanar mi templo, que a ustedes tanto les gusta mirar y tanto quieren, y que es su orgullo y su fuerza; los hijos e hijas que ustedes dejaron en Jerusalén morirán asesinados. ²² Y diles: Ustedes harán lo mismo que yo he hecho: no podrán cubrirse la cara en señal de dolor, ni comer el pan que se come en tales casos. ²³ No podrán llevar la cabeza descubierta ni los pies descalzos. No se lamentarán ni llorarán. Quedarán sin fuerzas por culpa de sus maldades, y se pondrán a lamentarse unos con otros. ²⁴ Ezequiel será para ustedes un ejemplo, y todo lo que él hizo lo harán ustedes. Cuando esto suceda, reconocerán que yo soy el Señor.

²⁵ 'Y ahora voy a quitarles a los israelitas su fortaleza, que es el templo, con cuya belleza se alegran tanto, y que tanto les gusta mirar y tanto quieren. También les quitaré a sus hijos e hijas. ²⁶ Y en ese día, el que pueda escapar vendrá a darte la noticia. ²⁷ Ese día dejarás de estar mudo, y podrás hablar con el que haya escapado. Servirás así de ejemplo al pueblo, y ellos reconocerán que yo soy el Señor.' "

III. MENSAJES CONTRA LAS NACIONES (25—32) ᵃ

25 **Contra los amonitas** ¹ El Señor se dirigió a mí, y me dijo: ² "Tú, hombre, vuélvete hacia los amonitas ᵇ y habla en mi nombre contra ellos. ³ Diles que escuchen la palabra que el Señor les dirige: 'Ustedes dieron gritos de alegría al ver que mi templo era profanado, el país de Israel destruido y los habitantes de Judá llevados al destierro. ⁴ Pues bien, por eso los voy a entregar a ustedes al poder de los pueblos del oriente, para que ellos se apoderen de su tierra, y levanten campamentos, y establezcan ahí su habitación. Ellos se comerán las cosechas de ustedes y se beberán su leche. ⁵ Convertiré a Rabá en pastizal

---

ᶜ **24.5** *Leña:* traducción probable. Heb. *huesos.*

ᵈ **24.6** *Hasta dejar la olla vacía:* otra posible traducción: *tal como vayan saliendo.* Lit. *sin echar suertes sobre ella.*

ᵉ **24.12** *Sin embargo... con fuego:* traducción probable. Heb. oscuro.

ᶠ **24.15-27** La muerte repentina de la esposa del profeta pasa a ser una nueva profecía en acción. Así como Ezequiel había sido privado de lo que él más quería (v. 16), así también los deportados a Babilonia se verían despojados de lo que era *su orgullo y su fuerza:* el templo y la ciudad de Jerusalén, cuya caída es inminente (v. 21).

ᵍ **24.16** *La persona que tú más quieres:* lit. *el encanto de tus ojos.*

ʰ **24.16** *No te lamentes... lágrimas:* El dolor silencioso de Ezequiel debe preanunciar la actitud de los deportados cuando Jerusalén caiga en poder de Nabucodonosor: la llegada de esa noticia los dejará tan abatidos, que ni siquiera tendrán fuerzas para celebrar los ritos de duelo por sus seres queridos (cf. vv. 21-24).

ᵃ **25.1—32.32** Como en otros libros proféticos (Is 13—21; Jer 46—51; Am 1—2; Sof 2.4-15), también en el libro de Ezequiel hay varios caps. que contienen mensajes contra las naciones. El profeta había anunciado repetidas veces que el pueblo de Dios avanzaba de manera irremediable hacia su ruina, y que las naciones paganas serían el instrumento del juicio divino. Pero después que se produjo la invasión y que los enemigos de Israel se encarnizaron ferozmente contra Jerusalén y Judá, Ezequiel denuncia los crímenes cometidos por esas naciones y proclama el castigo que les espera. Estos oráculos se han agrupado entre los mensajes proféticos anteriores a la destrucción de Jerusalén (Ez 1—24) y los que anuncian la restauración de Israel después del exilio (Ez 33—48).

ᵇ **25.1-7** Cf. Jer 49.1-6; Ez 21.28-32(33-37); Am 1.13-15; Sof 2.8-11. *Amonitas:* Véase Jue 3.13 nota *i.*

de camellos, y a Amón en campo de ovejas. Entonces reconocerán ustedes que yo soy el Señor.

6 'Yo, el Señor, digo: Ustedes los amonitas han aplaudido y saltado de alegría, y han despreciado a Israel. **7** Por eso voy a levantar mi mano para castigarlos y entregarlos a las naciones, para que les quiten todo lo que tengan. Los voy a arrancar de entre los pueblos, los voy a hacer desaparecer de entre las naciones, los voy a destruir por completo. Entonces reconocerán que yo soy el Señor.'

Contra Moab **8** "Yo, el Señor, digo: Moab[c] y Seír[d] dicen que Judá es igual a todas las naciones. **9** Por eso voy a abrir una brecha en el costado de Moab, y voy a dejarlo de un extremo al otro sin ciudades, esas ciudades que son las joyas del país: Bet-jesimot, Baal-meón y Quiriataim. **10** Haré que los pueblos del oriente tomen posesión de su territorio, además del de los amonitas, de manera que entre las naciones nadie se acuerde más de los amonitas. **11** Ejecutaré la sentencia contra Moab, y entonces reconocerán que yo soy el Señor.

Contra Edom **12** "Yo, el Señor, digo: Edom[e] se ha vengado de Judá, y con ello se ha hecho gravemente culpable. **13** Por eso yo, el Señor, digo: Voy a levantar mi mano para castigar a Edom y destruir a sus hombres y sus animales. Lo voy a dejar en ruinas. Desde Temán hasta Dedán, la gente morirá a filo de espada. **14** Me vengaré de Edom por medio de mi pueblo Israel; él tratará a Edom de acuerdo con mi ira y mi furor. Así sabrán lo que es mi venganza. Yo, el Señor, lo afirmo.

Contra los filisteos **15** "Yo, el Señor, digo: Los filisteos[f] han tomado venganza, se han desquitado con corazón lleno de desprecio; como eternos enemigos de Israel, se han entregado a la destrucción. **16** Por eso yo, el Señor, digo: Voy a levantar la mano para castigar a los filisteos; voy a exterminar a los quereteos y voy a destruir a los que aún quedan en la costa. **17** Me vengaré de ellos terriblemente; los castigaré con ira. Y cuando haga esto, reconocerán que yo soy el Señor."

26 Profecía contra la ciudad de Tiro

1 El día primero del mes, en el año once, el Señor se dirigió a mí, y me dijo: **2** "Tiro[a] ha dicho, a propósito de Jerusalén:

'¡Ah, la puerta del comercio entre las naciones está hecha pedazos!
¡Ahora ha llegado mi turno!
Yo me lleno de riquezas
mientras ella queda en ruinas.'

3 "Por eso yo, el Señor, digo:
Tiro, yo me declaro tu enemigo.
Haré que muchas naciones se levanten contra ti,
como levanta el mar sus olas,
4 y que destruyan tus murallas
y echen abajo tus torres.
Hasta el polvo barreré de su lugar,
y solo dejaré una roca pelada.
5 En medio del mar quedará,
como un lugar para poner las redes a secar.
Yo, el Señor, lo afirmo.
Tiro será saqueada por las naciones,
6 y sus colonias en tierra firme
caerán a filo de espada.
Entonces reconocerán que yo soy el Señor.

7 "Yo, el Señor, digo:
Voy a hacer venir del norte
a Nabucodonosor, rey de Babilonia,
el rey más poderoso,
para que ataque a Tiro.
Vendrá con caballos, y carros, y jinetes,
y con muchas tropas reunidas.
8 A filo de espada destruirá
tus colonias en tierra firme;
construirá un muro alrededor de ti,
levantará rampas para atacarte
y lanzará contra ti soldados armados con escudos.
9 Atacará con arietes tus murallas
y a golpe de barra destrozará tus torres.
10 Cuando el rey de Babilonia entre por tus puertas
como se entra en una ciudad tomada por asalto,
serán tantos los caballos,
que te cubrirán con el polvo que levanten;
tus murallas temblarán
al estruendo de sus carros y caballería;
11 los cascos de sus caballos
pisotearán todas tus calles.
Matará a tu pueblo a filo de espada,
y echará por tierra tus fuertes columnas.
12 Te dejarán sin riquezas,
te robarán tus mercancías,
derribarán tus murallas
y echarán abajo tus lujosos palacios;
arrojarán al mar las piedras,
las vigas y hasta los escombros.
13 Así pondré fin al ruido de tus canciones,
y no se volverá a oír el sonido de tus arpas.[b]
14 Te convertiré en una roca pelada,
en un lugar para poner las redes a secar,
y nunca más serás reconstruida.
Yo, el Señor, he hablado;
yo, el Señor, lo afirmo.

15 "Yo, el Señor, digo a Tiro: Los países del mar temblarán al oír el ruido de tu caída, entre los gemidos de los heridos y la matanza de tus habitantes. **16** Todos los reyes del

---

[c] **25.8-11** Cf. Is 15.1—16.14; 25.10-12; Jer 48; Am 2.1-3; Sof 2.8-11. *Moab:* Véanse Jer 48.1 nota *b* e *Índice de mapas.*

[d] **25.8-11** *Seír:* región montañosa al sur del Mar Muerto, habitada por los edomitas. Cf. Gn 32.3(4); 33.14,16; 36.8; Jos 24.4.

[e] **25.12-14** *Edom:* Cf. Is 34.5-17; 63.1-6; Jer 49.7-22; Ez 35; Am 1.11-12; Abd 1-14; Mal 1.2-5; véase *Índice de mapas.*

[f] **25.15-17** *Los filisteos:* Cf. Is 14.29-31; Jer 47.1-7; Jl 3.4-8(4.4-8); Am 1.6-8; Sof 2.4-7; Zac 9.5-7.

[a] **26.1—28.19** Cf. Is 23; Jl 3.4-8(4.4-8); Am 1.9-10; Zac 9.1-4; Mt 11.21-22; Lc 10.13-14. *Tiro:* Cf. 1 R 5.1(15). Véase *Índice de mapas.*

[b] **26.13** Cf. Ap 18.22.

mar bajarán de sus tronos, y se quitarán sus capas y sus vestidos bordados; llenos de terror se sentarán en el suelo, temblando a todas horas y espantados al verte. **17** Entonces te dedicarán este canto fúnebre:

'¡Cómo fuiste destruida,
cómo desapareciste [c] del mar, ciudad famosa!
¡Tú, con tu gente, fuiste poderosa en el mar
y sembraste el terror en todo el continente! [d]
18 Ahora que has caído,
los países del mar tiemblan de miedo.
Ahora que has desaparecido,
las islas del mar se llenan de espanto.' [e]

19 "Porque esto digo yo, el Señor: Te voy a dejar en ruinas, como las ciudades donde no vive nadie. Voy a hacer que te cubran las aguas profundas del mar, **20** y que te hundas hasta donde están los muertos, la gente que vivió en el pasado. Te arrojaré a lo más profundo de la tierra, al país de eternas ruinas, y vivirás entre los que ya han muerto. No volverás a tener habitantes, ni serás reconstruida [f] en esta tierra de los que viven. **21** Te convertiré en algo terrible, y dejarás de existir. Te buscarán, y jamás volverán a encontrarte. [g] Yo, el Señor, lo afirmo."

27 Canto fúnebre por la ciudad de Tiro

1 El Señor se dirigió a mí, y me dijo: **2** "Tú, hombre, entona este canto fúnebre **3** acerca de Tiro, la ciudad que está a la salida del mar y que comercia con las naciones, con muchos países del mar. Dile que así dice el Señor:

'Tú, Tiro, presumes de ser
una nave [a] bella y perfecta;
4 tu dominio se extiende hasta el corazón del mar,
tus constructores te hicieron la más hermosa.
5 Todos tus entablados los hicieron
con pinos traídos del monte Senir;
tu mástil lo hicieron de un cedro del Líbano;
6 tus remos los hicieron con robles de Basán;
tu cubierta la hicieron de cipreses
traídos de las costas de Chipre
e incrustados de marfil.
7 Tu vela, de lino bordado de Egipto,
te servía de bandera;
tu toldo era de telas moradas y rojas
traídas de las costas de Elisá. [b]
8 Tus remeros eran hombres de Sidón [c] y de Arvad, [d]
tus pilotos eran expertos hombres tuyos.

9 Hombres veteranos de Guebal [e]
reparaban tus daños hábilmente.
Marineros de todas las naves del mar
comerciaban con tus mercancías.
10 Hombres de Persia, Lidia y Libia [f]
servían de guerreros en tu ejército;
te adornaban con sus escudos y sus cascos,
y te daban esplendor.

11 'Gente de Arvad, junto con tu ejército, ocupaba tus murallas en derredor, y en tus torres había hombres de Gamad. [g] Sus escudos colgaban a todo lo largo de tus muros, haciéndote aparecer más bella. **12** Era tanta tu riqueza, que Tarsis [h] comerciaba contigo, y a cambio de tus mercancías te daba plata, hierro, estaño y plomo. **13** También Grecia, Tubal y Mésec [i] comerciaban contigo, ofreciéndote en pago esclavos y objetos de bronce. **14** Los de Bet-togarmá [j] te pagaban con caballos de trabajo y de montar, y con mulas. **15** Gente de Rodas [k] comerciaba contigo. Hacías negocios con numerosos países del mar, que te pagaban con marfil y ébano. **16** Edom hacía comercio contigo, gracias a tus muchos productos, a cambio de tus mercancías te traían piedras de granate, telas teñidas de púrpura, bordados, telas de lino, corales y rubíes. **17** Igualmente comerciaban contigo Judá e Israel, y te pagaban con trigo de Minit, y con pasteles, [l] miel, aceite y bálsamo. **18** Damasco te compraba gran cantidad de productos y de riquezas; te pagaba con vino de Helbón y lana de Sahar. **19** Desde Uzal te traían vino, [m] hierro forjado, canela y caña aromática, a cambio de tus mercancías. **20** Dedán hacía contigo comercio de aparejos para montar. **21** Arabia y todos los jefes de Quedar eran clientes tuyos: te pagaban con corderos, carneros y chivos. **22** Comerciantes de Sabá y Raamá [n] eran clientes tuyos, y te pagaban con los mejores perfumes, con piedras preciosas y oro. **23** Contigo hacían negocios Harán, Cané, Edén y los comerciantes de Sabá, de Asiria y de toda Media; [ñ] **24** te vendían telas finas, mantos de color púrpura, bordados, tapices de varios colores y fuertes cuerdas trenzadas. **25** Las naves de Tarsis venían, una tras otra, trayéndote productos.

'Eras como una nave en alta mar,
toda cargada de riquezas.
26 Tus remeros te llevaron por aguas profundas,
pero el viento del este te destrozó en alta mar.
27 Tu riqueza, tus mercancías y tus productos,
tus marineros y tus pilotos,

---

[c] **26.17** *Desapareciste:* según la versión griega (LXX). Heb. *colocada.*
[d] **26.17** *El continente:* sentido probable. Heb. *sus habitantes.*
[e] **26.16-18** Cf. Ap 18.9-10.
[f] **26.20** *Ni serás reconstruida:* según la versión griega (LXX). Heb. *y pondré un adorno.*
[g] **26.21** Cf. Ap 18.21.
[a] **27.3** *Una nave:* traducción probable. Heb. *yo.*
[b] **27.7** *Elisá:* Véase Gn 10.4 n.
[c] **27.8** *Sidón:* Véanse Jos 11.8 n. e *Índice de mapas;* cf. Jer 47.4.
[d] **27.8** *Arvad* estaba al norte de Sidón, sobre una isla. Cf. Gn 10.18.
[e] **27.9** *Guebal:* ciudad de la costa fenicia, situada al norte de Tiro y llamada *Biblos* por los griegos. Véase *Índice de mapas.*
[f] **27.10** *Lidia y Libia:* en hebreo *Lud* y *Fut.* Cf. Gn 10.6,22; véase *Índice de mapas.*
[g] **27.11** *Gamad:* ciudad fenicia no identificada.
[h] **27.12** *Tarsis:* Cf. Sal 48.7(8).
[i] **27.13** *Tubal y Mésec:* Véase Gn 10.2 nota *d.*
[j] **27.14** *Bet-togarmá:* Véase Gn 10.3 n.
[k] **27.15** *Rodas:* según la versión griega (LXX). Heb. *Dedán.* Véanse Gn 10.4 n. e *Índice de mapas.*
[l] **27.17** *Pasteles:* traducción probable. El texto hebreo usa una palabra de significado desconocido.
[m] **27.19** *Vino:* traducción probable. Heb. *y Dan y Javán.*
[n] **27.22** *Raamá:* Véase Gn 10.7 n.
[ñ] **27.23** *Toda Media:* traducción probable. Heb. *Quilmad.*

tus calafateadores, tus comerciantes,
tus guerreros y toda tu tripulación,
se irán al fondo del mar
el día en que te hundas.
²⁸ A los gritos de tus marineros
temblarán las olas. *º*
²⁹ Los remeros bajarán de sus barcos;
los marineros y todos los pilotos
saltarán a tierra.
³⁰ Levantarán la voz
y llorarán por ti amargamente.
Se echarán polvo en la cabeza
y se revolcarán en la ceniza.
³¹ Por ti se raparán la cabeza,
se vestirán de luto
y llorarán llenos de amargura.
³² Por ti entonarán un canto fúnebre,
en el que dirán con tristeza:
¿Quién podía compararse a Tiro,
la ciudad que estaba en el mar? *ᵖ*
³³ Cuando llegaban del mar tus mercancías,
satisfacías a muchas naciones.
Con la abundancia de tus riquezas y productos
enriquecías a los reyes de la tierra.
³⁴ Ahora estás deshecha por el mar,
hundida en el fondo del agua.
Tus productos y toda tu tripulación
se fueron contigo al fondo.
³⁵ Todos los habitantes de los países del mar
están aterrados por ti;
sus reyes están espantados,
se les ve el miedo en la cara.
³⁶ Los comerciantes de los otros países
se quedan asustados al verte.
Te has convertido en algo terrible;
para siempre has dejado de existir.' " *q*

28 Profecía contra el rey de Tiro

¹ El Señor se dirigió a mí, y me dijo: ² "Tú, hombre, dile al rey de Tiro:

'Esto dice el Señor:
Tu corazón se llenó de orgullo,
y te creíste un dios
sentado en el trono de los dioses
y rodeado por el mar.
Pero tú no eres un dios, sino un hombre
que cree tener la inteligencia de un dios.
³ ¿Acaso eres más sabio que Daniel? *ᵃ*
¿Acaso ningún secreto te es desconocido?
⁴ Con tu sabiduría y tu habilidad
has conseguido muchas riquezas,
has llenado tus cofres de oro y plata.
⁵ Con tu gran habilidad para el comercio

has aumentado tus riquezas,
y las riquezas te han vuelto orgulloso.
⁶ Por eso, el Señor dice:
Ya que crees tener la inteligencia de un dios,
⁷ voy a hacer que vengan extranjeros contra ti,
gente de lo más cruel,
que sacará la espada para atacarte,
a ti, tan hermoso y tan sabio,
y que dejará tu esplendor por el suelo.
⁸ Te hundirán en el abismo,
y tendrás una muerte violenta en alta mar.
⁹ ¿Y seguirás creyendo que eres un dios,
cuando estés ante tus verdugos?
¡En manos de los que te maten
no serás más que un simple hombre!
¹⁰ Morirás a manos de extranjeros,
como mueren los paganos.
Yo, el Señor, he hablado;
yo he dado mi palabra.' "

Canto fúnebre por el rey de Tiro ¹¹ El Señor se dirigió a mí, y me dijo: ¹² "Tú, hombre, entona un canto fúnebre al rey de Tiro, y dile:

'Esto dice el Señor:
Tú eras modelo de perfección,
lleno de sabiduría y de perfecta belleza.
¹³ Estabas en Edén, el jardín de Dios,
adornado de toda clase de piedras preciosas:
rubí, crisólito, jade,
topacio, cornalina, jaspe,
zafiro, granate y esmeralda;
tus joyas y aretes eran de oro,
preparados desde el día en que fuiste creado.
¹⁴ Te dejé al cuidado de un ser alado, *ᵇ*
estabas en el monte santo de Dios
y caminabas entre las estrellas. *ᶜ*
¹⁵ Tu conducta fue perfecta
desde el día en que fuiste creado
hasta que apareció en ti la maldad.
¹⁶ Con la abundancia de tu comercio
te llenaste de violencia y de pecado.
Entonces te eché de mi presencia;
te expulsé del monte de Dios,
y el ser alado que te protegía
te sacó de entre las estrellas.
¹⁷ Tu belleza te llenó de orgullo;
tu esplendor echó a perder tu sabiduría.
Yo te arrojé al suelo,
te expuse al ridículo
en presencia de los reyes.
¹⁸ Tantos pecados cometiste
y tanto te corrompiste con tu comercio,
que llegaste a profanar tus templos.

º **27.28** *Las olas:* traducción probable; las versiones antiguas difieren. Heb. *pastizales.*

ᵖ **27.32** *¿Quién podía... en el mar?:* otra posible traducción: *¿Quién como Tiro ha sido destruida* (lit. *silenciada*) *en medio del mar?*

q **27.25-36** Cf. Ap 18.11-19.

ᵃ **28.3** *Daniel:* Véase Ez 14.14 nota *c.*

ᵇ **28.14** *Te dejé al cuidado de un ser alado:* según la versión griega (LXX). Heb. oscuro.

ᶜ **28.14** *Entre las estrellas:* lit. *entre piedras de fuego.*

Entonces hice brotar en medio de ti
un fuego que te devorara.
Todos pueden verte ahora en el suelo,
convertido en cenizas.
19 Todas las naciones que te conocen
se espantan al verte.
Te has convertido en algo terrible;
¡para siempre has dejado de existir!' "

Profecía contra Sidón **20** El Señor se dirigió a mí, y me dijo: **21** "Tú, hombre, vuélvete hacia Sidón *d* y habla en mi nombre contra ella. **22** Dile:

'Esto dice el Señor:
Yo me declaro tu enemigo, Sidón;
en medio de ti voy a ser glorificado.
Y cuando ejecute la sentencia contra ti
y demuestre así mi santidad,
se reconocerá que yo soy el Señor.

23 'Enviaré contra ti enfermedades,
y la sangre correrá por tus calles;
tus habitantes caerán muertos,
atacados a espada por todos lados.
Entonces se reconocerá que yo soy el Señor.

24 'Israel no volverá a sufrir
las espinas punzantes y dolorosas
del desprecio de los pueblos que lo rodean.
Entonces se reconocerá que yo soy el Señor.'

25 "Yo, el Señor, digo: Reuniré al pueblo de Israel de entre las naciones donde está disperso, y mostraré mi santidad a la vista de las naciones. Israel se establecerá en su propio país, el país que di a Jacob, mi siervo. **26** Allí vivirán seguros y tranquilos, y construirán casas y plantarán viñedos. Yo ejecutaré la sentencia contra todos los vecinos que desprecian al pueblo de Israel. Entonces se reconocerá que yo soy el Señor, el Dios de Israel."

29 **Profecía contra Egipto** **1** El día doce del mes décimo del año décimo, el Señor se dirigió a mí, y me dijo: **2** "Tú, hombre, dirígete ahora al faraón, rey de Egipto, y habla en mi nombre contra él y contra todo Egipto. *a* **3** Dile:

'Esto dice el Señor:
Yo me declaro tu enemigo,
faraón, rey de Egipto,
monstruo gigantesco que estás echado en tu río
y dices: El Nilo es mío, yo lo hice. *b*
4 Voy a ponerte ganchos en el hocico,
y haré que los peces de tu río
se peguen a tus escamas.
¡De tu río te sacaré
con todos los peces pegados a tus escamas!
5 Te arrojaré al desierto,
junto con todos los peces de tu río;

caerás en campo abierto,
y nadie te recogerá para enterrarte.
Haré que te devoren las fieras salvajes
y las aves del cielo.
6 Todos los habitantes de Egipto reconocerán
que yo soy el Señor.
El pueblo de Israel buscó tu apoyo,
pero fuiste como una caña: *c*
7 cuando te tomaron entre sus manos,
tú te quebraste y les heriste el costado;
cuando quisieron apoyarse en ti,
tú te rompiste y los hiciste caer. *d*

8 'Por eso yo, el Señor, digo: Egipto, voy a hacer que te ataquen con espadas, y que maten a tus hombres y tus animales. **9** Quedarás convertido en un desierto, y la gente reconocerá que yo soy el Señor. Tú dijiste: El Nilo es mío, yo lo hice. **10** Pues bien, yo me declaro enemigo tuyo y de tu río. Voy a convertirte en un desierto espantoso y desolado, desde Migdol hasta Asuán, hasta la frontera con Etiopía. **11** Ni hombres ni animales pasarán por allí. Durante cuarenta años nadie vivirá allí. **12** Yo te convertiré, Egipto, en el país más desolado; durante cuarenta años tus ciudades quedarán en ruinas, en peor estado que otras ciudades en ruinas, y desterraré a tus habitantes y los dispersaré entre los demás países y naciones.

13 'Yo, el Señor, digo: Después de los cuarenta años, reuniré a los egipcios de los países adonde los había dispersado. **14** Haré que los prisioneros egipcios vuelvan y se instalen en el sur de Egipto, en su lugar de origen, donde formarán un reino sin importancia. **15** Será el reino menos importante de todos, y no volverá a levantarse por encima de las demás naciones. Lo haré tan pequeño que no podrá dominar a otros países; **16** y el pueblo de Israel no volverá a confiar en Egipto, pues esto les hará ver lo equivocados que estaban cuando fueron allá a buscar ayuda. Entonces reconocerán que yo soy el Señor.' "

17 El día primero del mes primero del año veintisiete, el Señor se dirigió a mí, y me dijo: **18** "Nabucodonosor, el rey de Babilonia, ha lanzado su ejército a una gran campaña contra Tiro; tanto que a todos se les ha pelado la cabeza y se les han llagado los hombros; pero ni él ni su ejército han sacado ningún provecho de esa campaña contra Tiro. **19** Por eso yo, el Señor, digo: Voy a hacer que Nabucodonosor se apodere de Egipto, y que le quite sus riquezas y todo lo que tenga; con lo que le robe tendrá para pagar a su ejército. **20** Voy a hacer que Nabucodonosor se apodere de Egipto en pago de la campaña que lanzó contra Tiro, porque ha trabajado para mí. Yo, el Señor, lo afirmo.

21 "En ese tiempo haré que aumente la fuerza del pueblo de Israel, y que tú, Ezequiel, puedas hablarles abiertamente. Entonces reconocerán que yo soy el Señor."

30 **Castigo de Egipto** **1** El Señor se dirigió a mí, y me dijo: **2** "Tú, hombre, habla en nombre mío y di:

---

d 28.20-26 *Sidón:* Cf. Jl 3.4-8(4.4-8); Zac 9.1-2; Mt 11.21-22; Lc 10.13-14. Véase *Índice de mapas.*
a 29.1—32.32 *Egipto:* Cf. Is 19.1-25; Jer 46.2-26.
b 29.3 *Yo lo hice:* según versiones antiguas. Heb. *yo me hice.*
c 29.6-7 Cf. 2 R 18.21; Is 36.6.
d 29.7 *Hiciste caer:* según una versión antigua. Heb. *hiciste estar derechos.* Otra posible traducción: *y los hiciste tambalearse.*

'Esto dice el Señor:
Griten por el día ³ que ya se acerca;
¡se acerca el día del Señor!
¡Será un día nublado,
un día terrible para las naciones! ᵃ
⁴ Vendrá la guerra contra Egipto.
Y cuando allí maten a muchos,
y les roben sus riquezas,
y destruyan Egipto hasta sus cimientos,
Etiopía se pondrá a temblar.
⁵ Caerán también en la guerra
los soldados de Etiopía y de Libia,
de Lidia, de toda Arabia, de Cub y de otros pueblos,
y de los demás países aliados.

⁶ 'Esto dice el Señor:
Los que apoyen a Egipto
morirán en la guerra,
desde Migdol hasta Asuán.
El orgulloso poder de Egipto
quedará humillado.
Yo, el Señor, doy mi palabra.'

⁷ "Egipto será el país más desolado de todos, y sus ciudades las más arruinadas. ⁸ Cuando yo haga que el país se incendie y queden destruidos todos los que le ayudan, entonces reconocerán que yo soy el Señor.

⁹ "Cuando llegue el día del castigo de Egipto, enviaré mensajeros por mar para que alarmen a la gente despreocupada de Etiopía, la cual se llenará de terror. Ese día está a punto de llegar.

¹⁰ "Yo, el Señor, digo: Me voy a valer de Nabucodonosor, rey de Babilonia, para destruir la riqueza de Egipto. ¹¹ Él irá con su ejército, que es gente de lo más cruel, a destruir el país. Atacarán a Egipto con sus espadas, y dejarán el país lleno de muertos. ¹² Haré que el Nilo se seque, y pondré el país en manos de gente malvada; por medio de esos extranjeros dejaré en ruinas el país y todo lo que hay en él. Yo, el Señor, he hablado.

¹³ "Yo, el Señor, digo:
Voy a destruir los ídolos
y a terminar con los falsos dioses de Menfis.
Egipto no volverá a tener quien lo gobierne,
y llenaré de terror el país.
¹⁴ Convertiré en ruinas el sur de Egipto,
pondré fuego a Soan
y ejecutaré la sentencia contra Tebas.

¹⁵ "Descargaré mi ira sobre Sin, la fortaleza de Egipto, y destruiré la riqueza de Tebas. ¹⁶ Pondré fuego a Egipto, y Sin se retorcerá de dolor; se abrirán boquetes en las murallas de Tebas, y Menfis será atacada en pleno día. ¹⁷ Los jóvenes de On y de Bubastis morirán en la guerra, y a los demás habitantes se los llevarán presos. ¹⁸ Cuando yo destruya el poder de Egipto y acabe con la fuerza de la cual estaba tan orgulloso, el sol se oscurecerá en Tafnes, una nube cubrirá a Egipto, y a los habitantes de sus ciudades se los llevarán presos. ¹⁹ Yo ejecutaré la sentencia contra Egipto, y entonces reconocerán que yo soy el Señor."

²⁰ El día siete del mes primero del año once, el Señor se dirigió a mí, y me dijo: ²¹ "Yo le he roto el brazo al faraón, rey de Egipto, y nadie se lo ha curado ni vendado para que recobre su fuerza y pueda volver a empuñar la espada. ²² Por eso yo, el Señor, digo: Yo me declaro enemigo del faraón, el rey de Egipto. Voy a romperle los dos brazos, el bueno y el que ya tenía roto, y haré que se le caiga la espada de la mano. ²³ Voy a dispersar a los egipcios entre las demás naciones, a esparcirlos por los diversos países. ²⁴ Y voy a dar fuerza a los brazos del rey de Babilonia, y a ponerle mi espada en la mano. Voy a romperle al faraón los brazos, y él se quejará al sentirse herido delante de su enemigo. ²⁵ Daré fuerzas a los brazos del rey de Babilonia y se las quitaré a los brazos del faraón. Cuando yo ponga mi espada en la mano del rey de Babilonia y él la levante contra Egipto, reconocerán que yo soy el Señor. ²⁶ Dispersaré a los egipcios entre los demás pueblos y naciones, y entonces reconocerán que yo soy el Señor."

31 *El faraón comparado a un cedro*

¹ El día primero del mes tercero del año once, el Señor se dirigió a mí, y me dijo: ² "Di al faraón, rey de Egipto, y a toda su gente:

¿Con qué se puede comparar tu grandeza?
³ Pareces un ciprés ᵃ o un cedro del Líbano,
con hermosas ramas que dan sombra al bosque,
tan alto que su punta llega a las nubes.
⁴ La lluvia y el agua del suelo
le ayudaron a crecer;
se formaron ríos alrededor
de donde estaba plantado;
sus corrientes regaron
todos los árboles de la región.
⁵ Como tenía tanta agua,
creció más que los otros árboles del bosque;
sus ramas aumentaron
y se extendieron mucho.
⁶ Aves de todas clases
hacían nidos en sus ramas;
animales salvajes de toda especie
daban a luz debajo de ellas.
A su sombra podían vivir
naciones numerosas.
⁷ Era un árbol magnífico, inmenso,
con ramas muy largas,
pues sus raíces estaban
junto a aguas abundantes.
⁸ Ningún cedro del jardín de Dios ᵇ
se podía comparar a él;
ningún pino tenía ramas como las suyas,
ningún castaño tenía tantas hojas,
ningún árbol del jardín de Dios
se le igualaba en belleza.

ᵃ **30.2-3** Cf. Is 13.6; Jl 1.15; Sof 1.14-18; Mal 3.2; Ap 6.17.
ᵃ **31.3** *Un ciprés:* traducción probable. Heb. *Asiria*.
ᵇ **31.8-9** Cf. Gn 2.8-9.

⁹ Yo lo hice bello y con mucho ramaje;
los demás árboles del Edén, jardín de Dios,
le tenían envidia.

¹⁰ 'Pues bien, esto dice el Señor: El árbol llegó a ser tan alto que su punta llegaba a las nubes; tanto creció que se llenó de orgullo. ¹¹ Por eso yo lo he desechado; voy a dejarlo caer en poder de un jefe extranjero, que lo tratará como merece su maldad. ¹² Los más crueles extranjeros van a cortarlo y dejarlo abandonado; sus ramas caerán rotas por todas las montañas, valles y cañadas del país, y todos los pueblos que vivían bajo su sombra huirán y lo abandonarán. ¹³ Aves de todas clases vendrán a vivir en el árbol caído, y animales salvajes de toda especie se echarán en sus ramas. ¹⁴ Y ya ningún árbol, aunque esté junto al agua, volverá a crecer tanto, ni aunque esté bien regado volverá a alcanzar las nubes con su punta ni subirá a tanta altura. Todos están condenados a morir, a bajar a ese mundo bajo tierra y reunirse con los que ya están en el sepulcro.

¹⁵ 'Yo, el Señor, digo: Cuando el árbol baje al reino de la muerte, haré que de tristeza se seque el mar profundo; detendré los ríos y las corrientes de agua; por él haré que el monte Líbano se cubra de tristeza y que todos los árboles del campo se marchiten. ¹⁶ Cuando yo lo haga bajar al reino de la muerte para reunirlo con los que ya han muerto, el ruido de su caída hará temblar a las naciones. Y en ese mundo bajo tierra sentirán consuelo los árboles del Edén, los más hermosos y mejor regados del monte Líbano. ¹⁷ También ellos bajarán, como él, al reino de la muerte, a juntarse con los que murieron en batalla. Los que vivían a su sombra, se dispersarán entre las naciones. ¹⁸ Ninguno de los árboles del Edén podía compararse a él en esplendor y altura; y, sin embargo, bajará con los demás árboles del Edén a ese mundo bajo tierra, para vivir entre paganos, entre gente que murió en batalla.

'El árbol es el faraón y toda su gente. Yo, el Señor, lo afirmo.' "

32 El faraón comparado a un monstruo

¹ El día primero del mes duodécimo del año doce, el Señor se dirigió a mí, y me dijo: ² "Dedica este canto fúnebre al faraón, rey de Egipto:

'Pareces un león de las naciones;
eres como un monstruo marino:
chapoteas en tu río,
con las patas enturbias el agua
y revuelves la corriente.

³ 'Esto dice el Señor: Aunque estés entre pueblos numerosos, echaré mi red sobre ti y con ella te atraparé. ⁴ Te arrastraré a tierra y te dejaré tendido en el suelo. Haré que todas las aves del cielo se paren sobre ti, y que se harten de tu carne todos los animales salvajes. ⁵ Con la carne podrida de tu cadáver llenaré los montes y los valles. ⁶ Empaparé el suelo con tu sangre, la cual llegará hasta las montañas, y con ella se llenarán los cauces de los ríos. ⁷ Cuando yo te destruya, haré que el cielo se oscurezca y se apaguen las estrellas; cubriré con nubes el sol, y la luna no brillará más.[a] ⁸ Por causa tuya apagaré todas las luces que brillan en el cielo, y llenaré de oscuridad tu país. Yo, el Señor, lo afirmo.

⁹ 'Cuando las noticias de tu destrucción lleguen a países que no conocías, haré que se inquieten muchos pueblos. ¹⁰ Por causa tuya sembraré el terror en muchos pueblos; sus reyes se llenarán de pánico cuando yo esgrima mi espada delante de ellos. Cuando caigas, ellos temblarán de miedo por sus propias vidas.

¹¹ 'El Señor dice: La espada del rey de Babilonia caerá sobre ti. ¹² Voy a hacer que tu pueblo numeroso caiga herido por la espada de los más crueles guerreros. Pondrán fin a la grandeza de Egipto y acabarán con su pueblo numeroso. ¹³ Destruiré todo el ganado que bebe de tus aguas, y nunca más los hombres ni los animales las enturbiarán con sus pisadas. ¹⁴ Entonces haré que el agua se aclare y que los ríos corran tranquilos como aceite. Yo, el Señor, lo afirmo. ¹⁵ Cuando convierta a Egipto en un desierto y el país quede vacío, sin habitantes, entonces reconocerán que yo soy el Señor.'

¹⁶ "Este es un canto fúnebre, y así deberán cantarlo las mujeres de las diversas naciones cuando lloren por Egipto y por su gente numerosa. Yo, el Señor, lo afirmo."

Egipto en el reino de la muerte

¹⁷ El día quince del mes duodécimo[b] del año doce, el Señor se dirigió a mí, y me dijo: ¹⁸ "Tú, hombre, entona en compañía de las mujeres de las diversas naciones un canto fúnebre por el numeroso pueblo de Egipto y por sus jefes:[c]

'Los poderosos caen al mundo bajo tierra,
con los que han bajado ya al sepulcro.

¹⁹ ¿Eres tú acaso más hermoso que los otros?
Baja y tiéndete también junto a los paganos.'

²⁰ "Ellos caerán con los que mueren en la guerra. La espada está lista. Con ellos se irán sus grandes multitudes.[d] ²¹ Los jefes más poderosos recibirán en el reino de la muerte a los egipcios y a sus aliados, diciendo: '¡Ya bajaron! ¡Quedaron tendidos esos paganos, muertos en la guerra!'

²² "Ahí está Asiria, con todos sus soldados rodeando su tumba. Todos ellos murieron en la guerra. ²³ Están enterrados en lo más hondo de la fosa. Sus soldados sembraron el pánico entre los que aún estaban vivos, pero cayeron muertos en la guerra y ahora rodean la tumba de Asiria.

²⁴ "Ahí está Elam, con todos sus soldados rodeando su tumba. Todos ellos murieron en la guerra, paganos que cayeron al mundo bajo tierra. Sembraron el pánico entre los vivos, pero ahora están sin honor entre los que bajaron al sepulcro. ²⁵ Elam está tendido en medio de todos sus soldados muertos, todos ellos paganos muertos en la guerra,

---

[a] **32.7** Cf. Is 13.10; Am 8.9; Mt 24.29; Mc 13.24-25; Lc 21.25; Ap 6.12-13; 8.12.

[b] **32.17** *Duodécimo:* término incluido, según Ez 32.1. Esta palabra no aparece en el texto hebreo. La versión griega (LXX) dice *del primer mes.*

[c] **32.18** *Sus jefes:* traducción probable. Heb. *hazlo bajar.*

[d] **32.20** *Con ellos... multitudes:* traducción probable. Heb. oscuro.

que ahora rodean su tumba. Sembraron el pánico entre los vivos, pero ahora están sin honor entre los que bajaron al sepulcro. Quedaron entre gente asesinada.

²⁶ "Ahí están Mésec y Tubal, con todos sus soldados rodeando su tumba, todos ellos paganos muertos en la guerra, que sembraron el pánico entre los vivos. ²⁷ No están sepultados con los héroes del pasado, ᵉ que bajaron con sus armas al reino de la muerte y que tienen sus espadas bajo la cabeza y sus escudos ᶠ sobre el cuerpo, después de haber sembrado el pánico entre los que estaban vivos.

²⁸ "Ahí estarás tú, Egipto, en medio de paganos, destrozado y sepultado con los muertos en la guerra.

²⁹ "Ahí está Edom, con sus reyes y gobernantes. A pesar de haber sido tan poderosos, están entre los muertos en la guerra, sepultados entre los paganos, entre los que bajaron al sepulcro.

³⁰ "Ahí están todos los jefes del norte, igual que todos los de Sidón. Fueron muy poderosos y sembraron el pánico, pero ahora han bajado con los muertos en la guerra, cubiertos de deshonra. Son paganos, y están sepultados sin honor entre los muertos en la guerra, entre los que bajaron al sepulcro.

³¹ "Cuando el faraón los vea, se consolará de la muerte de toda su gente, pues él y todo su ejército murieron en la guerra. Yo, el Señor, lo afirmo. ³² El faraón sembró el pánico entre los vivos; por eso está sepultado entre los paganos, entre los muertos en la guerra, lo mismo que su numeroso ejército. Yo, el Señor, lo afirmo."

IV. PROMESAS DE SALVACIÓN (33—39)

33
Responsabilidad del centinela (Ez 3.16-21) ¹ El Señor se dirigió a mí, y me dijo: ² "Tú, hombre, habla a tus compatriotas, y diles: 'Cuando yo envío la guerra a un país, la gente de ese país escoge a uno de ellos para ponerlo de centinela. ᵃ ³ Y cuando el centinela ve que los ejércitos enemigos se acercan al país, toca la trompeta y previene a la gente. ⁴ Si alguien escucha el toque de trompeta y no le hace caso, y los enemigos llegan y lo matan, el culpable de su muerte es él mismo, ⁵ porque oyó el toque de trompeta pero no hizo caso; es culpable de su muerte, porque, si hubiera hecho caso, habría salvado su vida. ⁶ Pero si el centinela ve llegar los ejércitos enemigos y no toca la trompeta para prevenir a la gente, y los enemigos llegan y matan a alguien, este morirá por su pecado, pero yo le pediré al centinela cuentas de esa muerte.'

⁷ "Pues a ti, hombre, yo te he puesto como centinela del pueblo de Israel. ᵇ Tú deberás recibir mis mensajes y comunicarles mis advertencias. ⁸ Puede darse el caso de que yo pronuncie sentencia de muerte contra un malvado; pues bien, si tú no hablas con él para advertirle que cambie de vida, y él no lo hace, ese malvado morirá por su pecado, pero yo te pediré a ti cuentas de su muerte. ⁹ Si tú, en cambio, adviertes al malvado que cambie de vida, y él no lo hace, él morirá por su pecado, pero tú salvarás tu vida.

Responsabilidad personal (Ez 18.21-32) ¹⁰ "Tú, hombre, di al pueblo de Israel: 'Ustedes dicen: Estamos cargados de faltas y pecados. Por eso nos estamos pudriendo en vida. ¿Cómo podremos vivir? ¹¹ Pero yo, el Señor, juro por mi vida que no quiero la muerte del malvado, sino que cambie de conducta y viva. Israel, deja esa mala vida que llevas. ¿Por qué habrás de morir?' ᶜ

¹² "Tú, hombre, di a tus compatriotas: 'Si un hombre bueno peca, su bondad anterior no lo salvará, y si un malvado deja de hacer el mal, su maldad anterior no será causa de su muerte. Si el hombre bueno peca, su bondad anterior no le valdrá para seguir viviendo. ¹³ Si yo le prometo vida a un hombre bueno, y este, ateniéndose a su bondad, hace el mal, no tomaré en cuenta ninguna buena acción suya, sino que morirá por el mal que haya cometido. ¹⁴ Y si condeno a morir a un malvado, y este deja el pecado y actúa bien y con justicia, ¹⁵ y devuelve lo que había recibido en prenda o lo que había robado, y cumple las leyes que dan la vida y deja de hacer lo malo, ciertamente vivirá y no morirá. ¹⁶ Puesto que ahora actúa bien y con justicia, vivirá, y no me acordaré de ninguno de los pecados que había cometido.' ¹⁷ Tus compatriotas dirán que yo no actúo con justicia; pero en realidad son ellos los que no actúan con justicia. ᵈ ¹⁸ Si el hombre bueno deja de hacer lo bueno y hace lo malo, morirá a causa de ello. ¹⁹ Y si el malvado deja de hacer lo malo y hace lo bueno y lo justo, a causa de ello vivirá. ²⁰ Ustedes repiten: 'El Señor no está actuando con justicia.' Pero yo juzgaré a cada uno de ustedes, israelitas, de acuerdo con sus acciones." ᵉ

La caída de Jerusalén ²¹ El quinto día del mes décimo del año doce de nuestro destierro, un hombre que había huido de Jerusalén vino y me contó que la ciudad había caído en poder del enemigo. ²² La noche antes de que llegara el escapado, el Señor había puesto su mano sobre mí; y por la mañana, cuando vino el hombre, el Señor me devolvió el habla y dejé de estar mudo. ᶠ

Los pecados del pueblo ²³ El Señor se dirigió a mí, y me dijo: ²⁴ "La gente que vive en esas ciudades de Israel que están en ruinas, anda diciendo: 'Abraham era uno solo y, sin embargo, llegó a ser dueño del país; con mayor razón nosotros, que somos muchos, llegaremos a ser dueños del país.' ²⁵ Por lo tanto, diles: 'Así dice el Señor: Ustedes comen carne con sangre, adoran ídolos, cometen asesinatos, ¿y creen que van a ser dueños del país? ²⁶ Recurren a la

---

ᵉ **32.27** *Del pasado:* según versiones antiguas. Heb. *de los incircuncisos.*

ᶠ **32.27** *Sus escudos:* traducción probable. Heb. *sus maldades.*

ᵃ **33.2** Cf. Is 21.6,11; Jer 6.17; Os 9.8.

ᵇ **33.7** *Yo te he puesto como centinela...:* Véase Ez 3.16-21 n.

ᶜ **33.11** Cf. Ez 18.23,32; Sab 1.13; 2 P 3.9.

ᵈ **33.17** Este v. vuelve a reivindicar la *justicia* del Señor, insistiendo una vez más en la responsabilidad individual: cada uno es responsable de su propia conducta y recibirá una justa recompensa por sus buenas o malas acciones. Véase Ez 18.1-32 n.

ᵉ **33.20** Job 34.11; Sal 62.11-12(12-13); Pr 24.12; Jer 17.10; Ez 18.30; Eclo 16.12; Mt 16.27; Ro 2.6.

ᶠ **33.21-22** Cf. 2 R 25.3-10; Jer 39.2-8; 52.4-14. La recepción de esta noticia va a marcar un cambio decisivo en la actividad profética de Ezequiel. Véase Ez 4.1-3 n.; 34.11-31 n.

violencia de las armas, hacen cosas que yo detesto, todos cometen adulterio, ¿y creen que van a ser dueños del país?'

27 "Diles también: 'Así dice el Señor: Juro por mi vida que los que viven en las ciudades en ruinas también serán asesinados, y a los que viven en el campo haré que se los coman las fieras, y los que viven en rocas y cuevas morirán de enfermedades. **28** Dejaré el país desierto y en ruinas, y destruiré la fuerza de la cual está tan orgulloso. Los montes de Israel quedarán desiertos; nadie pasará por ellos. **29** Cuando yo deje desierto y en ruinas el país a causa de los pecados detestables que ellos cometieron, entonces reconocerán que yo soy el Señor.'

30 "Tus compatriotas hablan de ti junto a las murallas, y en las puertas de las casas, y se dicen unos a otros: 'Vengan, vamos a oir el mensaje que ha venido de parte del Señor.' **31** Y así mi pueblo viene y se sienta delante de ti, como acostumbra hacerlo, para oir tus palabras. Pero no las ponen en práctica. Las repiten como si fueran canciones amorosas, pero su corazón va tras el dinero. **32** Ellos te consideran como uno que canta canciones amorosas, que tiene hermosa voz y toca bien el arpa. Escuchan tus palabras, pero no las ponen en práctica. **33** Sin embargo, todo ello va a cumplirse; y cuando se cumpla, reconocerán que sí había un profeta entre ellos." *g*

34 *Profecía contra los pastores de Israel* *a*

1 El Señor se dirigió a mí, y me dijo: **2** "Tú, hombre, habla en mi nombre contra los pastores de Israel, y diles: 'Esto dice el Señor: ¡Ay de los pastores de Israel, que se cuidan a sí mismos! Lo que deben cuidar los pastores es el rebaño. **3** Ustedes se beben la leche, se hacen vestidos con la lana y matan las ovejas más gordas, pero no cuidan el rebaño. **4** Ustedes no ayudan a las ovejas débiles, ni curan a las enfermas, ni vendan a las que tienen alguna pata rota, ni hacen volver a las que se extravían, ni buscan a las que se pierden, sino que las tratan con dureza y crueldad. **5** Mis ovejas se quedaron sin pastor y se dispersaron, *b* y las fieras salvajes se las comieron. **6** Se dispersaron por todos los montes y cerros altos, se extraviaron por toda la tierra, y no hubo nadie que se preocupara por ellas y fuera a buscarlas.

7 'Así que, pastores, escuchen bien mis palabras. **8** Yo, el Señor, lo juro por mi vida: Fieras salvajes de todas clases han robado y devorado a mis ovejas, porque no tienen pastor. Mis pastores no van a buscar a las ovejas. Los pastores cuidan de sí mismos, pero no de mi rebaño. **9** Por eso, pastores, escuchen las palabras **10** que yo, el Señor, les dirijo: Pastores, yo me declaro su enemigo y les voy a reclamar mi rebaño; les voy a quitar el encargo de cuidarlo, para que no se sigan cuidando ustedes mismos; rescataré a mis ovejas, para que ustedes no se las sigan comiendo.'

El buen pastor *c* **11** "Yo, el Señor, digo: Yo mismo voy a encargarme del cuidado de mi rebaño. **12** Como el pastor que se preocupa por sus ovejas cuando están dispersas, así me preocuparé yo de mis ovejas; las rescataré de los lugares por donde se dispersaron en un día oscuro y de tormenta. **13** Las sacaré de los países extranjeros, las reuniré y las llevaré a su propia tierra. Las llevaré a comer a los montes de Israel, y por los arroyos, y por todos los lugares habitados del país. **14** Las llevaré a comer los mejores pastos, en los pastizales de las altas montañas de Israel. Allí podrán descansar y comer los pastos más ricos. **15** Yo mismo seré el pastor de mis ovejas, yo mismo las llevaré a descansar. *d* Yo, el Señor, lo afirmo. **16** Buscaré a las ovejas perdidas, *e* traeré a las extraviadas, vendaré a las que tengan alguna pata rota, ayudaré a las débiles, y cuidaré *f* a las gordas y fuertes. Yo las cuidaré como es debido. *g*

17 "Yo, el Señor, digo: Escuchen, ovejas mías: Voy a hacer justicia entre los corderos y los cabritos. *h* **18** ¿No les basta con comerse el mejor pasto, sino que tienen que pisotear el que queda? Beben el agua clara, y la demás la enturbian con las patas. **19** Y mis ovejas tienen que comer el pasto que ustedes han pisoteado y beber el agua que ustedes han enturbiado. **20** Por eso yo, el Señor, les digo: Voy a hacer justicia entre las ovejas gordas y las flacas. **21** Ustedes han alejado a empujones a las débiles, las han atacado a cornadas y las han hecho huir. **22** Pero yo voy a salvar a mis ovejas. No dejaré que las sigan robando. Voy a hacer justicia entre las ovejas. **23** Voy a hacer que vuelva mi siervo David, y lo pondré como único pastor, y él las cuidará. Él será su pastor. *i* **24** Yo, el Señor, seré su Dios, y mi siervo David será su jefe. *j* Yo, el Señor, he hablado. **25** Voy a hacer una alianza con ellas, para asegurarles una vida tranquila. Haré desaparecer las fieras del país, para que mis ovejas puedan vivir tranquilas en campo abierto y dormir en los bosques.

26 "Yo pondré a mis ovejas alrededor de mi monte santo, y las bendeciré; les enviaré lluvias de bendición en el tiempo oportuno. **27** Los árboles del campo darán su fruto, la tierra dará sus cosechas, y ellas vivirán tranquilas en su propia tierra. Cuando yo libere a mi pueblo de quienes lo han esclavizado, entonces reconocerán que yo soy el

---

g **33.33** Cf. Dt 18.21-22; Jer 28.9.
a **34.1-31** En este pasaje, que retoma y amplía el texto de Jer 23.1-6, se combinan varios temas. En la primera parte (vv. 1-16), el Señor declara que despojará de sus cargos a los malos pastores y que él mismo apacentará su rebaño. En la segunda parte (vv. 17-22), la acusación se dirige contra las *ovejas gordas*, que oprimen y hacen violencia a las más *débiles*. Luego, el Señor anuncia que un nuevo *David* será el pastor del único rebaño (vv. 23-24), y concluye con la promesa de una nueva *alianza* (v. 25) y de abundantes bendiciones en una era de prosperidad y paz (vv. 26-31).
b **34.5** Nm 27.16-17; 2 Cr 18.16; Jer 50.6-7; Zac 10.2; Mt 9.36; Mc 6.34.
c **34.11-31** Después de la caída de Jerusalén, la predicación de Ezequiel cambia completamente de tono. En el centro de su mensaje ya no está el anuncio del castigo sino la promesa de la salvación. Esta promesa, repetida una y otra vez en los caps. siguientes, hizo renacer la esperanza en el ánimo de los deportados y los ayudó a vencer el pesimismo y la desconfianza que se había apoderado de ellos (cf. Ez 33.10; 37.11). Véase también Ez 36.25-27 n.
d **34.13-15** Sal 23.
e **34.16** Cf. Lc 15.4-7.
f **34.16** *Cuidaré:* según versiones antiguas. Heb. *destruiré.*
g **34.11-16** Is 40.11; Eclo 18.13.
h **34.17** Cf. Mt 25.31-34.
i **34.23** Cf. Jn 10; Ap 7.17.
j **34.24** Ez 37.24-25.

Señor. **28** Los pueblos extranjeros no volverán a apoderarse de ellos, ni las fieras volverán a devorarlos. Vivirán tranquilos, sin que nadie los asuste. **29** Les daré sembrados fértiles,*k* y ellos no volverán a sufrir hambre ni las demás naciones volverán a burlarse de ellos. **30** Entonces reconocerán que yo, el Señor su Dios, estoy con ellos, y que Israel es mi pueblo. Yo, el Señor, lo afirmo. **31** Ustedes son mis ovejas, las ovejas de mi prado.*l* Yo soy su Dios. Yo, el Señor, lo afirmo."

35 Profecía contra el monte Seír*a*

1 El Señor se dirigió a mí, y me dijo: **2** "Vuélvete hacia el monte de Seír y habla en mi nombre contra él. **3** Dile:

'Esto dice el Señor:
Yo me declaro tu enemigo,
   monte de Seír,
y te voy a castigar
   dejándote desierto y en ruinas.
4 Voy a dejar destruidas tus ciudades,
   y tú quedarás convertido en un desierto.
Entonces reconocerás que yo soy el Señor.

5 'Tú has sido eterno enemigo de los israelitas, y les hiciste la guerra cuando ellos recibían el castigo final por sus pecados. **6** Pero yo, el Señor, juro por mi vida que te entregaré a la muerte, y la muerte te perseguirá. Eres culpable*b* de muerte, y la muerte te perseguirá. **7** Te voy a dejar desierto y en ruinas, monte de Seír, y no permitiré que nadie vuelva a pasar por ti. **8** Haré que tus cerros y tus colinas, tus valles y tus ríos, queden llenos de los cadáveres de los que mueran en la guerra. **9** Te dejaré convertido para siempre en un desierto, y nadie vivirá en tus ciudades. Entonces reconocerán ustedes que yo soy el Señor.

10 'Tú dijiste: El país de Israel, con sus dos reinos, será mío; yo seré su dueño, a pesar de que el Señor viva allí. **11** Pero yo, el Señor, juro por mi vida que voy a tratarte a ti con la misma ira, envidia y odio con que tú trataste a Israel. Cuando yo te castigue, ellos me reconocerán. **12** Entonces verás que yo, el Señor, había escuchado todos los insultos que lanzaste contra los montes de Israel. Tú dijiste: ¡Son un desierto; ahora los podemos devorar! **13** Abriste la boca desafiándome, y se te soltó la lengua contra mí. Yo lo escuché.

14 'Pues esto digo yo, el Señor: Toda la tierra se va a alegrar cuando yo te destruya. **15** Tú te alegraste cuando fue destruido el país que Israel recibió en propiedad, pero lo mismo pasará contigo: quedarás hecho un desierto, monte de Seír, país de Edom. Entonces reconocerán que yo soy el Señor.'

36 Futura prosperidad de Israel

1 "Y tú, hombre, habla en nombre mío a las montañas de Israel,*a* y diles que escuchen mi palabra. **2** Yo, el Señor, digo: Los enemigos de Israel se creen dueños ya de las montañas eternas. **3** Pues bien, habla en mi nombre y diles: 'Esto dice el Señor: De todas partes las atacan a ustedes y las destruyen; todos los pueblos extranjeros se han apoderado de ustedes, y la gente las trata con burla y desprecio. **4** Por lo tanto, montañas de Israel, escuchen el mensaje del Señor a las montañas, colinas, ríos y valles; a las ruinas despobladas y a las ciudades desiertas de Israel, que han sido saqueadas por los pueblos vecinos y que han sido objeto de burla por parte de ellos. **5** Esto dice el Señor: Mis palabras van encendidas de enojo contra los otros pueblos, y en especial contra todo Edom, porque con gran alegría se apoderaron de mi tierra y con profundo desprecio saquearon sus campos.'

6 "Habla en mi nombre acerca de la tierra de Israel, y di: 'Esto dice el Señor a las montañas, colinas, ríos y valles: Yo tengo palabras de ira y furor, por los insultos que han sufrido ustedes de parte de las naciones extranjeras. **7** Por lo tanto yo, el Señor, juro que los pueblos vecinos de ustedes se verán cubiertos de vergüenza. **8** Ustedes, en cambio, montañas de Israel, estarán cubiertas de árboles grandes y con mucho fruto para mi pueblo Israel, que ya está a punto de regresar. **9** Yo las voy a proteger, y haré que sean cultivadas y sembradas. **10** Haré que aumente mucho el pueblo de Israel que vive allí. Las ciudades se llenarán de habitantes, y las ruinas serán reconstruidas. **11** Haré que aumenten en ustedes los hombres y los animales, y que se hagan muy numerosos. Habrá tantos habitantes como antes, y ustedes estarán mejor que en el pasado. Entonces reconocerán que yo soy el Señor. **12** Haré que mi pueblo camine sobre ustedes, montañas de Israel, y que tomen ellos posesión de ustedes como dueños, y ustedes no volverán a dejarlos sin hijos.

13 'Yo, el Señor, digo: A ustedes, montañas, las acusan de comerse a la gente y de dejar sin hijos a su pueblo. **14** Pues bien, ustedes no volverán a comerse a la gente ni a dejar sin hijos a su pueblo. Yo, el Señor, lo afirmo. **15** No permitiré que oigan de nuevo los insultos de las naciones extranjeras; no recibirán más ofensas de esos pueblos, porque ustedes no volverán a dejar sin hijos a su pueblo. Yo, el Señor, lo afirmo.' "

16 El Señor se dirigió a mí, y me dijo: **17** "Cuando los israelitas vivían en su tierra, la profanaron con sus malas acciones. Su manera de vivir era para mí algo sucio y repugnante. **18** Entonces descargué mi ira sobre ellos por los asesinatos que cometieron en el país y por la manera en que lo profanaron adorando a los ídolos, **19** y en castigo de sus malas acciones los dispersé entre los demás países y naciones. **20** Pero en todos los pueblos a donde ellos llegaban, ofendían mi santo nombre, pues la gente decía: 'Estos son el pueblo del Señor, pero tuvieron que salir de su país.' **21** Entonces me dolió ver que, por culpa de Israel,

---

k **34.29** *Fértiles:* según versiones antiguas. Heb. *famosos.*
l **34.31** Así, con versiones antiguas. El texto hebreo añade *hombres.*
a **35.1-15** La restauración de Israel irá acompañada de la devastación del país de Edom, ya que los edomitas se aprovecharon del desastre de Judá (cf. v. 5) para adueñarse de una parte de su territorio.
Cf. Is 34.5-17; 63.1-6; Jer 49.7-22; Ez 25.12-14; Am 1.11-12; Abd 1-14; Mal 1.2-5; véase *Índice de mapas.*
b **35.6** *Eres culpable:* según la versión griega (LXX). Heb. *odiaste.*
a **36.1** El profeta se dirige *a las montañas de Israel* como ya lo había hecho antes (Ez 6.1), pero esta vez para anunciarles la salvación. Véase Ez 34.11-31 n.

mi santo nombre era profanado en cada nación adonde ellos llegaban. [b]

²² "Por eso, dile al pueblo de Israel: 'Esto dice el Señor: Lo que voy a realizar no es por causa de ustedes, [c] israelitas, sino por mi santo nombre, que ustedes han ofendido entre las naciones a donde han ido. [d] ²³ Yo voy a mostrar ante las naciones la santidad de mi gran nombre, [e] que ustedes han ofendido entre ellas; cuando yo lo haga, ellas reconocerán que yo soy el Señor. Yo, el Señor, lo afirmo. ²⁴ Yo los sacaré a ustedes de todas esas naciones y países; los reuniré y los haré volver a su tierra. ²⁵ Los lavaré con agua pura, [f] los limpiaré de todas sus impurezas, los purificaré del contacto con sus ídolos; ²⁶ pondré en ustedes un corazón nuevo y un espíritu nuevo. Quitaré de ustedes ese corazón duro como la piedra y les pondré un corazón dócil. [g] ²⁷ Pondré en ustedes mi espíritu, y haré que cumplan mis leyes y decretos; [h] ²⁸ vivirán en el país que di a sus padres, y serán mi pueblo y yo seré su Dios. [i] ²⁹ Los libraré de todo lo que les manche. Haré que el trigo abunde, y no volveré a enviarles hambre. ³⁰ Haré también que los árboles y los campos den más fruto, para que ustedes no vuelvan a pasar vergüenza delante de las otras naciones por causa del hambre. ³¹ Y cuando se acuerden de su mala conducta y de sus malas acciones, sentirán vergüenza de ustedes mismos por sus pecados y malas acciones. ³² Yo, el Señor, lo afirmo: Sepan, israelitas, que no hago esto porque ustedes lo merezcan; sientan vergüenza y confusión por su conducta.

³³ 'Yo, el Señor, digo: Cuando yo los purifique de todos sus pecados, haré que vivan en sus ciudades y que reconstruyan las ruinas. ³⁴ La tierra que había quedado desierta, en vez de quedar desierta será cultivada a la vista de todos los que pasan. ³⁵ Y se dirá: Esta tierra, que había quedado desierta, ahora se parece al jardín de Edén; [j] las ciudades que habían sido destruidas, arrasadas y dejadas en ruinas, ahora son unas fortalezas y están habitadas. ³⁶ Entonces los pueblos vecinos que queden con vida reconocerán que yo, el Señor, reconstruyo lo destruido y vuelvo a sembrar lo arrasado. Yo, el Señor, lo he dicho, y lo realizaré.

³⁷ 'Yo, el Señor, digo: Aún haré algo más. Concederé al pueblo de Israel lo que me pida que haga por ellos; multiplicaré su gente como un rebaño. ³⁸ Las ciudades en ruinas se llenarán de tanta gente, que se parecerán a las ovejas que en las fiestas se llevan a Jerusalén para ofrecerlas en sacrificio. Entonces reconocerán que yo soy el Señor.' "

37 Los huesos secos [a]

¹ El Señor puso su mano sobre mí, [b] y me hizo salir lleno de su poder, y me colocó en un valle que estaba lleno de huesos. [c] ² El Señor me hizo recorrerlo en todas direcciones; los huesos cubrían el valle, eran muchísimos y estaban completamente secos. ³ Entonces me dijo: "¿Crees tú que estos huesos pueden volver a tener vida?" Yo le respondí: "Señor, solo tú lo sabes."

⁴ Entonces el Señor me dijo: "Habla en mi nombre a estos huesos. Diles: 'Huesos secos, escuchen este mensaje del Señor. ⁵ El Señor les dice: Voy a hacer entrar en ustedes aliento de vida, para que revivan. [d] ⁶ Les pondré tendones, los rellenaré de carne, los cubriré de piel y les daré aliento de vida para que revivan. Entonces reconocerán ustedes que yo soy el Señor.' " ⁷ Yo les hablé como él me lo había ordenado. Y mientras les hablaba, oí un ruido: era un

---

[b] **36.20-21** Si la dispersión de los israelitas se prolongara indefinidamente, el nombre del Señor seguiría siendo profanado entre las naciones y estas no tendrían ningún motivo para reconocer el poder del Dios de Israel y respetar su autoridad. De ahí el celo del Señor por reivindicar *entre las naciones* el honor de su nombre.

[c] **36.22** *No es por causa de ustedes:* Ezequiel no ha cesado de insistir en la responsabilidad personal (véase Ez 18.1-32 n.), pero con no menos fuerza pone también de relieve la iniciativa de Dios. Sin esperar a que su pueblo se convierta totalmente, el Señor reunirá y le dará *un corazón nuevo y un espíritu nuevo* (v. 26), para que se vuelva a él y cumpla su voluntad, no forzada sino espontáneamente. Cf. Jer 31.34.

[d] **36.22** La derrota sufrida por los israelitas a causa de sus pecados dio motivo a los paganos para pensar que el Dios de Israel era incapaz de impedir que su pueblo fuera humillado y llevado al exilio. Por eso, el Señor va a borrar la afrenta que le han hecho, mostrando a la vista de todos, por medio de los actos que está a punto de realizar para la liberación de Israel, que él está presente en todo lo que acontece, tanto para el juicio como para la salvación. Véase Ez 20.41 n.

[e] **36.23** *Yo voy a mostrar ante las naciones la santidad de mi gran nombre:* es decir, el Señor hará que su nombre sea reconocido como santo. Cf. Mt 6.9.

[f] **36.25** En un país como Palestina, donde la sequía era una de las más terribles plagas (cf. 1 R 17.1; 18.5; Jl 1.9-12,17-20), el *agua* llegó a ser uno de los símbolos por excelencia de la *vida* (cf. Ez 47.1-12). El *agua* era también instrumento de purificación, como lo atestiguan las numerosas aspersiones y abluciones que se practicaban en el culto (cf. Lv 14.8-9; 15.1-18; Mc 7.3-4). Sin embargo, la purificación y la renovación anunciadas aquí por Ezequiel superarán en eficacia a todos los ritos antiguos.

[g] **36.26** Cf. Sal 51.10(12); Is 44.3; Ez 18.31.

[h] **36.25-27** Ezequiel había repetido incansablemente que el pueblo de Israel se había vuelto impuro a causa de sus pecados e idolatrías. Ahora anuncia un tiempo en que el Señor va a intervenir para transformar interiormente a su pueblo y limpiarlo de todas sus impurezas. La idea de la total transformación interior se expresa con la imagen del *corazón* y del *espíritu* nuevos, mientras que el simbolismo del *agua pura* pone de relieve la profundidad y eficacia de esa acción purificadora. Véase Ez 2.2 nota *c*, y cf. Jer 31.31-33; Ro 8.5-6; Gl 5.22-25; 1 Jn 3.24.

[i] **36.26-28** Cf Jer 11.19-20.

[j] **36.35** *El jardín de Edén:* Gn 2.8; cf. Is 51.3.

[a] **37.1-14** Esta gran visión, sin duda la más célebre de Ezequiel, es la respuesta del Señor al desaliento y a la desesperanza de los israelitas en el exilio (cf. Ez 33.10). Fuera de la Tierra prometida, los exiliados son como un montón de huesos resecos (cf. v. 11). Pero el Señor hará revivir a su pueblo con la eficacia de la palabra profética (v. 4) y con la fuerza vivificante de su espíritu (v. 5). El relato se divide en dos partes: en la primera, el profeta describe la visión (vv. 1-10); en la segunda explica su significado (vv. 11-14).

[b] **37.1** *El Señor puso su mano sobre mí:* Véase Ez 1.1-3 nota *f*.

[c] **37.1** *Un valle que estaba lleno de huesos:* El texto no sugiere la idea de un cementerio, sino más bien la de un campo de batalla, sobre el que habían quedado tendidos los cadáveres de los caídos en el combate.

[d] **37.5** La palabra hebrea traducida por *aliento de vida* también puede significar, según los contextos, *viento* o *espíritu*. Aquí se refiere al principio vital que procede de Dios y penetra en los cuerpos inanimados para darles vida (cf. Gn 2.7; Job 34.14-15; Sal 104.29-30). Véase también Ez 2.2 nota *c*.

terremoto, y los huesos comenzaron a juntarse unos con otros. **8** Y vi que sobre ellos aparecían tendones y carne, y que se cubrían de piel. Pero no tenían aliento de vida.

9 Entonces el Señor me dijo: "Habla en mi nombre al aliento de vida, y dile: 'Así dice el Señor: Aliento de vida, ven de los cuatro puntos cardinales y da vida a estos cuerpos muertos.'" **10** Yo hablé en nombre del Señor, como él me lo ordenó, y el aliento de vida vino y entró en ellos, y ellos revivieron y se pusieron de pie. *e* Eran tantos que formaban un ejército inmenso.

11 Entonces el Señor me dijo: "El pueblo de Israel es como estos huesos. *f* Andan diciendo: 'Nuestros huesos están secos; no tenemos ninguna esperanza, estamos perdidos.' **12** Pues bien, háblales en mi nombre, y diles: 'Esto dice el Señor: Pueblo mío, voy a abrir las tumbas de ustedes; voy a sacarlos de ellas y a hacerlos volver a la tierra de Israel. **13** Y cuando yo abra sus tumbas y los saque de ellas, reconocerán ustedes, pueblo mío, que yo soy el Señor. **14** Yo pondré en ustedes mi aliento de vida, y ustedes revivirán; y los instalaré en su propia tierra. Entonces sabrán que yo, el Señor, lo he dicho y lo he hecho. Yo, el Señor, lo afirmo.'"

Reunificación de Judá e Israel *g* **15** El Señor se dirigió a mí, y me dijo: **16** "Toma un palo, y escribe en él: 'Judá y sus aliados israelitas'. Toma luego otro palo, y escribe: 'José, representado por Efraín, *h* y todos sus aliados del resto de Israel'. **17** En seguida, júntalos en tu mano el uno con el otro, de manera que formen uno solo. **18** Cuando tus compatriotas te digan: 'Explícanos lo que esto significa', **19** diles: 'Esto dice el Señor: Voy a tomar el palo de José, que está en manos de Efraín y de las demás tribus aliadas de Israel, y lo voy a juntar con el palo de Judá para convertirlos en un solo palo en mi mano.' *i* **20** Ten en tu mano, a la vista de ellos, los dos palos sobre los cuales escribiste. **21** Luego diles: 'Esto dice el Señor: Voy a sacar a los israelitas de entre las naciones a donde han ido a parar; los reuniré de todas partes y los haré volver a su tierra. **22** Haré de ellos una sola nación en este país, en los montes de Israel, y tendrán un solo rey. No volverán a estar divididos en dos naciones, ni separados en dos reinos. **23** Tampoco volverán a mancharse adorando ídolos repugnantes ni cometiendo toda clase de pecados. Yo los libraré de todas las infidelidades *j* que han cometido, y los limpiaré de sus pecados. Ellos serán mi pueblo y yo seré su Dios. **24** Mi siervo David será el rey y único pastor de todos ellos, *k* y ellos me obedecerán y cumplirán mis leyes y decretos. **25** Vivirán en el país que di a mi siervo Jacob, donde también vivieron sus antepasados. Allí vivirán siempre ellos y sus hijos y todos sus descendientes; y mi siervo David será siempre su jefe. **26** Haré con ellos una alianza para asegurarles una vida tranquila. Será una alianza eterna. Haré que aumenten en número, y para siempre pondré mi santo templo en medio de ellos. **27** Viviré entre ellos, y yo seré su Dios y ellos serán mi pueblo. *l* **28** Cuando mi santo templo *m* esté para siempre en medio de ellos, las demás naciones reconocerán que yo he escogido a Israel como mi posesión sagrada.'"

38 Gog, instrumento de Dios *a*

1 El Señor se dirigió a mí, y me dijo: **2** "Tú, hombre, vuélvete ahora hacia el país de Magog, y habla en mi nombre contra Gog, *b* jefe supremo de Mésec y Tubal. **3** Dile: 'Esto dice el Señor: Gog, jefe supremo de Mésec y Tubal, yo me declaro tu enemigo. **4** Te voy a hacer volver, te voy a poner ganchos en la boca, te voy a sacar a ti y a toda tu caballería, con sus jinetes de elegantes uniformes, ese enorme ejército armado de espadas y escudos de diversas clases. **5** Irán acompañados de gente de Persia, Etiopía y Libia, *c* todos ellos con escudos y cascos, **6** y también de todos los soldados de Gómer *d* y de Bet-togarmá, *e* de lo más lejano del norte, numerosos pueblos aliados tuyos. **7** Prepárate y ármate, tú y todos los ejércitos que están contigo; tómalos bajo tu mando. **8** Al cabo de muchos años vas a recibir la orden de invadir un país que estuvo en guerra, pero que ya se habrá restablecido; un pueblo que estuvo disperso entre muchas naciones y que había sido arrasado para siempre, pero que

---

e **37.10** Cf. Ap 11.11.

f **37.11** *El pueblo de Israel es como estos huesos:* Nótese la importancia de esta frase para comprender el significado exacto de la visión profética. Ezequiel compara a los desterrados de *Israel* con un montón de huesos humanos tendidos en campo abierto, y presenta la liberación de los exiliados como un retorno a la vida. La referencia expresa al *pueblo de Israel* indica claramente que él no habla de la resurrección de los muertos al fin de los tiempos, sino que está describiendo simbólicamente la restauración de Israel y su retorno a la Tierra prometida después del exilio (cf. v. 14: *los instalaré en su propia tierra*). Acerca de la resurrección personal en el AT, véase Dn 12.2 nota *g*.

g **37.15-28** Esta acción simbólica de Ezequiel recuerda otras anteriores, pero el simbolismo tiene aquí un significado positivo: los dos antiguos reinos de Israel y de Judá van a ser reunificados (cf. v. 22) y tendrán a David como único rey y pastor (cf. v. 24).

h **37.16** *José*, el padre de *Efraín* (cf. Gn 41.50-52; 48.13-14), era el antepasado de la principal entre las tribus que formaban el reino del Norte (cf. Sal 80.1-2[2-3]).

i **37.19** Aquí se comienza a explicar el simbolismo de las palabras escritas en el palo (cf. v. 16).

j **37.23** *Infidelidades:* según una versión antigua. Heb. *habitaciones*.

k **37.24** Un solo *pueblo* y un solo *rey*, como en tiempos de *David*. Cf. Ez 34.24.

l **37.27** Cf. 2 Co 6.16; Ap 21.3.

m **37.26-28** *Mi santo templo:* Ezequiel se refiere al nuevo *templo* que estará en el centro mismo del país (cf. caps. 40—44).

a **38.1—39.29** Ya el profeta Jeremías se había referido largamente a un enemigo que venía del norte (Jer 2—4). Aquí se retoma esta idea, pero ya no se trata de una invasión enviada a Israel como castigo por sus pecados, sino que el mismo Señor interviene para destruir a los agresores de su pueblo y dar así pleno y definitivo cumplimiento a sus promesas de salvación (cf. Ez 34.11—37.28). La idea de una última acometida de las fuerzas del mal contra el pueblo de Dios es típicamente apocalíptica y se vuelve a encontrar en Ap 16.16; 19.17-18; 20.7-9.

b **38.2** *Gog:* Con este nombre se designa a un personaje misterioso, que personifica y conduce a todas las fuerzas hostiles a Dios y a su pueblo. En la lista de naciones de Gn 10, *Magog, Mésec* y *Tubal* se mencionan entre los hijos de Jafet (Gn 10.2; cf. 1 Cr 1.5 y también Ap 20.8).

c **38.5** *Persia, Etiopía y Libia:* en hebreo, *Parás, Cus* y *Fut.* Cf. Gn 10.6; Jer 46.9; véase *Índice de mapas*.

d **38.6** *Gómer:* El país de los cimerios, al sur y al este del Mar Negro.

e **38.6** *Bet-togarmá:* Cf. Gn 10.3.

ya se habrá vuelto a reunir en los montes de Israel. Para entonces, ellos habrán regresado ya de muchos países, y estarán todos viviendo tranquilos. **9** Llegarás tú, como un nubarrón, para cubrir el país, y lo invadirás como una tormenta con todos tus ejércitos y pueblos numerosos.

10 'Yo, el Señor, digo: En ese tiempo se te ocurrirán planes malvados. **11** Vas a decir: Voy a invadir un país indefenso, de gente que vive tranquila y confiada, toda en ciudades sin murallas, sin puertas ni trancas. **12** Lo voy a saquear y robar; voy a atacar ciudades ya reconstruidas de un pueblo que se ha reunido de varias naciones, que tiene ganado y otras propiedades y que vive en el centro del mundo.[f] **13** La gente de Sabá[g] y Dedán,[h] y los comerciantes de Tarsis[i] y demás ciudades, te preguntarán: ¿Viniste a robar? ¿Reuniste tus ejércitos para saquear y apoderarte de la plata y del oro, del ganado y otras propiedades, y llevarte una enorme riqueza?'

14 "Pues, bien, habla en mi nombre a Gog, y dile: 'Esto dice el Señor: Cuando mi pueblo Israel viva tranquilo, tú te pondrás en marcha[j] **15** desde tu tierra, en lo más lejano del norte, acompañado de ejércitos fuertes y numerosos, y tropas de caballería, **16** y atacarás a mi pueblo Israel. Tú, Gog, cubrirás la tierra como un nubarrón. En esos últimos días te haré venir contra mi tierra, para que por medio de ti las demás naciones me reconozcan cuando yo demuestre mi santidad delante de ellos.[k]

17 'Yo, el Señor, digo: Era a ti a quien yo me refería en tiempos pasados, cuando hablaba por medio de mis siervos los profetas de Israel; ellos anunciaron en aquel tiempo que yo te haría venir para que atacaras a Israel.'

Castigo de Gog **18** "Yo, el Señor, afirmo: Cuando Gog invada a Israel, mi ira se encenderá terriblemente. **19** En el ardor de mi ira juro que, en ese tiempo, habrá un fuerte terremoto en Israel. **20** Los peces del mar, las aves del cielo, las fieras salvajes y los reptiles temblarán delante de mí, lo mismo que todos los hombres de la tierra. Las montañas se derrumbarán, las rocas caerán y todas las murallas se vendrán abajo. **21-22** Yo haré venir sobre Gog toda clase de males que lo llenen de miedo.[l] Lo castigaré con enfermedades y muerte violenta. Haré que caigan sobre él, sobre su ejército y sobre los numerosos pueblos que lo acompañan, lluvia a torrentes, granizo, fuego y azufre, y sus hombres se atacarán unos a otros con la espada. Yo, el Señor, lo afirmo. **23** Así demostraré a muchos pueblos mi grandeza y mi santidad. Yo me daré a conocer a ellos, y reconocerán que yo soy el Señor."

39 Derrota de Gog

1 "Y tú, hombre, habla en mi nombre contra Gog, y dile: 'Esto dice el Señor: Gog, jefe supremo de Mésec y Tubal,[a] yo me declaro tu enemigo. **2** Te voy a hacer volver; paso a paso te voy a sacar de lo más lejano del norte y te voy a traer a las montañas de Israel. **3** Luego romperé el arco que llevas en la mano izquierda y haré caer las flechas que llevas en la derecha. **4** Y tú, con tus ejércitos y pueblos que te acompañan, caerás muerto en las montañas de Israel. Allí entregaré a toda clase de aves de rapiña y de fieras salvajes, para que se los coman. **5** Quedarán tendidos en campo abierto. Yo, el Señor, he hablado. Yo he dado mi palabra. **6** Enviaré fuego sobre Magog[b] y sobre los que viven tranquilos en los países del mar. Entonces reconocerán que yo soy el Señor.[c] **7** Yo haré que mi santo nombre sea conocido de mi pueblo Israel, y no permitiré que siga siendo profanado. Y las naciones extranjeras sabrán que yo, el Señor, muestro mi santidad en Israel. **8** El día de que hablo va a llegar sin falta. Yo, el Señor, lo afirmo.'

9 "Los habitantes de las ciudades de Israel saldrán y quemarán sus armas, sus diversas clases de escudos, arcos, flechas, jabalinas y lanzas, y tendrán leña suficiente para hacer fuego durante siete años. **10** No tendrán necesidad de salir al campo a recoger leña, ni de cortarla en los bosques, porque todas esas armas les servirán de leña. Así ellos saquearán a quienes antes los habían saqueado, y despojarán a quienes antes los habían despojado. Yo, el Señor, lo afirmo.

Sepultura de Gog **11** "Por aquel tiempo daré a Gog un lugar en Israel, en el Valle de los Viajeros,[d] frente al mar, para que lo sepulten. Ese lugar impedirá el paso, y allí enterrarán a Gog y a todo su ejército, y le pondrán el nombre de Valle del ejército de Gog. **12** Los israelitas necesitarán siete meses para enterrarlos y dejar limpio el país.[e] **13** Toda la gente estará ocupada enterrándolos, y será un honor para ellos. En ese día yo me mostraré glorioso. Yo, el Señor, lo afirmo. **14** Además, después de esos siete meses, se encargará a un grupo de personas que recorran y exploren el país, y que entierren[f] a los que hayan quedado en el suelo, para dejarlo limpio. **15** Cuando alguna de estas personas, al recorrer el país, vea algún hueso humano, pondrá a su lado una señal hasta que los enterradores lo entierren en el Valle del ejército de Gog. **16** (También hay una ciudad llamada El Ejército.) Así dejarán limpio el país."

17 El Señor me dijo: "Di a todas las aves y a todas las fieras que se reúnan de los alrededores y vengan a las montañas

---

[f] **38.12** Para Ezequiel (cf. 5.5) y para los israelitas en general, Jerusalén y Palestina se encontraban *en el centro* (lit. *en el ombligo*) *del mundo* (cf. Is 2.2-4; Miq 4.1-3). Véase también Jue 9.37 n.
[g] **38.13** *Sabá:* Cf. Ez 27.22.
[h] **38.13** *Dedán:* Cf. Ez 27.20.
[i] **38.13** *Tarsis:* Véanse Sal 72.10 n.; Jon 1.3 nota *e*.
[j] **38.14** *Te pondrás en marcha:* según la versión griega (LXX). Heb. *conocerás.*
[k] **38.16** *Cuando yo demuestre mi santidad delante de ellos:* Véase Ez 20.41 n.
[l] **38.21-22** *Males que lo llenen de miedo:* según la versión griega (LXX). Heb. *mis montes espada.*

[a] **39.1** *Gog... Mésec y Tubal:* Véase Ez 38.2 n.
[b] **39.6** *Magog:* Cf. Gn 10.2; 1 Cr 1.5.
[c] **39.3-6** La derrota de *Gog*, tal como se describe en estos vv., parece depender exclusivamente del Señor, que interviene con poder para destruir a los enemigos de su pueblo.
[d] **39.11** *El Valle de los Viajeros:* heb. *Abarim*, situado al norte de Moab, en las cercanías del Mar Muerto. Cf. Nm 33.47; Dt 32.49; Jer 22.20.
[e] **39.12** La inhumación de las víctimas está destinada a purificar el país de la impureza contraída por el contacto con los cadáveres. Cf. Lv 21.1; Nm 9.6.
[f] **39.14** *Que entierren:* según versiones antiguas. El texto hebreo añade *a los que pasan.*

de Israel, al sacrificio que allí voy a hacer para ellas. Podrán comer carne y beber sangre; **18** se comerán la carne de los soldados y beberán la sangre de los gobernantes de la tierra, como si fuera de carneros, corderos, chivos o gordos becerros de Basán. *g* **19** De ese sacrificio que voy a hacer para ellas, comerán grasa hasta enfermar y beberán sangre hasta emborracharse. **20** Les prepararé un banquete con la carne de los caballos y de los jinetes, de los soldados y de toda clase de guerreros, para que coman hasta llenarse. Yo, el Señor, lo afirmo. *h*

Restauración de Israel

21 "Así mostraré mi gloria a las naciones extranjeras. Todas las naciones verán cómo las he juzgado y castigado. *i* **22** De ese día en adelante, Israel reconocerá que yo soy el Señor su Dios. **23** Y las naciones extranjeras sabrán que los israelitas fueron al destierro por causa de sus pecados, porque me fueron infieles; y que yo les volví la espalda y dejé que los enemigos los vencieran y los mataran a todos en la guerra. **24** Yo los traté como merecían su impureza y rebeldía, y les volví la espalda.

25 "Por eso yo, el Señor, digo: Ahora voy a tener misericordia de todo el pueblo de Israel, de los descendientes de Jacob. Voy a hacer que cambie su suerte, para exigir que se dé honor a mi santo nombre. *j* **26-27** Yo los reuniré otra vez de las naciones extranjeras y de los países enemigos; entonces vivirán tranquilos en su propia tierra, sin que nadie los asuste. Así mostraré mi santidad, y muchas naciones podrán verla. Los israelitas soportarán su deshonra por haberme sido infieles. **28** Yo los envié al destierro entre naciones extranjeras, y yo los reuniré de nuevo en su tierra. No dejaré desterrado a ninguno. Entonces reconocerán que yo soy el Señor su Dios. **29** No volveré a darles la espalda, pues he derramado mi poder sobre el pueblo de Israel. Yo, el Señor, lo afirmo."

V. LA JERUSALÉN DEL FUTURO (40—48) *a*

40 Visión del templo futuro

1-2 El día diez del mes, que es el día de año nuevo, el Señor puso su mano sobre mí, y en una visión me trasladó a la tierra de Israel. Ya iban a cumplirse veinticinco años desde que habíamos sido llevados a Babilonia, y catorce años desde la toma de Jerusalén.

En tierra de Israel, el Señor me puso sobre un monte muy alto; y desde allí, vi hacia el sur, una serie de edificios que parecían una ciudad. *b* **3** El Señor me llevó allá, y vi un hombre que parecía de bronce. Estaba de pie a la puerta, y tenía en la mano una cinta de lino y una regla para medir. *c* **4** Y aquel hombre me dijo: "Mira bien y escucha con cuidado; pon mucha atención a todo lo que te voy a mostrar, pues Dios te ha traído aquí para que yo te lo muestre. Luego, comunica al pueblo de Israel todo lo que veas."

La puerta oriental

5 Por fuera del templo *d* había una muralla que lo rodeaba. La regla que el hombre tenía en la mano medía tres metros. Entonces midió el muro, y este tenía tres metros de ancho y tres de alto. **6** Luego se fue a la entrada que daba al oriente, subió los escalones y midió el umbral de la puerta, el cual tenía tres metros de ancho. **7** Las celdas que había a cada lado de la entrada medían cada una tres metros de largo por tres de ancho, y entre celda y celda había una distancia de dos metros y medio. Luego estaba la puerta que daba al vestíbulo, el cual miraba hacia el templo. El umbral de esta puerta tenía tres metros de ancho. **8-9** El hombre midió el vestíbulo que daba entrada al templo, y el vestíbulo medía cuatro metros. Había dos pilastras de un metro de grueso. **10** (En cada lado de la entrada oriental había tres celdas, todas del mismo tamaño, y las pilastras que había a cada lado eran también del mismo tamaño.)

11 Luego el hombre midió la puerta de entrada: tenía cinco metros de ancho, y la entrada seis metros y medio. **12** Delante de cada celda había un pequeño muro que tenía medio metro de ancho por cada lado. Cada celda medía tres metros de ancho por tres de largo. **13** Luego midió el ancho total de la entrada, desde el fondo de una celda hasta el fondo de la celda de enfrente, pasando de una puerta a la puerta de enfrente, y medía doce metros y medio. **14** Luego midió el vestíbulo: diez metros. *e* El edificio de entrada daba por todos lados al atrio. *f* **15** El largo total, desde la parte exterior de la puerta hasta la parte interior del vestíbulo, era de veinticinco metros. **16** Las celdas, lo mismo que sus pilastras, tenían ventanas con rejas por dentro y alrededor del edificio de entrada. Igualmente, el vestíbulo tenía ventanas alrededor, por la parte de adentro. En las pilastras había grabados de palmeras.

El atrio exterior

17 El hombre me llevó después al atrio exterior. El atrio tenía un empedrado a su alrededor, y treinta cuartos daban a él. **18** Este empedrado, que era el más bajo, se extendía por los costados de los edificios de entrada, y su ancho era igual al largo de estos. **19** El hombre midió la distancia que había desde el frente de la puerta de abajo hasta la parte de afuera de la puerta *g* interior, y era de cincuenta metros. *h*

La puerta norte

20 También había una entrada que daba al norte del atrio exterior. El hombre la midió a lo largo y a

---

g **39.18** *Basán:* Cf. Sal 22.12(13); Dt 32.14; Am 4.1.

h **39.17-20** Cf. Ap 19.17-18.

i **39.21** El juicio y la victoria del Señor tienen como finalidad la manifestación de su *gloria.* Cf. Ez 1.28.

j **39.25** Al celo por el *honor* de su *santo nombre* (véase Ez 20.44 n.) se añade aquí otro motivo: la *misericordia* del Señor hacia *el pueblo de Israel.*

a **40—48** El Señor ha decidido conceder un nuevo comienzo a su pueblo elegido (cf. Ez 37.1-14). Pero Ezequiel no se contenta con anunciar ese mensaje, sino que dicta un conjunto de normas destinadas a organizar la vida y el culto de Israel a la vuelta del exilio. En esta grandiosa visión del futuro hay numerosos términos técnicos, cuyo significado preciso no es del todo claro y que dificultan a veces la traducción y la interpretación de los textos.

b **40.1-2** Cf. Ap 21.10.

c **40.3** Cf. Ap 11.1; 21.15.

d **40.5—42.20** Cf. 1 R 6; 2 Cr 3.

e **40.14** *El vestíbulo: diez metros:* según una versión antigua. Heb. *hizo las pilastras: treinta metros.*

f **40.14** *Atrio:* traducción probable. Heb. *la pilastra del atrio.*

g **40.19** *Puerta:* según la versión griega (LXX). Heb. *atrio.*

h **40.19** El texto hebreo añade *al oriente y al norte.*

lo ancho. **21** Tenía también tres celdas a cada lado, y pilastras y vestíbulo de medidas iguales a las de la entrada oriental, es decir, de veinticinco metros de largo por doce y medio metros de ancho. **22** El vestíbulo, las ventanas y las palmeras eran del mismo tamaño que los de la entrada oriental. Aquí también se subía por una escalinata de siete escalones, y el vestíbulo quedaba por la parte de adentro.*i* **23** Tanto al oriente como al norte, frente a la entrada exterior, había otra entrada que conducía al atrio interior. El hombre midió la distancia entre las dos entradas, y era de cincuenta metros.

La puerta sur **24** Luego el hombre me llevó al sur, donde había una entrada, y midió las pilastras y el vestíbulo, que medían lo mismo que las otras. **25** El edificio de entrada, con su vestíbulo, tenía ventanas alrededor, como los otros. Medía en total veinticinco metros de largo por doce y medio de ancho. **26** Tenía también una escalinata de siete escalones, y el vestíbulo quedaba también en la parte interior. Las pilastras tenían también grabados de palmeras, una de cada lado. **27** El atrio interior tenía también una puerta que daba hacia el sur. El hombre midió la distancia entre las dos puertas del lado sur, y era de cincuenta metros.

El atrio interior: la puerta sur **28** Luego me llevó por la entrada sur hacia el atrio interior. Midió la puerta del sur, y tenía las mismas medidas de las puertas anteriores. **29-30** Sus celdas, vestíbulo y pilastras eran del mismo tamaño que los otros. El edificio de entrada, con su vestíbulo también, tenía ventanas alrededor, y medía en total veinticinco metros de largo por doce y medio de ancho. **31** El vestíbulo daba hacia el atrio exterior. Las pilastras tenían grabados de palmeras. A esta puerta se subía por una escalinata de ocho escalones.

El atrio interior: la puerta oriental **32** En seguida me llevó al atrio interior, por el lado de oriente, y midió la entrada, la cual medía lo mismo que las otras. **33** Sus celdas, pilastras y vestíbulo, eran también de iguales medidas que los otros. El edificio de entrada, con su vestíbulo, tenía ventanas alrededor, y medía veinticinco metros de largo por doce y medio de ancho. **34** El vestíbulo daba hacia el atrio exterior. Las pilastras tenían grabados de palmeras a cada lado. A esta puerta se subía por una escalinata de ocho escalones.

El atrio interior: la puerta norte **35** Luego aquel hombre me llevó a la entrada que daba al norte, y midió la entrada, la cual medía lo mismo que las otras. **36** y tenía también celdas, pilastras, vestíbulo y ventanas alrededor. El edificio de entrada medía veinticinco metros de largo por doce y medio de ancho. **37** El vestíbulo daba hacia el atrio exterior. Las pilastras tenían grabados de palmeras a cada lado. A esta puerta se subía por una escalinata de ocho escalones.*j*

Edificios junto a la puerta norte **38** Había también un cuarto que se comunicaba con el vestíbulo*k* de la entrada. Allí era donde se lavaba a los animales para el holocausto. **39** En el vestíbulo de la entrada había cuatro mesas, dos a cada lado, sobre las que mataban a los animales para el holocausto y para los sacrificios por el pecado o por la culpa. **40** Fuera del vestíbulo*l* de la entrada norte había también dos mesas a cada lado, **41** de manera que había cuatro mesas dentro y cuatro mesas fuera del edificio de entrada: ocho mesas en total. Sobre ellas se mataba a los animales. **42-43** Las cuatro mesas para los animales que se quemaban eran de piedra de cantera; medían setenta y cinco centímetros de largo por setenta y cinco centímetros de ancho, y cincuenta centímetros de alto, y sobre ellas se colocaba la carne de las ofrendas. Por la parte interior del cuarto, a todo su alrededor, había un borde de seis centímetros de ancho, sobre el que se colocaban la ofrenda de harina y los utensilios necesarios para matar los animales del holocausto.

44 En el atrio interior, fuera de las puertas interiores, había dos cuartos,*m* uno junto a la puerta interior norte, mirando hacia el sur, y otro junto a la puerta interior sur, mirando hacia el norte.

45 El hombre me dijo: "El cuarto que mira hacia el sur es para los sacerdotes que prestan servicio en el templo, **46** y el cuarto que mira hacia el norte es para los sacerdotes que prestan servicio en el altar. Son descendientes de Sadoc,*n* y son los únicos levitas que pueden acercarse al Señor para servirle."

El atrio interior y el templo **47** El hombre midió después el atrio interior, que era un cuadrado de cincuenta metros por lado. El altar estaba delante del templo. **48** El hombre me llevó al vestíbulo del templo y midió las pilastras del vestíbulo: cada una tenía dos metros y medio de grueso. La puerta tenía siete metros de ancho, y los soportes de la puerta del vestíbulo*ñ* medían un metro y medio de ancho cada uno. **49** El vestíbulo medía diez metros de ancho por seis*o* de profundidad, y se subía a él por una escalinata de diez escalones. Junto a cada pilastra había una columna.

41 **1** En seguida el hombre me llevó al interior mismo del templo, y midió las pilastras: ambas tenían tres metros de grueso.*a* **2** La puerta tenía cinco metros de ancho; sus soportes medían dos metros y medio de ancho cada uno. Luego midió la sala central, y tenía veinte

---

i **40.22** *La parte de adentro:* según la versión griega (LXX). Heb. *delante de ellos.*

j **40.37** *El vestíbulo:* según versiones antiguas. Heb. *las pilastras.*

k **40.38** *El vestíbulo:* según versiones antiguas. Heb. *la pilastra.*

l **40.40** *Vestíbulo:* traducción probable. Heb. *el que sube.*

m **40.44** *Dos cuartos:* según la versión griega (LXX). Heb. oscuro.

n **40.46** Durante el reinado de David, *Sadoc* ejerció las funciones sacerdotales junto con el sacerdote Abiatar (cf. 1 S 22.20-23); pero cuando este fue desterrado por Salomón (1 R 2.26-27), el ejercicio del sacerdocio en el templo de Jerusalén quedó a cargo de *Sadoc* y de sus *descendientes.* Ezequiel les reconoce este privilegio y en 44.15 explica el motivo de tal distinción.

ñ **40.48** *Tenía siete metros de ancho, y los soportes de la puerta del vestíbulo:* según la versión griega (LXX). En el texto hebreo no aparece esta frase.

o **40.49** *Seis:* según la versión griega (LXX). Heb. *cinco y medio.*

a **41.1** *Grueso:* traducción probable. El texto hebreo añade *la anchura de la tienda.*

metros de largo por diez de ancho. ³ Después fue a la sala del fondo y midió las pilastras de la entrada, y cada una tenía un metro de grueso. La entrada tenía tres metros de ancho, y las pilastras de cada *b* lado medían tres metros y medio de grueso. ⁴ Luego midió la sala del fondo, y medía diez metros por lado. Entonces me dijo: "Este es el Lugar santísimo."

Las celdas construidas junto al muro ⁵ Luego el hombre midió la pared exterior del templo, y tenía tres metros de grueso. Alrededor del templo, y unidas al mismo, había celdas de dos metros de profundidad. ⁶ Estas celdas estaban una sobre otra, formando tres pisos, y en cada piso había treinta celdas. El muro del templo era más estrecho en cada piso, y sobre estos entrantes se apoyaban las vigas de las celdas, de modo que no quedaban empotradas en el muro. ⁷ Por fuera de las celdas que rodeaban el templo había una rampa que llegaba hasta la parte de arriba, y así se podía subir desde la planta baja al piso intermedio y al de arriba. *c* ⁸ Yo vi que por todos lados el templo estaba sobre una base elevada, sobre la cual también estaban construidas las celdas. Esta base tenía una altura de tres metros. ⁹⁻¹⁰ La pared exterior de las celdas tenía dos metros y medio de grueso, y alrededor de todo el templo, entre las celdas que rodeaban el templo y los cuartos de los sacerdotes, había un espacio libre de diez metros de ancho. ¹¹ Las celdas se comunicaban con el espacio libre por medio de una puerta hacia el norte y otra hacia el sur. El espacio libre tenía a todo lo largo un muro de dos metros y medio de grueso.

El edificio del oeste ¹² Por el oeste, mirando hacia el patio cerrado, había un edificio que medía treinta y cinco metros de ancho por cuarenta y cinco de largo, con un muro de dos metros y medio de grueso.

Medidas totales del templo ¹³ El hombre midió el templo, y tenía en total cincuenta metros de largo. El ancho del patio cerrado, más el edificio y sus muros, también era de cincuenta metros. ¹⁴ La fachada del templo, más la parte del patio cerrado que daba al oriente, medía cincuenta metros. ¹⁵ Luego midió el largo del edificio que quedaba detrás del templo, frente al patio cerrado, más los muros de cada lado, y era de cincuenta metros.

Detalles del templo Las salas interiores del templo y el vestíbulo ¹⁶⁻¹⁷ estaban recubiertos de madera. Las ventanas enrejadas y los marcos que había alrededor estaban recubiertos de madera por los tres lados. El espacio comprendido entre el piso y las ventanas, y la parte superior de la puerta, también estaban recubiertos. Las paredes del templo, por dentro y por fuera, ¹⁸ estaban cubiertas de grabados alternados de seres alados y palmeras. Cada ser alado

tenía dos caras; ¹⁹ de un lado, una cara de hombre miraba a una palmera, y del otro, una cara de león miraba a otra palmera. Así, alrededor de todo el templo ²⁰ había grabados de seres alados y palmeras, desde el piso hasta la parte superior de las puertas. En la pared de la sala central, ²¹ el marco de la puerta tenía los postes cuadrados.

El altar de madera Frente a la entrada del Lugar santísimo había algo que parecía ²² un altar de madera, que medía un metro por lado, y un metro y medio de alto. Tenía esquinas, y la base *d* y sus lados eran de madera. El hombre me dijo: "Esta es la mesa que está delante del Señor."

Las puertas ²³⁻²⁴ Tanto la sala central como el Lugar santísimo tenían puertas dobles. Cada puerta tenía dos hojas que se abrían hacia la pared. ²⁵ Las puertas de la sala central tenían grabados de seres alados y palmeras, iguales a los que había en los muros. En la fachada del vestíbulo, por la parte de afuera, había una verja *e* de madera. ²⁶ A cada lado del vestíbulo había ventanas enrejadas y grabados de palmeras. Las celdas unidas al templo también tenían verjas.

42

Los edificios junto al templo ¹ El hombre me sacó después al atrio exterior, hacia el norte, y me hizo entrar en el conjunto de cuartos que quedaba al norte, frente al patio cerrado y al edificio detrás del templo. ² Este conjunto medía cincuenta metros de largo por el lado norte, y veinticinco metros de ancho. ³ Por un lado daba al patio interior, que tenía diez metros de ancho, y por el otro lado daba al empedrado del atrio exterior. Tenía tres pisos, cada uno de ellos más entrado que el de abajo. ⁴ Frente a los cuartos había un pasillo de cinco metros de ancho y cincuenta de largo, *a* que conducía al interior. Las puertas de los cuartos daban al norte. ⁵ Los cuartos del piso superior eran más cortos que los del piso intermedio y los de la planta baja, pues cada piso era más entrado que el de abajo. ⁶ Estos cuartos estaban dispuestos en tres pisos, pero no tenían columnas como los cuartos del atrio, sino que los cuartos del piso superior quedaban más entrados que los del medio y los del inferior.

⁷⁻⁸ La serie de cuartos del atrio exterior tenía una extensión de veinticinco metros. Por todo el frente de los cuartos corría un muro de veinticinco metros de largo, que daba al atrio exterior. En total, *b* el pasillo medía cincuenta metros. ⁹ Al piso inferior de estas habitaciones se entraba por el atrio exterior, es decir, por el oriente, ¹⁰ por el lugar a donde llegaba el muro del atrio exterior.

Hacia el sur, *c* frente al patio cerrado y al edificio del occidente del templo, había también cuartos ¹¹ de igual forma e iguales medidas, y dispuestos de la misma manera, con entradas y salidas como las de los cuartos del lado norte, y con un pasillo frente a ellos. ¹² Para llegar hasta los

---

b 41.3 *Las pilastras de cada lado:* según la versión griega (LXX). Heb. *la entrada.*
c 41.7 *Por fuera de... y al de arriba:* traducción probable. Heb. oscuro.
d 41.22 *La base:* según la versión griega (LXX). Heb. *la longitud.*
e 41.25 *Verja:* El sentido de la palabra hebrea es incierto. Puede también entenderse como *techo* o *viga.*

a 42.4 *Cincuenta de largo:* según versiones antiguas. Heb. *un camino de medio metro.*
b 42.7-8 *En total:* según la versión griega (LXX). Heb. *frente al santuario.*
c 42.10 *Hacia el sur:* según la versión griega (LXX). Heb. *hacia el oriente.*

cuartos del lado sur había una puerta en donde comenzaba el pasillo que estaba frente al muro de protección, entrando por el oriente.

¹³ El hombre me dijo: "Tanto los cuartos del norte como los del sur, que están frente al patio cerrado, son cuartos sagrados. Los sacerdotes que se acercan al Señor comen allí las ofrendas más sagradas. Allí también colocan ellos ofrendas tan sagradas como son la ofrenda de cereales, la ofrenda por el pecado y la ofrenda por la culpa, pues es un lugar sagrado. ¹⁴ Una vez que los sacerdotes han entrado en el templo, no deben ya salir al atrio exterior sin antes dejar allí la ropa con que estaban haciendo los servicios, porque esa ropa es sagrada. Para salir a donde está el pueblo, deben ponerse otra ropa."

Medidas del área del templo ¹⁵ Cuando el hombre terminó de medir el terreno interior del templo, me llevó afuera por la puerta oriental y se puso a medir el terreno exterior del mismo. ¹⁶ Tomó la regla de medir y midió el lado este: doscientos cincuenta metros.*ᵈ* ¹⁷ Luego midió el lado norte, y también medía doscientos cincuenta metros; ¹⁸ luego el lado sur: doscientos cincuenta metros; ¹⁹ y finalmente el lado oeste, otros doscientos cincuenta metros. ²⁰ Por los cuatro lados tomó las medidas. El terreno del templo tenía a su alrededor un muro de doscientos cincuenta metros por lado, que separaba lo sagrado de lo profano. *ᵉ*

43 **La gloria del Señor vuelve al templo** ¹ El hombre me llevó a la puerta oriental, ² y vi que la gloria del Dios de Israel venía del oriente. *ᵃ* Se oía un ruido muy fuerte, como el de un río caudaloso, y la tierra se llenó de luz. *ᵇ* ³ La visión era como la que yo tuve cuando el Señor vino a destruir Jerusalén, y como la que tuve junto al río Quebar. Me incliné hasta tocar el suelo con la frente, ⁴ y la gloria del Señor entró hasta el templo por la puerta oriental.

⁵ Entonces el poder de Dios me levantó y me llevó al atrio interior, y vi que la gloria del Señor había llenado el templo. *ᶜ* ⁶ El hombre se puso junto a mí, y oí que el Señor me hablaba desde el templo ⁷ y me decía: "Este es el lugar de mi trono, el lugar donde pongo mis pies; aquí viviré en medio de los israelitas para siempre. *ᵈ* Ni ellos ni sus reyes volverán a deshonrar con sus infidelidades mi santo nombre: no volverán a construir monumentos a sus reyes después de su muerte, ⁸ o a construir sus palacios de manera que sus puertas queden junto a las puertas de mi templo, con solo una pared de por medio. Ellos deshonraron mi santo nombre con acciones que yo detesto; por eso me enojé con ellos y los hice morir. ⁹ Que alejen ahora de mí sus infidelidades y los monumentos a sus reyes, y yo viviré en medio de ellos para siempre. ¹⁰ Y tú, hombre, cuéntales a los israelitas lo que viste del templo, y de sus planos y medidas, para que se avergüencen de sus pecados. ¹¹ Y si se avergüenzan de todo lo que han hecho, explícales la forma del templo y lo que hay en él, las salidas y entradas, en fin, todo el plano, lo mismo que las leyes que deben cumplir. Dibújales todo esto para que tengan una idea clara del diseño y lo lleven a cabo. Escríbeles también todas las leyes para que puedan cumplirlas. ¹² Esta es la ley del templo: todo el terreno que rodea al templo sobre el monte será un lugar sumamente sagrado."

El altar ¹³ Estas eran las medidas del altar, *ᵉ* usando las medidas de antes. Alrededor del altar había una zanja de medio metro de hondo y medio de ancho, la cual tenía por fuera, alrededor, un borde que se levantaba veinticinco centímetros. La base del altar era así: ¹⁴ desde el fondo de la zanja hasta el borde del cuerpo inferior, había un metro de alto. El cuerpo inferior sobresalía medio metro. El cuerpo central medía dos metros de altura, y sobresalía también medio metro. ¹⁵ El cuerpo superior, que es donde se queman los sacrificios, medía dos metros de altura. Tenía cuatro cuernos, que salían hacia arriba. ¹⁶ El cuerpo superior del altar era cuadrado, de seis metros por lado. ¹⁷ El cuerpo central también era cuadrado, de siete metros por lado. La zanja que había alrededor tenía medio metro de ancho, y el borde levantado tenía veinticinco centímetros de ancho. Los escalones para subir al altar daban hacia el oriente.

¹⁸ Luego el Señor me dijo: "Cuando llegue el momento de construir el altar, deberán cumplirse estas normas: *ᶠ* Quemarán sobre el altar un animal, en holocausto, y rociarán el altar con la sangre. ¹⁹ A los sacerdotes levitas descendientes de Sadoc, que son los que deben acercarse a mí para servirme, les darás un becerro para que lo ofrezcan como sacrificio por el pecado. Yo, el Señor, lo ordeno. ²⁰ Luego tomarás un poco de su sangre y rociarás con ella los cuatro cuernos, las cuatro esquinas del cuerpo central y todo el borde levantado. Así lo purificarás por completo del pecado. ²¹ Luego tomarás el becerro ofrecido por el pecado, y lo quemarás fuera del templo, en el lugar destinado para ello. ²² Al día siguiente ofrecerás, en sacrificio por el pecado, un cabrito que no tenga ningún defecto, y los sacerdotes purificarán el altar de la misma manera que lo hicieron con el becerro. ²³ Cuando termines estos ritos de purificación, tomarás un becerro y un carnero, ambos sin ningún defecto, ²⁴ y me los ofrecerás. Que los sacerdotes los rocíen con sal y los quemen, como holocausto en mi honor. ²⁵ Diariamente, durante siete días, *ᵍ* deberás ofrecer un cabrito como sacrificio por el pecado, y también un becerro y un carnero, todos sin ningún defecto. ²⁶ Diariamente, durante siete días, los sacerdotes deberán purificar

---

ᵈ **42.16** *Tomó la regla... doscientos cincuenta metros:* traducción probable. Heb. oscuro.

ᵉ **42.20** La descripción del templo que el profeta ve en su visión se basa en general en el plano de Salomón, pero el texto hebreo tiene tantos puntos oscuros que su traducción resulta sumamente difícil. Las versiones antiguas y modernas difieren mucho entre sí.

ᵃ **43.2-3** Cf. Ez 10.3-4,18-19; 11.22-23.

ᵇ **43.2** Cf. Is 60.1-3.

ᶜ **43.5** Cf. 1 R 8.10-11.

ᵈ **43.1-7** Cf. Ex 25.8. Desde la *puerta oriental,* Ezequiel ve lo que constituye el objeto central de su visión: la llegada del Señor al templo, a fin de instalarse de nuevo en él, y esta vez *para siempre.* Esa presencia del Señor en el santuario irradiará sus efectos hasta lo más apartado del país (cf. Ez 47.8-11).

ᵉ **43.13-17** Ex 27.1-2; 2 Cr 4.1.

ᶠ **43.18-27** Cf. Ex 29.35-37.

ᵍ **43.25-27** Cf. Lv 8.33-35.

por completo el altar, para dedicarlo al uso sagrado. **27** Así lo harán durante siete días, y del octavo en adelante empezarán a ofrecer los holocaustos y los sacrificios de reconciliación. Entonces yo los recibiré a ustedes con agrado. Yo, el Señor, doy mi palabra."

44

Uso de la puerta oriental **1** El hombre me volvió a llevar a la entrada exterior del templo que daba al oriente, la cual estaba cerrada.

2 Allí el Señor me dijo: "Esta entrada quedará cerrada; no deberá abrirse. Nadie podrá entrar por ella, porque por ella ha entrado el Señor, el Dios de Israel. Así pues, quedará cerrada. **3** Solo podrá entrar el gobernante, para sentarse a comer la comida sagrada en presencia del Señor. Deberá entrar por el vestíbulo de la puerta y salir por el mismo sitio."

Quiénes pueden entrar en el templo **4** El hombre me llevó después por la entrada del norte, frente al templo. Vi que la gloria del Señor había llenado el templo, y me incliné hasta tocar el suelo con la frente. **5** Entonces el Señor me dijo: "Tú, hombre, abre bien los ojos y escucha atentamente todo lo que te voy a decir acerca de las leyes y normas del templo. Fíjate bien en quiénes son los que pueden entrar en el templo y salir de él.

6 "Dile a ese pueblo rebelde de Israel: 'Esto dice el Señor: Basta ya de acciones detestables, pueblo de Israel. **7** Ustedes profanan mi templo dejando entrar en él a extranjeros, a gente que no lleva la marca de mi alianza ni en su mente ni en su cuerpo;[a] lo profanan ofreciéndome como alimento la grasa y la sangre de los sacrificios y violando mi alianza con todas esas acciones detestables. **8** Y no han cumplido mis ritos sagrados, sino que los han puesto en manos de extranjeros.'

9 "Por eso yo, el Señor, digo: No entrará en mi templo ningún extranjero que no lleve en su mente y en su cuerpo la marca de mi alianza; ni siquiera un extranjero que viva entre los israelitas. **10** Los levitas, que se alejaron de mí cuando Israel se apartó de mis caminos y me abandonó para adorar a los ídolos, deberán pagar por su pecado. **11** Podrán servir en mi templo como guardianes de las puertas, y en otros servicios del templo; ellos serán quienes maten los animales que se queman en holocausto y los que el pueblo presenta como ofrenda; además, deberán estar listos para servir al pueblo. **12** Ellos estuvieron al servicio de los israelitas para dirigir el culto a los ídolos, y así los hicieron pecar. Por eso, pagarán por su pecado. Yo, el Señor, lo afirmo. **13** No podrán estar a mi servicio como sacerdotes ni acercarse a mis cosas sagradas, ni menos aún a las más sagradas. Tendrán que cargar con su deshonra por las cosas detestables que han cometido. **14** Los pondré a cargo del servicio ordinario del templo, para que hagan todo lo que se deba hacer en él.

Los sacerdotes **15** "Los sacerdotes levitas descendientes de Sadoc,[b] que continuaron prestando servicio en mi templo cuando los israelitas se apartaron de mis caminos, sí podrán acercarse a mí para servirme. Ellos podrán presentarse ante mí para ofrecerme la grasa y la sangre de los sacrificios. Yo, el Señor, lo ordeno. **16** Podrán también entrar en mi templo y acercarse a mi altar para servirme, y se encargarán de mi servicio. **17** Cuando entren por la puerta del atrio interior, deberán llevar puesta ropa de lino. Cuando estén de servicio en el atrio interior o en el templo, no llevarán ropa de lana. **18** Llevarán un turbante de lino en la cabeza, y calzones también de lino,[c] y no se pondrán en la cintura nada que los haga sudar. **19** Y antes de salir al atrio exterior, donde está el pueblo, deberán quitarse la ropa que usaron para los servicios en el templo y dejarla en los cuartos del templo,[d] y ponerse otra ropa, para que la santidad de la ropa no se trasmita al pueblo.

20 "No se raparán la cabeza, ni tampoco se dejarán el pelo largo;[e] tan solo se lo recortarán. **21** Ningún sacerdote debe beber vino cuando entre en el atrio interior.[f] **22** No debe casarse con una viuda o divorciada, sino solo con una israelita virgen o con la viuda de un sacerdote.[g]

23 "Los sacerdotes deben enseñar a mi pueblo a distinguir entre lo santo y lo profano, y entre lo puro y lo impuro.[h] **24** En los pleitos, ellos actuarán como jueces, y juzgarán según mis leyes. Cumplirán todas mis leyes y enseñanzas acerca de todas mis fiestas, y respetarán como días sagrados mis sábados.

25 "Nunca deberán tocar un cadáver, para no contaminarse, a menos que se trate del propio padre, la madre, un hijo, una hija, un hermano o una hermana no casada. **26** Si lo hacen, deberán purificarse, y después esperar aún siete días. **27** Cuando vuelvan a entrar en el atrio interior del templo para cumplir su servicio, ofrecerán un sacrificio por el pecado. Yo, el Señor, lo ordeno.

28 "Yo seré la única posesión que reciban los sacerdotes como herencia. No se les dará ninguna propiedad en Israel. Yo soy su propiedad.[i] **29** Podrán comer los cereales que los israelitas me ofrecen, y los animales de los sacrificios por el pecado y por la culpa. Igualmente, todo lo que los israelitas me consagren será para ellos. **30** Los sacerdotes recibirán también lo mejor de las primeras cosechas y de todas las ofrendas. Y cuando ustedes preparen la masa para el pan, lo mejor se lo darán a ellos. Así mi bendición descansará sobre las casas de ustedes.[k] **31** Los sacerdotes no deberán comer ningún ave o animal que haya muerto por sí mismo, o que haya sido despedazado por una fiera.[l]

45

La porción de territorio consagrada al Señor *(Ez 48.9-20)* **1** "Cuando hagan el sorteo del territorio para dar a cada tribu su parte, deberán reservar una porción de terreno de doce kilómetros y medio de largo

---

[a] **44.7** Cf. Gn 17.10; Dt 10.16; Ro 2.25-29.
[b] **44.15** Cf. 2 S 15.24-29; 1 R 1.5-8,32-45; 2.27,35.
[c] **44.17-18** Cf. Ex 28.39-43; Lv 16.4.
[d] **44.19** Cf. Lv 16.23.
[e] **44.20** Cf. Lv 21.5.
[f] **44.21** Cf. Lv 10.9.
[g] **44.22** Cf. Lv 21.7,13-14.
[h] **44.23** Cf. Lv 10.10.
[i] **44.25** Cf. Lv 21.1-4.
[j] **44.28** Cf. Nm 18.20-24.
[k] **44.29-30** Cf. Nm 18.8-19.
[l] **44.31** Cf. Lv 7.24; 22.8.

por diez[a] de ancho, la cual estará consagrada al Señor. Todo ese terreno será terreno sagrado.[b] **2** De allí se reservará para el templo un cuadrado de doscientos cincuenta metros por lado, rodeado por una franja de pastos de veinticinco metros de ancho. **3** En la parte reservada al Señor se señalará un terreno de doce kilómetros y medio de largo por cinco de ancho, que será la parte más sagrada: ahí estará el templo. **4** Esa parte del terreno estará destinada a los sacerdotes que sirven en el templo del Señor y que se acercan a él para servirle. Ahí tendrán lugar para sus casas. Será un lugar sagrado, reservado al templo. **5** Además, habrá otro terreno de doce kilómetros y medio de largo por cinco de ancho, reservado como propiedad de los levitas que sirven en el templo, para que tengan ciudades donde vivir.[c] **6** Por último, para la ciudad deberá reservarse un terreno de doce kilómetros y medio de largo por dos y medio de ancho, junto a la porción sagrada. Este terreno pertenecerá a todo el pueblo de Israel.

Parte reservada al gobernante[d] *(Ez 48.21-22)*

7 "También habrá un terreno reservado para el gobernante.[e] Una parte estará al oriente y otra al occidente, es decir, a uno y otro lado de la parte sagrada y del terreno reservado para la ciudad. De oriente a occidente, tendrá el mismo largo que uno de los terrenos asignados a una de las tribus. **8** Este terreno será propiedad del gobernante de Israel; así no volverán los gobernantes a oprimir a mi pueblo, sino que dejarán su territorio a los israelitas según sus tribus.

Normas para el gobernante

9 "Yo, el Señor, digo: ¡Basta ya, gobernantes de Israel! ¡No más violencia ni explotación! ¡Actúen con justicia y rectitud! ¡Dejen de robarle tierras a mi pueblo! Yo, el Señor, lo ordeno.

10 "Usen todos pesas y medidas exactas.[f] **11** La medida para granos debe ser igual a la medida para líquidos. El *homer* de doscientos veinte litros servirá de patrón. Un *bato* de líquidos debe medir un décimo de *homer*, y un *efa* de granos igualmente un décimo de *homer*.

12 "Igualmente en cuanto a las medidas de peso: veinte *geras* hacen un *siclo* de once gramos; sesenta *siclos* hacen una *mina*.

13 "Estas son las ofrendas que deben hacer: Dividirán sus cosechas de trigo y de cebada en sesenta partes iguales, y ofrendarán una de ellas. **14** Igualmente, el aceite que obtengan lo dividirán en cien partes iguales, y ofrendarán una de ellas.[g] **15** En cuanto a las ovejas, tomarán una por cada doscientas, de los mejores pastos de Israel. Esto será para las ofrendas de cereales, para el holocausto y para el sacrificio de reconciliación, que se ofrecen para el perdón de los pecados. Yo, el Señor, lo ordeno.

16 "Todos en el país están obligados a entregar esta ofrenda al gobernante de Israel, **17** el cual se encargará de dar los animales para los holocaustos, y lo necesario para las ofrendas de cereales y de vino en las lunas nuevas, en los sábados y en todas las fiestas de Israel. Deberá también presentar los sacrificios por el pecado, las ofrendas de cereales, los holocaustos y los sacrificios de reconciliación, para que se le perdonen los pecados a Israel.

Fiesta de la Pascua

18 "Yo, el Señor, digo: El día primero del mes primero ofrecerán ustedes como sacrificio un becerro que no tenga ningún defecto, para purificar de pecado el templo. **19** El sacerdote tomará un poco de sangre del animal ofrecido como sacrificio por el pecado, y la untará en los postes de las puertas del templo, en las cuatro esquinas del altar y en los postes de las puertas del atrio interior. **20** Lo mismo se hará el día siete del mes en favor de cualquiera que haya cometido un pecado involuntariamente o sin darse cuenta. Así se purificará el templo. **21** El día catorce del mes primero comenzarán ustedes a celebrar la fiesta de la Pascua, y durante siete días comerán pan sin levadura.[h] **22** Ese día el gobernante ofrecerá un becerro como sacrificio por sus propios pecados y por los de todo el pueblo, **23** y en cada uno de los siete días que dura la fiesta presentará siete becerros y siete carneros, todos sin defecto, en holocausto al Señor. Además, cada día ofrecerá un chivo como sacrificio por el pecado. **24** Por cada becerro y por cada carnero se añadirá una ofrenda de veinte litros de cereales y tres litros y medio de aceite.

Fiesta de las Enramadas

25 "También en la fiesta de las Enramadas,[i] que se celebra el día quince del séptimo mes, el gobernante deberá ofrecer, durante siete días, iguales sacrificios por el pecado, quemar igual número de animales y hacer las mismas ofrendas de cereales y de aceite.

46 Deberes del gobernante y del pueblo en las fiestas

1 "Yo, el Señor, digo: La puerta oriental del atrio interior deberá estar cerrada durante los seis días de trabajo, y se abrirá el sábado y el día de luna nueva. **2** El gobernante entrará en el vestíbulo desde el atrio exterior, y se colocará junto a uno de los postes de la puerta. Entre tanto, los sacerdotes quemarán los animales del sacrificio y harán los sacrificios de reconciliación presentados por el gobernante, el cual se inclinará junto al umbral de la puerta, tocando el suelo con la frente, y luego saldrá. La puerta no volverá a cerrarse hasta el atardecer. **3** Los sábados y de

---

[a] **45.1** *Diez:* según la versión griega (LXX). Heb. *cinco*.

[b] **45.1** *Terreno sagrado:* Cf. Ex 3.5. La ubicación geográfica del templo presupone una distinción bien marcada entre lo santo y lo profano (cf. Ez 44.23).

[c] **45.5** *Ciudades donde vivir:* según la versión griega (LXX). Heb. *veinte cuartos*.

[d] **45.7-8** El territorio reservado al *gobernante* político está ahora estrictamente delimitado, para evitar las confiscaciones (cf. 1 R 21) y cualquier otro abuso en detrimento del pueblo (Ez 43.7-9; 45.9-12).

[e] **45.7** En esta legislación ya no se habla del "rey", sino que la autoridad política va a ser ejercida por un *gobernante* (o bien, según otra traducción bastante frecuente, por un *príncipe*). Los malos recuerdos que traía el comportamiento de los antiguos reyes explican este cambio en el vocabulario. Cf. Ez 46.18.

[f] **45.10** Cf. Lv 19.36.

[g] **45.13-14** La traducción de los vv. 13-14 se ha simplificado para hacerla más inteligible. El texto hebreo hace las cuentas en detalle basándose en las medidas que se usaban entonces.

[h] **45.21** Cf. Ex 12.1-20; Nm 28.16-25.

[i] **45.25** *La fiesta de las Enramadas:* Cf. Lv 23.33-36; Nm 29.12-38.

luna nueva, el pueblo adorará delante del Señor, frente a la misma puerta. **4** Los animales que el gobernante debe presentar en el sábado para quemarlos como ofrenda al Señor son seis corderos y un carnero, todos sin ningún defecto. **5** Por cada carnero ofrecerá veinte litros de cereales, y por los corderos lo que quiera. Por cada veinte litros de cereales ofrecerá tres litros y medio de aceite. **6** El día de la luna nueva ofrecerá un becerro, seis corderos y un carnero, todos sin defecto. **7** Por cada becerro ofrecerá veinte litros de cereales, y otro tanto por cada carnero, y por los corderos lo que quiera. Y por cada veinte litros de cereales, tres litros y medio de aceite.

8 "Cuando el gobernante entre, deberá hacerlo por el vestíbulo de la puerta, y saldrá por allí mismo. **9** Y cuando en las fiestas el pueblo entre a adorar al Señor, deberá hacerlo así: los que entren por la puerta norte saldrán por la puerta sur, y los que entren por la puerta sur saldrán por la puerta norte. No volverán por la misma puerta por la que entraron, sino por la de enfrente. **10** El gobernante deberá entrar con el pueblo y salir también con él. **11** En las diversas fiestas se ofrecerán veinte litros de cereales por cada becerro, y otro tanto por cada carnero; por los corderos, lo que quiera. Por cada veinte litros de cereales se ofrecerán, además, tres litros y medio de aceite.

12 "Cuando el gobernante haga una ofrenda voluntaria al Señor, como un animal para el holocausto o un sacrificio de reconciliación, se le abrirá la puerta oriental y ofrecerá su sacrificio de la misma manera que lo hace en los sábados. Una vez que haya salido, se cerrará la puerta.

La ofrenda diaria **13** "Todos los días por la mañana se ofrecerá un cordero de un año, sin defecto, para ser quemado como sacrificio al Señor. **14** Igualmente, cada mañana se le hará al Señor una ofrenda de siete litros de cereales y un litro de aceite, que se derramará sobre la harina. Este rito será obligatorio siempre. **15** El sacrificio en que se quema el cordero, y la ofrenda de cereal y de aceite, se deberán presentar siempre por la mañana.[a]

Obligaciones del gobernante respecto de la tierra **16** "Yo, el Señor, digo: Si el gobernante regala a uno de sus hijos parte del terreno que le pertenece, pasará a ser propiedad hereditaria de sus descendientes. **17** Pero si el gobernante regala parte de su terreno a uno de sus servidores, solo será suya hasta el año de liberación,[b] en el que volverá a ser propiedad del gobernante y quedará como herencia de sus hijos. **18** El gobernante no tiene derecho de despojar a nadie de su propiedad. Lo que dé a sus hijos como herencia, deberá dárselo de sus propiedades; así nadie se quedará sin su propiedad ni se dispersará mi pueblo."

Las cocinas del templo **19** Luego el hombre me llevó, por la entrada que había al lado de la puerta, a los cuartos que daban hacia el norte y que estaban consagrados exclusivamente para los sacerdotes. Señalándome un lugar hacia el occidente, por la parte de atrás, **20** me dijo: "Aquí es donde los sacerdotes deberán hervir la carne de los animales ofrecidos como sacrificio por la culpa o por el pecado, y cocer la ofrenda de cereales. Así no tendrán que sacar esas cosas al atrio exterior, ni el pueblo entrará en contacto con las cosas sagradas."

21-22 Luego me llevó al atrio exterior y me hizo recorrer sus cuatro ángulos. Vi que en cada uno de los cuatro ángulos del atrio había un patio pequeño.[c] Todos tenían las mismas medidas de veinte metros por quince; **23** alrededor de ellos había un muro de piedra, y al pie de todo el muro había fogones. **24** Entonces me dijo: "Estas son las cocinas donde los que sirven en el templo hervirán los animales que el pueblo ofrezca en sacrificio."

47

El agua que brota del templo **1** El hombre me hizo volver después a la entrada del templo. Entonces vi que por debajo de la puerta brotaba agua, y que corría hacia el oriente, hacia donde estaba orientado el templo. El agua bajaba por el lado derecho del templo,[a] al lado sur del altar. **2** Luego me hizo salir del terreno del templo por la puerta norte, y me hizo dar la vuelta por fuera hasta la entrada exterior que miraba al oriente. Un pequeño chorro de agua brotaba por el lado sur de la entrada. **3** El hombre salió hacia el oriente con una cuerda en la mano, midió quinientos metros y me hizo cruzar la corriente; el agua me llegaba a los tobillos. **4** Luego midió otros quinientos metros y me hizo cruzar la corriente; el agua me llegaba entonces hasta las rodillas. Midió otros quinientos metros y me hizo cruzar la corriente; el agua me llegaba ya a la cintura. **5** Midió otros quinientos metros y la corriente era ya un río que no pude atravesar; se había convertido en un río tan hondo que solo se podía cruzar a nado. **6** Entonces me dijo: "Fíjate bien en lo que has visto."

Después me hizo volver por la orilla del río, **7** y vi que en las dos orillas había muchos árboles. **8** Entonces me dijo: "Esta agua corre hacia la región oriental y llega hasta la cuenca del Jordán, de donde desembocará en el Mar Muerto. Cuando llegue allá, el agua del mar se volverá dulce. **9** En cualquier parte a donde llegue esta corriente, podrán vivir animales de todas clases y muchísimos peces. Porque el agua de este río convertirá el agua amarga en agua dulce, y habrá todo género de vida. **10** Desde En-gadi hasta En-eglaim habrá pescadores, y ahí pondrán a secar sus redes. Y habrá allí tanta abundancia y variedad de peces como en el mar Mediterráneo. **11** Pero en las ciénagas y pantanos no habrá agua dulce; allí quedará agua salada, que servirá para sacar sal.[b] **12** En las dos orillas del río

---

[a] **46.13-15** Cf. Ex 29.38-42.

[b] **46.17** *Año de liberación:* Cf. Lv 25.10-16.

[c] **46.21-22** *Pequeño:* según la versión griega (LXX). Heb. oscuro.

[a] **47.1** *El agua bajaba... del templo:* La presencia del Señor en el santuario renovado (cf. Ez 43.5-7) es fuente de fecundidad y de vida para todo el país. La figura del manantial que expande vida a su alrededor se encuentra también en Sal 46.4(5); Is 44.3; Jl 3.18(4.18); Zac 13.1; 14.8; Ap 22.1-2; cf. también Jn 7.38; Ap 21.6.

[b] **47.11** *El torrente de agua viva, que endulzará las aguas del mar, dejará sin embargo algo de sal,* porque ella es un elemento indispensable para la vida. Además, era obligatorio salar las ofrendas destinadas a los sacrificios (Lv 2.13; Ez 43.24), y esto exigía tener reservas de sal en los depósitos del templo (cf. Esd 6.9; 7.22).

crecerá toda clase de árboles frutales. Sus hojas no se caerán nunca, ni dejarán de dar fruto jamás. Cada mes tendrán fruto, porque estarán regados con el agua que sale del templo. Los frutos servirán de alimento y las hojas de medicina. [c]

Los límites del país [13] "Yo, el Señor, digo: Estos son los límites [d] del país que recibirán como herencia las doce tribus de Israel (a José le corresponde una porción doble). [14] Yo juré dar este país a los antepasados de ustedes. Repártanselo por partes iguales. Este país será su herencia.

[15] "Los límites por el norte, partiendo del mar Mediterráneo, pasarán por la ciudad de Hetlón y las ciudades de Sedad, [16] Berotá y Sibraim (las cuales se encuentran entre el territorio de Damasco y el de Hamat), y Hasar-haticón (que limita con Haurán). [17] Así pues, el límite norte irá desde el Mediterráneo hasta Hasar-enán, quedando al norte los territorios de Damasco y de Hamat.

[18] "Los límites orientales irán desde el punto situado entre Haurán y Damasco hasta la ciudad de Tamar, [e] junto al Mar Muerto, a lo largo del río Jordán, que servirá de frontera entre el territorio de Galaad y el de Israel.

[19] "Los límites por el sur partirán de Tamar, pasando por el oasis de Meribá-cadés y por el arroyo de Egipto, hasta llegar al Mediterráneo.

[20] "El límite occidental lo formará el mar Mediterráneo, desde la frontera con Egipto hasta el lugar de la costa que está frente a la entrada de Hamat.

[21] "Este es el país que deben repartir entre las doce tribus de Israel. [22] Será la herencia que les toque a ustedes, y también a los extranjeros que vivan con ustedes y que tengan hijos entre ustedes. Deberán considerarlos como si hubieran nacido en Israel. Cuando repartan la tierra entre las tribus de Israel, a ellos también les tocará su parte. [23] Los extranjeros recibirán su parte en el territorio de la tribu en que estén viviendo. Yo, el Señor, lo ordeno.

48 División del país entre las tribus [a]

[1-7] "Esta es la lista de las tribus:

"Partiendo de la frontera norte, que va desde el Mediterráneo y pasa por Hetlón, la entrada de Hamat y Hasarenán, al sur de los territorios de Damasco y Hamat, cada tribu recibirá una porción de territorio desde la frontera oriental hasta la occidental, en este orden:

Dan
Aser
Neftalí
Manasés
Efraín
Rubén
Judá

[8] "En seguida vendrá el territorio que deberán reservar, y que se extiende también de oriente a occidente. De ancho medirá doce kilómetros y medio, y de largo medirá lo mismo que miden los otros territorios de oriente a occidente. En medio de él estará el templo.

El territorio consagrado al Señor (Ez 45.1-6) [9] "La porción consagrada al Señor dentro de este territorio tendrá doce kilómetros y medio de largo por diez [b] de ancho. [10] Dentro de esta porción habrá un terreno consagrado exclusivamente a los sacerdotes; por el norte y por el sur medirá doce kilómetros y medio, y por el este y el oeste, cinco kilómetros. En medio estará el templo del Señor. [11] Este terreno estará reservado a los sacerdotes consagrados al Señor, descendientes de Sadoc, que se encargaron de mi servicio y no siguieron a los demás israelitas cuando estos se apartaron de mis caminos, como lo hicieron los levitas. [12] Por eso, dentro de la porción consagrada al Señor, junto al terreno de los levitas, los sacerdotes tendrán un terreno, que será la porción más sagrada. [13] Junto al terreno de los sacerdotes, los levitas tendrán el suyo, el cual medirá doce kilómetros y medio de largo por cinco de ancho. La parte consagrada al Señor tendrá, pues, en total doce kilómetros y medio de largo por diez [c] de ancho. [14] Esta será la mejor porción del país. Ninguna parte de ella se podrá vender o cambiar o pasar a otra persona, pues está consagrada al Señor.

[15] "La porción restante, de doce kilómetros y medio de largo por dos y medio de ancho, no es sagrada. Allí podrá vivir la gente y allí estarán los pastizales para el ganado. En medio estará la ciudad, [16] que ocupará un cuadrado de dos mil doscientos cincuenta metros por lado. [17] Alrededor de la ciudad estarán los pastizales, los cuales tendrán ciento veinticinco metros de ancho en las cuatro direcciones. [18] A los lados de la ciudad queda un terreno junto a la porción consagrada al Señor, que tiene cinco kilómetros de largo por el oriente y otro tanto por el occidente. Este terreno se cultivará, y sus productos servirán para alimentar a la gente que trabaja en la ciudad. [19] Los que trabajen en la ciudad, cualquiera que sea la tribu israelita a que pertenezcan, cultivarán ese terreno. [20] Todo el terreno así reservado, formado por la porción consagrada al Señor más lo que pertenece a la ciudad, formará un cuadrado de doce kilómetros y medio por lado.

El territorio para el gobernante (Ez 45.7-8) [21-22] "Al gobernante le tocará el resto de la franja de territorio que queda entre los territorios de Judá y de Benjamín; es decir, los terrenos situados a uno y otro lado de la porción reservada al Señor y del terreno de la ciudad. Medirá doce kilómetros y medio de ancho, y se extenderá por el oriente hasta la frontera oriental, y por el occidente hasta el mar. En el centro quedarán la porción reservada al Señor, con el templo, más la porción de los levitas y el terreno de la ciudad.

---

[c] **47.12** Cf. Ap 22.2.

[d] **47.13-20** Cf. Nm 34.1-12.

[e] **47.18** *Tamar:* según versiones antiguas. Heb. *medirán*.

[a] **48.1-29** La visión del futuro incluye finalmente una repartición de la tierra, que corrige el antiguo reparto realizado en tiempos de Josué (Jos 14—22). Además de las partes correspondientes a las doce tribus, la nueva división delimita *la porción consagrada al Señor* (v. 9), que abarca el recinto del templo y las parcelas de los sacerdotes y levitas. A una respetuosa distancia del *terreno sagrado* (véase Ez 45.1 nota *b*) deberán estar los terrenos para la ciudad y las posesiones de los príncipes.

[b] **48.9** *Diez:* traducción probable. Heb. *cinco.*

[c] **48.13** *Diez:* traducción probable. Heb. *cinco.*

El territorio de las otras tribus ²³⁻²⁷ "El territorio de las otras tribus sigue hacia el sur. Cada tribu recibirá una porción de territorio desde la frontera oriental hasta la occidental, en este orden:
Benjamín
Simeón
Isacar
Zabulón
Gad
²⁸ "Al sur del territorio de Gad, la frontera irá desde Tamar, pasando por el oasis de Meribá-cadés y el arroyo de Egipto, hasta el mar Mediterráneo.
²⁹ "Este es el país que recibirán como herencia las tribus de Israel, y de esa manera deberán ustedes repartirlo. Yo, el Señor, lo ordeno.

Las puertas de Jerusalén ³⁰⁻³⁴ "La ciudad estará rodeada de una muralla, que medirá dos mil doscientos cincuenta metros por cada uno de sus cuatro lados. En cada lado de la muralla habrá tres puertas, cada una dedicada a una de las tribus de Israel, en este orden: Las puertas del norte: a Rubén, Judá y Leví; las del oriente: a José, Benjamín y Dan; las del sur: a Simeón, Isacar y Zabulón; las de occidente: a Gad, Aser y Neftalí. ³⁵ La muralla medirá en total nueve mil metros de largo, y el nombre de la ciudad será en adelante: 'El Señor está aquí'." ᵈ

ᵈ **48.30-35** Ap 21.12-13. *El Señor está aquí*, en hebreo, *Yahvé shamma*. En este nuevo nombre de Jerusalén se resume la gran visión descrita en los caps. 40—48.

Daniel

La Biblia griega (LXX) ha puesto el libro de *Daniel* (=Dn) después de *Ezequiel*, es decir, entre los libros proféticos. La Biblia hebrea, en cambio, lo sitúa en la tercera parte del canon, en la sección correspondiente a los *Escritos* (véase la *Introducción a la Biblia*). Esta última ubicación es muy significativa, porque el libro presenta numerosas características que lo distinguen de los demás escritos proféticos. Estas características permiten definirlo como una obra perteneciente a la literatura apocalíptica (véase la *Introducción a Apocalipsis*).

Los escritos apocalípticos tienen rasgos bien definidos de forma y de contenido. Uno de los más notables, desde el punto de vista literario, es que suelen comunicar su mensaje por medio de visiones simbólicas. Estas visiones se presentan por lo general de manera imprevista, y producen en el vidente un fuerte impacto emocional (cf. 7.28; 10.8,17) e incluso el desvanecimiento y la enfermedad física (8.27; 10.9; cf. Ap 1.17). De ahí las palabras de Daniel a la persona que se le manifiesta en la visión: *¿Cómo va a poder hablar contigo este siervo tuyo, si estoy completamente sin fuerzas y hasta me falta el aliento?* (10.17).

En lo que respecta al contenido, los apocalipsis presentan el curso de la historia humana como un drama en dos actos. El primero se desarrolla aquí en la tierra. En esta etapa, el pueblo de Dios está sometido momentáneamente a los imperios del mundo presente, y estos pueden perseguir a los fieles e incluso infligirles el martirio (cf. 7.25). Pero al fin de los tiempos, cuando el reino de Dios llegue de manera imprevista, desaparecerán todos los imperios terrenos, y *el poder y la gloria de todos los reinos de la tierra serán dados al pueblo del Dios altísimo* (7.27). Esta historia, según Dn 12.1-3, culminará con la resurrección de los muertos. Ya antes de *Daniel*, algunas profecías más antiguas, como Is 26.19 y Ez 37, habían empleado el lenguaje de la resurrección para referirse a la restauración nacional de Israel. Pero aquí se habla con toda claridad de la resurrección personal.

El libro de Daniel consta de dos partes bien diferenciadas. La primera (caps. 1—6) es de carácter narrativo y tiene como protagonista a un joven judío llamado Daniel. A este joven lo llevan de Jerusalén a Babilonia, y allí, con tres de sus amigos, recibe una educación especial para prestar servicios en la corte del rey Nabucodonosor. En la escuela de la corte real, aprende la lengua y la literatura de los caldeos (cf. 1.4), y muy pronto se destaca por su sabiduría extraordinaria: cuando falla la ciencia de los magos y adivinos, Daniel, gracias al Dios que *revela las cosas profundas y secretas* (2.22), logra descifrar el significado de los sueños e incluso es capaz de leer e interpretar una escritura misteriosa (5.24-28). Además, él y sus compañeros israelitas cumplen con toda fidelidad las prescripciones rituales del judaísmo, en particular las relativas al consumo de alimentos, y el Señor los recompensa dándoles una salud y un aspecto mejores que el de los jóvenes alimentados *con la misma comida que se sirve al rey* (1.8-16). Esta estricta fidelidad a la religión de sus padres hace que en repetidas ocasiones se vean sometidos a gravísimos peligros, pero el Señor los libera milagrosamente de todos los males.

Los relatos de esta primera parte manifiestan una evidente intención didáctica. Todos ellos hacen ver que la sabiduría de Dios es infinitamente superior a la sabiduría de los pueblos paganos, y que él tiene poder para salvar a sus fieles aun en las situaciones más riesgosas.

Luego viene la segunda sección (caps. 7—12), que contiene las visiones simbólicas propiamente tales. Estas visiones desarrollan y amplían algunas ideas ya esbozadas en la primera parte, pero difieren de los textos narrativos por su contenido y por su expresión literaria.

La sección comienza con la visión de cuatro animales monstruosos que salen de lo profundo del mar. Los animales representan los imperios que se van sucediendo en el dominio del mundo, de manera que el simbolismo de la visión enlaza con el de la estatua en el sueño de Nabucodonosor (cap. 2). Estos imperios devoran la tierra y la destrozan (cf. 7.23), pero al final el Señor les *arrebatará el poder,* dejándolos completamente destruidos (7.26). Como consecuencia de esta intervención divina, la situación del mundo presente y de la condición humana cambiará radicalmente, porque ya nada podrá oponerse a la soberanía de Dios sobre la creación.

En lo que respecta a la fecha de composición del libro, las opiniones están divididas. Algunos piensan que fue redactado durante el exilio en Babilonia, y otros en la época de los macabeos (véase la *Tabla cronológica I*). En favor de esta segunda fecha están las referencias bastante evidentes a la persecución del rey Antíoco IV Epífanes. Más aún: el libro alude repetidamente a la profanación del templo de Jerusalén por parte de este monarca helenista, y a la consiguiente persecución de los israelitas (9.27; 11.30-35). Pero estas claras alusiones contrastan de manera notable con la vaga referencia a su muerte (11.45), acaecida en el 164 a.C. Esto hace pensar que la redacción definitiva del libro se llevó a cabo poco antes de la muerte de Antíoco IV, es decir, hacia el año 165 a.C.

El apocalipsis de Daniel fue escrito para su propio tiempo. El objetivo principal de su autor fue explicar a sus hermanos el sentido de la crisis que estaban padeciendo y animarlos a mantenerse fieles a Dios en medio de la persecución. Sin embargo, las enseñanzas que de él se desprenden pueden ayudarnos a entender la situación presente, ya que en las persecuciones a que se vio sometido el pueblo de Israel en tiempos de Antíoco IV Epífanes se perfilan todas las pruebas futuras del pueblo de Dios. Tal es el sentido de la literatura apocalíptica.

De modo particular, el libro de *Daniel* es portador de un gran mensaje de esperanza. Con mucha frecuencia, el mal y la injusticia parecen triunfar en el mundo, pero Dios es el soberano de la historia. En el momento indicado, él establecerá su reino eterno, y así dará pleno cumplimiento al designio que se había fijado desde antes de la creación. Su voluntad soberana será reconocida, la corrupción dará paso a la incorruptibilidad, y *los que guiaron a muchos por el camino recto, brillarán como la bóveda celeste* (12.3).

El siguiente esquema resume el contenido del libro:

    I. Primera parte (1—6)
    II. Segunda parte (7—12)

I. PRIMERA PARTE (1—6)

1 **Introducción**[a] **1** Durante el tercer año del reinado de Joaquim, rey de Judá,[b] el rey Nabucodonosor de Babilonia[c] llegó a Jerusalén y rodeó la ciudad con su ejército. **2** El Señor dejó que Nabucodonosor capturara a Joaquim, y que también cayeran en su poder gran parte de los utensilios del templo de Dios. Nabucodonosor se llevó los prisioneros a Babilonia,[d] y puso los utensilios sagrados en el tesoro del templo de sus dioses;[e] **3** además, ordenó a Aspenaz, jefe del servicio de palacio,[f] que de entre los israelitas de familia real y de familias distinguidas trajera **4** jóvenes bien parecidos, sin ningún defecto físico, cultos e inteligentes, entendidos en todos los campos del saber y aptos para servir en el palacio real. A ellos se les enseñaría el lenguaje y la literatura[g] de los caldeos.[h] **5** Nabucodonosor ordenó también que a esos jóvenes se les diera todos los días de los mismos alimentos y vinos que a él le servían, y que los educaran durante tres años, al cabo de los cuales quedarían a su servicio.

Daniel y sus compañeros en el palacio del rey **6** Entre estos jóvenes estaban Daniel, Ananías, Misael y Azarías, de la tribu de Judá, **7** a quienes el jefe del servicio de palacio les cambió de nombre:[i] a Daniel le puso Beltsasar; a Ananías, Sadrac; a Misael, Mesac; y a Azarías, Abed-negó.[j] **8** Pero Daniel se propuso no contaminarse con la comida y el vino

---

[a] **1.1-21** Este primer cap. presenta a los personajes que van a protagonizar los episodios relatados en los caps. siguientes y los propone como modelos de fidelidad al Dios de Israel. En la corte real de Babilonia (es decir, en un ambiente completamente pagano), Daniel y sus compañeros de exilio deciden no mancharse comiendo alimentos que la ley de Moisés declaraba impuros, y Dios, en recompensa, les concede una salud excelente (v. 15) y una sabiduría superior a la de los magos y adivinos del rey (vv. 17,20). El relato hace ver cómo el Señor protege a los que se mantienen fieles a él aun en circunstancias adversas. Cf. Dn 3.19-30.

[b] **1.1** Esta fecha corresponde al año 606 a.C., ya que *Joaquim* comenzó a reinar en el 609 (cf. 2 R 23.36—24.6).

[c] **1.1** Las fuentes históricas extrabíblicas muestran que en el año 606 a.C. aún vivía Nabopolasar, el padre de *Nabucodonosor.* Por lo tanto, este no era todavía *rey de Babilonia* sino solamente príncipe heredero y jefe supremo del ejército (esto último a causa de la vejez y enfermedad de su padre). Su ascensión al trono real se produjo más tarde, en el año 605 a.C., cuando la victoria de Carquemis aseguró a los babilonios la dominación sobre Siria y Palestina. Cf. Jer 46.2, donde también se le da a Nabucodonosor el título de rey antes de que lo fuera plenamente.

[d] **1.2** El texto hebreo se refiere a *Babilonia* con el nombre de *Sinar,* lo mismo que en el relato de la torre de Babel. Véanse Gn 11.2 n. e *Índice de mapas.*

[e] **1.1-2** Compárense estos vv. con 2 R 24.1; 2 Cr 36.6-7. La mención de los *utensilios sagrados* llevados a Babilonia prepara el relato del banquete de Belsasar (Dn 5.2-3).

[f] **1.3** *Jefe del servicio de palacio:* lit. *jefe de los eunucos.* Véase Jer 29.1-2 nota *b.*

[g] **1.3-4** Los jóvenes debían recibir una educación especial, que los capacitaba para ejercer las funciones de magos y adivinos del rey (cf. Dn 2.2-4). Para ello tenían que conocer la lengua y la *literatura* de los caldeos, especialmente los textos antiguos relativos a la magia, la astrología y la adivinación.

[h] **1.4** *Los caldeos:* Este vocablo designaba originariamente una tribu del sur de Babilonia que al fin llegó a dominar todo el país, y de la que procedía la dinastía de Nabucodonosor (véase Gn 11.28 n.; cf. Dn 5.30; 9.1). Pero más tarde, cuando los astrólogos y adivinos de Babilonia se hicieron famosos por todas partes, el término se utilizó frecuentemente para designar también a los magos y a las personas iniciadas en las ciencias ocultas. Cf. Dn 2.4,10; 4.7(4); 5.7,11, donde de la palabra aramea equivalente a *caldeos* se traduce por *sabios.*

[i] **1.7** El cambio de nombre se interpretaba en el antiguo Oriente como una afirmación de dominio (cf. Gn 2.19-20; 41.45; 2 R 23.34; 24.17).

[j] **1.7** *Beltsasar* parece ser la transcripción de un nombre babilónico que significa *él protege su vida,* dando por sobreentendido que el

del rey,*k* y pidió al jefe del servicio de palacio que no le obligara a contaminarse con tales alimentos. ⁹ Por obra de Dios, el jefe del servicio de palacio vio con buenos ojos a Daniel, ¹⁰ pero le dijo:

—Tengo miedo de mi señor, el rey. Él me ha dicho lo que ustedes deben comer y beber, y si los ve con peor aspecto que a los otros jóvenes, serán ustedes la causa de que el rey me condene a muerte.

¹¹ Daniel habló entonces con el mayordomo a quien el jefe del servicio de palacio había encargado el cuidado de Daniel, Ananías, Misael y Azarías, y le dijo:

¹² —Ruego a usted que haga una prueba con estos servidores suyos: ordene usted que durante diez días nos den de comer solamente legumbres, y de beber solamente agua. ¹³ Pasado ese tiempo, compare usted nuestro aspecto con el de los jóvenes alimentados con la misma comida que se sirve al rey, y haga entonces con nosotros según lo que vea.

¹⁴ El mayordomo estuvo de acuerdo, y durante diez días hizo la prueba con ellos. ¹⁵ Pasados los diez días, el aspecto de ellos era más sano y más fuerte que el de todos los jóvenes que comían de la comida del rey. ¹⁶ Así pues, el mayordomo se llevaba la comida y el vino que ellos tenían que comer y beber, y les servía legumbres.

¹⁷ A estos cuatro jóvenes, Dios les dio inteligencia y entendimiento para comprender toda clase de libros y toda ciencia. Daniel entendía además el significado de toda clase de visiones y sueños.*l* ¹⁸ Al cumplirse el plazo que el rey había señalado para que le fueran presentados los jóvenes, el jefe del servicio de palacio los llevó a su presencia. ¹⁹ El rey habló con ellos y, entre todos los jóvenes, no encontró ni uno solo que pudiera compararse con Daniel, Ananías, Misael y Azarías, quienes, por lo tanto, quedaron al servicio del rey. ²⁰ En todos los asuntos que requerían sabiduría e inteligencia, y sobre los cuales les preguntó el rey, los encontró diez veces más sabios que todos los magos y adivinos que había en su reino. ²¹ Y Daniel se quedó allí hasta el primer año del reinado de Ciro.*m*

2 El sueño del rey Nabucodonosor*a*

¹ Durante el segundo año de su reinado, Nabucodonosor tuvo varios sueños, y por causa de ellos llegó a estar tan preocupado que no podía dormir. ² Entonces mandó llamar a magos, adivinos, hechiceros y sabios,*b* para que le explicaran aquellos sueños. Ellos fueron y se presentaron ante el rey, ³ el cual les dijo:

—He tenido un sueño y estoy muy preocupado tratando de comprenderlo.

⁴ Y los sabios dijeron al rey, en arameo:*c*

—¡Que viva Su Majestad para siempre! Cuente Su Majestad a estos servidores suyos lo que ha soñado, y nosotros le explicaremos lo que significa.

⁵ —Esta es mi decisión —contestó el rey—: Si no me dicen ustedes qué es lo que soñé y lo que significa, serán hechos pedazos y sus casas serán convertidas en un montón de escombros. ⁶ Pero si me dicen lo que soñé y lo que mi sueño significa, recibirán regalos de mi parte, y favores y grandes honores. Así pues, díganme qué fue lo que soñé, y explíquenme su significado.

⁷ Los sabios respondieron por segunda vez:

—Cuéntenos Su Majestad lo que soñó, y nosotros le explicaremos el significado.

⁸ —Sé muy bien —contestó el rey— que ustedes quieren ganar tiempo, porque han oído mi decisión. ⁹ Por lo tanto, si no me dicen lo que soñé, todos ustedes sufrirán la misma sentencia, pues se han puesto de acuerdo para darme como respuesta mentiras y falsedades, en espera de que cambie la situación. Díganme, pues, el sueño, y así sabré que también pueden explicarme su significado.

¹⁰ —No hay nadie en el mundo —respondieron los sabios— que pueda decir lo que Su Majestad desea saber. Por otra parte, jamás ningún rey, por grande y poderoso que haya sido, ha pedido semejante cosa a ningún mago, adivino o sabio. ¹¹ Lo que Su Majestad pide es tan difícil que no hay nadie que se lo pueda decir, a no ser los dioses; ¡pero ellos no viven entre los hombres!*d*

¹² Al oír esto, el rey se puso furioso y ordenó matar a

---

sujeto de la frase es un dios como Bel o Marduc. *Abed-negó* parece ser una deformación del nombre arameo *Abed Nabú*, que significa *siervo de Nabú*. El significado de los nombres *Sadrac* y *Mesac* aún no ha podido determinarse. Acerca de los dioses Marduc, Bel y Nabú, véanse Gn 1.21 n.; Is 46.1 notas *a, b* y *c*; Jer 50.2 nota *d*.

k **1.8** Esta decisión se debe a que la *comida* que se servía en la mesa *del rey* podía estar preparada con la carne de animales impuros (cf. Lv 11; Dt 14.3-21), o que no habían sido desangrados de acuerdo con las prescripciones rituales (cf. Dt 12.23-24). Además, los jóvenes no querían exponerse al peligro de comer alimentos o de beber *vino* que quizás antes habían sido ofrecidos a los ídolos (cf. Dt 32.38; 1 Co 10.21). Cf. también Jdt 12.2; Est (gr) 4.17x.

l **1.17** La interpretación de los sueños tenía gran importancia en el antiguo Oriente, porque los consideraban un medio para entrar en contacto con la divinidad. La Biblia, por su parte, muestra que Dios puede valerse ocasionalmente de ellos para revelar su voluntad y sus designios (Nm 12.6; 1 R 3.5; Jl 2.28[3.1]; Mt 1.20; 2.12), pero no deja de advertir contra los sueños engañosos y puramente ilusorios (véase Jer 23.25 n., y cf. Zac 10.2).

m **1.21** *El primer año del reinado de Ciro:* es decir, el año 538 a.C. (cf. Esd 1.1). Esto no quiere decir que Daniel murió en esa fecha, ya que en el tercer año de Ciro está todavía en plena actividad (Dn 10.1). El texto da a entender, más bien, que él aún se hallaba en la corte real de Babilonia cuando este imperio pasó a manos de los persas. Véase Is 41.2 n.

a **2.1-49** En este relato se encuentra esbozado uno de los temas más característicos del libro de Daniel y, en general, de los escritos apocalípticos. La estatua gigantesca hecha de elementos diversos —oro, plata, bronce, hierro y barro— representa simbólicamente la historia humana vista como un todo, pero dividida, al mismo tiempo, en distintos periodos. Cada periodo marca una nueva etapa en el desarrollo del misterioso plan de Dios, que como creador del mundo y Señor de la historia dirige todas las cosas hacia el término que él mismo ha fijado de antemano. Cuando llegue el fin del tiempo presente (cf. Dn 12.4,9), Dios establecerá su reino eterno y universal, que tomará el lugar de los imperios de este mundo (Dn 2.45) y colmará todas las esperanzas de su pueblo (cf. Dn 2.34-35; 7.14,27).

b **2.2** *Sabios:* heb. *caldeos;* véase Dn 1.4 n.

c **2.4** A partir de este v., y hasta 7.28, el texto está escrito en arameo y no hebreo. Véase, para un caso similar, Esd 4.7 nota *l*.

d **2.10-11** Esta confesión de impotencia hace resaltar más el carácter sobrenatural de la sabiduría que Daniel ha recibido como un don de Dios (cf. Dn 1.17; 2.27-28; 4.8-9[5-6]).

todos los sabios de Babilonia. ¹³ Una vez publicada la orden, buscaron también a Daniel y a sus compañeros para quitarles la vida. ᵉ

Daniel interpreta el sueño del rey ¹⁴ Entonces Daniel habló de manera discreta y sensata con Arioc, el jefe de la guardia real, que ya se disponía a matar a los sabios. ¹⁵ Y le preguntó:

—¿Por qué ha dado el rey esta orden tan terminante?

Arioc le explicó el motivo. ¹⁶ Entonces Daniel fue a ver al rey y le suplicó que le concediera algún tiempo para poder explicarle el sueño y su significado. ¹⁷ Luego se fue a su casa e informó de todo a sus compañeros Ananías, Misael y Azarías, ¹⁸ para que pidieran ayuda del Dios del cielo sobre aquel misterio, ᶠ a fin de que no los mataran junto con los otros sabios de Babilonia. ¹⁹ Aquella noche el misterio le fue revelado a Daniel en una visión, por lo cual Daniel bendijo al Dios del cielo ²⁰ con estas palabras:

"Bendito sea por siempre el nombre de Dios,
porque suyos son la sabiduría y el poder. ᵍ
²¹ Él cambia los tiempos y las épocas;
quita y pone reyes,
da sabiduría a los sabios
e inteligencia a los inteligentes.
²² Él revela las cosas profundas y secretas;
conoce lo que está en la oscuridad,
pues la luz está con él. ʰ
²³ A ti, Dios de mis padres,
te doy gracias y te alabo,
porque me has hecho sabio y fuerte;
y ahora me has hecho saber lo que te pedimos:
nos has dado a conocer lo que preocupaba al rey."

²⁴ Después de esto, Daniel fue a ver a Arioc, a quien el rey había ordenado matar a los sabios de Babilonia, y le dijo:

—No mates a los sabios. Llévame ante el rey, y yo le explicaré todo su sueño.

²⁵ En seguida Arioc llevó a Daniel ante el rey Nabucodonosor, y le dijo al rey:

—Entre los judíos desterrados he hallado un hombre que explicará a Su Majestad el significado de su sueño. ⁱ

²⁶ Entonces el rey le dijo a Daniel, a quien llamaban Beltsasar:

—¿Puedes tú decirme lo que soñé, y lo que mi sueño significa?

²⁷ Daniel respondió:

—No hay ningún sabio ni adivino, ni mago ni astrólogo, que pueda explicar a Su Majestad el misterio que desea conocer. ²⁸ Pero hay un Dios en el cielo que revela los misterios, y él ha hecho saber a Su Majestad lo que va a pasar en el futuro. Voy a explicarle a Su Majestad el sueño y las visiones que ha tenido mientras dormía: ²⁹ Su Majestad se hallaba en su cama; se puso a pensar en lo que va a pasar en el futuro, y el que revela los misterios se lo ha dado a conocer. ³⁰ También a mí me ha sido revelado este misterio, pero no porque yo sea más sabio que todos los hombres, sino para que yo explique a Su Majestad lo que el sueño significa, y que así Su Majestad pueda comprender los pensamientos que han venido a su mente.

³¹ "En el sueño, Su Majestad veía que en su presencia se levantaba una estatua muy grande y brillante, y de aspecto terrible. ³² La cabeza de la estatua era de oro puro; el pecho y los brazos, de plata; el vientre y los muslos, de bronce; ³³ las piernas, de hierro; y una parte de los pies era de hierro, y la otra de barro. ³⁴ Mientras Su Majestad la estaba mirando, de un monte se desprendió una piedra, sin que nadie la empujara, y vino a dar contra los pies de la estatua y los destrozó. ³⁵ En un momento, el hierro, el barro, el bronce, la plata y el oro quedaron todos convertidos en polvo, como el que se ve en verano cuando se trilla el trigo, y el viento se lo llevó sin dejar el menor rastro. Pero la piedra que dio contra la estatua se convirtió en una gran montaña que ocupó toda la tierra.

³⁶ "Este es el sueño. Y ahora voy a explicar a Su Majestad lo que el sueño significa: ʲ ³⁷ Su Majestad es el más grande de todos los reyes, porque el Dios del cielo le ha dado el reino, el poder, la fuerza, el honor ³⁸ y el dominio sobre todos los lugares habitados por hombres, animales y aves; él lo ha puesto todo bajo el poder de Su Majestad, que es la cabeza de oro. ᵏ ³⁹ Después del reino de Su Majestad habrá otro reino inferior al suyo, y luego un tercer reino de bronce, que dominará sobre toda la tierra. ⁴⁰ Vendrá después un cuarto reino, fuerte como el hierro; y así como el hierro lo destroza todo y lo destruye, así ese reino destrozará y destruirá a todos los otros reinos. ˡ

⁴¹ "Su Majestad vio también que una parte de los pies y de los dedos era de barro, y la otra, de hierro; esto quiere

---

ᵉ **2.13** La sentencia de muerte alcanza también *a Daniel y a sus compañeros*, lo cual presupone que ya los consideraban del grupo de los magos y adivinos del rey (cf. Dn 1.20).

ᶠ **2.18** *Misterio:* en arameo *raz*, palabra de origen persa que en la Biblia hebrea aparece solamente en el libro de *Daniel* (Dn 2.19,27-30,47; 4.9[6]). Con ese término se designa el sueño de Nabucodonosor porque este representa simbólicamente el destino de su reino y de los reinos que vendrán después, hasta el fin de los tiempos (cf. Dn 2.28). El conocimiento de este *misterio* no puede alcanzarse con medios puramente humanos, y solo una especial revelación de Dios puede darlo a conocer (cf. Dn 2.28). Para el significado de la palabra "misterio" en el NT, cf. Ro 16.25; Ef 3.9; Col 1.26; 2 Ts 2.7, y véase *Índice temático*.

ᵍ **2.20** Job 12.13; Pr 2.6.

ʰ **2.22** Job 12.22; Sal 139.11-12.

ⁱ **2.25** Esta intervención del funcionario real recuerda la escena relatada en Gn 41.8-13. La comparación de los dos relatos pone en evidencia el paralelismo entre José en la corte del faraón y Daniel en la del rey de Babilonia.

ʲ **2.36** *Lo que el sueño significa:* Los sueños del faraón, interpretados por José, se referían al futuro inmediato de Egipto; el de Nabucodonosor, en cambio, abarca la totalidad de la historia humana, cuyo punto culminante será la instauración definitiva del reinado universal de Dios (cf. Dn 2.44-45).

ᵏ **2.37-38** Nótese el vigor con que se afirma la absoluta soberanía de Dios en el gobierno de la historia humana. Dios dirige el curso de los tiempos (Dn 2.21) y da poder y autoridad a quien él quiere (Dn 4.17,25,32[14,22,29]). Por eso, Nabucodonosor no gobierna por su propia autoridad, sino porque Dios se la ha concedido para que la ejerza dentro del plazo que él le ha fijado (cf. Dn 5.18). Véanse Jer 27.5 nota *h*; 27.6 n., y cf. Jdt 11.7.

ˡ **2.38-40** Los cuatro metales de la estatua, lo mismo que los monstruos

ORACIONES DE LA BIBLIA

Sujeto	Motivo	Referencia
Abraham	por Ismael	Gn 17.18-21
Abraham	por Sodoma	Gn 18.20-32
Abraham	por Abimelec	Gn 20.17
Ana	por un hijo	1 S 1.10-17
Asá	por la victoria	2 Cr 14.11
Capitán romano	por su esclavo	Mt 8.5-13
Cobrador de impuestos	por misericordia	Lc 18.13
Corintios	por Pablo	2 Co 1.9-11
Cornelio	por entendimiento	Hch 10.1-33
Criminal	por salvación	Lc 23.42-43
Cristianos	por Pedro	Hch 12.5-12
Daniel	por los judíos	Dn 9.3-19
Daniel	por conocimiento	Dn 2.17-23
David	por bendición	2 S 7.18-29
David	por ayuda	1 S 23.10-13
David	por dirección	2 S 2.1
David	por justicia	Sal 9.17-20
David	bendice a Dios	1 Cr 29.10-20
Discípulos	por fortaleza	Hch 4.24-31
Ejército	por la victoria	2 Cr 13.14
Elías	por sequía y por lluvia	Stg 5.17-18
Elías	por resurrección	1 R 17.20-23
Elías	por la victoria	1 R 18.36-38
Eliseo	por vista y por ceguera	2 R 6.17-23
Esdras	por el pecado	Esd 9.5-15
Ezequías	por liberación	2 R 19.15-19
Ezequías	por sanidad	2 R 20.1-11
Ezequías	alabanza a Dios	Is 38.10-20
Ezequiel	por pureza	Ez 4.12-15
Gedeón	por una prueba	Jue 6.36-40
Habacuc	por liberación	Hab 3.1-19
Habacuc	por justicia	Hab 1.1-4
Iglesia	de alabanza	Ap 5.9-14
Isaac	por los hijos	Gn 25.21,24-26
Israelitas	por liberación	Ex 2.23-25; 3.7-10
Jabés	por prosperidad	1 Cr 4.10
Jacob	por protección	Gn 32.9-12
Jeremías	por Judá	Jer 42.1-6
Jeremías	por misericordia	Jer 14.7-10
Jeremías	por entendimiento	Jer 32.16-25

Jesús	Padre Nuestro	Mt 6.9-13
Jesús	de alabanza	Mt 11.25-26
Jesús	en gratitud para que los demás crean	Jn 11.41-42
Jesús	por la iglesia	Jn 17.1-26
Jesús	por liberación	Mt 26.39-44; 27.46
Jesús	por el perdón de quienes lo crucificaban	Lc 23.34
Jesús	en sumisión	Lc 23.46
Jesús	de alabanza	Lc 10.21-22
Joacaz	por la victoria	2 R 13.1-5
Job	confesión y arrepentimiento	Job 42.1-6
Jonás	por liberación	Jon 2.1-10
Josafat	por protección	2 Cr 20.5-12,27
Josué	por ayuda y misericordia	Jos 7.6-9
Judíos	por seguridad	Esd 8.21,23
Leproso	por sanidad	Mt 8.2-3
Levitas	alabanza y confesión	Neh 9.5-37
Manasés	por liberación	2 Cr 33.12,13
Manoa	por dirección	Jue 13.8-18
Moisés	por el faraón	Ex 8.9-13
Moisés	por el agua	Ex 15.24-25
Moisés	por Israel	Nm 14.13-20
Moisés	por las tribus de Israel	Dt 33.2-29
Moisés	por María	Nm 12.11-14
Moisés	por la Tierra prometida	Dt. 3.23-25
Moisés	por un sucesor	Nm 27.15-17
Nehemías	por los judíos	Neh 1.4-11
Pablo	por salud (Publio)	Hch 28.8
Pablo	por los efesios	Ef 3.14-21
Pablo	por gracia	2 Co 12.8-9
Pablo	acción de gracias	Col 1.9-13
Pedro	por resurrección de Dorcas	Hch 9.40
Pueblo de Judá	por una alianza	2 Cr 15.12-15
Rebeca	por entendimiento	Gn 25.22-23
Rubenitas	por la victoria	1 Cr 5.18-20
Sacerdotes	por bendición	2 Cr 30.27
Salomón	por sabiduría	1 R 3.6-14
Salomón	por el Templo	1 R 8.22-53
Samuel	por Israel	1 S 7.5-12
Sansón	por agua	Jue 15.18-19
Sansón	por fuerza	Jue 16.29-30
Siervo de Abraham	por dirección	Gn 24.12-52
Simeón	acción de gracias	Lc 2.28-32

decir que será un reino dividido, ͫ aunque con algo de la fortaleza del hierro, pues Su Majestad vio que el hierro estaba mezclado con el barro. **⁴²** Los dedos de los pies eran en parte de hierro y en parte de barro, y eso significa que el reino será fuerte y débil al mismo tiempo. **⁴³** Y así como Su Majestad vio el hierro mezclado con el barro, así los gobernantes de este reino se unirán por medio de alianzas matrimoniales; pero no podrán formar un solo cuerpo entre sí, como tampoco puede el hierro mezclarse con el barro.ⁿ **⁴⁴** Durante el gobierno de estos reyes, el Dios del cielo establecerá un reino que jamás será destruido ni dominado por ninguna otra nación, sino que acabará por completo con todos los demás reinos, y durará para siempre. **⁴⁵** Eso es lo que significa la piedra que Su Majestad vio desprenderse del monte, sin que nadie la hubiera empujado; piedra que convirtió en polvo el hierro, el bronce, el barro, la plata y el oro. ñ El gran Dios ha revelado a Su Majestad lo que va a pasar en el futuro. El sueño es verdadero, y su interpretación, cierta."

⁴⁶ Entonces el rey Nabucodonosor se puso de rodillas delante de Daniel, inclinó la cabeza hasta el suelo y mandó que le ofrecieran sacrificios e incienso. **⁴⁷** Después le dijo a Daniel:

—Verdaderamente el Dios de ustedes es el más grande de todos los dioses; es el Señor de los reyes y el que revela los misterios, pues tú has podido descubrir este misterio. º

⁴⁸ Luego el rey puso a Daniel en un alto puesto y le hizo muchos y espléndidos regalos; además lo nombró gobernador de la provincia de Babilonia y jefe supremo de todos los sabios de aquella nación.

⁴⁹ A petición de Daniel, el rey puso a Sadrac, Mesac y Abed-negó en importantes cargos de la administración de la provincia de Babilonia. Daniel mismo se quedó en la corte del rey.

3 La adoración de la estatua de oro ᵃ

1 El rey Nabucodonosor mandó hacer una estatua de oro, que tenía treinta metros de alto por tres de ancho, ᵇ y ordenó que la pusieran en la llanura de Dura, ᶜ en la provincia de Babilonia. **2** Después mandó llamar a todos los gobernadores regionales, jefes del ejército, gobernadores provinciales, consejeros, tesoreros, jueces, magistrados y demás autoridades de las provincias, para que asistieran a la dedicación de la estatua que él había mandado hacer. **3** Todas estas grandes personalidades de la nación se reunieron ante la estatua, para celebrar su dedicación. **4** El encargado de anunciar el comienzo de la ceremonia ordenó en voz alta: "Atención, hombres de todos los pueblos, naciones y lenguas: **5** En cuanto oigan ustedes tocar la trompeta, la flauta, la cítara, la lira, el salterio, la gaita y todos los instrumentos musicales, se pondrán de rodillas y adorarán a la estatua de oro que hizo construir el rey Nabucodonosor. **6** Todo aquel que no se arrodille y adore a la estatua, será arrojado inmediatamente a un horno encendido."

7 Así pues, en cuanto la multitud allí reunida oyó el sonido de todos aquellos instrumentos de música, se puso de rodillas y adoró a la estatua de oro.

8 Unos caldeos ᵈ aprovecharon esta oportunidad para acusar a los judíos ante el rey Nabucodonosor, **9** diciendo:

—¡Viva Su Majestad para siempre, y sea su nombre siempre recordado! **10** Su Majestad ha ordenado que todo el mundo se arrodille y adore a la estatua de oro tan pronto como se oiga el sonido de los instrumentos musicales, **11** y que aquel que no lo haga sea arrojado a un horno encendido. **12** Pues bien, hay unos judíos, a quienes Su Majestad puso al frente de la administración de la provincia de Babilonia, que no guardan el menor respeto por Su Majestad, ni adoran a los dioses ni a la estatua de oro que Su Majestad ha mandado levantar. Ellos son Sadrac, Mesac y Abed-negó.

13 Nabucodonosor se puso muy furioso, y mandó que llevaran ante él a Sadrac, Mesac y Abed-negó. Y cuando ya estaban en su presencia, **14** les preguntó:

—¿Es verdad que ustedes no adoran a mis dioses ni a la estatua de oro que yo he mandado hacer? **15** ¿Están ustedes dispuestos, tan pronto como oigan la música, a inclinarse ante la estatua que yo he mandado hacer, y adorarla? Porque si no la adoran, ahora mismo serán arrojados a un horno encendido; y entonces, ¿qué dios podrá salvarlos? ᵉ

16 —No tenemos por qué discutir este asunto —contestaron

---

de Dn 7.3-7, representan cuatro grandes imperios. El primero de ellos se identifica expresamente con el imperio *neobabilónico* de Nabucodonosor y sus sucesores (véase Jer 1.14-15 n.). La identificación de los tres restantes no es del todo segura, pero muchos intérpretes coinciden en afirmar que el segundo imperio es el de los *medos*, el tercero el de los *persas* y el cuarto el gran imperio *griego* fundado por Alejandro Magno, rey de Macedonia (cf. Dn 8.20). Véanse Is 41.2 n.; Jer 51.11 n. y la *Tabla cronológica*.

ᵐ **2.41** *Un reino dividido:* Después de la muerte de Alejandro Magno, sus generales se repartieron entre ellos el imperio que él había fundado. A raíz de esta división, el territorio de Palestina fue escenario de constantes luchas entre la dinastía de los *lágidas*, que reinaba en Egipto, y la de los *seléucidas*, que tenía su capital en Antioquía de Siria. Véase *Índice de mapas*.

ⁿ **2.43** Este v. alude a las *alianzas matrimoniales* entre las dinastías reinantes en Siria y Egipto, que, sin embargo, no lograron unir a los dos grandes familias, así como no se pudo unir el *hierro* y el *barro*. Cf. Dn 11.6.

ñ **2.45** La pulverización de los elementos que formaban la estatua pone de relieve el carácter transitorio del mundo presente. Esta idea, fundamental en los escritos apocalípticos, aparecerá también en el NT. Cf. 1 Co 7.29-31; 1 P 4.7; 2 P 3.10.

º **2.47** La confesión de fe de este rey pagano anticipa lo que habrá de suceder al fin de los tiempos, cuando todos los pueblos de la tierra sirvan y obedezcan al único Dios (cf. Dn 7.27).

ᵃ **3.1-30** Daniel está ausente del siguiente relato, que habla solamente de sus tres amigos (véase Dn 1.1-21 n.). La narración tiene finalidad didáctica: despertar la confianza en el poder de Dios, que ni siquiera en las situaciones más difíciles desampara a sus fieles servidores. Cf. Dn 7.

ᵇ **3.1** La colosal altura de la *estatua* (unos *treinta metros*) no tiene proporción con su anchura (unos *tres metros*). Esta desproporción haría pensar más en un obelisco que en una escultura con rasgos humanos. Algunos intérpretes hacen notar, sin embargo, que la palabra aramea significa propiamente *estatua* o *imagen*, y que esta imagen debía tener parecido con la forma humana.

ᶜ **3.1** *Dura:* lugar de localización incierta, sin duda en las cercanías de la ciudad de Babilonia.

ᵈ **3.8** *Unos caldeos:* Véase Dn 1.4 n.

ᵉ **3.15** *¿Qué dios podrá salvarlos?:* Con la misma arrogancia había desafiado a los habitantes de Jerusalén el oficial del rey asirio Senaquerib (Is 36.20).

los tres jóvenes—. **17** Nuestro Dios, a quien adoramos, puede librarnos de las llamas del horno y de todo el mal que Su Majestad quiere hacernos, y nos librará. **18** Pero, aun si no lo hiciera, sepa bien Su Majestad que no adoraremos a sus dioses ni nos arrodillaremos ante la estatua de oro.

Los tres jóvenes son librados del horno de fuego

19 Al oir Nabucodonosor estas palabras, la cara se le puso roja de rabia contra los tres jóvenes. Entonces ordenó que se calentara el horno siete veces más de lo acostumbrado; **20** luego mandó que algunos de los soldados más fuertes de su ejército ataran a Sadrac, Mesac y Abed-nego, y que los arrojaran a las llamas del horno. **21** Los tres jóvenes, vestidos todavía con la misma ropa de los altos cargos que ocupaban, fueron atados y arrojados al horno ardiente. **22** Y como el rey había mandado que su orden se cumpliera al instante, y el horno estaba muy encendido, las llamas alcanzaron y mataron a los soldados que habían arrojado en él a los tres jóvenes, **23** los cuales cayeron atados dentro del horno.

24 Entonces Nabucodonosor se levantó rápidamente, y muy asombrado dijo a los consejeros de su gobierno:

—¿No arrojamos al fuego a tres hombres atados?

—Así es —le respondieron.

25 —Pues yo veo cuatro hombres desatados, que caminan en medio del fuego sin que les pase nada, y el cuarto hombre tiene el aspecto de un ángel.[f]

26 Y diciendo esto, Nabucodonosor se acercó a la boca del horno y gritó:

—¡Sadrac, Mesac y Abed-nego, siervos del Dios altísimo, salgan y vengan aquí!

Los tres salieron de entre las llamas, **27** y todas las autoridades de la nación allí presentes se acercaron a aquellos hombres, cuyos cuerpos no habían sido tocados por el fuego, y comprobaron que ni un pelo de la cabeza se les había chamuscado ni sus vestidos se habían estropeado, y que ni siquiera olían a quemado.

28 En ese momento Nabucodonosor exclamó: "¡Alabado sea el Dios de Sadrac, Mesac y Abed-nego, que envió a su ángel para salvar a sus siervos fieles, que no cumplieron la orden del rey, prefiriendo morir antes que arrodillarse y adorar a otro dios que no fuera su Dios! **29** Ahora pues, yo ordeno que cualquier hombre que hable mal del Dios de estos jóvenes, sea descuartizado, y su casa convertida en un montón de escombros, sea cual sea su pueblo, nación o lengua, pues no hay otro dios que pueda salvar así."[g]

30 Luego el rey dio a estos tres jóvenes cargos más importantes en la provincia de Babilonia.

4

La locura del rey Nabucodonosor[a]

1 (3.31) "Yo, el rey Nabucodonosor, deseo paz y prosperidad a los hombres de todos los pueblos, naciones y lenguas que habitan la tierra.[b] **2** (3.32) Quiero que sepan ustedes las cosas tan maravillosas que el Dios altísimo ha hecho conmigo. **3** (3.33) ¡Qué grandes son sus prodigios y milagros! Su reino durará por siempre, y su poder continuará de generación en generación.

4 (1) "Yo, Nabucodonosor, vivía tranquilo en mi palacio y disfrutaba de una gran prosperidad. **5** (2) Pero una noche, estando ya acostado, tuve un sueño que me espantó, y pensamientos y visiones que me llenaron de terror. **6** (3) Entonces ordené que vinieran a verme todos los sabios de Babilonia, para que me explicaran el significado del sueño. **7** (4) Vinieron todos los magos, adivinos, sabios[c] y astrólogos de Babilonia, y yo les conté el sueño, pero no pudieron decirme lo que significaba. **8** (5) Por último se presentó Daniel, llamado también Beltsasar[d] en honor a mi dios, y cuya vida está guiada por el espíritu del Dios santo, y le conté mi sueño de la siguiente manera: **9** (6) 'Beltsasar, jefe de los adivinos, yo sé que el espíritu del Dios santo te guía, y que conoces todos los misterios.[e] Escucha, pues, lo que he visto en mi sueño, y dime lo que significa. **10** (7) Estas son las visiones que tuve mientras estaba acostado:

"En medio de la tierra había un árbol muy alto.[f]

11 (8) El árbol creció y se hizo muy grueso;
su copa tocaba el cielo, y se le podía ver
desde los puntos más lejanos de la tierra.

12 (9) Eran tan hermosas sus hojas
y tan abundante su fruto,
que bastaba para alimentar a todos.
Las bestias del campo se ponían a su sombra,
en sus ramas hacían nidos las aves
y la vida de todo el mundo dependía de él.

13 (10) "De repente vi en mis visiones un ángel centinela que bajaba del cielo, **14** (11) y que en voz alta decía:

Echen abajo el árbol, córtenle las ramas,
quítenle las hojas, esparzan sus frutos.
Que huyan las bestias que están bajo su sombra
y las aves que están en sus ramas.

15 (12) Pero dejen en la tierra el tronco y sus raíces;
sujétenlo con cadenas de hierro y de bronce,
y déjenlo entre la hierba del campo.
Que caiga el rocío sobre él,
y que comparta con las bestias la hierba
del campo.

16 (13) Que su mente[g] se trastorne

---

[f] **3.25** *De un ángel:* lit. *de un hijo de Dios* (cf. Job 1.6).

[g] **3.28-29** Sobre la alabanza a Dios expresada por Nabucodonosor, véase Dn 2.47 n.

[a] **4.1—4.37 (3.31—4.34)** (Los números entre paréntesis corresponden a la numeración del texto arameo.) Este cap. presenta a un rey Nabucodonosor dominado por incontenibles ansias de poder (vv. 22-30[19-27]). A causa de esa arrogancia, Dios lo castiga hundiéndolo en un estado de locura, pero le devuelve el uso de la razón y la dignidad real cuando el monarca levanta los ojos al cielo (v. 34[31]) en señal de sumisión a la soberanía del único Dios. De ahí se desprende una lección que el sueño interpretado por Daniel ya había preanunciado de manera simbólica: Dios derriba a los poderosos desde su

trono y pone en alto a los humildes (Lc 1.52).

[b] **4.1(3.31)** El relato comienza con un saludo que el rey dirige a los destinatarios de su mensaje, como suele hacerse en las cartas.

[c] **4.7(4)** *Sabios:* lit. *caldeos.* Véase Dn 1.4 n.

[d] **4.8(5)** *Beltsasar:* Véase Dn 1.7 nota *j*.

[e] **4.9(6)** *Todos los misterios:* Véase Dn 2.18 n.

[f] **4.10(7)** *Un árbol muy alto:* También el profeta Ezequiel compara al faraón con un inmenso cedro del Líbano abatido por Dios a causa de su soberbia (Ez 31.2-11; cf. Is 14.4-20; Ez 28.1-19).

[g] **4.16(13)** *Su mente:* lit. *su corazón,* en el sentido bíblico de esa palabra, que no se refiere en primer lugar al sentimiento, sino a los pensamientos y al uso de la razón. Véase Sal 12.2(3) n.

y se vuelva como la de un animal,
y que ese mal le dure siete años. *ʰ*

17 ⁽¹⁴⁾ Esta es la sentencia que han dictado los santos ángeles centinelas, para que todos los hombres sepan que el Dios altísimo tiene poder sobre los reinos humanos, que él da el gobierno a quien quiere dárselo *ⁱ* y hace jefe de una nación al más humilde de los hombres.

18 ⁽¹⁵⁾ "Este es el sueño que yo, el rey Nabucodonosor, tuve. Ahora, Beltsasar, dime su significado, pues ninguno de los sabios de mi reino lo ha entendido; pero tú podrás interpretarlo, porque en ti está el espíritu del Dios santo.'

19 ⁽¹⁶⁾ "Entonces Daniel, al que llamaban Beltsasar, se quedó un momento pensativo, horrorizado por los pensamientos que le venían a la mente. Pero yo, el rey, le dije: 'Beltsasar, no te preocupes por el sueño que he tenido, ni por su explicación.' Y Beltsasar contestó: '¡Ay, que todo lo que el sueño significa recaiga sobre los enemigos de Su Majestad! **20** ⁽¹⁷⁾ El árbol alto y grueso que vio Su Majestad, el cual llegaba hasta el cielo y se podía ver desde los puntos más lejanos de la tierra, **21** ⁽¹⁸⁾ que tenía hojas hermosas y fruto abundante que alcanzaba para alimentar a todos, a cuya sombra se arrimaban las bestias del campo y en cuyas ramas hacían su nido las aves, **22** ⁽¹⁹⁾ ese árbol es Su Majestad, que ha crecido y se ha hecho poderoso. La grandeza de Su Majestad ha aumentado hasta alcanzar la altura del cielo, y su dominio se ha extendido sobre toda la tierra. **23** ⁽²⁰⁾ Su Majestad vio también que un santo ángel centinela bajaba del cielo y decía: Echen abajo el árbol y destrúyanlo, pero dejen en la tierra el tronco y sus raíces; sujétenlo con cadenas de hierro y de bronce, y déjenlo entre la hierba del campo. Que caiga el rocío sobre él, y que comparta con las bestias la hierba del campo durante siete años. **24** ⁽²¹⁾ Esto significa la sentencia que el Dios altísimo ha dictado contra Su Majestad. **25** ⁽²²⁾ Y Su Majestad será separado de la gente y vivirá con los animales; comerá hierba, como los bueyes, y el rocío empapará su cuerpo. Así vivirá Su Majestad durante siete años, hasta que reconozca que el Dios altísimo tiene poder sobre todos los reinos humanos, y que es él quien pone como gobernante a quien él quiere. **26** ⁽²³⁾ La orden de que se dejara en la tierra el tronco y sus raíces, significa que se devolverá a Su Majestad el reino cuando Su Majestad haya reconocido que Dios es quien tiene el poder. **27** ⁽²⁴⁾ Por tanto, siga Su Majestad este consejo mío: actúe con rectitud y no peque más; ponga fin a sus maldades y ocúpese de ayudar a los pobres. Tal vez así pueda Su Majestad seguir viviendo en paz y prosperidad.' " *ʲ*

28 ⁽²⁵⁾ Todas estas cosas anunciadas al rey Nabucodonosor, se cumplieron: **29** ⁽²⁶⁾ Un año después, mientras el rey se paseaba por la terraza de su palacio de Babilonia, **30** ⁽²⁷⁾ dijo: "¡Miren qué grande es Babilonia! Yo, con mi gran poder, la edifiqué como capital de mi reino, para dejar muestras de mi grandeza."

31 ⁽²⁸⁾ Todavía estaba hablando el rey cuando se oyó una voz del cielo, que decía: "Oye esto, rey Nabucodonosor. Tu reino ya no te pertenece; **32** ⁽²⁹⁾ serás separado de la gente y vivirás con los animales; comerás hierba como los bueyes durante siete años, hasta que reconozcas que el Dios altísimo tiene poder sobre todas las naciones de la tierra, y que es él quien pone como gobernante a quien él quiere."

33 ⁽³⁰⁾ En ese mismo instante se cumplió la sentencia anunciada, y Nabucodonosor fue separado de la gente; comió hierba, como los bueyes, y el rocío empapó su cuerpo, hasta que el pelo y las uñas le crecieron como si fueran plumas y garras de águila.

Curación de Nabucodonosor

34 ⁽³¹⁾ "Cuando el tiempo de la sentencia se cumplió, yo, Nabucodonosor, miré al cielo *ᵏ* y me sentí curado de mi locura; entonces bendije al Dios altísimo y alabé con estas palabras al que vive para siempre:

'Su poder durará siempre;
su reino permanecerá de generación en generación.
35 ⁽³²⁾ Ante él nada son
los habitantes de la tierra.
Él actúa según su voluntad,
tanto en el cielo como en la tierra.
No hay nadie que pueda oponerse a su poder *ˡ*
ni preguntarle por qué actúa como actúa.' *ᵐ*

36 ⁽³³⁾ "En aquel mismo momento recobré el juicio, el esplendor de mi reino, mi honor y mi grandeza. Mis consejeros y las altas personalidades de mi gobierno vinieron a buscarme, y me puse nuevamente al frente del gobierno de mi nación, llegando a tener un poder todavía mayor del que había tenido antes.

37 ⁽³⁴⁾ "Ahora pues, yo, Nabucodonosor, alabo, honro y glorifico al Rey del cielo, porque todo lo que hace es verdadero y justo, *ⁿ* y puede humillar a los que se creen importantes."

5 La escritura en la pared *ᵃ*

1 Belsasar, *ᵇ* rey de Babilonia, *ᶜ* invitó a un gran banquete a mil de las altas

---

ʰ **4.16(13)** *Siete años:* sentido probable de una expresión aramea que significa lit. *siete tiempos* o *períodos.*

ⁱ **4.17(14)** Cf. Job 36.7; Jer 27.5-8.

ʲ **4.27(24)** Sal 41.1(2); 112.5-6,9; Tb 12.9; Eclo 3.30.

ᵏ **4.34(31)** *Miré al cielo:* El rey expresa con este gesto su conversión al único y verdadero Dios. Como consecuencia de ello, no solo recupera el uso de la razón, sino que también recibe de Dios una gloria más extraordinaria que la que había tenido antes (cf. v. 36[33]). Así se pone en evidencia la verdad expresada en Dn 2.21: es Dios el que da y quita el poder a los reyes.

ˡ **4.35(32)** Is 40.22-23.

ᵐ **4.35(32)** *Preguntarle... como actúa:* Job 9.12; Is 45.9; Sab 12.12; Ro 9.20.

ⁿ **4.37(34)** Dt 32.4.

ᵃ **5.1-31** En este relato, la lectura e interpretación de una inscripción misteriosa pone de manifiesto una vez más el carácter extraordinario de la sabiduría profética concedida por Dios a Daniel. Cf. Dn 1.17,20.

ᵇ **5.1** *Belsasar* es la transcripción de un nombre babilónico que significa *(el dios) Bel protege al rey.* No debe confundirse con *Beltsasar,* que era el sobrenombre dado a Daniel en la corte de Nabucodonosor. Véase Dn 1.7 nota *j.*

ᶜ **5.1** Belsasar, aunque no fue *rey de Babilonia,* ejerció funciones

personalidades de la nación; y, durante la comida, el rey y sus invitados bebieron mucho vino. **2-3** Excitado por el vino, el rey Belsasar mandó traer las copas y tazones de oro y plata que su padre Nabucodonosor *d* se había llevado del templo de Jerusalén. Las copas y tazones fueron traídos, y bebieron en ellos el rey, sus mujeres, sus concubinas y todos los demás asistentes al banquete. **4** Todos bebían vino y alababan a sus ídolos, hechos de oro, plata, bronce, hierro, madera y piedra. *e*

5 En aquel momento apareció una mano de hombre que, a la luz de los candiles, comenzó a escribir con el dedo sobre la pared blanca de la sala. Al ver el rey la mano que escribía, **6** se puso pálido y, del miedo que le entró, comenzó a temblar de pies a cabeza. **7** Luego se puso a gritar y llamar a los adivinos, sabios y astrólogos de Babilonia, y les dijo:

—El que lea lo que ahí está escrito, y me explique lo que quiere decir, será vestido con ropas de púrpura, llevará una cadena de oro en el cuello y ocupará el tercer lugar en el gobierno de mi reino.

8 Todos los sabios que estaban al servicio del rey entraron en la sala, pero nadie pudo entender el significado de lo escrito ni explicárselo al rey. **9** Entonces le entró tanto miedo al rey Belsasar, que su cara se puso completamente pálida. Las personalidades del gobierno no sabían qué hacer, **10** pero la reina madre, atraída por los gritos de su hijo el rey y de los grandes personajes invitados, entró en la sala del banquete y dijo:

—¡Que viva Su Majestad para siempre! Y no se preocupe ni se ponga pálido, **11** que en su reino hay un hombre guiado por el espíritu del Dios santo. Cuando el padre de Su Majestad era rey, ese hombre demostró tener una mente clara, e inteligencia y sabiduría como la de los dioses. Por eso el rey Nabucodonosor, padre de Su Majestad, nombró a ese hombre jefe de todos los magos, adivinos, sabios y astrólogos de la nación, **12** ya que en Daniel, a quien el rey puso el nombre de Beltsasar, había un espíritu extraordinario e inteligencia y ciencia para entender el significado de los sueños, explicar el sentido de las palabras misteriosas y resolver los asuntos complicados. Llame Su Majestad a Daniel, y él le dará a conocer el significado de lo que está escrito en la pared.

13 Daniel fue llevado ante el rey, y el rey le preguntó:

—¿Eres tú Daniel, uno de aquellos prisioneros judíos que mi padre, el rey Nabucodonosor, trajo de Judea? **14** Me han dicho que el espíritu de Dios está en ti, que tienes una mente clara, y que eres muy inteligente y sabio. **15** Pues bien, los hombres más sabios de la nación han estado aquí para leer esas palabras y explicarme su significado, pero ni siquiera las entienden. **16** Sin embargo, he oído decir que tú puedes aclarar dudas y resolver cuestiones difíciles. Si tú puedes leer esas palabras y decirme lo que significan, haré que seas vestido con ropas de púrpura, que te pongan una cadena de oro en el cuello y que ocupes el tercer lugar en el gobierno de mi reino.

17 Entonces Daniel le contestó:

—Quédese Su Majestad con sus regalos, y ofrézcale a otro el honor de estar en su palacio. Yo le explicaré de todos modos a Su Majestad lo que quieren decir las palabras escritas en la pared.

18 "El Dios altísimo dio el reino, y también grandeza, gloria y honor, a Nabucodonosor, padre de Su Majestad. **19** Por el poder que le dio, gente de todos los pueblos, naciones y lenguas lo respetaban y temblaban ante él. Y él mataba o dejaba vivir a quien él quería; a unos los ponía en alto y a otros los humillaba. **20** Pero cuando se llenó de soberbia, y actuó terca y orgullosamente, se le quitó el poder y la gloria que tenía como rey. **21** Fue apartado de la gente y se convirtió en una especie de animal; vivió con los asnos salvajes, comió hierba como los bueyes y el rocío empapó su cuerpo, hasta que reconoció que el Dios altísimo tiene poder sobre todos los reinos humanos, y que él da la dirección del gobierno a quien él quiere. *f* **22** Y ahora Su Majestad, Belsasar, que es hijo de aquel y que sabe lo que le pasó, tampoco ha vivido con humildad. **23** Al contrario, Su Majestad se ha burlado del Señor del cielo mandando traerse a la mesa las copas y tazones del templo, y, junto con sus invitados, ha bebido vino en ellos y ha dado alabanza a dioses hechos de oro, plata, bronce, hierro, madera y piedra; dioses que no ven, ni oyen, ni saben nada. En cambio, no ha alabado al Dios en cuyas manos está la vida de Su Majestad *g* y de quien depende todo lo que haga. **24** Por eso, él envió la mano que escribió esas palabras, **25** MENÉ, MENÉ, TEKEL y PARSÍN, *h* **26** las cuales significan lo siguiente: MENÉ: Dios ha medido los días del reinado de Su Majestad, y le ha señalado su fin; **27** TEKEL: Su Majestad ha sido pesado en la balanza, y pesa menos de lo debido; **28** PARSÍN: el reino de Su Majestad ha sido dividido, y será entregado a medos y persas."

29 En seguida el rey Belsasar ordenó que vistieran a Daniel con ropas de púrpura y que le pusieran una cadena de oro en el cuello, y comunicó a todos que, desde ese mismo instante, Daniel ocuparía el tercer lugar en el gobierno del reino.

---

reales durante los ocho años en que su padre Nabonid se mantuvo retirado en el desierto de Arabia.

d **5.2-3** *Su padre Nabucodonosor:* Fuentes históricas fidedignas atestiguan que el padre de Belsasar fue Nabonid, el último de los reyes de Babilonia (556-539 a.C.). Por lo tanto, Belsasar no fue hijo del rey Nabucodonosor en sentido físico. Puede afirmarse, sin embargo, que lo fue en un sentido amplio, ya que también él ejerció funciones de gobierno al frente del imperio neobabilónico, como antes las había ejercido Nabucodonosor, el más célebre rey de la dinastía caldea. Véanse Jer 1.14-15 n.; Dn 1.4 n.

e **5.2-4** La profanación de los vasos sagrados confiere un carácter sacrílego a este banquete, en el que no solo se rendía culto a los dioses paganos, sino que también se menospreciaba al verdadero Dios (cf. v. 23).

f **5.18-21** Estos vv. se refieren al episodio relatado en Dn 4.29-36(26-33).

g **5.23** Job 12.10.

h **5.25** Estas tres palabras, en su sentido propio, son los nombres de pesas y monedas antiguas: *mené,* "mina", *tekel,* "siclo", *parsín* (plural de *peres*) "media mina". Pero este detalle no es tan importante como la interpretación que reciben en el texto: se relacionan las dos primeras palabras con los verbos *maná* y *takal,* que significan, respectivamente, *medir* y *pesar;* en cuanto a la tercera, se relaciona a un mismo tiempo con el verbo *parás,* que significa *dividir,* y con el nombre de los *persas.* De este modo, la misteriosa inscripción resulta ser una profecía acerca de la suerte futura del imperio babilónico.

30 Aquella misma noche mataron a Belsasar, rey de los caldeos,*i* **31** (6.1) *j* y Darío de Media*k* se apoderó del reino. Darío tenía entonces sesenta y dos años de edad.

6 Daniel en el foso de los leones *a*

1 (2) El rey Darío decidió nombrar ciento veinte gobernadores regionales para que se encargaran de las distintas partes del reino. **2** (3) Al frente de ellos puso tres supervisores, para que vigilaran la administración de los gobernadores, con el fin de que el rey no saliera perjudicado en nada. Uno de los supervisores era Daniel, **3** (4) quien pronto se distinguió de los otros supervisores y jefes regionales por su gran capacidad; por eso al rey pensó en ponerlo al frente del gobierno de la nación. **4** (5) Los supervisores y gobernadores buscaron entonces un motivo para acusarlo de mala administración del reino, pero como Daniel era un hombre honrado, no le encontraron ninguna falta; por lo tanto no pudieron presentar ningún cargo contra él. **5** (6) Sin embargo, siguieron pensando en el asunto, y dijeron: "No encontraremos ningún motivo para acusar a Daniel, a no ser algo que tenga que ver con su religión."

6 (7) Así pues, los supervisores y gobernadores se pusieron de acuerdo para ir a hablar con el rey Darío, y cuando estuvieron en su presencia le dijeron:

—¡Que viva Su Majestad para siempre! **7** (8) Todas las autoridades que gobiernan la nación han tenido una junta, en la que acordaron la publicación de un decreto real ordenando que, durante treinta días, nadie dirija una súplica a ningún dios ni hombre, sino solo a Su Majestad. El que no obedezca, deberá ser arrojado al foso de los leones. **8** (9) Por lo tanto, confirme Su Majestad el decreto, y fírmelo para que no pueda ser modificado, conforme a la ley de los medos y los persas, que no puede ser anulada. *b*

9 (10) Ante esto, el rey Darío firmó el decreto. **10** (11) Y cuando Daniel supo que el decreto había sido firmado, se fue a su casa, abrió las ventanas de su dormitorio, el cual estaba orientado hacia Jerusalén, y se arrodilló para orar y alabar a Dios. Esto lo hacía tres veces al día, tal como siempre lo había hecho. *c* **11** (12) Entonces aquellos hombres entraron juntos en la casa de Daniel, y lo encontraron orando y alabando a su Dios. **12** (13) En seguida fueron a ver al rey para hablarle del decreto, y le dijeron:

—Su Majestad ha publicado un decreto, según el cual, aquel que durante estos treinta días dirija una súplica a cualquier dios o a cualquier hombre que no sea Su Majestad, será arrojado al foso de los leones, ¿no es verdad?

—Así es —respondió el rey—. Y el decreto debe cumplirse conforme a la ley de los medos y los persas, que no puede ser anulada.

13 (14) Entonces ellos siguieron diciendo:

—Pues Daniel, uno de esos judíos desterrados, no muestra ningún respeto por Su Majestad ni por el decreto publicado, ya que lo hemos visto hacer su oración tres veces al día.

14 (15) Al oír esto, el rey quedó muy triste, y buscó la manera de salvar a Daniel. Hasta la hora de ponerse el sol hizo todo lo posible para salvarlo, **15** (16) pero aquellos hombres se presentaron otra vez al rey y le dijeron:

—Su Majestad sabe bien que, según la ley de los medos y los persas, ninguna prohibición o decreto firmado por el rey puede ser anulado.

16 (17) Entonces el rey ordenó que trajeran a Daniel y lo echaran al foso de los leones. Pero antes que se cumpliera la sentencia, el rey le dijo a Daniel:

—¡Que tu Dios, a quien sirves con tanta fidelidad, te salve!

17 (18) En cuanto Daniel estuvo en el foso, trajeron una piedra y la pusieron sobre la boca del foso, y el rey la selló con su sello real y con el sello de las altas personalidades de su gobierno, para que también en el caso de Daniel se cumpliera estrictamente lo establecido por la ley. **18** (19) Después el rey se fue a su palacio y se acostó sin cenar y sin entregarse a sus distracciones habituales; además, no pudo dormir en toda la noche. **19** (20) Tan pronto como amaneció, se levantó y fue a toda prisa al foso de los leones. **20** (21) Cuando el rey estuvo cerca, llamó con voz triste a Daniel, diciendo:

—Daniel, siervo del Dios viviente, ¿pudo tu Dios, a quien sirves con tanta fidelidad, librarte de los leones?

21 (22) Y Daniel le respondió:

—¡Que viva Su Majestad para siempre! **22** (23) Mi Dios envió su ángel, el cual cerró la boca de los leones *d* para que no me hicieran ningún daño, pues Dios sabe que soy inocente y que no he hecho nada malo contra Su Majestad.

23 (24) Entonces el rey se alegró mucho y ordenó que sacaran del foso a Daniel. Cuando lo sacaron, no le encontraron ninguna herida, porque tuvo confianza en su Dios. **24** (25) Después, por orden del rey, fueron traídos los hombres que habían acusado a Daniel, y junto con sus mujeres y sus hijos fueron echados al foso de los leones; y aún no habían llegado al fondo cuando ya los leones se habían lanzado sobre ellos y los habían despedazado.

---

i **5.30** Dos historiadores griegos narran que los babilonios estaban bebiendo hasta embriagarse cuando el ejército de Ciro llegó a Babilonia para apoderarse de ella (véase Is 41.2 n.). La conquista de la ciudad se produjo entonces en forma pacífica; pero una antigua tradición atestigua que *Belsasar* fue asesinado por un oficial de su reino, que se había pasado a los persas.

j **5.31(6.1)—6.28(29)** Los números entre paréntesis corresponden a la numeración del texto arameo.

k **5.31(6.1)** *Darío de Media:* Cf. Dn 9.1. Las fuentes históricas extrabíblicas no mencionan a este personaje; tampoco es posible asignarle un lugar en la sucesión cronológica de los reyes del antiguo Oriente. Cf. Is 13.17; Jer 51.11, donde se menciona a los medos entre los pueblos que provocaron la caída de Babilonia.

a **6.1-28(2-29)** El contenido de este relato es muy semejante al del cap. 3. Por negarse a cometer un acto de idolatría, Daniel se ve en la necesidad de afrontar la muerte; pero Dios lo salva milagrosamente, como antes había salvado a los tres jóvenes arrojados al fuego. Véase Dn 3.1-30 n.

b **6.8(9)** *Ley... que no puede ser anulada:* Cf. Est 1.19; 8.8.

c **6.10(11)** Nótese la manera de orar de los judíos que se encontraban lejos de Jerusalén: tres veces al día, puestos de rodillas y con la mirada vuelta hacia el templo de Sión (cf. 1 R 8.44,48). La primera de estas oraciones se hacía temprano en la mañana, cuando se ofrecía el sacrificio matutino; la segunda, hacia las tres de la tarde, hora en que se ofrecía el sacrificio vespertino; y la tercera, al atardecer, cuando empezaba a caer el sol. Véase Sal 5.7(8) n. Cf. también Sal 55.17(18).

d **6.22(23)** Heb 11.33.

25 (26) Entonces el rey Darío escribió a la gente de todas las naciones y lenguas de la tierra, diciéndoles: "Deseo a ustedes paz y prosperidad, **26 (27)** y ordeno y mando que en todo mi imperio se respete y reverencie al Dios de Daniel.

"Porque él es el Dios viviente,
y permanece para siempre.
Su reino no será jamás destruido
ni su poder tendrá fin.
27 (28) Él es el salvador y el libertador;
el que hace señales maravillosas
en el cielo y en la tierra.
Él ha salvado a Daniel
de las garras de los leones."

28 (29) Y Daniel siguió siendo una alta personalidad del gobierno en el reinado de Darío, y también en el reinado de Ciro, rey de Persia.

II. SEGUNDA PARTE (7—12) [a]

7 *La visión de los cuatro monstruos* **1** Una noche, durante el primer año del reinado de Belsasar [b] en Babilonia, Daniel tuvo un sueño y visiones. En cuanto se despertó, puso por escrito las cosas principales que había soñado. Esto es lo que escribió:

2 "Yo veía en mi sueño que los cuatro vientos soplaban y agitaban las aguas del gran mar. [c] **3** De repente, cuatro enormes monstruos, [d] diferentes uno del otro, salieron del mar. [e] **4** El primero se parecía a un león, pero tenía alas de águila. Mientras yo estaba mirando, le arrancaron las alas, lo levantaron del suelo y lo apoyaron sobre sus patas traseras, poniéndolo de pie como un hombre, y su cerebro se convirtió en el de un ser humano. [f]

5 "El segundo se parecía a un oso, alzado más de un lado que otro, el cual tenía tres costillas entre los dientes; y oí que le decían: '¡Anda, come toda la carne que puedas!'

6 "El tercero se parecía a un leopardo, pero con cuatro alas en la espalda; también vi que tenía cuatro cabezas y que se le entregaba el poder. [g]

7 "El cuarto monstruo que vi en mis visiones era terrible, espantoso, y de una fuerza extraordinaria. Tenía grandes dientes de hierro; todo lo devoraba y destrozaba, y pisoteaba las sobras. Era un monstruo diferente de todos los que yo había visto en mi sueño, y tenía diez cuernos [h] en la cabeza.

8 "Mientras yo estaba mirando los cuernos, vi que de entre ellos salía otro cuerno más pequeño, y entonces le arrancaron tres cuernos para dejar lugar al último que le había salido, el cual tenía ojos como los de un ser humano y una boca que hablaba con mucha arrogancia. [i]

El juicio de Dios

9 "Seguí mirando,
hasta que fueron puestos unos tronos [j]
y un Anciano [k] se sentó.
Su vestido era blanco como la nieve,
y su cabello como lana limpia. [l]
El trono y sus ruedas eran llamas de fuego,
10 y un río de fuego salía de delante de él. [m]
Miles y miles le servían,
y millones y millones estaban de pie en su presencia.
El tribunal dio principio a la sesión,
y los libros fueron abiertos. [n]

11 "Yo estaba mirando, atraído por las cosas tan arrogantes que el cuerno pequeño decía; y mientras estaba mirando, mataron al monstruo y lo despedazaron, y luego lo echaron al fuego para que se quemara. **12** También a los otros monstruos se les quitó el poder, pero los dejaron seguir viviendo hasta que les llegara su hora.

13 "Yo seguía viendo estas visiones en la noche. De pronto:

"Vi que venía entre las nubes [ñ]
alguien parecido a un hijo de hombre, [o]
el cual fue a donde estaba el Anciano;
y le hicieron acercarse a él.
14 Y le fue dado el poder, la gloria y el reino,
y gente de todas las naciones y lenguas le servían. [p]

---

[a] **7.1—12.13** Aquí se inicia la segunda parte del libro, donde ya no se relatan episodios de la vida de Daniel y de sus compañeros, sino que se describen e interpretan visiones simbólicas de claro contenido apocalíptico. En esas visiones recibe un amplio desarrollo la concepción de la historia que ya se había esbozado en la sección anterior: Dios gobierna los destinos de este mundo de acuerdo con un plan cuya realización nada puede impedir. Así, la historia avanza misteriosamente hacia el día final, en el que encontrará su mismo tiempo su término y su culminación. Véase Dn 2.1-49 n.

[b] **7.1** *Belsasar:* Véanse las notas correspondientes a Dn 5.1 y 5.2-3.

[c] **7.2** El *gran mar* alborotado por los *vientos* es el caos primitivo de los antiguos relatos de la creación (véanse Gn 1.2 nota *c*; 1.21 n.). De este modo, la visión se remonta hasta el comienzo de la historia humana, a fin de abarcarla desde el principio hasta el fin (cf. v. 22).

[d] **7.3** *Cuatro enormes monstruos:* La representación simbólica de reinos o naciones con figuras de animales (cf. v. 17) es bastante frecuente y aparece en distintas culturas. Estos cuatro animales de aspecto monstruoso corresponden a los cuatro metales de la estatua descrita en Dn 2.31-35. Véase Dn 2.38-40 n.

[e] **7.3** *Salieron del mar:* La referencia al lugar de donde proceden estos animales monstruosos pone de relieve su carácter maligno y perjudicial. Cf. Ap 13.1; 17.8.

[f] **7.4** *Su cerebro... ser humano:* probable alusión a Dn 4.36(33), donde se relata cómo Nabucodonosor, junto con la razón, recupera también su dignidad humana.

[g] **7.4-6** Ap 13.2.

[h] **7.7** En el antiguo Oriente, los *cuernos* simbolizaban la fuerza (véase Ex 27.2 n.). De ahí la aptitud de este símbolo para representar a los reyes (v. 24). Cf. Ap 12.3; 13.1.

[i] **7.8** Ap 13.5-6.

[j] **7.9** Ap 20.4.

[k] **7.9** *Un Anciano:* lit. *un Anciano de días*, hebraísmo con el que se designa a una persona de edad y aspecto venerables. Aquí la expresión se refiere a Dios, el Juez universal que va a juzgar a los reinos de este mundo.

[l] **7.9** Ap 1.14.

[m] **7.10** Ap 1.15.

[n] **7.10** En estos *libros* están anotadas las acusaciones y en ellos van a quedar registradas las sentencias. Cf. Ap 20.12.

[ñ] **7.13** Las *nubes* del cielo se contraponen al *gran mar* del que proceden los animales de aspecto monstruoso (v. 2).

[o] **7.13** *Alguien parecido a un hijo de hombre:* Nótese la dimensión colectiva que tiene esta misteriosa figura, ya que el reino que le es conferido lo reciben también los santos del Altísimo (vv. 18,27). Cf. Mt 24.30; 26.64; Mc 13.26; 14.62; Lc 21.27; Ap 1.7,13; 14.14.

[p] **7.14** Ap 11.15.

Su poder será siempre el mismo,
y su reino jamás será destruido.

15 "Yo, Daniel, sentí que el terror se apoderaba de mí; y muy preocupado por todo lo que había visto, **16** me acerqué a uno de los que estaban allí de pie, y le pedí que me explicara todo aquello. Él aceptó explicármelo,^q y me dijo: **17** 'Estos cuatro monstruos son cuatro reyes que dominarán el mundo.^r **18** Pero después el reino será entregado al pueblo del Dios altísimo,^s y será suyo por toda la eternidad.'^t

19 "Yo quería saber más acerca del cuarto monstruo, que era tan diferente de los otros, pues su aspecto era horrible: tenía dientes de hierro y garras de bronce; todo lo devoraba y destrozaba, y pisoteaba las sobras. **20** También quería yo saber más acerca de sus diez cuernos, y del cuerno pequeño que tenía ojos y una boca que hablaba con mucha arrogancia, pues hasta parecía más grande que los otros cuernos, y tres cuernos habían caído para dejarle lugar. **21** Entonces vi que este cuerno luchaba contra el pueblo de Dios, y lo vencía,^u **22** hasta que llegó el Anciano e hizo justicia al pueblo del Dios altísimo,^v pues se había cumplido el tiempo para que el pueblo de Dios tomara posesión del reino. **23** Y dijo:

'El cuarto monstruo será un cuarto reino
que habrá sobre la tierra,
diferente de todos los demás.
Devorará toda la tierra,
la pisoteará y la destrozará.
24 Los diez cuernos son diez reyes
que reinarán en ese reino.^w
Después de ellos subirá otro al poder,
que será muy diferente de los primeros
y que derribará a tres de estos reyes.^x
25 Insultará al Dios altísimo
e irá acabando con su pueblo;
tratará de cambiar la ley de Dios y las fiestas^y religiosas,
y el pueblo de Dios estará bajo su poder^z
durante tres años y medio.^a
26 Pero el tribunal celebrará un juicio,
y se le arrebatará el poder,
dejándolo completamente destruido.
27 Y el reino, el poder y la gloria
de todos los reinos de la tierra
serán dados al pueblo del Dios altísimo.^b
Su reino permanecerá para siempre,^c
y todos los pueblos de la tierra
le servirán y le obedecerán.'

28 "Este es el final del relato. Y yo, Daniel, me quedé muy preocupado y me puse pálido; pero no dije nada a nadie sobre este asunto."

8 Visión del carnero y del chivo^a

1 "Durante el tercer año del reinado de Belsasar,^b yo, Daniel, tuve otra

---

^q **7.16** Las visiones simbólicas, como los sueños, resultan incomprensibles si alguien no las interpreta (cf. Dn 2.36; 4.18[15]). En los caps. anteriores, el intérprete era Daniel; ahora, en cambio, él recibe las explicaciones de un ángel que actúa como intermediario de los reveladores divinas (Dn 8.15-19). Cf. Ez 40—42; Zac 1.7—6.8, y véanse también Dn 1.17 n.; 2.36 n.

^r **7.17** *Dominarán el mundo:* otra posible traducción: *se levantarán de la tierra.* Una vez más aparece aquí la idea, típicamente apocalíptica, de los reinos que se van sucediendo en el dominio del mundo (véase Dn 2.1-49 n.; 2.38-40 n.). La enumeración de los imperios no pretende ser completa, sino que con el número cuatro se representa simbólicamente una totalidad mucho mayor. Cf. Dn 7.2; 8.8, donde la mención de los *cuatro vientos* del cielo (es decir, de los cuatro puntos cardinales) sugiere la idea de universalidad. Cf. Ap 7.1

^s **7.18** *Pueblo del Dios altísimo:* lit. *los santos del Altísimo.* Algunos intérpretes han visto en esta expresión una referencia a los ángeles; pero en realidad se trata de seres humanos, ya que han sido perseguidos y muchos de ellos han padecido incluso el martirio (cf. v. 25). Son *santos* porque, como miembros del pueblo elegido, han sido puestos aparte y consagrados al servicio de Dios.

^t **7.18** Ap 22.5.

^u **7.20-21** En el *cuerno* que lucha contra el pueblo de Dios y lo vence temporariamente, muchos reconocen a Antíoco IV, rey de Siria (175-164 a.C.), que se hizo llamar *Epifanes,* es decir, *"(dios) manifestado".* Según Dn 11.36-37, la arrogancia de este rey fue tal que lo llevó a considerarse superior a sus propios dioses. Cf. 1 Mac 1.10,24; cf. 13.7. Véase la *Tabla cronológica.*

^v **7.22** Ap 20.4.

^w **7.24** Ap 17.12.

^x **7.23-24** Según muchos intérpretes, este *cuarto monstruo* es el Imperio Griego de Alejandro Magno (véanse Dn 8.7 n.; 8.21 n.). En tal caso, los *diez cuernos* representan a los reyes de la dinastía seléucida, que fueron sus herederos directos en el dominio de Siria y de las regiones adyacentes (véanse Dn 2.41 n.; 8.8 n.). Véase también la *Tabla cronológica.*

^y **7.25** Posible alusión a las medidas persecutorias del rey Antíoco IV contra la religión judía. Este rey, en efecto, no solo introdujo prácticas idolátricas en el templo de Jerusalén (véase Dn 9.27 nota *p*), sino que además quiso obligar al pueblo judío a abandonar la observancia del sábado, a suprimir sus fiestas religiosas (cf. Dn 12.11), a comer alimentos prohibidos (cf. Dn 1.5) y a no circuncidar a sus hijos. Cf. 1 Mac 1.41-64.

^z **7.25** El conflicto entre el rey Antíoco IV y el pueblo de Israel se inscribe en un drama mucho más vasto, que afecta al pueblo de Dios a lo largo de toda su historia terrena. Para estar a la altura de su vocación y de su misión, ese pueblo debe pasar por las pruebas que Dios le impone para purificarlo y perfeccionarlo (Dn 11.35; 12.10; cf. Dt 8.2; Heb 12.3-11). De ahí que el Apocalipsis de Juan haya actualizado el mensaje de Dn para la iglesia perseguida por el Imperio Romano.

^a **7.25** La persecución de Antíoco IV duró de hecho desde el año 168 hasta el 165 a.C., es decir, aprox., unos *tres años y medio.* Pero téngase en cuenta, asimismo, que *tres y medio* es la mitad de *siete,* cifra que en la simbología bíblica representa lo bien terminado y completo (véase Gn 4.18 n.). Por lo tanto, este número de años podría tener un valor simbólico además de su valor real, ya que sugiere la idea de algo inconcluso y frustrado antes de llegar a su meta. Cf. Dn 12.7; Ap 12.14; 13.5-6.

^b **7.27** Sab 3.8; Ap 20.4.

^c **7.27** Ap 22.5.

^a **8.1-27** La *visión* consignada en este cap. también se refiere a hechos históricos, pero aquí las alusiones son mucho más transparentes. El carnero con dos cuernos de tamaño desigual podría representar a los medos y a los persas, que terminaron por fundirse en un solo imperio (cf. v. 20); el chivo que lo derriba es Alejandro Magno (cf. v. 21), y los cuernos que van apareciendo después son los reinos fundados por sus generales, en especial la dinastía helenística de la que surgió el perseguidor del pueblo judío, Antíoco IV Epífanes (cf. vv. 22-25). Pero la visión en su conjunto es un mensaje de esperanza, ya que culmina con el anuncio de la destrucción del perseguidor (v. 25), hecho que pondrá fin al *tiempo de la ira de Dios* (v. 19). Véase la *Tabla cronológica.*

^b **8.1** *Belsasar:* Véanse Dn 5.1 notas *b* y *c*; 5.2-3 n.

visión,[c] además de la que antes había tenido. [2] Durante la visión, me parecía estar en la ciudadela de Susa, en la provincia de Elam,[d] a orillas del río Ulai.[e] [3] Miré a lo lejos, y vi un carnero que estaba a la orilla del río. Tenía dos cuernos altos, pero uno de ellos le había salido más tarde y era más alto que el otro. [4] Vi que el carnero embestía con sus cuernos hacia el oeste, el norte y el sur, y que ningún otro animal podía hacerle frente ni librarse de sus golpes. Hacía lo que mejor le parecía, y cada vez era más fuerte.

[5] "Todavía estaba yo pensando en lo que había visto, cuando me di cuenta de que un chivo venía del oeste, corriendo tan deprisa que ni siquiera tocaba el suelo. Este chivo tenía un gran cuerno entre los ojos, [6] y cuando llegó cerca del carnero de dos cuernos, que yo había visto junto al río, lo embistió con todas sus fuerzas [7] y le rompió sus dos cuernos, sin que el carnero tuviera fuerzas para enfrentarse con él. Después el chivo derribó por tierra al carnero y lo pisoteó, sin que nadie pudiera salvarlo.[f]

[8] "El chivo se hacía cada vez más fuerte, pero en el momento en que más poder tenía, su gran cuerno se rompió, y en su lugar le salieron cuatro cuernos que apuntaban hacia los cuatro vientos.[g] [9] De uno de ellos salió otro cuerno pequeño,[h] que creció mucho hacia el sur, hacia el este y hacia la Tierra de la Hermosura.[i] [10] Tanto creció que llegó hasta el ejército del cielo, derribó parte de las estrellas[j] y las pisoteó,[k] [11] y aun llegó a desafiar al jefe mismo de ese ejército;[l] suprimió el sacrificio diario[m] y profanó el lugar de adoración. [12] Perversamente hizo que su ejército acampara donde antes se ofrecía el sacrificio,[n] y echó por los suelos la verdad. Hizo, en fin, todo cuanto quiso, y en todo tuvo éxito.[ñ]

[13] "Después oí que un ángel le preguntaba a otro ángel: '¿Cuándo va a terminar esto que se ve en el altar del sacrificio diario? ¿Cuánto va a durar el horrible pecado de entregar el santuario del Señor y los creyentes en él, para ser pisoteados?' [14] Y la respuesta fue: 'Hasta dos mil trescientas tardes y mañanas. Después de eso, el santuario será purificado.'[o]

[15] "Mientras yo, Daniel, contemplaba esta visión y trataba de comprender su significado, apareció de repente delante de mí una figura parecida a un hombre, [16] y oí una voz humana que venía del río Ulai, la cual decía: 'Gabriel,[p] explícale a este hombre la visión.'

[17] "Entonces él se me acercó. Yo me asusté, y me incliné hasta tocar el suelo con la frente, pero él me dijo: 'Hijo de hombre, ten en cuenta que esta visión se refiere al final de los tiempos.'

[18] "Mientras él me estaba hablando, yo me desmayé y quedé tendido en el suelo; pero él me tocó, hizo que me pusiera de pie, [19] y me dijo:

'Voy a explicarte lo que va a pasar cuando termine el tiempo de la ira de Dios, pues la visión se refiere al tiempo del fin.

[20] 'El carnero con dos cuernos representa a los reyes de Media y de Persia. [21] El chivo es el rey de Grecia,[q] y el gran cuerno que tiene entre los ojos es el primer rey. [22] Los cuatro cuernos que salieron cuando el primer cuerno se rompió, significan que de esta nación saldrán cuatro reinos más, pero no con el poder del primero.

[23] 'Cuando el dominio de estos reinos llegue a su fin
y las maldades hayan llegado al colmo,
un rey insolente y astuto ocupará el poder.
[24] Llegará a ser poderoso,
pero no con su propio poder;
destruirá de manera increíble
y triunfará en todo lo que haga.
Destruirá a hombres poderosos
y también a muchos del pueblo de Dios.
[25] Por su astucia,

---

[c] 8.1 La *visión* en estado de vigilia sustituye aquí al sueño nocturno (cf. Dn 7.1).

[d] 8.2 *Susa:* capital del antiguo reino de *Elam* (véase Jer 49.34 n.), convertida luego en residencia invernal de los reyes de Persia (Neh 1.1; Est 1.2). Véase *Índice de mapas.*

[e] 8.2 Esta visión, como antes la del profeta Ezequiel, tiene lugar al borde de un río (Ez 1.1). *Ulai:* se trata probablemente de un río cercano a Susa, al que los antiguos griegos llamaban *Eulaios.*

[f] 8.7 El triunfo del *chivo* sobre el *carnero* representa simbólicamente la victoria con que Alejandro Magno puso fin a la dominación persa en el año 333 a.C. (cf. vv. 20-21).

[g] 8.8 O sea, los cuatro generales de Alejandro Magno que se repartieron el inmenso territorio que este había conquistado. Véase Dn 2.41 n.

[h] 8.9 *El cuerno pequeño* sería Antíoco IV Epifanes (cf. Dn 7.20-21).

[i] 8.9 Al regresar de una de sus campañas contra Egipto, Antíoco IV Epifanes se volvió también contra la *Tierra de la Hermosura,* expresión que designa, evidentemente, el territorio de Israel. Cf. Jer 3.19; Ez 20.6.

[j] 8.10 Cf. Ap 12.4.

[k] 8.10 El *ejército del cielo* son los astros y estrellas, que los antiguos adoraban como dioses (Dt 4.19; Jer 8.2; 19.13; Sof 1.5). Probablemente se alude a la arrogancia de Antíoco IV Epifanes, quien, como el rey de Babilonia en Is 14.13-14, pretendió elevarse hasta el cielo y hacerse igual al Altísimo. En tal caso, la parte final del v. tendría que interpretarse a la luz de Dn 11.36, donde se afirma que el orgullo de este rey lo llevó hasta el extremo de considerarse superior a todos los dioses.

[l] 8.11 El *jefe* del *ejército* celestial es el mismo Dios, que en el v. 25 recibe el título de *príncipe de príncipes.*

[m] 8.11 *Diario:* lit. *continuo.*

[n] 8.12 *Perversamente... sacrificio:* traducción probable. Heb. oscuro.

[ñ] 8.11-12 Estos vv. se refieren a la profanación del templo de Jerusalén por parte del rey Antíoco y a sus medidas persecutorias contra la religión judía. Cf. Dn 7.24-25; 11.31-35; 1 Mac 1.10-64; 2 Mac 5.11-16.

[o] 8.14 Las *dos mil trescientas tardes y mañanas* equivalen a 1150 días, es decir, tres años y algunos días, tiempo que duró la profanación del templo bajo Antíoco IV. Este periodo concluyó con la purificación del santuario, que se llevó a cabo en diciembre del año 165 a.C., después de la victoria de Judas Macabeo. Véanse Dn 7.25 nota *q,* 9.27 nota *p;* cf. 1 Mac 1.54; 4.52-59. Véase también la *Tabla cronológica 2.*

[p] 8.16 Aquí el ángel intérprete no es una figura anónima sino que se llama *Gabriel,* nombre que en hebreo podría significar *hombre de Dios,* o bien *Dios es fuerte.* Cf. Dn 9.21; Lc 1.19,26.

[q] 8.21 *Grecia:* lit. *Javán,* forma hebrea de la palabra *jonio,* con la que se designaba a los griegos que habitaban en la costa occidental de Asia Menor y que estuvieron sometidos a los persas. Luego, por extensión, se usó esa palabra para referirse a toda Grecia. Cf. Gn 10.2. Véase *Grecia* en el *Índice de mapas.*

sus engaños triunfarán.
Se llenará de orgullo,
y a mucha gente que vivía confiada
le quitará la vida a traición.
Hará frente al príncipe de príncipes,
pero será destruido por él.

²⁶ 'La visión de las tardes y las mañanas te ha sido revelada, y es verdadera; pero tú manténla en secreto,ʳ pues se cumplirá cuando haya pasado mucho tiempo.'

²⁷ "Yo, Daniel, sentí que me faltaban las fuerzas, y estuve enfermo varios días. Después me levanté y seguí atendiendo los asuntos del gobierno de la nación. Pero estaba yo muy preocupado por la visión que había tenido, pues no podía comprenderla.

9 *Daniel ora por su pueblo* ᵃ

¹ "Darío, hijo de Asuero, de la raza de los medos,ᵇ gobernaba el reino de los caldeos. ² En el primer año de su reinado, yo, Daniel, estaba estudiando en el libro del profeta Jeremías acerca de los setenta años que debían pasar para que se cumpliera la ruina de Jerusalén, según el Señor se lo había dicho al profeta. ᶜ ³ Y dirigí mis oraciones y súplicas a Dios el Señor, ayunando y vistiéndome con ropas ásperas, y sentándome en ceniza. ᵈ ⁴ Oré al Señor mi Dios, y le hice esta confesión: ᵉ

'Señor, Dios grande y poderoso, que siempre cumples tus promesas y das pruebas de tu amor a los que te aman y cumplen tus mandamientos; ⁵ hemos pecado y cometido maldad; hemos hecho lo malo; hemos vivido sin tomarte en cuenta; hemos abandonado tus mandamientos y decretos. ⁶ No hemos hecho caso a tus siervos los profetas,ᶠ los cuales hablaron en tu nombre a nuestros reyes, jefes y antepasados, y a todo el pueblo de Israel. ⁷ Tú, Señor, eres justo, pero nosotros los judíos nos sentimos hoy avergonzados; tanto los que viven en Jerusalén como los otros israelitas, los de cerca y los de lejos, que viven en los países adonde tú los arrojaste por haberse rebelado contra ti. ⁸ Nosotros, Señor, lo mismo que nuestros reyes, jefes y antepasados, nos sentimos avergonzados porque hemos pecado contra ti. ⁹ Pero de ti, Dios nuestro, es propio el ser compasivo y perdonar. Nosotros nos hemos rebelado contra ti ¹⁰ y no te hemos escuchado, Señor y Dios nuestro, ni hemos obedecido las enseñanzas que nos diste por medio de tus siervos los profetas. ¹¹ Todo Israel desobedeció tus enseñanzas y se negó a obedecer tus órdenes; por eso han caído sobre nosotros la maldición y el juramento que están escritos en la ley de Moisés,ᵍ tu siervo, porque hemos pecado contra ti. ¹² Tú, al enviarnos una calamidad tan grande, has cumplido la amenaza que nos hiciste a nosotros y a los que nos gobernaron; pues jamás ha habido en el mundo nada comparable al castigo que ha caído sobre Jerusalén. ¹³ Todo este mal ha venido sobre nosotros, tal como está escrito en la ley de Moisés; pero nosotros no te hemos buscado, Señor y Dios nuestro, ni hemos abandonado nuestras maldades, ni hemos seguido tu verdad. ¹⁴ Por eso, Señor, has preparado este mal y lo has enviado sobre nosotros; porque tú, Señor y Dios nuestro, eres justo en todo lo que haces; pero nosotros no quisimos escucharte.

¹⁵ 'Señor y Dios nuestro, tú mostraste tu gran poder al sacar de Egipto a tu pueblo, ʰ haciendo así famoso tu nombre desde aquellos días hasta hoy; pero nosotros hemos pecado y hemos hecho lo malo. ¹⁶ Señor, sabemos que eres bondadoso. Por favor, aparta de Jerusalén tu ira y furor, porque ella es tu ciudad, tu monte santo. Toda la gente de las naciones vecinas se burla de Jerusalén y de tu pueblo, por culpa de nuestros pecados y los de nuestros antepasados. ¹⁷ Dios nuestro, escucha la oración y las súplicas de este siervo tuyo; por tu nombre, Señor, mira con amor la triste situación en que ha quedado tu templo. ¹⁸ Atiende, Dios mío, y escucha; mira con atención nuestra ruina y la de la ciudad donde se invoca tu nombre. No te hacemos nuestras súplicas confiados en la rectitud de nuestra vida, sino en tu gran compasión. ⁱ ¹⁹ ¡Señor, Señor! ¡Escúchanos, perdónanos! ¡Atiéndenos, Señor, y ven a ayudarnos! ¡Por ti mismo, Dios mío, y por tu ciudad y tu pueblo, que invocan tu nombre, no tardes!'

Profecía de las setenta semanas

²⁰ "Yo seguí orando y confesando mis pecados y los de mi pueblo Israel, y presentando mis súplicas al Señor mi Dios por su monte santo. ²¹ Mientras yo oraba, Gabriel,ʲ que se me había aparecido antes en la visión, vino volando a donde yo estaba. Era casi la hora de ofrecer a Dios el sacrificio de la tarde. ²² Y me dijo:

'Daniel, he venido ahora para hacerte entender estas cosas. ²³ En cuanto comenzaste a orar, Dios te respondió. Yo he venido para darte su respuesta, porque Dios te quiere mucho. Ahora, pues, pon mucha atención a lo siguiente, para que entiendas la visión:

²⁴ 'Setenta semanas ᵏ han de pasar
sobre tu pueblo y tu ciudad santa

ʳ **8.26** *Manténla en secreto:* Cf. Dn 12.9.
ᵃ **9.1-27** La siguiente revelación toma como punto de partida un célebre anuncio profético de Jeremías, que situaba la caída de Babilonia (Jer 25.12) y la liberación de Israel (Jer 29.10) al término de un periodo de 70 años. Véase Jer 25.11 n.
ᵇ **9.1** *Darío... de los medos:* Véase Dn 5.31(6.1) nota k.
ᶜ **9.2** La persecución desatada contra el pueblo de Dios por Antíoco IV (cf. vv. 26-27) invitaba a releer esta profecía, a fin de interpretarla a la luz de ella los acontecimientos presentes.
ᵈ **9.3** El objeto de esta oración era saber en qué momento debía cumplirse íntegramente la profecía por el profeta Jeremías.
ᵉ **9.4-19** La plegaria de Daniel consta de dos partes: una confesión de los pecados colectivos del pueblo (vv. 4-16) y una súplica para obtener el perdón divino, aduciendo como motivo la misericordia de Dios y no los méritos propios (vv. 17-19). Cf. Neh 1.5-11; 9.6-37; Bar 1.15—2.19.
ᶠ **9.6** *No hemos hecho caso... profetas:* Jer 7.25-26; 25.4; 26.5.
ᵍ **9.11** Lv 26.14-39; Dt 28.15-68.
ʰ **9.15** Ex 20.2; Dt 6.21; Jer 32.20-21.
ⁱ **9.18** Neh 9.17-19,27-28; Sal 51.1-4(3-6); 57.1-3(2-4); Is 54.8,10; Tit 3.5.
ʲ **9.21** *Gabriel:* Véase Dn 8.16 n.
ᵏ **9.24** Los 70 años de Jer 25.11-12; 29.10 pasan a ser aquí *setenta semanas* de años, es decir, 70 x 7. La base para esta interpretación de la profecía parece encontrarse en Lv 25.1-4, donde se hace referencia a los *años sabáticos*, que son los que caen cada siete años, y en Lv 26.18, donde Dios amenaza con multiplicar *siete* el castigo de los que se obstinan en no apartarse del pecado.

para poner fin a la rebelión y al pecado,
para obtener el perdón por la maldad
y establecer la justicia para siempre,
para que se cumplan*l* la visión y la profecía
y se consagre el Santísimo. *m*

25 Debes saber y entender esto:
Desde el momento en que se ordene
restaurar y reconstruir Jerusalén,
hasta la llegada del jefe consagrado,
han de pasar siete semanas,
y las calles y murallas reconstruidas de Jerusalén
durarán sesenta y dos semanas,
pero serán tiempos de mucha angustia.
26 Después de las sesenta y dos semanas
le quitarán la vida al jefe consagrado. *n*
Jerusalén y el templo serán destruidos
por la gente de un rey que vendrá. *ñ*
El fin llegará de pronto, como una inundación,
y hasta el fin seguirán la guerra y las destrucciones
que han sido determinadas.
27 Durante una semana *o* más,
él hará un pacto con mucha gente,
pero a mitad de la semana
pondrá fin a los sacrificios y las ofrendas.
Y un horrible sacrilegio *p* se cometerá
ante el altar de los sacrificios, *q*
hasta que la destrucción determinada
caiga sobre el autor de estos horrores.' "

10 Visión de Daniel junto al río Tigris

1 Durante el tercer año del reinado de Ciro de Persia, *a* Daniel, llamado también Beltsasar, *b* tuvo una revelación verdadera, pero de significado muy difícil de entender. *c* Sin embargo, Daniel puso toda su atención en ello y pudo comprender el sentido de la revelación.

2 "En aquellos días, yo, Daniel, estuve muy triste durante tres semanas. **3** No comí alimentos exquisitos, ni probé carne ni vino, ni me puse ningún perfume hasta que pasaron esas tres semanas. *d* **4** El día veinticuatro del primer mes del año, estaba yo a la orilla del gran río Tigris. *e* **5** De pronto, me fijé y vi un hombre *f* vestido con ropas de lino y un cinturón de oro puro. *g* **6** Su cuerpo brillaba como el topacio, su cara resplandecía como un relámpago, sus ojos eran como antorchas encendidas, sus brazos y sus pies brillaban como el bronce, su voz parecía la de una multitud. *h*

7 "Solo yo pude ver la visión, pues los hombres que estaban conmigo no se dieron cuenta de nada, porque el miedo se apoderó de ellos y corrieron a esconderse. **8** Yo estaba solo cuando tuve esta gran visión. Me puse completamente pálido y sentí que me faltaban las fuerzas. **9** Cuando le oí hablar, caí desmayado y quedé tendido en el suelo. **10** En seguida, una mano me agarró y me levantó, hasta dejarme apoyado sobre mis manos y rodillas. **11** Luego me dijo: 'Daniel, a quien Dios ama, escucha bien lo que te voy a decir: levántate; porque yo he sido enviado a ti.'

"Tan pronto como terminó de decir estas palabras, yo, tembloroso, me puse de pie. **12** Entonces me dijo: 'No tengas miedo, Daniel, porque desde el primer día en que te taste de comprender las cosas difíciles y decidiste humillarte ante tu Dios, él escuchó tus oraciones. Por eso he venido yo. *i* **13** El ángel príncipe del reino de Persia *j* me ha opuesto durante veintiún días; pero Miguel, *k* uno de los ángeles príncipes más altos, vino en mi ayuda, pues yo me había quedado solo junto a los reyes de Persia. **14** Así que he venido a explicarte lo que va a pasarle a tu pueblo en el futuro, porque la visión que has tenido se refiere a ese tiempo.'

15 "Mientras me decía esto, yo estaba con la mirada fija en el suelo y sin decir una sola palabra. **16** De pronto,

---

l **9.24** *Para que se cumplan:* lit. *para que sean selladas.* El *sello* de las profecías es su cumplimiento, ya que así queda demostrada su autenticidad. Cf. Dt 18.21-22; Jer 28.9.

m **9.24** *Y se consagre el Santísimo:* lit. *y sea ungido el Santo de los santos.* Como en el v. 27 se habla expresamente de la profanación del santuario, parece muy probable que esta expresión se refiere a la purificación y nueva dedicación del templo de Jerusalén en tiempos de los Macabeos (165 a.C.). Cf. 1 Mac 4.36-58. Para conmemorar este gran acontecimiento, Judas Macabeo instituyó la fiesta de la Dedicación (heb. *hanuká*) que los judíos celebran cada año, a lo largo de una semana (cf. 1 Mac 4.59). Acerca de la unción con el aceite sagrado como rito de consagración, véase Sal 2.2 n.

n **9.26** Este *jefe consagrado* (lit. *ungido*) parece ser el sumo sacerdote judío Onías III, asesinado en el año 170 a.C. Cf. 2 Mac 4.30-38.

ñ **9.26** *Un rey que vendrá:* el monarca helenista Antíoco IV Epifanes, que reinó entre los años 175 y 163 a.C. y persiguió duramente al pueblo judío. Cf. 1Mac 1.10-64. Véase la *Tabla cronológica.*

o **9.27** *Durante una semana:* Las 70 semanas de años aparecen divididas en tres partes: un periodo de *siete semanas* (49 años, v. 25), un segundo periodo de *sesenta y dos semanas* (434 años, vv. 25-26), y *una última semana,* la más terrible de todas, que culmina con la ruina del perseguidor y con la liberación final del pueblo de Dios. Al término de estos últimos siete años se vislumbra la nueva era de justicia y de paz descrita en el v. 24.

p **9.27** *Un horrible sacrilegio:* o bien, según la traducción más corriente, *la abominación de la desolación* (cf. Dn 11.31; 12.11). Esta expresión enigmática se refiere probablemente a la profanación del santuario por el rey Antíoco en el año 168 a.C. (cf. Dn 7.25), pero no se sabe con exactitud en qué consistió dicha profanación. Podría tratarse de una estatua de Zeus olímpico, el principal entre los dioses de la mitología griega, colocada en el Lugar Santo, o también, más probablemente, de un pequeño altar erigido sobre el altar de los holocaustos (cf. 1 R 8.64) y destinado a ofrecer sacrificios a ese dios. Cf. 1 Mac 1.54; 2 Mac 6.2; Mt 24.15; Mc 13.14.

q **9.27** *Ante el altar de los sacrificios:* traducción probable. Heb. *y sobre el ala.*

a **10.1** *Ciro de Persia:* Véanse Is 41.2 n; Jer 50.2 nota *c.*

b **10.1** *Beltsasar:* Véase Dn 1.7 nota *j.*

c **10.1** *Pero... de entender:* traducción poco segura de un texto oscuro; lit. *y grande ejército.*

d **10.3** Cf. Dn 9.3.

e **10.4** *Tigris:* Véanse Gn 2.10-14 n. e *Índice de mapas.*

f **10.5** El personaje que se manifiesta con aspecto humano es el ángel Gabriel, mediador de la revelación divina. Véase Dn 8.16 n.

g **10.5** *De oro puro:* traducción probable. Heb. *de Ufaz.*

h **10.5-6** Ap 1.13-15; 2.18; 19.12.

i **10.12** *Tus oraciones:* Véase Dn 9.3 n.

j **10.13** *El ángel... de Persia:* En los escritos apocalípticos, cada nación aparece presidida por un *ángel* que la protege y la representa. De ahí que algunas veces los conflictos entre naciones se describan como una lucha entre ángeles.

k **10.13** *Miguel* es el ángel protector del pueblo de Dios. El NT lo llama *arcángel* (Jud 9) y lo presenta como enemigo y vencedor de Satanás (Ap 12.7-8).

alguien parecido a un hijo de hombre *ˡ* me tocó los labios. Entonces le dije al que estaba ante mí: 'Señor, esta visión me ha llenado de angustia y me ha dejado sin fuerzas. ¹⁷ ¿Cómo va a poder hablar contigo este siervo tuyo, si estoy completamente sin fuerzas y hasta me falta el aliento?'

¹⁸ "Aquel que parecía un hijo de hombre me volvió a tocar, me dio nuevas fuerzas ¹⁹ y me dijo: 'No tengas miedo *ᵐ* ni te preocupes. Dios te ama; ¡anímate y ten valor!'

"Mientras me hablaba, sentí que me iba reanimando, y dije: 'Señor, háblame, pues me has devuelto las fuerzas.' ²⁰ Entonces me dijo: '¿Sabes por qué he venido a verte? Pues porque ahora tengo que volver a luchar con el ángel príncipe de Persia. Y cuando haya terminado de luchar con él, vendrá el ángel príncipe de Grecia. ²¹ Ahora voy a decirte lo que está escrito en el libro de la verdad: En mi lucha contra ellos solo tengo la ayuda de Miguel, el ángel príncipe de Israel. *ⁿ*

11 ¹ "Yo también le animé y ayudé cuando Darío, el rey de Media, estaba en el primer año de su reinado. ² Y ahora te voy a dar a conocer la verdad:

Los reyes del norte y del sur *ᵃ* 'Todavía gobernarán en Persia tres reyes, después de los cuales ocupará el poder un cuarto rey que será más rico que los otros tres. Y cuando por medio de sus riquezas haya alcanzado gran poder, pondrá todo en movimiento contra el reino de Grecia. ³ Pero después gobernará un rey muy guerrero, que extenderá su dominio sobre un gran imperio y hará lo que se le antoje. ⁴ Sin embargo, una vez establecido, su imperio será deshecho y repartido en cuatro partes. El poder de este rey no pasará a sus descendientes, ni tampoco el imperio será tan poderoso como antes lo fue, ya que quedará dividido y otros gobernarán en su lugar. *ᵇ*

⁵ 'El rey del sur será muy poderoso, pero uno de sus generales llegará a ser más fuerte que él y extenderá su dominio sobre un gran imperio. ⁶ Al cabo de algunos años, los dos harán una alianza: el rey del sur dará a su hija en matrimonio al rey del norte, con el fin de asegurar la paz entre las dos naciones. Pero el plan fracasará, pues tanto ella como su hijo, su marido y sus criados, serán asesinados. ⁷ Sin embargo, un miembro de su familia atacará al ejército del norte y ocupará la fortaleza real, y sus tropas dominarán la situación. ⁸ Además, se llevará a Egipto a sus dioses, a sus imágenes hechas de metal fundido, junto con otros valiosos objetos de oro y plata. Después de algunos años sin guerra entre las dos naciones, ⁹ el rey del norte tratará de invadir el sur, pero se verá obligado a retirarse. ¹⁰ 'Pero los hijos del rey del norte se prepararán para la guerra y organizarán un gran ejército. Uno de ellos se lanzará con sus tropas a la conquista del sur, destruyéndolo todo como si fuera un río desbordado; después volverá a atacar, llegando hasta la fortaleza del rey del sur. ¹¹ La invasión del ejército del norte enojará tanto al rey del sur, que este saldrá a luchar contra el gran ejército enemigo y lo derrotará por completo. ¹² El triunfo obtenido y el gran número de enemigos muertos lo llenará de orgullo, pero su poder no durará mucho tiempo. ¹³ El rey del norte volverá a organizar un ejército, más grande que el anterior, y después de algunos años volverá a atacar al sur con un ejército numeroso y perfectamente armado.

¹⁴ 'Cuando esto suceda, muchos se rebelarán contra el rey del sur. Entre ellos habrá algunos hombres malvados de Israel, tal como fue mostrado en la visión, pero fracasarán. ¹⁵ El rey del norte vendrá y construirá una rampa alrededor de una ciudad fortificada, y la conquistará. Ni los mejores soldados del sur podrán detener el avance de las tropas enemigas. ¹⁶ El invasor hará lo que se le antoje con los vencidos, sin que nadie pueda hacerle frente, y se quedará en la Tierra de la Hermosura *ᶜ* destruyendo todo lo que encuentre a su paso. ¹⁷ Además, se preparará para apoderarse de todo el territorio del sur; para ello, hará una alianza con ese rey y le dará a su hija como esposa, con el fin de destruir su reino, pero sus planes fracasarán. ¹⁸ Después atacará a las ciudades de las costas, y muchas de ellas caerán en su poder; pero un general pondrá fin a esta vergüenza, poniendo a su vez en vergüenza al rey del norte. *ᵈ* ¹⁹ Desde allí, el rey se retirará a las fortalezas de su país; pero tropezará con una dificultad que le costará la vida, y nunca más se volverá a saber de él.

²⁰ 'Su lugar será ocupado por otro rey, que enviará un cobrador de tributos para enriquecer su reino; pero al cabo de pocos días lo matarán, aunque no en el campo de batalla.

²¹ 'Después de él reinará un hombre despreciable, a quien no le correspondería ser rey, el cual ocultará sus malas intenciones y tomará el poder por medio de engaños. ²² Destruirá por completo a las fuerzas que se le opongan, y además matará al jefe de la alianza. ²³ Engañará también a los que hayan hecho una alianza de amistad con él y, a pesar de disponer de poca gente, vencerá. ²⁴ Cuando nadie se lo espere, entrará en las tierras más ricas de la provincia y hará lo que no hizo ninguno de sus antepasados: repartirá entre sus soldados los bienes y riquezas obtenidas en la guerra. Planeará sus ataques contra las ciudades fortificadas, aunque solo por algún tiempo.

²⁵ 'Animado por su poder y su valor, atacará al rey del sur con el apoyo de un gran ejército. El rey del sur responderá con valor, y entrará en la guerra con un ejército grande y poderoso; pero será traicionado, y no podrá resistir los ataques del ejército enemigo. *ᵉ* ²⁶ Los mismos que él invitaba

---

ˡ 10.16 En este contexto, la expresión *hijo de hombre* equivale simplemente a *hombre* o *ser humano*. Véase Ez 2.1 n.

ᵐ 10.19 *No tengas miedo:* Cf. Jer 1.18; 30.10; Lc 1.30.

ⁿ 10.21 *Miguel, el ángel príncipe de Israel:* Véase 10.13 nota *k*.

ᵃ 11.2-45 Aunque no dan nombres concretos, estos vv. relatan las luchas entre los reyes seléucidas de Siria y los lágidas de Egipto (véase Dn 2.41 n.), llamados, respectivamente, *rey del norte* y *rey del sur*. Así se da un resumen de los acontecimientos que afectarán al pueblo judío desde la caída del imperio persa hasta la persecución de Antíoco IV Epifanes (vv. 28-39; véase Dn 7.25 nota *y*). La referencia a la ruina de este rey (v. 45) prepara el anuncio de la liberación del pueblo de Dios, que va a describirse en el cap. siguiente.

ᵇ 11.3-4 1 Mac 1.1-9. Cf. Dn 7.7-8,23-24.

ᶜ 11.16 Acerca de la invasión aquí descrita, véase 8.9 nota *i*.

ᵈ 11.18 *Después atacará... rey del norte:* traducción probable. Heb. oscuro.

ᵉ 11.25 Dn 11.5; véase 11.2-45 n.; cf. 1 Mac 1.17-19.

a comer en su propia mesa, le prepararán la ruina, pues su ejército será derrotado y muchísimos de sus soldados morirán. ²⁷ Entonces los dos reyes, pensando solo en hacerse daño, se sentarán a comer en la misma mesa y se dirán mentiras el uno al otro, pero ninguno de los dos logrará su propósito porque todavía no será el momento. ²⁸ El rey del norte regresará a su país con todas las riquezas capturadas en la guerra, y entonces se pondrá en contra de la santa alianza; llevará a cabo sus planes, y después volverá a su tierra. ᶠ ²⁹ Cuando llegue el momento señalado, lanzará de nuevo sus tropas contra el sur; pero en esta invasión no triunfará como la primera vez. ³⁰ Su ejército será atacado por tropas del oeste ᵍ traídas en barcos, y dominado por el pánico emprenderá la retirada. Entonces el rey del norte descargará su odio sobre la santa alianza, valiéndose de los que renegaron de la alianza para servirle a él.

³¹ 'Sus soldados profanarán el templo y las fortificaciones, suspenderán el sacrificio diario y pondrán allí el horrible sacrilegio. ʰ ³² El rey tratará de comprar con halagos a los que renieguen de la alianza, pero el pueblo que ama a su Dios se mantendrá firme y hará frente a la situación. ³³ Los sabios del pueblo instruirán a mucha gente, pero luego los matarán a ellos, y los quemarán, y les robarán todo lo que tengan, y los harán esclavos en tierras extranjeras. Esto durará algún tiempo. ³⁴ Cuando llegue el momento de las persecuciones, recibirán un poco de ayuda, aunque muchos se unirán a ellos solo por conveniencia propia. ³⁵ También serán perseguidos algunos de los que instruían al pueblo, para que, puestos a prueba, sean purificados y perfeccionados, hasta que llegue el momento final que ya ha sido señalado.

³⁶ 'El rey del norte hará todo lo que se le antoje. Será tal su orgullo que se creerá superior a todos los dioses, ⁱ y dirá terribles ofensas contra el verdadero Dios; ʲ y todo le saldrá bien, hasta que Dios le envíe su castigo; porque lo que Dios ha de hacer, lo hará. ³⁷ Este rey no tomará en cuenta a los dioses de sus antepasados, ni a los dioses adorados por las mujeres, ni a ningún otro dios, porque se creerá superior a todos ellos. ³⁸ Sin embargo, adorará al dios de las fortalezas; honrará a este dios que sus antepasados no adoraron, y le ofrecerá oro, plata, piedras preciosas y objetos de gran valor. ³⁹ Para defender las fortificaciones usará gente que adora a un dios extranjero; y a todos los que adoren a este rey, él les hará grandes honores, los pondrá en puestos importantes y les dará tierras como recompensa.

⁴⁰ 'Cuando llegue el momento final, el rey del sur atacará al rey del norte; pero este saldrá a su encuentro y, como una tormenta, se lanzará contra el sur, inundando todo el país con carros de guerra, tropas de caballería y muchos barcos. ⁴¹ También entrará en la Tierra de la Hermosura y matará a muchísima gente; pero se salvarán los habitantes de Edom y Moab, y la mayor parte del territorio de Amón. ⁴² Su ejército ocupará otros países, y ni siquiera Egipto se librará. ⁴³ Se llevará los tesoros de oro y plata, y todos los objetos preciosos de Egipto; luego les llegará su turno a Libia y Etiopía. ⁴⁴ Pero recibirá noticias del este y del norte, que le dejarán alarmado; entonces saldrá furioso, con la idea de hacer una gran matanza, ⁴⁵ y establecerá su campamento real entre el mar y el santo monte de la Hermosura. Pero allí mismo llegará la hora de su muerte, y no habrá nadie que lo ayude.

12 La hora final ᵃ

¹ 'En ese momento ᵇ aparecerá Miguel, ᶜ el gran ángel protector que defiende a tu pueblo.

'Será un momento angustioso,
un momento como no ha habido otro
desde que existen las naciones. ᵈ
Cuando ese momento llegue,
se salvarán todos los de tu pueblo
que tienen su nombre escrito en el libro. ᵉ

² Muchos de los que duermen ᶠ en la tumba, ᵍ
    despertarán:
unos para vivir eternamente,
y otros para la vergüenza y el horror eternos.

³ Los hombres sabios,
los que guiaron a muchos por el camino recto,
brillarán como la bóveda celeste;
¡brillarán por siempre, como las estrellas! ʰ

⁴ 'Pero tú, Daniel, guarda estas cosas en secreto y sella el libro ⁱ hasta el tiempo del fin. Mucha gente andará de acá para allá, buscando aumentar sus conocimientos.'

⁵ 'Yo, Daniel, vi que otros dos hombres estaban de pie, uno a cada lado del río. ⁶ Y uno de ellos le preguntó al

---

ᶠ **11.28** 1Mac 1.20-24. Véase Dn 11.2-45 n.
ᵍ **11.30** *Del oeste:* lit. *de Quitim.*
ʰ **11.31** *Horrible sacrilegio:* Véase Dn 9.27 nota *p;* cf. 12.11.
ⁱ **11.36** 2 Ts 2.3-4.
ʲ **11.36** Ap 13.5-6.
ᵃ **12.1-13** El anuncio de la futura resurrección constituye el punto culminante de la revelación contenida en este libro. Dios concede la victoria final a su pueblo y hace que participen de ella no solo los vivos sino también los muertos. De este modo, la justicia de Dios triunfa más allá de la muerte y resuelve el enigma planteado por el sufrimiento de los justos y la prosperidad de los impíos. Véase Sal 37 nota *a.*
ᵇ **12.1** *En ese momento:* es decir, en el tiempo final (cf. Dn 11.40).
ᶜ **12.1** *Miguel:* Véase Dn 10.13 nota *k.*
ᵈ **12.1** *Un momento angustioso:* Mt 24.21; Mc 13.19; Ap 7.14; 12.7.
ᵉ **12.1** *El libro* o *el libro de la vida* (Sal 69.28|29|; Ap 3.5) es el registro donde están escritos los nombres de las personas vivas. "Estar anotado en el libro" significa "vivir", y "ser borrado de él" es lo mismo que "morir". Véase Ex 32.31-32 n.
ᶠ **12.2** *Muchos de los que duermen:* El empleo de la palabra *muchos,* en oposición a *todos* (v. 1), puede indicar que este pasaje no se refiere aún a la resurrección universal, sino que encierra una promesa de *salvación* para los israelitas fieles que habían muerto víctimas de la persecución religiosa (cf. Dn 11.40-41), y también de *condenación* para los que habían renegado de la alianza (cf. Dn 11.30,32).
ᵍ **12.2** *En la tumba:* Nótese la vinculación de esta promesa con la suerte de los que fueron víctimas de la persecución religiosa (cf. vv. 10-11). La justicia divina no podía dejar sin recompensa a los que prefirieron afrontar el martirio antes que ser infieles a su Dios.
ʰ **12.3** Cf. Sab 3.7; Mt 13.43.
ⁱ **12.4** Cf. Ap 22.10.

hombre vestido con ropas de lino, que estaba sobre las aguas del río: '¿Cuándo van a terminar estas cosas tan extraordinarias?' ⁷ El hombre vestido de lino levantó sus manos al cielo y, jurando en el nombre del Dios viviente,ʲ dijo: 'Dentro de tres tiempos y medio,ᵏ cuando deje de ser destrozado el poder del pueblo de Dios, entonces terminarán todas estas cosas.'

⁸ "Yo escuché lo que decía, pero no entendí nada. Entonces le pregunté: 'Señor, ¿qué va a pasar después de todo esto?' ⁹ Y él me contestó: 'Sigue tu camino, Daniel, pues estas cosas deben ser mantenidas en secreto hasta que llegue el momento final. ˡ ¹⁰ Muchos pasarán por los sufrimientos anunciados, y saldrán de ellos purificados y perfeccionados. ᵐ Los malvados seguirán cometiendo maldades, ⁿ sin entender lo que pasa, pero los hombres sabios lo comprenderán todo. ¹¹ Mil doscientos noventa días pasarán desde el momento en que se suspenda el sacrificio diario y se ponga el horrible sacrilegio ñ en el templo del Señor. ¹² Feliz ᵒ aquel que espere confiado hasta que hayan pasado mil trescientos treinta y cinco días. ᵖ ¹³ Pero tú, Daniel, camina hacia tu fin y reposa, que en los últimos días te levantarás para recibir tu recompensa.' "

ʲ **12.7** Cf. Ap 10.5-6.
ᵏ **12.7** *Tres tiempos y medio:* Véase Dn 7.25 nota *a;* cf. Ap 12.14.
ˡ **12.9** Dn 8.26; 12.4.
ᵐ **12.10** *Purificados y perfeccionados:* Dn 11.35. Véase Dn 7.25 nota *z*.
ⁿ **12.10** Ap 22.11.
ñ **12.11** *Horrible sacrilegio:* Véase Dn 9.27 nota *p*, y cf. 11.31.
ᵒ **12.12** *Feliz:* Expresión típica que se emplea para introducir las "bienaventuranzas". Véanse Sal 1.1 n.; Mt 5.3-12 n.
ᵖ **12.11-12** Es muy difícil determinar con precisión a qué acontecimientos se refieren estas dos cifras. Según algunos intérpretes, la primera (1290 días a partir de la profanación del templo) estaría relacionada con la fecha en que se compuso la gran profecía de Dn 10—12; la segunda, en cambio, podría indicar el momento en que el libro mantenido en secreto (Dn 12.9) debía ser publicado para que los *sabios* lo comprendieran todo (Dn 12.10).

Oseas

Oseas fue contemporáneo de Amós, pero comenzó su actividad profética poco después de él y actuó públicamente como profeta durante un tiempo bastante más prolongado (cf. Os 1.1; Am 1.1). También, como Amós, predicó en el reino del Norte (cf. Am 7.12), pero es casi seguro que no procedía de Judá, sino del reino de Israel.

El mensaje de Oseas incluye numerosas alusiones a los acontecimientos históricos y políticos de su tiempo. Algunos detalles de estas alusiones son difíciles de interpretar. Pero al menos dejan en claro que este profeta ejerció la mayor parte de su actividad cuando el reino del Norte se precipitaba irremediablemente hacia su trágico final (cf. 2 R 17.1-6). El comienzo de su misión se sitúa, por el contrario, hacia el 750 a.C., cuando aún no había llegado a su término el largo y próspero reinado de Jeroaboam II (783-743 a.C.). No conocemos en qué circunstancias terminaron la actividad y la vida de Oseas, y no hay indicios positivos que nos permitan saber si estuvo presente durante el asedio y la destrucción de Samaria.

El libro de *Oseas* (=Os) comprende dos grandes partes. Los tres primeros caps. forman un conjunto que se caracteriza por su unidad temática. Allí se destacan, sobre todo, los relatos que narran algunos episodios de la vida matrimonial de Oseas (caps. 1 y 3). En esta sección se encuentran, además, una denuncia profética en forma de proceso judicial y varios anuncios de salvación.

La segunda parte (caps. 4—14) no tiene un plan tan bien definido como la primera. Los mensajes proféticos incluidos en esta sección son generalmente breves y se refieren a temas diversos. Los temas predominantes son los relacionados con la perversión religiosa de Israel y con los tumultuosos hechos políticos de aquella época.

Los profetas de Israel realizaban con frecuencia acciones simbólicas para dar mayor fuerza y expresividad a su mensaje (Jer 13.1-11 n.). Sin embargo, ningún profeta como Oseas encarnó en su propia vida la palabra del Señor que él debía anunciar a Israel, ya que fue su vida matrimonial la que se convirtió en un símbolo vivo de su predicación. El drama vivido con Gómer, la esposa adúltera, hizo que Oseas comprendiera en toda su profundidad lo que es el pecado y, sobre todo, le permitió proclamar, como nadie lo había hecho antes, la profundidad del amor de Dios: un amor que no se deja vencer por la infidelidad, sino que siempre hace prevalecer la misericordia sobre la ira (cf. 11.8-9). No es de extrañar, por lo tanto, que el rasgo más notable del lenguaje profético de Oseas consista en expresar las relaciones entre Dios e Israel con el lenguaje del amor humano.

La lucha de Oseas contra la idolatría se desarrolló en un contexto bien determinado. Los campesinos de Canaán, y los israelitas a imitación de ellos, deseosos de tener buenas cosechas y ganado en abundancia, realizaban ritos en honor de los dioses de la fertilidad. De ese modo intentaban reactivar las fuerzas de la naturaleza que engendran y mantienen la vida. Pero Oseas combatió esas creencias con toda su alma. Según él, el encuentro del Señor con Israel no debía realizarse en el mito y el rito, sino que debía tener lugar en la historia. Dios había encontrado a Israel en la historia (cf. 11.1), y era allí donde el pueblo debía encontrarlo, realizando a cada instante gestos de amor y de fidelidad.

Otra de las características de Oseas es la gran estima que él manifiesta por el ministerio profético. Este ministerio se remontaba hasta Moisés, y Oseas define al profeta como el principal instrumento del Señor en su trato con Israel (9.8; 12.10[11],13[14]; cf. 6.5).

En el terreno de la política, Oseas expresó hasta qué punto la verdadera salvación de Israel no se encontraba en las alianzas políticas con Egipto o con Asiria, sino tan solo en el Señor su Dios. Desde este punto de vista, su predicación está emparentada con la de Isaías, que por aquella misma época proclamaba incansablemente ese mismo mensaje (cf. Is 30.1-5).

El estilo de Oseas es apasionado y vehemente. Su predicación, más que la de cualquier otro profeta, está determinada por sentimientos muy intensos, como el amor, la ira y la desilusión por la indiferencia y las rebeldías del pueblo frente a las manifestaciones de la misericordia divina. Sus frases, breves y rítmicas, suelen caracterizarse por su extrema concisión, y esto hace que su lenguaje sea a veces oscuro y que no siempre pueda ser traducido con absoluta seguridad.

Oseas denunció vigorosamente los pecados de su pueblo, pero también abrió una puerta a la esperanza (cf. 11.8-11; 14.2-9[3-10]). Israel fue infiel a su Dios y por eso mereció el castigo. Pero el Señor lo llevará otra vez al desierto (2.14[16]) y lo hará vivir de nuevo en tiendas de campaña (12.9[10]), para que allí se reencuentre con su Dios y vuelva a su antigua fidelidad. Entonces el Señor le dirá: *Tú eres mi pueblo*, y él responderá: *Tú eres mi Dios* (2.23[25]).

El siguiente esquema nos ofrece una visión sinóptica del contenido de este libro:

  I. Título (1.1)
  II. Matrimonio de Oseas (1.2—3.5)
  III. Pecados y castigos de Israel (4.1—13.16)
  IV. Conversión al Señor y promesas de salvación (14.1-8)
  V. Advertencia final (14.9)

I. TÍTULO (1.1)

1 ¹ Este es el mensaje que el Señor dirigió a Oseas, *ᵃ* hijo de Beerí, en tiempos de Ozías, Jotam, Ahaz y Ezequías, *ᵇ* reyes de Judá, y de Jeroboam, *ᶜ* hijo de Joás, rey de Israel. *ᵈ*

II. MATRIMONIO DE OSEAS (1.2—3.5) *ᵉ*

La esposa y los hijos de Oseas ² El Señor comenzó así el mensaje que quería comunicar por medio de Oseas: "La tierra de Israel se ha prostituido apartándose de mí. *ᶠ* De la misma manera, ve tú y toma por mujer a una prostituta, *ᵍ* y ten hijos con ella; así ellos serán hijos de una prostituta."

³ Oseas tomó entonces por mujer a Gómer, hija de Diblaim, la cual quedó embarazada y le dio un hijo. ⁴ Entonces el Señor le dijo a Oseas: "Llama *ʰ* Jezreel *ⁱ* al niño, porque dentro de poco voy a castigar a los descendientes del rey Jehú por los crímenes que él cometió en Jezreel, y voy a poner fin al reino de Israel. *ʲ* ⁵ Ese día destruiré en el valle de Jezreel *ᵏ* el poderío militar de Israel." *ˡ*

⁶ Gómer volvió a quedar embarazada y tuvo una hija. El

ᵃ **1.1** *El mensaje que el Señor dirigió a Oseas:* para los encabezamientos de los libros proféticos, véase Is 1.1 nota *b*.

ᵇ **1.1** Aunque el mensaje del profeta estaba dirigido originalmente a Israel, el reino del Norte, aquí se identifica a varios reyes de Judá: *Ozías* (2 R 15.1-7; 2 Cr 26), *Jotam* (2 R 15.32-38; 2 Cr 27), *Ahaz* (2 R 16; 2 Cr 28), y *Ezequías* (2 R 18—20; 2 Cr 29—32). Cf. Is 1.1; Miq 1.1, y véase la *Tabla Cronológica del AT*.

ᶜ **1.1** A este rey se le designa habitualmente como *Jeroboam* II (2 R 14.23-29), para distinguirlo del que se menciona en 1 R 11.26-40; 12.1—14.20. Su reinado sobre Israel (783-743 a.C.) coincidió aproximadamente con el de Uzías en Judá (781- 740 a.C.). Véase Am 1.1 nota *f*.

ᵈ **1.1** Es casi seguro que Oseas continuó su actividad profética luego del reinado de Jeroboam II y que la terminó antes de la caída de Samaria en el año 721 a.C. (cf. 2 R 17.1-6); cf. 2 R 15.13-31.

ᵉ **1.2—3.5** La experiencia matrimonial de Oseas se describe en dos relatos diferentes. El primero (1.2-9) es un relato biográfico, que habla del profeta en tercera persona. En él se destacan particularmente dos aspectos: el matrimonio del profeta con una *prostituta*, y los nombres simbólicos dados a los hijos de ese matrimonio. El segundo (cap. 3) tiene un carácter autobiográfico, ya que el profeta mismo se expresa en primera persona. En las dramáticas alternativas de ese matrimonio, Oseas ve reflejadas simbólicamente las relaciones del Señor con su pueblo Israel. Al emplear el simbolismo de la unión matrimonial, con su resonancia afectiva, Oseas introduce una nueva manera de entender y expresar la naturaleza del vínculo instaurado por el pacto o alianza. Véase *Introducción a Oseas*.

ᶠ **1.2** *La tierra de Israel se ha prostituido apartándose de mí:* Esta expresión condena ciertas prácticas religiosas de los israelitas, en las que el culto del Señor, el Dios de Israel, se mezclaba con ritos dedicados a Baal, el dios cananeo de la fertilidad (véase Jue 2.13 n). Tales ritos incluían ocasionalmente relaciones sexuales con prostitutas que eran, a su vez, sacerdotisas de las divinidades cananeas. La palabra *prostitución*, en el libro de *Oseas*, se refiere unas veces a la inmoralidad sexual, y otras, en sentido figurado, a la infidelidad del pueblo israelita a su Dios (cf. Os 5.3; 6.10; 9.1); al decir que *la tierra de Israel se ha prostituido*, el profeta denuncia la corrupción de una sociedad donde todo se ha pervertido, desde la relación con Dios hasta la lealtad para con el prójimo (Os 4.1-2). Véase Jer 2.20 nota *w*.

ᵍ **1.2** *Toma por mujer a una prostituta:* Como Oseas identifica la idolatría con la prostitución (4.11-19), algunos intérpretes han sugerido que *Gómer*, la mujer del profeta, no fue una ramera, ni una mujer dedicada a la prostitución sagrada en algún santuario cananeo, sino simplemente una joven israelita devota de Baal. Cf. 1 R 18.20-40; 19.1-18.

ʰ **1.4** *Llama:* el mismo Señor impone el nombre a los hijos de Oseas (cf. vv. 6,9) dando a entender, de ese modo, que ellos han de ser una señal profética para Israel. Véase Is 7.3 nota *d*; 8.3-4. Cf. también Gn 17.5; 32.28; Mt 1.21.

ⁱ **1.4** *Jezreel* era el nombre de una ciudad situada en la llanura que se extiende al sur de Galilea, donde los reyes de Israel tenían una residencia (1 R 21.1). En esta ciudad Jehú dio muerte a Jezabel, al rey Joram y a toda la familia de Acab (2 R 9.22-37; 10.11). Cf. 1 R 18.45-46; 21.23; 2 R 8.29. Véase *Índice de mapas*.

ʲ **1.4** *Voy a poner fin al reino de Israel:* Cf. 2 R 18.9-12.

ᵏ **1.5** *Valle de Jezreel:* llamado también llanura de Meguido (Zac 12.11) y designado por los griegos con el nombre de Esdrelón. Este lugar fue escenario de batallas importantes en la historia de Israel (cf. Jue 4—7; 2 R 23.28-30). Véanse también Ap 16.16 n. e *Índice de mapas*.

ˡ **1.5** *Poderío militar de Israel:* lit. *el arco de Israel*. La expresión se refiere probablemente a varias derrotas sufridas por el reino del Norte: la invasión de Tiglat-pileser III, emperador de Asiria, hacia el

Señor le dijo a Oseas: "Llama Lo-ruhama [m] a la niña, porque ya no volveré a tener compasión del reino de Israel. No los perdonaré.[n] **7** En cambio, tendré compasión del reino de Judá: yo mismo, el Señor su Dios, los salvaré.[ñ] Pero no los salvaré por medio de la guerra, sino que lo haré sin arco ni espada ni caballos ni jinetes."

8 Después de haber destetado a Lo-ruhama, Gómer volvió a quedar embarazada y tuvo un hijo. **9** Entonces el Señor le dijo a Oseas: "Llama Lo-amí al niño, porque ustedes ya no son mi pueblo ni yo soy ya su Dios."[o]

La restauración del pueblo de Israel [p]

10 (2.1) [q] Un día los israelitas
serán como la arena del mar,[r]
que nadie la puede medir ni contar.
Y en vez de decirles:
"Ustedes ya no son mi pueblo",
Dios les dirá:
"Ustedes son hijos del Dios viviente."[s]

11 (2.2) Entonces se juntará
la gente de Judá y de Israel,[t]
y nombrarán un jefe único,
y de todas partes volverán a Jerusalén.[u]
¡Grande será el día de Jezreel![v]

2 **1** (3) Entonces dirán ustedes a sus hermanos:
"Pueblo de Dios",
y a sus hermanas:
"Compadecidas".[a]

La infidelidad del pueblo de Israel [b]

2 (4) El Señor dice:

"¡Acusen ustedes a su madre,[c] acúsenla,
porque ella no es ya mi esposa
ni yo soy su marido!
¡Que deje de mostrarse como prostituta![d]
¡Que aparte de sus pechos a sus amantes![e]
3 (5) Si no lo hace, la dejaré desnuda[f] por completo:
la pondré como el día en que nació,
la convertiré en un desierto,
en pura tierra seca,
y la haré morir de sed.
4 (6) No me compadeceré de sus hijos,
pues son fruto de su prostitución.[g]
5 (7) Su madre se prostituyó;
perdió el honor, cuando dijo:
'Iré en busca de mis amantes,[h]
los que me dan mi pan y mi agua,
mi lana y mi lino,
mi aceite y mis bebidas.'

6 (8) "Por eso cerraré con espinos su camino
y pondré una cerca a su alrededor,
para que no encuentre sus senderos.
7 (9) Seguirá a sus amantes,
pero no los alcanzará;
los buscará, pero no los encontrará.
Dirá entonces:
'Volveré a mi primer marido,
pues con él me iba mejor que ahora.'

8 (10) "Pero ella no reconoció
que yo era quien le daba
el trigo, el vino y el aceite;

---

año 733 a.C., y la posterior caída de Samaria y el destierro de Israel en el año 721 a.C. (cf. 2 R 17.5-6).

[m] **1.6** *Lo-ruhama,* en hebreo, significa *no compadecida.* Este nombre anunciaba al pueblo de Israel que aun la compasión paternal de Dios le sería retirada por un tiempo.

[n] **1.6** *No los perdonaré:* traducción probable; heb. oscuro. Cf. Am 8.2.

[ñ] **1.7** *Tendré compasión del reino de Judá: yo mismo... los salvaré:* El mismo Señor intervino para salvar a Jerusalén cuando Senaquerib, rey de Asiria, la había sitiado en el año 701 a.C. (2 R 19.32-37; Is 37.33-38).

[o] **1.9** *Lo-amí,* en hebreo, significa *no es mi pueblo.* El lenguaje usado en este v. evoca la alianza de Dios con Israel (Ex 6.7; Lv 26.12; Dt 26.17-19; cf. Jer 7.23; 11.4; 31.33). Negarle el título de *mi pueblo* significaba que la alianza se había roto y que el Señor rechazaba a Israel, porque ya no reconocía en él la conducta propia de un hijo. Véase Os 2.1(3) n.; 11.1-7. Véase *Alianza* en el *Índice temático.*

[p] **1.10—2.23** Los números entre paréntesis corresponden a la numeración de los vv. en el texto hebreo.

[q] **1.10—2.1(2.1-3)** Luego del mensaje condenatorio de la sección anterior, este pasaje contiene una promesa de restauración. El libro de *Oseas* presenta, en varias ocasiones, una estructura similar (cf. Os 2.14[16],23[25]; 11.8-11; 14.4-8[5-9]).

[r] **1.10(2.1)** *Como la arena del mar:* Esta misma comparación se encuentra en los textos relacionados con la promesa hecha a Abraham (cf. Gn 22.17; 32.12).

[s] **1.10(2.1)** *Ustedes son hijos del Dios viviente:* Israel, en su condición de hijo (Os 11.1), debe al Señor lealtad completa (Dt 4.10), ya que, frente a los baales, que son no-dioses, ídolos o nada (cf. Dt 32.17-21; Is 40.18-20; 44.9-20; Jer 10.1-11; Ro 9.25-26), él es el *Dios viviente* (cf. Jos 3.10; Sal 42.2[3]; 84.2[3]).

[t] **1.11(2.2)** *Se juntará la gente de Judá e Israel:* Aquí se hace referencia a la división del reino luego de la muerte de Salomón (cf. 1 R 12.1-20; 2 Cr 10.1—11.4) y a su futura reunificación. El tema de la reunificación de los dos reinos también se desarrolla en Ez 37.15-28.

[u] **1.11(2.2)** *Y de todas partes volverán a Jerusalén:* lit. *y subirán de la tierra.* Cf. Jer 3.17.

[v] **1.11(2.2)** *El día de Jezreel:* Jezreel dejará de ser un signo de derrota (cf. Os 1.4) para convertirse en afirmación y grito de victoria.

[a] **2.1(3)** *"Pueblo de Dios"... "Compadecidas":* Estos dos nombres se contraponen a *Lo-amí* y *Lo-ruhama,* respectivamente (véanse Os 1.6 nota *m* y 1.9 n.)

[b] **2.2-13(4-15)** Una vez más se emplean el vocabulario del amor humano y el simbolismo de la unión matrimonial para hablar de la relación entre el Señor y su pueblo. De ahí la correspondencia entre la prostitución y la infidelidad a Dios, desarrollada en los vv. 2(4),4-5(6-7),13(15). El lenguaje con el que se entabla la denuncia es el de los procesos judiciales ante los tribunales de Israel (cf. Os 4.1,4; Miq 6.1). Véase también Os 4.1 nota *a.*

[c] **2.2(4)** La figura de la *madre* representa simbólicamente a todo el pueblo de Israel (cf. Os 4.5); los hijos (2.4[6]) representan a los israelitas: así se destacan a un mismo tiempo el aspecto personal y el comunitario.

[d] **2.2(4)** *Mostrarse como prostituta:* cf. Gn 38.15: Pr 7.10.

[e] **2.2(4)—3.5** Cf. Ez 16.8-63.

[f] **2.3(5)** *La dejaré desnuda:* Cf. Is 47.1-3; Jer 13.22; Ez 16.36-39; Nah 3.5; Ap 17.16.

[g] **2.4(6)** *Son fruto de prostitución:* otra posible traducción: *son como su madre, que es una prostituta.*

[h] **2.5(7)** Estos *amantes* son los ídolos o imágenes de Baal y lo que ellos representaban: el trigo, el vino y el aceite, es decir, el bienestar y la seguridad que llevaban a olvidarse del Señor (cf. Jer 2.23-25;

que yo era quien le aumentaba
la plata y el oro con que fabricó sus ídolos.
⁹ ⁽¹¹⁾ Por lo tanto, volveré
y tomaré mi trigo y mi vino
en el tiempo de su cosecha,
y recogeré mi lana y mi lino,
que le había dado para cubrirse. *i*
¹⁰ ⁽¹²⁾ A la vista de sus amantes
pondré su desnudez al descubierto.
¡Nadie la librará de mi mano!
¹¹ ⁽¹³⁾ Pondré fin a su alegría,
a sus fiestas y lunas nuevas,
a sus sábados
y a todas sus festividades. *j*
¹² ⁽¹⁴⁾ Destruiré sus viñas y sus higueras,
de las que ella decía:
'Esta es la paga
que me dieron mis amantes.'
Las convertiré en un matorral,
y se las comerán los animales salvajes.
¹³ ⁽¹⁵⁾ Voy a castigarla por el tiempo que pasó
ofreciendo incienso a los ídolos,
cuando se adornaba con anillos y collares
para seguir a sus amantes
olvidándose de mí.
Yo, el Señor, lo afirmo.

Dios ama a su pueblo Israel *k*

¹⁴ ⁽¹⁶⁾ "Yo la voy a enamorar:
la llevaré al desierto
y le hablaré al corazón. *l*
¹⁵ ⁽¹⁷⁾ Luego le devolveré sus viñas,
y convertiré el valle de Acor *m*
en puerta de esperanza para ella.

Allí me responderá como en su juventud,
como en el día en que salió de Egipto.
¹⁶ ⁽¹⁸⁾ Entonces me llamará 'Marido mío',
en vez de llamarme 'Baal mío'.
Yo, el Señor, lo afirmo.
¹⁷ ⁽¹⁹⁾ Y quitaré de sus labios
los nombres de los baales,
y jamás volverán a mencionarse. *n*

¹⁸ ⁽²⁰⁾ "En aquel tiempo haré en favor de Israel
una alianza con los animales salvajes,
y con las aves y las serpientes;
romperé y quitaré de este país
el arco, la espada y la guerra,
para que mi pueblo descanse tranquilo. *ñ*
¹⁹ ⁽²¹⁾ Israel, yo te haré mi esposa para siempre,
mi esposa legítima, conforme a la ley,
porque te amo entrañablemente.
²⁰ ⁽²²⁾ Yo te haré mi esposa y te seré fiel,
y tú entonces me conocerás como el Señor. *o*
²¹ ⁽²³⁾ Yo, el Señor, lo afirmo:
En aquel tiempo yo responderé al cielo,
y el cielo responderá a la tierra;
²² ⁽²⁴⁾ la tierra responderá al trigo,
al vino y al aceite,
y ellos responderán a Jezreel. *p*
²³ ⁽²⁵⁾ Plantaré a mi pueblo en la tierra
exclusivamente para mí;
tendré compasión de Lo-ruhama,
y a Lo-amí *q* le diré: 'Tú eres mi pueblo', *r*
y él me dirá: '¡Tú eres mi Dios!' "

3 Oseas y la mujer adúltera *a*

¹ El Señor volvió a decirme:

3.1-2; Os 4.12-14; 9.1). Los israelitas, sin dejar de adorar al Señor, también rendían culto a Baal, porque pensaban que de él provenían las lluvias, la fertilidad del suelo y la fecundidad del ganado (cf. v. 12[14]). Cf. vv. 7[9],10(12),13(15). Contra esta falsa creencia, Oseas insiste en señalar que el Señor es el único dispensador de todos esos bienes.

i **2.8-9(10-11)** Aquí se alude probablemente a la prosperidad que alcanzó el reino de Israel en tiempos de Jeroboam II (véase Am 1.1 nota *f*). El pueblo entendió, equivocadamente, que esa prosperidad era un don de los dioses de la fertilidad.

j **2.11(13)** Las *fiestas* anuales (Ex 23.14-19; 34.18-23), las *lunas nuevas* o fiestas del principio de mes (Nm 28.11-15) y la celebración de los *sábados* (Ex 20.8-11; 23.12) se habían contaminado con ritos característicos del culto a Baal y por eso eran inaceptables para el Señor. Cf. Is 1.12-15; Am 5.21-23; 8.5.

k **2.14-23(16-25)** Véase Os 1.10—2.1(2.1-3) n.

l **2.14(16)** *La llevaré al desierto:* Oseas evoca la marcha por el desierto, después de la salida de Egipto, como un tiempo de amorosa intimidad (véase Jer 2.2 notas *c* y *d*). *Le hablaré al corazón:* véase Is 40.2 nota *b*. *Corazón* es un concepto clave en *Oseas*, pues es la fuente del conocimiento, de la ternura y de la misericordia (cf. 7.14; 11.8).

m **2.15(17)** El *valle de Acor*, situado al sudoeste de Jericó, a la entrada de Canaán, fue escenario del pecado y muerte de Acán (Jos 7.24-26). Su nombre significa *desastre* o *desgracia*, pero aquí se presenta como un símbolo de esperanza, porque por allí se produciría el retorno de los israelitas a las tierras fértiles de Palestina central.

n **2.16-17(18-19)** En hebreo, el término *baal* significa *señor*, *dueño* o *marido*, pero utilizado como nombre propio designa al dios

cananeo de la fertilidad (véase Jue 2.13 n.). El profeta quiere eliminar incluso el empleo de la palabra *baal* como nombre común, para acabar con todos los residuos de ese culto pagano. No se trata solamente de acabar con los baales, sino de entablar una nueva relación con el Señor, fundada en el amor. Cf. la palabra *baal*, en nombres de personas, en 1 Cr 8.33; 9.39-40; y véase 2 S 2.8 nota *h*.

ñ **2.18(20)** La restauración de Israel incluirá *un pacto con los animales* (cf. Is 11.6-9) y una paz definitiva y perfecta (cf. Is 2.4). Estos temas tienen rasgos comunes con los que se refieren al futuro reinado del Mesías. Cf. Is 9.5-6; 65.25; Zac 9.9-10; cf. Mc 1.13.

o **2.19-20(21-22)** Aquí reaparece el tema de la unión matrimonial para anunciar un nuevo comienzo en la relación de Dios con Israel, fundamentada esta vez en un amor inquebrantable (6.6; 10.12; 11.3-4). Jeremías desarrollará más tarde este mismo tema y anunciará el nuevo pacto o alianza de Dios con su pueblo. Véase Jer 31.31 nota *y*.

p **2.22(24)** El nombre *Jezreel* se emplea aquí para designar a Israel, debido a la semejanza entre los dos nombres (véanse Os 1.4 nota *i*; 1.5 nota *k*; 1.11[2.2] nota *v*).

q **2.23(25)** *Lo-ruhama... Lo-amí:* Véanse Os 1.6 nota *m*; 1.9 n. Se vuelve a utilizar el simbolismo de los nombres, pero en sentido contrario: Antes representaban la ruptura de la alianza; ahora son signos de restauración.

r **2.23(25)** *Tú eres mi pueblo:* Zac 13.8-9; Ro 9.25; cf. 1 P 2.10.

a **3.1-5** Algunos intérpretes han visto en este relato autobiográfico un segundo matrimonio del profeta, pero es más probable que se trate de la reconciliación del profeta con Gómer, que había incurrido en adulterio y se había hecho indigna de ser su esposa. El amor del profeta a la esposa adúltera es un símbolo elocuente del amor

"Ve y ama a una mujer [b]
amada de su amigo [c] y adúltera.
Así ama el Señor a los israelitas,
aunque ellos se vuelven a dioses extraños
y comen de las tortas de pasas [d] que les ofrecen."
[2] Entonces adquirí una mujer para mí
por quince monedas de plata
y trescientos treinta litros de cebada. [e]
[3] Le dije: "Por mucho tiempo serás mía;
no te prostituyas ni te entregues a otro hombre,
y yo también te seré fiel." [f]

[4] Pues por mucho tiempo los israelitas
estarán sin rey ni jefe,
sin sacrificio ni piedras sagradas,
sin ropas sacerdotales [g] ni ídolos familiares. [h]
[5] Después de esto se volverán los israelitas
y buscarán al Señor su Dios
y a David su rey.
En los últimos tiempos
acudirán con reverencia al Señor
y a los bienes que él concede. [i]

III. PECADOS Y CASTIGOS DE ISRAEL (4.1—13.16)

4 El pleito del Señor contra Israel

4 [1] Israelitas, escuchen
lo que dice el Señor.
Él ha entablado un pleito [a]
contra los que viven en este país,
porque aquí ya no hay lealtad entre la gente,
ni fidelidad [b] ni conocimiento de Dios. [c]
[2] Abundan en cambio el juramento falso y la mentira,
el asesinato y el robo,
el adulterio y la violencia,
y se comete homicidio tras homicidio. [d]
[3] Por eso, el país está de luto;
se quedan sin fuerzas los que viven en él;
y con los animales salvajes y las aves
mueren también los peces del mar.

El Señor acusa a los sacerdotes [e]

[4] Dice el Señor:
"¡Que nadie acuse ni reprenda a otro!
Mi pleito es solo contra ti, sacerdote. [f]
[5] Tú caerás en pleno día,
y por la noche
caerá también contigo el profeta, [g]
y a tu madre [h] la destruiré.
[6] Mi pueblo no tiene conocimiento,
por eso ha sido destruido.
Y a ti, sacerdote, [i] que rechazaste el conocimiento,
yo te rechazo de mi sacerdocio.
Puesto que tú olvidas las enseñanzas
de tu Dios,
yo me olvidaré de tus descendientes.

[7] "Cuantos más eran los sacerdotes,
más pecaban contra mí;
por lo tanto, cambiaré su honra en afrenta.
[8] Viven del pecado de mi pueblo;
por eso anhelan que mi gente peque.
[9] Lo mismo al pueblo que a los sacerdotes,
los castigaré por su conducta.
[10] Puesto que han dejado de servir al Señor,
comerán, pero no quedarán satisfechos; [j]
se prostituirán, pero no tendrán hijos. [k]

---

lleno de misericordia con que el Señor ama a su pueblo infiel. Cf Os 11.7-9.
[b] 3.1 *El Señor volvió... ama a una mujer:* otra posible traducción: *El Señor me dijo: vuelve a amar a una mujer...*
[c] 3.1 *Amada de su amigo:* el texto griego (LXX) dice: *que ama el mal.*
[d] 3.1 Las *tortas de pasas* o de *uvas secas* se ofrecían en el culto a los dioses de la fertilidad (cf. Jer 7.18).
[e] 3.2 El precio que pagó Oseas por la mujer podría equivaler al que se pagaba por una esposa (cf. Gn 34.12; Ex 22.17) o por una esclava (cf. Ex 21.32). El texto no aclara a quién se le paga este precio. Algunos intérpretes piensan que Gómer se había convertido en esclava concubina de otro hombre, o que, después de su adulterio (cf. v. 1), había vuelto a la casa de su padre y que Oseas pagó por ella un segundo tributo nupcial. De todas maneras, el simbolismo de esta acción es claro: Oseas ha seguido amando a su esposa a pesar de su infidelidad.
[f] 3.3 *Yo también te seré fiel:* otra posible traducción, *y yo tampoco me llegaré a ti.*
[g] 3.4 *Sin ropas sacerdotales:* lit. *sin efod* (véase Ex 28.6 n.).
[h] 3.4 El castigo por la idolatría consistirá en dejar a Israel privado de sus instituciones políticas y religiosas.
[i] 3.5 Jer 30.9; Ez 34.23; 37.24-25.
[a] 4.1 *Ha entablado un pleito:* La alianza del Señor con Israel incluía la obligación de observar la ley; su transgresión reclamaba el castigo correspondiente (véase Ex 19.5 nota *g*; cf. Os 8.1). De ahí que el lenguaje utilizado en los pleitos judiciales fuera particularmente apto para denunciar a los culpables y pronunciar la sentencia condenatoria. Cf. Is 3.13; Jer 2.9; 25.31; Miq 6.2. Véase también Os 2.2-13(4-15) n.
[b] 4.1 *Lealtad... fidelidad:* Estas expresiones aluden a la alianza de Dios con Israel. El vocablo hebreo traducido por *lealtad* incluye las ideas de fidelidad, devoción y amor, cualidades que Dios requiere de su pueblo Israel.
[c] 4.1 El *conocimiento de Dios,* en Oseas, no es un saber puramente intelectual, sino que implica una relación personal y afectiva, puesta de manifiesto prácticamente en una forma de vida conforme a la voluntad de Dios. Conocer al Señor significa entrar en su alianza, observar sus mandamientos y reconocer que es él, y no Baal, el que da los frutos de la tierra (2.8[10]; cf. 6.6). Véase Sal 1.6 nota *i.*
[d] 4.2 Oseas denuncia los pecados de Israel refiriéndose expresamente a los mandamientos del Decálogo (Ex 20.1-17; Dt 5.1-21): *juramento falso* (cf. Ex 20.7), *mentira* (cf. Ex 20.16), *asesinato* (cf. Ex 20.13), *robo* (cf. Ex 20.15), *adulterio* (cf. Ex 20.14). Nótese la contraposición entre lo que no hay en el país (v.2) y lo que tendría que haber, de acuerdo con la voluntad del Señor (v.1).
[e] 4.3 Is 24.4-6; Jer 4.23-28; 12.4.
[f] 4.4 *Mi pleito es solo contra ti, sacerdote:* texto probable; heb. *Tu pueblo es como los que pleitean contra el sacerdote.*
[g] 4.5 *El profeta:* Posiblemente se trata de los profetas que dirigían el culto junto con los sacerdotes. Unos y otros han faltado a la responsabilidad de enseñar al pueblo el camino del Señor. Cf. Jer 5.31; 14.14; Os 4.6.
[h] 4.5 *Tu madre:* Véase Os 2.2(4) nota *c.*
[i] 4.6 *Y a ti, sacerdote:* Los *sacerdotes* tenían la responsabilidad no solo de ofrecer los sacrificios, sino también de instruir al pueblo sobre las exigencias del pacto. Cf. Dt 33.10; Mal 2.6-8. Véase también Is 1.10 n.
[j] 4.10 *Comerán, pero no quedarán satisfechos:* Miq 6.14.
[k] 4.10 Os 1.2; 9.11.

La idolatría de Israel

¹¹ "La prostitución y el vino ⁱ
hacen perder el juicio.
¹² Mi pueblo consulta a sus ídolos de madera; ᵐ
por medio de varas practica la adivinación.
Dominado por la prostitución,
mi pueblo sigue caminos equivocados:
se prostituye apartándose de su Dios.
¹³ En lo alto de los montes y sobre las colinas
queman incienso y ofrecen sacrificios,
y también bajo la buena sombra
de los robles, los álamos y las encinas.
Por eso se han prostituido las hijas de ustedes,
y sus nueras cometen adulterio. ⁿ
¹⁴ Pero yo no castigaré a sus hijas por su prostitución
ni a sus nueras por sus adulterios,
porque ustedes mismos se van con prostitutas;
para ofrecer sacrificios, se juntan
con mujeres que practican la prostitución como un culto. ñ
¡Y así se hunde un pueblo falto de inteligencia! ᵒ

¹⁵ "Si tú, Israel, te prostituyes,
que al menos Judá no peque.
¡No vayan ustedes a Guilgal ᵖ
ni suban a Bet-avén ᵠ
ni juren por la vida del Señor!
¹⁶ Israel es rebelde
como una novilla arisca;
y así, ¿los cuidará el Señor en hermosos pastizales,
igual que si fueran corderitos?
¹⁷⁻¹⁸ Efraín ʳ se ha entregado a la idolatría.
¡Todos han caído como pandilla de borrachos!
Una y otra vez se prostituyen,
y prefieren la vergüenza a la honra.
¹⁹ ¡Un viento se los llevará en sus alas,
y se avergonzarán de su idolatría! ˢ

5 ¹ "Sacerdotes, oigan esto;
presta atención, pueblo de Israel;
escuchen ustedes, los de la casa real:

Contra ustedes va a ser el juicio,
porque han sido una trampa puesta en Mispá, ᵃ
una red tendida sobre el monte Tabor, ᵇ
² un pozo ahondado en el valle de Sitim. ᶜ
Por eso voy a castigarlos.
³ Yo conozco a Efraín;
Israel no me es desconocido.
Efraín se ha prostituido;
Israel se ha manchado."

⁴ Las malas acciones del pueblo
no lo dejan volverse a su Dios.
Dominado por la prostitución,
no reconoce al Señor.
⁵ El orgullo de Israel clama en contra suya;
Efraín tropieza en su propia maldad,
¡y, junto con ellos, hasta Judá tropezará!
⁶ Con sus ovejas y sus vacas
irán en busca del Señor,
pero no lo encontrarán
porque se apartó de ellos.
⁷ Han sido infieles al Señor, ᵈ
pues tienen hijos de otro padre.
Por su infidelidad, en un solo mes
sus tierras serán devoradas.

El castigo de Israel y de Judá ᵉ

⁸ ¡Toquen el cuerno de guerra en Guibeá
y la trompeta en Ramá!
¡Den la alarma en Bet-avén! ᶠ
¡Siembren el desconcierto en Benjamín!
⁹ Yo anuncio entre las tribus ᵍ de Israel
lo que ha de suceder con toda seguridad:
Efraín será asolado en el día del castigo.

¹⁰ Dice el Señor:
"Los jefes de Judá son como esa gente
que altera los límites de los campos. ʰ
¡Pero los voy a inundar con mi furor!
¹¹ Efraín está oprimido,

ⁱ **4.11** *El vino:* Pr 26.9; Is 28.7.

ᵐ **4.12** *Ídolos de madera:* probablemente los postes o árboles plantados en representación de la diosa Aserá. Cf. Dt 16.21; véase Jue 2.13 n.

ⁿ **4.13** Los santuarios de Baal se instalaban en lugares altos, como los montes y colinas, y solían estar rodeados de algún bosque con árboles frondosos (cf. Dt 12.2; 1 R 14.23; Jer 2.20). Véase también 1 R 3.2 n.

ñ **4.14** *La prostitución como culto:* Véase Os 1.2 nota *f*.

ᵒ **4.12-14** Jer 2.23-27; 3.1-2; Os 2.5[7].

ᵖ **4.15** *Guilgal* era un santuario importante cerca de Jericó (véanse Jos 4.19 nota *f* e *Índice de mapas*).

ᵠ **4.15** *Bet-avén*, en hebreo, significa *casa de iniquidad.* Oseas aplica este calificativo, en forma despectiva, a *Betel*, cuyo nombre significa *casa de Dios* y era, a su vez, un santuario importante de Israel (1 R 12.28-30; véase *Índice de mapas*). Cf. Os 5.8; 10.5; Am 4.4; 5.5.

ʳ **4.17-18** El profeta da frecuentemente el nombre de *Efraín* a todo el reino del Norte, Israel (5.3,5; 11.8).

ˢ **4.17-19** El texto hebreo de estos vv. presenta varias dificultades; la traducción es solo probable.

ᵃ **5.1** *Mispá:* Este nombre podría referirse al santuario que se encontraba al este del río Jordán, en Galaad (cf. Gn 31.49; Jue 10.17; 11.11,29), o bien a una población situada al norte de Jerusalén (Jue 20.1-3; 21.1-8; 1 S 7.5-6; 10.17).

ᵇ **5.1** El *monte Tabor* está al sureste del valle de Jezreel y en su cima había un santuario. Véase *Índice de mapas*, y cf. Jue 4.6,12.

ᶜ **5.2** El *valle de Sitim*, al este del río Jordán, estaba relacionado con el pecado de los israelitas en Baal-peor (Nm 25.1-5; cf. Jos 2.1).

ᵈ **5.7** *Infieles al Señor:* Véase Os 1.2 nota *f*.

ᵉ **5.8-15** Estos vv. parecen aludir a la llamada guerra siro-efraimita, que tuvo lugar en los años 734-732 a.C. En esa época, Siria y Efraín (véase Os 4.17-18 n.) intentaron derrocar al rey Acaz, a fin de obligar a Judá a unirse en una alianza contra Asiria. Cf. 2 R 15.27-30; 16.5-9; Is 7.1-9.

ᶠ **5.8** *Guibeá, Ramá* y *Bet-avén* eran ciudades de Benjamín (Jos 18.21-26); posiblemente habían sido capturadas por el reino del Norte (1 R 15.16-22) y reconquistadas por Judá. Véanse Os 4.15 nota *q* e *Índice de mapas*.

ᵍ **5.9** *Entre las tribus:* otra posible traducción: *contra las tribus.*

ʰ **5.10** *Altera los límites de los campos:* Cf. Dt 19.14; 27.17; Pr 22.28; 23.10.

quebrantados sus derechos,
porque se ha empeñado en seguir
a los falsos dioses. *i*

12 Pues yo seré como la polilla para Efraín,
como la carcoma para el pueblo de Judá.

13 "Cuando Efraín vea lo enfermo que está,
y Judá se vea sus heridas,
Efraín irá a Asiria
a pedirle ayuda al gran rey, *j*
pero él no podrá sanarlos
ni curarles las heridas.

14 Como un león cuando ataca,
así atacaré yo a Efraín y a Judá;
yo mismo los despedazaré, y luego me iré;
los arrebataré, y nadie podrá librarlos. *k*

15 "Volveré luego a mi lugar,
hasta que ellos reconozcan su pecado
y vengan a buscarme.
¡En medio de su angustia, me buscarán!"

Israel habla de volverse al Señor *a*

6 **1** Vengan todos y volvámonos al Señor.
Él nos destrozó, pero también nos sanará;
nos hirió, pero también nos curará. *b*

2 En un momento nos devolverá la salud,
nos levantará para vivir delante de él.

3 ¡Esforcémonos por conocer al Señor!
El Señor vendrá a nosotros,
tan cierto como que sale el sol,
tan cierto como que la lluvia riega la tierra
en otoño y primavera.

La respuesta del Señor

4 Dice el Señor:
"¿Qué haré contigo, Efraín?
¿Qué haré contigo, Judá?
El amor que ustedes me tienen
es como la niebla de la mañana,
como el rocío de madrugada,
que temprano desaparece. *c*

5 Por eso los he despedazado mediante los profetas;
por medio de mi mensaje los he matado.
Mi justicia brota como la luz.

6 Lo que quiero de ustedes es que me amen,
y no que me hagan sacrificios;
que me reconozcan como Dios,
y no que me ofrezcan holocaustos. *d*

7 "Pero mi pueblo, lo mismo que Adán, *e*
ha faltado a mi alianza y me ha sido infiel.

8 Galaad *f* es una ciudad de malhechores,
toda llena de huellas de sangre.

9 Los sacerdotes son una pandilla de ladrones
puestos al acecho de la gente;
asesinan y cometen infamias
en el camino de Siquem. *g*

10 En Israel he visto cosas horribles:
Efraín se ha prostituido,
Israel se ha contaminado.

11 Y aun para ti, Judá,
ya he señalado el día de tu castigo.

7 "Cuando quiero cambiar la suerte de mi pueblo Israel,
1 cuando quiero curar a mi pueblo, a Efraín y a Samaria,
salta a la vista su pecado y su maldad.
Porque todos practican la mentira;
como ladrones, entran en las casas
y asaltan a la gente en plena calle.

2 No toman en cuenta
que yo recuerdo todas sus maldades.
Ahora los acorralan sus propias acciones,
que están siempre delante de mis ojos.

La corrupción de los gobernantes *a*

3 "Con su maldad y sus mentiras
mi pueblo divierte al rey y a los jefes.

---

i **5.11** *En seguir a los falsos dioses:* según el texto griego (LXX); heb. *seguir una orden.*

j **5.13** *Al gran rey:* texto probable; heb. *a un rey vengador.* Esta puede ser una referencia al rey de Asiria, a quien los reyes Menahem (2 R 15.19-20) y Acaz (2 R 16.7-9) pidieron ayuda, y a quien Oseas, el último de los reyes de Israel, pagó tributo (2 R 17.3-4).

k **5.14** Véase Os 13.7-8 n.

a **6.1-3** Estos vv. presentan una oración de arrepentimiento, redactada en forma poética (cf. Sal 44; 60.1-5[3-7]; Jer 3.22b-25). Cf. Os 14.1-3. El Señor rechaza este arrepentimiento superficial, porque no está fundamentado en el amor y en el verdadero conocimiento de Dios (vv. 4-6).

b **6.1** *Él nos destrozó... pero también nos sanará:* cf. Job 5.18. El lenguaje de Oseas es uno de los más ricos en imágenes para hablar de Dios. Aquí lo compara con un médico que sana las heridas, así como en otros pasajes lo llama padre (11.1,3-4) y esposo (caps. 1—3). Otras veces las imágenes son más audaces, ya que presentan al Señor como *polilla* y *carcoma* (5.12), o como un *león*, un *leopardo* y una *osa que ha perdido sus cachorros* (13.7-8).

c **6.4** Cf. Os 13.3.

d **6.6** Los *holocaustos* (cf. Lv 1) no pueden sustituir el amor y la fidelidad requeridos por la alianza del Señor con Israel (Os 4.1 nota *b*). Sobre la actitud de los profetas con respecto a los sacrificios, cf. 1 S 15.22;

Sal 40.6-8(7-9); 51.17-19(19-21); Is 1.10-17; Jer 6.19-20; Am 5.21-24; Miq 6.6-8. Véase Mt 9.13 nota *i.*

e **6.7** *Lo mismo que Adán:* otra posible traducción: *lo mismo que en Adán.* Esta expresión puede referirse al pecado del primer hombre (Gn 3) o, en sentido más universal, al pecado de la humanidad. Pero también podría tratarse de una referencia a la ciudad de *Adán* (Jos 3.4-16), situada cerca del lugar por el que los israelitas entraron a Canaán, donde tal vez había un santuario idolátrico.

f **6.8** *Galaad:* Con este nombre se designaba generalmente a la región montañosa que está en la parte norte de Transjordania. Ramot de Galaad (1 R 22.3-37; 2 Cr 22.5-6) era una ciudad ubicada en el centro de esa región, y era conocida por la violencia de algunos de sus habitantes. *Jabes-galaad* era otra de las ciudades al este del río Jordán (1 S 11.1). Véase *Índice de mapas.*

g **6.9** *Siquem:* Desde el tiempo de los patriarcas (Gn 33.18-20; 35.1-4) fue un importante centro de culto (Jos 24.1,25) y de actividad política (Jos 20.7; Jue 9.1-6; 1 R 12.1,25). La ciudad estaba situada entre los montes Ebal y Guerizim. Véanse Gn 12.6 n. e *Índice de mapas.*

a **7.3-7** Este pasaje describe las intrigas, los desórdenes, los asesinatos y la inestabilidad política que reinaron en el reino del Norte después de la muerte de Jeroboam II (año 743 a.C.). En aproximadamente diez años se sucedieron cinco reyes, tres de los cuales alcanzaron el poder por medio del asesinato (cf. 2 R 15.8-31).

⁴ Todos ellos son adúlteros;
son como el horno, que una vez encendido
deja el hornero de atizarlo
mientras fermenta la masa.
⁵ En el día de la coronación de nuestro rey, ᵇ
los jefes le hicieron enfermar con el calor
    del vino. ᶜ
¡Y él tendió la mano a los que se burlaban! ᵈ
⁶ Disponen su corazón para la intriga,
como si dispusieran un horno;
duerme el hornero toda la noche,
pero a la mañana el horno sigue bien encendido. ᵉ
⁷ Sí, todos ellos arden como un horno
que devoró a sus gobernantes.
Todos sus reyes han caído,
y no hay ni uno solo que me invoque.

El pueblo que se apartó de su Dios
⁸ "Efraín se ha mezclado con otros pueblos.
Efraín es como una torta
cocida solamente por un lado. ᶠ
⁹ Gente extraña ha acabado con sus fuerzas
sin que él se diera cuenta.
¡Hasta el pelo se le puso blanco
sin que él se diera cuenta!
¹⁰ El orgullo de Israel es testigo en contra suya.
Con todo, ellos no se volvieron
ni buscaron al Señor su Dios.
¹¹ Efraín es como una paloma
atolondrada, sin inteligencia:
pide ayuda a Egipto,
acude luego a Asiria... ᵍ
¹² Pero cuando vayan allá,
lanzaré mi red sobre ellos;
los haré caer como aves del cielo,
los atraparé a causa de su maldad. ʰ
¹³ "¡Ay de ellos por haberse apartado de mí!
La destrucción los alcanzará
porque contra mí se han rebelado.
Yo quiero salvarlos,
pero ellos mienten en contra mía.
¹⁴ Aunque gritan cuando están en la cama, ⁱ
no me invocan de corazón.
Para pedir trigo y vino se hacen heridas; ᵏ
¡se han rebelado contra mí!
¹⁵ Yo los había enseñado
y había dado fuerzas a sus brazos,
pero ellos planearon maldades contra mí.
¹⁶ Se volvieron a los ídolos; ˡ
son como un arco torcido,
cuya flecha no da en el blanco.
Por hablar con insolencia
caerán sus jefes a filo de espada, ᵐ
y en Egipto se burlarán de ellos.

8
Israel condenado a causa de la idolatría
¹ "Toca tu trompeta,
como centinela que vigila ᵃ
sobre el pueblo del Señor.
Porque han faltado a mi alianza
y se han rebelado contra mi enseñanza.
² Mientras tanto, vienen a mí gritando:
'¡Te reconocemos como el Dios de Israel!' ᵇ
³ Pero Israel ha rechazado lo bueno, ᶜ
y por eso lo perseguirán sus enemigos.

⁴ "Sin contar conmigo han establecido reyes, ᵈ
y han nombrado jefes sin saberlo yo.
Han tomado su plata y su oro
para fabricarse ídolos
y destruirse a sí mismos.
⁵ ¡Me repugna el becerro que tú, Samaria, adoras! ᵉ
Mi enojo se ha encendido en contra de él.
¿Cuánto tardarán en quedar limpios ⁶ los israelitas?
¡Ese becerro de Samaria no es Dios!
Salió de manos de un artesano, ᶠ
y será hecho pedazos.
⁷ Ellos sembraron vientos
y cosecharán tempestades; ᵍ

ᵇ **7.5** *Nuestro rey:* Posiblemente se trata del aniversario de la coronación del rey.

ᶜ **7.5** *Enfermar con el calor del vino:* cf. Is 28.7-8.

ᵈ **7.5** Aquí se hace referencia a la forma en que se llevaron a cabo en el reino de Israel algunos golpes de Estado. La conspiración comenzaba con una borrachera, seguía con el asesinato del rey y terminaba con el establecimiento de una nueva dinastía (cf. 1 R 16.8-13).

ᵉ **7.6** El hebreo de este v. es oscuro. Otra posible traducción: *Como un horno, su corazón arde en intriga; toda la noche su cólera queda latente, y a la mañana se enciende en llamas.*

ᶠ **7.8** *Efraín* (véase 4.17-18 n.) es como una torta inservible. Esta imagen parece aludir a la política exterior de Israel, que pretendía encontrar en las alianzas con las naciones vecinas la fuerza que solo Dios podía brindarle. Cf. Os 8.8-10.

ᵍ **7.11** El profeta critica una vez más la política exterior de Israel, que buscaba protección en Asiria y Egipto en vez de poner su confianza únicamente en el Señor. Véase 5.13 n.; 7.8 n.

ʰ **7.12** *A causa de su maldad:* según el texto griego (LXX); heb. *según el informe de su asamblea.*

ⁱ **7.13** *Mienten en contra mía:* probable alusión al arrepentimiento poco sincero de Israel. Cf. Os 6.1-6.

ʲ **7.14** *Cuando están en cama:* Quizá se hace referencia a la costumbre de dormir en los lugares altos, donde se celebraban actos de culto en honor a los dioses paganos. Cf. Is 57.7.

ᵏ **7.14** *Se hacen heridas:* texto probable; heb. *viven como forasteros.* La práctica de herirse con cuchillos y otros objetos punzantes, común en los ritos cananeos (1 R 18.28), estaba prohibida en Israel (Lv 19.28; Dt 14.1).

ˡ **7.16** *Se volvieron a sus ídolos:* texto probable; heb. *se volvieron, pero no hacia arriba.* Cf. 5.7; 7.10.

ᵐ **7.16** *Caerán sus jefes a filo de espada:* cf. Am 7.17; 9.1,4,10.

ᵃ **8.1** *Como centinela que vigila:* texto probable; heb. *como águila.*

ᵇ **8.2** *Te conocemos como el Dios de Israel:* texto probable; heb. *Dios mío, te reconocemos, Israel.*

ᶜ **8.3** *Lo bueno:* cf. Miq 6.8.

ᵈ **8.4** *Sin contar conmigo han establecido reyes:* Véase 7.3-7 n.

ᵉ **8.5** *El becerro que... adoras:* alusión al becerro de oro instalado en Betel, al comienzo del reinado de Jeroboam I sobre el reino de Israel (1 R 12.28-30; cf. Os 10.5).

ᶠ **8.6** *De manos de un artesano:* cf. Is 40.18-20; 44.9-11,17-20; 45.20; Jer 10.2-5.

ᵍ **8.7** *Sembraron vientos y cosecharán tempestades:* Cf. expresiones

no tendrán campos que segar,
ni sacarán harina de sus espigas;
y si acaso llegan a sacarla,
los extranjeros se la comerán.

8 ¡Israel ha sido tragado!
Las otras naciones lo miran
como a un objeto sin valor, [h]
9 por haber acudido a Asiria
como un terco asno salvaje.
¡Efraín dio regalos para comprarse amantes! [i]
10 Pero aunque dé regalos entre las naciones,
yo voy ahora a dispersarlos,
y durante un tiempo dejarán de surgir
reyes y jefes. [j]

11 "Porque Efraín construye multitud de altares,
que solo le sirven para pecar.
12 Aunque yo escribí para él mis muchas enseñanzas,
él las tuvo por cosa extraña.
13 A ellos les gustan los sacrificios, y sacrifican,
y comen la carne de los sacrificios;
pero yo, el Señor, no estoy contento con ellos: [k]
recordaré las maldades que cometieron,
y los castigaré por su pecado
haciéndolos regresar a Egipto. [l]
14 Israel construye palacios,
pero se olvida de su creador. [m]
Judá levanta muchas ciudades fortificadas,
pero yo las haré arder en un fuego
que consumirá sus palacios." [n]

9 *El castigo de Israel anunciado por Oseas* [a]

1 No te alegres, Israel;
no saltes de contento como otros pueblos,
pues te has prostituido
al abandonar a tu Dios.
En las eras donde se trilla el grano,
te gusta recibir el pago de tus prostituciones. [b]

2 El pueblo de Israel no tendrá trigo ni vino;
su vino nuevo no será suficiente.
3 Efraín regresará a Egipto,
y en Asiria comerá alimentos impuros. [c]
No vivirán más en el país [d] del Señor: [e]
4 no beberán vino en honor del Señor,
ni le ofrecerán allí sus sacrificios.
El pan que coman será como pan de duelo, [f]
y quienes lo coman quedarán impuros.
Ellos se comerán ese pan,
pero no podrán llevarlo al templo del Señor.
5 ¿Qué harán ustedes en el día de la fiesta,
de la solemne fiesta del Señor?
6 Ellos han huido de la destrucción;
Egipto los recogerá,
y en Menfis [g] serán enterrados.
Sus tesoros de plata se llenarán de ortigas,
y en su campamento crecerán los espinos.

7 ¡Ya han llegado los días del castigo! [h]
¡Ya han llegado los días del pago merecido!
¡Israel va a saber que ya han llegado!
Ustedes dicen: [i] "El profeta es un necio.
El hombre inspirado [j] es un loco." [k]
Pero lo dicen porque están llenos de maldad,
porque su odio es grande.
8 Dios ha puesto a su profeta por centinela [l]
de Efraín,
pero ustedes tienden trampas a su paso;
¡hasta en el templo de Dios le odian! [m]
9 Se corrompieron completamente,
como en los tiempos de Guibeá. [n]
Pero el Señor se acordará de su maldad
y castigará sus pecados.

Israel sufrirá las consecuencias de su pecado

10 Dice el Señor:
"Cuando encontré a Israel, me alegré

---

similares en Job 4.8; Pr 22.8; Os 10.13. En 10.12, Oseas dice que en lugar del viento se debería sembrar la *justicia*, para obtener una *cosecha de amor*.
[h] 8.8 Cf. Jer 22.28; 48.38.
[i] 8.9 El profeta evoca irónicamente la forma con que Israel trataba de comprarse el apoyo de Asiria. Véase 5.13 n.; cf. 7.11.
[j] 8.10 *Pero aunque... reyes y jefes:* traducción probable; heb. oscuro.
[k] 8.13 *Efraín construye multitud de altares... no estoy contento con ellos:* Véase Os 9.3.
[l] 8.13 *Regresar a Egipto:* cf. Os 9.3.
[m] 8.14 *Su creador:* cf. Is 44.2; 51.13.
[n] 8.14 *Consumirá sus palacios:* Am 2.5.
[a] 9.1-9 El siguiente poema relaciona el exilio de los israelitas con la infidelidad al Señor. La alegría del pueblo (vv. 1,5) puede estar relacionada con la fiesta de las Enramadas (cf. Lv 23.34-43).
[b] 9.1 *En las eras... el grano:* alusión a ciertos actos de culto en honor de los dioses de la fertilidad (véase Os 1.2 nota f), llevados a cabo durante la trilla del *grano* recién cosechado (cf. Mt 3.12). *El pago de tus prostituciones:* Probablemente se hace referencia a los frutos de la cosecha, en los que el pueblo veía un don de Baal (véase Os 2.5[7] n.).
[c] 9.3 *En Asiria comerá alimentos impuros:* Los alimentos cosechados fuera de Israel, en tierra de paganos, se consideraban ritualmente impuros (cf. Ez 4.13).

[d] 9.3 *El país:* Lv 25.23; Jos 22.19.
[e] 9.3 *No vivirán en el país del Señor:* alusión a la deportación de los israelitas a Asiria (2 R 15.29).
[f] 9.4 El *pan de duelo* era ritualmente impuro debido a su asociación con los muertos (Nm 19.11-16).
[g] 9.6 *Menfis:* importante ciudad de Egipto, famosa por sus cementerios. Véase *Índice de mapas*.
[h] 9.7 *Los días de castigo:* Lc 21.22.
[i] 9.7 *Ustedes dicen:* Estas palabras no están en el hebreo, pero se han añadido para aclarar el sentido del texto. El *profeta* es probablemente el mismo Oseas, que alude a los ataques y burlas de que ha sido objeto. Cf. Jer 20.10.
[j] 9.7 *El hombre inspirado:* lit. *el hombre del espíritu*. Cf. Miqueas 3.8.
[k] 9.7 *El profeta es un necio... loco:* cf. 2 Cr 24.20-21; Jer 20.1-2; 37.15-16; Mt 7.10-14.
[l] 9.8 *Su profeta por centinela:* Is 21.6; Jer 6.17; Ez 3.16-21; 33.1-9. Cf. también Os 8.1.
[m] 9.8 El sentido de este v. no es del todo claro; la traducción es solo probable.
[n] 9.9 *Guibeá* era la ciudad en la que algunos israelitas de la tribu de Benjamín violaron a la concubina de un levita. Esa acción provocó la reacción de las otras tribus, que combatieron contra los benjaminitas casi hasta acabar con ellos (Jue 19—21). Cf. Os 5.8; 10.9.

como el que encuentra uvas en el desierto.
Los antepasados de ustedes fueron a mis ojos
como los higos tempranos.
Pero cuando llegaron a Baal-peor [ñ]
se consagraron a los dioses falsos,
y se hicieron tan despreciables
como los ídolos que ellos amaban.
11 La grandeza de Efraín volará como un ave.
No nacerán más niños,
no habrá más mujeres embarazadas,
no se concebirán más hijos.
12 Y aun si lograran criar a sus hijos,
yo se los quitaría sin dejarles ninguno.
¡Ay de esta gente cuando me aparte de ella!
13 Veo que Efraín trata a sus hijos
como si fueran presa de cazadores:
los saca para entregarlos a la matanza." [o]
14 ¡Dales, Señor, lo que hayas de darles!
¡Dales vientres estériles y pechos sin leche!

Enojo del Señor contra Efraín
15 Dice el Señor:
"En Guilgal hicieron todo lo malo, [p]
y allí comencé a odiarlos.
Por la maldad de sus acciones
los voy a echar de mi casa;
no voy a seguir amándolos,
pues todos sus jefes son rebeldes.
16 Efraín está herido;
es como un árbol de raíces secas
que ha dejado de dar fruto.
Aunque tenga hijos,
yo los haré morir."
17 Este pueblo no ha querido
hacerle caso a mi Dios;
por eso mi Dios va a rechazarlo,
y andarán errantes entre las naciones. [q]

10 *Destrucción de los altares de Israel*
1 Israel es como una vid llena de uvas; [a]
pero cuanto más abundante era su fruto,
más altares se construía;
cuanto más hermosa era su tierra,
más hermosas eran sus piedras sagradas. [b]
2 Israel tiene el corazón dividido,
y ahora va a pagar por su pecado.
El Señor destruirá sus altares
y derribará sus piedras sagradas.
3 Ahora este pueblo dirá:
"No tenemos rey
porque no tenemos reverencia al Señor.
Pero ¿qué podría hacer un rey por nosotros?
4 Tan solo hablar y hablar,
prometer en falso y firmar pactos;
su justicia sería como una planta venenosa
que crece entre los surcos del campo."
5 La gente de Samaria tiembla;
llora la pérdida del becerro de Bet-avén. [c]
Por él se están lamentando
el pueblo y los sacerdotes,
porque su gloria ha desaparecido.
6 Aun el propio becerro será llevado a Asiria
para ofrecérselo al gran rey. [d]
Así Efraín quedará avergonzado;
Israel se avergonzará de su ídolo. [e]
7 Desaparecerá el rey de Samaria
como una astilla que flota sobre el agua.
8 Serán destruidos los santuarios paganos [f]
donde el pueblo de Israel pecaba.
Sobre sus altares crecerán cardos y espinos,
y la gente les dirá a los montes: "¡Cúbrannos!",
y a los cerros: "¡Caigan sobre nosotros!" [g]

Sentencia del Señor contra Israel
9 Dice el Señor:
"Israel no ha dejado de pecar
desde que comenzó a hacerlo en Guibeá. [h]
¡En su pecado persisten!
Por eso, la guerra
alcanzará a estos malvados en Guibeá.
10 Castigaré a este pueblo cuando yo quiera.
Contra él se juntarán naciones
cuando yo lo castigue por su gran maldad.
11 "Efraín era como una novilla domada
que gustaba de trillar el grano.
Yo he puesto yugo ahora
sobre su hermoso cuello, [i]
para que tire del carro;
y Judá tirará del arado,
y Jacob tirará del rastrillo.
12 Les dije: Siembren ustedes justicia

[ñ] **9.10** *Llegaron a Baal-peor:* alusión al pecado de idolatría del que se habla en Nm 25.1-3.

[o] **9.13** El hebreo de este v. es oscuro; la traducción es probable.

[p] **9.15** *En Guilgal hicieron todo lo malo:* El santuario de Guilgal, además de ser un centro de culto a Baal (véase Os 4.15 nota *p*, y cf. Os 12.11[12]; Am 5.5), estaba asociado con el rey Saúl y su desobediencia. Cf. 1 S 11.14-15; 13.7-14; 15.10-23.

[q] **9.17** Dt 28.15,64-65.

[a] **10.1** *Una vid llena de uvas:* Is 5.1-7; Jer 2.21. Cf. Jn 15.1-17.

[b] **10.1** Estas *piedras sagradas* eran pilares o monumentos de piedras que se levantaban para recordar algún suceso importante (cf. Gn 31.43-45; Jos 4.8-9). Su uso religioso estaba prohibido en Israel, porque en la religión cananea tales piedras estaban frecuentemente relacionadas con el culto a Baal. Cf. Ex 23.24; Lv 26.1; Dt 16.22. Cf. también Os 12.11(12).

[c] **10.5** *Bet-avén:* Betel (véanse Os 4.15 nota *q*; 8.5 n.).

[d] **10.6** *Al gran rey:* Véase 5.13 n.

[e] **10.6** *Su ídolo:* texto probable; heb. *su propósito*.

[f] **10.8** Estos *santuarios paganos* (lit. *los santuarios de Avén*) estaban situados en las colinas (Os 4.13 n.). *Avén*, que significa *maldad* o *iniquidad*, es una referencia a Betel (véase Os 4.15 nota *q*).

[g] **10.8** Lc 23.30; Ap 6.16.

[h] **10.9** *Comenzó a hacerlo en Guibeá:* Véase Os 9.9 n.

[i] **10.11** *Yo he puesto... cuello:* texto probable; heb. *yo perdonaré su hermoso cuello*.

y recojan cosecha de amor. ʲ
Preparen la tierra para un nuevo cultivo, ᵏ
porque es tiempo de buscar al Señor,
hasta que él venga y traiga
lluvia de salvación sobre ustedes. ˡ
¹³ Pero ustedes han cultivado la maldad,
han cosechado la injusticia
y han comido los frutos de la mentira.

"Por haber confiado en tus carros de guerra ᵐ
y en tus muchos guerreros,
¹⁴ habrá alboroto entre tu gente
y todas tus fortalezas serán asoladas,
como asoló a Bet-arbel el rey Salmán
el día de la batalla,
cuando aplastaron a la madre con los hijos. ⁿ
¹⁵ Esto mismo les pasará a ustedes,
habitantes de Betel,
por causa de su gran maldad.
¡El rey de Israel
morirá al nacer el día!ñ

11 Dios ama a su pueblo rebelde ᵃ

¹ "Cuando el pueblo de Israel era niño, yo lo amaba;
a él, que era mi hijo, lo llamé de Egipto. ᵇ
² Pero cuanto más lo llamaba,
más se apartaba de mí.
Mi pueblo ofrecía sacrificios a los dioses falsos
y quemaba incienso a los ídolos. ᶜ
³ Con todo, yo guié al pueblo de Efraín
y lo enseñé a caminar;
pero ellos no comprendieron que era yo
quien los cuidaba. ᵈ
⁴ Con lazos de ternura, con cuerdas de amor,
los atraje hacia mí;
los acerqué a mis mejillas
como si fueran niños de pecho; ᵉ
me incliné a ellos para darles de comer, ᶠ
⁵ pero ellos no quisieron volverse a mí.
Por eso tendrán que regresar a Egipto,
y Asiria reinará sobre ellos. ᵍ
⁶ La espada caerá sobre sus ciudades
y acabará con sus fortalezas,
destruyéndolos a causa de los planes que hacen.
⁷ Mi pueblo persiste en estar alejado de mí;
gritan hacia lo alto, pero nadie los ayuda. ʰ

⁸ "¿Cómo podré dejarte, Efraín?
¿Cómo podré abandonarte, Israel?
¿Podré destruirte como destruí
la ciudad de Admá,
o hacer contigo lo mismo que hice con Seboím? ⁱ
¡Mi corazón está conmovido,
lleno de compasión por ti!
⁹ No actuaré según el ardor de mi ira:
no volveré a destruir a Efraín,
porque yo soy Dios, no hombre. ʲ
Yo soy el Santo, que estoy en medio de ti,
y no he venido a destruirte." ᵏ

¹⁰ Ellos seguirán al Señor,
y él rugirá como un león.
Rugirá, y los suyos
vendrán temblando de occidente.
¹¹ "Como aves, vendrán temblando de Egipto;
vendrán de Asiria, como palomas; ˡ
y haré que habiten de nuevo en sus casas.
Yo, el Señor, lo afirmo.

ʲ **10.12** *De amor:* En otros pasajes esta palabra hebrea ha sido traducida por fidelidad, lealtad, misericordia, bondad (véase Os 4.1 nota *b*).

ᵏ **10.12** *Cultivo:* cf. Jer 4.3.

ˡ **10.12** Is 44.3; 45.8; Os 6.3.

ᵐ **10.13** *Tus carros de guerra:* según la versión griega (LXX); heb. *en tu camino.*

ⁿ **10.14** *Salmán* era, probablemente, rey de Moab, y *Bet-arbel* podía ser un pueblo en la región de Galaad, conquistado por él. El texto parece indicar que el ejército invasor hizo una matanza masiva de niños, para exterminar la población. Cf. 2 R 8.12; Sal 137.9; Is 13.16; Os 13.16; Nah 3.10.

ñ **10.15** *Al nacer el día:* otra posible traducción: *al comenzar la batalla.*

ᵃ **11.1-11** La imagen del amor conyugal (Os 1—3) se complementa aquí con la de un amor paterno que presenta, al mismo tiempo, rasgos maternales. Dios es padre y, también, madre que cuida con ternura a su hijo, Israel (cf. Is 1.2; Jer 3.4,19; 31.9,20). Aunque este amor no es correspondido, la misericordia y la compasión de Dios prevalecen sobre su ira y sobre la rebeldía del pueblo (vv. 8-11).

ᵇ **11.1** *A él, que era mi hijo, lo llamé de Egipto:* otra posible traducción: *desde que salió de Egipto lo he llamado mi hijo* (Mt 2.15; cf. Os 2.14-15[16-17]; 12.9,13; 13.4-5; Am 3.1-2). Cf. también Ex 4.22, donde Moisés debe decir al faraón, de parte del Señor, que Israel es su *hijo* mayor.

ᶜ **11.2** *Los ídolos:* lit. *Baal.*

ᵈ **11.3** *Los cuidaba:* lit. *los sanaba.* Cf. Os 5.13; 6.1; 7.1.

ᵉ **11.4** *Los acerqué... niños de pecho:* texto probable; heb. oscuro.

ᶠ **11.4** Las actitudes de Dios hacia su hijo Israel (cf. v. 1) presentan en esta descripción características típicamente maternales.

ᵍ **11.5** Os 8.13; 9.6; véase Os 9.3 nota *e*.

ʰ **11.7** El hebreo de este v. no es claro.

ⁱ **11.8** *Admá... Seboím:* Estas ciudades siempre se mencionan junto con Sodoma y Gomorra (Gn 10.19; 14.2,8) y fueron destruidas junto con ellas (Dt 29.23; cf. Gn 19.23-29).

ʲ **11.9** *Yo soy Dios, no hombre:* Esta expresión relativiza las imágenes que se emplean para hablar de Dios, incluidas las más características de Oseas, es decir, la del Señor como esposo (2.16[18]) y padre (11.1) de Israel: el lenguaje figurado es indispensable, pero la imagen nunca se identifica totalmente con la realidad significada, porque Dios es mucho más que el esposo más amante y que el más perfecto de los padres. Cf. otras imágenes referentes a Dios en Os 5.14; 6.1; 13.7-8; 14.9. Cf. también Nm 23.19.

ᵏ **11.9** *Yo soy el Santo:* Nótese la consecuencia que resulta de esta afirmación: por ser radicalmente distinto de los hombres, Dios no participa de los deseos humanos de venganza, por lo que perdona y salva. *Y no he venido a destruirte:* sentido probable; heb. *y no he de venir a la ciudad.*

ˡ **11.11** *Como aves... de Egipto... de Asiria, como palomas:* posible referencia al regreso de algunos israelitas que se habían refugiado en *Egipto* o que habían sido deportados a *Asiria* (véase Os 9.3 nota *e*). Aquí hay un cambio de perspectiva: mientras que antes (v.5) se hablaba del destierro como de un hecho futuro, ahora aparece como algo que ya ha sucedido.

La maldad del pueblo de Dios

12 (12.1) *m* "Efraín me ha rodeado de mentiras;
me ha rodeado de engaños el pueblo de Israel.
Judá se ha separado de Dios,
y ahora es fiel a los ídolos.*n*

12 ¹ (2) Efraín se alimenta de aire:
todo el día va tras el viento del este.*a*
Aumenta sus mentiras y violencias,
hace pactos con Asiria
y manda regalos de aceite a Egipto."

² (3) El Señor le ha puesto pleito *b* a Israel.*c*
Va a castigar al pueblo de Jacob por su conducta;
le va a pagar como merecen sus acciones.

³ (4) Aun antes de nacer, Jacob suplantó a su hermano,*d*
y cuando ya fue hombre luchó con Dios.

⁴ (5) Luchó con un ángel,*e* y lo venció;
lloró y pidió que le tuviera compasión.
Dios lo encontró en Betel*f*
y habló con él*g* allí.

⁵ (6) El Señor, el Dios todopoderoso:
¡el Señor es su nombre!

⁶ (7) Así pues, Israel, vuélvete a tu Dios;
actúa con lealtad y rectitud,
y confía siempre en tu Dios.*h*

⁷ (8) Dice el Señor:
"Canaán*i* tiene en su mano pesas falsas,*j*
porque le gusta estafar.

⁸ (9) Efraín dice: '¡Sí, me he hecho rico,
me he encontrado una fortuna;
pero nadie podrá acusarme
de haber obtenido mis ganancias
por medios deshonestos!'

⁹ (10) Yo, el Señor, que soy tu Dios
desde que estabas en Egipto,*k*
haré que vivas de nuevo en tiendas de campaña,
como en los días de nuestro encuentro
en el desierto.*l*

¹⁰ (11) "Yo hablé a los profetas*m*
y aumenté el número de sus visiones,
y por medio de ellos hablé en parábolas.

¹¹ (12) En Galaad*n* hay dioses paganos,
pero solo son falsos dioses.
En Guilgal*ñ* se ofrecen sacrificios de toros;
sus altares son como montones de piedras*o*
entre los surcos del campo."

¹² (13) Jacob huyó a los campos de Aram,*p* y allí, para conseguir esposa, trabajó cuidando ovejas. ¹³ (14) Por medio de un profeta, el Señor sacó de Egipto al pueblo de Israel;*q* ¡por medio de un profeta,*r* cuidó de él!

¹⁴ (15) La gente de Efraín ha irritado al Señor,
le ha causado un amargo disgusto.
Por eso el Señor les hará pagar
los crímenes cometidos,*s*
y hará caer sobre ellos sus propias maldades.

13 La ruina total de Israel

¹ Cuando la gente de Efraín*a* hablaba,
las otras tribus de Israel mostraban respeto;
pero Efraín murió cuando se hizo culpable
por haber adorado a Baal.

² ¡Y todavía siguen pecando!
Funden su plata y se hacen ídolos
según se les ocurre y a gusto de los artesanos.

---

m **11.12—12.14** Los números entre paréntesis corresponden a la numeración del texto hebreo.

n **11.12(12.1)** El hebreo de este v. es oscuro.

a **12.1(2)** *Efraín se alimenta... el viento del este:* referencia a lo inútil de las alianzas con Asiria y Egipto (2 R 17.3-6; véase Os 7.11 n.). El *viento del este,* llamado siroco, procede del desierto; con su calor quema los cultivos y seca los manantiales (Os 13.15). Cf. Jer 18.17; Ez 17.10.

b **12.2(3)** Véase 4.1 nota *a.*

c **12.2(3)** *Israel:* texto probable; heb. *Judá.*

d **12.3(4)** Véase Gn 25.26 n. La referencia a Jacob parece ser un intento de explicar la infidelidad de Israel por una especie de pecado de origen: los hijos son dignos herederos de aquel padre engañador y astuto. Véase Is 43.27 n.

e **12.3-4(4-5)** *Y cuando ya fue hombre... luchó con un ángel:* cf. Gn 32.24-30.

f **12.4(5)** *Betel:* Gn 28.10-22.

g **12.4(5)** *Con él:* según algunas versiones antiguas; heb. *con nosotros.*

h **12.6(7)** Véanse 4.1 notas *b* y *c.*

i **12.7(8)** El *Señor* se refiere a Israel como *Canaán.* Los cananeos alcanzaron tal fama en el comercio, que su nombre llegó a usarse como sinónimo de comerciante. Cf. Is 23.8; Ez 16.29; 17.4; Sof 1.11.

j **12.7(8)** *Pesas falsas:* Lv 19.36; Dt 25.13-14; Pr 11.1; Am 8.4-5.

k **12.9(10)** *Yo, el Señor... en Egipto:* Desde los tiempos de Moisés, el nombre del *Señor* (heb. *Yahvé*) quedó inseparablemente unido al acontecimiento del éxodo (Os 13.4; cf. Ex 6.3-15). Esta fórmula de autopresentación se repite como un refrán en Ex 20.2; Dt 4.35; 5.6; Is 43.11; 45.21.

l **12.9(10)** *Haré que vivas... en el desierto:* Véase Os 2.14(16) n.

m **12.10(11)** *Yo hablé a los profetas:* Para Oseas, el pasado, el presente y el futuro de Israel están ligados entre sí por la presencia y la palabra de los profetas: en el pasado sobresale la figura profética de Moisés (12.13[14]); en el presente está el mismo Oseas, puesto por el Señor como *centinela* de su pueblo y sometido a los ataques de sus contemporáneos (9.8); en el futuro, el Señor volverá a revelarse por medio de sus profetas para que Israel retorne a su antigua fidelidad (cf. Os 2.14[16]; 12.9[10]).

n **12.11(12)** *Galaad:* Os 6.8 n.

ñ **12.11(12)** *Guilgal:* Os 4.15 nota *p.*

o **12.11(12)** *Sus altares son como montones de piedras:* Véase Os 10.1 nota *b.*

p **12.12(13)** *Los campos de Aram:* región de Mesopotamia conocida también como Padán-aram (Gn 25.20); hasta allí llegó Jacob para conseguir esposa. Cf. Gn 29.

q **12.13(14)** *Sacó de Egipto al pueblo de Israel:* Ex 12.50-51; Os 11.1; 13.4.

r **12.13(14)** *Por medio de un profeta:* Aunque no se menciona su nombre expresamente, aquí se alude a Moisés y a su obra. En Nm 11.24-30; 12.1-8; Dt 18.18; 34.10 se muestra, igualmente, a Moisés como profeta.

s **12.14(15)** *Les haré pagar por los crímenes cometidos:* otra posible traducción: *Los hará culpables de su propia muerte.*

a **13.1** *La gente de Efraín:* Esta expresión se refiere aquí específicamente a la tribu de Efraín, diferenciándola así del resto de las tribus de Israel (véase Os 4.17-18 n.). En los primeros años de su historia, esta tribu tuvo gran importancia militar, política y religiosa (cf. Jos 24.30; Jue 8.1-3; 12.1-6; 1 S 1.1—2.11).

Luego dicen: "¡Ofrézcanles sacrificios!",
y la gente besa ídolos [b] que tienen forma de becerro.
³ Por eso serán como la niebla de la mañana,
como el rocío de madrugada, que temprano
    desaparece,
como la paja que se lleva el viento, [c]
como el humo que sale por la chimenea.

⁴ Dice el Señor:
"Yo, el Señor, soy tu Dios
desde que estabas en Egipto:
No reconozcas como Dios a nadie sino a mí,
pues solo yo soy tu salvador. [d]
⁵ Yo te cuidé en las tierras ardientes del desierto.
⁶ "Pero cuando ustedes tuvieron comida de sobra,
su corazón se llenó de orgullo
y se olvidaron de mí. [e]
⁷ Por lo tanto, voy a ser para ellos como un león,
como un leopardo que los aceche en el camino.
⁸ Voy a salir a su encuentro como una osa
que ha perdido sus cachorros,
y les despedazaré el corazón.
Como un león, los devoraré allí mismo;
como una fiera, los destrozaré. [f]
⁹ Voy a destruirte, Israel,
y nadie podrá evitarlo. [g]
¹⁰ Pues ¿dónde está ahora tu rey,
que te salve en todas tus ciudades?
¿Dónde están tus caudillos,
a quienes pediste rey y jefes? [h]
¹¹ Enojado contigo, te di reyes,
y enojado contigo, te los quité. [i]
¹² "La maldad de Efraín está anotada;
su pecado ha quedado registrado. [j]
¹³ A Israel le ha llegado el momento de nacer,
pero es un hijo tan torpe
que ni siquiera es capaz de colocarse
en la debida posición para el parto.

¹⁴ ¿Y habré de librarlos del poder del sepulcro?
¿Habré de rescatarlos de la muerte? ...
¿Dónde está, muerte, tu poder destructor?
¿Dónde están, [k] sepulcro, tus males? [l]
¡Ya no tendré compasión de esta gente!"
¹⁵ Aunque Israel florezca como la hierba, [m]
vendrá el viento del este, [n]
el fuerte viento que sopla del desierto,
y secará y agotará sus fuentes y manantiales.
El enemigo le arrebatará el tesoro de sus ricas joyas.
¹⁶ (14.1) [ñ] El pueblo de Samaria llevará su castigo
por haberse rebelado contra su Dios.
Morirán a filo de espada,
sus niños serán estrellados contra el suelo
y las mujeres embarazadas serán abiertas en canal.

IV. CONVERSIÓN AL SEÑOR Y PROMESAS DE SALVACIÓN (14.1- 8[2-9])

Oseas suplica a Israel que vuelva al Señor [a]

14 ¹ ⁽²⁾ ¡Vuélvete, Israel, al Señor tu Dios,
tú que caíste a causa de tu pecado!
² ⁽³⁾ Vuélvanse [b] al Señor
llevando con ustedes esta oración:
"Perdona toda nuestra maldad
y recibe con benevolencia
las alabanzas que te ofrecemos.
³ ⁽⁴⁾ Asiria no puede salvarnos, [c]
ni tampoco escaparemos a caballo. [d]
Ya no llamaremos 'Dios nuestro'
a nada fabricado por nosotros mismos, [e]
porque solamente en ti, Señor,
el huérfano encuentra compasión."

El Señor promete nueva vida a Israel [f]

⁴ ⁽⁵⁾ Dice el Señor:
"Voy a curarlos de su rebeldía; [g]
voy a amarlos aunque no lo merezcan,
pues ya se ha apartado de ellos mi ira.

---

[b] **13.2** *Besa ídolos:* en señal de adoración (cf. 1 R 19.18).
[c] **13.3** *Como la paja que se lleva el viento:* Sal 1.4; Jer 13.24; Sof 2.2.
[d] **13.4** Véase Os 12.9(10) nota *k*.
[e] **13.5-6** Dt 8.11-18.
[f] **13.7-8** En Lv 26.22 y Jer 5.6 se identifica el ataque violento de las fieras como el castigo que Dios envía a su pueblo. En estos vv. es Dios mismo el que atacará como una fiera (cf. Os 5.14).
[g] **13.9** *Nadie podrá evitarlo:* según versiones antiguas; heb. *pues en mí está tu ayuda*.
[h] **13.10** El hebreo de este v. es oscuro; la traducción es probable. Cf. 1 S 8.1-5.
[i] **13.11** Oseas se refiere con frecuencia a la crítica situación de la monarquía en Israel (Os 7.3-7; 8.4-10; 10.3-4). Véase también Os 7.3-7 n. Cf., además, 1 S 10.17-24; 15.26.
[j] **13.12** *Está anotada... ha quedado registrado:* lit. *está atada... ha quedado guardada:* La expresión se refiere a la costumbre de guardar los documentos arrollados y atados con una cuerda. Cf. Jer 32.9-15.
[k] **13.14** *¿Dónde está* y *¿Dónde están:* según la versión griega (LXX); heb. *yo seré*.
[l] **13.14** *¿Dónde está... tus males?:* Este v. se cita en 1 Co 15.55 en relación con el tema de la resurrección de los cristianos.

[m] **13.15** *Como la hierba:* texto probable; heb. *hijo de hermanos*.
[n] **13.15** *Viento del este:* Os 12.1(2) n.
[ñ] **13.16(14.1)** Los vv. 13.16—14.9 corresponden a 14.1-10 en el texto hebreo.
[a] **14.1-3(2-4)** Estos vv. están redactados en la forma poética característica de las oraciones penitenciales (Os 6.1-3 n.). En respuesta a esta súplica, Dios promete sanar y devolver la prosperidad a su pueblo Israel (vv. 4-8[5-9]; cf. Os 6.4-6).
[b] **14.2(3)** *Vuélvanse:* palabra de invitación al arrepentimiento (Os 3.5; 6.1; 7.10; 11.5; 12.6[7]). Cf. además, Dt 4.29-31; 30.1-10; 1 R 8.33-34; Is 55.6-7; Jer 3.14,22. Véase *Volverse a Dios* en el *Índice temático*.
[c] **14.3(4)** *Asiria no puede salvarnos:* cf. Os 5.13; 7.11; 8.9; 12.1(2).
[d] **14.3(4)** Cf. Is 30.16; 31.3; 36.8; Miq 5.10(9).
[e] **14.3(4)** *Ya no llamaremos "Dios nuestro"... nosotros mismos:* Os 8.6; 13.2. Cf. también Is 40.18-20; 41.6-7; 44.9-20; Jer 10.1-6.
[f] **14.4-8(5-9)** Una vez más se insiste en que es el Señor, y no los baales, el autor de la fertilidad a la tierra (v. 8[9]). Cf. Os 2.8(10).
[g] **14.4(5)** *Voy a curarlos de su rebeldía:* Jer 30.15-17; Os 5.13; 6.1; 7.1.

5 (6) Voy a ser para Israel como el rocío,[h]
y él dará flores, como los lirios.
Sus raíces serán tan firmes
como el monte Líbano;
6 (7) sus ramas se extenderán
hermosas como las ramas del olivo,
y será su aroma como el de los cedros del Líbano.
7 (8) Israel vivirá de nuevo bajo mi protección;[i]
entonces crecerán como el trigo,
florecerán como la vid
y serán famosos como el vino del Líbano.

8 (9) Efraín dirá: '¿Qué me importan ya los ídolos?'
¡Yo soy quien atiendo y cuido a mi pueblo!
Yo soy como un pino siempre verde,
y en mí encontrará mi pueblo su fruto."

V. ADVERTENCIA FINAL (14.9[10])

9 (10) Que los sabios y prudentes
entiendan este mensaje:
Los caminos del Señor son rectos,
y los justos los siguen;
pero los malvados tropiezan en ellos.[j]

---

[h] **14.5(6)** En los veranos secos de Palestina, cuando faltaban las lluvias, *el rocío* proporcionaba algo de la humedad necesaria para la vegetación; por eso se consideraba que el rocío era símbolo de fecundidad. Cf. Sal 110.3.

[i] **14.7(8)** *Israel vivirá de nuevo bajo mi protección:* cf. Sal 17.8; 36.7(8); 91.1.

[j] **14.9(10)** El estilo de este v. se asemeja al de los escritos sapienciales (cf. Sal 1.6; Pr 4.10-12,18-19). *Entiendan:* lit. *conozcan.* Véase Os 4.1 nota c.

Joel

El libro de *Joel* (=Jl) comienza con la descripción de una terrible plaga de langostas (cf. 1.4) que han invadido el país como un ejército y han devorado toda la vegetación. Como consecuencia de esta invasión y de una grave sequía, hombres y animales se han quedado sin alimentos, y el culto del templo ha debido interrumpirse parcialmente por falta de cereales y de vino para los sacrificios y ofrendas (1.9,13,16). Por eso, el profeta invita a todo el pueblo de Judá a congregarse en el templo para celebrar un día de ayuno y de duelo, sin dejar de señalar, al mismo tiempo, que la verdadera conversión no consiste en ritos externos, sino en volverse *de todo corazón* al Señor (2.12-13).

Pero la mirada de Joel no se detiene únicamente en la consideración de las calamidades presentes. Estas son solo el preanuncio del *día del Señor*, es decir, del momento en que Dios, como Señor y Juez universal, juzgará a pueblos y naciones (1.15; 2.1-2; 3.14[4.14]; véase *Día del Señor* en el *Índice temático*). Ese momento final será un *día grande y terrible* (2.31[3.4]), pero también será un día de gracia y de salvación para el pueblo de Dios, ya que *todos los que invoquen el nombre del Señor lograrán salvarse de la muerte* (2.32[3.5]).

A los que escuchen su urgente llamado al arrepentimiento y la conversión, el profeta les anuncia que *el Señor va a hacer grandes cosas* (2.21) para salvarlos (2.18-27; 3.18-21[4.18-21]). Entre estas promesas relativas al futuro sobresale el anuncio del derramamiento del *espíritu*, que el Señor dará sin medida a su pueblo fiel (2.28-32[3.1-5]). Cada uno en Israel, sin distinción de edad, de sexo o de condición social, recibirá en plenitud el don del espíritu, y de ese modo se cumplirá el deseo de Moisés: ¡*Ojalá el Señor le diera su espíritu a todo su pueblo, y todos fueran profetas!* (Nm 11.29). Cf. Hch 2.16-21.

El título del libro menciona el nombre de *Joel, hijo de Petuel* (1.1), pero no añade ningún elemento biográfico ni aporta ningún dato cronológico. A causa de esta falta de información precisa, los intérpretes no han llegado a ponerse de acuerdo sobre el momento en que Joel ejerció su actividad profética. Sin embargo, algunos indicios hacen pensar que se trata de una fecha posterior al exilio babilónico, probablemente hacia el año 400 a.C. Así, por ejemplo, el anuncio del castigo contra las naciones que dispersaron *a los israelitas, se repartieron* el país de Judá y deportaron *a los habitantes de Jerusalén,* vendiéndolos *como esclavos a los griegos* (3.2-6 [4.2-6]) presupone, sin duda, la catástrofe y la gran deportación del año 587 a.C. (cf. 2 R 25.1-26). Además, el libro no alude para nada a la monarquía o a la persona del rey, sino que son los *ancianos* y los *sacerdotes* los que ejercen la autoridad en Jerusalén (1.2,13-14). Finalmente, hay varias referencias a las palabras de otros profetas más antiguos (cf. Jl 2.32[3.5] y Abd 17; Jl 1.15 e Is 13.6; Jl 3.16,18[4.16,18] y Am 1.2; 9.13); y Joel, a diferencia de los profetas preexílicos, manifiesta una gran estima por el templo, los sacrificios y todo lo relacionado con el culto (1.9,13-14,16; 2.14-15).

El esquema siguiente ofrece una visión global del mensaje de *Joel*:

    I. Lamentación del profeta, llamado al arrepentimiento y anuncio del día del Señor (1.1—2.2a)
    II. Nuevo anuncio del día del Señor (2.2b-11)
    III. Invitación a la alegría y a la acción de gracias, y promesa de salvación (2.12-27)
    IV. El derramamiento del espíritu (2.28-32[3.1-5])
    V. El juicio de las naciones (3.1-16[4.1-16])
    VI. El futuro glorioso de Judá (3.17-21[4.17-21])

I. LAMENTACIÓN DEL PROFETA, LLAMADO AL ARREPENTIMIENTO Y ANUNCIO DEL DÍA DEL SEÑOR (1.1—2.2a)

1 *Las langostas arruinan las cosechas* **1** Este es el mensaje que el Señor dirigió a Joel, hijo de Petuel. [a,b]

2 Oigan[c] bien esto, ancianos,[d]
y todos ustedes, habitantes del país.
¿Han visto ustedes nunca cosa semejante?
¿Se vio nunca cosa igual en tiempos de sus padres?
3 Cuéntenlo a sus hijos,
y que ellos lo cuenten a los suyos,
y estos a los que nazcan después.[e]
4 Todo se lo comieron las langostas:[f]
lo que unas dejaron, otras vinieron
y lo devoraron.[g]

5 ¡Ustedes, borrachos,[h] despierten!
¡Échense a llorar, bebedores de vino,
porque aun el jugo de la uva les van a quitar!
6 Pues la langosta, como un ejército fuerte
y numeroso,[i]
de dientes de león y colmillos de leona,
ha invadido mi país.
7 Ha destruido nuestros viñedos,
ha destrozado nuestras higueras;
las ha pelado por completo,
hasta dejar blancas sus ramas.
8 Como novia que llora y se viste de luto
por la muerte de su prometido,
9 así lloran los sacerdotes
porque en el templo ya no hay cereales ni vino
para las ofrendas del Señor.

10 Los campos están desolados;
las tierras están de luto.
El trigo se ha perdido,
los viñedos se han secado[j]
y los olivos están marchitos.
11 Ustedes, los que trabajan en campos y viñedos,
lloren entristecidos,
pues se echaron a perder las siembras
y las cosechas de trigo y de cebada.
12 Se han secado los viñedos
y se han perdido las higueras.
Secos quedaron también
los granados, las palmeras, los manzanos
y todos los árboles del campo.
¡Así se ha perdido la alegría de toda la gente!
13 Ustedes, sacerdotes, ministros del altar,
vístanse de ropas ásperas[k] y lloren de dolor,
porque en el templo de su Dios
ya no hay cereales ni vino para las ofrendas.[l]

14 Convoquen al pueblo y proclamen ayuno;[m]
junten en el templo del Señor su Dios
a los ancianos y a todos los habitantes del país,
e invoquen al Señor.[n]
15 ¡Ay, se acerca el día del Señor![ñ]
¡Día terrible, que nos trae destrucción
de parte del Todopoderoso![o]
16 Ante nuestros ojos nos quitaron la comida,
y se acabó la alegría en el templo
de nuestro Dios.
17 La semilla murió en el surco,
el trigo se ha perdido
y los graneros están en ruinas.

---

[a] **1.1** En lugar de *Petuel,* algunas versiones antiguas leen *Betuel.*
[b] **1.1** Acerca de los encabezamientos de los libros proféticos, véase Is 1.1 n. Cf. Jon 1.1.
[c] **1.2** *Oigan:* Cf. Dt 32.1; Is 1.10; 28.23; Os 5.1; Miq 1.2.
[d] **1.2** *Ancianos:* Al principio se designaba con este término a las personas de edad que eran reconocidas como jefes en sus respectivos clanes y tribus. Después, la palabra pasó a ser un título de los que estaban constituidos en autoridad y eran responsables de hacer justicia (cf. Dt 19.12; 21.1-9,19; 22.13-21; 25.7-8). La mención de los *ancianos* en este v. podría conservar la referencia a la edad, porque ni siquiera ellos, a pesar de sus muchos años, habían presenciado una calamidad tan terrible.
[e] **1.3** La revelación de Dios en los acontecimientos históricos es una nota distintiva de la fe de Israel (cf. Dt 26.5-10). Por eso, el pueblo debía recordar y transmitir a las generaciones siguientes los hechos que habían manifestado de un modo especial el amor y el poder del Señor, como el éxodo de Egipto y la entrada en la tierra prometida (véanse las referencias en Sal 44.1[2] n.). Sin embargo, lo que se ha de recordar y transmitir ahora es una terrible plaga de langostas; es decir, no un acto de salvación sino de juicio, para que sirva de advertencia a las generaciones futuras. Cf. Jer 4.8 n.
[f] **1.4** El texto hebreo se refiere a las *langostas* con cuatro términos diferentes, cuyo significado exacto es objeto de discusión. Según algunos intérpretes, se trataría de cuatro variedades o especies distintas; según otros, esos términos designan cuatro etapas en el desarrollo biológico de tales insectos. También se ha sugerido que la mención de "cuatro" clases de langostas significa la destrucción total. Véase Ez 8.1-18 n.
[g] **1.4** Desde tiempos remotos, las plagas de langostas han sembrado la desolación y el terror (cf. Jl 2.6), por los daños irreparables ocasionados a la vegetación. Cf. Ex 10.1-15; Dt 28.38; 1 R 8.37; Sal 105.34-35; Am 4.9.
[h] **1.5** Los *borrachos* sufren de un modo especial las consecuencias del desastre, a causa de la falta de vino.
[i] **1.6** *Como un ejército fuerte y numeroso:* Jl 2.2-11; cf. Pr 30.27.
[j] **1.10** *Los campos... se han secado:* Una sequía de grandes proporciones aumentaba la gravedad de la catástrofe. La sequía y las plagas de langostas suelen producirse simultáneamente (1 R 8.35-37; 2 Cr 6.26-28; Am 4.6- 9).
[k] **1.13** *Ropas ásperas:* vestiduras confeccionadas con pelo de camello o de cabra y utilizadas para hacer penitencia (2 S 3.31; 2 R 6.30; Jer 4.8).
[l] **1.13** El vino, el trigo y los olivos (de cuyo fruto — la aceituna — se hace el aceite) eran elementos indispensables para el culto del templo (cf., por ej., Lv 6.14-17; 24.1-9). En la situación descrita por el profeta, la pérdida de las cosechas había sido total, de manera que hasta debieron interrumpirse los sacrificios diarios (cf. Dn 8.11; 11.31; 12.11).
[m] **1.14** *Ayuno:* Is 58.1-12; Jon 3.3-9.
[n] **1.14** Ante la magnitud del desastre, el profeta exhorta al arrepentimiento. Solo una sincera conversión podrá detener el castigo y hacer que el Señor bendiga de nuevo a su pueblo (Jl 2.12-17).
[ñ] **1.15** La catástrofe natural es una señal que preanuncia la llegada del *día del Señor,* tema central de este libro (cf. Jl 2.1-2; 2.31[3.4]; 3.14[4.14]). Ese *día* será un acontecimiento de dimensiones cósmicas. Las naciones serán juzgadas por los males que infligieron al pueblo de Dios (Jl 3.2[4.2]), pero *los que invoquen el nombre del Señor* podrán salvarse (Jl 2.32[3.5]). Cf. Am 5.18-20; Sof 1.14-18.
[o] **1.15** *El Todopoderoso:* Véase Gn 17.1 n.; Is 13.6; Ez 30.2-3; Sof 1.14-18; véase también *Dios* en el *Índice temático.*

¹⁸ ¡Cómo muge el ganado!
En vano buscan pasto las vacas;
los rebaños de ovejas se están muriendo.

¹⁹ ¡A ti clamo, Señor,
pues el fuego ha quemado
la hierba del desierto y los árboles del campo!

²⁰ ¡Aun los animales salvajes claman a ti,
porque se han secado los arroyos
y el fuego quema los pastizales!

2 ¹ Toquen la trompeta [a] en el monte Sión; [b]
den el toque de alarma en el santo monte del Señor. [c]
Tiemblen todos los que viven en Judá,
porque ya está cerca el día del Señor:
² día de oscuridad y tinieblas,
día de nubes y sombras. [d]

II. NUEVO ANUNCIO DEL DÍA DEL SEÑOR (2.2b-11)
El ataque de las langostas

Un ejército fuerte y numeroso
se ha desplegado sobre los montes
como la luz del amanecer.
Nunca antes se vio, ni se verá jamás,
nada que se le parezca. [e]
³ Son como el fuego, [f] que todo lo devora;
que ya quema antes de pasar,
y aun después que ha pasado.
La tierra, que antes de su llegada era un paraíso, [g]
cuando se van parece un desierto.
¡No hay nada que se les escape!
⁴ Su aspecto es como de caballos, corren como jinetes
⁵ y su estruendo al saltar sobre los montes
es como el estruendo de los carros de guerra,
como el crujir de las hojas secas que arden en el fuego.
Son como un ejército poderoso
en formación de batalla. [h]
⁶ La gente tiembla al verlas,
y todas las caras palidecen.
⁷ Como valientes hombres de guerra,
corren, trepan por los muros
y avanzan de frente,
sin torcer ninguna su camino.
⁸ No se atropellan unas a otras;
cada una sigue su camino,

y se lanzan entre las flechas
sin romper la formación.
⁹ Asaltan la ciudad,
corren sobre los muros,
trepan por las casas
y como ladrones se cuelan por las ventanas. [i]

¹⁰ La tierra tiembla ante ellas,
el cielo se estremece,
el sol y la luna se oscurecen
y las estrellas pierden su brillo. [j]
¹¹ El Señor, al frente de su ejército,
hace oir su voz de trueno.
Muy numeroso es su ejército;
incontables los que cumplen sus órdenes.
¡Qué grande y terrible es el día del Señor!
No hay quien pueda resistirlo.

III. INVITACIÓN A LA ALEGRÍA Y A LA ACCIÓN DE GRACIAS, Y PROMESA DE SALVACIÓN (2.12-27)
La misericordia del Señor

¹² "Pero ahora —lo afirma el Señor—,
vuélvanse a mí de todo corazón.
¡Ayunen, griten y lloren!" [k]
¹³ ¡Vuélvanse ustedes al Señor su Dios,
y desgárrense el corazón
en vez de desgarrarse la ropa!
Porque el Señor es tierno y compasivo,
paciente y todo amor, [l]
dispuesto siempre a levantar el castigo. [m]
¹⁴ Tal vez [n] decida no castigarlos a ustedes,
y les envíe bendición:
cereales y vino
para las ofrendas del Señor su Dios.

¹⁵ ¡Toquen la trompeta en el monte Sión!
Convoquen al pueblo y proclamen ayuno; [ñ]
¹⁶ reúnan al pueblo de Dios, y purifíquenlo;
reúnan a los ancianos, a los niños
y aun a los niños de pecho.
¡Que hasta los recién casados
salgan de la habitación nupcial!
¹⁷ Lloren los sacerdotes, los ministros del Señor,
y digan entre el vestíbulo y el altar: [o]

---

[a] **2.1** El toque de *trompeta* indicaba la inminencia de algún peligro (Jue 3.27; 1 S 13.3; 2 S 2.28; Jer 6.1; Os 5.8) o convocaba a las asambleas en el templo (Nm 10.2-10; Is 27.13; Jl 2.15). Cf. 1 Ts 4.16.
[b] **2.1** *Sión:* Véase Sal 2.6 n.
[c] **2.1** *Día del Señor:* Véase Jl 1.15 nota ñ.
[d] **2.2** *Día... y sombras:* Cf. Is 8.22; 13.10; Am 5.18,20; Sof 1.15.
[e] **2.2** En los vv. 2-27, el profeta relaciona una vez más la descripción de la calamidad presente (vv. 2-9) con el anuncio del *día del Señor* (vv. 10-11). Esto le da motivo para hacer otro urgente llamado al arrepentimiento (vv.12-17), al que sigue inmediatamente una promesa de salvación (vv.18-27).
[f] **2.3** *Como el fuego:* Véase Ez 1.4 nota g. Cf. también Ex 24.17; Nm 9.15-16; Dt 4.11-12; 5.22-26; 32.22.
[g] **2.3** *Era un paraíso:* lit. *como el jardín de Edén* (cf. Gn 2.8). Cf. en Ez 36.35 una comparación semejante a esta, pero en sentido inverso.
[h] **2.5** Jer 6.23; Ap 9.7-9.
[i] **2.7-9** La plaga de langostas (Jl 1.4) se describe ahora como la invasión de una ciudad por un poderoso ejército enemigo. Cf. Dt 32.25; 2 R 25.9-10.
[j] **2.10** Am 8.8-9; Ap 8.12.
[k] **2.12** Dt 4.29; Jer 29.13; Os 14.1-2.
[l] **2.13** *Porque el Señor... todo amor:* Ex 34.6; Neh 9.17; Sal 86.15; 103.8; Jon 4.2.
[m] **2.13** *Desgarrarse la ropa* era una señal de dolor y de duelo (Gn 37.29,34).
[n] **2.14** *Tal vez:* Cf. Am 5.15; Jon 3.9; Sof 2.3. La decisión de perdonar corresponde a Dios. El arrepentimiento humano no determina esa decisión divina, pero espera en la misericordia y compasión de Dios (cf. 2 S 12.22; Lm 3.29).
[ñ] **2.15** Véase Jl 1.14 nota m; 2.1 nota a.
[o] **2.17** *Entre el vestíbulo y el altar:* es decir, entre la parte delantera del edificio mismo del templo (cf. 1 R 6.3) y el altar de bronce

"Perdona, Señor, a tu pueblo;
no dejes que nadie se burle de los tuyos;
no dejes que otras naciones los dominen
y que los paganos digan:
'¿Dónde está su Dios?' " [p]

18 Entonces el Señor mostró su amor [q] por su país; compadecido de su pueblo, **19** dijo:

"Voy a enviarles trigo, vino y aceite,
hasta que queden satisfechos;
y no volveré a permitir
que los paganos se burlen de ustedes.
20 Alejaré de ustedes las langostas que vienen del norte, [r]
y las echaré al desierto.
Ahogaré su vanguardia en el Mar Muerto
y su retaguardia en el Mediterráneo,
y sus cuerpos se pudrirán y apestarán.
¡Voy a hacer grandes cosas!"
21 Alégrate mucho, tierra, y no tengas miedo,
porque el Señor va a hacer grandes cosas.
22 No tengan miedo, animales salvajes,
pues los pastizales reverdecerán,
los árboles darán su fruto,
y habrá higos y uvas en abundancia.
23 ¡Alégrense ustedes, habitantes de Sión,
alégrense en el Señor su Dios!
Él les ha dado las lluvias en el momento oportuno, [s]
las lluvias de invierno y de primavera, [t]
tal como antes lo hacía.
24 Habrá una buena cosecha de trigo
y gran abundancia de vino y aceite.

25 "Yo les compensaré a ustedes
los años que perdieron
a causa de la plaga de langostas,
de ese ejército destructor
que envié contra ustedes.
26 Ustedes comerán hasta quedar satisfechos,
y alabarán al Señor su Dios,

pues yo hice por ustedes grandes maravillas.
Nunca más quedará mi pueblo
cubierto de vergüenza,
27 y ustedes, israelitas, habrán de reconocer
que yo, el Señor, estoy con ustedes,
que yo soy su Dios, y nadie más.
¡Nunca más quedará mi pueblo
cubierto de vergüenza! [u]

IV. EL DERRAMAMIENTO DEL ESPÍRITU
(2.28-32[3.1-5])

Viene el espíritu de Dios

28 (3.1) [v] "Después de estas cosas [w]
derramaré mi espíritu [x] sobre toda la humanidad: [y]
los hijos e hijas de ustedes
profetizarán, [z]
los viejos tendrán sueños
y los jóvenes visiones. [a]
29 (3.2) También sobre siervos y siervas
derramaré mi espíritu en aquellos días;
30 (3.3) mostraré en el cielo grandes maravillas,
y sangre, fuego y nubes de humo en la tierra.
31 (3.4) El sol se volverá oscuridad,
y la luna como sangre,
antes que llegue el día del Señor,
día grande y terrible."
32 (3.5) Pero todos los que invoquen el nombre
del Señor
lograrán salvarse [b] de la muerte,
pues en el monte Sión, en Jerusalén,
estará la salvación, [c]
tal como el Señor lo ha prometido.
Los que él ha escogido quedarán con vida. [d]

V. EL JUICIO DE LAS NACIONES (3.1-16[4.1-16])

3 **1** (4.1) "Cuando llegue ese momento —dice el Señor—,
haré que cambie la suerte de Judá y Jerusalén.
2 (4.2) Reuniré a todas las naciones,
las llevaré al valle de Josafat [a]

---

ubicado en el atrio, donde se ofrecían los sacrificios (2 Cr 4.1,9). Cf. Ez 8.16; 1Mac 7.36-37; Mt 23.35; Lc 11.51.
[p] **2.17** *¿Dónde está tu Dios?:* Véase Sal 42.3(4) n.
[q] **2.18** *Mostró su amor:* lit. *se llenó de celos.* Véase Dt 4.24 nota *ñ.*
[r] **2.20** *Que vienen del norte:* Muchas invasiones llegaron a Palestina desde el norte. Por eso, esta expresión sugería la idea de calamidad y destrucción (cf. Jer 1.14-15; 4.6; 6.1; Ez 38.6; 39.2).
[s] **2.23** *Él les ha dado... oportuno:* traducción probable. Heb. oscuro.
[t] **2.23** Las *lluvias de invierno* comenzaban en octubre-noviembre, poco antes de la siembra; las *lluvias de primavera,* en marzo-abril, cuando ya estaban madurando las cosechas.
[u] **2.27** Is 42.8; 45.5-6,18; Ez 36.21.
[v] **2.28(3.1)** Los vv. 2.28—3.21 corresponden a 3.1—4.21 en el texto hebreo.
[w] **2.28(3.1)** *Después de estas cosas:* El v. 31(3.4) sitúa la realización de este anuncio profético en el *día del Señor* (véanse Jl 1.15 nota *ñ* y 2.2 nota *e*).
[x] **2.28(3.1)** *Derramaré mi espíritu:* Véase Is 42.1 nota *d.* El contexto inmediato parece indicar que aquí se trata especialmente del don de profecía (cf. Miq 3.8).
[y] **2.28(3.1)** *Toda la humanidad:* lit. *toda carne.* En el lenguaje

bíblico, esta expresión designa a los seres humanos desde el punto de vista de su debilidad y caducidad.
[z] **2.28(3.1)** *Profetizarán:* Mientras que en el pasado el don de profecía había sido otorgado a unos pocos, en el futuro será concedido a todos abundantemente. Véanse la *Introducción* al libro de *Joel;* 1 Co 14.1 n. y *Profecía* en el *Índice temático.*
[a] **2.28(3.1)** Los *sueños* (véase Jer 23.25 n.) y las *visiones* son manifestaciones típicas del carisma profético (cf., por ej., Is 6.1; Jer 1.11-14; Ez 1.1-3; Am 7.1-3).
[b] **2.28-32a(3.1-5a)** Cf. Hch 2.17-21 y véanse las notas correspondientes.
[c] **2.32(3.5)** *En Jerusalén estará la salvación:* Cf. Abd 17.
[d] **2.32(3.5)** Este anuncio de salvación se refiere probablemente a los habitantes de Judá y quizá también a los israelitas de la diáspora. Las naciones, en cambio, estarán sometidas al juicio de Dios (cf. Jl 3.2,9-13[4.2,9-13]). En Ro 10.12-13, Pablo cita este v. dándole un alcance universal: la salvación llega por igual a judíos y a no judíos.
[a] **3.2(4.2)** En hebreo, *Josafat* significa *El Señor juzga.* En el v. 14, este valle recibe el nombre de *valle de la Decisión.* Se ha identificado tradicionalmente con el valle del Cedrón aunque es más probable que el profeta haya querido usar un nombre simbólico, sin referirse a un lugar determinado.

y allí las juzgaré por lo que hicieron
  con mi pueblo Israel.
Pues dispersaron a los israelitas *b* por todo el mundo,
  y se repartieron mi país. *c*

3 (4.3) Se repartieron mi pueblo echándolo a suertes,
  vendieron a los niños y a las niñas,
  y luego se gastaron el dinero
  en vino y prostitutas.

Juicio del Señor contra las naciones **4** (4.4) "¿Qué quieren ustedes de mí, Tiro, Sidón *d* y Filistea? *e* ¿Quieren vengarse de mí? ¿Quieren cobrarse algo? ¡Pues muy pronto les daré su merecido! **5** (4.5) Ustedes robaron mi plata y mi oro, y se llevaron mis tesoros a sus templos. **6** (4.6) Se llevaron lejos a la gente de Judá, a los habitantes de Jerusalén, y los vendieron como esclavos a los griegos. *f* **7** (4.7) Pero yo voy a sacarlos del lugar donde los vendieron, y voy a hacer que ustedes sufran la misma suerte. **8** (4.8) Venderé sus hijos e hijas a los judíos, para que ellos los vendan a los sabeos, *g* gente de tierras lejanas. Yo, el Señor, lo he dicho."

9 (4.9) Anuncien esto a las naciones: *h*
  ¡Declaren la guerra santa! *i*
  ¡Llamen a los valientes!
  ¡Que vengan y avancen los guerreros!
10 (4.10) Que hagan espadas de sus azadones
  y lanzas de sus hoces, *j*
  y que el débil diga: "¡Yo soy fuerte!" *k*
11 (4.11) Todas ustedes, naciones vecinas,
  ¡dense prisa, *l* vengan a reunirse!
  ¡Que aun el pacífico se convierta en un guerrero!
12 (4.12) Prepárense las naciones
  y acudan al valle de Josafat,
  pues allí juzgará el Señor
  a todas las naciones vecinas.
13 (4.13) Porque ellos son tan malvados,
  córtenlos como a trigo maduro,
  pues ya es el tiempo de la cosecha;
  aplástenlos como a uvas,
  pues ya está todo listo para hacer el vino.
14 (4.14) Hay grandes multitudes
  en el valle de la Decisión,
  porque ya está cerca el día del Señor.
15 (4.15) El sol y la luna se oscurecen
  y las estrellas pierden su brillo.
16 (4.16) Cuando el Señor hace oir su voz de trueno
  desde el monte Sión, en Jerusalén,
  el cielo y la tierra se ponen a temblar.
  Pero el Señor es un refugio protector
  para los israelitas, que son su pueblo.

VI. EL FUTURO GLORIOSO DE JUDÁ
(3.17-21[4.17-21])
Futuro glorioso de Judá
17 (4.17) "Ustedes reconocerán que yo,
  el Señor su Dios,
  vivo en Sión, mi santo monte.
  Jerusalén será una ciudad santa:
  jamás volverán a conquistarla los extranjeros.
18 (4.18) En aquel día, el vino y la leche
  correrán como agua por montes y colinas,
  y los arroyos de Judá llevarán agua
  en abundancia.
  De mi templo brotará un manantial
  que regará el valle de Sitim. *m*
19 (4.19) Egipto quedará en ruinas,
  y Edom *n* será convertido en un desierto,
  porque atacaron a los habitantes de Judá
  y en su país derramaron sangre inocente.
20-21 (4.20-21) Yo vengaré su muerte;
  no perdonaré al culpable. *ñ*
  Pero Judá y Jerusalén estarán siempre habitadas,
  y yo, el Señor, viviré en el monte Sión." *o*

---

b **3.2(4.2)** *Israelitas:* Este nombre se refiere aquí a todo el pueblo de Dios, que comprendía a los antiguos reinos del norte (Israel) y del sur (Judá). Cf. 1 R 12.1-24.

c **3.2(4.2)** Acerca del juicio general a las naciones, cf. Is 66.16; Jer 25.31; Sof 3.8; Mt 25.31-46.

d **3.4(4.4)** *Tiro y Sidón:* Véanse Jos 11.8 n.; 1 R 5.1(15) n. e *Índice de mapas.*

e **3.4(4.4)** *Filistea:* Véanse Jos 13.3 nota *c* e *Índice de mapas.*

f **3.6(4.6)** *Griegos:* lit. *habitantes de Javán.* Estas poblaciones griegas habían ocupado la costa occidental de Asia Menor y algunas islas del mar Egeo (cf. Gn 10.2-4).

g **3.8(4.8)** Los *sabeos,* o habitantes de Sabá (al sudoeste de Arabia) eran proveedores de incienso, especias, oro y piedras preciosas. Cf. 1 R 10.1-2; Job 6.19; Is 60.6; Jer 6.20; Ez 27.22-23.

h **3.9(4.9)** El fin de los tiempos se describe a veces como una gran batalla, en la que el Señor triunfará sobre las fuerzas del mal y hará prevalecer la justicia (cf. Ez 39.1-10). Varios textos extrabíblicos pertenecientes al género apocalíptico, como algunos de los descubiertos en Qumrán, a orillas del Mar Muerto, desarrollan ese tema con más amplitud.

i **3.9(4.9)** *¡Declaren la guerra santa!* Otra posible traducción: *¡Santifíquense para la guerra!* Esta expresión proviene de los tiempos antiguos, cuando los israelitas tuvieron que luchar por la causa del Señor (cf. 1 S 18.17; 25.28). Como se trataba de una acción sagrada, los combatientes debían prepararse con ritos especiales (1 S 7.6-9), incluida la abstinencia sexual (1 S 21.5). En algunos casos, se llevaba el arca de la alianza al lugar del combate (1 S 4.3-5), para que el Señor, como un guerrero (Ex 15.3), luchara a favor de su pueblo (Jos 10.14).

j **3.10(4.10)** *Que hagan... sus hoces:* Cf., en sentido contrario, Is 2.4; Miq 4.3.

k **3.10(4.10)** *"¡Yo soy fuerte!":* Zac 12.8.

l **3.11(4.11)** *Dense prisa:* traducción probable. Heb *ayuden.*

m **3.18(4.18)** *El valle de Sitim:* según algunos intérpretes, es la continuación del valle del Cedrón, regado abundantemente por el *manantial* que brotará del templo (cf. Jn 18.1); otros lo sitúan en el país de Moab (cf. Nm 25.1; Jos 2.1). También podría tratarse de un símbolo de prosperidad y felicidad, ya que *Sitim,* en hebreo, puede significar *acacias.* El día del Señor no culminará con destrucción, sino con el triunfo de la justicia.

n **3.19(4.19)** *Egipto* y *Edom* eran enemigos tradicionales de Judá (cf. 1 R 14.25-26; Abd 1); véase *Índice de mapas.*

ñ **3.20-21(4.20-21)** *Yo vengaré... al culpable:* según versiones antiguas. Heb. oscuro.

o **3.20-21(4.20-21)** *El monte Sión:* Véase Sal 2.6 n. Cf. también Is 12.6; Zac 2.6-7(10-12).

Amós

El libro de Amós (=Am) es el mensaje que el profeta de ese nombre anunció al reino de Israel, aunque él mismo era originario de Judá (7.12-13). El lugar de residencia habitual del profeta era Tecoa, pequeña población situada al sudeste de Belén, en el borde del desierto. En aquella región él se dedicó a la cría de ganado y a otras tareas agrícolas (1.1; 7.14), hasta que el Señor lo llamó a desempeñar la misión profética: *Ve y habla en mi nombre a mi pueblo Israel* (7.15).

En tiempos de Amós el reino de Israel atravesaba por una época de notable prosperidad. El rey Jeroboam II (783-743 a.C.) había recuperado los territorios al este del Jordán (cf. 2 R 14.25), y estas victorias habían hecho revivir antiguos sueños de grandeza (cf. Am 6.13). Además, los intercambios comerciales con el extranjero habían aumentado los recursos económicos. Pero con el aumento de las riquezas también se había agudizado el desequilibrio social. En contraposición con el lujo desmedido de la gente adinerada, la gran masa del pueblo vivía oprimida en la miseria, y esta opresión de los indigentes por los más poderosos se veía agravada por la corrupción de los jueces y de los tribunales (2.6-7; 5.7-12). En el plano religioso, el culto se celebraba en ceremonias espléndidas, pero carentes de auténtica religiosidad e infiltradas de paganismo (5.21-23).

En tales circunstancias históricas desempeñó Amós su misión profética. En el centro de su predicación hay una implacable crítica de la sociedad israelita, especialmente por los pecados que atentan contra la justicia social. Sus denuncias se dirigen sobre todo contra los que se enriquecen mediante la violencia y la explotación de los más débiles (cf. 3.10; 5.11; 8.4), contra los que practican el soborno en los tribunales (5.12,15) y contra los que hunden sin compasión en la esclavitud a los que no pueden pagar sus deudas (2.6; 8.6). Frente a todos estos crímenes e injusticias, el Señor no puede permanecer indiferente, por lo que no dejará sin castigo a los culpables (2.13-16; 4.2-3; 5.18-20; 8.3). De ahí el apremiante llamado que el profeta dirige a todo el pueblo de Israel: *¡Prepárate para encontrarte con tu Dios!* (4.12).

El libro de Amós comienza con una serie de oráculos proféticos (véase Jer 1.8 nota *p*) que anuncian el castigo de las naciones vecinas de Israel, a causa de las atrocidades cometidas en las guerras. Pero en seguida el profeta se vuelve contra Judá e Israel, que no por ser el pueblo elegido del Señor quedan libres del juicio divino sobre el pecado (1.3—2.16). De este modo, Amós proclama, a un mismo tiempo, que el Dios de Israel es el Señor y el Juez universal, y que Israel, precisamente por ser el pueblo elegido, ha recibido una responsabilidad mayor y puede recibir también una sanción más severa (cf. 3.1-2). Por último, en la sección final hay un conjunto de visiones proféticas (7.1—9.10), que anuncian la inminencia del castigo a pesar de la reiterada intercesión del profeta (7.2,5). Sin embargo, el libro concluye con un mensaje de esperanza, que describe la futura restauración del pueblo de Dios (9.11-15).

El libro de Amós comprende las siguientes partes:

    I. Prólogo (1.1-2)
   II. Oráculos contra las naciones y contra el pueblo de Israel (1.3—2.16)
  III. Denuncias y amenazas sobre Israel (3.1—6.14)
  IV. Cinco visiones proféticas (7.1—9.10)
   V. Epílogo (9.11-15)

I. PRÓLOGO (1.1-2)

1 [1] Este es el mensaje que Amós, pastor de ovejas [a] del poblado de Tecoa, [b] recibió de parte de Dios acerca de Israel, [c] dos años antes del terremoto, [d] en tiempos de Ozías, [e] rey de Judá, y de Jeroboam, [f] hijo de Joás, rey de Israel.

[2] Cuando el Señor hace oír su voz de trueno [g]
   desde el monte Sión, [h] en Jerusalén, [i]
las tierras de pastos se marchitan
   y se reseca la cumbre del Carmelo. [j]

---

[a] **1.1** *Pastor de ovejas:* heb. *noqued*, término que no se emplea para designar a un simple pastor, sino a un propietario o criador de rebaños. Amós, pues, gozaba de una buena posición económica antes de ser llamado a ejercer la misión profética. Cf. Am 7.14.

[b] **1.1** *Tecoa:* población de Judá, a unos 9 km. al sur de Belén. Cf. 2 S 14.2; 2 Cr 11.6.

[c] **1.1** El nombre *Israel* se refiere aquí al conjunto de tribus israelitas que, después de la muerte de Salomón, se rebelaron contra Judá y formaron el reino del norte (véase 1 R 12.1-24 n.). Aunque Amós procedía de Judá, debió anunciar su mensaje en el reino de Israel. Cf. Am 7.12,15.

[d] **1.1** Este *terremoto* se produjo hacia el año 750 a.C., en una fecha que es imposible determinar con exactitud. Debió haber producido la más viva impresión, ya que vuelve a mencionarse mucho tiempo más tarde (Zac 14.5). Véase Am 8.8 n.

[e] **1.1** *Ozías*, llamado también *Azarías* (2 R 15.1-7), reinó sobre Judá entre los años 783 y 742 a.C. Cf. 2 Cr 26.1-23.

[f] **1.1** *Jeroboam:* Se trata de Jeroboam II, rey de Israel (786-746), en cuyo largo y brillante reinado Israel alcanzó la cima de su expansión territorial y de su prosperidad económica (cf. 2 R 14.23-29). Amós pondrá al descubierto el lado negativo de aquella época ostentosa: el lujo desmesurado y el excesivo afán de lucro (Am 6.1; 8.5), la falsa religiosidad (Am 5.21-23) y el absoluto desprecio por la justicia (Am 2.6-8; 4.1; 5.7; 8.4,6).

[g] **1.2** Este v. es una especie de prólogo, en el que se pone de relieve el irresistible poder de la palabra de Dios. Cuando el Señor habla, su palabra se realiza infaliblemente, y esta eficacia se manifiesta no solo en la historia humana sino también en los elementos del mundo natural. Cf. Is 55.10-11; Jer 1.12; Ez 12.25.

[h] **1.2** *Sión:* Véase Sal 2.6 n.

[i] **1.2** Jer 25.30; Jl 3.16(4.16).

[j] **1.2** El monte *Carmelo* era símbolo de fertilidad y belleza. Un Carmelo seco y desértico sugiere, por el contrario, la idea de la más extrema miseria y desolación. Véanse 1 R 18.19 n. e *Índice de mapas*.

II. ORÁCULOS CONTRA LAS NACIONES Y CONTRA EL PUEBLO DE ISRAEL (1.3—2.16) [k]

Juicios sobre las naciones vecinas

3 Así dice el Señor:
"Los de Damasco [l] han cometido tantas maldades [m]
que no dejaré de castigarlos;
pues trillaron a los de Galaad [n] con trillos de hierro. [ñ]
4 Por eso pondré fuego [o] a la casa real de Hazael,
y ese fuego destruirá los palacios de Ben-hadad. [p]
5 Abriré a la fuerza las puertas de Damasco;
destruiré al que reina en Bicat-avén
y al que gobierna en Bet-edén, [q]
y los sirios serán llevados cautivos a Quir." [r]
Lo dice el Señor.

6 Así dice el Señor:
"Los de Gaza han cometido tantas maldades
que no dejaré de castigarlos;
pues se llevaron cautivo a todo un pueblo
y lo vendieron en Edom como esclavo. [s]
7 Por eso pondré fuego a los muros de Gaza,
y ese fuego destruirá sus palacios.
8 Destruiré al que reina en Asdod
y al que gobierna en Ascalón.
¡Con todo mi poder me lanzaré contra Ecrón, [t]
y hasta el último filisteo [u] morirá!"
Lo dice el Señor.

9 Así dice el Señor:
"Los de Tiro [v] han cometido tantas maldades
que no dejaré de castigarlos;
pues entregaron cautivo al poder de Edom
a todo un pueblo con el que tenían una alianza
de hermanos. [w]
10 Por eso pondré fuego a los muros de Tiro,
y ese fuego destruirá sus palacios."

11 Así dice el Señor:
"Los de Edom [x] han cometido tantas maldades
que no dejaré de castigarlos;
pues, espada en mano y sin compasión,
persiguieron a sus hermanos israelitas.
Dieron rienda suelta a su enojo,
y su odio fue implacable.
12 Por eso pondré fuego a Temán,
y ese fuego destruirá los palacios de Bosrá." [y,z]

13 Así dice el Señor:
"Los de Amón [a] han cometido tantas maldades
que no dejaré de castigarlos;
pues, en su afán de agrandar su territorio,
abrieron en canal a las mujeres embarazadas [b] de la
región de Galaad.
14 Por eso pondré fuego a los muros de Rabá, [c]
y ese fuego destruirá sus palacios
entre clamores de batalla
y estruendo de día tempestuoso.
15 Y su rey marchará al destierro,
junto con todos sus hombres importantes."
Lo dice el Señor.

2 **1** Así dice el Señor:
"Los de Moab [a] han cometido tantas maldades

---

[k] **1.3—2.16** La siguiente sección se distingue de otras colecciones de mensajes contra las naciones paganas (cf. Is 13—23; Jer 46—51; Ez 25—32; Sof 2.4-15) porque aquí la serie culmina con un oráculo contra el reino de Israel (Am 2.6-16). Amós, en efecto, denuncia en primer lugar los crímenes de las naciones vecinas y les anuncia el castigo correspondiente. Pero en seguida, dando a su discurso un giro improvisto, se dirige a los israelitas y les hace ver que ellos no son menos culpables que sus vecinos. Cf. Ro 2.17-24.

[l] **1.3** *Damasco:* principal ciudad de Siria y capital de un importante reino arameo, enemigo tradicional de Israel. En el año 732 a.C., los asirios conquistaron este reino y deportaron a sus habitantes. Cf. 2 R 16.9; Is 7.8; 8.4; 17.1-3; Jer 49.23-27; Zac 9.1. Véase *Índice de mapas.*

[m] **1.3** *Los de Damasco... maldades:* lit. *por las tres rebeldías de Damasco, y por las cuatro.* Esta fórmula fija, que aparece al comienzo de cada serie de oráculos, quiere dar a entender que se ha colmado ya la medida del mal. Cf. Am 1.6,9,11,13; 2.1.

[n] **1.3** *Galaad:* región al sur de Damasco y al oriente del río Jordán, sujeta a frecuentes ataques por parte de los arameos (2 R 10.32-33). Véase *Índice de mapas.*

[ñ] **1.3** *Trillos de hierro:* instrumentos de madera, provistos de dientes de hierro, que se utilizaban para trillar el grano. Aquí se trata de una metáfora para dar una idea de la brutalidad con que Damasco había tratado a sus enemigos. A los pueblos paganos, que desconocían la ley mosaica, Amós los acusa de atrocidades y delitos contra la humanidad: guerras de exterminio, deportaciones masivas, tráfico de esclavos y violación de pactos sellados solemnemente. Cf. Am 1.6,9,11,13; 2.1.

[o] **1.4** El *fuego*, unas veces en sentido literal y otras en sentido figurado, es para Amós una manifestación de la ira del Señor. Cf. Am 1.4,7,10,12; 2.2,5; 5.6; 7.4.

[p] **1.4** *Ben-hadad:* 2 R 13.3.

[q] **1.5** *Bicat-avén*, en hebreo, significa *valle de maldad* y *Bet-edén, casa de placer.* Se trata probablemente de dos nombres simbólicos de Damasco, destinados a resaltar la culpabilidad de los que habitaban en aquel lugar.

[r] **1.5** *Quir:* Véase 9.7 nota *m.*

[s] **1.6** Cf. 2 Cr 21.16-17; Jl 3.4-8(4.4-8).

[t] **1.6-8** *Gaza, Asdod, Ascalón* y *Ecrón* eran ciudades que formaban parte de la así llamada "Pentápolis filistea". Véanse Jos 11.22 nota *n;* 13.3 nota *c.*

[u] **1.6-8** Is 14.29-31; Jer 47; Ez 25.15-17; Jl 3.4-8(4.4-8); Sof 2.4-7; Zac 9.5-7.

[v] **1.9** *Tiro:* Véanse 1 R 5.1(15) n. e *Índice de mapas.*

[w] **1.9** *Pacto de hermanos:* es decir, un tratado que unía a Tiro con Israel (cf. 1 R 5.12[26]) o con otra nación vecina.

[x] **1.11** *Edom:* nación al sur del Mar Muerto, en las montañas de Seír. Véase Jer 49.7 nota *j* e *Índice de mapas.*

[y] **1.12** *Temán y Bosrá* eran ciudades en las que residían los jefes de Edom. Véanse Jer 49.7 nota *k;* 49.13 n.

[z] **1.11-12** Is 34.5-10; 63.1-6; Jer 49.7-22; Ez 25.12-14; 35.1-15; Abd 1-14; Mal 1.2-5.

[a] **1.13-15** *Amón:* reino al oriente del Jordán, en la frontera con Galaad. Véanse Jer 49.1 nota *a* e *Índice de mapas.* Cf. también Jer 49.1-6; Ez 21.28-32; 25.1-7; Sof 2.8-11.

[b] **1.13** *Abrieron... embarazadas:* El hecho de dar muerte a los que todavía no son capaces de vivir fuera del seno materno ponía de manifiesto el más absoluto desprecio por la vida humana. Podría pensarse, asimismo, que Amós no condena solamente un acto de crueldad sino también un intento de genocidio: al impedir los nuevos nacimientos se pretendía extirpar de raíz al pueblo vencido.

[c] **1.14** *Rabá:* capital del reino de Amón, llamada también Rabat-Amón. Véase Jer 49.2 n.

[a] **2.1-3** *Moab:* reino al oriente del Mar Muerto y al norte de Edom. Véanse Jer 48.1 nota *b* e *Índice de mapas.* Cf. también Is 15.1—16.14; 25.10-12; Jer 48; Ez 25.8-11; Sof 2.8-11.

que no dejaré de castigarlos;
 pues quemaron los huesos del rey de Edom
 hasta convertirlos en ceniza. *b*
² Por eso pondré fuego a la región de Moab,
 y ese fuego destruirá los palacios de Queriot; *c*
 y entre clamores de batalla
 y toques de trompeta,
 los moabitas morirán.
³ ¡Quitaré al rey de en medio de su pueblo;
 lo mataré, y con él a sus hombres importantes!"
 Lo dice el Señor.

⁴ Así dice el Señor:
 "Los de Judá *d* han cometido tantas maldades
 que no dejaré de castigarlos;
 pues rechazaron las enseñanzas del Señor
 y no obedecieron sus leyes,
 sino que adoraron a los mismos ídolos *e*
 que sus padres habían adorado.
⁵ Por eso pondré fuego a Judá,
 y ese fuego destruirá los palacios de Jerusalén." *f*

Juicio sobre Israel

⁶ Así dice el Señor:
 "Los de Israel *g* han cometido tantas maldades
 que no dejaré de castigarlos;
 pues venden al inocente por dinero
 y al pobre por un par de sandalias. *h*
⁷ Oprimen y humillan a los pobres,
 y se niegan a hacer justicia a los humildes.
 El padre y el hijo se acuestan con la misma mujer, *i*
 profanando así mi santo nombre. *j*
⁸ Tendidos sobre ropas que recibieron en prenda,
 participan en comidas en honor de los ídolos;
 con dinero de multas injustas compran vino,
 que beben en el templo de su dios. *k*

⁹ Yo, sin embargo, para abrirles paso a ustedes,
 destruí a los amorreos;
 los destruí por completo,
 aunque eran altos como cedros
 y fuertes como robles. *l*
¹⁰ Pero a ustedes los saqué de Egipto,
 y los conduje cuarenta años por el desierto
 para darles la tierra de ellos. *m*
¹¹ Y no pueden negar, israelitas, que de entre ustedes
 a algunos los hice profetas y a otros nazareos." *n*
 El Señor lo afirma.

¹² "Pero ustedes obligaron a los nazareos
 a beber vino, *ñ*
 y prohibieron a los profetas que hablaran
 en mi nombre.
¹³ Pues bien, yo haré crujir la tierra
 bajo los pies de ustedes,
 como cruje una carreta cargada de trigo.
¹⁴ Por mucho que corran, no escaparán;
 al más fuerte le faltarán las fuerzas,
 y no se salvará ni el más valiente.
¹⁵ El arquero no resistirá, y no se salvarán
 ni el que corra con pies ligeros
 ni el que huya a caballo.
¹⁶ Ese día, *o* hasta el más valiente de los guerreros
 se despojará de sus armas para poder huir."
 El Señor lo afirma.

III. DENUNCIAS Y AMENAZAS SOBRE ISRAEL (3.1—6.14)

3 *La tarea del profeta* *a* ¹ Israelitas, oigan lo que dice el Señor al pueblo que sacó de Egipto:

² "Solo a ustedes he escogido *b*
 de entre todos los pueblos de la tierra.

---

b **2.1** Los antiguos israelitas consideraban la incineración de cadáveres como un castigo extremadamente grave, porque pensaban que la destrucción de los restos mortales impedía el descanso de los difuntos más allá de la muerte. Cf. Gn 38.24; Lv 20.14; 21.9.
c **2.2** *Queriot:* principal ciudad de Moab, al este del Mar Muerto. Cf. Jer 48.24.
d **2.4** Al pueblo de *Judá* le había sido revelada la ley del Señor; por eso, los pecados que se le reprochan son el desprecio de los preceptos divinos y la práctica de la idolatría. En esta denuncia se percibe un eco de *Deuteronomio* y de los escritos que dependen de él (Jos, Jue, 1 y 2 S, 1 y 2 R).
e **2.4** *Ídolos:* lit. *mentiras,* palabra que el texto hebreo del AT emplea con frecuencia en este sentido. Cf. Sal 115.4-8.
f **2.5** Os 8.14.
g **2.6** Toda esta sección (Am 1.3—2.16) llega a su punto culminante en este oráculo contra Israel. Aquí la denuncia de los pecados está más desarrollada, y ya no se refiere, como en los oráculos contra las naciones vecinas, a crímenes cometidos contra pueblos extranjeros, sino a la perversión de las relaciones entre los miembros del pueblo de Dios. Esta perversión se pone de manifiesto, sobre todo, en la opresión de los pobres, en el hecho de que los jueces se dejaban sobornar y en ciertas prácticas religiosas reprobables (cf. v. 8).
h **2.6** *Por un par de sandalias:* Los ricos vendían como esclavos a los pobres que les debían cantidades insignificantes. La mención de las *sandalias* podría evocar la costumbre de arrojar una sandalia sobre una porción de terreno, en señal de toma de posesión (Rt 4.7).

i **2.7** *Se acuestan con la misma mujer:* Podría tratarse de la prostitución sagrada (cf. Dt 23.17[18], y véase Os 4.14 n.), o del hecho de que *padres* e *hijos* toman una misma concubina.
j **2.7** *Mi santo nombre:* Véase Sal 8.1(2) nota *c.*
k **2.8** Acerca de la retención indebida de las *ropas* dadas en prenda, cf. Ex 22.26-27(25-26); Dt 24.10-13.
l **2.9** El término *amorreos* se emplea aquí en sentido amplio, para designar a los habitantes de Canaán antes de los hebreos. Cf. Dt 3.8; Ez 16.3.
m **2.10** Ex 20.2; Dt 8.2-16. Esta evocación histórica pone de relieve la ingratitud de Israel, que no supo apreciar los especiales beneficios recibidos del Señor.
n **2.11** *Nazareos:* Cf. Nm 6.1-8.
ñ **2.12** Los *nazareos* se obligaban con un voto a no consumir bebidas alcohólicas (cf. Jue 13.4). Por lo tanto, hacerles *beber vino* era forzarlos a quebrantar el solemne compromiso contraído delante del Señor.
o **2.16** *Ese día:* Véase Am 5.18 nota *o.*
a **3.1-8** Aquí se inicia una serie de seis represiones y amenazas contra Israel (3.1—6.14). Las tres primeras comienzan con una invitación a *oír* (3.1; 4.1; 5.1); las otras tres, con la exclamación ¡Ay! (5.7,18; 6.1).
b **3.2** *Escogido:* lit. *conocido.* Con frecuencia en la Biblia el verbo *conocer* implica la idea de elección. Cf. también Gn 18.19, donde este mismo verbo se ha traducido por *he escogido.* Cf. Dt. 7.6.

Por eso habré de pedirles cuentas
de todas las maldades que han cometido." *c*

³ Si dos caminan juntos, es porque están de acuerdo;
⁴ si el león ruge en la selva,
es porque ha hecho una presa;
si el cachorro gruñe en la cueva,
es porque ha capturado algo;
⁵ si un pájaro cae al suelo, es porque había una trampa;
si la trampa salta del suelo,
es porque algo ha atrapado;
⁶ si la trompeta suena en la ciudad, la gente se alarma;
si algo malo pasa en la ciudad,
es porque el Señor lo ha mandado. *d*
⁷ Nunca hace nada el Señor
sin revelarlo a sus siervos los profetas. *e*
⁸ ¿Quién no tiembla de miedo, si el león ruge?
¿Quién no habla en nombre del Señor,
si él lo ordena? *f*

Destrucción de Samaria

⁹ Proclamen ustedes en los palacios de Asdod
y en los palacios de Egipto:
"Vengan a los montes de Samaria;
vean los desórdenes que hay en ella
y la violencia que allí se sufre." *g*
¹⁰ El Señor afirma:
"Ellos no saben actuar con rectitud;
guardan en sus palacios lo que robaron con violencia."
¹¹ Por tanto, así dice Dios el Señor:
"Un enemigo *h* rodeará el país,
derribará tu fortaleza
y saqueará tus palacios."
¹² Así dice el Señor:
"Como el pastor salva de la boca del león
dos patas o la punta de una oreja, *i*
así escaparán los israelitas

que viven en Samaria,
esos que se recuestan en lujosos divanes de Damasco." *j*
¹³ El Señor, el Dios todopoderoso, afirma:
"Oigan ustedes y den testimonio
contra el pueblo de Jacob,
¹⁴ pues el día en que yo pida cuentas a Israel
por sus pecados,
destruiré los altares de Betel; *k*
los cuernos del altar *l* serán cortados
y caerán a tierra.
¹⁵ Destruiré las casas de invierno y de verano,
pondré fin a las casas de marfil
y arruinaré los grandes palacios."
El Señor lo afirma.

4 ¹ Escuchen esto, vacas de Basán, *a*
damas de Samaria,
que oprimen a los pobres
y maltratan a los necesitados,
que ordenan a sus maridos
traerles vino para beber.
² Dios el Señor juró por su santidad:
"Vienen días en que a ustedes
se las llevarán con ganchos,
y sus hijos serán enganchados con anzuelos.
³ Tendrán que salir por las brechas, en fila,
y las echarán al monte Hermón." *b*
El Señor lo afirma.

Una exhortación irónica

⁴ "Vayan a Betel, *c* y a Guilgal; *d*
¡pequen, aumenten sus rebeliones!
Lleven sus sacrificios por la mañana
y sus diezmos cada tercer día.
⁵ Quemen panes sin levadura en ofrenda de gratitud,
y anuncien por todas partes sus ofrendas voluntarias,
ya que eso es lo que a ustedes les encanta."
El Señor lo afirma. *e*

---

c **3.2** Este es uno de los vv. más importantes del libro de *Amós*, porque aquí el profeta reivindica el verdadero sentido de la elección divina. Los israelitas, en efecto, tendrían a considerar su condición de pueblo elegido como un privilegio que los ponía por encima de las demás naciones. Amós les hace ver, por el contrario, que el hecho de la elección les imponía más bien una misión y una grave responsabilidad; ante todo, la responsabilidad de formar una comunidad fraternal, fundada en la justicia (cf. Am 5.24).

d **3.6** Jos 2.10; Is 45.7.

e **3.7** Gn 18.17-19; Jer 7.25; Dn 9.10.

f **3.3-8** En esta serie de expresiones (que podrían traducirse también como preguntas retóricas) se presentan siempre dos hechos unidos por una relación de causa y efecto: uno de estos hechos es manifiesto y perceptible; el otro no se puede observar directamente, pero hay que deducirlo como causa y explicación del primero. El v. 8 marca la culminación de la serie, mostrando que también hay una relación causal entre el mensaje del auténtico profeta y la voz de Dios que se hace oír por medio de él. Cf. Jer 20.7-18; 1 Co 9.16.

g **3.9** Con tono de ironía, el profeta invita a los filisteos de *Asdod* a ver las injusticias y los actos de violencia que se cometen en el reino de Israel, especialmente en *Samaria*, la ciudad capital. Véanse 1 R 14.17 n.; Am 1.6-8 nota *t*.

h **3.11** *Un enemigo:* Amós se refiere a Asiria, aunque nunca la cita por su nombre. Véase *Índice de mapas*.

i **3.12** Aquí se alude probablemente al caso señalado en Ex 22.13(12): si una oveja era despedazada por un animal salvaje, el *pastor* debía presentar como prueba algunos restos de la víctima.

j **3.12** *Esos... Damasco:* traducción probable. Heb. oscuro.

k **3.14** *Betel:* santuario oficial del reino de Israel, al norte de Jerusalén. Cf. 1 R 12.28-33; 2 R 23.15; Am 7.10-13. Véase *Índice de mapas*.

l **3.14** Los *cuernos del altar* eran un lugar de refugio (cf. 1 R 1.50). Aquí se da a entender que ni siquiera el santuario de Betel podrá salvar a Israel del ataque de sus enemigos.

a **4.1** *Vacas de Basán:* expresión despectiva y llena de sarcasmo, que compara a las damas de Samaria con el ganado engordado en *Basán*, una fértil región al nordeste del Lago de Galilea, famosa por la calidad de sus rebaños. Véanse Dt 3.1 n.; Sal 22.12(13) n. e *Índice de mapas*.

b **4.3** *Al monte Hermón:* traducción probable. Heb. *a Harmón*. Véase Dt 3.8 n.

c **4.4** *Betel:* Véase Am 3.14 nota *k*.

d **4.4** *Guilgal:* nombre de un célebre santuario de la época de Josué (véase Jos 4.19 nota *f*) y quizá también de otro situado al norte de Betel (cf. 2 R 2.1; Os 4.15; Am 5.5).

e **4.4-5** Con esta "exhortación" llena de ironía, Amós condena las

A pesar del castigo, Israel no aprende [f]

6 "Yo hice que ustedes pasaran hambre
en todas sus ciudades;
yo hice que les faltara comida
en todos sus poblados,
¡pero ustedes no se volvieron a mí!"
El Señor lo afirma.

7 "También hice que les faltara la lluvia
durante tres meses antes de la cosecha.
En una ciudad hice llover y en otra no;
en un campo llovió y otro se secó por falta de agua;
8 de ciudad en ciudad iba la gente en busca de agua,
y no encontraban bastante para calmar su sed,
¡pero ustedes no se volvieron a mí!"
El Señor lo afirma.

9 "Los azoté con vientos calurosos y con plagas,
hice que se marchitaran sus huertos y sus viñedos,
la langosta se comió sus higueras y sus olivos,
¡pero ustedes no se volvieron a mí!" [g]
El Señor lo afirma.

10 "Les mandé una plaga como las que mandé
sobre Egipto; [h]
hice que sus jóvenes murieran
en los campos de batalla
y dejé que el enemigo se adueñara de sus caballos;
les hice oler la peste de los muertos
en los campamentos,
¡pero ustedes no se volvieron a mí!"
El Señor lo afirma.

11 "Los destruí con una catástrofe
como la que mandé sobre Sodoma y Gomorra; [i]
parecían una brasa sacada del fuego,
¡pero ustedes no se volvieron a mí!"
El Señor lo afirma.

12 "Por eso, Israel, voy a hacer lo mismo contigo;
y porque voy a hacerlo,
¡prepárate para encontrarte con tu Dios!"

13 El Señor, el que forma las montañas y crea el viento,
el que da a conocer sus planes al hombre,
el que convierte la luz en oscuridad,
el que recorre las regiones más altas de la tierra,
el Señor, el Dios todopoderoso: ese es su nombre. [j]

5 Llamado a volverse a Dios

1 Oigan mis palabras, israelitas;
escuchen el lamento que entono [a] contra ustedes:
2 La bella y pura Israel [b] ha caído;
cayó para no levantarse más.
Quedó tendida sobre su propio suelo,
y no hay quien la levante.

3 Así dice Dios el Señor a los israelitas:
"Si una ciudad manda mil hombres a la guerra,
solo cien volverán con vida;
y si una ciudad manda cien,
solo diez regresarán." [c]

4 Así dice el Señor a los israelitas:
"Acudan a mí, y vivirán.
5 No acudan a Betel,
no vayan a Guilgal
ni pasen por Beerseba, [d]
porque Guilgal irá sin remedio al destierro [e]
y Betel quedará convertida en ruinas."

6 Acudan al Señor, y vivirán;
de otro modo él enviará fuego [f]
sobre el reino de Israel, [g]
y no habrá en Betel quien lo apague.

7 ¡Ay de ustedes, que convierten la justicia
en amargura
y arrojan por los suelos el derecho!

8-9 El Señor, que hizo las Pléyades y el Orión, [h]
es quien convierte la noche en día
y el día en noche oscura;
quien llama a las aguas del mar
y las derrama sobre la tierra;
quien desencadena la ruina sobre la fortaleza

---

prácticas religiosas tal como se llevaban a cabo en los santuarios israelitas (cf. Am 5.21-23). Según él, el verdadero culto a Dios no se desarrolla al margen de la vida cotidiana, sino que debe estar ligado a la práctica de la justicia y a la formación de una comunidad fraternal. Si se reduce a un conjunto de ritos y de ceremonias exteriores, se convierte en una verdadera afrenta a Dios y es un pecado más que se añade a los ya cometidos. Véase Sal 40.6(7) nota *f*.

[f] **4.6-13** Los vv. 6-11 son cinco estrofas, cada una de las cuales se cierra con la misma fórmula. En ellas se pone de relieve la falta de respuesta del pueblo a las "señales" que el Señor le envía para llamarlo al arrepentimiento. Siguen a estas estrofas las palabras admonitorias que anuncian el encuentro inminente de Israel con el Señor, Creador y Juez soberano del universo.

[g] **4.9** Dt 28.38; Jl 1.4-6; 2.4-9.

[h] **4.10** Ex 9.1-6; 12.29; Dt 28.27,60.

[i] **4.11** Gn 19.24.

[j] **4.13** Compárese este breve himno al Dios creador con Am 5.8-9; 9.5-6. Todos estos pasajes están construidos de acuerdo con un mismo esquema y terminan con una referencia al *nombre* del Señor. Véase Sal 8.1(2) nota *c*.

[a] **5.1** *El lamento que entono:* Amós utiliza aquí una forma poética propia de los ritos funerarios (cf. 2 S 1.17-27; Jer 9.17-19[16-18]).

[b] **5.2** *Israel* es como una joven virgen que muere sin haber conocido el gozo de la unión matrimonial. Cf. en Is 47 el lamento por la caída de Babilonia.

[c] **5.3** Cf. Am 3.12. Estas cifras se refieren al número de soldados que integraban las distintas divisiones de las fuerzas militares de Israel. Cf. 2 S 18.1.

[d] **5.5** Los lugares que aquí se mencionan eran santuarios muy antiguos, donde el culto al Señor se había contaminado con numerosas prácticas idolátricas. Véanse Am 3.14 nota *k*; 4.4 nota *d*.

[e] **5.5** *Al destierro:* es decir, a Asiria (véase Am 3.11 n.).

[f] **5.6** *Fuego:* Véase Am 1.4 n.

[g] **5.6** *Israel:* lit. *la casa de José,* expresión que el AT emplea a veces para designar al reino del norte, ya que una parte de su población descendía de Efraín y Manasés, hijos de José (Gn 41.50-52). Véanse Sal 80.1-2(2-3) n.; 81.5(6) nota *f*.

[h] **5.8-9** *Las Pléyades y el Orión:* constelaciones o grupos de estrellas en la bóveda celeste (Job 9.9; 38.31). Véase Am 4.13 n.

y la hace llegar sobre la fortificación. *[i]*
El Señor, ese es su nombre.

10 ¡Ay de ustedes, que odian al defensor de la justicia *[j]*
y detestan al testigo honrado!
11 Puesto que pisotean al pobre
y le cobran impuestos de trigo,
no podrán vivir en las casas de piedra
que han construido,
ni beberán el vino de los viñedos que han plantado.

12 Yo conozco sus muchas maldades
y sus pecados sin fin:
oprimen al justo, reciben soborno
y en los tribunales hacen que el pobre pierda su causa.
13 Por eso el que es sabio se calla,
porque el tiempo es malo.

14 Busquen el bien y no el mal, y vivirán;
así será verdad lo que ustedes dicen:
que el Señor, el Dios todopoderoso, está con ustedes.
15 ¡Odien el mal! ¡Amen el bien!
Asegúrense de que en los tribunales se haga justicia;
quizá entonces el Señor, el Dios todopoderoso,
tendrá piedad de los sobrevivientes *[k]* de Israel. *[l]*

16 Así dice el Señor, el Dios todopoderoso:
"En todas las plazas habrá llanto,
en todas las calles habrá gritos de dolor.
Llamarán al duelo a los campesinos,
y a los llorones profesionales al llanto. *[m]*
17 En todos los viñedos *[n]* llorarán
cuando yo venga a castigarlos."
Lo dice el Señor.

18 ¡Ay *[ñ]* de los que ansían que llegue
el día del Señor! *[o]*
¿Saben cómo va a ser para ustedes ese día?
Será día de oscuridad, y no de luz.
19 Será como cuando uno huye de un león
y se topa con un oso,

o como cuando uno entra en su casa,
se apoya en la pared,
y lo muerde una culebra.
20 Sí, el día del Señor será de oscuridad, y no de luz;
de densa oscuridad, sin claridad ninguna.

21 "Odio y desprecio las fiestas religiosas
que ustedes celebran;
me disgustan sus reuniones solemnes.
22 No quiero los holocaustos que ofrecen
en mi honor,
ni sus ofrendas de cereales;
no aceptaré los gordos becerros
de sus sacrificios de reconciliación. *[p]*
23 ¡Alejen de mí el ruido de sus cantos!
¡No quiero oír el sonido de sus arpas!
24 Pero que fluya como agua la justicia,
y la honradez como un manantial inagotable. *[q]*

25 "Israelitas, ¿acaso en los cuarenta años del desierto me ofrecieron ustedes sacrificios y ofrendas? **26** Ahora, sin embargo, tendrán que cargar con su rey Sicut y su estrella Quiiún, *[r]* imágenes de dioses que ustedes mismos se han hecho. **27** Los lanzaré a ustedes al destierro, más allá de Damasco." *[s,t]* Lo dice el Señor, el Dios todopoderoso. Ese es su nombre.

Destrucción de Israel

6 **1** ¡Ay *[a]* de los que llevan una vida fácil en Sión!
¡Ay de los que viven confiados en Samaria,
los jefes de la nación más importante,
a quienes recurren los israelitas!
2 Vayan a Calné, y vean;
de allí pasen a Hamat *[b]* la grande,
y bajen a Gat de los filisteos.
¿Son acaso ustedes mejores que esos países?
¿Es el país de ustedes mejor que el de ellos?
3 Ustedes no quieren pensar en el día malo,
pero están atrayendo el imperio de la violencia.

---

[i] **5.8-9** *Quien desencadena... la fortificación:* otra posible traducción: *quien hace que Tauro brille tras Capricornio y que se ponga después de Arcturo.* Esta última interpretación introduce algunos cambios en el texto hebreo, que dan como resultado la mención de las dos constelaciones (*Tauro y Capricornio*) y de la estrella *Arcturo.*
[j] **5.10** *Defensor de la justicia:* lit. *que reprueba en la puerta.* Alusión al tribunal que se reunía a las puertas de la ciudad para resolver los pleitos y causas judiciales. Cf. Rt 4.1.
[k] **5.15** *Los sobrevivientes:* Cf. Am 3.12.
[l] **5.15** *Israel:* lit. *José.* Véase Am 5.6 nota *g.*
[m] **5.16** *Llorones profesionales:* Cf. Jer 9.17-22(16-21); véase Mt 9.23 n.
[n] **5.17** *Los viñedos,* en tiempos normales, eran sitios donde reinaba la alegría, especialmente cuando se celebraba la fiesta de la vendimia. Véase Sal 4.7(8) n.
[ñ] **5.18** *¡Ay!:* Véase Am 3.1-8 n.
[o] **5.18** Como el de *Amós* es el más antiguo de los escritos proféticos, puede afirmarse casi con certeza que en los vv. 18-20 se encuentra la referencia más antigua al *día del Señor.* El profeta da por supuesto que sus oyentes ya conocían esa expresión y, por eso, lo que él hace es corregir la interpretación popular: el día del Señor no será, como creía y esperaba la mayoría del pueblo, un día de triunfo y liberación para Israel, sino un día de justicia y destrucción a causa

de los pecados (véase Am 3.2 nota *c*). Acerca de este importante tema profético, cf. Is 2.12- 22; 13.6-10; Jer 46.10; Ez 7.19; Jl 1.15-20; 2.1-11; Zac 14.1; Mal 4.5(3.23).
[p] **5.21-22** Is 1.11-14.
[q] **5.21-24** Una vez más, y en lenguaje particularmente duro, Amós condena las ceremonias y fiestas religiosas que los israelitas celebraban con tanto celo y ostentación. Todas esas prácticas carecen de valor si aquellos que las realizan se olvidan de lo más importante: la justicia y la honradez en las relaciones con el prójimo (v. 24). Véase Am 4.4-5 n. Cf. también 1 S 15.22; Pr 21.3; Jer 7.22-23; Os 6.6; Miq 6.6-8.
[r] **5.26** *Sicut... Quiiún:* El texto hebreo registra aquí los nombres de los dioses asirios o babilonios *Sacut* y *Keiwan* (asociados con el planeta Saturno). Esto se debe a que en lugar de sus vocales propias se pusieron a estos nombres las vocales de la palabra hebrea *siqus,* que significa *abominación.*
[s] **5.27** *Más allá de Damasco:* alusión al destierro de Israel en el año 721 a.C. (2 R 17.3-6,18). Cf. Am 5.5; 6.7; 7.11,17.
[t] **5.25-27** Citado en Hch 7.42-43 con algunas variantes en los nombres de los dioses.
[a] **6.1** *¡Ay!:* Véase Am 3.1-8 n.
[b] **6.2** *Calné* y *Hamat* eran dos importantes ciudades de Siria (cf. Is 10.9), que más tarde también fueron destruidas por los asirios.

⁴ Recostados en lujosos divanes de marfil,
se tienden a sus anchas en sus fiestas;
banquetean con corderitos y gordos becerros;
⁵ tocan la flauta sin ton ni son;
imitan a David, ᶜ inventando instrumentos musicales;
⁶ beben vino en grandes copas,
usan los más finos perfumes,
¡y nada les importa la ruina del país!
⁷ Ustedes serán los primeros en ir al destierro, ᵈ
y se acabará el alboroto de sus banquetes.

⁸ El Señor ha jurado por sí mismo; ᵉ el Señor, el Dios todopoderoso, lo afirma:

"Odio el orgullo del pueblo de Jacob;
aborrezco sus palacios;
entregaré la ciudad al enemigo,
junto con todo lo que hay en ella."

⁹ Entonces, si quedan diez hombres en una casa, los diez morirán. ¹⁰ Tan grande será el terror que, cuando alguien levante el cadáver de un pariente para sacarlo de la casa, ᶠ le dirá a otro pariente que ande adentro: "¿Hay alguien más contigo?" "No", responderá el otro. Y dirá el primero: "¡Cállate, no sea que pronuncies el nombre del Señor!" ᵍ ¹¹ Porque el Señor va a ordenar su castigo sobre las casas grandes y sobre las pequeñas, y todas quedarán completamente en ruinas.

¹² ¿Pueden los caballos trepar por las peñas?
¿Acaso se puede arar en el mar?
¡Pues ustedes han convertido la justicia en veneno
y el fruto de la justicia en amargura! ʰ
¹³ Ustedes se alegran falsamente, y dicen:
"Con nuestra propia fuerza
hemos adquirido poder." ⁱ

¹⁴ Pues fíjense bien, israelitas;
el Señor, el Dios todopoderoso, afirma:
"Yo levantaré contra ustedes una nación ʲ
que los oprimirá por completo,
desde el extremo norte hasta el extremo sur." ᵏ

IV. CINCO VISIONES PROFÉTICAS (7.1—9.10) ᵃ

7 *Visión de las langostas* ¹ Esto me mostró el Señor: Cuando apenas comenzaba a brotar la siembra tardía, la que se hace después de la cosecha del rey, ᵇ vi al Señor creando langostas. ᶜ ² Y cuando las langostas ya estaban comiéndose hasta la última hierba, dije:

—¡Señor, perdónanos! ¿Cómo va a resistir tu pueblo Jacob, ᵈ si es tan pequeño? ᵉ

³ Entonces el Señor desistió de su propósito, ᶠ y dijo:

—¡Eso no va a suceder!

Visión del fuego ⁴ Esto me mostró el Señor: Le vi enviar como castigo un fuego abrasador, ᵍ que secó por completo el gran mar profundo ʰ y que estaba acabando también con los campos. ⁵ Yo dije:

—¡Detente, Señor, por favor! ¿Cómo va a resistir tu pueblo Jacob, si es tan pequeño?

⁶ Entonces el Señor desistió de su propósito, y dijo:

—¡Tampoco esto va a suceder!

Visión de la plomada ⁷ El Señor me mostró también esto: Estaba él junto a un muro, y tenía en la mano una plomada de albañil. ⁱ ⁸ Y me preguntó:

—¿Qué ves, Amós?

—Una plomada de albañil —respondí.

Entonces me dijo:

—Pues con esta plomada de albañil voy a ver cómo es de recta la conducta de mi pueblo Israel. No le voy a

---

ᶜ **6.5** Probable alusión a las canciones improvisadas en los banquetes. El rey *David* era, para los israelitas, el cantor y poeta por excelencia. Cf. 2 S 23.1; 1 Cr 23.5; Neh 12.36.

ᵈ **6.7** *Destierro:* Véase Am 5.27 n.

ᵉ **6.8** Am 4.2; 8.7. Cf. también Jer 51.14; Heb 6.13.

ᶠ **6.10** *Tan grande será... la casa:* traducción probable. Heb. oscuro. Parecería que la expresión se refiere a la destrucción y mortandad causadas por el asedio de la ciudad o por una epidemia a consecuencia del asedio.

ᵍ **6.10** La parte final de este v. es de interpretación dudosa. Como ha sido el Señor el que ha causado todos estos males, podría temerse que la simple mención de su *nombre* atraería un castigo todavía peor.

ʰ **6.12** Nótese la estructura del v.: en la primera parte se pregunta, retóricamente, si lo absurdo puede ocurrir; en la segunda se responde que eso es exactamente lo que está sucediendo en Israel.

ⁱ **6.13** Las palabras hebreas traducidas por *falsamente* y *poder* (lit. *cuernos*) podrían traducirse también, respectivamente, por *Lo-debar* y *Carnáin*. En tal caso se trataría de dos poblaciones de Galaad, que el rey Jeroboam II había logrado reconquistar (cf. 2 R 14.25).

ʲ **6.14** *Una nación:* Asiria (véase Am 3.11 n.).

ᵏ **6.14** *Desde el extremo norte hasta el extremo sur:* lit. *desde el paso de Hamat hasta el arroyo del Arabá.* Estos dos lugares señalaban, respectivamente, las fronteras norte y sur de Israel. Cf. 2 R 14.25.

ᵃ **7.1—9.10** En la última parte del libro se destacan de modo muy especial las cinco visiones de Amós (7.1-3,4-6,7-9; 8.1-3; 9.1-4). En ellas el juicio de Dios aparece representado con distintas figuras simbólicas: la manga de langostas (7.1), el fuego abrasador (7.4), la plomada de albañil (7.7), la cesta de fruta madura (8.1) y el desmoronamiento del santuario (9.1).

ᵇ **7.1** El *rey* tenía derecho a reclamar para sí una parte de las cosechas. La Biblia no menciona ninguna ley específica al respecto, pero esta exigencia está en consonancia con los tributos que él podía imponer, de acuerdo con 1 S 8.14-15.

ᶜ **7.1** La invasión de *langostas*, que devoraban los sembrados y las plantas frutales, era una de las peores plagas para un pueblo de agricultores. Cf. Ex 10.12-15; Jl 1.4; 2.2-11; véase Jl 1.4 nota g.

ᵈ **7.2** El nombre de *Jacob* se emplea aquí para designar a las diez tribus que formaban el pueblo de Israel.

ᵉ **7.2** El profeta no solo denuncia los pecados en nombre del Señor, sino que también intercede por el pueblo pecador. Acerca del profeta como intercesor, véase Jer 15.1 nota a.

ᶠ **7.3** *Desistió de su propósito:* lit. *se arrepintió.* Este verbo, referido a Dios, no implica remordimiento, versatilidad o vacilación. Lo que sugiere en este contexto es que el Señor ha escuchado la intercesión del profeta y ha respondido favorablemente. Cf. Gn 18.16-33.

ᵍ **7.4** *Fuego abrasador:* Se trata, probablemente, de una fuerte sequía (cf. Jl 1.19-20; véase también Am 1.4 n.).

ʰ **7.4** *El gran mar profundo:* Según un concepto antiguo, la tierra estaba asentada sobre un enorme mar subterráneo, cuyas aguas brotaban a veces a la superficie. Véase Sal 18.15(16) n.

ⁱ **7.7** La *plomada* es una pesa que se cuelga de una cuerda y sirve al *albañil* para mantener la línea vertical de un muro (cf. Is 28.17). Amós la designa con una palabra hebrea que lit. significa *estaño*.

AMÓS 7, 8

perdonar ni una vez más. ⁹ Los santuarios de Isaac ʲ serán destruidos, y los templos de Israel ᵏ quedarán en ruinas. ¡Alzaré la espada contra la familia de Jeroboam! ˡ

Amós se enfrenta a Amasías ᵐ ¹⁰ Amasías, sacerdote de Betel, mandó decir a Jeroboam, rey de Israel: "Amós anda entre la gente de Israel, conspirando contra Su Majestad. El país ya no puede soportar que siga hablando. ¹¹ Porque anda por ahí diciendo: 'Jeroboam morirá a filo de espada, y todo el pueblo de Israel será llevado al destierro.' "

¹² Luego, Amasías le ordenó a Amós:

—¡Largo de aquí, profeta! Si quieres ganarte la vida profetizando, vete a Judá; ¹³ pero no profetices más en Betel, porque es santuario del rey y templo principal del reino.

¹⁴ Pero Amós le contestó:

—Yo no soy profeta, ni pretendo serlo.ⁿ Me gano la vida cuidando ovejas y recogiendo ñ higos silvestres, ¹⁵ pero el Señor me quitó de andar cuidando ovejas, y me dijo: 'Ve y habla en mi nombre a mi pueblo Israel.' ¹⁶ Por lo tanto, oye la palabra del Señor. Esto es lo que tú dices: 'No hables nada en nombre de Dios contra Israel, ni digas nada contra los descendientes de Isaac.' ¹⁷ Pero esto es lo que dice el Señor: 'Tu mujer se prostituirá en plena ciudad, y tus hijos e hijas morirán a filo de espada; tus tierras serán repartidas en sorteo; tú mismo morirás en tierra de paganos,ᵒ y los israelitas serán llevados cautivos, lejos de su tierra.'

8 La cesta de fruta madura ¹ Esto me mostró Dios el Señor: Había una cesta de fruta madura, ² y él me preguntó:

—¿Qué ves, Amós?

—Una cesta de fruta madura —respondí.

Y me dijo el Señor:

—Ya Israel está maduro;ª no le voy a perdonar ni una vez más. ³ Ese día ᵇ los cantos del palacio se volverán lamentos. Mucha gente morirá, y en silencio serán arrojados fuera sus cadáveres. El Señor lo afirma.

Se acerca el juicio de Israel ⁴ Oigan esto, ustedes que oprimen a los humildes y arruinan a los pobres del país; ⁵ ustedes que dicen: "¿Cuándo pasará la fiesta de la luna nueva,ᶜ para que podamos vender el trigo? ¿Cuándo pasará el sábado, para que vendamos el grano a precios altos y usando medidas con trampa y pesas falsas?ᵈ ⁶ ¡Arruinaremos a los pobres hasta que ellos mismos se nos vendan como esclavos para pagar sus deudas, aunque solo deban un par de sandalias!ᵉ ¡Venderemos hasta el desecho del trigo!" ⁷ El Señor ha jurado por la gloria de Jacob:ᶠ "Nunca olvidaré lo que han hecho."

⁸ ¿Y no habrá de temblar la tierra por todo esto?
¿No habrán de llorar todos sus habitantes?
¡La tierra subirá y bajará,
como suben y bajan las aguas del Nilo!ᵍ

⁹ "Ese día ʰ —afirma el Señor—,
haré que se oculte el sol al mediodía,ⁱ
y en pleno día cubriré de oscuridad la tierra.

¹⁰ Cambiaré las fiestas en llanto por los muertos,
y los cantos en lamentos fúnebres;
haré que ustedes se vistan de luto,
y que se rapen la cabeza en señal de dolor.ʲ
Llorarán como el que ha perdido a su único hijo,
y todo acabará en amargura.

¹¹ Vienen días —afirma el Señor—
en los cuales mandaré hambre a la tierra;
no hambre de pan, ni sed de agua,
sino hambre de oír la palabra del Señor.

¹² La gente andará errante,
buscando la palabra del Señor;
irán de un mar al otro mar,

ʲ **7.9** Los *santuarios de Isaac* eran lugares de culto levantados en las colinas, donde los cananeos habían adorado a Baal desde antes de la llegada de los israelitas. Véase 1 R 3.2 n.

ᵏ **7.9** *Los templos de Israel:* de un modo especial, los santuarios del reino en Betel y Dan (cf. 1 R 12.29).

ˡ **7.9** *Jeroboam:* Véase Am 1.1 nota *f*.

ᵐ **7.10-17** Este relato muestra las tensiones existentes entre los profetas, los sacerdotes y los reyes (cf. Jer 20.1-6; 22.1-19; 23.9-40) y provee valiosa información acerca de las repercusiones que podía tener la predicación de los profetas. El sacerdote Amasías denuncia a Amós como perturbador del orden público, pero pasa por alto los motivos que tenía el profeta para proclamar su mensaje: la injusticia reinante en Israel y la palabra de Dios que él no podía dejar de anunciar (Am 3.8).

ⁿ **7.14** *Ni pretendo serlo:* lit. *ni hijo de profeta*, es decir, miembro de un grupo o corporación de profetas (cf. 1 S 10.5,10; 19.20; 2 R 2.3). Con estas palabras Amós da a entender claramente que su condición de profeta y el lugar donde debía ejercer su misión dependían de un llamamiento divino y no de su pertenencia a un grupo profesional.

ñ **7.14** *Recogiendo:* lit. *picando*. A los frutos verdes del sicómoro, que tienen el aspecto de higos silvestres, les hacían un pequeño corte — es decir, los picaban — cuando todavía estaban en el árbol, porque de lo contrario no serían comestibles.

ᵒ **7.17** La *tierra de paganos* es Asiria, el país adonde los israelitas serían llevados cautivos. Véase Am 3.11 n.

ª **8.2** *Israel está maduro:* lit. *Israel ha llegado a su fin*. Amós hace un juego de palabras con los vocablos hebreos que significan *fruta madura* y *fin*, ya que ambos tienen un sonido muy semejante. En esta versión se ha puesto *maduro* en vez de *fin* para sugerir de algún modo la correspondencia entre esas dos palabras hebreas.

ᵇ **8.3** *Ese día:* alusión al día del Señor. Véase Am 5.18 nota *o*.

ᶜ **8.5** *Luna nueva:* El primer día del mes lunar era una *fiesta* religiosa, en la que se suspendían las actividades comerciales. Véase Sal 81.3(4) n. Cf. también Nm 28.11-15; 1 S 20.5; 2 R 4.23.

ᵈ **8.5** *Pesas falsas:* Lv 19.35-36; Dt 25.13-16; Pr 11.1; Miq 6.10-11.

ᵉ **8.6** *Un par de sandalias:* Véase Am 2.6 nota *h*.

ᶠ **8.7** La *gloria de Jacob* es el mismo Señor, de manera que esta expresión tiene aquí el valor de un nombre divino. Véase Am 7.2 nota *d*.

ᵍ **8.8** El temblor de tierra se compara aquí con las inundaciones del río *Nilo*, el cual crece y decrece todos los años. En el libro de *Amós* hay varias alusiones al terremoto (cf. 1.1; 2.13; 3.14-15; 9.1).

ʰ **8.9** *Ese día:* Véase Am 5.18 nota *o*.

ⁱ **8.9** Por las crónicas asirias se sabe que en tiempos de Amós, en junio del año 763 a.C., hubo un eclipse de sol visible en todo el Oriente próximo. Para los antiguos, los eclipses eran señal del juicio de Dios. Cf. Jl 2.10.

ʲ **8.10** Cf. Jer 6.26; Zac 12.10; Tb 2.6. *Que se rapen la cabeza:* Se trata de una señal de duelo prohibida a los israelitas (Dt 14.1), pero practicada entre las naciones vecinas (Is 15.2; Jer 47.5; Ez 27.31).

y desde el norte y hasta el oriente,
pero no podrán encontrarla. [k]
[13] Hermosas muchachas y valientes muchachos
se desmayarán de sed ese día.
[14] Los que juran por los ídolos de Samaria; [l]
los que dicen: 'Por vida de tu dios, oh Dan',
'Por vida de los dioses de Beerseba',
caerán para no levantarse más."

9 Nadie escapa al juicio del Señor

[1] Vi al Señor, que estaba junto al altar y me decía: [a]

"Golpea los capiteles [b] hasta que tiemblen
    los umbrales;
¡que caigan hechos pedazos sobre la gente!
A quienes queden vivos, los mataré
    a filo de espada:
aunque traten de huir, ni uno solo se salvará;
[2] aunque se escondan en las profundidades
    de la tierra, [c]
de allí los sacaré;
aunque suban a las alturas de los cielos,
    de allí los haré bajar. [d]
[3] Si se esconden en la cumbre del monte Carmelo,
    aun allá los iré a buscar;
si se esconden de mí en el fondo del mar,
    mandaré al monstruo marino [e]
    que vaya y los destroce;
[4] y si van al destierro, [f] llevados por sus enemigos,
    mandaré a la espada que vaya y los mate.
¡Para mal, y no para bien,
    los tendré siempre a la vista!" [g]

[5] El Señor, el Dios todopoderoso,
toca la tierra, y la tierra se derrite
y lloran todos sus habitantes.
La tierra sube y baja,
como suben y bajan las aguas del Nilo. [h]
[6] El Señor ha puesto su habitación en el cielo
y la bóveda celeste sobre la tierra;
él llama a las aguas del mar
y las derrama sobre la tierra.
El Señor, ese es su nombre. [i]

[7] Esto afirma el Señor:
"Israelitas, para mí no hay diferencia [j]
entre ustedes y los etiopes. [k]
Así como los traje a ustedes de Egipto,
así traje también de Creta a los filisteos [l]
y de Quir a los arameos." [m]

[8] El Señor mira este reino pecador, y dice:
"Lo voy a borrar de la tierra,
pero no destruiré por completo la casa de Jacob.
Yo, el Señor, lo afirmo.
[9] Voy a ordenar que la casa de Israel sea zarandeada
como se zarandea el trigo en una criba,
sin que un solo grano caiga a tierra.
[10] Todos los pecadores de mi pueblo
morirán a filo de espada;
todos los que dicen: 'Nada de eso nos pasará;
el mal no va a alcanzarnos.'

V. EPÍLOGO (9.11-15) [n]

Restauración futura de Israel [11] "El día viene en que levantaré la caída choza de David. Taparé sus brechas, levantaré sus ruinas y la reconstruiré tal como fue en los tiempos pasados, [12] para que lo que quede de Edom [ñ] y de toda nación que me ha pertenecido vuelva a ser posesión de Israel." El Señor ha dado su palabra, y la cumplirá. [o]

[13] "Vienen días en que todavía se estará cosechando el

---

[k] **8.11-12** En el momento de crisis nacional anunciado por Amós, el pueblo irá *de un mar al otro mar,* es decir, del Mediterráneo al Mar Muerto, tratando de encontrar un profeta que les dé a conocer la voluntad de Dios; pero no lo hallarán porque el Señor permanecerá en silencio (cf. 1 S 3.1; 28.6; Sal 74.9).

[l] *Los ídolos de Samaria:* lit. *el pecado de Samaria.* Algunos intérpretes ven aquí una alusión al becerro de oro instalado en el santuario de Betel por iniciativa de Jeroboam I, rey de Israel (cf. 1 R 12.28-29; Os 8.5-6).

[a] **9.1** Esta quinta visión concluye el ciclo iniciado en 7.1 y marca su culminación. El relato de la visión presenta una forma distinta, ya que ahora el profeta no tiene delante de sí un objeto simbólico (véase Am 7.1—9.10 n.), sino que ve al mismo *Señor* y recibe de él un mensaje que confirma las otras visiones.

[b] **9.1** *Los capiteles:* es decir, la parte superior o el remate ornamental de las columnas del santuario.

[c] **9.2** *Profundidades de la tierra:* heb. *sheol.* Véase Sal 6.5(6) n.

[d] **9.2** Cf. Jer 23.23-24.

[e] **9.3** *Monstruo marino:* Los antiguos israelitas creían que en medio del océano había un monstruo enorme (cf. Is 27.1), que estaba al servicio del Señor como todas sus demás criaturas (cf. Gn 1.21; Sal 104.26).

[f] **9.4** *Al destierro:* Véase Am 5.27 n.

[g] **9.2-4** Cf. Sal 139.7-12. Amós emplea aquí los mismos conceptos que el salmista, pero con el fin de hacer notar que nadie podrá escapar al juicio de Dios.

[h] **9.5** Cf. Am 8.8.

[i] **9.5-6** Sobre la estructura de este pasaje, véase Am 4.13 n., y cf. 5.8.

[j] **9.7** *No hay diferencia:* Por haber asumido sus privilegios de pueblo elegido por Dios sin haber aceptado las responsabilidades correspondientes (véase Am 3.2 nota c), los israelitas se han puesto en el mismo nivel que los etiopes, un pueblo menospreciado por el color de su piel y por su humilde condición social.

[k] **9.7** Los *etiopes* (lit. *cusitas*) eran habitantes del valle del Nilo, al sur de Egipto (véase Gn 10.6 nota i). Al parecer, muchos de estos etiopes vivían en el extranjero ganándose la vida como servidores (cf. Jer 38.7-13).

[l] **9.7** Se consideraba que los *filisteos* eran originarios de la isla de Creta (lit. *Caftor*), en las cercanías de Grecia (cf. Dt 2.23; Jer 47.4).

[m] **9.7** *Quir:* Amós hace notar expresamente que no solo Israel, sino también las naciones paganas son objeto del cuidado divino y están bajo la protección del Señor. Cf. 2 R 16.9; Am 1.5.

[n] **9.11-15** El libro termina con una promesa de salvación, que incluye la restauración de la dinastía del rey David (v. 11), el don de una tierra fértil (v. 13), el retorno del exilio y la instalación del pueblo de Israel en la Tierra prometida (vv. 14-15).

[ñ] **9.12** *Edom:* Véase Am 1.11 n. Esta nación, aunque se había enemistado con Israel, estaba ligada a él por lazos de parentesco. Cf. Gn 32.1-5(2-6).

[o] **9.11-12** Hch 15.16-18.

trigo cuando ya será tiempo de arar el campo, y en que aún no se habrá acabado de pisar las uvas cuando ya será tiempo de sembrar el trigo. Por montes y colinas correrá el vino como agua. **14** Entonces traeré del destierro a mi pueblo Israel. Reconstruirán las ciudades destruidas, y vivirán en ellas; plantarán viñedos, y beberán su vino; sembrarán huertos, y comerán sus frutos. **15** Pues los plantaré en su propia tierra, y nunca más volverán a ser arrancados de la tierra que les di." Dios el Señor lo afirma. [p]

[p] 9.13-15 Cf. Jl 3.18-21(4.18-21).

Abdías

El libro de *Abdías* (=Abd) proclama el juicio del Señor contra Edom por los actos de violencia cometidos contra su *hermano Jacob* (v. 10). Los edomitas, en efecto, habían participado de una coalición contra Babilonia (cf. Jer 27.3); pero cuando el ejército del rey Nabucodonosor atacó y saqueó la ciudad de Jerusalén, ellos se pusieron de parte de los vencedores; y no solo se alegraron de la desgracia de Judá, sino que se unieron al invasor y ocuparon una parte del territorio de sus vecinos (vv. 11-14). Estos episodios agravaron la enemistad entre el pueblo de Edom y el de Judá, una enemistad que tenía hondas raíces (cf. Gn 25.23), pero que aparece reflejada especialmente en una serie de textos provenientes de los periodos exílico y postexílico (Sal 137.7; Is 34; Lam 4.21; Ez 25.12-14; 35).

En la segunda parte del mensaje profético, el horizonte se amplía, y se anuncia la llegada del *día del Señor* y el juicio divino sobre las naciones (v. 15b). Aquí Abdías expresa ideas características de los escritos proféticos: el Dios de Israel es el Señor de la historia; el destino de las naciones está en sus manos, y cada una de ellas recibirá en su momento la retribución merecida por sus malas acciones (v. 15a). Estas mismas ideas vuelven a encontrarse en un pasaje de Jer 49, que coincide casi literalmente con algunos versículos de *Abdías* (Abd 1b-4=Jer 49.14-16; Abd 5=Jer 49.9; Abd 6=Jer 49.10a).

Finalmente, los últimos versículos (19-21) describen la restauración y las futuras posesiones de Israel, y proclaman el triunfo de la soberanía del Señor.

Por tanto, los elementos esenciales de este escrito profético, el más breve entre los libros del AT, pueden resumirse de la forma siguiente:

    I. Amenazas contra Edom a causa de su arrogancia y su violencia (1-15a)
    II. El día del Señor y el juicio de las naciones (15b-18)
    III. Epílogo (19-21)

I. AMENAZAS CONTRA EDOM A CAUSA DE SU ARROGANCIA Y SU VIOLENCIA (1-15a)

La humillación de Edom **1** Profecía[a] que Abdías recibió del Señor por revelación.

Hemos oído un mensaje del Señor;
un mensajero ha ido a las naciones, a decirles:
"¡En marcha! ¡Vamos a la guerra contra Edom!" [b]

Dios el Señor le dice a Edom: [c]
2 "Voy a hacerte pequeño entre las naciones
y a humillarte en gran manera.
3 Tu orgullo te ha engañado.
Vives en las grietas de las peñas [d]
y habitas en las alturas,
y por eso has llegado a creer
que nadie puede derribarte.
4 Pero aunque te eleves como con el águila [e]
y pongas tu nido en las estrellas,
de allí te haré caer." [f,g]

El Señor afirma:
5 "Si los ladrones vinieran de noche a robarte,
no se lo llevarían todo;
si vinieran a ti los vendimiadores, [h]
algunos racimos dejarían.
En cambio, tus enemigos
te han destrozado por completo.

[a] 1 *Profecía:* lit. *visión.* Véanse Is 1.1 nota *b;* Nah 1.1 nota *b.*

[b] 1 *Edom:* antiguo reino al sudeste de Judá, entre el Mar Muerto y el Golfo de Akaba (Gn 36.6-8). Lo inaccesible de sus montañas daba a sus habitantes un sentimiento de orgullo y de excesiva seguridad (cf. vv. 3-4; Jer 49.16; Ez 35.10-13). Véanse Jer 49.7 nota *f* e *Índice de mapas.*

[c] 1 *El Señor le dice a Edom:* Cf. Is 34.5-17; 63.1-6; Ez 25.12-14; Am 1.11-12; Mal 1.2-5.

[d] 3 *Las peñas:* otra posible traducción: *Selá,* que era el nombre de una ciudad fortificada al norte de Edom. Más tarde se estableció cerca de allí la ciudad de *Petra,* cuyo nombre, lo mismo que el heb. *Selá,* significa *roca* o *piedra.*

[e] 4 *El águila:* Cf. Job 39.27.

[f] 4 *Te haré caer:* La humillación es el castigo de la soberbia y la arrogancia (1 S 2.3-5; Is 14.12-21; Lc 1.51-53).

[g] 1-4 Jer 49.14-16.

[h] 5 De acuerdo con la ley de Moisés, los *vendimiadores* o personas que cosechaban las uvas debían dejar algunos racimos para que luego los recogieran los pobres (cf. Lv 9.10; Dt 24.21).

⁶ ¡Cómo te han saqueado, Esaú! ⁱ
 ¡Han robado hasta el último de tus tesoros!ʲ,ᵏ
⁷ Todos tus aliados te engañaron;
 te echaron de tu propia tierra.
 Aun tus propios amigos
 se han puesto en contra tuya,
 y tus amigos de confianza te han tendido trampas.
 ¡Edom no tiene inteligencia!"

⁸ El Señor afirma:
 "El día en que yo castigue a Edom, ˡ
 destruiré a todos sus sabios
 y quitaré la inteligencia
 a los de la región montañosa de Esaú.
⁹ Los guerreros de Temán ᵐ temblarán de miedo,
 y en la región montañosa de Esaú
 no quedará nadie con vida.

Las culpas de Edom

¹⁰ "Quedarás cubierto de vergüenza y destruido
 para siempre,
 por haber maltratado y matado a tu hermano Jacob. ⁿ
¹¹ Cuando el enemigo saqueó las riquezas de la ciudad,
 cuando los soldados extranjeros
 rompieron las puertas de Jerusalén, ñ
 ¡tú te hiciste a un lado!
 Cuando se rifaron sus despojos ᵒ
 y se llevaron sus riquezas,
 ¡tú te portaste como uno de ellos!
¹² No debiste alegrarte de ver a tu hermano
 en el día de su desgracia, ᵖ
 ni debiste alegrarte de ver a Judá
 en el día de su ruina,
 ni debiste burlarte de ellos
 en el día de su angustia.
¹³ No debiste entrar en mi ciudad
 el día de su sufrimiento,
 ni debiste alegrarte de su desgracia
 el día de su infortunio,
 ni debiste robar sus riquezas
 el día de su calamidad.
¹⁴ No te debiste parar en las encrucijadas
 para matar a los que escapaban,
 ni debiste entregar a los que huían
 en el día de la angustia.
¹⁵ Lo mismo que hiciste con otros, se hará contigo: ᑫ
 ¡recibirás tu merecido!

II. EL DÍA DEL SEÑOR Y EL JUICIO DE LAS NACIONES (15b-18)

La exaltación de Israel

 "Ya está cerca el día del Señor ʳ
 para todas las naciones.
¹⁶ Como fue de amarga la copa que ustedes
 bebieron ˢ en mi santo monte, ᵗ
 así de amarga será la copa que las demás naciones
 beberán sorbo a sorbo;
 y desaparecerán por completo.
¹⁷ Pero el monte Sión será un lugar santo
 adonde algunos lograrán escapar. ᵘ
 Los descendientes de Jacob
 recobrarán sus tierras;
¹⁸ los descendientes de Jacob y de José ᵛ
 serán fuego y serán llama,
 y los de Esaú serán estopa
 que aquel fuego devorará completamente.
 ¡Ninguno de los de Esaú se salvará!
 Yo, el Señor, lo he dicho."

III. EPÍLOGO (19-21)

¹⁹⁻²⁰ Los israelitas del Négueb ʷ tomarán posesión de la región montañosa de Esaú, y los de la llanura se apoderarán del territorio de los filisteos. También tomarán posesión de las tierras de Efraín y del territorio de Samaria, y los de Benjamín se apoderarán de Galaad. Esta multitud

---

ⁱ 6 *Esaú* es sinónimo de *Edom*. Cf. Gn 25.30; 36.1.
ʲ 6 *El último de tus tesoros:* La palabra hebrea se refiere concretamente a metales preciosos, joyas y otros objetos de valor que se guardaban en cavernas y otros escondites para que estuvieran seguros. Cf. Jer 49.10.
ᵏ 5-6 Jer 49.9-10.
ˡ 8 *El día en que yo castigue:* La referencia al día del juicio contra *Edom* se va a extender de inmediato (vv. 15-16) al juicio contra las naciones paganas.
ᵐ 9 *Temán:* Véase Jer 49.7 nota *k*.
ⁿ 10 *Tu hermano Jacob:* La rivalidad entre Edom y Judá se presenta aquí como una continuación de la antigua rivalidad entre Esaú y Jacob. Cf. Gn 25.21-34; 27.1-46; 32.1(2)—33.17; Jl 3.19(4.19).
ñ 11 Se alude probablemente a la conquista y destrucción de Jerusalén en el año 587 a.C. Cf. 2 R 25.1-17; Jer 39.1-10; 52.3-23.
ᵒ 11 *Se rifaron los despojos:* Esta era la forma en que los vencedores se repartían el botín de guerra y los territorios conquistados. Cf. Jl 3.3(4.3).
ᵖ 12 *No debiste alegrarte... desgracia:* Cf. Sal 137.7; Lm 4.21; Ez 35.15.
ᑫ 15 *Lo mismo... se hará contigo:* En la ejecución del castigo se aplica la ley del talión. Véase Ex 21.23-25 n.
ʳ 15 Los profetas anteriores al exilio describían *el día del Señor* como un día de juicio y condenación para Israel (Is 2.1,12-22; Am 5.18-20; Sof 1.14-18). Pero después de la destrucción de Jerusalén y de la deportación a Babilonia, ese día se convirtió en objeto de esperanza para el pueblo de Dios, ya que en él tendrían lugar su propia liberación y el juicio de las naciones. Cf. Jl 3.1-21(4.1-21).
ˢ 16 *La copa que ustedes bebieron:* Estas palabras se dirigen a los habitantes de Judá. Acerca de la *copa* de la ira del Señor, véanse Jer 25.15 n. y *Copa* en el *Índice temático*.
ᵗ 16 *Mi santo monte:* Véase Sal 2.6 n.
ᵘ 17 *Algunos lograrán escapar:* Mientras que Edom es destruido completamente (cf. v. 5), en *el monte Sión*, que aquí incluye a toda la ciudad de Jerusalén, hay un grupo de personas salvadas de la catástrofe. Este resto o remanente participa en la restauración de Israel y es el germen de un pueblo de Dios totalmente renovado. Cf. Is 4.2-6; 10.20-22; Jl 2.32(3.5); 3.16-17(4.16-17).
ᵛ 17-18 *Los descendientes de Jacob* y los de *José* son, respectivamente, los habitantes de los dos antiguos reinos, el de Judá y el de Israel (véanse 1 R 12.1-24 n.; Nah 2.2[3] n.). En el día del Señor los dos reinos volverán a unirse. Cf. Is 11.11-16; Ez 37.15-28; Os 1.11(2.1).
ʷ 19-20 El *Négueb* es la región desértica al sur de Judá (cf. Gn 12.9; véase *Índice de mapas*), ocupada por los edomitas luego de la destrucción de Jerusalén y de la deportación de muchos israelitas a Babilonia (587 a.C.).

de israelitas desterrados tomará posesión del territorio de los cananeos[x] hasta Sarepta,[y] y los cautivos de Jerusalén que están en Sefarad[z] tomarán posesión de las ciudades del Négueb.[a] [21] Subirán victoriosos al monte Sión para dictar sentencia contra los de la región montañosa de Esaú, y el Señor será quien reine.[b]

[x] **19-20** *Tomará posesión... cananeos:* traducción probable. Heb. oscuro.

[y] **19-20** *Sarepta:* población situada entre las poblaciones fenicias de Tiro y Sidón. Cf. 1 R 17.9; Lc 4.26; véase *Índice de mapas.*

[z] **19-20** *Sefarad:* posiblemente se trata de la ciudad de Sardes, capital de Lidia, en Asia Menor (cf. Ap 3.1). Algunas traducciones antiguas la identificaron con España, a la que los judíos que la habitaban llamaron *Sefarad,* de donde se originó el término *sefardita,* con el que se suele designar ahora a los judíos de España, Portugal y el norte de África.

[a] **19-20** En el día del Señor, Israel extenderá sus fronteras hacia los cuatro puntos cardinales, teniendo como centro a Jerusalén. Al sur se extenderá hasta *la región montañosa de Esaú* (véase v. 1 nota *b*); al oeste hasta *el territorio de los filisteos* (véase Jos 13.3 nota *c*); al norte hasta *las tierras de Efraín y Samaria,* es decir, hasta el antiguo reino del Norte (véase vv. 17-18 n.); y al este del Jordán hasta la región de *Galaad* (véase Dt 2.36-37 n.).

[b] **21** *El Señor será quien reine:* Sal 22.27-29(28-30); Miq 4.6-7; Zac 14.9; Ap 11.15.

El libro de *Jonás* (=Jon) ocupa el quinto lugar en la colección de los *Doce Profetas,* pero por su forma y su contenido difiere notablemente de los otros escritos proféticos. En estos últimos, efectivamente, se encuentran a veces relatos biográficos en prosa (cf. Os 1.2-9; 3.1-3; Am 7.10-17). Pero esos relatos ocupan, por lo general, un espacio reducido en el conjunto del libro, y no tratan de centrar toda la atención en la persona o en las acciones del profeta, sino que hacen resaltar algún aspecto del mensaje que él anuncia en nombre del Señor (cf., por ejemplo, Jer 7.1-15; 26.1-19). El libro de *Jonás,* en cambio, es en su totalidad una *narración.* En él hay un solo anuncio profético, que en el texto hebreo original consta apenas de cinco palabras. Todo el resto del relato está dedicado a contar las aventuras de un profeta del Dios de Israel, que, muy a pesar suyo, llevó a cabo exitosamente la misión que el Señor le había confiado.

Jonás no fue enviado, como los otros profetas, a predicar a su propio pueblo. Su destino era Nínive, la orgullosa capital del imperio asirio, cuya maldad no conocía límites (Jon 1.2). Como tantos pecados no podían quedar impunes, lo que el profeta debía anunciar a la ciudad pecadora era que sus días estaban contados: *¡Dentro de cuarenta días Nínive será destruida!* (3.3-4).

Sin embargo, Jonás sabía muy bien que el Señor es *un Dios tierno y compasivo* (4.2), y que si los ninivitas se arrepentían de su *mala conducta* y de su *violencia* (3.8) obtendrían el perdón divino. De ser así, su anuncio profético no se cumpliría y él mismo quedaría convertido en falso profeta. De ahí su decisión de huir lejos de la presencia del Señor: en vez de dirigirse prontamente hacia el sitio indicado (cf. Gn 12.1-4; Is 6.8), Jonás tomó *un barco que estaba a punto de salir para Tarsis,* es decir, que se dirigía precisamente hacia el extremo opuesto (1.3 nota *e*).

Con este intento de fuga, Jonás encarna la figura del profeta rebelde y tiene que ser forzado a dar cumplimiento a su misión. Desde este punto de vista hay ciertas coincidencias entre la actitud de Jonás y la de otros profetas. También Moisés y Jeremías se resistieron, en un primer momento, a aceptar la misión que el Señor les encomendaba, porque se consideraban demasiado débiles para cargar con tan grave responsabilidad (Ex 4.1,10; Jer 1.6). Y el profeta Elías, cuando tuvo que huir al desierto para salvarse de sus perseguidores, suplicó al Señor, como hizo Jonás, que le quitara la vida (1 R 19.4; cf. Jon 4.3). Pero una vez disipadas las dudas, aquellos se sometieron a la voluntad del Señor y respondieron sin reservas al llamado divino (cf. Ex 4.18-20; 1 R 19.8; Jer 20.9,11). Jonás, por el contrario, lleva su desobediencia hasta el extremo: la conversión de los ninivitas lo entristece en lugar de alegrarlo y, lo que es más grave, no oculta su disgusto cuando Dios demuestra que está siempre dispuesto a perdonar a todo el que se arrepiente de su mal camino (4.2).

Jonás, de esta manera, personifica también al israelita de espíritu estrecho, que pretende excluir a los paganos de la salvación. Como él pertenecía al único pueblo que conocía y rendía culto al verdadero Dios (cf. 1.9,16), pensaba que todos los paganos estaban condenados irremediablemente y sin la menor posibilidad de arrepentimiento. Pero el Señor le hace ver que él no quiere la muerte del pecador, sino que se convierta y viva (Ez 18.23,31-32), y que si una nación se aparta del mal, él ya no le envía el castigo que le tenía preparado (Jer 18.8; Jon 3.10).

El libro de *Jonás* anticipa así el mensaje contenido en la parábola del hijo pródigo (Lc 15.11-32) y en la de los trabajadores de la viña (Mt 20.1-16). El perdón de Dios supera los deseos y los cálculos de los hombres: Dios mantiene siempre su libertad de ser bueno con todos. Esta libertad no se ve restringida ni siquiera por la existencia de un oráculo profético que anuncia el castigo y la destrucción. Jonás no supo comprender esto y, por eso, el Señor, con palabras llenas de humor y de ironía, le reprocha su egoísmo, su estrechez de miras y su falta de sensibilidad frente al amor, la compasión y la misericordia de Dios (cf. 4.11).

El simbolismo de la historia de Jonás ha pasado también al Nuevo Testamento. Jesús habla, en efecto, de la "señal de Jonás", relacionando de ese modo su propio destino con el de aquel profeta. Cuando le piden que confirme su autoridad profética con una señal milagrosa, él responde que no será dada otra señal que la del profeta Jonás, pues *así como Jonás estuvo tres días y tres noches dentro del gran pez, así también el Hijo del hombre estará tres días y tres noches dentro de la tierra* (Mt 12.40).

El siguiente esquema presenta, en forma resumida, los principales episodios de la historia de *Jonás*:

I. Jonás rebelde a su misión y arrojado al mar (1.1-16)
II. Jonás en el vientre del pez y su oración al Señor (1.17—2.10[2.1-11])
III. La predicación de Jonás y la conversión de los ninivitas (3.1-10)
IV. El enojo del profeta y la respuesta de Dios (4.1-11)

I. JONÁS REBELDE A SU MISIÓN Y ARROJADO AL MAR (1.1-16)

Jonás huye de Dios **1** **1** El Señor se dirigió a Jonás, hijo de Amitai,*[a]* y le dijo: **2** "Anda, vete a la gran ciudad de Nínive*[b]* y anuncia que voy a destruirla, porque hasta mí ha llegado la noticia de su maldad."*[c]*

3 Pero Jonás, en lugar de obedecer, trató de huir del Señor, y se fue al puerto de Jope,*[d]* donde encontró un barco que estaba a punto de salir para Tarsis;*[e]* entonces compró pasaje y se embarcó para ir allá. **4** Pero el Señor hizo que soplara un viento muy fuerte, y se levantó en alta mar una tempestad tan violenta que parecía que el barco iba a hacerse pedazos.*[f]* **5** Los marineros estaban llenos de miedo, y cada uno invocaba a su dios. Por fin, para aligerar el barco, echaron toda la carga al mar. Jonás, mientras tanto, había bajado a la bodega del barco, y allí se había quedado profundamente dormido.*[g]* **6** Entonces el capitán fue a donde estaba Jonás, y le dijo:

—¿Qué haces tú ahí, dormilón? ¡Levántate y clama a tu Dios! Tal vez quiera ocuparse de nosotros y nos ponga a salvo.*[h]*

7 Entre tanto, los marineros se decían unos a otros:

—Vamos a echar suertes, para ver quién tiene la culpa de esta desgracia.

Echaron, pues, suertes,*[i]* y Jonás resultó ser el culpable.
8 Entonces le dijeron:

—Dinos por qué nos ha venido esta desgracia. ¿Qué negocio te ha traído aquí? ¿De dónde vienes? ¿Cuál es tu país? ¿De qué raza eres?

9 Jonás les contestó:

—Soy hebreo,*[j]* y rindo culto al Señor, el Dios del cielo, creador del mar y de la tierra.*[k]*

10-11 Jonás contó a los marineros que él estaba huyendo del Señor, y ellos, al oírlo y al ver que el mar se agitaba más*[l]* y más, sintieron mucho miedo y le preguntaron:

—¿Por qué has hecho esto? ¿Qué podemos hacer contigo para que el mar se calme?

12 —Pues échenme al mar, y el mar se calmará —contestó Jonás—. Yo sé bien que soy el culpable de que esta tremenda tempestad se les haya venido encima.

13 Los marineros se pusieron a remar con todas sus fuerzas para acercarse a tierra, pero no lo lograron, porque el mar se embravecía cada vez más. **14** Entonces clamaron al Señor y dijeron: "Señor, no nos dejes morir por culpa de este hombre. Y si es inocente, no nos hagas responsables de su muerte,*[m]* porque tú, Señor, actúas según tu voluntad."

15 Dicho esto, echaron a Jonás al mar, y el mar se calmó. **16** Al verlo, los marineros sintieron una profunda reverencia por el Señor, y le ofrecieron un sacrificio y le hicieron promesas.

II. JONÁS EN EL VIENTRE DEL PEZ Y SU ORACIÓN AL SEÑOR (1.17—2.10[2.1—11])

17 (2.1) *[n]* Entre tanto, el Señor había dispuesto un enorme

---

[a] **1.1** *Jonás, hijo de Amitai:* Cf. 2 R 14.25.

[b] **1.2** *La gran ciudad de Nínive:* Era la capital de Asiria, el imperio que en el 721 a.C. destruyó el reino del norte (Israel) y envió al exilio a muchos israelitas (cf. 2 R 14.1-23). Los profetas Nahúm (1.14—3.19) y Sofonías (2.13-15) anunciaron su destrucción, hecho que tuvo lugar en el año 612 a.C. Cuando se redactó el libro de Jonás, esa ciudad era símbolo de crueldad, de violencia y de hostilidad hacia el pueblo de Dios. Cf. Nah 1.1; 2.13—3.19. Véase *Índice de mapas.*

[c] **1.2** *Hasta mí ha llegado la noticia de su maldad:* Cf. Gn 18.20-21.

[d] **1.3** *Jope* era el puerto del Mediterráneo más cercano a Jerusalén (cf. 2 Cr 2.16; 1 Mac 10.76; Hch 9.36). Véase *Índice de mapas.*

[e] **1.3** Es difícil determinar con exactitud la localización de *Tarsis.* Algunos estudiosos la sitúan en la costa sudoeste de España; otros, en la isla de Cerdeña. De todas maneras, aquí se trata de un sitio al que podía llegarse en barco a través del mar Mediterráneo y que representaba para los israelitas el extremo occidental del mundo entonces conocido. Véase Sal 72.10 n.

[f] **1.4** *Pero el Señor hizo...:* A lo largo de todo el relato se pone en evidencia la acción de Dios, que dispone los acontecimientos conforme a sus designios. Jonás pretende ser infiel a su misión, pero el Señor, valiéndose de su dominio sobre los fenómenos de la naturaleza, ordena los acontecimientos para que el profeta cumpla la voluntad divina y de ese modo la palabra de Dios sea anunciada a los pueblos paganos. Cf. Jon 1.17(2.1); 2.10(11); 3.1-2.

[g] **1.5** *Profundamente dormido:* Cf. Gn 2.21.

[h] **1.3-6** No sin ironía, el relato hace ver el contraste entre la conducta de Jonás y la de los marineros. Jonás conoce al verdadero Dios (cf. v. 9), pero huye de su presencia y no lo invoca en medio del peligro; los marineros son politeístas, pero manifiestan ser más piadosos que el profeta judío: ven en la tempestad una señal divina, invocan cada uno a su dios y piden a Jonás que se una a sus oraciones.

[i] **1.7** *Echaron... suertes:* Con este procedimiento, muy frecuente en la antigüedad, se trataba de conocer la voluntad divina a fin de tomar las decisiones correspondientes (cf. Nm 26.55-56; 1 S 10.20-21; 14.36-42; Hch 1.26).

[j] **1.9** *Soy hebreo:* En el AT, este nombre aparece casi exclusivamente en labios de extranjeros, sobre todo de egipcios (Gn 40.15; 41.12; Ex 1.16) y filisteos (1 S 4.6,9; 13.3). Véase Gn 14.13 nota *l.* Nótese que Jonás, siendo israelita, lo usa en su diálogo con los marineros paganos.

[k] **1.9** *Dios del cielo:* 2 Cr 36.23; Esd 1.2; 5.11; 7.12; Neh 1.4-5; 2.4; Dn 2.18-19. Al hacer esta confesión de fe, Jonás pone de manifiesto la inconsecuencia de su conducta: por una parte, él reconoce la soberanía universal del Señor, *creador del mar y de la tierra;* pero, por otra, considera que es posible huir de su presencia (cf. Jon 1.3).

[l] **1.11** *El mar se agitaba más y más:* Cf. Job 22.10-11; Is 8.7; 30.27-28.

[m] **1.14** *No nos hagas responsables de su muerte:* Cf. Dt 21.8-9; Jer 26.15-16.

[n] **1.17—2.10(2.1-11)** Los números entre paréntesis corresponden al texto hebreo.

pez ⁿ para que se tragara a Jonás. Y Jonás pasó tres días y tres noches dentro del pez. ᵒ

2 *La oración de Jonás* ᵃ ¹ ⁽²⁾ Entonces Jonás oró al Señor su Dios desde dentro del pez, ² ⁽³⁾ diciendo:

"En mi angustia clamé a ti, Señor,
y tú me respondiste. ᵇ
Desde las profundidades de la muerte
clamé a ti, y tú me oíste. ᶜ
³ ⁽⁴⁾ Me arrojaste a lo más hondo del mar, ᵈ
y las corrientes me envolvieron.
Las grandes olas que tú mandas
pasaban sobre mí. ᵉ
⁴ ⁽⁵⁾ Llegué a sentirme echado de tu presencia; ᶠ
pensé que no volvería a ver tu santo templo.
⁵ ⁽⁶⁾ Las aguas me rodeaban por completo;
me cubría el mar profundo;
las algas se enredaban en mi cabeza.
⁶ ⁽⁷⁾ Me hundí hasta el fondo de la tierra; ᵍ
¡ya me sentía su eterno prisionero!
Pero tú, Señor, mi Dios,
me salvaste de la muerte. ʰ
⁷ ⁽⁸⁾ Al sentir que la vida se me iba,
me acordé de ti, Señor;
mi oración llegó a ti en tu santo templo.
⁸ ⁽⁹⁾ Los que siguen a los ídolos
dejan de serte leales;
⁹ ⁽¹⁰⁾ pero yo, con voz de gratitud,
te ofreceré sacrificios;
cumpliré las promesas que te hice. ⁱ
¡Solo tú, Señor, puedes salvar!"

¹⁰ ⁽¹¹⁾ Entonces el Señor dispuso que el pez vomitara a Jonás en tierra firme.

III. LA PREDICACIÓN DE JONÁS Y LA CONVERSIÓN DE LOS NINIVITAS (3.1-10)

3 *Nínive se arrepiente* ¹ El Señor se dirigió por segunda vez a Jonás, y le dijo: ² "Anda, vete a la gran ciudad de Nínive y anuncia lo que te voy a decir." ᵃ

³⁻⁴ Jonás se puso en marcha y fue a Nínive, como el Señor se lo había ordenado. Nínive era una ciudad tan grande que para recorrerla toda había que caminar tres días. ᵇ Jonás entró en la ciudad y caminó todo un día, diciendo a grandes voces: "¡Dentro de cuarenta días Nínive será destruida!" ᶜ

⁵ Los habitantes de la ciudad, grandes y pequeños, creyeron en Dios, proclamaron ayuno y se pusieron ropas ásperas en señal de dolor. ᵈ ⁶ Cuando la noticia llegó al rey de Nínive, también él se levantó de su trono, se quitó sus vestiduras reales, se puso ropas ásperas y se sentó en el suelo. ᵉ ⁷ Luego, el rey y sus ministros dieron a conocer por toda la ciudad el siguiente decreto: "Que nadie tome ningún alimento. Que tampoco se dé de comer ni de beber al ganado y a los rebaños. ⁸ Al contrario, vístanse todos con ropas ásperas en señal de dolor, y clamen a Dios con todas sus fuerzas. Deje cada uno su mala conducta y la violencia que ha estado cometiendo hasta ahora; ᶠ ⁹ tal vez Dios cambie de parecer y se calme su ira, y así no moriremos."

¹⁰ Dios vio lo que hacía la gente de Nínive y cómo dejaba su mala conducta, y decidió no hacerles el daño que les había anunciado. ᵍ

IV. EL ENOJO DEL PROFETA Y LA RESPUESTA DE DIOS (4.1-11) ᵃ

4 ¹ A Jonás le cayó muy mal lo que Dios había hecho, y se disgustó mucho. ² Así que oró al Señor, y le dijo:
—Mira, Señor, esto es lo que yo decía que iba a pasar

ⁿ **1.17(2.1)** *Un enorme pez:* El texto no identifica la naturaleza de este gran *pez;* solo indica que, gracias a su intervención, Jonás se salvó de la muerte y pudo volver a tierra para dar cumplimiento a su misión.

ᵒ **1.17(2.1)** Cf. Mt 12.38-40, donde Jesús, frente a la incredulidad de los que reclaman de él una señal milagrosa, remite a la señal de Jonás. Véase *Introducción* a *Jonás;* cf. también Mt 16.1-4; Lc 11.29-32.

ᵃ **2.1-10(2-11)** Esta oración de Jonás tiene una estructura literaria similar a los llamados salmos de acción de gracias, que describen un peligro ya pasado, reconocen al Señor como salvador y concluyen con la promesa de ofrecer sacrificios en el templo de Jerusalén. Cf. Sal 30; 116; 118 y véase también la *Introducción a los Salmos (3).*

ᵇ **2.2(3)** *En mi angustia... y tú me respondiste:* 2 S 22.7; Sal 18.6(7); 120.1.

ᶜ **2.2(3)** *Desde las profundidades... y tú me oíste:* Sal 130.1; Lm 3.55.

ᵈ **2.3(4)** *Lo más hondo del mar:* Cf. Ez 27.26; Miq 7.19. El *mar* ha causado siempre una viva impresión a causa de su inmensidad (Job 11.9), del ímpetu de sus olas (Job 38.8) y de su fuerza destructiva (Ez 26.3). Por eso, los israelitas veían en él la representación del caos anterior a la creación (véase Gn 1.2 nota *c*) y un símbolo de los más grandes peligros. También por eso, en Ap 21.1 se dice que al fin de los tiempos el mar ya no existirá más. Véase, en sentido contrario, la referencia al *mar de cristal* (Ap 15.2; cf. 4.6), como símbolo de pureza y de paz.

ᵉ **2.3(4)** Sal 42.7(8); 88.3-7(4-8).

ᶠ **2.4(5)** *Echado de tu presencia:* Sal 31.22(23).

ᵍ **2.6(7)** *El fondo de la tierra:* lit. *las raíces de las montañas.* Se alude probablemente a lo más hondo del mar, ya que los antiguos israelitas pensaban que el suelo firme tenía sus cimientos en las profundidades del mar. Cf. Sal 24.2; 69.2(3), y véanse Sal 18.15(16) n. y Am 7.4 nota *h.*

ʰ **2.6(7)** *Me salvaste de la muerte:* Sal 30.3(4).

ⁱ **2.9(10)** *Las promesas que te hice:* Sal 22.25(26).

ᵃ **3.1-2** Cf. Jon 1.1-2.

ᵇ **3.4** *Cuarenta días:* Véanse Gn 7.12 n.; Jue 3.11 n; y cf. Ex 24.18.

ᶜ **3.3-4** *¡Dentro de cuarenta días Nínive será destruida!:* Este es el único anuncio que contiene el libro de Jonás, a diferencia de los otros escritos proféticos, que pronuncian advertencias, acusaciones, reprensiones y condenaciones.

ᵈ **3.5** Sobre esta actitud de los ninivitas, cf. Mt 12.41; Lc 11.32.

ᵉ **3.5-6** La repentina conversión de todos los ninivitas contrasta con la actitud de Israel, que muchas veces se había obstinado en su rebeldía a pesar de los insistentes llamados de los profetas. Cf. Is 1.2-3; Jer 36.20-26; Ez 3.4-7.

ᶠ **3.7-8** La conversión incluye el ayuno, la penitencia, la oración a Dios y el cambio de conducta. Cf. Jer 25.5; 26.3; 36.7.

ᵍ **3.10** Nótese la relación de este v. con la enseñanza contenida en Jer 18.7-8; 26.3: si Dios advierte una señal de arrepentimiento en la ciudad sobre la que pesa una amenaza de castigo, le concede generosamente su perdón (cf. también Ex 32.14; 2 S 24.16; Am 7.3,6).

ᵃ **4.1-11** Este pasaje describe el drama que la misericordia divina desencadena en el ánimo de Jonás. Al perdonar a los ninivitas, el Señor hizo que la predicción de Jonás no se cumpliera (cf. 3.4), por

cuando aún me encontraba en mi tierra. Por eso quise huir de prisa a Tarsis, pues yo sé que tú eres un Dios tierno y compasivo, que no te enojas fácilmente, y que es tanto tu amor que anuncias un castigo y luego te arrepientes. *b* ³ Por eso, Señor, te ruego que me quites la vida. *c* Más me vale morir que seguir viviendo.

⁴ Pero el Señor le contestó:
—¿Te parece bien enojarte así? *d*

⁵ Jonás salió de la ciudad y acampó al oriente de ella; allí hizo una enramada y se sentó a su sombra, esperando a ver lo que le iba a pasar a la ciudad. ⁶ Dios el Señor dispuso entonces que una mata de ricino *e* creciera por encima de Jonás, y que su sombra le cubriera la cabeza para que se sintiera mejor. Jonás estaba muy contento con aquella mata de ricino. ⁷ Pero, al amanecer del día siguiente, Dios dispuso que un gusano picara el ricino, y este se secó. ⁸ Cuando el sol salió, Dios dispuso que soplara un viento caliente del este, *f* y como el sol le daba a Jonás directamente en la cabeza, él sintió que se desmayaba, y quería morirse.
—Más me vale morir que seguir viviendo —decía.

⁹ Pero Dios le contestó:
—¿Te parece bien enojarte así porque se haya secado la mata de ricino?
—¡Claro que me parece bien! —respondió Jonás—. ¡Estoy que me muero de rabia!

¹⁰ Entonces el Señor le dijo:
—Tú no sembraste la mata de ricino, ni la hiciste crecer; en una noche nació, y a la otra se murió. Sin embargo le tienes compasión. ¹¹ Pues con mayor razón debo yo tener compasión de Nínive, esa gran ciudad donde hay más de ciento veinte mil niños inocentes *g* y muchos animales. *h*

---

lo que este podría ser tenido por falso profeta (Dt 18.21-22; cf. Jer 28.9). De ahí la intensidad de su enojo.

b **4.2** *Dios tierno y compasivo, que no se enoja fácilmente:* Cf. Ex 34.6; Jer 3.12; 31.20; 32.18; Jl 2.13. Jonás confiesa su fe en la bondad y en la misericordia del Señor, pero no quiere llegar hasta las últimas consecuencias: el amor y el perdón divinos van más allá de las fronteras de Israel y pueden alcanzar incluso a los enemigos de su pueblo. Cf. Jon 4.11.

c **4.3** *Te ruego que me quites la vida:* Cf. 1 R 19.4. El profeta llega hasta el colmo de la desesperación al ver que los planes de Dios no coinciden con su propia mezquindad y estrechez de miras.

d **4.4** Jonás debe alegrarse por el perdón concedido a los ninivitas, así como debió alegrarse el hijo mayor de la parábola del hijo pródigo (cf. Lc 15.31-32).

e **4.6** *Una mata de ricino:* La identificación de esta planta no es del todo segura; la palabra hebrea también se ha traducido por *hiedra* o *calabacera*. Al igual que el pez y la tempestad, es un instrumento en las manos de Dios para hacer recapacitar a su profeta. Véase Jon 1.4 n.

f **4.8** *Un viento caliente del este:* Véase Os 12.1(2) n.

g **4.11** *Niños inocentes:* lit. *personas que no saben distinguir su derecha de su izquierda,* es decir, que aún no tienen uso de razón. Cf. Dt 1.39; Is 7.15-16.

h **4.11** El relato concluye afirmando una vez más la misericordia de Dios, que es el tema presente en todo el libro. Dios tiene misericordia del profeta rebelde, de los marineros, de los ninivitas y aun de los animales; o sea, que su misericordia alcanza no solo a Israel, sino también a las naciones paganas, e incluso a una ciudad como Nínive, símbolo de violencia y crueldad (cf. Nah 3.1-4).

Miqueas

Miqueas, como su contemporáneo Isaías, ejerció la actividad profética en el reino de Judá, en la segunda mitad del siglo VIII a.C. Pero, a diferencia de Isaías, que vivía en Jerusalén, Miqueas estaba afincado en una zona rural. Su patria era Moréset, población situada a unos 40 km. al sudoeste de Jerusalén. En esa región de fértiles colinas, aptas para los trabajos agrícolas, conoció y compartió los sufrimientos de los pequeños campesinos, siempre expuestos a las arbitrariedades de los que, porque tienen el poder en sus manos, codician terrenos, y se apoderan de ellos (2.1-2).

Los siete capítulos que forman el libro de *Miqueas* (=Miq) pueden dividirse en tres secciones. En la primera parte (caps. 1—3), predominan los temas de crítica social, que relacionan estrechamente la predicación de Miqueas con la de Amós e Isaías. Con audacia y, a veces, en tono violento, el profeta echa en cara a Israel sus pecados y rebeldías (3.8): el acaparamiento de tierras, la corrupción de los tribunales y el pillaje que realizan las clases dirigentes. También polemiza con los falsos profetas (3.5-7) y denuncia la falsa seguridad de los que dicen: *El Señor está con nosotros; nada malo nos puede suceder* (3.11). En este contexto se destaca el anuncio de la destrucción de Jerusalén y del templo (3.12). Ese anuncio causó tanta impresión, que un siglo más tarde todavía estaba vivo en la memoria de la gente de Jerusalén (cf. Jer 26.18).

En la segunda parte del libro (caps. 4—5), vuelven a encontrarse los temas fundamentales de la primera sección (cf. 5.11-13[10-12]), pero a las denuncias y amenazas se contraponen varios mensajes de esperanza y anuncios de salvación. Jerusalén va a ser restaurada después de la destrucción, y a ella acudirán todas las naciones para encontrar al verdadero Dios y ser instruidas por su Palabra (4.1-2). De Belén, el humilde pueblo natal de David, saldrá un rey que gobernará con el poder de Dios y traerá personalmente la paz (5.2-5[1-4]). En esa era de paz, con el hierro de las espadas y lanzas se fabricarán arados y herramientas de trabajo (4.3).

En la tercera parte (caps. 6—7), el Señor dirige a Israel un reproche que figura entre los pasajes más conmovedores de toda la Biblia (6.3-5). Hay también una breve instrucción sobre lo que el Señor más espera de sus fieles (6.8), y una nueva referencia al *pequeño resto* del pueblo de Dios, es decir, a los que aún quedarán después de la prueba que el Señor impondrá a

Israel para purificarlo de sus pecados e infidelidades (7.18; cf. 2.12; 4.6-7; 5.7-8[6-7]). El libro concluye con una plegaria dirigida al Señor, el pastor de Israel, para que perdone los pecados de su pueblo, renueve las maravillas del pasado y le asegure un futuro feliz (7.14-17).

En líneas generales, el libro de *Miqueas* consta de las partes siguientes:

    I. Juicio de Dios sobre Samaria, denuncias y amenazas contra Jerusalén y las ciudades de Judá, y acusaciones contra las clases dirigentes (1—3)

    II. Afluencia de las naciones hacia el Monte Sión, victoria sobre los enemigos de Israel y anuncio del futuro rey mesiánico, procedente de Belén (4—5)

    III. Reproches del Señor a su pueblo y promesas de salvación (6—7)

I. JUICIO DE DIOS SOBRE SAMARIA, DENUNCIAS Y AMENAZAS CONTRA JERUSALÉN Y LAS CIUDADES DE JUDÁ, Y ACUSACIONES CONTRA LAS CLASES DIRIGENTES (1—3)

1 *Juicio de Dios sobre Samaria* **1** Este es el mensaje que el Señor dirigió a Miqueas de Móreset[a] y lo que por revelación le comunicó acerca de Samaria y Jerusalén,[b] en el tiempo en que Jotam, Ahaz y Ezequías[c] reinaban en Judá.[d]

2 Pueblos todos, escuchen esto;
    habitantes de todo el país, pongan atención:
El Señor, desde su santo templo,
    va a ser testigo contra ustedes.
3 El Señor saldrá del lugar donde habita[e]
    y vendrá caminando sobre las cumbres de los montes.
4 Debajo de sus pies se fundirán los montes
    como cera puesta al fuego,[f]
y los valles se abrirán en dos
    como cortados por las aguas de un torrente.
5 Todo esto por la rebeldía del pueblo de Jacob,
    por los pecados del reino de Israel.[g]
¿Dónde está la rebeldía de Jacob?
    ¡En el pueblo de Samaria!
¿Y dónde los santuarios paganos de Judá?[h]
    ¡En la misma Jerusalén!

6 Por eso dice el Señor:
"Haré de la ciudad de Samaria un montón de ruinas,[i]
    un campo abierto donde plantar viñedos.
Esparciré por el valle las piedras de la ciudad
    y pondré al descubierto sus cimientos.
7 Todos sus ídolos quedarán hechos pedazos,
    y quemados todos sus troncos sagrados.[j]
Puesto que fueron hechos con dinero
    de prostitutas,[k]
en dinero de prostitutas los convertiré otra vez."[l,m]

Lamento de Miqueas
8 Por eso lloraré con profunda tristeza;
    por eso andaré descalzo y desnudo,[n]
aullando como un chacal
    y gritando como un pollo de avestruz.[ñ]
9 Porque la herida de Samaria es incurable:
    ha alcanzado a Judá
y ha llegado hasta Jerusalén,
    la ciudad donde vive mi pueblo.
10 No digan esto a los habitantes de Gat;[o]
    no se echen a llorar.
Revuélquense de dolor
    entre el polvo de Bet-le-afrá.[p]
11 ¡Habitantes de Safir, vayan al destierro,
    desnudos y llenos de vergüenza!

---

[a] 1.1 *Móreset*: población situada a unos 40 km. al sudoeste de Jerusalén, conocida también como *Móreset-gat* (v. 14).

[b] 1.1 *Samaria y Jerusalén* eran las respectivas capitales de los reinos del norte (Israel) y del sur (Judá). Véase *Índice de mapas.*

[c] 1.1 *Jotán* (2 R 15.32-38; 2 Cr 27.1-7); *Ahaz* (2 R 16.1-20; 2 Cr 28.1-27); *Ezequías* (2 R 18.1—20.21; 2 Cr 29.1—32.33). Cf. Is 1.1; Os 1.1.

[d] 1.1 Acerca de los encabezamientos de los libros proféticos, véase Is 1.1 n.

[e] 1.2-3 *Su santo templo... lugar donde habita:* referencia al cielo como morada del Señor (Sal 11.4; Is 63.15; Hab 2.20). Cf. Am 4.13.

[f] 1.4 *Como cera puesta al fuego:* Sal 68.2(3).

[g] 1.5 *Por los pecados del reino de Israel:* Tal vez se alude al culto que se ofrecía en los santuarios de Betel y de Dan (cf. 1 R 12.28-30; véase *Índice de mapas*).

[h] 1.5 La infiltración de prácticas idolátricas en el culto que se ofrecía en Judá hacía que sus *santuarios* pudieran ser calificados de *paganos*. Cf. 2 R 18.4-8, 22.

[i] 1.6 *Un montón de ruinas:* Cf. Miq 3.12.

[j] 1.7 *Troncos sagrados:* traducción probable; hebreo: *sus donativos* (recibidos como paga) *de prostituta.* Cf. Os 4.11-14; cf. también Dt 23.17-18; Am 2.7-8.

[k] 1.7 El profeta emplea un lenguaje semejante al de Oseas, al presentar la infidelidad al Señor y, sobre todo, el pecado de idolatría, con las imágenes de la prostitución y el adulterio. Véanse Jer 2.2 nota *b*; 2.20 nota *w*; Os 1.2 nota *f*.

[l] 1.7 *En dinero de prostitutas los convertiré otra vez:* El oro y la plata con que se fabricaban los ídolos provenía de las ofrendas recogidas en un culto licencioso y contaminado de paganismo. Por eso serían llevados como botín de guerra por los enemigos de Israel y, de acuerdo con una práctica habitual en el antiguo Oriente, presentados como ofrenda en el templo de sus dioses. Nótese que el profeta aplica también a este culto pagano la imagen de la prostitución.

[m] 1.2-7 El Señor convoca a todos los pueblos para que sean testigos del juicio y conozcan sus acusaciones contra Israel (cf. Miq 6.1-2).

[n] 1.8 *Descalzo y desnudo:* símbolos de luto y dolor (cf. Is 20.2-3).

[ñ] 1.8 *Chacal... pollo de avestruz:* Estas figuras poéticas sugieren la idea de una gran desolación (cf. Job 30.29; Is 34.13; 43.20).

[o] 1.10 *Gat:* una de las cinco ciudades filisteas, cuyos moradores eran considerados enemigos de Israel (cf. 2 S 1.20). Véase *Índice de mapas.*

[p] 1.10 *Bet-le-afrá* significa en heb. *casa del polvo.* Todavía no se ha logrado identificar este lugar.

¡No saldrán los que viven en Zaanán!
¡Hay llanto *q* en Bet-ésel,
y ustedes van a quedar sin su apoyo!
¹² Los que viven en Marot *r* se retuercen de dolor ansiando sentirse bien,
porque el Señor ha hecho que el mal llegue
a las puertas mismas de Jerusalén.
¹³ Ustedes, habitantes de Laquis, *s*
que fueron rebeldes como Israel,
que fueron la causa del pecado de Sión,
enganchen caballos a sus carros.
¹⁴ Despídanse para siempre de Moréset-gat.
La ciudad de Aczib *t* servirá de trampa
a los reyes de Israel.

¹⁵ El Señor dice:
"Contra ustedes, los que viven en Maresá, *u*
enviaré de nuevo un conquistador,
y lo más escogido de Israel
irá a meterse en la cueva de Adulam. *v*
¹⁶ Y tú, ciudad de Sión, *w*
rápate la cabeza en señal de dolor, *x*
a causa de los hijos que tanto amas.
Rápate hasta quedar calva como un buitre,
porque tus hijos van a ser llevados al destierro." *y*

2 El poder de los opresores *a*

¹ ¡Ay de aquellos que aun en sus sueños
siguen planeando maldades,
y que al llegar el día las llevan a cabo
porque tienen el poder en sus manos! *b*
² Codician terrenos, y se apoderan de ellos;
codician casas, y las roban. *c*
Oprimen al hombre y a su familia,
al propietario y a su herencia.
³ Por eso dice el Señor:
"Yo también tengo planes contra ustedes.
Voy a enviarles una desgracia
de la que no podrán librar su cuello,
y ya no podrán caminar orgullosamente
porque serán tiempos de desastre. *d*
⁴ En aquel día les cantarán a ustedes
canciones en son de lamento. Les dirán:
'Hemos sido completamente destruidos;
nuestro pueblo, propiedad del Señor, *e*
ha cambiado de dueño sin que nadie lo impida;
nuestros campos han sido repartidos
entre nuestros conquistadores.' " *f*
⁵ Por eso ustedes no tendrán parte *g*
en el pueblo del Señor.

Los malos profetas
⁶ "¡Que no nos vengan con profecías! —dicen ellos—.
¡La desgracia no podrá alcanzarnos!" *h*
⁷ ¿Acaso está maldito *i* el pueblo de Jacob?
¿Es que Dios ha perdido la paciencia?
¿Es así como Dios actúa?
¿Acaso no beneficia su palabra
al que se porta rectamente?
⁸ Ustedes se han alzado en contra de mi pueblo.
Les arrebatan las ropas de valor
a los que vuelven de la guerra
pensando que ya están a salvo.
⁹ De sus amados hogares
arrojan a las mujeres,
y a sus niños los privan para siempre
del honor que les he dado.
¹⁰ ¡Levántense! ¡Caminen!
Este no es lugar de descanso; *j*
a causa de la corrupción que hay en él,
será destruido completamente.
¹¹ Si alguien inventa mentiras, y dice:
"Yo anuncio vino y licor",
ese es el profeta ideal para este pueblo. *k,l*

Dios promete liberar a su pueblo
¹² Voy a reunir a todo el pueblo de Jacob;

---

q 1.11 *¡Hay llanto...!:* Esta expresión y otras semejantes se refieren sin duda a la invasión de Senaquerib en el año 701 a.C. Cf. 2 R 18.13—19.37; Is 36—37.

r 1.12 *Marot:* El nombre de esta ciudad significa *amargura.* Cf. Ex 15.22-23.

s 1.13 *Laquis:* ciudad fortificada situada a unos 45 km. al sudoeste de Jerusalén (cf. 2 R 18.13-14). Algunos intérpretes piensan que la crítica a esta ciudad podría aludir a la confianza de sus habitantes en sus caballos y carros de guerra.

t 1.14 *Aczib:* población cuyo nombre significa *decepción* o *trampa.*

u 1.15 *Maresá:* El nombre de esta ciudad se parece al verbo hebreo que significa *conquistar* o *apoderarse.*

v 1.15 *Adulam:* Cf. Gn 38.1.

w 1.16 *Ciudad de Sión:* texto probable. En el texto heb. no aparece esta frase.

x 1.16 *Rápate la cabeza en señal de dolor:* Cf. Is 3.24; Am 8.10. Véase también Jer 47.5 nota *g*.

y 1.8-16 En esta lamentación se mencionan varias ciudades que se encontraban al sudoeste de Jerusalén y habían sido devastadas por la guerra. Los verbos hebreos que se utilizan tienen a veces un sonido semejante a los nombres de las ciudades, con lo cual el texto adquiere una sonoridad muy característica, que no puede reproducirse en otras lenguas. Este procedimiento poético también se utiliza en Is 10.28-30.

a 2.1-5 El profeta hace aquí la defensa de los pequeños campesinos, injustamente despojados de sus tierras por los grandes terratenientes. Cf. Is 5.8.

b 2.1 Sal 36.4(5).

c 2.2 *Las roban:* La tierra era considerada en Israel un patrimonio sagrado e inalienable (cf. 1 R 21.1-4), que debía pasar de padres a hijos (cf. Lv 25.23-28).

d 2.3 Cf. Jer 18.11.

e 2.4 *Propiedad del Señor:* Cf. Ex 19.5-6; Dt 4.20; 14.2; 26.18.

f 2.4 *En aquel día... nuestros conquistadores:* traducción probable. Heb. oscuro.

g 2.5 *Tendrán parte:* posible alusión a la forma en que se repartió la tierra de Canaán (cf. Nm 26.53-56; Jos 14.2).

h 2.6 Is 30.10.

i 2.7 *¿Acaso está maldito...?:* traducción probable. Heb. oscuro.

j 2.10 Cf. Sal 95.11; Heb 3.11,18; 4.1-11.

k 2.11 Miqueas describe irónicamente al profeta que se atrae el aplauso del pueblo: una persona sin principios, más propensa a recomendar el uso de bebidas fuertes que la conversión al Señor. Cf. Miq 3.5.

l 2.6-11 Estos vv., de difícil traducción, describen la reacción de los

voy a recoger al pequeño resto de Israel. *m*
Los juntaré como ovejas en el redil,
como rebaño en el pastizal, *n*
y harán el ruido de una multitud.
¹³ Dios irá abriéndoles camino,
y ellos le seguirán
y saldrán por la puerta de la ciudad.
Su rey, el Señor, *ñ*
marchará al frente de todos.

3 *Mensaje contra los malos gobernantes*
¹ Escuchen ahora, gobernantes y jefes de Israel,
¿acaso no corresponde a ustedes
saber lo que es la justicia? *a*
² En cambio, odian el bien y aman el mal;
despellejan a mi pueblo
y le dejan los huesos pelados. *b*
³ Se comen vivo a mi pueblo;
le arrancan la piel y le rompen los huesos;
lo tratan como si fuera carne para la olla.
⁴ Un día llamarán ustedes al Señor,
pero él no les contestará.
En aquel tiempo se esconderá de ustedes
por las maldades que han cometido. *c*

Mensaje contra los profetas engañadores
⁵ Mi pueblo sigue caminos equivocados
por culpa de los profetas que lo engañan,
que anuncian paz *d* a quienes les dan de comer
pero declaran la guerra
a quienes no les llenan la boca. *e*
El Señor dice a esos profetas:
⁶ "No volverán ustedes a tener
visiones proféticas en la noche
ni a predecir el futuro en la oscuridad."
El sol se pondrá para esos profetas,
y el día se les oscurecerá.
⁷ Esos videntes y adivinos
quedarán en completo ridículo.

Todos ellos se quedarán callados
al no recibir respuesta de Dios.
⁸ En cambio, a mí, el espíritu del Señor
me llena de fuerza, justicia y valor,
para echarle en cara a Israel su rebeldía
y su pecado. *f*

Ruina de Jerusalén
⁹ Escuchen esto ahora, gobernantes y jefes de Israel,
ustedes que odian la justicia
y tuercen todo lo que está derecho,
¹⁰ que construyen Jerusalén, la ciudad del monte Sión,
sobre la base del crimen y la injusticia. *g*
¹¹ Los jueces de la ciudad se dejan sobornar,
los sacerdotes enseñan solo por dinero
y los profetas venden sus predicciones
alegando que el Señor los apoya, y diciendo:
"El Señor está con nosotros;
nada malo nos puede suceder."
¹² Por lo tanto, por culpa de ustedes,
Jerusalén, la ciudad del monte Sión,
va a quedar convertida en barbecho,
en un montón de ruinas,
y el monte del templo se cubrirá de maleza. *h*

II. AFLUENCIA DE LAS NACIONES HACIA EL MONTE SIÓN, VICTORIA SOBRE LOS ENEMIGOS DE ISRAEL Y ANUNCIO DEL FUTURO REY MESIÁNICO, PROCEDENTE DE BELÉN (4—5) *a*

4 *El reinado de paz del Señor (Is 2.2-4)*
¹ En los últimos tiempos *b* quedará afirmado
el monte donde se halla el templo del Señor.
Será el monte más alto;
más alto que cualquier otro monte.
Todas las naciones vendrán a él;
² pueblos numerosos llegarán, diciendo:
"Vengan, subamos al monte del Señor, *c*
al templo del Dios de Jacob,

---

adversarios del profeta: cansados de oir sus reproches y amenazas, tratan de reducirlo al silencio. Cf. Os 9.8; Am 2.12; 7.12-13.
m **2.12** *Pequeño resto de Israel:* La idea del "resto" o "remanente" es muy importante, tanto en el libro de Miqueas (cf. 4.6-7; 5.7[8]; 7.18) como, en general, en la literatura profética (véase Is 4.2-6 n.; cf. Is 10.20; 11.11,16; 28.5; 46.3; Jer 6.9; 31.7; Ez 6.8; Zac 14.2). La expresión se refiere al pueblo que se salvó de una gran catástrofe y es como el germen de una futura renovación.
n **2.12** *Como rebaño en el pastizal:* Is 40.11; Jer 23.3-4; Ez 34.
ñ **2.13** *Su rey, el Señor:* Is 41.21; 43.15; 44.6.
a **3.1** *Gobernantes y jefes de Israel:* no solo los reyes y sacerdotes, sino también los jueces que debían administrar *justicia* (2 Cr 19.4-7). Cf. Lv 19.15; Dt 1.16; 16.18-20.
b **3.2** Is 1.17; 5.20; Am 5.15.
c **3.4** Is 1.15.
d **3.5** *Anuncian paz:* Cf. Jer 28.2-11.
e **3.5** *Llenan la boca:* Alusión irónica a los profetas que acomodaban sus palabras según el pago que recibían. Cf. Jer 6.14; 8.11; 14.13; 23.16-17.
f **3.8** A diferencia de los profetas que vendían su mensaje, Miqueas habla y actúa bajo la inspiración del espíritu del Señor. Cf. Is 6; 61.1-3; Jer 1.4-8; Ez 1—2.

g **3.9-10** Estos vv. presentan metafóricamente el *crimen* y la *injusticia* como el cimiento sobre el que se edifica la ciudad. Cf. Ex 23.1-3, 6-8; Lv 19.15; Dt 16.18-20; Am 5.7,10-15; Hab 2.12.
h **3.12** Aquí se predice por primera vez la destrucción de la ciudad de Jerusalén, que, por ser la ciudad de Dios y lugar de su morada, era considerada inviolable e indestructible (Sal 46.4-5[5-6]; 48.1-3 [2-4]; Jer 7.4). Este texto sería citado un siglo más tarde para salvar la vida del profeta Jeremías (cf. Jer 26.18).
a **4.1—5.15** Los caps. 4—5 integran la segunda sección, en la que ya no hay más amenazas de castigo, sino promesas de liberación. En el cap. 4, el pastor es el Señor: él reunirá el rebaño disperso (4.6-7) y lo llevará a Jerusalén (4.8), convertida ahora en centro político y religioso del mundo entero (4.1-5). En el cap. 5, el pastor es el Mesías: después de la victoria final de Jerusalén sobre las naciones (5.8-9), Dios los investirá de *poder* y *majestad* (5.4); así, el nuevo David apacentará a su pueblo y *traerá la paz* (5.5).
b **4.1-5** Esta profecía, que anuncia la gloria futura de Jerusalén, contrasta sensiblemente con las amenazas del cap. anterior (véase Miq 3.12 n.). El mismo texto, con algunas variantes, se encuentra también en Is 2.2-4.
c **4.2** *Monte del Señor:* Véase Sal 2.6 n.

para que él nos enseñe sus caminos
y podamos andar por sus senderos."
Porque de Sión saldrá la enseñanza del Señor,
de Jerusalén vendrá su palabra.

³ El Señor juzgará entre las naciones
y decidirá los pleitos de pueblos numerosos,
aun de los más lejanos.
Ellos convertirán sus espadas en arados
y sus lanzas en hoces. *d*
Ningún pueblo volverá a tomar las armas
   contra otro
ni a recibir instrucción para la guerra. *e*

⁴ Todos vivirán entonces sin temor,
y cada cual podrá descansar
a la sombra de su vid y de su higuera. *f*
¡Son las propias palabras del Señor todopoderoso!

⁵ Los otros pueblos obedecen a sus propios dioses,
pero nosotros siempre obedeceremos
al Señor nuestro Dios. *g*

El Señor salvará a su pueblo ⁶⁻⁷ Esto afirma el Señor:
"En aquel día *h* reuniré a mis ovejas,
a las que había castigado:
a las impedidas, cansadas y dispersas.
Con ellas, con las que hayan quedado,
haré una nación poderosa.
Yo, el Señor, gobernaré a mi pueblo
desde el monte Sión, ahora y siempre. *i*

⁸ Y tú, Jerusalén, *j* torre y fortaleza de Sión,
tú volverás a ser la capital del reino,
la gran señora que antes fuiste." *k*

⁹ Ahora pues, ¿por qué gritas así,
como una mujer con dolores de parto? *l*
¿Acaso porque en ti no hay rey?
¿O porque han muerto tus consejeros?

¹⁰ Retuércete y grita, ciudad de Sión,
como una mujer con dolores de parto,
porque tu gente va a salir de ti y tendrá que vivir a
   campo abierto,
y aun llegará hasta Babilonia. *m*
Pero allí librará el Señor a su pueblo;
lo salvará de sus enemigos.

¹¹ Ahora muchas naciones
se han juntado en contra tuya, *n*
diciendo: "¡Vamos a darnos el gusto
de ver a Jerusalén profanada!"

¹² Pero esas naciones no conocen
los pensamientos y los planes de Dios;
no saben que él las va a juntar
como manojos de espigas en la era. *ñ*

¹³ ¡Levántate y trilla, ciudad de Sión!
Porque el Señor dice:
"Yo te daré la fuerza de un toro
de cuernos de hierro y pezuñas de bronce,
para que destroces a muchos pueblos.
Tú les quitarás sus riquezas mal habidas
y me las consagrarás a mí,
al Señor de toda la tierra." *o*

5 Restauración de la dinastía de David

1 (4.14) *a* "Pero ahora, Jerusalén, prepara tu defensa,
porque has sido sitiada
y van a castigar duramente al jefe de Israel.

² ⁽¹⁾ En cuanto a ti, Belén Efrata, *b*
pequeña entre los clanes de Judá,
de ti saldrá un gobernante de Israel
que desciende de una antigua familia." *c*

³ ⁽²⁾ Ahora el Señor deja a los suyos,
pero solo hasta que dé a luz
la mujer que está esperando un hijo. *d*
Entonces se reunirán con sus compatriotas
los israelitas que están en el destierro.

⁴ ⁽³⁾ El rey se levantará para pastorear a su pueblo
con el poder y la majestad del Señor su Dios,

---

d **4.3** *Ellos convertirán... en hoces:* esta figura se utiliza en Jl 3.10 en sentido inverso.

e **4.3** Is 2.4.

f **4.4** La *vid* y la *higuera* simbolizan tranquilidad, paz y seguridad (cf. 1 R 4.25; Zac 3.10; 1 Mac 14.12).

g **4.5** Cf. Is 2.5.

h **4.6-7** *Aquel día:* Véase Is 13.6 n. Cf. también Ez 3.5; Jl 1.15; 2.1,11; Am 5.18; Abd 15; Sof 1.7,14; Mal 4.1-6.

i **4.6-7** La reunión del rebaño disperso es una figura frecuente en la Biblia. Cf. Is 40.11; 56.8; Jer 23.3; 29.14; 31.8-10; Ez 11.17; 34.11-16; Miq 2.12-13; Sof 3.18-19; Zac 10.8; Jn 10.7-16.

j **4.8** *Jerusalén:* lit. *Torre del rebaño.*

k **4.8** *Tú volverás... fuiste:* posible referencia a la época de David y Salomón, cuando Jerusalén era la capital de toda la nación (Israel y Judá). Cf. 2 S 5.6-9.

l **4.9** *Dolores de parto:* Los profetas comparan frecuentemente las tribulaciones previstas para el fin de los tiempos con los dolores de parto. Cf. Is 66.7-9; Jer 4.31; 6.24; 22.23; Mt 24.19-22.

m **4.10** *Babilonia:* posible referencia a la deportación que sufrieron muchos sobrevivientes de Judá, después que el ejército del rey Nabucodonosor destruyó la ciudad de Jerusalén en el año 587 a.C. (cf. 2 R 24—25; 2 Cr 36.5-21; Jer 52.3-11). Véase *Índice de mapas.*

n **4.11** *Ahora muchas naciones... en contra tuya:* Cf. Sal 48.3-8(4-9); Is 14.1-3,12-15; Jl 3.1-3,9-12.

ñ **4.11-12** Las naciones vecinas de Judá son percibidas como instrumentos de Dios, aun cuando ellas mismas no se daban cuenta de estar cumpliendo la voluntad divina. Cf. Is 10.5-19.

o **4.13** *Señor de toda la tierra:* Zac 4.14; 6.5.

a **5.1-15(4.14—5.14)** Las cifras entre paréntesis corresponden a la numeración del texto hebreo.

b **5.2(1)** *Efrata:* Esta palabra, derivada de una raíz que significa *producir,* designaba originalmente a un clan relacionado con Caleb (cf. 1 Cr 2.19,24,50), que se estableció en la región de Belén (cf. Rt 1.2; 1 S 17.12; 1 Cr 4.4); pero más tarde pasó a designar la ciudad de Belén (cf. Gen 35.19; 48.7; Rt 4.11). Los evangelistas reconocieron en Belén el lugar del nacimiento del Mesías (Mt 2.6; Jn 7.42).

c **5.2(1)** *Que desciende de una antigua familia:* Probablemente se alude al rey David y a su dinastía. David, que procedía de Belén (1 S 16.1,13), recibió un mensaje de Dios por medio del profeta Natán, en el que se le anunciaba que su dinastía y su trono quedarían establecidos para siempre (2 S 7.4-16). Cf. Sal 89.3-4(4-5); 132.11-12; Is 9.2-7; 11.1-10.

d **5.3(2)** *La mujer que está esperando un hijo:* Algunos estudiosos han entendido este v. como una alusión a Is 7.14 y 9.6; otros lo relacionan con Miq 4.9-10, donde se afirma que el pueblo de Israel,

y ellos podrán vivir en paz,
porque el Señor será engrandecido
hasta el último rincón de la tierra.

5 (4) Él traerá la paz. *e*
Cuando los asirios invadan nuestro país
y entren en nuestros palacios,
enviaremos contra ellos
siete jefes y ocho *f* hombres importantes.

6 (5) Ellos gobernarán Asiria,
el país de Nimrod, *g* a filo de espada,
y nos librarán de los asirios *h*
que hayan cruzado nuestras fronteras
e invadido nuestra tierra. *i*

Destrucción de los enemigos

7 (6) Entonces, en medio de muchos pueblos,
los que queden *j* del pueblo de Jacob
serán como el rocío que envía el Señor, como las lluvias que caen sobre la hierba,
que no dependen de la voluntad del hombre.

8 (7) Entonces, en medio de muchas naciones,
lo que quede del pueblo de Jacob
será como un león entre los animales salvajes,
como un león en un rebaño de ovejas,
que al pasar las desgarra y destroza,
y no deja que ninguna escape con vida.

9 (8) Así atacarás tú, Señor, y destruirás
a todos tus enemigos.

Fin de la guerra y la idolatría

10 (9) Esto afirma el Señor:
"En aquel día mataré tus caballos
y destruiré tus carros de guerra; *k,l*
11 (10) convertiré en ruinas tus ciudades
y derribaré todas tus fortalezas;
12 (11) acabaré con tus hechicerías
y te dejaré sin adivinos; *m*
13 (12) destruiré tus ídolos y piedras sagradas,
para que no vuelvas a adorar jamás
a los dioses que tú mismo hiciste. *n*
14 (13) Arrancaré tus árboles sagrados *ñ*
y destruiré por completo tus ciudades.
15 (14) En mi furor, tomaré venganza
de las naciones que no quisieron obedecerme."

III. REPROCHES DEL SEÑOR A SU PUEBLO Y PROMESAS DE SALVACIÓN (6—7)

Pleito de Dios contra Israel *a*

6 **1** Oigan ustedes ahora lo que dice el Señor:
"¡Levántate y expón tu caso ante los montes,
y que los cerros oigan tu voz!" *b*

2 Escuchen ustedes, montes
y firmes cimientos de la tierra:
el Señor va a entablar un juicio contra su pueblo,
va a entablar un pleito contra Israel. *c*

3 Esto dice el Señor:
"Respóndeme, pueblo mío,
¿qué te he hecho o en qué te he molestado?
4 Yo te saqué de Egipto, librándote de la esclavitud;
yo envié a Moisés, Aarón y María,
para que te dirigieran.
5 Pueblo mío, recuerda ahora
los planes de Balac, rey de Moab,
y la respuesta que le dio Balaam, hijo de Beor.
Recuerda cuando pasaste de Sitim a Guilgal, *d*
y reconoce las victorias del Señor." *e*

Lo que el Señor espera del hombre

6 ¿Con qué me presentaré a adorar
al Señor, Dios de las alturas?
¿Me presentaré ante él con becerros de un año,
para ofrecérselos en holocausto?

---

simbolizado como una mujer con dolores de parto, tendrá un rey justo que lo librará del exilio.

e **5.5(4)** *Él traerá la paz:* otra posible traducción *Él será la paz.* Cf. Sal 72.7; Is 9.6; 11.6-9; Zac 9.10. Véase Ef 2.14 nota *m*.

f **5.5(4)** *Siete... y ocho:* Esta progresión numérica es un recurso literario que indica un número indeterminado, pero considerable (véase Am 1.3 n.).

g **5.6(5)** En el antiguo Oriente, *Nimrod* era una figura legendaria (cf. Gn 10.8-12).

h **5.6(5)** Los *asirios* fueron poderosos enemigos de Israel, que destruyeron Samaria en el año 721 a.C. y luego hicieron estragos en varias poblaciones de Judá (cf. 2 R 17—19; 2 Cr 32.1-23; Is 36).

i **5.1-6(4.14—5.5)** Esta es una de las profecías más importantes del libro de Miqueas. Aunque el pueblo de Dios sea humillado por sus enemigos (4.11), de Belén (5.2[1]) y de la casa de David surgirá el gobernante que apacentará al pueblo y traerá la paz (5.4-5[3-4]).

j **5.7(6)** *Los que queden:* Véase Miq 2.12 nota *m*.

k **5.10(9)** *Tus caballos... carros de guerra:* Los israelitas importaron y utilizaron el caballo con fines militares en tiempos de Salomón (cf. 1 R 10.26-29); además, siguiendo el ejemplo de otras naciones, reforzaron sus ejércitos con carros de guerra y jinetes (cf. 1 R 9.19; 10.26; 2 Cr 1.14-17; 9.25-28). Durante mucho tiempo, el caballo se usó exclusivamente con fines bélicos (Job 39.19-25; cf. Zac 6.1-8; Ap 6.1-8). Cf. Est 6.8-11; Ec 10.7.

l **5.10(9)** Los profetas criticaron el uso de caballos y carros de guerra, porque eran un signo de inseguridad y de falta de confianza en el poder de Dios. Cf. Sal 20.7(8); Is 2.4; 30.15-17; Os 10.13; 14.3; Hag 2.22; Zac 9.10.

m **5.12(11)** Lv 19.26; Dt 18.10,14; Is 2.6; 47.9,12-13; Jer 27.9; Nah 3.4.

n **5.13(12)** Ex 20.4; Lv 26.1; Dt 5.8; 16.22.

ñ **5.14(13)** *Árboles sagrados:* lit. *imágenes de Asera*, diosa cananea de la fertilidad, cuyos símbolos eran el poste liso o tallado y también el árbol.

a **6.1-5** Este pasaje utiliza el lenguaje de los procesos judiciales en Israel. El escenario es un tribunal de justicia de proporciones cósmicas: los cerros, los montes y los cimientos de la tierra son los testigos, y el Señor se presenta como acusador y juez.

b **6.1** Cf. Dt 32.1; Sal 50.1-6(2-7); Is 1.2.

c **6.2** Is 3.13-15; Os 4.1-6; 12.2.

d **6.5** *De Sitim a Guilgal: Sitim* fue el último lugar donde Israel acampó antes de cruzar el Jordán; *Guilgal,* el lugar de su primer campamento al oeste de ese río. La frase se refiere a un período crítico y muy importante en la historia de Israel: el de la entrada en la Tierra prometida (cf. Jos 3—4). Véase *Índice de mapas.*

e **6.3-5** Para dar más relieve a la infidelidad e ingratitud de Israel, se enumeran algunas manifestaciones del Señor en favor de él: la liberación de *Egipto* (Ex 12.50-51; 20.2; Dt 5.6); el llamado a *Moisés, Aarón* (Ex 3.1—4.17,27-30) y *María* (Ex 15.20); y la bendición de *Balaam* al pueblo (Nm 22—24; Dt 23.6).

⁷ ¿Se alegrará el Señor, si le ofrezco mil carneros
o diez mil ríos de aceite?
¿O si le ofrezco a mi hijo mayor ᶠ
en pago de mi rebelión y mi pecado?

⁸ El Señor ya te ha dicho, oh hombre,
en qué consiste lo bueno
y qué es lo que él espera de ti:
que hagas justicia, que seas fiel y leal
y que obedezcas humildemente a tu Dios. ᵍ

Mensaje contra el fraude y la mentira

⁹ El Señor está llamando a la ciudad,
y es sabio oírle con reverencia:
"Escuchen, pueblo y consejeros de la ciudad: ʰ
¹⁰ En la casa del malvado hay riquezas mal habidas
y esas medidas falsas que aborrezco.
¹¹ ¿Cómo podré perdonar al que emplea
balanzas alteradas y pesas falsas? ⁱ
¹² Los ricos de esta ciudad son todos opresores;
mentirosos y engañadores todos sus habitantes.
¹³ Por eso he comenzado a castigarte, ʲ
a destruirte por causa de tus pecados.
¹⁴ Comerás, pero no quedarás satisfecho,
sino que seguirás sufriendo hambre;
recogerás provisiones,
pero no podrás salvar nada,
y aun si algo salvas, haré que la guerra lo destruya.
¹⁵ Sembrarás, pero no cosecharás;
molerás aceitunas, pero no aprovecharás el aceite;
pisarás uvas, pero no beberás el vino. ᵏ
¹⁶ Porque has seguido los mandatos y las prácticas
de Omrí y de la familia de Ahab, ˡ
y te has portado como ellos lo hicieron.
Por eso yo haré de ti y de tus habitantes
un motivo de horror y de burla,
y la vergüenza de mi pueblo caerá sobre ti."

7 La corrupción de Israel ᵃ

¹ ¡Ay de mí! Soy como el que rebusca
después de la cosecha,
y ya no encuentra uvas ni higos,
esos frutos que querría comer.
² Ya no quedan en el mundo
hombres rectos ni fieles a Dios;
todos esperan el momento
de actuar con violencia;
los unos a los otros se ponen trampas. ᵇ
³ Son maestros en hacer lo malo;
los funcionarios exigen recompensas,
los jueces se dejan sobornar,
los poderosos hacen lo que se les antoja
y pervierten la ciudad. ᶜ
⁴ El mejor de ellos es como un espino;
el más honrado, como una zarza.
Pero viene el día de ajustar las cuentas,
el día que te anunció el centinela. ᵈ
Entonces reinará la confusión entre ellos.
⁵ No creas en la palabra de tu prójimo
ni confíes en ningún amigo;
cuídate aun de lo que hables con tu esposa.
⁶ Porque los hijos tratan con desprecio
a los padres,
las hijas se rebelan contra las madres,
las nueras contra las suegras
y los enemigos de cada cual son sus propios
parientes. ᵉ,ᶠ
⁷ Pero yo esperaré en el Señor;
pondré mi esperanza en Dios mi salvador,
porque él me escuchará.

La victoria definitiva de Israel ᵍ

⁸ Nación enemiga mía, no te alegres
de mi desgracia, ʰ
pues, aunque caí, voy a levantarme;
aunque me rodee la oscuridad,
el Señor es mi luz.
⁹ He pecado contra el Señor,
y por eso soportaré su enojo;

ᶠ **6.7** *Si le ofrezco mi hijo mayor:* El sacrificio del hijo primogénito, practicado a veces por los cananeos, estaba terminantemente prohibido en Israel (Lv 18.21; 20.2-5; Dt 12.31; 18.10; cf. 2 R 16.3; 21.6). El *hijo mayor* era objeto de una bendición especial (Gn 27.1-4) y a él le correspondía una doble porción de la herencia del padre (Dt 21.17).

ᵍ **6.6-8** Estos vv. resumen de manera admirable la predicación moral de los profetas. Miqueas retoma así el concepto de justicia que se encuentra en Amós (Am 5.21-25), los conceptos de fidelidad y amor, en Oseas (Os 1—3) y los de fe y humildad, en Isaías (cf. Is 2.6-17; 7.8-9). Dios rechaza aquellos sacrificios que son prácticas puramente exteriores (cf. 1 S 15.22-23; Pr 21.3; Is 1.11-14; Os 6.6; Zac 7.9-10).

ʰ **6.9** *Pueblo y consejeros de la ciudad:* texto probable. Heb. oscuro.

ⁱ **6.10-11** Lv 19.35-36; Dt 25.13-16; Am 8.5.

ʲ **6.13** *Por eso he comenzado a castigarte:* según versiones antiguas; heb. *por eso te hice enfermar.*

ᵏ **6.14-15** Cf. Dt 28.30-31,38-40; Os 4.10.

ˡ **6.16** *Omrí... familia de Ahab:* La conducta de Judá se compara con la del rey *Omrí,* fundador de una importante dinastía del reino de Israel, y con la de su hijo y sucesor *Ahab.* Durante el reinado de ambos, la idolatría se extendió por todo Israel. Cf. 1 R 16.23-34; 21.25-26.

ᵃ **7.1-7** Esta lamentación está motivada por la corrupción y la decadencia moral de la sociedad. El pesimismo del profeta se manifiesta al evaluar la conducta de los *funcionarios, jueces* y *poderosos* (vv. 2-4), y las relaciones entre parientes y amigos (vv. 5- 6). La sección finaliza con una declaración de fe y esperanza en Dios (v. 7).

ᵇ **7.2** Cf. Sal 12.1(2); Jer 5.1-5; Ez 22.30.

ᶜ **7.3** *Pervierten la ciudad:* traducción probable. Heb. oscuro.

ᵈ **7.4** *El centinela:* Ez 3.16-21; Hab 2.1. Cf. también Is 21.6; Jer 6.17; Os 9.8.

ᵉ **7.6** *Los enemigos... parientes:* Mt 10.35-36; cf. Lc 12.53.

ᶠ **7.6** La crisis moral, que se había difundido por todos los sectores de la sociedad, afectaba también las relaciones familiares. En la sociedad israelita se tenía en alta estima la estabilidad familiar y el respeto de los hijos por los padres (Ex 20.12; 21.15,17; Lv 20.9; Dt 21.18-21; Pr 20.20).

ᵍ **7.8-20** Este pasaje es un cántico del pueblo que ha regresado del destierro y espera la restauración de Israel. Cf. Am 9.11-15.

ʰ **7.8** *No te alegres de mi desgracia:* La que habla es la ciudad de

mientras tanto, él juzgará mi causa
y me hará justicia.
El Señor me llevará a la luz,
me hará ver su victoria.
¹⁰ También la verá mi enemiga,
y eso la cubrirá de vergüenza.
Ella me decía: "¿Dónde está el Señor tu Dios?", *i*
pero ahora tendré el gusto de verla
pisoteada *j* como el barro de las calles.

La restauración de Jerusalén

¹¹ Jerusalén, ya viene el día
en que tus muros serán reconstruidos *k*
y tus límites ensanchados.
¹² Ya viene el día
en que acudirán a ti de todas partes:
desde Asiria hasta Egipto,
desde el río Nilo hasta el Éufrates,
de mar a mar y de monte a monte. *l*
¹³ La tierra será convertida en desierto
por culpa de sus habitantes,
como resultado de su maldad. *m*

Oración por la prosperidad del pueblo

¹⁴ ¡Cuida, Señor, de tu pueblo,
de las ovejas de tu propiedad,
que están solas en el bosque,
rodeadas de fértiles tierras!
Llévalas, como en tiempos pasados,
a los pastos de Basán y Galaad. *n*
¹⁵ Hazles ver maravillas, *ñ*
como en los días en que los sacaste de Egipto. *o*
¹⁶ ¡Que las otras naciones también las vean,
y se cubran de vergüenza
a pesar de todo su poder!
¡Que se queden como mudas y sordas!
¹⁷ ¡Que muerdan el polvo como las serpientes
y como los otros reptiles!
¡Que salgan temblando de sus nidos,
y que llenas de miedo recurran
a ti, Señor nuestro Dios!

Dios perdona a su pueblo

¹⁸ No hay otro Dios como tú, *p*
porque tú perdonas la maldad
y olvidas las rebeliones
de este pequeño resto *q* de tu pueblo.
Tú nos muestras tu amor
y no mantienes tu enojo para siempre. *r*
¹⁹ Ten otra vez compasión de nosotros
y sepulta nuestras maldades.
Arroja nuestros pecados
a las profundidades del mar.
²⁰ ¡Mantén, Señor, la fidelidad y el amor
que en tiempos antiguos prometiste
a nuestros antepasados Abraham y Jacob! *s*

Jerusalén personificada. Una expresión similar se encuentra en Abd 12, con referencia a Edom (cf. Sal 137.7; Lm 4.21).
i **7.10** *¿Dónde está el Señor tu Dios?:* Sal 42.3(4),10(11); 79.10; 115.2; Jl 2.17.
j **7.10** *Pero ahora... pisoteada:* otra posible traducción, *pero ahora la veré vencida, pisoteada.* Cf. Abd 12-13.
k **7.11** *Jerusalén... tus muros serán reconstruidos:* Esta reconstrucción se llevó a cabo bajo la dirección de Nehemías, durante los años 445-433 a.C. (cf. Neh 2.17; 6.15).
l **7.12** Cf. Is 11.10-16; 27.12; Zac 10.8-12.
m **7.13** Cf. Is 24.1,3.
n **7.14** Véase Miq 4.6-7 nota *i.* Cf. Is 23; 28.9; 74.1; 80.1(2); 95.7; 100.3; Ez 34.11-31; Jn 10.11.

ñ **7.15** *Hazles ver maravillas:* traducción probable. Heb. *le haré ver maravillas.*
o **7.15** La liberación de la esclavitud en Egipto era para Israel el acto de salvación por excelencia (cf. Ex 15.14-16; Miq 6.4). Ahora el pueblo pide que el Señor renueve aquellos antiguos portentos, para que la restauración mesiánica sea como un nuevo éxodo.
p **7.18** Ex 15.11; Sal 35.10; 71.19; 77.13(14); 89.6(7); 113.5; Is 43.10-11.
q **7.18** *Pequeño resto:* Véase Miq 2.12-13 nota *m.*
r **7.18** Cf. Ex 34.6; Neh 9.17; Sal 86.15; 103.8; 145.8; Jon 4.2.
s **7.20** Gn 12.1-3; 17.6-7; 22.16-18; 28.13-15; Lc 1.55,73.

Nahúm

Como lo indica el título del libro (Nah 1.1), el mensaje de *Nahúm* (=Nah) gira alrededor de un único tema: la caída de Nínive, capital del imperio asirio, bajo el ataque conjunto de caldeos y medos. Este acontecimiento ocurrió en el año 612 a.C., y no solo Judá sino también los demás pueblos del Oriente próximo lo celebraron con extraordinarias manifestaciones de júbilo, porque la desaparición de aquel gran imperio significaba para ellos el fin de una terrible amenaza. Asiria, en efecto, fue la nación imperialista más brutal del mundo antiguo, y todos sus vecinos habían experimentado el rigor de sus invasiones y deportaciones (cf. 2 R 17.3-6). Entre los pueblos oprimidos estaba también el reino de Judá, que había vivido durante cien años bajo el terror provocado por la dominación asiria (cf. 2 R 18.13-37).

La primera parte del libro (1.2-10) es un himno al Dios de Israel, que domina las fuerzas de la naturaleza y tiene poder para proteger y liberar a su pueblo (cf. 1.7); o sea, este canto de alabanza contiene la fundamentación del anuncio que vendrá después: Dios va a intervenir para transformar la situación política, porque él es el Señor de la historia, el destino de todas las naciones está en sus manos y él no puede dejar sin castigo al culpable (1.3). Precedida por unas pocas frases intermedias (1.11-15), sigue la parte principal del anuncio profético (caps. 2—3), en la que se alternan las amenazas contra Nínive y los lamentos y sátiras sobre la ciudad vencida.

En el libro de *Nahúm*, los sentimientos más violentos y apasionados se expresan con el más vigoroso estilo poético. El dramatismo de la acción revive a través de una serie de frases concisas y resonantes, y las palabras del texto hebreo han sido escogidas para imitar el estruendo de los carros, el galope de los caballos y la confusión del combate. En esta combinación de sentimientos apasionados y de vibrante poesía se percibe el eco del júbilo que produjo entre los habitantes de Judá la derrota de un enemigo tan odiado y temido.

El contenido del libro puede resumirse en el esquema siguiente:

    I. Introducción (1.1)
    II. Himno al poder del Señor (1.2-10)
    III. Frases intermedias (1.11-15)
    IV. Invasión y caída de Nínive (2—3)

I. INTRODUCCIÓN (1.1)

1 ¹ Libro de la profecía que Nahúm de Elcós[a] recibió por revelación.[b] Este es el mensaje dirigido a la ciudad de Nínive.[c]

II. HIMNO AL PODER DEL SEÑOR (1.2-10)

² El Señor[d] es Dios celoso y vengador:[e]
se venga de los que se le oponen,
y se enoja con sus enemigos.
³ El Señor es paciente pero poderoso,
y no dejará de castigar al culpable.[f]
El Señor camina sobre la tormenta,
y las nubes son el polvo de sus pies.[g]
⁴ Amenaza al mar, y lo seca.[h]
Hace que se sequen todos los ríos.
Los campos de Basán

y el monte Carmelo se marchitan,
y se marchitan también las flores del Líbano.[i]
⁵ Ante él tiemblan las montañas;
los cerros se derriten en su presencia.[j]
Toda la tierra se estremece al verlo;
todo el mundo y los que en él viven.
⁶ ¿Quién podrá mantenerse de pie ante su ira?
¿Quién podrá resistir su enojo?
Su furia se derrama como fuego,
y ante él se parten en dos las peñas.
⁷ El Señor es bueno;
es un refugio en horas de angustia:
protege a los que en él confían.
⁸ Pero, como inundación que todo lo arrasa,
destruye a los que se le oponen;[k]
la oscuridad alcanzará a sus enemigos.

---

[a] **1.1** *Elcós*: población que aún no ha podido ser localizada con exactitud, situada probablemente en territorio de Judá.

[b] **1.1** *Revelación*: lit. *visión*, término que se refiere, en general, a cualquiera de las formas de que Dios se vale para comunicar su mensaje a los profetas. Cf. Is 1.1; Abd 1.1.

[c] **1.1** *Nínive*: capital del imperio asirio, célebre por sus riquezas y su poderío militar (véase Jon 1.2 n.). Cf. Is 10.5-34; 14.24-27; Sof 2.13-15; véase también el *Índice de mapas*.

[d] **1.2** El libro comienza con un himno o canto de alabanza al Dios de Israel, que no puede dejar impunes los pecados e injusticias que se cometen en el mundo (cf. vv. 2-9). No se trata de un capricho divino, sino de una exigencia de la justicia y santidad de Dios. En los vv. 2-8 se emplea el artificio alfabético, por utilizando solo la mitad del alfabeto hebreo. Acerca de los *himnos* y de los *poemas alfabéticos*, véase la *Introducción a los Salmos* {3[a],[g]}.

[e] **1.2** El Señor es un *Dios celoso* porque exige reconocimiento exclusivo (véase Ex 20.5 n.); y recibe el calificativo de *vengador* porque él reivindica la justicia, derrotando a los que no la practican. Cf. Ex 20.5-6; Dt 4.24; Ro 12.19; Heb 10.30.

[f] **1.3** Cf. Ex 34.6-7; Nm 14.18; Sal 86.15; Jl 2.13.

[g] **1.3** *Las nubes*: Cf. Ex 34.5; Sal 68.4(5).

[h] **1.4** *Amenaza al mar y lo seca*: alusión a la salida de Egipto y al paso del Mar Rojo. Cf. Ex 14.16-25; 15.1-19; Sal 106.9.

[i] **1.4** *Basán, el Carmelo* y *el Líbano* eran famosos por la abundancia de su vegetación. Véanse Dt 3.1 n.; 1 R 18.19 n.; Jer 22.6 nota *f* e *Índice de mapas*.

[j] **1.5** Cf. Sal 97.5; Miq 1.4.

[k] **1.8** *Los que se le oponen*: según versiones antiguas. Heb. *su lugar*.

⁹ ¿Qué están tramando ustedes en contra del Señor?
¡Él los destruirá por completo!
¡Nadie puede oponérsele dos veces!
¹⁰ Pues como espinos enmarañados, *l*
como paja seca, serán quemados por completo.

III. FRASES INTERMEDIAS (1.11-15)

¹¹ De ti, Nínive, salió el que trama
lo malo en contra del Señor:
un malvado consejero. *m*

¹² Por eso dice el Señor a su pueblo:
"Aunque los asirios sean fuertes y numerosos,
serán destruidos y pasarán. *n*
Yo te he hecho sufrir,
pero no te haré sufrir más.
¹³ Haré pedazos el yugo que tienes encima
y romperé tus cadenas." *ñ*

¹⁴ El Señor ordenó respecto a ti, rey de Nínive:
"No tendrás descendientes que continúen
tu nombre; *o*
del templo de tu dios destruiré
los ídolos y las estatuas,
y allí te voy a enterrar porque eres despreciable."

Anuncio de la caída de Nínive

¹⁵ ⁽²·¹⁾ *p* ¡Miren! ¡Ya viene sobre los montes
el mensajero que trae noticias de paz! *q*
Celebra tus fiestas, Judá;
cumple tus promesas. *r*
Nunca más te invadirán los malvados;
han sido destruidos por completo.

IV. INVASIÓN Y CAÍDA DE NÍNIVE (2—3)

2 ¹ ⁽²⁾ Nínive, el destructor marcha contra ti. *a*
¡Monta tu guardia en la fortaleza!
¡Vigila el camino!
¡Cíñete la espada!
¡Reúne tus fuerzas!

² ⁽³⁾ Porque el Señor va a restaurar el orgullo
de Jacob,
el orgullo de Israel, *b*
como era antes de que lo saquearan
y lo dejaran como vid sin ramas.

³ ⁽⁴⁾ Rojo es el escudo de sus guerreros
y rojo el uniforme de su ejército.
¡Están listos para el ataque!
Sus carros parecen de fuego;
sus caballos *c* se impacientan.

⁴ ⁽⁵⁾ Los carros corren con furia por las calles,
van de un lado a otro de las plazas,
son como antorchas encendidas,
pasan como relámpagos. *d*

⁵ ⁽⁶⁾ Llama el rey a sus oficiales,
y ellos se atropellan
al correr a la muralla,
al parapeto *e* ya preparado.

⁶ ⁽⁷⁾ Se abren las compuertas del río, *f*
y el palacio se viene abajo.

⁷ ⁽⁸⁾ Al destierro llevan a la reina; *g*
la acompañan sus criadas, *h*
que gimen como palomas *i*
y lloran golpeándose el pecho. *j*

⁸ ⁽⁹⁾ Como el agua a través de un dique roto,
así huyen los habitantes de Nínive. *k*

---

l **1.10** *Como espinos enmarañados:* El texto hebreo añade *y como borrachos en su borrachera.*

m **1.11** *Un malvado consejero:* lit. *un consejero de Belial* (véase Dt 13.13[14] n.). Probablemente se alude a Senaquerib, rey de Asiria, que en el año 701 a.C. sitió la ciudad de Jerusalén y desafió con arrogancia al Dios de Israel (2 R 18.28-35; 19.4,16; cf. Is 10.5-34).

n **1.12** *Aunque los asirios... pasarán:* traducción probable. Heb. oscuro.

ñ **1.13** El *yugo* y las *cadenas* simbolizan la opresión y el cautiverio. Cf. Is 58.6; Jer 30.8.

o **1.14** El hecho de no tener *descendientes* indica que la destrucción de Nínive va a ser definitiva y total. Cf. Job 18.19; Sal 37.28; Is 14.20.

p **1.15(2.1)—2.13(14)** Los números entre paréntesis corresponden a la numeración del texto hebreo.

q **1.15(2.1)** *El mensajero... de paz:* Is 52.7. Cf. Ro 10.15.

r **1.15(2.1)** Sin duda se refiere a las *promesas* o votos que habían hecho los habitantes de Judá en tiempos de la dominación asiria, a fin de obtener la protección divina contra el ejército invasor. Cf. 2 R 19.14-20.

a **2.1(2)** *El destructor marcha contra ti:* Los vv. siguientes preanuncian, en un vibrante tono poético, la destrucción de Nínive, capital del imperio asirio (Nah 1.1), que tuvo lugar en el año 612 a.C.

b **2.2(3)** El nombre de *Jacob* designa aquí el antiguo reino de Judá (cf. Is 43.1; 44.1; Abd 18). La mención conjunta de *Jacob* e *Israel* significa que todo el pueblo de Dios va a ser liberado y restaurado. Véase Jer 31.5 nota *f.*

c **2.3(4)** *Caballos:* según la versión griega (LXX). Heb. *pinos.*

d **2.4(5)** En todo este poema, el sonido de las palabras hebreas trata de evocar el estruendo producido por los carros de guerra y por el avance incontenible de los ejércitos enemigos.

e **2.5(6)** El *parapeto* era probablemente una especie de techo portátil, con el que se escudaban los soldados que combatían al pie de las murallas de la ciudad asediada, tratando de escalarlas o de abrir una brecha.

f **2.6(7)** *Las compuertas* (lit. *las puertas*) *del río:* Esta expresión podría referirse a la apertura de los diques a fin de producir una inundación, o bien a las *puertas* de las murallas de Nínive que daban al Tigris y a uno de sus afluentes. En este último caso, el texto trataría de sugerir que la invasión se produce por la parte de la ciudad mejor protegida naturalmente. Otros intérpretes piensan que se trata de una expresión metafórica: ya sea el tropel de los invasores que irrumpen como una inundación, ya sean las olas y correntadas del océano primordial (cf. Sal 93.3), que al desbordarse desencadenan un cataclismo comparable al caos primitivo o al diluvio (véanse Gn 1.2 nota *c;* 1.21 n.; 7.11 n.).

g **2.7(8)** *La reina:* El término hebreo es de significado dudoso. Podría referirse a la esposa del rey o, más probablemente, a la estatua de la diosa Ishtar, protectora de Nínive.

h **2.7(8)** *Sus criadas:* es decir, las servidoras de la reina o las prostitutas sagradas y sacerdotisas consagradas al culto de la diosa Ishtar.

i **2.7(8)** *Gimen como palomas:* Se refiere al arrullo de la paloma, tan persistente y monótono como los gemidos y lamentos de las mujeres llevadas al exilio. Cf. Is 38.14; 59.11.

j **2.7(8)** Los golpes de *pecho* son signos de dolor, arrepentimiento y humillación (Lc 18.13; 23.48).

k **2.8(9)** *Como el agua... Nínive:* traducción probable. Heb. oscuro.

"¡Deténganse! ¡Vuelvan!" les gritan,
pero nadie vuelve.
⁹ ⁽¹⁰⁾ ¡Roben la plata! ¡Roben el oro!
¡Las riquezas de Nínive no tienen fin!
¹⁰ ⁽¹¹⁾ Destruida, desierta, desolada,
así está Nínive.
Los corazones se deshacen de miedo,
tiemblan las rodillas,
a todos les faltan las fuerzas
y los rostros pierden el color.
¹¹ ⁽¹²⁾ ¿Qué queda de la cueva de los leones,
de la guarida de los cachorros de león?
Allí los leones y sus cachorros
se sentían seguros;
no había nadie que los espantara.
¹² ⁽¹³⁾ Mataba el león a su presa,
la repartía entre la leona y sus cachorros,
y llenaba de rapiña sus cuevas. *l*

Destrucción total de Nínive

¹³ ⁽¹⁴⁾ El Señor todopoderoso afirma:
"Aquí estoy contra ti:
voy a quemar tus carros de guerra
y a convertirlos en humo;
voy a matar tus cachorros;
acabaré con el robo que hay en tu tierra,
y no se oirá más la voz de tus mensajeros."

3 ¹ ¡Ay de ti, ciudad sanguinaria, *ᵃ*
llena de mentira y violencia;
tu rapiña no tiene fin!
² ¡Chasquido de látigo,
estruendo de ruedas!
¡Galopar de caballos,
carros que saltan!
³ ¡Carga de caballería!
¡Brillo de espada,
resplandor de lanza!
¡Miles de heridos,
montones de muertos!
¡Cadáveres sin fin!

¡La gente tropieza con ellos!
⁴ Y todo por culpa de las prostituciones *ᵇ*
de esa ramera llena de gracia y hermosura,
maestra en brujerías, *ᶜ*
que con sus prostituciones y hechizos
embaucaba a pueblos y naciones. *ᵈ*

⁵ El Señor todopoderoso afirma:
"Aquí estoy contra ti:
te voy a levantar el vestido hasta la cara,
para que las naciones te vean desnuda
y los reinos vean tu vergüenza.
⁶ Y echaré suciedad *ᵉ* sobre ti;
te cubriré de deshonra y haré de ti
un espectáculo. *f*
⁷ Todos los que te vean
huirán de ti diciendo:
'¡Nínive está destruida!
¿Quién le tendrá compasión?
¿Dónde hallar quien la consuele?'
⁸ ¿Acaso eres tú mejor que Tebas, *ᵍ*
la ciudad junto al río Nilo,
rodeada de muchas aguas,
con el río por barrera y el agua por muralla?
⁹ Etiopía *ʰ* y Egipto eran su fortaleza sin límite;
los de Fut, *i* los libios, eran sus aliados.
¹⁰ Sin embargo, Tebas fue llevada al destierro;
sus niños fueron estrellados *j*
en las esquinas de las calles;
sobre sus nobles echaron suertes
y sus caudillos fueron encadenados. *ᵏ*
¹¹ También a ti te van a emborrachar; *l*
aturdida, te esconderás
buscando refugio de tu enemigo.
¹² Todas tus fortalezas son como higueras
cargadas de higos tiernos,
que caen, si la sacuden,
en la boca de quien los come.
¹³ Tu ejército parece formado de mujeres;
las puertas del país
están abiertas para el enemigo;

---

l **2.11-12(12-13)** La figura del *león* aparece con frecuencia en la decoración de los tronos y palacios asirios. Aquí el *león* representa al rey de Asiria, caracterizado como depredador de toda la tierra. Su *guarida* es Nínive, la capital del imperio, despojada de la supremacía que había ejercido durante más de cien años. Cf. Jer 4.7; 50.17, donde también se compara a los enemigos de Israel con *leones*.

ᵃ **3.1** *Ciudad sanguinaria:* Las guerras de conquista y la explotación de los pueblos sometidos fueron un elemento constante en la historia de Asiria. Cf. 2 R 18.17-37.

ᵇ **3.4** En los mensajes al pueblo de Israel, los profetas usaban frecuentemente la palabra *prostituciones* en sentido metafórico, para referirse al pecado de idolatría (véase Miq 1.7 nota *k*). Aquí, en cambio, se compara a Nínive con una *ramera* capaz de emplear la seducción para llevar a cabo sus planes y extender su poderío.

ᶜ **3.4** *Maestra en brujerías:* La magia, la hechicería y otros ritos semejantes eran prácticas corrientes en la antigua Mesopotamia. Cf. Is 47.9.

ᵈ **3.3-4** Nótese la vivacidad de la descripción, que intenta reproducir, por medio del lenguaje poético, el estruendo de los carros de guerra y el galope de los caballos.

ᵉ **3.6** La palabra hebrea traducida por *suciedad* se emplea habitualmente para designar a los ídolos y a otros símbolos idolátricos. Cf., por ej., Jer 4.1; 16.18; 32.34, donde se ha traducido el término por *ídolos detestables* u otras expresiones parecidas.

f **3.5-6** Compárese el castigo de Nínive con el de Israel en Os 2.3,10(5,12).

ᵍ **3.8** *Tebas:* heb. *No Amón,* antigua ciudad de Egipto situada a 670 km. al sur de El Cairo; fue invadida por los asirios en el año 663 a.C. Véase Jer 46.25 n., y cf. Ez 30.14-16.

ʰ **3.9** *Etiopía:* heb. *Cus,* país situado al sur de Egipto. Véase Gn 10.6 nota *i*.

i **3.9** *Fut:* sitio de localización es desconocida. Según algunos, es el nombre antiguo de una parte de Libia; otros piensan que se trata de algún lugar sobre la costa africana del Mar Rojo (véase Gn 10.6 nota *i*). Véase también Jer 46.9 nota *g*.

j **3.10** *Sus niños fueron estrellados:* Cf. Sal 137.8-9.

ᵏ **3.10** *Sus caudillos fueron encadenados:* Se alude quizás a la forma en que los asirios trataban a los reyes vencidos.

l **3.11** *Te van a emborrachar:* alusión a la embriaguez que produce la copa de la ira del Señor. Véase Is 51.17 nota *n*.

el fuego ha destruido tus cerrojos.
¹⁴ Prepara agua, para que puedas resistir el sitio;
refuerza tus defensas.
Métete en el lodo,
pisa el barro,
toma el molde de tus ladrillos. ᵐ
¹⁵ Allí te consumirá el fuego,
y la espada, como langosta,
te exterminará por completo.
¡Multiplícate como las langostas!
¡Multiplícate como los saltamontes! ⁿ
¹⁶ Tus comerciantes ñ se hicieron
más numerosos que las estrellas del cielo.
(La langosta cambia de piel y vuela.) ᵒ
¹⁷ Tus guardianes son como langostas;
y los encargados de reclutar tus tropas
son como nubes de insectos:
cuando hace frío, se posan en las paredes;
cuando sale el sol, se van; nadie sabe dónde.
¹⁸ "¡Cómo ᵖ duermen tus pastores, ᵠ
oh rey de Asiria! ʳ
Tus oficiales descansan,
tus tropas andan dispersas por los montes
y no hay quien las reúna.
¹⁹ ¡No hay remedio para tu herida;
tu llaga es incurable! ˢ
Todos los que oyen de tu desgracia
aplauden de alegría,
pues, ¿quién no sufrió tu maldad sin fin?"

ᵐ **3.14** Ante el incontenible avance del enemigo, el profeta aconseja irónicamente a los ninivitas que se preparen para resistir la invasión.

ⁿ **3.15** Las *langostas* son ejemplo no solo de fuerza destructora (cf. Jl 1.4-7), sino también de rápida multiplicación.

ñ **3.16** Las riquezas de los asirios provenían tanto de las conquistas guerreras como de las actividades comerciales.

ᵒ **3.16** *La langosta cambia de piel y vuela:* otra posible traducción:
la langosta despliega sus alas y vuela. Se alude probablemente al momento en que la langosta deja de ser larva y emprende su vuelo.

ᵖ **3.18** *"¡Cómo...!":* Este v. y el siguiente tienen la forma poética de un lamento fúnebre. Con tono de sarcasmo, el profeta anuncia la inminente destrucción de Nínive.

ᵠ **3.18** *Pastores:* es decir, los gobernantes. Véase Jer 2.8 nota *i;* cf. Zac 11.4-11.

ʳ **3.18** *Rey de Asiria:* Cf. Is 10.5-27.

ˢ **3.19** *Tu llaga es incurable:* Cf. Jer 30.12-13.

Habacuc

El libro de *Habacuc* (=Hab) se divide en tres partes bien definidas. La primera es un diálogo en el que se alternan las quejas del profeta y las respuestas del Señor (1.2—2.4). Luego se anuncia el castigo de los caldeos a causa de su crueldad y de su insaciable codicia (2.5-20). Por último, un hermoso salmo describe la resplandeciente manifestación del Señor, que viene del Sinaí para juzgar a los culpables y socorrer a su pueblo (cap. 3).

En el diálogo inicial, el profeta se lamenta de la injusticia y la violencia reinantes en su propia nación (1.2-4), y el Señor le responde que la maldad no quedará impune, ya que él va a poner en pie de guerra a los caldeos para destruir a los malvados (1.5-11). Pero esta respuesta divina, lejos de aclarar las dudas del profeta, no hace más que agravarlas, porque entonces se plantea un nuevo interrogante: ¿Cómo puede el Dios santo y justo valerse de gente tan mala para hacer justicia? ¿No son acaso los ejecutores del castigo más crueles y prepotentes que sus propias víctimas? (1.12-17).

El Señor no responde de manera directa a esas preguntas, sino con una invitación a la paciencia y a depositar la confianza en él. A su debido tiempo, y cuando considere que ha llegado la hora, él va a asegurar el triunfo final de la justicia: los malvados recibirán una justa retribución, mientras que *los justos vivirán por su fidelidad a Dios* (véase 2.4 nota *h*).

La mención de los *caldeos* en Hab 1.6 es el único punto de apoyo para determinar la época y las circunstancias en que ejerció su actividad el profeta Habacuc. Esta indicación sugiere una fecha cercana al año 605 a.C., ya que entonces Nabucodonosor, el más célebre de los reyes de la dinastía caldea, ascendió al trono de Babilonia (véase Jer 25.1 nota *c*) y comenzó a sembrar la inquietud y la anarquía en las regiones de Siria y de Palestina (cf. Jer 27.1-18). Por otra parte, como los textos no aluden al asedio y al sometimiento de Jerusalén en el año 598 a.C. (cf. 2 R 24.10-12), podría pensarse que el libro fue escrito en una fecha anterior al año 600 a.C. Hay que notar, sin embargo, que en una época posterior Babilonia pasó a ser el símbolo de la opresión, la crueldad y la violencia (cf. Ap 18), y que la posible utilización simbólica de ese nombre relativiza en parte el intento de asignar a la composición del libro una fecha demasiado precisa.

El siguiente esquema ofrece una visión sintética de este breve mensaje profético:

    I. Introducción (1.1)
   II. Diálogo entre el profeta y el Señor (1.2—2.4)
       a) Queja del profeta por los crímenes y la violencia (1.2-4)
       b) Respuesta del Señor y anuncio del castigo (1.5-11)
       c) Nueva queja del profeta (1.12-17)
       d) Respuesta final de Dios (2.1-4)
  III. El destino de los opresores (2.5-20)
  IV. Salmo de Habacuc (3.1-19)

HABACUC 1, 2

I. INTRODUCCIÓN (1.1)

1 ¹ Este es el mensaje que el Señor reveló al profeta Habacuc.ᵃ

II. DIÁLOGO ENTRE EL PROFETA Y EL SEÑOR (1.2—2.4)

a) Queja del profeta por los crímenes y la violencia (1.2-4)

² Señor,ᵇ ¿hasta cuándoᶜ gritaré pidiendo ayuda
sin que tú me escuches?
¿Hasta cuándo clamaré a causa de la violencia
sin que vengas a librarnos?
³ ¿Por qué me haces ver
tanta angustia y maldad?
Estoy rodeado de violencia y destrucción;
por todas partes hay pleitos y luchas.ᵈ
⁴ No se aplica la ley,
se pisotea el derecho,
el malo persigue al bueno
y se tuerce la justicia.ᵉ

b) Respuesta del Señor y anuncio del castigo (1.5-11)ᶠ

⁵ "Miren ustedes a las naciones que los rodean;
mírenlas y llénense de espanto.
Estoy a punto de hacer cosas tales
que ustedes no las creerían, si alguien
se las contara.ᵍ
⁶ Voy a poner en pie de guerra a los caldeos,ʰ
que son gente cruel, que siempre están dispuestos
a recorrer el mundo de lado a lado
para adueñarse de tierras que no les pertenecen.ⁱ
⁷ Son espantosos y terribles,
y no reconocen más ley que la suya.
⁸ Sus caballos son más veloces que los leopardos,
más salvajes que los lobos del desierto.ʲ
Sus jinetes galopan en gran número
y se lanzan al ataque desde lejos,
como el águila se lanza sobre su presa.
⁹ Todo lo destruyen a su paso;
en su avance van sembrando el terror,
y son más los prisioneros que hacen
que las arenas que hay en el mar.
¹⁰ Se burlan de los reyes
y de la gente importante.
Se ríen de las fortalezas,
pues levantan rampasᵏ ante ellas
y las toman por asalto.
¹¹ Pasan como un huracán;
no reconocen más dios que su propia fuerza."ˡ

c) Nueva queja del profeta (1.12-17)

¹² Señor, ¿acaso no existes tú eternamente,
mi Dios santo e inmortal?ᵐ
Señor y protector mío,ⁿ
tú has dado fuerza a los caldeos
para que ellos ejecuten tu justicia.
¹³ Tú eres demasiado puro para consentir el mal,
para contemplar con agrado la iniquidad;
¿cómo, pues, contemplas callado
a los criminales,
y guardas silencioñ mientras el malvado
destruye a los que son mejores que él?ᵒ
¹⁴ ¿Por qué tratas a los hombres
como a peces del mar,
como a animales sin gobierno?
¹⁵ Los caldeos se apoderan de otras naciones
como el pescador se apodera del pescado:
lo atrapa con anzuelos y con redes,
y luego, al verlo todo junto, se llena de alegría.
¹⁶ Por eso el pescador adora sus redes y anzuelos,
y ofrece sacrificios y quema incienso
en su honor,
pues gracias a ellos tiene comida buena
y abundante.
¹⁷ Así, ¿seguirán los caldeos pescándonos
con sus redes?
¿Seguirán matando sin compasión a la gente?

d) Respuesta final de Dios (2.1-4)

2 ¹ Estaré atento y vigilante,
como lo está el centinelaᵃ en su puesto,
para ver qué me dice el Señor
y qué respuesta da a mis quejas.ᵇ

ᵃ **1.1** Acerca del encabezamiento de los libros proféticos, véase Is 1.1 nota b.

ᵇ **1.2-4** Estos vv., que tienen forma de lamentación, exponen la queja del profeta al ver la tolerancia del Señor con los injustos (cf. Job 19.1-7; 21; Sal 73.1-14; Jer 12.1-4; 14.9; Ap 6.10). Habacuc se resiste a aceptar que el pueblo caldeo (véase Jer 1.14-15 n.), que es el opresor de Israel, sea instrumento de la ira de Dios (cf. Is 10.5).

ᶜ **1.2** ¿Hasta cuándo...?: Véase Sal 13 n.

ᵈ **1.3** Cf. Jer 6.7; 9.2-6.

ᵉ **1.4** Is 59.14; Miq 7.2-3.

ᶠ **1.5-11** Estos vv. contienen la respuesta de Dios a las amargas quejas del profeta.

ᵍ **1.5** Citado en Hch 13.41 según el texto griego (LXX), que difiere un poco del hebreo.

ʰ **1.6** El imperio caldeo o neobabilónico era, para los israelitas, símbolo de violencia y destrucción. Cf. 2 R 24.2; Jer 6.22-23; 10.22.

ⁱ **1.6** Para adueñarse de tierras que no les pertenecen: El profeta denuncia las desmesuradas ansias de dominio y de expansión territorial como el pecado capital de los caldeos. Cf. Hab 1.9,15; 2.5.

ʲ **1.8** Lobos del desierto: según la versión griega; heb. lobos de la noche.

ᵏ **1.10** Levantan rampas: 2 S 20.15.

ˡ **1.11** No reconocen... fuerza: según un ms. antiguo; heb. oscuro. Cf. v. 7; Is 10.13.

ᵐ **1.12** Inmortal: sentido probable; heb. no moriremos.

ⁿ **1.12** Protector mío: lit. mi roca. Véase Sal 18.2(3) n.

ñ **1.13** Contemplas callado... guardas silencio: Una vez más, el profeta hace oír su queja porque le resulta incomprensible el modo de actuar del Señor en el mundo y la historia. Véase Hab 1.2-4 n.

ᵒ **1.13** Sal 5.4-6(5-7).

ᵃ **2.1** Acerca del profeta como centinela, cf. Ez 3.17; 33.1-9. En esta ocasión, el profeta se mantiene alerta no para dar un puesto de guardia, no para advertir al pueblo de algún peligro (cf. Is 21.6; Jer 6.17), sino para esperar la respuesta del Señor. Cf. también Os 9.8.

ᵇ **2.1** Qué respuesta da a mis quejas: Sal 5.3(4); 130.5-6.

² El Señor me contestó:
"Escribe en tablas ᶜ de barro lo que te voy
   a mostrar,
de modo que pueda leerse de corrido. ᵈ
³ Aún no ha llegado el momento
de que esta visión se cumpla; ᵉ
pero no dejará de cumplirse.
Tú espera, aunque parezca tardar, ᶠ
pues llegará en el momento preciso.
⁴ Escribe que los malvados son orgullosos, ᵍ
pero los justos vivirán por su fidelidad a Dios." ʰ

III. EL DESTINO DE LOS OPRESORES (2.5-20) ⁱ

⁵ Los hombres orgullosos desean el poder; ʲ
lo buscan sin descanso y siempre quieren más,
aun cuando el poder es traicionero. ᵏ
Abren su boca, como el sepulcro;
son insaciables, como la muerte,
y por eso se lanzan a conquistar
nación tras nación.
⁶ Pero todas las naciones conquistadas
se burlarán del que las conquistó, cantándole:
"¡Ay de ti, que te haces rico
con lo que no te pertenece!
¿Hasta cuándo seguirás amontonando
las riquezas que tomaste prestadas?"
⁷ Cuando menos lo esperes, llegarán
   tus acreedores,
despertarán los que te atormentan
y te dejarán desnudo.
⁸ Las naciones se unirán en contra tuya
y te saquearán como tú las saqueaste a ellas. ˡ
Te harán pagar todos tus crímenes,
las violencias que cometiste en el país
contra las ciudades y sus habitantes.
⁹ ¡Ay de ti, que has llenado tu casa
con el producto de tus robos,
para ponerte a salvo de todo peligro!
¹⁰ De ese modo has cubierto tu casa de vergüenza,
y has causado tu propia destrucción
al destruir a numerosas naciones.
¹¹ Aun las piedras de los muros
y la madera de las vigas
gritarán en contra tuya.
¹² ¡Ay de ti, que construyes tus ciudades
sobre la base del crimen y la injusticia! ᵐ
¹³ El Señor todopoderoso
va a hacer inútil tu trabajo y tu fatiga,
pues todas tus obras serán destruidas por el fuego.
¹⁴ Y el conocimiento de la gloria del Señor
llenará entonces toda la tierra,
como las aguas llenan el mar. ⁿ
¹⁵ ¡Ay de ti, que emborrachas a tus vecinos
dándoles vino mezclado con drogas,
para humillarlos contemplando su desnudez! ñ
¹⁶ En lugar de honor, te cubrirás de vergüenza,
porque el Señor va a darte a beber una copa
que te hará mostrar tu incircuncisión
y convertirá en humillación tu gloria. ᵒ
¹⁷ Las violencias que le hiciste al monte Líbano
se volverán en contra tuya,
y te espantarás por la matanza
   de sus animales.
Esto te vendrá a causa de tus crímenes
y de las violencias que cometiste en el país
contra las ciudades y sus habitantes.
¹⁸ ¿De qué sirve una escultura
en cuanto ha sido terminada?
¿De qué sirve una imagen
que solo lleva a la mentira?
Los ídolos no pueden hablar;
¿cómo, pues, podrá confiar en ellos
el hombre que los fabrica? ᵖ
¹⁹ ¡Ay de ti, que a un ídolo de madera
le dices que despierte,
y a una piedra muda, que se ponga de pie!
¿Podrán ellos comunicar mensaje alguno?
¡No, porque no tienen vida propia,
aunque estén recubiertos de oro y plata!
²⁰ Pero el Señor está en su santo templo:
¡guarde silencio delante de él toda la tierra! ᵍ

ᶜ **2.2** Is 8.1; 30.8.
ᵈ **2.2** *Que pueda leerse de corrido:* otra posible traducción: *que el que lea corra a obedecer.*
ᵉ **2.3** *Aún no... se cumpla:* La referencia al *momento* señalado para el cumplimiento de los anuncios proféticos es frecuente en el libro de Daniel (cf. Dn 8.19,26; 10.14; 11.27).
ᶠ **2.3** *Tú espera, aunque parezca tardar:* Heb 10.13; 2 P 3.8-10.
ᵍ **2.4** *Los malvados son orgullosos:* traducción probable; heb. oscuro.
ʰ **2.4** *Los justos vivirán por su fidelidad a Dios:* La palabra hebrea traducida por *fidelidad* incluye al mismo tiempo las ideas de lealtad y firme confianza. A los justos se les promete la vida por su inquebrantable fidelidad a la palabra y a la voluntad de Dios; los *orgullosos,* en cambio, son objeto de una condenación expresa por parte del Señor (cf. vv. 12-13). El apóstol Pablo (Ro 1.17; Gl 3.11), siguiendo más de cerca la versión griega (LXX), afirma que el que ha sido justificado por la fe podrá gozar del don de la vida que viene de Dios. Cf. Heb 10.37-38.
ⁱ **2.5-20** Los siguientes vv. presentan una severa crítica contra los opresores del pueblo. Con la expresión *¡Ay...!* (vv. 6,9,12,15,19) se introducen cinco profecías de juicio y condenación, que tienen una estructura similar: primero se describe el pecado, luego se anuncia el castigo y por último se indica el motivo del juicio de Dios. Cf. Is 5.8-23; 10.1; 28.1; Am 5.7,18; 6.1. Cf. también Lc 6.24-26.
ʲ **2.5** *Desean el poder:* traducción probable; heb. oscuro.
ᵏ **2.5** *El poder es traicionero:* según un manuscrito antiguo; heb. *el vino es traicionero.*
ˡ **2.8** *Te saquearán como tú las saqueaste a ellas:* A las naciones invasoras que saquearon a Judá se les aplica la ley del talión, lo mismo que en Jer 30.16. Véase Ex 21.23-25 n.
ᵐ **2.12** Jer 22.13; Miq 3.10.
ⁿ **2.14** Is 11.9.
ñ **2.15** *Para humillarlos contemplando su desnudez:* cf. Nah 3.5.
ᵒ **2.16** Sal 75.8(9); Jer 25.15-29; Ez 23.32-34.
ᵖ **2.18** Is 44.9-20; Jer 10.3-11,14-16.
ᵍ **2.20** Sal 11.4. *El silencio* prepara la llegada del juicio de Dios (Sof 1.7; Zac 2.13; Ap 8.1).

IV. SALMO DE HABACUC (3.1-19) [a]

3 [1] Esta es una oración del profeta Habacuc. [b]

[2] Lo que oigo acerca de ti, Señor,
y de todo lo que has hecho,
me llena de profunda reverencia.
Realiza ahora, en nuestra vida,
tus grandes acciones de otros tiempos, [c]
para que nosotros también las conozcamos.
Muéstranos así tu compasión
aun en medio de tu enojo. [d]

[3] Dios viene de la región de Temán;
del monte Parán viene el Dios Santo.
Su gloria se extiende por todo el cielo,
y el mundo entero se llena de su alabanza. [e]

[4] Viene envuelto en brillante resplandor,
y de sus manos brotan rayos de luz
que muestran el poder que en él se esconde.

[5] Delante de él llegan plagas terribles,
y detrás la fiebre abrasadora.

[6] La tierra tiembla cuando él se detiene;
se estremecen las naciones cuando las mira;
las viejas montañas se derrumban
y se deshacen los montes antiguos;
pero los caminos de Dios son eternos. [f]

[7] Yo he visto a la gente de Cusán
hundida en la desgracia,
a los habitantes de Madián
encogidos por el miedo. [g]

[8] ¿Te has enojado, Señor, contra los ríos?
¿Se ha encendido tu furor contra los mares?
¿Cabalgas por eso en tus caballos
y montas así en tu carro victorioso? [h]

[9] Tienes el arco preparado
y dispuestas todas tus flechas. [i]
Con los ríos has abierto surcos en la tierra.

[10] Las montañas tiemblan al verte;
cae del cielo la lluvia torrencial,
y el mar profundo da su rugido
mientras se alzan sus olas inmensas.

[11] El sol y la luna no salen de su escondite
ante el vivo resplandor de tus flechas
y la luz relampagueante de tu lanza.

[12] En tu enojo recorres toda la tierra;
en tu furor pisoteas las naciones.

[13] Tú has salido en ayuda de tu pueblo
y del rey que tú mismo escogiste.
Has destruido el techo de la casa del malvado, [j]
y has descubierto hasta la roca sus cimientos.

[14] Mataste a su jefe con sus propias flechas,
cuando sus jinetes, como una tempestad,
se lanzaron arrogantes
a dispersar a los indefensos,
para destruirlos en secreto.

[15] Con tus caballos recorres el mar,
la gran extensión de las aguas profundas. [k,l]

[16] Al oir todo esto tuve miedo.
Mis labios se pusieron a temblar,
mis piernas dejaron de sostenerme
y todo mi cuerpo perdió sus fuerzas.
Aun así, esperaré tranquilo
el día en que Dios ponga en angustia
al ejército de nuestros opresores.

[17-18] Entonces me llenaré de alegría
a causa del Señor mi salvador.
Le alabaré aunque no florezcan las higueras
ni den fruto los viñedos y los olivares;
aunque los campos no den su cosecha;
aunque se acaben los rebaños de ovejas
y no haya reses en los establos. [m]

[19] Porque el Señor me da fuerzas;
da a mis piernas la ligereza del ciervo [n]
y me lleva a alturas donde estaré a salvo.

---

[a] **3.1-19** El libro concluye con una plegaria en forma de salmo, que describe, en un elevado tono poético, la venida triunfante del Señor. El Señor avanza desde el sur, y toda la creación se conmueve a su paso (vv. 6,10-11). Como canto de victoria, el poema está a la altura de Ex 15.1-18 y de Jue 5.1-31; por su tema, presenta rasgos comunes con Sal 18 y 68.

[b] **3.1** El título del poema añade una expresión de significado incierto. Probablemente se trata de una indicación sobre el tono en que debía ser recitado o cantado el salmo en el culto del templo.

[c] **3.2** *Tus grandes acciones de otros tiempos*: Esta frase se refiere, de manera particular, a los actos realizados por el Señor cuando los hebreos salieron de Egipto (cf. Ex 3—15).

[d] **3.2** *Muéstranos así tu compasión aun en medio de tu enojo*: Cf. Is 54.8.

[e] **3.3** *Temán*: Véase Jer 49.7 nota *k*. *Monte Parán*: zona montañosa al norte del Sinaí, donde acamparon los israelitas en su marcha hacia la Tierra prometida (Nm 10.11-12). El Señor viene desde la región del Sinaí, es decir, desde el lugar donde él se reveló a su pueblo y le dio a conocer su ley. Cf. Dt 33.2; Jue 5.4-5; Sal 68.7-8(8-9).

[f] **3.6** Cf. Am 4.13; Miq 1.3-4; Eclo 43.16.

[g] **3.7** *La gente de Cusán* y *los habitantes de Madián* eran tribus de beduinos que vivían cerca de Edom, al sur del Mar Muerto. Sobre Madián, véanse Ex 2.15 n. e *Índice de mapas*.

[h] **3.8** *¿Cabalgas... en tu carro victorioso?*: Cf. Dt 33.26-27; Sal 68.4(5); Is 19.1.

[i] **3.9** *Tienes el arco preparado... tus flechas*: texto probable; heb. oscuro.

[j] **3.13** *Has destruido el techo de la casa del malvado*: traducción probable; heb. oscuro.

[k] **3.15** Is 43.16-17; 63.11-14.

[l] **3.7-15** Los fenómenos que acompañan la manifestación y victoria del Señor son semejantes a los que ocurrieron en tiempos del éxodo (cf. Jue 5.4-5; Sal 77.16-20[17-21]; 114.3-8).

[m] **3.17-18** Sal 25.5; 68.19-20(20-21); Lc 1.47.

[n] **3.19** 2 S 22.34; Sal 18.33(34).

Sofonías

El primer v. del libro de *Sofonías* (=Sof) sitúa la actividad de este profeta en tiempos de Josías, rey de Judá (640-609 a.C.). Pero la predicación de Sofonías no solo no alude para nada a la gran reforma religiosa llevada a cabo por aquel rey (2 R 22.1—23.25), sino que las costumbres y prácticas que él denuncia (Sof 1.4-6) corresponden más bien a una época fuertemente impregnada de paganismo. Por tanto, lo más probable es que Sofonías haya proclamado su mensaje profético antes de la reforma de Josías, quizá entre los años 630 y 625 a.C.

El libro se divide en tres partes. La primera anuncia la catástrofe que se abatirá sobre los seres humanos y la naturaleza a causa de los pecados de Judá (1.2—2.3). En la segunda sección, el profeta declara que el juicio divino alcanzará no solo a Jerusalén y a Judá, sino también a las naciones paganas (2.4—3.8). Por último, la parte final del libro introduce una nota de esperanza, ya que anuncia la futura purificación y liberación del "resto" o "remanente" que haya sobrevivido después de la catástrofe (3.9-20).

El tema central en la predicación de Sofonías es el *día del Señor* (cf. 1.7,10,14), un tema que ya había estado presente en otros profetas, especialmente en *Amós* (Am 5.18-20). Ese día es descrito con rasgos sombríos, como *un día de ira, de angustia y aflicción* (1.15), que pondrá fin a la maldad imperante en la tierra y sacudirá la indiferencia de los que dicen: *¡El Señor no hará nada, ni bueno ni malo!* (1.12). Pero en medio de estas amenazas y anuncios de castigo, se destaca la exhortación que el profeta dirige a los *humildes de este mundo*. A ellos se les pide que *busquen al Señor* y *actúen con rectitud y humildad,* para librarse así de la ira inminente (2.3). Esta exhortación se convierte luego en un anuncio lleno de esperanza, cuando el profeta declara que Dios purificará a su pueblo de *los altaneros y orgullosos*, para dejar en él a *gente humilde y sencilla, que pondrá su confianza* en el *nombre* del Señor (3.11-12).

El cuadro siguiente ofrece una visión de conjunto de este breve escrito profético:

    I. Introducción (1.1)
    II. Anuncio del día del Señor y exhortación a la humildad y a la justicia (1.2—2.3)
    III. Oráculos contra las naciones y contra Jerusalén (2.4—3.8)
    IV. Promesas de salvación (3.9-20)

I. INTRODUCCIÓN (1.1)

1 ¹ Este es el mensaje que el Señor dirigió a Sofonías en el tiempo en que Josías,[a] hijo de Amón, era rey de Judá. Sofonías era hijo de Cusí, este de Guedalías, este de Amarías y este de Ezequías.[b]

II. ANUNCIO DEL DÍA DEL SEÑOR Y EXHORTACIÓN A LA HUMILDAD Y A LA JUSTICIA (1.2—2.3)

² Esto afirma el Señor:[c]
"Voy a destruir completamente
todo lo que hay sobre la tierra.[d]
³ Destruiré a los hombres y los animales,
destruiré las aves y los peces,[e]
pondré tropiezo a los malvados
y eliminaré de la tierra al hombre."

Esto afirma el Señor:
⁴ "Extenderé mi mano[f] contra el pueblo de Judá
y contra todos los que viven en Jerusalén.
Borraré de este lugar todo rastro
del falso dios Baal,
y hasta el nombre de sus sacerdotes.
⁵ Destruiré a los que suben a las azoteas
para adorar a los astros,[g]
y a los que se arrodillan
jurando al mismo tiempo por mi nombre
y por el nombre del dios Milcom.[h]
⁶ También destruiré a los que se apartan de mí,
a los que no me buscan ni acuden a consultarme."

⁷ ¡Guarden silencio en presencia del Señor,[i]
porque el día del Señor está cerca!

---

[a] **1.1** *Josías* fue rey de Judá entre los años 640 y 609 a.C. Cf. 2 R 22.1—23.30; 2 Cr 34.1—35.27.

[b] **1.1** Este es el único libro profético que presenta la genealogía del profeta hasta la cuarta generación, tal vez para indicar que *Sofonías* era una persona de alto rango. En otros pasajes (cf. Gn 10.6), la palabra *Cusí* designa a los habitantes de Cus, es decir, a los etíopes; pero aquí, lo mismo que en Jer 36.14, se trata de un nombre propio. Algunos identifican a *Ezequías* con el monarca del mismo nombre (cf. 2 R 18.1); tal identificación es bastante dudosa, porque ese nombre era bastante común en aquella época y porque el texto no le da el título de rey.

[c] **1.2—2.3** Estos vv. se refieren en forma poética al Día del Señor, tema central del libro de Sofonías. En ese Día, que aquí es descrito como un gran *sacrificio* (v. 7), Dios juzgará a toda la tierra (vv. 2-3), destruirá los cultos idolátricos (vv. 4-7) y castigará a los jefes del pueblo (vv. 8-9), a los malos comerciantes (vv. 10-11) y a los que se despreocupan de Dios (v. 12). Véase Am 5.18 nota *o*.

[d] **1.2** *Todo lo que hay sobre la tierra:* Cf. Gn 6.1,11-12; 7.22.

[e] **1.3** *Las aves y los peces:* Cf. Os 4.3.

[f] **1.4** *Extenderé mi mano:* Is 5.25; 23.11; Jer 6.12; 15.6; Ez 6.14; 14.9,13.

[g] **1.5** *Adorar los astros:* lit. *se postran ante el ejército del cielo.* Acerca de esta práctica idolátrica, que se había generalizado en Judá por la influencia de Asiria, véase Jer 8.2 notas *a* y *b*.

[h] **1.5** *Milcom* era el dios nacional del reino de Amón (2 R 23.13; Jer 49.1,3). Jurar por su nombre equivalía a reconocerlo como dios (cf. Ex 20.3-6).

[i] **1.7** *¡Guarden silencio... Señor!:* Cf. Hab 2.20; Zac 2.13.

¡El Señor ha dispuesto un sacrificio [j]
y ha consagrado a sus invitados! [k]

8 "En el día del sacrificio
castigaré a los jefes —dice el Señor—,
a los hijos del rey
y a todos los que visten ropa extraña.
9 También castigaré en aquel día
a los que saltan sobre los umbrales, [l]
y a los que llenan de violencia y engaños
la casa de sus amos."

10 Esto afirma el Señor:
"En aquel día se oirán gritos de socorro
desde la Puerta de los Pescados. [m]
Gritará la gente en el Segundo Barrio [n]
y habrá gran ruido de derrumbes desde las colinas.
11 ¡Aúllen ustedes, habitantes del Barrio del Mortero, [ñ]
porque todos los comerciantes [o] van a morir,
todos los que trafican con dinero
van a ser destruidos!

12 "En aquel tiempo tomaré una lámpara
y registraré Jerusalén. [p]
Castigaré entonces a la gente
que se siente tranquila
como el vino reposado,
y que se dice a sí misma:
'¡El Señor no hará nada, ni bueno ni malo!' [q]
13 Por eso, sus tesoros serán saqueados
y sus casas destruidas.
Construirán casas, pero no vivirán en ellas;
plantarán viñas, pero no beberán de su vino." [r]

14 Ya está cerca el gran día del Señor! [s]
¡Ya está cerca, viene de prisa!
El estruendo del día del Señor será amargo:
¡hasta los más valientes gritarán entonces!
15 Será un día de ira,
de angustia y aflicción,
de ruina y desolación,
de oscuridad y tinieblas,
de nublado y sombras profundas; [t]
16 será un día de trompeta y de clamor
contra las ciudades fortificadas
y sus altas torres.

17 Dice el Señor:
"Pondré en apuros a la gente.
Caminarán como ciegos,
porque pecaron contra mí.
Su sangre será derramada como polvo,
y su carne amontonada como estiércol."

18 En el día de la ira del Señor,
no salvará a la gente ni su plata ni su oro,
porque el fuego del enojo del Señor
consumirá todo el país.
¡Todos los habitantes de la tierra
quedarán destruidos en un solo instante!

2 **1** Reúnanse, júntense ustedes,
gente falta de vergüenza,
2 antes de ser aventados
como paja, [a] que en un día desaparece; [b]
antes que caiga sobre ustedes
la ira ardiente del Señor; [c]
antes que caiga sobre ustedes
el día de la ira del Señor.
3 Busquen al Señor todos ustedes,
los humildes de este mundo, [d]
los que obedecen sus mandatos.
Actúen con rectitud y humildad,
y quizás así encontrarán refugio
en el día de la ira del Señor. [e]

III. ORÁCULOS CONTRA LAS NACIONES Y CONTRA JERUSALÉN (2.4—3.8)

El castigo que recibirán las naciones [f]

4 La ciudad de Gaza quedará desierta,
y Ascalón, desolada;
en pleno día serán expulsados

---

[j] **1.7** *¡El Señor ha dispuesto un sacrificio...!:* Cf. Is 34.6; Ez 39.17-18, y véase Jer 46.10 n., donde también se presenta el juicio de Dios con la imagen de un gran sacrificio.

[k] **1.7** Estos *invitados* son probablemente los pecadores mencionados en los vv. 4-6, que van a ser inmolados como víctimas del sacrificio.

[l] **1.9** *Saltan sobre los umbrales:* alusión a una práctica supersticiosa como la descrita en 1 S 5.5 o a un rito idolátrico practicado en las gradas de la plataforma que servía de pedestal a los ídolos.

[m] **1.10** *Puerta de los Pescados:* una de las entradas al norte de Jerusalén (cf. Neh 3.3; 12.39), así llamada porque allí había un mercado donde se vendían pescados (cf. Neh 13.16).

[n] **1.10** *Segundo Barrio:* Probablemente se trata de un sitio ubicado al norte de la ciudad. Cf. 2 R 22.14.

[ñ] **1.11** *Barrio del Mortero,* situado presumiblemente al sur de la ciudad, aunque se desconoce su ubicación exacta.

[o] **1.11** *Todos los comerciantes:* lit. *todo el pueblo de Canaán.* Véase Os 12.7(8) n.

[p] **1.12** A causa de este v., a veces se ha representado al profeta Sofonías con una *lámpara* en la mano.

[q] **1.12** *¡El Señor no hará nada, ni bueno ni malo!:* Una vez más se reprueba la actitud de los escépticos que no niegan la existencia de Dios, pero se resisten a creer que él interviene en el mundo. Cf. Sal 10.4; 14.1(1b); Is 29.15; Jer 5.12; Am 9.10; Mal 3.14-15. Véanse Sal 14 n. y 14.1 n.

[r] **1.13** *Plantarán viñas... vino:* Cf Dt 28.30; Am 5.11; Miq 6.15.

[s] **1.14-18** *El gran día del Señor:* Is 13.6; Ez 30.2-3; Jl 1.15.

[t] **1.15** *Las tinieblas,* la *desolación* y los cataclismos son imágenes típicas, utilizadas en los escritos proféticos y apocalípticos para describir el día del Señor. Cf Jl 2.2; Am 5.18,20.

[a] **2.2** *Antes de ser aventados como paja:* Job 21.18; Sal 1.4; Jer 13.24; Os 13.3.

[b] **2.2** *Antes de ser... en un día desaparece:* traducción probable. Heb. oscuro.

[c] **2.2** *La ardiente ira del Señor:* Cf. Is 66.15; Jer 12.13; 21.5; Os 11.9.

[d] **2.3** Los *humildes de este mundo* son los pobres y oprimidos que ponen toda su confianza en el Señor, porque saben que nadie, fuera de él, está realmente dispuesto a prestarles ayuda. Según Sof 3.12-13, de esta *gente humilde y sencilla* saldrá en el futuro el resto o remanente de Israel, es decir, el verdadero pueblo de Dios. Véase *Pobres* en el *Índice temático.*

[e] **2.3** *Actúen con rectitud... del Señor:* Is 55.6-7; Jl 2.13.

[f] **2.4-15** Al igual que otros escritos proféticos, los vv. siguientes anuncian el juicio del Señor sobre las naciones vecinas de Israel: los

SOFONÍAS 2, 3

los que viven en Asdod,
y los de Ecrón serán arrancados de raíz. ^{g}
⁵ ¡Ay de ustedes, gente de Creta, ^{h}
que viven a orillas del mar!
Dios ha pronunciado esta sentencia
    contra ustedes:
"¡Canaán, país de los filisteos,
te voy a destruir y a dejar sin habitantes!
⁶ El país que está a orillas del mar
quedará convertido en pastizales
donde se junten los pastores,
y en corrales para los rebaños."
⁷ Los sobrevivientes del pueblo de Judá
tomarán posesión de ese país
cuando el Señor su Dios venga en su ayuda
y cambie la suerte de ellos. ^{i}
Allí cuidarán de sus rebaños,
y por las noches descansarán
en las casas de Ascalón.

⁸⁻⁹ Esto afirma el Señor todopoderoso, el Dios de Israel:
"He oído los insultos de los moabitas
y las ofensas de los amonitas.
Porque ellos han insultado a mi gente
y se han engrandecido a costa de su territorio.
Por eso, juro por mi vida
que a Moab le pasará como a Sodoma
y que los de Amón quedarán como Gomorra,
convertidos en campo de espinos,
en mina de sal,
en un lugar de permanente soledad.
Los sobrevivientes de mi pueblo los saquearán
y se quedarán con sus tierras." ^{j}

¹⁰ Este es el pago que recibirán Moab y Amón
por haber insultado al pueblo del Señor,
por haberse engrandecido a costa
del pueblo del Señor todopoderoso.
¹¹ El Señor será terrible con ellos.
Destruirá todos los dioses del país,
y él será adorado en todo lugar,
aun por la gente de las islas. ^{k}
¹² ¡También ustedes, los de Etiopía, ^{l}
caerán heridos por la espada del Señor!

¹³ Extenderá él su mano contra el norte
para destruir Asiria,
y dejará desolada la ciudad de Nínive,
convirtiéndola en un seco desierto. ^{m}
¹⁴ La madera de sus casas será arrancada,
y en ellas se echarán los rebaños de ovejas
y toda clase de animales salvajes.
El búho y el erizo
dormirán en lo alto de sus postes,
y los cuervos ^{n} graznarán
en las ventanas y en los umbrales.
¹⁵ Esa es la ciudad llena de orgullo
que vivía confiada,
de la que decían sus habitantes
que no tenía igual en el mundo.
¡Cómo ha quedado desolada
y convertida en guarida de fieras!
Cuantos pasen cerca de ella,
silbarán y harán gestos de desprecio. ^{ñ}

3 Pecado y redención de Jerusalén ^{a}

¹ ¡Ay de Jerusalén, la ciudad rebelde,
manchada y opresora!
² No escuchó la voz del Señor
ni aceptó ser corregida;
no confió en él;
no recurrió a su Dios.
³ Sus jefes son como leones que rugen;
sus jueces, como lobos del desierto ^{b}
que no dejan ni un hueso para la mañana.
⁴ Sus profetas son insolentes, traidores;
sus sacerdotes profanan el santuario
y violan la ley del Señor.
⁵ Pero el Señor está en la ciudad;
él hace lo bueno, no lo malo.
Cada mañana, sin falta, establece su juicio.
En cambio, el malo
ni siquiera conoce la vergüenza.

⁶ Dice el Señor:
"He destruido naciones,
he arrasado las torres de sus murallas
y he dejado desiertas sus calles,

---

filisteos al oeste, Moab y Amón al este, Etiopía al sur y Asiria al norte. Cf. Is 13—23; Jer 46—51; Ez 25—32; Am 1.3—2.3.
^{g} **2.4** *Gaza, Ascalón, Asdod y Ecrón* eran cuatro de las cinco ciudades que formaban la Pentápolis filistea (véase Jos 13.3 nota c). Cf. también Is 14.28-32; Jer 47; Ez 25.15-17; Am 1.6-8; Zac 9.5-7. Véase *Índice de mapas*.
^{h} **2.5** *Gente de Creta:* es decir, los filisteos, que según la tradición hebrea procedían de esa isla del Mediterráneo. Cf. Dt 2.23; Am 9.7.
^{i} **2.7** *Cambie la suerte de ellos:* otra posible traducción *los vuelva de su cautiverio.* Cf. Dt 30.3; Sal 14.7; 126.1(1b); Jer 29.14; 30.3; Ez 39.25.
^{j} **2.8-9** *Moab y Amón* eran dos reinos situados al este del Mar Muerto (Gn 19.36-38; Jer 48.29-30; Ez 25.6). El juicio de Dios será para ellos una devastación total, similar a la de *Sodoma y Gomorra* (cf. Gn 19.17-29). Véase *Índice de mapas*.
^{k} **2.11** *Gentes de las islas:* Cf. Is 41.1,5; 42.4,10,12; 49.1; 51.5.

^{l} **2.12** *Los de Etiopía:* Esta expresión podría referirse a Egipto, que por los años 715-663 a.C. fue gobernado por una dinastía etiope. Otros profetas también pronunciaron oráculos contra Egipto y Etiopía (cf. Is 18—20; Jer 46; Ez 29—32).
^{m} **2.13** El enemigo por excelencia de Israel, en el siglo séptimo a.C., era *Asiria,* cuya capital, *Nínive* (véase Jon 1.2 nota b), estaba situada a orillas del río Tigris. El profeta atribuye al Señor la iniciativa de su destrucción. Cf. Is 10.5-34; 14.24-27; Nah 1—3.
^{n} **2.14** *Los cuervos:* según la versión griega; heb. *destrucción.*
^{ñ} **2.15** *Silbarán y harán gestos de desprecio:* Cf. Jer 19.8; 49.17.
^{a} **3.1-8** Este pasaje anuncia el juicio del Señor sobre la ciudad de Jerusalén (vv. 1-2), sobre los jefes, jueces, profetas y sacerdotes (vv. 3-4) y sobre todas las naciones (vv. 6-8). El poema afirma la justicia del Señor (v. 5), contraponiéndola a la corrupción de la ciudad y a los abusos cometidos por las clases dirigentes.
^{b} **3.3** *Lobos del desierto:* según la versión griega; heb. *lobos de la noche.*

sin gente que pase por ellas.
¡En sus solitarias ciudades
no queda un solo habitante!
⁷ Pensé: 'Así Jerusalén me temerá
y aceptará que la corrija;
así no quedará destruido su hogar
por haberla yo castigado.'
Pero ellos se apresuraron a cometer
toda clase de maldades.
⁸ Por eso, espérenme ustedes el día
en que me levante a hablar en su contra.
Yo, el Señor, lo afirmo:
He decidido reunir las naciones y los reinos ᶜ
para descargar sobre ellos mi enojo,
mi ardiente ira.
¡Toda la tierra va a quedar destruida
por el fuego de mi furor! ᵈ

IV. PROMESAS DE SALVACIÓN (3.9-20) ᵉ

⁹ "Cuando eso llegue, purificaré
el lenguaje de los pueblos,
para que todos me invoquen,
para que todos a una me sirvan. ᶠ
¹⁰ Del otro lado de los ríos de Etiopía, ᵍ
mi pueblo disperso vendrá suplicante
a traerme ofrendas.
¹¹ En aquel tiempo, pueblo mío,
ya no te avergonzarás
de ninguna de las acciones
con que te rebelaste contra mí,
pues entonces quitaré de ti
a los altaneros y orgullosos,
y nunca volverás a mostrar orgullo
en mi santo monte.
¹² Yo dejaré en ti gente humilde y sencilla,
que pondrá su confianza en mi nombre.
¹³ Los sobrevivientes del pueblo ʰ de Israel
no cometerán injusticias,
ni dirán mentiras, ⁱ
ni llenarán de embustes su boca.

Podrán alimentarse
y descansar sin miedo alguno." ʲ

Canto de alegría por Jerusalén ᵏ

¹⁴ ¡Canta, ciudad de Sión!
¡Da voces de alegría, pueblo de Israel!
¡Alégrate, Jerusalén,
alégrate de todo corazón!
¹⁵ El Señor ha retirado la sentencia contra ti ˡ
y ha rechazado a tus enemigos.
El Señor, el Rey de Israel, está en medio de ti: ᵐ
ya no tendrás que temer mal alguno.
¹⁶ En aquel tiempo se dirá a Jerusalén:
"¡No tengas miedo, Sión,
ni dejes que tus manos queden sin fuerzas!" ⁿ
¹⁷ El Señor tu Dios está en medio de ti;
¡él es poderoso, y te salvará! ñ
El Señor estará contento de ti.
Con su amor te dará nueva vida; ᵒ
en su alegría cantará
¹⁸ como en día de fiesta.

El regreso de los desterrados ᵖ

Dice el Señor:
"Yo te libraré entonces del mal que te amenace,
de la vergüenza que pese sobre ti. ᵠ
¹⁹ En aquel tiempo actuaré
en contra de todos los que te oprimen.
Ayudaré a la oveja que cojea
y recogeré a la extraviada; ʳ
convertiré en honor y fama,
en toda la tierra,
los desprecios que les hicieron.
²⁰ En aquel tiempo
los traeré a ustedes, los reuniré;
haré que cambie su suerte,
y les daré fama y honor
entre todos los pueblos de la tierra. ˢ
Yo, el Señor, lo he dicho."

ᶜ **3.8** *He decidido reunir las naciones y los reinos:* Cf. Jl 3.2; Zac 14.2.
ᵈ **3.8** *¡Toda la tierra... por el fuego de mi furor!:* Cf. Sal 69.24(25); 79.6; Jer 10.25.
ᵉ **3.9-20** Luego del anuncio del juicio, los vv. finales del libro presentan un mensaje de esperanza, de restauración y salvación para los sobrevivientes del pueblo, es decir, para el resto de Israel.
ᶠ **3.9** Cf. Is 6.5-7.
ᵍ **3.10** *Los ríos de Etiopía:* referencia al extremo sur del mundo entonces conocido.
ʰ **3.12-13** *Los sobrevivientes del pueblo* o *el resto de Israel* (cf. Is 11.11; Am 5.15; Miq 2.12). La eliminación de los *altaneros y orgullosos* (v. 11) hará que el futuro pueblo de Dios esté constituido por *gente humilde y sencilla,* es decir, por un resto liberado de *mentiras* e *injusticias,* que encontrará su seguridad únicamente en el nombre del Señor. Véase Sof 2.3 nota d.
ⁱ **3.13** *Ni dirán mentiras:* Ap 14.5.
ʲ **3.13** *Descansar sin miedo alguno:* Sal 23.2-4; Ez 34.13-16.
ᵏ **3.14-18a** Estos vv. son un himno o canto de alabanza, que

celebra el reinado del Señor en Sión. Véase la *Introducción a los Salmos (3).*
ˡ **3.15** *El Señor ha retirado la sentencia contra ti:* Is 40.2.
ᵐ **3.14-15** *¡Canta ciudad de Sión!... está en medio de ti:* cf. Is 12.6; Zac 9.9.
ⁿ **3.16** Is 35.3-4; 41.14-16.
ñ **3.17** *¡Él es poderoso y te salvará!:* Is 12.2.
ᵒ **3.17** *Con su amor te dará nueva vida:* según la versión griega; heb. *él calla en su amor.*
ᵖ **3.18b-20** Estos vv. aluden probablemente al retorno de los israelitas del destierro en Babilonia. Cf. Miq 4.6-7.
ᵠ **3.18** *Como en día... que pese sobre ti:* traducción probable; heb. oscuro.
ʳ **3.19** *Ayudaré a la oveja... extraviada:* Is 40.11; Ez 34.11-16; Miq 4.6-7; Jn 10.7-16.
ˢ **3.20** *Les daré fama y honor... de la tierra:* Gn 12.2-3; Zac 10.8-12.

Hageo

El libro de *Hageo* (=Hag) menciona expresamente cinco fechas (1.1,14-15; 2.1,10,18), que sitúan la predicación del profeta en un marco histórico bien preciso. Estas fechas abarcan el periodo comprendido entre agosto y diciembre del año 520 a.C., es decir, la época en que la ciudad de Jerusalén empezaba a levantarse lentamente de sus ruinas, después de la catástrofe del año 598 a.C. (cf. 2 R 25.1-12).

Para esta fecha, hacía ya bastante tiempo que Ciro, rey de Persia, había dado la orden de reconstruir el templo de Jerusalén (cf. Esd 1.1-11). Pero las malas condiciones económicas (cf. Hag 1.6) y la hostilidad de los samaritanos (cf. Esd 4) habían impedido que la obra de reconstrucción se llevara a buen término. Por otra parte, algunas personas pudientes se habían construido bellas mansiones en Jerusalén (Hag 1.4).

En estas circunstancias, el profeta Hageo proclama la orden divina de no demorar más la reconstrucción del santuario. El templo es el signo visible de la presencia del Señor en medio de su pueblo, y por eso no puede quedar en ruinas. Más aún: las malas cosechas y la penuria económica son la advertencia de que el Señor dirige a su pueblo para llamarlo a la acción (Hag 1.9-11). Si todos ponen manos a la obra y el templo es reconstruido, el Señor derramará su bendición y la salvación definitiva no tardará en manifestarse (1.8; 2.6-9; 2.20-23).

A diferencia de muchos de sus predecesores en el ministerio profético, Hageo encontró un auditorio dispuesto a escucharlo: los trabajos se reanudaron de inmediato, y al poco tiempo todo el pueblo celebró jubilosamente la dedicación del nuevo templo (cf. Esd 6.15-18). Un breve relato, intercalado en medio de los oráculos proféticos, da cuenta del éxito obtenido por la predicación de Hageo (Hag 1.12-15).

Reducido a sus elementos esenciales, este breve escrito profético puede esquematizarse de la manera siguiente:

    I. Invitación a la reconstrucción del templo (1.1-11)
    II. Respuesta del pueblo y de sus jefes a la predicación del profeta (1.12-15)
    III. Nueva exhortación del profeta y confluencia de las naciones hacia Jerusalén (2.1-9)
    IV. Instrucción sacerdotal sobre lo puro y lo impuro (2.10-19)
    V. Promesa mesiánica (2.20-23)

I. INVITACIÓN A LA RECONSTRUCCIÓN DEL TEMPLO (1.1-11)

1 [1] En el año segundo del gobierno del rey Darío, el día primero del sexto mes,[a] el Señor, por medio del profeta Hageo, se dirigió al gobernador de Judá, Zorobabel,[b] hijo de Salatiel, y al jefe de los sacerdotes, Josué,[c] hijo de Josadac.[d]

[2-3] Y esto es lo que dijo el Señor todopoderoso por medio del profeta: "Esta gente dice que todavía no es tiempo de reconstruir mi templo.[e] [4] ¿Y acaso para ustedes sí es tiempo de vivir en casas lujosas, mientras que mi templo está en ruinas? [5] Yo, el Señor todopoderoso, les digo que piensen bien en su conducta. [6] Ustedes siembran mucho, pero cosechan poco; comen, pero no se sienten satisfechos; beben, pero se quedan con sed; se abrigan, pero no entran en calor; y el que trabaja a jornal, echa su salario en saco roto.[f] [7] Yo, el Señor todopoderoso, les digo que piensen bien en su conducta. [8] Vayan a las montañas, traigan madera y construyan de nuevo el templo. Yo estaré allí contento, y mostraré mi gloria. [9] Ustedes buscan mucho, pero encuentran poco; y lo que guardan en su casa, yo me lo llevo de un soplo. ¿Por qué? Pues porque mi casa está en ruinas, mientras que ustedes solo se preocupan de sus propias casas. Yo, el Señor, lo afirmo. [10] Por eso no cae para ustedes la lluvia, ni la tierra les da sus productos.[g] [11] Yo fui quien trajo la sequía sobre los campos y sobre los montes, sobre el trigo, los viñedos y los olivares, sobre las cosechas del campo, sobre los hombres y los animales, y sobre todas sus labores."

II. RESPUESTA DEL PUEBLO Y DE SUS JEFES A LA PREDICACIÓN DEL PROFETA (1.12-15)

[12] Zorobabel, Josué y el resto de la gente[h] sintieron miedo cuando oyeron lo que el Señor les decía por medio

---

[a] **1.1** La fecha corresponde a fines de agosto del 520 a.C. (véase *Introducción*). *El sexto mes*, o mes de Elul en el calendario hebreo. En *el día primero* se celebraba la fiesta de la luna nueva (1 S 20.5; Is 1.13-14; 66.23; Ez 46.1; Am 8.5); el profeta aprovechó la reunión del pueblo para proclamar su mensaje.

[b] **1.1** *Zorobabel:* Véase Esd 2.1-2 n.

[c] **1.1** *Josué:* Véase Esd 3.2 nota *c*. Cf. también 1 Cr 6.15; Esd 4.24—5.2; 6.14; Zac 3.1-10.

[d] **1.1** Sobre los encabezamientos de los libros proféticos, véase Is 1.1 nota *b*.

[e] **1.2-3** La reconstrucción del templo comenzó poco después que los deportados a Babilonia empezaran a llegar a Jerusalén. Luego las dificultades económicas y la hostilidad de los samaritanos hicieron que los trabajos quedaran interrumpidos. Véase Esd 4.1-24 n.

[f] **1.6** La negligencia en continuar con la reconstrucción del templo trae malas cosechas, escasez de comida y vestimenta inadecuada. Cf. Lv 26; Dt 28.

[g] **1.10** Cf. Lv 26.18-20.

[h] **1.12** *Resto de la gente:* Esta expresión puede referirse a los israelitas que regresaron del destierro o al pueblo que se mantuvo fiel al Señor durante el exilio (Hag 1.14; 2.2). Cf. también Is 4.3; 10.20-21; Miq 4.7.

del profeta Hageo, esto es, lo que Dios el Señor le había encargado que dijera. **13** Entonces Hageo, el mensajero del Señor, les habló en nombre de Dios, diciéndoles: "El Señor dice: 'Yo, el Señor, lo afirmo: Yo estoy con ustedes.' "

14-15 De esta manera animó el Señor[a] a Zorobabel, gobernador de Judá, a Josué, jefe de los sacerdotes, y al resto de la gente, y el día veinticuatro del sexto mes del año segundo del reinado de Darío empezaron a reconstruir el templo de su Dios, el Señor todopoderoso.[j]

III. NUEVA EXHORTACIÓN DEL PROFETA Y CONFLUENCIA DE LAS NACIONES HACIA JERUSALÉN (2.1-9)

2 **1** El día veintiuno del séptimo mes,[a] el Señor volvió a dirigirse al profeta Hageo, **2** y le ordenó que dijera a Zorobabel, a Josué y al resto de la gente:[b] **3** "Los que vieron el otro templo en todo su esplendor, digan qué les parece este que ahora tenemos. ¿No les parece que no vale nada comparado con aquel otro?[c] **4** ¡Pero ánimo, Zorobabel! ¡Ánimo, Josué, jefe de los sacerdotes! Y anímense todos ustedes, gente del país. Trabajen, que yo estoy con ustedes. Yo, el Señor todopoderoso, lo afirmo.[d] **5** Tal como se lo prometí cuando salieron de Egipto, mi espíritu les acompaña. No tengan miedo.[e] **6** Dentro de poco haré temblar el cielo y la tierra,[f] el mar y la tierra firme. **7** Haré temblar a todas las naciones, y traerán sus riquezas,[g] y mi templo se llenará de gloria." El Señor todopoderoso lo afirma: **8** "Míos son la plata y el oro. **9** Este segundo templo[h] será más hermoso que el primero. Entonces haré que haya paz en este lugar. Yo, el Señor todopoderoso, lo afirmo."[i]

IV. INSTRUCCIÓN SACERDOTAL SOBRE LO PURO Y LO IMPURO (2.10-19)

10 El día veinticuatro del noveno mes[j] del mismo año del gobierno del rey Darío, el Señor se dirigió al profeta Hageo **11** y le ordenó que, en el nombre del Señor todopoderoso, hiciera a los sacerdotes las siguientes preguntas[k] en relación con la ley: **12** "Supongamos que un hombre lleva carne consagrada envuelta en su capa, y que el borde de la capa toca pan, guiso, vino, aceite o cualquier otra comida: ¿quedará por eso consagrada la comida?" Los sacerdotes contestaron que no. **13** Entonces Hageo continuó: "Pero supongamos que alguien, que ha quedado impuro por haber tocado un cadáver,[l] va y toca también cualquiera de estas cosas: ¿acaso ellas no quedarán impuras?" Los sacerdotes contestaron que sí.

14 Entonces dijo Hageo: "El Señor afirma: 'Lo mismo pasa con esta gente: todo lo que hacen y todo lo que me ofrecen es impuro.[m] **15** De ahora en adelante piensen ustedes en esto. Antes de empezar a construir el templo, **16** ¿qué les pasaba?[n] Pues que cuando alguien iba a un montón de veinte medidas de grano, encontraba solamente diez; y cuando uno iba al lugar donde se hace el vino, a sacar cincuenta cántaros, encontraba solamente veinte. **17** Yo destruí con plagas y granizo el fruto de todos sus esfuerzos, pero ustedes no se volvieron a mí.[ñ] Yo, el Señor, lo afirmo. **18** Hoy, día veinticuatro del noveno mes, han sido puestos los cimientos de mi templo. **19** Pues bien, fíjense ustedes en que a partir de hoy no faltará el grano en el granero. Aún no ha dado fruto la vid, ni la higuera, ni el granado, ni el olivo; pero a partir de hoy, yo los bendeciré.' "

V. PROMESA MESIÁNICA (2.20-23)[o]

20 Ese mismo día, el Señor volvió a dirigirse a Hageo, **21** y le ordenó que dijera a Zorobabel, el gobernador de Judá: "Yo haré temblar el cielo y la tierra; **22** destruiré el poder de los reinos del mundo y echaré abajo sus tronos; volcaré los carros de guerra y a los que montan en ellos, y morirán los caballos y sus jinetes; cada uno morirá atravesado por la espada de su hermano. **23** Y aquel día, Zorobabel, siervo mío,[p] te cuidaré como a mi anillo de sellar,[q] porque yo te he escogido. Yo, el Señor todopoderoso, lo afirmo."

---

[i] **1.14-15** *Animó el Señor:* lit. *el Señor despertó el espíritu;* véase Esd 1.1 nota b.

[j] **1.14-15** Cf. Esd 5.2.

[a] **2.1** El *séptimo mes,* conocido como el mes de *Etanim* (1 R 8.2) o *Tishri,* corresponde a septiembre-octubre. Durante ese mes se celebra la fiesta de las Enramadas (Lv 23.34; Dt 16.13). Véase *Fiestas* en el *Índice temático.* Cf. 1 R 8.1-11.

[b] **2.1-2** Cf. Esd 3.1-2.

[c] **2.3** Cf. Esd 3.12-13.

[d] **2.4** Cf. Zac 8.9.

[e] **2.5** El profeta recuerda el compromiso que Dios contrajo con el pueblo cuando lo liberó de la esclavitud en *Egipto* (Ex 29.45-46). Así como el Señor estuvo presente en medio de ellos durante la travesía por el desierto (Ex 13.21-22; 14.19), de la misma manera lo estará también durante la reconstrucción del templo, según las promesas que había hecho (Dt 7.7-8; 10.14-15; cf. Jos 1.6-9).

[f] **2.6** *Haré temblar el cielo y la tierra:* Cf. Heb 12.26.

[g] **2.7** *Todas las naciones, y traerán sus riquezas:* cf. Is 60.5-7. La versión latina (Vulgata) tradujo la segunda parte de esta expresión por *el deseado de todas las naciones.*

[h] **2.9** *Este segundo templo:* lit. *este último templo.*

[i] **2.9** Ezequiel había afirmado ya la vinculación entre el nuevo templo y la era mesiánica (Ez 41.1-12), aunque el templo de Ezequiel no se identifica con el construido en tiempos de Hageo. La *paz* (véase Lm 3.17 n.) será el conjunto de las bendiciones que se disfrutarán durante la era mesiánica (cf. Is 11.6-9).

[j] **2.10** El *noveno mes,* conocido también como *Quisleu* (Zac 7.1), corresponde a noviembre-diciembre de nuestro calendario.

[k] **2.11** *Hiciera a los sacerdotes las siguientes preguntas:* Cuando se presentaba alguna dificultad en la aplicación de la ley, los sacerdotes debían resolver la cuestión pronunciando una *torá* o instrucción. Cf. Lv 10.10-11; Dt 17.8-13; 33.10; Zac 7.3; Mal 2.7.

[l] **2.13** *Haber tocado un cadáver:* Cf. Lv 21.11; Nm 9.6-7; 19.11-22.

[m] **2.12-14** Para Hageo, el templo en ruinas era como un cadáver que profanaba y volvía impura toda la vida del pueblo, incluidos sus sacrificios.

[n] **2.16** *¿Qué les pasaba?:* según la versión griega (LXX); heb. oscuro.

[ñ] **2.17** *Pero ustedes no se volvieron a mí:* Cf. Am 4.9; cf. Dt 28.

[o] **2.20-23** Los vv. finales del libro expresan la esperanza mesiánica que el profeta compartía con muchos de sus contemporáneos. Estos consideraban a *Zorobabel* como *siervo* y *escogido* del Señor (v. 23), y ahora se cumplirían en él las promesas hechas a la dinastía de David (cf. 2 S 7.12-16).

[p] **2.23** *Siervo mío:* Algunas personas a quienes se les da este título en el AT son Abraham (Gn 26.24), Jacob (Ez 28.25), Moisés (Nm 12.7), Job (1.8) y David (2 S 7.5). Véase Is 42.1 nota b.

[q] **2.23** El *anillo de sellar* se utilizaba para certificar los documentos oficiales o las órdenes personales del rey. La comparación describe a *Zorobabel* como representante del Señor, investido de su autoridad. Véase Gn 38.18 n.

Zacarías

El libro de *Zacarías* (=Zac) consta de dos partes claramente diferenciadas. La primera comienza con una exhortación profética al arrepentimiento y a la conversión (1.2-6), y continúa con una serie de visiones simbólicas (1.7—6.8). Por su forma literaria, estas visiones se asemejan a las de Amós (7.1—9.4) y a las de Jeremías (1.11-14). Pero las de Zacarías son en general más complejas y detalladas, y en ellas el Señor está representado por un *ángel intérprete*, que da explicaciones, hace preguntas o responde a los interrogantes que le plantea el profeta. Además, el complejo simbolismo de estas visiones dificulta frecuentemente la interpretación de algunos detalles.

No obstante esta dificultad, las ideas predominantes en la primera parte del libro son suficientemente claras. Los temas que más se destacan son el amor y la compasión del Señor hacia Jerusalén (1.14,16), la humillación de *las naciones opresoras que dispersaron a Judá* (1.21[2.4]), la eliminación de toda maldad y de todo pecado en el pueblo de Dios (5.4,8) y la esperanza mesiánica (cf. particularmente 4.1-14). El profeta dedica también atención especial a la reconstrucción del templo (1.16; 4.8-10; 6.15), y describe con entusiasmo el futuro esplendor de la ciudad santa: Jerusalén será una ciudad abierta, que no necesitará la protección de una muralla, porque la gloria del Señor habitará en medio de ella (2.5[9]).

La serie de visiones simbólicas concluye con una instrucción sobre el ayuno (caps. 7—8). El estilo de esta instrucción es muy diferente del empleado en el relato de las visiones; pero el tema del ayuno está ligado estrechamente al de la destrucción y reconstrucción del templo (cf. 7.2-5; 8.18-19). En este sentido, los caps. 7—8 son continuación y complemento de la sección anterior.

Esta primera parte del libro señala también tres fechas, que sitúan la actividad de Zacarías en un marco cronológico bastante preciso. Las visiones proféticas están fechadas en enero-febrero del año 519 a.C. (1.7); la instrucción sobre el ayuno, en noviembre-diciembre del año 518 (7.1), y la indicación que figura al comienzo del libro (1.1) corresponde a octubre-noviembre del año 520 a.C. Esto quiere decir que Zacarías ejerció el ministerio profético al menos durante dos años, y que inició su actividad poco después de Hageo, quizá solo unos meses más tarde (cf. Hag 1.1).

La segunda parte del libro comienza abruptamente, sin ninguna transición, pero el lector advierte de inmediato que se trata de algo nuevo. Ya no se habla de los problemas que inquietaban a la comunidad judía después del exilio, sino de los combates que habrán de asegurar el triunfo definitivo del Señor al fin de los tiempos. Ese triunfo se manifestará, sobre todo, en la liberación de Jerusalén, sometida a un doble ataque por parte de las naciones (caps. 12 y 14). Pero al lado de este anuncio de un castigo purificador (14.2), otros mensajes proféticos proclaman al Señor como defensor de su pueblo y de la ciudad santa (cf. 9.8,15-16; 12.8) o anuncian la repatriación y reunión de todo el pueblo (10.6-7), la purificación de los pecados (13.1-2), la victoria sobre las naciones (12.9; 14.12-15), la anexión de los pueblos paganos a Israel (9.7; 14.16-17) y, como consumación de todo esto, el reinado final y definitivo de Dios (14.9,16). En esta sección se destaca asimismo el oráculo mesiánico que preanuncia la llegada a Jerusalén de un rey humilde: él no montará a caballo como los guerreros, sino que vendrá montado sobre un asno y con su palabra traerá la paz a todo el mundo (9.9-10; cf. Mt 21.5; Jn 12.15).

Además de las diferencias con respecto a la primera parte, hay en los caps. 9—14 otros indicios que sugieren una distinta ambientación histórica. Entre estos indicios se destaca especialmente la mención de los *hijos de Grecia* en 9.13. Por eso muchos intérpretes consideran que la segunda parte del libro fue redactada en fecha posterior, quizá después del paso triunfal de Alejandro Magno por las regiones costeras de Siria, Fenicia, Palestina y Filistea, es decir, después del año 330 a.C. (cf. 9.1-5).

La siguiente tabla analítica ofrece una visión panorámica de este libro profético:

I. Visiones proféticas (1—8)
  a) Llamado a la conversión (1.1-6)
  b) Las visiones simbólicas (1.7—6.8)
  c) La coronación de Josué (6.9-15)
  d) La cuestión del ayuno y anuncio de la salvación mesiánica (7—8)

II. El reinado del Mesías (9—14)
  a) El castigo de las naciones vecinas (9.1-8)
  b) El futuro rey de Israel (9.9-10)
  c) La restauración de Israel (9.11-17)
  d) La promesa de liberación (10.1—11.3)
  e) Los dos pastores (11.4-17)
  f) La liberación de Jerusalén (12—13)
  g) La victoria final de Jerusalén (14.1-21)

I. VISIONES PROFÉTICAS (1—8) [a]

a) Llamado a la conversión (1.1-6)

1 *Llamamiento del Señor a su pueblo* ¹ En el mes octavo del año segundo del gobierno del rey Darío,[b] el Señor dirigió[c] este mensaje al profeta Zacarías,[d] hijo de Berequías y nieto de Idó. Le dijo:

²⁻³ "Yo, el Señor todopoderoso, me enojé mucho con los antepasados de ustedes.[e] Por eso, dile ahora de mi parte al pueblo: 'Vuélvanse a mí, y yo me volveré a ustedes. Yo, el Señor, lo afirmo. ⁴ No hagan como sus antepasados, a quienes los antiguos profetas[f] les dijeron de parte mía que abandonaran su mala conducta y sus malas acciones, pero ellos no quisieron escucharme ni hacerme caso. Yo, el Señor, lo afirmo. ⁵ Pero ahora, ¿dónde están aquellos antepasados de ustedes? ¿Acaso vivirán siempre los profetas? ⁶ Sin embargo, mis palabras[g] y mandatos, que yo había encomendado a mis siervos los profetas, llegaron a los antepasados de ustedes. Y ellos se volvieron a mí, reconociendo que yo, el Señor todopoderoso, los había tratado como su conducta y sus acciones merecían.' "

b) Las visiones simbólicas (1.7—6.8)

Visión de los jinetes[h] ⁷ Este es el mensaje que yo, el profeta Zacarías, hijo de Berequías y nieto de Idó, recibí del Señor el día veinticuatro del mes once (el llamado mes de Sebat) del año segundo del gobierno del rey Darío.[i] ⁸ Una noche tuve esta visión: Vi un jinete[j] montado en un caballo rojo. Estaba parado en un valle, entre unos arrayanes,[k] y detrás de él había un grupo de caballos, unos rojos, otros castaños y otros blancos.[l] ⁹ Yo pregunté: "Señor, ¿quiénes son esos jinetes?" Y el ángel que hablaba conmigo me contestó: "Yo te mostraré quiénes son." ¹⁰ Entonces el que estaba entre los arrayanes dijo: "Estos son los que el Señor ha enviado a recorrer toda la tierra."

¹¹ Los jinetes le dijeron entonces al ángel del Señor[m] que estaba entre los arrayanes: "Hemos recorrido toda la tierra, y la hemos encontrado tranquila y en paz."[n] ¹² El ángel del Señor dijo: "Señor todopoderoso, hace ya setenta años[ñ] que estás enojado con Jerusalén y con las ciudades de Judá. ¿Cuánto tiempo habrá de pasar aún antes de que vuelvas a tenerles compasión?"

¹³ El Señor respondió con bondadosas palabras de consuelo al ángel que hablaba conmigo, ¹⁴ y luego el ángel me ordenó que anunciara: "Esto dice el Señor todopoderoso: 'Yo amo profundamente[o] a Jerusalén y al monte Sión. ¹⁵ Por eso mi furor se ha encendido contra esas naciones despreocupadas[p] que, cuando yo estaba poco enojado, ayudaron a agravar la maldad. ¹⁶ Por lo tanto, yo, el Señor, digo: Ahora me he vuelto con compasión a Jerusalén, y voy a hacer que el templo y toda la ciudad sean reconstruidos.' "

¹⁷ El ángel me dijo además: "Anuncia también esto: 'El Señor todopoderoso dice: Voy a hacer que mis ciudades prosperen mucho otra vez; voy a dar nuevo aliento a Sión, y voy a proclamar de nuevo a Jerusalén como mi ciudad elegida.' "

Visión de los cuernos y los herreros[q] ¹⁸ (2.1) Tuve otra visión, en la cual vi aparecer cuatro cuernos.[r] ¹⁹ (2.2) Le pregunté al ángel que estaba hablando conmigo qué significaban aquellos cuernos, y él me contestó: "Estos

---

[a] **1.1—8.23** La primera parte del libro (caps. 1—8) presenta una serie de ocho visiones proféticas. En ellas se anuncia la restauración de la comunidad judía después de las dificultades del exilio en Babilonia y de los conflictos surgidos al regreso del destierro.

[b] **1.1** *Darío* I fue rey de Persia durante los años 522-486 a.C. *El mes octavo del año segundo* corresponde a octubre-noviembre del 520 a.C., dos meses después de la primera profecía de Hageo (Hag 1.1).

[c] **1.1** Con respecto al encabezamiento de los libros proféticos, véase Is 1.1 nota *b*.

[d] **1.1** *Zacarías* provenía de una familia sacerdotal que había regresado a Jerusalén al finalizar el exilio (Neh 12.4). *Zacarías, hijo de Berequías y nieto de Idó:* En Esd 5.1; 6.14, se menciona a Zacarías como *hijo de Idó*, pero no hay duda de que en ambos casos se trata del mismo profeta, contemporáneo de Hageo. No debe ser confundido con el mencionado en Mt 23.35.

[e] **1.2-3** *El Señor* exhorta a la nueva generación de judíos a volverse a él, a fin de evitar su enojo, que había traído como consecuencia la destrucción de Jerusalén y la deportación a Babilonia. Cf. Is 55.7; Mal 3.7.

[f] **1.4** La expresión *los antiguos profetas* alude a aquellos que profetizaron antes del exilio, con anterioridad al año 587 a.C. Esos profetas han muerto, pero su palabra sigue siendo eficaz. Cf. Is 45.22; Jer 18.11; 25.5; 35.15; Ez 33.11.

[g] **1.6** Cf. Is 40.7-8.

[h] **1.7-19** Con el relato de esta visión, el profeta anuncia a sus oyentes que una nueva era está por comenzar, aunque momentáneamente no se perciba ninguna señal. El signo anunciador de esta nueva era será la reconstrucción de Jerusalén y del templo (cf. Zac 1.16-17).

[i] **1.7** *El mes once* o *de Sebat* corresponde a enero-febrero del 519 a.C. Cf. Hag 1.1.

[j] **1.8** El *jinete* es posiblemente *el ángel del Señor* al que se hace referencia en el v. 11.

[k] **1.8** *Arrayanes* o *mirtos:* árboles pequeños que crecen en los valles del cercano Oriente.

[l] **1.8** Los *caballos*, con sus respectivos jinetes, designan simbólicamente a los ángeles inspectores del mundo (v. 10). El texto griego incluye un cuarto grupo de caballos negros. Cf. Zac 6.2-3; Ap 6.2-8.

[m] **1.11** *El ángel del Señor:* El contexto parece indicar que se trata del jefe de los otros ángeles. El significado de esta expresión en los textos bíblicos más antiguos se explica en Gn 16.7 nota *c*.

[n] **1.11** La expresión *tranquila y en paz* destaca la calma que imperaba en el imperio persa. Una inscripción antigua hace referencia a la calma y tranquilidad que reinó en Persia cuando se puso fin a una rebelión contra Darío. Ese periodo de *paz* inquietaba al profeta y al pueblo judío, ya que no se percibían los cambios anunciados por Hageo (Hag 2.6,21-23), que darían inicio a la era mesiánica.

[ñ] **1.12** Los *setenta años* corresponden aproximadamente a la duración del exilio en Babilonia (cf. Jer 25.11; 29.10, y véase también Zac 7.5 n.).

[o] **1.14** *Amo profundamente:* lit. *estoy celoso.* Los celos del Señor surgen del amor profundo que él siente por su pueblo. Cf. Ex 20.5; Dt 5.9.

[p] **1.15** *Esas naciones despreocupadas* son los enemigos de Judá, particularmente Asiria (Is 10.5) y Babilonia (Is 47.6; Jer 25.9), que fueron instrumentos de la ira del Señor y causaron graves padecimientos al pueblo de Israel.

[q] **1.18-21(2.1-4)** Los números entre paréntesis corresponden a la numeración en el texto hebreo. La segunda visión revela que Dios está dispuesto a poner bajo su dominio, en el reino mesiánico, a todas las potencias que han oprimido a Israel. El número cuatro es símbolo de universalidad y se relaciona con los puntos cardinales (Is 11.12).

[r] **1.18(2.1)** En el AT, los *cuernos* representan la fuerza y el poderío (véase Am 6.13 n.). Aquí se refieren a las naciones poderosas que sometieron a los israelitas (cf. Dn 7.14-27).

cuernos representan el poder de los que han dispersado por todas partes a los habitantes de Judá, Israel y Jerusalén."

20 (2.3) Después el Señor me hizo ver a cuatro herreros. *s* **21** (2.4) Yo pregunté: "¿A qué han venido estos herreros?" Y él me contestó: "Así como esos cuernos representan a los que dispersaron a Judá, de tal modo que nadie podía levantar cabeza, estos herreros han venido a hacer temblar de espanto y a cortarles los cuernos a las naciones que, dando cornadas a Judá, dispersaron a sus habitantes."

2 Visión de la cinta de medir *a*

1 (5) Aún tuve otra visión. Se me apareció un hombre que llevaba en la mano una cinta de medir. **2** (6) Le pregunté: "¿A dónde vas?" Y él me contestó: "Voy a medir la ciudad de Jerusalén, para saber su largo y su ancho."

3 (7) Entonces vi que se iba el ángel que había hablado conmigo, y que otro ángel le salía al encuentro **4** (8) y le decía: "Corre a decirle al joven que lleva la cinta de medir: 'Jerusalén va a ser de nuevo habitada, y serán tantos sus habitantes y ganados que no podrá tener murallas. **5** (9) Pero el Señor afirma: Yo seré como una muralla de fuego alrededor de Jerusalén, y en medio de la ciudad mostraré mi gloria.' " *b,c*

El Señor salvará a su pueblo

6-7 (10-11) El Señor afirma: "Yo hice que ustedes fueran dispersados en todas direcciones. Pero ahora les digo: ¡Huyan pronto del país del norte! ¡Escapen de Babilonia, donde viven desterrados ustedes, los que vivían en Sión! Yo, el Señor, lo afirmo." *d*

8-9 (12-13) El Señor todopoderoso me ha enviado con este mensaje contra las naciones que los saquearon a ustedes: "Cualquiera que toca a mi pueblo, toca a la niña de mis ojos. *e* Por eso, yo mismo lucharé contra esas naciones, y haré que sus propios esclavos las saqueen." Así mostrará su gloria el Señor todopoderoso, y así comprenderán ustedes que él fue quien me envió.

10 (14) El Señor afirma: "¡Canten de alegría, habitantes de Jerusalén, porque yo vengo a vivir entre ustedes!" *f* **11** (15) Cuando esto suceda, muchas naciones se unirán al Señor. Y él dirá: "También estas naciones serán pueblo mío. Y yo viviré entonces entre ustedes." Así comprenderán ustedes que el Señor todopoderoso me ha enviado. *g* **12** (16) El Señor tomará nuevamente a Judá como su posesión especial en la tierra santa, *h* y proclamará de nuevo a Jerusalén como su ciudad elegida.

13 (17) ¡Que todo el mundo guarde silencio ante el Señor, pues él viene a nosotros desde el santo lugar donde habita! *i*

3 Visión del cambio de ropas de Josué *a*

1 Luego el Señor me mostró en una visión a Josué, *b* el sumo sacerdote, que estaba de pie en presencia del ángel del Señor. Al lado derecho de Josué estaba el ángel acusador, que se disponía a acusarlo. **2** Entonces el ángel del Señor *c* le dijo al ángel acusador: "¡Que el Señor te reprenda! *d* ¡Que el Señor, que ama a Jerusalén, te reprenda! Pues este hombre es como un carbón encendido sacado de entre las brasas." *e* **3** Josué, vestido con ropas muy sucias, permanecía de pie en presencia del ángel del Señor. **4** Entonces el ángel ordenó a sus ayudantes que le quitaran a Josué aquellas ropas sucias. Luego le dijo: "Mira, esto significa que le he quitado tus pecados. ¡Ahora voy a hacer que te vistan de fiesta!" *f* **5** En seguida ordenó a sus ayudantes que pusieran a Josué un turbante limpio en la cabeza. Ellos se lo pusieron, y después le vistieron con ropas de fiesta. *g* Mientras tanto, el ángel permanecía de pie.

6 Luego el ángel del Señor le dijo a Josué: **7** "Esto dice el Señor todopoderoso: 'Anda por mis caminos y cumple todos los deberes que te he encomendado. Si lo haces así, quedarás encargado de mi templo. Cuidarás de él y de sus atrios, y yo te daré un puesto entre estos ángeles que están a mi servicio. *h* **8** Escucha bien, Josué, tú que eres el sumo sacerdote, y que escuchen también tus compañeros de la junta sacerdotal, pues todos ustedes son como una

---

s **1.20(2.3)** Los *cuatro herreros* son símbolo del poder de Dios, que terminará por destruir a todos los enemigos de su pueblo. Cf. Hag 2.21-22.

a **2.1-5(5-9)** Esta visión describe simbólicamente la futura restauración de Jerusalén. Cf. Ez 40.2-3; Ap 11.1; 21.15-17.

b **2.4-5(8-9)** La visión no anuncia simplemente la reconstrucción material de la ciudad, sino también la instauración de una *Jerusalén* renovada y mesiánica. En esa nueva *Jerusalén* se manifestarán los antiguos signos y prodigios del éxodo: el *Señor* mostrará su *gloria* (Ex 40.34; Ez 43.5) y protegerá a su pueblo *con una muralla de fuego* (Ex 13.21-22; Is 4.5-6).

c **2.5(9)** Las murallas materiales ya no serán necesarias, porque ya habrán pasado los días de conflicto y de miedo (cf. Ap 21.3,23).

d **2.6-7(10-11)** Compárese esta apremiante invitación a huir de *Babilonia* con Is 48.20; Jer 50.8; 51.6. *Babilonia* es el *país del norte* porque, aunque estaba ubicada al oriente de Judá, invadía Palestina desde el norte (Jer 1.14; 4.6; 6.1,22; 10.22; véase *Índice de mapas*).

e **2.8-9(12-13)** *La niña de mis ojos:* El texto hebreo escribe *la niña de sus ojos*, porque consideraba irreverente atribuir ojos a Dios.

f **2.10(14)** Cf. Zac 9.9; cf. también Is 52.9; 54.1; 65.18-19; Ez 43.7; Sof 3.14.

g **2.11(15)** Los vv. 10-11(14-15) retoman una serie de profecías

antiguas (Is 2.2-5; Is 45.22; Miq 4.1-2) para hablar de la salvación de las naciones en sentido universal.

h **2.12(16)** Nótese el empleo de la expresión *tierra santa* como designación de la tierra de Israel y Judá (cf. Sab 12.3; 2 Mac 1.7).

i **2.13(17)** Hab 2.20; Sof 1.7; Ap 8.1.

a **3.1-10** Esta visión describe la purificación y coronación de Josué, el sumo sacerdote y representante de todo el pueblo. Junto a Josué aparece el *ángel acusador* (en heb. *el Satán*). El *acusador* es el antagonista del *ángel del Señor* (cf. 1 Cr 21.1; Job 1.6-12; Ap 12.10).

b **3.1** Cf. Esd 5.2; véase Hag 1.1 nota *c*.

c **3.2** *El ángel del Señor:* según una versión antigua. Heb. *El Señor*.

d **3.2** *¡Que el Señor te reprenda!:* Jud 9.

e **3.2** *Como carbón encendido sacado de entre las brasas:* frase proverbial que se refiere a una liberación que se produce como por milagro (cf. Am 4.11).

f **3.3-4** *Las ropas muy sucias* simbolizan el pecado de Josué, de los otros sacerdotes y del pueblo. Cf. Ap 19.8.

g **3.5** *Ropas de fiesta:* según versiones antiguas. Heb. *ropas*. Este cambio de *ropas* representa la terminación del duelo nacional que había comenzado con la destrucción del templo de Jerusalén, en el 587 a.C. Cf. Lv 15.22.

h **3.7** Josué, como sumo sacerdote, tenía acceso libre al templo. Entre sus funciones estaba la de presentar las oraciones de los fieles ante la presencia de Dios.

señal profética: Voy a traer a mi siervo,*i* el Retoño.*j* **9** Yo he puesto delante de Josué una piedra de siete lados,*k* y yo mismo grabaré en ella una inscripción. Luego, en un solo día, quitaré el pecado de este país. **10** Cuando llegue ese día, podrán ustedes convidarse unos a otros a disfrutar de paz a la sombra de sus vides y sus higueras.*l* Yo, el Señor todopoderoso, lo afirmo.'"

4

Visión del candelabro y los olivos *a* **1** Volvió entonces el ángel que hablaba conmigo, y me despertó como se despierta a uno que está dormido. Me preguntó: **2** "¿Qué ves?" Y yo le contesté: "Veo un candelabro *b* de oro, con un depósito de aceite encima. En lo alto tiene siete lámparas, a las que llega el aceite por siete tubos. *c* **3** Junto al candelabro hay dos olivos, *d* uno a su derecha y otro a su izquierda."

4 Pregunté al ángel que hablaba conmigo: "Mi señor, ¿qué significa esto?" *e* **5** El ángel me contestó: "¿No sabes lo que significa?" Yo le dije: "No, señor."

6 Y él continuó: "Este es el mensaje del Señor para Zorobabel: *f* 'No depende del ejército, ni de la fuerza, sino de mi Espíritu, dice el Señor todopoderoso. *g* **7** ¿Quién eres tú, gran montaña? *h* ¡Quedarás convertida en llanura delante de Zorobabel! Él sacará la piedra principal, *i* mientras grita la gente: ¡Qué hermosa es! ¡Qué hermosa!"

8 Después me dio el Señor otro mensaje: **9** "Zorobabel ha puesto los cimientos de este templo, y él mismo será quien lo termine." Así reconocerán ustedes que fue el Señor todopoderoso quien me envió. **10** "Aquellos que no tomaron en serio los pequeños comienzos, ahora se alegrarán viendo a Zorobabel terminar las obras."

11 Yo le pregunté: "¿Qué son esos dos olivos, uno a cada lado del candelabro?" **12** También le pregunté: "¿Y qué significan esas dos ramas de olivo que están junto a los tubos de oro por donde llega el aceite a las lámparas?" **13** El ángel me respondió: "¿No sabes lo que significan?" Le dije: "No, señor."

14 Y él me contestó: "Estos son los dos que han sido consagrados *l* para el servicio del Señor de toda la tierra."

5

Visión del rollo escrito **1** Tuve otra visión. Vi un rollo escrito, que volaba. *a* **2** El ángel me preguntó: "¿Qué ves?" Le contesté: "Veo un rollo escrito, que vuela; mide nueve metros de largo por cuatro metros y medio de ancho."

3 Me dijo entonces: "Ahí está escrita la maldición que alcanza a todo el país. Según lo escrito por ambos lados, nadie que robe o que jure en falso puede quedar sin castigo. *b* **4** El Señor todopoderoso afirma: 'Yo envío esta maldición para que entre en casa del que roba y en casa del que jura en falso por mi nombre. Y la maldición permanecerá allí hasta que no queden ni vigas ni piedras.'"

Visión de la medida y la mujer **5** Luego salió el ángel que hablaba conmigo, y me dijo: "¡Fíjate en eso que aparece ahora!" **6** Le pregunté: "¿Qué es eso?" Él me contestó: "Es una medida. *c* Es la medida del pecado *d* de los que viven en el país."

7 La medida estaba cubierta con una tapa de plomo. Y fue levantada la tapa, y había una mujer sentada dentro de

---

i **3.8** Cf. Is 42.1; 49.5-6; 52.13; Hag 2.23.
j **3.8** Después de su purificación, *Josué* y los sacerdotes se convirtieron en una *señal profética* o anuncio de la instauración de la era mesiánica (cf. Is 8.18). *El Retoño:* título mesiánico (Is 11.1) que al comienzo se aplicó a Zorobabel, el legítimo representante de la dinastía davídica (cf. Zac 6.12-13). En vez de *retoño*, el texto griego dice *Sol naciente* (cf. Lc 1.78).
k **3.9** *Piedra de siete lados:* Lit. *piedra de siete ojos.* Podría referirse a la piedra preciosa que llevaba el sumo sacerdote en su turbante (cf. Ex 28.36-38). Sin embargo, es más probable que aluda al templo que ha sido confiado a la custodia de Josué como sumo sacerdote. Los *siete ojos* representan entonces la presencia de Dios, que desde el templo mira y supervisa todo lo que sucede en el mundo (cf. Zac 4.10).
l **3.10** 1 R 4.25; Miq 4.4; 1 Mac 14.12.
a **4.1-14** Lo que se presenta en esta visión no es del todo claro.
b **4.2** El *candelabro* (o portalámparas) con *el depósito de aceite* podría simbolizar la providencia divina, que se prodiga abundantemente sobre el pueblo (véase v. 10 nota *j*).
c **4.2** *A las que... tubos:* otra posible traducción: *y en cada lámpara siete horquillas para las mechas.*
d **4.3** Los *dos olivos*, según el v. 14, son *consagrados* (o ungidos) *para el servicio del Señor:* Josué representa al sacerdocio y ha sido consagrado para el culto (Lv 4.3,5,16); a Zorobabel, el príncipe de la dinastía davídica, le corresponde el poder real (véase Zac 4.6 n.). Cf. Ap 11.4.
e **4.4** La respuesta del ángel se difiere hasta el v. 14.
f **4.6** *Zorobabel*, descendiente de David, fue gobernador de Jerusalén al finalizar el exilio en Babilonia y estuvo a cargo de la reconstrucción del templo (v. 9). Los judíos repatriados esperaban verlo coronado rey. Cf. Esd 3.8; 5.2; Hag 1.1; 2.20-23.

g **4.6** Sal 20.7(8); 33.16-17; Os 1.7. Véase Sal 91.1 n.
h **4.7** La *gran montaña* parece aludir a los escombros que se acumularon alrededor del templo luego de la destrucción en el 587 a.C. También podría ser una imagen de la oposición que recibieron los judíos al comenzar la reconstrucción del santuario (Esd cap. 4), o de la indiferencia del pueblo ante las ruinas del templo (Hag 1.14; 2.1-5). Acerca de la expresión proverbial "mover montañas", véase Mt 17.20 n.
i **4.7** La *piedra principal:* símbolo de la restauración del templo por Zorobabel (v. 9).
j **4.10** Las *siete lámparas* representan simbólicamente a Dios mismo, que no desiste en su empeño de velar por la restauración de su pueblo. Cf. Ap 5.6; véase Zac 4.2 nota *b*.
k **4.6-10** Los vv. 6-10 forman una especie de paréntesis para destacar el mensaje del Señor a Zorobabel. Algunas traducciones recientes colocan esta sección después del v. 14, para mantener la continuidad de la narración.
l **4.14** *Consagrados* o *ungidos:* lit. *hijos del aceite.* Véase 4.3 n.
a **5.1** El *rollo*, que era un largo pliego de cuero o papiro, simboliza la palabra de Dios (cf. Ez 2.9-10; Ap 5.1; 10.9-11). Sus grandes dimensiones (v. 2) son iguales a las del vestíbulo del templo de Salomón (1 R 6.3).
b **5.3** La *maldición* que se incluye en el *rollo* puede referirse a las que se enumeran en Dt 27.14-26; 28.15-19. Esta maldición alcanzará a todo el que *robe* o *jure en falso* (Ex 20.7,15).
c **5.6** *Una medida:* lit. *una efa*, recipiente con capacidad para unos 22 litros (véase *Tabla de pesas, monedas y medidas*). En la visión, la *medida* no tiene su valor ordinario (v. 7), para destacar así el enorme *pecado* del pueblo. El acto de cerrar el recipiente con una *tapa de plomo* (vv. 7-8) da a entender que el pecado ya no volverá a reinar sobre Judá.
d **5.6** *Pecado:* o *culpa*, según algunas versiones antiguas; heb. *ojo*.

la medida. ⁸ Me dijo el ángel: "Esa mujer es la maldad." Y la empujó adentro de la medida, y la cerró con la tapa de plomo.

⁹ Miré otra vez, y vi aparecer dos mujeres. Tenían alas, y el viento las impulsaba. Eran alas como de cigüeña, y llevaban la medida por los aires.

¹⁰ Pregunté entonces al ángel que hablaba conmigo: "¿A dónde llevan esa medida?" ¹¹ Y él me contestó: "Van a construirle un templo en Babilonia. ᵉ Cuando ya esté terminado el templo, la instalarán allí, sobre un pedestal." ᶠ

6 Visión de los cuatro carros de guerra
¹ Tuve otra visión. Vi aparecer cuatro carros de guerra por entre dos montañas de bronce. ᵃ ² El primer carro iba tirado por caballos rojos; el segundo, por caballos negros; ³ el tercero, por caballos blancos; y el cuarto, por caballos tordillos. ᵇ

⁴ Pregunté al ángel que hablaba conmigo: "Mi señor, ¿qué significa esto?" ⁵ El ángel me contestó: "Estos son los cuatro vientos, que salen de delante del Señor ᶜ de toda la tierra. ⁶ El carro tirado por caballos negros va al país del norte; el tirado por caballos blancos, al país del poniente; y el tirado por caballos tordillos, al país del sur."

⁷ Y salieron los caballos tordillos, ansiosos de recorrer toda la tierra. El ángel les dijo: "Recorran toda la tierra." Y ellos lo hicieron así.

⁸ Después de esto, el ángel me gritó: "¡Mira, los que fueron al país del norte ᵈ van a calmar el enojo del Señor en ese país!"

c) La coronación de Josué (6.9-15)

⁹ El Señor me dio este mensaje: ¹⁰ "Recoge una colecta entre los desterrados que ya han regresado de Babilonia: Heldai, Tobías y Jedaías. Luego, en el mismo día, vete a casa de Josías, hijo de Sofonías. ᵉ ¹¹ Con la plata y el oro que hayas recogido, haz coronas,ᶠ y ponle una en la cabeza al sumo sacerdote Josué, hijo de Josadac. ¹² Y dile: 'El Señor todopoderoso afirma que el varón llamado Retoño ᵍ brotará de sus propias raíces y reconstruirá el templo del Señor. ¹³ Reconstruirá el templo del Señor y recibirá los honores propios de un rey. Se sentará en su trono a gobernar, y al lado de su trono se sentará el sacerdote, y habrá paz entre los dos. ¹⁴ Y las coronas serán un recuerdo que quedará en el templo del Señor en honor de Heldai, Tobías, Jedaías y Josías, hijo de Sofonías.' " ʰ

¹⁵ Vendrá gente de lejos, para ayudar a reconstruir el templo del Señor; y entonces reconocerán ustedes que el Señor todopoderoso fue quien me envió. Esto sucederá cuando ustedes escuchen la voz del Señor su Dios y le obedezcan. ⁱ

d) La cuestión del ayuno y anuncio de la salvación mesiánica (7—8)

7 El falso ayuno
¹ El día cuatro del mes noveno (llamado Quisleu), del cuarto año del gobierno del rey Darío, el Señor dirigió un mensaje al profeta Zacarías. ᵃ ² En aquel tiempo, el pueblo de Betel había enviado a Sarézer y a Réguem-mélec, ᵇ con sus hombres, a pedir la ayuda del Señor ³ y a preguntar a los profetas y a los sacerdotes del templo del Señor todopoderoso: "¿Habremos de seguir guardando luto y ayuno el quinto mes de cada año, tal como lo hemos hecho hasta ahora?" ᶜ

⁴ Entonces el Señor todopoderoso se dirigió a mí, y me dijo: ⁵ "Di a todo el pueblo del país, y a los sacerdotes: 'Ustedes hacen ayuno y guardan luto el quinto y el séptimo mes desde hace setenta años. ᵈ Pero no lo hacen para honrarme a mí, ⁶ sino que cuando ustedes comen y beben, lo hacen para su propio provecho.' " ᵉ ⁷ ¿Acaso no son estas las mismas palabras que el Señor pronunció por medio de los antiguos profetas, ᶠ cuando Jerusalén estaba en paz y llena de gente, y lo estaban también las ciudades de alrededor, y las regiones del Négueb y la llanura? ᵍ

ᵉ 5.11 *Babilonia:* heb. *Sinar* (cf. Gn 11.2; véase Dn 1.2 n.).

ᶠ 5.9-11 La *maldad* (v. 8), que en la visión ha sido personificada, es desterrada a Babilonia, centro simbólico del mundo idólatra y pagano. Allí se le erigirá *un templo* donde será adorada como diosa. Cf. Ap 17.5.

ᵃ 6.1 En las tradiciones babilónicas, *dos montañas* indicaban simbólicamente la entrada a la morada de los dioses.

ᵇ 6.2-3 Véase Zac 1.8 nota *l*; cf. también Ap 6.2-5.

ᶜ 6.5 *Son los cuatro vientos que salen de delante del Señor:* otra posible traducción: *salen a los cuatro vientos, después de presentarse delante del Señor.* Cf. Ap 7.1.

ᵈ 6.8 Los desterrados al *país del norte,* es decir, a Babilonia (véase 2.6-7 n.), regresarán a Jerusalén (v. 15) para reconstruir el templo y *calmar el enojo del Señor.*

ᵉ 6.10 Los personajes mencionados en este v. (y en el v. 14) no vuelven a aparecer en la Biblia.

ᶠ 6.11 La *corona*, símbolo de realeza, debía estar destinada a Zorobabel, el legítimo representante de la dinastía de David (véase 3.8 nota *j*). Aquí, sin embargo, el que la recibe es el *sumo sacerdote,* porque este pasaje recibió su redacción final cuando Zorobabel ya había desaparecido de la escena y el gobierno del pueblo judío estaba en manos de los sacerdotes.

ᵍ 6.12 Zorobabel, llamado aquí *Retoño, reconstruirá el templo* y junto al *sacerdote* gobernará en *paz* la ciudad restaurada (v. 13). Véase Zac 3.8 nota *j*.

ʰ 6.14 *Heldai* y *Josías:* según el v. 10 y una versión antigua. Heb. *Helom* y *Hen* respectivamente.

ⁱ 6.15 Is 60.4-7; Zac 8.20-23.

ᵃ 7.1 La fecha corresponde a noviembre-diciembre del 518 a.C., cuando ya había comenzado la reconstrucción del templo.

ᵇ 7.2 *Sarézer... Réguem-mélec:* Esta es la única información disponible acerca de estas personas. Algunas versiones ven en *Réguem-mélec* no un nombre propio sino un título honorífico: *superintendente* (o *gran mago*) *del rey.*

ᶜ 7.3 En el *quinto mes*, junio-julio (véase el *Calendario hebreo*), se recordaba el aniversario de la destrucción del templo y de la ciudad de Jerusalén por los babilonios en el 587 a.C. (2 R 25.8-9). Como ya había comenzado la reconstrucción del templo, el pueblo quería saber si era necesario continuar con las prácticas de *luto y ayuno.* La respuesta se da más adelante (véase Zac 8.19 n.).

ᵈ 7.5 Los ayunos y lutos del *séptimo mes* (agosto-septiembre) rememoraban el aniversario del asesinato de Guedalías, que fue gobernador de Judá en el año 587 a.C. (2 R 25.25; Jer 41.1-3). Los judíos habían recordado los acontecimientos trágicos del 587 a.C. por unos *setenta años.* La consulta a los *profetas* y *sacerdotes del templo* (v. 3) se hizo en el 518 a.C. (v. 1). Véase Zac 1.12 n.

ᵉ 7.6 Según el profeta, en la celebración del ayuno y del luto, el pueblo buscaba su propio provecho. Cf. Is 1.11-17; 58.1-7,13-14.

ᶠ 7.7 *Los antiguos profetas:* Véase Zac 1.4 n.

ᵍ 7.7 *El Négueb* es la región meridional de Judá; *la llanura* es la que bordea el mar Mediterráneo. Véase *Índice de mapas.*

La desobediencia, causa del destierro

8 El Señor se dirigió al profeta Zacarías, y le dijo: **9** "Esto es lo que yo ordeno: Sean ustedes rectos en sus juicios, y bondadosos y compasivos unos con otros. **10** No opriman a las viudas, ni a los huérfanos, ni a los extranjeros, ni a los pobres. No piensen en cómo hacerse daño unos a otros." [h] **11** Pero el pueblo se negó a obedecer. Todos volvieron la espalda y se hicieron los sordos. **12** Endurecieron su corazón como el diamante, [i] para no escuchar la enseñanza y los mandatos que el Señor todopoderoso comunicó por su espíritu, por medio de los antiguos profetas.

Por eso el Señor se enojó mucho, [j] **13** y dijo: "Así como ellos no quisieron escucharme cuando yo los llamaba, tampoco yo los escucharé cuando ellos me invoquen. **14** Por eso los dispersé como por un torbellino entre todas esas naciones que ellos no conocían, y tras ellos quedó el país convertido en un desierto donde nadie podía vivir. ¡Un país tan hermoso, y ellos lo convirtieron en desolación!" [k]

Promesa del Señor [a]

8 **1** El Señor todopoderoso me dio este mensaje: **2** "Esto es lo que yo, el Señor todopoderoso, digo: Siento por Sión grandes celos, celos furiosos. [b] **3** Y he de volver a Jerusalén, para vivir allí. Entonces Jerusalén será llamada Ciudad Fiel, y el monte del Señor todopoderoso será llamado Monte Santo. [c] **4** Ancianos y ancianas se sentarán de nuevo en las plazas de Jerusalén, apoyado cada cual en su bastón a causa de su mucha edad. [d] **5** Niños y niñas llenarán las plazas de la ciudad y jugarán en ellas. **6** En aquel tiempo todo esto parecerá imposible a los ojos de los que queden [e] de mi pueblo; pero a mí no me lo parecerá. [f] Yo, el Señor todopoderoso, lo afirmo: **7** Yo libertaré a mi pueblo del país de oriente y del país de occidente, **8** y lo traeré a Jerusalén para que viva allí. Ellos serán entonces mi pueblo, y yo seré su Dios, con fidelidad y justicia." [g]

9 Esto dice el Señor todopoderoso: "Esfuércense, ustedes que en estos días han oído las palabras dichas por los profetas, desde el día en que se pusieron los cimientos para la reconstrucción del templo del Señor todopoderoso. [h] **10** Porque hasta estos días no había paga para los hombres ni para las bestias. Y a causa del enemigo, tampoco había paz para los habitantes; y yo había puesto a los unos en contra de los otros. [i] **11** Pero ahora, para los que queden de este pueblo, ya no voy a ser como en los primeros días. Yo, el Señor todopoderoso, lo afirmo. **12** Porque la paz estará sembrada entre ellos. Los viñedos darán su fruto; la tierra, sus productos; y el cielo, su rocío. [j] Y yo les daré todo eso en posesión a los que queden de este pueblo. **13** Y así como ustedes, los de Judá y los de Israel, fueron maldición entre las demás naciones, así yo ahora los salvaré y haré que sean bendición. ¡No tengan miedo! ¡Esfuércense!" [k]

14 Esto dice el Señor todopoderoso: "Yo había decidido castigar a los antepasados de ustedes cuando me hicieron enojar, y mantuve mi decisión. **15** Ahora, en cambio, he decidido hacerles bien a Jerusalén y a Judá. Por lo tanto, no tengan miedo. [l] **16** Esto es lo que siempre deben hacer ustedes: Díganse siempre la verdad unos a otros, juzguen con justicia y procuren la paz en los tribunales; **17** no se hagan daño unos a otros ni juren en falso. Porque yo odio todo eso. Yo, el Señor, lo afirmo." [m]

18 El Señor todopoderoso se dirigió a mí, y me dijo: **19** "Los ayunos [n] de los meses cuarto, quinto, séptimo y décimo se convertirán en motivo de alegría, en fiestas felices para los descendientes de Judá. ¡Amen ustedes, pues, la verdad y la paz!"

20 Esto dice el Señor todopoderoso: "Todavía han de venir gentes y habitantes de muchas ciudades. **21** Entonces los de una ciudad se dirigirán a los de otra, y les dirán: '¡Vamos a buscar al Señor todopoderoso y a pedirle que nos bendiga!' Y los otros les contestarán: '¡Nosotros también iremos!' **22** Y vendrán a Jerusalén muchos pueblos y naciones numerosas, a buscar al Señor todopoderoso y a pedirle que los bendiga. **23** En aquel tiempo, diez extranjeros de las demás naciones agarrarán por la ropa a un judío, y le dirán: '¡Queremos ir con ustedes, porque hemos oído que Dios está con ustedes!' " [ñ]

---

[h] **7.8-10** En estos vv. se destacan algunas de las enseñanzas sociales y éticas más importantes de los profetas. Cf. Is 1.17,23; Jer 7.5-6; 22.3; Am 5.24; Miq 6.8. Cf. también Ex 22.20-23; Lv 19.33-34; Dt 24.17-18; 27.19.

[i] **7.11-12** 2 R 17.14; Neh 9.16; Jer 5.3; 7.25-26; Ez 11.19.

[j] **7.12** *Los antiguos profetas:* Véase Zac 1.4 n.

[k] **7.13-14** La dispersión entre las naciones es una de las consecuencias de la infidelidad al pacto o alianza (Dt 28.36-37,64-68). Cf. también Dt 4.27; Jer 15.14; 16.13; 17.4.

[a] **8.1-23** En este capítulo se han agrupado varios mensajes de salvación, que preanuncian la era mesiánica de paz y felicidad.

[b] **8.2** *Grandes celos, celos furiosos:* cf. Ex 20.5, y véase Zac 1.14 n.

[c] **8.3** *Ciudad Fiel* (cf. Is 1.26; 62.12; Ez 48.35) y *Monte Santo* (véase Sal 2.6 n.) son títulos mesiánicos de la ciudad de *Jerusalén* (*Sión*).

[d] **8.4** Para los israelitas, una larga vida era una bendición especial de Dios (Is 65.20; 1 Mac 14.9; cf. Job 5.26).

[e] **8.6** *De los que queden:* o *del resto.* Cf. vv. 11-12; Is 1.9; 4.3; 10.20-22.

[f] **8.6** *No me lo parecerá:* Gn 18.14; Jer 32.27.

[g] **8.7-8** El Señor hará que los deportados regresen a Jerusalén (v. 8) desde todos los países en los que estaban dispersos (2.6-13; cf. Dt 30.3-4). Este regreso producirá una renovación de la alianza. Cf. Ex 6.7; Jer 31.33.

[h] **8.9** Cf. Hag 1.6-11; 2.4-9.

[i] **8.10** Aquí se alude probablemente a la oposición que se produjo cuando comenzó la reconstrucción del templo. Cf. Esd 4; Neh 6.1-13.

[j] **8.12** La fertilidad del suelo y la abundancia de frutos eran parte de las bendiciones prometidas para los tiempos mesiánicos. Cf. Ez 34.25-27.

[k] **8.13** *Los de Judá y los de Israel:* Los descendientes de los reinos del sur y del norte, que antes habían sido el signo de una *maldición* (Jer 29.18), serán en adelante una *bendición* para todas las naciones (cf. vv. 20-23; Gn 12.2; 22.18).

[l] **8.14-15** Véase Am 7.3 n.

[m] **8.14-17** En estos vv. reaparecen varios temas frecuentes en los escritos proféticos, como la justicia, la paz y la honradez (7.8-10; Is 1.17; Miq 6.8; cf. Ef 4.25-32).

[n] **8.19** En estos *ayunos*, el pueblo se lamentaba por la conquista de Jerusalén y la destrucción del templo (véanse Zac 7.3 n. y 7.5 n.). En el mes *cuarto* se recordaba la entrada de Nabucodonosor a la ciudad; en el *décimo,* el comienzo del asedio. Cf. 2 R 24.1-4; Jer 39.1-2; 52.4-7.

[ñ] **8.20-23** Los vv. 20-23 presentan la salvación en perspectiva universal: los pueblos no judíos también recibirán las bendiciones de Dios y Jerusalén será el centro del mundo (cf. 14.16; Is 2.2-4; Miq 4.1-3). *Dios está con ustedes:* Véase Is 7.14 n., y cf. Is 45.14.

II. EL REINADO DEL MESÍAS (9—14) [a]

a) El castigo de las naciones vecinas (9.1-8) [b]

9 ¹ Este es el mensaje que el Señor comunicó contra el país de Hadrac y la ciudad de Damasco: [c] "Las ciudades de Siria [d] pertenecen al Señor, lo mismo que todas las tribus de Israel. ² También le pertenecen Hamat, vecina de aquellas ciudades, y Tiro y Sidón con toda su cultura. [e] ³ Tiro construyó fortificaciones, y amontonó oro y plata como quien amontona barro. ⁴ Pero el Señor se lo quitará todo, y echará al mar su riqueza, y quemará por completo la ciudad. [f]

⁵ "Cuando la ciudad de Ascalón vea esto, se llenará de espanto. Gaza también sufrirá mucho, y las esperanzas de Ecrón quedarán por los suelos. ¡Gaza quedará sin rey, y Ascalón quedará sin habitantes! ⁶ En Asdod vivirá una raza mezclada, [g] y así humillaré el orgullo de los filisteos. [h] ⁷ Les quitaré de la boca la carne con sangre que comen, y de entre los dientes, los alimentos prohibidos. [i] Pero de esa gente habrá algunos que quedarán [j] para mí; llegarán a ser parte de Judá, y Ecrón será como los jebuseos. [k] ⁸ Y yo estaré atento para defender a los míos frente a cualquiera que pase por aquí. El opresor no volverá a oprimirlos, porque ahora yo vigilo con mis propios ojos."

b) El futuro rey de Israel (9.9-10)

⁹ ¡Alégrate mucho, ciudad de Sión!
¡Canta de alegría, ciudad de Jerusalén!
Tu rey viene a ti, justo y victorioso,
pero humilde, montado en un burro,
en un burrito, cría de una burra. [l]
¹⁰ Él destruirá los carros de Efraín,
los caballos de Jerusalén
y los arcos de guerra.
Anunciará paz a las naciones
y gobernará de mar a mar,
del Éufrates al último rincón del mundo. [m]

c) La restauración de Israel (9.11-17)

¹¹ Esto dice el Señor:
"Jerusalén, por la sangre de tu alianza, [n]
yo sacaré del pozo sin agua [ñ]
a tus presos que están en él.
¹² ¡Ustedes, cautivos que mantienen la esperanza,
regresen a su fortaleza!
Les digo que voy a darles en bendición
el doble de cuanto tuvieron que sufrir. [o]
¹³ Pues he tendido mi arco de guerra, que es Judá,
y le he puesto una flecha, que es Efraín.
De ti, Sión, haré una espada,
y levantaré a tus hijos contra los hijos de Grecia." [p]

¹⁴ El Señor se mostrará sobre su pueblo;
disparará sus flechas como rayos.
Dios, el Señor, tocará la trompeta
y avanzará entre las tempestades del sur.
¹⁵ El Señor todopoderoso protegerá a los suyos,
y ellos pisotearán las piedras de los honderos
y devorarán a sus enemigos; [q]

---

[a] **9.1—14.21** Los caps. 9—14 incluyen una serie de anuncios proféticos cuyo tema común es el establecimiento del reinado definitivo del Mesías. A diferencia de la primera sección (caps. 1—8), estos anuncios proféticos no están fechados ni se atribuyen expresamente a Zacarías (véase la *Introducción*). Los caps. 9—11 anuncian la intervención del Señor al fin de los tiempos y el triunfo sobre sus enemigos; los caps. 12—14 destacan la salvación y victoria final de Jerusalén en el día del Señor.

[b] **9.1-8** El itinerario de conquista que se incluye en este *mensaje del Señor* (vv. 1-8) es similar al seguido por Alejandro Magno, después de su victoria sobre los persas en el 333 a.C. (cf. 1 Mac 1.1-4, y véase la *Tabla cronológica*). Las regiones mencionadas forman parte de la tierra que Dios prometió a Abraham y a sus descendientes (cf. Gn 15.18-21; Ex 23.31). Véase *Índice de mapas*.

[c] **9.1** *Hadrac:* ciudad aramea al norte de Siria; *Damasco:* la capital de Siria (Is 17.1-3; Jer 49.23-27; Am 1.3-5).

[d] **9.1** *Las ciudades de Siria:* texto probable. Heb. *el ojo del hombre.*

[e] **9.2** *Hamat:* importante población al norte de Siria. *Tiro y Sidón,* ciudades fenicias en la costa del mar Mediterráneo, al norte de Palestina (Is 23.1-18; Ez 26.1—28.26; Jl 3.4-8; Am 1.9-10; Mt 11.21-23; Lc 10.13-14).

[f] **9.3-4** *Tiro:* ciudad fenicia rica y próspera, símbolo de arrogancia y orgullo (Ez 28.11-19).

[g] **9.6** *Raza mezclada:* expresión de desprecio hacia una población mestiza. Los filisteos no podrán sentirse orgullosos de su pureza racial, por la presencia entre ellos de colonos provenientes de otras ciudades.

[h] **9.5-6** *Ascalón, Gaza, Ecrón y Asdod:* junto con Gat, formaron la confederación filistea en la costa del mar Mediterráneo, al sur de Palestina (véanse Jos 11.22 nota *n*; 13.3 nota *c*; cf. Is 14.29-31; Jer 47.1-7; Ez 25.15-17; Jl 3.4-8; Am 1.6-8; Sof 2.4-7). Véase también *Índice de mapas.*

[i] **9.7** El texto se refiere a la práctica filistea de comer *carne con sangre,* es decir, carne que no había sido desangrada adecuadamente, según lo establecido por la ley de Moisés; cf. Gn 9.4; Lv 17.10-12; Dt 12.23-24.

[j] **9.7** *Algunos que quedarán:* lit. *un resto* (cf. Zac 8.6).

[k] **9.7** *Los jebuseos:* antiguos habitantes de Jerusalén, integrados al pueblo de Dios cuando David conquistó la ciudad (2 S 5.6-9). También otros paganos, como los despreciados filisteos, enemigos tradicionales de los judíos, podrán participar de los privilegios del pueblo de Dios, cuando se integren a los *que quedaron,* es decir, al "resto", o remanente, de Israel.

[l] **9.9** Este pasaje, citado en Mt 21.5 y Jn 12.15, destaca el carácter *humilde* del Mesías, a pesar de estar investido de dignidad real. Su entrada *montado en un burro,* y no en un caballo o en un carro de guerra, pone de relieve el carácter pacífico del monarca (cf. 1 R 9.6), ya que el caballo era la montura del guerrero (cf. Ex 14.9; Zac 1.7-11).

[m] **9.10** El reinado no solo era pacífico (v. 9), sino universal (cf. Sal 46.8-10[9-11]; 72.7-8; Is 2.1-5; 11.6-9; Os 2.18; Miq 4.1-4; cf. Ef 2.14-18). *Efraín y Jerusalén* representan, respectivamente, a los antiguos reinos del norte y del sur que volverán a estar unidos (Jer 3.18; Ez 37.15-28). *De mar a mar,* es decir, desde el mar Mediterráneo hasta el Mar Muerto. Véase *Índice de mapas.*

[n] **9.11** *La sangre de tu alianza:* alusión a la alianza de Dios con Israel, sellada con la sangre de los sacrificios (Ex 24.5-8; cf. Mt 26.28; Mc 14.24; Heb 9.20; véase Sal 50.5 n.).

[ñ] **9.11** *Pozo sin agua:* fosa usada como calabozo; aquí alude a Babilonia, donde habían estado los judíos durante el exilio.

[o] **9.12** Is 40.1-2; 61.7.

[p] **9.13** Este v. puede referirse a la época posterior a la conquista griega (lit. *Javán;* véase Jl 3.6 n.) bajo Alejandro Magno (véase 9.1 n.).

[q] **9.14-15** Estos vv. emplean el lenguaje de los himnos y cánticos que celebraban la victoria de Dios sobre *sus enemigos* (cf. Jue 5; 2 S 22; Sal 18; Hab 3).

beberán su sangre como vino,
se llenarán de ella como un tazón,
como los cuernos del altar. *r*

16 En aquel día, el Señor su Dios
salvará a su pueblo como a un rebaño,
y brillarán los suyos en su propio país
como las piedras preciosas de una corona.
17 ¡Qué bueno, qué hermoso será el país!
Con la abundancia de su trigo y su vino,
nuestros muchachos y muchachas
  crecerán hermosos. *s*

d) La promesa de liberación (10.1—11.3)

10 **1** Pídanle al Señor lluvias de primavera,
  y el Señor, que produce los relámpagos,
las enviará en abundancia,
y a todos les dará hierba en el campo. *a*
2 La palabra de los ídolos es mentira,
y es falso lo que ven los adivinos. *b*
Sus predicciones son sueños sin sentido,
y sus palabras de consuelo están vacías.
Por eso el pueblo vaga como un rebaño,
y sufre por falta de un pastor. *c*

3 Por eso dice el Señor:
"Mi furor se ha encendido contra los pastores, *d*
y castigaré a los guías de mi pueblo."
El Señor todopoderoso, que cuida de su rebaño,
de los descendientes de Judá,
hará de ellos sus fuerte caballo en la batalla.
4 De ellos saldrán la Piedra Angular,
la Estaca de Tienda y el Arco de Guerra.
De ellos saldrán todos los caudillos. *e*
5 Serán *f* como soldados
que en la batalla pisan el barro de las calles;
lucharán, porque el Señor está con ellos,
y pondrán en vergüenza a los jinetes.

6 Dice el Señor:
"Yo daré fuerzas a los descendientes de Judá
y salvaré a los descendientes de José. *g*

Los guiaré de vuelta a su patria,
porque tengo compasión de ellos.
Volverán a ser como si yo nunca los hubiera rechazado,
pues yo soy el Señor su Dios,
que atiendo sus oraciones.
7 Efraín será como un soldado.
Su corazón se alegrará como con vino,
y al verlo se alegrarán también sus hijos.
¡Su corazón se alegrará a causa del Señor!

8 "Yo los llamaré y los reuniré,
porque los he salvado.
Volverán a ser tan numerosos
como lo fueron en otros tiempos.
9 Yo los dispersé entre las naciones
pero, aun estando lejos, se acordarán de mí,
y un día volverán con sus hijos. *h*
10 Los haré regresar de Egipto,
los traeré de Asiria,
los llevaré a Galaad y al Líbano,
y serán tantos que faltará lugar para ellos. *i*
11 Atravesarán el mar de Egipto, *j*
cuyas olas heriré.
Secaré el Nilo hasta el fondo,
destruiré el orgullo de Asiria
y acabaré con el poder de Egipto. *k*
12 Yo les daré fuerzas,
y avanzarán en mi nombre.
Yo, el Señor, doy mi palabra."

11 **1** ¡Abre, Líbano, tus puertas,
  y que el fuego consuma tus cedros!
2 ¡Llora, oh pino,
porque cayó el cedro,
porque aquellos árboles hermosos
han quedado destruidos!
¡Giman ustedes, encinas de Basán,
porque el bosque espeso ha sido derribado!
3 Lloran a gritos los pastores,
porque la hermosura de los pastos
ha quedado destruida.

---

r **9.15** *Beberán su sangre... cuernos del altar:* según la versión griega (LXX). Heb. oscuro. Los *cuernos del altar* estaban en las esquinas del altar de los holocaustos (véase Ex 27.2 n., y cf. Ex 38.1-2).

s **9.17** Jer 31.12-13. Algunos relacionan este v. con las *lluvias de primavera* que se piden en el cap. siguiente (Zac 10.1).

a **10.1** *El Señor,* y no los baales, es el que gobierna la naturaleza y da fertilidad y vida a la tierra (cf. Dt 11.14; 28.12; Sal 135.7; Jer 14.22; Os 2.8[10]; Am 5.8-9). Esta plegaria tenía especial significación en momentos de crisis nacional.

b **10.2** *Los ídolos,* o dioses familiares, se utilizaban para la adivinación (Jue 17.5; 18.14-20). Esta mención sugiere que dicha práctica pagana persistió entre los judíos aun después del exilio (cf. Mal 3.5), aunque estaba expresamente prohibida en *Deuteronomio* (Dt 18.9-14).

c **10.2** Cf. Jer 50.6-7; Ez 34.5-6; Mt 9.36; Mc 6.34.

d **10.3** *Los pastores y guías* representan aquí a los reyes extranjeros que gobernaban y maltrataban al pueblo de Dios (cf. Ez 34.2). La imagen del *pastor* (v. 2) se utiliza en la Escritura para referirse a los reyes terrenos (Is 44.28; Jer 23.2-4), a Dios como rey (Ez 34.11-16;

véase Sal 23.1 n.) y al Mesías (Ez 34.22-24; Jn 10.11-16; Heb 13.20; 1 P 5.4).

e **10.4** *La Piedra Angular, la Estaca de Tienda y el Arco de Guerra* son figuras retóricas que representan a los gobernantes y guerreros que iban a surgir *de los descendientes de Judá* (v. 3). Simbolizan la futura estabilidad del pueblo de Dios.

f **10.5** *Serán:* referencia a los habitantes de Judá (vv. 3-4).

g **10.6** La salvación del Señor alcanzará a *Judá* y a *José,* es decir, a los reinos del sur y del norte, respectivamente. Véase Sal 80.1-2 (2-3) n.

h **10.9** *Volverán con sus hijos:* texto probable. Heb. *vivirán con sus hijos y volverán.*

i **10.10** *Egipto y Asiria* representan a los países donde los israelitas fueron exiliados (véase Os 11.11 n.). El *Líbano* y *Galaad* lindaban con el territorio de Israel al norte y al nordeste, respectivamente; en tiempos de la monarquía, los asirios tomaron posesión de esas tierras (cf. 2 R 15.29). Véase *Índice de mapas.*

j **10.11** *Egipto:* texto probable. Heb. *angustia.*

k **10.11** Aquí se compara la reunificación y salvación del pueblo de Dios (vv. 8-10) con el éxodo de Egipto (cf. Ex 14.22; Is 51.9-11).

Se oye el rugido del león,
porque la espesura del Jordán
ha quedado destruida. *ᵃ*

e) Los dos pastores (11.4-17) *ᵇ*

⁴ Esto me dijo el Señor mi Dios: "Cuida las ovejas destinadas al matadero. ⁵ Los compradores las matan sin sentirse culpables, y los vendedores dicen: '¡Gracias al Señor, ya soy rico!' Ni siquiera sus propios pastores tienen compasión de ellas. *ᶜ* ⁶ Pues, del mismo modo, tampoco yo volveré a tener compasión de la gente que vive en este país, sino que voy a entregar a cada uno en manos de su prójimo y en manos de su rey. Estos destruirán el país, y no salvaré de sus manos a nadie. Yo, el Señor, lo afirmo."

⁷ Entonces me puse a cuidar las ovejas destinadas al matadero. Lo hice por cuenta de los tratantes. *ᵈ* Y me conseguí dos bastones: al uno lo llamé "Bienestar" y al otro "Unión". *ᵉ* ⁸ Y en un solo mes despedí a tres pastores que habían agotado mi paciencia y que me odiaban. *ᶠ*

⁹ Y a las ovejas les dije: "¡No volveré a ser el pastor de ustedes! ¡Si alguna ha de morir, que muera! ¡Si a alguna la matan, que la maten! ¡Y las que queden, que se coman unas a otras!"

¹⁰ Tomé entonces mi bastón llamado "Bienestar" y lo rompí en señal de que quedaba anulada la alianza que Dios había hecho con todas las naciones. *ᵍ* ¹¹ Aquel día quedó anulada la alianza, y los tratantes de ovejas, que me estaban observando, comprendieron que era el Señor quien hablaba por medio de lo que yo hacía. ¹² Les dije entonces: "Si les parece bien, páguenme mi salario; y si no, déjenlo." Y me pagaron treinta monedas de plata.

¹³ El Señor me dijo: "Toma esas monedas, el espléndido precio que me han puesto, y échalas en el tesoro del templo." *ʰ* Yo tomé las treinta monedas y las eché en el tesoro del templo. *ⁱ* ¹⁴ Rompí después el segundo bastón, el llamado "Unión", y así quedó destruida la hermandad entre Judá e Israel. *ʲ*

¹⁵ El Señor me dijo: "Y ahora hazte pasar por un pastor irresponsable. *ᵏ* ¹⁶ Porque voy a poner sobre este país un pastor que no se preocupará por la oveja descarriada, ni buscará la perdida, ni curará a la herida, ni dará de comer a la debilitada, sino que se comerá la carne de las más gordas y no dejará de ellas ni las pezuñas. *ˡ* ¹⁷ ¡Ay del pastor inútil que abandona el rebaño! *ᵐ* ¡Que caiga la espada sobre su brazo y su ojo derecho! ¡Que se le quede seco el brazo y completamente ciego el ojo!"

f) La liberación de Jerusalén (12—13)

12 La liberación de Jerusalén *ᵃ* ¹ Este es un mensaje del Señor acerca de Israel. *ᵇ* El Señor, que ha extendido el cielo, y ha puesto base a la tierra, y ha dado vida al hombre, afirma: ² "Yo hago de Jerusalén una copa de vino *ᶜ* que emborrachará a todas las naciones vecinas. Cuando ellas pongan sitio a Jerusalén, también las otras ciudades de Judá serán atacadas.

³ "En aquel día convertiré a Jerusalén en una piedra *ᵈ* muy pesada para todas las naciones. Herirá a cualquiera de ellas que intente levantarla. Todas las naciones se juntarán en contra de Jerusalén, ⁴ pero entonces yo espantaré a todos los caballos y volveré locos a sus jinetes. Cuidaré de los descendientes de Judá, y dejaré ciegos a todos los caballos de las naciones. *ᵉ* ⁵ Al ver esto, los jefes de Judá dirán para sí: 'El Señor todopoderoso es el Dios de los que viven en Jerusalén, y el que les da fuerzas.'

⁶ "En aquel día haré que los jefes de Judá sean como un brasero encendido entre la leña, como un fuego entre manojos de espigas. Devorarán a derecha e izquierda a todas las naciones vecinas, mientras que los habitantes de Jerusalén vivirán otra vez en su ciudad. ⁷ Pero primero yo, el Señor, salvaré a las familias de Judá, para que no crezca el

---

ᵃ **11.1-3** Este himno contiene un mensaje contra *los pastores*, es decir, contra los enemigos poderosos de Israel, simbolizados en *los cedros del Líbano*, las *encinas de Basán* y la *espesura del Jordán* (Zac 10.3; cf. Is 2.11-13; 10.33-34).

ᵇ **11.4-17** La alegoría de los dos *pastores* (vv. 4-17) es de difícil interpretación. El primer *pastor* (vv. 4-14) deja de cuidar el rebaño (v. 9), al ser rechazado por otros *pastores* (v. 8); el segundo (vv. 15-17) descuida y abandona las ovejas de manera *irresponsable* (v. 15). Las *ovejas* representan al pueblo de Israel, víctima de la codicia y opresión por parte de sus malos *pastores*, es decir, de sus reyes o gobernantes. Véase vv. 1-3 n., y cf. también Jer 23.1-2; Ez 34.1-10.

ᶜ **11.5** Los *compradores* podrían representar a los dominadores extranjeros después de la conquista de Alejandro Magno (véase 9.1-8 n.); los *vendedores* o *tratantes* (v. 7), a los funcionarios judíos puestos al servicio de los poderes extranjeros.

ᵈ **11.7** *Por cuenta de los tratantes:* según la versión griega. Heb. *por tanto los humildes del rebaño*.

ᵉ **11.7** Los *dos bastones* simbolizan el cuidado de Dios por su pueblo (cf. Sal 23.4). *Bienestar* (o *favor*) representa la seguridad de Israel ante las naciones extranjeras (v. 10); *Unión* hace referencia a la armonía, la paz y *la hermandad entre Judá e Israel* (v. 14). Cf. Ez 37.15-19.

ᶠ **11.8** *Tres pastores:* alusión a tres malos gobernantes civiles y religiosos, que no es posible identificar con certeza.

ᵍ **11.10** El hecho de romper el *bastón llamado "Bienestar"* y de anular *la alianza*, equivale a afirmar que Dios ha retirado la protección a su pueblo. Véase Os 1.9 n.

ʰ **11.13** *Échalas en el tesoro del templo:* según algunas versiones antiguas; heb. *dáselas al alfarero*.

ⁱ **11.12-13** Como *treinta monedas de plata* era el precio de un esclavo (Ex 21.32), el pastor se consideraba mal pagado. La expresión *el espléndido precio* tiene, por lo tanto, un sentido irónico. El v. 12 se cita parcialmente en Mt 26.15, y los vv. 12-13 en Mt 27.9-10.

ʲ **11.14** Algunos intérpretes han visto aquí una referencia muy antigua al cisma entre judíos y samaritanos. Hacia el 328 a.C., los samaritanos construyeron un templo en Guerizim, para rivalizar con el templo de Jerusalén.

ᵏ **11.15** *Un pastor irresponsable:* símbolo de algún mal gobernante, que no puede ser identificado con certeza.

ˡ **11.16** Ez 34.2-4; Miq 3.1-7.

ᵐ **11.17** Jn 10.12-13.

ᵃ **12.1—13.6** El tema central de la sección final del libro es *el día del Señor* (14.1). En ese día, los que ataquen a Jerusalén serán destruidos (12.9) y *los descendientes de David* (12.10) restaurados. Véase Am 5.18-20 nota *o*.

ᵇ **12.1** *Israel* se refiere aquí no solo al reino del norte, sino a todo el pueblo de Dios (cf. 1 Cr 21.1; 2 Cr 29.24), es decir, a los judíos e israelitas que habían regresado del exilio.

ᶜ **12.2** *Copa de vino:* imagen común para designar la ira de Dios (Sal 75.8[9]; Is 51.17-23; Jer 25.15-29; Ez 23.31-34).

ᵈ **12.3** Is 8.14; 28.16.

ᵉ **12.4** La locura, la ceguera y la confusión están incluidas, en Dt 28.28, entre las consecuencias de la infidelidad al Señor.

prestigio de los descendientes de David y de los habitantes de Jerusalén por encima de los demás descendientes de Judá. **8** Yo, el Señor, protegeré a los que viven en Jerusalén. Los más débiles de ellos serán tan fuertes como el rey David, y los descendientes de David serán como Dios, como el ángel del Señor, que va al frente de ellos.

9 "En aquel día destruiré a cualquier nación que ataque a Jerusalén. **10** Llenaré de espíritu de bondad y oración a los descendientes de David y a los habitantes de Jerusalén. Entonces mirarán al que traspasaron, *f* y harán duelo y llorarán por él como por la muerte del hijo único o del hijo mayor. *g* **11** Se hará en Jerusalén un duelo tan grande como el duelo que se hace por el dios Hadad-rimón *h* en la llanura de Meguido. *i* **12** Familia por familia, cada una por su lado, hará duelo en el país: los descendientes de David, y también sus mujeres; los descendientes de Natán, *j* y también sus mujeres; **13** los descendientes de Leví, y también sus mujeres; los descendientes de Simí, *k* y también sus mujeres; **14** y así todas las otras familias, cada una por su lado, y también sus mujeres.

13 **1** "En aquel día se abrirá un manantial, para que en él puedan lavar sus pecados y su impureza los descendientes de David y los habitantes de Jerusalén. *a* **2** Y en todo este país destruiré hasta los nombres de los ídolos, *b* para que no sigan siendo invocados. Y también quitaré del país a los profetas y a todo espíritu impuro. Yo, el Señor, doy mi palabra. **3** Entonces, cuando alguno quiera profetizar, sus propios padres le dirán: '¡Tú has de morir, porque pretendes hacer pasar tus mentiras por mensajes del Señor!' *c* ¡Sus propios padres lo apuñalarán cuando se esté haciendo pasar por profeta!

4 "En aquel día, los profetas tendrán vergüenza de sus visiones cuando profeticen. Ninguno engañará poniéndose el manto de pieles de los profetas, *d* **5** sino que cada cual dirá: 'Yo no soy profeta, sino labrador. Desde niño me he dedicado a trabajar en el campo.' *e* **6** Y si alguien le pregunta: '¿Pues qué heridas son esas que traes en el cuerpo?', él contestará: 'Me las hicieron en casa de mis amigos.' " *f*

"El Señor es mi Dios" *g*

7 El Señor todopoderoso afirma:
"¡Levántate, espada, contra mi pastor
y contra mi ayudante!
¡Mata al pastor, y el rebaño se dispersará, *h*
y yo me volveré contra los corderos!
8-9 Morirán dos terceras partes
de los que habitan en este país:
solo quedará *i* con vida la tercera parte.
Y a esa parte que quede
la haré pasar por el fuego;
la purificaré como se purifica la plata,
la afinaré como se afina el oro.
Entonces ellos me invocarán,
y yo les contestaré.
Los llamaré 'Pueblo mío',
y ellos responderán: 'El Señor es nuestro Dios.' *j*
Yo, el Señor, doy mi palabra."

g) La victoria final de Jerusalén (14.1-21) *a*

14 **1** Ya viene el día del Señor, *b* cuando tus despojos, Jerusalén, habrán de ser repartidos en medio de ti. **2** Ese día reunirá el Señor a todas las naciones, para que peleen contra Jerusalén. Y conquistarán la ciudad, saquearán sus casas, violarán a sus mujeres y se llevarán cautiva a la mitad de sus habitantes. Solo el resto permanecerá en ella. *c* **3** Pero luego saldrá el Señor a luchar contra esas naciones, como cuando lucha en el día de la batalla. *d* **4** Ese día el Señor apoyará sus pies sobre el Monte de los Olivos, que está frente a Jerusalén, hacia el lado oriental. Y un

---

f **12.10** *Entonces mirarán al que traspasaron:* otra posible traducción. *Entonces mirarán hacia mí* —es decir, hacia el Señor—, *a quienes ellos traspasaron* (o *profanaron*).

g **12.10** *Al que traspasaron:* alusión a algún rey o profeta asesinado por el pueblo, aunque no hay información suficiente para identificarlo con precisión. Algunos lo relacionan con el *pastor* de 11.7-14; otros, con el *siervo del Señor* de Is 52.13—53.12; cf. Zac 13.3. El NT reconoce un significado mesiánico en este texto (Jn 19.37; Ap 1.7).

h **12.11** *Hadad-rimón:* dios fenicio de la vegetación (2 R 5.18). En su honor se celebraba anualmente un duelo ritual en *la llanura de Meguido,* situada en la parte central de Palestina (cf. Ez 8.14).

i **12.11** Por su particular ubicación geográfica, en *Meguido* se libraron batallas memorables (Jue 5.19; 2 R 23.29-30). Véase también Ap 16.16 n.

j **12.12** 2 S 5.14.

k **12.13** Nm 3.20-21.

a **13.1** La imagen del manantial o de la fuente que purifica y difunde vida puede verse también en Sal 46.4(5); Ez 47.1-12; Jl 3.18. Cf. también Jn 4.10-14; 7.37-38; Ap 21.6; 22.1-2.

b **13.2** *Ídolos:* véase 10.2 nota *b.*

c **13.3** *Mentiras como si fueran mensajes del Señor,* cf. Neh 6.10-12; Jer 23.9-23; Ez 13; Am 7.10-17; Miq 3.5-7.

d **13.4** El *manto de pieles* era un especie de capa rústica que solían usar los profetas (2 R 1.8; Mt 3.4; Mc 1.6).

e **13.5** *Me he dedicado a trabajar en el campo:* traducción probable. Heb. oscuro.

f **13.6** Los antiguos profetas de Canaán se hacían incisiones o *heridas en el cuerpo* (lit. *entre tus manos o brazos*) en medio del frenesí o trance profético (1 R 18.28-29; Os 7.14). En este v., el hombre que lleva tales heridas es acusado de ser profeta, pero él, para defenderse, alega un altercado con *amigos.*

g **13.7-9** Aunque algunas versiones relacionan estos vv. con 11.4-17 (véase 11.4-17 n.), el *pastor* representa aquí al lugarteniente o *ayudante* del Señor. Con su *espada* ejecutará la prueba final, que precederá a la purificación o salvación definitiva del pueblo. La prueba se describe con las imágenes clásicas del rebaño sin pastor (Ez 34.5), de la tercera parte (Ez 5.1-4) y del fuego purificador (Is 1.25; 48.10; Jer 6.29-30).

h **13.7** *Mata al pastor... dispersará:* En el NT esta expresión se aplica a Jesucristo (Mt 26.31; Mc 14.27; Jn 16.32). Cf. 1 P 2.22.17.

i **13.8-9** En torno a los que queden, véase 8.6 nota *e* y cf. 8.11-12; 14.2; cf. también Is 1.25; 48.10.

j **13.8-9** *'Pueblo mío... Dios':* La purificación del pueblo reafirmará la alianza con Dios. Cf. Jer 31.33; Os 2.23.

a **14.1-21** Este cap. final describe el *día del Señor* en un lenguaje simbólico: el ataque final de las naciones contra Jerusalén culminará con la victoria definitiva de Dios contra los enemigos de su pueblo. Cf. Is 65.15-25; Ez 38—39; Jl 3.9-21(4.9-21).

b **14.1** *Día del Señor:* Véase 12.1—13.6 n.

c **14.1-2** *Jerusalén* será saqueada por las *naciones* y sus *despojos* serán repartidos; solo el *resto* sobrevivirá. Cf. Zac 8.6,11-12.

d **14.3** Jue 5.4-5; 1 S 7.10; 2 R 19.35.

gran valle, que correrá de oriente a occidente, dividirá en dos el Monte de los Olivos. Medio monte se moverá hacia el norte y el otro medio hacia el sur, ⁵ y ustedes huirán por ese valle que quedará entre los montes, el cual llegará hasta Asal, ᵉ del otro lado. Huirán ustedes como antes huyeron sus antepasados a causa del terremoto ᶠ que se produjo cuando el rey Ozías gobernaba en Judá. Y vendrá el Señor mi Dios acompañado de todos sus fieles.

⁶ Ese día no hará frío ni habrá heladas. ᵍ ⁷ Será un día único, conocido solamente por Dios. En él no se distinguirá el día de la noche, pues aun por la noche seguirá habiendo luz. ʰ ⁸ Entonces saldrán de Jerusalén aguas frescas, que correrán en invierno y en verano, la mitad de ellas hacia el Mar Muerto y la otra mitad hacia el Mediterráneo. ⁱ ⁹ Ese día reinará el Señor en toda la tierra. El Señor será el único, y único será también su nombre. ʲ ¹⁰ Todo el país quedará convertido en una llanura, desde Gueba hasta Rimón, al sur de Jerusalén. Jerusalén estará en alto, y será habitada en ese lugar, desde la Puerta de Benjamín hasta la Puerta del Ángulo (donde antes estuvo la Puerta Antigua) y desde la torre de Hananel hasta las prensas de aceite del rey. ¹¹ Sí, Jerusalén será habitada, y no volverá a ser destruida. ᵏ Sus habitantes vivirán seguros. ˡ

¹² Pero a las naciones que hayan luchado contra Jerusalén, el Señor las castigará duramente: a su gente se le pudrirá la carne en vida, y se le pudrirán los ojos en sus cuencas y la lengua en la boca. ᵐ ¹³ Ese día el Señor los llenará de espanto. Cada cual agarrará de la mano a su compañero, y levantarán la mano unos contra otros.

¹⁴ Entonces luchará también Judá en Jerusalén, ⁿ y arrebatarán a las naciones vecinas abundantes riquezas de plata, oro y ropas. ¹⁵ El mismo castigo que ha de caer sobre la gente, caerá también sobre los caballos, los mulos, los camellos, los asnos y todas las bestias que los enemigos tengan en sus campamentos.

¹⁶ Después de esto, los sobrevivientes de los mismos pueblos que lucharon contra Jerusalén irán año tras año a adorar al Rey, al Señor todopoderoso, y a celebrar la fiesta de las Enramadas. ñ ¹⁷ Y si alguna de las naciones de la tierra no va a Jerusalén a adorar al Rey, al Señor todopoderoso, la lluvia no caerá en sus tierras. ¹⁸ Y si los egipcios no van, el Señor los castigará, del mismo modo que a cualquier otra nación que no vaya a celebrar la fiesta de las Enramadas. ¹⁹ Ese será el castigo de Egipto y de todas las naciones que no vayan a celebrar la fiesta de las Enramadas.

²⁰ Ese día, hasta los cascabeles de los caballos llevarán la inscripción "Consagrado al Señor". Y los calderos del templo serán entonces tan sagrados como los tazones que están delante del altar. ᵒ ²¹ Todos los calderos, en Jerusalén y en Judá, estarán consagrados al Señor todopoderoso. Quienes vayan a hacer un sacrificio, los usarán, y cocerán en ellos la carne de los animales ofrecidos. Ese día ya no habrá más comerciantes ᵖ en el templo del Señor todopoderoso.

ᵉ 14.5 *Asal*: sitio no identificado.

ᶠ 14.5 También en Am 1.1 se hace referencia a este *terremoto*, que acaeció hacia el año 750 a.C.

ᵍ 14.6 *No había frío ni heladas:* texto probable; heb. *no habrá luz; las cosas preciosas se congelarán.*

ʰ 14.7 Is 24.23; 60.19-20; Ap 21.23; 22.5.

ⁱ 14.8 Véase 13.1 n.

ʲ 14.9 El *día* del Señor hará que la declaración de Dt 6.4 tenga alcance universal. Cf. Mal 1.11.

ᵏ 14.11 *No volverá a ser destruida:* lit. *no habrá más maldición* (Jos 6.17 nota *f*). Cf. Ap 22.3, donde se hace alusión a este texto.

ˡ 14.10-11 Aquí se describe de nuevo la gloria de Jerusalén. El país será una *llanura*, solo *Jerusalén estará en alto* (Is 2.2-3; Miq 4.1-2) y se restablecerán las fronteras del reino de Judá antes del exilio: *Gueba*, ubicada a unos 10 km. al norte de Jerusalén (2 R 23.8); *Rimón*, a unos 58 km. al sur (Neh 11.29). En torno a los linderos de la ciudad de Jerusalén, véase el mapa *La Jerusalén del Antiguo Testamento.* La *Puerta de Benjamín* (Jer 37.13): entrada que conducía a la explanada del templo; la *Puerta del Ángulo* (o la

ᵐ 14.12 El lenguaje de este v. es típico del estilo apocalíptico; cf. Ez 38.21-22; 39.17-20; Ap 16.6; 19.17-18.

ⁿ 14.14 *Luchará... en Jerusalén*, es decir, para defender la ciudad. Aunque *luchará... contra Jerusalén* es una posible traducción del texto hebreo, no es apropiada al contexto.

ñ 14.16 La *fiesta de las Enramadas* se celebraba poco antes de las lluvias de otoño (v. 17). Cf. Lv 23.39-43.

ᵒ 14.20 La inscripción *"Consagrado al Señor"* es la misma que llevaba el Sumo sacerdote en la frente (Ex 28.36-38). El poder militar (*los caballos*) y aun los utensilios comunes de cocina estarán consagrados al Señor. Cf. Ro 14.6-8; 1 Co 10.31.

ᵖ 14.21 La exclusión de *los comerciantes* del templo elimina las transacciones comerciales que se realizaban en él. Cf. Mt 21.12-13.

Puerta Antigua) estaba ubicada al noroeste de la ciudad; *la torre de Hananel*, al nordeste de *la Puerta de Benjamín; las prensas de aceite del rey*, al extremo sudeste de la ciudad.

Malaquías

Con el mensaje profético de Malaquías (=Mal) se cierra el libro de los *Doce Profetas*. Este mensaje se caracteriza por su marcado tono polémico, y el hecho más notable es que esta característica se manifiesta tanto en los temas desarrollados como en su presentación literaria. El profeta, en efecto, toma como punto de partida las objeciones de sus oyentes, y practica una especie de "predicación dialogada", de manera que su palabra aparece como una réplica a determinadas preguntas.

Estas "discusiones" de Malaquías con los destinatarios de su mensaje tienen una estructura bastante uniforme. Al comienzo, el Señor establece un principio general o reprueba una práctica más o menos corriente en la comunidad de Israel. A esta afirmación divina los interpelados responden con una objeción o una duda, formulada en forma de pregunta e introducida generalmente por un irónico *Pero ustedes responden* o *Y todavía ustedes preguntan* (1.2,6-7; 2.14,17; 3.7-8,13). Por último, el Señor reafirma y amplía lo dicho al comienzo, añadiendo nuevos reproches o anunciando el castigo de los culpables. El profeta condena así los abusos que se cometen en el culto del templo y en las relaciones familiares y sociales (cf. 3.5). Estas acusaciones están dirigidas especialmente contra los sacerdotes que no ofrecen los sacrificios en la forma debida (1.6—2.9), contra los que se divorcian de sus esposas para casarse con mujeres extranjeras (2.10-16) y contra los que defraudan al Señor dejando de pagar los diezmos (3.6-11).

La predicación de Malaquías deja entrever el estado de ánimo que se había apoderado de muchos israelitas varias décadas después del retorno del exilio. Las brillantes promesas de los profetas Hageo y Zacarías tardaban en cumplirse, y este retraso, agravado por muchas otras dificultades y penurias (cf. 3.11), había hecho que se pusiera en duda el amor y la justicia del Señor (cf. 2.17). Frente a esta corriente de escepticismo, el profeta reafirma el amor del Señor a su pueblo (1.2) y asegura que él hará honor a su palabra y a sus promesas: el día del Señor llegará a su debido tiempo, y entonces la *justicia brillará como la luz del sol* (4.1-3[3.19-21]).

El nombre *Malaquías* es la transcripción del vocablo hebreo *malají*, que significa *mi mensajero*. Por eso no se sabe bien si ese es un nombre personal o si es, más bien, el título de un profeta anónimo. De todas maneras, el libro contiene una serie de alusiones que permiten fijar con relativa seguridad la fecha en que fue redactado. El templo ya ha sido reconstruido (cf. 3.10) y el culto se celebra regularmente (cf. 1.6—2.9). Por otra parte, el pueblo de Judá está sometido a la autoridad de un gobernador persa (véase 1.8 n.), y el profeta percibe la urgente necesidad de corregir los abusos que se cometen en las cuestiones matrimoniales (2.14). Esto permite suponer que la predicación de Malaquías preparó la gran reforma de Nehemías (cf. Neh 13.23-27) y que, por lo tanto, él desarrolló su actividad profética en la segunda mitad del siglo V a.C.

El esquema siguiente ofrece una visión de conjunto de este breve escrito profético:

    I. Introducción (1.1)
   II. El amor del Señor a Israel (1.2-5)
  III. Acusaciones y amenazas contra los sacerdotes que no ofrecen los sacrificios en la forma correcta (1.6—2.9)
  IV. Condena del divorcio y de los matrimonios con mujeres extranjeras (2.10-16)
   V. La purificación de la comunidad (2.17—3.5)
  VI. El pago de los diezmos (3.6-12)
 VII. Promesas relativas al futuro y anuncio del retorno de Elías (3.13—4.3[3.21])
VIII. Conclusión (4.4-6[3.22-24])

I. INTRODUCCIÓN (1.1)

1 [1] Este es el mensaje que el Señor comunicó al pueblo de Israel por medio del profeta Malaquías. [a]

II. EL AMOR DEL SEÑOR A ISRAEL (1.2-5)

[2] El Señor dice: "Yo los amo a ustedes." Pero ustedes responden: "¿Cómo sabemos que nos amas?" El Señor contesta: "Yo los amo por la misma razón que, siendo hermanos Esaú y Jacob, amé a Jacob [3] y aborrecí a Esaú. [b] Y el país de Esaú, que era montañoso, lo convertí en un desierto, y sus propiedades en tierra solo buena para los animales salvajes."

[4] Si los edomitas, descendientes de Esaú, dijeran: "Hemos sido destruidos, pero reconstruiremos nuestra nación", el Señor todopoderoso respondería: "Ellos reconstruirán, pero yo los destruiré otra vez. Su país será llamado 'País de maldad' y 'Nación del eterno enojo del Señor'." [c] [5] Ustedes lo verán con sus propios ojos, y dirán: "¡El Señor es tan grande que sobrepasa las fronteras de Israel!" [d]

---

[a] **1.1** El nombre heb. *Malaquías* significa *mi mensajero* (cf. 3.1). Sobre el encabezamiento de los libros proféticos véase Is 1.1 nota *b*.
[b] **1.3** *Esaú*, llamado también *Edom*, era el antepasado de los edomitas (Gn 25.29-30), proverbiales enemigos de Israel (cf. Gn 25.22-26; 27; 32.4-21; Nm 20.14-21; Abd 10-14; Ro 9.11-13; véase también Abd 1 n.).
[c] **1.4** Cf. Is 34.5-17; 63.1-6; Jer 49.7-22; Ez 25.12-14; 35.1-15; Am 1.11-12; Abd 1-14.
[d] **1.2-5** Los mensajes que se presentan en este libro tienen una estructura literaria uniforme: el profeta plantea el tema que quiere

III. ACUSACIONES Y AMENAZAS CONTRA LOS SACERDOTES QUE NO OFRECEN LOS SACRIFICIOS EN LA FORMA CORRECTA (1.6—2.9)

⁶ El Señor todopoderoso dice a los sacerdotes: "Los hijos honran a sus padres, y los criados respetan a sus amos. Pues si yo soy el Padre de ustedes, ¿por qué ustedes no me honran? Si soy su Amo, ¿por qué no me respetan? Ustedes me desprecian, y dicen todavía: '¿En qué te hemos despreciado?' ⁷ Ustedes traen a mi altar pan indigno, y preguntan todavía: '¿En qué te ofendemos?' Ustedes me ofenden cuando piensan que mi altar puede ser despreciado ⁸ y que no hay nada malo en ofrecerme animales ciegos, cojos o enfermos." ᵉ ¡Vayan, pues, y llévenselos a sus gobernantes! ¡Vean si ellos les aceptan con gusto el regalo! ⁹ Pídanle ustedes a Dios que nos tenga compasión. Pero si le hacen esa clase de ofrendas, no esperen que Dios los acepte a ustedes con gusto. El Señor todopoderoso dice: ¹⁰ "¡Ojalá alguno de ustedes cerrara las puertas del templo, para que no volvieran a encender en vano el fuego de mi altar! Porque no estoy contento con ustedes ni voy a seguir aceptando sus ofrendas. ᶠ ¹¹ En todas las naciones del mundo se me honra; en todas partes queman incienso en mi honor y me hacen ofrendas dignas. ᵍ ¹² En cambio, ustedes me ofenden, pues piensan que mi altar, que es mi mesa, puede ser despreciado, y que es despreciable la comida que hay en él. ʰ ¹³ Ustedes dicen: '¡Ya estamos cansados de todo esto!' Y me desprecian. ⁱ Y todavía suponen que voy a alegrarme cuando vienen a ofrecerme un animal robado, o una res coja o enferma. ¹⁴ ¡Maldito sea el tramposo que me promete un animal sano de su rebaño y luego me sacrifica uno que tiene defecto! Yo soy el gran Rey, y soy temido entre las naciones." Esto dice el Señor todopoderoso.

2 ¹ "Ahora, sacerdotes, esto es para ustedes: ² Ustedes han de obedecerme y deben tomar en serio el honrarme. Si no lo hacen, yo los maldeciré. Y como no han tomado en serio el honrarme, yo convertiré en maldición incluso los beneficios que obtienen de su sacerdocio." Lo dice el Señor todopoderoso.

³ "Voy a privarlos de su poder y a arrojarles a la cara el estiércol de los animales que traen a sacrificar. ¡Y junto con el estiércol, también ustedes serán barridos! ⁴ Así sabrán que yo les he dado este mandato para que mi alianza con Leví ᵃ permanezca firme." Lo dice el Señor todopoderoso.

⁵ "Mi alianza era vida y paz para Leví. ᵇ Se las di para que me respetara y me temiera, y él me mostró temor y reverencia. ⁶ Leví enseñaba la verdad y no había maldad en sus labios. Vivía en perfecta relación de paz conmigo y apartó a muchos de hacer lo malo. ᶜ ⁷ Es el deber de los sacerdotes enseñar a la gente a conocerme, y todos deben acudir a ellos para recibir instrucción, porque ellos son los mensajeros del Señor todopoderoso. ᵈ

⁸ "Pero ustedes, sacerdotes, se han apartado del buen camino; con sus enseñanzas han hecho caer a muchos. Así, ustedes han pervertido mi alianza con Leví. ⁹ Por eso, porque no me han obedecido y porque, además, cuando enseñan a la gente no tratan a todos por igual, yo haré que todo el pueblo los tenga por viles y los desprecie." Lo dice el Señor todopoderoso.

IV. CONDENA DEL DIVORCIO Y DE LOS MATRIMONIOS CON MUJERES EXTRANJERAS (2.10-16) ᵉ

¹⁰ ¿Acaso no tenemos todos un mismo Padre, que es el Dios que a todos nos ha creado? ᶠ ¿Por qué, pues, nos engañamos los unos a los otros, violando así la alianza que hizo Dios con nuestros antepasados? ¹¹ Judá es infiel a Dios, y se cometen acciones horribles en Jerusalén y en Israel. Judá ha violado la santidad del templo que el Señor ama, y los hombres de Judá han tomado por esposas mujeres que adoran a dioses falsos. ᵍ ¹² ¡Ojalá el Señor borre de nuestra nación a quienes hacen tales cosas, sean quienes sean y aunque traigan ofrendas al Señor todopoderoso!

¹³ Pero ustedes aún hacen más: inundan de lágrimas el altar del Señor, y lloran con grandes lamentos porque el Señor ya no acepta con gusto sus ofrendas. ¹⁴ ¿Y aún preguntan ustedes por qué? Pues porque el Señor es testigo de que tú has faltado a la promesa que le hiciste a la mujer con quien te casaste cuando eras joven. ¡Era tu compañera, y tú le prometiste fidelidad! ʰ ¹⁵ ¿Acaso no es un mismo Dios el que ha hecho el cuerpo y el espíritu? ¿Y qué requiere ese Dios sino descendientes que le sean

---

ᵈ **2.4** *Mi alianza con Leví:* Cf. Neh 13.29; Jer 33.20-22. Según esta *alianza* (vv. 5,8) los sacerdotes y los levitas comparten las mismas funciones (cf. Dt 18.1-8; 33.8-11). Cf. Nm 3.1-10.
ᵇ **2.5** *Mi alianza era vida y paz para Leví:* Nm 25.11-13.
ᶜ **2.6** Dt 33.8-10.
ᵈ **2.7** Lv 10.11; Dt 21.5.
ᵉ **2.10-16** Estos vv. contienen una protesta enérgica contra el divorcio y los matrimonios entre judíos y paganos (véase Esd 9.1-15 n.). Aquí se relaciona el tema de la infidelidad al Señor con la experiencia de la vida matrimonial. Cf. Gn 2.21-25; Mt 19.3-9; Mc 10.2-9; Ef 5.21-33.
ᶠ **2.10** *¿Acaso no tenemos todos un mismo Padre, que es el Dios que a todos nos ha creado?:* Is 63.16; 64.8; Os 11.1-4; Ef 4.6.
ᵍ **2.11** *Mujeres que adoran a dioses falsos:* lit. *hija de un dios extranjero.* Casarse con una mujer pagana significaba establecer también lazos de parentesco con su dios. Para el profeta era un acto de infidelidad al Señor; cf. Esd 9—10; Neh 13.23-27.
ʰ **2.14** *Y tú le prometiste fidelidad:* lit. *y esposa de tu pacto;* otra posible traducción: *y era tu esposa legal.*

ᵉ **1.8** *Ofrecerme animales ciegos y enfermos:* Lv 22.18-25; Dt 15.21.
ᶠ **1.10** *Porque no estoy... aceptando sus ofrendas:* Cf. Is 1.11-13; Am 5.21-24.
ᵍ **1.11** En el ardor de su controversia con los sacerdotes, el profeta manifiesta su reprobación del culto que ellos realizan en el templo de Jerusalén. Posiblemente el profeta vislumbraba, asimismo, la era mesiánica, en la que también los extranjeros participarían en el culto al Señor (cf. Is 56.6-7). Aquí se anuncia la renovación total del culto a Dios, luego del rechazo de los sacrificios ofrecidos por los sacerdotes (vv. 7-10).
ʰ **1.12** *Y que es despreciable la comida que hay en él:* sentido probable; heb. oscuro.
ⁱ **1.13** *Y me desprecian:* El heb. dice *lo desprecian,* porque podría parecer una falta de reverencia aplicar a Dios el verbo *despreciar*.

consagrados?' ¡Cuiden ustedes, pues, de su propio espíritu, y no falten a la promesa que le hicieron a la esposa de su juventud! **16** El Señor Dios de Israel, el todopoderoso, dice: "¡Cuiden, pues, de su propio espíritu, y no sean infieles; pues yo aborrezco al que se divorcia de su esposa y se mancha cometiendo esa maldad." *i*

V. LA PURIFICACIÓN DE LA COMUNIDAD (2.17—3.5)

17 El Señor ya está cansado de escucharles; y todavía ustedes preguntan: "¿Qué hemos dicho para que se haya cansado de escucharnos?" Pues ustedes han dicho que al Señor le agradan los que hacen lo malo, y que está contento con ellos. ¡Ustedes no creen que Dios sea justo! *k*

3 **1** El Señor todopoderoso dice: "Voy a enviar mi mensajero para que me prepare el camino.*a* El Señor, a quien ustedes están buscando, va a entrar de pronto en su templo. ¡Ya llega el mensajero de la alianza *b* que ustedes desean!"

2 Pero ¿quién podrá resistir el día de su venida? ¿Quién podrá entonces permanecer en pie? *c* Pues llegará como un fuego, para purificarnos; *d* será como un jabón que quitará nuestras manchas. **3** El Señor se sentará a purificar a los sacerdotes, los descendientes de Leví, como quien purifica la plata y el oro *e* en el fuego. Después ellos podrán presentar su ofrenda al Señor, tal como deben hacerlo. **4** El Señor se alegrará entonces de la ofrenda de Judá y Jerusalén, igual que se alegraba de ella en otros tiempos. *f*

5 El Señor todopoderoso dice: "Yo vendré a juzgarlos a ustedes. Y al mismo tiempo seré testigo contra los que practican la magia, los que cometen adulterio, los que juran en falso, los que oprimen a los trabajadores, a las viudas y a los huérfanos, los que tratan mal a los extranjeros y los que me faltan al respeto.

VI. EL PAGO DE LOS DIEZMOS (3.6-12)

6 "Yo soy el Señor. No he cambiado. *g* Y por eso ustedes, descendientes de Jacob, no han sido aniquilados. **7** Ustedes se han apartado de mis preceptos, como se apartaron sus antepasados, y no han querido obedecerlos. Yo, el Señor todopoderoso, les digo: ¡Vuélvanse a mí, y yo me volveré a ustedes! *h* Pero ustedes dicen: '¿Por qué hemos de volvernos a ti?' **8** Y yo pregunto: ¿Acaso un hombre puede defraudar a Dios? ¡Pues ustedes me han defraudado! Y todavía preguntan: '¿En qué te hemos defraudado?' ¡En los diezmos y en las ofrendas me han defraudado! **9** Sí, toda la nación, todos ustedes, me están defraudando, y por eso voy a maldecirlos. Yo, el Señor todopoderoso, les digo: **10** Traigan su diezmo al tesoro del templo, y así habrá alimentos en mi casa. Pónganme a prueba en eso, a ver si no les abro las ventanas del cielo para vaciar sobre ustedes la más rica bendición. *i* **11** No dejaré que las plagas destruyan sus cosechas y sus viñedos. **12** Todas las naciones les llamarán dichosos, porque ustedes tendrán un país encantador. Yo, el Señor todopoderoso, lo he dicho."

VII. PROMESAS RELATIVAS AL FUTURO Y ANUNCIO DEL RETORNO DE ELÍAS (3.13—4.3[3.21])

13 El Señor dice: "Ustedes han dicho cosas muy duras contra mí. Y todavía preguntan: '¿Qué es lo que hemos dicho en contra tuya?' **14** Esto es lo que han dicho: 'Servir a Dios es cosa inútil. ¿Qué provecho sacaremos de hacer lo que él manda, de andar vestidos de luto delante del Señor todopoderoso? **15** Nosotros hemos visto que los orgullosos son felices, que a los malvados les salen las cosas bien, que ponen a prueba a Dios y no reciben ningún castigo.' " *j*

16 (Los que honran a Dios hablaron entonces entre sí, y el Señor escuchó con atención lo que decían. Y en presencia del Señor se escribió un libro, en el cual se recordaba a los que honran al Señor y lo toman en cuenta.) *k*

17 El Señor todopoderoso dice: "Estoy preparando un día en el que ellos volverán a ser mi pueblo. Como un padre se compadece del hijo que le sirve, así tendré yo compasión de ellos. *l* **18** Entonces ustedes se darán cuenta otra vez de la diferencia que hay entre el bueno y el malo, entre el que adora a Dios y el que no lo adora."

4 *La venida del día del Señor* *a* **1** (3.19) El Señor todopoderoso dice: "Se acerca el día, ardiente como un horno, en que todos los orgullosos y malvados arderán como paja en una hoguera. Ese día que ha de venir los quemará, y nada quedará de ellos. *b* **2** (3.20) Pero para ustedes que me honran, mi justicia brillará como la luz del sol, que en sus

---

i **2.15** ¿Acaso no es un mismo... que le sean consagrados?: traducción probable; heb. oscuro.

j **2.16** Cf. Gn 2.24; Pr 5.18; Mc 10.2-9; Ef 5.21-33.

k **2.17** Cf. Job 21.7-16; Hab 1.2-4; Mal 3.14-15.

a **3.1** *Voy a enviar mi mensajero para que me prepare el camino:* este mensajero que prepara el camino del Señor (Is 40.3) será identificado con Elías (véase 4.5[3.23] n.) y con Juan el Bautista (Mt 11.3-14; Mc 1.2; Lc 1.76; 7.27).

b **3.1** *El mensajero de la alianza:* otra posible traducción: *el ángel de la alianza.* Quizá es una referencia indirecta al Señor (Gn 16.7-16; 18.1-2,17,22).

c **3.2** ¿*Quién podrá resistir... permanecer en pie?:* Cf. Is 13.6; Ez 30.2-3; Jl 1.15; 2.11; Am 5.18-20; 8.9-14; Sof 1.14-18; Ap 6.17.

d **3.2** *Como un fuego, para purificarnos:* Cf. Mt 3.10-12; 1 Co 3.13.

e **3.3** *Como quien purifica... el oro:* Cf. 1 P 1.7.

f **3.4** Cf. 1.10-14.

g **3.6** *Yo soy el Señor. No he cambiado:* Cf. Nm 23.19; Heb 13.8; Stg 1.17.

h **3.7** ¡*Vuélvanse a mí, y yo me volveré a ustedes!:* cf. Is 55.7; Zac 1.3; Stg 4.8. Véase también Jer 3.1 n.

i **3.8-10** Acerca de *los diezmos y las ofrendas,* cf. Lv 27.30; Nm 18.21-24; Dt 12.6; 14.22-29; Neh 13.12. Cf. también Sal 50.7-15; Is 43.23.

j **3.14-15** Cf. Mal 2.17.

k **3.16** En torno al problema del sufrimiento del justo y la prosperidad del injusto, la respuesta es que Dios tiene *un libro* donde están inscritos los que *le honran;* cf. Ex 32.32; Sal 69.28; Is 43.3; Dn 12.1; Ap 3.5; 13.8; 17.8. Véase *Introducción a Job.*

l **3.17** Cf. Sal 103.13.

a **4.1-6** Estos vv. corresponden a los vv. 3.19-24 en el texto hebreo.

b **4.1(3.19)** Cf. 3.2; cf. también Jl 2.11; Am 5.18; Sof 1.14-18.

rayos trae salud. ᶜ Y ustedes saltarán de alegría como becerros que salen del establo. ³ ⁽³·²¹⁾ En ese día que estoy preparando, ustedes pisotearán a los malvados como si fueran polvo.

VIII. CONCLUSIÓN (4.4-6[3.22-24]) ᵈ

⁴ ⁽³·²²⁾ "Acuérdense de la ley que le di a mi siervo Moisés en el monte Horeb. ᵉ ¡Eran preceptos y mandatos que todo Israel debía obedecer!

⁵ ⁽³·²³⁾ "Miren ustedes: Voy a enviarles al profeta Elías, ᶠ antes que llegue el día del Señor, que será un día grande y terrible. ⁶ ⁽³·²⁴⁾ Y él hará que padres e hijos se reconcilien. ᵍ De lo contrario vendré y castigaré su país, destruyéndolo por completo."

ᶜ **4.2(3.20)** *Mi justicia brillará como la luz del sol, que en sus rayos trae salud:* lit. *brillará el sol de justicia que trae en sus rayos la salud:* Esta expresión es una referencia a la victoria, la salvación y la instauración de la justicia de Dios, que asegura el triunfo del bien y salvaguarda el derecho de sus fieles (cf. Sal 22.30-31[31-32]; 40.10[11]; Is 45.8; 46.13; 51.7-8). El título *Sol de Justicia* se ha aplicado a Cristo desde muy temprano en la vida de la iglesia cristiana (cf. Lc 1.78; 2.32).

ᵈ **4.4-6(3.22-24)** Estos vv. sirven de conclusión al mensaje de Malaquías y al libro de los profetas menores. En ellos se afirma la importancia de la ley de Moisés (v. 4[3.22]) y se identifica al mensajero precursor del día del Señor (v. 5[3.23]).

ᵉ **4.4(3.22)** *Acuérdense de la ley... en el monte Horeb:* Cf. Ex 19.16—20.20; 24.1-17; Dt 5.1-3.

ᶠ **4.5(3.23)** La desaparición repentina del *profeta Elías* dio origen a distintas creencias en torno a su reaparición en la tierra (cf. Eclo 48.10-12). El pueblo judío esperaba la llegada de Elías antes del día del Señor, como precursor del Mesías (Mt 17.10-11). Jesús identifica a Elías con Juan el Bautista (Mt 11.14; 17.10-13).

ᵍ **4.6(3.24)** *Y él hará que los padres e hijos se reconcilien:* Lc 1.17.

Libros Deuterocanónicos

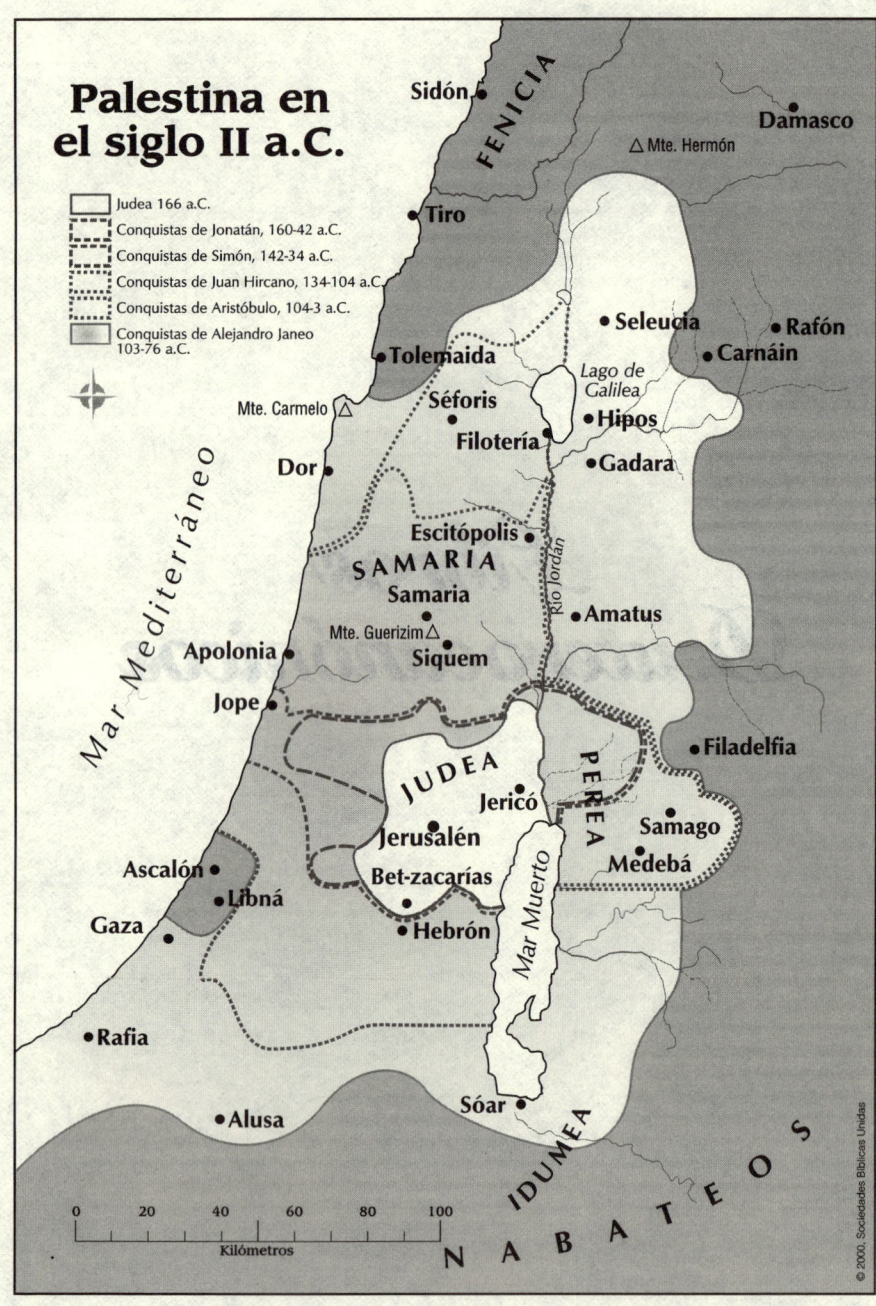

Libros Deuterocanónicos

Se llaman *deuterocanónicos*, o sea, "del segundo canon", a los libros de Tobit, Judit, Primero y Segundo Macabeos, Eclesiástico, Sabiduría, Baruc y algunos pasajes adicionales de *Ester* y *Daniel*. Estos libros no se encuentran en la Biblia hebrea tal como la fijaron los rabinos judíos a fines del siglo I de la Era Cristiana. Pero formaban parte de la versión griega llamada Septuaginta (LXX), hecha, probablemente, a partir del año 250 a.C. Fue la versión usada en un principio por los judíos de habla griega y por los primeros cristianos. A los libros de la Biblia hebrea se les llama también *protocanónicos*, o sea, "del primer canon".

Algunos de estos libros (*Tobit, Judit, 1 Macabeos* y *Eclesiástico*) se escribieron originalmente en hebreo (o algunos probablemente en arameo), en tanto que otros (*2 Macabeos, Sabiduría* y las adiciones a *Ester*) se escribieron en griego. De algunos (*Baruc* y adiciones a *Daniel*) no se sabe con certeza cuál era su lengua original.

Sin embargo, de los libros escritos originalmente en hebreo (o arameo), solo se conserva buena parte del texto original de *Eclesiástico*, y algunos pequeños fragmentos de otros libros. El texto completo de todos ellos se ha conservado únicamente en griego y en otras versiones antiguas. Para la presente versión se ha tomado como base el texto griego de la Septuaginta (LXX) editado por Alfred Rahlfs. En el caso de *Eclesiástico*, se ha procedido según se indica en la introducción particular a dicho libro.

La inclusión de los libros deuterocanónicos dentro del Antiguo Testamento ha sido objeto de discusión desde tiempos muy antiguos. Ya hemos visto que finalmente los judíos optaron por excluirlos. Algunas iglesias han hecho lo mismo o no les conceden la misma autoridad que a los otros libros, y prefieren darle el nombre de *apócrifos*, palabra que originalmente significa "escondidos", tal vez para indicar que no se destinaban a la lectura general. La Iglesia Católica Romana y algunas iglesias orientales los reciben como parte integrante de las Escrituras, y algunas confesiones protestantes los reconocen como libros provechosos para la lectura privada, aunque no los consideran como base de doctrina.

Algunas veces estos libros deuterocanónicos se imprimen intercalados con los protocanónicos; otras veces, se les incluye como un grupo aparte antes del Nuevo Testamento, que fue lo que hizo san Jerónimo en su versión latina y que es lo que se ha hecho en la presente edición.

No es de la competencia de las Sociedades Bíblicas fallar sobre las cuestiones en que difieren entre sí las iglesias cristianas, como en el caso de los libros deuterocanónicos, ni les corresponde dictaminar en cuanto a la autoridad de estos. De conformidad con lo establecido desde su fundación, su propósito es servir a todas las iglesias cristianas en lo tocante a la Biblia, y para cumplirlo se abstienen de tomar partido en aquello en que ellas difieran. Para quienes desean tener en su Biblia los libros deuterocanónicos se ha preparado esta traducción y se ha hecho la presente edición, según los mismos principios que se han seguido para la traducción y la edición de estudio de los demás libros.

Tobit

El libro de *Tobit* (=Tb), conocido también con el nombre de *Tobías,* es un relato centrado en los acontecimientos que ocurren a dos familias israelitas que viven en el destierro.

El jefe de una de ellas, Tobit, es un israelita piadoso que reside en Nínive, donde se distingue por sus obras de caridad en favor de sus compatriotas, pero pierde sus bienes y al final queda ciego. En esta situación, se dirige en oración a Dios. Al mismo tiempo, en Ecbatana, Sara, hija única de Ragüel, que siete veces ha visto impedido su matrimonio, también hace oración, y Dios por medio del ángel Rafael viene en ayuda de Tobit y de Sara.

Tobit decide enviar a su hijo Tobías a Media, y el ángel, sin darse a conocer, se ofrece como compañero y guía. En Media, Tobías conoce a Sara y se casa con ella. Los recién casados regresan con el ángel a Nínive; Tobías cura a su padre y Rafael finalmente se da a conocer. Tobit alaba a Dios, da consejos a su hijo y muere de edad avanzada. Para concluir, se cuenta cómo Tobías se traslada a Ecbatana, donde muere, no sin antes haber oído la noticia de la destrucción de Nínive.

El libro, cuyo texto original no se conserva, fue escrito probablemente en una lengua semítica (hebreo o arameo). Existen, no obstante, diversas traducciones a otras lenguas antiguas (sobre todo al griego, al latín y al siríaco), a veces bastante diferentes entre sí. La presente traducción se basa sustancialmente en el texto griego conservado en el códice Sinaítico. Cuando no parece reproducir la forma mejor del texto, se han tenido en cuenta otras versiones.

El libro sitúa la acción del relato en los siglos VIII-VII a.C. (poco antes de la destrucción de Nínive, acaecida en el 612 a.C.), después que una parte de la población del reino de Israel, en el norte, había sido deportada a Asiria (cf. 2 R 15.29). Sin embargo, el libro fue escrito mucho tiempo después, posiblemente hacia el siglo III a.C.

La intención principal del escrito era, por una parte, la de inculcar entre los judíos que vivían en la dispersión la confianza en la ayuda de Dios en medio de las pruebas; y, por otra, la de animar a los lectores para que practicaran los deberes tradicionales, en particular la caridad con los necesitados.

El libro puede analizarse según las siguientes partes principales:

Introducción (1.1-2)
    I. Tobit (1.3—3.6)
    II. Sara (3.7-17)
    III. Viaje de Tobías y bodas con Sara (4.1—9.6)
    IV. Regreso de Tobías y curación de Tobit (10.1—11.18)
    V. El ángel (12.1-22)
    VI. Alabanza (13.1—14.1)
    Conclusión (14.2-15)

Introducción (1.1-2)

1 ¹ Esta es la historia de Tobit.[a] Tobit era hijo de Tobiel[b] y descendiente de Ananiel, de Aduel, de Gabael, de Rafael y de Ragüel, los cuales descendían de Jahseel, de la tribu de Neftalí.[c] ² En tiempos del rey Salmanasar[d] de Asiria, Tobit fue llevado cautivo desde Tisbé, aldea que se encuentra en la Galilea superior, al sur de Quedes de Neftalí, más arriba de Hasor, hacia el occidente, y al norte de Sefat.[e]

I. TOBIT (1.3—3.6)

Vida de Tobit en el destierro ³ Yo,[f] Tobit, llevé una conducta sincera y honrada todos los días de mi vida. Hice muchas obras de caridad entre mis parientes y mis compatriotas que habían sido desterrados conmigo a Asiria, a la ciudad de Nínive.[g] ⁴ Cuando yo era joven y estaba en mi tierra, en Israel, toda la tribu de Neftalí, a la cual pertenezco, se había separado de la dinastía de David y de Jerusalén.[h] Sin embargo, Jerusalén era la ciudad escogida entre todas las tribus de Israel como lugar donde ellas debían ofrecer sus sacrificios. Allí había sido construido el templo donde Dios habitaba y que había sido dedicado a él para siempre.[i] ⁵ En todos los montes de Galilea, todos mis parientes, y en general la tribu de Neftalí a la que pertenezco, ofrecían sacrificios al becerro que Jeroboam, rey de Israel, había mandado hacer en Dan.[j]

⁶ Muchas veces, yo era el único que iba a Jerusalén en

---

[a] 1.1 *Tobit:* Según el texto griego, el padre se llama *Tobit* y el hijo *Tobías.* En la versión latina ambos llevan el nombre de *Tobías.* Por esta razón, el libro también se conoce como libro de *Tobías.*

[b] 1.1 Todos los antepasados que conectan a Tobit con Neftalí llevan nombres compuestos con *-el* (*Dios,* en hebreo). Así acentúa el autor la piedad de esta familia.

[c] 1.1 El territorio *de la tribu de Neftalí* estaba situado en Galilea (cf. v. 2). Véase *Índice de mapas.*

[d] 1.2 *Salmanasar* V fue hijo y sucesor de Tiglat-piléser. Según 2 R 15.29, fue este quien deportó la tribu de Neftalí a Asiria (años 734-732 a.C.).

[e] 1.2 *Sefat:* según la Vulgata. Gr. *Peor.* Las ciudades mencionadas en este v. estaban localizadas en el norte de Galilea.

[f] 1.3 El relato se hace en primera persona hasta 3.6.

[g] 1.3 *Nínive:* importante ciudad del imperio asirio, situada junto al río Tigris, en lo que hoy es Iraq. Durante el siglo VII a.C. fue su capital. Véase *Índice de mapas.*

[h] 1.4 Referencia a la división del reino davídico (1 R 12.16-20).

[i] 1.4 Dt 12.5-11.

[j] 1.5 1 R 12.26-33.

las fiestas, como se ordena[k] que lo haga siempre todo el pueblo de Israel. Me iba de prisa a Jerusalén a llevar los primeros frutos de mis cosechas, las primeras crías y la décima parte del ganado, y la primera lana que recogía de mis ovejas.[l] **7** Y se lo daba a los sacerdotes, descendientes de Aarón, para el servicio del altar. También daba a los levitas encargados del servicio del templo en Jerusalén la décima parte del trigo, del vino, del aceite, de las granadas, de los higos y de las demás cosechas. Otra décima parte la vendía cada año, y durante seis años seguidos iba a gastar ese dinero en Jerusalén.[m] **8** La tercera décima parte la repartía cada tres años entre los huérfanos, las viudas y los extranjeros que se habían convertido a nuestra religión y se habían unido a los israelitas. Con esa décima parte celebrábamos el banquete, como se ordena en la ley de Moisés y según me lo había recomendado Débora, mi abuela por parte de padre, pues mi padre había muerto dejándome huérfano.

9 Ya mayor de edad, me casé con una parienta mía, llamada Ana. De ella tuve un hijo, al que puse por nombre Tobías.[n]

10 Cuando me llevaron desterrado a Asiria, llegué a Nínive. Todos mis parientes y los demás israelitas comían los mismos alimentos que comen los paganos. **11** Yo, en cambio, tenía cuidado de no comerlos.[ñ] **12** Y como había sido fiel a Dios de todo corazón, **13** el Dios altísimo hizo que el rey Salmanasar me mirara con buenos ojos, y llegué a ser el encargado de comprar sus provisiones. **14** Iba al país de Media[o] y hacía compras para él. Así lo hice hasta que el rey murió. En Ragues de Media dejé una vez la cantidad de trescientos treinta kilos[p] de plata, consignada en depósito, al cuidado de un pariente mío, llamado Gabael, hijo de Gabrí.

15 Cuando Salmanasar murió, reinó en su lugar su hijo Senaquerib.[q] Los caminos para ir a Media se volvieron inseguros, y ya no pude volver a aquel país.

Obras de caridad de Tobit **16** En tiempos de Salmanasar ayudé muchas veces con obras de caridad a los demás israelitas. **17** Compartía mi comida con los que padecían hambre, y daba de mi ropa a quienes no tenían. Y cuando algún israelita moría y su cadáver era arrojado fuera de las murallas de Nínive, si yo lo veía, iba y lo enterraba.[r] **18** Cuando Senaquerib se puso a decir palabras ofensivas contra Dios, el Rey del cielo, y fue castigado por ello y tuvo que salir huyendo de Judea,[s] se enojó y mató a muchos israelitas. Pero yo fui y los enterré. Robé los cadáveres y los enterré. Senaquerib los buscó, pero no pudo encontrarlos. **19** Entonces un ciudadano de Nínive fue y avisó al rey que yo era quien los había enterrado, y tuve que esconderme. Cuando supe que ya el rey sabía de mí, y que me buscaba para matarme, tuve miedo y me escapé. **20** Me quitaron todo lo que tenía, y se lo llevaron al tesoro del rey. Solo me dejaron a Ana mi esposa y a Tobías mi hijo.

21 Aún no habían pasado cuarenta días, cuando Senaquerib fue asesinado por sus dos hijos, quienes huyeron a las montañas de Ararat. En lugar de Senaquerib reinó su hijo Esarhadón,[t] quien encargó a Ajicar,[u] hijo de mi hermano Anael, el oficio de llevar las cuentas del reino; Ajicar tenía la dirección general de la administración. **22** Entonces Ajicar habló en mi favor, y de esa manera pude volver a Nínive. Porque cuando Senaquerib era rey de Asiria, Ajicar fue jefe del servicio de mesa, encargado de guardar el sello real y jefe de administración y cuentas. Asarhadón le volvió a dar esos cargos. Ajicar era de mi familia, sobrino mío.

2 **Tobit queda ciego** **1** Siendo rey Esarhadón, volví a mi casa y me devolvieron a mi esposa Ana y a mi hijo Tobías. Una vez estábamos celebrando nuestra fiesta de Pentecostés (llamada también "fiesta de las semanas").[a] Me habían preparado un buen banquete, y me senté a la mesa. **2** Me arreglaron la mesa y me trajeron varios platos preparados. Entonces dije a mi hijo Tobías:

—Hijo, ve a ver si encuentras algún israelita, de los que han venido desterrados a Nínive, que haya sido fiel a Dios de todo corazón y que sea pobre, e invítalo a comer con nosotros. Yo te espero, hijo, hasta que vuelvas.

3 Tobías fue a buscar algún israelita pobre, y luego volvió y me llamó.

—¿Qué pasa, hijo? —contesté.

—¡Padre —me dijo—, hay un israelita asesinado, y está tirado en la plaza! ¡Lo acaban de estrangular!

4 Yo ni siquiera probé la comida. Rápidamente fui a la plaza, me llevé de allí el cadáver y lo puse en una habitación, esperando que llegara la noche para enterrarlo.[b] **5** Volví a casa, me lavé bien[c] y comí con mucha tristeza. **6** Entonces me acordé de lo que había dicho el profeta Amós al hablar contra Betel: "Cambiaré las fiestas en llanto por los muertos, y los cantos en lamentos fúnebres."[d]

---

[k] 1.6 Dt 12.11-14; 16.16.
[l] 1.6 Ex 23.16-17; 34.22-23.
[m] 1.7 Nm 18.12-19; Dt 14.22-29.
[n] 1.9 *Tobías:* Véase 1.1 nota *a*.
[ñ] 1.10-11 Los judíos piadosos, sobre todo en la época posterior al exilio, daban gran importancia a las leyes que se referían a los alimentos (cf. Lv 11; Dt 14.3-21).
[o] 1.14 *Media* era un país situado al oriente de Palestina, en el actual Irán. Véase *Índice de mapas*.
[p] 1.14 *Trescientos treinta kilos:* lit. *diez talentos*.
[q] 1.15 A la muerte de *Salmanasar* V (722 a.C.) reinó Sargón II (al parecer, su hermano), a quien sucedió en el trono su hijo *Senaquerib* (705-681 a.C.).
[r] 1.17 Quedar un cadáver sin sepultura era considerado una gran deshonra (cf. Jer 16.4; Ez 29.5). Por eso, un deber sagrado dar sepultura decente a los muertos (cf. 2 S 2.4-5; Eclo 38.16-17). En Tb se da especial importancia a este deber. Cf. también 2.3-8; 12.12-13.
[s] 1.18 2 R 18.13—19.37; Is 36—37.
[t] 1.21 2 R 19.37; Is 37.38.
[u] 1.21 El autor introduce un personaje famoso en las literaturas orientales antiguas: *Ajicar,* sabio consejero de los reyes de Asiria, de cuyas máximas se conservan varias versiones. Aquí aparece como sobrino de Tobit. Cf. también 2.10; 11.19; 14.10.
[a] 2.1 *Pentecostés* se celebraba siete semanas después de la fiesta de Pascua, por eso se llamaba también *fiesta de las semanas*. Cf. Lv 23.15-21; Dt 16.9-11. Véase *Pentecostés* en el *Índice temático*.
[b] 2.4 Véase 1.17 n.
[c] 2.5 *Me lavé bien:* rito de purificación después de haber tocado un cadáver. Cf. Nm 19.11-13.
[d] 2.6 Am 8.10.

Y me puse a llorar. ⁷ Cuando llegó la noche, fui, cavé una fosa y enterré al muerto. ⁸ Mis vecinos se burlaban de mí y decían: "La vez pasada lo estuvieron buscando para matarlo por hacer eso, y se escapó; ¡y todavía no tiene miedo! ¡Ahí está otra vez enterrando a los muertos!"

⁹ Esa noche me lavé bien, salí de mi casa y me acosté junto a la pared de fuera con la cabeza descubierta porque estaba haciendo calor. ¹⁰ No sabía que sobre la tapia, encima de mí, había unos pájaros, los cuales dejaron caer excremento caliente en mis ojos, y me salieron nubes en ellos. Fui a consultar a los médicos para que me curaran; pero mientras más remedios me untaban, más ciego me iba quedando por las nubes en los ojos, hasta que perdí la vista por completo. Cuatro años estuve sin poder ver. A todos mis parientes les dolía verme en ese estado, y Ajicar me cuidó durante dos años, hasta que se fue a Elimaida. *ᵉ*

Honradez de Tobit ¹¹ Durante ese tiempo, mi esposa Ana se dedicó a trabajar en labores femeninas. ¹² Se las enviaba a sus patrones, y ellos se las pagaban. Un día, el siete del mes de Distro, *ᶠ* terminó su tejido y se lo envió a sus patrones. Ellos le pagaron todo y además le regalaron un cabrito para que nos lo comiéramos. ¹³ Cuando llegó a la casa, el cabrito comenzó a balar. Yo la llamé y le pregunté:

—¿De dónde salió ese cabrito? ¿Acaso lo has robado? Devuélveselo a sus dueños, pues no tenemos derecho a comernos nada robado.

¹⁴ Ella me contestó:

—Es un regalo que me hicieron, además de mi paga.

Yo no le creí, y seguí insistiendo en que lo devolviera a sus dueños. Me sentía avergonzado por lo que ella había hecho. Entonces me dijo:

—¡En eso pararon tus obras de caridad! ¡En eso pararon tus buenas obras! ¡Ahora se ve claro lo que eres! *ᵍ*

3 **Oración de Tobit** ¹ Yo me puse muy triste, y suspiré y lloré; y entre suspiros comencé a orar *ᵃ* así: ² "Tú eres justo, Señor; todo lo que haces es justo. Tú procedes siempre con amor y fidelidad. Tú eres el juez del mundo. ³ Ahora, Señor, acuérdate de mí, vuelve tus ojos hacia mí. No me castigues por mis pecados, por las faltas que yo o mis antepasados hemos cometido sin saberlo. Hemos pecado contra ti, ⁴ hemos desobedecido a tus mandamientos. Por eso tú nos has entregado al saqueo, al destierro y a la muerte, y en todos los pueblos a donde nos has desterrado has hecho que la gente hable mal de nosotros y nos insulte. ⁵ Reconozco que todas tus decisiones son justas al castigarme por mis pecados. No hemos cumplido tus órdenes, no hemos sido leales contigo. ⁶ Trátame como mejor te parezca. Manda que me quiten la vida, para que yo desaparezca de este mundo y me convierta en tierra.

Prefiero morir a seguir viviendo. He tenido que aguantar injurias y calumnias, y tengo una gran pena. ¡Señor, líbrame de esta angustia! Déjame ir al lugar del eterno descanso. Señor, no me vuelvas la espalda. Prefiero morir a pasar tantas angustias en mi vida y tener que escuchar tantos insultos."

II. SARA (3.7-17) *ᵇ*
Sufrimientos y oración de Sara ⁷ Ese mismo día, una mujer llamada Sara, hija de Ragüel, que vivía en la ciudad de Ecbatana, en el país de Media, tuvo que sufrir también los insultos de una criada de su padre. ⁸ Resulta que Sara había sido dada en matrimonio siete veces, pero en cada caso Asmodeo, *ᶜ* un demonio malvado, había matado al esposo antes de que este se uniera a ella como en todo matrimonio.

Entonces la criada le dijo: "¡Tú eres la que matas a tus maridos! Ya has tenido siete maridos, y no has podido llevar el apellido de ninguno de ellos. ⁹ Pero el que tus maridos se mueran no es razón para que nos castigues. ¡Muérete con ellos, sin nunca haber tenido hijos!"

¹⁰ Sara se puso muy triste y empezó a llorar. Luego se subió a la parte alta de la casa de su padre, con la intención de ahorcarse. Pero después de pensarlo bien, dijo: "Sería una vergüenza para mi padre que le dijeran: 'Tenías una hija única, tan querida, y se ahorcó por sus sufrimientos.' Con eso haría morir de tristeza a mi anciano padre. Es mejor que no me ahorque; pero voy a pedirle al Señor que me haga morir para no tener que oír más insultos en mi vida."

¹¹ Entonces extendió los brazos hacia la ventana y dijo: "Alabado seas, Dios compasivo; alabado sea tu nombre por siempre; que todo lo que has creado te alabe eternamente. ¹² A ti me dirijo, a ti vuelvo mis ojos. ¹³ Manda que me vea libre de este mundo, para no tener que oír más insultos. ¹⁴ Tú, Señor, sabes que soy pura, que ningún hombre me ha tocado. ¹⁵ Yo no he deshonrado mi nombre ni el nombre de mi padre en este país de mi destierro. Soy la única hija de mi padre; él no tiene otros herederos, ni ningún pariente cercano o familiar con el que yo pueda casarme. Ya se me han muerto siete esposos. ¿Para qué seguir viviendo? Pero si no quieres mandarme la muerte, mírame y ten compasión de mí; haz que no tenga yo que oír más insultos."

¹⁶ En ese momento las oraciones de Tobit y de Sara llegaron a la presencia gloriosa de Dios, quien las escuchó ¹⁷ y envió al ángel Rafael *ᵈ* a curar a los dos: a sanar a Tobit de las nubes que tenía en los ojos, para que así pudiera volver a ver la luz de Dios, y a librar a Sara, la hija de Ragüel, de Asmodeo, el demonio malvado, y dársela como esposa a Tobías, el hijo de Tobit. En efecto, Tobías tenía más derecho a casarse con ella que cualquier otro pretendiente. *ᵉ*

ᵉ 2.10 *Elimaida*: provincia de Persia.
ᶠ 2.12 *Distro*: nombre griego de un mes, que correspondería aproximadamente a nuestro febrero.
ᵍ 2.14 El autor quiere establecer un paralelo con Job y su esposa (Job 2.9-10).
ᵃ 3.1 En Tb se da gran importancia a la oración para pedir la ayuda de Dios (cf. 3.11-15; 8.5-7) o para alabarlo en diversas circunstancias (8.15-17; 11.14; 13.2-18).

ᵇ 3.7-17 De aquí en adelante el relato pasa a la tercera persona. La situación de Sara aparece como paralela a la de Tobit.
ᶜ 3.8 *Asmodeo*: Este nombre no se repite en ningún otro libro de la Biblia. Parece hacer alusión a un verbo hebreo que significa "destruir".
ᵈ 3.17 *Rafael*: Este nombre significa "Dios sana". Por medio de él Dios dará la salud a Tobit y a Sara.
ᵉ 3.17 El matrimonio entre parientes tenía por razón buscar que la herencia se conservara en la familia. Cf. Nm 36.6-9; Tb 6.10-12.

En el mismo momento, Tobit, que estaba fuera, entraba en su casa, y Sara bajaba de la parte alta de la suya.

III. VIAJE DE TOBÍAS Y BODAS CON SARA
(4.1—9.6)

4 *Recomendaciones de Tobit* [1] Aquel mismo día se acordó Tobit de la plata que Gabael tenía en depósito en Ragues de Media,[a] [2] y se dijo para sus adentros: "Le he pedido a Dios la muerte. ¿Por qué no llamar a mi hijo Tobías y hablarle de esa plata antes que me muera?"

[3] Entonces llamó a su hijo Tobías. Cuando este llegó, le dijo:[b] "Hijo, cuando muera, dame una sepultura decente.[c] Respeta a tu madre. No la abandones ni un solo día de su vida.[d] Dale gusto en lo que quiera y no la contraríes nunca. [4] Acuérdate, hijo mío, de cuántos peligros pasó cuando te llevaba en el seno.[e] Cuando ella muera, entiérrala junto a mí, en la misma sepultura.[f] [5] Y acuérdate del Señor durante toda tu vida. No peques voluntariamente ni dejes de cumplir sus mandamientos. Procede con honradez todos los días de tu vida y no sigas el camino del mal. [6] Si procedes con sinceridad, tendrás éxito en todo lo que emprendas. [7] Así sucederá también a todos los que viven honradamente.

"Da limosna de lo que tengas. Y cuando des limosna, no seas tacaño. Cuando veas a un pobre, no le niegues tu ayuda. Así Dios tampoco te negará la suya. [8] Da limosna según tus posibilidades. Si tienes mucho, da mucho; si tienes poco, no te dé miedo dar limosna de ese poco. [9] Haciéndolo así, estarás ahorrando un tesoro precioso que te servirá cuando pases necesidad.[g] [10] Porque la limosna libra de la muerte e impide que el hombre caiga en las tinieblas. [11] Dar limosna es hacer una ofrenda agradable al Altísimo.[h]

[12] "Evita toda inmoralidad sexual,[i] hijo mío. Y, ante todo, escoge una esposa de tu misma parentela. Somos descendientes de profetas, así que no te cases con una extranjera, con una mujer que no sea de la misma tribu de tu padre. Acuérdate, hijo mío, de Noé, de Abraham, de Isaac y de Jacob, nuestros antepasados lejanos: todos ellos se casaron con mujeres de su misma parentela, y Dios los bendijo en sus hijos, y sus descendientes serán dueños de la tierra que Dios les prometió.[j] [13] Así que, hijo mío, ama a los demás israelitas, que son hermanos tuyos. Que no se llene de orgullo tu corazón, y llegues a despreciarlos, y te niegues a casarte con una mujer israelita. Porque el orgullo trae al hombre gran inquietud y ruina, y la ociosidad trae pobreza y miseria. La ociosidad es la madre del hambre.[k]

[14] "No te tardes en pagar el jornal a tus obreros; págaselo en seguida. Si sirves a Dios, él te recompensará. Sé prudente, hijo mío, en todo lo que hagas, y bien educado en tu manera de portarte.[l] [15] Lo que no quieras que te hagan, no se lo hagas a los demás.[m] No bebas vino hasta emborracharte. No te acostumbres a andar siempre borracho. [16] Comparte tu pan con el hambriento y tu ropa con el harapiento.[n] Si te sobra algo, dalo de limosna. Cuando des limosna, no seas tacaño.[ñ] [17] Reparte tu pan en las tumbas de los justos, pero no en las de los pecadores.[o]

[18] "Pide consejo a las personas prudentes y no desprecies ningún consejo útil. [19] En toda ocasión alaba a Dios, el Señor, y pídele que te vaya bien en tus acciones y en todo lo que emprendas.[p] Porque ningún pueblo pagano tiene sabiduría: el Señor es quien da todos los bienes. Si él quiere, puede humillar a uno hasta lo más hondo. Hijo mío, graba en tu memoria estas recomendaciones; que no se te borren de la mente.

[20] "Ahora, hijo mío, te voy a contar una cosa: Gabael, hijo de Gabrí, me tiene guardada en depósito, en Ragues de Media, la cantidad de trescientos treinta kilos de plata.[q] [21] No te preocupes, hijo, de que nos hayamos quedado pobres. Si respetas a Dios, y huyes de todo pecado, y haces lo que es bueno y agradable a los ojos del Señor tu Dios, grande es tu riqueza."[r]

5 *Viaje de Tobías a Media* [1] Entonces le respondió Tobías a su padre Tobit:

—Yo cumpliré todo lo que me encargas. [2] ¿Pero cómo lograré que Gabael me entregue esa plata, si él no me conoce a mí ni yo lo conozco a él? ¿Qué señas le daré para que me reconozca y me crea y me dé la plata? Además, no conozco el camino para ir a Media.

[3] Tobit le contestó:

—Gabael me dio un recibo firmado, y yo le di un comprobante firmado también. Luego partí este por la mitad, y cada uno tomó una parte. Yo puse mi parte con la plata. ¡Y pensar que ya hace veinte años que dejé ese depósito! Ahora, hijo, busca un hombre de confianza que te acompañe, para que vayas a recuperar ese dinero. Le pagaremos lo que sea hasta que vuelvas.

El ángel Rafael, compañero de viaje [4] Tobías se fue a

---

[a] 4.1 Tb 1.14. *Ragues de Media* quedaba cerca de la actual Teherán, capital de Irán.

[b] 4.3 El autor consigna aquí, en una especie de testamento espiritual de Tobit, una serie de deberes típicos del israelita, centrados en los siguientes temas: deberes filiales (vv. 3-4), *honradez* (vv. 5-7a), *limosna* (vv. 7b-11), matrimonio (vv. 12-13), relaciones con el prójimo (vv. 14-17), *sabiduría* (vv. 18-19).

[c] 4.3 Véase 1.17 n.

[d] 4.3 Ex 20.12; Pr 23.22.

[e] 4.4 Eclo 7.27.

[f] 4.4 Cf. Gn 49.31.

[g] 4.9 Eclo 29.11.

[h] 4.7-11 El valor de la *limosna* es uno de los temas importantes de este libro. Dt 15.7-11; Tb 12.8-9; Eclo 3.30—4.6; Lc 16.9.

[i] 4.12 Por *inmoralidad sexual* se entiende aquí, sobre todo, el matrimonio con mujeres paganas. Véanse Hch 15.20 n. e *Inmoralidad sexual* en el *Índice temático*.

[j] 4.12 Cf. Gn 11.29; 20.12; 24.3-4; 25.20; 29.15-30.

[k] 4.13 Pr 16.18; 19.15.

[l] 4.14 Lv 19.13; Eclo 34.21-22.

[m] 4.15 Véase Mt 7.12 n.; cf. Lc 6.31.

[n] 4.16 Is 58.6-7; Mt 25.35-36.

[ñ] 4.16 Cf. 4.7-11.

[o] 4.17 Alusión a los banquetes funerarios celebrados para consolar a los parientes del difunto (cf. Jer 16.7). Los *pecadores* son aquí probablemente los paganos.

[p] 4.19 Pr 3.5-6.

[q] 4.20 Véase Tb 1.14 nota *o*.

[r] 4.21 1 Ti 6.6-8.

buscar una persona que conociera bien el camino y lo acompañara hasta Media. Y al salir se encontró delante de él al ángel Rafael. Pero Tobías no sabía que era un ángel de Dios, ⁵ así que le preguntó:

—Joven, ¿de dónde eres?

El ángel le respondió:

—Soy israelita, como tú. Vine aquí a buscar trabajo.

Tobías le preguntó:

—¿Conoces el camino que lleva a Media?

⁶ —¡Claro! —contestó él—. He estado allá muchas veces. Conozco muy bien todos esos caminos. Muchas veces he ido a Media y me he alojado en la casa de Gabael, israelita también, que vive en Ragues de Media. De Ecbatana *a* a Ragues hay dos días de viaje a buen paso. Las dos ciudades quedan en la región montañosa.

⁷ Tobías le dijo:

—Espérame, joven; entraré a decírselo a mi padre. Necesito que me acompañes. Yo te pagaré lo que sea.

⁸ El ángel respondió:

—Muy bien, te espero, pero no te tardes.

⁹ Tobías entró y le dijo a su padre:

—Mira, ya encontré un hombre, israelita como nosotros.

Tobit le respondió:

—Llámalo, hijo. Quiero saber de qué tribu y de qué familia es, y si es de confianza, para que te acompañe.

¹⁰ Tobías salió a llamarlo y le dijo:

—Joven, mi padre te llama.

El ángel entró, y Tobit se adelantó a saludarlo. El ángel le respondió, deseándole que se encontrara bien. Tobit le contestó:

—¿Qué bien me puedo encontrar ya? ¡Estoy ciego, no puedo ver la luz del sol! Me encuentro en la oscuridad, como los muertos, que ya no pueden ver la luz. Mi vida es una muerte. Oigo hablar a la gente, pero no la puedo ver.

El ángel le respondió:

—¡Ten confianza! Dios no tardará en sanarte. ¡Ten confianza!

Tobit le dijo:

—Mi hijo Tobías quiere viajar a Media. ¿Puedes acompañarlo y servirle de guía? Amigo, yo te pagaré lo que sea.

Él respondió:

—Sí, puedo acompañarlo. Conozco bien esos caminos. He ido muchas veces a Media y he recorrido todas esas llanuras y los montes. Conozco todos esos caminos.

¹¹ —Dime, amigo —le dijo Tobit—, ¿de qué tribu y de qué familia eres?

¹² El ángel respondió:

—¿Qué necesidad tienes de saber mi tribu?

—Amigo —insistió Tobit—, quiero saber quién eres realmente y cómo te llamas.

¹³ —Soy Azarías —contestó—, nieto de Ananías el viejo, israelita como tú.

¹⁴ Tobit le dijo:

—¡Bienvenido, amigo! Y no te molestes porque haya querido saber la verdad preguntándote por tu familia. Resulta que tú eres pariente nuestro. Eres de una familia excelente. Yo conocí a Ananías y a Natán, los dos hijos de Semelías el viejo. Yo iba con ellos a Jerusalén a asistir al culto divino, y no se han apartado del buen camino. ¡Qué gente tan buena son tus parientes! Eres de una familia excelente. ¡Bienvenido!

¹⁵ Luego añadió:

—Yo te pagaré una dracma *b* por día, además de darte todo lo que necesites en la misma forma que a mi hijo. ¹⁶ Acompaña a mi hijo en este viaje, y todavía te daré algo más fuera de tu sueldo.

¹⁷ El ángel respondió:

—Yo iré con él. No temas. Volveremos a ti tan sanos y salvos como nos vamos. El camino es seguro.

Tobit dijo:

—¡Que Dios te bendiga, amigo!

Entonces llamó a su hijo y le dijo:

—Hijo, prepárate para el viaje y vete con tu amigo. Que Dios desde el cielo los proteja y les ayude a volver a mí sanos y salvos. Que el ángel de Dios los acompañe y los proteja, hijo mío.

Tobías besó a su padre y a su madre, y emprendió el viaje.

Tobit le deseó:

—¡Que tengas buen viaje!

El viaje ¹⁸ La madre de Tobías empezó a llorar, y dijo a Tobit:

—¿Para qué mandaste a mi hijo a ese viaje? Él es nuestro apoyo, y quien nos acompaña siempre. ¹⁹ ¿Para qué queremos más dinero? ¡Sería preferible perder la plata a perder a nuestro hijo! ²⁰ Para vivir, nos basta con lo que el Señor nos ha dado.

²¹ Tobit le contestó:

—¡No te preocupes! Nuestro hijo volverá tan sano y salvo como se va. Tú misma te convencerás cuando vuelva con buena salud. ²² No te preocupes, querida, no temas que algo les pase. Un ángel bueno lo acompañará; le irá bien en el viaje, y volverá sano y salvo.

²³ Entonces ella dejó de llorar.

6

El pescado providencial ¹ El muchacho se fue acompañado por el ángel. El perro también salió y se fue con ellos. *a* ² Empezaron su viaje, y la primera noche la pasaron junto al río Tigris. *b* ² El muchacho bajó al río a lavarse los pies. Entonces un pez enorme saltó del agua y amenazaba con comerle el pie al muchacho. Este dio un grito. ³ Pero el ángel le dijo:

—¡Agarra el pescado, no lo sueltes!

El muchacho agarró el pescado y lo sacó a la orilla. ⁴ El ángel le dijo:

—Ábrelo y sácale la hiel, el corazón y el hígado, y guárdalos. Son un remedio muy útil. Los intestinos, tíralos.

---

a 5.6 *Ecbatana:* ciudad a medio camino entre Nínive y Ragues.

b 5.15 *Dracma:* moneda griega, que era la paga normal por un día de trabajo. Véase *Índice temático*.

a 6.1 Para los israelitas el perro era más bien un animal temible y despreciable (1 S 17.43; Sal 22.16[17]). En otras culturas fue, desde tiempos muy antiguos, compañero del hombre.

b 6.1 El *Tigris* era uno de los grandes ríos de Mesopotamia. Véase *Índice de mapas*.

MUJERES FAMOSAS DEL AT (dc)

Sara, esposa de Tobías	Tob 3.7-17; 6.10—8.14
Judit	Jdt 8—16
La madre de los siete hermanos mártires	2 Mac 7
Susana	Dn 13

Véase la tabla del mismo título en el libro de *Ester*.

⁵ El muchacho abrió el pescado y separó la hiel, el corazón y el hígado. Luego puso a asar un poco de pescado y se lo comió. El resto lo saló y lo guardó. ⁶ Y siguieron juntos el viaje hasta que llegaron cerca de Media. ⁷ Entonces el muchacho preguntó al ángel:

—Amigo Azarías, ¿para qué sirven de remedio la hiel, el corazón y el hígado del pescado?

⁸ Él contestó:

—Cuando una persona es atacada por un demonio o espíritu malo, se queman delante de esa persona el corazón y el hígado del pescado, cesa el ataque y no se repite jamás. ⁹ Y cuando una persona tiene nubes en los ojos, si se untan con la hiel y se sopla en ellos, queda sana. ᶜ

Rafael habla de Sara a Tobías ¹⁰ Habiendo llegado a Media, se acercaban ya a Ecbatana. ¹¹ Entonces le dijo el ángel Rafael al muchacho:

—Amigo Tobías.

—¡A tus órdenes! —contestó él.

El ángel le dijo:

—Debemos pasar esta noche en la casa de Ragüel. Es pariente tuyo. Tiene una hija que se llama Sara. ¹² Es su hija única. Tú tienes más derecho que ningún otro a casarte con ella, y a ti te corresponde también heredar los bienes de su padre. La joven es inteligente, valiente y muy bonita. Su padre es un hombre excelente. ¹³ A ti te corresponde pedir su mano. Escúchame, amigo: yo le voy a hablar al padre esta noche acerca de la joven, para que pidamos la mano de ella. Y cuando volvamos de Ragues celebraremos tu boda con ella. Estoy seguro de que Ragüel no va a poder negártela ni dársela a otro como esposa. Eso sería exponerse a la pena de muerte que decreta el libro de Moisés, pues él sabe que tú tienes más derecho a casarte con ella que ningún otro. ᵈ Escúchame, pues, amigo: esta misma noche le vamos a hablar de la joven y haremos el compromiso. Y cuando volvamos de Ragues, celebraremos tu boda con ella y la llevaremos con nosotros a tu casa.

¹⁴ Tobías le contestó a Rafael:

—Amigo Azarías, he oído decir que ya antes ha sido dada como esposa a siete hombres, y que todos ellos han muerto la misma noche de bodas, en la habitación nupcial, cuando querían unirse a ella. También he oído decir que es un demonio quien los mata. ¹⁵ El demonio no le hace a ella ningún mal, pero si otro quiere acercarse a ella, lo mata.

Tengo miedo de que me mate. Con eso haría que mi padre y mi madre terminaran su vida llenos de pesar por mí, pues soy su único hijo; no tienen otro hijo que les dé sepultura.

¹⁶ El ángel le dijo:

—¿No te acuerdas de las recomendaciones que te hizo tu padre? ¿De cómo te recomendó que te casaras con una mujer de la misma familia que él? ᵉ Escucha, pues, amigo: no te preocupes por este demonio, y pídela. Yo sé que esta misma noche te la van a dar como esposa. ¹⁷ Cuando entres en la habitación nupcial, toma el hígado y el corazón del pescado, y colócalos sobre las brasas en que se quema incienso. El olor se esparcirá; y cuando el demonio lo huela, saldrá huyendo y nunca más volverá a su lado. ¹⁸ Y antes de que te unas a ella, levántense primero, hagan oración y pídanle al Señor del cielo que tenga misericordia de ustedes y los proteja. No tengas miedo. Dios te la tiene destinada desde la eternidad. Tú la vas a sanar. Ella se irá contigo, y pienso que tendrás hijos de ella y que los vas a querer mucho. No te preocupes.

¹⁹ Cuando Tobías oyó lo que dijo Rafael, que Sara era parienta suya, de la familia de su padre, sintió por ella mucho cariño y se enamoró de ella.

7 **Llegan a casa de Ragüel** ¹ Cuando llegaron a Ecbatana, dijo Tobías:

—Amigo Azarías, llévame inmediatamente a casa de Ragüel, nuestro pariente.

Entonces el ángel lo llevó a casa de Ragüel. Lo encontraron sentado junto a la puerta de entrada de su casa, y se adelantaron a saludarlo. Él les respondió:

—¡Muy buenos días, amigos! ¡Bienvenidos!

Y los hizo entrar en la casa. ² Luego dijo a su esposa Edna:

—¡Cómo se parece este muchacho a mi pariente Tobit!

³ Edna les preguntó:

—¿De dónde son, amigos?

Ellos contestaron:

—Somos de la tribu de Neftalí y vivimos desterrados en Nínive.

⁴ Ella volvió a preguntarles:

—¿Conocen a nuestro pariente Tobit?

—Sí, lo conocemos —contestaron ellos.

⁵ Entonces les preguntó:

—¿Está bien?

—Vive y está bien —le respondieron.

ᶜ **6.8-9** Se reflejan aquí ideas populares de la época.

ᵈ **6.13** Se alude a la determinación consignada en Nm 36.6-8 sobre el matrimonio de las hijas que son únicas herederas. Cf. también Dt 7.3-4.

ᵉ **6.16** 4.12.

Y Tobías añadió:

—¡Es mi padre!

⁶ Ragüel se levantó de un salto y lo llenó de besos, mientras decía llorando:

—¡Dios te bendiga, hijo! Tu padre es un hombre excelente. ¡Qué desdicha tan grande que un hombre tan bueno y tan generoso se haya quedado ciego!

Y otra vez abrazó llorando a su pariente Tobías. ⁷ Edna, su esposa, también lloró, lo mismo que Sara, la hija. ⁸ Ragüel, pues, los recibió con mucha alegría y mandó matar un corderito.

Se arreglan las bodas ⁹ Luego se bañaron, se lavaron las manos y se sentaron a la mesa. Tobías dijo entonces a Rafael:

—Amigo Azarías, dile a Ragüel que me dé a mi parienta Sara.

¹⁰ Ragüel lo alcanzó a oir y dijo al muchacho:

—Come y bebe, y pasa alegremente esta noche. Porque, amigo, ningún otro fuera de ti tiene derecho a casarse con mi hija Sara. Por la misma razón, yo no puedo dársela a nadie sino a ti; tú eres mi pariente más cercano. Sin embargo, hijo, te debo decir la verdad. ¹¹ Ya antes yo se la he dado a siete esposos, parientes nuestros, y todos han muerto la misma noche en que se acercaron a ella. Ahora, hijo, come y bebe; el Señor hará que les vaya bien.

¹² Pero Tobías contestó:

—No probaré esta cena hasta que resuelvas mi asunto. Ragüel le dijo:

—Bueno, lo haré. Según está dispuesto en el libro de Moisés,ᵃ y ya que Dios ha decretado dártela, te la doy. Te entrego, pues, a tu parienta Sara. De ahora en adelante serás su marido, y ella será tu esposa. Es tuya desde hoy y para siempre. Hijo, que el Señor del cielo los favorezca esta noche, y les muestre su amor y les conceda bienestar.

¹³ Ragüel llamó a su hija Sara. Cuando llegó, su padre la tomó de la mano y se la entregó a Tobías, diciéndole:ᵇ

—Yo te la entrego conforme a la ley y según el decreto escrito en el libro de Moisés, que manda que te la dé como esposa. Tómala y vuelve sano y salvo a casa de tus padres. Que el Dios del cielo les conceda bienestar.

¹⁴ Entonces llamó a la madre, le pidió que trajera una hoja, y en ella escribió el contrato de matrimonio, certificando que entregaba a su hija para ser la esposa de Tobías, como lo manda la ley de Moisés. Después de esto comenzaron a cenar. ¹⁵ Ragüel llamó después a su esposa Edna, y le dijo:

—Querida, prepara la otra habitación, y lleva a Sara allá.

¹⁶ Ella fue y preparó la habitación como él se lo había pedido, y llevó allá a su hija. Y empezó a llorar por ella. Luego se secó las lágrimas, y le dijo:

¹⁷ —Ten confianza, hija. Que el Señor del cielo te conceda alegría en vez de tristeza. ¡Ten confianza, hija!

Y salió.

8 **El demonio vencido** ¹ Cuando terminaron de cenar, decidieron ir a acostarse. Llevaron al muchacho a la habitación. ² Tobías se acordó entonces de lo que le había dicho Rafael. Sacó de su bolsa el hígado y el corazón del pescado, y los puso sobre las brasas en las que se quemaba incienso. ³ El olor del pescado no dejó acercar al demonio, y este salió huyendo por el aire hasta la parte más lejana de Egipto.ᵃ Rafael fue y lo encadenó allá, y volvió inmediatamente. ⁴ Las otras personas salieron de la habitación y cerraron la puerta.

Tobías se levantó de la cama y le dijo a Sara: "Mi amor, levántate y hagamos oración para pedirle al Señor que tenga misericordia de nosotros y nos proteja."ᵇ

⁵ Ella se levantó, y los dos comenzaron a orar así, pidiendo a Dios que los protegiera: "Alabado seas, Dios de nuestros antepasados, alabado sea tu nombre por siempre. Que el cielo y la creación entera te alaben por todos los siglos. ⁶ Tú creaste a Adán y le diste a su esposa Eva como compañera y apoyo. Y de ellos dos nació todo el género humano. Tú dijiste: 'No es bueno que el hombre esté solo. Le voy a hacer alguien que sea una ayuda adecuada para él.'ᶜ ⁷ Ahora, yo no tomo a esta mujer movido por deseos impuros, sino con intenciones sinceras. Dígnate tener compasión de mí y de ella, y concédenos llegar juntos a la vejez."

⁸ Y ambos añadieron: "Amén, amén", ⁹ y se acostaron para pasar la noche.

Temores de Ragüel ¹⁰ Mientras tanto Ragüel se levantó y llamó a sus criados, y se fueron a cavar una fosa, pues pensaba: "Si acaso ha muerto, que la gente no se burle de nosotros y nos insulte." ¹¹ Cuando terminaron de cavar la fosa, volvió Ragüel a la casa, llamó a su esposa ¹² y le dijo: "Manda a una de las criadas que entre y vea si Tobías está vivo. Y si está muerto, lo enterraremos sin que nadie se dé cuenta."

¹³ Mandaron a la criada, encendieron una lámpara y abrieron la puerta. La criada entró, y encontró a Tobías y a Sara profundamente dormidos el uno junto al otro. ¹⁴ Salió entonces y les avisó que Tobías estaba vivo y que no le había pasado nada malo. ¹⁵ Entonces Ragüel alabó al Dios del cielo, diciendo: "¡Alabado seas, oh Dios, con toda alabanza pura! ¡Alabado seas por todos los siglos! ¹⁶ Alabado seas porque me has llenado de alegría, y no sucedió lo que yo temía, sino que nos trataste de acuerdo con tu inmensa bondad. ¹⁷ Alabado seas porque tuviste compasión de estos dos hijos únicos. Ten misericordia de ellos, Señor, y protégelos. Concédeles hasta el fin una vida llena de felicidad y de tus favores."

¹⁸ Entonces mandó a los criados que volvieran a llenar la fosa antes que amaneciera.

Celebración de las fiestas ¹⁹ Ragüel pidió a su mujer que

ᵃ 7.12 Véase 6.13 n.

ᵇ 7.13 Se describe esto como un acto religioso y jurídico con carácter oficial.

ᵃ 8.3 Se creía popularmente que el lugar de habitación natural de los demonios eran los desiertos y las ruinas (cf. Is 13.21 según el texto gr.; Bar 4.35; Mt 12.43; Mc 5.2-3; Ap 18.2). Sobre el encadenamiento del *demonio*, cf. Ap 20.2.

ᵇ 8.4 La oración de Tobías a Dios es la que verdaderamente propicia la liberación de los males. Tb 6.18.

ᶜ 8.6 Gn 2.7-8,18-23; Mt 19.4-5.

preparara comida abundante. Fue al establo y trajo dos novillos y cuatro carneros, y los mandó matar, y comenzaron los preparativos.

20 Luego llamó a Tobías, y le dijo: "Te vas a tener que quedar dos semanas, [d] sin moverte de aquí. Comerás y beberás en mi casa. Alegrarás el corazón de mi hija, que ha tenido que sufrir tanto. **21** Después podrás tomar la mitad de lo que yo tengo, e irte en paz a casa de tu padre. Y cuando yo y mi esposa muramos, también la otra mitad será para ustedes dos. Ten confianza, hijo. Yo soy ahora tu padre y Edna es tu madre. Desde ahora y para siempre somos tuyos y de tu esposa. ¡Ten confianza, hijo!"

9 *El ángel Rafael va a buscar la plata* **1** Entonces Tobías llamó a Rafael, y le dijo: **2** "Amigo Azarías, toma cuatro criados y dos camellos, y vete a Ragues, a casa de Gabael. Entrégale el recibo firmado, recoge el dinero, y trae a Gabael a las fiestas de bodas. **3-4** Tú sabes que mi padre está contando uno por uno los días que estoy fuera, y si me tardo un día más, se va a poner muy triste. Por otra parte, ya ves que Ragüel se comprometió solemnemente a no dejarme ir. No puedo contrariarlo."

5 Rafael se fue con los cuatro criados y los dos camellos a Ragues de Media. Al llegar se alojaron en la casa de Gabael. Rafael le dio el recibo firmado y le contó que Tobías, el hijo de Tobit, se había casado, y que lo invitaba a las fiestas de bodas. En seguida Gabael se puso a contar los sacos de plata, que aún tenían los sellos intactos. Luego los cargaron sobre los camellos. **6** Al día siguiente, los dos madrugaron y se fueron a las fiestas de bodas.

Cuando llegaron a la casa de Ragüel, encontraron a Tobías sentado a la mesa. Este se levantó y saludó a Gabael, el cual lloró y lo bendijo diciendo: "Hijo excelente de un hombre excelente, honrado y generoso. Que el Señor les conceda las bendiciones del cielo a ti y a tu esposa, y al padre y a la madre de tu esposa. [a] Bendito sea Dios porque he visto el vivo retrato de mi primo Tobit."

IV. REGRESO DE TOBÍAS Y CURACIÓN DE TOBIT
(10.1—11.18)

10 *Angustias de Tobit y de Ana* **1** Entre tanto Tobit iba contando los días uno por uno, y calculaba cuánto tardaría Tobías en ir y cuánto en volver. Y cuando el tiempo calculado pasó sin que su hijo apareciera, **2** pensó: "¿Lo habrán demorado allá? ¿Será que Gabael murió y nadie le entrega el dinero?" **3** Y comenzó a entristecerse. **4** Ana, su esposa, le decía:

—¡Mi hijo murió, ya no está vivo!

Y se ponía a llorar y a lamentarse por su hijo, y decía: **5** —¡Ay, hijo mío! ¿Por qué te dejé ir, luz de mis ojos?

6 Pero Tobit le decía:

—¡Cállate, querida, no te preocupes! Él está bien. Habrán tenido allá alguna demora. Pero el hombre que lo acompaña es de confianza, y además es pariente nuestro. No te pongas triste por él, querida, que ya estará por llegar.

7 Pero ella le respondía:

—¡Cállate y déjame en paz! No me engañes. Mi hijo ha muerto.

Diariamente ella se levantaba y miraba atentamente hacia el camino por donde debía venir su hijo, y no le hacía caso a nadie. Al atardecer, entraba y comenzaba a lamentarse, y lloraba toda la noche sin poder dormir.

Tobías decide regresar **8** Terminadas las dos semanas de las fiestas de bodas que Ragüel se había comprometido a celebrar en honor de su hija, Tobías fue y le dijo a Ragüel:

—Déjame ir. Yo sé que mi padre y mi madre creen que ya no volverán a verme. Padre, te ruego que me dejes ir a casa de mi padre. Ya te conté cómo lo dejé.

9 Ragüel le contestó:

—Quédate, hijo, quédate conmigo. Yo enviaré a tu padre Tobit unos mensajeros que le lleven noticias de ti.

Pero Tobías respondió:

—De ninguna manera. Te ruego que me dejes volver a casa de mi padre.

10 Entonces Ragüel le entregó a Sara, su esposa, y le dio la mitad de todo lo que tenía: criados y criadas, bueyes y ovejas, asnos y camellos, ropa, plata y utensilios. **11** Luego los dejó ir tranquilos. A Tobías lo despidió diciéndole:

—¡Que te vaya bien, hijo! ¡Vete en paz! Que el Señor del cielo les conceda un feliz viaje a ti y a Sara tu esposa. ¡Ojalá pueda yo, antes de morir, ver a sus hijos!

12 Y a su hija Sara le dijo:

—Vete en paz a casa de tu suegro. De ahora en adelante ellos serán tus padres, como nosotros que te dimos la vida. Vete en paz, hija mía, y que mientras viva, tenga yo solamente buenas noticias de ti.

Y despidiéndose de ellos los dejó ir. **13** Edna, por su parte, dijo a Tobías:

—Hijo y pariente querido, que el Señor te ayude a volver a tu casa, y que yo pueda vivir para ver los hijos de ustedes dos, antes de morirme. Delante del Señor confío y encomiendo mi hija a tu cuidado. Jamás le seas motivo de tristeza. ¡Adiós, hijo! De ahora en adelante yo soy tu madre y Sara es tu esposa querida. Que todos nosotros vivamos igualmente felices todos los días de nuestra vida.

Luego los besó a ambos y los dejó ir en paz.

14 Tobías se fue de la casa de Ragüel feliz y contento y alabando al Señor del cielo y de la tierra, el Rey del universo, porque le había concedido un viaje tan bueno. Pidió a Dios que bendijera a Ragüel y a Edna, y dijo:

—¡Ojalá tenga yo la dicha de honrarlos todos los días de su vida! [a]

11 *Regreso de Tobías y curación de Tobit* **1** Cuando estaban cerca de Caserín, ciudad que está frente a Nínive, dijo Rafael a Tobías:

---

[d] 8.20 Las fiestas de bodas duraban ordinariamente una semana (cf. Gn 29.27-28). Dadas las circunstancias especiales, esta celebración se alarga al doble.

[a] 9.6 *Al padre y a la madre de tu esposa*: según la versión latina antigua. Gr.: *a tu padre y a la madre de tu esposa.*

[a] 10.14 *Pidió a Dios... de su vida*: según la versión latina antigua. Gr.: *Y le dijo: Se te ha concedido honrarlos todos los días de tu vida.*

² —Tú sabes en qué estado dejamos a tu padre. ³ Adelantémonos a tu esposa, y vayamos a preparar la casa mientras llegan los demás.

⁴ Y se fueron los dos juntos. Rafael le dijo también que tuviera a mano la hiel. El perro los iba siguiendo a los dos. ⁵ Ana, mientras tanto, estaba sentada mirando atentamente hacia el camino por donde debía venir su hijo. ⁶ Al presentir que venía, le dijo a Tobit:

—¡Ya llega tu hijo con su acompañante!

⁷ Rafael dijo a Tobías antes de llegar a la casa de su padre:

—Estoy seguro de que tu padre recobrará la vista. ⁸ Úntale en los ojos la hiel del pescado. Este remedio hará que las nubes se encojan y desaparezcan de sus ojos. Tu padre recobrará la vista y verá otra vez a la luz.

⁹ Ana salió corriendo y abrazó a su hijo, diciendo:

—¡Por fin te veo, hijo mío! ¡Ahora ya puedo morirme!

Y empezó a llorar. ¹⁰ Tobit se levantó, y tropezando salió a la puerta de afuera. ¹¹ Tobías, que tenía en la mano la hiel del pescado, se acercó a su padre y lo tomó de la mano. Entonces le sopló en los ojos, y le dijo:

—¡Ten confianza, padre!

En seguida le aplicó el remedio. ¹² Luego, con ambas manos, le desprendió las nubes de los extremos de los ojos. ¹³ Entonces Tobit abrazó a su hijo, y llorando le dijo:

—¡Por fin puedo verte, hijo mío, luz de mis ojos!

¹⁴ Y añadió:

—¡Alabado sea Dios, alabado sea su glorioso nombre! ¡Alabados sean todos sus santos ángeles! ¡Que su glorioso nombre sea alabado por toda la eternidad! Porque él me castigó, pero luego tuvo compasión de mí,ᵃ y ahora puedo ver otra vez a mi hijo Tobías.

¹⁵ Tobías entró en la casa muy contento y alabando a Dios en voz alta. Luego le contó a su padre lo bien que le había ido en su viaje, que había traído la plata, que se había casado con Sara, la hija de Ragüel, y que ella ya debía de estar llegando a las puertas de Nínive.

¹⁶ Tobit, lleno de alegría y alabando a Dios, salió a las puertas de la ciudad a recibir a su nuera. La gente de Nínive se quedó admirada al ver que Tobit iba caminando con todo su vigor, sin que tuvieran que llevarlo de la mano. Y Tobit les dijo que Dios había tenido compasión de él y que había recobrado la vista. ¹⁷ Luego se acercó a Sara, la esposa de su hijo Tobías, y la bendijo diciendo:

—¡Bienvenida, hija! Alabado sea Dios que te ha traído a nosotros. Bendito sea tu padre, y bendito Tobías mi hijo, y bendita tú, hija mía. ¡Bienvenida a tu casa! Que el Señor te bendiga y te dé alegría. ¡Entra, hija!

¹⁸ En ese día hubo mucha alegría entre todos los judíos que vivían en Nínive, ¹⁹ y Ajicarᵇ y Nadab, sobrinos de Tobit, fueron a felicitarlo.

V. EL ÁNGEL (12.1-22)

12 *El ángel se da a conocer* ¹ Cuando se terminaron las fiestas de bodas, Tobit llamó a su hijo Tobías y le dijo:

—Hijo, no dejes de pagarle a tu compañero de viaje lo que estaba convenido, y aun dale más.

² Tobías le contestó:

—Padre, ¿qué paga le puedo dar? Aunque le diera la mitad de lo que me ayudó a traer, no me perjudicaría. ³ Él me trajo sano y salvo, sanó a mi esposa, me ayudó a traer la plata, y a ti también te sanó. ¿Qué paga le puedo dar?

⁴ Tobit le dijo:

—Hijo, es justo darle la mitad de las cosas que trajo.

⁵ Entonces Tobías lo llamó y le dijo:

—Toma como paga la mitad de todo lo que trajiste, y que te vaya bien.

⁶ Entonces Rafael llamó aparte a los dos y les dijo:ᵃ

—Alaben a Dios, y hablen de sus beneficios delante de todos los hombres. Alábenlo y canten salmos a su nombre. Honren a Dios dando a conocer a todo hombre lo que él ha hecho. No se cansen de darle gracias. ⁷ Cuando el rey le confía a uno un secreto, es bueno quedarse callado; pero hay que honrar a Dios contando a todos y publicando lo que él ha hecho. Hagan el bien, y ningún mal vendrá sobre ustedes. ⁸ Mucho mejor es la oración acompañada de ayuno, y dar limosna viviendo honradamente, que tener riquezas y ser un malvado. Mucho mejor es dar limosna que conseguir montones de oro. ⁹ Dar limosna salva de la muerte y purifica de todo pecado. Los que dan limosna gozarán de larga vida.ᵇ ¹⁰ Los que cometen el pecado y la maldad son enemigos de su propia vida. ¹¹ Ahora voy a contarles toda la verdad, no voy a ocultarles nada. Ya les había dicho que cuando el rey le confía a uno un secreto, es bueno quedarse callado, pero que hay que honrar a Dios dando a conocer lo que él ha hecho. ¹² Pues bien, Tobit, mientras tú y Sara oraban, yo presentaba sus oraciones ante la presencia gloriosa del Señor, para que él las tuviera en cuenta. Y lo mismo hacía yo mientras tú enterrabas a los muertos.ᶜ ¹³ Aquella vez, cuando no dudaste en levantarte y dejar servida la comida para ir a enterrar a aquel muerto,ᵈ Dios me envió a ponerte a prueba. ¹⁴ Y ahora también me ha enviado Dios a sanarte, lo mismo que a Sara, tu nuera. ¹⁵ Yo soy Rafael, uno de los siete ángelesᵉ que están al servicio del Señor y que pueden entrar ante su presencia gloriosa.

¹⁶ Los dos se asustaron mucho y se arrodillaron inclinándose hasta el suelo, llenos de miedo.ᶠ ¹⁷ Pero el ángel les dijo:

—¡No tengan miedo! ¡Tranquilícense! Alaben siempre a Dios. ¹⁸ Si yo he estado con ustedes, no fue porque yo lo quisiera, sino porque Dios lo dispuso. Denle gracias a él

---

ᵃ **11.14** *Que su glorioso nombre... compasión de mí:* según la versión latina antigua. El texto griego presenta algunas ligeras diferencias.

ᵇ **11.19** *Ajicar:* Véase 1.21 nota *u*.

ᵃ **12.6** El discurso que se pone en boca del ángel resalta el interés instructivo del libro: invita a confiar siempre en Dios y a llevar una vida recta, ayudando a los necesitados. Dios recompensa al que hace el bien.

ᵇ **12.8-9** Véase 4.9 nota *h*.

ᶜ **12.12** Hch 10.4; Ap 8.3-4.

ᵈ **12.13** Tb 2.3-8.

ᵉ **12.15** *Siete ángeles:* Cf. Ap 8.2. Se representa a Dios como un soberano rodeado de su corte (cf. Est 1.14; Esd 7.14). Otros textos hablan más genéricamente de "ángeles príncipes más altos" (Dn 10.13). Cf. también Dn 9.21; Lc 1.19,26. En la literatura judía extrabíblica se amplían las descripciones de las diversas categorías de ángeles y se les asignan diferentes nombres.

ᶠ **12.16** Es la reacción normal ante la presencia de lo sobrenatural. Cf. Jue 6.22-23; 13.20-22; Ap 1.17.

todos los días, alábenlo a él. **19** Cuando me veían comer y beber, no era a mí realmente a quien veían, sino a una visión.*g* **20** Den gracias ahora al Señor de la tierra, alaben a Dios. Yo voy a subir a Dios, que me envió. Pongan por escrito todo lo que les ha sucedido.

Y se elevó. **21** Ellos se levantaron y no lo pudieron ver más. **22** Entonces comenzaron a dar gracias a Dios y a alabarlo por sus maravillas: ¡un ángel de Dios se les había aparecido!

VI. ALABANZA (13.1—14.1)

13 *Tobit alaba a Dios* **1** Tobit dijo:*a*

2 "Alabado sea Dios,
que vive y reina por siempre.
Él castiga,
pero también tiene compasión.
Hace bajar hasta el reino de la muerte,
y salva de la gran perdición.
Nada puede escapar a su poder.*b*

3 "Alábenlo, descendientes de Israel,
delante de las naciones.
Él fue quien los dispersó por todas ellas,
4 y quien les ha mostrado allí lo grande que es.
Denle gloria delante de todos los hombres.
Él es nuestro Señor,
nuestro Dios y nuestro Padre,*c*
y es Dios por toda la eternidad.
5 Él los castiga por sus maldades,
pero tiene compasión de todos ustedes
y los reunirá de todas las naciones
a donde los había dispersado.*d*

6 "Si se vuelven a Dios de todo corazón
y con toda el alma,
y proceden sinceramente ante él,*e*
él se volverá a ustedes
y no se les ocultará más.
7 Vean ahora lo que hizo con ustedes,
y denle gracias públicamente.
Alaben al Señor, que hace justicia;
den gloria al Rey eterno.

8 "Yo lo alabo en este país de mi destierro,
y muestro a una nación pecadora
la fuerza y la grandeza de Dios.
Les digo: 'Pecadores, vuélvanse a Dios,
hagan lo que es recto a los ojos de él.
Quizá sea favorable a ustedes
y les tenga compasión.'*f*
9 Yo alabo a mi Dios, el Rey del cielo;

mi corazón se alegra en su grandeza.
10 Que todos lo alaben
y le den gracias en Jerusalén.

"Jerusalén, ciudad consagrada a Dios,*g*
él te castigará
por las acciones de tus habitantes,
pero de nuevo tendrá compasión de los
 que sean buenos.
11 Da gracias dignamente al Señor,
alaba al Rey eterno,
para que tu templo sea reconstruido con alegría,
12 y cuando vuelvan a ti los desterrados,
él los llene de alegría
y muestre su amor a todos los desdichados,
por todos los tiempos hasta la eternidad.

13 "Tu luz brillante resplandecerá
por todos los rincones de la tierra.
Numerosas naciones vendrán de lejos hasta ti;
ciudadanos de todos los rincones de la tierra
vendrán a invocar el nombre de Dios, el Señor.
Traerán en sus manos regalos al Rey del cielo.
Los hombres de todos los tiempos
mostrarán su alegría por ti.
Y el nombre de la ciudad escogida por Dios
permanecerá eternamente.

14 "¡Malditos todos los que te insulten,
malditos todos los que te destruyan,
los que hagan caer tus murallas,
los que derriben tus torres de defensa,
los que incendien tus casas!*h*

"¡Benditos, en cambio, por siempre
todos los que te reconstruyan!
15 Entonces te alegrarás mucho por los buenos.
Todos se reunirán
y alabarán al Señor del universo.
¡Dichosos los que te aman!
¡Dichosos los que se alegren de tu prosperidad!
16 ¡Dichosos todos los que sientan pesar
por los castigos que vas a sufrir;
pues más tarde se alegrarán por ti,
cuando vean toda tu eterna dicha!

"Alma mía, alaba al Señor, el gran Rey.
17 Jerusalén será reconstruida,
el templo del Señor existirá por siempre.
¡Qué dicha si me queda algún descendiente
que pueda ver tu esplendor
y alabar al Rey del cielo!

---

g **12.19** *Cuando me veían... una visión:* según la versión latina antigua. Gr. oscuro.

a **13.1** El himno que sigue, más que a las circunstancias particulares del relato, se refiere a la acción de Dios a lo largo de la historia de Israel. La primera parte (vv. 1-10a) tiene en cuenta sobre todo la situación de los israelitas dispersos entre otras naciones.

b **13.2** Cf. Dt 32.39; 1 S 2.6-7; Sab 16.13.

c **13.4** Véase Eclo 23.1 n.

d **13.5** Dt 30.3.

e **13.6** Dt 30.2.

f **13.8** El israelita desterrado se convierte en testigo del verdadero Dios y llama a la conversión.

g **13.10** La segunda parte del himno (vv. 10b-18) cambia de perspectiva. Se refiere a la destrucción de Jerusalén (futura desde el punto de vista de Tobit, pasada respecto del redactor) y a su reconstrucción, descrita con colores maravillosos. Se perciben frecuentes reminiscencias de Is 40—66.

h **13.14** *Reconstruyan:* según la versión latina antigua. Gr. *teman.*

Las puertas de Jerusalén serán construidas
con zafiros y esmeraldas,
y con piedras preciosas todas sus murallas.
Las torres de Jerusalén y sus baluartes
se construirán con oro, con oro puro.
Sus plazas serán pavimentadas
con rubíes y finísimas piedras.
¹⁸ Sus puertas entonarán cantos de júbilo,
y todas sus casas dirán:
'¡Aleluya, *i*
alabado sea el Dios de Israel!'
En ti *j* darán gloria a su santo nombre
eternamente." *k*

14 ¹ Así terminó Tobit sus palabras de alabanza a Dios.

Conclusión (14.2-15) *a*

Recomendaciones a Tobías y muerte de Tobit ² Tobit murió en paz a la edad de ciento doce años, y lo enterraron con todo honor en Nínive. Cuando quedó ciego tenía sesenta y dos años. Después que recobró la vista tuvo una vida próspera, e hizo obras de caridad, y continuó alabando a Dios y dando a conocer sus grandezas. ³⁻⁴ Cuando ya estaba por morir, llamó a su hijo Tobías y le hizo estas recomendaciones:

"Hijo, vete cuanto antes con tus hijos a Media, porque yo creo en las palabras divinas que el profeta Nahúm pronunció contra Nínive. *b* Todo va a cumplirse, todo va a realizarse, todo lo que los profetas de Israel, enviados por Dios, han dicho, va a sucederles a Asiria y a Nínive. Nada quedará sin cumplirse de todas sus palabras. Todo sucederá a su debido tiempo. En Media habrá más seguridad que en Asiria o en Babilonia. Yo sé, y de ello estoy convencido, que todo lo que Dios dijo se cumplirá, y que ninguna de esas palabras fallará.

"Y todos nuestros compatriotas que viven en Israel van a ser dispersados y desterrados de su buena tierra, y todo el país será un desierto. Samaria y Jerusalén quedarán convertidas en un desierto. El templo de Dios estará abandonado e incendiado por un tiempo. ⁵ Pero Dios volverá a tener compasión de ellos y los hará volver a la tierra de Israel. Reconstruirán el templo, aunque no será tan hermoso como antes, hasta que llegue el momento preciso. Después volverán todos del destierro y reconstruirán a Jerusalén con todo esplendor, y el templo será reconstruido, como lo anunciaron los profetas de Israel. ⁶ Y todas las naciones del mundo y todos los hombres se volverán a Dios. *c* Lo respetarán sinceramente y dejarán todos sus falsos dioses, que los engañan y los hacen caer en el error. Alabarán al Dios del universo con rectitud. ⁷ Todos los israelitas que se salven en aquel tiempo, se acordarán de Dios con sinceridad. Se reunirán e irán a Jerusalén, y vivirán tranquilamente por siempre en la tierra de Abraham; serán dueños de ella. Y los que aman sinceramente a Dios, se alegrarán; pero los que cometen el pecado y la maldad, desaparecerán de todo el país.

⁸⁻⁹ "Ahora, hijos, les recomiendo esto: Sirvan a Dios con sinceridad y hagan lo que a él le agrada. Enseñen a sus hijos a hacer lo que es recto, lo mismo que a hacer obras de caridad. Que se acuerden de Dios, que alaben su nombre en todo tiempo sinceramente y con todas sus fuerzas. Y tú, hijo mío, vete de Nínive, no te quedes aquí. Cuando tu madre muera y la entierres junto a mí, aquel mismo día vete; ni siquiera pases la noche en este país. Porque veo que aquí hay mucha maldad y que desvergonzadamente se cometen muchos engaños. ¹⁰ Hijo, mira lo que hizo Nadab con Ajicar, su padre adoptivo: lo enterró vivo. Pero Dios le pagó a Nadab su infamia a la vista de su propia víctima. Ajicar salió otra vez a la luz, y Nadab cayó en las tinieblas eternas por haber querido matar a Ajicar. Como Ajicar fue generoso en dar limosnas, salió de la trampa mortal que le había puesto Nadab, y Nadab cayó en ella y murió. *d* ¹¹ Vean, pues, hijos, lo que trae el hacer obras de caridad, y a dónde lleva el hacer la maldad: a la muerte. Pero ya se me acaba la vida..."

Entonces lo pusieron sobre la cama, y murió. Luego lo enterraron con todo honor.

Fin de la historia de Tobías ¹² Cuando murió la madre de Tobías, este la enterró junto a su padre. Y él y su esposa se fueron a Media y se establecieron en Ecbatana *e* con Ragüel, su suegro. ¹³ Tobías cuidó a sus suegros en su vejez y los honró. Los enterró en Ecbatana de Media y heredó los bienes de Ragüel, lo mismo que los de su padre Tobit. ¹⁴ Murió a la edad de ciento dieciséis años rodeado de honor. ¹⁵ Antes de morir le llegó la noticia de la destrucción de Nínive, y vio que sus habitantes eran desterrados a Media por Ciaxares, rey de Media. *f* Entonces alabó a Dios por todo lo que hizo con los habitantes de Nínive y de Asiria. Antes de morir pudo alegrarse de la destrucción de Nínive, y alabó al Señor, el Dios que vive por todos los siglos.

---

i **13.18** *Aleluya:* Aclamación litúrgica hebrea que aparece en los *Salmos* (cf. Sal 104.35) y significa *¡Alaben a Yahvé!* Véase también Ap 19.1 n.

j **13.18** *En ti:* según la versión latina antigua. Gr. *los bendecidos.*

k **13.10-18** Is 44.26-28; 54.11-12; 60.1-22; Zac 1.16; Ap 21.10-21.

a **14.2-15** La sección final del libro es un epílogo en el que se describe el término feliz de la vida de Tobit. Este, como un segundo testamento (véase 4.3 nota *b*), hace referencia a la historia de Israel y de Judá y repite sus instrucciones a su hijo.

b **14.3-4** Nah 1—3. Cf también Sof 2.13.

c **14.6** Cf. Is 2.3; 60.1-3; Zac 8.20-23.

d **14.10** Un poco forzadamente se introduce aquí la historia de Ajicar y de Nadab (véase 1.21 nota *u*), sobre todo para mostrar cómo Dios recompensa las obras de caridad.

e **14.12** *Ecbatana:* Véase 5.6 n.

f **14.15** Nínive fue destruida por Ciaxares, rey de Media, y Nabopolasar, rey de Babilonia, el año 612 a.C.

Judit

El libro de *Judit* (=Jdt) es un bien logrado relato que tiene como protagonista a una mujer, de la que se vale Dios para librar al pueblo israelita de una gran calamidad que lo amenaza.

Nabucodonosor, rey de Asiria, una de las potencias que hicieron grandes estragos en el pueblo de Israel, impone su poderío en toda la tierra; todos los pueblos se le someten. Solo los israelitas se preparan para resistirlo. Holofernes, el jefe asirio, avanza con sus ejércitos contra Betulia, en la región montañosa de Israel y pone sitio a la ciudad. Al quedarse sin agua ni provisiones, los israelitas ya están a punto de rendirse al enemigo. Es entonces cuando interviene Judit, una viuda que confía en la protección divina y traza un plan para vencer al enemigo. Y Dios, por medio de ella, libra a los israelitas de la terrible amenaza.

El relato está lleno de pormenores que, a primera vista, dan la impresión de querer situarlo en un tiempo y un lugar muy determinados. Sin embargo, al examinarlos más detenidamente, resultan ser más bien una combinación deliberada de elementos de diversas épocas antiguas. La misma Betulia, centro del relato, no parece ser el nombre de una ciudad real.

El libro, en realidad, se entiende mejor si lo leemos como un relato imaginario y simbólico, creado con elementos de la historia antigua, para inculcar una serie de enseñanzas y actitudes en sus lectores. El pueblo se encuentra oprimido por potencias extranjeras, tentado a renunciar a su propia identidad. El autor quiere recordarle que Dios puede ayudarlo valiéndose de los medios al parecer más débiles. La ayuda de Dios no viene por una intervención milagrosa sino por la astucia de una mujer valiente y decidida. Su nombre ("judía") y sus cualidades la hacen aparecer como símbolo del pueblo fiel a Dios. Todo el libro puede leerse como un comentario de las palabras de Sal 20.7(8): *Unos cuentan con sus carros de guerra y otros cuentan con sus caballos; pero nosotros contamos con el Señor nuestro Dios*.

Probablemente el libro fue redactado en la época descrita en los libros de los *Macabeos* (véanse las *Introducciones* a estos libros), cuando los judíos luchaban por reconquistar la libertad perdida.

Es casi seguro que el libro fue escrito en hebreo. Pero el texto original no se conserva; se conservan varias traducciones, de las que la más antigua es la griega, base de la presente traducción.

El libro puede dividirse en dos secciones:

   I. La creciente amenaza (1—7)
   II. La liberación (8—16)

I. LA CRECIENTE AMENAZA (1—7)

Guerra de Nabucodonosor contra Arfaxad

1 ¹ Cuando Nabucodonosor estaba en el año doce de su reinado sobre los asirios en Nínive, su capital,[a] Arfaxad era rey de los medos en Ecbatana.[b] ² Este fue quien construyó una muralla de piedras labradas alrededor de Ecbatana. Cada piedra tenía un metro con treinta y cinco centímetros de ancho por dos metros con sesenta centímetros de largo; la altura de la muralla era de treinta y un metros y medio, y de veintidós metros y medio el espesor. ³ En las puertas de la ciudad construyó torres que medían cuarenta y cinco metros de altura, sobre bases de veintisiete metros de ancho. ⁴ Las puertas mismas las hizo de treinta y un metros y medio de altura por dieciocho metros de anchura, para que su poderoso ejército pudiera desfilar con su infantería en formación.[c]

⁵ Por aquel tiempo, el rey Nabucodonosor hizo la guerra al rey Arfaxad en la gran llanura que está en la región de Ragues.[d] ⁶ A Nabucodonosor se le unieron todos los habitantes de la región montañosa, y todos los que vivían junto a los ríos Tigris, Éufrates e Hidaspes y en las llanuras que estaban bajo el dominio de Arioc, rey de Elam.[e] Así pues, innumerables pueblos se reunieron para sumarse al ejército de los descendientes de Queleúd.[f]

⁷ El rey Nabucodonosor de Asiria mandó llamar a todos los habitantes de Persia y a todos los que vivían en occidente: a los habitantes de Cilicia, Damasco, el Líbano, el Antilíbano, a todos los que vivían en la costa, ⁸ en el Carmelo, en Galaad, en la Galilea superior, en la gran llanura de Esdrelón, ⁹ a todos los de Samaria y de sus ciudades, del occidente del Jordán hasta Jerusalén, a los de Batané, Quelús, Cadés, del arroyo que limita con Egipto, de Tafnes,

---

[a] 1.1 La combinación de elementos heterogéneos en este v. muestra ya la verdadera intención del autor: no se refiere a una historia concreta y particular, sino que reúne diversas figuras representativas. Probablemente se refiere a *Nabucodonosor II*, quien fue rey de Babilonia en los años 605-562 a.C. Bajo su reinado fue destruida Jerusalén y se produjo la deportación a Babilonia. *Nínive* fue capital del imperio asirio durante el siglo VII a.C., hasta el año 612, cuando fue destruida. Para los israelitas, representó una de las grandes potencias enemigas (cf. especialmente Nah 1—3).

[b] 1.1 Los *medos* fueron un pueblo que vivió al oriente de Asiria. En el año 549 a.C. se convirtieron en provincia del imperio persa. El nombre de *Arfaxad* está tomado de Gn 10.22,24. No se conoce ningún rey de los medos con ese nombre. *Ecbatana* fue la capital del reino de Media. Los medos intervinieron eficazmente en la destrucción de Nínive y representan otra potencia en lucha por el dominio universal. Su derrota a manos de Nabucodonosor resaltará el poderío de este.

[c] 1.2-4 Se describe una ciudad de proporciones gigantescas, para subrayar la victoria de Nabucodonosor (vv. 13-15), cuyos ejércitos serán luego derrotados por una débil mujer israelita.

[d] 1.5 *Ragues*: ciudad al oriente de Ecbatana. Véase Tb 4.1 n.

[e] 1.6 Se enumeran los pueblos que estaban sometidos a Nabucodonosor.

[f] 1.6 *Descendientes de Queleúd*: expresión oscura que parece

Ramsés, y de todo el país de Gosén, ¹⁰ hasta más allá de Tanis y de Menfis, y a todos los habitantes de Egipto hasta la frontera con Etiopía.[g] ¹¹ Pero los habitantes de esas regiones no hicieron caso del llamado del rey Nabucodonosor de Asiria y no fueron a ayudarle en la guerra, pues no le tenían miedo, sino que lo consideraban como un hombre sin aliados; así que insultaron a sus mensajeros y los despidieron con las manos vacías.

¹² Nabucodonosor se puso terriblemente furioso contra todos estos países, y juró por su trono y su reino que se vengaría de toda la región de Cilicia, Damasco y Siria, y que las pasaría a cuchillo, lo mismo que a los moabitas y amonitas, y a toda Judea y a todos los de Egipto hasta la región de los dos mares.[h]

Derrota de Arfaxad ¹³ El año diecisiete de su reinado, Nabucodonosor se lanzó con su ejército contra el rey Arfaxad, y le dio batalla y lo derrotó. Puso en fuga a todo su ejército, con toda su caballería y sus carros, ¹⁴ se adueñó de sus ciudades, avanzó hasta Ecbatana y se apoderó de las torres, y saqueó las plazas y convirtió en humillación el esplendor de la ciudad. ¹⁵ Además capturó a Arfaxad en las montañas de Ragues y lo atravesó con sus lanzas, aniquilándolo para siempre. ¹⁶ Luego regresó con su ejército y con la gente que se le había juntado, que era una enorme multitud de soldados, y él y su ejército se dedicaron a descansar y divertirse durante cuatro meses.

2

Nabucodonosor manda a Holofernes contra los países de occidente ¹ El día veintidós del primer mes del año dieciocho[a] se discutió en el palacio de Nabucodonosor, rey de Asiria, lo relativo a la venganza que debía tomarse de toda la tierra, conforme a lo que el rey había dicho. ² Mandó llamar a todos sus funcionarios y personas de autoridad, y les expuso la decisión que había tomado en secreto de destruir por completo a aquellos países. ³ Ellos estuvieron de acuerdo en que se debía exterminar a todos los que no habían hecho caso del llamado del rey.

⁴ Cuando el rey Nabucodonosor terminó de comunicarles su decisión, llamó a Holofernes,[b] comandante en jefe de su ejército, quien ocupaba el segundo lugar después del rey, y le dijo: ⁵ "Yo, rey supremo y señor de toda la tierra, te ordeno que, una vez que te retires de mi presencia, tomes bajo tu mando un ejército de hombres de reconocida valentía, ciento veinte mil soldados de infantería y doce mil de caballería, ⁶ y que luego te pongas en marcha contra todos los países del occidente, porque no hicieron caso de mi llamado. ⁷ Ordénales que se rindan incondicionalmente, porque estoy muy enojado y voy a marchar contra ellos. Voy a hacer que mis ejércitos cubran toda la tierra y la saqueen. ⁸ Tantos serán los muertos, que se llenarán los valles; los torrentes y los ríos se llenarán de cadáveres hasta desbordarse. ⁹ Haré cautivos a muchos y los llevaré a los últimos rincones de la tierra. ¹⁰ Adelántate, pues, y ocupa en mi nombre todos esos territorios. Si se someten a ti, guárdamelos hasta que yo los castigue. ¹¹ Pero no tengas compasión de los que se resistan. Entrégalos a la matanza y al saqueo dondequiera que vayas. ¹² ¡Juro por mi vida y por mi poder real, que lo que he dicho lo cumpliré yo mismo! ¹³ ¡No dejes de hacer nada de lo que te he ordenado; cumple mis órdenes al pie de la letra y sin tardanza!"[c]

¹⁴ Apenas se retiró Holofernes de la presencia de su soberano, llamó a todos los altos jefes, generales y oficiales del ejército asirio, ¹⁵ y escogió los soldados que el rey le había ordenado: ciento veinte mil de infantería y doce mil arqueros de caballería, ¹⁶ y los organizó para la guerra. ¹⁷ Luego tomó una enorme cantidad de camellos, asnos y mulas para llevar la carga, innumerables ovejas, reses y cabras para su abastecimiento, ¹⁸ así como provisiones en abundancia para cada hombre y gran cantidad de oro y plata del tesoro real. ¹⁹ Holofernes, pues, se puso en marcha con todo su ejército, anticipándose al rey Nabucodonosor para cubrir toda la región occidental con sus carros y caballería y sus soldados escogidos de infantería. ²⁰ Junto con ellos iba un gentío tan numeroso como las langostas o como los granos de arena; eran tantos que no se podían contar.[d]

Campaña de Holofernes ²¹ Salieron de Nínive y caminaron tres días en dirección a la llanura de Bectilet. De Bectilet siguieron adelante, y acamparon junto a la montaña que queda al norte de la Cilicia superior. ²² De allí siguió Holofernes con su ejército, su infantería, su caballería y sus carros, hacia la región montañosa. ²³ Se abrió paso destruyendo a Fud y a Lud, y saqueó a todos los habitantes de Rasís y a los ismaelitas que vivían al borde del desierto, al sur de Queleón. ²⁴ Cruzó el río Éufrates, atravesó la Mesopotamia y destruyó todas las ciudades fortificadas que había a orillas del río Abroná hasta el mar. ²⁵ Ocupó el territorio de Cilicia y derrotó a todos los que le opusieron resistencia. Luego llegó a la región de Jafet, en el sur, frente a Arabia. ²⁶ Cercó a todos los madianitas, incendió sus campamentos y se apoderó de su ganado. ²⁷ Luego bajó a la llanura de Damasco en la época de la cosecha del trigo, e incendió todos sus campos, exterminó las ovejas y las vacas, saqueó las ciudades, arrasó los campos y pasó a filo de espada a todos los jóvenes.[e] ²⁸ El miedo y el terror causados por él se apoderaron de los habitantes de la costa, de Sidón, de Tiro, de Sur, de Oquiná, y de los que vivían en Jabnia, en Asdod y en Ascalón.[f]

---

referirse a los caldeos (babilonios). Otros refieren esta expresión a los medos y traducen el comienzo de la frase así: *Igualmente se reunieron innumerables pueblos...*

[g] **1.7-10** Enumeración de pueblos que están situados entre Persia, en el oriente, y la frontera de Egipto, con Etiopía en el sur.

[h] **1.12** *Los dos mares* parecen ser el Mediterráneo y el Mar Rojo. Otros refieren esto a los dos ríos principales que forman el Nilo.

[a] **2.1** El *año dieciocho* de Nabucodonosor II fue el año de la toma de Jerusalén.

[b] **2.4** *Holofernes* es nombre de origen persa.

[c] **2.5-13** Se exagera deliberadamente la arrogancia del rey.

[d] **2.14-20** Poderío, igualmente exagerado, del ejército de Holofernes.

[e] **2.21-27** No es claro el orden de la campaña de Holofernes, pero la enumeración quiere incluir los diversos países que había entre Nínive y la tierra de Israel.

[f] **2.28** Son las ciudades de la costa del Mediterráneo. Estas se someten voluntariamente al conquistador.

3 ¹ Entonces le enviaron mensajeros a hacerle propuestas de paz y decirle: ² "Nosotros somos servidores del gran rey Nabucodonosor, y estamos a los pies de Su Excelencia; haga con nosotros lo que le parezca mejor. ³ Nuestras habitaciones, todo nuestro territorio, nuestros campos de trigo, nuestras vacas y ovejas, y todo nuestro ganado están a su disposición; haga Su Excelencia lo que quiera con todo ello. ⁴ Nuestras ciudades y todos sus habitantes están a su servicio; venga Su Excelencia y trátelos como mejor le parezca."

⁵ Los mensajeros se presentaron ante Holofernes y le dijeron todo esto. ⁶ Él bajó entonces a la costa con su ejército y puso guarniciones en las ciudades fortificadas, y de estas sacó soldados escogidos para que sirvieran como tropas auxiliares. ⁷ En esas ciudades y en las regiones vecinas la gente lo recibió adornada de coronas y bailando al son de tambores. ⁸ Pero Holofernes destruyó sus templos[a] y derribó sus árboles sagrados, porque tenía el encargo de destruir a todos los dioses de la tierra, para que todas las naciones adoraran solamente a Nabucodonosor y la gente de toda lengua y tribu lo invocara como dios.[b]

⁹ Así llegó Holofernes hasta cerca de Esdrelón,[c] junto a Dotán, frente a la gran cadena montañosa de Judea, ¹⁰ y acampó entre Gabá y Escitópolis,[d] donde se quedó todo un mes recogiendo provisiones para su ejército.

4 *Los israelitas se preparan para la defensa* ¹ Cuando los israelitas que vivían en Judea[a] oyeron todo lo que Holofernes, el comandante en jefe del ejército del rey Nabucodonosor de Asiria, había hecho con las otras naciones, y cómo había saqueado y destruido todos sus templos, ² se aterrorizaron al pensar lo que podía hacer con Jerusalén y con el templo del Señor su Dios. ³ Hacía poco que habían vuelto del destierro, y no hacía mucho que todo el pueblo de Judea se había reunido y que habían sido consagrados de nuevo los utensilios, el altar y el templo que habían sido profanados.[b] ⁴ Así pusieron sobre aviso a toda la región de Samaria, y a Coná, Bet-horón, Ibleam, Jericó, Cobá, Hasor y el valle de Salem,[c] ⁵ y se adelantaron a ocupar todas las cumbres de los montes altos; fortificaron con murallas las aldeas que había en aquellos lugares, consiguieron provisiones, y se prepararon para la guerra. Hacía poco que habían recogido las cosechas de sus campos. ⁶ Joaquín, que era entonces el sumo sacerdote y estaba en Jerusalén, escribió una carta a los habitantes de Betulia[d] y de Betomestaim, frente a Esdrelón, delante de la llanura cerca de Dotán, ⁷ en la que les decía que ocuparan los lugares de subida a la región montañosa, por donde se entraba en Judea, pues por allí era fácil impedir el avance, ya que el paso era estrecho y solo podían pasar dos personas a la vez. ⁸ Los israelitas hicieron lo que el sumo sacerdote Joaquín y los ancianos de todo el pueblo de Israel que vivían en Jerusalén les ordenaron.

Los israelitas piden ayuda al Señor ⁹ Todos los israelitas clamaron con gran fervor a Dios y se humillaron profundamente delante de él. ¹⁰ Los hombres, las mujeres, los niños, el ganado, todos los extranjeros que vivían allí, los jornaleros y los esclavos se vistieron con ropas ásperas. ¹¹ Todos los israelitas que vivían en Jerusalén, hombres, mujeres y niños, se inclinaron ante el santuario en actitud de adoración, se echaron ceniza sobre las cabezas, y extendieron sus ropas ásperas delante del Señor. ¹² También cubrieron con telas ásperas el altar, y a una voz clamaron con fervor al Dios de Israel pidiéndole que no permitiera que, para alegría de los paganos, sus niños fueran arrebatados, sus mujeres raptadas, las ciudades de su patria destruidas, y el templo profanado y deshonrado.[e] ¹³ Y el Señor escuchó sus gritos y tuvo en cuenta su aflicción. En toda Judea y en Jerusalén, el pueblo estuvo ayunando durante muchos días delante del templo del Señor todopoderoso. ¹⁴ El sumo sacerdote Joaquín y todos los sacerdotes, que servían en el templo, y los demás que oficiaban ante el Señor, iban vestidos con ropas ásperas mientras ofrecían el holocausto de todos los días,[f] las oraciones y las ofrendas voluntarias[g] del pueblo. ¹⁵ Con sus turbantes cubiertos de ceniza, insistentemente pedían al Señor que tuviera misericordia y compasión de todo el pueblo de Israel.

5 *Holofernes reúne a sus consejeros* ¹ Cuando informaron a Holofernes, comandante en jefe del ejército asirio, de que los israelitas se habían preparado para la guerra y habían cerrado los pasos de la región montañosa, fortificando con murallas todas las cumbres de los montes altos, y que habían levantado barreras en las llanuras, ² se puso terriblemente furioso. Llamó a todos los jefes de Moab, a los generales de Amón y a todos los gobernadores de la costa,[a] ³ y les habló así: "Cananeos, díganme qué pueblo es el que está establecido en las montañas, cuáles son las ciudades en que vive, qué tan fuerte es su ejército, en qué

---

[a] 3.8 *Templos:* según la versión siríaca. Gr. *territorio.*
[b] 3.8 La sumisión no es solo política sino también religiosa (cf. Dn 3; 11.36-39).
[c] 3.9 *Esdrelón* es el equivalente griego de Jezreel. Esta llanura fue escenario de grandes batallas en la antigüedad (cf. Jue 4; 2 R 23.29; y véase Ap 16.16 n.)
[d] 3.10 *Escitópolis:* nombre griego de la ciudad de Bet-seán. En esta región termina la cadena montañosa que se extiende por los territorios de Judea y Samaria.
[a] 4.1 Por *Judea* se entiende aquí todo el territorio ocupado por los israelitas después del regreso del destierro.
[b] 4.3 El primer regreso del destierro fue el año 538 a.C. (2 Cr 36.22-23) y la dedicación del templo, en el 516 (Esd 6.16). Véase 1.1 n. En tiempos posteriores, después de la profanación por Antíoco IV Epífanes, fue de nuevo dedicado (1 Mac 4.36-61).
[c] 4.4 Se refiere a diversas ciudades, algunas de ellas desconocidas, que se suponen habitadas por israelitas.
[d] 4.6 *Betulia* será el centro de la acción principal del libro. Se sitúa cerca de la llanura de Esdrelón, pero no se conoce ninguna ciudad con ese nombre. Es probablemente un nombre imaginario (que en hebreo puede relacionarse con las palabras "virgen" o "casa de Dios").
[e] 4.9-12 La oración va acompañada de una actitud de profunda humillación ante Dios. Jon 3.5-8.
[f] 4.14 *Holocausto de todos los días:* cf. Ex 29.38-42.
[g] 4.14 *Ofrendas voluntarias:* Lv 22.18-30.
[a] 5.2 *Moab* y *Amón* eran naciones vecinas de Israel por el oriente; *la costa* era la del Mediterráneo, al occidente. Véase *Índice de mapas.*

consisten su fuerza y su poder, cuál es el rey que los gobierna y que manda su ejército, ⁴ y por qué son ellos el único pueblo de occidente que no quiere salir a recibirme."

Intervención de Aquior ⁵ Aquior, jefe de todos los amonitas, le respondió:*ᵇ* "Si Su Excelencia pone atención a las palabras de este su servidor, le contaré la verdad acerca de este pueblo que vive en esas montañas cercanas. No le diré ninguna mentira. ⁶ Ellos son descendientes de los caldeos.*ᶜ* ⁷ Primeramente se establecieron en Mesopotamia, porque no quisieron seguir a los dioses de sus antepasados, que vivían en Caldea. ⁸ Abandonaron las tradiciones de sus antepasados y adoraron al Dios del cielo, el Dios que ellos reconocen. Por eso los caldeos los expulsaron lejos de la vista de sus propios dioses, y ellos huyeron a Mesopotamia, donde vivieron mucho tiempo. ⁹ Pero su Dios les ordenó salir de aquel lugar e irse al país de Canaán,*ᵈ* donde se establecieron y se hicieron sumamente ricos en oro, plata y ganado.

¹⁰ "Después hubo hambre en todo el país de Canaán, y ellos bajaron a Egipto y vivieron allí mientras hubo alimentos para ellos. Allá se multiplicaron enormemente, se convirtieron en una nación innumerable. ¹¹ Entonces el rey de Egipto se volvió contra ellos, y los explotó y obligó a trabajar haciendo adobes. Y los humilló y los hizo esclavos.*ᵉ* ¹² Ellos clamaron a su Dios, y él castigó a todo el país de Egipto enviándole plagas incurables. Entonces los egipcios los expulsaron de su tierra.*ᶠ* ¹³ Dios secó el Mar Rojo para que pudieran pasar,*ᵍ* ¹⁴ y los guió por el camino del Sinaí y de Cadés-barnea.*ʰ* Expulsaron a todos los que vivían en el desierto, ¹⁵ y luego se establecieron en el país de los amorreos. Eran tan fuertes que exterminaron a todos los habitantes de Hesbón.*ⁱ* Pasaron el Jordán y ocuparon toda la región montañosa, ¹⁶ expulsaron de allí a los cananeos, a los ferezeos, a los jebuseos, a los de Siquem y a todos los gergeseos, y allí vivieron mucho tiempo.*ʲ*

¹⁷ "Mientras no pecaron contra su Dios, les fue bien; porque su Dios es un Dios que aborrece la maldad. ¹⁸ Pero cuando se apartaron del camino que él les había señalado, sufrieron grandes destrucciones*ᵏ* en muchas guerras y fueron llevados cautivos a tierra extraña. El templo de su Dios fue arrasado, y sus ciudades cayeron en poder de los enemigos.*ˡ* ¹⁹ Pero ahora, habiéndose vuelto a su Dios, han regresado de los lugares donde estaban dispersos y han tomado posesión de Jerusalén,*ᵐ* donde está su santo templo, y se han establecido en la región montañosa, que estaba sin habitantes.

²⁰ "Así pues, Excelencia, si este pueblo ha cometido alguna falta y ha pecado contra su Dios, y si nosotros vemos que ellos han cometido alguna ofensa, podemos marchar a hacerles la guerra. ²¹ Pero si no hay maldad en este pueblo, Su Excelencia debe dejarlos en paz; de lo contrario, el Señor su Dios saldrá en defensa de ellos, y nosotros quedaremos en ridículo delante de todo el mundo."

²² Cuando Aquior terminó de hablar, todos los que estaban alrededor de la tienda empezaron a protestar. Los oficiales de Holofernes, y toda la gente de la costa y de Moab, amenazaban con hacer pedazos a Aquior. ²³ Decían: "Nosotros no tenemos miedo de los israelitas; son un pueblo sin poder e incapaz de dar una fuerte batalla. ²⁴ ¡Avancemos, pues, comandante Holofernes! ¡Todo el ejército de Su Excelencia se tragará vivos a los israelitas!"

6

Aquior es entregado a los israelitas ¹ Cuando el tumulto de la gente que rodeaba a los consejeros se calmó, Holofernes, comandante en jefe del ejército asirio, dijo a Aquior y a todos los hombres de Moab, en presencia de los extranjeros: ² "¿Y quién eres tú, Aquior, con tus mercenarios de Efraín,*ᵃ* para ponerte hoy entre nosotros a hacer de profeta y aconsejarnos que no le hagamos la guerra al pueblo de Israel, porque el Dios de ellos saldrá en su defensa? ¿Qué otro Dios existe fuera de Nabucodonosor? Él desplegará su poder y los hará desaparecer de la tierra, y el poder de su Dios no podrá salvarlos. ³ Nosotros, servidores de Nabucodonosor, los aplastaremos como si fueran un solo hombre; no podrán resistir la embestida de nuestra caballería. ⁴ Los exterminaremos. Sus montes se embriagarán con su sangre, y las llanuras se llenarán con sus cadáveres. No podrán mantenerse en pie frente a nosotros. ¡Perecerán sin remedio! ¡Lo afirma el rey Nabucodonosor, el señor de toda la tierra! El ha hablado, y sus palabras no caerán en el vacío. ⁵ Y tú, Aquior, mercenario de Amón, que has dicho estas palabras con intenciones perversas, de hoy en adelante no volverás a presentarte delante de mí, hasta que yo haya tomado venganza de esa gente escapada de Egipto. ⁶ Cuando yo vuelva, mis soldados y todos mis servidores te atravesarán el cuerpo con sus lanzas, y morirás como los israelitas. ⁷ Y ahora, mis servidores te llevarán a la montaña y te dejarán en una de las ciudades de la cuesta. ⁸ No morirás por el momento; morirás con ellos. ⁹ Y si en el fondo tú confías en que ellos no serán conquistados, no tienes de qué preocuparte. ¡He hablado, y ninguna de mis palabras dejará de cumplirse!"

¹⁰ Dicho esto, Holofernes mandó a los hombres que estaban a su servicio personal que pusieran preso a Aquior, y que lo llevaran a Betulia y lo entregaran a los israelitas. ¹¹ Sus servidores lo pusieron preso, lo sacaron del campamento hacia la llanura, y de allí lo llevaron a la montaña hasta que llegaron a los manantiales que hay abajo de Betulia. ¹² Cuando los hombres de la ciudad los vieron subir a la cumbre del cerro, tomaron sus armas, salieron de la ciudad

---

ᵇ **5.5** El autor pone en boca del jefe amonita un resumen de la historia de Israel, para mostrar la peculiaridad de este pueblo.
ᶜ **5.6-8** Gn 11.27-31.
ᵈ **5.9** Gn 12.1-5; 26.1.
ᵉ **5.10-11** Cf. Gn 42.1-5; 46.1-7; Ex 1.1-4.
ᶠ **5.12** Ex 2.23—12.51.
ᵍ **5.13** Ex 14.21-22.
ʰ **5.14** Cf. Ex 19—40; Nm 1—40; 20.1.
ⁱ **5.15** Nm 21.21-32.
ʲ **5.15-16** Jos 3—12.
ᵏ **5.17-18** Dt 28—30.
ˡ **5.18** 2 R 24—25.
ᵐ **5.19** Esd 1.3.

ᵃ **6.2** *Mercenarios de Efraín:* Holofernes trata a Aquior y sus soldados como a unos vendidos a los israelitas.

y subieron a la cumbre del cerro, y todos los expertos en manejar las hondas les arrojaron piedras, impidiéndoles subir. **13** Ellos, deslizándose por la parte baja del cerro, ataron a Aquior y, dejándolo abandonado al pie del monte, se volvieron a donde estaba su comandante. **14** Los israelitas bajaron de su ciudad, se acercaron a Aquior, y lo desataron y lo llevaron a Betulia, donde lo presentaron ante los jefes de la ciudad. **15** En aquel tiempo los jefes eran Ozías, hijo de Miqueas, de la tribu de Simeón; Cabris, hijo de Otoniel, y Carmis, hijo de Malquiel. **16** Estos llamaron a todos los ancianos de la ciudad, y todos los jóvenes y las mujeres vinieron también corriendo a la reunión. Colocaron a Aquior en medio de toda la gente, y Ozías le preguntó qué era lo que había pasado. **17** Él les contó todo lo que se había hablado en el consejo de Holofernes, lo que dijeron todos los oficiales asirios, y las palabras altaneras de Holofernes contra el pueblo de Israel. **18** Todo el pueblo se postró para adorar a Dios, y gritó: **19** "¡Señor, Dios del cielo, mira el orgullo de nuestros enemigos, y ten compasión de nuestro pueblo humillado! ¡Dirige hoy tu mirada hacia esta nación consagrada a ti!" **20** Luego tranquilizaron a Aquior y lo alabaron mucho. **21** Ozías lo sacó de la reunión, se lo llevó a su propia casa, y ofreció un banquete a los ancianos. Toda esa noche estuvieron pidiendo al Dios de Israel que los ayudara.

7

Holofernes avanza contra Betulia **1** Al día siguiente, Holofernes dio órdenes a todo su ejército y demás fuerzas aliadas de ponerse en marcha hacia Betulia, y de adelantarse a ocupar los lugares de subida a la región montañosa y comenzar la guerra contra los israelitas. **2** Ese mismo día, todos sus soldados[a] se pusieron en camino. El ejército se componía de ciento setenta mil soldados de infantería y doce mil de caballería, sin contar a los encargados del transporte y a una multitud enorme de hombres que iban a pie con ellos. **3** Acamparon en el valle cercano a Betulia, junto al manantial; el campamento se extendía a lo ancho, en dirección de Dotán, hasta Ibleam, y a lo largo desde Betulia hasta Ciamón, que está frente a Esdrelón. **4** Cuando los israelitas vieron un gentío tan grande, tuvieron mucho miedo y se dijeron unos a otros: "Esta gente va a arrasar toda la tierra; ni los altos montes, ni los valles ni las colinas, van a poder soportar tanto peso." **5** Entonces cada uno tomó sus armas, y encendieron hogueras sobre las torres y se quedaron haciendo guardia toda la noche.

6 Al otro día, Holofernes hizo desfilar toda su caballería a la vista de los israelitas que estaban en Betulia, **7** exploró las entradas de la ciudad, inspeccionó los manantiales de agua y se apoderó de ellos, colocando junto a ellos destacamentos de soldados, y luego se volvió a donde estaba su gente.

El plan asirio **8** Entonces se le acercaron todos los jefes de Edom[b] y de Moab, y los generales de la costa, y le dijeron: **9** "Tenga Su Excelencia la bondad de escucharnos, para que su ejército no vaya a sufrir un desastre. **10** Estos israelitas no confían en sus lanzas sino en las elevadas montañas donde viven, pues no es fácil llegar hasta las cumbres de sus montes. **11** Así pues, no les dé Su Excelencia batalla en formación cerrada, como se hace de ordinario, y no caerá ni un solo hombre del ejército de Su Excelencia. **12** Quédese en el campamento y reserve a todos los hombres de su ejército. Haga que sus soldados se apoderen de los manantiales que brotan al pie del monte, **13** pues allá van todos los habitantes de Betulia a sacar agua. Cuando se estén muriendo de sed, entregarán la ciudad. Entre tanto, nosotros y nuestra gente subiremos a las cumbres cercanas, acamparemos allí, y cuidaremos de que ni un solo hombre escape de la ciudad. **14** Ellos y sus mujeres y sus hijos se agotarán por el hambre, y antes de que los pasemos a filo de espada quedarán tendidos en las calles. **15** Así Su Excelencia se hará pagar caro el haberse rebelado y el no haber salido a recibirlo pacíficamente."

16 A Holofernes y a sus oficiales les pareció bien la propuesta, y ordenó hacer lo que habían dicho. **17** El ejército moabita, junto con cinco mil soldados asirios, levantó el campamento, y acamparon en el valle y se apoderaron de las cisternas y los manantiales de los israelitas. **18** Los edomitas y amonitas subieron y acamparon en la región montañosa, frente a Dotán, y enviaron un destacamento hacia el sureste, frente a Egrebel, cerca de Cus, que está a la orilla del torrente Mocmur. El resto del ejército asirio acampó en la llanura, llenando toda la región. Sus tiendas de campaña y sus cargamentos formaban un campamento inmenso, pues era muchísima gente.

Situación desesperada de Betulia **19** Los israelitas, al verse rodeados de sus enemigos y sin poder escapar, se desanimaron y pidieron ayuda al Señor su Dios. **20** Todo el ejército asirio, y su infantería, carros y caballería, los tuvieron cercados durante treinta y cuatro días. A los habitantes de Betulia se les acabaron las provisiones de agua; **21** las cisternas se estaban quedando vacías. El agua para beber estaba tan racionada que ni un solo día pudieron satisfacer su sed. **22** Los niños estaban sin fuerzas, y de puro agotamiento las mujeres y los jóvenes desfallecían de sed y caían desmayados en las calles de la ciudad y en las puertas.

23 Entonces todo el pueblo, los jóvenes, las mujeres y los niños, se reunieron alrededor de Ozías y de los jefes de la ciudad gritando con todas sus fuerzas, y dijeron delante de todos los ancianos: **24** "¡Que el Señor juzgue quién tiene razón, si ustedes o nosotros! Ustedes nos han causado un grave mal no haciendo las paces con los asirios. **25** Ahora no hay nadie que nos ayude. ¡Dios nos ha entregado en poder de ellos! ¡Vamos a caer muertos de sed delante de ellos, y quedaremos totalmente destruidos! **26** Llamen a los asirios y entréguenles la ciudad entera, para que la gente de Holofernes y todo su ejército la saqueen. **27** Más vale que ellos se apoderen de nosotros. Seremos esclavos, pero quedaremos con vida, y no tendremos que ver cómo mueren nuestros niños delante de nuestros ojos ni cómo desfallecen nuestras mujeres e hijos. **28** ¡Por el cielo y por la tierra; por nuestro Dios, el Señor de nuestros antepasados, que nos está

---

[a] **7.2** *Ciento setenta mil soldados:* A los ciento veinte mil mencionados en 2.5 se han añadido otros de los países conquistados.

[b] **7.8** Amón (5.2) es ahora sustituido por *Edom*, otro pueblo vecino de Israel, en el sur.

castigando por nuestros pecados y por los pecados de nuestros antepasados, les pedimos que hagan lo que les decimos para que Dios no nos trate hoy de esta manera!"[c] [29] Y como un solo hombre, toda la gente reunida empezó a llorar en voz alta, y a pedir a gritos ayuda a Dios el Señor. [30] Entonces Ozías les dijo: "¡Ánimo, hermanos! Aguantemos cinco días más, y el Señor nuestro Dios tendrá compasión de nosotros. ¡Él no nos abandonará totalmente! [31] Si al cabo de ese tiempo no nos ha llegado ayuda, haré lo que ustedes proponen." [32] Entonces hizo que la gente se dispersara y que volviera cada uno a su puesto: los hombres volvieron a las murallas y a las torres de la ciudad, y a las mujeres y los niños los hizo regresar a sus casas. En la ciudad había una gran aflicción.[d]

II. LA LIBERACIÓN (8—16)

8 **Judit interviene** [1] Todo esto llegó a oídos de Judit.[a] Judit era hija de Merarí, este era hijo de Us, este de José, este de Uziel, este de Elcías, este de Ananías, este de Gedeón, este de Rafaín, este de Ahitub, este de Elías, este de Hilquías, este de Eliab, este de Natanael, este de Selumiel, este de Surisadai y este era descendiente de Israel.[b] [2] El esposo de Judit, que se llamaba Manasés y era de la misma tribu y familia que ella, había muerto durante la cosecha de la cebada.[c] [3] Estando al frente de los jornaleros que hacían los atados de trigo en el campo, le dio una insolación, cayó en cama y murió en Betulia, su ciudad. Lo sepultaron al lado de sus antepasados, en el campo que está entre Dotán e Ibleam. [4] Ya hacía tres años y cuatro meses que Judit había quedado viuda, viviendo en su casa.[d] [5] En la azotea de su casa había hecho un cobertizo. Usaba ropas ásperas e iba siempre vestida de luto.[e] [6] Desde que había quedado viuda ayunaba todos los días,[f] excepto los sábados y las vísperas de estos días, o en los días de la luna nueva y su víspera, o en los días de fiesta y alegría del pueblo de Israel. [7] Era muy bonita y de bello aspecto. Manasés, su esposo, le había dejado oro, plata, criados, criadas, ganado y campos. Vivía de sus posesiones, [8] y como era muy respetuosa de Dios, nadie tenía nada contra ella.

[9] Judit oyó las duras palabras que la gente había dicho contra el jefe Ozías, al verse tan desanimados por la falta de agua. Supo también que él les había prometido entregar la ciudad a los asirios al cabo de cinco días. [10] Mandó entonces a la criada que estaba al frente de todos los bienes, a que llamara a Cabris y a Carmis, los ancianos de la ciudad, [11] y cuando estos llegaron, les dijo:

—Escúchenme, jefes de los habitantes de Betulia: no está bien eso que ustedes han dicho hoy delante del pueblo, ni la promesa que han hecho, poniendo a Dios por testigo, de que entregarán la ciudad a nuestros enemigos si al cabo de ese tiempo el Señor no nos ha ayudado. [12] ¿Quiénes son ustedes para exigir a Dios que actúe hoy, o para ocupar el lugar de Dios entre los hombres?[g] [13] Ustedes imponen condiciones al Señor todopoderoso, pero nunca lograrán comprender nada. [14] Si ni siquiera pueden penetrar en los secretos del corazón humano ni entender los pensamientos del hombre, ¿cómo podrán entender a Dios, que hizo todas las cosas? ¿Cómo podrán captar su entendimiento y comprender sus intenciones?[h] ¡No, hermanos, no hagan enojar al Señor nuestro Dios! [15] Si él no quiere ayudarnos en estos cinco días, en su mano está el ayudarnos cuando quiera, como también el hacernos morir delante de nuestros enemigos. [16] No hagan exigencias al Señor nuestro Dios acerca de sus planes; él no cede ante las amenazas ni ante las exigencias, como si fuera un hombre. [17] Más bien, pidámosle que nos ayude, con la esperanza de que él nos salvará. Si a él le parece bien, habrá de escucharnos.

[18] "Hoy en día no hay nadie entre nuestras tribus, familias, provincias o ciudades, que adore dioses hechos por los hombres. Esto sucedió en tiempos pasados, [19] y por eso Dios entregó a nuestros antepasados a la muerte y al saqueo, y nuestros enemigos les causaron un gran desastre.[i] [20] Nosotros, en cambio, no reconocemos a ningún otro dios fuera de él; por eso confiamos en que él no nos despreciará a nosotros ni al resto de nuestra nación. [21] Porque si nosotros somos conquistados, toda Judea caerá y nuestro templo será saqueado, y Dios nos hará responsables de su profanación, [22] de la matanza de nuestros hermanos y de la destrucción de nuestra patria, entre las naciones de las que seremos esclavos. Nuestros conquistadores se burlarán de nosotros y nos insultarán. [23] Nuestra esclavitud no será favorable a nosotros, sino que el Señor nuestro Dios la convertirá en deshonra nuestra. [24] Así pues, hermanos, demos buen ejemplo a nuestros compatriotas. De nosotros dependen la vida de ellos, el templo, el santuario y el altar.[j] [25] Por todas estas razones debemos dar gracias al Señor nuestro Dios, quien nos está poniendo a prueba como a nuestros antepasados. [26] Acuérdense de lo que hizo con Abraham,[k] de cómo puso a prueba a Isaac, y de lo que le pasó a Jacob en Mesopotamia de Siria, cuando estaba cuidando las ovejas de su tío Labán.[l] [27] Él no nos ha sometido a la prueba del fuego como a ellos, ni nos trata

---

[c] **7.28** Con frecuencia se veían los sufrimientos simplemente como un castigo de Dios por los pecados (cf. Dt 28.15-68). Judit, sin embargo, los verá como una prueba o una corrección: 8.25-27.

[d] **7.32** Así termina la descripción del terrible peligro que amenaza a la ciudad.

[a] **8.1** *Judit:* De aquí en adelante, la protagonista del relato será Judit. Este nombre significa "judía".

[b] **8.1** Nm 2.12.

[c] **8.2** Aunque aquí solo se indica indirectamente, más tarde (9.2) se hará mención expresa de Simeón, para indicar la tribu a la cual pertenecía. Cf. Nm 1.6.

[d] **8.4** La viudez de Judit acentúa su debilidad, símbolo de la situación del pueblo judío.

[e] **8.5** Ponerse *ropas ásperas* era una de las formas de expresar el dolor y la aflicción.

[f] **8.6** Los judíos piadosos practicaban el ayuno. Véase *Ayunar* en el *Índice temático.*

[g] **8.12-13** Los jefes esperaban que Dios, en el plazo fijado por ellos, realizara algún milagro para salvarlos. Esto era poner exigencias a Dios (cf. Dt 6.16).

[h] **8.14** Sab 9.13; Ro 11.33.

[i] **8.18-19** Sal 78.56-64.

[j] **8.24** Base de la nueva actitud propuesta por Judit es la conciencia de que ellos son solidarios con el templo de Dios y con toda la nación.

[k] **8.26** Gn 22.1-18.

así por venganza; cuando él castiga a los que se acercan a él, lo hace para corregirlos."[m]

[28] Ozías le respondió:

—Tienes razón en todo lo que has dicho; nadie podrá contradecirte. [29] Y esta no es la primera vez que muestras tu sabiduría; desde que eras pequeña, todo el pueblo conoce tu buen juicio, pues eres una mujer inteligente. [30] Pero es que el pueblo se estaba muriendo de sed, y nos vimos obligados a responderles de esa manera y a hacer ese juramento, al que no podemos faltar. [31] Puesto que eres una mujer piadosa, pide ahora a Dios por nosotros, para que el Señor nos envíe lluvia y se llenen nuestras cisternas y no nos debilitemos más.[n]

[32] Judit les contestó:

—Escúchenme: voy a hacer algo que nuestra nación va a recordar por todos los siglos. [33] Esta noche manténganse ustedes a las puertas de la ciudad, y yo saldré con mi criada; y antes del plazo fijado por ustedes para entregar la ciudad a nuestros enemigos, el Señor salvará por mi medio a Israel. [34] No traten de averiguar qué es lo que voy a hacer, pues no se lo diré hasta que esté hecho.

[35] Ozías y los otros jefes le respondieron:

—¡Vete tranquila! ¡Que el Señor vaya delante de ti para castigar a nuestros enemigos!

[36] Y salieron de la casa de Judit y volvieron a sus puestos.

9

Oración de Judit [1] Judit se inclinó hasta tocar el suelo con la frente, se cubrió la cabeza con ceniza, y dejó al descubierto las ropas ásperas que llevaba puestas; y en el momento en que en el templo de Jerusalén se ofrecía el incienso de la tarde,[a] Judit clamó en voz alta al Señor, y dijo: [2] "Señor, Dios de mi antepasado Simeón, en cuyas manos pusiste la espada para castigar a esos extranjeros que forzaron y deshonraron a Dina, joven soltera a quien desnudaron para violarla, profanando su seno; a pesar de que tú habías prohibido hacer tales cosas, ellos lo hicieron. [3] Por eso hiciste matar a los jefes de esa gente, y en la misma cama en que habían engañado a la muchacha, encontraron la muerte al ser engañados ellos mismos. Derribaste a los esclavos junto con los señores, y a los señores junto con sus tronos.[b] [4] Hiciste que sus mujeres cayeran en poder de otros, y que sus hijas fueran llevadas cautivas, y que sus posesiones fueran repartidas entre tus amados hijos, que llenos de celo por ti e indignados al ver deshonrada a su hermana, te pidieron ayuda. ¡Oh Dios, Dios mío, escúchame a mí, que soy viuda![c] [5] Tú hiciste que sucediera lo que entonces sucedió, y lo que ha sucedido antes y después; tú has planeado lo que sucede ahora y lo que vendrá después, y lo que has planeado se realiza.[d] [6] Las cosas que tú planeas se presentan ante ti, y dicen: '¡Aquí estamos!' Tú tienes preparado todo lo que vas a hacer, y todo lo que decides lo conoces con anterioridad.

[7] "Mira cómo se han reunido los asirios con todo su poder, orgullosos de sus caballos y jinetes, jactándose de la fuerza de su infantería, confiados en sus escudos, sus flechas, sus arcos y sus hondas. No reconocen que tú, Señor, eres quien pone fin a la guerra; [8] tu nombre es 'el Señor'. ¡Desbarata su fuerza con tu poder, y destruye su poderío con tu ira! Sus planes son profanar tu santuario, manchar el lugar en que reside tu glorioso nombre, derribar tu altar con sus armas. [9] Mira su orgullo, descarga sobre ellos tu ira, y dame a mí, que soy viuda, la fuerza para realizar mi plan. [10] Haz que yo los engañe, para que caigan los esclavos junto con los señores y los señores junto con los esclavos; destruye, por medio de una mujer, su arrogancia.[e] [11] Porque tu poder no depende del número, ni del valor de los hombres tu fuerza. Tú eres el Dios de los oprimidos, el protector de los humillados, el defensor de los débiles, el apoyo de los abandonados, el salvador de los que no tienen esperanza.[f] [12] Sí, oh Dios de mi padre, Dios del pueblo de Israel, Señor del cielo y de la tierra, creador de los mares, rey de todo lo que has creado, escucha mi oración; [13] dame palabras para poder engañarlos[g] y causarles el desastre y la muerte, pues tienen planes perversos contra tu alianza, contra el templo consagrado a ti, contra el monte Sión y contra la ciudad que es hogar y propiedad de tus hijos. [14] Haz que todo tu pueblo y todas las naciones reconozcan que solo tú eres Dios, Dios de todo poder y fuerza, y que fuera de ti no hay otro que proteja a Israel."[h]

10

Judit va al campamento de Holofernes [1] En cuanto Judit terminó de orar en voz alta al Dios de Israel y de decir todas estas palabras, [2] se puso de pie, llamó a su criada y bajó al piso inferior de su casa, donde acostumbraba pasar los sábados y las fiestas. [3] Se quitó las ropas ásperas que llevaba puestas y los vestidos de viuda, se bañó, se untó perfumes, se peinó y se puso una diadema; y se vistió con ropa de fiesta, como lo hacía cuando vivía su esposo Manasés.[a] [4] Luego se puso sandalias, brazaletes, collares, anillos, aretes y, en fin, todas sus joyas; se arregló lo mejor que pudo, como para llamar la atención de cualquier hombre que la viera. [5] Le dio a su criada una garrafa de vino y una botella de aceite, llenó un costal con harina de cebada, tortas de higos y pan puro,[b] lo empaquetó todo en el costal, y se lo entregó a su criada para que lo llevara.

[6] Salieron hacia la puerta de Betulia y encontraron allí a Ozías y a los ancianos de la ciudad, Cabris y Carmis. [7] Al verla, tan transformada en su aspecto y vestida de manera

---

[l] **8.26** Gn 29—31.
[m] **8.27** Sobre el valor educativo del sufrimiento, cf. Job 5.17-18; Pr 3.11-12; 2 Mac 6.12-16; Heb 12.4-11.
[n] **8.31** Los jefes todavía piensan en una intervención directa de Dios: la lluvia.
[a] **9.1** Ex 30.7-8; Sal 141.2.
[b] **9.3** Cf. Gn 34. Judit va a engañar astutamente a Holofernes, así como los hermanos de Dina engañaron a quienes habían deshonrado a esta, y así la vengaron.
[c] **9.4** Dt 10.18; Sal 146.9.
[d] **9.5** Is 44.6-8.
[e] **9.10** Jue 4.9,17-22.
[f] **9.11** Jue 7.2-7; 1 S 14.6.
[g] **9.13** Al poder de los asirios Judit va a oponer la astucia, la fuerza de los pequeños.
[h] **9.14** Cf. Is 42.8; 43.10-11; 45.22-24.
[a] **10.3** El ataviarse Judit de esta manera parece aludir simbólicamente a textos como Is 52.1-2.
[b] **10.5** En 12.1-2 se explicará para qué lleva esas provisiones.

tan diferente, se quedaron sumamente admirados de su belleza, y le dijeron:

⁸ —El Dios de nuestros antepasados haga que seas bien recibida y te ayude a realizar tus planes, para orgullo de los israelitas y gloria de Jerusalén.

⁹ Ella se inclinó para adorar a Dios, y les dijo:

—Manden que me abran la puerta de la ciudad, y yo iré a hacer lo que ustedes han dicho.

Ellos ordenaron a los guardias que le abrieran la puerta, como había pedido. ¹⁰ Así lo hicieron, y Judit salió acompañada de su criada. Los hombres de la ciudad la vieron bajar el monte y atravesar el valle, y luego la perdieron de vista.

¹¹ Ellas fueron derecho a través del valle, hasta que se encontraron con un puesto de avanzada de los asirios. ¹² Los soldados detuvieron a Judit y le preguntaron:

—¿De qué nación eres? ¿De dónde vienes, y a dónde vas?

—Soy hebrea —respondió ella—, pero estoy huyendo de los de mi nación, porque pronto caerán en poder de ustedes y serán destruidos. ¹³ Quiero ver a Holofernes, el comandante del ejército de ustedes, para darle informes seguros. Quiero indicarle por dónde puede penetrar y apoderarse de toda la región montañosa sin perder un solo soldado.ᶜ

¹⁴ Al oír los soldados su respuesta y fijarse en su aspecto, se quedaron maravillados de su belleza. Entonces le dijeron:

¹⁵ —Te has salvado al darte prisa en venir a ver a nuestro comandante. Acércate hasta su tienda de campaña; algunos de nosotros te escoltaremos hasta dejarte con él. ¹⁶ Cuando estés en su presencia, no te asustes; dale la información que traes, y él te tratará bien.

¹⁷ Entonces escogieron a cien hombres para que acompañaran a Judit y a su criada y las llevaran hasta la tienda de Holofernes.

¹⁸ Apenas la noticia de su llegada se extendió por el campamento, los soldados corrieron de todas partes a reunirse alrededor de ella, que, frente a la tienda de Holofernes, esperaba que le anunciaran a este su llegada. ¹⁹ Maravillados de la belleza de Judit, pensaban que los israelitas debían de ser gente admirable, y se decían unos a otros: "¿Quién va a menospreciar a un pueblo que tiene mujeres así? No hay que dejar con vida ni a uno solo de sus hombres, pues los que queden son capaces de dominar con engaños a todo el mundo."

²⁰ La guardia privada de Holofernes y los demás oficiales a su servicio salieron e hicieron entrar a Judit en la tienda. ²¹ Holofernes estaba recostado en su cama, debajo de un pabellón de púrpura bordado en oro y adornado con esmeraldas y piedras preciosas. ²² Cuando le dijeron que ella estaba allí, salió a la entrada de la tienda. Delante de él llevaban lámparas de plata. ²³ Cuando Judit se presentó delante de él y de sus oficiales de servicio, todos se quedaron maravillados de su belleza. Ella se inclinó ante él en señal de reverencia, pero los criados la levantaron.

11 Entrevista de Judit con Holofernes

¹ Holofernes le dijo:

—¡Ten confianza, mujer, no tengas miedo! Yo no he hecho mal a ninguna persona que haya querido servir a Nabucodonosor, rey de toda la tierra. ² Si tu pueblo, que vive en la montaña, no me hubiera despreciado, yo no habría levantado mi lanza contra ellos. Pero ellos mismos se han buscado esto. ³ Y ahora, dime: ¿por qué huiste de ellos y te pasaste a nosotros? Por supuesto, al venir te has salvado. Ten confianza, que a partir de esta noche has salvado tu vida. ⁴ Nadie te hará ningún daño; se te tratará bien, como se trata a los que sirven a mi señor, el rey Nabucodonosor.

⁵ Judit le respondió:

—Escuche Su Excelencia lo que le voy a decir; deje que esta esclava suya hable a Su Excelencia, pues no diré esta noche nada que sea falso. ⁶ Si Su Excelencia sigue mis consejos, Dios hará algo grande por su medio, y Su Excelencia no fracasará en sus planes. ⁷ ¡Por la vida y por el poder de Nabucodonosor, rey de toda la tierra, que envió a Su Excelencia a poner orden en todos los seres vivientes; gracias a Su Excelencia, no solo los hombres están al servicio del rey, sino que por la fuerza de Su Excelencia hasta las fieras salvajes, el ganado y las aves vivirán para Nabucodonosor y para todos sus descendientes! ⁸ Hemos oído hablar de la sabiduría de Su Excelencia y de su aguda inteligencia. En toda la tierra se sabe que Su Excelencia es el mejor hombre de todo el imperio, y que es grande su inteligencia y admirable su habilidad en el arte de la guerra.ᵃ ⁹ Nosotros nos hemos enterado de lo que dijo Aquior en la reunión del consejo,ᵇ pues los hombres de Betulia lo rescataron, y él les contó todo lo que había dicho delante de Su Excelencia. ¹⁰ Haga caso Su Excelencia a lo que él ha dicho; téngalo muy presente, pues es cierto. Nuestro pueblo no puede ser castigado ni vencido por las armas, si no ha pecado contra Dios. ¹¹ Ahora bien, Su Excelencia no debe fracasar ni fallar. Ellos están condenados a morir porque han caído bajo el poder del pecado, pues hacen enojar a su Dios cada vez que cometen un acto indebido. ¹² Como se han quedado sin alimentos y el agua se les ha hecho muy escasa, han pensado echar mano del ganado, y hasta han resuelto comer de todo aquello que Dios en sus leyes les ha prohibido coman. ¹³ También han resuelto comerse los primeros frutos de la cosecha de trigo y usar el diezmo del vino y el aceiteᶜ que ya habían apartado y reservado como cosa sagrada para los sacerdotes que oficían en Jerusalén ante nuestro Dios, cosas que ninguna otra persona del pueblo puede siquiera tocar con las manos. ¹⁴ Han enviado una delegación a Jerusalén a pedir permiso a los ancianos, pues la gente de allá también ha hecho esto. ¹⁵ Tan pronto como les llegue la respuesta y comiencen a hacerlo, ese mismo día Dios los entregará en manos de Su Excelencia para que los extermine.

¹⁶ Por eso, apenas supe todo esto, huí de ellos. Dios me ha enviado a realizar con Su Excelencia algo que va a

---

ᶜ 10.13 En la guerra, siempre se ha usado como estratagema el dar informaciones engañosas.

ᵃ 11.7-8 El autor sabe que el lector entiende estas palabras en tono irónico.

ᵇ 11.9 Jdt 5.5-21.

ᶜ 11.13 Ex 23.19; Lv 27.30.

llenar de asombro a todos los que lo sepan en el mundo entero. ¹⁷ Yo, esclava de Su Excelencia, soy una mujer piadosa que sirve al Dios del cielo día y noche. Yo me quedaré con Su Excelencia; todas las noches saldré al valle a orar a Dios, y él me dirá cuando los israelitas hayan cometido su pecado. ¹⁸ Entonces vendré y daré aviso a Su Excelencia, que entonces podrá salir con todo su ejército; ninguno de ellos podrá oponerle resistencia. ¹⁹ Luego guiaré a Su Excelencia a través de Judea hasta Jerusalén, y colocaré el trono de Su Excelencia en medio de la ciudad. Podrá llevarse a sus habitantes como a ovejas sin pastor, y no habrá ni un perro que le gruña. Yo he averiguado esto con anticipación, y Dios me lo ha comunicado y me ha enviado a comunicárselo a Su Excelencia.

²⁰ Las palabras de Judit agradaron a Holofernes y a sus oficiales de servicio, que admiraron su sabiduría y dijeron:

²¹ —No hay en todo el mundo mujer que se le pueda comparar en belleza ni en inteligencia.

²² Y Holofernes le dijo:

—¡Qué bien ha hecho Dios enviándote por delante de tu nación para traernos a nosotros la victoria, y la muerte a los que han despreciado a mi señor! ²³ Eres muy hermosa y hablas muy bien. Si cumples lo que has dicho, tu Dios será mi Dios, vivirás en el palacio del rey Nabucodonosor, y serás famosa en toda la tierra.

12 Judit se queda en el campamento

¹ Holofernes ordenó que la llevaran a donde tenía su vajilla de plata, y que le sirvieran una cena de sus propios manjares y de su vino. ² Pero Judit dijo:

—No comeré de esa comida, para no faltar a nuestras leyes.ᵃ Yo he traído mis propias provisiones.

³ Holofernes le respondió:

—Pero si se te acaban tus provisiones, ¿de dónde vamos a darte alimentos iguales? No hay aquí, entre nosotros, ninguna otra persona de tu nación.

⁴ —¡Por vida de Su Excelencia —contestó Judit—, no se acabarán mis provisiones antes que el Señor haya realizado por mi medio lo que tiene decidido!

⁵ Los servidores de Holofernes la llevaron a la tienda, y ella durmió hasta la media noche. Hacia la madrugada se levantó, ⁶ y mandó este recado a Holofernes: "Ordene Su Excelencia que me permitan salir a orar." ⁷ Holofernes ordenó a los soldados de su guardia personal que la dejaran salir.

Así permaneció Judit en el campamento durante tres días. Por la noche salía al valle de Betulia y se bañaba en el manantial que había junto al puesto de avanzada.ᵇ ⁸ Al regresar pedía al Señor, Dios de Israel, que le facilitara la manera de sacar de apuros a su pueblo. ⁹ Después de haberse purificado, volvía a la tienda y se quedaba en ella hasta que le traían su comida, hacia el atardecer.

Judit es invitada al banquete de Holofernes

¹⁰ Al cuarto día, Holofernes dio un banquete a sus servidores, sin invitar a los otros oficiales, ¹¹ y dijo a Bagoas, su hombre de confianza que estaba al frente de todas sus cosas:

—Ve y convence a la hebrea que está bajo tu cuidado de que venga a comer y beber con nosotros. ¹² Sería una vergüenza para mí no disfrutar de la compañía de una mujer como ella. Si no la conquisto, se burlará de mí.

¹³ Bagoas se retiró, fue a ver a Judit y le dijo:

—No te niegues, encantadora jovencita, y acepta el honor de hacerle compañía a mi señor. Ven a beber vino alegremente con nosotros, y sé hoy como las mujeres asirias que viven en el palacio de Nabucodonosor.

¹⁴ Judit respondió:

—¿Y quién soy yo para negarle algo a Su Excelencia? Con todo gusto haré lo que a él le parezca. Esta será para mí la mayor satisfacción de toda mi vida.ᶜ

¹⁵ Y se levantó y se puso un vestido elegante y todos sus adornos femeninos. Su criada se adelantó y, delante de Holofernes, extendió para Judit, en el suelo, las pieles de oveja que Bagoas le había dado para que ella las usara todos los días, tomando sus comidas recostada sobre ellas. ¹⁶ Apenas entró Judit y se sentó, Holofernes sintió una terrible pasión por ella y un grandísimo deseo de gozarla; desde el primer día que la vio estaba esperando el momento de seducirla. ¹⁷ Holofernes le dijo:

—¡Bebe y diviértete con nosotros!

¹⁸ —Con todo gusto, Excelencia —respondió Judit—; este es el día más grande de toda mi vida.

¹⁹ En seguida empezó a comer y beber delante de él lo que su criada le había preparado. ²⁰ Holofernes estaba tan contento de verla que bebió demasiado vino, más del que nunca en toda su vida había bebido en un solo día.

13 La hazaña de Judit

¹ Cuando se hizo tarde, los servidores de Holofernes se retiraron rápidamente. Bagoas cerró la tienda desde fuera, e hizo salir de la presencia de su señor a los que estaban allí. Todos se fueron a dormir, pues estaban cansados, porque el banquete había durado mucho tiempo. ² Judit quedó sola en la tienda, y Holofernes, completamente borracho, estaba tirado en la cama. ³ Judit había dicho a su criada que se quedara fuera de la tienda en que ella estaba, y que esperara allí hasta que ella saliera como todos los días, pues había dicho que saldría a hacer su oración. A Bagoas le había dicho lo mismo. ⁴ Todos se habían retirado, y absolutamente nadie se había quedado en la tienda. Entonces Judit se puso de pie junto a la cama de Holofernes, y dijo interiormente: "Señor, Dios de todo poder, mira favorablemente lo que voy a hacer en este momento para gloria de Jerusalén. ⁵ Este es el momento de ayudar a tu pueblo y de realizar mis planes para perdición de los enemigos que se han levantado contra nosotros."ᵃ ⁶ Se dirigió entonces al soporte de la cama, que estaba a la cabecera de Holofernes, descolgó la espada que de allí tenía ⁷ y, acercándose a la cama, le agarró la cabeza por el pelo y dijo: "¡Dame fuerzas, Señor, Dios de Israel, en este momento!" ⁸ Descargó entonces dos fuertes

---

ᵃ 12.2 Dn 1.8; Est(dc) 4.17 x.

ᵇ 12.7 Baño ritual antes de la oración. La espera para realizar el plan, además de crear tensión narrativa, es para hacer más fácil el regreso a la ciudad (cf. 13.3,10).

ᶜ 12.14 De nuevo, palabras cargadas de ironía.

ᵃ 13.5 Ni siquiera en esta oración antes del momento decisivo, el autor descubre al lector en qué consiste el plan de Judit.

golpes en el cuello de Holofernes, y le cortó la cabeza.[b]

⁹ Hizo rodar de la cama el cuerpo y desprendió de sus soportes el pabellón. En seguida salió y entregó a su criada la cabeza de Holofernes, ¹⁰ y ella la metió en el costal de las provisiones de Judit. Luego salieron las dos a orar, como acostumbraban hacerlo. Atravesaron el campamento, rodearon el valle, y subieron al monte de Betulia hasta llegar a las puertas de la ciudad.

Regreso de Judit a Betulia

¹¹ Desde lejos, Judit gritó a los guardias que estaban en las puertas:

—¡Abran, abran la puerta! ¡Dios, nuestro Dios, está con nosotros, mostrando aún en Israel su fuerza y su poder contra los enemigos! ¡Así lo ha hecho hoy!

¹² Cuando los hombres de la ciudad la oyeron gritar, bajaron a toda prisa a la puerta de la ciudad y llamaron a los ancianos. ¹³ Todo el mundo sin excepción vino corriendo, pues apenas podían creer que Judit hubiera regresado. Abrieron la puerta, las hicieron pasar y, encendiendo fuego para poder ver, se amontonaron alrededor de ellas. ¹⁴ Judit, entonces, les dijo en voz alta:

—¡Alaben a Dios, alábenlo! ¡Alaben a Dios, que no ha negado su misericordia al pueblo de Israel, sino que por mi mano esta noche ha aplastado a sus enemigos!

¹⁵ Y sacando del costal la cabeza, se la mostró y les dijo:

—¡Miren la cabeza de Holofernes, el comandante en jefe del ejército asirio! ¡Y aquí está el pabellón debajo del cual se acostaba en sus borracheras! ¡El Señor le dio un golpe mortal por mano de una mujer! ¹⁶ ¡Y juro por la vida del Señor que él me protegió en todo lo que hice! Mi belleza fue una trampa que le causó la perdición, pero él no cometió conmigo ningún pecado que me hubiera traído mancha o deshonra.

¹⁷ Todo el pueblo se quedó muy maravillado, e inclinándose para adorar a Dios, dijeron a una voz:

—¡Alabado seas, Dios nuestro, que humillaste en este día a los enemigos de tu pueblo!

¹⁸ Y Ozías dijo a Judit:

—¡Hija, que el Dios altísimo te bendiga más que a todas las mujeres de la tierra! ¡Alabado sea Dios, el Señor, que creó el cielo y la tierra y te guió para que cortaras la cabeza al jefe de nuestros enemigos![c] ¹⁹ La confianza que tú has mostrado nunca se apartará del corazón de los hombres, que siempre recordarán el poder de Dios. ²⁰ Dios permita que esto sea para gloria eterna tuya y te colme de bienes, porque con su ayuda expusiste tu vida para salvar a nuestro pueblo de la opresión y librarnos de la catástrofe, llevando a buen término tus planes.

Y todo el pueblo añadió:

—¡Así sea! ¡Así sea!

14

Los israelitas se preparan a atacar

¹ Judit les dijo:[a]

—Escúchenme, hermanos. Tomen esta cabeza y cuélguenla de la parte más alta de la muralla. ² Tan pronto como amanezca y salga el sol, que cada uno empuñe sus armas de guerra y que todos los hombres que sean capaces de pelear salgan de la ciudad. Señalen a uno como jefe, y hagan como si fueran a bajar a la llanura a atacar los puestos de avanzada de los asirios; pero no bajen. ³ Los asirios tomarán sus armas, irán al campamento y despertarán a sus generales. Todos correrán a la tienda de Holofernes y no lo encontrarán, se llenarán de pánico y huirán de ustedes. ⁴ Persíganlos ustedes y todos los demás que viven en las montañas de Israel, y los podrán matar por cualquier sitio que pasen. ⁵ Pero antes llámenme a Aquior, el amonita, para que él vea y reconozca al que injurió al pueblo de Israel y a él mismo lo envió aquí como si lo enviara a morir.

⁶ Se mandó entonces traer de la casa de Ozías a Aquior, quien apenas llegó y vio la cabeza de Holofernes en manos de un hombre, en medio del pueblo allí reunido, cayó al suelo sin sentido. ⁷ Cuando lo levantaron, se echó a los pies de Judit en señal de reverencia y dijo:

—¡Bendita seas tú en todos los campamentos de Judá y en todas las naciones! Todos los que escuchen tu nombre temblarán de miedo. ⁸ ¡Pero ahora, cuéntame qué fue lo que hiciste en estos días!

Judit, en medio del pueblo, le contó todo lo que había hecho desde el día en que salió hasta aquel momento. ⁹ Cuando terminó de hablar, toda la gente en la ciudad se puso a gritar y a hacer grandes demostraciones de alegría. ¹⁰ Al ver Aquior todo lo que el Dios de Israel había hecho, creyó en Dios de todo corazón, se hizo circuncidar y se unió para siempre al pueblo de Israel.

Los asirios descubren lo sucedido

¹¹ Cuando amaneció, colgaron de la muralla la cabeza de Holofernes, y todos los hombres empuñaron sus armas y salieron en escuadrones a los pasos de la montaña. ¹² Tan pronto como los asirios los vieron, mandaron avisar a sus capitanes, y estos fueron a ver a los generales y comandantes y a todos los oficiales. ¹³ Todos se dirigieron a la tienda de Holofernes, y dijeron a su ayudante:

—¡Despierta al comandante, porque esos esclavos hebreos se han atrevido a bajar a atacarnos, como si quisieran que acabemos con ellos para siempre!

¹⁴ Bagoas entró y llamó desde la cortina de la tienda, pensando que Holofernes estaría durmiendo con Judit. ¹⁵ Pero como nadie respondía, corrió la cortina y, al entrar en el dormitorio, se encontró con Holofernes muerto, tirado en el suelo, sin cabeza. ¹⁶ Lanzando un gran grito, se puso a llorar y gemir y lanzar ayes de dolor, y se desgarró la ropa. ¹⁷ En seguida fue a la tienda que había ocupado Judit, pero al no encontrarla salió a donde estaba la gente, gritando:

¹⁸ —¡Esos esclavos nos han hecho una mala jugada! ¡Una sola mujer ha traído una infamia sobre el reino de Nabucodonosor! ¡Ahí está Holofernes tirado en el suelo, sin cabeza!

¹⁹ Al oír esto, los generales del ejército asirio se llenaron de pánico, se rasgaron la ropa y se pusieron a lanzar ayes y gritos de dolor en medio del campamento.

---

[b] 13.8 El lector de la Biblia podrá recordar lo que hizo Jael con Sísara (Jue 4.21) y David con Goliat (1 S 17.48.50).

[c] 13.18 Gn 14.19-20; Jue 5.24-27; Lc 1.42.

[a] 14.1 Después de su hazaña, Judit tiene el derecho de dar órdenes

15 Derrota de los asirios

1 Cuando todos los que estaban en las tiendas supieron lo que había pasado, se quedaron aterrados, **2** se llenaron de pavor y pánico, y hubo una desbandada general; salieron corriendo por todos los caminos de la llanura y de la región montañosa, sin que quedaran dos hombres juntos. **3** Los que estaban acampados en los cerros alrededor de Betulia también se dieron a la fuga. Entonces todos los israelitas en edad de pelear salieron a perseguirlos. **4** Ozías envió gente a Betomestaim, a Bebai, a Cobá, a Colá y a toda la región montañosa de Israel, para que contaran lo que había sucedido y para que todos salieran a perseguir y destruir a los enemigos. **5** Al saberlo los israelitas, salieron todos a una y, lanzándose sobre los asirios, los derrotaron y los persiguieron hasta Hobá. Cuando los que vivían en Jerusalén y en toda la región montañosa supieron lo que había sucedido en el campamento de los enemigos, también ellos se presentaron. Los hombres de Galaad y de Galilea llegaron hasta Damasco y sus alrededores, se adelantaron a los asirios y les hicieron muchas bajas.[a] **6** Los demás habitantes de Betulia cayeron sobre el campamento asirio, lo saquearon y se apoderaron de muchas riquezas. **7** Cuando los israelitas regresaron de la gran matanza, se apoderaron de lo que quedaba. También los que vivían en los pueblos y aldeas de la región montañosa y de la llanura se apoderaron de una gran cantidad de cosas, porque era mucho lo que había.

Honores a Judit

8 El sumo sacerdote Joaquín y los ancianos de Israel que vivían en Jerusalén fueron a ver las maravillas que el Señor había realizado en favor de Israel, y a ver y felicitar a Judit. **9** Cuando llegaron a donde ella estaba, todos a una la alabaron y dijeron:

—Tú eres el orgullo de Jerusalén, la mayor gloria de Israel, el más grande honor de nuestra nación! **10** Con tu mano hiciste todo esto; has hecho un gran bien a Israel; el Señor te ha mostrado su favor. ¡Que el Señor todopoderoso te bendiga eternamente!

Y todo el pueblo añadió:

—¡Amén![b]

11 Durante treinta días, la gente se dedicó a saquear el campamento asirio. Dieron a Judit la tienda de Holofernes, toda su vajilla de plata, sus camas, sus vasos y todos sus utensilios. Ella los tomó y los puso sobre su mula, luego enganchó sus carros de bueyes, y lo puso todo encima. **12** Todas las mujeres de Israel salían corriendo a verla, alabándola y bailando en su honor. Judit tomaba ramas y las repartía entre las mujeres que la acompañaban, **13** y se ponían coronas hechas de ramos de olivo. Luego, yendo delante de todo el pueblo, encabezó el baile de las mujeres. Detrás iban todos los hombres, armados, adornados con coronas y cantando himnos.

Canto de Judit

14 Entonces Judit, en medio de todo Israel, empezó a cantar el siguiente himno de alabanza, que todo el pueblo repetía a coro:[c]

16

1 "¡Entonen a mi Dios un canto al son de panderetas,
canten al Señor con acompañamiento de platillos,
ofrézcanle un canto de alabanza,
honren e invoquen su nombre![a]

2 El Señor es un Dios que pone fin a las guerras;
él me libró de mis perseguidores
y me trajo al campamento de su pueblo.

3 "Vinieron los asirios de las montañas del norte,
vinieron con miles de soldados,
tantos que con ellos los valles se inundaban
y con sus caballos se cubrían las colinas.

4 Amenazaron con quemar mi territorio,
con matar a espada a mis muchachos,
con estrellar contra el suelo a mis niños de pecho,
con llevarse presos a mis pequeños
y cautivas a mis jovencitas.

5 "Pero el Señor todopoderoso los hizo fracasar
por medio de una mujer.

6 Su campeón no cayó a manos de jóvenes,
ni fueron colosos los que lo vencieron,
ni le cayeron encima gigantes enormes;
¡Judit, la hija de Merarí,
lo venció con su belleza![b]

7 Se quitó su ropa de luto,
se untó el rostro con perfumes,
para salvar a los oprimidos de Israel.

8 Se adornó la cabeza con una diadema
y se puso ropa fina para engañarlo.

9 Sus sandalias le deslumbraron los ojos,
su belleza le cautivó el alma,
y la espada le atravesó el cuello.

10 "Los persas se espantaron al ver su atrevimiento,
los medos temblaron al ver su audacia.

11 Entonces mi pueblo oprimido alzó el grito,
y los enemigos se asustaron;
gritó mi pueblo débil, y ellos se aterraron;
alzó la voz, y ellos huyeron.

12 Los traspasaron como a débiles muchachos,
los hirieron como a esclavos desertores;
¡el ejército de mi Señor los destruyó!

13 "Voy a cantar a Dios una canción nueva:[c]
¡Señor, tú eres grande y glorioso,
admirable por tu poder invencible!

14 Que te sirvan todos los seres que creaste;
tú hablaste, y comenzaron a existir,
enviaste tu soplo, y se formaron;
nadie puede resistir a tu voz de mando.[d]

---

[a] **15.5** Jdt 6.1-9.
[b] **15.10** Para el autor, Aquior representa a muchos paganos que al reconocer la grandeza del Dios de Israel se unen a ese pueblo. Cf. Is 56.6-8.
[c] **15.14** El canto de victoria de Judit se inspira en otros cantos como los de Moisés y de María después del paso del Mar Rojo (Ex 15.1-21) o el de Débora y Barac después de la victoria sobre Sísara (Jue 5), lo mismo que en diversos salmos.
[a] **16.1** Ex 15.1-2; Jue 5.2-3.
[b] **16.5-9** Jue 4.9; 5.24-27.
[c] **16.13** Sal 96.1.
[d] **16.14** Cf. Sal 33.6(7),9(10); 148.5; Est(dc) 4.17b-c.

¹⁵ Las montañas se estremecen desde sus cimientos
y se confunden con los mares,
las rocas se derriten como cera delante de ti;
pero a aquellos que te reverencian
les muestras tu bondad.ᵉ

¹⁶ "Poca cosa son los sacrificios de olor agradable,
muy poco es toda la grasa que se quema
en holocausto;
pero el que reverencia al Señor siempre será grande.ᶠ

¹⁷ ¡Ay de las naciones que amenazan a mi pueblo:
el Señor todopoderoso las castigará en el
día del juicio;
las entregará al fuego y los gusanos,
y llorarán de dolor eternamente!"ᵍ

Término del relato ʰ ¹⁸ Al llegar a Jerusalén, adoraron a Dios, y una vez que el pueblo se purificó, ofrecieron holocaustos, dones voluntarios y ofrendas. ¹⁹ Judit consagró a Dios toda la vajilla de Holofernes, que el pueblo le había regalado, lo mismo que el pabellón que ella había quitado de la tienda en que él dormía. ²⁰ Durante tres meses, el pueblo estuvo celebrando fiestas en Jerusalén, frente al templo, y Judit se quedó con ellos.

²¹ Al cabo de ese tiempo, cada uno volvió a su tierra, y Judit regresó a Betulia para seguir al frente de sus posesiones. Mientras vivió, fue famosa en todo el país. ²² Tuvo muchos pretendientes, pero después que su esposo Manasés murió y fue a reunirse con sus antepasados, ella nunca volvió a tener relaciones con ningún hombre. ²³ Su fama fue creciendo más y más; vivió en la casa de su esposo hasta llegar a la avanzada edad de ciento cinco años. Dio la libertad a su esclava. Murió en Betulia, y fue sepultada en la tumba de su esposo Manasés, excavada en la roca. ²⁴ El pueblo de Israel lloró su muerte durante siete días. Antes de morir, ella había repartido sus posesiones entre todos los parientes más cercanos de su esposo Manasés y entre los suyos propios. ²⁵ Durante el tiempo que vivió Judit, y por mucho tiempo después de su muerte, nadie volvió a amenazar a los israelitas.ⁱ

ᵉ **16.15** Jue 5.5; Sal 97.5.
ᶠ **16.16** Cf. 1 S 15.22; Sal 40.6-8(7-9); 51.16-17; Os 6.6.
ᵍ **16.17** Jue 5.31.
ʰ **16.18-25** La conclusión narrativa sigue modelos tradicionales de la literatura popular. Se ponen de relieve los efectos duraderos de la acción de Judit, su vida larga y feliz, lo mismo que sus virtudes.
ⁱ **16.25** Jue 3.11,30; 5.31; 8.28.

Ester
(con adiciones deuterocanónicas)

La acción del libro de *Ester* (=Est [dc]) se sitúa en Susa, una de las capitales del imperio persa, en tiempos del rey Asuero (Jerjes I). Se narra cómo el amalecita Amán, primer ministro del rey y enemigo de los judíos, quiso exterminarlos en todo el imperio, y cómo intervino el judío Mardoqueo, quien ya antes había salvado la vida al rey. En efecto, Mardoqueo obtuvo, con la ayuda de Ester (que había llegado a ser esposa del rey), la liberación para su pueblo, mientras que Amán recibió el castigo de su maldad. Al mismo tiempo se cuenta cómo los judíos establecieron la fiesta de Purim, en recuerdo de esta liberación.

Varios aspectos de este libro llaman la atención al lector moderno, especialmente si es cristiano. Ante todo, en la forma hebrea del libro no se menciona explícitamente a Dios en ninguna parte. Es verdad que de manera implícita e indirecta se alude a su actuación (cf. Est 4.14). La fiesta de Purim, estrechamente relacionada con el libro, parece más una fiesta profana, y este carácter lo ha conservado hasta el presente. Tampoco se habla de Israel ni de su tierra, aunque sí de los "judíos" y de las diversas provincias del imperio persa. Resulta difícil situar los personajes y las acciones en la historia del reino persa que conocemos por otras fuentes. La intención de Amán de exterminar a los judíos no parece conciliarse con la tolerancia de los reyes persas (recuérdese lo que se dice de Ciro en 2 Cr 36.22-23; Is 45). Finalmente, las matanzas ejecutadas por los judíos según Est 9 nos resultan sorprendentes, tanto desde un punto de vista histórico como religioso.

Para el tema general del libro, parece que se ha tomado como base la liberación del pueblo de Israel de la esclavitud de Egipto y el establecimiento de la fiesta de Pascua, cuando Dios produjo un vuelco total de las situaciones. Este tema aparece aquí traspuesto a una situación posterior, el judaísmo en la diáspora del imperio persa, y los intermediarios son Mardoqueo y Ester. La fiesta es la de Purim.

Quizá deba leerse este libro como una parábola que, sin mencionar directamente a Dios, presenta su actuación salvadora en favor del pueblo judío realizada por personajes humanos: Mardoqueo, Ester, el rey Asuero, en circunstancias que se dieron más de una vez en la historia de Israel.

De todas maneras, no debemos buscar las enseñanzas evangélicas en este libro, nacido en otras circunstancias y con otros intereses. Sobre el tema del castigo de los malvados, véase la *Introducción a los Salmos*.

Se ha pensado que el libro pudo haber sido compuesto al final del periodo persa (siglo IV a.C) o en el tiempo de la dominación griega (entre los años 332 y 63 a.C.). En todo caso, en alguna de las regiones de la diáspora, fuera de Palestina.

Sin duda, a la misma tradición judía resultaron extraños algunos aspectos de este libro, y así tenemos una versión griega bastante diferente del texto hebreo. El texto griego, además de tener todo lo que se encuentra en el texto hebreo, contiene algunos trozos añadidos por algún redactor posterior. Estas adiciones reflejan una preocupación por acentuar el carácter religioso del libro; mencionan varias veces el nombre de Dios, a quien se atribuye explícitamente la ayuda que los judíos reciben para quedar libres de su peligro, e insisten en la oración de los personajes judíos y en otros temas tradicionales de la fe de Israel. Además, amplían literariamente el relato original.

La redacción griega debió de hacerse en el periodo helenístico y en algún lugar de la diáspora griega.

Las partes principales de que se compone todo el libro son las siguientes:

    I. Preámbulos (1—2)
    II. El peligro para los judíos (3—5)
    III. La liberación (6.1—9.19)
    IV. La fiesta de Purim (9.20—10.3)

Para una mejor comparación de los dos textos, el hebreo y el griego, así como para que se vea más claramente dónde ocurren las adiciones, se ha traducido aquí el texto griego completo. Las partes que tienen su correspondencia en el texto hebreo van encerradas entre corchetes [ ], pero la traducción procura mostrar si en ellas hay alguna diferencia del texto griego.

I. PREÁMBULOS (1—2) *a*

Sueño de Mardoqueo *b*

1 ¹ª El día primero del mes de Nisán *c* del segundo año de reinado del gran rey Artajerjes, *d* Mardoqueo tuvo un sueño. Mardoqueo, hijo de Jaír y descendiente de Simí y de Quis, de la tribu de Benjamín, ¹ᵇ era un judío que vivía en la ciudad de Susa. Era un hombre importante y estaba al servicio del rey en el palacio. ¹ᶜ Era uno de los que el rey Nabucodonosor de Babilonia había llevado cautivos desde Jerusalén, junto con Jeconías, rey de Judá. *e* ¹ᵈ El sueño que tuvo fue el siguiente: *f* oía gritos, tumulto, truenos, un terremoto y mucha confusión en la tierra. ¹ᵉ Veía también dos enormes dragones, que avanzaban listos para pelear el uno con el otro, y que rugían espantosamente. ¹ᶠ Al oír aquel ruido, todas las naciones se prepararon a declararle la guerra al pueblo de los justos. *g* ¹ᵍ Era un día de oscuridad y tinieblas, aflicción y angustia, sufrimiento y mucha confusión en toda la tierra. ¹ʰ Todo el pueblo de los justos se llenó de miedo al presentir las calamidades que estaban por caer sobre ellos, y se prepararon a morir; pero levantaron la voz pidiendo ayuda a Dios, *h* ¹ⁱ y en respuesta a sus clamores apareció un pequeño manantial, que se convirtió en un enorme río con mucha agua. ¹ᵏ Salió el sol y hubo mucha luz. Los que estaban humillados se levantaron y devoraron a los que habían recibido muchos honores.

¹ˡ Después de tener este sueño y de ver lo que Dios había decidido hacer, Mardoqueo se despertó; pero siempre tenía presente el sueño y, desde la mañana hasta la noche, por todos los medios, trataba de entenderlo.

Mardoqueo descubre un complot *i*

¹ᵐ Mardoqueo vivía en el palacio junto con Gabata y Tarra, los dos hombres de confianza del rey que hacían guardia en el palacio, ¹ⁿ y los oyó conversar. Trató de entender de qué hablaban, y al darse cuenta de que estaban tramando un atentado contra el rey Artajerjes, fue y los denunció ante el rey. ¹º El rey interrogó a sus dos hombres de confianza, los cuales confesaron y fueron condenados a muerte. ¹ᵖ Entonces el rey mandó escribir estos sucesos, para que no se olvidaran; y Mardoqueo también escribió un relato de ellos. ¹ᑫ Después el rey empleó a Mardoqueo en el servicio del palacio, y en agradecimiento le hizo varios regalos. ¹ʳ Pero Amán, hijo de Hamedata y descendiente de Bugai, que había recibido muchos honores del rey, buscaba hacer mal a Mardoqueo y a los de su nación, por el asunto de los dos hombres de confianza del rey.

Banquete del rey Artajerjes

[¹ˢ La siguiente historia tuvo lugar en el tiempo en que Artajerjes reinaba sobre un imperio de ciento veintisiete provincias, que se extendía desde la India hasta Etiopía *j* ² y que tenía establecido su gobierno en la ciudad de Susa. *k*

³ En el tercer año de su reinado, el rey Artajerjes dio un banquete en honor de sus amigos, de la gente de las demás naciones, de las personas notables de Persia y Media *l* y de los jefes de las provincias. ⁴ Durante medio año les mostró la riqueza de su reino y el esplendor de sus ricos banquetes. *m* ⁵ Una vez terminado aquel banquete, dio el rey otro banquete más para las personas de otras

---

a 1—2 Los capítulos 1—2 sirven de introducción a la parte principal del relato, para mostrar cómo Ester llegó a ser reina.

b 1.1a-1.1k La primera adición importante de la versión griega (1.1a-l) narra un sueño que tuvo Mardoqueo en el que ve anunciados simbólicamente el peligro que va a amenazar al pueblo judío y la salvación que Dios le va a deparar.

c 1.1a Nisán: Corresponde a marzo-abril.

d 1.1a Artajerjes: Este nombre se aplica en los textos griegos al rey persa conocido también con el nombre de Asuero (486-465 a.C.).

e 1.1a-c 2 R 24.10-16; 2 Cr 36.10; Est 2.5-6.

f 1.1d El sueño se explica en 10.3b-i.

g 1.1f *Pueblo de los justos*: expresión que sustituye a la simple denominación de "los judíos" usada de ordinario en el texto hebreo.

h 1.1h A diferencia del texto hebreo, que nunca menciona explícitamente a Dios, la versión griega lo hace frecuentemente en las adiciones.

i 1.1m-1.1r Un segundo relato adicional al comienzo del libro (1.1m-r) habla de cómo Mardoqueo salvó al rey de un complot que planeaban dos de sus funcionarios. Es un anticipo del relato que está en 2.19-23.

j 1.1s El imperio persa fue uno de los grandes imperios de la antigüedad y se extendía, en efecto, desde la India hasta Etiopía.

k 1.2 *Susa*, una de las capitales del imperio, estaba situada en la parte occidental del actual Irán. Allí se encontraba la *ciudadela*, con sus palacios y fortificaciones. Véase *Índice de mapas*.

l 1.3 *Persia y Media:* Entre los pueblos que formaban el imperio persa, los persas y los medos eran los dos más importantes.

m 1.4 La riqueza del imperio persa era famosa en la antigüedad. Artajerjes (también llamado Jerjes I) fue quien terminó la construcción del palacio.

naciones que se encontraban en la ciudad, el cual duró seis días y se celebró en el patio del palacio real. **6** El patio estaba adornado con cortinas blancas de lino y algodón, sostenidas por cordones blancos y morados y sujetas a bloques de oro y plata que descansaban sobre columnas de mármol y de piedra. También se habían puesto divanes de oro y plata, y el suelo estaba embaldosado con piedras esmeralda y con perlas y mármol. Había cojines transparentes con rosas bordadas alrededor. **7** Había copas de oro y plata, y estaba expuesto un vaso de rubí que valía noventa millones de siclos. El vino, muy bueno y abundante, era del mismo que bebía el rey. **8** No se había puesto ningún límite a la bebida. Sin embargo, el rey había ordenado a los camareros de palacio que no obligaran a nadie a beber, sino que respetaran la voluntad del rey y la de los invitados. **9** La reina Astin, por su parte, dio también un banquete a las esposas de los invitados en el palacio del rey Artajerjes.

10 El séptimo día del banquete, el rey estaba muy alegre, y ordenó a Amán, Bazán, Tarra, Boraze, Zatolta, Abataza y Taraba, los siete hombres de confianza [n] que estaban a su servicio personal, **11** que llevaran a su presencia a la reina Astin, para que se mostrara luciendo la corona real y para que los jefes y el pueblo pudieran admirar su belleza, pues realmente la reina era muy hermosa. **12** Pero ella se negó a ir con los hombres de confianza del rey. Entonces el rey se puso muy triste, y lleno de ira **13** dijo a sus amigos: [ñ]

—Vean lo que ha respondido Astin. Juzguen ustedes y decidan lo que hay que hacer en este caso.

14 Entonces se le acercaron Arceseo, Sarsateo y Malesear, altas personalidades de Persia y Media muy allegados al rey y que ocupaban altos cargos en el gobierno de la nación, **15** y le dijeron lo que de acuerdo con las leyes había que hacer con la reina Astin, por no haber obedecido ella la orden que el rey había dado por medio de sus hombres de confianza.

16 Entonces Muqueo dijo al rey y a los demás jefes:

—La reina Astin no solamente ha ofendido a Su Majestad, sino también a todas las autoridades y a los jefes del reino **17** (el rey les había repetido lo que la reina había dicho y cómo había respondido al rey). Y si ella respondió así al rey Artajerjes, **18** hoy mismo las esposas de los jefes persas y medos sabrán lo que ella le dijo al rey, y se atreverán a faltar al respeto a sus maridos. **19** Por lo tanto, si a Su Majestad le parece bien, publíquese el siguiente decreto real, y quede registrado entre las leyes de los persas y los medos, pues no hay otra cosa que hacer: [o] "La reina no podrá presentarse nunca más delante del rey." Y que el rey dé el título de reina a otra mujer más digna. **20** El decreto real deberá publicarse por todo el reino, y así todas las mujeres respetarán a sus maridos, sean éstos pobres o ricos.

21 La idea de Muqueo les pareció bien al rey y a los miembros del consejo real, y el rey la puso en práctica. **22** Envió cartas a todas las provincias de su reino, [p] escritas en la lengua de cada provincia, ordenando en ellas que todo marido fuera respetado en su casa. [q]

2 *Ester es elegida reina*

1 Después de algún tiempo, el ánimo del rey se calmó; pero volvió a llamar a Astin, recordando lo que ella había dicho y cómo él la había condenado. **2** Entonces los funcionarios de su gobierno le dijeron:

—Es necesario que se busquen para el rey jóvenes vírgenes y bellas. [a] **3** Que nombre el rey delegados en todas las provincias de su reino, con el encargo de que sean traídas todas ellas al palacio de las mujeres que el rey tiene en la ciudad de Susa, y que se les ponga bajo el cuidado del hombre de confianza del rey y guardián de las mujeres. Que se les someta a un tratamiento de belleza, **4** y que la joven que más le guste al rey sea nombrada reina y ocupe el lugar de Astin.

La idea le agradó al rey, y así se hizo.

5 En la ciudad de Susa vivía un judío llamado Mardoqueo, hijo de Jaír y descendiente de Simí y de Quis, de la tribu de Benjamín. **6** Este Mardoqueo era uno de los muchos judíos que el rey Nabucodonosor de Babilonia había llevado cautivos desde Jerusalén. [b] **7** Tenía a su cuidado a una joven, hija de Aminadab, un tío suyo por parte de padre, a la que había educado, cuando sus padres murieron, para casarse con ella. Se llamaba Ester, [c] y era muy bella. **8** Cuando se publicó el edicto del rey, muchas jóvenes fueron reunidas en el palacio real de la ciudad de Susa y puestas bajo el cuidado de Gai, el guardián de las mujeres. Entre ellas estaba Ester. **9** La joven agradó mucho a Gai y se ganó su estimación, así que Gai la sometió en seguida a tratamiento de belleza y le dio los mejores alimentos; puso a su servicio siete criadas que había en el palacio real, y a ella y a sus criadas las trató muy bien en el palacio de las mujeres.

10 Ester no dijo nada en cuanto a su raza o su familia, pues Mardoqueo le había ordenado que no lo hiciera. **11** Y Mardoqueo se paseaba todos los días por el patio del palacio de las mujeres, para saber qué le había sucedido a Ester.

12 Todas aquellas jóvenes eran sometidas a un tratamiento de belleza, que duraba doce meses. Los primeros seis meses se untaban el cuerpo con aceite de mirra, y los seis meses restantes con perfumes y cremas de los que usan las mujeres. Terminado el tratamiento, cada una de las jóvenes se presentaba por turno ante el rey, **13** y se le permitía llevar del palacio de las mujeres al palacio real todo lo que pidiera. **14** Iba al palacio real por la tarde, y a la mañana siguiente pasaba a otra sección del palacio de las mujeres, bajo el cuidado de Gai, hombre de confianza del rey y guardián de las mujeres; después ya no volvía a

---

[n] **1.10** *Hombres de confianza*: lit. *eunucos*. Eran hombres generalmente castrados, al servicio del rey o de sus esposas.

[ñ] **1.13** Se trataba de expertos que aconsejaban al rey respecto de lo que se debía hacer en determinadas circunstancias.

[o] **1.19** Est 8.8; Dn 6.8.

[p] **1.22** Cf. 1.1.

[q] **1.22** *Que todo marido fuera respetado en su casa*. La autoridad del marido era indiscutida, en general, en la antigüedad.

[a] **2.2** Era común en las cortes antiguas que los reyes, además de una esposa principal, tuvieran numerosas concubinas. Cf. 1 R 11.1-3.

[b] **2.5-6** 2 R 24.10-16; 2 Cr 36.10. El destierro a Babilonia había ocurrido 114 años antes, en el año 597 a.C.

[c] **2.7** Probablemente, *Ester* era su nombre persa.

presentarse ante el rey, a menos que este expresamente la mandara llamar.

¹⁵ Cuando a Ester, hija de Aminadab, tío de Mardoqueo, le tocó presentarse ante el rey, no descuidó ninguna de las instrucciones que le había dado Gai, hombre de confianza del rey y guardián de las mujeres. Para entonces, Ester se había ganado ya la simpatía de todos los que la trataban. ¹⁶ Ester fue presentada ante el rey Artajerjes en el mes doce, el mes de Adar, *d* del séptimo año de su reinado. ¹⁷ Y el rey se enamoró de Ester y la favoreció más que a ninguna otra joven, y le puso la corona de reina. ¹⁸ Luego, para celebrar las bodas con Ester, dio un banquete que duró siete días, e invitó a todos sus amigos y a las autoridades, y rebajó impuestos a los súbditos de su reino.

Mardoqueo descubre un complot contra el rey *e* ¹⁹ Mardoqueo prestaba servicio en el palacio. ²⁰ Ester, siguiendo el consejo de Mardoqueo, no había dicho a nadie cuál era su patria. Cuando ella estaba bajo el cuidado de Mardoqueo, este le había encargado que tuviera reverencia a Dios y que cumpliera sus mandamientos, y ella no cambió su manera de vivir.

²¹ Los dos hombres de confianza del rey y jefes de sus guardaespaldas se disgustaron de que Mardoqueo hubiera sido ascendido, e hicieron planes para asesinar al rey Artajerjes. ²² Mardoqueo supo de este complot y se lo contó a la reina Ester, quien a su vez se lo comunicó al rey. ²³ El rey interrogó entonces a los dos hombres de confianza, y los condenó a la horca. Luego mandó que en el archivo real se hiciera la alabanza de Mardoqueo y se dejara constancia del servicio que le había hecho.

II. EL PELIGRO PARA LOS JUDÍOS (3—5)

3 *Mardoqueo y Amán* ¹ Algún tiempo después, el rey Artajerjes elevó a Amán, hijo de Hamedata, descendiente de Bugai, a un alto cargo, dándole precedencia sobre todos los otros amigos del rey. ² Todos los que servían al rey en su palacio se arrodillaban delante de él, porque así lo había mandado el rey; pero Mardoqueo no lo hacía. *a*

³ Los funcionarios del rey preguntaron a Mardoqueo por qué no cumplía la orden dada por el rey. ⁴ Y como todos los días le preguntaban lo mismo y él no les hacía caso, fueron a contarle a Amán que Mardoqueo no obedecía la orden del rey. Mardoqueo ya les había dicho que era judío. ⁵ Y cuando Amán se enteró de que Mardoqueo no se arrodillaba delante de él, se llenó de indignación ⁶ y decidió acabar con todos los judíos que vivían en el reino de Artajerjes. *b*

Decreto para destruir a los judíos ⁷ En el año decimosegundo del reinado de Artajerjes, Amán echó suertes *c* para fijar el día y el mes en que debía exterminar, en un solo día, a la nación de Mardoqueo, y salió el día trece del mes de Adar. *d* ⁸ Entonces dijo Amán al rey Artajerjes:

—Disperso entre todos los pueblos del reino de Su Majestad, hay uno que tiene leyes distintas de las de todos los demás pueblos, y que no cumple las órdenes de Su Majestad. No conviene a Su Majestad que este pueblo siga viviendo en su reino. *e* ⁹ Por lo tanto, si a Su Majestad le parece bien, publíquese un decreto que ordene su exterminio. Yo, por mi parte, entregaré al tesoro real trescientos treinta mil kilos de plata. *f*

¹⁰ Entonces el rey se quitó su anillo *g* y se lo dio a Amán para que sellara el decreto contra los judíos, ¹¹ y le dijo:

—Puedes quedarte con la plata. En cuanto a ese pueblo, haz con él lo que mejor te parezca.

¹² El día trece del primer mes del año *h* fueron llamados los secretarios del rey, los cuales escribieron las órdenes de Amán a los gobernadores y jefes de todas las ciento veintisiete provincias, desde la India hasta Etiopía, y a las autoridades de cada nación. Estas órdenes fueron escritas en la lengua de cada nación, por mandato del rey Artajerjes, ¹³ y enviadas luego por medio de correos a todas las provincias del reino. En ellas se les ordenaba que en un solo día del mes doce, es decir del mes de Adar, *i* destruyeran por completo al pueblo judío y se apoderaran de todos sus bienes.]

Texto del decreto *j* ¹³ᵃ Esta es una copia de la carta:

"El gran rey Artajerjes a los gobernadores de las ciento veintisiete provincias del imperio, desde la India hasta Etiopía, y a los demás funcionarios subordinados.

¹³ᵇ "Yo, como rey de tantas naciones y soberano de todo el mundo, quiero asegurar siempre a mis súbditos una vida tranquila, procurar al reino la calma y la seguridad hasta las últimas fronteras, y restablecer la paz por la que todos suspiran. Hago esto no porque el poder me llene de orgullo, sino porque quiero gobernar siempre con suavidad y bondad. ¹³ᶜ Habiendo

---

d 2.16 Este mes corresponde a febrero-marzo.

e 2.19-23 Este relato, al parecer desconectado de lo anterior, prepara uno de los temas importantes del libro: el paso repentino de la humillación a la exaltación y viceversa, en este caso, la exaltación de Mardoqueo.

a 3.2 El que Mardoqueo rehúse postrarse ante Amán puede explicarse por las implicaciones religiosas que suele tener el gesto. Cf. 4.17d-e.

b 3.6 El número de judíos que siguieron viviendo en diversas regiones del reino persa (parte de la llamada *diáspora*) fue considerable.

c 3.7 La palabra *suertes*, en hebreo *pur* (en plural *purim*), se tomará como explicación del nombre de la fiesta que se menciona en 9.24-26.

d 3.7 *Adar:* Véase Est 2.16 n.

e 3.8 Diversos autores antiguos hacen mención de la diferencia de las leyes y costumbres del pueblo judío respecto de las de otros pueblos. Esa diferencia se hizo especialmente crítica en tiempos de la dominación griega. Cf. Dn 1.8; 3.8-12.

f 3.9 *Trescientos treinta mil kilos:* lit. *diez mil talentos de plata.* Se trata de una suma enorme. Según Herodoto, los tributos de las provincias sometidas al imperio persa en tiempos del rey Darío ascendían a 7600 talentos de plata.

g 3.10 El *anillo,* que estaba provisto de un sello, era símbolo de autoridad (cf. v. 12).

h 3.12 *El día trece del primer mes del año:* era la víspera de la celebración de la Pascua (cf. Ex 12.2,6).

i 3.13 *Adar:* corresponde a febrero-marzo.

j 3.13a-3.15 Otra de las adiciones importantes de la versión griega es el texto del decreto en contra de los judíos (2.13a-g). En él se hace referencia a la peculiaridad del pueblo judío, interpretada por sus enemigos como perjudicial para el reino persa.

consultado a mis consejeros en cuanto a cómo alcanzar este objetivo, Amán me dio la respuesta. El se ha distinguido entre nosotros por su sano juicio, y se ha señalado por su inalterable afecto y su firme lealtad; por eso ha recibido el honor de ocupar el segundo lugar en el reino. **13d** Amán me ha informado de que, mezclado entre todas las naciones de la tierra, hay un pueblo enemigo, contrario en sus leyes a todas las demás naciones, que nunca obedece los decretos reales, con lo que pone impedimentos a mi gobierno bien intencionado e irreprochable.

13e "Considerando, pues, que este pueblo es el único que se opone siempre a todos los demás, que lleva una vida diferente por causa de sus extrañas leyes, y que al despreciar mis decretos comete los peores crímenes, impidiendo así la estabilidad del reino, **13f** decreto que todos aquellos que Amán, mi ministro de gobierno y mi segundo padre, señale en su carta, junto con sus mujeres y sus hijos, sean radicalmente exterminados por la espada de sus enemigos, sin compasión ni misericordia, el día catorce del mes doce, el mes de Adar, del presente año. **13g** Así, esas personas que ahora y siempre han sido enemigas, en un solo día morirán violentamente, y yo podré en adelante gobernar en paz y tranquilidad."

[**14** Copias de este decreto fueron publicadas y dadas a conocer en todas las provincias y pueblos, a fin de que se prepararan para aquel día. **15** Rápidamente el decreto fue publicado también en Susa. Y mientras el rey y Amán brindaban, en la ciudad reinaba la confusión.

4

Tristeza de los judíos a causa del edicto **1** Cuando Mardoqueo supo lo que había pasado, se rasgó la ropa en señal de dolor, se vistió con ropas ásperas,*a* se echó ceniza sobre la cabeza, y empezó a recorrer las calles de la ciudad gritando: "¡Una nación inocente va a ser exterminada!" **2** Así llegó hasta la entrada del palacio real, y allí se detuvo, pues no se permitía que nadie entrara vestido de tal manera y cubierto de ceniza. **3** También en cada provincia adonde llegaba el edicto, los judíos manifestaban con gritos su tristeza y aflicción, y se acostaban sobre la ceniza y se vestían con ropas ásperas.

La intervención de Ester **4** Las criadas que estaban al servicio de Ester y los hombres que formaban su guardia personal, le comunicaron lo que estaba sucediendo. La reina, al oírlo, se llenó de angustia y envió ropa a Mardoqueo para que se cambiara las ropas ásperas que llevaba puestas, pero él no quiso aceptarla. **5** Ester llamó entonces a Acrateo, que era de su guardia personal, y le ordenó que fuera de parte de ella a ver a Mardoqueo y averiguara exactamente lo que estaba sucediendo. **7** Mardoqueo lo puso al corriente de lo que pasaba, y le habló de los trescientos treinta mil kilos de plata que Amán había prometido entregar al tesoro real a cambio de que los judíos fueran exterminados. **8** También le entregó una copia del decreto de exterminación publicado en Susa, para que se la diera a Ester. Además, le recomendaba a Ester que hablara personalmente con el rey y le suplicara que interviniera en favor de su pueblo;] **8a** que se acordara de cuando vivía humildemente bajo el cuidado de Mardoqueo, y que supiera que Amán, quien ocupaba el segundo lugar después del rey, había hablado a este contra los judíos y quería matarlos. Igualmente le encargó que invocara al Señor y que hablara al rey en favor de los judíos y los salvara de la muerte.*b*

[**9** Acrateo volvió y le contó esto mismo a Ester. **10** Ella le contestó: "Pues ve a ver a Mardoqueo y dile: **11** 'Todas las naciones del reino saben que todo hombre o mujer que entre en el patio interior del palacio sin que el rey lo haya llamado, no tiene salvación, a no ser que el rey tienda su cetro de oro hacia esa persona en señal de clemencia, y le salve así la vida. Por lo que a mí toca, hace ya treinta días que no he sido llamada por el rey.' "

12 Cuando Acrateo le comunicó a Mardoqueo la respuesta de Ester, **13** Mardoqueo le dijo: "Ve y dile: 'No creas, Ester, que por estar tú en el palacio real, vas a ser la única judía que se salve. **14** Si ahora callas y no dices nada, la liberación y la ayuda a los judíos vendrán de otra parte,*c* pero tú y la familia de tu padre morirán. ¡A lo mejor tú has llegado a ser reina precisamente para ayudarnos en esta situación!' "

15 Ester encargó entonces al mensajero que llevara a Mardoqueo esta respuesta: **16** "Ve y reúne a todos los judíos de Susa, y ayunen por mí; no coman ni beban nada durante tres días y tres noches. Mis criadas y yo haremos también lo mismo, y después iré a ver al rey, aunque eso vaya contra la ley. Y si me matan, que me maten."

Oración de Mardoqueo*d* **17** Mardoqueo fue y cumplió todas las indicaciones de Ester,] **17a** y recordando todas las obras del Señor, oró de esta manera:

17b "Señor, Señor, Rey que tienes poder sobre todas las cosas, porque todo está bajo tu dominio: no hay nadie que pueda oponerse a ti,*e* si es tu voluntad salvar a Israel. **17c** Tú hiciste el cielo y la tierra y todas las maravillas que existen bajo el cielo;*f* tú, Señor, eres Señor de todos, y no hay nadie que pueda oponerse a ti. **17d** Tú lo sabes todo, y sabes que si no me arrodillé delante del orgulloso Amán, no fue por soberbia, orgullo o ambición; tú sabes que, por la salvación de Israel, estaría dispuesto hasta a besarle las plantas de los pies. **17e** Si no lo hice, fue para no poner el honor de un hombre por encima del honor de Dios. Yo no me arrodillaré delante de ningún otro fuera de ti, Señor; y

---

a **4.1** Vestirse con ropas ásperas era señal de dolor y abatimiento (cf. Jdt 8.5).

b **4.8a** Breve adición del texto griego que insiste en la importancia de la oración al Señor para pedir la salvación de los judíos.

c **4.14** *Vendrán de otra parte:* Sin mencionar explícitamente a Dios, se alude a la ayuda que él puede prestar de diversas maneras al pueblo judío.

d **4.17a-4.17i** Las oraciones de Mardoqueo (4.17a-i) y de Ester (4.17j-w) son adiciones típicas del espíritu religioso con que la versión griega releyó el libro de Ester. En ellas hay numerosas reminiscencias de temas frecuentes del AT.

e **4.17b** 2 Cr 20.6.

f **4.17c** Gn 1—2; 2 R 19.15.

si actúo así, no es por orgullo. *g* **17f** ¡Ahora pues, Señor, Dios y Rey, Dios de Abraham, *h* no castigues a tu pueblo! Nuestros enemigos quieren destruirnos, quieren exterminar al pueblo que desde el principio ha sido tuyo. **17g** ¡No te desentiendas de tu propiedad, a la que libraste del país de Egipto para que fuera tuya! *i* **17h** Escucha mi súplica, Señor; mira con bondad a Israel, que es tu propiedad, y convierte nuestro luto en alegría, para que viviendo podamos cantar a tu nombre. ¡No hagas callar los labios que te alaban!"

17i De igual manera, todos los israelitas clamaron a Dios con todas sus fuerzas, porque veían cercana su muerte.

Oración de Ester **17k** También la reina Ester, dominada por una angustia mortal, recurrió al Señor. Se quitó sus vestidos lujosos, y se puso ropa de luto y tristeza; en lugar de finos perfumes, se cubrió la cabeza de ceniza y basura; maltrató mucho su cuerpo y, en vez de llevar sus alegres adornos, se dejó los cabellos sueltos y despeinados. Luego oró al Señor, el Dios de Israel, diciendo:

17l "¡Señor mío, Rey de todos nosotros, tú eres único! Ayúdame, pues estoy sola; fuera de ti, no tengo a nadie que me ayude; estoy en gran peligro. **17m** En mi niñez, estando con la gente de la tribu de mi padre, oía decir que tú, Señor, escogiste a Israel entre todas las naciones y a nuestros patriarcas entre todos los antepasados, para que fueran tu propiedad eterna, y que les cumpliste todo lo que les habías prometido. *j* **17n** Pero nosotros pecamos contra ti, y tú nos entregaste en poder de nuestros enemigos, porque dimos culto a sus dioses. Tú eres justo, Señor. **17o** Pero nuestros enemigos no se contentaron con someternos a amarga esclavitud, sino que delante de sus dioses han jurado impedir que se cumplan tus promesas, y exterminar a tu propiedad haciendo callar los labios que te alaban, y acabar con el esplendor de tu templo y de tu altar. **17p** Así podrían los paganos celebrar el poder de ídolos que no tienen ningún valor, y honrar eternamente a un rey de carne y hueso. **17q** ¡No renuncies, Señor, a tu poder soberano en favor de dioses que no son nada! No dejes que los demás se rían al ver nuestra ruina. Haz que sus planes se vuelvan contra ellos mismos, y da un castigo ejemplar al hombre que inició este plan contra nosotros. **17r** ¡Acuérdate, Señor! ¡Date a conocer en este momento de aflicción para nosotros, y dame valor, Rey de los dioses, Señor todopoderoso!

17s "Ayúdame a encontrar las palabras apropiadas *k* cuando me enfrente al león. Haz que su odio hacia nosotros se convierta en odio hacia nuestro enemigo, y sean así exterminados él y todos los que piensan como él. **17t** A nosotros, en cambio, sálvanos con tu poder; y a mí, que estoy sola, ayúdame, pues no tengo a nadie más fuera de ti, Señor.

17u "Tú lo sabes todo; tú sabes que aborrezco los honores de parte de los malvados, y que detesto ser esposa de un pagano y extranjero. **17v** Tú conoces la difícil situación en que me encuentro. Tú sabes que detesto la insignia de reina que llevo en la cabeza cuando me presento en público; la detesto como un paño manchado de sangre impura, *l* y cuando estoy sola nunca me la pongo. **17x** Yo, tu sierva, nunca he comido en la mesa de Amán, ni he apreciado los banquetes del rey, ni he tomado del vino que ofrece a sus dioses. *m* **17y** Desde que me trajeron aquí hasta ahora, nunca he sentido alegría en otro fuera de ti, Señor, Dios de Abraham. **17z** Tú, oh Dios, que tienes poder sobre todos, escucha las súplicas de los que están sin esperanza, y líbranos del poder de los malvados; y a mí, líbrame del peligro que temo."

5 *Ester se presenta ante el rey* [¹ Tres días después de haber hecho su oración, Ester se quitó los vestidos que se había puesto para orar, y se puso las vestiduras reales.] **1a** Estando en todo su esplendor invocó a Dios, *a* que todo lo ve y a todos salva, y tomó a dos de sus criadas. En la una se apoyaba delicadamente, y la otra iba detrás de ella, sosteniéndole la cola del vestido. **1b** Tenía la cara sonrosada y estaba radiante de belleza. Sin embargo, aunque se la veía alegre y amable, su corazón estaba angustiado por el miedo. **1c** Pasó por todas las puertas hasta llegar a la presencia del rey. El rey estaba sentado en su trono, vestido con todo su esplendor y reluciente de oro y piedras preciosas; su aspecto era imponente. **1d** Su cara, que deslumbraba por su esplendor, se cambió en terrible gesto de enojo en cuanto vio a Ester, la cual cambió de color y se desmayó, quedando apoyada en el hombro de la criada que iba delante de ella.

1e Entonces Dios hizo que el rey se volviera amable; y este, angustiado, se levantó del trono y la sostuvo en sus brazos hasta que se repuso. Además la tranquilizó con palabras amables, y le dijo:

1f —¿Qué pasa, Ester? No tengas miedo, yo soy tu esposo. No vas a morir. Esa ley se refiere solamente a la gente ordinaria. Acércate.

[² Entonces el rey tomó el cetro de oro, lo puso sobre el cuello de Ester, la besó y le dijo:

—Dime lo que quieras.]

2a Ella respondió:

—Yo vi a Su Majestad, y me pareció un ángel de Dios. Al ver su esplendor me llené de miedo y confusión. ¡Qué admirable es Su Majestad, y qué hermoso es su aspecto!

2b Mientras Ester estaba hablando, volvió a desmayarse. El rey se preocupó mucho, y todos los criados trataron de reanimarla.

[³ El rey le preguntó:

—¿Qué quieres, Ester? ¿Qué deseas? ¡Aunque sea la mitad de mi reino, te lo concederé! *b*

⁴ Ester respondió:

—Hoy es un día muy especial para mí. Si le parece bien a Su Majestad, le ruego que asista al banquete que he preparado hoy en su honor, y que traiga también a Amán.

⁵ Entonces el rey ordenó:

---

g **4.17d-e** Est 3.2-4.
h **4.17f** Ex 3.6; Sal 47.9(10).
i **4.17g** Cf. Ex 12—14; Dt 9.26; 1 R 8.51; Sal 33.12.
j **4.17l-m** Dt 6.20-25; 7.6.
k **4.17r-s** Jdt 9.13.

l **4.17w** Lv 15.19-20.
m **4.17x** Dn 1.8; Jdt 12.2.
a **5.1a** En estas adiciones menores (5.1a-f y 5.2a-b) se insiste de nuevo en la invocación a Dios y se amplía literariamente el relato.
b **5.3** Fórmula hiperbólica (5.6; 7.2; cf. Mc 6.23).

—Busquen en seguida a Amán, para que cumplamos el deseo de Ester.

Así los dos fueron al banquete de que Ester había hablado. ⁶ Durante el banquete, el rey dijo a Ester:

—¿Qué pasa, reina Ester? Te concederé lo que me pidas.

⁷ Y Ester contestó:

—Sólo deseo y pido esto: ⁸ que si Su Majestad me tiene cariño, asista mañana, acompañado de Amán, a otro banquete que voy a preparar en su honor. Entonces haré lo que Su Majestad me pide. *c*

Amán prepara la horca para Mardoqueo ⁹ Amán salió del banquete muy contento y satisfecho; pero se llenó de ira al ver a Mardoqueo en el patio del palacio. ¹⁰ Cuando llegó a su casa, mandó llamar a sus amigos y a Zorasa, su mujer, ¹¹ y les mostró sus grandes riquezas y el esplendor que había recibido del rey, y les habló también de cómo el rey le había dado el primer lugar y el mando del reino. ¹² Y añadió:

—Además, yo fui el único invitado de la reina Ester al banquete que hoy ofreció al rey; y me ha invitado de nuevo al banquete que le ofrecerá mañana. ¹³ Sin embargo, todo esto no me satisface, mientras vea yo a ese judío Mardoqueo en el patio del palacio.

¹⁴ Entonces su mujer y sus amigos le dijeron:

—Manda construir una horca de veintidós metros de altura, y mañana por la mañana pídele al rey que cuelguen en ella a Mardoqueo. Así podrás ir al banquete con el rey sin ninguna preocupación.

Esta idea le agradó a Amán, y mandó preparar la horca.

III. LA LIBERACIÓN (6.1—9.19)

6 ***Triunfo de Mardoqueo*** ¹ Pero el Señor hizo que aquella noche el rey no pudiera dormir, por lo que mandó a su secretario que le trajera el libro en que estaban escritos todos los sucesos importantes de la nación, para que se lo leyeran. ² En él encontraron el relato de cómo Mardoqueo había descubierto el complot de los dos oficiales de la guardia real para asesinar al rey Artajerjes. *a* ³ Entonces el rey preguntó:

—¿Qué hemos hecho para recompensar y honrar a Mardoqueo?

—Nada absolutamente —respondieron los funcionarios.

⁴ Mientras el rey estaba averiguando acerca del servicio que le había hecho Mardoqueo, entró Amán en el patio del palacio.

—¿Quién anda en el patio? —preguntó el rey.

En ese momento entró Amán para pedirle que Mardoqueo fuera colgado en la horca que había mandado preparar.

⁵ —Es Amán —contestaron los funcionarios.

—¡Háganlo pasar! —ordenó el rey.

⁶ Entonces le preguntó:

—¿Qué debo hacer al hombre a quien quiero honrar?

Amán se dijo a sí mismo: "¿Y a quién va a querer honrar el rey sino a mí?" ⁷ Así que respondió:

—Para ese hombre ⁸ deberán traer los criados del rey la túnica de lino que usa Su Majestad, y un caballo de los que Su Majestad monta. ⁹ La túnica y el caballo se entregarán a uno de los amigos más honorables de Su Majestad, para que vista al hombre a quien Su Majestad estima tanto y lo conduzca a caballo por la plaza de la ciudad, diciendo: "¡Así se trata al hombre a quien el rey quiere honrar!"

¹⁰ Entonces el rey dijo a Amán:

—Tal como has dicho, así hazlo con Mardoqueo, el judío que me sirve en el patio del palacio. No dejes de cumplir ningún detalle de los que has mencionado. *b*

¹¹ Amán tomó la túnica y el caballo, y vistió a Mardoqueo, lo hizo montar en el caballo y lo condujo por la plaza de la ciudad, gritando: "¡Así se trata al hombre a quien el rey quiere honrar!"

¹² Mardoqueo volvió al patio del palacio, y Amán se fue a toda prisa a su casa, triste y con la cabeza baja. ¹³ Allí les contó a su mujer y a sus amigos lo que le había pasado, y ellos le dijeron:

—Si ese Mardoqueo es judío, ha comenzado a perder autoridad ante el rey, y fracasarás por completo. No podrás vencerlo, porque el Dios viviente está con él.

¹⁴ Todavía no había terminado de hablar, cuando llegaron los criados que estaban al servicio personal del rey, para llevar inmediatamente a Amán al banquete que Ester había preparado.

7 ***Amán es condenado a muerte*** ¹ El rey y Amán fueron al banquete, ² y también este segundo día, durante el banquete, dijo el rey a Ester:

—¿De qué se trata, reina Ester? Pídeme lo que quieras y te lo concederé, aun si me pides la mitad de mi reino! *a*

³ Y Ester respondió:

—Si Su Majestad me tiene cariño, lo único que deseo y pido es que Su Majestad me perdone la vida y la de mi pueblo; ⁴ pues tanto a mi pueblo como a mí se nos ha vendido para ser destruidos por completo, y saqueados, y para ser esclavos; nosotros y nuestros hijos seremos convertidos en esclavos. ¡Nuestro enemigo es una deshonra para la corte de Su Majestad!

⁵ Entonces el rey preguntó:

—¿Quién es el que se ha atrevido a hacer semejante cosa?

⁶ —¡El enemigo es este malvado Amán! —respondió Ester.

Al oír esto, Amán se quedó paralizado de miedo ante el rey y la reina. ⁷ El rey se levantó del banquete y salió al jardín. Pero Amán, al ver la mala situación en que estaba, empezó a pedirle compasión a la reina. ⁸ Cuando el rey volvió del jardín, Amán estaba inclinado sobre el diván en que se encontraba Ester, pidiéndole compasión. Entonces exclamó el rey:

---

c **5.8** La demora de Ester para expresar su petición crea una tensión creciente en el desarrollo de la acción.

a **6.2** Est 2.21-22.

b **6.10** El cambio radical de la situación empieza a realizarse ahora.
a **7.2** Véase 5.3 n.

—¿Acaso quieres también deshonrar a mi esposa en mi propia casa?

Al oír esto, Amán volvió la cara lleno de vergüenza. **9** Entonces Bugatán, uno de los oficiales de la guardia personal del rey, dijo a este:

—Amán ha mandado construir en su casa una horca de veintidós metros para Mardoqueo, el hombre que tan buen informe dio a Su Majestad.

—¡Pues cuélguenlo en ella! —ordenó el rey. **10** Y así Amán fue colgado en la misma horca que había preparado para Mardoqueo.*b* Con eso se calmó la ira del rey.

8 Decreto en favor de los judíos

1 Aquel mismo día, el rey Artajerjes regaló a Ester todo lo que había pertenecido a Amán el enemigo. Ester le dijo al rey que Mardoqueo era su pariente, y el rey lo mandó llamar. **2** Entonces el rey se quitó el anillo que había recobrado de Amán, y se lo dio a Mardoqueo. Ester, por su parte, lo nombró administrador de todos los bienes que habían sido de Amán. **3** Luego Ester habló nuevamente con el rey y, echándose a sus pies, le suplicó que anulara la malvada orden de Amán y todo lo que había hecho contra los judíos. **4** El rey tendió hacia Ester su cetro de oro. Ella se levantó, y de pie ante él **5** dijo:

—Si a Su Majestad le parece bien, y si realmente Su Majestad me quiere, que se escriba una orden que anule las cartas que Amán envió, en las que se ordenaba exterminar a los judíos que hay en el reino. **6** Pues ¿cómo podré soportar la desgracia que está por caer sobre mi pueblo, y cómo podré salvarme, si mi patria va a ser destruida?

7 El rey contestó entonces a Ester:

—Yo te he dado ya los bienes que eran de Amán, y a este lo hice colgar en la horca por haber atentado contra la vida de los judíos. Si quieres algo más, **8** te autorizo a escribir, en mi nombre, lo que mejor les parezca. ¡Y sellen las cartas con el sello real, pues una carta firmada en nombre del rey y sellada con mi sello no se puede anular!*a*

9 Los secretarios del rey fueron llamados. Era el día veintitrés del mes primero, o sea el de Nisán,*b* del mismo año, y fue escrito a los judíos todo lo que Mardoqueo ordenó a los gobernadores regionales y provinciales de las ciento veintisiete provincias que se extendían desde la India hasta Etiopía, en la lengua de cada provincia. **10** Las cartas fueron firmadas en nombre del rey y, después de sellarlas con el sello real, fueron llevadas por medio de correos. **11** En ellas el rey autorizaba a los judíos, en cualquier ciudad donde vivieran, a seguir sus propias leyes, y a defenderse y hacer con sus enemigos y adversarios lo que quisieran. **12** Todo esto debería hacerse en un mismo día en todo el reino de Artajerjes; el día señalado era el trece del mes doce, o sea el mes de Adar.*c*]

12a Esta es una copia de la carta:*d*

12b "El gran rey Artajerjes saluda a los gobernadores de las ciento veintisiete provincias, desde la India hasta Etiopía, y a sus leales súbditos.

12c "Hay muchas personas que, al recibir grandes honores de la generosidad de sus bienhechores, se llenan de orgullo, y no sólo procuran tratar injustamente a mis súbditos sino que, no pudiendo resistir tantos honores, se dedican a hacer planes contra sus bienhechores. **12d** No se contentan con ser desagradecidos con los hombres, sino que se llenan de orgullo al verse aplaudidos por los tontos, y se imaginan que pueden escapar del justo castigo de Dios, que siempre lo ve todo y aborrece el mal. **12e** Los gobernantes confían a veces el gobierno de los asuntos a hombres que consideran amigos, pero estos muchas veces los persuaden a hacerse cómplices de crímenes contra personas inocentes y a causar males irreparables; **12f** con engaños y mentiras malévolas traicionan la sinceridad y las buenas intenciones de los gobernantes. **12g** Esto puede verse no solamente en las historias antiguas que nos han transmitido, sino también ahora. Basta con abrir los ojos para darse cuenta de la cantidad de crímenes cometidos por esa peste de gobernantes indignos. **12h** Por eso, mis esfuerzos se enderezarán en el futuro a asegurar a todos los hombres un reino tranquilo y pacífico, **12i** efectuando los cambios necesarios y juzgando siempre con la mayor bondad posible los asuntos que lleguen a mis manos.

12k "Yo había recibido como huésped al macedonio Amán, hijo de Hamedata, que en realidad no era de origen persa, sino extranjero*e* y muy alejado de mi bondadosa manera de ser; **12l** y él había experimentado la bondad con que trato a todas las naciones, hasta el punto de que fue proclamado "padre del rey" y reverenciado por todos como la segunda persona en dignidad después de mí. **12m** Pero él no supo llevar tan elevado cargo, sino que tramó quitarme el reino y la vida, **12n** y valiéndose de enredos y engaños pidió la muerte para Mardoqueo, quien me había salvado la vida y siempre me había hecho beneficios, y para Ester, mi intachable compañera en la dignidad real, lo mismo que para toda su nación. **12o** Por estos medios pretendía tomarme desprevenido y quitarles a los persas el dominio, y pasárselo a los macedonios. **12p** Pero yo he averiguado que los judíos, a los cuales este pésimo criminal quería exterminar, no son malhechores, sino que viven de acuerdo con leyes sumamente justas **12q** y que son hijos del gran Dios, altísimo y viviente, quien lo mismo a mí que a mis antepasados nos ha conservado el reino en estado floreciente.

12r "Así pues, no se debe hacer ningún caso a las cartas

---

b **7.10** Los bienes de un condenado a muerte pasaban a ser propiedad del rey. Cf. 1 R 21.

a **8.8** Dado que el decreto ya publicado no se podía anular, este nuevo decreto sirve de contrapeso al primero.

b **8.9** *Nisán:* corresponde a marzo-abril.

c **8.12** *Adar:* corresponde a febrero-marzo.

d **8.12a** Otra gran adición de la versión griega es el texto de la carta del rey Artajerjes (8.12a-x), en la que se insiste en las buenas disposiciones del rey respecto de los judíos.

e **8.12k** *Extranjero:* El texto hebreo lo presenta como amalecita.

que envió Amán, porque él, que fue quien tramó todo esto, ya ha sido colgado en la horca junto con su familia delante de las puertas de Susa. De esta manera Dios, que tiene poder sobre todo, le dio prontamente el castigo que merecía.

12s "Copias de esta carta deben colocarse en todo lugar público. Y debe permitirse a los judíos vivir de acuerdo con sus leyes. También deben los demás ayudar a los judíos, para que se defiendan de quienes los ataquen el día trece del mes doce, el mes de Adar, en caso de que se encuentren en dificultades. **12t** Porque Dios, Señor de todas las cosas, ha hecho que este día sea un día de alegría y no de exterminio para el pueblo elegido. **12u** Y ustedes, los judíos, entre sus otras fiestas y conmemoraciones, deben celebrar con toda alegría este día memorable, para que, tanto ahora como en el futuro, tengamos prosperidad yo y los persas bien dispuestos, y al mismo tiempo sea para mis enemigos un recuerdo de su destrucción. **12x** Si alguna ciudad o región no cumple estas órdenes, será terriblemente destruida con las armas y el fuego. Ningún hombre volverá a acercarse a ella, y hasta las fieras y las aves sentirán horror de ese lugar.

[**13** "Las copias de la orden deben ser publicadas a la vista de todos en el reino, para que los judíos estén preparados aquel día para pelear con sus enemigos."

14 Los correos partieron a toda prisa, a caballo, para cumplir lo que el rey había ordenado, y el edicto fue publicado también en Susa. **15** Mardoqueo salió del palacio vestido con una túnica real, una corona de oro y un turbante de lino color púrpura. Al verlo, la gente de Susa se alegró, **16** y para los judíos todo fue luz y alegría. **17** En todas las ciudades y provincias donde se publicó el decreto, los judíos se llenaron de gozo y alegría, y lo celebraron con banquetes. Además, por miedo a los judíos, muchos hombres de aquellas naciones se circuncidaron y se hicieron judíos también.

9 Triunfo de los judíos

1 El día trece del mes doce, llamado Adar,[a] llegó el decreto enviado por el rey. **2** En ese día perecieron los enemigos de los judíos. Era tal el miedo que infundían los judíos, que no hubo nadie que se les enfrentara.[b] **3** Las autoridades de las provincias, los gobernadores regionales y los secretarios reales honraban a los judíos por miedo a Mardoqueo, **4** pues habían recibido la orden del rey de que se le honrara en todo el reino. **6** Tan sólo en la ciudad de Susa mataron los judíos a quinientos hombres; **7** mataron también a Farsanestáin, Delfón, Fasga, **8** Fardata, Barea, Sarbaca, **9** Marmasima, Arufeo, Arseo y Zabutaitán, **10** que eran los diez hijos de Amán, el enemigo de los judíos, y además les quitaron sus bienes.

11 Aquel mismo día, al enterarse el rey del número de muertos, **12** le dijo a Ester:

—Si los judíos han matado en Susa a quinientos hombres, ¿qué no habrán hecho en las otras provincias? ¡Dime qué más deseas, y te lo concederé!:

13 Y Ester respondió:

—Que se permita a los judíos hacer mañana lo mismo que ya han hecho, y que se cuelguen en la horca los cuerpos de los diez hijos de Amán.

14 El rey ordenó que se hiciera así, y que les entregaran los cadáveres de los diez hijos de Amán para que fueran colgados.

15 Los judíos que vivían en Susa se volvieron a reunir el día catorce del mes de Adar, y mataron allí a trescientos hombres; pero no tocaron sus bienes. **16** Los judíos que vivían en las otras provincias del reino se reunieron el día trece del mismo mes para defenderse y deshacerse de sus enemigos; mataron a quince mil de ellos, pero no tocaron sus bienes. **17** El día catorce descansaron, y lo celebraron con gozo y alegría.

18 Como los judíos de Susa se habían concentrado también el día catorce, no descansaron ese día, pero el día quince lo celebraron con gozo y alegría. **19** Por eso, los judíos que viven dispersos en las provincias celebran el día catorce del mes de Adar con alegría, como día de fiesta, y unos a otros se hacen regalos. En cambio, los que viven en las ciudades principales celebran además el día quince con alegría, como día de fiesta, y unos a otros se hacen regalos.

IV. LA FIESTA DE PURIM (9.20—10.3)

Institución de la fiesta **20** Mardoqueo puso por escrito estos acontecimientos, y envió cartas a los judíos en las provincias del reino de Artajerjes, tanto cercanas como lejanas, **21** ordenándoles que establecieran estos días de fiesta y que celebraran los días catorce y quince del mes de Adar, **22** pues en estos días los judíos se habían deshecho de sus enemigos, y que celebraran todo ese mes de Adar como el mes en que la tristeza y el dolor se cambiaron en alegría y fiesta. Todo el mes debían celebrarlo con banquetes y alegría, y hacer regalos a los amigos y a los pobres.

23 Los judíos recibieron, pues, el relato que Mardoqueo les había escrito, **24** donde les contaba cómo Amán el macedonio les había declarado la guerra, cómo había echado la suerte para exterminarlos **25** y cómo se había presentado ante el rey para pedirle que colgara a Mardoqueo en la horca; pero que los males que Amán había pensado hacer caer sobre los judíos, habían caído sobre él, y que Amán y sus hijos habían sido colgados en la horca. **26** Por tal razón, estos días fueron llamados *purim*,[c] a causa de las suertes. En la lengua de los judíos se llama *purim*, a causa de lo que se dice en esta carta y de lo que sufrieron y lo que les sucedió.

---

[a] **9.1** *Adar:* corresponde a febrero-marzo.

[b] **9.2** En 1 Mac 7.49; 2 Mac 15.36 se habla de la celebración de una fiesta, en este mismo día, porque el pueblo había sido librado de sus enemigos.

[c] **9.26** La palabra *pur*, derivada de la lengua acádica, significa "suerte" (véase 3.7 nota *c*) y quizá signifique también "porción" (cf. 9.19). La fiesta se llama generalmente "fiesta de Purim" (cf. 9.29,31,32).

²⁷ Los judíos, pues, aceptaron esto y establecieron esta costumbre para ellos y sus descendientes y para todos los que se convirtieran al judaísmo: celebrar sin falta estos días como una conmemoración, de generación en generación, en todas las ciudades, familias y regiones. ²⁸ Estos días de *purim* deberían ser celebrados siempre, para que jamás se perdiera su recuerdo en todas las generaciones. ²⁹ La reina Ester, hija de Aminadab, y Mardoqueo el judío, escribieron todo lo que habían hecho, para confirmar la carta que habían escrito acerca de la fiesta de Purim.*ᵈ* ³¹ Ellos se hicieron responsables de esta decisión y se empeñaron con su propia vida en realizar el plan. ³² Ester estableció el decreto para siempre, y todo esto se puso por escrito para que quedara recuerdo.

10 Elogio de Mardoqueo y conclusión

¹ El rey impuso tributos*ᵃ* en todo su reino, que se extiende por tierra y por mar. ² Su poder, su valor, su riqueza y el esplendor de su reino están escritos en el libro de los anales de los reyes de Persia y de Media. ³ Mardoqueo reemplazaba al rey Artajerjes, y fue un gran personaje en el reino y muy respetado entre los judíos. Su manera de vivir le ganó el aprecio de toda su nación.]

³ᵃ Mardoqueo dijo:*ᵇ* "Dios es el que ha hecho todo esto. ³ᵇ Ahora me acuerdo del sueño*ᶜ* que tuve, que se refería a estas cosas. Nada dejó de cumplirse: ³ᶜ el pequeño manantial que se convertía en un río, la luz, el sol y la gran cantidad de agua. El río es Ester, con la cual se casó el rey y a la que hizo reina. ³ᵈ Los dos dragones somos Amán y yo. ³ᵉ Las naciones son aquellos que se juntaron para destruir a los judíos. ³ᶠ Mi nación son los israelitas, que elevaron su voz a Dios y fueron salvados. Verdaderamente, el Señor ha salvado a su pueblo; el Señor nos ha librado de todos estos males, haciendo grandes milagros y prodigios, como nunca se han visto entre las otras naciones. ³ᵍ Porque Dios preparó dos suertes, una para su pueblo y otra para las demás naciones. ³ʰ Después vino el día, la hora y el momento en que estas dos suertes debían ser sacadas, cuando Dios iba a juzgar a todas las naciones. ³ⁱ Y Dios se acordó de su pueblo, de Israel, que es su propiedad, y le hizo justicia. ³ᵏ Por eso los israelitas celebrarán los días catorce y quince del mes de Adar reuniéndose con alegría y gozo delante de Dios. Y así se hará siempre, por todas las generaciones, en Israel, el pueblo de Dios."

³ˡ En el año cuarto del reinado de Tolomeo*ᵈ* y Cleopatra, Dositeo, que afirmó ser sacerdote de la tribu de Leví, y Tolomeo su hijo, trajeron la citada carta acerca de la fiesta de Purim. *ᵉ* Afirmaron que era auténtica y que la había traducido Lisímaco, hijo de Tolomeo, quien vivía en Jerusalén.

ᵈ 9.29 El texto hebreo añade el v. 30.
ᵃ 10.1 En hebreo esta palabra encierra la idea de trabajo forzado.
ᵇ 10.3a El texto griego termina recalcando la interpretación religiosa del relato (10.3a-k). Además, da un nuevo matiz a la palabra "suertes": las diferentes suertes que Dios deparó a Israel y a las demás naciones (v. 3g).

ᶜ 10.3b Est (dc) 1.1d-j.

ᵈ 10.3l No es claro a cuál de los diversos reyes de Egipto se refiere, pues varios llevaron ese nombre y tuvieron por esposa a una Cleopatra.

ᵉ 10.3l Parece referirse a la carta citada en 9.29.

Los libros de los Macabeos

Las conquistas de Alejandro Magno, en el siglo III a.C., ejercieron un influjo poderoso en las regiones por él dominadas. La cultura griega se propagó rápidamente por todas las regiones occidentales de Asia y el norte de África, constituyendo el movimiento cultural llamado helenismo. A la muerte prematura de Alejandro (año 323 a.C.), sus generales, conocidos como los Diádocos, se repartieron el imperio. Desde el punto de vista bíblico, nos interesan la dinastía de los seléucidas, fundada por Seleuco, cuyo dominio se extendía desde Asia Menor hasta el Punjab en la India; y la de los lágidas o tolomeos, fundada por Tolomeo, que dominaba en Egipto, Cirenaica (la actual Libia), Chipre y algunas de las islas Cícladas. (Véase *Tabla cronológica I*, sección *VI. época helenística*).

La unidad del mundo helenístico no era tan firme en el terreno político. Las luchas entre las diversas dinastías debilitaron sus gobiernos, que terminaron siendo absorbidos por Roma en el siglo I a.C.

Entre tanto, Palestina no pudo sustraerse a los cambios políticos. Después del regreso del destierro, los judíos no habían recuperado su autonomía política, pero sí pudieron organizarse como una comunidad religiosa centrada en el templo.

Alejandro parece haber sido benévolo con los judíos. Cuando se hizo la repartición de su herencia, Palestina quedó bajo la autoridad de los tolomeos; estos fueron tolerantes en materia religiosa y los judíos no tuvieron mayores problemas. La situación cambió cuando en el 199 a.C., Antíoco III, seléucida, derrotó al general egipcio Scopas, y Palestina quedó incorporada a la dominación seléucida. Al principio Antíoco concedió a los judíos cierta autonomía para seguir su religión. Pero pronto las relaciones entre seléucidas y judíos comenzaron a deteriorarse. Las causas parecen haber sido, por una parte, las dificultades de la economía seléucida acosada por las guerras, y, por otra, las divisiones internas del judaísmo. Dos partidos querían imponerse en Palestina. Uno, favorable a la cultura helenista (1 Mac 1.11); el otro, de orientación más tradicional, rígida y conservadora. En gran parte, las luchas que narran los libros de los *Macabeos* son el resultado de las rivalidades de estos dos partidos.

La confrontación entre las dos culturas no tenía solamente aspectos filosóficos y religiosos; hay que reconocer que el helenismo llegó al Oriente próximo como poder militar y político intruso. Cuando los judíos luchaban contra la seducción del helenismo, no solo elegían personalmente un modo de vida y una forma de pensar; también adoptaban una posición frente a los poderes políticos, y esto de manera inevitable.

La crisis se desarrolló en forma violenta cuando Antíoco IV Epífanes subió al trono seléucida. Era una personalidad compleja; algunos lo consideran desequilibrado, megalómano, prototipo del perseguidor.

Apoyado por el partido helenista comenzó a tomar diversas medidas contra los judíos tradicionales. Para hacer frente a la escasez de fondos del estado, Antíoco vendió el cargo de sumo sacerdote al mejor postor entre los judíos helenizantes; primero a Jasón en el 174 y, posteriormente, a Menelao en el 171 a.C.

La decisión de sustituir la ley judía como constitución política de Judea para hacer de Jerusalén una ciudad de corte griego causó alarma entre la mayoría de la población. Con la ayuda de la fuerza militar seléucida, los helenistas judíos llevaron a cabo reformas radicales en materia religiosa. Suprimieron los ritos tradicionales, prohibieron los sacrificios del templo, la observancia del sábado y la circuncisión; todos los ejemplares de la ley debían ser destruidos, bajo pena de muerte. El templo fue transformado en un santuario pagano con la erección en él de una estatua de Zeus Olímpico.

La crisis que explotó en el 167 a.C. es el resultado de diversos factores: por un lado, el deseo de una facción judía de abrirse a la cultura griega (helenismo) y la oposición de los judíos piadosos. Esto revela ya los gérmenes de división en el judaísmo; por otro, el empeño de Antíoco IV de luchar contra las fuerzas disgregadoras que minaban su imperio y la necesidad de apoyarse para esto en los partidarios del helenismo.

La rebelión se inició en la zona rural. El sacerdote Matatías condujo las acciones, junto con sus hijos, Juan, Simón, Eleazar, Judas, apodado el Macabeo, y Jonatán. Los judíos fieles a la ley, llamados hasideos, se reunieron para defender la religión de los padres en ese momento en peligro y dirigieron sus armas tanto contra las tropas seléucidas como contra los helenistas judíos. La guerra civil y religiosa dividió al país.

Aprovechando las dificultades del reino seléucida, Judas organizó una astuta lucha de guerrillas y derrotó a los griegos. Logró recapturar Jerusalén, con excepción de la ciudadela militar Acra, y purificó el templo y lo consagró de nuevo. La crisis pareció superarse con la purificación del templo, la supresión de la liturgia pagana y la amnistía acordada por Antíoco IV. Sin embargo, Judas y sus hermanos prosiguieron la insurrección, convirtieron esa guerra en un patrimonio familiar hasta conseguir la autonomía de Judea. Por su parte los judíos piadosos no se unieron a los macabeos y se contentaron con la libertad religiosa que habían conseguido.

Muerto Judas, Jonatán asumió el liderazgo. Hábil negociador, obtuvo de Demetrio II la dignidad sacerdotal. Esto desagradó a no pocos, que se retiraron a orillas del Mar Muerto y formaron la comunidad de Qumrán o monjes esenios (véase *Qumrán* en el *Índice de mapas*). Al ser asesinado Jonatán a traición, en el 142, su hermano Simón continuó la lucha; una asamblea más o menos representativa le confirió los más altos cargos sacerdotales, civiles y militares. Los griegos no pudieron oponerse y tuvieron que aceptar esta situación. Nació así la dinastía de los macabeos o hasmoneos.

Este es el ambiente y la historia que nos narran el *Primer* y el *Segundo* libro de los *Macabeos* (=1 Mac y 2 Mac).

Pero esta lucha iniciada con un espíritu profundamente religioso y con el ánimo de defender las tradiciones más caras al pueblo, pronto perdió ese objetivo y se convirtió en una lucha política, no solo contra los seléucidas, sino también contra los judíos helenistas. Vino la división, la traición a los principios religiosos y políticos que habían animado los primeros combates. Los macabeos llegaron hasta aceptar la autoridad civil y la dignidad sacerdotal de manos de aquellos mismos contra los cuales habían empuñado las armas. Por esto se atrajeron el odio y la animadversión de muchos compatriotas.

Primer libro de los Macabeos

El *Primer libro de los Macabeos* (=1 Mac) es la traducción de una obra original semita, casi con seguridad escrita en hebreo, aunque hasta ahora no se ha encontrado ningún fragmento de ese texto. La redacción final debió de hacerse en los últimos años del s. II a.C., en tiempos de Juan Hircano. En su narración se sigue un orden cronológico: después de recordar brevemente las conquistas de Alejandro, el autor habla de la persecución de Antíoco IV Epífanes y narra a continuación las hazañas de Matatías y de sus hijos Judas, Jonatán y Simón. Termina con la subida al trono de Juan Hircano, hijo de Simón. Acerca del origen del nombre Macabeo, véase 2.4 n.

El libro se escribió para recordar las hazañas de los macabeos o hasmoneos y para legitimar la monarquía reinante. Había que mostrar de qué manera Juan Hircano había llegado a ser al mismo tiempo sacerdote y jefe civil. Su sacerdocio se podía explicar por su ascendencia levítica; no así el cargo de rey que pertenecía únicamente a la dinastía de David.

El autor toma como modelo la forma literaria de los antiguos libros históricos (*Josué, Jueces, 1 y 2 Samuel, y 1 y 2 Reyes*; historia deuteronomista). Él estaba convencido de que el Dios de Israel era el verdadero protagonista de los hechos que narraba. El Señor interviene ahora, como había intervenido en otras épocas, y de nuevo suscitaba salvadores para su pueblo. Cuando Israel adoraba falsos dioses era castigado. También en el momento presente la persecución de Antíoco era un castigo por la apostasía de muchos judíos. El vocabulario empleado y las frases utilizadas muestran el deseo de inspirarse en los antiguos relatos del libro de *Reyes*.

El escritor tomó mucho de sus propios recuerdos; utilizó igualmente los archivos del tesoro, donde se guardaba una serie de documentos: cartas del Senado Romano, de los reyes seléucidas, etc. Además, se sirvió de una fuente pagana que le suministró, entre otras cosas la cronología.

Su punto de vista es religioso. La ley es el centro de todo. La lucha no es tanto entre los seléucidas y los macabeos, sino entre los observadores de la ley y sus adversarios. Tiene así mismo intenciones políticas, pues toma siempre partido por los macabeos.

Teniendo en cuenta los principales protagonistas de las acciones que se narran, el esquema del libro puede presentarse así:

1. Introducción (1.1-64)
2. Matatías (2.1-70)
3. Judas Macabeo (3.1—9.22)
4. Jonatán (9.23—12.53)
5. Simón (13.1—16.24)

1. Introducción (1.1-64)

1 **Alejandro y sus sucesores**[a] **1** Alejandro de Macedonia, hijo de Filipo, partió de su país[b] y derrotó a Darío, rey de los persas y los medos, y reinó en lugar de él; primeramente fue rey de Grecia. **2** Emprendió muchas guerras, se apoderó de ciudades fortificadas, mató a varios reyes de la región, **3** llegó hasta los lugares más apartados de la tierra[c] y saqueó muchas naciones. Después, toda la tierra quedó en paz bajo su dominio, y Alejandro se llenó de orgullo y soberbia. **4** Luego de haber reunido un poderosísimo ejército, sometió provincias, naciones y gobernantes, y los obligó a pagarle tributo. **5** Pero al fin cayó enfermo; y presintiendo que iba a morir, **6** llamó a sus generales más ilustres, que se habían educado con él desde jóvenes, y antes de morir les repartió su reino.[d] **7** Después de un reinado de doce años, Alejandro murió.[e] **8** Entonces sus generales tomaron el poder, cada uno en su propia región, **9** y tras la muerte de Alejandro fueron coronados como reyes, lo mismo que sus descendientes después de ellos, durante muchos años, y así llenaron de calamidades la tierra.

Antíoco IV Epífanes. Se introducen costumbres paganas en Israel *(2 Mac 4.7-17)* **10** De esa raíz salió un retoño, el malvado Antíoco Epífanes,[f] hijo del rey Antíoco, que había estado como rehén en Roma y empezó a reinar el año ciento treinta y siete de la dominación griega.[g]

11 Por aquel tiempo aparecieron en Israel renegados que engañaron a muchos diciéndoles: "Hagamos un pacto con las naciones que nos rodean, porque desde que nos separamos de ellas nos han venido muchas calamidades."[h] **12** A algunos del pueblo les gustó esto, **13** y se animaron a ir al rey, y este les dio autorización para seguir las costumbres paganas. **14** Construyeron un gimnasio en Jerusalén, como acostumbran los paganos;[i] **15** se hicieron operaciones para ocultar la circuncisión, renegando así de la alianza sagrada;[j] se unieron a los paganos[k] y se vendieron para practicar el mal.

Campaña de Egipto y saqueo del templo de Jerusalén *(2 Mac 5.11-20)* **16** Al ver Antíoco que su reino estaba firme, decidió apoderarse de Egipto para ser rey de los dos países. **17** Así pues, invadió a Egipto con un poderoso ejército, con carros, elefantes[l] y una gran flota, **18** y atacó al rey Tolomeo, el cual retrocedió ante él y huyó dejando muchos muertos en el campo. **19** Antíoco ocupó las ciudades fortificadas de Egipto y saqueó el país.[m]

20 Después de esta victoria sobre Egipto, en el año ciento cuarenta y tres,[n] Antíoco se puso en marcha con un poderoso ejército contra Israel, y llegó a Jerusalén. **21** Entró con arrogancia en el santuario y se apoderó del altar de oro, del candelabro con todos sus accesorios, **22** de la mesa para los panes sagrados, de las copas, las tazas, los cucharones de oro, el velo y las coronas, y arrancó todo el enchapado de oro que adornaba la fachada del templo.[ñ] **23** Se apoderó también de la plata, el oro, los utensilios preciosos y los tesoros escondidos,[o] los cuales logró encontrar. **24** Con todas esas cosas se fue a su país. También mató a mucha gente y habló con grandísima insolencia.[p]

25 En todo Israel hubo una gran tristeza;
26 los jefes y los ancianos lanzaban ayes de dolor,
    las muchachas y los jóvenes perdieron su vigor,
    desapareció la belleza de las mujeres.
27 Los recién casados entonaban lamentaciones,
    las novias guardaban luto, sentadas en sus alcobas.
28 La tierra entera se conmovió
    al ver la suerte de sus habitantes;
    todo el pueblo de Jacob se vio cubierto de deshonra.

Destrucción de Jerusalén *(2 Mac 5.21-26)* **29** Dos años más tarde,[q] el rey envió a las ciudades de Judea a un funcionario[r] encargado de cobrar los impuestos, el cual llegó a Jerusalén con un poderoso ejército; **30** con intención de engañar a los habitantes les habló en son de paz, y ellos le creyeron. Pero de repente se lanzó sobre la ciudad, descargó sobre ella un terrible golpe, matando a muchos israelitas, **31** y después de saquearla la incendió y destruyó las casas y la muralla que la rodeaba. **32** Sus hombres se llevaron cautivas a las mujeres y a los niños, y se apoderaron del ganado. **33** Alrededor de la Ciudad de David construyeron una muralla alta y fuerte, con torres fortificadas, y la

---

[a] 1.1-9 El autor sitúa la historia de Israel en el marco de la historia universal. Destaca la soberbia de Alejandro y lo que sucede a su muerte. La historia de los sucesores de Alejandro se puede resumir en una frase: llenaron de calamidades la tierra.

[b] 1.1 *Su país:* literalmente "el país de Quitim", término que originalmente se refería a Chipre y otras islas del Mediterráneo, y aquí se refiere a Macedonia. Véase *Índice de mapas*.

[c] 1.3 *Los lugares más apartados de la tierra:* Señala la campaña hasta el valle del río Indo.

[d] 1.1-9 Dn 11.3-4.

[e] 1.7 Alejandro Magno murió el año 323 a.C. Véase *Tabla cronológica I*, sección *VI. Época helenística.*

[f] 1.10 Dos causas del mal: Antíoco IV Epífanes y los judíos apóstatas apoyados por este. *Epífanes* significa "Dios manifiesto". (Véase *Tabla cronológica I*, sección *VI. Época helenística.*) En contraposición, el autor lo llama *malvado.* Con el término *retoño* quizá quiere hacer un contraste con Jer 23.5; 33.15.

[g] 1.10 Es decir, de la dinastía griega de los seléucidas. Corresponde al año 175 a.C.

[h] 1.11 Partido favorable a la cultura helenística. La ley prohibía las alianzas con pueblos extranjeros, por el peligro de contaminación religiosa. Cf. Ex 23.32-33; 34.12-16; Esd 9.1-2.

[i] 1.14 *Gimnasio:* centros de vida cultural y deportiva donde los jóvenes eran educados en la cultura griega.

[j] 1.15 Disimular la circuncisión era como romper la alianza. Cf. Gn 17.9-14; 1 Co 7.18.

[k] 1.15 *Se unieron a los paganos:* quizás aceptando también otras prácticas religiosas paganas.

[l] 1.17 *Los elefantes* se usaban entonces en las guerras. Cf. 1 Mac 6.30,34-37.

[m] 1.17-19 Dn 11.25.

[n] 1.20 En el otoño del 169 a.C. En 2 Mac 5.1 se habla de una segunda expedición contra Egipto.

[ñ] 1.22 Cf. 1 R 7.48-49.

[o] 1.23 Los templos de la antigüedad servían también de depósitos para guardar sumas considerables de dinero, aun de personas privadas. 2 Mac 3.4-13; 5.16.

[p] 1.20-24 Dn 11.28.

[q] 1.29 Aproximadamente en primavera del 167 a.C.

[r] 1.29 *Un funcionario:* Se trata de Apolonio. 2 Mac 5.24.

convirtieron en ciudadela.[s] **34** Pusieron en ella a paganos impíos y a judíos renegados, que se fortificaron allí. **35** Almacenaron armas y provisiones, y guardaron allí las cosas que habían robado en Jerusalén. Allí se pusieron al acecho.

36 Fue un peligro para el santuario
 y una constante amenaza[t] para Israel.
37 Derramaron sangre inocente
 alrededor del santuario, y lo profanaron.[u]
38 Por temor a ellos huyeron los habitantes de Jerusalén;
 la ciudad se convirtió en residencia de extranjeros,
 sus propios hijos llegaron a ser extraños en ella
 y tuvieron que abandonarla.
39 El templo quedó en ruinas y desierto,
 las fiestas se volvieron días de tristeza,
 los sábados fueron causa de vergüenza,
 y el honor de la ciudad se convirtió en ignominia.
40 Como fue de grande su gloria,
 así de grande fue su humillación.
 Su altivez quedó convertida en tristeza.[v]

Antíoco IV introduce cultos paganos (2 Mac 6.1-11) **41** El rey publicó entonces en todo su reino un decreto que ordenaba a todos formar un solo pueblo, **42** abandonando cada uno sus costumbres propias.[w] Todas las otras naciones obedecieron la orden del rey, **43** y aun muchos israelitas aceptaron la religión del rey,[x] ofrecieron sacrificios a los ídolos y profanaron el sábado. **44** Por medio de mensajeros, el rey envió a Jerusalén y demás ciudades de Judea decretos que obligaban a seguir costumbres extrañas en el país **45** y que prohibían ofrecer holocaustos, sacrificios y ofrendas en el santuario, que hacían profanar el sábado, las fiestas, **46** el santuario y todo lo que era sagrado; **47** que mandaban construir altares, templos y capillas para el culto idolátrico, así como sacrificar cerdos y otros animales impuros, **48** dejar sin circuncidar a los niños y mancharse con toda clase de cosas impuras y profanas, **49** olvidando la ley y cambiando todos los mandamientos. **50** Aquel que no obedeciera las órdenes del rey, sería condenado a muerte.

51 Esta orden fue enviada por escrito a todo su reino; además, el rey nombró inspectores para todo el pueblo, y dio orden de que en cada una de las ciudades de Judea se ofrecieran sacrificios. **52** Muchos judíos, traicionando la ley, acudieron a cumplir estas órdenes; con su perversa manera de proceder **53** obligaron a los verdaderos israelitas a esconderse en toda clase de refugios.

54 El día quince del mes de Quisleu del año ciento cuarenta y cinco,[y] el rey cometió un horrible sacrilegio,[z] pues construyó un altar pagano encima del altar de los holocaustos. Igualmente, se construyeron altares en las demás ciudades de Judea. **55** En las puertas de las casas y en las calles se ofrecía incienso. **56** Destrozaron y quemaron los libros de la ley que encontraron, **57** y si a alguien se le encontraba un libro de la alianza de Dios,[a] o alguno simpatizaba con la ley, se le condenaba a muerte, según el decreto del rey. **58** Así, usando de la fuerza, procedía esa gente mes tras mes contra los israelitas que encontraban en las diversas ciudades.

59 El día veinticinco de cada mes[b] se ofrecían sacrificios en el altar pagano que estaba sobre el altar de los holocaustos. **60** De acuerdo con el decreto, a las mujeres que habían hecho circuncidar a sus hijos, las mataron **61** con sus niños colgados del cuello, y mataron también a sus familiares y a los que habían hecho la circuncisión. **62** Sin embargo, hubo muchos israelitas que tuvieron la fuerza y el valor para negarse a comer alimentos impuros. **63** Prefirieron morir antes que profanarse comiendo tales alimentos y violar la alianza sagrada;[c] y, en efecto, murieron. **64** Fueron días de terribles calamidades para Israel.

2. Matatías (2.1-70)[a]

Matatías comienza la resistencia **1** Por ese tiempo entró en escena Matatías, hijo de Juan y nieto de Simón. Era sacerdote, descendiente de Joiarib.[b] Había nacido en Jerusalén, pero se había establecido en Modín.[c] **2** Tenía cinco hijos: Juan, que también se llamaba Gadí; **3** Simón, llamado también Tasí; **4** Judas, también llamado Macabeo;[d] **5** Eleazar, que también llevaba el nombre de Avarán, y Jonatán, también llamado Afús.

6 Cuando Matatías vio las injurias que se hacían a Dios en Judea y en Jerusalén, **7** exclamó: —¡Qué desgracia! ¡Haber nacido para ver la ruina de mi pueblo y de la ciudad santa, y tener que quedarme con los brazos cruzados mientras que ella cae en manos de sus enemigos y el templo queda en poder de extranjeros! **8** Su santuario está como un hombre que ha perdido su honor, **9** los objetos que eran su gloria han sido llevados a otra parte, sus niños han caído muertos en las calles de la ciudad, sus jóvenes han sido acuchillados por el enemigo. **10** No hay nación que no le haya arrebatado su

---

[s] **1.33** En aquella época se llamó *Ciudad de David* a la parte alta de la ciudad que se hallaba al occidente del templo. En el mejor sitio se instaló una ciudadela griega protegida con fuerte guarnición. Era la llamada Acra.

[t] **1.36** *Una constante amenaza*: literalmente: *un adversario maléfico*, usando la palabra que en otros textos significa "diablo".

[u] **1.37** Sal 106.38.

[v] **1.40** Sal 74.3-9; 79.1.

[w] **1.42** Con este edicto se pone en peligro la identidad religiosa y cultural del pueblo judío. 1 Mac 1.13.

[x] **1.43** (rey) *La religión del rey*: Se trata del culto a Zeus Olímpico. Véase 2 Mac 6.2 nota *a*.

[y] **1.54** Esta fecha corresponde a diciembre del 167 a.C.

[z] **1.54** *Un horrible sacrilegio*: la colocación de la estatua de Zeus sobre el gran altar de los holocaustos. Dn 9.27; 11.31; 12.11; Mt 24.15; Mc 13.14.

[a] **1.57** *Libro de la alianza de Dios*: Se trata de los libros del Pentateuco.

[b] **1.59** El *día veinticinco de cada mes* se conmemoraba el nacimiento del rey.

[c] **1.62-63** Dn 1.8-16; 3.8-18; 2 Mac 6.18-19.

[a] **2.1** La sección 2.1-70 está dedicada a narrar la resistencia comenzada por Matatías.

[b] **2.1** *Joiarib* era el jefe de la primera de las 24 clases sacerdotales. Cf. 1 Cr 24.7; Neh 11.10.

[c] **2.1** *Modín* estaba situada a unos 30 km. al noroeste de Jerusalén.

[d] **2.4** El sobrenombre *Macabeo*, originalmente propio de Judas, parece provenir de una palabra aramea que significa "martillo".

poder real y que no la haya saqueado. **11** Le robaron a Jerusalén todos sus adornos; de libre pasó a ser esclava. **12** ¡Nuestro hermoso santuario, que era nuestra gloria, está en ruinas; los paganos lo han profanado!ᵉ **13** ¿Para qué seguir viviendo?" **14** Y Matatías y sus hijos se rasgaron la ropa, se pusieron ropas ásperas y lloraron amargamente.

15 Cuando los funcionarios del rey encargados de obligar a los judíos a renegar de su religión llegaron a la ciudad de Modín, para hacer que se ofrecieran los sacrificios, **16** muchos israelitas se les juntaron. Pero Matatías y sus hijos hicieron un grupo aparte. **17** Entonces los funcionarios del rey dijeron a Matatías:

—Tú eres una persona de autoridad, respetada e importante en esta ciudad, y tienes el apoyo de tus hijos y de tus hermanos. **18** Acércate, pues, para ser el primero en cumplir la orden del rey. Así lo han hecho en todas las naciones, y también los hombres de Judea y la gente que ha quedado en Jerusalén. De esta manera, tú y tus hijos formarán parte del grupo de los amigos del rey,ᶠ y serán honrados con obsequios de oro y plata, y con muchos otros regalos.

19 Matatías respondió en alta voz:

—Pues aunque todas las naciones que viven bajo el dominio del rey le obedezcan y renieguen de la religión de sus antepasados, y aunque acepten sus órdenes, **20** yo y mis hijos y mis hermanos seguiremos fieles la alianza que Dios hizo con nuestros antepasados. **21** ¡Dios nos libre de abandonar la ley y los mandamientos! **22** ¡Nosotros no obedeceremos las órdenes del rey, ni nos apartaremos de nuestra religión en lo más mínimo!

23 Apenas había terminado Matatías de decir estas palabras, un judío se adelantó, a la vista de todos, para ofrecer un sacrificio sobre el altar pagano que había en Modín, tal como el rey lo había ordenado. **24** Al verlo, Matatías se llenó de indignación, se estremeció interiormente y, lleno de justa ira, corrió y mató a aquel judío sobre el mismo altar; **25** mató también al funcionario del rey que obligaba a los judíos a ofrecer esos sacrificios, y destruyó el altar. **26** Estaba lleno de celo por la ley, como Finees contra Zimrí, hijo de Salú.ᵍ **27** En seguida gritó Matatías a voz en cuello en la ciudad: "¡Todo el que tenga celo por la leyʰ y quiera ser fiel a la alianza de Dios, que me siga!"

28 Y él y sus hijos huyeron a las montañas, dejando en la ciudad todo lo que tenían.ⁱ

29 Por esa época, muchos que querían llevar una vida recta de acuerdo con la ley, se iban a vivir al desierto **30** con sus hijos, sus mujeres y sus animales, pues la situación se había hecho intolerable. **31** Entonces se informó a los funcionarios del rey y a las fuerzas militares estacionadas en Jerusalén, la Ciudad de David, que los que habían desobedecido las órdenes del rey se habían ido a esconder en el desierto, **32** y muchos soldados fueron rápidamente en su persecución. Los alcanzaron, tomaron posiciones frente a ellos, se prepararon para atacarlos el día sábado,ʲ **33** y les dijeron:

—¡Basta ya! ¡Salgan, obedezcan las órdenes del rey y quedarán con vida!

34 Ellos respondieron:

—¡Pues no saldremos, ni obedeceremos las órdenes del rey, de profanar el sábado!ᵏ

35 Inmediatamente los soldados comenzaron el ataque; **36** pero los israelitas no les respondieron, ni les tiraron una sola piedra, ni fortificaron sus refugios, **37** sino que dijeron: "¡Muramos todos con conciencia limpia! ¡El cielo y la tierra son testigos de que ustedes nos asesinan injustamente!"

38 Así pues, los soldados los atacaron el día sábado, y los israelitas, con sus mujeres y sus hijos y sus animales, murieron. Eran en total unas mil personas.

39 Cuando Matatías y sus amigos supieron esto, lloraron amargamente por ellos. **40** Entonces se dijeron unos a otros: "Si todos hacemos lo que nuestros hermanos, y no luchamos contra los paganos por nuestras vidas y por nuestras leyes, pronto nos harán desaparecer de la tierra." **41** Y ese mismo día tomaron la siguiente decisión: "Si alguien nos ataca en sábado, lucharemos nosotros también, y así no moriremos todos, como murieron nuestros hermanos en sus refugios."

42 Entonces se unió a ellos un grupo de hasideos,ˡ israelitas valientes, todos decididos a ser fieles a la ley. **43** Además, todos los que querían escapar de la terrible situación se les juntaban y reforzaban sus filas. **44** Organizaron un ejército, y descargaron su ira atacando a los paganos impíos y a los judíos renegados. Los que pudieron escapar de estos ataques se fueron a otras naciones para estar a salvo.ᵐ **45** Matatías y sus amigos recorrieron el país destruyendo los altares paganos **46** y circuncidando a la fuerza a todos los niños no circuncidados que encontraron en el territorio de Israel. **47** Persiguieron a sus arrogantes enemigos, y todo lo que emprendieron les salió bien. **48** Así salvaron la ley de los ataques de los paganos y de los reyes, y no se rindieron ante la fuerza del pagano impío.

Testamento de Matatías **49** Pero a Matatías le llegó la hora de morir, y entonces dijo a sus hijos:

"La insolencia y los insultos están reinando;
estamos en un tiempo de calamidades y
terribles castigos.ⁿ

ᵉ **2.8-12** Sal 74.3-9; 79.1; 1 Mac 1.39; 4.38.

ᶠ **2.18** Título honorífico heredado de la corte persa; los amigos del rey tenían acceso al soberano.

ᵍ **2.26** Nm 25.6-15.

ʰ **2.27** *Celo por la ley:* cf. Nm 25.11-13.

ⁱ **2.28** 2 Mac 5.27.

ʲ **2.32** Esto les planteaba un conflicto de conciencia sobre la observancia del sábado. Algunos se atienen al cumplimiento estricto de la ley, aceptando la muerte (cf. 2 Mac 6.11). Matatías y los suyos consideran que la ley no los obligaba en esas circunstancias, pues de esa manera los enemigos los exterminarían. Cf. Mc 2.27; 3.4.

ᵏ **2.34** Ex 20.8-11.

ˡ **2.42** *Hasideos:* israelitas piadosos aferrados a la ley. Apoyaron a los macabeos (cf. 2 Mac 14.6), pero sin perder su independencia. De ellos se originaron los fariseos y los esenios que terminaron oponiéndose a la política de los macabeos.

ᵐ **2.44** Se acentúa la división entre los judíos. Los fieles a la ley persiguen a los apóstatas.

ⁿ **2.49** En sus últimos momentos, algunos personajes del AT se dirigen en forma solemne a sus hijos o a sus sucesores.

⁵⁰ Pero ustedes, hijos míos,
tengan celo por la ley
y sacrifiquen sus vidas por la alianza
que hizo Dios con nuestros antepasados;
⁵¹ acuérdense de lo que ellos hicieron en su tiempo,
y obtendrán gran honor y fama inmortal.
⁵² Dios puso a prueba a Abraham;
lo encontró fiel, y lo aceptó como justo. *ñ*
⁵³ En medio de su situación adversa,
José cumplió los mandamientos
y llegó a ser señor de Egipto. *o*
⁵⁴ Finees, nuestro antepasado, mostró gran celo
y recibió la promesa de un sacerdocio eterno. *p*
⁵⁵ Josué cumplió su misión
y fue caudillo de Israel.
⁵⁶ Caleb dijo la verdad delante del pueblo
y pudo entrar a tomar posesión del país. *q*
⁵⁷ David fue un hombre piadoso
y recibió como herencia eterna el trono real. *r*
⁵⁸ Elías estuvo lleno de celo por la ley
y fue llevado al cielo. *s*
⁵⁹ Ananías, Azarías y Misael tuvieron fe
y se salvaron del fuego. *t*
⁶⁰ Daniel fue un hombre íntegro
y escapó de ser devorado por los leones. *u*
⁶¹ Y así sucesivamente, fíjense que en todo tiempo
a los que confían en Dios no les fallan las fuerzas.
⁶² "No tengan miedo de las amenazas de un impío;
sus honores terminarán en la basura,
comidos por gusanos.
⁶³ Hoy se levanta, pero mañana desaparecerá,
porque habrá vuelto al polvo
y sus planes se reducirán a nada. *v*
⁶⁴ ¡Pero, ánimo, hijos míos,
sean valientes y apóyense en la ley,
pues ella será su mayor gloria!
⁶⁵ Ahí queda Simón, su hermano;
yo sé que es hombre prudente.
Háganle caso siempre;
él hará de padre con ustedes.
⁶⁶ Judas Macabeo, fuerte y valiente desde su juventud,
será el jefe del ejército
y peleará las batallas de su pueblo.
⁶⁷ Hagan que se junten a ustedes
todos los que quieren cumplir la ley,
y defiendan los derechos de su pueblo.
⁶⁸ Devuelvan a los paganos lo que han hecho con ustedes

y tengan cuidado de cumplir siempre lo
que manda la ley."

⁶⁹ Después Matatías los bendijo y fue a reunirse con sus antepasados. ⁷⁰ Murió el año ciento cuarenta y seis, *w* y lo enterraron en la tumba de sus antepasados, en Modín. Todo Israel lloró su muerte con grandes muestras de dolor.

3. Judas Macabeo (3.1—9.22) *a*

Judas Macabeo ocupa el lugar de su padre ¹ Entonces Judas Macabeo ocupó el lugar de su padre. ² Todos sus hermanos y los partidarios de su padre lo apoyaron, y se entregaron con entusiasmo a luchar por Israel.

³ Judas extendió la fama de su pueblo;
como un gigante, se protegió con su coraza
y se armó para la guerra.
Dio batalla tras batalla,
y con su espada protegió a su ejército.
⁴ Por sus hazañas parecía un león,
o un cachorro que ruge tras la presa.
⁵ Persiguió a los malvados hasta dar con ellos,
y entregó a las llamas a los perturbadores
de su pueblo.
⁶ Ante él, los malvados se llenaron de terror,
y los que hacían el mal fracasaron;
en sus manos prosperó la causa de la libertad.
⁷ Les amargó la vida a muchos reyes, *b*
pero alegró con sus hazañas al pueblo de Jacob.
Su nombre será recordado y bendecido eternamente.
⁸ Recorrió las ciudades de Judea
y exterminó a los impíos que en ella había.
Desvió de Israel los terribles castigos; *c*
⁹ su fama llegó hasta el extremo de la tierra,
pues reunió a un pueblo a punto de ser
exterminado. *d*

¹⁰ Apolonio reunió un gran ejército compuesto de soldados de naciones paganas y de samaritanos, para luchar contra Israel. *e* ¹¹ Judas lo supo y le salió al encuentro, lo derrotó y lo mató. Hubo muchas bajas entre los enemigos, y los demás huyeron. ¹² Los judíos recogieron el botín, y Judas se apoderó de la espada de Apolonio. En las batallas siempre la usó. *f*

¹³ Cuando Serón, el comandante del ejército de Siria, se enteró de que Judas había reunido una tropa de fieles seguidores suyos dispuestos a pelear, ¹⁴ pensó: "Voy a hacerme famoso, y a conquistar muchos honores en el reino, peleando contra Judas y sus seguidores, que no cumplen las órdenes del rey." ¹⁵ A él también se le unió un

---

ñ **2.52** Gn 15.6; 22.15-18; Stg 2.21-23.
o **2.53** Gn 39—45.
p **2.54** Nm 25.6-15; 1 Mac 2.26.
q **2.55-56** Nm 13.1—14.12,24; 26.65; Jos 1.1-9.
r **2.57** 2 S 7.
s **2.58** 1 R 19.10,14; 2 R 2.11.
t **2.59** Dn 3.
u **2.60** Dn 6.1-24; Dn (dc.) 14.30-42.
v **2.62-63** Sal 37.1-2,10,35-36.
w **2.70** Corresponde al año 166 a.C.
a **3.1** La sección 3.1—9.22 narra las hazañas de Judas Macabeo.

b **3.7** *Muchos reyes:* Antíoco IV Epífanes, Antíoco V Eupátor, Demetrio I Soter. Véase *Tabla cronológica I,* sección *VI. Época helenística.*
c **3.8** 2 Mac 8.5.
d **3.9** *Reunió a un pueblo... exterminado:* alusión a las campañas de Galaad y Galilea: 1 Mac 5.
e **3.10** Apolonio era gobernador de Samaria, según Flavio Josefo. Cf. 1.29; 2 Mac 5.24.
f **3.10-12** Diversos detalles parecen indicar que el autor quiere traer a la memoria la lucha de David contra el gigante Goliat. Cf. 1 S 17.

poderoso ejército de judíos renegados, que fueron a ayudarlo a vengarse de los israelitas. **16** Cuando Serón llegó a la cuesta de Bet-horón,[g] Judas le salió al encuentro con unos pocos hombres. **17** Pero al ver estos el ejército que venía contra ellos, le dijeron a Judas:

—¿Cómo podremos luchar, siendo tan pocos, contra un ejército tan numeroso y fuerte? Además, desde ayer estamos sin comer, y ya no tenemos fuerzas.

18 Judas respondió:

—Es fácil que una gran multitud caiga en poder de unos pocos, pues para Dios[h] lo mismo es dar la victoria con muchos que con pocos.[i] **19** En una batalla, la victoria no depende del número de los soldados, sino de la fuerza que Dios da. **20** Ellos vienen contra nosotros, llenos de orgullo y de impiedad, a matarnos a nosotros, a nuestras mujeres y a nuestros hijos, y a robarnos lo que tenemos. **21** Nosotros, en cambio, luchamos por nuestras propias vidas y por nuestras costumbres. **22** Así que no les tengan miedo, pues Dios los hará pedazos ante nuestros ojos.[j]

23 En cuanto acabó de hablar, se lanzó sin más sobre los enemigos, y Serón y su ejército fueron derrotados. **24** Luego los persiguieron por la bajada de Bet-horón, hasta la llanura, y cayeron como ochocientos hombres del ejército enemigo, y los demás huyeron al país de los filisteos.[k] **25** Todos comenzaron entonces a temer a Judas y a sus hermanos, y las naciones vecinas se llenaron de terror. **26** La fama de Judas llegó hasta el rey, y en todas las naciones se hablaba de sus victorias.

Antíoco y sus generales

27 Cuando Antíoco[l] se enteró de estas cosas, se puso furioso y mandó reunir todas las fuerzas armadas de su reino, un ejército sumamente poderoso. **28** Abrió su tesoro, les pagó a sus soldados el salario de todo un año, y les ordenó que estuvieran preparados para cualquier emergencia. **29** Pero al darse cuenta de que el dinero se había acabado en el tesoro real, y de que los tributos de las provincias habían disminuido a causa de las rebeliones y de las calamidades que él había traído al país, pues había suprimido las costumbres que existían desde tiempos antiguos, **30** le dio miedo que le sucediera lo que ya antes le había sucedido: quedarse sin dinero para los gastos y regalos que acostumbraba hacer más espléndidamente que sus predecesores en el trono. **31** Viéndose, pues, en grandes apuros, decidió ir a Persia a cobrar los impuestos de las provincias, y así reunir una cuantiosa suma de dinero.[m] **32** Entre tanto dejó a Lisias, personaje notable de la familia real, como encargado de los negocios del reino, desde el río Éufrates hasta Egipto. **33** Al mismo tiempo le encomendó el cuidado de su hijo Antíoco, mientras regresaba.[n] **34** Le confió la mitad de sus tropas y los elefantes, y le dio todas las instrucciones relacionadas con sus decisiones, especialmente en lo tocante a los habitantes de Judea y Jerusalén. **35** Ordenó a Lisias que enviara un ejército para destruir y aniquilar la resistencia de Israel y lo que aún quedaba de Jerusalén, para borrar de aquella tierra incluso su recuerdo. **36** En todo el territorio debía instalar extranjeros y repartirles la tierra. **37** El rey Antíoco se llevó la otra mitad de sus tropas, y en el año ciento cuarenta y siete se puso en marcha desde Antioquía, su capital. Cruzó el río Éufrates y siguió su camino a través de las provincias de la altiplanicie.[ñ]

Invasión de Judea (2 Mac 8.8-15)

38 Lisias escogió a Tolomeo,[o] hijo de Dorimeno, a Nicanor[p] y a Gorgias,[q] personajes poderosos del grupo de los amigos del rey, **39** y envió al mando de cuarenta mil soldados de infantería y siete mil de caballería a invadir Judea y arrasarla, según la orden del rey. **40** Ellos se pusieron en marcha con todas sus tropas y llegaron hasta cerca de Emaús,[r] en la llanura, donde acamparon. **41** Los comerciantes de la región, al oir hablar de aquel ejército, tomaron plata y oro en gran cantidad, y cadenas, y se fueron al campamento para comprar israelitas como esclavos.[s] Ese ejército se vio reforzado además con tropas sirias y filisteas. **42** Judas y sus hermanos se dieron cuenta de que la situación era muy grave, pues el ejército había tomado posiciones dentro del país. Se enteraron también de la orden que había dado el rey, de destruir y exterminar al pueblo, **43** y se dijeron unos a otros: "¡Saquemos a nuestro pueblo de su ruina! ¡Luchemos por nuestra patria y por el templo!"

44 Entonces se reunió la asamblea del pueblo a fin de prepararse para la guerra, y para orar y pedir de Dios su misericordia y compasión.[t]

45 Jerusalén estaba sin habitantes,
    como un desierto;
nadie se movía en la ciudad;
el templo había sido profanado;
gente extranjera se había instalado
    en la ciudadela,

---

[g] **3.16** *Bet-horón* era el paso hacia Jerusalén. Cf. Jos 10.10-11, véase *Índice de mapas*.

[h] **3.18** *Para Dios:* lit. *para el cielo*. El autor de 1 Mac, siguiendo una costumbre frecuente en el judaísmo, por respeto al nombre de Dios, lo sustituye por otros, como *el cielo* (véase Mt 3.2 nota *d*).

[i] **3.18** Doctrina tradicional sobre la guerra en Israel. 1 S 14.6; Sal 20.7-8(8-9); Jdt 9.11.

[j] **3.22** Dt 1.29; 9.1-6.

[k] **3.24** *Al país de los filisteos:* es decir, a la región que ocuparon antiguamente los filisteos. 1 Mac presenta los acontecimientos como si fueran una repetición de la historia antigua. Cf. Jos 10.10.

[l] **3.27** *Antíoco:* Véase 1.10 nota *f*.

[m] **3.27-31** En el tratado de Apamea, los romanos habían impuesto un tributo considerable a Antíoco IV; esto y su prodigalidad habían agotado sus recursos económicos. La guerra contra Persia tenía como finalidad reunir dineros y, además, consolidar sus dominios.

[n] **3.33** El hijo de Antíoco tenía entonces nueve años. Se le conoce como Antíoco V Eupátor.

[ñ] **3.37** Corresponde al año 165 a.C.

[o] **3.38** *Tolomeo:* Cf. 2 Mac 4.45-47; 8.8; véase *Tabla cronológica I*, sección *VI. Época helenística*.

[p] **3.38** *Nicanor:* Cf. 1 Mac 7.26-46.

[q] **3.38** *Gorgias:* Cf. 2 Mac 10.14.

[r] **3.40** *Emaús:* probablemente no se trata del pueblo de ese nombre mencionado en Lc 24.13, sino de una población a unos 30 km. al oeste de Jerusalén.

[s] **3.41** Era costumbre vender a los prisioneros de guerra como esclavos.

[t] **3.44** Como en los tiempos antiguos, se convoca la asamblea del pueblo para una ceremonia de súplica y penitencia.

ahora convertido en refugio de paganos. La alegría había desaparecido del pueblo de Jacob; la flauta y el arpa habían enmudecido. *u*

Los judíos se reúnen en Mispá *(2 Mac 8.16-23)*

46 Los israelitas se reunieron en Mispá, frente a Jerusalén, pues en tiempos antiguos los israelitas habían tenido allí un lugar de culto. *v* **47** Ese día ayunaron, se pusieron ropas ásperas, se cubrieron de ceniza la cabeza y se rasgaron la ropa. **48** Abrieron el libro de la ley para buscar en él las orientaciones que los paganos piden a sus ídolos. *w* **49** También trajeron las vestiduras sacerdotales, los primeros frutos y los diezmos; *x* hicieron venir a unos nazareos que ya habían terminado el tiempo de su promesa, *y* **50** y clamaron a Dios: "¿Qué vamos a hacer con estos hombres? ¿A dónde los llevaremos? *z* **51** Tu templo ha sido pisoteado y profanado; tus sacerdotes están de luto y humillados. **52** Mira cómo se han reunido los paganos para exterminarnos. Tú conoces los planes que tienen contra nosotros. **53** ¿Cómo podremos hacerles frente, si tú no nos ayudas?" **54** En seguida tocaron las trompetas y levantaron un gran griterío.

55 Después Judas nombró de entre el pueblo jefes de grupos de mil, de cien, de cincuenta y de diez. *a* **56** Tal como lo ordena la ley, dijo que volvieran a sus hogares los que estuvieran construyendo su casa, los recién casados, los que estuvieran plantando un viñedo y los que tuvieran miedo. *b* **57** Luego, el ejército se puso en marcha, y acamparon al sur de Emaús. **58** Judas les dijo: "¡Prepárense! ¡Sean valientes, y prepárense a luchar mañana temprano contra estos paganos que se han reunido para atacarnos y exterminarnos y destruir nuestro templo! **59** Más vale morir luchando que ver cómo cae la desgracia sobre nuestra nación y nuestro templo. **60** ¡Pero que se haga lo que Dios quiera!" *c*

4

Victoria en Emaús *(2 Mac 8.24-29,34-36)*

1 Gorgias tomó una tropa de cinco mil soldados de infantería y mil de caballería, los más escogidos, y por la noche se pusieron en marcha **2** para caer sobre el campamento judío y atacarlo de improviso. Le sirvieron de guías hombres de la ciudadela de Jerusalén. **3** Sin embargo, Judas tuvo noticia de esto, y él y sus valientes soldados se pusieron en marcha para atacar al ejército del rey, que estaba en Emaús, **4** mientras sus fuerzas se hallaban divididas. **5** Gorgias llegó de noche al campamento de Judas, pero no encontró a nadie. Entonces los buscó por las montañas, pues pensó que habían huido por miedo a ellos.

6 Pero muy de mañana se presentó Judas en la llanura con tres mil hombres, aunque no tenían las armaduras ni las espadas que hubieran querido. **7** Vieron el poderoso ejército de los paganos, con sus buenas corazas, rodeado de la caballería, todos ellos expertos en la guerra. **8** Entonces dijo Judas a sus hombres: "No tengan miedo al ver tanta gente, ni se dejen dominar por el pánico cuando ellos los ataquen. **9** Acuérdense de cómo se salvaron nuestros antepasados en el Mar Rojo, cuando el faraón con su ejército los perseguía. *a* **10** Clamemos ahora a Dios para que nos favorezca, para que se acuerde de la alianza que hizo con nuestros antepasados, y haga pedazos a este ejército que está hoy ante nuestra vista. **11** Así sabrán todas las naciones que hay uno que libra y salva a Israel."

12 Cuando los extranjeros miraron y vieron que los israelitas venían contra ellos, **13** salieron del campamento para comenzar la batalla. Los soldados de Judas tocaron las trompetas **14** y atacaron. Los paganos fueron derrotados y huyeron hacia la llanura. **15** Todos los que iban a la retaguardia cayeron a filo de espada. Los israelitas persiguieron a los otros hasta Guézer y las llanuras de Idumea, *b* de Azoto *c* y de Jabnia. Las bajas de los enemigos llegaron a unos tres mil soldados.

16 Cuando Judas volvió con su ejército, después de haber perseguido a los enemigos, **17** dijo al pueblo: "No se preocupen por el botín, pues todavía hay más batallas por delante: **18** Gorgias con su ejército está en la montaña, cerca de nosotros. Manténganse firmes frente a sus enemigos, y denles batalla. Después podrán apoderarse tranquilamente del botín."

19 No había terminado Judas de decir estas palabras, cuando apareció una patrulla que estaba espiando desde la montaña. **20** Estos soldados se dieron cuenta de que sus compañeros habían tenido que huir y que su campamento había sido incendiado: el humo que salía indicaba claramente lo que había pasado. **21** Al ver esto, se llenaron de pánico; y cuando distinguieron al ejército de Judas en la llanura, listo para la batalla, **22** huyeron todos al país de los filisteos.

23 Judas volvió entonces para recoger el botín del campamento enemigo, y se apoderaron de mucho oro y plata, y de telas teñidas de morado y de púrpura, y de muchas otras riquezas. **24** Al regresar, los israelitas cantaban salmos y daban gracias a Dios, porque él es bueno, porque su amor es eterno. *d* **25** Fue una gran victoria para Israel en aquel día.

26 Los extranjeros que lograron salir con vida fueron a contar a Lisias todo lo que había pasado. **27** Y él, al oírlo, quedó terriblemente contrariado, pues las cosas con Israel no habían salido como él lo hubiera querido ni como el rey se lo había ordenado.

Primera campaña de Lisias *(2 Mac 11.1-12)*

28 El año siguiente, Lisias reunió sesenta mil soldados escogidos de infantería y cinco mil de caballería para luchar con los

---

u 3.45 Sal 74; Is 24.8.
v 3.46 Jue 20.1; 1 S 7.5-6.
w 3.48 *Para buscar... sus ídolos:* traducción probable. Gr. oscuro. Los israelitas buscan su orientación en el libro de la ley. Cf. 2 Mac 8.23.
x 3.49 Neh 10.35-38.
y 3.49 Nm 6.1-21.
z 3.50 Los nazareos no pueden cumplir sus votos, pues el templo ha sido profanado.

a 3.55 Ex 18.21; 2 S 18.1.
b 3.56 Dt 20.5-9; Jue 7.3.
c 3.60 2 S 10.12.

a 4.9 Ex 14.
b 4.15 *Idumea:* forma griega de *Edom.* Véase *Índice de mapas.*
c 4.15 *Azoto:* forma griega de *Asdod.* Véase *Índice de mapas.*
d 4.24 2 Cr 5.13; Sal 106.1; 136.1-26; Jer 33.11; Dn (dc) 3.89-90.

israelitas. ²⁹ Llegaron a Idumea y acamparon en Bet-sur.ᵉ Judas le salió al encuentro con diez mil hombres. ³⁰ Al ver aquel ejército tan poderoso, oró diciendo: "Bendito eres tú, salvador de Israel, que deshiciste el ataque del gigante Goliat por mano de tu siervo David y entregaste el ejército de los filisteos en manos de Jonatán, el hijo de Saúl, y de su ayudante de armas.ᶠ ³¹ De la misma manera, entrega este ejército en manos de tu pueblo Israel, para que ellos, con todo su poder y sus caballos, queden en ridículo. ³² Llénalos de terror, destruye el orgullo que les da su fuerza, y que queden derrotados sin poder levantarse. ³³ Derríbalos con la espada de los que te aman, para que todos los que te conocen te canten himnos de alabanza."

³⁴ Así pues, trabaron batalla, y como cinco mil soldados del ejército de Lisias cayeron en la lucha con los israelitas. ³⁵ Al ver Lisias la derrota de su ejército y la intrepidez de Judas y sus soldados, que estaban dispuestos a vivir o a morir con valentía, se fue a Antioquía a reclutar un número mayor de mercenarios para volver a Judea.ᵍ

Se restablece el culto en el templo (2 Mac 10.1-8)

³⁶ Judas y sus hermanos dijeron entonces: "Ahora que nuestros enemigos han sido derrotados, vayamos a purificar y a consagrar el templo." ³⁷ Todo el ejército se reunió y subió al monte Sión. ³⁸ Allí vieron el templo en ruinas, el altar profanado, las puertas incendiadas; en los atrios crecía la maleza, como en el bosque o en el monte; las habitaciones estaban destruidas.ʰ ³⁹ Entonces se rasgaron la ropa, dieron muestras de intenso dolor, se cubrieron de ceniza ⁴⁰ y se inclinaron hasta tocar el suelo con la frente. Luego, al toque de las trompetas, clamaron a Dios.

⁴¹ En seguida Judas dio a sus soldados la orden de atacar la ciudadela, mientras él purificaba el templo. ⁴² Escogió sacerdotes de conducta intachable, cumplidores de la ley, ⁴³ para que purificaran el templo y llevaran las piedras profanadas a un lugar no sagrado. ⁴⁴ Estuvieron pensando qué hacer con el altar de los holocaustos, que había sido profanado, ⁴⁵ y por fin se les ocurrió la buena idea de destruirlo, para que no fuera una continua acusación contra ellos, puesto que los paganos lo habían profanado. Así pues, demolieron el altar ⁴⁶ y colocaron las piedras en la colina del templo, en lugar apropiado, hasta que viniera un profeta que les indicara lo que debían hacer con ellas. ⁴⁷ Luego tomaron piedras sin tallar, según lo ordena la ley, y construyeron un nuevo altar igual al anterior.ⁱ ⁴⁸ Reconstruyeron el templo, restauraron su interior y purificaron los atrios. ⁴⁹ Hicieron nuevos utensilios sagrados y volvieron a instalar en el santuario el candelabro, el altar del incienso y la mesa para los panes sagrados.ʲ ⁵⁰ Quemaron incienso sobre el altar y encendieron las lámparas del candelabro para que alumbraran el santuario.ᵏ ⁵¹ Pusieron panes sobre la mesa y colgaron las cortinas, y así terminaron todo su trabajo.ˡ

⁵² El día veinticinco del noveno mes (es decir, el mes llamado Quisleu) del año ciento cuarenta y ocho,ᵐ se levantaron muy temprano ⁵³ y ofrecieron, de acuerdo con la ley, un sacrificio sobre el nuevo altar de los holocaustos que habían construido.ⁿ ⁵⁴ En el aniversario del día en que los paganos habían profanado el altar, en ese mismo día, lo consagraron con cantos y música de cítaras, arpas y platillos.ñ ⁵⁵ Todo el pueblo cayó de rodillas y se inclinó hasta el suelo para adorar a Dios y darle gracias por el éxito que les había concedido. ⁵⁶ Durante ocho días celebraron la consagración del altar y ofrecieron con alegría holocaustos y sacrificios de reconciliación y de acción de gracias. ⁵⁷ Adornaron la fachada del santuario con coronas de oro y escudos decorativos,ᵒ repararon las entradas y las habitaciones, y les pusieron puertas. ⁵⁸ Hubo gran alegría en el pueblo, porque se veían libres de la humillación que les habían causado los paganos. ⁵⁹ Judas con sus hermanos y con todo el pueblo de Israel reunido determinaron que la consagración del nuevo altar se debía celebrar cada año con gozo y alegría durante ocho días, a partir del día veinticinco del mes de Quisleu.ᵖ

⁶⁰ Por aquel tiempo construyeron alrededor del monte Sión una alta muralla con torres fortificadas, para que no vinieran los paganos a profanar esos lugares, como lo habían hecho antes. ⁶¹ Judas puso allí una guarnición para defender el monte Sión, y fortificó a Bet-sur para que el país tuviera una defensa hacia el lado de Idumea.

5 Campaña contra los idumeos y los amonitas (2 Mac 10.14-38)

¹ Cuando las naciones vecinas supieron que el altar había sido reconstruido y que el templo había sido edificado de nuevo como era antes, se indignaron mucho ² y decidieron exterminar a los israelitas que vivían entre ellos; comenzaron, pues, a matarlos para exterminarlos.

³ Entonces Judas fue a luchar contra los descendientes de Esaú en Idumea, y atacó a Acrabatene,ᵃ donde tenían rodeados a los israelitas. Allí causó a los idumeos una gran derrota, los sometió y los saqueó. ⁴ También se acordó de la maldad de la gente de Beón,ᵇ pues continuamente ponían trampas y obstáculos a los israelitas y les tendían emboscadas en los caminos. ⁵ Judas los obligó a encerrarse en sus fortalezas, los cercó y los entregó a la destrucción, quemando las fortalezas con todos los que estaban dentro.ᶜ

ᵉ **4.29** Bet-sur: posición estratégica, 28 km. al sur de Jerusalén, en dirección a Hebrón.
ᶠ **4.30** 1 S 14.1-5.
ᵍ **4.35** Según 2 Mac 11.13-14 esta batalla fue seguida de conversaciones entre los beligerantes.
ʰ **4.38** Sal 74.
ⁱ **4.47** Ex 20.25; Dt 27.5-6.
ʲ **4.49** Ex 25.23-39; 30.1-5.
ᵏ **4.50** Dt 30.7-8.
ˡ **4.51** Ex 25.30.
ᵐ **4.52** Esta fecha corresponde a mediados de diciembre del año 164 a.C.
ⁿ **4.53** Lv 1.
ñ **4.52-54** 1 Mac 1.54.
ᵒ **4.57** Motivos ornamentales que habían sido arrancados de la fachada del templo. Cf. 1 Mac 1.22.
ᵖ **4.52-59** Esta es la fiesta de la dedicación (heb. hanuká), que desde entonces se celebra en el judaísmo durante ocho días, en el mes de diciembre. Cf. 2 Mac 10.1-8; véase Jn 10.22 n.
ᵃ **5.3** Acrabatene: región al suroeste del Mar Muerto.
ᵇ **5.4** Beón: tribu árabe.
ᶜ **5.5** Jos 6.17.

⁶ Después pasó al territorio de los amonitas, donde encontró un fuerte ejército, con mucha gente, bajo el mando de Timoteo. ⁷ Los atacó en muchas ocasiones, hasta que los deshizo y derrotó, ⁸ y luego de haber tomado a Jazer con sus aldeas, regresó a Judea. *d*

Campañas en Galaad y Galilea (2 Mac 12.10-31) ⁹ La población pagana de Galaad *e* se alió contra los israelitas que vivían en ese territorio, para exterminarlos. Estos se refugiaron en la fortaleza de Datema, ¹⁰ y enviaron a Judas y a sus hermanos una carta en que decían: "La población pagana que nos rodea se ha aliado para exterminarnos. ¹¹ Ya se están preparando para venir y asaltar la fortaleza en que nos refugiamos. Timoteo está al mando de ese ejército. ¹² Ven a librarnos de ellos, pues entre nosotros ya ha habido muchas víctimas. ¹³ Todos nuestros hermanos que vivían en la región de Tobías han sido asesinados; se han llevado cautivos a sus mujeres y a sus niños, y les han quitado sus bienes. Cerca de mil hombres han muerto ya en esa región."

¹⁴ Todavía estaban leyendo esta carta cuando llegaron de Galilea otros mensajeros, con la ropa desgarrada, que informaron: ¹⁵ "Gente de Tolemaida, *f* de Tiro y de Sidón, y todos los paganos de Galilea, se han aliado para acabar con nosotros."

¹⁶ Cuando Judas y el pueblo oyeron estas noticias, se convocó a una reunión muy numerosa, para decidir qué debían hacer por sus hermanos, que se encontraban en tan difícil situación, atacados por sus enemigos. ¹⁷ Judas le dijo a su hermano Simón: "Escoge los hombres que quieras, y ve a liberar a tus hermanos de Galilea. Mi hermano Jonatán y yo iremos a Galaad." ¹⁸ Al resto del ejército lo dejaron en Judea, para que la defendiera bajo el mando de José, hijo de Zacarías, y de Azarías, hombres de autoridad en el pueblo. ¹⁹ Pero les dieron las siguientes instrucciones: "Háganse cargo del pueblo, pero no entren en guerra con los paganos hasta que nosotros volvamos." ²⁰ A Simón le asignaron tres mil hombres para su campaña en Galilea, y a Judas ocho mil para su campaña en Galaad.

²¹ Simón marchó, pues, a Galilea, y dio muchas batallas contra los paganos, a los que derrotó ²² y persiguió hasta las puertas de Tolemaida. Los paganos sufrieron cerca de tres mil bajas, y Simón se apoderó del botín. ²³ Además, con gran alegría se llevó a Judea a los judíos que vivían en Galilea y en Arbata, *g* con sus mujeres y sus hijos y todos sus bienes.

²⁴ Entre tanto, Judas Macabeo y su hermano Jonatán cruzaron el Jordán y avanzaron durante tres días por el desierto. ²⁵ Allí se encontraron con un grupo de nabateos, *h* que los recibieron pacíficamente y les contaron todo lo que les había sucedido a sus compatriotas judíos en Galaad, ²⁶ y cómo muchos de ellos se habían encerrado en Bosrá, Bosor, Alema, Caspín, Maqued y Carnáin, todas ellas ciudades grandes y fortificadas. *i* ²⁷ Dijeron que también en las otras ciudades de Galaad había israelitas encerrados, y que sus enemigos habían decidido atacar al día siguiente las fortalezas, y conquistarlas y exterminar en un solo día a todos los israelitas.

²⁸ Entonces Judas y su ejército cambiaron repentinamente de dirección, y a través del desierto se dirigieron a Bosrá. *j* Judas tomó la ciudad, y después de pasar a cuchillo a todos sus hombres, saqueó la ciudad y la incendió. ²⁹ Por la noche se pusieron en marcha y se dirigieron a la fortaleza de Datema. *k* ³⁰ Al amanecer vieron que un innumerable ejército estaba ya atacando la fortaleza: llevaban escaleras y máquinas de guerra para conquistarla. ³¹ Judas se dio cuenta de que la batalla había comenzado ya, y que los gritos de guerra y el toque de las trompetas de la ciudad llegaban hasta el cielo. ³² Entonces ordenó a sus soldados: "¡Luchen hoy por nuestros hermanos!"

³³ Los hizo avanzar en tres columnas para atacar al enemigo por la retaguardia. Tocaron las trompetas y levantaron la voz pidiendo ayuda a Dios. ³⁴ El ejército de Timoteo se dio cuenta de que se trataba de Macabeo, y huyeron de él. Judas les causó una gran derrota, pues les hizo como ocho mil bajas en aquel día.

³⁵ Judas se desvió luego hacia Alema, y la atacó y la tomó, matando a toda la población masculina, después de lo cual saqueó e incendió la ciudad. ³⁶ De allí pasó adelante y tomó a Caspín, Maqued y Bosor y demás ciudades de la región de Galaad.

³⁷ Después de esto, Timoteo reunió otro ejército y acampó frente a Rafón, del otro lado de un río. ³⁸ Judas mandó soldados a espiar el campamento, los cuales le informaron de que todos los paganos de la región se habían unido a Timoteo, formando un ejército muy numeroso; ³⁹ que entre ellos había también mercenarios árabes que les ayudaban, y que estaban acampados al otro lado del río, listos para atacarlos. Entonces Judas les salió al encuentro.

⁴⁰ Cuando Judas y su ejército se acercaban al río, Timoteo dijo a los jefes de sus tropas: "Si Judas cruza el río antes que nosotros y nos ataca, no podremos resistirle; seguramente nos vencerá. ⁴¹ Pero si le da miedo y acampa al otro lado del río, lo cruzaremos nosotros, atacaremos a Judas y lo venceremos." ⁴² Cuando Judas se acercó al río, colocó a los oficiales de la administración a lo largo del río con la orden de no dejar acampar allí a nadie, sino de seguir todos al ataque. ⁴³ Así pues, Judas, seguido de toda su gente, pasó antes que sus enemigos y derrotó a todos aquellos paganos, los cuales abandonaron sus armas y se refugiaron en el templo de Carnáin. *l* ⁴⁴ Los israelitas tomaron la ciudad e incendiaron el templo con todos los que

---

d 5.6-8 2 Mac 12.17-23.
e 5.9 *Galaad:* región al oriente del río Jordán, frente a Samaria. Véase *Índice de mapas.*
f 5.15 *Tolemaida:* nombre griego dado a la ciudad de Aco por Tolomeo II. Más tarde se llamó San Juan de Acre. Véase *Tolemaida* en el *Índice temático.*
g 5.23 *Arbata:* probablemente un lugar entre Galilea y Samaria.
h 5.25 *Nabateos:* En otros textos llamados "árabes" (2 Mac 5.8; 12.10), son un pueblo nómada que vivía al oriente del Mar Muerto y llegaba por el norte hasta Damasco. Véase 2 Cor 11.32-33 n.
i 5.26 Estas ciudades se encuentran al norte de Transjordania.
j 5.28-34 2 Mac 10.24-28. Véase *Índice de mapas.*
k 5.29 *De Datema:* según el v. 9. En el texto griego no aparecen estas palabras.
l 5.43 *Carnáin:* Este nombre (que significa "dos cuernos") viene de

había dentro. Así fue conquistada Carnáin, sin que pudiera resistir más a Judas.

⁴⁵ Judas reunió a todos los israelitas que había en Galaad, sin excepción, con sus mujeres y sus niños y con todos sus bienes, para que se fueran a Judá: formaban una multitud enorme. ⁴⁶ Llegaron a Efrón, ciudad grande y muy bien fortificada, que quedaba en el camino. No había paso por ninguno de los lados; el único camino era a través de la ciudad. ⁴⁷ Pero los habitantes de la ciudad no les dejaron pasar, sino que levantaron barricadas de piedra delante de las puertas. ⁴⁸ Judas les mandó mensajeros en son de paz, para decirles: "Queremos pasar por el territorio de ustedes para llegar a nuestra patria. Nadie les hará ningún mal. Solamente queremos pasar." Pero ellos no quisieron abrirle la ciudad. ᵐ

⁴⁹ Entonces Judas mandó avisar a su ejército que cada uno conservara la posición que tenía. ⁵⁰ Los soldados tomaron posiciones de batalla, y atacaron la ciudad todo ese día y toda la noche, hasta que la ciudad cayó en su poder. ⁵¹ Pasaron a filo de espada a todos los hombres que había en la ciudad, y a la ciudad la destruyeron, la saquearon y la atravesaron, pasando por encima de los cadáveres. ⁵² Luego cruzaron el Jordán, y llegaron a la gran llanura que está frente a Bet-seán. ⁵³ Entre tanto, Judas reunía a los rezagados y animaba a la gente durante todo el viaje, hasta que llegaron a Judea. ⁵⁴ Llenos de alegría y júbilo subieron al monte Sión y ofrecieron holocaustos porque habían vuelto sanos y salvos, sin haber sufrido ninguna baja. ⁿ

Fracasos y éxitos (2 Mac 12.32-45) ⁵⁵ Mientras Judas y Jonatán estaban en campaña en Galaad, y Simón, su hermano, estaba en Galilea frente a Tolemaida, ⁵⁶ José, hijo de Zacarías, y Azarías se habían quedado en Judea al mando del ejército. Allí oyeron contar las proezas que los otros israelitas realizaban en la guerra, ⁵⁷ y dijeron: "¡Hagámonos famosos también nosotros! ¡Vayamos a luchar con los paganos que nos rodean!" ⁵⁸ Entonces dieron órdenes a las tropas que tenían bajo su mando, y se pusieron en marcha contra Jabnia. ⁵⁹ Pero Gorgias con sus soldados salió de la ciudad para darles batalla. ⁶⁰ Y José y Azarías fueron derrotados y perseguidos hasta la frontera de Judea. En ese día cayeron muertos unos dos mil israelitas. ⁶¹ Fue una gran derrota para el pueblo de Israel, por no haber hecho caso a Judas y a sus hermanos, dándoselas de muy valientes. ⁶² Pero ellos no eran de la misma familia que aquellos hombres que dieron la libertad a Israel.

⁶³ El valiente Judas y sus hermanos alcanzaron una enorme fama en todo Israel y entre todas las naciones paganas donde se oía hablar de ellos. ⁶⁴ La gente se amontonaba a su alrededor para aclamarlos.

⁶⁵ Judas se fue con sus hermanos a hacer la guerra a los descendientes de Esaú, en la región del sur. Conquistó a Hebrón y sus aldeas, derribó sus fortalezas e incendió las torres que había en sus alrededores. ⁶⁶ Luego se dirigió al país de los filisteos pasando por Maresá. ñ ⁶⁷ Ese día cayeron en batalla algunos sacerdotes que, tratando de destacarse por su valentía, imprudentemente salieron a pelear. ⁶⁸ Judas se desvió hacia Azoto, en el país de los filisteos, y destruyó los altares paganos, quemó las imágenes de sus dioses y saqueó las ciudades, después de lo cual volvió a Judea.

6 *Muerte del tirano Antíoco IV. Le sucede Antíoco V Eupátor (2 Mac 1.11-17; 9; 10.9-11)* ¹ Entre tanto, el rey Antíoco recorría las provincias de la altiplanicie. Allí se enteró de que en Persia había una ciudad llamada Elimaida, ᵃ famosa por su riqueza, por su plata y su oro. ² Tenía un templo muy rico, donde había armaduras ᵇ de oro, corazas y armas que había dejado allí el rey Alejandro de Macedonia, hijo de Filipo, el primer rey de los griegos. ᶜ ³ Antíoco fue a aquella ciudad y trató de tomarla y saquearla, pero no pudo, porque los habitantes se enteraron del plan ⁴ y le resistieron luchando, de modo que tuvo que huir y regresar con mucho pesar a Babilonia.

⁵ Estando todavía en Persia, le llegó la noticia de que las tropas que habían tratado de invadir Judea habían sido derrotadas; ⁶ que a pesar de que Lisias había emprendido su campaña con un ejército muy poderoso, había sido derrotado por los israelitas, quienes se habían reforzado con las armas y el equipo y muchos otros bienes que habían capturado del ejército derrotado; ⁷ que los judíos habían derribado también el altar sacrílego ᵈ que él había mandado construir encima del altar de los holocaustos en Jerusalén, que habían rodeado el templo de altas murallas, lo mismo que antes, y que habían fortificado también la ciudad de Bet-sur. ᵉ ⁸ Cuando el rey oyó estas noticias, se angustió terriblemente, tanto que se enfermó de tristeza y cayó en cama, pues no le habían salido las cosas como él quería. ᶠ ⁹ Así estuvo muchos días, continuamente atacado de una profunda tristeza, y hasta pensó que iba a morir. ¹⁰ Llamó entonces a todos sus amigos, y les dijo: "El sueño ha huido de mis ojos; la inquietud me oprime el corazón. ¹¹ Al principio me preguntaba: ¿Por qué habré llegado a tanta aflicción y me asalta esta terrible agitación, a mí, que en la plenitud de mi poder he sido dichoso y amado de todos? ¹² Pero ahora recuerdo los males que hice en Jerusalén, cuando me llevé todos los utensilios de plata ᵇ de oro que había allá, y mandé exterminar a todos los habitantes de Judea sin ningún motivo. ¹³ Reconozco que por esa causa me han venido estas calamidades. ¡Aquí me tienen, muriendo de terrible tristeza en un país extranjero!" ᵍ

---

la diosa Astarté a la que se representaba con dos cuernos de vaca en el templo de la ciudad. 2 Mac 12.26.
ᵐ 5.48 Nm 20.17.
ⁿ 5.54 2 Mac 12.31 sitúa este episodio en la fiesta de las Semanas (Pentecostés) del año 163 a.C.
ñ 5.66 *Maresá:* ciudad helenística a 20 km. al noroeste de Hebrón.
ᵃ 6.1 *Elimaida,* forma griega de *Elam,* es propiamente el nombre dado a la región montañosa alrededor de Susa, en la parte sudoeste del actual Irán.

ᵇ 6.2 *Armaduras:* traducción probable. Gr. *velos.*
ᶜ 6.2 Las riquezas de los templos atraían la codicia de los reyes con problemas económicos.
ᵈ 6.7 1 Mac 1.54; 4.45.
ᵉ 6.7 Los judíos no tenían derecho de fortificar esta ciudad, posesión de Antíoco.
ᶠ 6.8 En realidad, Antíoco murió antes que terminaran los trabajos de reconstrucción de Jerusalén.

14 Entonces llamó a Filipo,[h] uno de sus amigos, y le dio poder sobre todo el reino. **15** Le dio la corona, el manto real y el anillo, con el encargo de educar a su hijo Antíoco y prepararlo para reinar. **16** Allí murió el rey Antíoco, en el año ciento cuarenta y nueve.[i]

17 Cuando Lisias se enteró de que el rey había muerto, instaló al joven Antíoco, a quien él había educado desde niño, como sucesor de su padre en el trono, y le dio el nombre de Eupátor.[j]

Nuevas luchas en Jerusalén y en Bet-sur *(2 Mac 13.1-22)*

18 Los soldados de la ciudadela de Jerusalén no dejaban que los israelitas salieran de los alrededores del templo. Continuamente procuraban causarles daño, y apoyaban a los paganos. **19** Así que Judas decidió acabar con ellos, y reunió a todo el pueblo para atacarlos poniéndoles cerco. **20** En el año ciento cincuenta se reunieron, pues, y los cercaron, levantando plataformas de tiro y máquinas de guerra.[k] **21** Sin embargo, algunos lograron escapar del cerco, a los cuales se les unieron unos israelitas renegados. **22** Todos estos fueron a ver al rey, y le dijeron: "¿Cuánto tiempo tendremos que esperar hasta que Su Majestad nos haga justicia y nos vengue de nuestros compatriotas? **23** Nosotros servimos con toda buena voluntad al padre de Su Majestad, seguimos sus instrucciones y obedecimos sus órdenes. **24** Y a consecuencia de esto, nuestros compatriotas han cercado la ciudadela y se han vuelto enemigos nuestros. Más aún, han matado a todos los nuestros que han encontrado, y se han apoderado de nuestros bienes. **25** Y no solamente nos han atacado a nosotros, sino también a todos los vecinos de Su Majestad.[l] **26** En este mismo momento están atacando la ciudadela de Jerusalén, con la intención de apoderarse de ella. Además, han fortificado el templo, y a Bet-sur. **27** Si Su Majestad no se adelanta a detenerlos pronto, harán cosas peores, y Su Majestad no podrá dominarlos."

28 Al oír esto, el rey se puso furioso y llamó a todos sus amigos, y a los comandantes de su ejército y a los jefes de la caballería. **29** También llegaron a unírsele ejércitos de mercenarios de otras naciones y de los países marítimos. **30** Los ejércitos del rey se componían de cien mil soldados de infantería y veinte mil de caballería, con treinta y dos elefantes adiestrados para la guerra. **31** Pasaron por Idumea y acamparon frente a Bet-sur, y durante muchos días la atacaron con ayuda de máquinas de guerra; pero los israelitas salieron de la fortaleza, y quemaron las máquinas y lucharon valientemente.

32 Judas, entonces, se retiró de la ciudadela y acampó junto a Bet-zacarías, frente al campamento del rey.[m] **33** Al día siguiente, muy temprano, el rey levantó el campamento e hizo que su ejército se dirigiera rápidamente hacia Betzacarías. El ejército se preparó para la batalla y se tocaron las trompetas. **34** A los elefantes les mostraron jugo de uvas y de moras para excitarlos al combate. **35** Distribuyeron los animales entre los batallones; alrededor de cada elefante dispusieron mil hombres protegidos con corazas y con cascos de bronce en la cabeza, además de quinientos soldados de caballería escogidos. **36** Los soldados habían sido colocados con anticipación en el lugar donde debía estar el elefante, y se movían al mismo tiempo que el animal, sin apartarse de él ni un momento. **37** Encima de cada elefante había una torre fortificada, hecha de madera, cubierta con un techo, sujeta a sus espaldas con un arnés especial, y en cada torre había tres[n] soldados, además del conductor indio.[ñ] **38** El resto de la caballería fue colocado a los lados del ejército para hostilizar al enemigo, protegiéndose al mismo tiempo con los batallones. **39** Cuando el sol brillaba sobre los escudos de oro y de bronce, se iluminaban las montañas con su reflejo y resplandecían como antorchas encendidas.

40 Una parte del ejército del rey se desplegó sobre las cumbres de los montes, y otra se quedó en la parte baja. Avanzaron con confianza y en orden. **41** Todos los que oían el ruido que hacía este gentío al caminar y al hacer resonar las armas, temblaban de miedo. Era, en efecto, un ejército inmenso y poderoso.

42 Judas y su ejército también avanzaron para dar la batalla, y cerca de seiscientos hombres del ejército del rey cayeron muertos. **43** Eleazar Avarán divisó un elefante protegido con armadura real, que sobresalía por encima de todos los demás, y pensó que el rey se encontraba en él. **44** Entonces dio su vida para salvar a su pueblo, y conquistó fama inmortal. **45** Corrió atrevidamente hacia él por en medio del batallón enemigo, matando gente a derecha e izquierda y haciendo que a uno y otro lado le abrieran paso. **46** Llegó hasta colocarse debajo del elefante, y lo atacó y lo mató. Pero el elefante, al desplomarse, cayó sobre Eleazar, y este murió allí mismo. **47** Sin embargo, al ver los israelitas el poderío militar del rey y el ímpetu con que atacaban sus soldados, tuvieron que retirarse.

48 Parte del ejército del rey avanzó sobre Jerusalén para atacar a los israelitas, y el rey puso cerco a Judea y al monte Sión. **49** Hizo las paces con los de Bet-sur, los cuales salieron de la ciudad, pues no tenían provisiones para resistir el cerco. Era un año sabático, en que la tierra debía descansar.[o] **50** Así el rey ocupó Bet-sur y puso allí una guarnición. **51** Luego atacó el templo durante muchos días, levantando plataformas de tiro, máquinas de guerra, lanzallamas, catapultas, lanzadardos y hondas.[p] **52** Pero los israelitas también

---

[g] **6.13** *País extranjero:* Para el autor lo que sucede más allá de Siria sucede en tierra extranjera.

[h] **6.14** Este *Filipo* es distinto del mencionado en 2 Mac 5.22; 8.8.

[i] **6.16** Corresponde al año 164 a.C.

[j] **6.17** Se trata de Antíoco V. El nombre *Eupátor* significa "hijo de un padre noble". Se trata de un homenaje de Lisias a Antíoco IV. Véase *Tabla cronológica I*, sección *VI. Época helenística*.

[k] **6.20** Corresponde al año 163-162 a.C.

[l] **6.25** Los macabeos extendieron su dominación más allá de los límites de Judea.

[m] **6.32** *Bet-zacarías* se encontraba a unos 20 km. al sudoeste de Jerusalén.

[n] **6.37** *Tres:* texto probable. Gr. *treinta*. Otros entienden esta palabra en el sentido de *guerreros*.

[ñ] **6.37** *Conductor indio:* es decir, nativo de la India, experto en conducir elefantes.

[o] **6.49** Ex 23.11; Lv 25.1-7. El año sabático fue desde el otoño del 164 hasta el otoño del 163 a.C.

[p] **6.51** Descripción muy completa de la artillería seléucida.

levantaron máquinas para responder a las de sus enemigos, y así estuvieron luchando mucho tiempo. **53** Sin embargo, por ser aquel un año sabático, no tenían suficientes provisiones en sus almacenes, y los israelitas que habían venido a Judea de los países paganos habían consumido las provisiones que quedaban. **54** Como el hambre era ya demasiado fuerte, solo quedaron en el templo unos cuantos hombres; los demás se fueron cada uno a su casa.

El rey concede la libertad religiosa a los judíos (2 Mac 13.23-26; 11.22-26) **55-56** El rey Antíoco, antes de morir, había confiado a su hijo Antíoco a Filipo, a fin de que lo educara y lo preparara para ser rey. Pero Filipo, una vez que regresó de Persia y Media con el ejército que el rey había llevado en su campaña, trató de apoderarse del gobierno. Cuando Lisias se enteró de ello, [q] **57** a toda prisa dio órdenes al ejército de ponerse en marcha. Dijo al rey, a los comandantes del ejército y a los soldados: "Cada día nos debilitamos más; nos quedan muy pocas provisiones; el lugar que estamos sitiando está bien fortificado, y además los asuntos del imperio exigen nuestra atención. **58** Hagamos un trato con esta gente, hagamos las paces con ellos y con toda la nación. **59** Démosles libertad para que sigan sus leyes y costumbres como antes, pues por haberles prohibido nosotros que siguieran sus leyes y costumbres, ellos se han irritado y causado todo esto." [r] **60** Al rey le pareció bien esta propuesta, lo mismo que a los jefes militares; así que envió a los israelitas propuestas de paz, y ellos las aceptaron. **61** El rey y los jefes garantizaron con su juramento el convenio. Bajo esas condiciones, los israelitas salieron de su fortaleza. **62** Pero cuando el rey llegó al monte Sión y vio lo bien fortificado que estaba el lugar, se retractó de su juramento y mandó demoler la muralla que había alrededor. **63** Luego se fue a toda prisa hacia Antioquía, y encontró a Filipo en posesión de la ciudad; lo atacó, y por la fuerza se apoderó de la ciudad. [s]

7 *Expedición de Báquides y de Alcimo en tiempos del rey Demetrio I (2 Mac 14.1-4)* **1** En el año ciento cincuenta y uno, [a] Demetrio, hijo de Seleuco, partió de Roma con un puñado de hombres y se dirigió a cierta ciudad de la costa, [b] donde se proclamó rey. **2** Y sucedió que cuando iba a entrar en el palacio real de sus antepasados, el ejército puso presos a Antíoco y a Lisias, para entregárselos. **3** Al enterarse Demetrio de lo sucedido, dijo: "¡No quiero ni verlos!" **4** Entonces los soldados los mataron, y Demetrio tomó posesión de su trono real.

5 Todos los israelitas renegados e impíos fueron a verlo, con Alcimo a la cabeza, el cual quería ser sumo sacerdote, **6** y acusaron a su propio pueblo diciendo al rey: "Judas y sus hermanos han acabado con todos los amigos de Su Majestad, y a nosotros nos han expulsado de nuestra patria. **7** Envíe Su Majestad un hombre de su confianza para que vaya y vea todos los estragos que nos han hecho a nosotros y al país de Su Majestad, y los castigue a ellos y a todos los que los apoyan." [c] **8** El rey escogió a Báquides, del grupo de los amigos del rey, gobernador del territorio al occidente del río Éufrates, personaje importante en el imperio y leal al rey, **9** y lo envió en compañía del renegado Alcimo, a quien había dado el cargo de sumo sacerdote, con la misión de vengarse de los israelitas. [d]

10 Ellos se pusieron en camino con un gran ejército, y llegaron a Judea. Báquides envió mensajeros a Judas y a sus hermanos, con falsas propuestas de paz. **11** Pero ellos no hicieron caso de estas propuestas, pues vieron que habían venido con un ejército muy numeroso. **12** Sin embargo, una comisión de expertos en la ley fueron a ver a Alcimo y a Báquides, para buscar una solución justa. **13** Los primeros en hacer propuestas de paz fueron los hasideos. [e] **14** Decían: "Un sacerdote descendiente de Aarón ha venido con el ejército. Imposible que nos haga ningún mal." **15** Alcimo mismo les habló en son de paz, e incluso les juró: "No trataremos de hacerles ningún mal ni a ustedes ni a sus amigos." [f] **16** Ellos le creyeron. Pero él, entonces, puso presos a sesenta israelitas y los mandó matar en un solo día, como dice la Escritura: **17** "Han dispersado los cadáveres de los que te fueron fieles, y han derramado su sangre por toda Jerusalén, ¡y no hay quien los entierre!" [g] **18** Todo el pueblo se llenó de miedo y de terror, pues decían: "¡En esa gente no hay sinceridad ni honradez! ¡Faltaron al convenio y al juramento que habían hecho!" **19** Báquides se fue de Jerusalén y acampó en Bet-zet, [h] desde donde mandó poner presos a muchos de los que se habían pasado a su lado, y a otros israelitas, los mandó matar y echar en un pozo muy hondo. **20** A Alcimo le puso al frente del distrito y le dejó tropas para que lo apoyaran. Luego regresó a donde estaba el rey.

21 Alcimo se dedicó a luchar por el cargo de sumo sacerdote. [i] **22** Todos los que perturbaban al pueblo se reunieron alrededor de él, y lograron el dominio de Judea, causando graves males en Israel. **23** Al ver Judas todos los males que Alcimo y sus seguidores habían traído a Israel, peores que los que habían causado los paganos, **24** se dedicó a recorrer todo el territorio de Judea y a tomar venganza de los que se habían pasado al otro bando, impidiéndoles circular por el territorio.

---

[q] 6.55 1 Mac 6.14-15.
[r] 6.59 Este cambio de actitud se debe a la muerte de Antíoco IV, propulsor de la helenización por la fuerza.
[s] 6.63 Al regresar de Siria con todas sus tropas, Lisias derrotó a Filipo.
[a] 7.1 Corresponde al año 161 a.C.
[b] 7.1 *Cierta ciudad de la costa:* Según 2 Mac 14.1, se trata de Trípoli, en el actual Líbano. Este Demetrio, reconocido por Roma como rey al año siguiente, es el llamado Demetrio I Soter (véase *Tabla cronológica I,* sección *VI. Época helenística*).
[c] 7.7 Según 2 Mac 14.3-4, el sacerdote Alcimo visitó a Demetrio antes de esta entrevista.
[d] 7.9 Alcimo, aunque es reconocido como sacerdote, descendiente de Aarón (v. 14), es calificado de renegado por haberse adherido a los usos y costumbres griegas (cf. 2 Mac 14.3). Alcimo es una forma helenizada de Jaquim.
[e] 7.13 Los *hasideos* (véase 2.42 n.), partidarios originalmente de Judas, piensan que las garantías del rey respecto de la libertad religiosa son ahora suficientes.
[f] 7.15 *Alcimo:* lit. *él*. Otra posible traducción: *Báquides*.
[g] 7.17 Sal 79.2-3.
[h] 7.19 *Bet-zet,* unos 18 kms. al sur de Jerusalén.
[i] 7.21-25 Alcimo quedó como sumo sacerdote, gobernador de la provincia y jefe de un destacamento militar. Se desata de nuevo la guerra civil.

Expedición de Nicanor *(2 Mac 14.5-36)* ²⁵ Cuando Alcimo se dio cuenta de que Judas y sus partidarios se habían hecho muy fuertes, y de que no podría oponerles resistencia, se volvió a donde estaba el rey e hizo contra ellos acusaciones muy graves. ²⁶ El rey envió a Nicanor, uno de sus más famosos generales y enemigo declarado de Israel, con la orden de exterminarlos. ²⁷ Nicanor llegó a Jerusalén con un numeroso ejército, y envió a Judas y sus hermanos un falso mensaje de paz, en el que les decía: ²⁸ "¡Que no haya guerra entre ustedes y nosotros! Yo iré con unos cuantos hombres para que nos entrevistemos pacíficamente." ²⁹ Y fue a encontrarse con Judas, y se saludaron amistosamente. Pero los enemigos estaban listos para secuestrar a Judas. ³⁰ Judas se enteró entonces de que la visita de Nicanor era una trampa, y alarmado se retiró y no quiso volver a entrevistarse con él. ³¹ Al ver Nicanor que sus planes habían sido descubiertos, se puso en marcha para atacar a Judas en Cafarsalama,*ʲ* ³² pero unos quinientos hombres del ejército de Nicanor cayeron muertos, y el resto escapó a la Ciudad de David. *ᵏ*

³³ Después de esto, Nicanor se fue al monte Sión. Algunos sacerdotes y ancianos del pueblo salieron del templo, fueron a saludarlo amistosamente y le mostraron el holocausto que se ofrecía por el rey. ³⁴ Pero él se rió y se burló de ellos, les escupió para que quedaran impuros y les habló altaneramente. ³⁵ Lleno de furia, juró: "Si Judas y su ejército no se me entregan inmediatamente, una vez terminada la guerra volveré e incendiaré este templo." Y se fue furioso. ³⁶ Los sacerdotes entraron en el templo y se colocaron frente al altar de los holocaustos y del santuario, y exclamaron llorando: ³⁷ "Tú escogiste este templo para que llevara tu nombre y para que fuera un lugar de oración para tu pueblo. *ˡ* ³⁸ Castiga a ese hombre y a su ejército como se lo merecen; ¡que caigan a filo de espada! ¡Acuérdate de las injurias que te han hecho, y no les des tregua!"

Derrota y muerte de Nicanor *(2 Mac 15.1-36)* ³⁹ Nicanor salió de Jerusalén y acampó en Bet-horón, donde se le juntó un ejército de Siria. ⁴⁰ Judas, por su parte, acampó en Hadasá con tres mil hombres. Entonces hizo esta oración: ⁴¹ "Cuando en otra ocasión los enviados del rey de Asiria te injuriaron, vino tu ángel y mató a ciento ochenta y cinco mil de ellos. *ᵐ* ⁴² De igual manera, desbarata hoy ante nuestros ojos este ejército, para que todos los demás sepan que su jefe insultó a tu templo, y castígalo como merece por su maldad."

⁴³ Los dos ejércitos se trabaron en batalla el día trece del mes de Adar. *ⁿ* El ejército de Nicanor fue derrotado, y él mismo fue el primero que cayó en batalla. ⁴⁴ Cuando su ejército vio que Nicanor había muerto, tiraron las armas y salieron huyendo. ⁴⁵ Los israelitas, tocando trompetas detrás de ellos, fueron persiguiéndolos todo un día de camino, desde Hadasá hasta Guézer. ⁴⁶ De todas las aldeas de aquella región de Judea salía la gente y cercaba a los que huían, haciéndolos volverse unos contra otros. Todos cayeron muertos a filo de espada, sin que ni uno solo quedara vivo. ⁴⁷ Los israelitas se apoderaron de todo el botín que dejaron. A Nicanor le cortaron la cabeza y la mano derecha, la mano que había alzado con tanta insolencia, y las llevaron para exponerlas en Jerusalén. *ñ* ⁴⁸ El pueblo se alegró mucho, y celebraron aquel día como si fuera una gran fiesta. ⁴⁹ Decidieron entonces que esa fiesta debía celebrarse todos los años, en el día trece del mes de Adar. *ᵒ* ⁵⁰ Y por algún tiempo la tierra de Judea gozó de tranquilidad. *ᵖ*

8

Los romanos *ᵃ* ¹ A Judas le llegó la fama de los romanos: que eran muy poderosos, que trataban bien a sus aliados y que brindaban su amistad a los que acudían a ellos. ² Especialmente se hablaba de su poderío. Oyó hablar de las guerras que habían hecho y del valor que habían mostrado en la conquista de las Galias: de cómo las habían sometido, obligándolas a pagarles tributo; ³ de lo que habían hecho en España, para apoderarse de las minas de plata y oro que allí hay; ⁴ de cómo se habían apoderado de toda aquella región gracias a su estrategia y a su resistencia, a pesar de la distancia tan grande entre ella y su país; de cómo habían derrotado y aplastado a todos los reyes de los últimos rincones de la tierra que los habían atacado, mientras que los otros tenían que pagarles tributos anualmente. ⁵ También habían derrotado en la guerra y sometido a Filipo y a Perseo, reyes de Macedonia, *ᵇ* y a los otros que los habían atacado.

⁶ Supo también que Antíoco el Grande, rey de Asia, les había declarado la guerra y se había lanzado a la batalla con ciento veinte elefantes, y con caballería y carros y un ejército muy numeroso, y que había sido derrotado por ellos, *ᶜ* ⁷ que lo habían capturado vivo, obligando a él y a sus sucesores a pagarles un tributo muy alto, *ᵈ* a entregar un cierto número de rehenes, y a cederles ⁸ las provincias de la India, Media y Lidia, que eran de las mejores provincias, las cuales le habían quitado, dándoselas el rey Eumenes.

ʲ **7.31** *Cafarsalama:* población a unos 10 km. al noroeste de Jerusalén.
ᵏ **7.32** *La Ciudad de David* (véase 1.33 n.) estaba entonces en manos de los paganos.
ˡ **7.37** Dt 12.11; 1 R 8.13,30; Is 56.7.
ᵐ **7.41** Se trata del ataque de Senaquerib, rey de Asiria. 2 R 19.35; Is 37.36; 2 Mac 8.19.
ⁿ **7.43** Alrededor del 28 de marzo del 160 a.C.
ñ **7.47** 2 Mac 14.33; 15.32-35.
ᵒ **7.49** *Día trece del mes de Adar:* Corresponde al 27 de marzo. 9.1; 2 Mac 15.36.
ᵖ **7.50** Con estos acontecimientos terminan los relatos de *2 Macabeos.*
ᵃ **8.1-16** La fama de Roma, que ya para el s. II a.C. había alcanzado gran poder, se extendió por el Oriente. Las naciones pequeñas veían en ella un aliado contra los poderes opresores. Cuando el imperio romano se convierta a su vez en potencia opresora (s. I d.C. en adelante) la actitud de los judíos respecto de ellos será muy diferente.
ᵇ **8.5** *De Macedonia:* lit. *quiteos* o *de Quitim.* Véase 1.1 nota *b.* Se trata aquí de Filipo V de Macedonia, derrotado en el 197 a.C. Su hijo Perseo fue derrotado en el 168 a.C.
ᶜ **8.6** Otros historiadores hablan de 54 elefantes. Es la batalla de Magnesia, donde Antíoco III fue derrotado por los romanos (en el 189 a.C.)
ᵈ **8.7** Ese *tributo* pesó fuertemente en las finanzas de los selévcidas. Seleuco IV y Antíoco IV tuvieron que cargar con dicho pago. Entre los rehenes estaba Antíoco IV Epífanes.

9 Oyó también decir que cuando los griegos decidieron hacer una campaña para exterminar a los romanos, **10** estos se enteraron del plan y les enviaron un solo general para que les hiciera la guerra; los griegos tuvieron muchas bajas, y los romanos se llevaron cautivos a las mujeres griegas y a sus hijos, saquearon el país y se adueñaron de él, destruyeron sus fortalezas y sometieron a los habitantes a la esclavitud hasta el día de hoy.[e] **11** Supo además que a los otros países e islas, y a todos los que se les habían opuesto, los habían derrotado y obligado a servirles, pero que, en cambio, con sus amigos y con los que buscaban su protección mantenían una fiel amistad. **12** Así han dominado a muchos reyes de cerca y de lejos, y todos los que oyen hablar de ellos les tienen miedo. **13** Los que para ser reyes reciben el apoyo de los romanos, llegan a serlo; pero cuando estos quieren, los quitan del trono. Así han adquirido un poder muy grande. **14** Y sin embargo, ninguno de ellos se ha hecho coronar ni ha vestido el manto de púrpura ambicionando la gloria. **15** Han establecido un senado, donde diariamente se reúnen sus trescientos veinte miembros para examinar los asuntos del pueblo y decidir lo que más conviene para mantener el buen orden. **16** Cada año confían a un solo hombre el gobierno y el dominio sobre todo el imperio, y todos le obedecen, sin que haya envidia ni celos entre ellos.[f]

Pacto con los romanos **17** Judas, entonces, escogió a Eupólemo,[g] hijo de Juan de Acós, y a Jasón, hijo de Eleazar, y los envió a Roma para hacer un convenio de amistad y pacto, **18** y así verse libres del yugo de la tiranía, pues veían que el imperio griego estaba sometiendo a Israel a la esclavitud. **19** Ellos emprendieron el viaje a Roma —un viaje muy largo—[h] y, entrando en el senado, dijeron: **20** "Judas Macabeo y sus hermanos, junto con todo el pueblo judío, nos han enviado para que hagamos un convenio de pacto y de paz con ustedes. Queremos que nos cuenten entre sus aliados y amigos." **21** Los romanos aceptaron la propuesta. **22** A continuación se copia la carta que escribieron en láminas de bronce y que enviaron a Jerusalén para que allí se conservara un documento del convenio de paz y pacto:

23 "¡Prosperidad a los romanos y a la nación de los judíos para siempre, en el mar y en la tierra! ¡Que la guerra y los enemigos se mantengan lejos de unos y de otros! **24** Si llega a suceder que Roma, en primer lugar, o cualquiera de sus aliados, se ven mezclados en alguna guerra, en cualquier lugar del imperio, **25** la nación de los judíos se pondrá de parte de ellos como aliado sincero, según lo exijan las circunstancias. **26** Los judíos no darán provisiones, ni armas, ni dinero ni naves a los enemigos de Roma. Tal es la voluntad de Roma. Los judíos cumplirán sus compromisos sin exigir recompensa.

27 "De igual manera, si en primer lugar la nación de los judíos se encuentra en guerra, los romanos sinceramente les ayudarán como aliados, según lo exijan las circunstancias. **28** No les darán a los enemigos provisiones, ni armas, ni dinero ni naves. Tal es la voluntad de Roma. Los romanos cumplirán estos compromisos sin engaño.

29 "Estos son los términos del convenio que los romanos han hecho con el pueblo judío. **30** Si después las dos partes deciden añadir o quitar algo a este convenio, podrán hacerlo según les parezca, y lo que añadan o quiten tendrá validez."

31 Además, los romanos dijeron que habían escrito al rey Demetrio acerca de los males que él había causado a los judíos: "¿Por qué oprimes tan duramente a nuestros amigos los judíos? **32** Si ellos vuelven a quejarse de ti, nosotros nos vengaremos y te haremos la guerra por tierra y por mar."

9

Muerte de Judas Macabeo[a] **1** Cuando Demetrio se enteró de que Nicanor y su ejército habían muerto en batalla, envió una vez más a Báquides y a Alcimo a Judea, con el ala derecha de su ejército. **2** Iniciando su avance por el camino de Galilea,[b] atacaron a Mesalot, en el territorio de Arbela, se apoderaron de esa ciudad, y mataron a muchos de sus habitantes.

3 En el mes primero del año ciento cincuenta y dos[c] acamparon junto a Jerusalén. **4** De allí siguieron hasta Beerot, con veinte mil soldados de infantería y dos mil de caballería. **5** Judas había acampado en Elasá con tres mil guerreros escogidos. **6** Cuando sus hombres vieron que sus enemigos eran mucho más numerosos, se llenaron de miedo, y muchos se escaparon del campamento, así que no quedaron en él más que ochocientos hombres. **7** Al ver Judas que sus tropas habían desertado y que la batalla no podía evitarse, sintió un gran desánimo, pues ya no tenía tiempo de volver a reunir a su gente. **8** Desalentado, les dijo a los que se habían quedado:

—¡Adelante! ¡Ataquemos a nuestros enemigos, a ver si podemos darles batalla!

9 Pero ellos le respondieron:

—¡No podremos! Lo más que podemos hacer ahora es escapar con vida. Después volveremos con nuestros hermanos y lucharemos contra los enemigos. ¡Ahora somos demasiado pocos!

10 Judas replicó:

—¡Ni pensar que yo vaya a huir de los enemigos! Si ha llegado nuestra hora, muramos valientemente por nuestros hermanos y no dejemos que se manche nuestra gloria.

11 El ejército enemigo salió de su campamento y tomó

---

[e] 8.9-10 El autor anticipa algunos acontecimientos. La conquista total de Grecia solo tuvo lugar en 146 a.C.

[f] 8.16 El autor contrapone el absolutismo de los monarcas orientales al sistema de gobierno de los romanos en la época republicana. En realidad, en Roma el poder estaba en manos de dos cónsules. Quizá el autor se refiere al cónsul que tenía a su cargo los asuntos del Oriente.

[g] 8.17 *Eupólemo:* Se trata probablemente del historiador judío, citado por autores posteriores. 2 Mac 4.11.

[h] 8.19 El viaje no sólo era largo, sino peligroso, pues tenían que eludir la policía siria; quizá el viaje se hizo en parte por mar.

[a] 9.1-22 Aquí continúa el relato suspendido en 7.30.

[b] 9.2 *Galilea:* texto probable. Gr. *Galgala.*

[c] 9.3 Corresponde a abril-mayo del año 160 a.C.

posiciones frente a los judíos. La caballería se dividió en dos escuadrones. Los honderos y los arqueros iban delante del resto del ejército. En las primeras filas estaban los soldados más valientes. ¹² Báquides estaba en el ala derecha. El grueso del ejército, dividido en dos partes, avanzó al toque de las trompetas. ¹³ El estruendo de los ejércitos hacía retemblar la tierra. El combate duró desde la mañana hasta el atardecer.

¹⁴ Al ver Judas que Báquides y la parte más fuerte de su ejército estaban a la derecha, él y los hombres más valientes que se le habían unido ¹⁵ deshicieron el ala derecha del ejército enemigo y los persiguieron hasta las montañas de Hasor.*d* ¹⁶ Cuando los soldados del ala izquierda vieron que el ala derecha había sido derrotada, se volvieron tras Judas y sus hombres, y les cayeron por la retaguardia. ¹⁷ La batalla fue encarnizada y hubo muchas bajas por ambos lados. ¹⁸ Judas también cayó, y los demás huyeron.

¹⁹ Jonatán y Simón recogieron a su hermano Judas y lo enterraron en la tumba de sus antepasados, en Modín. ²⁰ Todo Israel lloró por él con grandes muestras de dolor y de luto durante muchos días. Decían: ²¹ "¡Cómo ha caído el héroe, el que salvó a Israel!" *e* ²² El resto de la historia de Judas, sus batallas, sus proezas y sus grandes hechos, son tan numerosos que no han sido escritos. *f*

4. Jonatán (9.23—12.53) *g*

Jonatán, nuevo jefe ²³ Después de la muerte de Judas, los judíos renegados levantaron cabeza en todo el territorio de Israel, y volvieron a aparecer todos los malhechores. ²⁴ Por aquel tiempo hubo un hambre terrible, y todos en el país se pasaron al lado de ellos. ²⁵ Báquides escogió precisamente a hombres impíos para ponerlos al frente del país. ²⁶ Estos se pusieron a buscar y descubrir por todas partes a los amigos de Judas, y se los llevaban a Báquides, quien se vengaba de ellos y los insultaba. ²⁷ Fue un tiempo de grandes sufrimientos para Israel, como no se había visto desde que desaparecieron los profetas. *h*

²⁸ Entonces todos los amigos de Judas se reunieron y dijeron a Jonatán: ²⁹ "Desde que murió tu hermano Judas no ha habido un hombre como él, que haga frente a los enemigos, ni a Báquides y demás gente que odia a nuestra nación. ³⁰ Por eso hoy te elegimos a ti, para que en su lugar seas nuestro jefe y nos guíes en nuestras batallas." ³¹ Y desde ese momento Jonatán tomó el mando en lugar de su hermano Judas.

³² Báquides tuvo noticia de esto, y trató de matarlo; ³³ pero Jonatán, su hermano Simón y sus seguidores lo supieron, y huyeron al desierto de Tecoa, donde acamparon junto al estanque de Asfar. *i* ³⁴ Báquides se enteró de esto un sábado, y con todo su ejército pasó al otro lado del Jordán.

³⁵ Jonatán envió a su hermano Juan, quien estaba al frente de la gente que acompañaba al ejército, a rogar a los nabateos, amigos suyos, que le permitieran dejar con ellos su abundante bagaje. ³⁶ Pero unos hombres de la tribu de Jambrí salieron de Medebá, *j* secuestraron a Juan con todo el bagaje y se escaparon llevándoselo todo.

³⁷ Algún tiempo después, Jonatán y su hermano Simón tuvieron noticia de que los de la tribu de Jambrí estaban celebrando unas bodas muy importantes, y que con un gran cortejo llevaban a la novia desde Nadabot. La novia era hija de uno de los hombres más importantes de Canaán. ³⁸ Entonces se acordaron de cómo ellos habían asesinado a su hermano Juan, y subieron y se escondieron al abrigo de la montaña. ³⁹ De pronto vieron aparecer, en dirección hacia ellos y en medio de un gentío que llevaba un abundante bagaje, al novio con sus amigos y sus hermanos. Iban tocando panderetas y otros instrumentos musicales, y estaban bien armados. ⁴⁰ Los judíos salieron de su escondite, cayeron sobre ellos, mataron a muchos, hirieron a otros y se apoderaron de todo lo que llevaban, mientras que los sobrevivientes huían a la montaña. ⁴¹ Así las bodas se convirtieron en llanto y la música en lamentaciones. ⁴² De esta manera vengaron la muerte de su hermano y regresaron a las orillas pantanosas del Jordán.

⁴³ Báquides se enteró de esto, y un sábado fue a las orillas del Jordán con un numeroso ejército. ⁴⁴ Entonces Jonatán dijo a su gente: "¡Adelante! ¡Luchemos y defendamos nuestras vidas! Nunca antes habíamos estado en situación tan grave como ahora. ⁴⁵ Los enemigos nos atacan por delante y por detrás, y a uno y otro lado está el río Jordán, pantanos y matorrales. ¡No hay por dónde escapar! ⁴⁶ Clamen a Dios, para que nos salve de nuestros enemigos."

⁴⁷ Y trabaron batalla. Jonatán ya tenía la mano extendida para descargar un golpe contra Báquides, pero este se escapó retrocediendo. ⁴⁸ Entonces Jonatán y sus seguidores saltaron al Jordán y cruzaron el río a nado. Los enemigos no lo cruzaron para perseguirlos. ⁴⁹ En ese día cayeron como mil hombres del ejército de Báquides.

⁵⁰ Báquides regresó a Jerusalén y se puso a fortificar diversas ciudades de Judea: hizo las fortalezas de Jericó, Emaús, Bet-horón, Betel, Timná, Piratón y Tapúah, con murallas altas, y puertas y barras. ⁵¹ En ellas puso guarniciones para hostilizar a los israelitas. ⁵² También fortificó Bet-sur, Guézer y la ciudadela de Jerusalén, y puso en ella guarniciones y provisiones de víveres. ⁵³ Tomó como rehenes a los hijos de los jefes del país, y los encerró en la ciudadela de Jerusalén.

⁵⁴ En el segundo mes del año ciento cincuenta y tres, Alcimo ordenó demoler el muro del atrio interior del templo, destruyendo así el trabajo de los profetas. *k* Pero cuando ya había empezado la demolición, *l* ⁵⁵ Alcimo sufrió un ataque que le impidió terminar sus obras. Se le paralizó la boca, de modo que no podía hablar ni hacer su testamento.

---

d **9.15** *Hasor:* texto probable (véase 2 S 13.23). Gr. *Azoto*. Otra posible traducción: *hasta las faldas de la montaña*.

e **9.21** 2 S 1.19,27.

f **9.22** 1 R 11.41.

g **9.23** La sección 9.23—12.53 está dedicada a las acciones militares de Jonatán.

h **9.27** Se pensaba tradicionalmente que Malaquías había sido el último profeta.

i **9.33** *Tecoa* estaba situada 18 km. al sur de Jerusalén.

j **9.36** *Medebá:* al nordeste del Mar Muerto; véase *Índice de mapas*.

k **9.54** No es claro a cuál de los muros se refiere. Probablemente hace alusión a los profetas Hageo y Zacarías, inspiradores de la reconstrucción del templo.

l **9.54** Corresponde a mayo del año 159 a.C.

⁵⁶ Así murió en medio de grandes tormentos. ⁵⁷ Al saber Báquides que Alcimo había muerto, regresó a la corte real, y Judea gozó de tranquilidad durante dos años.

⁵⁸ Todos los judíos renegados se reunieron para ver qué podrían hacer, y dijeron: "Jonatán y sus seguidores viven tranquilos y confiados. Traigamos a Báquides para que los arreste a todos en una sola noche." ⁵⁹ Entonces fueron a consultar con Báquides, ⁶⁰ y él se puso en camino con un numeroso ejército. A todos los aliados que tenía en Judea les envió cartas secretas, en las que les pedía que arrestaran a Jonatán y a sus seguidores; pero estos se enteraron del plan, así que no pudo realizarse. ⁶¹ Los seguidores de Jonatán pusieron entonces presos a unos cincuenta hombres del país, cabecillas de la conspiración, y los mataron. ⁶² Jonatán, Simón y sus seguidores se retiraron a Betbasí, en el desierto, ciudad que estaba en ruinas, la cual ellos reconstruyeron y fortificaron.

⁶³ Cuando Báquides tuvo conocimiento de esto, reunió a todo su ejército y mandó aviso a sus amigos de Judea. ⁶⁴ Se puso en marcha, tomó posiciones frente a Betbasí, y durante muchos días la atacó con la ayuda de las máquinas de guerra que había construido. ⁶⁵ Jonatán dejó a su hermano Simón en la ciudad, y salió por la región con un puñado de hombres. ⁶⁶ Atacó las tribus de Odomerá y Fasirón ᵐ en sus campamentos. Después de estos primeros golpes, regresaron con más soldados. ⁿ ⁶⁷ Simón y su gente salieron también de la ciudad e incendiaron las máquinas de guerra. ⁶⁸ Lucharon contra Báquides, y lo derrotaron y lo pusieron en graves aprietos, haciendo fracasar su plan y su expedición. ⁶⁹ Báquides se puso entonces furioso contra los judíos renegados, que le habían aconsejado que invadiera el país, y mandó matar a muchos de ellos. Después, él y su gente decidieron regresar a su patria. ñ

⁷⁰ Cuando Jonatán tuvo noticia de esto, envió una delegación a Báquides para que hicieran un tratado de paz y le devolvieran los israelitas cautivos. ⁷¹ Báquides aceptó la propuesta de Jonatán y juró no volver a hacerle ningún mal en toda su vida. ⁷² Además le devolvió los cautivos que se había llevado anteriormente de Judea, regresó a su tierra y no volvió a presentarse en Judea. ⁷³ Así terminó la guerra en Israel. Jonatán se estableció en Micmás, donde empezó a gobernar al pueblo, y exterminó de Israel a los renegados. ᵒ

10

Jonatán entre dos rivales ¹ En el año ciento sesenta, ᵃ Alejandro Epífanes, ᵇ hijo de Antíoco, vino y se apoderó de Tolemaida, donde fue bien recibido, y se proclamó rey. ² Cuando el rey Demetrio tuvo noticias de esto, reunió un ejército extraordinariamente numeroso y se puso en marcha para atacar a Alejandro. ³ Al mismo tiempo envió Demetrio a Jonatán una carta en términos pacíficos y elogiosos. ⁴ Él pensaba que era preferible adelantarse a hacer las paces con los judíos, antes que Jonatán las hiciera con Alejandro y los dos se unieran contra él. ⁵ Pensaba que Jonatán se acordaría de todos los males que Demetrio les había hecho a él, a sus hermanos y a toda la nación. ᶜ ⁶ Entonces autorizó a Jonatán para formar un ejército y conseguir armas y ser su aliado. Mandó también que le entregaran los rehenes que había en la ciudadela de Jerusalén. ⁷ Jonatán fue a Jerusalén y leyó la carta delante de todo el pueblo y de la guarnición de la ciudadela. ⁸ Estos se llenaron de miedo cuando le oyeron leer que el rey lo había autorizado para formar un ejército, ⁹ así que le entregaron los rehenes, y él los devolvió a sus padres.

¹⁰ Jonatán se estableció en Jerusalén y empezó a reconstruir y reparar la ciudad. ¹¹ Dio a los encargados de las obras la orden de reconstruir las murallas y de rodear el monte Sión con una fortificación hecha de piedras talladas, cosa que se realizó. ¹² Los extranjeros que estaban en las fortalezas hechas por Báquides huyeron, ¹³ abandonando cada uno su puesto para regresar a su patria. ¹⁴ Sin embargo, en Bet-sur se quedaron algunos de los que habían sido infieles a la ley y a los mandamientos, y que se habían refugiado allí.

¹⁵ El rey Alejandro se enteró de las promesas que Demetrio había hecho a Jonatán, lo mismo que de las batallas que habían sostenido, y el valor que habían mostrado Jonatán y sus hermanos, y las penalidades que habían soportado, ¹⁶ y dijo: "¡Ojalá tuviéramos nosotros un hombre así! Más vale que ahora no lo hagamos amigo y aliado nuestro." ᵈ ¹⁷ Entonces le escribió una carta en los siguientes términos:

¹⁸ "El rey Alejandro saluda a su hermano Jonatán. ¹⁹ He tenido noticias de que eres un hombre fuerte y valiente, digno de ser amigo mío. ²⁰ Por eso te confiero hoy la dignidad de sumo sacerdote de tu nación y el derecho de llamarte "amigo del rey", para que apoyes mi causa y me conserves tu amistad."

Con la carta, Alejandro le envió un manto de púrpura y una corona de oro.

²¹ Jonatán se puso las vestiduras sagradas ᵉ el mes séptimo del año ciento sesenta, en la fiesta de las Enramadas. Reunió un ejército y consiguió muchas armas. ²² Cuando Demetrio supo esto, se sintió muy molesto y dijo: ²³ "¿Cómo dejamos que Alejandro se nos adelantara y

---

ᵐ 9.66 *Tribus de Odomerá y Fasirón:* tribus de beduinos, amigos de Báquides.

ⁿ 9.66 *Después... soldados:* otra posible traducción: *Comenzaron a atacar, avanzando por entre las tropas.*

ñ 9.69 *A su patria:* es decir, a Siria.

ᵒ 9.73 Se presenta Jonatán como se hacía con los antiguos caudillos de que habla el libro de los *Jueces.*

ᵃ 10.1 Corresponde al año 152 a.C.

ᵇ 10.1 *Alejandro Epífanes,* conocido también como Alejandro Balas. Algunos autores antiguos afirman que no era realmente hijo de Antíoco IV. Véase *Tabla cronológica I,* sección *VI. Época helenística.*

ᶜ 10.5-14 *Demetrio hace concesiones importantes a Jonatán para ganárselo.*

ᵈ 10.16 Alejandro, por su parte, hace promesas a Jonatán. Le ofrece el sumo sacerdocio (v. 20).

ᵉ 10.21 *Las vestiduras sagradas* eran el símbolo de la dignidad de sumo sacerdote. Cf. Ex 28.1-39; 39.1-26. Jonatán era de la familia sacerdotal de Joiarib (cf. 2.1). El rey ejercía el derecho de nombrar al sumo sacerdote (cf. 1 Mac 7.8-9; 2 Mac 4.24). Hasta entonces esos derechos los había tenido la familia de Onías (2 Mac 3.1). No todos los judíos aceptaron este nombramiento. Posiblemente esta situación provocó que un grupo de sacerdotes se separara para

se ganara la amistad y el apoyo de los judíos? ²⁴ Yo también voy a escribirles amistosamente y a ofrecerles honores y regalos, para que se pongan de mi lado y me apoyen."
²⁵ Entonces les escribió en los siguientes términos:

²⁶ "El rey Demetrio saluda a la nación de los judíos. He sabido con placer que ustedes han cumplido los convenios que hemos hecho, y que se han mantenido como amigos míos y no se han puesto del lado de mis enemigos. ²⁷ Continúen manteniéndose fieles a mí, y los recompensaré bien por lo que hagan por mí; ²⁸ los eximiré de muchas contribuciones y les haré muchos regalos.

²⁹ "Por la presente eximo a ustedes y a todos los judíos de pagar tributo, del impuesto a la sal y del impuesto en oro para el rey. ³⁰ De hoy en adelante renuncio a la tercera parte de la cosecha de granos y a la mitad de la cosecha de los árboles frutales que me correspondía. Desde ahora y para siempre renuncio a tomarlos de Judea, así como de los tres distritos que antes pertenecían a Samaria y Galilea, pero que ahora quedan anexados a Judea. *f* ³¹ Jerusalén, lo mismo que su territorio, será sagrada y estará libre de diezmos e impuestos. ³² También renuncio a mi autoridad sobre la ciudadela de Jerusalén, y concedo al sumo sacerdote autorización para escoger una guarnición que la proteja. ³³ Declaro libres, sin rescate ninguno, a todos los judíos que han sido llevados cautivos de Judea a cualquier lugar de mi reino. Ellos y su ganado quedan libres de impuestos. ³⁴ Todos los días de fiesta, de luna nueva, los sábados y demás fechas especialmente señaladas para las fiestas, lo mismo que los tres días anteriores y los tres días siguientes de cada fiesta, serán días libres de impuestos y de obligaciones civiles para todos los judíos que viven en mi reino. ³⁵ Nadie tendrá autoridad para exigir dinero o para molestar a ningún judío por ningún motivo.

³⁶ "Los judíos podrán ser reclutados, hasta un número de treinta mil hombres, para los ejércitos del rey, y recibirán el mismo salario que las demás tropas del rey. ³⁷ Habrá también algunos judíos en las principales fortalezas reales, y otros ocuparán puestos de confianza en el reino. Sus comandantes y oficiales deben ser también judíos y deben vivir de acuerdo con sus leyes, como el rey lo ha ordenado para toda Judea.

³⁸ "Los tres distritos que han sido separados de Samaria y anexados a Judea, deben quedar incorporados a ella, bajo la misma administración y bajo la sola autoridad del sumo sacerdote.

³⁹ "Doy Tolemaida y la tierra que le pertenece, como regalo, al templo de Jerusalén, para cubrir los gastos del mismo. ⁴⁰ Del presupuesto real doy la cantidad anual de ciento sesenta y cinco kilos de plata, que deberá ser sacada de los lugares más convenientes. ⁴¹ Todo el excedente de las contribuciones oficiales para el culto, que los funcionarios no estaban dando como al principio, será entregado de ahora en adelante para las obras del templo. ⁴² Queda además suprimido el impuesto de cincuenta y cinco kilos de plata, que el templo, de lo que recibía, debía pagar anualmente al rey, y ahora se destinará a los sacerdotes que ofician en el templo. ⁴³ Si alguna persona que tenga una deuda con el fisco real o cualquier otra obligación se refugia en el templo de Jerusalén o en el terreno que le pertenece, quedará libre ella y todas las cosas que posea en mi reino. ⁴⁴ Los gastos para la reconstrucción y reparación del templo serán pagados con fondos del tesoro real. *g* ⁴⁵ Los gastos para la reconstrucción de las murallas de Jerusalén y de las fortificaciones que hay alrededor, así como la reconstrucción de las murallas de otras ciudades de Judea, también correrán por cuenta del tesoro real."

⁴⁶ Cuando Jonatán y el pueblo oyeron esto, no lo creyeron ni lo aceptaron, pues recordaban los terribles males que el rey Demetrio había causado a Israel y la dura opresión a que los había sometido. ⁴⁷ Prefirieron ponerse de parte de Alejandro, pues él había tomado la iniciativa de hacerles propuestas de paz. Por eso fueron siempre sus aliados.

⁴⁸ El rey Alejandro reunió un gran ejército y tomó posiciones frente a Demetrio. ⁴⁹ Los dos reyes trabaron batalla, pero el ejército de Demetrio huyó, y Alejandro lo persiguió y sacó ventaja sobre sus enemigos. ⁵⁰ Aunque Demetrio resistió con fuerza el ataque hasta la puesta del sol, sin embargo ese día cayó muerto.

Jonatán recibe honores supremos ⁵¹ Alejandro, entonces, envió una embajada al rey Tolomeo de Egipto, para decirle: *h* ⁵² "He regresado a mi reino para ocupar el trono de mis antepasados, y he tomado el poder. He derrotado a Demetrio y me he apoderado de nuestro país. ⁵³ Después de una batalla con él, lo he derrotado a él y a su ejército, y me he sentado en el trono real que él ocupaba. ⁵⁴ Así pues, quiero que hagamos amistad y que me des como esposa a tu hija, para ser tu yerno. Yo te daré a ti, y también a ella, regalos dignos de tu posición."

⁵⁵ El rey Tolomeo respondió en los siguientes términos: "Feliz el día en que regresaste a la tierra de tus antepasados y ocupaste el trono real. ⁵⁶ Acepto la propuesta que me has hecho en tu carta, y te haré mi yerno, como me lo pides. Pero quisiera que nos encontráramos en Tolemaida, para entrevistarnos."

⁵⁷ Tolomeo y su hija Cleopatra *i* salieron de Egipto y se dirigieron a Tolemaida. Era el año ciento sesenta y dos. *j* ⁵⁸ El rey Alejandro salió a su encuentro, y Tolomeo le dio su hija. La boda se celebró en Tolemaida con gran esplendor, como correspondía a su dignidad real.

⁵⁹ El rey Alejandro le escribió a Jonatán, invitándolo a

---

formar en Qumrán, junto al Mar Muerto, una comunidad que se marginó de la vida religiosa oficial de Jerusalén.

f 10.30 Cf. 1 Mac 11.34.

g 10.40-45 Esd 6.8; 7.20.

h 10.51 Se trata de Tolomeo VI Filométor. Véase *Tabla cronológica I*, sección *VI. Época helenística*.

i 10.57 Se trata de Cleopatra III Tea, no de Cleopatra VII, la amante de Julio César y Marco Antonio.

j 10.57 Corresponde al año 150 a.C.

entrevistarse con él. **60** Jonatán fue con gran pompa a Tolemaida, y allí se entrevistó con los dos reyes; a ellos y a sus amigos les ofreció regalos de oro y plata, y muchas otras cosas, y se ganó su amistad. *k*

61 Entonces se reunieron unos israelitas renegados, gente malvada, y fueron a acusar a Jonatán; pero el rey no les hizo caso. *l* **62** Más aún, ordenó que le cambiaran a Jonatán la ropa que llevaba puesta por vestiduras de púrpura, y así se hizo. *m* **63** El rey hizo que se sentara a su lado, y ordenó a sus oficiales que lo llevaran al centro de la ciudad y proclamaran que nadie podía acusarlo de ninguna cosa, ni causarle molestia por ningún motivo. **64** Cuando sus acusadores lo vieron con tantos honores, como se había proclamado, y vestido de púrpura, todos huyeron. **65** El rey, pues, lo cubrió de honores, lo inscribió en el grupo de primeros amigos del rey, y lo nombró jefe militar y gobernador de la provincia. **66** Después Jonatán volvió a Jerusalén, contento por lo bien que le había ido.

Victoria de Jonatán sobre Apolonio

67 En el año ciento sesenta y cinco, *n* Demetrio, hijo del rey Demetrio, llegó de Creta a la tierra de sus antepasados. *ñ* **68** Cuando el rey Alejandro lo supo, se contrarió mucho y se volvió a Antioquía. **69** Demetrio nombró comandante a Apolonio, que era gobernador de Celesiria. este reunió un numeroso ejército y acampó en Jabnia, desde donde envió el siguiente mensaje a Jonatán: *o* **70** "Tú eres el único que se me opone; por culpa tuya he quedado en ridículo y me desprecian. ¡No te las des de muy fuerte contra mí, estando allá en tus montañas! **71** Si tienes tanta confianza en tus ejércitos, baja a la llanura y midamos allí nuestras fuerzas. Yo tengo de mi lado el apoyo de las ciudades. **72** Pregunta, y te dirán quién soy yo y quiénes son los demás que me apoyan. Te dirán que contra nosotros no podrán ustedes resistir, pues los antepasados de ustedes ya han sido derrotados dos veces en su propia tierra. **73** En la llanura, donde no hay rocas ni peñascos ni sitios donde refugiarse, tú no podrás hacer frente a la caballería ni a un ejército como el mío."

74 Al oír el mensaje de Apolonio, Jonatán se indignó profundamente, escogió a diez mil hombres y salió de Jerusalén. Su hermano Simón fue a su encuentro para prestarle ayuda. **75** Acamparon junto a Jope, pero los habitantes de la ciudad les cerraron las puertas, pues allí había una guarnición de Apolonio. Entonces los judíos atacaron la ciudad. **76** Los habitantes, llenos de miedo, les abrieron las puertas, y Jonatán se apoderó de Jope. *p* **77** Cuando Apolonio tuvo noticias de esto, *q* alistó un ejército compuesto de tres mil soldados de caballería y una gran fuerza de infantería, y se puso en marcha hacia Azoto, como si quisiera pasar de largo, pero al mismo tiempo se internó por la llanura, confiado en su numerosa caballería. **78** Jonatán lo persiguió hasta Azoto, donde los dos ejércitos trabaron batalla. **79** Apolonio había dejado escondidos en la retaguardia diez mil soldados de caballería; **80** pero Jonatán se dio cuenta de que le había tendido una emboscada en la retaguardia. La caballería enemiga rodeó al ejército de Jonatán y lo atacó con una lluvia de flechas, desde la mañana hasta el atardecer. **81** Pero la gente se mantuvo firme, como se lo había ordenado Jonatán, hasta que la caballería enemiga se cansó. **82** Una vez agotadas las fuerzas de la caballería, Simón hizo avanzar sus tropas y atacó a la infantería enemiga; todos fueron derrotados y huyeron. **83** Los de caballería se dispersaron por la llanura, huyeron a Azoto, y entraron en el templo de Dagón, el dios de la ciudad, para escapar de la muerte.

84 Jonatán incendió Azoto y sus aldeas, y las saqueó; incendió el templo de Dagón e hizo morir en el incendio a los que se habían refugiado allí. *r* **85** El número de los que murieron a filo de espada o en el incendio llegó a ocho mil.

86 De allí Jonatán se fue y acampó en Ascalón. Los habitantes de la ciudad salieron a su encuentro, y le rindieron grandes honores. **87** Luego Jonatán regresó a Jerusalén con su gente y gran cantidad de botín.

88 Cuando el rey Alejandro recibió noticias de esto, todavía le concedió más honores a Jonatán: **89** le envió un broche de oro, como se acostumbra dar a los parientes del rey, *s* y además le dio en propiedad la ciudad de Ecrón con todo su territorio.

11

Muerte de Alejandro y de Tolomeo

1 El rey de Egipto *a* reunió un gran ejército, innumerable como la arena de la playa del mar, y muchas naves, y con engaños trató de apoderarse del reino de Alejandro, para añadirlo a su reino. **2** Se puso en marcha hacia Siria, hablando de paz, y los habitantes de las ciudades le abrían sus puertas y salían a recibirlo. El rey Alejandro había ordenado que lo hicieran así, puesto que Tolomeo era su suegro.

3 Pero en cada ciudad en donde entraba, Tolomeo dejaba una guarnición. **4** Cuando llegó a Azoto, le mostraron el templo incendiado de Dagón, y la ciudad y sus alrededores destruidos, con los cadáveres tirados y los restos de la gente que Jonatán había quemado en la batalla; los habían

---

k **10.60** Los *regalos* de Jonatán no eran desinteresados; esperaba dignidades y funciones.

l **10.61** Los judíos del partido griego pensaban que no habían sido recompensados adecuadamente por su adhesión al helenismo.

m **10.62** Las *vestiduras de púrpura* eran el manto de ceremonia en las cortes persa y macedónica. El dar un vestido lujoso por parte del rey iba acompañado de la elevación a una gran dignidad. Cf. Est 6.8.

n **10.67** Corresponde al año 147 a.C.

ñ **10.67** Demetrio II Nicátor, hijo de Demetrio I Soter, estaba en la isla de Creta, esperando el momento oportuno (véase *Tabla cronológica I*, sección *VI. Época helenística*). Contaba con el descrédito en que había caído Alejandro Balas.

o **10.69** Apolonio había sido el hombre de confianza de Demetrio I.

p **10.76** La toma del puerto de Jope era necesaria para privar al enemigo de una base naval; hasta entonces, los judíos no tenían posesión de ningún puerto. Véase *Índice de mapas*.

q **10.77-85** Apolonio prepara una emboscada para engañar a Jonatán y rodearlos, a él y a su ejército; pero Jonatán no cayó en la trampa.

r **10.84** El templo de Dagón era conocido desde antiguo. Se menciona en 1 S 5.2.

s **10.89** El título de *pariente del rey* era superior al de "amigo del rey" (véanse 2.18 n.; 11.30 n.; 2 Mac 11.22 n.).

a **11.1** *El rey de Egipto:* Tolomeo II.

amontonado a lo largo del camino por donde Tolomeo debía pasar. ⁵ La gente le contó al rey que eso lo había hecho Jonatán, para desacreditarlo, pero el rey se quedó callado. ⁶ Jonatán salió a Jope a recibir al rey con gran pompa. Allí se saludaron y pasaron la noche. ⁷ Jonatán acompañó luego al rey hasta el río llamado Eléutero,[b] y de allí regresó a Jerusalén. ⁸ El rey Tolomeo se apoderó así de las ciudades de la costa hasta Seleucia Marítima,[c] y entre tanto hacía planes funestos contra Alejandro.

⁹ Envió una embajada al rey Demetrio, para decirle: "Ven y hagamos un pacto entre nosotros dos: yo te doy mi hija, que actualmente está viviendo con Alejandro, y serás rey en el reino de tu padre. ¹⁰ Me arrepiento de haberle dado mi hija a Alejandro, pues ha intentado matarme." ¹¹ Esta acusación no tenía otro fundamento que el deseo de Tolomeo por apoderarse del reino de Alejandro. ¹² Tolomeo, entonces, le quitó su hija a Alejandro y se la dio a Demetrio. Así rompió con Alejandro, y la enemistad entre los dos se hizo manifiesta. ¹³ Luego Tolomeo entró en Antioquía y se puso la corona de Asia. Así llevó en la cabeza dos coronas, la de Egipto y la de Asia.

¹⁴ Por aquel tiempo, el rey Alejandro estaba en Cilicia, pues los habitantes de esa región se habían rebelado. ¹⁵ Cuando oyó las noticias, se puso en marcha para atacar a Tolomeo; pero este le salió al encuentro con un poderoso ejército y lo hizo huir. ¹⁶ Alejandro fue a refugiarse a Arabia, y Tolomeo salió victorioso.[d] ¹⁷ Pero Zabdiel, un jefe árabe, le cortó la cabeza a Alejandro y se la mandó a Tolomeo. ¹⁸ Sin embargo, dos días más tarde murió el rey Tolomeo, y los soldados que había dejado en las fortalezas fueron asesinados por la gente de esos lugares. ¹⁹ Tolomeo quedó como rey en el año ciento sesenta y siete.[e]

Jonatán se hace amigo de Demetrio II

²⁰ Por aquel tiempo, Jonatán reunió a los habitantes de Judea para atacar la ciudadela de Jerusalén, y con este fin construyeron muchas máquinas de guerra.[f] ²¹ Pero algunos israelitas renegados, enemigos de su propio pueblo, acudieron al rey y le contaron que Jonatán tenía cercada la ciudadela. ²² El rey, al oírlo, se puso furioso, e inmediatamente se fue a Tolemaida, desde donde escribió a Jonatán que desistiera del ataque y que fuera a entrevistarse con él en Tolemaida lo más pronto posible.

²³ Cuando Jonatán recibió esta carta, ordenó que siguieran el ataque, escogió unos cuantos ancianos del pueblo y unos sacerdotes, y exponiéndose al peligro acudió a la cita. ²⁴ Llevó plata, oro, ropa y muchos otros regalos, y se presentó ante el rey en Tolemaida, y se ganó su simpatía ²⁵ a pesar de las acusaciones de los renegados de su propio pueblo. ²⁶ El rey lo trató como lo habían tratado sus predecesores, y lo honró delante de todos sus amigos. ²⁷ Lo confirmó en el cargo de sumo sacerdote, le renovó todos los otros privilegios que tenía anteriormente, y lo contó en el grupo de los primeros amigos del rey.[g]

²⁸ Jonatán pidió al rey que eximiera de pagar impuestos a Judea y a los tres distritos que antes habían pertenecido a Samaria, prometiéndole el envío de nueve mil novecientos kilos de plata. ²⁹ Al rey le pareció bien, y le escribió a Jonatán una carta sobre todos estos asuntos, en los siguientes términos:

³⁰ "El rey Demetrio saluda a su hermano[h] Jonatán y a la nación de los judíos. ³¹ Les copio a continuación el texto de la carta que escribí a mi pariente Lástenes acerca de ustedes, para que estén informados:[i] ³² 'El rey Demetrio saluda a su venerable pariente Lástenes. ³³ Puesto que el pueblo judío ha sido amigo mío, y ha cumplido sus obligaciones para conmigo y ha mostrado sus buenas disposiciones hacia mí, he decidido concederles diversos favores. ³⁴ Les confirmo los derechos sobre el territorio de Judea y sobre los distritos de Efraín, Lida y Ramataim, que quedaron separados de Samaria y fueron anexados a Judea, lo mismo que todos los territorios que les pertenecen.[j] A todos los israelitas que van a ofrecer sacrificios en Jerusalén, les perdono los impuestos que el rey acostumbraba cobrarles anteriormente cada año sobre los productos de los campos y de los árboles frutales. ³⁵ De ahora en adelante, les perdono todos los otros impuestos, diezmos y tributos que me correspondían; el impuesto sobre la sal y el impuesto de oro para el rey. Todo se lo perdono. ³⁶ De ahora en adelante, ninguna de esas concesiones podrá ser anulada jamás. ³⁷ Procura que se haga una copia de este documento y se le entregue a Jonatán, para que él la coloque en el monte santo, en lugar visible.'"

Jonatán ayuda a Demetrio II

³⁸ Al ver el rey Demetrio que el país estaba tranquilo y que nadie le oponía resistencia, licenció a todas sus tropas, dejando que cada uno regresara a su tierra, con excepción de las tropas de mercenarios que había reclutado de diversos países marítimos extranjeros. Con esto, se indispusieron contra él las tropas que habían sido reclutadas con sus antepasados.

³⁹ Entonces un tal Trifón, que antes había sido partidario de Alejandro, dándose cuenta del descontento que había en todos los soldados contra Demetrio, fue a verse con Imalcué, un jefe árabe, que había educado a Antíoco, el hijo pequeño de Alejandro, ⁴⁰ y le insistió que le entregara el niño, para que fuera rey en lugar de su padre. Trifón lo informó de todas las medidas que Demetrio había tomado y de cómo se había ganado la enemistad de sus tropas. Trifón se quedó allí largo tiempo.[k]

---

[b] 11.7 *Río... Eléutero:* en la frontera norte del actual Líbano.
[c] 11.8 *Seleucia Marítima:* puerto de Antioquía.
[d] 11.16 La Arabia de que aquí se trata no es la península conocida con el mismo nombre, sino una de las regiones sirias invadidas por elementos nómadas.
[e] 11.19 Corresponde al año 145 a.C.
[f] 11.20 Demetrio había renunciado a la ciudadela (cf. 10.32) y Jonatán quiere que esa cesión no quede en vano.
[g] 11.27 Este cargo conferido antes por Alejandro Balas (cf. 10.20) es confirmado por Demetrio.
[h] 11.30 *Hermano:* título honorífico (véase 10.89 n.).
[i] 11.31 Lástenes era primer ministro o jefe de palacio.
[j] 11.34 La anexión a Judea de los tres distritos de Samaria constituye el suceso más importante de las negociaciones de Simón.
[k] 11.40 Trifón, llamada también Diodoto, tenía ambiciones personales.

41 Entre tanto, Jonatán había pedido al rey Demetrio que retirara sus soldados de la ciudadela de Jerusalén y de las otras fortalezas, pues estaban continuamente hostilizando a Israel. **42** Demetrio le respondió: "No solamente les concederé esto a ti y a tu nación, sino que los llenaré de honores, tan pronto tenga oportunidad. **43** Pero ahora lo mejor que puedes hacer es enviarme soldados que me ayuden, pues todas mis tropas me han abandonado." **44** Jonatán le envió a Antioquía tres mil hombres fuertes y valientes. Cuando llegaron, el rey se puso muy contento. **45** Los habitantes de la ciudad, que eran unos ciento veinte mil hombres, se reunieron en el centro de ella decididos a matar al rey. **46** Este se refugió en el palacio, mientras que la gente de la ciudad ocupó las calles, y comenzó la lucha. **47** El rey Demetrio llamó a los judíos para que lo ayudaran. Ellos se reunieron inmediatamente a su lado; luego se dispersaron por la ciudad, y ese día mataron a unas cien mil personas. **48** Incendiaron y saquearon la ciudad, y así salvaron al rey.

49 Cuando los habitantes de la ciudad se dieron cuenta de que los judíos se habían adueñado por completo de ella, se acobardaron, y a gritos le suplicaron al rey: **50** "¡Hagamos las paces! ¡Que dejen los judíos de luchar contra nosotros y contra la ciudad!" **51** Entonces entregaron sus armas e hicieron las paces. Los judíos quedaron muy bien acreditados ante el rey, se hicieron famosos en el reino y regresaron a Jerusalén cargados de botín. **52** Pero cuando el rey Demetrio se afianzó en su trono y el país quedó apaciguado bajo su dominio, **53** faltó a todas las promesas que había hecho, rompió su amistad con Jonatán y, en vez de recompensarlo por los servicios que le había prestado, le causó innumerables molestias.*l*

Jonatán se hace amigo de Antíoco VI

54 Después de esto, regresó Trifón en compañía de Antíoco, que era apenas un niño. Antíoco fue coronado rey, *m* **55** y todas las tropas que Demetrio había licenciado se reunieron alrededor del rey y le hicieron la guerra a Demetrio, que huyó derrotado. **56** Trifón se apoderó entonces de los elefantes, y ocupó Antioquía.

57 El joven Antíoco le escribió a Jonatán, confirmándolo en el cargo de sumo sacerdote y dándole autoridad sobre los cuatro distritos, y haciéndolo miembro del grupo de amigos del rey.*n* **58** También le envió copas de oro y una vajilla, y le concedió el derecho de beber en copa de oro,*ñ* de vestirse de púrpura y de llevar broche de oro. **59** A su hermano Simón lo nombró jefe militar*o* de la región que va desde la Escala de Tiro*p* hasta la frontera con Egipto. **60** Jonatán recorrió toda la provincia y las ciudades al occidente del Éufrates, y todos los ejércitos de Siria se le unieron como aliados suyos. Luego se dirigió a Ascalón, donde los habitantes los recibieron con honores. **61** De allí siguió a Gaza, pero sus habitantes le cerraron las puertas. Él la cercó, e incendió y saqueó las aldeas vecinas. **62** Entonces los habitantes de Gaza se rindieron, y Jonatán hizo un tratado de paz con ellos, pero tomó como rehenes a los hijos de los jefes y los envió a Jerusalén. Luego siguió su camino a través del país hacia Damasco.

63 Jonatán tuvo noticia de que los generales de Demetrio habían llegado con un gran ejército a Quedes de Galilea, con el fin de impedir que él consiguiera sus propósitos. **64** Jonatán fue a hacerles frente, dejando a su hermano Simón en Judea. **65** Simón acampó frente a Betsur, y durante muchos días la rodeó y la atacó. *q* **66** Por fin los habitantes se rindieron, e hizo con ellos un tratado. Pero los obligó a desocupar la ciudad, se apoderó de ella y puso allí una guarnición.

67 Jonatán, entre tanto, había acampado con su ejército junto al lago de Genesaret. Muy de mañana se puso en camino hacia la llanura de Hasor.*r* **68** En la llanura le salió al encuentro el ejército extranjero, mientras que otro ejército le tenía tendida una emboscada en las montañas. **69** Cuando estos últimos salieron de sus escondites y atacaron al ejército de Jonatán, **70** todos los soldados huyeron. No quedó ni uno solo, con excepción de Matatías, hijo de Absalón, y Judas, hijo de Calfí, jefes del ejército. **71** Jonatán se rasgó la ropa,*s* se echó polvo sobre la cabeza y se puso a orar. **72** A pesar de todo, se volvió contra los enemigos para atacarlos, los derrotó y los puso en fuga. *t* **73** Cuando los judíos que habían huido vieron esto, se volvieron a él y se pusieron a perseguirlos con él hasta el campamento que los enemigos tenían en Quedes. Allí acamparon ellos también. **74** Aquel día cayeron como tres mil hombres del ejército extranjero. Después Jonatán regresó a Jerusalén.

12 Pacto de Israel con Roma y Esparta

1 Jonatán, viendo favorables las circunstancias, escogió unos cuantos hombres y los envió a Roma para confirmar y renovar el tratado de amistad.*a* **2** Con el mismo propósito, envió también cartas a Esparta y a otros lugares.*b* **3** Los embajadores fueron a Roma, entraron en el senado y dijeron: "El sumo sacerdote Jonatán, y la nación de los judíos,

---

l 11.53 Demetrio no retiró las tropas de la ciudadela de Jerusalén, ni ratificó la exención de impuestos que había prometido (11.35).
m 11.54 Antíoco VI, que reinó a partir del 144, murió a manos de Trifón, dos años más tarde (13.31). Véase *Tabla cronológica I*, sección *VI. Época helenística*.
n 11.57 El poder de los hasmoneos se muestra por el hecho de que Alejandro Balas, Demetrio II y ahora Antíoco VI renuevan sus favores a Jonatán.
ñ 11.58 Solamente el rey y aquellos a quienes este autorizaba podían comer en vajilla de oro.
o 11.59 Con el nombramiento de Simón como *jefe militar*, se prepara la sucesión de Jonatán (13.1-9).
p 11.59 *Escala de Tiro:* nombre de unos promontorios rocosos, con gradas, al sur de Tiro.
q 11.65 Jonatán quiere controlar esa ciudadela, un puesto meridional de Judea; su intervención tiene lugar en el otoño del 144 a.C.
r 11.67 *Hasor:* Esta antigua ciudad cananea (Jos 11.10) ya no era sino una fortaleza, importante por su posición entre el Lago de Genesaret y el antiguo lago de Hule.
s 11.71 Mt 26.65.
t 11.72 Esta derrota pone de relieve la eficacia de la oración de Jonatán, sumo sacerdote.
a 12.1 Los romanos no habían hecho nada por defender a Judas Macabeo ni a sus hermanos de las arbitrariedades de Demetrio. Esta renovación de la primera alianza (8.17-32) fue inútil como la anterior.
b 12.2 *Esparta:* ciudad-estado de Grecia, de tradición militar, había tenido gran importancia en épocas anteriores. También se llama Lacedemonia.

nos han enviado a renovar el tratado de amistad y el pacto que habíamos hecho anteriormente." [c] [4] Los romanos les dieron salvoconductos para las autoridades de los diversos sitios, en los que les recomendaban que dejaran a los embajadores hacer su viaje en paz hasta Judea.

[5] Esta es la copia de la carta que Jonatán envió a los de Esparta:

[6] "El sumo sacerdote Jonatán, el consejo de ancianos de la nación, y los sacerdotes y todo el pueblo judío, saludan a sus hermanos los espartanos. [7] Ya en una ocasión anterior el rey Ario de Esparta había enviado una carta al sumo sacerdote Onías, para asegurarnos que ustedes nos consideran como hermanos. El texto de esta carta se copia más adelante. [d] [8] Onías recibió con honores al enviado, y aceptó la carta en que se exponían los términos del pacto y la amistad. [9] Aunque nosotros no tenemos necesidad de estas cosas, pues buscamos nuestro apoyo en los libros sagrados que poseemos, [e] [10] hemos decidido enviar a ustedes una delegación para que renueve nuestra fraternidad y amistad, a fin de que no se enfríen nuestras relaciones, pues ha pasado ya mucho tiempo desde la primera carta de ustedes. [f] [11] Nosotros no dejamos de acordarnos continuamente de ustedes en nuestras fiestas y demás días apropiados, cuando ofrecemos nuestros sacrificios, y en nuestras oraciones, como es justo y conveniente hacerlo por los hermanos. [12] Nos alegramos de la fama que tienen ustedes. [13] Por nuestra parte, nos hemos visto rodeados de innumerables dificultades y guerras. Los reyes que nos rodean nos han estado atacando. [14] Nosotros no hemos querido molestarlos a ustedes ni a nuestros otros aliados y amigos en estas guerras, [15] pues tenemos la ayuda divina, y Dios nos ha librado de nuestros enemigos y los ha humillado. [g] [16] Hemos escogido a Numenio, hijo de Antíoco, y a Antípatro, hijo de Jasón, y los hemos enviado a Roma para renovar la amistad y el pacto que habíamos acordado anteriormente con los romanos. [h] [17] También les ordenamos que fueran a Esparta, a saludarlos a ustedes y entregarles nuestras cartas, con las que queremos renovar nuestra fraternidad. [18] Les agradeceremos que nos den una respuesta a ellas."

[19] Esta es la copia de la carta enviada a Onías:

[20] "Ario, rey de Esparta, saluda al sumo sacerdote Onías. [i] [21] He descubierto un documento en el que se muestra que los espartanos y los judíos somos hermanos, descendientes todos de Abraham. [j] [22] Ahora que he tenido noticia de esto, les agradecería a ustedes que me escriban y me informen de cómo se encuentran. [23] Por mi parte les escribo: Si el ganado de ustedes y todos sus bienes son nuestros, también lo nuestro es de ustedes. Así pues, he dado órdenes de que les comuniquen este mensaje."

Nuevas luchas de Jonatán

[24] Jonatán tuvo noticias de que los generales de Demetrio habían regresado para atacarlo con un ejército más numeroso que el anterior. [k] [25] Jonatán salió de Jerusalén para hacerles frente en la región de Hamat, [l] no dejándolos poner pie en el territorio de Judea. [26] Envió espías a su campamento, los cuales regresaron y contaron que se estaban preparando para atacarlos por la noche. [27] Apenas se puso el sol, Jonatán ordenó a su gente que se mantuvieran vigilantes toda la noche y con las armas en la mano, listos para luchar. Alrededor de todo el campamento colocó centinelas. [28] Cuando los enemigos se enteraron de que Jonatán y sus soldados estaban listos para la batalla, tuvieron miedo; acobardados, encendieron hogueras en su campamento y huyeron. [m] [29] Jonatán y su ejército, viendo las hogueras encendidas, no se dieron cuenta de lo sucedido hasta la mañana siguiente. [30] Entonces Jonatán los persiguió, pero no pudo alcanzarlos, pues ya habían cruzado el río Eléutero. [n] [31] Jonatán se dirigió entonces contra una tribu árabe llamada de los zabadeos, y los derrotó y se apoderó de sus pertenencias. [ñ] [32] Luego levantó el campamento, llegó hasta Damasco, y recorrió toda la región.

[33] Simón, por su parte, había emprendido una expedición hasta Ascalón y las fortalezas vecinas. Luego se dirigió a Jope y la ocupó, [34] pues había oído decir que los habitantes querían entregar la fortaleza a los partidarios de Demetrio. Allí puso una guarnición para que la defendiera.

[35] Cuando Jonatán regresó, llamó a los ancianos del pueblo a una reunión, y con ellos decidió construir fortalezas en Judea, [36] levantar más la muralla de Jerusalén y alzar un gran muro entre la ciudadela y la ciudad, para separarlas, de manera que la ciudadela quedara aislada, para que los soldados que había en ella no compraran ni vendieran cosa alguna. [o] [37] La gente se reunió para comenzar los

---

[c] **12.3** El encabezamiento indica que ahora el sumo sacerdote es la suprema autoridad del pueblo judío.

[d] **12.7** 12.2-23.

[e] **12.9** Más que en alianzas externas, el pueblo encuentra su identidad y cohesión en un principio interno: las Sagradas Escrituras.

[f] **12.10** Ario I, cuya carta se cita en seguida (vv. 20-23), reinó del 309 al 265 a.C. La carta puede situarse entre el 309 y el 300 a.C., alrededor de siglo y medio antes de la nueva carta que envía Jonatán.

[g] **12.15** *Ayuda divina:* lit. *ayuda del cielo.* Véase 3.18 nota h.

[h] **12.16** El nombre de los dos enviados aparece también en la carta de los espartanos a Simón (14.22). Jasón, padre de Antípatro, es probablemente uno de los enviados a Roma por Judas (8.17).

[i] **12.20** Se trata del sumo sacerdote Onías I, quien ejerció su cargo entre el 323 y el 300 a.C.

[j] **12.21** El considerarse descendientes de un antepasado común era una manera de expresar la solidaridad.

[k] **12.24** Cf. 1 Mac 11.63.

[l] **12.25** *Hamat:* ciudad de Siria, al norte, fuera del territorio propiamente judío. Véase *Índice de mapas.*

[m] **12.28** *Y huyeron:* añadido según el contexto. En el texto griego no aparece esa frase.

[n] **12.30** *Eléutero:* Véase 11.7 n.

[ñ] **12.31** Los zabadeos eran beduinos o seminómadas que habitaban en una zona al sudoeste de Damasco.

[o] **12.36** Bloqueo comercial contra la ciudadela que no habían podido tomar los judíos.

trabajos de reconstrucción. Una parte de la muralla oriental, hacia el arroyo, se había derrumbado. También reparó la zona llamada Cafenatá. *p* ³⁸ Simón también reconstruyó y fortificó Hadid, en la llanura de la costa, y le puso puertas y barras. *q*

Traición de Trifón y caída de Jonatán ³⁹ Trifón aspiraba a ser rey de Asia; tenía intenciones de matar al rey Antíoco y coronarse él como rey. ⁴⁰ Sin embargo, tenía miedo de que Jonatán se le opusiera y le declarara la guerra. Así pues, comenzó a estudiar la manera de apoderarse de Jonatán para acabar con él. Entonces se puso en camino y se fue a Betseán. *r* ⁴¹ Jonatán le salió al encuentro con cuarenta mil soldados escogidos y bien disciplinados, y también fue a Betseán. ⁴² Trifón, al ver que Jonatán había llegado con un ejército tan numeroso, tuvo miedo de arrestarlo. ⁴³ Así que, por el contrario, lo recibió con honores, los presentó a sus amigos, le hizo regalos, y ordenó a sus amigos y a sus tropas que le obedecieran como a él mismo. ⁴⁴ Y dijo a Jonatán: "¿Para qué molestaste a toda esa gente, si no hay guerra entre nosotros? ⁴⁵ Déjalos que se vayan a sus casas; escoge solamente unos cuantos que te acompañen, y ven conmigo a Tolemaida. *s* Yo te entregaré la ciudad y las demás fortalezas, así como los otros ejércitos y sus oficiales, y después regresaré. Precisamente para esto he venido."

⁴⁶ Jonatán le creyó, e hizo como Trifón le había indicado: despidió a sus soldados, los cuales regresaron a Judea. ⁴⁷ Solamente conservó tres mil hombres, de los cuales dejó dos mil estacionados en Galilea, y los otros mil se fueron con él. ⁴⁸ Pero apenas entró Jonatán en Tolemaida, los habitantes de la ciudad cerraron las puertas, lo pusieron preso y acuchillaron a todos los que iban con él.

⁴⁹ Luego envió Trifón tropas de infantería y caballería a Galilea, a la gran llanura, *t* para que mataran a todos los hombres de Jonatán. ⁵⁰ Pero estos, deduciendo que Jonatán había sido hecho prisionero y que había muerto lo mismo que sus compañeros, se animaron unos a otros y avanzaron en filas cerradas, listos a luchar. ⁵¹ Al ver los que los perseguían que los judíos estaban dispuestos a luchar hasta morir, se regresaron. ⁵² Así, todos los judíos lograron llegar sanos y salvos a Judea, donde, llenos de miedo, lloraron a Jonatán y a sus compañeros. En todo Israel hubo grandes demostraciones de dolor. ⁵³ Todos los paganos que los rodeaban empezaron a buscar la manera de exterminar a los judíos, pues decían: "¡Ya no tienen un jefe que los defienda! ¡Es el momento de atacarlos y borrar de entre los hombres su recuerdo!" *u*

5. Simón (13.1—16.24) *a*

13 **Simón, nuevo jefe** ¹ Simón tuvo noticia de que Trifón había reunido un poderoso ejército para invadir Judea y destruirla. ² Al ver que el pueblo estaba alarmado y lleno de pavor, fue a Jerusalén, reunió a la gente, ³ y los animó diciéndoles: "Ustedes saben lo que yo y mis hermanos y toda la familia de mi padre hemos hecho por las leyes y el templo, y las batallas que hemos peleado y las penalidades que hemos sufrido. *b* ⁴ Por Israel han muerto todos mis hermanos, y solo yo he quedado con vida. *c* ⁵ Ahora, ni pensar que yo quiera salvar mi vida en un momento de peligro: ¡no valgo más que mis hermanos! ⁶ Al contrario, lucharé por mi pueblo, por el templo y por las mujeres e hijos de ustedes, pues todos los paganos se han reunido para exterminarnos."

⁷ Al oír estas palabras, el pueblo se llenó de entusiasmo, ⁸ y todos gritaron: "¡Tú eres nuestro jefe, en reemplazo de tus hermanos Judas y Jonatán! *d* ⁹ ¡Guíanos en nuestras batallas, y nosotros haremos todo lo que nos ordenes!" ¹⁰ Entonces Simón reunió a todos los aptos para la guerra, y se dio prisa en terminar las murallas de Jerusalén y la fortificó alrededor. ¹¹ Envió a la ciudad de Jope a Jonatán, hijo de Absalón, con un ejército suficiente, y expulsó a los que vivían en la ciudad y se estableció en ella. *e*

Asesinato de Jonatán ¹² Trifón salió de Tolemaida con un numeroso ejército para invadir Judea, llevando preso a Jonatán. ¹³ Simón había acampado en Hadid, al borde de la llanura. ¹⁴ Cuando Trifón se enteró de que Simón había tomado el puesto de su hermano Jonatán, y que se preparaba a darle batalla, le envió una delegación a decirle: ¹⁵ "Tenemos preso a Jonatán, tu hermano, por causa de un dinero que debe al tesoro real, en relación con el cargo que ejercía. *f* ¹⁶ Envíanos, pues, tres mil trescientos kilos de plata y dos de los hijos de Jonatán como rehenes, para estar seguros de que no se rebelará otra vez contra nosotros, y luego lo dejaremos en libertad." *g* ¹⁷ Aunque Simón se dio cuenta de que era una trampa, mandó traer el dinero y a los dos muchachos, para no hacerse odioso entre la gente, ¹⁸ y para que no dijeran después que Jonatán había muerto por no haber enviado él el dinero y los muchachos. ¹⁹ Así pues, mandó a los dos muchachos y los tres

---

p **12.37** *Cafenatá:* Palabra aramea que significa posiblemente "doble". Se trata quizá del "Segundo Barrio" mencionado en 2 R 22.14, llamado así porque quedaba fuera de las murallas de la ciudad.

q **12.38** *Hadid:* ciudad de la llanura occidental, 6 km al este de Lida.

r **12.39-40** Jonatán permanecía fiel a Antíoco VI; por eso Trifón tiene que acudir al engaño para quitar de en medio a Jonatán.

s **12.45** *Tolemaida:* ciudad que no habían podido controlar los macabeos; tenía una excelente posición estratégica y su población era enemiga de los judíos. Véase 5.15 n.

t **12.49** *La gran llanura:* la de Bet-seán.

u **12.53** Sin apoyo por parte de los dos competidores seléucidas, sin jefe reconocido oficialmente, los judíos son víctimas de una persecución parecida a la de 5.1-2. Termina un ciclo de liberación y comienza otro de opresión.

a **13.1** La última sección (13.1—16.24) está dedicada a Simón, nuevo jefe.

b **13.3** Simón está entrenado para el cargo, pues ha participado en muchas campañas.

c **13.4** Simón ignoraba que Jonatán todavía no había muerto.

d **13.8** La comunidad elige a Simón, como en otras ocasiones. Cf. Jue 11.6 (Jefté); 2 S 5.2 (David); 1 Mac 9.30 (Jonatán).

e **13.11** Jope había sido tomada por Simón. Cf. 12.33-34 y véase 10.76 n.

f **13.15** En nombre del tesoro real, Trifón reclama el pago de supuestas deudas de Jonatán.

g **13.16** El uso de rehenes como garantía era entonces corriente.

mil trescientos kilos de plata; pero Trifón no cumplió su palabra, y no dejó libre a Jonatán.

²⁰ Después, Trifón se puso en marcha para invadir el país y destruirlo, pero dio un rodeo por el camino de Adoraim, porque Simón y su ejército les cerraban el paso por dondequiera que iban. *ʰ* ²¹ Entre tanto, los soldados de la ciudadela de Jerusalén enviaron mensajeros a Trifón, urgiéndole que fuera hasta ellos por el desierto y que les enviara alimentos. *ⁱ* ²² Trifón preparó toda su caballería para ir allá, pero aquella noche cayó tanta nieve que no pudieron llegar. *ʲ* Entonces se retiró a Galaad. *ᵏ* ²³ Apenas se acercó a Bascama, *ˡ* mató a Jonatán, que fue enterrado allí. *ᵐ* ²⁴ Luego Trifón regresó a su país.

²⁵ Simón mandó traer los restos de su hermano Jonatán y los enterró en Modín, la ciudad de sus antepasados. ²⁶ Todo Israel lo lloró durante muchos días, con grandes muestras de dolor. ²⁷ Simón construyó un gran monumento sobre la tumba de su padre y de sus hermanos, bien visible, hecho de piedras talladas por el frente y por detrás. ²⁸ También levantó siete pirámides, en dos hileras, para su padre, su madre y sus cuatro hermanos. ²⁹ Con gran arte rodeó de altas columnas las pirámides, y sobre las columnas puso escudos y armas, como recuerdo eterno. Junto a los escudos y a las armas había naves en relieve, para que todos los navegantes pudieran divisarlas. ³⁰ Este monumento sepulcral hecho en Modín existe hasta el día de hoy. *ⁿ*

Reconciliación con Demetrio II

³¹ Trifón traicionó al joven rey Antíoco, lo mató ³² y reinó en vez de él, poniéndose la corona de Asia. Causó grandes males en el país. *ñ*

³³ Simón reconstruyó las fortalezas de Judea, protegiéndolas con altas torres, grandes murallas, puertas y barras, y dejó provisiones en las fortalezas. ³⁴ Escogió delegados y los envió a ver al rey Demetrio, para pedirle que eximiera de los impuestos al país, pues Trifón no había hecho más que robarles todo. *ᵒ* ³⁵ El rey Demetrio les contestó, enviándoles la siguiente carta:

³⁶ "El rey Demetrio saluda al sumo sacerdote Simón, amigo de los reyes, a los ancianos y a la nación judía. ³⁷ He recibido la corona de oro y la palma que ustedes me han enviado, y estoy dispuesto a hacer con ustedes una paz completa y a dar instrucciones por escrito a los funcionarios, para que los eximan a ustedes de los impuestos. *ᵖ* ³⁸ Todos los convenios que he hecho con ustedes quedan confirmados, y ustedes pueden conservar todas las fortalezas que han construido. *ᵠ* ³⁹ También les perdono todos los errores y faltas que hayan cometido hasta el día de hoy. Les perdono el impuesto real que me deben. Que no se siga cobrando ningún otro de los impuestos que se cobraban en Jerusalén. *ʳ* ⁴⁰ Si hay algunos entre ustedes aptos para inscribirse en mi guardia personal, que se inscriban. Y que haya paz entre nosotros."

⁴¹ En el año ciento setenta, Israel se vio libre del yugo de los paganos. *ˢ* ⁴² Entonces comenzó la gente a escribir en los documentos y contratos: "En el año primero de Simón, gran sumo sacerdote, jefe militar y caudillo de los judíos". *ᵗ*

Toma de Guézer

⁴³ En aquel tiempo, Simón atacó a Guézer y la cercó con tropas. Construyó una torre de asalto, la acercó a la ciudad, abrió brecha en una de las torres, y tomó la ciudad. *ᵘ* ⁴⁴ Los que estaban en la torre de asalto penetraron en la ciudad, y hubo allí una gran agitación. ⁴⁵ Los habitantes de la ciudad subieron con sus mujeres y sus hijos a las murallas, con la ropa rasgada, y a grandes gritos ofrecieron la rendición a Simón, ⁴⁶ diciéndole: "¡No nos trate usted como merecen nuestras maldades, sino según su generosidad!" ⁴⁷ Simón llegó a un acuerdo con ellos y dejó de atacarlos. Pero los hizo salir de la ciudad y purificó las casas donde habían estado los ídolos, y luego entró él en la ciudad cantando himnos y cantos de alabanza. ⁴⁸ Sacó de ella todo objeto impuro, e instaló hombres cumplidores de la ley; fortificó la ciudad y se construyó una casa para sí mismo.

Conquista de la ciudadela de Jerusalén

⁴⁹ Como los soldados que estaban en la ciudadela no podían salir al campo ni volver a entrar, ni comprar ni vender, *ᵛ* empezaron a pasar mucha hambre, de manera que muchos de ellos murieron por esta razón. ⁵⁰ Entonces ofrecieron a Simón negociar la rendición, y él la aceptó; luego los hizo salir de allí y purificó la ciudadela de todas las impurezas. ⁵¹ El día

---

ʰ **13.20** Trifón dio un rodeo, para invadir a Judea por el sur, como antes había hecho Lisias. Cf. 4.29; 6.31.

ⁱ **13.21** El muro construido por Jonatán (12.36) los aislaba totalmente de la ciudad.

ʲ **13.22** Este suceso aconteció probablemente en invierno del 143-142 a.C.

ᵏ **13.22** La región de Galaad se extendía al oriente del Jordán. Véase *Índice de mapas*.

ˡ **13.23** *Bascama* no se ha podido identificar con seguridad.

ᵐ **13.23** No se dice nada acerca de los dos hijos de Jonatán (v. 19).

ⁿ **13.30** Monumento funerario y military inspirado en el arte griego de la época. Monumentos parecidos se encuentran en Petra y en el valle de Cedrón.

ñ **13.31-32** *Trifón* sube al trono de Antioquía con el nombre de *autokrátor*, para significar que escalaba ese puesto por su voluntad y no por herencia.

ᵒ **13.34** Con la muerte de Antíoco VI, Simón se considera libre del juramento de fidelidad. No puede reconocer al usurpador Trifón, y prefiere hacerse amigo de Demetrio.

ᵖ **13.37** La corona de oro y la palma eran una ofrenda destinada a obtener la benevolencia del soberano. Cf. 2 Mac 14.4.

ᵠ **13.38** La concesión de plazas fuertes significa el reconocimiento, dentro de algunos límites, de cierta autonomía.

ʳ **13.39** La amnistía se extiende ya sea a las faltas cometidas por ignorancia, ya a las ofensas voluntarias (como el sitio de la ciudadela de Jerusalén o la toma de Bet-sur y de Jope).

ˢ **13.41** Corresponde al año 142 a.C.

ᵗ **13.42** Se cuentan los años, como se hacía frecuentemente entonces, por los años de gobierno del rey. *Simón* no tiene, sin embargo, el título de rey.

ᵘ **13.43** La *torre de asalto*, montada sobre ruedas, estaba hecha de madera revestida de cuero, dividida en varios pisos y con ventanas al frente. A través de ellas se arrojaban proyectiles a los enemigos. Con unos espolones de hierro que tenía, abría brechas en la muralla.

ᵛ **13.49** El bloqueo de la ciudadela había empezado hacia dos años, con Jonatán. Cf. 12.36.

veintitrés del segundo mes del año ciento setenta y uno, entró Simón en la ciudadela entre cantos de alabanza, con palmas y al son de arpas, platillos y cítaras, con himnos y cantos, porque Israel se había visto libre de un terrible enemigo.[w] ⁵²Simón decretó que cada año se celebrara con alegría aquella fecha.[x] Fortificó la colina del templo, del lado de la ciudadela, y él y su gente establecieron allí su residencia. ⁵³Viendo Simón que su hijo Juan era ya todo un hombre, lo nombró comandante en jefe de todos los ejércitos, con residencia en Guézer.[y]

14

Demetrio II cae prisionero ¹En el año ciento setenta y dos,[a] el rey Demetrio reunió sus ejércitos y se puso en marcha hacia Media en busca de refuerzos para su guerra con Trifón. ²El rey Arsaces de Persia y de Media tuvo noticias de que Demetrio había entrado en su territorio, y envió a uno de sus generales para que lo capturara vivo.[b] ³El general fue, derrotó al ejército de Demetrio, capturó a este y se lo llevó a Arsaces, quien lo metió en la cárcel.[c]

Elogio de Simón [d]

⁴ Mientras Simón gobernó,
  hubo tranquilidad en Judea.
  Buscó el bien para su pueblo.
  La gente estuvo contenta
  todo el tiempo que duró su glorioso reinado.
⁵ Entre otras glorias suyas,
  conquistó el puerto de Jope,
  abriendo una ruta a los países del mar.[e]
⁶ Extendió las fronteras de su patria
  y se hizo dueño de todo el territorio.
⁷ Hizo que muchos cautivos regresaran a su patria;[f]
  se adueñó de Guézer,[g] de Bet-sur
  y de la ciudadela de Jerusalén,
  y sacó de allí todos los objetos impuros.
  No hubo nadie que le opusiera resistencia.
⁸ La gente cultivaba en paz sus campos,
  la tierra producía sus cosechas,
  los árboles de la llanura daban sus frutos.[h]
⁹ Los ancianos, sentados en las plazas,
  comentaban la prosperidad de que disfrutaban,
  mientras los jóvenes lucían
  sus gloriosos uniformes militares.[i]
¹⁰ Simón procuró alimentos a las ciudades,
  y las dotó de medios de defensa.
  Su fama llegó hasta los últimos rincones de la tierra.
¹¹ Restableció la paz en el país,
  e Israel sintió una inmensa alegría.
¹² Cada uno se sentaba a la sombra de su
  viña y de su higuera;
  no había nadie que les infundiera miedo.[j]
¹³ Desaparecieron del país los agresores,
  y en aquel tiempo fueron derrotados los
  reyes enemigos.
¹⁴ Protegió a los oprimidos de su pueblo,
  y exterminó a los impíos y malvados.
  Cumplió fielmente la ley,[k]
¹⁵ dio esplendor al templo
  y lo enriqueció con muchos utensilios sagrados.

Renovación de la amistad con Roma y Esparta[l] ¹⁶Cuando en Roma y en Esparta se recibió la noticia de la muerte de Jonatán, hubo mucho pesar. ¹⁷Pero al saber que su hermano Simón lo había sucedido como sumo sacerdote, y que se había adueñado del país y de sus ciudades, ¹⁸le escribieron en placas de bronce para renovar la amistad y el pacto que habían hecho con sus hermanos Judas y Jonatán.[m] ¹⁹Este mensaje fue leído delante del pueblo reunido en Jerusalén. ²⁰Esta es la copia de la carta enviada por los espartanos:

"Los jefes y la ciudad de Esparta saludan a sus hermanos, el sumo sacerdote Simón, los ancianos, los sacerdotes y el resto del pueblo judío. ²¹Los embajadores que ustedes enviaron a nuestro pueblo nos han informado de su fama y esplendor. Su venida ha sido para nosotros motivo de gran alegría. ²²Hemos registrado su informe en las actas de la nación, en los siguientes términos: 'Numenio, hijo de Antíoco, y Antípatro, hijo de Jasón, embajadores de los judíos, han venido a renovar la amistad con nosotros. ²³Al pueblo le ha parecido bien recibirlos con honores y guardar una copia del mensaje en el archivo de la nación, como recuerdo para el pueblo de Esparta. Se ha sacado una copia de este documento para el sumo sacerdote Simón.'"

²⁴Después de esto, Simón envió a Numenio a Roma

---

[w] **13.51** Corresponde a los comienzos de junio del 141 a.C. Los instrumentos musicales son los mismos indicados en 1 Cr 15.16,28.
[x] **13.52** Esa día marca el fin de la presencia de una guarnición seléucida en Jerusalén. Cada año se recordará ese hecho.
[y] **13.53** Con el nombramiento de su hijo Juan como general, Simón prepara la sucesión hereditaria. Juan, llamado Hircano, llegará a ser el jefe (cf. 16.23-24).
[a] **14.1** Corresponde al periodo entre octubre del 141 y septiembre del 140 a.C.
[b] **14.2** *Arsaces* es un nombre común entre los reyes partos y significa "rey". Se trata aquí de Mitrídates I quien llevó el nombre dinástico de Arsaces VI (171-138 a.C.) y fue el fundador del poderío parto. Se había apoderado de Media y Persia.
[c] **14.3** La captura tuvo lugar en el 139 a.C.
[d] **14.4-15** El elogio de Simón, tejido con reminiscencias de los relatos sobre los reyes gloriosos del pasado y de las profecías sobre el futuro, sugiere que el autor ve realizadas, al menos parcialmente, las promesas de prosperidad hechas a Israel.
[e] **14.5** 1 Mac 12.33.
[f] **14.7** Cf. 1 Mac 5.23; 9.70-72; 10.33.
[g] **14.7** Las tres plazas fuertes seléucidas más importantes en el país son: Guézer (13.43-48), Bet-sur (11.65-66) y la ciudadela de Jerusalén (13.49-51).
[h] **14.8** La seguridad en las fronteras hizo que floreciera la agricultura.
[i] **14.8-9** Zac 8.4.
[j] **14.12** 1 R 4.25; Mi 4.4; Zac 3.10.
[k] **14.14** Proteger a los oprimidos es función del rey (Sal 72; Is 11.4). Entre *los impíos y malvados* están los partidarios de la helenización.
[l] **14.16-24** Estas alianzas muestran que Judea es una nación libre en el ámbito internacional. La renovación de la alianza debió haber sido pedida por Simón cuando ascendió al poder.
[m] **14.18** 1 Mac 8.22.

con un enorme escudo de oro que pesaba cuatrocientos treinta y seis kilos, [n] para renovar el pacto con ellos. [ñ]

Decreto en honor de Simón [o] ²⁵ Cuando los israelitas supieron todo esto, dijeron: "¿Cómo podremos mostrar nuestro agradecimiento a Simón y sus hijos? ²⁶ Pues él, sus hermanos y la familia de su padre se han mantenido firmes, han luchado contra los enemigos de Israel y los han alejado, y le han dado al pueblo la libertad." Entonces grabaron una inscripción en placas de bronce, y la pusieron en un monumento en el monte Sión. [p] ²⁷ Esta es la copia de la inscripción:

"El día dieciocho del mes de Elul del año ciento setenta y dos, [q] en el año tercero de ejercer Simón el sumo sacerdocio, en Asaramel, [r] ²⁸ en una gran asamblea de sacerdotes, ciudadanos, jefes de la nación y ancianos del país, se nos notificó lo siguiente: ²⁹ Mientras que numerosas guerras afligían al país, Simón, hijo de Matatías y descendiente de Joiarib, lo mismo que sus hermanos, se expusieron al peligro resistiendo a los enemigos de su pueblo, para asegurar la preservación del templo y de las leyes; y así han traído gran gloria a su nación. [s] ³⁰ Jonatán reunió a su pueblo y fue sumo sacerdote, hasta que fue a reunirse con sus antepasados difuntos. ³¹ Los enemigos resolvieron invadir el país y atacar el templo. ³² Entonces Simón se puso al frente y luchó por su patria; gastó grandes sumas de su propio dinero en proveer de armas y en pagar su salario a los hombres del ejército de su nación; [t] ³³ fortificó las ciudades de Judea y a Bet-sur en la frontera de Judea, [u] donde habían estado anteriormente las armas del enemigo, y puso allí una guarnición de judíos. ³⁴ También fortificó Jope, [v] puerto marítimo, y Guézer [w] en la frontera con Azoto, anteriormente ocupada por el enemigo, e instaló allí judíos, proveyendo a estas ciudades de todo lo necesario para su restauración. ³⁵ Al ver el pueblo la lealtad de Simón y los deseos que tenía de dar gloria a su nación, lo nombraron su jefe y sumo sacerdote, en reconocimiento de todo lo que había hecho, de su rectitud, de la lealtad que había mostrado para con su nación y de sus continuos trabajos en favor de la grandeza de su pueblo. ³⁶ En sus manos tuvo éxito la campaña para eliminar del país a los paganos y a los que se habían establecido en la Ciudad de David, en Jerusalén, donde se habían construido una ciudadela, desde donde salían y contaminaban todos los alrededores del templo, haciendo grave injuria a la santidad de ese lugar. [x] ³⁷ Instaló soldados judíos en la ciudadela, la fortificó para proteger al país y a la ciudad, y levantó las murallas de Jerusalén. ³⁸ El rey Demetrio lo confirmó en el cargo de sumo sacerdote, ³⁹ lo hizo formar parte del grupo de los amigos del rey, y le concedió grandes honores, ⁴⁰ pues se enteró de que los romanos habían dado a los judíos el título de amigos, aliados y hermanos, y que habían recibido con honores a los embajadores de Simón; ⁴¹ que los judíos y los sacerdotes habían decidido confirmar a Simón como sumo sacerdote para siempre, [y] hasta que apareciera un profeta autorizado, ⁴²⁻⁴³ y que fuera su jefe militar y se encargara del templo, nombrando a los encargados de las obras del mismo, de la administración del país, de los armamentos y de las fortalezas, y que fuera obedecido por todos; que todos los documentos oficiales del país se hicieran en su nombre, y que usara vestiduras de púrpura y broche de oro.

⁴⁴ "Nadie del pueblo ni de los sacerdotes tendrá derecho a violar estos decretos, ni a oponerse a las órdenes dadas por Simón, ni a convocar una asamblea sin su consentimiento, ni a llevar vestiduras de púrpura o broche de oro. [z] ⁴⁵ El que desobedezca estos decretos, o deje de cumplirlos, será castigado. ⁴⁶ Por decisión unánime del pueblo se ha decretado que Simón tenga el derecho de actuar de acuerdo con lo aquí determinado. ⁴⁷ Simón ha aceptado de buen grado desempeñar el cargo de sumo sacerdote, y ser jefe militar y gobernador de los judíos y de los sacerdotes, y estar al frente de todos los asuntos." [a]

⁴⁸ Se decidió que este documento fuera grabado en placas de bronce, y que estas fueran colocadas en el área del templo, en lugar visible, ⁴⁹ y que en el tesoro [b] se guardaran copias del mismo a disposición de Simón y de sus hijos.

15 Antíoco VII confirma a Simón en sus cargos

¹ Antíoco, hijo del rey Demetrio, envió desde un

---

[n] **14.24** Los escudos se usaban no solo para protegerse en la batalla, sino como objeto decorativo; se colgaban a la entrada de los palacios y de los templos.

[ñ] **14.24** La narración continúa en 15.15.

[o] **14.25-49** Este decreto expresa la admiración que muchos tenían por Simón y su familia y por sus acciones en favor del pueblo.

[p] **14.26** La inscripción fue colocada probablemente en el atrio del templo.

[q] **14.27** Esta fecha corresponde a septiembre del año 140 a.C.

[r] **14.27** *Asaramel:* probablemente, transcripción del nombre hebreo *hasar am-el* (=atrio del pueblo de Dios), nombre del patio exterior del santuario o atrio de Israel (cf. v. 48).

[s] **14.29** El pueblo, el templo y las leyes resumen los valores que defendieron con sus vidas.

[t] **14.32** Se indica la constitución de un ejército regular y permanente.

[u] **14.33** 1 Mac 11.65-66; véase *Índice de mapas.*

[v] **14.34** 1 Mac 13.11; véase *Índice de mapas.*

[w] **14.34** 1 Mac 13.43-48; véase *Índice de mapas.*

[x] **14.36** La *ciudadela* de Jerusalén, defendida por soldados paganos, estaba cerca del templo. La presencia de paganos, los crímenes que se cometían y los ritos profanos que se practicaban eran causa de impureza. Cf. 1 Mac 1.33-37.

[y] **14.41** *Jefe y sumo sacerdote para siempre:* autoridad civil, militar y religiosa con carácter hereditario. Sin embargo, no recibe el título de "rey". Además, la decisión definitiva esperaba a un profeta acreditado (cf. también 4.46). La dinastía macabea no es de estirpe davídica, ni su sacerdocio desciende de Sadoc.

[z] **14.44** 1 Mac 10.89; 11.58.

[a] **14.47** Simón aceptó los tres cargos, pero aunque ejerciera los poderes de un rey, seguía siendo vasallo del rey seléucida.

[b] **14.49** Cf. 2 Mac 3.6,28; Jn 8.20.

lugar de la costa una carta a Simón, sumo sacerdote y gobernador de los judíos, y a toda la nación.[a] ²La carta decía:

"El rey Antíoco saluda al sumo sacerdote y gobernador Simón, y a la nación judía. ³Gente malvada se ha apoderado del reino de mis antepasados, pero yo estoy decidido a recuperarlo, para restablecerlo como era antiguamente. Con este fin, he reclutado un considerable número de soldados y he preparado naves de guerra. ⁴Tengo intención de desembarcar en mi país, para castigar a los que arruinaron nuestra patria y destruyeron muchas ciudades de mi reino. ⁵Ahora, pues, yo te confirmo todas las exenciones y todos los demás privilegios que los reyes mis predecesores te concedieron.[b] ⁶Te permito acuñar moneda propia para que circule legalmente en el país.[c] ⁷Jerusalén y el templo serán libres. Todas las armas que has conseguido y las fortalezas que has construido y que están en tu poder, seguirán siendo tuyas. ⁸Desde ahora y para siempre quedan canceladas todas las deudas que tengas con el tesoro real y las que puedas tener en el futuro. ⁹Cuando haya reconquistado mi reino, te concederé grandes honores a ti, a tu pueblo y al templo, de manera que ustedes sean famosos en toda la tierra."

¹⁰En el año ciento setenta y cuatro,[d] Antíoco llegó a su patria,[e] y todas las tropas se le unieron, de manera que muy pocos se quedaron con Trifón. ¹¹Antíoco lo persiguió, y Trifón tuvo que refugiarse en el puerto de Dor.[f] ¹²Al ver que las tropas lo habían abandonado, Trifón se dio cuenta de que su situación era muy grave. ¹³Antíoco acampó frente a Dor, con ciento veinte mil soldados de infantería y ocho mil de caballería. ¹⁴Cercó con sus tropas la ciudad, mientras que las naves la atacaban por mar. Sitió, pues, la ciudad por tierra y por mar, no dejando que nadie entrara ni saliera.

Promulgación del pacto con Roma ¹⁵Entre tanto, Numenio y sus compañeros regresaron de Roma trayendo cartas dirigidas a los diversos reyes y países, las cuales decían lo siguiente:[g]

¹⁶"Lucio,[h] cónsul de los romanos, saluda al rey Tolomeo.[i] ¹⁷El sumo sacerdote Simón y el pueblo judío, nuestros amigos y aliados, nos han enviado una delegación para renovar nuestra antigua amistad y nuestro pacto. ¹⁸Trajeron un escudo de oro que pesa cuatrocientos treinta y seis kilos.[j] ¹⁹En consecuencia, hemos decidido escribir a los diversos reyes y países para pedirles que no causen ningún mal a los judíos, ni les hagan la guerra a ellos, a sus ciudades o a su país, ni se alíen con sus enemigos. ²⁰Decidimos aceptar el escudo que nos trajeron. ²¹Si algunos malvados han escapado del país de los judíos y han llegado a ustedes, entréguenselos al sumo sacerdote Simón, para que los castigue según la ley de los judíos."

²²Igual carta escribió al rey Demetrio, a Átalo, a Ariarate, a Arsaces ²³y a todos los países: a Sampsame, Esparta, Delos, Mindos, Sición, Caria, Samos, Panfilia, Licia, Halicarnaso, Rodas, Faselis, Cos, Side, Arvad, Gortina, Cnido, Chipre y Cirene.[k] ²⁴Al sumo sacerdote Simón le enviaron una copia.

Antíoco VII rompe su amistad con Simón ²⁵El rey Antíoco acampó en uno de los suburbios de Dor, y la mantuvo bajo continuos ataques; construyó máquinas de guerra y cercó a Trifón para impedir que nadie pudiera entrar o salir. ²⁶Simón le envió a Antíoco dos mil soldados escogidos, para que lo ayudaran, y también plata, oro y armamento. ²⁷Pero Antíoco no quiso aceptarlos, sino que anuló todos los convenios que había hecho anteriormente con Simón, y rompió con él.[l] ²⁸Envió a Atenobio, uno del grupo de amigos del rey, a conferenciar con Simón. Lo envió con este mensaje: "Ustedes se han apoderado de Jope, de Guézer y de la ciudadela de Jerusalén, ciudades de mi reino.[m] ²⁹Han destruido esos territorios, han causado grandes males en el país y se han adueñado de muchos lugares de mi reino.[n] ³⁰Así que devuélvanme ahora las ciudades que han ocupado, y entreguen los impuestos que han cobrado en los lugares que están fuera del territorio de Judea. ³¹Si no, paguen por ellos dieciséis mil quinientos kilos de plata, y otro tanto como compensación por las destrucciones que causaron y por los impuestos de esas ciudades. Si no lo hacen, les declararé la guerra a ustedes."

³²Atenobio, amigo del rey, fue a Jerusalén, y después de ver maravillado el esplendor de Simón, su vajilla de oro y plata, y toda su riqueza, comunicó a Simón el mensaje del rey. ³³Simón respondió: "Nosotros no hemos ocupado territorio ajeno, ni nos hemos apoderado de cosas ajenas,

---

[a] **15.1** *Antíoco VII Sidetes, hijo de Demetrio* I y hermano de Demetrio II, queriendo hacer valer sus derechos a la sucesión, procura ganarse el apoyo de Simón. Véase *Tabla cronológica I*, sección VI. *Época helenística*.
[b] **15.5** 1 Mac 10.27-31; 13.37.
[c] **15.6** El privilegio de acuñar moneda fue pronto suprimido (v. 27).
[d] **15.10** Corresponde al año 138 a.C.
[e] **15.10** *Su patria:* la región de Antioquía, en Siria, que tenía como puerto a Seleucia.
[f] **15.11** *Dor:* al sur del Carmelo. Cf. Jos 11.2; véase *Índice de mapas*.
[g] **15.15** Aquí continúa el relato interrumpido después de 14.24.
[h] **15.16** Puede tratarse de Lucio Cecilio Metelo, cónsul en el año 142 a.C., o de Lucio Calpurnio Pisón, cónsul en los años 140-139 a.C.
[i] **15.16** Tolomeo VIII Evergetes II (145-116 a.C.).
[j] **15.18** *Que pesa cuatrocientos treinta y seis kilos:* también puede traducirse: *cuyo valor equivale al de cuatrocientos treinta y seis kilos.* Lit. *de mil minas.* Véase 14.24 nota n.
[k] **15.22-23** En total se mencionan 5 reinos, 3 provincias de Asia Menor, 5 estados insulares y diez ciudades. Este catálogo corresponde a la situación política de las costas del Mediterráneo oriental.
[l] **15.27** El rey ya no necesita el apoyo de los judíos y anula las concesiones hechas anteriormente.
[m] **15.28** Antíoco considera la ciudadela de Jerusalén no como una fortaleza militar sino como una ciudad griega.
[n] **15.29** Probablemente se trata de los distritos anexados a Judea. Cf. 1 Mac 11.57.

sino de la herencia que nos dejaron nuestros antepasados, de la que en algún tiempo se habían apoderado injustamente nuestros enemigos. **34** Nosotros aprovechamos la oportunidad para recuperar la herencia de nuestros antepasados. **35** En cuanto a Jope y Guézer, que usted reclama: estas ciudades hacían muchos males a nuestro pueblo y a nuestro país. Por ellas le ofrecemos tres mil trescientos kilos de plata." *ñ*

36 Atenobio no respondió palabra. Regresó enojado adonde estaba el rey, y lo informó de la respuesta de Simón, de su esplendor y, en una palabra, de todo lo que había visto. El rey se puso terriblemente furioso.

37 Entre tanto, Trifón se embarcó en una nave y huyó a Ortosia. *o* **38** Entonces el rey nombró a Cendebeo general en jefe de la región de la costa, y le dio tropas de infantería y caballería *p* **39** con órdenes de tomar posiciones frente a Judea, de reconstruir Cedrón, de fortificar las puertas y de hacer la guerra al pueblo judío. Mientras tanto, el rey perseguiría a Trifón. *q* **40** Cendebeo llegó a Jabnia y comenzó a provocar al pueblo judío, a hacer incursiones en Judea y a tomar prisioneros y matar a muchos. **41** Reconstruyó Cedrón y estacionó allí caballería y otras tropas, para que hicieran salidas y patrullaran por los caminos de Judea, como el rey le había ordenado.

16 Victoria de los hijos de Simón sobre Cendebeo

1 Juan fue de Guézer a avisar a su padre Simón de lo que estaba haciendo Cendebeo. **2** Simón llamó a sus dos hijos mayores, Judas y Juan, y les dijo: "Mis hermanos y yo, y toda la familia de mi padre, hemos luchado contra los enemigos de Israel desde nuestra juventud hasta el día de hoy, y en muchas ocasiones hemos logrado la liberación de Israel. **3** Yo ahora ya soy viejo, pero por la misericordia divina ustedes están en el vigor de su edad. Tomen mi lugar y el de mi hermano, y salgan a luchar por nuestra patria. ¡Que Dios los ayude!" *a*

4 Simón escogió en el país veinte mil guerreros de infantería y de caballería, *b* que salieron a enfrentarse con Cendebeo. Después de pasar la noche en Modín, **5** se levantaron temprano y se dirigieron a la llanura. Allí les salió al encuentro un enorme ejército de infantería y caballería. Un torrente separaba los dos ejércitos. **6** Juan y su ejército tomaron posiciones frente a sus enemigos; pero al ver que sus soldados tenían miedo de cruzar el torrente, Juan pasó primero. Al verlo, sus hombres lo siguieron. **7** Como la caballería enemiga era muy numerosa, Juan dividió su infantería en dos alas y puso la caballería en medio de ellas. **8** Tocaron las trompetas, y Cendebeo y su ejército fueron derrotados. Tuvieron muchas bajas, y los que quedaron con vida huyeron a la fortaleza. **9** En esta acción fue herido Judas, el hermano de Juan. Juan persiguió a los que huyeron, y llegó hasta Cedrón, lugar que Cendebeo había reconstruido. **10** Los enemigos se refugiaron también en las torres que había en los campos de Azoto, pero Juan incendió la ciudad. Murieron unos dos mil enemigos, y Juan regresó sano y salvo a Judea.

Simón es muerto a traición **11** Tolomeo, hijo de Abub, había sido nombrado jefe militar de la llanura de Jericó. Tenía gran cantidad de oro y plata, **12** pues era yerno del sumo sacerdote; **13** pero se llenó de ambición y quiso adueñarse del país. Entonces tramó traicionar a Simón y a sus hijos, para eliminarlos. **14** Simón estaba haciendo una visita de inspección por las ciudades del país, para atender a las necesidades de aquellas, y llegó a Jericó en compañía de sus hijos Matatías y Judas, en el undécimo mes, el mes de Sebat, del año ciento setenta y siete. *c* **15** El hijo de Abub los recibió hipócritamente en la pequeña fortaleza llamada Doc, que él había construido, y allí les ofreció un gran banquete. Pero tenía allí gente escondida, *d* **16** y cuando Simón y sus hijos habían bebido bastante, Tolomeo y sus amigos empuñaron las armas y se precipitaron en la sala del banquete. Atacaron a Simón y lo mataron a él, a sus dos hijos y a algunos de sus criados. **17** Fue un terrible crimen, en el que Tolomeo pagó el bien con el mal.

18 Tolomeo escribió un informe y se lo envió al rey, pidiéndole que le enviara tropas que lo apoyaran, y que le diera autoridad sobre las ciudades y sobre todo el país. **19** Envió también otros hombres a Guézer para que mataran a Juan. Mandó asimismo cartas a los jefes del ejército, pidiéndoles que se unieran a él y prometiéndoles oro, plata y otros regalos. **20** A otros los envió a apoderarse de Jerusalén y de la colina del templo. **21** Sin embargo, alguien se adelantó corriendo a Guézer, y contó a Juan que su padre y sus hermanos habían muerto, y que Tolomeo había enviado gente a matarlo también a él. **22** Al oír esto, Juan se puso fuera de sí y, agarrando a los hombres que habían venido a matarlo, los mató; pues descubrió el plan que ellos tenían de asesinarlo.

23 El resto de la historia de Juan, donde se habla de sus guerras y de las hazañas que realizó, y de cómo reconstruyó las murallas, y de otras cosas que hizo, **24** está escrito en los anales de su pontificado, desde el día en que sucedió a su padre en el cargo de sumo sacerdote. *e*

ñ **15.35** *Tres mil trescientos kilos de plata:* lit. *cien talentos.*

o **15.37** *Ortosia,* al norte de Trípoli, hacia la desembocadura del río Eléutero.

p **15.38** Antíoco concede este título militar a Cendebeo quizá para indicar que lo ponía en un rango más alto que el de Simón. Pero Simón había recibido de Antíoco VI autoridad militar sobre esas regiones (cf. 1 Mac 11.59).

q **15.39** *Cedrón:* en la llanura occidental, a seis km. de Jamnia y a cuatro de Modín.

a **16.3** Encontramos aquí reminiscencias del testamento de Matatías (1 Mac 2.49-68).

b **16.4** Por primera vez en esta época los judíos utilizan la *caballería.* En Modín estaba el mausoleo de los primeros campeones de la independencia; el recuerdo de las gestas pasadas debía dar ánimo al ejército.

c **16.14** Corresponde a enero-febrero del año 134 a.C.

d **16.15** La *fortaleza* de *Doc* estaba en la cima del monte de la Cuarentena, al oeste de Jericó.

e **16.23-24** El libro termina con la fórmula usual del libro de *Reyes.* Con ella el autor acentuó el carácter tradicional que quiso darle a su obra. Juan, llamado Hircano por haber combatido a los hircanios, reinó 30 años, del 134 al 104. Los anales de su reinado se han perdido, aunque algunos fragmentos se conservan en las obras de Flavio Josefo. Con la muerte de Antíoco VII en el año quinto de Juan, el imperio seléucida perdió su importancia mundial y Palestina logró su independencia de Siria.

Segundo libro de los Macabeos

El *Segundo libro de los Macabeos* (=2 Mac) no es, como pudiera pensarse, la continuación del *Primer libro de los Macabeos*; es, en parte, una obra paralela, pero más restringida. Gira alrededor de las hazañas de Judas y se detiene en la victoria de este sobre Nicanor. Es decir, va aproximadamente desde el 180 hasta el 160 a.C.

No se conoce el nombre del autor. Este presenta su obra como un resumen de un escrito más amplio, de cinco volúmenes, compuesto por Jasón de Cirene, del que no se sabe mayor cosa. Tanto el original como el resumen se escribieron en griego.

El *Segundo libro de los Macabeos* comienza con dos cartas que los judíos de Jerusalén envían a los de Egipto. En ellas los exhortan a celebrar la fiesta de la Dedicación del Templo, instituida por Judas Macabeo.

La historia propiamente dicha comienza en 2.19-32, con un prefacio en que el autor explica sus intenciones y su método: con mucho trabajo ha resumido los cinco tomos de Jasón de Cirene. El autor del resumen sin duda añadió algunos elementos propios.

El telón de fondo de esta historia son los intentos de los reyes de la dinastía seléucida (especialmente Antíoco IV) de imponer la cultura y religión griegas en Israel, con el apoyo de algunos judíos, y la lucha de muchos otros por mantener su identidad religiosa, cultural y política (véase la *Introducción* general a los libros de los *Macabeos*).

El autor presenta la historia de este periodo con una visión teológica, dentro del esquema "fidelidad-pecado-castigo-misericordia". Cuando el cargo de sumo sacerdote lo ejerce un hombre fiel, el templo es inviolable (cap. 3). Viene luego un periodo de decadencia y pecado (4.1—5.10) que lleva inevitablemente al castigo (5.11—6.17). La fidelidad de algunos que prefieren el martirio a quebrantar la ley apacigua la cólera de Dios. (6.18—7.42). A esto se unen las oraciones del pueblo y el Señor se aplaca y Judas derrota a los paganos y purifica el templo (8.1—10.8). Vienen nuevas luchas con otros pueblos y nuevas victorias de Judas (10.9—15.39).

Tres temas principales concentran la atención: Dios, el templo, la ley.

Son frecuentes las invocaciones a Dios. Se da relieve a la santidad del templo. Los que quieren destruirlo, sucumben. Entre ellos están Antíoco IV Epífanes, Lisias, Antíoco Eupátor y Nicanor.

El autor profesa claramente la fe en la retribución después de esta vida. La esperanza en la resurrección anima a los mártires. La solidaridad con el pueblo no se rompe con la muerte.

Se recalca la importancia de la observancia fiel de la ley.

Fundamentalmente es una obra de historia, pero no en el sentido moderno; los datos reales son transformados en símbolos que sirven de enseñanza. De allí que los personajes aparezcan con rasgos ejemplares; seres sobrehumanos intervienen para ayudar en los momentos de crisis. Los discursos que aquí y allá aparecen en la obra quieren conmover al lector. Las gestas exageradas pertenecen a esta manera propia de narrar. El estilo es retórico, ampuloso, rebuscado, de acuerdo con los usos de la historiografía de ese entonces.

El libro puede dividirse en las siguientes partes:

1. Cartas a los judíos de Egipto (1.1—2.18)
2. Prólogo del autor (2.19-32)
3. Historia de Heliodoro (3.1-40)
4. Persecución en tiempos de Antíoco IV (4.1—7.42)
5. Victoria de Judas y purificación del templo (8.1—10.8)
6. Luchas con los pueblos vecinos y con Lisias (10.9—13.26)
7. Lucha con Nicanor (14.1—15.39)

1. Cartas a los judíos de Egipto (1.1—2.18) [a]

1 *Primera carta a los judíos de Egipto* **1** "Los judíos de Jerusalén y de la región de Judea saludan a sus hermanos judíos de Egipto [b] y les desean completo bienestar. **2** Que Dios los llene de sus beneficios en recuerdo de la alianza que hizo con Abraham, Isaac y Jacob, sus siervos fieles; [c] **3** que les dé a todos la disposición de honrarlo y cumplir su voluntad con corazón grande y ánimo generoso, **4** que disponga sus corazones para cumplir su ley y sus mandatos, [d] que les dé paz, **5** y que escuche sus oraciones y se reconcilie con ustedes y no los abandone en sus dificultades. **6** Esto es lo que ahora pedimos para ustedes en nuestra oración.

7 "Ya en el año ciento sesenta y nueve, [e] durante el reinado de Demetrio, [f] nosotros los judíos les escribimos a ustedes. Nos encontrábamos entonces en medio de la gran persecución y crisis que se desataron en esos años, después que Jasón y sus seguidores traicionaron la tierra santa y su gobierno, [g] **8** e incendiaron la puerta principal del templo [h] y asesinaron a gente inocente. Pero hicimos súplicas al Señor, y él nos escuchó; [i] le presentamos un sacrificio y una ofrenda de cereales, [j] encendimos las lámparas [k] y colocamos sobre la mesa los panes consagrados. [l] **9** Ahora les escribimos de nuevo a ustedes, para recomendarles que celebren la fiesta de las Enramadas en el mes de Quisleu. [m]

"Escrita en el año ciento ochenta y ocho." [n]

Segunda carta a los judíos de Egipto [ñ] **10** "Los habitantes de Jerusalén y de Judea, y el consejo de ancianos y Judas, saludan a Aristóbulo, [o] consejero del rey Tolomeo, [p] de la familia de los sacerdotes consagrados, lo mismo que a los demás judíos que viven en Egipto, y les desean prosperidad.

11 "Librados por Dios de grandes peligros, le damos gracias de todo corazón, ya que él combate contra el rey [q] en nuestro favor, [r] **12** pues expulsó a los que luchaban contra la ciudad santa. **13** En efecto, cuando el rey fue a Persia con un ejército que parecía invencible, fueron descuartizados en el templo de la diosa Nanea, engañados por los sacerdotes de la diosa. [s] **14** Pues fingiendo celebrar matrimonio con la diosa, el rey Antíoco, acompañado de sus amigos, fue a ese lugar para tomar, como regalo de bodas, las enormes riquezas del templo. **15** Los sacerdotes de Nanea las expusieron, y el rey Antíoco se presentó con algunas pocas personas en el interior del templo. Cuando estuvo dentro, los sacerdotes cerraron las puertas. **16** Entonces abrieron una ventana secreta que había en el techo, y a pedradas mataron al rey y a sus amigos. Luego les cortaron la cabeza, los brazos y las piernas, y los echaron a los que estaban fuera. [t] **17** ¡Bendito sea siempre nuestro Dios, que entregó a los impíos a la muerte!

18 "Como estamos para celebrar la purificación del templo el día veinticinco del mes de Quisleu, hemos juzgado conveniente escribirles, para recomendarles que también ustedes celebren la fiesta de las Enramadas, [u] en honor del fuego que apareció cuando Nehemías, después de reconstruir el templo y el altar, ofreció sacrificios. [v] **19** Pues cuando nuestros antepasados fueron llevados a Persia, [w] los piadosos sacerdotes que había entonces tomaron el fuego del altar y lo escondieron en una cisterna sin agua; allí lo guardaron

---

[a] 1.1—2.18 Estas *Cartas* son documentos independientes de la narración del libro, pero relacionados con la celebración de la fiesta de la Dedicación del Templo; en realidad, cronológicamente quedarían mejor al final del libro. La primera carta es del año 124 a.C.; la segunda supone ya acaecida la muerte de Antíoco IV (164 a.C.), narrada en 2 Mac 9.

[b] 1.1 En *Egipto* existían colonias judías importantes. Hacia el año 150 a.C., el sacerdote Onías IV había establecido un templo judío en Leontópolis. Estas cartas tienden a mantener la unidad de culto con los judíos de Jerusalén.

[c] 1.2 Gn 15; 17.1-21. Cf. también Ex 6.5; Dt 4.31.

[d] 1.4 *Cumplir su ley y sus mandatos*: probable alusión al culto en el templo de Egipto, considerado ilegítimo por los judíos de Jerusalén. Cf. Dt 12.

[e] 1.7 Corresponde al año 143 a.C.

[f] 1.7 Se trata de Demetrio II Nicátor, rey seléucida. Véase 1 Mac 10.67 nota ñ.

[g] 1.7 Se refiere a la persecución bajo Antíoco IV y a la traición de Jasón, hermano de Onías, que compró la dignidad sacerdotal. 1 Mac 10.67; 2 Mac 4.7-22.

[h] 1.8 *Incendiaron la puerta principal del templo*: 1 Mac 4.38.

[i] 1.8 *Él nos escuchó*: referencia a las victorias de los Macabeos.

[j] 1.8 *Ofrenda de cereales*: Lv 1—2.

[k] 1.8 *Encendimos las lámparas*: Cf. Ex 25.31-39; 30.7-8; 1 R 7.49.

[l] 1.8 *Panes consagrados*: Ex 25.30.

[m] 1.9 *Fiesta de las Enramadas*: Así se llama aquí la fiesta de la Dedicación. Se celebraba el día veinticinco del mes de *Quisleu*, es decir en diciembre, con ritos semejantes a los de la verdadera fiesta de las Enramadas. Cf. 1 Mac 4.59; 2 Mac 2.1-2; 10.1-8.

[n] 1.9 Corresponde al año 124 a.C.

[ñ] 1.10—2.18 Las indicaciones de esta segunda carta (vv. 16,18) hacen suponer que fue escrita en el 164 a.C., año de la muerte de Antíoco.

[o] 1.10 *Aristóbulo*: judío alejandrino, conocido por haber escrito un libro sobre la ley, en el que quería mostrar la correspondencia entre esta y la filosofía griega.

[p] 1.10 Se trata de Tolomeo VI Filométor, rey de Egipto del 180 al 145 a.C., a quien Aristóbulo dedicó su obra. (Véase *Tabla cronológica I*, sección *VI. Época helenística*.)

[q] 1.11 *Contra el rey*: es decir, Antíoco IV, perseguidor de los judíos.

[r] 1.11 *Ya que él... favor*: texto probable. Gr. *como hombres dispuestos a luchar contra el rey*.

[s] 1.13 Según 1 Mac 6.1-4, el templo amenazado por Antíoco se encontraba en Elimaida (Persia), y estaba dedicado a Nanea, diosa de la naturaleza y la fecundidad. Cf. también 2 Mac 9.1-2.

[t] 1.16 El relato de la muerte de Antíoco IV difiere de los otros dos textos en los que se narra el mismo hecho (1 Mac 6.1-14; 2 Mac 9.1-29). Probablemente se recogen aquí rumores que corrían entre la gente. El autor quiere subrayar que la muerte de los perseguidores es siempre desastrosa.

[u] 1.18 *Fiesta de las Enramadas*: Véase 1.9 nota *m*.

[v] 1.18 Neh 8.13-18. Según Esd 3, Zorobabel y el sumo sacerdote Josué reconstruyeron el templo, mientras que Nehemías solo reconstruyó las murallas (Neh 2.11-20). El relato que sigue (vv. 19-36), con sabor a leyenda popular, tiene como fin mostrar que el templo no ha perdido sus privilegios, pues conserva el antiguo fuego sagrado.

[w] 1.19 *Persia*: Se refiere aquí a Babilonia, que después llegó a ser parte del imperio persa.

tan bien que nadie conoció el lugar. ²⁰ Pasados muchos años, en el momento dispuesto por Dios, Nehemías fue enviado a Judea por el rey de Persia, y mandó a los descendientes de los sacerdotes que habían escondido el fuego, a que lo buscaran. Pero ellos informaron que no habían encontrado el fuego, sino un líquido espeso. Nehemías les mandó sacar de aquel líquido y llevárselo.ˣ ²¹ Cuando todo estaba listo para el sacrificio, Nehemías ordenó a los sacerdotes que rociaran con ese líquido la leña y lo que estaba colocado sobre ella. ²² Así se hizo, y al cabo de un rato brilló el sol, que había estado oculto por una nube; entonces se encendió un gran fuego, que causó la admiración de todos. ²³ Mientras se consumía el sacrificio, los sacerdotes oraban, y los sacerdotes se unieron todos los demás. Jonatán comenzaba la oración, y los demás, con Nehemías a la cabeza, respondían. ²⁴ La oración era: 'Señor, Señor y Dios, creador de todas las cosas, temible y fuerte, justo y compasivo, el único Rey, el único bienhechor, ²⁵ el único generoso, el único justo, todopoderoso y eterno,ʸ que salvas a Israel de toda calamidad, que escogiste a nuestros antepasados y los consagraste a ti:ᶻ ²⁶ acepta este sacrificio que te ofrecemos en favor de todo Israel. Él es el pueblo de tu propiedad: protégelo y conságralo a ti.ᵃ ²⁷ Reúne a aquellos de nosotros que están desterrados,ᵇ da libertad a los que están en esclavitud en medio de las naciones paganas, y mira con bondad a los despreciados y odiados, para que las naciones paganas reconozcan que solo tú eres nuestro Dios. ²⁸ Castiga a los que nos oprimen y nos insultan con insolencia, ²⁹ y arraiga a tu pueblo en la tierra consagrada a ti, como lo dijo Moisés.'ᶜ

³⁰ "Mientras tanto, los sacerdotes cantaban los salmos. ³¹ Cuando se consumió el sacrificio, Nehemías ordenó que el líquido sobrante lo derramaran encima de unas grandes piedras. ³² Cuando hicieron esto, se encendió una llama que fue absorbida por la luz que brillaba en el altar.ᵈ

³³ "El hecho se hizo público, y hasta el rey de Persia se enteró de que, en el lugar donde los sacerdotes llevados cautivos habían escondido el fuego, había aparecido un líquido que Nehemías y sus compañeros habían utilizado para quemar los animales del sacrificio. ³⁴ Entonces el rey, después de comprobar el hecho, mandó construir un muro alrededor de aquel lugar y lo declaró sagrado; ³⁵ y a los encargados de cuidar el lugar les daba ricos regalos de las ofrendas que recibía. ³⁶ Los compañeros de Nehemías llamaron a aquel líquido 'neftar', que significa purificación, pero la mayoría de la gente lo llama 'nafta'.ᵉ "

2 ¹ En los documentosᵃ se dice que el profeta Jeremías ordenó a los desterrados tomar el fuego, como ya se ha dicho,ᵇ ² y que, dándoles la ley, les mandó que se no olvidaran de los mandamientos del Señor ni se dejaran engañar al ver las estatuas de oro y plata de los falsos dioses, y los adornos que las cubrían. ³ Y les dijo otras muchas cosas, para recomendarles que no abandonaran la ley.

⁴ "Estaba escrito también en ese documento que el profeta, por instrucciones de Dios, se había mandado acompañar por la tienda del encuentro con Diosᶜ y el arca de la alianza,ᵈ y que se había dirigido al monte desde el cual Moisés había visto la tierra prometida por Dios,ᵉ ⁵ y que, al llegar allí, Jeremías había encontrado una cueva, en la que depositó el arca de la alianza, la tienda y el altar de los inciensos,ᶠ después de lo cual tapó la entrada. ⁶ Algunos de los acompañantes volvieron después para poner señales en el camino, pero ya no pudieron encontrarlo. ⁷ Jeremías, al saber esto, los reprendió diciéndoles: 'Ese lugar debe quedar desconocido hasta que Dios tenga compasión de su pueblo y vuelva a reunirlo. ⁸ Entonces el Señor hará conocer nuevamente esos objetos; y aparecerán la gloria del Señor y la nube, como aparecieron en tiempos de Moisés y cuando Salomón pidió al Señor que el templo fuera gloriosamente consagrado.'ᵍ

⁹ "Se contaba igualmente en ese documento cómo Salomón, que poseía la sabiduría,ʰ ofreció el sacrificio de la consagración e inauguración del templo, ¹⁰ y que, así como Moisés oró al Señor y del cielo bajó un fuego que consumió el sacrificio,ⁱ del mismo modo Salomón oró, y bajó del cielo un fuego que consumió todos los animales ofrecidos en holocausto.ʲ ¹¹ Moisés había dicho: 'Como el sacrificio ofrecido por el pecado no fue comido, ha sido consumido por el fuego.'ᵏ ¹² Salomón, asimismo, celebró ocho días de fiesta.ˡ

¹³ "Esto también se contaba en los documentos y memorias de Nehemías,ᵐ y además se contaba cómo este reunió la colección de los libros que contenían las crónicas de los reyes, los escritos de los profetas, los salmos de David y las cartas de los reyes sobre las

---

ˣ **1.20** Neh 1.7-8.

ʸ **1.25** La acumulación de títulos dados a Dios es la expresión de la fe en el poder y la bondad del Señor.

ᶻ **1.25** Cf. Gn 12.1-3; 22.15-18; Dt 14.2.

ᵃ **1.26** Cf. Lv 20.26; Dt 32.9; 2 Mac 14.15.

ᵇ **1.27** Cf. Dt 30.4; Neh 1.9.

ᶜ **1.29** Cf. Ex 15.17; Dt 30.4-5.

ᵈ **1.32** Este fuego devorador recuerda el de Elías en el monte Carmelo que consumió el holocausto: 1 R 18.38.

ᵉ **1.36** La palabra griega *nafta* designa el petróleo crudo. Aquí se relaciona, por su parecido externo, con la palabra aramea *niftar* (propiamente, "ser librado").

ᵃ **2.1** *En los documentos:* No se trata de los textos bíblicos conocidos, sino de documentos que conservaban tradiciones populares.

ᵇ **2.1** Según esta nueva versión, el fuego fue encomendado a los sacerdotes que partían para el destierro.

ᶜ **2.4** *La tienda del encuentro con Dios:* Ex 26; Ex 33.7-11; 1 R 8.4.

ᵈ **2.4** *El arca de la alianza:* Ex 25.10-22; 37.1-9.

ᵉ **2.4** Dt 32.48-52.

ᶠ **2.5** *El altar de los inciensos:* Ex 30.1-6.

ᵍ **2.8** Cf. Ex 16.10; 40.34; 1 R 8.10. La nube es el signo de la presencia de Dios.

ʰ **2.9** Cf. 1 R 3.3-28; 4.29(5.9); 8.62-64.

ⁱ **2.10** Lv 9.24.

ʲ **2.10** Cf. 1 R 8.62-64; 2 Cr 7.1-5.

ᵏ **2.11** Parece hacer referencia a Lv 10.16-20.

ˡ **2.12** Cf. 1 R 8.65; 2 Cr 7.9.

ᵐ **2.13** Probable alusión a un escrito no canónico perdido.

ofrendas. [n] [14] De igual manera, Judas ha reunido todos los libros dispersos por causa de la guerra que nos han hecho, y ahora esos libros están en nuestras manos. [ñ] [15] Si ustedes tienen necesidad de ellos, envíen algunas personas para que se los lleven.

[16] "Ya que nos estamos preparando para celebrar la purificación del templo, les escribimos para recomendarles que también ustedes celebren esta fiesta. [17] Dios ha salvado a todo su pueblo, y ha dado a todos la herencia, el reino y el sacerdocio, y nos ha consagrado a él, [o] [18] como lo había prometido por la ley; por eso, confiamos en que también tendrá compasión de nosotros y nos reunirá en la tierra consagrada a él, llevándonos desde todos los lugares del mundo, [p] pues él nos ha librado de muchas calamidades y ha purificado el templo."

2. Prólogo del autor (2.19-32) [q]

[19] Jasón de Cirene [r] escribió la historia de Judas Macabeo y sus hermanos, de la purificación del gran templo, [s] de la consagración del altar, [20] de las guerras contra el rey Antíoco Epífanes [t] y su hijo Eupátor, [u] [21] y de las manifestaciones gloriosas de Dios en favor de los valientes que lucharon varonilmente por el judaísmo, [v] las cuales hicieron posible que estos, aunque pocos en número, devastaran todo el país e hicieran huir a los ejércitos extranjeros. [22] Recuperaron el templo, famoso en todo el mundo; libraron a la ciudad de Jerusalén, y restablecieron las leyes que iban a ser suprimidas, pues el Señor fue sumamente bondadoso con ellos. [23] Pero nosotros procuraremos resumir en un solo libro lo que Jasón escribió en cinco.

[24] Considerando la cantidad de números y la dificultad que, por la abundancia de materia, se presenta a los que quieren seguir minuciosamente las narraciones de la historia, [25] nos esforzaremos por ofrecer entretenimiento a los que leen por el solo gusto de leer; facilidad a los que quieren aprender de memoria y, en fin, utilidad a todos los que lean este libro. [26] Para nosotros, que emprendimos la dura tarea de resumir la obra, fue una labor difícil que nos costó muchos sudores y desvelos, [27] tanto como el trabajo de quien prepara un banquete y quiere agradar a los demás. Por nuestra parte, para ser útiles a todos, soportaremos gustosamente la fatiga. [28] Dejaremos al historiador la discusión minuciosa de los detalles, para concretarnos a seguir las normas del resumen. [29] De la misma manera que el arquitecto de una casa nueva se preocupa de todo el edificio, mientras que a los pintores y decoradores les toca lo referente a la ornamentación, así nos parece que debe ser nuestra tarea: [30] al autor original de una historia le corresponde profundizar en la materia, tratar extensamente los temas, descender a los detalles; [31] pero el que hace un resumen debe ser breve en la expresión y no tratar de hacer una exposición completa de los hechos. [32] Comencemos, pues, nuestra narración, sin añadir más cosas a lo que ya hemos dicho; porque sería absurdo alargarnos en la introducción y luego acortar la historia misma.

3. Historia de Heliodoro (3.1-40) [a]

3 *Dios protege los tesoros del templo* [1] En tiempos del sumo sacerdote Onías, [b] la ciudad santa de Jerusalén vivía en completa paz, y las leyes eran cumplidas del modo más exacto, porque él era un hombre piadoso, que odiaba la maldad. [2] Los mismos reyes rendían honores al santuario y aumentaban la gloria del templo con magníficos regalos. [c] [3] Aun Seleuco [d], rey de Asia, sostenía de sus propias rentas los gastos para la celebración de los sacrificios.

[4] Pero un cierto Simón, del turno sacerdotal de Bilgá [e] y administrador del templo, se disgustó con el sumo sacerdote Onías por causa de la administración del mercado de la ciudad. [5] Al no poder imponerse a Onías, fue a hablar con Apolonio de Tarso, que en aquel tiempo era jefe militar de las provincias de Celesiria y Fenicia, [f] [6] y le contó que en el tesoro del templo de Jerusalén había incalculables riquezas, que la cantidad de dinero depositado era incontable, mucho más de lo que se necesitaba para los gastos de los sacrificios, y que, por lo tanto, el rey podía apoderarse del tesoro. [g] [7] Apolonio fue a ver al rey y lo puso al corriente del asunto de los tesoros del templo. Entonces el rey confió a Heliodoro, el encargado del gobierno, la misión de apoderarse de aquellas riquezas.

[8] Heliodoro se puso inmediatamente en camino, con el pretexto de visitar las ciudades de Celesiria y Fenicia, pero en realidad lo hacía para llevar a efecto las intenciones del rey. [9] Cuando llegó a Jerusalén, fue recibido amistosamente por el sumo sacerdote y los habitantes de la ciudad, a quienes expuso lo que le habían dicho acerca del

---

[n] 2.13 Se atribuye a Nehemías la recolección de los libros sagrados y de otros que se refieren a la historia antigua del pueblo. Cf. Esd 7.15-20; Neh 8.

[ñ] 2.14 Cf. 1 Mac 1.56-57.

[o] 2.17 Cf. Ex 19.6.

[p] 2.18 Dt 30.3-5.

[q] 2.19-32 El autor introduce su relato con un prólogo (2.19-32) inspirado en los escritores de su época.

[r] 2.19 De la obra de *Jasón de Cirene* casi nada se sabe, fuera de lo que se puede colegir del resumen hecho en 2 Mac.

[s] 2.19 2 Mac 10.1-8.

[t] 2.20 2 Mac 4.7—9.29. Véase *Tabla cronológica I*, sección *VI. Época helenística*.

[u] 2.20 2 Mac 10.9—13.26.

[v] 2.21 Estas manifestaciones, rasgo típico de este libro, se mencionan en 3.24-28; 5.2-4; 10.29-30; 11.8-9; 15.27. Con estos relatos se quiere resaltar la poderosa intervención divina.

[a] 3.1-40 La primera narración (3.1-40) muestra cómo Dios protegió el templo en tiempo del sumo sacerdote Onías.

[b] 3.1 Se trata de Onías III, hijo de Simón II, quien fue sumo sacerdote del 196 al 175 a.C. A su padre Simón se refiere el elogio hecho en Eclo 50. Cf. también 2 Mac 15.12.

[c] 3.2 Según Flavio Josefo, Tolomeo II y su sucesor habían honrado el templo, y Antíoco III había hecho una contribución para los sacrificios del templo.

[d] 3.3 Se trata de Seleuco IV, hermano mayor de Antíoco Epífanes. Véase *Tabla cronológica I*, sección *VI. Época helenística*.

[e] 3.4 *Del turno sacerdotal de Bilgá:* según antiguas versiones (cf. Neh 12.5,18). Gr.: *de la tribu de Benjamín.* Simón estaba encargado de la administración del templo y era inspector del mercado público. No se sabe por qué razones entró en conflicto con Onías.

[f] 3.5 *Celesiria y Fenicia:* el actual Líbano y la costa de Israel.

[g] 3.6 Véase 1 Mac 1.23 n.

tesoro del templo, y manifestó el motivo de su venida. Preguntó, entonces, si era cierto lo que le habían contado. ¹⁰ El sumo sacerdote le explicó que el dinero depositado pertenecía a las viudas y los huérfanos,ʰ ¹¹ y que una parte era de Hircano,ⁱ hijo de Tobías, personaje que ocupaba un cargo importante. Así pues, las afirmaciones del impío Simón eran falsas. Le explicó que todo el dinero depositado sumaba la cantidad de trece mil doscientos kilos de plata y seis mil seiscientos kilos de oro, ¹² y que de ningún modo se podía cometer una injusticia con los que habían confiado en la santidad del lugar y en el carácter sagrado e inviolable de aquel templo venerado en todo el mundo. ¹³ Pero Heliodoro, en virtud de las órdenes que había recibido del rey, insistía en que el dinero debía ser entregado al tesoro real.

¹⁴ En el día señalado por él, entró en el templo para hacer el inventario del tesoro, y en toda la ciudad hubo una gran preocupación. ¹⁵ Los sacerdotes, con vestiduras sacerdotales, estaban arrodillados delante del altar e invocaban a Dios, autor de la ley sobre los depósitos, y le suplicaban que guardara intactos los bienes de quienes los habían dejado allí. ¹⁶ El aspecto del sumo sacerdote impresionaba profundamente a quienes lo miraban: su rostro y la palidez de su semblante manifestaban la angustia de su alma; ¹⁷ el miedo y el temor que se habían apoderado de él mostraban a quienes lo miraban el dolor profundo de su corazón. ¹⁸ La gente se precipitaba en tropel a las calles para orar en común por el templo, que estaba en peligro de ser profanado. ¹⁹ Las mujeres, vestidas de luto y con el pecho descubierto, llenaban las calles. De las más jóvenes, que ordinariamente eran obligadas a permanecer en su casa, algunas corrían hasta las puertas y otras subían a los muros o se asomaban por las ventanas, ²⁰ y todas, con las manos levantadas al cielo, elevaban su oración. ²¹ Daba compasión ver a la gente, de rodillas y en desorden, y la preocupación del sumo sacerdote, presa de una gran angustia.

²² Mientras se hacían súplicas al Señor todopoderoso para que guardara intactos y seguros los depósitos de quienes los habían dejado en el templo, ²³ Heliodoro se disponía a ejecutar su decisión. ²⁴ Pero cuando él y sus acompañantes se encontraban ya junto al tesoro, el Señor de los espíritusʲ y de todo poder se manifestó con gran majestad, de modo que todos los que se habían atrevido a entrar los aterró el poder de Dios, y quedaron sin fuerzas ni valor.ᵏ ²⁵ Pues se les apareció un caballo, ricamente adornado y montado por un jinete terrible, que levantando sus cascos delanteros se lanzó con violencia contra Heliodoro. El jinete vestía una armadura de oro. ²⁶ Aparecieron también dos jóvenes de extraordinaria fuerza y gran belleza,

magníficamente vestidos. Se colocaron uno a cada lado de Heliodoro, y sin parar lo azotaron descargando golpes sobre él.ˡ ²⁷ Heliodoro cayó inmediatamente a tierra sin ver absolutamente nada. Rápidamente lo levantaron y lo colocaron en una camilla. ²⁸ Y así, a Heliodoro, que con gran acompañamiento y con toda su guardia había entrado en la sala del tesoro, tuvieron que llevárselo a cuestas, incapaz ahora de valerse por sí mismo, mientras reconocían claramente el poder de Dios.

²⁹ Y en tanto que por la fuerza de Dios aquel hombre quedaba derribado, mudo y sin esperanza de salvación, ³⁰ los judíos daban gracias al Señor, que había mostrado su gloria en el santuario; y el templo, en donde poco antes habían reinado el miedo y la confusión, estaba ahora lleno de alegría y gozo por la manifestación del Señor todopoderoso.

³¹ Los amigos de Heliodoro corrieron a pedir a Onías que hiciera una oración al Dios altísimo, para que le perdonara la vida a Heliodoro, que ya estaba a punto de morir. ³² El sumo sacerdote, temeroso de que el rey sospechara que los judíos habían atentado contra la vida de Heliodoro, ofreció un sacrificio por su curación.ᵐ ³³ Y al ofrecer el sumo sacerdote el sacrificio por el pecado, los mismos jóvenes, vestidos con las mismas vestiduras, se aparecieron nuevamente a Heliodoro, se pusieron de pie junto a él y le dijeron: "Da muchas gracias al sumo sacerdote Onías; por su oración, el Señor te perdona la vida. ³⁴ Y ahora que has recibido el castigo de Dios, proclama a todos su gran poder." Dichas esta palabras, desaparecieron.

³⁵ Heliodoro ofreció un sacrificio e hizo grandes promesas al Señor por haberle conservado la vida, y despidiéndose de Onías volvió con sus tropas al rey.ⁿ ³⁶ A todos hablaba de lo que el Dios altísimoñ había hecho, y que él había visto con sus propios ojos.

³⁷ El rey, entonces, le preguntó a Heliodoro a quién podría enviar de nuevo a Jerusalén, y él respondió: ³⁸ "Si Su Majestad tiene algún enemigo o uno que conspire contra su gobierno, envíelo allá, y si logra sobrevivir, volverá a Su Majestad despedazado por los azotes, pues ciertamente en ese lugar hay un poder divino. ³⁹ El que vive en el cielo vela sobre ese lugar y lo protege; a los que van allí con malas intenciones, los golpea y los hace morir."

⁴⁰ Esta es la historia de Heliodoro y de la conservación del tesoro del templo.

4. Persecución en tiempos de Antíoco IV (4.1—7.42) ᵃ

Onías acude al rey ¹ Simón, de quien ya se ha hablado antes,ᵇ que traicionó a su patria propagando las

---

ʰ **3.10** La ayuda a las viudas y a los huérfanos era un deber tradicional en Israel. Cf. Dt 27.19; Is 1.23.

ⁱ **3.11** *Hircano*: personaje importante que vivía en Transjordania.

ʲ **3.24** El título *Señor de los espíritus* es raro; se remonta quizás a Nm 16.22; 27.16.

ᵏ **3.24** Véase 2.21 n.

ˡ **3.26** Estos seres recuerdan otras intervenciones de Dios o del "ángel del Señor": Jos 5.13-15; Jue 6.11-23; 2 S 24.16-17; 2 R 19.35. La intención del relato es poner de relieve la santidad inviolable del templo de Jerusalén.

ᵐ **3.32** El sumo sacerdote tenía como función especial la expiación y la intercesión.

ⁿ **3.35** Recuperada la salud, Heliodoro ofrece un sacrificio de acción de gracias, lo que se permite a personajes notables no judíos.

ñ **3.36** *Altísimo*: lit. *Máximo*, expresión común entre los judíos helenizados y usada por los paganos para referirse a Zeus.

ᵃ **4.1—7.42** La segunda sección importante del libro (4.1—7.42) trata de la persecución desatada contra los judíos en tiempo de Antíoco IV, quien quiere imponer las costumbres griegas.

ᵇ **4.1** *Simón*, ya conocido por 3.4-6, capitaneaba el partido de los

falsas noticias acerca del tesoro del templo, calumniaba a Onías diciendo que él había atacado a Heliodoro y le había causado esos males. **2** Se atrevió a llamar enemigo de los intereses públicos a Onías, el benefactor de la ciudad, protector de sus compatriotas y celoso defensor de las leyes. **3** La enemistad creció a tal punto, que uno de los hombres de confianza de Simón cometió algunos asesinatos. **4** Considerando Onías que tal rivalidad era perjudicial, y viendo que Apolonio, hijo de Menesteo, jefe militar de las provincias de Celesiria y Fenicia, fomentaba la maldad de Simón, **5** se dirigió al rey, no para acusar a sus conciudadanos sino buscando el interés general y particular de todo el pueblo, **6** pues veía que sin una intervención del rey sería imposible alcanzar la paz pública y que Simón pusiera fin a su locura.

Antíoco IV Epífanes: introducción de costumbres paganas en Israel (1 Mac 1.10-15)

7 Cuando Seleuco murió,[c] lo sucedió Antíoco, conocido con el nombre de Epífanes. Entonces Jasón, hermano de Onías, compró con dinero el cargo de sumo sacerdote;[d] **8** en una entrevista con el rey, prometió darle once mil ochocientos ochenta kilos de plata como tributo, más otros dos mil seiscientos cuarenta de entradas adicionales. **9** Se comprometió, además, a pagar casi cinco mil kilos de plata, si lo autorizaba a establecer, por cuenta propia, un gimnasio y un centro de deportes y cultura griega,[e] y si daba a los habitantes de Jerusalén el derecho de ciudadanos de Antioquía.[f] **10** El rey le concedió lo que pedía, y desde que Jasón tomó posesión del cargo, fomentó entre sus compatriotas la manera griega de vivir. **11** Renunció a los privilegios que bondadosamente los reyes habían concedido a los judíos[g] por intercesión de Juan, el padre de Eupólemo. Este Eupólemo es el mismo que fue enviado a hacer un tratado de amistad y pacto con los romanos.[h] Jasón suprimió además las costumbres conformes con la ley e introdujo otras contrarias a ella.[i] **12** Se apresuró a construir un gimnasio al pie de la ciudadela,[j] e hizo que los jóvenes más sobresalientes se dedicaran a los ejercicios del gimnasio.[k] **13** La extremada maldad del impío y falso sumo sacerdote Jasón hizo que por todas partes se propagara la manera griega de vivir, y que aumentara el deseo de imitar lo extranjero. **14** Así, los sacerdotes dejaron de mostrar interés por el servicio del altar, y ellos mismos, despreciando el templo y descuidando los sacrificios, en cuanto sonaba la señal se apresuraban a ayudar a los luchadores a entrenarse en los ejercicios prohibidos por la ley. **15** Despreciaban por completo los honores de la propia patria, y estimaban en sumo grado las glorias de los griegos. **16** Pero precisamente por eso se vieron en una situación difícil: aquellos mismos a quienes se propusieron seguir y copiar en todo, fueron después sus enemigos y verdugos. **17** Porque la violación de las leyes divinas no queda sin castigo, como lo demuestra la historia que sigue.[l]

18 Al celebrarse en Tiro, en presencia del rey, los juegos que tenían lugar cada cuatro años,[m] **19** el malvado Jasón envió, como representantes de Jerusalén, a algunos en calidad de ciudadanos de Antioquía, para presenciar los juegos, y les dio trescientas monedas de plata para el sacrificio al dios Hércules; pero ellos mismos pensaron que no convenía emplear ese dinero en el sacrificio, sino más bien en otros gastos.[n] **20** Y así, el dinero destinado por Jasón para el sacrificio en honor de Hércules, fue dedicado, por quienes lo llevaban, a equipar barcos de remos.

21 Cuando Apolonio, hijo de Menesteo, fue a Egipto para asistir como delegado a la coronación del rey Filométor,[ñ] supo Antíoco que Filométor era contrario a su política, y se preocupó por tomar medidas de seguridad. Por eso se dirigió a la ciudad de Jope, y de allí marchó a Jerusalén.[o] **22** Jasón y la ciudad le hicieron un gran recibimiento a la luz de antorchas y entre aclamaciones. Después Antíoco acampó con su ejército en la región de Fenicia.

Menelao, sumo sacerdote

23 Tres años más tarde,[p] Jasón envió a Menelao, hermano del Simón antes mencionado,[q] para llevar el dinero prometido[r] al rey y tratar asuntos urgentes. **24** Pero Menelao, al presentarse ante el rey, se ganó su favor haciéndose pasar por un personaje importante y, ofreciéndole nueve mil novecientos kilos de plata más que Jasón, logró que le diera a él el cargo de sumo sacerdote. **25** Tan pronto como recibió el nombramiento de manos del rey,[s] regresó; pero no mostraba reunir las cualidades de un sumo sacerdote, sino los sentimientos de

---

helenizantes y quizá quería suplantar a Onías en el cargo de sumo sacerdote. El primer paso para obtenerlo era desacreditar a Onías ante el rey, como si aquel hubiera urdido alguna estratagema para asustar a Heliodoro.

[c] **4.7** Heliodoro conspiró contra Seleuco y le quitó la vida (175 a.C.). En su lugar subió al trono Antíoco IV, fervoroso propagador de los ideales y costumbres griegas. Véase Tabla cronológica I, sección VI. Época helenística.

[d] **4.7** Aunque Jasón es de familia sacerdotal, llega al cargo de manera ilegítima.

[e] **4.9** Para el autor, esas prácticas suponen abandonar las costumbres judías. Cf. 1 Mac 1.15.

[f] **4.9** Si daba... Antioquía: Otra posible traducción: registrar a los ciudadanos de Antioquía residentes en Jerusalén.

[g] **4.11** Los privilegios son los de vivir según las leyes propias, sobre todo en materia religiosa. Renunciar a estos privilegios y adoptar las costumbres griegas era una infidelidad a la ley.

[h] **4.11** 1 Mac 8.17.

[i] **4.11** 1 Mac 1.15,44-50; 8.17.

[j] **4.12** Ciudadela: Véase 1 Mac 1.33 n.

[k] **4.12** Se dedicaran...gimnasio: lit. se pusieron el petaso. El petaso era el sombrero de ala ancha característico de Hermes (Mercurio), dios de los deportes.

[l] **4.16-17** Para el autor, las calamidades que van a venir son un castigo por la infidelidad a la ley.

[m] **4.18** A imitación de los juegos olímpicos de Grecia, había fiestas que se celebraban cada cuatro años en honor de Melqart, dios de Tiro y de Cartago, asimilado al Heracles griego.

[n] **4.19** El sacrificio a un dios pagano era inaceptable aun para muchos partidarios de la cultura griega.

[ñ] **4.21** Se trata de Tolomeo VI Filométor, hijo de Tolomeo V y de Cleopatra I, hermana de Antíoco Epífanes. La coronación tuvo lugar hacia el año 175 a.C. Véase Tabla cronológica I, sección VI. Época helenística.

[o] **4.21** Antíoco viene a Jerusalén para asegurarse la lealtad del partido helenista.

[p] **4.23** Tres años más tarde: hacia fines del 172 o principios del 171 a.C.

[q] **4.23** 2 Mac 3.4; 4.1.

[r] **4.23** El dinero prometido: 2 Mac 4.8.

un tirano cruel y el furor de una fiera salvaje. ²⁶ De este modo, Jasón, que había suplantado a su propio hermano, fue a su vez suplantado por otro, y se vio obligado a huir al territorio de Amón.

²⁷ Pero Menelao, una vez que obtuvo el cargo, no se preocupó ya por pagar al rey el dinero prometido, ²⁸ a pesar de las reclamaciones que le hacía Sóstrates, comandante de la ciudadela, a quien le correspondía cobrar los impuestos. Por esta causa, los dos fueron llamados por el rey. ²⁹ Entonces Menelao dejó en lugar suyo, como sumo sacerdote, a su hermano Lisímaco, y Sóstrates dejó a Crates, jefe de los soldados de Chipre.

Asesinato de Onías ³⁰ Mientras esto sucedía, los ciudadanos de Tarso y de Malos se rebelaron, porque sus ciudades habían sido dadas como regalo a Antióquida, concubina del rey.ᵗ ³¹ El rey partió rápidamente para imponer orden, dejando como encargado del poder a Antíoco, uno de los personajes más importantes.

³² Pensando que la ocasión le era favorable, Menelao robó algunos objetos de oro del templo; ᵘ unos se los regaló a Andrónico, y otros logró venderlos en Tiro y las ciudades vecinas. ³³ Cuando de buenas fuentes Onías se enteró de esto, se retiró a Dafne, cerca de Antioquía, lugar en donde no lo podían atacar,ᵛ y desde allí le reprochó a Menelao su proceder. ³⁴ Menelao, entonces, acercándose en privado a Andrónico, empezó a urgirle que matara a Onías. Andrónico fue al lugar donde estaba Onías, y dándole la mano le juró falsamente que no le haría nada. Onías se resistía a creerle, pero al fin se dejó convencer y salió del lugar de refugio. Inmediatamente Andrónico lo mató, sin ningún miramiento por la justicia.

³⁵ Por esta causa, no solo los judíos, sino también muchos de otras naciones, se indignaron y enojaron por la injusta muerte de aquel hombre. ʷ ³⁶ Y cuando el rey regresó de Cilicia, los judíos de la ciudadˣ fueron a hablar con él acerca del asesinato de Onías; los griegos reprobaban, lo mismo que ellos, ese crimen. ³⁷ Antíoco, profundamente afectado y movido a compasión, lloró al recordar la prudencia y sensatez del difunto.ʸ ³⁸ Lleno de indignación, despojó inmediatamente a Andrónico de su manto color púrpuraᶻ y le rasgó las vestiduras, luego lo hizo llevar por toda la ciudad hasta el lugar en que había cometido su impío crimen contra Onías, y allí libró al mundo de semejante asesino. Así el Señor le dio el castigo que merecía.ᵃ

Intrigas de Menelao ³⁹ Con la complicidad de Menelao, Lisímaco cometió en Jerusalén muchos robos de objetos sagrados. Al saberlo, el pueblo se levantó contra Lisímaco; pero para entonces ya muchos objetos de oro habían desaparecido. ⁴⁰ Viendo que la gente, enfurecida, empezaba a rebelarse, armó Lisímaco cerca de tres mil hombres y dio comienzo a una injusta represión, dirigida por un tal Auranos, hombre tan entrado en años como descentrado en juicio. ⁴¹ Cuando la gente vio que Lisímaco los atacaba, unos reunieron piedras, otros tomaron palos pesados, otros recogieron con la mano la ceniza que había en el suelo ᵇ y, en medio de una gran confusión, comenzaron a lanzarlo todo contra los hombres de Lisímaco. ⁴² De esta forma, a muchos de ellos los hirieron, a varios mataron, y a todos los demás les pusieron en fuga; y al profanador Lisímaco lo mataron junto al tesoro del templo.

⁴³ Por estos acontecimientos se siguió un juicio en contra de Menelao. ⁴⁴ Cuando el rey fue a Tiro, tres hombres enviados por el consejo de ancianos de los judíos acusaron a Menelao ante el rey. ⁴⁵ Menelao, viéndose ya perdido, ofreció mucho dinero a Tolomeo, hijo de Dorimeno, para que convenciera al rey en su favor.ᶜ ⁴⁶ Así pues, Tolomeo, llevando al rey a una galería con el pretexto de refrescarse, lo hizo cambiar de opinión. ⁴⁷ De esta manera, el rey absolvió de las acusaciones a Menelao, autor de todos estos males, y condenó a muerte a los pobres acusadores, a quienes aun los salvajes ᵈ hubieran declarado inocentes. ⁴⁸ Ellos, que habían querido defender la ciudad, y a sus habitantes y los objetos de culto, sufrieron sin más el injusto castigo. ⁴⁹ Por esta razón, algunos habitantes de Tiro, disgustados por tanta maldad, costearon con generosidad los gastos de sus funerales. ⁵⁰ Menelao, gracias a la codicia de los poderosos, permaneció en su cargo, y fue de mal en peor, llegando a ser el mayor enemigo de sus conciudadanos.

5

Muerte de Jasón ¹ Por aquel tiempo, Antíoco se preparaba para su segunda expedición contra Egipto.ᵃ ² Entonces, durante casi cuarenta días, ᵇ aparecieron en toda la ciudad jinetes con armadura de oro, armados y organizados en escuadrones, que corrían por el aire con las espadas desenvainadas;ᶜ ³ compañías de caballería en orden de batalla, con ataques y asaltos de una y de otra parte, con agitar de escudos y con lanzas innumerables, tiros de flechas, relampaguear de armaduras de oro y corazas de todo tipo. ⁴ Todos pedían a Dios que estas visiones anunciaran algo bueno.

ˢ **4.25** Menelao ocupó el cargo de sumo sacerdote hasta el año 162 (cf. 2 Mac 13.3-8).
ᵗ **4.30** Tarso, futura patria de Pablo, y Malos eran ciudades importantes de Cilicia. Véase *Tarso* en el *Índice de mapas*.
ᵘ **4.32** El *templo* de Dafne, dedicado a Apolo y Artemisa, estaba situado a unos 7 km de Antioquía.
ᵛ **4.33** Los templos gozaban del derecho de asilo.
ʷ **4.35** Onías es el "jefe consagrado" de Dn 9.26. Véase allí la nota al respecto.
ˣ **4.36** *La ciudad*: Antioquía.
ʸ **4.37** Desde el punto de vista judío, las principales virtudes de Onías eran la piedad y la fidelidad a la ley (cf. 3.1). Para un griego como Antíoco, la prudencia y la sensatez eran sus cualidades sobresalientes.

ᶻ **4.38** *Su manto color púrpura:* Véase 1 Mac 10.62 n.
ᵃ **4.38** Según historiadores antiguos, Antíoco tenía además otras razones para eliminar a Andrónico: este había sido su cómplice en el asesinato de un hijo de Seleuco.
ᵇ **4.41** *La ceniza* era la de los sacrificios, amontonada junto al altar.
ᶜ **4.45** 1 Mac 3.38; 2 Mac 10.12.
ᵈ **4.47** *Salvajes*: literalmente: *escitas*. Los escitas (pueblo que vivía al norte del Mar Negro) eran considerados en la antigüedad como los salvajes más crueles.
ᵃ **5.1** No hay certeza sobre la cronología de esta *segunda expedición contra Egipto*. Cf. 1 Mac 1.20.
ᵇ **5.2** *Cuarenta días:* número simbólico. Véase Gn 7.12 n.
ᶜ **5.2** Véase 2.21 n.

⁵ Habiendo circulado el falso rumor de la muerte de Antíoco, Jasón*d* tomó no menos de mil hombres y, sin previo aviso, atacó la ciudad. *e* Finalmente, después de haber rechazado a los que defendían las murallas, Jasón tomó la ciudad, y Menelao buscó refugio en la ciudadela. ⁶ Jasón degolló sin compasión a muchos de sus propios conciudadanos, no comprendiendo que la victoria sobre sus compatriotas era la mayor derrota; pero él pensaba que estaba celebrando el triunfo sobre sus enemigos y no sobre sus paisanos. ⁷ Sin embargo no logró conquistar el poder, sino que el único resultado de su traición fue la humillación, y huyó de nuevo hacia el territorio de Amón. ⁸ Su conducta perversa tuvo un triste final: después de caer prisionero en manos de Aretas, jefe de los árabes, huyó de ciudad en ciudad; perseguido por todos, odiado como traidor a las leyes, aborrecido como verdugo de su patria y de sus compatriotas, fue a parar a Egipto. *f* ⁹ Y él, que había desterrado de su patria a muchos, murió en tierra extranjera, después de haberse embarcado para Lacedemonia con la esperanza de encontrar allí un lugar de refugio, gracias al parentesco de los lacedemonios con los judíos; *g* ¹⁰ y a él, que había dejado a tantos sin sepultura, nadie lo lloró; no se le hicieron funerales, ni encontró un lugar en la tumba de sus antepasados. *h*

Profanación del templo (1 Mac 1.16-28) ¹¹ Cuando el rey supo estas cosas, llegó a la conclusión de que Judea quería rebelarse. Entonces, enfurecido como una fiera, se puso en marcha desde Egipto, tomó con su ejército a Jerusalén, *i* ¹² y ordenó a sus soldados golpear sin compasión a los que encontraran y degollar a los que buscaran refugio en las casas. ¹³ Fue una matanza de jóvenes y ancianos, una carnicería de mujeres y niños, y un degüello de muchachas y niños de pecho. ¹⁴ En solo tres días, el total de víctimas fue de ochenta mil: cuarenta mil murieron asesinados, y otros tantos fueron vendidos como esclavos.

¹⁵ No contento con esto, el rey se atrevió a penetrar en el templo más sagrado de toda la tierra; *j* y Menelao, traicionando las leyes y la patria, le sirvió de guía. ¹⁶ Con sus manos impuras tomó el rey los vasos sagrados, y robó las cosas que otros reyes habían ofrecido para el engrandecimiento, la gloria y la dignidad del templo.

¹⁷ Antíoco estaba lleno de orgullo y no entendía que, a causa de los pecados de los habitantes de Jerusalén, el Señor se había enojado por poco tiempo y parecía haberse olvidado del santuario. *k* ¹⁸ Si los judíos no hubieran cometido tantos pecados, Dios hubiera castigado a Antíoco desde el primer momento y lo hubiera hecho desistir de su audacia, como lo había hecho con Heliodoro, a quien el rey Seleuco envió para inspeccionar el tesoro del templo. ¹⁹ Pero el Señor no escogió al pueblo por amor al templo, sino que escogió el templo por amor al pueblo. *l* ²⁰ Por eso, el templo, después de haber participado de las calamidades del pueblo, participó también de su bienestar; fue abandonado porque Dios todopoderoso se enojó, pero fue nuevamente restaurado con todo su esplendor, cuando volvió a gozar del favor del soberano Señor.

Matanzas en Jerusalén (1 Mac 1.29-40) ²¹ Antíoco, después de llevarse del templo casi sesenta mil kilos de plata, volvió rápidamente a Antioquía, pensando, en medio de su orgullo y arrogancia, que podría hacer que los barcos navegaran por tierra y que los hombres caminaran por el mar. ²² Sin embargo, dejó comisarios encargados de hacer mal a los judíos. En Jerusalén puso a Filipo, *m* natural de Frigia, de sentimientos más salvajes que el que lo había nombrado; ²³ en el monte Guerizim *n* dejó a Andrónico; y además de estos nombró a Menelao, el peor de todos en cuanto a perseguir a sus conciudadanos. Era tal el odio que el rey sentía por los judíos, ²⁴ que envió a Apolonio, *ñ* jefe de los mercenarios de Misia, al frente de un ejército de veintidós mil hombres, con la orden de degollar a todos los hombres adultos y de vender a las mujeres y los niños. ²⁵ Al llegar a Jerusalén, Apolonio hizo tener intenciones pacíficas y esperó hasta el sagrado día sábado; y aprovechándose de que los judíos estaban descansando, ordenó a sus tropas hacer un desfile militar; *o* ²⁶ a todos los que salieron a ver el espectáculo los hizo matar allí mismo, y recorriendo con sus tropas la ciudad, dio muerte a gran cantidad de gente.

²⁷ Pero Judas Macabeo se reunió con unos diez hombres más y se retiró al desierto; *p* en aquellas montañas vivió con sus compañeros como los animales salvajes, y para mantenerse ritualmente puros comían solo hierbas. *q*

6
Persecución religiosa y cultos paganos (1 Mac 1.41-64) ¹ Poco tiempo después, el rey envió a un anciano de la ciudad de Atenas para obligar a los judíos a quebrantar las leyes de sus antepasados y a organizar su vida de un modo contrario a las leyes de Dios, ² para profanar el templo de Jerusalén y consagrarlo al dios Zeus Olímpico, *a* y para

---

d 5.5 *Jasón:* cf. 2 Mac 4.7-10,26.
e 5.5 *La ciudad:* Se trata de Petra, capital del reino Nabateo. Aretas era su rey. Véase 1 Mac 5.25 n.
f 5.8 El fin miserable de los perseguidores es uno de los temas de este libro; véase 1.16 n.
g 5.9 1 Mac 12.7.
h 5.10 Morir en esta forma era para los antiguos, y más para un sumo sacerdote, un gran deshonor. El autor ve así aplicada la ley del talión (cf. Ex 21.24).
i 5.11 La guerra civil explica la venida de Antíoco Epífanes a Jerusalén. El rey viene en ayuda de Menelao y se hace pagar su intervención despojando al templo.
j 5.15 Mientras que otros reyes habían hecho donaciones a Jerusalén (cf. 3.2-3), Antíoco lo saquea.
k 5.17 2 Mac 6.12-16; 7.16-17.

l 5.19 Cf. Jer 7.1-15; Miq 3.11-12. Jesús expresa un principio semejante a propósito del sábado (Mc 2.27): la intención de Dios se dirige primariamente a la persona humana; las instituciones están subordinadas a ella.
m 5.22 *Filipo:* no el mismo que se menciona en 1 Mac 6.14 y en 2 Mac 9.29.
n 5.23 *El monte Guerizim* era el monte sagrado de los samaritanos.
ñ 5.24 1 Mac 1.29.
o 5.25-26 1 Mac 2.34-41.
p 5.27 1 Mac 2.27-31. Judas se prepara para actuar. Cf. Dn 11.30-33.
q 5.27 1 Mac 1.62-63.
a 6.2 En varias partes del territorio que gobernaba Antíoco introdujo el culto a *Zeus* (Júpiter de los romanos) en un esfuerzo por unificar las religiones de su reino. Se le daban diversos epítetos, como

dedicar el templo del monte Guerizim a Zeus Hospitalario, como lo habían pedido [b] los habitantes de aquel lugar.

³ Aun para la masa del pueblo era penoso y difícil soportar tantos males. ⁴ El templo era escenario de actos desenfrenados y de fiestas profanas, organizadas por paganos que se divertían con mujeres de mala vida y tenían relaciones con prostitutas en los atrios sagrados. Además, llevaban al templo objetos que estaba prohibido introducir en él,[c] ⁵ y el altar se veía lleno de animales que la ley prohibía ofrecer.[d] ⁶ No se podía observar el sábado,[e] ni celebrar las fiestas tradicionales, ni siquiera declararse judío.[f] ⁷ A la fuerza se veía la gente obligada a comer de los animales que cada mes se ofrecían en sacrificio para celebrar el día del nacimiento del rey.[g] Cuando llegaba la fiesta del dios Baco, se obligaba a la gente a tomar parte en la procesión, con la cabeza coronada de ramas de hiedra.[h]

⁸ Por instigación de los habitantes de la ciudad de Tolemaida,[i] se expidió un decreto para que en las ciudades griegas vecinas se observara la misma conducta contra los judíos y se les obligara a tomar parte en la comida de los animales ofrecidos en sacrificio;[j] ⁹ los que no aceptaran las costumbres griegas serían degollados. Todo esto hacía prever la calamidad que se aproximaba.

¹⁰ Así, por ejemplo, dos mujeres fueron llevadas al tribunal por haber hecho circuncidar a sus hijos; después de conducirlas públicamente por la ciudad, con los niños colgados de los pechos, las arrojaron desde lo alto de la muralla. ¹¹ Otros, que se habían reunido en cavernas cercanas para celebrar a escondidas el sábado, habiendo sido denunciados ante Filipo, fueron quemados todos juntos, pues por respeto al sábado no quisieron defenderse.[k]

¹² Recomiendo a los que lean este libro que no se desconcierten por causa de estas desgracias, sino que consideren que aquellos castigos eran para corregir a nuestro pueblo y no para destruirlo. ¹³ Pues es señal de gran bondad de Dios no condescender con los pecadores, sino castigarlos pronto; ¹⁴ para castigar a las otras naciones, el Señor aguarda con paciencia a que llenen la medida de sus pecados, pero a nosotros ¹⁵ nos castiga antes de que lleguemos al extremo de los nuestros. ¹⁶ Pues él no aparta de nosotros su misericordia, y aunque nos corrige con calamidades, no nos abandona.[l] ¹⁷ Baste ahora con haber recordado estas cosas; y hecha esta breve interrupción, sigamos el relato.

Martirio de Eleazar[m] ¹⁸ A Eleazar, uno de los principales maestros de la ley, hombre de avanzada edad y de presencia noble, se le quería obligar, abriéndole la boca, a comer carne de cerdo.[n] ¹⁹ Pero él, prefiriendo una muerte honrosa a una vida sin honor, voluntariamente se dirigió al lugar del suplicio ²⁰ después de haber escupido la carne. Se portó como deben portarse los que firmemente rechazan lo que no está permitido comer, ni aun por amor a la vida. ²¹ Los que presidían esta comida prohibida por la ley, y que de tiempo atrás conocían a este hombre, tomándolo aparte le aconsejaron que se hiciera traer carne preparada por él, la cual estuviera permitida, y que fingiera comer de la carne ofrecida en sacrificio, como lo había ordenado el rey. ²² Así evitaría la muerte, y ellos, por su antigua amistad con él, lo tratarían con bondad. ²³ Pero Eleazar, tomando una decisión honrosa y digna de su edad, de su venerable ancianidad y de sus cabellos blancos, que eran señal de sus trabajos y de su distinción, una decisión digna de su conducta intachable desde la niñez, y especialmente digna de la santa ley establecida por Dios, respondió en consecuencia: "Quítenme la vida de una vez. ²⁴ A mi edad no es digno fingir; no quiero que muchos de los jóvenes vayan a creer que yo, Eleazar, a los noventa años, abracé una religión extranjera, ²⁵ y que, a causa de mi hipocresía y por una corta y breve vida, ellos caigan por mi culpa en el error. Con esto atraería sobre mi ancianidad la infamia y la deshonra. ²⁶ Además, aunque ahora evitara el castigo de los hombres, ni vivo ni muerto podría escapar de las manos del Todopoderoso. ²⁷ Por lo tanto, abandono esta vida con valor, para mostrarme digno de mi ancianidad, ²⁸ y dejo a los jóvenes un noble ejemplo, mostrándome dispuesto a morir valientemente por nuestras venerables y santas leyes."

Dicho esto, se encaminó directamente al lugar del suplicio. ²⁹ Los que lo conducían, al escuchar sus palabras, que ellos tenían por propias de un loco, cambiaron su anterior afabilidad en dureza. ³⁰ Pero Eleazar, ya a punto de morir a causa de los golpes, dijo suspirando: "El Señor lo conoce todo sin error. Él sabe que, aunque pude escapar de la muerte, sufro en mi cuerpo terribles dolores a causa de los azotes; pero sabe también que en mi interior sufro con alegría por la reverencia que le tengo." ³¹ Y de esta manera murió, dejando con su muerte, no solo a los jóvenes sino a la nación entera, un ejemplo de valentía y un recuerdo de virtud.

7

Martirio de siete hermanos y su madre[a] ¹ Sucedió también que siete hermanos con su madre fueron detenidos. El rey quería obligarlos, azotándolos con látigos y nervios de buey, a comer carne de cerdo, prohibida por la ley. ² Uno de ellos, en nombre de todos, habló así: "¿Qué quieres saber al interrogarnos? Estamos dispuestos a

---

Olímpico (venerado en el monte Olimpo de Grecia) y *Hospitalario* (protector de los extranjeros).
[b] **6.2** *Lo habían pedido:* texto probable. Gr. *eran*.
[c] **6.4** 2 R 23.7.
[d] **6.5** Lv 11.7-8.
[e] **6.6** Ex 20.8-11.
[f] **6.6** Cf., como comentario a este v., 1 Mac 1.45-51.
[g] **6.7** *El día del nacimiento del rey:* 1 Mac 1.59.
[h] **6.7** *El dios Baco* (Dioniso de los griegos) era el dios de la vendimia y del vino. La hiedra era uno de sus símbolos.
[i] **6.8** *Los habitantes de... Tolemaida:* según versiones antiguas. Gr. *Tolomeo.*
[j] **6.8** En 1 Mac 5.15; 12.48; 2 Mac 13.25 se habla de la hostilidad de los habitantes de Tolemaida contra los judíos.
[k] **6.11** 1 Mac 2.32-38
[l] **6.12-16** Is 54.7-8; Jdt 8.25-27; Sab 11.9-10; 12.2-22; 2 Cor 4.17.
[m] **6.18-31** El autor da gran relieve al martirio del anciano Eleazar (6.18-31) y de los siete hermanos y su madre (7.1-42). Los presenta como modelos de fidelidad inquebrantable a la ley y de confianza en Dios.
[n] **6.18** Lv 11.7-8.
[a] **7.1-42** La madre con sus siete hijos aparece como símbolo de Israel y su pueblo.

morir, antes que faltar a las leyes de nuestros antepasados." ³ Enfurecido, el rey mandó poner al fuego grandes sartenes y calderas. ⁴ Cuando estuvieron calientes, ordenó que al que había hablado en nombre de todos le cortaran la lengua, y que le arrancaran el cuero cabelludo y le cortaran los pies y las manos, en presencia de su madre y de los demás hermanos. ⁵ Cuando ya estaba completamente mutilado, el rey mandó acercarlo al fuego y, todavía con vida, echarlo a la sartén. Mientras el humo de la sartén se esparcía por todas partes, los otros hermanos se animaban entre sí, y con su madre, a morir valientemente. Decían: ⁶ "Dios el Señor está mirando, y en verdad tiene compasión de nosotros. Eso fue lo que Moisés dijo en su canto, cuando echó en cara al pueblo su infidelidad: 'El Señor se compadecerá de sus siervos.' " ᵇ ⁷ Así murió el primero.

Entonces llevaron al segundo al suplicio, y después de arrancarle el cuero cabelludo, le preguntaron:

—¿Quieres comer, para que no te corten el cuerpo en pedazos?

⁸ Él, respondiendo en su lengua materna, dijo:

—¡No!

Así que fue sometido igualmente al tormento. ⁹ Pero él, exhalando el último suspiro, dijo:

—Tú, criminal, nos quitas la vida presente. Pero el Rey del mundo nos resucitará a una vida eterna ᶜ a nosotros que morimos por sus leyes.

¹⁰ En seguida torturaron al tercero. Este, cuando se lo pidieron, sacó inmediatamente la lengua, extendió sin miedo las manos, ¹¹ y dijo valientemente: "De Dios recibí estos miembros, pero por sus leyes los desprecio, y de él espero recobrarlos." ¹² Hasta el rey y los que estaban con él quedaron impresionados con el ánimo del joven, que de tal modo despreciaba los tormentos.

¹³ Muerto este, también el cuarto fue sometido a la tortura. ¹⁴ Y cuando estaba para morir, dijo: "Acepto morir a manos de los hombres, esperando las promesas hechas por Dios de que él nos resucitará. Para ti, en cambio, no habrá resurrección a la vida."

¹⁵ En seguida trajeron al quinto y lo torturaron. ¹⁶ Él, mirando al rey, dijo: "Aunque eres mortal, tienes poder sobre los hombres y haces lo que quieres. Pero no pienses que Dios ha abandonado a nuestro pueblo. ᵈ ¹⁷ Aguarda un poco y verás cómo él, con su gran poder, te atormentará a ti y a tus descendientes." ᵉ

¹⁸ Después trajeron al sexto, quien, estando para morir, dijo: "No te hagas ilusiones; por nuestra culpa sufrimos esto, porque hemos pecado contra nuestro Dios; por eso nos han sucedido cosas terribles. ¹⁹ Pero tú, que te has atrevido a luchar contra Dios, no pienses que quedarás sin castigo."

²⁰ Pero mucho más admirable aún y digna de glorioso recuerdo fue la madre, quien, viendo morir a sus siete hijos en un solo día, lo sobrellevó todo con fortaleza de alma, sostenida por la esperanza en el Señor. ²¹ Animaba a cada uno hablándole en su idioma materno y llena de nobles sentimientos, y uniendo un ardor varonil a sus reflexiones maternales, les decía: ²² "No sé cómo aparecieron ustedes en mis entrañas; no fui yo quien les dio la vida y el aliento, ni quien organizó su cuerpo. ²³ Es el creador del mundo, que hizo todas las cosas, quien forma al hombre desde el primer momento. ᶠ Él, en su misericordia, les devolverá la vida y el aliento, pues ustedes, por las leyes de Dios, no piensan en ustedes mismos."

²⁴ Antíoco creyó que ella se burlaba de él y sospechó que lo estaba insultando. Como el más joven estaba aún con vida, el rey no solo trataba de convencerlo, sino que con juramento se comprometió a hacerlo rico y dichoso, y a contarlo entre sus amigos ᵍ y confiarle altos cargos, si se apartaba de las leyes de sus antepasados. ²⁵ Pero el joven no hizo caso. Entonces el rey mandó a la madre que aconsejara al joven que salvara su vida. ²⁶ Tanto le insistieron, que ella al fin consintió en hablar a su hijo. ²⁷ Se inclinó hacia él y, burlándose del cruel tirano, dijo al hijo en su lengua materna: "Hijo, ten piedad de mí, que te llevé nueve meses en mi seno, que te di el pecho durante tres años, y que te he criado y educado hasta la edad que ahora tienes. ²⁸ Te ruego, hijo, que mires al cielo y a la tierra, que veas todo lo que hay en ellos y entiendas que de la nada Dios lo hizo todo; ʰ y que de la misma manera creó el género humano. ²⁹ No temas a este verdugo; muéstrate digno de tus hermanos y acepta la muerte, para que por la misericordia de Dios yo te recobre junto con ellos."

³⁰ Todavía estaba ella hablando, cuando el joven dijo: "¿Qué esperan ustedes? No obedezco las órdenes del rey; obedezco los mandamientos de la ley que Dios dio a nuestros antepasados por medio de Moisés. ³¹ Y tú, rey, autor de todos los males que afligen a los judíos, no escaparás de las manos de Dios. ³² Nosotros sufrimos por nuestros propios pecados. ³³ Si para castigarnos y corregirnos el Señor de la vida se ha enojado momentáneamente con nosotros, nuevamente habrá de reconciliarse con sus siervos. ⁱ ³⁴ Tú, impío, el más criminal de todos los hombres, no te enorgullezcas sin razón ni te llenes de vanas esperanzas para levantar tu mano contra los siervos de Dios. ³⁵ Aún no has escapado del juicio del Señor todopoderoso, que todo lo ve. ³⁶ Nuestros hermanos, después de soportar un sufrimiento pasajero, gozan ya de la vida eterna que Dios ha prometido; ʲ tú, en cambio, recibirás de Dios el castigo que mereces por tu orgullo. ³⁷ Yo, lo mismo que mis

---

ᵇ **7.6** Dt 32.36.

ᶜ **7.9-14,23** Aquí se expresa con gran claridad la esperanza en la resurrección a una vida eterna, al menos para los justos. Aunque esta esperanza se había ido preparando por la confianza de que la muerte no podía separar de Dios a los fieles (cf. Sal 16.9-11; Is 26.19), la formulación explícita de la esperanza en la resurrección aparece solo en los libros tardíos del AT (Dn 12.2; 2 Mac 12.43-45) y es central en el NT (Mt 22.23-40; Jn 5.29; Hch 23.6; 1 Cor 15.12-27). Supone que toda la persona humana participa de las promesas salvadoras de Dios (2 Mac 7.23).

ᵈ **7.16** Cf. Is 41.17; 54.6-8; 60.15.

ᵉ **7.17** Antíoco IV tendrá una muerte miserable (2 Mac 9.28), y sus hijos Antíoco V (2 Mac 14.2) y Alejandro Balas (1 Mac 11.17) caerán asesinados.

ᶠ **7.23** Cf. Job 10.10; Sal 139.13; Jn 11.24.

ᵍ **7.24** *Sus amigos*: Véase 2.18 n.

ʰ **7.28** Heb 11.3.

ⁱ **7.33** 2 Mac 5.17-20; 6.12-16.

ʲ **7.36** *Gozan... prometido*: traducción probable. Gr. oscuro.

hermanos, entrego mi cuerpo y mi vida por las leyes de nuestros antepasados, y suplico a Dios que tenga pronto compasión de su pueblo, y que con calamidades y castigos te obligue a ti a confesar que él es el único Dios. **38** ¡Que en mí y en mis hermanos se detenga la ira del Todopoderoso, justamente desatada contra nuestro pueblo!"

39 Enfurecido el rey, y no pudiendo soportar la burla, torturó con mayor crueldad a este que a los otros. **40** Así murió el muchacho, sin haber comido cosa impura y con una gran confianza en el Señor. **41** Finalmente, después de sus hijos, murió también la madre.

42 Con esto terminamos nuestro relato sobre la comida de alimentos impuros y las extraordinarias crueldades que se cometieron.

5. Victoria de Judas y purificación del templo (8.1—10.8) [a]

8 *Insurrección de Judas Macabeo* **1** Entre tanto, Judas Macabeo y sus compañeros entraron secretamente en las aldeas y empezaron a llamar a sus parientes, y reuniendo a otros que permanecían fieles al judaísmo, juntaron unos seis mil. [b] **2** Pedían al Señor que mirara por el pueblo a quien todos perseguían, que tuviera compasión del templo profanado por hombres impíos, **3** que se compadeciera de la ciudad devastada y a punto de ser arrasada, que oyera el clamor de la sangre que le pedía a gritos que hiciera justicia, **4** que se acordara de la muerte injusta de niños inocentes y de los insultos contra su nombre, y que mostrara su odio contra el mal.

5 Poniéndose a la cabeza de un ejército, Macabeo se hizo invencible frente a los paganos, pues el Señor cambió su ira en misericordia. **6** Caía de improviso sobre ciudades y aldeas, y las incendiaba; tomaba posiciones estratégicas y ponía en fuga a no pocos de sus enemigos, **7** aprovechando la noche para sus ataques. La fama de su valentía se extendió por todas partes. [c]

Nicanor y Gorgias invaden Judea (1 Mac 3.38-45) **8** Al ver Filipo [d] que poco a poco Judas Macabeo iba haciendo grandes progresos, y que sus éxitos eran más y más frecuentes, escribió a Tolomeo, jefe militar de Celesiria y Fenicia, para que viniera en ayuda de los intereses del rey. **9** Tolomeo escogió inmediatamente a Nicanor, [e] hijo de Patroclo, quien pertenecía al grupo de los primeros amigos del rey, [f] y lo envió al mando de no menos de veinte mil soldados de muchos países, para aniquilar a todos los judíos. Con él envió a Gorgias, general muy experimentado en asuntos de guerra. **10** Nicanor pensaba pagar, con la venta de los judíos que hiciera prisioneros, el tributo de sesenta y seis mil kilos de plata que el rey debía a los romanos. **11** Inmediatamente mandó invitaciones a las ciudades de la costa, para que tomaran parte en la compra de prisioneros judíos, [g] prometiendo vendérselos a razón de tres esclavos por un kilo de plata, [h] sin pensar en el castigo que Dios todopoderoso le enviaría.

12 A Judas le llegó la noticia del avance de Nicanor, e hizo saber a sus hombres que el ejército enemigo estaba cerca. **13** Entonces los cobardes y los que desconfiaban de la justicia de Dios huyeron y se refugiaron en otro lugar. **14** Los otros vendían lo que les quedaba y pedían al Señor que los librara del impío Nicanor, quien antes del combate ya los había vendido; **15** pedían a Dios que, si no hacía esto por consideración a ellos, al menos lo hiciera en atención a la alianza hecha con sus antepasados, y por el santo y glorioso nombre que ellos llevaban. [i]

Primera victoria judía sobre Nicanor (1 Mac 3.46-60)
16 Macabeo reunió a su gente, que eran seis mil hombres, y les recomendó que no perdieran el ánimo frente a los enemigos ni tuvieran miedo a la multitud de paganos que injustamente los atacaban, sino que lucharan con valor, [j] **17** teniendo presentes los criminales ultrajes que los paganos habían hecho al templo, los malos tratos y los insultos contra la ciudad y, finalmente, la supresión de las costumbres recibidas de sus antepasados. **18** "Ellos —dijo— confían en sus armas y en su audacia. Nosotros, en cambio, ponemos nuestra confianza en Dios todopoderoso, [k] que con solo ordenarlo puede derrotar a los que marchan contra nosotros, y aun al mundo entero." **19** Les recordó la protección de que habían gozado sus antepasados, lo que sucedió en tiempos de Senaquerib, cuando murieron ciento ochenta y cinco mil hombres, [l] **20** y lo que tuvo lugar en Babilonia durante la guerra contra los gálatas. En esa ocasión tomaron parte en la acción ocho mil judíos y cuatro mil soldados de Macedonia, y estando los macedonios sin saber qué hacer, los ocho mil judíos, gracias al auxilio que recibieron de Dios, derrotaron a ciento veinte mil enemigos y se apoderaron de un enorme botín. [m]

21 Después de haberlos animado con sus palabras, y de hacer que estuvieran preparados a morir por las leyes y la patria, repartió su ejército en cuatro divisiones. **22** Al frente de cada división puso a uno de sus hermanos, Simón, José y Jonatán, asignando a cada uno mil quinientos hombres. **23** Luego ordenó a Azarías que leyera [n] el libro

---

[a] **8.1—10.8** Esta parte (8.1—9.29), central en el libro, describe la insurrección judía, la muerte del perseguidor Antíoco y la purificación del templo.

[b] **8.1** Este v. enlaza con 5.27, donde aparece Judas preparándose para intervenir.

[c] **8.5-7** 1 Mac 3.3-9.

[d] **8.8** *Filipo* es el comisario nombrado para establecer el helenismo en Jerusalén. Cf. 2 Mac 5.22.

[e] **8.9** 1 Mac 7.26-27.

[f] **8.9** Véase 1 Mac 2.18 n.; cf. 10.65.

[g] **8.11** Sobre la venta de esclavos, véase 1 Mac 3.41 n.

[h] **8.11** *Tres esclavos por un kilo de plata*: lit. *noventa esclavos por un talento*. El precio de venta era muy bajo para atraer una gran cantidad de compradores. Además, expresaba el desprecio de Nicanor por los judíos.

[i] **8.15** Ex 19.5-6; 2 Mac 1.2.

[j] **8.16** 1 Mac 4.6 habla de tres mil.

[k] **8.18** Sal 20.7(8).

[l] **8.19** Cf. 2 R 19.35; Is 37.36; 1 Mac 7.41.

[m] **8.20** Vencer a los gálatas, cuyo valor y cualidades guerreras eran proverbiales, era una hazaña poco común. Posiblemente se trata de alguna batalla en que pelearon mercenarios gálatas.

[n] **8.23** *Ordenó a Azarías que leyera*: según versiones antiguas. Gr. oscuro. Se trata probablemente del personaje mencionado en 2 Mac 12.36 y en 1 Mac 5.18,56.

sagrado, y habiéndoles dado como contraseña las palabras "Dios nos ayuda",[ñ] tomó el mando de la primera división y atacó a Nicanor. **24** El Todopoderoso luchó a favor de ellos, y mataron a más de nueve mil enemigos, y mutilaron e hirieron a la mayor parte del ejército de Nicanor, y a todos los obligaron a huir. **25** Además, se apoderaron del dinero de los que habían venido a comprarlos.[o] Después de haberlos perseguido un buen trecho, tuvieron que regresar porque se hacía tarde. **26** Era la víspera del sábado, y por esta causa no siguieron persiguiéndolos. **27** Después de recoger las armas de los enemigos y el botín, celebraron el sábado, alabando y dando gracias al Señor porque los había conservado hasta ese día, en que había comenzado a mostrar su misericordia con ellos. **28** Pasado el sábado, repartieron el botín, una parte entre las víctimas de la persecución, las viudas y los huérfanos, y el resto entre ellos y sus hijos.[p] **29** Hecho esto, todos juntos hicieron oraciones al Señor misericordioso, para pedirle que se reconciliara del todo con sus siervos.

Victoria sobre Timoteo y Báquides **30** En su lucha con los soldados de Timoteo y Báquides, mataron a más de veinte mil hombres y se apoderaron firmemente de fortalezas elevadas. Luego repartieron el botín en dos partes iguales, una para ellos mismos y otra para las víctimas de la persecución, los huérfanos, las viudas y los ancianos.[q] **31** Recogieron cuidadosamente las armas de los enemigos y las guardaron en lugares estratégicos, y el resto lo llevaron a Jerusalén. **32** Mataron al comandante de las tropas de Timoteo, uno de los hombres más impíos, que había hecho sufrir mucho a los judíos. **33** Mientras celebraban la victoria en Jerusalén, quemaron a los que habían incendiado las puertas del templo,[r] y también a Calístenes, que estaba refugiado en una choza; así recibió este el castigo que merecía por su profanación.

Huida y confesión de Nicanor **34** Nicanor, aquel desalmado que había traído mil negociantes para la venta de los judíos,[s] **35** humillado con la ayuda del Señor por los que él más despreciaba, despojado de su elegante ropa, fugitivo y solitario, huyendo a través de los campos, logró llegar a Antioquía, siendo más afortunado que su ejército, que había sido aniquilado. **36** Y él, que había prometido a los romanos pagarles el tributo con el precio de la venta de los prisioneros de Jerusalén, proclamó que los judíos tenían un defensor, y que eran invencibles porque seguían las leyes que Dios, su defensor, les había dado.[t]

9 Muerte de Antíoco Epífanes[a] *(1 Mac 6.1-17; 2 Mac 1.11-17)* **1** Por aquel tiempo, Antíoco tuvo que retirarse de Persia en desorden. **2** Había entrado en la ciudad llamada Persépolis,[b] e intentado robar los objetos de culto del templo y apoderarse de la ciudad. Pero la gente se había levantado en armas, y Antíoco, derrotado por los habitantes del país, tuvo que emprender una retirada humillante. **3** Cuando estaba en la ciudad de Ecbatana,[c] se enteró de lo que había sucedido a Nicanor y a los soldados de Timoteo. **4** Fuera de sí por la rabia, decidió hacer pagar a los judíos la humillación que le habían causado los persas al ponerlo en fuga. Por este motivo ordenó al conductor del carro que avanzara sin descanso hasta terminar el viaje.

Pero el juicio de Dios lo seguía. En su arrogancia, Antíoco había dicho: "Cuando llegue a Jerusalén, convertiré la ciudad en cementerio de los judíos."[d] **5** Pero el Señor Dios de Israel, que todo lo ve, lo castigó con un mal incurable e invisible: apenas había dicho estas palabras, le vino un dolor de vientre que con nada se le pasaba, y un fuerte cólico le atacó los intestinos. **6** Esto fue un justo castigo para quien, con tantas y tan refinadas torturas, había atormentado en el vientre a los demás.[e] **7** A pesar de todo, Antíoco no abandonó en absoluto su arrogancia; lleno de orgullo y respirando llamas de odio contra los judíos, ordenó acelerar el viaje. Pero cayó del carro, que corría estrepitosamente, y en su aparatosa caída se le dislocaron todos los miembros del cuerpo. **8** Así, el que hasta hacía poco, en su arrogancia sobrehumana, se imaginaba poder dar órdenes a las olas del mar y, como Dios, pesar las más altas montañas,[f] cayó derribado al suelo y tuvo que ser llevado en una camilla, haciendo ver claramente a todos el poder de Dios. **9** Los ojos del impío hervían de gusanos, y aún con vida, en medio de horribles dolores, la carne se le caía a pedazos; el cuerpo empezó a pudrírsele, y era tal su mal olor, que el ejército no podía soportarlo. **10** Tan inaguantable era la hediondez, que nadie podía transportar al que poco antes pensaba poder alcanzar los astros del cielo.[g]

11 Entonces, todo malherido, bajo el castigo divino que por momentos se hacía más doloroso, comenzó a moderar su enorme arrogancia y a entrar en razón. **12** Y como ni él mismo podía soportar su propio mal olor, exclamó: "Es justo someterse a Dios y, siendo mortal, no pretender ser igual a él."

[ñ] **8.23** El santo y seña *Dios nos ayuda* pudo haber sido tomado de algún texto bíblico.

[o] **8.25** 2 Mac 8.11,34.

[p] **8.28** La repartición se hace con sentido social. Sobre el botín, cf. 1 Mac 4.23; sobre la repartición, cf. Nm 31.26-27; 1 S 30.22-25.

[q] **8.30** Se alude aquí probablemente a acontecimientos posteriores. Timoteo entra en escena en el 163 a.C. y Báquides en el 161 a.C. Cf. 1 Mac 5.11-44; 7.8. El autor pone de relieve la comunidad de bienes practicada por las tropas del macabeo.

[r] **8.33** Cf. 2 Mac 1.8.

[s] **8.34** 2 Mac 8.11,25.

[t] **8.36** El reconocimiento de la grandeza del Dios de los judíos por parte de los paganos no solo se encuentra en este libro (2 Mac 3.36; 9.12); cf. también 2 R 5.15; Dn 3.28; 4.34(31); 6.26-27(27-28); Jdt 5.6-21.

[a] **9.1-29** Para acabar de mostrar el castigo de Dios, el autor pasa en seguida a narrar la muerte de Antíoco IV, ocurrida, según 1 Mac 6, después de la purificación del templo. Véase 1.16 n.

[b] **9.2** *Persépolis:* 1 Mac 6.1 sitúa este acontecimiento en Elimaida. Aunque destruida por Alejandro, Persépolis era más conocida que Elimaida. Véase *Índice de mapas.*

[c] **9.3** *Ecbatana* está situada a 700 km. al nordeste de Persépolis. Cf. Esd 6.2; Tb 3.7; 7.1; Jdt 1.1.

[d] **9.4** Dn 11.44.

[e] **9.6** Véase 5.10 n.

[f] **9.8** Is 40.12.

[g] **9.10** Compárese con este relato el de la muerte de Herodes Agripa en Hch 12.20-23.

¹³ Entonces este criminal empezó a suplicar al Señor; pero Dios ya no tendría misericordia de él. ¹⁴ Poco antes quería ir a toda prisa a la ciudad santa, para arrasarla y dejarla convertida en cementerio,[h] y ahora prometía a Dios declararla libre; ¹⁵ hacía poco juzgaba a los judíos indignos de sepultura, y buenos solo para servir de alimento a las aves de rapiña o para ser arrojados con sus hijos a las fieras, y ahora prometía darles los mismos derechos que a los ciudadanos de Atenas; ¹⁶ antes había robado el santo templo, y ahora prometía adornarlo con las más bellas ofrendas, y devolver todos los utensilios sagrados y dar todavía muchos más, y atender con su propio dinero a los gastos de los sacrificios,[i] ¹⁷ y, finalmente, hacerse él mismo judío y recorrer todos los lugares habitados proclamando el poder de Dios.[j]

¹⁸ Como sus dolores no se calmaban de ninguna manera, pues el justo juicio de Dios pesaba sobre él, viéndose en una situación desesperada, escribió a los judíos una carta que tenía el carácter de súplica y que decía así:[k]

¹⁹ "El rey y jefe militar Antíoco saluda a los judíos, excelentes ciudadanos, y les desea salud y bienestar completos. ²⁰ Deseo que ustedes y sus hijos se encuentren bien, y que todo marche según ustedes lo desean. Con la esperanza puesta en Dios, ²¹ guardo un cariñoso recuerdo de las muestras de respeto y afecto que de ustedes he recibido. Al volver de la región de Persia he contraído una grave enfermedad, y así he juzgado necesario preocuparme por el bienestar de todos. ²² No es que yo esté desesperado de mi estado; al contrario, tengo muchas esperanzas de poder sanar de esta enfermedad. ²³ Sin embargo, recuerdo que mi padre, siempre que emprendía una campaña al este del río Éufrates, designaba a su sucesor, ²⁴ para que, si sucedía algo inesperado o corría un rumor molesto, sus súbditos estuvieran tranquilos, sabiendo quién había quedado encargado de los negocios.[l] ²⁵ Sé, además, que los jefes vecinos de nuestro país[m] están esperando una ocasión propicia, y que aguardan lo que pueda ocurrir. Por eso he designado como rey a mi hijo Antíoco, a quien muchas veces, cuando recorría las provincias del este del Éufrates, dejé al cuidado de la mayoría de ustedes.[n] A él le escribí la carta que se copia más adelante. ²⁶ Ruego, pues, encarecidamente a cada uno de ustedes que, recordando los beneficios, tanto generales como particulares, que de mí han recibido, guarden para con mi hijo las mismas buenas disposiciones que han tenido para conmigo. ²⁷ Estoy seguro de que él seguirá mi línea de moderación y benevolencia, y será condescendiente con ustedes."

²⁸ Así pues, este asesino, que injuriaba a Dios, terminó su vida con una muerte horrible, lejos de su patria y entre montañas, en medio de atroces sufrimientos, como los que él había hecho sufrir a otros.[ñ] ²⁹ Filipo, su amigo íntimo, transportó el cadáver; pero, como no se fiaba del hijo de Antíoco, se refugió en Egipto, junto al rey Tolomeo Filométor.

10 *Purificación del templo* (1 Mac 4.36-61)

¹ Macabeo y sus seguidores, guiados por el Señor, reconquistaron el templo y la ciudad de Jerusalén;[a] ² destruyeron los altares construidos por los paganos en la plaza pública,[b] y también sus lugares de culto. ³ Después de purificar el templo, construyeron otro altar, y golpeando una piedra contra otra, sacaron fuego y ofrecieron con él un sacrificio.[c] También quemaron incienso, encendieron las lámparas y presentaron los panes consagrados.[d] Ya hacía dos años que los sacrificios se habían interrumpido.[e] ⁴ Después de esto, inclinados y con la frente en el suelo, pidieron al Señor que no volviera a dejarlos sufrir tantas calamidades; que, en caso de pecar, los corrigiera con bondad, pero que no los entregara en manos de paganos salvajes que injuriaban a Dios. ⁵ El templo fue purificado en la misma fecha en que había sido profanado por los paganos, es decir, el día veinticinco del mes de Quisleu.[f] ⁶ Y celebraron con alegría ocho días de fiesta, a la manera de la fiesta de las Enramadas, recordando que poco tiempo antes la habían celebrado en las montañas y en las cuevas, donde vivían como animales salvajes. ⁷ Por esto, llevando limones adornados con hojas, ramas frescas de árboles y hojas de palmera, cantaban himnos a Dios, que había llevado a buen término la purificación del santuario. ⁸ Además, toda la asamblea aprobó y publicó un decreto en el que se ordenaba que todo el pueblo judío celebrara cada año estos días de fiesta.[g]

6. Luchas con los pueblos vecinos y con Lisias (10.9—13.26)[h]

Nuevas hazañas de Judas ⁹ Después de haber contado lo referente a la muerte de Antíoco, el llamado Epífanes, ¹⁰ narraremos ahora lo que sucedió en tiempos de Antíoco Eupátor, hijo del impío Antíoco Epífanes, resumiendo el recuento de los males que trajo la guerra.[i]

---

[b] **9.14** 2 Mac 9.4.
[i] **9.16** 1 Mac 1.21-24; 2 Mac 5.15-16.
[j] **9.17** Véase 8.36 n.
[k] **9.18** La carta, más que una súplica, es una notificación del nombramiento de su hijo Antíoco como sucesor.
[l] **9.24** Lo *inesperado* podía ser la muerte del rey, como en efecto sucedió.
[m] **9.25** Se trata de los reyes vecinos Tolomeo VI de Egipto y Arsaces VI de Partia (1 Mac 15.22), quienes querían apoderarse de parte de su reino.
[n] **9.25** Cf. 1 Mac 6.14-17.
[ñ] **9.28** Véase 5.10 n.
[a] **10.1** La purificación del templo se narra más detalladamente en 1 Mac 4.36-61.

[b] **10.2** 1 Mac 1.54. Era uso pagano erigir altares en plazas públicas.
[c] **10.3** A pesar de la brevedad de su información, el autor destaca la importancia del fuego en la renovación del culto (2 Mac 1.18; 2.1). Con piedras obtienen un fuego puro.
[d] **10.3** Ex 25.23-39; 30.1-8.
[e] **10.3** La interrupción del sacrificio duró tres años, según 1 Mac 1.54; 4.52.
[f] **10.5** 1 Mac 1.54.
[g] **10.5-8** Jn 10.22.
[h] **10.9—13.26** Esta sección está dedicada a narrar los sucesos ocurridos en tiempo de Antíoco V Eupátor.
[i] **10.10** 1 Mac 6.17.

11 Al heredar Eupátor el reino, puso al frente del gobierno a un tal Lisias,[j] jefe militar y gobernador de Celesiria y Fenicia. **12** Antes lo había sido Tolomeo, llamado también Macrón, que fue el primero en mostrarse justo con los judíos y que, para reparar las injusticias cometidas contra ellos, procuró mantener con ellos relaciones pacíficas. **13** Por esta razón, los amigos del rey lo acusaron ante Eupátor. Filométor[k] le había confiado el gobierno de Chipre, pero él había huido de allí y se había pasado al lado de Antíoco Epífanes; por eso, todos lo llamaban traidor. Él, viendo que no podía ejercer con honor la dignidad de su cargo, se quitó la vida envenenándose.

Campañas contra Gorgias y los idumeos *(1 Mac 5.1-8)*

14 Cuando Gorgias fue nombrado jefe militar de la región, formó un ejército de mercenarios, y cada vez que tenía ocasión hacía la guerra a los judíos.[l] **15** Al mismo tiempo, los idumeos, que controlaban importantes fortalezas, hostilizaban a los judíos y acogían a los que huían de Jerusalén, y procuraban fomentar la guerra. **16** Los que estaban con Macabeo, después de hacer oraciones públicas y pedir a Dios que les ayudara en la lucha, marcharon contra las fortalezas de los idumeos, **17** los atacaron con valor y se apoderaron de la región. Rechazaron a los que combatían en las murallas, degollaron a los que cayeron en sus manos, y aniquilaron a cerca de veinte mil hombres. **18** No menos de nueve mil hombres, provistos de todo lo necesario para resistir un ataque, se refugiaron en dos torres fuertemente protegidas. **19** Macabeo dejó para el asalto a Simón, a José y a Zaqueo,[m] con un número suficiente de soldados, y se retiró a otros lugares en donde lo necesitaban. **20** Pero sus soldados de Simón, codiciosos de riquezas, se dejaron sobornar y aceptaron dinero de algunos de los que estaban en las torres. Recibieron setenta mil monedas, y dejaron escapar a algunos. **21** Cuando le contaron a Macabeo lo sucedido, este reunió a los oficiales del ejército y acusó a los culpables de haber vendido por dinero a sus hermanos, dejando escapar a sus enemigos. **22** Entonces hizo ejecutar como traidores, e inmediatamente después tomó las dos torres.[n] **23** Tuvo éxito en toda su campaña; en las dos torres mató a más de veinte mil enemigos.

Victoria sobre Timoteo y toma de Guézer

24 Timoteo, derrotado anteriormente por los judíos,[ñ] reunió un numeroso ejército de mercenarios, juntó una tropa de caballería traída de Asia, y avanzó para tomar Judea por las armas.[o] **25** Macabeo y su gente, al acercarse Timoteo, hicieron súplicas a Dios, se echaron polvo sobre sus cabezas y se vistieron con ropas ásperas. **26** De rodillas sobre la base anterior del altar, pedían a Dios que tuviera compasión de ellos, y que fuera enemigo de sus enemigos y se opusiera a quienes se oponían a ellos, como claramente lo dice la ley.[p] **27** Terminada la oración, tomaron las armas y se alejaron bastante de la ciudad. Cuando estuvieron cerca de sus enemigos, se detuvieron. **28** Empezaba a salir el sol cuando los dos ejércitos trabaron combate. Además de confiar en su valor, los judíos ponían la garantía del buen éxito y de la victoria en el recurso al Señor; los paganos hacían de su furor la guía para el combate. **29** En lo más recio de la batalla, los enemigos vieron en el cielo a cinco hombres majestuosos, montados en caballos con frenos de oro, que, poniéndose a la cabeza de los judíos, **30** se colocaron alrededor de Macabeo, y lo protegían con sus armas y lo defendían para que nadie lo hiriera. También lanzaban flechas y rayos sobre los enemigos, que, ciegos y aturdidos, se dispersaron en gran desorden.[q] **31** Veinte mil quinientos soldados de infantería y seiscientos de caballería fueron degollados. **32** Timoteo huyó a Guézer, fortaleza muy protegida, que estaba bajo el mando de Quereas.[r] **33** Macabeo y su gente la atacaron con ánimo durante cuatro días. **34** Los de dentro, confiados en la seguridad del lugar, decían palabras ofensivas e injuriosas contra Dios. **35** Pero al amanecer del quinto día, veinte jóvenes del ejército de Macabeo, enardecidos por aquellas injurias contra Dios, se lanzaron varonilmente contra las murallas y mataron con furia salvaje a cuantos encontraron. **36** Otros, igualmente, aprovechando esta distracción, escalaron el lado contrario, atacaron a los de dentro, pusieron fuego a las torres y a las puertas, encendieron hogueras y quemaron vivos a los que habían injuriado a Dios. Otros rompieron las puertas para que entrara el resto del ejército, y tomaron la ciudad. **37** A Timoteo, que se había escondido en una cisterna, lo degollaron, lo mismo que a su hermano Quereas y a Apolófanes. **38** Realizada esta hazaña, alabaron con himnos y oraciones al Señor, que había realizado maravillas a favor de Israel y les había dado la victoria.

11

Primera campaña de Lisias[a] *(1 Mac 4.28-35)*

1 Muy poco tiempo después, Lisias, tutor y pariente del rey y encargado del gobierno,[b] muy preocupado por los últimos acontecimientos, **2** reunió cerca de ochenta mil hombres de infantería y toda su caballería, y avanzó contra los judíos. Su intención era convertir a Jerusalén en ciudad de residencia de los griegos, **3** hacer que el templo pagara impuestos como los templos de las demás

---

[j] 10.11 1 Mac 3.32-33.

[k] 10.13 Antíoco V *Eupátor*, rey seléucida; Tolomeo VI *Filométor*, rey de Egipto. Véase *Tabla cronológica I*, sección *VI. Época helenística*.

[l] 10.14 1 Mac 3.38.

[m] 10.19 *Simón* es hermano de Judas; *José* se menciona también en 2 Mac 8.22, y en 1 Mac 5.56,60, como hijo de Zacarías. Este puede ser idéntico al Zaqueo (forma abreviada de Zacarías) mencionado en el presente v.

[n] 10.20-22 El pecado de ambición se castiga con la derrota. Este hecho recuerda al narrado en Jos 7.

[ñ] 10.24 2 Mac 8.30,32.

[o] 10.24-38 1 Mac 5.28-34.

[p] 10.26 Alusión a Ex 23.22, según la versión griega de los Setenta (LXX).

[q] 10.29-30 Véase 2.21 n.

[r] 10.32 Según 1 Mac 13.43-48, fue Simón quien tomó a Guézer. Algunos piensan que aquí se trata más bien de Jazer (cf. 1 Mac 5.6-8).

[a] 11.1-12 La campaña de Lisias había ocurrido realmente en tiempo de Antíoco IV.

[b] 11.1 1 Mac 3.32-33; 6.17; 2 Mac 13.2.

naciones, y vender cada año la dignidad de sumo sacerdote. [c] [4] Pero no contaba con el poder de Dios, sino que confiaba en sus millares de soldados de infantería y caballería y en sus ochenta elefantes.

[5] Penetrando en Judea, se acercó a Bet-sur,[d] fortaleza que distaba unos veinticinco kilómetros de Jerusalén, y la atacó. [6] Cuando Macabeo y sus soldados supieron que Lisias estaba atacando la fortaleza, se reunieron con todo el pueblo, y con gemidos y lágrimas pidieron al Señor que enviara un ángel[e] bueno para salvar a Israel. [7] Macabeo, que fue el primero en tomar las armas, animó a los demás para que todos juntos hicieran frente al peligro y fueran en ayuda de sus hermanos. Todos ellos, llenos de entusiasmo, se pusieron en marcha. [8] Estando todavía cerca de Jerusalén, se apareció, a la cabeza de la tropa, un jinete vestido de blanco, agitando unas armas de oro. [9] Entonces todos alabaron a Dios misericordioso, y tan fortalecidos se sintieron en su ánimo que estaban dispuestos a atacar no solo a los hombres, sino a las fieras más salvajes y a murallas de hierro. [10] Marcharon en orden de batalla, con su defensor celestial, ayudados por la misericordia del Señor. [11] Se lanzaron como leones sobre los enemigos, y derribaron por tierra a once mil soldados de infantería y a mil seiscientos de caballería, y a los demás los hicieron huir.[f] [12] La mayoría de ellos se escaparon heridos y sin armas. Lisias se salvó huyendo vergonzosamente.

Paz con los judíos *(1 Mac 6.55-63)* [13] Pero Lisias, que no era tonto, reflexionó sobre la derrota que había recibido, y comprendió que los hebreos eran invencibles porque tenían como aliado a Dios todopoderoso. Entonces les envió mensajeros [14] para proponerles la paz en condiciones justas, y les prometió usar de su influencia para que el rey fuera amigo de ellos. [15] Macabeo, en consideración al bien común, aceptó todo lo que Lisias proponía, y el rey concedió todo lo que Macabeo pidió por escrito a Lisias en favor de los judíos.

[16] Las cartas escritas por Lisias a los judíos estaban concebidas en estos términos:[g]

"Lisias saluda al pueblo judío. [17] Juan y Absalón, delegados de ustedes, me han entregado el documento transcrito más abajo, y me han pedido la aprobación de su contenido. [18] Yo comuniqué al rey todo lo que era de su competencia; lo que estaba en mis manos, lo concedí. [19] Si ustedes continúan mostrando buena disposición hacia los intereses del estado, yo procuraré promover en el futuro el bienestar de ustedes. [20] He dado orden a sus delegados y a los míos para que se pongan de acuerdo con ustedes sobre los detalles. [21] Que les vaya bien.

"A los veinticuatro días del mes de Dióscoro del año ciento cuarenta y ocho."[h]

[22] La carta del rey decía lo siguiente:

"El rey Antíoco saluda a su hermano Lisias.[i] [23] Ahora que mi padre ha sido trasladado a los dioses,[j] he querido que las personas de mi reino vivan tranquilas, para que puedan dedicarse a sus asuntos. [24] Pero he oído decir que los judíos no están de acuerdo con adoptar las costumbres griegas, como lo quería mi padre, sino que prefieren vivir según su manera propia, y han pedido que se les permita cumplir sus leyes. [25] Deseando, pues, que también esa nación viva tranquila, decido que se les devuelva el templo y que puedan vivir según las costumbres de sus antepasados. [26] Hazme el favor de enviar algunos delegados que hagan las paces con ellos, para que, conociendo mi determinación, estén tranquilos y puedan dedicarse en paz a sus asuntos."

[27] La carta del rey al pueblo judío decía así:

"El rey Antíoco saluda al consejo de ancianos y al pueblo judío. [28] Deseo que ustedes se encuentren bien; yo estoy bien de salud. [29] Menelao me ha manifestado que ustedes desean volver a sus hogares.[k] [30] Por consiguiente, concedo una amnistía a todos los que hayan regresado para el día treinta del mes de Xántico. [31] Los judíos podrán comer sus alimentos especiales y seguir sus leyes como antes. Ninguno de ellos será molestado en manera alguna por las faltas cometidas anteriormente. [32] Les envío, además, a Menelao, para que garantice la seguridad de ustedes.[l] [33] Que les vaya bien.

"A los quince días del mes de Xántico del año ciento cuarenta y ocho."[m]

[34] También los romanos enviaron a los judíos una carta en los siguientes términos:

"Quinto Memio y Tito Manio, legados romanos, saludan al pueblo judío.[n] [35] Lo que Lisias, pariente del rey,[ñ] les ha concedido, lo aprobamos nosotros también. [36] Pero revisen ustedes cuidadosamente lo que él juzgó que debía proponérsele al rey, y envíennos luego un delegado, para que nosotros se lo expongamos al rey de una manera conveniente para ustedes, pues

---

[c] 11.3 2 Mac 4.7. Vendiendo cada año el cargo de sumo sacerdote, el fisco se aseguraba unos ingresos considerables.

[d] 11.5 *Bet-sur:* Véase 1 Mac 4.29 n.

[e] 11.6 Ex 23.20; Jos 5.13-15; Jue 6.11-24; 2 R 19.35; Tb 5.21; 2 Mac 15.23.

[f] 11.11 En 1 Mac 4.34 el número de los muertos solo llega a cinco mil.

[g] 11.16 Interrumpiendo el relato, se colocan aquí cuatro documentos que hablan de concesiones hechas a los judíos.

[h] 11.21 Corresponde al año 164 a.C.

[i] 11.22 El título honorífico de *hermano* puede darse a un funcionario de alto rango, sin que implique parentesco. Véase 1 Mac 10.89 n.

[j] 11.23 *Ha sido trasladado a los dioses:* Esta expresión era frecuente, respecto de los reyes muertos, tanto en Siria como en Egipto.

[k] 11.29 *Menelao:* 2 Mac 4.24.

[l] 11.32 Al enviarles a Menelao, sacerdote detestado por los insurgentes, muestra mal Antíoco que quiere imponerles un jefe distinto del que ellos reconocían.

[m] 11.33 Esta fecha corresponde a marzo de 164 a.C.

[n] 11.34 Los romanos, luego de la victoria de Pidna, en el año 168 a.C., habían consolidado su influencia en el Oriente próximo.

[ñ] 11.35 *Pariente del rey:* Véase 1 Mac 10.89 n.

nos dirigimos a Antioquía. [37] Por lo tanto, apresúrense a enviarnos algunos delegados, para que sepamos cuáles son las intenciones de ustedes. [38] Que les vaya bien.

"A los quince días del mes de Xántico del año ciento cuarenta y ocho." [o]

12 Ataques de Judas a las regiones vecinas

[1] Hechos estos tratados, Lisias volvió a donde estaba el rey, mientras que los judíos se dedicaban a sus labores agrícolas. [2] Pero algunos jefes militares del lugar, Timoteo, Apolonio hijo de Geneo, y también Jerónimo y Demofón, a los que hay que añadir a Nicanor, comandante de las tropas de Chipre, no dejaban que los judíos tuvieran paz ni tranquilidad. [a] [3] Además, los habitantes de la ciudad de Jope cometieron un gran crimen. Invitaron a los judíos que allí vivían, a subir con sus mujeres y sus hijos a unos barcos que ellos mismos habían amarrado allí cerca, como si no hubiera entre ellos enemistad ninguna, [4] sino como por cumplir un decreto dado por los habitantes de la ciudad. Los judíos, deseosos de paz y sin sospechar nada, aceptaron; pero cuando salieron a mar abierto, los de Jope los hundieron. Eran no menos de doscientas personas.

[5] Cuando Judas supo de la crueldad que habían cometido con sus compatriotas, alertó a los hombres que estaban con él, [6] e invocando a Dios, justo juez, marchó contra los asesinos de sus hermanos. De noche prendió fuego al puerto, incendió los barcos y mató a quienes se habían refugiado en el puerto. [7] Como las puertas de la ciudad estaban cerradas, se fue, con el propósito de volver más tarde y exterminar a todos los habitantes de Jope. [b] [8] Pero al saber que los habitantes de Jabnia querían hacer lo mismo con los judíos que vivían allí, [9] cayó de noche sobre la ciudad e incendió el puerto y la flota, de manera que el resplandor de las llamas se veía desde Jerusalén, a una distancia de cuarenta y tres kilómetros.

Campañas en Galaad (1 Mac 5.9-68)

[10] Judas y sus soldados se habían alejado de allí [c] algo más de un kilómetro y medio en una expedición contra Timoteo, cuando cayeron sobre ellos por lo menos cinco mil árabes a pie y quinientos de a caballo. [d] [11] Se trabó un violento combate, pero los soldados de Judas, con la ayuda del Señor, consiguieron la victoria. Los árabes, vencidos, pidieron a Judas hacer las paces, y prometieron suministrar ganado a los judíos y prestarles ayuda de allí en adelante. [12] Judas, comprendiendo que en realidad los árabes podían serles útiles en muchas cosas, aceptó hacer las paces con ellos. Después de este convenio, los árabes se retiraron a sus tiendas.

[13] Judas atacó también a Caspín, [e] ciudad fortificada, rodeada de terraplenes y murallas, y habitada por gente de diversas naciones. [14] Los habitantes, confiados en la fortaleza de sus murallas y en su provisión de víveres, se mostraron insolentes contra Judas y sus soldados; los insultaban, y además injuriaban a Dios y decían palabras horribles. [15] Judas y sus soldados invocaron al Señor, soberano de todo el universo, que sin aparatos ni máquinas de guerra destruyó Jericó en tiempos de Josué, y con violencia salvaje se lanzaron contra las murallas. [f] [16] Dios quiso que tomaran aquella ciudad, en la que hicieron una matanza espantosa, a tal punto que el estanque vecino, que tiene trescientos sesenta metros de ancho, aparecía lleno de la sangre derramada.

[17] Alejándose de allí ciento treinta y cinco kilómetros, llegaron a la ciudad de Cárax, donde viven los judíos llamados tubianos. [g] [18] No encontraron allí a Timoteo, pues se había ido de aquella región sin alcanzar éxito alguno; pero había dejado en algún lugar una guarnición bastante fuerte. [19] Entonces Dositeo y Sosípatro, generales de Macabeo, marcharon contra la guarnición y mataron a los hombres que Timoteo había dejado en la fortaleza, que eran más de diez mil. [20] Macabeo, por su parte, distribuyó su ejército en compañías, les nombró jefes y atacó a Timoteo, que tenía ciento veinte mil soldados de infantería y dos mil quinientos de caballería.

[21] Informado Timoteo del avance de Judas, envió primeramente las mujeres y los niños y todo el equipaje hacia un lugar llamado Carnáin, [h] sitio muy seguro y de difícil acceso, pues todos los pasos eran muy estrechos. [22] Apenas apareció la primera compañía de Judas, el miedo y el terror se apoderaron de los enemigos, porque Dios, que todo lo ve, se les manifestó. Se dieron a la fuga en todas direcciones, de tal manera que con frecuencia se herían unos a otros y se atravesaban con sus propias espadas. [23] Judas los persiguió con la mayor energía, y pasó a cuchillo y aniquiló a treinta mil de aquellos criminales. [24] El mismo Timoteo cayó en manos de los soldados de Dositeo y Sosípatro; pero con mucha astucia les pidió que lo dejaran libre, pues tenía como rehenes a los padres y hermanos de muchos de ellos, a los cuales no se les tendría ninguna consideración. [25] Por fin, tras largos discursos en que les prometió que devolvería sanos y salvos a aquellos judíos, Timoteo los convenció, y ellos lo dejaron en libertad a fin de salvar la vida de sus parientes.

[26] Judas se dirigió luego a Carnáin y al templo de la diosa Atargatis, [i] y degolló a veinticinco mil hombres. [27] Después de esta victoria y de la matanza que hizo, marchó contra Efrón, [j] ciudad fortificada, donde vivían Lisias y gente de diversas naciones. Jóvenes fuertes, colocados delante de las murallas, las defendían con valor, y dentro había abundante provisión de máquinas de guerra

---

[o] 11.38 Véase 11.33 n.
[a] 12.2 Timoteo controlaba la Transjordania (cf. 1 Mac 5.11-44); los otros comandantes se mencionan aquí por primera vez.
[b] 12.7 Jope, la actual Jafa, había sido tomada por Simón (1 Mac 12.33-34; 13.11; 14.5).
[c] 12.10 De allí: desde algún lugar en Transjordania.
[d] 12.10 Los árabes son los nabateos. Véase 1 Mac 5.25 n.
[e] 12.13 Caspín: al oriente del Lago de Genesaret.
[f] 12.15 Jos 6.1-20.
[g] 12.17 Judíos tubianos: judíos que vivían en una región llamada Tubi (1 Mac 5.13), en Transjordania.
[h] 12.21 Carnáin: Véase 1 Mac 5.43 n.
[i] 12.26 Atargatis, diosa siria de la fertilidad, cuya imagen tenía busto humano y cola de pescado.
[j] 12.27 Efrón: 1 Mac 5.46.

y proyectiles. ²⁸ Pero, después de invocar al Señor, que con su poder destroza las fuerzas de los enemigos, los judíos se apoderaron de la ciudad y mataron como a veinticinco mil personas que en ella había. ²⁹ De allí se pusieron nuevamente en marcha y se dirigieron a Escitópolis, *ᵏ* ciudad que dista ciento ocho kilómetros de Jerusalén. ³⁰ Pero como los judíos que vivían allí les informaron de que los habitantes de Escitópolis habían mostrado buenos sentimientos para con ellos y los habían tratado bien en momentos difíciles, *ˡ* ³¹ Judas y sus soldados les dieron las gracias y les recomendaron que en adelante mantuvieran las mismas buenas relaciones con los judíos. Llegaron a Jerusalén cuando ya estaba cerca la fiesta de las Semanas. *ᵐ*

Campaña contra Gorgias ³² Después de esta fiesta, se pusieron en marcha contra Gorgias, jefe militar de la región de Idumea. *ⁿ* ³³ Este se presentó al combate con tres mil soldados de infantería y cuatrocientos de caballería. ³⁴ Se trabó el combate, y cayeron algunos judíos. ³⁵ Entonces Dositeo, un valiente soldado de caballería, judío tubiano, *ñ* agarró a Gorgias por el manto y empezó a arrastrarlo con fuerza, con intención de capturar vivo a este infame; pero un jinete de Tracia se lanzó contra Dositeo y le cortó el brazo, y así Gorgias pudo huir a la ciudad de Maresá. ³⁶ Los soldados de Azarías, que llevaban mucho tiempo combatiendo, estaban muy cansados. Entonces Judas suplicó al Señor que se pusiera de parte de ellos y los guiara en la batalla. ³⁷ Empezó a cantar himnos en su lengua materna, lanzó el grito de guerra y, cayendo de repente sobre los soldados de Gorgias, los puso en fuga.

Sacrificio por los muertos ³⁸ Judas reunió su ejército y se fue a la ciudad de Adulam. *ᵒ* Al acercarse el séptimo día de la semana, se purificaron *ᵖ* según su costumbre y celebraron el sábado. ³⁹ Y como el tiempo urgía, los soldados de Judas fueron al día siguiente *ᑫ* a recoger los cadáveres de los caídos en el combate, para enterrarlos junto a sus parientes en los sepulcros familiares. ⁴⁰ Pero debajo de la ropa de todos los muertos encontraron objetos consagrados a los ídolos de Jabnia, *ʳ* cosas que la ley no permite que tengan los judíos. *ʳ* Esto puso en claro a todos la causa de su muerte. ⁴¹ Todos alabaron al Señor, justo juez, que descubre las cosas ocultas, ⁴² e hicieron una oración para pedir a Dios que perdonara por completo el pecado que habían cometido. El valiente Judas recomendó entonces a todos que se conservaran limpios de pecado, ya que habían visto con sus propios ojos lo sucedido a aquellos que habían caído a causa de su pecado. ⁴³ Después recogió unas dos mil monedas de plata y las envió a Jerusalén, para que se ofreciera un sacrificio por el pecado. *ᵗ* Hizo una acción noble y justa, con miras a la resurrección. ⁴⁴ Si él no hubiera creído en la resurrección de los soldados muertos, hubiera sido innecesario e inútil orar por ellos. ⁴⁵ Pero, como tenía en cuenta que a los que morían piadosamente les aguardaba una gran recompensa, su intención era santa y piadosa. Por esto hizo ofrecer ese sacrificio por los muertos, para que Dios les perdonara su pecado. *ᵘ*

13 Muerte de Menelao (1 Mac 6.28-30)

¹ En el año ciento cuarenta y nueve *ᵃ* llegó a oídos de Judas que Antíoco Eupátor venía hacia Judea con gran cantidad de soldados, ² y que con él venía Lisias, su tutor y encargado del gobierno, *ᵇ* con un ejército de ciento diez mil soldados griegos de infantería, cinco mil trescientos de caballería, veintidós elefantes y trescientos carros provistos de cuchillas en los ejes. ³ A estos se les unió Menelao, *ᶜ* quien con mucha astucia incitaba a Antíoco, pensando no en la salvación de su patria sino en conservar su puesto. ⁴ Pero Dios, Rey de reyes, hizo que Antíoco se enojara contra ese criminal. Lisias demostró al rey que Menelao era el causante de todos los males; entonces el rey mandó que lo llevaran a la ciudad de Berea *ᵈ* y que le dieran muerte en la forma que allí se acostumbra. ⁵ Hay en Berea una torre de veintidós metros de altura, llena de ceniza, provista de un aparato giratorio, inclinado por todas partes hacia la ceniza. ⁶ Cuando alguien comete un robo en un templo o algún otro crimen muy grave, le dan muerte arrojándolo de allí. ⁷ De esta manera, y privado de sepultura, murió el malvado Menelao; *ᵉ* ⁸ y exactamente como lo merecía, pues había cometido muchos pecados contra el altar, cuyo fuego y ceniza son puros; así, en la ceniza encontró la muerte.

La paz con Antíoco Eupátor (1 Mac 6.31-63) ⁹ El rey Antíoco venía, pues, con la salvaje intención de causar a los judíos peores sufrimientos que su padre. ¹⁰ Al saberlo, Judas recomendó a la gente que orara al Señor día y noche, *ᶠ* para

---

ᵏ 12.29 *Escitópolis:* nombre griego de la ciudad de Bet-seán. 1 Mac 5.52
ˡ 12.30 Las buenas relaciones entre los judíos y Escitópolis se mantuvieron durante mucho tiempo.
ᵐ 12.31 *Fiesta de las semanas:* llamada así porque se celebraba siete semanas después de Pascua. También se llamaba Pentecostés. Ex 34.22; Lv 23.15-21; Dt 16.9-11.
ⁿ 12.32-36 1 Mac 5.55-68.
ñ 12.35 *Judío tubiano:* texto probable; Gr. *de los hombres de Bacenor.* Cf. 2 Mac 12.17.
ᵒ 12.38 *Adulam:* 1 S 22.1.
ᵖ 12.38 *Se purificaron* porque habían tocado cadáveres.
ᑫ 12.39 Los soldados muertos habían sido dejados sin sepultar, por respeto al reposo sabático.
ʳ 12.40 Se trata de figuras de algún metal precioso, encontradas en los templos paganos, de las cuales se habían apoderado los ahora muertos.
ˢ 12.40 Según Dt 7.25-26, estos objetos debían quemarse.
ᵗ 12.43 Lv 4.13-21.
ᵘ 12.42-45 La acción de Judas expresa su convicción que existe una solidaridad profunda entre todos los miembros del pueblo. El pecado de los muertos puede afectar a todos. La oración de los vivos beneficia también a los que ya murieron. La misericordia de Dios es para todos. El autor ve, además, en este gesto, una muestra de la esperanza de Judas en la resurrección de los muertos (véase 2 Mac 7.9 s.).
ᵃ 13.1 Corresponde al año 163 a.C.
ᵇ 13.2 *Lisias, su tutor y encargado del gobierno:* Cf. 1 Mac 3.32-33; 6.17; 2 Mac 11.1.
ᶜ 13.3 *Menelao:* 2 Mac 4.23-50.
ᵈ 13.4 *Berea:* nombre griego de la ciudad de Alepo, en Siria.
ᵉ 13.7 Véase 2 Mac 5.10 n.
ᶠ 13.10 Como siempre, antes del combate se hacen oraciones. Cf. 2 Mac 8.14-15; 10.25-26; 11.6; 12.28; 15.21-24.

que una vez más los ayudara, pues iban a perder la ley, su patria y el santo templo;[g] **11** y también para que no permitiera que el pueblo, que solo ahora empezaba a tener respiro, cayera en manos de paganos que injuriaban a Dios. **12** Todos juntos cumplieron la orden, y durante tres días suplicaron al Señor misericordioso con lágrimas y ayunos, e inclinados y con la frente en el suelo. Entonces Judas les habló para animarlos, y les mandó que se reunieran con él.

13 Pero después de una reunión privada con los ancianos, resolvió ponerse en marcha y, con ayuda del Señor, solucionar la situación, sin esperar a que el ejército del rey invadiera Judea y se adueñara de Jerusalén. **14** Habiendo confiado al creador del mundo el éxito de su campaña, animó a sus soldados a combatir valientemente, hasta la muerte, por las leyes, el templo, la ciudad, la patria y sus costumbres propias; y estableció su campamento cerca de la ciudad de Modín.

15 Dándoles como contraseña las palabras "Victoria de Dios",[h] Judas atacó de noche el campamento del rey con un grupo de los mejores jóvenes; dio muerte a dos mil soldados, y sus hombres mataron al más grande de los elefantes, lo mismo que a su guía. **16** Finalmente, llenaron de terror y confusión el campamento y se retiraron triunfantes. **17** Al amanecer, todo estaba ya terminado, gracias a la ayuda que el Señor dio a Judas.

18 Cuando el rey experimentó la audacia de los judíos, intentó atacar sus fortalezas valiéndose de la astucia. **19** Avanzó hacia Bet-sur,[i] lugar fortificado de los judíos, pero fue rechazado; fracasó y resultó vencido. **20** Judas envió provisiones a la guarnición; **21** pero Ródoco, un soldado judío, informaba de los secretos a los enemigos. Cuando lo descubrieron, lo arrestaron y lo ejecutaron. **22** Por segunda vez el rey entró en conversaciones con los de Bet-sur; hicieron un tratado, en el que mutuamente se daban garantías, y él se retiró. Entonces atacó a Judas y a sus soldados, pero fue derrotado. **23** En este momento se enteró de que Filipo, que había quedado a cargo del gobierno,[j] se había rebelado en Antioquía. Asustado, el rey llamó a los judíos, aceptó un acuerdo con ellos y juró respetar las condiciones justas; después de esta reconciliación, ofreció un sacrificio, rindió honores al templo y se mostró generoso con el santuario. **24** Recibió bien a Macabeo, dejó a Hegemónidas como jefe militar de la región, desde Tolemaida hasta Gerra, **25** y se fue después a Tolemaida. Pero los habitantes de esta ciudad, que no estaban contentos con el tratado, se indignaron y quisieron anular el convenio.[k] **26** Entonces Lisias subió a la tribuna, defendió el convenio lo mejor que pudo y los convenció, calmándolos y dejándolos bien dispuestos, después de lo cual regresó a Antioquía.[l] Así terminó el ataque del rey y su retirada.

7. Lucha con Nicanor (14.1—15.39)[a]

14

Pacto entre Judas y Nicanor (1 Mac 7.1-38) **1** Pasados tres años, Judas y su gente se enteraron de que Demetrio, hijo de Seleuco, había desembarcado en el puerto de Trípoli con un poderoso ejército y una flota,[b] **2** y que, después de hacer matar a Antíoco y a Lisias, su tutor, se había apoderado del país.

3 Un cierto Alcimo, que anteriormente había sido sumo sacerdote,[c] pero que en lugar de evitar el contacto con los paganos había voluntariamente incurrido en impurezas, comprendiendo que de ningún modo podía salvarse ni volver a oficiar en el sagrado altar, **4** se entrevistó con el rey Demetrio hacia el año ciento cincuenta y uno;[d] le regaló una corona de oro, una palma y, además, los ramos de olivo que era costumbre que el templo ofreciera;[e] y por el momento no dijo palabra.

5 Pero él encontró una ocasión propicia para sus insensatos propósitos: Demetrio lo llamó a una reunión de sus consejeros, y le preguntó sobre las disposiciones y planes de los judíos. Alcimo respondió: **6** "Los judíos llamados hasideos,[f] cuyo jefe es Judas Macabeo, fomentan la guerra y la revolución, y no dejan que haya tranquilidad en el reino. **7** Así, yo, aunque me han quitado mi dignidad hereditaria, es decir, el cargo de sumo sacerdote, he venido aquí por dos motivos: **8** en primer lugar, por un sincero interés en los asuntos del rey; y en segundo lugar, por el bien de mis propios conciudadanos, pues por la falta de juicio de las personas que acabo de mencionar, todo nuestro pueblo se encuentra en situación sumamente difícil. **9** Aconsejo a Su Majestad que se informe bien de estas cosas, y que tome las medidas que convienen al país y a nuestro amenazado pueblo, conforme a la bondad y generosidad de Su Majestad para con todos; **10** pues, mientras Judas viva, será imposible que el estado goce de paz."

11 Cuando Alcimo terminó de hablar, los otros amigos del rey, que veían con malos ojos a Judas, se apresuraron a excitar aún más a Demetrio. **12** este eligió inmediatamente a Nicanor, capitán del escuadrón de elefantes, lo nombró jefe militar de Judea y lo envió **13** con la orden de matar a Judas y de dispersar a los que estaban con él y restablecer a Alcimo como sumo sacerdote del más grande de los templos. **14** Los paganos de Judea que habían huido por miedo a Judas, se reunieron en masa alrededor de Nicanor, pensando que sacarían provecho de la derrota y el desastre de los judíos.

---

[g] 13.10 *La ley, su patria y el santo templo:* sintetizan los valores religiosos y cívicos por los que luchan. El concepto de *patria* muestra el influjo del helenismo, al menos en cuanto a la expresión.

[h] 13.15 *"Victoria de Dios":* Compárese esta contraseña con la de 8.23 "Socorro de Dios". Aquí ya se expresa claramente la seguridad de la victoria.

[i] 13.19 Véase 1 Mac 4.29 n.

[j] 13.23 1 Mac 6.14-15,55-56.

[k] 13.25 Véase 2 Mac 6.8 nota *j*.

[l] 13.26 1 Mac 6.63.

[a] 14.1—15.39 La parte final del libro describe las luchas con Nicanor y su derrota a manos de los judíos.

[b] 14.1 Demetrio había escapado de Roma y, a bordo de una nave cartaginesa, había llegado a Siria. Cf. 1 Mac 7.1 n.

[c] 14.3 Cf. 1 Mac 7.5. Alcimo había reemplazado a Menelao en el cargo de sumo sacerdote.

[d] 14.4 Corresponde al año 161 a.C.

[e] 14.4 Contribuciones que se hacían al rey con motivo del comienzo de su reinado.

[f] 14.6 *Hasideos:* Véase 1 Mac 2.42 n. La crueldad de Báquides los llevó por segunda vez a asociarse a la revuelta de los macabeos.

¹⁵ Al recibir noticias de la llegada de Nicanor y del ataque de los paganos, los judíos esparcieron polvo sobre sus cabezas y oraron a Dios, que había establecido a su pueblo para siempre y que sin cesar se había preocupado de su heredad manifestándose gloriosamente. ¹⁶ Cuando su jefe les dio la orden, se pusieron en marcha desde el lugar donde se encontraban, y trabaron combate con los enemigos en el pueblo de Hadasá.ᵍ ¹⁷ Simón, hermano de Judas, estaba combatiendo contra Nicanor, pero a causa de la repentina llegada de los enemigos tuvo un pequeño fracaso. ¹⁸ Sin embargo, Nicanor, al conocer el valor de Judas y sus compañeros, y su ánimo cuando luchaban por la patria, decidió no acudir a las armas para solucionar sus diferencias. ¹⁹ Así pues, envió a Posidonio, a Teodoto y a Matatías para proponer la paz a los judíos.

²⁰ Después de estudiar detenidamente las condiciones, Judas las comunicó al ejército, que se mostró conforme y dio su aprobación al tratado de paz. ²¹ Fijaron un día para que los jefes se reunieran en privado. De cada ejército se adelantó un carro, y se colocaron asientos de honor. ²² Judas había colocado en sitios estratégicos gente armada y preparada, por temor a que de pronto los enemigos les hicieran alguna mala jugada. En la entrevista, los jefes llegaron a un acuerdo.

²³ Nicanor se quedó algún tiempo en Jerusalén y se portó correctamente. Incluso despidió a los soldados que se habían reunido alrededor de él. ²⁴ Siempre tenía cerca a Judas, pues sentía una gran estima por él. ²⁵ Le recomendó que se casara y tuviera hijos. Y Judas se casó y disfrutó de la vida en paz.ʰ

Se reanudan las hostilidades ²⁶ Pero Alcimo, al ver las buenas relaciones que había entre Nicanor y Judas, y habiendo conseguido una copia del tratado, fue a buscar a Demetrio y le dijo que Nicanor seguía una política contraria a los intereses del estado, pues había nombrado sucesor suyo a Judas, que era enemigo del reino. ²⁷ El rey se enfureció, e incitado por las calumnias de ese gran malvado, le escribió una carta a Nicanor, en la que le decía que no podía aceptar lo pactado y le ordenaba poner preso inmediatamente a Macabeo y enviarlo a Antioquía. ²⁸ Al recibir la carta, Nicanor se contrarió mucho, pues no quería faltar al pacto, ya que Judas no había hecho nada malo. ²⁹ Pero, como no podía oponerse al rey, valiéndose de la astucia buscaba una ocasión propicia para cumplir la orden.

³⁰ Sin embargo, al darse cuenta Macabeo de que Nicanor se portaba duramente con él y que su trato se hacía cada vez menos amistoso, y sospechando que esa dureza no hacía esperar nada bueno, reunió un buen número de partidarios suyos y se escondió de Nicanor. ³¹ Al darse cuenta Nicanor de que Judas le había ganado limpiamente la partida, se presentó en el sublime y santo templo a la hora en que los sacerdotes ofrecían los sacrificios regulares, y les ordenó que le entregaran a Judas. ³² Ellos aseguraron con juramento que no sabían dónde estaba el hombre que Nicanor buscaba. ³³ Entonces este, extendiendo su mano derecha hacia el templo, juró diciendo: "Si ustedes no me entregan a Judas prisionero, arrasaré este templo de Dios y destruiré el altar, y en su lugar levantaré un grandioso templo al dios Baco."ⁱ ³⁴ Dichas estas palabras, se retiró. Los sacerdotes, levantando las manos al cielo, empezaron a suplicar de esta manera a Dios, que siempre había protegido a nuestro pueblo: ³⁵ "Tú, Señor, que no tienes necesidad de nada, has escogido este templo como tu lugar de residencia en medio de nosotros.ʲ ³⁶ Ahora, Señor santísimo, guarda siempre libre de profanación este santuario, que hace poco fue purificado."ᵏ

Muerte de Razísˡ ³⁷ Entonces denunciaron ante Nicanor a uno de los ancianos de Jerusalén, llamado Razís,ᵐ hombre muy preocupado por el bien de sus conciudadanos, que gozaba de excelente fama y que, a causa de su generosidad para con ellos, era llamado "padre de los judíos." ³⁸ Anteriormente, en tiempos de la rebelión, había sido acusado de defender la causa judía, y él, con toda firmeza, había expuesto su cuerpo y su vida por esa causa. ³⁹ Nicanor, para hacer patente la hostilidad que sentía hacia los judíos, envió más de quinientos soldados para apresar a Razís, ⁴⁰ pues pensaba que arrestar a este hombre sería un duro golpe para los judíos. ⁴¹ Las tropas estaban ya a punto de tomar la torre donde se encontraba Razís, y trataban de forzar la puerta de fuera, habiendo recibido órdenes de prender fuego y quemar las puertas, cuando Razís, acosado por todas partes, volvió su espada contra sí mismo, ⁴² prefiriendo morir noblemente antes que caer en manos de aquellos criminales y sufrir injurias indignamente. ⁴³ Pero, con la prisa de la lucha, falló el golpe; entonces, cuando las tropas ya entraban por las puertas, corrió animosamente hacia lo alto de la muralla, y valientemente se lanzó sobre la tropa. ⁴⁴ Rápidamente los soldados se retiraron a cierta distancia, y él cayó en el espacio libre. ⁴⁵ Todavía respirando, lleno de ardor a pesar de estar gravemente herido, se levantó bañado en sangre, pasó corriendo por entre la tropa, se colocó sobre una alta roca ⁴⁶ y, casi completamente desangrado, se arrancó las entrañas y, tomándolas con las dos manos, las arrojó sobre la tropa, pidiendo al Señor de la vida que algún día se las devolviera. De este modo murió.

15

Derrota y muerte de Nicanor (1 Mac 7.39-50)

¹ Cuando Nicanor supo que Judas y su gente estaban en la región de Samaria, decidió atacarlos sin correr ningún riesgo, aprovechando el sábado. ² Los judíos que habían sido obligados a la fuerza a ir con él, le dijeron:

—No lo mate usted de una manera tan salvaje y bárbara; respete el día que Dios, que todo lo ve, honró de manera especial y consagró.

³ Pero aquel desalmadoᵃ preguntó si había en el cielo

ᵍ **14.16** *Hadasá:* lectura probable (cf. 1 Mac 7.40). Gr. *Desau.*
ʰ **14.25** Estos rasgos de amistad entre Judas y Nicanor no se encuentran en 1 Mac; allí siempre aparecen como adversarios. Cf. 1 Mac 7.27-32.
ⁱ **14.33** *Baco: Véase* 2 Mac 6.7 n.
ʲ **14.35** 1 R 8.27-30; Hch 17.25.
ᵏ **14.36** 2 Mac 10.1-8.
ˡ **14.37-46** Este episodio no aparece en 1 Mac.
ᵐ **14.37** *Razís* es la figura opuesta a Alcimo. Se había mantenido fiel a las costumbres judías con peligro de su vida.
ᵃ **15.3** Ex 20.8-11.

un Señor que hubiera mandado celebrar el día sábado.
⁴ Ellos le respondieron:
—El Señor viviente, que tiene poder en el cielo, es quien nos ha mandado celebrar el séptimo día. ᵇ
⁵ Entonces replicó Nicanor:
—Pues yo tengo poder en la tierra, y ordeno tomar las armas y obedecer al rey.
Sin embargo, no pudo llevar a cabo su perverso deseo.
⁶ Nicanor, en su orgullo y arrogancia, pensaba levantar un monumento público con las cosas que iba a quitar a las tropas de Judas. ⁷ Pero Macabeo no dejaba de confiar, lleno de esperanza, en que el Señor les ayudaría, ⁸ y animaba a sus compañeros a no temer el ataque de los paganos, sino que, recordando el auxilio que ya habían recibido de Dios, esperaran que también ahora el Señor todopoderoso les daría la victoria. ⁹ Les dio ánimo con las palabras de la ley y los profetas, les trajo a la memoria los combates que habían sostenido, y los dejó aún más animosos. ᶜ ¹⁰ Después de infundirles valor de esta manera, les dio instrucciones y les hizo ver la mala fe de los paganos y su incumplimiento de los juramentos.

¹¹ Así armó a todos más con el ardor de su elocuencia que con la seguridad de los escudos y las lanzas. Les contó además una visión digna de crédito que había tenido en sueños, la cual alegró a todos. ¹² La visión era esta: El antiguo sumo sacerdote Onías, hombre bueno y excelente, de presencia modesta y carácter amable, de trato digno y dado desde su niñez a la práctica de la virtud, estaba con las manos extendidas, orando por todo el pueblo judío. ᵈ
¹³ En seguida apareció otro hombre, que se distinguía por sus cabellos blancos y su dignidad; la majestad que lo rodeaba claramente indicaba que se trataba de un personaje de la más alta autoridad. ¹⁴ Onías tomó la palabra, y dijo: "Este es Jeremías, el profeta de Dios, ᵉ el amigo de sus hermanos, que ora mucho por el pueblo y por la ciudad santa." ᶠ ¹⁵ Jeremías extendió la mano derecha, le dio a Judas una espada de oro y le dijo: ¹⁶ "Toma esta espada santa, que Dios te da; con ella destrozarás a los enemigos."

¹⁷ Reconfortados con las elocuentes palabras de Judas, palabras capaces de inspirar valor y de convertir en hombres fuertes a los jóvenes, los judíos resolvieron no quedarse en el campamento, sino lanzarse valientemente a la ofensiva y, con todo el valor posible, luchar cuerpo a cuerpo y resolver su situación, puesto que Jerusalén y la religión y el templo estaban en peligro. ¹⁸ El temor por sus mujeres y sus hijos, por sus hermanos y parientes, era poca cosa comparado con el que sentían por el templo recién purificado. ¹⁹ La angustia de los que quedaban en la ciudad no era menor, con la preocupación por el combate que iba a librarse a campo abierto. ²⁰ Todos esperaban el desenlace de la acción. Los enemigos ya habían concentrado sus fuerzas; el ejército estaba dispuesto en orden de batalla, los elefantes colocados en posición estratégica y la caballería situada en las alas. ²¹ Al ver Macabeo el ejército que se acercaba, la variedad de sus armamentos y la fiereza de los elefantes, extendió sus brazos al cielo e invocó al Señor, que hace prodigios, sabiendo que el Señor da la victoria a los que la merecen, no gracias a las armas sino según él mismo decide. ²² Invocó al Señor de este modo: "Tú, Señor, en tiempos de Ezequías, rey de Judá, enviaste un ángel y aniquilaste a ciento ochenta y cinco mil hombres del campamento de Senaquerib; ᵍ ²³ ahora también, Señor de los cielos, envía a tu ángel bueno delante de nosotros, para que siembre el miedo y el terror. ²⁴ Hiere con el poder de tu brazo a estos paganos que te injurian, y que atacan a tu pueblo santo." Así terminó. ʰ

²⁵ Los soldados de Nicanor marcharon al son de trompetas y cantos de guerra; ²⁶ los de Judas se lanzaron al combate con súplicas y oraciones, ²⁷ y luchando con sus manos e invocando a Dios en sus corazones, dejaron tendidos a no menos de treinta y cinco mil enemigos, y quedaron muy contentos por esta intervención de Dios. ⁱ ²⁸ Terminado el combate, al retirarse llenos de alegría, descubrieron a Nicanor, con su armadura, muerto en la batalla. ²⁹ Entonces, en medio de gritos y aclamaciones, alabaron al Señor en su lengua materna. ³⁰ Y Judas, que se había entregado todo entero, en cuerpo y alma, a luchar en primera fila por sus conciudadanos, sin perder el afecto que desde joven había sentido por su pueblo, ordenó que le cortaran la cabeza a Nicanor y el brazo derecho, y que los llevaran a Jerusalén. ʲ

³¹ Judas mismo fue a Jerusalén, y después de reunir a sus conciudadanos y a los sacerdotes, se colocó delante del altar, mandó llamar a los que estaban en la ciudadela ³² y les mostró la cabeza del impío Nicanor y el brazo que él, insultando a Dios, había dirigido lleno de arrogancia contra el santo templo del Todopoderoso; ᵏ ³³ después le cortó la lengua al impío Nicanor, y ordenó que la hicieran pedazos y se la dieran a las aves de rapiña, y que colocaran el brazo delante del templo, en pago ˡ de su locura. ³⁴ Todos, entonces, mirando hacia el cielo y alabando al Señor, que se había hecho presente, dijeron: "¡Alabado sea el Señor, que ha conservado puro su templo!" ³⁵ Judas colgó de la ciudadela la cabeza de Nicanor, como señal clara y patente para todos del auxilio del Señor, ³⁶ y todos, de común acuerdo, decidieron no dejar pasar ese día sin recordarlo, sino

---

ᵇ **15.4** *Aquel desalmado:* Cf. 2 Mac 8.34.

ᶜ **15.9** No se trata simplemente de una lectura, como en 2 Mac 8.23, sino de una exhortación basada en las palabras de la ley y los profetas.

ᵈ **15.12** *Onías* (cf. 3.1) después de su muerte trágica (4.34), continúa en su papel de intercesor. Véase 2 Mac 3.32 n.

ᵉ **15.14** 2 Cr 36.12; Jer 1.1.

ᶠ **15.14** La solidaridad de los justos con el pueblo no se ejerce solo durante su vida (cf. Gn 18.16-33; Ex 32.11-14; Job 42.8), sino que va más allá de la muerte.

ᵍ **15.22** 2 R 19.35; Is 37.36. 1 Mac 7.41; 2 Mac 8.19.

ʰ **15.24** Véase 13.10 n.

ⁱ **15.27** Después de tantos preparativos, el autor dedica unas pocas líneas a la batalla. Ha sido más bien un triunfo de Dios.

ʲ **15.30** La decapitación de los jefes vencidos aparece también en Jue 7.25; 1 S 17.54; 31.9; Jdt 13.8; 14.1.

ᵏ **15.32** Cf. 2 Mac 14.33. La ley del talión se cumple una vez más.

ˡ **15.33** En griego, las palabras *brazo* y *pago* tienen un sonido parecido.

DINASTÍAS HASMONEA Y HERODIANA
(simplificadas)

(Las fechas principales pueden verse en las Tablas cronológicas)
(El signo ↔ indica unión matrimonial)

celebrar como fiesta el día trece del mes doce, llamado en idioma arameo Adar, día anterior a la fiesta de Purim.*ᵐ*

Conclusión ³⁷ Así sucedieron las cosas relativas a Nicanor; desde entonces la ciudad ha estado en poder de los hebreos.*ⁿ*

Y yo termino aquí mi narración. ³⁸ Si está bien escrita y ordenada, esto fue lo que me propuse. Si es mediocre y sin valor, solo eso fue lo que pude hacer. ³⁹ Así como no es agradable beber vino ni agua solos, en tanto que beber vino mezclado con agua es sabroso y agradable al gusto, del mismo modo, en una obra literaria, la variedad del estilo agrada a los oídos de los lectores. Y con esto termino mi relato.

ᵐ **15.36** *Fiesta de Purim:* lit. *día de Mardoqueo.* Cf. Est 9.1,17-32; 1 Mac 7.48-49.
ⁿ **15.37** Solo en el 129 a.C., Juan Hircano, hijo de Simón, y sobrino de Judas, logró liberar completamente a Jerusalén. Pero recuperado el templo y obtenida la libertad religiosa, podía decirse que la ciudad estaba *en poder de los hebreos.*

Eclesiástico
(Sirácida)

El más largo de los libros sapienciales es el libro llamado *Eclesiástico* (=Eclo) en la tradición latina. La versión griega le da el título de "Sabiduría de Jesús hijo de Sira", lo que explica que a veces también se dé a este libro el nombre de "Sirácida". En su origen, el título "Eclesiástico" probablemente se refería al hecho de que, aunque no pertenecía al grupo de los libros de canonicidad indiscutida (libros protocanónicos o del canon hebreo), se usaba en la iglesia para instrucción de los fieles. Posteriormente se convirtió en el texto por excelencia de instrucción para los nuevos creyentes y, así, en libro de especial uso en la iglesia.

Aunque el nombre del autor del libro no aparece de manera uniforme en los manuscritos antiguos, el que aparece como más probable es el de Jesús, quien, según el texto hebreo, era hijo de Eleazar y nieto de Sira, o, según el texto griego, hijo de Sirac (50.27). De todas maneras, se ha hecho común el nombre de Ben Sira o Sirácida para designar al autor.

Acerca de este tenemos algunos datos que da el mismo libro (33.16-18; 34.11-12; 39.32; 50.27; 51.13-22) y, sobre todo, los que nos ofrece el prólogo escrito por el traductor griego.

El autor era un judío (de Jerusalén, según el texto griego de 50.27), que había viajado y aprendido mucho, tanto en la escuela de la vida como en el estudio de la sabiduría. Tenía un amor profundo por la ley y el templo, por la historia de su pueblo y por las enseñanzas de sus antepasados. Quiso comunicar a otros el fruto de sus experiencias, estudios y reflexiones, y escribió este libro en hebreo.

Desafortunadamente, el texto hebreo no se ha conservado en su totalidad, aunque se han encontrado importantes fragmentos en El Cairo, en Qumrán y en Masada; pero se observa que el texto no fue transmitido con la fidelidad y exactitud con que lo fueron los libros hebreos protocanónicos. Los fragmentos hebreos conocidos actualmente corresponden a las siguientes partes del texto: 3.6—16.26; 25.8—26.17; 30.11—34.1; 35.9—38.27; 39.15—51.30. De las partes restantes, solo se conservan en hebreo trozos aislados.

Un nieto del autor hizo en Egipto la traducción griega. De esta traducción sí se conserva el texto completo. Existe también una versión siríaca antigua hecha a partir del hebreo, aunque con influencia del griego en algunos casos. También existen otras traducciones antiguas, de las que la más utilizada fue la latina, hecha a partir del texto griego.

La traducción castellana que se ofrece aquí se basa en lo que se conoce del texto hebreo, de acuerdo con la edición de F. Vattioni, pero se han tenido en cuenta las versiones antiguas, especialmente la griega. Cuando no existe el texto hebreo, se ha utilizado el griego. En las notas se indican algunas de las variantes más importantes.

De los datos suministrados en el prólogo (véase *Prólogo del traductor griego* nota c), se deduce que el traductor llegó a Egipto el año 132 a.C. Se puede suponer que su abuelo escribió su obra unos cincuenta años antes, o sea, hacia el año 180 a.C.

El libro no es un tratado sistemático y ordenado sobre un único tema o sobre el conjunto de las creencias de Israel, sino más bien una serie de reflexiones e instrucciones sobre muchos temas más o menos tradicionales en la literatura sapiencial, sin que se descubra un plan preciso. Los títulos que se colocan en el texto tratan de indicar el tema más sobresaliente en cada sección.

La enseñanza del Sirácida se sitúa, por una parte, en la tradición de los profetas y sabios de Israel: fe en el único Dios, Creador y Señor del universo, y, de manera especial, de Israel, con quien hizo una alianza; aprecio por la sabiduría, por el templo y por el culto; alabanza y acción de gracias a Dios por su constante amor; insistencia en la necesidad de una vida recta y leal frente a Dios y del cumplimiento de los deberes para con el prójimo. Muchas de las reflexiones sobre los temas de la vida diaria (el trabajo, la riqueza y la pobreza, los amigos, la mujer, la educación, la enfermedad, los buenos modales, etc.) amplían los dichos más breves de libros anteriores (Proverbios, Eclesiastés). La enseñanza se da bien sea mostrando cómo hay que proceder, bien sea criticando la manera como los hombres actúan de ordinario.

Por otra parte, nos encontramos ya en la época del judaísmo que insiste especialmente en la importancia de la ley, como expresión suma de la voluntad de Dios, y que, en contacto y a veces en lucha abierta con otras culturas, se ve en la necesidad de afirmar su propia identidad.

Algunos textos de este libro, como los que hablan del perdón de las ofensas (28.1-7) y la invocación de Dios como Padre (23.1; 51.10), tienen eco en las enseñanzas de Jesús consignadas en los evangelios.

En el libro pueden distinguirse las siguientes partes principales:

1. Reflexiones sobre diversos temas (1.1—42.14)
2. Meditación sobre la gloria de Dios en la naturaleza (42.15—43.33)
3. Elogio de los antepasados (44.1—50.29)
4. Sección conclusiva (51.1-30)

Prólogo del traductor griego [a] [La ley, los profetas y los demás libros [b] que fueron escritos después, nos han transmitido muchas y grandes enseñanzas. Por eso hay que felicitar al pueblo de Israel por su instrucción y sabiduría. Los que leen las Escrituras tienen el deber no solamente de adquirir ellos mismos muchos conocimientos, sino que deben ser capaces de ayudar, tanto de palabra como por escrito, a quienes no han recibido esta instrucción. Así lo hizo mi abuelo Jesús. En primer lugar se dedicó de lleno a la lectura de la ley y los profetas, y de los demás libros recibidos de nuestros antepasados, y alcanzó un conocimiento muy grande de ellos; y luego él mismo se sintió movido a escribir un libro sobre la instrucción y la sabiduría, para que, practicando sus enseñanzas, las personas deseosas de aprender puedan hacer mayores progresos viviendo de acuerdo con la ley.

Todos, pues, están invitados a leer este libro con atención y buena voluntad. Al traducirlo, he puesto todo el empeño posible. Si, a pesar de esto, les parece que no he acertado en la traducción de algunas frases, deben disculparme. Porque las cosas dichas en hebreo pierden mucho de su fuerza al ser traducidas a otra lengua. Y esto es cierto no solo en este caso: también en la ley y los profetas, y en los otros libros, no es pequeña la diferencia que se nota cuando se leen en el original.

Llegué a Egipto en el año treinta y ocho del reinado de Evergetes, [c] y allí me establecí por un tiempo. Y allí encontré un libro [d] de grandes enseñanzas, y pensé que era deber mío dedicar esfuerzos y trabajos a traducirlo. Por aquel entonces pasé muchas noches sin dormir, y usé mis conocimientos con el fin de terminar el libro y publicarlo para utilidad de aquellos que, residiendo en el extranjero, [e] desean instruirse y están dispuestos a ordenar sus costumbres y vivir de acuerdo con la ley.]

1. Reflexiones sobre diversos temas (1.1—42.14)

1

Alabanza de la sabiduría

1 Toda sabiduría viene del Señor
y está siempre con él. [a]

2 ¿Quién puede contar los granos
de la arena del mar,
las gotas de lluvia, o los días de la eternidad?

3 ¿Quién puede medir la altura del cielo,
la anchura de la tierra,
o la profundidad del abismo? [b]

4 La sabiduría fue creada antes que todo lo demás; [c]
la inteligencia para comprender existe
desde siempre. [d]

6 ¿Quién ha descubierto la raíz de la sabiduría? [e]
¿Quién conoce sus secretos? [f]

8 Solo hay uno sabio y muy temible:
el Señor, que está sentado en su trono.

9 Él fue quien creó la sabiduría.
La observó, la midió
y la derramó sobre todas sus obras. [g]

10 Él se la dio en alguna medida
a todo ser viviente,
y en abundancia a sus amigos. [h]

Honrar al Señor

11 Honrar al Señor [i] trae gloria, satisfacción,
alegría y una corona de gozo.

12 Honrar al Señor alegra el corazón,
trae gozo, alegría y larga vida. [j]

13 Al que honra al Señor, al final le irá bien;
cuando muera, todos hablarán bien de él.

14 La sabiduría comienza por honrar al Señor; [k]
ella acompaña a los fieles
desde el seno materno.

15 Puso entre los hombres su hogar para
vivir siempre allí,
y se mantendrá fielmente con ellos. [l]

16 La sabiduría perfecta consiste
en honrar al Señor;
ella colma a los hombres con sus frutos.

17 Llenará sus casas de todo lo que quieran,
y sus graneros de las cosechas
que ella produce.

---

[a] **Prólogo** Este prólogo no es parte del texto original del libro, pero da informaciones interesantes sobre su origen.

[b] **Prólogo** *La ley, los profetas y los demás libros:* Es la designación que se hizo común en el judaísmo para referirse al conjunto de escritos que llamamos Antiguo Testamento. Cf. también Eclo 39.1; y véase *Introducción al NT (4).*

[c] **Prólogo** Todo parece indicar que se trata del rey Tolomeo VIII Evergetes II de Egipto. El año treinta y ocho de su reinado equivale al 132 a.C.

[d] **Prólogo** No es seguro si se refiere al libro hebreo que tradujo o a otro libro cuya lectura lo movió a hacer esta traducción.

[e] **Prólogo** La colonia judía residente en Egipto era muy importante. Este prólogo nos indica que ya los otros libros bíblicos, al menos en su mayoría, habían sido traducidos al griego.

[a] **1.1** Uno de los temas principales de este libro es el de la *sabiduría*. Ella proviene de Dios (cf. también Pr 2.6; Sab 9.4), quien la ha mostrado en las obras de la creación (Eclo 16.24—17.24; 33.7-15; 39.12-35; 42.15—43.33) y en la historia de Israel (44—50). Para el hombre, ser sabio consiste en saber ordenar toda su vida de manera recta. Por eso debe, ante todo, honrar al Señor (véase 1.11 n.). Todos deben buscar la sabiduría como el bien de mayor valor (51.13-30).

[b] **1.3** *La profundidad del abismo:* según versiones antiguas; gr. añade: *y la sabiduría.* Por *abismo* entendían los hebreos el océano sobre el que se imaginaban que flotaba la tierra. Cf. Gn 1.2.

[c] **1.4** La existencia de la sabiduría antes que todas las demás criaturas es tema conocido: Job 28.23-27; Pr 8.22-31; Eclo 24.9.

[d] **1.4** Algunos manuscritos añaden el v. 5: *La fuente de la sabiduría es la palabra de Dios en el cielo; los caminos por donde ella corre son los mandamientos eternos.*

[e] **1.6** Bar 3.1-15.

[f] **1.6** Algunos mss. añaden el v. 7: *¿A quién se ha revelado el conocimiento de la sabiduría? ¿Quién ha comprendido su gran experiencia?*

[g] **1.9** Véase 1.4 nota c.

[h] **1.10** Ec 2.26; Eclo 24.11-12. Algunos mss. añaden: *Amor del Señor es sabiduría gloriosa; él se la concede a aquellos a quienes se aparece, para que puedan verlo.*

[i] **1.11** *Honrar al Señor* (lit. *temer al Señor*) resume la actitud de reverencia, amor y obediencia a Dios, propia del verdadero creyente. Es parte integrante de la sabiduría. Cf. v. 14.

[j] **1.12** Algunos mss. añaden: *Honrar al Señor es regalo del Señor; él también prepara caminos firmes para el amor.*

[k] **1.14** Cf. Job 28.28; Sal 111.10; Pr 1.7; 9.10; 15.33; Eclo 19.20.

[l] **1.15** Cf. Pr 8.31; Bar 3.38; Sab 10.

¹⁸ Honrar al Señor es coronarse de sabiduría;
 ella hace que florezcan la paz y la salud. ᵐ
¹⁹ Hace venir como lluvia la ciencia y la inteligencia,
 y llena de honores a quienes a ella se aferran.
²⁰ La raíz de la sabiduría es honrar al Señor,
 y en sus ramas se encuentra larga vida. ⁿ
²² Enojarse injustamente no tiene disculpa,
 porque el ímpetu de la pasión lleva al
  hombre a la ruina.
²³ El que es paciente aguantará mientras sea necesario,
 y al final su recompensa será la alegría.
²⁴ Mientras sea necesario, se quedará callado,
 y después muchos alabarán su inteligencia.
²⁵ La sabiduría hace hablar con sensatez,
 pero el pecador aborrece dar culto a Dios.
²⁶ Si buscas la sabiduría, cumple los mandamientos ñ
 y el Señor te la dará en abundancia.
²⁷ Honrar al Señor es ser sabio e instruido;
 a él le gustan la fidelidad y la humildad. ᵒ
²⁸ No te niegues a honrar al Señor,
 ni te acerques a él con hipocresía.
²⁹ No seas hipócrita delante de los hombres,
 y fíjate bien en lo que dices.
³⁰ No te eleves demasiado, si no quieres caer ᵖ
 y traer sobre ti mismo la deshonra.
 El Señor pondrá al descubierto tus secretos
 y te humillará delante de la gente,
 por no haberle dado honra
 y por tener el corazón lleno de engaños.

2 Paciencia y confianza

¹ Hijo mío, si tratas de servir al Señor,
 prepárate para la prueba. ᵃ
² Fortalece tu voluntad y sé valiente,
 para no acobardarte cuando llegue la calamidad.
³ Aférrate al Señor, y no te apartes de él;
 así, al final tendrás prosperidad.
⁴ Acepta todo lo que te venga,
 y sé paciente si la vida te trae sufrimientos.
⁵ Porque el valor del oro se prueba en el fuego,
 y el valor de los hombres en el horno del
  sufrimiento. ᵇ
⁶ Confía en Dios, y él te ayudará;
 procede rectamente y espera en él. ᶜ
⁷ Ustedes, los que honran al Señor,
 confíen en su misericordia;
 no se desvíen del camino recto, para no caer.

⁸ Los que honran al Señor, confíen en él,
 y no quedarán sin recompensa.
⁹ Los que honran al Señor, esperen la prosperidad,
 la felicidad eterna y el amor de Dios.
¹⁰ Fíjense en lo que sucedió en otros tiempos:
 nadie que confiara en el Señor se vio decepcionado;
 nadie que lo honrara fielmente se vio abandonado;
 a todos los que lo invocaron, él los escuchó. ᵈ
¹¹ Porque el Señor es tierno y compasivo, ᵉ
 perdona los pecados y salva en tiempo de aflicción.
¹² Pero, ¡ay de los corazones cobardes y las
  manos perezosas!
 ¡Ay de los pecadores que llevan una vida doble!
¹³ ¡Ay de los corazones débiles,
 que no tienen confianza!
 ¡Dios no los protegerá!
¹⁴ ¡Ay de los que no saben soportar con paciencia!
 ¿Qué harán cuando el Señor los ponga a prueba?
¹⁵ Los que honran al Señor obedecen lo que él ordena;
 aquellos que le aman hacen lo que él quiere.
¹⁶ Los que honran al Señor tratan de hacer
  lo que a él le agrada;
 aquellos que le aman cumplen con gusto su ley. ᶠ
¹⁷ Los que honran al Señor están siempre dispuestos
  a humillarse delante de él.
¹⁸ Pongámonos en las manos del Señor,
 y no en las manos de los hombres;
 porque el amor de Dios
 es igual a su grandeza. ᵍ

3 Deberes para con los padres

¹ Hijos míos, escúchenme a mí, que soy su padre;
 sigan mis consejos y se salvarán.
² El Señor quiere que el padre sea honrado
  por sus hijos,
 y que la autoridad de la madre sea
  respetada por ellos. ᵃ
³ El que respeta a su padre alcanza el
  perdón de sus pecados,
⁴ y el que honra a su madre reúne una gran riqueza.
⁵ El que respeta a su padre recibirá alegría
  de sus propios hijos;
 cuando ore, el Señor lo escuchará.
⁶ El que honra a su padre tendrá larga vida;
 el que respeta a su madre será premiado
  por el Señor, ᵇ
⁷ pues obedece a sus padres como si fueran sus amos.

ᵐ **1.18** Algunos mss. añaden: *Ambas cosas son dones de Dios para la paz; dan completa satisfacción a los que lo aman.*

ⁿ **1.20** Cf. Pr 3.2,16; 4.10; Eclo 1.12. Algunos mss. añaden el v. 21: *El respeto al Señor aleja los pecados; si aquel está presente, Dios no descarga su ira.*

ñ **1.26** Ec 12.13; Eclo 19.20.

ᵒ **1.27** Pr 15.33.

ᵖ **1.30** Mt 23.12.

ᵃ **2.1-5** La prueba parece ser, sobre todo, el sufrimiento a causa de la fe o de la rectitud moral. Cf. Stg. 1.2-4; 1 P 1.6-7; 4.12; Ap 2.10.

ᵇ **2.5** Sab 3.5-6. Algunos mss. añaden: *En la enfermedad y en la pobreza ten confianza en él.*

ᶜ **2.6** Sal 37.3-5; Pr 3.5-6.

ᵈ **2.10** Cf. Job 4.7; Sal 22.4-5(5-6); 37.25.

ᵉ **2.11** Cf. Ex 34.6-7; Sal 103.8; 145.8-9; Stg 5.11.

ᶠ **2.15-16** Cf. Dt 10.12-13; Jn 14.15,21,23; 1 Jn 5.3.

ᵍ **2.18** 2 S 24.14; 1 Cr 21.13.

ᵃ **3.2-6** Cf. Ex 20.12; Lv 19.3; Dt 5.16; Ef 6.1-3.

ᵇ **3.6** *El que respeta a su madre será premiado por el Señor:* según la versión siríaca. La versión griega tiene: *Y el que obedece al Señor dará sosiego a su madre.*

⁸ Hijo mío, honra a tu padre con obras y palabras,
    y así recibirás toda clase de bendiciones.
⁹ Porque la bendición del padre da raíces
        firmes a una familia, ᶜ
    pero la maldición de la madre la arranca de raíz. ᵈ
¹⁰ No te sientas orgulloso viendo a tu padre
        pasar vergüenza,
    pues esto no es ninguna honra para ti.
¹¹ El honor de un hijo está en el honor de su padre;
    en cambio, el que desprecia a su madre
        se llena de pecados.
¹² Hijo mío, empéñate en honrar a tu padre;
    no lo abandones mientras tengas vida.
¹³ Aunque su inteligencia se debilite,
    sé comprensivo con él;
    no lo avergüences mientras viva.
¹⁴ Socorrer al padre es algo que no se olvidará;
    será como ofrecer sacrificio por los pecados.
¹⁵ Cuando estés en aflicción, Dios se acordará de ti
    y perdonará tus pecados,
    como el calor del sol derrite el hielo.
¹⁶ El que abandona a su padre ofende al Señor,
    y el que hace enojar a su madre es
        maldecido por Dios. ᵉ

Humildad

¹⁷ Hijo mío, sé humilde en todo lo que hagas,
    y te estimarán más que al que hace muchos regalos.
¹⁸ Cuanto más grande seas, más deberás humillarte; ᶠ
    así agradarás a Dios.
¹⁹ Porque grande es la misericordia de Dios,
²⁰ y él revela a los humildes sus secretos. ᵍ
²¹ No busques lo que es demasiado elevado para ti,
    ni quieras saber lo que es demasiado difícil.
²² Procura entender lo que Dios te ha mandado
    y no te preocupes de lo que está en secreto. ʰ
²³ No te inquietes por lo que te sobrepasa,
    pues lo que has visto ya es demasiado para ti.
²⁴ Muchos se han dejado engañar por sus
        propias ideas, ⁱ
    y falsos pensamientos han desequilibrado su mente. ʲ

²⁶ Al que es terco, al fin le irá mal,
    y el que ama el peligro, en él perecerá. ᵏ
²⁷ Al terco le esperan muchos sufrimientos,
    y el pecador ˡ amontona más y más pecados.
²⁸ La desgracia del orgulloso ᵐ no tiene remedio,
    pues es el retoño de una mala planta.
²⁹ El sabio entiende los proverbios de los sabios;
    el que escucha atentamente
        se alegra en la sabiduría.

La ayuda al necesitado

³⁰ El agua apaga el fuego que arde,
    y el dar limosnas consigue el perdón de los pecados. ⁿ
³¹ Del que hace el bien se acordarán después;
    cuando resbale, encontrará quien lo sostenga.

4 ¹ Hijo mío, no te burles del que vive en la aflicción,
    ni desprecies al que sufre amargamente. ᵃ
² No dejes sufrir al que esté necesitado,
    ni te escondas del que esté abatido.
³ No hagas sufrir al que tiene el corazón afligido,
    ni le niegues tu ayuda al pobre.
⁴ No rechaces al débil que te pida ayuda, ᵇ
⁵ ni le des motivos para que te maldiga. ᶜ
⁶ Si al sentirse triste y amargado levanta la voz,
    el Creador escuchará sus gritos. ᵈ
⁷ Hazte querer de los demás,
    y sé respetuoso con las autoridades.
⁸ Escucha con atención al pobre,
    y con sencillez devuélvele el saludo.
⁹ Libra del opresor al oprimido,
    y no te niegues a dar un fallo justo.
¹⁰ Pórtate como un padre con los huérfanos
    y como un esposo con las viudas. ᵉ
    Así Dios te llamará hijo, ᶠ
    te amará y te librará de la desgracia.

El premio de la sabiduría

¹¹ La sabiduría ᵍ instruye a los que la buscan;
    los guía como si fueran hijos suyos.
¹² Los que la aman, aman la vida;
    los que la buscan con afán, agradan al Señor.

ᶜ **3.9** A la bendición del padre para sus hijos, especialmente cuando aquel estaba para morir, se daba entre los israelitas un valor especial. Cf. Gn 27.27-29 (Isaac); 48.15-20; 49.1-27 (Jacob).
ᵈ **3.9** Algunos mss. añaden: *Porque su recompensa es un regalo eterno, con alegría*.
ᵉ **3.16** Cf. Ex 21.17; Lv 20.9; Dt 27.16; Pr 19.26; 30.17.
ᶠ **3.18** Cf. Mt 20.26-27; 23.11; Mc 9.35; Lc 22.26.
ᵍ **3.20** Pr 3.32; Mt 11.25. La versión griega trae así los vv. 19-20: *Muchos son altaneros y orgullosos, pero él revela sus secretos a los humildes. Porque grande es el poder del Señor, y por los humildes será glorificado*.
ʰ **3.22** Dt 29.29.
ⁱ **3.24** *Muchos se han dejado engañar por sus propias ideas:* según la versión griega; heb.: *Porque muchas son las opiniones de los hombres*.
ʲ **3.24** Algunos mss. añaden el v. 25: *Al que no tiene pupilas le falta luz; al que no tiene entendimiento le falta la sabiduría*. La última frase de este v. 25 está así en la versión griega: *si no tienes ciencia, no hagas alardes*.
ᵏ **3.26** Pr 28.14; Ro 2.5. *El que ama el peligro, en él perecerá:* según la versión griega; heb.: *el que ama los placeres será arrastrado por ellos*.
ˡ **3.27** *Pecador:* según la versión griega; heb. oscuro.
ᵐ **3.28** *La desgracia del orgulloso:* según las versiones antiguas; heb.: *No corras a curar la herida del impío*.
ⁿ **3.30** Cf. Tb 4.7-11; 12.8-9; Eclo 29.8-13. La palabra hebrea traducida aquí como *dar limosnas* tenía originalmente el sentido amplio de rectitud, justicia, hacer el bien. Con sentido semejante se usa la palabra griega correpondiente en Mt 6.1.
ᵃ **4.1-10** Cf. Dt 15.7-11; Pr 3.27-28; Eclo 7.32-35; 29.8-13.
ᵇ **4.4** Stg 5.42. La versión griega añade: *ni apartes tu rostro del pobre*.
ᶜ **4.5** La versión griega añade al comienzo de este v. las palabras: *Del necesitado no retires la vista*.
ᵈ **4.6** Cf. Ex 22.22-24; Stg 5.4.
ᵉ **4.10** Cf. Job 29.12,16; Sal 82.3; Is 1.17; Stg 1.27.
ᶠ **4.10** Cf. Mt 5.45; Lc 6.35.
ᵍ **4.11-19** Pr 8.1,34-35. Es característico de los libros sapienciales presentar a la sabiduría personificada. Cf. Pr 1.20-33; 8.12-21; 9.1-6; Eclo 24.1-22; 51.13-30; Sab 8—11.

13 Los que la retienen, recibirán honor de él;
dondequiera que vivan los bendecirá el Señor.
14 Servirla a ella es servir al Dios santo;
el Señor ama a los que la aman.
15 El que la obedece,[h] juzgará a las naciones;
el que le hace caso, vivirá en la casa de ella.
16 Disimuladamente caminará con él.
17 Lo pondrá primero a prueba,
y cuando tenga lleno de ella el corazón,
18 volverá a él para guiarlo y revelarle sus secretos.
19 Pero si él se desvía, lo rechazará
y lo entregará a su ruina.

Ni tímido ni arrogante

20 Hijo mío, fíjate en las circunstancias y aléjate del mal,
para que no te avergüences de ti mismo.
21 Porque hay una vergüenza que trae pecado
y otra vergüenza que produce honor y buena fama.
22 No tengas consideraciones con otros en
perjuicio propio,
ni seas tan tímido que te perjudiques a ti mismo.
23 No dejes de hablar cuando sea necesario
ni escondas tu sabiduría.
24 Porque la sabiduría se conoce al hablar,
y la inteligencia, al dar una respuesta.
25-26 No seas rebelde a la verdad,
ni luches contra la corriente.
No te dé vergüenza confesar tus faltas;[i]
avergüénzate de tu ignorancia.
27 No te humilles delante de un insensato,
pero no resistas a los que gobiernan.[j]
28 Lucha por la justicia[k] hasta la muerte,
y el Señor luchará a favor tuyo.[l]
29 No seas altanero cuando hables,
ni débil y cobarde en tus acciones.
30 No seas como un león[m] con tu familia,
y tímido con tus esclavos.
31 No mantengas la mano extendida para recibir,
y recogida para dar.[n]

5
Contra la presunción
1 No confíes en tu riqueza,[a]
ni digas: "Tengo suficiente."[b]
2 No confíes en tus fuerzas
para seguir tus caprichos.[c]
3 No digas: "Nadie puede contra mí",
porque el Señor te pedirá cuentas.
4 No digas: "Pequé, y nada me sucedió."
Lo que pasa es que Dios es muy paciente.[d]
5 No confíes en su perdón
para seguir pecando más y más.[e]
6 No digas: "Dios es muy compasivo;
por más que yo peque, me perdonará."
Porque él es compasivo, pero también se enoja,[f]
y castiga con ira a los malvados.
7 No tardes en volverte a él;
no lo dejes siempre para el día siguiente.
Porque, cuando menos lo pienses, el Señor se enojará,
y perecerás el día del castigo.
8 No confíes en riquezas mal habidas,[g]
pues de nada te servirán el día del castigo.[h]

Sinceridad ante todo

9 No avientes el trigo a cualquier viento,
ni camines en cualquier dirección.[i]
10 Sé constante en tu manera de pensar,
y no tengas más que una palabra.[j]
11 Date prisa para escuchar,
pero ten calma para responder.[k]
12 Si puedes, responde a los demás,
pero si no, quédate callado.
13 El hablar puede servir para la honra y la deshonra.
¡La lengua es la ruina del hombre![l]
14 No seas falso,
ni calumnies con tu lengua.
Así como para el ladrón se hizo la vergüenza,
las peores injurias se hicieron para el falso.
15 No hagas ningún mal, ni grande ni pequeño.

6
1 Si eres amigo, no te vuelvas enemigo.
Si no, tendrás deshonra y mala fama;
así es el hombre malo y falso.
2 No te dejes llevar de la pasión,[a]
para que no destroce tu fuerza como un toro.[b]
3 La pasión devorará tu follaje,
arrancará tus frutos
y te dejará como árbol seco.

---

[h] **4.15** En el texto hebreo, los vv. 15-19 presentan a la sabiduría hablando en primera persona (*el que me obedece... el que me hace caso...*). En esta traducción se ha unificado toda la sección 4.15-19 en tercera persona, como lo ha hecho la versión griega.

[i] **4.25-26** Cf. Lv 5.5; Nm 5.6-7.

[j] **4.27** El texto hebreo añade: *No te sientes con un juez inicuo, porque tú también juzgarás como a él le parezca.*

[k] **4.28** Mt 5.6. La versión griega en vez de *justicia* tiene *verdad.*

[l] **4.28** El texto hebreo añade: *No alardees de ser doble, ni andes levantando calumnias.*

[m] **4.30** Algunos mss. tienen *perro* en vez de *león.*

[n] **4.31** Hch 20.35.

[a] **5.1** Cf. Pr 11.28; Mc 10.23-25.

[b] **5.1** Eclo 11.23-24. *Tengo suficiente* es la expresión del que cree que con las riquezas materiales ya lo tiene todo. Cf. Lc 12.15-21.

[c] **5.2** Al fin de este v., el heb. añade: *No te dejes llevar de tu corazón y de tus ojos, para seguir los malos deseos.*

[d] **5.4** Al fin de este v., el heb. añade: *No digas: el Señor es compasivo y borrará todos mis pecados.*

[e] **5.5** Cf. Ro 2.4-5; 6.1.

[f] **5.6** Ex 20.5-6; Eclo 16.11.

[g] **5.8** *Riquezas mal habidas:* También puede entenderse como *riquezas engañosas,* en las que uno no puede confiar. Cf. Lc 16.9.

[h] **5.8** Cf. Pr 10.2; 11.4; Lc 16.19-31.

[i] **5.9** Cada cosa tiene su momento oportuno, y hay que saber reconocerlo.

[j] **5.10** No tener *más que una palabra* es lo mismo que ser sincero, digno de crédito. Cf. Mt 5.37; Stg 5.12.

[k] **5.11** Stg 1.19.

[l] **5.13-14** Cf. Pr 18.21; Eclo 28.13-26; Stg 3.2-12.

[a] **6.2** *Pasión* (lit. *alma*) parece significar aquí cualquier deseo desordenado que domina a la persona.

[b] **6.2** *Como un toro:* según las versiones antiguas; heb.: *sobre ti.*

⁴ Porque la pasión violenta destruye a quien la tiene
y hace que los enemigos se rían de él.

La verdadera amistad

⁵ La conversación agradable atrae muchos amigos,
y al que habla amablemente todos lo saludan.
⁶ Que sean muchos tus amigos,
pero amigo íntimo solo uno entre mil. [c]
⁷ Si consigues un amigo, ponlo a prueba;
no confíes demasiado pronto en él.

⁸ Porque algunos son amigos cuando les conviene,
pero no cuentas con ellos cuando los necesitas.
⁹ Hay amigos que se vuelven enemigos
y te hacen quedar mal hablando de tus pleitos.
¹⁰ Algunos son amigos a la hora de comer, [d]
pero cuando te va mal no los encuentras.
¹¹ Mientras te vaya bien, serán uña y carne contigo; [e]
pero cuando te vaya mal, te abandonarán.
¹² Si algo malo te ocurre, se vuelven en contra tuya
y se esconden de ti.
¹³ Aléjate de tus enemigos
y cuídate de tus amigos.

¹⁴ Un amigo fiel es una protección segura;
el que lo encuentra ha encontrado un tesoro.
¹⁵ Un amigo fiel no tiene precio;
su valor no se mide con dinero.
¹⁶ Un amigo fiel protege como un talismán; [f]
el que honra a Dios lo encontrará.
¹⁷ El amigo es igual a uno mismo,
y sus acciones son iguales a su fama. [g]

Excelencia de la sabiduría

¹⁸ Hijo mío, desde tu juventud busca la instrucción,
y cuando seas viejo todavía tendrás sabiduría.
¹⁹ Acércate a ella como quien ara y siega
con la esperanza de una buena cosecha.
Cultivándola tendrás poco trabajo
y pronto comerás de sus frutos.
²⁰ El necio no soporta la sabiduría;
el tonto no la aguanta.
²¹ Es para él como una piedra pesada,
y no tarda en arrojarla lejos de sí.
²² La instrucción, como su nombre lo indica, [h]
no se muestra a muchos.
²³ Escucha, hijo, y acepta mi enseñanza;
no rechaces mis consejos.

²⁴ Acepta la sabiduría como cadenas para tus pies
y como yugo para tu cuello. [i]
²⁵ Recíbela como una carga sobre tus hombros,
y no rechaces sus ataduras.
²⁶ Acércate a ella de todo corazón,
y sigue su camino con todas tus fuerzas. [j]
²⁷ Síguele los pasos, búscala, y la encontrarás;
cuando la tengas, ya no la sueltes.
²⁸ Al fin ella te dará descanso
y se convertirá en tu alegría.
²⁹ Sus cadenas serán tu protección,
y sus ataduras, tu adorno precioso.
³⁰ Su yugo será diadema de oro,
y sus cuerdas, cintas de púrpura.
³¹ Te la pondrás como traje precioso,
y te adornarás con ella como con una
espléndida corona. [k]

³² Si quieres, hijo mío, serás sabio,
y si te empeñas, lo entenderás todo.
³³ Si te gusta escuchar, aprenderás;
si pones atención, te instruirás.
³⁴ Júntate con los ancianos cuando se reúnan; [l]
cuando veas un sabio, júntate con él. [m]
³⁵ Procura escuchar toda explicación, [n]
y que no se te escapen los dichos sensatos.
³⁶ Fíjate en quién tiene inteligencia;
madruga a buscarlo
y acude a su casa con frecuencia.
³⁷ Piensa en respetar al Altísimo,
y medita siempre en sus mandatos; [ñ]
él te dará inteligencia
y la sabiduría que deseas.

7 Contra la ambición

¹ No hagas mal, y el mal no te alcanzará.
² Aléjate del pecado, y él se alejará de ti.
³ No siembres en surcos de injusticia,
si no quieres cosechar de ella siete veces más. [a]

⁴ No pidas a Dios un puesto de mando,
ni al rey un lugar de honor.
⁵ No pretendas tener razón frente a Dios,
ni ser sabio frente al rey.
⁶ No ambiciones tener autoridad,
si no eres capaz de poner fin a la arrogancia.
Pues te acobardarás ante los poderosos
y venderás por dinero tu honradez.

---

[c] 6.6 *Amigo íntimo:* es decir, aquel a quien tú puedas confiar tus secretos. La versión griega lo entendió como consejero.
[d] 6.10-12 Eclo 12.8-9.
[e] 6.11 *Uña y carne contigo:* lit. *como tú mismo.* La versión griega tiene el v. 11b así: *dará con confianza órdenes a tus criados.*
[f] 6.16 *Protege como un talismán:* El *talismán* es algo que protege de los peligros. También puede traducirse: *es como un tesoro.* La versión griega tradujo: *es un elixir de vida.*
[g] 6.14-17 Pr 17.17; 18.24.
[h] 6.22 En hebreo, la palabra *musar* puede significar *instrucción* y también *alejado.*
[i] 6.24 V. traducido según las versiones antiguas; falta en heb. La imagen indica el sometimiento, con empeño, a la dura disciplina del aprendizaje de la sabiduría. La misma imagen del yugo y la carga se usa también en Mt 11.30.
[j] 6.26 V. traducido según las versiones antiguas; falta en heb. Aquí, de nuevo, aparece personificada la sabiduría (véase 4.11-19 n.).
[k] 6.31 Ahora, la sabiduría aparece como vestido y adorno.
[l] 6.34 En las reuniones de los ancianos, se discuten los temas importantes de la comunidad. Cf. Ex 19.7; Job 12.12.
[m] 6.34 V. traducido según las versiones antiguas; falta en heb.
[n] 6.35 *Toda explicación:* La versión griega tiene: *todo discurso divino.*
[ñ] 6.37 Jos 1.8; Sal 1.2.
[a] 7.3 Cf. Job 4.8; Pr 22.8; Gl 6.8.

ECLESIÁSTICO 7, 8

⁷ No te hagas culpable delante del pueblo reunido,
ni te rebajes delante de la gente.
⁸ No agraves tu pecado repitiéndolo,
pues con una vez basta para merecer castigo.
⁹ No digas: "Dios se fijará en mis muchas ofrendas;
cuando se las presente, el Altísimo me las aceptará." *b*
¹⁰ No seas impaciente cuando ores,
ni dejes de dar limosna.
¹¹ No te burles del que esté afligido;
acuérdate de que hay uno que eleva y humilla. *c*
¹² No trames crímenes contra tu hermano,
ni tampoco contra un amigo o compañero.
¹³ No sientas gusto en decir mentira tras mentira,
porque eso te traerá consecuencias desagradables.
¹⁴ No te metas en las reuniones de los que gobiernan,
ni repitas las palabras cuando ores. *d*
¹⁵ No hagas de mala gana el trabajo manual, *e*
pues es Dios quien lo ha instituido.
¹⁶ No te creas más que los otros;
recuerda que Dios no tarda en castigar.
¹⁷ Humilla más y más tu orgullo,
pues al hombre lo esperan los gusanos.
No insistas demasiado en tu oración;
encomiéndate a Dios y acepta lo que él decida. *f*

Cómo portarse con diversas personas

¹⁸ No cambies a un amigo por dinero,
ni a un hermano querido por el oro más fino.
¹⁹ No rechaces a una mujer sensata;
son de más valor sus cualidades que las perlas.
²⁰ No maltrates al criado que cumple su deber,
ni al obrero dedicado a su trabajo.
²¹ Ama como a ti mismo al esclavo inteligente,
y no le niegues la libertad. *g*
²² Si tienes animales, trátalos bien,
y si te sirven bien, consérvalos.
²³ Si tienes hijos, edúcalos, *h*
y búscales esposa *i* mientras sean jóvenes.
²⁴ Si tienes hijas, cuida de que sean honestas,
y no seas condescendiente con ellas.
²⁵ Casar a una hija es salir de preocupaciones,
pero hay que dársela a un hombre sensato.
²⁶ Si tienes esposa, quiérela,
pero si no la quieres, no confíes en ella.

²⁷ Respeta de todo corazón a tu padre,
y no te olvides de cuánto sufrió tu madre.
²⁸ Recuerda que de ellos naciste.
¿Cómo podrás pagarles lo que han hecho por ti? *j*
²⁹ De todo corazón reverencia al Señor,
y trata con respeto a sus sacerdotes.
³⁰ Ama con todas tus fuerzas a tu Creador,
y no abandones a sus servidores.
³¹ Honra a Dios, respeta a los sacerdotes,
y dales su parte, según está mandado: *k*
el pan, los novillos, las ofrendas voluntarias,
los sacrificios requeridos y la contribución sagrada. *l*
³² Sé generoso con el pobre,
para que Dios te bendiga plenamente. *m*
³³ Sé generoso con todos los que viven,
y no olvides mostrar amor y fidelidad a los muertos. *n*
³⁴ No tardes en socorrer al que llora,
y comparte el duelo con el que está de luto.
³⁵ No descuides al enfermo,
y él te querrá.
³⁶ En todo lo que hagas piensa en el final,
y nunca pecarás.

8 Ser prudente

¹ No le pongas pleito a un poderoso,
si no quieres caer en sus manos.
² No pelees con un rico;
su dinero pesa mucho, y saldrás perdiendo.
Porque el oro ha hecho altaneros a muchos,
y la riqueza, orgullosos a los importantes.
³ No disputes con un charlatán:
es como echar leña al fuego.
⁴ No andes en compañía de tontos,
para que no te desprecien los importantes. *a*
⁵ No avergüences al que se arrepiente del pecado;
recuerda que todos somos pecadores. *b*
⁶ No hagas pasar vergüenza a un anciano,
pues también nosotros seremos viejos.
⁷ No te creas más que alguien que ya ha muerto;
recuerda que todos moriremos.
⁸ No desprecies las enseñanzas de los sabios;
estudia con atención sus dichos difíciles.
Porque de ellos recibirás instrucciones,
y así podrás presentarte ante los grandes.

---

b 7.9 V. traducido según las versiones antiguas; falta en heb. Las acciones de culto deben ir acompañadas de una vida recta, para que sean agradables a Dios. Cf. Pr 21.27; Is 1.11-15; Jer 7.21-24; Am 5.21-25.
c 7.11 1 S 2.7-8.
d 7.14 Mt 6.7.
e 7.15 2 Ts 3.6-12.
f 7.17 7.17c,d no se encuentra en las versiones antiguas. El sentido de las palabras hebreas no es claro.
g 7.21 La ley mandaba dar libertad a los esclavos hebreos después de seis años de servicio; cf. Ex 21.2; Lv 19.18; Dt 15.12-15; Eclo 33.31.
h 7.23 Pr 13.24; 23.13-14; 29.17.
i 7.23 *Búscales esposa:* La versión griega tiene: *doblégales la nuca.*
En el mundo oriental, una de las importantes responsabilidades de un padre era buscar esposa a sus hijos. Cf. Gn 24.
j 7.27-28 Vv. traducidos según las versiones antiguas; faltan en heb. Cf. Ex 20.12; Pr 23.22; Tb 4.4.
k 7.31 El autor muestra gran aprecio por el sacerdocio y el culto. Cf. Ex 29.27; Lv 7.31-34; Nm 18.8-20; Dt 8.1-5. Cf. también Eclo 50.1-21.
l 7.31 Se trata de los sacrificios y ofrendas prescritos por la ley: cf. Ex 29.27; Lv 1—7; Nm 18.8-20; Dt 18.1-5.
m 7.32-35 Cf. Dt 15.7-11; Eclo 4.1-10; 29.8-13; Ro 12.15.
n 7.33 Dar a los muertos sepultura digna era considerado como una obra especialmente buena. Tb 1.17-18; 12.12; Hch 8.2.
a 8.4 *Para que no te desprecien los importantes:* La versión griega traduce: *para que no sean deshonrados tus antepasados.*
b 8.5 Cf. 1 R 8.46; Ec 7.20; Ro 3.9-20.

⁹ No desprecies las tradiciones de los ancianos,
las cuales ellos oyeron de sus padres.
Porque de ellos aprenderás a ser sensato
y a responder bien cuando haga falta. ᶜ

¹⁰ No alimentes el fuego del malvado,
si no quieres quemarte en él.

¹¹ No huyas delante del insolente,
dándole ocasión de tramar algo contra ti.

¹² No prestes a uno más poderoso que tú,
y si le has prestado algo, dalo por perdido.

¹³ No des fianza por uno que tiene más que tú,
y si la diste, haz de cuenta que tú eres el deudor. ᵈ

¹⁴ No le pongas pleito a un juez,
pues su fallo siempre será a su favor.

¹⁵ No camines con un hombre arrebatado, ᵉ
si no quieres agravar tus males;
porque él irá derecho a lo que se propone,
y tú te perderás por su imprudencia.

¹⁶ No porfíes con uno que se enoja fácilmente,
ni vayas con él de viaje.
Porque a él poco le importa cometer un homicidio,
y cuando nadie te pueda ayudar, te matará.

¹⁷ No cuentes cosas íntimas a un tonto,
pues no es capaz de guardar un secreto.

¹⁸ Delante de un extraño no hagas nada secreto,
pues no sabes lo que puede suceder.

¹⁹ No abras tu corazón a cualquiera,
si no quieres que se aleje de ti la felicidad.

9 Acerca de las mujeres

¹ No seas celoso de tu propia mujer,
si no quieres inducirla a hacer algo malo contra ti.

² No te esclavices a una mujer,
hasta el punto de que te pisotee.

³ No te acerques a la mujer ajena, ᵃ
si no quieres caer en sus redes.

⁴ No trates con confianza a una cantante,
si no quieres que te atrape en sus lazos.

⁵ No te fijes demasiado en la mujer soltera,
para no pecar con ella y tener que pagar la multa. ᵇ

⁶ No te entregues a las prostitutas, ᶜ
si no quieres perder lo que tienes.

⁷ Mirándolas perderás la cabeza,
y yendo a su casa te arruinarás.

⁸ Aparta la vista de la mujer bonita,
no te fijes en la belleza que no te pertenece.
Por las mujeres se han perdido muchos;
su amor quema como fuego. ᵈ

⁹ No comas con una mujer casada;
no te sientes a beber con ella,
no sea que de ella te enamores
y tengas que pagarlo con tu vida. ᵉ

Las compañías

¹⁰ No abandones a un viejo amigo,
que uno nuevo no será igual a él.
Amigo nuevo es como vino nuevo:
deja que se añeje, y entonces lo beberás.

¹¹ No envidies al malvado: ᶠ
no sabes cuándo llegará su día.

¹² No envidies los éxitos del insolente;
piensa que a la hora de la muerte
tendrá su castigo. ᵍ

¹³ Aléjate del que tiene poder para matar,
y no vivirás temiendo la muerte.
Y si te acercas a él, no lo ofendas,
si no quieres que te quite la vida.
Ten en cuenta que caminas entre trampas
y que andas entre redes.

¹⁴ Responde al prójimo lo mejor que puedas,
y hazte amigo de los sabios.

¹⁵ Cuenta tus planes a los prudentes,
y escoge entre ellos tus amigos íntimos. ʰ

¹⁶ Júntate a comer con los honrados,
y que tu adorno sea honrar a Dios.

¹⁷ En manos hábiles está seguro el derecho, ⁱ
y el sabio gobierna a su pueblo.

¹⁸ Al que habla sin ton ni son hay que temerle,
pues en su boca hasta una profecía se hace odiosa.

10 Los gobernantes

¹ Un gobernante sabio ᵃ instruye a su pueblo;
el gobierno del prudente es ordenado.

² Según el gobernante, así son sus ministros;
según el jefe de la ciudad, así son sus habitantes.

³ Un rey licencioso arruina a una ciudad;
si los gobernantes son sensatos, la ciudad crece.

⁴ En manos de Dios está el gobierno del mundo;
a su tiempo le da el jefe que le hace falta.

⁵ En manos de Dios está el gobierno
de todos los hombres,
y él da su propia autoridad al gobernante. ᵇ

El orgullo

⁶ Por ninguna ofensa devuelvas mal al prójimo,
ni sigas el camino de los orgullosos.

ᶜ **8.9** Las tradiciones sobre la historia, las enseñanzas y las interpretaciones de los textos se transmitían de padres a hijos: cf. Dt 4.9; 11.19; Job 8.8; 12.12; Sal 44.1(2); 78.3.

ᵈ **8.13** Pr 6.1-2; Eclo 29.14-20.

ᵉ **8.15** *Arrebatado:* es decir, audaz e imprudente.

ᵃ **9.3-9** Pr 5.3-23; 7.6-27; 23.27.

ᵇ **9.5** Ex 22.16-17(15-16).

ᶜ **9.6** Pr 29.3.

ᵈ **9.8** Mt 5.28.

ᵉ **9.9** La ley castigaba el adulterio con la pena de muerte: cf. Lv 20.10; Dt 22.22; Jn 8.1-11.

ᶠ **9.11-12** Sal 37.1-2; Pr 23.17; 24.19-20.

ᵍ **9.12** El autor piensa probablemente en el castigo que el malo recibe por la forma como muere (11.26-28; 18.24).

ʰ **9.15** Eclo 6.6.

ⁱ **9.17** *En manos... derecho:* traducción probable; heb. oscuro. La versión griega tiene: *En manos de los artesanos está alabada la obra.*

ᵃ **10.1** De acuerdo con la tradición que hablaba de la sabiduría del rey Salomón (cf. 1 R 3.5-28; 4.29-34[5.9-14]), se insiste en que la sabiduría se muestra especialmente en el gobierno del pueblo (cf. también Dt 34.9; Sab 6.1-21).

ᵇ **10.5** Pr 8.15-16; Ro 13.1.

⁷ El orgullo es odioso al Señor y a los hombres;
  tanto Dios como los hombres aborrecen la opresión.
⁸ El poder pasa de una nación a otra
  por causa de la violencia y del orgullo. *c*
⁹ ¿Quién puede sentir orgullo siendo polvo y ceniza,
  si aun en vida se pudre ya su cuerpo?
¹⁰ Achaque ligero, médico optimista;
  pero el que hoy es rey, mañana será cadáver.
¹¹ Cuando el hombre muere,
  se apoderan de él los gusanos,
  los insectos y la podredumbre.
¹² El comienzo del orgullo es el poder, *d*
  que hace que el hombre se olvide de su Creador.
¹³ El pecador es un pozo lleno de orgullo,
  del cual brotan las malas acciones.
  Por eso, Dios lo llena de castigos
  y lo hiere hasta terminar con él.
¹⁴ Dios derriba del trono a los orgullosos,
  y en lugar de ellos pone a los humildes. *e*
¹⁵ El Señor arranca de raíz a las naciones,
  y en lugar de ellas hace crecer a los humildes. *f*
¹⁶ Dios no dejó ni el rastro de las naciones paganas;
  las cortó de raíz hasta no dejar ni rastro. *g*
¹⁷ Las borró de la tierra, las destruyó;
  suprimió de la tierra incluso su recuerdo.
¹⁸ El orgullo no es digno del hombre,
  ni tampoco la arrogancia.

El verdadero honor

¹⁹ ¿Seres honrosos? Los seres humanos.
  ¿Seres honrosos? Los que honran al Señor.
  ¿Seres despreciables? Los seres humanos.
  ¿Seres despreciables?
  Los que no cumplen los mandamientos. *h*
²⁰ Entre varios hermanos se honra al mayor,
  pero Dios honra al que lo reverencia. *i*
²² Inmigrante, extranjero y pobre,
  su gloria es respetar a Dios.
²³ No hay que despreciar al que es sensato,
  aunque sea pobre,
  ni se debe honrar al hombre violento.
²⁴ Al noble, al gobernante y al juez se da honor;
  pero nadie es más grande que quien reverencia a Dios.
²⁵ A un esclavo inteligente lo sirven los libres,
  y al sabio esto no le duele. *j*
²⁶ No te las des de sabio cuando haces lo que te gusta,
  ni busques honores en tiempo de necesidad.
²⁷ Más vale trabajar y tener de sobra
  que ser presumido y no tener qué comer. *k*
²⁸ Hijo mío, respétate a ti mismo con modestia
  y cuídate como es debido.
²⁹ Al que a sí mismo se condena,
  ¿quién lo declarará inocente?
  Y al que a sí mismo se deshonra,
  ¿quién lo respetará?
³⁰ Hay pobres que por sensatos son respetados,
  pero a otros se les respeta solo por ser ricos. *l*
³¹ Si uno, siendo pobre, es respetado,
  mucho más cuando sea rico.
  Y si uno, siendo rico, es despreciado,
  mucho más cuando sea pobre.

11 ¹ El sabio, aunque pobre, llevará alta la frente
  y se sentará con la gente importante.
² No alabes a nadie por su belleza,
  ni desprecies a nadie por su fealdad.
³ ¡Pequeño animalito es la abeja,
  pero nada hay tan dulce como la miel que produce!
⁴ No te burles del que lleva ropa gastada,
  ni te rías del que pasa días amargos.
  Porque el Señor hace cosas admirables,
  cosas que el hombre no puede comprender.
⁵ Muchos de los humillados se sentaron en tronos,
  y sin pensarlo se vieron coronados.
⁶ Muchos encumbrados cayeron en desgracia,
  y teniendo honores quedaron en poder de otros. *a*
⁷ No critiques sin antes averiguar;
  primero examina, censura después.
⁸ Hijo mío, escucha antes de responder,
  y cuando otro habla no lo interrumpas.
⁹ No pongas pleito, si no te ves obligado,
  ni te metas en las peleas de los insolentes.
¹⁰ ¿Para qué vivir en pleitos, hijo mío?
  Si insistes mucho, terminarás siendo condenado.
  Por más que corras nada alcanzarás,
  y por mucho que huyas no podrás escapar.
¹¹ Hay quienes corren, sudan y se cansan,
  y sin embargo llegan tarde.
¹² Otro es pobre y vagabundo,
  anda falto de todo y muy enfermo,
  pero el Señor lo mira para hacerle bien
  y lo saca del polvo y la miseria,
¹³ le hace alzar la frente y lo eleva,
  y muchos se quedan admirados.
¹⁴ Del Señor vienen lo bueno y lo malo,
  la vida y la muerte, la pobreza y la riqueza. *b*

---

c **10.8** Al final de este v., la versión griega añade: *Nadie más injusto que el amigo del dinero; este es capaz de vender hasta su propia alma* (o *vida*).

d **10.12** *El comienzo del orgullo es el poder*: traducción probable. La versión griega tiene: *El comienzo del orgullo es apartarse del Señor.*

e **10.14** Cf. 1 S 2.8; Eclo 11.6; Lc 1.52.

f **10.15** V. traducido según las versiones antiguas; falta en heb. Is 2.11-18.

g **10.16** Cf. Dt 4.37-38; 7.1-2; 9.1-3; 11.23.

h **10.19** El mismo ser humano puede merecer honra o deshonra, según sea su actitud frente a Dios y a su ley.

i **10.20** Algunos mss. griegos añaden el v. 21: *Comienza por respetar al Señor y serás bien aceptado; pero si eres terco y orgulloso, serás rechazado.*

j **10.25** Pr 11.29; 17.2.

k **10.27** Pr 12.9.

l **10.30** Según las versiones antiguas; heb. añade: *Honrado en su riqueza, ¿cómo así? Despreciado en su pobreza, ¿cómo así?*

a **11.5-6** Cf. 1 S 2.8; Job 12.17-21; Sal 113.7-8; Eclo 10.14.

b **11.14** 1 S 2.6-8; Job 1.21; Is 45.7.

¹⁵ Son dones del Señor la sabiduría,
la inteligencia y la sensatez,
el amor y la buena conducta. ᶜ
¹⁶ La estupidez y las tinieblas fueron hechas
para los malos,
y el mal acompaña a los malvados. ᵈ
¹⁷ Los dones del Señor son para los buenos;
él los ama y les dará éxito siempre.
¹⁸ Hay quien se hace rico a fuerza de trabajos,
pero se queda sin su recompensa.
¹⁹ Dice: "Ya puedo descansar;
voy a gozar de mis bienes."
Pero no sabe cuánto tiempo pasará
antes de que muera y deje todo eso a otros. ᵉ
²⁰ Hijo mío, cumple con tu deber, ocúpate de él,
que la vejez te llegue haciendo tu tarea.
²¹ No admires las obras de los malos;
confía en el Señor y espera su luz.
Pues para él es cosa fácil
hacer rico al pobre en un momento.
²² Los buenos recibirán la bendición de Dios,
su esperanza florecerá a su debido tiempo.
²³ No digas: "Ya tengo lo que deseaba,
no me falta nada más."
²⁴ No digas: "Tengo lo que necesito,
¿qué mal puede venirme?" ᶠ
²⁵ Un día feliz hace olvidar los males,
y un día malo hace olvidar la felicidad.
²⁶ Para Dios es cosa fácil dar al hombre, cuando muera,
lo que mereció por su conducta. ᵍ
²⁷ Un mal momento hace que se olviden los placeres;
pero solo al final se ve lo que cada uno es.
²⁸ No llames feliz a nadie antes de su muerte;
cuando le llegue el fin se sabrá cómo era.

Cuidado al escoger amigos

²⁹ No lleves a tu casa a cualquiera;
el tramposo tiene muchas mañas.
³⁰ El corazón del orgulloso es como pájaro en trampa, ʰ
como lobo que aguarda a su presa.
³¹ El chismoso cambia lo bueno en malo,
y propaga mentiras sobre lo que tú más estimas.
³² Una chispita puede causar un gran incendio, ⁱ
y un malvado está listo a cometer un crimen.

³³ ¡Cuidado con el malo, porque es causa de males!
¿Por qué atraerte deshonra para siempre?
³⁴ No te juntes con el malvado,
pues torcerá tu conducta
y te hará ser infiel a tus compromisos. ʲ

12

¹ Cuando hagas el bien, fíjate a quién, ᵃ
y podrás esperar algo de tu buena acción.
² Haz un favor al bueno y obtendrás recompensa,
si no de él, del Señor. ᵇ
³ Ayudar al malo no trae ningún bien,
y ni siquiera es hacer una buena acción.
⁴ En tiempo de necesidad te hará doble daño
por todo el bien que le hayas hecho.
⁵ No le des armas de guerra,
para que no te ataque con ellas. ᶜ
⁶ También Dios aborrece a los malvados
y les dará su castigo.
⁷ Debes dar al bueno, pero no al malvado;
da alivio al afligido, pero no des nada al orgulloso.
⁸ Cuando todo va bien, no se sabe quién es amigo;
pero cuando todo va mal, se sabe quién es enemigo.
⁹ Cuando las cosas van bien, el enemigo se hace amigo;
pero cuando van mal, hasta el amigo te abandona. ᵈ
¹⁰ Nunca confíes en el enemigo,
pues su maldad es como bronce mohoso.
¹¹ Aunque te escuche y se muestre muy humilde,
ten cuidado y desconfía de él.
Trátalo como quien limpia un espejo de bronce, ᵉ
y así podrás acabar con su moho. ᶠ
¹² No dejes que se te acerque,
para que no te empuje y te desplace.
No hagas que se siente a tu derecha,
para que no te quite el puesto.
De lo contrario, más tarde entenderás lo que te digo
y sentirás pesar al recordar mis advertencias.
¹³ Nadie tiene compasión
del encantador al que muerde una serpiente
o de uno que se acerca a las fieras.
¹⁴ Lo mismo pasa al que es amigo del insolente
y se enreda en sus maldades.
¹⁵ Mientras tú estés en pie, no se dará a conocer,
pero cuando caigas, no se contendrá.
¹⁶ El enemigo dice palabras melosas,
pero por dentro trama hacerte una mala jugada.
Por muchas lágrimas que derrame,

ᶜ **11.15** *El amor y la buena conducta:* según las versiones antiguas; heb.: *el error y el camino recto.*
ᵈ **11.16** Los vv. 15-16 faltan en algunos mss. griegos.
ᵉ **11.19** Cf. Sal 49.10(11); Ec 2.21; Lc 12.15-21.
ᶠ **11.23-24** Véase Eclo 5.1 nota *b*; cf. Lc 12.15-21.
ᵍ **11.26** V. traducido según la versión griega; falta en heb. Véase 9.12 n.
ʰ **11.30** *Pájaro en trampa:* Se trata del pájaro que se pone en una jaula para atraer a otros a la trampa. Texto probable. Heb añade: *¡Qué innumerables son los pecados del avaro! Es como un perro entre los víveres de la casa. Si sufre violencia, el avaro viene y pone pleito por todos los bienes que ellos tienen. Acecha y merodea como oso las casas de los impíos y como espía mira la desnudez.* La traducción de estas frases no es segura.
ⁱ **11.32** Stg 3.5.

ʲ **11.34** Al final de este v. el heb añade: *Cuida bien tus caminos del vecino perverso, pues te hará extraño a tus seres queridos.*

ᵃ **12.1** *Cuando hagas el bien, fíjate a quién:* según la versión griega. El sentido de esta máxima se aclara en el v. 3. Sin embargo, compárese, en contraste con este principio, la enseñanza de Jesús (Mt 5.43-48; Lc 14.12-14). Heb. tiene: *Si haces mal al bueno, ¿a quién harás bien?*
ᵇ **12.2** Mt 6.3-4.
ᶜ **12.5** Los vv. 3-5 aparecen en forma bastante diferente en la versión griega.
ᵈ **12.8-9** Cf. Pr 17.17; 19.4; Eclo 6.10-12.
ᵉ **12.11** En la antigüedad, los espejos se hacían de metal pulido.
ᶠ **12.11** *Y así podrás acabar con su moho:* según la versión griega; heb. tiene: *y no podrá hacerte daño, y tú verás en qué para el celo.*

cuando tenga ocasión no se cansará
de cometer crímenes.
¹⁷ Si te ocurre una desgracia, allí estará él;
fingiendo ayudarte, te pondrá una zancadilla.
¹⁸ Entonces hará gestos de alegría,
y murmurando entre dientes cambiará de expresión.

13 **Compañías peligrosas**
¹ Al que toca la brea, se le pega en la mano;
y el que se junta con burlones llega a ser como ellos.
² No levantes un peso superior a tus fuerzas,
ni te juntes con personas más ricas que tú.
La olla de barro no se pone junto a la de metal;
si chocan, la olla de barro se rompe.
³ El rico comete una injusticia y se siente orgulloso;
el pobre la sufre y tiene que pedir perdón. [a]
⁴ Si eres útil al rico, hará que le sirvas;
si le resultas inútil, te abandonará.
⁵ Si tienes algo, ¡cómo te halagará!
Pero no tendrá ningún reparo en explotarte.
⁶ Si le haces falta, te tratará muy bien,
te sonreirá y te inspirará confianza.
Te hablará amablemente
y te preguntará qué necesitas.
⁷ Te avergonzará con sus invitaciones a comer.
Mientras pueda aprovecharse de ti, te engañará;
te alabará unas cuantas veces,
pero después, al verte, se enojará contigo
y te hará gestos de desprecio.

⁸ ¡Cuidado! ¡No seas demasiado confiado!
¡No seas como los tontos!
⁹ Si un poderoso se te acerca, conserva tu distancia;
entonces él insistirá para que vayas a él.
¹⁰ No te acerques demasiado, si no quieres quedar lejos,
ni tampoco te alejes mucho,
si no quieres ser olvidado.
¹¹ No le hables con demasiada libertad
ni creas todo lo que dice,
pues él habla mucho para ponerte a prueba,
y con sus bromas te está examinando.
¹² Si a un hombre cruel lo hacen gobernante,
no tendrá compasión de nadie
y atentará contra la vida de muchos.
¹³ ¡Ten mucho cuidado,
no te juntes con gente violenta! [b]

¹⁵ Todo ser viviente ama a los de su especie;
y así también, todo hombre a sus semejantes.
¹⁶ Todo ser viviente se junta con los de su especie,
y así también el hombre con quienes son como él.
¹⁷ ¿Cómo van a juntarse el lobo y el cordero?
Así tampoco, el malo con el bueno.

¹⁸ ¿Qué paz puede haber entre la hiena y el perro?
Así tampoco, entre el rico y el pobre. [c]
¹⁹ Los asnos salvajes son presa para el león;
lo mismo son los pobres para el rico.

Ricos y pobres
²⁰ El orgulloso detesta al humilde,
y el rico detesta al pobre.
²¹ Si el rico tropieza, sus amigos lo sostienen,
pero si tropieza el pobre, sus amigos lo empujan. [d]
²² Habla el rico, y muchos lo apoyan,
y aunque hable mal, les parece muy bien.
Se equivoca el pobre, y se burlan de él,
y aunque hable con sensatez, nadie le hace caso.
²³ Habla el rico, y todos se callan
y ponen por las nubes su talento.
Habla el pobre, y preguntan: "¿Quién es ese?"
Y si tropieza, todavía le dan un empujón.
²⁴ Buena es la riqueza conseguida honradamente,
y mala es la pobreza fruto del orgullo. [e]
²⁵ Lo que el hombre tiene en su interior,
bueno o malo, en su cara se refleja.
²⁶ Cara risueña es señal de corazón alegre;
actitud retraída refleja pensamientos tristes.

14 ¹ ¡Dichoso el hombre que no sufre por lo que dice
y a quien la conciencia no le acusa! [a]
² ¡Dichoso el hombre al que no le falta el ánimo
ni ha perdido la esperanza!

Sobre el uso de la riqueza
³ El tacaño no merece la riqueza;
no merece tener oro el avaro.
⁴ El que es tacaño consigo mismo, acumula para otros:
gente extraña gozará de sus bienes. [b]
⁵ El que es tacaño consigo mismo,
¿con quién será generoso?
No saca provecho ni de sus propios bienes.
⁶ Nadie peor que el que es tacaño consigo mismo:
en sí mismo lleva el castigo de su tacañería.
⁷ Si hace un favor, es por descuido;
al fin mostrará su tacañería.
⁸ Mala persona es el avaro;
vuelve la vista sin prestar atención a nadie. [c]
⁹ Al acaparador, todo lo que tiene le parece poco;
pero al quitar a los otros, pierde lo suyo.
¹⁰ El avaro mira el pan con ansia,
pero no pone nada en su mesa.
¹¹ Hijo mío, si tienes algo, úsalo para tu provecho
y sé generoso con Dios.
¹² Recuerda que la muerte no tarda.
Nadie te ha dicho cuándo vas a morir. [d]

---

[a] 13.3 Pr 18.23.
[b] 13.13 Algunos mss. griegos añaden el v. 14: *Si oyes esto mientras duermes, despierta. Ama al Señor durante toda tu vida e invócalo para que te salve.*
[c] 13.18 V. traducido según la versión griega; heb. oscuro.
[d] 13.21 Pr 19.4,7; Eclo 13.23.
[e] 13.24 Con esta frase se corrige lo que pueda haber de exageración en las descripciones anteriores.

[a] 14.1 1 Jn 3.21.
[b] 14.4 Cf. Sal 39.6(7); Ec 6.2; Lc 12.16-21.
[c] 14.7-8 Vv. traducidos según la versión griega. Estos vv. faltan en heb.
[d] 14.12 El texto heb. añade aquí: *y en el reino de los muertos no tendrás placer.*

¹³ Antes de morir haz bien a tus amigos
y dales de acuerdo con tus posibilidades.
¹⁴ No renuncies a la felicidad presente,
ni pases por alto lo que es bueno y deseable. ᵉ
¹⁵ Tendrás que dejar a otros tu riqueza
y se repartirán lo que conseguiste con sudores.
¹⁶ Da a tus hermanos y trátate bien,
pues en la tumba no se pueden buscar placeres. ᶠ
¹⁷ Todo ser viviente se gasta como la ropa,
pues es ley eterna que tenemos que morir.
¹⁸ Somos como las hojas de un árbol frondoso:
unas se marchitan y otras brotan.
Así pasa con los hombres:
unos mueren y otros nacen.
¹⁹ Todo lo que hace el hombre, se destruye al fin;
todo su trabajo desaparecerá con él. ᵍ

Los beneficios de la sabiduría

²⁰ Dichoso el que se ocupa en la sabiduría ʰ
y se interesa por tener inteligencia,
²¹ que pone atención al camino que ella sigue
y se fija en sus senderos; ⁱ
²² así puede salir a buscarla
y mirar dónde se encuentra.
²³ Mira por las ventanas de la casa de ella
y escucha a su puerta.
²⁴ Acampa junto a su casa,
asegurando la tienda en sus paredes.
²⁵ Pone su habitación junto a ella
para vivir feliz en su vecindad.
²⁶ Pone su nido en sus ramas
y pasa la noche entre sus hojas. ʲ
²⁷ A la sombra de ella se protege del calor,
y vive por ella resguardado.

15 ¹ Así hace el que reverencia al Señor;
cumpliendo la ley encuentra la sabiduría. ᵃ
² Ella le sale al encuentro como una madre;
lo recibe como la esposa de su juventud. ᵇ
³ Lo alimenta con el pan de la inteligencia
y le da a beber el agua del entendimiento. ᶜ
⁴ Él se apoyará en ella para no caer;
confiado en ella, no fracasará.
⁵ Ella lo levantará sobre sus compañeros,
para que lleve la palabra en la asamblea.
⁶ Lo llenará de gozo y alegría
y le dará fama inmortal. ᵈ

⁷ Los hombres falsos no pueden alcanzarla,
ni los orgullosos pueden verla.
⁸ Ella está lejos de los insolentes;
los mentirosos no tienen noción de ella.
⁹ Los malos no son dignos de alabarla,
pues Dios no les ha dado la sabiduría.
¹⁰ Es el sabio quien la alaba;
el que la tiene podrá enseñarla.

Libertad del hombre

¹¹ No digas: "Es Dios quien me hace pecar"; ᵉ
porque él no hace lo que detesta.
¹² Ni tampoco digas: "Él me hizo caer";
porque él no necesita de gente malvada.
¹³ El Señor odia lo que es detestable
y no se lo envía a quienes le respetan.
¹⁴ Dios creó al hombre al principio ᶠ
y le dio libertad de tomar sus decisiones. ᵍ
¹⁵ Si quieres, puedes cumplir lo que él manda,
y puedes ser fiel haciendo lo que le gusta.
¹⁶ Delante de ti tienes fuego y agua;
escoge lo que quieras.
¹⁷ Delante de cada uno están la vida y la muerte, ʰ
y cada uno recibirá lo que elija.
¹⁸ La sabiduría del Señor es muy grande;
él es muy poderoso y lo ve todo.
¹⁹ Dios ve a todos los seres que creó,
y se da cuenta de todo lo que el hombre hace. ⁱ
²⁰ Él a nadie ha ordenado pecar,
ni deja sin castigo a los mentirosos. ʲ

16 ### Castigo del pecado
¹ No te entusiasmes con hijos hermosos
pero inútiles,
ni te alegres de tener hijos malvados.
² Aunque sean muchos, no te sientas contento de ellos,
si no reverencian al Señor.
³ No confíes en que vivan mucho tiempo,
ni creas que terminarán bien.
Vale más hijo dócil que mil que no lo son;
vale más morir sin hijos que tener hijos insolentes. ᵃ
⁴ Un solo hombre sensato hace crecer una ciudad,
pero un grupo de bandidos la deja desierta.

⁵ Muchas cosas así he visto con mis ojos,
y peores aún he oído contar.

ᵉ **14.14** Ec 2.24; 5.18.
ᶠ **14.16** Eclo 9.10.
ᵍ **14.19** En la perspectiva común del AT, la vida propiamente dicha termina con la muerte (Ec 1.3-4). En el más allá no hay posibilidad de felicidad (Sal 6.5[6]; 88.10-12[11-13]; 115.17; Is 38.18). Solo en algunos textos, especialmente en los más tardíos, se encuentra la idea de una vida más allá de la muerte (Sal 16.10; Dn 12.2-3; 2 Mac 7.9,14,23; Sab 3.1-9). Esta certeza aparecerá claramente en el NT (Mt 13.43; 1 Co 15; Ap 21—22).
ʰ **14.20** Eclo 19.20; 24.22.
ⁱ **14.21** Véase 4.11-19 n.
ʲ **14.26** Ahora se presenta a la sabiduría con la imagen de un árbol.
ᵃ **15.1** Eclo 19.20; 24.22.
ᵇ **15.2** Sab 8.2.

ᶜ **15.3** Pr 9.2-5.
ᵈ **15.6** Sab 8.10-15
ᵉ **15.11,13,20** Stg 1.13.
ᶠ **15.14** Gn 1.27.
ᵍ **15.14** Un ms. heb. añade: *y lo dejó en manos de su ladrón* (cf. Gn 3.)
ʰ **15.17** Dt 30.15-19; Jer 21.8.
ⁱ **15.19** Cf. Sal 33.13-15; Pr 15.3; Eclo 23.19; 39.19.
ʲ **15.20** Así termina el v. según las versiones antiguas; heb. añade: *No tiene compasión del que hace cosas vanas ni del que revela un secreto.*

ᵃ **16.1-3** Pr 17.21; Sab 4.1.

⁶ Dios envió fuego contra el grupo de Coré,
  hombres malvados,
  y se enojó con la nación impía. ᵇ
⁷ No perdonó a los poderosos del pasado,
  que se rebelaron al sentirse fuertes. ᶜ
⁸ Tampoco perdonó a los que vivían con Lot,
  que se hincharon llenos de orgullo. ᵈ
⁹ No tuvo compasión de Canaán, nación maldita,
  que por sus pecados perdió todas sus cosas. ᵉ
¹⁰ Así pasó también con los seiscientos mil israelitas
  que murieron por su insolencia. ᶠ
¹¹ Y aunque sea uno solo el rebelde,
  sería un milagro que quedara sin castigo.
  En Dios hay misericordia e ira;
  él tolera y perdona, pero también castiga a los malvados.
¹² Tan grande como su misericordia es su castigo;
  él juzga a cada uno según lo que haya hecho. ᵍ
¹³ No deja escapar al malvado con su presa,
  ni deja sin cumplir los deseos del justo.
¹⁴ Todo el que da limosna tendrá su premio,
  cada uno conforme a lo que haya hecho. ʰ

¹⁷ No digas: "Me esconderé de Dios.
  ¿Quién en el cielo se acuerda de mí?
  Entre tanta gente no pueden distinguirme;
  ¿quién soy yo en este mundo inmenso?" ⁱ
¹⁸ Mira, cuando aparece Dios, se ponen a temblar
  hasta el más alto cielo, y el océano y la tierra.
¹⁹ Aun las bases de los montes
  y los cimientos de la tierra
  se estremecen de terror cuando Dios los mira. ʲ

²⁰ Algunos dicen: "Dios no se fija en mí.
  ¿Quién presta atención a mi conducta?
²¹ Si peco, nadie me ve,
  si engaño a escondidas, ¿quién lo va a saber?
²² Si uno hace el bien, ¿quién se lo contará a Dios?
  ¿Qué puedo esperar de cumplir con el deber?" ᵏ
²³ Solo los insensatos piensan de este modo;
  así discurren los estúpidos.

Sabiduría de Dios en la creación

²⁴ ¡Escúchenme y aprendan a ser sabios!
  ¡Pongan atención a mis palabras!

²⁵ Diré con moderación lo que pienso,
  expondré con modestia lo que sé.

²⁶ Cuando Dios al principio creó sus obras, ˡ
  les dio la existencia y les fijó normas, ᵐ
²⁷ les señaló para siempre un orden en sus funciones
  y estableció sus jerarquías por todos los tiempos.
  Ellas no sienten hambre ni se cansan,
  ni dejan nunca de cumplir su oficio.
²⁸ Ninguna de ellas estorba a las demás,
  ni jamás desobedecen las órdenes de Dios.
²⁹ Después de esto, Dios miró a la tierra
  y la llenó de sus bienes.
³⁰ La cubrió de seres vivientes de toda especie,
  que de nuevo han de volver a ella. ⁿ

17 ¹ El Señor formó de tierra al hombre,
  y a la tierra lo hace volver. ᵃ
² Le ha señalado un contado número de días, ᵇ
  y le ha dado poder sobre todo
  lo que hay en la tierra.
³ Le dio autoridad semejante a la suya,
  ¡lo hizo a su propia imagen! ᶜ
⁴ Hizo que todas las otras criaturas lo temieran,
  y le dio dominio sobre fieras y aves. ᵈ
⁶ Le dio inteligencia, habla, ojos,
  oídos y mente para entender.
⁷ Dotó a los hombres de razón y juicio,
  y les mostró el bien y el mal. ᵉ
⁸ Les inspiró que le tuvieran reverencia,
  y les mostró sus grandes obras,
⁹ para que ellos después las contaran a otros
¹⁰ y alabaran su santo nombre.
¹¹ Les dio también conocimiento,
  y les dejó una ley que da vida. ᶠ
¹² Hizo una alianza eterna con ellos,
  y les promulgó sus decretos. ᵍ
¹³ Ellos vieron la grandeza de la gloria de Dios
  y oyeron su majestuosa voz. ʰ
¹⁴ Les dijo: "No hagan nada malo",
  y les impuso deberes para con el prójimo. ⁱ

¹⁵ La conducta de los hombres
  está siempre presente ante Dios,
  nada escapa a su mirada. ʲ

ᵇ **16.6** *El grupo de Coré, hombres malvados:* El texto habla solamente de *hombres malvados,* pero parece referirse a la rebelión de Coré, Datán y Abiram (cf. Nm 16.1-35).
ᶜ **16.7** Alusión a casos como el de los gigantes: Gn 6.1-7.
ᵈ **16.8** Referencia a la destrucción de Sodoma y Gomorra: Gn 19.1-25.
ᵉ **16.9** Dt 20.16-18; Jos 6.17,21.
ᶠ **16.10** Nm 11.21; 14.20-35.
ᵍ **16.12** Cf. Job 34.11; Sal 62.12; Pr 24.12; Mt 16.27; Ro 2.6.
ʰ **16.14** El texto heb. añade los vv. 15 y 16, que faltan en la versión griega: **15** *Dios endureció el corazón del faraón, quien no quiso obedecerle, para mostrar su acción bajo el cielo.* **16** *Todas sus criaturas conocen su misericordia. A los hombres dejó su luz y su alabanza.*
ⁱ **16.17** Estas palabras no son aquí reconocimiento de la pequeñez humana, sino que expresan la opinión del insensato, pues este piensa que Dios no se da cuenta de sus acciones (cf. vv. 20-23).
ʲ **16.19** Cf. Job 37.1-7; Sal 18.7-15(8-16); 97.4-5.

ᵏ **16.22** Cf. Job 22.13-14; Sal 10.3-4,11; 73.11; Is 29.15.
ˡ **16.26** *Sus obras:* Aquí se refiere especialmente a los astros.
ᵐ **16.26-30** Cf. Gn 1—2; Is 40.26; 45.18.
ⁿ **16.30** *Han de volver a ella:* Cf. Gn 3.19; Sal 104.29.
ᵃ **17.1** Cf. Gn 2.7; 3.19; Ec 3.20.
ᵇ **17.2** *Un contado número de días:* Gn 6.3; Sal 90.10.
ᶜ **17.3** Gn 1.26-27.
ᵈ **17.4** Gn 1.26. Algunos mss. añaden el v. 5: *El Señor le dio los cinco sentidos para que los usara, y todavía le dio una facultad más, la inteligencia, y aun una séptima, la razón (o la palabra), para que usara con discreción de los poderes que él le había dado.*
ᵉ **17.7** Gn 2.17.
ᶠ **17.11** Cf. Dt 30.15-20; Eclo 45.5; Bar 4.1.
ᵍ **17.12** Ex 20—24; 34.10.
ʰ **17.13** Cf. Ex 19.16-19; Dt 4.11-12.
ⁱ **17.14** Ex 20—23.
ʲ **17.15** Algunos mss. añaden el v. 16: *Su conducta, desde la*

¹⁷ Cuando distribuyó sobre la tierra a las naciones,
a cada una le puso un gobernante;
pero Israel es propiedad del Señor. *k*
¹⁹ Todos los hechos de los hombres
son para Dios claros como el sol.
Siempre tiene presente lo que hacen.
²⁰ No se le ocultan sus malas acciones,
y se da cuenta de los pecados que cometen. *l*
²² Él recuerda siempre la limosna que da el hombre,
y guarda como la niña de sus ojos
sus buenas acciones. *m*
²³ Después les dará su recompensa,
según lo que merezca cada uno.
²⁴ A los que se arrepienten les concede el volverse a él,
y consuela a los que han perdido la esperanza.

Invitación a volverse a Dios
²⁵ Vuélvete a Dios y deja el pecado;
ora en su presencia y disminuye tus ofensas.
²⁶ Vuélvete al Altísimo, apártate de la maldad *n*
y odia de todo corazón la idolatría.
²⁷ En el reino de la muerte nadie puede alabar al Altísimo;
solo los que viven pueden darle gracias.
²⁸ El muerto, como si no existiera, no puede alabarlo;
el que vive y está sano es quien puede alabar al Señor. *ñ*
²⁹ ¡Qué grande es la misericordia del Señor
y su perdón para los que se vuelven a él!
³⁰ No todo es posible para el hombre;
ningún ser humano es inmortal.
³¹ No hay nada que brille más que el sol,
y sin embargo este tiene eclipses.
Así el hombre, que es carne y hueso,
concibe malos pensamientos.
³² Dios *o* pasa revista al ejército del cielo,
¡pero el hombre no es más que polvo y ceniza!

18 Poder y misericordia de Dios
¹ Dios, que vive eternamente, creó el universo;
² solo el Señor es intachable. *a*
⁴ Nadie puede contar lo que él ha hecho;
¿quién podrá investigar sus maravillas?
⁵ ¿Quién podrá medir su inmensa fuerza
o exponer todas sus bondades?
⁶ No es posible aumentarlas ni disminuirlas;
nadie puede descubrir las maravillas del Señor.

⁷ Cuando uno termina, apenas está comenzando;
cuando llega al fin, no sabe qué pensar. *b*
⁸ ¿Qué es el hombre?, ¿para qué sirve?, *c*
¿qué es el bien o el mal que puede hacer?
⁹ Si un hombre vive mucho, llegará a cien años; *d*
¹⁰ pero comparados con la eternidad,
son como una gota de agua en el mar
o como un granito de arena.
¹¹ Por eso Dios es paciente con los hombres
y les tiene mucha compasión.
¹² Él sabe qué desgraciado es el fin del hombre,
y por eso es incansable en perdonar.
¹³ El hombre se compadece solo de su prójimo,
pero el Señor se compadece de todo ser viviente; *e*
él reprende, corrige, enseña
y guía como un pastor a su rebaño.
¹⁴ ¡Dichosos los que confían en su misericordia *f*
y se apresuran a cumplir sus leyes!

Bondad
¹⁵ Hijo mío, cuando hagas un favor no reprendas,
no eches a perder un regalo con palabras duras.
¹⁶ Como el rocío refresca el calor,
así una buena palabra es mejor que un regalo.
¹⁷ En verdad, una palabra es mejor que un regalo,
y un hombre bondadoso da ambas cosas.
¹⁸ El estúpido critica sin miramientos,
y dar algo de mala gana es motivo de llanto.

Prudencia
¹⁹ Antes de hablar, infórmate,
y antes de caer enfermo, cuida tu salud.
²⁰ Antes de ser juzgado, examínate a ti mismo,
y cuando Dios te pida cuentas, te perdonará.
²¹ Antes de caer enfermo, humíllate;
y cuando peques, arrepiéntete. *g*
²² No dejes de cumplir a tiempo lo que prometas a Dios, *h*
y no esperes hasta la muerte para pagarlo.
²³ Antes de hacer a Dios una promesa, prepárate;
no pongas a prueba al Señor. *i*
²⁴ Piensa en la ira de Dios el día final,
cuando sin compasión dará a cada cual su merecido.
²⁵ En la abundancia acuérdate de la escasez,
y en la riqueza acuérdate de la pobreza.

---

juventud, se inclina al mal. No han podido convertir sus corazones de piedra en corazones de carne.
k **17.17** Dt 32.8-9. Algunos mss. añaden el v. 18: *El Señor educa (a Israel) como a hijo mayor, le da la luz de su amor y nunca lo abandona.*
l **17.20** Algunos mss. añaden el v. 21: *El Señor es bondadoso y sabe de qué están hechos los hombres; no los rechaza ni los abandona, sino que los trata con compasión.*
m **17.22** Algunos mss. añaden: *Él concede arrepentimiento a sus hijos e hijas.*
n **17.26** Algunos mss. añaden: *porque él saca de las tinieblas a la luz de la salud.*
ñ **17.27-28** Cf. Sal 6.5(6); 88.10-12(11-13); Is 38.18-19.
o **17.32** Dios: lit. *él*, que puede entenderse también del sol (cf. v. 31).
a **18.2** Algunos mss. añaden parte del v. 2 y el v. 3: *No hay otro fuera de él.* ³ *Él puede dirigir el mundo con su mano, y todo obedece a su voluntad. Él es el Rey del universo y tiene poder para separar lo sagrado de lo que no lo es.*|r
b **18.7 18.4-7:** Sal 139.17-18; Ro 11.33.
c **18.8** Job 7.17-18; Sal 8.4.
d **18.9** Cf. Job 14.1; Sal 90.10; Eclo 17.2
e **18.13** Cf. Sal 145.9,15-16; Jon 4.10-11.
f **18.14** *¡Dichosos los que confían en su misericordia!:* según la versión siríaca; gr.: *Él se compadece de los que esperan la instrucción.*
g **18.21** Con frecuencia se veía la enfermedad como castigo del pecado. Cf. Dt 28.58-61; 2 Cr 21.15,18-19; Jn 9.2.
h **18.22** Dt 23.21-23(22-24).
i **18.23** Pr 20.25. Poner a prueba al Señor es como abusar de su paciencia. Cf. Ro 2.4.

²⁶ De la noche a la mañana cambia el tiempo;
si el Señor lo quiere, todo pasa en un momento.
²⁷ El sabio siempre está prevenido;
si hay peligro de pecar, se aleja del mal.
²⁸ Todo hombre sensato conoce la sabiduría
y alaba al que la encuentra.
²⁹ Los que entienden los proverbios
también se hacen sabios
y pronuncian dichos acertados.

Dominio de sí mismo
³⁰ No te dejes llevar de tus pasiones;
domina tus deseos.
³¹ Si das gusto a la pasión,
tus enemigos se reirán de ti.
³² No te aficiones a la vida de placer;
los gastos te dejarán en la pobreza.
³³ No vivas en comilonas y borracheras,
teniendo tu bolsa vacía.

19 ¹El que hace eso nunca llegará a ser rico;
el que descuida las cosas pequeñas
terminará en la ruina.
² El vino y las mujeres llevan al libertinaje,
y el que anda con prostitutas se vuelve descarado. ᵃ
³ Se pudrirá, los gusanos se lo comerán,
y su descaro será aniquilado.

Pecados de la lengua
⁴ El que se fía a la primera, es un espíritu ligero;
el que peca, ᵇ se hace mal a sí mismo.
⁵ El que goza haciendo el mal, será condenado.
⁶ El que domina su lengua, vivirá en paz,
y el que odia la murmuración, sufrirá poco.
⁷ No repitas los chismes
y te evitarás perjuicios.
⁸ No los cuentes ni de amigos ni de enemigos; ᶜ
no los reveles, a menos que peques por callar. ᵈ
⁹ Si uno de ellos te oye, desconfiará de ti
y más tarde te odiará.
¹⁰ Si te cuentan algo, guárdalo hasta la tumba;
no te preocupes, que no vas a reventar.
¹¹ Un imprudente guardando un secreto
sufre más que una mujer de parto.
¹² Como flecha clavada en la pierna,
es un secreto en el pecho de un imprudente.

¹³ Si te cuentan algo de un amigo, pregúntale,
quizá él no haya hecho lo que dicen;
y si lo hizo, para que no lo vuelva a hacer.
¹⁴ Si te cuentan algo de tu prójimo, pregúntale,
quizá no haya dicho lo que le achacan;
pero si lo dijo, para que no vuelva a decirlo.
¹⁵ Pregunta al amigo;
con frecuencia es pura calumnia;
no creas todo lo que dicen.
¹⁶ A veces uno se equivoca, pero sin querer;
¿quién no ha pecado con la lengua? ᵉ
¹⁷ Antes de amenazar al prójimo, pregúntale;
deja que la ley del Altísimo siga su curso. ᶠ

La verdadera sabiduría
²⁰ Toda la sabiduría está en honrar al Señor ᵍ
y en cumplir su ley. ʰ
²² Saber mucho de maldad, eso no es sabiduría;
seguir el consejo de los pecadores
no es sensatez.
²³ Hay una astucia detestable,
pero hay tontos que no tienen la culpa. ⁱ
²⁴ Más vale ser ignorante y honrar a Dios
que ser muy listo y faltar a la ley. ʲ
²⁵ Hay habilidad consumada pero injusta,
y hay quien actúa torcidamente
para que le hagan justicia.
²⁶ Hay quien anda agachado y triste,
pero por dentro está lleno de engaños;
²⁷ agacha la cabeza y se hace el sordo,
pero cuando no lo ven, te saca ventaja.
²⁸ y si no tiene fuerza para ahora hacerte mal,
en la primera ocasión te causará algún perjuicio.
²⁹ Por la cara se conoce a una persona,
y por el aspecto se distingue al sabio.
³⁰ La manera de vestirse, de reír y caminar,
muestra lo que uno es. ᵏ

20 *El sabio y el necio*
¹Hay represiones a destiempo,
y hay quien calla por prudencia.
² Más vale reprender que enojarse.
³ Quien reconoce su falta, se libra de la calamidad.
⁴ Como un eunuco que quiere violar a una joven,
así es el que quiere hacer justicia por la fuerza.

ᵃ 19.2 *El que anda con prostitutas se vuelve descarado:* según la versión griega; heb.: *la pasión violenta destruye a quien la tiene* (cf. 6.4).

ᵇ 19.4 *El que peca:* El contexto indica que se trata de los pecados de la lengua.

ᶜ 19.8 *Ni de amigos ni de enemigos:* otra posible traducción: *ni a amigos ni a enemigos.*

ᵈ 19.8 En ciertas ocasiones, callar es hacerse cómplice del mal.

ᵉ 19.16 Stg 3.2-12.

ᶠ 19.17 Puede referirse a leyes como Lv 19.17. Algunos mss. añaden parte del v. 17 y los vv. 18 y 19: *y sé paciente.* ¹⁸ *Comienza por respetar al Señor y serás bien aceptado; si tienes sabiduría, él te amará.* ¹⁹ *Conocer los mandamientos del Señor es instrucción que da vida; los que hacen lo que a él le agrada, recogen el fruto del árbol de la vida.*

ᵍ 19.20 Cf. Job 28.28; Sal 111.10; Pr 1.7. Véase Eclo 1.11 n.

ʰ 19.20 Es característico de los libros sapienciales tardíos el identificar la sabiduría con el cumplimiento de la ley. Cf. Eclo 1.26; 24.22; Bar 4.1. Algunos mss. añaden parte del v.20 y el v. 21: *y conocer su omnipotencia.* ²¹ *Un criado que dice a su amo: "Yo no hago lo que usted quiere", aunque después sí lo haga, hace enojar a su amo que lo alimenta.*ˡʳ

ⁱ 19.23 *La culpa:* según la versión siríaca; gr.: *sabiduría.*

ʲ 19.24 La verdadera sabiduría alabada por la Biblia no depende principalmente de la abundancia de conocimientos teóricos sino del saber ordenar la vida frente a Dios y frente al prójimo. Véase 1.1 n.

ᵏ 19.30 El modo de vestir y de comportarse no hacen a la persona, pero sí la dan a conocer.

⁵ Unos callan y parecen sabios,ᵃ
　y otros, de tanto hablar, se hacen odiosos.
⁶ Unos callan porque no saben qué decir,
　y otros callan esperando el momento oportuno.
⁷ El sabio guarda silencio hasta el momento preciso,
　pero el necio es inoportuno.
⁸ El que habla demasiado se hace antipático,
　y el que abusa de su autoridad se hace odioso.

⁹ A veces el éxito se encuentra en la desgracia,
　y hay ganancias que se vuelven pérdida.
¹⁰ Unas veces das sin sacar ningún provecho,
　y otras veces, dando, recibes el doble.
¹¹ Hay honores que terminan en desgracia,
　y hay quien en la humillación levanta la cabeza.
¹² Algunos compran mucho a poco precio,
　pero pagan siete veces más de lo que vale.
¹³ Al sabio le bastan pocas palabras para hacerse querer,
　pero las cortesías del tonto son rechazadas.
¹⁴ Lo que un tonto te regale no te servirá de nada;
　él lo ve mucho más grande de lo que es;ᵇ
¹⁵ aunque da poco, sermonea mucho,
　y abre la boca como quien anuncia grandes cosas.
　Hoy te lo presta y mañana te lo pide:
　¡qué hombre tan odioso!
¹⁶ El necio dice: "¡Yo no tengo amigos!
　¡Nadie agradece mis favores!
¹⁷ Comen de mi pan y hablan mal de mí."
　¡Pero cuántas veces se ríen de él!

¹⁸ Más vale un traspié con los pies que con la lengua;
　la caída de los malos vendrá así en un momento.
¹⁹ Un hombre sin gracia es como un chiste a destiempo
　que a todas horas repiten los necios.
²⁰ Los refranes en la boca del necio caen mal,
　porque nunca los dice en el momento oportuno. ᶜ
²¹ Algunos no pecan de pobres que son;
　cuando descansan tienen la conciencia tranquila.
²² Otros se arruinan por ser vergonzosos
　y tenerle miedo a un tonto.
²³ Algunos, por timidez, hacen promesas a un amigo,
　y sin necesidad se ganan un enemigo.
²⁴ La mentira es una infamia para el hombre;
　siempre la hallarás en la boca de los necios.
²⁵ El ladrón es preferible al embustero,
　pero uno y otro van a la perdición.
²⁶ Al mentiroso lo acompaña la deshonra;
　siempre se verá sin honor.
²⁷ El sabio se abre camino fácilmente,
　y el sensato se hace querer de los grandes.
²⁸ El que cultiva la tierra tendrá su cosecha,
　y el que se hace querer de los grandes
　alcanzará perdón cuando peque. ᵈ

²⁹ Obsequios y regalos hacen ciego al sabio
　y le ponen un bozal que le impide reprender.
³⁰ Sabiduría oculta y tesoro escondido,
　¿a quién le sirven de algo?
³¹ Más vale esconder la insensatez
　que esconder la sabiduría. ᵉ

21 Consecuencias del pecado

¹ Hijo mío, ¿pecaste? No lo vuelvas a hacer,
　y pide perdón por tus culpas pasadas.
² Huye del pecado como de una serpiente,
　pues si te acercas, te morderá.
　Tiene dientes de león
　para matar a los hombres.
³ Toda maldad es como espada de dos filos;
　las heridas que causa no tienen curación.
⁴ Delirio de grandezaᵃ y orgullo destruyen la riqueza;
　la casa del altanero quedará destruida.
⁵ Dios escucha la oración del pobre
　y le hace justicia sin tardar. ᵇ
⁶ El que odia la corrección sigue los pasos del pecador,
　pero el que respeta al Señor se arrepiente de corazón.
⁷ Desde lejos se conoce al charlatán;
　pero el sensato se da cuenta de sus propias faltas.
⁸ Construir una casa con dinero ajeno
　es como acarrear piedras para la propia sepultura.
⁹ Una banda de malvados es como leña seca:
　terminará en una llamarada.
¹⁰ El camino de los pecadores es fácil y llano,
　pero termina en el reino de la muerte. ᶜ

El sabio y el necio

¹¹ El que cumple la ley domina sus instintos;
　honrar al Señor lleva a la sabiduría.
¹² El que no es inteligente no puede aprender,
　pero hay una inteligencia llena de amargura.
¹³ La ciencia del sabio crece como un río crecido,
　y sus consejos como manantial que no se agota. ᵈ
¹⁴ La mente del necio es como un vaso roto:
　nada retiene de lo que aprende.
¹⁵ Si un hombre inteligente oye un proverbio,
　lo alaba y añade otro;
　si lo oye un tonto,
　pone mala cara y no le presta atención.
¹⁶ Escuchar a un necio es como viajar
　con una carga a cuestas;
　¡qué delicia, en cambio, oir hablar a un inteligente!
¹⁷ Cuando el pueblo se reúne,
　pide la opinión del sabio
　y se queda pensando en lo que dice.
¹⁸ La sabiduría es para el necio como una casa en ruinas;
　todo lo que sabe decir son palabras sin sentido.

ᵃ **20.5** Pr 17.28.
ᵇ **20.14** *Él lo ve mucho más grande de lo que es:* lit. *sus ojos, en vez de uno, son muchos.*
ᶜ **20.20** Pr 26.7,9.
ᵈ **20.28** Se refiere al perdón de los hombres.
ᵉ **20.30-31** Eclo 41.14-15. Algunos mss. añaden el v. 32: *Más vale perseverar inflexiblemente en la búsqueda del Señor, que dejar correr la propia vida sin freno.*

ᵃ **21.4** *Delirio de grandeza:* otra posible traducción: *intimidación.*
ᵇ **21.5** Cf. Ex 22.22-23(21-22); Dt 24.14-15; Sal 9.18(19); Eclo 4.6; 35.17-18; Stg 5.4.
ᶜ **21.10** Cf. Pr. 14.12; 16.25; Mt 7.13-14.
ᵈ **21.13** Pr 18.4.

19 La instrucción es para el necio
como cadenas en los pies,
o como esposas en la mano derecha.
20 El tonto se ríe a carcajadas; [e]
el sabio, cuando mucho, sonríe suavemente.
21 La instrucción es para el sabio como adorno de oro,
como un brazalete en el brazo derecho.
22 El necio se precipita en una casa;
el sensato se detiene respetuosamente.
23 El necio, desde la puerta, espía hacia adentro;
el bien educado se queda fuera.
24 Es mala educación poner el oído a la puerta;
un hombre sensato se moriría de vergüenza.
25 El charlatán habla hasta por los codos;
el sabio pesa cada palabra.
26 El necio dice todo lo que piensa;
el sabio piensa todo lo que dice. [f]
27 Cuando un malvado maldice a su enemigo, [g]
a sí mismo se maldice.
28 El chismoso trae mal sobre sí mismo
y se hace odioso a todos sus vecinos.

22 El necio y el perezoso

1 El perezoso es como una piedra sucia:
a todos disgusta su indignidad.
2 El perezoso es como un montón de estiércol,
que si uno lo toca, sacude la mano.
3 Un hijo mal educado es vergüenza para su padre;
y si es una hija, le causará la ruina.
4 Una hija sensata encontrará marido;
la que no tiene vergüenza entristece a su padre.
5 Una hija descarada deshonra al padre y al marido,
y ambos la despreciarán.
6 Un discurso inoportuno es como música alegre
en un entierro;
pero el castigo y la corrección siempre traen sensatez. [a]
9 Enseñar a un tonto es querer pegar una olla rota
o despertar a alguien profundamente dormido.
10 Hablar con un tonto es como hablar
con un amodorrado;
al final preguntará: "¿De qué se trata?"
11 Llora por un muerto, porque le falta la luz;
llora por un tonto, porque le falta la razón;
llora menos por el muerto, porque ya descansó;
la vida del tonto es peor que la muerte.

12 El duelo por los muertos dura siete días; [b]
por los tontos y los malos, todos los días de su vida.
13 No hables mucho con un tonto,
ni visites a un insensato. [c]
Cuídate de él, para no tener problemas
y que no te llene de mugre cuando se sacuda.
Aléjate de él, y vivirás tranquilo
y no te molestará su insensatez.
14 ¿Habrá algo más pesado que el plomo?
Sí, "el tonto" es su nombre.
15 Es más fácil cargar arena, sal o una bola de hierro,
que soportar a un tonto. [d]
16 Vigas empotradas en un muro
no se sueltan fácilmente en un temblor;
así, una voluntad apoyada en reflexión sensata
no temerá en el momento del peligro.
17 Decisión basada en razón e inteligencia
es como enlucido sobre pared bien lisa. [e]
18 Una cerca colocada encima de una peña
no resiste al viento, [f]
y un corazón tímido y lleno de ideas tontas
no resiste ninguna amenaza.

La fidelidad a los amigos

19 Si se hiere el ojo, brotan lágrimas;
si se hiere el corazón,
se hace aparecer los sentimientos. [g]
20 Si se tiran piedras a los pájaros, salen volando;
si se insulta a un amigo, se destruye la amistad.
21 Si has sacado la espada contra un amigo,
no pierdas la esperanza:
aún puedes envainarla.
22 Si ofendiste de palabra a un amigo,
no te preocupes: puedes volver a hacer las paces.
Pero insultos, desprecios, descubrir secretos
y herir por la espalda,
son cosas que alejan a cualquier amigo.
23 Sé fiel al amigo cuando esté en la pobreza,
para que también goces con él cuando
esté en la abundancia.
No lo abandones cuando esté en dificultades,
para que compartas con él sus bienes
cuando los reciba. [h]
24 Primero humo y después llamas en el horno;
así también, primero insultos y después sangre.

---

[e] **21.20** En los vv. 20-24 la sabiduría o sensatez es simplemente buena educación.

[f] **21.26** *El necio... lo que dice:* lit.: *Los necios tienen el corazón en la boca, los sabios tienen la boca en el corazón.* Para los hebreos, el corazón es la sede del pensamiento y de las intenciones.

[g] **21.27** *A su enemigo:* lit. *a Satanás.* Esta palabra puede tomarse en el sentido genérico de *enemigo* o como referencia al diablo (véase *Satanás* en el *Índice temático*). *A sí mismo se maldice:* El malvado debería darse cuenta de que él mismo es la causa de sus males.

[a] **22.6** Algunos mss. añaden los vv. 7 y 8: **7** *Unos hijos bien educados no revelan el origen humilde de sus padres.* **8** *Unos hijos altaneros, mal educados y orgullosos, son una mancha para la nobleza de sus padres.*

[b] **22.12** *Dura siete días:* Cf. Gn 50.10; Jdt 16.24. Pero cf. también Eclo 38.17.

[c] **22.13** *Ni visites a un insensato:* La versión siríaca tiene: *ni vayas de camino con un cerdo,* texto que cuadra mejor con lo que sigue y quizá reproduce mejor el original hebreo, que no se conserva.

[d] **22.15** Pr 27.3.

[e] **22.17** Es decir, si las decisiones tienen base sólida, serán firmes.

[f] **22.18** *Una cerca...no resiste al viento:* La imagen, no muy clara para nosotros, indica algo que cede fácilmente.

[g] **22.19** *Se hace aparecer los sentimientos:* La versión siríaca tiene: *se expulsa la amistad,* que también da buen sentido y cuadra con el v. siguiente.

[h] **22.23** No se trata de una amistad interesada, como lo muestran los vv. siguientes, sino de la consecuencia natural de ella.

²⁵ No me avergonzaré de proteger a un amigo,
ni me esconderé de él.
²⁶ Y si algo malo me pasa por su culpa,
todo el que lo sepa se cuidará de él. *ⁱ*

Oración
²⁷ ¡Ojalá tuviera yo un centinela en la boca
y un sello de discreción en los labios, *ʲ*
para que estos no me hagan caer
ni la lengua sea mi perdición!

23 ¹¡Señor, Padre *ᵃ* y dueño de mi vida,
no dejes que mi lengua me domine,
o que por culpa de ella caiga!
² ¡Ojalá castigara la sabiduría mi mente
y corrigiera mi entendimiento,
sin perdonar mis faltas
ni disimular mis pecados!
³ Para que mis errores no se multipliquen
ni aumenten mis pecados,
para que no quede humillado ante mis enemigos
ni ellos se rían de mí.
⁴ Señor, Padre y Dios de mi vida,
no permitas que yo sea altanero
⁵ y aparta de mí los malos deseos.
⁶ ¡Que no me domine la gula o la pasión sexual!
¡No me entregues a deseos vergonzosos!

Uso y abuso de la palabra
⁷ Hijos, escuchen la instrucción para aprender a hablar;
el que la siga no pecará.
⁸ Por su boca es atrapado el pecador,
y el insolente y altanero caerá por ella.
⁹ No te acostumbres a jurar
ni a pronunciar para todo el nombre del Dios santo. *ᵇ*
¹⁰ Si a un esclavo se le examina constantemente,
no saldrá sin azotes;
así también, el que jura y nombra a Dios
continuamente
no quedará libre de pecado.
¹¹ El que jura con frecuencia, se llenará de culpa,
y el castigo no se alejará de su casa.
Si jura por descuido, es responsable de su falta;
si lo hace por ligereza, peca doblemente,
y si jura en falso, resultará culpable;
sobre su casa lloverán desgracias. *ᶜ*
¹² Hay palabras que equivalen a la muerte; *ᵈ*
¡que nunca se pronuncien en el pueblo de Jacob!

Los piadosos evitan todo esto
y no se revuelcan en el pecado.
¹³ No te acostumbres a hablar grosera y vulgarmente,
porque así cometerás pecado.
¹⁴ Acuérdate de tu padre y de tu madre
cuando te sientes entre gente de importancia,
no sea que, cuando estés con ellos, te descuides
y te portes como un tonto;
entonces querrás no haber nacido,
y maldecirás el día en que naciste. *ᵉ*
¹⁵ El que se acostumbra a insultar,
no aprenderá en toda su vida.

El adulterio
¹⁶ Dos y tres clases de personas pecan mucho
y se atraen el castigo de Dios:
¹⁷ El que se entrega a la pasión sexual,
que arde como fuego
y no se apagará hasta que se consuma.
El hombre mujeriego no quedará satisfecho,
hasta que el fuego lo devore.
Al hombre mujeriego le parece bueno cualquier pan,
y no parará hasta que muera.
¹⁸ El hombre que es infiel al matrimonio
dice para sus adentros: "¿Quién va a verme?
Todo está oscuro, las paredes me esconden,
nadie me ve, ¿a qué podré tenerle miedo?
El Altísimo no se fijará en mis pecados." *ᶠ*
¹⁹ Lo único que teme es que los hombres lo vean,
y no se da cuenta de que los ojos del Señor
son mil veces más brillantes que el sol,
ven todo lo que los hombres hacen
y penetran hasta lo más escondido. *ᵍ*
²⁰ Antes de crear todas las cosas, Dios ya las conocía,
y lo mismo después de haberlas terminado.
²¹ El adúltero será atrapado cuando menos lo espere,
y recibirá públicamente su castigo. *ʰ*
²² Otro tanto le pasará a la mujer infiel a su marido,
que le da un heredero tenido de un extraño.
²³ En primer lugar, desobedece la ley del Altísimo;
en segundo lugar, peca contra su marido,
y en tercer lugar, se mancha con el adulterio
teniendo hijos de un extraño.
²⁴ Esa mujer será llevada ante la asamblea,
y las consecuencias de su falta caerán sobre sus hijos. *ⁱ*
²⁵ Sus hijos no podrán prosperar;
no producirán nada de provecho.

ⁱ **22.26** Si el amigo a quien yo he sido fiel en la desgracia me traiciona, sufrirá las consecuencias.
ʲ **22.27** Sal 141.3.
ᵃ **23.1** La idea de que Dios es Padre del pueblo de Israel aparece ya en otros textos del AT (cf. Ex 4.22; Dt 32.6; Is 1.2; 43.6; Jer 3.19), y esto se dice especialmente respecto del rey (cf. 2 S 7.14; Sal 2.7; 89.26-27[27-28]). Sin embargo, la invocación de Dios como Padre, en boca del fiel individual, solo aparece tardíamente. Cf. también Eclo 23.4; 51.1,10; Sab 2.16; 14.3. En el NT será la invocación característica de Jesús (cf. Mc 14.36), que enseñará también a sus discípulos (Mt 6.9; Lc 11.2) y repetirán los cristianos (Ro 8.15; Gl 4.6). Véase *Abbá* en el *Índice temático.*
ᵇ **23.9** Mt 5.34; Stg 5.12.
ᶜ **23.11** Ex 20.7; Lv 19.12.
ᵈ **23.12** *Palabras que equivalen a la muerte:* Se trata de la blasfemia, es decir, de palabras ofensivas contra Dios: Lv 24.15-16.
ᵉ **23.14** Los consejos de los sabios se dirigían especialmente a quienes se preparaban a ocupar cargos de gobierno.
ᶠ **23.18** Job 24.15.
ᵍ **23.19** Cf. Sal 33.13-15; Pr 15.3; Eclo 15.19.
ʰ **23.21** La ley imponía la pena de muerte a los adúlteros, a él y a ella (Lv 20.10; Dt 22.22), aunque en tiempos posteriores no se aplicaba tan rigurosamente (cf. Jn 8.1-11).
ⁱ **23.24** Dt 23.2(3).

²⁶ Sobre su recuerdo pesará una maldición,
   y su deshonra no se borrará.
²⁷ Y los demás reconocerán
   que nada hay mejor que respetar al Señor,
   ni más dulce que cumplir sus mandamientos. *ⁱ*

24 Alabanza de la sabiduría *ᵃ*

¹ La sabiduría se alaba a sí misma,
   habla con orgullo en medio de su pueblo;
² delante de la asamblea del Altísimo
   y de sus ángeles, dice con orgullo:
³ "Yo salí de la boca del Altísimo
   y cubrí la tierra como bruma. *ᵇ*
⁴ En el cielo tenía mi habitación;
   mi trono estaba sobre una columna de nubes. *ᶜ*
⁵ Yo sola recorrí la bóveda celeste
   y atravesé lo más hondo del abismo.
⁶ Reiné sobre las olas del mar, en la tierra entera
   y en todos los pueblos y naciones.
⁷ En todos esos lugares busqué un hogar,
   un sitio donde poner mi residencia.
⁸ Entonces el que me hizo
   a mí y a las demás cosas
   decidió dónde debía yo residir, y me dijo:
   'Pon tu residencia en Israel,
   vive en el pueblo de Jacob.' *ᵈ*
⁹ Él me creó al comienzo, antes del mundo, *ᵉ*
   y nunca dejaré de existir.
¹⁰ He servido ante él en el santuario, *ᶠ*
   y en Sión me establecí.
¹¹ Me hizo residir en la ciudad amada,
   y en Jerusalén está mi autoridad.
¹² Eché raíces en este pueblo glorioso,
   posesión escogida del Señor.
¹³ Crecí como cedro del Líbano,
   como ciprés de la montaña de Hermón,
¹⁴ como palmera de En-gadi, *ᵍ*
   como rosal de Jericó,
   como olivo hermoso en la llanura;
   crecí como castaño.
¹⁵ Esparcí perfume como árbol de canela,
   como caña aromática y mirra escogida,
   como las resinas más olorosas,
   como el incienso que se quema en el santuario. *ʰ*
¹⁶ Extendí mis ramas como terebinto: *ⁱ*
   ramas bellas y frondosas.
¹⁷ Eché hermosos retoños como vid,
   y mis flores y frutos son bellos y abundantes. *ʲ*
¹⁸ Acérquense a mí los que me desean,
   y coman todo lo que quieran de mis frutos,
¹⁹ pues conocerme es más dulce que la miel,
   y poseerme, más dulce que un panal. *ᵏ*
²⁰ El que me coma querrá comer más,
   y el que me beba querrá beber más.
²¹ El que me hace caso no fracasará;
   el que se conduce con sabiduría no pecará."
²² Todo esto es el libro de la alianza
   del Dios altísimo,
   la ley que promulgó Moisés para nosotros, *ˡ*
   la herencia del pueblo de Jacob. *ᵐ*
²³ Esta ley está llena de sabiduría como el río Pisón, *ⁿ*
   o como el Tigris en la primavera;
²⁴ rebosa sensatez como el Éufrates,
   o como el Jordán cuando más crece; *ñ*
²⁵ da instrucción tan abundante como el Nilo, *ᵒ*
   o como el río Gihón en tiempo de creciente. *ᵖ*
²⁶ Nadie, del primero al último,
   ha conocido a fondo la sabiduría,
²⁷ pues sus pensamientos abarcan más que el océano
   y sus designios son más profundos
   que el inmenso abismo.
²⁸ Yo, *q* por mi parte, soy como un canal que sale de un río,
   como una acequia que lleva agua a un jardín.
²⁹ Dije: "Voy a regar mi jardín,
   voy a empapar mis prados."
   Y mi canal se convirtió en un río,
   y mi río se convirtió en un mar.
³⁰ Haré que mi instrucción resplandezca como la aurora,
   y que su luz llegue hasta muy lejos;
³¹ daré mi enseñanza como los profetas
   y la dejaré a las generaciones venideras.
³² Vean que no he trabajado solo para mí,
   sino para todos los que buscan la sabiduría.

ʲ **23.27** Algunos mss. añaden el v. 28: *Es una gran gloria seguir a Dios; si él te acepta, tendrás larga vida.*

ᵃ **24.1-34** Es tradicional en la literatura sapiencial el presentar personificada a la sabiduría haciendo su propia alabanza: Pr 1.20-33; 8.1—9.6.

ᵇ **24.3** La sabiduría se identifica aquí con la palabra de Dios (Gn 1.2) o con el espíritu o aliento de Dios (Sab 7.25).

ᶜ **24.4** Ex 13.21-22; 33.9-10.

ᵈ **24.8** Bar 3.37.

ᵉ **24.9** Pr 8.22-31; Eclo 1.4,9.

ᶠ **24.10** También se atribuyen a la sabiduría funciones sacerdotales.

ᵍ **24.14** *En-gadi:* lugar a orillas del Mar Muerto, célebre por sus palmeras.

ʰ **24.15** Ex 30.7-8,34-36.

ⁱ **24.16** *Terebinto:* árbol frondoso de Palestina.

ʲ **24.17** Algunos mss. añaden el v. 18: *Yo soy la madre del amor hermoso, de la belleza, del temor, del conocimiento, de la santa esperanza. Yo, que nací desde la eternidad, soy el regalo que recibirán todos mis hijos, los hijos que Dios me ha asignado.*

ᵏ **24.20** Sal 19.10(11); 119.103.

ˡ **24.23** La identificación de la sabiduría con la ley es característica del judaísmo de la época en que se escribió este libro. Cf. Bar 4.1 y véase Eclo 19.20 nota *h*.

ᵐ **24.23** Algunos mss. añaden el v. 24: *No se cansen de buscar fuerza en el Señor; permanezcan unidos a él, para que él los fortalezca. El Señor todopoderoso es el único Dios, y fuera de él no hay nadie que pueda salvar.*

ⁿ **24.25** Se mencionan en los vv. 25-27 los cuatro ríos del jardín de Edén: *Pisón, Tigris, Éufrates* y *Guihón* (cf. Gn 2.10-14) y además el *Jordán* y el *Nilo.* Véase *Índice de mapas.*

ñ **24.26** *Cuando más crece:* lit.: *en tiempo de cosecha.* Cf. Jos 3.14-16.

ᵒ **24.27** *El Nilo:* según la versión siríaca. Gr.: *luz.*

ᵖ **24.27** *Creciente:* lit.: *vendimia.*

q **24.30** Ahora el sabio (el autor) habla de sí mismo comparándose con un canal que lleva a otros las riquezas de la sabiduría.

25

Personas que merecen alabanza

¹ Hay tres cosas [a] que me gustan
y que agradan a Dios y a los hombres:
la concordia entre los hermanos,
la amistad entre los vecinos
y la armonía entre los esposos.

² Y hay tres clases de personas que detesto,
cuyo modo de vivir me molesta mucho:
el pobre orgulloso, el rico tacaño
y el viejo mujeriego y tonto.

³ Si no buscas la sabiduría siendo joven,
¿cómo la vas a encontrar cuando ya seas viejo?

⁴ ¡Qué bien queda a las canas el juzgar,
y a los ancianos el dar buenos consejos!

⁵ ¡Qué bien queda a los ancianos el ser sabios,
y a los respetables dar consejos acertados!

⁶ La experiencia es la corona de los viejos,
y su mayor gloria es honrar a Dios.

⁷ Hay nueve y hasta diez personas
que declaro dichosas:
¡Dichoso el hombre que se alegra con sus hijos,
y el que vive hasta ver la caída de sus enemigos!

⁸ ¡Dichoso el hombre casado con mujer sensata,
y el que no ara con yunta formada por buey y burro! [b]
¡Dichoso el que no peca con la lengua,
y el que no sirve a uno menos respetable que él!

⁹ ¡Dichoso el que encuentra un amigo, [c]
y el que no habla a oídos sordos!

¹⁰ ¡Grandemente dichoso es el que encuentra la sabiduría,
pero nunca comparable a quien respeta al Señor!

¹¹ El respeto al Señor está por encima de todo;
nadie puede compararse a quien lo tiene. [d]

La mala y la buena mujer

¹³ ¡No hay peor herida que la del corazón,
ni peor maldad que la de la mujer!

¹⁴ ¡No hay peor sufrimiento que el causado por el odio,
ni peor venganza que la venganza de rivales!

¹⁵ ¡No hay veneno [e] como el de la serpiente,
ni enojo como el de la mujer!

¹⁶ Prefiero vivir con un león o un dragón,
que vivir con una mujer malvada. [f]

¹⁷ La maldad de la mujer hace que el marido
ponga peor cara que un oso.

¹⁸ Cuando él se encuentra entre sus amigos,
suspira sin querer.

¹⁹ Cualquier maldad es poca, comparada con la de la mujer;
ese será el castigo para el pecador.

²⁰ Como cuesta arenosa para los pies de un viejo
es la mujer charlatana para un hombre tranquilo.

²¹ No te dejes seducir por la belleza de una mujer
ni codicies lo que posee,

²² porque es muy feo y vergonzoso
que la mujer mantenga a su marido.

²³ Manos débiles, rodillas temblorosas:
así es el hombre a quien su mujer no hace feliz.

²⁴ Por una mujer comenzó el pecado,
y por ella todos morimos. [g]

²⁵ No des salida al agua de un río,
ni libertad a una mujer malvada.

²⁶ Si no se somete a ti,
apártala de tu compañía.

26

¹ ¡Dichoso el esposo de una mujer buena:
vivirá el doble! [a]

² Una mujer ejemplar hace prosperar a su marido
y le alegra los años de su vida.

³ ¡Qué buena suerte es encontrar una buena mujer!
Es un regalo que Dios da a quienes lo respetan.

⁴ Sea rico o pobre, estará contento
y siempre tendrá la cara alegre.

⁵ Hay tres cosas [b] que me asustan
y una cuarta que me da mucho miedo:
chismes en la ciudad, tumulto de la gente y calumnia;
son cosas peores que la muerte.

⁶ Pero una mujer celosa de otra
es un sufrimiento terrible;
su lengua es como un látigo que a todo mundo hiere. [c]

⁷ Una mujer malvada es como un yugo flojo;
tocarla es como agarrar un alacrán.

⁸ Una mujer borracha es una molestia terrible,
y quedará públicamente en vergüenza.

⁹ La mujer seductora mira con atrevimiento;
en sus ojos se lee lo que es.

¹⁰ Vigila estrictamente a una hija descarada;
no sea que, teniendo mucha libertad,
se aproveche de ella.

¹¹ Vigila sus miradas desvergonzadas
y no te sorprendas si te falta al respeto.

¹² Ella abre la boca como viajero sediento
y bebe de cualquier agua que encuentra;
se ofrece a cualquier hombre
y abre su aljaba a cualquier flecha.

¹³ El encanto de la mujer alegra a su esposo,
y si es sensata, lo hace prosperar.

¹⁴ Una mujer discreta [d] es un regalo del Señor;
una persona educada no tiene precio.

---

[a] **25.1** *Tres cosas:* Un procedimiento tradicional en la literatura sapiencial es el de los proverbios numéricos: se enumeran seres, actitudes o cualidades con números convencionales (tres, cuatro, siete, ocho, diez). Tales enumeraciones tienen valor representativo, no siempre exhaustivo. Cf. Pr 30.15-31; Eclo 23.16; 26.5,28.

[b] **25.8** Dt 22.10.

[c] **25.9** *A un amigo:* según versiones antiguas; gr.: *prudencia.*

[d] **25.11** Eclo 1.11-20. Algunos mss. añaden el v. 12: *Comienza por respetar al Señor y lo amarás; si comienzas por serle fiel, estarás unido a él.*

[e] **25.15** *Veneno:* texto probable; gr.: *cabeza.* En hebreo, las dos palabras se escriben igual. De este v. no se conserva el original hebreo.

[f] **25.16** Pr 21.9; 25.24.

[g] **25.24** Gn 3.1-6; 1 Ti 2.14.

[a] **26.1-4** (v.1, etc.) Pr 31.10-31.

[b] **26.5** *Tres cosas:* Véase 25.1 n.

[c] **26.6** *Su lengua... hiere:* otra posible traducción: *la lengua mordaz es común a todos ellos.*

[d] **26.14** *Discreta:* en el sentido de callada.

¹⁵ Una mujer modesta es el mayor encanto;
nada vale tanto como una persona reservada.
¹⁶ Como el sol que brilla en lo alto del cielo,
así es la mujer hermosa en un hogar bien cuidado.
¹⁷ Como lámpara que alumbra
en el candelabro del templo
es un rostro hermoso en un cuerpo bien formado,
¹⁸ y como columnas de oro sobre bases de plata
son unas piernas hermosas sobre pies bien firmes. ᵉ

Cosas desagradables

²⁸ Hay dos cosas que me dan tristeza
y una tercera que me hace enojar:
un rico ᶠ que ha quedado en la miseria,
hombres inteligentes tratados con desprecio
y uno que pasa de la virtud al vicio.
A este, el Señor lo entregará a la muerte.

Honradez y falta de honradez

²⁹ ¡Qué difícil para el comerciante
es estar libre de culpa,
y para el negociante no tener pecado!

27 ¹ Por ganar dinero muchos pecan,
y el que quiere ser rico se hace el ciego.
² En la grieta de las rocas se clavan las estacas;
así se mete el pecado entre la compra y la venta.
³ Si uno no está firme en el respeto al Señor,
pronto se arruinará su casa.
⁴ Sacudiendo el cedazo, solo el bagazo queda;
y oyendo a un hombre discurrir,
se descubren sus faltas.
⁵ Las vasijas de barro se prueban en el horno;
al hombre se le prueba en una discusión.
⁶ El fruto muestra si un árbol está bien cultivado;
así, al discurrir se revela el carácter del hombre. ᵃ
⁷ Antes de oírlo discurrir no alabes a nadie;
así se prueba a una persona.
⁸ Si buscas la honradez, la alcanzarás,
y te adornará como manto precioso.
⁹ Las aves se juntan con las de su especie;
y la sinceridad acompaña a los que la practican.
¹⁰ El león aguarda para atacar a su presa
y el pecado a los que cometen injusticias.
¹¹ Los piadosos hablan siempre con sabiduría,
pero el necio cambia como la luna.
¹² Si estás con insensatos, mide bien tu tiempo,
si estás con sabios, puedes demorarte.

¹³ La charla de los tontos causa indignación,
y su risa es gozarse en el pecado.
¹⁴ Oírlos jurar a cada paso
te pone los pelos de punta;
si pelean, tienes que taparte los oídos.
¹⁵ Cuando los altaneros pelean, hay muerte segura;
¡qué horrible es oírlos insultarse!

Un secreto se guarda

¹⁶ El que no guarda un secreto ya no es de fiar
y no encontrará un amigo íntimo.
¹⁷ Ama a tu amigo y no lo traiciones;
si no guardas sus secretos, no lo busques más.
¹⁸ Destruir una amistad
es lo mismo que un asesinato. ᵇ
¹⁹ Es como dejar escapar de la mano un pájaro;
dejaste escapar al amigo y ya no lo encontrarás.
²⁰ No lo busques, que ya está muy lejos;
escapó como gacela de una trampa.
²¹ Una herida se puede vendar,
un insulto se puede perdonar,
pero el que no guarda los secretos,
ya no tiene esperanza.

La insinceridad

²² Quien guiña el ojo, algo malo trama;
quien ya lo conoce, no se le acerca.
²³ Delante de ti se deshace en halagos
y aplaude todo lo que dices,
pero a tus espaldas cambia de tono
y con tus propias palabras te hace caer.
²⁴ Detesto muchas cosas, pero ninguna más que a él,
y también el Señor lo detesta.
²⁵ Al que tira al cielo una piedra, le cae en la cabeza,
y el que hiere a traición, también se hiere a sí mismo.
²⁶ El que hace un hoyo caerá en él
y el que prepara una trampa quedará preso en ella.
²⁷ Al que hace el mal, este le caerá encima,
y no sabrá de dónde le viene. ᶜ
²⁸ El orgulloso se burla e insulta,
pero el castigo, como un león, lo aguarda.
²⁹ El que se alegra de la ruina del bueno
caerá en la trampa,
y recibirá su tormento antes de morir.

Perdona, y serás perdonado

³⁰ Ira y enojo son cosas detestables,
pero del pecador nunca se apartan.

ᵉ **26.18** Algunos mss. añaden los vv. 19-27: **¹⁹** *Hijo mío, conserva sana la flor de tu juventud y no entregues tu vigor a extrañas.* **²⁰** *Busca un terreno fértil en toda la llanura y siembra tu semilla confiado en la nobleza de tu raza.* **²¹** *Así los hijos que nacerán de ti vivirán mucho y se sentirán orgullosos al estar seguros de su nobleza.* **²²** *Una mujer que se vende no vale más que un salivazo, y si es casada, es como torre que mata a los que usan de ella.* **²³** *Una mujer impía tocará en suerte al malvado, y una mujer piadosa, al que respeta al Señor.* **²⁴** *La mujer desvergonzada vivirá en la deshonra, pero la mujer pudorosa es modesta aun delante de su esposo.* **²⁵** *A la mujer desvergonzada se la tratará como a un perro; la mujer modesta respeta al Señor.* **²⁶** *A la mujer que respeta a su marido todos la tienen por sabia, pero a la que lo desprecia con orgullo, todos la tendrán por impía. Dichoso el hombre que tiene una mujer buena, porque vivirá el doble.* **²⁷** *La mujer que grita y habla mucho es como trompeta que llama al combate; el hombre que se halla en semejante situación, vive como en el fragor de la batalla.* Algunos autores consideran estos vv. como parte del texto original.

ᶠ **26.28** *Rico:* según la versión siríaca; gr.: *guerrero.*
ᵃ **27.6** Cf. Mt 7.16-20; 12.33; Lc 6.43-44.
ᵇ **27.18** *Un asesinato:* otra posible traducción: *perder a uno que ha muerto.*
ᶜ **27.26-27** Cf. Sal 7.15-16(16-17); Pr 26.27; Ec 10.8.

28

¹ Del vengativo se vengará el Señor;
   Dios llevará cuenta estricta de sus pecados.
² Perdona las ofensas a tu prójimo,
   y Dios perdonará tus pecados cuando se lo pidas. ᵃ
³ Si uno guarda rencor a su prójimo,
   ¿cómo querrá que Dios le dé a él la salud?
⁴ No tiene compasión de un hombre igual a él,
   ¿y pide a Dios el perdón de sus pecados? ᵇ
⁵ Es un simple mortal y guarda rencor,
   ¿quién le obtendrá el perdón de sus pecados?
⁶ Piensa en tu fin y ya no odies más;
   piensa en la muerte y cumple los mandamientos.
⁷ Recuerda los mandamientos y no odies al prójimo; ᶜ
   piensa en la alianza del Altísimo y perdona las faltas.

No eches más leña al fuego

⁸ Aléjate de las peleas y evitarás pecados,
   porque el colérico enciende peleas. ᵈ
⁹ El pecador siembra discordia entre amigos,
   y donde hay paz esparce calumnias.
¹⁰ Cuanta más leña hay, tanto más arde el fuego;
   cuanta más terquedad, más se enciende la pelea.
   Cuanto mayor es la fuerza, mayor es el enojo;
   cuanto más grande la riqueza, más grande la furia. ᵉ
¹¹ Pajas y resinas ᶠ alimentan el fuego;
   pelea acalorada termina en muerte violenta.
¹² Si soplas a una chispa, se enciende,
   si la escupes, se apaga;
   y tanto el soplo como la saliva salen de tu boca. ᵍ

Las malas lenguas

¹³ ¡Malditos el murmurador y el mentiroso,
   porque han sido la ruina de muchos que vivían en paz!
¹⁴ Las calumnias han perjudicado a muchos
   y los han hecho ir de país en país;
   han destruido ciudades fortificadas
   y arruinado las casas de hombres poderosos.
¹⁵ Las calumnias han sido culpables
   de que mujeres ejemplares hayan sido repudiadas,
   haciéndolas perder el fruto de su trabajo.
¹⁶ El que hace caso a las calumnias no hallará descanso
   ni podrá vivir en paz.
¹⁷ Las heridas causadas por azotes se quedan en la piel;
   las heridas causadas por la lengua rompen los huesos.
¹⁸ Muchos han muerto a filo de espada,
   pero más aún por culpa de las malas lenguas.
¹⁹ ¡Dichoso el que está a salvo de la lengua,
   el que no ha sido víctima de su furia,
   ni ha caído bajo su yugo,
   ni ha quedado preso en sus cadenas!
²⁰ Su yugo es yugo de hierro,
   sus cadenas, cadenas de bronce.

²¹ La muerte que causa es una muerte cruel:
   es preferible la tumba.
²² La lengua no tiene poder sobre los buenos;
   sus llamas no podrán quemarlos.
²³ Pero en ellas caerán los que abandonan al Señor,
   se encenderán contra ellos y no se apagarán;
   se lanzarán como un león contra ellos,
   los destrozarán como una pantera.
²⁴ Si pones un cercado de espinas a tu viña
   y guardas bien tu oro y tu plata,
²⁵ pon también puerta y cerrojo a tu boca
   y pesa las palabras que digas.
²⁶ Ten cuidado de no pecar con la lengua,
   para no caer en poder de tu enemigo. ʰ

29

Los préstamos son fuente de enemistades

¹ El hombre compasivo presta a su prójimo;
   dar ayuda es cumplir los mandamientos.
² Presta a tu prójimo cuando esté en necesidad, ᵃ
   y, por tu parte, devuelve a tiempo
   lo que te hayan prestado.
³ Cumple tu palabra y sé fiel a los demás,
   y siempre que lo necesites encontrarás ayuda.
⁴ Muchos se creen dueños del dinero
   que les han prestado
   y causan molestias a quienes les ayudaron.
⁵ Antes de recibir el dinero,
   le besan al prójimo la mano
   y le hablan con humildad de sus riquezas;
   pero cuando deben devolver dan largas al asunto,
   dicen que lo sienten mucho y le echan
   la culpa al tiempo.
⁶ Si el que prestó insiste, logrará que le paguen la mitad,
   y hará de cuenta que tiene mucha suerte.
   Si no, que dé su dinero por perdido,
   y se habrá ganado un enemigo gratuito.
   Le pagará con injurias e insultos,
   y con ofensas en vez de respeto.
⁷ Muchos se niegan a prestar, no por maldad,
   sino porque no quieren perder
   sin más ni más sus bienes.

La limosna y las fianzas

⁸ Pero tú, sé paciente con el pobre
   y no le hagas esperar tu limosna. ᵇ
⁹ En atención a los mandamientos, ᶜ
   socorre al pobre;
   si está en necesidad,
   no lo despidas con las manos vacías.
¹⁰ Pierde dinero dándoselo a un hermano o un amigo,
   y no lo dejes perder enmoheciéndose
   debajo de una piedra.

ᵃ **28.2** Mt 6.14; Mc 11.25.
ᵇ **28.3-4** Mt 5.7; 18.23-35.
ᶜ **28.7** Lv 19.17-18.
ᵈ **28.8** Pr 15.18.
ᵉ **28.10** Pr 26.20-21.
ᶠ **28.11** *Pajas y resinas:* según la versión siríaca; gr.: *riña apresurada.*
ᵍ **28.12** Pr 15.1; Stg 3.9-10.

ʰ **28.26** Pr 13.3; Stg 3.2-12.

ᵃ **29.1-2a** Cf. Ex 22.25(24); Lv 25.35-37; Dt 15.7-8; Sal 37.26; Mt 5.42.
ᵇ **29.8-13** Cf. Tb 4.7-11; Eclo 3.30—4.10; 7.32-35; Mt 6.2-4; Lc 18.22.
ᶜ **29.9** *En atención a los mandamientos:* cf. Dt 15.7-11.

¹¹ Hazte un tesoro de limosna y caridad,ᵈ
    y te será más útil que el oro.
¹² Guarda limosnas en tu despensa,
    y ellas te librarán de cualquier calamidad.
¹³ Te ayudarán a luchar contra tus enemigos
    con más fuerza que un escudo y una lanza.
¹⁴ El bondadoso da fianza por su prójimo, ᵉ
    pero el que no tiene vergüenza lo abandona.
¹⁵ Si alguien sale fiador por ti, quédale agradecido,
    pues se arriesgó a sí mismo por ti.
¹⁶ El pecador arruina los bienes del fiador;
    el desagradecido abandona al que lo salvó.
¹⁷ Muchos ricos se han arruinado por las fianzas,
    y se han visto arrollados como por las olas del mar.
¹⁸ Personas poderosas perdieron sus hogares
    y tuvieron que irse a países extranjeros.
¹⁹ El pecador se pone a dar fianzas,
    y por buscar ganancias se enreda en pleitos.
²⁰ Ayuda a tu prójimo en la medida en que puedas,
    pero ten cuidado de no caer en una trampa. ᶠ

Pobre, pero contento
²¹ Lo esencial en la vida es el pan, el agua y la ropa,
    y un hogar que proteja de miradas indiscretas.
²² Más vale vivir pobre en choza propia
    que banquetear en casa ajena. ᵍ
²³ Conténtate con lo que tengas, ʰ poco o mucho,
    para que no te reprochen el vivir a costa de otros.
²⁴ Triste vida es andar de casa en casa;
    donde eres forastero, no puedes chistar palabra.
²⁵ Atiendes y das de beber a otros huéspedes,
    y no te lo agradecen,
    y oyes que, encima, te dicen de mala manera:
²⁶ "Ven, forastero, prepara la mesa,
    dame de comer lo que tengas."
²⁷ "Vete, forastero,
    hay alguien más importante que tú;
    vino mi hermano y necesito el cuarto de huéspedes."
²⁸ ¡Qué duro es para una persona sensata escuchar
    que lo injurian por vivir en casa ajena
    y le hacen reproches por deber dinero!

30 La educación de los hijos ᵃ
¹ El que ama a su hijo no deja de castigarlo,
    y al final encontrará en él su alegría.
² El que educa a su hijo quedará satisfecho,
    y ante sus conocidos estará orgulloso de él.
³ El que instruye a su hijo causa envidia a su enemigo,
    pero ante sus amigos se mostrará contento de él.
⁴ Si el padre muere, es como si no hubiera muerto,
    porque deja a uno semejante a él.

⁵ Cuando vivía, se sentía feliz al verlo,
    y al morir no siente tristeza.
⁶ Deja alguien que lo vengará de sus enemigos
    y que con sus amigos será agradecido.
⁷ El que mima a su hijo, después tendrá
    que vendarle las heridas,
    y al oírlo gritar se le partirá el corazón. ᵇ
⁸ Caballo sin amansar se vuelve terco,
    e hijo dejado a sus anchas se desboca.
⁹ Sé blando con tu hijo, y te hará temblar;
    bromea con él, y te hará llorar.
¹⁰ No te diviertas con él, si no quieres sufrir con él
    y terminar lamentándolo terriblemente.
¹¹ No le des autoridad en su juventud
    ni le perdones sus malas acciones.
¹² Mientras es joven, haz que se someta,
    y dale azotes mientras es muchacho,
    para que no se obstine y se rebele contra ti
    y te cause grandes disgustos.
¹³ Corrige a tu hijo y somételo con energía,
    para que en su necedad no se rebele contra ti.

Salud y felicidad
¹⁴ Más vale pobre con buena salud
    que rico con el cuerpo enfermo.
¹⁵ Prefiero la buena salud al oro,
    y el buen ánimo a las perlas.
¹⁶ No hay riqueza mayor que la buena salud,
    ni bien más grande que la felicidad.
¹⁷ Preferible la muerte a una vida infeliz,
    y el descanso eterno a estar siempre sufriendo.
¹⁸ Dar ricas comidas al que no puede comer
    es como llevar ofrendas a un ídolo pagano. ᶜ
¹⁹ ¿De qué les sirve eso a los ídolos,
    que no comen ni huelen?
    Así le pasa a quien tiene riquezas
    pero no las puede gozar.
²⁰ Las mira y suspira,
    como un eunuco abrazando a una joven.
²¹ No te entregues a la tristeza,
    ni te atormentes con tus pensamientos. ᵈ
²² La alegría del corazón es la vida del hombre,
    la dicha le alarga los años.
²³ Cálmate, tranquiliza tu corazón
    y aleja de ti el enojo,
    pues los pleitos han causado la muerte a muchos
    y el enojo no trae ningún provecho.
²⁴ La envidia y los pleitos acortan la vida,
    y las preocupaciones hacen viejo antes de tiempo.
²⁵ Un corazón contento es como un banquete
    que trae buen provecho al que lo come.

ᵈ 29.11 *Limosna y caridad:* según la versión siríaca; gr.: *los mandamientos del Altísimo*. Cf. Lc 12.33; 16.9.
ᵉ 29.14 Los sabios antiguos eran muy cautos en recomendar la fianza. Cf. Pr 11.15; 17.18; 22.26-27.
ᶠ 29.14-20 Pr 6.1-5; Eclo 8.13.
ᵍ 29.22-28 Eclo 40.28-30.
ʰ 29.23 Flp 4.11; Heb 13.5.

ᵃ 30.1-13 Cf. Pr 13.24; 23.13-14; 29.17.
ᵇ 30.7 El niño mimado no tendrá después fuerzas para enfrentarse con las dificultades de la vida. Cf. Pr 29.15.
ᶜ 30.18 La Biblia ridiculiza con frecuencia los ídolos paganos, seres sin vida: cf. Dt 4.28; Sal 115.4-7; 135.15-17; Jer 10.3-5; Sab 15.15; Bar 6.7-13.
ᵈ 30.21-25 Pr 12.25; Ec 11.9-10.

31 Pobreza y riqueza

1-2 Los desvelos del rico acaban con su salud;
preocuparse por la comida quita el sueño;
es peor que una grave enfermedad; no deja dormir.
3 El rico se afana por amontonar riquezas,
y cuando descansa puede gozar de ellas.
4 El pobre se afana por las necesidades de su casa,
y cuando descansa todo le hace falta.
5 El que va tras el oro no queda sin culpa,
y el que ama el dinero se extraviará por él. *a*
6 Muchos han quedado atados por el oro
y han puesto su confianza en las alhajas.
7 Estas cosas son una trampa para el necio,
y todo insensato cae en ella.
8 ¡Dichoso el que se mantiene íntegro
y no corre detrás de las riquezas!
9 ¿Quién es? Vamos a felicitarlo,
pues ha hecho algo admirable entre su gente.
10 Tuvo riquezas y se mantuvo íntegro,
lo cual será un honor para él.
Pudo extraviarse, pero no lo hizo;
pudo hacer el mal, pero no quiso.
11 Por eso su dicha está asegurada
y la comunidad lo alabará.

Reglas de etiqueta

12 Hijo mío, si te invitan a una mesa importante,
no te dejes llevar del apetito,
ni digas: "¡Qué cantidad de cosas!" *b*
13 Recuerda que la codicia es algo muy malo.
Dios detesta el ojo codicioso;
no creó nada peor que el ojo.
A la vista de cualquier cosa, se excita,
y después ruedan lágrimas por las mejillas.
14 A donde el otro mire no extiendas tú la mano,
para que no choquen las manos en el plato.
15 Sé considerado con tu vecino como contigo mismo;
piensa en todo lo que a ti no te gusta.
16 Pórtate en la mesa como un invitado,
y no metas la mano para no hacerte antipático.
17 Por buena educación, termina tú primero;
y no sorbas, para que no te desprecien.
18 Y aunque estés a la mesa entre muchos,
no extiendas la mano antes que tu vecino.
19 ¡Qué poco basta a una persona educada!
Así no se ahoga después en su cama.
20 El que come demasiado tendrá dolores,
insomnio, malestar, sofocación y semblante alterado.
En cambio, el que come con moderación
    tiene un sueño saludable
y por la mañana se levanta con la cabeza despejada.
21 Si tuviste que comer más de la cuenta,
levántate y vomita, y sentirás alivio.
22 Escúchame, hijo, y hazme caso;
después entenderás lo que te digo.

En todo lo que hagas sé moderado
y no te pasará nada malo.
23 Al generoso en convidar todos lo alaban;
su buena fama durará mucho tiempo.
24 Del tacaño en convidar se habla mal públicamente;
su mala fama durará mucho tiempo.
25 No te hagas el valiente cuando tomes vino,
pues la bebida ha hecho caer a muchos. *c*
26 En el horno se prueba una vasija de metal,
y con el vino se ponen a prueba los orgullosos.
27 El vino es vida para el hombre,
si lo bebe con moderación.
¿Qué vida es esa donde falta el vino?
Desde el principio fue creado para dar alegría. *d*
28 Alegría para el corazón,
gozo y contento:
eso es el vino bebido a su tiempo
y con cuidado.
29 Dolor de cabeza, amargura y deshonra:
eso es el vino bebido con ardor apasionado.
30 El mucho licor es trampa para el necio:
quita las fuerzas y es causa de heridas.
31 Cuando alguien esté bebiendo vino, no lo reprendas;
no le hagas reproches mientras está alegre;
no le digas palabras injuriosas
ni le busques pleito delante de la gente.

32

1 Si te ponen a presidir un banquete,
no te muestres orgulloso;
pórtate con los demás como uno de tantos.
Ocúpate de ellos antes de ponerte tú a la mesa;
2 atiende a lo que necesiten, y luego siéntate.
Así te alegrarás mostrándote cortés con ellos,
y te premiarán por tu buena educación.
3 Si eres el de más edad, te corresponde hablar;
pero habla con sensatez y sin interrumpir el canto.
4 Donde se bebe vino no hagas largos discursos,
y no quieras ser sabio a destiempo.
5 Los cantos son en un banquete
como joya de rubí en adorno de oro.
6 El sonido de la música mientras se bebe vino con gusto
es como una esmeralda engastada en oro.
7 Si eres joven, habla solo cuando sea necesario
y si te insisten dos y tres veces.
8 Resume tus ideas y di mucho en pocas palabras;
pórtate como el que sabe pero prefiere callar.
9 Entre los ancianos no seas arrogante,
ni seas impertinente con las autoridades.
10 Después del rayo viene el granizo,
y al que es modesto los demás lo aprecian.
11 Al despedirte no te demores,
aunque se te ocurra cualquier otra cosa;
12 retírate a tu casa y allí haz lo que quieras,
con respeto de Dios y sin cometer ninguna falta.
13 Y por todo ello bendice a tu Creador,
que te colmó de bienes.

---

a **31.5** Pr 28.20; 1 Ti 6.9-10.
b **31.12-21** Pr 23.1-3,6-8.
c **31.25-30** Cf. Pr 20.1; 23.29-35; 31.4-5.
d **31.27-28** Cf. Jue 9.13; Sal 104.15; Ec 10.19.
a **32.24** Pr 19.16.

Rectitud y prudencia

14 El que busca a Dios recibirá instrucción,
y el que madruga para consultarlo tendrá respuesta.
15 El que busca la ley, la encontrará;
pero el que la descuida será atrapado por ella.
16 El que respeta al Señor aprenderá a actuar rectamente
e iluminará a otros con sus enseñanzas.
17 El malvado no acepta represiones,
y acomoda la ley según le conviene.
18 El sabio no oculta su sabiduría,
pero el insolente no domina su lengua.
19 Antes de hacer una cosa, piénsala bien,
y no te arrepentirás después de hacerla.
20 Donde haya trampas no camines,
ni tropieces dos veces con el mismo obstáculo.
21 En un viaje no te creas seguro de un asalto,
22 y cuídate de lo que pueda venir en el futuro.
23 En todo lo que hagas vigílate a ti mismo,
porque haciendo todo esto cumples los mandamientos.
24 El que cumple la ley se protege a sí mismo,
y el que confía en el Señor no se verá defraudado. [a]

33 **1** Al que respeta al Señor no le pasará nada malo;
aunque Dios lo pone a prueba, lo salvará.
2 El que odia la ley no llegará a ser sabio,
será como nave sacudida por la tempestad.
3 El sabio entiende la palabra del Señor
y mira la ley como enseñanza divina.
4 Ordena tus asuntos antes de realizarlos;
arregla la casa antes de habitarla. [a]
5 La mente del tonto es como la rueda de un carro:
sus pensamientos dan vueltas y vueltas.
6 Amigo repelente es como caballo en celo:
no importa quién lo monte, siempre relincha.

La providencia de Dios

7 ¿Por qué se distinguen unos días de otros,
si todo el año brilla el mismo sol?
8 La sabiduría del Señor hizo una distinción,
y señaló diversas épocas y fechas.
9 Bendijo algunos días y los hizo sagrados,
y a otros los dejó como días ordinarios. [b]
10 También todos los hombres son de barro;
Adán fue hecho del polvo de la tierra. [c]
11 Pero el Señor, en su sabiduría, los distinguió
y determinó que fueran diversos sus caminos.
12 A unos los bendijo y les dio alta posición,
o los consagró para que se acerquen a él; [d]
y a otros los maldijo y humilló
y derribó de sus puestos.
13 Como el barro en manos del que lo trabaja,
que puede hacer con él lo que quiera,
así es el hombre en manos de su Creador,
que le señala un puesto en su presencia. [e]
14 Frente al mal está el bien,
frente a la vida, la muerte;
frente al bueno, el malvado,
frente a la luz, la oscuridad.
15 Fíjate en todas las cosas hechas por Dios:
están por pares, la una frente a la otra. [f]

16 Aunque he sido el último en dedicarme
a estos estudios,
como quien recoge espigas detrás de los segadores,
17 con la bendición de Dios pude progresar
y recogí también mi cosecha.
18 Vean que no he trabajado solo para mí,
sino para todos los que buscan la sabiduría.
19 Escuchen, pues, los que gobiernan la nación;
jefes del pueblo, pongan atención.

Cómo tratar a familiares y esclavos

20 Ni a hijo ni a esposa ni a amigo ni a vecino
des poder sobre tu vida.
21 Mientras vivas y respires
no dejes que nadie te domine.
No des a otro lo que tienes,
pues te arrepentirás y tendrás que pedirle favores.
22 Es preferible que tus hijos te supliquen,
a que tú dependas de ellos.
23 En todo lo que hagas conserva el dominio,
y no dejes que tu buen nombre se manche.
24 Cuando lleguen al final tus pocos días
y tengas que morir, reparte tu herencia.

25 Al burro, pasto, palos y carga;
y al esclavo, pan, corrección y trabajo. [g]
26 Da trabajo a tu esclavo, para que no busque el descanso;
si levanta la cabeza, se rebelará contra ti.
27 Con yugo y riendas se doblega una bestia,
y con duros castigos al mal esclavo.
28 Pon a tu esclavo a trabajar, para que no esté ocioso,
pues la ociosidad trae muchos males.
29 Hazlo trabajar como le corresponde;
y si no obedece, ponle cadenas en los pies.
30 Pero no te excedas con nadie
ni hagas nada sin tener derecho.

31 Si tienes un solo esclavo, trátalo como a ti mismo, [h]
pues lo compraste con sangre. [i]
32 Si tienes un solo esclavo, trátalo como a un hermano, [j]
pues lo necesitarás como a ti mismo.

---

[a] **33.4** *Ordena... habitarla:* Traducción probable; heb. oscuro.

[b] **33.9** Cf. Gn 1.14-15; 2.2-3; Ex 20.8,11.

[c] **33.10** Gn 2.7; Job 10.9.

[d] **33.12** *Para que se acerquen a él:* Se refiere a los sacerdotes: cf. Ex 19.22; Nm 16.5; Ez 40.46.

[e] **33.13** Cf. Is 45.9; 64.8; Jer 18.1-6; Ro 9.20-21.

[f] **33.14-15** Ec 3.2-8. Es característico del pensamiento hebreo describir la realidad por medio de contrastes entre los opuestos (véase *Introducción a los libros poéticos*). Toda ella, sin embargo, procede del único Dios.

[g] **33.25** La esclavitud era común en todos los pueblos de la antigüedad. En la ley había disposiciones especiales sobre ellos: Ex 21.2-11; Lv 25.39-46; Dt 15.12-18. Véase también Col 3.22 n.

[h] **33.31** Eclo 7.21.

[i] **33.31** *Lo compraste con sangre:* Probablemente se trata del que no es rico y compra un esclavo con gran dificultad.

[j] **33.32** Flm 16.

33 Si lo maltratas, se escapará,
¿y por dónde irás a buscarlo?

34 Los sueños

1 Los tontos viven de falsas esperanzas;
los sueños dan alas a los insensatos.
2 Creer en los sueños
es querer agarrar una sombra o perseguir el viento.
3 Lo que uno ve en sueños es solo una imagen,
como un rostro reflejado en un espejo.
4 Nada limpio puede venir de la suciedad;
ninguna verdad puede tampoco venir de la mentira.
5 Adivinaciones, pronósticos y sueños son cosas sin valor,
fantasías como las de mujer de parto.
6 Si no vienen de parte del Altísimo,
no les prestes la menor atención.
7 Porque muchos se dejaron engañar por los sueños,
y por creer en ellos se arruinaron.
8 Hay que cumplir la ley sin hacer trampas;
el hombre de fiar enseña la perfecta sabiduría.

Los viajes

9 El que mucho viaja, mucho sabe,
y el que tiene mucha experiencia discurre sabiamente.
10 El que no ha pasado pruebas, sabe poco;
pero el que ha viajado, se hace muy listo.
11 En mis viajes he visto muchas cosas,
y sé más de lo que cuento.
12 Muchas veces estuve en peligro de muerte,
pero gracias a mi experiencia salí con vida.

Confianza en el Señor

13 Los que respetan al Señor[a] vivirán,
pues ponen su esperanza en quien puede salvarlos.[b]
14 El que respeta al Señor no le tiene miedo a nada,
ni se acobarda, pues confía en el Señor.
15 ¡Dichoso el que respeta al Señor!
Él sabe en quién confía y quién lo sostiene.
16 El Señor vela por aquellos que lo aman,
como fuerte escudo y poderoso apoyo,
refugio contra el viento ardiente,
sombra para el calor del mediodía,
protección contra los tropiezos
y ayuda contra las caídas.
17 Él da consuelo al alma, luz a los ojos,
y salud, vida y bendición.

El verdadero culto a Dios

18 La ofrenda a Dios hecha de cosas mal habidas,
es impura;
a él no le agrada lo que ofrecen los malvados.

19 El Altísimo no acepta las ofrendas de los impíos;
aunque le ofrezcan muchos sacrificios,
no les perdona los pecados.[c]
20 Robar algo a los pobres y ofrecérselo a Dios
es como matar un hijo ante los ojos de su padre.
21 La vida del pobre depende del poco pan que tiene;
quien se lo quita, es un asesino.
22 Quitarle el sustento al prójimo es como matarlo;
no dar al obrero su salario es quitarle la vida.[d]
23 Si uno construye y otro derriba,
¿qué se gana sino más trabajos?
24 Si uno ora y otro maldice,
¿a cuál de los dos escuchará el Señor?
25 Si uno toca a un muerto, se lava,
y vuelve luego a tocarlo,
¿de qué le sirve el haberse lavado?[e]
26 Así pasa con uno que ayuna por sus pecados,
pero después vuelve a cometerlos.
¿Quién escuchará su oración?
¿De qué le servirá haber hecho penitencia?[f]

35

1 Cumplir la ley vale tanto como hacer
muchas ofrendas;
obedecer los mandamientos es como ofrecer
sacrificios de reconciliación.[a]
2 Ser agradecido es como ofrecer la mejor harina a Dios,[b]
y dar limosna es como hacer sacrificios de alabanza.[c]
3 Lo que agrada al Señor es que te apartes del mal;
si te apartas de la injusticia, obtendrás el perdón
de tus pecados.
4 No te presentes al Señor con las manos vacías,
pues todo esto debe hacerse
porque es un mandamiento.[d]
5 Cuando un hombre honrado ofrece grasa
sobre el altar,
el buen olor llega hasta el Altísimo.[e]
6 Cuando un hombre honrado ofrece un sacrificio,
Dios lo acepta y no lo olvidará.
7 Honra al Señor con generosidad;
no seas tacaño cuando ofrezcas los primeros frutos.[f]
8 Siempre que ofrezcas algo, pon buena cara
y da los diezmos con alegría.[g]
9 Da al Altísimo como él te ha dado a ti,
con generosidad, de acuerdo con tus capacidades,
10 porque Dios sabe premiar
y te pagará siete veces más.
11 No pretendas sobornarlo con regalos,
porque no los acepta,
ni confíes en ofrendas de cosas mal habidas,
12 porque él es un Dios justo
y trata a todos por igual.[h]

---

[a] **34.13** Véase 1.11 n.
[b] **34.13-16** Sal 91.1-12.
[c] **34.19** Cf. 1 S 15.22; Pr 21.3; Is 1.11-17; Os 6.6; Miq 6.6-8.
[d] **34.21-22** Cf. Lv 19.13; Dt 24.14-15; Tb 4.14; Stg 5.4-6.
[e] **34.25** El tocar un cadáver producía una impureza legal de la que había que purificarse lavándose: Nm 19.11-13.
[f] **34.26** Is 58.3-12.
[a] **35.1** *Sacrificios de reconciliación:* Lv 3.1-17.

[b] **35.2** *Ofrecer la mejor harina a Dios:* Lv 2.
[c] **35.2** *Sacrificios de alabanza:* Lv 7.12; cf. Heb 13.15.
[d] **35.4** Dt 16.16.
[e] **35.5** Ex 29.22-25.
[f] **35.7** *Los primeros frutos:* Dt 26.1-11
[g] **35.8** *Da los diezmos con alegría:* Dt 14.22; cf. 2 Co 9.7
[h] **35.11-12** Dt 10.17-18; Sab 6.7.

¹³ No favorece a nadie con perjuicio del pobre,
y escucha las súplicas del afligido.
¹⁴ Él oye las quejas del huérfano
y los muchos gemidos de la viuda. *i*
¹⁵ ¡Cómo ruedan las lágrimas por las mejillas de la viuda
y gime por sus hijos sin hogar!
¹⁶ Sus amargas quejas alcanzan el favor de Dios,
y sus súplicas llegan hasta el cielo.
¹⁷ El clamor del pobre traspasa las nubes
y no descansa hasta llegar a Dios; *j*
¹⁸ no desiste hasta que Dios lo atiende
y, como juez justo, le hace justicia.

¹⁹ Y Dios no se demora;
como guerrero valiente, no se detiene
²⁰ hasta hacer pedazos al hombre cruel
y dar su castigo a los paganos;
²¹ hasta dejar sin fuerzas a los arrogantes
y hacer pedazos el poder de los malvados;
²² hasta pagar a cada cual como merecen sus acciones
y dar a los hombres de acuerdo con lo que han tramado;
²³ hasta defender la causa de su pueblo
y alegrarlo con su salvación.
²⁴ La misericordia de Dios en tiempo de aflicción
llega como nubes de lluvia en tiempo de sequía.

36 Oración por Israel *a*
¹ Sálvanos, Dios del universo,
y haz que todas las naciones te teman; *b*
² amenaza al pueblo extranjero *c*
para que experimente tu fuerza.
³ Tú nos castigaste para mostrarles a ellos tu santidad;
castígalos también a ellos y muéstranos así tu gloria, *d*
⁴ para que reconozcan, como reconocemos nosotros,
que no hay Dios fuera de ti.
⁵ Renueva tus prodigios, repite tus maravillas,
muestra tu gloria y el poder de tu brazo.
⁶ Haz que se encienda tu ira, y descarga tu enojo,
y humilla y dispersa a nuestros enemigos.
⁷ Haz que llegue pronto el momento señalado, *e*
pues nadie puede pedirte cuentas de lo que haces. *f*
⁹ Destroza al jefe de los enemigos,
que dice: "No hay nadie igual a mí."
¹⁰ Reúne a todas las tribus de Jacob,
para que se establezcan en su tierra
como antiguamente.

¹¹ Ten piedad del pueblo que lleva tu nombre,
de Israel, a quien escogiste como a un primer hijo.
¹² Ten piedad de tu santa ciudad,
de Jerusalén, el lugar donde tú vives. *g*
¹³ Llena a Sión de tu majestad,
llena tu templo con tu gloria.
¹⁴ Son las primeras cosas que creaste; *h*
muéstrate a favor de ellas
y haz que se cumplan las profecías dichas
en tu nombre.
¹⁵ Da el premio a los que esperan en ti,
demuestra que tus profetas dijeron la verdad. *i*
¹⁶ Escucha las oraciones de tus siervos,
según el amor que tienes a tu pueblo,
¹⁷ y que se sepa en todos los rincones de la tierra
que tú eres Dios del universo.

Hay que escoger lo mejor
¹⁸ La garganta puede pasar cualquier alimento,
pero hay unos alimentos
más sabrosos que otros.
¹⁹ El paladar distingue los sabores,
y la inteligencia distingue las mentiras.
²⁰ Una mente malvada causa sufrimientos,
pero el hombre fuerte se los devuelve.
²¹ La mujer acepta a cualquiera como esposo, *j*
pero hay mujeres más bonitas que otras.
²² Ver una mujer bella es un placer,
no hay nada más agradable;
²³ y si además es afable en su conversación,
su marido no tiene igual entre los hombres.
²⁴ El que obtiene esposa comienza a hacer fortuna,
y tiene ayuda, protección y apoyo.
²⁵ Un viñedo sin cerca es saqueado,
y un hombre sin esposa anda de un lugar a otro.
²⁶ ¿Quién confía en una banda de gente armada
que va de ciudad en ciudad?
²⁷ Así es el hombre que no tiene nido,
que descansa donde la noche lo sorprende.

37 Amigos y consejeros
¹ Todos los amigos dicen: "Soy tu amigo",
pero hay amigos que lo son solo de nombre. *a*
² ¡Qué golpe tan mortal
cuando un amigo íntimo se vuelve enemigo!

---

i 35.14 Ex 22.22-24(21-23); Pr 23.10-11.
j 35.17 Stg 5.4.
a 36.1-17 Los israelitas piadosos siempre esperaban la intervención salvadora de Dios no solo en favor del individuo, sino también de toda la nación, cuya restauración anhelaban.
b 36.1,4 1 R 8.43,60; Sal 67.
c 36.1,4 *Al pueblo extranjero*: Los israelitas se encontraban entonces bajo el dominio de reyes griegos (los seléucidas, sucesores de Alejandro Magno en Asia), con bastantes restricciones en su vida política, cultural y religiosa. Véase *Tabla cronológica I*, sección *VI. Época helenística*; cf. 1 Mac 1.1-9.
d 36.2-3 Sal 79.6; Jer 10.25.
e 36.7 *El momento señalado*: señalado por Dios para la restauración de Israel.
f 36.7 La versión griega añade el v. 8: *Destruye con el fuego de tu ira a los sobrevivientes; que los que maltratan a tu pueblo vayan a la perdición.*
g 36.11-12 Sal 132.13-14; Dn 9.18-19.
h 36.14 En el judaísmo de este periodo y del posterior se encuentra la idea de que algunas realidades especialmente importantes fueron creadas al principio, aunque solo después habrían de aparecer en el mundo.
i 36.15 Se refiere a las profecías que anunciaban la gloria futura de Israel y de Jerusalén: Is 48—66; Ez 36—48.
j 36.21 La iniciativa para el matrimonio era fundamentalmente del hombre.
a 37.1 Eclo 6.8-17.

³ Mala inclinación, ¿para qué fuiste creada?
¡Para llenar el mundo de traiciones!
⁴ El mal amigo se fija en la mesa, [b]
pero cuando estás en aprietos, se mantiene lejos.
⁵ El buen amigo lucha contra tu enemigo
y te defiende de los que te atacan.
⁶ No te olvides de tu compañero en la lucha,
ni lo abandones al recoger el botín. [c]
⁷ Todo consejero indica el camino,
pero algunos aconsejan en propio provecho.
⁸ Ten cuidado con el consejero;
primero averigua qué necesita.
Porque él piensa en sus propios intereses
y en cómo sacar provecho del asunto.
⁹ Entonces te dice: "Vas por buen camino",
y después se aparta a mirar cómo te arruinas.
¹⁰ No pidas consejo a tus enemigos,
ni cuentes tus planes secretos a quienes te envidian.
¹¹ No pidas a una mujer consejo sobre su rival; [d]
ni al que busca botín, sobre la guerra;
ni a un comerciante, sobre negocios;
ni a un comprador, sobre la venta;
ni a un malvado, sobre la generosidad;
ni a un cruel, sobre la bondad;
ni al ocioso, sobre el trabajo;
ni al guardián de un campo, sobre la cosecha. [e]
¹² Pide consejo a uno que respete siempre a Dios,
que tú sepas que cumple los mandamientos
y tiene sentimientos iguales a los tuyos,
de manera que, si tropiezas, sufrirá contigo.
¹³ Atiende también a lo que te aconseja
tu propio juicio,
pues nadie es para ti más digno de confianza que él.
¹⁴ El propio juicio le advierte al hombre más cosas
que siete centinelas en una atalaya.
¹⁵ Y, además de todo esto, pídele a Dios
que te mantenga en el camino de la verdad.

La verdadera sabiduría
¹⁶ Antes de hacer cualquier cosa, hay que discutirla;
antes de toda acción, hay que reflexionar.
¹⁷ La raíz de las decisiones es la voluntad. [f]
De ella se derivan cuatro ramas:
¹⁸ bien y mal, vida y muerte,
y todo está bajo el dominio de la lengua. [g]
¹⁹ Hay algunos que son sabios para los demás,
y para sí mismos son insensatos;
²⁰ y hay sabios despreciados por su modo de hablar,
a quienes nadie invita a un buen banquete. [h]
²² Hay algunos que son sabios para sí mismos;
su ciencia solo a ellos aprovecha;
²³ y hay otros que son sabios para el pueblo,
y su ciencia la aprovechan los demás.
²⁴ El que es sabio para sí mismo, vivirá contento;
todo el que lo ve, lo felicita.
²⁵⁻²⁶ El que es sabio para el pueblo, tendrá honores;
su fama durará para siempre.
El hombre tiene una vida muy corta,
pero Israel tiene vida sin término.

Moderación
²⁷ Hijo mío, muestra en el comer que eres dueño
de ti mismo,
y evita las cosas que te hagan daño,
²⁸ pues no todo es bueno para todos, [i]
ni a todos les sientan bien todos los alimentos.
²⁹ No te abalances sobre todo lo que más te guste,
ni te dediques a comer todo lo sabroso.
³⁰ Porque en las muchas comidas exquisitas
anida la enfermedad,
y el mucho comer produce náuseas.
³¹ Por falta de moderación, muchos mueren;
pero el que se domina tiene larga vida.

38 Enfermedad y muerte
¹ Respeta al médico por sus servicios,
pues también a él lo instituyó Dios. [a]
² El médico recibe de Dios su ciencia,
y del rey recibe su sustento.
³ Gracias a sus conocimientos,
el médico goza de prestigio
y puede presentarse ante los nobles.
⁴ Dios hace que la tierra produzca
sustancias medicinales,
y el hombre inteligente no debe despreciarlas.
⁵ Dios endulzó el agua con un tronco [b]
para mostrar a todos su poder.
⁶ Él dio la inteligencia a los hombres,
para que lo alaben por sus obras poderosas.
⁷ Con esas sustancias, el médico calma los dolores
y el boticario prepara sus remedios.
⁸ Así no desaparecen los seres creados por Dios,
ni falta a los hombres la salud.
⁹ Hijo mío, cuando estés enfermo no seas impaciente;
pídele a Dios, y él te dará la salud.
¹⁰ Huye del mal y de la injusticia,
y purifica tu corazón de todo pecado.
¹¹ Ofrece a Dios sacrificios agradables
y ofrendas generosas de acuerdo con tus recursos.

---

[b] **37.4** *Se fija en la mesa:* El mal amigo busca solo su propio interés.

[c] **37.6** Se utiliza la imagen de la guerra y del botín que correspondía a los vencedores.

[d] **37.11** Se enumeran varias personas como ejemplo de quienes no darían un consejo desinteresado o imparcial.

[e] **37.11** La versión griega añade: *ni a un criado perezoso sobre trabajar mucho; no te fíes de ellos para ningún consejo.*

[f] **37.17** *La voluntad:* lit. *el corazón.* Para los hebreos, el corazón es la sede de los pensamientos y las decisiones.

[g] **37.18** Pr 18.21.

[h] **37.20** La versión griega añade: *El Señor no les ha dado el don de agradar, porque les falta por completo la sabiduría.*

[i] **37.28** *No todo es bueno para todos:* Pablo repite este mismo principio en otro contexto: 1 Co 6.12; 10.23.

[a] **38.1** Eclo tiene un concepto positivo sobre el médico. Recurrir a él no se opone a la confianza en Dios (a diferencia de 2 Cr 16.12).

[b] **38.5** Ex 15.23-25.

12 Pero llama también al médico;
no lo rechaces, pues también a él lo necesitas.
13 Hay momentos en que el éxito depende de él,
14 y él también se encomienda a Dios,
para poder acertar en el diagnóstico
y aplicar los remedios eficaces.
15 Así que un hombre peca contra su Creador,
cuando se niega a que el médico lo trate. *c*
16 Hijo mío, llora por el que muere,
muestra tu dolor y cumple los ritos fúnebres.
Sepúltalo de acuerdo con las costumbres,
no te ausentes de sus funerales. *d*
17 Hijo, con amargo llanto y señales de duelo,
hazle un funeral como le corresponde.
Deja correr las lágrimas uno o dos días,
y después consuélate de la pena. *e*
18 Porque la pena lleva a la muerte,
y la tristeza desgasta las fuerzas. *f*
20 No pienses más en él,
aparta su recuerdo y piensa en el futuro.
21 No sigas pensando en él, que ya no tiene
nada que esperar;
a él no le aprovecha, y a ti te hace daño. *g*
22 Piensa que tendrás igual destino que él:
ayer él y hoy tú.
23 Como descansa el muerto,
que así descanse su recuerdo;
y tú consuélate, toda vez que él ya ha muerto.

El trabajo manual y la sabiduría *h*

24 La sabiduría del literato crece con sus tiempos libres;
el que tiene pocas ocupaciones puede hacerse sabio.
25 No puede hacerse sabio quien pasa su tiempo arando,
quien pone su orgullo en manejar bien la aguijada,
quien no hace más que dirigir los bueyes,
y solamente se ocupa del ganado,
26 y se desvela por arreglar el establo,
y toda su preocupación es trazar los surcos.
27 Otro tanto hay que decir de todo obrero y artesano
que trabaja de noche lo mismo que de día,
que talla relieves para sellos
y constantemente cambia los diseños.
Se esfuerza por representar al vivo las imágenes
y se desvela para terminar su trabajo.
28 Así también el herrero sentado junto al yunque,
concentrado en trabajar el hierro.
El humo y el fuego le resecan la piel
mientras lucha con el calor de la fragua.

El ruido del martillo resuena siempre en sus oídos;
tiene los ojos fijos en el modelo que copia.
Se esfuerza por terminar su trabajo,
y se desvela por darle los toques finales.
29 Lo mismo es el que trabaja el barro,
que hace girar el torno con los pies,
siempre concentrado en su trabajo
y esforzándose por hacer la cantidad fijada.
30 Moldea el barro con las manos,
y con los pies lo ablanda.
Se esfuerza por terminar el barnizado,
y se desvela para dejar limpio el horno.
31 Todos ellos son obreros que trabajan
con sus manos,
y cada uno en su oficio es un experto.
32 Sin ellos no sería posible la vida en sociedad,
nadie viviría ni nadie viajaría.
33 Sin embargo nadie los invitará a gobernar el pueblo,
ni descollarán en la asamblea.
No forman parte de ningún tribunal,
ni entienden de asuntos de justicia.
34 No demuestran instrucción ni capacidad para juzgar,
ni entienden de proverbios. *i*
Pero ellos contribuyen a la estabilidad del mundo,
ocupándose en su trabajo de artesanos.

39 **1** ¡Qué distinto es el que se dedica por completo
a estudiar la ley del Altísimo,
a investigar la sabiduría de todos los antiguos
y a ocuparse en las profecías! *a*
2 Estudia lo que han dicho los hombres famosos
e investiga los dichos más complicados;
3 busca el sentido oculto de los proverbios
y la solución a las preguntas más difíciles.
4 Presta servicios a los hombres importantes
y se le ve en compañía de los gobernantes.
Viaja por países extranjeros
y experimenta lo bueno y lo malo de los hombres.
5 Se empeña desde temprano por la mañana
en buscar al Altísimo, al Señor que lo creó;
hace oración delante de él
y le pide perdón por sus pecados.
6 Si el Señor poderoso lo quiere,
se llenará de inteligencia,
las palabras sabias caerán como lluvia de su boca
y alabará al Señor en la oración.
7 Dará consejos acertados y prudentes,
y se ocupará en investigar los misterios de Dios.
8 Iluminará a otros con su doctrina y enseñanza,
y se sentirá orgulloso de la ley de la alianza del Señor.

---

c **38.15** La versión griega añade: *el que peca contra su creador, que caiga en las manos del médico.*

d **38.16** Diversos ritos por los muertos se describen en Jer 9.17-18(16-17); Ez 24.15-24; Am 5.16; Mc 5.38.

e **38.17-23** 30.21-23.

f **38.18** La versión griega añade el v. 19: *Cuando el hombre muere, termina también el sufrimiento; vivir en la pobreza oprime el corazón.*

g **38.21** Véase 14.19 n.

h **38.24—39.11** En esta sección, el autor, aunque reconoce la importancia y la necesidad de los oficios manuales, expone la superioridad del poder dedicarse al estudio de la sabiduría, entendida no como algo solamente teórico sino como ordenada al bien de la sociedad.

i **38.34** Los *proverbios* son una expresión sintética y tradicional de la sabiduría. Véase la *Introducción a Proverbios.*

a **39.1** *La ley, la sabiduría* y *las profecías* representan el conjunto de la Palabra de Dios. Véase nota *b* al *Prólogo del traductor griego.*

⁹ Muchos alabarán su inteligencia
  y no la olvidarán jamás.
  Su recuerdo no se borrará,
  y su nombre vivirá por todas las edades.
¹⁰ Las naciones hablarán de su sabiduría,
  y la comunidad cantará sus alabanzas.
¹¹ Mientras viva, será más famoso que otros mil,
  y cuando muera, eso le bastará.

Alabanza a Dios Creador

¹² Todavía tengo en mente más cosas que decir;
  estoy lleno, como la luna llena.
¹³ Escúchenme, hijos piadosos, y florecerán
  como rosales sembrados junto al agua,
¹⁴ esparcirán perfume como el incienso
  y darán flores como el lirio.
  Alcen la voz para cantar a coro,
  bendigan al Señor por todo lo que ha hecho.
¹⁵ Proclamen la grandeza de su nombre,
  denle gracias y alábenlo
  con toda clase de cantos y música de arpas,
  aclámenlo con estas palabras:
¹⁶ "Todo lo que Dios ha hecho es bueno; ᵇ
  él, a su tiempo, provee a todas las necesidades."
¹⁷ Con una orden reunió las aguas,
  y a su palabra se formaron sus depósitos. ᶜ
¹⁸ Lo que él quiere, se realiza de inmediato;
  si quiere salvar, nadie se lo impide.
¹⁹ Él ve todo lo que los hombres hacen;
  nada se esconde a su mirada. ᵈ
²⁰ Desde toda la eternidad él está atento,
  y su acción salvadora no tiene límites.
  Nada es para él demasiado pequeño o menudo,
  ni demasiado extraordinario o difícil.
²¹ No hay que preguntar para qué sirve esto o aquello,
  porque todo tiene un propósito.
²² Sus bendiciones se desbordan como el Nilo
  y riegan la tierra como el Éufrates.
²³ Así también, cuando se enoja, destierra a las naciones
  y convierte en salobre el terreno bien regado. ᵉ
²⁴ A los buenos les da un camino fácil,
  pero a los malos, uno lleno de tropiezos. ᶠ
²⁵ Desde el principio destinó bienes para los buenos,
  y para los malos, bienes y males.
²⁶ Las cosas más necesarias para la vida humana son:
  el agua, el fuego, el hierro, la sal,
  la harina, la leche, la miel,
  el vino, el aceite y la ropa.
²⁷ Todas estas cosas son buenas para los buenos,
  pero para los malos se vuelven malas. ᵍ
²⁸ Hay vientos que Dios creó para castigo,
  que en su furia arrancan de raíz los cerros.
  En el momento del castigo
  se desatan con violencia,
  y así se aplaca la ira del que los creó.
²⁹ El fuego, el granizo, el hambre y la peste
  también fueron hechos como castigos.
³⁰ Las fieras, los alacranes, las víboras
  y la guerra vengadora destruyen a los malvados.
  Todo esto fue creado para cuando sea necesario;
  Dios lo tiene reservado para la hora del castigo.
³¹ Cuando él los llama, responden alegres
  y cumplen sin protestar la misión que les confía.
³² Yo he estudiado esto con detención
  desde el principio,
  lo he entendido y lo he puesto por escrito.
³³ Todo lo que Dios ha hecho es bueno,
  y él, a su tiempo, provee a todas las necesidades.
³⁴ No se puede decir: Esto es peor que aquello,
  pues todo tiene su valor a su debido tiempo. ʰ
³⁵ Canten, pues, de todo corazón,
  y bendigan el nombre del Dios santo.

40 Penalidades humanas

¹ Dios ha destinado grandes penas
  y duros trabajos a los hombres, ᵃ
  desde el día en que salen del seno de su madre
  hasta el día en que vuelven a la madre
  de todos los vivientes:
² preocupaciones, temor del corazón
  y la angustiada espera del día de la muerte.
³ Desde el que se sienta en elevado trono
  hasta el que está echado entre el polvo y la ceniza,
⁴ desde el que lleva diadema y corona
  hasta el que se envuelve en capa de cuero,
  ¡cuánta aflicción, envidia, angustia, miedo,
  temor a la muerte, furia y peleas!
⁵ Aun cuando se acuesta a descansar,
  mientras duerme, lo agitan las mismas inquietudes.
⁶ Trata en vano de descansar por un momento,
  pero se agita entre pesadillas,
  lleno de miedo por sus sueños,
  como queriendo escapar de uno que lo persigue.
⁷ Cuando ya se pone a salvo, se despierta,
  y se calma al ver que no era nada.
⁸ Esto vale para todos, hombres y animales,
  pero siete veces más para los pecadores.
⁹ Peste, homicidios, fiebre, guerras,
  destrucción, ruina, hambres y muerte,
¹⁰ son los males creados para los malvados,
  para terminar con ellos.
¹¹ Todo lo que de la tierra viene, a la tierra vuelve;
  y al cielo vuelve lo que del cielo vino. ᵇ
¹² Todo soborno e injusticia desaparecerán,
  pero la fidelidad durará por siempre.

ᵇ **39.16** Gn 1.31; 1 Ti 4.4.
ᶜ **39.17** *Sus depósitos:* Gn 1.9-10; Sal 33.6-7.
ᵈ **39.19** Cf. Sal 33.13-15; Pr 15.3; Eclo 15.19; 23.19.
ᵉ **39.23** Dt 29.23(22); Sal 107.33-34.
ᶠ **39.24** Pr 4.11-12,18-19; Os 14.9(10).
ᵍ **39.27** Tit 1.15.
ʰ **39.33-34** Ec 3.1-8.
ᵃ **40.1-8** Job 7.1-5; 14.1-2.
ᵇ **40.11** Cf. Gn 3.19; Ec 12.7; Eclo 41.10. Véase 14.19 n.

¹³ La riqueza mal habida es como torrente que se seca
    o como arroyo que se hincha
       entre relámpagos y truenos;
¹⁴ cuando crece, hace rodar las rocas,
    pero en un momento se acaba por completo.
¹⁵ Los violentos no podrán prosperar;
    el impío echa raíces en el filo de una roca.
¹⁶ Son como los juncos a la orilla de un torrente,
    que se secan antes que cualquiera de las hierbas.
¹⁷ Pero la bondad estará firme por siempre,
    y la rectitud se mantendrá siempre estable.

Lo mejor de todo
¹⁸ El vino y los licores son sabrosos,
    pero aún mejor es encontrar un tesoro.
¹⁹ Los hijos y la fundación de una ciudad
       dan fama duradera,
    pero aún mejor es hallar la sabiduría.
    Ganado y siembras hacen próspero a un hombre,
    pero aún mejor es una esposa afectuosa.
²⁰ El vino y los licores alegran el corazón,
    pero aún mejor es el amor de los enamorados.
²¹ La flauta y el arpa acompañan bien el canto,
    pero aún mejor es una lengua sincera.
²² La belleza y la gracia son un placer para los ojos,
    pero aún mejor es un campo bien verde.
²³ Amigo y compañero son guías oportunos,
    pero aún mejor es una esposa inteligente.
²⁴ Hermano y protector salvan en tiempo de calamidad,
    pero aún mejor salva la honradez.
²⁵ Oro y plata dan firmeza al hombre,
    pero aún mayor firmeza la da un buen consejo.
²⁶ Riqueza y poder alegran el corazón,
    pero aún mejor es respetar a Dios.
    Al que respeta a Dios no le falta nada,
    no necesita buscar más ayuda.
²⁷ El respeto a Dios es como jardín florido,
    todo cubierto de esplendor.

No vivas a costa de otros
²⁸ Hijo mío, no vivas de limosna; ᶜ
    más vale morir que mendigar.
²⁹ El que vive pendiente de la mesa ajena
    lleva una vida que no merece tal nombre.
    Comer a costa de otros es deshonroso;
    al sensato le repugna hacerlo.
³⁰ Al goloso le encanta andar pidiendo,
    pero por dentro siente un fuego que le quema.

41

La muerte
¹ ¡Muerte, qué amargo es tu recuerdo
    para el que vive tranquilo en su casa,
    para el que está sin problemas, y le va bien en todo,
    y aún tiene fuerzas para gozar de la vida!
² ¡Muerte, qué buena sentencia eres
    para el que sufre ya sin fuerzas,
    para el que tropieza y cae a cada paso,
    y está triste y ha perdido la esperanza! ᵃ
³ No temas a la muerte, que es tu sentencia;
    recuerda que lo mismo fue antes y será después.
⁴ Este es el destino que Dios señala a todos los vivientes;
    ¿para qué resistir a una ley del Altísimo?
    No tiene caso discutir en la tumba
    por qué unos viven diez años, y otros cien,
    y otros mil. ᵇ

Castigo de los malos
⁵ Gente despreciable son los hijos de los malos;
    gente insensata es la familia del malvado.
⁶ Por un hijo malvado se pierde el gobierno de un rey,
    y sus descendientes se cubrirán de deshonra.
⁷ A un padre malvado lo maldicen sus hijos,
    pues por su culpa sufren la deshonra.
⁸ ¡Ay de ustedes, los hombres perversos,
    que abandonan la ley del Altísimo!
⁹ Si tienen hijos, se malograrán,
    solo les causarán tristeza;
    cuando ustedes caigan, se alegrará todo el mundo,
    y cuando mueran, todos los maldecirán.
¹⁰ Todo lo que de la nada viene, a la nada vuelve;
    así, el impío, del vacío vuelve al vacío. ᶜ
¹¹ El hombre es solo un soplo en un cuerpo,
    pero el nombre del bondadoso no se extinguirá.
¹² Ten cuidado de tu nombre, pues él te sobrevivirá
    más que mil tesoros preciosos.
¹³ La dicha dura pocos días,
    pero el buen nombre dura para siempre.
¹⁴ Sabiduría oculta y tesoro escondido,
    ¿a quién le sirven de nada?
¹⁵ Es mejor esconder la insensatez
    que esconder la sabiduría. ᵈ

De qué hay que avergonzarse
¹⁶ Escuchen, hijos míos, mis instrucciones
       sobre la vergüenza;
    yo les enseñaré qué es lo que deshonra.
    No toda vergüenza vale la pena,
    ni todo sonrojo es aceptable. ᵉ
¹⁷ Siente vergüenza, ante tus padres,
       de cometer actos inmorales;
    ante el gobernante, de decir mentiras;
¹⁸ ante los amos, de hacer trampas;
    ante la asamblea, de cometer crímenes;
¹⁹ ante un amigo o compañero, de traicionarlos;
    ante los vecinos, de ser insolente;
²⁰ Avergüénzate de no cumplir las alianzas
       hechas bajo juramento,
    de meter los codos cuando comes,
²¹ de no dar nada al que te pide,
    de no responder al que te saluda,

ᶜ **40.28-30** Eclo 29.22-28.
ᵃ **41.2** Job 3.20-22; Tb 3.6.
ᵇ **41.4** Gn 3.17-19.
ᶜ **41.10** Eclo 40.11.
ᵈ **41.14-15** Eclo 20.30-31.
ᵉ **41.16** Las cosas vergonzosas que se enumeran en 41.17-26 son

²² de desear la mujer ajena,
de despreciar a un amigo,
²³ de impedir que alguien reciba lo que es suyo,
de tener relaciones con una mujer casada
²⁴ o con la esclava de ella;
no te acerques a su cama.
²⁵ Avergüénzate, ante un amigo, de insultarlo,
y de humillar a alguien después de hacerle un regalo;
²⁶ de repetir chismes y rumores
y de revelar secretos.
²⁷ Esta es legítima vergüenza;
así todos te apreciarán.

42 ¹En cambio, no debes avergonzarte de estas cosas,
ni dejar de hacerlas por respeto humano: [a]
² de la ley y los mandatos del Altísimo,
y de hacer justicia y condenar al culpable; [b]
³ de hacer cuentas con el socio o el patrón,
y de repartir una herencia o propiedad;
⁴ de usar balanzas exactas,
y de no engañar en las pesas y medidas;
⁵ de llevar cuentas de lo grande y lo pequeño,
y de discutir el precio con el comerciante;
de corregir a los hijos con frecuencia,
y de castigar a un mal esclavo;
⁶ de guardar bajo sello a una mujer mala,
y de echar llave donde hay muchas manos;
⁷ de contar el dinero que te hayan confiado,
y de apuntar todo lo que entregues o recibas;
⁸ de corregir a los insensatos y los tontos,
y al viejo que se junta con prostitutas.
Así serás verdaderamente ilustre,
y todos te tendrán por prudente.

Cuidado de las hijas
⁹ La hija es para el padre un tesoro inseguro;
su cuidado por ella le hace perder el sueño.
Si es joven, teme que se quede sin casar;
si es casada, teme que el marido la repudie.
¹⁰ Si es soltera, y aún vive con su padre,
teme que la violen y quede embarazada;
si es casada, y ya vive con su esposo,
teme que sea infiel, o que resulte estéril.
¹¹ Hijo mío, vigila mucho a tu hija soltera,
para que no te traiga mala fama,
habladurías de la ciudad y deshonra entre la gente,
y te haga avergonzar ante la asamblea.
En su aposento no debe haber ventana,
ni su entrada se debe ver de todas partes.
¹² Que no muestre su belleza a cualquier hombre,
ni trate íntimamente con otras mujeres.

¹³ Porque de la ropa sale la polilla,
y de la mujer sale la maldad de la mujer. [c]
¹⁴ Más vale esposo duro que mujer complaciente,
y una hija temerosa que cualquier deshonra.

2. Meditación sobre la gloria de Dios en la naturaleza (42.15—43.33) [d]

Las obras de Dios
¹⁵ Voy a recordar lo que ha hecho Dios
y a contar lo que yo mismo he visto.
A una orden de Dios, todo fue hecho, [e]
y hace todo lo que él quiere. [f]
¹⁶ El sol, al salir, brilla en todas partes;
así la gloria del Señor se revela en todo lo creado.
¹⁷ Ni aun los ángeles de Dios son capaces
de contar las maravillas del Señor.
Dios da fuerza a sus ejércitos del cielo
para que se mantengan firmes ante su majestad.
¹⁸ Él sondea el océano y el corazón del hombre,
y conoce todos los secretos de ambos.
El Altísimo sabe todas las cosas,
y desde la eternidad ya ve el porvenir.
¹⁹ Él revela el pasado y anuncia el futuro
y descubre los secretos más ocultos.
²⁰ No hay conocimiento que él no tenga;
ninguna cosa se le esconde.
²¹ La eficacia de su sabiduría está bien establecida;
él es el mismo desde la eternidad.
No hay nada que añadirle ni quitarle;
no necesita de nadie que le dé instrucciones. [g]
²² ¡Qué hermoso es todo lo que él ha hecho,
hasta la última chispa de lo que podemos ver!
²³ Todo vive y permanece para siempre,
y es guardado para cualquier necesidad.
²⁴ Todas las cosas son distintas,
y no hizo nada inútil.
²⁵ ¡Una tras otra muestran su belleza,
y uno no se cansa de contemplar su hermosura!

43 ¹¡Qué bella y pura es la bóveda del cielo!
¡Qué espectáculo tan grandioso el firmamento!
² Brilla el sol, y el calor se va extendiendo; [a]
¡qué maravillosa obra del Señor!
³ A mediodía hace arder el mundo;
¿quién puede resistir su calor?
⁴ Como el horno ardiente derrite los metales,
así el sol con sus rayos abrasa las montañas.
Una llamarada luminosa consume la tierra,
y su luz ciega los ojos.
⁵ ¡Qué grande es el Señor, que lo creó!
Por orden suya, el sol avanza en su carrera.

---

de diverso género, de orden moral o de urbanidad, pero todas relacionadas con la vida social.

[a] **42.1** Las cosas de que no hay que avergonzarse (42.2-8) son, igualmente, o de orden religioso o moral, o simples precauciones de persona prudente.

[b] **42.2** *Condenar al culpable:* Otros traducen: *absolver al impío* (o *al extranjero*), suponiendo que en un determinado pleito este tiene la razón.

[c] **42.13** Se refiere a los chismes y malos consejos que pueden traer otras mujeres a la joven.
[d] **42.15—43.33** Esta sección es un himno de admiración a Dios creador y a su obra.
[e] **42.15** Gn 1.3-26; Sal 33.6.
[f] **42.15** *Todo hace lo que él quiere:* es decir, todo cumple la voluntad de Dios.
[g] **42.21** Cf. Is 40.13; Ro 11.34; 1 Co 2.16.
[a] **43.2** Sal 19.5-6(6-7).

⁶ También hace salir la luna en los diversos tiempos,
 y ella, como señal eterna, dirige los periodos.
⁷ Por ella sabemos las fiestas y otras fechas señaladas; *b*
 al recorrer su órbita, su brillo es menor.
⁸ Sin embargo, se renueva cada mes;
 ¡qué admirable manera de cambiar!
 Señal para los ejércitos del cielo,
 que ilumina con su brillo la bóveda celeste. *c*
⁹ Las estrellas son belleza y adorno del cielo;
 su luz ilumina las alturas infinitas.
¹⁰ Por orden de Dios se mantienen en su puesto
 y no se cansan de hacer guardia.
¹¹ Mira el arco iris y bendice a su Creador;
 ¡qué maravillosa belleza!
¹² Con su esplendor abarca el horizonte,
 cuando Dios lo extiende con su mano. *d*
¹³ Dios con su poder traza el camino a los relámpagos
 y manda los rayos como castigo.
¹⁴ Con el mismo fin abre los depósitos del cielo
 y hace que las nubes vuelen como buitres. *e*
¹⁵ Con su poder condensa las nubes
 y desmenuza las piedras de granizo.
¹⁶ El estrépito de su trueno hace que tiemble la tierra,
 y con su poder, que se estremezcan los montes. *f*
¹⁷ Con una orden suya incita al viento sur,
 al tempestuoso viento norte, al huracán y a la tormenta.
¹⁸ Esparce la nieve como pájaros en vuelo;
 cae la nieve como bandada de langostas.
 El resplandor de su blancura ciega los ojos,
 y al verla caer se conmueve el corazón.
¹⁹ Esparce la escarcha como si fuera sal,
 y la hace florecer como zafiros.
²⁰ Hace que sople el helado viento norte,
 y congela el agua de los manantiales.
 Una costra se extiende por todos los estanques;
 los cubre una coraza.
²¹ Quema y reseca, como el fuego,
 el verdor de las montañas y la hierba de los prados.
²² Pero todo lo sana el rocío que cae de las nubes
 y que se extiende para fecundar la tierra seca.
²³ Dios, con su sabiduría, aplaca el océano *g*
 y planta las islas en el mar.
²⁴ Los navegantes describen su extensión,
 y al oírlos quedamos asombrados.
²⁵ Allí están sus obras más maravillosas,
 toda clase de animales y de monstruos.
²⁶ Con la ayuda de Dios tienen éxito sus mensajeros,
 y cuando les da una orden, cumplen su voluntad. *h*

²⁷ No es necesario añadir más a lo ya dicho:
 en resumen, Dios lo es todo. *i*
²⁸ Alabemos más y más su insondable grandeza;
 él es más grande que todo lo creado.
²⁹ El Señor es sumamente temible,
 y su poder, maravilloso.
³⁰ Levanten la voz para alabarlo
 todo lo que puedan, y no será bastante;
 glorifíquenlo con fuerzas siempre nuevas,
 y no se cansen, pues nunca llegarán al término.
³¹ ¿Quién lo ha visto, que pueda describirlo?
 ¿Quién podrá alabar su grandeza tal cual es? *j*
³² Más grandes todavía son las cosas escondidas;
 solo he visto unas pocas de sus obras. *k*
³³ El Señor lo ha hecho todo,
 y a sus fieles les da sabiduría.

3. Elogio de los antepasados (44.1—50.29) *a*

44 ¹ Voy a hacer el elogio de los hombres buenos,
 nuestros antepasados de épocas diversas.
² El Altísimo les concedió muchos honores
 y los engrandeció desde hace mucho tiempo.
³ Reyes que dominaron la tierra, *b*
 hombres famosos por sus grandes acciones,
 consejeros llenos de sabiduría,
 profetas que podían verlo todo,
⁴ jefes de naciones llenos de prudencia,
 gobernantes de visión profunda,
 sabios pensadores que escribieron libros,
 poetas que dedicaban sus noches al estudio,
⁵ compositores de canciones,
  según las normas del arte,
 autores que pusieron por escrito sus proverbios,
⁶ hombres ricos y de mucha fuerza,
 que vivieron tranquilamente en sus hogares.
⁷ Todos ellos recibieron honores
  de sus contemporáneos
 y fueron la gloria de su tiempo.
⁸ Algunos dejaron un nombre famoso
 que será conservado por sus herederos.
⁹ Y hay otros a los que ya nadie recuerda,
 que terminaron cuando terminó su vida,
 que existieron como si no hubieran existido,
 y después pasó lo mismo con sus hijos.
¹⁰ Aquellos, al contrario, fueron hombres de bien,
 y su esperanza no terminará.
¹¹ Sus bienes se conservan en su descendencia,
 y su herencia se transmitió a sus nietos.

---

b **43.7** Algunas fiestas del calendario religioso se basaban en las fases de la luna: la Pascua y la fiesta de las Enramadas, por ejemplo, caían en la luna llena (Lv 23.5,34).
c **43.8** *Señal... celeste:* traducción probable; texto incierto.
d **43.12** Gn 9.12-17.
e **43.13-14** Cf. Job 36.27-30; Sal 135.7; Jer 51.16.
f **43.16** Sal 18.7(8); Hab 3.6.
g **43.23** Sal 104.6-9.
h **43.26** Sal 147.15.
i **43.27** *Dios lo es todo:* Aunque esta expresión muestra cierta cercanía de Eclo con algunas formas del pensamiento griego, debe entenderse a la luz de toda la enseñanza bíblica sobre Dios. Véanse los vv. siguientes.
j **43.31** Este v. está traducido según la versión griega. Falta en heb. Cf. Ex 33.20; Jn 1.18; 1 Ti 6.16; 1 Jn 4.12.
k **43.32** Job 26.14.
a **44.1—50.29** Dios ha mostrado su gandeza y su amor no solo en la naturaleza sino también en la historia. En 44—50, el autor hace un elogio de los antepasados de Israel, por medio de los cuales Dios realizó grandes acciones.
b **44.3** En 44.3-15 se habla en términos generales de las grandes figuras de Israel, recordando sobre todo a los que se distinguieron por su sabiduría. Cf. 1 Mac 2.50-61.

¹² Por su fidelidad a la alianza,
  se mantiene aún su descendencia,
  y gracias a ellos viven las generaciones siguientes.
¹³ Su recuerdo permanecerá siempre,
  y sus buenas acciones no se olvidarán.
¹⁴ Sus cuerpos fueron enterrados en paz,
  y su fama durará por todas las edades.
¹⁵ La asamblea celebrará su sabiduría,
  y el pueblo proclamará su alabanza.

Henoc y Noé

¹⁶ Henoc [c] vivió de acuerdo con la voluntad del Señor
  y dejó un ejemplo para todas las edades. [d]
¹⁷ Noé [e] fue recto e intachable;
  cuando vino la destrucción,
    él renovó a la humanidad.
  Gracias a él quedaron sobrevivientes,
  y haciendo Dios con él una alianza,
    terminó el diluvio;
¹⁸ con señal eterna se comprometió con él
  a no destruir otra vez a los vivientes.

Abraham, Isaac y Jacob

¹⁹ Abraham fue padre de pueblos numerosos; [f]
  no manchó nunca su honor.
²⁰ Cumplió las órdenes del Altísimo
  e hizo una alianza.
  En su propio cuerpo marcó la señal de la alianza, [g]
  y cuando Dios lo puso a prueba, se mostró fiel.
²¹ Por eso Dios le prometió con juramento
  que en su descendencia bendeciría a las naciones,
  que lo haría tan numeroso como el polvo de la tierra,
  y que sus descendientes serían como las estrellas,
  que la herencia de ellos sería de mar a mar, [h]
  desde el río Éufrates hasta el extremo de la tierra.
²² También a Isaac le hizo igual promesa [i]
  en atención a Abraham su padre.
²³ Le confirmó la alianza hecha antes,
  y así quedó la bendición sobre Israel. [j]
  El Señor confirmó a este los derechos de primer hijo,
  le asignó su herencia
  y los estableció en doce tribus,
    cada una con su territorio. [k]

45 Moisés

¹ Descendiente de Israel fue un hombre
  que tuvo el aprecio de todos
  y que fue amado de Dios y de los hombres: [a]
  Moisés, de feliz recuerdo.

² El Señor le concedió honores divinos [b]
  y lo hizo poderoso entre los grandes.
³ A petición suya, Dios apresuraba los prodigios,
  y lo sostuvo frente al rey. [c]
  Dios le dio el mando de su pueblo [d]
  y le dejó ver su majestad. [e]
⁴ Por ser fiel y humilde, [f]
  Dios lo escogió entre los demás hombres.
⁵ Le hizo oir su voz
  y entrar en la espesa nube.
  Le entregó los mandamientos,
  la ley de la vida y de la sabiduría,
  para que enseñara a Israel, el pueblo de Jacob,
  sus órdenes, normas y decretos. [g]

Aarón

⁶ Dios consagró a Aarón, [h] de la tribu de Leví,
⁷ estableciendo en él una institución eterna.
  Le concedió el gran honor
  de servir a la majestad del Señor.
  Le ciñó los cuernos de búfalo
  y lo vistió con un manto espléndido.
⁸ Para honrarlo confiriéndole dignidad y poder,
  lo revistió de ornamentos preciosos:
  los calzoncillos, la túnica y el manto,
⁹ un cinturón de campanillas
  rodeado de granadas,
  que sonaban suavemente al caminar
  y se hacían oir en el santuario,
  para que la gente lo supiera.
¹⁰ Sus ornamentos sagrados eran de oro,
    de tela morada y de púrpura,
  bordados artísticamente;
  el pectoral para el juicio, el efod y el cinturón,
  con hilo rojo, hechos por un tejedor;
¹¹ las piedras preciosas sobre el pectoral,
  grabadas en forma de sellos y engastadas;
  cada piedra tenía grabado un nombre,
  en recuerdo de las tribus de Israel.
¹² La diadema de oro encima del turbante,
  y la placa con la inscripción "Consagrado".
  ¡Esplendor glorioso y gran dignidad!
  ¡Deleite a la vista y suprema belleza!
¹³ No existió antes nada igual;
  ningún extraño se vistió jamás así,
  sino solamente sus hijos
  y sus sucesivos descendientes.
¹⁴ Su ofrenda de cereales se quema por completo
  dos veces por día, perpetuamente. [i]

---

[c] **44.16** Cf. Gn 5.24; Eclo 49.14; Heb 11.5.
[d] **44.16** Este v. falta en un ms. hebreo y en la versión siríaca.
[e] **44.17-18** Gn 6.9—9.17.
[f] **44.19-21** Cf. Gn 15.18; 17.4-14; 22.1-18; 26.5.
[g] **44.20** *La señal de la alianza:* Se refiere a la circuncisión: Gn 17.
[h] **44.21** *De mar a mar:* es decir, del Mar Muerto al mar Mediterráneo.
[i] **44.22** Gn 17.19; 26.3-5.
[j] **44.23** *Israel* o Jacob: Gn 27.28; 28.14; 32.28(29).
[k] **44.23** Gn 49.1-28.

[a] **45.1** Ex 11.3; 33.11.
[b] **45.2** Ex 4.16; 7.1.
[c] **45.3** Ex 7—10.
[d] **45.3** *Le dio el mando de su pueblo:* otra posible traducción: *le ordenó ir a su pueblo.*
[e] **45.3** Ex 33.18-23.
[f] **45.4** Nm 12.3.
[g] **45.5** Ex 19.7—20.21; Dt 6.1-2.
[h] **45.6-13** Ex 4.14; 28; 29.9.
[i] **45.14** Ex 29.40-42.

¹⁵ Moisés lo consagró
derramando el aceite sagrado sobre él.
Así quedó una institución eterna
para él y para sus descendientes,
  mientras dure el cielo:
servir como sacerdotes al Señor
y bendecir en su nombre al pueblo. *ʲ*
¹⁶ Dios lo escogió entre todos los hombres
para que ofreciera holocaustos y grasa,
quemara ofrendas de olor agradable
y pidiera perdón por el pueblo de Israel.
¹⁷ Dios le confió sus mandamientos
y le dio autoridad para dar leyes y dictar sentencia,
para enseñar la ley al pueblo
e instruirlo en sus decretos. *ᵏ*
¹⁸ Los de otras familias se enojaron con Aarón
y le tuvieron envidia en el desierto.
Los seguidores de Datán y Abiram,
y el grupo de Coré, se enfurecieron. *ˡ*
¹⁹ Pero el Señor lo vio y se disgustó,
y con furor los destruyó.
Hizo contra ellos un milagro:
los hizo morir devorados por el fuego.
²⁰ Después aumentó el honor de Aarón
asignándole una herencia propia:
le concedió comer de las ofrendas sagradas
²¹ y de los sacrificios que se queman para el Señor.
Dios le dio como porción,
  para él y sus descendientes,
el pan que se pone delante del Señor.
²² Pero Dios no le asignó en el país un territorio propio,
ni les dio una parte hereditaria como a los demás;
su herencia y su porción entre los israelitas
son las ofrendas del Señor. *ᵐ*

Finees

²³ También Finees, *ⁿ* hijo de Eleazar,
fue por su valor el tercero en tal dignidad,
pues se llenó de celo por el Dios del universo
e intercedió a favor del pueblo.
Movido por su noble corazón
alcanzó el perdón para los israelitas.
²⁴ Por eso Dios hizo con él también
  una alianza amistosa
y le dio el derecho de servir en el templo,
para que él, y también sus descendientes,
fueran sumos sacerdotes para siempre.
²⁵ Dios también hizo una alianza con David,
hijo de Jesé, de la tribu de Judá;
pero la dignidad real se transmite de hijo en hijo,
mientras que la herencia de Aarón
pasa a todos sus descendientes.

²⁶ Bendigan, pues, al Señor, que es tan bueno
y los ha coronado de honor,
que les ha dado una mente sabia
para juzgar al pueblo de Dios con justicia.
Así no terminará la felicidad
ni el poder de ustedes por todas las edades.

46 Josué y Caleb

¹Josué, *ᵃ* hijo de Nun, fue un valiente guerrero
que ayudó a Moisés en su oficio de profeta.
Estaba puesto para ser en su tiempo,
  como su nombre lo dice, *ᵇ*
una gran salvación para los elegidos de Dios,
para castigar a los enemigos
y dar a Israel la tierra que era su herencia.
² ¡Qué majestad la suya al levantar el brazo
y agitar su lanza contra una ciudad!
³ Nadie podía resistirle
cuando peleaba las batallas del Señor.
⁴ Por medio de él se detuvo el sol,
y un solo día se convirtió en dos.
⁵ Invocó al Dios altísimo
cuando los enemigos lo atacaban por todas partes,
y Dios le respondió enviando
una enorme cantidad de granizos como piedras,
⁶ que hizo caer sobre las tropas enemigas,
con lo que destruyó a los adversarios
  en la cuesta de Bet-horón.
Así supieron esas naciones, condenadas a la destrucción,
que el Señor protegía a su pueblo en las batallas.
⁷ Josué siguió fielmente a Dios,
y en tiempo de Moisés se mantuvo leal.
Él y Caleb, hijo de Jefuné,
resistieron a la rebelión del pueblo,
apartaron de la comunidad la ira de Dios
e hicieron callar a los que murmuraban. *ᶜ*
⁸ Por eso, entre los seiscientos mil israelitas,
solo ellos dos se libraron,
para entrar a tomar posesión del país
donde la leche y la miel corren como el agua. *ᵈ*
⁹ El Señor dio a Caleb fuerzas
que le duraron hasta la vejez,
para poder dominar las alturas del país.
Y también sus descendientes recibieron su herencia, *ᵉ*
¹⁰ para que todos los israelitas supieran
lo bueno que es seguir fielmente al Señor.

Los jueces; Samuel

¹¹ También podría nombrar a los jueces, uno por uno, *ᶠ*
que no se dejaron engañar
ni se alejaron de Dios.
¡Bendito sea su recuerdo!

ʲ **45.15** Cf. Ex 29; Lv 8; Nm 6.23-26.
ᵏ **45.17** Cf. Dt 17.9; Ez 44.23-24; Mal 2.7.
ˡ **45.18-19** Nm 16.
ᵐ **45.20-22** Lv 24.5-9; Nm 18.1-24.
ⁿ **45.23-24** Nm 25.7-13; Sal 106.30-31.
ᵃ **46.1-7** Jos 1—11.

ᵇ **46.1** En hebreo, *Josué* significa *el Señor salva*.
ᶜ **46.7** Nm 14.6-10.
ᵈ **46.8** Cf. Nm 11.21; 14.26-38; 26.65.
ᵉ **46.9-10** Jos 14.6-15.
ᶠ **46.11-12** Jue 2—16.

¹² ¡Que sus huesos reflorezcan en la tumba
y sus nombres se renueven en sus descendientes!
¹³ Samuel,ᵍ juez y sacerdote,
amado del pueblo y estimado por su Creador,
escogido por Dios desde antes de nacer,
consagrado al Señor en su oficio de profeta,
por encargo de Dios instituyó la monarquía
y consagró a los que debían gobernar a la nación.ʰ
¹⁴ Por orden del Señor gobernó al puebloⁱ
y visitó los campamentosʲ de Jacob.
¹⁵ Como era un profeta que decía la verdad,
lo consultaban,
y sus palabras demostraron que se podía confiar en él.
¹⁶ Él también invocó a Dios
cuando sus enemigos lo atacaban por todas partes,
y le ofreció en holocausto un corderito.
¹⁷ Y el Señor, desde el cielo, hizo oír un trueno;
su voz se oyó con gran estruendo;
¹⁸ sometió a los jefes enemigos
y destruyó a los gobernantes filisteos.
¹⁹ Estando ya en su cama, a punto de morir,
declaró ante Dios y ante el rey escogido por Dios:
"Nunca he aceptado soborno de nadie,
ni siquiera un par de sandalias."
Y ninguno pudo desmentirlo.ᵏ
Hasta el fin de su vida fue prudente
a los ojos del Señor y de todos los hombres.
²⁰ Aun después de su muerte fue consultado,
y anunció al rey lo que iba a sucederle;
desde la tumba alzó su voz de profeta.ˡ

47 Natán y David

¹ Después de él vino Natán,ᵃ
que se presentó ante David.
² Davidᵇ fue lo mejor de Israel,
como la grasa es lo mejor de los animales
que se ofrecen en sacrificio.
³ Jugaba con los leones como si fueran cabritos,
y con los osos como si fueran corderos.
⁴ Siendo un muchacho, mató al gigante
y borró la deshonra del pueblo.
Hizo girar la honda con su mano,
y destrozó el orgullo de Goliat.
⁵ Porque invocó al Dios altísimo,
el cual dio fuerzas a su brazo
para eliminar a aquel experto guerrero
y alcanzar para su pueblo el triunfo.
⁶ Por eso las muchachas le cantaban
alabándolo por los diez mil que había matado.
Una vez coronado rey, hizo la guerra

⁷ y derrotó a los enemigos de alrededor,ᶜ
levantó fortalezas entre los filisteos
y destruyó su poder hasta el día de hoy.
⁸ En todo lo que hacía
daba gracias y honor al Dios altísimo.
Amó de todo corazón a su Creador,
y diariamente le cantaba salmos.ᵈ
⁹ Introdujo instrumentos de cuerda para cantar
ante el altar,
y estableció el canto de salmos
con acompañamiento de arpas.ᵉ
¹⁰ Dio esplendor a las fiestas
y ordenó las solemnidades del año,
cuando se alababa el santo nombre de Dios
con cantos en el templo, desde el alba.
¹¹ Así también el Señor le perdonó su culpa
y le concedió poder eterno,
le dio el derecho de ser rey
y estableció en Jerusalén su trono.ᶠ

Salomón

¹² Gracias a David, el sabio hijo que le sucedió
vivió con tranquilidad.
¹³ Salomónᵍ fue rey en tiempos tranquilos,
y Dios le dio paz con sus vecinos;
él fue quien levantó un templo al Señor
y construyó un santuario para siempre.
¹⁴ ¡Qué sabio eras, Salomón, en tu juventud:
tus enseñanzas se desbordaban como el Nilo!ʰ
¹⁵ Llenaste la tierra con tu ciencia
y el cielo con tus cantos de alabanza.
¹⁶ Tu fama llegó hasta regiones muy lejanas,
y por ser pacífico te hiciste querer.
¹⁷ Con tus cantos, proverbios, enigmas y sentencias
dejaste pasmados a los pueblos.
¹⁸ Te llamaron "Amado del Señor",ⁱ
el glorioso nombre que se dio a Israel.
Amontonaste oro como hierro
e hiciste la plata tan abundante como el plomo.
¹⁹ Pero te entregaste a las mujeres
y les diste dominio sobre tu cuerpo.ʲ
²⁰ Echaste una mancha sobre tu honor
deshonrando tu lecho conyugal,
y atrajiste el castigo sobre tus descendientes
y la desgracia sobre tu familia.
²¹ Así la nación se dividió en dos partes,
y Efraín se convirtió en un reino rebelde.ᵏ
²² Sin embargo, Dios no retira su amor
ni deja de cumplir lo que promete.
Por eso no aniquiló a los hijos de sus elegidos

ᵍ **46.13** 1 S 1.11,24-28; 3.19—4.1.
ʰ **46.13** 1 S 10.1; 16.13.
ⁱ **46.14-16** 1 S 7.3-17.
ʲ **46.14** *Los campamentos:* lectura probable; heb.: *al Dios.*
ᵏ **46.19** 1 S 12.3-5.
ˡ **46.20** 1 S 28.3-19.
ᵃ **47.1** 2 S 7; 12.1-25.
ᵇ **47.2-6a** 1 S 17.20—18.7.
ᶜ **47.6b-7a** 2 S 5.1-7; 8.1-14.

ᵈ **47.8** 2 S 23.1.
ᵉ **47.9-10** 1 Cr 16.4-7.
ᶠ **47.11** 2 S 7; 12.13; 24.17-25.
ᵍ **47.12-13** 1 R 4.1,21-28(5.1-8); 6.1-38.
ʰ **47.14** 1 R 4.29-34(5.9-14); 10.
ⁱ **47.18** 2 S 12.24-25.
ʲ **47.19-20** 1 R 11.1-13.
ᵏ **47.21** 1 R 12.1-20.

ni destruyó la descendencia de los que amaba,
sino que a Jacob le dejó un resto,
y un retoño a la descendencia de David. *l*

²³ Salomón murió de mucha edad,
dejando como sucesor un hijo
rico en necedad *m* y pobre de juicio:
Roboam, que con su mal consejo
llevó al pueblo al desenfreno. *n*

²⁴ Y luego vino Jeroboam, *ñ* hijo de Nabat
(que nadie se acuerde de él),
quien pecó e hizo pecar a Israel,
haciendo caer a la gente de Efraín
hasta que fueron expulsados de su tierra. *o*

Elías

²⁵ El pecado de ellos fue muy grande,
y se entregaron a toda clase de maldad,

48 ¹hasta que vino un profeta como un fuego, *a*
cuya palabra era como un horno ardiente.
² Él les quitó la provisión de pan
y en su celo los redujo a un pequeño número.
³ Por orden de Dios hizo que no lloviera,
y tres veces hizo que cayera fuego.
⁴ ¡Qué terrible eras, Elías!
¡No hay nadie tan glorioso como tú!
⁵ Tú resucitaste a un muerto;
¡por voluntad del Señor lo sacaste
del reino de la muerte! *b*
⁶ Tú llevaste a reyes poderosos a la tumba
desde la cama en que estaban enfermos. *c*
⁷ Tú oíste en Horeb, el monte Sinaí, *d*
amenazas y anuncios de castigo.
⁸ Consagraste reyes que hicieran justicia
y un profeta que había de ser tu sucesor.
⁹ Fuiste arrebatado al cielo en un torbellino,
entre tropeles de fuego. *e*
¹⁰ Está escrito que Dios te tiene reservado para el tiempo
en que vuelvas para calmar la ira de Dios,
antes de que venga el día del Señor,
para hacer que padres e hijos se reconcilien,
y para restablecer las tribus de Israel. *f*
¹¹ ¡Dichoso el que te vea antes de morir, *g*
y más dichoso tú que vives todavía! *h*

Eliseo

¹² Cuando Elías desapareció en un torbellino,
Eliseo quedó lleno de su espíritu; *i*
hizo dos veces más milagros,
y todo lo que decía era asombroso.
Durante su vida no tembló ante nadie,
y nadie tuvo poder sobre él. *j*
¹³ Para él nada había difícil,
y acostándose sobre un muerto lo resucitó. *k*
¹⁴ En su vida hizo milagros,
y después de muerto hizo cosas admirables. *l*
¹⁵ Y, a pesar de todo, el pueblo no se volvió a Dios
ni dejaron de pecar.
Por fin fueron expulsados de su propio país
y se dispersaron por toda la tierra. *m*

El rey Ezequías y el profeta Isaías

¹⁶ Pero quedó un pequeño número en Judá,
con reyes de la dinastía de David.
Algunos de ellos llevaron una vida recta,
pero otros cometieron enormes delitos.
¹⁷ Ezequías fortificó *n* su capital,
e hizo llegar agua hasta el interior de ella
taladrando la roca con herramientas de bronce,
y entre las colinas construyó un dique
para el estanque. *ñ*
¹⁸ En su tiempo,
Senaquerib lanzó una invasión *o*
y envió a un alto oficial de su ejército,
el cual atacó la ciudad de Sión
y orgullosamente ofendió a Dios.
¹⁹ La gente se retorcía de miedo y de dolor,
como una mujer de parto.
²⁰ Invocaron al Dios altísimo
extendiendo las manos hacia él.
Dios escuchó sus oraciones
y los salvó por medio de Isaías.
²¹ Hirió el campamento asirio,
y allí sembró el pánico con una peste.
²² Ezequías hizo el bien,
siguiendo el ejemplo de David
y las instrucciones del gran profeta Isaías,
digno de crédito en sus visiones.
²³ Por eso, en su tiempo el sol retrocedió
y le alargó la vida al rey. *p*
²⁴ Poderosamente inspirado,
Isaías vio el futuro
y consoló a los afligidos de Sión.
²⁵ Anunció el futuro hasta la eternidad,
y las cosas ocultas antes de que sucedieran. *q*

---

l 47.22 2 S 7.15; Sal 89.33-37(34-38).
m **47.23** *Rico en necedad:* hace un juego de palabras con el significado del nombre *Roboam* =rico en gente.
n **47.23** 1 R 11.43—12.16.
ñ **47.24** 1 R 12.20,25-33.
o **47.24** 2 R 17.6,18,21-23.
a **48.1-3** Cf. 1 R 17.1; 18.1-38; 2 R 1.10-16.
b **48.5** 1 R 17.17-23.
c **48.6** 1 R 21.17-24.
d **48.7-8** 1 R 19.8-21.
e **48.9** 2 R 2.11.
f **48.10** Cf. Mal 4.5-6(3.22-24); Mt 17.10; Mc 9.11; Lc 1.17.
g **48.11** 2 R 2.9-12.
h **48.11** *Y más dichoso... todavía:* texto probable; heb. incompleto. La versión griega dice: *porque también nosotros ciertamente viviremos*.
i **48.12** 2 R 2.9,13-15.
j **48.12-14** 2 R 2—13.
k **48.13** 2 R 4.32-37.
l **48.14** 2 R 13.20-21.
m **48.15** 2 R 18.11-12.
n **48.17** *Ezequías fortificó:* juego de palabras; en heb., *Ezequías* significa *el Señor fortifica*.
ñ **48.17** 2 R 20.20; 2 Cr 32.5,30.
o **48.18-21** 2 R 18.13—19.35; Is 36—37.
p **48.23** 2 R 20.1-11; Is 38.1-8.
q **48.24-25** Cf. Is 24—29; 40-55; 60—62.

49 El rey Josías y el profeta Jeremías

¹ El nombre de Josías[a] es como incienso aromático
preparado por un experto perfumista;
su recuerdo es dulce como la miel
o como la música en un banquete.
² Porque él se entristeció con nuestras traiciones
y destruyó los ídolos detestables.
³ Se entregó a Dios de todo corazón
y fue bondadoso en un tiempo de violencia.
⁴ Con excepción de David, Ezequías y Josías,
todos los otros reyes de Judá
llevaron una vida mala
y abandonaron la ley del Altísimo.
⁵ Por eso Dios entregó su poder a otros,
y su gloria pasó a una nación extranjera e insensata,
⁶ que incendió la ciudad santa
y asoló sus calles.[b]
⁷ Así lo había anunciado Jeremías,
hecho profeta desde antes de nacer,
para arrancar, derribar, destruir y demoler,
y también para construir, plantar y restaurar;
pero la gente lo maltrató.[c]

Ezequiel y los otros profetas

⁸ Ezequiel tuvo una visión
y describió los seres del carro de Dios.[d]
⁹ También mencionó a Job,[e]
que se mantuvo firme en su rectitud.
¹⁰ También están los doce profetas:[f]
¡que sus huesos florezcan en la tumba!
Pues animaron al pueblo de Jacob
y lo salvaron con la seguridad de la esperanza.

Después del destierro

¹¹ ¡Cómo podremos honrar a Zorobabel,[g]
que es como un anillo en la mano derecha,
¹² y a Josué, hijo de Josadac![h]
Ellos reconstruyeron el altar
y levantaron el sagrado templo
que debía tener gloria eterna.
¹³ Nehemías,[i] de glorioso recuerdo,
reconstruyó nuestra ciudad en ruinas,
reparó la muralla derruida
y puso puertas y cerrojos.

Los patriarcas primitivos

¹⁴ Pocos ha habido en el mundo como Henoc:
él también fue arrebatado de esta tierra.[j]

¹⁵ No ha nacido un hombre igual a José,[k]
jefe de sus hermanos y gloria de su pueblo;
su cuerpo fue enterrado cuidadosamente.
¹⁶ Sem, Set y Enós también recibieron honores,[l]
pero la gloria de Adán es superior
a la de cualquier otro ser viviente.[m]

50 El sumo sacerdote Simeón

¹ También está el sumo sacerdote Simeón,
hijo de Johanán;[a]
en su tiempo fue reconstruido el templo
y consolidado el santuario.[b]
² También en su tiempo fue reconstruida la muralla,
con torres de defensa para el palacio real.
³ También se cavó el estanque,
que era tan grande como un mar.
⁴ Él protegió a su pueblo del saqueo,
y fortificó la ciudad contra los enemigos.
⁵ ¡Qué majestuoso era al asomarse desde el santuario,
al salir de detrás de la cortina!
⁶ Era como una estrella que brilla entre las nubes,
o como la luna llena en día de fiesta;[c]
⁷ como el sol que ilumina el palacio real,
o como el arco iris que aparece entre las nubes;
⁸ como las flores entre el ramaje en primavera,
como azucena junto a un riachuelo,
o como rama de cedro en el verano;
⁹ como incienso que se quema en un sacrificio,
como copa de oro martillado,
adornada de piedras preciosas,
¹⁰ como olivo frondoso cargado de aceitunas,
o como árbol de frondosas ramas.
¹¹ Así era cuando se ponía ropa de gala
y llevaba ornamentos espléndidos;
cuando subía al magnífico altar
y llenaba de esplendor el atrio del templo;
¹² cuando, de pie junto a la leña,
recibía de los otros sacerdotes las porciones,
mientras los jóvenes formaban una corona alrededor
como retoños de cedro en el Líbano.
¹³ Lo rodeaban, como sauces junto a un río,
todos los descendientes de Aarón en su esplendor,
llevando en las manos las ofrendas para el Señor,
delante de todo el pueblo de Israel.
¹⁴ Cuando terminaba el servicio del altar,
preparaba los sacrificios para el Altísimo,
¹⁵ tomaba en sus manos la copa
y ofrecía un poco de vino

---

[a] 49.1-3 2 R 22.1—23.30.
[b] 49.6 2 R 25.1-21.
[c] 49.7 Cf. Jer 1.5-10; 21.1-10; 38.1-13.
[d] 49.8 Ez 1.1-28.
[e] 49.9 Ez 14.14-20.
[f] 49.10 Los doce profetas llamados "menores", cuyos escritos se conservan en la Biblia.
[g] 49.11 Esd 3.2; Hag 2.23. La imagen del anillo indica algo muy valioso y estimado.
[h] 49.12 Hag 1.1,12; Zac 3.1.
[i] 49.13 Neh 2.11—6.16.

[j] 49.14 Gn 5.24; Eclo 44.16.
[k] 49.15 Gn 39—50.
[l] 49.16 Gn 4.25-26; 5.32.
[m] 49.16 Cf. Gn 1.26-27; 2.7,19-20; 4.25.
[a] 50.1 Finalmente se menciona al sumo sacerdote que el autor seguramente vio oficiar en el templo: Simón II, quien murió hacia el 195 a.C. El nombre de su padre, Johanán, se transcribe en los documentos griegos como Onías, y equivale también a Juan.
[b] 50.1 El templo y la ciudad de Jerusalén habían sufrido daños en la guerra entre los ejércitos sirios y egipcios.
[c] 50.6 Véase 43.7 n.

derramándolo al pie del altar,
como olor agradable para el Altísimo,
el Rey del universo.
¹⁶ Entonces los sacerdotes, descendientes de Aarón,
tocaban las trompetas de metal,
y un sonido poderoso resonaba
anunciando la presencia del Altísimo.
¹⁷ Inmediatamente, todos los presentes
se arrodillaban inclinándose hasta el suelo
para adorar al Altísimo,
al Dios santo de Israel.
¹⁸ Entonces se escuchaba el canto,
y sobre el pueblo resonaban dulces melodías.
¹⁹ Todo el pueblo cantaba
orando al Señor misericordioso.
Cuando el sumo sacerdote terminaba
el servicio en el altar,
habiendo ofrecido al Señor los
sacrificios prescritos,
²⁰ bajaba del altar con los brazos levantados
sobre toda la comunidad de Israel,
y pronunciaba la bendición del Señor, [d]
alegre de poder invocar su nombre. [e]
²¹ La gente se arrodillaba una vez más
para recibir de él la bendición.

²² Ahora, pues, bendigan ustedes al Señor Dios de Israel,
que hace cosas prodigiosas en la tierra,
que hace crecer al hombre desde el seno materno
y lo forma según su voluntad.
²³ Que él les conceda a ustedes sabiduría,
y que entre ustedes haya paz.
²⁴ Que el Señor mantenga su lealtad hacia Simeón
y le cumpla las promesas que hizo a Finees; [f]
que no deje de cumplírselas a él
y a sus descendientes, mientras el cielo exista. [g]

Naciones enemigas de Israel
²⁵ Hay dos naciones que aborrezco,
y otra más que ni siquiera merece el nombre
de nación:
²⁶ los habitantes de Seír, [h] los filisteos [i]
y la estúpida gente que vive en Siquem. [j]

Conclusión
²⁷ Estas son las sabias instrucciones y los
oportunos proverbios
que con inteligencia decía Jesús, [k]

hijo de Eleazar y nieto de Sirá,
tal como brotaban de sus reflexiones.
²⁸ Dichoso el que los medite;
el que los aprenda se hará sabio,
²⁹ pues honrar al Señor es vida.

4. Sección conclusiva (51.1-30)

51 *Salmo de alabanza* [a]
¹ Yo te alabo, oh Dios, mi salvador,
te doy gracias, Dios y Padre mío. [b]
Voy a proclamar tu nombre, ² refugio de mi vida,
porque me salvaste de la muerte,
porque libraste mi cuerpo de la tumba,
porque no dejaste que cayera
en el reino de la muerte.
Me salvaste de las malas lenguas,
de las calumnias de los mentirosos.
³ Por tu gran amor me ayudaste,
te pusiste a mi lado contra mis enemigos,
contra los que querían quitarme la vida.
Me salvaste de grandes aflicciones,
⁴ de angustias que me cercaban como fuego,
de una hoguera que no podía apagarse,
⁵ del fondo del abismo,
de labios pérfidos y llenos de mentira,
⁶ de las flechas de lenguas traicioneras.
Ya estaba yo cerca de la muerte,
y mi vida casi en lo más hondo del abismo,
⁷ miré alrededor, y no había quien me ayudara,
busqué un apoyo, pero no lo había.
⁸ Entonces me acordé de la misericordia del Señor
y de su amor, que es eterno.
El Señor salva a quienes a él se acogen,
y los libra de todo mal. [c]
⁹ Alcé la voz desde la tierra,
grité desde las puertas del sepulcro,
¹⁰ y oré: "Señor, tú eres mi padre,
tú tienes poder para salvarme;
no me abandones en el momento del peligro,
en la hora del terror y la desolación.
Te alabaré continuamente
y te invocaré en mis oraciones."
¹¹ Entonces el Señor oyó mi voz,
escuchó mi súplica
y me libró de todo mal;
me salvó en el momento del peligro.
¹² Por eso le doy gracias,
y alabo y bendigo el nombre del Señor. [d]

---

[d] **50.20** Lv 9.22; Nm 6.23-27.

[e] **50.20** En esta época, solamente en el Día del Perdón podía el sumo sacerdote pronunciar el nombre de Yahvé.

[f] **50.24** Nm 25.12-13; Eclo 45.24.

[g] **50.24** Los vv. 23-24 aparecen así en la versión griega: *Él les conceda a ustedes alegría de corazón, y haya paz en nuestros días para Israel, como en tiempos antiguos. Que su misericordia permanezca siempre con nosotros y nos rescate en nuestros días.*

[h] **50.26** *Seír* es lo mismo que Edom. Cf. Sal 137.7; Is 34.5-17; Jer 49.7-22; Ez 25.12-14; 35; Abd; Mal 1.2-4.

[i] **50.26** Cf. Jue 3—16; 1 S 13—14; 17.19-51; Jer 47; Ez 25.15-17.

[j] **50.26** Se refiere a los samaritanos. Véase *Samaria* en el *Índice temático*.

[k] **50.27** *Jesús:* según la versión griega; así también en el *Prólogo de la versión griega*. Heb.: *Simeón, hijo de Jesús.* Véase *Introducción.* La versión griega también añade: *de Jerusalén.*

[a] **51.1-12o** Este capítulo da la impresión de ser un apéndice, añadido al libro, sin relación especial con lo anterior.

[b] **51.1** Véase 23.1 n.

[c] **51.8** Sal 100.5; 136.

[d] **51.12** El himno de alabanza que aparece a continuación (51.12a-12ñ) se encuentra en el texto hebreo pero no en las versiones antiguas. Es dudoso si pertenece a la forma original del texto.

12a Den gracias al Señor, porque él es bueno,
porque su amor es eterno.[e]
12b Den gracias al Dios de la alabanza,
porque su amor es eterno.
12c Den gracias al protector de Israel,
porque su amor es eterno.
12d Den gracias al Creador del universo,
porque su amor es eterno.
12e Den gracias al redentor de Israel,
porque su amor es eterno.
12f Den gracias al que reúne a los israelitas dispersos,
porque su amor es eterno.
12g Den gracias al que reconstruye la ciudad y el templo,
porque su amor es eterno.
12h Den gracias al que hace renacer el poder
de la dinastía de David,
porque su amor es eterno.
12i Den gracias al que escogió como sacerdotes
a los descendientes de Sadoc,
porque su amor es eterno.
12j Den gracias al protector de Abraham,
porque su amor es eterno.
12k Den gracias al refugio de Isaac,
porque su amor es eterno.
12l Den gracias al Dios poderoso de Jacob,
porque su amor es eterno.
12m Den gracias al que eligió a Sión,
porque su amor es eterno.
12n Den gracias al Rey de todos los reyes,
porque su amor es eterno.
12ñ ¡Él ha dado poder a su pueblo!
Alabanza de todos sus fieles,
de los israelitas, su pueblo cercano.
¡Alabado sea el Señor!

Búsqueda de la sabiduría
13 Cuando yo era joven,
antes de irme a recorrer mundo,
deseaba ardientemente recibir sabiduría.[f]
14 Y ella vino a mí en toda su belleza;
yo la busqué hasta que di por fin con ella.
15 Estaba en su punto, como racimo maduro,
y en ella se alegró mi corazón.
Yo seguí fielmente su camino,
porque desde pequeño la había aprendido.
16 En el poco tiempo que estuve escuchándola,
aprendí muchas cosas.
17 Someterme a ella me fue un honor,
por eso doy gracias a quien me la enseñó.
18 Decidí alcanzar algún bien,
y no cambiarlo por nada cuando lo encontrara.
19 Me enamoré de ella,
y en ella tuve siempre fija la mirada.
Abrí la puerta de su casa
para abrazarla y contemplarla.
20 La deseé con toda mi alma,
y la encontré en toda su pureza.
Desde el primer momento me enamoré de ella,
y por eso no la abandonaré,
jamás me apartaré de ella.
21 Mi corazón ardía como un horno al contemplarla,
por eso la adquirí, ¡qué gran tesoro!
22 El Señor me concedió lo que le pedía,
por eso le daré gracias en voz alta.
23 Gente ignorante: vengan a mí
y vivan en mi escuela.
24 ¿Hasta cuándo quieren privarse de todo esto
y seguir sufriendo esa terrible sed?
25 Esto les digo acerca de la sabiduría:
Adquiéranla gratuitamente,
26 sométanse a ella,
acepten las tareas que les impone.
Ella está cerca de quienes la buscan;
el que se empeñe, la encontrará.
27 Vean con sus propios ojos qué poco he trabajado
y qué gran descanso he logrado encontrar.
28 Escuchen todos lo que aprendí en mi juventud,
y así adquirirán oro y plata.
29 ¡Alégrense en mi escuela!
¡No se avergüencen de mis enseñanzas!
30 Lleven una vida recta
y Dios les dará oportunamente el premio.
¡Bendito sea el Señor eternamente,
y alabado sea su nombre por todas las edades!

---

[e] **51.12a-n** Sal 136.
[f] **51.13** El último apéndice del libro (51.13-30) es un poema (originalmente alfabético, pero no muy bien conservado) que describe la búsqueda de la sabiduría. Esta se representa personificada en una joven de gran belleza. La sabiduría es a la vez don de Dios y algo que el hombre tiene que buscar con gran empeño.

Sabiduría

El libro de la *Sabiduría* (=Sab) fue escrito originalmente en griego por un autor desconocido. Forma parte de toda una corriente religioso-literaria que se desarrolló en el judaísmo helenístico, especialmente en Alejandría (norte de Egipto), donde existía una importante colonia judía que se había apropiado muchos aspectos de la cultura griega. Fue allí, en efecto, donde las escrituras hebreas se tradujeron al griego, y donde muchos otros escritores judíos publicaron obras importantes.

El autor quiso escribir un libro sapiencial, en la línea de otros escritos bíblicos en que se exalta la sabiduría y se dan enseñanzas para ordenar rectamente la vida (como ciertas partes de *Job*, algunos *Salmos*, *Proverbios*, *Eclesiastés* y *Eclesiástico*). Sin embargo, se diferencia de aquellos en varios aspectos. Ante todo, no es una serie de máximas o sentencias breves al estilo de los *Proverbios* o buena parte de *Eclesiastés* o *Eclesiástico*, sino que más bien, al estilo de *Job* o de algunos *Salmos*, desarrolla ampliamente unos pocos temas. En el caso de la *Sabiduría*, esos pocos temas se tratan con gran amplitud y con un lenguaje bastante elaborado.

El autor utiliza un procedimiento literario común en la literatura judía: asume la persona de un autor famoso para hablar en nombre de él. En este caso, el autor, sobre todo en la primera y en la segunda secciones, habla en nombre de Salomón, el rey sabio por excelencia. Por esta razón el libro fue conocido a veces con el título de *Sabiduría de Salomón*.

La sabiduría de que aquí se trata no es simple conocimiento humano de las cosas de este mundo, sino un don de Dios que siempre lo tiene a él como punto de referencia. No se refiere solo a aspectos teóricos sino que es eminentemente práctica. Debe enseñarle al hombre cómo ordenar su vida. No es solo para el individuo, sino para toda la sociedad. Por eso, esta sabiduría deben buscarla sobre todo los gobernantes.

En una primera sección (1.1—5.23), se pone de relieve el aspecto esencialmente moral de la sabiduría y se contraponen dos géneros de vida y dos tipos de criterios: los de los buenos, los que siguen la sabiduría verdadera, y los de los malos, los que llevan una vida de injusticia. En consecuencia, el juicio de Dios dará diversos destinos a estos diferentes grupos de personas. El autor no dice de manera explícita quiénes son esos "malos" mencionados con frecuencia: ¿judíos que han renegado teórica y prácticamente de su fe y de sus costumbres? ¿paganos que se oponen y ridiculizan a los que se mantienen firmes en su fe y tradiciones israelitas? Para el autor es más importante describir su manera de pensar y sus actitudes que identificarlos social o políticamente.

La segunda sección (6.1—9.18) es una exhortación a buscar la sabiduría. El autor la describe y la elogia, y termina (asumiendo la persona de Salomón) con una bella oración a Dios para pedir la sabiduría.

La tercera sección (10.1—19.22) se dedica a mostrar cómo ha manifestado Dios su sabiduría en la historia, sobre todo en la época de la salida de Israel de Egipto. A propósito de esta idea fundamental se añaden algunos temas relacionados, especialmente el de la idolatría.

El autor revela, por una parte, su conocimiento de las tradiciones bíblicas de Israel; pero, al mismo tiempo, al reflexionar sobre ellas, utiliza procedimientos propios del judaísmo tardío (como el llamado *midrash*, que es una amplificación y actualización de los temas de la Biblia y de las tradiciones anteriores a ella).

En algunos aspectos, como en el relacionado con la inmortalidad del alma y la convicción de que la esperanza del justo no queda frustrada con la muerte, se muestra la cercanía al pensamiento griego, tal como aparece sobre todo en el judaísmo helenístico. También en otros aspectos, el autor muestra su conocimiento de las doctrinas filosóficas griegas.

Pero él no pretende escribir una historia de Israel ni un tratado filosófico. Su escrito es, más bien, una reflexión, adaptada a su tiempo y a su cultura, sobre grandes temas que inquietaban a todo israelita que vivía en esa situación especial.

Se puede suponer, por los diversos indicios del texto, que este libro fue escrito hacia los comienzos de la era cristiana o un poco antes.

Esquema del libro:

    I. Actitudes de los buenos y los malos y juicio de dios (1—5)
    II. Exhortación a buscar la sabiduría (6—9)
    III. La sabiduría en la historia (10—19)

I. ACTITUDES DE LOS BUENOS Y LOS MALOS Y EL JUICIO DE DIOS (1.1—5.23) [a]

La rectitud, garantía de vida eterna

1 ¹ Gobernantes de la tierra, [b] amen la justicia, [c]
tengan buena idea del Señor
y búsquenlo con corazón sincero.
² Los que no le exigen pruebas pueden encontrarlo; [d]
él se manifiesta a los que no desconfían de él.
³ Los pensamientos torcidos alejan de Dios.
Su poder, [e] cuando es puesto a prueba,
deja sin palabras a los insensatos.
⁴ La sabiduría [f] no entra en un alma perversa,
ni vive en un cuerpo [g] entregado al pecado.
⁵ El santo espíritu, [h] que es maestro de los hombres, [i]
nada tiene que ver con el engaño;
se aparta de los pensamientos insensatos
y se retira cuando está presente la injusticia.
⁶ La sabiduría es un espíritu amigo de los hombres, [j]
que no perdona al que injuria a Dios con sus palabras; [k]
Dios es testigo de lo más íntimo del hombre,
es vigilante sincero de su corazón
y escucha todo lo que dice. [l]
⁷ En efecto, el espíritu del Señor llena la tierra,
da consistencia al universo
y conoce lo que dice el hombre.
⁸ Por eso, quien dice cosas malas no puede esconderse, [m]
ni podrá escapar del juicio y de la acusación de Dios.
⁹ Los pensamientos del malo serán investigados,
y, como prueba de sus malas acciones,
llegará hasta el Señor el informe de lo que haya dicho.
¹⁰ Dios lo escucha todo con oído atento;
ni aun lo dicho en voz baja por el hombre se le escapa.
¹¹ Eviten, por tanto, las murmuraciones inútiles
y no digan nada malo,
porque aun lo dicho en secreto trae sus consecuencias,
y una boca mentirosa lleva al hombre a la muerte. [n]
¹² No busquen la muerte con una vida extraviada,
ni, por sus acciones,
atraigan sobre ustedes la perdición.
¹³ Pues Dios no hizo la muerte [ñ]
ni se alegra destruyendo a los seres vivientes. [o]
¹⁴ Todo lo creó para que existiera;
lo que el mundo produce es saludable,
y en ello no hay veneno mortal;
la muerte no reina en la tierra,
¹⁵ porque la justicia es inmortal. [p]

Manera de pensar de los malos [q]

¹⁶ Los malos [r] llaman a la muerte con gestos y gritos;
pensando que es su amiga, la buscan con afán,
y con ella han hecho una alianza,
pues merecen pertenecerle.

2 ¹ Razonando equivocadamente se han dicho: [a]
"Corta y triste es nuestra vida;
la muerte del hombre es inevitable,
y no se sabe de nadie que haya vuelto de la tumba. [b]
² Nacimos casualmente, [c] y luego pasaremos,
como si no hubiéramos existido,
pues nuestro aliento es como el humo,
y el pensamiento, como una chispa
alimentada por el latido de nuestro corazón.
³ Cuando esta chispa se apague,
el cuerpo se convertirá en ceniza,
y el espíritu se desvanecerá como aire ligero.

---

[a] **1.1-5.23** En esta primera parte del libro se contraponen los diferentes criterios y actitudes de los buenos y los malos, como también el diferente juicio de Dios sobre ellos.

[b] **1.1** *Gobernantes de la tierra:* El autor, hablando como si fuera el rey Salomón (véase *Introducción*), puede dirigirse con autoridad a los gobernantes de la tierra. Las instrucciones que da se enderezan a ordenar rectamente toda la sociedad.

[c] **1.1** Aquí *justicia* equivale a vivir de acuerdo con la voluntad de Dios, haciendo lo que él exige, tanto respecto de Dios mismo como de los hombres. En toda esta primera sección, la justicia, contrapuesta a la maldad, aparece como tema importante.

[d] **1.2** Cf. 1 Cr 28.9; 2 Cr 15.2.

[e] **1.3** *Su poder:* en esta sección los términos *poder* (1.3), *sabiduría* (1.4,6), *santo espíritu* o *espíritu del Señor* (1.5,7) designan atributos de Dios estrechamente relacionados entre sí.

[f] **1.4** *La sabiduría:* Este tema es central en todo el libro (véase *Introducción*). A diferencia de una sabiduría humana y solo teórica, esta sabiduría tiene origen divino y exige condiciones morales para poder ser recibida. Se describirá más ampliamente en la segunda sección (6.1—9.18).

[g] **1.4** *Alma* y *cuerpo* designan a toda la persona humana.

[h] **1.5** *El santo espíritu:* véase 1.3 n.

[i] **1.5** *Maestro de los hombres:* Dios enseña la sabiduría aquí descrita, la que siempre lo tiene a él como punto de partida y de referencia.

[j] **1.6** *Amigo de los hombres:* El autor expresa con un término muy griego (cf. también 7.23) un tema central en toda la Biblia. Cf. Ex 34.6-7; Jn 3.16; Tit 3.4-5; 1 Jn 4.8-10.

[k] **1.6** En el cap. 2 se expone más claramente qué es lo que dice *el que injuria a Dios con sus palabras.*

[l] **1.6** Dios, que está presente en todas partes, conoce hasta los más íntimos sentimientos del ser humano. Cf. Jer 11.20.

[m] **1.8** Cf. Eclo 39.19.

[n] **1.11** En toda esta primera sección se contraponen la muerte, que es la suerte reservada a los malos, y la vida, reservada a los buenos. Estos dos términos no designan únicamente la vida y la muerte físicas, sino que expresan la situación permanente del hombre respecto de Dios, única fuente de la verdadera vida. Véase 1.15 n.

[ñ] **1.13** Cf. 2.23-24.

[o] **1.13** Cf. Ez 18.31-32; 33.11; 2 P 3.9.

[p] **1.15** La idea de inmortalidad responde a las profundas aspiraciones de los lectores familiarizados con la cultura griega. En Sab se entiende como eternidad feliz en manos de Dios (cf. 3.1-4), concedida por la sabiduría (6.17-19; 8.13-17) a los que practican la justicia viviendo según la voluntad de Dios (5.15). Cf. también 15.3 y véase Eclo 14.19 n.

[q] **1.16-20** Con la forma literaria de un discurso, se describe, en 2.1-20, la actitud de los malos.

[r] **1.16** *Los malos:* En esta sección se insiste más en describir su manera de pensar y de vivir que en identificarlos como grupo social, político o religioso. Su "maldad" incluye elementos teóricos y prácticos, filosóficos y morales. Cf. 2.21-22; 3.10.

[a] **2.1** En el discurso de los malos pueden verse tres partes: negación de la inmortalidad (vv.1-5); como consecuencia, los únicos valores son el placer y la fuerza (vv.6-11); persecución de los que no piensan como ellos (vv. 12-20).

[b] **2.1-3** Cf. Job 7.9-10; 14.1-2; Sal 39.4-6(5-7); Ec 6.12.

[c] **2.2** Se atribuye a los malos una concepción materialista de la vida, que niega la acción creadora de Dios; piensan que todo termina con la muerte.

⁴ Con el paso del tiempo,
nuestro nombre caerá en el olvido, [d]
y nadie recordará nuestras acciones. [e]
Nuestra vida pasará como el rastro de una nube
y se desvanecerá como neblina
perseguida por los rayos del sol
y vencida por su calor.
⁵ Nuestra vida es como el paso de una sombra;
cuando llega nuestro fin, no podemos regresar.
El destino del hombre queda sellado;
nadie puede ya volver atrás.
⁶ ¡Por eso, disfrutemos de los bienes presentes [f]
y gocemos de este mundo
con todo el ardor de la juventud!
⁷ ¡Embriaguémonos del vino más costoso y de perfumes!
¡No dejemos pasar las flores de la primavera!
⁸ Coronémonos de rosas antes de que se marchiten;
⁹ que en nuestras orgías no falte ninguno de nosotros.
Dejemos por todas partes huellas de nuestra alegría:
¡eso es vivir; para eso estamos aquí!
¹⁰ ¡Aplastemos al hombre honrado que no tiene dinero;
no tengamos compasión de la viuda,
ni respetemos las canas del anciano! [g]
¹¹ Que la fuerza sea para nosotros la norma de la justicia,
ya que la debilidad no sirve para nada. [h]
¹² Pongamos trampas al bueno, [i] pues nos es molesto;
se opone a nuestras acciones,
nos reprocha que no cumplamos la ley
y nos echa en cara que no vivamos según la educación que recibimos.
¹³ Dice que conoce a Dios,
y se llama a sí mismo hijo del Señor. [j]
¹⁴ Es un reproche a nuestra manera de pensar;
su sola presencia nos molesta.
¹⁵ Su vida es distinta a la de los demás,
y su proceder es diferente.
¹⁶ Nos rechaza como a moneda falsa,
y se aparta de nuestra compañía
como si fuéramos impuros.
Dice que los buenos, al morir, son dichosos, [k]
y se siente orgulloso de tener a Dios por padre.

¹⁷ Veamos si es cierto lo que dice
y comprobemos en qué va a parar su vida.
¹⁸ Si el bueno es realmente hijo de Dios,
Dios lo ayudará y lo librará
de las manos de sus enemigos.
¹⁹ Sometámoslo a insultos y torturas,
para conocer su paciencia
y comprobar su resistencia.
²⁰ Condenémoslo a una muerte deshonrosa,
pues, según dice, tendrá quien lo defienda." [l]

Error de los malos

²¹ Así piensan los malos, pero se equivocan;
su propia maldad los ha vuelto ciegos.
²² No entienden los planes secretos de Dios,
ni esperan que una vida santa tenga recompensa;
no creen que los inocentes recibirán su premio.
²³ En verdad, Dios creó al hombre para que no muriera,
y lo hizo a imagen de su propio ser; [m]
²⁴ sin embargo, por la envidia del diablo [n]
entró la muerte en el mundo, [ñ]
y la sufren los que del diablo son. [o]

3 La suerte de los buenos comparada con la de los malos

¹ Las almas de los buenos
están en las manos de Dios, [a]
y el tormento no las alcanzará.
² Los insensatos creen que los buenos
están muertos;
consideran su muerte [b] como una desgracia,
³ y como una calamidad el haberse alejado de nosotros.
Pero los buenos están en paz:
⁴ aunque a los ojos de los hombres
parecían castigados,
abrigaban la esperanza de no tener que morir.
⁵ Después de sufrir pequeños castigos,
recibirán grandes beneficios,
porque Dios los puso a prueba
y los halló dignos de él. [c]
⁶ Los probó como al oro en el crisol, [d]
y los aceptó como un sacrificio ofrecido en el altar.

---

[d] **2.4** No quedará ni siquiera su recuerdo, una de las formas de inmortalidad reconocida por algunos.
[e] **2.4** Ec 1.11; 2.16; 9.5-6.
[f] **2.6** Cf. Ec 2.24; 9.7-8; Is 22.13; 1 Co 15.32.
[g] **2.10** Los malos, al negar el respeto y la ayuda al pobre, a la viuda y al anciano, desconocen las manifestaciones típicas de la rectitud (cf. Lv 19.32; Dt 24.10-21).
[h] **2.11** Nótese el contraste con 12.16: para los malos, el poder se convierte en opresión del débil; para Dios, el poder es causa de su misericordia con todos.
[i] **2.12** El término traducido aquí y en otros lugares del libro por *bueno* puede también traducirse por "justo" y designa al que vive rectamente tanto en sus relaciones con Dios (v. 13) como con el prójimo (v. 12).
[j] **2.13** *Hijo del Señor:* cf. también v. 16 y véase Eclo 23.1 n.
[k] **2.16** En el judaísmo tardío, especialmente en el helenístico, se fue abriendo paso cada vez más claramente la conciencia de que la fidelidad a Dios no podía quedar frustrada con la muerte. Después de su muerte, el bueno encuentra su felicidad en Dios (cf. 3.1-9; 5.4-

5,15-16 y véase 1.15 n.). Esta idea se desarrollará plenamente en el NT (cf. Mt 25.31-46; Jn 11.25; 1 Ts 4.16-17).
[l] **2.18-20** Cf. Sal 22.8(9); Is 50.7-9; Mt 27.43; y cf. también Ro 8.31.
[m] **2.23** Gn 1.26-27. Habiendo sido creado a imagen de Dios, el ser humano está destinado a la vida. Cf. 1.13-15.
[n] **2.24** La serpiente de Gn 3 se entendió como imagen del diablo. Cf. Ap 12.9.
[ñ] **2.24** Gn 2.17; 3.17-19; Jn 8.44; Ro 5.12; Heb 2.14.
[o] **2.24** La muerte que afecta a *los que del diablo son*, es decir, a los malos, no es tanto la muerte física, cuanto la separación definitiva de Dios. Véase 1.11 n.
[a] **3.1** En 3.1-9 se describe la suerte de los buenos: su muerte física no es una verdadera muerte, porque no es separación de Dios.
[b] **3.2** *Muerte:* lit. *salida* (es decir, de este mundo). Cf. Lc 9.31.
[c] **3.5** En contraste con ideas corrientes en la antigüedad (cf. Job 5.17-27; Sal 1.3; Pr 13.22), el autor afirma que la recompensa para el bueno no se da necesariamente en esta vida. El bueno tendrá que sufrir, para entrar en la felicidad futura. Cf. Eclo 2.1-6; Ro 8.18; 2 Co 4.17.
[d] **3.6** Los sufrimientos son pruebas por las cuales Dios purifica a sus fieles. Cf. Dt 8.2-5; Sal 66.10; Stg 1.12; 1 P 1.7.

7 El día en que el Señor venga a juzgarlos,
  resplandecerán como antorchas,
  como chispas que prenden entre el rastrojo. ᵉ
8 Juzgarán a las naciones y gobernarán a los pueblos,
  y el Señor reinará sobre ellos para siempre. ᶠ
9 Los que confían en el Señor comprenderán la verdad,
  y los fieles permanecerán a su lado con amor,
  pues Dios es bueno y favorece a sus elegidos.
10 Los malos tendrán el castigo
  que merecen sus malos pensamientos, ᵍ
  porque despreciaron a los buenos
  y se apartaron del Señor.
11 ¡Desdichados los que desprecian la sabiduría
  y la instrucción;
  vana es su esperanza, inútiles sus esfuerzos,
  y sin valor sus obras!
12 Sus mujeres son estúpidas, malvados sus hijos
  y maldita su descendencia. ʰ

Más vale no tener hijos que tenerlos del pecado ⁱ

13 ¡Dichosa la mujer estéril ʲ
  que se ha mantenido irreprochable
  y no ha tenido relaciones prohibidas: ᵏ
  recibirá el premio merecido
  cuando el Señor venga a juzgar a los hombres!
14 ¡Dichoso también el castrado ˡ
  que nunca cometió ninguna maldad
  ni tuvo malos pensamientos contra el Señor:
  por su fidelidad recibirá una recompensa especial
  y un lugar muy agradable en el templo del Señor!
15 El fruto del trabajo honrado es espléndido,
  y la raíz del buen juicio no se seca.
16 Los hijos de los adúlteros no llegan a la madurez;
  habiendo nacido de relaciones prohibidas,
    tendrán mal fin.
17 Aunque lleguen a viejos, no se les tendrá en cuenta;
  y al final, en su vejez, nadie los respetará;
18 si mueren jóvenes, no tendrán esperanza,
  y el día del juicio no tendrán quien los consuele.
19 A la gente perversa le espera un destino terrible. ᵐ

4 **1** Es mejor no tener hijos y tener virtud; ᵃ
  pues la virtud que deja un buen recuerdo
  es una especie de inmortalidad:
  Dios y los hombres la aprecian.
2 Cuando está presente, los hombres la imitan;
  cuando está ausente, la echan de menos;
  desfila por la eternidad,
  coronada como vencedora,
  por haber alcanzado el triunfo
  luchando limpiamente por el premio. ᵇ
3 La innumerable familia de los malos no prosperará;
  los hijos nacidos del adulterio son como una planta
  que no echa raíces profundas
  ni tiene bases firmes.
4 Aunque por un tiempo sus ramas reverdezcan,
  como no tiene fundamento sólido
  será sacudida por el viento
  y arrancada por la violencia de los huracanes.
5 Sus ramas se troncharán antes de tiempo,
  su fruto será inútil, no servirá de nada:
  no madurará ni podrá comerlo nadie.
6 Los hijos que nacen de relaciones prohibidas
  serán prueba de la perversidad de sus padres,
  cuando Dios llame a estos a juicio.

La muerte prematura del bueno ᶜ

7 El bueno, aunque muera antes de tiempo,
    tendrá descanso,
8 pues la vejez que merece respeto
  no es la que dura mucho tiempo,
  ni se mide por el número de años.
9 La prudencia vale tanto como las canas,
  y una vida intachable es como una edad avanzada. ᵈ
10 El bueno agradó a Dios, y Dios lo amó;
  vivía entre pecadores, y Dios se lo llevó; ᵉ
11 lo arrebató para que el mal no pervirtiera su mente,
  para que el error no sedujera su alma,
12 pues, como un hechizo, la maldad oscurece el bien
  y el vértigo de la pasión pervierte al espíritu inocente.
13 Él consiguió en poco tiempo
  la perfección que se logra en muchos años.
14 Como su alma era agradable a Dios,
  Dios se apresuró a sacarlo de la maldad.
  La gente ve esto, pero no lo entiende;
  no comprende **15** que aquellos a quienes
      Dios ha escogido
  gozan de su amor y su misericordia,
  y que él vela por su pueblo santo.
16 El bueno que muere condena a los malos
      que todavía viven,

ᵉ **3.7** Dn 12.3; Mt 13.43.
ᶠ **3.8** Cf. Dn 7.27; Mt 19.28; 1 Co 6.2; Ap 5.10; 20.4.
ᵍ **3.10** En contraste con la felicidad eterna de los buenos, se describen, en 3.10-12, los castigos reservados para los malos.
ʰ **3.12** Eclo 41.5.
ⁱ **3.13** De nuevo se describen (3.13—4.19) las bendiciones de los que se mantienen fieles a Dios.
ʲ **3.13** Los hijos se consideraban tradicionalmente como una bendición de Dios (cf. Sal 127.3-5). El autor afirma que, si se vive con rectitud, no tener hijos no es estar privado de las bendiciones de Dios.
ᵏ **3.13** En la antigüedad, la esterilidad era especialmente deshonrosa para la mujer (cf. Gn 30.22-23; Lc 1.24-25). Pero, para la que lleva una vida recta, no es una deshonra.
ˡ **3.14** Los *castrados* (ordinariamente por decisión de otros) estaban excluidos de la comunidad y especialmente del servicio sacerdotal (cf. Dt 23.2; Lv 21.20). Pero ya en Is 56.3b-5 se les anunciaba que podía tener parte en las bendiciones de Dios, si le eran fieles.
ᵐ **3.16-19** Los hijos nacidos de relaciones pecaminosas no son una señal de la bendición de Dios. Aquí se expresa la idea, frecuente sobre todo en el AT, de la solidaridad entre padres e hijos (cf. Ex 20.5-6). En otros lugares se recalcará, en cambio, la responsabilidad personal (cf. Jer 31.29-30; Ez 18).
ᵃ **4.1** Eclo 16.1-3.
ᵇ **4.2** Alusión a los juegos atléticos comunes entre los griegos.
ᶜ **4.7** Estaba generalizada la idea de que la vida larga era una bendición de Dios (Pr 10.27), y la muerte prematura un castigo por el pecado (Job 20.4-11).
ᵈ **4.8-9** Job 32.9.
ᵉ **4.10** Gn 5.21-24.

y la juventud que pronto llega a la perfección
condena a la prolongada vejez del malvado.
¹⁷ La gente verá la muerte del sabio
y no comprenderá lo que el Señor quería de él,
ni por qué lo puso en un lugar seguro.
¹⁸ Lo mirarán y lo despreciarán,
pero el Señor se reirá de ellos. *f*
¹⁹ Cuando ellos mueran, nadie les rendirá honores,
y serán despreciados para siempre entre los muertos.
Sin dejarlos hablar, el Señor los lanzará de cabeza,
los arrancará de sus cimientos
y los arruinará completamente.
Estarán llenos de angustia,
y no quedará recuerdo de ellos.

Juicio sobre los buenos y los malos *g*
²⁰ Cuando Dios haga el balance de los pecados
de los malos,
estos se presentarán llenos de miedo,
y sus malas acciones aparecerán allí para acusarlos.

5 ¹ En aquel día el bueno estará de pie, sin miedo,
frente a los que lo hicieron sufrir *a*
y despreciaron sus trabajos.
² Al verlo, se estremecerán de espanto y sorpresa,
ya que no esperaban que se hubiera salvado.
³ Dirán entre sí, arrepentidos,
gimiendo llenos de dolor: *b*
⁴ "Este es aquel de quien en otro tiempo nos reímos,
aquel a quien convertimos en blanco de nuestras burlas.
¡Qué tontos fuimos!
Pensamos que su vida era una locura
y su muerte una deshonra. *c*
⁵ ¡Miren cómo ahora es tenido por hijo de Dios *d*
y comparte la herencia de su pueblo santo! *e*
⁶ ¡Qué lejos anduvimos del camino de la verdad!
¡La luz de la justicia no brilló para nosotros,
ni nos iluminó la luz del sol! *f*
⁷ Anduvimos por caminos de maldad y perdición,
caminando por desiertos sin senderos,
y no reconocimos el camino del Señor.
⁸ ¿De qué nos sirvió nuestro orgullo?
¿De qué nos valió el presumir de ricos?
⁹ Todo eso pasó como una sombra,
como palabra que se lleva el viento,
¹⁰ como barco que cruza las olas del mar
sin que queden huellas de su travesía
ni rastro de su quilla entre las olas;

¹¹ como pájaro que vuela por el aire
sin dejar señales de su paso:
con sus alas azota el aire ligero,
con fuerte silbido lo rasga,
se abre camino aleteando,
y después no quedan rastros de su vuelo;
¹² como flecha disparada al blanco:
el aire se rasga, y vuelve en seguida a juntarse,
sin que se sepa el camino seguido por la flecha.
¹³ Lo mismo nosotros: a poco de nacer
ya dejamos de existir;
no hemos dejado ninguna huella de virtud,
pues nos hemos consumido en nuestra maldad."

¹⁴ En realidad, la esperanza del malvado
es como paja que arrebata el viento, *g*
como espuma ligera que la tempestad arrastra;
se desvanece como humo llevado por el viento
y pasa como el recuerdo de un viajero
que solamente se hospedó una noche.

Los buenos viven eternamente *h*
¹⁵ Los buenos viven eternamente;
su recompensa está en las manos del Señor;
el Altísimo cuida de ellos.
¹⁶ Por lo tanto, recibirán de manos del Señor
un reino glorioso y una hermosa corona; *i*
él los protegerá con su mano
y los defenderá con su brazo.
¹⁷ El Señor se vestirá de su ira, como de una armadura, *j*
y se armará de la creación, para castigar a sus enemigos;
¹⁸ se revestirá de justicia, como de una coraza;
se pondrá como casco el juicio sincero,
¹⁹ tomará su santidad como escudo impenetrable,
²⁰ afilará como una espada su ira inflexible
y el universo combatirá a su lado contra los insensatos.
²¹ Desde las nubes saldrán certeros relámpagos y rayos, *k*
como de un arco bien templado,
y volarán hacia el blanco;
²² y con furor saldrá el granizo
disparado como piedras.
Las olas del mar se embravecerán contra ellos, *l*
y los ríos los arrollarán sin compasión;
²³ un viento poderoso se levantará
y los barrerá como un huracán.
Así la iniquidad convertirá toda la tierra en un desierto,
y la maldad hará caer los tronos de los poderosos.

---

f **4.18** Sal 37.13; 59.8(9).
g **4.20—5.14** La actitud de Dios respecto de los buenos y los malos aparecerá en el juicio.
a **5.1** *Los que lo hicieron sufrir:* probablemente los mismos mencionados en 2.12-20.
b **5.3** Así como las actitudes de los malos se presentaron con la forma de un discurso (2.1-20), también con otro discurso se presenta ahora su desengaño (5.4-13).
c **5.4** Cf. 2.20.
d **5.5** Véase 2.13 n.
e **5.5** Dt 7.6; Ef 1.18.
f **5.6** Mal 4.2(3.21).
g **5.14** Cf. Job 20.8; Sal 1.4; 37.20.

h **5.15-23** Termina la primera sección (1.1—5.23) con una nueva enumeración de las bendiciones que Dios reserva a los buenos y del castigo reservado a los malos. Las bendiciones no quedan frustradas por la muerte.
i **5.16** Cf. 1 Co 9.25; 2 Ti 4.8; Stg 1.12.
j **5.17-23** Se presenta aquí a Dios como un guerrero que se prepara a castigar a los malos. La referencia a las armas ofensivas o defensivas como símbolo de cualidades o actitudes se encuentra también en Is 59.16-18; Sal 7.12-13(13-14); Ef 6.11-17; 1 Ts 5.8.
k **5.21** Como en los profetas y en las visiones apocalípticas, los elementos ejecutan el castigo de los malos: cf. Is 28.17; Ez 13.13; Ap 8.7—11.19.
l **5.22** Lc 21.25.

II. EXHORTACIÓN A BUSCAR LA SABIDURÍA
(6.1—9.18) [a]

Los gobernantes deben buscar la sabiduría

6 ¹ Escuchen, reyes, y entiendan;
aprendan, gobernantes de todo el mundo; [b]
² pongan atención, ustedes que dominan multitudes
y presumen de gobernar a muchos pueblos.
³ El Señor, Dios altísimo,
les ha dado poder y autoridad; [c]
él examinará las obras de ustedes
e investigará sus intenciones,
⁴ porque, estando al servicio del reino de Dios,
no han juzgado con rectitud, ni han cumplido la ley,
ni se han portado según la voluntad de Dios.
⁵ El Señor vendrá sobre ustedes
de manera terrible y repentina,
porque él juzga con severidad a los poderosos.
⁶ De los humildes tiene compasión y los perdona,
pero a los fuertes les pedirá cuentas con rigor. [d]
⁷ Él es Señor de todos y no tiene preferencias
por ninguno, [e]
ni siente miedo ante la grandeza.
Él hizo a los grandes y también a los pequeños,
y se preocupa de todos por igual; [f]
⁸ pero a los poderosos los examina con mayor rigor.
⁹ Esto se lo digo a ustedes, gobernantes,
para que adquieran sabiduría y no pierdan el camino. [g]
¹⁰ Los que cumplen santamente las santas leyes,
serán contados entre el pueblo santo; [h]
los que se dejaron instruir por ellas,
tendrán cómo defenderse.
¹¹ Tengan, pues, vivos deseos de mis palabras;
búsquenlas con avidez y recibirán instrucción.
¹² La sabiduría resplandece con brillo que no se empaña;
los que la aman, la descubren fácilmente,
y los que la buscan, la encuentran;
¹³ ella misma se da a conocer a los que la desean.
¹⁴ Quien madruga a buscarla no se cansa:
la encuentra sentada a la puerta de su propia casa.
¹⁵ Tener la mente puesta en ella es prudencia consumada;
el que trasnocha por hallarla,
pronto se verá libre de preocupaciones.
¹⁶ Ella misma va de un lado a otro
buscando a quienes son dignos de ella;
se les manifiesta con bondad en el camino
y les sale al encuentro en todo lo que piensan. [i]
¹⁷ El comienzo de la sabiduría [j]
es el deseo sincero de instruirse;
tener deseo de instruirse ya es amar la sabiduría;
¹⁸ amarla es cumplir sus leyes; [k]
cumplir sus leyes es asegurarse la inmortalidad,
¹⁹ y la inmortalidad acerca a Dios.
²⁰ Por tanto, el deseo de la sabiduría
es lo que hace de uno un verdadero rey.
²¹ Gobernantes de los pueblos,
si estiman los tronos y los cetros,
aprecien la sabiduría,
para que puedan reinar eternamente.

Descripción de la sabiduría [l]

²² Voy a decirles en qué consiste la sabiduría
y de dónde viene,
sin ocultarles ningún secreto.
Llegaré hasta el comienzo mismo de ella
y la daré a conocer con toda claridad,
sin pasar por alto la verdad.
²³ No me dejaré guiar por la podrida envidia,
pues nada tiene que ver con la sabiduría.
²⁴ En que haya muchos sabios está la salvación
del mundo,
y un rey prudente trae bienestar a su pueblo. [m]
²⁵ Por tanto, déjense instruir por mis palabras
y sacarán provecho.

7 ¹ Yo también soy un hombre mortal, [a]
y desciendo, como todos,
del primer hombre modelado de la tierra.
En el seno de mi madre se formó mi carne;
² por espacio de diez meses [b]
tomé consistencia en su sangre,
gracias a la semilla de mi padre
y al placer que acompaña al sueño.
³ Al nacer respiré el aire común,
y fui puesto en la tierra que a todos recibe;
como todos, al nacer lo primero que hice fue llorar.
⁴ Me envolvieron en pañales y me criaron con cariño.
⁵ Ningún rey empezó de otra manera.
⁶ Por un mismo camino entramos todos en la vida,
y por un mismo camino salimos de ella.

---

[a] 6.1—9.18 En esta segunda sección principal del libro el autor, asumiendo la figura literaria de Salomón, el rey sabio por excelencia, exhorta a los gobernantes de la tierra a buscar la sabiduría. Esta sección puede dividirse en tres partes: exhortación (6.1-21), descripción y elogio de la sabiduría (6.22—8.21), oración para pedir la sabiduría (9.1-18).
[b] 6.1 Véase 1.1 nota b.
[c] 6.3 Pr 8.15-16; Ro 13.1.
[d] 6.6 La severidad del juicio divino está de acuerdo con la responsabilidad de cada uno.
[e] 6.7 Cf. Dt 10.17; Eclo 35.12; Ro 2.11.
[f] 6.7 Mt 5.45.
[g] 6.9 La sabiduría de que se habla aquí tiene como aspecto esencial promover la justicia y el bienestar del pueblo, por eso deben buscarla especialmente los gobernantes. Véase Eclo 10.1n.
[h] 6.10 La pertenencia al pueblo santo depende más de la actitud moral de la persona que de consideraciones raciales o sólo físicas.
[i] 6.12—16 Cf. Pr 1.20-21; 8.1-21; Eclo 51.13-30.
[j] 6.17 Argumentación en cadena, para resaltar el valor de la sabiduría. Véase 2 P 1.5-7 n.
[k] 6.18 Eclo 2.15-16; Jn 14.15.
[l] 6.22—7.6 La parte central (6.22—8.21) de la segunda sección continúa como discurso de Salomón (véase *Introducción*). En él se hace el elogio de la sabiduría y se describe lo que ella es, presentando a Salomón como ejemplo de alguien que prefirió la sabiduría a los demás bienes.
[m] 6.24 Pr 11.14. Véase Sab 6.9 n.
[a] 7.1 El sabio (se alude aquí a Salomón) es un hombre mortal como todos. La sabiduría la recibió como don de Dios.
[b] 7.2 *Diez meses:* Se trata de meses lunares de 28 días.

SABIDURÍA 7, 8

Aprecio por la sabiduría

7 Por eso supliqué a Dios, y me concedió prudencia; [c]
le pedí espíritu de sabiduría, y me lo dio.
8 La preferí a los cetros y los tronos;
en comparación con ella, tuve en nada la riqueza.
9 Ninguna piedra preciosa me pareció igual a ella,
pues frente a ella todo el oro
es como un puñado de arena,
y la plata vale tanto como el barro.
10 La amé más que a la salud y a la belleza;
la preferí a la luz del día,
porque su brillo no se apaga.
11 Con ella me vinieron a la vez todos los bienes,
pues me trajo incalculables riquezas;
12 gocé de todos esos bienes,
porque la sabiduría los gobierna,
aunque no sabía que es la madre de todos ellos.
13 La alcancé sin malicia, y la comparto sin envidia;
no escondo para mí su riqueza.
14 La sabiduría es para los hombres un tesoro inagotable:
quien sabe usar de ella, logra la amistad de Dios,
porque ella, con sus enseñanzas,
le sirve de recomendación.

El sabio pide la ayuda de Dios

15 Que Dios me conceda hablar con sensatez
y que mis pensamientos sean dignos de sus dones,
pues él es quien guía la sabiduría [d]
y dirige a los sabios.
16 En sus manos estamos nosotros
y nuestros pensamientos,
y toda prudencia y habilidad práctica.
17 Él me dio el verdadero conocimiento de las cosas, [e]
para conocer cómo está hecho el mundo
y cómo actúan los elementos;
18 para conocer el comienzo,
el fin y el medio de los tiempos,
las diversas posiciones del sol y los cambios
de estaciones;
19 los periodos del año y la posición de los astros;
20 la naturaleza de los seres vivos
y el comportamiento de las fieras,
el poder de los espíritus y los pensamientos
de los hombres;
cómo se distinguen las plantas
y para qué sirven las raíces. [f]
21 Todo lo aprendí, lo mismo lo oculto que lo visible,
porque la sabiduría, que todo lo hizo, me lo enseñó.

Elogio de la sabiduría

22 Hay en la sabiduría [g] un espíritu inteligente, santo,
único, multiforme, sutil, móvil, lúcido, puro,
claro, inofensivo, amante del bien, penetrante,
23 independiente, bienhechor, amigo del hombre,
firme, seguro, tranquilo,
que todo lo puede y a todo está atento,
que penetra en todos los espíritus,
los inteligentes, los puros y los más sutiles.
24 La sabiduría [h] se mueve mejor
que el mismo movimiento,
y, a causa de su pureza, todo lo atraviesa y lo penetra,
25 porque es como el aliento del poder de Dios
y una irradiación pura de la gloria del Todopoderoso;
por eso, nada impuro puede entrar en ella.
26 Es reflejo de la luz eterna,
espejo sin mancha de la actividad de Dios
e imagen de su bondad. [i]
27 Es única y, sin embargo, lo puede todo;
sin cambiar ella misma, todo lo renueva,
y al penetrar a lo largo de la historia
en las almas santas,
las hace amigas de Dios,
para que hablen en nombre de él,
28 pues nada es tan agradable a Dios
como el hombre que vive con la sabiduría.
29 Ella es más brillante que el sol
y supera a todas las estrellas;
comparada con la luz del día, es superior,
30 pues a la luz sigue la noche,
pero a la sabiduría no la puede dominar el mal.

8 **1** Ella se extiende con fuerza de un extremo
a otro de la tierra,
y gobierna bien todas las cosas.

En la sabiduría están todos los bienes

2 Yo la amé y la busqué desde mi juventud,
me enamoré de su belleza
y quise que fuera mi esposa. [a]
3 La nobleza de su origen resplandece
porque vive junto a Dios
y porque la ama el que es Señor de todos.
4 Ella conoce los secretos de Dios
y elige lo que él hace.
5 Si en esta vida la riqueza es un bien deseable,
¿quién es más rico que la sabiduría,
que lo realiza todo?
6 Y si es la prudencia la que todo lo realiza,
¿quién, sino la sabiduría,
es la autora de todo cuanto existe? [b]
7 Si alguien ama la justicia,
las virtudes serán el fruto de sus esfuerzos.
Pues la sabiduría enseña la moderación y la prudencia,

---

[c] **7.7** 1 R 3.5-15; Sab 9.1-18.
[d] **7.15** En toda esta sección (7.15—8.1) se describe elogiosamente la sabiduría. 1 R 3.10-14.
[e] **7.17-21** 1 R 4.29-34.
[f] **7.20** Cf. Eclo 38.4-7.
[g] **7.22** En los vv. 22-23 se presentan veintiún atributos de la sabiduría. El número está escogido probablemente por ser el producto de 3x7, y se expresa con él la idea de perfección o totalidad.

[h] **7.24** En 7.24—8.1 se aplican a la sabiduría cualidades propias del mismo Dios. Ella se presenta aquí como una manifestación divina (véase también 1.3 n.; 10.15—11.13).

[i] **7.25-26** Cf. Jn 1.4-9; Col 1.15; Heb 1.3.

[a] **8.2** El amor a la sabiduría se expresa a veces con la imagen de tomarla por esposa. Cf. también Pr 8.7; Eclo 15.2.

[b] **8.4-6** Cf. Pr 8.27-30; Sab 7.21; 9.9; Jn 1.3; Col 1.16; Heb 1.2.

la justicia y la fortaleza,[c]
que son más útiles para los hombres
que cualquier otra cosa en esta vida.

⁸ Si alguien desea alcanzar gran experiencia,
ella conoce el pasado y adivina el futuro,
sabe entender el lenguaje figurado
y dar respuesta a las preguntas difíciles,[d]
prevé los sucesos más maravillosos
y lo que ha de suceder en los diversos tiempos.

⁹ Por eso decidí tomarla como compañera de mi vida,
sabiendo que sería mi compañera en la prosperidad
y mi alivio en las preocupaciones y tristezas.

¹⁰ "Gracias a ella —pensé yo— conseguiré
fama entre la gente,
y, aunque soy joven, los ancianos me respetarán;
¹¹ al hacer justicia mostraré mi aguda inteligencia,[e]
y seré admirado por los poderosos.[f]
¹² Cuando yo calle, esperarán a que hable;
cuando abra la boca, prestarán atención;
y si me alargo hablando, me escucharán admirados.
¹³ Gracias a la sabiduría, tendré la inmortalidad
y dejaré un recuerdo eterno a los que vengan después.[g]
¹⁴ Gobernaré pueblos y someteré naciones;
¹⁵ los terribles tiranos se asustarán
cuando oigan hablar de mí;
con mi pueblo me mostraré bueno y,
en la guerra, valiente.
¹⁶ Cuando regrese a casa, descansaré al lado de ella,
pues su compañía no produce amargura
ni se sufre al vivir con ella;
por el contrario, se experimenta placer y alegría."

¹⁷ Cuando reflexioné sobre todo esto,
comprendí que la inmortalidad consiste
en tener parentesco con la sabiduría
¹⁸ y que su amistad produce un gran gozo.
Comprendí también que haciendo lo que ella ordena
se encuentra una riqueza inagotable,
que en el trato familiar con ella se halla la prudencia,
y que conversar con ella trae fama.
Por eso me puse a buscarla
para llevármela conmigo.
¹⁹ Yo era un niño, bueno por naturaleza,
que había recibido un alma buena,
²⁰ o más bien, siendo bueno, entré en un cuerpo puro.[h]
²¹ Pero vi que no podría alcanzar la sabiduría
si Dios no me la daba,
y ya era señal de inteligencia saber quién era
el que concedía tan grande beneficio.

Entonces me dirigí al Señor
y le supliqué de todo corazón:

9 Oración para alcanzar la sabiduría [a]

¹ "Dios de mis antepasados, Señor misericordioso,
que por tu palabra has hecho todas las cosas,[b]
² que con tu sabiduría has formado al hombre
para que domine sobre toda tu creación,
³ para que gobierne el mundo con santidad y rectitud
y administre justicia con recto corazón:[c]
⁴ dame la sabiduría, que reina junto a ti,
y no me excluyas del número de tus hijos,
⁵ porque soy tu siervo, hijo de tu sierva,
hombre débil, de breve existencia,
incapaz de entender la justicia y las leyes.
⁶ Por perfecto que sea cualquier hombre,
nada vale si le falta la sabiduría que de ti viene.
⁷ Tú me has escogido por rey de tu pueblo
y por juez de tus hijos y tus hijas;
⁸ me ordenaste construir un templo en tu santo monte
y un altar en la ciudad en donde vives,
semejante a la tienda sagrada
que desde el comienzo preparaste.[d]
⁹ Contigo está la sabiduría, que conoce tus obras
y que estaba presente cuando hiciste el mundo;[e]
ella sabe lo que te agrada
y lo que está de acuerdo con tus mandamientos.
¹⁰ Envíala desde tu santo cielo,
mándala desde tu trono glorioso,
para que me acompañe en mi trabajo
y me enseñe lo que te agrada.
¹¹ Ella, que todo lo conoce y lo comprende,
me guiará con prudencia en todas mis acciones
y me protegerá con su gloria.
¹² Mis obras serán entonces de tu agrado,
gobernaré a tu pueblo con justicia
y seré digno del trono de mi padre.
¹³ Porque, ¿qué hombre conoce los planes de Dios?
¿Quién puede imaginar lo que el Señor quiere?[f]
¹⁴ Débil es la inteligencia de los hombres,
y falsas muchas veces sus reflexiones;
¹⁵ el cuerpo mortal es un peso para el alma;
estando hecho de barro, oprime la mente,
en la que bullen tantos pensamientos.
¹⁶ Con dificultad imaginamos las cosas de la tierra,
y trabajosamente hallamos
lo que está a nuestro alcance.
Pero, ¿quién puede descubrir las cosas celestiales?[g]

---

[c] **8.7** *La moderación y la prudencia, la justicia y la fortaleza* son las cuatro virtudes (llamadas "cardinales") inculcadas por los filósofos griegos.
[d] **8.8** *Dar respuesta a preguntas difíciles:* cf. 1 R 10.1-3.
[e] **8.11** 1 R 3.28.
[f] **8.11** 1 R 10.4-9.
[g] **8.13** El conseguir fama perpetua era una forma de inmortalidad buscada por los griegos. Véase también 1.15 n.
[h] **8.20** El autor se refiere a la bondad natural del rey sabio (Salomón) con expresiones tomadas de las escuelas filosóficas griegas.

Pero lo que él quiere hacer resaltar es que la sabiduría es un don de Dios.
[a] **9.1-18** Inspirándose en 1 R 3.5-9, el autor pone en boca de Salomón esta oración para pedir a Dios el don de la sabiduría (cap. 9) que lo capacite para gobernar con rectitud y justicia. Véase 1.1 nota *b*.
[b] **9.1** Cf. Gn 1.3-26; Sal 33.6; Jn 1.3.
[c] **9.3** Gn 1.26; Eclo 17.1-7.
[d] **9.8** Ex 26.30; 2 S 7.13.
[e] **9.9** Cf. Pr 8.27-30; Jn 1.3; Col 1.16; Heb 1.2.
[f] **9.13** Ro 11.34; 1 Co 2.16.
[g] **9.16** Jn 3.12.

¹⁷ Nadie puede conocer tus planes
  sino aquel a quien das sabiduría
  y sobre quien desde el cielo envías tu santo espíritu. ʰ
¹⁸ Gracias a la sabiduría
  han podido los hombres seguir el buen camino
  y aprender lo que te agrada;
  fueron salvados gracias a ella."

III. LA SABIDURÍA EN LA HISTORIA (10.1—19.22) ᵃ

10 La sabiduría desde Adán hasta José ᵇ

¹ La sabiduría protegió al hombre
  que fue creado primero,
  al padre del género humano,
    después de ser formado solo,
  y ella lo levantó de su caída
² y le dio el poder de dominarlo todo. ᶜ
³ En cambio Caín, llevado por su ira, se apartó de ella,
  y llevado por el odio dio muerte a su hermano.
  De ese modo, él mismo pereció. ᵈ,ᵉ
⁴ Por culpa del hombre, el agua inundó la tierra,
  pero la sabiduría la salvó de nuevo,
  guiando al justo Noé en un simple trozo de madera.
⁵ Cuando las naciones se unieron para hacer el mal
  y fueron confundidas, ᶠ
  la sabiduría escogió a Abraham, hombre justo,
  lo conservó irreprochable ante Dios
  y lo mantuvo fuerte a pesar del amor
    que sentía por su hijo. ᵍ
⁶ Cuando Dios exterminó a los perversos,
  la sabiduría libró a Lot, otro hombre justo,
  del fuego que cayó sobre las cinco ciudades. ʰ
⁷ En prueba de aquella maldad,
  todavía queda el desierto humeante,
  plantas cuyos frutos nunca maduran
  y una estatua de sal que se levanta
  como recuerdo de una persona que no creyó. ⁱ
⁸ Por haberse apartado de la sabiduría,
  esa gente no solo se hizo incapaz de conocer el bien,
  sino que dejó un recuerdo de su poco juicio,
  para que no se olvidaran sus errores.
⁹ La sabiduría, en cambio,
  sacó de apuros a sus servidores.
¹⁰ Llevó por caminos seguros a Jacob, hombre justo,
  que huía de la ira de su hermano; ʲ
  le mostró el reino de Dios
  y le dio del conocimiento de las cosas sagradas; ᵏ
  le dio éxito en sus trabajos
  y multiplicó el fruto de sus fatigas; ˡ
¹¹ lo ayudó ante la codicia de sus opresores
  y lo enriqueció;
¹² lo defendió de sus enemigos,
  lo protegió de los ataques de estos
  y lo hizo triunfar en el duro combate, ᵐ
  para que supiera que nada es tan fuerte
    como la piedad.
¹³ La sabiduría no abandonó a José, el justo vendido, ⁿ
  sino que lo libró de caer en pecado; ñ
¹⁴ lo acompañó al calabozo
  y no lo dejó en la cárcel, ᵒ
  sino que le entregó el cetro de rey
  y le dio poder sobre sus opresores;
  demostró la mentira de los que lo acusaron
  y le dio gloria eterna. ᵖ

La sabiduría y la salida de Israel de Egipto ᵠ

¹⁵ La sabiduría libró a tu pueblo santo,
  a tu gente irreprochable,
  de la nación que lo oprimía. ʳ
¹⁶ Entró en el alma de Moisés, tu siervo,
  y con milagros y prodigios
  hizo frente a reyes temibles. ˢ
¹⁷ Dio a tu pueblo santo la recompensa
    de sus sufrimientos,
  y lo condujo por un camino maravilloso;
  durante el día le daba sombra,
  y de noche era como la luz de las estrellas. ᵗ
¹⁸ Lo hizo atravesar el Mar Rojo a pie,
  y lo guió a través de aguas caudalosas; ᵘ
¹⁹ a sus enemigos, en cambio, los hundió,
  y luego los sacó del fondo del abismo. ᵛ
²⁰ Así los justos se apoderaron de las riquezas
    de los impíos, ʷ
  alabaron, Señor, tu santo nombre,
  y todos a una te dieron gracias porque tú los defendiste;

ʰ 9.17 Mt 11.27; 1 Co 2.7-12.
ᵃ 10.1—19.22 Esta tercera sección está dedicada a mostrar cómo se ha manifestado la sabiduría de Dios en la historia, comenzando desde la creación del hombre. El autor se fijará sobre todo en el periodo del éxodo.
ᵇ 10.1-14 En esta sección, el autor describe brevemente la acción de la sabiduría divina en la historia desde Adán hasta José.
ᶜ 10.1-2 Gn 1.26-28.
ᵈ 10.3 Gn 4.5-16.
ᵉ 10.3 Gn 6.9—8.22; Eclo 14.17-18.
ᶠ 10.5 Gn 11.1-9.
ᵍ 10.5 Cf. Gn 12.1-3; 22.1-19; Eclo 44.19-20.
ʰ 10.6 *Las cinco ciudades:* Sodoma, Gomorra y tres ciudades más, mencionadas en Gn 14.2. La destrucción se describe en Gn 19.1-29.
ⁱ 10.7 *Una persona que no creyó:* la mujer de Lot: Gn 19.26.
ʲ 10.10 Gn 27.41-45.
ᵏ 10.10 *Conocimiento de las cosas sagradas:* alusión al sueño que Jacob tuvo en Betel: Gn 28.10-22. Cf. también Gn 32.30(31).
ˡ 10.10-12 Gn 29—33.
ᵐ 10.12 *Un duro combate:* el combate de Jacob con el ángel: Gn 32.22-30(23-31).
ⁿ 10.13 *José, el justo vendido:* Gn 37.
ñ 10.13 *Lo libró de caer en pecado:* Gn 39.
ᵒ 10.14 Gn 40—41.
ᵖ 10.14 Gn 41.37-57.
ᵠ 10.15—11.14 Hasta ahora el autor se había fijado en personajes particulares de la historia bíblica. A partir de aquí, hasta el final del libro, se refiere a las manifestaciones de la sabiduría divina en favor de todo el pueblo, concentrando su atención en el periodo crucial del éxodo. El pueblo de Israel aparece idealizado, en contraste con sus enemigos, los egipcios.
ʳ 10.15-21 Ex 1.1—15.21.
ˢ 10.16 Eclo 45.1-5.
ᵗ 10.17 Ex 13.21-22; Sal 78.14.
ᵘ 10.18 Ex 14; Sal 78.13.
ᵛ 10.19 Ex 14.26-30.
ʷ 10.20 *Se apoderaron de las riquezas:* Cf. Ex 3.22; 12.35-36. Otra posible traducción: *se apoderaron de las armas.*

²¹ la sabiduría enseñó a hablar a los mudos
y soltó la lengua de los niños. *ˣ*

11

¹ Ella dio a tu pueblo éxito en sus empresas *ᵃ*
por medio de Moisés, santo profeta. *ᵇ*
² Atravesaron un desierto solitario
y acamparon en llanuras sin caminos;
³ hicieron frente a sus enemigos
y rechazaron a sus adversarios. *ᶜ*
⁴ Cuando tuvieron sed, te invocaron,
y de una roca áspera, de una piedra dura,
les diste agua para calmar su sed. *ᵈ*
⁵ Las mismas cosas con que sus enemigos fueron castigados
sirvieron a tu pueblo en los momentos difíciles. *ᵉ*
⁶ Los enemigos no hallaron en el río agua inagotable,
sino agua turbia, llena de sangre y lodo, *ᶠ*
⁷ en castigo por su orden de matar a los niños. *ᵍ*
A tu pueblo, en cambio, sin que lo esperara,
le diste agua en abundancia.
⁸ Así, haciendo que entonces pasara sed,
le mostraste cómo habías castigado a sus enemigos.
⁹ Al sufrir la prueba, aunque era una corrección
hecha con amor, *ʰ*
conoció los tormentos que sufren los malvados,
cuando tú, enojado, los castigas.
¹⁰ A tu pueblo lo corregiste
como padre que reprende,
pero a los enemigos los juzgaste
como rey severo que condena.
¹¹ Sea que estuvieran en casa o fuera de ella,
sufrieron iguales aflicciones;
¹² su dolor y tristeza aumentaron
al recordar lo sucedido,
¹³ pues, al saber que sus propios castigos
habían sido para bien de tu pueblo,
vieron que eras tú, Señor, quien actuaba.
¹⁴ A Moisés lo habían hecho abandonar siendo niño,
y más tarde lo rechazaron con burlas, *ⁱ*
pero al final tuvieron que admirarlo.
La sed que sufrieron los impíos
fue muy diferente de la de los justos.

Moderación de Dios con Egipto

¹⁵ En castigo de su perversión y falta de entendimiento,
que los hicieron caer en el error de dar culto
a reptiles sin razón y a animales despreciables, *ʲ*
les enviaste una multitud de animales estúpidos, *ᵏ*
¹⁶ para enseñarles que las cosas con que el hombre peca,
esas mismas le sirven de castigo.
¹⁷ Tu mano omnipotente,
que de la materia sin forma creó el mundo, *ˡ*
hubiera podido fácilmente enviar contra ellos
manadas de osos o de leones feroces,
¹⁸ o crear fieras desconocidas, llenas de furor,
que, lanzando resoplidos de fuego,
o despidiendo humo entre rugidos,
o arrojando por los ojos chispas terribles,
¹⁹ no solo habrían sido capaces de atacarlos y matarlos,
sino que, con solo su aspecto,
los habrían hecho morir de miedo.
²⁰ Y aun sin acudir a tales medios,
un soplo nada más habría bastado,
para que cayeran perseguidos por tu justicia
y arrollados por la fuerza de tu poder.
Sin embargo, tú lo has dispuesto todo
con moderación y orden y equilibrio. *ᵐ*

Motivos de la moderación de Dios

²¹ Tú puedes, en cualquier momento,
actuar con gran poder;
¿quién puede resistir la fuerza de tu brazo?
²² Porque el mundo entero es ante ti
como la pesa más pequeña en la balanza, *ⁿ*
o como una gota de rocío
que cae al amanecer sobre la tierra.
²³ Sin embargo, tú de todos tienes compasión,
porque lo puedes todo *ñ*
y no te fijas en los pecados de los hombres,
para que se arrepientan. *ᵒ*
²⁴ Amas a todos los seres
y no aborreces nada de lo que has hecho;
si hubieras odiado alguna cosa, no la habrías creado.
²⁵ ¿Cómo podrían existir los seres,
si tú no lo hubieras querido?
¿Cómo podrían conservarse,
si tú no lo ordenaras?
²⁶ Tú tienes compasión de todos,
porque todos, Señor, te pertenecen,
y tú amas todo lo que tiene vida,

ˣ **10.21** *Los niños:* probable alusión a una tradición judía que decía que aun los recién nacidos se unieron al canto de alabanza de Moisés (Ex 15.1-21; Sal 8,2[3]).

ᵃ **11.1** Después de hablar del paso del Mar Rojo, la atención se dirige a la travesía por el desierto (11.2-14).

ᵇ **11.1** Dt 34.10-12; Os 12.13(14).

ᶜ **11.2-3** Resumen de la peregrinación de los israelitas por el desierto y de las dificultades que encontraron: Ex 15.22—17.16; Nm 10.11—33.49.

ᵈ **11.4** Cf. Ex 17.1-7; Nm 20.2-13; Sal 78.20; 105.41.

ᵉ **11.5-14** Una misma cosa, el agua, sirvió para castigar a los egipcios y para auxiliar a los israelitas. Estos contrastes se continuarán en los caps. 16—19.

ᶠ **11.6** Alusión a la primera de las plagas (Ex 7.14-24).

ᵍ **11.7** Ex 1.15-22.

ʰ **11.9** *Una corrección hecha con amor:* El autor ve en los sufrimientos de los israelitas una corrección, como la que el padre hace a sus hijos. Cf. Dt 8.2-5; Pr 3.11-12; Heb 12.4-11.

ⁱ **11.14** Ex 2.1-4; 2.14-15.

ʲ **11.15** *Dar culto...a animales despreciables:* Es conocido que los egipcios representaban a sus dioses con figuras de diversos animales.

ᵏ **11.15** Alusión a las plagas: ranas, mosquitos, tábanos, langostas (Ex 8.1-24[7.27—8.20]; 10.12-15).

ˡ **11.17** *De la materia informe creó el mundo:* El autor se refiere a Gn 1.1—2.4 con expresiones adaptadas a la mentalidad griega.

ᵐ **11.20** El autor ve en el castigo de Dios contra los egipcios una muestra de la moderación divina.

ⁿ **11.22** Is 40.15.

ñ **11.23** El poder de Dios está al servicio de su misericordia. Véase 2.11 n.

ᵒ **11.23** Eclo 18.11-14; Ro 2.4.

12 ¹porque en todos los seres
está tu espíritu inmortal.
² Por eso, a los que pecan
los corriges y reprendes poco a poco,
y haces que reconozcan sus faltas,
para que, apartándose del mal, crean en ti, Señor.

Moderación de Dios con Canaán [a]

³ A los antiguos habitantes de tu santa tierra
⁴ los aborreciste por sus prácticas odiosas, [b]
por practicar la magia y otros actos perversos,
⁵ por matar sin compasión a los niños,
y por comer en sus banquetes vísceras y carne
y hasta sangre de seres humanos.
A ellos, que practicaban tales ritos,
⁶ padres asesinos de criaturas indefensas,
decidiste eliminarlos por medio
de nuestros antepasados,
⁷ para que esta tierra, la más preciosa para ti de todas,
pudiera recibir al pueblo de tus hijos. [c]
⁸ Pero aun de ellos, por ser hombres,
tuviste compasión:
como vanguardia de tu ejército,
les enviaste avispas,
para que acabaran con ellos poco a poco. [d]
⁹ Hubieras podido, en batalla campal,
poner a los impíos en manos de los justos,
o aniquilarlos en un solo instante
por medio de fieras salvajes,
o con una severa orden de mando;
¹⁰ sin embargo, para darles oportunidad de arrepentirse,
los castigaste poco a poco,
sabiendo que eran malos por naturaleza
y perversos desde su nacimiento,
y que nunca cambiarían su modo de pensar,
¹¹ porque eran una nación maldita desde el comienzo.

Razones de la moderación divina

No fue por miedo a nadie
por lo que dejaste sin castigo sus pecados, [e]
¹² pues, ¿quién podrá pedirte cuentas de lo que haces [f]
u oponerse a tu sentencia?
¿Quién podrá acusarte de haber destruido
naciones que tú mismo hiciste?
¿Quién puede levantarse contra ti
para defender a los malvados?
¹³ Pues no existe ningún dios, fuera de ti, [g]
que tenga todo bajo su cuidado

y a quien tú tengas que dar cuentas
de si has juzgado rectamente o no;
¹⁴ ni hay rey o gobernante que pueda hacerte frente
para defender a los que tú has castigado.
¹⁵ Puesto que eres justo, todo lo gobiernas con justicia;
y juzgas indigno de tu poder
condenar al que no merece castigo.
¹⁶ Porque tu poder es la base de tu justicia,
y como eres el dueño de todos,
de todos tienes compasión. [h]
¹⁷ Tú despliegas tu fuerza
ante aquellos que dudan de tu gran poder,
y confundes a los que, conociéndolo,
se muestran insolentes;
¹⁸ pero, precisamente porque dispones
de tan gran poder,
juzgas con bondad y nos gobiernas
con gran misericordia,
porque puedes usar de tu poder en el momento
que quieras.

Lo que nos enseña la moderación de Dios

¹⁹ Actuando así, enseñaste a tu pueblo
que el hombre justo debe ser bondadoso, [i]
y llenaste a tus hijos de una bella esperanza,
al darles la oportunidad de arrepentirse
de sus pecados.
²⁰ Si a los cananeos, que eran enemigos de tus hijos [j]
y merecían la muerte,
los castigaste con tanta bondad y consideración,
dándoles oportunidad de dejar su maldad,
²¹ con mayor delicadeza aún has juzgado a tus hijos,
pues tú habías hecho una alianza con sus antepasados
y con juramento les habías prometido
grandes bienes. [k]
²² Mientras que a nuestros enemigos
les envías mil castigos,
a nosotros nos corriges,
para que a la hora de juzgar a otros pensemos
en tu bondad,
y cuando nos toque ser juzgados
esperemos tu misericordia.

Después de tener compasión, Dios juzga con rigor

²³ Por eso, a los egipcios insensatos,
que habían pasado su vida haciendo el mal, [l]
los atormentaste con los mismos
seres odiosos que adoraban:

---

[a] **12.3-11a** Después de hablar de los egipcios, el autor menciona a los cananeos, los antiguos habitantes de la tierra prometida por Dios a Israel. Dios los castigó por sus crímenes, pero también con ellos usó de moderación. Como contraste, cf Sal 106.34-39, donde se reprocha a los israelitas haber seguido las mismas prácticas.

[b] **12.3-7** Ex 23.23-24; Dt 7.1-5; 12.31; 18.10-14.

[c] **12.7** *Tus hijos:* A los israelitas se les llama con frecuencia "hijos de Dios".

[d] **12.8** Cf. Ex 23.27-30; Dt 7.20-23; Jos 24.12.

[e] **12.11** *Nación maldita desde el comienzo:* cf. Gn 9.25.

[f] **12.12** Job 9.12; Ro 9.20.

[g] **12.13** Dt 32.39; Is 43.10-11.

[h] **12.16** Véase 2.1 n.

[i] **12.19** *Bondadoso:* lit. *amigo de los hombres,* término aplicado a la sabiduría en 1.6; 7.23. Cf. también Tit 3.4.

[j] **12.20** *Tus hijos:* Véase 12.7 n.

[k] **12.21** Gn 17; Ex 24.1-11.

[l] **12.23** *Insensatos... haciendo el mal:* hay una estrecha relación entre el no reconocer al verdadero Dios y la depravación moral. Cf. Ro 1.22-32.

²⁴ se habían extraviado mucho siguiendo
    el camino del error,
aceptando como dioses a los animales
    más feos y repugnantes,
dejándose engañar como niños sin inteligencia;
²⁵ y por eso, como a niños sin uso de razón,
les enviaste un castigo que los puso en ridículo. ᵐ
²⁶ Y como no escarmentaron con el ridículo
    y la corrección,
tuvieron que sufrir el juicio de Dios que merecían. ⁿ
²⁷ Ellos, al verse castigados con aquellos animales
    que habían tenido como dioses
    y que ahora eran su tormento,
reconocieron que el verdadero Dios era aquel
    a quien se habían negado a conocer. ñ
¡Así cayó sobre ellos el castigo final!

13 *El culto a los astros y a las fuerzas de la naturaleza* ᵃ
¹ Faltos por completo de inteligencia
    son todos los hombres que vivieron
        sin conocer a Dios;
los cuales, a pesar de ver tantas cosas buenas,
    no reconocieron al que verdaderamente existe;
los cuales, a pesar de ver sus obras,
    no descubrieron al que las hizo. ᵇ
² En cambio, tuvieron por dioses que gobiernan el mundo
al fuego, al viento,
al aire ligero, a las estrellas del firmamento,
al agua caudalosa y a los astros del cielo.
³ Si con la belleza de esos seres tanto se encantaron
que llegaron a tenerlos por dioses,
deberían comprender que mucho más hermoso
es el Señor de todos ellos,
pues él, el autor de la belleza, fue quien los creó. ᶜ
⁴ Si los asombró el poder y la actividad
    de aquellos seres,
deberían saber que más poderoso es quien los hizo;
⁵ pues, partiendo de la grandeza
    y la belleza de lo creado,
se puede reflexionar y llegar a conocer a su creador. ᵈ
⁶ A esos hombres, sin embargo,
    no se les puede culpar del todo,
porque quizá se equivocaron
en su afán mismo de buscar a Dios
    y querer encontrarlo. ᵉ
⁷ Pasan la vida en medio de las obras de Dios,
    tratando de estudiarlas,
y se dejan engañar por su apariencia,
ya que las cosas que ven son efectivamente bellas.

⁸ Sin embargo, no tienen excusa,
⁹ porque si fueron capaces de saber tanto,
    hasta el punto de investigar el universo,
¿por qué no descubrieron antes al Señor de todos?

El culto a los ídolos ᶠ
¹⁰ ¡Pero qué desgraciados son
los que llaman dioses a cosas hechas por los hombres,
a objetos de oro y plata, artísticamente trabajados,
a figuras de animales,
a una piedra sin valor,
    tallada hace mucho por un escultor,
pues ponen su esperanza en cosas muertas!
¹¹ Pongamos por ejemplo un carpintero:
corta un árbol fácil de manejar,
con habilidad le quita toda la corteza,
lo labra con cuidado
y hace un objeto útil para las necesidades ordinarias;
¹² la madera que le sobra
la usa para preparar toda la comida que quiere.
¹³ Y lo que queda todavía,
un palo torcido y nudoso, que no sirve para nada,
lo toma, lo labra, simplemente por pasar el tiempo,
y lo modela, con habilidad y sin esfuerzo,
hasta sacar la imagen de un hombre
¹⁴ o lograr el parecido de un animal despreciable.
Lo cubre luego con pintura roja,
tapando así todas las imperfecciones;
¹⁵ y le hace entonces un nicho conveniente,
lo coloca en la pared y lo sujeta con un clavo.
¹⁶ Tiene que tomar precauciones para que no se caiga,
porque sabe que el ídolo mismo no puede valerse:
no es más que una imagen, y necesita ayuda.
¹⁷ Y a pesar de todo, le pide por sus bienes de fortuna,
por su esposa y por sus hijos;
no le da vergüenza dirigir la palabra
a un objeto que no tiene vida.
Para pedir la salud, acude a un ser que no la tiene;
¹⁸ para pedir la vida, acude a un ser muerto;
para conseguir protección, recurre al más incapaz;
para pedir buen viaje,
    a un ser que ni siquiera puede andar;
¹⁹ para tener éxito en sus negocios, actividades y trabajos,
pide ayuda a quien no tiene la menor fuerza
    en sus manos.

14 ¹ Otro hombre, que está a punto de embarcarse
    para cruzar las enfurecidas olas,
ora ante un palo, más frágil que la embarcación
que lo transporta.

ᵐ **12.23-25** Sab 11.15-16.
ⁿ **12.26** *El juicio... merecían:* otra posible traducción: *un juicio digno de Dios.*
ñ **12.27** Ex 9.27.
ᵃ **13.1-9** Los caps. 13—15 desarrollan ampliamente el tema de la idolatría, la más grave negación de la sabiduría. Primero se describe la idolatría como culto a los astros y a las fuerzas de la naturaleza (13.1-9), luego como culto a ídolos fabricados por el hombre (13.10—15.17) y finalmente como culto a lo animales (15.18-19). El autor ve en estas formas una degradación cada vez mayor.

ᵇ **13.1** El mismo argumento se encuentra en Ro 1.19-20; cf. Sal 92.5-6(6-7); Eclo 17.8-10.
ᶜ **13.3** El tema de la belleza del mundo es típicamente griego.
ᵈ **13.5** La capacidad reflexiva del hombre, partiendo de la realidad de la creación, puede llevarlo a conocer a Dios, creador del universo. Cf. Ro 1.20. El autor sabe que prácticamente todos los pueblos tienen alguna noción de Dios.
ᵉ **13.6** Hch 17.27.
ᶠ **13.10—14.21** La crítica al culto de los ídolos es un tema

² El deseo de ganancia ideó la embarcación,
y la habilidad técnica la construyó,
³ pero es tu providencia, Padre, quien la guía,
pues tú trazaste un camino en el mar
y un sendero seguro entre las olas, *ᵃ*
⁴ demostrando así que puedes salvar de cualquier peligro,
para que aun el más inexperto pueda embarcarse.
⁵ No quieres que sea inútil lo hecho con tu sabiduría;
por eso, los hombres confían su vida
a un débil barco de madera,
en el que cruzan las olas
y llegan a tierra sanos y salvos.
⁶ Así también, al comienzo,
cuando murieron los orgullosos gigantes, *ᵇ*
la esperanza del mundo se refugió en una balsa
que, conducida por tu mano, dejó al mundo
la semilla de una nueva humanidad. *ᶜ*
⁷ ¡Bendita la madera que se usa rectamente!
⁸ ¡Maldita la madera de la que se hace un ídolo!
¡Maldito el ídolo y el que lo hace:
este por haberlo fabricado
y aquel porque, siendo cosa que se pudre,
fue llamado dios!
⁹ Dios aborrece tanto al malo como al mal que hace;
¹⁰ y, tanto la obra como el que la hace, serán castigados.
¹¹ Por eso, Dios destruirá también a los ídolos
de los paganos,
porque, aunque eran cosas creadas por Dios,
fueron convertidas en cosas detestables,
un peligro para la vida de los hombres
y una trampa para los pies de los incautos.

Origen del culto a los ídolos

¹² De la invención de los ídolos se siguió la inmoralidad; *ᵈ*
fue algo que destruyó la vida.
¹³ Los ídolos no existían desde el principio,
ni existirán siempre.
¹⁴ Vinieron al mundo por la superstición de los hombres,
y por eso Dios ha decretado que pronto desaparezcan.
¹⁵ Un padre, desconsolado por la muerte temprana
de su hijo,
que le fue arrebatado bruscamente,
hace una imagen de él,
y al que antes era un simple hombre muerto,
lo venera luego como a un dios,
y establece, para sus familiares, ritos y ceremonias. *ᵉ*
¹⁶ Más tarde, con el tiempo,
esta impía costumbre se arraiga
y se observa como ley.
¹⁷ De igual manera, por orden de los gobernantes
se da culto a sus estatuas.
Como la gente que vivía lejos
no podía rendirles honores personalmente,
hicieron algo que tuviera algún parecido
y reprodujera visiblemente
la imagen del rey que querían honrar,
deseosos de adularlo, estando ausente,
como si estuviera presente.
¹⁸ Luego, la ambición del artista fomentó,
en los que no conocían al rey,
el deseo de venerarlo,
¹⁹ pues, deseando sin duda agradar al gobernante,
exageró con arte la belleza de la imagen.
²⁰ Así la gente, atraída por el encanto de la obra,
consideró como objeto de adoración
al que poco antes honraba solo como a hombre.
²¹ Esto se convirtió en una trampa para los hombres,
porque ellos, esclavos de la desgracia o de la tiranía,
dieron a la piedra y al palo
el nombre que solo pertenece a Dios.

Consecuencia del culto a los ídolos

²² Pero, no contentos con su error de no conocer a Dios,
viven los hombres en una espantosa guerra
causada por la ignorancia,
¡y a tan terribles males llaman paz!
²³ Practican ritos en los que matan a niños,
celebran cultos misteriosos
o realizan locas fiestas de extrañas ceremonias;
²⁴ no respetan ni la vida ni el matrimonio,
sino que un hombre mata a otro a traición
o lo hace sufrir cometiendo adulterio con su esposa.
²⁵ Todo es confusión, muerte, asesinato, robo, engaño,
sobornos, infidelidad, desorden, juramentos falsos,
²⁶ confusión de los valores, ingratitud,
corrupción de las almas, perversión sexual,
destrucción del matrimonio, adulterio e inmoralidad. *ᶠ*
²⁷ El culto a ídolos que no son nada
es principio, causa y fin de todo mal:
²⁸ los que los adoran celebran fiestas
en que se pierde el juicio,
o pronuncian falsas profecías, o viven en la injusticia,
o juran en falso con facilidad.
²⁹ Como ponen su confianza en ídolos sin vida,
piensan que el jurar en falso no les traerá ningún mal.
³⁰ Pero serán condenados por dos razones:
por tener una falsa idea de Dios,
dando culto a los ídolos,

---

frecuente en el AT: Sal 115.4-8; 135.15-18; Is 40.18-20; 44.9-20; Jer 10.3-16; Bar 6.7-72. Cf. también Ro 1.18-32.

ᵃ **14.3** *Trazaste un camino... olas:* alusión al paso del Mar Rojo. Cf. Sal 77.19(20); Is 43.16.

ᵇ **14.6** *Los orgullosos gigantes:* Cf. Gn 6.4; Dt 2.10; Eclo 16.7; Bar 3.26-28.

ᶜ **14.6** Alusión a Noé, salvado en una barca de madera: Gn 6.9—8.19.

ᵈ **14.12** También en Ro 1.22-23 se presenta la corrupción moral como consecuencia de la negación del culto al verdadero Dios. Cf. Ex 34.15-16.

ᵉ **14.15-21** El autor propone aquí dos maneras de explicar el origen de la idolatría: la divinización de seres humanos muertos (14.15-16) y el culto a las imágenes de los gobernantes (14.17-21). Entre los griegos fue costumbre divinizar a ciertos personajes importantes del pasado (los héroes) y entre muchos pueblos se rendía culto divino al rey y a su imagen (cf. Dn 3).

ᶠ **14.26** Véase un catálogo de vicios semejante a este en Ro 1.26-32.

y por jurar contra la verdad y la justicia,
despreciando cuanto hay de más sagrado.
³¹ No es que los ídolos, por quienes juran,
   tengan poder alguno,
sino que el castigo reservado a los pecadores
cae siempre sobre los que cometen actos malos.

15 Israel no adora a falsos dioses [a]
¹Tú, Dios nuestro, eres bueno y fiel,
eres paciente y todo lo gobiernas con misericordia.
² Aunque pequemos,
   somos tuyos y reconocemos tu poder;
pero no pecaremos, sabiendo que nos consideras tuyos.
³ Conocerte a ti es rectitud perfecta,
y reconocer tu poder es la raíz de la inmortalidad. [b]
⁴ Pues no nos hemos dejado engañar
por esos ídolos inventados por la habilidad perversa
   de los hombres
y por el infructuoso trabajo de los pintores,
⁵ cuya vista despierta pasiones en los hombres sin razón
que se entusiasman con la imagen sin vida
   de un ídolo muerto.
⁶ Tanto los que hacen ídolos
como los que los aman y les dan culto,
están enamorados del mal
y no merecen esperar nada mejor.

Ejemplo del alfarero [c]
⁷ El alfarero, por ejemplo,
amasa laboriosamente el barro blando
y moldea cada vasija que necesitamos;
pero del mismo barro hace por igual
las que sirven para usos nobles
y las que sirven para otros usos;
es él, sin embargo, quien decide
cuál ha de servir para este o aquel uso. [d]
⁸ Luego, dedicándose a una labor reprobable,
modela con el mismo barro un falso dios;
lo hace un hombre que ayer mismo nació de la tierra
y que pronto volverá a la tierra de donde fue sacado,
cuando tenga que entregar la vida que recibió prestada.
⁹ En vez de pensar en que tiene que morir
y en que su vida es corta,
hace competencia a los que trabajan el oro y la plata,
imita a los que labran el bronce
y se siente orgulloso de hacer falsificaciones.

¹⁰ Su corazón es como ceniza,
su esperanza, más despreciable que la tierra,
su vida vale menos que el barro,
¹¹ porque no reconoció a Dios, que lo formó a él,
le infundió un alma activa
y le comunicó aliento de vida. [e]
¹² El alfarero pensó que la vida es un juego,
y la existencia, un mercado para obtener ganancias.
Dijo: "De todo, hasta del mal,
hay que valerse para hacer dinero." [f]
¹³ Este hombre, que hace con el mismo barro
lo mismo ídolos que vasijas que se rompen,
sabe mejor que nadie que comete una acción mala. [g]

Error de los egipcios
¹⁴ Pero los más faltos de inteligencia
y peores que niños sin razón
fueron los enemigos que oprimieron a tu pueblo,
¹⁵ pues aceptaron como dioses
a todos los ídolos de las demás naciones,
ídolos que tienen ojos y no pueden ver,
que tienen narices y no pueden respirar,
que tienen oídos y no pueden oír,
que tienen dedos y no pueden tocar,
que tienen pies y no pueden caminar. [h]
¹⁶ Ídolos hechos por los hombres,
formados por un ser con vida prestada,
pues ningún hombre es capaz de hacer un dios
   igual a él;
¹⁷ siendo mortal, sus manos pecadoras
solo fabrican algo sin vida;
él vale más que los objetos que adora,
pues al menos él tiene vida, y ellos no.
¹⁸ Los egipcios adoran,
a los animales más repugnantes, [i]
que, comparados con los demás,
resultan los más estúpidos;
¹⁹ no tienen belleza alguna que los haga atractivos,
como la tienen otros animales;
son animales que no recibieron
la aprobación y bendición de Dios. [j]

16 Comparación entre Egipto e Israel. Las ranas y las codornices. [a]
¹ Por eso los egipcios fueron castigados, como merecían,
por medio de semejantes seres,

---

[a] **15.1-6** En fuerte contraste con lo anterior, se presenta la misericordia de Dios, que ha escogido al pueblo de Israel y lo ha librado de la idolatría (15.1-6).

[b] **15.3** Jn 17.3.

[c] **15.7-13** Continúa el tema de la idolatría, como culto a imágenes fabricadas por los hombres.

[d] **15.7** Jer 18.1-4; Ro 9.21.

[e] **15.11** Gn 2.7.

[f] **15.12** En cierta manera, se propone aquí el afán de lucro como otro origen o fomento de la idolatría (véanse 14.15 n. y Ef 5.5 nota e).

[g] **15.13** En toda esta exposición (15.7-13) hay un contraste implícito: el hombre del barro fue modelado por Dios (Gn 2.7), en vez de reconocer que es criatura de Dios, crea dioses de barro.

[h] **15.15** Véase 13.10 n.

[i] **15.18** La forma más absurda de idolatría es el culto a animales repugnantes (vv. 15-16).

[j] **15.19** *Animales que no recibieron la aprobación y bendición de Dios:* Dios había aprobado la existencia de todos los animales: Gn 1.24-25. El autor parece referirse a la maldición de Dios a la serpiente (Gn 3.14-15), que, por extensión, aplica a los reptiles a los que los egipcios daban culto.

[a] **16.1-4** Después de la exposición sobre la idolatría (caps. 13—15), el autor continúa hablando de la acción de Dios en el éxodo (véase 10.15 n.), poniendo en contraste los castigos enviados a los egipcios y las manifestaciones de la bondad de Dios con Israel (caps.16—18). El autor no repite simplemente el relato bíblico, sino que lo amplía y lo comenta, usando procedimientos comunes en su época.

y atormentados por una multitud de animalejos.[b]
² A tu pueblo, en cambio,
en vez de castigarlo, lo favoreciste
y, para satisfacer su apetito,
le diste un alimento que no conocía: las codornices.[c]
³ Los egipcios, a pesar de tener hambre,
perdieron su apetito
ante el aspecto repugnante
de los animales que les habías enviado.
Tu pueblo, en cambio,
después de haber pasado necesidad por corto tiempo,
disfrutó de un alimento nuevo para ellos.
⁴ Era justo que a los opresores
les viniera un hambre irresistible
y que, en cambio, tu pueblo tuviera
solo una muestra
de los tormentos que sufrían sus enemigos.

Las langostas y la serpiente de bronce

⁵ Y cuando animales venenosos
atacaron a tu pueblo con furor terrible
y serpientes tortuosas sembraban la muerte
con su mordedura,[d]
tu ira no duró hasta el final.
⁶ Los asustaste un poco, para que escarmentaran,
pero les diste una señal de salvación,[e]
para que recordaran los mandatos de tu ley.
⁷ Quien se volvía hacia aquella señal, se salvaba,
no en virtud de la señal misma que veía,
sino gracias a ti, salvador de todos.[f]
⁸ De ese modo mostraste a nuestros enemigos
que eres tú quien libra de todo mal.
⁹ Ellos murieron picados por langostas y mosquitos,[g]
sin hallar un remedio para salvar su vida.
Al fin y al cabo merecían tal castigo.
¹⁰ Tus hijos, en cambio, no fueron vencidos
ni aun por los colmillos de las serpientes venenosas,
porque tu misericordia vino en su ayuda y los salvó.
¹¹ Ellos eran mordidos y sanados inmediatamente
para que recordaran tus palabras,
para que no olvidaran fácilmente
ni se hicieran insensibles a tus beneficios.
¹² No fue ninguna hierba, ni ungüento alguno,
lo que los sanó,
sino tu palabra, Señor, que da a todos la salud.
¹³ Pues tú tienes poder sobre la vida y la muerte,
tú nos bajas al reino de la muerte, y nos sacas de él.
¹⁴ En cambio el hombre, en su maldad,
puede quitar la vida, es cierto,
pero no puede devolverla

ni hacer regresar el alma
que ha sido arrebatada por la muerte.

Los elementos de la naturaleza y el maná

¹⁵ Nadie puede escapar de tu mano.
¹⁶ Los impíos, que no quisieron reconocerte,
fueron azotados por tu brazo poderoso,
perseguidos por lluvias desacostumbradas,
por granizo[h] y tremendas tormentas,
y consumidos por el fuego.
¹⁷ Y lo más maravilloso fue
que con agua, que lo apaga todo,
el fuego tomaba mayor fuerza.
Y es que la misma naturaleza defiende a los justos.
¹⁸ Unas veces las llamas disminuían,
para no destruir a los animales enviados
contra los impíos,
y para que estos comprendieran, al ver tal fenómeno,
que la justicia de Dios los perseguía.
¹⁹ Otras veces, aun en medio del agua,
la llama ardía con más fuerza que cualquier fuego,
para destruir las cosechas de aquella nación
malvada.
²⁰ A tu pueblo, en cambio,
le diste a comer alimento de ángeles.[i]
Sin que tuvieran que trabajar,
les enviaste desde el cielo
un pan listo ya para comer, que podía agradar a todos
y era apropiado a todos los gustos.
²¹ Este sustento que le dabas
mostraba la ternura que sientes por tus hijos:
se acomodaba al gusto del que lo comía
y se convertía en lo que cada uno quería.
²² Además, aunque era como nieve o como hielo,[j]
resistía el fuego sin derretirse.
Así podían darse cuenta
de que, mientras el fuego que ardía
en medio del granizo
y centelleaba en medio del aguacero
destruía las cosechas de los enemigos,
²³ ese mismo fuego perdía su energía propia
para que los justos pudieran alimentarse.
²⁴ Porque la creación, sirviéndote a ti, su creador,
actúa con más fuerza para castigar a los malvados,
y se calma en favor de los que en ti confían.
²⁵ Así fue como, en aquella ocasión,
ella, por una transformación total,
se puso al servicio de tu bondad,
que a todos alimenta,
para satisfacer los deseos de los que a ti acudían,

---

[b] 16.1 Cf. Ex 7.25—8.32(28); 10.12-15; Sab 11.15-16; 12.23-27.
[c] 16.2 *Codornices:* Ex 16.11-13; Nm 11.31-32.
[d] 16.5-7 Nm 21.4-9.
[e] 16.6-7 Jn 3.14-15.
[f] 16.7 El autor excluye una eficacia de tipo mágico en aquella señal. Quizá tiene en cuenta lo relatado en 2 R 18.4. En Jn 3.14 se presenta la serpiente de bronce como símbolo de Cristo levantado en la cruz.
[g] 16.9 Ex 8.(16-19)12-15; 10.13-15.
[h] 16.16 Ex 9.13-35.
[i] 16.20 *Alimento de ángeles:* Referencia al maná (Ex 16; Dt 8.3-16). La tradición israelita se complacía en idealizar el maná (cf. Sal 78.23-24; 105.40; Jn 6.31-58; Ap 2.17).
[j] 16.22 *Como nieve o como hielo:* cf. Ex 16.14. La traducción griega de Nm 11.7 también dice "tenía la apariencia del hielo", en vez de "tenía un color amarillento, como el de la resina".

²⁶ para que aprendieran tus amados hijos, Señor,
que no son las cosechas de la tierra
las que alimentan al hombre,
sino que es tu palabra
la que mantiene a los que en ti confían. ᵏ
²⁷ El maná, que no era destruido por el fuego,
se derretía simplemente
con el calor del primer rayo del sol, ˡ
²⁸ para que tu pueblo supiera que es preciso
levantarse antes del amanecer a darte gracias
y orar antes de que salga el sol,
²⁹ pues la esperanza del ingrato
se derretirá como escarcha de invierno
y se escurrirá como agua inútil.

17

Oscuridad y luz ᵃ

¹ Tus juicios son grandiosos e inexplicables. ᵇ
Por eso, la gente que no aprende se equivoca.
² Los malvados pensaron que podían oprimir
al pueblo consagrado a ti,
pero fueron ellos los que,
aprisionados por la oscuridad
y cautivos de una noche interminable, ᶜ
tuvieron que quedarse encerrados en sus casas,
sin gozar de la luz que tú, en tu providencia,
siempre das.
³ Pensaron que los pecados que cometían en secreto
quedarían ocultos
bajo el oscuro manto del olvido,
pero, en realidad, tuvieron que huir
en todas direcciones,
terriblemente asustados por apariciones
que los llenaban de terror.
⁴ De hecho, ni siquiera escondiéndose en sus casas
pudieron librarse de ese miedo.
Por todas partes oían ruidos que los aterraban,
y se les aparecían figuras espantosas
de aspecto horrible.
⁵ El fuego no tenía fuerza suficiente para darles luz,
ni el resplandor brillante de los astros
lograba iluminar aquella horrible noche.
⁶ Para ellos brillaba solamente
un fuego que los espantaba y que ardía por sí solo;
y era tal el miedo, que cuando la visión
desaparecía de su vista
todavía les parecía más terrible.
⁷ Los trucos de la magia fracasaron,
y la ciencia de que presumían quedó en ridículo, ᵈ
⁸ pues los que prometían librar de temores y angustias
a los hombres enfermos,
estaban a su vez enfermos de un miedo ridículo.
⁹ Y aunque no hubiera nada terrible que los asustara,
los pasos de los animales

y el silbido de las serpientes
los llenaban de pavor;
se morían de miedo,
y ni siquiera se atrevían a mirar el aire,
del que es imposible escapar.
¹⁰ Ciertamente la maldad es cobarde,
pues tiene en sí misma un testigo que la condena;
acosada por la conciencia,
siempre imagina lo peor.
¹¹ El miedo, en realidad, no es otra cosa
que no querer servirse de la ayuda de la razón.
¹² Mientras menores son los recursos interiores,
peor parece la causa desconocida del tormento.
¹³ Los egipcios, en medio de aquella oscuridad
que, en realidad, no tenía ningún poder,
pues venía de las profundidades
del reino impotente de la muerte,
aunque dormían como de costumbre,
¹⁴ se veían perseguidos por horribles fantasmas,
o se sentían paralizados y sin fuerzas,
a causa del terror que, de repente
y sin que lo esperaran, los había invadido.
¹⁵ Así, todos por igual, donde estuvieran,
caían como presos en una cárcel sin rejas:
¹⁶ lo mismo agricultores que pastores,
o los que trabajaban en los campos solitarios,
todos, de improviso, sufrían este castigo,
sin poder escapar,
pues la oscuridad los tenía presos a todos por igual.
¹⁷ El silbido del viento,
el melodioso canto de los pájaros
en las ramas de los árboles,
el rumor acompasado del agua que corría con fuerza,
el ruido seco de las piedras al caer,
¹⁸ la invisible carrera de los animales que brincaban,
el rugido de las fieras salvajes
o el eco en las cavernas de los montes
los paralizaban de terror.
¹⁹ El resto del mundo,
iluminado por una luz resplandeciente,
se entregaba libremente a sus tareas;
²⁰ solo sobre los egipcios se extendía una pesada noche,
imagen de la oscuridad en que iban a caer;
pero ellos eran para sí mismos
más insoportables que la oscuridad.

18

¹ Para tu pueblo santo, en cambio,
brillaba una luz intensa. ᵃ
Los egipcios, al oírlos hablar, aunque sin poder verlos,
envidiaban su felicidad por no sufrir como ellos;
² les agradecían que, a pesar de los malos tratos recibidos,
no hubieran tomado venganza contra ellos,
y les pedían perdón por haberlos
tratado como enemigos.

ᵏ 16.26 Dt 8.3; Mt 4.4.
ˡ 16.27 Ex 16.21.
ᵃ 17.1—18.4 Se hace un amplio desarrollo del tema simbólico *oscuridad-luz*, para contraponer la diferente situación de los israelitas y los egipcios.

ᵇ 17.1 Ro 11.33.
ᶜ 17.2-21 Ex 10.21-23.
ᵈ 17.7 Ex 8.18(14); 9.11.
ᵃ 18.1-2 Ex 10.23.

3 A tu pueblo, en vez de tinieblas,
le diste una columna de fuego, *b*
como un sol que no hacía daño,
para que lo guiara en su desconocido viaje,
en su gloriosa expedición.
4 Los egipcios merecieron quedarse sin luz,
esclavos de la oscuridad,
por haber tenido presos a tus hijos,
que tenían la misión de trasmitir al mundo
la luz inagotable de tu ley. *c*

La muerte

5 Los egipcios decidieron matar a los niños
de tu pueblo santo,
y solo se salvó Moisés, que fue abandonado. *d*
Pero, en castigo, les quitaste a ellos muchos hijos
e hiciste que se ahogaran todos juntos
en el agua enfurecida. *e*
6 Lo que aquella noche había de suceder,
nuestros antepasados lo supieron de antemano,
para que, teniendo tal seguridad,
se sintieran animados
por las promesas en que habían creído. *f*
7 Tu pueblo esperó al mismo tiempo
la salvación de los inocentes
y la perdición de sus enemigos,
8 pues con los mismos medios castigaste a estos
y nos honraste llamándonos a ti. *g*
9 Los piadosos herederos de tus bendiciones
ofrecieron sacrificios a escondidas;
de común acuerdo se comprometieron
a cumplir la ley divina
y a compartir la prosperidad y los peligros,
y cantaron ya los himnos tradicionales. *h*
10 Con estos himnos contrastaban
los gritos confusos de los enemigos
y los quejidos dolorosos
de quienes lloraban a sus hijos muertos.
11 Señores y esclavos sufrieron igual castigo;
el hombre del pueblo corrió igual suerte que el rey.
12 Todos por igual tuvieron innumerables muertos,
que de igual forma perecieron.
Los vivos no se daban abasto para enterrarlos,
pues en un instante pereció lo mejor de su nación.
13 Así ellos, que confiados en su magia
no habían creído en ninguna de las advertencias,
reconocieron, al ver muertos a sus hijos mayores,
que nuestro pueblo era hijo de Dios. *i*
14 Porque a la medianoche,
cuando el paz y el silencio todo lo envolvían,
15 tu palabra omnipotente, cual guerrero invencible, *j*

salió del cielo, donde tú reinas como rey,
y cayó en medio de aquella tierra maldita.
Llevando, como afilada espada,
tu orden terminante,
16 entró en acción y todo lo llenó de muerte;
con su cabeza tocaba el cielo, y con sus pies,
la tierra.
17 Entonces, horribles pesadillas angustiaron
a los egipcios,
y los asaltó un terror que no habían imaginado.
18 Y al caer por tierra, moribundos, en diversos sitios,
mostraron claramente quién les había enviado
la muerte.
19 Los sueños que los atormentaron
habían sido una advertencia,
para que no murieran
sin saber la razón de su desgracia.
20 Pero también los justos
tuvieron que experimentar la muerte:
muchos de ellos perecieron en el desierto.
Pero tu ira no duró mucho tiempo,
21 pues Aarón, un hombre irreprochable,
se convirtió en su defensor
con las armas de su oficio sacerdotal:
la oración y el incienso con que alcanzó el perdón.
Hizo así frente a tu ira
y puso término a la calamidad,
mostrando que era en verdad tu servidor. *k*
22 Venció a tu ira, no con la fuerza de su cuerpo
ni con el poder de las armas,
sino que calmó tu enojo con su palabra,
recordándote las alianzas y promesas
que habías hecho a sus antepasados.
23 Cuando ya se amontonaban los cadáveres
unos sobre otros,
se interpuso, detuvo el avance de tu ira
y le cerró el paso hacia los sobrevivientes.
24 En su larga vestidura
estaba representado todo el mundo;
en las cuatro hileras de piedras talladas
estaban los gloriosos nombres de los antepasados;
y sobre el turbante que llevaba en la cabeza
estaba tu majestad. *l*
25 Ante esto, el destructor retrocedió, lleno de miedo,
pues con solo probar tu ira era suficiente.

19 El paso del Mar Rojo

1 Pero los impíos sufrieron el castigo
en todo su rigor,
porque tú sabías de antemano lo que iban a hacer:

---

b **18.3** Ex 13.21-22.
c **18.4** Sal 19.8(9); Ro 2.17-20.
d **18.5** Ex 1.15—2.10.
e **18.5** Ex 14.26-28.
f **18.6-19** Ex 12.29-30.
g **18.8** Ex 19.4.
h **18.9** Se refiere a la celebración de la Pascua, con los ritos que se convirtieron en una de las principales tradiciones del pueblo de Israel. Véase *Pascua* en el *Índice temático*.
i **18.13** Ex 4.22-23.
j **18.15** Sobre la eficacia de la palabra de Dios, cf. Is 55.10-11 y véase Heb 4.12 n. La imagen del guerrero aplicada a la Palabra de Dios, Jesucristo, aparece también en Ap 19.11-16.
k **18.21** Nm 16.41-50(17.6-15).
l **18.24** Ex 28.

² iban a dejar salir a tu pueblo,
urgiéndolo a que se fuera, *a*
para luego, cambiando de parecer, perseguirlo. *b*
³ Cuando todavía estaban de luto
y lloraban junto a las tumbas de sus muertos,
tuvieron la insensata idea
de perseguir a tu pueblo,
como si estuviera huyendo,
después de haberle suplicado que se fuera.
⁴ El castigo que habían merecido
los llevó a este extremo
y les hizo olvidar lo sucedido;
por esto, sufrieron los tormentos
que faltaban todavía para completar el castigo.
⁵ Así, mientras tu pueblo realizaba un maravilloso
viaje,
ellos encontraron la muerte fuera de su patria.
⁶ Toda la creación, obedeciendo tus órdenes,
cambió por completo su naturaleza,
para que tus hijos no sufrieran daño alguno. *c*
⁷ Se vio la nube cubrir con su sombra
el campamento, *d*
y donde antes había agua, surgir la tierra seca;
en el Mar Rojo apareció un camino despejado,
y una verde llanura entre las impetuosas olas. *e*
⁸ Por allí pasó todo al pueblo, protegido
por tu mano,
presenciando prodigios asombrosos.
⁹ Parecían caballos que pastaban,
saltaban de alegría como corderitos
y te alababan a ti, Señor, que los habías librado.
¹⁰ Porque todavía recordaban lo que había sucedido
en aquel país donde habían estado desterrados:
cómo la tierra, en vez de ganado,
produjo mosquitos,
y el río, en vez de peces, innumerables ranas. *f*
¹¹ Más tarde vieron una nueva manera
de nacer las aves:
cuando acosados por el hambre
pidieron alimentos delicados,
¹² las codornices salieron del mar,
para satisfacerlos. *g*

Egipto es más culpable que Sodoma
¹³ Los castigos cayeron sobre esa nación pecadora,
después de haber sido anunciados
por violentos truenos. *h*
Ellos sufrieron justamente, por su maldad,
pues habían mostrado
un odio cruel hacia los extranjeros.
¹⁴ Los habitantes de Sodoma no acogieron
a personas deconocidas que llegaron a su ciudad. *i*
Pero los egipcios convirtieron en esclavos
a extranjeros que estaban prestándoles servicios. *j*
¹⁵ Los de Sodoma fueron castigados
por haber recibido a los extranjeros
como enemigos.
¹⁶ Pero los egipcios, después de haber recibido
cordialmente a los israelitas,
y cuando estos ya gozaban de iguales derechos,
los maltrataron sometiéndolos a trabajos forzados.
¹⁷ Por esto fueron heridos de ceguera,
como los de Sodoma a la puerta de Lot,
hombre justo;
quedaron envueltos en tan densa oscuridad
que cada cual buscaba a tientas la puerta
de su propia casa. *k*

Transformación de la naturaleza
¹⁸ Los elementos de la naturaleza cambiaron
sus propiedades, *l*
del mismo modo que, en un instrumento
de cuerdas,
las notas pueden variar el ritmo,
conservando el mismo tono.
Y esto puede deducirse de los siguientes hechos:
¹⁹ los seres terrestres pudieron pasar por el agua,
y los animales que nadan salieron a la tierra;
²⁰ el fuego se hizo más intenso en el agua,
y esta perdió su propiedad de apagarlo.
²¹ Las llamas no quemaban
a los débiles animales que pasaban por ellas,
ni derretían el maná caído del cielo,
tan fácil de derretir,
por su semejanza a la escarcha.
²² ¡En todo, Señor,
has hecho grande y glorioso a tu pueblo;
nunca ni en ningún lugar
dejaste de ayudarlo!

---

a **19.1-2** Ex 12.33.
b **19.2-5** Ex 14.5-14.
c **19.6** La solidaridad de toda la creación con la acción de Dios en favor del pueblo elegido (16.24; 19.6-12,18-21) aparece también en Is 41.18-20; 44.3. Cf. igualmente Ro 8.19-23.
d **19.7** Ex 14.19-20.
e **19.7-9** Ex 14.21-22.
f **19.10** Ex 7.25—8.15(11)
g **19.11-12** Se interpreta el texto de Nm 11.31 como si las codornices hubieran salido del mar (cf. v. 6).
h **19.13** Sal 77.16-20(17-21).
i **19.14-15** Gn 19.1-11.
j **19.14-16** Cf. Gn 45.16-20; 47.1-6; Ex 1.8-14.
k **19.17** Gn 19.11; Ex 10.21-23.
l **19.18-21** Sab 16.17-23.

Baruc

Un autor desconocido, acudiendo a un recurso frecuente en esa época, agrupó bajo la prestigiosa autoridad de Baruc una antología (=Bar) de textos religiosos de diversa índole y de diferente origen.

Baruc había sido el secretario y hombre de confianza del profeta Jeremías (cf. Jer 32.12-14; 36.1-19,26,32). Al final compartió también la suerte del gran profeta (Jer 43.4-7). Una de las profecías de Jeremías estaba dirigida personalmente a él (Jer 45).

Todo esto contribuyó, sin duda, a la fama de que gozó el nombre de Baruc. En efecto, además de la presente colección, más tarde se publicaron bajo su nombre otros escritos (los llamados "Apocalipsis de Baruc"), que no forman parte de la Biblia.

El libro se compone de varias secciones claramente distintas. Ante todo, hay que notar que la llamada Carta de Jeremías, es un apéndice que literariamente es independiente del libro de Baruc.

El libro de Baruc propiamente dicho, a su vez, se compone de las siguientes partes:

I. Introducción narrativa (1.1-14)
II. Oración penitencial (1.15—3.8)
III. La sabiduría (3.9—4.4)
IV. Palabras de aliento (4.5—5.9)
V. Carta de Jeremías (6.1-72)

La variedad de temas y géneros no impide cierta armonía de fondo. Compuestos en un momento en que el judaísmo debía definir nuevamente su identidad religiosa y nacional, estos textos insisten en la necesidad de reconocer la santidad de Dios y, en contraste con esta, el pecado del pueblo, al mismo tiempo que recuerdan las promesas de salvación que Dios había hecho a Israel. Después de la catástrofe del s. VI a.C., la ley viene a ser el gran aglutinante religioso y social.

El libro quiere infundir un sincero espíritu de conversión a Dios y recordar a los israelitas que la verdadera sabiduría, la que enseña a ordenar rectamente la vida en sus múltiples aspectos, la encuentran ellos en la ley; al mismo tiempo quiere sostener la esperanza en las promesas de salvación para el futuro.

Como posibles fechas de composición del libro se señalan la segunda mitad del s. II o la primera mitad del s. I a.C.

La Carta de Jeremías, como se ha dicho, es un apéndice añadido al libro de Baruc. Este escrito, de autor desconocido, más que una carta propiamente dicha es un mensaje dirigido a los israelitas que van al destierro para ponerlos en guardia contra la infidelidad al verdadero Dios. Todo él es una mordaz sátira contra los cultos idolátricos babilonios, pero no perdía actualidad en situaciones posteriores como el periodo helenístico, cuando la fe de Israel se veía amenazada por ideas y costumbres extrañas. El escrito se inspira en Jer 10.1-6; Sal 115 y, sobre todo, en Is 44.9-20.

No se sabe exactamente de qué época proviene el texto original de este escrito, probablemente redactado en hebreo, pero conservado solo en traducción griega.

I. INTRODUCCIÓN NARRATIVA (1.1-14)

1 **Reunión en Babilonia** **1** Este es el libro que Baruc, hijo de Nerías [a] y descendiente de Maaseías, Sedequías, Hasadías e Hilquías, escribió en Babilonia [b] **2** el día siete del mes del año quinto [c] después que los caldeos se apoderaron de Jerusalén y la incendiaron.

3 Baruc leyó este libro delante de Jeconías, [d] hijo de Joaquim, rey de Judá, y delante de todas las personas que se habían reunido para oírlo. **4** También lo escucharon los funcionarios del gobierno y los miembros de la familia real, los ancianos y gente del pueblo de toda condición social, es decir, todos los que vivían en Babilonia, a orillas del río Sud. **5** Al oírlo, la gente se puso a llorar, a ayunar y a orar al Señor. **6** También reunieron dinero, según lo que cada uno podía dar, **7** y lo enviaron a Jerusalén, al sumo sacerdote Joaquim, hijo de Hilquías y nieto de Salom, y a los otros sacerdotes y a la gente que se encontraba con él en Jerusalén. [e] **8** Este envío se hizo el día diez del mes de Siván, [f] cuando Baruc recibió los utensilios que se habían llevado del templo, para devolverlos al país de Judá. [g] Se trataba de los utensilios de plata que había mandado hacer Sedequías, [h] hijo de Josías, rey de Judá, **9** después que el rey Nabucodonosor de Babilonia había hecho salir de Jerusalén y deportado a Babilonia a Jeconías, a los funcionarios del gobierno, a los jefes, a los cerrajeros [i] y a la gente del pueblo. [j]

---

[a] 1.1 Jer 36.1. Sobre la atribución del libro a Baruc, secretario de Jeremías, véase la *Introducción*.

[b] 1.1 Según Jer 43.6-7, Jeremías y Baruc salieron para Egipto. Estas y otras indicaciones muestran que el texto pretende crear un marco más bien literario que histórico.

[c] 1.2 *El día siete del mes del año quinto:* Probablemente se refiere al quinto mes. Según 2 R 25.8, la destrucción del templo y de la ciudad habían ocurrido el día siete del mes quinto del año diecinueve del reinado de Nabucodonosor (586 a.C.). Parece que esa fecha se celebraba como día de duelo (cf. Zac 7.3). El año indicado correspondería al 582 o al 581 a.C.

[d] 1.3 2 R 24.8-17; Jer 24.1.

[e] 1.7 Aun después de la destrucción del templo, se continuaba en forma rudimentaria el culto (cf. Jer 41.5).

[f] 1.8 *Siván:* mes correspondiente a mayo-junio.

[g] 1.8 Según Esd 1.7-11, fue el rey persa Ciro quien devolvió los utensilios del templo. Véase 1.1 nota b.

[h] 1.8 2 R 24.18—25.7.

[i] 1.9 *Cerrajeros:* texto probable (cf. Jer 24.1). Gr. *prisioneros*.

[j] 1.9 2 R 24.14; Jer 24.1.

¹⁰ Ese dinero lo enviaron junto con el siguiente mensaje: "Les enviamos este dinero para que tengan con qué ofrecer holocaustos, sacrificios por el pecado e incienso. Preparen ofrendas y ofrézcanlas sobre el altar del Señor nuestro Dios. **¹¹** Hagan oraciones por el rey Nabucodonosor de Babilonia y por su hijo Belsasar, *ᵏ* para que ellos vivan en la tierra tantos años como dure el cielo. *ˡ* **¹²** El Señor nos dará fuerzas e iluminará nuestros ojos para que sigamos viviendo bajo la protección del rey Nabucodonosor y de su hijo Belsasar, y para que sigamos sirviéndole durante mucho tiempo; y así ellos nos tratarán favorablemente. **¹³** Oren también al Señor nuestro Dios por nosotros, pues hemos pecado contra él; por eso, hasta el día de hoy el Señor no ha apartado de nosotros su ira y su enojo.

¹⁴ "Cuando se reúnan en el templo para celebrar la fiesta de las Enramadas, *ᵐ* y en otros días oportunos, lean este libro que les enviamos y confiesen sus pecados.

II. ORACIÓN PENITENCIAL (1.15—3.8) *ⁿ*
Confesión de los pecados de Israel

¹⁵⁻¹⁶ "Digan:

'Al Señor nuestro Dios pertenece la justicia; a nosotros, en cambio, a los habitantes de Judá y de Jerusalén, lo mismo que a nuestros reyes, gobernantes, sacerdotes y profetas, y a nuestros padres, toca ahora la humillación. *ñ* **¹⁷** Porque hemos pecado contra el Señor, **¹⁸** le desobedecimos y no le hicimos caso cuando nos ordenaba que viviéramos según las leyes que había puesto delante de nosotros. **¹⁹** Desde el día en que el Señor nuestro Dios sacó a nuestros antepasados del país de Egipto hasta hoy, le hemos sido desobedientes y no hemos tenido cuidado de hacer caso de sus órdenes. **²⁰** Por eso nos han venido tantos males, y estamos ahora bajo la maldición que el Señor ordenó pronunciar a su siervo Moisés cuando sacó de Egipto a nuestros antepasados, para darnos la tierra en que la leche y la miel corren como el agua. *ᵒ* **²¹** Tampoco hemos hecho caso de lo que el Señor nuestro Dios nos ha dicho en todos los mensajes de los profetas que nos ha enviado. **²²** Cada uno ha seguido las malas inclinaciones de su corazón, hemos dado culto a dioses extraños y hemos hecho cosas que son malas a los ojos del Señor nuestro Dios.

2 **¹** "Así el Señor cumplió lo que había anunciado que haría con nosotros, con los gobernantes de Israel, con nuestros reyes y jefes y contra los habitantes de Israel y de Judá. **²** En todo el mundo nunca ha sucedido nada igual a lo que él hizo con Jerusalén, tal como estaba escrito en la ley de Moisés; **³** que llegaríamos hasta el punto de comernos la carne de nuestros propios hijos y de nuestras propias hijas. *ᵃ* **⁴** El Señor hizo que los israelitas cayeran en poder de todas las naciones que los rodean, que fueran despreciados y quedaran convertidos en un desierto en medio de todos los países vecinos por donde el Señor los dispersó. **⁵** Por haber pecado contra el Señor nuestro Dios y no hacer caso de sus órdenes, hemos quedado por debajo de los demás y no por encima. *ᵇ*

⁶ 'Al Señor nuestro Dios pertenece la justicia; a nosotros, en cambio, lo mismo que a nuestros padres, toca ahora la humillación. **⁷** Todas las calamidades que el Señor había anunciado contra nosotros, nos han caído encima. **⁸** No hicimos oración al Señor para pedirle que nos hiciera volver a él y que dejáramos las malas inclinaciones de nuestro corazón. *ᶜ* **⁹** Entonces el Señor estuvo atento para enviarnos esos males, porque él es justo en todo aquello que nos ordenó hacer. **¹⁰** Pero nosotros no obedecimos sus órdenes ni seguimos los mandatos que nos había dado.

Oración por la liberación

¹¹ 'Ahora bien, Señor, Dios de Israel, que sacaste de Egipto a tu pueblo desplegando tu poder y tu gran fuerza, y haciendo milagros y prodigios, y consiguiendo gran fama hasta el día de hoy; **¹²** Señor y Dios nuestro, con nuestros pecados, maldades e injusticias hemos ido en contra de todos tus mandamientos. *ᵈ* **¹³** Aparta de nosotros tu enojo, pues solo hemos quedado unos pocos en los países por donde nos dispersaste. **¹⁴** ¡Escucha, Señor, nuestras oraciones y súplicas! Por tu propio honor, líbranos; haz que los que nos han traído al destierro nos traten con bondad, **¹⁵** para que todos en la tierra sepan que tú eres el Señor nuestro Dios, y que Israel y sus descendientes llevan tu nombre. **¹⁶** Míranos, Señor, desde el lugar santo en que vives, y ocúpate de nosotros; inclina tu oído y escúchanos; *ᵉ* **¹⁷** abre tus ojos y mira. No son, Señor, los que ya están en el reino de la muerte, cuyos cuerpos han quedado sin vida, quienes te honran y celebran tu justicia. **¹⁸** Son, Señor, los que están vivos pero afligidos en extremo, los que caminan encorvados y sin fuerzas, con la mirada debilitada por el hambre, quienes te honran y celebran tu justicia. *ᶠ*

¹⁹ 'Señor, Dios nuestro, no te presentamos nuestra súplica por los méritos de nuestros antepasados y de nuestros reyes. **²⁰** Tú nos castigaste con ira y enojo, como lo habías anunciado por medio de tus siervos los profetas al decir: **²¹** Esto dice el Señor: Sométanse y sirvan al rey de Babilonia, y así podrán seguir viviendo en el país que di a los antepasados de ustedes. *ᵍ* **²²** Pero si no hacen caso de la orden que les di, de someterse al rey de Babilonia, **²³** entonces haré que ni en Jerusalén ni en las otras ciudades de Judá vuelvan a oírse cantos de alegría y de gozo, ni cantos de bodas; todo el país se convertirá en un desierto sin habitantes. *ʰ*

²⁴ 'Pero nosotros no hicimos caso de la orden que nos diste de someternos al rey de Babilonia, y tú cumpliste lo

---

ᵏ **1.11** Jer 29.7.
ˡ **1.11** Es decir, que vivan tantos años como el cielo sobre la tierra. Cf. Dt 11.21
ᵐ **1.14** *La fiesta de las Enramadas:* lit. *la fiesta.* Véase *Fiestas* en el *Índice temático.*
ⁿ **1.15—3.8** Esta oración penitencial se compone de dos partes. La primera (1.15—2.10) es una confesión de los pecados de Israel. La segunda (2.11—3.8) es una súplica por la liberación, confiada en las promesas hechas por Dios. Esta oración es muy semejante a la de Dn 9.4-19.

ñ **1.15-18** Dn 9.7-10; Dn (dc) 3.29-31.
ᵒ **1.20** Dt 28.
ᵃ **2.2-3** Cf. Lv 26.29; Dt 28.53; Jer 19.9; Lm 4.10.
ᵇ **2.5** Dt 28.13,43.
ᶜ **2.8** Dn 9.13-14.
ᵈ **2.11-14** Dn 9.15-17.
ᵉ **2.16** 1 R 8.30,33-34.
ᶠ **2.17-18** Véase Sal 6.5(6) n.
ᵍ **2.21** Jer 27.11-12.
ʰ **2.23** Jer 7.34.

que por medio de tus siervos los profetas habías anunciado: que los huesos de nuestros reyes y de nuestros antepasados serían sacados de sus tumbas. ²⁵ Y, en efecto, se encuentran tirados por el suelo bajo el calor del día y el frío de la noche; ʲ y murieron en medio de terribles sufrimientos, a causa del hambre, la guerra y la peste. ʲ ²⁶ Por la maldad de Israel y de Judá hiciste que el templo que lleva tu nombre quedara en el estado en que ahora se encuentra. ᵏ

Recuerdo de las promesas de Dios ²⁷ 'Sin embargo, Señor, Dios nuestro, tú nos has tratado según tu bondad y tu gran misericordia, ²⁸ como lo habías anunciado por medio de tu siervo Moisés, cuando le mandaste que escribiera la ley en presencia de los israelitas y dijiste: ²⁹ Si no me hacen caso, este pueblo tan grande y numeroso quedará reducido a un pequeño número en medio de las naciones entre las que yo los dispersaré. ˡ ³⁰ Pues sé que no van a obedecerme, porque son un pueblo terco. Pero cuando estén desterrados, entonces reflexionarán ³¹ y reconocerán que yo soy el Señor su Dios. Yo les daré inteligencia y oídos para escuchar, ³² y en el sitio en que estén desterrados me alabarán y se acordarán de mí. ³³ Dejarán su terquedad y su mala conducta, al acordarse de lo que sucedió a sus antepasados que pecaron contra mí, el Señor. ³⁴ Entonces yo haré que regresen a su país, el país que con juramento había prometido a Abraham, Isaac y Jacob, sus antepasados, y volverán a ser dueños de él. ᵐ Yo haré que se multipliquen y que no disminuyan. ³⁵ Yo haré con ellos una alianza eterna y me comprometeré a ser su Dios y a que ellos sean mi pueblo, y no volveré a hacer salir a mi pueblo Israel del país que les di. ⁿ

3 ¹ 'Señor todopoderoso, Dios de Israel, con el alma afligida y el espíritu abatido clamamos a ti. ² ¡Escúchanos, Señor, y ten misericordia, porque hemos pecado contra ti! ³ Tú estás sentado para siempre en tu trono, y nosotros estamos continuamente a punto de morir. ⁴ Señor todopoderoso, Dios de Israel, escucha las súplicas de los israelitas condenados a muerte ᵃ y de los hijos de los que pecaron contra ti y no te hicieron caso, a ti, su Dios y Señor, por lo que nos vinieron tantos males. ⁵ No te acuerdes de las maldades de nuestros antepasados; acuérdate ahora, más bien, de tu poder y de tu nombre. ⁶ Tú eres el Señor nuestro Dios, y nosotros, Señor, te alabaremos. ⁷ Tú has hecho que sintamos reverencia hacia ti, para que te invoquemos. Nosotros te alabaremos ahora que estamos en el destierro, pues hemos alejado de nuestro corazón toda la maldad de nuestros antepasados que pecaron contra ti. ⁸ Ahora estamos desterrados en este lugar adonde nos dispersaste, cubiertos de injurias y maldiciones, y sufriendo el castigo por todas las maldades de nuestros antepasados, ᵇ los cuales te abandonaron, Señor, Dios nuestro.' "

III. LA SABIDURÍA (3.9—4.4) ᶜ

⁹ Escucha, Israel, la instrucción que da vida;
pon atención y conoce la sabiduría.
¹⁰ ¿Por qué te encuentras, Israel, en un país enemigo,
envejeciendo en tierra extraña,
¹¹ manchándote con el contacto de los muertos,
en compañía de los que van al reino de la muerte?
¹² ¡Porque abandonaste el manantial de la sabiduría!
¹³ Si hubieras seguido el camino que Dios te señaló, ᵈ
vivirías eternamente en paz.
¹⁴ Aprende dónde está el saber, dónde la fuerza,
dónde el conocimiento,
y sabrás dónde está la larga vida, ᵉ
dónde la luz para los ojos y la paz.

¹⁵ Pero, ¿quién ha descubierto dónde está?
¿Quién ha llegado hasta el lugar donde se guarda? ᶠ
¹⁶ ¿Dónde están los que gobiernan las naciones?
¿Dónde los que doman las fieras de la tierra,
¹⁷ o se divierten con las aves del cielo?
¿Dónde están los que amontonan oro y plata,
cosas en que confían los hombres,
los que tienen posesiones sin límite?
¹⁸ ¿Dónde están los que trabajan la plata con paciencia,
sin que nadie conozca el secreto de su trabajo?
¹⁹ Todos han desaparecido, han muerto,
y en lugar de ellos otros han venido.
²⁰ Gente más joven ha visto la luz del día
y vive en el mundo.
Pero no saben el camino de la sabiduría,
²¹ no conocen sus senderos
ni han podido alcanzarla.
Sus hijos han quedado lejos del camino.
²² De ella no se supo nada en Canaán,
ni fue vista en Temán. ᵍ
²³ Los descendientes de Agar,
que buscan la ciencia aquí en la tierra,
los comerciantes de Madián ʰ y de Temá, ⁱ
los narradores de fábulas, los que buscan la ciencia,
no han conocido el camino de la sabiduría
ni han tenido noción de sus senderos.

ⁱ **2.24-25** Jer 8.1-2; 36.30.
ʲ **2.25** Jer 14.12. *La peste:* otra posible traducción: *el destierro.*
ᵏ **2.26** Jer 7.14.
ˡ **2.28-29** Dt 28.58,62.
ᵐ **2.34** Jer 32.37.
ⁿ **2.35** La nueva alianza no será un simple volver a la prosperidad pasada; Dios actuará de una manera nueva. Cf. Jer 31.31-34; 32.38-40; Ez 36—37; Am 9.15.
ᵃ **3.4** *Condenados a muerte:* lit. *muertos.* Aunque literalmente podría entenderse de los israelitas muertos, parece más probable, a la luz de 2.17-18, que se designe con esa metáfora a los que están a punto de morir (v. 3).
ᵇ **3.8** Lm 3.7.
ᶜ **3.9—4.4** La sección 3.9—4.4 es una instrucción poética sobre la sabiduría. Dirigiéndose a los israelitas desterrados, el autor les dice que sus males se deben a haber abandonado a Dios, el manantial de la sabiduría. Luego, inspirándose en textos anteriores como Pr 8.22-31; Job 28.12-28, describe la sabiduría como fuente de vida y atributo exclusivo de Dios, quien se la ha comunicado a Israel bajo la forma de la ley.
ᵈ **3.13** Véase *Camino* en el *Índice temático.*
ᵉ **3.14** Pr 3.16.
ᶠ **3.15** Cf. 3.29-32; Job 28.12,20; Is 40.13-14; Eclo 1.6.
ᵍ **3.22** *Temán:* ciudad de Edom. Cf. Jer 49.7; Abd 8-9.
ʰ **3.23** *Madián:* texto probable. Gr. *Merrán.*
ⁱ **3.23** *Temá:* texto probable. Gr. *Temán.* Diversos pueblos orientales eran famosos por su sabiduría. Pero la verdadera sabiduría no se encuentra entre ellos.

²⁴ ¡Qué grande, Israel, es el templo de Dios,ʲ
qué extenso el lugar de su dominio!
²⁵ ¡Grande, sin límites, alto e inmenso!
²⁶ Allí nacieron en tiempos antiguos los gigantes,ᵏ
hombres famosos, de alta estatura,
expertos en la guerra.
²⁷ Pero Dios no los escogió a ellos
ni les mostró el camino de la sabiduría.
²⁸ Y por no tener inteligencia, perecieron;
perecieron por su insensatez.
²⁹ ¿Quién subió al cielo, y adueñándose
de la sabiduría
la hizo bajar de las nubes?
³⁰ ¿Quién cruzó el mar para descubrirla
y traerla, pagándola a precio de oro fino?
³¹ Nadie conoce su camino
ni tiene idea de su sendero.ˡ

³² Pero Dios, que todo lo sabe, la conoce;
él con su inteligencia la ha encontrado.
Él fue quien afirmó la tierra para siempre
y la llenó de ganado. ᵐ
³³ Cuando él envía la luz, ella va;
cuando la llama, obedece temblando.
³⁴ Las estrellas brillan en su puesto de guardia,
llenas de alegría.
³⁵ Cuando él las llama, responden:
"¡Aquí estamos!"
y brillan alegres para su creador.
³⁶ Él es nuestro Dios;
no hay nadie igual a él.
³⁷ Él halló todos los caminos de la sabiduría,
y la ha dado a Jacob, su siervo,
a Israel, a quien ama. ⁿ
³⁸ Así apareció en la tierra la sabiduría
y ha vivido con los hombres.

4 ¹ ¡Ella es el libro de los mandamientos de Dios!
¡Ella es la ley que dura eternamente! ᵃ
Todos los que sean fieles a ella, vivirán;
pero los que la abandonen, morirán. ᵇ
² ¡Vuelve, Jacob, y consíguela;
iluminado por ella, dirígete a su esplendor!
³ ¡No cedas a otros tus honores,
ni tus privilegios a naciones extranjeras!

⁴ ¡Qué dichosos somos, Israel,
pues conocemos la voluntad de Dios! ᶜ

IV. PALABRAS DE ALIENTO (4.5—5.9) ᵈ
Lamentación de Jerusalén por sus hijos

⁵ ¡Ánimo, pueblo mío,
tú que guardas vivo el recuerdo de Israel!
⁶ Ustedes fueron vendidos a naciones extranjeras,
pero no serán exterminados.
Por haber hecho enojar a Dios,
fueron entregados a sus enemigos. ᵉ
⁷ Ustedes ofendieron a su creador
ofreciendo sacrificios a demonios y no a Dios. ᶠ
⁸ Se olvidaron del Dios eterno, ᵍ
que los alimentó,
y entristecieron a Jerusalén,
que los ha criado;
⁹ al ver venir sobre ustedes el castigo
que Dios iba a enviarles, ella dijo: ʰ
"¡Escuchen, ciudades vecinas:
Dios me ha enviado un gran dolor!
¹⁰ He visto cómo el Dios eterno
ha enviado cautivos a mis hijos y mis hijas.
¹¹ Yo los había alimentado llena de alegría,
y luego, con tristeza y lágrimas, los vi partir.
¹² Que nadie se alegre al ver que estoy viuda
y que me han quitado a tantos hijos.
Desierta estoy por los pecados de mis hijos,
porque se apartaron de la ley de Dios. ⁱ
¹³ No hicieron caso de los decretos de Dios,
no vivieron de acuerdo con sus mandamientos
ni se dejaron guiar de él por el camino recto.
¹⁴ ¡Vengan, ciudades vecinas;
fíjense cómo el Dios eterno
ha enviado cautivos a mis hijos y mis hijas!
¹⁵ Trajo desde lejos, contra ellos,
a una nación cruel, de idioma extraño,
que no respetaba a los ancianos
ni tenía compasión de los niños; ʲ
¹⁶ y a mí, viuda y desamparada,
me quitó a mis queridos hijos y a mis hijas.
¹⁷ ¿Y yo, qué ayuda puedo dar a ustedes, hijos míos?
¹⁸ Dios, que les envió estas calamidades,
es quien los librará de sus enemigos.

ʲ **3.24** *El templo* (o *casa*) *de Dios* parece ser aquí el cielo.
ᵏ **3.26** Con base en Gn 6.1-4, se atribuía el origen de los gigantes a la unión de ángeles con mujeres (cf. también Dt 2.10; Sab 14.6 y véase Gn 6.2 n.).
ˡ **3.29-31** Dt 30.12-13; Job 28.12-14,20-21.
ᵐ **3.32-35** Job 28.23-27; Pr 8.22-31.
ⁿ **3.37** Eclo 24.8-12.
ᵃ **4.1** Aunque la sabiduría tenía desde el comienzo un carácter eminentemente práctico (cf. 1 R 3.10,12,28), es característico del judaísmo tardío el identificarla con la ley (cf. también Dt 4.6; Sal 119.98; Eclo 24.23). El NT la identificará con el mensaje evangélico (cf. 1 Co 2.6-7; Ef 3.10) o con el mismo Jesucristo (1 Co 1.24,30; véase también Jn 1.1 nota b).
ᵇ **4.1** Cf. Dt 4.1; 30.15-20; Pr 8.35-36.
ᶜ **4.4** Ro 2.18.
ᵈ **4.5—5.9** Esta sección (4.6—5.9) se inspira en textos como Dt 32; Is 40—55; 60—62. En primer lugar, hace ver a los israelitas que la causa de sus desgracias fue haberse olvidado de Dios (4.6-29); pero les recuerda después las promesas de salvación que Dios les ha hecho (4.30—5.9).
ᵉ **4.6** Is 50.1.
ᶠ **4.7** Cf. Dt 32.16-17; Sal 106.37-38; 1 Co 10.20.
ᵍ **4.8** El título *Dios eterno*, que aparece ya en Gn 21.33; Is 40.28, era más usado en griego (en Bar a veces simplemente como "el Eterno") que en hebreo (Bar 4.10,14,20,22,24,35; 5.2; cf. también 2 Mac 1.25; Dn [dc] 13.42; Ro 16.26).
ʰ **4.9** Lo que sigue (vv. 9b-29) se pone en boca de Jerusalén, personificada en una viuda que se lamenta ante sus vecinas, al verse privada de sus hijos.
ⁱ **4.12** Lm 1.1.
ʲ **4.15** Dt 28.49-50; Jer 5.15-17.

19 ¡Sigan, hijos míos, sigan su camino!
¡Yo me quedo abandonada!
20 Me he quitado mis vestidos de los días de paz,
me he puesto ropas ásperas para orar
y clamaré al Dios eterno mientras viva.
21 ¡Ánimo, hijos, pídanle ayuda a Dios,
y él los librará de la tiranía y del poder
de sus enemigos!
22 Yo espero que el Dios eterno los salve;
el Señor santo y Dios eterno
me ha dado la alegría de saber
que pronto tendrá compasión de ustedes.
23 Yo, con tristeza y lágrimas, los vi partir;
pero Dios me los devolverá
con alegría y gozo eternos. [k]
24 Y así como ahora las ciudades vecinas
los han visto salir cautivos,
pronto verán cómo el Dios eterno los salvará
con su gran gloria y esplendor.
25 Hijos míos, soporten con paciencia
el castigo que Dios les ha enviado.
Sus enemigos los han perseguido,
pero pronto verán ustedes
cómo van a ser ellos destruidos,
y ustedes les pondrán los pies sobre el cuello.
26 Mis hijos consentidos han ido por caminos ásperos;
sus enemigos se los llevaron
como las fieras se llevan a las ovejas.
27 ¡Ánimo, hijos, pidan ayuda a Dios,
y él, que les mandó todo esto, se acordará de ustedes.
28 Así como se empeñaron en alejarse de Dios,
vuélvanse ahora y búsquenlo
con mucho más empeño.
29 Porque él, que les envió estas calamidades,
les dará también alegría eterna
al concederles la salvación."

Consuelo para Jerusalén

30 ¡Ánimo, Jerusalén!
Dios, que te dio tu nombre, [l] te consolará.
31 ¡Ay de los que te afligieron
y se alegraron de tu ruina!
32 ¡Ay de las ciudades que esclavizaron a tus hijos!
¡Ay de la ciudad adonde fueron deportados!
33 Así como ella se alegró de tu caída
y se gozó con tu ruina,
así se entristecerá cuando quede despoblada.
34 Dios le quitará las multitudes que tanto la alegran,
y su orgullo se convertirá en dolor.
35 El Dios eterno le enviará
un incendio por largos días,
y por mucho tiempo solo vivirán allí demonios. [m]
36 Jerusalén, mira al oriente
y verás la alegría que Dios te envía.
37 Mira, ya vienen los hijos que viste partir;
vienen de oriente y occidente, [n]
reunidos por orden del Dios santo,
alegres al ver la gloria de Dios.

5 **1** ¡Jerusalén, quítate tu ropa de luto y aflicción,
y vístete de gala con el esplendor eterno
que Dios te da!
2 Vístete la túnica de la victoria de Dios,
y ponte en la cabeza la corona de gloria del Eterno. [a]
3 Dios mostrará en toda la tierra tu esplendor,
4 pues el nombre eterno que Dios te dará es:
"Paz en la justicia y gloria en el servicio a Dios." [b]
5 ¡Levántate, Jerusalén, colócate en lugar alto,
mira hacia el oriente y verás
cómo vienen tus hijos de oriente y occidente,
reunidos por orden del Dios santo,
alegres al ver que Dios se acordó de ellos! [c]
6 Cuando se alejaron de ti, iban a pie,
llevados por sus enemigos;
pero Dios te los traerá gloriosamente,
como reyes en su trono. [d]
7 Dios ha ordenado que se aplanen
los altos montes y las colinas eternas,
que las cañadas se rellenen
y la tierra quede plana,
para que Israel pase por ellos tranquilamente,
guiado por la gloria de Dios. [e]
8 Los bosques y todos los árboles olorosos
darán sombra a Israel por orden de Dios,
9 porque él guiará a Israel con alegría,
a la luz de su gloria,
y le mostrará su amor y su justicia.

V. CARTA DE JEREMÍAS [a]

Esta es una copia de la carta enviada por Jeremías a los israelitas que el rey de Babilonia iba a llevarse cautivos a Babilonia, en la que les comunicaba un mensaje recibido de Dios. [b]

6 **1** "Ustedes han pecado contra Dios. Por eso el rey Nabucodonosor de Babilonia se los llevará cautivos a su país. [c] **2** En Babilonia tendrán que vivir muchos años, un tiempo muy largo, siete generaciones; [d] pero después yo los sacaré de allí en paz. **3** En Babilonia verán dioses de

---

[k] **4.23** Como en Is 40—66, la restauración se describe con características que sobrepasan las limitaciones del tiempo y el espacio.
[l] **4.30** Bar 5.4.
[m] **4.33-35** Jer 50—51.
[n] **4.37** Cf. Is 43.5; 60.4; Bar 5.5.
[a] **5.1-2** Is 52.1; 61.10; Ap 21.2.
[b] **5.4** Is 1.26. El nuevo nombre de Jerusalén expresa la nueva realidad que Dios va a crear: la paz será el fruto de la justicia y la verdadera gloria estará fundada en los valores religiosos.
[c] **5.5** Cf. Is 43.5; 60.4; Bar 4.37.
[d] **5.6** Cf. Is 49.22; 60.4; 66.20.
[e] **5.7** Is 40.4-5; Lc 3.4-6.
[a] **6 Introd.** Véase *Introducción*.
[b] **6 Introd.** La carta se presenta como enviada por Jeremías a los israelitas que iban desterrados a Babilonia (cf. 2 R 24.10-17; Jer 29.1). Toda ella está destinada a prevenir a los israelitas contra la infidelidad a su religión, y pone en ridículo la idolatría.
[c] **6.1** Jer 16.10-13.
[d] **6.2** *Siete generaciones:* número simbólico, para indicar un período de más o menos largo. Véase Jer 25.11-12 n.; 29.10; Dn 9.25 n.

plata, de oro y de madera, que la gente lleva cargados sobre los hombros y que dan miedo a los paganos. **4** ¡Mucho cuidado! No sean como los paganos; no tengan miedo a esos dioses. *e* **5** Cuando los vean entre una multitud de gente que los adora, digan ustedes interiormente: 'Solo a ti, Señor, hay que adorar.' **6** Porque mi ángel estará con ustedes y los protegerá.

7 "Esos ídolos *f* están recubiertos de oro y plata, y tienen lengua modelada por un artesano, pero son de mentira y no pueden hablar. **8** La gente toma oro y hace coronas para ponérselas en la cabeza a sus dioses, como si fueran muchachas que gustan de adornarse mucho. **9** A veces los sacerdotes les roban a sus dioses el oro y la plata para gastarlo en provecho propio, o les dan una parte a las prostitutas que viven junto al templo. *g* **10** Adornan con ropa a esos dioses de oro, de plata y de madera, como si fueran hombres; pero los dioses son incapaces de protegerse a sí mismos del moho y la carcoma. **11** A pesar de estar vestidos con mantos de púrpura, el polvo del templo se amontona sobre ellos, y es necesario limpiarles la cara. **12** Uno de ellos tiene cetro, como si fuera juez de un país; pero si alguien lo ofende, no puede matarlo. **13** Otro tiene en la mano una espada y un hacha, pero no puede defenderse en caso de guerra o de ataque de bandidos. **14** Así se puede ver que en realidad no son dioses. Por consiguiente, no les tengan miedo.

15 "Esos dioses, colocados allá en sus templos, son tan inútiles como un cacharro roto. **16** Los ojos se les llenan del polvo levantado por la gente que entra en el templo. **17** Cuando alguien ha cometido una ofensa contra el rey y está a punto de ser ejecutado, se le cierran muy bien las puertas; así también los sacerdotes aseguran los templos con puertas, cerraduras y trancas, para que no entren ladrones a robar a los dioses. **18** "Les encienden lámparas, más de las que ellos mismos usan, pero los dioses no pueden ver ninguna. **19** Son como las vigas del templo: se dice que por dentro están todas carcomidas. Salen de la tierra los gusanos y se comen a los ídolos y sus ropas, y ellos no sienten nada. **20** Tienen la cara ennegrecida por el humo que hay en el templo. **21** Sobre su cabeza y su cuerpo van a pararse los murciélagos, las golondrinas y otras aves, y hasta los gatos. **22** Así pueden ver ustedes que en realidad no son dioses. Por consiguiente, no les tengan miedo.

23 "Aunque están cubiertos de oro para que aparezcan hermosos, si alguien no quita la herrumbre, ellos no pueden darle brillo. Ellos mismos no sintieron nada cuando los estaban fundiendo. **24** Fueron comprados a un precio muy alto, y sin embargo no tienen vida. **25** Como en realidad no tienen pies, tienen que ser llevados en hombros, *h* mostrando a los hombres su vergüenza. Y los que les dan culto se llenan de vergüenza cuando ven que, si un ídolo se cae, ellos tienen que levantarlo. **26** Si lo dejan de pie, no puede moverse por sí mismo, y si se ladea, no puede enderezarse. Llevarles ofrendas a ellos es como llevar ofrendas a los muertos. *i* **27** Lo que la gente ofrece a los ídolos, los sacerdotes lo venden para su provecho. Y las mujeres de los sacerdotes hacen otro tanto: toman una parte de la carne y la salan para usarla después, pero no dan nada a los pobres ni a los necesitados. Esas ofrendas las tocan mujeres que están en su periodo de menstruación, o que acaban de dar a luz. *j* **28** Por estas cosas pueden ustedes darse cuenta de que en realidad no son dioses. Por consiguiente, no les tengan miedo.

29 "¿Cómo puede alguien decir que son dioses? Son mujeres las que presentan las ofrendas a esos dioses de oro, de plata y de madera. **30** En los templos se sientan los sacerdotes con las túnicas desgarradas, con el cabello y la barba rapados, con la cabeza descubierta, **31** y lanzan gritos y alaridos como si estuvieran en un banquete en honor de un muerto. **32** Los sacerdotes toman las ropas de los ídolos y hacen vestidos para sus esposas y sus hijos. **33** A quienes les hacen algún mal o algún bien, esos dioses no pueden darles nada en pago; no pueden poner ni quitar un rey. **34** Tampoco pueden dar a nadie riqueza ni dinero. Si alguien les hace una promesa y no la cumple, no pueden reclamárselo. *k* **35** No pueden librar a nadie de la muerte, *l* ni salvar al débil del poder del violento. **36** No pueden devolver la vista al ciego, ni ayudar al necesitado, **37** ni tener compasión de la viuda, ni auxiliar al huérfano. *m* **38** Esos dioses de madera cubiertos de oro y de plata son como bloques de piedra sacados de una cantera. ¡Los que les dan culto quedarán en ridículo! *n* **39** ¿Cómo puede alguien pensar y decir que son dioses?

40 "Los mismos babilonios desacreditan a sus dioses, pues cuando ven un sordomudo, van y traen al dios Bel *ñ* y le piden que le haga hablar, *o* como si el ídolo pudiera oír; **41** pero están tan faltos de inteligencia que no son capaces de reflexionar y abandonar esos ídolos. **42** Las mujeres se atan una cuerda a la cintura, y se sientan en las calles a quemar salvado como si fuera incienso. **43** Y si un hombre pasa y se lleva a una de

---

e **6.4** Jer 10.2,5.
f **6.7-72** La ridiculización de los ídolos y de su culto es tema tradicional: Sal 115.4-8; 135.15-18; Is 40.18-20; 44.9-20; Jer 10.2-16; Sab 13.10—14.21.
g **6.9** *Que viven junto al templo:* lit. *de la terraza.* No es seguro si se refiere a la prostitución cúltica, como la que se practicaba en Babilonia (cf. vv. 42-43).
h **6.25** Is 46.7; Jer 10.4-5.
i **6.26** Eclo 30.18-19.
j **6.27** Lv 12.2-5; 15.19-27.
k **6.34** Dt 23.21(22).
l **6.35** Dt 32.29; Sal 49.15.
m **6.36-37** Dt 10.18; Sal 146.7-9.
n **6.38** Hab 2.19.
ñ **6.40** Cf. Is 46.1; Jer 50.2; 51.44; Dn (dc) 14.3-22.
o **6.40** *Le piden... hablar:* otra posible traducción: *le piden al sordomudo que lo invoque.*
p **6.42-43** Probable alusión a los ritos de la prostitución cúltica practicada en Babilonia.

ellas para pasar la noche juntos, ella desprecia a sus compañeras porque no tuvieron el honor de ser invitadas y de que les desataran la cuerda. *p* **44** Todo lo que tiene relación con los ídolos es engaño. ¿Cómo, entonces, puede alguien pensar y decir que son dioses?

45 "Los ídolos son hechos por artesanos y orfebres, y no son más que lo que el artista quiere que sean. **46** Los hombres que los hacen no viven mucho tiempo: ¿cómo pueden ser dioses cosas hechas por esos hombres? **47** Estos no dejan a sus descendientes más que un engaño vergonzoso. **48** En caso de guerra o de desastre, los sacerdotes se reúnen para ver dónde esconderse con sus dioses. **49** ¿Cómo es posible que no se den cuenta de que no son dioses, si no pueden salvarse a sí mismos de la guerra y del desastre? **50** No son más que trozos de madera recubiertos de oro y plata; por eso, tarde o temprano aparecerá que son un puro engaño. Todas las naciones y sus reyes reconocerán que no son dioses, sino cosas hechas por los hombres, y que en ellos no hay ningún poder divino. **51** ¿Quién no se da cuenta, pues, de que no son dioses?

52 "No pueden nombrar a nadie rey de un país, ni pueden dar la lluvia a los hombres. *q* **53** No pueden hacer valer en un juicio sus derechos, ni pueden salvar al oprimido, porque no tienen poder ninguno. Son como cuervos en el aire. **54** Y si se incendia el templo de esos dioses de madera recubiertos de oro y plata, los sacerdotes salen corriendo para salvarse, y los dioses, como troncos, se quedan allí dentro y se queman. **55** No pueden resistir a un rey que los ataque o a otros enemigos. **56** Entonces, ¿cómo es posible aceptar o pensar que son dioses?

57 "Esos dioses de madera recubiertos de oro y plata tampoco pueden escapar de los ladrones y bandidos. Llegan y les quitan a la fuerza el oro, la plata y la ropa con que están cubiertos, y se van, y los dioses no pueden defenderse. **58** Por eso, un rey que demuestre su valor, o un utensilio que preste algún servicio en una casa y que el dueño usa como quiere, son preferibles a uno de esos dioses falsos. Más vale una puerta en una casa, que proteja lo que hay dentro, o una columna de madera en un palacio, que uno de esos dioses falsos. **59** El sol, la luna y las estrellas brillan, cumplen una misión útil y obedecen. **60** Lo mismo el rayo: cuando brilla, es un espectáculo hermoso. *r* El viento sopla en todas partes. **61** Y cuando Dios manda a las nubes que recorran toda la tierra, cumplen lo que les ordena. El fuego que cae del cielo para quemar montañas y bosques, cumple la orden que recibe. *s* **62** Pero esos dioses no pueden compararse a ninguna de estas cosas ni en belleza ni en poder. **63** Por consiguiente, no es posible pensar ni decir que sean dioses, pues no tienen poder alguno ni pueden hacer justicia ni ningún bien a los hombres. **64** Sabiendo, pues, que no son dioses, no les tengan miedo.

65 "Ellos no pueden maldecir ni bendecir a los reyes; **66** no pueden mostrar a las naciones prodigios en el cielo, *t* ni brillan como el sol, ni alumbran como la luna. **67** Mejores que ellos son las fieras, pues se pueden defender escondiéndose. **68** No hay, pues, la menor prueba de que sean dioses. Por consiguiente, no les tengan miedo.

69 "Esos dioses de madera recubiertos de oro y plata son como espantajos en un campo de melones, que no protegen nada, **70** o como un espino en un jardín, sobre el que se posan pájaros de toda clase, o como un cadáver abandonado en la oscuridad. **71** Al ver cómo se pudren la púrpura y el lino *u* de que están ellos vestidos, pueden ustedes darse cuenta de que no son dioses. Por último, ellos mismos acabarán pudriéndose y quedarán en ridículo en todo el país. **72** Más vale un hombre honrado que no tiene ídolos, pues no hay peligro de que quede en ridículo."

---

q **6.52** Cf. Dt 11.14; 28.12; Sal 147.8.
r **6.60** *Es un espectáculo hermoso*: otra posible traducción: *se ve claramente*.
s **6.59-61** Sal 104.3-4; 148.3-8.
t **6.66** Jl 2.30(3.3).
u **6.71** *Lino*: texto probable. Gr. *mármol*.

Daniel
(adiciones deuterocanónicas)

Las antiguas traducciones griegas del libro de *Daniel* (=Dn) contienen tres pasajes(=Dn [dc]) que no se encuentran en el texto hebreo-arameo tradicional.

En Dn 3.19-23 se narra cómo los tres jóvenes judíos Sadrac, Mesac y Abed-negó fueron arrojados al horno encendido por no querer adorar la estatua de oro que había mandado hacer el rey Nabucodonosor. El texto griego inserta, después del v. 23, un pasaje litúrgico formado por una oración en la que Azarías confiesa los pecados del pueblo de Israel por los que han merecido el castigo y pide misericordia a Dios, seguida de un canto de alabanza a Dios entonado por los tres jóvenes.

El segundo pasaje es el relato acerca de Susana, virtuosa mujer a la que dos jueces perversos acusan falsamente de adulterio, por lo que hacen que sea sentenciada a muerte. Daniel demuestra que es inocente y le salva la vida. En algunas ediciones, este relato se coloca al comienzo del libro, en otras al final, como cap. 13. Esta última es la numeración usada en la presente edición.

El tercer pasaje se compone de dos relatos en que se ridiculiza el culto a los falsos dioses. En el primero se cuenta cómo Daniel destruyó el ídolo del dios Bel; y en el segundo, cómo mató a una serpiente mostruosa. Estos pasajes forman el cap. 14.

Estos relatos no tenían interés histórico propiamente, sino que se proponían la edificación en la vida de piedad y la instrucción religiosa o moral.

Es posible que estas historias hayan sido redactadas originalmente en hebreo (o arameo) y luego traducidas al griego. Algunos piensan, sin embargo, que el relato sobre Susana fue escrito desde el principio en griego.

El texto griego de estos pasajes se conserva en dos versiones que difieren en muchos detalles. En la presente edición se ha tomado como base el texto de la versión llamada de Teodoción.

3 Oración de Azarías [a]

24 Sadrac, Mesac y Abed-negó [b] caminaban en medio de las llamas cantando himnos y alabando a Dios, el Señor. **25** Entonces Azarías, [c] en medio del fuego, empezó a orar y dijo: [d]

26 "Bendito eres, Señor, Dios de nuestros antepasados. Tú mereces alabanza, tu nombre es glorioso por siempre. [e] **27** Tú has sido justo en todo lo que has hecho con nosotros. En todo lo que haces eres sincero; tu proceder es recto; tú siempre juzgas según la verdad. [f] **28** Tú juzgaste según la verdad, al enviar todos estos castigos sobre nosotros y sobre Jerusalén, la ciudad santa de nuestros antepasados. [g] En castigo verdaderamente justo por nuestros pecados nos has enviado todo esto. **29** Pecando y faltando a nuestra ley nos hemos apartado de ti. En todo hemos pecado. No hemos obedecido tus mandamientos; **30** no los hemos cumplido ni practicado, como tú nos habías mandado que hiciéramos para que fuéramos felices. **31** Así, todos los males que nos has enviado, todo lo que has hecho con nosotros, es un castigo verdaderamente justo. [h] **32** Nos entregaste a enemigos malvados, a gente sin Dios y sin ley, a un rey perverso, el peor de toda la tierra. **33** Ahora ni siquiera podemos abrir la boca. Los que te sirven y adoran están cubiertos de deshonra y vergüenza. **34** Por tu mismo honor, no nos abandones del todo, no deshagas tu alianza con nosotros, [i] **35** no retires de nosotros tu misericordia. Hazlo por Abraham tu amigo, [j] por Isaac tu siervo y por Israel consagrado a ti. **36** Tú les prometiste que harías su descendencia tan numerosa como las estrellas del cielo y como los granos de arena en la playa del mar. [k] **37** Pero, Señor, hemos venido a ser más pequeños que cualquier otra nación; por nuestros pecados estamos humillados en toda la tierra. **38** Actualmente no tenemos ni rey ni profeta [l] ni jefe, ni holocausto ni sacrificio ni ofrenda, ni incienso ni lugar donde ofrecerte los primeros frutos y encontrar tu misericordia. **39-40** Pero este sacrificio que te ofrecemos hoy, con corazón afligido y espíritu humillado, acéptalo tú como si fuera un holocausto de carneros y novillos, y de miles y miles de corderos gordos, [m] para que te podamos seguir íntegramente, porque los que confían en ti no quedarán en ridículo. [n] **41** Ahora queremos seguirte de todo corazón, te reverenciamos, queremos agradarte; no nos hagas quedar en ridículo. **42** Trátanos según tu bondad y tu gran misericordia. **43** ¡Líbranos, Señor, por tu maravilloso poder; muestra qué glorioso es tu nombre! **44** Haz que queden avergonzados y humillados los que maltratan a tus siervos. ¡Arrebátales el poder, y destruye su fuerza! [ñ] **45** Y reconozcan que tú eres el Señor, el único Dios, glorioso en toda la tierra. [o]

46 Los hombres al servicio del rey que habían echado a los jóvenes al horno, no dejaban de alimentar el fuego con petróleo, brea, trapos y ramas. **47** Y las llamas, que se elevaban hasta más de veintidós metros por encima del horno, [p] **48** salieron y quemaron a los caldeos que estaban alrededor del horno. **49** Pero el ángel del Señor bajó al horno para estar con Azarías y sus compañeros, y echó fuera del horno las llamas de fuego, **50** haciendo que el horno quedara por dentro como si soplara un viento fresco. El fuego no los tocó en absoluto ni les causó ningún daño ni molestia. [q]

---

[a] **3.24-50** La primera de las tres adiciones deuterocanónicas (3.24-90) tiene, en primer lugar, una oración en que Azarías confiesa los pecados de Israel y reconoce la justicia de Dios, al tiempo que implora la misericordia (3.24-45); luego siguen un breve trozo narrativo (3.46-50) y un canto de alabanza a Dios (3.51-90). La oración y el canto tienen un marcado tono litúrgico. El verdadero contexto de estas oraciones es la situación del pueblo judío en tiempo de Antíoco Epifanes (s. II a.C. Véase *Tabla cronológica I*, sección *VI. Época helenística*).

[b] **3.24** El texto anterior (Dn 3.1-23) narra cómo estos tres jóvenes judíos, que habían sido escogidos para servir en el palacio de Nabucodonosor, fueron arrojados a un horno encendido por negarse a adorar una estatua de oro construida por el rey.

[c] **3.25** *Azarías* es el nombre hebreo de uno de los tres jóvenes, que el rey había cambiado por el de Abed-negó (Dn 1.6-7).

[d] **3.25** Otras oraciones penitenciales como esta pueden verse en Neh 9.7-37; Dn 9.4-19; Bar 1.15-26.

[e] **3.26** 1 Cr 29.10-12.

[f] **3.27** Cf. Neh 9.33; Tb 3.2-6; Ap 16.7; 19.2.

[g] **3.28-31** Dn 9.5-8; Bar 1.15-16.

[h] **3.31** Cf. Lv 26.14-41; Dt 28.15,63-67.

[i] **3.34** Ex 32.11-13.

[j] **3.35** Cf. 2 Cr 20.7; Is 41.8; Stg 2.23.

[k] **3.36** Gn 15.5; 22.17.

[l] **3.38** La ausencia de profetas en el tiempo posterior al destierro se lamenta también en Sal 74.9; 1 Mac 9.27.

[m] **3.39-40** Sal 51.16-17(18-19).

[n] **3.39-40** Sal 25.3.

[ñ] **3.44** Sal 35.26; 40.15(16).

[o] **3.45** Sal 83.18(19).

[p] **3.47** Dn 3.22.

[q] **3.50** Dn 3.27.

Canto de los tres jóvenes [f] ⁵¹ Entonces los tres, dentro del horno, empezaron a cantar a una voz un himno de alabanza a Dios. Decían:

⁵² "Bendito eres, Señor, Dios de nuestros antepasados,
digno de honor y de toda alabanza por siempre.
Bendito tu nombre santo y glorioso,
digno de todo honor y de toda alabanza por siempre.
⁵³ Bendito eres en tu santo y glorioso templo,
digno de todo honor y de toda gloria por siempre.
⁵⁴ Bendito eres tú, que te sientas en trono de rey,
digno de todo honor y de toda alabanza por siempre.
⁵⁵ Bendito eres tú, que estás sentado
sobre querubines,[s]
y con tu mirada penetras los abismos,
digno de honor y de toda alabanza por siempre.
⁵⁶ Bendito eres en la bóveda del cielo,
digno de alabanza y de gloria por siempre.
⁵⁷ "Bendigan al Señor, todas sus obras,[t]
canten en su honor eternamente.
⁵⁸ Bendíganlo, ángeles del Señor,[u]
canten en su honor eternamente.
⁵⁹ Bendice, cielo, al Señor,
canta en su honor eternamente.
⁶⁰ Bendice al Señor, agua que estás encima del cielo,[v]
canta en su honor eternamente.
⁶¹ Bendigan al Señor, todos sus astros,
canten en su honor eternamente.
⁶² Bendigan al Señor, sol y luna,
canten en su honor eternamente.
⁶³ Bendigan al Señor, estrellas del cielo,[w]
canten en su honor eternamente.
⁶⁴ Bendigan al Señor, todas las lluvias y el rocío,
canten en su honor eternamente.
⁶⁵ Bendigan al Señor, todos los vientos,
canten en su honor eternamente.
⁶⁶ Bendigan al Señor, fuego y calor,
canten en su honor eternamente.
⁶⁷ Bendigan al Señor, frío y calor,
canten en su honor eternamente.
⁶⁸ Bendigan al Señor, rocío y escarcha,
canten en su honor eternamente.
⁶⁹ Bendigan al Señor, hielo y frío,
canten en su honor eternamente.
⁷⁰ Bendigan al Señor, heladas y nieve,[x]
canten en su honor eternamente.
⁷¹ Bendigan al Señor, días y noches,
canten en su honor eternamente.
⁷² Bendigan al Señor, luz y oscuridad,
canten en su honor eternamente.
⁷³ Bendigan al Señor, relámpagos y nubes,
canten en su honor eternamente.
⁷⁴ "Bendice, tierra, al Señor,
canta en su honor eternamente.
⁷⁵ Bendigan al Señor, montañas y colinas,[y]
canten en su honor eternamente.
⁷⁶ Bendigan al Señor, todas las cosas
que crecen en la tierra,
canten en su honor eternamente.
⁷⁷ Bendigan, manantiales, al Señor,
canten en su honor eternamente.
⁷⁸ Bendigan al Señor, mares y ríos,
canten en su honor eternamente.
⁷⁹ Bendigan al Señor, ballenas y demás animales del agua,
canten en su honor eternamente.
⁸⁰ Bendigan al Señor, todas las aves del cielo,
canten en su honor eternamente.
⁸¹ Bendigan al Señor, todos los animales
domésticos y salvajes,[z]
canten en su honor eternamente.
⁸² "Bendigan al Señor, seres humanos,
canten en su honor eternamente.
⁸³ Bendice, Israel, al Señor,
canta en su honor eternamente.
⁸⁴ Sacerdotes del Señor, bendíganlo,[a]
canten en su honor eternamente.
⁸⁵ Siervos del Señor, bendíganlo,[b]
canten en su honor eternamente.
⁸⁶ Bendigan al Señor, hombres de espíritu recto,
canten en su honor eternamente.
⁸⁷ Bendigan al Señor, santos y humildes de corazón,
canten en su honor eternamente.
⁸⁸ Bendigamos al Señor, Ananías, Azarías y Misael,
cantemos en su honor eternamente,
porque él nos libró del sepulcro,
nos salvó de la muerte,
nos libró del fuego del horno encendido,
nos libró de las llamas.
⁸⁹ Den gracias al Señor, porque él es bueno,
porque su amor es eterno.[c]
⁹⁰ Alábenlo todos los que adoran al Señor,
el Dios de los dioses,
canten en su honor, denle gracias,
porque su amor es eterno."

SUSANA [a]

13 **Susana es condenada a muerte** ¹ Vivía en Babilonia un hombre que se llamaba Joaquín. ² Estaba casado con una mujer llamada Susana,[b] hija de Hilquías, que era

---

[f] **3.51-90** Este texto tiene las características de un canto para uso litúrgico, con sus estribillos repetidos sin mayor variación. En él se invita a toda la creación a alabar a Dios, Señor del universo.
[s] **3.55** *Querubines:* Véase Ex 25.18 n.
[t] **3.57** Sal 145.10.
[u] **3.58** Sal 103.20; 148.2.
[v] **3.60** *Agua que estás encima del cielo:* cf. Gn 1.7.
[w] **3.59-63** Sal 148.3-4.
[x] **3.65-70** Sal 148.8.
[y] **3.75** Sal 148.9.
[z] **3.80-81** Sal 148.10.
[a] **3.83-84** Sal 135.19.
[b] **3.85** Sal 134.1.
[c] **3.89** Cf. 1 Cr 16.34; 2 Cr 5.13; 7.3; Esd 3.11; Sal 100.5; 106.1; 107.1; 118.1; 136.1-26; Jer 33.11; 1 Mac 4.24.
[a] **13.1-64** Este relato, que en algunos manuscritos aparece al comienzo del libro, habla de una intervención de Daniel, todavía joven (cf. v. 45), en favor de una mujer acusada falsamente de

muy bonita y respetuosa del Señor. ³ Sus padres eran rectos y la habían educado de acuerdo con la ley de Moisés. ⁴ Joaquín era muy rico, y junto a su casa tenía un jardín con árboles. Y como era el hombre más importante de todos, los judíos tenían la costumbre de reunirse en su casa.
⁵ Aquel año habían sido nombrados jueces dos ancianos del pueblo. Pero eran de aquellos de quienes dijo el Señor: "La maldad apareció en Babilonia por obra de ancianos y jueces que solo en apariencia guiaban al pueblo." ᶜ ⁶ Estos hombres iban con frecuencia a la casa de Joaquín, y todos los que tenían algún pleito acudían a ellos.
⁷ A mediodía, cuando la gente se iba, Susana acostumbraba salir a pasear al jardín de su esposo. ⁸ Los dos ancianos, que todos los días la veían salir a pasear, se llenaron de pasión por ella ⁹ y tuvieron pensamientos perversos; no volvieron a tener en cuenta a Dios ni se acordaron de lo que es la rectitud. ¹⁰ Ambos estaban llenos de pasión por ella, pero no se manifestaron el uno al otro su tormento, ¹¹ porque les daba vergüenza descubrir sus deseos de tener relaciones con ella. ¹² Y todos los días buscaban impacientes la ocasión de verla.
¹³ Una vez se dijeron el uno al otro: "Vámonos a casa, que ya es hora de comer." Y cada uno se fue por su lado. ¹⁴ Pero ambos regresaron y se encontraron de nuevo en el mismo sitio. Se preguntaron uno a otro por qué lo habían hecho, y ambos se confesaron los malos deseos que tenían. Entonces se pusieron de acuerdo para buscar un momento en que pudieran encontrar sola a Susana.
¹⁵ En cierta ocasión, mientras esperaban el día oportuno, Susana fue al jardín como de costumbre, acompañada solamente de dos muchachas. Y tuvo deseos de bañarse en el jardín, porque hacía mucho calor. ¹⁶ Fuera de los dos ancianos, que estaban escondidos espiándola, nadie más había allí. ¹⁷ Susana les dijo a las muchachas: "Tráiganme aceite y perfumes, y cierren las puertas del jardín, porque voy a bañarme." ¹⁸ Ellas hicieron lo que les mandó; cerraron las puertas del jardín y salieron por una puerta lateral para traer lo que les había encargado. Como los ancianos estaban escondidos, no los vieron.
¹⁹ Apenas se fueron las muchachas, salieron corriendo los dos viejos hacia ella ²⁰ y le dijeron:
—Mira, las puertas del jardín están cerradas; nadie nos ve. Estamos llenos de pasión por ti; acepta y entrégate a nosotros. ²¹ De lo contrario, te acusaremos de que un joven estaba contigo, y que por eso mandaste salir a las muchachas.
²² Susana se echó a llorar y dijo:
—¡No tengo salida! Si hago lo que ustedes me proponen, seré condenada a muerte, ᵈ y si me resisto, no podré escapar de sus manos. ²³ Pero prefiero resistirme y caer en sus manos, antes que pecar contra el Señor. ᵉ

²⁴ Entonces Susana gritó con todas sus fuerzas, y también los dos viejos gritaron. ²⁵ Uno de los dos corrió y abrió las puertas del jardín. ²⁶ Al oír que gritaban en el jardín, la gente de la casa vino corriendo por la puerta lateral para ver qué sucedía. ²⁷ Y cuando los viejos contaron su cuento, la gente del servicio se llenó de vergüenza, porque nunca habían oído decir cosa semejante de Susana.
²⁸ Al día siguiente, cuando el pueblo se reunió en la casa de Joaquín, el esposo de Susana, vinieron los dos viejos con el malvado plan de hacer que la mataran. ²⁹ Y dijeron delante del pueblo: "Manden traer a Susana, la hija de Hilquías y esposa de Joaquín." Y la hicieron venir. ³⁰ Ella se presentó acompañada de sus padres, de sus hijos y de todos sus parientes. ³¹ Susana era una mujer muy delicada y bonita. ³² Como estaba cubierta con un velo, aquellos malvados le ordenaron que se lo quitara, para poder darse el gusto de contemplar su belleza. ³³ Pero todos los de su familia, y sus amigos, y todos los que la veían, lloraban.
³⁴ Entonces los dos viejos, de pie en medio de la gente, pusieron las manos sobre la cabeza de Susana. ᶠ ³⁵ Ella, llorando, levantó los ojos hacia el cielo, porque en su corazón confiaba en el Señor.
³⁶ Los viejos dijeron: "Mientras estábamos solos, paseando por el jardín, llegó esta mujer con dos muchachas, hizo cerrar las puertas del jardín y despidió a las muchachas. ³⁷ Inmediatamente se acercó un joven que había estado escondido, y ella se le entregó. ³⁸ Nosotros estábamos en un rincón del jardín, y cuando vimos esta maldad fuimos corriendo adonde ellos estaban. ³⁹ Los vimos abrazados, pero no pudimos agarrar al joven, porque era más fuerte que nosotros y abrió las puertas y se escapó. ⁴⁰ Entonces la agarramos a ella y le preguntamos quién era ese joven, ⁴¹ pero no nos lo quiso decir. Esto lo declaramos como testigos."
El pueblo que estaba reunido les creyó, pues eran ancianos del pueblo y además jueces. Así que la condenaron a muerte.

Intervención de Daniel ⁴² Entonces Susana gritó con todas sus fuerzas: "¡Dios eterno, que conoces las cosas ocultas, ᵍ que sabes todo antes de que suceda, ⁴³ tú sabes que estos hombres han declarado falsamente contra mí! ¡Mira que voy a morir, a pesar de no haber hecho ninguna de las cosas que han inventado contra mí estos malvados!"
⁴⁴ El Señor escuchó los gritos de Susana. ⁴⁵ Y mientras la llevaban para matarla, Dios despertó el espíritu santo en un joven que se llamaba Daniel, ʰ ⁴⁶ el cual gritó con todas sus fuerzas:
—¡Yo no me hago responsable de la muerte de esta mujer!
⁴⁷ Todos se volvieron hacia él, y le preguntaron:
—¿Qué significa eso que acabas de decir?

---

adulterio. El relato sitúa la acción en Babilonia, pero no refleja la situación del primer periodo del destierro sino épocas más tardías, cuando ya los israelitas están bien establecidos y organizados. La narración quiere mostrar ante todo cómo Dios sale en defensa de los inocentes que confían en él.
ᵇ **13.2** El nombre hebreo *Susana* equivale a "azucena".
ᶜ **13.5** No es cita literal de un texto bíblico conocido. Puede aludir a textos como Jer 29.13.
ᵈ **13.22** Lv 20.10; Dt 22.22.
ᵉ **13.23** Gn 39.9.
ᶠ **13.34** Lv 24.14.
ᵍ **13.42** Pr 15.11; Heb 4.13.
ʰ **13.45** El relato alude al hecho de que el nombre *Daniel* significa, en hebreo, "mi juez es Dios".

⁴⁸ Él se puso en medio de ellos y les dijo:

—¿Son ustedes tan tontos, israelitas, que condenan a una mujer de nuestro pueblo sin averiguar ni examinar bien el asunto? ⁴⁹ Vuelvan al juzgado, porque lo que estos hombres han declarado contra ella es mentira.

⁵⁰ Entonces todo el pueblo volvió rápidamente. Y los otros ancianos le dijeron a Daniel:

—Ven, siéntate con nosotros e infórmanos, pues Dios te ha dado el mismo derecho que a los ancianos.

⁵¹ Daniel les dijo:

—Separen a buena distancia a los dos viejos, y yo les haré un interrogatorio.

⁵² Y los separaron. Entonces mandó llamar a uno y le dijo:

—Viejo en años y en maldad, ahora van a recaer sobre ti los pecados que cometiste en otro tiempo, ⁵³ cuando dictabas sentencias injustas condenando a los inocentes y absolviendo a los culpables, a pesar de que el Señor ha dicho: 'No condenes a muerte al hombre inocente y sin culpa.'ⁱ ⁵⁴ Bueno, si de veras la viste pecar, dinos debajo de qué árbol los viste juntos.

Él respondió:

—Debajo de un castaño.ʲ

⁵⁵ Y Daniel dijo:

—¡Muy bien! Dijiste una mentira que va a ser tu perdición. ¿Conque debajo de un *castaño*? ¡Pues el ángel de Dios ya recibió de él la orden de *castigarte* partiéndote en dos!

⁵⁶ Entonces mandó que se llevaran a este y trajeran al otro viejo. Y le dijo:

—¡Hombre de la raza de Canaán,ᵏ y no de Judá; la belleza te sedujo y la pasión pervirtió tu corazón! ⁵⁷ Así es como estaban ustedes haciendo con las mujeres de Israel,ˡ y ellas, por miedo, se les entregaban. Pero esta mujer de la tribu de Judá no quiso consentir en la maldad de ustedes. ⁵⁸ Ahora dime, ¿debajo de qué árbol los sorprendiste juntos?

—Debajo de una encinaᵐ —respondió él.

⁵⁹ Y Daniel dijo:

—¡Muy bien! Tú también dijiste una mentira que va a ser tu perdición. ¿Conque debajo de una *encina*? ¡Pues el ángel de Dios está esperando, con la espada lista, para *darte caer encima* y rajarte por la mitad! ¡Así va a matarlos a los dos!

⁶⁰ Entonces todo el pueblo reunido levantó el grito y bendijo a Dios, que salva a los que confían en él.

⁶¹ Y como Daniel hizo que los dos viejos mostraran por su propia boca que habían declarado falsamente, todos se volvieron contra ellos y les aplicaron el mismo castigo que ellos, en su maldad, pensaban aplicar a Susana: ⁶² de acuerdo con la ley de Moisés,ⁿ los mataron. Y así aquel día se salvó la vida de una persona inocente. ⁶³ Hilquías y su mujer dieron gracias a Dios por su hija Susana, y lo mismo hicieron Joaquín, el esposo de ella, y todos sus parientes, porque no se descubrió nada deshonroso en ella. ⁶⁴ Y desde aquel día en adelante, Daniel fue muy estimado por el pueblo.

DANIEL, EL DIOS BEL Y LA SERPIENTE ᵃ

14 *Daniel y el dios Bel* ¹ Cuando el rey Astiages murió y se reunió con sus antepasados, le sucedió Ciro, rey de Persia. ᵇ ² Daniel era uno de los hombres de confianza del rey, el cual lo estimaba más que a cualquier otro de sus amigos.

³ Los babilonios tenían un ídolo llamado Bel,ᶜ al que cada día le llevaban seiscientos sesenta litros de la mejor harina, cuarenta ovejas y ciento treinta litros de vino. ⁴ El rey le daba culto, y todos los días iba a adorarlo. Pero Daniel adoraba a su Dios. ⁵ Un día le preguntó el rey:

—¿Por qué no adoras a Bel?

Daniel respondió:

—Yo no doy culto a ídolos hechos por los hombres, sino al Dios viviente que creó el cielo y la tierra, y que es el Señor de todos los hombres.

⁶ El rey le preguntó:

—¿De manera que no crees que Bel sea un dios viviente? ¿Acaso no has visto todo lo que come y bebe cada día?

⁷ Daniel se echó a reír y respondió:

—¡No se deje engañar Su Majestad! Por dentro, ese ídolo es de barro; y por fuera es de cobre. ¡Jamás ha comido ni bebido nada!

⁸ El rey se enojó mucho, mandó llamar a los sacerdotes de Bel y les dijo:

—Si ustedes no me dicen quién es el que se come esos alimentos, morirán. Pero si demuestran que Bel sí se los come, morirá Daniel, por haber dicho palabras ofensivas contra Bel.

⁹ Daniel le dijo al rey:

—Está bien; que se haga tal como Su Majestad ha dicho.

Los sacerdotes de Bel eran setenta, sin contar las mujeres ni los niños. ¹⁰ El rey se dirigió entonces al templo de Bel acompañado de Daniel. ¹¹ Los sacerdotes le dijeron:

—Vea Su Majestad cómo nosotros nos vamos de aquí en seguida; y ponga Su Majestad mismo los alimentos y prepare el vino; luego cierre con llave la puerta y séllela con su sello. Si al volver Su Majestad por la mañana encuentra que Bel no se lo ha comido todo, moriremos; pero si las acusaciones de Daniel contra nosotros resultan falsas, será él quien deba morir.

¹² Los sacerdotes no le daban importancia al asunto,

ⁱ **13.53** Ex 23.7.

ʲ **13.54** *Castaño*: lit. *pistacho* o *lentisco*. Se ha traducido aquí por *castaño* para imitar el juego de palabras que hay en el texto griego: *castaño-castigarte*.

ᵏ **13.56** *De la raza de Canaán:* cf. Gn 9.20-25.

ˡ **13.57** *Las mujeres de Israel:* Puede ser una manera de referirse a las mujeres samaritanas, descendientes del "reino de Israel".

ᵐ **13.58** También aquí hay un juego de palabras: *encina-caer encima*.

ⁿ **13.62** Dt 19.16-21.

ᵃ **14.1-42** El último de los relatos deuterocanónicos añadidos al libro de Daniel es una caricatura de los cultos idolátricos practicados por los pueblos vecinos a Israel. El interés del relato no está en lo histórico sino en lo polémico. Esta polémica, en vez de hacerse en forma retórica (como en Sal 115; Is 44.9-20; Jer 10.1-6; Sab 13—15; Bar 6), se desarrolla como una serie de relatos populares, para ridiculizar la ingenuidad de los que creían en tales dioses.

ᵇ **14.1** Dn 6.28.

ᶜ **14.3** Cf. Is 46.1; Jer 50.2; 51.44; Bar 6.40.

porque debajo de la mesa habían hecho una entrada secreta y por ella entraban siempre para comerse los alimentos. ¹³ Apenas salieron los sacerdotes, el rey puso los alimentos delante de Bel. ¹⁴ Daniel, por su parte, mandó a sus criados que le trajeran ceniza y la regaran por todo el templo. Todo esto lo presenció solamente el rey. Luego salieron, cerraron con llave la puerta, la sellaron con el sello del rey y se fueron. ¹⁵ Por la noche llegaron los sacerdotes, como de costumbre, con sus mujeres y sus hijos, y se comieron todos los alimentos y se bebieron el vino. ¹⁶ El rey se levantó muy temprano, y lo mismo hizo Daniel.
¹⁷ Entonces le preguntó el rey:
—Daniel, ¿están intactos los sellos?
—Sí, Majestad, están intactos —respondió Daniel.
¹⁸ Apenas abrió la puerta y vio la mesa, gritó el rey:
—¡Qué grande eres, oh Bel! ¡En ti no hay ninguna clase de engaño!
¹⁹ Daniel soltó la risa y no dejó que el rey entrara en el templo. Entonces dijo:
—Fíjese Su Majestad en el piso, y vea de quién son estas huellas.
²⁰ —Por lo que veo, son huellas de hombres, mujeres y niños —dijo el rey. ²¹ Y se puso furioso, y mandó arrestar a los sacerdotes con sus mujeres e hijos.
Entonces ellos le mostraron la puerta secreta por donde entraban a comerse las cosas que había sobre la mesa. ²² El rey los mandó matar, y le entregó el ídolo a Daniel, quien lo destruyó, lo mismo que a su templo.

Daniel mata la serpiente y se salva de morir ²³ También había en Babilonia una enorme serpiente, y la gente de la ciudad le daba culto. *ᵈ* ²⁴ El rey le dijo a Daniel:
—¡No puedes decir que este no es un dios viviente! ¡Tienes que adorarlo!
²⁵ Pero Daniel respondió:
—Yo adoro al Señor mi Dios, que es el Dios viviente. Si Su Majestad me da permiso, mataré esa serpiente sin espada ni palo alguno.
²⁶ El rey le dijo:
—Te doy permiso.
²⁷ Daniel tomó un poco de brea, grasa y unos pelos, lo puso todo junto a cocer, hizo unas tortas y se las echó en la boca a la serpiente; ella se las comió y reventó. Entonces dijo Daniel:

—¡Vean qué es lo que ustedes adoran!
²⁸ Cuando los babilonios se enteraron de esto, se pusieron furiosos, se rebelaron contra el rey y empezaron a decir:
—¡El rey se ha hecho judío! ¡Ha derribado a Bel, ha matado la serpiente y ha acuchillado a los sacerdotes!
²⁹ En seguida se fueron al rey y le dijeron:
—¡Entréganos a Daniel! Si no, te mataremos a ti y a tu familia.
³⁰ Al ver el rey que lo amenazaban tan seriamente, no tuvo más remedio que entregarles a Daniel. ³¹ Ellos lo echaron a un foso lleno de leones, donde permaneció seis días. *ᵉ* ³² En el foso había siete leones, a los que cada día les echaban dos hombres muertos y dos ovejas; pero ese día no les echaron nada, para que se comieran a Daniel.
³³ Por aquel mismo tiempo se encontraba en Judea el profeta Habacuc. *ᶠ* Acabada de preparar la comida y de echar unos panes en un canasto, e iba al campo a llevar la comida a los segadores, ³⁴ cuando se le apareció un ángel del Señor y le dijo:
—Llévale esa comida que tienes ahí a Daniel, que está en Babilonia, en el foso de los leones.
³⁵ Habacuc respondió:
—Señor, jamás he estado en Babilonia ni conozco ese foso!
³⁶ Entonces el ángel del Señor lo agarró por el pelo de la cabeza, y con el ímpetu de su soplo se lo llevó a Babilonia y lo dejó junto al foso de los leones. ³⁷ Habacuc gritó:
—¡Daniel, Daniel! ¡Toma esta comida que Dios te ha mandado!
³⁸ Daniel respondió:
—¡Te acordaste de mí, oh Dios! ¡Tú no abandonas a los que te aman!
³⁹ Y se levantó y comió, mientras el ángel de Dios se llevaba inmediatamente a Habacuc al lugar donde antes estaba. ⁴⁰ A los siete días fue el rey a hacer lamentación por la muerte de Daniel, pero al llegar al foso de los leones vio que allí estaba sentado Daniel. ⁴¹ Entonces dio un grito y dijo:
—¡Qué grande eres, Señor, Dios de Daniel! ¡Fuera de ti no hay ningún otro dios!
⁴² El rey mandó que lo sacaran, y echó en el foso a los que habían querido matar a Daniel, y los leones se los comieron en un momento, en presencia del rey. *ᵍ*

ᵈ **14.23** El culto a animales era común sobre todo en Egipto. En los muros de los palacios de Babilonia se encontraban figuras mitológicas que podían sugerir la idea de que se les daba culto. También en Sab 11.15 y 15.18-19 se ridiculiza la adoración de animales que se practicaba en Egipto.

ᵉ **14.31-42** Se repite aquí un episodio igual al narrado ya en Dn 6.16-27(17-28).

ᶠ **14.33** Hab 1.1.

ᵍ **14.40-42** Dn 6.19,23-27.

Nuevo Testamento

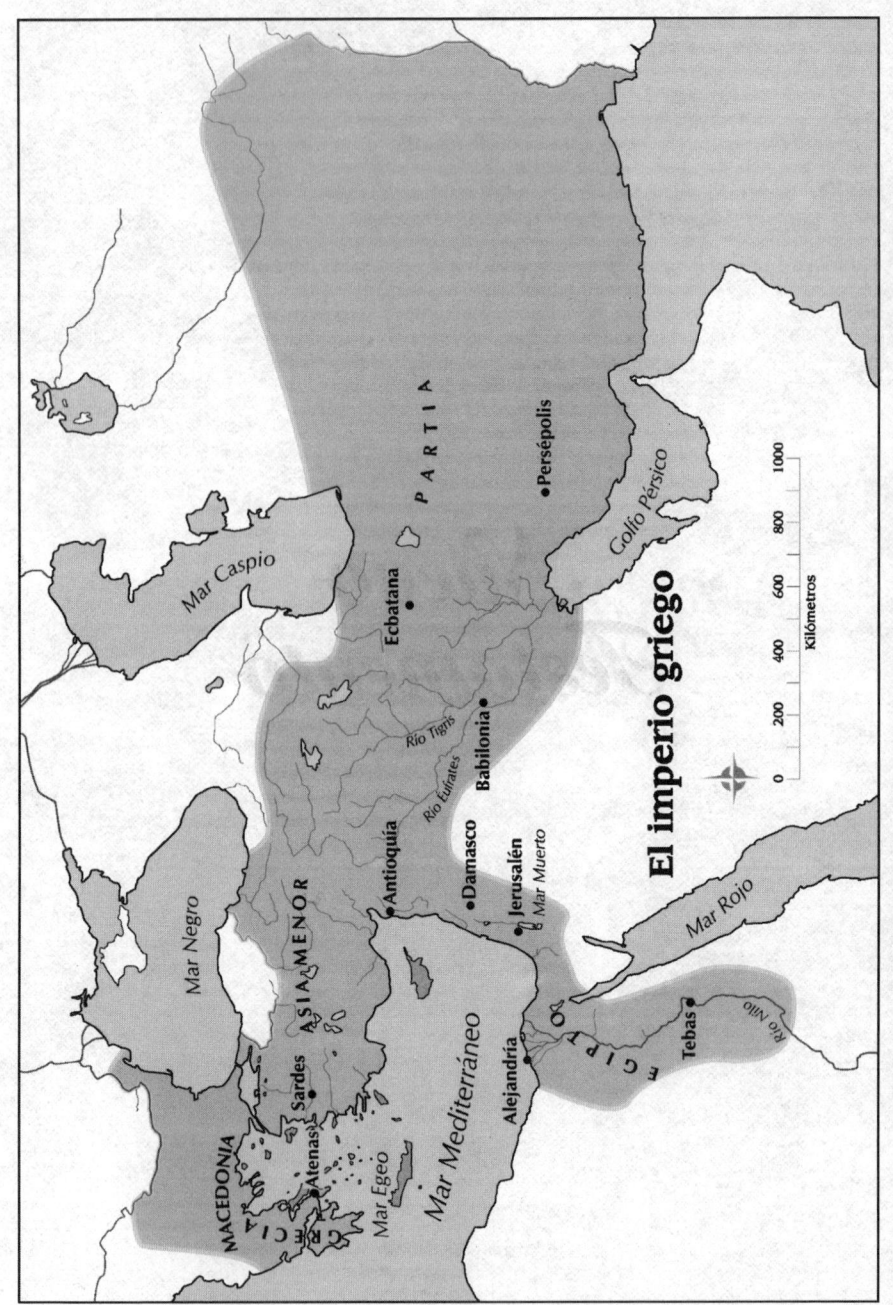

Nuevo Testamento

(1) El *Nuevo Testamento* (NT) está compuesto por veintisiete escritos redactados en griego durante los primeros tiempos de la iglesia cristiana, es decir, durante el periodo correspondiente, en líneas generales, a la segunda mitad del siglo I d.C. Estos escritos, de dimensiones y formas literarias muy diferentes, han sido considerados, desde su origen, como obras de autoridad religiosa superior a la de cualquier otro libro. De manera más o menos directa, nos hablan de Jesucristo, de su obra redentora y de las consecuencias de esa obra en los seres humanos. Sin embargo, las maneras concretas de exponer estos temas son muy variadas.

(2) Al llamar a estos escritos *Nuevo Testamento*, se hace referencia a la "alianza" o "pacto" sellado entre Dios y la humanidad.

(3) Este uso tiene su origen en la convicción, expresada ya en textos como Lc 22.20; 2 Co 3.6 y Heb 9.15, de que por medio de Jesús, y especialmente con su muerte, se había sellado ese nuevo pacto o alianza que Dios había anunciado antiguamente (cf. Jer 31.31), y que sustituía al antiguo (cf. 2 Co 3.14; Heb 8.13).

(4) Los primeros cristianos, como los demás judíos, utilizaban los escritos sagrados del pueblo de Israel (lo que nosotros llamamos *Antiguo Testamento*), que designaban con el nombre genérico de *las Escrituras* (cf. 1 Co 15.3), a veces con la expresión más específica de "la ley de Moisés, los escritos de los profetas y los salmos" (cf. Lc 24.44), o más brevemente como "la ley y los profetas" (cf. Mt 5.17), y aun simplemente "la ley" (cf. Jn 10.34). Los términos *Antiguo* y *Nuevo Testamento* solo empezaron a usarse a fines del siglo II d.C. para designar los libros de la Biblia.

Partes del Nuevo Testamento (5) El NT, como ya se ha indicado, es una colección de diferentes escritos. En las Biblias actuales están agrupados según algunos aspectos comunes.

(6) En primer lugar se encuentran los cuatro evangelios (según san Mateo, san Marcos, san Lucas y san Juan). Todos ellos narran los principales acontecimientos de la vida, la pasión, la muerte y la resurrección de Jesús, interpretados desde el contexto particular de cada autor y de su respectiva comunidad.

(7) Después se encuentra el libro de los Hechos de los Apóstoles, que es continuación del Evangelio según san Lucas y se refiere a la difusión del mensaje cristiano durante los primeros años de vida de la iglesia.

(8) En seguida viene el grupo de las cartas, veintiuna en total. En primer lugar están trece cartas de Pablo; después siguen: una carta sin mención del autor (a los Hebreos), una carta de Santiago, dos de Pedro, tres de Juan y una de Judas. Muchas de estas cartas están dirigidas a comunidades o personas particulares; otras tienen un carácter más general.

(9) Finalmente está el libro de *Apocalipsis*, que en cierta manera se presenta también como una carta.

(10) Debe tenerse en cuenta que esta colocación no corresponde al orden en que los libros fueron redactados y que en algunos manuscritos antiguos el orden es diferente.

(11) Estos escritos, como es natural, no formaban desde el principio una unidad literaria. Seguramente ya a fines del siglo I empezaron a reunirse (cf. 2 P 3.15-16), hasta constituir una sola colección (siglo II) y formar, junto con el AT, las Escrituras de la iglesia o la Biblia, es decir, "los libros" por excelencia.

(12) Debe observarse, sin embargo, que la reunión material de todos estos escritos en un único libro solo se hizo más tarde. Los ejemplares más antiguos de Biblias completas que se conocen son los códices Vaticano y Sinaítico (del siglo IV).

(13) La fijación exacta del número de libros del NT que se recibían con autoridad indiscutida (el llamado "canon"), fue un proceso que duró bastante tiempo, sobre todo cuando empezaron a aparecer numerosas obras que no representaban las enseñanzas auténticas de la iglesia (la llamada "literatura apócrifa"). Sobre algunos escritos, especialmente algunas cartas y *Apocalipsis*, las discusiones se prolongaron por más tiempo. Puede afirmarse que en el siglo IV ya se fue haciendo general la lista o canon de escritos del NT que ahora se encuentran en las Biblias cristianas.

(14) Para entender mejor los escritos del NT, es necesario tener en cuenta que nacieron en un ambiente histórico concreto y hablan de acontecimientos que sucedieron en un ambiente determinado. Se indicarán aquí algunos de los aspectos más importantes.

El medio histórico y cultural (15) Los escritos del NT fueron redactados en un medio histórico y cultural concreto. La indicación que se lee en Jn 19.19-20, según la cual el letrero colocado sobre la cruz de Jesús *estaba escrito en hebreo, latín y griego*, refleja de manera sintética los tres grandes componentes del mundo histórico y cultural en que nació el NT.

(16) A. *El elemento judío*. Lo primero que es necesario tener presente para entender el medio ambiente del NT es el aspecto judío. Jesús perteneció al pueblo judío. Él y sus discípulos hablaban arameo. Su historia se desarrolló principalmente en Galilea y en Judea. Su muerte tuvo lugar en Jerusalén. Los apóstoles pertenecieron a ese mismo pueblo, al igual que una buena parte de los personajes que aparecen en los evangelios y otros libros del NT. Ha de tenerse en cuenta, de manera especial, que gran parte de los autores de los escritos del NT fueron judíos.

(17) La situación del pueblo judío que vivía en Palestina en tiempos de Jesús y de la primera comunidad cristiana se comprende mejor si nos fijamos en los aspectos religioso, social y literario.

(18) 1. El *aspecto religioso* es lo que más une a la iglesia cristiana con el pueblo de Israel. La fe cristiana tiene su punto de partida en las creencias y las esperanzas de ese pueblo. Las Escrituras de Israel, donde habían quedado consignadas su experiencia religiosa, su fe y sus esperanzas, continuaron siendo las Escrituras de la iglesia. En un primer momento, solo ellas; más tarde se complementaron con los escritos del NT. Además, muchas de las tradiciones religiosas del pueblo judío o de algunos de sus sectores más influyentes quedaron incorporadas en la fe del NT (cf. Mt 22.23-33; Hch 23.6-8; 1 Co 15.12-58).

(19) 2. En segundo lugar, hay que tener en cuenta la *situación social*. En la sociedad israelita del tiempo de Jesús había diversas clases, que pueden caracterizarse brevemente así:

(20) Una clase alta formada, sobre todo, por las familias de los jefes políticos y religiosos, los grandes comerciantes, los terratenientes y los cobradores de impuestos.

(21) Una clase media compuesta de pequeños comerciantes y artesanos, con trabajo estable. Gran parte de los sacerdotes y maestros de la ley pertenecían a esta clase.

(22) La clase pobre, la más numerosa, estaba formada por los jornaleros que vivían del trabajo que podían encontrar cada día (cf. Mt 20.1-16). Muchos, que por alguna razón no podían trabajar, tenían que vivir de la limosna (cf. Mc 10.46).

(23) Jurídicamente, el lugar más bajo lo ocupaban los esclavos, aunque su situación real dependía en gran medida de la posición y del carácter de sus amos. Los esclavos israelitas, en principio, podían recuperar su libertad en el año sabático (que recurría cada siete años). Los esclavos no israelitas no tenían este derecho.

(24) Las principales profesiones ejercidas eran la agricultura, la ganadería, la pesca (en la región del Lago de Galilea), trabajos artesanales (alfarería, zapatería, carpintería, albañilería, etc.) y el comercio. El culto del templo, por otra parte, daba ocupación a un gran número de sacerdotes y levitas.

(25) Algunos calculan que la población total de Palestina en tiempos de Jesús podía llegar a un millón de personas.

(26) El pueblo judío de esa época no formaba un bloque homogéneo en los aspectos religioso y político, aspectos que estaban estrechamente relacionados. El NT y otras fuentes históricas mencionan varios de estos grupos.

(27) (a) Los *fariseos*, con intereses especialmente religiosos, eran los defensores de la estricta observancia de la ley de Moisés y de las tradiciones (cf. Flp 3.5-6). Tenían gran influjo en el pueblo, y después de la destrucción del templo representaron la tendencia que predominó en el judaísmo.

(28) (b) Los *saduceos* formaban un grupo menor en número, pero con poder político. A ellos pertenecían, sobre todo, miembros de las familias sacerdotales. En el NT se caracterizan más que nada por su rechazo de la doctrina de la resurrección y por la negación de la existencia de ángeles y espíritus (cf. Mt 22.23-33; Hch 23.6-8).

(29) (c) Otros grupos menores eran los *partidarios de Herodes* (cf. Mt 22.16), los *esenios*, no mencionados en el NT pero conocidos por otras fuentes, y los *celotes*, que fueron los principales instigadores de la rebelión contra Roma en el año 66.

(30) (d) Los *maestros de la ley* (llamados también "escribas", "letrados" o "rabinos") eran los que habían asumido el oficio de la instrucción religiosa del pueblo, centrada en la explicación de las Escrituras y en la transmisión de las tradiciones. Pertenecían a diversas tendencias y eran predominantemente laicos. Su enseñanza la impartían bien sea en el templo (cf. Lc 2.46) o, más frecuentemente, en las sinagogas (cf. Hch 15.21). La llamada "literatura rabínica", que se escribió después del NT, conserva el conjunto de sus enseñanzas y explicaciones.

(31) 3. La *literatura* cristiana, y en concreto el NT, tiene sus raíces en las tradiciones literarias del AT y del judaísmo contemporáneo. Los evangelios, a pesar de estar escritos en griego, se asemejan más a los libros narrativos del AT que a las obras de los historiadores griegos. La manera como Pablo argumenta en sus cartas no tiene sus paralelos más cercanos en los filósofos griegos, sino en los escritos del judaísmo. *Apocalipsis* pertenece a un género literario usado por escritores del AT o del judaísmo tardío. Muchas de las tradiciones que quedaron consignadas en el NT se transmitieron primero, en forma oral, en arameo. Algunas palabras o frases arameas han quedado conservadas en el NT (*abbá, marana ta*, etc.).

(32) Con todo esto, sin embargo, no se quiere negar o quitar importancia a los elementos nuevos y originales que tiene el NT. Aunque la iglesia cristiana era en sus comienzos una parte del pueblo judío (cf. Hch 2.46), poco a poco fue distinguiéndose de este, hasta su completa separación. La decisión de que no era necesaria la incorporación al pueblo judío para poder participar de los beneficios de la obra salvadora de Jesucristo (cf. Hch 15.1-35) y la cantidad cada vez mayor de personas no judías que abrazaron el evangelio (cf. Ro 11.11-12) contribuyeron a esta separación definitiva entre la iglesia y el pueblo judío.

(33) De todas maneras, la fe en Jesús, el Hijo de Dios, solo existe porque en su vida, en su muerte, en su resurrección y en su presencia y actuación subsiguientes se ha llevado a cabo un acontecimiento esencialmente nuevo. Es como una nueva creación (cf. Mc 1.27; 2.21-22; Jn 13.34; Gl 6.15; Ef 2.15). Esta novedad se reflejó también, de alguna manera, en nuevas formas de transmitir el mensaje, sin precedentes exactamente iguales, como fueron los evangelios, o en la renovación y transformación de géneros literarios tradicionales como las cartas.

(34) B. *El elemento griego*. Con las conquistas militares de Alejandro Magno en Asia (año 332 a.C.), se inició una gran difusión de la cultura griega por toda la región occidental de Asia, el norte de África y el sur de Europa, sin

EL IMPERIO GRECOMACEDÓNICO

Geografía
Grecia es una península que está situada en la parte este del mar Mediterráneo. El mar Egeo la separa del Asia Menor; y el mar Adriático la separa de la península italiana. Macedonia está al norte de Grecia.

El imperio grecomacedónico llegó a abarcar la mayor parte del mundo conocido en la antigüedad, pues se extendía desde la India, al oriente, hasta el extremo occidental del Mediterráneo.

Historia
La presencia en Grecia de "tribus griegas" está atestiguada desde el tercer milenio a.C. Sin embargo, los pueblos griegos, que llegaron a desarrollar la organización política conocida como *polis* (ciudad-estado), no lograron unificarse y se mantuvieron en luchas casi continuas.

Filipo II de Macedonia inicia, desde el norte, guerras de conquista. Al morir, en el 335 a.C. le sucede su hijo Alejandro, que será conocido como Alejandro Magno. Extraordinario militar, conquista Persia (331) y Egipto, y llega hasta la India (326). Muere en el año 323 a.C., a los 33 años.

Pronto se hizo notar la falta de un digno sucesor de Alejandro. A la muerte de este, su vasto imperio se divide en los llamados "reinos helenísticos". Los más importantes para la historia bíblica fueron el reino de los lágidas o ptolomeos (Egipto) y el de los seléucidas (Siria).

Entre el 215-205 a.C., Filipo V de Macedonia se asoció a Cartago, con el fin de luchar contra los romanos. En el 197 Filipo V es derrotado por los romanos. Entre el 192 y el 189 a.C. el ejército romano derrota al imperio seléucida y penetra en Asia Menor. Más tarde Macedonia cae en poder de Roma. Para el 146 a.C., los romanos destruyen Corinto, y la mayor parte de Grecia es anexada a Roma. Pocos años bastarán para que caigan Pérgamo (133 a.C.) y Siria (64 a.C.). En el 47 a.C. Octavio Augusto hace a Cleopatra su corregente en Egipto, y para el 30 a.C., la anexión de Egipto a Roma será absoluta.

Grecia y Palestina
A la muerte de Alejandro Magno, los ptolomeos dominaron Egipto y Palestina. Respetaron las costumbres y la religión de los israelitas. Así, el templo fue el lugar donde se desarrollaba la fe y donde se guardaban los bienes destinados para ayudar al huérfano y a la viuda.

Pero la dinastía y las políticas de los ptolomeos se debilitaron, y la tolerancia fue poco a poco desapareciendo. Desde el 197 a.C., los seléucidas de Siria trataron de conquistar Palestina. Lo logró Antíoco IV Epífanes (175-164 a.C.). Trató de imponer a la fuerza las costumbres sirias, y los israelitas se resistieron. Hubo persecución y luchas. Entre los israelitas que se opusieron se cuentan el sacerdote Matatías, Judas Macabeo, Jonatán y Simón, de quienes se habla en los libros deuterocanónicos de los *Macabeos*.

En el 168 a.C. Roma derrotó a Macedonia y acabó con su monarquía. Cuatro años más tarde, luego de muchas luchas, se forma el reino macabeo de Judea. Antíoco V firmó, en el 162 a.C., el acuerdo de libertad religiosa para los judíos. Pero su sucesor, Demetrio Soter ("el salvador"), ayudado por unos judíos, negó nuevamente los derechos, por lo que las luchas se reanudaron. En el 142 a.C. los israelitas lograron librarse del imperio seléucida, y establecieron la dinastía de los asmoneos, la cual duró poco menos de un siglo, pues en el año 63 Jerusalén cayó en manos de Pompeyo, y se convirtió en una nueva colonia de Roma.

Cultura
Los griegos habían alcanzado un gran desarrollo cultural y conocieron épocas de esplendor en las que se cultivaron la literatura, la filosofía, la historia, la escultura, la arquitectura y otras ramas del saber.

Cuando Alejandro Magno extiende su imperio, sigue la política de helenizar a los pueblos conquistados, respetando, por otra parte, sus prácticas y creencias religiosas. Se establece un idioma común (el *koiné*) y se promueve la cultura. Alejandría (fundada en el 331 a.C.) se convertirá en uno de los centros culturales más importantes del mundo antiguo.

Religión
El periodo helenístico, iniciado con las conquistas de Alejandro se caracteriza por el desarrollo del interés religioso que se expresa en múltiples formas: respeto a las religiones de todos los pueblos; influencia de las corrientes religiosas del oriente; auge de las religiones mistéricas. En época posterior surge el gnosticismo. En este periodo nace el cristianismo.

excluir a la misma Roma. En el siglo I d.C. la lengua griega se había convertido en el medio de comunicación entre todas las personas cultas del área del mar Mediterráneo y aun llegó a ser la lengua popular en muchas de estas regiones.

(35) Uno de los fenómenos más importantes en la historia del pueblo judío en esa época fue la existencia de numerosos grupos que vivían fuera de Palestina, a los que se daba el nombre de judíos de la "diáspora" o dispersión. Ellos, aunque seguían fieles a sus tradiciones religiosas, habían adoptado el griego como lengua propia. En la diáspora judía de Alejandría (Egipto) se tradujeron al griego las Escrituras del pueblo de Israel. La principal de estas traducciones lleva el nombre de traducción de los Setenta (o Septuaginta [=LXX]), y se convirtió en el texto común de los cristianos de habla griega. Se desarrolló, además, una importante literatura judeo-helenística.

(36) En la misma Jerusalén se formó un grupo de cristianos de origen judío pero de habla griega (cf. Hch 6.1), que indudablemente contribuyó en gran medida a la difusión del evangelio entre los judíos de la diáspora y aun entre los paganos (cf. Hch 11.19-20). El representante más notable de estos judíos de fuera de Palestina convertidos al cristianismo fue Pablo de Tarso. Su actividad misionera se extendió por gran parte del Asia Menor y sus cartas constituyen una sección muy importante del NT.

(37) De esta manera, no es extraño que los escritos del NT estén todos en lengua griega. Aunque algunas tradiciones anteriores pudieron haberse formado originalmente en arameo (también se ha pensado en la posibilidad del hebreo propiamente dicho), la redacción final del NT se hizo en lengua griega, y en esa lengua se ha conservado.

(38) C. *El elemento romano.* Ya a principios del siglo II a.C. el poder militar de Roma se había impuesto en toda el área del Mediterráneo, y a partir del año 63 a.C. Palestina quedó bajo el influjo militar y político de Roma.

(39) En un primer periodo, los gobernantes judíos conservaron el título de reyes, aunque estaban sometidos al poder romano. El más notable de estos reyes fue Herodes, llamado el Grande, quien reinó en Palestina durante los años 37-4 a.C. y bajo cuyo gobierno nació Jesús (cf. Mt 2.1-20; Lc 1.5). A su muerte, el reino se dividió entre tres de sus hijos: Arquelao gobernó en Judea y Samaria hasta el año 6 d.C.; Herodes Antipas en Galilea y Perea, hasta el año 39 d.C.; y Filipo gobernó las regiones al nordeste del Jordán, hasta el año 34 d.C. (cf. Mt 2.22; Lc 3.1).

(40) En el año 6 d.C., Arquelao fue depuesto por el emperador Augusto, y Judea y Samaria pasaron a ser gobernadas directamente por autoridades romanas (con el nombre oficial de "prefectos" y, más tarde, de "procuradores"). El más conocido de estos gobernadores (prefectos) romanos de Judea fue Poncio Pilato (26-36 d.C.), quien condenó a muerte a Jesús (cf. Mt 27.1-26).

(41) En el año 37, el rey Herodes Agripa sucedió a Filipo en el gobierno de su región; y en el año 40, a Herodes Antipas en Galilea y Perea. En el año 41 obtuvo también el gobierno de Judea, reconstituyendo así un reino semejante al de su abuelo Herodes el Grande (cf. Hch 12.1-19). Pero murió en el año 44 (cf. Hch 12.19-23), y todo el territorio de Palestina quedó bajo el gobierno de un procurador romano, situación que duró hasta el año 66 (cf. Hch 23.24; 24.27).

(42) El creciente descontento del pueblo judío y sus deseos de independencia lo llevaron en el año 66 a la rebelión contra el gobierno romano, en la que tomaron parte importantes grupos de patriotas fanáticos conocidos con el nombre de "celotes". Palestina pasó entonces a ser regida por generales romanos, con el título de "legados". El primero de ellos fue Vespasiano, quien en el año 69 fue proclamado emperador.

(43) La llamada "Guerra judía" se prolongó hasta septiembre del año 70, cuando los ejércitos romanos conquistaron la ciudad de Jerusalén y destruyeron el templo (cf. Mt 24.2; Lc 21.20). Esta derrota se debió no solo a la superioridad militar de los romanos, sino también a las irreconciliables divisiones internas de los judíos.

(44) Hasta ese año, el pueblo judío había conservado cierta medida de autoridad propia en asuntos internos, sobre todo religiosos, ejercida por la Junta Suprema o Sanedrín. Esta Junta estaba presidida por el Sumo sacerdote, y a ella pertenecían también otros personajes importantes de las familias sacerdotales, más los llamados "ancianos", es decir, hombres notables de familias no sacerdotales, y un grupo de maestros de la ley, hasta completar el número de 71 (cf. Mc 15.1). La competencia del Sanedrín en tiempo de Jesús parece que no comprendía la ejecución de penas capitales (cf. Jn 18.31).

(45) Con la destrucción de Jerusalén y del templo, el Sanedrín perdió su poder político, y el cargo de sumo sacerdote dejó de existir, lo mismo que el culto del templo.

(46) La vida religiosa y cultural del pueblo judío de Palestina se reorganizó más tarde, sobre todo en Galilea, alrededor de las escuelas rabínicas, que recogieron y organizaron las diversas tradiciones.

(47) Fuera de Palestina, la iglesia cristiana encontró en el imperio romano elementos que favorecieron su rápida propagación por el mundo pagano. La unidad política y cultural ofreció a los evangelizadores cristianos la posibilidad de predicar la buena noticia en la mayoría de las provincias y ciudades del imperio (cf. Ro 15.19,28; 1 P 1.1). Además, en un primer periodo, la religión cristiana gozaba de la misma tolerancia que se concedía a la religión judía. Así, no es de extrañar que en Ro 13.1-7; Tit 3.1 se refleje una valoración positiva de la autoridad del Estado.

(48) No obstante esto, la fe y la conducta característica de los cristianos no tardaron en llevar a conflictos muy agudos.

(49) Las medidas que las autoridades romanas tomaron en algunas ocasiones contra los judíos tuvieron sus repercusiones también sobre los cristianos (cf. Hch 18.2). La obligatoriedad del culto oficial de Roma, que incluía un culto especial al emperador, inevitablemente llevó al enfrentamiento entre los cristianos y las autoridades romanas. La persecución de los cristianos por sus creencias y actitudes fue, en un principio, de carácter local y limitado. Después,

EL MUNDO ROMANO

Según la leyenda, la ciudad de Roma fue fundada en el año 753 a.C. El rey Tarquino fue expulsado de ella en el 509 a.C., y la ciudad se transformó en una república, gobernada por una asamblea del pueblo, un Senado y dos cónsules que ocupaban el cargo por un año. Ya para el 206 a.C. Roma gobernaba la mayor parte de Italia e inició la guerra contra Cartago. Cartago fue destruida en el año 146 a.C. Y Roma empezó a extender su dominio a través del Mediterráneo.

Caminos y deportes
Los griegos dieron al mundo ideas que han ayudado a dar forma a sistemas gubernamentales, a las ciencias, a la medicina y a las artes. El legado de los romanos es práctico: caminos, acueductos, sistemas de cañería y de calefacción centralizada, y, por supuesto, los baños. Se les recuerda por sus *entretenimientos* públicos (carreras de carros tirados por caballos y sangrientas luchas entre gladiadores) en anfiteatros como el gran Coliseo de Roma.

El imperio romano
Los romanos fueron controlando poco a poco lo que quedaba del imperio griego. Corinto cayó en el año 146 a.C.; Atenas en el 86. En el s. I a.C., Julio César se ocupó de tomar la Galia, y Pompeyo conquistó Siria y Palestina, ocupando Jerusalén en el año 63 a.C. Los romanos absorbieron las ideas griegas; así, tanto el idioma como la cultura y civilización de los griegos continuaron en vigencia bajo el dominio romano. En el año 27 a.C. acabaron los angustiosos años de guerra. Octavio asumió el título de "Augusto" y se convirtió, de hecho, en el primer gobernante del imperio. La "paz romana" que siguió trajo nueva prosperidad y permitió viajar con seguridad. Durante el reinado de Augusto nació Jesús (cf. Lc 2.1).

Vida en la capital
Los ricos vivían bien en Roma. Tenían grandes casas con columnas de mármol y hermosos mosaicos en el piso. Las paredes estaban pintadas con frescos. Gustaban de ir a los baños o a los juegos y otros entretenimientos. Una cena romana podía constar de siete o más platos, algunos de ellos muy lujosos (por ejemplo, lirón relleno o flamenco hervido). Los hijos de los ricos iban a la escuela: las mujeres a una (hasta la edad de 13 años) y los varones a otra.

Los pobres vivían incómodamente en bloques de apartamentos mal construidos. No tenían cañerías ni sistema de calefacción, y tenían que usar servicios sanitarios (inodoros) y baños públicos. La principal comida era pan o gachas de avena, con unas pocas hierbas, aceitunas o vegetales. Se pretendía que los "entretenimientos" hicieran que los pobres se olvidaran de sus padecimientos.

Palestina bajo ocupación romana
Los romanos aportaron beneficios a los pueblos que gobernaban: ley y orden, un gobierno estable, excelentes caminos y buenos edificios públicos (oficinas, mercados, baños y estadios).

El ejército
La mayoría de los soldados romanos eran voluntarios. Firmaban por 20 años de servicio. Usaban cascos y corazas de hierro, y tenían clavos de hierro en sus sandalias. Cada soldado estaba armado con una espada y una jabalina, y cargaba un escudo grande, oblongo, de madera cubierta con cuero. Muchos soldados eran asignados a campamentos permanentes. Se esperaba de ellos que, en un día de marcha, cubrieran 29 km. o más, cargando sus armas, sus herramientas, su comida y sus utensilios de cocina.

Los soldados eran sometidos a entrenamientos y disciplinas estrictas. Una tropa estuvo de guardia en la crucifixión (cf. Mt 27.27-37), otra guardó el sepulcro de Jesús (cf. Mt 27.62-66) y otra rescató a Pablo de ser linchado (Hch 21.26-36).

El NT menciona varias veces a los capitanes del ejército, los "centuriones", y siempre favorablemente (cf. Mt 8.5-13; 27.54; Hch 10; 27.1,42-44).

Pablo recorre el imperio
La paz romana, los caminos y los medios de transporte hicieron posible que los cristianos llevaran el mensaje de Jesús por todo el este del Mediterráneo en pocos años.

Pablo era ciudadano romano y usó de este derecho para ser librado de la cárcel (cf. Hch 16.37-40). Cuando la justicia judía falló, Pablo apeló al emperador. Fue llevado a Roma para ser juzgado (Hch 25.11; 27—28). Todos los viajes de Pablo narrados en Hch, y todas sus cartas tienen como trasfondo el imperio romano.

sobre todo a partir del siglo II, se hizo más general y sistemática. Esta situación ya se refleja en textos como 1 P 4.12-16 y, sobre todo, en *Apocalipsis,* donde el imperio romano aparece como el enemigo por excelencia de Cristo y de sus seguidores (cf. Ap 13.7).

Transmisión del texto   (50) Los libros del NT fueron escritos, con toda probabilidad, en rollos de papiro (algunos quizá de pergamino), más o menos largos, según la longitud del escrito. Sin embargo, ninguno de estos escritos ha llegado hasta nosotros en el autógrafo o manuscrito original. Lo mismo sucede, por lo demás, con toda la producción literaria de la antigüedad.

(51) El texto del NT ha llegado hasta nosotros en copias manuscritas que se fueron haciendo en diversos lugares y en distintas épocas. Si prescindimos de algunos fragmentos muy pequeños, sin importancia para la reconstrucción del texto, las copias más antiguas del NT que se conservan son de alrededor del año 200 y provienen de Egipto. Estas copias ya tienen la forma de libros (códices). Otras copias posteriores (siglo IV en adelante) están hechas en pergamino (cuero de oveja, cabra o becerro), material más fino y duradero. Las condiciones del clima de Egipto, muy seco, son especialmente favorables para la conservación de manuscritos.

(52) Son aún más numerosas las copias que se conservan de los siglos siguientes. El número total de manuscritos anteriores a la utilización de la imprenta en occidente, hechos en papiro o pergamino y que contienen todo o parte del NT, pasa de cinco mil.

(53) Si a esto añadimos las versiones antiguas, tales como las traducciones al latín, al siríaco, al copto y otras lenguas, hechas en los primeros siglos de la era cristiana, y los testimonios de los escritores antiguos (citas, alusiones, comentarios), el material que sirve para reconstruir el texto del NT es muy voluminoso.

(54) Dado el número tan grande de testimonios y las limitaciones de toda obra humana, no es extraño que se presenten variantes en el texto de estos testigos tan diversos.

(55) Por eso existe toda una rama de la ciencia bíblica (la crítica textual) que se dedica al estudio de estos testimonios y a la reconstrucción del texto en su forma más primitiva posible.

(56) Los resultados de estos estudios aparecen publicados en las ediciones críticas del texto griego del NT. La presente traducción se basa en la edición publicada por K. Aland, M. Black, B. Metzger, C. M. Martini y otros, *The Greek New Testament,* 3a. edición corregida, Sociedades Bíblicas Unidas, 1984.

(57) En las notas se indican algunas de las variantes más importantes que se encuentran en los manuscritos.

Contenido y finalidad del Nuevo Testamento   (58) Como ya se ha dicho, el NT está centrado en la persona, en la historia y en la obra salvadora de Jesucristo. Este tema, por una parte, da unidad a los diversos libros que lo forman, y por otra, lo distingue del AT.

(59) Jesús no redactó ninguno de los escritos del NT. Estos fueron redactados por aquellos que lo reconocieron como el Mesías, como la persona que Dios había escogido y enviado para realizar su obra de salvación en favor de la humanidad, y a quienes Dios llamó para comunicar a otros el testimonio de su fe.

(60) El NT existe porque Jesús *mostró su gloria; y sus discípulos creyeron en él* (Jn 2.11). Aunque Jesús no fue reconocido por la mayor parte de su pueblo (cf. Jn 1.11), un grupo privilegiado fue testigo de sus acciones, de su muerte y de su resurrección. Jesús les envió el Espíritu, y así se cumplió lo que él les había dicho: *Cuando el Espíritu Santo venga sobre ustedes, recibirán poder y saldrán a dar testimonio de mí, en Jerusalén, en toda la región de Judea y de Samaria, y hasta en las partes más lejanas de la tierra* (Hch 1.8).

(61) Ellos mismos, y los discípulos que fueron formando, sintieron la necesidad de comunicar a todos los pueblos la fe que profesaban y la esperanza que los animaba. Los que aceptaron este mensaje fueron constituyendo el nuevo pueblo de Dios, beneficiario de la nueva alianza que Dios había prometido hacer con los hombres, el nuevo pueblo al cual estaban llamados los hombres y las mujeres de todas las naciones.

(62) El NT quiere expresar a todos, sin ambigüedades, quién es Jesús. Una manera de hacerlo es por medio de los *títulos* que le aplica.

(63) El título con que más comúnmente el NT expresa su fe en Jesús es el de *Cristo* ("Mesías", "Ungido"). Este título se relacionaba con las esperanzas del pueblo de Israel, pero se aplicó a Jesús con un contenido y un alcance nuevos.

(64) Títulos de significado semejante son los de *Hijo de David y Rey.* Según los evangelios, el título que Jesús prefería para referirse a su misión era el de *Hijo del hombre,* que, por una parte, expresaba su condición plenamente humana y, por otra, aludía a su carácter de Juez glorificado.

(65) Otro título muy usado en el NT es el de *Señor.* Este título se aplicaba en el AT de preferencia a Dios, y fue la forma que sustituyó de ordinario al nombre de Yahvé; entre los griegos, se daba a los reyes y a los dioses. El NT lo usa para expresar la soberanía de Jesús resucitado.

(66) El título de *Hijo de Dios* se daba a veces al rey de Israel, como también lo daban los romanos al emperador. Pero para el NT, expresa lo que solamente se verifica con toda propiedad en Jesús: una relación única con Dios, como su Padre, y, al mismo tiempo, el fundamento para que los que estén unidos a él por la fe puedan ser hijos de Dios y llamarse como tales.

(67) Además de estos, que son los más comunes, el NT aplica a Jesús otros títulos, que el lector encontrará en los textos.

(68) Pero la fe de la iglesia primitiva en Jesucristo no se expresa únicamente en los títulos que le atribuye. Con igual valor se expresa en la manera como describe su *obra salvadora.*

(69) El NT proclama que Jesús, por su acción en la tierra, por su muerte y su resurrección, y por su presencia activa y continua en el mundo, ha hecho presente el poder de Dios y su amor salvador. Esta obra se describe de diversas maneras, entre las cuales se encuentran expresiones como *salvar de los pecados, dar su vida en rescate por una multitud, liberar de la esclavitud del pecado, reconciliar con Dios*, y muchas más.

(70) Esta obra salvadora de Dios por medio de Cristo — afirma el NT— realiza una transformación en la persona humana, exige un cambio de vida, pide una respuesta de fe, lleva a una vida de esperanza, crea una comunidad de hermanos, que se distingue por practicar la justicia y vivir en el amor.

(71) El NT no pretende ser una legislación que sustituya a la ley de Moisés. Sin embargo, el cristiano encuentra en el NT los principios permanentes por los cuales puede regir su vida y su conducta. En diversos lugares, el NT los sintetiza en la ley del amor (cf. Mt 22.34-40 y paralelos; Jn 13.34-35; Ro 13.8-10).

(72) El NT adquiere su sentido más profundo como testimonio permanente de estas convicciones, de estas esperanzas y de este llamado.

(73) En el *Índice temático* que se encuentra al final de esta edición aparecen enumerados de manera más completa y, cuando es necesario, explicados brevemente, los términos más importantes del NT.

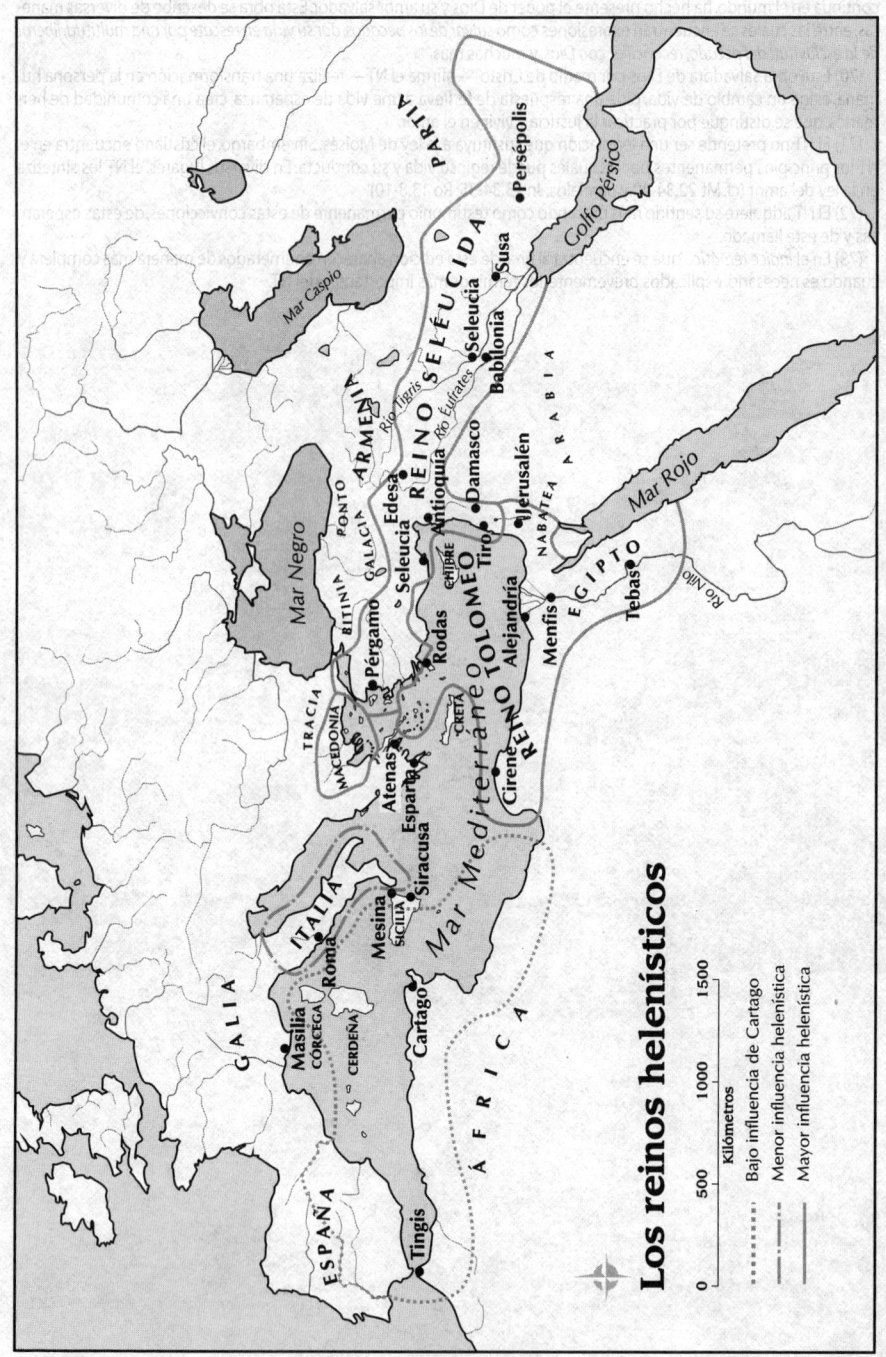

Los Evangelios

La palabra "evangelio" viene de una voz griega que significa "buenas noticias". Ya en el Antiguo Testamento encontramos la expresión "dar buenas noticias", que en la versión griega (LXX) se traduce con un verbo emparentado con *evangelio*. Precisamente uno de estos textos se cita en el *Evangelio según san Lucas*. En Lc 4.18-19 se dice que Jesús, en la sinagoga de Nazaret, al comienzo de su actividad pública, lee este texto del profeta Isaías: *El Espíritu del Señor está sobre mí, porque me ha consagrado para llevar la buena noticia a los pobres; me ha enviado a anunciar libertad a los presos y dar vista a los ciegos; a poner en libertad a los oprimidos; a anunciar el año favorable del Señor* (cf. Is 61.1-2a). Y luego Jesús dice a sus oyentes: *Hoy mismo se ha cumplido la Escritura que ustedes acaban de oír*. (La misma expresión se usa en la forma griega de Is 40.9; 52.7; 60.6.) Probablemente, Jesús mismo usó la palabra aramea correspondiente para referirse al mensaje de salvación que él predicó. Ese mensaje iba especialmente dirigido, como afirma el texto de Isaías, a los pobres, los enfermos, los oprimidos, los necesitados del perdón de Dios (cf., por ejemplo, Mc 1.15).

Cuando, después de la muerte y resurrección de Jesús, los apóstoles y sus discípulos empezaron a anunciar, en primer lugar a los judíos y luego a los no judíos, la buena noticia de la salvación que Dios les ofrecía por medio de Jesús, el Mesías, el Hijo de Dios, fácilmente encontraron que el término "evangelio" era el más adecuado para designar ese mensaje: era la buena noticia por excelencia. Pablo usa con frecuencia este término para referirse al mensaje que él predicaba a los no judíos (cf., por ejemplo, Ro 1.1,9,16; 1 Co 15.1). Marcos también usa esta palabra al comienzo de su libro (Mc 1.1).

Poco a poco la palabra "evangelio" fue convirtiéndose en la designación técnica de los cuatro relatos de la iglesia apostólica que nos hablan de Jesús, de sus hechos, de sus palabras y de su pasión, muerte y resurrección. De esta manera se habla del *Evangelio según san Mateo, san Marcos, san Lucas* o *san Juan*, y también se habla de "los cuatro evangelios". Son cuatro libros, aunque el mensaje de salvación es uno solo. Encontramos estos cuatro libros al comienzo del Nuevo Testamento.

En las Escrituras de Israel (lo que nosotros llamamos Antiguo Testamento) ya habían quedado consignados muchos de los acontecimientos de la historia de este pueblo. También los griegos tenían diferentes libros que narraban la historia de diversos pueblos.

Nuestros evangelistas conocían las Escrituras del pueblo de Israel, y algunos (como Lucas) quizá conocían también diversos libros de historia escritos por los griegos. Sin embargo, al escribir sus evangelios, no tomaron ellos como modelo ninguno de los libros históricos anteriores. Comprendieron que estaban narrando una historia diferente y se vieron en la necesidad de crear una forma literaria propia.

Comparados con los relatos del Antiguo Testamento, los evangelios se distinguen sobre todo por estar centrados en una sola persona: Jesús de Nazaret. Varios libros del Antiguo Testamento presentan relatos sobre diversos personajes de la historia de Israel, como Abraham, José, Moisés, David, Elías, etc. Y aun hay libros dedicados a una sola persona, como los de Rut, Job o Ester. Sin embargo, en ninguno de esos relatos, el personaje tiene la importancia que Jesús tiene en los evangelios.

Cuando los griegos exponían en sus libros sus ideas religiosas, lo hacían sobre todo en forma de mitos y leyendas. Los evangelios nos hablan de una persona real, histórica; nos hablan de Jesús, quien vivió en un tiempo y en un país reales. Pero nos dicen que en esa persona y en su historia ha sucedido algo nuevo y definitivo para la salvación del ser humano. El mismo Dios de Israel, el Dios de los patriarcas y de los profetas, se ha revelado ahora de una manera completamente distinta en su Hijo, Jesús.

Los judíos del tiempo de Jesús, basándose en diversos textos de las Escrituras y en tradiciones que se habían desarrollado con el correr del tiempo, esperaban un personaje que Dios iba a enviar para llevar a cabo su obra de salvación, en especial en favor del mismo pueblo de Israel. Estas expectativas variaban según los diversos grupos que había entonces en el judaísmo. Asimismo se atribuían a este personaje diferentes nombres y funciones. El nombre que llegó a hacerse más común fue el de *Mesías* ("Cristo", "Ungido"); otros, más o menos equivalentes, fueron *Hijo de David, Hijo del hombre, Hijo de Dios*.

El mensaje de los evangelios está centrado en este tema, como lo expresa un pasaje del cuarto evangelio: *Estas [señales milagrosas] se han escrito para que ustedes crean que Jesús es el Mesías, el Hijo de Dios, y para que creyendo tengan vida por medio de él* (Jn 20.31).

Al leer los evangelios nos damos cuenta de la importancia tan especial que tiene el período final de la historia de Jesús, desde su entrada mesiánica en Jerusalén hasta su muerte y resurrección, período que comprende aproximadamente una semana. Por la comparación con otros textos del Nuevo Testamento, como los discursos de Pedro y de Pablo en los *Hechos de los Apóstoles* (véase Hch 2.14-42 n.) y las cartas de Pablo (cf., por ejemplo, 1 Co 15.1-7), podemos decir que la referencia a la muerte y resurrección de Jesús era el centro del mensaje de salvación desde los primeros tiempos. Así, no es de extrañar que ocupe tanto espacio en los evangelios.

Pero los evangelios nos presentan además muchos aspectos de la actividad anterior de Jesús, desde que fue bautizado por Juan. Nos narran muchos hechos y palabras de Jesús en diversas circunstancias y ante diversos oyentes. En

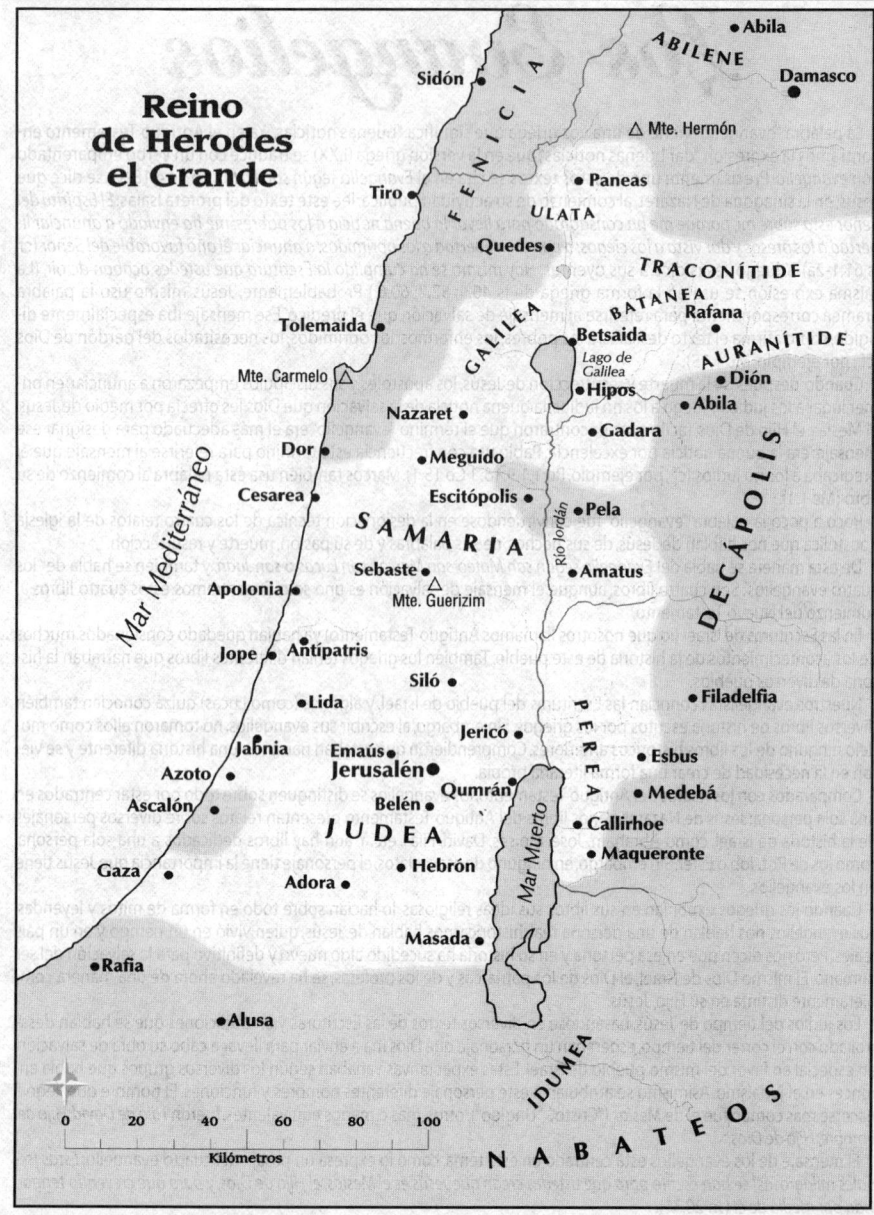

cambio, solamente dos evangelios, los de Mateo y Lucas, nos hablan de la infancia de Jesús. Ninguno nos habla del largo periodo de su adolescencia y juventud.

Los evangelistas no pretendieron escribir obras literarias refinadas, como las de muchos poetas o literatos de su época. Escribieron, más bien, en un lenguaje sencillo y popular; su interés no estaba en la forma artística sino en el contenido de su mensaje. Sin embargo, esa misma sencillez y sobriedad da un valor más duradero y universal a su obra.

No podemos leer los evangelios como si fueran biografías de Jesús, escritas al estilo moderno, y según nuestra mentalidad occidental. Estos libros quieren, sobre todo, comunicar al lector el sentido salvífico de la historia de Jesús. Los evangelios nacieron de la fe de la iglesia apostólica en Jesús, el Hijo de Dios, muerto y resucitado, y quieren dar testimonio de esa fe (cf. Jn 20.30-31).

INTRODUCCIÓN   LOS EVANGELIOS

Al leer cuidadosamente estos cuatro libros, nos damos cuenta de que los *Evangelios de Mateo, Marcos* y *Lucas* presentan una semejanza muy grande entre sí, mientras que el cuarto, el de *Juan,* se diferencia bastante de los otros. Por su semejanza, a los tres primeros se les ha dado el nombre de "evangelios sinópticos" (de *sinopsis* = "vista de conjunto"). En esta edición se indican los pasajes paralelos debajo del título de cada sección.

Sin embargo, cada evangelio tiene su perspectiva propia y su manera peculiar de narrar la historia de Jesús. Estos diversos enfoques se explican por las diversas tradiciones que utilizan, por los diversos grupos de lectores a que se dirigen, y por el carácter propio de cada evangelista.

Ninguno de los evangelios menciona el nombre del autor. Solamente en Lc 1.1-4 hace el autor referencia a su propia actividad literaria, escribiendo en primera persona. Fue probablemente en el siglo II cuando en las copias de los evangelios se hizo común ponerles los siguientes títulos: *Según Mateo, Según Marcos, Según Lucas* y *Según Juan* (sin incluir la palabra "Evangelio"). Los autores cristianos de esa época muestran que fue entonces cuando se difundió la tradición acerca de los nombres de los autores. No tenemos suficiente información para decir cómo se llegó a esta identificación.

Los evangelios, como toda obra literaria, tuvieron indudablemente sus autores. Sin embargo, pertenecen a un tipo de literatura en la que, más que la actividad creadora y original del autor, cuenta la utilización de tradiciones conservadas en una o varias comunidades. Este tipo de literatura tradicional se encuentra en la mayor parte del Antiguo Testamento y en los escritos, especialmente los religiosos, de muchos otros pueblos, sobre todo en el Oriente. Estas tradiciones se transmitían de viva voz en las comunidades. En 1 Co 11.23-25 y 15.1-7 Pablo recuerda a los cristianos de Corinto algunas de esas tradiciones que él les enseñó y que tienen sus paralelos en los evangelios.

Pero el mundo helenístico del siglo I ya no era una cultura puramente oral. La literatura escrita estaba ya muy difundida. Los cristianos vieron la necesidad de tener su propia literatura escrita, en donde se preservaran de manera más fiel y permanente las tradiciones recibidas en forma oral. En el prólogo de su evangelio, Lucas hace referencia a esta actividad (Lc 1.1-4).

La mayoría de los estudiosos actuales de la Biblia se inclinan a pensar que el primero de los evangelios que se redactó fue el de Marcos. También piensan que los de Mateo y Lucas, redactados posteriormente, utilizaron en gran parte a Marcos, además de otras tradiciones diferentes. En último lugar debió de escribirse el *Evangelio de Juan,* que sigue caminos muy propios. Todo este proceso literario se desarrolló en la segunda mitad del siglo I. Pero el año exacto en que se redactó cada uno de estos libros es difícil de precisar.

En la introducción a cada evangelio se indicarán algunas características propias de cada uno.

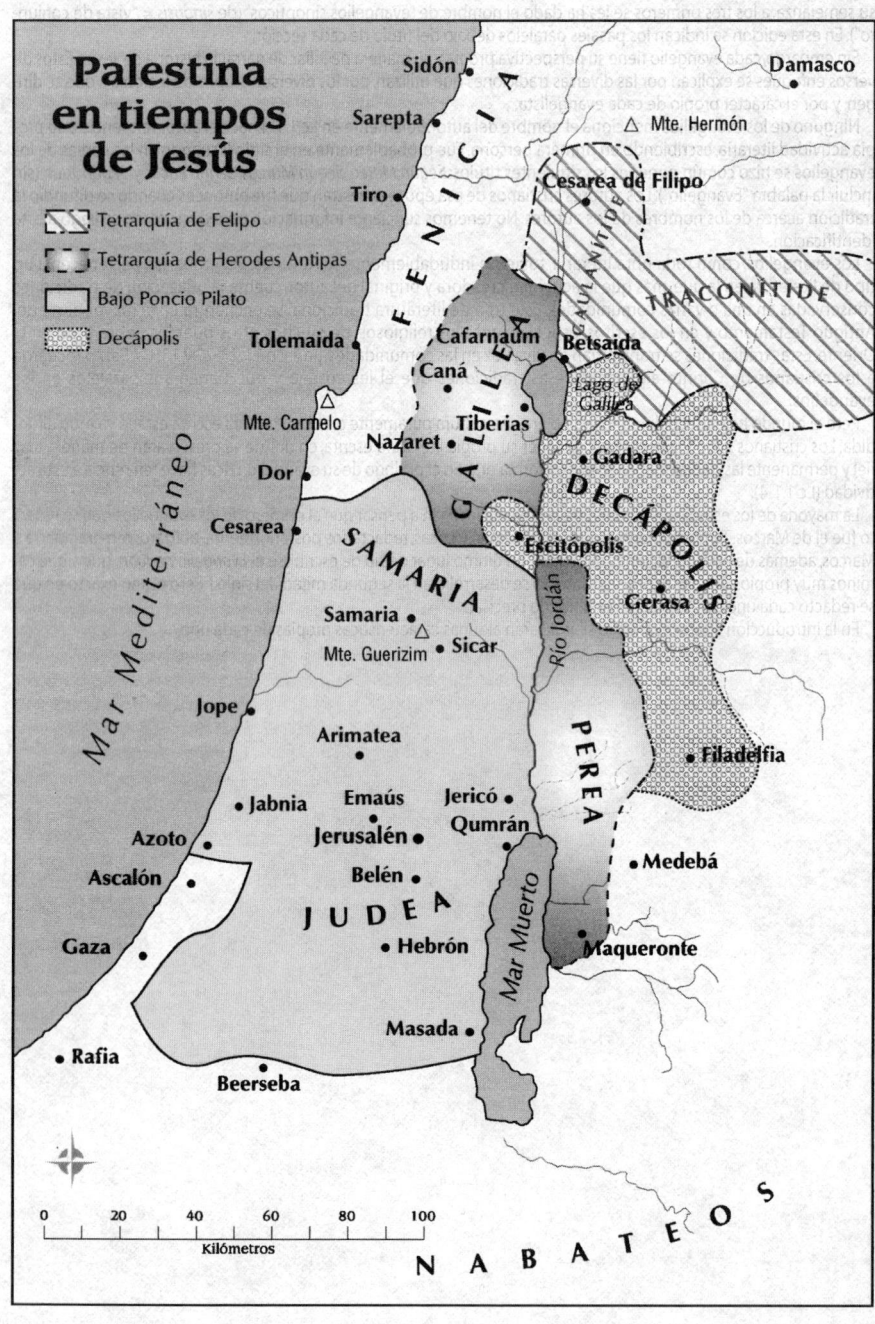

Evangelio según san Mateo

El primer libro de los que componen el Nuevo Testamento es el *Evangelio según san Mateo* (=Mt). Como se indicó en la *Introducción a los Evangelios*, el orden de los libros del Nuevo Testamento (en las ediciones que usamos) no corresponde necesariamente al orden en que fueron escritos.

El evangelista Mateo comienza su historia presentando una lista de los antepasados de Jesús y relatando algunos acontecimientos de la infancia de este. Pasa luego a narrarnos, en cuadros que se van alternando, los hechos y las enseñanzas de Jesús, para concluir con los relatos de la pasión y las apariciones del Señor resucitado, y del envío de los discípulos a todas las naciones.

Este evangelio se distingue de los otros, ante todo, por la manera sistemática como organiza las palabras de Jesús. En efecto, las reúne, en su mayor parte, en cinco grandes sermones o discursos. El uso de ciertas fórmulas introductorias (véase 5.1-2; 10.1; 13.1-3; 18.1 y 24.1) y sobre todo de fórmulas constantes para concluir estos sermones y pasar a la sección siguiente (véase 7.28-29; 11.1; 13.53; 19.1 y 26.1) indica el interés del evangelista por resaltarlos. La fórmula con que concluye el último sermón es especialmente significativa: *Cuando Jesús terminó toda su enseñanza...* (26.1). Debe tomarse en cuenta, sin embargo, que en el propio evangelio hay otras palabras o enseñanzas de Jesús además de las reunidas en esos cinco sermones (véase, por ejemplo, el cap. 23).

Estos cinco discursos o sermones están intercalados alternadamente entre secciones narrativas. Los relatos de la infancia de Jesús (caps. 1—2) sirven de introducción; y los que tienen que ver con su pasión, muerte y resurrección constituyen la conclusión de toda la obra.

A la luz de lo dicho podemos destacar las siguientes grandes secciones de este evangelio:

    I. Infancia de Jesús (1.1—2.23)
   II. Comienzo de la actividad de Jesús (3.1—4.25)
  III. Sermón del monte (5.1—7.29)
  IV. Diversos hechos de Jesús (8.1—9.38)
   V. Sermón de instrucción a los apóstoles (10.1—11.1)
  VI. Diversos hechos de Jesús (11.2—12.50)
 VII. Un sermón en siete parábolas (13.1-52)
VIII. Diversos hechos de Jesús (13.53—17.27)
  IX. Sermón sobre la vida de la comunidad (18.1-35)
   X. Diversos hechos de Jesús (19.1—23.39)
  XI. Sermón sobre el fin de los tiempos (24.1—25.46)
 XII. Pasión, muerte y resurrección (26.1—28.20)

Otros autores, tomando en cuenta sobre todo el aspecto geográfico, dividen el evangelio de la siguiente manera:

    I. Parte preparatoria (1.1—4.11)
   II. Actividad de Jesús en Galilea (4.12—13.58)
  III. Viajes por diversas regiones (14.1—20.34)
  IV. Actividad en Jerusalén, pasión, muerte y resurrección (21.1—28.20)
      1. Última actividad de Jesús (21.1—25.46)
      2. Pasión, muerte y resurrección (26.1—28.20)

En la sección dedicada a la infancia de Jesús (caps. 1—2) el evangelista presenta con claridad un aspecto preponderante en todo el evangelio: Jesús viene a cumplir las promesas hechas por Dios al pueblo de Israel. Esto lo insinúa ya en la lista de los antepasados de Jesús (1.1-17), y lo recalca después, mostrando en cada uno de los episodios de la infancia cómo se cumplen en ellos las Escrituras. Este tema se repetirá con frecuencia. Diez veces anota el autor, a lo largo del evangelio, el cumplimiento de las Escrituras (1.22-23; 2.15; 2.17-18; 2.23; 4.14-16; 8.17; 12.17-21; 13.35; 21.4-5; 27.9-10).

Todo esto sirve para mostrar que Jesús es el *Mesías* esperado por el pueblo de Israel. Este título (o *Cristo*, que significa lo mismo) se lo da el evangelista a Jesús desde la primera frase del evangelio (1.1). La misma idea o una idea semejante se expresa también con otros títulos, como *Hijo del hombre* (véase 8.20 nota n), *Hijo de Dios* (3.17 n.), *Hijo de David* (1.1 n.), *Rey de los judíos* (2.2) o simplemente *Rey* (25.34).

Este evangelio destaca mucho la labor docente de Jesús. Él es el único Maestro (véase 23.8). De ahí la importancia que se da a sus discursos. Su enseñanza no es como la de los otros maestros de la ley, que se dedican sólo a interpretarla; Jesús enseña con una autoridad superior aun a la de Moisés (véase 5.20-48).

La enseñanza de Jesús en el *Evangelio según san Mateo* está centrada en el tema del *reino de Dios*, o, como prefiere llamarlo este evangelio, *reino de los cielos*. Unas cincuenta veces se encuentra una u otra expresión en este libro. Jesús proclama el reino de Dios con su palabra (véanse sobre todo los cinco grandes sermones); y con sus hechos muestra que ese reino empieza a ser realidad desde el presente (véase en especial 12.28).

El *Evangelio según san Mateo* da particular relieve a la misión que Jesús confía a los apóstoles (véase principalmente el cap. 10). A ellos les encarga anunciar la cercanía del reino de los cielos (10.7). También se preocupa este evangelio por recoger las enseñanzas de Jesús sobre la vida de la comunidad (de manera particular en el cap. 18).

Una buena parte del contenido del libro (cerca de la mitad) es común con el *Evangelio según san Marcos*. En general, se observa que *Mateo* presenta una forma más breve y estilísticamente más cuidada que la de *Marcos*, ya que *Mateo* se caracteriza por la concisión y sobriedad de su estilo. Otras secciones de *Mateo* (menos de una cuarta parte) tienen paralelos en *Lucas* pero no en *Marcos*, y contienen, sobre todo, palabras de Jesús. Finalmente, hay una buena cantidad de materia (más de una cuarta parte) que es propia de este evangelio, sin paralelo exacto en *Marcos* o *Lucas*. A este último grupo pertenecen principalmente los capítulos de la infancia (Mt 1—2), las apariciones de Jesús resucitado (Mt 28.9-20) y también algunos dichos de Jesús, entre los que puede mencionarse, por ejemplo, el relato del juicio de las naciones (Mt 25.31-46).

Una antigua tradición sostiene que este evangelio fue escrito originalmente en hebreo (lo que puede referirse también al arameo). Pero el único texto primitivo que se ha conocido siempre es el texto griego. Lo que sí aparece claro es que este evangelio, en muchas de sus expresiones y temas preferidos, muestra una especial cercanía al pensamiento hebreo. Tanto el autor como sus primeros lectores fueron, sin duda, personas familiarizadas con el Antiguo Testamento y con muchas de las tradiciones judías. El evangelio muestra, sin embargo, con toda claridad, que el mensaje de salvación iba dirigido a todos los pueblos (véase 28.19).

I. INFANCIA DE JESÚS (1.1—2.23) [a]

1 **Los antepasados de Jesucristo** [b] *(Lc 3.23-38)* **1** Esta es una lista de los antepasados de Jesucristo, que fue descendiente de David y de Abraham: [c]

2 Abraham fue padre de Isaac, este lo fue de Jacob y este de Judá y sus hermanos. **3** Judá fue padre de Fares y de Zérah, y su madre fue Tamar. Fares fue padre de Hesrón y este de Aram. **4** Aram fue padre de Aminadab, este lo fue de Nahasón y este de Salmón. **5** Salmón fue padre de Booz, cuya madre fue Rahab. Booz fue padre de Obed, cuya madre fue Rut. Obed fue padre de Jesé, **6** y Jesé fue padre del rey David.

El rey David fue padre de Salomón, cuya madre fue la que había sido esposa de Urías. [d] **7** Salomón fue padre de Roboam, este lo fue de Abías y este de Asá. **8** Asá fue padre de Josafat, este lo fue de Joram y este de Ozías. **9** Ozías fue padre de Jotam, este lo fue de Acaz y este de Ezequías. **10** Ezequías fue padre de Manasés, este lo fue de Amón y este de Josías. **11** Josías fue padre de Jeconías [e] y de sus hermanos, en el tiempo en que los israelitas fueron llevados cautivos a Babilonia.

12 Después de la cautividad, Jeconías fue padre de Salatiel y este de Zorobabel. [f] **13** Zorobabel fue padre de Abihud, este lo fue de Eliaquim y este de Azor. **14** Azor fue padre de Sadoc, este lo fue de Aquim y este de Eliud. **15** Eliud fue padre de Eleazar, este lo fue de Matán y este de Jacob. **16** Jacob fue padre de José, el marido de María, y ella fue madre de Jesús, al que llamamos el Mesías.

17 De modo que hubo catorce generaciones [g] desde Abraham hasta David, catorce desde David hasta la cautividad de los israelitas en Babilonia, y otras catorce desde la cautividad hasta el Mesías. [h]

Origen de Jesucristo *(Lc 2.1-7)* **18** El origen de Jesucristo fue este: María, su madre, estaba comprometida para casarse con José; [i] pero antes que vivieran juntos, se encontró encinta por el poder del Espíritu Santo. [j] **19** José, su marido, que era un hombre justo y no quería [k] denunciar públicamente [l] a María, decidió separarse de ella en secreto. **20** Ya había pensado hacerlo así, cuando un ángel del Señor [m] se le apareció en sueños y le dijo: "José, descendiente de David, no tengas miedo de tomar a María por esposa, porque su hijo lo ha concebido por el poder del Espíritu Santo. [n] **21** María tendrá un hijo, y le pondrás por nombre Jesús. Se llamará así porque salvará a su pueblo de sus pecados." [ñ]

---

[a] **1.1—2.23** Los caps. 1—2, en su conjunto, quieren mostrar, desde el principio, que Jesús es el Mesías prometido al pueblo de Israel, Hijo de Dios y Salvador, reconocido por los no judíos y rechazado por las autoridades de su propio pueblo.

[b] **1.1-17** Los judíos, sobre todo después del destierro, daban gran importancia a las listas de antepasados o de descendientes, llamadas también genealogías (cf., por ej., 1 Cr 1—8). De esta manera se pretendía mostrar la pertenencia al pueblo de Israel y a una tribu o a un clan determinados. En el caso de Jesús, se da especial importancia al hecho de ser descendiente del rey David. Cf. Ro 1.3-4.

[c] **1.1** *Descendiente de David y de Abraham:* Entre los antepasados de Jesús se menciona aquí a los dos más importantes. A Abraham Dios había hecho promesas de bendición para sus descendientes y para todas las naciones (cf. Gn 12.3; 17.4-9; 22.15-18; Mt 28.19; Gl 3.16). Las promesas hechas a David (2 S 7.16) alimentaban la esperanza mesiánica de Israel (cf. Mt 22.42).

[d] **1.3-6** 1 Cr 1.34; 2.1-15; cf. también Rt 4.18-22. La *esposa de Urías* fue Betsabé (2 S 12.24). Solo se mencionan cuatro mujeres (Tamar, Rahab, Rut y Betsabé) entre los antepasados de Jesús. En estos casos aparecen especialmente claras las diversas vicisitudes de la historia humana y también la providencia especial de Dios en la preparación de la venida del Mesías.

[e] **1.11** *Jeconías:* rey de Judá en el año 598 a.C., cuando los primeros israelitas fueron llevados cautivos a Babilonia; llamado también Joaquín (2 R 24.8-16; 2 Cr 36.9-10; Jer 27.19-21; cf. también Jer 22.24).

[f] **1.7-12** 1 Cr 3.10-19.

[g] **1.17** *Catorce generaciones:* Mt presenta un esquema ideal y simbólico de tres series de dos veces siete generaciones cada una, aunque de hecho la última solo contiene trece.

[h] **1.17** *Mesías:* título hebreo, traducido al griego como *Cristo* (véase *Índice temático*); ambas palabras significan *ungido*.

[i] **1.18** *Comprometida para casarse... José:* Lc 1.26-27. El compromiso de matrimonio constituía una obligación legal y no podía romperse sin un divorcio formal.

[j] **1.18** *Encinta por el poder del Espíritu Santo:* Lc 1.35.

[k] **1.19** *Y no quería:* otra posible traducción: *pero a la vez no quería.* José sabía lo que requería la ley mosaica (Dt 22.23-24), pero no quería sujetar a María al castigo correspondiente.

[l] **1.19** *Denunciar públicamente:* o *difamar.*

[m] **1.20** *Ángel del Señor:* Cf. también 2.13,19.

[n] **1.20** Lc 1.35.

[ñ] **1.21** *Jesús:* forma griega (lo mismo que *Josué*) del hebreo *Yeshúa* (o *Yehoshúa*), que significa *el Señor* (*Yahvé*) *salva.* Cf. Sal 130.8; Eclo 46.1-2; Lc 1.31; 2.11,21.

DESIGNACIONES MESIÁNICAS

Designación	Referencias
Cabeza del cuerpo	Col 1.18
Cordero	Jn 1.29-36; Ap 5.6
Descendiente de la mujer	Gn 3.15
El que bautiza con el Espíritu Santo	Jn 1.33
El que da testimonio de sí mismo	Jn 8.18
El que había de venir	Mt 11.3*
Emanuel	Mt 1.23
Escogido por Dios	Lc 9.35; Heb 1.9
Estrella de Jacob, rey de Israel	Nm 24.17
Gobernante de Israel	Miq 5.2(1)
Hijo	Mt 2.15
Hijo de David	Mt 9.27
Hijo de Dios	Mt Lc 1.35
Hijo del Dios altísimo	Lc 1.32
Hijo del Dios bendito	Mc 14.61
Hijo del hombre	Mt 24.27
Hijo del Padre	2 Jn 3
Imagen visible de Dios	Col 1.15
Jefe consagrado	Dn 9.25
Libertador	Is 59.20; Ro 11.26-27
Maestro e Hijo de Dios	Jn 1.49
Mesías	Mt 22.41-46; Lc 2.26; Jn 1.41; 4.25; 7.25-27; 9.22
Mesías, el Hijo del Dios viviente	Mt 16.16
Novio	Jn 3.29
Palabra	Jn 1.1*
Pastor	Mt 26.31; Jn 10.1-21
Paz	Is 9.6(5); Ef 2.14
Plenitud de Dios	Col 2.9
Primer fruto	1 Co 15.20
Primogénito	Col 1.15; Heb 1.6
Profeta	Dt 18.18; Jn 1.21; Hch 7.37
Rey de Jerusalén	Zac 9.9; Mt 21.5; 25.34
Roca espiritual	1 Co 10.4
Santo	Lc 1.35
Santo de Dios	Jn 6.69
Secreto y esperanza del ser humano	Col 1.27
Señal	Lc 2.34
Señor	Lc 1.43; Col 3.24
Siervo	Is 42; 49; 50.4-11; 52.13—53.12
Sumo Sacerdote	Heb 6.20; 9.11
Testigo fiel y verdadero	Ap 1.5; 19.11
Vida	Col 3.3-4

Véase la tabla *Los "yo soy" de la Biblia.*

22 Todo esto sucedió para que se cumpliera lo que el Señor había dicho por medio del profeta: *o*
23 "La virgen quedará encinta
y tendrá un hijo,
al que pondrán por nombre Emanuel" *p*
(que significa: "Dios con nosotros"). *q*
24 Cuando José despertó del sueño, hizo lo que el ángel del Señor le había mandado, y tomó a María por esposa. **25** Y sin haber tenido relaciones conyugales, ella dio a luz a su hijo, *r* al que José puso por nombre Jesús. *s*

2 La visita de los sabios del Oriente

1 Jesús nació en Belén, *a* un pueblo de la región de Judea, en el tiempo en que Herodes *b* era rey del país. Llegaron por entonces a Jerusalén unos sabios del Oriente que se dedicaban al estudio de las estrellas, *c* **2** y preguntaron:
—¿Dónde está el rey de los judíos que ha nacido? Pues vimos salir *d* su estrella *e* y hemos venido a adorarlo.
3 El rey Herodes se inquietó mucho al oír esto, y lo mismo les pasó a todos los habitantes de Jerusalén. **4** Mandó el rey llamar a todos los jefes de los sacerdotes y a los maestros de la ley, *f* y les preguntó dónde había de nacer el Mesías. *g* **5** Ellos le dijeron:
—En Belén de Judea; porque así lo escribió el profeta:
6 'En cuanto a ti, Belén, de la tierra de Judá,
no eres la más pequeña
entre las principales ciudades *h* de esa tierra;
porque de ti saldrá un gobernante
que guiará *i* a mi pueblo Israel.' *j*
7 Entonces Herodes llamó en secreto a los sabios, y se informó por ellos del tiempo exacto en que había aparecido la estrella. **8** Luego los mandó a Belén, y les dijo:
—Vayan allá, y averigüen todo lo que puedan acerca de ese niño; y cuando lo encuentren, avísenme, para que yo también vaya a rendirle homenaje.

9 Con estas indicaciones del rey, los sabios se fueron. Y la estrella que habían visto salir *k* iba delante de ellos, hasta que por fin se detuvo sobre el lugar donde estaba el niño. **10** Cuando los sabios vieron la estrella, se alegraron mucho. **11** Luego entraron en la casa, y vieron al niño con María, su madre; y arrodillándose le rindieron homenaje. Abrieron sus cofres y le ofrecieron oro, incienso y mirra. *l* **12** Después, advertidos en sueños de que no debían volver a donde estaba Herodes, regresaron a su tierra por otro camino.

La huida a Egipto

13 Cuando ya los sabios se habían ido, un ángel del Señor se le apareció en sueños a José, y le dijo: "Levántate, toma al niño y a su madre, y huye a Egipto. Quédate allí hasta que yo te avise, porque Herodes va a buscar al niño para matarlo."

14 José se levantó, tomó al niño y a su madre, y salió con ellos de noche camino de Egipto, **15** donde estuvieron hasta que murió Herodes. Esto sucedió para que se cumpliera lo que el Señor había dicho por medio del profeta: "De Egipto llamé a mi Hijo." *m*

Herodes manda matar a los niños

16 Al darse cuenta Herodes de que aquellos sabios lo habían engañado, se llenó de ira y mandó matar a todos los niños de dos años *n* para abajo que vivían en Belén y sus alrededores, de acuerdo con el tiempo que le habían dicho los sabios. **17** Así se cumplió lo escrito por el profeta Jeremías:
18 "Se oyó una voz en Ramá,
llantos y grandes lamentos.
Era Raquel, que lloraba por sus hijos
y no quería ser consolada
porque ya estaban muertos." *ñ*

La familia se establece en Nazaret

19 Pero después que murió Herodes, un ángel del Señor se le apareció en

---

o **1.22** Uno de los temas característicos de Mt es el del cumplimiento, en la historia de Jesús, de lo que Dios había anunciado por medio de los profetas. Cf. también Mt 2.15,17,23; 4.14; 8.17; 12.17; 13.14,35; 21.4; 26.54,56; 27.9.

p **1.23** Is 7.14.

q **1.23** La profecía estaba dirigida originalmente al rey Ahaz (Is 7.14-17), y le anunciaba el nacimiento de un niño como señal de que Judá sería liberado de sus enemigos. El texto hebreo de Is 7.14 habla de *la joven*, palabra que fue traducida al griego como *la virgen*. Mateo hace referencia a *la virgen* que tendrá *un hijo*, y también al simbolismo del nombre *Emanuel*: "Dios con nosotros" (cf. también Mt 28.20).

r **1.25** *Su hijo:* Algunos mss. dicen *su hijo primogénito*.

s **1.25** Lc 2.21.

a **2.1** *Belén:* situado a corta distancia al sur de Jerusalén; pueblo natal del rey David (1 S 16.1). Cf. Lc 2.4-7.

b **2.1** *Herodes:* llamado el Grande, rey de todo el territorio de Israel dominado por los romanos; gobernó durante los años 37-4 a.C. Fue padre de Arquelao (véase Mt 2.22 n.), de Herodes Antipas (véase Mt 14.1 n.) y de Filipo (cf. Lc 3.1). La referencia a Herodes (cf. también Lc 1.5) permite fijar el nacimiento de Jesús hacia los años 6-5 a.C. El calendario actual, por un error de cálculo, colocó el comienzo de la era cristiana varios años más tarde.

c **2.1** *Sabios:* lit. *magos*, término referido aquí a personajes de un país oriental no especificado, que estudiaban los astros y veían en ellos signos del curso de la historia humana. El texto no dice cuántos eran los magos. Estos representan anticipadamente a los pueblos no judíos que reconocerán a Jesús como el Mesías.

d **2.2** *Vimos salir:* otra posible traducción: *vimos en el oriente*.

e **2.2** *Su estrella:* Puede ser una alusión a la *estrella que sale de Jacob* (Nm 24.17), que algunos textos judíos antiguos interpretaban como símbolo del Mesías.

f **2.4** *Maestros de la ley:* expertos conocedores de la ley de Moisés y de las Escrituras hebreas en general; véase *Introducción al NT (30)*.

g **2.4** *El Mesías:* Véase Mt 1.17 nota *h*.

h **2.6** *Principales ciudades:* o *jefes*.

i **2.6** *Guiará:* lit. *pastoreará;* imagen tomada de la vida campesina y usada desde tiempos antiguos. Véase Jn 10.11 n.

j **2.6** Miq 5.2 (1).

k **2.9** *Habían visto salir:* otra posible traducción: *habían visto en el oriente*.

l **2.11** *Incienso y mirra:* sustancias aromáticas finas, principalmente de Arabia.

m **2.15** La cita es de Os 11.1, que se refiere al pueblo de Israel como hijo del Señor (cf. Ex 4.22). Dios había hecho volver de la esclavitud de Egipto a "su hijo" Israel; ahora Jesús, "su Hijo" por excelencia, también había estado exiliado en aquel mismo país. Véase Mt 1.22 n.

n **2.16** *Dos años:* La estrella pudo haber aparecido a *los sabios* casi dos años antes; cf. v. 7.

ñ **2.18** Cita de Jer 31.15, que se refiere al cautiverio de los israelitas descendientes de José, hijo de Jacob y Raquel. Véase Mt 1.22 n.

sueños a José, en Egipto, y le dijo: **20** "Levántate, toma contigo al niño y a su madre, y regresa a Israel, porque ya han muerto los que querían matar al niño." [o]
21 Entonces José se levantó y llevó al niño y a su madre a Israel. **22** Pero cuando supo que Arquelao estaba gobernando en Judea en lugar de su padre Herodes, [p] tuvo miedo de ir allá; y habiendo sido advertido en sueños por Dios, se dirigió a la región de Galilea. **23** Al llegar, se fue a vivir al pueblo de Nazaret. [q] Esto sucedió para que se cumpliera lo que dijeron los profetas: que Jesús sería llamado nazareno. [r]

II. COMIENZO DE LA ACTIVIDAD DE JESÚS (3.1—4.25)

Juan el Bautista en el desierto (Mc 1.1-8; Lc 3.1-9,15-17; Jn 1.19-28) **3** **1** Por aquel tiempo se presentó Juan el Bautista [a] en el desierto de Judea. [b] **2** En su proclamación decía: "¡Vuélvanse a Dios, [c] porque el reino de los cielos [d] está cerca!" [e]

3 Juan era aquel de quien Dios había dicho por medio del profeta Isaías:

"Una voz grita en el desierto:
'Preparen el camino del Señor;
ábranle un camino recto.' " [f]

4 La ropa de Juan estaba hecha de pelo de camello, y se la sujetaba al cuerpo con un cinturón de cuero; su comida era langostas y miel del monte. [g] **5** La gente de Jerusalén y todos los de la región de Judea y de la región cercana al Jordán salían a oírle. **6** Confesaban sus pecados y Juan los bautizaba en el río Jordán. [h]

7 Pero cuando Juan vio que muchos fariseos y saduceos [i] iban a que los bautizara, [j] les dijo: "¡Raza de víboras! [k] ¿Quién les ha dicho a ustedes que van a librarse [l] del terrible castigo [m] que se acerca? **8** Pórtense de tal modo que se vea claramente que se han vuelto al Señor, **9** y no presuman diciéndose a sí mismos: 'Nosotros somos descendientes de Abraham'; [n] porque les aseguro que incluso a estas piedras Dios puede convertirlas en descendientes de Abraham. **10** El hacha ya está lista para cortar los árboles de raíz. Todo árbol que no da buen fruto, se corta y se echa al fuego. [ñ] **11** Yo, en verdad, los bautizo con agua para invitarlos a que se vuelvan a Dios; pero el que viene después de mí los bautizará con el Espíritu Santo y con fuego. [o] Él es más poderoso que yo, que ni siquiera merezco llevarle sus sandalias. [p] **12** Trae su pala en la mano y limpiará el trigo y lo separará de la paja. Guardará su trigo en el granero, pero quemará la paja [q] en un fuego que nunca se apagará."

Jesús es bautizado (Mc 1.9-11; Lc 3.21-22) [r] **13** Jesús fue de Galilea al río Jordán, donde estaba Juan, para que este lo bautizara. **14** Al principio Juan quería impedírselo, y le dijo:

—Yo debería ser bautizado por ti, ¿y tú vienes a mí?

15 Jesús le contestó:

—Déjalo así por ahora, pues es conveniente que cumplamos todo lo que es justo ante Dios. [s]

Entonces Juan consintió. **16** En cuanto Jesús fue bautizado y salió del agua, el cielo se le abrió y vio que el Espíritu de Dios bajaba sobre él como una paloma. **17** Se oyó entonces una voz del cielo, que decía: "Este es mi Hijo amado, a quien he elegido." [t]

---

[o] **2.20** Cf. Ex 4.19-20.
[p] **2.22** *Arquelao:* hijo de Herodes el Grande; después de la muerte de este, gobernó en Judea, Samaria e Idumea del 4 a.C. al 6 d.C.
[q] **2.23** Lc 2.39,51; Jn 1.45. En aquel tiempo *Nazaret* era un pueblo de poca importancia, en las montañas de Galilea.
[r] **2.23** No hay ningún pasaje en el AT que tenga la forma de esta cita; Mateo parece hacer alusión a Jue 13.5,7, que habla del *nazareo* (o *nazireo*), o posiblemente a Is 11.1, que habla del *retoño* (heb. *neser*).
[a] **3.1** Los cuatro evangelios coinciden en relacionar el comienzo de la actividad de Jesús con la actividad de Juan el Bautista (cf. Mc 1.1-14; Lc 3.1-22; Jn 1.19-36).
[b] **3.1** *El desierto de Judea:* región árida y montañosa, poco poblada, al oriente de Jerusalén.
[c] **3.2** *Vuélvanse a Dios:* lit. *cambien su manera de pensar;* expresión que invita a un cambio radical de actitud respecto del pecado y a un retorno a Dios; el mismo verbo, que se ha traducido frecuentemente por *arrepentirse,* puede traducirse como *convertirse, cambiar de actitud, abandonar los pecados.*
[d] **3.2** *Reino de los cielos:* Cf. Dn 2.44 y véase *Reino de Dios* en el *Índice temático.* Mateo prefiere generalmente la expresión *reino de los cielos,* mientras que en los otros evangelios se utiliza *reino de Dios* (cf., por ej., Mc 1.15; Lc 4.43). De acuerdo con la costumbre judía, Mateo evita, con frecuencia, el uso directo del nombre divino.
[e] **3.2** Mt 4.17; Mc 1.15.
[f] **3.3** Cita de Is 40.3, donde *el Señor* es el nombre divino; Mateo parece aplicarlo directamente a Jesús.
[g] **3.4** Véanse notas sobre Mc 1.6.
[h] **3.6** Los judíos celebraban varios ritos de purificación con agua (Lv 15; 16.26-28; 17.15); el bautismo de Juan simbolizaba una purificación no solo ritual sino basada en una verdadera conversión (v. 2; Mc 1.4). Véase *Bautismo* en el *Índice temático.*
[i] **3.7** *Fariseos y saduceos:* grupos o partidos religiosos judíos; véase *Introducción al NT (27-28).*
[j] **3.7** *Iban a que los bautizara:* lit. *iban al bautismo;* también puede significar que simplemente iban a ver cómo bautizaba Juan.
[k] **3.7** *¡Raza de víboras!:* Cf. Mt 12.34; 23.33.
[l] **3.7** *¿Quién les ha dicho a ustedes que van a librarse...?:* otra posible traducción: *¿Quién les advirtió a ustedes para que escaparan...?*
[m] **3.7** *Castigo:* lit. *ira;* se refiere al juicio de Dios sobre los que hacen lo malo.
[n] **3.9** *Descendientes de Abraham:* Jn 8.33-39; Ro 2.28-29; 4.12.
[ñ] **3.10** Mt 7.19.
[o] **3.11** *Con agua... con el Espíritu Santo:* otra posible traducción: *en agua... en el Espíritu Santo.* Jn 1.15,26,31-33; Hch 1.5; 2.1-4; 13.24. En cuanto al *fuego* como símbolo de juicio y de purificación, cf. v. 12, e Is 31.9; 66.15-16; Zac 13.8-9; Mal 3.2. Cf. también el fuego de Pentecostés (Hch 2.3).
[p] **3.11** *Llevar* a alguien *las sandalias* era un oficio humilde, propio de un esclavo.
[q] **3.12** Mt 13.42,50; cf. Is 41.16; Jer 15.7. La imagen era la de una era, espacio abierto en el que se extendía el trigo para trillarlo; luego se lanzaba el trigo al aire con un bieldo, pala u horqueta para que el viento se llevara la paja.
[r] **3.13-17** Cf. también Jn 1.31-34.
[s] **3.15** *Todo lo que es justo ante Dios:* lit. *toda justicia;* en Mt esta palabra se refiere básicamente al cumplimiento de la voluntad de Dios; cf. Mt 5.6,10,20; 6.33; 21.32.
[t] **3.17** *Mi Hijo amado:* También puede entenderse como *mi único Hijo. A quien he elegido:* o *a quien he preferido.* Cf. Gn 22.2; Sal 2.7; Is 42.1. El Sal 2, en el que se califica como 'hijo de Dios' al rey de Israel, fue interpretado por los primeros cristianos como profecía sobre el Mesías en su calidad de Rey (cf. también 2 S 7.14). El pasaje de Is 42 (que hace pensar en Is 52.13—53.12) habla del siervo

SAN MATEO 4

El diablo pone a prueba a Jesús *(Mc 1.12-13; Lc 4.1-13)*

4 ¹ Luego el Espíritu llevó a Jesús al desierto, para que el diablo lo pusiera a prueba.ᵃ

² Estuvo cuarenta días y cuarenta noches sin comer, y después sintió hambre.ᵇ ³ El diablo se acercó entonces a Jesús para ponerlo a prueba, y le dijo:

—Si de veras eres Hijo de Dios,ᶜ ordena que estas piedras se conviertan en panes.

⁴ Pero Jesús le contestó:

—La Escritura dice: 'No solo de pan vivirá el hombre, sino también de toda palabra que salga de los labios de Dios.'ᵈ

⁵ Luego el diablo lo llevó a la santa ciudad de Jerusalén, lo subió a la parte más alta del temploᵉ ⁶ y le dijo:

—Si de veras eres Hijo de Dios, tírate abajo; porque la Escritura dice:

'Dios mandará que sus ángeles te cuiden.
Te levantarán con sus manos,
para que no tropieces con piedra alguna.'ᶠ

⁷ Jesús le contestó:

—También dice la Escritura: 'No pongas a prueba al Señor tu Dios.'ᵍ

⁸ Finalmente el diablo lo llevó a un cerro muy alto, y mostrándole todos los países del mundo y la grandeza de ellos, ⁹ le dijo:

—Yo te daré todo esto, si te arrodillas y me adoras.

¹⁰ Jesús le contestó:

—Vete, Satanás,ʰ porque la Escritura dice: 'Adora al Señor tu Dios, y sírvele solo a él.'ⁱ

¹¹ Entonces el diablo se apartó de Jesús, y unos ángeles acudieron a servirle.

Jesús comienza su actividad en Galilea *(Mc 1.14-15; Lc 4.14-15)*

¹² Cuando Jesús oyó que habían metido a Juan en la cárcel,ʲ se dirigió a Galilea. ¹³ Pero no se quedó en Nazaret,ᵏ sino que se fue a vivir a Cafarnaúm,ˡ a orillas del lago, en la región de las tribus de Zabulón y Neftalí.ᵐ ¹⁴ Esto sucedió para que se cumpliera lo que había escrito el profeta Isaías:ⁿ

¹⁵ "Tierra de Zabulón y de Neftalí,
al otro lado del Jordán,
a la orilla del mar:
Galilea, donde viven los paganos.
¹⁶ El pueblo que andaba en la oscuridad
vio una gran luz;
una luz ha brillado
para los que vivían en sombras de muerte."ñ

¹⁷ Desde entonces Jesús comenzó a proclamar: "Vuélvanse a Dios, porque el reino de los cielos está cerca."ᵒ

Jesús llama a cuatro pescadores *(Mc 1.16-20; Lc 5.1-11)*

¹⁸ Jesús iba caminando por la orilla del Lago de Galilea,ᵖ cuando vio a dos hermanos: uno era Simón, también llamado Pedro,ᵠ y el otro Andrés. Eran pescadores, y estaban echando la redʳ al agua. ¹⁹ Jesús les dijo:

—Síganme, y yo los haré pescadores de hombres.

²⁰ Al momento dejaron sus redes y se fueron con él.ˢ

²¹ Un poco más adelante, Jesús vio a otros dos hermanos: Santiagoᵗ y Juan, hijos de Zebedeo, que estaban con su padre en una barca arreglando las redes. Jesús los llamó, ²² y en seguida ellos dejaron la barca y a su padre, y lo siguieron.

Jesús enseña a mucha gente *(Lc 6.17-19)*

²³ Jesús recorría toda Galilea, enseñando en la sinagoga de cada lugar.ᵘ

---

sufriente del Señor, y también fue considerado por los escritores del NT como referencia al Mesías. Cf. Mt 12.18; 17.5; Mc 9.7; Lc 9.35; 2 P 1.17.

ᵃ **4.1** La permanencia de Jesús en el desierto durante cuarenta días, sin comer, y las pruebas a que fue sometido, recuerdan las experiencias del pueblo de Israel en el desierto, cuando salió de Egipto. Las citas bíblicas de los vv. 4-10 hacen referencia a aquella situación. Israel fracasó en la prueba. Jesús se mantuvo fiel a su misión. Cf. Heb 2.18; 4.15.

ᵇ **4.2** Cf. Dt 8.2-4. El número *cuarenta* puede aludir aquí a la historia de Moisés y del pueblo de Israel (Ex 24.18; 34.28; Nm 14.33-34; 32.13; 1 R 19.8, etc.).

ᶜ **4.3** Cf. Mt 27.40. En el momento de su bautismo, Jesús había sido declarado *Hijo de Dios* (Mt 3.17), título aplicado al Mesías. La tradición judía insistía en que con la venida del Mesías se repetirían, y en mayor grado, los milagros de los tiempos de Moisés; el diablo sugiere a Jesús que haga un milagro semejante al del maná (Ex 16; cf. Jn 6.30-31), pero solo para provecho propio.

ᵈ **4.4** Dt 8.3 (gr.). Tres veces (aquí y en los vv. 7 y 10) Jesús responde con citas tomadas de Dt, libro que relata la experiencia del pueblo de Dios en el desierto.

ᵉ **4.5** *Jerusalén:* la ciudad más sagrada para los judíos, donde estaba el *templo* (véase *Índice temático*).

ᶠ **4.6** Sal 91.11-12, promesa hecha a los que confían en el Señor, no a quienes lo pongan a prueba (v. 7).

ᵍ **4.7** Dt 6.16. Hacer lo que el diablo indicaba sería poner a Dios a prueba.

ʰ **4.10** *Satanás:* nombre que significa *el acusador* o *el adversario*, y que es aplicado al diablo.

ⁱ **4.10** Dt 6.13.

ʲ **4.12** Lc 3.19-20. Herodes Antipas, gobernador de Galilea y Perea, hizo encarcelar a Juan el Bautista. Véase Mt 14.3 n.; cf. también Mc 6.17-18.

ᵏ **4.13** *Nazaret,* "donde se había criado" Jesús (Lc 4.16); véase Mt 2.23 nota *q*.

ˡ **4.13** Jn 2.12. *Cafarnaúm:* importante centro de comercio, con una población mixta de judíos y paganos.

ᵐ **4.13** *Zabulón y Neftalí:* dos de las antiguas tribus de Israel, que colonizaron el norte de Palestina.

ⁿ **4.14** Tema sobresaliente en Mt; véase 1.22 n.

ñ **4.15-16** Cf. Is 9.1-2 (8.23—9.1); los territorios de Zabulón y Neftalí, que habían sufrido en las guerras con Asiria, recibirían nuevamente las bendiciones de Dios. Véase Mt 1.22 n.

ᵒ **4.17** Mt 3.2; 10.7.

ᵖ **4.18** *Lago de Galilea:* Véase *Índice temático*.

ᵠ **4.18** *Pedro:* Véase Mt 16.18 nota *m*.

ʳ **4.18** *Red:* Se usaban principalmente dos clases: la atarraya o red cónica, que se arrojaba al agua a fuerza de brazos, y la red barredera, que era arrastrada entre dos barcos.

ˢ **4.18-20** Cf. Jn 1.35-42.

ᵗ **4.21** *Santiago:* (gr. *Iakobos*) traducido en algunas versiones como *Jacobo;* ambas formas del nombre en castellano se derivan del hebreo *Yaakob,* que en el AT se traduce por *Jacob.* Este nombre tomó en castellano antiguo la forma *Iago,* y al anteponérsele el título de *santo* se convirtió en *Santiago.*

ᵘ **4.23** Mt 9.35; Mc 1.39. Cada comunidad judía tenía su *sinagoga* o casa de reunión e instrucción (véase *Índice temático*). Durante las reuniones, el dirigente podía invitar a alguno de los presentes para comentar o explicar las Escrituras (cf. Lc 4.16-21; Hch 13.14-15).

SERMONES FAMOSOS DE JESÚS

Sermón	Referencias
Sermón del Monte	Mt 5.1—7.29
Instrucción a los apóstoles	Mt 10.1—11.1
Sermón en parábolas	Mt 13.1-52; Mc 4.1-24
La vida de la comunidad	Mt 18.1-35
Sobre los fariseos y maestros de la ley	Mt 23.1-39
Sobre el fin de los tiempos	Mt 24.1—25.46
Sermón en el llano	Lc 6.17-49
Enseñanzas varias	Lc 15.1—17.10; 17.20—18.14
El pan de vida	Jn 6.25-59
El agua viva	Jn 7.14-52
Sermón en la fiesta de las Enramadas	Jn 8.12-52
El buen pastor	Jn 10.1-18
Después de la última cena	Jn 13.12-20, 31-35; 14.1—16.33

Véase *Parábolas* en el *índice temático*.

Anunciaba la buena noticia del reino [v] y curaba a la gente de todas sus enfermedades y dolencias. **24** Se hablaba de Jesús en toda la región de Siria, [w] y le traían a cuantos sufrían de diferentes males, enfermedades y dolores, y a los endemoniados, a los epilépticos y a los paralíticos. Y Jesús los sanaba. **25** Mucha gente de Galilea, de los pueblos de Decápolis, [x] de Jerusalén, de Judea y de la región al oriente del Jordán seguía a Jesús.

III. SERMÓN DEL MONTE (5.1—7.29) [a]

5 **1** Al ver la multitud, Jesús subió al monte y se sentó. [b] Sus discípulos se le acercaron, **2** y él tomó la palabra y comenzó a enseñarles, diciendo:

Lo que realmente cuenta ante Dios [c] *(Lc 6.20-23)*

3 "Dichosos los que tienen espíritu de pobres, [d]
porque de ellos es el reino de los cielos. [e]
4 "Dichosos los que sufren, [f]
porque serán consolados. [g,h]
5 "Dichosos los humildes,
porque heredarán la tierra prometida. [i]
6 "Dichosos los que tienen hambre y sed [j] de la justicia, [k]
porque serán satisfechos. [l]
7 "Dichosos los compasivos,
porque Dios tendrá compasión de ellos.
8 "Dichosos los de corazón limpio, [m]
porque verán a Dios.

---

[v] **4.23** *Reino:* es decir, el reino de Dios.

[w] **4.24** *Siria:* puede referirse en general a toda la provincia romana que incluía a Palestina y otras regiones vecinas (cf. v. 25), o en especial a la región situada al norte de Galilea.

[x] **4.25** Mc 3.7-8. *Decápolis:* nombre que significa *Diez ciudades;* era una confederación compuesta originalmente de diez poblaciones grecorromanas, nueve de las cuales estaban al este del río Jordán.

[a] **5.1—7.29** Primer discurso de Jesús; véanse *Introducción* y Mt 7.28 n. Tiene su paralelo en Lc 6.20-49, que es mucho más corto. Mateo agrupa y sintetiza varias de las enseñanzas de Jesús; véanse los pasajes paralelos citados en estos caps.

[b] **5.1** La ubicación en lo alto de un *monte* trae a la memoria la promulgación de la ley de Moisés en el monte Sinaí (Ex 19.10—20.20). *Se sentó:* actitud acostumbrada de los rabinos o maestros religiosos cuando enseñaban.

[c] **5.3-12** Estos vv. emplean una forma literaria llamada "bienaventuranza", frecuente en los Salmos y otros libros del AT (Sal 1.1 n.; cf. Sal 32.1-2; Pr 8.32,34; Is 56.2). Empiezan con la palabra *dichoso* (o *feliz*), tradicionalmente traducida por *bienaventurado*. Varias de las bienaventuranzas en este pasaje son paradojas: es decir, afirmaciones que parecen contradecir el sentido común, pero que expresan los verdaderos valores del reino de Dios. Además de Lc 6.20-23, nótense también las bienaventuranzas en Mt 11.6; Lc 11.28; 12.37; Jn 20.29; Ro 4.7-8; 14.22, y siete de ellas en el Apocalipsis (Ap 1.3 nota f).

[d] **5.3** *Los que tienen espíritu de pobres:* los que ponen su confianza no en los bienes materiales sino en Dios. Cf. Sal 22.24 (25); 69.32-33 (33-34); Is 29.19; 61.1-2; Mt 11.5; Lc 4.18; Stg 2.5.

[e] **5.3** *De ellos es el reino de los cielos:* Véase Mt 3.2 nota *d*. La palabra castellana *reino,* como la palabra griega, puede referirse tanto al territorio gobernado por un rey como a la acción misma de gobernar; en el NT se usa principalmente con este segundo significado, así que la frase quiere decir que ellos son los que se beneficiarán del reinado de Dios. Véase *Reino de Dios* en el *Índice temático:*

[f] **5.4** *Los que sufren:* o *los que lloran;* cf. Sal 126.5-6; Is 57.18; 61.2-3.

[g] **5.4** Aquí y en el v. 6, las expresiones en forma pasiva (*serán consolados, serán satisfechos*) sugieren que será Dios quien realice esas acciones. Véase Mt 7.1 nota *b*.

[h] **5.4-5** Algunos mss. griegos invierten el orden de los vv. 4 y 5.

[i] **5.5** Sal 37.11. En el salmo 37 se repite varias veces (vv. 3,9,11,22,29) la idea de que lo prometido por Dios (concretamente, para los israelitas, *la tierra de Canaán*) se ha de recibir con humilde obediencia y confianza (cf. Dt 7.7-8; 8.11-20).

[j] **5.6** Las imágenes del *hambre* y la *sed* se usan en sentido espiritual en Is 55.1-2; Am 8.11; Eclo 24.19-21.

[k] **5.6** *De la justicia:* Véase Mt 3.15 n.

[l] **5.6** Cf. Pr 21.21.

[m] **5.8** *Los de corazón limpio:* es decir, los que son sinceros y sin malicia en su actitud para con Dios y con el prójimo. Cf. Sal 24.3-4.

⁹ "Dichosos los que trabajan por la paz,[n] porque Dios los llamará hijos suyos.
¹⁰ "Dichosos los perseguidos por hacer lo que es justo,[ñ] porque de ellos es el reino de los cielos.
¹¹ "Dichosos ustedes, cuando la gente los insulte y los maltrate, y cuando por causa mía los ataquen con toda clase de mentiras.[o] ¹² Alégrense, estén contentos, porque van a recibir un gran premio[p] en el cielo; pues así también persiguieron a los profetas que vivieron antes que ustedes.[q]

Sal y luz del mundo (Mc 9.50; Lc 14.34-35) ¹³ "Ustedes son la sal de este mundo. Pero si la sal deja de estar salada, ¿cómo podrá recobrar su sabor? Ya no sirve para nada, así que se la tira a la calle y la gente la pisotea.[r]
¹⁴ "Ustedes son la luz de este mundo.[s] Una ciudad en lo alto de un cerro no puede esconderse. ¹⁵ Ni se enciende una lámpara[t] para ponerla bajo un cajón;[u] antes bien, se la pone en alto para que alumbre a todos los que están en la casa.[v,w] ¹⁶ Del mismo modo, procuren ustedes que su luz brille delante de la gente, para que, viendo el bien que ustedes hacen, todos alaben a su Padre que está en el cielo.[x]

Jesús enseña sobre la ley ¹⁷ "No crean ustedes que yo he venido a suprimir la ley o los profetas;[y] no he venido a ponerles fin, sino a darles su pleno valor.[z] ¹⁸ Pues les aseguro que mientras existan el cielo y la tierra, no se le quitará a la ley ni un punto ni una letra,[a] hasta que todo llegue a su cumplimiento. ¹⁹ Por eso, el que no obedece[b] uno de los mandatos de la ley, aunque sea el más pequeño, ni enseña a la gente a obedecerlo, será considerado el más pequeño en el reino de los cielos. Pero el que los obedece y enseña a otros a hacer lo mismo, será considerado grande en el reino de los cielos.

Jesús enseña una justicia superior ²⁰ "Porque les digo a ustedes que, si no superan a los maestros de la ley y a los fariseos[c] en hacer lo que es justo ante Dios,[d] nunca entrarán en el reino de los cielos.

1. Sobre el homicidio[e] (Lc 12.57-59)
²¹ "Ustedes han oído que a sus antepasados se les dijo: 'No mates,[f] pues el que mate será condenado.' ²² Pero yo les digo que cualquiera que se enoje con su hermano,[g] será condenado. Al que insulte[h] a su hermano, lo juzgará la Junta Suprema;[i] y el que injurie gravemente[j] a su hermano, se hará merecedor del fuego del infierno.[k,l]
²³ "Así que, si al llevar tu ofrenda al altar te acuerdas de que tu hermano tiene algo contra ti, ²⁴ deja tu ofrenda allí mismo delante del altar y ve primero a ponerte en paz con tu hermano. Entonces podrás volver al altar y presentar tu ofrenda.
²⁵ "Si alguien te lleva a juicio, ponte de acuerdo con él mientras todavía estás a tiempo, para que no te entregue al juez; porque si no, el juez te entregará a los guardias y te meterán en la cárcel. ²⁶ Te aseguro que no saldrás de allí hasta que pagues el último centavo.[m,n]

2. Sobre el adulterio
²⁷ "Ustedes han oído que se dijo: 'No cometas adulterio.'[ñ] ²⁸ Pero yo les digo que cualquiera que mira con deseo a una mujer, ya cometió adulterio con ella en su corazón.
²⁹ "Así pues, si tu ojo derecho te hace caer en pecado, sácatelo y échalo lejos de ti; es mejor que pierdas una sola parte de tu cuerpo, y no que todo tu cuerpo sea arrojado al infierno. ³⁰ Y si tu mano derecha te hace caer en pecado, córtatela y échala lejos de ti; es mejor que pierdas una sola parte de tu cuerpo, y no que todo tu cuerpo vaya a parar al infierno.[o]

---

[n] 5.9 Sal 34.14 (15); Pr 12.20.
[ñ] 5.10 Cf. 1 P 3.14. *Por hacer lo que es justo:* Véase Mt 3.15 n.
[o] 5.11 Cf. 1 P 4.14.
[p] 5.12 *Premio:* La idea de premio o recompensa aparece varias veces en Mt (cf. 5.46; 6.1; 10.42).
[q] 5.12 2 Cr 36.16; Hch 7.52.
[r] 5.13 Mc 9.50; Lc 14.34-35. Este dicho supone el gran aprecio que se tenía por la sal (cf. Eclo 39.26-27), pues además de servir para dar sabor (cf. Job 6.6) y conservar los alimentos (cf. Bar 6.27), se usaba en diversas ceremonias religiosas (cf. Lv 2.13; véase Nm 18.19 n.). Cuando no era pura, caso frecuente entonces, podía perder su sabor.
[s] 5.14 Jn 8.12; 9.5; Flp 2.15. Según Is 49.6, Israel es "luz de las naciones".
[t] 5.15 *Lámpara:* de las que ardían con aceite de oliva.
[u] 5.15 *Cajón:* lit. *medida,* recipiente usado para medir granos.
[v] 5.15 *La casa:* Las casas de la gente humilde, por lo general tenían solo una pieza, podían iluminarse con una sola lámpara.
[w] 5.15 Mc 4.21; Lc 8.16; 11.33.
[x] 5.16 Cf. 1 P 2.12.
[y] 5.17 *La ley o los profetas:* modo de referirse a todas las Escrituras del pueblo de Israel, que nosotros llamamos Antiguo Testamento. Véase *Introducción al NT (2-4).*
[z] 5.17 Cf. Ro 3.31.
[a] 5.18 Lc 16.17; 21.33. *Ni un punto ni una letra:* lit. *ni una iota ni un pequeño trazo.* Alusión a la letra más pequeña y a los trazos que distinguían unas letras de otras en la escritura antigua. La expresión indica aquí las partes más pequeñas o insignificantes de la ley.
[b] 5.19 *El que no obedece:* lit. *el que desata* o *afloja;* también puede entenderse como *el que declara no obligatorio.*
[c] 5.20 *Fariseos:* eran en realidad los más cuidadosos en el cumplimiento de la ley. Véase *Introducción al NT (27).*
[d] 5.20 *Hacer lo que es justo ante Dios:* Véase Mt 3.15 n.
[e] 5.21-26 En 5.21-48 se presentan seis contrastes, casi en la misma forma, sobre el tema introducido en 5.20.
[f] 5.21 Ex 20.13; Dt 5.17.
[g] 5.22 Algunos mss. añaden *sin causa.*
[h] 5.22 *Que insulte:* o *que llame estúpido.*
[i] 5.22 *Junta Suprema:* el Sanedrín, o tribunal supremo de los judíos; véase *Índice temático.*
[j] 5.22 *Que injurie gravemente:* o *que llame idiota,* con la idea de renegado o impío. Esta expresión y la anterior son insultos graves.
[k] 5.22 *Infierno:* Aquí significa lugar de castigo; véase Mc 9.43 nota u.
[l] 5.22 Cf. 1 Jn 3.15.
[m] 5.26 *Centavo:* lit. *cuadrante,* la moneda de menos valor en el sistema romano.
[n] 5.25-26 Lc 12.58-59.
[ñ] 5.27 Ex 20.14; Dt 5.18.
[o] 5.29-30 Mt 18.8-9; Mc 9.43-47. Exageración intencional para expresar la necesidad de sacrificar algo valioso cuando retenerlo es ocasión de pecado.

3. Sobre el divorcio *(Mt 19.9; Mc 10.11-12; Lc 16.18)* [p]

31 "También se dijo: 'Cualquiera que se divorcia de su esposa, debe darle un certificado de divorcio.' [q] **32** Pero yo les digo que si un hombre se divorcia de su esposa, a no ser en el caso de una unión ilegal, [r] la pone en peligro de cometer adulterio. Y el que se casa con una divorciada, comete adulterio.

4. Sobre el juramento

33 "También han oído ustedes que se dijo a los antepasados: 'No dejes de cumplir lo que hayas ofrecido al Señor bajo juramento.' [s] **34** Pero yo les digo: simplemente, no juren. No juren por el cielo, porque es el trono de Dios; **35** ni por la tierra, porque es el estrado de sus pies; [t] ni por Jerusalén, porque es la ciudad del gran Rey. [u] **36** Ni juren ustedes tampoco por su propia cabeza, porque no pueden hacer blanco o negro ni un solo cabello. **37** Baste con decir claramente 'sí' o 'no'. Pues lo que se aparta de esto, es malo. [v,w]

5. Sobre la venganza *(Lc 6.29-30)*

38 "Ustedes han oído que se dijo: 'Ojo por ojo y diente por diente.' [x] **39** Pero yo les digo: No resistas al que te haga algún mal; al contrario, si alguien te pega en la mejilla derecha, ofrécele también la otra. [y] **40** Si alguien te demanda y te quiere quitar la camisa, déjale que se lleve también tu capa. [z] **41** Si te obliga a llevar carga una milla, llévala dos. [a] **42** A cualquiera que te pida algo, dáselo; y no le vuelvas la espalda al que te pida prestado. [b]

6. Sobre el amor a los enemigos *(Lc 6.27-28,32-36)*

43 "También han oído que se dijo: 'Ama a tu prójimo y odia a tu enemigo.' [c] **44** Pero yo les digo: Amen a sus enemigos, y oren por quienes los persiguen. [d] **45** Así ustedes serán hijos de su Padre [e] que está en el cielo; pues él hace que su sol salga sobre malos y buenos, y manda la lluvia sobre justos e injustos. **46** Porque si ustedes aman solamente a quienes los aman, ¿qué premio recibirán? Hasta los que cobran impuestos para Roma [f] se portan así. **47** Y si saludan solamente a sus hermanos, ¿qué hacen de extraordinario? Hasta los paganos se portan así. **48** Sean ustedes perfectos, como su Padre que está en el cielo es perfecto. [g]

6 Jesús enseña sobre tres prácticas de piedad [a]

1 "No hagan sus buenas obras delante de la gente solo para que los demás los vean. [b] Si lo hacen así, su Padre que está en el cielo no les dará ningún premio.

1. Sobre la limosna

2 "Por eso, cuando ayudes a los necesitados, no lo publiques a los cuatro vientos, como hacen los hipócritas en las sinagogas y en las calles para que la gente hable bien de ellos. Les aseguro que con eso ya tienen su premio. **3** Cuando tú ayudes a los necesitados, no se lo cuentes ni siquiera a tu amigo más íntimo; [c] **4** hazlo en secreto. Y tu Padre, que ve lo que haces en secreto, te dará tu premio.

2. Sobre la oración *(Lc 11.2-4)*

5 "Cuando ustedes oren, no sean como los hipócritas, a quienes les gusta orar de pie [d] en las sinagogas y en las esquinas de las plazas para que la gente los vea. [e] Les aseguro que con eso ya tienen su premio. **6** Pero tú, cuando ores, entra en tu cuarto, cierra la puerta y ora a tu Padre en secreto. Y tu Padre, que ve lo que haces en secreto, te dará tu premio. [f]

7 "Y al orar no repitan ustedes palabras inútiles, como hacen los paganos, [g] que se imaginan que cuanto más

---

[p] **5.31-32** Cf. también 1 Co 7.10-11.
[q] **5.31** Dt 24.1-4; cf. Mt 19.7; Mc 10.4.
[r] **5.32** *Unión ilegal:* lit. *prostitución.* Probablemente esta palabra designa, tanto aquí como en Mt 19.9 y en Hch 15.20,29; 21.25, el caso de los matrimonios prohibidos por la ley (cf. Lv 18.6-18; Nm 25.1). También ha sido interpretada como equivalente a *adulterio.* Véase Hch 15.20 n.
[s] **5.33** Cf. Lv 19.12; Nm 30.2 (3); Dt 23.21 (22).
[t] **5.34-35** Mt 23.16-22; cf. Is 66.1; Eclo 23.9; Stg 5.12. Algunos enseñaban que ciertos juramentos obligaban más que otros, por lo que, para evitar mayores responsabilidades, juraban por cosas menores. Jesús enseña que toda persona debe ser siempre tan fiel a su propia palabra, que no tenga necesidad de jurar.
[u] **5.35** Sal 48.2 (3). *El gran Rey:* Dios.
[v] **5.37** *Es malo:* otra posible traducción: *es del maligno,* esto es, del diablo.
[w] **5.37** Cf. Stg 5.12.
[x] **5.38** Ex 21.24; Lv 24.20; Dt 19.21. Esta "ley del talión" (Ex 21.23-25), que de hecho limitaba el castigo a una pena correspondiente a la ofensa, había servido al principio para frenar las contiendas causadas por venganzas sangrientas.
[y] **5.39** Lm 3.30. Una bofetada en la *mejilla derecha* se consideraba un insulto especialmente grave.
[z] **5.40** *Camisa:* lit. *túnica,* especie de camisa larga; la *capa* se llevaba encima de ella.
[a] **5.41** Los soldados romanos que ocupaban el país podían obligar a cualquier transeúnte a llevarles su carga hasta por *una milla* (como 1.5 km.).
[b] **5.42** Cf. Lc 6.34-35; cf. también Eclo 4.4; 29.1-2.

[c] **5.43** Cf. Lv 19.18. El amor al *prójimo* se extendía a los miembros del pueblo de Israel y, según Dt 10.18-19, también a los extranjeros residentes entre los israelitas. El *odiar al enemigo* no lo ordenaba la ley, pero podía verse recomendado en textos como Sal 139.21-22 y otros.
[d] **5.44** Ex 23.4-5; Pr 25.21; Ro 12.14-20; 13.8-10.
[e] **5.45** *Serán hijos:* Cf. Eclo 4.10. Véase Jn 8.44 nota v.
[f] **5.46** *Los que cobran impuestos para Roma* (en otras versiones *publicanos*): Se trataba, generalmente, de judíos contratados por el gobierno romano como recaudadores de impuestos. Eran odiados por los demás judíos, quienes los consideraban traidores. Véase *Cobradores de impuestos* en el *Índice temático.*
[g] **5.48** Lv 11.44-45; 19.2; Dt 18.13. Con esta exhortación a ser *perfectos* como el Padre celestial se resume toda la enseñanza dada en 5.17-48. En Lc 6.36 la exhortación es a ser *compasivos* como *Dios es compasivo.*
[a] **6.1** Las secciones correspondientes a 6.1-18 se refieren a las tres principales prácticas de la piedad judía de entonces: la ayuda a los necesitados, la oración y el ayuno (además de lo ordenado expresamente en la ley). En estos vv. se establece un contraste entre hacer estos actos piadosos para ser vistos por los demás (vv. 1,2,5,16,18) y hacerlos para que Dios los vea (vv. 4,6,18).
[b] **6.1** Cf. Mt 23.5.
[c] **6.3** *No se lo cuentes ni siquiera a tu amigo más íntimo:* lit. *que tu mano izquierda no sepa lo que hace la derecha.*
[d] **6.5** *De pie:* postura usual para orar, en tiempos bíblicos.
[e] **6.5** Mt 23.5; Lc 18.10-14.
[f] **6.6** *Premio:* Véase Mt 5.12 nota p.
[g] **6.7** Cf. 1 R 18.25-29; Eclo 7.14.

hablen más caso les hará Dios. **8** No sean como ellos, porque su Padre ya sabe lo que ustedes necesitan, antes que se lo pidan. ʰ **9** Ustedes deben orar así: ⁱ

'Padre nuestro ʲ que estás en el cielo,
santificado sea tu nombre. ᵏ
10 Venga tu reino.
Hágase tu voluntad en la tierra,
así como se hace en el cielo. ˡ
11 Danos hoy el pan que necesitamos. ᵐ
12 Perdónanos el mal que hemos hecho, ⁿ
así como nosotros hemos perdonado
a los que nos han hecho mal.
13 No nos expongas a la tentación, ñ
sino líbranos del maligno.' ᵒ

14 "Porque si ustedes perdonan a otros el mal que les han hecho, su Padre que está en el cielo los perdonará también a ustedes; **15** pero si no perdonan a otros, tampoco su Padre les perdonará a ustedes sus pecados. ᵖ

3. Sobre el ayuno

16 "Cuando ustedes ayunen, ᵍ no pongan cara triste, como los hipócritas, que aparentan tristeza para que la gente vea que están ayunando. Les aseguro que con eso ya tienen su premio. **17** Tú, cuando ayunes, lávate la cara y arréglate bien, **18** para que la gente no note que estás ayunando. Solamente lo notará tu Padre, que está en lo oculto, y tu Padre que ve en lo oculto te dará tu recompensa.

Riquezas en el cielo ʳ (Lc 12.33-34) **19** "No amontonen riquezas aquí en la tierra, donde la polilla destruye y las cosas se echan a perder, y donde los ladrones entran a robar. **20** Más bien amontonen riquezas en el cielo, donde la polilla no destruye ni las cosas se echan a perder ni los ladrones entran a robar. ˢ **21** Pues donde esté tu riqueza, allí estará también tu corazón.

La lámpara del cuerpo (Lc 11.34-36) **22** "Los ojos son la lámpara del cuerpo; así que, si tus ojos son buenos, todo tu cuerpo tendrá luz; **23** pero si tus ojos son malos, todo tu cuerpo estará en oscuridad. ᵗ Y si la luz que hay en ti resulta ser oscuridad, ¡qué negra será la oscuridad misma!

Dios y las riquezas (Lc 16.13) **24** "Nadie puede servir a dos amos, porque odiará a uno y querrá al otro, o será fiel a uno y despreciará al otro. No se puede servir a Dios y a las riquezas. ᵘ

Dios cuida de sus hijos (Lc 12.22-31) **25** "Por lo tanto, yo les digo: No se preocupen por lo que han de comer o beber para vivir, ni por la ropa que necesitan para el cuerpo. ¿No vale la vida más que la comida y el cuerpo más que la ropa? **26** Miren las aves que vuelan por el aire: no siembran ni cosechan ni guardan la cosecha en graneros; sin embargo, el Padre de ustedes que está en el cielo les da de comer. ¡Y ustedes valen más que las aves! ᵛ **27** En todo caso, por mucho que uno se preocupe, ¿cómo podrá prolongar su vida ni siquiera una hora? ʷ

28 "¿Y por qué se preocupan ustedes por la ropa? Fíjense cómo crecen los lirios del campo: ˣ no trabajan ni hilan. **29** Sin embargo, les digo que ni siquiera el rey Salomón, con todo su lujo, ʸ se vestía como uno de ellos. **30** Pues si Dios viste así a la hierba, que hoy está en el campo y mañana se quema en el horno, ¡con mayor razón los vestirá a ustedes, gente falta de fe! **31** Así que no se preocupen, preguntándose: '¿Qué vamos a comer?' o '¿Qué vamos a

---

ʰ **6.8** Cf. v. 32; Lc 12.30.

ⁱ **6.9-13** *Orar así:* Esta oración sigue modelos de oraciones del AT y del judaísmo. Consta de una invocación inicial y de siete peticiones. Las tres primeras se refieren a Dios (*tu nombre, tu reino, tu voluntad*), las otras cuatro a los hombres en forma comunitaria (*nosotros*). Cf. Lc 11.2-4.

ʲ **6.9** *Padre nuestro:* Cf. Is 63.16; 64.8 (7). Son pocas las veces que el AT se refiere a Dios como *Padre;* Jesús recoge este concepto y lo hace parte esencial de la fe del NT. Véase Lc 11.2 nota *c*.

ᵏ **6.9** *Santificado sea:* otra posible traducción: *santifica* (véase Mt 5.4 nota *g*). *Nombre:* Véase Índice temático. Se pide que Dios mismo manifieste su santidad y pueble a los hombres, de manera que todos lo reconozcan como Dios (cf. Ez 36.22-23; nótese también Jn 12.28).

ˡ **6.10** *Hágase... en el cielo:* otra posible traducción: *Realiza tu voluntad* (o *tus designios*), *en la tierra y en el cielo* (esto es, *en todo el universo*); véase 6.9 nota *k*.

ᵐ **6.11** *Que necesitamos:* traducción de una palabra que puede significar *de cada día,* o *para el día de hoy,* o *para el día de mañana.* Cf. Ex 16.4; Pr 30.8-9; nótese también el tema del pan en Jn 6.32-35.

ⁿ **6.12** *El mal que hemos hecho:* lit. *nuestras deudas;* expresión usada comúnmente en la cultura hebrea, con el significado de culpas o pecados cometidos (cf. Mt 18.23-25).

ñ **6.13** *No nos expongas a la tentación:* Se pide a Dios que nos libre de aquella tentación que pone en peligro nuestra fidelidad a él. Cf. Mt 26.41; 1 Co 10.13. En Mt 4.1-11; 16.1 se mencionan otras formas de tentación o prueba. Véase también Stg 1.12-14 n.

ᵒ **6.13** *Del maligno:* esto es, del diablo; otra posible traducción: *del mal* (Mt 5.37 nota *v*). Algunos mss. añaden *Porque tuyo es el reino y el poder y la gloria para siempre. Amén.* Esta es una doxología o alabanza que parece haber sido agregada como fórmula litúrgica por la iglesia durante los primeros siglos, modelada sobre oraciones como la de David en 1 Cr 29.10-13.

ᵖ **6.14-15** Mt 18.35; Mc 11.25; Ef 4.32; Col 3.13; cf. Eclo 28.2-5.

ᵍ **6.16** La práctica del ayuno, o sea el abstenerse de alimentos por motivos religiosos, data de los tiempos del AT; cf. 2 Cr 20.3; Jl 2.12-15.

ʳ **6.19-21** Esta sección es de las que siguen (vv. 22-34) tratan de la actitud que debe tomarse ante el uso de los bienes de este mundo.

ˢ **6.19-20** Cf. Tb 4.8-9; Eclo 29.11; cf. Stg 5.2-3. *Entran:* lit. *perforan;* muchas casas estaban hechas de barro y palos, de modo que los ladrones podían perforar fácilmente las paredes.

ᵗ **6.22-23** *Cuerpo:* es decir, *persona.* El ojo malo se usaba como imagen de la envidia o la avaricia (así en el texto hebreo de Dt 15.9; Pr 23.6; 28.22, y en el griego de Mt 20.15; Mc 7.22). El ojo bueno (v. 22), por tanto, puede representar aquí a la persona generosa, en relación con el tema global de los vv. 19-34 (véase 6.19-21 n.). Algunos, sin embargo, interpretan el contraste entre el ojo sano y el malsano (6.22-23) como imagen de la diferente capacidad para recibir la iluminación del evangelio (cf. Lc 11.34).

ᵘ **6.24** *Riquezas:* gr. *mamonas,* palabra tomada del arameo. Tiene ese significado.

ᵛ **6.26** Mt 10.31; Lc 12.7.

ʷ **6.27** *¿Cómo... hora?:* otra posible traducción: *¿cómo puede añadir medio metro a su estatura?*

ˣ **6.28** La expresión *lirios del campo* puede designar diversas plantas, especialmente las de flores con colores vistosos.

ʸ **6.29** 1 R 10.4-7,23. *Salomón* tenía fama entre los judíos de haber sido el rey más rico y de mayor esplendor de todos los tiempos.

beber?' o '¿Con qué vamos a vestirnos?' ³² Todas estas cosas son las que preocupan a los paganos, pero ustedes tienen un Padre celestial que ya sabe que las necesitan. ³³ Por lo tanto, pongan toda su atención en el reino de los cielos y en hacer lo que es justo ante Dios, ᶻ y recibirán también todas estas cosas. ᵃ ³⁴ No se preocupen por el día de mañana, porque mañana habrá tiempo para preocuparse. Cada día tiene bastante con sus propios problemas.

7 *No juzgar a otros (Lc 6.37-38,41-42)* ¹ "No juzguen a otros,ᵃ para que Dios no los juzgue a ustedes. ᵇ ² Pues Dios los juzgará a ustedes de la misma manera que ustedes juzguen a otros; y con la misma medida con que ustedes den a otros, Dios les dará a ustedes. ᶜ ³ ¿Por qué te pones a mirar la astilla que tiene tu hermano en el ojo, y no te fijas en el tronco que tú tienes en el tuyo? ᵈ ⁴ Y si tú tienes un tronco en tu propio ojo, ¿cómo puedes decirle a tu hermano: 'Déjame sacarte la astilla que tienes en el ojo'? ⁵ ¡Hipócrita!, saca primero el tronco de tu propio ojo, y así podrás ver bien para sacar la astilla que tiene tu hermano en el suyo.

⁶ "No den las cosas sagradas a los perros, no sea que se vuelvan contra ustedes y los hagan pedazos. Y no echen sus perlas a los cerdos, no sea que las pisoteen. ᵉ

Pedir, buscar y llamar a la puerta (Lc 11.9-13; 6.31) ⁷ "Pidan, y Dios les dará; ᶠ busquen, y encontrarán; llamen a la puerta, y se les abrirá. ⁸ Porque el que pide, recibe; y el que busca, encuentra; ᵍ y al que llama a la puerta, se le abre.

⁹ "¿Acaso alguno de ustedes sería capaz de darle a su hijo una piedra cuando le pide pan? ¹⁰ ¿O de darle una culebra cuando le pide un pescado? ¹¹ Pues si ustedes, que son malos, saben dar cosas buenas a sus hijos, ¡cuánto más su Padre que está en el cielo dará cosas buenas a quienes se las pidan! ʰ

¹² "Así pues, hagan ustedes con los demás como quieran que los demás hagan con ustedes; ⁱ porque en eso se resumen la ley y los profetas.

La puerta angosta (Lc 13.24) ¹³ "Entren por la puerta angosta. Porque la puerta y el camino que llevan a la perdición son anchos y espaciosos, y muchos entran por ellos; ¹⁴ pero la puerta y el camino que llevan a la vida son angostos y difíciles, y pocos los encuentran. ʲ

Los reconocerán por sus acciones (Lc 6.43-44) ¹⁵ "Cuídense de esos mentirosos que pretenden hablar de parte de Dios. Vienen a ustedes disfrazados de ovejas, pero por dentro son lobos feroces. ᵏ ¹⁶ Ustedes los pueden reconocer por sus acciones, pues no se cosechan uvas de los espinos ni higos de los cardos. ˡ ¹⁷ Así, todo árbol bueno da fruto bueno, pero el árbol malo da fruto malo. ¹⁸ El árbol bueno no puede dar fruto malo, ni el árbol malo dar fruto bueno. ¹⁹ Todo árbol que no da buen fruto, se corta y se echa al fuego. ᵐ ²⁰ De modo que ustedes los reconocerán por sus acciones. ⁿ

Para entrar en el reino de los cielos (Lc 13.25-27) ²¹ "No todos los que me dicen: 'Señor, Señor', entrarán en el reino de los cielos, sino solamente los que hacen la voluntad de mi Padre celestial. ñ ²² Aquel día ᵒ muchos me dirán: 'Señor, Señor, nosotros comunicamos mensajes en tu nombre, y en tu nombre expulsamos demonios, y en tu nombre hicimos muchos milagros.' ²³ Pero entonces les contestaré: 'Nunca los conocí; ᵖ ¡aléjense de mí, malhechores!' ᵠ

La casa bien o mal fundada (Mc 1.22; Lc 6.47-49) ²⁴ "Por tanto, el que me oye y hace lo que yo digo, es como un hombre prudente que construyó su casa sobre la roca. ²⁵ Vino la lluvia, crecieron los ríos y soplaron los vientos contra la casa; pero no cayó, porque tenía su base sobre la roca. ²⁶ Pero el que me oye y no hace lo que yo digo, es como un tonto que construyó su casa sobre la arena. ²⁷ Vino la lluvia, crecieron los ríos, soplaron los vientos y la casa se vino abajo. ¡Fue un gran desastre!"

²⁸ Cuando Jesús terminó de hablar, ʳ toda la gente estaba admirada de cómo les enseñaba, ²⁹ porque lo hacía con plena autoridad, y no como sus maestros de la ley. ˢ

IV. DIVERSOS HECHOS DE JESÚS (8.1—9.38) ᵃ

8 *Jesús sana a un leproso (Mc 1.40-45; Lc 5.12-16)* ¹ Cuando Jesús bajó del monte, mucha gente lo siguió. ² En esto se le acercó un hombre enfermo de lepra, el cual se puso de rodillas delante de él y le dijo:

—Señor, si quieres, puedes limpiarme de mi enfermedad.

³ Jesús lo tocó con la mano, y dijo:

—Quiero. ¡Queda limpio!

ᶻ **6.33** *Lo que es justo ante Dios:* Véase Mt 3.15 n.
ᵃ **6.33** Sal 37.4.
ᵃ **7.1** *No juzguen:* Se prohíbe, no el ejercicio del debido juicio en casos necesarios (v. 6; Mt 18.15-17; Jn 7.24; 1 Co 6.1-5), sino la crítica indebida que no toma en cuenta las debilidades de uno mismo (vv. 3-5).
ᵇ **7.1** *Para que Dios no los juzgue a ustedes:* lit. *para que ustedes no sean juzgados;* voz pasiva usada para referirse a la acción de Dios, aquí y en los vv. 2, 7 y otros. Véase Mt 5.4 nota *g*.
ᶜ **7.2** Mc 4.24.
ᵈ **7.3** Exageración intencional; véase Mt 5.29-30 n.
ᵉ **7.6** Tanto los *perros* como los *cerdos* eran considerados por los judíos como animales impuros y, por tanto, despreciables.
ᶠ **7.7** *Dios les dará:* Véase 7.1 nota *b*. El verbo griego es pasivo; el sujeto activo (Dios) se aclara en el v. 11 (*su Padre*).
ᵍ **7.7-8** Cf. Dt 4.29; 2 Cr 15.1-15; Jer 29.13.
ʰ **7.7-11** Cf. Jn 14.13-14; 15.7,16; 16.23-24; 1 Jn 3.21-22; 5.14-15.
ⁱ **7.12** Lc 6.31; cf. Tb 4.15. Esta clásica "regla de oro" ya se conocía entre los judíos y otros pueblos de la antigüedad, incluso como resumen de la ley; era citada de manera proverbial sobre todo en su forma negativa, es decir, "no hagan con otros lo que no quieran que ellos hagan con ustedes". Jesús la proclama en forma positiva, como principio de acción.
ʲ **7.13-14** Sal 1.6; Pr 4.18-19; Jer 21.8; Jn 10.1-2,7; 14.6.
ᵏ **7.15** Ez 22.27; Jn 10.8.
ˡ **7.16** Cf. Stg 3.12.
ᵐ **7.19** Mt 3.10; Lc 3.9; 13.6-9; Jn 15.6.
ⁿ **7.20** Mt 12.33,35; cf. Eclo 27.6.
ñ **7.21** Lc 6.46.
ᵒ **7.22** *Aquel día:* el día del juicio.
ᵖ **7.23** *Nunca los conocí:* Esta expresión equivale a *ustedes no son míos* (cf. 1 Co 8.3; 2 Ti 2.19).
ᵠ **7.23** Sal 6.8 (9).
ʳ **7.28** *Cuando Jesús terminó de hablar:* Esta frase, u otra similar, marca el fin de cada uno de los cinco discursos principales de Jesús registrados en Mt; véase *Introducción*.
ˢ **7.28-29** Lc 4.32. La autoridad de Jesús viene directamente de Dios; cf. Mt 28.18, y véase Mc 1.22 n.
ᵃ **8.1—9.38** Esta sección narrativa, colocada entre dos sermones,

SAN MATEO 8

Al momento, el leproso quedó limpio de su enfermedad. [b] [4] Jesús añadió:

—Mira, no se lo digas a nadie; [c] solamente ve y preséntate al sacerdote, y lleva la ofrenda que ordenó Moisés, [d] para que conste ante los sacerdotes.

Jesús sana al criado de un capitán romano [e] (Lc 7.1-10; Jn 4.43-54)

[5] Al entrar Jesús en Cafarnaúm, un capitán romano [f] se le acercó para hacerle un ruego. [6] Le dijo:

—Señor, mi criado está en casa enfermo, paralizado y sufriendo terribles dolores.

[7] Jesús le respondió:

—Iré a sanarlo. [g]

[8] El capitán contestó:

—Señor, yo no merezco que entres en mi casa; solamente da la orden, y mi criado quedará sano. [9] Porque yo mismo estoy bajo órdenes superiores, y a la vez tengo soldados bajo mi mando. Cuando le digo a uno de ellos que vaya, va; cuando le digo a otro que venga, viene; y cuando mando a mi criado que haga algo, lo hace.

[10] Jesús se quedó admirado al oir esto, y dijo a los que le seguían:

—Les aseguro que no he encontrado a nadie en Israel con tanta fe como este hombre. [11] Y les digo que muchos vendrán de oriente y de occidente, [h] y se sentarán a comer con Abraham, Isaac y Jacob en el reino de los cielos, [i] [12] pero los que deberían estar en el reino, serán echados a la oscuridad de afuera. Entonces vendrán el llanto y la desesperación. [j]

[13] Luego Jesús dijo al capitán:

—Vete a tu casa, y que se haga tal como has creído.

En ese mismo momento el criado quedó sano.

Jesús sana a la suegra de Pedro (Mc 1.29-31; Lc 4.38-39)

[14] Jesús fue a casa de Pedro, donde encontró a la suegra de este en cama y con fiebre. [15] Jesús tocó entonces la mano de ella, y la fiebre se le quitó, así que ella se levantó y comenzó a atenderlo.

Jesús sana a muchos enfermos (Mc 1.32-34; Lc 4.40-41)

[16] Al anochecer llevaron a Jesús muchas personas endemoniadas; y con una orden expulsó a los espíritus malos, y también sanó a todos los enfermos. [17] Esto sucedió para que se cumpliera lo que anunció el profeta Isaías, cuando dijo: "Él tomó nuestras debilidades y cargó con nuestras enfermedades." [k]

Para seguir a Jesús (Lc 9.57-62)

[18] Jesús, al verse rodeado por la multitud, dio orden de pasar al otro lado del lago. [l] [19] Entonces se le acercó un maestro de la ley, y le dijo:

—Maestro, deseo seguirte a dondequiera que vayas.

[20] Jesús le contestó:

—Las zorras [m] tienen cuevas y las aves tienen nidos, pero el Hijo del hombre [n] no tiene donde recostar la cabeza.

[21] Otro, que era uno de sus discípulos, le dijo:

—Señor, déjame ir primero a enterrar a mi padre. [ñ]

[22] Jesús le contestó:

—Sígueme, y deja que los muertos entierren a sus muertos. [o]

Jesús calma la tormenta (Mc 4.35-41; Lc 8.22-25)

[23] Jesús subió a la barca, y sus discípulos lo acompañaron. [24] Entonces se desató sobre el lago una tormenta tan fuerte que las olas cubrían la barca. Pero Jesús se había dormido. [25] Entonces sus discípulos fueron a despertarlo, diciéndole:

—¡Señor, sálvanos! ¡Nos estamos hundiendo!

[26] Él les contestó:

—¿Por qué tanto miedo? ¡Qué poca fe tienen ustedes!

Dicho esto, se levantó y dio una orden al viento y al mar, y todo quedó completamente tranquilo. [27] Ellos, admirados, se preguntaban:

—¿Pues quién será este, que hasta los vientos y el mar lo obedecen? [p]

Los endemoniados de Gadara (Mc 5.1-20; Lc 8.26-39)

[28] Cuando Jesús llegó al otro lado del lago, [q] a la tierra de Gadara, [r] dos endemoniados [s] salieron de entre las tumbas [t]

---

contiene diez milagros de Jesús y otros relatos, y muestra un aspecto importante de la actividad de Jesús, además de la enseñanza: sus hechos. Véase *Introducción*.

[b] **8.2-3** *Lepra*: enfermedad repugnante de la piel; la persona enferma era considerada ritualmente impura y, por tanto, sanarla significaba también *limpiarla*, o dejarla ritualmente limpia. A cualquiera que tocaba a un leproso se le consideraba impuro (cf. Lv 5.3); sin embargo, Jesús *lo tocó con la mano* para sanarlo.

[c] **8.4** Cf. Mt 9.30; 12.16. *No se lo digas a nadie*: Sobre la prohibición de hablar abiertamente de los milagros de Jesús, véase Mc 1.34 nota *i*.

[d] **8.4** *La ofrenda que ordenó Moisés*: Se refiere a la purificación ritual (Lv 14.1-32).

[e] **8.5-13** Uno de los pocos casos en los evangelios en que una persona no judía acude a Jesús. Cf. también Mt 15.21-28. El relato presenta muchas semejanzas con Jn 4.46-53.

[f] **8.5** *Capitán romano*: o *centurión* (lit. *jefe de cien*); oficial militar que, probablemente, tenía a su cargo el cuartel local de las tropas romanas que ocupaban el país.

[g] **8.7** *Iré a sanarlo*: otra posible traducción: *¿He de ir yo a sanarlo?*

[h] **8.11** Cf. Is 107.2-3.

[i] **8.11** Lc 13.29. La salvación futura se representa aquí por la imagen de un banquete (cf. Is 25.6; Lc 14.15; Ap 19.9).

[j] **8.12** *Vendrán el llanto y la desesperación:* lit. *llorarán y les rechinarán los dientes:* expresión que aparece también en Mt 13.42,50; 22.13; 24.51; 25.30; Lc 13.28.

[k] **8.17** Is 53.4. Véase Mt 1.22 n.

[l] **8.18** *Al otro lado:* a la orilla oriental.

[m] **8.20** *Zorras:* Véase Lc 13.32 n.

[n] **8.20** *Hijo del hombre:* el título que Jesús usaba con más frecuencia para referirse a sí mismo (véase *Índice temático*).

[ñ] **8.21** Cf. Gn 50.5; Tb 4.3-4.

[o] **8.22** *Deja que los muertos entierren a sus muertos:* Posiblemente, expresión proverbial que hace un juego de palabras con los sentidos literal y figurado de la palabra *muertos*. El texto indica que seguir a Jesús es obligación aún más importante que los deberes familiares y sociales. Cf. Mt 10.37; Lc 14.26.

[p] **8.26-27** Cf. Sal 107.29.

[q] **8.28** *Al otro lado:* al lado oriental.

[r] **8.28** *Gadara:* Algunos mss. dicen *Gergesa;* otros dicen *Gerasa* (cf. Mc 5.1; Lc 8.26). La región pertenecía a la Decápolis (Mt 4.25 n.), donde una buena parte de la población no era judía.

[s] **8.28** *Dos endemoniados:* En varios relatos Mt menciona dos participantes, cuando Mc y Lc hablan de uno solo (cf. 20.29-34; 21.1-11; cf. también 9.27-31, sin paralelo en los otros sinópticos).

[t] **8.28** *Entre las tumbas:* Véase Mc 5.2-3 n.

y se acercaron a él. Eran tan feroces que nadie podía pasar por aquel camino; ²⁹ y se pusieron a gritar:

—¡No te metas con nosotros, Hijo de Dios! ¿Viniste acá para atormentarnos antes de tiempo? *u*

³⁰ A cierta distancia de allí había muchos cerdos comiendo, *v* ³¹ y los demonios le rogaron a Jesús:

—Si nos expulsas, déjanos entrar en esos cerdos.

³² Jesús les dijo:

—Vayan.

Los demonios salieron de los hombres y entraron en los cerdos; y al momento todos los cerdos echaron a correr pendiente abajo hasta el lago, y allí se ahogaron.

³³ Los que cuidaban de los cerdos salieron huyendo, y al llegar al pueblo comenzaron a contar lo sucedido, todo lo que había pasado con los endemoniados. ³⁴ Entonces todos los del pueblo salieron a donde estaba Jesús, y al verlo le rogaron que se fuera de aquellos lugares.

9
Jesús perdona y sana a un paralítico *(Mc 2.1-12; Lc 5.17-26)* ¹ Después de esto, Jesús subió a una barca, pasó al otro lado del lago y llegó a su propio pueblo.*a* ² Allí le llevaron un paralítico, acostado en una camilla; y cuando Jesús vio la fe que tenían, le dijo al enfermo:

—Ánimo, hijo; tus pecados quedan perdonados. *b*

³ Algunos maestros de la ley pensaron: "Lo que este ha dicho es una ofensa contra Dios." *c* ⁴ Pero como Jesús se dio cuenta de lo que estaban pensando, les preguntó:

—¿Por qué tienen ustedes tan malos pensamientos? ⁵ ¿Qué es más fácil, decir: 'Tus pecados quedan perdonados', o decir: 'Levántate y anda'? ⁶ Pues voy a demostrarles que el Hijo del hombre tiene autoridad en la tierra para perdonar pecados.

Entonces le dijo al paralítico:

—Levántate, toma tu camilla y vete a tu casa.

⁷ El paralítico se levantó y se fue a su casa. ⁸ Al ver esto, la gente tuvo miedo y alabó a Dios por haber dado tal poder a los hombres. *d*

Jesús llama a Mateo *(Mc 2.13-17; Lc 5.27-32)* ⁹ Jesús se fue de allí y vio a un hombre llamado Mateo, *e* que estaba sentado en el lugar donde cobraba los impuestos para Roma. Jesús le dijo:

—Sígueme.

Entonces Mateo se levantó y lo siguió.

¹⁰ Sucedió que Jesús estaba comiendo en la casa, *f* y muchos de los que cobraban impuestos*g* para Roma, y otra gente de mala fama, *h* llegaron y se sentaron también a la mesa junto con Jesús y sus discípulos. ¹¹ Al ver esto, los fariseos preguntaron a los discípulos:

—¿Cómo es que su maestro come con cobradores de impuestos y pecadores?

¹² Jesús lo oyó y les dijo:

—Los que están buenos y sanos no necesitan médico, sino los enfermos. ¹³ Vayan y aprendan el significado de estas palabras: 'Lo que quiero es que sean compasivos, y no que ofrezcan sacrificios.' *i* Pues yo no he venido a llamar a los justos, *j* sino a los pecadores.

La pregunta sobre el ayuno *(Mc 2.18-22; Lc 5.33-39)* ¹⁴ Los seguidores de Juan el Bautista *k* se acercaron a Jesús y le preguntaron:

—Nosotros y los fariseos ayunamos *l* mucho, ¿por qué tus discípulos no ayunan?

¹⁵ Jesús les contestó:

—¿Acaso pueden estar tristes los invitados a una boda, *m* mientras el novio está con ellos? Pero llegará el momento en que se lleven al novio; *n* entonces sí ayunarán.

¹⁶ "Nadie arregla un vestido viejo con un remiendo de tela nueva, porque el remiendo nuevo se encoge y rompe el vestido viejo, y el desgarrón se hace mayor. ¹⁷ Ni tampoco se echa vino nuevo en cueros viejos, porque los cueros se revientan, y tanto el vino como los cueros se pierden. *ñ* Por eso hay que echar el vino nuevo en cueros nuevos, para que así se conserven las dos cosas." *o*

La mujer enferma y la hija de Jairo *(Mc 5.21-43; Lc 8.40-56)* ¹⁸ Mientras Jesús les estaba hablando, un jefe de los judíos*p* llegó, se arrodilló ante él y le dijo:

—Mi hija acaba de morir; pero si tú vienes y pones tu mano sobre ella, *q* volverá a la vida.

---

u **8.29** *Antes de tiempo:* es decir, antes del día del juicio.

v **8.30** Puesto que los habitantes de aquella región no eran judíos, los *cerdos* no eran para ellos animales impuros como sí lo eran para los judíos (cf. Lv 11.7).

a **9.1** *Su propio pueblo:* Cafarnaúm (Mc 2.1), en la orilla noroeste del lago. Jesús parece haber establecido allí su domicilio durante cierto tiempo (cf. Mt 4.13).

b **9.2** *Tus pecados quedan perdonados:* Lc 7.48; véase Mc 2.5 n.

c **9.3** *"Lo que este... ofensa contra Dios.":* Según Mc 2.7, opinaban así porque Jesús declaraba perdonados los pecados, cosa que solo le corresponde a Dios.

d **9.6-8** Como se creía que la enfermedad era causada por el pecado, la gente vio en la curación una prueba de que Jesús tenía autoridad divina, incluso para perdonar pecados.

e **9.9** *Mateo:* Véase Mc 2.14 n.

f **9.10** *En la casa:* Puede entenderse como la de Mateo, o la de Jesús mismo (véase 9.1 n.)

g **9.10** *Los que cobraban impuestos:* Véanse Mt 5.46 n. y *Cobradores de impuestos* en el *Índice temático.*

h **9.10** *Gente de mala fama:* lit. *pecadores.* Los fariseos llamaban *pecadores* (v. 11) a los que no interpretaban la ley como ellos o ejercían profesiones poco honrosas. Comer con ellos era un gesto de amistad y aceptación. Cf. Lc 15.1-2.

i **9.13** Os 6.6, citado también en Mt 12.7. Oseas había insistido en que los actos de compasión y bondad son más importantes que ofrecer sacrificios en el templo; cf. también Mt 5.23-24.

j **9.13** *Justos:* Véase Lc 15.7 nota *g.*

k **9.14** *Los seguidores de Juan el Bautista* formaban un movimiento religioso que se mantuvo activo aun después del tiempo de Jesús (cf. Hch 19.1-6).

l **9.14** Respecto al ayuno, véase Mt 6.16 n.

m **9.15** *Los invitados a una boda:* lit. *los hijos del salón de bodas,* expresión semítica.

n **9.15** Jesús alude figuradamente a su propia muerte.

ñ **9.17** *Cueros:* pieles, generalmente de cabra, con las que hacían recipientes para vino y otros líquidos.

o **9.16-17** Con las imágenes usadas en estos vv., se indica que lo *nuevo,* o sea el evangelio, requiere una actitud nueva de parte de la persona.

p **9.18** *Jefe de los judíos:* identificado en Mc 5.22 y Lc 8.41 como Jairo, jefe de la sinagoga local.

q **9.18** *Pones tu mano sobre ella:* Véase Mc 5.23 n.

¹⁹ Jesús se levantó, y acompañado de sus discípulos se fue con él. ²⁰ Entonces una mujer que desde hacía doce años estaba enferma, con derrames de sangre,ʳ se acercó a Jesús por detrás y le tocó el borde de la capa. ²¹ Porque pensaba: "Tan solo con que llegue a tocar su capa, quedaré sana." ²² Pero Jesús se dio la vuelta, vio a la mujer y le dijo:

—Ánimo, hija, por tu fe has sido sanada.

Y desde aquel mismo momento quedó sana.

²³ Cuando Jesús llegó a casa del jefe de los judíos, y vio que los músicos estaban preparados ya para el entierro y que la gente lloraba a gritos,ˢ ²⁴ les dijo:

—Sálganse de aquí, pues la muchacha no está muerta, sino dormida.ᵗ

La gente se rió de Jesús, ²⁵ pero él los hizo salir; luego entró y tomó de la mano a la muchacha, y ella se levantó. ²⁶ Y por toda aquella región corrió la noticia de lo que había pasado.

Jesús sana a dos ciegos ²⁷ Al salir Jesús de allí, dos ciegos lo siguieron, gritando:

—¡Ten compasión de nosotros, Hijo de David!ᵘ

²⁸ Cuando Jesús entró en la casa, los ciegos se le acercaron, y él les preguntó:

—¿Creen ustedes que puedo hacer esto?

—Sí, Señor —le contestaron.

²⁹ Entonces Jesús les tocó los ojos, y les dijo:

—Que se haga conforme a la fe que ustedes tienen.

³⁰ Y recobraron la vista. Jesús les advirtió mucho:

— Procuren que no lo sepa nadie.ᵛ

³¹ Pero, apenas salieron, contaron por toda aquella región lo que Jesús había hecho.

Jesús sana a un mudo ³² Mientras los ciegos salían, algunas personas trajeron a Jesús un mudo que estaba endemoniado. ³³ En cuanto Jesús expulsó al demonio, el mudo comenzó a hablar. ʷ La gente, admirada, decía:

—¡Nunca se ha visto en Israel una cosa igual!

³⁴ Pero los fariseos decían:

—Es el propio jefe de los demonios quien le ha dado a este el poder de expulsarlos.ˣ

La cosecha es mucha ³⁵ Jesús recorría todos los pueblos y aldeas, enseñando en las sinagogas de cada lugar. Anunciaba la buena noticia del reino,ʸ y curaba toda clase de enfermedades y dolencias. ᶻ ³⁶ Al ver a la gente, sintió compasión de ellos, porque estaban cansados y abatidos, como ovejas que no tienen pastor.ᵃ ³⁷ Dijo entonces a sus discípulos:

—Ciertamente la cosecha es mucha, pero los trabajadores son pocos. ³⁸ Por eso, pidan ustedes al Dueño de la cosecha que mande trabajadores a recogerla.ᵇ

V. SERMÓN DE INSTRUCCIÓN A LOS APÓSTOLES
(10.1—11.1)ᵃ

10 **Jesús escoge a los doce apóstoles** (Mc 3.13-19; Lc 6.12-16) ¹ Jesús llamó a sus doce discípulos, y les dio autoridad para expulsar a los espíritus impurosᵇ y para curar toda clase de enfermedades y dolencias.

² Estos son los nombres de los doce apóstoles: ᶜ primero Simón, llamado también Pedro, y su hermano Andrés; Santiago y su hermano Juan, hijos de Zebedeo; ³ Felipe y Bartolomé; Tomás y Mateo, ᵈ el que cobraba impuestos para Roma; Santiago, hijo de Alfeo, y Tadeo;ᵉ ⁴ Simón el cananeo, ᶠ y Judas Iscariote, que después traicionó a Jesús.

Jesús instruye y envía a los apóstoles ᵍ (Mc 6.7-13; Lc 9.1-6)

⁵ Jesús envió a estos doce con las siguientes instrucciones: ʰ "No vayan a las regiones de los paganos ni entren en los pueblos de Samaria; ⁱ ⁶ vayan más bien a las ovejas perdidas del pueblo de Israel. ʲ ⁷ Vayan y anuncien que el reino de los cielos se ha acercado. ᵏ ⁸ Sanen a los enfermos, resuciten a los muertos, limpien de su enfermedad a los leprosos y expulsen a los demonios. Ustedes recibieron gratis este poder; no cobren tampoco por emplearlo.

⁹ "No lleven oro ni plata ni cobre ¹⁰ ni provisiones para el camino. No lleven ropa de repuesto ni sandalias ni bastón, pues el trabajador tiene derecho a su alimento. ˡ

¹¹ "Cuando lleguen ustedes a un pueblo o aldea, busquen alguna persona de confianza y quédense en su casa

---

ʳ **9.20** *Derrames de sangre:* hemorragias causadas por una irregularidad menstrual, que hacía a la mujer ritualmente impura (cf. Lv 15.25-30).

ˢ **9.23** Cuando alguien moría, era costumbre contratar flautistas y plañideras profesionales (mujeres a quienes se pagaba para llorar). Así se acentuaba el ambiente de duelo.

ᵗ **9.24** *Dormir* se usa a veces en la Biblia para referirse a la muerte. Cf. también Jn 11.11-13.

ᵘ **9.27** *Hijo de David:* título aplicado por los judíos al Mesías, el cual había de ser descendiente del rey David (véase Mt 1.1 n.). Cf. el relato similar en Mt 20.29-34.

ᵛ **9.30** *Que no lo sepa nadie:* Véase Mc 1.34 nota i.

ʷ **9.32-33** Mt 12.22; Lc 11.14.

ˣ **9.34** Mt 10.25; 12.24; Mc 3.22; Lc 11.15. *Jefe de los demonios:* Véase Mt 12.24 n.

ʸ **9.35** *Reino:* es decir, el reino de Dios.

ᶻ **9.35** Mt 4.23; Mc 1.39; Lc 4.44.

ᵃ **9.36** Cf. Nm 27.16-17; Jer 50.6-7; Ez 34.5; Zac 10.2; Mc 6.34.

ᵇ **9.37-38** Lc 10.2; Jn 4.35.

ᵃ **10.1—11.1** Segundo sermón, en el que Jesús, después de escoger a los doce apóstoles, los instruye y los envía encargándoles la misión de anunciar el reino de los cielos y haciéndolos partícipes del poder salvador.

ᵇ **10.1** *Espíritus impuros:* Véase Mc 1.23 n.

ᶜ **10.1-2** Aquí los doce *discípulos* (lit. *seguidores* o *aprendices*) reciben, en virtud del encargo que Jesús les dio, el título de *apóstoles* (enviados o comisionados).

ᵈ **10.3** *Mateo:* Cf. Mt 9.9, y véase Mc 2.14 n.

ᵉ **10.3** *Tadeo:* Algunos mss. dicen *Lebeo,* o *Lebeo, por sobrenombre Tadeo;* se supone que es el mismo que en Lc 6.16 y Hch 1.13 se llama "Judas, hijo de Santiago", ya que ocupa el lugar correspondiente en esta lista y en la de Mc 3.18.

ᶠ **10.4** *Cananeo:* nombre derivado de una palabra aramea que significa *celoso* o *ferviente,* y que no debe confundirse con el nombre dado a los habitantes de Canaán. Véase también Lc 6.15 nota m.

ᵍ **10.5-15** Segundo discurso principal de Jesús: instrucciones a los discípulos (Mt 10.5—11.1); véanse *Introducción* y Mt 7.28 n.

ʰ **10.5-14** Cf. Lc 10.4-11.

ⁱ **10.5** Los samaritanos o habitantes de *Samaria* (véanse *Índice temático* y Jn 4.9 n.), se habían mezclado con otros pueblos; los judíos los consideraban como extranjeros y no tenían trato con ellos.

ʲ **10.6** Cf. Jer 50.6; Mt 15.24.

ᵏ **10.7** Mt 3.2.

ˡ **10.10** Lc 10.7; 1 Co 9.14; 1 Ti 5.18.

hasta que se vayan de allí. ¹² Al entrar en la casa, saluden a los que viven en ella. ¹³ Si la gente de la casa lo merece, su deseo de paz ᵐ se cumplirá; pero si no lo merece, ustedes nada perderán. ⁿ ¹⁴ Y si no los reciben ni los quieren oír, salgan de la casa o del pueblo y sacúdanse el polvo de los pies. ñ ¹⁵ Les aseguro que en el día del juicio el castigo para ese pueblo será peor que para la gente de la región de Sodoma y Gomorra. ᵒ

Persecuciones ¹⁶ "¡Miren! Yo los envío a ustedes como ovejas en medio de lobos. ᵖ Sean, pues, astutos como serpientes, aunque también sencillos como palomas. ¹⁷ Tengan cuidado, porque los entregarán a las autoridades, ᵠ los golpearán en las sinagogas ¹⁸ y hasta los presentarán ante gobernadores y reyes por causa mía; así podrán dar testimonio de mí delante de ellos y de los paganos. ¹⁹ Pero cuando los entreguen a las autoridades, no se preocupen ustedes por lo que han de decir o cómo han de decirlo, porque cuando les llegue el momento de hablar, Dios les dará las palabras. ²⁰ Pues no serán ustedes quienes hablen, sino que el Espíritu de su Padre hablará por ustedes. ʳ

²¹ "Los hermanos entregarán a la muerte a sus hermanos, y los padres a sus hijos; y los hijos se volverán contra sus padres y los matarán. ˢ ²² Todo el mundo los odiará a ustedes por causa mía; pero el que se mantenga firme hasta el fin, se salvará. ᵗ ²³ Cuando los persigan en una ciudad, huyan a otra; pues les aseguro que el Hijo del hombre vendrá antes que ustedes hayan recorrido todas las ciudades de Israel.

²⁴ "Ningún discípulo es más que su maestro, y ningún criado es más que su amo. ᵘ ²⁵ El discípulo debe conformarse con llegar a ser como su maestro, y el criado como su amo. Si al jefe de la casa lo llaman Beelzebú, ᵛ ¿qué dirán de los de su familia?

Hablar sin temor (Lc 12.2-7) ²⁶ "No tengan, pues, miedo de la gente. Porque no hay nada secreto que no llegue a descubrirse, ni nada escondido que no llegue a saberse. ʷ ²⁷ Lo que les digo en la oscuridad, díganlo ustedes a la luz del día; y lo que les digo en secreto, grítenlo desde las azoteas de las casas. ²⁸ No tengan miedo de los que matan el cuerpo pero no pueden matar el alma; teman más bien al que puede hacer perecer alma y cuerpo en el infierno. ˣ

²⁹ "¿No se venden dos pajarillos ʸ por una monedita? ᶻ Sin embargo, ni uno de ellos cae a tierra sin que el Padre de ustedes lo permita. ³⁰ En cuanto a ustedes mismos, hasta los cabellos de la cabeza él los tiene contados uno por uno. ³¹ Así que no tengan miedo: ustedes valen más que muchos pajarillos.

Reconocer a Jesucristo delante de los hombres (Lc 12.8-9) ³² "Si alguien se declara a mi favor delante de los hombres, yo también me declararé a favor de él delante de mi Padre que está en el cielo; ³³ pero al que me niegue delante de los hombres, yo también lo negaré delante de mi Padre que está en el cielo. ᵃ

Jesús, causa de división (Lc 12.51-53; 14.26-27) ³⁴ "No crean que yo he venido a traer paz al mundo; no he venido a traer paz, sino guerra. ᵇ ³⁵ He venido a poner al hombre contra su padre, a la hija contra su madre y a la nuera contra su suegra; ³⁶ de modo que los enemigos de cada cual serán sus propios parientes. ᶜ

³⁷ "El que quiere a su padre o a su madre más que a mí, no merece ser mío; el que quiere a su hijo o a su hija más que a mí, no merece ser mío; ³⁸ y el que no toma su cruz y me sigue, no merece ser mío. ᵈ ³⁹ El que trate de salvar su vida, la perderá, pero el que pierda su vida por causa mía, la salvará. ᵉ,ᶠ

Premios (Mc 9.41) ⁴⁰ "El que los recibe a ustedes, me recibe a mí; y el que me recibe a mí, recibe al que me envió. ᵍ ⁴¹ El que recibe a un profeta por ser profeta, recibirá igual premio que el profeta; y el que recibe a un justo por ser justo, recibirá el mismo premio que el justo. ⁴² Y cualquiera que le da siquiera un vaso de agua fresca a uno de estos pequeños ʰ por ser seguidor mío, les aseguro que tendrá su premio." ⁱ

ᵐ **10.13** *Paz:* saludo tradicional judío.
ⁿ **10.13** *Ustedes nada perderán:* lit. *que su deseo de paz vuelva a ustedes.*
ñ **10.14** *Sacúdanse el polvo de los pies:* gesto de rechazo. Cf. Hch 13.51.
ᵒ **10.15** *Sodoma y Gomorra:* proverbiales por su pecado y consecuente castigo; cf. Gn 19.24-28; Mt 11.24; Lc 10.12.
ᵖ **10.16** Lc 10.3.
ᵠ **10.17** *Autoridades:* es decir, los tribunales judíos de cada localidad.
ʳ **10.17-20** Mc 13.9-11; Lc 12.11-12; 21.12-15; cf. Hch 4.1-8.
ˢ **10.21** Mc 13.12; Lc 21.16.
ᵗ **10.22** Mt 24.9,13; Mc 13.13; Lc 21.17.
ᵘ **10.24** Lc 6.40; Jn 13.16; 15.20.
ᵛ **10.25** Mt 9.34; 12.24; Mc 3.22; Lc 11.15. *Beelzebú:* jefe de los demonios; véase Mt 12.24 n.
ʷ **10.26** *Nada secreto... llegue a saberse:* Véase Mc 4.22 n.
ˣ **10.28** *Al que puede hacer perecer:* Según la interpretación más común, el texto aquí se refiere a Dios; cf. Heb 10.31; Stg 4.12. *Teman:* o *reverencien;* véase Lc 12.5 n.
ʸ **10.29** *Pajarillos:* El gorrión común se vendía en los mercados como ave comestible de muy bajo precio.
ᶻ **10.29** *Monedita:* Se refiere al *as,* moneda romana que valía 1/16 de denario (véanse *Tabla de pesas, monedas y medidas* y Lc 12.6 n.)
ᵃ **10.33** Mc 8.38; Lc 9.26; 2 Ti 2.12.
ᵇ **10.34** *Guerra:* lit. *espada,* imagen literaria que indica división y conflicto.
ᶜ **10.35-36** Miq 7.6.
ᵈ **10.38** La *cruz* era un instrumento de tortura, al parecer de origen persa, que los romanos usaban para infligir la pena de muerte; el condenado mismo tenía que llevar a cuestas su cruz o, más bien, la viga transversal de ella, hasta el lugar de la ejecución. Por medio de esta imagen Jesús prepara a sus discípulos para enfrentarse a la muerte y hasta para considerarse ya muertos respecto de sí mismos y del mundo. Cf. las expresiones de Pablo en Ro 6.2-11; Gl 2.19; 6.14; Col 3.3-5.
ᵉ **10.39** *Vida:* Véase Mt 16.25-26 n.
ᶠ **10.38-39** Mt 16.24-25; Mc 8.34-35; Lc 9.23-24; 17.33; Jn 12.24-25.
ᵍ **10.40** Mc 9.37; Lc 9.48; 10.16; Jn 13.20; cf. Jn 14.9.
ʰ **10.42** *Estos pequeños:* los apóstoles, o posiblemente los creyentes humildes en general.
ⁱ **10.42** Mc 9.41.

SAN MATEO 11

11 ¹ Cuando Jesús terminó de dar instrucciones[a] a sus doce discípulos, se fue de allí a enseñar y anunciar el mensaje en los pueblos de aquella región.

VI. DIVERSOS HECHOS DE JESÚS (11.2—12.50)

Los enviados de Juan el Bautista (Lc 7.18-35) ² Juan, que estaba en la cárcel,[b] tuvo noticias de lo que Cristo estaba haciendo. Entonces envió algunos de sus seguidores[c] ³ a que le preguntaran si él era de veras el que había de venir,[d] o si debían esperar a otro.

⁴ Jesús les contestó: "Vayan y díganle a Juan lo que están viendo y oyendo. ⁵ Cuéntenle que los ciegos ven, los cojos andan, los leprosos quedan limpios de su enfermedad, los sordos oyen,[e] los muertos vuelven a la vida y a los pobres se les anuncia la buena noticia.[f] ⁶ ¡Y dichoso aquel que no encuentre en mí motivo de tropiezo!"

⁷ Cuando ellos se fueron, Jesús comenzó a hablar a la gente acerca de Juan, diciendo: "¿Qué salieron ustedes a ver al desierto? ¿Una caña sacudida por el viento? ⁸ Y si no, ¿qué salieron a ver? ¿Un hombre vestido lujosamente? Ustedes saben que los que se visten lujosamente están en las casas de los reyes. ⁹ En fin, ¿a qué salieron? ¿A ver a un profeta? Sí, de veras, y a uno que es mucho más que profeta. ¹⁰ Juan es aquel de quien dice la Escritura:

'Yo envío mi mensajero delante de ti,
para que te prepare el camino.'[g]

¹¹ Les aseguro que, entre todos los hombres, ninguno ha sido más grande que Juan el Bautista; y, sin embargo, el más pequeño en el reino de los cielos es más grande que él.

¹² "Desde que vino Juan el Bautista hasta ahora, el reino de los cielos sufre violencia, y los que usan la fuerza pretenden acabar con él. ¹³ Todos los profetas y la ley fueron solo un anuncio del reino, hasta que vino Juan;[h] ¹⁴ y, si ustedes quieren aceptar esto, Juan es el profeta Elías que había de venir.[i] ¹⁵ Los que tienen oídos, oigan.

¹⁶ "¿A qué compararé la gente de este tiempo? Se parece a los niños que se sientan a jugar en las plazas y gritan a sus compañeros: ¹⁷ 'Tocamos la flauta, pero ustedes no bailaron; cantamos canciones tristes, pero ustedes no lloraron.'[j] ¹⁸ Porque vino Juan, que ni come ni bebe,[k] y dicen que tiene un demonio. ¹⁹ Luego ha venido el Hijo del hombre, que come y bebe, y dicen que es glotón y bebedor, amigo de gente de mala fama y de los que cobran impuestos para Roma. Pero la sabiduría de Dios se demuestra por sus resultados."[l]

Reproches contra las ciudades incrédulas (Lc 10.13-15)

²⁰ Entonces Jesús comenzó a reprender a los pueblos donde había hecho la mayor parte de sus milagros, porque no se habían vuelto a Dios. Decía Jesús: ²¹ "¡Ay de ti, Corazín! ¡Ay de ti, Betsaida! Porque si en Tiro y Sidón se hubieran hecho los milagros que se han hecho entre ustedes, hace tiempo que se habrían vuelto a Dios, cubiertos de ropas ásperas y ceniza.[m] ²² Pero les digo que en el día del juicio el castigo para ustedes será peor que para la gente de Tiro y Sidón. ²³ Y tú, Cafarnaúm, ¿crees que serás levantado hasta el cielo? ¡Bajarás hasta lo más hondo del abismo![n] Porque si en Sodoma se hubieran hecho los milagros que se han hecho en ti, esa ciudad habría permanecido hasta el día de hoy. ²⁴ Pero les digo que en el día del juicio el castigo para ti será peor que para la región de Sodoma."[ñ]

Solo el Hijo sabe quién es el Padre (Lc 10.21-22) ²⁵ En aquel tiempo, Jesús dijo: "Te alabo, Padre, Señor del cielo y de la tierra, porque has mostrado a los sencillos las cosas que escondiste de los sabios y entendidos.[o] ²⁶ Sí, Padre, porque así lo has querido."

²⁷ "Mi Padre me ha entregado todas las cosas.[p] Nadie conoce realmente al Hijo, sino el Padre; y nadie conoce realmente al Padre, sino el Hijo y aquellos a quienes el Hijo quiera darlo a conocer.[q] ²⁸ Vengan a mí todos ustedes que están cansados de sus trabajos y cargas, y yo los haré descansar.[r] ²⁹ Acepten el yugo que les pongo, y aprendan de mí, que soy paciente y de corazón humilde; así encontrarán descanso. ³⁰ Porque el yugo que les pongo y la carga que les doy a llevar son ligeros."[s]

---

[a] 11.1 *Cuando Jesús terminó de dar instrucciones:* Véase Mt 7.28 n.

[b] 11.2 *Juan... la cárcel:* Mt 4.12 n.

[c] 11.2 Los seguidores de Juan el Bautista se mencionan varias veces en el NT; véase Mt 9.14 nota *k*, y cf. Lc 11.1; Jn 1.35; 3.25.

[d] 11.3 *El que había de venir:* el Mesías (el *Cristo*, v. 2).

[e] 11.5 Cf. Is 29.18-19; 35.5-6.

[f] 11.5 Cf. Is 26.19; 61.1; cf. también Lc 4.18-21.

[g] 11.10 Mal 3.1; cf. Ex 23.20. (Citado también en Mc 1.2; Lc 1.76; 7.27.)

[h] 11.12-13 *Sufre violencia:* otra posible traducción: *se abre paso con fuerza.* Esta frase parece hacer alusión a los que se oponen al reino de Dios, como Herodes. Pero también es posible que indique que el reino de Dios se extiende con fuerza irresistible. Cf. Lc 16.16.

[i] 11.14 Mal 4.5 (3.23); Mt 17.10-13; Mc 9.11-13; véase Mt 16.14 nota *j*. Jesús no identifica literalmente a Juan con Elías, sino que destaca el hecho de que Juan ejerce las funciones de Elías y cumple así las profecías respecto de este. Juan el Bautista dice claramente que él no es Elías: Jn 1.21.

[j] 11.16-17 Es decir, que no hacen a su tiempo lo que deberían hacer. La imagen es de unos niños que juegan a las bodas y a los funerales, pero que no logran ponerse de acuerdo entre sí.

[k] 11.18 Juan llevaba una vida austera (Lc 1.15 nota *i*).

[l] 11.19 *Sus resultados:* lit. *sus obras.* Algunos mss. dicen lit. *sus hijos* (cf. Lc 7.35 n.).

[m] 11.21 *Corazín* y *Betsaida,* así como *Cafarnaúm* (v. 23), eran poblaciones de Galilea en las que Jesús había predicado. *Tiro* y *Sidón* eran ciudades no judías, que sufrieron por sus grandes maldades (Is 23.1-18; Ez 26—28; Jl 3.4-8 [4.4-8]; Am 1.9-10; Zac 9.2-4). *Ropas ásperas y ceniza:* señales de arrepentimiento.

[n] 11.23 Is 14.13-15. *Lo más hondo del abismo:* lit. *Hades,* nombre griego que se refiere al lugar de los muertos; véase *Reino de la muerte* en el *Índice temático.*

[ñ] 11.23-24 *Sodoma:* Mt 10.15 n.; Lc 10.12.

[o] 11.25 Is 29.14; 1 Co 1.19-21.

[p] 11.27 Mt 28.18; Jn 3.35; 17.2.

[q] 11.27 Jn 1.18; 6.65; 10.14-15; cf. Sab 9.17.

[r] 11.28 Jn 6.37.

[s] 11.28-30 Cf. Is 30.15; Jer 6.16; Eclo 6.24-30; 1 Jn 5.3. *Yugo:* en sentido figurado, imagen de sujeción y carga pesada. Jesús ofrece descanso de los *trabajos y cargas* y usa esta imagen para referirse al compromiso y lealtad que él exige de quienes lo siguen. Cf. Mt 23.2-4; Lc 11.46.

12

Los discípulos arrancan espigas en sábado [a] (Mc 2.23-28; Lc 6.1-5) **1** Por aquel tiempo, Jesús caminaba un sábado entre los sembrados. Sus discípulos sintieron hambre, y comenzaron a arrancar espigas de trigo [b] y a comer los granos. **2** Los fariseos lo vieron, y dijeron a Jesús:

—Mira, tus discípulos están haciendo algo que no está permitido hacer en sábado.

3 Él les contestó:

—¿No han leído ustedes lo que hizo David en una ocasión en que él y sus compañeros tuvieron hambre? **4** Pues entró en la casa de Dios y comieron los panes consagrados a Dios, los cuales no les estaba permitido comer ni a él ni a sus compañeros, sino solamente a los sacerdotes. [c] **5** ¿O no han leído en la ley de Moisés que los sacerdotes en el templo no cometen pecado aunque no descansen el sábado? [d] **6** Pues les digo que aquí hay algo más importante que el templo. [e] **7** Ustedes no han entendido el significado de estas palabras: 'Lo que quiero es que sean compasivos, y no que ofrezcan sacrificios.' [f] Si lo hubieran entendido, no condenarían a quienes no han cometido ninguna falta. **8** Pues bien, el Hijo del hombre tiene autoridad sobre el sábado.

Jesús sana a un enfermo en sábado (Mc 3.1-6; Lc 6.6-11)

9 Jesús se fue de allí y entró en la sinagoga del lugar. **10** Había en ella un hombre que tenía una mano tullida; y como buscaban algún pretexto para acusar a Jesús, le preguntaron:

—¿Está permitido sanar a un enfermo en sábado? [g]

11 Jesús les contestó:

—¿Quién de ustedes, si tiene una oveja y se le cae a un pozo en sábado, no va y la saca? [h] **12** Pues ¡cuánto más vale un hombre que una oveja! Por lo tanto, sí está permitido hacer el bien los sábados.

13 Entonces le dijo a aquel hombre:

—Extiende la mano.

El hombre la extendió, y le quedó tan sana como la otra. **14** Pero cuando los fariseos salieron, comenzaron a hacer planes para matar a Jesús.

Cumplimiento de la profecía **15** Jesús, al saberlo, se fue de allí, y mucha gente lo siguió. Jesús sanaba a todos los enfermos, **16** y les ordenaba que no hablaran de él en público. [i] **17** Esto fue para que se cumpliera lo que anunció el profeta Isaías, cuando dijo:

18 "Aquí está mi siervo, a quien he escogido,
mi amado, en quien me deleito.
Pondré sobre él mi Espíritu,
y proclamará justicia a las naciones.
19 No protestará ni gritará;
nadie oirá su voz en las calles.
20 No romperá la caña quebrada
ni apagará la mecha que apenas humea,
hasta que haga triunfar la justicia.
21 Y las naciones pondrán su esperanza en él." [j]

Acusación contra Jesús (Mc 3.20-30; Lc 11.14-23; 12.10)

22 Llevaron a Jesús un hombre ciego y mudo, que estaba endemoniado, y Jesús le devolvió la vista y el habla. [k] **23** Todos se preguntaban admirados: "¿Será este el Hijo de David?" [l]

24 Al oír esto, los fariseos dijeron: "Beelzebú, el jefe de los demonios, es quien le ha dado a este hombre el poder de expulsarlos." [m]

25 Jesús, que sabía lo que estaban pensando, les dijo: "Todo país dividido en bandos enemigos, se destruye a sí mismo; y una ciudad o una familia dividida en bandos, no puede mantenerse. **26** Así también, si Satanás expulsa al propio Satanás, contra sí mismo está dividido; ¿cómo, pues, mantendrá su poder? **27** Ustedes dicen que yo expulso a los demonios por el poder de Beelzebú; pero si es así, ¿quién a los seguidores de ustedes el poder para expulsarlos? [n] Por eso, ellos mismos demuestran que ustedes están equivocados. **28** Porque si yo expulso a los demonios por medio del Espíritu de Dios, eso significa que el reino de los cielos ya ha llegado a ustedes.

29 "¿Cómo podrá entrar alguien en la casa de un hombre fuerte y robarle sus cosas, si primero no lo ata? Solamente así podrá robárselas. [ñ]

30 "El que no está a mi favor, está en contra mía; [o] y el que conmigo no recoge, desparrama.

31 "Por eso les digo que Dios perdonará a los hombres todos los pecados y todo lo malo que digan, pero no les perdonará que con sus palabras ofendan al Espíritu Santo. **32** Dios perdonará incluso a aquel que diga algo contra el Hijo del hombre; pero al que hable contra el Espíritu Santo, no lo perdonará ni en el mundo presente ni en el venidero. [p]

---

[a] **12.1-8** En esta sección y la que sigue (vv. 1-14) se trata del conflicto entre Jesús y los fariseos respecto al sábado, día semanal de reposo.

[b] **12.1-2** *Sábado:* Véase *Índice temático*. *Arrancar espigas* era considerado como un acto de cosechar, y por eso un "trabajo" prohibido en sábado (Ex 34.21). Según Dt 23.25 (26), estaba permitido recoger al paso, incluso en un campo ajeno, granos para comer.

[c] **12.3-4** 1 S 21.1-6 (2-7); cf. Ex 35.13; Lv 24.5-9.

[d] **12.5** Nm 28.9-10.

[e] **12.6** Cf. vv. 41-42. *Algo más importante:* El adjetivo griego está en género neutro, lo que hace que se refiera solo indirectamente a Jesús. Algunos mss. lo ponen en género masculino (=*uno más importante que el templo*).

[f] **12.7** Os 6.6; cf. Mt 9.13.

[g] **12.10** Los judíos consideraban que sanar era un "trabajo" prohibido en sábado. Véase *Sábado* en el *Índice temático*.

[h] **12.11** Lc 14.5.

[i] **12.16** *Que no hablaran:* Mt 8.4; 9.30 (véase Mc 1.34 nota *i*).

[j] **12.17-21** Is 42.1-4; cf. también Gn 22.2; Sal 2.7. Véase Mt 1.22 n. *Caña quebrada* y *mecha que apenas humea* son imágenes que simbolizan a personas débiles y desamparadas.

[k] **12.22** Mt 9.32-33.

[l] **12.23** *Hijo de David:* título del Mesías (véase Mt 1.1 n.).

[m] **12.24** Mt 9.34; 10.25. *Beelzebú:* nombre dado al diablo como jefe de los espíritus malos; se deriva del hebreo *Baal-zebub* (2 R 1.2-3), nombre despectivo ("señor de las moscas") con que los hebreos llamaban al dios cananeo Baal.

[n] **12.27** Había exorcistas judíos que practicaban la expulsión de demonios (cf. Hch 19.13).

[ñ] **12.29** Is 49.24-26.

[o] **12.30** Mc 9.40; Lc 9.50.

[p] **12.31-32** Mc 3.28-29; Lc 12.10. Sobre el llamado "pecado imperdonable", véase Mc 3.30 n.

El árbol se conoce por su fruto (Lc 6.43-45)

33 "Si el árbol es bueno, dará buen fruto; si el árbol es malo, dará mal fruto; pues el árbol se conoce por su fruto. [q] **34** ¡Raza de víboras! [r] ¿Cómo pueden decir cosas buenas, si ustedes mismos son malos? De lo que abunda en el corazón, habla la boca. [s] **35** El hombre bueno dice cosas buenas porque el bien está en él, y el hombre malo dice cosas malas porque el mal está en él. **36** Y yo les digo que en el día del juicio todos tendrán que dar cuenta de cualquier palabra inútil que hayan pronunciado. **37** Pues por tus propias palabras serás juzgado, y declarado inocente o culpable."

Algunos piden una señal milagrosa (Mc 8.12; Lc 11.29-32)

38 Algunos de los fariseos y maestros de la ley dijeron entonces a Jesús:

—Maestro, queremos verte hacer alguna señal milagrosa. [t]

39 Jesús les contestó:

—Esta gente malvada e infiel pide una señal milagrosa; [u] pero no va a dársele más señal que la del profeta Jonás. **40** Pues así como Jonás estuvo tres días y tres noches dentro del gran pez, [v] así también el Hijo del hombre estará tres días y tres noches dentro de la tierra. **41** Los de Nínive se levantarán en el día del juicio, cuando se juzgue a la gente de este tiempo, y la condenarán; porque los de Nínive se volvieron a Dios cuando oyeron el mensaje de Jonás, [w] y lo que hay aquí es mayor que Jonás. [x] **42** También la reina del Sur se levantará en el día del juicio, cuando se juzgue a la gente de este tiempo, y la condenará; porque ella vino de lo más lejano de la tierra para escuchar la sabiduría de Salomón, [y] y lo que hay aquí es mayor que Salomón.

El espíritu impuro que regresa (Lc 11.24-26)

43 "Cuando un espíritu impuro sale de un hombre, anda por lugares secos [z] buscando descanso; y si no lo encuentra, piensa: **44** 'Regresaré a mi casa, de donde salí.' Cuando regresa, encuentra a ese hombre como una casa desocupada, barrida y arreglada. **45** Entonces va y reúne otros siete espíritus peores que él, y todos juntos se meten a vivir en aquel hombre, que al final queda peor que al principio. [a] Eso mismo le va a suceder a esta gente malvada."

La madre y los hermanos de Jesús (Mc 3.31-35; Lc 8.19-21)

46 Todavía estaba Jesús hablando a la gente, cuando acudieron su madre y sus hermanos, [b] que deseaban hablar con él. Como se quedaron fuera, **47** alguien avisó a Jesús:

—Tu madre y tus hermanos están ahí fuera, y quieren hablar contigo. [c]

48 Pero él contestó al que le llevó el aviso:

—¿Quién es mi madre, y quiénes son mis hermanos?

49 Entonces, señalando a sus discípulos, dijo:

—Estos son mi madre y mis hermanos. **50** Porque cualquiera que hace la voluntad de mi Padre que está en el cielo, ese es mi hermano, mi hermana y mi madre. [d]

VII. UN SERMÓN EN SIETE PARÁBOLAS (13.1-52) [a]

13 La parábola del sembrador (Mc 4.1-9; Lc 8.4-8)

1 Aquel mismo día salió Jesús de casa y se sentó a la orilla del lago. **2** Como se reunió mucha gente, Jesús subió a una barca y se sentó, [b] mientras la gente se quedaba en la playa. **3** Entonces se puso a hablarles de muchas cosas por medio de parábolas. [c]

Les dijo: "Un sembrador salió a sembrar. **4** Y al sembrar, una parte de la semilla cayó en el camino, y llegaron las aves y se la comieron. **5** Otra parte cayó entre las piedras, donde no había mucha tierra; esa semilla brotó pronto, porque la tierra no era muy honda; **6** pero el sol, al salir, la quemó, y como no tenía raíz, se secó. [d] **7** Otra parte de la semilla cayó entre espinos, y los espinos crecieron y la ahogaron. **8** Pero otra parte cayó en buena tierra, y dio buena cosecha; algunas espigas dieron cien granos por semilla, otras sesenta granos, y otras treinta. **9** Los que tienen oídos, oigan."

El porqué de las parábolas (Mc 4.10-12; Lc 8.9-10)

10 Los discípulos se acercaron a Jesús y le preguntaron por qué hablaba a la gente por medio de parábolas. **11** Jesús les contestó: "A ustedes, Dios les da a conocer los secretos [e] del reino de los cielos; pero a ellos no. **12** Pues al que tiene, se le dará más, y tendrá bastante; pero al que no tiene, hasta lo poco que tiene se le quitará. [f] **13** Por eso les hablo por medio de parábolas; porque ellos miran, pero no ven; escuchan, pero no oyen ni entienden. **14** Así, en el caso de ellos se cumple lo que dijo el profeta Isaías:

'Por más que escuchen, no entenderán,
por más que miren, no verán.

---

[q] **12.33** Mt 7.20; Lc 6.44; cf. Eclo 27.6.
[r] **12.34** Mt 3.7; 23.33; Lc 3.7.
[s] **12.34** Mt 15.18; Lc 6.45.
[t] **12.38** Mt 16.1; Mc 8.11; Lc 11.16; Jn 6.30. *Señal milagrosa:* algún milagro que compruebe la autoridad de Jesús como Mesías.
[u] **12.39** Mt 16.4; Mc 8.12. *Infiel:* La infidelidad conyugal aparece en el AT como símbolo de la infidelidad a Dios. Cf. Jer 3.20; véase Os 1.2 nota *f.*
[v] **12.40** Jon 1.17 (2.1).
[w] **12.41** Jon 3.5.
[x] **12.41** *Lo que hay aquí* (en vv. 41 y 42): La expresión griega es de género neutro; véase 12.6 n.
[y] **12.42** 1 R 10.1-10; 2 Cr 9.1-12.
[z] **12.43** Se consideraba que los demonios habitaban especialmente en los desiertos o *lugares secos.*
[a] **12.45** 2 P 2.20.
[b] **12.46** En griego, como en castellano, la palabra *hermanos* se refiere en primer lugar a personas que son hijas de los mismos padres; sin embargo, en las lenguas bíblicas (hebreo, arameo y griego), la palabra puede referirse en algunas ocasiones a personas unidas por otros grados de parentesco. (Cf. Mt 13.55-56; Mc 3.31-32; 6.3; Lc 8.19-20; Jn 2.12;2 7.3,5; Hch 1.14; 1 Co 9.5.)
[c] **12.47** Algunos mss. omiten el v. 47.
[d] **12.50** Cf. Ro 8.29.
[a] **13.1-52** Tercer discurso principal de Jesús: siete parábolas sobre el reino de Dios (cap. 13); véase *Introducción.*
[b] **13.2** *Se sentó:* Véase Mt 5.1 n.; Lc 5.1-3.
[c] **13.3** *Parábolas:* relatos, ejemplos o comparaciones empleados para impartir una enseñanza (véase *Índice temático*).
[d] **13.5-6** En lugares pedregosos la semilla germina más rápidamente, ya que la tierra es poco profunda y absorbe más el calor del sol; sin embargo, esa misma falta de profundidad le impide echar buenas raíces.
[e] **13.11** *Secretos:* uno de los designios de Dios, que ahora son revelados. Véase *Designios secretos* en el *Índice temático.*
[f] **13.12** Mt 25.29; Mc 4.25; Lc 8.18; 19.26.

¹⁵ Pues la mente de este pueblo está entorpecida,
tienen tapados los oídos
y han cerrado sus ojos,
para no ver ni oir,
para no entender ni volverse a mí,
para que yo no los sane.' *g*
¹⁶ "Pero dichosos ustedes, porque tienen ojos que ven y oídos que oyen. ¹⁷ Les aseguro que muchos profetas y personas justas quisieron ver esto que ustedes ven, y no lo vieron; quisieron oir esto que ustedes oyen, y no lo oyeron. *h*

***Jesús explica la parábola del sembrador** (Mc 4.13-20; Lc 8.11-15)* ¹⁸ "Escuchen, pues, lo que quiere decir la parábola del sembrador: ¹⁹ Los que oyen el mensaje del reino *i* y no lo entienden, son como la semilla que cayó en el camino; viene el maligno *j* y les quita el mensaje sembrado en su corazón. ²⁰ La semilla que cayó entre las piedras representa a los que oyen el mensaje y lo reciben con gusto, ²¹ pero como no tienen suficiente raíz, no se mantienen firmes; cuando por causa del mensaje sufren pruebas o persecución, fallan. ²² La semilla sembrada entre espinos representa a los que oyen el mensaje, pero los negocios de esta vida les preocupan demasiado y el amor por las riquezas los engaña. Todo esto ahoga el mensaje y no lo deja dar fruto en ellos. ²³ Pero la semilla sembrada en buena tierra representa a los que oyen el mensaje y lo entienden y dan una buena cosecha, como las espigas que dieron cien, sesenta o treinta granos por semilla."

La parábola de la mala hierba entre el trigo ²⁴ Jesús les contó esta otra parábola: "Sucede con el reino de los cielos como con un hombre que sembró buena semilla en su campo; ²⁵ pero cuando todos estaban durmiendo, llegó un enemigo, sembró mala hierba *k* entre el trigo y se fue. ²⁶ Cuando el trigo creció y se formó la espiga, apareció también la mala hierba. ²⁷ Entonces los trabajadores fueron a decirle al dueño: 'Señor, si la semilla que sembró usted en el campo era buena, ¿de dónde ha salido la mala hierba?' ²⁸ El dueño les dijo: 'Algún enemigo ha hecho esto.' Los trabajadores le preguntaron: '¿Quiere usted que vayamos a arrancar la mala hierba?' ²⁹ Pero él les dijo: 'No, porque al arrancar la mala hierba pueden arrancar también el trigo. ³⁰ Lo mejor es dejarlos crecer juntos hasta la cosecha; entonces mandaré a los que han de recogerla que recojan primero la mala hierba y la aten en manojos, para quemarla, y que después guarden el trigo en mi granero.' "

***La parábola de la semilla de mostaza** (Mc 4.30-32; Lc 13.18-19)* ³¹ Jesús también les contó esta parábola: "El reino de los cielos es como una semilla de mostaza *l* que un hombre siembra en su campo. ³² Es, por cierto, la más pequeña de todas las semillas; pero cuando crece, se hace más grande que las otras plantas del huerto, y llega a ser como un árbol, tan grande que las aves van y se posan en sus ramas." *m*

***La parábola de la levadura** (Lc 13.20-21)* ³³ También les contó esta parábola: "El reino de los cielos es como la levadura que una mujer mezcla con tres medidas de harina para hacer fermentar toda la masa." *n*

***Cumplimiento de la Escritura** (Mc 4.33-34)* ³⁴ Jesús habló de todo esto a la gente por medio de parábolas, y sin parábolas no les hablaba. ³⁵ Esto fue para que se cumpliera lo que había dicho el profeta:
"Hablaré por medio de parábolas;
diré cosas que han estado en secreto
desde que Dios hizo el mundo." *ñ*

Jesús explica la parábola de la mala hierba ³⁶ Jesús despidió entonces a la gente y entró en la casa, donde sus discípulos se le acercaron y le pidieron que les explicara la parábola de la mala hierba en el campo. ³⁷ Jesús les respondió: "El que siembra la buena semilla es el Hijo del hombre, ³⁸ y el campo es el mundo. La buena semilla representa a los que son del reino, y la mala hierba representa a los que son del maligno, *o* ³⁹ y el enemigo que sembró la mala hierba es el diablo. La cosecha representa el fin del mundo, *p* y los que recogen la cosecha son los ángeles. ⁴⁰ Así como la mala hierba se recoge y se echa al fuego para quemarla, así sucederá también al fin del mundo. ⁴¹ El Hijo del hombre mandará a sus ángeles a recoger de su reino a todos los que hacen pecar a otros, y a los que practican el mal. ⁴² Los echarán en el horno encendido, *q* y vendrán el llanto y la desesperación. *r* ⁴³ Entonces los justos brillarán como el sol *s* en el reino de su Padre. Los que tienen oídos, oigan.

La parábola del tesoro escondido *t* ⁴⁴ "El reino de los cielos es como un tesoro escondido en un terreno. Un

---

g **13.14-15** Is 6.9-10. Sobre el tema del cumplimiento de las profecías, véase Mt 1.22 n.
h **13.16-17** Lc 10.23-24; Heb 11.13; 1 P 1.10-12.
i **13.19** *Reino:* es decir, el reino de Dios.
j **13.19** *El maligno:* esto es, el diablo.
k **13.25** *Mala hierba:* lit. *cizaña,* planta silvestre que se parece mucho al trigo, pero que puede distinguirse de este una vez que ambos han dado su fruto. Su semilla es venenosa. Véase la explicación de la parábola en 13.36-43.
l **13.31** *Mostaza:* planta de la que se obtiene la especia del mismo nombre. Lo pequeño de su semilla era proverbial, especialmente en contraste con el tamaño de la planta, que en Galilea puede alcanzar hasta 2 m. de altura.
m **13.32** Ez 17.23; 31.6; Dn 4.12 (9), 20-21 (17-18).
n **13.33** *Levadura:* sustancia que se mezcla con la masa del pan y la hace fermentar. *Tres medidas* equivalen aprox. a 22 l. (o decímetros cúbicos).
ñ **13.35** Sal 78.2; según el título hebreo de dicho salmo, su autor fue Asaf, considerado vidente o *profeta* (2 Cr 29.30). Véase Mt 1.22 n.
o **13.38** *Del maligno:* esto es, del diablo (v. 39).
p **13.39** *La cosecha:* imagen que frecuentemente simboliza el juicio final (Is 17.5; Jl 3.12-13 [4.12-13]; Mt 3.12; Ap 14.14-20).
q **13.42** *Horno encendido:* imagen que simboliza el infierno; cf. Ap 21.8.
r **13.42** *Vendrán el llanto y la desesperación:* lit. *llorarán y les rechinarán los dientes.* Véase Mt 8.12 n.
s **13.43** Dn 12.3; cf. Sab 3.7.
t **13.44** Esta parábola y la de 13.45-46 sugieren el alto costo y el valor del reino de Dios para los que quieran entrar en él.

SAN MATEO 13, 14

hombre encuentra el tesoro, y lo vuelve a esconder allí mismo; lleno de alegría, va y vende todo lo que tiene, y compra ese terreno.

La parábola de la perla de mucho valor ⁴⁵ "Sucede también con el reino de los cielos como con un comerciante que andaba buscando perlas finas; ⁴⁶ cuando encontró una de mucho valor, fue y vendió todo lo que tenía, y compró esa perla.

La parábola de la red ⁴⁷ "Sucede también con el reino de los cielos como con la red ᵘ que se echa al mar y recoge toda clase de pescado. ⁴⁸ Cuando la red se llena, los pescadores la sacan a la playa, donde se sientan a escoger el pescado; guardan el bueno en canastas y tiran el malo. ⁴⁹ Así también sucederá al fin del mundo: saldrán los ángeles para separar a los malos de los buenos, ⁵⁰ y echarán a los malos en el horno de fuego. Entonces vendrán el llanto y la desesperación." ᵛ

Lo nuevo y lo viejo ⁵¹ Jesús preguntó:
—¿Entienden ustedes todo esto?
—Sí —contestaron ellos.
⁵² Entonces Jesús les dijo:
—Cuando un maestro de la ley se instruye acerca del reino de los cielos, se parece al dueño de una casa, que de lo que tiene guardado sabe sacar cosas nuevas y cosas viejas. ʷ

VIII. DIVERSOS HECHOS DE JESÚS (13.53—17.27)

Jesús en Nazaret (Mc 6.1-6; Lc 4.16-30) ⁵³ Cuando Jesús terminó de contar estas parábolas, ˣ se fue de allí ⁵⁴ y llegó a su propia tierra, ʸ donde comenzó a enseñar en la sinagoga del lugar. La gente, admirada, decía:
—¿Dónde aprendió este todo lo que sabe? ¿Cómo puede hacer esos milagros. ⁵⁵ ¿No es este el hijo del carpintero, ᶻ y no es María su madre? ¿No es el hermano ᵃ de Santiago, José, Simón y Judas, ⁵⁶ y no viven sus hermanas también aquí entre nosotros? ¿De dónde le viene todo esto?
⁵⁷ Y se resistían a creer en él. Pero Jesús les dijo:
—En todas partes se honra a un profeta, menos en su propia tierra y en su propia casa. ᵇ
⁵⁸ Y no hizo allí muchos milagros porque aquella gente no tenía fe en él.

14 ***La muerte de Juan el Bautista*** (Mc 6.14-29; Lc 9.7-9) ¹ Por aquel mismo tiempo, Herodes, ᵃ el que gobernaba en Galilea, oyó hablar de Jesús, ² y dijo a los que estaban a su servicio: "Ese es Juan el Bautista, que ha resucitado. Por eso tiene este poder milagroso."

³ Es que Herodes había hecho arrestar y encarcelar a Juan. Lo hizo por causa de Herodías, esposa de su hermano Filipo, ᵇ ⁴ pues Juan había dicho a Herodes: "No debes tenerla como tu mujer." ᶜ,ᵈ

⁵ Herodes, que quería matar a Juan, tenía miedo de la gente, porque todos creían que Juan era un profeta. ⁶ Pero en el cumpleaños de Herodes, la hija de Herodías salió a bailar delante de los invitados, ᵉ y le gustó tanto a Herodes ⁷ que le prometió bajo juramento darle cualquier cosa que pidiera. ⁸ Ella entonces, aconsejada por su madre, dijo a Herodes:
—Dame en un plato la cabeza de Juan el Bautista.
⁹ Esto entristeció al rey Herodes; pero como había hecho un juramento en presencia de sus invitados, mandó que se la dieran. ¹⁰ Ordenó, pues, cortarle la cabeza a Juan en la cárcel; ¹¹ luego la llevaron en un plato y se la dieron a la muchacha, y ella se la entregó a su madre.
¹² Llegaron los seguidores de Juan, se llevaron el cuerpo y lo enterraron; después fueron y avisaron a Jesús.

Jesús da de comer a una multitud ᶠ (Mc 6.30-44; Lc 9.10-17; Jn 6.1-14) ¹³ Cuando Jesús recibió la noticia, se fue de allí él solo, en una barca, a un lugar apartado. Pero la gente lo supo y salió de los pueblos para seguirlo por tierra. ¹⁴ Al bajar Jesús de la barca, vio la multitud; sintió compasión de ellos y sanó a los enfermos que llevaban. ¹⁵ Como ya se hacía de noche, los discípulos se le acercaron y le dijeron:
—Ya es tarde, y este es un lugar solitario. Despide a la gente, para que vayan a las aldeas y se compren comida.
¹⁶ Jesús les contestó:
—No es necesario que se vayan; denles ustedes de comer.
¹⁷ Ellos respondieron:
—No tenemos aquí más que cinco panes y dos pescados.
¹⁸ Jesús les dijo:
—Tráiganmelos aquí.
¹⁹ Entonces mandó a la multitud que se sentara sobre la hierba. Luego tomó en sus manos los cinco panes y los dos pescados y, mirando al cielo, pronunció la bendición ᵍ y partió los panes, los dio a los discípulos y ellos los

---

ᵘ **13.47** *Red:* Véase Mt 4.18 nota *r*; aquí se trata de la red barredera.
ᵛ **13.49-50** Cf. 13.40-43. *Vendrán el llanto y la desesperación:* Véase Mt 8.12 n.
ʷ **13.52** Se trata de *un maestro de la ley* (véase Introducción al NT [30]) que, ya instruido en la ley de Moisés, se instruye también acerca del reino de Dios y así sabe enseñar lo nuevo sin dejar de conservar el valor de lo antiguo.
ˣ **13.53** *Cuando Jesús terminó... parábolas:* Véase Mt 7.28 n.
ʸ **13.54** *Su propia tierra:* Nazaret (Lc 4.16,23).
ᶻ **13.55** *Carpintero:* o *albañil*; véase Mc 6.3 nota *c*; Jn 6.42.
ᵃ **13.55-56** *Hermano:* Véase Mt 12.46 n.
ᵇ **13.57** Expresión proverbial (Mc 6.4; Lc 4.24; Jn 4.44).
ᵃ **14.1** *Herodes* Antipas, hijo de Herodes el Grande (Mt 2.1 nota *b*), gobernó en Galilea y Perea del 4 a.C. al 39 d.C.
ᵇ **14.3** Véase Mt 4.12 n. *Filipo* era medio hermano de Herodes (no debe confundírsele con su otro hermano, Filipo gobernador de Iturea y Traconítide, de Lc 3.1). Herodes se había divorciado de su esposa, hija del rey de Nabatea, y se había casado con *Herodías* (v. 6), que era su propia sobrina y esposa de Filipo, a pesar de que este aún vivía.
ᶜ **14.3-4** Lc 3.19-20.
ᵈ **14.4** Lv 18.16; 20.21.
ᵉ **14.6** Según el historiador Josefo, *la hija de Herodías* se llamaba Salomé. *Los invitados:* Una fiesta oriental de esta clase era solo para hombres.
ᶠ **14.13-21** Cf. el relato similar en Mt 15.32-39; Mc 8.1-10 (véase Mc 8.1-10 n.). (Este es el único milagro de Jesús que aparece en los cuatro evangelios.)
ᵍ **14.19** *Pronunció la bendición:* Según la costumbre judía, el que preside una comida toma el pan y dice: "Bendito seas tú, Señor, Dios nuestro, rey del universo, que produces el pan de la tierra." Los demás responden: "Amén." Luego parte el pan y lo distribuye.

repartieron entre la gente. ²⁰ Todos comieron hasta quedar satisfechos; recogieron los pedazos sobrantes, y con ellos llenaron doce canastas. ʰ ²¹ Los que comieron fueron unos cinco mil hombres, sin contar las mujeres y los niños.

Jesús camina sobre el agua (Mc 6.45-52; Jn 6.16-21)

²² Después de esto, Jesús hizo que sus discípulos subieran a la barca, para que cruzaran el lago antes que él y llegaran al otro lado ⁱ mientras él despedía a la gente. ²³ Cuando la hubo despedido, Jesús subió a un cerro, para orar a solas. ʲ Al llegar la noche, estaba allí él solo, ²⁴ mientras la barca ya iba bastante lejos de tierra firme. Las olas azotaban la barca, porque tenían el viento en contra. ²⁵ A la madrugada, ᵏ Jesús fue hacia ellos caminando sobre el agua. ²⁶ Cuando los discípulos lo vieron andar sobre el agua, se asustaron, y gritaron llenos de miedo:

—¡Es un fantasma!

²⁷ Pero Jesús les habló, diciéndoles:

—¡Calma! ¡Soy yo: no tengan miedo!

²⁸ Entonces Pedro le respondió:

—Señor, si eres tú, ordena que yo vaya hasta ti sobre el agua.

²⁹ —Ven —dijo Jesús.

Pedro entonces bajó de la barca y comenzó a caminar sobre el agua en dirección a Jesús. ³⁰ Pero al notar la fuerza del viento, tuvo miedo; y como comenzaba a hundirse, gritó:

—¡Sálvame, Señor!

³¹ Al momento, Jesús lo tomó de la mano y le dijo:

—¡Qué poca fe tienes! ¿Por qué dudaste?

³² En cuanto subieron a la barca, se calmó el viento. ³³ Entonces los que estaban en la barca se pusieron de rodillas delante de Jesús, y le dijeron:

—¡En verdad tú eres el Hijo de Dios!

Jesús sana a los enfermos en Genesaret (Mc 6.53-56)

³⁴ Cruzaron el lago y llegaron a tierra en Genesaret. ˡ ³⁵ La gente del lugar reconoció a Jesús, y la noticia se extendió por toda la región. Le llevaban los enfermos, ³⁶ y le rogaban que les dejara tocar siquiera el borde de su capa; y todos los que la tocaban, quedaban sanos.

15

Lo que hace impuro al hombre (Mc 7.1-23)

¹ Se acercaron a Jesús algunos fariseos y maestros de la ley que habían llegado de Jerusalén, y le preguntaron:

² —¿Por qué tus discípulos desobedecen la tradición de nuestros antepasados? ¿Por qué no cumplen con la ceremonia de lavarse las manos antes de comer? ᵃ

³ Jesús les preguntó:

—¿Y por qué también ustedes desobedecen el mandato de Dios para seguir sus propias tradiciones? ⁴ Porque Dios dijo: 'Honra a tu padre y a tu madre', ᵇ y 'El que maldiga a su padre o a su madre será condenado a muerte.' ᶜ ⁵ Pero ustedes afirman que un hombre puede decirle a su padre o a su madre: 'No puedo ayudarte, porque todo lo que tengo lo he ofrecido a Dios'; ⁶ y que cualquiera que diga esto, ya no está obligado a ayudar a su padre o a su madre. Así pues, ustedes han anulado la palabra de Dios para seguir sus propias tradiciones. ᵈ ⁷ ¡Hipócritas! Bien habló el profeta Isaías acerca de ustedes, cuando dijo:

⁸ 'Este pueblo me honra con la boca,
pero su corazón está lejos de mí.
⁹ De nada sirve que me rinda culto;
sus enseñanzas son mandatos de hombres.' ᵉ

¹⁰ Luego Jesús llamó a la gente y dijo:

—Escuchen y entiendan: ᶠ ¹¹ Lo que entra por la boca del hombre no es lo que lo hace impuro. ᵍ Al contrario, lo que hace impuro al hombre es lo que sale de su boca.

¹² Entonces los discípulos se acercaron a Jesús y le preguntaron:

—¿Sabes que los fariseos se ofendieron al oír lo que dijiste?

¹³ Él les contestó:

—Cualquier planta que mi Padre celestial no haya plantado, será arrancada de raíz. ¹⁴ Déjenlos, pues son ciegos que guían a otros ciegos. Y si un ciego guía a otro, los dos caerán en algún hoyo. ʰ

¹⁵ Pedro entonces le dijo a Jesús:

—Explícanos lo que dijiste.

¹⁶ Jesús respondió:

—¿Ni siquiera ustedes son todavía capaces de comprender? ¹⁷ ¿No entienden que todo lo que entra por la boca va al vientre, para después salir del cuerpo? ¹⁸ Pero lo que sale de la boca viene del interior del hombre; ⁱ y eso es lo que lo hace impuro. ¹⁹ Porque del interior del hombre salen los malos pensamientos, los asesinatos, el adulterio, la inmoralidad sexual, los robos, las mentiras y los insultos. ʲ ²⁰ Estas cosas son las que hacen impuro al hombre; pero el comer sin cumplir con la ceremonia de lavarse las manos, no lo hace impuro.

La fe de una mujer no judía (Mc 7.24-30)

²¹ Jesús se dirigió de allí a la región de Tiro y Sidón. ²² Y una mujer cananea, ᵏ de aquella región, se le acercó, gritando:

ʰ **14.20** Cf. 2 R 4.43-44.
ⁱ **14.22** *Llegaran al otro lado:* esto es, a la ribera occidental.
ʲ **14.23** Lc 6.12; 9.28.
ᵏ **14.25** *A la madrugada:* lit. *a la cuarta vigilia;* según el sistema romano, la noche se dividía en cuatro periodos o vigilias de tres horas cada una.
ˡ **14.34** *Genesaret:* llanura fértil en la orilla noroeste del Lago de Galilea.
ᵃ **15.2** Lc 11.38. Se trata de la tradición rabínica respecto a la purificación ritual; véase Mt 7.2 n.
ᵇ **15.4** Ex 20.12; Dt 5.16.
ᶜ **15.4** Ex 21.17; Lv 20.9
ᵈ **15.5-6** De acuerdo con Nm 30.2 (3), los bienes ofrecidos a Dios no se podían usar para otro fin. Jesús insiste en que los mandamientos de Dios son para bien de los hombres (véase Mc 7.11 n.).
ᵉ **15.8-9** Is 29.13 (gr.).
ᶠ **15.10** Mt recalca con frecuencia la importancia de entender la enseñanza de Jesús. Esto supone atención, docilidad y obediencia. Cf. 13.13,51; 16.9-12.
ᵍ **15.11** Se trata de la impureza ritual derivada de comer alimentos impuros (Lv 11); Jesús considera más grave la impureza moral (vv. 17-20).
ʰ **15.14** Lc 6.39.
ⁱ **15.18** Mt 12.34; Lc 6.45.
ʲ **15.19** Véase Ro 1.31 n.
ᵏ **15.22** *Cananea:* originaria de aquella parte de Canaán, o sea, de la provincia romana de Siria (Mc 7.26 dice "de Sirofenicia"); Mateo

—¡Señor, Hijo de David,[l] ten compasión de mí! ¡Mi hija tiene un demonio que la hace sufrir mucho!

²³ Jesús no le contestó nada. Entonces sus discípulos se acercaron a él y le rogaron:

—Dile a esa mujer que se vaya,[m] porque viene gritando detrás de nosotros.

²⁴ Jesús dijo:

—Dios me ha enviado solamente a las ovejas perdidas del pueblo de Israel.[n]

²⁵ Pero la mujer fue a arrodillarse delante de él, diciendo:

—¡Señor, ayúdame!

²⁶ Jesús le contestó:

—No está bien quitarles el pan a los hijos y dárselo a los perros.[ñ]

²⁷ Ella le dijo:

—Sí, Señor; pero hasta los perros comen las migajas que caen de la mesa de sus amos.

²⁸ Entonces le dijo Jesús:

—¡Mujer, qué grande es tu fe! Hágase como quieres.

Y desde ese mismo momento su hija quedó sana.

Jesús sana a muchos enfermos ²⁹ Jesús salió de allí y llegó a la orilla del Lago de Galilea; luego subió a un cerro y se sentó. ³⁰ Mucha gente se reunió donde él estaba. Llevaban cojos, ciegos, mancos, mudos y otros muchos enfermos, que pusieron a los pies de Jesús, y él los sanó. ³¹ De modo que la gente estaba admirada al ver que los mudos hablaban, los mancos quedaban sanos, los cojos andaban y los ciegos podían ver. Y comenzaron a alabar al Dios de Israel.[o]

Jesús da de comer a una multitud[p] *(Mc 8.1-10)* ³² Jesús llamó a sus discípulos, y les dijo:

—Siento compasión de esta gente, porque ya hace tres días que están aquí conmigo y no tienen nada que comer. No quiero mandarlos sin comer a sus casas, porque pueden desmayarse por el camino.

³³ Sus discípulos le dijeron:

—Pero ¿cómo podremos encontrar comida para tanta gente, en un lugar como este, donde no vive nadie?

³⁴ Jesús les preguntó:

—¿Cuántos panes tienen ustedes?

—Siete, y unos pocos pescaditos —contestaron ellos.

³⁵ Entonces mandó que la gente se sentara en el suelo, ³⁶ tomó en sus manos los siete panes y los pescados y, habiendo dado gracias a Dios, los partió y los dio a sus discípulos, y ellos los repartieron entre la gente. ³⁷ Todos comieron hasta quedar satisfechos, y aun llenaron siete canastas con los pedazos sobrantes. ³⁸ Los que comieron eran cuatro mil hombres, sin contar las mujeres y los niños. ³⁹ Después Jesús despidió a la gente, subió a la barca y se fue a la región de Magadán.[q]

16

La señal de Jonás *(Mc 8.11-13; Lc 12.54-56)* ¹ Los fariseos y los saduceos fueron a ver a Jesús y, para tenderle una trampa, le pidieron que hiciera alguna señal milagrosa que probara que él venía de parte de Dios.[a]

² Pero Jesús les contestó: "Por la tarde dicen ustedes: 'Va a hacer buen tiempo, porque el cielo está rojo'; ³ y por la mañana dicen: 'Hoy va a hacer mal tiempo, porque el cielo está rojo y nublado.' Pues si ustedes saben interpretar tan bien el aspecto del cielo, ¿cómo es que no saben interpretar las señales de estos tiempos?[b] ⁴ Esta gente malvada e infiel pide una señal milagrosa; pero no va a dársele más señal que la de Jonás."[c]

Y los dejó, y se fue.

La levadura de los fariseos *(Mc 8.14-21)* ⁵ Cuando los discípulos pasaron al otro lado[d] del lago, se olvidaron de llevar pan. ⁶ Entonces Jesús les dijo:

—Miren, cuídense de la levadura de los fariseos[e] y de los saduceos.

⁷ Los discípulos comentaban unos con otros:

—¡No trajimos pan!

⁸ Jesús se dio cuenta, y les dijo:

—¿Por qué dicen que no tienen pan? ¡Qué poca fe tienen ustedes! ⁹ ¿Todavía no entienden, ni se acuerdan de los cinco panes que repartí entre cinco mil hombres, y cuántas canastas recogieron?[f] ¹⁰ ¿Ni se acuerdan tampoco de los siete panes que repartí entre cuatro mil, y cuántas canastas recogieron?[g] ¹¹ ¿Cómo no se dan cuenta ustedes de que yo no estaba hablando del pan? Cuídense de la levadura de los fariseos y de los saduceos.

¹² Entonces comprendieron que Jesús no les había dicho que se cuidaran de la levadura del pan, sino de la enseñanza de los fariseos y de los saduceos.

Pedro declara que Jesús es el Mesías *(Mc 8.27-30; Lc 9.18-21)* ¹³ Cuando Jesús llegó a la región de Cesarea de Filipo,[h] preguntó a sus discípulos:

---

emplea el nombre que en el AT se daba a Palestina y a sus habitantes paganos.

l **15.22** *Hijo de David:* título mesiánico; véase Mt 1.1 n.

m **15.23** *Dile... que se vaya:* otra posible traducción: *Atiende a esa mujer.*

n **15.24** Cf. Mt 10.5-6.

ñ **15.26** Los judíos llamaban "perros" a los no judíos; Jesús parece emplear aquí el término con sutil ironía, en vista de la actitud de los discípulos (v. 23), pero no como rechazo total de la súplica de la mujer, que se anima a seguir insistiendo (v. 27), y a la que finalmente le concede lo que pide (v. 28).

o **15.31** Cf. Is 35.5-6; Mt 11.5.

p **15.32-39** Sobre la relación entre este milagro y el de los cinco mil, véase Mc 8.1-10 n.

q **15.39** *Magadán:* Algunos mss. dicen *Magdala;* en todo caso, se trata de un lugar en la orilla occidental del Lago de Galilea (véase Mc 8.10 n.).

a **16.1** Mt 12.38; Lc 11.16; Jn 6.30. *De parte de Dios:* lit. *del cielo,* manera de referirse a Dios sin usar el nombre divino.

b **16.2-3** Aquí las *señales* (v. 3) pueden referirse a los milagros descritos en Mt 15.29-31 (cf. Mt 11.2-6, y véase 12.38 n.), o a todo lo que estaba sucediendo. Algunos mss. omiten las palabras de Jesús en 16.2-3 y empiezan sus palabras con las del v. 4.

c **16.4** Mt 12.39; Lc 11.29; cf. Jon 3.3-5.

d **16.5** *Al otro lado del lago:* esto es, al lado oriental.

e **16.6** *Levadura:* Véase Mt 13.33 n.; cf. también Lc 12.1.

f **16.9** Mt 14.17-21.

g **16.10** Mt 15.34-38.

h **16.13** *Cesarea de Filipo:* ciudad romana situada al norte del Lago de Galilea, en territorio no judío.

MONTES DE LA BIBLIA

Monte	Referencias
Sermón del Monte	Mt 5.1—7.29
Carmelo	1 R 18.19*-20,42; 2 R 2.25; Jer 46.18
Del Sermón de Jesús	Mt 5.1; 8.1
De la transfiguración	Mt 17.1
De la tentación	Mt 4.8
De los Olivos	Mt 21.1*; 24.3; 26.30; Jn 8.1; Hch 1.12; véase *Getsemaní* en el *índice temático*
Ebal	Dt 11.29; 27.4,13; Jos 8.30,33
Gólgota	Mt 27.33; Jn 19.17
Guerizim	Dt 11.29; 27.12; Jos 8.33; Jue 9.7
Guilboa	1 S 31.1; 2 S 1.6
Hermón	Jos 12.1; 13.5,11; Sal 133.3
Horeb	Ex 3.1*; Dt 1.6; 4.15
Moria	Gn 22.2; 2 Cr 3.1
Seír	Gn 14.6; 36.8-9; Dt 1.2; Jos 15.10
Sinaí	Ex 3.1*; 19.10-23; 24.16; Hch 7.30,38; Gl 4.24-25
Sión	Sal 2.6*; 78.68; Heb 12.22; Ap 14.1
Tabor	Jos 19.22; Jue 4.6,12,14; Sal 89.12(13); Jer 46.18

Para la localización de algunos de estos montes, véase el *índice de mapas*.

—¿Quién dice la gente que es el Hijo del hombre? *i* **14** Ellos contestaron:

—Algunos dicen que Juan el Bautista; otros dicen que Elías, *j* y otros dicen que Jeremías o algún otro profeta. *k* **15** —Y ustedes, ¿quién dicen que soy? —les preguntó. **16** Simón Pedro le respondió:

—Tú eres el Mesías, el Hijo del Dios viviente. *l*

17 Entonces Jesús le dijo:

—Dichoso tú, Simón, hijo de Jonás, porque esto no lo conociste por medios humanos, sino porque te lo reveló mi Padre que está en el cielo. **18** Y yo te digo que tú eres Pedro, y sobre esta piedra *m* voy a construir mi iglesia; *n* y ni siquiera el poder de la muerte *ñ* podrá vencerla. **19** Te daré las llaves del reino de los cielos; lo que tú ates aquí en la tierra, también quedará atado en el cielo, y lo que tú desates aquí en la tierra, también quedará desatado en el cielo. *o*

20 Luego Jesús ordenó a sus discípulos que no dijeran a nadie que él era el Mesías. *p*

Jesús anuncia su muerte (Mc 8.31—9.1; Lc 9.22-27) **21** A partir de entonces Jesús comenzó a explicar a sus discípulos que él tendría que ir a Jerusalén, y que los ancianos, los jefes de los sacerdotes y los maestros de la ley le harían sufrir mucho. Les dijo que lo iban a matar, pero que al tercer día resucitaría. *q* **22** Entonces Pedro lo llevó aparte y comenzó a reprenderlo, diciendo:

—¡Dios no lo quiera, Señor! ¡Esto no te puede pasar!

23 Pero Jesús se volvió y le dijo a Pedro:

—¡Apártate de mí, Satanás, *r* pues eres un tropiezo para mí! Tú no ves las cosas como las ve Dios, sino como las ven los hombres.

24 Luego Jesús dijo a sus discípulos:

---

i **16.13** *Hijo del hombre:* título que Jesús se aplicaba a sí mismo; véase *Índice temático*.

j **16.14** *Elías:* profeta que vivió en tiempos del rey Acab (1 R 17—2 R 2); los judíos esperaban su regreso, que anunciaría la llegada del Día del Señor (Mal 4.5-6 [3.23-24]; cf. Eclo 48.4,10).

k **16.14** Mt 14.1-2; Mc 6.14-15; Lc 9.7-8.

l **16.16** Cf. Jn 6.68-69. *El Mesías:* título hebreo equivalente al griego *Cristo;* ambas palabras significan "ungido", "consagrado". Véase *Índice temático*.

m **16.18** *Piedra:* también puede traducirse por *roca;* en griego hay un juego de palabras entre *petros* "piedra, roca", usada aquí como nombre propio (castellanizado *Pedro*), y *petra* "roca, peña" (traducida *roca* en Mt 7.24-25). Probablemente Jesús usó la forma aramea *kefá* (*Cefas;* cf. Jn 1.42; 1 Co 1.12; Gl 2.9), que significa tanto "roca" como "piedra".

n **16.18** *Iglesia:* En los evangelios esta palabra solo aparece aquí y en Mt 18.17. En 16.18 designa al nuevo pueblo de Dios, al pueblo mesiánico. Este término es muy frecuente en otros libros del NT. Véase *Índice temático*. Cf. Ef 2.20.

ñ **16.18** *El poder de la muerte:* lit. *las puertas del Hades,* el lugar de los muertos. Véase *Reino de la muerte* en el *Índice temático*.

o **16.19** Mt 18.18; cf. Jn 20.23. *Llaves:* símbolo de la autoridad del mayordomo para cerrar y abrir, con probable alusión a Is 22.15-25. *Atar* y *desatar* son términos que empleaban los rabinos con el sentido de *excluir* y *admitir,* respectivamente.

p **16.20** *Que no dijeran a nadie:* Véase Mc 1.34 nota *i.*

q **16.21** *Que lo iban a matar... resucitaría:* Mt 17.22-23; 20.17-19. Véase Mc 8.31—9.1 n.

r **16.23** Jesús parece reconocer aquí una continuación de la tentación de *Satanás* (cf. Mt 4.10).

—Si alguno quiere ser discípulo mío, olvídese de sí mismo, cargue con su cruz y sígame. **25** Porque el que quiera salvar su vida, la perderá; pero el que pierda la vida por causa mía, la encontrará. ⁵ **26** ¿De qué le sirve al hombre ganar el mundo entero, si pierde la vida? ¿O cuánto podrá pagar el hombre por su vida? ᵗ **27** Porque el Hijo del hombre va a venir con la gloria de su Padre y con sus ángeles, ᵘ y entonces recompensará a cada uno conforme a lo que haya hecho. ᵛ **28** Les aseguro que algunos de los que están aquí presentes no morirán hasta que vean al Hijo del hombre venir a reinar. ʷ

17 La transfiguración de Jesús (Mc 9.2-13; Lc 9.28-36) ᵃ

1 Seis días después, Jesús tomó a Pedro, a Santiago y a Juan, el hermano de Santiago, y se fue aparte con ellos a un cerro muy alto. **2** Allí, delante de ellos, cambió la apariencia de Jesús. Su cara brillaba como el sol, y su ropa se volvió blanca como la luz. ᵇ **3** En eso vieron a Moisés y a Elías ᶜ conversando con Jesús. **4** Pedro le dijo a Jesús:

—Señor, ¡qué bien que estemos aquí! Si quieres, haré tres chozas: una para ti, otra para Moisés y otra para Elías.

5 Mientras Pedro estaba hablando, una nube luminosa ᵈ se posó sobre ellos, y de la nube salió una voz, que dijo: "Este es mi Hijo amado, a quien he elegido: ᵉ escúchenlo."

6 Al oir esto, los discípulos se postraron con la cara en tierra, llenos de miedo. **7** Jesús se acercó a ellos, los tocó y les dijo:

—Levántense; no tengan miedo.

8 Y cuando miraron, ya no vieron a nadie, sino a Jesús solo.

9 Mientras bajaban del cerro, Jesús les ordenó:

—No cuenten a nadie esta visión, hasta que el Hijo del hombre haya resucitado. ᶠ

10 Los discípulos preguntaron entonces a Jesús:

—¿Por qué dicen los maestros de la ley que Elías ha de venir primero? ᵍ

11 Y Jesús contestó:

—Es cierto que Elías viene primero, y que él lo arreglará todo. **12** Pero yo les digo que Elías ya vino, y que ellos no lo reconocieron, sino que hicieron con él todo lo que quisieron. Del mismo modo, el Hijo del hombre va a sufrir a manos de ellos.

13 Entonces los discípulos se dieron cuenta de que Jesús les estaba hablando de Juan el Bautista. ʰ

Jesús sana a un muchacho que tenía un demonio (Mc 9.14-29; Lc 9.37-43)

14 Cuando llegaron a donde estaba la gente, se acercó un hombre a Jesús, y arrodillándose delante de él le dijo:

15 —Señor, ten compasión de mi hijo, porque le dan ataques ⁱ y sufre terriblemente; muchas veces cae en el fuego o en el agua. **16** Aquí se lo traje a tus discípulos, pero no han podido sanarlo.

17 Jesús contestó:

—¡Oh gente sin fe y perversa! ʲ ¿Hasta cuándo tendré que estar con ustedes? ¿Hasta cuándo tendré que soportarlos? Traigan acá al muchacho.

18 Entonces Jesús reprendió al demonio y lo hizo salir del muchacho, que quedó sano desde aquel momento.

19 Después los discípulos hablaron aparte con Jesús, y le preguntaron:

—¿Por qué no pudimos nosotros expulsar el demonio?

20 Jesús les dijo:

—Porque ustedes tienen muy poca fe. Les aseguro que si tuvieran fe, aunque solo fuera del tamaño de una semilla de mostaza, le dirían a este cerro: 'Quítate de aquí y vete a otro lugar', y el cerro se quitaría. ᵏ Nada les sería imposible. ˡ

Jesús anuncia por segunda vez su muerte (Mc 9.30-32; Lc 9.43-45)

22 Mientras andaban juntos por la región de Galilea, Jesús les dijo:

—El Hijo del hombre va a ser entregado en manos de los hombres, **23** y lo matarán; pero al tercer día resucitará. ᵐ

Esta noticia los llenó de tristeza.

El pago del impuesto para el templo

24 Cuando Jesús y sus discípulos llegaron a Cafarnaúm, los que cobraban el impuesto para el templo ⁿ fueron a ver a Pedro, y le preguntaron:

—¿Tu maestro no paga el impuesto para el templo?

ˢ **16.24-25** *Cargue con su cruz:* Sobre esta metáfora, véase Mt 10.38 n.; cf. también Lc 14.27; 17.33; Jn 12.24-25.

ᵗ **16.25-26** *Vida:* la palabra griega significa *vida, alma,* o *uno mismo.* La expresión *pierde la vida* en el v. 26 equivale a *arruina su vida* (o *se pierde a sí mismo,* como en efecto lo expresa Lc 9.25).

ᵘ **16.27** Mt 25.31.

ᵛ **16.27** Sal 62.11-12 (12-13); Pr 24.12; Jer 17.10; Ez 18.30; Eclo 16.12,14; Ro 2.6.

ʷ **16.28** Se han dado varias interpretaciones de esta declaración de Jesús, entendiéndola como referencia a: (1) su segunda venida, que los primeros cristianos creían que ocurriría en vida de ellos; (2) la exaltación y gloria de Jesús, que su muerte y resurrección significaban (Lc 24.26; Jn 12.23; 13.31-32; Hch 3.13), o (3) la transfiguración de Jesús, que se relata en el pasaje que sigue.

ᵃ **17.1-13** Cf. también 2 P 1.16-18.

ᵇ **17.2** Cf. Ex 34.29-35.

ᶜ **17.3** *Moisés y Elías:* relacionados con las promesas del AT, que Jesús vino a cumplir. Cf. Dt 18.15; Mal 4.5-6 (3.23-24). Véase Mal 4.5[3.23] n.

ᵈ **17.5** En el AT la *nube* está relacionada con la presencia divina; cf. Ex 16.10; 33.9-10; 40.34-38; 1 R 8.10-11; 2 Mac 2.8.

ᵉ **17.5** Gn 22.2; Sal 2.7; Is 42.1; Mt 3.17; 12.18; Mc 1.11; Lc 3.22. *Mi Hijo amado, a quien he elegido:* Véase Mt 3.17 n. La expresión *escúchenlo* recuerda a Dt 18.15.

ᶠ **17.9** *No cuenten a nadie:* Véase Mc 1.34 nota *i.*

ᵍ **17.10** Mal 4.5 (3.23); Eclo 48.4,10.

ʰ **17.12-13** Mt 11.14 n.; Jesús ve que la profecía de Mal 4.5-6 (3.23-24) se había cumplido en la persona de Juan el Bautista.

ⁱ **17.15** *Le dan ataques:* Algunas versiones traducen *es epiléptico,* ya que, tanto aquí como en Mc 9.17-18, los síntomas son semejantes a los de la epilepsia.

ʲ **17.17** Dt 32.5,20.

ᵏ **17.20** Mt 21.21; Mc 11.23; Lc 17.6; 1 Co 13.2. Respecto a la *semilla de mostaza* como imagen literaria, véase Mt 13.31 n. "Quitar cerros" era una expresión proverbial que significaba hacer algo extremadamente difícil, e incluso imposible (cf. Zac 4.7).

ˡ **17.20** Algunos mss. añaden v. 21: *Pero esta clase* (de demonios) *no sale sino por medio de oración y ayuno,* frase probablemente insertada por ciertos copistas con base en Mc 9.29.

ᵐ **17.22-23** Mt 16.21; 20.17-19.

ⁿ **17.24** Cf. Ex 30.13; 38.26. Entre los judíos, cada varón adulto tenía que pagar un impuesto anual para el templo; tal impuesto era de

²⁵ —Sí, lo paga —contestó Pedro.

Luego, al entrar Pedro en la casa, Jesús le habló primero, diciendo:

—¿Tú qué opinas, Simón? ¿A quiénes cobran impuestos y contribuciones los reyes de este mundo: a sus propios súbditos *ñ* o a los extranjeros?

²⁶ Pedro le contestó:

—A los extranjeros.

Jesús añadió:

—Así pues, los propios súbditos no tienen que pagar nada. ²⁷ Pero, para no servir de tropiezo a nadie, vete al lago, echa el anzuelo y saca el primer pez que pique. En su boca encontrarás una moneda, que será suficiente para pagar mi impuesto y el tuyo; llévala y págalos.

IX. SERMÓN SOBRE LA VIDA DE LA COMUNIDAD (18.1-35) *a*

18 *¿Quién es el más importante? (Mc 9.33-37; Lc 9.46-48)* ¹ En aquella misma ocasión los discípulos se acercaron a Jesús y le preguntaron:

—¿Quién es el más importante en el reino de los cielos? *b*

² Jesús llamó entonces a un niño, lo puso en medio de ellos ³ y dijo:

—Les aseguro que si ustedes no cambian y se vuelven como niños, no entrarán en el reino de los cielos. *c* ⁴ El más importante en el reino de los cielos es el que se humilla y se vuelve como este niño. ⁵ Y el que recibe en mi nombre a un niño como este, me recibe a mí.

El peligro de caer en pecado (Mc 9.42-48; Lc 17.1-2) ⁶ "A cualquiera que haga caer en pecado a uno de estos pequeños que creen en mí, más le valdría que lo hundieran en lo profundo del mar con una gran piedra de molino atada al cuello. *d* ⁷ ¡Qué malo es para el mundo que haya tantas incitaciones al pecado! *e* Tiene que haberlas, pero ¡ay del hombre que haga pecar a los demás!

⁸ "Por eso, si tu mano o tu pie te hacen caer en pecado, córtatelos y échalos lejos de ti; es mejor que entres en la vida manco o cojo, y no que con tus dos manos y tus dos pies seas arrojado al fuego eterno. ⁹ Y si tu ojo te hace caer en pecado, sácatelo y échalo lejos de ti; es mejor que entres en la vida con un solo ojo, y no que con tus dos ojos seas arrojado al fuego del infierno. *f*

La parábola de la oveja perdida (Lc 15.3-7) ¹⁰ "No desprecien a ninguno de estos pequeños. Pues les digo que en el cielo los ángeles de ellos están mirando siempre el rostro de mi Padre celestial. *g,h*

¹² "¿Qué les parece? Si un hombre tiene cien ovejas y se le extravía una de ellas, ¿acaso no dejará las otras noventa y nueve en el monte, para ir a buscar la oveja extraviada? *i* ¹³ Y si logra encontrarla, de seguro se alegrará más por esa oveja que por las noventa y nueve que no se extraviaron. ¹⁴ Así también, el Padre de ustedes que está en el cielo no quiere que se pierda ninguno de estos pequeños. *j*

Cómo se debe perdonar al hermano (Lc 17.3) ¹⁵ "Si tu hermano te hace algo malo, habla con él a solas y hazle reconocer su falta. Si te hace caso, ya has ganado a tu hermano. *k* ¹⁶ Si no te hace caso, llama a una o dos personas más, para que toda acusación se base en el testimonio de dos o tres testigos. *l* ¹⁷ Si tampoco les hace caso a ellos, díselo a la comunidad; *m* y si tampoco hace caso a la comunidad, entonces habrás de considerarlo como un pagano o como uno de esos que cobran impuestos para Roma.

¹⁸ "Les aseguro que lo que ustedes aten aquí en la tierra, también quedará atado en el cielo, y lo que ustedes desaten aquí en la tierra, también quedará desatado en el cielo. *n*

¹⁹ "Esto les digo: Si dos de ustedes se ponen de acuerdo aquí en la tierra para pedir algo en oración, mi Padre que está en el cielo se lo dará. *ñ* ²⁰ Porque donde dos o tres se reúnen en mi nombre, allí estoy yo en medio de ellos."

²¹ Entonces Pedro fue y preguntó a Jesús:

—Señor, ¿cuántas veces deberé perdonar a mi hermano, si me hace algo malo? ¿Hasta siete?

²² Jesús le contestó:

—No te digo hasta siete veces, sino hasta setenta veces siete. *o*

---

dos dracmas, aprox. dos denarios romanos, o sea, el salario de dos días de un campesino.

ñ **17.25-26** *Súbditos:* lit. *hijos,* usado en sentido figurado. Roma exigía a los pueblos sojuzgados que pagaran tributos sobre mercancías y pertenencias, más una contribución por cada varón adulto; los ciudadanos romanos estaban exentos de ambos tributos.

a **18.1-35** Cuarto discurso principal de Jesús: lo que significa pertenecer a la comunidad de sus discípulos (cap. 18); véase *Introducción.*

b **18.1** Lc 22.24.

c **18.3** Mt 19.13-14; Mc 10.15; Lc 18.17. Jesús presenta como modelo a los niños, pues estos tienen una actitud de confianza y humildad.

d **18.6** *Estos pequeños:* Se aplica a los creyentes humildes y sencillos como niños (Mt 10.42; 25.40,45). *Piedra de molino:* piedra superior de los molinos antiguos, que, movida por un burro, se hacía rodar sobre la piedra inferior.

e **18.7** *Incitaciones al pecado:* lit. *tropiezos;* véase Lc 17.1 n.

f **18.8-9** Exageración intencional; véase Mt 5.29-30 n., y cf. Mc 9.43-47. *Infierno:* Véase Mc 9.43 nota *u.*

g **18.10** En el judaísmo se decía que solo los ángeles de más alta categoría podían ver el rostro de Dios. Jesús señala que a los pequeños se les da el privilegio de tener como protectores a estos ángeles. Sobre los *ángeles,* véase *Índice temático.*

h **18.10** Algunos mss. añaden el v. 11: *Porque el Hijo del hombre vino a salvar lo que se había perdido,* probablemente insertado por influencia de Lc 19.10.

i **18.12** Con respecto a la imagen del pastor, cf. Is 40.11; Ez 34.16, y véase Lc 15.4-7 n. A diferencia de Lc, en Mt la parábola se aplica a la consideración que se debe tener por los *extraviados* de la comunidad (cf. los *pequeños* del v. 10).

j **18.14** *Estos pequeños:* Véase 18.6 n.

k **18.15** Lv 19.17; Eclo 19.13-14. *Te hace algo malo:* Algunos mss. dicen simplemente *hace algo malo.*

l **18.16** Dt 19.15; 1 Ti 5.19.

m **18.17** La *comunidad* o iglesia que reúne a los hermanos en la fe. Véase 16.18 nota *n.*

n **18.18** Mt 16.19 n.; Jn 20.23. Aquí, a diferencia de Mt 16.19, los verbos *aten* y *desaten* están en plural, dirigidos a los discípulos.

ñ **18.19** Mt 7.7; Mc 11.24; Jn 14.13-14; 16.23; 1 Jn 3.22.

o **18.22** *Setenta veces siete:* otra posible traducción: *setenta y siete veces.* El uso de un múltiplo de siete, número que simbolizaba la

La parábola del funcionario que no quiso perdonar [p]

23 "Por esto, sucede con el reino de los cielos como con un rey que quiso hacer cuentas con sus funcionarios. **24** Estaba comenzando a hacerlas cuando le presentaron a uno que le debía muchos millones. [q] **25** Como aquel funcionario no tenía con qué pagar, el rey ordenó que lo vendieran como esclavo, junto con su esposa, sus hijos y todo lo que tenía, para que quedara pagada la deuda. **26** El funcionario se arrodilló delante del rey, y le rogó: 'Tenga usted paciencia conmigo y se lo pagaré todo.' **27** Y el rey tuvo compasión de él; así que le perdonó la deuda y lo puso en libertad.

28 "Pero al salir, aquel funcionario se encontró con un compañero suyo que le debía una pequeña cantidad. [r] Lo agarró del cuello y comenzó a estrangularlo, diciéndole: '¡Págame lo que me debes!' **29** El compañero, arrodillándose delante de él, le rogó: 'Ten paciencia conmigo y te lo pagaré todo.' **30** Pero el otro no quiso, sino que lo hizo meter en la cárcel hasta que le pagara la deuda. **31** Esto dolió mucho a los otros funcionarios, que fueron a contarle al rey todo lo sucedido. **32** Entonces el rey lo mandó llamar, y le dijo: '¡Malvado! Yo te perdoné toda aquella deuda porque me lo rogaste. **33** Pues tú también debiste tener compasión de tu compañero, del mismo modo que yo tuve compasión de ti.' **34** Y tanto se enojó el rey, que ordenó castigarlo hasta que pagara todo lo que debía." [s]

35 Jesús añadió:

—Así hará también con ustedes mi Padre celestial, si cada uno de ustedes no perdona de corazón a su hermano. [t]

X. DIVERSOS HECHOS DE JESÚS (19.1—23.39)

19 Jesús enseña sobre el divorcio (Mc 10.1-12; Lc 16.18)

1 Después de decir estas cosas, [a] Jesús se fue de Galilea y llegó a la región de Judea que está al oriente del Jordán. [b] **2** Mucha gente lo siguió, y allí sanó a los enfermos.

3 Algunos fariseos se acercaron a Jesús y, para tenderle una trampa, le preguntaron:

—¿Le está permitido a uno divorciarse de su esposa por un motivo cualquiera? [c]

4 Jesús les contestó:

—¿No han leído ustedes en la Escritura que el que los creó en el principio, 'hombre y mujer los creó'? [d] **5** Y dijo: 'Por eso, el hombre dejará a su padre y a su madre para unirse a su esposa, y los dos serán como una sola persona.' [e] **6** Así que ya no son dos, sino uno solo. De modo que el hombre no debe separar lo que Dios ha unido.

7 Ellos le preguntaron:

—¿Por qué, pues, mandó Moisés darle a la esposa un certificado de divorcio, y despedirla así? [f]

8 Jesús les dijo:

—Precisamente por lo tercos que son ustedes, Moisés les permitió divorciarse de su esposa; pero al principio no fue de esa manera. **9** Yo les digo que el que se divorcia de su esposa, a no ser en el caso de una unión ilegal, [g] y se casa con otra, comete adulterio. [h]

10 Le dijeron sus discípulos:

—Si este es el caso del hombre en relación con su esposa, no conviene casarse.

11 Jesús les contestó:

—No todos pueden comprender esto, sino únicamente aquellos a quienes Dios les ha dado que lo comprendan. **12** Hay diferentes razones que impiden a los hombres casarse: unos ya nacen incapacitados para el matrimonio, a otros los incapacitan los hombres, y otros viven como incapacitados por causa del reino de los cielos. [i] El que pueda entender esto, que lo entienda.

Jesús bendice a los niños (Mc 10.13-16; Lc 18.15-17)

13 Llevaron unos niños a Jesús, para que pusiera sobre ellos las manos y orara por ellos; pero los discípulos comenzaron a reprender a quienes los llevaban. **14** Entonces Jesús dijo:

—Dejen que los niños vengan a mí, y no se lo impidan, porque el reino de los cielos es de quienes son como ellos. [j,k]

15 Puso las manos sobre los niños, y se fue de aquel lugar.

Un joven rico habla con Jesús (Mc 10.17-31; Lc 18.18-30)

16 Un joven fue a ver a Jesús, y le preguntó:

—Maestro, ¿qué cosa buena debo hacer para tener vida eterna? [l]

17 Jesús le contestó:

—¿Por qué me preguntas acerca de lo que es bueno?

---

perfección, es una manera de decir que para el perdón no debe haber límites. Cf. Lc 17.3-4.

[p] **18.23-35** La parábola continúa el tema del perdón, tratado en 18.21-22. Cf. Eclo 28.3-4.

[q] **18.24** *Muchos millones:* lit. *diez mil talentos* (véase Mt 25.15 n.). Un talento equivalía a seis mil denarios (o el salario por seis mil días de trabajo). *Diez mil talentos* equivaldrían a sesenta millones de denarios. La diferencia entre esta suma y la del v. 28 (lit. *cien denarios*) es intencionalmente exagerada. (Véase *Tabla de pesas, monedas y medidas.*)

[r] **18.28** *Una pequeña cantidad:* lit. *cien denarios,* equivalente a unos tres meses de trabajo de un jornalero (véase 18.24 n.).

[s] **18.34** Jesús alude al uso que algunos déspotas orientales hacían de la tortura, mediante la cual obligaban a un deudor a revelar el monto total de sus bienes.

[t] **18.35** Mt 6.14-15.

[a] **19.1** *Después de decir estas cosas:* Véase Mt 7.28 n.

[b] **19.1** El territorio al oriente del río Jordán correspondía a Perea, aunque antes se había considerado parte de Judea.

[c] **19.3** La pregunta gira en torno a la división que había entre los rabinos judíos respecto a la interpretación de la ley de Dt 24.1: los seguidores del rabino Shammai eran muy estrictos, y permitían el divorcio únicamente en caso de adulterio; los seguidores de Hillel lo permitían por varios motivos, incluso por algunos bastante leves.

[d] **19.4** Gn 1.27; 5.2.

[e] **19.5** Gn 2.24.

[f] **19.7** Dt 24.1-4; Mt 5.31.

[g] **19.9** *Una unión ilegal:* Sobre esta expresión, véase Mt 5.32 n.

[h] **19.9** Mt 5.32; 1 Co 7.10-11. Algunos mss. añaden *y el que se casa con la divorciada, comete adulterio,* frase posiblemente insertada aquí por influencia de Mt 5.32.

[i] **19.12** Cf. 1 Co 7.1-9.

[j] **19.14** Sobre la referencia a los niños, véase Mt 18.3 n.

[k] **19.13-14** Mt 18.2-4. Cf. Sal 131.2.

[l] **19.16** Lc 10.25.

Bueno solamente hay uno. Pero si quieres entrar en la vida, obedece los mandamientos.ᵐ

¹⁸ —¿Cuáles? —preguntó el joven.

Y Jesús le dijo:

—'No mates, no cometas adulterio, no robes, no digas mentiras en perjuicio de nadie, ¹⁹ honra a tu padre y a tu madre,ⁿ y ama a tu prójimo como a ti mismo.' ñ

²⁰ —Todo eso ya lo he cumplido —dijo el joven—. ¿Qué más me falta?

²¹ Jesús le contestó:

—Si quieres ser perfecto,ᵒ anda, vende lo que tienes y dáselo a los pobres. Así tendrás riqueza en el cielo. Luego ven y sígueme.

²² Cuando el joven oyó esto, se fue triste, porque era muy rico.

²³ Jesús dijo entonces a sus discípulos:

—Les aseguro que difícilmente entrará un rico en el reino de los cielos.ᵖ ²⁴ Les repito que es más fácil para un camello pasar por el ojo de una aguja,ᑫ que para un rico entrar en el reino de Dios.

²⁵ Al oírlo, sus discípulos se asombraron más aún, y decían:

—Entonces, ¿quién podrá salvarse?

²⁶ Jesús los miró y les contestó:

—Para los hombres esto es imposible, pero para Dios todo es posible.

²⁷ Pedro le dijo entonces:

—Nosotros hemos dejado todo lo que teníamos y te hemos seguido. ¿Qué vamos a recibir?

²⁸ Jesús les respondió:

—Les aseguro que cuando llegue el tiempo en que todo sea renovado,ʳ cuando el Hijo del hombre se siente en su trono glorioso, ustedes que me han seguido se sentarán también en doce tronos para juzgar a las doce tribus de Israel.ˢ ²⁹ Y todos los que por causa mía hayan dejado casa, o hermanos, o hermanas, o padre, o madre, o hijos, o terrenos, recibirán cien veces más, y también recibirán la vida eterna. ³⁰ Pero muchos que ahora son los primeros, serán los últimos; y muchos que ahora son los últimos, serán los primeros.ᵗ

20 La parábola de los trabajadores del viñedoᵃ

¹ "Sucede con el reino de los cielos como con el dueño de una finca, que salió muy de mañana a contratar trabajadores para su viñedo. ² Se arregló con ellos para pagarles el salario de un día,ᵇ y los mandó a trabajar a su viñedo. ³ Volvió a salir como a las nueve de la mañana,ᶜ y vio a otros que estaban en la plaza desocupados. ⁴ Les dijo: 'Vayan también ustedes a trabajar a mi viñedo, y les daré lo que sea justo.' Y ellos fueron. ⁵ El dueño salió de nuevo a eso del mediodía, y otra vez a las tres de la tarde,ᵈ e hizo lo mismo. ⁶ Alrededor de las cinco de la tardeᵉ volvió a la plaza, y encontró en ella a otros que estaban desocupados. Les preguntó: '¿Por qué están ustedes aquí todo el día sin trabajar?' ⁷ Le contestaron: 'Porque nadie nos ha contratado.' Entonces les dijo: 'Vayan también ustedes a trabajar a mi viñedo.'

⁸ "Cuando llegó la noche, el dueño dijo al encargado del trabajo: 'Llama a los trabajadores, y págalesᶠ comenzando por los últimos que entraron y terminando por los que entraron primero.' ⁹ Se presentaron, pues, los que habían entrado a trabajar alrededor de las cinco de la tarde, y cada uno recibió el salario completo de un día. ¹⁰ Después, cuando les tocó el turno a los que habían entrado primero, pensaron que iban a recibir más; pero cada uno de ellos recibió también el salario de un día. ¹¹ Al cobrarlo, comenzaron a murmurar contra el dueño, ¹² diciendo: 'Estos, que llegaron al final, trabajaron solamente una hora, y usted les ha pagado igual que a nosotros, que hemos aguantado el trabajo y el calor de todo el día.' ¹³ Pero el dueño contestó a uno de ellos: 'Amigo, no te estoy haciendo ninguna injusticia. ¿Acaso no te arreglaste conmigo por el salario de un día? ¹⁴ Pues toma tu paga y vete. Si yo quiero darle a este que entró a trabajar al final lo mismo que te doy a ti, ¹⁵ es porque tengo el derecho de hacer lo que quiera con mi dinero. ¿O es que te da envidiaᵍ que yo sea bondadoso?'

¹⁶ "De modo que los que ahora son los últimos, serán los primeros; y los que ahora son los primeros, serán los últimos."ʰ

Jesús anuncia por tercera vez su muerte (Mc 10.32-34; Lc 18.31-34)

¹⁷ Jesús, yendo ya de camino a Jerusalén, llamó aparte a sus doce discípulos y les dijo:

¹⁸ —Como ustedes ven, ahora vamos a Jerusalén, donde el Hijo del hombre va a ser entregado a los jefes de los sacerdotes y a los maestros de la ley, que lo condenarán a muerte ¹⁹ y lo entregarán a los extranjerosⁱ para que se burlen de él, lo golpeen y lo crucifiquen; pero al tercer día resucitará.ʲ

ᵐ 19.17 Lv 18.5.

ⁿ 19.18-19 Ex 20.12-16; Dt 5.16-20.

ñ 19.19 Lv 19.18; Mt 22.39; Stg 2.8.

ᵒ 19.21 *Ser perfecto* equivale aquí al pleno cumplimiento de la voluntad de Dios para todos los hombres, resumida en el seguimiento de Cristo. Véase Mt 5.48 n.

ᵖ 19.23 Pr 11.28.

ᑫ 19.24 Expresión proverbial que indica algo imposible (v. 26).

ʳ 19.28 *El tiempo en que todo sea renovado:* Véase Is 65.17 n.; cf. Is 66.22; Ap 21.1-5.

ˢ 19.28 Mt 25.31; Lc 22.30; cf. Dn 7.9-14.

ᵗ 19.30 Mt 20.16; Lc 13.30.

ᵃ 20.1-16 Parábola que ha de entenderse en el sentido de que Dios es libre y soberano, y su bondad no se mide con criterios humanos. Cf. Ro 4.1-5.

ᵇ 20.2 *El salario de un día:* lit. *un denario.* Véase Tabla de pesas, monedas y medidas.

ᶜ 20.3 *Las nueve de la mañana:* lit. *la hora tercera;* entre los hebreos, las horas se contaban desde la salida del sol, es decir, aprox. desde las seis de la mañana.

ᵈ 20.5 *Mediodía... tres de la tarde:* lit. *horas sexta y novena* (véase 20.3 n.).

ᵉ 20.6 *Alrededor de las cinco de la tarde:* lit. *como la hora undécima* (véase 20.3 n.).

ᶠ 20.8 Lv 19.13; Dt 24.15.

ᵍ 20.15 *¿O es que te da envidia...?:* lit. *¿O es malo tu ojo...?* Respecto a la imagen del ojo malo, véase Mt 6.22-23 n.

ʰ 20.16 Algunos mss. antiguos añaden: *Porque muchos son llamados y pocos escogidos,* de acuerdo con Mt 22.14.

ⁱ 20.19 *Extranjeros:* o sea, las autoridades romanas.

ʲ 20.17-19 Mt 16.21; 17.22-23.

Jesús responde a la madre de Santiago y Juan (Mc 10.35-45)

20 La madre de los hijos de Zebedeo, junto con sus hijos,[k] se acercó a Jesús y se arrodilló delante de él para pedirle un favor. **21** Jesús le preguntó:

—¿Qué quieres?

Ella le dijo:

—Manda que en tu reino uno de mis hijos se siente a tu derecha y el otro a tu izquierda.[l]

22 Jesús contestó:

—Ustedes no saben lo que piden. ¿Pueden beber el trago amargo[m] que voy a beber yo?

Ellos dijeron:

—Podemos.

23 Jesús les respondió:

—Ustedes beberán este trago amargo,[n] pero el sentarse a mi derecha o a mi izquierda no me corresponde a mí darlo, sino que se les dará a aquellos para quienes mi Padre lo ha preparado.[ñ]

24 Cuando los otros diez discípulos oyeron esto, se enojaron con los dos hermanos. **25** Pero Jesús los llamó, y les dijo:

—Como ustedes saben, entre los paganos los jefes gobiernan con tiranía a sus súbditos, y los grandes hacen sentir su autoridad sobre ellos. **26** Pero entre ustedes no debe ser así. Al contrario, el que entre ustedes quiera ser grande, deberá servir a los demás; **27** y el que entre ustedes quiera ser el primero, deberá ser su esclavo.[o] **28** Porque, del mismo modo, el Hijo del hombre no vino para que le sirvan, sino para servir[p] y para dar su vida en rescate[q] por una multitud.[r]

Jesús sana a dos ciegos (Mc 10.46-52; Lc 18.35-43)

29 Al salir ellos de Jericó,[s] mucha gente siguió a Jesús. **30** Dos ciegos[t] que estaban sentados junto al camino, al oír que Jesús pasaba, gritaron:

—Señor, Hijo de David,[u] ten compasión de nosotros!

31 La gente los reprendía para que se callaran, pero ellos gritaban más todavía:

—¡Señor, Hijo de David, ten compasión de nosotros!

32 Entonces Jesús se detuvo, llamó a los ciegos y les preguntó:

—¿Qué quieren que haga por ustedes?

33 Ellos le contestaron:

—Señor, que recobremos la vista.

34 Jesús tuvo compasión de ellos, y les tocó los ojos. En el mismo momento los ciegos recobraron la vista, y siguieron a Jesús.

21

Jesús entra en Jerusalén[a] (Mc 11.1-11; Lc 19.28-40; Jn 12.12-19)

1 Cuando ya estaban cerca de Jerusalén y habían llegado a Betfagé,[b] al Monte de los Olivos,[c] Jesús envió a dos de sus discípulos, **2** diciéndoles:

—Vayan a la aldea que está enfrente. Allí encontrarán una burra atada, y un burrito con ella. Desátenla y tráiganmelos. **3** Y si alguien les dice algo, díganle que el Señor[d] los necesita y que en seguida los devolverá.

4 Esto sucedió para que se cumpliera lo que dijo el profeta, cuando escribió:

5 "Digan a la ciudad de Sión:
'Mira, tu Rey viene a ti,
humilde, montado en un burro,
en un burrito, cría de una bestia de carga.'"[e]

6 Los discípulos fueron e hicieron lo que Jesús les había mandado. **7** Llevaron la burra y su cría, echaron sus capas encima de ellos, y Jesús montó. **8** Había mucha gente. Unos tendían sus capas por el camino, y otros tendían ramas que cortaban de los árboles.[f] **9** Y tanto los que iban delante como los que iban detrás, gritaban:

—¡Hosana al Hijo del rey David! ¡Bendito el que viene en el nombre del Señor! ¡Hosana en las alturas![g]

10 Cuando Jesús entró en Jerusalén, toda la ciudad se alborotó, y muchos preguntaban:

—¿Quién es este?

11 Y la gente contestaba:

—Es el profeta Jesús, el de Nazaret de Galilea.

---

[k] **20.20** *Sus hijos:* Santiago y Juan (cf. Mt 4.21).

[l] **20.21** Los discípulos esperaban que Jesús estableciera un reinado terrenal, en el cual habría diferentes grados de autoridad y honor.

[m] **20.22** *El trago amargo:* lit. *la copa;* imagen literaria que alude a una dura prueba (véase Mt 26.39 n.).

[n] **20.23** Santiago murió después como mártir (Hch 12.1-3).

[ñ] **20.22-23** Algunos mss. añaden en el v. 22: *y recibir el bautismo que yo voy a recibir;* y en el v. 23: *y recibirán el bautismo que yo reciba,* frases tomadas probablemente de Mc 10.38-39.

[o] **20.25-27** Mt 23.11; Mc 9.35; Lc 22.25-27; cf. Eclo 3.18.

[p] **20.28** *Servir:* Lc 22.27; Jn 13.12-15; Flp 2.5-7.

[q] **20.28** *Rescate:* palabra que frecuentemente, pero no siempre, indica el pago de un precio, como el que se pagaba por la libertad de un esclavo o de un preso.

[r] **20.28** Puede haber aquí una alusión a Is 52.13—53.12, donde se habla de los sufrimientos del siervo del Señor (cf. especialmente los vv. 5-6 y 11-12 de dicho pasaje). Véase Mc 10.45 n.; cf. también Jn 10.11; Ef 1.7; Col 1.13-14; 1 Ti 2.5-6; Tit 2.14; Heb 2.9; 1 P 1.18-19.

[s] **20.29** En su viaje a Jerusalén, Jesús pasa por *Jericó,* que estaba en una de las principales rutas de Galilea a Jerusalén.

[t] **20.30** *Dos ciegos:* Véase Mt 8.28 nota s.

[u] **20.30** *Hijo de David:* título mesiánico (Mt 1.1 n.); nótese el relato similar en Mt 9.27-31.

[a] **21.1-22** Los vv. 1-22 pueden entenderse como tres acciones simbólicas (o "parábolas dramatizadas") de Jesús: su entrada en Jerusalén como Rey y Mesías (vv. 1-11); la purificación del templo, que simboliza su autoridad sobre el culto religioso judaico (vv. 12-17), y la maldición de la higuera, que probablemente representa el juicio divino sobre los dirigentes de Israel que no habían aceptado la misión de Jesús (vv. 18-22). Cf. las acciones simbólicas de los profetas en pasajes como Is 8.1-4; Jer 13.1-11; Ez 4.1—5.4.

[b] **21.1** *Betfagé:* aldea cercana a Jerusalén, en el camino de Betania (véase 21.17 n.).

[c] **21.1** *Monte de los Olivos:* cerro al este de Jerusalén, aprox. a 1 km. de la ciudad (Hch 1.12).

[d] **21.3** *El Señor:* o *su amo* (véase Mc 11.3 n.). *Los necesita... devolverá:* otra posible traducción: *los necesita, y entonces él* (es decir, el que objete) *los dejará ir en seguida.* (En Mc 11.3, los mejores mss. especifican que es Jesús quien promete devolver el animal.)

[e] **21.5** Zac 9.9, citado como profecía del Mesías. Véase Mt 1.22 n. La doble mención del animal es típica del paralelismo sinónimo, una de las características de la poesía hebrea. En Mc y Lc se habla de un solo animal. Véase Mt 8.28 nota s.

[f] **21.8** Con estas manifestaciones aclamaban al rey mesiánico (cf. 2 R 9.13). La multitud se componía principalmente de peregrinos llegados de Galilea y otras regiones para celebrar la Pascua.

[g] **21.9** *¡Hosana!:* expresión hebrea que originalmente significaba

Jesús purifica el templo *(Mc 11.15-19; Lc 19.45-48; Jn 2.13-22)*

12 Jesús entró en el templo y echó de allí a todos los que estaban vendiendo y comprando. Volcó las mesas de los que cambiaban dinero a la gente, y los puestos de los que vendían palomas; [h] **13** y les dijo:

—En las Escrituras se dice: 'Mi casa será declarada casa de oración', [i] pero ustedes están haciendo de ella una cueva de ladrones. [j]

14 Se acercaron a Jesús en el templo los ciegos y los cojos, y él los sanó. **15** Pero cuando los jefes de los sacerdotes y los maestros de la ley vieron los milagros que hacía, y oyeron que los niños gritaban en el templo: "¡Hosana al Hijo del rey David!", se enojaron **16** y dijeron a Jesús:

—¿Oyes lo que esos están diciendo?

Jesús les contestó:

—Sí, lo oigo. Pero ¿no han leído ustedes la Escritura que habla de esto? Dice:

'Con los cantos de los pequeños,
de los niñitos de pecho,
has dispuesto tu alabanza.' [k]

17 Entonces los dejó, y se fue de la ciudad a Betania, [l] donde pasó la noche.

Jesús maldice la higuera sin fruto *(Mc 11.12-14,20-26)*

18 Por la mañana, cuando volvía a la ciudad, Jesús sintió hambre. **19** Vio una higuera junto al camino y se acercó a ella, pero no encontró más que hojas. [m] Entonces le dijo a la higuera:

—¡Nunca más vuelvas a dar fruto!

Y al instante la higuera se secó. **20** Al ver lo ocurrido, los discípulos se maravillaron y preguntaron a Jesús:

—¿Cómo es que la higuera se secó al instante?

21 Jesús les contestó:

—Les aseguro que si tienen fe y no dudan, no solamente podrán hacer esto que le hice a la higuera, sino que aun si a este cerro le dicen: 'Quítate de ahí y arrójate al mar', así sucederá. [n] **22** Y todo lo que ustedes, al orar, pidan con fe, lo recibirán. [ñ]

La autoridad de Jesús *(Mc 11.27-33; Lc 20.1-8)* **23** Después de esto, Jesús entró en el templo. Mientras estaba allí, enseñando, se le acercaron los jefes de los sacerdotes y los ancianos de los judíos, y le preguntaron:

—¿Con qué autoridad haces esto? ¿Quién te dio esta autoridad? [o]

24-25 Jesús les contestó:

—Yo también les voy a hacer una pregunta: ¿Quién envió a Juan a bautizar, Dios o los hombres? [p] Si ustedes me responden, yo les diré con qué autoridad hago esto.

Comenzaron a discutir unos con otros: "Si respondemos que Dios lo envió, nos dirá: 'Entonces, ¿por qué no le creyeron?' **26** Y no podemos decir que fueron los hombres, porque tenemos miedo de la gente, ya que todos creen que Juan era un profeta." **27** Así que respondieron a Jesús:

—No lo sabemos.

Entonces él les contestó:

—Pues yo tampoco les digo con qué autoridad hago esto.

La parábola de los dos hijos **28** Jesús les preguntó:

—¿Qué opinan ustedes de esto? Un hombre tenía dos hijos, y le dijo a uno de ellos: 'Hijo, ve hoy a trabajar a mi viñedo.' **29** El hijo le contestó: '¡No quiero ir!' Pero después cambió de parecer, y fue. **30** Luego el padre se dirigió al otro, y le dijo lo mismo. Este contestó: 'Sí, señor, yo iré.' Pero no fue. **31** ¿Cuál de los dos hizo lo que su padre quería?

—El primero —contestaron ellos.

Y Jesús les dijo:

—Les aseguro que los que cobran impuestos para Roma, y las prostitutas, entrarán antes que ustedes en el reino de los cielos. **32** Porque Juan el Bautista vino a enseñarles el camino de la justicia, [q] y ustedes no le creyeron; en cambio, esos cobradores de impuestos y esas prostitutas sí le creyeron. [r] Pero ustedes, aunque vieron todo esto, no cambiaron de actitud para creerle.

La parábola de los labradores malvados *(Mc 12.1-12; Lc 20.9-19)* **33** "Escuchen otra parábola: El dueño de una finca plantó un viñedo [s] y le puso un cerco; preparó un lugar donde hacer el vino [t] y levantó una torre [u] para vigilarlo todo. Luego alquiló el terreno a unos labradores [v] y se fue de viaje. **34** Cuando llegó el tiempo de la cosecha, mandó unos criados a pedir a los labradores la parte que le correspondía. **35** Pero los labradores echaron mano a los criados: golpearon a uno, mataron a otro y apedrearon a otro. **36** El dueño volvió a mandar más criados que al principio; pero los labradores los trataron a todos de la misma manera.

¡salva! y que llegó a usarse como grito de aclamación o alabanza. Cf. Sal 118.25-26.

[h] **21.12** En el atrio exterior del templo, donde podían entrar los no judíos, había comerciantes que vendían animales para los sacrificios y cambiaban monedas extranjeras (consideradas impuras) por monedas de Tiro, que eran las únicas que se aceptaban como ofrendas o en pago del impuesto del templo (Mt 17.24 n.). Este negocio, legítimo en sí mismo, se prestaba a graves abusos (v. 13).

[i] **21.13** Is 56.7.

[j] **21.13** Jer 7.11.

[k] **21.16** Sal 8.2 (3) (gr.).

[l] **21.17** *Betania:* aldea situada a unos 3 km. al este de Jerusalén, en la ladera oriental del Monte de los Olivos.

[m] **21.19** *No encontró más que hojas:* Véase Mc 11.13 n.

[n] **21.21** Respecto a la expresión proverbial referida, véase Mt 17.20 nota *k*; cf. también 1 Co 13.2.

[ñ] **21.22** Mt 7.7-11; 18.19; Jn 14.13-14; 15.7.

[o] **21.23** La pregunta es motivada por las acciones de Jesús narradas en las secciones anteriores; véase 21.1-22 n.

[p] **21.24-25** *Juan:* el Bautista (Mt 3.1-12; Jn 1.6-28).

[q] **21.32** *A mostrarles el camino de la justicia:* Véase Mt 3.15 n.

[r] **21.32** Lc 3.12; 7.29-30.

[s] **21.33** Era común representar a Israel por la imagen de un *viñedo;* cf. Is 5.1-7, que usa el mismo conjunto de imágenes. Jesús la desarrolló en forma de alegoría, que sus oyentes entendieron como alusiva a ellos mismos (v. 45).

[t] **21.33** *Un lugar donde hacer el vino:* un lagar, o depósito, con frecuencia excavado en la roca, donde se exprimían las uvas.

[u] **21.33** *Torre:* estructura de piedras, que servía para vigilar el viñedo.

[v] **21.33** *Labradores:* campesinos que recibían en alquiler el terreno con la condición de entregar al dueño cierta parte del producto.

³⁷ "Por fin mandó a su propio hijo, pensando: 'Sin duda, respetarán a mi hijo.' ³⁸ Pero cuando vieron al hijo, los labradores se dijeron unos a otros: 'Este es el que ha de recibir la herencia; matémoslo y nos quedaremos con su propiedad.' ³⁹ Así que lo agarraron, lo sacaron del viñedo y lo mataron. *ʷ*

⁴⁰ "Y ahora, cuando venga el dueño del viñedo, ¿qué creen ustedes que hará con esos labradores?"

⁴¹ Le contestaron:

—Matará sin compasión a esos malvados, y alquilará el viñedo a otros labradores que le entreguen a su debido tiempo la parte de la cosecha que le corresponde.

⁴² Jesús entonces les dijo:

—¿Nunca han leído ustedes las Escrituras? Dicen:

'La piedra que los constructores despreciaron
se ha convertido en la piedra principal.
Esto lo hizo el Señor,
y estamos maravillados.' *ˣ*

⁴³ Por eso les digo que a ustedes se les quitará el reino, y que se le dará a un pueblo que produzca la debida cosecha. ⁴⁴ En cuanto a la piedra, cualquiera que caiga sobre ella quedará hecho pedazos; y si la piedra cae sobre alguien, lo hará polvo. *ʸ*

⁴⁵ Los jefes de los sacerdotes y los fariseos, al oír las parábolas que Jesús contaba, se dieron cuenta de que hablaba de ellos. ⁴⁶ Quisieron entonces arrestarlo, pero tenían miedo, porque la gente creía que Jesús era un profeta.

22 La parábola del banquete de bodas (Lc 14.15-24)

¹ Jesús comenzó a hablarles otra vez por medio de parábolas. Les dijo:

² "Sucede con el reino de los cielos como con un rey que hizo un banquete para la boda de su hijo. ³ Mandó a sus criados que fueran a llamar a los invitados, pero estos no quisieron asistir. ⁴ Volvió a mandar otros criados, encargándoles: 'Digan a los invitados que ya tengo preparada la comida. Mandé matar mis reses y animales engordados, y todo está listo; que vengan al banquete.' ⁵ Pero los invitados no hicieron caso. Uno de ellos se fue a sus terrenos, otro se fue a sus negocios, ⁶ y los otros agarraron a los criados del rey y los maltrataron hasta matarlos. ⁷ Entonces el rey se enojó mucho, y ordenó a sus soldados que mataran a aquellos asesinos y quemaran su pueblo. ⁸ Luego dijo a sus criados: 'El banquete está listo, pero aquellos invitados no merecían venir. ⁹ Vayan, pues, ustedes a las calles principales, e inviten al banquete a todos los que encuentren.' ¹⁰ Los criados salieron a las calles y reunieron a todos los que encontraron, malos y buenos; *ᵃ* y así la sala se llenó de gente.

¹¹ "Cuando el rey entró a ver a los invitados, se fijó en un hombre que no iba vestido con traje de boda. ¹² Le dijo: 'Amigo, ¿cómo has entrado aquí, si no traes traje de boda?' Pero el otro se quedó callado. ¹³ Entonces el rey dijo a los que atendían las mesas: 'Átenlo de pies y manos y échenlo a la oscuridad de afuera. Entonces vendrán el llanto y la desesperación.' *ᵇ* ¹⁴ Porque muchos son llamados, pero pocos escogidos." *ᶜ*

La pregunta sobre los impuestos (Mc 12.13-17; Lc 20.20-26)

¹⁵ Después de esto, los fariseos fueron y se pusieron de acuerdo para hacerle decir a Jesús algo que les diera motivo para acusarlo. ¹⁶ Así que mandaron a algunos de sus partidarios, junto con otros del partido de Herodes, *ᵈ* a decirle:

—Maestro, sabemos que tú dices la verdad, y que enseñas de veras el camino de Dios, sin dejarte llevar por lo que diga la gente, porque no hablas para darles gusto. ¹⁷ Danos, pues, tu opinión: ¿Está bien que paguemos impuestos al emperador romano, o no? *ᵉ*

¹⁸ Jesús, dándose cuenta de la mala intención que llevaban, les dijo:

—Hipócritas, ¿por qué me tienden trampas? ¹⁹ Enséñenme la moneda con que se paga el impuesto.

Le trajeron un denario, *ᶠ* ²⁰ y Jesús les preguntó:

—¿De quién es esta cara y el nombre que aquí está escrito?

²¹ Le contestaron:

—Del emperador.

Jesús les dijo entonces:

—Pues den al emperador lo que es del emperador, y a Dios lo que es de Dios. *ᵍ*

²² Cuando oyeron esto, se quedaron admirados; y dejándolo, se fueron.

La pregunta sobre la resurrección (Mc 12.18-27; Lc 20.27-40)

²³ Aquel mismo día, algunos saduceos fueron a ver a Jesús. Alegaban que no hay resurrección de los muertos, *ʰ* así que le presentaron este caso:

²⁴ —Maestro, Moisés dijo que si alguien muere sin dejar hijos, su hermano deberá tomar por esposa a la viuda, para darle hijos al hermano que murió. *ⁱ* ²⁵ Pues bien, aquí, entre nosotros, había una vez siete hermanos. El

---

ʷ **21.39** La muerte del hijo fuera del viñedo parece aludir a la muerte de Jesús, que tuvo lugar fuera de Jerusalén. Cf. Heb 13.11-12 n.

ˣ **21.42** La cita es de Sal 118.22-23; véase Mc 12.10-11 n.

ʸ **21.44** Cf. Is 8.14-15; Dn 2.34-35,44-45. El v. 44 falta en varios mss.; cf. Lc 20.18.

ᵃ **22.10** *Malos y buenos:* Nótese la semejanza entre esta parábola y las de Mt 13.24-30,36-43,47-50.

ᵇ **22.13** *Entonces vendrán el llanto y la desesperación:* Véase Mt 8.12 n.

ᶜ **22.14** Los vv. 11-14 no tienen correspondiente en la parábola de Lc 14.15-24, que es, por lo demás, paralela. Posiblemente proviene de otra parábola, añadida aquí por Mateo.

ᵈ **22.16** Los *del partido de Herodes* apoyaban a Herodes Antipas y a la dinastía fundada por Herodes el Grande.

ᵉ **22.17** El gobierno romano, en nombre de su emperador, cobraba impuestos a sus súbditos. Si la respuesta de Jesús era afirmativa, perdería simpatías entre el pueblo; si, por el contrario, respondía negativamente, entraría en conflicto con las autoridades romanas.

ᶠ **22.19-21** *Denario:* moneda romana de plata, que llevaba en aquel tiempo la imagen del emperador Tiberio.

ᵍ **22.21** Ro 13.7.

ʰ **22.23** Los fariseos creían en la resurrección de los muertos, pero no así los saduceos (véase *Introducción al NT [27-28]*). Estos se apegaban solo al Pentateuco, del cual, precisamente, Jesús cita un texto en su respuesta (v. 32). Cf. Hch 4.1-2; 23.8.

ⁱ **22.24** Se refiere a la "ley del levirato", por la cual, si un hombre moría sin dejar hijos, su hermano o pariente más cercano debía casarse con la viuda y tener con ella descendencia, que sería contada como si fuera del difunto. Cf. Dt 25.5-10.

primero se casó, y murió. Como no tuvo hijos, dejó su viuda al segundo hermano. **26** Lo mismo le pasó al segundo, y después al tercero, y así hasta el séptimo hermano. **27** Después de todos murió también la mujer. **28** Pues bien, en la resurrección, ¿de cuál de los siete hermanos será esposa esta mujer, si todos estuvieron casados con ella?

29 Jesús les contestó:

—¡Qué equivocados están, por no conocer las Escrituras ni el poder de Dios! **30** Cuando los muertos resuciten, los hombres y las mujeres no se casarán, pues serán como los ángeles que están en el cielo. **31** Y en cuanto a que los muertos resucitan, ¿no han leído ustedes que Dios mismo dijo: **32** 'Yo soy el Dios de Abraham, de Isaac y de Jacob'? ¡Y él no es Dios de muertos, sino de vivos! *j*

33 Al oir esto, la gente se quedó admirada de las enseñanzas de Jesús.

El mandamiento más importante *(Mc 12.28-34)*

34 Los fariseos se reunieron al saber que Jesús había hecho callar a los saduceos, **35** y uno, que era maestro de la ley, *k* para tenderle una trampa, le preguntó:

36 —Maestro, ¿cuál es el mandamiento más importante de la ley? *l*

37 Jesús le dijo:

—'Ama al Señor tu Dios con todo tu corazón, con toda tu alma y con toda tu mente.' *m* **38** Este es el más importante y el primero de los mandamientos. **39** Pero hay un segundo, parecido a este; dice: 'Ama a tu prójimo como a ti mismo.' *n* **40** En estos dos mandamientos se basan toda la ley y los profetas. *ñ,o*

¿De quién desciende el Mesías? *(Mc 12.35-37; Lc 20.41-44)*

41 Mientras los fariseos todavía estaban reunidos, **42** Jesús les preguntó:

—¿Qué piensan ustedes del Mesías? ¿De quién desciende?

Le contestaron:

—Desciende de David. *p*

43 Entonces les dijo Jesús:

—¿Pues cómo es que David, inspirado por el Espíritu, lo llama Señor? Porque David dijo:

44 'El Señor dijo a mi Señor:
Siéntate a mi derecha,
hasta que yo ponga a tus enemigos
debajo de tus pies.' *q*

45 ¿Cómo puede el Mesías descender de David, si David mismo lo llama Señor? *r*

46 Nadie pudo responderle ni una sola palabra, y desde ese día ninguno se atrevió a hacerle más preguntas.

23 Jesús denuncia a los fariseos y a los maestros de la ley *(Mc 12.38-40; Lc 11.37-54; 20.45-47)*

1 Después de esto, Jesús dijo a la gente y a sus discípulos: **2** "Los maestros de la ley y los fariseos enseñan con la autoridad que viene de Moisés. *a* **3** Por lo tanto, obedézcanlos ustedes y hagan todo lo que les digan; pero no sigan su ejemplo, porque ellos dicen una cosa y hacen otra. **4** Atan cargas tan pesadas que es imposible soportarlas, y las echan sobre los hombros de los demás, mientras que ellos mismos no quieren tocarlas ni siquiera con un dedo. **5** Todo lo hacen para que la gente los vea. *b* Les gusta llevar en la frente y en los brazos porciones de las Escrituras escritas en anchas tiras, *c* y ponerse ropas con grandes borlas. *d* **6** Quieren tener los mejores lugares en las comidas y los asientos de honor en las sinagogas, *e* **7** y desean que la gente los salude con todo respeto en la calle y que los llame maestros. *f*

8 "Pero ustedes no deben pretender que la gente los llame maestros, porque todos ustedes son hermanos y tienen solamente un Maestro. *g* **9** Y no llamen ustedes padre a nadie en la tierra, *h* porque tienen solamente un Padre: el que está en el cielo. **10** Ni deben pretender que los llamen guías, porque Cristo es su único Guía. **11** El más grande de entre ustedes debe servir a los demás. *i* **12** Porque el que a sí mismo se engrandece, será humillado; y el que se humilla, será engrandecido. *j*

---

j **22.31-32** Jesús cita Ex 3.6, interpretándolo en el sentido de que el Dios viviente no puede ser *Dios de muertos* y, por tanto, si él es *el Dios de Abraham, de Isaac y de Jacob,* estos deben de estar todavía "vivos" y han de resucitar.

k **22.35** Algunos mss. omiten *que era maestro de la ley.*

l **22.36** *El mandamiento más importante:* Véase Mc 12.28 n.

m **22.37** Dt 6.5 (véase Mc 12.29-30 n.).

n **22.39** Lv 19.18.

ñ **22.40** *La ley y los profetas:* las Escrituras del AT (Mt 5.17 nota *y*).

o **22.35-40** Lc 10.25-28; Ro 13.9-10.

p **22.42** Los judíos esperaban que el Mesías fuera descendiente del rey David; véanse referencias en Mc 12.35 n.

q **22.44** Sal 110.1; citado también en Mc 12.36; Lc 20.42-43; Hch 2.34-35; 1 Co 15.25; Ef 1.20-22; Col 3.1; Heb 1.13; 8.1; 10.12-13. La derecha simboliza el lugar de más alto honor.

r **22.42-45** El pasaje del salmo se interpreta como dirigido al *Mesías.* Jesús dice que, siendo así, David reconocía como *Señor* al futuro Mesías, y por tanto, este Mesías no podría ser simplemente el "Hijo de David" (Mt 9.27 n.), sino algo más.

a **23.2** *Enseñan con la autoridad... Moisés:* lit. *se sientan en la silla de Moisés.* Se refiere a una silla en la sinagoga reservada para el maestro que enseñaba la ley de Moisés; la expresión significaba, por extensión, la autoridad oficial en cuanto a la interpretación tradicional de la ley.

b **23.5** Mt 6.1,5.

c **23.5** *Tiras:* gr. *filacterias,* término que se refiere a cajitas de piel que los judíos se ataban en la frente y en el brazo izquierdo a la hora de la oración, y que contenían pasajes especiales de las Escrituras del AT. Esto se hacía en cumplimiento literal de lo prescrito en Ex 13.9,16; Dt 6.8; 11.18.

d **23.5** Los judíos piadosos llevaban *borlas* o flecos cosidos en las cuatro puntas del manto, en señal de devoción (Nm 15.38; Dt 22.12).

e **23.6** Lc 14.7.

f **23.7** *Maestros:* lit. *Rabí,* palabra hebrea que significa "mi maestro" y que se usaba como título para los que enseñaban las Escrituras del AT. De ahí provienen los términos castellanos *rabí y rabino.*

g **23.8,10** Stg 3.1. Advertencia para que los dirigentes en la iglesia no se hagan caudillos ni usurpen la autoridad de *Cristo* como *Maestro y Guía.*

h **23.9** *Padre:* título de respeto aplicado a veces en el AT a un maestro (1 S 10.12; 2 R 2.12); en el NT se aplica especialmente a Dios (Mt 6.9 nota *j*).

i **23.11** Mt 20.26-27; Mc 9.35; 10.43-44; Lc 9.48; 22.26; cf. Eclo 3.18.

j **23.12** Cf. Job 22.29; Pr 29.23; Eclo 1.27; Lc 14.11; 18.14.

¹³ "¡Ay de ustedes, *k* maestros de la ley y fariseos, hipócritas!, que cierran la puerta del reino de los cielos para que otros no entren. Y ni ustedes mismos entran, ni dejan entrar a los que quieren hacerlo. *l*

¹⁵ "¡Ay de ustedes, maestros de la ley y fariseos, hipócritas!, que recorren tierra y mar para ganar un adepto, *m* y cuando lo han logrado, hacen de él una persona dos veces más merecedora del infierno que ustedes mismos.

¹⁶ "¡Ay de ustedes, guías ciegos!, *n* que dicen: 'Quien hace una promesa jurando por el templo, no se compromete a nada; pero si jura por el oro del templo, entonces sí queda comprometido.' ¹⁷ ¡Tontos y ciegos! ¿Qué es más importante: el oro, o el templo por cuya causa el oro queda consagrado? *ñ* ¹⁸ También dicen ustedes: 'Quien hace una promesa jurando por el altar, no se compromete a nada; pero si jura por la ofrenda que está sobre el altar, entonces sí queda comprometido.' ¹⁹ ¡Ciegos! ¿Qué es más importante: la ofrenda, o el altar por cuya causa la ofrenda queda consagrada? ²⁰ El que jura por el altar, no está jurando solamente por el altar, sino también por todo lo que hay encima; ²¹ y el que jura por el templo, no está jurando solamente por el templo, sino también por Dios, que vive allí. ²² Y el que jura por el cielo, está jurando por el trono de Dios, *o* y a la vez por Dios, que se sienta en él. *p*

²³ "¡Ay de ustedes, maestros de la ley y fariseos, hipócritas!, que separan para Dios la décima parte de la menta, del anís y del comino, pero no hacen caso de las enseñanzas más importantes de la ley, que son la justicia, la misericordia y la fidelidad. *q* Esto es lo que deben hacer, sin dejar de hacer lo otro. *r* ²⁴ ¡Ustedes, guías ciegos, cuelan el mosquito, pero se tragan el camello! *s*

²⁵ "¡Ay de ustedes, maestros de la ley y fariseos, hipócritas!, que limpian por fuera el vaso y el plato, *t* pero no les importa llenarlos con el robo y la avaricia. ²⁶ ¡Fariseo ciego: primero limpia por dentro el vaso, *u* y así quedará limpio también por fuera!

²⁷ "¡Ay de ustedes, maestros de la ley y fariseos, hipócritas!, que son como sepulcros blanqueados, *v* bien arreglados por fuera, pero llenos por dentro de huesos de muertos y de toda clase de impureza. ²⁸ Así son ustedes: por fuera aparentan ser gente honrada, pero por dentro están llenos de hipocresía y de maldad.

²⁹ "¡Ay de ustedes, maestros de la ley y fariseos, hipócritas!, que construyen los sepulcros de los profetas y adornan los monumentos de los justos, *w* ³⁰ y luego dicen: 'Si nosotros hubiéramos vivido en tiempos de nuestros antepasados, no habríamos tomado parte en la muerte de los profetas.' ³¹ Ya con esto, ustedes mismos reconocen que son descendientes de los que mataron a los profetas. *x* ³² ¡Terminen de hacer, pues, lo que sus antepasados comenzaron!

³³ "¡Serpientes! ¡Raza de víboras! ¿Cómo van a escapar del castigo del infierno? *y* ³⁴ Por eso yo les voy a enviar profetas, sabios y maestros. Pero ustedes matarán y crucificarán a algunos de ellos, y a otros los golpearán en las sinagogas y los perseguirán de pueblo en pueblo. ³⁵ Así que sobre ustedes caerá el castigo por toda la sangre inocente que ha sido derramada desde Abel el justo hasta Zacarías, hijo de Berequías, a quien ustedes mataron entre el santuario y el altar. *z* ³⁶ Les aseguro que el castigo por todo esto caerá sobre la gente de hoy.

Jesús llora por Jerusalén (Lc 13.34-35) ³⁷ "¡Jerusalén, Jerusalén, que matas a los profetas *a* y apedreas a los mensajeros que Dios te envía! ¡Cuántas veces quise juntar a tus hijos, como la gallina junta sus pollitos bajo las alas, *b* pero no quisiste! ³⁸ Pues miren, el hogar de ustedes va a quedar abandonado; *c* ³⁹ les digo que, a partir de este momento, no volverán a verme hasta que digan: '¡Bendito el que viene en el nombre del Señor!' " *d*

XI. SERMÓN SOBRE EL FIN DE LOS TIEMPOS (24.1—25.46) *a*

24 ***Jesús anuncia que el templo será destruido*** (Mc 13.1-2; Lc 21.5-6) ¹ Jesús salió del templo, y ya se iba, cuando sus discípulos se acercaron y comenzaron a

---

k **23.13** *¡Ay de ustedes...!:* expresión de reproche y anuncio de juicio, al estilo profético (cf. Jer 22.13; Am 6.1; y también Mt 11.21; 18.7).

l **23.13** Algunos mss. añaden el v. 14 (probablemente tomado de Mc 12.40 o de Lc 20.47): *¡Ay de ustedes, maestros de la ley y fariseos, hipócritas!, porque les quitan sus casas a las viudas, y para disimularlo hacen largas oraciones. Por esto ustedes recibirán mayor castigo.*

m **23.15** *Adepto:* lit. *prosélito,* término griego usado para referirse a un pagano convertido al judaísmo.

n **23.16** Mt 15.14.

ñ **23.17** Ex 30.29.

o **23.22** Is 66.1; Mt 5.34.

p **23.16-22** Sobre los juramentos, cf. Mt 5.33-37, y véase Mt 5.34-35 n.

q **23.23** *Fidelidad:* o *fe.*

r **23.23** Am 5.21-24; Miq 6.8. El mandato de la ley mosaica de apartar para Dios la décima parte de todo (Lv 27.30; Dt 14.22-23) fue aplicado rigurosamente por los rabinos a determinados artículos de poco valor, en tanto que hacían a un lado aspectos importantes del mensaje de los profetas.

s **23.24** De los animales mencionados en la ley mosaica como impuros, el *mosquito* era el más pequeño (Lv 11.20-23) y el *camello* el más grande (Lv 11.4).

t **23.25** Se refiere a la purificación ritual (cf. Mc 7.3-4).

u **23.26** Algunos mss. añaden *y el plato.*

v **23.27** Los sepulcros se pintaban de blanco para evitar que alguien los tocara accidentalmente y quedara ritualmente impuro (Nm 19.16).

w **23.29** Los estudios arqueológicos indican que fue precisamente cerca del tiempo de Jesús, cuando en Palestina empezaron a construirse monumentos funerarios para honrar a los profetas.

x **23.31** *Descendientes:* lit. *hijos.* Entra aquí en juego el doble sentido de esta palabra: el de la relación filial propiamente dicha y el de mostrar una persona las cualidades de otras, en este caso de los antepasados. Lc 11.48 utiliza el segundo sentido.

y **23.33** Cf. Mt 3.7; 12.34; Lc 3.7.

z **23.35** *Abel:* la primera víctima de asesinato (Gn 4.8). *Zacarías:* Pareciera referirse al último de los asesinados que se mencionan en las Escrituras del AT (2 Cr 24.20-22), ya que 2 Cr es el último libro según el orden del canon hebreo. Sin embargo, aquí Zacarías aparece allí como "hijo del sacerdote Joyadá", no como *hijo de Berequías,* que corresponde al profeta Zacarías (cf. Zac 1.1).

a **23.37** 1 R 19.10; Jer 2.30; 26.20-23.

b **23.37** Para la imagen de la protección que une a un ave *bajo sus alas,* cf. Sal 17.8; 36.7 (8); 57.1 (2); 61.4 (5); 91.4.

c **23.38** *Hogar:* lit. *casa,* que también puede aludir al templo. Cf. Jer 22.5.

d **23.39** Sal 118.26; Mt 21.9.

a **24.1—25.46** Quinto discurso principal de Jesús: sobre el fin de la

atraer su atención a los edificios del templo. ² Jesús les dijo:

—¿Ven ustedes todo esto? Pues les aseguro que aquí no va a quedar ni una piedra sobre otra. Todo será destruido. *b*

Señales antes del fin *(Mc 13.3-23; Lc 21.7-24; 17.22-24)*
³ Luego se fueron al Monte de los Olivos. *c* Jesús se sentó, *d* y los discípulos se le acercaron para preguntarle aparte:
—Queremos que nos digas cuándo va a ocurrir esto. ¿Cuál será la señal de tu regreso y del fin del mundo?

⁴ Jesús les contestó:
—Tengan cuidado de que nadie los engañe. ⁵ Porque vendrán muchos haciéndose pasar por mí. Dirán: 'Yo soy el Mesías', y engañarán a mucha gente. *e* ⁶ Ustedes tendrán noticias de que hay guerras aquí y allá; pero no se asusten, pues así tiene que ocurrir; sin embargo, aún no será el fin. ⁷ Porque una nación peleará contra otra y un país hará guerra contra otro; y habrá hambres y terremotos en muchos lugares. *f* ⁸ Pero todo eso apenas será el comienzo de los dolores. *g*

⁹ "Entonces los entregarán a ustedes para que los maltraten; y los matarán, y todo el mundo los odiará por causa mía. *h* ¹⁰ En aquel tiempo muchos renegarán de su fe, *i* y se odiarán y se traicionarán unos a otros. ¹¹ Aparecerán muchos falsos profetas, y engañarán a mucha gente. ¹² Habrá tanta maldad, que la mayoría dejará de tener amor hacia los demás. ¹³ Pero el que siga firme hasta el fin, se salvará. *j* ¹⁴ Y esta buena noticia del reino *k* será anunciada en todo el mundo, para que todas las naciones la conozcan; entonces vendrá el fin. *l*

¹⁵ "El profeta Daniel escribió acerca del horrible sacrilegio. *m* Cuando ustedes lo vean en el Lugar santo —el que lee, entienda, *n* — ¹⁶ entonces los que estén en Judea, que huyan a las montañas; ¹⁷ y el que esté en la azotea *ñ* de su casa, que no baje a sacar nada; ¹⁸ y el que esté en el campo, que no regrese ni aun a recoger su ropa. *o* ¹⁹ ¡Pobres mujeres aquellas que en tales días estén embarazadas o tengan niños de pecho! ²⁰ Pidan ustedes a Dios que no hayan de huir en el invierno ni en sábado; *p* ²¹ porque habrá entonces un sufrimiento tan grande como nunca lo ha habido desde el comienzo del mundo *q* ni lo habrá después. ²² Y si Dios no acortara ese tiempo, no se salvaría nadie; pero lo acortará por amor a los que ha escogido.

²³ "Si entonces alguien les dice a ustedes: 'Miren, aquí está el Mesías', o 'Miren, allí está', no lo crean. ²⁴ Porque vendrán falsos mesías y falsos profetas; y harán grandes señales y milagros, para engañar, a ser posible, hasta a los que Dios mismo ha escogido. ²⁵ Ya se lo he advertido a ustedes de antemano. ²⁶ Por eso, si les dicen: 'Miren, allí está, en el desierto', no vayan; o si les dicen: 'Miren, aquí está escondido', no lo crean. ²⁷ Porque como un relámpago que se ve brillar de oriente a occidente, así será cuando regrese el Hijo del hombre. *r* ²⁸ Donde esté el cadáver, allí se juntarán los buitres. *s*

El regreso del Hijo del hombre *(Mc 13.24-37; Lc 17.26-30,34-36; 21.25-33)* ²⁹ "Tan pronto como pasen aquellos días de sufrimiento, el sol se oscurecerá, la luna dejará de dar su luz, las estrellas caerán del cielo y las fuerzas celestiales temblarán. *t* ³⁰ Entonces se verá en el cielo la señal del Hijo del hombre, y llenos de terror todos los pueblos del mundo llorarán, y verán al Hijo del hombre que viene en las nubes del cielo *u* con gran poder y gloria. ³¹ Y él mandará a sus ángeles con una gran trompeta, para que reúnan a sus escogidos de los cuatro puntos cardinales, desde un extremo del cielo hasta el otro. *v*

³² "Aprendan esta enseñanza de la higuera: Cuando sus ramas se ponen tiernas, y brotan sus hojas, se dan cuenta ustedes de que ya el verano está cerca. *w* ³³ De la misma manera, cuando vean todo esto, sepan que el Hijo del hombre ya está a la puerta. *x* ³⁴ Les aseguro que todo esto sucederá antes que muera la gente de este tiempo. ³⁵ El cielo y la tierra dejarán de existir, pero mis palabras no dejarán de cumplirse.

---

edad presente (caps. 24—25); véase *Introducción*. El discurso parece entrelazar el anuncio de la caída de Jerusalén con profecías sobre el regreso del Hijo del hombre y el fin del mundo.
b 24.2 Jerusalén fue destruida por el ejército romano comandado por Tito (el futuro emperador), en el año 70 d.C. (cf. Lc 19.44).
c 24.3 *Monte de los Olivos:* Véase Mt 21.1 nota *c.*
d 24.3 *Se sentó:* para enseñar (Mt 5.1 n.).
e 24.5 1 Jn 2.18.
f 24.6-7 Is 19.2; Ap 6.3-8,12-17.
g 24.8 *Dolores:* lit. *dolores de parto;* la expresión evoca imágenes relativas al nacimiento de una nueva era; cf. Jn 16.21-22. Cf. también Is 66.7-9.
h 24.9 Mt 10.17-18,22; Jn 16.2.
i 24.10 Cf. 2 Ts 2.3.
j 24.13 Mt 10.22; Ap 2.10,26.
k 24.14 *Reino:* es decir, el reino de Dios.
l 24.14 Mt 28.19; Ro 1.5,8; 10.18; Col 1.23; 1 Ts 1.8.
m 24.15 *El horrible sacrilegio:* expresión tomada del libro de Daniel; cf. Dn 9.27; 11.31; 12.11. Nótese también 1 Mac 1.54; 6.7. Aquí se aplica especialmente a la destrucción de Jerusalén y la profanación del templo por el ejército romano, lo cual tuvo lugar en el año 70 d.C. Cf. Lc 21.20.
n 24.15 *El que lee, entienda:* advertencia a la comunidad cristiana, ya que el v. tendría un sentido oculto para los de afuera.
ñ 24.17 Las casas de Palestina tenían una *azotea* a la que se llegaba desde el exterior por unas gradas, y se usaba a manera de terraza.
o 24.17-18 Lc 17.31.
p 24.20 Además de frío, el invierno en Palestina era lluvioso y durante él era difícil viajar. En sábado, estaba prohibido iniciar cualquier viaje de más de aprox. 1 km. Muchos han visto en 24.15-20 una alusión a los horrores de la guerra de los romanos contra los judíos de Palestina durante los años 66-70 d.C.
q 24.21 Dn 12.1; Ap 7.14.
r 24.26-27 Lc 17.23-24.
s 24.28 Lc 17.37. *Buitres:* o *águilas.* Expresión proverbial; aquí puede sugerir que el regreso del Hijo del hombre estará acompañado de signos evidentes a todos, así como la presencia de un cadáver en el desierto se da a conocer por los buitres que se reúnen (cf. Job 39.30).
t 24.29 El lenguaje recoge imágenes tomadas del AT (Is 13.9-10; 34.4; Jer 4.23-26; Ez 32.7; Jl 2.10-11; 2.31 [3.4]; 3.15 [4.15]; Am 8.9; Sof 1.15) y reflejadas también en Ap 6.12-13; 8.12. *Fuerzas celestiales:* los astros, considerados como potencias espirituales, o bien los espíritus que dominaban sobre aquellos.
u 24.30 Dn 7.13; Ap 1.7.
v 24.31 Is 27.13; Mt 13.41-42,49-50; 1 Co 15.52; 1 Ts 4.16.
w 24.32 *La higuera:* árbol común en Palestina; el brote de sus hojas en primavera anuncia que el verano está para llegar.
x 24.33 *El Hijo del hombre ya está a la puerta:* lit. *ya está a la puerta.* Esta frase también puede entenderse: *el momento decisivo ya está a punto de llegar.*

SAN MATEO 24, 25

36 "En cuanto al día y la hora, nadie lo sabe, ni aun los ángeles del cielo, ni el Hijo. Solamente lo sabe el Padre. *y* **37** "Como sucedió en tiempos de Noé, *z* así sucederá también cuando regrese el Hijo del hombre. **38** En aquellos tiempos antes del diluvio, y hasta el día en que Noé entró en la barca, la gente comía y bebía y se casaba. **39** Pero cuando menos lo esperaban, vino el diluvio y se los llevó a todos. Así sucederá también cuando regrese el Hijo del hombre. **40** En aquel momento, de dos hombres que estén en el campo, uno será llevado y el otro será dejado. **41** De dos mujeres que estén moliendo, una será llevada y la otra será dejada.

42 "Manténganse ustedes despiertos, porque no saben qué día va a venir su Señor. **43** Pero sepan esto, que si el dueño de una casa supiera a qué hora de la noche va a llegar el ladrón, se mantendría despierto y no dejaría que nadie se metiera en su casa a robar. *a* **44** Por eso, ustedes también estén preparados; porque el Hijo del hombre vendrá cuando menos lo esperen. *b*

El criado fiel y el criado infiel (Lc 12.41-48)

45 "¿Quién es el criado fiel y atento, a quien su amo deja encargado de los de su casa, para darles de comer a su debido tiempo? **46** Dichoso el criado a quien su amo, cuando llega, lo encuentra cumpliendo con su deber. **47** Les aseguro que el amo lo pondrá como encargado de todos sus bienes. **48** Pero si ese criado es un malvado, y pensando que su amo va a tardar **49** comienza a maltratar a los otros criados, y se junta con borrachos a comer y beber, **50** el día que menos lo espere y a una hora que no sabe, llegará su amo **51** y lo castigará, *c* condenándolo a correr la misma suerte que los hipócritas. Entonces vendrán el llanto y la desesperación. *d*

25 La parábola de las diez muchachas

1 "Sucederá entonces con el reino de los cielos como lo que sucedió en una boda: diez muchachas tomaron sus lámparas de aceite y salieron a recibir al novio. *a* **2** Cinco de ellas eran despreocupadas y cinco previsoras. **3** Las despreocupadas llevaron sus lámparas, pero no llevaron aceite para llenarlas de nuevo; **4** en cambio, las previsoras llevaron sus botellas de aceite, además de sus lámparas. **5** Como el novio tardaba en llegar, les dio sueño a todas, y por fin se durmieron. **6** Cerca de la medianoche, se oyó gritar: '¡Ya viene el novio! ¡Salgan a recibirlo!' **7** Todas las muchachas se levantaron y comenzaron a preparar sus lámparas. **8** Entonces las cinco despreocupadas dijeron a las cinco previsoras: 'Dennos un poco de su aceite, porque nuestras lámparas se están apagando.' **9** Pero las muchachas previsoras contestaron: 'No, porque así no alcanzará ni para nosotras ni para ustedes. Más vale que vayan a donde lo venden, y compren para ustedes mismas.' **10** Pero mientras aquellas cinco muchachas fueron a comprar aceite, llegó el novio, y las que habían sido previsoras entraron con él en la boda, *b* y se cerró la puerta. **11** Después llegaron las otras muchachas, diciendo: '¡Señor, señor, ábrenos!' **12** Pero él les contestó: 'Les aseguro que no las conozco.' *c*

13 "Manténganse ustedes despiertos —añadió Jesús—, porque no saben ni el día ni la hora. *d*

La parábola del dinero (Lc 19.11-27)

14 "Sucederá también con el reino de los cielos como con un hombre que, estando a punto de irse a otro país, llamó a sus empleados *e* y les encargó que le cuidaran su dinero. **15** A uno de ellos le entregó cinco mil monedas, *f* a otro dos mil y a otro mil: a cada uno según su capacidad. Entonces se fue de viaje. **16** El empleado que recibió las cinco mil monedas hizo negocio con el dinero y ganó otras cinco mil monedas. **17** Del mismo modo, el que recibió dos mil ganó otras dos mil. **18** Pero el que recibió mil fue y escondió el dinero de su jefe en un hoyo que hizo en la tierra.

19 "Mucho tiempo después volvió el jefe de aquellos empleados, y se puso a hacer cuentas con ellos. **20** Primero llegó el que había recibido las cinco mil monedas, y entregó a su jefe otras cinco mil, diciéndole: 'Señor, usted me dio cinco mil, y aquí tiene otras cinco mil que gané.' **21** El jefe le dijo: 'Muy bien, eres un empleado bueno y fiel; ya que fuiste fiel en lo poco, te pondré a cargo de mucho más. *g* Entra y alégrate conmigo.' **22** Después llegó el empleado que había recibido las dos mil monedas, y dijo: 'Señor, usted me dio dos mil, y aquí tiene otras dos mil que gané.' **23** El jefe le dijo: 'Muy bien, eres un empleado bueno y fiel; ya que fuiste fiel en lo poco, te pondré a cargo de mucho más. Entra y alégrate conmigo.'

24 "Pero cuando llegó el empleado que había recibido las mil monedas, le dijo a su jefe: 'Señor, yo sabía que usted es un hombre duro, que cosecha donde no sembró y recoge donde no esparció. **25** Por eso tuve miedo, y fui y escondí su dinero en la tierra. Pero aquí tiene lo que es suyo.' **26** El jefe le contestó: 'Tú eres un empleado malo y perezoso, pues si sabías que yo cosecho donde no sembré y que recojo donde no esparcí, **27** deberías haber llevado mi dinero al banco, y yo, al volver, habría recibido mi dinero más los intereses.' **28** Y dijo a los que estaban allí: 'Quítenle las mil monedas, y dénselas al que tiene diez mil. **29** Porque al que tiene, se le dará más, y tendrá de sobra; pero al que no tiene, hasta lo poco que tiene

---

y **24.36** Hch 1.6-7. Algunos mss. omiten *ni el Hijo* (frase que se conserva en Mc 13.32).
z **24.37-39** Gn 6.5-12; 7.6-24.
a **24.43** *Robar:* Véase Mt 6.19-20 n.
b **24.42-44** Lc 12.39-40; 1 Ts 5.2; 2 P 3.10; Ap 3.3; 16.15.
c **24.51** *Lo castigará:* lit. *lo cortará en dos.* Otra posible traducción: *lo separará o lo excomulgará* (cf. Lv 17.10,14; 20.18; Ez 25.7).
d **24.51** *Entonces vendrán el llanto y la desesperación:* Véase Mt 8.12 n.
a **25.1** Algunos mss. añaden *y a la novia.* En una boda oriental, el novio se dirigía a la casa de la novia para recibirla de manos de sus padres; luego iban acompañados por muchachas y otros convidados, hasta la casa del novio o de sus padres, donde se celebraba el banquete nupcial. Las *lámparas* ardían con aceite de oliva. Cf. Lc 12.35-38.
b **25.10** Cf. Ap 19.9.
c **25.11-12** Mt 7.21-23; Lc 13.25.
d **25.13** Mt 24.42; Mc 13.33,35; Lc 12.40.
e **25.14** *Empleados:* lit. *esclavos;* en esa época, había esclavos de confianza a quienes sus amos encargaban sus bienes.
f **25.15** *Cinco mil monedas:* lit. *cinco talentos.* Un talento equivalía a seis mil denarios, o sea el salario por seis mil días de trabajo. *Cinco talentos* equivaldría al salario de casi cien años de trabajo de un obrero. Véase *Tabla de pesas, monedas y medidas.*
g **25.21** Lc 16.10.

se le quitará.[h] ³⁰ Y a este empleado inútil, échenlo fuera, a la oscuridad. Entonces vendrán el llanto y la desesperación.'[i]

El juicio de las naciones ³¹ "Cuando el Hijo del hombre venga, rodeado de esplendor y de todos sus ángeles,[j] se sentará en su trono glorioso.[k] ³² La gente de todas las naciones se reunirá delante de él, y él separará unos de otros, como el pastor separa las ovejas de las cabras. ³³ Pondrá las ovejas a su derecha y las cabras a su izquierda.[l] ³⁴ Y dirá el Rey a los que estén a su derecha: 'Vengan ustedes, los que han sido bendecidos por mi Padre; reciban el reino que está preparado para ustedes desde que Dios hizo el mundo. ³⁵ Pues tuve hambre, y ustedes me dieron de comer;[m] tuve sed, y me dieron de beber; anduve como forastero, y me dieron alojamiento. ³⁶ Estuve sin ropa, y ustedes me la dieron; estuve enfermo, y me visitaron; estuve en la cárcel, y vinieron a verme.' ³⁷ Entonces los justos preguntarán: 'Señor, ¿cuándo te vimos con hambre, y te dimos de comer? ¿O cuándo te vimos con sed, y te dimos de beber? ³⁸ ¿O cuándo te vimos como forastero, y te dimos alojamiento, o sin ropa, y te la dimos? ³⁹ ¿O cuándo te vimos enfermo o en la cárcel, y fuimos a verte?' ⁴⁰ El Rey les contestará: 'Les aseguro que todo lo que hicieron por uno de estos hermanos míos más humildes, por mí mismo lo hicieron.'[n]

⁴¹ "Luego el Rey dirá a los que estén a su izquierda: 'Apártense de mí, los que merecieron la condenación; váyanse al fuego eterno preparado para el diablo y sus ángeles.[ñ] ⁴² Pues tuve hambre, y ustedes no me dieron de comer; tuve sed, y no me dieron de beber; ⁴³ anduve como forastero, y no me dieron alojamiento; sin ropa, y no me la dieron; estuve enfermo, y en la cárcel, y no vinieron a visitarme.' ⁴⁴ Entonces ellos le preguntarán: 'Señor, ¿cuándo te vimos con hambre o con sed, o como forastero, o falto de ropa, o enfermo, o en la cárcel, y no te ayudamos?' ⁴⁵ El Rey les contestará: 'Les aseguro que todo lo que no hicieron por una de estas personas más humildes, tampoco por mí lo hicieron.'[o] ⁴⁶ Esos irán al castigo eterno, y los justos a la vida eterna."[p]

XII. PASIÓN, MUERTE Y RESURRECCIÓN (26.1—28.20)

26 *Conspiración para arrestar a Jesús (Mc 14.1-2; Lc 22.1-2; Jn 11.45-53)* ¹ Cuando Jesús terminó toda su enseñanza,[a] dijo a sus discípulos:

² —Como ustedes saben, dentro de dos días es la fiesta de la Pascua,[b] y el Hijo del hombre será entregado para que lo crucifiquen.

³ Por aquel tiempo, los jefes de los sacerdotes y los ancianos de los judíos se reunieron en el palacio de Caifás, el sumo sacerdote,[c] ⁴ e hicieron planes para arrestar a Jesús mediante algún engaño, y matarlo. ⁵ Pero decían:

—No durante la fiesta, para que no se alborote la gente.[d]

Una mujer derrama perfume sobre Jesús[e] *(Mc 14.3-9; Jn 12.1-8)* ⁶ Jesús estaba en Betania, en casa de Simón, al que llamaban el leproso;[f] ⁷ en esto se le acercó una mujer que llevaba un frasco de alabastro[g] lleno de un perfume muy caro. Mientras Jesús estaba a la mesa, ella le derramó el perfume sobre la cabeza. ⁸ Los discípulos, al verlo, se enojaron y comenzaron a decir:

—¿Por qué se desperdicia esto? ⁹ Pudo haberse vendido por mucho dinero, para ayudar a los pobres.

¹⁰ Jesús lo oyó, y les dijo:

—¿Por qué molestan a esta mujer? Ha hecho una obra buena conmigo. ¹¹ Pues a los pobres los tendrán siempre entre ustedes,[h] pero a mí no siempre me van a tener. ¹² Lo que ha hecho esta mujer, al derramar el perfume sobre mi cuerpo, es prepararme para mi entierro.[i] ¹³ Les aseguro que en cualquier lugar del mundo donde se anuncie esta buena noticia, se hablará también de lo que hizo esta mujer, y así será recordada.

Judas traiciona a Jesús (Mc 14.10-11; Lc 22.3-6) ¹⁴ Uno de los doce discípulos, el que se llamaba Judas Iscariote, fue a ver a los jefes de los sacerdotes ¹⁵ y les dijo:

—¿Cuánto me quieren dar, y yo les entrego a Jesús?

Ellos le pagaron treinta monedas de plata.[j] ¹⁶ Y desde entonces Judas anduvo buscando el momento más oportuno para entregarles a Jesús.

La Cena del Señor (Mc 14.12-25; Lc 22.7-23; Jn 13.21-30; 1 Co 11.23-26) ¹⁷ El primer día de la fiesta en que se comía el pan sin levadura, los discípulos se acercaron a Jesús y le preguntaron:

—¿Dónde quieres que te preparemos la cena de Pascua?[k]

¹⁸ Él les contestó:

—Vayan a la ciudad, a casa de Fulano, y díganle: 'El

---

[h] **25.29** Mt 13.12; Mc 4.25; Lc 8.18.
[i] **25.30** *Entonces vendrán el llanto y la desesperación:* Véase Mt 8.12 n.
[j] **25.31** Mt 16.27.
[k] **25.31** Mt 19.28.
[l] **25.32-33** Ez 34.17-20. En Palestina las ovejas y las cabras pastaban juntas, pero se las guardaba en corrales separados. Las ovejas eran consideradas de mayor estima que las cabras.
[m] **25.35-36** Is 58.6-10; cf. Ez 18.7; Heb 13.3; Stg 1.27; 2.15-16.
[n] **25.40** Mt 10.40-42; 18.5.
[ñ] **25.41** Ap 20.10,15.
[o] **25.45** Cf. 1 Co 8.12.
[p] **25.46** Dn 12.2; Jn 5.29.
[a] **26.1** *Cuando terminó toda su enseñanza:* Véase Mt 7.28 n.
[b] **26.2** *Pascua:* fiesta que conmemora la liberación de los israelitas de su esclavitud en Egipto (Ex 12.1-27; Dt 16.1-8); véase *Índice temático*. (La Semana Santa del actual calendario cristiano cae aprox. en las mismas fechas de la Pascua judía, ya que la pasión de Jesús tuvo lugar durante la semana de esta fiesta.)

[c] **26.3** *Sumo sacerdote:* el principal sacerdote judío, o jefe de los sacerdotes; véase *Índice temático*.
[d] **26.5** *Para que no se alborote la gente:* Véase Mc 14.1-2 n.
[e] **26.6-13** El relato de esta sección tiene muchas semejanzas con el de Lc 7.37-38.
[f] **26.6** *Simón, al que llamaban el leproso:* Probablemente se trata de uno que antes había padecido de lepra.
[g] **26.7** *Alabastro:* piedra blanda y fina, de la que se fabricaban frascos para perfume.
[h] **26.11** Dt 15.11.
[i] **26.8-12** Entre los judíos, el dar sepultura respetuosa a los muertos era considerado como un acto de caridad aún más encomiable que dar limosna a los pobres.
[j] **26.15** Precio tradicional de un esclavo (Ex 21.32; cf. también Zac 11.12).
[k] **26.17** *Fiesta en que se comía el pan sin levadura:* fiesta judía que duraba siete días a partir de la Pascua. En la *Pascua* misma se celebraba

Maestro dice: Mi hora está cerca, y voy a tu casa a celebrar la Pascua con mis discípulos.' *l*

19 Los discípulos hicieron como Jesús les había mandado, y prepararon la cena de Pascua. *m*

20 Cuando llegó la noche, Jesús estaba a la mesa *n* con los doce discípulos; **21** y mientras comían, les dijo:

—Les aseguro que uno de ustedes me va a traicionar.

22 Ellos se pusieron muy tristes, y comenzaron a preguntarle uno tras otro:

—Señor, ¿acaso seré yo?

23 Jesús les contestó:

—Uno que moja el pan en el mismo plato que yo, va a traicionarme. *ñ* **24** El Hijo del hombre ha de recorrer el camino que dicen las Escrituras; pero ¡ay de aquel que lo traiciona! Hubiera sido mejor para él no haber nacido.

25 Entonces Judas, el que lo estaba traicionando, le preguntó:

—Maestro, ¿acaso seré yo?

—Tú lo has dicho —contestó Jesús.

26 Mientras comían, Jesús tomó en sus manos el pan y, habiendo dado gracias a Dios, lo partió y se lo dio a los discípulos, diciendo:

—Tomen y coman, esto es mi cuerpo. *o*

27 Luego tomó en sus manos una copa y, habiendo dado gracias a Dios, se la pasó a ellos, diciendo:

—Beban todos ustedes de esta copa, **28** porque esto es mi sangre, con la que se confirma la alianza, *p* sangre que es derramada en favor de muchos para perdón de sus pecados. *q* **29** Pero les digo que no volveré a beber de este producto de la vid, hasta el día en que beba con ustedes el vino nuevo en el reino de mi Padre. *r*

Jesús anuncia que Pedro lo negará (Mc 14.26-31; Lc 22.31-34; Jn 13.36-38) **30** Después de cantar los salmos, *s* se fueron al Monte de los Olivos. **31** Y Jesús les dijo:

—Todos ustedes van a perder su fe en mí esta noche. Así lo dicen las Escrituras: 'Mataré al pastor, y las ovejas se dispersarán.' *t* **32** Pero cuando yo resucite, los volveré a reunir en Galilea. *u*

33 Pedro le contestó:

—Aunque todos pierdan su fe en ti, yo no la perderé.

34 Jesús le dijo:

—Te aseguro que esta misma noche, antes que cante el gallo, *v* me negarás tres veces.

35 Pedro afirmó:

—Aunque tenga que morir contigo, no te negaré.

Y todos los discípulos decían lo mismo.

Jesús ora en Getsemaní (Mc 14.32-42; Lc 22.39-46) **36** Luego fue Jesús con sus discípulos a un lugar llamado Getsemaní, *w* y les dijo:

—Siéntense aquí, mientras yo voy allí a orar.

37 Y se llevó a Pedro y a los dos hijos de Zebedeo, *x* y comenzó a sentirse muy triste y angustiado. **38** Les dijo:

—Siento en mi alma una tristeza de muerte. *y* Quédense ustedes aquí, y permanezcan despiertos conmigo.

39 En seguida Jesús se fue un poco más adelante, se inclinó hasta tocar el suelo con la frente, y oró diciendo: "Padre mío, si es posible, líbrame de este trago amargo; *z* pero que no se haga lo que yo quiero, sino lo que quieres tú."

40 Luego volvió a donde estaban los discípulos, y los encontró dormidos. Le dijo a Pedro:

—¿Ni siquiera una hora pudieron ustedes mantenerse despiertos conmigo? **41** Manténganse despiertos y oren, para que no caigan en tentación. *a* Ustedes tienen buena voluntad, pero son débiles.

42 Por segunda vez se fue, y oró así: "Padre mío, si no es posible evitar que yo sufra esta prueba, hágase tu voluntad."

43 Cuando volvió, encontró otra vez dormidos a los discípulos, porque sus ojos se les cerraban de sueño. **44** Los dejó y se fue a orar por tercera vez, repitiendo las mismas palabras. **45** Entonces regresó a donde estaban los discípulos, y les dijo:

—¿Siguen ustedes durmiendo y descansando? *b* Ha llegado la hora en que el Hijo del hombre va a ser entregado en manos de los pecadores. **46** Levántense, vámonos; ya se acerca el que me traiciona.

Arrestan a Jesús (Mc 14.43-50; Lc 22.47-53; Jn 18.2-11)

47 Todavía estaba hablando Jesús, cuando Judas, uno de los doce discípulos, llegó acompañado de mucha gente armada con espadas y con palos. Iban de parte de los jefes de los sacerdotes y de los ancianos del pueblo. **48** Judas, el traidor, les había dado una contraseña, diciéndoles: "Al que yo bese, ese es; arréstenlo." **49** Así que, acercándose a Jesús, dijo:

---

una cena familiar en la que se comía el cordero sacrificado para tal ocasión (Lc 22.7 n.). Véase *Índice temático: Pan sin levadura* y *Pascua*.

l 26.18 Se puede pensar que Jesús había hecho algún arreglo previo; véase Lc 22.10-11 n.

m 26.19 Dt 16.5-8.

n 26.20 *Estaba a la mesa*: lit. *se recostó*; en ocasiones como esta, no se usaban sillas, sino que los comensales se recostaban sobre divanes, apoyándose en el brazo izquierdo (cf. Jn 13.23 nota *r*).

ñ 26.23 Jn 13.18; cf. Sal 41.9 (10). Había un plato común lleno de salsa dulce en el que se remojaba el pan y las "hierbas amargas" (Ex 12.8); el traidor estaba ya por romper la solidaridad que aquel acto significaba.

o 26.26-28 Además de los pasajes paralelos, cf. Jn 6.51-58.

p 26.28 *Mi sangre, con la que se confirma la alianza*: Cf. Ex 24.6-8; Jer 31.31-34; Zac 9.11; Heb 10.29; 13.20; véase Lc 22.20 n.

q 26.28 Cf. Ro 3.25; Ef 2.13; 1 Jn 1.7.

r 26.29 Véase Mt 8.11 nota *i*.

s 26.30 De ordinario, la cena de la Pascua comenzaba con el canto de los Salmos 113—114, y terminaba con los Salmos 115—118.

t 26.31 Jesús cita Zac 13.7, pasaje en que Dios ordena a la espada que mate al pastor, o sea al jefe, exponiendo así al pueblo a la prueba final, de la cual saldrá un resto fiel (Zac 13.8-9). Cf. también Jn 16.32.

u 26.32 Mt 28.7,10,16; Mc 16.7; cf. Jn 21.1.

v 26.34 Respecto al canto del *gallo*, véase 26.75 n.

w 26.36 Jn 18.1. *Getsemaní*: un jardín o huerto cerca de Jerusalén; el sitio tradicional, y probablemente auténtico, se halla al pie del Monte de los Olivos.

x 26.37 *Los dos hijos de Zebedeo*: Santiago y Juan.

y 26.38 Sal 42.6 (7); Jn 12.27.

z 26.39 *Trago amargo*: lit. *copa*, imagen usada para referirse al sufrimiento, al castigo o a una prueba difícil (cf. Is 51.17; Ez 23.31-34). Cf. también Heb 5.7-8.

a 26.41 *Tentación*: Véase Lc 22.40 n.

b 26.45 *¿Siguen ustedes durmiendo y descansando?*: otra posible traducción: *Ahora sí, duerman y descansen*, dicho con un toque de ironía.

—¡Buenas noches, Maestro!
Y lo besó. ^c ⁵⁰ Jesús le contestó:
—Amigo, adelante con tus planes. ^d
Entonces los otros se acercaron, echaron mano a Jesús y lo arrestaron.

⁵¹ En eso, uno de los que estaban con Jesús sacó su espada y le cortó una oreja al criado del sumo sacerdote. ⁵² Jesús le dijo:
—Guarda tu espada en su lugar. Porque todos los que pelean con la espada, también a espada morirán. ⁵³ ¿No sabes que yo podría rogarle a mi Padre, y él me mandaría ahora mismo más de doce ejércitos ^e de ángeles? ⁵⁴ Pero en ese caso, ¿cómo se cumplirían las Escrituras, que dicen que debe suceder así?

⁵⁵ En seguida Jesús preguntó a la gente:
—¿Por qué han venido ustedes con espadas y con palos a arrestarme, como si yo fuera un bandido? Todos los días he estado enseñando en el templo, ^f y nunca me arrestaron. ⁵⁶ Pero todo esto sucede para que se cumpla lo que dijeron los profetas en las Escrituras.

En aquel momento, todos los discípulos dejaron solo a Jesús y huyeron.

Jesús ante la Junta Suprema (Mc 14.53-65; Lc 22.54-55,63-71; Jn 18.12-14,19-24) ⁵⁷ Los que habían arrestado a Jesús lo llevaron a la casa de Caifás, el sumo sacerdote, donde los maestros de la ley y los ancianos estaban reunidos. ^g ⁵⁸ Pedro lo siguió de lejos hasta el patio de la casa del sumo sacerdote. Entró, y se quedó sentado con los guardianes del templo, para ver en qué terminaría todo aquello.

⁵⁹ Los jefes de los sacerdotes y toda la Junta Suprema buscaban alguna prueba falsa para condenar a muerte a Jesús, ⁶⁰ pero no la encontraron, a pesar de que muchas personas se presentaron y lo acusaron falsamente. Por fin se presentaron dos más, ^h ⁶¹ que afirmaron:
—Este hombre dijo: 'Yo puedo destruir el templo de Dios y volver a levantarlo en tres días.' ⁱ

⁶² Entonces el sumo sacerdote se levantó y preguntó a Jesús:
—¿No contestas nada? ¿Qué es esto que están diciendo contra ti? ^j

⁶³ Pero Jesús se quedó callado. ^k El sumo sacerdote le dijo:

—En el nombre del Dios viviente te ordeno que digas la verdad. Dinos si tú eres el Mesías, el Hijo de Dios.

⁶⁴ Jesús le contestó:
—Tú lo has dicho. ^l Y yo les digo también que ustedes van a ver al Hijo del hombre sentado a la derecha del Todopoderoso, y viniendo en las nubes del cielo. ^m

⁶⁵ Entonces el sumo sacerdote se rasgó las ropas en señal de indignación, y dijo:
—¡Las palabras de este hombre son una ofensa contra Dios! ¿Qué necesidad tenemos de más testigos? Ustedes han oído sus palabras ofensivas; ⁶⁶ ¿qué les parece?

Ellos contestaron:
—Es culpable, y debe morir. ⁿ

⁶⁷ Entonces le escupieron en la cara y lo golpearon. Otros le pegaron en la cara, ^ñ ⁶⁸ diciéndole:
—Tú que eres el Mesías, ¡adivina quién te pegó!

Pedro niega conocer a Jesús (Mc 14.66-72; Lc 22.56-62; Jn 18.15-18,25-27) ⁶⁹ Pedro, entre tanto, estaba sentado afuera, en el patio. En esto, una sirvienta se le acercó y le dijo:
—Tú también andabas con Jesús, el de Galilea.

⁷⁰ Pero Pedro lo negó delante de todos, diciendo:
—No sé de qué estás hablando.

⁷¹ Luego se fue a la puerta, donde otra lo vio y dijo a los demás:
—Ese andaba con Jesús, el de Nazaret.

⁷² De nuevo Pedro lo negó, jurando:
—¡No conozco a ese hombre!

⁷³ Poco después, los que estaban allí se acercaron a Pedro y le dijeron:
—Seguro que tú también eres uno de ellos. Hasta en tu manera de hablar se te nota.

⁷⁴ Entonces él comenzó a jurar y perjurar, ^o diciendo:
—¡No conozco a ese hombre!

En aquel mismo momento cantó un gallo, ⁷⁵ y Pedro se acordó de que Jesús le había dicho: "Antes que cante el gallo, me negarás tres veces." ^p Y salió Pedro de allí, y lloró amargamente.

27

Jesús es entregado a Pilato (Mc 15.1; Lc 23.1-2; Jn 18.28-32) ¹ Cuando amaneció, todos los jefes de los sacerdotes y los ancianos de los judíos se pusieron de acuerdo ^a en un plan para matar a Jesús. ² Lo

---

^c 26.48-49 El beso en la mejilla era un saludo de respeto que un discípulo daba al rabino a quien reconocía como maestro.

^d 26.50 *Adelante con tus planes:* otra posible traducción: *Amigo, ¿a qué vienes?*

^e 26.53 *Doce ejércitos:* lit. *doce legiones.* En el ejército romano, una legión se componía de un máximo de 6000 soldados.

^f 26.55 Lc 19.47; 21.37; Jn 18.19-21.

^g 26.57 *Caifás* fue *sumo sacerdote,* o sea, jefe de los sacerdotes judíos, durante los años 18-36 d.C. Mt y Mc mencionan primero una reunión del Sanedrín, o Junta Suprema de los judíos (Mt 26.57-75; Mc 14.53-72), durante la noche, para formular los cargos contra Jesús. La sesión de la mañana (Mt 27.1-2; Mc 15.1) debió de convocarse para ratificar el acuerdo tomado en la noche.

^h 26.60 Según la ley judía, era necesario contar con dos o más testigos que concordaran (Nm 35.30; Dt 19.15).

ⁱ 26.61 Cf. Jn 2.19-22; además, Jesús había anunciado a sus discípulos la destrucción literal del templo (Mt 24.1-2).

^j 26.62 *¿No contestas... contra ti?:* otra posible traducción: *¿No contestas nada a lo que estos dicen contra ti?*

^k 26.63 Mt 27.12,14; Lc 23.9; Jn 19.9. Cf. Is 53.7.

^l 26.64 *Tú lo has dicho:* respuesta enigmática, que puede entenderse como *Eres tú quien lo dices,* o bien como *Así es, como tú lo has dicho* (cf. Mt 27.11 n.).

^m 26.64 Sal 110.1; Dn 7.13. *Del Todopoderoso:* Véase Mc 14.62 nota *m.*

ⁿ 26.65-66 Jn 19.7; cf. Lv 24.15-16.

^ñ 26.67 Is 50.6; 53.5.

^o 26.74 *Jurar y perjurar:* es decir, exponiéndose a maldición en caso de no decir la verdad.

^p 26.75 Según el uso romano, se hablaba del primer canto del *gallo* para referirse al fin de la tercera vigilia de la noche (que terminaba aprox. a las tres de la mañana); pero aquí, el canto mismo del gallo es el que sirve como recordatorio a Pedro (vv. 74-75).

^a 27.1 Véase Mt 26.57 n.

llevaron atado y se lo entregaron a Pilato, el gobernador romano.ᵇ

La muerte de Judas ³ Judas, el que había traicionado a Jesús, al ver que lo habían condenado, tuvo remordimientos y devolvió las treinta monedas de plata a los jefes de los sacerdotes y a los ancianos,ᶜ ⁴ diciéndoles:

—He pecado entregando a la muerte a un hombre inocente.

Pero ellos le contestaron:

—¿Y eso qué nos importa a nosotros? ¡Eso es cosa tuya!

⁵ Entonces Judas arrojó las monedas en el templo, y fue y se ahorcó.

⁶ Los jefes de los sacerdotes recogieron aquel dinero, y dijeron:

—Este dinero está manchado de sangre; no podemos ponerlo en el cofre de las ofrendas.

⁷ Así que tomaron el acuerdo de comprar con él un terreno llamado el Campo del Alfarero, para tener un lugar donde enterrar a los extranjeros. ⁸ Por eso, aquel terreno se llama hasta el día de hoy Campo de Sangre. ⁹ Así se cumplió lo que había dicho el profeta Jeremías: "Tomaron las treinta monedas de plata, el precio que los israelitas le habían puesto, ¹⁰ y con ellas compraron el campo del alfarero, tal como me lo ordenó el Señor."ᵈ

Jesús ante Pilato (Mc 15.2-5; Lc 23.3-5; Jn 18.33-38) ¹¹ Jesús fue llevado ante el gobernador, que le preguntó:

—¿Eres tú el Rey de los judíos?

—Tú lo has dichoᵉ —contestó Jesús.

¹² Mientras los jefes de los sacerdotes y los ancianos lo acusaban, Jesús no respondía nada. ¹³ Por eso Pilato le preguntó:

—¿No oyes todo lo que están diciendo contra ti?

¹⁴ Pero Jesús no le contestó ni una sola palabra;ᶠ de manera que el gobernador se quedó muy extrañado.

Jesús es sentenciado a muerte (Mc 15.6-20; Lc 23.13-25; Jn 18.38—19.16) ¹⁵ Durante la fiesta,ᵍ el gobernador acostumbraba dejar libre un preso, el que la gente escogiera. ¹⁶ Había entonces un preso famoso llamado Jesús Barrabás; ¹⁷ y estando ellos reunidos, Pilato les preguntó:

—¿A quién quieren ustedes que les ponga en libertad: a Jesús Barrabás, o a Jesús, el que llaman el Mesías?ʰ

¹⁸ Porque se había dado cuenta de que lo habían entregado por envidia.

¹⁹ Mientras Pilato estaba sentado en el tribunal, su esposa mandó a decirle: "No te metas con ese hombre justo, porque anoche tuve un sueño horrible por causa suya."

²⁰ Pero los jefes de los sacerdotes y los ancianos convencieron a la multitudⁱ de que pidiera la libertad de Barrabás y la muerte de Jesús. ²¹ El gobernador les preguntó otra vez:

—¿A cuál de los dos quieren ustedes que les ponga en libertad?

Ellos dijeron:

—¡A Barrabás!

²² Pilato les preguntó:

—¿Y qué voy a hacer con Jesús, el que llaman el Mesías?

Todos contestaron:

—¡Crucifícalo!

²³ Pilato les dijo:

—Pues ¿qué mal ha hecho?

Pero ellos volvieron a gritar:

—¡Crucifícalo!

²⁴ Cuando Pilato vio que no conseguía nada, sino que el alboroto era cada vez mayor, mandó traer agua y se lavó las manosʲ delante de todos, diciendo:

—Yo no soy responsable de la muerte de este hombre; es cosa de ustedes.

²⁵ Toda la gente contestó:

—¡Nosotros y nuestros hijos nos hacemos responsables de su muerte!

²⁶ Entonces Pilato dejó libre a Barrabás; luego mandó azotar a Jesús y lo entregó para que lo crucificaran.ᵏ ²⁷ Los soldados del gobernador llevaron a Jesús al palacio y reunieron toda la tropa alrededor de él.ˡ ²⁸ Le quitaron su ropa, lo vistieron con una capa rojaᵐ ²⁹ y le pusieron en la cabeza una corona tejida de espinas y una vara en la mano derecha.ⁿ Luego se arrodillaron delante de él, y burlándose le decían:

—¡Viva el Rey de los judíos!

³⁰ También lo escupían, y con la misma vara le golpeaban la cabeza.ñ ³¹ Después de burlarse así de él, le quitaron la

---

ᵇ **27.2** Poncio *Pilato* era prefecto o gobernador romano y gobernó en Judea en los años 26-36 d.C. Véase Mt 27.11 n.

ᶜ **27.3-8** Hch 1.18-19.

ᵈ **27.9-10** La cita parece corresponder a Zac 11.12-13, con ciertas modificaciones; el uso del nombre de *Jeremías* se debe quizás a que este se refirió al *alfarero* (Jer 18.1-7) y también a la compra de un *campo* (Jer 32.6-15). Véase Mt 1.22 n.

ᵉ **27.11** La pregunta de Pilato, y la respuesta de Jesús, corresponden a la pregunta y respuesta ante la Junta Suprema en Mt 26.63-64. Como seguramente Pilato no entendería el concepto que los judíos tenían del Mesías, lo más fácil para ellos era acusar a Jesús de pretender ser *rey*, cosa que el gobernador interpretaría como un acto de rebelión contra Roma. La respuesta *Tú lo has dicho* podía significar simplemente *Sí*, o también podía indicar que Jesús admitía ser rey, pero no en el sentido en que lo habría entendido el gobernador. Véase Mt 26.64 nota *l*.

ᶠ **27.12-14** Is 53.7; Mt 26.63; Lc 23.9; Jn 19.9.

ᵍ **27.15** *La fiesta:* la de la Pascua (Mt 26.2 n.).

ʰ **27.16-17** *Jesús Barrabás: Jesús* era un nombre de uso común, por lo que Pilato, con cierta aspereza, les pide que escojan entre dos personas del mismo nombre. En ambos vv., algunos mss. dicen solo *Barrabás*.

ⁱ **27.20** La *multitud* parece haber sido una chusma reunida por iniciativa de los sacerdotes y ancianos; nada hay que la identifique con la multitud de Mt 21.8-11.

ʲ **27.24** *Se lavó las manos:* gesto que afirma inocencia; cf. Dt 21.1-9; Sal 26.6.

ᵏ **27.26** *Para que lo crucificaran:* Véase *Crucifixión, cruz* en el Índice temático. Antes de ser crucificado, el sentenciado era *azotado* con un látigo de varias puntas lacerantes.

ˡ **27.27** *Palacio:* el *pretorio* o casa donde se alojaba el gobernador, quien vivía en Cesarea pero pasaba ciertas temporadas en Jerusalén. El lugar sería o el palacio de Herodes, al poniente de la ciudad, o la Fortaleza Antonia, cerca del templo, donde se hallaba el cuartel de la tropa romana.

ᵐ **27.28** Cf. Lc 23.11. *Capa roja:* probablemente una capa militar de ese color que sugería, a manera de burla, la púrpura con la que se vestían los reyes.

ⁿ **27.29** La *corona de espinas* y la *vara* eran una imitación burlona de la corona y el cetro de un rey.

ñ **27.30** Cf. Is 50.6.

ᵒ **27.31** La crucifixión se convertía muchas veces en un espectáculo,

"PALABRAS" DE JESÚS EN LA CRUZ

"Palabras"	Referencias
Dios mío, Dios mío, ¿por qué me has abandonado?	Mt 27.46
Padre, perdónalos, porque no saben lo que hacen.	Lc 23.34
Te aseguro que hoy estarás conmigo en el paraíso.	Lc 23.43
¡Padre, en tus manos encomiendo mi espíritu!	Lc 23.46
Mujer, ahí tienes a tu hijo. [Luego le dijo al discípulo:] tienes a tu madre.	Jn 19.26-27
Tengo sed.	Jn 19.28
Todo está cumplido.	Jn 19.30

capa roja, le pusieron su propia ropa y se lo llevaron para crucificarlo.º

Jesús es crucificado p *(Mc 15.21-32; Lc 23.26-43; Jn 19.17-27)*

32 Al salir de allí, encontraron a un hombre llamado Simón, natural de Cirene, q a quien obligaron a cargar con la cruz de Jesús.

33 Cuando llegaron a un sitio llamado Gólgota, r (es decir, "Lugar de la Calavera"), **34** le dieron a beber vino mezclado con hiel;s pero Jesús, después de probarlo, no lo quiso beber.

35 Cuando ya lo habían crucificado, los soldados echaron suertes para repartirse entre sí la ropa de Jesús. t **36** Luego se sentaron allí para vigilarlo. **37** Y por encima de su cabeza pusieron un letrero, donde estaba escrita la causa de su condena. El letrero decía: "Este es Jesús, el Rey de los judíos." u

38 También fueron crucificados con él dos bandidos, v uno a su derecha y otro a su izquierda. **39** Los que pasaban lo insultaban, meneando la cabeza w **40** y diciendo:

—¡Tú ibas a derribar el templo y a reconstruirlo en tres días! x ¡Si eres Hijo de Dios, sálvate a ti mismo y bájate de la cruz! y

41 De la misma manera se burlaban de él los jefes de los sacerdotes y los maestros de la ley, junto con los ancianos. Decían:

42 —Salvó a otros, pero a sí mismo no puede salvarse. Es el Rey de Israel; ¡pues que baje de la cruz, y creeremos en él! **43** Ha puesto su confianza en Dios; ¡pues que Dios lo salve ahora, si de veras lo quiere! z ¿No nos ha dicho que es Hijo de Dios? a

44 Y hasta los bandidos que estaban crucificados con él, lo insultaban.

Muerte de Jesús *(Mc 15.33-41; Lc 23.44-49; Jn 19.28-30)*

45 Desde el mediodía y hasta las tres de la tarde, toda la tierra quedó en oscuridad. b **46** A esa misma hora, Jesús gritó con fuerza: "Elí, Elí, ¿lemá sabactani?" (es decir: "Dios mío, Dios mío, ¿por qué me has abandonado?") c

47 Algunos de los que estaban allí, lo oyeron y dijeron:

—Este está llamando al profeta Elías. d

48 Al momento, uno de ellos fue corriendo en busca de una esponja, la empapó en vino agrio, la ató a una caña y se la acercó para que bebiera. e **49** Pero los otros dijeron:

—Déjalo, a ver si Elías viene a salvarlo.

50 Jesús dio otra vez un fuerte grito, y murió. **51** En aquel momento el velo f del templo se rasgó en dos, de arriba abajo. La tierra tembló, las rocas se partieron **52** y los sepulcros se abrieron; y hasta muchas personas santas, que habían muerto, volvieron a la vida. **53** Entonces salieron de sus tumbas, después de la resurrección de Jesús, y entraron en la santa ciudad de Jerusalén, donde mucha gente los vio.

54 Cuando el capitán y los que estaban con él vigilando a Jesús vieron el terremoto y todo lo que estaba pasando, se llenaron de miedo y dijeron:

---

y se obligaba al condenado a llevar a cuestas el pesado travesaño de la cruz en que lo iban a colgar (véase Mt 10.38 n.).

P **27.32-44** En esta sección y en los vv. 45-56, el autor alude repetidamente al Sal 22 y a otros salmos (véanse notas respectivas), considerándolos como profecías de la muerte de Jesús.

q **27.32** *Simón, natural de Cirene:* ciudad griega en la costa norte de África, poblada en parte por judíos. Respecto a los hijos de Simón, véase Mc 15.21 n.

r **27.33** *Gólgota:* Véase *Índice temático*.

s **27.34** Sal 69.21 (22).

t **27.35** Alusión al Sal 22.18 (19).

u **27.37** Era común exponer públicamente el delito del criminal; en el caso de Jesús, la inscripción indicaba que era un sedicioso que aspiraba al título de rey.

v **27.38** *Bandidos:* También puede traducirse por *insurrectos* o *ladrones*.

w **27.39** El autor usa el lenguaje de Sal 22.7 (8); cf. Sal 109.25.

x **27.40** Mt 26.61; Jn 2.19; Hch 6.14.

y **27.40** Cf. Mt 4.3,6.

z **27.43** Cita del Sal 22.8 (9); cf. Sab 2.18-20.

a **27.43** Jn 5.18; 10.36; 19.7.

b **27.45** Cf. Jl 2.31 (3.4); Am 8.9. *Desde el mediodía y hasta las tres de la tarde:* lit. *desde la hora sexta hasta la hora novena;* véase Mt 20.3 n. *Toda la tierra:* o *toda aquella tierra.*

c **27.46** Sal 22.1 (2). La frase *Dios mío, Dios mío* se cita en su forma hebrea; la pregunta *¿por qué me has abandonado?* se cita en arameo.

d **27.47** Mal 4.5-6 (3.23-24); Eclo 48.4,10. Los judíos esperaban el retorno del profeta Elías; también se creía que Elías vendría en ayuda de los angustiados (cf. v. 49). Véase Mt 16.14 nota j.

e **27.48** Sal 69.21 (22). *Vino agrio:* vino corriente que tomaban los soldados y la gente de pocos recursos. Algunas versiones traducen *vinagre.*

f **27.51** *Velo:* Había dos cortinas o velos en el templo: una, grande y vistosa, a la entrada, y otra que separaba el Lugar Santo del Lugar Santísimo (Ex 26.31-33; 2 Cr 3.14). La interpretación común es que se trata de la segunda. A la luz de Heb 6.19; 9.3-12; 10.19-20, el velo rasgado se ha interpretado como símbolo del libre acceso a Dios logrado por la muerte de Cristo.

—¡De veras este hombre era Hijo de Dios!

55 Estaban allí, mirando de lejos, muchas mujeres que habían seguido a Jesús desde Galilea y que lo habían ayudado.*g* **56** Entre ellas se encontraban María Magdalena, María la madre de Santiago y de José, y la madre de los hijos de Zebedeo.*h*

Jesús es sepultado *(Mc 15.42-47; Lc 23.50-56; Jn 19.38-42)*

57 Cuando ya anochecía,*i* llegó un hombre rico llamado José, natural de Arimatea,*j* que también se había hecho seguidor de Jesús. **58** José fue a ver a Pilato y le pidió el cuerpo de Jesús. Pilato ordenó que se lo dieran, **59** y José tomó el cuerpo, lo envolvió en una sábana de lino limpia **60** y lo puso en un sepulcro nuevo, de su propiedad, que había hecho cavar en la roca. Después de tapar la entrada del sepulcro con una gran piedra, se fue.*k* **61** Pero María Magdalena y la otra María*l* se quedaron sentadas frente al sepulcro.

La guardia ante el sepulcro de Jesús **62** Al día siguiente, es decir, el sábado,*m* los jefes de los sacerdotes y los fariseos fueron juntos a ver a Pilato, **63** y le dijeron:

—Señor, recordamos que aquel mentiroso, cuando aún vivía, dijo que después de tres días iba a resucitar.*n* **64** Por eso, mande usted asegurar el sepulcro hasta el tercer día, no sea que vengan sus discípulos y roben el cuerpo, y después digan a la gente que ha resucitado. En tal caso, la última mentira sería peor que la primera.

65 Pilato les dijo:

—Ahí tienen ustedes soldados de guardia.*ñ* Vayan y aseguren el sepulcro lo mejor que puedan.

66 Fueron, pues, y aseguraron el sepulcro poniendo un sello sobre la piedra que lo tapaba; y dejaron allí los soldados de guardia.

28

Anuncio de la resurrección de Jesús *(Mc 16.1-8; Lc 24.1-12; Jn 20.1-10)* **1** Pasado el sábado, cuando al anochecer comenzaba el primer día de la semana, María Magdalena y la otra María fueron a ver el sepulcro.*a* **2** De pronto hubo un fuerte temblor de tierra, porque un ángel del Señor bajó del cielo y, acercándose al sepulcro, quitó la piedra que lo tapaba y se sentó sobre ella. **3** El ángel brillaba como un relámpago, y su ropa era blanca como la nieve. **4** Al verlo, los soldados temblaron de miedo y quedaron como muertos. **5** El ángel dijo a las mujeres:

—No tengan miedo. Yo sé que están buscando a Jesús, el que fue crucificado. **6** No está aquí, sino que ha resucitado, como dijo.*b* Vengan a ver el lugar donde lo pusieron. **7** Vayan pronto y digan a los discípulos: 'Ha resucitado, y va a Galilea para reunirlos de nuevo;*c* allí lo verán.' Esto es lo que yo tenía que decirles.

Jesús se aparece a las mujeres **8** Las mujeres se fueron rápidamente del sepulcro, con miedo y mucha alegría a la vez, y corrieron a llevar la noticia a los discípulos. **9** En eso, Jesús se presentó ante ellas y las saludó. Ellas se acercaron a Jesús y lo adoraron, abrazándole los pies, **10** y él les dijo:

—No tengan miedo. Vayan a decir a mis hermanos*d* que se dirijan a Galilea, y que allá me verán.

Los soldados son sobornados **11** Mientras iban las mujeres, algunos soldados de la guardia llegaron a la ciudad y contaron a los jefes de los sacerdotes todo lo que había pasado. **12** Estos jefes fueron a hablar con los ancianos, para ponerse de acuerdo con ellos. Y dieron mucho dinero a los soldados, **13** a quienes advirtieron:

—Ustedes digan que durante la noche, mientras ustedes dormían, los discípulos de Jesús vinieron y robaron el cuerpo. **14** Y si el gobernador*e* se entera de esto, nosotros lo convenceremos, y a ustedes les evitaremos dificultades.

15 Los soldados recibieron el dinero e hicieron lo que se les había dicho. Y esta es la explicación que hasta el día de hoy circula entre los judíos.*f*

El encargo de Jesús a sus discípulos *(Mc 16.14-18; Lc 24.36-49; Jn 20.19-23)* **16** Así pues, los once discípulos se fueron a Galilea,*g* al cerro que Jesús les había indicado. **17** Y cuando vieron a Jesús, lo adoraron, aunque algunos dudaban.*h* **18** Jesús se acercó a ellos y les dijo:

—Dios me ha dado toda autoridad en el cielo y en la tierra.*i* **19** Vayan, pues, a las gentes de todas las naciones, y háganlas mis discípulos;*j* bautícenlas en el nombre del Padre, del Hijo y del Espíritu Santo,*k* **20** y enséñenles a obedecer todo lo que les he mandado a ustedes. Por mi parte, yo estaré con ustedes todos los días, hasta el fin del mundo.

---

g **27.55-56** Lc 8.2-3 n. *Desde Galilea*: es decir, desde los tiempos de la actividad de Jesús en Galilea (cf. Lc 8.1-3).
h **27.56** *La madre de los hijos de Zebedeo*: Cf. Mt 4.21, y véase 20.20 n. En cuanto a las otras personas mencionadas, véanse notas sobre Mc 15.40.
i **27.57** *Cuando ya anochecía*: o *Al atardecer*: es decir, antes de la puesta del sol, hora en que empezaba el sábado.
j **27.57** *Arimatea*: un pueblo situado probablemente al noroeste de Jerusalén.
k **27.60** Algunos de los judíos sepultaban a sus muertos en cuevas labradas en la roca, cerradas luego con una piedra redonda y pesada que se hacía rodar ante la entrada.
l **27.61** Las dos Marías del v. 56.
m **27.62** *El sábado*: lit. *después de la preparación*. El viernes recibía en el nombre de día de *la preparación* porque en él se hacían los preparativos para la celebración del sábado.
n **27.63** Mt 16.21; 17.23; 20.19 y paralelos.
ñ **27.65** Pilato autoriza una guardia de soldados romanos.
a **28.1** Mt 27.56,61. *Cuando al anochecer comenzaba*: otra posible traducción: *cuando ya amanecía*. El *primer día de la semana*: Mc 16.9; Jn 20.19; Hch 20.7 nota *g*. Equivale prácticamente a nuestro domingo.
b **28.6** *Como dijo*: Mt 16.21; 17.23; 20.19 (cf. Lc 24.6-7).
c **28.7** Mt 26.32; Mc 14.28; cf. Jn 21.1-22.
d **28.10** *Mis hermanos*: Jesús se refiere a sus discípulos (cf. v. 7, y Mt 12.48-50).
e **28.14** *El gobernador*: Poncio Pilato.
f **28.15** *El día de hoy*: esto es, el tiempo en que se escribió el evangelio.
g **28.16-17** Mt 26.32; 28.7,10; Mc 14.28; Jn 21.1-22.
h **28.17** *Aunque algunos dudaban*: otra posible traducción: *pero dudaron*.
i **28.18** Mt 11.27; Jn 3.35; 13.2-4; 17.2; cf. Dn 7.13-14.
j **28.19** Hch 1.8.
k **28.19** *En el nombre de*: Véase *Nombre* en el *Índice temático*. Este pasaje reúne los nombres de *Padre*, *Hijo* y *Espíritu Santo* en una expresión que en la iglesia llegó a usarse como fórmula para el bautismo. Véase también 2 Co 13.13 nota *j*.

Evangelio según san Marcos

El *Evangelio según san Marcos* (=Mc), como parece lo más probable, fue el primero que se escribió. Mucho de lo que antes se había transmitido de viva voz o en escritos parciales quedó recogido y organizado en este libro. La primera frase del evangelio nos indica su contenido: *Principio de la buena noticia de Jesús el Mesías, el Hijo de Dios* (1.1).

El evangelista quiere presentar esa buena noticia para todos. Es *buena noticia de Jesús* en un doble sentido: porque él mismo empezó a proclamarla, y porque cuando los enviados por Jesús la anunciaban, hablaban sobre todo de él.

Este evangelio relaciona el comienzo de la actividad de Jesús con la actividad de Juan el Bautista, y a Juan lo relaciona con un texto del profeta Isaías, complementado con una frase de Malaquías (Mal 3.1; Is 40.3). Sin embargo, no menciona ninguno de los puntos de referencia que eran comunes en los libros de historia de la época: los gobernantes y los años de gobierno. De esa manera insinúa Marcos que la historia que él escribe no es una historia profana, sino la culminación de la historia del pueblo de Dios, comenzada mucho antes.

El evangelio muestra al lector claramente quién es Jesús, y así lo destaca en los momentos más cruciales del libro. Ya en la frase inicial de *Marcos* se afirma que Jesús es el Mesías, el Hijo de Dios. Una de las primeras escenas del evangelio es la del bautismo de Jesús, en el que se escucha esta voz del cielo: *Tú eres mi Hijo amado, a quien he elegido* (1.11). Los demonios lo reconocen como *el Santo de Dios* (1.24), como *el Hijo de Dios* (3.11; 5.7). En otro momento decisivo, Pedro expresa su fe y la de sus compañeros al declarar que Jesús es *el Mesías* (8.29). Dios mismo lo vuelve a proclamar como su *Hijo* en la transfiguración (9.7). Con solemnidad especial, Jesús declara ante la Junta Suprema de Jerusalén que él es el Mesías, y que vendrá como *Hijo del hombre, sentado a la derecha del Todopoderoso* (14.62). La exclamación del capitán romano, al ver la muerte de Jesús, resume lo que el evangelista quiere que el lector comprenda: *Verdaderamente este hombre era Hijo de Dios* (15.39).

Sin embargo, el evangelio nos muestra, aún con más claridad, quién es Jesús al hablarnos de lo que él hacía y enseñaba. Los títulos de *Mesías, Hijo de Dios, Hijo del hombre* y otros, se entendían en esa época de diversas maneras. Jesús no comparte todas las expectativas comunes en esos días, sino que las corrige y las supera. Y esto lo va dejando claro con sus hechos y sus enseñanzas, y sobre todo con su muerte y resurrección.

Este evangelio nos dice con relativa frecuencia que Jesús no quiere que se divulgue quién es él. A varios enfermos, después de sanarlos, les prohíbe hablar de lo sucedido (1.44; 5.43; 7.36). También en diversas ocasiones les prohíbe a los discípulos hablar de él (8.30; 9.9), al igual que a los demonios (1.34; 3.12). Así, tanto los hechos como la enseñanza de Jesús muestran más claramente quién es y cuál es su misión.

Él deshace el poder del demonio sobre los hombres (1.27,34,39; 5.1-20; 7.24-30; 9.14-29), da salud a los enfermos (1.29-34) y pan a los que tienen hambre (6.30-44; 8.1-10), salva a los discípulos cuando están en peligro (4.35-41). Pero la autoridad de Jesús se revela de otras maneras también: enseña con plena autoridad (1.27), perdona los pecados (2.5), tiene autoridad sobre el sábado (2.28), declara el verdadero sentido de la ley (7.1-23; 10.1-12; 12.18-27,28-34), anuncia lo que sucederá en el futuro (13.1-37). Por eso, no es extraño que, al dirigirse a Dios, lo haga con una palabra que expresa una intimidad desconocida hasta entonces: *Abbá* (14.36).

Jesús es maestro, pero no como los maestros de la ley (1.22). El evangelio resume en estas palabras la enseñanza de Jesús: *Ya se cumplió el plazo señalado, y el reino de Dios está cerca. Vuélvanse a Dios y acepten con fe sus buenas noticias* (1.15). El resto de sus enseñanzas puede considerarse como una explicación y ampliación de ese mensaje de Jesús. Este evangelio destaca con mucha frecuencia que parte muy importante de la actividad de Jesús era la de enseñar a la multitud, y de manera particular al grupo de discípulos (cf., por ejemplo, 4.33-34).

Pero serán, sobre todo, la pasión, la muerte y la resurrección de Jesús las que revelarán cuál es su misión y cuál es el sentido de su vida. Se puede decir que todo este evangelio está orientado hacia ese momento decisivo de la historia de Jesús. Esto va haciéndose cada vez más claro a partir del primer anuncio que Jesús hace de su muerte y su resurrección (8.31). Este anuncio es contrario a las expectativas de sus discípulos y de todos los demás (cf. 8.32-33). Otras dos veces repite Jesús este anuncio (9.31; 10.33-34). Con la entrada en Jerusalén comienza la semana final de la vida terrena de Jesús, culminación de su camino (caps. 11—16).

Desde el punto de vista de esta revelación de la persona y de la misión de Jesús, el evangelio puede verse dividido en dos grandes partes:

    I. Jesús revela quién es y cuál es su misión por medio de sus acciones y de su enseñanza. Escoge un grupo especial de colaboradores, a quienes da instrucciones especiales. El punto culminante es la proclamación de Pedro: *Tú eres el Mesías* (1.1—8.30).

    II. Jesús muestra que cumplirá su misión en la humillación y la muerte, pues ha venido para *servir y dar su vida en rescate por una multitud* (10.45). Sin embargo, la muerte no será el final; después de resucitar volverá a reunir a sus discípulos, para encargarles una misión (8.31—16.20).

Otros autores, tomando en cuenta las indicaciones geográficas, prefieren la siguiente organización de la materia de este evangelio:

SAN MARCOS 1

Preparación (1.1-13)
  I. Actividad de Jesús en Galilea (1.14—6.6a)
  II. Viajes por diversas regiones (6.6b—10.52)
  III. Actividad en Jerusalén, pasión, muerte y resurrección (11.1—16.20)

El estilo de *Marcos* se caracteriza por su carácter popular, con descripciones bastante pormenorizadas, incluso con repetición de detalles.

Por otra parte, casi todo el material de este evangelio se halla también en los otros dos sinópticos (*Mateo* y *Lucas*) o, por lo menos, en alguno de ellos. Muy pocos pasajes son exclusivos de *Marcos* (los principales son: 3.20-21; 4.26-29; 7.32-37; 8.22-26; 14.51-52).

Hoy es opinión generalmente aceptada que los evangelios de *Mateo* y *Lucas* de alguna manera se basan en el de *Marcos*. Los mejores manuscritos de *Marcos* terminan en 16.8. Los vv. 16.9-20 tienen un estilo diferente y parecen ser un resumen de los relatos que se encuentran en otros evangelios. Probablemente son de otra mano y se añadieron en un momento posterior.

Debemos a los autores cristianos del siglo II la atribución de este evangelio a Marcos (identificado con el personaje del mismo nombre que se menciona en Hch 12.12,25; 15.37,39; Col 4.10; 2 Ti 4.11; Flm 24; 1 P 5.13). De esa misma época es la noticia de que el evangelio fue escrito en Roma, después de la muerte de Pedro y de Pablo. Se puede colegir de diversos textos (cf., por ejemplo, Mc 7.3-4; 10.11-12) que los lectores a quienes se destinó en primer lugar este evangelio eran cristianos no judíos, posiblemente romanos.

La ciencia bíblica actual ha reconocido la importancia de este evangelio como testimonio valioso de la más antigua enseñanza de la iglesia sobre Jesús, el Hijo de Dios.

Se ofrece a continuación una posible manera de entender las principales secciones del evangelio:

Introducción (1.1-15)
  I. Jesús revela quién es (1.16—8.30)
    1. Enseña con plena autoridad (1.16—3.12)
    2. Los secretos del reino de Dios (3.13—6.6a)
    3. "Tú eres el Mesías" (6.6b—8.30)
  II. Jesús revela y cumple su misión (8.31—16.20)
    1. Jesús anuncia su muerte (8.31—11.11)
    2. En Jerusalén (11.12—13.37)
    3. Pasión, muerte y resurrección (14.1—16.20)

Introducción (1.1-15)

1 **Juan el Bautista en el desierto** *(Mt 3.1-12; Lc 3.1-9,15-17; Jn 1.19-28)* ¹ Principio de la buena noticia[a] de Jesús el Mesías, el Hijo de Dios.[b]

² Está escrito en el libro del profeta Isaías:
"Envío mi mensajero delante de ti,
para que te prepare el camino.[c]
³ Una voz grita en el desierto:
'Preparen el camino del Señor;
ábranle un camino recto.' "[d]

⁴ Y así se presentó Juan el Bautista[e] en el desierto; decía a todos que debían volverse a Dios[f] y ser bautizados, para que Dios les perdonara sus pecados.[g] ⁵ Todos los de la región de Judea y de la ciudad de Jerusalén salían a oírlo. Confesaban sus pecados, y Juan los bautizaba en el río Jordán.

⁶ La ropa de Juan estaba hecha de pelo de camello, y se la sujetaba al cuerpo con un cinturón de cuero;[h] y comía langostas[i] y miel del monte. ⁷ En su proclamación decía: "Después de mí viene uno más poderoso que yo, que ni siquiera merezco agacharme para desatarle la correa de sus sandalias.[j] ⁸ Yo los he bautizado a ustedes con agua; pero él los bautizará con el Espíritu Santo."[k]

Jesús es bautizado *(Mt 3.13-17; Lc 3.21-22)*[l] ⁹ Por aquellos días, Jesús salió de Nazaret, que está en la región de Galilea,[m] y Juan lo bautizó en el Jordán. ¹⁰ En el momento de salir del agua, Jesús vio que el cielo se abría y que el Espíritu

---

[a] 1.1 *Buena noticia:* La traducción tradicional es *evangelio*, palabra de origen griego que significa "buena noticia". Véase *Introducción a los evangelios*.

[b] 1.1 *El Hijo de Dios:* Esta frase falta en algunos mss. griegos. En su evangelio, Marcos va mostrando progresivamente el carácter mesiánico y divino de Jesús. Cf., por ej., Mc 1.24,34; 2.5; 3.11; 8.29-31; 14.61-62; 15.39.

[c] 1.2 Mal 3.1.

[d] 1.3 Is 40.3.

[e] 1.4 *Y así se presentó Juan el Bautista:* Algunos mss. dicen *Juan bautizaba.*

[f] 1.4 *Volverse a Dios:* lit. *cambiar la manera de pensar;* la palabra griega, traducida a veces por *arrepentirse,* significa cambiar de actitud y convertirse a Dios (véase Mt 3.2 nota *c*).

[g] 1.4-5 *Volverse a Dios y ser bautizados... perdonara sus pecados:* El bautismo de Juan era no solo una purificación ritual sino un rito que simbolizaba al cuerpo una verdadera conversión. Cf. Hch 2.38; 13.24.

[h] 1.6 Juan se vestía como el profeta Elías (2 R 1.8; cf. Zac 13.4). Esta indicación probablemente debe entenderse en el sentido de que llevaba una capa de pelo de camello, y de que se cubría de la cintura para abajo, hasta las rodillas, con una prenda de cuero que reemplazaba la túnica.

[i] 1.6 *Langostas:* insectos parecidos a los saltamontes, considerados comestibles en diversos países orientales (cf. Lv 11.22).

[j] 1.7 Jn 1.15,27,30. *Desatar* a alguien *la correa de sus sandalias* era un servicio humilde, propio de un esclavo.

[k] 1.8 Jn 1.33; Hch 1.5; 2.1-4.

[l] 1.9-11 Cf. también Jn 1.31-34.

bajaba sobre él como una paloma. **11** Y se oyó una voz del cielo, que decía: "Tú eres mi Hijo amado, a quien he elegido." [n]

Jesús en el desierto *(Mt 4.1-11; Lc 4.1-13)* **12** Después de esto, el Espíritu llevó a Jesús al desierto. **13** Allí estuvo cuarenta días, [ñ] viviendo entre las fieras y siendo puesto a prueba [o] por Satanás; [p] y los ángeles le servían.

Jesús comienza su actividad en Galilea [q] *(Mt 4.12-17; Lc 4.14-15)*
14 Después que metieron a Juan en la cárcel, [r] Jesús fue a Galilea a anunciar las buenas noticias de parte de Dios. [s] **15** Decía: "Ya se cumplió el plazo señalado, y el reino de Dios [t] está cerca. Vuélvanse a Dios [u] y acepten con fe sus buenas noticias."

I. JESÚS REVELA QUIÉN ES (1.16—8.30)

1. Enseña con plena autoridad (1.16—3.12)

Jesús llama a cuatro pescadores *(Mt 4.18-22; Lc 5.1-11)*
16 Jesús pasaba por la orilla del Lago de Galilea, [v] cuando vio a Simón [w] y a su hermano Andrés. Eran pescadores, y estaban echando la red al agua. **17** Les dijo Jesús:
—Síganme, y yo haré que ustedes sean pescadores de hombres.
18 Al momento dejaron sus redes y se fueron con él. [x]
19 Un poco más adelante, Jesús vio a Santiago [y] y a su hermano Juan, hijos de Zebedeo, que estaban en una barca arreglando las redes. **20** En seguida los llamó, y ellos dejaron a su padre Zebedeo en la barca con sus ayudantes, y se fueron con Jesús.

Un hombre que tenía un espíritu impuro *(Lc 4.31-37)* **21** Llegaron a Cafarnaúm, [z] y en el sábado [a] Jesús entró en la sinagoga [b] y comenzó a enseñar. **22** La gente se admiraba de cómo les enseñaba, porque lo hacía con plena autoridad y no como los maestros de la ley. [c] **23** En la sinagoga del pueblo había un hombre que tenía un espíritu impuro, [d] el cual gritó:
24 —¿Por qué te metes con nosotros, Jesús de Nazaret? ¿Has venido a destruirnos? [e] Yo te conozco, y sé que eres el Santo de Dios. [f]
25 Jesús reprendió a aquel espíritu, diciéndole:
—¡Cállate y deja a este hombre!
26 El espíritu impuro hizo que al hombre le diera un ataque, y gritando con gran fuerza salió de él. **27** Todos se asustaron, y se preguntaban unos a otros:
—¿Qué es esto? ¡Enseña de una manera nueva, y con plena autoridad! ¡Incluso a los espíritus impuros da órdenes, y lo obedecen!
28 Y muy pronto la fama de Jesús se extendió por toda la región de Galilea.

Jesús sana a la suegra de Simón *(Mt 8.14-15; Lc 4.38-39)*
29 Cuando salieron de la sinagoga, Jesús fue con Santiago y Juan a casa de Simón y Andrés. **30** La suegra de Simón estaba en cama, con fiebre. Se lo dijeron a Jesús, **31** y él se acercó, y tomándola de la mano la levantó; al momento se le quitó la fiebre y comenzó a atenderlos.

Jesús sana a muchos enfermos [g] *(Mt 8.16-17; Lc 4.40-41)*
32 Al anochecer, cuando ya se había puesto el sol, llevaron todos los enfermos y endemoniados a Jesús, [h] **33** y el pueblo entero se reunió a la puerta. **34** Jesús sanó de toda clase de enfermedades a mucha gente, y expulsó a muchos demonios; pero no dejaba que los demonios hablaran, [i] porque ellos lo conocían. [j]

---

[m] **1.9** *Nazaret:* en aquel tiempo, un pueblo pequeño, situado en Galilea, región del norte de Palestina.
[n] **1.11** *Mi Hijo amado:* también puede entenderse como *mi único Hijo. A quien he elegido:* o *a quien he preferido.* Cf. Gn 22.2; Sal 2.7; Is 42.1; sobre la alusión a estos pasajes, véase Mt 3.17 n. Nótese también Mt 12.18; Mc 9.7; Lc 9.35; 2 P 1.17.
[ñ] **1.13** *Cuarenta días:* Véase Mt 4.2 n.
[o] **1.13** *Puesto a prueba:* Heb 2.18; 4.15.
[p] **1.13** *Satanás:* nombre que significa *el acusador* o *el adversario* y que es aplicado al diablo.
[q] **1.14-15** Se hace aquí un resumen de la predicación de Jesús, centrada en el anuncio de la llegada del reino de Dios, junto con el llamamiento a volverse a Dios y a aceptar ese anuncio con fe.
[r] **1.14** *Juan* el Bautista había sido apresado por orden de Herodes Antipas (véase Mt 4.12 n.; cf. Mc 6.17-18).
[s] **1.14** *Las buenas noticias:* Véase 1.1 nota *a*.
[t] **1.15** *Reino de Dios:* Véase *Índice temático.* Cf. Mt 3.2.
[u] **1.15** *Vuélvanse a Dios:* Véase 1.4 nota *f.*
[v] **1.16** *Lago de Galilea:* Véase *Índice temático.*
[w] **1.16** *Simón:* que después fue llamado Pedro, o Simón Pedro (Mc 3.16). Véase Mt 16.18 nota *m*.
[x] **1.16-18** Jn 1.35-42.
[y] **1.19** *Santiago:* derivación tradicional del nombre *Jacob* o *Jacobo;* véase Mt 4.21 n.
[z] **1.21** Aunque Jesús era de Nazaret, el centro de su actividad en Galilea fue *Cafarnaúm,* la población más grande a orillas del Lago de Galilea.
[a] **1.21** *Sábado:* Véase *Índice temático.*
[b] **1.21** *Sinagoga:* casa de reunión e instrucción de los judíos; véase *Índice temático.* Cualquier persona competente podía ser invitada durante la reunión a explicar las Escrituras (cf. Lc 4.16-21; Hch 13.14-15).

[c] **1.22** Mt 7.28-29. *Maestros de la ley:* Véase *Introducción al NT (30).* Estos basaban su enseñanza, sobre todo, en la autoridad de las Escrituras y de otros maestros, pero Jesús enseñaba con autoridad propia.
[d] **1.23** *Espíritu impuro:* demonio o espíritu malo. Véase *Demonio* en el *Índice temático.* Los antiguos veían en muchos desórdenes físicos y mentales del hombre un influjo de espíritus malos. Jesús quiere librar al ser humano del mal en todas sus manifestaciones.
[e] **1.24** Esta frase también puede traducirse como afirmación: *Has venido a destruirnos.*
[f] **1.24** Jn 6.69. *El Santo de Dios:* expresión que se refiere a su relación especial con Dios.
[g] **1.32-34** Resumen de la actividad de Jesús. Cf. también Mt 4.23-25; Mc 1.39; 3.7-12; 4.33-34; 6.53-56. Estos resúmenes sirven para dar cohesión a los diversos relatos que forman el evangelio.
[h] **1.32** Debieron esperar hasta el *anochecer* porque se consideraba que llevar a los enfermos hasta donde se encontraba Jesús era un "trabajo" prohibido en sábado. Con la puesta del sol terminaba el sábado y empezaba el día siguiente. *Endemoniados:* Véase 1.23 n.
[i] **1.34** Jesús *no dejaba que los demonios hablaran* de él, y según 1.43-44 también prohibió al leproso sanado hablar del milagro que le había hecho. En los evangelios sinópticos, y especialmente en Mc, se hace notar con frecuencia cómo Jesús prohibía que se refirieran abiertamente a él como Hijo de Dios o como el Mesías (cf., por ej., Mc 1.44; 3.11-12; 5.43; 7.36; 8.30; 9.9). Jesús enseñó en privado a sus discípulos que él tendría que padecer, sufrir la muerte y resucitar (Mc 8.31; 9.31; 10.32-34). Les presentó así un concepto de su misión que difería de la idea popular judía de un Mesías conquistador y libertador en el sentido político. Solo cuando respondió al sumo sacerdote, poco antes de ser crucificado, Jesús se declaró públicamente como el Mesías (Mc 14.61-62).
[j] **1.34** *Lo conocían:* Sabían quién era Jesús.

Jesús anuncia el mensaje en las sinagogas (Lc 4.42-44)

35 De madrugada, cuando todavía estaba oscuro, Jesús se levantó y salió de la ciudad para ir a orar a un lugar solitario. *k* **36** Simón y sus compañeros fueron en busca de Jesús, **37** y cuando lo encontraron le dijeron:

—Todos te están buscando.

38 Pero él les contestó:

—Vamos a los otros lugares cercanos; también allí debo anunciar el mensaje, porque para esto he salido. *l*

39 Así que Jesús andaba por toda Galilea, anunciando el mensaje en las sinagogas de cada lugar y expulsando a los demonios. *m*

Jesús sana a un leproso (Mt 8.1-4; Lc 5.12-16)

40 Un hombre enfermo de lepra se acercó a Jesús, y poniéndose de rodillas le dijo:

—Si quieres, puedes limpiarme *n* de mi enfermedad.

41 Jesús tuvo compasión de él; *ñ* lo tocó con la mano y dijo:

—Quiero. ¡Queda limpio!

42 Al momento se le quitó la lepra al enfermo, y quedó limpio. **43** Jesús lo despidió en seguida, y le recomendó mucho:

44 —Mira, no se lo digas a nadie; *o* solamente ve y preséntate al sacerdote, y lleva, por tu purificación, la ofrenda que ordenó Moisés, *p* para que conste ante los sacerdotes.

45 Pero el hombre se fue y comenzó a contar a todos lo que había pasado. Por eso Jesús ya no podía entrar abiertamente en ningún pueblo, sino que se quedaba fuera, en lugares donde no había gente; pero de todas partes acudían a verlo.

2

Jesús perdona y sana a un paralítico (Mt 9.1-8; Lc 5.17-26)

1 Algunos días después, Jesús volvió a entrar en Cafarnaúm. En cuanto se supo que estaba en casa, *a* **2** se juntó tanta gente que ni siquiera cabían frente a la puerta; y él les anunciaba el mensaje. **3** Entonces, entre cuatro, le llevaron un paralítico. **4** Pero como había mucha gente y no podían acercarlo hasta Jesús, quitaron parte del techo de la casa donde él estaba, y por la abertura bajaron al enfermo en la camilla en que estaba acostado. *b* **5** Cuando Jesús vio la fe que tenían, le dijo al enfermo:

—Hijo mío, tus pecados quedan perdonados. *c*

6 Algunos maestros de la ley que estaban allí sentados, pensaron: **7** "¿Cómo se atreve este a hablar así? Sus palabras son una ofensa contra Dios. *d* Solo Dios puede perdonar pecados." *e* **8** Pero Jesús en seguida se dio cuenta de lo que estaban pensando, y les preguntó:

—¿Por qué piensan ustedes así? **9** ¿Qué es más fácil, decirle al paralítico: 'Tus pecados quedan perdonados', o decirle: 'Levántate, toma tu camilla y anda'? **10** Pues voy a demostrarles que el Hijo del hombre *f* tiene autoridad en la tierra para perdonar pecados.

Entonces le dijo al paralítico:

11 —A ti te digo, levántate, toma tu camilla y vete a tu casa.

12 El enfermo se levantó en el acto, y tomando su camilla salió de allí, a la vista de todos. Por esto, todos se admiraron y alabaron a Dios, diciendo:

—Nunca hemos visto una cosa así.

Jesús llama a Leví (Mt 9.9-13; Lc 5.27-32)

13 Después fue Jesús otra vez a la orilla del lago; *g* la gente se acercaba a él, y él les enseñaba. **14** Al pasar vio a Leví, *h* hijo de Alfeo, sentado en el lugar donde cobraba los impuestos para Roma. Jesús le dijo:

—Sígueme.

Leví se levantó y lo siguió.

15 Sucedió que Jesús estaba comiendo en casa de Leví, *i* y muchos de los que cobraban impuestos para Roma, *j* y otra gente de mala fama, *k* estaban también sentados a la mesa, junto con Jesús y sus discípulos, pues eran muchos los que lo seguían. **16** Algunos maestros de la ley, que eran fariseos, al ver que Jesús comía con todos aquellos, preguntaron a los discípulos:

—¿Cómo es que su maestro come con cobradores de impuestos y pecadores? *l*

17 Jesús lo oyó, y les dijo:

—Los que están sanos no necesitan médico, sino los enfermos. Yo no he venido a llamar a los justos, *m* sino a los pecadores.

La pregunta sobre el ayuno (Mt 9.14-17; Lc 5.33-39)

18 Una vez estaban ayunando los seguidores de Juan el Bautista *n* y los fariseos, y algunas personas fueron a Jesús y le preguntaron:

---

k **1.35** Mt 14.23; Mc 6.46; Lc 5.16; 6.12.

l **1.38** *He salido:* El sentido inmediato parece referirse a la salida de Jesús de Cafarnaúm (v. 35), aunque puede también entenderse en relación con toda su misión, recibida de Dios (cf. Lc 4.43).

m **1.39** Mt 4.23; 9.35.

n **1.40-42** La persona afectada de lepra era considerada ritualmente impura; al ser sanada, quedaba *limpia.* Véase Mt 8.2-3 n.

ñ **1.41** *Tuvo compasión de él:* Algunos mss. dicen *se indignó.*

o **1.43-44** *No se lo digas a nadie:* Véase 1.34 nota *i.*

p **1.44** *La ofrenda que ordenó Moisés:* Lv 14.1-32; véase Mt 8.4 nota *d.*

a **2.1** *En casa:* probablemente, la de Simón. Cf. 1.29, y véase 7.17 n.

b **2.4** *Quitaron parte del techo:* En las casas de Palestina, unas gradas exteriores conducían a la azotea, que era de ramas y maderas cubiertas con tierra.

c **2.5** La enfermedad era considerada, por lo general, como consecuencia del pecado; Jesús declara *perdonados* los *pecados* del enfermo antes de sanarlo físicamente, y la curación sirve de prueba a los presentes de que Jesús tenía poder para perdonar pecados (vv. 7-12). Cf. también Stg 5.15.

d **2.7** *Ofensa contra Dios:* Véase Mt 9.3 n.

e **2.5-7** Cf. Lc 7.48-49.

f **2.10** *Hijo del hombre:* Véanse Mt 8.20 nota *n* e *Índice temático.*

g **2.13** Esto es, el *Lago de Galilea* (véase *Índice temático*).

h **2.14** *Leví:* mencionado con este nombre solo aquí y en Lc 5.27-32. En Mt 9.9-13 se le da el nombre de Mateo.

i **2.15** *En casa de Leví:* lit. *en su casa* (Lc 5.29).

j **2.15** *Los que cobraban impuestos para Roma:* Véase *Cobradores de impuestos* en el *Índice temático.*

k **2.15** *Gente de mala fama:* lit. *pecadores;* véase Mt 9.10 nota *h.*

l **2.16** *Fariseos:* miembros de un partido religioso judío; véase *Introducción al NT (27).*

m **2.17** *Justos:* Lc 15.7 nota *g.*

n **2.18** Respecto a *los seguidores de Juan el Bautista,* véase Mt 9.14 nota *k.*

REINO DE DIOS, REINO DE LOS CIELOS

El reino	Detalles	Referencias
Anunciado por los profetas		Is 9.6; 11.1-9; Abd 21; Miq 4.6-8
Anunciado por Juan el Bautista		Mt 3.1-12; Lc 7.18-29
Anunciado por Jesús		Mt 12.25-28; 13.24,31,33, 44-45,47,52;
	Ejemplificado	20.1; 22.2; 25.1,14; Lc 13.20
	Su proclamación	Mt 4.23; Mc 1.14-15
		Mt 4.17; 5.1-12; 6.33; 7.21; 18.3; 19.14,23;
		21.43; 23.13; 25.34-36; Lc 18.29;
	Exigencias	Jn 3.3-5; 18.36
	Obstáculos para el cumplimiento del reino	Mt 8.10-12; 19.23-24; Mc 9.42-48
Los discípulos deben proclamarlo con acciones y fe		Mt 6.10-13,33; 10.7; Mc 16.14-18; Lc 10.9
En los Hechos de los apóstoles		Hch 1.3; 8.12; 14.21-22; 19.8; 28.23,31
En las cartas		Ro 14.17; 1 Co 4.20; 6.9-10; 1 Ts 2.12; Stg 2.5
Culminación (al final de los tiempos)		Mt 24.1–25.46; Lc 17.20; 21.7-36; 22.16,18

Véase *Reino de Dios* en el *Índice temático*.

—Los seguidores de Juan y los de los fariseos ayunan: ¿por qué no ayunan tus discípulos? *ñ*

19 Jesús les contestó:

—¿Acaso pueden ayunar los invitados a una boda, *o* mientras el novio está con ellos? Mientras está presente el novio, no pueden ayunar. **20** Pero llegará el momento en que se lleven al novio; *p* cuando llegue ese día, entonces sí ayunarán.

21 "Nadie arregla un vestido viejo con un remiendo de tela nueva, porque el remiendo nuevo encoge y rompe el vestido viejo, y el desgarrón se hace mayor. **22** Ni tampoco se echa vino nuevo en cueros viejos, porque el vino nuevo hace que se revienten los cueros, y se pierden tanto el vino como los cueros. Por eso hay que echar el vino nuevo en cueros nuevos." *q*

Los discípulos arrancan espigas en sábado *r* (Mt 12.1-8; Lc 6.1-5) **23** Un sábado, Jesús caminaba entre los sembrados, y sus discípulos, al pasar, comenzaron a arrancar espigas de trigo. *s* **24** Los fariseos le preguntaron:

—Oye, ¿por qué hacen tus discípulos algo que no está permitido hacer en sábado?

25 Pero él les dijo:

—¿Nunca han leído ustedes lo que hizo David en una ocasión en que él y sus compañeros tuvieron necesidad y sintieron hambre? **26** Pues siendo Abiatar sumo sacerdote, David entró en la casa de Dios y comió los panes consagrados a Dios, que solamente a los sacerdotes se les permitía comer; *t* y dio también a la gente que iba con él. *u*

27 Jesús añadió:

—El sábado se hizo para el hombre, y no el hombre para el sábado. **28** Por esto, el Hijo del hombre tiene autoridad también sobre el sábado.

3 **Jesús sana a un enfermo en sábado** *a* (Mt 12.9-14; Lc 6.6-11) **1** Jesús entró otra vez en la sinagoga; y había en ella un hombre que tenía una mano tullida. **2** Y espiaban a Jesús para ver si lo sanaría en sábado, y así tener de qué acusarlo. *b* **3** Jesús le dijo entonces al hombre que tenía la mano tullida:

—Levántate y ponte ahí en medio.

4 Luego preguntó a los otros:

—¿Qué está permitido hacer en sábado: el bien o el mal? ¿Salvar una vida o destruirla? *c*

Pero ellos se quedaron callados. **5** Jesús miró entonces con enojo a los que le rodeaban, y entristecido por la dureza de su corazón le dijo a aquel hombre:

—Extiende la mano.

ñ **2.18** La práctica del ayuno data de tiempos del AT. Véase Mt 6.16 n.

o **2.19** *Los invitados a una boda:* Véase Mt 9.15 nota *m*.

p **2.20** Alusión a la muerte de Jesús.

q **2.22** *Cueros:* Véanse Mt 9.17 n. y 9.16-17 n.

r **2.23-28** En esta sección y en la siguiente (Mc 3.1-6) se trata del conflicto entre Jesús y los fariseos en torno a la observancia del sábado.

s **2.23-24** *Sábado:* Véase *Índice temático*. Según la interpretación que los judíos daban a la ley mosaica, los discípulos desobedecían el mandamiento de Ex 20.8-11; véase Mt 12.1-2 n.

t **2.26** Lv 24.9.

u **2.25-26** 1 S 21.1-6 (2-7). *Abiatar* fue *sumo sacerdote* durante el reinado de David (2 S 15.35); según 1 S 21.1 (2) y 22.20, Ahimélec, padre de Abiatar, era sacerdote en la ocasión mencionada.

a **3.1-6** Concluye aquí una serie de relatos en que se narran enfrentamientos entre Jesús y diversos grupos de su pueblo (2.1—3.6). La decisión contra Jesús (v. 6) prepara el desenlace final (8.31—16.20).

b **3.2** Los judíos consideraban que la acción de sanar era un trabajo que se prohibía hacer en sábado.

c **3.4** Lc 14.3.

El hombre la extendió, y su mano quedó sana. **6** Pero en cuanto los fariseos salieron, comenzaron a hacer planes con los del partido de Herodes [d] para matar a Jesús.

Mucha gente a la orilla del lago [e] **7** Jesús, seguido por mucha gente de Galilea, se fue con sus discípulos a la orilla del lago. **8** Cuando supieron las grandes cosas que hacía, también acudieron a verlo muchos de Judea, de Jerusalén, de Idumea, del oriente del Jordán y de la región de Tiro y Sidón. [f] **9** Por esto, Jesús encargó a sus discípulos que le tuvieran lista una barca, para evitar que la multitud lo apretujara. **10** Porque había sanado a tantos, que todos los enfermos se echaban sobre él para tocarlo. [g] **11** Y cuando los espíritus impuros lo veían, se ponían de rodillas delante de él y gritaban:

—¡Tú eres el Hijo de Dios! [h]

12 Pero Jesús les ordenaba severamente que no hablaran de él en público. [i]

2. Los secretos del reino de Dios (3.13—6.6a)

Jesús escoge a los doce apóstoles (Mt 10.1-4; Lc 6.12-16)

13 Después Jesús subió a un cerro, y llamó a los que le pareció bien. Una vez reunidos, **14** eligió de entre ellos a doce, para que lo acompañaran y para mandarlos a anunciar el mensaje. A estos les dio el nombre de apóstoles, [j] **15** y les dio autoridad para expulsar a los demonios. **16** Estos son los doce que escogió: Simón, a quien puso el nombre de Pedro; [k] **17** Santiago y su hermano Juan, hijos de Zebedeo, a quienes llamó Boanerges (es decir, "Hijos del Trueno"); [l] **18** Andrés, Felipe, Bartolomé, Mateo, Tomás y Santiago, hijo de Alfeo; Tadeo, Simón el cananeo, [m,n] **19** y Judas Iscariote, que después traicionó a Jesús.

Acusación contra Jesús (Mt 12.22-32; Lc 11.14-23; 12.10)

20 Después entró Jesús en una casa, [ñ] y otra vez se juntó tanta gente, que ni siquiera podían comer él y sus discípulos. **21** Cuando lo supieron los parientes de Jesús, fueron a llevárselo, pues decían que se había vuelto loco. [o] **22** También los maestros de la ley que habían llegado de Jerusalén decían: "Beelzebú, el propio jefe de los demonios, es quien le ha dado a este hombre el poder de expulsarlos." [p]

23 Jesús los llamó, y les puso un ejemplo, diciendo:

"¿Cómo puede Satanás expulsar al propio Satanás? **24** Un país dividido en bandos enemigos, no puede mantenerse; **25** y una familia dividida, no puede mantenerse. **26** Así también, si Satanás se divide y se levanta contra sí mismo, no podrá mantenerse; habrá llegado su fin.

27 "Nadie puede entrar en la casa de un hombre fuerte y robarle sus cosas, si no lo ata primero; solamente así podrá robárselas.

28 "Les aseguro que Dios dará su perdón a los hombres por todos los pecados y todo lo malo que digan: **29** pero el que ofenda con sus palabras al Espíritu Santo, nunca tendrá perdón, sino que será culpable para siempre." [q]

30 Esto lo dijo Jesús porque ellos afirmaban que tenía un espíritu impuro. [r]

La madre y los hermanos de Jesús (Mt 12.46-50; Lc 8.19-21)

31 Entre tanto llegaron la madre y los hermanos de Jesús, pero se quedaron afuera y mandaron llamarlo. **32** La gente que estaba sentada alrededor de Jesús le dijo:

—Tu madre, tus hermanos y tus hermanas [s] están afuera, y te buscan.

33 Él les contestó:

—¿Quiénes son mi madre y mis hermanos?

34 Luego, mirando a los que estaban sentados a su alrededor, añadió:

—Estos son mi madre y mis hermanos. **35** Pues cualquiera que hace la voluntad de Dios, ese es mi hermano, mi hermana y mi madre.

4

La parábola del sembrador [a] (Mt 13.1-9; Lc 8.4-8)

1 Otra vez comenzó Jesús a enseñar a la orilla del lago. [b] Como se reunió una gran multitud, Jesús subió a una barca que había en el lago, y se sentó, [c] mientras la gente se quedaba en la orilla. [d] **2** Entonces se puso a enseñarles muchas cosas por medio de parábolas. [e]

En su enseñanza les decía: **3** "Oigan esto: Un sembrador salió a sembrar. **4** Y al sembrar, una parte de la semilla cayó en el camino, y llegaron las aves y se la comieron. **5** Otra parte cayó entre las piedras, donde no había mucha tierra; esa semilla brotó pronto, porque la tierra no era muy honda; **6** pero el sol, al salir, la quemó, y como no tenía raíz, se secó. [f] **7** Otra parte de la semilla cayó entre espinos, y los

---

[d] 3.6 *Los del partido de Herodes:* Véase Mt 22.16 n.
[e] 3.7-12 Véase Mc 1.32-34 n.
[f] 3.8 Mt 4.25. *Idumea:* región al sur de Judea, poblada por no judíos. *Tiro y Sidón:* ciudades no judías del norte de Palestina.
[g] 3.9-10 Mc 4.1; Lc 5.1-3.
[h] 3.11 Mc 1.24,34; 5.7; Lc 4.41.
[i] 3.12 *Que no hablaran:* Véase Mc 1.34 nota *i.*
[j] 3.14 *Apóstoles:* Véase Mt 10.1-2 n. Algunos mss. omiten *A estos les dio el nombre de apóstoles.*
[k] 3.16 *Pedro:* Mt 16.18 nota *m.*
[l] 3.17 *"Hijos del Trueno":* Esta expresión semítica puede traducirse como *hombres tempestuosos,* en el sentido de personas de carácter impulsivo (cf. Lc 9.54) o ambicioso (cf. Mc 10.35-37).
[m] 3.18 *Tadeo:* Véase Mt 10.3 nota *e.*
[n] 3.18 *Cananeo:* celoso o ferviente. Véanse Mt 10.4 n. y Lc 6.15 nota *m.*
[ñ] 3.20 *En una casa:* Puede tratarse de la casa de Simón en Cafarnaúm. Véanse Mt 9.1 n.; Mc 2.1 n., y cf. también Mc 1.29.

[o] 3.21 Jn 10.20. *Parientes:* o *amigos* (lit. *los de junto a él*); pero cf. vv. 31-32.
[p] 3.22 Mt 9.34; 10.25. *Beelzebú:* el diablo, jefe de los demonios; véase Mt 12.24 n.
[q] 3.28-29 Mt 12.32; Lc 12.10.
[r] 3.30 *Afirmaban que tenía un espíritu impuro:* esto es, atribuían la expulsión de los demonios al mismo jefe de ellos (v. 22). Por esta razón Jesús habla de la actitud comúnmente llamada el "pecado imperdonable". Cf. 2 Ts 1.8-9; Heb 6.4-6; 10.26-29; 1 Jn 5.16-17.
[s] 3.32 Algunos mss. omiten *y tus hermanas.* Véase Mt 12.46 n.
[a] 4.1-9 Esta sección y las que siguen (vv. 10-34) abarcan una serie de parábolas de Jesús y algunas explicaciones.
[b] 4.1 *Lago:* el de Galilea.
[c] 4.1 *Se sentó:* Los maestros religiosos de entonces se sentaban para enseñar. Véase Mt 5.1 n.
[d] 4.1 Mc 3.7-9; Lc 5.1-3.
[e] 4.2 *Parábolas:* relatos, ejemplos o comparaciones empleados para enseñar; véase *Índice temático.*
[f] 4.5-6 Sobre la imagen empleada, véase Mt 13.5-6 n.

espinos crecieron y la ahogaron, de modo que la semilla no dio grano. **8** Pero otra parte cayó en buena tierra, y creció, dando una buena cosecha; algunas espigas dieron treinta granos por semilla, otras sesenta granos, y otras cien."

9 Y añadió Jesús: "Los que tienen oídos, oigan."

El porqué de las parábolas (Mt 13.10-17; Lc 8.9-13) **10** Después, cuando Jesús se quedó solo, los que estaban cerca de él junto con los doce discípulos le preguntaron qué quería decir aquella parábola. **11** Les contestó: "A ustedes, Dios les da *g* a conocer el secreto *h* de su reino; pero a los que están afuera se les dice todo por medio de parábolas, **12** para que por más que miren, no vean, y por más que oigan, no entiendan, para que no se vuelvan a Dios, y él no los perdone." *i*

Jesús explica la parábola del sembrador (Mt 13.18-23; Lc 8.11-15) **13** Les dijo: "¿No entienden ustedes esta parábola? ¿Cómo, pues, entenderán todas las demás? **14** El que siembra la semilla representa al que anuncia el mensaje. **15** Hay quienes son como la semilla que cayó en el camino: oyen el mensaje, pero después de oírlo viene Satanás y les quita el mensaje sembrado en su corazón. **16** Otros son como la semilla sembrada entre las piedras: oyen el mensaje y lo reciben con gusto, **17** pero como no tienen suficiente raíz, no se mantienen firmes; por eso, cuando por causa del mensaje sufren pruebas o persecución, pierden la fe. **18** Otros son como la semilla sembrada entre espinos: oyen el mensaje, **19** pero los negocios de la vida presente les preocupan demasiado, el amor por las riquezas los engaña, y quisieran poseer todas las cosas. Todo esto entra en ellos, y ahoga el mensaje y no lo deja dar fruto. **20** Pero hay otros que oyen el mensaje y lo aceptan, y dan una buena cosecha, como la semilla sembrada en buena tierra. De esos, algunos rinden treinta, otros sesenta, y otros ciento por uno."

La parábola de la lámpara (Lc 8.16-18) **21** También les dijo: "¿Acaso se trae una lámpara *j* para ponerla bajo un cajón *k* o debajo de la cama? No, una lámpara se pone en alto, para que alumbre. *l* **22** De la misma manera, no hay nada escondido que no llegue a descubrirse, ni nada secreto que no llegue a ponerse en claro. *m* **23** Los que tienen oídos, oigan."

24 También les dijo: "Fíjense en lo que oyen. Con la misma medida con que ustedes den a otros, Dios les dará a ustedes; *n* y les dará todavía más. **25** Pues al que tiene, se le dará más; pero al que no tiene, hasta lo poco que tiene se le quitará." *ñ*

La parábola del crecimiento de la semilla **26** Jesús dijo también: "Con el reino de Dios sucede como con el hombre que siembra semilla en la tierra: **27** que lo mismo da que esté dormido o despierto, que sea de noche o de día, la semilla nace y crece, sin que él sepa cómo. **28** Y es que la tierra produce por sí misma: primero el tallo, luego la espiga y más tarde los granos que llenan la espiga. **29** Y cuando ya el grano está maduro, lo recoge, *o* porque ha llegado el tiempo de la cosecha." *p*

La parábola de la semilla de mostaza (Mt 13.31-32; Lc 13.18-19) **30** También dijo Jesús: "¿A qué se parece el reino de Dios, o con qué podremos compararlo? **31** Es como una semilla de mostaza *q* que se siembra en la tierra. Es la más pequeña de todas las semillas del mundo, **32** pero una vez sembrada, crece y se hace mayor que todas las otras plantas del huerto, con ramas tan grandes que hasta las aves pueden posarse bajo su sombra." *r*

El uso que Jesús hacía de las parábolas (Mt 13.34-35) **33** De esta manera les enseñaba Jesús el mensaje, por medio de muchas parábolas como estas, según podían entender. **34** Pero no les decía nada sin parábolas, aunque a sus discípulos se lo explicaba todo aparte. *s*

Jesús calma la tormenta (Mt 8.23-27; Lc 8.22-25) **35** Al anochecer de aquel mismo día, Jesús dijo a sus discípulos:

—Vamos al otro lado del lago. *t*

36 Entonces dejaron a la gente y llevaron a Jesús en la barca en que ya estaba; *u* y también otras barcas lo acompañaban. **37** En esto se desató una tormenta, con un viento tan fuerte que las olas caían sobre la barca, de modo que se llenaba de agua. **38** Pero Jesús se había dormido en la parte de atrás, apoyado sobre una almohada. Lo despertaron y le dijeron:

—¡Maestro! ¿No te importa que nos estemos hundiendo?

39 Jesús se levantó y dio una orden al viento, y dijo al mar:

—¡Silencio! ¡Quédate quieto!

El viento se calmó, y todo quedó completamente tranquilo. **40** Después dijo Jesús a los discípulos:

—¿Por qué están asustados? ¿Todavía no tienen fe?

41 Ellos se llenaron de miedo, y se preguntaban unos a otros:

—¿Quién será este, que hasta el viento y el mar lo obedecen? *v*

---

g **4.11** *Dios les da:* lit. *les es dado,* voz pasiva que evita el uso del nombre divino (Mt 5.4 nota g).

h **4.11** *Secreto:* Véase *Designios secretos* en el *Índice temático.*

i **4.12** Is 6.9-10; Jn 12.40; Hch 28.26-27.

j **4.21** *Lámpara:* de aceite de oliva.

k **4.21** *Cajón:* lit. *medida,* recipiente para trigo o granos en general.

l **4.21** Mt 5.15; Lc 11.33.

m **4.22** Mt 10.26; Lc 8.17; 12.2-3. Lo que Jesús había enseñado en secreto a sus discípulos (Mc 1.34 nota *i*) será después divulgado por ellos.

n **4.24** Mt 7.2; Lc 6.38.

ñ **4.25** Mt 13.12; 25.29; Lc 8.18; 19.26.

o **4.29** *Lo recoge:* lit. *se mete la hoz,* expresión que se refiere a la acción de cosechar el grano.

p **4.29** Jl 3.13 (4.13); Ap 14.15.

q **4.31** *Mostaza:* planta grande, que brota de una semilla muy pequeña (Mt 13.31 n.).

r **4.32** Ez 17.23; 31.6; Dn 4.12 (9), 20-21 (17-18).

s **4.34** *A sus discípulos... todo aparte:* Mc 1.34 nota *i.*

t **4.35** Al *lado* oriental del Lago de Galilea.

u **4.36** *Llevaron a Jesús en la barca en que ya estaba:* otra posible traducción: *tomaron a Jesús, así como estaba, en la barca.*

v **4.39-41** Cf. Sal 107.28-29.

5 El endemoniado de Gerasa (Mt 8.28-34; Lc 8.26-39)

1 Llegaron al otro lado del lago, a la tierra de Gerasa.[a] **2** En cuanto Jesús bajó de la barca, se le acercó un hombre que tenía un espíritu impuro. Este hombre había salido de entre las tumbas,[b] **3** porque vivía en ellas. Nadie podía sujetarlo, ni siquiera con cadenas. **4** Pues aunque muchas veces lo habían atado de pies y manos con cadenas, siempre las había hecho pedazos, sin que nadie lo pudiera dominar. **5** Andaba de día y de noche por los cerros y las tumbas, gritando y golpeándose con piedras. **6** Pero cuando vio de lejos a Jesús, echó a correr, y poniéndose de rodillas delante de él **7** le dijo a gritos:

—¡No te metas conmigo, Jesús, Hijo del Dios altísimo! ¡Te ruego por Dios que no me atormentes![c]

8 Hablaba así porque Jesús le había dicho:

—¡Espíritu impuro, deja a ese hombre!

9 Jesús le preguntó:

—¿Cómo te llamas?

Él contestó:

—Me llamo Legión,[d] porque somos muchos.

10 Y rogaba mucho a Jesús que no enviara los espíritus fuera de aquella región. **11** Y como cerca de allí, junto al cerro, había gran número de cerdos comiendo,[e] **12** los espíritus le rogaron:

—Mándanos a los cerdos y déjanos entrar en ellos.

13 Jesús les dio permiso, y los espíritus impuros salieron del hombre y entraron en los cerdos. Estos, que eran unos dos mil, echaron a correr pendiente abajo hasta el lago, y allí se ahogaron.

14 Los que cuidaban de los cerdos salieron huyendo, y fueron a contar en el pueblo y por los campos lo sucedido. La gente acudió a ver lo que había pasado. **15** Y cuando llegaron a donde estaba Jesús, vieron sentado, vestido y en su cabal juicio al endemoniado que había tenido la legión de espíritus. La gente estaba asustada, **16** y los que habían visto lo sucedido con el endemoniado y con los cerdos, se lo contaron a los demás. **17** Entonces comenzaron a rogarle a Jesús que se fuera de aquellos lugares.

18 Al volver Jesús a la barca, el hombre que había estado endemoniado le rogó que lo dejara ir con él. **19** Pero Jesús no se lo permitió, sino que le dijo:

—Vete a tu casa, con tus parientes, y cuéntales todo lo que el Señor te ha hecho,[f] y cómo ha tenido compasión de ti.

20 El hombre se fue, y comenzó a contar por los pueblos de Decápolis lo que Jesús había hecho por él; y todos se quedaron admirados.[g]

La mujer enferma y la hija de Jairo (Mt 9.18-26; Lc 8.40-56)

21 Cuando Jesús regresó en la barca al otro lado[h] del lago, se le reunió mucha gente, y él se quedó en la orilla. **22** En esto llegó uno de los jefes de la sinagoga, llamado Jairo, que al ver a Jesús se echó a sus pies **23** y le rogó mucho, diciéndole:

—Mi hija se está muriendo; ven a poner tus manos sobre ella,[i] para que sane y viva.

24 Jesús fue con él, y mucha gente lo acompañaba apretujándose a su alrededor. **25** Entre la multitud había una mujer que desde hacía doce años estaba enferma, con derrames de sangre.[j] **26** Había sufrido mucho a manos de muchos médicos, y había gastado todo lo que tenía, sin que le hubiera servido de nada. Al contrario, iba de mal en peor. **27** Cuando oyó hablar de Jesús,[k] esta mujer se le acercó por detrás, entre la gente, y le tocó la capa. **28** Porque pensaba: "Tan solo con que llegue a tocar su capa, quedaré sana." **29** Al momento, el derrame de sangre se detuvo, y sintió en el cuerpo que ya estaba curada de su enfermedad. **30** Jesús, dándose cuenta de que había salido poder de él, se volvió a mirar a la gente, y preguntó:

—¿Quién me ha tocado la ropa?

31 Sus discípulos le dijeron:

—Ves que la gente te oprime por todos lados, y preguntas '¿Quién me ha tocado?'

32 Pero Jesús seguía mirando a su alrededor, para ver quién lo había tocado. **33** Entonces la mujer, temblando de miedo y sabiendo lo que le había pasado, fue y se arrodilló delante de él, y le contó toda la verdad. **34** Jesús le dijo:

—Hija, por tu fe has sido sanada. Vete tranquila y cúrate ya de tu enfermedad.

35 Todavía estaba hablando Jesús, cuando llegaron unos de casa del jefe de la sinagoga a decirle al padre de la niña:

—Tu hija ha muerto. ¿Para qué molestar más al Maestro?

36 Pero Jesús, sin hacer caso de ellos,[l] dijo al jefe de la sinagoga:

—No tengas miedo; cree solamente.

37 Y no dejó que lo acompañaran más que Pedro, Santiago y Juan, el hermano de Santiago. **38** Al llegar a la casa del jefe de la sinagoga y ver el alboroto y la gente que lloraba y gritaba,[m] **39** entró y les dijo:

—¿Por qué hacen tanto ruido y lloran de esa manera? La niña no está muerta, sino dormida.[n]

40 La gente se rió de Jesús, pero él los hizo salir a todos, y tomando al padre, a la madre y a los que lo acompañaban, entró a donde estaba la niña. **41** La tomó de la mano y le dijo:

---

[a] 5.1 *Gerasa:* Algunos mss. dicen *Gadara* o *Gergesa* (véase Mt 8.28 nota r).

[b] 5.2-3 La región tiene grutas naturales que se usaban como tumbas. Además, se creía que las tumbas eran habitación favorita de los demonios.

[c] 5.7 Mc 1.24; 3.11; Lc 4.41.

[d] 5.9 La *legión* era una parte del ejército romano que contaba con un máximo de 6000 soldados.

[e] 5.11 *Cerdos:* animales impuros para los judíos (Lv 11.7), aunque no para la gente no judía que habitara en aquella región.

[f] 5.19 *Todo lo que el Señor te ha hecho:* Jesús atribuye el milagro al poder de Dios que actuaba por medio de él (cf. Jn 5.19; 8.28; 14.10).

[g] 5.19-20 *Decápolis:* región a la cual pertenecía Gerasa (v. 1). El relato presenta un milagro hecho por Jesús en territorio no judío.

[h] 5.21 *Al otro lado:* es decir, al lado occidental. Algunos mss. omiten *en la barca*.

[i] 5.23 *Poner las manos* sobre un enfermo era práctica común en las curaciones. Cf. Mc 6.5; 7.32; 8.23,25.

[j] 5.25 *Derrames de sangre:* hemorragias causadas por una irregularidad menstrual, que hacían a la mujer ritualmente impura. Cf. Lv 15.25-27.

[k] 5.27 *Cuando oyó hablar de Jesús:* otra posible traducción: *Como había oído hablar de Jesús*.

[l] 5.36 *Sin hacer caso de ellos:* otra posible traducción: *que alcanzó a oírlos*.

[m] 5.38 *Alboroto... lloraba y gritaba:* Véase Mt 9.23 n.

[n] 5.39 *No está muerta, sino dormida:* Véase Mt 9.24 n.

MILAGROS ESCOGIDOS DE JESÚS

Milagro	Referencias
Sobre la naturaleza	
Calma la tormenta	Mt 8.23-27
Alimenta una multitud	Mt 15.32-38
Camina sobre el agua	Mc 6.45-52
Hace que los discípulos tengan una pesca abundante	Lc 5.4-11; Jn 21.1-11
Cambia el agua en vino	Jn 2.1-11
Sanidades	
Leprosos	Mt 8.1-4; Lc 17.11-19
Paralítico	Mt 9.1-8; Jn 5.1-18
Mujer enferma con derrames de sangre	Mt 9.20-22
Ciegos	Mt 9.27-31; 20.29-34; Mc 8.22-26; Jn 9.1-12
Sordo y tartamudo	Mc 7.32-37
Enfermo de hidropesía	Lc 14.1-6
Expulsiones de demonios	
Un mudo y tartamudo	Mt 9.32-37; Lc 11.14
Espíritu impuro	Mc 1.21-27; 9.14-29
Endemoniado de Gerasa	Mc 5.1-15
Resurrecciones	Véase la tabla *Resurrecciones en el NT*.

Véase también *Milagros [NT] A.* en el *Índice temático*.

—Talitá, cum,[ñ] (que significa: "Muchacha, a ti te digo, levántate").

42 Al momento, la muchacha, que tenía doce años, se levantó y echó a andar. Y la gente se quedó muy admirada. **43** Pero Jesús ordenó severamente que no se lo contaran a nadie,[o] y luego mandó que dieran de comer a la niña.

6 *Jesús en Nazaret (Mt 13.53-58; Lc 4.16-30)* **1** Jesús se fue de allí a su propia tierra,[a] y sus discípulos fueron con él. **2** Cuando llegó el sábado, comenzó a enseñar en la sinagoga.[b] Y muchos oyeron a Jesús, y se preguntaron admirados:

—¿Dónde aprendió este tantas cosas? ¿De dónde ha sacado esa sabiduría y los milagros que hace? **3** ¿No es este el carpintero,[c] el hijo de María y hermano de Santiago, José, Judas y Simón? ¿Y no viven sus hermanas también aquí, entre nosotros?[d]

Y no tenían fe en él. **4** Pero Jesús les dijo:

—En todas partes se honra a un profeta, menos en su propia tierra,[e] entre sus parientes y en su propia casa.

5 No pudo hacer allí ningún milagro, aparte de poner las manos sobre unos pocos enfermos y sanarlos. **6** Y estaba asombrado porque aquella gente no creía en él.

3. "Tú eres el Mesías" (6.6b—8.30)

Jesús envía a los discípulos a anunciar el reino de Dios (Mt 10.5-15; Lc 9.1-6) Jesús recorría las aldeas cercanas, enseñando. **7** Llamó a los doce discípulos, y comenzó a enviarlos de dos en dos, dándoles autoridad sobre los espíritus impuros.[f] **8** Les ordenó que no llevaran nada para el camino, sino solamente un bastón. No debían llevar pan ni provisiones ni dinero. **9** Podían ponerse sandalias, pero no llevar ropa de repuesto.[g] **10** Les dijo:

—Cuando entren ustedes en una casa, quédense allí hasta que se vayan del lugar. **11** Y si en algún lugar no los reciben ni los quieren oír, salgan de allí y sacúdanse el polvo de los pies,[h] para que les sirva a ellos de advertencia.[i]

12 Entonces salieron los discípulos a decirle a la gente que se volviera a Dios. **13** También expulsaron muchos demonios, y curaron a muchos enfermos ungiéndolos con aceite.[j]

[ñ] **5.41** *Talitá, cum:* frase en arameo, lengua hablada en Palestina en tiempos de Jesús.
[o] **5.43** *Que no se lo contaran a nadie:* Véase Mc 1.34 nota *i*.
[a] **6.1** *Su propia tierra:* Nazaret, en Galilea.
[b] **6.2** *Sinagoga:* Véase Mc 1.21 nota *b*.
[c] **6.3** Jn 6.42. Según Mt 13.55, José, el esposo de María, era *carpintero;* el vocablo griego también significa *albañil*.
[d] **6.3** *Hermano, hermanas:* Véase Mt 12.46 n.
[e] **6.4** Jesús cita aquí un dicho proverbial (Mt 13.57; Lc 4.24; Jn 4.44).
[f] **6.7** Mc 3.14-15.
[g] **6.9** *No llevar ropa de repuesto:* lit. *no llevar dos túnicas*.
[h] **6.11** *Sacúdanse el polvo de los pies:* gesto de rechazo (Mt 10.14); cf. Hch 13.51.
[i] **6.8-11** Lc 10.4-11.
[j] **6.13** El *aceite* de oliva era un remedio casero muy conocido (Is 1.6; Lc 10.34), pero aquí ungir con aceite tiene además un carácter simbólico relacionado con la curación milagrosa. Véase también Stg 5.14 nota *m*.

SAN MARCOS 6

La muerte de Juan el Bautista [k] *(Mt 14.1-12; Lc 9.7-9)* **14** El rey Herodes [l] oyó hablar de Jesús, cuya fama había corrido por todas partes. Pues unos decían: "Juan el Bautista ha resucitado, y por eso tiene este poder milagroso." **15** Otros decían: "Es el profeta Elías." Y otros: "Es un profeta, como los antiguos profetas." [m] **16** Al oir estas cosas, Herodes decía:

—Ese es Juan. Yo mandé cortarle la cabeza y ahora ha resucitado.

17 Es que, por causa de Herodías, Herodes había mandado arrestar a Juan, y lo había hecho encadenar en la cárcel. Herodías era esposa de Filipo, hermano de Herodes, pero Herodes se había casado con ella. [n] **18** Y Juan había dicho a Herodes: "No debes tener como tuya a la mujer de tu hermano." [ñ]

19 Herodías odiaba por eso a Juan, y quería matarlo; pero no podía, **20** porque Herodes le tenía miedo, sabiendo que era un hombre justo y santo, y lo protegía. Y aunque al oírlo se quedaba sin saber qué hacer, [o] Herodes escuchaba a Juan de buena gana. **21** Pero Herodías vio llegar su oportunidad cuando Herodes, en su cumpleaños, dio un banquete a sus jefes y comandantes y a las personas importantes de Galilea. **22** La hija de Herodías [p] entró en el lugar del banquete y bailó, y el baile gustó tanto a Herodes y a los que estaban cenando con él, que el rey dijo a la muchacha:

—Pídeme lo que quieras, y te lo daré.

23 Y le juró una y otra vez que le daría cualquier cosa que pidiera, aunque fuera la mitad del país que él gobernaba. **24** Ella salió, y le preguntó a su madre:

—¿Qué pediré?

Le contestó:

—Pídele la cabeza de Juan el Bautista.

25 La muchacha entró de prisa donde estaba el rey, y le dijo:

—Quiero que ahora mismo me des en un plato la cabeza de Juan el Bautista.

26 El rey se puso muy triste; pero como había hecho un juramento en presencia de sus invitados, no quiso negarle lo que le pedía. **27** Así que mandó en seguida a un soldado con la orden de llevarle la cabeza de Juan. Fue el soldado a la cárcel, le cortó la cabeza a Juan **28** y se la llevó en un plato. Se la dio a la muchacha, y ella se la entregó a su madre. **29** Cuando los seguidores de Juan lo supieron, recogieron el cuerpo y se lo llevaron a enterrar.

Jesús da de comer a una multitud [q] *(Mt 14.13-21; Lc 9.10-17; Jn 6.1-14)* **30** Después de esto, los apóstoles se reunieron con Jesús [r] y le contaron todo lo que habían hecho y enseñado. **31** Jesús les dijo:

—Vengan, vamos nosotros solos a descansar un poco en un lugar tranquilo.

Porque iba y venía tanta gente, que ellos ni siquiera tenían tiempo para comer. **32** Así que Jesús y sus apóstoles se fueron en una barca a un lugar apartado. [s] **33** Pero muchos los vieron ir, y los reconocieron; entonces de todos los pueblos corrieron allá, y llegaron antes que ellos. **34** Al bajar Jesús de la barca, vio la multitud, y sintió compasión de ellos, porque estaban como ovejas que no tienen pastor; [t] y comenzó a enseñarles muchas cosas. **35** Por la tarde, sus discípulos se le acercaron y le dijeron:

—Ya es tarde, y este es un lugar solitario. **36** Despide a la gente, para que vayan por los campos y las aldeas de alrededor y se compren algo de comer.

37 Pero Jesús les contestó:

—Denles ustedes de comer.

Ellos respondieron:

—¿Quieres que vayamos a comprar pan por el equivalente al salario de doscientos días, [u] para darles de comer?

38 Jesús les dijo:

—¿Cuántos panes tienen ustedes? Vayan a verlo.

Cuando lo averiguaron, le dijeron:

—Cinco panes y dos pescados.

39 Entonces les mandó que hicieran sentar a la gente en grupos sobre la hierba verde; **40** y se sentaron en grupos de cien y de cincuenta. **41** Luego Jesús tomó en sus manos los cinco panes y los dos pescados y, mirando al cielo, pronunció la bendición, [v] partió los panes y se los fue dando a sus discípulos para que los repartieran entre la gente. Repartió también los dos pescados entre todos. **42** Todos comieron hasta quedar satisfechos; **43** recogieron los pedazos sobrantes de pan y de pescado, y con ellos llenaron doce canastas. [w] **44** Los que comieron de aquellos panes fueron cinco mil hombres.

Jesús camina sobre el agua *(Mt 14.22-27; Jn 6.16-21)* **45** Después de esto, Jesús hizo que sus discípulos subieran a la barca para que cruzaran el lago antes que él, en dirección a Betsaida, [x] mientras él despedía a la gente. **46** Y cuando lo hubo despedido, se fue al cerro a orar. **47** Al llegar la noche, la barca ya estaba en medio del lago. Jesús,

---

[k] **6.14-29** Esta narración está colocada entre el envío de los apóstoles (6.6b-13) y su regreso (6.30). La muerte de Juan el Bautista es un anuncio de lo que va a suceder a Jesús.

[l] **6.14** *Herodes:* Herodes Antipas, quien gobernó en Galilea; véase Mt 14.1 n.

[m] **6.14-15** Mt 16.14; Mc 8.28; Lc 9.19. Los judíos creían que el profeta Elías había de regresar antes del día del Señor (Mal 4.5-6 [3.23-24]; Eclo 48.4,10).

[n] **6.17** Herodes se había casado con la esposa de su medio hermano Filipo; véase Mt 14.3 n. Encarceló a Juan el Bautista el año 27 ó 28 d.C.

[ñ] **6.17-18** Lc 3.19-20; cf. Lv 18.16; 20.21.

[o] **6.20** *Se quedaba sin saber qué hacer:* Algunos mss. dicen *hacía muchas cosas.*

[p] **6.22** *La hija de Herodías:* Algunos mss. dicen *Herodías, la hija de Herodes.*

[q] **6.30-44** Cf. el relato similar en Mc 8.1-10 y Mt 15.32-39 (véase Mc 8.1-10 n.).

[r] **6.30** *Los apóstoles* (Mt 10.1-2 n.) *se reunieron con Jesús* al regresar de la misión narrada en 6.7-13.

[s] **6.32** Algún lugar en la orilla nordeste del Lago de Galilea (véase 6.45 n.).

[t] **6.34** Cf. Nm 27.16-17; 1 R 22.17; Jer 50.6-7; Ez 34.5; Zac 10.2; Mt 9.36.

[u] **6.37** *Salario de doscientos días:* lit. *doscientos denarios* (véase Tabla de pesas, monedas y medidas).

[v] **6.41** *Pronunció la bendición:* Véase Mt 14.19 n.

[w] **6.42-43** Cf. 2 R 4.43-44.

[x] **6.45** El texto es poco claro en cuanto a la situación geográfica. Betsaida, en la orilla nordeste del lago, quedaba a corta distancia.

que se había quedado solo en tierra, ⁴⁸ vio que remaban con dificultad, porque tenían el viento en contra. A la madrugada, ʸ fue Jesús hacia ellos caminando sobre el agua, y ya iba a pasar junto a ellos. ⁴⁹ Cuando lo vieron andar sobre el agua, pensaron que era un fantasma, y gritaron; ⁵⁰ porque todos lo vieron y se asustaron. Pero en seguida él les habló, diciéndoles:

—¡Calma! ¡Soy yo: no tengan miedo!

⁵¹ Subió a la barca, y se calmó el viento; y ellos se quedaron muy asombrados, ⁵² porque no habían entendido el milagro de los panes, pues tenían el entendimiento oscurecido.

Jesús sana a los enfermos de Genesaret ᶻ *(Mt 14.34-36)*

⁵³ Cruzaron el lago y llegaron a la tierra de Genesaret, ᵃ donde amarraron la barca a la orilla. ⁵⁴ Tan pronto como bajaron de la barca, la gente reconoció a Jesús. ⁵⁵ Corrieron por toda aquella región, y comenzaron a llevar en camillas a los enfermos a donde oían decir que estaba Jesús. ⁵⁶ Y dondequiera que él entraba, ya fuera en las aldeas, en los pueblos o en los campos, ponían a los enfermos en las calles y le rogaban que los dejara tocar siquiera el borde de su capa; y todos los que la tocaban, quedaban sanos.

7

Lo que hace impuro al hombre *(Mt 15.1-20)* ¹ Se acercaron los fariseos a Jesús, con unos maestros de la ley que habían llegado de Jerusalén. ² Estos, al ver que algunos discípulos de Jesús comían con las manos impuras, es decir, sin haber cumplido con la ceremonia de lavárselas, los criticaron. ᵃ ³ (Porque los fariseos y todos los judíos siguen la tradición de sus antepasados, ᵇ de no comer sin antes lavarse las manos debidamente. ᶜ ⁴ Y cuando regresan del mercado, no comen sin antes cumplir con la ceremonia de lavarse. Y aun tienen otras muchas costumbres, como lavar los vasos, los jarros, las vasijas de metal y las camas.) ᵈ ⁵ Por eso, los fariseos y los maestros de la ley le preguntaron:

—¿Por qué tus discípulos no siguen la tradición de nuestros antepasados, sino que comen con las manos impuras?

⁶ Jesús les contestó:

—Bien habló el profeta Isaías acerca de lo hipócritas que son ustedes, cuando escribió:

'Este pueblo me honra con la boca,
pero su corazón está lejos de mí.

⁷ De nada sirve que me rinda culto:
sus enseñanzas son mandatos de hombres.' ᵉ

⁸ Porque ustedes dejan el mandato de Dios para seguir las tradiciones de los hombres.

⁹ También les dijo:

—Para mantener sus propias tradiciones, ustedes pasan por alto el mandato de Dios. ¹⁰ Pues Moisés dijo: 'Honra a tu padre y a tu madre', ᶠ y 'El que maldiga a su padre o a su madre, será condenado a muerte.' ᵍ ¹¹ Pero ustedes afirman que un hombre puede decirle a su padre o a su madre: 'No puedo ayudarte, porque todo lo que tengo es corbán', ʰ (es decir: "ofrecido a Dios"); ¹² y también afirman que quien dice esto ya no está obligado a ayudar a su padre o a su madre. ¹³ De esta manera ustedes anulan la palabra de Dios con esas tradiciones que se trasmiten unos a otros. Y hacen otras muchas cosas parecidas.

¹⁴ Luego Jesús llamó a la gente, y dijo:

—Escúchenme todos, y entiendan: ¹⁵ Nada de lo que entra de afuera puede hacer impuro al hombre. ⁱ Lo que sale del corazón del hombre es lo que lo hace impuro. ʲ

¹⁷ Cuando Jesús dejó a la gente y entró en la casa, ᵏ sus discípulos le preguntaron sobre esta enseñanza. ¹⁸ Él les dijo:

—¿Así que ustedes tampoco lo comprenden? ¿No entienden que nada de lo que entra de afuera puede hacer impuro al hombre, ¹⁹ porque no entra en el corazón, sino en el vientre, para después salir del cuerpo?

Con esto quiso decir que todos los alimentos son limpios. ˡ ²⁰ Dijo también:

—Lo que sale del hombre, eso sí lo hace impuro. ²¹ Porque de adentro, es decir, del corazón de los hombres, salen los malos pensamientos, la inmoralidad sexual, los robos, los asesinatos, ²² los adulterios, la codicia, las maldades, el engaño, los vicios, la envidia, los chismes, el orgullo y la falta de juicio. ᵐ ²³ Todas estas cosas malas salen de adentro y hacen impuro al hombre.

La fe de una mujer no judía *(Mt 15.21-28)*

²⁴ De allí se dirigió Jesús a la región de Tiro. ⁿ Entró en una casa, sin querer que nadie lo supiera; pero no pudo esconderse. ²⁵ Pronto supo de él la madre de una muchacha que tenía un espíritu impuro, la cual fue y se arrodilló a los pies de Jesús. ²⁶ La mujer no era judía, sino originaria de Sirofenicia. ñ Fue,

---

ʸ **6.48** *A la madrugada:* lit. *cerca de la cuarta vigilia*, o sea entre 3 y 6 a.m. Según el sistema romano, la noche se dividía en cuatro períodos o vigilias.

ᶻ **6.53-56** Véase Mc 1.32-34 n.

ᵃ **6.53** *Genesaret:* llanura fértil en la orilla noroeste del Lago de Galilea.

ᵃ **7.2** Lc 11.38. La insistencia en *lavarse las manos* y en lavar los utensilios no obedecía a motivos de higiene, sino de purificación ritual.

ᵇ **7.3** *La tradición de sus antepasados:* el conjunto de interpretaciones tradicionales que los rabinos daban a la ley mosaica, y que para ellos tenían tanta autoridad como esta.

ᶜ **7.3** *Debidamente:* lit. *con el puño;* la palabra griega es de significado dudoso, y puede entenderse también como *hasta la muñeca* o *hasta el codo.*

ᵈ **7.4** Mt 23.25; Lc 11.39.

ᵉ **7.6-7** Is 29.13 (gr.).

ᶠ **7.10** Ex 20.12; Dt 5.16.

ᵍ **7.10** Ex 21.17; Lv 20.9.

ʰ **7.11** *Corbán:* palabra hebrea que significa *ofrenda.* De acuerdo con Nm 30.2 (3), los bienes ofrecidos a Dios no se podían usar para otro fin; según la interpretación rabínica, ni siquiera para ayudar a los padres. Jesús insiste en que los mandamientos de Dios son para bien de los hombres.

ⁱ **7.15** *Hacer impuro:* en el sentido ritual; Jesús declara que la impureza moral es más grave que la ritual (véase Mt 15.11 n.).

ʲ **7.15** Algunos mss. añaden v. 16: *Ustedes que tienen oídos, oigan.*

ᵏ **7.17** Véase Mc 2.1 n. Según Mc, muchas de las enseñanzas reservadas solo a los discípulos, las da Jesús en la intimidad de una casa. Cf. Mc 9.28,33; 10.10.

ˡ **7.19** *Limpios:* es decir, en su aspecto ritual.

ᵐ **7.21-22** Sobre la lista de vicios, véase Ro 1.31 n.

ⁿ **7.24** Saliendo de Galilea, Jesús fue a territorio de los paganos. Algunos mss. añaden *y de Sidón.*

ñ **7.26** *Sirofenicia:* la región costera de la provincia romana de Siria.

pues, y rogó a Jesús que expulsara de su hija al demonio.

²⁷ Pero Jesús le dijo:

—Deja que los hijos coman primero, porque no está bien quitarles el pan a los hijos y dárselo a los perros.ᵒ

²⁸ Ella le respondió:

—Pero, Señor, hasta los perros comen debajo de la mesa las migajas que dejan caer los hijos.

²⁹ Jesús le dijo:

—Por haber hablado así, vete tranquila. El demonio ya ha salido de tu hija.

³⁰ Cuando la mujer llegó a su casa, encontró a la niña en la cama; el demonio ya había salido de ella.

Jesús sana a un sordo y tartamudo ³¹ Jesús volvió a salir de la región de Tiro y, pasando por Sidón, llegó al Lago de Galilea, en pleno territorio de Decápolis.ᵖ ³² Allí le llevaron un sordo y tartamudo, y le pidieron que pusiera su mano sobre él.ᑫ ³³ Jesús se lo llevó a un lado, aparte de la gente, le metió los dedos en los oídos y con saliva le tocó la lengua.ʳ ³⁴ Luego, mirando al cielo, suspiró y dijo al hombre: "¡Efatá!"ˢ (es decir: "¡Ábrete!")

³⁵ Al momento, los oídos del sordo se abrieron, y se le desató la lengua y pudo hablar bien. ³⁶ Jesús les mandó que no se lo dijeran a nadie;ᵗ pero cuanto más se lo mandaba, tanto más lo contaban. ³⁷ Llenos de admiración, decían: "Todo lo hace bien. ¡Hasta puede hacer que los sordos oigan y que los mudos hablen!"ᵘ

8 *Jesús da de comer a una multitud*ᵃ *(Mt 15.32-39)* ¹ Un día en que de nuevo se había juntado mucha gente y no tenían nada que comer, Jesús llamó a sus discípulos y les dijo:

² —Siento compasión de esta gente, porque ya hace tres días que están aquí conmigo y no tienen nada que comer. ³ Y si los mando sin comer a sus casas, pueden desmayarse por el camino, porque algunos han venido de lejos.

⁴ Sus discípulos le contestaron:

—¿Pero cómo se les puede dar de comer en un lugar como este, donde no vive nadie?

⁵ Jesús les preguntó:

—¿Cuántos panes tienen ustedes?

—Siete —contestaron ellos.

⁶ Entonces mandó que la gente se sentara en el suelo, tomó en sus manos los siete panes y, habiendo dado gracias a Dios, los partió y se los iba dando a sus discípulos, para que ellos los repartieran entre la gente, y así lo hicieron. ⁷ Tenían también unos cuantos pescaditos; Jesús pronunció sobre ellos la bendición,ᵇ y también mandó repartirlos. ⁸ Todos comieron hasta quedar satisfechos, y recogieron los pedazos sobrantes en siete canastas. ⁹ Los que comieron eran cerca de cuatro mil. Luego Jesús los despidió, ¹⁰ subió a la barca con sus discípulos y se fue a la región de Dalmanuta.ᶜ

Los fariseos piden una señal milagrosa (Mt 16.1-4; Lc 12.54-56) ¹¹ Llegaron los fariseos y comenzaron a discutir con Jesús. Y para tenderle una trampa, le pidieron que hiciera alguna señal milagrosa que probara que él venía de parte de Dios.ᵈ ¹² Jesús suspiró profundamente y dijo:

—¿Por qué pide esta gente una señal milagrosa?ᵉ Les aseguro que no se les dará ninguna señal.

¹³ Entonces los dejó, y volviendo a entrar en la barca se fue al otro lado del lago.ᶠ

La levadura de los fariseos (Mt 16.5-12) ¹⁴ Se habían olvidado de llevar algo de comer, y solamente tenían un pan en la barca. ¹⁵ Jesús les advirtió:

—Miren, cuídense de la levadura de los fariseosᵍ y de la levadura de Herodes.ʰ

¹⁶ Los discípulos comentaban entre sí que no tenían pan.

¹⁷ Jesús se dio cuenta, y les dijo:

—¿Por qué dicen que no tienen pan? ¿Todavía no entienden ni se dan cuenta? ¿Tienen tan cerrado el entendimiento? ¹⁸ ¿Tienen ojos y no ven, y oídos y no oyen?ⁱ ¿No se acuerdan? ¹⁹ Cuando repartí los cinco panes entre cinco mil hombres, ¿cuántas canastas llenas de pedazos recogieron?

Ellos contestaron:

—Doce.ʲ

²⁰ —Y cuando repartí los siete panes entre cuatro mil, ¿cuántas canastas llenas recogieron?

Contestaron:

—Siete.ᵏ

²¹ Entonces les dijo:

—¿Todavía no entienden?

*Jesús sana a un ciego en Betsaida*ˡ ²² Después llegaron a Betsaida,ᵐ y llevaron un ciego a Jesús, y le rogaron que lo tocara. ²³ Jesús tomó de la mano al ciego y lo sacó fuera del

---

ᵒ **7.27** *Perros:* Véase Mt 15.26 n.

ᵖ **7.31** Sin presentar un itinerario detallado del viaje, este v. sirve para situar en tierra pagana los dos milagros siguientes (cf. Mc 8.1-10 n.).

ᑫ **7.32** *Que pusiera su mano sobre él:* Véase Mc 5.23 n.

ʳ **7.33** Cf. Mc 8.23; Jn 9.6. En aquellos tiempos, la saliva se empleaba algunas veces en las curaciones.

ˢ **7.34** *Efatá:* palabra aramea.

ᵗ **7.36** *Que no se lo dijeran a nadie:* Véase Mc 1.34 nota *i*.

ᵘ **7.37** Is 35.5-6.

ᵃ **8.1-10** Relato muy parecido al de Mc 6.30-44 y paralelos. Este relato se sitúa en tierra pagana (Decápolis, Mc 7.31), relacionándolo así con la actividad de Jesús entre los no judíos.

ᵇ **8.7** *La bendición:* Véase Mt 14.19 n.

ᶜ **8.10** *Dalmanuta:* lugar desconocido, sin duda en la orilla occidental del Lago de Galilea; algunos mss. dicen *Magadán* y otros, *Magdala* (véase Mt 15.39 n.).

ᵈ **8.11** Mt 12.38; Lc 11.16; Jn 6.30. *De parte de Dios:* lit. *del cielo* (véase Mt 16.1 n.).

ᵉ **8.12** Mt 12.39; 16.4; Lc 11.29.

ᶠ **8.13** *Al otro lado del lago:* esto es, a la orilla oriental.

ᵍ **8.15** Lc 12.1. *Levadura:* sustancia que, mezclada con la masa del pan, la penetra totalmente y la hace fermentar.

ʰ **8.15** *Herodes:* Herodes Antipas (Mt 14.1 n.).

ⁱ **8.18** Jer 5.21; Ez 12.2; cf. Mc 4.12.

ʲ **8.19** Mc 6.43.

ᵏ **8.20** Cf. v. 8.

ˡ **8.22-26** Nótese la semejanza con el relato de Mc 7.32-37.

ᵐ **8.22** *Betsaida:* población situada en la orilla nordeste del Lago de Galilea.

pueblo. Le mojó los ojos con saliva, ⁿ puso las manos sobre él y le preguntó si podía ver algo. ²⁴ El ciego comenzó a ver, y dijo:

—Veo a los hombres. Me parecen como árboles que andan.

²⁵ Jesús le puso otra vez las manos sobre los ojos, y el hombre miró con atención y quedó sano. Ya todo lo veía claramente. ²⁶ Entonces Jesús lo mandó a su casa, y le dijo:

—No vuelvas al pueblo. ñ

Pedro declara que Jesús es el Mesías ᵒ *(Mt 16.13-20; Lc 9.18-21)* ²⁷ Después de esto, Jesús y sus discípulos fueron a las aldeas de la región de Cesarea de Filipo. ᵖ En el camino, Jesús preguntó a sus discípulos:

—¿Quién dice la gente que soy yo?

²⁸ Ellos contestaron:

—Algunos dicen que eres Juan el Bautista, q otros dicen que eres Elías, ʳ y otros dicen que eres uno de los profetas.

²⁹ —Y ustedes, ¿quién dicen que soy? —les preguntó. Pedro le respondió:

—Tú eres el Mesías. ˢ

³⁰ Pero Jesús les ordenó que no hablaran de él a nadie. ᵗ

II. JESÚS REVELA Y CUMPLE SU MISIÓN (8.31—16.20)

1. Jesús anuncia su muerte (8.31—11.11) ᵘ
(Mt 16.21-28; Lc 9.22-27)

³¹ Jesús comenzó a enseñarles que el Hijo del hombre tendría que sufrir mucho, y que sería rechazado por los ancianos, por los jefes de los sacerdotes y por los maestros de la ley. Les dijo que lo iban a matar, pero que resucitaría a los tres días. ³² Esto se lo advirtió claramente. Entonces Pedro lo llevó aparte y comenzó a reprenderlo. ³³ Pero Jesús se volvió, miró a los discípulos y reprendió a Pedro, diciéndole:

—¡Apártate de mí, Satanás! ᵛ Tú no ves las cosas como las ve Dios, sino como las ven los hombres.

³⁴ Luego Jesús llamó a sus discípulos y a la gente, y dijo:

—Si alguno quiere ser discípulo mío, olvídese de sí mismo, cargue con su cruz y sígame. ³⁵ Porque el que quiera salvar su vida, la perderá; pero el que pierda la vida por causa mía y por aceptar el evangelio, la salvará. ʷ ³⁶ ¿De qué le sirve al hombre ganar el mundo entero, si pierde la vida? ³⁷ O también, ¿cuánto podrá pagar el hombre por su vida? ˣ ³⁸ Pues si alguno se avergüenza de mí y de mi mensaje delante de esta gente infiel ʸ y pecadora, también el Hijo del hombre se avergonzará de él cuando venga con la gloria de su Padre y con los santos ángeles. ᶻ

9 ¹ Jesús también les dijo:

—Les aseguro que algunos de los que están aquí presentes no morirán hasta que vean el reino de Dios llegar con poder. ᵃ

La transfiguración de Jesús ᵇ *(Mt 17.1-13; Lc 9.28-36)*

² Seis días después, Jesús se fue a un cerro alto llevándose solamente a Pedro, a Santiago y a Juan. Allí, delante de ellos, cambió la apariencia de Jesús. ³ Su ropa se volvió brillante y más blanca de lo que nadie podría dejarla por mucho que la lavara. ⁴ Y vieron a Elías y a Moisés, ᶜ que estaban conversando con Jesús. ⁵ Pedro le dijo a Jesús:

—Maestro, ¡qué bien que estemos aquí! Vamos a hacer tres chozas: una para ti, otra para Moisés y otra para Elías.

⁶ Es que los discípulos estaban asustados, y Pedro no sabía qué decir. ⁷ En esto, apareció una nube y se posó sobre ellos. ᵈ Y de la nube salió una voz, que dijo: "Este es mi Hijo amado; ᵉ escúchenlo." ᶠ ⁸ Al momento, cuando miraron alrededor, ya no vieron a nadie con ellos, sino a Jesús solo.

⁹ Mientras bajaban del cerro, Jesús les encargó que no contaran a nadie lo que habían visto, hasta que el Hijo del hombre hubiera resucitado. ᵍ ¹⁰ Por esto guardaron el secreto entre ellos, aunque se preguntaban qué sería eso de resucitar. ¹¹ Le preguntaron a Jesús:

—¿Por qué dicen los maestros de la ley que Elías ha de venir primero?

¹² Él les contestó:

—Es cierto que Elías viene primero, y que él lo arreglará todo. ¿Y por qué dicen las Escrituras que el Hijo del hombre ha de sufrir y ser despreciado? ¹³ Pero yo les digo que Elías ya vino, y que ellos hicieron con él todo lo que

---

ⁿ **8.23** *Le mojó los ojos con saliva:* Véase Mc 7.33 n.

ñ **8.26** Algunos mss. añaden *ni lo digas a nadie en el pueblo.* Véase Mc 1.34 nota *i*.

ᵒ **8.27-30** Con esta profesión de fe de Pedro culmina la primera parte de Mc (1.16—8.30), en la que se ha ido mostrando cómo, con sus hechos y palabras, Jesús revela quién es.

ᵖ **8.27** *Cesarea de Filipo:* ciudad romana al norte del Lago de Galilea, en pleno territorio pagano.

q **8.28** *Juan el Bautista:* Mc 6.14-15; Lc 9.7-8.

ʳ **8.28** *Elías:* Cf. 1 R 17—2 R 2; los judíos esperaban su regreso antes del día del Señor (Mal 4.5-6 [3.23-24]; Eclo 48.4,10). Véase Mt 16.14 nota *j*.

ˢ **8.29** Cf. Jn 6.68-69. *El Mesías:* título hebreo equivalente al griego *Cristo.* Ambas palabras significan "ungido", "consagrado"; véase *Índice temático.*

ᵗ **8.30** *Que no hablaran:* Véase Mc 1.34 nota *i*.

ᵘ **8.31—9.1** La segunda parte del evangelio comienza con el anuncio de la muerte y resurrección de Jesús. La importancia de estos acontecimientos se subraya por la triple repetición del anuncio (cf.

también 9.31; 10.32-34). Así Jesús precisa ante sus discípulos cómo va a realizar su misión. Véase 1.34 nota *i*.

ᵛ **8.33** *Satanás:* Véase Mt 16.23 n.

ʷ **8.34-35** Mt 10.38-39; Lc 14.27; 17.33; Jn 12.24-25. *Cargue con su cruz:* Sobre esta metáfora, véase Mt 10.38 n.

ˣ **8.35-37** *Vida:* La palabra griega significa *vida, alma* o *uno mismo*. Véase Mt 16.25-26 n.

ʸ **8.38** *Infiel:* Véase Mt 12.39 n.

ᶻ **8.38** Mt 10.33; Lc 12.9.

ᵃ **9.1** Mc 13.30. Para las diferentes interpretaciones de esta declaración, véase Mt 16.28 n.

ᵇ **9.2-13** Cf. 2 P 1.16-18.

ᶜ **9.4** *Elías y Moisés:* Mal 4.5-6 (3.23-24); cf. Eclo 48.4,10, y; véase Mt 17.3 n.

ᵈ **9.7** En el AT la *nube* está relacionada con la presencia de Dios; véanse referencias en Mt 17.5 nota *d*.

ᵉ **9.7** *Mi Hijo amado:* Puede entenderse en el sentido de *mi único Hijo.* Gn 22.2; Sal 2.7; Is 42.1; Mt 3.17; 12.18; Mc 1.11; Lc 3.22.

ᶠ **9.7** La palabra *escúchenlo* recuerda a Dt 18.15.

ᵍ **9.9** *Que no contaran a nadie:* Véase Mc 1.34 nota *i*.

quisieron, como dicen las Escrituras que le había de suceder. *h*

Jesús sana a un muchacho que tenía un espíritu impuro
(Mt 17.14-21; Lc 9.37-43) **14** Cuando regresaron a donde estaban los discípulos, los encontraron rodeados de una gran multitud, y algunos maestros de la ley discutían con ellos. **15** Al ver a Jesús, todos corrieron a saludarlo llenos de admiración. **16** Él les preguntó:

—¿Qué están ustedes discutiendo con ellos?

17 Uno de los presentes contestó:

—Maestro, aquí te he traído a mi hijo, pues tiene un espíritu que lo ha dejado mudo. **18** Dondequiera que se encuentra, el espíritu lo agarra y lo tira al suelo; y echa espuma por la boca, le rechinan los dientes y se queda tieso.*i* He pedido a tus discípulos que le saquen ese espíritu, pero no han podido.

19 Jesús contestó:

—¡Gente sin fe! ¿Hasta cuándo tendré que estar con ustedes? ¿Hasta cuándo tendré que soportarlos? Traigan acá al muchacho.

20 Entonces llevaron al muchacho ante Jesús. Pero cuando el espíritu vio a Jesús, hizo que le diera un ataque al muchacho, el cual cayó al suelo revolcándose y echando espuma por la boca. **21** Jesús le preguntó al padre:

—¿Desde cuándo le sucede esto?

El padre contestó:

—Desde que era niño. **22** Y muchas veces ese espíritu lo ha arrojado al fuego y al agua, para matarlo. Así que, si puedes hacer algo, ten compasión de nosotros y ayúdanos.

23 Jesús le dijo:

—¿Cómo que 'si puedes'?*j* ¡Todo es posible para el que cree!*k*

24 Entonces el padre del muchacho gritó:

—Yo creo. ¡Ayúdame a creer más!

25 Al ver Jesús que se estaba reuniendo mucha gente, reprendió al espíritu impuro, diciendo:

—Espíritu mudo y sordo, yo te ordeno que salgas de este muchacho y que no vuelvas a entrar en él.

26 El espíritu gritó, e hizo que le diera otro ataque al muchacho. Luego salió de él, dejándolo como muerto, de modo que muchos decían que, en efecto, estaba muerto. **27** Pero Jesús, tomándolo de la mano, lo levantó; y el muchacho se puso de pie.

28 Luego Jesús entró en una casa,*l* y sus discípulos le preguntaron a solas:

—¿Por qué nosotros no pudimos expulsar ese espíritu?

29 Y Jesús les contestó:

—A esta clase de demonios solamente se la puede expulsar por medio de la oración.

Jesús anuncia por segunda vez su muerte *(Mt 17.22-23; Lc 9.43-45)*
30 Cuando se fueron de allí, pasaron por Galilea. Pero Jesús no quiso que nadie lo supiera, **31** porque estaba enseñando a sus discípulos. Les decía:

—El Hijo del hombre va a ser entregado en manos de los hombres, y lo matarán; pero tres días después resucitará.*m*

32 Ellos no entendían lo que les decía, y tenían miedo de preguntarle.

¿Quién es el más importante? *(Mt 18.1-5; Lc 9.46-48)*
33 Llegaron a la ciudad de Cafarnaúm. Cuando ya estaban en casa,*n* Jesús les preguntó:

—¿Qué venían discutiendo ustedes por el camino?

34 Pero se quedaron callados, porque en el camino habían discutido quién de ellos era el más importante.*ñ* **35** Entonces Jesús se sentó, llamó a los doce y les dijo:

—Si alguien quiere ser el primero, deberá ser el último de todos, y servirlos a todos.*o*

36 Luego puso un niño en medio de ellos, y tomándolo en brazos les dijo:

37 —El que recibe en mi nombre a un niño como este, me recibe a mí; y el que me recibe a mí, no solamente a mí me recibe, sino también a aquel que me envió.*p*

El que no está contra nosotros, está a nuestro favor
(Mt 10.42; Lc 9.49-50) **38** Juan le dijo:

—Maestro, hemos visto a uno que expulsaba demonios en tu nombre, y tratamos de impedírselo, porque no es de los nuestros.

39 Jesús contestó:

—No se lo prohíban, porque nadie que haga un milagro en mi nombre podrá luego hablar mal de mí. **40** El que no está contra nosotros, está a nuestro favor.*q* **41** Cualquiera que les dé a ustedes aunque solo sea un vaso de agua por ser ustedes de Cristo, les aseguro que tendrá su premio.*r*

El peligro de caer en pecado *(Mt 18.6-9; Lc 17.1-2)*
42 "A cualquiera que haga caer en pecado a uno de estos pequeños que comen en mí, mejor le sería que lo echaran al mar con una gran piedra de molino atada al cuello.*s* **43** Si tu mano te hace caer en pecado, córtatela;*t* es mejor que entres manco en la vida, y no que con las dos manos

---

h **9.12-13** Mt 17.12-13. Jesús ve la profecía de Mal 4.5 (3.23) cumplida simbólicamente en Juan el Bautista; véase Mt 11.14 n. *Como dicen las Escrituras:* alusión poco clara; puede referirse a 1 R 19.1-2,10.

i **9.18** *Se queda tieso:* otra posible traducción: *se va secando.* Cf. Mt 17.15 n.

j **9.23** Jesús repite las palabras del padre del muchacho (v. 22), haciéndole ver que la cuestión no es si Jesús puede, sino si la persona que se acerca a él lo hace con fe. Cf. Mc 1.40.

k **9.23** Mt 21.21; Mc 11.23-24; Lc 17.6.

l **9.28** *Una casa:* Véase Mc 7.17 n.

m **9.31** *Lo matarán... resucitará:* Véase Mc 8.31—9.1 n.; 10.32-34.

n **9.33** Posiblemente la casa de Simón Pedro (Mc 1.29), o bien la de Jesús mismo (Mt 9.1 n.).

ñ **9.34** Lc 22.24.

o **9.35** Mt 20.26-27 y paralelos; 23.11; cf. Eclo 3.18.

p **9.37** Mt 10.40; Lc 10.16; Jn 13.20.

q **9.40** Mt 12.30; Lc 11.23.

r **9.41** Mt 10.42.

s **9.42** *Creen en mí:* Algunos mss. omiten *en mí. Piedra de molino:* Véase Mt 18.6 n.

t **9.43** *Córtatela:* exageración intencional, aquí y en 9.45 y 47; véase Mt 5.29-30 n.

vayas a parar al infierno, *u* donde el fuego no se puede apagar. *v* ⁴⁵ Y si tu pie te hace caer en pecado, córtatelo; es mejor que entres cojo en la vida, y no que con los dos pies seas arrojado al infierno. *w* ⁴⁷ Y si tu ojo te hace caer en pecado, sácatelo; es mejor que entres con un solo ojo en el reino de Dios, y no que con los dos ojos seas arrojado al infierno, *x* ⁴⁸ donde los gusanos no mueren y el fuego no se apaga. *y*

⁴⁹ "Porque todos serán salados con fuego. *z* ⁵⁰ La sal es buena; pero si deja de estar salada, ¿cómo podrán ustedes hacerla útil otra vez? *a* Tengan sal en ustedes y vivan en paz unos con otros." *b*

10

Jesús enseña sobre el divorcio (Mt 19.1-12; Lc 16.18) ¹ Jesús salió de Cafarnaúm y fue a la región de Judea y a la tierra que está al oriente del Jordán. *a* Allí volvió a reunírsele la gente, y él comenzó de nuevo a enseñar, como tenía por costumbre. ² Algunos fariseos se acercaron a Jesús y, para tenderle una trampa, le preguntaron si al esposo le está permitido divorciarse de su esposa. *b* ³ Él les contestó:

—¿Qué les mandó a ustedes Moisés?

⁴ Dijeron:

—Moisés permitió divorciarse de la esposa dándole un certificado de divorcio. *c*

⁵ Entonces Jesús les dijo:

—Moisés les dio ese mandato por lo tercos que son ustedes. ⁶ Pero en el principio de la creación, 'Dios los creó hombre y mujer. *d* ⁷ Por esto el hombre dejará a su padre y a su madre para unirse a su esposa, *e* ⁸ y los dos serán como una sola persona.' Así que ya no son dos, sino uno solo. *f* ⁹ De modo que el hombre no debe separar lo que Dios ha unido.

¹⁰ Cuando ya estaban en casa, los discípulos volvieron a preguntarle sobre este asunto. ¹¹ Jesús les dijo:

—El que se divorcia de su esposa y se casa con otra, comete adulterio contra la primera; ¹² y si la mujer deja a su esposo y se casa con otro, también comete adulterio. *g*

Jesús bendice a los niños (Mt 19.13-15; Lc 18.15-17) ¹³ Llevaron unos niños a Jesús, para que los tocara; pero los discípulos comenzaron a reprender a quienes los llevaban. ¹⁴ Jesús, viendo esto, se enojó y les dijo:

—Dejen que los niños vengan a mí, y no se lo impidan, porque el reino de Dios es de quienes son como ellos. ¹⁵ Les aseguro que el que no acepta el reino de Dios como un niño, no entrará en él. *h*

¹⁶ Y tomó en sus brazos a los niños, y los bendijo poniendo las manos sobre ellos.

Un hombre rico habla con Jesús (Mt 19.16-30; Lc 18.18-30) ¹⁷ Cuando Jesús iba a seguir su viaje, llegó un hombre corriendo, se puso de rodillas delante de él y le preguntó:

—Maestro bueno, ¿qué debo hacer para alcanzar la vida eterna? *i*

¹⁸ Jesús le contestó:

—¿Por qué me llamas bueno? Bueno solamente hay uno: Dios. ¹⁹ Ya sabes los mandamientos: 'No mates, no cometas adulterio, no robes, no digas mentiras en perjuicio de nadie ni engañes; honra a tu padre y a tu madre.' *j*

²⁰ El hombre le dijo:

—Maestro, todo eso lo he cumplido desde joven.

²¹ Jesús lo miró con cariño, y le contestó:

—Una cosa te falta: anda, vende todo lo que tienes y dáselo a los pobres. Así tendrás riqueza en el cielo. Luego ven y sígueme.

²² El hombre se afligió al oír esto; y se fue triste, porque era muy rico.

²³ Jesús miró entonces alrededor, y dijo a sus discípulos:

—¡Qué difícil va a ser para los ricos entrar en el reino de Dios! *k*

²⁴ Estas palabras dejaron asombrados a los discípulos, pero Jesús les volvió a decir:

—Hijos, ¡qué difícil es *l* entrar en el reino de Dios! ²⁵ Es más fácil para un camello pasar por el ojo de una aguja, *m* que para un rico entrar en el reino de Dios.

---

u **9.43** *Infierno:* gr. *geenna,* derivación del nombre hebreo *Ge-hinom,* que se daba al quemadero de basura en el valle de Hinom, cerca de Jerusalén (2 R 23.10). En el primer siglo a.C., este nombre llegó a aplicarse al lugar de castigo reservado para los malos. Véase *Índice temático.*

v **9.43** Algunos mss. añaden el v. 44: *Donde los gusanos no mueren y el fuego no se apaga.*

w **9.45** Algunos mss. añaden el v. 46: *Donde los gusanos no mueren y el fuego no se apaga.* Los vv. 44 y 46 probablemente fueron insertados por algunos copistas por influencia del v. 48.

x **9.47** Mt 5.29.

y **9.48** Is 66.24.

z **9.49** Lv 2.13. Algunos mss. añaden *y todo sacrificio será salado con sal.* Si se acepta esta frase añadida, una posible traducción del v. sería: *Porque todos serán purificados con fuego, así como el sacrificio se purifica con sal.* Pero ninguna de las interpretaciones que se han ofrecido para este pasaje es realmente satisfactoria.

a **9.50** Cf. Mt 5.13; Lc 14.34-35.

b **9.50** *Tengan sal... otros:* otras posibles traducciones: *Ustedes tienen sal en sí mismos; tengan así paz unos con otros;* o *Tengan sal en ustedes, y así vivirán en paz unos con otros.* La sal, además de purificar y preservar (Mt 5.13 n.), tenía valor simbólico en la concertación de un pacto (Lv 2.13; véase Nm 18.19 n.); aquí, por lo tanto, puede sugerir la lealtad mutua que conduce a la paz (cf. Col 4.6).

a **10.1** Algunos mss. dicen *la región de Judea que está al oriente del Jordán* (véase Mt 19.1 nota *b*).

b **10.2** Había diferentes interpretaciones de la ley sobre el divorcio; véase Mt 19.3 n.

c **10.4** Dt 24.1-4; Mt 5.31.

d **10.6** Gn 1.27; 5.2.

e **10.7** Algunos mss. omiten *para unirse a su esposa.*

f **10.7-8** Gn 2.24.

g **10.11-12** Mt 5.32; 19.9; Lc 16.18; 1 Co 7.10-11. Este evangelio, que parece haber sido dirigido a lectores romanos o que vivían bajo las leyes de Roma, incluye el caso de una mujer que se divorcia de su esposo, lo cual era permitido por la ley romana pero no por la ley mosaica. *Se divorcia de* (v. 11) y *deja a* (v. 12) son traducciones de una misma palabra griega.

h **10.15** Sobre ser *como un niño,* véase Mt 18.3 n.

i **10.17** Lc 10.25.

j **10.19** Ex 20.12-16; Dt 5.16-20. *Ni engañes:* Esta frase no aparece en los mandamientos del AT citados por Jesús; algunos mss. la omiten. Cf. Dt 24.14; Stg 5.4.

k **10.23** Pr 11.28; Eclo 5.1.

l **10.24** Algunos mss. añaden *para los que confían en las riquezas;* otros añaden *para los ricos,* y otros *para los que tienen bienes.*

m **10.25** Expresión proverbial que indica algo imposible (v. 27).

²⁶ Al oírlo, se asombraron más aún, y se preguntaban unos a otros:

—¿Y quién podrá salvarse?

²⁷ Jesús los miró y les contestó:

—Para los hombres es imposible, pero no para Dios, porque para él todo es posible. ⁿ

²⁸ Pedro comenzó a decirle:

—Nosotros hemos dejado todo lo que teníamos, y te hemos seguido.

²⁹ Jesús respondió:

—Les aseguro que cualquiera que por mi causa y por aceptar el evangelio haya dejado casa, o hermanos, o hermanas, o madre, o padre, o hijos, o terrenos, ³⁰ recibirá ahora en la vida presente cien veces más en casas, hermanos, hermanas, madres, hijos y terrenos, aunque con persecuciones; y en la vida venidera recibirá la vida eterna. ³¹ Pero muchos que ahora son los primeros, serán los últimos; y muchos que ahora son los últimos, serán los primeros. ñ

Jesús anuncia por tercera vez su muerte (Mt 20.17-19; Lc 18.31-34) ³² Se dirigían a Jerusalén, y Jesús caminaba delante de los discípulos. Ellos estaban asombrados, y los que iban detrás tenían miedo. Jesús volvió a llamar aparte a los doce discípulos, y comenzó a decirles lo que le iba a pasar: ³³ "Como ustedes ven, ahora vamos a Jerusalén, donde el Hijo del hombre va a ser entregado a los jefes de los sacerdotes y a los maestros de la ley, que lo condenarán a muerte y lo entregarán a los extranjeros. ᵒ ³⁴ Se burlarán de él, lo escupirán, lo golpearán y lo matarán; pero tres días después resucitará." ᵖ

Jesús responde a Santiago y Juan (Mt 20.20-28) ³⁵ Santiago y Juan, hijos de Zebedeo, se acercaron a Jesús y le dijeron:

—Maestro, queremos que nos hagas el favor que vamos a pedirte.

³⁶ Él les preguntó:

—¿Qué quieren que haga por ustedes?

³⁷ Le dijeron:

—Concédenos que en tu reino glorioso nos sentemos uno a tu derecha y otro a tu izquierda. ᵠ

³⁸ Jesús les contestó:

—Ustedes no saben lo que piden. ¿Pueden beber este trago amargo que voy a beber yo, y recibir el bautismo que yo voy a recibir? ʳ

³⁹ Ellos contestaron:

—Podemos.

Jesús les dijo:

—Ustedes beberán este trago amargo, y recibirán el bautismo que yo voy a recibir; ˢ ⁴⁰ pero el sentarse a mi derecha o a mi izquierda no me corresponde a mí darlo, sino que les será dado a aquellos para quienes está preparado.

⁴¹ Cuando los otros diez discípulos oyeron esto, se enojaron con Santiago y Juan. ⁴² Pero Jesús los llamó, y les dijo:

—Como ustedes saben, entre los paganos hay jefes que se creen con derecho a gobernar con tiranía a sus súbditos, y los grandes hacen sentir su autoridad sobre ellos. ⁴³ Pero entre ustedes no debe ser así. Al contrario, el que quiera ser grande entre ustedes, deberá servir a los demás, ⁴⁴ y el que entre ustedes quiera ser el primero, deberá ser el esclavo de los demás. ᵗ ⁴⁵ Porque ni aun el Hijo del hombre vino para que le sirvan, sino para servir y dar su vida en rescate por una multitud. ᵘ

Jesús sana a Bartimeo el ciego (Mt 20.29-34; Lc 18.35-43) ⁴⁶ Llegaron a Jericó. ᵛ Y cuando Jesús ya salía de la ciudad, seguido de sus discípulos y de mucha gente, un mendigo ciego llamado Bartimeo, hijo de Timeo, estaba sentado junto al camino. ⁴⁷ Al oir que era Jesús de Nazaret, el ciego comenzó a gritar:

—¡Jesús, Hijo de David, ten compasión de mí! ʷ

⁴⁸ Muchos lo reprendían para que se callara, pero él gritaba más todavía:

—¡Hijo de David, ten compasión de mí!

⁴⁹ Entonces Jesús se detuvo, y dijo:

—Llámenlo.

Llamaron al ciego, diciéndole:

—Ánimo, levántate; te está llamando.

⁵⁰ El ciego arrojó su capa, y dando un salto se acercó a Jesús, ⁵¹ que le preguntó:

—¿Qué quieres que haga por ti?

El ciego le contestó:

—Maestro, quiero recobrar la vista.

⁵² Jesús le dijo:

—Puedes irte; por tu fe has sido sanado. ˣ

En aquel mismo instante el ciego recobró la vista, y siguió a Jesús por el camino.

11 *Jesús entra en Jerusalén* ᵃ *(Mt 21.1-11; Lc 19.28-40; Jn 12.12-19)* ¹ Cuando ya estaban cerca de Jerusalén, al aproximarse a los pueblos de Betfagé y Betania, en

---

ⁿ **10.27** Gn 18.14; Job 42.1-2; Zac 8.6.

ñ **10.31** Mt 20.16; Lc 13.30.

ᵒ **10.33** *Extranjeros:* aquí, las autoridades romanas.

ᵖ **10.32-34** *Lo condenarán a muerte... resucitará:* Véase Mc 8.31—9.1 n., y cf. Mc 9.31.

ᵠ **10.37** *En tu reino glorioso:* lit. *en tu gloria.* Los discípulos esperaban que Jesús estableciera un reinado terrenal, en el que se darían diferentes grados de autoridad y honor.

ʳ **10.38** Lc 12.50; Jn 18.11. *Trago amargo:* lit. *cáliz* o *copa,* imagen literaria que indica una prueba o momento difícil (véase Mt 26.39 n.). *Bautismo:* usado en sentido figurado respecto del sufrimiento y la muerte que Jesús iba a padecer.

ˢ **10.39** Véase Mt 20.23 n.

ᵗ **10.42-44** Mt 23.11; Mc 9.35; Lc 22.25-27; cf. Eclo 3.18.

ᵘ **10.45** Cf. Is 53.5-6,11-12; Jn 10.11; 1 Ti 2.5-6. Por primera vez en la enseñanza de Jesús, se expresa en forma global el propósito de su vida y muerte; véanse notas y referencias en Mt 20.28.

ᵛ **10.46** *Jericó:* población situada en la llanura del río Jordán, al pie de la subida a Jerusalén.

ʷ **10.47** *Hijo de David:* título mesiánico; véase Mt 9.27 n., y el relato similar en dicho pasaje.

ˣ **10.52** Mt 9.22; Mc 5.34.

ᵃ **11.1-11** Comienzo de la semana final (caps. 11—16). Los vv. 1-25 pueden entenderse como tres "parábolas dramatizadas"; véase Mt 21.1-22 n.

el Monte de los Olivos, [b] Jesús envió a dos de sus discípulos, **2** diciéndoles:

—Vayan a la aldea que está enfrente, y al entrar en ella encontrarán un burro atado, que nadie ha montado todavía. Desátenlo y tráiganlo. **3** Y si alguien les pregunta por qué lo hacen, díganle que el Señor lo necesita y que en seguida lo devolverá. [c]

4 Fueron, pues, y encontraron el burro atado en la calle, junto a una puerta, y lo desataron. **5** Algunos que estaban allí les preguntaron:

—¿Qué hacen ustedes? ¿Por qué desatan el burro?

6 Ellos contestaron lo que Jesús les había dicho; y los dejaron ir. **7** Pusieron entonces sus capas sobre el burro, y se lo llevaron a Jesús. Y Jesús montó. **8** Muchos tendían sus capas por el camino, y otros tendían ramas que habían cortado en el campo. [d] **9** Y tanto los que iban delante como los que iban detrás, gritaban:

—¡Hosana! [e] ¡Bendito el que viene en el nombre del Señor! [f] **10** ¡Bendito el reino que viene, el reino de nuestro padre David! ¡Hosana en las alturas!

11 Entró Jesús en Jerusalén y se dirigió al templo. [g] Miró por todas partes y luego se fue a Betania con los doce discípulos, porque ya era tarde.

2. En Jerusalén (11.12—13.37)

Jesús maldice la higuera sin fruto [h] *(Mt 21.18-19)* **12** Al día siguiente, cuando salían de Betania, Jesús sintió hambre. **13** De lejos vio una higuera que tenía hojas, y se acercó a ver si también tendría fruto, pero no encontró más que las hojas, porque no era tiempo de higos. [i] **14** Entonces le dijo a la higuera:

—¡Nunca más vuelva nadie a comer de tu fruto!

Sus discípulos lo oyeron.

Jesús purifica el templo (Mt 21.12-17; Lc 19.45-48; Jn 2.13-22)

15 Después que llegaron a Jerusalén, Jesús entró en el templo y comenzó a echar de allí a los que estaban vendiendo y comprando. Volcó las mesas de los que cambiaban dinero a la gente, y los puestos de los que vendían palomas; [j] **16** y no permitía que nadie pasara por el templo llevando cosas. **17** Y se puso a enseñar, diciendo:

—En las Escrituras dice: 'Mi casa será declarada casa de oración para todas las naciones', [k] pero ustedes han hecho de ella una cueva de ladrones. [l]

18 Al oir esto, los jefes de los sacerdotes y los maestros de la ley comenzaron a buscar la manera de matar a Jesús, porque le tenían miedo, pues toda la gente estaba admirada de su enseñanza. **19** Pero al llegar la noche, Jesús y sus discípulos salieron de la ciudad.

Instrucción sobre la fe (Mt 21.20-22) **20** A la mañana siguiente pasaron junto a la higuera, y vieron que se había secado de raíz. **21** Entonces Pedro, acordándose de lo sucedido, le dijo a Jesús:

—Maestro, mira, la higuera que maldijiste se ha secado. [m]

22 Jesús contestó:

—Tengan fe en Dios. **23** Pues les aseguro que si alguien le dice a este cerro: '¡Quítate de ahí y arrójate al mar!', y no lo hace con dudas, sino creyendo que ha de suceder lo que dice, entonces sucederá. [n] **24** Por eso les digo que todo lo que ustedes pidan en oración, crean que ya lo han conseguido, y lo recibirán. [ñ] **25** Y cuando estén orando, perdonen lo que tengan contra otro, para que también su Padre que está en el cielo les perdone a ustedes sus pecados. [o]

La autoridad de Jesús (Mt 21.23-27; Lc 20.1-8) **27** Después de esto regresaron a Jerusalén. Mientras Jesús andaba por el templo, se acercaron a él los jefes de los sacerdotes, los maestros de la ley y los ancianos, **28** y le preguntaron:

—¿Con qué autoridad haces esto? ¿Quién te dio la autoridad para hacerlo? [p]

29-30 Jesús les contestó:

—Yo también les voy a hacer una pregunta: ¿Quién envió a Juan [q] a bautizar, Dios o los hombres? Contéstenme, y yo les diré con qué autoridad hago esto.

31 Ellos se pusieron a discutir unos con otros: "Si respondemos que Dios lo envió, va a decir: 'Entonces, ¿por qué no le creyeron?' **32** ¿Y cómo vamos a decir que lo enviaron los hombres? ..." Tenían miedo de la gente, pues todos creían que Juan era un profeta. **33** Así que respondieron a Jesús:

—No lo sabemos.

Entonces Jesús les contestó:

—Pues yo tampoco les digo con qué autoridad hago esto.

12 *La parábola de los labradores malvados (Mt 21.33-46; Lc 20.9-19)* **1** Jesús comenzó a hablarles por medio de parábolas. Les dijo: "Un hombre plantó un

---

[b] **11.1** *Betfagé:* aldea cercana a Jerusalén, en el camino a *Betania*, pueblo situado a unos 3 kms. al oriente de la ciudad. *Monte de los Olivos:* colina aprox. a 1 km. de Jerusalén.

[c] **11.3** *El Señor:* otra posible traducción, tanto aquí como en Mt 21.3 y Lc 19.31: *su amo.* Según algunos mss., las últimas palabras del v. 3 son *en seguida lo enviará acá,* refiriéndose al dueño como sujeto del verbo.

[d] **11.8** Manifestaciones de aclamación (véase Mt 21.8 n.).

[e] **11.9** *¡Hosana!:* Véase Mt 21.9 n.

[f] **11.9** *¡Bendito... del Señor!:* Sal 118.25-26.

[g] **11.11** *Templo:* Véase *Índice temático.*

[h] **11.12-14** Respecto al posible simbolismo de esta acción, véase Mt 21.1-22 n.

[i] **11.13** La indicación de que *no era tiempo de higos* hace más probable el carácter simbólico de la acción de Jesús. Véase Mt 21.1-22 n.

[j] **11.15-17** Los comerciantes habían convertido un negocio legítimo en fuente de abusos; véase Mt 21.12 n.

[k] **11.17** Is 56.7.

[l] **11.17** Jer 7.11.

[m] **11.21** Cf. vv. 12-14.

[n] **11.23** Respecto a la expresión proverbial referida, véase Mt 17.20 nota *k*; cf. Lc 17.6; 1 Co 13.2.

[ñ] **11.24** Jn 14.13-14; 15.7.

[o] **11.25** Mt 6.14-15; cf. Eclo 28.2-5. Algunos mss. añaden el v. 26: *Pero si ustedes no perdonan, tampoco su Padre que está en el cielo les perdonará a ustedes sus pecados,* frase tomada probablemente de Mt 6.15.

[p] **11.27-28** La pregunta es motivada por las acciones de Jesús relatadas en las secciones anteriores (vv. 1-26).

[q] **11.29-30** *Juan:* el Bautista (Mc 1.4-8; Jn 1.6,19-28).

viñedo[a] y le puso un cerco; preparó un lugar donde hacer el vino y levantó una torre para vigilarlo todo. Luego alquiló el terreno a unos labradores y se fue de viaje. ² A su debido tiempo, mandó un criado a pedir a los labradores la parte de la cosecha que le correspondía. ³ Pero ellos le echaron mano, lo golpearon y lo enviaron con las manos vacías. ⁴ Entonces el dueño mandó otro criado, pero a este lo hirieron en la cabeza y lo insultaron. ⁵ Mandó a otro, y a este lo mataron. Después mandó a otros muchos; y a unos los golpearon y a otros los mataron.

⁶ "Todavía le quedaba uno: su propio hijo, a quien quería mucho.[b] Por último lo mandó a él, pensando: 'Sin duda, respetarán a mi hijo.' ⁷ Pero los labradores se dijeron unos a otros: 'Este es el que ha de recibir la herencia; matémoslo, y será nuestra la propiedad.' ⁸ Así que lo agarraron, lo mataron y arrojaron el cuerpo fuera del viñedo. ⁹ "¿Y qué creen ustedes que hará el dueño del viñedo? Pues irá y matará a esos labradores, y dará el viñedo a otros.

¹⁰ "¿No han leído ustedes la Escritura? Dice:
'La piedra que los constructores despreciaron
se ha convertido en la piedra principal.
¹¹ Esto lo hizo el Señor,
y estamos maravillados.' "[c]

¹² Quisieron entonces arrestar a Jesús, porque sabían que había usado esta parábola contra ellos. Pero como tenían miedo de la gente, lo dejaron y se fueron.

La pregunta sobre los impuestos (Mt 22.15-22; Lc 20.20-26)

¹³ Mandaron a Jesús algunos de los fariseos y del partido de Herodes,[d] para hacerle decir algo de que pudieran acusarlo. ¹⁴ Estos fueron y le dijeron:

—Maestro, sabemos que tú dices la verdad, sin dejarte llevar por lo que diga la gente, porque no hablas para darles gusto. Tú enseñas de veras el camino de Dios. ¿Está bien que paguemos impuestos al emperador romano, o no? ¿Debemos o no debemos pagarlos?[e]

¹⁵ Pero Jesús, que conocía su hipocresía, les dijo:
—¿Por qué me tienden trampas? Tráiganme una moneda de denario,[f] para que la vea.

¹⁶ Se la llevaron, y Jesús les dijo:
—¿De quién es esta cara y el nombre que aquí está escrito?

Le contestaron:
—Del emperador.
¹⁷ Entonces Jesús les dijo:
—Pues den al emperador lo que es del emperador, y a Dios lo que es de Dios.
Y su respuesta los dejó admirados.[g]

La pregunta sobre la resurrección (Mt 22.23-33; Lc 20.27-40)

¹⁸ Entonces fueron a ver a Jesús algunos saduceos.[h] Estos dicen que los muertos no resucitan;[i] por eso le presentaron este caso:

¹⁹ —Maestro, Moisés nos dejó escrito que si un hombre casado muere sin haber tenido hijos con su mujer, el hermano del difunto deberá tomar por esposa a la viuda, para darle hijos al hermano que murió.[j] ²⁰ Pues bien, había una vez siete hermanos, el primero de los cuales se casó, pero murió sin dejar hijos. ²¹ Entonces el segundo se casó con la viuda, pero él también murió sin dejar hijos. Lo mismo pasó con el tercero, ²² y con los siete; pero ninguno dejó hijos. Finalmente murió también la mujer. ²³ Pues bien, en la resurrección, cuando vuelvan a vivir, ¿de cuál de ellos será esposa esta mujer, si los siete estuvieron casados con ella?

²⁴ Jesús les contestó:
—Ustedes están equivocados, porque no conocen las Escrituras ni el poder de Dios. ²⁵ Cuando los muertos resuciten, los hombres y las mujeres no se casarán, pues serán como los ángeles que están en el cielo. ²⁶ Y en cuanto a que los muertos resucitan, ¿no han leído ustedes en el libro de Moisés[k] el pasaje de la zarza que ardía?[l] Dios le dijo a Moisés: 'Yo soy el Dios de Abraham, de Isaac y de Jacob.' ²⁷ ¡Y él no es Dios de muertos, sino de vivos![m] Ustedes están muy equivocados.

El mandamiento más importante[n] (Mt 22.34-40) ²⁸ Al ver que Jesús les había contestado bien, uno de los maestros de la ley, que los había oído discutir, se acercó a él y le preguntó:

—¿Cuál es el primero de todos los mandamientos?[ñ]
²⁹ Jesús le contestó:
—El primer mandamiento de todos es: 'Oye, Israel: el Señor nuestro Dios es el único Señor.[o] ³⁰ Ama al Señor Dios con todo tu corazón, con toda tu alma, con toda tu mente y con todas tus fuerzas.'[p] ³¹ Pero hay un segundo:

---

[a] **12.1-2** *Viñedo:* imagen de Israel, que hace alusión a Is 5.1-7; véase Mt 21.33 nota *s*.

[b] **12.6** *Su propio hijo, a quien quería mucho:* Puede también entenderse como *su único hijo.*

[c] **12.10-11** Sal 118.22-23. El salmo se cita como alusión a Jesús mismo, que fue despreciado por los dirigentes religiosos de Israel pero que llegó a ser la principal manifestación de Dios entre su pueblo. Cf. Hch 4.11; Ro 9.31-33; 1 P 2.6-8.

[d] **12.13** *Del partido de Herodes:* Véase Mt 22.16 n.

[e] **12.14** Acerca de la pregunta sobre los *impuestos,* véase Mt 22.17 n.

[f] **12.15-16** *Una moneda de denario:* moneda romana de plata que en aquel tiempo llevaba la imagen del emperador Tiberio.

[g] **12.17** Cf. Ro 13.7.

[h] **12.18** *Saduceos:* partido religioso de los judíos; véanse Mt 22.23 n. e *Introducción al NT (28).*

[i] **12.18** Hch 4.1-2; 23.8.

[j] **12.19** Dt 25.5-10. Se trata de la llamada "ley del levirato"; véase Mt 22.24 n. Aunque el caso citado en Mc 12.20-22 es hipotético, pudo haber sido sugerido por el relato de Tb 3.8.

[k] **12.26** *Libro de Moisés:* los cinco primeros libros del AT (Gn a Dt).

[l] **12.26** *La zarza que ardía:* Cf. Ex 3.2-6.

[m] **12.27** *¡Y él... vivos!:* Véase Mt 22.31-32 n.

[n] **12.28-34** Cf. Lc 10.25-28.

[ñ] **12.28** En la piedad tradicional judía se hacía hincapié en los mandamientos específicos (según algunos rabinos estos eran 613), pero era un problema saber cuáles de ellos eran los más importantes.

[o] **12.29** *El Señor nuestro Dios es el único Señor:* otras posibles traducciones: *el Señor nuestro Dios, el Señor es uno;* o *el Señor nuestro Dios, el Señor solo;* o *nuestro Dios es Señor, el único Señor.*

[p] **12.29-30** Dt 6.4-5, texto que forma parte de la oración diaria de todo judío piadoso. Véase Dt 6.4 nota *c*.

'Ama a tu prójimo como a ti mismo.' *q* Ningún mandamiento es más importante que estos.

32 El maestro de la ley le dijo:

—Muy bien, Maestro. Es verdad lo que dices: hay un solo Dios, y no hay otro fuera de él. *r* **33** Y amar a Dios con todo el corazón, con todo el entendimiento y con todas las fuerzas, y amar al prójimo como a uno mismo, vale más que todos los holocaustos y todos los sacrificios que se queman en el altar. *s*

34 Al ver Jesús que el maestro de la ley había contestado con buen sentido, le dijo:

—No estás lejos del reino de Dios.

Y ya nadie se atrevía a hacerle más preguntas.

¿De quién desciende el Mesías? *t* (Mt 22.41-46; Lc 20.41-44)

35 Jesús estaba enseñando en el templo, y preguntó:

—¿Por qué dicen los maestros de la ley que el Mesías desciende de David? *u* **36** Pues David mismo, inspirado por el Espíritu Santo, dijo:

'El Señor dijo a mi Señor:
Siéntate a mi derecha,
hasta que yo ponga a tus enemigos
debajo de tus pies.' *v*

37 ¿Pero cómo puede el Mesías descender de David, si David mismo lo llama Señor?

La gente, que era mucha, escuchaba con gusto a Jesús.

Jesús denuncia a los maestros de la ley (Mt 23.1-36; Lc 11.37-54; 20.45-47) **38** Jesús decía en su enseñanza: "Cuídense de los maestros de la ley, pues les gusta andar con ropas largas *w* y que los saluden con todo respeto en las plazas. **39** Buscan los asientos de honor *x* en las sinagogas y los mejores lugares en las comidas; **40** y despojan de sus bienes a las viudas, *y* y para disimularlo hacen largas oraciones. Ellos recibirán mayor castigo."

La ofrenda de la viuda pobre (Lc 21.1-4) **41** Jesús estaba una vez sentado frente a los cofres de las ofrendas, *z* mirando cómo la gente echaba dinero en ellos. Muchos ricos echaban mucho dinero. **42** En esto llegó una viuda pobre, y echó en uno de los cofres dos monedítas de cobre, de muy poco valor. *a* **43** Entonces Jesús llamó a sus discípulos, y les dijo:

—Les aseguro que esta viuda pobre ha dado más que todos los otros que echan dinero en los cofres; **44** pues todos dan de lo que les sobra, pero ella, en su pobreza, ha dado todo lo que tenía para vivir. *b*

13 Jesús anuncia que el templo será destruido
(Mt 24.1-2; Lc 21.5-6) **1** Al salir Jesús del templo, uno de sus discípulos le dijo:

—¡Maestro, mira qué piedras y qué edificios! *a*

2 Jesús le contestó:

—¿Ves estos grandes edificios? Pues no va a quedar de ellos ni una piedra sobre otra. Todo será destruido. *b*

Señales antes del fin (Mt 24.3-28; Lc 21.7-24; 17.22-24)

3 Luego se fueron al Monte de los Olivos, que está frente al templo. Jesús se sentó, y Pedro, Santiago, Juan y Andrés le preguntaron aparte **4** cuándo iba a ocurrir esto y cuál sería la señal de que todo esto estaría para llegar a su término.

5 Jesús les contestó: "Tengan cuidado de que nadie los engañe. **6** Porque vendrán muchos haciéndose pasar por mí. Dirán: 'Yo soy', y engañarán a mucha gente.

7 "Cuando ustedes tengan noticias de que hay guerras aquí y allá, no se asusten. Así tiene que ocurrir; sin embargo, aún no será el fin. **8** Porque una nación peleará contra otra y un país hará guerra contra otro; y habrá terremotos en muchos lugares, y habrá hambres. Eso apenas será el comienzo de los dolores. *c*

9 "Cuídense ustedes mismos; porque los entregarán a las autoridades *d* y los golpearán en las sinagogas. Los harán comparecer ante gobernadores y reyes por causa mía; así podrán dar testimonio de mí delante de ellos. *e* **10** Pues antes del fin, el evangelio tiene que anunciarse a todas las naciones. *f* **11** Y no se preocupen ustedes por lo que hayan de decir cuando los entreguen a las autoridades. En esos momentos digan lo que Dios les dé a decir, porque no serán ustedes los que hablen, sino el Espíritu Santo. **12** Los hermanos entregarán a la muerte a sus hermanos, y los padres a los hijos; y los hijos se volverán contra sus padres

---

q **12.31** Lv 19.18.
r **12.32** Dt 4.35; Is 45.21.
s **12.33** Os 6.6.
t **12.35-37** Respecto al argumento presentado por Jesús, véase Mt 22.42-45 n.
u **12.35** *Los maestros de la ley* sostenían que, conforme al AT, el Mesías sería descendiente del rey David (cf. Is 9.2-7 [1-6]; 11.1-10; Jer 23.5-8; 33.15-17; Ez 34.23-24; 37.24).
v **12.36** Sal 110.1; véase Mt 22.44 n.
w **12.38** *Ropas largas:* signo de ostentación; véanse Mt 23.5 notas c y d.
x **12.39** *Asientos de honor:* los que estaban al frente, mirando hacia la congregación. Cf. Lc 14.7.
y **12.40** Cf. Is 10.1-2.
z **12.41** *Cofres de las ofrendas:* En el templo había un conjunto de 13 cajas o cofres, donde la gente echaba sus ofrendas.
a **12.42** Nótese el contraste con los que despojan a *las viudas* (v. 40). *Dos monedítas de cobre, de muy poco valor:* lit. *dos monedítas* (lepton), *o sea un cuadrante*. El *lepton* era la moneda griega de cobre más pequeña, equivalente a 1/128 de denario, y el cuadrante era la más pequeña moneda romana, equivalente a 1/64 de denario. Véase *Tabla de pesas, monedas y medidas*.
b **12.43-44** Cf. 2 Co 8.12.
a **13.1** El *templo* de aquel entonces, llamado de Herodes (véase *Templo* en el *Índice temático*), era un edificio impresionante por su tamaño y esplendor. Su construcción se inició por orden de Herodes el Grande en el año 20 ó 19 a.C., y aún no estaba terminado (Jn 2.20 n.). Véase también Lc 21.5 n.
b **13.2** Lc 19.43-44. Profecía acerca de la destrucción de Jerusalén, que se cumplió el año 70 d.C. El cap. 13 entrelaza el anuncio de este hecho con profecías acerca de los acontecimientos relacionados con el fin del mundo.
c **13.8** Cf. Is 19.2; Ap 6.3-8,12-17. *El comienzo de los dolores:* Véase Mt 24.8 n.
d **13.9** *Las autoridades:* lit. *los sanedrines;* tribunales locales judíos, que se reunían *en las sinagogas*.
e **13.9-11** Mt 10.17-20; Lc 12.11-12; 21.12-15; cf. Hch 4.1-8.
f **13.10** Mt 28.19; cf. Col 1.23; 1 Ts 1.8.

y los matarán. **13** Todo el mundo los odiará a ustedes por causa mía; pero el que siga firme hasta el fin, se salvará. [g]

14 "Cuando ustedes vean el horrible sacrilegio en el lugar donde no debe estar —el que lee, entienda—, [h] entonces los que estén en Judea, que huyan a las montañas; **15** y el que esté en la azotea de su casa, que no baje ni entre a sacar nada; **16** y el que esté en el campo, que no regrese ni aun a recoger su capa. [i] **17** ¡Pobres mujeres aquellas que en tales días estén embarazadas o tengan niños de pecho! [j] **18** Pidan ustedes a Dios que esto no suceda en el invierno, [k] **19** porque serán días de un sufrimiento como nunca lo ha habido desde que Dios, en el principio, hizo el mundo hasta ahora, ni lo habrá después. [l] **20** Y si el Señor no acortara ese tiempo, no se salvaría nadie; pero lo ha acortado por amor a los suyos, a los que él ha escogido.

21 "Si entonces alguien les dice a ustedes: 'Miren, aquí está el Mesías', o 'Miren, allí está', no lo crean. **22** Pues vendrán falsos mesías y falsos profetas; [m] y harán señales y milagros, para engañar, de ser posible, hasta a los que Dios mismo ha escogido. **23** ¡Tengan cuidado! Todo esto ya se lo he advertido a ustedes de antemano.

El regreso del Hijo del hombre *(Mt 24.29-35,42,44; Lc 21.25-36)*

24 "Pero en aquellos días, pasado el tiempo de sufrimiento, el sol se oscurecerá, la luna dejará de dar su luz, **25** las estrellas caerán del cielo y las fuerzas celestiales temblarán. [n] **26** Entonces se verá al Hijo del hombre venir en las nubes con gran poder y gloria. [ñ] **27** Él mandará a los ángeles, y reunirá a sus escogidos de los cuatro puntos cardinales, desde el último rincón de la tierra hasta el último rincón del cielo. [o]

28 "Aprendan esta enseñanza de la higuera: Cuando sus ramas se ponen tiernas, y brotan sus hojas, se dan cuenta ustedes de que ya el verano está cerca. **29** De la misma manera, cuando vean que suceden estas cosas, sepan que el Hijo del hombre ya está a la puerta. [p] **30** Les aseguro que todo esto sucederá antes que muera la gente de este tiempo. **31** El cielo y la tierra dejarán de existir, pero mis palabras no dejarán de cumplirse.

32 "Pero en cuanto al día y a la hora, nadie lo sabe, ni aun los ángeles del cielo, ni el Hijo. Solamente lo sabe el Padre. [q]

33 "Por lo tanto, manténganse ustedes despiertos y vigilantes, [r] porque no saben cuándo llegará el momento. [s] **34** Deben hacer como en el caso de un hombre que, estando a punto de irse a otro país, encargó a sus criados que le cuidaran la casa. A cada cual le dejó un trabajo, y ordenó al portero que vigilara. [t] **35** Manténganse ustedes despiertos, porque no saben cuándo va a llegar el señor de la casa, si al anochecer, a la medianoche, al canto del gallo o a la mañana; [u] **36** no sea que venga de repente y los encuentre durmiendo. **37** Lo que les digo a ustedes se lo digo a todos: ¡Manténganse despiertos!"

3. Pasión, muerte y resurrección (14.1—16.20)

14 *Conspiración para arrestar a Jesús (Mt 26.1-5; Lc 22.1-2; Jn 11.45-53)* **1** Faltaban dos días para la fiesta de la Pascua, cuando se come el pan sin levadura. [a] Los jefes de los sacerdotes y los maestros de la ley buscaban la manera de arrestar a Jesús por medio de algún engaño, y matarlo. **2** Pues algunos decían:

—No durante la fiesta, para que la gente no se alborote. [b]

Una mujer derrama perfume sobre Jesús *(Mt 26.6-13; Jn 12.1-8)*

3 Jesús había ido a Betania, a casa de Simón, al que llamaban el leproso. [c] Mientras estaba sentado a la mesa, [d] llegó una mujer que llevaba un frasco de alabastro [e] lleno de perfume de nardo puro, [f] de mucho valor. Rompió el frasco y derramó el perfume sobre la cabeza de Jesús. **4** Algunos de los presentes se enojaron, y se dijeron unos a otros:

—¿Por qué se ha desperdiciado este perfume? **5** Podía haberse vendido por el equivalente al salario [g] de trescientos días, para ayudar a los pobres.

Y criticaban a aquella mujer.

---

[g] **13.12-13** Mt 10.21-22; Jn 15.18-25.

[h] **13.14** Dn 9.27; 11.31; 12.11; respecto al *horrible sacrilegio* y a la advertencia de cómo el lector debe entender el pasaje, véanse las notas sobre Mt 24.15.

[i] **13.15-16** Lc 17.31. *Azotea:* Véase Mt 24.17 n.

[j] **13.17** Cf. Lc 23.29.

[k] **13.18** El invierno en Palestina es lluvioso, lo que hace difícil viajar.

[l] **13.19** Dn 12.1; Jl 2.1-2; Ap 7.14.

[m] **13.21-22** *Falsos mesías y falsos profetas:* Mt 7.15; 1 Jn 2.18 (cf. Dt 13.1-3 [2-4]). *Mesías:* Véase *Índice temático*.

[n] **13.24-25** Lenguaje tomado del AT; véanse nota y referencias en Mt 24.14.

[ñ] **13.26** Dn 7.13; Mt 16.27; 1 Ts 4.13-18; Ap 1.7.

[o] **13.27** Dt 30.3-4.

[p] **13.29** *El Hijo del hombre ya está a la puerta:* otra posible traducción: *el tiempo ya está cerca.*

[q] **13.32** Mt 24.36; Hch 1.6-7.

[r] **13.33** *Vigilantes:* Algunos mss. añaden *y oren.*

[s] **13.33** Mt 24.42; 25.13; Lc 12.40.

[t] **13.34** Mt 25.14.

[u] **13.35** Según el sistema judío, la noche se dividía en tres partes o vigilias; el sistema romano la dividía en cuatro; véase Lc 12.38 n., y cf. Lc 12.35-40.

[a] **14.1** *Pascua:* fiesta judía que conmemora la liberación de la esclavitud en Egipto (Ex 12.1-27; Dt 16.1-8); véase *Índice temático*. *Pan sin levadura:* Véase *Índice temático*. La Pascua duraba solo un día; la seguía inmediatamente la fiesta del Pan sin levadura (Lv 23.5-6), que duraba siete días. Estas festividades atraían a un número extraordinario de judíos de todas partes.

[b] **14.1-2** Aunque por miedo a la gente (cf. Lc 22.2) no querían *arrestar a Jesús* abiertamente *durante la fiesta,* la colaboración inesperada de Judas (vv. 10-11) les dio la oportunidad de hacerlo *por medio de algún engaño,* sin enfrentarse con las multitudes.

[c] **14.3** *Simón, al que llamaban el leproso:* Véase Mt 26.6 n.

[d] **14.3** *Sentado a la mesa:* En realidad, los comensales se recostaban sobre unos divanes (véase Lc 7.38 n.).

[e] **14.3** *Alabastro:* piedra blanda y fina.

[f] **14.3** *Nardo:* ungüento muy valioso, hecho de la planta del mismo nombre e importado de la India.

[g] **14.5** *Salario de trescientos días:* lit. *trescientos denarios,* casi un año de salario de un jornalero.

6 Pero Jesús dijo:

—Déjenla; ¿por qué la molestan? Ha hecho una obra buena conmigo. **7** Pues a los pobres siempre los tendrán entre ustedes, *h* y pueden hacerles bien cuando quieran; pero a mí no siempre me van a tener. **8** Esta mujer ha hecho lo que ha podido: ha perfumado mi cuerpo de antemano para mi entierro. *i* **9** Les aseguro que en cualquier lugar del mundo donde se anuncie la buena noticia, se hablará también de lo que hizo esta mujer, y así será recordada.

Judas traiciona a Jesús *(Mt 26.14-16; Lc 22.3-6)* **10** Judas Iscariote, uno de los doce discípulos, fue a ver a los jefes de los sacerdotes para entregarles a Jesús. **11** Al oírlo, se alegraron y prometieron darle dinero a Judas, que comenzó a buscar el momento más oportuno de entregar a Jesús.

La Cena del Señor *(Mt 26.17-29; Lc 22.7-23; Jn 13.21-30; 1 Co 11.23-26)* **12** El primer día de la fiesta en que se comía el pan sin levadura, cuando se sacrificaba el cordero de Pascua, los discípulos de Jesús le preguntaron:

—¿Dónde quieres que vayamos a prepararte la cena de Pascua? *j*

13 Entonces envió a dos de sus discípulos, diciéndoles:

—Vayan a la ciudad. Allí encontrarán a un hombre que lleva un cántaro de agua; síganlo, **14** y donde entre, digan al dueño de la casa: 'El Maestro pregunta: ¿Cuál es el cuarto donde voy a comer con mis discípulos la cena de Pascua?' *k* **15** Él les mostrará en el piso alto un cuarto grande, arreglado y ya listo para la cena. *l* Preparennos allí lo necesario.

16 Los discípulos salieron y fueron a la ciudad. Lo encontraron todo como Jesús les había dicho, y prepararon la cena de Pascua. *m*

17 Al anochecer llegó Jesús con los doce discípulos. **18** Mientras estaban a la mesa, *n* comiendo, Jesús les dijo:

—Les aseguro que uno de ustedes, que está comiendo conmigo, *ñ* me va a traicionar.

19 Ellos se pusieron tristes, y comenzaron a preguntarle uno por uno:

—¿Acaso seré yo?

20 Jesús les contestó:

—Es uno de los doce, que está mojando el pan en el mismo plato que yo. *o* **21** El Hijo del hombre ha de recorrer el camino que dicen las Escrituras; pero ¡ay de aquel que lo traiciona! Hubiera sido mejor para él no haber nacido.

22 Mientras comían, Jesús tomó en sus manos el pan y, habiendo pronunciado la bendición, lo partió y se lo dio a ellos, diciendo:

—Tomen, esto es mi cuerpo. *p*

23 Luego tomó en sus manos una copa y, habiendo dado gracias a Dios, se la pasó a ellos, y todos bebieron. **24** Les dijo:

—Esto es mi sangre, con la que se confirma la alianza, *q* sangre que es derramada en favor de muchos. **25** Les aseguro que no volveré a beber del producto de la vid, hasta el día en que beba el vino nuevo en el reino de Dios. *r*

Jesús anuncia que Pedro lo negará *(Mt 26.30-35; Lc 22.31-34; Jn 13.36-38)* **26** Después de cantar los salmos, *s* se fueron al Monte de los Olivos. **27** Jesús les dijo:

—Todos ustedes van a perder su fe en mí. Así lo dicen las Escrituras: 'Mataré al pastor, y las ovejas se dispersarán.' *t* **28** Pero cuando yo resucite, los volveré a reunir en Galilea. *u*

29 Pedro le dijo:

—Aunque todos pierdan su fe, yo no.

30 Jesús le contestó:

—Te aseguro que esta misma noche, antes que cante el gallo *v* por segunda vez, me negarás tres veces.

31 Pero él insistía:

—Aunque tenga que morir contigo, no te negaré.

Y todos decían lo mismo.

Jesús ora en Getsemaní *(Mt 26.36-46; Lc 22.39-46)* **32** Luego fueron a un lugar llamado Getsemaní. *w* Jesús dijo a sus discípulos:

—Siéntense aquí, mientras yo voy a orar.

33 Y se llevó a Pedro, a Santiago y a Juan, y comenzó a sentirse muy afligido y angustiado. **34** Les dijo:

—Siento en mi alma una tristeza de muerte. *x* Quédense ustedes aquí, y permanezcan despiertos.

35 En seguida Jesús se fue un poco más adelante, se inclinó hasta tocar el suelo con la frente, y pidió a Dios que, de ser posible, no le llegara ese momento. **36** En su oración decía: "Abbá, *y* Padre, para ti todo es posible: líbrame de

---

h **14.7** Dt 15.11.
i **14.8** Véase Mt 26.8-12 n.; cf. Jn 19.40.
j **14.12** El punto culminante de la Pascua era la cena, en que se comía el cordero sacrificado para tal ocasión (Lc 22.7 n.).
k **14.13-14** *La ciudad:* Jerusalén. El *hombre* del *cántaro:* posiblemente habían hecho arreglos para que eso sirviera de contraseña; véase Lc 22.10-11 n.
l **14.15** La cena de la Pascua tenía que celebrarse dentro de la santa ciudad de Jerusalén, así que sus habitantes solían prestar a los peregrinos un lugar debidamente *arreglado.*
m **14.16** Dt 16.5-8.
n **14.18** *Mientras estaban a la mesa:* lit. *Mientras se recostaban;* véase Mt 26.20 n.
ñ **14.18** Sal 41.9 (10).
o **14.20** Jn 13.18; cf. Sal 41.9 (10). Véase Mt 26.23 n.
p **14.22** Además de los pasajes paralelos, cf. Jn 6.51-58.

q **14.24** Ex 24.6-8; Jer 31.31-34; Zac 9.11; Lc 22.20 n.
r **14.25** Véase Mt 8.11 nota *i;* cf. Lc 13.29.
s **14.26** *Salmos:* La cena de Pascua generalmente empezaba con el canto de los Salmos 113—114, y se terminaba con los Salmos 115—118.
t **14.27** Zac 13.7; véase Mt 26.31 n.
u **14.28** Mt 28.7,10,16; Mc 16.7; cf. Jn 21.1.
v **14.30** Respecto al canto del *gallo,* véase Mt 26.75 n.
w **14.32** *Getsemaní:* un jardín cercano a Jerusalén, al pie del Monte de los Olivos (cf. Jn 18.1).
x **14.34** Jn 12.27.
y **14.36** *Abbá:* palabra aramea usada por los hijos al dirigirse a sus padres, y que equivale a "papá". Según los testimonios existentes, ni en el AT ni en el judaísmo se usaba este término tan familiar para invocar a Dios. En boca de Jesús, expresa una intimidad especial con él. Véase Ro 8.15 nota *o.*

este trago amargo; *z* pero que no se haga lo que yo quiero, sino lo que quieres tú." *a*

37 Luego volvió a donde ellos estaban, y los encontró dormidos. Le dijo a Pedro:

—Simón, ¿estás durmiendo? ¿Ni siquiera una hora pudiste mantenerte despierto? **38** Manténganse despiertos y oren, para que no caigan en tentación. *b* Ustedes tienen buena voluntad, pero son débiles.

39 Se fue otra vez, y oró repitiendo las mismas palabras. **40** Cuando volvió, encontró otra vez dormidos a los discípulos, porque sus ojos se les cerraban de sueño. Y no sabían qué contestarle. **41** Volvió por tercera vez, y les dijo:

—¿Siguen ustedes durmiendo y descansando? *c* Ya basta, ha llegado la hora en que el Hijo del hombre va a ser entregado en manos de los pecadores. **42** Levántense, vámonos; ya se acerca el que me traiciona.

Arrestan a Jesús (Mt 26.47-56; Lc 22.47-53; Jn 18.2-11)

43 Todavía estaba hablando Jesús cuando Judas, uno de los doce discípulos, llegó acompañado de mucha gente armada con espadas y con palos. Iban de parte de los jefes de los sacerdotes, de los maestros de la ley y de los ancianos. **44** Judas, el traidor, les había dado una contraseña, diciéndoles: "Al que yo bese, ese es; arréstenlo y llévenselo bien sujeto." **45** Así que se acercó a Jesús y le dijo:

—¡Maestro!

Y lo besó. *d* **46** Entonces le echaron mano a Jesús y lo arrestaron.

47 Pero uno de los que estaban allí sacó su espada y le cortó una oreja al criado del sumo sacerdote. *e* **48** Y Jesús preguntó a la gente:

—¿Por qué han venido ustedes con espadas y con palos a arrestarme, como si yo fuera un bandido? **49** Todos los días he estado entre ustedes enseñando en el templo, *f* y nunca me arrestaron. Pero esto sucede para que se cumplan las Escrituras.

50 Todos los discípulos dejaron solo a Jesús, y huyeron. **51** Pero un joven lo seguía, cubierto solo con una sábana. A este lo agarraron, **52** pero él soltó la sábana y escapó desnudo.

Jesús ante la Junta Suprema (Mt 26.57-68; Lc 22.54-55,63-71; Jn 18.12-14,19-24)

53 Llevaron entonces a Jesús ante el sumo sacerdote, y se juntaron todos los jefes de los sacerdotes, los ancianos y los maestros de la ley. *g* **54** Pedro lo siguió de lejos hasta dentro del patio de la casa del sumo sacerdote, y se quedó sentado con los guardianes del templo, calentándose junto al fuego.

55 Los jefes de los sacerdotes y toda la Junta Suprema buscaban alguna prueba para condenar a muerte a Jesús; pero no la encontraban. **56** Porque aunque muchos presentaban falsos testimonios contra él, se contradecían unos a otros. *h* **57** Algunos se levantaron y lo acusaron falsamente, diciendo:

58 —Nosotros lo hemos oído decir: 'Yo voy a destruir este templo que hicieron los hombres, y en tres días levantaré otro no hecho por los hombres.' *i*

59 Pero ni aun así estaban de acuerdo en lo que decían.

60 Entonces el sumo sacerdote se levantó en medio de todos, y preguntó a Jesús:

—¿No contestas nada? ¿Qué es esto que están diciendo contra ti? *j*

61 Pero Jesús se quedó callado, sin contestar nada. *k* El sumo sacerdote volvió a preguntarle:

—¿Eres tú el Mesías, el Hijo del Dios bendito?

62 Jesús le dijo:

—Sí, yo soy. Y ustedes verán al Hijo del hombre sentado a la derecha *l* del Todopoderoso, *m* y viniendo en las nubes del cielo. *n*

63 Entonces el sumo sacerdote se rasgó las ropas en señal de indignación, y dijo:

—¿Qué necesidad tenemos de más testigos? **64** Ustedes lo han oído decir palabras ofensivas contra Dios. ¿Qué les parece?

Todos estuvieron de acuerdo en que era culpable y debía morir. *ñ*

65 Algunos comenzaron a escupirlo, y a taparle los ojos y golpearlo, diciéndole:

—¡Adivina quién te pegó!

Y los guardianes del templo le pegaron en la cara. *o*

Pedro niega conocer a Jesús (Mt 26.69-75; Lc 22.56-62; Jn 18.15-18,25-29)

66 Pedro estaba abajo, en el patio. En esto llegó una de las sirvientas del sumo sacerdote; **67** y al ver a Pedro, que se estaba calentando junto al fuego, se quedó mirándolo y le dijo:

—Tú también andabas con Jesús, el de Nazaret.

68 Pedro lo negó, diciendo:

—No lo conozco, ni sé de qué estás hablando.

Y salió fuera, a la entrada. Entonces cantó un gallo. *p*

---

z **14.36** *Trago amargo:* lit. *copa,* imagen literaria para expresar el sufrimiento; véase Mt 26.39 n.

a **14.35-36** Cf. Heb 5.7-8.

b **14.38** *Para que no caigan en tentación:* Véase Lc 22.40 n.

c **14.41** *¿Siguen ustedes durmiendo y descansando?:* otra posible traducción: *Ahora sí, duerman y descansen;* véase Mt 26.45 n.

d **14.44-45** Respecto al beso, véase Mt 26.48-49 n.

e **14.47** *Sumo sacerdote:* el jefe de los sacerdotes judíos; véase Índice temático.

f **14.49** Lc 19.47; 21.37; Jn 18.20.

g **14.53** Era una reunión del Sanedrín, o sea la Junta Suprema de los judíos (v. 55). Véanse Mt 26.57 n. y *Junta Suprema* en el Índice temático.

h **14.56** Según la ley judía, era necesario contar con dos o más testigos que concordaran en su testimonio (Nm 35.30; Dt 19.15).

i **14.58** Mc 15.29; cf. Jn 2.19-22. Además, Jesús había anunciado a sus discípulos la destrucción del templo de Jerusalén (Mc 13.1-2).

j **14.60** *¿No contestas... contra ti?:* otra posible traducción: *¿No contestas nada a lo que estos dicen contra ti?*

k **14.60-61** Is 53.7; Mt 27.12-14; Mc 15.5; Lc 23.9.

l **14.62** Como sucede en la actualidad, *la derecha* era el lugar de honor.

m **14.62** *Del Todopoderoso:* lit. *del poder,* modo de referirse a Dios sin pronunciar el nombre sagrado.

n **14.62** Sal 110.1; Dn 7.13.

ñ **14.64** Lv 24.15-16; Jn 19.7.

o **14.65** Is 50.6; 53.5.

p **14.68** Algunos mss. omiten *Entonces cantó un gallo.*

69 La sirvienta vio otra vez a Pedro y comenzó a decir a los
demás:
—Este es uno de ellos.
70 Pero él volvió a negarlo. Poco después, los que estaban allí dijeron de nuevo a Pedro:
—Seguro que tú eres uno de ellos, pues también eres
de Galilea.
71 Entonces Pedro comenzó a jurar y perjurar,[q] diciendo:
—¡No conozco a ese hombre de quien ustedes están
hablando!
72 En aquel mismo momento cantó el gallo por segunda
vez, y Pedro se acordó de que Jesús le había dicho: "Antes
que cante el gallo por segunda vez, me negarás tres veces."
Y se echó a llorar.

15

Jesús ante Pilato *(Mt 27.1-2,11-14; Lc 23.1-5; Jn 18.28-38)*
1 Al amanecer, se reunieron los jefes
de los sacerdotes con los ancianos y los maestros de la
ley: toda la Junta Suprema.[a] Y llevaron a Jesús atado, y se
lo entregaron a Pilato.[b] 2 Pilato le preguntó:
—¿Eres tú el Rey de los judíos?
—Tú lo has dicho[c] —contestó Jesús.
3 Como los jefes de los sacerdotes lo acusaban de muchas cosas, 4 Pilato volvió a preguntarle:
—¿No respondes nada? Mira de cuántas cosas te están
acusando.
5 Pero Jesús no le contestó;[d] de manera que Pilato se
quedó muy extrañado.

Jesús es sentenciado a muerte *(Mt 27.15-31; Lc 23.13-25; Jn 18.38—19.16)*
6 Durante la fiesta,[e] Pilato dejaba libre un
preso, el que la gente pidiera. 7 Un hombre llamado Barrabás estaba entonces en la cárcel, junto con otros que habían cometido un asesinato en una rebelión. 8 La gente
llegó,[f] pues, y empezó a pedirle a Pilato que hiciera como
tenía por costumbre. 9 Pilato les contestó:
—¿Quieren ustedes que les ponga en libertad al Rey de
los judíos?
10 Porque se daba cuenta de que los jefes de los sacerdotes
lo habían entregado por envidia. 11 Pero los jefes de los sacerdotes alborotaron a la gente, para que pidieran que les
dejara libre a Barrabás. 12 Pilato les preguntó:
—¿Y qué quieren que haga con el que ustedes llaman[g]
el Rey de los judíos?
13 Ellos contestaron a gritos:
—¡Crucifícalo!
14 Pilato les dijo:
—Pues ¿qué mal ha hecho?
Pero ellos volvieron a gritar:
—¡Crucifícalo!
15 Entonces Pilato, como quería quedar bien con la gente, dejó libre a Barrabás; y después de mandar que azotaran a Jesús, lo entregó para que lo crucificaran.[h]
16 Los soldados[i] llevaron a Jesús al patio del palacio, llamado pretorio,[j] y reunieron a toda la tropa. 17 Le pusieron
una capa de color rojo oscuro,[k] trenzaron una corona de
espinas[l] y se la pusieron. 18 Luego comenzaron a gritar:
—¡Viva el Rey de los judíos!
19 Y le golpeaban la cabeza con una vara, lo escupían y,
doblando la rodilla, le hacían reverencias.[m] 20 Después de
burlarse así de él, le quitaron la capa de color rojo oscuro,
le pusieron su propia ropa y lo sacaron para crucificarlo.[n]

Jesús es crucificado[ñ] *(Mt 27.32-44; Lc 23.26-43; Jn 19.17-27)*
21 Un hombre de Cirene, llamado Simón, padre de
Alejandro y de Rufo, llegaba entonces del campo. Al pasar
por allí, lo obligaron a cargar con la cruz de Jesús.[o]
22 Llevaron a Jesús a un sitio llamado Gólgota[p] (que
significa: "Lugar de la Calavera"); 23 y le dieron vino
mezclado con mirra, pero Jesús no lo aceptó.[q] 24 Entonces lo crucificaron. Y los soldados echaron suertes para
repartirse entre sí la ropa de Jesús[r] y ver qué se llevaría
cada uno.
25 Eran las nueve de la mañana[s] cuando lo crucificaron.
26 Y pusieron un letrero en el que estaba escrita la causa de
su condena: "El Rey de los judíos."[t] 27 Con él crucificaron
también a dos bandidos,[u] uno a su derecha y otro a su izquierda.[v]

---

[q] **14.71** *Jurar y perjurar:* es decir, exponiéndose a maldición en caso de no decir la verdad.

[a] **15.1** *Junta Suprema:* el Sanedrín, o consejo supremo de los judíos; véase *Índice temático.*

[b] **15.1** Poncio *Pilato* fue prefecto o gobernador romano de Judea en los años 26-36 d.C.

[c] **15.2** Respuesta enigmática, que puede entenderse como *es así como dices,* o bien como *eres tú quien lo dices.* Cf. Mt 27.11 n.

[d] **15.5** Is 53.7; Mc 14.60-61; Lc 23.9.

[e] **15.6** *La fiesta:* la de la Pascua (Mc 14.1 n.).

[f] **15.8** *La gente:* Véase Mt 27.20 n.

[g] **15.12** Algunos mss. omiten *el que ustedes llaman.*

[h] **15.15** Véase *Crucifixión, cruz* en el *Índice temático.* Antes de ser crucificado, el sentenciado era azotado con un látigo de varias puntas, que a veces llevaban púas de hueso o de metal.

[i] **15.16** *Los soldados:* las tropas romanas.

[j] **15.16** *Palacio, llamado pretorio:* la casa donde se alojaba el gobernador; véase Mt 27.27 n.

[k] **15.17** *Rojo oscuro:* color distintivo de las vestiduras reales; aquí probablemente se trata de alguna capa militar de color parecido a la púrpura real (cf. Mt 27.28).

[l] **15.17** *Corona de espinas:* imitación burlona de las guirnaldas que usaban los emperadores.

[m] **15.17-19** Cf. Lc 23.11.

[n] **15.20** Respecto a la ida hasta el Gólgota, véase Mt 27.31 n.

[ñ] **15.21-32** Respecto a las frecuentes alusiones al Sal 22 en esta sección y la siguiente, véase Mt 27.32-44 n.

[o] **15.21** *Un hombre de Cirene, llamado Simón:* Véase Mt 27.32 n. *Alejandro y Rufo,* los hijos de *Simón,* sin duda fueron más tarde conocidos en la comunidad cristiana.

[p] **15.22** *Gólgota:* Véase *Índice temático.*

[q] **15.23** *Mirra:* sustancia aromática que, además de usarse en perfumería, se mezclaba con *vino* para tomarla como sedante.

[r] **15.24** Alusión al Sal 22.18 (19). En aquel tiempo los soldados encargados de la ejecución de un preso tenían derecho a quedarse con la *ropa* de este.

[s] **15.25** *Las nueve de la mañana:* lit. *la hora tercera* (véase 15.33 n.).

[t] **15.26** Sobre la inscripción, véase Mt 27.37 n.

[u] **15.27** *Bandidos:* También puede traducirse por *insurrectos* o *ladrones.*

[v] **15.27** Algunos mss. añaden el v. 28: *Así se cumplió la Escritura*

²⁹ Los que pasaban lo insultaban, meneando la cabeza ʷ y diciendo:

—¡Eh, tú, que derribas el templo y en tres días lo vuelves a levantar, ˣ **³⁰** sálvate a ti mismo y bájate de la cruz!

³¹ De la misma manera se burlaban de él los jefes de los sacerdotes y los maestros de la ley. Decían:

—Salvó a otros, pero a sí mismo no puede salvarse. **³²** ¡Que baje de la cruz ese Mesías, Rey de Israel, para que veamos y creamos!

Y hasta los que estaban crucificados con él lo insultaban.

Muerte de Jesús ʸ *(Mt 27.45-56; Lc 23.44-49; Jn 19.28-30)*

³³ Al llegar el mediodía, toda la tierra quedó en oscuridad hasta las tres de la tarde. ᶻ **³⁴** A esa misma hora, Jesús gritó con fuerza: "Eloí, Eloí, ¿lemá sabactani?" (que significa: "Dios mío, Dios mío, ¿por qué me has abandonado?") ᵃ

³⁵ Algunos de los que estaban allí, lo oyeron y dijeron:

—Oigan, está llamando al profeta Elías. ᵇ

³⁶ Entonces uno de ellos corrió, empapó una esponja en vino agrio, la ató a una caña y se la acercó a Jesús para que bebiera, ᶜ diciendo:

—Déjenlo, a ver si Elías viene a bajarlo de la cruz.

³⁷ Pero Jesús dio un fuerte grito, y murió. **³⁸** Y el velo ᵈ del templo se rasgó en dos, de arriba abajo. **³⁹** El capitán romano, que estaba frente a Jesús, al ver que este había muerto, ᵉ dijo:

—Verdaderamente este hombre era Hijo de Dios. ᶠ

⁴⁰ También había algunas mujeres mirando de lejos; entre ellas estaban María Magdalena, ᵍ María la madre de Santiago el menor y de José, ʰ y Salomé. **⁴¹** Estas mujeres habían seguido a Jesús y lo habían ayudado cuando él estaba en Galilea. ⁱ Además había allí muchas otras que habían ido con él a Jerusalén.

Jesús es sepultado *(Mt 27.57-61; Lc 23.50-56; Jn 19.38-42)*

⁴² Como ese era día de preparación, es decir, víspera del sábado, y ya era tarde, ʲ **⁴³** José, natural de Arimatea ᵏ y miembro importante de la Junta Suprema, el cual también esperaba el reino de Dios, se dirigió con decisión a Pilato y le pidió el cuerpo de Jesús. **⁴⁴** Pilato, sorprendido de que ya hubiera muerto, ˡ llamó al capitán para preguntarle cuánto tiempo hacía de ello. **⁴⁵** Cuando el capitán le hubo informado, Pilato entregó el cuerpo a José. **⁴⁶** Entonces José compró una sábana de lino, bajó el cuerpo y lo envolvió en ella. Luego lo puso en un sepulcro excavado en la roca, ᵐ y tapó la entrada del sepulcro con una piedra. **⁴⁷** María Magdalena y María la madre de José, ⁿ miraban dónde lo ponían.

16 Anuncio de la resurrección de Jesús *(Mt 28.1-10; Lc 24.1-12; Jn 20.1-10)*

¹ Pasado el sábado, María Magdalena, María la madre de Santiago, y Salomé, compraron perfumes para perfumar el cuerpo de Jesús. ᵃ **²** Y el primer día de la semana ᵇ fueron al sepulcro muy temprano, apenas salido el sol, **³** diciéndose unas a otras:

—¿Quién nos quitará la piedra de la entrada del sepulcro?

⁴ Pero, al mirar, vieron que la piedra ya no estaba en su lugar. Esta piedra era muy grande. **⁵** Cuando entraron en el sepulcro vieron, sentado al lado derecho, a un joven vestido con una larga ropa blanca. ᶜ Las mujeres se asustaron, **⁶** pero él les dijo:

—No se asusten. Ustedes buscan a Jesús de Nazaret, el que fue crucificado. Ha resucitado; no está aquí. Miren el lugar donde lo pusieron. **⁷** Vayan y digan a sus discípulos, y a Pedro: 'Él va a Galilea para reunirlos de nuevo; allí lo verán, tal como les dijo.' ᵈ

⁸ Entonces las mujeres salieron huyendo del sepulcro, pues estaban temblando, asustadas. Y no dijeron nada a nadie, porque tenían miedo. ᵉ

---

que dice: 'Fue contado entre los malvados.' El v., probablemente tomado de Lc 22.37, cita Is 53.12.

ʷ **15.29** El autor emplea una expresión de Sal 22.7 (8); cf. también Sal 109.25.

ˣ **15.29** Mc 14.58; Jn 2.19; Hch 6.14.

ʸ **15.33-41** Véase Mc 15.21-32 n.

ᶻ **15.33** *Mediodía:* lit. *la hora sexta. Las tres de la tarde:* lit. *la hora novena.* Las horas se contaban a partir de las seis de la mañana. *Toda la tierra:* o *toda aquella tierra.*

ᵃ **15.34** Sal 22.1 (2); esta frase se cita aquí en arameo (cf. Mt 27.46 n.).

ᵇ **15.35** *Elías:* Mal 4.5-6 (3.23-24); Eclo 48.4,10; véase Mt 27.47 n.

ᶜ **15.36** Sal 69.21 (22). *Vino agrio:* Véase Mt 27.48 n.

ᵈ **15.38** Se refiere probablemente al *velo* que separaba el Lugar Santo del Lugar Santísimo; véase Mt 27.51 n.

ᵉ **15.39** *Al ver que este había muerto:* Algunos mss. dicen *al ver cómo había gritado y cómo había muerto.*

ᶠ **15.39** Con esta declaración, en boca del capitán romano (o sea, de un no judío), culmina una serie de títulos con que el evangelio ha ido mostrando quién es Jesús. Cf. 1.1,11,24; 3.11; 8.29; 9.7; 14.62.

ᵍ **15.40** *Magdalena:* es decir, de Magdala, pueblo a orillas del Lago de Galilea.

ʰ **15.40** *Santiago el menor y José:* personas seguramente conocidas en la iglesia antigua, pero a quienes no es posible identificar con seguridad.

ⁱ **15.41** Lc 8.2-3 n.

ʲ **15.42** Los que se ocupaban del cuerpo de Jesús (vv. 43-47) se apresuraban a terminar antes del anochecer, ya que era *día de preparación,* o sea viernes, y el *sábado,* día de reposo, comenzaría con la puesta del sol. Véanse *Sábado* en el *Índice temático* y también 1.32 n.

ᵏ **15.43** *Arimatea:* pueblo probablemente situado al noroeste de Jerusalén.

ˡ **15.44** Por lo común, los crucificados tardaban mucho en morir, y su sufrimiento duraba a veces varios días.

ᵐ **15.46** *En un sepulcro excavado en la roca:* Véase Mt 27.60 n.

ⁿ **15.47** Las dos Marías del v. 40.

ᵃ **16.1** Después de la puesta del sol, ya terminado el sábado, las mujeres (Mc 15.40) compraron las sustancias necesarias para llevar a cabo los ritos de la sepultura a la mañana siguiente (v. 2).

ᵇ **16.2** *El primer día de la semana:* Cf. v. 9; Jn 20.19, y véase Hch 20.7 nota *g.*

ᶜ **16.5** *Un joven vestido con una larga ropa blanca:* descripción que corresponde a la de un ángel.

ᵈ **16.7** Mt 26.32; Mc 14.28; cf. Jn 21.1-22.

ᵉ **16.8** Los mejores mss. griegos terminan el texto de Mc con el v. 8; es posible que el autor haya concluido allí su evangelio, o que se haya perdido una parte final. En todo caso, es casi seguro que los vv. 9-20, aunque se encuentran en buen número de mss., fueron añadidos en fecha posterior. Esta sección, que por su forma literaria refleja la mano y el estilo de otro autor, se limita a resumir brevemente las mismas apariciones de Jesús resucitado que se registran en los otros evangelios y a aludir a ciertos acontecimientos narrados en el libro de los Hechos. Con todo,

LA RESURRECCIÓN DE JESÚS

	Referencias
Profetizada por Jesús	Mt 16.21; Mc 9.9,31; 10.34; Lc 18.33; Jn 2.19-22
Anunciada por el ángel	Mt 28.5-6
Sentido cristiano	Ro 4.25; 6.4; 1 Co 15.4,12-17; Ef 1.20; Col 2.12; 3.1; 1 Ts 4.14-16
Véanse la tabla *Resurrecciones en el NT* y *Resurrección* en el *Índice temático*.	

Jesús se aparece a María Magdalena (Jn 20.11-18) [⁹ Después que Jesús hubo resucitado al amanecer del primer día de la semana, se apareció primero a María Magdalena, de la que había expulsado siete demonios. ᶠ ¹⁰ Ella fue y avisó a los que habían andado con Jesús, que estaban tristes y llorando. ¹¹ Estos, al oir que Jesús vivía y que ella lo había visto, no lo creyeron. ᵍ

Jesús se aparece a dos de sus discípulos (Lc 24.13-35)
¹² Después de esto, Jesús se apareció en otra forma a dos de ellos que iban caminando hacia el campo. ¹³ Estos fueron y avisaron a los demás; pero tampoco a ellos les creyeron.

El encargo de Jesús a sus discípulos (Mt 28.16-20; Lc 24.36-49; Jn 20.19-23) ¹⁴ Más tarde, Jesús se apareció a los once discípulos, mientras ellos estaban sentados a la mesa. Los reprendió por su falta de fe y su terquedad, ya que no creyeron a los que lo habían visto resucitado. ¹⁵ Y les dijo: "Vayan por todo el mundo y anuncien a todos la buena noticia. ʰ ¹⁶ El que crea y sea bautizado, obtendrá la salvación; pero el que no crea, será condenado. ⁱ ¹⁷ Y estas señales acompañarán a los que creen: en mi nombre expulsarán demonios; hablarán nuevas lenguas; ʲ ¹⁸ tomarán en las manos serpientes; y si beben algo venenoso, no les hará daño; además pondrán las manos sobre los enfermos, y estos sanarán." ᵏ

Jesús sube al cielo (Lc 24.50-53) ¹⁹ Después de hablarles, el Señor Jesús fue levantado al cielo ˡ y se sentó a la derecha de Dios. ᵐ ²⁰ Ellos salieron a anunciar el mensaje por todas partes; y el Señor los ayudaba, y confirmaba el mensaje acompañándolo con señales milagrosas.]

estos vv. han formado parte del texto tradicional de Mc desde los primeros siglos de nuestra era. En algunos mss., en lugar de los vv. 9-20, aparece el siguiente final: *Las mujeres contaron brevemente a Pedro y a sus compañeros todo lo que se les había dicho. Después de esto, Jesús mismo, por medio de sus discípulos, envió de oriente a occidente el mensaje santo e incorruptible de la salvación eterna. Amén.*
ᶠ **16.9** Lc 8.2.
ᵍ **16.11** Mt 28.17; Lc 24.11.
ʰ **16.15** Mt 28.19; Hch 1.8.
ⁱ **16.16** Cf. Jn 3.18; Hch 2.38; 16.31-33.
ʲ **16.17** *Señales:* Hch 5.12. *Demonios:* Mc 3.15; Hch 8.7; 16.16-18. *Nuevas lenguas:* Hch 2.4-11; 10.46; 19.6; 1 Co 12.28.
ᵏ **16.18** *Serpientes:* Lc 10.19; Hch 28.3-5. *Sanarán:* Mc 6.13; Hch 3.1-10; 5.12-16; 9.33-34; Stg 5.14-15.
ˡ **16.19** Hch 1.9-11.
ᵐ **16.19** Sal 110.1; Mt 22.44 y paralelos; 26.64 y paralelos; Hch 2.33-34; Ef 1.20; Heb 1.3; 10.12; 12.2.

Evangelio según san Lucas

El *Evangelio según san Lucas* (=Lc) muestra evidentes semejanzas con los otros dos evangelios sinópticos (*Mateo* y *Marcos*), y a la vez presenta de manera peculiar la persona y la obra de Jesucristo. Por otra parte, este evangelio forma una unidad literaria y teológica con los *Hechos de los Apóstoles*, como claramente se indica al comienzo de este último libro, donde el autor mismo resume el contenido de su evangelio con estas palabras: *En mi primer libro... escribí acerca de todo lo que Jesús había hecho y enseñado desde el principio y hasta el día en que subió al cielo* (Hch 1.1-2).

Lo mismo que *Mateo*, aunque, sin duda, de manera independiente, el *Evangelio según san Lucas* comienza con los relatos sobre la concepción y el nacimiento de Jesús (caps. 1—2). Pero lo hace de una manera especial: estableciendo un paralelismo con la concepción y el nacimiento de Juan el Bautista. De este modo, desde el principio nos muestra claramente quién es Jesús y cuál es su misión. Jesús es el Mesías esperado por el pueblo de Israel, el Hijo de Dios, cuyo origen está en Dios mismo. El paralelismo entre las dos series de relatos sirve para resaltar más la superioridad de Jesús. En estos primeros capítulos predomina un marcado ambiente israelita, y solo ocasionalmente aflora el tema de la universalidad de la salvación (cf. 2.30-32), que expondrá en forma más clara en otros lugares.

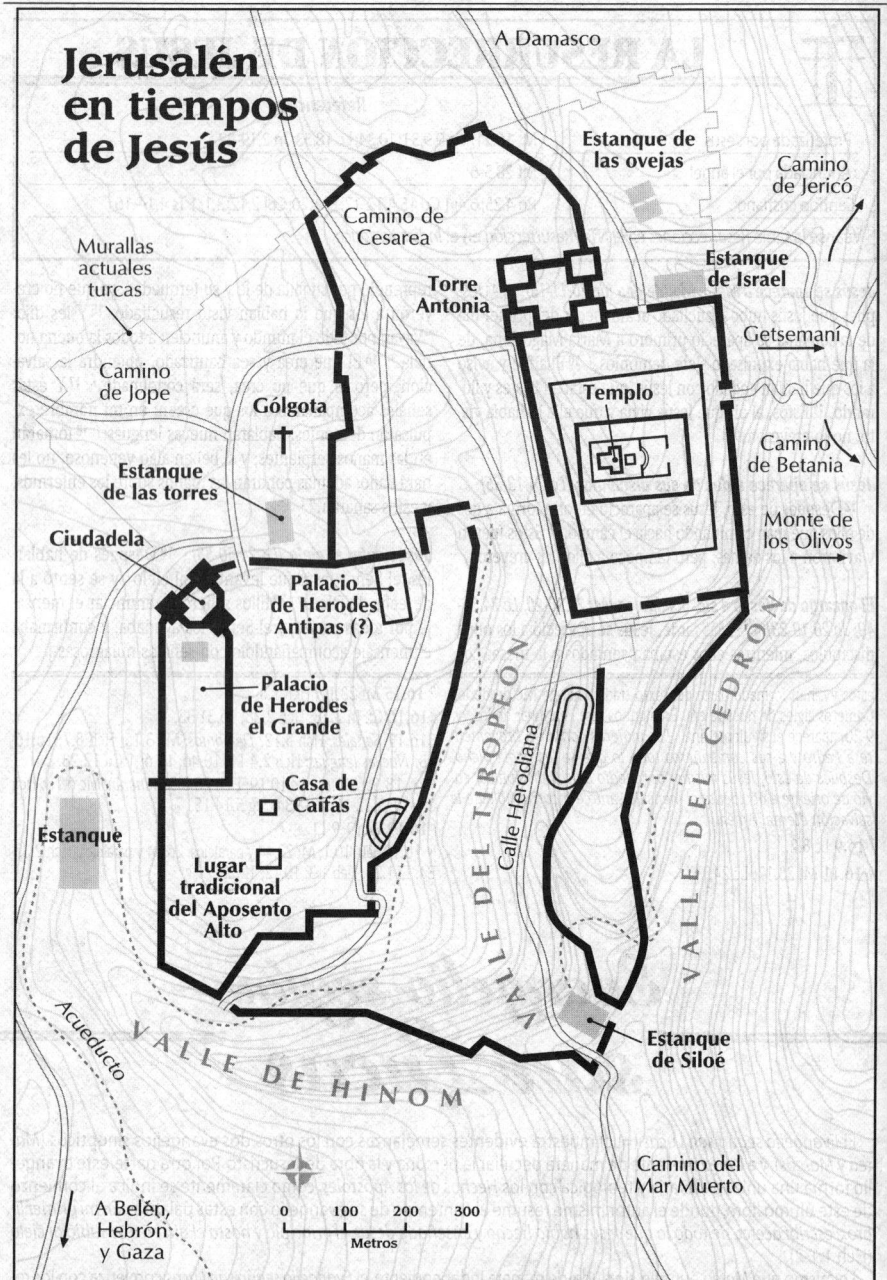

A partir del cap. 3, este evangelio se refiere a la actividad pública de Jesús, y entonces se manifiesta más claramente la semejanza con *Mateo* y *Marcos*, a la vez que se revelan sus rasgos propios. Así, por ejemplo, *Lucas* inicia esta parte de su narración con la mención de los gobernantes de ese tiempo (3.1-2), y la sitúa en el marco de la historia general. En este, como en otros detalles, el autor muestra un espíritu y una cultura característicos del mundo griego.

Mateo comienza su evangelio con la lista de los antepasados de Jesús. Lucas, por su parte, coloca esta lista después del relato del bautismo (3.23-38), y la hace remontar hasta Adán, con lo que también insinúa otro aspecto importante

INTRODUCCIÓN — SAN LUCAS

tanto de su evangelio como de *Hechos*: Jesús vino a traer la salvación no solo al pueblo de Israel sino a toda la humanidad. Este tema lo insinúa en otros lugares del evangelio, pero lo desarrollará principalmente en *Hechos*, al mostrar la difusión del mensaje cristiano desde Jerusalén hasta Roma (véase la *Introducción* a *Hechos*).

Al narrar lo que Jesús hizo y enseñó después de su bautismo, *Lucas* va siguiendo sustancialmente el mismo orden de *Marcos*, del cual parece que depende en alguna manera. Sin embargo, *Lucas* incluye otras tradiciones que no se encuentran en *Marcos*.

Así, por ejemplo, en la sección que narra la preparación de la actividad de Jesús (3.1—4.13), *Lucas* añade la enseñanza de Juan el Bautista (3.7-14), la lista de los antepasados de Jesús (3.23-38) y las pruebas en el desierto (4.1-13): estos pasajes tienen, parcialmente, paralelos en *Mateo*.

En la sección siguiente (4.14—6.19), la semejanza con *Marcos* es mucho más clara. Pero después, *Lucas* añade un bloque de materia propia: el sermón en el llano (6.20-49) y otros relatos (7.1—8.3). Estos no se encuentran en *Marcos*, aunque en gran parte tienen paralelos en *Mateo*. En la sección 8.4—9.50 vuelve a aparecer el paralelismo con *Marcos*.

Más adelante viene una gran sección característica de *Lucas*: el viaje a Jerusalén (9.51—19.27), donde encontramos mucha materia propia. Parte de esta se halla también en *Mateo*, y solo una parte pequeña (especialmente al final: Lc 18.15-43) tiene paralelos en *Marcos*. *Lucas* da realce especial a este viaje a Jerusalén (véase 9.51—19.27 n.), por ser el lugar donde Jesús llevará a término su obra.

En esta sección, *Lucas* incluye como materia propia diversos hechos y palabras de Jesús que pertenecen a los textos más apreciados de los evangelios. Entre estos podemos recordar: la parábola del buen samaritano (10.30-37), la parábola del padre que recobra a su hijo (15.11-32), la parábola del rico y del pobre Lázaro (16.19-31), el relato de la curación de diez leprosos (17.11-19), la parábola del fariseo y del cobrador de impuestos (18.9-14), el relato de Jesús y Zaqueo (19.1-10), y otros más.

La sección final, como en los otros evangelios, está dedicada a la última semana de la vida terrena de Jesús, a su actividad en Jerusalén, su pasión, muerte y resurrección. Pero *Lucas* termina con la ascensión de Jesús al cielo, e incluye algunos relatos propios.

De manera global, puede decirse que cerca de la mitad de este evangelio es materia que se encuentra también en los otros dos sinópticos o al menos en alguno de ellos. La otra mitad es propia de *Lucas*.

Este evangelio, además de presentar a Jesús como el Mesías, el Hijo de Dios y Salvador de todos los hombres, hace resaltar especialmente la acción del Espíritu Santo en la historia de la salvación. Este último aspecto lo presentará el autor con especial relieve en los *Hechos de los Apóstoles*. El tercer evangelio destaca de manera particular la parte que tuvieron las mujeres en los acontecimientos que relata, y muestra un interés muy especial en señalar el amor de Dios por los pobres y los pecadores.

El *Evangelio según san Lucas* fue escrito, sin duda, por un autor cuya lengua materna era el griego. En el prólogo (1.1-4) muestra que puede escribir como los mejores literatos de su época. Sin embargo, en el resto del evangelio prefiere conservar el estilo sencillo y aun popular de las tradiciones anteriores y de los libros del Antiguo Testamento traducidos al griego, que él y sus lectores conocían bien. El evangelio parece estar destinado sobre todo a lectores cristianos de origen no judío.

Los autores cristianos del siglo II atribuyen la composición de este evangelio y de *Hechos* a Lucas, compañero de Pablo, mencionado en Col 4.14; 2 Ti 4.11 y Flm 24. En Col 4.14 se le llama *el médico amado*.

Las principales secciones en que puede dividirse el evangelio son estas:

Prólogo (1.1-4)
  I. La infancia de Juan el Bautista y la de Jesús (1.5—2.52)
      1. Los anuncios (1.5-56)
      2. Los nacimientos (1.57—2.52)
  II. Preparación de la actividad de Jesús (3.1—4.13)
      1. Juan el Bautista en el desierto (3.1-20)
      2. Preparación de la actividad de Jesús (3.21—4.13)
  III. Actividad de Jesús en Galilea (4.14—9.50)
  IV. El viaje a Jerusalén (9.51—19.27)
  V. En Jerusalén (19.28—24.53)
      1. Actividad en Jerusalén (19.28—21.38)
      2. Pasión, muerte y resurrección (22.1—24.53)

Prólogo [a]

1 ¹ Muchos han emprendido la tarea de escribir la historia de los hechos que Dios ha llevado a cabo entre nosotros, ² según nos los transmitieron quienes desde el comienzo fueron testigos presenciales y después recibieron el encargo de anunciar el mensaje. ³ Yo también, excelentísimo Teófilo, [b] lo he investigado todo con cuidado desde el principio, y me ha parecido conveniente escribirte estas cosas ordenadamente, ⁴ para que conozcas bien la verdad de lo que te han enseñado. [c]

I. LA INFANCIA DE JUAN EL BAUTISTA Y LA DE JESÚS (1.5—2.52)

1. Los anuncios (1.5-56)

Un ángel anuncia el nacimiento de Juan el Bautista ⁵ En el tiempo en que Herodes [d] era rey del país de los judíos, vivía un sacerdote llamado Zacarías, perteneciente al turno de Abías. [e] Su esposa, llamada Isabel, descendía de Aarón. [f] ⁶ Los dos eran justos delante de Dios y obedecían los mandatos y leyes del Señor de manera intachable. ⁷ Pero no tenían hijos, porque Isabel era estéril; además, los dos eran ya muy ancianos. [g]

⁸ Un día en que al grupo sacerdotal de Zacarías le tocó el turno de oficiar delante de Dios, ⁹ según era costumbre entre los sacerdotes, le tocó en suerte a Zacarías entrar en el santuario del templo del Señor para quemar incienso. [h] ¹⁰ Mientras se quemaba el incienso, todo el pueblo estaba orando afuera. ¹¹ En esto se le apareció a Zacarías un ángel del Señor, de pie al lado derecho del altar del incienso. ¹² Al ver al ángel, Zacarías se quedó sorprendido y lleno de miedo. ¹³ Pero el ángel le dijo:

—Zacarías, no tengas miedo, porque Dios ha oído tu oración, y tu esposa Isabel te va a dar un hijo, al que pondrás por nombre Juan. ¹⁴ Tú lo llenarás de gozo, y muchos se alegrarán de su nacimiento, ¹⁵ porque tu hijo va a ser grande delante del Señor. No tomará vino ni licor, [i] y estará lleno del Espíritu Santo [j] desde antes de nacer. ¹⁶ Hará que muchos de la nación de Israel se vuelvan al Señor su Dios. ¹⁷ Este Juan irá delante del Señor, con el espíritu y el poder del profeta Elías, para reconciliar a los padres con los hijos [k] y para que los rebeldes aprendan a obedecer. De este modo preparará al pueblo para recibir al Señor.

¹⁸ Zacarías preguntó al ángel:

—¿Cómo puedo estar seguro de esto? Porque yo soy muy anciano y mi esposa también.

¹⁹ El ángel le contestó:

—Yo soy Gabriel, [l] y estoy al servicio de Dios; él me mandó a hablar contigo y darte estas buenas noticias. ²⁰ Pero ahora, como no has creído lo que te he dicho, vas a quedarte mudo; no podrás hablar hasta que, a su debido tiempo, suceda todo esto.

²¹ Mientras tanto, la gente estaba afuera esperando a Zacarías y preguntándose por qué tardaba tanto en salir del santuario. ²² Cuando al fin salió, no les podía hablar; entonces se dieron cuenta de que había tenido una visión en el santuario, pues les hablaba por señas; y siguió así, sin poder hablar.

²³ Cumplido su servicio, Zacarías se fue a su casa. [m] ²⁴ Después de esto, su esposa Isabel quedó encinta, y durante cinco meses no salió de su casa, pensando: ²⁵ "El Señor me ha hecho ahora, para que la gente ya no me desprecie." [n]

Un ángel anuncia el nacimiento de Jesús ²⁶ A los seis meses, [ñ] Dios mandó al ángel Gabriel a un pueblo de Galilea llamado Nazaret, [o] ²⁷ donde vivía una joven llamada María; era virgen, pero estaba comprometida para casarse con un hombre llamado José, [p] descendiente del rey David. ²⁸ El ángel entró en el lugar donde ella estaba, y le dijo:

—¡Salve, llena de gracia! El Señor está contigo. [q]

²⁹ María se sorprendió de estas palabras, y se preguntaba qué significaría aquel saludo. ³⁰ El ángel le dijo:

—María, no tengas miedo, pues tú gozas del favor de Dios. ³¹ Ahora vas a quedar encinta: tendrás un hijo, y le pondrás por nombre Jesús. [r] ³² Será un gran hombre, al que llamarán Hijo del Dios altísimo, y Dios el Señor lo hará Rey,

---

[a] 1.1-4 El autor, que no había sido testigo de los acontecimientos, indica las fuentes de su evangelio: escritos anteriores y posiblemente también relatos orales, basados en las enseñanzas dejadas por los testigos presenciales. Cf. Hch 1.1.

[b] 1.3 *Teófilo:* personaje a quien Lucas dedica su obra (cf. también Hch 1.1), y de quien no poseemos más información. Por su medio, estos escritos debían llegar a muchos otros lectores.

[c] 1.4 *Enseñado:* otra posible traducción: *informado.*

[d] 1.5 *Herodes:* Herodes el Grande (Mt 2.1 nota *b*).

[e] 1.5 *Abías:* uno de los 24 turnos sacerdotales (1 Cr 24.10). Cada turno oficiaba en el templo de Jerusalén, dos veces al año, durante una semana.

[f] 1.5 *Descendía de Aarón:* esto es, era del linaje sacerdotal.

[g] 1.7 Cf. Gn 11.30; 17.15-21; 1 S 1.

[h] 1.9 El *incienso* se quemaba sobre el altar que estaba delante del Lugar Santísimo (Ex 30.1-8; 1 R 7.48-50). Esto se hacía por la mañana y por la tarde; la presencia de *todo el pueblo* (v. 10) da a entender que era la hora de la tarde (cf. Hch 3.1). Había tantos sacerdotes (18 000 aprox.) que, por lo general, cada uno tenía oportunidad de ofrecer el incienso solo una o dos veces en su vida.

[i] 1.15 Lc 7.33. Juan el Bautista llevaba una vida austera; cf. el voto de nazareo (Nm 6.1-5; Jue 13.4,7-14); nótese también el de los recabitas (Jer 35).

[j] 1.15 Lc da especial atención a la actividad del *Espíritu Santo* (Lc 1.35,41,67; 2.25-27; 3.16,22; 4.1,14,18; 10.21; 11.13; 12.12; cf. también *Introducción* a Hch).

[k] 1.17 Mal 4.5-6 (3.23-24); Eclo 48.4,10; véase Mt 17.12-13 n.

[l] 1.19 *Gabriel:* Cf. Dn 8.16; 9.21.

[m] 1.23 Zacarías residía en un pueblo de las montañas de Judea (vv. 39-40).

[n] 1.25 Los judíos consideraban la esterilidad como señal de desaprobación divina y era, por tanto, motivo de desprecio (Gn 30.23; 1 S 1.1-18).

[ñ] 1.26 *A los seis meses:* esto es, en el sexto mes del embarazo de Isabel (v. 24).

[o] 1.26 *Nazaret:* en aquel tiempo era un pueblo pequeño en las montañas de *Galilea,* en el norte de Palestina.

[p] 1.27 *Comprometida para casarse:* bajo compromiso formal y legal, pero sin que el matrimonio propiamente dicho se hubiera realizado; véase Mt 1.18 nota *i.*

[q] 1.28 *Salve:* lit. *alégrate,* que en griego era un saludo de uso común. *Llena de gracia:* lit. *privilegiada* (de Dios).

[r] 1.31 En este v. hay una clara alusión a Is 7.14. El nombre de *Jesús*

como a su antepasado David, ³³ para que reine por siempre sobre el pueblo de Jacob. Su reinado no tendrá fin. ˢ

³⁴ María preguntó al ángel:

—¿Cómo podrá suceder esto, si no vivo con ningún hombre? ᵗ

³⁵ El ángel le contestó:

—El Espíritu Santo vendrá sobre ti, ᵘ y el poder del Dios altísimo se posará sobre ti. Por eso, el niño que va a nacer será llamado Santo e Hijo de Dios. ᵛ ³⁶ También tu parienta Isabel va a tener un hijo, a pesar de que es anciana; la que decían que no podía tener hijos, está encinta desde hace seis meses. ³⁷ Para Dios no hay nada imposible. ʷ

³⁸ Entonces María dijo:

—Yo soy esclava del Señor; que Dios haga conmigo como me has dicho.

Con esto, el ángel se fue.

María visita a Isabel ³⁹ Por aquellos días, María se fue de prisa a un pueblo de la región montañosa de Judea, ⁴⁰ y entró en la casa de Zacarías y saludó a Isabel. ⁴¹ Cuando Isabel oyó el saludo de María, la criatura se le estremeció en el vientre, y ella quedó llena del Espíritu Santo. ⁴² Entonces, con voz muy fuerte, dijo:

—¡Dios te ha bendecido más que a todas las mujeres, y ha bendecido a tu hijo! ˣ ⁴³ ¿Quién soy yo, para que venga a visitarme la madre de mi Señor? ⁴⁴ Pues tan pronto como oí tu saludo, mi hijo se estremeció de alegría en mi vientre. ⁴⁵ ¡Dichosa tú por haber creído que han de cumplirse ʸ las cosas que el Señor te ha dicho!

⁴⁶ María dijo:

"Mi alma alaba la grandeza del Señor; ᶻ
⁴⁷ mi espíritu se alegra en Dios mi Salvador. ᵃ
⁴⁸ Porque Dios ha puesto sus ojos en mí,
  su humilde esclava, ᵇ
y desde ahora siempre me llamarán dichosa;
⁴⁹ porque el Todopoderoso ha hecho en mí
  grandes cosas. ᶜ
¡Santo es su nombre!

⁵⁰ Dios tiene siempre misericordia
  de quienes lo reverencian. ᵈ
⁵¹ Actuó con todo su poder: ᵉ
  deshizo los planes de los orgullosos,
⁵² derribó a los reyes de sus tronos ᶠ
  y puso en alto a los humildes.
⁵³ Llenó de bienes a los hambrientos
  y despidió a los ricos con las manos vacías. ᵍ
⁵⁴ Ayudó al pueblo de Israel, su siervo,
  y no se olvidó de tratarlo con misericordia. ʰ
⁵⁵ Así lo había prometido a nuestros antepasados,
  a Abraham ⁱ y a sus futuros descendientes." ʲ

⁵⁶ María se quedó con Isabel unos tres meses, y después regresó a su casa.

2. Los nacimientos (1.57—2.52)

Nacimiento de Juan el Bautista ⁵⁷ Al cumplirse el tiempo en que Isabel debía dar a luz, tuvo un hijo. ⁵⁸ Sus vecinos y parientes fueron a felicitarla cuando supieron que el Señor había sido tan bueno con ella. ⁵⁹ A los ocho días, llevaron a circuncidar al niño, ᵏ y querían ponerle el nombre de su padre, Zacarías. ⁶⁰ Pero su madre dijo:

—No. Tiene que llamarse Juan.

⁶¹ Le contestaron:

—No hay nadie en tu familia con ese nombre.

⁶² Entonces preguntaron por señas al padre del niño, para saber qué nombre quería ponerle. ⁶³ El padre pidió una tabla para escribir, y escribió: 'Su nombre es Juan.' Y todos se quedaron admirados. ⁶⁴ En aquel mismo momento Zacarías volvió a hablar, y comenzó a alabar a Dios. ⁶⁵ Todos los vecinos estaban asombrados, y en toda la región montañosa de Judea se contaba lo sucedido. ⁶⁶ Todos los que lo oían se preguntaban a sí mismos: "¿Qué llegará a ser este niño?" Porque ciertamente el Señor mostraba su poder en favor de él.

El himno de Zacarías ⁶⁷ Zacarías, el padre del niño, lleno del Espíritu Santo y hablando proféticamente, dijo:

⁶⁸ "¡Bendito sea el Señor, Dios de Israel, ˡ
  porque ha venido a rescatar ᵐ a su pueblo!

---

ocupa el lugar de *Emanuel*. *Jesús* significa "Yahvé (el Señor) salva". Cf. Mt 1.21-23.

ˢ **1.32-33** La explicación del ángel alude a 2 S 7.9,12-14,16; Is 9.7 (6); Miq 4.6-7.

ᵗ **1.34** *No vivo con:* lit. *no conozco.* En las lenguas bíblicas, *conocer* significa también tener relaciones sexuales. (Así aparece en el original de Gn 4.1; 19.8; Jue 11.39; Mt 1.25).

ᵘ **1.35** La expresión *se posará sobre ti* hace alusión a textos del AT en que la presencia de Dios aparece simbolizada por una nube que se posa en un lugar (Ex 24.15-18; 40.35). Cf. también Lc 9.34-35 y paralelos.

ᵛ **1.35** Mt 1.18-21.

ʷ **1.37** Gn 18.14; Jer 32.17,27.

ˣ **1.42** Cf. Jue 5.24; Jdt 13.18; cf. también Lc 11.27-28.

ʸ **1.45** *Dichosa... cumplirse:* otra posible traducción: *Dichosa la que ha creído, porque se cumplirán.*

ᶻ **1.46-55** El himno de María, llamado el "Magníficat" por la primera palabra de su traducción al latín, tiene la forma de un salmo hebreo y emplea muchas expresiones del AT. Cf. especialmente el himno de Ana en 1 S 2.1-10; nótese también Sal 113.5-9.

ᵃ **1.46-47** Is 61.10; Hab 3.17-18.

ᵇ **1.48** 1 S 1.11.

ᶜ **1.49** Dt 10.21.

ᵈ **1.50** Sal 103.13,17.

ᵉ **1.51** Sal 118.15-16.

ᶠ **1.52** 1 S 2.8; Job 12.19; Eclo 10.14.

ᵍ **1.53** Sal 107.9; 113.7.

ʰ **1.54** Sal 98.3.

ⁱ **1.55** Gn 17.7; 26.3; Sal 105.8-9; Miq 7.20.

ʲ **1.54-55** *Y no se olvidó... descendientes:* otra posible traducción: *y no se olvidó de tener misericordia* ⁵⁵ *con Abraham y sus futuros descendientes, como lo había prometido a nuestros antepasados.*

ᵏ **1.59** Todo varón judío era circuncidado a los ocho días de nacido, como señal del pacto de Dios con el pueblo de Israel (Gn 17.10-12; Lv 12.3); véase *Circuncidar* en el *Índice temático*.

ˡ **1.68-79** El himno de Zacarías, llamado el "Benedictus" por la primera palabra de su versión latina, tiene la forma de un salmo y usa muchas expresiones del AT (véanse vv. 46-55).

ᵐ **1.68** *Ha venido a rescatar:* lit. *ha visitado y rescatado.* Aquí y en el texto griego de Lc 1.78; 7.16; 19.44; Hch 15.14, Lucas emplea el verbo *visitar* en su sentido benéfico, para referirse a la intervención de Dios en bien de su pueblo. (Así también en el texto hebreo

⁶⁹ Nos ha enviado un poderoso salvador, ⁿ
un descendiente de David, su siervo. ñ
⁷⁰ Esto es lo que había prometido en el pasado
por medio de sus santos profetas:
⁷¹ que nos salvaría de nuestros enemigos
y de todos los que nos odian,
⁷² que tendría compasión de nuestros antepasados
y que no se olvidaría de su santa alianza. ᵒ
⁷³ Y este es el juramento que había hecho
a nuestro padre Abraham:
que nos permitiría ᵖ
⁷⁴ vivir sin temor alguno,
libres de nuestros enemigos,
para servirle ᵍ
⁷⁵ con santidad y justicia,
y estar en su presencia toda nuestra vida. ʳ
⁷⁶ En cuanto a ti, hijito mío,
serás llamado profeta del Dios altísimo,
porque irás delante del Señor
preparando sus caminos, ˢ
⁷⁷ para hacer saber a su pueblo
que Dios les perdona sus pecados
y les da la salvación. ᵗ
⁷⁸ Porque nuestro Dios, en su gran misericordia,
nos trae de lo alto el sol de un nuevo día, ᵘ
⁷⁹ para dar luz a los que viven
en la más profunda oscuridad, ᵛ
y dirigir nuestros pasos
por el camino de la paz." ʷ

⁸⁰ El niño crecía y se hacía fuerte espiritualmente, y vivió en los desiertos hasta el día en que se dio a conocer a los israelitas. ˣ

2 **Nacimiento de Jesús** *(Mt 1.18-25)* ¹ Por aquel tiempo, el emperador Augusto ᵃ ordenó que se hiciera un censo ᵇ de todo el mundo. ᶜ ² Este primer censo fue hecho siendo Quirinio gobernador de Siria. ᵈ ³ Todos tenían que ir a inscribirse a su propio pueblo.

⁴ Por esto, José salió del pueblo de Nazaret, de la región de Galilea, y se fue a Belén, en Judea, donde había nacido el rey David, porque José era descendiente de David. ᵉ ⁵ Fue allá a inscribirse, junto con María, su esposa, ᶠ se encontraba encinta. ⁶ Y sucedió que mientras estaban en Belén, le llegó a María el tiempo de dar a luz. ⁷ Y allí nació su hijo primogénito, ᵍ y lo envolvió en pañales y lo acostó en el establo, ʰ porque no había alojamiento para ellos en el mesón. ⁱ

Los ángeles y los pastores ⁸ Cerca de Belén había unos pastores que pasaban la noche en el campo cuidando sus ovejas. ʲ ⁹ De pronto se les apareció un ángel del Señor, y la gloria del Señor brilló alrededor de ellos; y tuvieron mucho miedo. ¹⁰ Pero el ángel les dijo: "No tengan miedo, porque les traigo una buena noticia, que será motivo de gran alegría para todos: ¹¹ Hoy les ha nacido en el pueblo de David un salvador, ᵏ que es el Mesías, ˡ el Señor. ᵐ ¹² Como señal, encontrarán ustedes al niño envuelto en pañales y acostado en un establo."

¹³ En aquel momento aparecieron, junto al ángel, muchos otros ángeles del cielo, que alababan a Dios y decían:

¹⁴ "¡Gloria a Dios en las alturas!
¡Paz en la tierra entre los hombres
que gozan de su favor!" ⁿ

¹⁵ Cuando los ángeles se volvieron al cielo, los pastores comenzaron a decirse unos a otros:

---

de Gn 50.24-25; Ex 3.16; Jer 29.10.) Sobre *rescatar,* véanse Mt 20.28 nota p e *Índice temático.*

ⁿ **1.69** *Un poderoso salvador:* lit. *un cuerno de salvación;* en el AT, el cuerno es símbolo de poder (como en el original hebreo de 1 S 2.10; Sal 18.2 [3]; 89.24 [25]).

ñ **1.69** El Mesías (véase *Índice temático*) tenía que ser *descendiente de David* (cf. Sal 132.17).

ᵒ **1.72** Ex 2.24; Lv 26.42; Sal 106.45-46; 111.5,9.

ᵖ **1.73** Gn 17.7; Sal 105.8-9; Miq 7.20.

ᵍ **1.74** Miq 4.10.

ʳ **1.73-75** *Que nos permitiría... toda nuestra vida:* otra posible traducción: *que nos permitiría ⁷⁴ quedar libres de nuestros enemigos, para servirle a él sin temor alguno ⁷⁵ y estar en su presencia, con santidad y justicia, toda nuestra vida.*

ˢ **1.76** Mal 3.1; Mt 3.3; 11.10; Mc 1.2-3; Lc 3.4; 7.27; Jn 1.23.

ᵗ **1.77** Mc 1.4; Lc 3.3.

ᵘ **1.78** *Un nuevo día:* el día en que Dios traerá la salvación prometida (Mal 4.2 [3.20]; cf. Ef 5.14; 2 P 1.19).

ᵛ **1.79** Is 9.2 (1).

ʷ **1.79** Is 58.8; 60.1-2.

ˣ **1.80** Lc 3.2-3; el v. 80 resume un periodo de aprox. 30 años.

ᵃ **2.1** *Augusto:* emperador romano, del 27 a.C. al 14 d.C.

ᵇ **2.1** Este tipo de *censo* o empadronamiento servía de base para la recaudación de impuestos.

ᶜ **2.1** *Todo el mundo:* es decir, todo el Imperio Romano.

ᵈ **2.2** *Este primer censo... de Siria:* otra posible traducción: *Este fue el primer censo que se hizo siendo Quirinio gobernador de Siria.* Según fuentes históricas, Quirinio llevó a cabo un censo en el año 6 ó 7 d.C., cuando era gobernador de la provincia romana de Siria; no es

claro a cuál censo se refiere Lucas. (Véase Mt 2.1 nota *b,* en relación con la fecha del nacimiento de Jesús.)

ᵉ **2.4** *Belén:* pueblo natal del rey David, cerca de Jerusalén.

ᶠ **2.5** *Su esposa:* lit. *que estaba comprometida para casarse con él,* expresión igual a la usada en Lc 1.27. Cf. Mt 1.18-25.

ᵍ **2.7** El *primogénito* (primer hijo) tenía privilegios y deberes especiales. Cf. Gn 25.29-34; Ex 13.2,12,15. Este título se aplica a Jesucristo, para expresar su supremacía universal, en Ro 8.29; Col 1.15; Heb 1.6; Ap 1.5.

ʰ **2.7** *Establo:* La palabra griega puede referirse al establo mismo o al pesebre, una especie de cajón en donde se daba de comer a las bestias.

ⁱ **2.7** *Mesón:* o posada donde se alojaban los viajeros.

ʲ **2.8** Los primeros en recibir el anuncio del nacimiento de Jesús son los pastores. Como en otros lugares del evangelio, los pobres y los humildes son escogidos para recibir los privilegios de Dios. Cf. 4.18-19; 6.20-26. Véase *Pobre* en el *Índice temático.*

ᵏ **2.11** *Salvador:* Véase Lc 1.31 n.

ˡ **2.11** *Mesías:* título usado en hebreo equivale a la palabra griega *Cristo* (véase *Índice temático*), que significa *ungido.*

ᵐ **2.11** *Señor:* palabra que en griego, al igual que en castellano, puede usarse como título de cortesía, pero que también se utilizaba como traducción del nombre divino (v. 15); en el NT se aplica con frecuencia a Jesús (Hch 2.36; Ro 10.9; Flp 2.11). Véase *Introducción al NT (65).*

ⁿ **2.14** *Entre los hombres que gozan de su favor:* lit. *entre los hombres del agrado.* Lo más probable es que la palabra *agrado* se refiera al *favor* de Dios, y no a la buena voluntad de los hombres. Algunos mss. dicen ¡Gloria a Dios en las alturas, paz en la tierra, favor (o buena voluntad) para los hombres!

—Vamos, pues, a Belén, a ver esto que ha sucedido y que el Señor nos ha anunciado.

¹⁶ Fueron de prisa y encontraron a María y a José, y al niño acostado en el establo. ¹⁷ Cuando lo vieron, se pusieron a contar lo que el ángel les había dicho acerca del niño, ¹⁸ y todos los que lo oyeron se admiraban de lo que decían los pastores. ¹⁹ María guardaba todo esto en su corazón, ⁿ y lo tenía muy presente. ²⁰ Los pastores, por su parte, regresaron dando gloria y alabanza a Dios por todo lo que habían visto y oído, pues todo sucedió como se les había dicho.

El niño Jesús es presentado en el templo

²¹ A los ocho días circuncidaron al niño, º y le pusieron por nombre Jesús, el mismo nombre que el ángel le había dicho ᵖ a María antes que ella estuviera encinta.

²² Cuando se cumplieron los días en que ellos debían purificarse según la ley de Moisés, ᑫ llevaron al niño a Jerusalén para presentárselo al Señor. ʳ ²³ Lo hicieron así porque en la ley del Señor está escrito: "Todo primer hijo varón será consagrado al Señor." ˢ ²⁴ Fueron, pues, a ofrecer en sacrificio lo que manda la ley del Señor: un par de tórtolas o dos pichones de paloma. ᵗ

²⁵ En aquel tiempo vivía en Jerusalén un hombre que se llamaba Simeón. Era un hombre justo y piadoso, que esperaba la restauración ᵘ de Israel. El Espíritu Santo estaba con Simeón, ²⁶ y le había hecho saber que no moriría sin ver antes al Mesías, a quien el Señor enviaría. ᵛ ²⁷ Guiado por el Espíritu Santo, Simeón fue al templo; y cuando los padres del niño Jesús lo llevaron también a él, para cumplir con lo que la ley ordenaba, ²⁸ Simeón lo tomó en brazos y alabó a Dios, diciendo:

²⁹ "Ahora, Señor, tu promesa está cumplida:
puedes dejar que tu siervo muera en paz. ʷ
³⁰ Porque ya he visto la salvación
³¹ que has comenzado a realizar
a la vista de todos los pueblos, ˣ
³² la luz que alumbrará a las naciones ʸ
y que será la gloria de tu pueblo Israel." ᶻ

³³ El padre y la madre de Jesús ᵃ se quedaron admirados al oir lo que Simeón decía del niño. ³⁴ Entonces Simeón les dio su bendición, y dijo a María, la madre de Jesús:

—Mira, este niño está destinado a hacer que muchos en Israel caigan o se levanten. Él será una señal que muchos rechazarán, ³⁵ a fin de que las intenciones de muchos corazones queden al descubierto. Pero todo esto va a ser para ti como una espada que atraviese tu propia alma.

³⁶ También estaba allí una profetisa llamada Ana, hija de Penuel, de la tribu de Aser. Era ya muy anciana. Se casó siendo muy joven, y había vivido con su marido siete años; ³⁷ hacía ya ochenta y cuatro años que se había quedado viuda. ᵇ Nunca salía del templo, sino que servía día y noche al Señor, con ayunos y oraciones. ³⁸ Ana se presentó en aquel mismo momento, y comenzó a dar gracias a Dios y a hablar del niño Jesús a todos los que esperaban la liberación de Jerusalén. ᶜ

El regreso a Nazaret

³⁹ Después de haber cumplido con todo lo que manda la ley del Señor, volvieron a Galilea, a su propio pueblo de Nazaret. ᵈ ⁴⁰ Y el niño crecía y se hacía más fuerte, estaba lleno de sabiduría y gozaba del favor de Dios. ᵉ

El niño Jesús es hallado en el templo

⁴¹ Los padres de Jesús iban todos los años a Jerusalén para la fiesta de la Pascua. ᶠ ⁴² Y así, cuando Jesús cumplió doce años, fueron allá todos ellos, como era costumbre en esa fiesta. ᵍ ⁴³ Pero pasados aquellos días, cuando volvían a casa, el niño Jesús se quedó en Jerusalén, sin que sus padres se dieran cuenta. ⁴⁴ Pensando que Jesús iba entre la gente, hicieron un día de camino; pero luego, al buscarlo entre los parientes y conocidos, ⁴⁵ no lo encontraron. Así que regresaron a Jerusalén para buscarlo allí.

⁴⁶ Al cabo de tres días lo encontraron en el templo, sentado entre los maestros de la ley, escuchándolos y haciéndoles preguntas. ⁴⁷ Y todos los que lo oían se admiraban de su inteligencia y de sus respuestas. ⁴⁸ Cuando sus padres lo vieron, se sorprendieron; y su madre le dijo:

—Hijo mío, ¿por qué nos has hecho esto? Tu padre y yo te hemos estado buscando llenos de angustia.

⁴⁹ Jesús les contestó:

ⁿ **2.19** Cf. v. 51.
º **2.21** *Circuncidaron al niño:* Lv 12.3; véase Lc 1.59 n.
ᵖ **2.21** Lc 1.31.
ᑫ **2.22** *Ellos:* Algunos mss. dicen *ella*. Según Lv 12.2-4, la purificación correspondía solamente a la madre, que quedaba ritualmente impura después del parto. Con el plural (de los mejores mss.), Lucas parece referirse a la purificación de ambos padres del niño. O es posible que en *ellos* incluya al propio niño Jesús, quien iba a ser presentado en el templo (vv. 22-27).
ʳ **2.22-24** Cf. 1 S 1.22-24.
ˢ **2.23** Ex 13.2,12.
ᵗ **2.24** La ofrenda de los pobres; cf. Lv 12.6-8.
ᵘ **2.25** *Restauración:* La idea está relacionada con la esperanza mesiánica (cf. Is 40.1-2; 49.13; 57.18; 61.2; Mt 5.4).
ᵛ **2.26** *Mesías:* Véase 2.11 nota *l*; cf. Lc 9.20.
ʷ **2.29-32** La oración de Simeón se conoce como el "Nunc dimittis", que son las dos primeras palabras de su versión latina y que significan "Ahora puedes dejar ir".

ˣ **2.30-31** Is 40.5; 52.10.
ʸ **2.32** Is 42.6; 49.6; 52.10.
ᶻ **2.32** Is 46.13.
ᵃ **2.33** *El padre y la madre de Jesús:* así, según los mejores mss. (cf. v. 48). José, como esposo de María, era el padre de Jesús para efectos legales.
ᵇ **2.37** *Hacía ya... se había quedado viuda:* otra posible traducción: *ahora era viuda, y tenía ochenta y cuatro años.*
ᶜ **2.38** Is 52.9. *Liberación:* o *rescate* (Mt 20.28 nota *p*).
ᵈ **2.39** Mt 2.23.
ᵉ **2.40** Cf. v. 52.
ᶠ **2.41** *Pascua:* fiesta judía (Ex 12.1-27; Dt 16.1-8); véase *Índice temático*.
ᵍ **2.42** Dt 16.16; cf. 1 S 1.3,21; 2.19. Según la costumbre judía, un muchacho de doce años se prepara ya para incorporarse legalmente a la comunidad religiosa. La incorporación oficial tiene lugar a la edad de trece años.

—¿Por qué me buscaban? ¿No sabían que tengo que estar en la casa de mi Padre?" [h]

⁵⁰ Pero ellos no entendieron lo que les decía.

⁵¹ Entonces volvió con ellos a Nazaret, donde vivió obedeciéndolos en todo. Su madre guardaba todo esto en su corazón. [i] ⁵² Y Jesús seguía creciendo en sabiduría y estatura, y gozaba del favor de Dios y de los hombres. [j]

II. PREPARACIÓN DE LA ACTIVIDAD DE JESÚS (3.1—4.13)

1. Juan el Bautista en el desierto (3.1-20)
(Mt 3.1-12; Mc 1.1-8; Jn 1.19-28)

3 ¹ Era el año quince [a] del gobierno del emperador Tiberio, [b] y Poncio Pilato era gobernador de Judea. [c] Herodes gobernaba en Galilea, [d] su hermano Filipo gobernaba en Iturea y Traconítide, [e] y Lisanias gobernaba en Abilene. [f] ² Anás y Caifás eran los sumos sacerdotes. [g] Por aquel tiempo, Dios habló en el desierto [h] a Juan, el hijo de Zacarías, ³ y Juan pasó por todos los lugares junto al río Jordán, diciendo a la gente que ellos debían volverse a Dios y ser bautizados, [i] para que Dios les perdonara sus pecados. ⁴ Esto sucedió como está escrito en el libro del profeta Isaías:

"Una voz grita en el desierto:
'Preparen el camino del Señor;
ábranle un camino recto.
⁵ Todo valle será rellenado,
todo cerro y colina será nivelado,
los caminos torcidos serán enderezados,
y allanados los caminos disparejos.
⁶ Todo el mundo verá la salvación que Dios envía.' " [j,k]

⁷ Cuando la gente salía para que Juan los bautizara, él les decía: "¡Raza de víboras! [l] ¿Quién les ha dicho a ustedes que van a librarse [m] del terrible castigo que se acerca? ⁸ Pórtense de tal modo que se vea claramente que se han vuelto al Señor, y no vayan a decir entre ustedes:

'¡Nosotros somos descendientes de Abraham!'; [n] porque les aseguro que incluso a estas piedras Dios puede convertirlas en descendientes de Abraham. ⁹ Además, el hacha ya está lista para cortar los árboles de raíz. Todo árbol que no da buen fruto, se corta y se echa al fuego." [ñ]

¹⁰ Entonces la gente le preguntó:

—¿Qué debemos hacer?

¹¹ Juan les contestó:

—El que tenga dos trajes, dele uno al que no tiene ninguno; y el que tenga comida, compártala con el que no la tiene.

¹² Se acercaron también para ser bautizados algunos de los que cobraban impuestos para Roma, [o] y le preguntaron a Juan:

—Maestro, ¿qué debemos hacer nosotros?

¹³ Juan les dijo:

—No cobren más de lo que deben cobrar. [p]

¹⁴ También algunos soldados le preguntaron:

—Y nosotros, ¿qué debemos hacer?

Les contestó:

—No le quiten nada a nadie, ni con amenazas ni acusándolo de algo que no haya hecho; y confórmense con su sueldo.

¹⁵ La gente estaba en gran expectativa, y se preguntaba si tal vez Juan sería el Mesías; [q] ¹⁶ pero Juan les dijo a todos: "Yo, en verdad, los bautizo con agua; pero viene uno que los bautizará con el Espíritu Santo y con fuego. [r] Él es más poderoso que yo, que ni siquiera merezco desatarle la correa de sus sandalias. [s] ¹⁷ Trae su aventador en la mano, para limpiar el trigo y separarlo de la paja. Guardará el trigo en su granero, pero quemará la paja en un fuego que nunca se apagará." [t]

¹⁸ De este modo, y con otros muchos consejos, Juan anunciaba la buena noticia a la gente. ¹⁹ Además reprendió a Herodes, el gobernante, porque tenía por mujer a Herodías, la esposa de su hermano, y también por todo lo malo que había hecho; ²⁰ pero Herodes, a todas sus malas acciones les añadió otra: metió a Juan en la cárcel. [u]

---

[h] **2.49** ¿... *tengo que estar en la casa de mi Padre?*: otra posible traducción: ¿... *tengo que ocuparme en las cosas de mi Padre?*

[i] **2.51** Cf. v. 19.

[j] **2.52** Cf. v. 40; se alude a 1 S 2.26. Cf. Pr 3.4.

[a] **3.1** *El año quince*: 28 ó 29 d.C.

[b] **3.1** *Tiberio*: emperador romano durante los años 14-37 d.C.

[c] **3.1** *Poncio Pilato* fue prefecto o gobernador romano de Judea, Samaria e Idumea durante los años 26-36 d.C.

[d] **3.1** *Herodes*, llamado Antipas, hijo de Herodes el Grande (Mt 2.1 nota *b*), fue gobernador (lit. *tetrarca*) de Galilea y Perea del 4 a.C. al 39 d.C.

[e] **3.1** *Filipo*, otro hijo de Herodes el Grande, gobernó en *Iturea y Traconítide*, regiones al noreste de Galilea, del 4 a.C. al 34 d.C.

[f] **3.1** *Abilene*: región al occidente de Iturea.

[g] **3.2** *Anás* fue sumo sacerdote durante los años 6-15 d.C., y su yerno *Caifás* en los años 18-36 d.C. Al parecer, se seguía aplicando el título también a Anás, debido a su prestigio y a que conservaba cierta autoridad (cf. Jn 18.13; Hch 4.6).

[h] **3.2** *Desierto*: Véase Mt 3.1 nota *b*.

[i] **3.3** *Volverse a Dios y ser bautizados*: Véanse notas en Mt 3.2 (nota *c*); 3.6, y Mc 1.4-5.

[j] **3.4-6** Is 40.3-5; Bar 5.7.

[k] **3.6** Lc 2.30-31; Tit 2.11.

[l] **3.7** Mt 3.7; 12.34; 23.33.

[m] **3.7** ¿*Quién les ha dicho que van a librarse...?*: otra posible traducción: ¿*Quién les advirtió a ustedes para que escaparan...?*

[n] **3.8** Jn 8.33,39; cf. Ro 2.28-29.

[ñ] **3.9** Mt 7.19.

[o] **3.12** Lc 7.29. *Los que cobraban impuestos* eran contratados por el gobierno romano como recaudadores; los demás judíos los detestaban porque los consideraban traidores. Véase *Cobradores de impuestos* en el *Índice temático*.

[p] **3.13** Lc 19.2,8.

[q] **3.15** *El Mesías*: Véanse Lc 2.11 nota *l* e *Índice temático*.

[r] **3.16** Jn 1.15,26-30,33; Hch 1.5; 2.1-4. Sobre el *fuego* como símbolo del juicio y de la purificación, cf. v. 17, e Is 31.9; 66.15-16; Zac 13.8-9; Mal 3.2. Cf. también el fuego de Pentecostés (Hch 2.3). Véase *Fuego* en el *Índice temático*.

[s] **3.16** *Desatar la correa de las sandalias* a alguien era un servicio humilde, propio de un esclavo.

[t] **3.17** Mt 13.42,50. Sobre la imagen empleada, véase Mt 3.12 nota *b*.

[u] **3.19-20** Véanse Mt 4.12 n. y 14.3 n.

2. Preparación de la actividad de Jesús (3.21—4.13)

Jesús es bautizado *(Mt 3.13-17; Mc 1.9-11)* ᵛ ²¹ Sucedió que cuando Juan los estaba bautizando a todos, también Jesús fue bautizado; y mientras oraba, ʷ el cielo se abrió ²² y el Espíritu Santo bajó sobre él en forma visible, como una paloma, y se oyó una voz del cielo, que decía:

—Tú eres mi Hijo amado, a quien he elegido. ˣ

Los antepasados de Jesús ʸ *(Mt 1.1-17)* ²³ Jesús tenía unos treinta años cuando comenzó su actividad. Fue hijo, según se creía, de José. José fue hijo de Elí, ²⁴ que a su vez fue hijo de Matat, que fue hijo de Leví, que fue hijo de Melquí, que fue hijo de Janai, que fue hijo de José, ²⁵ que fue hijo de Matatías, que fue hijo de Amós, que fue hijo de Nahúm, que fue hijo de Eslí, que fue hijo de Nagai, ²⁶ que fue hijo de Máhat, que fue hijo de Matatías, que fue hijo de Semeí, que fue hijo de Josec, que fue hijo de Joiadá, ²⁷ que fue hijo de Johanán, que fue hijo de Resá, que fue hijo de Zorobabel, que fue hijo de Salatiel, que fue hijo de Nerí, ²⁸ que fue hijo de Melquí, que fue hijo de Adí, que fue hijo de Cosam, que fue hijo de Elmadam, que fue hijo de Er, ²⁹ que fue hijo de Jesús, que fue hijo de Eliézer, que fue hijo de Jorim, que fue hijo de Matat, ³⁰ que fue hijo de Leví, que fue hijo de Simeón, que fue hijo de Judá, que fue hijo de José, que fue hijo de Jonam, que fue hijo de Eliaquim, ³¹ que fue hijo de Meleá, que fue hijo de Mená, que fue hijo de Matatá, que fue hijo de Natán, ³² que fue hijo de David, que fue hijo de Jesé, que fue hijo de Obed, que fue hijo de Booz, que fue hijo de Sélah, que fue hijo de Nahasón, ³³ que fue hijo de Aminadab, que fue hijo de Admín, que fue hijo de Arní, que fue hijo de Hesrón, que fue hijo de Fares, que fue hijo de Judá, ³⁴ que fue hijo de Jacob, que fue hijo de Isaac, que fue hijo de Abraham, que fue hijo de Térah, que fue hijo de Nahor, ³⁵ que fue hijo de Serug, que fue hijo de Ragau, que fue hijo de Péleg, que fue hijo de Éber, que fue hijo de Sélah, ³⁶ que fue hijo de Cainán, que fue hijo de Arfaxad, que fue hijo de Sem, que fue hijo de Noé, que fue hijo de Lámec, ³⁷ que fue hijo de Matusalén, que fue hijo de Henoc, que fue hijo de Jéred, que fue hijo de Mahalaleel, que fue hijo de Cainán, ³⁸ que fue hijo de Enós, que fue hijo de Set, que fue hijo de Adán, que fue hijo de Dios.

4 **El diablo pone a prueba a Jesús** *(Mt 4.1-11; Mc 1.12-13)* ¹ Jesús, lleno del Espíritu Santo, volvió del río Jordán, y el Espíritu lo llevó al desierto. ᵃ ² Allí estuvo cuarenta días, ᵇ y el diablo lo puso a prueba. ᶜ No comió nada durante esos días, así que después sintió hambre. ³ El diablo entonces le dijo:

—Si de veras eres Hijo de Dios, ordena a esta piedra que se convierta en pan.

⁴ Jesús le contestó:

—La Escritura dice: 'No solo de pan vivirá el hombre.' ᵈ

⁵ Luego el diablo lo levantó y, mostrándole en un momento todos los países del mundo, ⁶ le dijo:

—Yo te daré todo este poder y la grandeza de estos países. Porque yo lo he recibido, y se lo daré al que quiera dárselo. ⁷ Si te arrodillas y me adoras, todo será tuyo.

⁸ Jesús le contestó:

—La Escritura dice: 'Adora al Señor tu Dios, y sírvele solo a él.' ᵉ

⁹ Después el diablo lo llevó a la ciudad de Jerusalén, lo subió a la parte más alta del templo ᶠ y le dijo:

—Si de veras eres Hijo de Dios, tírate abajo desde aquí; ¹⁰ porque la Escritura dice:

'Dios mandará que sus ángeles
te cuiden y te protejan.
¹¹ Te levantarán con sus manos,
para que no tropieces con piedra alguna.' ᵍ

¹² Jesús le contestó:

—También dice la Escritura: 'No pongas a prueba al Señor tu Dios.' ʰ

¹³ Cuando ya el diablo no encontró otra forma de poner a prueba a Jesús, se alejó de él por algún tiempo. ⁱ

III. ACTIVIDAD DE JESÚS EN GALILEA (4.14—9.50)

Jesús comienza su actividad en Galilea *(Mt 4.12-17; Mc 1.14-15)* ¹⁴ Jesús volvió a Galilea lleno del poder del Espíritu Santo, y se hablaba de él por toda la tierra de alrededor. ¹⁵ Enseñaba en la sinagoga de cada lugar, y todos le alababan.

Jesús en Nazaret *(Mt 13.53-58; Mc 6.1-6)* ¹⁶ Jesús fue a Nazaret, el pueblo donde se había criado. El sábado entró en la sinagoga, como era su costumbre, y se puso de pie para leer las Escrituras. ʲ ¹⁷ Le dieron a leer el libro del profeta Isaías, y al abrirlo encontró el lugar donde estaba escrito: ᵏ

ᵛ **3.21-22** Cf. también Jn 1.31-34.

ʷ **3.21** Lucas hace hincapié en el tema de la oración, y lo menciona de manera particular en momentos sobresalientes de la vida de Jesús; cf. Lc 5.16; 6.12; 9.18,28-29; 11.1; 22.41-46; 23.34,46.

ˣ **3.22** *Mi Hijo amado:* también puede entenderse como *mi único Hijo. A quien he elegido:* o *en quien tengo mi agrado.* Gn 22.2; Sal 2.7; Is 42.1; sobre la alusión a estos pasajes, véase Mt 3.17 n. Nótese también Mt 12.18; 17.5; Mc 9.7; Lc 9.35; 2 P 1.17. Algunos mss. dicen *Tú eres mi Hijo; yo te he engendrado hoy* (Sal 2.7).

ʸ **3.23-38** Lc presenta la lista de los antepasados de Jesús remontándose hasta Adán (v. 38), para destacar que Jesús se hizo solidario con toda la raza humana. Aquí se percibe la perspectiva universal de Lc. Véanse las *Introducciones* a Lc y Hch.

ᵃ **4.1** Véase Mt 4.1 n.

ᵇ **4.2** *Cuarenta días:* Véase Mt 4.2 n.

ᶜ **4.2** Cf. Heb 2.18; 4.15.

ᵈ **4.4** Dt 8.3.

ᵉ **4.8** Dt 6.13.

ᶠ **4.9** El *templo* de Jerusalén (véase *Índice temático*) era el centro del culto de los judíos.

ᵍ **4.10-11** Sal 91.11-12.

ʰ **4.12** Dt 6.16.

ⁱ **4.13** Cf. Heb 4.15. *Por algún tiempo:* otra posible traducción: *hasta el tiempo oportuno.* Satanás vuelve a aparecer en el relato de Lc 22.3.

ʲ **4.15-16** *Sinagoga:* casa de reunión y culto público de los judíos; véase *Índice temático*. En el culto del sábado, el que presidía podía invitar a cualquier varón adulto, judío, a leer en voz alta un pasaje de las Escrituras y explicarlo.

ᵏ **4.17** Al comienzo de su labor pública, Jesús hace suyas las palabras

¹⁸ "El Espíritu del Señor está sobre mí,
porque me ha consagrado
para llevar la buena noticia a los pobres;
me ha enviado a anunciar libertad a los presos
y dar vista a los ciegos;
a poner en libertad a los oprimidos;
¹⁹ a anunciar el año favorable del Señor." *l*

²⁰ Luego Jesús cerró el libro, *m* lo dio al ayudante de la sinagoga y se sentó. *n* Todos los que estaban allí tenían la vista fija en él. ²¹ Él comenzó a hablar, diciendo:
—Hoy mismo *ñ* se ha cumplido la Escritura que ustedes acaban de oir. *o*

²² Todos hablaban bien de Jesús y estaban admirados de las cosas tan bellas que decía. Se preguntaban:
—¿No es este el hijo de José? *p*

²³ Jesús les respondió:
—Seguramente ustedes me dirán este refrán: 'Médico, cúrate a ti mismo.' Y además me dirán: 'Lo que oímos que hiciste en Cafarnaúm, hazlo también aquí en tu propia tierra.'

²⁴ Y siguió diciendo:
—Les aseguro que ningún profeta es bien recibido en su propia tierra. *q* ²⁵ Verdaderamente, había muchas viudas en Israel en tiempos del profeta Elías, cuando no llovió durante tres años y medio y hubo mucha hambre en todo el país; ²⁶ pero Elías no fue enviado a ninguna de las viudas israelitas, sino a una de Sarepta, cerca de la ciudad de Sidón. *r* ²⁷ También había en Israel muchos enfermos de lepra en tiempos del profeta Eliseo, pero no fue sanado ninguno de ellos, sino Naamán, que era de Siria. *s*

²⁸ Al oir esto, todos los que estaban en la sinagoga se enojaron mucho. *t* ²⁹ Se levantaron y echaron del pueblo a Jesús, llevándolo a lo alto del monte sobre el cual el pueblo estaba construido, para arrojarlo abajo desde allí. ³⁰ Pero Jesús pasó por en medio de ellos y se fue.

Un hombre que tenía un espíritu impuro (Mc 1.21-28)

³¹ Jesús fue a Cafarnaúm, un pueblo de Galilea, *u* y los sábados *v* enseñaba a la gente. ³² Y la gente se admiraba de cómo les enseñaba, porque hablaba con plena autoridad. *w*

³³ En la sinagoga había un hombre que tenía un demonio o espíritu impuro, *x* el cual gritó con fuerza:
³⁴ —¡Déjanos! ¿Por qué te metes con nosotros, Jesús de Nazaret? ¿Has venido a destruirnos? Yo te conozco, y sé que eres el Santo de Dios. *y*

³⁵ Jesús reprendió a aquel demonio, diciéndole:
—¡Cállate y deja a este hombre!

Entonces el demonio arrojó al hombre al suelo delante de todos, y salió de él sin hacerle ningún daño. ³⁶ Todos se asustaron, y se decían unos a otros:
—¿Qué palabras son estas? Con toda autoridad y poder este hombre ordena a los espíritus impuros que salgan, ¡y ellos salen!

³⁷ Y se hablaba de Jesús por todos los lugares de la región.

Jesús sana a la suegra de Simón (Mt 8.14-15; Mc 1.29-31)

³⁸ Jesús salió de la sinagoga y entró en casa de Simón. *z* La suegra de Simón estaba enferma, con mucha fiebre, y rogaron por ella a Jesús. ³⁹ Jesús se inclinó sobre ella y reprendió a la fiebre, y la fiebre se le quitó. Al momento, ella se levantó y comenzó a atenderlos.

Jesús sana a muchos enfermos (Mt 8.16-17; Mc 1.32-34)

⁴⁰ Al ponerse el sol, todos los que tenían enfermos de diferentes enfermedades los llevaron a Jesús; *a* y él puso las manos sobre cada uno de ellos, y los sanó. ⁴¹ De muchos enfermos también salieron demonios, que gritaban:
—¡Tú eres el Hijo de Dios!

Pero Jesús reprendía a los demonios y no los dejaba hablar, porque sabían que él era el Mesías. *b*

Jesús anuncia el mensaje en las sinagogas (Mc 1.35-39)

⁴² Al amanecer, Jesús salió fuera de la ciudad, a un lugar solitario. Pero la gente lo buscó, y llegaron a donde él estaba. Querían detenerlo, para que no se fuera, ⁴³ pero Jesús les dijo:
—También tengo que anunciar la buena noticia del reino de Dios a los otros pueblos, porque para esto fui enviado. *c*

⁴⁴ Así iba Jesús anunciando el mensaje en las sinagogas del país de los judíos. *d*

---

del profeta Isaías para declarar que su mensaje y su ministerio están dirigidos a los *pobres* y *oprimidos* y a todos los necesitados. Véase 2.8 n.

l **4.18-19** Is 61.1-2 (gr.); la última frase del v. 18 es de Is 58.6. Los pasajes citados forman parte de los poemas referentes al siervo del Señor (cf. también Is 42.7; 49.9).

m **4.20** *Cerró:* lit. *enrolló;* los libros tenían la forma de rollos y eran de cuero (pergamino).

n **4.20** *Se sentó:* La lectura de las Escrituras en la sinagoga se hacía *de pie* (v. 16), pero el expositor se sentaba para impartir la exhortación o enseñanza.

ñ **4.21** Este *hoy* se refiere al tiempo de salvación mesiánica que Jesús trae a los hombres. Cf. Heb 3.7—4.13.

o **4.21** Tanto en Lc como en Hch se destaca el cumplimiento de las Escrituras en la misión de Jesús. Véase Lc 24.44 nota *t*.

p **4.22** Cf. Jn 6.42.

q **4.24** Expresión proverbial (Mt 13.57; Mc 6.4; Jn 4.44).

r **4.25-26** 1 R 17.1,8-16; Stg 5.17.

s **4.27** 2 R 5.1-14.

t **4.28** *Se enojaron* porque Jesús insinuaba (vv. 25-27) que la bondad de Dios no es solamente para el pueblo de Israel sino también para los de otras naciones.

u **4.31** Jesús fue de Nazaret a *Cafarnaúm,* importante centro comercial a orillas del lago de Galilea.

v **4.31** *Sábado:* véase *Índice temático.*

w **4.32** Cf. Mt 7.28-29.

x **4.33** *Espíritu impuro:* Véase Mc 1.23 n.

y **4.34** *El Santo de Dios:* Véase Mc 1.24 nota *f.*

z **4.38** Es decir, la casa de Simón Pedro, en Cafarnaúm.

a **4.40** *Al ponerse el sol* terminaba el sábado, día de reposo obligatorio, y entonces podían cargar los enfermos para llevarlos a Jesús; véase Mc 1.32 n.

b **4.41** *No los dejaba hablar:* Mc 1.24,34; 5.7; véase Mc 1.34 nota *i.*

c **4.43** *Fui enviado:* voz pasiva que significa lo mismo que *Dios me envió.*

d **4.44** Mt 4.23.

EL CULTO SINAGOGAL

Partes del culto	Orden	Referencias
Oración	a) Recitación del *shema* b) Recitación de las 18 bendiciones (heb. *berakot*)	Dt 6.4-9; 11.13-21; Nm 15.37-41
Lectura de las Escrituras(*)	a) Lectura de la ley b) Lectura de los profetas	Hch 13.15 Lc 4.16-19
Instrucción o comentario		Lc 4.20-21; Hch 13.5,14-41; 14.1
Despedida	Bendición sacerdotal (dada por el presidente de la sinagoga o por un sacerdote, si abía alguno presente; los demás contestan: *Amén*)	Nm 6.24-26

(*) La lectura de las Escrituras se hacía en hebreo, con traducción simultánea al arameo. Durante el periodo helenístico, entre los judíos que vivían fuera de Palestina, se hacía en griego, del texto de la LXX.

5

La pesca abundante *(Mt 4.18-22; Mc 1.16-20)* **1** En una ocasión, estando Jesús a orillas del Lago de Genesaret,[a] se sentía apretujado por la multitud que quería oir el mensaje de Dios.[b] **2** Jesús vio dos barcas en la playa. Los pescadores habían bajado de ellas a lavar sus redes.[c] **3** Jesús subió a una de las barcas, que era de Simón, le pidió que la alejara un poco de la orilla. Luego se sentó en la barca, y desde allí comenzó a enseñar a la gente. **4** Cuando terminó de hablar, le dijo a Simón:

—Lleva la barca a la parte honda del lago, y echen allí sus redes, para pescar.

5 Simón le contestó:

—Maestro, hemos estado trabajando toda la noche sin pescar nada; pero, ya que tú lo mandas, voy a echar las redes.

6 Cuando lo hicieron, recogieron tanto pescado que las redes se rompían.[d] **7** Entonces hicieron señas a sus compañeros de la otra barca, para que fueran a ayudarlos. Ellos fueron, y llenaron tanto las dos barcas que les faltaba poco para hundirse. **8** Al ver esto, Simón Pedro se puso de rodillas delante de Jesús y le dijo:

—¡Apártate de mí, Señor, porque soy un pecador!

9 Es que Simón y todos los demás estaban asustados por aquella gran pesca que habían hecho. **10** También lo estaban Santiago[e] y Juan, hijos de Zebedeo, que eran compañeros de Simón. Pero Jesús le dijo a Simón:

—No tengas miedo; desde ahora vas a pescar hombres.

11 Entonces llevaron las barcas a tierra, lo dejaron todo y se fueron con Jesús.

Jesús sana a un leproso *(Mt 8.1-4; Mc 1.40-45)* **12** Un día, estando Jesús en un pueblo, llegó un hombre enfermo de lepra; al ver a Jesús, se inclinó hasta el suelo y le rogó:

—Señor, si quieres, puedes limpiarme de mi enfermedad.

13 Jesús lo tocó con la mano, diciendo:

—Quiero. ¡Queda limpio!

Al momento se le quitó la lepra al enfermo,[f] **14** y Jesús le ordenó:

—No se lo digas a nadie; solamente ve y preséntate al sacerdote, y lleva por tu purificación la ofrenda que ordenó Moisés,[g] para que conste ante los sacerdotes.

15 Sin embargo, la fama de Jesús aumentaba cada vez más, y mucha gente se juntaba para oírlo y para que curara sus enfermedades. **16** Pero Jesús se retiraba a orar a lugares donde no había nadie.[h]

Jesús perdona y sana a un paralítico *(Mt 9.1-8; Mc 2.1-12)*

17 Un día en que Jesús estaba enseñando, se habían sentado por allí algunos fariseos[i] y maestros de la ley venidos de todas las aldeas de Galilea, y de Judea y Jerusalén. Y el poder del Señor se mostraba en Jesús sanando a los enfermos. **18** Entonces llegaron unos hombres que llevaban en una camilla a uno que estaba paralítico. Querían llevarlo adentro de la casa y ponerlo delante de Jesús, **19** pero no encontraban por dónde meterlo, porque había mucha gente; así que subieron al techo y, abriendo un hueco entre las tejas, bajaron al enfermo en la camilla, allí en medio de todos, delante de Jesús. **20** Cuando Jesús vio la fe que tenían, le dijo al enfermo:

—Amigo, tus pecados quedan perdonados.

21 Entonces los maestros de la ley[j] y los fariseos comenzaron a pensar: "¿Quién es este que se atreve a decir

---

[a] **5.1** *Genesaret:* otro nombre dado al Lago de Galilea (véase *Índice temático*), por su cercanía a la llanura de Genesaret, situada en la orilla noroeste del lago.

[b] **5.1-3** Mt 13.1-2; Mc 3.9-10; 4.1-2.

[c] **5.2** *Redes:* Véase Mt 4.18 nota r.

[d] **5.5-6** Cf. el relato de Jn 21.3-6.

[e] **5.10** *Santiago:* nombre que la tradición cristiana ha derivado del original *Jacobo;* véase Mt 4.21 n.

[f] **5.12-13** *Lepra:* enfermedad de la piel, que hacía a la persona ritualmente impura; véase *Índice temático*. Sanarla equivalía a *limpiarla*. A quien tocaba a un leproso se le consideraba también impuro (cf. Lv 5.3); no obstante, Jesús *lo tocó* para curarlo.

[g] **5.14** *La ofrenda que ordenó Moisés:* Lv 14.1-32; véase Mt 8.4 nota d.

[h] **5.16** Mc 1.35.

[i] **5.17** *Fariseos:* miembros de un determinado partido religioso judío; véase *Índice temático*.

[j] **5.21** *Maestros de la ley:* Véase *Introducción al NT (30)*.

palabras ofensivas contra Dios? Solo Dios puede perdonar pecados." *k*

22 Pero Jesús se dio cuenta de lo que estaban pensando, y les preguntó:

—¿Por qué piensan ustedes así? **23** ¿Qué es más fácil, decir: 'Tus pecados quedan perdonados', o decir: 'Levántate y anda'? **24** Pues voy a demostrarles que el Hijo del hombre *l* tiene autoridad en la tierra para perdonar pecados.

Entonces le dijo al paralítico:

—A ti te digo, levántate, toma tu camilla y vete a tu casa.

25 Al momento, el paralítico se levantó delante de todos, tomó la camilla en que estaba acostado y se fue a su casa alabando a Dios. **26** Todos se quedaron admirados y alabaron a Dios, y llenos de miedo dijeron:

—Hoy hemos visto cosas maravillosas.

Jesús llama a Leví *(Mt 9.9-13; Mc 2.13-17)* **27** Después de esto, Jesús salió y se fijó en uno de los que cobraban impuestos para Roma. Se llamaba Leví, *m* y estaba sentado en el lugar donde cobraba los impuestos. Jesús le dijo:

—Sígueme.

28 Entonces Leví se levantó, y dejándolo todo siguió a Jesús.

29 Más tarde, Leví hizo en su casa una gran fiesta en honor de Jesús; y muchos de los que cobraban impuestos para Roma, junto con otras personas, estaban sentados con ellos a la mesa. **30** Pero los fariseos y los maestros de la ley del mismo partido comenzaron a criticar a los discípulos de Jesús. Les dijeron:

—¿Por qué comen y beben ustedes con cobradores de impuestos y pecadores? *n*

31 Jesús les contestó:

—Los que están buenos y sanos no necesitan médico, sino los enfermos. **32** Yo no he venido a llamar a los justos, sino a los pecadores, para que se vuelvan a Dios.

La pregunta sobre el ayuno *(Mt 9.14-17; Mc 2.18-22)* **33** Le dijeron a Jesús:

—Los seguidores de Juan *ñ* y de los fariseos ayunan mucho y hacen muchas oraciones, pero tus discípulos siempre comen y beben. *o*

34 Jesús les contestó:

—¿Acaso pueden ustedes hacer ayunar a los invitados a una boda, *p* mientras el novio está con ellos? **35** Pero llegará el momento en que se lleven al novio; *q* cuando llegue ese día, entonces sí ayunarán.

36 También les puso esta comparación:

—Nadie corta un pedazo de un vestido nuevo para remendar un vestido viejo. Si lo hace así, echa a perder el vestido nuevo; además, el pedazo nuevo no quedará bien con el vestido viejo. **37** Ni tampoco se echa vino nuevo en cueros viejos, porque el vino nuevo hace que se revienten los cueros, y tanto el vino como los cueros se pierden. *r* **38** Por eso hay que echar el vino nuevo en cueros nuevos. **39** Y nadie que toma el vino añejo quiere después del nuevo, porque dice: 'El añejo es más sabroso.' *s,t*

6

Los discípulos arrancan espigas en sábado *a (Mt 12.1-8; Mc 2.23-28)* **1** Un sábado, *b* Jesús caminaba entre los sembrados. Sus discípulos arrancaban espigas de trigo, las desgranaban entre las manos y se comían los granos. *c*

2 Entonces algunos fariseos les preguntaron:

—¿Por qué hacen ustedes algo que no está permitido hacer en sábado? *d*

3 Jesús les contestó:

—¿No han leído ustedes lo que hizo David en una ocasión en que él y sus compañeros tuvieron hambre? **4** Entró en la casa de Dios y tomó los panes consagrados a Dios, comió de ellos y dio también a sus compañeros, a pesar de que solamente a los sacerdotes se les permitía comer de ese pan. *e*

5 Y añadió:

—El Hijo del hombre tiene autoridad sobre el sábado.

Jesús sana a un enfermo en sábado *f (Mt 12.9-14; Mc 3.1-6)* **6** Otro sábado, Jesús entró en la sinagoga y comenzó a enseñar. Había en ella un hombre que tenía la mano derecha tullida; **7** y los maestros de la ley y los fariseos espiaban a Jesús para ver si lo sanaría en sábado, y así tener algún pretexto para acusarlo. *g* **8** Pero él, que sabía lo que estaban pensando, le dijo al hombre que tenía la mano tullida:

—Levántate y ponte ahí en medio.

---

k **5.20-21** *Palabras ofensivas contra Dios:* consideradas así porque Jesús se tomaba la prerrogativa divina de perdonar los pecados. Lc 7.48-49; véase Mc 2.5 n.

l **5.24** *Hijo del hombre:* el título que Jesús usaba con más frecuencia para referirse a sí mismo; véase *Índice temático*.

m **5.27** *Leví:* Véase Mc 2.14 n.

n **5.30** Lc 15.1-2; 19.7. *Pecadores:* o *gente de mala fama;* véase Mt 9.10 nota *h*.

ñ **5.33** *Los seguidores de Juan:* esto es, de *Juan* el Bautista (véase Mt 9.14 nota *k*).

o **5.33** Respecto al ayuno, véase Mt 6.16 n.

p **5.34** *Los invitados a una boda:* Véase Mt 9.15 nota *m*.

q **5.35** Alusión a la muerte de Jesús.

r **5.37** En cuanto al uso de *cueros* para guardar *vino,* véase Mt 9.17 n.

s **5.36-39** Con las imágenes usadas en estos vv., se ilustra la necesidad de una actitud totalmente nueva frente al mensaje de Jesús.

t **5.39** Se refiere a la actitud de quienes no quieren aceptar lo *nuevo* del mensaje de Jesús.

a **6.1-5** En esta sección, y la que sigue (vv. 6-11), se habla del conflicto entre Jesús y los fariseos sobre la observancia del sábado.

b **6.1** Algunos mss. emplean aquí una palabra extraña que puede significar *el segundo sábado después del primero,* o bien *el siguiente sábado* o *el sábado que seguía después del próximo.*

c **6.1** Dt 23.25 (26).

d **6.1-2** Según la interpretación rabínica de la ley mosaica, los discípulos estaban desobedeciendo el mandamiento de Ex 20.8-11. Véase Mt 12.1-2 n.

e **6.3-4** 1 S 21.1-6 (2-7); cf. Lv 24.9.

f **6.6-11** Sobre la relación entre esta sección y la anterior, véase 6.1-5 n.

g **6.7** Los fariseos consideraban prohibido sanar *en sábado.*

El hombre se levantó y se puso de pie, **9** y Jesús dijo a los otros:

—Les voy a hacer una pregunta: ¿Qué está permitido hacer en sábado: el bien o el mal? ¿Salvar una vida o destruirla?

10 Luego miró [h] a todos los que lo rodeaban, y le dijo a aquel hombre:

—Extiende la mano.

El hombre lo hizo así, y su mano quedó sana. **11** Pero los otros se enojaron mucho y comenzaron a discutir qué podrían hacer contra Jesús.

Jesús escoge a los doce apóstoles *(Mt 10.1-4; Mc 3.13-19)*

12 Por aquellos días, Jesús se fue a un cerro a orar, y pasó toda la noche orando a Dios. [i] **13** Cuando se hizo de día, llamó a sus discípulos, y escogió a doce de ellos, a quienes llamó apóstoles. [j] **14** Estos fueron: Simón, a quien puso también el nombre de Pedro; [k] Andrés, hermano de Simón; Santiago, Juan, Felipe, Bartolomé, **15** Mateo, Tomás, Santiago, hijo de Alfeo; [l] Simón, al que llamaban el celote, [m] **16** Judas, hijo de Santiago, [n] y Judas Iscariote, que fue quien traicionó a Jesús.

Jesús enseña a mucha gente [ñ] *(Mt 4.23-25)*

17 Jesús bajó del cerro con ellos y se detuvo en un llano. Se habían juntado allí muchos de sus seguidores y mucha gente de toda la región de Judea, de Jerusalén y de la costa de Tiro y Sidón. [o] **18** Habían llegado para oír a Jesús y para que los curara de sus enfermedades. Los que sufrían a causa de espíritus impuros, también quedaban sanos. **19** Así que toda la gente quería tocar a Jesús, porque los sanaba a todos con el poder que de él salía.

Lo que realmente cuenta ante Dios [p] *(Mt 5.1-12)*

20 Jesús miró a sus discípulos, [q] y les dijo:

"Dichosos ustedes los pobres, pues de ustedes es el reino de Dios.

21 "Dichosos ustedes los que ahora tienen hambre, pues quedarán satisfechos. [r]

"Dichosos ustedes los que ahora lloran, [s] pues después reirán.

22 "Dichosos ustedes cuando la gente los odie, cuando los expulsen, cuando los insulten y cuando desprecien su nombre como cosa mala, por causa del Hijo del hombre. [t] **23** Alégrense mucho, llénense de gozo en ese día, porque ustedes recibirán un gran premio en el cielo; pues también así maltrataron los antepasados de esa gente a los profetas. [u]

24 "Pero ¡ay de ustedes los ricos, pues ya han tenido su alegría! [v]

25 "¡Ay de ustedes los que ahora están satisfechos, pues tendrán hambre!

"¡Ay de ustedes los que ahora ríen, pues van a llorar de tristeza!

26 "¡Ay de ustedes cuando todo el mundo los alabe, [w] pues así hacían los antepasados de esa gente con los falsos profetas!

El amor a los enemigos *(Mt 5.38-48; 7.12)*

27 "Pero a ustedes que me escuchan les digo: Amen a sus enemigos, hagan bien a quienes los odian, **28** bendigan a quienes los maldicen, oren por quienes los insultan. **29** Si alguien te pega en una mejilla, ofrécele también la otra; y si alguien te quita la capa, déjale que se lleve también tu camisa. [x] **30** A cualquiera que te pida algo, dáselo, y al que te quite lo que es tuyo, no se lo reclames. [y] **31** Hagan ustedes con los demás como quieren que los demás hagan con ustedes. [z]

32 "Si ustedes aman solamente a quienes los aman a ustedes, ¿qué hacen de extraordinario? Hasta los pecadores se portan así. **33** Y si hacen bien solamente a quienes les hacen bien a ustedes, ¿qué tiene eso de extraordinario? También los pecadores se portan así. **34** Y si dan prestado solo a aquellos de quienes piensan recibir algo, ¿qué hacen de extraordinario? También los pecadores se prestan unos a otros, esperando recibir unos de otros. **35** Ustedes deben amar a sus enemigos, y hacer bien, y dar prestado sin esperar nada a cambio. [a] Así será grande su recompensa, y ustedes serán hijos del Dios altísimo, [b] que es también

---

[h] **6.10** *Miró:* Algunos mss. añaden *con enojo*, en conformidad con Mc 3.5.

[i] **6.12** *Pasó toda la noche orando a Dios:* Lc 3.21 n.; cf. Mt 14.23; Lc 9.28.

[j] **6.13** De un grupo numeroso de *discípulos* (o seguidores) Jesús escoge *doce*, a quienes designa como *apóstoles*; véase Mt 10.1-2 n.

[k] **6.14** *Simón... Pedro:* Véase Mt 16.18 nota *m*.

[l] **6.15** *Hijo de Alfeo:* También puede entenderse como *hermano de Alfeo*.

[m] **6.15** *Celote:* forma griega de la palabra "cananeo" (véase Mc 3.18 nota *n*); ambas palabras pueden traducirse por "celoso" o "fanático". Se dio también este nombre a un grupo nacionalista judío que se rebeló contra Roma. Véase *Introducción al NT (29,42,43)*.

[n] **6.16** *Hijo de Santiago:* También puede entenderse como *hermano de Santiago*.

[ñ] **6.17-19** Compárense los vv. 17-49 con las enseñanzas de Jesús en Mt 5—7.

[o] **6.17** *Tiro y Sidón:* ciudades no judías en la costa del mar Mediterráneo, al norte de Galilea.

[p] **6.20-26** Sobre la forma literaria de las "bienaventuranzas", véase Mt 5.3-12 n. A las cuatro presentadas aquí, Lc contrapone los cuatro "ayes" de los vv. 24-26.

[q] **6.20** Como en muchos otros casos, aquí *discípulos* no solo se refiere a los doce, sino a todos los seguidores de Jesús.

[r] **6.20-21** Este texto acentúa, más que el texto paralelo de Mt 5.3-10, la preocupación de Jesús por los pobres, al referir los vv. 20-21a a la pobreza y al hambre en sentido literal. Véase Lc 4.17 n. Cf. Jer 31.25.

[s] **6.21** Sal 126.5-6; Is 57.18; 61.2-3; Ap 7.16-17.

[t] **6.22** Cf. 1 P 4.14.

[u] **6.23** 2 Cr 36.16; Hch 7.52.

[v] **6.24** Lc 16.25; Stg 5.1-5.

[w] **6.26** Cf. Stg 4.4.

[x] **6.29** Mt 5.39-40; cf. Lm 3.30. *Camisa:* lit. túnica, especie de camisa larga; la *capa* se llevaba encima de ella.

[y] **6.27-30** Pr 25.21; Ro 12.17,20; 13.8-10.

[z] **6.31** Cf. Tb 4.15. Sobre esta "regla de oro", véase Mt 7.12 n.

[a] **6.35** *Sin esperar nada a cambio:* Algunos mss. dicen *sin desesperarse de nadie*.

[b] **6.35** Cf. Eclo 4.10. Para el uso figurado de *hijos*, véase Jn 8.44 nota *w*.

bondadoso con los desagradecidos y los malos. ³⁶ Sean ustedes compasivos, como también su Padre es compasivo.

No juzgar a otros *(Mt 7.1-5)* ³⁷ "No juzguen a otros, y Dios no los juzgará a ustedes. No condenen a otros, y Dios no los condenará a ustedes. Perdonen, y Dios los perdonará. ᶜ ³⁸ Den a otros, y Dios les dará a ustedes. Les dará en su bolsa una medida buena, apretada, sacudida y repleta. Con la misma medida con que ustedes den a otros, Dios les devolverá a ustedes." ᵈ

³⁹ Jesús les puso esta comparación: "¿Acaso puede un ciego servir de guía a otro ciego? ¿No caerán los dos en algún hoyo? ᵉ ⁴⁰ Ningún discípulo es más que su maestro: ᶠ cuando termine sus estudios llegará a ser como su maestro.

⁴¹ "¿Por qué te pones a mirar la astilla que tiene tu hermano en el ojo, y no te fijas en el tronco que tienes en el tuyo? ᵍ ⁴² Y si no te das cuenta del tronco que tienes en tu propio ojo, ¿cómo te atreves a decir a tu hermano: 'Hermano, déjame sacarte la astilla que tienes en el ojo'? ¡Hipócrita!, saca primero el tronco de tu propio ojo, y así podrás ver bien para sacar la astilla que tiene tu hermano en el suyo.

El árbol se conoce por su fruto *(Mt 7.17-20; 12.34-35)* ʰ

⁴³ "No hay árbol bueno que pueda dar fruto malo, ni árbol malo que pueda dar fruto bueno. ⁴⁴ Cada árbol se conoce por su fruto: ⁱ no se cosechan higos de los espinos, ni se recogen uvas de las zarzas. ⁴⁵ El hombre bueno dice cosas buenas porque el bien está en su corazón, y el hombre malo dice cosas malas porque el mal está en su corazón. Pues de lo que abunda en su corazón habla su boca. ʲ

La casa bien o mal fundada *(Mt 7.24-27)* ⁴⁶ "¿Por qué me llaman ustedes, 'Señor, Señor', y no hacen lo que les digo? ᵏ ⁴⁷ Voy a decirles a quién se parece el que viene a mí y me oye y hace lo que digo: ⁴⁸ se parece a un hombre que para construir una casa cavó primero bien hondo, y puso la base sobre la roca. Cuando creció el río, el agua dio con fuerza contra la casa, pero ni moverla pudo, porque estaba bien construida. ⁴⁹ Pero el que me oye y no hace lo que digo, se parece a un hombre que construyó su casa sobre la tierra y sin cimientos; y cuando el río creció y dio con fuerza contra ella, se derrumbó y quedó completamente destruida."

7 Jesús sana al criado de un oficial romano ᵃ *(Mt 8.5-13; Jn 4.43-54)* ¹ Cuando Jesús terminó de hablar a la gente, se fue a Cafarnaúm. ² Vivía allí un capitán ᵇ romano que tenía un criado ᶜ al que estimaba mucho, el cual estaba enfermo y a punto de morir. ³ Cuando el capitán oyó hablar de Jesús, mandó a unos ancianos de los judíos ᵈ a rogarle que fuera a sanar a su criado. ⁴ Ellos se presentaron a Jesús y le rogaron mucho, diciendo:

—Este capitán merece que lo ayudes, ⁵ porque ama a nuestra nación y él mismo hizo construir nuestra sinagoga. ᵉ

⁶ Jesús fue con ellos, pero cuando ya estaban cerca de la casa, el capitán mandó unos amigos a decirle: "Señor, no te molestes, porque yo no merezco que entres en mi casa; ⁷ por eso, ni siquiera me atreví a ir en persona a buscarte. Solamente da la orden, para que sane mi criado. ⁸ Porque yo mismo estoy bajo órdenes superiores, y a la vez tengo soldados bajo mi mando. Cuando le digo a uno de ellos que vaya, va; cuando le digo a otro que venga, viene; y cuando mando a mi criado que haga algo, lo hace."

⁹ Jesús se quedó admirado al oír esto, y mirando a la gente que lo seguía dijo:

—Les aseguro que ni siquiera en Israel he encontrado tanta fe como en este hombre.

¹⁰ Al regresar a la casa, los enviados encontraron que el criado ya estaba sano.

Jesús resucita al hijo de una viuda ᶠ ¹¹ Después de esto, Jesús se dirigió a un pueblo llamado Naín. ᵍ Iba acompañado de sus discípulos y de mucha gente. ¹² Al llegar cerca del pueblo, vio que llevaban a enterrar a un muerto, hijo único de su madre, que era viuda. Mucha gente del pueblo la acompañaba. ¹³ Al verla, el Señor tuvo compasión de ella y le dijo:

—No llores.

¹⁴ En seguida se acercó y tocó la camilla, ʰ y los que la llevaban se detuvieron. Jesús dijo al muerto:

—Joven, a ti te digo: ¡Levántate!

¹⁵ Entonces el que había estado muerto se sentó y comenzó a hablar, y Jesús se lo entregó a la madre. ¹⁶ Al ver esto, todos tuvieron miedo y comenzaron a alabar a Dios, diciendo:

—Un gran profeta ha aparecido entre nosotros.

También decían:

—Dios ha venido a ayudar a su pueblo. ⁱ

ᶜ **6.37** Mt 6.14. *Y Dios no los juzgará... no los condenará... los perdonará:* lit. *y ustedes no serán juzgados... y no serán condenados... y serán perdonados;* respecto al uso de la voz pasiva para señalar la acción de Dios, véase Mt 5.4 nota *g*.
ᵈ **6.38** Mc 4.24.
ᵉ **6.39** Mt 15.14.
ᶠ **6.40** Mt 10.24-25; Jn 13.16; 15.20.
ᵍ **6.41** Exageración intencional; cf. Mt 7.3.
ʰ **6.43-45** Además de los pasajes paralelos, cf. Stg 3.11-12.
ⁱ **6.44** Mt 12.33; cf. Mt 7.20.
ʲ **6.45** Mt 12.34.
ᵏ **6.46** Mt 7.21.
ᵃ **7.1-10** Véase Mt 8.5-13 n.; cf. Jn 4.46-53.

ᵇ **7.2** *Capitán:* lit. *centurión,* oficial romano al mando de cien soldados.
ᶜ **7.2** *Criado:* La palabra significa propiamente *esclavo*.
ᵈ **7.3** *Ancianos:* esto es, dirigentes de la comunidad judía.
ᵉ **7.5** Se trata de un extranjero que había ayudado económicamente a los judíos; cf. Hch 10.2.
ᶠ **7.11-17** Esta historia presenta algunos detalles que recuerdan el relato sobre Elías y la viuda de Sarepta (1 R 17.8-24).
ᵍ **7.11** *Naín:* pueblecito cerca de Nazaret.
ʰ **7.14** El cadáver, envuelto en lienzos, iba sobre una tabla o *camilla,* ya que no se usaban ataúdes o cajas.
ⁱ **7.16** *Ha venido a ayudar:* lit. *ha visitado;* véase Lc 1.68 n.

17 Y por toda Judea[j] y sus alrededores se supo lo que había hecho Jesús.

Los enviados de Juan el Bautista (Mt 11.2-19)

18 Juan tuvo noticias de todas estas cosas,[k] pues sus seguidores se las contaron. Llamó a dos de ellos **19** y los envió al Señor, a preguntarle si él era de veras el que había de venir[l] o si debían esperar a otro. **20** Los enviados de Juan se acercaron, pues, a Jesús y le dijeron:

—Juan el Bautista nos ha mandado a preguntarte si tú eres el que ha de venir, o si debemos esperar a otro.

21 En aquel mismo momento Jesús curó a muchas personas de sus enfermedades y sufrimientos, y de los espíritus malignos, y dio la vista a muchos ciegos. **22** Luego les contestó:

—Vayan y díganle a Juan lo que han visto y oído. Cuéntenle que los ciegos ven, los cojos andan, los leprosos quedan limpios de su enfermedad, los sordos oyen,[m] los muertos vuelven a la vida y a los pobres se les anuncia la buena noticia.[n] **23** ¡Y dichoso aquel que no pierda su fe en mí!

24 Cuando los enviados de Juan se fueron, Jesús comenzó a hablar a la gente acerca de Juan, diciendo: "¿Qué salieron ustedes a ver al desierto? ¿Una caña sacudida por el viento? **25** Y si no, ¿qué salieron a ver? ¿Un hombre vestido con ropas lujosas?[ñ] Ustedes saben que los que se visten lujosamente y viven en placeres, están en las casas de los reyes. **26** En fin, ¿qué salieron a ver? ¿Un profeta? Sí, de veras, y uno que es mucho más que profeta. **27** Juan es aquel de quien dice la Escritura:

'Yo envío mi mensajero delante de ti,
para que te prepare el camino.'[o]

28 Les digo que, entre todos los hombres, ninguno ha sido más grande que Juan; y, sin embargo, el más pequeño en el reino de Dios es más grande que él."

29 Todos los que oyeron a Juan, incluso los que cobraban impuestos para Roma, se hicieron bautizar por él, cumpliendo así las justas exigencias de Dios; **30** pero los fariseos y los maestros de la ley no se hicieron bautizar por Juan, despreciando de este modo lo que Dios había querido hacer en favor de ellos.[p]

31 "¿A qué compararé la gente de este tiempo? ¿A qué se parece? **32** Se parece a los niños que se sientan a jugar en la plaza y gritan a sus compañeros: 'Tocamos la flauta, pero ustedes no bailaron; cantamos canciones tristes, pero ustedes no lloraron.'[q] **33** Porque vino Juan el Bautista, que ni come pan ni bebe vino,[r] y ustedes dicen que tiene un demonio. **34** Luego ha venido el Hijo del hombre, que come y bebe, y ustedes dicen que es glotón y bebedor, amigo de gente de mala fama y de los que cobran impuestos para Roma.[s] **35** Pero la sabiduría de Dios se demuestra por todos sus resultados."[t]

Jesús en casa de Simón el fariseo[u]

36 Un fariseo[v] invitó a Jesús a comer, y Jesús fue a su casa. Estaba sentado a la mesa, **37** cuando una mujer de mala vida,[w] que vivía en el mismo pueblo y que supo que Jesús había ido a comer a casa del fariseo, llegó con un frasco de alabastro lleno de perfume.[x] **38** Llorando, se puso junto a los pies de Jesús[y] y comenzó a bañarlos con lágrimas. Luego los secó con sus cabellos, los besó y derramó sobre ellos el perfume. **39** El fariseo que había invitado a Jesús, al ver esto, pensó: "Si este hombre fuera de veras un profeta, se daría cuenta de qué clase de persona es esta que lo está tocando: una mujer de mala vida." **40** Entonces Jesús le dijo al fariseo:

—Simón,[z] tengo algo que decirte.

El fariseo contestó:

—Dímelo, Maestro.

41 Jesús siguió:

—Dos hombres le debían dinero a un prestamista. Uno le debía quinientos denarios, y el otro cincuenta;[a] **42** y como no le podían pagar, el prestamista les perdonó la deuda a los dos. Ahora dime, ¿cuál de ellos le amará más?[b]

43 Simón le contestó:

—Me parece que el hombre a quien más le perdonó.

Jesús le dijo:

—Tienes razón.

44 Entonces, mirando a la mujer, Jesús dijo a Simón:

—¿Ves esta mujer? Entré en tu casa, y no me diste agua para mis pies; en cambio, esta mujer me ha bañado los pies con sus lágrimas y los ha secado con sus cabellos. **45** No me saludaste con un beso, pero ella, desde que entré, no ha dejado de besarme los pies. **46** No me pusiste ungüento en la cabeza, pero ella ha derramado perfume sobre mis pies.[c] **47** Por esto te digo que sus muchos

---

[j] **7.17** *Judea:* Aquí puede significar todo el país de los judíos.

[k] **7.18** Según Mt, esto ocurrió cuando *Juan* el Bautista estaba en la cárcel (Mt 11.2).

[l] **7.19** *El que había de venir:* el Mesías.

[m] **7.22** Cf. Is 29.18-19; 35.5-6.

[n] **7.22** Cf. Is 26.19; 61.1; cf. también Lc 4.16-21.

[ñ] **7.25** *Ropas lujosas:* en contraste con la ropa corriente y áspera que vestía Juan el Bautista (Mt 3.4).

[o] **7.27** Mal 3.1; cf. Ex 23.20. (Citado también en Mt 11.10; Mc 1.2; Lc 1.76.)

[p] **7.29-30** Mt 21.32; Lc 3.7,12.

[q] **7.31-32** Es decir, no hacen a su tiempo lo que deberían hacer. Es la imagen de unos niños en la calle que juegan a bodas y funerales pero sin lograr ponerse de acuerdo.

[r] **7.33** Juan llevaba una vida austera; véase Lc 1.15 nota *i*.

[s] **7.34** Lc 15.2.

[t] **7.35** *Sus resultados:* lit. *sus hijos.* Otra posible traducción: *los que la aceptan.* Cf. Mt 11.19.

[u] **7.36-50** Cf. Mt 26.6-13; Mc 14.3-9; Jn 12.1-8, relatos que difieren en varios aspectos. Cf. también Lc 11.37.

[v] **7.36** *Fariseo:* Véase *Índice temático.*

[w] **7.37** *De mala vida:* lit. *pecadora;* posiblemente una prostituta, aunque el texto no lo dice, y la palabra tiene un sentido más general (véase Mt 9.10 nota *h*).

[x] **7.37** *Alabastro:* piedra blanda, con la que se fabricaban frascos para perfume.

[y] **7.38** En ciertas ocasiones de carácter formal, los judíos se recostaban en divanes para comer, con los pies descalzos y alejados de la mesa; de ese modo la mujer pudo acercarse *a los pies de Jesús.*

[z] **7.40** *Simón:* el fariseo del v. 36, a quien no se menciona fuera de este relato.

[a] **7.41** Un *denario* equivalía al salario de un día.

[b] **7.42** Aquí y en el v. 47 el verbo *amar* tiene un matiz de agradecimiento.

[c] **7.44-46** Simón había brindado a Jesús únicamente las cortesías mínimas, sin darle las atenciones debidas a un huésped de honor (cf. Gn 18.4; Sal 23.5).

pecados son perdonados, porque amó mucho; pero la persona a quien poco se le perdona, poco amor muestra.

⁴⁸ Luego dijo a la mujer:

—Tus pecados te son perdonados.

⁴⁹ Los otros invitados que estaban allí, comenzaron a preguntarse:

—¿Quién es este, que hasta perdona pecados? ᵈ

⁵⁰ Pero Jesús añadió, dirigiéndose a la mujer:

—Por tu fe has sido salvada; vete tranquila. ᵉ

8 *Mujeres que ayudaban a Jesús* ¹ Después de esto, Jesús anduvo por muchos pueblos y aldeas, anunciando la buena noticia del reino de Dios. Los doce apóstoles lo acompañaban, ² como también algunas mujeres que él había curado de espíritus malignos y enfermedades. ᵃ Entre ellas iba María, la llamada Magdalena, ᵇ de la que habían salido siete demonios; ³ también Juana, esposa de Cuza, el que era administrador de Herodes; ᶜ y Susana; y muchas otras que los ayudaban con lo que tenían.

La parábola del sembrador (Mt 13.1-9; Mc 4.1-9) ⁴ Muchos salieron de los pueblos para ver a Jesús, de manera que se reunió mucha gente. Entonces les contó esta parábola: ⁵ "Un sembrador salió a sembrar su semilla. Y al sembrar, una parte de la semilla cayó en el camino, y fue pisoteada, y las aves se la comieron. ⁶ Otra parte cayó entre las piedras; y cuando esa semilla brotó, se secó por falta de humedad. ᵈ ⁷ Otra parte de la semilla cayó entre espinos; y al nacer juntamente, los espinos la ahogaron. ⁸ Pero otra parte cayó en buena tierra; y creció, y dio una buena cosecha, hasta de cien granos por semilla."

Esto dijo Jesús, y añadió con voz muy fuerte: "¡Los que tienen oídos, oigan!"

El porqué de las parábolas (Mt 13.10-17; Mc 4.10-12) ⁹ Los discípulos le preguntaron a Jesús qué quería decir aquella parábola. ¹⁰ Les dijo: "A ustedes Dios les da ᵉ a conocer los secretos de su reino; ᶠ pero a los otros les hablo por medio de parábolas, para que por más que miren no vean, y por más que oigan no entiendan. ᵍ

Jesús explica la parábola del sembrador (Mt 13.18-23; Mc 4.13-20) ¹¹ "Esto es lo que quiere decir la parábola: La semilla representa el mensaje de Dios; ¹² y la parte que cayó por el camino representa a los que oyen el mensaje, pero viene el diablo y se lo quita del corazón, para que no crean y se salven. ¹³ La semilla que cayó entre las piedras representa a los que oyen el mensaje y lo reciben con gusto, pero no tienen suficiente raíz; creen por algún tiempo, pero a la hora de la prueba fallan. ¹⁴ La semilla que cayó entre espinos representa a los que escuchan, pero poco a poco se dejan ahogar por las preocupaciones, las riquezas y los placeres de la vida, de modo que no llegan a dar fruto. ¹⁵ Pero la semilla que cayó en buena tierra, son las personas que con corazón bueno y dispuesto escuchan y hacen caso del mensaje y, permaneciendo firmes, dan una buena cosecha.

La parábola de la lámpara (Mc 4.21-25) ¹⁶ "Nadie enciende una lámpara para después taparla con algo o ponerla debajo de la cama, sino que la pone en alto, ʰ para que tengan luz los que entran. ¹⁷ De la misma manera, no hay nada escondido que no llegue a descubrirse, ni nada secreto que no llegue a conocerse y ponerse en claro. ⁱ

¹⁸ "Así pues, oigan bien, pues al que tiene se le dará más; pero al que no tiene, hasta lo que cree tener se le quitará." ʲ

La madre y los hermanos de Jesús (Mt 12.46-50; Mc 3.31-35) ¹⁹ La madre y los hermanos de Jesús se presentaron donde él estaba, pero no pudieron acercarse a él porque había mucha gente. ²⁰ Alguien avisó a Jesús:

—Tu madre y tus hermanos están ahí fuera, y quieren verte. ᵏ

²¹ Él contestó:

—Los que oyen el mensaje de Dios y lo ponen en práctica, esos son mi madre y mis hermanos. ˡ

Jesús calma la tormenta (Mt 8.23-27; Mc 4.35-41) ²² Un día, Jesús entró en una barca con sus discípulos, y les dijo:

—Vamos al otro lado del lago. ᵐ

Partieron, pues, ²³ y mientras cruzaban el lago, Jesús se durmió. En esto se desató una fuerte tormenta sobre el lago, y la barca empezó a llenarse de agua y corrían peligro de hundirse. ²⁴ Entonces fueron a despertar a Jesús, diciéndole:

—¡Maestro! ¡Maestro! ¡Nos estamos hundiendo!

Jesús se levantó y dio una orden al viento y a las olas, y todo se calmó y quedó tranquilo. ²⁵ Después dijo a los discípulos:

—¿Qué pasó con su fe?

Pero ellos, asustados y admirados, se preguntaban unos a otros:

ᵈ **7.48-49** Lc 5.20-21 y paralelos.

ᵉ **7.50** Lc 8.48; 17.19; 18.42.

ᵃ **8.2-3** Mt 27.55-56; Mc 15.40-41; Lc 23.49. Era común que ciertos maestros o rabinos recibieran apoyo económico de parte de mujeres piadosas y pudientes.

ᵇ **8.2** *Magdalena:* natural de Magdala, pueblo situado a la orilla del lago de Galilea. (No hay ninguna indicación de que esta María sea la pecadora mencionada en el cap. 7.)

ᶜ **8.3** *Cuza:* probablemente un funcionario no judío, que administraba los bienes de *Herodes* Antipas (Lc 3.1 nota d).

ᵈ **8.6** Sobre la imagen empleada, véase Mt 13.5-6 n.

ᵉ **8.10** *Dios les da:* lit. *les es dado;* voz pasiva que, como en otros casos, evita la mención del nombre divino (Mt 5.4 nota g).

ᶠ **8.10** *Secretos:* Véase Mt 13.11 n.

ᵍ **8.10** Is 6.9-10.

ʰ **8.16** Mt 5.15; Lc 11.33. La *lámpara* común era una especie de taza de barro, en la que se ponía aceite de oliva con una mecha.

ⁱ **8.17** *Nada escondido... ponerse en claro:* Véase Mc 4.22 n.

ʲ **8.18** Mt 13.12; 25.29; Lc 19.26.

ᵏ **8.19-20** *Hermanos:* Véase Mt 12.46 n.

ˡ **8.21** Ro 8.29.

ᵐ **8.22** *Al otro lado del lago:* esto es, a la orilla oriental del Lago de Galilea, habitada por gente no judía.

MUJERES QUE PARTICIPARON EN EL MINISTERIO DE JESÚS

Mujeres	Referencias
María, la madre de Jesús	
Elegida por Dios	Lc 1.26-56; 2.16,19,33-35,48
En el ministerio de Jesús	Mt 12.46-50; Jn 2.1-5
En la pasión de Jesús	Jn 19.25-27
Reunida con los creyentes	Hch 1.14
Perdonadas por Jesús	
La samaritana	Jn 4.1-42
La pecadora	Lc 7.36-50
La que perfumó los pies de Jesús	Mt 26.6-13
La adúltera	Jn 8.3-11
Que recibieron milagros	
La suegra de Pedro	Mt 8.14-15
La mujer con derrames de sangre; la hija de Jairo	Mt 9.18-26; Lc 8.40-56
La sirofenicia	Mc 7.24-30
La viuda de Naín	Lc 7.11-17
La mujer jorobada	Lc 13.10-13
Puestas como ejemplo por Jesús	
La mujer cananea	Mt 15.21-28
La viuda pobre	Mc 12.41-44
La viuda de Sarepta	Lc 4.25-26
La reina del Sur	Lc 11.31
Compañeras de su misión	Lc 8.1-3
Mujeres del Calvario	
Las de Galilea	Mt 27.55-56,61; Jn 19.25-27
Las de Jerusalén	Lc 23.27-31
Mujeres en la resurrección	
En el anuncio	Mt 28.1-7
Aparición de Jesús a mujeres	Mt 28.8-10; Mc 16.9-11
Personajes en las enseñanzas de Jesús	
Las diez muchachas	Mt 25.1-13
La mujer y el divorcio	Mc 10.1-12
La de la moneda perdida	Lc 15.8-10
La viuda y el juez	Lc 18.1-8
Otras referencias	
La madre de Santiago y Juan	Mt 20.20-23
Marta y María	Lc 10.38-42
Una mujer alaba a Jesús	Lc 11.27

Véase también *Mujer* en el *índice temático*.

—¿Quién será este, que da órdenes al viento y al agua, y lo obedecen?[ñ]

El endemoniado de Gerasa *(Mt 8.28-34; Mc 5.1-20)* **26** Por fin llegaron a la tierra de Gerasa,[ñ] que está al otro lado del lago, frente a Galilea. **27** Al bajar Jesús a tierra, salió del pueblo un hombre que estaba endemoniado, y se le acercó. Hacía mucho tiempo que no se ponía ropa ni vivía en

---

[ñ] **8.24-25** Cf. Sal 107.29. [ñ] **8.26** *Gerasa:* Aquí y en el v. 37, algunos mss. dicen *Gadara*, y

una casa, sino entre las tumbas.ᵒ ²⁸ Cuando vio a Jesús, cayó de rodillas delante de él, gritando:

—¡No te metas conmigo, Jesús, Hijo del Dios altísimo! ¡Te ruego que no me atormentes!

²⁹ Dijo esto porque Jesús había ordenado al espíritu impuro que saliera de él. Muchas veces el demonio se había apoderado de él; y aunque la gente le sujetaba las manos y los pies con cadenas para tenerlo seguro, él las rompía y el demonio lo hacía huir a lugares desiertos. ³⁰ Jesús le preguntó:

—¿Cómo te llamas?

Y él contestó:

—Me llamo Legión.

Dijo esto porque eran muchos los demonios que habían entrado en él,ᵖ ³¹ los cuales pidieron a Jesús que no los mandara al abismo.ᵠ ³² Como había muchos cerdosʳ comiendo en el cerro, los espíritus le rogaron que los dejara entrar en ellos; y Jesús les dio permiso. ³³ Los demonios salieron entonces del hombre y entraron en los cerdos, y estos echaron a correr pendiente abajo hasta el lago, y allí se ahogaron.

³⁴ Los que cuidaban de los cerdos, cuando vieron lo sucedido, salieron huyendo y fueron a contarlo en el pueblo y por el campo. ³⁵ La gente salió a ver lo que había pasado. Y cuando llegaron a donde estaba Jesús, encontraron sentado a sus pies al hombre de quien habían salido los demonios, vestido y en su cabal juicio; y tuvieron miedo. ³⁶ Y los que habían visto lo sucedido, les contaron cómo había sido sanado aquel endemoniado. ³⁷ Toda la gente de la región de Gerasa comenzó entonces a rogar a Jesús que se fuera de allí, porque tenían mucho miedo. Así que Jesús entró en la barca y se fue. ³⁸ El hombre de quien habían salido los demonios le rogó que le permitiera ir con él, pero Jesús le ordenó que se quedara, y le dijo:

³⁹ —Vuelve a tu casa y cuenta todo lo que Dios ha hecho por ti.

El hombre se fue y contó por todo el pueblo lo que Jesús había hecho por él.ˢ

La mujer enferma y la hija de Jairo (Mt 9.18-26; Mc 5.21-43)

⁴⁰ Cuando Jesús regresó al otro lado del lago,ᵗ la gente lo recibió con alegría, porque todos lo estaban esperando. ⁴¹ En esto llegó uno llamado Jairo, que era jefe de la sinagoga. Este hombre se postró a los pies de Jesús y le rogó que fuera a su casa, ⁴² porque tenía una sola hija, de unos doce años, que estaba a punto de morir.

Mientras Jesús iba, se sentía apretujado por la multitud que lo seguía. ⁴³ Entre la gente había una mujer que desde hacía doce años estaba enferma, con derrames de sangre,ᵘ y que había gastado en médicos todo lo que tenía,ᵛ sin que ninguno la hubiera podido sanar. ⁴⁴ Esta mujer se acercó a Jesús por detrás y tocó el borde de su capa, y en el mismo momento el derrame de sangre se detuvo. ⁴⁵ Entonces Jesús preguntó:

—¿Quién me ha tocado?

Como todos negaban haberlo tocado, Pedro dijo:

—Maestro, la gente te oprime y empuja por todos lados.ʷ

⁴⁶ Pero Jesús insistió:

—Alguien me ha tocado, porque me he dado cuenta de que de mí ha salido poder.

⁴⁷ La mujer, al ver que no podía esconderse, fue temblando a arrodillarse a los pies de Jesús. Le confesó delante de todos por qué razón no lo había tocado,ˣ y cómo había sido sanada en el acto. ⁴⁸ Jesús le dijo:

—Hija, por tu fe has sido sanada. Vete tranquila.ʸ

⁴⁹ Todavía estaba hablando Jesús, cuando llegó un mensajero y le dijo al jefe de la sinagoga:

—Tu hija ha muerto; no molestes más al Maestro.

⁵⁰ Pero Jesús lo oyó y le dijo:

—No tengas miedo; solamente cree, y tu hija se salvará.

⁵¹ Al llegar a la casa, no dejó entrar con él a nadie más que a Pedro, a Santiago y a Juan, junto con el padre y la madre de la niña. ⁵² Todos estaban llorando y lamentándose por ella, pero Jesús les dijo:

—No lloren; la niña no está muerta, sino dormida.ᶻ

⁵³ Todos se rieron de él, porque sabían que estaba muerta. ⁵⁴ Entonces Jesús la tomó de la mano y dijo con voz fuerte:

—¡Niña, levántate!

⁵⁵ Y ella volvió a la vida; al momento se levantó, y Jesús mandó que le dieran de comer. ⁵⁶ Sus padres estaban muy admirados; pero Jesús les ordenó que no contaran a nadie lo que había pasado.ᵃ

9 Jesus envia a los discípulos a anunciar el reino de Dios (Mt 10.5-15; Mc 6.7-13)

¹ Jesús reunió a sus doce discípulos, y les dio poder y autoridad para expulsar toda clase de demonios y para curar enfermedades. ² Los envió a anunciar el reino de Dios y a sanar a los enfermos.ᵃ ³ Les dijo:

—No lleven nada para el camino: ni bastón, ni bolsa, ni pan, ni dinero, ni ropa de repuesto.ᵇ ⁴ En cualquier casa donde lleguen, quédense hasta que se vayan del lugar. ⁵ Y si en algún pueblo no los quieren recibir, salgan de él y

---

otros, *Gergesa* (véase Mt 8.28 nota r).

ᵒ **8.27** *Entre las tumbas:* Véase Mc 5.2-3 n.

ᵖ **8.30** La *legión* era, en el ejército romano, una unidad de hasta 6 000 soldados. El hombre se llamaba así por el gran número de demonios que lo poseían.

ᵠ **8.31** *Abismo:* Aquí se refiere al lugar donde se hallaban encarcelados los espíritus malignos.

ʳ **8.32** Aunque para los judíos el *cerdo* era un animal impuro (Lv 11.7), no lo era para la gente que habitaba en esa región.

ˢ **8.38-39** El hombre iría a hablar acerca de Jesús entre los no judíos.

ᵗ **8.40** *Al otro lado del lago:* esto es, al lado occidental, probablemente a Cafarnaúm.

ᵘ **8.43** *Derrames de sangre:* hemorragias causadas por una irregularidad menstrual.

ᵛ **8.43** Algunos mss. omiten *y que había gastado en médicos todo lo que tenía* (cf. Mc 5.26).

ʷ **8.45** Algunos mss. añaden *y preguntas: '¿Quién me ha tocado?'*

ˣ **8.47** La mujer, ritualmente impura a causa de su enfermedad (Lv 15.25-27), no debía tocar a nadie.

ʸ **8.48** Cf. Lc 7.50; 17.19; 18.42.

ᶻ **8.52** Véanse las notas sobre Mt 9.23,24.

ᵃ **8.56** *Que no contaran a nadie:* Véase Mc 1.34 nota i.

ᵃ **9.1-2** Cf. Mc 3.14-15.

ᵇ **9.3** *Ni ropa de repuesto:* lit. *ni dos camisas* (o *túnicas*).

sacúdanse el polvo de los pies, para que les sirva a ellos de advertencia. ͨ

⁶ Salieron ellos, pues, y fueron por todas las aldeas, anunciando la buena noticia y sanando enfermos.

Incertidumbre de Herodes ͩ *(Mt 14.1-12; Mc 6.14-29)* ⁷ El rey Herodes oyó hablar de todo lo que sucedía; y no sabía qué pensar, porque unos decían que Juan había resucitado, ⁸ otros decían que había aparecido el profeta Elías, y otros decían que era alguno de los antiguos profetas, que había resucitado. ͤ ⁹ Pero Herodes dijo:

—Yo mismo mandé que le cortaran la cabeza a Juan. ¿Quién será entonces este, de quien oigo contar tantas cosas?

Por eso Herodes procuraba ver a Jesús. ͬ

Jesús da de comer a una multitud ᵍ *(Mt 14.13-21; Mc 6.30-44; Jn 6.1-14)* ¹⁰ Cuando los apóstoles regresaron, ʰ contaron a Jesús lo que habían hecho. Él, tomándolos aparte, los llevó a un pueblo llamado Betsaida. ⁱ ¹¹ Pero cuando la gente lo supo, lo siguieron; y Jesús los recibió, les habló del reino de Dios y sanó a los enfermos.

¹² Cuando ya comenzaba a hacerse tarde, se acercaron a Jesús los doce discípulos y le dijeron:

—Despide a la gente, para que vayan a descansar y a buscar comida por las aldeas y los campos cercanos, porque en este lugar no hay nada.

¹³ Jesús les dijo:

—Denles ustedes de comer.

Ellos contestaron:

—No tenemos más que cinco panes y dos pescados, a menos que vayamos a comprar comida para toda esta gente.

¹⁴ Pues eran unos cinco mil hombres. Pero Jesús dijo a sus discípulos:

—Háganlos sentarse en grupos como de cincuenta.

¹⁵ Ellos obedecieron e hicieron sentar a todos. ¹⁶ Luego Jesús tomó en sus manos los cinco panes y los dos pescados y, mirando al cielo, pronunció sobre ellos la bendición, ʲ los partió y se los dio a sus discípulos para que los repartieran entre la gente. ¹⁷ La gente comió hasta quedar satisfecha, y recogieron en doce canastos los pedazos sobrantes. ᵏ

Pedro declara que Jesús es el Mesías (Mt 16.13-19; Mc 8.27-29) ¹⁸ Un día en que Jesús estaba orando ˡ solo, y sus discípulos estaban con él, les preguntó:

—¿Quién dice la gente que soy yo?

¹⁹ Ellos contestaron:

—Algunos dicen que eres Juan el Bautista, otros dicen que eres Elías, y otros dicen que eres uno de los antiguos profetas, que ha resucitado. ᵐ

²⁰ —Y ustedes, ¿quién dicen que soy? —les preguntó.

Y Pedro le respondió:

—Eres el Mesías de Dios. ⁿ

Jesús anuncia su muerte (Mt 16.20-28; Mc 8.30—9.1) ²¹ Pero Jesús les encargó mucho que no dijeran esto a nadie. ñ ²² Y les dijo:

—El Hijo del hombre tendrá que sufrir mucho, y será rechazado por los ancianos, por los jefes de los sacerdotes y por los maestros de la ley. Lo van a matar, pero al tercer día resucitará. ᵒ

²³ Después les dijo a todos:

—Si alguno quiere ser discípulo mío, olvídese de sí mismo, cargue con su cruz cada día y sígame. ²⁴ Porque el que quiera salvar su vida, la perderá; pero el que pierda la vida por causa mía, la salvará. ᵖ ²⁵ ¿De qué le sirve al hombre ganar el mundo entero, si se pierde o se destruye a sí mismo? ²⁶ Pues si alguno se avergüenza de mí y de mi mensaje, también el Hijo del hombre se avergonzará de él cuando venga con su gloria y con la gloria de su Padre y de los santos ángeles. ᵠ ²⁷ Les aseguro que algunos de los que están aquí presentes no morirán sin antes haber visto el reino de Dios. ʳ

La transfiguración de Jesús ˢ *(Mt 17.1-8; Mc 9.2-8)* ²⁸ Unos ocho días después de esta conversación, Jesús subió a un cerro a orar, ᵗ acompañado de Pedro, Santiago y Juan. ²⁹ Mientras oraba, el aspecto de su cara cambió, ᵘ y su ropa se volvió muy blanca y brillante; ³⁰ y aparecieron dos hombres conversando con él. Eran Moisés y Elías, ᵛ ³¹ que estaban rodeados de un resplandor glorioso y hablaban de la partida de Jesús de este mundo, ʷ que iba a tener lugar en Jerusalén. ³² Aunque Pedro y sus compañeros tenían mucho sueño, permanecieron despiertos, y vieron

---

ᶜ **9.3-5** Cf. Lc 10.4-11. *Sacúdanse el polvo de los pies:* en señal de rechazo; cf. Mt 10.14; Hch 13.51.

ᵈ **9.7-9** Se trata de *Herodes* Antipas, tetrarca o gobernador de Galilea; véase Mt 14.1 n.

ᵉ **9.7-8** Cf. Mt 16.14 y paralelos. Los judíos creían que el profeta *Elías* iba a regresar antes del día del Señor (Mal 4.5-6 [3.23-24]; Eclo 48.4,10).

ᶠ **9.9** Este deseo de Herodes finalmente se cumplió, aunque en otras circunstancias; cf. Lc 23.8-12.

ᵍ **9.10-17** Cf. el relato similar en Mt 15.32-39 y Mc 8.1-10 (véase Mc 8.1-10 n.).

ʰ **9.10** *Regresaron:* es decir, de la misión narrada en 9.1-6.

ⁱ **9.10** *Betsaida:* población situada en la orilla nordeste del lago de Galilea.

ʲ **9.16** *La bendición:* Véase Mt 14.19 n.

ᵏ **9.17** Cf. 2 R 4.43-44.

ˡ **9.18** Acerca del tema de la oración en Lc, véase 3.21 n.

ᵐ **9.19** Cf. Mt 14.1-2 y paralelos. *Elías:* Véase 9.7-8 n.

ⁿ **9.20** Jn 6.68-69. *El Mesías:* título hebreo equivalente al griego *Cristo;* véase *Índice temático. De Dios:* o *enviado por Dios.*

ñ **9.21** *Que no dijeran esto a nadie:* Véase Mc 1.34 nota *i.*

ᵒ **9.22** Mc 9.31; 10.32-34; Lc 9.44; 18.31-33.

ᵖ **9.23-24** Mt 10.38-39; Lc 14.27; 17.33; Jn 12.24-25. *Cargue con su cruz:* Sobre el sentido de esta frase, véase Mt 10.38 n.

ᵠ **9.26** Mt 10.33; Lc 12.9; 2 Ti 2.12.

ʳ **9.27** Sobre las diferentes interpretaciones de esta declaración, véase Mt 16.28 n.

ˢ **9.28-36** Cf. 2 P 1.16-18.

ᵗ **9.28** Mt 14.23; Lc 6.12.

ᵘ **9.29** *El aspecto de su cara cambió:* Cf. Ex 34.29-35.

ᵛ **9.30** *Moisés y Elías:* Dt 18.15; Mal 4.5-6 (3.23-24); véase Mt 17.3 n.

ʷ **9.31** *De la partida de Jesús de este mundo:* lit. *de su salida (éxodo),* término que parece incluir su muerte y su ascensión al cielo (Lc 24.50-53), y que recuerda la salida de los israelitas de Egipto.

la gloria de Jesús y a los dos hombres que estaban con él. ³³ Cuando aquellos hombres se separaban ya de Jesús, Pedro le dijo:

—Maestro, ¡qué bien que estemos aquí! Vamos a hacer tres chozas: una para ti, otra para Moisés y otra para Elías.

Pero Pedro no sabía lo que decía. ³⁴ Mientras hablaba, una nube se posó sobre ellos, y al verse dentro de la nube tuvieron miedo. ˣ ³⁵ Entonces de la nube salió una voz, que dijo: "Este es mi Hijo, mi elegido: escúchenlo." ʸ ³⁶ Cuando se escuchó esa voz, Jesús quedó solo. ᶻ Pero ellos mantuvieron esto en secreto y en aquel tiempo a nadie dijeron nada de lo que habían visto.

Jesús sana a un muchacho que tenía un espíritu impuro *(Mt 17.14-21; Mc 9.14-21)*

³⁷ Al día siguiente, cuando bajaron del cerro, una gran multitud salió al encuentro de Jesús. ³⁸ Y un hombre de entre la gente le dijo con voz fuerte:

—Maestro, por favor, mira a mi hijo, que es el único que tengo; ³⁹ un espíritu lo agarra, y hace que grite y que le den ataques y que eche espuma por la boca. Lo maltrata y no lo quiere soltar. ᵃ ⁴⁰ He rogado a tus discípulos que le saquen ese espíritu, pero no han podido.

⁴¹ Jesús contestó:

—¡Oh gente sin fe y perversa! ᵇ ¿Hasta cuándo tendré que estar con ustedes y soportarlos? Trae acá a tu hijo.

⁴² Cuando el muchacho se acercaba, el demonio lo tiró al suelo e hizo que le diera otro ataque; pero Jesús reprendió al espíritu impuro, sanó al muchacho y se lo devolvió a su padre. ⁴³ Y todos se quedaron admirados de la grandeza de Dios.

Jesús anuncia por segunda vez su muerte *(Mt 17.22-23; Mc 9.30-32)*

Mientras todos se maravillaban de lo que Jesús hacía, él dijo a sus discípulos:

⁴⁴ —Oigan bien esto y no lo olviden: el Hijo del hombre va a ser entregado en manos de los hombres. ᶜ

⁴⁵ Pero ellos no entendían lo que les decía, pues todavía no se les había abierto el entendimiento para comprenderlo; además tenían miedo de pedirle a Jesús que se lo explicara.

¿Quién es el más importante? *(Mt 18.1-5; Mc 9.33-37)*

⁴⁶ Por entonces los discípulos comenzaron a discutir quién de ellos sería el más importante. ᵈ ⁴⁷ Jesús, al darse cuenta de lo que estaban pensando, tomó a un niño, ᵉ lo puso junto a él ⁴⁸ y les dijo:

—El que recibe a este niño en mi nombre, me recibe a mí; y el que me recibe a mí, recibe también al que me envió. ᶠ Por eso, el más insignificante entre todos ustedes, ese es el más importante.

El que no está contra nosotros, está a nuestro favor *(Mc 9.38-40)*

⁴⁹ Juan le dijo:

—Maestro, hemos visto a uno que expulsaba demonios en tu nombre; y tratamos de impedírselo, porque no es de los nuestros.

⁵⁰ Jesús le contestó:

—No se lo prohíban, porque el que no está contra nosotros, está a nuestro favor. ᵍ

IV. EL VIAJE A JERUSALÉN (9.51—19.27) ʰ

Jesús reprende a Santiago y a Juan

⁵¹ Cuando ya se acercaba el tiempo en que Jesús había de subir al cielo, emprendió con valor su viaje a Jerusalén. ⁵² Envió por delante mensajeros, que fueron a una aldea de Samaria para conseguirle alojamiento; ⁵³ pero los samaritanos no quisieron recibirlo, porque se daban cuenta de que se dirigía a Jerusalén. ⁱ ⁵⁴ Cuando sus discípulos Santiago y Juan vieron esto, le dijeron:

—Señor, ¿quieres que ordenemos que baje fuego del cielo, ʲ y que acabe con ellos?

⁵⁵ Pero Jesús se volvió y los reprendió. ᵏ ⁵⁶ Luego se fueron a otra aldea.

Para seguir a Jesús *(Mt 8.19-22)*

⁵⁷ Mientras iban de camino, un hombre le dijo a Jesús:

—Señor, deseo seguirte a dondequiera que vayas.

⁵⁸ Jesús le contestó:

—Las zorras ˡ tienen cuevas y las aves tienen nidos; pero el Hijo del hombre no tiene donde recostar la cabeza.

⁵⁹ Jesús le dijo a otro:

—Sígueme.

Pero él respondió:

—Señor, déjame ir primero a enterrar a mi padre.

⁶⁰ Jesús le contestó:

—Deja que los muertos entierren a sus muertos; ᵐ tú ve y anuncia el reino de Dios.

ˣ **9.34** En el AT la nube se relacionaba con la presencia de Dios y con el éxodo; véanse 9.31 n.; Mt 17.5 nota *d* y Lc 1.35 nota *u*.

ʸ **9.35** Gn 22.2; Sal 2.7; Is 42.1; Mt 3.17; 12.18; Mc 1.11; Lc 3.22. *Elegido:* Algunos mss. dicen *amado*. La palabra *escúchenlo* recuerda a Dt 18.15.

ᶻ **9.36** *En el momento... Jesús estaba solo:* también puede traducirse *Después que se escuchó la voz, Jesús se encontró solo.*

ᵃ **9.39** Los síntomas son semejantes a los que hoy se conocen como de la epilepsia; cf. Mt 17.15 n.

ᵇ **9.41** Cf. Dt 32.5.

ᶜ **9.44** Lc 9.22; 18.31-33.

ᵈ **9.46** Lc 22.24.

ᵉ **9.47** *Niño:* Véase Mt 18.3 n.

ᶠ **9.48** Mt 10.40; Lc 10.16; Jn 13.20.

ᵍ **9.50** Mt 12.30; Lc 11.23.

ʰ **9.51—19.27** Toda la sección 9.51—19.27 se presenta dentro del marco del último viaje de Jesús, de Galilea a Jerusalén. Es el viaje de Jesús hacia el cumplimiento definitivo de su misión por medio de la muerte y la resurrección. Cf. también Lc 13.22; 17.11; 18.31-33, y véase *Introducción.*

ⁱ **9.52-53** *Samaria:* región entre Galilea y Judea. Los judíos no se llevaban bien con *los samaritanos* (véase Jn 4.9 n.), y estos negaban su ayuda a los peregrinos judíos que iban de paso a Jerusalén.

ʲ **9.54** Algunos mss. añaden *como hizo Elías* (cf. 2 R 1.9-16).

ᵏ **9.55** Algunos mss. añaden *Y les dijo: "Ustedes no saben a qué espíritu pertenecen.* ⁵⁶ *Pues el Hijo del hombre no ha venido a destruir la vida de los hombres, sino a salvarla."* (Cf. Lc 19.10.)

ˡ **9.58** *Zorras:* Véase Lc 13.32 n.

ᵐ **9.60** *Deja que los muertos entierren a sus muertos:* Véase Mt 8.22 n.

⁶¹ Otro le dijo:
—Señor, quiero seguirte, pero primero déjame ir a despedirme de los de mi casa.
⁶² Jesús le contestó:
—El que pone la mano en el arado y sigue mirando atrás, ⁿ no sirve para el reino de Dios.

10 *Jesús envía a los setenta y dos* ¹ Después de esto, el Señor escogió también a otros setenta y dos, ᵃ y los mandó de dos en dos delante de él, a todos los pueblos y lugares a donde tenía que ir. ² Les dijo: "Ciertamente la cosecha es mucha, pero los trabajadores son pocos. Por eso, pidan ustedes al Dueño de la cosecha que mande trabajadores a recogerla. ᵇ ³ Vayan ustedes; miren que los envío como corderos en medio de lobos. ᶜ ⁴ No lleven dinero ni provisiones ni sandalias; y no se detengan a saludar a nadie en el camino. ᵈ ⁵ Cuando entren en una casa, saluden primero, diciendo: 'Paz ᵉ a esta casa.' ⁶ Y si allí hay gente de paz, su deseo de paz se cumplirá; pero si no, ustedes nada perderán. ⁷ Quédense en la misma casa, y coman y beban de lo que ellos tengan, pues el trabajador tiene derecho a su paga. ᶠ No anden de casa en casa. ⁸ Al llegar a un pueblo donde los reciban, coman lo que les sirvan; ⁹ sanen a los enfermos que haya allí, y díganles: 'El reino de Dios ya está cerca de ustedes.' ¹⁰ Pero si llegan a un pueblo y no los reciben, salgan a las calles diciendo: ¹¹ '¡Hasta el polvo de su pueblo, que se ha pegado a nuestros pies, lo sacudimos como protesta contra ustedes! ᵍ Pero sepan esto, que el reino de Dios ya está cerca de ustedes.' ¹² Les digo que en aquel día el castigo para ese pueblo será peor que para la gente de Sodoma. ʰ

Reproches contra las ciudades incrédulas (Mt 11.20-24)
¹³ "¡Ay de ti, Corazín! ¡Ay de ti, Betsaida! Porque si en Tiro y Sidón se hubieran hecho los milagros que se han hecho entre ustedes, ya hace tiempo que se habrían vuelto a Dios, cubiertos de ropas ásperas y sentados en ceniza. ⁱ ¹⁴ Pero en el día del juicio el castigo para ustedes será peor que para la gente de Tiro y Sidón. ¹⁵ Y tú, Cafarnaúm, ¿crees que serás levantado hasta el cielo? ¡Bajarás hasta lo más hondo del abismo! ʲ ¹⁶ "El que los escucha a ustedes, me escucha a mí; ᵏ y el que los rechaza a ustedes, me rechaza a mí; y el que me rechaza a mí, rechaza al que me envió."

Regreso de los setenta y dos ¹⁷ Los setenta y dos ˡ regresaron muy contentos, diciendo:
—¡Señor, hasta los demonios nos obedecen en tu nombre!
¹⁸ Jesús les dijo:
—Sí, pues yo vi que Satanás caía del cielo como un rayo. ᵐ ¹⁹ Yo les he dado poder a ustedes para caminar sobre serpientes y alacranes, ⁿ y para vencer toda la fuerza del enemigo, sin sufrir ningún daño. ²⁰ Pero no se alegren de que los espíritus los obedezcan, sino de que sus nombres ya están escritos en el cielo. ñ

Solo el Hijo sabe quién es el Padre (Mt 11.25-27; 13.16-17)
²¹ En aquel momento, Jesús, lleno de alegría por el Espíritu Santo, dijo: "Te alabo, Padre, Señor del cielo y de la tierra, porque has mostrado a los sencillos las cosas que escondiste de los sabios y entendidos. Sí, Padre, porque así lo has querido. ᵒ
²² "Mi Padre me ha entregado todas las cosas. ᵖ Nadie sabe quién es el Hijo, sino el Padre; y nadie sabe quién es el Padre, sino el Hijo y aquellos a quienes el Hijo quiera darlo a conocer." ᑫ
²³ Volviéndose a los discípulos, les dijo a ellos solos: "Dichosos quienes vean lo que ustedes están viendo; ²⁴ porque les digo que muchos profetas y reyes quisieron ver esto que ustedes ven, y no lo vieron; quisieron oir esto que ustedes oyen, y no lo oyeron." ʳ

Parábola del buen samaritano ²⁵ Un maestro de la ley fue a hablar con Jesús, ˢ y para ponerlo a prueba le preguntó:
—Maestro, ¿qué debo hacer para alcanzar la vida eterna?
²⁶ Jesús le contestó:
—¿Qué está escrito en la ley? ¿Qué es lo que lees?
²⁷ El maestro de la ley contestó:

ⁿ **9.62** Frase proverbial, basada en el hecho de que quien ara con una yunta de bueyes no puede trazar un surco recto si mira hacia atrás (cf. Flp 3.13; Heb 12.1-2).
ᵃ **10.1** *Setenta y dos:* Algunos mss. dicen *setenta*, aquí y en el v. 17. Es una posible alusión simbólica a la evangelización del mundo pagano, ya que tradicionalmente se hablaba de 72 (ó 70) naciones en el mundo (las naciones enumeradas en Gn 10 son 70 en el texto hebreo, 72 en la versión griega, LXX).
ᵇ **10.2** Mt 9.37-38; Jn 4.35.
ᶜ **10.3** Mt 10.16.
ᵈ **10.4** *No se detengan a saludar:* Cf. 2 R 4.29. Los intercambios ceremoniales de salutación en el oriente podían ocupar bastante tiempo. Los discípulos debían dedicarse enteramente a su misión.
ᵉ **10.5** *Paz:* saludo tradicional judío.
ᶠ **10.7** *El trabajador tiene derecho a su paga:* Mt 10.10; cf. 1 Co 9.14; 1 Ti 5.18.
ᵍ **10.4-11** Cf. Mt 10.7-14; Mc 6.8-11; Lc 9.3-5. *¡Hasta el polvo... contra ustedes!:* ademán de rechazo (Mt 10.14); cf. Hch 13.51.
ʰ **10.12** *Sodoma:* Gn 19.24-28; Mt 11.24; véase Mt 10.15 n.

ⁱ **10.13** *Corazín* y *Betsaida*, así como *Cafarnaúm* (v. 15), eran pueblos de Galilea donde Jesús había anunciado su mensaje. *Tiro* y *Sidón* eran ciudades paganas, al norte de Galilea (Is 23; Ez 26—28; Am 1.9-10). *Ropas ásperas* y *ceniza* eran señales de arrepentimiento.
ʲ **10.15** Is 14.13-15. *Lo más hondo del abismo:* lit. *Hades*, nombre griego del lugar de los muertos; véase *Reino de la muerte* en el Índice temático.
ᵏ **10.16** Mt 10.40; Mc 9.37; Lc 9.48; Jn 5.23; 13.20.
ˡ **10.17** *Setenta y dos:* Véase 10.1 n.
ᵐ **10.18** Cf. Jn 12.31; Ro 16.20; Ap 20.1-3,10.
ⁿ **10.19** Sal 91.13; Mc 16.18; Hch 28.3-6.
ñ **10.20** Cf. Dn 12.1; Flp 4.3; Ap 3.5; 13.8; 17.8; 20.12.
ᵒ **10.21** Cf. 1 Co 1.26-28.
ᵖ **10.22** Jn 3.35.
ᑫ **10.22** Jn 1.18; 6.65; 10.14-15; cf. Sab 9.17.
ʳ **10.23-24** Cf. Heb 11.13; 1 P 1.10-12.
ˢ **10.25-28** Cf. Mt 19.16,19 y paralelos; cf. también Mt 22.34-40; Mc 12.28-34.

—'Ama al Señor tu Dios con todo tu corazón, con toda tu alma, con todas tus fuerzas y con toda tu mente';[t] y, 'ama a tu prójimo como a ti mismo.'[u]

28 Jesús le dijo:

—Has contestado bien. Si haces eso, tendrás la vida.[v]

29 Pero el maestro de la ley, queriendo justificar su pregunta, dijo a Jesús:

—¿Y quién es mi prójimo?[w]

30 Jesús entonces le contestó:

—Un hombre iba por el camino de Jerusalén a Jericó,[x] y unos bandidos lo asaltaron y le quitaron hasta la ropa; lo golpearon y se fueron, dejándolo medio muerto. **31** Por casualidad, un sacerdote pasaba por el mismo camino; pero al verlo, dio un rodeo y siguió adelante. **32** También un levita[y] llegó a aquel lugar, y cuando lo vio, dio un rodeo y siguió adelante. **33** Pero un hombre de Samaria que viajaba por el mismo camino, al verlo, sintió compasión.[z] **34** Se acercó a él, le curó las heridas con aceite y vino,[a] y le puso vendas. Luego lo subió en su propia cabalgadura, lo llevó a un alojamiento y lo cuidó. **35** Al día siguiente, el samaritano sacó el equivalente al salario de dos días,[b] se lo dio al dueño del alojamiento y le dijo: 'Cuide a este hombre, y si gasta usted algo más, yo se lo pagaré cuando vuelva.' **36** Pues bien, ¿cuál de esos tres te parece que se hizo prójimo[c] del hombre asaltado por los bandidos?

37 El maestro de la ley contestó:

—El que tuvo compasión de él.[d]

Jesús le dijo:

—Pues ve y haz tú lo mismo.

Jesús en casa de Marta y María **38** Jesús siguió su camino y llegó a una aldea, donde una mujer llamada Marta lo hospedó. **39** Marta tenía una hermana llamada María,[e] la cual se sentó a los pies de Jesús para escuchar lo que él decía. **40** Pero Marta, que estaba atareada con sus muchos quehaceres, se acercó a Jesús y le dijo:

—Señor, ¿no te preocupa nada que mi hermana me deje sola con todo el trabajo? Dile que me ayude.

41 Pero Jesús le contestó:

—Marta, Marta, estás preocupada y te inquietas por demasiadas cosas, **42** pero solo una cosa es necesaria.[f] María ha escogido la mejor parte, y nadie se la va a quitar.

11 **Jesús y la oración** (Mt 6.9-15; 7.7-11) **1** Una vez, Jesús estaba orando en un lugar; cuando terminó, uno de sus discípulos le dijo:

—Señor, enséñanos a orar, así como Juan enseñó a sus discípulos.[a]

2 Jesús les dijo:

—Cuando oren, digan:[b]
'Padre,[c] santificado sea tu nombre.[d]
Venga tu reino.
3 Danos cada día el pan que necesitamos.[e]
4 Perdónanos nuestros pecados,
 porque también nosotros perdonamos
 a todos los que nos han hecho mal.[f]
No nos expongas a la tentación.'[g]

5 También les dijo Jesús:

—Supongamos que uno de ustedes tiene un amigo, y que a medianoche va a su casa y le dice: 'Amigo, préstame tres panes, **6** porque un amigo mío acaba de llegar de viaje a mi casa, y no tengo nada que darle.' **7** Sin duda el otro no le contestará desde adentro: 'No me molestes; la puerta está cerrada, y mis hijos y yo ya estamos acostados; no puedo levantarme a darte nada.' **8** Les digo que, aunque no se levante a darle algo por ser su amigo, lo hará por su impertinencia, y le dará todo lo que necesita. **9** Así que yo les digo: Pidan, y Dios les dará;[h] busquen, y encontrarán; llamen a la puerta, y se les abrirá. **10** Porque el que pide, recibe; y el que busca, encuentra;[i] y al que llama a la puerta, se le abre.[j]

11 ¿Acaso alguno de ustedes, que sea padre, sería capaz de darle a su hijo[k] una culebra cuando le pide pescado,

---

[t] 10.27 Dt 6.5.
[u] 10.27 Lv 19.18.
[v] 10.28 Lv 18.5.
[w] 10.29 Según Lv 19.18,33-34, el deber de amar al prójimo se extendía a los israelitas y a los extranjeros establecidos en Israel.
[x] 10.30 *El camino de Jerusalén a Jericó*, que en solo 25 km. baja unos 1000 m. hasta llegar al valle del Jordán, pasa por lugares desiertos y era notorio por los asaltos. Los oyentes de Jesús darían por supuesto que el *hombre* de esta parábola era un judío (véase 10.33 n.).
[y] 10.32 *Levita:* miembro de la tribu de Leví, que servía en el culto del templo.
[z] 10.33 Con fina ironía, Jesús pone a un samaritano (véase 9.52-53 n.), a quien los judíos consideraban extranjero y, prácticamente, pagano, como ejemplo de alguien que cumplió con el mandamiento de amar al prójimo.
[a] 10.34 *Aceite* de oliva y *vino* eran remedios caseros comunes.
[b] 10.35 *El equivalente al salario de dos días:* lit. *dos denarios.* Véase *Tabla de pesas, monedas y medidas.*
[c] 10.36 Jesús insinúa que el samaritano no se detuvo a preguntarse si el otro era su prójimo (según la opinión común no lo era), sino que *se hizo prójimo* del necesitado, dándole su ayuda.
[d] 10.37 Es irónico ver cómo el maestro de la ley, impedido por sus tradiciones para considerar como "prójimo" a uno de Samaria, no se digna contestar directamente con las palabras "el samaritano", pero tampoco puede evadir la respuesta obvia.

[e] 10.38-39 Jn 11.1; 12.2-3.
[f] 10.42 *Solo una cosa es necesaria:* Algunos mss. dicen *pocas cosas son necesarias, o más bien, una sola.*
[a] 11.1 Sobre los *discípulos de Juan*, véase Mt 11.2 nota *c.*
[b] 11.2 Para un análisis de esta oración, véase Mt 6.9-13 n.
[c] 11.2 *Padre:* La íntima relación que se expresa así refleja sin duda la palabra *abbá* del arameo; véase Ro 8.15 nota *o.*
[d] 11.2 *Santificado sea tu nombre:* Véase Mt 6.9 nota *k.*
[e] 11.3 Pr 30.8-9. *Que necesitamos:* Véase Mt 6.11 n.
[f] 11.4 *Los que nos han hecho mal:* lit. *los que nos deben;* véase Mt 6.12 n.
[g] 11.4 *Tentación:* También puede traducirse por *prueba;* véase Mt 6.13 nota *ñ.* Aunque algunos mss. traen aquí esta oración en la misma forma que en Mt 6.9-13, o en forma muy semejante, los mejores mss. la presentan como está en la traducción. Los evangelistas quieren reproducir más la sustancia de las palabras de Jesús que su forma exacta.
[h] 11.9 *Dios les dará:* lit. *se les dará;* con la forma pasiva o impersonal se evita la mención del nombre divino (cf. v. 13, y véase Mt 5.4 nota *g*).
[i] 11.10 *El que busca, encuentra:* Cf. Dt 4.29; Is 55.6; Jer 29.13.
[j] 11.5-10 Cf. Lc 18.1-8; ambas parábolas, sobre el tema de la oración, aparecen únicamente en Lc (véase Lc 3.21 n.).
[k] 11.11 Algunos mss. insertan *una piedra cuando le pide pan, o de darle.*

¹² o de darle un alacrán cuando le pide un huevo? ¹³ Pues si ustedes, que son malos, saben dar cosas buenas a sus hijos, ¡cuánto más el Padre celestial dará el Espíritu Santo a quienes se lo pidan!" *l*

Acusación contra Jesús *(Mt 12.22-30; Mc 3.20-27)*   ¹⁴ Jesús estaba expulsando un demonio que había dejado mudo a un hombre; y cuando el demonio salió, el mudo comenzó a hablar. *m* La gente se admiró de esto, ¹⁵ pero algunos dijeron: "Beelzebú, el jefe de los demonios, es quien ha dado a este hombre el poder de expulsarlos." *n* ¹⁶ Otros, para tenderle una trampa, le pidieron una señal milagrosa del cielo. *ñ* ¹⁷ Pero él, que sabía lo que estaban pensando, les dijo:

"Todo país dividido en bandos enemigos, se destruye a sí mismo y todas sus casas se derrumban una sobre otra. ¹⁸ Así también, si Satanás se divide contra sí mismo, ¿cómo mantendrá su poder? Esto lo digo porque ustedes afirman que yo expulso los demonios por el poder de Beelzebú; ¹⁹ pero si es así, ¿quién da a los seguidores de ustedes el poder para expulsarlos? *o* Por eso, ellos mismos los condenarán a ustedes. ²⁰ Porque si yo expulso los demonios por la mano de Dios, *p* eso significa que el reino de Dios ya ha llegado a ustedes.

²¹ "Cuando un hombre fuerte está bien armado y cuida su casa, lo que en ella guarda está seguro. ²² Pero si otro más fuerte que él viene y lo vence, le quita las armas en que confía, y sus pertenencias, y dispone de ellas. *q* ²³ "El que no está a mi favor, está en contra mía, *r* y el que conmigo no recoge, desparrama.

El espíritu impuro que regresa *(Mt 12.43-45)*   ²⁴ "Cuando un espíritu impuro sale de un hombre, anda por lugares secos *s* buscando descanso; pero, al no encontrarlo, piensa: 'Volveré a mi casa, de donde salí.' ²⁵ Cuando regresa, encuentra a ese hombre como una casa barrida y arreglada. ²⁶ Entonces va y reúne otros siete espíritus peores que él, y todos juntos se meten a vivir en aquel hombre, que al final queda peor que al principio." *t*

Lo que realmente cuenta   ²⁷ Mientras Jesús decía estas cosas, una mujer entre la gente gritó:

—¡Dichosa la mujer que te dio a luz y te crió!

²⁸ Él contestó:

—¡Dichosos más bien quienes escuchan lo que Dios dice, y lo obedecen!

Algunos piden una señal milagrosa *(Mt 12.38-42; Mc 8.12)*
²⁹ La multitud seguía juntándose alrededor de Jesús, y él comenzó a decirles: "La gente de este tiempo es malvada; pide una señal milagrosa, *u* pero no va a dársele más señal que la de Jonás. ³⁰ Pues así como Jonás fue una señal para la gente de Nínive, *v* también el Hijo del hombre será una señal para la gente de este tiempo. ³¹ En el día del juicio, cuando se juzgue a la gente de este tiempo, la reina del Sur se levantará y la condenará; porque ella vino de lo más lejano de la tierra para escuchar la sabiduría de Salomón, *w* y lo que hay aquí es mayor que Salomón. *x* ³² También los de Nínive se levantarán en el día del juicio, cuando se juzgue a la gente de este tiempo, y la condenarán; porque los de Nínive se volvieron a Dios cuando oyeron el mensaje de Jonás, *y* y lo que hay aquí es mayor que Jonás.

La lámpara del cuerpo *(Mt 5.15; 6.22-23)*   ³³ "Nadie enciende una lámpara y la pone en un lugar escondido, ni bajo un cajón, sino en alto, *z* para que los que entran tengan luz. ³⁴ Tus ojos son la lámpara del cuerpo; si tus ojos son buenos, todo tu cuerpo tendrá luz; pero si son malos, tu cuerpo estará en la oscuridad. *a* ³⁵ Ten cuidado de que la luz que hay en ti no resulte oscuridad. ³⁶ Pues si todo tu cuerpo tiene luz y no hay en él ninguna oscuridad, lo verás todo claramente, como cuando una lámpara te alumbra con su luz."

Jesús denuncia a los fariseos y a los maestros de la ley *(Mt 23.1-36; Mc 12.38-40; Lc 20.45-47)*   ³⁷ Cuando Jesús dejó de hablar, un fariseo lo invitó a comer en su casa, y Jesús entró y se sentó a la mesa. ³⁸ El fariseo se extrañó al ver que no había cumplido con la ceremonia de lavarse *b* antes de comer. ³⁹ Pero el Señor le dijo:

—Ustedes los fariseos limpian por fuera el vaso y el plato, pero por dentro ustedes están llenos de lo que han conseguido por medio del robo y la maldad. ⁴⁰ ¡Necios! ¿No saben que el que hizo lo de fuera, hizo también lo de dentro? ⁴¹ Den ustedes sus limosnas de lo que está dentro, *c* y así todo quedará limpio.

⁴² "¡Ay de ustedes, *d* fariseos!, que separan para Dios la

---

l **11.9-13** Jn 14.13-14; 15.7,16; 16.23-24; 1 Jn 3.21-22; 5.14-15.
m **11.14** Mt 9.32-33.
n **11.15** Mt 9.34; 10.25. *Beelzebú:* el diablo; véanse Mt 12.24 n. e *Índice temático.*
ñ **11.16** Mt 12.38; 16.1; Mc 8.11; Jn 6.30. *Del cielo:* equivale a decir *de Dios,* sin usar el nombre sagrado.
o **11.19** *¿Quién da... expulsarlos?:* Véase Mt 12.27 n.
p **11.20** *La mano de Dios:* lit. *el dedo de Dios,* designa la intervención especial de Dios con su poder. Cf. Ex 8.19 (15).
q **11.21-22** Cf. Is 49.24-26.
r **11.23** Mc 9.40; Lc 9.50.
s **11.24** *Lugares secos:* Véase Mt 12.43 n.
t **11.26** Cf. 2 P 2.20.
u **11.29** Cf. v. 16, y Mt 16.4; Mc 8.12.
v **11.30** *Jonás... Nínive:* Jon 3.3-4.
w **11.31** 1 R 10.1-10; 2 Cr 9.1-12.
x **11.31** *Lo que hay aquí* (vv. 31 y 32): Respecto al uso del género neutro, véase Mt 12.6 n.
y **11.32** *El mensaje de Jonás:* Jon 3.5.
z **11.33** Mc 4.21; Lc 8.16. Acerca de la imagen empleada, véase Mt 5.15 con las notas correspondientes.
a **11.34** Respecto al contraste entre los *ojos buenos* y los *ojos malos,* véase Mt 6.22-23 n. Probablemente se refiera aquí a los ojos sanos (o, por el contrario, malos) que reciben (o rechazan) la iluminación del evangelio.
b **11.38** Mt 15.1-2; Mc 7.1-2. Se trata de la tradición judía respecto a la purificación ritual; cf. Mc 7.2-4.
c **11.41** *Den ustedes sus limosnas de lo que está dentro:* otras posibles traducciones: *den ustedes de lo que está en su poder,* o *de lo que tienen dentro* (del corazón).
d **11.42** *¡Ay de ustedes...!:* Véase Mt 23.13 nota k.

décima parte de la menta, de la ruda y de toda clase de legumbres, pero no hacen caso de la justicia y el amor a Dios. *e* Esto es lo que deben hacer, sin dejar de hacer lo otro.

43 "¡Ay de ustedes, fariseos!, que quieren tener los asientos de honor en las sinagogas, y que desean que la gente los salude con todo respeto en las calles.

44 "¡Ay de ustedes, que son como sepulcros ocultos a la vista, los cuales la gente pisa sin saberlo!" *f*

45 Le contestó entonces uno de los maestros de la ley:

—Maestro, al decir esto nos ofendes también a nosotros.

46 Pero Jesús dijo:

—¡Ay de ustedes también, maestros de la ley!, que cargan sobre los demás cargas que nadie puede soportar, y ustedes ni siquiera con un dedo quieren tocarlas.

47 "¡Ay de ustedes!, que construyen los sepulcros de los profetas a quienes los antepasados de ustedes mataron. **48** Con eso dan a entender que están de acuerdo con lo que sus antepasados hicieron, pues ellos los mataron y ustedes construyen sus sepulcros. *g*

49 "Por eso, Dios en su sabiduría dijo: 'Les mandaré profetas y apóstoles, y matarán a algunos de ellos y perseguirán a otros.' **50** Pues a la gente de hoy Dios le va a pedir cuentas de la sangre *h* de todos los profetas, que ha sido derramada desde que se hizo el mundo, **51** desde la sangre de Abel hasta la de Zacarías, a quien mataron entre el altar y el santuario. *i* Por lo tanto, les digo que Dios pedirá cuentas de la muerte de ellos a la gente de hoy.

52 "¡Ay de ustedes, maestros de la ley!, que se han apoderado de la llave del conocimiento; pero ni ustedes mismos entran ni dejan entrar a los que quieren hacerlo." *j*

53 Cuando Jesús salió de allí, los maestros de la ley y los fariseos se enojaron mucho, y comenzaron a molestarlo con muchas preguntas, **54** tendiéndole trampas para atraparlo en sus propias palabras.

12 *Jesús enseña contra la hipocresía (Mt 10.26-27)*

1 Entre tanto se juntaron miles y miles de personas, tantas que unas a otras se atropellaban. Jesús comenzó a hablar, dirigiéndose primero a sus discípulos: "Cuídense de la levadura de los fariseos, es decir, de su hipocresía. *a* **2** Porque no hay ningún secreto que no llegue a descubrirse, ni nada escondido que no llegue a saberse. *b* **3** Por tanto, todo lo que ustedes han dicho en la oscuridad, se oirá a la luz del día; y lo que han dicho en secreto y a puerta cerrada, será gritado desde las azoteas de las casas.

A quién se debe tener miedo (Mt 10.28-31)

4 "A ustedes, amigos míos, les digo que no deben tener miedo de los que matan el cuerpo, pero después no pueden hacer más. **5** Yo les voy a decir a quién deben tenerle miedo: ténganle miedo al que, después de quitar la vida, tiene autoridad para echar en el infierno. Sí, ténganle miedo a él. *c*

6 "¿No se venden cinco pajarillos por dos moneditas? *d* Sin embargo, Dios no se olvida de ninguno de ellos. **7** En cuanto a ustedes mismos, hasta los cabellos de la cabeza él los tiene contados uno por uno. Así que no tengan miedo: ustedes valen más que muchos pajarillos. *e*

Reconocer a Jesucristo delante de los hombres (Mt 10.32-33; 12.32; 10.19-20)

8 "Les digo que si alguien se declara a mi favor delante de los hombres, también el Hijo del hombre se declarará a favor de él delante de los ángeles de Dios; **9** pero el que me niegue delante de los hombres, será negado delante de los ángeles de Dios. *f*

10 "Dios perdonará incluso a aquel que diga algo contra el Hijo del hombre; pero no perdonará a aquel que con sus palabras ofenda al Espíritu Santo. *g*

11 "Cuando los lleven a ustedes a las sinagogas, o ante los jueces y las autoridades, no se preocupen por cómo van a defenderse o qué van a decir, **12** porque cuando les llegue el momento de hablar, el Espíritu Santo les enseñará lo que deben decir." *h*

El peligro de las riquezas

13 Uno de entre la gente le dijo a Jesús:

—Maestro, dile a mi hermano que me dé mi parte de la herencia. *i*

14 Y Jesús le contestó:

—Amigo, ¿quién me ha puesto sobre ustedes como juez o partidor?

15 También dijo:

---

e **11.42** Lv 27.30; Am 5.21-24; Miq 6.8. Sobre la práctica de dar la décima parte de cosas de poca importancia, véase Mt 23.23 nota r.

f **11.44** Quien tocaba un *sepulcro* quedaba ritualmente impuro (Nm 19.16). Véase Mt 23.27 n.

g **11.47-48** Véanse Mt 23.29 n. y 23.31 n.

h **11.50-51** En sentido figurado, *sangre* se refiere aquí al asesinato; en el AT se dice que al asesino Dios le "pide cuentas de la sangre" de su víctima (cf. Gn 4.10; 9.5; Ez 33.6-8).

i **11.50-51** *Abel* fue la primera víctima de asesinato mencionada en el AT (Gn 4.8), y *Zacarías* la última, según el orden de los libros en el canon hebreo (2 Cr 24.20-22); véase Mt 23.35 n.

j **11.52** Cf. Mt 23.13.

a **12.1** *Levadura:* Véase Mt 13.33 n. Así como la levadura penetra la masa del pan, la falsedad o *hipocresía* se había infiltrado en la actitud de muchos *fariseos.* Mt 16.6,12; Mc 8.15.

b **12.2** Aquí se refiere a la *hipocresía* (v. 1) de los fariseos, que no podrá permanecer oculta. Cf. Mt 10.26; Mc 4.22; Lc 8.17.

c **12.5** Según la interpretación más común, *él* se refiere a Dios (cf. Heb 10.31; Stg 4.12). *Miedo:* Usada en relación con Dios, la palabra griega incluye la idea de reverencia, o de temor reverente (como en Lc 1.50; 18.2; 23.40).

d **12.6** *Pajarillos:* Véase Mt 10.29 y notas correspondientes; estas aves eran de tan poca estima que por *dos moneditas,* o sea por el valor de cuatro, se daba otra más al comprador.

e **12.7** Cf. v. 24.

f **12.9** Mc 8.38; Lc 9.26; 2 Ti 2.12.

g **12.10** Mt 12.32; Mc 3.28-29. Sobre el llamado "pecado imperdonable", véase Mc 3.30 n.

h **12.11-12** Mt 10.19-20; Mc 13.9-11; Lc 21.12-15; cf. Hch 4.1-13.

i **12.13** Con frecuencia, los rabinos servían de árbitros en cuestiones como esta. Cf. Dt 21.15-17.

—Cuídense ustedes de toda avaricia; porque la vida no depende del ^{j} poseer muchas cosas.

16 Entonces les contó esta parábola: "Había un hombre rico, cuyas tierras dieron una gran cosecha. **17** El rico se puso a pensar: '¿Qué haré? No tengo dónde guardar mi cosecha.' **18** Y se dijo: 'Ya sé lo que voy a hacer. Derribaré mis graneros y levantaré otros más grandes, para guardar en ellos toda mi cosecha y todo lo que tengo. **19** Luego me diré: Amigo, tienes muchas cosas guardadas para muchos años; descansa, come, bebe, goza de la vida.'^{k} **20** Pero Dios le dijo: 'Necio, esta misma noche perderás la vida, y lo que tienes guardado, ¿para quién será?' **21** Así le pasa al hombre que amontona riquezas para sí mismo, pero es pobre delante de Dios."^{l}

***Dios cuida de sus hijos** (Mt 6.25-34)* **22** Después dijo Jesús a sus discípulos: "Esto les digo: No se preocupen por lo que han de comer para vivir, ni por la ropa que necesitan para el cuerpo. **23** La vida vale más que la comida, y el cuerpo más que la ropa. **24** Fíjense en los cuervos: no siembran ni cosechan, ni tienen granero ni troje; sin embargo, Dios les da de comer. ¡Cuánto más valen ustedes que las aves!^{m} **25** Y en todo caso, por mucho que uno se preocupe, ¿cómo podrá prolongar su vida ni siquiera una hora?^{n} **26** Pues si no pueden hacer ni aun lo más pequeño, ¿por qué se preocupan por las demás cosas?

27 "Fíjense cómo crecen los lirios:$^{\tilde{n}}$ no trabajan ni hilan. Sin embargo, les digo que ni siquiera el rey Salomón, con todo su lujo, se vestía como uno de ellos.^{o} **28** Pues si Dios viste así a la hierba, que hoy está en el campo y mañana se quema en el horno, ¡cuánto más habrá de vestirlos a ustedes, gente falta de fe! **29** Por tanto, no anden afligidos, buscando qué comer y qué beber. **30** Porque todas estas cosas son las que preocupan a la gente del mundo, pero ustedes tienen un Padre que ya sabe lo que necesitan.^{p} **31** Ustedes pongan su atención en el reino de Dios, y recibirán también estas cosas.

***Riqueza en el cielo** (Mt 6.19-21)* **32** "No tengan miedo, ovejas mías; ustedes son pocos, pero el Padre, en su bondad, ha decidido darles el reino. **33** Vendan lo que tienen, y den a los necesitados; procúrense bolsas que no se hagan viejas, riqueza sin fin en el cielo, donde el ladrón no puede entrar ni la polilla destruir.^{q} **34** Pues donde esté la riqueza de ustedes, allí estará también su corazón.

Hay que estar preparados **35-36** "Sean como criados que están esperando a que su amo regrese^r de un banquete de bodas, preparados y con las lámparas encendidas, listos a abrirle la puerta tan pronto como llegue y toque. **37** Dichosos los criados a quienes su amo, al llegar, encuentre despiertos. Les aseguro que el amo mismo los hará sentarse a la mesa y se dispondrá a servirles la comida.^{s} **38** Dichosos ellos, si los encuentra despiertos aunque llegue a la medianoche o de madrugada.^{t} **39** Y sepan ustedes esto: que si el dueño de una casa supiera a qué hora va a llegar el ladrón, no dejaría que nadie se metiera en su casa a robar.^{u} **40** Ustedes también estén preparados; porque el Hijo del hombre vendrá cuando menos lo esperen."^{v}

***El criado fiel y el criado infiel** (Mt 24.45-51)* **41** Pedro le preguntó:

—Señor, ¿dijiste esta parábola solamente para nosotros, o para todos?

42 Dijo el Señor: "¿Quién es el mayordomo fiel y atento, a quien su amo deja encargado de los de su casa, para darles de comer a su debido tiempo? **43** Dichoso el criado a quien su amo, cuando llega, lo encuentra cumpliendo con su deber. **44** De veras les digo que el amo lo pondrá como encargado de todos sus bienes. **45** Pero si ese criado, pensando que su amo va a tardar en llegar, comienza a maltratar a los otros criados y a las criadas, y se pone a comer, a beber y a emborracharse, **46** el día que menos lo espere y a una hora que no sabe, llegará su amo y lo castigará,^{w} condenándolo a correr la misma suerte que los infieles.

47 "El criado que sabe lo que quiere su amo, pero no está preparado ni lo obedece, será castigado con muchos golpes. **48** Pero el criado que sin saberlo hace cosas que merecen castigo, será castigado con menos golpes.^{x} A quien mucho se le da, también se le pedirá mucho; a quien mucho se le confía, se le exigirá mucho más.

***Jesús, causa de división** (Mt 10.34-36)* **49** "Yo he venido a prender fuego en el mundo; y ¡cómo quisiera que ya estuviera ardiendo!^{y} **50** Tengo que pasar por una terrible

---

^{j} **12.15** *No depende del:* o *no consiste en.*

^{k} **12.19** *Come, bebe, goza de la vida:* dicho popular, que aparece en varios autores e inscripciones antiguas. Cf. Ec 8.15; Sab 2.6.

^{l} **12.16-21** Cf. Sal 39.6 (7); 49.10 (11); Jer 17.11; Eclo 11.18-19.

^{m} **12.24** Cf. v. 7.

^{n} **12.25** *¿Cómo podrá prolongar su vida ni siquiera una hora?:* otra posible traducción: *¿cómo podrá aumentar medio metro su estatura?*

$^{\tilde{n}}$ **12.27** *Lirios:* Véase Mt 6.28 n.

^{o} **12.27** 1 R 10.4-7,23. Era fama entre los judíos que no había existido rey con mayor esplendor que Salomón.

^{p} **12.30** Mt 6.8,32.

^{q} **12.33** Mt 19.21; Mc 10.21; Lc 18.22; véase también Mt 6.19-20 n.

^{r} **12.36** Cf. Mc 13.34-36.

^{s} **12.37** Jesús presenta un caso exagerado, aunque él mismo haría algo parecido con sus discípulos (cf. Jn 13.1-16).

^{t} **12.38** *A la medianoche o de madrugada:* lit. *a la segunda o tercera vigilia;* los judíos dividían la noche en tres vigilias, y los romanos en cuatro. Si se alude al sistema romano, el patrón podría llegar antes de las 3 a.m.; si se trata del sistema judío, podría tardar hasta la madrugada.

^{u} **12.39** *Se metiera:* lit. *perforarse;* muchas de las casas tenían paredes hechas de ramas con lodo, que podían peforarse fácilmente.

^{v} **12.39-40** Mt 24.43-44; cf. 1 Ts 5.2; 2 P 3.10; Ap 3.3; 16.15.

^{w} **12.46** *Lo castigará:* lit. *lo cortará en dos* (véase Mt 24.51 nota *c*).

^{x} **12.47-48** Dt 25.2-3.

^{y} **12.49** *Fuego:* probablemente del juicio (Mt 7.19; Mc 9.48; Lc 3.16-17), que separa a buenos y malos y lleva así a la división (vv.

prueba,[z] y ¡cómo sufro hasta que se lleve a cabo! [51] ¿Creen ustedes que he venido a traer paz a la tierra? Les digo que no, sino división. [52] Porque de hoy en adelante, cinco en una familia estarán divididos, tres contra dos y dos contra tres. [53] El padre estará contra su hijo y el hijo contra su padre; la madre contra su hija y la hija contra su madre; la suegra contra su nuera y la nuera contra su suegra."[a]

***Las señales de los tiempos** (Mt 16.1-4; Mc 8.11-13)* [54] Jesús también dijo a la gente: "Cuando ustedes ven que las nubes se levantan por occidente, dicen que va a llover, y así sucede. [55] Y cuando el viento sopla del sur, dicen que va a hacer calor, y lo hace.[b] [56] ¡Hipócritas! Si saben interpretar tan bien el aspecto del cielo y de la tierra, ¿cómo es que no saben interpretar el tiempo en que viven?

***Ponerse en paz con el enemigo** (Mt 5.25-26)* [57] "¿Por qué no juzgas por ti mismo lo que es justo? [58] Si alguien te demanda y vas con él a presentarte a la autoridad, procura llegar a un acuerdo mientras aún estés a tiempo, para que no te lleve ante el juez; porque si no, el juez te entregará a los guardias, y los guardias te meterán en la cárcel. [59] Te digo que no saldrás de allí hasta que pagues el último centavo."

13 Importancia de la conversión

[1] Por aquel mismo tiempo fueron unos a ver a Jesús, y le contaron que Pilato había mezclado la sangre de unos hombres de Galilea con la sangre de los animales que ellos habían ofrecido en sacrificio.[a] [2] Jesús les dijo: "¿Piensan ustedes que esto les pasó a esos hombres de Galilea por ser ellos más pecadores que los otros de su país? [3] Les digo que no; y si ustedes mismos no se vuelven a Dios, también morirán. [4] ¿O creen que aquellos dieciocho que murieron cuando la torre de Siloé[b] les cayó encima eran más culpables que los otros que vivían en Jerusalén? [5] Les digo que no; y si ustedes mismos no se vuelven a Dios, también morirán."

La parábola de la higuera sin fruto[c] [6] Jesús les contó esta parábola: "Un hombre tenía una higuera plantada en su viñedo, y fue a ver si daba higos, pero no encontró ninguno.[d] [7] Así que le dijo al hombre que cuidaba el viñedo: 'Mira, por tres años seguidos he venido a esta higuera en busca de fruto, pero nunca lo encuentro. Córtala, pues; ¿para qué ha de ocupar terreno inútilmente?' [8] Pero el que cuidaba el terreno le contestó: 'Señor, déjala todavía este año; voy a aflojarle la tierra y a echarle abono. [9] Con eso tal vez dará fruto; y si no, ya la cortarás.'"[e]

Jesús sana en sábado a una mujer enferma[f] [10] Un sábado[g] Jesús se había puesto a enseñar en una sinagoga; [11] y había allí una mujer que estaba enferma desde hacía dieciocho años. Un espíritu maligno la había dejado jorobada, y no podía enderezarse para nada. [12] Cuando Jesús la vio, la llamó y le dijo:

—Mujer, ya estás libre de tu enfermedad.

[13] Entonces puso las manos sobre ella, y al momento la mujer se enderezó y comenzó a alabar a Dios. [14] Pero el jefe de la sinagoga se enojó, porque Jesús la había sanado en sábado, y dijo a la gente:

—Hay seis días para trabajar; vengan en esos días a ser sanados, y no en sábado.[h]

[15] El Señor le contestó:

—Hipócritas, ¿no desata cualquiera de ustedes su buey o su burro en sábado, para llevarlo a tomar agua?[i] [16] Pues a esta mujer, que es descendiente de Abraham[j] y que Satanás tenía atada con esta enfermedad desde hace dieciocho años, ¿acaso no se la debía desatar aunque fuera sábado?

[17] Cuando Jesús dijo esto, sus enemigos quedaron avergonzados; pero toda la gente se alegraba al ver las grandes cosas que él hacía.

***La parábola de la semilla de mostaza** (Mt 13.31-32; Mc 4.30-32)* [18] Jesús dijo también: "¿A qué se parece el reino de Dios y con qué puedo compararlo? [19] Es como una semilla de mostaza[k] que un hombre siembra en su campo, y que crece hasta llegar a ser como un árbol, tan grande que las aves se posan en sus ramas."[l]

***La parábola de la levadura** (Mt 13.33)* [20] También dijo Jesús: "¿Con qué puedo comparar el reino de Dios?

51-53). Algunos ven aquí una referencia al Espíritu Santo (cf. Lc 3.16; Hch 2.3).
[z] 12.50 *Tengo que... prueba:* lit. *Con un bautismo tengo que ser bautizado;* véase Mc 10.38 n.
[a] 12.53 Miq 7.6.
[b] 12.54-55 Los vientos de *occidente* traen lluvias a Palestina desde el mar Mediterráneo; los *del sur* traen el *calor* del desierto.
[a] 13.1 *Pilato:* gobernador de Judea (Lc 3.1 nota *c*). No hay otros datos históricos respecto a este incidente ni al del v. 4. Probablemente, con motivo de algún disturbio, las tropas de Pilato habían dado muerte a algunos peregrinos de *Galilea* en el momento en que ofrecían su *sacrificio.* La expresión *mezclar su sangre* debe entenderse en sentido figurado, para indicar que la matanza coincidió con los sacrificios.
[b] 13.4 *La torre de Siloé:* fortificación cercana al estanque del mismo nombre (Jn 9.7 n.); el relato alude a algún accidente que ocurrió durante su construcción o reparación.
[c] 13.6-9 Esta parábola solo aparece en Lc, que, en cambio, omite la "parábola dramatizada" de la higuera, de Mt 21.18-22; Mc 11.12-14,20-25 (véase Mt 21.1-22 n.). Se refiere a la actitud negativa de Israel y de sus dirigentes. Cf. Is 5.1-7; Jer 2.21; 8.13.
[d] 13.6-7 Cf. Is 5.1-7; Jer 2.21; 8.13.
[e] 13.9 Cf. Mt 3.10; 7.19; Lc 3.9.
[f] 13.10-17 Nótese la semejanza entre este relato y el de Lc 14.1-6.
[g] 13.10 *Sábado:* Véase *Índice temático.*
[h] 13.14 Ex 20.9-10; Dt 5.13-14; véase Mt 12.10 n. Según la interpretación rabínica, los casos de vida o muerte eran los únicos que se permitía atender *en sábado.*
[i] 13.15 Lc 14.5.
[j] 13.16 *Descendiente de Abraham:* A pesar de que en el judaísmo no se daba a las mujeres todos los derechos que se daban a los hombres, Jesús sí reconoce a esta mujer como parte del pueblo de Dios, y, por tanto, con los derechos correspondientes.
[k] 13.19 *Mostaza:* planta grande, notable porque brota de una semilla muy pequeña; véase Mt 13.31 n.
[l] 13.19 Cf. Ez 17.23; 31.6; Dn 4.12,20-21 (9,17-18).

PARÁBOLAS ESCOGIDAS DE JESÚS

"Parábola"	Referencias
El buen pastor	Jn 10.1-16
El buen samaritano	Lc 10.30-37
El dinero	Mt 25.14-30
El espíritu impuro que regresa	Mt 12.43-45
El fariseo y el cobrador de impuestos	Lc 18.9-14
El juicio de las naciones	Mt 25.31-46
El padre que recobra a su hijo (el hijo pródigo)	Lc 15.11-32
El pastor que encuentra su oveja	Lc 15.1-7
El rico y el pobre Lázaro	Lc 16.19-31
El sembrador	Mt 13.3-8,18-23
El tesoro escondido	Mt 13.44
Las diez muchachas	Mt 25.1-13
La mala hierba entre el trigo	Mt 13.24-30
La levadura	Mt 13.33
La perla de mucho valor	Mt 13.45-46
La red	Mt 13.47-50
La semilla de mostaza	Mt 13.31-32
La vid verdadera	Jn 15.1-6
Los labradores malvados	Mt 21.33-44

Véase también *Parábolas* en el *Índice temático*.

²¹ Es como la levadura que una mujer mezcla con tres medidas de harina para hacer fermentar toda la masa." ᵐ

La puerta angosta (Mt 7.13-14,21-23) ²² En su camino a Jerusalén, ⁿ Jesús enseñaba en los pueblos y aldeas por donde pasaba. ²³ Uno le preguntó:

—Señor, ¿son pocos los que se salvan?

Y él contestó:

²⁴ —Procuren entrar por la puerta angosta; porque les digo que muchos querrán entrar, y no podrán. ñ ²⁵ Después que el dueño de la casa se levante y cierre la puerta, ustedes, los que están afuera, llamarán y dirán: 'Señor, ábrenos.' Pero él les contestará: 'No sé de dónde son ustedes.' ᵒ ²⁶ Entonces comenzarán ustedes a decir: 'Hemos comido y bebido contigo, y tú enseñaste en nuestras calles.' ²⁷ Pero él les contestará: 'No sé de dónde son ustedes. ¡Apártense de mí, malhechores!' ᵖ ²⁸ Entonces vendrán el llanto y la desesperación, ᑫ al ver que Abraham, Isaac, Jacob y todos los profetas están en el reino de Dios, y que ustedes son echados fuera. ²⁹ Porque va a venir gente del norte y del sur, del este y del oeste, ʳ para sentarse a comer en el reino de Dios. ˢ ³⁰ Entonces algunos de los que ahora son los últimos serán los primeros, y algunos que ahora son los primeros serán los últimos. ᵗ

Jesús llora por Jerusalén (Mt 23.37-39) ³¹ También entonces llegaron algunos fariseos, y le dijeron a Jesús:

—Vete de aquí, porque Herodes ᵘ te quiere matar.

³² Él les contestó:

—Vayan y díganle a ese zorro: ᵛ 'Mira, hoy y mañana expulso a los demonios y sano a los enfermos, y pasado mañana termino.' ³³ Pero tengo que seguir mi camino hoy, mañana y el día siguiente, porque no es posible que un profeta muera fuera de Jerusalén. ʷ

ᵐ **13.21** *Levadura:* Véase Mt 13.33 n.
ⁿ **13.22** *Su camino a Jerusalén:* Véase Lc 9.51—19.27 n.
ñ **13.24** Cf. Sal 1.6; Pr 4.18-19.
ᵒ **13.25** Mt 25.10-12.
ᵖ **13.27** Cf. Sal 6.8 (9).
ᑫ **13.28** *Entonces vendrán el llanto y la desesperación:* Véase Mt 8.12 n.
ʳ **13.29** Cf. Sal 107.2-3.
ˢ **13.29** Véase Mt 8.11 nota *i*.

ᵗ **13.30** Mt 19.30; 20.16; Mc 10.31.
ᵘ **13.31** *Herodes:* llamado Antipas; véase Lc 3.1 nota *d*. En Galilea, Jesús estaba en territorio gobernado por aquel.
ᵛ **13.32** *Zorro:* animal que recibe diferentes nombres en los países de habla hispana; se refiere al que se conoce generalmente como *zorra* o *raposa*. En algunos países en donde la palabra *zorro* se aplica al zorrillo o mofeta, se le conoce como *gato de monte*. Entre los judíos era símbolo tanto de astucia como de lo débil o insignificante (cf. Neh 4.3 [3.35]; Ez 13.4).
ʷ **13.33** Jesús alude a su próxima muerte, diciendo con cierta ironía

³⁴ "¡Jerusalén, Jerusalén, que matas a los profetas ˣ y apedreas a los mensajeros que Dios te envía! ¡Cuántas veces quise juntar a tus hijos, como la gallina junta sus pollitos bajo las alas, ʸ pero ustedes no quisieron! ³⁵ Pues miren, el hogar de ustedes va a quedar abandonado; ᶻ y les digo que no volverán a verme hasta que llegue el tiempo en que ustedes digan: '¡Bendito el que viene en el nombre del Señor!' " ᵃ

14 Jesús sana a un enfermo de hidropesía ᵃ

¹ Sucedió que un sábado ᵇ Jesús fue a comer a casa de un jefe fariseo, y otros fariseos lo estaban espiando. ² También estaba allí, delante de él, un hombre enfermo de hidropesía. ᶜ ³ Jesús les preguntó a los maestros de la ley y a los fariseos:

—¿Se permite sanar en sábado a un enfermo, o no?

⁴ Pero ellos se quedaron callados. Entonces él tomó al enfermo, lo sanó y le dijo que se fuera. ⁵ Y a los fariseos les dijo:

—¿Quién de ustedes, si su hijo o su buey ᵈ se cae a un pozo, no lo saca en seguida, aunque sea sábado? ᵉ

⁶ Y no pudieron contestarle nada.

Los invitados a un banquete

⁷ Al ver Jesús cómo los invitados escogían los asientos de honor ᶠ en la mesa, les dio este consejo:

⁸ —Cuando alguien te invite a un banquete de bodas, no te sientes en el lugar principal, pues puede llegar otro invitado más importante que tú; ⁹ y si el que los invitó a los dos puede venir a decirte: 'Dale tu lugar a este otro.' Entonces tendrás que ir con vergüenza a ocupar el último asiento. ¹⁰ Al contrario, cuando te inviten, siéntate en el último lugar, para que cuando venga el que te invitó, te diga: 'Amigo, pásate a un lugar de más honor.' Así recibirás honores delante de los que están sentados contigo a la mesa. ᵍ ¹¹ Porque el que a sí mismo se engrandece, será humillado; y el que se humilla, será engrandecido. ʰ

¹² Dijo también al hombre que lo había invitado:

—Cuando des una comida o una cena, no invites a tus amigos, ni a tus hermanos, ni a tus parientes, ni a tus vecinos ricos; porque ellos, a su vez, te invitarán, y así quedarás ya recompensado. ¹³ Al contrario, cuando tú des un banquete, invita a los pobres, los inválidos, los cojos y los ciegos; ¹⁴ y serás feliz. Pues ellos no te pueden pagar, pero tú tendrás tu recompensa el día en que los justos resuciten. ⁱ

La parábola de la gran cena ʲ (Mt 22.1-10)

¹⁵ Al oir esto, uno de los que estaban sentados a la mesa le dijo a Jesús:

—¡Dichoso el que participe del banquete del reino de Dios! ᵏ

¹⁶ Jesús le dijo:

—Un hombre dio una gran cena, y mandó invitar a muchas personas. ¹⁷ A la hora de la cena mandó a su criado a decir a los invitados: 'Vengan, porque ya la cena está lista.' ¹⁸ Pero todos comenzaron a disculparse. El primero dijo: 'Acabo de comprar un terreno, y tengo que ir a verlo. Te ruego que me disculpes.' ¹⁹ Otro dijo: 'He comprado cinco yuntas de bueyes, y voy a probarlas. Te ruego que me disculpes.' ²⁰ Y otro dijo: 'Acabo de casarme, y no puedo ir.' ²¹ El criado regresó y se lo contó todo a su amo. Entonces el amo se enojó, y le dijo al criado: 'Ve pronto por las calles y los callejones de la ciudad, y trae acá a los pobres, los inválidos, los ciegos y los cojos.' ²² Más tarde, el criado dijo: 'Señor, ya hice lo que usted me mandó, y todavía hay lugar.' ²³ Entonces el amo le dijo al criado: 'Ve por los caminos y los cercados, y obliga a otros a entrar, para que se llene mi casa. ²⁴ Porque les digo que ninguno de aquellos primeros invitados comerá de mi cena.'

Lo que cuesta seguir a Cristo (Mt 10.37-38)

²⁵ Mucha gente seguía a Jesús; y él se volvió y dijo: ²⁶ "Si alguno viene a mí y no me ama más que a su padre, ˡ a su madre, a sus esposa, a sus hijos, a sus hermanos y a sus hermanas, y aun más que a sí mismo, no puede ser mi discípulo. ²⁷ Y el que no toma su propia cruz y me sigue, no puede ser mi discípulo. ᵐ ²⁸ Si alguno de ustedes quiere construir una torre, ¿acaso no se sienta primero a calcular los gastos, para ver si tiene con qué terminarla? ²⁹ De otra manera, si pone los cimientos y después no puede terminarla, todos los que lo vean comenzarán a burlarse de él, ³⁰ diciendo: 'Este hombre empezó a construir, pero no pudo terminar.' ³¹ O si algún rey tiene que ir a la guerra contra otro rey, ¿acaso no se sienta primero a calcular si con diez mil soldados puede hacer frente a quien va a atacarlo con veinte mil? ³² Y si no puede hacerle frente, cuando el otro rey esté todavía lejos, le mandará mensajeros a pedir la paz.

---

que, puesto que en Jerusalén habían dado muerte a otros profetas (v. 34), lo propio para él era morir también allí.
ˣ **13.34** 1 R 19.10; Jer 2.30; 26.20-23.
ʸ **13.34** Jesús emplea una imagen familiar para referirse a la protección y el amparo divinos.
ᶻ **13.35** Jer 22.5. *Hogar:* puede ser también una alusión al templo.
ᵃ **13.35** Sal 118.26; Mt 21.9.
ᵃ **14.1-6** Nótese la semejanza entre este pasaje y Lc 13.10-17. Todo lo narrado en 14.1-24 sucede durante la comida en casa del *jefe fariseo* del v. 1.
ᵇ **14.1** *Sábado:* Véase *Índice temático.*
ᶜ **14.2** La *hidropesía* consiste en la excesiva retención de líquidos, lo que produce la hinchazón del cuerpo.
ᵈ **14.5** El sentido es: *si su hijo, o aun su buey.* Algunos mss. dicen *si su burro o su buey.*
ᵉ **14.5** Mt 12.11; Lc 13.15.

ᶠ **14.7** Cf. Mt 23.6; Lc 20.46.
ᵍ **14.8-10** Cf. Pr 25.6-7.
ʰ **14.11** Pr 29.23; cf. Mt 23.12; Lc 18.14.
ⁱ **14.12-14** Cf. Stg 2.1-4.
ʲ **14.15-24** Véase Mt 22.14 n.
ᵏ **14.15** Sobre la imagen del *banquete,* cf. Is 25.6; véase también Mt 8.11 nota *i.*
ˡ **14.26** *Me ama más que a su padre:* lit. *aborrece a su padre,* expresión que se traduce de acuerdo con su sentido. Según una manera de hablar, propiamente semítica, puede expresarse una comparación estableciendo un contraste absoluto; por tanto, *aborrecer* se usa aquí en el sentido comparativo de *amar menos.* En Mt 10.37 la misma idea se expresa en forma de comparación.
ᵐ **14.26-27** Mt 16.24-25; Mc 8.34-35; Lc 9.23-24; Jn 12.24-25. *Toma su propia cruz:* Respecto al significado, véase Mt 10.38 n.

33 Así pues, cualquiera de ustedes que no deje todo lo que tiene, no puede ser mi discípulo. *n*

Cuando la sal deja de estar salada (Mt 5.13; Mc 9.50)
34 "La sal es buena; pero si deja de estar salada, *ñ* ¿cómo volverá a ser útil? **35** No sirve ni para la tierra ni para el montón de abono. Simplemente, se la tira. Los que tienen oídos, oigan."

15 *La parábola del pastor que encuentra su oveja* *a* *(Mt 18.10-14)*
1 Todos los que cobraban impuestos para Roma y otra gente de mala fama se acercaban a Jesús, para oírlo. **2** Los fariseos y los maestros de la ley lo criticaban por esto, diciendo:
—Este recibe a los pecadores *b* y come con ellos. *c*

3 Entonces Jesús les dijo esta parábola: **4** "¿Quién de ustedes, si tiene cien ovejas y pierde una de ellas, no deja las otras noventa y nueve en el campo y va en busca de la oveja perdida, hasta encontrarla? *d* **5** Y cuando la encuentra, contento la pone sobre sus hombros, **6** y al llegar a casa junta a sus amigos y vecinos, y les dice: 'Alégrense conmigo, porque ya encontré la oveja que se me había perdido.' *e* **7** Les digo que así también hay más alegría en el cielo por un pecador que se convierte *f* que por noventa y nueve justos que no necesitan convertirse. *g*

La parábola de la mujer que encuentra su moneda
8 "O bien, ¿qué mujer que tiene diez monedas *h* y pierde una de ellas, no enciende una lámpara y barre la casa buscando con cuidado hasta encontrarla? **9** Y cuando la encuentra, reúne a sus amigas y vecinas, y les dice: 'Alégrense conmigo, porque ya encontré la moneda que había perdido.' *i* **10** Les digo que así también hay alegría entre los ángeles de Dios por un pecador que se convierte."

La parábola del padre que recobra a su hijo
11 Jesús contó esto también: "Un hombre tenía dos hijos, **12** y el más joven le dijo a su padre: 'Padre, dame la parte de la herencia que me toca.' Entonces el padre repartió los bienes entre ellos. *j* **13** Pocos días después el hijo menor vendió su parte de la propiedad, y con ese dinero *k* se fue lejos, a otro país, donde todo lo derrochó llevando una vida desenfrenada. **14** Pero cuando ya se lo había gastado todo, hubo una gran escasez de comida en aquel país, y él comenzó a pasar hambre. **15** Fue a pedir trabajo a un hombre del lugar, que lo mandó a sus campos a cuidar cerdos. **16** Y tenía ganas de llenarse con las algarrobas que comían los cerdos, pero nadie se las daba. *l* **17** Al fin se puso a pensar: '¡Cuántos trabajadores en la casa de mi padre tienen comida de sobra, mientras yo aquí me muero de hambre! **18** Regresaré a casa de mi padre, y le diré: Padre mío, he pecado contra Dios y contra ti; **19** ya no merezco llamarme tu hijo; trátame como a uno de tus trabajadores.' **20** Así que se puso en camino y regresó a la casa de su padre.

"Cuando todavía estaba lejos, su padre lo vio y sintió compasión de él. Corrió a su encuentro, y lo recibió con abrazos y besos. **21** El hijo le dijo: 'Padre mío, he pecado contra Dios y contra ti; ya no merezco llamarme tu hijo.' **22** Pero el padre ordenó a sus criados: 'Saquen pronto la mejor ropa y vístanlo; pónganle también un anillo en el dedo y sandalias en los pies. *m* **23** Traigan el becerro más gordo y mátenlo. ¡Vamos a celebrar esto con un banquete! **24** Porque este hijo mío estaba muerto y ha vuelto a vivir; se había perdido y lo hemos encontrado.' Comenzaron la fiesta.

25 "Entre tanto, el hijo mayor *n* estaba en el campo. Cuando regresó y llegó cerca de la casa, oyó la música y el baile. **26** Entonces llamó a uno de los criados y le preguntó qué pasaba. **27** El criado le dijo: 'Es que su hermano ha vuelto; y su padre ha mandado matar el becerro más gordo, porque lo recobró sano y salvo.' **28** Pero tanto se enojó el hermano mayor, que no quería entrar, así que su padre tuvo que salir a rogarle que lo hiciera. **29** Le dijo a su padre: 'Tú sabes cuántos años te he servido, sin desobedecerte nunca, y jamás me has dado ni siquiera un cabrito para tener una comida con mis amigos. **30** En cambio, ahora llega este hijo tuyo, que ha malgastado tu

---

n **14.33** *Que no deje lo que tiene:* Cf. Lc 9.57-62; 18.29-30; Flp 3.7.

ñ **14.34-35** La *sal* de Palestina, por lo general, no estaba refinada, y con la humedad se volvía inservible; véase Mt 5.13 n.

a **15.1-7** Las tres parábolas del cap. 15 forman una unidad literaria, en la que Jesús contesta a los fariseos que lo criticaban por tratar con gente de mala fama (vv. 1-2). El punto culminante se encuentra en la conclusión de la tercera parábola (vv. 25-32).

b **15.2** *Pecadores:* o *gente de mala fama* (Mt 9.10 nota *h*).

c **15.1-2** Lc 5.29-30; 19.7.

d **15.4-7** La imagen del pastor y sus ovejas es típica del AT (Is 40.11; Ez 34); véase Jn 10.11 n.

e **15.6** Los verbos *perder, encontrar* y *alegrarse*, que se repiten en cada una de las tres parábolas del cap. 15 (vv. 6,9,32) dan unidad al discurso y recalcan su tema unitario (véase 15.1-7 n.).

f **15.7** *En el cielo:* posible alusión a Dios mismo; véase Mt 3.2 nota *d*.

g **15.7** *Justos:* Jesús parece referirse, con ironía, a los que se creen buenos y no ven la necesidad de volverse a Dios (cf. v. 2).

h **15.8** *Diez monedas:* lit. *diez dracmas;* moneda de valor aproximado al del denario (véase *Tabla de pesas, monedas y medidas*).

i **15.9** *Alégrense... encontré... perdido:* Véase 15.6 n.

j **15.12** Según la ley mosaica (Dt 21.17), al hijo mayor le correspondía doble parte de la herencia. Aunque los bienes normalmente se repartían después de muerto el padre, en casos especiales este podía hacer el reparto en vida. Cf. Lc 12.13 n.

k **15.13** *Vendió... dinero:* La expresión griega puede traducirse literalmente por *lo juntó todo,* pero en contextos comerciales significa *lo convirtió en efectivo.*

l **15.15-16** Puesto que los *cerdos* eran animales impuros para los judíos (Lv 11.7-8; Dt 14.8), puede suponerse que el patrón no era judío. El *cuidar cerdos* era el trabajo más despreciable que un judío pudiera imaginar; más degradante aún sería compartir con ellos la comida (v. 16). *Algarrobas:* fruto, en forma de vaina, del algarrobo, árbol común en Palestina; estas vainas servían de alimento a los animales, y la gente sin recursos también las comía en casos de necesidad.

m **15.22** El padre le restituye los símbolos de su categoría de hijo: el *anillo,* signo de autoridad, y las *sandalias,* signo de hombre libre (los esclavos andaban descalzos).

n **15.25-32** Al concluir la parábola con la actitud del *hijo mayor,* Jesús pone de relieve la actitud de los fariseos y maestros de la ley, a la cual responde con estas parábolas (véase 15.1-7 n.).

dinero con prostitutas, y matas para él el becerro más gordo.'

³¹ "El padre le contestó: 'Hijo mío, tú siempre estás conmigo, y todo lo que tengo es tuyo. ³² Pero había que celebrar esto con un banquete y alegrarnos, porque tu hermano, que estaba muerto, ha vuelto a vivir; se había perdido y lo hemos encontrado.' " ñ

16 La parábola del mayordomo astuto ᵃ

¹ Jesús contó también esto a sus discípulos: "Había un hombre rico que tenía un mayordomo; y fueron a decirle que este le estaba malgastando sus bienes. ᵇ ² El amo lo llamó y le dijo: '¿Qué es esto que me dicen de ti? Dame cuenta de tu trabajo, porque ya no puedes seguir siendo mi mayordomo.' ³ El mayordomo se puso a pensar: '¿Qué voy a hacer ahora que mi amo me deja sin trabajo? No tengo fuerzas para trabajar la tierra, y me da vergüenza pedir limosna. ⁴ Ya sé lo que voy a hacer, para tener quienes me reciban en sus casas cuando me quede sin trabajo.' ⁵ Llamó entonces uno por uno a los que le debían algo a su amo. Al primero le preguntó: '¿Cuánto le debes a mi amo?' ⁶ Le contestó: 'Le debo cien barriles de aceite.' El mayordomo le dijo: 'Aquí está tu vale; siéntate en seguida y haz otro por cincuenta solamente.' ⁷ Después preguntó a otro: 'Y tú, ¿cuánto le debes?' Este le contestó: 'Cien medidas de trigo.' ᶜ Le dijo: 'Aquí está tu vale; haz otro por ochenta solamente.' ⁸ El amo reconoció que el mal mayordomo había sido listo en su manera de hacer las cosas. Y es que cuando se trata de sus propios negocios, los que pertenecen al mundo son más listos que los que pertenecen a la luz.

⁹ "Les aconsejo que usen las falsas riquezas de este mundo para ganarse amigos, para que cuando las riquezas se acaben, haya quien los reciba a ustedes en las viviendas eternas. ᵈ

¹⁰ "El que se porta honradamente en lo poco, también se porta honradamente en lo mucho; y el que no tiene honradez en lo poco, tampoco la tiene en lo mucho. ᵉ ¹¹ De manera que, si con las falsas riquezas de este mundo ustedes no se portan honradamente, ¿quién les confiará las verdaderas riquezas? ¹² Y si no se portan honradamente con lo ajeno, ¿quién les dará lo que les pertenece?

¹³ "Ningún sirviente puede servir a dos amos; porque odiará a uno y querrá al otro, o será fiel a uno y despreciará al otro. No se puede servir a Dios y a las riquezas." ᶠ

¹⁴ Los fariseos, que eran amigos del dinero, oyeron todo esto y se burlaron de Jesús. ¹⁵ Jesús les dijo: "Ustedes son los que se hacen pasar por justos delante de la gente, pero Dios conoce sus corazones; pues lo que los hombres tienen por más elevado, Dios lo aborrece.

La ley y el reino de Dios

¹⁶ "La ley y los profetas ᵍ llegan hasta Juan. ʰ Desde entonces se anuncia la buena noticia acerca del reino de Dios, y a todos se les hace fuerza para que entren.

¹⁷ "Es más fácil que el cielo y la tierra dejen de existir, que deje de cumplirse una sola letra de la ley. ⁱ

Jesús enseña sobre el divorcio (Mt 19.1-12; Mc 10.1-12) ᵏ

¹⁸ "Si un hombre se divorcia de su esposa y se casa con otra, comete adulterio; y el que se casa con una divorciada, también comete adulterio.

La parábola del rico y el pobre Lázaro

¹⁹ "Había un hombre rico, que se vestía con ropa fina ˡ y elegante y que todos los días ofrecía espléndidos banquetes. ²⁰ Había también un pobre llamado Lázaro, que estaba lleno de llagas y se sentaba en el suelo a la puerta del rico. ²¹ Este pobre quería llenarse con lo que caía de la mesa del rico; y hasta los perros se acercaban a lamerle las llagas. ᵐ ²² Un día el pobre murió, y los ángeles lo llevaron a sentarse a comer al lado de Abraham. ⁿ El rico también murió, y fue enterrado.

²³ "Y mientras el rico sufría en el lugar adonde van los muertos, ñ levantó los ojos y vio de lejos a Abraham, y a Lázaro sentado a su lado. ²⁴ Entonces gritó: '¡Padre Abraham, ten lástima de mí! Manda a Lázaro que moje la punta de su dedo en agua y venga a refrescar mi lengua, porque estoy sufriendo mucho en este fuego.' ²⁵ Pero

---

ñ **15.32** *Alegrarnos... perdido... encontrado:* los mismos términos de los vv. 6 y 9, pero dirigidos ahora al hijo mayor y aplicados, con fina ironía, a los mismos dirigentes religiosos que se jactaban de haberse conservado fieles a la ley de Dios (cf. v. 31).

ᵃ **16.1-15** Esta parábola ha dado lugar a problemas de interpretación, a causa de la conducta del mayordomo. Lo que la parábola quiere destacar es la sagacidad con que este actúa (v. 8).

ᵇ **16.1** Era frecuente en Palestina que los dueños encargaran a un *mayordomo* la administración de sus negocios.

ᶜ **16.6-7** *Cien barriles de aceite:* probablemente unos 2200 l. de aceite de oliva, que valdrían unos 1000 denarios. *Cien medidas de trigo:* aprox. 22 000 l., que valdrían unos 2500 denarios.

ᵈ **16.9** *Haya quien los reciba:* lit. *los reciban;* el plural se usa en sentido impersonal, quizá para referirse a Dios sin usar el nombre divino (véase Mt 5.4 nota g).

ᵉ **16.10** Mt 25.21; Lc 19.17.

ᶠ **16.13** Mt 6.24. *Riquezas:* gr. *mamonas,* que proviene de una palabra aramea con este significado.

ᵍ **16.16** *La ley y los profetas:* expresión que se refiere a todas las Escrituras que nosotros llamamos Antiguo Testamento; véase *Introducción al NT (4)*.

ʰ **16.16** *Juan:* el Bautista.

ⁱ **16.16** *A todos se les hace fuerza para que entren:* otra posible traducción: *todos se esfuerzan por entrar.* Véase Mt 11.12-13 n.

ʲ **16.17** Mt 5.18; Lc 21.33. *Una sola letra:* lit. *un pequeño trazo;* véase Mt 5.18 n.

ᵏ **16.18** Cf. también Mt 5.32; 1 Co 7.10-11.

ˡ **16.19** *Ropa fina:* lit. *púrpura,* es decir, ropa teñida de morado, que vestían los reyes y otros potentados.

ᵐ **16.21** *Los perros:* animales considerados por los judíos como despreciables e impuros (Sal 22.16 [17],20 [21]; Pr 26.11; Mt 7.6); el colmo de los males para Lázaro era no poder defenderse de ellos.

ⁿ **16.22** *A sentarse a comer al lado de Abraham:* lit. *al seno de Abraham,* expresión que indica la posición del que está sentado, en un banquete, en el lugar de preferencia (véase Jn 13.23 nota r). Nótese el contraste con los vv. 19-21.

ñ **16.23** *En el lugar adonde van los muertos:* lit. *en el Hades,* donde, según el pensamiento judío de entonces, permanecían los muertos en espera del juicio.

Abraham le contestó: 'Hijo, acuérdate que en vida tú recibiste tu parte de bienes, y Lázaro su parte de males. Ahora él recibe consuelo aquí, y tú sufres. ²⁶ Aparte de esto, hay un gran abismo entre nosotros y ustedes; de modo que los que quieren pasar de aquí allá, no pueden, ni de allá tampoco pueden pasar aquí.'

²⁷ "El rico dijo: 'Te suplico entonces, padre Abraham, que mandes a Lázaro a la casa de mi padre, ²⁸ donde tengo cinco hermanos, para que les llame la atención, y así no vengan ellos también a este lugar de tormento.' ²⁹ Abraham dijo: 'Ellos ya tienen lo escrito por Moisés y los profetas: ¡que les hagan caso!' *ᵒ* ³⁰ El rico contestó: 'Padre Abraham, eso no basta; pero si un muerto resucita y se les aparece, ellos se convertirán.' ³¹ Pero Abraham le dijo: 'Si no quieren hacer caso a Moisés y a los profetas, tampoco creerán aunque algún muerto resucite.' "

17 El peligro de caer en pecado (Mt 18.6-7,21-22; Mc 9.42)

¹ Jesús dijo a sus discípulos: "No se puede evitar que haya incitaciones al pecado; *ᵃ* pero ¡ay del hombre que haga pecar a los demás! ² Mejor le sería que lo echaran al mar con una piedra de molino atada al cuello, que hacer caer en pecado a uno de estos pequeñitos. *ᵇ* ³ ¡Tengan cuidado! *ᶜ*

"Si tu hermano peca, repréndelo; pero si cambia de actitud, perdónalo. *ᵈ* ⁴ Aunque peque contra ti siete veces en un día, si siete veces viene a decirte: 'No lo volveré a hacer', debes perdonarlo." *ᵉ*

El poder de la fe
⁵ Los apóstoles pidieron al Señor:
—Danos más fe.
⁶ El Señor les contestó:
—Si ustedes tuvieran fe, aunque solo fuera del tamaño de una semilla de mostaza, podrían decirle a este árbol: 'Arráncate de aquí y plántate en el mar', y les haría caso. *ᶠ*

El deber del que sirve
⁷ "Si uno de ustedes tiene un criado que regresa del campo después de haber estado arando o cuidando el ganado, ¿acaso le dice: 'Pasa y siéntate a comer'? ⁸ No, sino que le dice: 'Prepárame la cena, y disponte a atenderme mientras yo como y bebo. Después podrás tú comer y beber.' ⁹ Y tampoco le das las gracias al criado por haber hecho lo que le mandó. ¹⁰ Así también ustedes, cuando ya hayan cumplido todo lo que Dios les manda, deberán decir: 'Somos servidores inútiles, porque no hemos hecho más que cumplir con nuestra obligación.' " *ᵍ*

Jesús sana a diez leprosos
¹¹ En su camino a Jerusalén, pasó Jesús entre las regiones de Samaria y Galilea. *ʰ* ¹² Y llegó a una aldea, donde le salieron al encuentro diez hombres enfermos de lepra, *ⁱ* los cuales se quedaron lejos de él ¹³ gritando:
—¡Jesús, Maestro, ten compasión de nosotros!
¹⁴ Cuando Jesús los vio, les dijo:
—Vayan a presentarse a los sacerdotes. *ʲ*
Y mientras iban, quedaron limpios de su enfermedad. *ᵏ* ¹⁵ Uno de ellos, al verse limpio, regresó alabando a Dios a grandes voces, ¹⁶ y se arrodilló delante de Jesús, inclinándose hasta el suelo para darle las gracias. Este hombre era de Samaria. *ˡ* ¹⁷ Jesús dijo:
—¿Acaso no eran diez los que quedaron limpios de su enfermedad? ¿Dónde están los otros nueve? ¹⁸ Únicamente este extranjero ha vuelto para alabar a Dios?
¹⁹ Y le dijo al hombre:
—Levántate y vete; por tu fe has sido sanado.

Cómo llegará el reino de Dios (Mt 24.23-28,36-41)
²⁰ Los fariseos le preguntaron a Jesús cuándo había de llegar el reino de Dios, y él les contestó:
—La venida del reino de Dios no es algo que todo el mundo pueda ver. ²¹ No se va a decir: 'Aquí está', o 'Allí está'; porque el reino de Dios ya está entre ustedes. *ᵐ*
²² Y dijo a sus discípulos:
—Llegará el tiempo en que ustedes querrán ver siquiera uno de los días del Hijo del hombre, *ⁿ* y no lo verán. ²³ Algunos dirán: 'Aquí está', o 'Allí está'; pero no vayan ni los sigan. ²⁴ Porque así como el relámpago, al brillar, ilumina el cielo de uno a otro lado, así será el Hijo del hombre en el día de su regreso. *ñ* ²⁵ Pero primero tiene que sufrir mucho y ser rechazado por la gente de este tiempo. ²⁶ Como pasó en los tiempos de Noé, *ᵒ* así pasará también en los días en que regrese el Hijo del hombre. ²⁷ La gente comía y bebía y se casaba, hasta el día en que Noé entró en la barca, y llegó el diluvio y todos murieron. ²⁸ Lo mismo sucedió en los tiempos de Lot: *ᵖ* la

---

ᵒ **16.29** Jn 5.45-47. *Lo escrito por Moisés y los profetas:* las Escrituras del AT (véase 16.16 nota *g*).

ᵃ **17.1** *Incitaciones al pecado:* en griego *skandalon* (de donde se derivó la palabra castellana *escándalo*) significa *tropiezo* o *trampa*, símbolo de aquello que incita al pecado o a la pérdida de la fe.

ᵇ **17.2** *Estos pequeñitos:* Puede referirse aquí a los niños, o bien a los discípulos de Jesús en general. Cf. Mt 18.6 n.

ᶜ **17.3** *¡Tengan cuidado!:* Puede entenderse en relación con las palabras que siguen, o bien, como en esta versión, como una solemne advertencia ligada al v. 2.

ᵈ **17.3** Lv 19.17; Mt 18.15.

ᵉ **17.4** *Siete,* número que simboliza la perfección, indica aquí un número sin límite; cf. Mt 18.21-22.

ᶠ **17.6** Mt 17.20; 21.21; Mc 11.23. *Semilla de mostaza:* Mt 13.31 n.

ᵍ **17.7-10** *Criado, servidores:* traducciones de una palabra griega que equivale a *esclavo;* sobre la esclavitud, véase Col 3.22 n.

ʰ **17.11** *Su camino a Jerusalén:* Véase Lc 9.51—19.27 n.

ⁱ **17.12** *Lepra:* Véase Índice temático.

ʲ **17.14** *Vayan a presentarse a los sacerdotes:* Cf. Lv 14.1-32.

ᵏ **17.12-14** Los leprosos, por ser ritualmente impuros (Lv 13), debían alejarse y evitar el contacto con la gente. Su curación los dejaría limpios de tal impureza. Véase Lc 5.12-13 n.

ˡ **17.16** *De Samaria:* Véase Lc 10.33 n.

ᵐ **17.20-21** Mc 13.21. *Entre ustedes:* otras traducciones propuestas: *dentro de ustedes,* o *al alcance de ustedes.*

ⁿ **17.22** *Los días del Hijo del hombre:* Parece referirse a los días en que Cristo se hará presente con su poder y gloria.

ñ **17.24** *En el día de su regreso:* lit. *en su día.* Algunos mss. omiten esta frase.

ᵒ **17.26-27** Gn 6.5-12; 7.6-24. Las historias de *Noé* y de *Lot* (vv. 28-29) se consideraban, respectivamente, como ejemplos clásicos de la salvación de los justos y del castigo de los malos.

ᵖ **17.28-29** Gn 18.20—19.25.

gente comía y bebía, compraba y vendía, sembraba y construía casas; **29** pero cuando Lot salió de la ciudad de Sodoma, llovió del cielo fuego y azufre, y todos murieron. **30** Así será el día en que el Hijo del hombre aparezca.

31 "En aquel día, el que se encuentre en la azotea *q* y tenga sus cosas dentro de la casa, que no baje a sacarlas; y el que esté en el campo, que no regrese a su casa. *r* **32** Acuérdense de la mujer de Lot. *s* **33** El que trate de conservar su vida, la perderá; pero el que la pierda, la conservará. *t*

34 "Les digo que en aquella noche, de dos que estén en una misma cama, uno será llevado y el otro será dejado. **35** De dos mujeres que estén moliendo juntas, una será llevada y la otra será dejada." *u*

37 Le preguntaron entonces:

—¿Dónde ocurrirá eso, Señor?

Y él les contestó:

—Donde esté el cadáver, allí se juntarán los buitres. *v*

18 **La parábola de la viuda y el juez** **1** Jesús les contó una parábola para enseñarles que debían orar siempre, sin desanimarse. *a* **2** Les dijo: "Había en un pueblo un juez que ni temía a Dios ni respetaba a los hombres. **3** En el mismo pueblo había también una viuda que tenía un pleito y que fue al juez a pedirle justicia *b* contra su adversario. **4** Durante mucho tiempo el juez no quiso atenderla, pero después pensó: 'Aunque ni temo a Dios ni respeto a los hombres, **5** sin embargo, como esta viuda no deja de molestarme, la voy a defender, para que no siga viniendo y acabe con mi paciencia.'" *n c*

6 Y el Señor añadió: "Esto es lo que dijo el juez malo. **7** Pues bien, ¿acaso Dios no defenderá también a sus escogidos, que claman a él día y noche? ¿Los hará esperar? *d* **8** Les digo que los defenderá sin demora. Pero cuando el Hijo del hombre venga, ¿encontrará todavía fe en la tierra?"

La parábola del fariseo y el cobrador de impuestos **9** Jesús contó esta otra parábola para algunos que, seguros de sí mismos por considerarse justos, despreciaban a los demás: **10** "Dos hombres fueron al templo a orar: *e* el uno era fariseo, *f* y el otro era uno de esos que cobran impuestos para Roma. *g* **11** El fariseo, de pie, oraba así: *h* 'Oh Dios, te doy gracias porque no soy como los demás, que son ladrones, malvados y adúlteros, ni como ese cobrador de impuestos. **12** Yo ayuno *i* dos veces a la semana y te doy la décima parte *j* de todo lo que gano.' **13** Pero el cobrador de impuestos se quedó a cierta distancia, y ni siquiera se atrevía a levantar los ojos al cielo, sino que se golpeaba el pecho *k* y decía: '¡Oh Dios, ten compasión de mí, *l* que soy pecador!' **14** Les digo que este cobrador de impuestos volvió a su casa ya justo, *m* pero el fariseo no. Porque el que a sí mismo se engrandece, será humillado; y el que se humilla, será engrandecido." *n*

Jesús bendice a los niños (Mt 19.13-15; Mc 10.13-16)

15 También le llevaban niñitos a Jesús, para que los tocara; pero cuando los discípulos lo vieron, comenzaron a reprender a quienes los llevaban. **16** Entonces Jesús los llamó y dijo:

—Dejen que los niños vengan a mí, y no se lo impidan, porque el reino de Dios es de quienes son como ellos. **17** Les aseguro que el que no acepte el reino de Dios como un niño, no entrará en él. *ñ*

Un hombre rico habla con Jesús (Mt 19.16-30; Mc 10.17-31)

18 Uno de los jefes *o* le preguntó a Jesús:

—Maestro bueno, ¿qué debo hacer para alcanzar la vida eterna? *p*

19 Jesús le contestó:

—¿Por qué me llamas bueno? Bueno solamente hay uno: Dios. **20** Ya sabes los mandamientos: 'No cometas adulterio, no mates, no robes, no digas mentiras en perjuicio de nadie, y honra a tu padre y a tu madre.' *q*

21 El hombre le dijo:

—Todo eso lo he cumplido desde joven.

22 Al oir esto, Jesús le contestó:

—Todavía te falta una cosa: vende todo lo que tienes y

---

q **17.31** *En la azotea:* Véase Mt 24.17 n.

r **17.31** Mt 24.17-18; Mc 13.15-16.

s **17.32** *La mujer de Lot:* Gn 19.26, entendido aquí como una exhortación a no volver atrás (v. 31).

t **17.33** Mt 10.39; 16.25; Mc 8.35; Jn 12.25. Lucas, que ya había incluido este dicho en un contexto anterior (Lc 9.24), lo relaciona aquí con la amonestación del v. 31.

u **17.35** Algunos mss. añaden el v. 36: *De dos hombres que estén en el campo, uno será llevado y el otro será dejado,* frase tomada de Mt 24.40.

v **17.37** *Buitres:* o *águilas;* véase Mt 24.28 n.

a **18.1** Cf. Lc 11.5-8; ambas parábolas muestran el interés especial de Lc en el tema de la oración (Lc 3.21 n.). En cuanto a *orar siempre,* cf. Lc 21.36.

b **18.3,6** *La viuda pedía justicia,* es decir, que se atendiera su caso como era debido; el juez es llamado *malo* (o *injusto*) por no haber querido atenderla.

c **18.5** *Acabe con mi paciencia:* otra posible traducción: *me desacredite.*

d **18.7** Cf. Eclo 35.17-19. *Día y noche? ¿Los hará esperar?:* otra posible traducción: *día y noche, mientras tenga paciencia con ellos?*

e **18.10** *A orar:* La oración pública en el templo se hacía de mañana y de tarde en horas señaladas; la oración privada, a cualquier hora.

f **18.10** *Fariseo:* de aquellos que más fielmente cumplían con sus deberes religiosos; véase *Índice temático.*

g **18.10** *Esos que cobran impuestos:* considerados por los demás como "pecadores" (véase *Cobradores de impuestos* en el *Índice temático*).

h **18.11** *Oraba así:* lit. *así oraba consigo mismo,* o sea en voz baja. Cf. Ro 6.5.

i **18.12** *Ayuno:* Véase Mt 6.16 n.; cf. Lc 5.33.

j **18.12** *La décima parte:* Nm 18.21; Dt 14.22.

k **18.13** *Se golpeaba el pecho:* ademán de pesadumbre o contrición (Lc 23.48).

l **18.13** *Ten compasión de mí:* Cf. Sal 51.1 (3).

m **18.14** *Ya justo o justificado,* es decir, perdonado por Dios, reconciliado con él. Véase Ro 1.17 nota *n.*

n **18.14** Pr 29.23; Mt 23.12; Lc 14.11.

ñ **18.15-17** Cf. Mt 28.2-4; Lc 9.47-48; nótese también Sal 131.2.

o **18.18** *Uno de los jefes:* es decir, un jefe judío.

p **18.18** Cf. Lc 10.25.

q **18.20** Ex 20.12-16; Dt 5.16-20.

dáselo a los pobres. Así tendrás riqueza en el cielo. Luego ven y sígueme. *r*

²³ Pero cuando el hombre oyó esto, se puso muy triste, porque era muy rico. ²⁴ Al verlo así, Jesús dijo:

—¡Qué difícil es para los ricos entrar en el reino de Dios! *s* ²⁵ Es más fácil para un camello pasar por el ojo de una aguja, que para un rico entrar en el reino de Dios. *t*

²⁶ Los que lo oyeron preguntaron:

—¿Y quién podrá salvarse?

²⁷ Jesús les contestó:

—Lo que es imposible para los hombres es posible para Dios.

²⁸ Pedro le dijo:

—Señor, nosotros hemos dejado todas nuestras cosas y te hemos seguido.

²⁹ Él les respondió:

—Les aseguro que cualquiera que por causa del reino de Dios haya dejado casa, o esposa, o hermanos, o padres, o hijos, ³⁰ recibirá mucho más en la vida presente, y en la vida venidera recibirá la vida eterna.

Jesús anuncia por tercera vez su muerte (Mt 20.17-19; Mc 10.32-34) ³¹ Jesús llamó aparte a los doce discípulos, y les dijo: "Ahora vamos a Jerusalén, *u* donde se cumplirá todo lo que los profetas escribieron acerca del Hijo del hombre. ³² Pues lo van a entregar a los extranjeros, *v* y se burlarán de él, lo insultarán y lo escupirán. *w* ³³ Lo golpearán y lo matarán; pero al tercer día resucitará." *x*

³⁴ Ellos no entendieron nada de esto, ni sabían de qué les hablaba, pues eran cosas que no podían comprender.

Jesús sana a un ciego en Jericó *y* (Mt 20.29-34; Mc 10.46-52) ³⁵ Cuando ya se encontraba Jesús cerca de Jericó, un ciego que estaba sentado junto al camino pidiendo limosna, ³⁶ al oír que pasaba mucha gente, preguntó qué sucedía. ³⁷ Le dijeron que Jesús de Nazaret pasaba por allí, ³⁸ y él gritó:

—¡Jesús, Hijo de David, *z* ten compasión de mí!

³⁹ Los que iban delante lo reprendían para que se callara, pero él gritaba más todavía:

—¡Hijo de David, ten compasión de mí!

⁴⁰ Jesús se detuvo y mandó que se lo trajeran. Cuando lo tuvo cerca, le preguntó:

⁴¹ —¿Qué quieres que haga por ti?

El ciego contestó:

—Señor, quiero recobrar la vista.

⁴² Jesús le dijo:

—¡Recóbrala! Por tu fe has sido sanado.

⁴³ En aquel mismo momento el ciego recobró la vista, y siguió a Jesús alabando a Dios. Y toda la gente que vio esto, también alababa a Dios.

19 Jesús y Zaqueo

¹ Jesús entró en Jericó y comenzó a atravesar la ciudad. ² Vivía allí un hombre rico llamado Zaqueo, jefe de los que cobraban impuestos para Roma. *a* ³ Este quería conocer a Jesús, pero no conseguía verlo porque había mucha gente y Zaqueo era pequeño de estatura. ⁴ Por eso corrió adelante y, para alcanzar a verlo, se subió a un árbol *b* cerca de donde Jesús tenía que pasar. ⁵ Cuando Jesús pasaba por allí, miró hacia arriba y le dijo:

—Zaqueo, baja en seguida, porque hoy tengo que quedarme en tu casa.

⁶ Zaqueo bajó aprisa, y con gusto recibió a Jesús. ⁷ Al ver esto, todos comenzaron a criticar a Jesús, diciendo que había ido a quedarse en la casa de un pecador. *c* ⁸ Zaqueo se levantó entonces y le dijo al Señor:

—Mira, Señor, voy a dar a los pobres la mitad de todo lo que tengo; y si le he robado algo a alguien, le devolveré cuatro veces más.

⁹ Jesús le dijo:

—Hoy ha llegado la salvación a esta casa, porque este hombre también es descendiente de Abraham. *d* ¹⁰ Pues el Hijo del hombre ha venido a buscar y salvar lo que se había perdido. *e*

La parábola del dinero (Mt 25.14-30) ¹¹ La gente estaba oyendo a Jesús decir estas cosas, y él les contó una parábola, porque ya estaba cerca de Jerusalén y ellos pensaban que el reino de Dios iba a llegar en seguida.

¹² Les dijo: "Había un hombre de la nobleza, que se fue lejos, a otro país, para ser nombrado rey y regresar. *f* ¹³ Antes de salir, llamó a diez de sus empleados, *g* entregó a cada uno de ellos una gran cantidad de dinero *h* y les dijo: 'Hagan negocio con este dinero hasta que yo vuelva.' ¹⁴ Pero la gente de su país lo odiaba, y mandaron tras él una comisión encargada de decir: 'No queremos que este hombre sea nuestro rey.'

¹⁵ "Pero él fue nombrado rey, y regresó a su país.

---

r **18.22** Cf. Mt 6.19-21; Mc 10.21; Lc 12.33.

s **18.24** Pr 11.28.

t **18.25** Expresión intencionadamente exagerada, que indica algo imposible o sumamente difícil.

u **18.31** *Vamos a Jerusalén:* Véase Lc 9.51—19.27 n.

v **18.32** *Extranjeros:* es decir, las autoridades romanas.

w **18.32** Is 50.6; 53.5.

x **18.31-33** Lc 9.22,44.

y **18.35-43** Nótense los relatos similares en Mt 9.27-31; Mc 8.22-26; Jn 9.1-12.

z **18.38** *Hijo de David:* título mesiánico (Mt 9.27 n.).

a **19.2** *Zaqueo,* por ser *jefe de los que cobraban impuestos* en su distrito, habría tenido muchas oportunidades de hacerse rico con dinero mal habido (v. 8). Véase Mt 5.46 n.

b **19.4** *Un árbol:* lit. *un sicómoro,* árbol del mismo género de la higuera, grande y frondoso; es fácil de trepar en él.

c **19.7** Lc 5.30; 15.2. *Pecador:* Véase Mt 9.10 nota *h.*

d **19.9** *Descendiente de Abraham:* es decir, un auténtico judío, perteneciente al pueblo de Dios.

e **19.10** Ez 34.16.

f **19.12** Los reyes y gobernantes de Palestina eran nombrados por el emperador romano. Es posible que esta parábola aluda al viaje que hizo Arquelao a Roma en el año 4 a.C. (véase Mt 2.22 n.) para recibir la confirmación de su nombramiento como gobernante; algunos judíos lo siguieron allí para oponerse a su nombramiento (cf. v. 14).

g **19.13** *Empleados:* lit. *esclavos;* véase Mt 25.14 n.

h **19.13** *Una gran cantidad de dinero:* lit. *una mina,* moneda que equivalía aprox. a 100 denarios, o sea al salario correspondiente a cien días de trabajo.

Cuando llegó, mandó llamar a los empleados a quienes había entregado el dinero, para saber cuánto había ganado cada uno. ¹⁶ El primero se presentó y dijo: 'Señor, su dinero ha producido diez veces más.' ¹⁷ El rey le contestó: 'Muy bien; eres un buen empleado; ya que fuiste fiel en lo poco, te hago gobernador de diez pueblos.'ⁱ ¹⁸ Se presentó otro y dijo: 'Señor, su dinero ha producido cinco veces más.' ¹⁹ También a este le contestó: 'Tú serás gobernador de cinco pueblos.'

²⁰ "Pero otro se presentó diciendo: 'Señor, aquí está su dinero. Lo guardé en un pañuelo; ²¹ pues tuve miedo de usted, porque usted es un hombre duro, que recoge donde no entregó y cosecha donde no sembró.' ²² Entonces le dijo el rey: 'Empleado malo, con tus propias palabras te juzgo. Si sabías que soy un hombre duro, que recojo donde no entregué y cosecho donde no sembré, ²³ ¿por qué no llevaste mi dinero al banco, para devolvérmelo con los intereses a mi regreso a casa?' ²⁴ Y dijo a los que estaban allí: 'Quítenle el dinero y dénselo al que ganó diez veces más.' ²⁵ Ellos le dijeron: 'Señor, ¡pero si él ya tiene diez veces más!' ²⁶ El rey contestó: 'Pues les digo que al que tiene, se le dará más; pero al que no tiene, hasta lo poco que tiene se le quitará.ʲ ²⁷ Y en cuanto a mis enemigos que no querían tenerme por rey, tráiganlos acá y mátenlos en mi presencia.' "

V. EN JERUSALÉN (19.28—24.53)

1. Actividad en Jerusalén (19.28—21.38)

*Jesús entra en Jerusalén*ᵏ *(Mt 21.1-11; Mc 11.1-11; Jn 12.12-19)* ²⁸ Después de decir esto, Jesús siguió su viaje a Jerusalén. ²⁹ Cuando ya había llegado cerca de Betfagé y Betania, junto al monte que se llama de los Olivos,ˡ envió a dos de sus discípulos, ³⁰ diciéndoles:

—Vayan a la aldea que está enfrente, y al llegar encontrarán un burro atado, que nadie ha montado todavía. Desátenlo y tráiganlo. ³¹ Y si alguien les pregunta por qué lo desatan, díganle que el Señor lo necesita.

³² Los discípulos fueron y lo encontraron todo como Jesús se lo había dicho. ³³ Mientras estaban desatando el burro, los dueños les preguntaron:

—¿Por qué lo desatan?

³⁴ Ellos contestaron:

—Porque el Señor lo necesita.

³⁵ Y poniendo sus capas sobre el burro, se lo llevaron a Jesús y lo hicieron montar. ³⁶ Conforme Jesús avanzaba, la gente tendía sus capas por el camino.ᵐ ³⁷ Y al acercarse a la bajada del Monte de los Olivos, todos sus seguidores comenzaron a gritar de alegría y a alabar a Dios por todos los milagros que habían visto. ³⁸ Decían:

—¡Bendito el Rey que viene en el nombre del Señor!ⁿ ¡Paz en el cielo y gloria en las alturas!ñ

³⁹ Entonces algunos fariseos que había entre la gente le dijeron:

—Maestro, reprende a tus seguidores.

⁴⁰ Pero Jesús les contestó:

—Les digo que si estos se callan, las piedras gritarán.

⁴¹ Cuando llegó cerca de Jerusalén, al ver la ciudad,ᵒ Jesús lloró por ella,ᵖ ⁴² diciendo: "¡Si en este día tú también entendieras lo que puede darte paz! Pero ahora eso te está escondido y no puedes verlo. ⁴³ Pues van a venir para ti días malos, en que tus enemigos harán un muro a tu alrededor, y te rodearán y atacarán por todos lados, ⁴⁴ y te destruirán por completo. Matarán a tus habitantes, y no dejarán ni ni una piedra sobre otra,ᑫ porque no reconociste el momento en que Dios vino a visitarte."ʳ

*Jesús purifica el templo*ˢ *(Mt 21.12-17; Mc 11.15-19; Jn 2.13-22)* ⁴⁵ Después de esto, Jesús entró en el templo y comenzó a echar de allí a los que estaban vendiendo,ᵗ ⁴⁶ y les dijo:

—En las Escrituras se dice: 'Mi casa será casa de oración',ᵘ pero ustedes han hecho de ella una cueva de ladrones.ᵛ

⁴⁷ Todos los días Jesús enseñaba en el templo,ʷ y los jefes de los sacerdotes, los maestros de la ley y también los jefes del pueblo andaban buscando cómo matarlo. ⁴⁸ Pero no encontraban la manera de hacerlo, porque toda la gente estaba pendiente de lo que él decía.

20 *La autoridad de Jesús* (Mt 21.23-27; Mc 11.27-33)
¹ Un día, mientras Jesús estaba en el templo enseñando a la gente y anunciando la buena noticia, llegaron los jefes de los sacerdotes y los maestros de la ley, junto con los ancianos, ² y le dijeron:

ⁱ **19.17** Lc 16.10.
ʲ **19.26** Mt 13.12; Mc 4.25; Lc 8.18.
ᵏ **19.28-44** Por su manera de entrar en Jerusalén, Jesús demuestra simbólicamente que él es el Mesías (cf. Zac 9.9). Luego (vv. 45-48), demuestra su autoridad mesiánica por medio de un segundo acto simbólico. Véase Mt 21.1-22 n.
ˡ **19.29** *Betfagé... Betania... Olivos:* Para la ubicación de estos lugares, véanse las notas sobre Mt 21.1.
ᵐ **19.36** Manifestaciones de aclamación (véase Mt 21.8 n.).
ⁿ **19.38** *¡Bendito el Rey que viene en el nombre del Señor!:* Sal 118.26, texto que se usaba para saludar a los peregrinos; originalmente era un saludo al rey cuando este iba al templo, por lo que es significativo que aquí se aplique a Jesús.
ñ **19.38** Lc 2.14.
ᵒ **19.41** *Al ver la ciudad:* Desde el camino del Monte de los Olivos, se contempla un imponente panorama de la ciudad de Jerusalén.

ᵖ **19.41** *Jesús lloró por ella:* Cf. Lc 13.34-35.
ᑫ **19.43-44** Lenguaje parecido al de Is 29.3; Jer 6.6; Ez 4.2. En el año 70 d.C. el ejército romano destruyó a Jerusalén. Cf. Lc 21.6, 20-24.
ʳ **19.44** *Visitarte:* Tanto en griego como en hebreo, el término *visitar* se usa para referirse a la intervención de Dios, para salvar (véase Lc 1.68 n.) o para castigar (Ex 20.5; 32.34; Sal 59.5 [6]; Is 10.12).
ˢ **19.45-48** Véase 19.28-44 n.
ᵗ **19.45** Los comerciantes que tenían sus puestos en el atrio exterior del templo convertían un negocio legítimo en fuente de abusos (Mt 21.12 n.).
ᵘ **19.46** Is 56.7.
ᵛ **19.46** Jer 7.11.
ʷ **19.47** Lc 21.37; 22.53; Jn 18.20.
ᵃ **20.1-2** Los dirigentes religiosos cuestionan las acciones de Jesús, narradas en las secciones anteriores (Lc 19.28-48).

—¿Con qué autoridad haces esto? ¿Quién te dio esta autoridad? *ᵃ*

³ Jesús les contestó:

—Yo también les voy a hacer una pregunta. Respóndanme: ⁴ ¿Quién envió a Juan a bautizar, Dios o los hombres? *ᵇ*

⁵ Comenzaron a discutir unos con otros: "Si respondemos que Dios lo envió, va a decir: '¿Por qué no le creyeron?' ⁶ Y no podemos decir que fueron los hombres, porque la gente nos matará a pedradas, ya que todos están seguros de que Juan era un profeta." ⁷ Así que respondieron que no sabían quién había enviado a Juan a bautizar. ⁸ Entonces Jesús les contestó:

—Pues yo tampoco les digo con qué autoridad hago esto.

La parábola de los labradores malvados (Mt 21.33-44; Mc 12.1-11)

⁹ Luego empezó Jesús a hablar a la gente, y contó esta parábola: "Un hombre plantó un viñedo, *ᶜ* lo alquiló a unos labradores y emprendió un largo viaje. ¹⁰ A su debido tiempo, mandó un criado a pedir a los labradores la parte de la cosecha que le correspondía; pero ellos lo golpearon y lo enviaron con las manos vacías. ¹¹ Entonces el dueño mandó otro criado; pero también a este lo insultaron, lo golpearon y lo enviaron con las manos vacías. ¹² Volvió a mandar otro, pero los labradores también lo hirieron y lo echaron fuera.

¹³ "Por fin el dueño del terreno dijo: '¿Qué haré? Mandaré a mi hijo querido; *ᵈ* tal vez lo respetarán.' ¹⁴ Pero cuando los labradores lo vieron, se dijeron unos a otros: 'Este es el que ha de recibir la herencia; matémoslo, para que la propiedad pase a poder nuestro.' ¹⁵ Así que lo sacaron del viñedo y lo mataron. *ᵉ*

"¿Y qué creen ustedes que hará con ellos el dueño del viñedo? ¹⁶ Pues irá y matará a esos labradores, y dará el viñedo a otros."

Al oir esto, dijeron:

—¡Eso jamás!

¹⁷ Pero Jesús los miró, y dijo:

—Entonces ¿qué significa esto que dicen las Escrituras?:

'La piedra que los constructores despreciaron
se ha convertido en la piedra principal.' *ᶠ*

¹⁸ Cualquiera que caiga sobre esa piedra, quedará hecho pedazos; y si la piedra cae sobre alguien, lo hará polvo. *ᵍ*

¹⁹ Los jefes de los sacerdotes y los maestros de la ley quisieron arrestar a Jesús en aquel mismo momento, porque comprendieron que al decir esta parábola se refería a ellos. Pero tenían miedo de la gente.

La pregunta sobre los impuestos (Mt 22.15-22; Mc 12.13-17)

²⁰ Mandaron a unos espías que, aparentando ser hombres honrados, hicieran decir a Jesús algo que les diera pretexto para ponerlo bajo el poder y la jurisdicción del gobernador romano. ²¹ Estos le preguntaron:

—Maestro, sabemos que lo que tú dices y enseñas es correcto, y que no buscas dar gusto a los hombres. Tú enseñas de veras el camino de Dios. ²² ¿Está bien que paguemos impuestos al emperador romano, o no? *ʰ*

²³ Jesús, dándose cuenta de la mala intención que llevaban, les dijo:

²⁴ —Enséñenme una moneda de denario. *ⁱ* ¿De quién es la cara y el nombre que aquí está escrito?

Le contestaron:

—Del emperador.

²⁵ Jesús les dijo:

—Pues den al emperador lo que es del emperador, y a Dios lo que es de Dios. *ʲ*

²⁶ Y en nada de lo que él decía delante de la gente encontraron pretexto para arrestarlo, así que admirados de su respuesta se callaron.

La pregunta sobre la resurrección (Mt 22.23-33; Mc 12.18-27)

²⁷ Después algunos saduceos fueron a ver a Jesús. Los saduceos niegan que los muertos resuciten; *ᵏ* por eso le presentaron este caso:

²⁸ —Maestro, Moisés nos dejó escrito que si un hombre casado muere sin haber tenido hijos con su mujer, el hermano del difunto deberá tomar por esposa a la viuda para darle hijos al hermano que murió. *ˡ* ²⁹ Pues bien, había una vez siete hermanos, el primero de los cuales se casó, pero murió sin dejar hijos. ³⁰ El segundo ³¹ y el tercero se casaron con ella, y lo mismo hicieron los demás, pero los siete murieron sin dejar hijos. ³² Finalmente murió también la mujer. ³³ Pues bien, en la resurrección, ¿de cuál de ellos será esposa esta mujer, si los siete estuvieron casados con ella?

³⁴ Jesús les contestó:

—En la vida presente, los hombres y las mujeres se casan; ³⁵ pero aquellos que Dios juzgue que merecen gozar de la vida venidera y resucitar, sean hombres o mujeres, ya no se casarán, ³⁶ porque ya no pueden morir. Pues serán como los ángeles, y serán hijos de Dios por haber resucitado. ³⁷ Hasta el mismo Moisés, en el pasaje de la zarza que ardía, nos hace saber que los muertos resucitan. Allí dice que el Señor es el Dios de Abraham, de Isaac y de Jacob. ³⁸ ¡Y él no es Dios de muertos, sino de vivos, pues para él todos están vivos! *ᵐ*

³⁹ Algunos maestros de la ley le dijeron entonces:

—Bien dicho, Maestro.

⁴⁰ Y ya no se atrevieron a hacerle más preguntas.

ᵇ **20.4** *Juan:* el Bautista (Lc 3.1-18; Jn 1.6-28).

ᶜ **20.9** *Viñedo:* símbolo de Israel, con alusión a Is 5.1-7; véase Mt 21.33 nota s.

ᵈ **20.13** *Mi hijo querido:* Puede también entenderse como *mi único hijo.*

ᵉ **20.15** *Lo sacaron del viñedo y lo mataron:* Véase Mt 21.39 n.

ᶠ **20.17** Sal 118.22; véase Mc 12.10-11 n.

ᵍ **20.18** Cf. Is 8.14-15; Dn 2.34,44.

ʰ **20.22** Acerca de esta pregunta, véase Mt 22.17 n.

ⁱ **20.24-25** *Una moneda de denario:* moneda romana que llevaba en aquel tiempo la imagen del emperador Tiberio.

ʲ **20.25** Cf. Ro 13.7.

ᵏ **20.27** Cf. Hch 4.1-2; 23.8. *Saduceos:* miembros de un partido religioso judío; véanse Mt 22.23 n. e *Introducción al NT (26-28).*

ˡ **20.28** Dt 25.5-10. Se trata de la llamada "ley del levirato" (Mt 22.24 n.).

ᵐ **20.37-38** Jesús alude a Ex 3.2-6. *Es Dios... de vivos:* Véase Mt 22.31-32 n.

¿De quién desciende el Mesías? *(Mt 22.41-46; Mc 12.35-37)*

41 Jesús les preguntó:

—¿Por qué dicen que el Mesías desciende de David? *n*

42 Pues David mismo, en el libro de los Salmos, dice:

'El Señor dijo a mi Señor:
Siéntate a mi derecha,
43 hasta que yo haga de tus enemigos
el estrado de tus pies.' *ñ*

44 ¿Cómo puede entonces el Mesías descender de David, si David mismo lo llama Señor? *o*

Jesús denuncia a los maestros de la ley *(Mt 23.1-36; Mc 12.38-40; Lc 11.37-54)*

45 Toda la gente estaba escuchando, y Jesús dijo a sus discípulos: **46** "Cuídense de los maestros de la ley, pues les gusta andar con ropas largas, y quieren que los saluden con todo respeto en las plazas. Buscan los asientos de honor en las sinagogas y los mejores lugares en las comidas; *p* **47** y les quitan sus casas a las viudas, *q* y para disimularlo hacen largas oraciones. Ellos recibirán mayor castigo."

21

La ofrenda de la viuda pobre *(Mc 12.41-44)*

1 Jesús estaba viendo a los ricos echar dinero en los cofres de las ofrendas, *a* **2** y vio también a una viuda pobre que echaba dos monedítas de cobre. *b* **3** Entonces dijo:

—De veras les digo que esta viuda pobre ha dado más que todos; **4** pues todos dan ofrendas de lo que les sobra, pero ella, en su pobreza, ha dado todo lo que tenía para vivir. *c*

Jesús anuncia que el templo será destruido *(Mt 24.1-2; Mc 13.1-2)*

5 Algunos estaban hablando del templo, de la belleza de sus piedras y de las ofrendas votivas que lo adornaban. *d* Jesús dijo:

6 —Vendrán días en que de todo esto que ustedes están viendo no quedará ni una piedra sobre otra. Todo será destruido. *e*

Señales antes del fin *(Mt 24.3-28; Mc 13.3-23)*

7 Entonces le preguntaron:

—Maestro, ¿cuándo va a ocurrir esto? ¿Cuál será la señal de que estas cosas ya están a punto de suceder?

8 Jesús contestó: "Tengan cuidado para no dejarse engañar. Porque vendrán muchos haciéndose pasar por mí. Dirán: 'Yo soy', y 'Ahora es el tiempo.' Pero ustedes no los sigan. *f* **9** Y cuando tengan noticias de guerras y revoluciones, no se asusten, pues esto tiene que ocurrir primero; sin embargo, aún no habrá llegado el fin."

10 Siguió diciéndoles: "Una nación peleará contra otra y un país hará guerra contra otro. **11** Habrá grandes terremotos, y hambres y enfermedades en diferentes lugares, y en el cielo se verán cosas espantosas y grandes señales. *g*

12 "Pero antes de esto, a ustedes les echarán mano y los perseguirán. Los llevarán a juzgar en las sinagogas, los meterán en la cárcel y los presentarán ante reyes y gobernadores por causa mía. *h* **13** Así tendrán oportunidad de dar testimonio de mí. **14** Háganse el propósito de no preparar de antemano su defensa, **15** porque yo les daré palabras tan llenas de sabiduría que ninguno de sus enemigos podrá resistirlos ni contradecirlos en nada. *i* **16** Pero ustedes serán traicionados incluso por sus padres, sus hermanos, sus parientes y sus amigos. *j* A algunos de ustedes los matarán, **17** y todo el mundo los odiará por causa mía; *k* **18** pero no se perderá ni un cabello de su cabeza. *l* **19** ¡Manténganse firmes, para poder salvarse!

20 "Cuando vean a Jerusalén rodeada de ejércitos, sepan que pronto será destruida. **21** Entonces, los que estén en Judea, que huyan a las montañas; los que estén en Jerusalén, que salgan de la ciudad, y los que estén en el campo, que no regresen a ella. **22** Porque serán días de castigo, *m* en que se cumplirá todo lo que dicen las Escrituras. **23** ¡Pobres mujeres aquellas que en tales días estén embarazadas o tengan niños de pecho! Porque habrá mucho dolor en el país, y un castigo terrible contra este pueblo. **24** Unos morirán a filo de espada y a otros los llevarán prisioneros por todas las naciones; y los paganos pisotearán a Jerusalén hasta que se cumpla el tiempo que les ha sido señalado. *n*

El regreso del Hijo del hombre *(Mt 24.29-35,42-44; Mc 13.24-37)*

25 "Habrá señales en el sol, en la luna y en las estrellas, *ñ* y en la tierra las naciones estarán confusas y se asustarán por el terrible ruido del mar y de las olas. **26** La gente se desmayará de miedo al pensar en lo que va a sucederle al mundo; pues hasta las fuerzas celestiales serán sacudidas. *o* **27** Entonces se verá al Hijo del hombre venir en una nube con gran poder y gloria. *p* **28** Cuando

---

n **20.41** Se esperaba que el Mesías fuera descendiente del rey David; véanse las referencias en Mc 12.35 n.

ñ **20.42-43** Sal 110.1; véase Mt 22.44 n. *Estrado de tus pies:* escabel o tarima. Hacer de los enemigos estrado de los pies es símbolo de que han sido derrotados y sometidos.

o **20.41-44** Respecto al argumento presentado por Jesús, véase Mt 22.42-45 n.

p **20.46** *Ropas largas... asientos de honor:* Véase Mc 12.38,39 con las notas correspondientes; cf. también Lc 14.7.

q **20.47** Alusión a Is 10.1-2.

a **21.1** *Cofres de las ofrendas:* Véase Mc 12.41 n.

b **21.2** *Monedítas de cobre:* Véase Mc 12.42 n.

c **21.3-4** Cf. 2 Co 8.12.

d **21.5** La fachada del templo era de mármol, adornada con objetos preciosos ofrecidos a Dios, entre ellos una gran vid de oro encima de la puerta, donada por Herodes el Grande. Véase Mc 13.1 n.

e **21.6** Jerusalén fue destruida por el ejército romano en el año 70 d.C. En este cap. se hace referencia en parte a dicho acontecimiento y en parte al regreso del Hijo del hombre y al fin del mundo.

f **21.8** Mc 13.21; Lc 17.23; cf. 1 Jn 2.18.

g **21.9-11** Cf. Is 19.2; Ap 6.3-8,12-17.

h **21.12** Mt 10.17-18.

i **21.14-15** Mt 10.19-20; Mc 13.9-11; Lc 12.11-12.

j **21.16** Mt 10.21; Mc 13.12; Lc 12.52-53.

k **21.17** Mt 10.22; Jn 15.18-25.

l **21.18** Expresión proverbial (cf. Hch 27.34).

m **21.22** Os 9.7.

n **21.24** Is 63.18; Dn 8.13; Ap 11.2.

ñ **21.25** Is 13.10; Ez 32.7; Jl 2.10; 2.31 (3.4); Sof 1.15; Sab 5.22; Ap 6.12-13.

o **21.26** *Fuerzas celestiales:* los astros, a los que se consideraba bajo el dominio de potencias espirituales.

LA JUNTA SUPREMA (O SANEDRÍN)

Miembros	Tendencia	Referencias
Sumo sacerdote (presidente)	Saducea	Mt 26.65; Jn 11.49; 18.15; Hch 4.6; 5.27
Sacerdotes	Saducea	Mt 2.4; 8.4; 12.4; 27.1; Hch 4.1
Ancianos	Saducea	Mt 26.3; 27.41; 28.12; Hch 4.5
Escribas o maestros de la ley	Farisea	Mt 16.21; 17.10; 23.1-36; Mc 12.38; 15.1; Hch 23.9

Véanse *Índice temático* y la tabla *Partidos religiosos y políticos en el s. I.*

comiencen a suceder estas cosas, anímense y levanten la cabeza, porque muy pronto serán libertados."

29 También les puso esta comparación: "Fíjense en la higuera, o en cualquier otro árbol. **30** Cuando ven que brotan las hojas, se dan cuenta ustedes de que ya está cerca el verano. **31** De la misma manera, cuando vean que suceden estas cosas, sepan que el reino de Dios ya está cerca.

32 "Les aseguro que todo esto sucederá antes que muera la gente de este tiempo. **33** El cielo y la tierra dejarán de existir, pero mis palabras no dejarán de cumplirse.

34 "Tengan cuidado y no dejen que sus corazones se hagan insensibles por los vicios, las borracheras y las preocupaciones de esta vida, para que aquel día no caiga de pronto sobre ustedes **35** como una trampa. Porque vendrá sobre todos los habitantes de la tierra. **36** Estén ustedes preparados, orando en todo tiempo, *q* para que puedan escapar de todas estas cosas que van a suceder y para que puedan presentarse delante del Hijo del hombre."

37 Jesús enseñaba de día en el templo, *r* y de noche se quedaba en el monte que se llama de los Olivos. **38** Y toda la gente iba temprano al templo a oírlo.

2. Pasión, muerte y resurrección (22.1—24.53)

22 *Conspiración para arrestar a Jesús (Mt 26.1-5,14-16; Mc 14.1-2,10-11; Jn 11.45-53)* **1** Estaba ya cerca la fiesta en que se come el pan sin levadura, o sea la fiesta de la Pascua. *a* **2** Los jefes de los sacerdotes y los maestros de la ley, que tenían miedo de la gente, *b* buscaban la manera de matar a Jesús.

3 Entonces Satanás entró en Judas, *c* uno de los doce discípulos, al que llamaban Iscariote. **4** Este fue a ver a los jefes de los sacerdotes y a los oficiales del templo, y habló con ellos sobre cómo entregarles a Jesús. **5** Ellos se alegraron y prometieron darle dinero a Judas. **6** Y él aceptó y comenzó a buscar un momento oportuno, en que no hubiera gente, para entregarles a Jesús.

La Cena del Señor (Mt 26.17-29; Mc 14.12-25; Jn 13.21-30; 1 Co 11.23-26) **7** Llegó el día de la fiesta en que se comía el pan sin levadura, cuando se sacrificaba el cordero de Pascua. *d* **8** Jesús envió a Pedro y a Juan, diciendo:

—Vayan a prepararnos la cena de Pascua.

9 Ellos le preguntaron:

—¿Dónde quieres que la preparemos?

10 Jesús les contestó:

—Cuando entren ustedes en la ciudad, encontrarán a un hombre que lleva un cántaro de agua. *e* Síganlo hasta la casa donde entre, **11** y digan al dueño de la casa: 'El Maestro pregunta: ¿Cuál es el cuarto donde voy a comer con mis discípulos la cena de Pascua?' **12** Él les mostrará en el piso alto un cuarto grande y arreglado para la cena. *f* Preparen allí lo necesario.

13 Ellos fueron y lo encontraron todo como Jesús se lo había dicho, y prepararon la cena de Pascua. *g*

14 Cuando llegó la hora, *h* Jesús y los apóstoles se sentaron *i* a la mesa. **15** Jesús les dijo:

—¡Cuánto he querido celebrar con ustedes esta cena de Pascua antes de mi muerte! **16** Porque les digo que no la celebraré de nuevo hasta que se cumpla en el reino de Dios. *j*

17 Entonces tomó en sus manos una copa *k* y, habiendo dado gracias a Dios, dijo:

—Tomen esto y repártanlo entre ustedes; **18** porque les digo que no volveré a beber del producto de la vid, hasta que venga el reino de Dios.

19 Después tomó el pan en sus manos y, habiendo dado gracias a Dios, lo partió y se lo dio a ellos, diciendo:

---

p **21.27** Dn 7.13; Mt 16.27; 26.64; Ap 1.7; cf. 1 Ts 4.13-18.
q **21.36** *Orando en todo tiempo:* Véase Lc 18.1 n.
r **21.37** Lc 19.47; 22.53; Jn 18.20.
a **22.1** Respecto a las fiestas de la *Pascua* y del *pan sin levadura,* véanse Mc 14.1 n. e *Índice temático.*
b **22.2** Cf. Lc 19.47-48; 20.19.
c **22.3** Jn 13.2-4,27. *Satanás:* el diablo (Mc 1.13 nota *p*); cf. la oposición a Jesús en la prueba del desierto (Lc 4.13 n.).
d **22.7** Al llegar la *Pascua,* se sacrificaba el cordero que se comía en la cena conmemorativa de la salida de los israelitas de Egipto (Ex 12.1-28).
e **22.10-11** Ya que las mujeres eran las que acostumbraban llevar agua en cántaros, el hombre del cántaro puede haber servido como contraseña para mantener en secreto los planes para la cena.
f **22.12** *Un cuarto... cena:* Véase Mc 14.15 n.
g **22.13** Cf. Dt 16.5-8.
h **22.14** *La hora:* la de la cena pascual, después de la puesta del sol.
i **22.14** *Se sentaron:* lit. *se reclinaron;* véase Mt 26.20 n.
j **22.16** Sobre la imagen del banquete, véase Mt 8.11 nota *i;* cf. Lc 13.29.
k **22.17** Solo Lc menciona una copa aquí, antes del *pan* (v. 19); más adelante (v. 20) menciona otra *copa después de la cena.* En realidad, parece que en la cena de Pascua se tomaban entonces al menos tres copas de vino.

—Esto es mi cuerpo,[l] entregado a muerte en favor de ustedes. Hagan esto en memoria de mí.

[20] Lo mismo hizo con la copa después de la cena, diciendo:

—Esta copa es la nueva alianza confirmada con mi sangre,[m] la cual es derramada en favor de ustedes. [21] Pero ahora la mano del que me va a traicionar está aquí, con la mía, sobre la mesa.[n] [22] Pues el Hijo del hombre ha de recorrer el camino que se le ha señalado,[ñ] pero ¡ay de aquel que lo traiciona!

[23] Entonces comenzaron a preguntarse unos a otros quién sería el traidor.

¿Quién es el más importante?

[24] Los discípulos tuvieron una discusión sobre cuál de ellos debía ser considerado el más importante.[o] [25] Jesús les dijo: "Entre los paganos, los reyes gobiernan con tiranía a sus súbditos, y a los jefes se les da el título de benefactores.[p] [26] Pero ustedes no deben ser así. Al contrario, el más importante entre ustedes tiene que hacerse como el más joven, y el que manda tiene que hacerse como el que sirve.[q] [27] Pues ¿quién es más importante, el que se sienta a la mesa a comer o el que sirve? ¿Acaso no lo es el que se sienta a la mesa? En cambio yo estoy entre ustedes como el que sirve.[r]

[28] "Ustedes han estado siempre conmigo en mis pruebas. [29] Por eso, yo les doy un reino, como mi Padre me lo dio a mí, [30] y ustedes comerán y beberán a mi mesa en mi reino, y se sentarán en tronos para juzgar a las doce tribus de Israel."[s]

Jesús anuncia que Pedro lo negará (Mt 26.31-35; Mc 14.27-31; Jn 13.36-38)

[31] Dijo también el Señor:

—Simón, Simón, mira que Satanás los ha pedido a ustedes para sacudirlos[t] como si fueran trigo; [32] pero yo he rogado por ti, para que no te falte la fe. Y tú, cuando te hayas vuelto a mí,[u] ayuda a tus hermanos a permanecer firmes.

[33] Simón le dijo:

—Señor, estoy dispuesto a ir contigo a la cárcel, y hasta a morir contigo.

[34] Jesús le contestó:

—Pedro, te digo que hoy mismo, antes que cante el gallo,[v] tres veces negarás que me conoces.

Se acerca la hora de la prueba

[35] Luego Jesús les preguntó:

—Cuando los mandé sin dinero ni provisiones ni sandalias,[w] ¿acaso les faltó algo?

Ellos contestaron:

—Nada.

[36] Entonces les dijo:

—Ahora, en cambio, el que tenga dinero, que lo traiga, y también provisiones; y el que no tenga espada, que venda su abrigo y se compre una.[x] [37] Porque les digo que tiene que cumplirse en mí esto que dicen las Escrituras: 'Y fue contado entre los malvados.'[y] Pues todo lo que está escrito de mí, tiene que cumplirse.

[38] Ellos dijeron:

—Señor, aquí hay dos espadas.

Y él contestó:

—Basta ya de hablar.[z]

Jesús ora en Getsemaní (Mt 26.36-46; Mc 14.32-42)

[39] Luego Jesús salió y, según su costumbre, se fue al Monte de los Olivos; y los discípulos lo siguieron. [40] Al llegar al lugar, les dijo:

—Oren, para que no caigan en tentación.[a]

[41] Se alejó de ellos como a la distancia de un tiro de piedra, y se puso de rodillas para orar.[b] [42] Dijo: "Padre, si quieres, líbrame de este trago amargo;[c] pero que no se haga mi voluntad, sino la tuya."

[[43] En esto se le apareció un ángel del cielo, para darle fuerzas. [44] En medio de su gran sufrimiento, Jesús oraba aún más intensamente, y el sudor le caía a tierra como grandes gotas de sangre.][d]

[45] Cuando se levantó de la oración, fue a donde estaban los discípulos, y los encontró dormidos, vencidos por la tristeza. [46] Les dijo:

—¿Por qué están durmiendo? Levántense y oren, para que no caigan en tentación.

Arrestan a Jesús (Mt 26.47-56; Mc 14.43-50; Jn 18.2-11)

[47] Todavía estaba hablando Jesús, cuando llegó mucha

---

[l] **22.19-20** Además de los pasajes paralelos, cf. Jn 6.51-58. Algunos mss. omiten el resto del v. 19 (a partir de *entregado a muerte*) y todo el v. 20.

[m] **22.20** *La nueva alianza:* Jer 31.31-34. *Confirmada con mi sangre:* La primera alianza o pacto que Dios hizo con Israel se confirmó con la sangre de animales sacrificados (Ex 24.6-8; Heb 9.18-22). Cf. Heb 10.29; 13.20.

[n] **22.21** Sal 41.9 (10). Los otros evangelios dejan abierta la posibilidad de que Judas no haya estado presente cuando Jesús instituyó la Cena; Lc, en cambio, da a entender que sí estaba.

[ñ] **22.22** *El camino que se le ha señalado:* es decir, *el camino que Dios le ha señalado.*

[o] **22.24** Mt 18.1; Mc 9.34; Lc 9.46.

[p] **22.25** *Benefactores:* Los griegos daban este título honorífico a los dioses, a los reyes y a otros personajes importantes.

[q] **22.25-26** Mt 20.25-27; 23.11; Mc 9.35; 10.42-44; cf. Eclo 3.18.

[r] **22.27** Mt 20.28; Mc 10.45; Jn 13.12-15.

[s] **22.30** Dn 7.9-14; Mt 19.28; Ap 3.21; 20.4.

[t] **22.31** *Sacudir:* esto es, *zarandear* o *cribar;* expresión que implica poner a prueba la fidelidad (cf. Am 9.9).

[u] **22.32** *Cuando te hayas vuelto a mí:* lit. *cuando hayas vuelto;* expresión que puede entenderse como volverse ya sea a Jesús o a Dios (esto es, arrepentirse después de negar a Jesús).

[v] **22.34** Respecto al canto del *gallo,* véase Mt 26.75 n.

[w] **22.35** Mt 10.9-10; Mc 6.8-9; Lc 9.3; 10.4.

[x] **22.36** *Traer dinero, provisiones* y *espada* son expresiones que indican la actitud del que va a emprender un viaje peligroso, símbolo de la prueba que va a comenzar para Jesús y sus discípulos.

[y] **22.37** Is 53.12.

[z] **22.38** *Basta ya de hablar:* lit. *basta.* Los discípulos no habían entendido el sentido figurado de las palabras que Jesús acababa de dirigirles.

[a] **22.40** *Tentación* (aquí y en el v. 46): También puede traducirse por *prueba* (Mt 6.13 nota ñ); cf. las pruebas mencionadas en 22.28-36, y la dura prueba narrada a partir del v. 47.

[b] **22.41** Heb 5.7-8.

[c] **22.42** *Este trago amargo:* lit. *esta copa,* en el sentido figurado de sufrimiento o prueba; véase Mt 26.39 n.

[d] **22.43-44** Varios mss. importantes omiten los vv. 43-44, impresos aquí entre corchetes.

gente. El que se llamaba Judas, que era uno de los doce discípulos, iba a la cabeza. Este se acercó a besar a Jesús, ⁴⁸ pero Jesús le dijo:

—Judas, ¿con un beso traicionas al Hijo del hombre? ᵉ

⁴⁹ Los que estaban con Jesús, al ver lo que pasaba, le preguntaron:

—Señor, ¿atacamos con espada?

⁵⁰ Y uno de ellos hirió al criado del sumo sacerdote, cortándole la oreja derecha. ⁵¹ Jesús dijo:

—Déjenlos; ya basta.

Y le tocó la oreja al criado, y lo sanó. ⁵² Luego dijo a los jefes de los sacerdotes, a los oficiales del templo y a los ancianos, que habían venido a llevárselo:

—¿Por qué han venido ustedes con espadas y con palos, como si yo fuera un bandido? ⁵³ Todos los días he estado con ustedes en el templo, ᶠ y no trataron de arrestarme. Pero esta es la hora de ustedes, la hora del poder de las tinieblas. ᵍ

Pedro niega conocer a Jesús *(Mt 26.57-58,69-75; Mc 14.53-54,66-72; Jn 18.12-18,25-27)* ⁵⁴ Arrestaron entonces a Jesús y lo llevaron a la casa del sumo sacerdote. Pedro lo seguía de lejos. ⁵⁵ Allí, en medio del patio, habían hecho fuego, y se sentaron alrededor; y Pedro se sentó también entre ellos. ⁵⁶ En esto, una sirvienta, al verlo sentado junto al fuego, se quedó mirándolo y dijo:

—También este estaba con él.

⁵⁷ Pero Pedro lo negó, diciendo:

—Mujer, yo no lo conozco.

⁵⁸ Poco después, otro lo vio y dijo:

—Tú también eres de ellos.

Pedro contestó:

—No, hombre, no lo soy.

⁵⁹ Como una hora después, otro insistió:

—Seguro que este estaba con él. Además es de Galilea.

⁶⁰ Pedro dijo:

—Hombre, no sé de qué hablas.

En ese mismo momento, mientras Pedro aún estaba hablando, cantó un gallo. ⁶¹ Entonces el Señor se volvió y miró a Pedro, y Pedro se acordó de que el Señor le había dicho: "Hoy, antes que el gallo cante, me negarás tres veces." ʰ ⁶² Y salió Pedro de allí y lloró amargamente.

Se burlan de Jesús *(Mt 26.67-68; Mc 14.65)* ⁶³ Los hombres que estaban vigilando a Jesús se burlaban de él y lo golpeaban. ⁱ ⁶⁴ Le taparon los ojos, y le preguntaban:

—¡Adivina quién te pegó!

⁶⁵ Y lo insultaban diciéndole otras muchas cosas.

Jesús ante la Junta Suprema *(Mt 26.59-66; Mc 14.55-64; Jn 18.19-24)* ⁶⁶ Cuando se hizo de día, se reunieron los ancianos de los judíos, los jefes de los sacerdotes y los maestros de la ley, y llevaron a Jesús ante la Junta Suprema. ʲ Allí le preguntaron:

⁶⁷ —Dinos, ¿eres tú el Mesías?

Él les contestó:

—Si les digo que sí, no me van a creer. ⁶⁸ Y si les hago preguntas, no me van a contestar. ⁶⁹ Pero desde ahora el Hijo del hombre estará sentado a la derecha del Dios todopoderoso. ᵏ

⁷⁰ Luego todos le preguntaron:

—¿Así que tú eres el Hijo de Dios?

Jesús les contestó:

—Ustedes mismos han dicho que lo soy. ˡ

⁷¹ Entonces ellos dijeron:

—¿Qué necesidad tenemos de más testigos? Nosotros mismos lo hemos oído de sus propios labios. ᵐ

23

Jesús ante Pilato *(Mt 27.1-2,11-14; Mc 15.1-5; Jn 18.28-38)* ¹ Todos se levantaron, y llevaron a Jesús ante Pilato. ᵃ ² En su presencia comenzaron a acusarlo, diciendo:

—Hemos encontrado a este hombre alborotando a nuestra nación. Dice que no debemos pagar impuestos al emperador, ᵇ y además afirma que él es el Mesías, el Rey. ᶜ

³ Pilato le preguntó:

—¿Eres tú el Rey de los judíos?

—Tú lo has dicho —contestó Jesús. ᵈ

⁴ Entonces Pilato dijo a los jefes de los sacerdotes y a la gente:

—No encuentro en este hombre razón para condenarlo.

⁵ Pero ellos insistieron con más fuerza:

—Con sus enseñanzas está alborotando a todo el pueblo. Comenzó en Galilea, y ahora sigue haciéndolo aquí, en Judea.

Jesús ante Herodes ⁶ Al oir esto, Pilato preguntó si el hombre era de Galilea. ⁷ Y al saber que Jesús era de la jurisdicción de Herodes, ᵉ se lo envió, pues él también se encontraba aquellos días en Jerusalén. ⁸ Al ver a Jesús,

---

ᵉ **22.47-48** Respecto al *beso*, véase Mt 26.48-49 n.

ᶠ **22.53** Lc 19.47; 21.37; Jn 18.19-21.

ᵍ **22.53** *La hora del poder de las tinieblas:* alusión a Satanás y a las fuerzas del mal; cf. Hch 26.18; Col 1.13.

ʰ **22.61** Cf. v. 34.

ⁱ **22.63-65** Jn 18.22-23.

ʲ **22.66** *Junta Suprema:* el Sanedrín o consejo supremo de los judíos; véase *Índice temático*. Véase también Mt 26.57 n.

ᵏ **22.69** Sal 110.1; Hch 7.56. *La derecha* es el lugar de honor.

ˡ **22.70** La respuesta de Jesús puede entenderse como *es así como ustedes dicen*, o bien *son ustedes quienes lo dicen*.

ᵐ **22.70-71** Cf. Jn 10.33.

ᵃ **23.1** *Pilato:* Véase Mt 27.2 n. Como prefecto o gobernador romano, Pilato trataba los casos de índole no religiosa.

ᵇ **23.2** Lc 20.20-26; los testigos dan una versión falsa.

ᶜ **23.2** *El Mesías, el Rey:* Véase *Mesías* en el *Índice temático*. Si Jesús hubiera pretendido ser rey en sentido político, ello habría constituido un acto de sedición contra Roma. Este cap. demuestra que Jesús fue inocente de los tres cargos lanzados contra él (cf. vv. 4,14,22).

ᵈ **23.3** *Tú lo has dicho:* respuesta enigmática, que puede entenderse como *es así, como tú has dicho,* o bien, *eres tú quien lo dice.* Jesús no era *Rey de los judíos* en sentido político. Véase Mt 27.11 n.

ᵉ **23.7** *Herodes* Antipas (Lc 3.1 nota d) gobernaba en la región donde Jesús había vivido y realizado la mayor parte de su actividad.

Herodes se puso muy contento, porque durante mucho tiempo había querido verlo, pues había oído hablar de él y esperaba verlo hacer algún milagro.[f] ⁹ Le hizo muchas preguntas, pero Jesús no le contestó nada.[g] ¹⁰ También estaban allí los jefes de los sacerdotes y los maestros de la ley, que lo acusaban con gran insistencia. ¹¹ Entonces Herodes y sus soldados lo trataron con desprecio, y para burlarse de él lo vistieron con ropas lujosas, como de rey. Luego Herodes lo envió nuevamente a Pilato.[h] ¹² Aquel día se hicieron amigos Pilato y Herodes, que antes eran enemigos.

Jesús es sentenciado a muerte (Mt 27.15-26; Mc 15.6-15; Jn 18.39—19.16)

¹³ Pilato reunió a los jefes de los sacerdotes, a las autoridades y al pueblo, ¹⁴ y les dijo:

—Ustedes me trajeron a este hombre, diciendo que alborota al pueblo; pero yo lo he interrogado delante de ustedes y no lo he encontrado culpable de ninguna de las faltas de que lo acusan. ¹⁵ Ni tampoco Herodes, puesto que nos lo ha devuelto. Ya ven, no ha hecho nada que merezca la pena de muerte. ¹⁶ Lo voy a castigar y después lo dejaré libre.[i]

¹⁸ Pero todos juntos comenzaron a gritar:[j]

—¡Fuera con ese! ¡Déjanos libre a Barrabás!

¹⁹ A este Barrabás lo habían metido en la cárcel por una rebelión ocurrida en la ciudad, y por un asesinato. ²⁰ Pilato, que quería dejar libre a Jesús, les habló otra vez; ²¹ pero ellos gritaron más alto:

—¡Crucifícalo! ¡Crucifícalo![k]

²² Por tercera vez Pilato les dijo:

—Pues ¿qué mal ha hecho? Yo no encuentro en él nada que merezca la pena de muerte. Lo voy a castigar y después lo dejaré libre.

²³ Pero ellos insistían a gritos, pidiendo que lo crucificara; y tanto gritaron que consiguieron lo que querían. ²⁴ Pilato decidió hacer lo que le estaban pidiendo; ²⁵ así que dejó libre al hombre que habían escogido, el que estaba en la cárcel por rebelión y asesinato, y entregó a Jesús a la voluntad de ellos.

Jesús es crucificado (Mt 27.32-44; Mc 15.21-32; Jn 19.17-27)

²⁶ Cuando llevaron a Jesús a crucificarlo, echaron mano de un hombre de Cirene llamado Simón, que venía del campo, y lo hicieron cargar con la cruz y llevarla detrás de Jesús.[l]

²⁷ Mucha gente y muchas mujeres que lloraban y gritaban de tristeza por él, lo seguían. ²⁸ Pero Jesús las miró y les dijo:

—Mujeres de Jerusalén, no lloren por mí, sino por ustedes mismas y por sus hijos.[m] ²⁹ Porque vendrán días en que se dirá: 'Dichosas las que no pueden tener hijos, las mujeres que no dieron a luz ni tuvieron hijos que criar.'[n] ³⁰ Entonces comenzará la gente a decir a los montes: '¡Caigan sobre nosotros!', y a las colinas: '¡Escóndannos!'[ñ] ³¹ Porque si con el árbol verde hacen todo esto, ¿qué no harán con el seco?[o]

³² También llevaban a dos criminales, para crucificarlos junto con Jesús. ³³ Cuando llegaron al sitio llamado La Calavera,[p] crucificaron a Jesús y a los dos criminales, uno a su derecha y otro a su izquierda. [³⁴ Jesús dijo: "Padre, perdónalos, porque no saben lo que hacen."][q]

Y los soldados echaron suertes para repartirse entre sí la ropa de Jesús.[r] ³⁵ La gente estaba allí mirando; y hasta las autoridades se burlaban de él, diciendo:

—Salvó a otros; que se salve a sí mismo ahora, si de veras es el Mesías de Dios y su escogido.

³⁶ Los soldados también se burlaban de Jesús. Se acercaban y le daban a beber vino agrio,[s] ³⁷ diciéndole:

—¡Si tú eres el Rey de los judíos, sálvate a ti mismo!

³⁸ Y había un letrero sobre su cabeza, que decía: "Este es el Rey de los judíos."

³⁹ Uno de los criminales que estaban colgados, lo insultaba:

—¡Si tú eres el Mesías, sálvate a ti mismo y sálvanos también a nosotros!

⁴⁰ Pero el otro reprendió a su compañero, diciéndole:

—¿No tienes temor de Dios, tú que estás bajo el mismo castigo? ⁴¹ Nosotros estamos sufriendo con toda razón, porque estamos pagando el justo castigo de lo que hemos hecho; pero este hombre no hizo nada malo.

⁴² Luego añadió:

—Jesús, acuérdate de mí cuando comiences a reinar.

⁴³ Jesús le contestó:

—Te aseguro que hoy estarás conmigo en el paraíso.[t]

Muerte de Jesús (Mt 27.45-56; Mc 15.33-41; Jn 19.28-30)

⁴⁴ Desde el mediodía y hasta las tres de la tarde, toda la tierra quedó en oscuridad.[u] ⁴⁵ El sol dejó de brillar, y el velo[v] del templo se rasgó por la mitad. ⁴⁶ Jesús gritó con fuerza y dijo:

---

[f] **23.8** Lc 9.9. En Hch 4.26-28 se interpreta este episodio como el cumplimiento del Sal 2.1-2.
[g] **23.8-9** Mt 26.63; 27.12,14; Jn 19.8-9; cf. Is 53.7.
[h] **23.11** Cf. Mc 15.17-20.
[i] **23.16** Algunos mss. añaden el v. 17: *Durante la fiesta, Pilato tenía que dar gusto a la gente dejando libre a un preso*, probablemente incluido con base en Mt 27.15 y Mc 15.6.
[j] **23.18** No hay indicaciones de que esta multitud fuera la misma que había aclamado a Jesús anteriormente (Lc 19.37); véase Mt 27.20 n.
[k] **23.21** Véase *Crucifixión, cruz* en el *Índice temático*.
[l] **23.26** En cuanto al espectáculo que hacían de los condenados a muerte, y en cuanto a *Simón*, véanse las notas sobre Mt 27.31 y Mc 15.21.
[m] **23.28** Expresión semítica que equivale a *más que llorar por mí, lloren por ustedes mismas y por sus hijos*.
[n] **23.29** Cf. Lc 21.23.
[ñ] **23.30** Os 10.8; Ap 6.16.
[o] **23.31** Probable alusión a las calamidades que iban a venir sobre Jerusalén. Véase Lc 21.6 n.
[p] **23.33** La Calavera: Véase *Gólgota* en el *Índice temático*.
[q] **23.34** Cf. Is 53.12; Hch 7.60. El texto entre corchetes falta en algunos mss. de reconocida autoridad.
[r] **23.34** Alusión al Sal 22.18 (19).
[s] **23.36** Cf. Sal 22.7-8 (8-9); 69.21 (22). *Vino agrio*: Véase Mt 27.48 n.
[t] **23.43** *Paraíso*: palabra aplicada primeramente al jardín de Edén (Gn 2.8—3.24) y después al lugar de felicidad donde los justos esperan el juicio final y la resurrección.
[u] **23.44** Véase Mt 27.45 n.
[v] **23.45** *El velo*: Cf. Ex 26.31-33. Se refiere probablemente al velo o cortina del templo que separaba el Lugar Santo del Lugar Santísimo (véase Mt 27.51 n.).

—¡Padre, en tus manos encomiendo mi espíritu! ʷ
Y al decir esto, murió.
⁴⁷ Cuando el capitán romano vio lo que había pasado, alabó a Dios, diciendo:
—De veras, este hombre era inocente.
⁴⁸ Toda la multitud que estaba presente y que vio lo que había pasado, se fue de allí golpeándose el pecho. ˣ ⁴⁹ Todos los conocidos de Jesús se mantenían a distancia; ʸ también las mujeres que lo habían seguido desde Galilea ᶻ estaban allí mirando.

Jesús es sepultado *(Mt 27.57-61; Mc 15.42-47; Jn 19.38-42)*
⁵⁰⁻⁵¹ Había un hombre bueno y justo llamado José, natural de Arimatea, un pueblo de Judea. Pertenecía a la Junta Suprema de los judíos. Este José, que esperaba el reino de Dios y que no estuvo de acuerdo con lo que la Junta había hecho, ⁵² fue a ver a Pilato y le pidió el cuerpo de Jesús. ⁵³ Después de bajarlo de la cruz, lo envolvió en una sábana de lino y lo puso en un sepulcro excavado en una peña, ᵃ donde todavía no habían sepultado a nadie. ⁵⁴ Era el día de la preparación para el sábado, que ya estaba a punto de comenzar. ᵇ
⁵⁵ Las mujeres que habían acompañado a Jesús desde Galilea, ᶜ fueron y vieron el sepulcro, y se fijaron en cómo habían puesto el cuerpo. ⁵⁶ Cuando volvieron a casa, prepararon perfumes y ungüentos. ᵈ

24

Anuncio de la resurrección de Jesús *(Mt 28.1-10; Mc 16.1-8; Jn 20.1-10)* Las mujeres descansaron el sábado, conforme al mandamiento, ᵉ ¹ pero el primer día de la semana ᵃ regresaron al sepulcro muy temprano, llevando los perfumes que habían preparado. ² Al llegar, se encontraron con que la piedra que tapaba el sepulcro no estaba en su lugar; ³ y entraron, pero no encontraron el cuerpo del Señor Jesús. ⁴ No sabían qué pensar de esto, cuando de pronto vieron a dos hombres de pie junto a ellas, vestidos con ropas brillantes. ᵇ ⁵ Llenas de miedo, se inclinaron hasta el suelo; pero aquellos hombres les dijeron:
—¿Por qué buscan ustedes entre los muertos al que está vivo? ⁶ No está aquí, sino que ha resucitado. ᶜ Acuérdense de lo que les dijo cuando todavía estaba en Galilea: ⁷ que el Hijo del hombre tenía que ser entregado en manos de pecadores, que lo crucificarían y que al tercer día resucitaría. ᵈ

⁸ Entonces ellas se acordaron de las palabras de Jesús, ⁹ y al regresar del sepulcro contaron todo esto a los once apóstoles y a todos los demás. ¹⁰ Las que llevaron la noticia a los apóstoles fueron María Magdalena, Juana, María madre de Santiago, y las otras mujeres. ᵉ ¹¹ Pero a los apóstoles les pareció una locura lo que ellas decían, y no querían creerles.
¹² Sin embargo, Pedro se fue corriendo al sepulcro; y cuando miró dentro, no vio más que las sábanas. Entonces volvió a casa, admirado de lo que había sucedido. ᶠ

En el camino a Emaús *(Mc 16.12-13)* ¹³ Aquel mismo día, dos de los discípulos ᵍ se dirigían a un pueblo llamado Emaús, a unos once kilómetros de Jerusalén. ¹⁴ Iban hablando de todo lo que había pasado. ¹⁵ Mientras conversaban y discutían, Jesús mismo se acercó y comenzó a caminar con ellos. ¹⁶ Pero aunque lo veían, algo les impedía darse cuenta de quién era. ʰ ¹⁷ Jesús les preguntó:
—¿De qué van hablando ustedes por el camino?
Se detuvieron tristes, ¹⁸ y uno de ellos, que se llamaba Cleofás, contestó:
—¿Eres tú el único que ha estado alojado en Jerusalén y que no sabe lo que ha pasado allí en estos días? ⁱ
¹⁹ Él les preguntó:
—¿Qué ha pasado?
Le dijeron:
—Lo de Jesús de Nazaret, que era un profeta ʲ poderoso en hechos y en palabras delante de Dios y de todo el pueblo; ²⁰ y cómo los jefes de los sacerdotes y nuestras autoridades lo entregaron para que lo condenaran a muerte y lo crucificaran. ²¹ Nosotros teníamos la esperanza de que él sería el que había de libertar a la nación de Israel. Pero ya hace tres días que pasó todo eso. ²² Aunque algunas de las mujeres que están con nosotros nos han asustado, pues fueron de madrugada al sepulcro, ²³ y como no encontraron el cuerpo, volvieron a casa. Y cuentan que unos ángeles se les han aparecido y les han dicho que Jesús vive. ²⁴ Algunos de nuestros compañeros fueron después al sepulcro y lo encontraron tal como las mujeres habían dicho, pero a Jesús no lo vieron.
²⁵ Entonces Jesús les dijo:
—¡Qué faltos de comprensión son ustedes y qué lentos para creer todo lo que dijeron los profetas! ᵏ ²⁶ ¿Acaso no

---

ʷ **23.46** Sal 31.5 (6); Hch 7.59.
ˣ **23.48** *Golpeándose el pecho:* señal de angustia y quizá de remordimiento.
ʸ **23.49** Sal 38.11 (12).
ᶻ **23.49** *Las mujeres:* Lc 8.1-3.
ᵃ **23.53** *Un sepulcro excavado en una peña:* Véase Mt 27.60 n.
ᵇ **23.54** *Día de la preparación:* el viernes, día en que los judíos se preparaban para celebrar el *sábado*.
ᶜ **23.55** Cf. v. 49.
ᵈ **23.56** *Perfumes y ungüentos:* utilizados para embalsamar el cuerpo y completar así el ritual de la sepultura.
ᵉ **23.56** *Descansaron el sábado, conforme al mandamiento:* Ex 20.10; Dt 5.14. Como era tarde, las mujeres tenían que esperar a que pasara el *sábado,* día de reposo, antes de poder hacer cualquier trabajo (Mc 16.1).
ᵃ **24.1** *El primer día de la semana:* Jn 20.19; Hch 20.7 nota g.

ᵇ **24.4** *Vestidos con ropas brillantes:* Jn 20.12. Véase Mc 16.5 n.
ᶜ **24.6** Algunos mss. omiten la frase *No está aquí, sino que ha resucitado* (cf. Mt 28.6; Mc 16.6).
ᵈ **24.6-7** Mt 16.21; 17.22-23; 20.18-19; Mc 8.31; 9.31; 10.33-34; Lc 9.22; 18.31-33.
ᵉ **24.10** Lc 8.2-3.
ᶠ **24.12** Algunos mss. omiten el v. 12 (cf. Jn 20.3,5-6, y véase Jn 20.6-7 n.).
ᵍ **24.13** *Dos de los discípulos:* seguidores de Jesús que no eran del grupo de los once apóstoles (v. 33).
ʰ **24.16** Cf. Jn 20.14; 21.4.
ⁱ **24.18** *Cleofás:* nombre masculino griego; probablemente una persona distinta de la mencionada en Jn 19.25.
ʲ **24.19** *Profeta:* Mt 21.11; Lc 7.16; 13.33; Hch 3.22.
ᵏ **24.25** Cf. Mc 16.14.

tenía que sufrir el Mesías estas cosas antes de ser glorificado?[l]

[27] Luego se puso a explicarles todos los pasajes de las Escrituras que hablaban de él, comenzando por los libros de Moisés y siguiendo por todos los libros de los profetas.[m] [28] Al llegar al pueblo adonde se dirigían, Jesús hizo como que iba a seguir adelante. [29] Pero ellos lo obligaron a quedarse, diciendo:

—Quédate con nosotros, porque ya es tarde. Se está haciendo de noche.

Jesús entró, pues, para quedarse con ellos. [30] Cuando ya estaban sentados a la mesa, tomó en sus manos el pan, y habiendo dado gracias a Dios, lo partió y se lo dio. [31] En ese momento se les abrieron los ojos y reconocieron a Jesús;[n] pero él desapareció. [32] Y se dijeron el uno al otro:

—¿No es verdad que el corazón nos ardía en el pecho cuando nos venía hablando por el camino y nos explicaba las Escrituras?

[33] Sin esperar más, se pusieron en camino y volvieron a Jerusalén, donde encontraron reunidos a los once apóstoles y a sus compañeros, [34] que les dijeron:

—De veras ha resucitado el Señor, y se le ha aparecido a Simón.[ñ]

[35] Entonces ellos dos les contaron lo que les había pasado en el camino, y cómo reconocieron a Jesús cuando partió el pan.

Jesús se aparece a los discípulos (Mt 28.16-20; Mc 16.14-18; Jn 20.19-23)   [36] Estaban todavía hablando de estas cosas, cuando Jesús se puso en medio de ellos y los saludó diciendo:

—Paz a ustedes.[o]

[37] Ellos se asustaron mucho, pensando que estaban viendo un espíritu. [38] Pero Jesús les dijo:

—¿Por qué están asustados? ¿Por qué tienen esas dudas en su corazón? [39] Miren mis manos y mis pies. Soy yo mismo. Tóquenme y vean: un espíritu no tiene carne ni huesos, como ustedes ven que tengo yo.[p] [40] Al decirles esto, les enseñó las manos y los pies.[q] [41] Pero como ellos no acababan de creerlo, a causa de la alegría y el asombro que sentían, Jesús les preguntó:

—¿Tienen aquí algo que comer?

[42] Le dieron un pedazo de pescado asado,[r] [43] y él lo aceptó y lo comió en su presencia.[s] [44] Luego les dijo:

—Lo que me ha pasado es aquello que les anuncié cuando estaba todavía con ustedes: que había de cumplirse[t] todo lo que está escrito de mí en la ley de Moisés, en los libros de los profetas y en los salmos.[u]

[45] Entonces hizo que entendieran las Escrituras, [46] y les dijo:

—Está escrito que el Mesías tenía que morir, y resucitar al tercer día,[v] [47] y que en su nombre se anunciará a todas las naciones que se vuelvan a Dios, para que les perdone sus pecados. Comenzando desde Jerusalén,[w] [48] ustedes deben dar testimonio de estas cosas.[x] [49] Y yo enviaré sobre ustedes lo que mi Padre prometió.[y] Pero ustedes quédense aquí, en la ciudad de Jerusalén, hasta que reciban el poder que viene del cielo.[z]

Jesús sube al cielo[a] (Mc 16.19-20)   [50] Luego Jesús los llevó fuera de la ciudad, hasta Betania,[b] y alzando las manos los bendijo. [51] Y mientras los bendecía, se apartó de ellos y fue llevado al cielo.[c] [52] Ellos, después de adorarlo,[d] volvieron a Jerusalén muy contentos. [53] Y estaban siempre en el templo, alabando a Dios.

---

[l] 24.26 Cf. lo dicho por Jesús en Lc 9.22; 17.25.

[m] 24.27 Las *Escrituras* del AT comprendían principalmente *los libros de Moisés* y *de los profetas* (véanse Mt 5.17 nota y; Lc 24.44 nota u).

[n] 24.30-31 La expresión "partir el pan" fue específicamente aplicada por la iglesia primitiva a la Cena del Señor o Eucaristía (Hch 2.42; 20.7; 1 Co 10.16), por lo que su uso aquí y en el v. 35 puede ser una alusión a ella.

[ñ] 24.34 Esta aparición a *Simón* Pedro no se menciona en los otros evangelios, pero Pablo se refiere a ella en 1 Co 15.5.

[o] 24.36 *Paz a ustedes*: saludo tradicional judío, que en estas circunstancias adquiere un sentido más profundo; véase Jn 14.27 n. Algunos mss. omiten *y los saludó diciendo: Paz a ustedes*.

[p] 24.39 *Mis manos y mis pies*: En ellos se veían las marcas de la crucifixión; cf. también Jn 20.20,24-27. *Tóquenme y vean*: Cf. 1 Jn 1.1.

[q] 24.40 Algunos mss. omiten el v. 40.

[r] 24.42 Algunos mss. añaden *y un panal de miel*.

[s] 24.43 Hch 10.41.

[t] 24.44 *Había de cumplirse*: Se recalca, al final del evangelio, el tema introducido en Lc 4.21; cf. también Lc 18.31; 22.37.

[u] 24.44 El libro de los Salmos formaba la primera parte, y la más extensa, de la tercera división de las Escrituras del AT (véase *Introducción al NT [4]*).

[v] 24.46 Cf. Is 53.1-12; Os 6.2.

[w] 24.47 Los vv. 44-47 anticipan, en cierto modo, la proclamación que deberán hacer los apóstoles (cf. Hch 2.14-39; 3.17-26; 8.35; 13.16-41; 26.20).

[x] 24.47-48 Hch 1.8.

[y] 24.49 *Lo que mi Padre prometió*: es decir, el Espíritu Santo (Hch 1.4; 2.33; cf. Jn 14.16-17,26; 16.7; 20.21-22).

[z] 24.47-49 Estos vv. preparan al lector para la continuación del relato, que el mismo autor presenta al comienzo del libro de los Hechos (cf. especialmente Hch 1.1-11; 2.1-4).

[a] 24.50-53 La ascensión de Jesús se relata en forma más amplia en Hch 1.3-11.

[b] 24.50 *Betania*: aldea cercana a Jerusalén (Mt 21.17 n.).

[c] 24.51 Algunos mss. omiten *y fue llevado al cielo*.

[d] 24.52 Algunos mss. omiten las palabras *después de adorarlo*.

Evangelio según san Juan

El *Evangelio según san Juan* (=Jn), comparado con los otros tres evangelios, aparece con rasgos literarios y teológicos muy definidos. Desde el principio nos presenta a Jesús como la Palabra divina, el Hijo único de Dios enviado por el Padre a dar a los hombres la luz y la vida, si lo aceptan con fe. Esta revelación se va realizando paso a paso: comienza con el testimonio de Juan el Bautista, y se va perfeccionando en el encuentro personal con Jesús, en sus actos poderosos (que este evangelio llama *señales milagrosas*) realizados por encargo del Padre, y en sus palabras, pronunciadas ante diversos públicos, en las cuales él revela claramente su origen, su verdadero ser y su misión salvadora.

Confrontados los hombres con esta revelación, van acentuándose cada vez más dos actitudes opuestas: la de los que lo aceptan y creen en él, y la de los que lo rechazan. A los que creen en él, Jesús les ofrece la vida eterna, dada por Dios no solo al final de los tiempos sino aquí y ahora. Los que lo rechazan atraen sobre sí mismos, también aquí y ahora, la pérdida de la vida eterna. Estos últimos aparecen personificados en los dirigentes del pueblo judío, que lo rechazan como el enviado de Dios y decretan su muerte. Pero para Jesús esta es la manera de llevar a término su misión y volver al Padre. Antes de su regreso, Jesús instruye especialmente a sus discípulos y les promete el envío del Espíritu Santo. Su muerte en la cruz es su exaltación suprema y su resurrección es el triunfo de la vida sobre la muerte. Jesús resucitado comunica el Espíritu a sus discípulos.

Este evangelio nos presenta la actividad pública, la pasión y la resurrección de Jesús de manera muy propia. Por ejemplo, hace mención de tres pascuas (2.23; 6.4; 13.1), mientras que los sinópticos solo mencionan una (Mt 26.17 y paralelos). De los muchos milagros que Jesús realizó, este evangelio solo narra siete, muy significativos para el mensaje que comunica. Es notable también la diferencia que ofrecen los discursos de Jesús en el cuarto evangelio, si los comparamos con los de los sinópticos. El *Evangelio según san Juan* no pretende simplemente completar o precisar a los otros tres, sino que presenta al lector una imagen de Jesús y de su historia en la que aparece con toda claridad su sentido profundo, y quiere que el lector se sienta movido poderosamente a reafirmar su fe en Jesucristo.

Uno de los medios que este evangelio utiliza, para lograr el fin que se propone, es el del simbolismo. Se percibe mucho más claramente que en los sinópticos un lenguaje que, partiendo de las cosas de este mundo, lleva al lector a las realidades de la esfera divina. El vino que Jesús da en Caná (Jn 2.1-11) es símbolo de los bienes mesiánicos que él trae a la humanidad. El agua que ofrece a la samaritana (4.1-42) no es un elemento físico, sino el agua de la vida eterna, comunicada por el Espíritu. El pan que da Jesús (6.1-59) es mucho más que el pan material; es Jesús mismo, pan bajado del cielo, que da la vida al mundo. Si Jesús da la vista a un ciego (9.1-41), es para mostrar que él es la luz del mundo. Al resucitar a Lázaro (11.1-44), está mostrando que él es la resurrección y la vida. El ser levantado en la cruz es símbolo de su exaltación y glorificación, para salvación de todos (cf. 3.13-15; 8.28; 12.32). El carácter simbólico penetra el conjunto de los relatos y de las palabras de Jesús.

En este evangelio pueden distinguirse dos grandes partes:

I. Caps. 1—12: El Hijo de Dios viene al mundo para comunicar la vida eterna a los que creen; Jesús se revela con hechos y palabras. Se manifiestan dos actitudes frente a Jesús: aceptación y rechazo.

II. Caps 13—21: Jesús da una instrucción especial a sus discípulos y regresa al Padre pasando por la muerte y la resurrección.

El cuarto evangelio menciona en varios lugares a un discípulo *a quien Jesús quería mucho* (Jn 13.23; 19.26-27,35; 20.2-10; 21.20-24). En ninguna parte se dice su nombre. Desde el siglo II este discípulo ha sido identificado con el apóstol Juan, hijo de Zebedeo.

Más importante, sin embargo, que la identificación de este discípulo, cuyo nombre se calla de manera intencional, es el mensaje que este evangelio comunica: una reflexión profunda y claramente centrada en la persona de Jesús y su relación con el Padre, lo mismo que en su obra salvadora. Tal reflexión plantea a toda persona la urgencia de dar una respuesta de fe a la iniciativa del amor de Dios.

Es opinión generalmente aceptada que el cuarto evangelio fue redactado después de los evangelios sinópticos, a fines del siglo I. Puede pensarse que este evangelio representa el resultado de una larga reflexión y transmisión del mensaje de salvación en comunidades que tuvieron que sostener duros enfrentamientos con grupos judíos.

El desarrollo del contenido de este evangelio ha sido percibido de diversas maneras. El siguiente esquema puede ayudar al lector a descubrir las principales secciones del libro.

I. El Hijo de Dios viene al mundo. Revelación y respuesta (1.1—12.50)
   Prólogo (1.1-18)
   1. Revelación de Jesús con hechos y palabras: respuesta de fe (1.19—3.36)
   2. Diversas actitudes frente a Jesús (4.1—6.71)
   3. Jesús es rechazado por su propio pueblo (7.1—12.50)

II. Jesús regresa al Padre. Pasión de Jesús (13.1—21.25)
  1. Cena de despedida con los discípulos (13.1—17.26)
  2. Pasión y muerte (18.1—19.42)
  3. Apariciones de Jesús resucitado (20.1—21.25)

I. EL HIJO DE DIOS VIENE AL MUNDO. REVELACIÓN Y RESPUESTA (1—12)

Prólogo [a]

1 ¹ En el principio ya existía la Palabra; [b] y aquel que es la Palabra estaba con Dios y era Dios. ² Él estaba en el principio con Dios. ³ Por medio de él, Dios hizo todas las cosas; nada de lo que existe fue hecho sin él. [c] ⁴ En él estaba la vida, [d] y la vida era la luz de la humanidad. [e] ⁵ Esta luz brilla en las tinieblas, y las tinieblas no han podido apagarla. [f]

⁶ Hubo un hombre llamado Juan, [g] a quien Dios envió ⁷ como testigo, para que diera testimonio de la luz y para que todos creyeran por lo que él decía. [h] ⁸ Juan no era la luz, sino uno enviado a dar testimonio de la luz. ⁹ La luz verdadera que alumbra a toda la humanidad venía a este mundo. [i]

¹⁰ Aquel que es la Palabra estaba en el mundo; y, aunque Dios hizo el mundo por medio de él, los que son del mundo no lo reconocieron. [j] ¹¹ Vino a su propio mundo, pero los suyos no lo recibieron. ¹² Pero a quienes lo recibieron y creyeron en él, [k] les concedió el privilegio de llegar a ser hijos de Dios. ¹³ Y son hijos de Dios, [l] no por la naturaleza ni los deseos humanos, sino porque Dios los ha engendrado. [m]

¹⁴ Aquel que es la Palabra se hizo hombre y vivió [n] entre nosotros. Y hemos visto su gloria, [ñ] la gloria que recibió del Padre, por ser su Hijo único, abundante en amor y verdad. ¹⁵ Juan dio testimonio de él, diciendo: "Este es aquel a quien yo me refería cuando dije que el que viene después de mí es más importante que yo, porque existía antes que yo." [o]

¹⁶ De su abundancia todos hemos recibido un don en vez de otro; [p] ¹⁷ porque la ley fue dada por medio de Moisés, pero el amor y la verdad se han hecho realidad por medio de Jesucristo. [q] ¹⁸ Nadie ha visto jamás a Dios; [r] el Hijo único, que es Dios y que vive en íntima comunión con el Padre, es quien nos lo ha dado a conocer. [s]

1. Revelación de Jesús con hechos y palabras: respuesta de fe (1.19—3.36)

Juan el Bautista da testimonio de Jesucristo *(Mt 3.11-12; Mc 1.7-8; Lc 3.15-17)* ¹⁹ Este es el testimonio de Juan, cuando las autoridades judías [t] enviaron desde Jerusalén sacerdotes y levitas a preguntarle a Juan quién era él. ²⁰ Y él confesó claramente:

—Yo no soy el Mesías.

²¹ Le volvieron a preguntar:

—¿Quién eres, pues? ¿El profeta Elías? [u]

Juan dijo:

—No lo soy.

Ellos insistieron:

—Entonces, ¿eres el profeta que ha de venir? [v]

---

[a] 1.1-18 El evangelio comienza con un himno (1.1-18), llamado con frecuencia "prólogo", de carácter poético y profundo contenido teológico.

[b] 1.1 Jesucristo es llamado *Palabra* (vv. 1,14; cf. también 1 Jn 1.1; Ap 19.13) haciendo alusión a la palabra creadora de Dios (Gn 1.1-26; Sal 33.6), a su palabra reveladora (Sal 33.4; 119.89), a su palabra salvadora (Sal 107.20) y a la sabiduría divina (Pr 8.22-31; Sab 8.6; 9.9).

[c] 1.3 Col 1.15-17; Heb 1.2.

[d] 1.3-4 Otra puntuación de los vv. 3-4 permite la siguiente traducción: *nada de lo que existe fue hecho sin él,* ⁴ *y lo que fue hecho tenía vida en él.*

[e] 1.4 Sobre el término *vida,* véase Jn 3.15 n. Sobre el término *luz,* véase 1.9 n.

[f] 1.5 *Apagarla* o *dominarla:* otras posibles traducciones: *aceptarla* (cf. v. 11) o *comprenderla.*

[g] 1.6 Las menciones de Juan el Bautista en 1.6-8,15 son dos paréntesis en el himno, que preparan la narración de 1.19-34.

[h] 1.7 Mt 3.1-12; Mc 1.1-8; Lc 3.1-9,15-17.

[i] 1.9 Es frecuente en Jn designar la acción reveladora y salvadora de Cristo con el simbolismo de la luz. Jn 8.12; 9.5; 12.46. Cf. Is 49.6.

[j] 1.10 La palabra *mundo* puede designar en Jn a toda la humanidad (cf. Jn 3.16), o más en particular a los que no creen en Jesús (cf. Jn 7.7; 12.31; 14.17; 16.8,11; 17.9,14).

[k] 1.12 *Creyeron en él:* Jn resalta fuertemente el valor de creer en Jesucristo. Creer es la respuesta del hombre con la mente, con el corazón, con toda la persona, a la acción salvadora de Dios por medio de Jesucristo. Cuando cree, el hombre recibe la vida eterna (cf. Jn 3.14-16; 6.40; 11.25-26; 20.31).

[l] 1.13 Jn distingue claramente entre Jesucristo, el Hijo único de Dios (v. 18), y aquellos que llegan a ser "hijos de Dios" por creer en Jesucristo.

[m] 1.13 Algunas interpretaciones antiguas han comprendido este v. así: *El es el Hijo de Dios, no por la naturaleza o por los deseos humanos, sino porque Dios lo ha engendrado,* refiriendo esta frase a Cristo.

[n] 1.14 *Vivió:* lit. *puso su tienda de campaña,* aludiendo a la presencia de Dios en medio de su pueblo, en la Tienda del Encuentro o santuario (cf. Ex 40.34-38; Ap 21.3).

[ñ] 1.14 La *gloria* hace referencia a la presencia activa de Dios para salvar a su pueblo (1 R 8.10-11; Is 6.3; 58.8; 60.1; Jn 2.11; 17.5).

[o] 1.15 Jn 1.30.

[p] 1.16 *Un don en vez de otro:* Como se explica en el v. siguiente, el don de la ley ha quedado superado por la revelación definitiva ("el amor y la verdad") que trae Jesús. Otros traducen *bendición tras bendición.*

[q] 1.17 Aquí ya se dice explícitamente que los términos simbólicos usados antes (Palabra, luz, vida) se refieren a Jesucristo.

[r] 1.18 Ex 33.18-20.

[s] 1.18 Mt 11.27; Lc 10.22; 1 Jn 1.2.

[t] 1.19 *Las autoridades judías:* lit. *los judíos.* Aquí y en otros lugares de Jn, esta expresión designa a las autoridades religiosas de Jerusalén (cf. Jn 2.18; 5.10; 7.1).

[u] 1.21 *Elías:* Mal 4.5-6 (3.23-24) (véase Mal 4.5[3.23] n.); Eclo 48.4-10; Mt 17.10-12.

"SEÑALES" EN EL EVANGELIO SEGÚN SAN JUAN

En el *Evangelio según San Juan* se narran solo siete milagros, a los que el autor llama "señales", en el sentido de "señales milagrosas".

La palabra "señal" aparece, en el idioma original, en los textos que se indican a continuación.

"Acontecimiento u ocasión"	Referencias
Jesús convierte el agua en vino.	2.1-12 (v. 11*)
Los judíos piden señales (o sea, pruebas).	2.18; 6.30
Muchos creen en Jesús al ver las señales (=milagros) que hacía	2.23; 3.2; 6.2; 7.31; 12.18
Jesús reprocha a los que no creen si no ven señales.	4.48
Jesús sana al hijo de un oficial del rey.	4.43-54
Jesús sana al paralítico de Betzatá.	5.1-18
Jesús da de comer a una multitud.	6.1-15
Jesús camina sobre el agua.	6.16-21
La gente no entiende las señales (es decir, el significado de los milagros).	6.26
Jesús da la vista a un ciego de nacimiento.	9.1-34
Juan el Bautista no hizo señales.	10.41
Jesús resucita a Lázaro.	11.1-44
Los fariseos y los jefes de los sacerdotes reconocen que Jesús hace muchas señales.	11.47
La gente no cree, a pesar de las señales.	12.37
Jesús hizo muchas otras señales.	20.30

Contestó:

—No.

22 Le dijeron:

—¿Quién eres, pues? Tenemos que llevar una respuesta a los que nos enviaron. ¿Qué nos puedes decir de ti mismo?

23 Juan les contestó:

—Yo soy una voz que grita en el desierto: 'Abran un camino derecho para el Señor', tal como dijo el profeta Isaías. *w*

24 Los que fueron enviados por los fariseos a hablar con Juan, **25** le preguntaron:

—Pues si no eres el Mesías, ni Elías ni el profeta, ¿por qué bautizas?

26 Juan les contestó:

—Yo bautizo con agua; pero entre ustedes hay uno que no conocen **27** y que viene después de mí. Yo ni siquiera merezco desatarle la correa de sus sandalias. *x*

28 Todo esto sucedió en el lugar llamado Betania, *y* al otro lado del río Jordán, donde Juan estaba bautizando.

Jesús, el Cordero de Dios **29** Al día siguiente, Juan vio a Jesús, que se acercaba a él, y dijo: "Miren, ese es el Cordero de Dios, que quita el pecado del mundo! *z* **30** A él me refería yo cuando dije: 'Después de mí viene uno que es más importante que yo, porque existía antes que yo.' *a*

31 Yo mismo no sabía quién era; pero he venido bautizando con agua precisamente para que el pueblo de Israel lo conozca."

32 Juan también declaró: "He visto al Espíritu Santo bajar del cielo como una paloma, y reposar sobre él. **33** Yo todavía no sabía quién era; pero el que me envió a bautizar con agua, me dijo: 'Aquel sobre quien veas que el Espíritu baja y reposa, es el que bautiza con Espíritu Santo.' *b* **34** Yo ya lo he visto, y soy testigo de que es el Hijo de Dios." *c*

Los primeros discípulos de Jesús **35** Al día siguiente, Juan estaba allí otra vez con dos de sus seguidores. *d* **36** Cuando vio pasar a Jesús, Juan dijo:

—¡Miren, ese es el Cordero de Dios!

---

v **1.21** *El profeta que ha de venir:* Algunos esperaban para los tiempos mesiánicos un profeta especial, de acuerdo con Dt 18.15-18. Cf. también Jn 6.14; 7.40.

w **1.23** Is 40.3. Cf. Mt 3.3 y paralelos.

x **1.27** Mc 1.7.

y **1.28** *Betania:* un lugar al oriente del río Jordán, no la aldea cercana a Jerusalén que se menciona en Jn 11.18. Algunos mss. dicen *Betabara.*

z **1.29** Aquí y en 1.36 se designa a Jesús con el título de *Cordero de Dios.* La imagen del cordero también se aplica a Jesús en otros lugares del NT y puede aludir al cordero de la Pascua (Ex 12.1-24; 1 Co 5.7; 1 P 1.18-19; véase Jn 19.36 n.), al cordero que se ofrecía diariamente en sacrificio (Ex 29.38-42), al siervo sufriente del Señor (Is 53.4-7; cf. Hch 8.32) y al cordero vencedor del mal (cf. Ap 17.14).

a **1.30** Jn 1.15,27.

b **1.32-34** Mt 3.11,16-17 y paralelos; Hch 1.5; 2.1-4 (cf. Is 11.1-2; 42.1; 61.1).

c **1.34** *El Hijo de Dios:* Algunos mss. tienen *el elegido de Dios.*

d **1.35** El autor empieza a mostrar ahora cómo algunos, partiendo del testimonio de Juan, se encuentran con Jesús y creen en él. Jesús

37 Los dos seguidores de Juan lo oyeron decir esto, y siguieron a Jesús. **38** Jesús se volvió, y al ver que lo seguían les preguntó:

—¿Qué están buscando?

Ellos dijeron:

—Maestro, ¿dónde vives?

39 Jesús les contestó:

—Vengan a verlo.

Fueron, pues, y vieron dónde vivía, y pasaron con él el resto del día, porque ya eran como las cuatro de la tarde.

40 Uno de los dos que oyeron a Juan y siguieron a Jesús, era Andrés, hermano de Simón Pedro. **41** Al primero que Andrés se encontró fue a su hermano Simón, y le dijo:

—Hemos encontrado al Mesías (que significa: Cristo). *e*

42 Luego Andrés llevó a Simón a donde estaba Jesús; *f* cuando Jesús lo vio, le dijo:

—Tú eres Simón, hijo de Juan, pero tu nombre será Cefas (que significa: Pedro). *g*

Jesús llama a Felipe y a Natanael

43 Al día siguiente, Jesús decidió ir a la región de Galilea. Encontró a Felipe, y le dijo:

—Sígueme.

44 Este Felipe era del pueblo de Betsaida, de donde eran también Andrés y Pedro. **45** Felipe fue a buscar a Natanael, y le dijo:

—Hemos encontrado a aquel de quien escribió Moisés en los libros de la ley, y de quien también escribieron los profetas. *h* Es Jesús, el hijo de José, *i* el de Nazaret.

46 Dijo Natanael:

—¿Acaso de Nazaret puede salir algo bueno?

Felipe le contestó:

—Ven y compruébalo. *j*

47 Cuando Jesús vio acercarse a Natanael, dijo:

—Aquí viene un verdadero israelita, en quien no hay engaño.

48 Natanael le preguntó:

—¿Cómo es que me conoces?

Jesús le respondió:

—Te vi antes que Felipe te llamara, cuando estabas debajo de la higuera. *k*

49 Natanael le dijo:

—Maestro, ¡tú eres el Hijo de Dios, *l* tú eres el Rey de Israel! *m*

50 Jesús le contestó:

—¿Me crees solamente porque te he dicho que te vi debajo de la higuera? Pues vas a ver cosas más grandes que estas.

51 También dijo Jesús:

—Les aseguro que ustedes verán el cielo abierto, y a los ángeles de Dios subir y bajar sobre el Hijo del hombre. *n*

2 Una boda en Caná de Galilea

1 Al tercer día hubo una boda *a* en Caná, un pueblo de Galilea. La madre de Jesús *b* estaba allí, **2** y Jesús y sus discípulos fueron también invitados a la boda. **3** Se acabó el vino, y la madre de Jesús le dijo:

—Ya no tienen vino.

4 Jesús le contestó:

—Mujer, *c* ¿por qué me dices esto? Mi hora *d* no ha llegado todavía.

5 Ella dijo a los que estaban sirviendo:

—Hagan todo lo que él les diga. *e*

6 Había allí seis tinajas de piedra, para el agua que usan los judíos en sus ceremonias de purificación. *f* En cada tinaja cabían de cincuenta a setenta litros *g* de agua. **7** Jesús dijo a los sirvientes:

—Llenen de agua estas tinajas.

Las llenaron hasta arriba, **8** y Jesús les dijo:

—Ahora saquen un poco y llévenselo al encargado de la fiesta.

Así lo hicieron. **9** El encargado de la fiesta probó el agua convertida en vino, sin saber de dónde había salido; solo los sirvientes lo sabían, pues ellos habían sacado el agua. Así que el encargado llamó al novio **10** y le dijo:

—Todo el mundo sirve primero el mejor vino, y cuando los invitados ya han bebido bastante, entonces se sirve el vino corriente. Pero tú has guardado el mejor vino hasta ahora. *h*

---

irá perfeccionando la fe de ellos con hechos y palabras (cf. Jn 2.11; 6.68-69; 16.1; 20.8).

e **1.41** *Cristo* es la forma griega de la palabra hebrea *Mesías*. Las dos significan "ungido". Véase *Índice temático*.

f **1.40-42** Mt 4.18-20; Mc 1.16-18.

g **1.42** *Cefas* y *Pedro* son dos formas del mismo nombre, aramea y griega respectivamente (cf. Mt 16.18; Mc 3.16).

h **1.45** *Moisés... los profetas:* las dos partes principales de las Escrituras para los judíos (cf. Mt 5.17).

i **1.45** *El hijo de José:* Cf. Mt 1.18-25; Lc 1.26-38; 3.23.

j **1.46** *Nazaret* era una pequeña población, no mencionada en el AT, sin importancia especial en la época.

k **1.48** Con esta mención tan precisa, Jesús muestra el conocimiento personal y profundo que tiene de los hombres. Cf. Jn 2.24-25; 4.17-19,29; 13.11; 16.30.

l **1.49** *Hijo de Dios:* usado aquí como título mesiánico. Véase Mt 3.17 n., y cf. Mt 14.33; 16.16; Jn 11.27.

m **1.49** *Rey de Israel:* título mesiánico. Jn muestra que Jesús es rey, pero de manera distinta a como muchos lo esperaban. Cf. Jn 6.15; 18.33-36; 19.1.

n **1.51** *Hijo del hombre:* Véase *Índice temático*. En este v. se alude al sueño de Jacob (Gn 28.10-17), cuando este comprendió que el lugar donde estaba era sagrado y por eso le puso el nombre de Betel, "casa de Dios". Los discípulos, al presenciar los hechos, la muerte y la resurrección de Jesús, comprenderán que Jesús es la verdadera y definitiva casa de Dios entre los hombres.

a **2.1** La boda se celebraba públicamente con un banquete. Las fiestas solían durar una semana.

b **2.1** *La madre de Jesús:* Probablemente María estaba ayudando en el servicio (vv. 3-5), ya que en tales ocasiones solo los hombres participaban del banquete formal.

c **2.4** *Mujer:* Aquí y en 19.26 Jesús se dirige a su madre con este término.

d **2.4** *Mi hora:* En Jn este término designa la hora de la muerte de Jesús, de su glorificación definitiva (cf. Jn 7.6,8,30; 8.20; 12.23; 13.1; 17.1).

e **2.5** Cf. Gn 41.55.

f **2.6** Cf. Mc 7.2-3.

g **2.6** *Cincuenta a sesenta litros:* lit. *dos o tres metretas*. La *metreta*, medida griega, equivalía probablemente a unos 22 l. Según otros, equivalía a unos 40 l.

h **2.10** Este *vino* abundante y excelente, dado por Jesús en un banquete de bodas, reservado para el final, que sustituye al agua de las

¹¹ Esto que hizo Jesús en Caná de Galilea fue la primera señal milagrosa *i* con la cual mostró su gloria; y sus discípulos creyeron en él.
¹² Después de esto se fue a Cafarnaúm, *j* acompañado de su madre, sus hermanos *k* y sus discípulos; y allí estuvieron unos cuantos días.

Jesús purifica el templo (Mt 21.12-13; Mc 11.15-18; Lc 19.45-46) ¹³ Como ya se acercaba la fiesta de la Pascua *l* de los judíos, Jesús fue a Jerusalén. ¹⁴ Y encontró en el templo a los vendedores de novillos, ovejas y palomas, y a los que estaban sentados en los puestos donde se le cambiaba el dinero a la gente. *m* ¹⁵ Al verlo, Jesús tomó unas cuerdas, se hizo un látigo y los echó a todos del templo, junto con sus ovejas y sus novillos. A los que cambiaban dinero les arrojó las monedas al suelo y les volcó las mesas. ¹⁶ A los vendedores de palomas les dijo:
—¡Saquen esto de aquí! ¡No hagan un mercado de la casa de mi Padre!
¹⁷ Entonces sus discípulos se acordaron de la Escritura que dice: "Me consumirá el celo por tu casa." *n*
¹⁸ Los judíos le preguntaron:
—¿Qué prueba nos das de tu autoridad para hacer esto?
¹⁹ Jesús les contestó:
—Destruyan este templo, y en tres días volveré a levantarlo. *ñ*
²⁰ Los judíos le dijeron:
—Cuarenta y seis años se ha trabajado en la construcción de este templo, *o* ¿y tú en tres días lo vas a levantar?
²¹ Pero el templo al que Jesús se refería era su propio cuerpo. *p* ·²² Por eso, cuando resucitó, sus discípulos se acordaron de esto que había dicho, y creyeron en la Escritura y en las palabras de Jesús.

Jesús conoce a todos ²³ Mientras Jesús estaba en Jerusalén, en la fiesta de la Pascua, muchos creyeron en él al ver las señales milagrosas que hacía. ²⁴ Pero Jesús no confiaba en ellos, porque los conocía a todos. ²⁵ No necesitaba que nadie le dijera nada acerca de la gente, pues él mismo conocía el corazón del hombre. *q*

3 *Jesús y Nicodemo* ¹ Había un fariseo llamado Nicodemo, que era un hombre importante entre los judíos.
² Este fue de noche a visitar a Jesús, y le dijo:
—Maestro, sabemos que Dios te ha enviado a enseñarnos, porque nadie podría hacer los milagros que tú haces, si Dios no estuviera con él.
³ Jesús le dijo:
—Te aseguro que el que no nace de nuevo, *a* no puede ver el reino de Dios. *b*
⁴ Nicodemo le preguntó:
—¿Y cómo puede uno nacer cuando ya es viejo? ¿Acaso podrá entrar otra vez dentro de su madre, para volver a nacer? *c*
⁵ Jesús le contestó:
—Te aseguro que el que no nace de agua y del Espíritu, no puede entrar en el reino de Dios. *d* ⁶ Lo que nace de padres humanos, es humano; lo que nace del Espíritu, es espíritu. ⁷ No te extrañes de que te diga: 'Todos tienen que nacer de nuevo.' ⁸ El viento sopla por donde quiere, y aunque oyes su ruido, no sabes de dónde viene ni a dónde va. *e* Así son también todos los que nacen del Espíritu. *f*
⁹ Nicodemo volvió a preguntarle:
—¿Cómo puede ser esto?
¹⁰ Jesús le contestó:
—¿Tú, que eres el maestro de Israel, no sabes estas cosas? ¹¹ Te aseguro que nosotros hablamos de lo que sabemos, y somos testigos de lo que hemos visto; pero ustedes no creen lo que les decimos. ¹² Si no me creen cuando les hablo de las cosas de este mundo, ¿cómo me van a creer si les hablo de las cosas del cielo? *g*
¹³ "Nadie ha subido al cielo sino el que bajó del cielo; es decir, el Hijo del hombre. *h* ¹⁴ Y así como Moisés levantó la serpiente en el desierto, así también el Hijo del hombre tiene que ser levantado, *i* ¹⁵ para que todo el que cree en él tenga vida eterna. *j*

---

purificaciones judías, aparece como símbolo de los bienes mesiánicos que Jesús trae a los hombres.
i **2.11** *Señal milagrosa:* Los milagros de Jesús son llamados por Jn *señales milagrosas* (cf. 4.54; 20.30), o sea, acciones que revelan el poder salvador de Dios que Jesús hace presente. Sobre *gloria,* véase 1.14 nota *ñ.*
j **2.12** *Cafarnaúm:* población situada en la orilla noroeste del Lago de Galilea. Véase Mt 4.13 nota *l.*
k **2.12** *Sus hermanos:* Véase Mt 12.46 n.
l **2.13** Ex 12.1-27; Dt 16.1-8. Jn menciona tres Pascuas durante la actividad de Jesús (2.23; 6.4; 11.55). Los otros evangelios solo mencionan la última. En esa Pascua colocan ellos este relato.
m **2.14** Sobre este comercio, véase Mt 21.12 n.
n **2.17** Sal 69.9 (10).
ñ **2.19** *Levantarlo* puede hacer referencia a la reconstrucción del edificio y a la resurrección. Cf. Mt 26.61; 27.40; Mc 14.58; 15.29; cf. también Mt 24.2 y paralelos.
o **2.20** Herodes había comenzado la restauración del templo en el año 20-19 a.C. Los *cuarenta y seis* años desde entonces sitúan este suceso en el año 28 d.C.
p **2.21** La presencia de Dios entre los hombres ya no estará simbolizada por un lugar material, sino realizada en la persona de Jesús. Véase Jn 1.51 n.; cf. 4.21-24; Ap 21.22.

q **2.25** *Conocía el corazón:* Véase Jn 1.48 n.; cf. 1 S 16.7; Jer 17.9-10; Jn 1.47-50.
a **3.3** *De nuevo* (aquí y en el v. 7): La palabra griega significa también *de lo alto.* Jn 1.13; 2 Co 5.17; Gl 6.15; Tit 3.5; Stg 1.18; 1 P 1.3,23.
b **3.3** *Reino de Dios:* Este concepto, tan importante en los sinópticos, solo aparece en Jn aquí (vv. 3 y 5). Véanse *Índice temático* y Jn 3.15 n.
c **3.3-4** Es común en los diálogos de Jesús en Jn el uso de palabras con un sentido superior, que sus oyentes no captan. Después de la enseñanza de Jesús, algunos llegan a la fe (2.21-22; 4.10-15, 32-34; 11.11-13; 13.6-15, 33-38; 14.2-9), otros se cierran en su incredulidad (6.32-35, 52-58; 7.33-36; 8.21-24, 31-33, 51-53, 56-59).
d **3.5** Cf. Mt 28.19; Hch 2.38; 10.47; 1 Co 12.13; Tit 3.5.
e **3.8** Ec 11.5.
f **3.6-8** *Espíritu... viento:* En griego, la misma palabra significa *viento* y *Espíritu.*
g **3.12** Sab 9.16. Cf. Jn 8.47; 1 Co 2.14-16.
h **3.13** Jn 1.18; 6.46; Ef 4.9. Cf. Pr 30.4.
i **3.14** Nm 21.4-9. Cf. Is 52.13; Sab 16.5-8. Jn presenta la muerte de Jesús como su exaltación, su regreso al Padre (cf. 8.28; 12.32-34; 13.1; 17.11).
j **3.15** La *vida* es el don por excelencia que Dios hace a los hombres. Esta vida no termina con la muerte (Jn 11.25); por eso es

El amor de Dios para el mundo ¹⁶ "Pues Dios amó tanto al mundo, que dio a su Hijo único, para que todo aquel que cree [k] en él no muera,[l] sino que tenga vida eterna. [m] ¹⁷ Porque Dios no envió a su Hijo al mundo para condenar al mundo, sino para salvarlo por medio de él.

¹⁸ "El que cree en el Hijo de Dios, no está condenado; pero el que no cree, ya ha sido condenado por no creer en el Hijo único de Dios. [n] ¹⁹ Los que no creen, ya han sido condenados, pues, como hacían cosas malas, cuando la luz vino al mundo [ñ] prefirieron la oscuridad a la luz. [o] ²⁰ Todos los que hacen lo malo odian la luz, y no se acercan a ella para que no se descubra lo que están haciendo. [p] ²¹ Pero los que viven de acuerdo con la verdad, se acercan a la luz para que se vea que todo lo hacen de acuerdo con la voluntad de Dios." [q]

Juan el Bautista vuelve a hablar de Jesús ²² Después de esto, Jesús fue con sus discípulos a la región de Judea, [r] donde pasó algún tiempo con ellos bautizando. ²³ También Juan estaba bautizando en Enón, cerca de Salim, [s] porque allí había mucha agua; y la gente iba y era bautizada. ²⁴ Esto sucedió antes que metieran a Juan a la cárcel. [t]

²⁵ Pero algunos de los seguidores de Juan comenzaron a discutir con un judío sobre el asunto de la purificación, ²⁶ y fueron a decirle a Juan:

—Maestro, el que estaba contigo al otro lado del Jordán, de quien diste testimonio, ahora está bautizando y todos lo siguen.

²⁷ Juan les dijo:

—Nadie puede tener nada, si Dios no se lo da. ²⁸ Ustedes mismos me oyeron decir claramente que yo no soy el Mesías, [u] sino uno que ha sido enviado delante de él. [v] ²⁹ En una boda, el que tiene a la novia es el novio; y el amigo del novio, que está allí y lo escucha, se llena de alegría al oírlo hablar. Así también mi alegría es ahora completa. [w] ³⁰ Él ha de ir aumentando en importancia, y yo disminuyendo.

El que viene de arriba ³¹ "El que viene de arriba está sobre todos. El que es de la tierra es terrenal, y habla de las cosas de la tierra. Pero el que viene del cielo está sobre todos, ³² y da testimonio de lo que ha visto y oído; pero nadie acepta su testimonio. ³³ Pero si alguien lo acepta, confirma con ello que Dios dice la verdad; ³⁴ pues el que ha sido enviado por Dios, habla las palabras de Dios, porque Dios da abundantemente su Espíritu. ³⁵ El Padre ama al Hijo, y le ha dado poder sobre todas las cosas. [x] ³⁶ El que cree en el Hijo, tiene vida eterna; pero el que no quiere creer [y] en el Hijo, no tendrá esa vida, sino que recibirá el terrible castigo de Dios." [z]

2. Diversas actitudes frente a Jesús (4.1—6.71)

4 *Jesús y la mujer de Samaria* ¹ Los fariseos se enteraron de que Jesús hacía más discípulos y bautizaba más que Juan [a] ² (aunque en realidad no era Jesús el que bautizaba, sino sus discípulos). ³ Cuando Jesús lo supo, salió de Judea para volver a Galilea.

⁴ En su viaje, tenía que pasar por la región de Samaria. [b] ⁵ De modo que llegó a un pueblo de Samaria que se llamaba Sicar, [c] cerca del terreno que Jacob había dado en herencia a su hijo José. [d] ⁶ Allí estaba el pozo de Jacob. [e] Jesús, cansado del camino, se sentó junto al pozo. Era cerca del mediodía. ⁷⁻⁸ Los discípulos habían ido al pueblo a comprar algo de comer. En eso, una mujer de Samaria llegó al pozo a sacar agua, y Jesús le dijo:

—Dame un poco de agua.

⁹ Pero como los judíos no tienen trato [f] con los samaritanos, la mujer le respondió:

—¿Cómo es que tú, siendo judío, me pides agua a mí, que soy samaritana?

¹⁰ Jesús le contestó:

—Si supieras lo que Dios da y quién es el que te está pidiendo agua, tú le pedirías a él, y él te daría agua viva. [g]

¹¹ La mujer le dijo:

—Señor, ni siquiera tienes con qué sacar agua, y el pozo es muy hondo: ¿de dónde vas a darme agua viva? ¹² Nuestro

---

llamada frecuentemente "vida eterna". Esta vida se obtiene por la fe en Jesucristo (Jn 3.16,36), ya desde ahora (Jn 5.24). La importancia de este concepto en Jn es comparable al de "Reino de Dios" en los evangelios sinópticos (cf. Jn 5.24; 6.33-54; 20.31).
[k] 3.16 *Cree:* Véase Jn 1.12 n.
[l] 3.16 *No muera:* lit. *no se pierda* o *no perezca.*
[m] 3.16 1 Jn 4.9-10; cf. Gn 22.2,12; Heb 11.17.
[n] 3.18 Jn 5.24; cf. Mc 16.16.
[ñ] 3.19 Jn 1.5,9; 12.46.
[o] 3.16-19 Jn 12.46-48. *Luz:* Véase Jn 1.9 n.
[p] 3.20 Cf. Job 24.13-17.
[q] 3.21 Ef 5.8-14.
[r] 3.22 La región de Judea incluía, además de Jerusalén, el territorio vecino.
[s] 3.23 *Enón* y *Salim:* lugares situados probablemente al norte de Judea, en el valle del río Jordán.
[t] 3.24 Mt 14.3-4; Mc 6.17-18; Lc 3.19-20.
[u] 3.28 Jn 1.20.
[v] 3.28 Mt 11.10; Lc 1.76.
[w] 3.29 Juan se compara con el amigo del novio. Cf. Mc 2.19, donde los amigos del novio son los discípulos.
[x] 3.35 Mt 11.27; Lc 10.22.

[y] 3.36 *No quiere creer:* El verbo griego usado aquí incluye la idea de desobediencia, rebeldía.
[z] 3.36 Acerca del concepto de *creer* en Jn, véase Jn 1.12 n.
[a] 4.1 Cf. Jn 3.22.
[b] 4.3-4 El camino más directo entre Judea y Galilea pasaba por Samaria.
[c] 4.5 *Sicar:* Una antigua versión dice *Siquem.* El lugar está situado entre los montes Guerizim y Ebal.
[d] 4.5 Gn 33.18-19; 48.22; Jos 24.32.
[e] 4.6 *Pozo de Jacob:* un pozo hondo, usado desde tiempos antiguos, y que todavía existe. No aparece mencionado en el AT. Generalmente las mujeres iban en grupo a buscar agua por la mañana o al atardecer.
[f] 4.9 *No tienen trato:* otra posible traducción: *no usan nada en común.* Los *samaritanos,* aunque en su origen eran de la misma raza de los israelitas, se habían separado de estos política y religiosamente desde hacía mucho tiempo. De la Biblia hebrea ellos solo conservaban los libros de la ley (el Pentateuco). Los judíos llegaron a considerarlos prácticamente iguales a los paganos (cf. Eclo 50.25-26).
[g] 4.10 En el uso ordinario la expresión *agua viva* se refiere al agua corriente o de manantial. Jesús la utiliza como símbolo de los dones que él ofrece al que cree (cf. Is 55.1; Jer 2.13; 17.13; Ez 47.1-9; Zac 14.8; Ap 7.17; 21.6; 22.1,17).

antepasado Jacob nos dejó este pozo, del que él mismo bebía y del que bebían también sus hijos y sus animales. ¿Acaso eres tú más que él?

13 Jesús le contestó:

—Todos los que beben de esta agua, volverán a tener sed; **14** pero el que beba del agua que yo le daré, nunca volverá a tener sed. Porque el agua que yo le daré se convertirá en él en manantial de agua que brotará dándole vida eterna. [h]

15 La mujer le dijo:

—Señor, dame de esa agua, para que no vuelva yo a tener sed ni tenga que venir aquí a sacar agua.

16 Jesús le dijo:

—Ve a llamar a tu marido y vuelve acá.

17 La mujer le contestó:

—No tengo marido.

Jesús le dijo:

—Bien dices que no tienes marido; **18** porque has tenido cinco maridos, y el que ahora tienes no es tu marido. Es cierto lo que has dicho.

19 Al oir esto, la mujer le dijo:

—Señor, ya veo que eres un profeta. [i] **20** Nuestros antepasados, los samaritanos, adoraron a Dios aquí, en este monte; [j] pero ustedes los judíos dicen que Jerusalén es el lugar donde debemos adorarlo.

21 Jesús le contestó:

—Créeme, mujer, que llega la hora en que ustedes adorarán al Padre sin tener que venir a este monte ni ir a Jerusalén. **22** Ustedes no saben a quién adoran; pero nosotros sabemos a quién adoramos, pues la salvación viene de los judíos. [k] **23** Pero llega la hora, y es ahora mismo, cuando los que de veras adoran al Padre lo harán de un modo verdadero, conforme al Espíritu de Dios. Pues el Padre quiere que así lo hagan los que lo adoran. **24** Dios es Espíritu, y los que lo adoran deben hacerlo de un modo verdadero, conforme al Espíritu de Dios. [l]

25 La mujer le dijo:

—Yo sé que va a venir el Mesías (es decir, el Cristo); [m] y cuando él venga, nos lo explicará todo.

26 Jesús le dijo:

—Ese soy yo, el mismo que habla contigo.

27 En esto llegaron sus discípulos, y se quedaron extrañados de que Jesús estuviera hablando con una mujer. Pero ninguno se atrevió a preguntarle qué quería, o de qué estaba conversando con ella. **28** La mujer dejó su cántaro y se fue al pueblo, donde dijo a la gente:

29 —Vengan a ver a un hombre que me ha dicho todo lo que he hecho. ¿No será este el Mesías?

30 Entonces salieron del pueblo y fueron a donde estaba Jesús. **31** Mientras tanto, los discípulos le rogaban:

—Maestro, come algo.

32 Pero él les dijo:

—Yo tengo una comida, que ustedes no conocen.

33 Los discípulos comenzaron a preguntarse unos a otros:

—¿Será que le habrán traído algo de comer?

34 Pero Jesús les dijo:

—Mi comida es hacer la voluntad del que me envió y terminar su trabajo. [n] **35** Ustedes dicen: 'Todavía faltan cuatro meses para la cosecha'; [ñ] pero yo les digo que se fijen en los sembrados, pues ya están maduros para la cosecha. [o] **36** El que trabaja en la cosecha recibe su paga, y la cosecha que recoge es para vida eterna, para que tanto el que siembra como el que cosecha se alegren juntamente. **37** Pues bien dice el dicho, que 'Unos siembran y otros cosechan.' [p] **38** Y yo los envié a ustedes a cosechar lo que no les costó ningún trabajo; otros fueron los que trabajaron, y ustedes son los que se han beneficiado del trabajo de ellos.

39 Muchos de los habitantes de aquel pueblo de Samaria creyeron en Jesús por lo que les había asegurado la mujer: "Me ha dicho todo lo que he hecho." **40** Así que, cuando los samaritanos llegaron, rogaron a Jesús que se quedara con ellos. Él se quedó allí dos días, **41** y muchos más creyeron al oir lo que él mismo decía. [q] **42** Y dijeron a la mujer:

—Ahora creemos, no solamente por lo que tú nos dijiste, sino también porque nosotros mismos le hemos oído y sabemos que de veras es el Salvador del mundo.

Jesús sana al hijo de un oficial del rey [r] (Mt 8.5-13; Lc 7.1-10)

43 Pasados esos dos días, Jesús salió de Samaria y siguió su viaje a Galilea. **44** Porque, como él mismo dijo, a un profeta no lo honran en su propia tierra. [s] **45** Cuando llegó a Galilea, los de aquella región lo recibieron bien, porque también habían ido a la fiesta de la Pascua a Jerusalén y habían visto todo lo que él hizo entonces. [t]

46 Jesús regresó a Caná de Galilea, donde había convertido el agua en vino. [u] Y había un alto oficial del rey, [v] que tenía un hijo enfermo en Cafarnaúm. **47** Cuando el oficial supo que Jesús había llegado de Judea a Galilea, fue a verlo y le rogó que fuera a su casa y sanara a su hijo, que estaba a punto de morir. **48** Jesús le contestó:

—Ustedes no creen, si no ven señales y milagros. [w]

---

[h] **4.10-14** Jn 6.35; 7.37-38.

[i] **4.19** Sobre este conocimiento de Jesús, véase Jn 1.48 n.

[j] **4.20** *Este monte:* Guerizim. Cf. Dt 11.29; Jos 8.33.

[k] **4.22** Is 2.3; Ro 9.4-5.

[l] **4.23-24** Acerca de esta nueva relación entre Dios y los hombres, véase Jn 2.21 n.; y cf. Flp 3.3.

[m] **4.25** Los samaritanos esperaban un enviado de Dios, "un profeta como Moisés" (Dt 18.18), aunque no le daban el nombre de Mesías.

[n] **4.31-34** Jn 5.30,36; 6.38; 17.4. Sobre esta manera de hablar propia de Jesús, véase Jn 3.3-4 n.

[ñ] **4.35** El dicho quiere expresar que hay que esperar mucho para ver los resultados.

[o] **4.35** Cf. Mt 9.37-38; Lc 10.2.

[p] **4.37** Este dicho, que en otras circunstancias puede tener un sentido pesimista (Dt 28.30; Job 31.8; Miq 6.15) sirve aquí para referirse a la misión de los discípulos.

[q] **4.41** En contraste con la mayoría de los judíos (Jn 1.11; 12.37), estos samaritanos reconocen a Jesús como el salvador del mundo (cf. 1 Ti 4.10; 1 Jn 4.14).

[r] **4.43-54** Este relato presenta notables semejanzas con Mt 8.5-13; Lc 7.1-10, pero también varias diferencias.

[s] **4.44** Mt 13.57; Mc 6.4; Lc 4.24.

[t] **4.45** Jn 2.23.

[u] **4.46** Jn 2.1-11.

[v] **4.46** *Oficial del rey:* al servicio de Herodes Antipas, gobernante de Galilea y Perea.

[w] **4.48** Cf. Mt 12.38.

49 Pero el oficial le dijo:

—Señor, ven pronto, antes que mi hijo se muera.

50 Jesús le dijo entonces:

—Vuelve a casa; tu hijo vive.

El hombre creyó lo que Jesús le dijo, y se fue. **51** Mientras regresaba a su casa, sus criados salieron a su encuentro y le dijeron:

—¡Su hijo vive!

52 Él les preguntó a qué hora había comenzado a sentirse mejor su hijo, y le contestaron:

—Ayer a la una de la tarde se le quitó la fiebre.

53 El padre cayó entonces en la cuenta de que era la misma hora en que Jesús le dijo: "Tu hijo vive"; y él y toda su familia creyeron en Jesús.

54 Esta fue la segunda señal milagrosa [x] que hizo Jesús, cuando volvió de Judea a Galilea.

Jesús sana al paralítico de Betzatá

5 **1** Algún tiempo después, los judíos celebraban una fiesta, [a] y Jesús volvió a Jerusalén. **2** En Jerusalén, cerca de la puerta llamada de las Ovejas, hay un estanque que en hebreo se llama Betzatá. [b] Tiene cinco pórticos, [c] **3** en los cuales se encontraban muchos enfermos, ciegos, cojos y tullidos echados en el suelo. [d] **5** Había entre ellos un hombre que estaba enfermo desde hacía treinta y ocho años. **6** Cuando Jesús lo vio allí acostado y se enteró del mucho tiempo que llevaba así, le preguntó:

—¿Quieres recobrar la salud?

7 El enfermo le contestó:

—Señor, no tengo a nadie que me meta en el estanque cuando se remueve el agua. Cada vez que quiero meterme, otro lo hace primero.

8 Jesús le dijo:

—Levántate, alza tu camilla y anda.

9 En aquel momento el hombre recobró la salud, alzó su camilla y comenzó a andar. Pero como era sábado, [e] **10** los judíos [f] dijeron al que había sido sanado:

—Hoy es sábado; no te está permitido [g] llevar tu camilla.

11 Aquel hombre les contestó:

—El que me devolvió la salud, me dijo: 'Alza tu camilla y anda.'

12 Ellos le preguntaron:

—¿Quién es el que te dijo: 'Alza tu camilla y anda'?

13 Pero el hombre no sabía quién lo había sanado, porque Jesús había desaparecido entre la mucha gente que había allí. **14** Después Jesús lo encontró en el templo, y le dijo:

—Mira, ahora que ya estás sano, no vuelvas a pecar, para que no te pase algo peor.

15 El hombre se fue y comunicó a los judíos que Jesús era quien le había devuelto la salud. **16** Por eso los judíos perseguían a Jesús, pues hacía estas cosas en sábado. **17** Pero Jesús les dijo:

—Mi Padre siempre ha trabajado, y yo también trabajo.

18 Por esto, los judíos tenían aún más deseos de matarlo, porque no solamente no observaba el mandato sobre el sábado, sino que además se hacía igual a Dios al decir que Dios era su propio Padre. [h]

La autoridad del Hijo de Dios

19 Jesús les dijo: "Les aseguro que el Hijo de Dios no puede hacer nada por su propia cuenta; solamente hace lo que ve hacer al Padre. [i] Todo lo que hace el Padre, también lo hace el Hijo. **20** Pues el Padre ama al Hijo y le muestra todo lo que hace; y le mostrará cosas todavía más grandes, que los dejarán a ustedes asombrados. **21** Porque así como el Padre resucita a los muertos y les da vida, también el Hijo da vida a quienes quiere dársela. **22** Y el Padre no juzga a nadie, sino que le ha dado a su Hijo todo el poder de juzgar, **23** para que todos den al Hijo la misma honra que dan al Padre. El que no honra al Hijo, tampoco honra al Padre, que lo ha enviado. [j]

24 "Les aseguro que quien presta atención a lo que yo digo y cree en el que me envió, tiene vida eterna; y no será condenado, pues ya ha pasado de la muerte a la vida. [k] **25** Les aseguro que viene la hora, y es ahora mismo, cuando los muertos oirán la voz del Hijo de Dios; y los que la oigan, vivirán. **26** Porque así como el Padre tiene vida en sí mismo, así también ha hecho que el Hijo tenga vida en sí mismo, [l] **27** y le ha dado autoridad para juzgar, por cuanto es el Hijo del hombre. **28** No se admiren de esto, porque va a llegar la hora en que todos los muertos oirán su voz **29** y saldrán de las tumbas. Los que hicieron el bien, resucitarán para tener vida; pero los que hicieron el mal, resucitarán para ser condenados. [m]

Pruebas de la autoridad de Jesús

30 "Yo no puedo hacer nada por mi propia cuenta. Juzgo según el Padre me ordena, [n] y mi juicio es justo, pues no trato de hacer mi voluntad

---

[x] **4.54** *Señal milagrosa:* Véase Jn 2.11 n.

[a] **5.1** *Una fiesta:* Los judíos debían ir a Jerusalén para las fiestas de Pascua, Pentecostés y Enramadas. Aquí no se especifica de cuál de ellas se trata.

[b] **5.2** *Betzatá:* Se trata del área al nordeste del templo. Algunos mss. dicen *Betesda* o *Betsaida*. El estanque era doble. En los cuatro lados y en la división central tenía pórticos (galerías con columnas).

[c] **5.2** Otra posible traducción del v. 2: *En Jerusalén, cerca del Estanque de las Ovejas, hay un sitio que en hebreo se llama Betzatá. Tiene cinco pórticos.*

[d] **5.3** Algunos mss. añaden *que esperaban el movimiento del agua.* **4** *Porque de cuando en cuando un ángel bajaba al estanque y removía el agua, y el primero que se metía en ella, después de haber sido removida, quedaba sano de cualquier enfermedad*

que tuviera. Al parecer esto fue añadido con base en una tradición popular, y servía para explicar el v. 7.

[e] **5.8-9** Mt 9.6-7 y paralelos.

[f] **5.10** *Judíos:* Véase 1.19 n.

[g] **5.10** *No te está permitido:* El llevar cualquier carga era un "trabajo" prohibido en *sábado* (Neh 13.19; Jer 17.21-22).

[h] **5.17-18** Cf. Jn 10.30,33. Los rabinos admitían que Dios, no obstante haber reposado el día séptimo (Gn 2.2-3; Ex 20.11), continuaba aún su trabajo, especialmente el de dar vida y juzgar (cf. vv. 21-22).

[i] **5.19** Jn 5.30; 8.28.

[j] **5.23** Lc 10.16; Jn 15.23; 1 Jn 2.23.

[k] **5.24** Jn 3.15-18; Ro 8.1.

[l] **5.26** Jn 1.4.

[m] **5.29** Cf. Dn 12.2; 2 Mac 7.9-14,23.

[n] **5.30** Cf. Jn 5.19.

sino la voluntad del Padre, que me ha enviado. **31** Si yo diera testimonio en favor mío, mi testimonio no valdría como prueba. **32** Pero hay otro [n] que da testimonio en favor mío, y me consta que su testimonio sí vale como prueba. **33** Ustedes enviaron a preguntarle a Juan, y él dio testimonio a favor de la verdad. [o] **34** Pero yo no dependo del testimonio de ningún hombre. Solo digo esto para que ustedes alcancen la salvación. **35** Juan era como una lámpara que ardía y alumbraba, y ustedes quisieron gozar de su luz por un corto tiempo. **36** Pero tengo a mi favor un testimonio más valioso que el de Juan. Lo que yo hago, que es lo que el Padre me encargó que hiciera, comprueba que de veras el Padre me ha enviado. [p] **37** Y también el Padre, que me ha enviado, da testimonio a mi favor, a pesar de que ustedes nunca han oído su voz ni lo han visto, [q] **38** ni dejan que su palabra permanezca en ustedes, porque no creen en aquel que el Padre envió. [r] **39** Ustedes estudian las Escrituras con mucho cuidado, porque esperan encontrar en ellas la vida eterna; [s] sin embargo, aunque las Escrituras dan testimonio de mí, **40** ustedes no quieren venir a mí para tener esa vida.

41 "Yo no acepto gloria que venga de los hombres. **42** Además, los conozco a ustedes y sé que no tienen el amor de Dios. **43** Yo he venido en nombre de mi Padre, y ustedes no me aceptan; en cambio, si viniera otro en nombre propio, a ese lo aceptarían. **44** ¿Cómo pueden creer ustedes, si reciben gloria los unos de los otros y no buscan la gloria que viene del Dios único? **45** No crean que yo los voy a acusar delante de mi Padre; el que los acusa es Moisés mismo, en quien ustedes han puesto su confianza. [t] **46** Porque si ustedes le creyeran a Moisés, también me creerían a mí, porque Moisés escribió acerca de mí. [u] **47** Pero si no creen lo que él escribió, ¿cómo van a creer lo que yo les digo?"

6 Jesús da de comer a una multitud (Mt 14.13-21; Mc 6.30-44; Lc 9.10-17)

1 Después de esto, Jesús se fue al otro lado del Lago de Galilea, [a] que es el mismo Lago de Tiberias. **2** Mucha gente lo seguía, porque habían visto las señales milagrosas que hacía sanando a los enfermos. **3** Entonces Jesús subió a un monte, y se sentó con sus discípulos. **4** Ya estaba cerca la Pascua, la fiesta de los judíos. [b] **5** Cuando Jesús miró y vio la mucha gente que lo seguía, le dijo a Felipe:

—¿Dónde vamos a comprar pan para toda esta gente?

6 Pero lo dijo por ver qué contestaría Felipe, porque Jesús mismo sabía bien lo que había de hacer. **7** Felipe le respondió:

—Ni siquiera el salario de doscientos días [c] bastaría para comprar el pan suficiente para que cada uno recibiera un poco.

8 Entonces Andrés, que era otro de sus discípulos y hermano de Simón Pedro, le dijo:

9 —Aquí hay un niño que tiene cinco panes de cebada [d] y dos pescados; pero, ¿qué es esto para tanta gente?

10 Jesús respondió:

—Díganles a todos que se sienten.

Había mucha hierba en aquel lugar, y se sentaron. Eran unos cinco mil hombres. **11** Jesús tomó en sus manos los panes y, después de dar gracias a Dios, [e] los repartió entre los que estaban sentados. Hizo lo mismo con los pescados, dándoles todo lo que querían. **12** Cuando ya estuvieron satisfechos, Jesús dijo a sus discípulos:

—Recojan los pedazos sobrantes, para que no se desperdicie nada.

13 Ellos los recogieron, y llenaron doce canastas con los pedazos que sobraron de los cinco panes de cebada. **14** La gente, al ver esta señal milagrosa hecha por Jesús, decía:

—De veras este es el profeta que había de venir al mundo. [f]

15 Pero como Jesús se dio cuenta de que querían llevárselo a la fuerza para hacerlo rey, se retiró otra vez a lo alto del cerro, para estar solo. [g]

Jesús camina sobre el agua (Mt 14.22-27; Mc 6.45-52)

16 Al llegar la noche, los discípulos de Jesús bajaron al lago, **17** subieron a una barca y comenzaron a cruzar el lago para llegar a Cafarnaúm. Ya estaba completamente oscuro, y Jesús no había regresado todavía. **18** En esto, el lago se alborotó a causa de un fuerte viento que se había levantado. **19** Cuando ya habían avanzado unos cinco o seis kilómetros, [h] vieron a Jesús, que se acercaba a la barca caminando sobre el agua, y tuvieron miedo. **20** Él les dijo:

—¡Soy yo, no tengan miedo!

21 Con gusto lo recibieron [i] en la barca, y en un momento llegaron a la tierra adonde iban.

La gente busca a Jesús

22 Al día siguiente, la gente que estaba al otro lado del lago se dio cuenta de que los discípulos habían ido en la única barca que allí había, y que Jesús no iba con ellos. **23** Mientras tanto, otras barcas llegaron de la ciudad de Tiberias a un lugar cerca de donde

---

[n] **5.32** *Otro:* esto es, el Padre (5.37-38; 8.18). Pero también son testigos a favor de Jesús: Juan el Bautista (5.33-35), los milagros (5.36) y las Escrituras (5.39). Cf. 1 Jn 5.6-9.
[o] **5.33** Jn 1.19-34; 3.27-30.
[p] **5.36** Jn 10.25,38; 14.11.
[q] **5.37** Jn 1.18; 6.46; 1 Jn 4.12.
[r] **5.31-38** Cf. Jn 8.14-18.
[s] **5.39** Dt 4.1; 8.1; 30.15-20; Bar 4.1.
[t] **5.45** Dt 31.26-27.
[u] **5.46** Posible alusión a Dt 18.15,18 o a los cinco primeros libros del AT en general. Cf. Lc 24.27; Hch 3.22; 7.37.
[a] **6.1** *El Lago de Galilea* también se llamaba *Lago de Tiberias* (o Tiberíades), por el nombre de una ciudad, o *Lago de Genesaret* (Lc 5.1), por el nombre de otra ciudad.
[b] **6.4** Acerca de las Pascuas mencionadas en Jn, véase Jn 2.13 n.
[c] **6.7** *El salario de doscientos días:* lit. *doscientos denarios.* El denario era la paga normal por un día de trabajo.
[d] **6.9** *Panes de cebada:* como en el milagro de Eliseo (2 R 4.42-44).
[e] **6.11** Sobre esta bendición, véase Mt 14.19 n.
[f] **6.14** Sobre este *profeta,* véase Jn 1.21 nota v.
[g] **6.15** Acerca de la realeza de Jesús, véase Jn 1.49 nota m.
[h] **6.19** *Cinco o seis kilómetros:* lit. *veinticinco o treinta estadios.* El estadio equivalía a 180 m. La mayor anchura del lago (este-oeste) es de un poco más de 10 km.; su mayor longitud (norte-sur), de unos 20 km.
[i] **6.21** *Con gusto lo recibieron:* otra posible traducción: *Querían recibirlo.*

habían comido ^{j} el pan después que el Señor dio gracias. **24** Así que, al ver que ni Jesús ni sus discípulos estaban allí, la gente subió también a las barcas y se dirigió a Cafarnaúm, a buscarlo.

Jesús, el pan de la vida ^{k} **25** Al llegar ellos al otro lado del lago, encontraron a Jesús y le preguntaron:

—Maestro, ¿cuándo viniste acá?

26 Jesús les dijo:

—Les aseguro que ustedes me buscan porque comieron hasta llenarse, y no porque hayan entendido las señales milagrosas. **27** No trabajen por la comida que se acaba, sino por la comida que permanece y que les da vida eterna. Esta es la comida que les dará el Hijo del hombre, porque Dios, el Padre, ha puesto su sello en él.

28 Le preguntaron:

—¿Qué debemos hacer para realizar las obras que Dios quiere que hagamos?

29 Jesús les contestó:

—La única obra que Dios quiere es que crean en aquel que él ha enviado. ^{l}

30 Le preguntaron entonces:

—¿Qué señal puedes darnos, para que al verla te creamos? ¿Cuáles son tus obras? **31** Nuestros antepasados comieron el maná en el desierto, como dice la Escritura: 'Les dio a comer pan del cielo.' ^{m}

32 Jesús les contestó:

—Les aseguro que no fue Moisés quien les dio a ustedes el pan del cielo, sino que mi Padre es quien les da el verdadero pan del cielo. **33** Porque el pan que Dios da es el que ha bajado del cielo y da vida al mundo.

34 Ellos le pidieron:

—Señor, danos siempre ese pan.

35 Y Jesús les dijo:

—Yo soy el pan que da vida. ^{n} El que viene a mí, nunca tendrá hambre; y el que cree en mí, nunca tendrá sed. **36** Pero como ya les dije, ustedes no creen aunque me han visto. **37** Todos los que el Padre me da, vienen a mí; ^{ñ} y a los que vienen a mí, no los echaré fuera. **38** Porque yo no he bajado del cielo para hacer mi propia voluntad, sino para hacer la voluntad de mi Padre, que me ha enviado. **39** Y la voluntad del que me ha enviado es que yo no pierda a ninguno de los que me ha dado, ^{o} sino que los resucite en el día último. **40** Porque la voluntad de mi Padre es que todos los que miran al Hijo de Dios y creen en él, tengan vida eterna; y yo los resucitaré en el día último. ^{p}

41 Por esto los judíos comenzaron a murmurar de Jesús, porque afirmó: "Yo soy el pan que ha bajado del cielo."

42 Y dijeron:

—¿No es este Jesús, el hijo de José? Nosotros conocemos a su padre y a su madre. ^{q} ¿Cómo dice ahora que ha bajado del cielo?

43 Jesús les dijo entonces:

—Dejen de murmurar. **44** Nadie puede venir a mí, si no lo trae el Padre, ^{r} que me ha enviado; y yo lo resucitaré en el día último. **45** En los libros de los profetas se dice: 'Dios instruirá a todos.' ^{s} Así que todos los que escuchan al Padre y aprenden de él, vienen a mí.

46 "No es que alguno haya visto al Padre; el único que lo ha visto es el que procede de Dios. ^{t} **47** Les aseguro que quien cree, ^{u} tiene vida eterna. **48** Yo soy el pan que da vida. ^{v} **49** Los antepasados de ustedes comieron el maná en el desierto, y a pesar de ello murieron; **50** pero yo hablo del pan que baja del cielo; quien come de él, no muere. **51** Yo soy ese pan vivo que ha bajado del cielo; el que come de este pan, vivirá para siempre. El pan que yo daré es mi propia carne. Lo daré por la vida del mundo." ^{w}

52 Los judíos se pusieron a discutir unos con otros:

—¿Cómo puede este darnos a comer su propia carne? ^{x}

53 Jesús les dijo:

—Les aseguro que si ustedes no comen la carne del Hijo del hombre y beben su sangre, no tendrán vida. **54** El que come mi carne y bebe mi sangre, tiene vida eterna; y yo lo resucitaré en el día último. ^{y} **55** Porque mi carne es verdadera comida, y mi sangre es verdadera bebida. **56** El que come mi carne y bebe mi sangre, vive unido a mí, y yo vivo unido a él. ^{z} **57** El Padre, que me ha enviado, tiene vida, y yo vivo por él; de la misma manera, el que se alimenta de mí, vivirá por mí. **58** Hablo del pan que ha bajado del cielo. Este pan no es como el maná que comieron los antepasados de ustedes, que a pesar de haberlo comido murieron; el que come de este pan, vivirá para siempre.

59 Jesús enseñó estas cosas en la sinagoga en Cafarnaúm.

Palabras de vida eterna **60** Al oír estas enseñanzas, muchos de los que seguían a Jesús dijeron:

—Esto que dice es muy difícil de aceptar; ¿quién puede hacerle caso? ^{a}

---

^{j} **6.23** *Llegaron... comido:* otra posible traducción: *llegaron de la ciudad de Tiberias, que está cerca del lugar donde habían comido.*

^{k} **6.25-59** Este discurso, sin paralelo en los evangelios sinópticos, desarrolla temas centrales de este evangelio, partiendo del simbolismo del pan. El verdadero alimento ofrecido por Dios a los hombres no fue el maná, sino que es Jesús, el pan que ha bajado del cielo.

^{l} **6.29** Acerca del concepto de *creer* en Jn, véase Jn 1.12 n.

^{m} **6.31** Sal 78.24; cf. también Ex 16.4,15; Neh 9.15; Sab 16.20.

^{n} **6.35** Es característico de la enseñanza de este evangelio que Jesús se identifica con los bienes que da al hombre: el pan, la luz (8.12), la puerta de las ovejas (10.7,9), la vida (11.25), el camino (14.6), la verdad (14.6).

^{ñ} **6.37** Jn 10.29; 17.6-9,24; 18.9.

^{o} **6.39** Jn 10.28-29; 17.12; 18.9.

^{p} **6.40** Sobre *creer* en Jn, véase Jn 1.12 n.

^{q} **6.42** Mt 13.55; Mc 6.3; Lc 4.22.

^{r} **6.44** Jn 6.65; cf. Mt 11.27; Lc 10.22.

^{s} **6.45** Is 54.13; cf. Jer 31.33-34.

^{t} **6.46** Jn 1.18.

^{u} **6.47** Sobre *creer* en Jn, véase Jn 1.12 n.

^{v} **6.48** Sobre la identificación de Jesús con el *pan,* véase Jn 6.35 n.

^{w} **6.51** Los temas tratados aquí (6.51-56) son mencionados por los evangelios sinópticos en la institución de la Cena del Señor (Mt 26.26-29; Mc 14.22-25; Lc 22.14-22; cf. también 1 Co 11.23-26).

^{x} **6.52** Sobre esta reacción de la gente, véase Jn 3.3-4 n.

^{y} **6.54** Cf. Jn 4.13-14.

^{z} **6.56** Cf. Jn 15.4-10; 1 Jn 3.24.

^{a} **6.60** El rechazo que provocan las palabras de Jesús no se debe únicamente a la idea de comer su carne y su sangre (cf. Lv 3.17),

61 Jesús, dándose cuenta de lo que estaban murmurando, les preguntó:

—¿Esto les ofende? **62** ¿Qué pasaría entonces, si vieran al Hijo del hombre subir a donde antes estaba? *b* **63** El espíritu es el que da vida; lo carnal no sirve para nada. Y las cosas que yo les he dicho son espíritu y vida. **64** Pero todavía hay algunos de ustedes que no creen.

Es que Jesús sabía del principio quiénes eran los que no creían, y quién era el que lo iba a traicionar. *c* **65** Y añadió:

—Por esto les he dicho que nadie puede venir a mí, si el Padre no se lo concede.

66 Desde entonces, muchos de los que habían seguido a Jesús lo dejaron, y ya no andaban con él. **67** Jesús les preguntó a los doce discípulos:

—¿También ustedes quieren irse?

68 Simón Pedro le contestó:

—Señor, ¿a quién podemos ir? Tus palabras son palabras de vida eterna. **69** Nosotros ya hemos creído, y sabemos que tú eres el Santo de Dios. *d*

70 Jesús les contestó:

—¿No los he escogido yo a ustedes doce? *e* Sin embargo, uno de ustedes es un diablo.

71 Al decir esto, Jesús hablaba de Judas, hijo de Simón Iscariote, porque Judas iba a traicionarlo, aunque era uno de los doce discípulos. *f*

3. Jesús es rechazado por su propio pueblo (7.1—12.50)

Los hermanos de Jesús no creían en él **7** **1** Después de esto, Jesús andaba por la región de Galilea. No quería estar en Judea, porque allí los judíos *a* lo buscaban para matarlo. **2** Pero como se acercaba la fiesta de las Enramadas, *b* una de las fiestas de los judíos, **3** sus hermanos *c* le dijeron:

—No te quedes aquí; vete a Judea, para que los seguidores que tienes allá también vean lo que haces. **4** Pues cuando uno quiere ser conocido, no hace las cosas en secreto. Ya que haces cosas como estas, hazlas delante de todo el mundo.

5 Y es que ni siquiera sus hermanos creían en él. **6** Jesús les dijo:

—Todavía no ha llegado mi hora, *d* pero para ustedes cualquier hora es buena. **7** Los que son del mundo no pueden odiarlos a ustedes; pero a mí me odian, porque yo hago ver claramente que lo que hacen es malo. **8** Vayan ustedes a la fiesta; yo no voy, porque todavía no se ha cumplido mi hora.

9 Les dijo esto, y se quedó en Galilea.

Jesús en la fiesta de las Enramadas **10** Pero después que se fueron sus hermanos, también Jesús fue a la fiesta, aunque no públicamente, sino casi en secreto. **11** Los judíos lo buscaban en la fiesta, y decían:

—¿Dónde estará ese hombre?

12 Entre la gente se hablaba mucho de él. Unos decían: "Es un hombre de bien"; pero otros decían: "No es bueno; engaña a la gente."

13 Sin embargo, nadie hablaba abiertamente de él, por miedo a los judíos. *e*

14 Hacia la mitad de la fiesta, Jesús entró en el templo y comenzó a enseñar. **15** Los judíos decían admirados:

—¿Cómo sabe este tantas cosas, sin haber estudiado?

16 Jesús les contestó:

—Mi enseñanza no es mía, sino de aquel que me envió. **17** Si alguien está dispuesto a hacer la voluntad de Dios, podrá reconocer si mi enseñanza viene de Dios o si hablo por mi propia cuenta. **18** El que habla por su cuenta, busca su propia gloria; pero quien busca la gloria del que lo envió, ese dice la verdad y en él no hay nada reprochable.

19 "¿No es verdad que Moisés les dio a ustedes la ley? Sin embargo, ninguno de ustedes la obedece. ¿Por qué quieren matarme?"

20 La gente le contestó:

—¡Estás endemoniado! *f* ¿Quién quiere matarte?

21 Jesús les dijo:

—Todos ustedes se admiran por una sola cosa que hice en sábado. *g* **22** Sin embargo, Moisés les mandó practicar el rito de la circuncisión *h* (aunque no procede de Moisés, sino de los patriarcas *i*), y ustedes circuncidan a un hombre aunque sea en sábado. *j* **23** Ahora bien, si por no faltar a la ley de Moisés ustedes circuncidan al niño aunque sea en sábado, ¿por qué se enojan conmigo por haber sanado en sábado al hombre entero? **24** No juzguen ustedes por las apariencias. Cuando juzguen, háganlo con rectitud. *k*

Jesús habla de su origen **25** Algunos de los que vivían en Jerusalén comenzaron entonces a preguntar:

—¿No es a este al que andan buscando para matarlo? **26** Pues ahí está, hablando en público, y nadie le dice nada. ¿Será que las autoridades creen de veras que este hombre es el Mesías? **27** Pero nosotros sabemos de dónde viene este; en cambio, cuando venga el Mesías, nadie sabrá de dónde viene. *l*

28 Al oír esto, Jesús, que estaba enseñando en el templo, dijo con voz fuerte:

---

sino sobre todo al hecho de que él se declara como el único que puede dar la verdadera vida.
b **6.62** Jn 3.13; 16.28.
c **6.64** Jn 6.71; 13.11.
d **6.68-69** Mt 16.16; Mc 8.29; Lc 9.20.
e **6.70** *Doce:* Cf. Mt 10.1-4 y paralelos.
f **6.71** Jn 13.2-4, 21-30; 18.2-3.
a **7.1** *Los judíos:* Véase Jn 1.19 n.
b **7.2** *Enramadas:* Esta fiesta la celebraban los israelitas al término de la cosecha. Construían chozas con ramas, para recordar la vida de los antepasados en el desierto, después de la salida de Egipto (cf. Lv 23.33-43; Dt 16.13).
c **7.3** *Sus hermanos:* Véase Mt 12.46 n.
d **7.6** *Mi hora:* Véase 2.4 nota *d.*
e **7.13** *Los judíos:* Véase Jn 1.19 n.
f **7.20** Cf. Mc 3.22,30.
g **7.21** Jn 5.1-16.
h **7.22** *Circuncisión:* Gn 17.10-27; Lv 12.3.
i **7.22** Gn 17.10; 21.4.
j **7.22** El rito de la circuncisión se practica a los ocho días de nacido el niño, aunque ese día sea sábado.
k **7.24** Cf. Lv 19.15.
l **7.27** Algunos decían que el Mesías permanecería oculto hasta que Elías viniera y lo diera a conocer.

—¡Así que ustedes me conocen y saben de dónde vengo! Pero no he venido por mi propia cuenta, sino que vengo enviado por uno que es digno de confianza y a quien ustedes no conocen. ²⁹ Yo lo conozco porque procedo de él, y él me ha enviado.

³⁰ Entonces quisieron arrestarlo, pero ninguno le echó mano porque todavía no había llegado su hora. ᵐ ³¹ Muchos creyeron en él, y decían:

—Cuando venga el Mesías, ¿acaso hará más señales milagrosas que este hombre?

Los fariseos intentan arrestar a Jesús ³² Los fariseos oyeron lo que la gente decía de Jesús; y ellos y los jefes de los sacerdotes mandaron a unos guardianes del templo a que lo arrestaran. ³³ Entonces Jesús dijo:

—Voy a estar con ustedes solamente un poco de tiempo, y después regresaré al que me ha enviado. ³⁴ Ustedes me buscarán, pero no me encontrarán, porque no podrán ir a donde yo voy a estar. ⁿ

³⁵ Los judíos comenzaron entonces a preguntarse unos a otros:

—¿A dónde se va a ir este, que no podremos encontrarlo? ¿Acaso va a ir a los judíos que viven dispersos en el extranjero, y a enseñar a los paganos? ³⁶ ¿Qué quiere decir eso de que 'Me buscarán, pero no me encontrarán, porque no podrán ir a donde yo voy a estar'?

Ríos de agua viva ³⁷⁻³⁸ El último día de la fiesta era el más importante. ñ Aquél día Jesús, puesto de pie, dijo con voz fuerte:

—Si alguien tiene sed, venga a mí, y el que cree en mí, que beba. Como dice la Escritura, del interior de aquél correrán ríos de agua viva. ᵒ

³⁹ Con esto, Jesús quería decir que los que creyeran en él recibirían el Espíritu; y es que el Espíritu todavía no estaba, ᵖ porque Jesús aún no había sido glorificado. ᵠ

División entre la gente ⁴⁰ Había algunos entre la gente que cuando oyeron estas palabras dijeron:

—Seguro que este hombre es el profeta. ʳ

⁴¹ Otros decían:

—Este es el Mesías.

Pero otros decían:

—No, porque el Mesías no puede proceder de Galilea.

⁴² La Escritura dice que el Mesías tiene que ser descendiente del rey David, ˢ y que procederá de Belén, ᵗ el mismo pueblo de donde era David.

⁴³ Así que la gente se dividió por causa de Jesús. ⁴⁴ Algunos querían llevárselo preso, pero nadie lo hizo.

Las autoridades no creían en Jesús ⁴⁵ Los guardianes del templo volvieron a donde estaban los fariseos y los jefes de los sacerdotes, que les preguntaron:

—¿Por qué no lo trajeron?

⁴⁶ Los guardianes contestaron:

—¡Jamás ningún hombre ha hablado así!

⁴⁷ Entonces los fariseos les dijeron:

—¿También ustedes se han dejado engañar? ⁴⁸ ¿Acaso ha creído en él alguno de nuestros jefes, o de los fariseos? ⁴⁹ Pero esta gente, que no conoce la ley, está maldita. ᵘ

⁵⁰ Nicodemo, el fariseo que en una ocasión había ido a ver a Jesús, ᵛ les dijo:

⁵¹ —Según nuestra ley, no podemos condenar a un hombre sin antes haberlo oído para saber qué es lo que ha hecho.

⁵² Ellos le contestaron:

—¿También tú eres de Galilea? Estudia las Escrituras y verás que de Galilea jamás procede un profeta. ʷ

La mujer adúltera ˣ [⁵³ Cada uno se fue a su casa.

8 ¹ Pero Jesús se dirigió al Monte de los Olivos, ² y al día siguiente, al amanecer, volvió al templo. La gente se le acercó, y él se sentó y comenzó a enseñarles.

³ Los maestros de la ley y los fariseos llevaron entonces a una mujer, a la que habían sorprendido cometiendo adulterio. La pusieron en medio de todos los presentes, ⁴ y dijeron a Jesús:

—Maestro, esta mujer ha sido sorprendida en el acto mismo de cometer adulterio. ⁵ En la ley, Moisés nos ordenó que se matara a pedradas a esta clase de mujeres. ᵃ ¿Tú qué dices?

⁶ Ellos preguntaron esto para ponerlo a prueba, y tener así de qué acusarlo. ᵇ Pero Jesús se inclinó y comenzó a escribir en la tierra con el dedo. ⁷ Luego, como seguían preguntándole, se enderezó y les dijo:

—Aquel de ustedes que no tenga pecado, que le tire la primera piedra. ᶜ

ᵐ **7.30** *Su hora:* Véase Jn 2.4 nota *d.*
ⁿ **7.34** Sobre esta manera de hablar propia de Jesús, véase Jn 3.3-4 n.
ñ **7.37-38** Durante esta fiesta (cf. 7.2), cada día se llevaba agua desde el estanque de Siloé hasta el templo. Un coro repetía Is 12.3, y luego el sacerdote vertía el agua en tierra. Véase 4.10 n.
ᵒ **7.37-38** Is.55.1; Jn 4.14. Con puntuación diferente, también se puede traducir: *Si alguien tiene sed, venga a mí y beba.* ³⁸ *Como dice la Escritura, del corazón del que cree en mí brotarán ríos de agua viva.* Cf. Sal 78.15-16; 105.41; Pr 18.4; Is 58.11.
ᵖ **7.39** *Todavía no estaba:* Algunos mss. dicen *todavía no había sido dado.*
ᵠ **7.39** *Glorificado:* alusión a la muerte y resurrección de Jesús (cf. Jn 12.16,23).
ʳ **7.40** *El profeta:* Véase Jn 1.21 nota *v.*
ˢ **7.42** 2 S 7.12-13; Sal 89.3-4 (4-5); 132.11-12.

ᵗ **7.42** Miq 5.2 (1).
ᵘ **7.49** Dt 27.26; 28.15; Sal 119.21.
ᵛ **7.50** Jn 3.1-10.
ʷ **7.52** *Jamás procede un profeta:* Unos pocos mss. dicen *no procede el profeta* (véase Jn 1.21 nota *v*). De hecho, el profeta Jonás era originario de Galilea (cf. 2 R 14.25).
ˣ **7.53—8.11** Este relato falta en los mejores mss.; en algunos se encuentra en otros lugares. Parece haber sido una historia conservada primero en forma independiente y luego incluida en este lugar. La narración interrumpida en 7.52 continúa en 8.12.
ᵃ **8.5** Lv 20.10; Dt 22.22-24.
ᵇ **8.6** Cf. Mt 22.15-22 y paralelos. Si Jesús se pronunciaba en favor de la mujer, podrían acusarlo de no tomar en serio la ley mosaica; si se declaraba en favor de la pena de muerte, entraría en conflicto con las autoridades romanas (cf. Jn 18.31).
ᶜ **8.7** Cf. Dt 17.7.

LOS "YO SOY" DE LA BIBLIA

División mayor	En boca de	Referencias
AT	Dios	Véase Ex 3.14*
NT	Jesús	
	Sin especificación	Jn 6.20; 8.24*,28; 13.19; 18.5-6,8
	El Mesías	Jn 4.25-26
	El pan de vida	Jn 6.35,41,48,51
	La luz del mundo	Jn 8.12; 9.5
	La puerta	Jn 10.7,9
	El buen pastor	Jn 10.11,14-15
	La resurrección y la vida	Jn 11.25
	El camino, la verdad y la vida	Jn 14.6
	La vid verdadera	Jn 15.1,5
	Jesús	Hch 9.5
	Alfa y Omega	Ap 22.13; cf. Ap 1.8
	El retoño que desciende de David	Ap 22.16
	La estrella brillante de la mañana	Ap 22.16

⁸ Y volvió a inclinarse y siguió escribiendo en la tierra. ⁹ Al oir esto, uno tras otro comenzaron a irse, y los primeros en hacerlo fueron los más viejos. Cuando Jesús se encontró solo con la mujer, que se había quedado allí, ¹⁰ se enderezó y le preguntó:

—Mujer, ¿dónde están? ¿Ninguno te ha condenado?

¹¹ Ella le contestó:

—Ninguno, Señor.

Jesús le dijo:

—Tampoco yo te condeno; ahora, vete y no vuelvas a pecar.] *ᵈ*

Jesús, la luz del mundo ¹² Jesús se dirigió otra vez a la gente, diciendo:

—Yo soy la luz del mundo; *ᵉ* el que me sigue, tendrá la luz que le da vida, y nunca andará en la oscuridad. *ᶠ*

¹³ Los fariseos le dijeron:

—Tú estás dando testimonio a favor tuyo: ese testimonio no tiene valor. *ᵍ*

¹⁴ Jesús les contestó:

—Mi testimonio sí tiene valor, aunque lo dé yo mismo a mi favor. Pues yo sé de dónde vine y a dónde voy; en cambio, ustedes no lo saben. ¹⁵ Ustedes juzgan según los criterios humanos. Yo no juzgo a nadie; ¹⁶ pero si juzgo, mi juicio está de acuerdo con la verdad, porque no juzgo yo solo, sino que el Padre que me envió juzga conmigo. ¹⁷ En la ley de ustedes está escrito que cuando dos testigos dicen lo mismo, su testimonio tiene valor. *ʰ* ¹⁸ Pues bien, yo mismo soy un testigo a mi favor, y el Padre que me envió es el otro testigo. *ⁱ*

¹⁹ Le preguntaron:

—¿Dónde está tu padre?

Jesús les contestó:

—Ustedes no me conocen a mí, ni tampoco a mi Padre; si me conocieran a mí, también conocerían a mi Padre. *ʲ*

²⁰ Jesús dijo estas cosas mientras enseñaba en el templo, en el lugar donde estaban los cofres de las ofrendas. *ᵏ* Pero nadie lo arrestó, porque todavía no había llegado su hora.

"A donde yo voy, ustedes no pueden ir" ²¹ Jesús les volvió a decir:

—Yo me voy, y ustedes me van a buscar, pero morirán en su pecado. A donde yo voy, ustedes no pueden ir. *ˡ*

²² Los judíos dijeron:

—¿Acaso estará pensando en matarse, y por eso dice que no podemos ir a donde él va?

²³ Jesús les dijo:

—Ustedes son de aquí abajo, pero yo soy de arriba; ustedes son de este mundo, pero yo no soy de este mundo. *ᵐ*

ᵈ **8.11** Cf. Jn 3.17; 12.47.
ᵉ **8.12** *Luz del mundo:* Véase Jn 1.9 n.
ᶠ **8.12** En la fiesta de las Enramadas (cf. 7.10) cuatro enormes candelabros con lámparas de aceite iluminaban el área del templo. Cf. también Jn 1.5; 9.5.
ᵍ **8.13** Cf. Jn 5.31 y véase 5.32 n.
ʰ **8.17** Dt 17.6; 19.15.
ⁱ **8.14-18** Jn 5.31-37; 1 Jn 5.9.
ʲ **8.19** Jn 14.7; 16.3.
ᵏ **8.20** *Cofres de las ofrendas:* Véase Mc 12.41 n.
ˡ **8.21** Sobre esta manera de hablar, cf. Jn 7.33-36; véase también Jn 3.3-4 n.
ᵐ **8.23** Jn 3.31; 17.14.

24 Por eso les dije que morirán en sus pecados; porque si no creen que Yo Soy,[n] morirán en sus pecados. **25** Entonces le preguntaron:

—¿Quién eres tú?

Jesús les respondió:

—En primer lugar, ¿por qué he de hablar con ustedes?[ñ] **26** Tengo mucho que decir y que juzgar de ustedes, pero el que me ha enviado dice la verdad, y lo que yo le digo al mundo es lo mismo que le he oído decir a él. **27** Pero ellos no entendieron que les hablaba del Padre. **28** Por eso les dijo:

—Cuando ustedes levanten en alto[o] al Hijo del hombre, reconocerán que Yo Soy,[p] y que no hago nada por mi propia cuenta; solamente digo lo que el Padre me ha enseñado. **29** Porque el que me ha enviado está conmigo; mi Padre no me ha dejado solo, porque yo siempre hago lo que a él le agrada.

30 Cuando Jesús dijo esto, muchos creyeron en él.

Los hijos de Dios y los esclavos del pecado

31 Jesús les dijo a los judíos que habían creído en él:

—Si ustedes se mantienen fieles a mi palabra, serán de veras mis discípulos; **32** conocerán la verdad, y la verdad los hará libres.[q]

33 Ellos le contestaron:

—Nosotros somos descendientes de Abraham,[r] y nunca hemos sido esclavos de nadie; ¿cómo dices tú que seremos libres?

34 Jesús les dijo:

—Les aseguro que todos los que pecan son esclavos del pecado.[s] **35** Un esclavo no pertenece para siempre a la familia; pero un hijo sí pertenece para siempre a la familia. **36** Así que, si el Hijo los hace libres, ustedes serán verdaderamente libres.[t] **37** Ya sé que ustedes son descendientes de Abraham; pero quieren matarme porque no aceptan mi palabra. **38** Yo hablo de lo que el Padre me ha mostrado; así también ustedes, hagan lo que del Padre han escuchado.

39 Ellos le dijeron:

—¡Nuestro padre es Abraham!

Pero Jesús les contestó:

—Si ustedes fueran de veras hijos de Abraham, harían lo que él hizo. **40** Sin embargo, aunque les he dicho la verdad que Dios me ha enseñado, ustedes quieren matarme. ¡Abraham nunca hizo nada así! **41** Ustedes hacen lo mismo que hace su padre.

Ellos le dijeron:

—¡Nosotros no somos hijos bastardos; tenemos un solo Padre, que es Dios![u]

42 Jesús les contestó:

—Si de veras Dios fuera su padre, ustedes me amarían, porque yo vengo de Dios y aquí estoy. No he venido por mi propia cuenta, sino que Dios me ha enviado. **43** ¿Por qué no pueden entender ustedes mi mensaje? Pues simplemente porque no pueden escuchar mi palabra. **44** El padre de ustedes es el diablo;[v] ustedes le pertenecen, y tratan de hacer lo que él quiere. El diablo ha sido un asesino desde el principio.[w] No se mantiene en la verdad, y nunca dice la verdad. Cuando dice mentiras, habla como lo que es; porque es mentiroso y es el padre de la mentira. **45** Pero como yo digo la verdad, ustedes no me creen. **46** ¿Quién de ustedes puede demostrar que yo tengo algún pecado?[x] Y si digo la verdad, ¿por qué no me creen? **47** El que es de Dios, escucha las palabras de Dios; pero como ustedes no son de Dios, no quieren escuchar.

Cristo existe desde antes de Abraham

48 Los judíos le dijeron entonces:

—Tenemos razón cuando decimos que eres un samaritano[y] y que tienes un demonio.[z]

49 Jesús les contestó:

—No tengo ningún demonio. Lo que hago es honrar a mi Padre; en cambio, ustedes me deshonran. **50** Yo no busco mi gloria; hay alguien que la busca, y él es el que juzga. **51** Les aseguro que quien hace caso de mi palabra, no morirá.

52 Los judíos le contestaron:

—Ahora estamos seguros de que tienes un demonio. Abraham y todos los profetas murieron, y tú dices: 'El que hace caso de mi palabra, no morirá.' **53** ¿Acaso eres tú más que nuestro padre Abraham? Él murió, y los profetas también murieron. ¿Quién te has creído que eres?[a]

54 Jesús les contestó:

—Si yo me glorifico a mí mismo, mi gloria no vale nada. Pero el que me glorifica es mi Padre, el mismo que ustedes dicen que es su Dios. **55** Pero ustedes no lo conocen. Yo sí lo conozco; y si dijera que no lo conozco, sería yo tan mentiroso como ustedes. Pero ciertamente lo conozco, y hago caso de su palabra. **56** Abraham, el antepasado de ustedes, se alegró porque iba a ver mi día; lo vio, y se llenó de gozo.[b] **57** Los judíos dijeron a Jesús:

---

[n] **8.24** En algunos lugares del evangelio (8.24,28; 13.19; 18.5) Jesús usa la expresión *Yo Soy* sin más determinación. Por una parte, recuerda la fórmula de identificación del enviado, antes de regresar al que lo envió (cf. Tb 12.14-20). Por otra, alude a fórmulas divinas de identificación: Ex 3.14-15; Is 43.11; 45.5; 48.12. Véase también Jn 6.35 n.

[ñ] **8.25** *En primer lugar, ¿por qué he de hablar con ustedes?:* otra posible traducción: *Lo que desde el principio les digo.*

[o] **8.28** Acerca de la muerte de Jesús, vista como exaltación, véase Jn 3.14 n.

[p] **8.28** *Yo Soy:* Véase Jn 8.24 n.

[q] **8.32** Conocer la verdad es conocer el amor de Dios que se revela en Jesús para salvar a la humanidad, librándola de la esclavitud del pecado (cf. 1.14,17; 3.21; 4.23-24; 17.17,19).

[r] **8.33** Mt 3.9; Lc 3.8.

[s] **8.34** Cf. Ro 6.16; 2 P 2.19.

[t] **8.36** Cf. Ro 6.16-18; Gl 5.1,13.

[u] **8.41** Cf. Is 63.16; 64.8 (7).

[v] **8.44** Los semitas expresaban a veces la idea de pertenencia por medio de la relación padre-hijo, en cuanto que el hijo reproduce las características de su padre.

[w] **8.44** *Asesino desde el principio:* Cf. Sab 2.23-24; 1 Jn 3.8.

[x] **8.46** Cf. 2 Co 5.21; Heb 4.15; 1 Jn 3.5.

[y] **8.48** *Samaritano:* Véase Jn 4.9 n.

[z] **8.48** Jn 7.20.

[a] **8.51-53** Sobre esta manera de hablar, propia de Jesús, y la reacción de la gente, véase Jn 3.3-4 n.

[b] **8.56** Según algunas tradiciones judías, Abraham en una visión

—Todavía no tienes cincuenta años, ¿y dices que has visto a Abraham? *c*
⁵⁸ Jesús les contestó:
—Les aseguro que yo existo desde antes que existiera Abraham. *d*
⁵⁹ Entonces ellos tomaron piedras para arrojárselas; *e* pero Jesús se escondió y salió del templo.

9 Jesús da la vista a un hombre que nació ciego

¹ Al salir, Jesús vio a su paso a un hombre que había nacido ciego. ² Sus discípulos le preguntaron:
—Maestro, ¿por qué nació ciego este hombre? ¿Por el pecado de sus padres, o por su propio pecado? *a*
³ Jesús les contestó:
—Ni por su propio pecado ni por el de sus padres; fue más bien para que en él se demuestre lo que Dios puede hacer. ⁴ Mientras es de día, tenemos que hacer el trabajo del que me envió; pues viene la noche, cuando nadie puede trabajar. ⁵ Mientras estoy en este mundo, soy la luz del mundo. *b*
⁶ Después de haber dicho esto, Jesús escupió en el suelo, hizo con la saliva un poco de lodo y se lo untó al ciego en los ojos. *c* ⁷ Luego le dijo:
—Ve a lavarte al estanque de Siloé *d* (que significa: "Enviado").
El ciego fue y se lavó, y cuando regresó ya podía ver. ⁸ Los vecinos y los que antes lo habían visto pedir limosna se preguntaban:
—¿No es este el que se sentaba a pedir limosna?
⁹ Unos decían:
—Sí, es él.
Otros decían:
—No, no es él, aunque se le parece.
Pero él mismo decía:
—Sí, yo soy.
¹⁰ Entonces le preguntaron:
—¿Y cómo es que ahora puedes ver?
¹¹ Él les contestó:
—Ese hombre que se llama Jesús hizo lodo, me lo untó en los ojos, y me dijo: 'Ve al estanque de Siloé, y lávate.' Yo fui, y en cuanto me lavé, pude ver.
¹² Entonces le preguntaron:
—¿Dónde está ese hombre?
Y él les dijo:
—No lo sé.

Los fariseos interrogan al ciego que fue sanado

¹³⁻¹⁴ El día en que Jesús hizo el lodo y devolvió la vista al ciego era sábado. *e* Por eso llevaron ante los fariseos al que había sido ciego, ¹⁵ y ellos le preguntaron cómo era que ya podía ver. Y él les contestó:
—Me puso lodo en los ojos, me lavé, y ahora veo.
¹⁶ Algunos fariseos dijeron:
—El que hizo esto no puede ser de Dios, porque no respeta el sábado.
Pero otros decían:
—¿Cómo puede hacer estas señales milagrosas, si es pecador?
De manera que hubo división entre ellos, ¹⁷ y volvieron a preguntarle al que antes era ciego:
—Puesto que te ha dado la vista, ¿qué dices de él?
Él contestó:
—Yo digo que es un profeta.
¹⁸ Pero los judíos no quisieron creer que había sido ciego y que ahora podía ver, hasta que llamaron a sus padres ¹⁹ y les preguntaron:
—¿Es este su hijo? ¿Declaran ustedes que nació ciego? ¿Cómo es que ahora puede ver?
²⁰ Sus padres contestaron:
—Sabemos que este es nuestro hijo, y que nació ciego; ²¹ pero no sabemos cómo es que ahora puede ver, ni tampoco sabemos quién le dio la vista. Pregúntenselo a él; ya es mayor de edad, y él mismo puede darles razón.
²² Sus padres dijeron esto por miedo, pues los judíos se habían puesto de acuerdo para expulsar de la sinagoga *f* a cualquiera que reconociera que Jesús era el Mesías. ²³ Por eso dijeron sus padres: "Pregúntenselo a él, que ya es mayor de edad."
²⁴ Los judíos volvieron a llamar al que había sido ciego, y le dijeron:
—Dinos la verdad delante de Dios. *g* Nosotros sabemos que ese hombre es pecador.
²⁵ Él les contestó:
—Si es pecador, no lo sé. Lo que sí sé es que yo era ciego y ahora veo.
²⁶ Volvieron a preguntarle:
—¿Qué te hizo? ¿Qué hizo para darte la vista?
²⁷ Les contestó:
—Ya se lo he dicho, pero no me hacen caso. ¿Por qué quieren que se lo repita? ¿Es que también ustedes quieren seguirlo?
²⁸ Entonces lo insultaron, y le dijeron:
—Tú serás discípulo de ese hombre; nosotros somos discípulos de Moisés. ²⁹ Y sabemos que Dios le habló a Moisés, *h* pero de ese no sabemos ni siquiera de dónde ha salido.
³⁰ El hombre les contestó:

---

había contemplado las cosas futuras. También se interpretaba la risa de Abraham (Gn 17.16-17) como risa de alegría.
c 8.57 Sobre esta reacción de los interlocutores, véase Jn 3.3-4 n.
d 8.58 Existir *desde antes que existiera Abraham* equivale a tener la existencia misma de Dios (cf. Jn 1.1,15; 10.30-33; Flp 2.6; Col 1.15). Véase también Jn 8.24 n.
e 8.59 Cf. Lv 24.15-16.
a 9.2 En la Biblia aparece expresada, por una parte, la idea de la responsabilidad colectiva en el bien y en el mal (Ex 20.5-6; 34.6-7; Nm 14.18; Dt 5.9-10; Jer 32.18; Ro 5.12-21) y, por otra, la de la responsabilidad personal (Dt 24.16; Ez 18.2-20). Jesús afirma que en este caso se va a mostrar el poder de Dios que salva.

b 9.5 Jn 1.5-9 (véase 1.9 n.); 8.12; cf. Is 49.6. El devolver la vista al ciego tiene valor simbólico: quiere mostrar que Jesús es la verdadera luz del mundo.
c 9.6 Cf. Mc 7.33.
d 9.7 *Siloé*: estanque situado en el extremo sur de Jerusalén (véase Jn 7.37-38 nota *ñ*).
e 9.13-14 Curar y amasar el lodo eran considerados trabajos prohibidos en sábado (véase Mt 12.10 n.).
f 9.22 La expulsión de la sinagoga traía consecuencias religiosas y sociales.
g 9.24 Cf. Jos 7.19.
h 9.29 Ex 33.11.

—¡Qué cosa tan rara! Ustedes no saben de dónde ha salido, y en cambio a mí me ha dado la vista. ³¹ Bien sabemos que Dios no escucha a los pecadores; solamente escucha a los que lo adoran y hacen su voluntad.ⁱ ³² Nunca se ha oído decir de nadie que diera la vista a una persona que nació ciega. ³³ Si este hombre no viniera de Dios, no podría hacer nada.

³⁴ Le dijeron entonces:

—Tú, que naciste lleno de pecado,ʲ ¿quieres darnos lecciones a nosotros?

Y lo expulsaron de la sinagoga.

Ciegos espirituales ³⁵ Jesús oyó decir que habían expulsado al ciego; y cuando se encontró con él, le preguntó:

—¿Crees tú en el Hijo del hombre?ᵏ

³⁶ Él le dijo:

—Señor, dime quién es, para que yo crea en él.

³⁷ Jesús le contestó:

—Ya lo has visto: soy yo, con quien estás hablando.

³⁸ Entonces el hombre se puso de rodillas delante de Jesús, y le dijo:

—Creo, Señor.

³⁹ Luego dijo Jesús:

—Yo he venido a este mundo para hacer juicio, para que los ciegos vean y para que los que ven se vuelvan ciegos.

⁴⁰ Algunos fariseos que estaban con él, al oir esto, le preguntaron:

—¿Acaso nosotros también somos ciegos?ˡ

⁴¹ Jesús les contestó:

—Si ustedes fueran ciegos, no tendrían culpa de sus pecados. Pero como dicen que ven, son culpables.

10 **El pastor y sus ovejas** ¹ Entonces Jesús dijo: "Les aseguro que el que no entra en el redil de las ovejas por la puerta es un ladrón y un bandido. ² Pero el que entra por la puerta es el pastor que cuida las ovejas. ³ El portero le abre la puerta, y el pastor llama a cada oveja por su nombre, y las ovejas reconocen su voz; las saca del redil, ⁴ y cuando ya han salido todas, camina delante de ellas, y las ovejas lo siguen porque reconocen su voz. ⁵ En cambio, a un desconocido no lo siguen, sino que huyen de él, porque desconocen su voz."

⁶ Jesús les puso esta comparación, pero ellos no entendieron lo que les quería decir.

Jesús, el buen pastor ⁷ Jesús volvió a decirles: "Esto les aseguro: Yo soy la puerta por donde pasan las ovejas.ᵃ ⁸ Todos los que vinieron antes de mí, fueron unos ladrones y unos bandidos;ᵇ pero las ovejas no les hicieron caso. ⁹ Yo soy la puerta:ᶜ el que por mí entre, se salvará. Será como una oveja que entra y sale y encuentra pastos.

¹⁰ "El ladrón viene solamente para robar, matar y destruir; pero yo he venido para que tengan vida, y para que la tengan en abundancia. ¹¹ Yo soy el buen pastor.ᵈ El buen pastor da su vida por las ovejas; ¹² pero el que trabaja solamente por la paga, cuando ve venir al lobo deja las ovejas y huye, porque no es el pastor y porque las ovejas no son suyas. Y el lobo ataca a las ovejas y las dispersa en todas direcciones. ¹³ Ese hombre huye porque lo único que le importa es la paga, y no las ovejas.

¹⁴⁻¹⁵ "Yo soy el buen pastor. Así como mi Padre me conoce a mí y yo conozco a mi Padre,ᵉ así también yo conozco a mis ovejas y ellas me conocen a mí. Yo doy mi vida por las ovejas. ¹⁶ También tengo otras ovejas que no son de este redil;ᶠ y también a ellas debo traerlas. Ellas me obedecerán, y formarán un solo rebaño, con un solo pastor.

¹⁷ "El Padre me ama porque yo doy mi vida para volverla a recibir. ¹⁸ Nadie me quita la vida, sino que yo la doy por mi propia voluntad. Tengo el derecho de darla y de volver a recibirla. Esto es lo que me ordenó mi Padre."

¹⁹ Cuando los judíos oyeron estas palabras, volvieron a dividirse. ²⁰ Muchos de ellos decían:

—¿Por qué hacen caso, si tiene un demonio y está loco?ᵍ

²¹ Pero otros decían:

—Nadie que tenga un demonio puede hablar así. ¿Acaso un demonio puede dar la vista a los ciegos?ʰ

Los judíos rechazan a Jesús ²² Era invierno, y en Jerusalén estaban celebrando la fiesta en que se conmemoraba la dedicación del templo.ⁱ ²³ Jesús estaba en el templo, y andaba por el Pórtico de Salomón.ʲ ²⁴ Entonces los judíos lo rodearon y le preguntaron:

—¿Hasta cuándo nos vas a tener en dudas? Si tú eres el Mesías, dínoslo de una vez.ᵏ

²⁵ Jesús les contestó:

—Ya se lo dije a ustedes, y no me creyeron.ˡ Las cosas que yo hago con la autoridad de mi Padre, lo demuestran

---

ⁱ **9.31** Sal 66.18; Pr 15.29.
ʲ **9.34** Acerca de relacionar la enfermedad con el pecado, véase 9.2 n.
ᵏ **9.35** *Hijo del hombre:* Véase *Índice temático.*
ˡ **9.39-40** Acerca de esta pregunta, véase Jn 3.3-4 n.
ᵃ **10.7** Sobre esta identificación, véase Jn 6.35 n.
ᵇ **10.8** Jesús alude a aquellos que se presentaban como Mesías y salvadores del pueblo (cf. Jer 23.1-2; Ez 34.2-3).
ᶜ **10.9** Jn 14.6.
ᵈ **10.11** La imagen del pastor se aplica en el AT a Dios o al gobernante (Sal 23.1; Is 40.11; Jer 23.1-6; Ez 34.11-31; 37.24); en el NT a Cristo (Mt 9.36; 18.12-14; Mc 6.34; Lc 15.4-7; Heb 13.20; 1 P 2.25; 5.4; Ap 7.17) y a los pastores de la iglesia (véase Jn 21.15 n.).
ᵉ **10.14-15** Mt 11.27; Lc 10.22.

ᶠ **10.16** Jn 11.52; 17.20; Ef 2.11-22; 1 P 2.25.
ᵍ **10.20** Jn 7.20.
ʰ **10.21** Jn 9.1-41.
ⁱ **10.22** La *fiesta* de la *Dedicación* (heb. *hanukká*), celebrada durante ocho días en diciembre, conmemora la restauración y consagración del templo de Jerusalén por Judas Macabeo en 164 a.C., después que lo había profanado Antíoco Epífanes (cf. Dn 9.27; 11.31; 1 Mac 4.36,52-59; 2 Mac 1.18; 10.5).
ʲ **10.23** *Pórtico de Salomón:* un pórtico o galería al oriente del templo, en el lado interior del muro que lo rodeaba (cf. Hch 3.11; 5.12).
ᵏ **10.24** La afirmación de Jesús: "Yo soy el buen pastor", aludía ya a su misión, y respondía de antemano a la pregunta de los judíos. Cf. Jer 23.1-6; Ez 34.11-31; 37.24.
ˡ **10.24-25** Jn 8.24,28,58; cf. Lc 22.67.

claramente; ²⁶ pero ustedes no creen, porque no son de mis ovejas. ²⁷ Mis ovejas reconocen mi voz, y yo las conozco y ellas me siguen. ᵐ ²⁸ Yo les doy vida eterna, y jamás perecerán ni nadie me las quitará. ²⁹ Lo que el Padre me ha dado es más grande que todo, ⁿ y nadie se lo puede quitar. ³⁰ El Padre y yo somos uno solo.

³¹ Los judíos volvieron a tomar piedras para tirárselas, ñ ³² pero Jesús les dijo:

—Por el poder de mi Padre he hecho muchas cosas buenas delante de ustedes; ¿por cuál de ellas me van a apedrear?

³³ Los judíos le contestaron:

—No te vamos a apedrear por ninguna cosa buena que hayas hecho, sino porque tus palabras son una ofensa contra Dios. ᵒ Tú no eres más que un hombre, pero te estás haciendo Dios a ti mismo.

³⁴ Jesús les dijo:

—En la ley de ustedes está escrito: 'Yo dije que ustedes son dioses.' ᵖ ³⁵ Sabemos que lo que la Escritura dice, no se puede negar; y Dios llamó dioses a aquellas personas a quienes dirigió su mensaje. ³⁶ Y si Dios me consagró ᵠ a mí y me envió al mundo, ¿cómo pueden ustedes decir que lo he ofendido porque dije que soy Hijo de Dios? ³⁷ Si yo no hago las obras que hace mi Padre, no me crean. ³⁸ Pero si las hago, aunque no me crean a mí, crean en las obras que hago, para que sepan de una vez por todas que el Padre está en mí y que yo estoy en el Padre. ʳ

³⁹ Otra vez quisieron arrestarlo, pero Jesús se les escapó.

⁴⁰ Regresó Jesús al otro lado del Jordán, y se quedó allí, en el lugar donde Juan había estado antes bautizando. ˢ ⁴¹ Mucha gente fue a verlo, y decían:

—De veras, aunque Juan no hizo ninguna señal milagrosa, todo lo que dijo ᵗ de este hombre era verdad.

⁴² Y muchos en aquel lugar creyeron en Jesús.

11

Muerte de Lázaro ¹ Había un hombre enfermo que se llamaba Lázaro, natural de Betania, ᵃ el pueblo de María y de su hermana Marta. ᵇ ² Esta María, que era hermana de Lázaro, fue la que derramó perfume sobre los pies del Señor y los secó con sus cabellos. ᶜ ³ Así pues, las dos hermanas mandaron a decir a Jesús:

—Señor, tu amigo querido está enfermo.

⁴ Jesús, al oírlo, dijo:

—Esta enfermedad no va a terminar en muerte, sino que ha de servir para mostrar la gloria de Dios, y también la gloria del Hijo de Dios.

⁵ Aunque Jesús quería mucho a Marta, a su hermana y a Lázaro, ⁶ cuando le dijeron que Lázaro estaba enfermo se quedó dos días más en el lugar donde se encontraba. ⁷ Después dijo a sus discípulos:

—Vamos otra vez a Judea. ᵈ

⁸ Los discípulos le dijeron:

—Maestro, hace poco los judíos de esa región trataron de matarte a pedradas, ᵉ ¿y otra vez quieres ir allá?

⁹ Jesús les dijo:

—¿No es cierto que el día tiene doce horas? Pues si uno anda de día, no tropieza, porque ve la luz que hay en este mundo; ¹⁰ pero si uno anda de noche, tropieza, porque le falta la luz. ᶠ

¹¹ Después añadió:

—Nuestro amigo Lázaro se ha dormido, pero voy a despertarlo.

¹² Los discípulos le dijeron:

—Señor, si se ha dormido, es señal de que va a sanar.

¹³ Pero lo que Jesús les decía es que Lázaro había muerto, mientras que los discípulos pensaban que se había referido al sueño natural. ᵍ ¹⁴ Entonces Jesús les dijo claramente:

—Lázaro ha muerto. ¹⁵ Y me alegro de no haber estado allí, porque así es mejor para ustedes, para que crean. Pero vamos a verlo.

¹⁶ Entonces Tomás, al que llamaban el Gemelo, ʰ dijo a los otros discípulos:

—Vamos también nosotros, para morir con él.

Jesús, la resurrección y la vida ¹⁷ Al llegar, Jesús se encontró con que ya hacía cuatro días que Lázaro había sido sepultado. ¹⁸ Betania se hallaba cerca de Jerusalén, a unos tres kilómetros; ¹⁹ y muchos de los judíos habían ido a visitar a Marta y a María, para consolarlas por la muerte de su hermano. ²⁰ Cuando Marta supo que Jesús estaba llegando, salió a recibirlo; pero María se quedó en la casa. ²¹ Marta le dijo a Jesús:

—Señor, si hubieras estado aquí, mi hermano no habría muerto. ²² Pero yo sé que aun ahora Dios te dará todo lo que le pidas.

²³ Jesús le contestó:

—Tu hermano volverá a vivir.

²⁴ Marta le dijo:

—Sí, ya sé que volverá a vivir cuando los muertos resuciten, en el día último. ⁱ

²⁵ Jesús le dijo entonces:

—Yo soy la resurrección y la vida. El que cree en mí,

ᵐ **10.27** Cf. vv. 3-4.

ⁿ **10.29** *Lo que... que todo:* Algunos mss. dicen *Mi Padre, que me lo ha dado, es más grande que todos.*

ñ **10.30-31** Jn 5.17-18; 8.58-59.

ᵒ **10.33** Mt 26.65; Mc 14.64; Lc 22.70-71; cf. Lv 24.15-16.

ᵖ **10.34** Sal 82.6. En algunos casos, como aquí, la palabra *ley* designa al AT en general. Cf. Jn 12.34, y véase 1 Co 14.21 nota *l*.

ᵠ **10.36** Cf. Jn 17.19; Heb 5.5.

ʳ **10.38** Jn 14.10-11; 17.21; 1 Jn 3.24; 4.15.

ˢ **10.40** Jn 1.28.

ᵗ **10.41** Jn 1.26-36.

ᵃ **11.1** *Betania:* población a unos 3 km. al oriente de Jerusalén (cf. v. 18), no la mencionada en Jn 1.28.

ᵇ **11.1** Lc 10.38-39.

ᶜ **11.2** Cf. Jn 12.3.

ᵈ **11.7** En este momento, Jesús y sus discípulos se encontraban en Perea, al oriente del río Jordán (Jn 10.40).

ᵉ **11.8** Jn 8.59; 10.31.

ᶠ **11.9-10** Jn 12.35.

ᵍ **11.11-13** Tanto en hebreo como en griego se usa el término "dormirse" para designar la muerte. Véase, además, Jn 3.3-4 n.

ʰ **11.16** *Tomás* viene de la palabra aramea que significa "gemelo".

ⁱ **11.24** Cf. Is 26.19; Dn 12.1-3; 2 Mac 7.14,23; 12.43-45.

aunque muera, vivirá; *ʲ* ²⁶ y todo el que todavía está vivo y cree en mí, no morirá jamás. *ᵏ* ¿Crees esto?

²⁷ Ella le dijo:

—Sí, Señor, yo creo que tú eres el Mesías, el Hijo de Dios, *ˡ* el que tenía que venir al mundo. *ᵐ*

Jesús llora junto al sepulcro de Lázaro ²⁸ Después de decir esto, Marta fue a llamar a su hermana María, y le dijo en secreto:

—El Maestro está aquí y te llama.

²⁹ Tan pronto como lo oyó, María se levantó y fue a ver a Jesús. ³⁰ Jesús no había entrado todavía en el pueblo; estaba en el lugar donde Marta se había encontrado con él. ³¹ Al ver que María se levantaba y salía rápidamente, los judíos que estaban con ella en la casa, consolándola, la siguieron pensando que iba al sepulcro a llorar.

³² Cuando María llegó a donde estaba Jesús, se puso de rodillas a sus pies, diciendo:

—Señor, si hubieras estado aquí, mi hermano no habría muerto.

³³ Jesús, al ver llorar a María y a los judíos que habían llegado con ella, se conmovió profundamente y se estremeció, ³⁴ y les preguntó:

—¿Dónde lo sepultaron?

Le dijeron:

—Ven a verlo, Señor.

³⁵ Y Jesús lloró. ³⁶ Los judíos dijeron entonces:

—¡Miren cuánto lo quería!

³⁷ Pero algunos de ellos decían:

—Este, que dio la vista al ciego, *ⁿ* ¿no podría haber hecho algo para que Lázaro no muriera?

Resurrección de Lázaro ³⁸ Jesús, otra vez muy conmovido, se acercó a la tumba. Era una cueva, cuya entrada estaba tapada con una piedra. ³⁹ Jesús dijo:

—Quiten la piedra.

Marta, la hermana del muerto, le dijo:

—Señor, ya huele mal, porque hace cuatro días que murió.

⁴⁰ Jesús le contestó:

—¿No te dije que, si crees, verás la gloria de Dios? *ñ*

⁴¹ Quitaron la piedra, y Jesús, mirando al cielo, dijo:

—Padre, te doy gracias porque me has escuchado. ⁴² Yo sé que siempre me escuchas, pero lo digo por el bien de esta gente que está aquí, para que crean que tú me has enviado.

⁴³ Después de decir esto, gritó:

—¡Lázaro, sal de ahí!

⁴⁴ Y el que había estado muerto salió, con las manos y los pies atados con vendas y la cara envuelta en un lienzo. Jesús les dijo:

—Desátenlo y déjenlo ir.

Conspiración para arrestar a Jesús (Mt 26.1-5; Mc 14.1-2; Lc 22.1-2) ⁴⁵ Por esto creyeron en Jesús muchos de los judíos que habían ido a acompañar a María y que vieron lo que él había hecho. ⁴⁶ Pero algunos fueron a ver a los fariseos, y les contaron lo que había hecho Jesús. ⁴⁷ Entonces los fariseos y los jefes de los sacerdotes reunieron a la Junta Suprema, *ᵒ* y dijeron:

—¿Qué haremos? Este hombre está haciendo muchas señales milagrosas. ⁴⁸ Si lo dejamos, todos van a creer en él, y las autoridades romanas vendrán y destruirán nuestro templo y nuestra nación.

⁴⁹ Pero uno de ellos, llamado Caifás, que era el sumo sacerdote aquel año, *ᵖ* les dijo:

—Ustedes no saben nada, ⁵⁰ ni se dan cuenta de que es mejor para ustedes que muera un solo hombre por el pueblo, y no que toda la nación sea destruida.

⁵¹ Pero Caifás no dijo esto por su propia cuenta, sino que, como era sumo sacerdote aquel año, dijo proféticamente que Jesús iba a morir por la nación judía; ⁵² y no solamente por esta nación, sino también para reunir a todos los hijos de Dios que estaban dispersos. *q* ⁵³ Así que desde aquel día las autoridades judías tomaron la decisión de matar a Jesús.

⁵⁴ Por eso Jesús ya no andaba públicamente entre los judíos, sino que salió de la región de Judea y se fue a un lugar cerca del desierto, a un pueblo llamado Efraín. *ʳ* Allí se quedó con sus discípulos.

⁵⁵ Faltaba poco para la fiesta de la Pascua *ˢ* de los judíos, y mucha gente de los pueblos se dirigía a Jerusalén a celebrar los ritos de purificación antes de la Pascua. ⁵⁶ Andaban buscando a Jesús, y se preguntaban unos a otros en el templo:

—¿Qué les parece? ¿Vendrá a la fiesta o no?

⁵⁷ Los fariseos y los jefes de los sacerdotes habían dado orden de que, si alguien sabía dónde estaba Jesús, lo dijera, para poder arrestarlo.

12 **Una mujer derrama perfume sobre Jesús** *ᵃ* (Mt 26.6-13; Mc 14.3-9) ¹ Seis días antes de la Pascua, Jesús fue a Betania, donde vivía Lázaro, a quien él había resucitado. *ᵇ* ² Allí hicieron una cena en honor de Jesús; Marta servía, *ᶜ* y Lázaro era uno de los que estaban a la mesa comiendo con él. ³ María trajo unos trescientos gramos *ᵈ* de perfume de nardo *ᵉ* puro, muy caro, y perfumó los pies *ᶠ* de Jesús;

ʲ **11.25** Sobre *vida*, véanse Jn 3.15 n. y 6.35 n.

ᵏ **11.25-26** Sobre *creer*, véase Jn 1.12 n. Cf. Ro 6.4-5; Col 2.12; 3.1.

ˡ **11.27** *Hijo de Dios:* Véase Jn 1.49 nota *l*.

ᵐ **11.27** Cf. Mt 16.16; Jn 6.69.

ⁿ **11.37** Jn 9.6-7.

ñ **11.40** *La gloria de Dios:* Véase Jn 1.14 nota *ñ*.

ᵒ **11.47** *Junta Suprema:* Véase *Índice temático*.

ᵖ **11.49** *Caifás* fue *sumo sacerdote* durante los años 18-36 d.C.

q **11.52** Jn 10.16; cf. Is 11.12; Jer 23.3; Mc 2.12.

ʳ **11.54** *Efraín:* situado probablemente al nordeste de Jerusalén.

ˢ **11.55** *Pascua:* Véase Jn 2.13 n. Esta es la tercera Pascua mencionada en Jn. Antes de celebrar la Pascua, los que se encontraban ritualmente impuros debían hacer una purificación que podía durar hasta siete días (cf. 2 Cr 30.17-20).

ᵃ **12.1-8** Este relato presenta algunas diferencias con los relatos paralelos de Mt 26.6-13 y Mc 14.3-9; cf. también Lc 7.36-50.

ᵇ **12.1** Jn 11.1,43-44.

ᶜ **12.2** Lc 10.40.

ᵈ **12.3** *Unos trescientos gramos:* lit. *una libra*. Se trata de la libra romana, equivalente a unos 327 g.

ᵉ **12.3** *Nardo:* Mc 14.3.

ᶠ **12.3** *Perfumó los pies:* Véase Lc 7.38 n.

ESTRATOS SOCIALES EN EL NT

Estratos	Referencias
Sumo Sacerdote	Mt 26.3,57; Hch 4.6,15; 6.20
Sacerdotes	Mt 2.4; 16.21; Jn 19.6
Levitas	Lc 10.32; Jn 1.19; Hch 4.36
Ancianos	Mt 15.2; Mc 8.31; Hch 20.17
Israelita justo (practicante)	Jn 1.47; Hch 2.2; 5.35
Israelita injusto (no practicante)	Jn 1.47; Hch 3.12
Convertido (o adepto)	Mt 23.15; Hch 2.11; 6.5; 13.43
Saduceos	Mt 3.7; 16.11-12; Hch 5.17
Maestros de la ley	Mt 2.4; 5.20; 8.19; Hch 4.5
Fariseos	Mt 3.7; 5.20; Hch 23.7-9
Sanedritas (conjunto formado por el Sumo sacerdote, sacerdotes, ancianos y maestros de la ley)	Lc 22.66; Hch 4. Véanse *Sumo sacerdote, Escriba* y *Junta suprema* en el *índice temático*.
Cobradores de impuestos	Mt 5.46; 9.10-11; Lc 5.27; 19.2
Celotes	Lc 6.15*; Hch 1.13
Herodianos	Mt 22.16; Mc 3.6; 12.13
Pescadores	Mt 4.18-19; Lc 5.2
Soldados	Mt 8.9; Jn 19.24; Hch 12.4
Deportistas	1 Co 9.24-26; 2 Ti 2.5
Labradores	Mt 21.33; Jn 15; 2 Ti 2.6
Pastores	Mt 9.36; Lc 2.8-20; Jn 10.1-16
Prostitutas	Mt 21.31-32; Lc 7.37; 1 Co 6.15-16
Esclavos	Jn 8.35; 1 Co 7.21-22
El pueblo	Mt 9.36; 14.5; Mc 10.1; Lc 13.17; Hch 2.47

luego se los secó con sus cabellos. Y toda la casa se llenó del aroma del perfume. **4** Entonces Judas Iscariote, que era aquel de los discípulos que iba a traicionar a Jesús, dijo:

5 —¿Por qué no se ha vendido este perfume por el equivalente al salario de trescientos días, *g* para ayudar a los pobres?

6 Pero Judas no dijo esto porque le importaran los pobres, sino porque era ladrón, y como tenía a su cargo la bolsa del dinero, *h* robaba de lo que echaban en ella. **7** Jesús le dijo:

—Déjala, pues lo estaba guardando para el día de mi entierro. *i* **8** A los pobres siempre los tendrán entre ustedes, *j* pero a mí no siempre me tendrán.

Conspiración contra Lázaro **9** Muchos de los judíos se enteraron de que Jesús estaba en Betania, y fueron allá, no solo para ver a Jesús sino también a Lázaro, a quien Jesús había resucitado. **10** Entonces los jefes de los sacerdotes decidieron matar también a Lázaro, *k* **11** porque por causa suya muchos judíos se estaban separando de ellos para creer en Jesús. *l*

***Jesús entra en Jerusalén** (Mt 21.1-11; Mc 11.1-11; Lc 19.28-40)* **12** Mucha gente había ido a Jerusalén para la fiesta de la Pascua. Al día siguiente, supieron que Jesús iba a llegar a la ciudad. **13** Entonces cortaron hojas de palmera y salieron a recibirlo, gritando:

—¡Hosana! *m* ¡Bendito el que viene en el nombre del Señor, el Rey de Israel! *n*

14 Jesús encontró un burro y montó en él, como se dice en la Escritura:

15 "No tengas miedo, ciudad de Sión; *ñ*
mira, tu Rey viene
montado en un burrito." *o*

---

g **12.5** *Salario de trescientos días:* Véase Jn 6.7 n.
h **12.6** Cf. Jn 13.29.
i **12.7** Cf. Mt 26.8-12. Sobre el uso de perfumes en los entierros, cf. Jn 19.40.
j **12.8** Dt 15.11.
k **12.10** Cf. Jn 11.53.
l **12.11** Jn 11.45.
m **12.13** *¡Hosana!:* Véase Mt 21.9 n.
n **12.13** Sal 118.25-26; 1 Mac 13.51; cf. Lc 19.38.
ñ **12.15** Is 40.9; Sof 3.16.
o **12.15** Zac 9.9.

¹⁶ Al principio, sus discípulos no entendieron estas cosas; pero después, cuando Jesús fue glorificado, ᵖ se acordaron de que todo esto que le habían hecho estaba en la Escritura y se refería a él.

¹⁷ La gente que estaba con Jesús cuando él llamó a Lázaro de la tumba y lo resucitó, contaba lo que había visto. ¹⁸ Por eso, la gente salió al encuentro de Jesús, porque supieron de la señal milagrosa que había hecho. ¹⁹ Pero los fariseos se decían unos a otros:

—Ya ven ustedes que así no vamos a conseguir nada. Miren, ¡todo el mundo se va con él!

Unos griegos buscan a Jesús ²⁰ Entre la gente que había ido a Jerusalén a adorar durante la fiesta, había algunos griegos. ᵠ ²¹ Estos se acercaron a Felipe, que era de Betsaida, un pueblo de Galilea, ʳ y le rogaron:

—Señor, queremos ver a Jesús.

²² Felipe fue y se lo dijo a Andrés, y los dos fueron a contárselo a Jesús. ²³ Jesús les dijo entonces:

—Ha llegado la hora en que el Hijo del hombre va a ser glorificado. ˢ ²⁴ Les aseguro que si el grano de trigo al caer en tierra no muere, queda él solo; pero si muere, da abundante cosecha. ²⁵ El que ama su vida, la perderá; pero el que desprecia su vida en este mundo, la conservará para la vida eterna. ᵗ ²⁶ Si alguno quiere servirme, que me siga; y donde yo esté, allí estará también el que me sirva. Si alguno me sirve, mi Padre lo honrará.

Jesús anuncia su muerte ²⁷ "¡Siento en este momento una angustia terrible! ¿Y qué voy a decir? ¿Diré: 'Padre, líbrame de esta angustia'? ¡Pero precisamente para esto he venido! ᵘ ²⁸ Padre, glorifica tu nombre."

Entonces se oyó una voz del cielo, que decía: "Ya lo he glorificado, y lo voy a glorificar otra vez."

²⁹ La gente que estaba allí escuchando, decía que había sido un trueno; pero algunos afirmaban:

—Un ángel le ha hablado.

³⁰ Jesús les dijo:

—No fue por mí por quien se oyó esta voz, sino por ustedes. ³¹ Este es el momento en que el mundo va a ser juzgado, y ahora será expulsado el que manda en este mundo. ᵛ ³² Pero cuando yo sea levantado de la tierra, ʷ atraeré a todos a mí mismo.

³³ Con esto daba a entender de qué forma había de morir. ˣ ³⁴ La gente le contestó:

—Por la ley ʸ sabemos que el Mesías vivirá para siempre. ᶻ ¿Cómo, pues, dices tú que el Hijo del hombre tiene que ser levantado? ¿Quién es ese Hijo del hombre?

³⁵ Jesús les dijo:

—Todavía estará entre ustedes la luz, pero solamente por un poco de tiempo. Anden, pues, mientras tienen esta luz, para que no les sorprenda la oscuridad; porque el que anda en oscuridad, no sabe por dónde va. ³⁶ Crean en la luz ᵃ mientras todavía la tienen, para que pertenezcan a la luz. ᵇ

Después de decir estas cosas, Jesús se fue y se escondió de ellos.

Por qué los judíos no creían en Jesús ³⁷ A pesar de que Jesús había hecho tan grandes señales milagrosas delante de ellos, no creían en él; ³⁸ pues tenía que cumplirse lo que escribió el profeta Isaías:

"Señor, ¿quién ha creído nuestro mensaje?
¿A quién ha revelado el Señor su poder?" ᶜ

³⁹ Así que no podían creer, pues también escribió Isaías:

⁴⁰ "Dios les ha cerrado los ojos
y ha entorpecido su mente,
para que no puedan ver
ni puedan entender;
para que no se vuelvan a mí,
y yo no los sane." ᵈ

⁴¹ Isaías dijo esto porque había visto la gloria ᵉ de Jesús, y hablaba de él.

⁴² Sin embargo, muchos de los judíos creyeron en Jesús, incluso algunos de los más importantes. Pero no lo decían en público por miedo a los fariseos, para que no los expulsaran de las sinagogas. ᶠ ⁴³ Preferían la gloria que dan los hombres a la gloria que da Dios.

Las palabras de Jesús juzgarán a la gente ⁴⁴ Jesús dijo con voz fuerte: "El que cree en mí, no cree solamente en mí, sino también en el Padre, que me ha enviado. ⁴⁵ Y el que me ve a mí, ve también al que me ha enviado. ᵍ ⁴⁶ Yo, que soy la luz, ʰ he venido al mundo para que los que creen en mí no se queden en la oscuridad. ⁴⁷ Pero a aquel que oye mis palabras y no las obedece, no soy yo quien lo condena; porque yo no vine para condenar al mundo, sino para salvarlo. ⁱ ⁴⁸ El que me desprecia y no hace caso de mis palabras, ya tiene quien lo condene: las palabras que yo he dicho lo condenarán en el día último. ʲ ⁴⁹ Porque yo

---

ᵖ **12.16** *Glorificado:* Véase Jn 7.39 nota *q*.

ᵠ **12.20** *Griegos:* extranjeros que simpatizaban con la religión judía. Aquí representan a los no judíos que después creerán en Jesús.

ʳ **12.21** Cf. Jn 1.44. Por ser Felipe de esa región, probablemente hablaba griego.

ˢ **12.23** *La hora... glorificado:* Véanse Jn 2.4 nota *d* y 7.39 nota *q*.

ᵗ **12.24-25** Mt 10.38-39; 16.24-25; Mc 8.34-35; Lc 9.23-24; 14.27; 17.33.

ᵘ **12.27** Cf. Mt 26.36-46; Mc 14.32-42; Lc 22.39-46.

ᵛ **12.31** *El que manda en este mundo:* alusión al diablo (Jn 14.30; 16.11; 2 Co 4.4; Ef 2.1-2; 1 Jn 5.19).

ʷ **12.32** Sobre la muerte de Jesús como exaltación, véase Jn 3.14 n.

ˣ **12.33** Jn 18.32.

ʸ **12.34** *Ley:* referencia a las Escrituras del AT en general. Véanse Jn 10.34 n. y 1 Co 14.21 nota *l*.

ᶻ **12.34** Sal 89.4 (5),36-37 (37-38); 110.4; Is 9.7 (6); Ez 37.25; Dn 7.14.

ᵃ **12.36** *Luz:* Véase Jn 1.9 n., y cf. Jn 8.12; 9.4-5.

ᵇ **12.36** *Pertenezcan a la luz:* lit. *sean hijos de la luz:* Véase Jn 8.44 nota *w* (cf. Lc 16.8; Ef 5.8; 1 Ts 5.5).

ᶜ **12.38** Is 53.1.

ᵈ **12.40** Is 6.10 (citado también en Mt 13.14-15 y paralelos; Hch 28.26-27).

ᵉ **12.41** Is 6.1-5.

ᶠ **12.42** *Expulsaran de las sinagogas:* Véase 9.22 n.

ᵍ **12.44-45** Cf. Mt 10.40; Mc 9.37; Jn 13.10; 14.9.

ʰ **12.46** *Luz:* Véase Jn 1.9 n.

ⁱ **12.47** Jn 3.17.

ʲ **12.46-48** Jn 3.17-18; 8.15.

no hablo por mi cuenta; el Padre, que me ha enviado, me ha ordenado lo que debo decir y enseñar. ⁵⁰ Y sé que el mandato de mi Padre es para vida eterna. Así pues, lo que yo digo, lo digo como el Padre me ha ordenado."

II. JESÚS REGRESA AL PADRE. PASIÓN DE JESÚS (13—21) [a]

1. Cena de despedida con los discípulos (13.1—17.26)

13 *Jesús lava los pies de sus discípulos* ¹ Era antes de la fiesta de la Pascua, [b] y Jesús sabía que había llegado la hora [c] de que él dejara este mundo para ir a reunirse con el Padre. Él siempre había amado a los suyos que estaban en el mundo, y así los amó hasta el fin. [d]
²⁻⁴ El diablo ya había metido en el corazón de Judas, hijo de Simón Iscariote, la idea de traicionar a Jesús. Jesús sabía que había venido de Dios, que iba a volver a Dios [e] y que el Padre le había dado toda autoridad; [f] así que, mientras estaban cenando, [g] se levantó de la mesa, se quitó la capa y se ató una toalla a la cintura. ⁵ Luego echó agua en una palangana y se puso a lavar los pies de los discípulos [h] y a secárselos con la toalla que llevaba a la cintura.

⁶ Cuando iba a lavarle los pies a Simón Pedro, este le dijo:

—Señor, ¿tú me vas a lavar los pies a mí?

⁷ Jesús le contestó:

—Ahora no entiendes lo que estoy haciendo, pero después lo entenderás.

⁸ Pedro le dijo:

—¡Jamás permitiré que me laves los pies!

Respondió Jesús:

—Si no te los lavo, no podrás ser de los míos.

⁹ Simón Pedro le dijo:

—¡Entonces, Señor, no me laves solamente los pies, sino también las manos y la cabeza! [i]

¹⁰ Pero Jesús le contestó:

—El que está recién bañado no necesita lavarse más que los pies, [j] porque está todo limpio. Y ustedes están limpios, [k] aunque no todos.

¹¹ Dijo: "No están limpios todos", porque sabía quién lo iba a traicionar.

¹² Después de lavarles los pies, Jesús volvió a ponerse la capa, se sentó otra vez a la mesa y les dijo:

—¿Entienden ustedes lo que les he hecho? ¹³ Ustedes me llaman Maestro y Señor, y tienen razón, porque lo soy. ¹⁴ Pues si yo, el Maestro y Señor, les he lavado a ustedes los pies, también ustedes deben lavarse los pies unos a otros. [l] ¹⁵ Yo les he dado un ejemplo, para que ustedes hagan lo mismo que yo les he hecho. [m] ¹⁶ Les aseguro que ningún servidor es más que su señor, [n] y que ningún enviado es más que el que lo envía. ¹⁷ Si entienden estas cosas y las ponen en práctica, serán dichosos.

¹⁸ "No estoy hablando de todos ustedes; yo sé quiénes son los que he escogido. Pero tiene que cumplirse lo que dice la Escritura: 'El que come conmigo, se ha vuelto contra mí.' [ñ] ¹⁹ Les digo esto de antemano para que, cuando suceda, ustedes crean que Yo Soy. [o] ²⁰ Les aseguro que el que recibe al que yo envío, me recibe a mí; y el que me recibe a mí, recibe al que me ha enviado." [p]

Jesús anuncia que Judas lo traicionará (Mt 26.20-25; Mc 14.17-21; Lc 22.21-23) ²¹ Después de decir esto, Jesús se sintió profundamente conmovido, y añadió con toda claridad:

—Les aseguro que uno de ustedes me va a traicionar.

²² Los discípulos comenzaron entonces a mirarse unos a otros, sin saber de quién estaba hablando. ²³ Uno de ellos, a quién Jesús quería mucho, [q] estaba junto a él, [r] mientras cenaban, ²⁴ y Simón Pedro le dijo por señas que le preguntara de quién estaba hablando. ²⁵ Él, acercándose más a Jesús, le preguntó:

—Señor, ¿quién es?

²⁶ Jesús le contestó:

—Voy a mojar un pedazo de pan, y a quien se lo dé, ese es.

En seguida mojó un pedazo de pan y se lo dio a Judas, hijo de Simón Iscariote. ²⁷ Y tan pronto como Judas recibió el pan, Satanás entró en su corazón. Jesús le dijo:

—Lo que vas a hacer, hazlo pronto.

²⁸ Pero ninguno de los que estaban cenando a la mesa entendió por qué le decía eso. ²⁹ Como Judas era el encargado de la bolsa del dinero, algunos pensaron que Jesús le

---

[a] **13.1—21.25** En 13.1 empieza la segunda parte del evangelio, que incluye la cena de despedida de Jesús con sus discípulos (caps. 13—17), su muerte (caps. 18—19) y su resurrección (caps. 20—21). Es característico de Jn el presentar la pasión como la hora del regreso al Padre y de la glorificación de Jesús (véase *Introducción*).

[b] **13.1** *Pascua:* Según Jn, la fiesta de la Pascua se celebra después de la muerte de Jesús. Cf. Jn 18.28; véanse también Jn 19.14 n. y 19.31 nota q.

[c] **13.1** *Había llegado la hora:* Véase Jn 2.4 nota d.

[d] **13.1** *Hasta el fin:* es decir, hasta la muerte y hasta el grado máximo.

[e] **13.2-4** Jn 16.28.

[f] **13.2-4** Jn 3.35; 10.18; cf. también Mt 11.27; 28.18; Lc 10.22.

[g] **13.2-4** Aunque esta cena coincide en varios aspectos con la cena de Pascua narrada en los sinópticos (Mt 26.17-29 y paralelos), en Jn no tiene el carácter de cena de Pascua (véase 13.1 nota b).

[h] **13.5** Lavar los pies a su señor era oficio reservado a los esclavos no judíos. Cf. 1 S 25.41.

[i] **13.9** Sobre esta manera de hablar propia de Jesús, véase Jn 3.3-4 n.

[j] **13.10** Algunos mss. omiten *más que los pies*.

[k] **13.10** Jn 15.3.

[l] **13.14** Además del ejemplo de humildad y servicio fraterno (cf. 1 Ti 5.10), puede verse en este gesto una indicación simbólica de la humillación y entrega de Cristo hasta la muerte (cf. Flp 2.6-8).

[m] **13.12-15** Mt 20.26-28; Mc 10.43-45; Lc 22.26-27; Flp 2.5-8; 1 P 2.21.

[n] **13.16** Mt 10.24; Lc 6.40; Jn 15.20.

[ñ] **13.18** Sal 41.9 (10).

[o] **13.19** *Yo Soy:* Véase Jn 8.24 n.

[p] **13.20** Mt 10.40; Mc 9.37; Lc 9.48; 10.16; Jn 12.44-45.

[q] **13.23** El evangelio calla expresamente el nombre de este discípulo; cf. también Jn 19.26; 20.2; 21.7,20. Véase *Introducción*.

[r] **13.23** *Junto a él:* lit. *en su pecho*. En las comidas más solemnes, los comensales se recostaban sobre divanes, apoyados por un brazo. Estar "en el pecho" de alguien era estar a su lado, de tal manera que permitía a las dos personas conversar.

quería decir que comprara algo para la fiesta, o que diera algo a los pobres. ³⁰ Una vez que Judas hubo recibido el pan, salió. Ya era de noche.

El nuevo mandamiento ³¹ Después que Judas hubo salido, Jesús dijo:

—Ahora se muestra la gloria del Hijo del hombre,ˢ y la gloria de Dios se muestra en él.ᵗ ³² Y si el Hijo del hombre muestra la gloria de Dios, también Dios mostrará la gloria de él; y lo hará pronto. ³³ Hijitos míos, ya no estaré con ustedes mucho tiempo. Ustedes me buscarán, pero lo mismo que les dije a los judíos les digo ahora a ustedes: No podrán ir a donde yo voy.ᵘ ³⁴ Les doy este mandamiento nuevo: Que se amen los unos a los otros. Así como yo los amo a ustedes,ᵛ así deben amarse ustedes los unos a los otros. ³⁵ Si se aman los unos a los otros, todo el mundo se dará cuenta de que son discípulos míos.ʷ

Jesús anuncia que Pedro lo negará (Mt 26.31-35; Mc 14.27-31; Lc 22.31-34) ³⁶ Simón Pedro le preguntó a Jesús:

—Señor, ¿a dónde vas?

—A donde yo voy —le contestó Jesús—, no puedes seguirme ahora; pero me seguirás después.ˣ

³⁷ Pedro le dijo:

—Señor, ¿por qué no puedo seguirte ahora? ¡Estoy dispuesto a dar mi vida por ti!

³⁸ Jesús le respondió:

—¿De veras estás dispuesto a dar tu vida por mí? Pues te aseguro que antes que cante el gallo, me negarás tres veces.ʸ

14 Jesús, el camino al Padre
¹ "No se angustien ustedes. Crean en Dios y crean también en mí.ᵃ ² En la casa de mi Padre hay muchos lugares donde vivir; si no fuera así, yo no les hubiera dicho que voy a prepararles un lugar.ᵇ ³ Y después de irme y de prepararles un lugar, vendré otra vezᶜ para llevarlos conmigo, para que ustedes estén en el mismo lugar en donde yo voy a estar. ⁴ Ustedes saben el camino que lleva a donde yo voy."

⁵ Tomás le dijo a Jesús:

—Señor, no sabemos a dónde vas, ¿cómo vamos a saber el camino?ᵈ

⁶ Jesús le contestó:

—Yo soy el camino,ᵉ la verdad y la vida.ᶠ Solamente por mí se puede llegar al Padre.ᵍ ⁷ Si ustedes me conocen a mí, también conocerán a mi Padre; y ya lo conocen desde ahora, pues lo han estado viendo.

⁸ Felipe le dijo entonces:

—Señor, déjanos ver al Padre, y con eso nos basta.ʰ

⁹ Jesús le contestó:

—Felipe, hace tanto tiempo que estoy con ustedes, ¿y todavía no me conoces? El que me ha visto a mí, ha visto al Padre;ⁱ ¿por qué me pides que les deje ver al Padre? ¹⁰ ¿No crees que yo estoy en el Padre y el Padre está en mí? Las cosas que les digo, no las digo por mi propia cuenta. El Padre, que vive en mí, es el que hace sus propias obras. ¹¹ Créanme que yo estoy en el Padre y el Padre está en mí; si no, crean al menos por las obras mismas. ¹² Les aseguro que el que cree en mí hará también las obras que yo hago; y hará otras todavía más grandes,ʲ porque yo voy a donde está el Padre. ¹³ Y todo lo que ustedes pidan en mi nombre, yo lo haré,ᵏ para que por el Hijo se muestre la gloria del Padre. ¹⁴ Yo haré cualquier cosa que en mi nombre ustedes me pidan.

Jesús promete enviar el Espíritu Santo ¹⁵ "Si ustedes me aman, obedecerán mis mandamientos.ˡ ¹⁶⁻¹⁷ Y yo le pediré al Padre que les mande otro Defensor,ᵐ el Espíritu de la verdad, para que esté siempre con ustedes. Los que son del mundoⁿ no lo pueden recibir, porque no lo ven ni lo conocen; pero ustedes lo conocen, porque él permanece con ustedes y estará en ustedes.

¹⁸ "No los voy a dejar huérfanos; volveréñ para estar con ustedes. ¹⁹ Dentro de poco, los que son del mundo ya no me verán; pero ustedes me verán,ᵒ y vivirán porque yo vivo. ²⁰ En aquel día, ustedes se darán cuenta de que yo estoy en mi Padre, y ustedes están en mí, y yo en ustedes. ²¹ El que recibe mis mandamientos y los obedece, demuestra que de veras me ama.ᵖ Y mi Padre amará

ˢ **13.31** Jn 12.23.
ᵗ **13.31** *Gloria:* Véase Jn 1.14 nota ñ.
ᵘ **13.33** Jn 7.34; 8.21.
ᵛ **13.34** Jn 15.12,17; cf. 1 Jn 2.8; 3.23; 2 Jn 5. El mandamiento de amar al prójimo ya estaba en la ley (Lv 19.18), pero Jesús le da un nuevo significado al decir *como yo los amo a ustedes;* cf. Jn 13.1; 15.12. Este amor caracteriza a la comunidad de los creyentes.
ʷ **13.35** 1 Jn 3.14.
ˣ **13.36** Jn 21.18-19.
ʸ **13.38** Jn 18.17-18,25-27. Cf. Mt 26.75.
ᵃ **14.1** *Crean en Dios... en mí:* otras posibles traducciones: *Ustedes creen en Dios, y crean también en mí;* o *Ustedes creen en Dios, crean también en mí.*
ᵇ **14.2** *Si no... un lugar:* otra posible traducción: *si no fuera así, yo se lo hubiera dicho a ustedes; voy, pues, a prepararles un lugar.*
ᶜ **14.3** El regreso de Jesús alude a su presencia constante entre los suyos después de la resurrección, por medio del don del Espíritu Santo (14.16-28; 15.26; 16.7-15), y puede hacer referencia a su venida al fin de los tiempos (cf. Mt 16.27; 25.31-34; 1 Ts 4.16-17; 1 Jn 2.28).
ᵈ **14.5** Acerca de esta pregunta, véase Jn 3.3-4 n.

ᵉ **14.6** *El camino:* Cf. Sal 16.11; 86.11; Pr 15.24.
ᶠ **14.6** *Verdad y vida:* Cf. Jn 1.4; 3.16; 11.25; 17.3. Véase Jn 6.35 n.
ᵍ **14.6** Mt 11.27; Jn 1.18; 6.46; Hch 4.12.
ʰ **14.8** Sobre esta reacción de Felipe, véase Jn 3.3-4 n.
ⁱ **14.9** Jn 12.45; cf. Jn 1.18; Col 1.15; Heb 1.3.
ʲ **14.12** Estas obras más grandes las actuará Jesús mismo por medio del Espíritu que dará a los discípulos (cf. 15.5; 16.7).
ᵏ **14.13-14** Jn 15.7; 16.23-24; cf. Mt 7.7-11; 21.22; Lc 11.9-13; 1 Jn 3.21-22; 5.14-15.
ˡ **14.15** Cf. Jn 14.21; cf. también Dt 6.4-9; 11.1; Eclo 2.15-16; Sab 6.17-19; 1 Jn 5.3.
ᵐ **14.16-17** *Defensor:* Aquí y en 14.26; 15.26; 16.7; se da el Espíritu Santo el título de *Defensor* (en griego *parakletos*), propio también de Jesús (nótese "otro Defensor" y 1 Jn 2.1). El título tiene matices jurídicos (abogado defensor; cf. 16.8-11). La palabra griega usada en relación con el verbo que también significa *consolar.*
ⁿ **14.16-17** *Mundo:* Véase Jn 1.10 n.
ñ **14.18** *Volveré:* Véase Jn 14.3 n.
ᵒ **14.19** Cf. Jn 16.16-22.
ᵖ **14.21** Jn 15.10; 1 Jn 5.3; 2 Jn 6.

al que me ama, y yo también lo amaré y me mostraré a él."

22 Judas (no el Iscariote)^q le preguntó:

—Señor, ¿por qué vas a mostrarte a nosotros y no a la gente del mundo?

23 Jesús le contestó:

—El que me ama, hace caso de mi palabra; y mi Padre lo amará, y mi Padre y yo vendremos a vivir con él. **24** El que no me ama, no hace caso de mis palabras. Las palabras que ustedes están escuchando no son mías, sino del Padre, que me ha enviado.^r

25 "Les estoy diciendo todo esto mientras estoy con ustedes; **26** pero el Defensor, el Espíritu Santo que el Padre va a enviar en mi nombre,^s les enseñará todas las cosas y les recordará todo lo que yo les he dicho.

27 "Les dejo la paz. Les doy mi paz,^t pero no se la doy como la dan los que son del mundo. No se angustien ni tengan miedo. **28** Ya me oyeron decir que me voy y que vendré para estar otra vez con ustedes.^u Si de veras me amaran, se habrían alegrado al saber que voy al Padre, porque él es más que yo. **29** Les digo esto de antemano para que, cuando suceda, entonces crean.^v

30 "Ya no hablaré mucho con ustedes, porque viene el que manda en este mundo.^w Aunque no tiene ningún poder sobre mí, **31** así tiene que ser, para que el mundo sepa que yo amo al Padre y que hago lo que él me ha mandado.^x

"Levántense. Vámonos de aquí."

15
La vid verdadera **1** "Yo soy la vid^a verdadera, y mi Padre es el que la cultiva. **2** Si una de mis ramas no da uvas, la corta; pero si da uvas, la poda y la limpia,^b para que dé más. **3** Ustedes ya están limpios por las palabras que les he dicho.^c **4** Sigan unidos a mí, como yo sigo unido a ustedes. Una rama no puede dar uvas de sí misma, si no está unida a la vid; de igual manera, ustedes no pueden dar fruto, si no permanecen unidos a mí.

5 "Yo soy la vid, y ustedes son las ramas. El que permanece unido a mí, y yo unido a él, da mucho fruto; pues sin mí no pueden ustedes hacer nada.^d **6** El que no permanece unido a mí, será echado fuera y se secará como las ramas que se recogen y se queman en el fuego.^e

7 "Si ustedes permanecen unidos a mí, y si permanecen fieles a mis enseñanzas,^f pidan lo que quieran y se les dará.^g **8** En esto se muestra la gloria de mi Padre, en que den mucho fruto y lleguen así a ser verdaderos discípulos míos. **9** Yo los amo a ustedes como el Padre me ama a mí; permanezcan, pues, en el amor que les tengo. **10** Si obedecen mis mandamientos, permanecerán en mi amor, así como yo obedezco los mandamientos de mi Padre y permanezco en su amor.^h

11 "Les hablo así para que se alegren conmigo y su alegría sea completa.ⁱ **12** Mi mandamiento es este: Que se amen unos a otros como yo los he amado a ustedes.^j **13** El amor más grande que uno puede tener es dar su vida por sus amigos. **14** Ustedes son mis amigos, si hacen lo que yo les mando. **15** Ya no los llamo siervos, porque el siervo no sabe lo que hace su amo. Los llamo mis amigos, porque les he dado a conocer todo lo que mi Padre me ha dicho. **16** Ustedes no me escogieron a mí, sino que yo los he escogido a ustedes^k y les he encargado que vayan y den mucho fruto, y que ese fruto permanezca. Así el Padre les dará todo lo que le pidan en mi nombre.^l **17** Esto, pues, es lo que les mando: Que se amen unos a otros.^m

El mundo odia a Jesús y a los suyos **18** "Si el mundo los odia a ustedes, sepan que a mí me odió primero. **19** Si ustedes fueran del mundo, la gente del mundo los amaría, como ama a los suyos. Pero yo los escogí a ustedes entre los que son del mundo, y por eso el mundo los odia, porque ya no son del mundo.ⁿ **20** Acuérdense de esto que les dije: 'Ningún servidor es más que su señor.'^ñ Si a mí me han perseguido, también a ustedes los perseguirán; y si han hecho caso de mi palabra, también harán caso de la de ustedes. **21** Todo esto van a hacerles por mi causa,^o porque no conocen al que me envió.

22 "Ellos no tendrían ninguna culpa, si yo no hubiera venido a hablarles. Pero ahora no tienen disculpa por su pecado; **23** pues los que me odian a mí, odian también a mi Padre. **24** No tendrían ninguna culpa, si yo no hubiera hecho entre ellos cosas que ningún otro ha hecho; pero ya han visto estas cosas y, a pesar de ello, me odian a mí y odian también a mi Padre. **25** Pero esto sucede porque tienen que cumplirse las palabras que están escritas en la ley de ellos: 'Me odiaron sin motivo.'^p

---

^q **14.22** Cf. Lc 6.16; Hch 1.13.
^r **14.24** Jn 7.16; 14.10.
^s **14.26** *En mi nombre,* es decir, a petición mía (cf. vv. 16-17) y en representación mía.
^t **14.27** La *paz* (palabra que usan los semitas en el saludo y la despedida) incluye los diversos bienes que Jesús da a los suyos (cf. Nm 6.26; Sal 29.11; Is 9.6-7 [5-6]; 57.19; Lc 2.14; Jn 16.33; 20.19,21,26; Ro 5.1; Ef 2.14).
^u **14.28** Cf. Jn 14.3.
^v **14.29** Jn 13.19.
^w **14.30** *El que manda en este mundo:* Véase Jn 12.31 n.
^x **14.31** Cf. Mt 26.46; Mc 14.42.
^a **15.1** Jesús expresa su relación con sus discípulos usando un símbolo que en el AT con frecuencia representa al pueblo de Israel. Cf. Sal 80.8-16 (9-17); Is 5.1-7; Jer 5.9-11; 12.10-11; Ez 15.1-6; 19.10-14.
^b **15.2** *La poda y la limpia:* En griego, la misma palabra significa podar y limpiar.
^c **15.3** Jn 13.10.

^d **15.4-5** Cf. 2 Co 3.5; Flp 4.13; 1 Jn 1.3-4.
^e **15.6** Mt 3.10; 7.19.
^f **15.7** Jn 8.31.
^g **15.7** *Se les dará:* es decir, Dios les dará. Cf. Mt 21.22; Mc 11.24; Jn 14.13-14.
^h **15.10** Jn 14.15; 1 Jn 2.5; 5.3.
ⁱ **15.11** Jn 16.24; 17.13; 1 Jn 1.4.
^j **15.12** Acerca de este mandamiento, véase Jn 13.34 n.
^k **15.16** Normalmente era el discípulo quien escogía a su maestro.
^l **15.16** De una manera especial, los apóstoles fueron escogidos por Jesús (cf. Mt 10.1 y paralelos; Jn 6.70), pero todos los creyentes también han sido escogidos (cf. Ro 8.33; Ef 1.4; Col 3.12; 1 Ts 1.4; 2 Ts 2.13; 1 P 1.2).
^m **15.17** Cf. v. 12.
ⁿ **15.18-19** *Mundo:* Véase Jn 1.10 n.
^ñ **15.20** Jn 13.16; cf. Mt 10.24; Lc 6.40.
^o **15.21** Mt 10.22; 24.9 y paralelos; cf. Hch 5.41; 1 P 4.14.
^p **15.25** Sal 35.19; 69.4 (5).

²⁶ "Pero cuando venga el Defensor ^q que yo voy a enviar de parte del Padre, el Espíritu de la verdad que procede del Padre, él será mi testigo. ²⁷ Y ustedes también serán mis testigos, porque han estado conmigo desde el principio.

16 ¹ "Les digo estas cosas para que no pierdan su fe en mí. ^a ² Los expulsarán de las sinagogas, ^b y aun llegará el momento en que cualquiera que los mate creerá que así presta un servicio a Dios. ^c ³ Esto lo harán porque no nos han conocido, ni al Padre ni a mí. ⁴ Les digo esto para que, cuando llegue el momento, se acuerden de que yo se lo había dicho ya.

Lo que hace el Espíritu Santo "No les dije esto desde un principio porque yo estaba con ustedes. ⁵ Pero ahora me voy para estar con el que me ha enviado, y ninguno de ustedes me pregunta a dónde voy; ⁶ al contrario, se han puesto muy tristes porque les he dicho estas cosas. ⁷ Pero les digo la verdad: es mejor para ustedes que yo me vaya. Porque si no me voy, el Defensor ^d no vendrá para estar con ustedes; pero si me voy, yo se lo enviaré. ⁸ Cuando él venga, mostrará claramente a la gente del mundo quién es pecador, quién es inocente, y quién recibe el juicio de Dios. ⁹ Quién es pecador: el que no cree en mí; ^e ¹⁰ quién es inocente: yo, que voy al Padre, y ustedes ya no me verán; ¹¹ quién recibe el juicio de Dios: el que gobierna este mundo, que ya ha sido condenado. ^f

¹² "Tengo mucho más que decirles, pero en este momento sería demasiado para ustedes. ¹³ Cuando venga el Espíritu de la verdad, él los guiará a toda verdad; porque no hablará por su propia cuenta, sino que dirá todo lo que oiga, y les hará saber las cosas que van a suceder. ¹⁴ Él mostrará mi gloria, porque recibirá de lo que es mío y se lo dará a conocer a ustedes. ¹⁵ Todo lo que el Padre tiene, es mío también; por eso dije que el Espíritu recibirá de lo que es mío y se lo dará a conocer a ustedes.

¹⁶ "Dentro de poco, ustedes ya no me verán, pero un poco más tarde me volverán a ver." ^g

La tristeza se cambiará en alegría ¹⁷ Entonces algunos de sus discípulos se preguntaron unos a otros:

—¿Qué quiere decir con esto? Nos dice que dentro de poco ya no lo veremos, y que un poco más tarde lo volveremos a ver, y que es porque se va a donde está el Padre. ¹⁸ ¿Qué quiere decir con eso de 'dentro de poco'? No entendemos de qué está hablando.

¹⁹ Jesús se dio cuenta de que querían hacerle preguntas, y les dijo:

—Yo les he dicho que dentro de poco ya no me verán, y que un poco más tarde me volverán a ver. ¿Es esto lo que se están preguntando ustedes? ²⁰ Les aseguro que ustedes llorarán y estarán tristes, mientras que la gente del mundo se alegrará. Sin embargo, aunque ustedes estén tristes, su tristeza se convertirá en alegría. ²¹ Cuando una mujer va a dar a luz, se aflige porque le ha llegado la hora; pero después que nace la criatura, se olvida del dolor a causa de la alegría de que haya nacido un hombre en el mundo. ²² Así también, ustedes se afligen ahora; pero yo volveré a verlos, y entonces su corazón se llenará de alegría, una alegría que nadie les podrá quitar. ^h

²³ "En aquel día ya no me preguntarán nada. Les aseguro que el Padre les dará todo lo que le pidan en mi nombre. ²⁴ Hasta ahora, ustedes no han pedido nada en mi nombre; pidan y recibirán, para que su alegría sea completa. ^i

Jesucristo, vencedor del mundo ²⁵ "Les he dicho estas cosas poniéndoles comparaciones; pero viene la hora en que ya no les pondré más comparaciones, sino que les hablaré claramente acerca del Padre. ²⁶ Aquel día, ustedes le pedirán en mi nombre; y no digo que yo vaya a rogar por ustedes al Padre, ²⁷ porque el Padre mismo los ama. Los ama porque ustedes me aman a mí, y porque han creído que yo he venido de Dios. ²⁸ Salí de la presencia del Padre para venir a este mundo, y ahora dejo el mundo para volver al Padre." ^j

²⁹ Entonces dijeron sus discípulos:

—Ahora sí estás hablando claramente, sin usar comparaciones. ³⁰ Ahora vemos que sabes todas las cosas y que no hay necesidad de que nadie te haga preguntas. Por esto creemos que has venido de Dios.

³¹ Jesús les contestó:

—¿Así que ahora creen? ³² Pues ya llega la hora, y es ahora mismo, cuando ustedes se dispersarán cada uno por su lado, ^k y me dejarán solo. Pero no estoy solo, porque el Padre está conmigo. ³³ Les digo todo esto para que encuentren paz en su unión conmigo. En el mundo, ustedes habrán de sufrir; pero tengan valor: yo he vencido al mundo. ^l

17 **Jesús ora por sus discípulos** ^a ¹ Después de decir estas cosas, Jesús miró al cielo y dijo: "Padre, la hora ^b ha llegado: glorifica ^c a tu Hijo, para que también él te glorifique a ti. ² Pues tú has dado a tu Hijo autoridad sobre todo hombre, para dar vida eterna a todos los que le diste. ³ Y la vida eterna consiste en que te conozcan a ti, el único Dios verdadero, y a Jesucristo, a quien tú enviaste. ^d

---

^q 15.26 *Defensor:* Véase 14.16-17 nota *m.*
^a 16.1 Cf. Mt 26.31.
^b 16.2 *Expulsarán de las sinagogas:* Véase Jn 9.22 n.
^c 16.2 Cf. Hch 7.57-58.
^d 16.7 *Defensor:* Véase 14.16-17 nota *m.* Cf. Jn 20.22; Hch 1.8.
^e 16.9 Jn 3.19,36; 12.37; 15.22-24.
^f 16.11 *El que gobierna este mundo:* Véase 12.31 n., y cf. Col 2.15.
^g 16.16 *Me volverán a ver:* Véase Jn 14.3 n.
^h 16.22 Jn 15.11; 17.13.
^i 16.23-24 Jn 14.13-14; cf. Mt 7.7-11; Stg 1.5-6.
^j 16.28 Jn 13.2-4.
^k 16.32 Zac 13.7; véase Mt 26.31 n.
^l 16.33 Cf. Ro 8.35-37; 1 Jn 5.4-5; Ap 3.21; 5.5; 17.14.
^a 17.1-26 Esta oración especialmente solemne, en que Jesús ora por sí mismo (vv. 1-5), por sus discípulos (vv. 6-19), y por los que han de creer después (vv. 20-26), ha sido llamada su "oración sacerdotal". Cf. Ro 8.34; Heb 7.24-27.
^b 17.1 *La hora:* Véase Jn 2.4 nota *d.*
^c 17.1 *Glorifica:* Véase Jn 13.1—21.25 n. Cf. Jn 7.39; 12.16,23,28; 13.31-32.
^d 17.3 *Conocer* indica aquí no solo el aspecto teórico o intelectual, sino que lleva consigo también la aceptación, la fe, el amor, la obediencia al Dios verdadero y a su Hijo Jesucristo (cf. Jn 14.7,9; 16.3; 17.25; 1 Jn 2.3-6,13-14; 3.1,6; 4.7-8; 5.20).

4 “Yo te he glorificado aquí en el mundo, pues he terminado la obra que tú me confiaste. 5 Ahora, pues, Padre, dame en tu presencia la misma gloria que yo tenía contigo desde antes que existiera el mundo.[e]

6 “A los que escogiste del mundo para dármelos, les he hecho saber quién eres.[f] Eran tuyos, y tú me los diste, y han hecho caso de tu palabra. 7 Ahora saben que todo lo que me diste viene de ti; 8 pues les he dado el mensaje que me diste, y ellos lo han aceptado. Se han dado cuenta de que en verdad he venido de ti, y han creído que tú me enviaste.

9 “Yo te ruego por ellos; no ruego por los que son del mundo,[g] sino por los que me diste, porque son tuyos. 10 Todo lo que es mío es tuyo, y lo que es tuyo es mío; y mi gloria se hace visible en ellos.

11 “Yo no voy a seguir en el mundo, pero ellos sí van a seguir en el mundo, mientras que yo me voy para estar contigo. Padre santo, cuídalos con el poder de tu nombre, el nombre que me has dado, para que estén completamente unidos, como tú y yo. 12 Cuando yo estaba con ellos en este mundo, los cuidaba y los protegía con el poder de tu nombre, el nombre que me has dado. Y ninguno de ellos se perdió, sino aquel que ya estaba perdido, para que se cumpliera lo que dice la Escritura.[h]

13 “Ahora voy a donde tú estás; pero digo estas cosas mientras estoy en el mundo, para que ellos se llenen de la misma perfecta alegría que yo tengo.[i] 14 Yo les he comunicado tu palabra,[j] pero el mundo los odia porque ellos no son del mundo, como tampoco yo soy del mundo. 15 No te pido que los saques del mundo, sino que los protejas del mal.[k] 16 Así como yo no soy del mundo, ellos tampoco son del mundo. 17 Conságralos[l] a ti mismo por medio de la verdad; tu palabra es la verdad.[m] 18 Como me enviaste a mí entre los que son del mundo, también yo los envío a ellos entre los que son del mundo.[n] 19 Y por causa de ellos me consagro a mí mismo,[ñ] para que también ellos sean consagrados por medio de la verdad.

20 “No te ruego solamente por estos, sino también por los que han de creer en mí al oir el mensaje de ellos. 21 Te pido que todos ellos estén unidos; que como tú, Padre, estás en mí y yo en ti, también ellos estén en nosotros, para que el mundo crea que tú me enviaste. 22 Les he dado la misma gloria que tú me diste, para que sean una sola cosa, así como tú y yo somos una sola cosa: 23 yo en ellos y tú en mí, para que lleguen a ser perfectamente uno, y que así el mundo pueda darse cuenta de que tú me enviaste, y que los amas como me amas a mí.

24 “Padre, tú me los diste, y quiero que estén conmigo[o] donde yo voy a estar, para que vean mi gloria, la gloria que me has dado; porque me has amado desde antes que el mundo fuera hecho. 25 Oh Padre justo, los que son del mundo no te conocen; pero yo te conozco,[p] y estos también saben que tú me enviaste. 26 Les he dado a conocer quién eres, y aún seguiré haciéndolo, para que el amor que me tienes esté en ellos, y para que yo mismo esté en ellos.”[q]

2. Pasión y muerte (18.1—19.42)

18 ***Arrestan a Jesús*** *(Mt 26.47-56; Mc 14.43-50; Lc 22.47-53)* 1 Después de decir esto, Jesús salió con sus discípulos para ir al otro lado del arroyo Cedrón.[a] Allí había un huerto, donde Jesús entró con sus discípulos.[b] 2 También Judas, el que lo estaba traicionando, conocía el lugar, porque muchas veces Jesús se había reunido allí con sus discípulos. 3 Así que Judas llegó con una tropa de soldados y con algunos guardianes del templo enviados por los jefes de los sacerdotes y por los fariseos. Estaban armados, y llevaban lámparas y antorchas. 4 Pero como Jesús ya sabía todo lo que le iba a pasar, salió y les preguntó:

—¿A quién buscan?

5 Ellos le contestaron:

—A Jesús de Nazaret.

Jesús dijo:

—Yo soy.[c]

Judas, el que lo estaba traicionando, se encontraba allí con ellos. 6 Cuando Jesús les dijo: “Yo soy”, se echaron hacia atrás y cayeron al suelo. 7 Jesús volvió a preguntarles:

—¿A quién buscan?

Y ellos repitieron:

—A Jesús de Nazaret.

8 Jesús les dijo otra vez:

—Ya les he dicho que soy yo. Si me buscan a mí, dejen que estos otros se vayan.

9 Esto sucedió para que se cumpliera lo que Jesús mismo había dicho: “Padre, de los que me diste, no se perdió ninguno.”[d] 10 Entonces Simón Pedro, que tenía una espada, la sacó y le cortó la oreja derecha a uno llamado Malco, que era criado del sumo sacerdote. 11 Jesús le dijo a Pedro:

—Vuelve a poner la espada en su lugar. Si el Padre me da a beber este trago amargo,[e] ¿acaso no habré de beberlo?

---

[e] **17.5** En Jn se alude varias veces a la preexistencia del Hijo de Dios: Jn 1.1-3,15,30; 8.58; cf. Pr 8.23; Eclo 1.4; 24.9; Sab 9.9.

[f] **17.6** *Les he hecho saber quién eres:* lit. *les he dado a conocer tu nombre.* El nombre equivale a la persona misma.

[g] **17.9** La oración solo por los discípulos es expresión de especial solidaridad con ellos. Véase, además, Jn 1.10 n.

[h] **17.12** Sal 41.9 (10). Cf. Jn 13.18.

[i] **17.13** Jn 15.11; 16.24; 1 Jn 1.4; 2 Jn 12.

[j] **17.14** Cf. Jn 8.51; 14.23-24; 15.3.

[k] **17.15** *Del mal:* otra posible traducción: *del maligno* (esto es, del diablo). Cf. Mt 5.37; 6.13; 1 Jn 5.18.

[l] **17.17** Ser consagrado, o santificado, significa pertenecer completamente a Dios y quedar destinado a su servicio (cf. Ex 13.2; 28.41; Jn 10.36).

[m] **17.17** Jn 15.3.

[n] **17.18** Jn 20.21.

[ñ] **17.19** Aquí hay una alusión a la muerte redentora de Jesús (véase Jn 1.29 n.; cf. Mc 10.45; Heb 9.11-14).

[o] **17.24** Jn 12.26; 14.3.

[p] **17.25** Sobre *conocer,* véase Jn 17.3 n.

[q] **17.26** Cf. Mt 11.27; Jn 1.18; 14.9.

[a] **18.1** *Arroyo Cedrón:* una cañada u hondonada entre Jerusalén y el Monte de los Olivos.

[b] **18.1** Mt 26.36; Mc 14.32.

[c] **18.5** *Yo soy:* Véase Jn 8.24 n.

[d] **18.9** Jn 6.39; 10.28-29; 17.12.

[e] **18.11** *Este trago amargo:* lit. *esta copa,* símbolo del sufrimiento (cf. Mt 26.39; Mc 14.36; Lc 22.42; Jn 12.27).

Jesús ante Anás *(Mt 26.57-58; Mc 14.53-54; Lc 22.54)*

¹² Los soldados de la tropa, con su comandante y los guardianes judíos del templo, arrestaron a Jesús y lo ataron. ¹³ Lo llevaron primero a la casa de Anás, porque era suegro de Caifás,[f] sumo sacerdote aquel año. ¹⁴ Este Caifás era el mismo que había dicho a los judíos que era mejor para ellos que un solo hombre muriera por el pueblo.[g]

Pedro niega conocer a Jesús *(Mt 26.69-70; Mc 14.66-68; Lc 22.55-57)*

¹⁵ Simón Pedro y otro discípulo seguían a Jesús. El otro discípulo era conocido del sumo sacerdote, de modo que entró con Jesús en la casa; ¹⁶ pero Pedro se quedó fuera, a la puerta. Por esto, el discípulo conocido del sumo sacerdote salió y habló con la portera, e hizo entrar a Pedro.[h] ¹⁷ La portera le preguntó a Pedro:

—¿No eres tú uno de los discípulos de ese hombre?

Pedro contestó:

—No, no lo soy.

¹⁸ Como hacía frío, los criados y los guardianes del templo habían hecho fuego, y estaban allí calentándose. Pedro también estaba con ellos, calentándose junto al fuego.

El sumo sacerdote interroga a Jesús *(Mt 26.59-66; Mc 14.55-64; Lc 22.66-71)*

¹⁹ El sumo sacerdote[i] comenzó a preguntarle a Jesús acerca de sus discípulos y de lo que él enseñaba. ²⁰ Jesús le dijo:

—Yo he hablado públicamente delante de todo el mundo; siempre he enseñado en las sinagogas y en el templo,[j] donde se reúnen todos los judíos; así que no he dicho nada en secreto. ²¹ ¿Por qué me preguntas a mí? Pregúntales a los que me han escuchado, y que ellos digan de qué les he hablado. Ellos saben lo que he dicho.

²² Cuando Jesús dijo esto, uno de los guardianes del templo le dio una bofetada,[k] diciéndole:

—¿Así contestas al sumo sacerdote?

²³ Jesús le respondió:

—Si he dicho algo malo, dime en qué ha consistido; y si lo que he dicho está bien, ¿por qué me pegas?

²⁴ Entonces Anás lo envió, atado, a Caifás, el sumo sacerdote.

Pedro niega otra vez a Jesús *(Mt 26.71-75; Mc 14.69-72; Lc 22.58-62)*

²⁵ Entre tanto, Pedro seguía allí, calentándose junto al fuego. Le preguntaron:

—¿No eres tú uno de los discípulos de ese hombre?

Pedro lo negó, diciendo:

—No, no lo soy.

²⁶ Luego le preguntó uno de los criados del sumo sacerdote, pariente del hombre a quien Pedro le había cortado la oreja:[l]

—¿No te vi con él en el huerto?

²⁷ Pedro lo negó otra vez, y en ese mismo instante cantó el gallo.[m]

Jesús ante Pilato *(Mt 27.1-2,11-14; Mc 15.1-5; Lc 23.1-5)*

²⁸ Llevaron a Jesús de la casa de Caifás al palacio del gobernador romano.[n] Como ya comenzaba a amanecer, los judíos no entraron en el palacio, pues de lo contrario faltarían a las leyes sobre la pureza ritual y entonces no podrían comer la cena de Pascua.[ñ] ²⁹ Por eso Pilato[o] salió a hablarles. Les dijo:

—¿De qué acusan a este hombre?

³⁰ —Si no fuera un criminal —le contestaron—, no te lo habríamos entregado.

³¹ Pilato les dijo:

—Llévenselo ustedes, y júzguenlo conforme a su propia ley.

Pero las autoridades judías contestaron:

—Los judíos no tenemos el derecho de dar muerte a nadie.[p]

³² Así se cumplió lo que Jesús había dicho sobre la manera en que tendría que morir.[q] ³³ Pilato volvió a entrar en el palacio, llamó a Jesús y le preguntó:

—¿Eres tú el Rey de los judíos?[r]

³⁴ Jesús le dijo:

—¿Eso lo preguntas tú por tu cuenta, o porque otros te lo han dicho de mí?

³⁵ Le contestó Pilato:

—¿Acaso yo soy judío? Los de tu nación y los jefes de los sacerdotes son los que te han entregado a mí. ¿Qué has hecho?

³⁶ Jesús le contestó:

—Mi reino no es de este mundo. Si lo fuera, tendría gente a mi servicio que pelearía para que yo no fuera entregado a los judíos. Pero mi reino no es de aquí.

³⁷ Le preguntó entonces Pilato:

—¿Así que tú eres rey?

Jesús le contestó:

—Tú lo has dicho: soy rey.[s] Yo nací y vine al mundo para decir lo que es la verdad. Y todos los que pertenecen a la verdad, me escuchan.[t]

³⁸ Pilato le dijo:

—¿Y qué es la verdad?

---

[f] **18.13** *Anás... Caifás:* Véase Lc 3.2 nota *g*.
[g] **18.14** Jn 11.49-51.
[h] **18.15-16** Mt 26.58 y paralelos.
[i] **18.19** *El sumo sacerdote:* es decir, Anás (cf. v. 13 y véase Lc 3.2 nota *g*).
[j] **18.20** Jn 6.59; 7.14; 10.23; cf. también Mc 14.49; Lc 19.47; 21.37.
[k] **18.22** Cf. Mt 26.67; Mc 14.65.
[l] **18.26** Cf. v. 10.
[m] **18.27** Jn 13.38.
[n] **18.28** *Palacio del gobernador romano:* Véase Mt 27.27 n.
[ñ] **18.28** Al entrar en la casa de un pagano, el judío quedaba ritualmente impuro (cf. Hch 10.28).
[o] **18.29** Poncio Pilato, gobernador de Judea (26-36 d.C.), vivía en Cesarea, pero iba a Jerusalén para las fiestas principales.
[p] **18.31** Los romanos se reservaban el derecho de aplicar la pena de muerte.
[q] **18.32** Esto es, por crucifixión (cf. Jn 3.14; 8.28; 12.32). Esta forma de ejecución no existía en la ley judía. Los romanos la aplicaban, sobre todo a los que no eran ciudadanos romanos, para castigar hechos graves como la sedición.
[r] **18.33** Las autoridades judías acusan a Jesús ante Pilato del delito de sedición: pretender ser *Rey de los judíos.* Véase Mt 27.37 n.
[s] **18.37** Pero Jesús no entiende el ser rey como lo entiende Pilato. Véase Mt 27.11 n.
[t] **18.37** Cf. Jn 1.14,17; 8.45; 14.6.

Jesús es sentenciado a muerte *(Mt 27.15-31; Mc 15.6-20; Lc 23.13-25)*

Después de hacer esta pregunta, Pilato salió otra vez a hablar con los judíos, y les dijo:

—Yo no encuentro ningún delito en este hombre. **39** Pero ustedes tienen la costumbre de que yo les suelte un preso durante la fiesta de la Pascua: ¿quieren que les deje libre al Rey de los judíos?

40 Todos volvieron a gritar:

—¡A ese no! ¡Suelta a Barrabás!

Y Barrabás era un bandido.

19 **1** Pilato tomó entonces a Jesús y mandó azotarlo. **2** Los soldados trenzaron una corona de espinas, la pusieron en la cabeza de Jesús y lo vistieron con una capa de color rojo oscuro.[a] **3** Luego se acercaron a él, diciendo:

—¡Viva el Rey de los judíos!

Y le pegaban en la cara.

4 Pilato volvió a salir, y les dijo:

—Miren, aquí lo traigo, para que se den cuenta de que no encuentro en él ningún delito.[b]

5 Salió, pues, Jesús, con la corona de espinas en la cabeza y vestido con aquella capa de color rojo oscuro. Pilato dijo:

—¡Ahí tienen a este hombre!

6 Cuando lo vieron los jefes de los sacerdotes y los guardianes del templo, comenzaron a gritar:

—¡Crucifícalo! ¡Crucifícalo!

Pilato les dijo:

—Pues llévenselo y crucifíquenlo ustedes, porque yo no encuentro ningún delito en él.

7 Las autoridades judías le contestaron:

—Nosotros tenemos una ley, y según nuestra ley debe morir, porque se ha hecho pasar por Hijo de Dios.[c]

8 Al oir esto, Pilato tuvo más miedo todavía. **9** Entró de nuevo en el palacio y le preguntó a Jesús:

—¿De dónde eres tú?

Pero Jesús no le contestó nada.[d] **10** Pilato le dijo:

—¿Es que no me vas a contestar? ¿No sabes que tengo autoridad para crucificarte, lo mismo que para ponerte en libertad?

11 Entonces Jesús le contestó:

—No tendrías ninguna autoridad sobre mí, si Dios no te lo hubiera permitido;[e] por eso, el que me entregó[f] a ti es más culpable de pecado que tú.

12 Desde aquel momento, Pilato buscaba la manera de dejar libre a Jesús; pero los judíos le gritaron:

—¡Si lo dejas libre, no eres amigo del emperador! ¡Cualquiera que se hace rey, es enemigo del emperador!

13 Pilato, al oir esto, sacó a Jesús, y luego se sentó[g] en el tribunal, en el lugar que en hebreo se llamaba Gabatá, que quiere decir El Empedrado. **14** Era el día antes de la Pascua, como al mediodía.[h] Pilato dijo a los judíos:

—¡Ahí tienen a su rey!

15 Pero ellos gritaron:

—¡Fuera! ¡Fuera! ¡Crucifícalo!

Pilato les preguntó:

—¿Acaso voy a crucificar a su rey?

Y los jefes de los sacerdotes le contestaron:

—¡Nosotros no tenemos más rey que el emperador!

16 Entonces Pilato les entregó a Jesús para que lo crucificaran, y ellos se lo llevaron.[i]

Jesús es crucificado *(Mt 27.32-44; Mc 15.21-32; Lc 23.26-43)*

17 Jesús salió llevando su cruz, para ir al llamado "Lugar de la Calavera" (que en hebreo se llama Gólgota). **18** Allí lo crucificaron, y con él a otros dos, uno a cada lado, quedando Jesús en el medio. **19** Pilato escribió un letrero que decía: "Jesús de Nazaret, Rey de los judíos", y lo mandó poner sobre la cruz. **20** Muchos judíos leyeron aquel letrero, porque el lugar donde crucificaron a Jesús estaba cerca de la ciudad, y el letrero estaba escrito en hebreo, latín y griego. **21** Por eso, los jefes de los sacerdotes judíos dijeron a Pilato:

—No escribas: 'Rey de los judíos', sino escribe: 'El que dice ser Rey de los judíos'.

22 Pero Pilato les contestó:

—Lo que he escrito, escrito lo dejo.

23 Después que los soldados crucificaron a Jesús, recogieron su ropa y la repartieron en cuatro partes, una para cada soldado. Tomaron también la túnica, pero como era sin costura, tejida de arriba abajo de una sola pieza, **24** los soldados se dijeron unos a otros:

—No la rompamos, sino echémosla a suertes, a ver a quién le toca.

Así se cumplió la Escritura que dice: "Se repartieron entre sí mi ropa, y echaron a suertes mi túnica."[j] Esto fue lo que hicieron los soldados.

25 Junto a la cruz de Jesús estaban su madre, y la hermana de su madre, María, esposa de Cleofás, y María Magdalena.[k] **26** Cuando Jesús vio a su madre, y junto a ella al discípulo a quien él quería mucho,[l] dijo a su madre:

—Mujer, ahí tienes a tu hijo.

27 Luego le dijo al discípulo:

—Ahí tienes a tu madre.[m]

Desde entonces, ese discípulo la recibió en su casa.[n]

---

[a] **19.2** La *corona* y la *capa* simulaban las insignias reales (cf. Mc 15.17).

[b] **19.4** Lc 23.4.

[c] **19.7** Las autoridades judías expresan el verdadero motivo de su decisión contra Jesús (cf. Mt 26.63-66; Mc 14.61-64). Ellos apelan a Lv 24.15-16 (cf. también Jn 5.18; 8.53-54; 10.30-33).

[d] **19.9** Mt 26.63; 27.12,14; Lc 23.9; cf. Is 53.7.

[e] **19.11** Cf. Jn 3.27; 18.11.

[f] **19.11** *El que me entregó* alude a las autoridades judías (Jn 18.35) y a Judas (13.2-4).

[g] **19.13** *Y luego se sentó:* Algunos traducen *Y luego lo sentó* (es decir, a Jesús).

[h] **19.14** *Al mediodía:* lit. *la hora sexta.* Era la hora en que los israelitas, en el templo y en presencia de los sacerdotes, sacrificaban los corderos para la cena de Pascua (cf. Jn 18.28).

[i] **19.16** Véanse Mt 10.38 n. y *Crucifixión, cruz* en el *Índice temático.*

[j] **19.24** Sal 22.18 (19); cf. Mc 15.24.

[k] **19.25** Mt 27.55-56; Mc 15.40; Lc 23.49.

[l] **19.26** Sobre este discípulo, véase Jn 13.23 nota *q*.

[m] **19.27** Con estas palabras, *el discípulo a quien él quería mucho* es adoptado como el hijo que representará en adelante a Jesús. Su madre representará sobre todo como testigo (cf. Jn 19.35). Su testimonio permanece para siempre en la iglesia a través del evangelio (cf. Jn 21.22-24), y así Jesús mismo sigue presente.

[n] **19.27** *En su casa:* otra posible traducción: *como madre propia.*

Muerte de Jesús *(Mt 27.45-56; Mc 15.33-41; Lc 23.44-49)*

28 Después de esto, como Jesús sabía que ya todo se había cumplido, y para que se cumpliera la Escritura,^ñ dijo:

—Tengo sed.

29 Había allí un jarro lleno de vino agrio.^o Empaparon una esponja en el vino, la ataron a una rama de hisopo^p y se la acercaron a la boca. **30** Jesús bebió el vino agrio, y dijo:

—Todo está cumplido.

Luego inclinó la cabeza y entregó el espíritu.

La lanzada en el costado de Jesús **31** Era el día antes de la Pascua, y los judíos no querían que los cuerpos quedaran en las cruces durante el sábado, pues precisamente aquel sábado era muy solemne.^q Por eso le pidieron a Pilato que ordenara quebrar las piernas^r a los crucificados y que quitaran de allí los cuerpos. **32** Los soldados fueron entonces y le quebraron las piernas al primero, y también al otro que estaba crucificado junto a Jesús. **33** Pero al acercarse a Jesús, vieron que ya estaba muerto. Por eso no le quebraron las piernas.

34 Sin embargo, uno de los soldados le atravesó^s el costado con una lanza, y al momento salió sangre y agua.^t **35** El que cuenta esto es uno que lo vio,^u y dice la verdad; él sabe que dice la verdad, para que ustedes también crean. **36** Porque estas cosas sucedieron para que se cumpliera la Escritura que dice: "No le quebrarán ningún hueso."^v **37** Y en otra parte, la Escritura dice: "Mirarán al que traspasaron."^w

Jesús es sepultado *(Mt 27.57-61; Mc 15.42-47; Lc 23.50-56)*

38 Después de esto, José, el de Arimatea,^x pidió permiso a Pilato para llevarse el cuerpo de Jesús. José era discípulo de Jesús, aunque en secreto por miedo a las autoridades judías. Pilato le dio permiso, y José fue y se llevó el cuerpo. **39** También Nicodemo, el que una noche fue a hablar con Jesús,^y llegó con unos treinta kilos^z de un perfume, mezcla de mirra y áloe.^a **40** Así pues, José y Nicodemo tomaron el cuerpo de Jesús y lo envolvieron con vendas empapadas en aquel perfume, según la costumbre que siguen los judíos para enterrar a los muertos. **41** En el lugar donde crucificaron a Jesús había un huerto, y en el huerto un sepulcro nuevo^b donde todavía no habían puesto a nadie. **42** Allí pusieron el cuerpo de Jesús, porque el sepulcro estaba cerca y porque ya iba a empezar el sábado de los judíos.^c

3. Apariciones de Jesús resucitado (20.1—21.25)

20

El sepulcro vacío *(Mt 28.1-10; Mc 16.1-8; Lc 24.1-12)*

1 El primer día de la semana,^a María Magdalena fue al sepulcro muy temprano, cuando todavía estaba oscuro; y vio quitada la piedra que tapaba la entrada. **2** Entonces se fue corriendo a donde estaban Simón Pedro y el otro discípulo, aquel a quien Jesús quería mucho,^b y les dijo:

—¡Se han llevado del sepulcro al Señor, y no sabemos dónde lo han puesto!

3 Pedro y el otro discípulo salieron y fueron al sepulcro. **4** Los dos iban corriendo juntos; pero el otro corrió más que Pedro y llegó primero al sepulcro. **5** Se agachó a mirar, y vio allí las vendas, pero no entró. **6** Detrás de él llegó Simón Pedro, y entró en el sepulcro. Él también vio allí las vendas; **7** y además vio que la tela que había servido para envolver la cabeza de Jesús no estaba junto a las vendas, sino enrollada y puesta aparte.^c **8** Entonces entró también el otro discípulo, el que había llegado primero al sepulcro, y vio lo que había pasado, y creyó. **9** Pues todavía no habían entendido lo que dice la Escritura,^d que él tenía que resucitar. **10** Luego, aquellos discípulos regresaron a su casa.

Jesús se aparece a María Magdalena *(Mc 16.9-11)* **11** María se quedó afuera, junto al sepulcro, llorando. Y llorando como estaba, se agachó para mirar dentro, **12** y vio dos ángeles vestidos de blanco, sentados donde había estado el cuerpo de Jesús; uno a la cabecera y otro a los pies. **13** Los ángeles le preguntaron:

—Mujer, ¿por qué lloras?

Ella les dijo:

—Porque se han llevado a mi Señor, y no sé dónde lo han puesto.

14 Apenas dijo esto, volvió la cara y vio allí a Jesús, pero no sabía que era él. **15** Jesús le preguntó:

—Mujer, ¿por qué lloras? ¿A quién buscas?

Ella, pensando que era el que cuidaba el huerto, le dijo:

—Señor, si usted se lo ha llevado, dígame dónde lo ha puesto, para que yo vaya a buscarlo.

16 Jesús entonces le dijo:

—¡María!

Ella se volvió y le dijo en hebreo:

—¡Rabuní! (que quiere decir: "Maestro").

---

^ñ **19.28** Sal 69.21 (22); cf. Sal 22.15 (16).

^o **19.29** *Vino agrio:* Véase Mt 27.48 n.

^p **19.29** *Hisopo:* arbusto pequeño, mencionado en el AT para efectuar aspersiones rituales (Lv 14.4-7; Sal 51.7 [9]) y concretamente en la Pascua (Ex 12.22).

^q **19.31** Según la cronología de Jn, la Pascua de aquel año coincidía con el sábado.

^r **19.31** Con esto se aceleraba la muerte de los crucificados.

^s **19.34** *Atravesó:* Algunos mss. dicen *abrió.*

^t **19.34** Este hecho probablemente tiene un sentido simbólico para el evangelista: la sangre indica la muerte, y el agua simboliza la vida que Jesús comunica por el Espíritu (cf. Jn 4.14; 7.37; Heb 13.12; 1 Jn 1.7; 5.6-8).

^u **19.35** *Uno que lo vio:* probablemente el mismo discípulo mencionado en el v. 26 (véase Jn 19.27 nota *m*; cf. Jn 21.24; 1 Jn 1.2).

^v **19.36** Sal 34.20 (21); cf. Ex 12.46; Nm 9.12. Con esta referencia se presenta a Jesús como el cordero de la Pascua (véase Jn 1.29 n., y cf. 1 Co 5.7).

^w **19.37** Zac 12.10; cf. Ap 1.7.

^x **19.38** *Arimatea:* Cf. Mt 27.57.

^y **19.39** Jn 3.1-2.

^z **19.39** *Treinta kilos:* lit. *cien libras.* Véase Jn 12.3 nota *d.*

^a **19.39** *Mirra* y *áloe:* sustancias aromáticas extraídas de plantas; se colocaban entre las vendas que envolvían el cadáver.

^b **19.41** Mt 27.60.

^c **19.42** Enterrar era un trabajo que estaba prohibido hacer en sábado.

^a **20.1** *El primer día de la semana:* equivale a nuestro domingo.

^b **20.2** Acerca de este discípulo, véase Jn 13.23 nota *q.*

^c **20.6-7** El estar allí las vendas indicaba que el cuerpo no había sido robado.

^d **20.9** Cf. Jn 2.22; 12.16. No se cita ningún pasaje específico. En otros lugares se cita Sal 16.8-11; Jon 1.17 (2.1) (cf. Mt 12.40; Hch 2.25-28; y también Lc 24.25-27,44-46; 1 Co 15.4).

ASPECTOS SOBRESALIENTES DE LA VIDA DEL APÓSTOL PEDRO

Aspecto	Referencias
Natural de Betsaida; hermano de Andrés	Jn 1.40-44; 6.8
Elegido por Jesús	Mt 4.18-19
Uno de los doce apóstoles	Mt 10.1-4
Uno de los principales entre los doce apóstoles	Lc 8.51; 9.28; 22.8; Jn 21.15-24
Poseedor de gran iniciativa	Mt 14.28; 16.16,22; Lc 12.41; Jn 6.8; 21.3
De pocos estudios y cultura	Hch 4.13*
En los milagros de Jesús	Mt 8.14; Mc 11.20-25; Lc 5.1-10; Jn 21.1-14
Ante el Mesías	Mt 16.13-20; 17.1-13; Jn 6.68
En la pasión de Jesús	Mt 26.31-46,60-75; Lc 22.31-32; Jn 13.6-10; 18.10-11,15-18
Negación de Jesús	Lc 22.34,57-58,60
En la resurrección de Jesús	Mc 16.7-8; Lc 24.34; Jn 20.2-10; 21.1-19
Rehabilitado por Jesús	Jn 21.15-17*
Desde Pentecostés	Hch 2.14-22; 3.1—4.22; 10.1—11.18; 15.7-11
En la reunión con Pablo	Gl 1.18; 2.11-14
Hecho prisionero	Hch 12.1-5
En las cartas	Gl 1.18; 2.7-8,11,14; 1 P 1.1; 2 P 1.1*

17 Jesús le dijo:

—No me retengas, porque todavía no he ido a reunirme con mi Padre.[e] Pero ve y di a mis hermanos[f] que voy a reunirme con el que es mi Padre y Padre de ustedes,[g] mi Dios y Dios de ustedes.

18 Entonces María Magdalena fue y contó a los discípulos que había visto al Señor, y también les contó lo que él le había dicho.[h]

Jesús se aparece a los discípulos (Mt 28.16-20; Mc 16.14-18; Lc 24.36-49) **19** Al llegar la noche de aquel mismo día, el primero de la semana,[i] los discípulos se habían reunido con las puertas cerradas por miedo a las autoridades judías.[j] Jesús entró y, poniéndose en medio de los discípulos, los saludó diciendo:

—¡Paz[k] a ustedes!

20 Dicho esto, les mostró las manos y el costado.[l] Y ellos se alegraron[m] de ver al Señor. **21** Luego Jesús les dijo otra vez:

—¡Paz a ustedes! Como el Padre me envió a mí, así yo los envío a ustedes.[n]

22 Y sopló sobre ellos, y les dijo:

—Reciban el Espíritu[ñ] Santo. **23** A quienes ustedes perdonen los pecados, les quedarán perdonados; y a quienes no se los perdonen, les quedarán sin perdonar.[o]

Tomás ve al Señor resucitado **24** Tomás, uno de los doce discípulos, al que llamaban el Gemelo,[p] no estaba con ellos cuando llegó Jesús. **25** Después los otros discípulos le dijeron:

—Hemos visto al Señor.

Pero Tomás les contestó:

—Si no veo en sus manos las heridas de los clavos, y si no meto mi dedo en ellas y mi mano en su costado, no lo podré creer.

26 Ocho días después, los discípulos se habían reunido de nuevo en una casa, y esta vez Tomás estaba también. Tenían las puertas cerradas, pero Jesús entró, se puso en medio de ellos y los saludó, diciendo:

—¡Paz a ustedes!

27 Luego dijo a Tomás:

—Mete aquí tu dedo, y mira mis manos; y trae tu mano y métela en mi costado. No seas incrédulo; ¡cree!

28 Tomás entonces exclamó:

—¡Mi Señor y mi Dios![q]

29 Jesús le dijo:

---

[e] **20.17** *Reunirme con mi Padre:* Véase Jn 13.1—21.25 n.
[f] **20.17** *Mis hermanos:* es decir, sus discípulos. Véase Mt 28.10 n., y cf. Ro 8.29; Heb 2.11-12.
[g] **20.17** *Mi Padre y Padre de ustedes:* Véase Jn 1.13 nota *l*.
[h] **20.18** Lc 24.9.
[i] **20.19** *Aquel mismo día... semana:* Véase 20.1 n.; cf. Mt 28.1; Mc 16.2,9.
[j] **20.19** *Las autoridades judías:* Véase Jn 1.19 n.
[k] **20.19** *Paz:* Véase Jn 14.27 n.
[l] **20.20** Cf. vv. 25-27; Lc 24.39.
[m] **20.20** Jn 16.20-22; 17.13.
[n] **20.21** Jn 17.18.
[ñ] **20.22** Tanto en hebreo como en griego, la misma palabra significa *espíritu* y *soplo* (o aliento). Cf. Ez 37.1-14; Jn 3.6-8; Hch 2.2-4.
[o] **20.23** Cf. Mt 9.2-8; 16.19; 18.18.
[p] **20.24** *Tomás... Gemelo:* Véase Jn 11.16 n.
[q] **20.28** Se alude a textos del AT (cf. Sal 35.23; 88.1 [2]; pero cf. también Jn 1.1; 5.18; 10.33-36; Ro 9.7; Flp 2.5-11; Col 1.19).

—¿Crees porque me has visto? ¡Dichosos los que creen sin haber visto! *r*

El porqué de este libro ³⁰ Jesús hizo muchas otras señales milagrosas *s* delante de sus discípulos, las cuales no están escritas en este libro. *t* ³¹ Pero estas se han escrito para que ustedes crean que Jesús es el Mesías, el Hijo de Dios, y para que creyendo tengan vida por medio de él. *u*

21 **Jesús se aparece a siete de sus discípulos** *a* ¹ Después de esto, Jesús se apareció otra vez a sus discípulos, a orillas del Lago de Tiberias. *b* Sucedió de esta manera: ² Estaban juntos Simón Pedro, Tomás, al que llamaban el Gemelo, Natanael, que era de Caná de Galilea, los hijos de Zebedeo *c* y otros dos discípulos de Jesús. ³ Simón Pedro les dijo:
—Voy a pescar. *d*
Ellos contestaron:
—Nosotros también vamos contigo.
Fueron, pues, y subieron a una barca; pero aquella noche no pescaron nada. ⁴ Cuando comenzaba a amanecer, Jesús se apareció en la orilla, pero los discípulos no sabían que era él. ⁵ Jesús les preguntó:
—Muchachos, ¿no tienen pescado?
Ellos le contestaron:
—No.
⁶ Jesús les dijo:
—Echen la red a la derecha de la barca, y pescarán.
Así lo hicieron, y después no podían sacar la red por los muchos pescados que tenía. *e* ⁷ Entonces el discípulo a quien Jesús quería mucho, *f* le dijo a Pedro:
—¡Es el Señor!
Apenas oyó Simón Pedro que era el Señor, se vistió, porque estaba sin ropa, *g* y se tiró al agua. ⁸ Los otros discípulos llegaron a la playa con la barca, arrastrando la red llena de pescados, pues estaban a cien metros escasos *h* de la orilla. ⁹ Al bajar a tierra, encontraron un fuego encendido, con un pescado encima, y pan. ¹⁰ Jesús les dijo:
—Traigan algunos pescados de los que acaban de sacar.
¹¹ Simón Pedro subió a la barca y arrastró hasta la playa la red llena de grandes pescados, ciento cincuenta y tres; y aunque eran tantos, la red no se rompió. *i* ¹² Jesús les dijo:
—Vengan a desayunarse.

Ninguno de los discípulos se atrevía a preguntarle quién era, porque sabían que era el Señor. ¹³ Luego Jesús se acercó, tomó en sus manos el pan y se lo dio a ellos; y lo mismo hizo con el pescado.
¹⁴ Esta fue la tercera vez que Jesús se apareció a sus discípulos después de haber resucitado.

Palabras de Jesús a Simón Pedro ¹⁵ Terminado el desayuno, Jesús le preguntó a Simón Pedro:
—Simón, hijo de Juan, ¿me amas más que estos?
Pedro le contestó:
—Sí, Señor, tú sabes que te quiero.
Jesús le dijo:
—Cuida de mis corderos. *j*
¹⁶ Volvió a preguntarle:
—Simón, hijo de Juan, ¿me amas?
Pedro le contestó:
—Sí, Señor, tú sabes que te quiero.
Jesús le dijo:
—Cuida de mis ovejas.
¹⁷ Por tercera vez le preguntó:
—Simón, hijo de Juan, ¿me quieres?
Pedro, triste porque le había preguntado por tercera vez si lo quería, le contestó:
—Señor, tú lo sabes todo: tú sabes que te quiero.
Jesús le dijo:
—Cuida de mis ovejas. *k* ¹⁸ Te aseguro que cuando eras más joven, te vestías para ir a donde querías; pero cuando ya seas viejo, extenderás los brazos y otro te vestirá, y te llevará a donde no quieras ir.
¹⁹ Al decir esto, Jesús estaba dando a entender de qué manera Pedro iba a morir y a glorificar con su muerte a Dios. *l* Después le dijo:
—¡Sígueme! *m*

El discípulo a quien Jesús quería mucho ²⁰ Al volverse, Pedro vio que detrás venía el discípulo a quien Jesús quería mucho, el mismo que en la cena había estado a su lado y le había preguntado: "Señor, ¿quién es el que te va a traicionar?" *n* ²¹ Cuando Pedro lo vio, preguntó a Jesús:
—Señor, y a este, ¿qué le va a pasar?
²² Jesús le contestó:
—Si quiero que él permanezca hasta que yo vuelva, *ñ* ¿qué te importa a ti? Tú sígueme.

---

r 20.29 La fe de los que creen sin haber visto se basará en el testimonio de los discípulos. Cf. Jn 17.20; 1 P 1.8,12; 1 Jn 1.2-3.
s 20.30 *Señales milagrosas:* Véase Jn 2.11 n.
t 20.30 Jn 21.25.
u 20.31 *Creyendo tengan vida por medio de él:* Véase Jn 1.12 n.
a 21.1-25 El cap. 21 parece haber sido redactado en fecha posterior, pero es parte integrante del evangelio.
b 21.1 *Lago de Tiberias:* Véase Jn 6.1 n.
c 21.2 *Los hijos de Zebedeo:* es decir, Santiago y Juan (véase Mt 4.21 n.).
d 21.3 Cf. Mt 4.18-22.
e 21.3-6 Cf. el relato de Lc 5.5-6.
f 21.7 Sobre este discípulo, véase Jn 13.23 nota *q*.
g 21.7 *Se vistió, porque estaba sin ropa:* otra posible traducción: *se ciñó la túnica, porque era lo único que llevaba puesto.*

h 21.8 *Cien metros escasos:* lit. *como doscientos codos.* El codo equivalía a unos 45 cm.
i 21.1-11 Nótese la semejanza de este relato con Lc 5.1-11.
j 21.15 La imagen del pastor y las ovejas para referirse al ministerio en la iglesia se encuentra también en Hch 20.28; Ef 4.11; 1 P 5.2.
k 21.15-17 La triple afirmación de Pedro repara públicamente su triple negación (Jn 18.17,25,27).
l 21.18-19 Este anuncio de la muerte de Pedro recuerda el que Jesús hizo de su propia muerte (Jn 12.33; 18.32; cf. también 13.36).
m 21.19 Cf. Jn 13.36-38.
n 21.20 Cf. Jn 13.25.
ñ 21.22 *Hasta que yo vuelva:* alusión a la venida gloriosa de Cristo (cf. Mt 16.28; 1 Ts 4.15).

²³ Por esto corrió entre los hermanos el rumor de que aquel discípulo no moriría. Pero Jesús no dijo que no moriría. Lo que dijo fue: "Si quiero que él permanezca *º* hasta que yo vuelva, ¿qué te importa a ti?"

²⁴ Este es el mismo discípulo que da testimonio de estas cosas, y que las ha escrito. Y sabemos que dice la verdad.

²⁵ Jesús hizo muchas otras cosas; tantas que, si se escribieran una por una, creo que en todo el mundo no cabrían los libros que podrían escribirse.

º **21.23** *Permanezca:* Se usa en un doble sentido: el discípulo no permanece físicamente vivo hasta la venida gloriosa de Cristo, pero permanece a través de su testimonio, es decir, del evangelio (cf. v. 24). Véase Jn 19.27 nota *m*.

Hechos de los Apóstoles

El libro de los *Hechos de los Apóstoles* (=Hch) es la continuación del *Evangelio de Lucas*. En su primera obra, el autor quiso exponer *todo lo que Jesús había hecho y enseñado* (Hch 1.1). Ahora, en su segundo libro, quiere mostrar que la historia de Jesús no terminó con su muerte, resurrección y ascensión al cielo, porque él sigue actuando entre los hombres. Los apóstoles y otras personas escogidas por Dios, entre las que descuella Pablo, dan testimonio de esa presencia activa y permanente de Jesús. Dios, en cumplimiento de las promesas que había hecho a Israel, envía su Espíritu y, a pesar de las contradicciones de parte de muchos enemigos, va constituyendo el nuevo pueblo de Dios, compuesto por hombres y mujeres de todas las naciones.

El título *Hechos de los Apóstoles*, que tradicionalmente se ha dado al libro, no proviene del autor mismo y refleja solo parcialmente el contenido de la obra. Esta no pretende ser una historia de todos los apóstoles. De estos solo menciona detenidamente a Pedro, en los primeros capítulos, pero sin hacer un relato completo de su actividad. Después, Pablo pasa a ser el personaje principal.

El tema central del libro tiene que ver más bien con el testimonio que los apóstoles y otros discípulos dan acerca de la muerte y resurrección de Jesús. Este testimonio se origina en Jesús mismo y se convierte en una fuerza irresistible cuando Dios envía su Espíritu a la comunidad de los que creen en Jesús. Así pueden cumplir el mandato que él les había dado (Hch 1.8).

El libro de los *Hechos* narra la trayectoria de la difusión del evangelio, dando especial relieve a la predicación en Jerusalén, el punto de partida (2.1—8.3), y mostrando a Roma, la capital del imperio, como punto de llegada (27.1—28.31). Entre estos dos polos de interés se sitúa la predicación del evangelio en muchos otros lugares, como Judea y Samaria (8.4—9.43) y otras numerosas ciudades y provincias (10.1—20.38).

Al narrar esta difusión del evangelio, el autor hace resaltar ciertos temas, entre los que sobresalen los siguientes:

—En el desarrollo de esta historia se muestra la fidelidad de Dios, que cumple las promesas que había hecho por medio de los profetas (cf. 2.16-35).

—Se destaca de manera especial la presencia y actividad del Espíritu Santo en esta nueva etapa de la historia. Este había sido prometido por Jesús a sus apóstoles (1.4-5), fue derramado sobre la primera comunidad en la fiesta de Pentecostés (2.1-13) y es concedido también a todos los que creen en Jesús y son bautizados (2.38-39). En algunos casos, la acción del Espíritu se manifiesta de manera extraordinaria (2.4-13; 10.44-48).

—El autor destaca especialmente la predicación de Pedro (2.14-36; 3.12-26; 4.8-12; 5.29-32; 10.34-43) y de Pablo (13.16-41; 14.15-17; 17.22-31). En ella se resume todo lo esencial del mensaje cristiano, y Dios la confirma con milagros (cf., por ejemplo, 2.43; 3.1-26; 5.12-16).

—Por la fe en Jesús y el bautismo en su nombre se forma la comunidad de los creyentes. El libro describe la vida ejemplar de esta comunidad (2.41-47; 4.32-35), como también algunos de sus problemas (5.1-11; 6.1).

—El evangelio no es solo para los judíos; es también para todas las otras naciones (1.8 y a partir de 10.1). Esa es la voluntad de Dios (10.15,34-35,47; 15.7-11), que se manifiesta claramente cuando el pueblo judío rechaza el evangelio (7.51-53; 13.46; 28.25-29).

—Ningún poder humano puede impedir el avance del evangelio, aunque no faltan los que intentan hacerlo. Los cristianos en general y, sobre todo, los que anuncian el evangelio están dispuestos a sufrir persecuciones y muerte (4.18-20; 5.17-42; 7.57-58; 8.1-4; 9.23; 12.1-19; 21.27-28).

Aunque la finalidad de los *Hechos de los Apóstoles* no es relatar completa y detalladamente todo lo sucedido en los primeros decenios después de la resurrección de Jesús, este libro nos proporciona abundante información sobre la historia de la iglesia primitiva.

La estructura del libro aparece insinuada en 1.8. Así obtenemos el siguiente esquema:

Introducción (1.1-26)
  I. Predicación del evangelio en Jerusalén (2.1—8.3)
  II. Predicación en Samaria y Judea (8.4—9.43)
  III. Predicación a los paganos (10.1—28.31)
    1. Sucesos preliminares (10.1—12.25)
    2. Primer viaje misionero de Pablo (13.1—14.28)
    3. La reunión en Jerusalén (15.1-35)
    4. Segundo viaje misionero de Pablo (15.36—18.22)
    5. Tercer viaje misionero de Pablo (18.23—20.38)
    6. Prisión de Pablo y viaje a Roma (21.1—28.31)

Como se afirma en 1.1 y se confirma por las semejanzas de lenguaje y de doctrina, el tercer evangelio y *Hechos* son obra de un mismo autor. La tradición lo ha identificado con Lucas (a quien se menciona en Col 4.14; 2 Ti 4.11; Flm 24). A partir de Hch 16.10, con frecuencia la narración está en primera persona de plural ("nosotros"), con lo que se insinúa que el autor del libro (o al menos de esas secciones) ha estado presente en los acontecimientos que narra. Algunos, sin embargo, interpretan esto como una forma literaria particular. De todos modos, el autor de *Hechos* debió de utilizar tradiciones orales y escritas que se conservaban en las diversas comunidades cristianas.

Introducción (1.1-26)

1 *La promesa del Espíritu Santo* ¹ En mi primer libro,[a] excelentísimo Teófilo,[b] escribí acerca de todo lo que Jesús había hecho y enseñado desde el principio ² hasta el día en que subió al cielo. Antes de irse, por medio del Espíritu Santo dio instrucciones a los apóstoles que había escogido respecto a lo que debían hacer. ³ Y después de muerto se les presentó en persona, dándoles así claras pruebas de que estaba vivo.[c] Durante cuarenta días se dejó ver de ellos y les estuvo hablando del reino de Dios.

⁴ Cuando todavía estaba con los apóstoles, Jesús les advirtió que no debían irse de Jerusalén. Les dijo:

—Esperen a que se cumpla la promesa que mi Padre les hizo,[d] de la cual yo les hablé.[e] ⁵ Es cierto que Juan bautizó con agua, pero dentro de pocos días ustedes serán bautizados con el Espíritu Santo.[f]

Jesús sube al cielo ⁶ Los que estaban reunidos con Jesús, le preguntaron:

—Señor, ¿vas a restablecer en este momento el reino de Israel?[g]

⁷ Jesús les contestó:

—No les corresponde a ustedes conocer el día o el momento que el Padre ha fijado con su propia autoridad;[h] ⁸ pero cuando el Espíritu Santo venga sobre ustedes, recibirán poder y saldrán a dar testimonio de mí, en Jerusalén, en toda la región de Judea y de Samaria, y hasta en las partes más lejanas de la tierra.[i]

⁹ Dicho esto, mientras ellos lo estaban mirando, Jesús fue levantado, y una nube lo envolvió y no lo volvieron a ver.[j] ¹⁰ Y mientras miraban fijamente al cielo, viendo cómo Jesús se alejaba, dos hombres vestidos de blanco se aparecieron junto a ellos ¹¹ y les dijeron:

—Galileos, ¿por qué se han quedado mirando al cielo? Este mismo Jesús que estuvo entre ustedes y que ha sido llevado al cielo, vendrá otra vez de la misma manera que lo han visto irse allá.[k]

Elección de Matías ¹² Desde el monte llamado de los Olivos, regresaron los apóstoles a Jerusalén: un trecho corto, precisamente lo que la ley permitía caminar en sábado.[l] ¹³ Cuando llegaron a la ciudad, subieron al piso alto de la casa donde estaban alojados. Eran Pedro, Juan, Santiago, Andrés, Felipe, Tomás, Bartolomé, Mateo, Santiago hijo de Alfeo, Simón el Celote, y Judas, el hijo de Santiago.[m] ¹⁴ Todos ellos se reunían siempre para orar con algunas mujeres, con María, la madre de Jesús, y con sus hermanos.[n]

¹⁵ Por aquellos días Pedro se dirigió a los hermanos reunidos, que eran como ciento veinte personas, y les dijo:[ñ] ¹⁶ "Hermanos,[o] tenía que cumplirse lo que el Espíritu Santo, por medio de David, ya había dicho en la Escritura

---

[a] 1.1 *Mi primer libro:* esto es, el *Evangelio según San Lucas.*
[b] 1.1 *Teófilo:* Véase Lc 1.3 n.
[c] 1.3 Cf. Mt 28.16-20; Mc 16.12-19; Lc 24.13-51; Jn 20.19—21.25; 1 Co 15.5-7.
[d] 1.4 *Promesa* que se cumplió con la venida del Espíritu Santo, narrada en el cap. 2 (cf. Hch 2.33; Gl 3.14; Ef 1.13).
[e] 1.4 Lc 24.49; Jn 14.16-17; 14.26; 15.26; 16.7-15.
[f] 1.5 Hch 2.1-4.
[g] 1.6 *Restablecer el reino de Israel:* La esperanza mesiánica de los discípulos aún era, como la de muchos judíos, la de un reino político establecido por un descendiente de David; véase Mt 20.21 n.
[h] 1.7 Cf. Mt 24.36; Mc 13.32.
[i] 1.8 El avance progresivo señalado en el v. 8, que culmina con el mundo pagano en *las partes más lejanas de la tierra,* es la síntesis del desarrollo de la historia que narra todo el libro de los Hechos;

véanse la *Introducción* y las notas sobre Hch 2.1—8.3; 8.4-25; 13.1-3.
[j] 1.9 Cf. la escena de la transfiguración en Mt 17.1-8 y paralelos; cf. también Ex 24.12-18.
[k] 1.11 Dn 7.13; Mt 26.64; Mc 13.26; 14.62; Lc 21.27; Ap 1.7.
[l] 1.12 *El Monte de los Olivos* está situado aprox. a 1 km. de Jerusalén, distancia que se permitía recorrer en sábado.
[m] 1.13 Cf. las listas en Mt 10.2-4 y paralelos.
[n] 1.14 *Sus hermanos:* que antes no creían en él; cf. Mt 12.46; Mc 3.21; Jn 7.3-5.
[ñ] 1.15 En estos evangelios, *Pedro* es figura importante entre los doce apóstoles, y más aún en los caps. 1—12 de Hch.
[o] 1.16 *Hermanos:* término que usaban los judíos al referirse a sus compatriotas (Hch 2.29; 3.17), y que los cristianos empezaron a usar para expresar la relación entre ellos (Hch 6.3; 9.30; 1 Co 5.11; Ef 6.23).

acerca de Judas, el que sirvió de guía a los que arrestaron a Jesús. [p] **17** Pues Judas era uno de los nuestros, y tenía parte en nuestro trabajo. **18** (Pero fue y compró un terreno con el dinero que le pagaron por su maldad; luego cayó de cabeza y se reventó, y se le salieron todos los intestinos. **19** Cuando los que vivían en Jerusalén lo supieron, llamaron a aquel terreno Hacéldama, que en su lengua [q] quiere decir: 'Campo de Sangre.') [r] **20** En efecto, el libro de los Salmos dice:

'Que su casa se vuelva un desierto,
y que nadie viva en ella.' [s]

Y también:

'Que otro ocupe su cargo.' [t]

21 "Tenemos aquí hombres que nos han acompañado todo el tiempo que el Señor Jesús estuvo entre nosotros, **22** desde que fue bautizado por Juan [u] hasta que subió al cielo. Es necesario, pues, que uno de ellos sea agregado a nosotros, para que junto con nosotros dé testimonio de que Jesús resucitó."

23 Entonces propusieron a dos: a José, llamado Barsabás, y llamado también Justo, y a Matías. **24** Y oraron así: "Señor, tú que conoces los corazones de todos, muéstranos cuál de estos dos has escogido **25** para que tome a su cargo el servicio de apóstol que Judas perdió por su pecado, cuando se fue al lugar que le correspondía." [v]

26 Lo echaron a la suerte, y esta favoreció a Matías, quien desde aquel momento quedó agregado a los once apóstoles.

I. PREDICACIÓN DEL EVANGELIO EN JERUSALÉN (2.1—8.3) [a]

2 *La venida del Espíritu Santo* **1** Cuando llegó la fiesta de Pentecostés, [b] todos los creyentes se encontraban reunidos en un mismo lugar. **2** De repente, un gran ruido que venía del cielo, como de un viento fuerte, resonó en toda la casa donde ellos estaban. **3** Y se les aparecieron lenguas como de fuego [c] que se repartieron, y sobre cada uno de ellos se asentó una. **4** Y todos quedaron llenos del Espíritu Santo, [d] y comenzaron a hablar en otras lenguas, [e] según el Espíritu hacía que hablaran.

5 Vivían en Jerusalén judíos cumplidores de sus deberes religiosos, que habían venido de todas partes del mundo. **6** La gente se reunió al oír aquel ruido, y no sabía qué pensar, porque cada uno oía a los creyentes hablar en su propia lengua. [f] **7** Eran tales su sorpresa y su asombro, que decían:

—¿Acaso no son galileos todos estos que están hablando? **8** ¿Cómo es que los oímos hablar en nuestras propias lenguas? **9** Aquí hay gente de Partia, de Media, de Elam, de Mesopotamia, de Judea, de Capadocia, del Ponto y de la provincia de Asia, **10** de Frigia y de Panfilia, de Egipto y de las regiones de Libia cercanas a Cirene. Hay también gente de Roma que vive aquí; **11** unos son judíos de nacimiento y otros se han convertido al judaísmo. También los hay venidos de Creta y de Arabia. ¡Y los oímos hablar en nuestras propias lenguas de las maravillas de Dios! [g]

12 Todos estaban asombrados y sin saber qué pensar; y se preguntaban:

—¿Qué significa todo esto?

13 Pero algunos, burlándose, decían:

—¡Es que están borrachos! [h]

Discurso de Pedro [i] **14** Entonces Pedro se puso de pie junto con los otros once apóstoles, y con voz fuerte dijo: "Judíos y todos los que viven en Jerusalén, sepan ustedes esto y oigan bien lo que les voy a decir. **15** Estos no están borrachos como ustedes creen, ya que apenas son las nueve de la mañana. [j] **16** Al contrario, aquí está sucediendo lo que anunció el profeta Joel, cuando dijo:

17 'Sucederá que en los últimos días, dice Dios,
derramaré mi Espíritu sobre toda la humanidad; [k]
los hijos e hijas de ustedes
comunicarán mensajes proféticos, [l]
los jóvenes tendrán visiones,
y los viejos tendrán sueños.
18 También sobre mis siervos y siervas
derramaré mi Espíritu en aquellos días,
y comunicarán mensajes proféticos.
19 En el cielo mostraré grandes maravillas,
y sangre, fuego y nubes de humo en la tierra. [m]

---

[p] **1.16** Lc 22.47-48. *La Escritura:* referencia a los pasajes de los salmos citados en el v. 20. Cf. también Sal 41.9.

[q] **1.19** *Su lengua:* es decir, el arameo.

[r] **1.18-19** Cf. Mt 27.3-8.

[s] **1.20** Sal 69.25 (26).

[t] **1.20** Sal 109.8.

[u] **1.22** *Desde que fue bautizado por Juan:* Mt 3.16; Mc 1.9; Lc 3.21. Otra posible traducción: *desde los días en que Juan bautizaba* (Mt 3.1-12 y paralelos).

[v] **1.25** *Al lugar que le correspondía:* o bien, al lugar que se merecía (el de tormento; cf. Lc 16.28).

[a] **2.1—8.3** El tema central de toda esta sección será el desarrollo del movimiento cristiano en Jerusalén y Judea; véase 1.8 n.

[b] **2.1** Pentecostés: lit. *día de la cincuentena*. Véase *Índice temático*.

[c] **2.3** *Lenguas como de fuego:* La imagen de las *lenguas* sugiere también, por la palabra usada, las lenguas (idiomas) del v. 4. Cf. también Sal 29.7-9; Mt 3.11-12; Lc 3.16.

[d] **2.4** Cumplimiento de la promesa de Lc 24.49; Hch 1.8.

[e] **2.4** *Otras lenguas:* El fenómeno de "hablar en otras lenguas", que los oyentes entienden, es una anticipación simbólica de la predicación del evangelio a todas las naciones. Tiene su parecido con el "hablar como profeta", conocido ya en el AT (Nm 11.25-29;

1 S 10.5-13; 1 R 22.10) o con el "hablar en lenguas", que necesita de alguien que interprete (1 Co 14).

[f] **2.5-6** Se trata de judíos procedentes de diversas regiones del mundo, que se habían establecido en Jerusalén; muchos de ellos hablaban o conocían otras lenguas, además del arameo, que era la lengua comúnmente hablada en Jerusalén.

[g] **2.9-11** Los países enumerados comprenden desde la región de Persia, en el oriente, hasta *Libia,* en el occidente, y abarcaban así el mundo entonces conocido.

[h] **2.13** Cf. 1 Co 14.23.

[i] **2.14-42** Este discurso, y los otros de Pedro (Hch 3.12-26; 5.29-32; 10.34-43), presentan un resumen del mensaje proclamado por los apóstoles; cf. también Hch 13.23-41; 1 Co 15.1-8.

[j] **2.15** *Las nueve de la mañana:* lit. *la hora tercera,* contando desde la salida del sol. Era el momento de la oración matutina, antes del cual los judíos normalmente no tomaban comida ni bebida.

[k] **2.17** *Derramaré:* Cf. Is 44.3. El simbolismo del agua referido al *Espíritu* hace especialmente significativa la expresión *derramar.* Cf. Jn 7.38-39.

[l] **2.17** *Mensajes proféticos:* Véase 1 Co 14.1 n.

[m] **2.19** *Las palabras y sangre, fuego y nubes de humo en la tierra,* que en Joel anuncian matanza e incendio, faltan en algunos mss. de Hch.

HECHOS 2

²⁰ El sol se volverá oscuridad,
y la luna como sangre,
antes que llegue el día del Señor,
día grande y glorioso.
²¹ Pero todos los que invoquen el nombre del Señor,
alcanzarán la salvación.' ⁿ

²² "Escuchen, pues, israelitas, lo que voy a decir: Como ustedes saben muy bien, Dios demostró ante ustedes la autoridad de Jesús de Nazaret, haciendo por medio de él grandes maravillas, milagros y señales. ²³ Y a ese hombre, que conforme a los planes y propósitos de Dios ñ fue entregado, ᵒ ustedes lo mataron, crucificándolo por medio de hombres malvados. ᵖ ²⁴ Pero Dios lo resucitó, ᑫ liberándolo de los dolores de la muerte, ʳ porque la muerte no podía tenerlo dominado. ²⁵ El rey David, refiriéndose a Jesús, dijo:
'Yo veía siempre al Señor delante de mí;
con él a mi derecha, nada me hará caer.
²⁶ Por eso se alegra mi corazón,
y mi lengua canta llena de gozo.
Todo mi ser vivirá confiadamente, ˢ
²⁷ porque no me dejarás en el sepulcro ᵗ
ni permitirás que se descomponga
el cuerpo de tu santo siervo. ᵘ
²⁸ Me mostraste el camino de la vida,
y me llenarás de alegría con tu presencia.' ᵛ

²⁹ "Hermanos, permítanme decirles con franqueza que el patriarca David murió y fue enterrado, y que su sepulcro está todavía entre nosotros. ³⁰ Pero David era profeta, y sabía que Dios le había prometido con juramento que pondría por rey a uno de sus descendientes. ʷ ³¹ Así que, viendo anticipadamente la resurrección del Mesías, David habló de ella y dijo que el Mesías no se quedaría en el sepulcro ni su cuerpo se descompondría. ³² Pues bien, Dios ha resucitado a ese mismo Jesús, y de ello todos nosotros somos testigos. ³³ Después de haber sido enaltecido y colocado por Dios ˣ a su derecha y de haber recibido del Padre el Espíritu Santo que nos había prometido, él a su vez lo derramó sobre nosotros. Eso es lo que ustedes han visto y oído. ³⁴ Porque no fue David quien subió al cielo; pues él mismo dijo:
'El Señor dijo a mi Señor:
Siéntate a mi derecha,
³⁵ hasta que yo haga de tus enemigos el estrado
de tus pies.' ʸ

³⁶ "Sepa todo el pueblo de Israel, con toda seguridad, que a este mismo Jesús a quien ustedes crucificaron, Dios lo ha hecho Señor y Mesías." ᶻ

³⁷ Cuando los allí reunidos oyeron esto, se afligieron profundamente, y preguntaron a Pedro y a los otros apóstoles:
—Hermanos, ¿qué debemos hacer?

³⁸ Pedro les contestó:
—Vuélvanse a Dios y bautícese cada uno en el nombre de Jesucristo, ᵃ para que Dios les perdone sus pecados, y así él les dará el Espíritu Santo. ᵇ ³⁹ Porque esta promesa es para ustedes y para sus hijos, y también para todos los que están lejos; ᶜ es decir, para todos aquellos a quienes el Señor nuestro Dios quiera llamar.

⁴⁰ Con estas y otras palabras, Pedro les habló y les aconsejó, diciéndoles:
—¡Apártense de esta gente perversa! ᵈ

⁴¹ Así pues, los que hicieron caso de su mensaje fueron bautizados; y aquel día se agregaron a los creyentes unas tres mil personas. ⁴² Y eran fieles en conservar la enseñanza de los apóstoles, en compartir lo que tenían, en reunirse para partir el pan ᵉ y en la oración.

La vida de los primeros cristianos ᶠ

⁴³ Todos estaban asombrados a causa de los muchos milagros y señales que Dios hacía por medio de los apóstoles. ⁴⁴ Todos los creyentes estaban muy unidos y compartían sus bienes entre sí; ⁴⁵ vendían sus propiedades y todo lo que tenían, y repartían el dinero según las necesidades de cada uno. ⁴⁶ Todos los días se reunían en el templo, y en las casas partían el pan ᵍ y

---

ⁿ **2.17-21** Jl 2.28-32 (3.1-5) (gr.), citado con algunas modificaciones. Cf. también Ro 10.13.

ñ **2.23** *Conforme a los planes... de Dios:* Cf. Mc 8.31; Lc 22.22; 24.46; Jn 3.14; Hch 3.18; 4.27-28; 17.3; 1 P 1.19-20.

ᵒ **2.23** *Entregado:* por Judas (Mc 14.41; Lc 22.47-48); por otra parte, como el texto griego dice simplemente *entregado*, algunos lo refieren a la acción de las autoridades religiosas judías de entregar a Jesús a los romanos (Mt 27.1-2).

ᵖ **2.23** *Malvados:* lit. *los que no tienen ley;* expresión generalmente aplicada a los paganos por carecer de la ley de Dios, y que aquí se refiere a los romanos, por cuyo medio las autoridades judías llevaron a cabo la crucifixión de Jesús (Mt 27.32-54 y paralelos; Hch 3.13; 5.30; 7.52).

ᑫ **2.24** Mt 28.5-6 y paralelos; Hch 4.10; 5.30.

ʳ **2.24** *Dolores de la muerte:* expresión que alude a los "lazos de la muerte", en el Sal 18.4-5 (5-6); 116.3, pasajes en los cuales la versión griega (LXX) dice "dolores de la muerte". (La raíz hebrea significa tanto *lazos* como *dolores.*)

ˢ **2.26** *Confiadamente:* lit. *en esperanza;* se interpreta el salmo en relación con la esperanza de la resurrección (v. 31).

ᵗ **2.27** *Sepulcro:* lit. *Hades.* Véase *Reino de la muerte* en el *Índice temático.*

ᵘ **2.27** Hch 13.35. *Tu santo siervo:* También puede traducirse por *tu siervo fiel.*

ᵛ **2.25-28** Sal 16.8-11 (gr.).

ʷ **2.30** 2 S 7.12-13; Sal 89.3-4 (4-5); 132.11-12. Algunos mss. dicen *que pondría por rey al Cristo, uno de sus descendientes.*

ˣ **2.23** *Colocado por Dios a su derecha:* esto es, en el lugar de honor junto a Dios (cf. Sal 110.1, citado en el v. 34). Otra posible traducción: *fue levantado por la mano derecha de Dios;* tal es el sentido de la versión griega (LXX) en el Sal 118.16.

ʸ **2.34-35** Sal 110.1; cf. el uso que hizo Jesús del mismo salmo en Mt 22.43-45 y paralelos, y véase Mt 22.44 n.

ᶻ **2.36** *Señor:* usado como título divino. *Mesías:* o *Cristo;* véanse Mt 1.17 nota *h* e *Índice temático.*

ᵃ **2.38** *En el nombre de Jesucristo:* reconociendo a Jesús como Mesías, e invocando su nombre; véase *Nombre* en el *Índice temático.*

ᵇ **2.38** Cf. Mt 3.2,11 y paralelos; también Mt 4.17; Mc 1.14-15; Lc 24.47, y Hch 3.19; 20.21; 26.20.

ᶜ **2.39** Is 57.19.

ᵈ **2.40** *Gente perversa:* expresión proverbial; cf. Dt 32.5; Sal 78.8; Flp 2.15.

ᵉ **2.42** *Partir el pan:* según el contexto, se trata de un acto con significado religioso (2.46 n.); también puede significar simplemente *comer juntos.*

ᶠ **2.43-47** Hch 4.32-35 y 5.12-16 son resúmenes con los que se subraya la unidad de la sección 2.1—8.3 y se señalan rasgos característicos de la vida de la iglesia de Jerusalén.

ᵍ **2.46** *Partían el pan:* expresión derivada de la costumbre judía de empezar la comida con una bendición, después de la cual se parte

comían juntos con alegría y sencillez de corazón. **47** Alababan a Dios y eran estimados por todos; y cada día el Señor hacía crecer la comunidad con el número de los que él iba llamando a la salvación.

3 Pedro sana a un paralítico

1 Un día, Pedro y Juan [a] fueron al templo para la oración de las tres de la tarde. [b] **2** Allí, en el templo, estaba un hombre paralítico de nacimiento, al cual llevaban todos los días y lo ponían junto a la puerta llamada la Hermosa, [c] para que pidiera limosna a los que entraban. **3** Cuando el paralítico vio a Pedro y a Juan, que estaban a punto de entrar en el templo, les pidió una limosna. **4** Ellos lo miraron fijamente, y Pedro le dijo:

—Míranos.

5 El hombre puso atención, creyendo que le iban a dar algo. **6** Pero Pedro le dijo:

—No tengo plata ni oro, pero lo que tengo te doy: en el nombre de Jesucristo de Nazaret, levántate y anda. [d]

7 Dicho esto, Pedro lo tomó por la mano derecha y lo levantó, y en el acto cobraron fuerzas sus pies y sus tobillos. **8** El paralítico se puso en pie de un salto y comenzó a andar; luego entró con ellos en el templo, por su propio pie, brincando y alabando a Dios. **9** Todos los que lo vieron andar y alabar a Dios, **10** se llenaron de asombro y de temor por lo que le había pasado, ya que conocían al hombre y sabían que era el mismo que se sentaba a pedir limosna en el templo, en la puerta llamada la Hermosa.

Discurso de Pedro en el Pórtico de Salomón [e]

11 El paralítico que había sido sanado no soltaba a Pedro y a Juan. Toda la gente, admirada, corrió a la parte del templo que se llama Pórtico de Salomón, donde ellos estaban. [f] **12** Pedro, al ver esto, les dijo: "¿Por qué se asombran ustedes, israelitas? ¿Por qué nos miran como si nosotros mismos hubiéramos sanado a este hombre y lo hubiéramos hecho andar por medio de algún poder nuestro o por nuestra piedad? **13** El Dios de Abraham, de Isaac y de Jacob, el Dios de nuestros antepasados, [g] ha dado el más alto honor [h] a su siervo [i] Jesús, a quien ustedes entregaron a las autoridades y a quien ustedes rechazaron, después que Pilato había decidido soltarlo. **14** En vez de pedir la libertad de aquel que era santo y justo, ustedes pidieron que se soltara a un criminal. [j] **15** Y así mataron ustedes al que nos lleva a la vida. [k] Pero Dios lo resucitó, y de eso nosotros somos testigos. **16** Lo que ha hecho cobrar fuerzas a este hombre que ustedes ven y conocen, es la fe en el nombre de Jesús. Esa fe en Jesús es la que lo ha hecho sanar completamente, como todos ustedes pueden ver. [l]

17 "Ya sé, hermanos, que cuando ustedes y sus jefes mataron a Jesús, lo hicieron sin saber en realidad lo que estaban haciendo. [m] **18** Pero Dios cumplió de este modo lo que antes había anunciado por medio de todos sus profetas: que su Mesías tenía que morir. [n] **19** Por eso, vuélvanse ustedes a Dios y conviértanse, para que él les borre sus pecados **20** y el Señor les mande tiempos de alivio, enviándoles a Jesús, a quien desde el principio había escogido como Mesías para ustedes. **21** Aunque por ahora Jesucristo debe permanecer en el cielo hasta que Dios ponga en orden todas las cosas, como dijo por medio de sus santos profetas que vivieron en los tiempos antiguos. **22** Moisés anunció a nuestros antepasados: 'El Señor su Dios hará que salga de entre ustedes un profeta como yo. Obedézcanlo en todo lo que les diga, **23** porque todo aquel que no haga caso a ese profeta, será eliminado del pueblo.' [ñ]

24 "Y todos los profetas, desde Samuel en adelante, hablaron también de estos días. **25** Ustedes son herederos de las promesas que Dios hizo por medio de los profetas, y son también herederos de la alianza hecha por Dios con los antepasados de ustedes. Pues Dios le dijo a Abraham: 'Todas las naciones del mundo serán bendecidas por medio de tus descendientes.' [o] **26** Cuando Dios resucitó a su Hijo, [p] lo envió primero a ustedes, para bendecirlos, haciendo que cada uno de ustedes se convierta de su maldad."

---

ceremonialmente el pan. La frase llegó a aplicarse de manera particular a la celebración de la Cena del Señor o Eucaristía (Hch 2.42; 20.7,11; 27.35; 1 Co 10.16). Además de participar en las oraciones en el templo, los creyentes se reunían en las casas, donde sus "ágapes" o comidas en común incluían la celebración de la Cena del Señor (cf. 1 Co 11.20-22).

[a] **3.1** *Juan:* probablemente el hijo de Zebedeo (Mt 4.21), que era uno de los doce apóstoles.

[b] **3.1** *Las tres de la tarde:* lit. *la hora novena,* contando a partir de las seis de la mañana. Era la segunda ocasión diaria de sacrificio y oración pública en el templo.

[c] **3.2** *La Hermosa:* puerta situada al lado oriental del templo; posiblemente la entrada principal al edificio.

[d] **3.6** *En el nombre:* Según el pensamiento hebreo, el nombre representaba a la persona misma; al invocar *el nombre de Jesucristo* se invocaba a Jesucristo mismo, y su poder y autoridad (véase Hch 2.38 nota *a*).

[e] **3.11-26** Véase Hch 2.14-42 n.

[f] **3.11** *Pórtico de Salomón:* una galería o corredor con columnas, situado en el interior de la muralla oriental del atrio del templo; cf. Jn 10.23; Hch 5.12.

[g] **3.13** Ex 3.6,15.

[h] **3.13** *Ha dado el más alto honor:* lit. *ha glorificado,* o sea, por

medio de su muerte, resurrección y ascensión; véanse Jn 1.14 nota *ñ* y 7.39 nota *q*.

[i] **3.13** *Siervo:* posible alusión a Is 52.13. Cf. Is 53.11; Flp 2.7-9. Algunas versiones traducen *su Hijo Jesús* (la palabra griega significa *niño* o *muchacho,* y puede referirse a un hijo o a un siervo).

[j] **3.13-14** Mt 27.15-26 y paralelos. Los títulos *santo* y *justo* se aplican a Cristo (Mc 1.24; Hch 7.52; 22.14; 1 Jn 2.1), y están basados en conceptos del AT (2 S 23.3-4; Is 32.1; 53.11; Zac 9.9).

[k] **3.15** *Al que nos lleva a la vida:* en contraste con Barrabás el asesino, a quien se alude en el v. 14. También puede traducirse como *al que gobierna la vida,* o, posiblemente, *al que es origen de la vida*.

[l] **3.16** Se trata de la *fe* en la persona de Jesús; el *nombre* equivale aquí a la persona misma (véase 3.6 n.).

[m] **3.17** Cf. Lc 23.34; Hch 7.60; 1 Co 2.8.

[n] **3.18** *Cumplió... profetas:* Véase Jn 20.9 n. La mayoría de los judíos no percibían en las Escrituras la idea de un Mesías que tenía que sufrir. Los cristianos, en cambio, aplicaron a Cristo los pasajes de los salmos y de los profetas que hablan del sufrimiento del justo. Is 52.13—53.12 ocupó para ellos un lugar muy especial; cf. Hch 8.32-35.

[ñ] **3.22-23** Adaptación de Dt 18.15-19; Lv 23.29; nótese el uso de la misma cita en Hch 7.37.

[o] **3.25** Gn 12.3; 22.18.

[p] **3.26** *Su Hijo:* o *su siervo;* véase 3.13 nota *i*.

HECHOS 4

4 *Pedro y Juan ante las autoridades* **1** Todavía Pedro y Juan estaban hablándole a la gente, cuando llegaron los sacerdotes, con el jefe de la guardia del templo y con los saduceos.[a] **2** Estaban enojados porque Pedro y Juan enseñaban a la gente y decían que la resurrección de los muertos había quedado demostrada en el caso de Jesús. **3** Los arrestaron y, como ya era tarde, los metieron en la cárcel hasta el día siguiente. **4** Pero muchos de los que habían escuchado el mensaje, creyeron; y el número de creyentes, contando solamente los hombres, llegó a cerca de cinco mil.[b]

5 Al día siguiente se reunieron en Jerusalén los jefes de los judíos, los ancianos y los maestros de la ley.[c] **6** Allí estaban también el sumo sacerdote Anás, Caifás,[d] Juan, Alejandro y todos los que pertenecían a la familia de los sumos sacerdotes. **7** Ordenaron que les llevaran a Pedro y a Juan, y poniéndolos en medio de ellos les preguntaron:

—¿Con qué autoridad, o en nombre de quién han hecho ustedes estas cosas?[e]

8 Pedro, lleno del Espíritu Santo, les contestó:[f]

—Jefes del pueblo y ancianos: **9** ustedes nos preguntan acerca del bien hecho a un enfermo, para saber de qué manera ha sido sanado. **10** Pues bien, declaramos ante ustedes y ante todo el pueblo de Israel que este hombre que está aquí, delante de todos, ha sido sanado en el nombre de Jesucristo de Nazaret, el mismo a quien ustedes crucificaron y a quien Dios resucitó. **11** Este Jesús es la piedra que ustedes los constructores despreciaron, pero que se ha convertido en la piedra principal.[g] **12** En ningún otro hay salvación, porque en todo el mundo Dios no nos ha dado otra persona por la cual podamos salvarnos.[h]

13 Cuando las autoridades vieron la valentía con que hablaban Pedro y Juan, y se dieron cuenta de que eran hombres sin estudios ni cultura, se quedaron sorprendidos, y reconocieron que eran discípulos de Jesús.[i] **14** Además, el que había sido sanado estaba allí con ellos, y por eso no podían decir nada en contra. **15** Entonces los mandaron salir de la reunión, y se quedaron discutiendo unos con otros. **16** Decían:

—¿Qué vamos a hacer con estos hombres? Todos los habitantes de Jerusalén saben que han hecho esta señal milagrosa, y no lo podemos negar. **17** Pero a fin de que este asunto no siga corriendo de boca en boca, vamos a amenazarlos, para que de aquí en adelante no hablen en el nombre de Jesús a nadie.

18 Así que los llamaron y les ordenaron que no hablaran ni enseñaran nada acerca del nombre de Jesús. **19** Pero Pedro y Juan les contestaron:

—Juzguen ustedes mismos si es justo delante de Dios obedecerlos a ustedes en lugar de obedecerlo a él.[j] **20** Nosotros no podemos dejar de decir lo que hemos visto y oído.[k]

21 Las autoridades los amenazaron, pero los dejaron libres. No encontraron cómo castigarlos, porque toda la gente alababa a Dios por lo que había pasado. **22** El hombre que fue sanado de esta manera milagrosa, tenía más de cuarenta años.

Los creyentes piden confianza y valor **23** Pedro y Juan, ya puestos en libertad, fueron a reunirse con sus compañeros y les contaron todo lo que los jefes de los sacerdotes y los ancianos les habían dicho. **24** Después de haberlos oído, todos juntos oraron a Dios, diciendo: "Señor, tú que hiciste el cielo, la tierra, el mar y todo lo que hay en ellos,[l] **25** dijiste por medio del Espíritu Santo y por boca de nuestro patriarca David, tu siervo:

'¿Por qué se alborotan los pueblos?
¿Por qué hacen planes sin sentido?
26 Los reyes y gobernantes de la tierra
se rebelan, y juntos conspiran
contra el Señor y contra su escogido, el Mesías.'[m]

27 "Es un hecho que Herodes y Poncio Pilato[n] se reunieron aquí, en esta ciudad, con los extranjeros y los israelitas, contra tu santo siervo[ñ] Jesús, a quien escogiste como Mesías. **28** De esta manera, ellos hicieron todo lo que tú en tus planes ya habías dispuesto que tenía que suceder. **29** Ahora, Señor, fíjate en sus amenazas y concede a tus siervos que anuncien tu mensaje sin miedo. **30** Muestra tu poder sanando a los enfermos y haciendo señales y milagros en el nombre de tu santo siervo Jesús."

31 Cuando acabaron de orar, el lugar donde estaban reunidos tembló;[o] y todos fueron llenos del Espíritu Santo,[p] y anunciaban abiertamente el mensaje de Dios.

Todas las cosas eran de todos **32** Todos los creyentes, que eran muchos, pensaban y sentían de la misma manera. Ninguno decía que sus cosas fueran solamente suyas, sino

---

[a] 4.1 En el Sanedrín, o Junta Suprema de los judíos, tenían gran influencia los *saduceos*, miembros de un partido religioso que negaba la resurrección; véanse Mt 22.23 n.; Hch 23.6-8 n. e *Introducción al NT (26-30)*.

[b] 4.4 El autor hace aquí, como en otras partes de su libro, una especie de balance de los resultados; la iglesia, a pesar de las contradicciones, iba creciendo (cf. también 5.14; 6.7; 11.24).

[c] 4.5 Sobre *Ancianos* y *Maestros de la ley*, véanse *Índice temático* e *Introducción al NT (30,44-45)*.

[d] 4.6 El *sumo sacerdote* era presidente de la Junta Suprema. *Caifás* lo era oficialmente, pero su suegro *Anás* conservaba el título honorario y el prestigio del puesto (Lc 3.2 nota *g*).

[e] 4.7 Los de la Junta Suprema le habían hecho la misma pregunta a Jesús, también en el templo (Mt 21.23 y paralelos); véase 4.11 n.

[f] 4.8 Primer cumplimiento de la profecía de Mt 10.17-20; Mc 13.9-11; Lc 12.11-12.

[g] 4.11 Alusión al Sal 118.22. Jesús había citado también este salmo, en respuesta a la misma pregunta. Véase Mc 12.10-11 n.

[h] 4.12 *Salvarnos*: Se hace un juego de palabras con dos de los sentidos de un mismo verbo griego, que significa tanto *salvar* como *sanar* (v. 9).

[i] 4.13 *Sin estudios*: es decir, que no habían estudiado con los rabinos; cf. Jn 7.15. *Eran discípulos de Jesús*: lit. *habían estado con Jesús*.

[j] 4.19 Hch 5.29.

[k] 4.20 Hch 22.15; 26.16.

[l] 4.24 Ex 20.11; Neh 9.6; Sal 146.6. La oración de 4.24-30 tiene semejanza con la del rey Ezequías en Is 37.16-20.

[m] 4.25-26 Sal 2.1-2.

[n] 4.27 *Herodes*: Lc 23.7-11. *Pilato*: Mt 27.1-2 y paralelos.

[ñ] 4.27,30 *Siervo*: Véase Hch 3.13 nota *i*.

[o] 4.31 *Tembló*: señal de que Dios había oído su oración; cf. Ex 19.18; Is 6.4.

[p] 4.31 Cf. lo sucedido en Pentecostés (Hch 2.2-4).

que eran de todos. ^q ³³ Los apóstoles seguían dando un poderoso testimonio de la resurrección del Señor Jesús, y Dios los bendecía mucho a todos. ³⁴ No había entre ellos ningún necesitado, ^r porque quienes tenían terrenos o casas, los vendían, y el dinero ³⁵ lo ponían a disposición de los apóstoles, para repartirlo entre todos según las necesidades de cada uno. ^s ³⁶ Tal fue el caso de un levita ^t llamado José, natural de la isla de Chipre, ^u a quien los apóstoles pusieron por sobrenombre Bernabé, (que significa: "Hijo de consolación"). ^v ³⁷ Este hombre tenía un terreno, y lo vendió y puso el dinero a disposición de los apóstoles.

5 El pecado de Ananías y Safira ^a

¹ Pero hubo uno, llamado Ananías, que junto con Safira, su esposa, vendió un terreno. ² Este hombre, de común acuerdo con su esposa, se quedó con una parte del dinero y puso la otra parte a disposición de los apóstoles. ³ Pedro le dijo:

—Ananías, ¿por qué dejaste que Satanás te dominara y te hiciera mentir al Espíritu Santo quedándote con parte del dinero que te pagaron por el terreno? ⁴ ¿Acaso no era tuyo el terreno? Y puesto que lo vendiste, ¿no era tuyo el dinero? ^b ¿Por qué se te ocurrió hacer esto? No has mentido a los hombres, sino a Dios.

⁵ Al oir esto, Ananías cayó muerto. Y todos los que lo supieron se llenaron de miedo. ⁶ Entonces vinieron unos jóvenes, envolvieron el cuerpo y se lo llevaron a enterrar.

⁷ Unas tres horas después entró la esposa de Ananías, sin saber lo que había pasado. ⁸ Pedro le preguntó:

—Dime, ¿vendieron ustedes el terreno en el precio que han dicho?

Ella contestó:

—Sí, en ese precio.

⁹ Pedro le dijo:

—¿Por qué se pusieron ustedes de acuerdo para poner a prueba al Espíritu del Señor? Ahí vienen los que se llevaron a enterrar a tu esposo, y ahora te van a llevar también a ti.

¹⁰ En ese mismo instante Safira cayó muerta a los pies de Pedro. Cuando entraron los jóvenes, la encontraron muerta, y se la llevaron a enterrar al lado de su esposo. ¹¹ Y todos los de la iglesia, ^c y todos los que supieron estas cosas, se llenaron de miedo.

Muchos milagros y señales ^d ¹² Por medio de los apóstoles ^e se hacían muchas señales y milagros entre la gente; y todos se reunían en el Pórtico de Salomón. ^f ¹³ Ninguno de los otros se atrevía a juntarse con ellos, pero la gente los tenía en alta estima. ^g ¹⁴ Y aumentó el número de personas, tanto hombres como mujeres, que creyeron en el Señor. ^h ¹⁵ Y sacaban los enfermos a las calles, poniéndolos en camas y camillas para que, al pasar Pedro, por lo menos su sombra cayera sobre alguno de ellos. ⁱ ¹⁶ También de los pueblos vecinos a Jerusalén acudía mucha gente trayendo enfermos y personas atormentadas por espíritus impuros; y todos eran sanados. ^j

Persecución de los apóstoles ¹⁷ El sumo sacerdote y los del partido de los saduceos ^k que estaban con él, se llenaron de envidia, ¹⁸ y arrestaron a los apóstoles y los metieron en la cárcel pública. ¹⁹ Pero un ángel del Señor abrió de noche las puertas de la cárcel y los sacó, diciéndoles: ²⁰ "Vayan y, de pie en el templo, cuenten al pueblo todo este mensaje de vida." ²¹ Conforme a esto que habían oído, al día siguiente entraron temprano en el templo y comenzaron a enseñar.

Entonces, el sumo sacerdote y los que estaban con él llamaron a todos los ancianos israelitas a una reunión de la Junta Suprema, y mandaron traer de la cárcel a los apóstoles. ²² Pero cuando los guardias llegaron a la cárcel, no los encontraron. Así que volvieron con la noticia, ²³ diciendo:

—Encontramos la cárcel perfectamente cerrada, y a los soldados vigilando delante de las puertas; pero cuando abrimos, no encontramos a nadie dentro.

²⁴ Al oírlo, el jefe de la guardia del templo y los principales sacerdotes se preguntaban en qué iría a parar todo aquello. ²⁵ En aquel momento llegó uno, que les dijo:

—Los que ustedes metieron en la cárcel, están en el templo enseñando al pueblo.

²⁶ El jefe de la guardia, junto con los guardias, fue a buscarlos; pero no los maltrataron, porque tenían miedo de ser apedreados por la gente. ²⁷ Al llegar, los llevaron ante la Junta Suprema, y el sumo sacerdote les dijo:

²⁸ —Nosotros les habíamos prohibido terminantemente que enseñaran nada relacionado con ese hombre. ^l ¿Y qué han hecho ustedes? Han llenado toda Jerusalén con esas enseñanzas, y encima quieren echarnos la culpa de la muerte de ese hombre. ^m

---

^q **4.32** Véase Hch 2.43-47 n.
^r **4.34** Cf. Dt 15.4.
^s **4.34-35** Hch 2.45.
^t **4.36** *Levita:* Véanse Lc 10.32 n. e *Índice temático*.
^u **4.36** *Chipre:* isla del Mediterráneo, donde había una importante comunidad judía (cf. Hch 11.19).
^v **4.36** *"Hijo de consolación":* expresión semítica que significa *uno que consuela* (o *que exhorta;* Hch 11.23 n.).
^a **5.1-11** Este episodio contrasta con el de la generosidad de Bernabé, relatado en el pasaje anterior, y trae a la memoria el caso de Acán (Jos 7), que guardó para sí una parte de lo consagrado a Dios.
^b **5.4** La venta de la propiedad y la donación habían sido actos voluntarios; el pecado de Ananías y Safira consistía en hacer creer que entregaban todo el dinero de la venta, cuando en realidad entregaban solo una parte.
^c **5.11** *Iglesia:* Mt 16.18; véase *Índice temático.*

^d **5.12-16** Último de los tres resúmenes en los que se caracteriza a la iglesia de Jerusalén. Véase 2.43-47 n.
^e **5.12** Cf. 5.12-16, se afirma que era Dios quien realizaba los *milagros por medio de los apóstoles.*
^f **5.12** *Pórtico de Salomón:* Véase Hch 3.11 n.
^g **5.13** Cf. Hch 2.47.
^h **5.14** Otra posible traducción del v. 14: *Y se iba añadiendo al Señor un número creciente de creyentes, tanto hombres como mujeres.* Cf. Hch 11.24.
ⁱ **5.15** Hch 19.11-12.
^j **5.15-16** Mc 6.56; cf. Mt 4.24; 15.30; Mc 1.32-34; cf. también Mt 10.1; Mc 16.17-18.
^k **5.17** *Saduceos:* Véanse Hch 4.1 n. e *Índice temático.*
^l **5.28** *Con ese hombre:* lit. *con ese nombre* (véase Hch 3.6 n.). El sumo sacerdote, en señal de desprecio, evita mencionar a Jesús por nombre.
^m **5.28** Mt 27.25.

29 Pedro y los demás apóstoles contestaron:

—Es nuestro deber obedecer a Dios antes que a los hombres. [n] **30** El Dios de nuestros antepasados resucitó a Jesús, el mismo a quien ustedes mataron colgándolo en una cruz. [ñ] **31** Dios lo ha levantado y lo ha puesto a su derecha, [o] y lo ha hecho Guía y Salvador, para que la nación de Israel se vuelva a Dios y reciba el perdón de sus pecados. **32** De esto somos testigos nosotros, y también lo es el Espíritu Santo, que Dios ha dado a los que le obedecen. [p]

33 Cuando oyeron esto, se enfurecieron y quisieron matarlos. **34** Pero entre aquellas autoridades había un fariseo llamado Gamaliel, [q] que era un maestro de la ley muy respetado por el pueblo. Este se puso de pie y mandó que por un momento sacaran de allí a los apóstoles. **35** Luego dijo a las demás autoridades:

—Israelitas, tengan cuidado con lo que van a hacer con estos hombres. **36** Recuerden que hace algún tiempo se levantó Teudas, alegando ser un hombre importante, y unos cuatrocientos hombres lo siguieron. Pero a este lo mataron, y sus seguidores se dispersaron, y allí se acabó todo. **37** Más tarde, en los días del censo, se levantó Judas, el de Galilea, y logró que algunos lo siguieran; pero también lo mataron, y todos sus seguidores se dispersaron. **38** En este caso, yo les aconsejo que dejen a estos hombres y que no se metan con ellos. Porque si este asunto es cosa de los hombres, pasará; **39** pero si es cosa de Dios, no podrán ustedes vencerlos. Tengan cuidado, no se vayan a encontrar luchando contra Dios.

Ellos le hicieron caso. **40** Así que llamaron a los apóstoles, los azotaron y les prohibieron seguir hablando en el nombre de Jesús; después los soltaron. **41** Los apóstoles salieron de la presencia de las autoridades muy contentos, porque Dios les había concedido el honor de sufrir injurias por causa del nombre de Jesús. [r] **42** Todos los días enseñaban y anunciaban la buena noticia de Jesús el Mesías, tanto en el templo como por las casas.

6 *Nombramiento de siete ayudantes* [a]

1 En aquel tiempo, como el número de los creyentes [b] iba aumentando, los de habla griega [c] comenzaron a quejarse de los de habla hebrea, [d] diciendo que las viudas griegas no eran bien atendidas en la distribución diaria de ayuda. **2** Los doce apóstoles reunieron a todos los creyentes, y les dijeron:

—No está bien que nosotros dejemos de anunciar el mensaje de Dios para dedicarnos a la administración. **3** Así que, hermanos, busquen entre ustedes siete hombres de confianza, entendidos y llenos del Espíritu Santo, para que les encarguemos estos trabajos. **4** Nosotros seguiremos orando y proclamando el mensaje de Dios.

5 Todos estuvieron de acuerdo, y escogieron a Esteban, hombre lleno de fe y del Espíritu Santo, y a Felipe, [e] a Prócoro, a Nicanor, a Timón, a Pármenas y a Nicolás, uno de Antioquía [f] que antes se había convertido al judaísmo. **6** Luego los llevaron a donde estaban los apóstoles, los cuales oraron y les impusieron las manos. [g]

7 El mensaje de Dios iba extendiéndose, y el número de los creyentes aumentaba mucho en Jerusalén. Incluso muchos sacerdotes judíos aceptaban la fe.

Arresto de Esteban **8** Esteban, lleno del poder y la bendición de Dios, hacía milagros y señales entre el pueblo. [h] **9** Algunos de la sinagoga llamada de los Esclavos Libertados, junto con algunos de Cirene, de Alejandría, de Cilicia y de la provincia de Asia, [i] comenzaron a discutir con Esteban; **10** pero no podían hacerle frente, porque hablaba con la sabiduría que le daba el Espíritu Santo. **11** Pagaron entonces a unos para que afirmaran que lo habían oído decir palabras ofensivas contra Moisés y contra Dios. [j] **12** De este modo alborotaron al pueblo, a los ancianos y a los maestros de la ley; por lo cual atacaron a Esteban, lo apresaron y lo llevaron ante la Junta Suprema. **13** Además buscaron testigos falsos, que dijeron:

—Ese hombre no deja de hablar contra este santo templo y contra la ley. **14** Le hemos oído decir que ese Jesús de Nazaret va a destruir el templo y que va a cambiar las costumbres que nos dejó Moisés. [k]

15 Las autoridades y todos los que estaban allí sentados, al mirar a Esteban, vieron que su cara era como la de un ángel.

---

[n] **5.29** Hch 4.19.

[ñ] **5.30** *Una cruz*: La palabra griega es lit. *un madero* o *un árbol*; aquí y en Hch 10.39; 13.29; 1 P 2.24, se utiliza el término que aparece en Dt 21.22-23, para resaltar el carácter profético de la Escritura.

[o] **5.31** *Y lo ha puesto a su derecha*: otra posible traducción: *por su mano derecha* (es decir, por su poder); véase Hch 2.33 n.

[p] **5.29-32** Véase Hch 2.14-42 n.

[q] **5.34** *Gamaliel*: famoso rabino, conocido por su interpretación liberal de la ley. Cf. también Hch 22.3.

[r] **5.41** Cf. Mt 5.10-12; 1 P 4.13.

[a] **6.1-7** Tradicionalmente, estos siete han sido llamados *diáconos* (véanse Flp 1.1 nota e e *Índice temático*). Sin embargo, las actividades de Esteban y de Felipe sobrepasaron las funciones asociadas con este oficio.

[b] **6.1** *Creyentes*: lit. *discípulos* (en Hch este término se aplica con frecuencia a los cristianos en general).

[c] **6.1** *Los de habla griega*: judíos (cristianos, en este caso) que hablaban griego; se les llamaba *helenistas*, y habían adoptado ciertas costumbres griegas.

[d] **6.1** *Los de habla hebrea*: judíos que hablaban hebreo (o arameo) y que conservaban sus costumbres judías (cf. Hch 21.40).

[e] **6.5** En Hch tenemos otras noticias respecto a *Esteban* (Hch 6.8—7.60) y *Felipe* (Hch 8.4-13,26-40; 21.8-9), a quien no debe confundirse con Felipe el apóstol, que era uno de los doce. Esteban, a juzgar por su discurso del cap. 7, era helenista.

[f] **6.5** *Antioquía*: de Siria; véase Hch 11.19 n.

[g] **6.6** *Impusieron las manos*: En Hch la imposición de manos se menciona en diversas circunstancias: al conferir autoridad para un cargo, como en este caso (cf. también Nm 27.23; 1 Ti 4.14), para comunicar el don del Espíritu Santo (Hch 8.17; 19.5-6), para el envío a una misión (Hch 13.3), y para la curación de los enfermos (Hch 9.12,17; 28.8).

[h] **6.8** *Esteban*: primer mártir cristiano (Hch 7.54-60). Este, como Jesús, *hacía milagros y señales*, y fue también acusado de hablar contra Dios y contra el templo (vv. 13-14). Sus palabras finales (Hch 7.59-60) también recuerdan las de Jesús.

[i] **6.9** *Esclavos Libertados*: esclavos judíos a quienes se había concedido la libertad; muchos de estos, que habían regresado de otros países, eran helenistas (véase 6.1 nota c).

[j] **6.11** Cf. Mt 26.65; Mc 14.64.

[k] **6.13-14** Cf. Mt 26.59-61; Mc 14.57-58, donde se dice que Jesús fue acusado de cargos similares ante la misma Junta Suprema.

7 Defensa de Esteban [a]

1 El sumo sacerdote le preguntó a Esteban si lo que decían de él era cierto, **2** y él contestó: "Hermanos y padres, escúchenme: Nuestro glorioso Dios se mostró a nuestro antepasado Abraham cuando estaba en Mesopotamia, antes que se fuera a vivir a Harán, **3** y le dijo: 'Deja tu tierra y a tus parientes, y vete a la tierra que yo te mostraré.' **4** Entonces Abraham salió de Caldea y se fue a vivir a Harán. Después murió su padre, y Dios trajo a Abraham a esta tierra,[b] donde ustedes viven ahora.[c] **5** Pero no le dio ninguna herencia en ella; ni siquiera un lugar donde poner el pie. Pero sí le prometió que se la daría, para que después de su muerte fuera de sus descendientes[d] (aunque en aquel tiempo Abraham todavía no tenía hijos). **6** Además, Dios le dijo que sus descendientes vivirían como extranjeros en una tierra extraña, y que serían esclavos, y que los maltratarían durante cuatrocientos años.[e] **7** Pero también le dijo Dios: 'Yo castigaré a la nación que los haga esclavos, y después ellos saldrán de allí[f] y me servirán en este lugar.'[g] **8** En su alianza, Dios ordenó a Abraham la práctica de la circuncisión.[h] Por eso, a los ocho días de haber nacido su hijo Isaac, Abraham lo circuncidó.[i] Lo mismo hizo Isaac con su hijo Jacob, y este hizo lo mismo con sus hijos, que fueron los padres de las doce tribus de Israel.

9 "Estos hijos de Jacob, que fueron nuestros antepasados, tuvieron envidia de su hermano José, y lo vendieron para que se lo llevaran a Egipto.[j] Pero Dios, que estaba con José,[k] **10** lo libró de todas sus aflicciones. Le dio sabiduría y lo hizo ganarse el favor del faraón, rey de Egipto,[l] el cual nombró a José gobernador de Egipto y del palacio real.[m]

11 "Hubo entonces hambre y mucha aflicción en todo Egipto y en Canaán, y nuestros antepasados[n] no tenían qué comer.[ñ] **12** Pero cuando Jacob supo que en Egipto había de comer, mandó allá a sus hijos, es decir, a nuestros antepasados. Este fue el primer viaje que hicieron.[o] **13** Cuando fueron por segunda vez, José se dio a conocer a sus hermanos,[p] y así el faraón supo de qué raza era José. **14** Más tarde, José ordenó que su padre Jacob y toda su familia, que eran setenta y cinco personas,[q] fueran llevados a Egipto.[r] **15** De ese modo Jacob se fue a vivir a Egipto; y allí murió,[s] y allí murieron también nuestros antepasados. **16** Los restos de Jacob fueron llevados a Siquem, y fueron enterrados en el sepulcro que Abraham había comprado por cierta cantidad de dinero a los hijos de Hamor, en Siquem.[t]

17 "Cuando ya se acercaba el tiempo en que había de cumplirse la promesa hecha por Dios a Abraham, el pueblo de Israel había crecido en Egipto y se había hecho numeroso; **18** y por entonces comenzó a gobernar en Egipto un rey que no había conocido a José.[u] **19** Este rey engañó a nuestro pueblo y maltrató a nuestros antepasados; los obligó a abandonar y dejar morir a sus hijos recién nacidos.[v] **20** En aquel tiempo nació Moisés. Fue un niño extraordinariamente hermoso, y sus padres lo criaron en su casa durante tres meses. **21** Cuando tuvieron que abandonarlo, la hija del faraón lo recogió y lo crió como si fuera su propio hijo.[w] **22** De esa manera Moisés fue instruido en la sabiduría de los egipcios, y fue un hombre poderoso en palabras y en hechos.[x]

23 "A la edad de cuarenta años, Moisés decidió visitar a los israelitas, que eran su propio pueblo.[y] **24** Pero al ver que un egipcio maltrataba a uno de ellos, Moisés salió en su defensa, y lo vengó matando al egipcio.[z] **25** Y es que Moisés pensaba que sus hermanos los israelitas se darían cuenta de que por medio de él Dios iba a libertarlos; pero ellos no se dieron cuenta. **26** Al día siguiente, Moisés encontró a dos israelitas que se estaban peleando y, queriendo ponerlos en paz, les dijo: 'Ustedes son hermanos; ¿por qué se maltratan el uno al otro?'[a] **27** Entonces el que maltrataba a su compañero empujó[b] a Moisés, y le dijo: '¿Quién te ha puesto a ti como jefe y juez entre nosotros? **28** ¿Acaso quieres matarme, como mataste ayer al egipcio?' **29** Al oír esto, Moisés huyó y se fue a la tierra de Madián. Allí vivió como extranjero, y tuvo dos hijos.[c]

30 "Cuarenta años después, en el desierto, cerca del monte Sinaí,[d] un ángel se le apareció en el fuego de una zarza que estaba ardiendo. **31** Moisés se asombró de aquella visión, y cuando se acercó para ver mejor, oyó la voz del Señor, que decía: **32** 'Yo soy el Dios de tus antepasados. Soy el Dios de Abraham, de Isaac y de Jacob.' Moisés

---

[a] **7.1-53** Esteban basa su discurso en la historia de Israel (cf. Sal 105 y 106). Afirma que el mismo Moisés, a quien los judíos tanto veneraban, había sido rechazado por ellos. Critica la valoración excesiva del templo y reprocha a las autoridades judías su actitud frente a Jesús.
[b] **7.4** *Esta tierra:* la de Canaán, o Palestina.
[c] **7.2-4** Gn 11.31—12.5.
[d] **7.5** Gn 12.7; 13.15; 15.18; 17.8.
[e] **7.6** *Cuatrocientos años:* según Gn 15.13, aunque Ex 12.40 habla de 430 años.
[f] **7.6-7** Gn 15.13-14.
[g] **7.7** Alusión a las palabras dichas a Moisés respecto al monte Sinaí (Ex 3.12); Esteban las aplica a *este lugar*, es decir, al templo, situado en el monte Sión.
[h] **7.8** *Circuncisión:* Cf. Gn 17.10-14, y véase *Índice temático.*
[i] **7.8** Gn 21.3-4.
[j] **7.9** Gn 37.11,28.
[k] **7.9** Gn 39.2-3,21.
[l] **7.10** *Faraón:* Cf. Gn 41.15-16,25-36.
[m] **7.10** Gn 41.37-41.
[n] **7.11** *Nuestros antepasados:* los hijos de Jacob (v. 8).
[ñ] **7.11** Gn 41.54-57.
[o] **7.12** Gn 42.1-3.
[p] **7.13** Gn 45.1-16.
[q] **7.14** *Setenta y cinco:* Así, según la versión griega (LXX) de Gn 46.27 y Ex 1.5; el texto hebreo de estos pasajes dice *setenta.*
[r] **7.14** Gn 45.9—47.12.
[s] **7.15** Gn 49.33.
[t] **7.15-16** Según el AT, *Jacob* fue sepultado en Hebrón, en la cueva de Macpela (Gn 49.29-32; 50.7-13), que había sido comprada por *Abraham* (Gn 23.1-20); el sepultado en *Siquem* fue José (Jos 24.32), en un campo comprado por Jacob (Gn 33.18-19).
[u] **7.17-18** Ex 1.7-9.
[v] **7.19** Ex 1.10-11,22.
[w] **7.20-21** Ex 2.1-10.
[x] **7.22** Cf. Lc 24.19.
[y] **7.23** Ex 2.11.
[z] **7.23-24** Ex 2.11-12.
[a] **7.26-28** Ex 2.13-14.
[b] **7.27** *Empujó:* detalle que no está en Ex.
[c] **7.29** Ex 2.15; 18.3-4.
[d] **7.30** *Sinaí: Horeb* (Ex 3.1) es otro nombre del mismo monte.

comenzó a temblar de miedo, y no se atrevía a mirar. ³³ Entonces el Señor le dijo: 'Descálzate, porque el lugar donde estás es sagrado. ³⁴ Claramente he visto cómo sufre mi pueblo, que está en Egipto. Los he oído quejarse y he bajado para librarlos. Por lo tanto, ven, que te voy a enviar a Egipto.' ᵉ
³⁵ "Aunque ellos habían rechazado a Moisés y le habían dicho: '¿Quién te nombró jefe y juez?', Dios lo envió como jefe y libertador,ᶠ por medio del ángel que se le apareció en la zarza. ³⁶ Y fue Moisés quien sacó de Egipto a nuestros antepasados, después de hacer milagros ᵍ en aquella tierra,ʰ en el Mar Rojo,ⁱ y en el desierto durante cuarenta años.ʲ ³⁷ Este mismo Moisés fue quien dijo a los israelitas: 'Dios hará que salga de entre ustedes un profeta como yo.'ᵏ ³⁸ Y cuando Israel estaba reunido en el desierto, fue también Moisés quien sirvió de intermediario entre el ángel que le hablaba en el monte Sinaí ˡ y nuestros antepasados; él fue quien recibió palabras de vida ᵐ para pasárnoslas a nosotros.

³⁹ "Pero nuestros antepasados no quisieron obedecerlo, sino que lo rechazaron ⁿ y quisieron volverse a Egipto. ñ ⁴⁰ Le dijeron a Aarón: 'Haznos dioses que nos guíen, porque no sabemos qué le ha pasado a este Moisés que nos sacó de Egipto.' ⁴¹ Entonces hicieron un ídolo que tenía forma de becerro, mataron animales para ofrecérselos y celebraron una fiesta en honor del ídolo que ellos mismos habían hecho. ⁴² Por esto, Dios se apartó de ellos ᵒ y los dejó adorar a las estrellas del cielo. ᵖ Pues así está escrito en el libro de los profetas: ᑫ

'Israelitas,
¿acaso en los cuarenta años del desierto
me ofrecieron ustedes sacrificios y ofrendas?
⁴³ Por el contrario,
cargaron con el santuario del dios Molocʳ
y con la estrella del dios Refán, ˢ
imágenes de dioses que ustedes mismos
se hicieron para adorarlas.
Por eso los lanzaré a ustedes al destierro
más allá de Babilonia.'

⁴⁴ "Nuestros antepasados tenían en el desierto la tienda de la alianza, ᵗ que fue hecha tal como Dios se lo ordenó a Moisés cuando le dijo que la hiciera según el modelo que había visto. ᵘ ⁴⁵ Nuestros antepasados recibieron esta tienda en herencia, y los que vinieron con Josué la trajeron consigo ᵛ cuando conquistaron la tierra de los otros pueblos, a los que Dios arrojó de delante de ellos. Allí estuvo hasta los días de David. ⁴⁶ Él encontró favor delante de Dios, y le pidió un lugar donde viviera la descendencia de Jacob;ʷ ⁴⁷ pero fue Salomón quien construyó el templo ˣ de Dios. ʸ ⁴⁸ Aunque el Dios altísimo no vive en templos hechos por la mano de los hombres. ᶻ Como dijo el profeta:
⁴⁹ 'El cielo es mi trono,
y la tierra es el estrado de mis pies.
¿Qué clase de casa me construirán?, dice el Señor;
¿cuál será mi lugar de descanso,
⁵⁰ si yo mismo hice todas estas cosas?' ᵃ
⁵¹ "Pero ustedes —siguió diciendo Esteban— siempre han sido tercos, ᵇ y tienen oídos y corazón paganos. ᶜ Siempre están en contra del Espíritu Santo. ᵈ Son iguales que sus antepasados. ⁵² ¿A cuál de los profetas no maltrataron los antepasados de ustedes? Ellos mataron a quienes habían hablado de la venida de aquel que es justo, ᵉ y ahora que este justo ya ha venido, ustedes lo traicionaron y lo mataron. ᶠ ⁵³ Ustedes, que recibieron la ley por medio de ángeles, ᵍ no la obedecen."

Muerte de Esteban ⁵⁴ Cuando oyeron estas cosas, se enfurecieron y rechinaron los dientes ʰ contra Esteban. ⁵⁵ Pero

---

ᵉ 7.30-34 Ex 3.1-10.
ᶠ 7.35 Se describe el rechazo de Moisés y su engrandecimiento como *libertador*, en términos semejantes a los usados en la predicación acerca de Jesús (cf. Hch 5.31).
ᵍ 7.36 Cf. Hch 2.22.
ʰ 7.36 Ex 7.3.
ⁱ 7.36 Ex 14.21.
ʲ 7.36 Nm 14.32-33.
ᵏ 7.37 Dt 18.15,18, pasaje referido a Cristo en la proclamación hecha poco antes por los apóstoles (Hch 3.22-23).
ˡ 7.38 Ex 19.1—20.17; Dt 5.1-21.
ᵐ 7.38 Lv 18.5; Dt 4.1; 8.1-3; 30.15-20; Ez 33.15; Ro 10.5; cf. Hch 5.20; Heb 4.12; 1 P 1.23.
ⁿ 7.39 *Rechazaron:* Cf. 7.27, y véase 7.35 n.
ñ 7.39 Nm 14.3-4; cf. Neh 9.17.
ᵒ 7.40-42 Esteban señala el episodio del *becerro* de oro (Ex 32.1-6) como la ocasión clave en que los israelitas rechazaron tanto a Moisés como a Dios, lo cual provocó que Dios, a su vez, los rechazara.
ᵖ 7.42 Cf. Jer 8.2; 19.13. El culto a las *estrellas* estaba prohibido al pueblo de Dios (Dt 4.19; 17.2-5).
ᑫ 7.42-43 *El libro de los profetas:* expresión que se refiere a la colección de los doce profetas llamados Menores. La cita es de Am 5.25-27 (gr.), solo que aquí dice *Babilonia* en lugar de Damasco, recordando el cautiverio babilónico de los judíos. El texto hebreo del pasaje de Amós presenta algunas dificultades; en él, los dioses mencionados son Babilonia o de Asiria.
ʳ 7.43 *Moloc:* dios de los amonitas, que vivían al oriente del río Jordán.
ˢ 7.43 *Refán:* dios egipcio correspondiente al planeta Saturno.
ᵗ 7.44 *Tienda de la alianza* (lit. *tienda del testimonio*): en irónico contraste con el *santuario del dios Moloc* en el v. 43. (cf. Ex 26). Esteban considera que la tienda desmontable y movible, hecha por Moisés *según el modelo* que Dios le había mostrado, era el santuario ideal. (Cf. Heb 8—9, donde la tienda, no el templo, se presenta como modelo del culto.)
ᵘ 7.44 Ex 25.9,40.
ᵛ 7.45 Jos 3.14-17.
ʷ 7.46 2 S 7.1-16; 1 Cr 17.1-14. *La descendencia de Jacob:* lit. *la casa de Jacob*. Algunos mss. dicen *el Dios de Jacob*.
ˣ 7.47 *Templo:* lit. *casa*, de carácter fijo, en contraste con la *tienda* de los vv. anteriores.
ʸ 7.47 1 R 6.1-38; 2 Cr 3.1-14.
ᶻ 7.48 Cf. lo dicho por Salomón, constructor del templo (1 R 8.27); cf. también Hch 17.24.
ᵃ 7.49-50 Is 66.1-2.
ᵇ 7.51 *Tercos:* lit. *duros de cerviz* (cf. Ex 32.9; 33.3,5; Dt 10.16; 31.27).
ᶜ 7.51 *Oídos y corazón paganos:* lit. *incircuncisos de corazón y de oídos*, expresión empleada en Lv 26.41; Jer 4.4; 6.10; 9.26 (25).
ᵈ 7.51 *Están en contra del Espíritu Santo:* Cf. Is 63.10.
ᵉ 7.52 *Aquel que es justo:* Véase Hch 3.13-14 n.; cf. Hch 2.23,36; 3.13-15.
ᶠ 7.52 Cf. Mt 23.29-37.
ᵍ 7.53 Gl 3.19; Heb 2.2. Según algunas tradiciones judías, apoyadas en parte por la versión griega (LXX) de Dt 33.2, Dios había dado la ley por mediación de *ángeles*.
ʰ 7.54 *Rechinaron los dientes:* gesto de odio y de cólera. Cf. Hch 5.33.

él, lleno del Espíritu Santo, *i* miró al cielo y vio la gloria de Dios, y a Jesús de pie a la derecha de Dios. **56** Entonces dijo:

—¡Miren! Veo los cielos abiertos, y al Hijo del hombre *j* a la derecha de Dios.

57 Pero ellos se taparon los oídos, y dando fuertes gritos se lanzaron todos contra él. **58** Lo sacaron de la ciudad y lo apedrearon; los que hacían de testigos contra él dejaron sus ropas *k* al cuidado de un joven llamado Saulo. *l,m* **59** Mientras lo apedreaban, Esteban oró, diciendo: "Señor Jesús, recibe mi espíritu." *n* **60** Luego se puso de rodillas y gritó con voz fuerte: "¡Señor, no les tomes en cuenta este pecado!" *ñ*

Habiendo dicho esto, murió.

8 **1** Y Saulo estaba allí, dando su aprobación a la muerte de Esteban.

Saulo persigue a la iglesia Aquel mismo día comenzó una gran persecución contra la iglesia de Jerusalén. Todos, menos los apóstoles, se dispersaron por las regiones de Judea y de Samaria. **2** Algunos hombres piadosos enterraron a Esteban y lloraron mucho por él. **3** Mientras tanto, Saulo perseguía a la iglesia, y entraba de casa en casa para sacar a rastras a hombres y mujeres y mandarlos a la cárcel. *a*

II. PREDICACIÓN EN SAMARIA Y JUDEA (8.4—9.43)

Anuncio del evangelio en Samaria *b* **4** Pero los que tuvieron que salir de Jerusalén anunciaban la buena noticia por dondequiera que iban. **5** Felipe, *c* uno de ellos, se dirigió a la principal ciudad de Samaria *d* y comenzó a hablarles de Cristo. *e* **6** La gente se reunía, y todos escuchaban con atención lo que decía Felipe, pues veían las señales milagrosas hechas por él. *f* **7** Muchas personas que tenían espíritus impuros eran sanadas, y los espíritus salían de ellas gritando; y también muchos paralíticos y tullidos eran sanados. *g* **8** Por esta causa hubo gran alegría en aquel pueblo.

9 Pero había allí un hombre llamado Simón, que antes había practicado la brujería y había engañado a la gente de Samaria haciéndose pasar por una persona importante. **10** Todos, desde el más pequeño hasta el más grande, lo escuchaban atentamente y decían: "Este es a quien llaman 'el gran poder de Dios'." *h*

11 Y le hacían caso, porque con su brujería los había engañado durante mucho tiempo. **12** Pero cuando creyeron en la buena noticia que Felipe les anunciaba acerca del reino de Dios y de Jesucristo, tanto hombres como mujeres se bautizaron. **13** Y el mismo Simón creyó y se bautizó, y comenzó a acompañar a Felipe, admirado de los grandes milagros y señales que veía.

14 Cuando los apóstoles que estaban en Jerusalén supieron que los de Samaria habían aceptado el mensaje de Dios, mandaron allá a Pedro y a Juan. **15** Al llegar, oraron por los creyentes de Samaria, para que recibieran el Espíritu Santo. **16** Porque todavía no había venido el Espíritu Santo sobre ninguno de ellos; solamente se habían bautizado en el nombre del Señor Jesús. **17** Entonces Pedro y Juan les impusieron las manos, y así recibieron el Espíritu Santo. *i*

18 Simón, al ver que el Espíritu Santo venía cuando los apóstoles imponían las manos a la gente, les ofreció dinero, **19** y les dijo:

—Denme también a mí ese poder, para que aquel a quien yo le imponga las manos reciba igualmente el Espíritu Santo.

20 Entonces Pedro le contestó:

—¡Que tu dinero se condene contigo, porque has pensado comprar con dinero lo que es un don de Dios! *j* **21** Tú no tienes ningún derecho a recibirlo, porque delante de Dios tu corazón no es recto. *k* **22** Abandona esta maldad tuya, y ruega a Dios, para ver si te perdona el haber pensado así. **23** Porque veo que estás lleno de amargura y que la maldad te tiene preso. *l*

24 Simón contestó:

—Oren ustedes al Señor por mí, para que no me pase nada de esto que me han dicho.

25 Después de dar testimonio y de comunicar la palabra del Señor, los apóstoles anunciaron la buena noticia en muchas de las aldeas de Samaria, y regresaron a Jerusalén.

Felipe y el funcionario etíope **26** Después de esto, un ángel del Señor le dijo a Felipe: "Levántate y vete al sur, por el camino de Jerusalén a Gaza." Este camino pasa por el desierto. *m* **27** Felipe se levantó y se fue; y en el camino se encontró con un hombre de Etiopía. *n* Era un alto

---

i **7.55** Hch 6.5.

j **7.56** *Hijo del hombre:* título que Jesús se aplica a sí mismo en los evangelios; véase *Índice temático*. Cf. Lc 22.69.

k **7.58** *Sus ropas:* las de los testigos (Hch 22.20), quienes, según Dt 17.7, tenían que lanzar las primeras piedras.

l **7.58** *Saulo:* nombre hebreo del apóstol Pablo (Hch 13.9).

m **7.57-58** Es difícil saber si esto fue una acción oficial de la Junta Suprema o un simple linchamiento; la mención de *los que hacían de testigos contra él* sugiere algún proceso jurídico.

n **7.59** Sal 31.5 (6); Lc 23.46.

ñ **7.60** Cf. Lc 23.34. Las últimas palabras de Esteban, aquí y en el v. 59, recuerdan las de Jesús en la cruz (véase Hch 6.8 n.).

a **8.3** Hch 22.4-5; 26.9-11; Gl 1.13.

b **8.4-25** De aquí hasta Hch 9.43, se trata de la difusión del evangelio desde Jerusalén hacia otras partes de Palestina (Samaria y Judea); véanse Hch 1.8 n. e *Introducción*.

c **8.5** *Felipe:* Véase Hch 6.5 nota *e*.

d **8.5** *Samaria:* la región situada entre Judea y Galilea.

e **8.5** *Cristo:* el Mesías (véase *Índice temático*). Sobre la esperanza mesiánica de los samaritanos, véase Jn 4.25 n.

f **8.6** Había hostilidad entre los judíos y los samaritanos, a quienes aquellos consideraban semipaganos (véase Jn 4.9 n. y *Samaria* en el *Índice temático*).

g **8.7** Cf. Mc 16.20; Hch 5.15-16.

h **8.9-10** *Simón* ha sido llamado "el mago" por su práctica de la magia o *la brujería* (cf. la aplicación del término a otro personaje en Hch 13.8).

i **8.17** Hch 19.6. Sobre la imposición de las manos, véase Hch 6.6 n.

j **8.18-20** De esta historia de Simón procede la palabra *simonía*, en la Edad Media, con la que se hace referencia al indebido comercio con puestos eclesiásticos y con las cosas sagradas.

k **8.21** Sal 78.37.

l **8.23** Cf. Dt 29.18 (17).

m **8.26** *Pasa por el desierto:* otra posible traducción: *es ahora un camino abandonado*.

n **8.27** *Etiopía:* región de África situada entre Egipto, al norte, y lo que ahora es Etiopía, al sur. Cf. Sal 68.31 (32); Sof 3.10.

funcionario,[n] tesorero de la reina de Etiopía,[o] el cual había ido a Jerusalén a adorar a Dios. [p] **28** Iba de regreso a su país, sentado en su carro y leyendo el libro del profeta Isaías.

29 El Espíritu le dijo a Felipe: "Ve y acércate a ese carro." **30** Cuando Felipe se acercó, oyó que el etíope leía el libro de Isaías; entonces le preguntó:

—¿Entiende usted lo que está leyendo?

31 El etíope le contestó:

—¿Cómo lo voy a entender, si no hay quien me lo explique?

Y le pidió a Felipe que subiera y se sentara junto a él. **32** La parte de la Escritura que estaba leyendo era esta:

"Fue llevado como una oveja al matadero;
como un cordero que se queda callado
delante de los que lo trasquilan,
así tampoco abrió él la boca.
33 Fue humillado, y no se le hizo justicia;
¿quién podrá hablar de su descendencia?
Porque su vida fue arrancada de la tierra." [q]

34 El funcionario etíope le preguntó a Felipe:

—Dime, por favor, ¿de quién dice esto el profeta: de sí mismo o de algún otro?

35 Entonces Felipe, tomando como punto de partida el lugar de la Escritura que el etíope leía, le anunció la buena noticia acerca de Jesús. **36** Más tarde, al pasar por un sitio donde había agua, el funcionario dijo:

—Aquí hay agua; ¿hay algún inconveniente [r] para que yo sea bautizado? [s]

38 Entonces mandó parar el carro; y los dos bajaron al agua, y Felipe lo bautizó. **39** Cuando subieron del agua, el Espíritu del Señor se llevó a Felipe, y el funcionario no lo volvió a ver; pero siguió su camino lleno de alegría. **40** Felipe se encontró en Azoto, y pasó de pueblo en pueblo anunciando la buena noticia, hasta llegar a Cesarea. [t]

9 *Conversión de Saulo* (Hch 22.6-16; 26.12-18) **1** Mientras tanto, Saulo no dejaba de amenazar de muerte a los creyentes en el Señor. Por eso, se presentó al sumo sacerdote,[a] **2** y le pidió cartas de autorización [b] para ir a las sinagogas de Damasco, a buscar a los que seguían el Nuevo Camino, [c] tanto hombres como mujeres, y llevarlos presos a Jerusalén. **3** Pero cuando ya se encontraba cerca de la ciudad de Damasco, una luz que venía del cielo brilló de repente a su alrededor. **4** Saulo cayó al suelo, y oyó una voz que le decía: "Saulo, Saulo, ¿por qué me persigues?" [d]

5 Saulo preguntó: "¿Quién eres, Señor?" La voz le contestó: "Yo soy Jesús, el mismo a quien estás persiguiendo. [e] **6** Levántate y entra en la ciudad; allí te dirán lo que debes hacer."

7 Los que viajaban con Saulo estaban muy asustados, porque habían oído la voz pero no habían visto a nadie. **8** Luego, Saulo se levantó del suelo; pero cuando abrió los ojos, no podía ver. Así que lo tomaron de la mano y lo llevaron a Damasco. **9** Allí estuvo tres días sin ver, y sin comer ni beber nada.

10 En Damasco vivía un creyente que se llamaba Ananías, a quien el Señor se le presentó en una visión y le dijo: "¡Ananías!" Él contestó: "Aquí estoy, Señor."

11 El Señor le dijo: "Levántate y vete a la calle llamada Derecha, [f] y en la casa de Judas pregunta por un hombre de Tarso [g] que se llama Saulo. Está orando, **12** y en una visión ha visto a uno llamado Ananías que entra y pone sus manos sobre él para que pueda ver de nuevo."

13 Al oír esto, Ananías dijo: "Señor, muchos me han hablado de ese hombre y de todos los males que ha causado en Jerusalén a tu pueblo santo. **14** Y ahora ha venido aquí, con autorización de los jefes de los sacerdotes, a llevarse presos a todos los que invocan tu nombre."

15 Pero el Señor le dijo: "Ve, porque he escogido a ese hombre para que hable de mí a la gente de otras naciones, [h] y a sus reyes, y también a los israelitas. **16** Yo le mostraré lo mucho que tiene que sufrir por mi causa." [i]

17 Ananías fue a la casa donde estaba Saulo. Al entrar, puso sus manos sobre él,[j] y le dijo:

—Hermano Saulo, el Señor Jesús, el que se te apareció en el camino por donde venías, me ha mandado para que recobres la vista y quedes lleno del Espíritu Santo.

18 Al momento cayeron de los ojos de Saulo una especie de escamas, y recobró la vista. Entonces se levantó y fue bautizado. **19** Después comió y recobró las fuerzas, y se quedó algunos días con los creyentes que vivían en Damasco.

---

[n] **8.27** *Un alto funcionario:* lit. *un eunuco, funcionario*. Era frecuente dar a los eunucos puestos de alta responsabilidad.

[o] **8.27** *De la reina de Etiopía:* lit. *de (la) candace, reina de Etiopía;* se daba el título de *candace* (gr. *kandake*) a las reinas de dicho país.

[p] **8.27** *A adorar a Dios:* Probablemente el etíope era un pagano simpatizante del judaísmo; véase Hch 10.2 n. Los eunucos, por ser personas físicamente mutiladas, habían sido excluidos de los privilegios de Israel (Dt 23.1 [2]; pero cf. Is 56.3-5).

[q] **8.32-33** Is 53.7-8 (gr.).

[r] **8.36** Posible alusión a Dt 23.1 (2). Pero cf. también Is 56.3-5; Sab 3.14.

[s] **8.36** Algunos mss. añaden el v. 37: *Felipe le dijo: —Si cree usted de todo corazón, puede. Y el hombre contestó: —Creo que Jesucristo es el Hijo de Dios.*

[t] **8.40** *Azoto:* pueblo situado al norte de Gaza, en la costa del Mediterráneo; llamado *Asdod* en el AT. Felipe siguió por las poblaciones costeñas hasta llegar a *Cesarea,* donde tenía su residencia, según se desprende de Hch 21.8.

[a] **9.1** *Saulo:* llamado Pablo a partir de Hch 13.9 (véase Hch 7.58 nota *l*).

[b] **9.2** *Cartas:* de la Junta Suprema, en Jerusalén. Cf. 1 Mac 15.15-24.

[c] **9.2** *El Nuevo Camino:* lit. *el Camino*, nombre dado al movimiento cristiano, con el significado de *manera de proceder y de vivir;* cf. el uso frecuente de *camino* en Sal y Pr; cf. también Hch 19.9,23; 22.4; 24.14,22 y Jn 14.6.

[d] **9.4** Cf. Mt 10.40; 25.40,45.

[e] **9.5** Algunos mss. latinos y otras dos versiones antiguas añaden aquí: *Te estás haciendo daño a ti mismo, como si dieras coces contra el aguijón.* **6** *Saulo entonces, temblando de miedo, dijo: "Señor, ¿qué quieres que yo haga?" Y el Señor le dijo.* Respecto a la imagen del aguijón, véase Hch 26.14 nota *h*.

[f] **9.11** *La calle llamada Derecha* era, y todavía es, una calle importante de Damasco.

[g] **9.11** *Tarso:* Véase Hch 11.25 nota *l*.

[h] **9.15** *Gente de otras naciones:* Hch 22.21; Ro 1.5; Gl 1.16. A Pablo se le conoce como el "apóstol de los gentiles", o sea *de la gente de otras naciones* (las no judías); cf. Ro 11.13.

[i] **9.16** 2 Co 11.23-28.

[j] **9.17** *Puso sus manos sobre él:* Véase Hch 6.6 n.

RESURRECCIONES EN EL NT

Resurrección	Referencias
Hechas por Jesús	
Hija de Jairo	Mt 9.18-26
Hijo de la viuda de Naín	Lc 7.11-17
Lázaro	Jn 11.1-44
Hechas por los apóstoles	
Pedro resucita a Dorcas	Hch 9.36-42
Pablo resucita a Eutico	Hch 20.7-12
Otras (al morir Jesús en la cruz)	Mt 27.52-53
Resurrección al final de los tiempos	Mc 12.23; Lc 14.14; Jn 5.29; 11.24; Hch 26.23; 1 Co 15.12,21,42; Ap 20.6

Véanse la tabla *La resurrección de Jesús* y *Resurrección* en el *Índice temático*.

Saulo predica en Damasco [20] Luego Saulo comenzó a proclamar en las sinagogas que Jesús es el Hijo de Dios. [21] Todos los que lo oían se quedaban asombrados, y decían:

—¿No es este el que andaba persiguiendo en Jerusalén a los que invocan el nombre de Jesús? ¿No es el mismo que también vino aquí para arrestarlos y entregarlos a los jefes de los sacerdotes?

[22] Pero Saulo hablaba cada vez con más valor, y dejaba confundidos a los judíos que vivían en Damasco, demostrándoles que Jesús es el Mesías. [k]

Saulo escapa de los judíos [23] Al cabo de muchos días, los judíos se pusieron de acuerdo para matar a Saulo, [24] pero él llegó a saberlo. Día y noche lo esperaban en las puertas de salida de la ciudad, para matarlo, [25] pero sus discípulos lo pusieron en un gran canasto y lo bajaron de noche por la muralla que rodeaba la ciudad. [l]

Saulo en Jerusalén [26] Cuando Saulo llegó a Jerusalén, [m] quiso reunirse con los creyentes; pero todos le tenían miedo, porque no creían que él también fuera creyente. [27] Sin embargo, Bernabé lo llevó y lo presentó a los apóstoles. Les contó que Saulo había visto al Señor en el camino, y que el Señor le había hablado, y que, en Damasco, Saulo había anunciado a Jesús con toda valentía. [28] Así Saulo se quedó en Jerusalén, y andaba con ellos. Hablaba del Señor con toda valentía, [29] conversando y discutiendo con los judíos que hablaban griego; [n] pero estos procuraban matarlo. [30] Cuando los hermanos [ñ] se dieron cuenta de ello, llevaron a Saulo a Cesarea, y de allí lo mandaron a Tarso.

[31] Entonces la iglesia, en todas las regiones de Judea, Galilea y Samaria, tenía paz y crecía espiritualmente. Vivía en el temor del Señor y, con la ayuda del Espíritu Santo, iba aumentando en número.

Pedro sana a Eneas [32] Pedro, que andaba visitando a los hermanos, fue también a ver a los del pueblo santo que vivían en Lida. [33] Allí encontró a un hombre llamado Eneas, que desde hacía ocho años estaba en cama, paralítico. [34] Pedro le dijo:

—Eneas, Jesucristo te sana. Levántate y arregla tu cama.

Eneas se levantó al momento. [35] Y todos los que vivían en Lida y en Sarón lo vieron levantarse, y se convirtieron al Señor.

Pedro resucita a Dorcas [36] Por aquel tiempo había en la ciudad de Jope una creyente llamada Tabitá, que en griego significa Dorcas. [o] Esta mujer pasaba su vida haciendo el bien y ayudando a los necesitados. [37] Por aquellos días, Dorcas enfermó y murió. Su cuerpo, después de haber sido lavado, fue puesto en un cuarto del piso alto. [38] Jope estaba cerca de Lida, donde Pedro se encontraba; y como los creyentes supieron que estaba allí, mandaron dos hombres a decirle: "Venga usted a Jope sin demora."

[39] Y Pedro se fue con ellos. Cuando llegó, lo llevaron al cuarto donde estaba el cuerpo; y todas las viudas, llorando, rodearon a Pedro y le mostraron los vestidos y túnicas que Dorcas había hecho cuando aún vivía. [40] Pedro los hizo salir a todos, [p] y se arrodilló y oró; luego, mirando a la muerta, dijo:

—¡Tabitá, levántate!

Ella abrió los ojos y, al ver a Pedro, se sentó. [41] Él la tomó de la mano y la levantó; luego llamó a los creyentes y a las viudas, y la presentó viva. [42] Esto se supo en toda la ciudad de Jope, y muchos creyeron en el Señor. [43] Pedro se quedó varios días en la ciudad, en casa de un curtidor que se llamaba Simón.

---

[k] **9.22** Saulo les demostraba esto por medio de las Escrituras de ellos mismos (cf. Hch 17.2-3; nótese también 18.28).
[l] **9.23-25** 2 Co 11.32-33.
[m] **9.26-30** Según Gl 1.17-19, Pablo no fue a Jerusalén sino después de tres años; al parecer, se dirigió primero a Arabia (o Nabatea; véase 2 Co 11.32-33 n.) y volvió después a Damasco, pero no es posible precisar el orden de los sucesos.
[n] **9.29** *Los judíos que hablaban griego:* lit. *los helenistas;* véase Hch 6.1 nota c.
[ñ] **9.30** *Hermanos:* Véase Hch 1.16 nota o.
[o] **9.36** El nombre arameo *Tabitá,* que en griego se traduce por *Dorcas,* significa *gacela.*
[p] **9.40** Cf. Mc 5.40-41.

III. PREDICACIÓN A LOS PAGANOS (10.1—28.31)

1. Sucesos preliminares (10.1—12.25)

10 *Pedro y Cornelio*[a] **1** Había en la ciudad de Cesarea un hombre que se llamaba Cornelio, capitán del batallón[b] llamado el Italiano.[c] **2** Era un hombre piadoso que, junto con toda su familia, adoraba a Dios.[d] También daba mucho dinero para ayudar a los judíos, y oraba siempre a Dios. **3** Un día, a eso de las tres de la tarde,[e] tuvo una visión: Vio claramente a un ángel de Dios que entraba donde él estaba y le decía: "¡Cornelio!" **4** Cornelio se quedó mirando al ángel, y con mucho miedo le preguntó: "¿Qué se te ofrece, señor?" El ángel le dijo: "Dios tiene presentes tus oraciones y lo que has hecho para ayudar a los necesitados. **5** Manda a alguien a la ciudad de Jope para que haga venir a un hombre llamado Simón, que también es conocido como Pedro. **6** Está alojado en casa de otro Simón, un curtidor que vive junto al mar."

7 Cuando se fue el ángel que le había hablado, Cornelio llamó a dos de sus sirvientes y a un soldado que era muy religioso y de su confianza, **8** y después de contárselo todo, los envió a Jope.

9 Al día siguiente, a eso del mediodía, mientras iban de camino cerca de Jope,[f] Pedro subió a orar a la azotea de la casa.[g] **10** Tenía hambre y quería comer, pero mientras le estaban preparando la comida, tuvo una visión: **11** vio que el cielo se abría y que descendía a la tierra algo parecido a una gran sábana, bajada por las cuatro puntas. **12** En la sábana había toda clase de cuadrúpedos, y también reptiles y aves. **13** Y oyó una voz, que le dijo: "Levántate, Pedro; mata y come."

14 Pedro contestó: "No, Señor; yo nunca he comido nada profano ni impuro."[h] **15** La voz le habló de nuevo, y le dijo: "Lo que Dios ha purificado, no lo llames tú profano."[i]

16 Esto sucedió tres veces, y luego la sábana volvió a subir al cielo. **17** Pedro estaba preocupado pensando qué querría decir aquella visión, cuando llegaron a la puerta los hombres de Cornelio, que habían averiguado dónde estaba la casa de Simón. **18** Al llegar, preguntaron en voz alta si allí se alojaba un tal Simón, a quien también llamaban Pedro.

19 Y mientras Pedro todavía estaba pensando en la visión, el Espíritu Santo le dijo: "Mira, tres hombres te buscan. **20** Levántate, baja y ve con ellos sin dudarlo, porque yo los he enviado."

21 Pedro bajó y dijo a los hombres:

—Yo soy el que ustedes buscan; ¿a qué han venido?

22 Ellos contestaron:

—Venimos de parte del capitán Cornelio, un hombre justo, que adora a Dios y a quien todos los judíos estiman y quieren. Un ángel de Dios le dijo que lo llamara a usted, para que usted vaya a su casa y él escuche lo que tenga que decirle.

23 Entonces Pedro los hizo entrar, y se quedaron con él aquella noche. Al día siguiente, Pedro se fue con ellos, y lo acompañaron algunos de los hermanos que vivían en Jope.

24 Y al otro día llegaron a Cesarea, donde Cornelio los estaba esperando junto con un grupo de sus parientes y amigos íntimos, a quienes había invitado. **25** Cuando Pedro llegó a la casa, Cornelio salió a recibirlo, y se puso de rodillas delante de él, para adorarlo.[k] **26** Pero Pedro lo levantó, diciéndole:

—Ponte de pie, pues yo también soy un hombre, como tú.

27 Mientras hablaba con él, entró y encontró a muchas personas reunidas. **28** Pedro les dijo:

—Ustedes saben que a un judío le prohíbe su religión tener tratos con extranjeros o entrar en sus casas.[l] Pero Dios me ha enseñado que no debo llamar profano o impuro a nadie. **29** Por eso, tan pronto como me avisaron, vine sin poner ninguna objeción. Quisiera saber, pues, por qué me han llamado.

30 Cornelio contestó:

—Hace cuatro días, como a esta misma hora, yo estaba aquí en mi casa haciendo la oración de las tres de la tarde,[m] cuando se me apareció un hombre vestido con ropa brillante. **31** Me dijo: 'Cornelio, Dios ha oído tu oración y se ha acordado de lo que has hecho para ayudar a los necesitados. **32** Manda a alguien a la ciudad de Jope para que haga venir a Simón, que también se llama Pedro. Está alojado en casa de otro Simón, un curtidor que vive junto al mar.' **33** Así que envié inmediatamente a buscarte, y tú has tenido la bondad de venir. Ahora estamos todos aquí delante de Dios, y queremos escuchar todo lo que el Señor te ha mandado decirnos.

Discurso de Pedro en casa de Cornelio[n]

34 Pedro entonces comenzó a hablar, y dijo:

—Ahora entiendo que de veras Dios no hace diferencia entre una persona y otra,[ñ] **35** sino que en cualquier nación

---

[a] 10.1-33 Los caps. 10 y 11 relatan la conversión de Cornelio, como comienzo de la predicación a los no judíos, que será el tema principal del resto del libro. Véase *Introducción*.

[b] 10.1 El *batallón* o cohorte en el ejército romano era de 400 a 600 soldados.

[c] 10.1 *El Italiano*: probablemente la llamada Cohorte Itálica II, que estuvo destacada en Siria por aquellos tiempos.

[d] 10.2 *Piadoso... adoraba a Dios*: uno de los llamados "prosélitos", personas no judías que simpatizaban con el judaísmo y a quienes les estaba permitido participar en el culto de la sinagoga.

[e] 10.3 *Las tres de la tarde*: lit. *la hora novena*; véase 10.30 n.

[f] 10.9 El viaje desde Cesarea les llevaría casi dos días.

[g] 10.9 Las casas tenían en *la azotea* un cuarto o un toldo, que se utilizaba como lugar de descanso.

[h] 10.14 La única carne permitida a un judío era la de los animales puros, según Lv 11; cualquier otra carne era *profana* y los hacía ritualmente *impuros*.

[i] 10.15 Cf. Mc 7.15,19.

[j] 10.23 Los *hermanos* eran cristianos judíos (v. 45), seis en número según Hch 11.12.

[k] 10.25 *Cornelio*, de origen no judío, intenta rendir culto a Pedro como a un enviado divino; Pedro se lo prohíbe (v. 26; cf. Hch 14.11-18).

[l] 10.28 Por motivos religiosos, los judíos procuraban tener el menor contacto posible con los no judíos; entrar en sus casas los hacía ritualmente impuros (cf. Jn 18.28). Véase Hch 11.3 n.

[m] 10.30 *Las tres de la tarde*: Véase 10.3 n.; era la hora señalada para la oración de la tarde (Hch 3.1).

[n] 10.34-43 Pedro presenta un resumen de la proclamación del evangelio hecha repetidamente por los apóstoles; véase Hch 2.14-42 n.

[ñ] 10.34 Cita de Dt 10.17; cf. Eclo 35.12; Sab 6.7; Ro 2.11; Gl 2.6; Ef 6.9; Col 3.25; cf. también Ro 10.12.

acepta a los que lo reverencian y hacen lo bueno. **36** Dios habló a los descendientes de Israel, anunciando el mensaje de paz*[o]* por medio de Jesucristo, que es el Señor de todos. **37** Ustedes bien saben lo que pasó en toda la tierra de los judíos, comenzando en Galilea, después que Juan proclamó que era necesario bautizarse. **38** Saben que Dios llenó de poder y del Espíritu Santo a Jesús de Nazaret, y que Jesús anduvo haciendo bien y sanando a todos los que sufrían bajo el poder del diablo. Esto pudo hacerlo porque Dios estaba con él, **39** y nosotros somos testigos de todo lo que hizo Jesús en la región de Judea y en Jerusalén. Después lo mataron, colgándolo en una cruz.*[p]* **40** Pero Dios lo resucitó al tercer día, e hizo que se nos apareciera a nosotros,*[r]* **41** No se apareció a todo el pueblo, sino a nosotros, a quienes Dios había escogido de antemano como testigos. Nosotros comimos y bebimos con él después que resucitó.*[q]* **42** Y él nos envió a anunciarle al pueblo que Dios lo ha puesto como Juez de los vivos y de los muertos.*[r]* **43** Todos los profetas habían hablado ya de Jesús, y habían dicho que quienes creen en él reciben por medio de él el perdón de los pecados.*[s]*

Los no judíos reciben el Espíritu Santo **44** Todavía estaba hablando Pedro, cuando el Espíritu Santo vino sobre todos los que escuchaban su mensaje. **45** Y los creyentes procedentes del judaísmo que habían llegado con Pedro, se quedaron admirados de que el Espíritu Santo fuera dado también a*[t]* los que no eran judíos, **46** pues los oían hablar en lenguas extrañas*[u]* y alabar a Dios.*[v]* **47** Entonces Pedro dijo:

—¿Acaso puede impedirse que sean bautizadas estas personas, que han recibido el Espíritu Santo igual que nosotros? **48** Y mandó que fueran bautizados en el nombre de Jesucristo. Después rogaron a Pedro que se quedara con ellos algunos días.

11 Informe de Pedro a la iglesia de Jerusalén
1 Los apóstoles y los hermanos que estaban en Judea recibieron noticias de que también los no judíos habían aceptado el mensaje de Dios. **2** Pero cuando Pedro volvió a Jerusalén, lo criticaron algunos de los creyentes procedentes del judaísmo.*[a]* **3** Le preguntaron:

—¿Por qué fuiste a visitar a los que no son judíos, y comiste con ellos?*[b]*

4 Pedro les contó desde el principio todo lo que había pasado. Les dijo:

5 —Yo estaba en la ciudad de Jope, y mientras oraba tuve una visión: Vi algo parecido a una gran sábana que, atada por las cuatro puntas, bajaba del cielo hasta donde yo estaba. **6** Me fijé bien para ver lo que había dentro, y vi cuadrúpedos y fieras, reptiles y aves. **7** Y oí una voz, que me dijo: 'Levántate, Pedro; mata y come.' **8** Yo contesté: 'No, Señor, porque nunca ha entrado en mi boca nada profano ni impuro.' **9** Entonces la voz del cielo me habló de nuevo, diciéndome: 'Lo que Dios ha purificado, no lo llames tú profano.' **10** Esto sucedió tres veces, y luego todo volvió a subir al cielo. **11** En aquel momento, tres hombres enviados desde Cesarea a buscarme llegaron a la casa donde estábamos. **12** El Espíritu me mandó que, sin dudarlo, fuera con ellos. Y también fueron conmigo estos seis hermanos.*[c]* Todos entramos en casa de cierto hombre, **13** que nos contó cómo en su casa había visto a un ángel, que puesto de pie le había dicho: 'Manda a alguien a la ciudad de Jope para que haga venir a Simón, que también es conocido como Pedro; **14** él te dirá cómo puedes salvarte, tú y toda tu familia.'*[d]* **15** Cuando comencé a hablarles, el Espíritu Santo vino sobre ellos de igual manera que al principio vino sobre nosotros.*[e]* **16** Entonces me acordé de lo que había dicho el Señor: 'Es cierto que Juan bautizó con agua, pero ustedes serán bautizados con el Espíritu Santo.'*[f]* **17** Pues bien, si Dios les da también a ellos lo mismo que nos ha dado a nosotros que hemos creído en el Señor Jesucristo, ¿quién soy yo para oponerme a Dios?

18 Cuando los hermanos de Jerusalén oyeron estas cosas, se callaron y alabaron a Dios, diciendo:

—¡De manera que también a los que no son judíos les ha dado Dios la oportunidad de volverse a él y alcanzar la vida eterna!

La iglesia de Antioquía **19** Después de la muerte de Esteban, comenzaron a perseguir a los creyentes, por lo que algunos tuvieron que huir a Fenicia, Chipre y Antioquía.*[g]* Allí anunciaron a los judíos el mensaje del evangelio, pero no a los demás. **20** Sin embargo, algunos creyentes de Chipre y de Cirene llegaron a la ciudad de Antioquía y hablaron también a los no judíos,*[h]* anunciándoles la buena

---

[o] **10.36** Is 52.7; Nah 1.15 (2.1).
[p] **10.39** *Una cruz:* lit. *un madero* o *un árbol;* véase Hch 5.30 n.
[q] **10.41** Lc 24.30-34,41-43; Jn 21.4-13.
[r] **10.42** 2 Ti 4.1; 1 P 4.5.
[s] **10.43** Is 33.24; 53.5-6; Jl 2.32 (3.5); cf. también Jn 1.12; 3.16-18,36.
[t] **10.45** *Dado también a:* lit. *derramado también sobre* (véase Hch 2.17 nota *k*).
[u] **10.46** Hch 2.4; 19.6.
[v] **10.46** Cf. Hch 2.2-4; aquí se repite, entre los no judíos, lo sucedido el día de Pentecostés.
[a] **11.2** *Los creyentes procedentes del judaísmo:* lit. *los de la circuncisión,* expresión usada con frecuencia en el NT para referirse a los judíos en general. Aquí, como en Gl 2.12, puede también referirse a los judíos cristianos que insistían en circuncidar a los creyentes no judíos.
[b] **11.3** Si entrar en casa de no judíos estaba prohibido a un judío (Hch 10.28 n.), peor aún era *comer con ellos,* puesto que aquellos

no observaban las reglas judías sobre la pureza ritual de los alimentos (Hch 10.14 n.).
[c] **11.12** *Sin dudarlo:* o *sin hacer discriminación* (se usa la misma palabra griega en Hch 15.9). *Estos seis hermanos:* Cf. Hch 10.23,45.
[d] **11.14** Cf. Hch 16.15,31; se consideraba que los siervos eran parte de la *familia.*
[e] **11.15** *Al principio:* en Pentecostés (Hch 2.2-4).
[f] **11.16** Hch 1.5.
[g] **11.19** *Antioquía:* capital de la provincia romana de Siria y tercera ciudad del imperio (no debe confundirse con Antioquía de Pisidia, de Hch 13.14-52). Al llegar a esta región, entraban en pleno territorio pagano (cf. Hch 1.8), aunque también había allí muchos *judíos.*
[h] **11.20-21** En *Antioquía* la predicación cristiana se extendió por primera vez a los *no judíos* de fuera de Palestina, y la iglesia de ese lugar llegó a ser una de las más importantes del NT.

noticia acerca de Jesús, el Señor. ²¹ El poder del Señor estaba con ellos, y así fueron muchos los que dejaron sus antiguas creencias y creyeron en el Señor.

²² Los de la iglesia de Jerusalén, al conocer esta noticia, mandaron a Bernabé a Antioquía. *i* ²³ Al llegar, Bernabé vio cómo Dios los había bendecido, y se alegró mucho. Les aconsejó *j* a todos que con corazón firme siguieran fieles al Señor. ²⁴ Porque Bernabé era un hombre bueno, lleno del Espíritu Santo y de fe. *k* Y así mucha gente se unió al Señor.

²⁵ Después de esto, Bernabé fue a Tarso *l* a buscar a Saulo, *m* ²⁶ y cuando lo encontró, lo llevó a Antioquía. Allí estuvieron con la iglesia un año entero, enseñando a mucha gente. Fue en Antioquía donde por primera vez se les dio a los discípulos el nombre de cristianos. *n*

²⁷ Por aquel tiempo, unos profetas *ñ* fueron de Jerusalén a Antioquía. ²⁸ Y uno de ellos, llamado Agabo, *o* puesto de pie y por inspiración del Espíritu, anunció que iba a haber una gran hambre en todo el mundo, lo cual sucedió, en efecto, en tiempos del emperador Claudio. *p* ²⁹ Entonces los creyentes de Antioquía decidieron enviar ayuda a los hermanos que vivían en Judea, según lo que cada uno pudiera dar. ³⁰ Así lo hicieron, y por medio de Bernabé y Saulo mandaron una ofrenda a los ancianos de Judea. *q*

12 Muerte de Santiago y encarcelamiento de Pedro

¹ Por aquel tiempo, el rey Herodes *a* comenzó a perseguir a algunos de la iglesia. ² Ordenó matar a filo de espada a Santiago, el hermano de Juan; *b* ³ y como vio que esto había agradado a los judíos, hizo arrestar también a Pedro. Esto sucedió en los días de la fiesta en que se come el pan sin levadura. *c* ⁴ Después de arrestarlo, Herodes metió a Pedro en la cárcel, donde estaba vigilado por cuatro grupos de soldados, de cuatro soldados por grupo. *d* Pensaba presentarlo ante el pueblo *e* después de la Pascua. ⁵ Así que Pedro estaba en la cárcel, bien vigilado, pero los de la iglesia seguían orando a Dios por él con mucho fervor.

Un ángel libra de la cárcel a Pedro *f* ⁶ La misma noche anterior al día en que Herodes lo iba a presentar ante el pueblo, Pedro estaba durmiendo entre dos soldados, sujeto con dos cadenas, mientras otros soldados estaban en la puerta vigilando la cárcel. ⁷ De pronto se presentó un ángel del Señor, y la cárcel se llenó de luz. El ángel tocó a Pedro en el costado, lo despertó, y le dijo: "¡Levántate en seguida!" Al instante, las cadenas cayeron de las manos de Pedro, ⁸ y el ángel le dijo: "Vístete y ponte las sandalias." Así lo hizo Pedro, y el ángel añadió: "Ponte tu capa y sígueme."

⁹ Pedro salió tras el ángel, sin saber si era realidad o no lo que el ángel hacía. Más bien le parecía que estaba viendo una visión. ¹⁰ Pero pasaron la primera guardia, luego la segunda, y cuando llegaron a la puerta de hierro que daba a la calle, la puerta se abrió por sí sola. Salieron, y después de haber caminado una calle, el ángel lo dejó solo.

¹¹ Pedro comprendió entonces, y dijo: "Ahora veo que verdaderamente el Señor ha enviado a su ángel para librarme de Herodes y de todo lo que los judíos querían hacerme."

¹² Al darse cuenta de esto, Pedro se fue a casa de María, la madre de Juan, llamado también Marcos, *g* donde muchas personas estaban reunidas en oración. ¹³ Llamó a la puerta de la calle, y una muchacha llamada Rode salió a ver quién era. ¹⁴ Al reconocer la voz de Pedro, fue tanta su alegría que, en vez de abrir, corrió adentro a avisar que Pedro estaba a la puerta. ¹⁵ Le dijeron:

—¡Estás loca!

Pero ella aseguraba que era cierto. Ellos decían:

—No es él; es su ángel. *h*

¹⁶ Mientras tanto, Pedro seguía llamando a la puerta. Y cuando abrieron y lo vieron, se asustaron. ¹⁷ Pero él, con la mano, les hizo señas de que se callaran, y les contó cómo el Señor lo había sacado de la cárcel. Y añadió:

—Cuenten esto a Santiago *i* y a los hermanos.

Luego salió y se fue a otro lugar.

---

i 11.22 *Bernabé* era de Chipre (Hch 4.36); según el v. 20, algunos creyentes originarios de esta isla habían llegado a Antioquía a predicar el evangelio.

j 11.23 *Aconsejó:* lit. *exhortó;* cf. Hch 4.36, donde Bernabé es llamado "Hijo de Consolación" (o de Exhortación).

k 11.24 Cf. Hch 6.5.

l 11.25 *Tarso:* ciudad natal de Saulo (Hch 21.39; 22.3); era capital de la provincia de Cilicia en Asia Menor.

m 11.25 Continúa la historia de *Saulo,* después de un lapso de casi diez años (véase Gl 1.10—2.21 n.).

n 11.26 *Cristianos:* término que en griego aparece solo aquí, en Hch 26.28 y en 1 P 4.16. Este término fue aplicado a los creyentes por los no judíos, que entendieron el título *Cristo* (el Ungido o Mesías) como nombre propio.

ñ 11.27 Sobre los *profetas* cristianos, véase 1 Co 14.1 n. Cf. también Hch 13.1; 15.32; 1 Co 12.28; Ef 2.20; 3.5; 4.11; Ap 22.9.

o 11.28 Hch 21.10.

p 11.28 *Claudio* (cf. Hch 18.2) fue emperador romano del 41 al 54 d.C. Durante este periodo hubo varias épocas de *hambre,* una de las cuales, alrededor del año 46 d.C., afectó seriamente a Judea.

q 11.30 *Ancianos:* En Hch se aplica por primera vez este término (en griego *presbyteroi*) a los que tenían puestos de autoridad en la iglesia. Algunos ven aquí la misma ocasión narrada por Pablo en Gl 2.1-10; véase también Hch 15.1-21 n.

a 12.1 *Herodes* Agripa I, nieto de Herodes el Grande (Mt 2.1 nota *b*) y padre de Herodes Agripa II (Hch 25.13 nota *a*), gobernó toda Palestina del 41 al 44 d.C. El emperador romano le había dado el título de *rey.*

b 12.2 *Santiago:* hijo de Zebedeo (Mt 4.21) y uno de los doce apóstoles; cf. la profecía de Jesús en Mc 10.39.

c 12.3-4 *La fiesta en que se come el pan sin levadura* dura siete días a partir de *la Pascua* (Ex 12.1-27).

d 12.4 Probablemente, un *grupo* por cada una de las cuatro vigilias o turnos de la noche.

e 12.4 Esto es, hacerle comparecer en un juicio público, supuestamente con el fin de sentenciarlo a muerte.

f 12.6-19 Cf. Hch 5.17-21.

g 12.12 *Marcos* es mencionado varias veces (Hch 12.25; 13.5-13; 15.37-39; Col 4.10; 2 Ti 4.11; Flm 24; 1 P 5.13) y, según la tradición, fue el autor del evangelio que lleva su nombre.

h 12.15 *Su ángel:* Según una creencia popular judía, cada persona tiene un ángel guardián que puede aparecerse tomando la forma de la persona misma; cf. Mt 18.10; Heb 1.14.

i 12.17 *Santiago:* no el apóstol, que ya había muerto (v. 2), sino el "hermano de Jesús" (Mt 13.55; Jn 7.3-5; Hch 1.14. De aquí en adelante, aparece como uno de los principales dirigentes de la iglesia de Jerusalén (Hch 15.13,19; Gl 1.19; 2.9).

18 Cuando amaneció, se produjo una gran confusión entre los soldados, porque no sabían qué había pasado con Pedro. **19** Herodes ordenó buscarlo, pero como no lo pudo encontrar, hizo responsables a los guardias y los mandó matar.[j] Después de esto, Herodes salió de Judea y se fue a vivir a Cesarea.[k]

La muerte de Herodes **20** Herodes estaba enojado con los habitantes de Tiro y de Sidón, los cuales se pusieron de acuerdo para presentarse ante él. Lograron ganarse la buena voluntad de Blasto, un alto funcionario del rey Herodes, y por medio de él le pidieron paz, porque Tiro y Sidón obtenían sus provisiones en el país del rey.[l] **21** Herodes los citó para un cierto día, en el que, vestido con ropa de ceremonia, ocupó su asiento en el tribunal y les dirigió un discurso. **22** La gente comenzó entonces a gritar: "¡Este que habla no es un hombre, sino un dios!" **23** En el mismo momento, un ángel del Señor hizo que Herodes cayera enfermo, por no haber dado honor a Dios, y murió comido de gusanos.

24 Entre tanto, el mensaje de Dios iba extendiéndose y era anunciado en todas partes.

25 Cuando Bernabé y Saulo terminaron su trabajo en Jerusalén,[m] volvieron llevándose con ellos a Juan, que también se llamaba Marcos.

2. Primer viaje misionero de Pablo (13.1—14.28)

13 **Bernabé y Saulo comienzan su trabajo misionero**[a] **1** En la iglesia que estaba en Antioquía[b] había profetas[c] y maestros. Eran Bernabé, Simón (al que también llamaban el Negro), Lucio de Cirene, Menahem (que se había criado junto con Herodes,[d] el que gobernó en Galilea) y Saulo. **2** Un día, mientras estaban celebrando el culto al Señor y ayunando, el Espíritu Santo dijo: "Sepárenme a Bernabé y a Saulo para el trabajo al cual los he llamado."

3 Entonces, después de orar y ayunar,[e] les impusieron las manos[f] y los despidieron.

Predicación en Chipre **4** Enviados por el Espíritu Santo, Bernabé y Saulo se dirigieron a Seleucia,[g] y allí se embarcaron para la isla de Chipre.[h] **5** Al llegar al puerto de Salamina, comenzaron a anunciar el mensaje de Dios en las sinagogas de los judíos. Juan[i] iba también con ellos, como ayudante.

6 Recorrieron toda la isla y llegaron a Pafos, donde encontraron a un brujo judío llamado Barjesús,[j] que era un falso profeta. **7** Este brujo estaba con el gobernador Sergio Paulo, que era un hombre inteligente. El gobernador mandó llamar a Bernabé y a Saulo, porque quería oír el mensaje de Dios. **8** Pero el brujo, cuyo nombre griego era Elimas, se les opuso, tratando de impedir que el gobernador creyera. **9** Entonces Saulo, también llamado Pablo,[k] lleno del Espíritu Santo, lo miró fijamente **10** y le dijo:

—¡Mentiroso, malvado, hijo del diablo[l] y enemigo de todo lo bueno! ¿Por qué no dejas de torcer los caminos rectos del Señor?[m] **11** Ahora el Señor te va a castigar: vas a quedarte ciego, y por algún tiempo no podrás ver la luz del sol.

Inmediatamente Elimas quedó en total oscuridad, y buscaba que alguien lo llevara de la mano porque estaba ciego. **12** Al ver esto, el gobernador creyó, admirado de la enseñanza acerca del Señor.

Predicación en Antioquía de Pisidia[n] **13** Pablo y sus compañeros se embarcaron en Pafos y viajaron a Perge, en la región de Panfilia; pero Juan los dejó y volvió a Jerusalén. **14** De Perge pasaron a Antioquía de Pisidia.[ñ] Allí, el sábado, entraron en la sinagoga y se sentaron. **15** Después de la lectura de la ley y de los profetas,[p] los jefes de la sinagoga los invitaron:

—Hermanos, si tienen algo que decir para dar ánimo a la gente, díganlo ahora.[q]

16 Entonces Pablo se levantó y, pidiéndoles con la mano que guardaran silencio, dijo:

—Escuchen ustedes, israelitas, y también ustedes, los extranjeros que tienen temor de Dios. **17** El Dios del pueblo

---

[j] **12.19** Según la ley romana, los guardias debían responder con su propia vida por la seguridad de los presos; cf. Hch 16.27; 27.42.

[k] **12.19** *Cesarea:* ciudad costera, capital administrativa del Imperio Romano en Judea.

[l] **12.20** *Tiro y Sidón,* ciudades situadas en la costa, tenían que alimentarse del trigo producido en Galilea, territorio gobernado por Herodes.

[m] **12.25** *Volvieron* a Antioquía (de donde habían salido, Hch 11.30).

[a] **13.1-3** De aquí en adelante Pablo (13.9 n.) ocupa el centro de la narración; el primero de sus tres viajes misioneros se relata en Hch 13.1—14.28.

[b] **13.1** *Antioquía:* Véase Hch 11.19 n.

[c] **13.1** *Profetas:* Hch 11.27 n.

[d] **13.1** *Herodes:* Herodes Antipas (Lc 3.1 nota d).

[e] **13.3** *Ayunar:* Véase Mt 6.16 n.

[f] **13.2-3** *Impusieron las manos:* Hch 6.6 n.

[g] **13.4** *Seleucia:* puerto que servía a la ciudad de Antioquía.

[h] **13.4** *Chipre:* isla del Mediterráneo, patria de Bernabé (Hch 4.36).

[i] **13.5** *Juan:* Juan Marcos (Hch 12.12,25; 13.13; 15.37-38), pariente de Bernabé (Col 4.10).

[j] **13.6** *Barjesús:* nombre que significa *hijo de Jesús* (o *de Josué*).

Nótese la semejanza entre el encuentro de Pablo con este *brujo* (vv. 6-11) y el de Pedro con el brujo de Hch 8.9-24.

[k] **13.9** *Saulo, también llamado Pablo:* Según la costumbre de su época, el apóstol tenía un nombre hebreo, *Saulo,* y otro romano, *Pablo.* De aquí en adelante, como la historia se desarrolla en un ambiente grecorromano, se le designa por su nombre romano.

[l] **13.10** *Hijo del diablo:* probablemente en un contraste hecho a propósito con el nombre *Barjesús* (13.6 n.). Véase Jn 8.44 nota w; cf. 1 Jn 3.10.

[m] **13.10** Cf. Os 14.9 (10).

[n] **13.13-52** Este primer discurso de Pablo (vv. 16-44), al igual que el de Esteban en Hch 7, comienza con un repaso de la historia israelita, pero pone énfasis en el rey David y luego en Jesús, su descendiente. Cf. la proclamación hecha por Pedro (Hch 2.14-42 n.).

[ñ] **13.13-14** Embarcados rumbo a la costa de Asia Menor (hoy Turquía), llegaron a *Perge,* en la provincia romana de *Panfilia,* y continuaron por tierra unos 170 km. hacia el norte, hasta *Antioquía de Pisidia* (lugar que no debe confundirse con Antioquía de Siria; véase Hch 11.19 n.).

[o] **13.14** Cf. Lc 4.16-28.

[p] **13.15** En la sinagoga se leía un pasaje de los libros de Moisés (*la ley,* o sea, el Pentateuco) y otro de algún libro de *los profetas.*

[q] **13.15** Véase Mt 4.23 nota v.

de Israel escogió a nuestros antepasados; hizo de ellos una nación grande cuando todavía estaban viviendo como extranjeros en Egipto, y después, con su poder, los sacó de aquella tierra. [r] **18** Dios soportó su conducta [s] en el desierto unos cuarenta años, [t] **19** y destruyó siete naciones [u] en el país de Canaán, para dar sus tierras a nuestros antepasados. [v] **20** Todo esto duró unos cuatrocientos cincuenta años. [w]

"Después les dio caudillos, hasta los días del profeta Samuel. [x] **21** Entonces ellos pidieron un rey [y] que los gobernara, y Dios, durante cuarenta años, les dio como rey a Saúl, hijo de Quis, que era de la tribu de Benjamín. [z] **22** Más tarde, Dios quitó de su puesto a Saúl, y les dio por rey a David, de quien dijo: 'He encontrado que David, hijo de Jesé, es un hombre que me agrada y que está dispuesto a hacer todo lo que yo quiero.' [a] **23** Uno de los descendientes de este mismo David fue Jesús, a quien Dios envió para salvar a Israel, como había prometido. [b] **24** Antes que Jesús viniera, Juan anunciaba el mensaje a todo el pueblo de Israel, diciéndoles que debían volverse a Dios y ser bautizados. [c] **25** Y cuando Juan se iba acercando al fin de su vida, dijo: 'Yo no soy lo que ustedes piensan; [d] pero después de mí viene uno a quien yo ni siquiera merezco desatarle las sandalias de los pies.' [e]

26 "Hermanos descendientes de Abraham, y ustedes, los extranjeros que tienen temor de Dios: éste mensaje de salvación es para nosotros. **27** Pues los que vivían en Jerusalén, y sus jefes, no reconocieron a Jesús ni entendieron las palabras de los profetas que se leen en la sinagoga cada sábado; así ellos mismos, cuando condenaron a Jesús, cumplieron esas profecías. **28** Y aunque no encontraron en él ningún motivo para darle muerte, pidieron a Pilato que mandara matarlo. [f] **29** Luego, cuando ya habían hecho todo lo que se decía de él en las Escrituras, lo bajaron de la cruz y lo enterraron. [g] **30** Pero Dios lo resucitó. **31** Y, durante muchos días, Jesús se apareció a los que lo habían acompañado en su viaje de Galilea a Jerusalén; [h] y ahora ellos son testigos de Jesús ante el pueblo.

32 "Así que nosotros les estamos anunciando a ustedes esta buena noticia: La promesa que Dios hizo a nuestros antepasados, **33** nos la ha cumplido a nosotros, que somos los descendientes. [i] Esto lo ha hecho al resucitar a Jesús, como está escrito en el salmo segundo: 'Tú eres mi Hijo; yo te he engendrado hoy.' [j] **34** Dios ya había anunciado que lo resucitaría para que su cuerpo no se descompusiera, al decir en las Escrituras: 'Cumpliré las santas y verdaderas promesas que hice a David.' [k] **35** Por eso dice también en otro lugar: 'No permitirás que se descomponga el cuerpo de tu santo siervo.' [l] **36** Ahora bien, lo cierto es que David sirvió a los de su tiempo, según Dios se lo había ordenado, y que después murió y se reunió con sus padres, y que su cuerpo se descompuso. **37** Pero el cuerpo de aquel que Dios resucitó, no se descompuso. **38-39** Así pues, hermanos, ustedes deben saber que el perdón de los pecados se les anuncia por medio de Jesús. Por medio de él, todos los que creen quedan perdonados [m] de todo aquello para lo que no pudieron alcanzar perdón bajo la ley de Moisés. [n] **40** Tengan, pues, cuidado, para que no caiga sobre ustedes lo que escribieron los profetas:

41 'Miren, ustedes que desprecian,
   asómbrense y desaparezcan;
porque en sus días haré cosas tales
   que ustedes no las creerían,
   si alguien se las contara.' " [ñ]

42 Cuando Pablo y sus compañeros salieron de la sinagoga, les pidieron [o] que al siguiente sábado [p] les hablaran también de estas cosas. **43** Una vez terminada la reunión en la sinagoga, muchos de los judíos y de los que se habían convertido al judaísmo siguieron a Pablo y Bernabé. Y ellos les aconsejaron que permanecieran firmes en el llamamiento que habían recibido por amor de Dios.

44 El sábado de la semana siguiente, casi toda la ciudad se reunió para oír el mensaje del Señor. **45** Pero cuando los judíos vieron tanta gente, se llenaron de celos y comenzaron a contradecir a Pablo y a insultarlo. **46** Entonces Pablo y Bernabé, hablando con valentía, les contestaron:

—Teníamos la obligación de anunciar el mensaje de Dios en primer lugar a ustedes, que son judíos; pero ya que ustedes lo rechazan y no se consideran dignos de la

---

[r] **13.17** Ex 1.7; 12.51.
[s] **13.18** *Soportó su conducta:* Algunos mss. dicen *cuidó de ellos.*
[t] **13.18** Nm 14.34; Dt 1.31.
[u] **13.19** *Siete naciones:* enumeradas en Dt 7.1.
[v] **13.19** Jos 14.1.
[w] **13.20** *Unos 450 años:* número redondo que parece incluir los 400 años de permanencia en Egipto (Gn 15.13) más los 40 años de peregrinaje por el desierto (Dt 2.7). Pero existían otras cronologías diferentes (cf. Gl 3.17). Según algunos mss., se trata de 450 años desde los caudillos o jueces *hasta los días del profeta Samuel.*
[x] **13.20** Jue 2.16; 1 S 3.20.
[y] **13.21** 1 S 8.4-5,19.
[z] **13.21** 1 S 10.20-21,24. La duración del reinado de *Saúl* no se precisa en el AT; *cuarenta años* puede ser un número redondo o simbólico (véase Mt 4.2 n.).
[a] **13.22** 1 S 13.13-14; 16.12; Sal 89.20 (21).
[b] **13.23** 2 S 7.12-16; 22.51; Sal 132.11-13,17; cf. Hch 2.30.
[c] **13.24** Mc 1.4; Lc 3.3; Hch 19.4.
[d] **13.25** Jn 1.20.

[e] **13.25** Mt 3.11; Mc 1.7; Lc 3.16; Jn 1.26-27.
[f] **13.28** Mt 27.22-23; Mc 15.13-14; Lc 23.20-23; Jn 19.15.
[g] **13.29** Mt 27.57-61; Mc 15.42-47; Lc 23.50-56; Jn 19.38-42.
[h] **13.31** Hch 1.3.
[i] **13.33** *A nosotros, que somos los descendientes:* Algunos mss. dicen *a nuestros descendientes;* otros, *a los descendientes de ellos.*
[j] **13.33** Sal 2.7, citado aquí para indicar que, *al resucitar a Jesús,* Dios lo autenticó como su *Hijo;* véase Heb 1.5 nota *i,* y cf. Ro 1.3-4.
[k] **13.34** Is 55.3.
[l] **13.35** Sal 16.10. *Tu santo siervo:* También puede traducirse por *tu siervo fiel;* cf. Hch 2.27.
[m] **13.38-39** *Perdonados:* lit. *justificados;* término que significa *hechos justos,* y que se usa aquí en paralelismo con *el perdón de los pecados.* Pablo lo utiliza, sobre todo en Ro y Gl, para referirse a la acción redentora de Dios en favor del que cree en Jesucristo. Véase Ro 1.17 nota *n.*
[n] **13.38-39** Hch 10.43; Ro 4.24-25; 10.4; Heb 9.9.
[ñ] **13.41** Hab 1.5 (gr.).
[o] **13.42** Otros mss. dicen simplemente *Cuando ellos salieron, les pidieron.*
[p] **13.42** Esto es, el próximo día de culto en la sinagoga (v. 44).

Primer viaje de Pablo

Mar Mediterráneo

vida eterna, nos iremos a los que no son judíos. ^q ⁴⁷ Porque así nos mandó el Señor, diciendo:

'Te he puesto como luz de las naciones,
para que lleves mi salvación
hasta las partes más lejanas de la tierra.' ^r

⁴⁸ Al oir esto, los que no eran judíos se alegraron y comenzaron a decir que el mensaje del Señor era bueno; y creyeron todos los que estaban destinados a tener vida eterna. ^s ⁴⁹ Así se predicó el mensaje del Señor por toda aquella región. ⁵⁰ Pero los judíos hablaron con algunas mujeres piadosas y honorables, y con los hombres importantes de la ciudad, y los incitaron a comenzar una persecución contra Pablo y Bernabé, para echarlos de la región. ⁵¹ Entonces estos sacudieron el polvo de sus pies en señal de protesta contra aquella gente, ^t y se fueron a Iconio. ⁵² Pero los creyentes estaban llenos de alegría y del Espíritu Santo.

14 *Predicación en Iconio* ¹ En Iconio, Pablo y Bernabé entraron juntos ^a en la sinagoga de los judíos, y hablaron de tal modo que muchos creyeron, tanto judíos como no judíos. ² Pero los judíos que no creían suscitaron la mala voluntad de los no judíos contra los hermanos. ³ Sin embargo, los apóstoles se quedaron allí mucho tiempo, y confiados en el Señor hablaron con toda franqueza; y el Señor confirmaba lo que ellos decían del amor de Dios, dándoles poder para hacer señales y milagros. ⁴ Pero la gente de la ciudad estaba dividida, unos a favor de los judíos y otros a favor de los apóstoles. ⁵ Entonces, tanto los judíos como los no judíos se pusieron de acuerdo con las autoridades para maltratarlos y apedrearlos. ⁶ Pero Pablo y Bernabé, al saberlo, se escaparon a Listra y Derbe, pueblos de Licaonia, y a la región de alrededor, ^b ⁷ donde también anunciaron la buena noticia.

Apedrean a Pablo en Listra ⁸ En Listra había un hombre que no podía andar. Nunca había andado, porque era cojo de nacimiento. Este hombre estaba sentado, ⁹ oyendo lo que Pablo decía, y Pablo se fijó en él y vio que tenía suficiente fe para ser sanado. ¹⁰ Entonces le dijo con voz fuerte:

—¡Levántate y ponte derecho sobre tus pies!

El hombre se puso en pie de un salto, y comenzó a andar. ¹¹ Al ver lo que Pablo había hecho, la gente empezó a gritar en la lengua de Licaonia: ^c

—¡Dioses en forma de hombre han bajado a nosotros!

¹² Y tomaron a Bernabé por el dios Zeus, y a Pablo por el dios Hermes, porque era el que hablaba. ^d ¹³ El sacerdote de Zeus, que tenía su templo a la entrada del pueblo, trajo toros y adornos florales; y él y la gente querían ofrecerles un sacrificio. ^e ¹⁴ Pero cuando Bernabé y Pablo se dieron cuenta, ^f se rasgaron la ropa ^g y se metieron entre la gente, gritando:

¹⁵—Pero señores, ¿por qué hacen esto? Nosotros somos hombres, como ustedes. ^h Precisamente hemos venido

---

^q **13.45-46** Hch 18.6; 28.28.
^r **13.47** Cf. Is 42.6; 49.6; pasajes que en Lc 2.32 se aplican a Jesús, y aquí a sus mensajeros.
^s **13.48** *Los que estaban destinados:* Cf. Ro 8.29-30 y también Dn 12.1; Lc 10.20; Flp 4.3; Ap 13.8; 21.27.
^t **13.51** *Sacudieron el polvo de sus pies:* Cf. Mt 10.14; Mc 6.11; Lc 9.5; 10.11; además que atribuye al los opositores el carácter de paganos e indica que los mensajeros han cumplido ya su responsabilidad para con ellos.
^a **14.1** *Juntos:* o *como de costumbre.*
^b **14.6** *Listra y Derbe:* Véase 14.11 n.

^c **14.11** Los habitantes entendían griego, pero entre ellos hablaban su propia lengua.
^d **14.12** *Zeus* y *Hermes* eran dioses de los griegos, llamados por los romanos *Júpiter* y *Mercurio,* respectivamente. Zeus era considerado el dios supremo, y Hermes, el mensajero o portavoz de los dioses.
^e **14.13** Los *toros* llevaban *adornos florales* por ser animales destinados al *sacrificio.*
^f **14.14** *Cuando... se dieron cuenta:* Evidentemente por no entender el idioma (v. 11), los apóstoles no reaccionaron de inmediato.
^g **14.14** *Se rasgaron la ropa:* expresión simbólica de horror ante un acto sacrílego; cf. Mc 14.63.
^h **14.15** Cf. Hch 10.25-26.

para anunciarles la buena noticia, para que dejen ya estas cosas que no sirven para nada, y que se vuelvan al Dios viviente, que hizo el cielo, la tierra, el mar y todo lo que hay en ellos. **16** Aunque en otros tiempos Dios permitió que cada cual siguiera su propio camino, *i* **17** nunca dejó de mostrar, por medio del bien que hacía, quién era él; pues él es quien les manda a ustedes la lluvia y las buenas cosechas, y quien les da lo suficiente para que coman y estén contentos. *j*

18 Pero aunque les dijeron todo esto, les fue difícil impedir que la gente les ofreciera el sacrificio.

19 En esto llegaron unos judíos de Antioquía *k* y de Iconio, que hicieron cambiar de parecer a la gente; entonces apedrearon a Pablo y, creyendo que lo habían matado, lo arrastraron fuera del pueblo. *l* **20** Pero cuando los creyentes se juntaron alrededor de Pablo, él se levantó y entró otra vez en el pueblo; y al día siguiente salió con Bernabé para Derbe.

21 Después de anunciar la buena noticia en Derbe, donde ganaron muchos creyentes, volvieron a Listra, a Iconio y a Antioquía. **22** En estos lugares animaron a los creyentes, y recomendándoles que siguieran firmes en la fe, les dijeron que para entrar en el reino de Dios hay que sufrir muchas aflicciones. **23** También nombraron ancianos *m* en cada iglesia, y después de orar y ayunar los encomendaron al Señor, en quien habían creído.

Pablo y Bernabé vuelven a Antioquía de Siria

24 Pasando por la región de Pisidia, llegaron a la de Panfilia. **25** Anunciaron el mensaje en Perge, y luego fueron a Atalía; **26** allí se embarcaron para Antioquía, la ciudad donde los habían encomendado al amor de Dios para el trabajo que ahora habían terminado. *n* **27** Cuando llegaron a Antioquía, reunieron a los de la iglesia y les contaron todas las cosas que Dios había hecho con ellos, y cómo el Señor había abierto la puerta a los no judíos, para que también ellos pudieran creer. **28** Y Pablo y Bernabé se quedaron allí mucho tiempo con los creyentes.

3. La reunión en Jerusalén (15.1-35)

15

Decisión de los apóstoles y los ancianos *a* **1** Por aquel tiempo, algunos que habían ido de Judea a Antioquía comenzaron a enseñar a los hermanos que no podían salvarse si no se sometían al rito de la circuncisión, conforme a la práctica establecida por Moisés. *b* **2** Pablo y Bernabé tuvieron una fuerte discusión con ellos, y por fin Pablo, Bernabé y algunos otros fueron nombrados para ir a Jerusalén a tratar este asunto con los apóstoles y ancianos de la iglesia de aquella ciudad.

3 Enviados, pues, por los de la iglesia de Antioquía, al pasar por las regiones de Fenicia y Samaria contaron cómo los no judíos habían dejado sus antiguas creencias para seguir a Dios. Y todos los hermanos se alegraron mucho con estas noticias.

4 Cuando Pablo y Bernabé llegaron a Jerusalén, fueron recibidos por la iglesia y por los apóstoles y ancianos, y contaron todo lo que Dios había hecho con ellos. **5** Pero algunos fariseos que habían creído, *c* se levantaron y dijeron:

—Es necesario circuncidar a los creyentes que no son judíos, y mandarles que cumplan la ley de Moisés.

6 Se reunieron entonces los apóstoles y los ancianos *d* para estudiar este asunto. **7** Después de mucho discutir, Pedro se levantó y les dijo:

—Hermanos, ustedes saben que hace tiempo Dios me escogió de entre ustedes para anunciar la buena noticia a los no judíos, para que ellos crean. *e* **8** Y Dios, que conoce los corazones, mostró que los aceptaba, pues les dio el Espíritu Santo a ellos lo mismo que a nosotros. *f* **9** Dios no ha hecho ninguna diferencia entre ellos y nosotros, pues también ha purificado sus corazones por medio de la fe. **10** Ahora pues, ¿por qué desafían ustedes a Dios imponiendo sobre estos creyentes una carga *g* que ni nosotros ni nuestros antepasados hemos podido llevar? *h* **11** Al contrario, nosotros creemos que somos salvados gratuitamente por la bondad del Señor Jesús, lo mismo que ellos.

12 Todos se callaron y escucharon mientras Bernabé y Pablo hablaban de las señales y milagros que Dios había hecho por medio de ellos entre los no judíos. **13** Cuando terminaron de hablar, Santiago *i* dijo:

—Hermanos, óiganme: **14** Simón *j* nos ha contado cómo Dios favoreció por primera vez a los no judíos, escogiendo también de entre ellos un pueblo para sí mismo. **15** Esto está de acuerdo con lo que escribieron los profetas, como dice en la Escritura:

16 'Después de esto volveré
y reconstruiré la caída choza de David; *k*

---

i **14.16** Hch 17.30; Ro 3.25-26.

j **14.15-17** Primer discurso dirigido a un auditorio netamente pagano; cf. Hch 17.22-31, y Ro 1.19-20. *Cosas que no sirven para nada:* lit. *vanidades*, expresión judía para referirse a los ídolos.

k **14.19,21** *Antioquía:* de Pisidia (Hch 13.13-14 n.).

l **14.19** Cf. 2 Co 11.24-25; 2 Ti 3.11.

m **14.23** *Ancianos:* Hch 11.30 n.

n **14.26** *Antioquía:* de Siria (Hch 11.19 n.); cf. Hch 13.1-3.

a **15.1-21** Los vv. 1-29 relatan la consulta celebrada para aclarar la participación de los creyentes no judíos en la iglesia cristiana. Puede ser la misma ocasión narrada en Gl 2.1-10, aunque los intentos de armonizar los detalles no han dado resultados definitivos. Véase Gl 2.1 nota *a*.

b **15.1** Estas personas consideraban que, puesto que el cristianismo era el cumplimiento de las promesas hechas a Israel, los no judíos tenían que hacerse judíos para *salvarse;* para ello, debían *circuncidarse* (cf. Gn 17.12; Lv 12.3) y *cumplir la ley de Moisés* (v. 5).

c **15.5** *Fariseos que habían creído:* Estos, al igual que Pablo (Hch 23.6; Flp 3.5), aún se consideraban *fariseos* (véase *Índice temático*), y veían en Jesús el cumplimiento de sus esperanzas mesiánicas, conforme a la fe judaica.

d **15.6** *Ancianos:* dirigentes de la iglesia de Jerusalén; aunque, al parecer, también había otros presentes (vv. 12,22).

e **15.7** Hch 10.1-43.

f **15.8** Hch 10.44-47; cf. Hch 2.4.

g **15.10** *Carga:* lit. *yugo*, símbolo de sumisión, usado por algunos rabinos en relación con la ley mosaica. Nótese el contraste con el "yugo" de Jesús en Mt 11.28-30. Cf. Ro 3.20-24; Gl 2.16; Ef 2.8-9.

h **15.10** Mt 23.4; Lc 11.46; Gl 5.1-3.

i **15.13** *Santiago:* Hch 12.17 n.

j **15.14** *Simón:* esto es, *Pedro* (v. 7). El texto griego dice aquí *Simeón*, que es la forma hebrea del mismo nombre.

k **15.16** *Reconstruiré... de David:* en el sentido de restaurar el reinado de la casa o dinastía de este.

ASPECTOS SOBRESALIENTES EN LA VIDA DEL APÓSTOL PABLO

Acontecimiento — personalidad	Referencias
Nace en Tarso, de padres judíos; de la tribu de Benjamín. Se cría en Jerusalén, y estudia bajo la dirección de Gamaliel.	Hch 22.3; Flp 3.5
Es ciudadano romano.	Hch 16.37; 22.25-28
Es fariseo, cumplidor de la ley.	Hch 23.6; 26.5; Flp 3.5
Aprendió el oficio de hacer tiendas.	Hch 18.3*; 20.34; 1 Co 4.12; 1 Ts 2.9
Persigue a la iglesia; da su aprobación a la muerte de Esteban, cuyas ropas guarda.	Hch 7.58; 8.1; 9.1-2; Gl 1.13-14; 1 Ti 1.13
Se encuentra con Jesús resucitado.	Hch 9.1-19; Gl 1.15-16
Va a Arabia, Damasco y Jerusalén; a Siria y a Cilicia.	Gl 1.17-21
Se establece en Antioquía, donde predica y enseña.	Hch 11.25-26
Viaja a Jerusalén y regresa a Antioquía.	Hch 11.30; 12.25
Inicia su actividad misionera.	Hch 13.1-3
Primer viaje misionero.	Hch 13.1--14.28
Reunión en Jerusalén.	Hch 15.1-35
Segundo viaje misionero.	Hch 15.36—18.22
Tercer viaje misionero.	Hch 18-23--20.38
Lo toman prisionero en Jerusalén.	Hch 21.26-36
Da su testimonio ante el pueblo.	Hch 21.40--22.21
Queda en manos del comandante del cuartel.	Hch 22.22-29
Comparece ante la Junta Suprema.	Hch 22.30--23.10
Un sobrino le salva la vida.	Hch 23.12-22
Lo envían al gobernador Félix, ante quien hace su defensa, en Cesarea.	Hch 23.23--24.27
Se defiende ante Festo, el nuevo gobernador. Pide que lo juzgue el emperador.	Hch 24.27--25.12
Se defiende ante el rey Agripa.	Hch 26.1-32
Viaje a Roma y encarcelamiento allí.	Hch 27.1--28.31
Otros Datos:	
Enferma en Galacia.	Gl 4.13-14*
Al parecer, no tenía esposa.	1 Co 7.7*
Sufre por el evangelio.	2 Co 11.23-33
Recuerda a sus amigos, a veces con ternura.	Ro 16.1-24; Flp 4.10-22; Col 4.7-17; 2 Ti 4.19-21
Se considera el menor de los apóstoles y aun de los que pertenecen al pueblo santo.	1 Co 15.8-9; Ef 3.8-9
Pensador profundo y gran escritor	Sus cartas

Véanse también la *Tabla cronológica II* y Pablo en el *Índice temático*.

reconstruiré sus ruinas
y la volveré a levantar,
17 para que los demás busquen al Señor
junto con todas las naciones
que han sido consagradas a mi nombre.

18 El Señor, que dio a conocer estas cosas
desde tiempos antiguos,
ha dado su palabra.'/

19 "Considero, por lo tanto, que no se les debe imponer cargas innecesarias a aquellos que, no siendo judíos, dejan

---

/ 15.16-18 Am 9.11-12 (gr.). En el v. 18, la cita de Amós se combina con una alusión a Is 45.21.

sus antiguas creencias para seguir a Dios. **20** Basta con escribirles que se aparten de todo lo que haya sido contaminado por los ídolos, que eviten los matrimonios prohibidos y que no coman carne de animales estrangulados o ahogados, ni tampoco sangre.[m] **21** Porque desde los tiempos antiguos hay en cada pueblo quienes predican la ley de Moisés, la cual se lee en las sinagogas cada sábado."

La carta a los no judíos **22** Los apóstoles y los ancianos, con toda la iglesia,[n] decidieron escoger algunos de entre ellos y enviarlos a Antioquía junto con Pablo y Bernabé. Nombraron a Judas, que también se llamaba Barsabás,[ñ] y a Silas,[o] hombres de importancia entre los hermanos, **23** y con ellos mandaron la siguiente carta:

> "Nosotros los apóstoles y los ancianos hermanos de ustedes saludamos a nuestros hermanos que no son judíos y que viven en Antioquía, Siria y Cilicia.[p] **24** Hemos sabido que algunas personas han ido de aquí sin nuestra autorización, y que los han molestado a ustedes con sus palabras, y los han confundido. **25** Por eso, de común acuerdo, nos ha parecido bien nombrar a algunos de entre nosotros para que vayan a verlos a ustedes junto con nuestros muy queridos hermanos Bernabé y Pablo, **26** quienes han puesto sus vidas en peligro por la causa[q] de nuestro Señor Jesucristo. **27** Así que les enviamos a Judas y a Silas: ellos hablarán personalmente con ustedes para explicarles todo esto. **28** Pues ha parecido bien al Espíritu Santo y a nosotros no imponer sobre ustedes ninguna carga aparte de estas cosas necesarias: **29** que no coman carne de animales ofrecidos en sacrificio a los ídolos, que no coman sangre ni carne de animales estrangulados y que eviten los matrimonios prohibidos.[r] Si se guardan de estas cosas, actuarán correctamente. Saludos."

30 Así que ellos, después de despedirse, se dirigieron a Antioquía, y reuniendo a la congregación le entregaron la carta. **31** Cuando los hermanos la leyeron, se alegraron mucho por el consuelo que les daba.[s] **32** Y como Judas y Silas también eran profetas,[t] consolaron[u] y animaron mucho con sus palabras a los hermanos. **33** Al cabo de algún tiempo, los hermanos los despidieron con saludos de paz, para que regresaran[v] a quienes los habían enviado.[w] **35** Pero Pablo y Bernabé se quedaron en Antioquía[x] y, junto con otros muchos, siguieron enseñando y anunciando el mensaje de la buena noticia del Señor.

4. Segundo viaje misionero de Pablo (15.36—18.22)[y]

Pablo se separa de Bernabé **36** Algún tiempo después, Pablo dijo a Bernabé:

—Vamos a visitar otra vez a los hermanos en todas las ciudades donde hemos anunciado el mensaje del Señor, para ver cómo están.

37 Bernabé quería llevar con ellos a Juan, al que también llamaban Marcos; **38** pero a Pablo no le pareció conveniente llevarlo, porque Marcos los había abandonado en Panfilia[z] y no había seguido con ellos en el trabajo. **39** Fue tan serio el desacuerdo, que terminaron separándose: Bernabé se llevó a Marcos y se embarcó para Chipre, **40** mientras Pablo, por su parte, escogió a Silas y, encomendado por los hermanos al amor del Señor, salió de allí[a] **41** y pasó por Siria y Cilicia animando a los hermanos en las iglesias.

16 **Timoteo acompaña a Pablo y a Silas** **1** Pablo llegó a Derbe y Listra,[a] donde encontró a un creyente llamado Timoteo, hijo de una mujer judía creyente y de padre griego.[b] **2** Los hermanos de Listra y de Iconio hablaban bien de él. **3** Pablo quiso que Timoteo lo acompañara, pero antes lo hizo circuncidar para que no se ofendieran los judíos que vivían en aquellos lugares, ya que todos sabían que el padre de Timoteo era griego.[c] **4** En todos los pueblos[d] por donde pasaban, comunicaron a los

---

[m] **15.20** Lo más probable es que estas cuatro prohibiciones se refieran a cuestiones rituales: comer la carne sacrificada a los ídolos (cf. 1 Co 8.10), los matrimonios prohibidos por la ley (cf. Lv 18.6-18; Nm 25.1; también 2 Co 6.14), comer carne de animales estrangulados o ahogados, que podían contener sangre, y comer la sangre misma (cf. Gn 9.4; Lv 17.10-16). De esta manera se facilitaba la convivencia con los cristianos procedentes del judaísmo, que continuaban practicando sus costumbres tradicionales.

[n] **15.22** Los *apóstoles* y *ancianos* se reunieron (v. 6), pero *toda la iglesia* tomó parte en el acuerdo (cf. v. 12).

[ñ] **15.22** *Judas Barsabás* no aparece fuera de este relato.

[o] **15.22** *Silas*: compañero de Pablo en su segundo viaje misionero (Hch 15.40; 16.19; 17.14, etc.); es, probablemente, el mismo que se menciona en las cartas con el nombre latino *Silvano* (2 Co 1.19; 1 Ts 1.1; 2 Ts 1.1; 1 P 5.12).

[p] **15.23** Había ya iglesias en *Siria y Cilicia*, provincias que se hallaban alrededor de *Antioquía*; cf. v. 41.

[q] **15.26** *Han puesto sus vidas en peligro por la causa*: otra posible traducción: *se han dedicado por completo a la causa.*

[r] **15.29** *Que no coman... prohibidos*: Véase 15.20 n.

[s] **15.31** *Consuelo*: o *ánimo*.

[t] **15.32** *Eran profetas*: Véase 1 Co 14.1 n.

[u] **15.32** *Consolaron*: o *exhortaron*.

[v] **15.33** *Para que regresaran*: es decir, a Jerusalén.

[w] **15.33** Algunos mss. incluyen el v. 34: *Pero Silas decidió quedarse*, quizás añadido para explicar la presencia de Silas nuevamente en Antioquía, según el v. 40.

[x] **15.35** Según Hch 13.1-3, *Pablo y Bernabé* habían sido enviados por la iglesia de *Antioquía* (de Siria); ahora salían de nuevo a sus labores misioneras (vv. 39-41).

[y] **15.36-41** Aquí comienza el relato del segundo de los tres viajes misioneros de Pablo, que duró unos tres años y terminó con su regreso a Antioquía (Hch 18.22).

[z] **15.38** Hch 13.13.

[a] **15.40** *Silas*, que según los vv. 32-33 había viajado a Jerusalén, se encontraba de nuevo en Antioquía.

[a] **16.1** *Derbe y Listra*: lugares visitados en el primer viaje de Pablo y Bernabé (Hch 14.6-23).

[b] **16.1** *Timoteo* llegaría después a ser colaborador especial de Pablo (Ro 16.21; 1 Co 4.17; 16.10-11; Flp 2.19-24; 1 Ts 3.2-6), y aparece asociado a él en varias de sus cartas (Flp 1.1; Col 1.1; 1 Ts 1.1; véanse también las dos cartas a Timoteo).

[c] **16.3** Según la práctica del judaísmo, Timoteo era considerado israelita por ser hijo de una mujer judía (cf. 2 Ti 1.5), pero por alguna razón no había sido circuncidado. A los ojos de los celosos de la ley, la circuncisión era requisito indispensable para ser plenamente judío.

[d] **16.4** *Los pueblos*: aquellos que Pablo había visitado en su primer viaje: Derbe, Listra, Iconio y Antioquía de Pisidia.

Segundo viaje de Pablo

hermanos las instrucciones^e dadas por los apóstoles y los ancianos de la iglesia de Jerusalén. **5** Así que las iglesias se afirmaban en la fe, y el número de creyentes aumentaba cada día.

Visión de Pablo ^f **6** Como el Espíritu Santo no les permitió anunciar el mensaje en la provincia de Asia, atravesaron la región de Frigia y Galacia, **7** y llegaron a la frontera de Misia. De allí pensaban entrar en la región de Bitinia, pero el Espíritu de Jesús^g no se lo permitió. **8** Así que, pasando de largo por Misia, bajaron al puerto de Tróade.^h **9** Allí Pablo tuvo de noche una visión; vio a un hombre de la región de Macedonia, que puesto de pie le rogaba: "Pasa a Macedonia y ayúdanos." **10** En cuanto Pablo tuvo esa visión, preparamosⁱ el viaje a Macedonia, seguros de que Dios nos estaba llamando para anunciar allí la buena noticia.

Predicación en Filipos **11** Nos embarcamos, pues, en Tróade, y fuimos directamente a la isla de Samotracia, y al día siguiente llegamos a Neápolis.^j **12** De allí fuimos a Filipos, que es una colonia romana^k y una ciudad muy importante de esa parte de Macedonia. Allí estuvimos algunos días. **13** El sábado salimos a las afueras de la ciudad, junto al río, donde pensamos que había un lugar de oración de los judíos.^l Nos sentamos y hablamos del evangelio a las mujeres que se habían reunido. **14** Una de ellas se llamaba Lidia; era de la ciudad de Tiatira y vendía telas finas de púrpura.^m A esta mujer, que adoraba a Diosⁿ y que estaba escuchando, el Señor la movió a poner toda su atención en lo que Pablo decía. **15** Fue bautizada, junto con toda su familia,^ñ y después nos rogó:

—Si ustedes juzgan que de veras soy creyente en el Señor, vengan a alojarse en mi casa.

Y nos obligó a quedarnos.

16 Sucedió una vez, cuando íbamos al lugar de oración, que encontramos a una muchacha poseída por un espíritu de adivinación.^o Era una esclava que, adivinando, daba a ganar mucho dinero a sus amos.^p **17** Esta muchacha comenzó a seguirnos a Pablo y a nosotros, gritando:

—¡Estos hombres son servidores del Dios altísimo,^q y les anuncian a ustedes el camino de salvación!^r

---

^e 16.4 *Las instrucciones:* que se encuentran en la carta de Hch 15.23-29.

^f 16.6-10 Se inicia aquí el relato de la difusión del evangelio por Europa, que se continúa en las secciones siguientes.

^g 16.7 *El Espíritu de Jesús:* frase que en el NT aparece solamente aquí; algunos mss. omiten *de Jesús.*

^h 16.8-9 *Tróade:* puerto del Mar Egeo y punto de embarque para *Macedonia,* la provincia romana que abarcaba el norte de Grecia.

ⁱ 16.10 En este v. comienza una de las secciones del libro en que el relato está en primera persona plural ("nosotros"). Esta forma se encuentra en 16.10-17; 20.5-15; 21.1-18 y 27.1—28.16, y parece sugerir que el autor está presente en los sucesos aquí narrados (véase *Introducción*).

^j 16.11 *Neápolis:* puerto del Mar Egeo que servía a la ciudad de *Filipos.*

^k 16.12 *Colonia romana:* Las colonias romanas eran ciudades del imperio que gozaban de privilegios especiales.

^l 16.13 Al parecer, en Filipos no había sinagoga, y los residentes judíos se reunían los sábados en un lugar de *las afueras de la ciudad, junto al río,* donde había agua para los ritos de purificación.

^m 16.14 *Tiatira:* ciudad de la provincia de Asia, conocida por sus telas teñidas de *púrpura,* tinte morado muy costoso extraído de ciertos moluscos. Como era mercancía de lujo, se supone que *Lidia* era una mujer de buena posición económica.

ⁿ 16.14 *Adoraba a Dios:* expresión que sugiere que Lidia no era judía, pero participaba en el culto judío (Hch 10.2 n.).

^ñ 16.15 *Toda su familia:* esto es, las personas de su casa; cf. vv. 31-33, y véase Hch 11.14 n.

^o 16.16 *Poseída por un espíritu de adivinación:* lit. *tenía un espíritu pitón,* llamado así en memoria de la serpiente pitón que, según se decía, era la guardiana del oráculo de Delfos, en Grecia.

^p 16.16 Como la muchacha era esclava, sus amos la explotaban por su capacidad de adivinar a la manera de los oráculos griegos de la época.

^q 16.17 *Dios altísimo:* título usado tanto por los judíos como por los griegos para referirse a la divinidad suprema.

^r 16.17 Cf. el testimonio de los demonios en Lc 4.34; 8.28 y paralelos.

¹⁸ Esto hizo durante muchos días, hasta que Pablo, ya molesto, terminó por volverse y decirle al espíritu que la poseía:

—En el nombre de Jesucristo, te ordeno que salgas de ella.

En aquel mismo momento el espíritu la dejó.

¹⁹ Pero cuando los amos de la muchacha vieron que ya no tenían más esperanza de ganar dinero por medio de ella, agarraron a Pablo y a Silas y los llevaron ante las autoridades, a la plaza principal. ²⁰ Los presentaron a los jueces, diciendo:

—Estos judíos están alborotando nuestra ciudad, ²¹ y enseñan costumbres que nosotros no podemos admitir ni practicar, porque somos romanos.

²² Entonces la gente se levantó contra ellos, y los jueces ordenaron que les quitaran la ropa y los azotaran con varas. ²³ Después de haberlos azotado mucho, los metieron en la cárcel, y ordenaron al carcelero que los vigilara con el mayor cuidado. ²⁴ Al recibir esta orden, el carcelero los metió en el lugar más profundo de la cárcel y los dejó con los pies sujetos en el cepo. ˢ

²⁵ Pero a eso de la medianoche, mientras Pablo y Silas oraban y cantaban himnos a Dios, y los otros presos estaban escuchando, ²⁶ vino de repente un temblor tan fuerte que sacudió los cimientos de la cárcel. En el mismo momento se abrieron todas las puertas, y a todos los presos se les soltaron las cadenas. ᵗ ²⁷ Cuando el carcelero despertó y vio que las puertas de la cárcel estaban abiertas, sacó su espada para matarse, pues pensaba que los presos se habían escapado. ²⁸ Pero Pablo le gritó:

—¡No te hagas ningún daño, que todos estamos aquí!

²⁹ Entonces el carcelero pidió una luz, entró corriendo y, temblando de miedo, se echó a los pies de Pablo y de Silas. ³⁰ Luego los sacó y les preguntó:

—Señores, ¿qué debo hacer para salvarme?

³¹ Ellos contestaron:

—Cree en el Señor Jesús, y obtendrás la salvación tú y tu familia. ᵘ

³² Y les hablaron del mensaje del Señor a él y a todos los que estaban en su casa. ³³ A esa misma hora de la noche, el carcelero les lavó las heridas, y luego él y toda su familia fueron bautizados. ³⁴ Los llevó después a su casa y les dio de comer, y él y su familia estaban muy contentos por haber creído en Dios.

³⁵ Por la mañana, los jueces mandaron unos guardias al carcelero con orden de soltar a Pablo y a Silas. ³⁶ El carcelero le dijo a Pablo:

—Los jueces me han ordenado que los suelte a ustedes; así que ya pueden irse tranquilos.

³⁷ Pero Pablo dijo a los guardias:

—A nosotros, que somos ciudadanos romanos, nos azotaron públicamente sin antes habernos juzgado, y nos metieron en la cárcel; ¿y ahora quieren soltarnos a escondidas? ¡Pues no! Que vengan ellos mismos a sacarnos.

³⁸ Los guardias hicieron saber esto a los jueces, los cuales se asustaron al oír que se trataba de ciudadanos romanos. ᵛ ³⁹ Fueron, pues, los jueces a disculparse ante Pablo y Silas, y los sacaron y les rogaron que salieran de la ciudad. ʷ ⁴⁰ Al salir de la cárcel, Pablo y Silas se dirigieron a casa de Lidia, y después de ver a los hermanos y animarlos, ˣ se fueron de allí.

17 Alboroto en Tesalónica

¹ En su viaje, Pablo y Silas pasaron por Anfípolis y Apolonia, y luego llegaron a Tesalónica, ᵃ donde los judíos tenían una sinagoga. ² Pablo, según su costumbre, fue a la sinagoga, y cada sábado, durante tres semanas seguidas, ᵇ discutió con ellos, basándose en las Escrituras. ³ Les explicaba que el Mesías tenía que morir, y que después de muerto tenía que resucitar. Les decía:

—Este mismo Jesús que yo les anuncio a ustedes, es el Mesías. ᶜ

⁴ Algunos de los judíos creyeron, y se unieron a Pablo y Silas. También creyeron muchos griegos que adoraban a Dios, ᵈ y muchas mujeres distinguidas. ⁵ Pero esto hizo que los judíos que no creían se llenaran de celos, y que reunieran a unos malvados que andaban ociosos por la calle para que alborotaran y perturbaran la ciudad. Atacaron además la casa de Jasón, ᵉ buscando a Pablo y a Silas para sacarlos y entregarlos a la gente; ᶠ ⁶ pero como no los encontraron allí, llevaron a rastras a Jasón y a algunos otros hermanos ante las autoridades de la ciudad, gritando:

—¡Estos hombres, que han trastornado el mundo entero, también han venido acá, ⁷ y Jasón los ha recibido en su casa! ¡Todos ellos están violando las leyes del emperador, pues dicen que hay otro rey, que es Jesús! ᵍ

ˢ **16.24** *Cepo:* instrumento romano de prisión y tortura, formado por una armazón de madera con una serie graduada de agujeros en los que se metían los pies, obligando al preso a mantener las piernas abiertas y en posición dolorosa.

ᵗ **16.26** *Cadenas:* o *ataduras* (que incluyen también el cepo).

ᵘ **16.31** *Y tu familia:* Cf. v. 15 y véase Hch 11.14 n.

ᵛ **16.37-38** La ley romana prohibía estrictamente que se azotara a los *ciudadanos romanos;* cf. Hch 22.25-29.

ʷ **16.39** Pablo alude a este incidente en 1 Ts 2.2.

ˣ **16.40** *Animarlos:* o bien *exhortarlos.* Pablo dirigió más tarde una carta a la iglesia de Filipos, la primera que fundó en territorio europeo.

ᵃ **17.1** Pablo y Silas viajaron probablemente por la Vía Ignacia, uno de los grandes caminos romanos, que pasaba por Filipos; luego siguieron por *Anfípolis y Apolonia,* hasta llegar a *Tesalónica,* puerto principal de Macedonia y capital de dicha provincia.

ᵇ **17.2** La misión, en su totalidad, parece haber durado más de tres semanas, ya que Pablo debió trabajar en su oficio para sostenerse (1 Ts 2.9; 2 Ts 3.7-10) y en más de una ocasión recibió ofrendas de la iglesia de Filipos (Flp 4.16). Además, en Tesalónica se formó una iglesia fuerte (1 Ts 1.2-10). Más tarde Pablo dirigiría a esta iglesia sus dos cartas a los Tesalonicenses.

ᶜ **17.3** *Tenía que morir:* Véase Hch 3.18 n., y el mensaje de Pablo a los judíos en Antioquía de Pisidia (Hch 13.16-41).

ᵈ **17.4** *Adoraban a Dios:* Véase Hch 10.2 n.

ᵉ **17.5** *Jasón:* Se trata, probablemente, de un judío simpatizante del evangelio, en cuya casa Pablo y Silas se alojaban.

ᶠ **17.5** *La gente:* es decir, el populacho, o bien, la asamblea del pueblo, que en Tesalónica tenía poderes judiciales.

ᵍ **17.7** Cf. Lc 23.3; Jn 19.12.

8 Al oir estas cosas, la gente y las autoridades se inquietaron. **9** Pero Jasón y los otros dieron una fianza, y los soltaron.

Predicación en Berea **10** Ya de noche, los hermanos hicieron que Pablo y Silas partieran inmediatamente hacia Berea.[h] En cuanto llegaron, se dirigieron a la sinagoga de los judíos. **11** Estos judíos, que eran de mejores sentimientos que los de Tesalónica, de buena gana recibieron el mensaje, y día tras día estudiaban las Escrituras para ver si era cierto lo que se les decía. **12** De modo que muchos de ellos creyeron, y también creyeron muchos de los griegos, tanto mujeres distinguidas como hombres. **13** Pero cuando los judíos de Tesalónica supieron que Pablo estaba anunciando el mensaje de Dios también en Berea, se fueron allá, y empezaron a alborotar y perturbar a la gente. **14** Por los hermanos hicieron que Pablo saliera sin demora hacia la costa, mientras Silas y Timoteo se quedaban en Berea. **15** Los que acompañaban a Pablo fueron con él hasta la ciudad de Atenas. Luego volvieron con instrucciones para que Silas y Timoteo se le reunieran lo más pronto posible.

Pablo en Atenas **16** Mientras Pablo esperaba en Atenas[i] a Silas y Timoteo, se indignó mucho al ver que la ciudad estaba llena de ídolos. **17** Por eso discutía en la sinagoga con los judíos y con otros que adoraban a Dios,[j] y cada día discutía igualmente en la plaza con los que allí se reunían. **18** También algunos filósofos epicúreos y estoicos[k] comenzaron a discutir con él. Unos decían:

—¿De qué habla este charlatán?

Y otros:

—Parece que es propagandista de dioses extranjeros.

Esto lo decían porque Pablo les anunciaba la buena noticia acerca de Jesús y de la resurrección.[l] **19** Entonces lo llevaron al Areópago,[m] y le preguntaron:

—¿Se puede saber qué nueva enseñanza es esta que tú nos traes? **20** Pues nos hablas de cosas extrañas, y queremos saber qué significan.

21 Y es que todos los atenienses, como también los extranjeros que vivían allí, solo se ocupaban de oir y comentar las últimas novedades.

22 Pablo se levantó en medio de ellos en el Areópago, y dijo:

"Atenienses, por todo lo que veo, ustedes son gente muy religiosa.[n] **23** Pues al mirar los lugares donde ustedes celebran sus cultos, he encontrado un altar que tiene escritas estas palabras: 'A un Dios no conocido'. Pues bien, lo que ustedes adoran sin conocer, es lo que yo vengo a anunciarles.[ñ]

24 "El Dios que hizo el mundo y todas las cosas que hay en él, es Señor del cielo y de la tierra. No vive en templos hechos por los hombres,[o] **25** ni necesita que nadie haga nada por él, pues él es quien nos da a todos la vida, el aire y las demás cosas.[p] **26** "De un solo hombre[q] hizo él todas las naciones, para que vivan en toda la tierra; y les ha señalado el tiempo y el lugar en que deben vivir,[r] **27** para que busquen a Dios, y quizá, como a tientas, puedan encontrarlo,[s] aunque en verdad Dios no está lejos de cada uno de nosotros. **28** Porque en Dios vivimos, nos movemos y existimos; como también algunos de los poetas de ustedes dijeron: 'Somos descendientes de Dios.'[t] **29** Siendo, pues, descendientes de Dios, no debemos pensar que Dios sea como las imágenes de oro, plata o piedra que los hombres hacen según su propia imaginación. **30** Dios pasó por alto en otros tiempos la ignorancia[u] de la gente, pero ahora ordena a todos, en todas partes, que se vuelvan a él. **31** Porque Dios ha fijado un día en el cual juzgará al mundo con justicia,[v] por medio de un hombre que él ha escogido;[w] y de ello dio pruebas a todos cuando lo resucitó."

32 Al oir eso de la resurrección de los muertos, unos se burlaron y otros dijeron:

—Ya te oiremos hablar de esto en otra ocasión.

33 Entonces Pablo los dejó. **34** Pero algunos lo siguieron y creyeron. Entre ellos estaba Dionisio, que era uno de los miembros del Areópago, y también una mujer llamada Dámaris, y otros más.

18 **Pablo en Corinto** **1** Después de esto, Pablo salió de Atenas y se fue a Corinto.[a] **2** Allí se encontró con un judío llamado Áquila, que era de la región del Ponto.[b]

---

[h] **17.10** *Berea:* población a unos 80 km. al oeste de Tesalónica.

[i] **17.16** *Atenas,* hoy capital de Grecia, fue en la antigüedad el centro más importante del arte, la filosofía y la literatura. Ya en los tiempos de Pablo su importancia comercial y política había disminuido, aunque seguía siendo un importante centro cultural e intelectual.

[j] **17.17** *Otros que adoraban a Dios:* simpatizantes del judaísmo (véase Hch 10.2 n.).

[k] **17.18** *Epicúreos y estoicos:* las dos principales corrientes filosóficas y éticas de la época.

[l] **17.18** *De Jesús y de la resurrección:* La palabra griega *anastasis,* que significa *resurrección,* es nombre femenino y quizá la interpretaron como si designara una diosa extranjera al lado de Jesús. La mayoría de los griegos creían en la inmortalidad del alma, pero no en la resurrección del cuerpo.

[m] **17.19** *Areópago:* término que significa *colina de Ares* (nombre griego del dios de la guerra, llamado *Marte* entre los romanos). En la colina de este monte se reunía, en sus inicios, el consejo de Atenas; después, el nombre se aplicó al consejo mismo, que en tiempos de Pablo probablemente sesionaba en un edificio junto a la plaza principal.

[n] **17.22** *Muy religiosa:* Quizá hay un toque de ironía en estas palabras; algunos, con menos probabilidad, han traducido *muy supersticiosa.*

[ñ] **17.23** Cf. Jn 4.22; Hch 14.15-17; Ro 2.14-16.

[o] **17.24** Hch 7.48-50.

[p] **17.24-25** Cf. Gn 1.1; Is 42.5; 2 Mac 14.35.

[q] **17.26** *De un solo hombre:* otra posible traducción: *de un solo origen* (lit. *de uno solo*). Algunos mss. dicen *de una sola sangre.*

[r] **17.26** Dt 32.8.

[s] **17.27** Sab 13.6. Cf. Ro 1.19-20.

[t] **17.28** Cita tomada del poema *Fenómenos,* del poeta Arato (siglo III a.C.).

[u] **17.30** Hch 14.16; Ro 3.25-26.

[v] **17.31** Sal 9.8 (9); 96.13.

[w] **17.31** *Escogido:* o *puesto, designado* (Hch 10.42).

[a] **18.1** *Corinto:* capital administrativa de la provincia de Acaya; ciudad cosmopolita e importantísimo centro comercial. Las dos cartas de Pablo a los Corintios proporcionan más datos sobre la iglesia que se fundó allí.

[b] **18.2** *Ponto:* región en el norte de Asia Menor.

Poco antes, Áquila y su esposa Priscila [c] habían llegado de Italia, de donde tuvieron que salir porque el emperador Claudio había ordenado que todos los judíos salieran de Roma. [d] Pablo fue a visitarlos [3] y, como tenía el mismo oficio que ellos, que era hacer tiendas de campaña, se quedó con ellos para trabajar juntos. [e] [4] Y cada sábado Pablo iba a la sinagoga, donde hablaba y trataba de convencer tanto a los judíos como a los no judíos.

[5] Cuando Silas y Timoteo llegaron de Macedonia, Pablo se dedicó por completo a anunciar el mensaje y a probar a los judíos que Jesús era el Mesías. [f,g] [6] Pero ellos comenzaron a ponerse en contra suya y a insultarlo; así que Pablo sacudió su ropa en señal de protesta, y les dijo:

—De ustedes será la culpa de su propia perdición; yo no me hago responsable. De hoy en adelante me iré a los que no son judíos. [h]

[7] Salió de la sinagoga y se fue a casa de un hombre llamado Ticio Justo, que adoraba a Dios [i] y que vivía al lado de la sinagoga. [8] Y Crispo, [j] el jefe de la sinagoga, con toda su familia, creyó en el Señor. Y también muchos de los de Corinto, al oír el mensaje, creyeron y fueron bautizados. [9] Una noche, el Señor le dijo a Pablo en una visión: "No tengas miedo; sigue anunciando el mensaje y no calles. [10] Porque yo estoy contigo y nadie te puede tocar para hacerte daño, pues mi pueblo es muy grande en esta ciudad." [11] Así que Pablo se quedó un año y medio en Corinto, enseñando entre ellos el mensaje de Dios.

[12] Pero en los días en que Galión era gobernador de Acaya, [k] los judíos se juntaron contra Pablo; lo llevaron al tribunal [13] y dijeron al gobernador:

—Este hombre anda convenciendo a la gente de que deben adorar a Dios en una forma que va contra la ley.

[14] Pablo ya iba a hablar, cuando Galión dijo a los judíos:

—Si se tratara de algún delito o algún crimen grave, yo, naturalmente, me tomaría la molestia de oírlos a ustedes los judíos; [15] pero como se trata de palabras, de nombres y de la ley de ustedes, arréglenlo ustedes mismos, porque yo no quiero meterme en esos asuntos.

[16] Y los echó del tribunal. [17] Entonces agarraron todos a Sóstenes, [l] el jefe de la sinagoga, y lo golpearon allí mismo, delante del tribunal. Pero a Galión no le importaba nada de esto. [m]

Pablo regresa a Antioquía [18] Pablo se quedó todavía muchos días en Corinto. Después se despidió de los hermanos y, junto con Priscila y Áquila, se embarcó para la región de Siria. En Cencreas, [n] antes de embarcarse, se rapó la cabeza, para cumplir una promesa [ñ] que había hecho. [19] Cuando llegaron a Éfeso, [o] Pablo dejó a Priscila y Áquila y se fue a la sinagoga, donde habló con los judíos que allí se reunían. [20] Ellos le rogaron que se quedara más tiempo, pero no quiso, [21] sino que se despidió de ellos diciendo: [p] "Si Dios quiere, volveré a visitarlos otra vez."

Después Pablo se embarcó y se fue de Éfeso. [22] Cuando llegó a Cesarea, fue a Jerusalén a saludar a los de la iglesia, y luego se dirigió a Antioquía.

5. Tercer viaje misionero de Pablo (18.23—20.38) [q]

Pablo recorre Galacia y Frigia [23] Al cabo de algún tiempo, salió de nuevo a recorrer uno por uno los lugares de Galacia y Frigia, animando a todos los creyentes.

Apolo predica en Éfeso [24] Por aquel tiempo llegó a Éfeso un judío llamado Apolo, [r] que era de la ciudad de Alejandría. [s] Era muy elocuente y conocía muy bien las Escrituras. [25] Estaba instruido en el camino del Señor, y hablaba con mucho entusiasmo enseñando con claridad acerca de Jesús, aunque solo conocía el bautismo de Juan. [t] [26] Apolo se puso a hablar abiertamente en la sinagoga; pero cuando lo oyeron Priscila y Áquila, lo llevaron aparte y le explicaron más exactamente el camino de Dios. [27] Cuando Apolo quiso pasar a la región de Acaya, [u] los hermanos [v] le dieron su apoyo, y escribieron una carta a los creyentes de allá para que lo recibieran bien. Cuando llegó a Acaya, ayudó mucho a los que, por la bondad de Dios, habían creído, [28] pues delante de todos contradecía a los judíos

---

[c] **18.2** *Priscila:* forma diminutiva de *Prisca* (Ro 16.3; 1 Co 16.19; 2 Ti 4.19).

[d] **18.2** El decreto del emperador *Claudio*, por el que expulsaba de Roma a los judíos, fue promulgado alrededor del año 49 d.C. (véase Hch 11.28 nota *p*).

[e] **18.3** Los rabinos por lo general impartían gratuitamente su enseñanza y se ganaban el sustento por medio de algún otro trabajo u oficio, además de recibir donativos de personas piadosas; cf. Hch 20.34.

[f] **18.5** *El Mesías:* Véanse Mt 1.17 nota *h* e *Índice temático*.

[g] **18.5** *Que Jesús era el Mesías:* Véase Hch 3.18 n. Al llegar sus colegas (de Berea, Hch 17.14-15), quizá con algún dinero enviado por las iglesias de Macedonia, Pablo pudo suspender su trabajo manual para *dedicarse por completo* a la predicación (cf. 2 Co 11.8).

[h] **18.6** Hch 13.45-46; 28.28.

[i] **18.7** Probablemente se trata de un romano, simpatizante del judaísmo (Hch 10.2 n.).

[j] **18.8** 1 Co 1.14.

[k] **18.12** Lucio Junio *Galión* era *gobernador* o procónsul romano de *Acaya* alrededor de los años 51-52 d.C., y era conocido por su imparcialidad y honradez.

[l] **18.17** *Sóstenes* fue, al parecer, sucesor o colega de Crispo (v. 8); es, posiblemente, el mismo de 1 Co 1.1.

[m] **18.17** El gobernador romano consideraba el cristianismo como una extensión del judaísmo y no como una religión prohibida; por eso dejó a Pablo predicar con libertad.

[n] **18.18** *Cencreas:* puerto de Corinto que daba al Mar Egeo.

[ñ] **18.18** La *promesa* sería un voto de nazareo (Nm 6.2-18), hecho por tiempo limitado.

[o] **18.19** *Éfeso:* puerto importante y capital de la provincia romana de Asia (hoy parte de Turquía).

[p] **18.21** Algunos mss. añaden aquí *Tengo que estar en Jerusalén para celebrar la próxima fiesta.*

[q] **18.23—20.38** Aquí comienza el relato del tercer viaje misionero, emprendido probablemente en el año 52 ó 53 d.C. En él Pablo continúa la labor que había iniciado en Éfeso (cap. 19). El viaje termina con su llegada a Jerusalén (Hch 21.15-17).

[r] **18.24** *Apolo:* Cf. 1 Co 1.12; 3.3-10; 16.12.

[s] **18.24** *Alejandría:* ciudad de Egipto, en el delta del río Nilo; centro de erudición y residencia de muchos judíos helenistas.

[t] **18.25** *Juan:* el Bautista; cf. Hch 19.3-5.

[u] **18.27** *La región de Acaya:* específicamente, Corinto, capital de la provincia (Hch 19.1).

[v] **18.27** *Los hermanos:* los cristianos de Éfeso.

Tercer viaje de Pablo

con razones que ellos no podían negar, y basándose en las Escrituras demostraba que Jesús era el Mesías. *w*

19 Pablo en Éfeso

1 Mientras Apolo estaba en Corinto,*a* Pablo cruzó la región montañosa*b* y llegó a Éfeso, donde encontró a varios creyentes. **2** Les preguntó:

—¿Recibieron ustedes el Espíritu Santo cuando se hicieron creyentes? *c*

Ellos le contestaron:

—Ni siquiera habíamos oído hablar del Espíritu Santo.

3 Pablo les preguntó:

—Pues ¿qué bautismo recibieron ustedes?

Y ellos respondieron:

—El bautismo de Juan. *d*

4 Pablo les dijo:

—Sí, Juan bautizaba a los que se volvían a Dios, pero les decía que creyeran en el que vendría después de él, es decir, en Jesús. *e*

5 Al oír esto, fueron bautizados en el nombre del Señor Jesús; **6** y cuando Pablo les impuso las manos, *f* también vino sobre ellos el Espíritu Santo, y hablaban en lenguas extrañas, *g* y comunicaban mensajes proféticos. **7** Eran entre todos unos doce hombres.

8 Durante tres meses, Pablo estuvo yendo a la sinagoga, donde anunciaba el mensaje sin ningún temor, y hablaba y trataba de convencer a la gente acerca del reino de Dios. **9** Pero algunos, tercamente, no quisieron creer, sino que delante de la gente hablaban mal del Nuevo Camino. *h* Entonces Pablo se apartó de ellos y llevó a los creyentes a la escuela de un tal Tirano. Allí hablaba todos los días, *i* **10** y así lo hizo durante dos años, de modo que todos los que vivían en la provincia de Asia, tanto los judíos como los que no lo eran, oyeron el mensaje del Señor. *j* **11** Y Dios hacía grandes milagros por medio de Pablo, **12** tanto que hasta los pañuelos o las ropas que habían sido tocados por su cuerpo eran llevados a los enfermos, y estos se curaban de sus enfermedades, y los espíritus malignos salían de ellos. *k*

13 Pero algunos judíos que andaban por las calles expulsando de la gente espíritus malignos, *l* quisieron usar para ello el nombre del Señor Jesús; así que decían a los espíritus: "¡En el nombre de Jesús, a quien Pablo anuncia, les ordeno que salgan!"

14 Esto es lo que hacían los siete hijos de un judío llamado Esceva, que era un jefe de los sacerdotes. *m* **15** Pero en cierta ocasión el espíritu maligno les contestó: "Conozco a Jesús, y sé quién es Pablo; pero ustedes, ¿quiénes son?"

16 Al mismo tiempo, el hombre que tenía el espíritu maligno se lanzó sobre ellos, y con gran fuerza los dominó a todos, maltratándolos con tanta violencia que huyeron de la casa desnudos y heridos. **17** Todos los que vivían en Éfeso, judíos y no judíos, lo supieron, y se llenaron de temor. De esta manera crecía la fama del nombre del Señor Jesús.

18 También muchos de los que creyeron llegaban confesando públicamente todo lo malo que antes habían hecho,

---

w 18.28 Hch 9.22; 18.5.
a 19.1 *Corinto:* Hch 18.27 n.
b 19.1 *La región montañosa:* el interior de la provincia de Asia.
c 19.2 Hch 2.38.
d 19.3 Hch 18.25.
e 19.4 Mt 3.11 y paralelos; cf. Hch 11.16; 13.24-25.
f 19.6 Cf. Hch 8.17; véase Hch 6.6 n.
g 19.6 Hch 2.4; 10.46.
h 19.9 *El Nuevo Camino:* Véase Hch 9.2 nota *c*.
i 19.9 Cf. Hch 18.7.
j 19.10 *La provincia de Asia,* cuya evangelización había sido prohibida a Pablo por el Espíritu (Hch 16.6), es ahora evangelizada, con la ayuda de Epafras (Col 1.7; 4.12) y otros (v. 22). Se formaron iglesias en Colosas (véase la carta a los Colosenses), Laodicea y Hierápolis (Col 4.13), y posiblemente en todas las siete ciudades mencionadas en Ap 1—3. Respecto a las dificultades que se presentaron en Éfeso durante este tiempo, cf. 1 Co 15.30-32; 16.9; 2 Co 1.8-10; cf. también Hch 20.18-19.
k 19.11-12 Cf. Hch 5.15-16; 2 Co 12.12.
l 19.13 Cf. Mt 12.27.
m 19.14 O *que era sumo sacerdote* (véase *Índice temático*), título que quizá Esceva usaba falsamente.

HECHOS 19, 20

¹⁹ y muchos que habían practicado la brujería trajeron sus libros y los quemaron en presencia de todos. Cuando se calculó el precio de aquellos libros, resultó que valían como cincuenta mil monedas de plata.ⁿ ²⁰ Así el mensaje del Señor iba extendiéndose y demostrando su poder.

²¹ Después de estas cosas, Pablo decidió visitar Macedonia y Acaya, y seguir su viaje hasta Jerusalén. Además decía que después de ir a Jerusalén tendría que ir también a Roma. ²² Entonces mandó a Macedonia a dos de sus ayudantes, Timoteo y Erasto,ñ mientras él se quedaba algún tiempo más en Asia.

Alboroto en Éfeso ²³ Por aquel tiempo hubo en Éfeso un gran alboroto acerca del Nuevo Camino,ᵒ ²⁴ causado por uno llamado Demetrio, que era platero. Este hombre hacía figuritas de plata que representaban el templo de la diosa Artemisa,ᵖ y daba mucha ganancia a los que trabajaban con él. ²⁵ Reunió, pues, a estos, junto con otros que trabajaban en oficios semejantes, y les dijo: "Señores, ustedes saben que nuestro bienestar depende de este oficio. ²⁶ Pero como ustedes ven y oyen, ese tal Pablo anda diciendo que los dioses hechos por los hombres no son dioses; y así ha convencido a mucha gente, no solamente aquí en Éfeso sino en casi toda la provincia de Asia. ²⁷ Esto es muy peligroso, porque nuestro negocio puede echarse a perder, y el templo mismo de la gran diosa Artemisa puede también perder la fama que tiene, y así será despreciada la grandeza de esta diosa que es adorada en toda la provincia de Asia y en el mundo entero."

²⁸ Cuando oyeron esto, se enojaron mucho y gritaron: "¡Viva Artemisa de los efesios!"

²⁹ Hubo, pues, confusión en toda la ciudad. Se lanzaron sobre Gayo y Aristarco, dos hombres de Macedonia que acompañaban a Pablo, y los arrastraron hasta el teatro. ³⁰ Pablo quiso entrar allí para hablar a la gente, pero los creyentes no lo dejaron. ³¹ También entre las autoridades de Asia había algunos amigos de Pablo, que mandaron a decirle que no debía meterse allí. ³² Entre tanto, en la reunión, unos gritaban una cosa y otros otra, porque la gente estaba alborotada y la mayor parte ni sabía para qué se habían reunido. ³³ Pero algunos de ellos explicaron el asunto a Alejandro, a quien los judíos habían empujado al frente de todos. Alejandro hizo señas con la mano para pedir silencio y hablar en defensa de los judíos delante del pueblo. ³⁴ Pero cuando se dieron cuenta de que él mismo era judío, gritaron todos durante un par de horas: "¡Viva Artemisa de los efesios!"

³⁵ El secretario de la ciudad, cuando pudo calmar a la gente, dijo: "Ciudadanos de Éfeso, todo el mundo sabe que esta ciudad está encargada de cuidar el templo de la gran diosa Artemisa y de la imagen de ella que cayó del cielo. ³⁶ Como nadie puede negar esto, cálmense ustedes y no hagan nada sin pensarlo bien. ³⁷ Porque estos hombres que ustedes han traído no han profanado el templo ni han hablado mal de nuestra diosa. ³⁸ Si Demetrio y los que trabajan con él tienen alguna queja contra alguien, ahí están los jueces y los juzgados; que reclamen ante las autoridades y que cada uno defienda su derecho. ³⁹ Y si ustedes piden alguna otra cosa, deberá tratarse en una reunión legal. ⁴⁰ Con lo que hoy ha pasado corremos peligro de que nos acusen de agitadores, pues no hay ninguna razón que podamos dar, si nos preguntan por la causa de este alboroto." Dicho esto, despidió a la gente.q

20 **Viaje de Pablo a Macedonia y Grecia**ᵃ ¹ Una vez terminado el alboroto, Pablo llamó a los creyentes para darles algunos consejos. Luego se despidió de ellos y se fue a Macedonia. ² Visitó todos aquellos lugares animando mucho con sus palabras a los hermanos; y después llegó a Grecia, ³ donde se quedó tres meses.ᵇ Estaba ya a punto de tomar el barco para ir a Siria,ᶜ cuando supo que los judíos habían hecho planes contra él. Así que decidió regresar por tierra, pasando otra vez por Macedonia. ⁴ Lo acompañaron Sópatro de Berea, hijo de Pirro; y Aristarco y Segundo de Tesalónica, Gayo de Derbe, Timoteo, y también Tíquico y Trófimo, que eran de la provincia de Asia.ᵈ ⁵ Estos hermanos se adelantaron y nos esperaronᵉ en Tróade. ⁶ Nosotros, pasados los días en que se come el pan sin levadura,ᶠ salimos de Filipos en barco, y a los cinco días los alcanzamos en Tróade, donde nos quedamos siete días.

Visita de Pablo a Tróade ⁷ El primer día de la semanaᵍ

ⁿ **19.19** La *moneda de plata* aquí aludida es la dracma, y equivalía al denario, que era el salario por un día de trabajo.
ñ **19.22** Si estos pasaron por Corinto en su viaje a *Macedonia*, posiblemente se trata de la visita que se menciona en 1 Co 4.17; 16.10.
ᵒ **19.23** *El Nuevo Camino:* Hch 9.2 nota c.
ᵖ **19.24-28** *Artemisa:* diosa principal de Éfeso, llamada *Diana* entre los romanos, aunque con características diferentes. Era la diosa de la fertilidad en Asia Menor; su templo en Éfeso era una de las Siete Maravillas del mundo antiguo.
q **19.40** Algunas ediciones castellanas marcan la frase *Dicho esto, despidió a la gente,* como el v. 41.
ᵃ **20.1-6** Pablo sigue el viaje a Macedonia y Acaya que se había propuesto (Hch 19.21). El viaje debió de ocuparle más de un año (55-56 d.C.) y durante él estuvo recogiendo ofrendas para los cristianos necesitados de Jerusalén (cf. Hch 24.17; Ro 15.25-26; 1 Co 16.1-4; 2 Co 8.1—9.15).
ᵇ **20.3** *Tres meses:* probablemente el invierno del 56-57 d.C., durante el cual Pablo escribió la carta a los Romanos (Ro 15.25-28).
ᶜ **20.3** Había pensado *tomar el barco para ir a Siria* con el fin de continuar a Jerusalén (Hch 19.21).
ᵈ **20.4** Según parece, los que acompañaban a Pablo eran representantes de las iglesias que enviaban sus ofrendas a Jerusalén (1 Co 16.3-4).
ᵉ **20.5** Aquí comienza nuevamente la redacción con el uso de "nosotros" (Hch 16.10 n.). El resto del viaje se relata con mayor detalle que lo anterior.
ᶠ **20.6** *Los días en que se come el pan sin levadura:* Véase Hch 12.3-4 n.; era la primavera, probablemente del año 57 d.C., y apenas quedaba mes y medio para el viaje a Jerusalén antes de la fiesta de Pentecostés (v. 16).
ᵍ **20.7** *El primer día de la semana:* recordado por ser el de la resurrección de Jesús (Mt 28.1; Mc 16.1-2,9; Lc 24.1; Jn 20.1,19), por ello mismo, llegó a ser día de reunión de los cristianos de los primeros tiempos. Se menciona aquí y en 1 Co 16.2, y con frecuencia en la literatura cristiana de los primeros siglos d.C., donde se lo llama "día del Señor" (Ap 1.10 nota v). Si el día se contaba a la manera judía, comenzando por la tarde del sábado, esta reunión habría tenido lugar el sábado por la noche; sin embargo, puesto que se refiere a la próxima mañana como *el día siguiente,* es posible que aquí se cuente el nuevo día a la manera griega. Si es así, la reunión

nos reunimos para partir el pan,[h] y Pablo estuvo hablando a los creyentes. Como tenía que salir al día siguiente, prolongó su discurso hasta la medianoche. [8] Nos hallábamos reunidos en un cuarto del piso alto, donde había muchas lámparas encendidas; [9] y un joven que se llamaba Eutico estaba sentado en la ventana. Como Pablo habló por largo tiempo, le entró sueño al muchacho, que al fin, profundamente dormido, cayó desde el tercer piso; y lo levantaron muerto. [10] Entonces Pablo bajó, se tendió sobre el muchacho y lo abrazó. Y dijo a los hermanos:

—No se asusten; está vivo.[i]

[11] Luego Pablo volvió a subir, partió el pan, comió y siguió hablando hasta el amanecer. Entonces se fue. [12] En cuanto al muchacho, se lo llevaron vivo, y eso los animó mucho.

Viaje desde Tróade a Mileto [13] Nosotros nos adelantamos y fuimos en barco hasta Aso para recoger a Pablo, según se había convenido, porque él quiso ir por tierra.[j] [14] Cuando nos encontramos con él en Aso, se embarcó con nosotros y fuimos a Mitilene.[k] [15] Salimos de allí, y al día siguiente pasamos frente a Quío,[l] llegando dos días después al puerto de Samos. Al cabo de otro día de viaje, llegamos a Mileto.[m] [16] Se hizo así porque Pablo, para no retrasarse mucho en Asia, no quiso ir a Éfeso; pues quería llegar pronto a Jerusalén y, de ser posible, estar allí para el día de Pentecostés.[n]

Discurso de Pablo a los ancianos de Éfeso[ñ] [17] Estando en Mileto, Pablo mandó llamar a los ancianos de la iglesia de Éfeso.[o] [18] Cuando llegaron les dijo: "Ustedes saben cómo me he portado desde el primer día que vine a la provincia de Asia.[p] [19] Todo el tiempo he estado entre ustedes sirviendo al Señor con toda humildad, con muchas lágrimas y en medio de muchas pruebas que me vinieron por lo que me querían hacer los judíos. [20] Pero no dejé de anunciarles a ustedes nada de lo que era para su bien, enseñándoles públicamente y en sus casas.[21] A judíos y a no judíos les he dicho que se vuelvan a Dios y crean en nuestro Señor Jesús.[q] [22] Y ahora voy a Jerusalén, obligado por el Espíritu,[r] sin saber lo que allí me espera. [23] Lo único que sé es que, en todas las ciudades a donde voy, el Espíritu Santo me dice que me esperan la cárcel y muchos sufrimientos. [24] Para mí, sin embargo, mi propia vida no cuenta, con tal de que yo pueda correr con gozo hasta el fin de la carrera[s] y cumplir el encargo que el Señor Jesús me dio de anunciar la buena noticia del amor de Dios.

[25] "Y ahora estoy seguro de que ninguno de ustedes, entre quienes he anunciado el reino de Dios, me volverá a ver. [26] Por esto quiero decirles hoy que no me siento culpable respecto de ninguno, [27] porque se he anunciado todo el plan de Dios, sin ocultarles nada. [28] Por lo tanto, estén atentos y cuiden de toda la congregación, en la cual les el Espíritu Santo los ha puesto como pastores[t] para que cuiden de la iglesia de Dios, que él compró con su propia sangre.[u] [29] Sé que cuando yo me vaya vendrán otros que, como lobos feroces, querrán acabar con la iglesia. [30] Aun entre ustedes mismos se levantarán algunos que enseñarán mentiras para que los creyentes los sigan.[v] [31] Estén alerta; acuérdense de que durante tres años,[w] de día y de noche, no dejé de aconsejar con lágrimas a cada uno de ustedes.

[32] "Ahora, hermanos, los encomiendo a Dios y al mensaje de su amor. Él tiene poder para hacerlos crecer espiritualmente y darles todo lo que ha prometido a su pueblo santo. [33] No he querido para mí mismo ni el dinero ni la ropa de nadie;[x] [34] al contrario, bien saben ustedes que trabajé con mis propias manos para conseguir lo necesario para mí y para los que estaban conmigo.[y] [35] Siempre les he enseñado que así se debe trabajar y ayudar a los que están en necesidad,[z] recordando aquellas palabras del Señor Jesús: 'Hay más dicha en dar que en recibir.' "[a]

[36] Después de decir esto, Pablo se puso de rodillas y oró con todos ellos. [37] Todos lloraron, y abrazaron y besaron a Pablo. [38] Y estaban muy tristes, porque les había dicho que no volverían a verlo. Luego lo acompañaron hasta el barco.

---

se habría celebrado el domingo por la noche, y Pablo habría planeado partir el lunes.

[h] 20.7 *Para partir el pan:* esto es, para celebrar la Cena del Señor; véase Hch 2.46 n.

[i] 20.10 Cf. Hch 9.36-42, y también 1 R 17.17-22; 2 R 4.32-35.

[j] 20.13 Como el barco tardaría en dar la vuelta al cabo (véase mapa), Pablo esperó en Tróade y luego, por tierra, alcanzó a sus compañeros en Aso, distante unos 30 km.

[k] 20.14 *Mitilene:* puerto de la isla de Lesbos, cercano a la costa occidental del Asia Menor.

[l] 20.15 *Quío:* isla situada al sur de Lesbos, frente a las costas de Esmirna.

[m] 20.15 *Mileto:* puerto situado al sur de Éfeso.

[n] 20.16 Véase 20.6 n.

[ñ] 20.17-38 Único caso en Hch de un discurso de exhortación a los cristianos.

[o] 20.17 Hch 18.21.

[p] 20.18 Éfeso fue la primera ciudad de *la provincia de Asia* que Pablo había visitado; cf. Hch 18.19, y véase 19.10 n.

[q] 20.21 Cf. Hch 2.38.

[r] 20.22 Cf. v. 23, y Hch 16.6-7; 19.21. *Obligado por el Espíritu:* otra posible traducción, aunque menos probable: *obligado en (mi) espíritu.*

[s] 20.24 2 Ti 4.6-7.

[t] 20.28 *Pastores:* esto es, *dirigentes* o *supervisores;* la palabra griega (*episkopos*) dio origen a nuestra palabra *obispo.* Para referirse a estas mismas personas se usa el término *ancianos* (gr. *presbyteroi*) en el v. 17. Cf. también Flp 1.1, y véase Tit 1.6-7 n.

[u] 20.28 La expresión griega usada aquí, si bien puede significar *su propia sangre,* puede también traducirse como *la sangre del suyo propio* (o sea *de su Hijo*).

[v] 20.29-30 *Lobos feroces:* falsos maestros que van a infiltrarse desde fuera (Mt 7.15; cf. Mc 13.22; 2 P 2.1; también Dt 31.29). Las personas a las que se refiere el v. 30 molestarán desde dentro. Cf. 1 Ti 1.3-7 y, en Ap 2.2-7, el mensaje dirigido más tarde a la misma iglesia de Éfeso.

[w] 20.31 *Tres años:* tiempo aproximado; cf. Hch 19.8,10.

[x] 20.33-34 Cf. 1 S 12.3-5.

[y] 20.34 Hch 18.3 n.

[z] 20.35 Ef 4.28.

[a] 20.35 Palabras de Jesús no registradas en los evangelios (pero cf. Lc 6.38).

6. Prisión de Pablo y viaje a Roma (21.1—28.31)

21 *Viaje de Pablo a Jerusalén*[a] ¹ Cuando dejamos a los hermanos, nos embarcamos y fuimos directamente a Cos, y al día siguiente a Rodas, y de allí a Pátara. ² En Pátara encontramos un barco que iba a Fenicia, y en él nos embarcamos. ³ Al pasar, vimos la isla de Chipre, y dejándola a mano izquierda seguimos hasta Siria. Y como el barco tenía que dejar carga en el puerto de Tiro, entramos allí.[b] ⁴ Encontramos a los creyentes, y nos quedamos con ellos siete días. Ellos, advertidos por el Espíritu, dijeron a Pablo que no debía ir a Jerusalén. ⁵ Pero pasados los siete días, salimos. Todos, con sus mujeres y niños, nos acompañaron hasta fuera de la ciudad, y allí en la playa nos arrodillamos y oramos. ⁶ Luego nos despedimos y subimos al barco, y ellos regresaron a sus casas.[c]

⁷ Terminamos nuestro viaje por mar yendo de Tiro a Tolemaida, donde saludamos a los hermanos y nos quedamos con ellos un día. ⁸ Al día siguiente salimos y llegamos a Cesarea.[d] Fuimos a casa de Felipe[e] el evangelista, que era uno de los siete ayudantes de los apóstoles, y nos quedamos con él. ⁹ Felipe tenía cuatro hijas solteras, que eran profetisas. ¹⁰ Ya hacía varios días que estábamos allí, cuando llegó de Judea un profeta llamado Agabo.[f] ¹¹ Al llegar ante nosotros tomó el cinturón de Pablo, se sujetó con él las manos y los pies,[g] y dijo:

—El Espíritu Santo dice que en Jerusalén los judíos atarán así al dueño de este cinturón, y lo entregarán en manos de los extranjeros.[h]

¹² Al oír esto, nosotros y los de Cesarea rogamos a Pablo que no fuera a Jerusalén. ¹³ Pero Pablo contestó:

—¿Por qué lloran y me ponen triste? Yo estoy dispuesto, no solamente a ser atado sino también a morir en Jerusalén por causa del Señor Jesús.

¹⁴ Como no pudimos convencerlo, lo dejamos, diciendo:
—Que se haga la voluntad del Señor.

¹⁵ Después de esto, nos preparamos y nos fuimos a Jerusalén. ¹⁶ Nos acompañaron algunos creyentes de Cesarea, quienes nos llevaron a casa de un hombre de Chipre llamado Mnasón, que era creyente desde hacía mucho tiempo y que iba a darnos alojamiento.

Pablo visita a Santiago ¹⁷ Cuando llegamos a Jerusalén, los hermanos nos recibieron con alegría. ¹⁸ Al día siguiente, Pablo fue con nosotros a visitar a Santiago,[i] y allí estaban también todos los ancianos.[j] ¹⁹ Pablo los saludó, y luego les contó detalladamente las cosas que Dios había hecho por medio de él entre los no judíos. ²⁰ Cuando lo oyeron, alabaron a Dios. Dijeron a Pablo:

—Bueno, hermano, ya ves que entre los judíos hay muchos miles que han creído, y todos ellos insisten en que es necesario seguir la ley de Moisés. ²¹ Y les han informado que a todos los judíos que viven en el extranjero tú les enseñas que deben renegar de la ley de Moisés, y les dices que no deben circuncidar a sus hijos ni seguir nuestras costumbres. ²² ¿Qué hay de esto? Pues sin duda la gente va a saber que has venido. ²³ Lo mejor es que hagas lo siguiente: Hay aquí, entre nosotros, cuatro hombres que tienen que cumplir una promesa. ²⁴ Llévalos contigo, purifícate junto con ellos y paga sus gastos, para que ellos puedan hacerse cortar el cabello.[k] Así todos verán que no es cierto lo que les han dicho de ti, sino que, al contrario, tú también obedeces la ley. ²⁵ En cuanto a los que no son judíos y han creído, ya les hemos escrito nuestra decisión: no deben comer carne que haya sido ofrecida a los ídolos, ni sangre, ni carne de animales estrangulados, y deben evitar los matrimonios prohibidos.[l]

Arresto de Pablo en el templo ²⁶ Entonces Pablo se llevó a los cuatro hombres, y al día siguiente se purificó junto con ellos; luego entró en el templo para avisar cuándo terminarían los días del cumplimiento de la promesa, es decir, cuándo cada uno de ellos tendría que presentar su ofrenda.

²⁷ Estando ya por terminar los siete días, unos judíos de la provincia de Asia vieron a Pablo en el templo y alborotaron a la gente. Se lanzaron contra Pablo, ²⁸ gritando: "¡Israelitas, ayúdennos! Este es el hombre que anda por todas partes enseñando a la gente cosas que van contra nuestro pueblo, contra la ley de Moisés y contra este templo. Además, ahora ha metido en el templo a unos griegos,[m] profanando este Lugar santo."

²⁹ Decían esto porque antes lo habían visto en la ciudad con Trófimo[n] de Éfeso, y pensaban que Pablo lo había llevado al templo.

³⁰ Toda la ciudad se alborotó, y la gente llegó corriendo. Agarraron a Pablo y lo arrastraron fuera del templo, cerrando inmediatamente las puertas. ³¹ Estaban a punto de matarlo, cuando al comandante del batallón romano[ñ] le

---

[a] **21.1** Con el viaje a Jerusalén comienza la última sección de Hch, en la que se narra cómo Pablo, prisionero, llega a Roma, capital del Imperio.

[b] **21.2-3** Después de cambiar de embarcación en *Pátara*, Pablo y sus compañeros hicieron la travesía de más de 500 km. por el Mediterráneo hasta *Tiro*, en la provincia de *Siria*.

[c] **21.6-16** Hch 9.1-19; 26.12-18.

[d] **21.7-8** *Tolemaida:* el antiguo puerto de Aco (Jue 1.31-32), llamado también Acre, al norte de *Cesarea*. De Tolemaida a Cesarea se podía ir por mar o por tierra.

[e] **21.8** *Felipe:* Véase Hch 6.5 nota e.

[f] **21.9-10** *Profetisas, profeta:* Véase 1 Co 14.1 n. *Agabo:* Hch 11.28.

[g] **21.11** Acción simbólica; cf. la de algunos de los profetas del AT (1 R 11.29-32; Is 20.2-4; Jer 13.1-11).

[h] **21.11** *Extranjeros:* aquí, las autoridades romanas, como en Lc 18.32.

[i] **21.18** *Santiago:* Véase Hch 12.17 n.

[j] **21.18** *Ancianos:* Hch 11.30 n. Aquí se suspende el uso de "nosotros", para volver a emplearse en Hch 27.1—28.16.

[k] **21.23-24** La *promesa* sería la de nazareo (o nazireo), por tiempo limitado (cf. Hch 18.18). Las ofrendas requeridas al final del período (Nm 6.13-20) eran costosas, y se consideraba un acto piadoso que otro las pagara por una persona de escasos recursos (v. 26).

[l] **21.25** *Nuestra decisión:* Hch 15.28-29; véase 15.20 n.

[m] **21.28** Los no judíos tenían acceso al atrio exterior del templo, pero había una barrera con letreros en griego y latín para advertirles que no podían entrar al templo mismo, so pena de muerte. Respecto a la acusación del templo y contra la ley, cf. las acusaciones contra Esteban (Hch 6.11-14) y contra Jesús mismo (Mt 26.61; Mc 14.58).

[n] **21.29** *Trófimo:* Hch 20.4.

[ñ] **21.31** Se trata de Claudio Lisias (Hch 23.26), *comandante* del batallón romano, acuartelado en la Fortaleza Antonia, la cual se comunicaba por *gradas* directamente con el área del templo (v. 35).

llegó la noticia de que toda la ciudad de Jerusalén se había alborotado. ³² El comandante reunió a sus soldados y oficiales, y fue corriendo a donde estaba la gente. Cuando vieron al comandante y a los soldados, dejaron de golpear a Pablo. ³³ Entonces el comandante se acercó, arrestó a Pablo y mandó que lo sujetaran con dos cadenas. Después preguntó quién era y qué había hecho. ³⁴ Pero unos gritaban una cosa y otros otra, de modo que el comandante no podía aclarar nada a causa del ruido que hacían; así que mandó llevarlo al cuartel. ᵒ ³⁵ Al llegar a las gradas del cuartel, los soldados tuvieron que llevar a Pablo a cuestas, debido a la violencia de la gente; ³⁶ porque todos iban detrás, gritando: "¡Muera!" ᵖ

Discurso de Pablo ante el pueblo ³⁷ Cuando ya iban a meterlo en el cuartel, Pablo le preguntó al comandante del batallón:

—¿Puedo hablar con usted un momento?

El comandante le contestó:

—¿Sabes hablar griego? ³⁸ Entonces, ¿tú no eres aquel egipcio que hace algún tiempo comenzó una rebelión y salió al desierto con cuatro mil guerrilleros? ᵠ ³⁹ Pablo le dijo:

—Yo soy judío, natural de Tarso ʳ de Cilicia, ciudadano de una población importante; ˢ pero, por favor, permítame usted hablar a la gente.

⁴⁰ El comandante le dio permiso, y Pablo se puso de pie en las gradas y con la mano hizo callar a la gente. Cuando se hizo silencio, les habló en hebreo, ᵗ diciendo:

22 ¹ "Hermanos y padres, ᵃ escuchen lo que les digo en mi defensa."

² Al oir que les hablaba en hebreo, ᵇ guardaron aún más silencio. Pablo continuó:

³ "Yo soy judío. Nací en Tarso ᶜ de Cilicia, pero me crié aquí en Jerusalén y estudié bajo la dirección de Gamaliel, ᵈ muy de acuerdo con la ley de nuestros antepasados. Siempre he procurado servir a Dios con todo mi corazón, tal como todos ustedes lo hacen hoy día. ⁴ Antes perseguí a muerte a quienes seguían este Nuevo Camino, ᵉ y los arresté y metí en la cárcel, ya fueran hombres o mujeres. ⁵ El jefe de los sacerdotes y todos los ancianos son testigos de esto. Ellos me dieron cartas para nuestros hermanos judíos en Damasco, y fui allá en busca de creyentes, para traerlos aquí a Jerusalén y castigarlos. ᶠ

⁶ "Pero mientras iba yo de camino, ᵍ y estando ya cerca de Damasco, a eso del mediodía, una fuerte luz del cielo brilló de repente a mi alrededor, ⁷ y caí al suelo. Y oí una voz, que me decía: 'Saulo, Saulo, ¿por qué me persigues?' ⁸ Pregunté: '¿Quién eres, Señor?' Y la voz me contestó: 'Yo soy Jesús de Nazaret, el mismo a quien tú estás persiguiendo.' ʰ ⁹ Los que iban conmigo vieron la luz, ⁱ pero no oyeron la voz del que me hablaba. ¹⁰ Yo pregunté: '¿Qué debo hacer, Señor?' Y el Señor me dijo: 'Levántate y sigue tu viaje a Damasco. Allí se te dirá todo lo que debes hacer.' ¹¹ Como el brillo de la luz me dejó ciego, mis compañeros me llevaron de la mano a Damasco.

¹² "Allí había un hombre llamado Ananías, que era muy piadoso y obediente a la ley de Moisés; todos los judíos que vivían en Damasco hablaban muy bien de él. ¹³ Ananías vino a verme, y al llegar me dijo: 'Hermano Saulo, recibe de nuevo la vista.' En aquel mismo momento recobré la vista, y pude verlo. ¹⁴ Luego añadió: 'El Dios de nuestros padres te ha escogido para que conozcas su voluntad, y para que veas al que es justo ʲ y oigas su voz de sus propios labios. ¹⁵ Pues tú vas a ser testigo suyo ante todo el mundo, y vas a contar lo que has visto y oído. ¹⁶ Y ahora, no esperes más. Levántate, bautízate y lávate de tus pecados, invocando el nombre del Señor.' ᵏ

¹⁷ "Cuando regresé a Jerusalén, fui al templo a orar, y tuve una visión. ¹⁸ Vi al Señor, que me dijo: 'Date prisa, sal rápidamente de Jerusalén, porque no van a hacer caso de lo que dices de mí.' ¹⁹ Yo le dije: 'Señor, ellos saben que yo iba por todas las sinagogas y llevaba a la cárcel a los que creían en ti, y que los golpeaba, ²⁰ y que cuando mataron a tu siervo Esteban, que daba testimonio de ti, yo mismo estaba allí, aprobando que lo mataran, e incluso cuidé la ropa de quienes lo mataron.' ˡ ²¹ Pero el Señor me dijo: 'Ponte en camino, que voy a enviarte a naciones lejanas.' " ᵐ

Pablo en manos del comandante ²² Hasta este punto lo escucharon; pero entonces comenzaron a gritar: "¡Ese hombre no debe vivir! ¡Bórralo de este mundo!" ⁿ ²³ Y como seguían gritando y sacudiendo sus ropas y tirando polvo al

---

ᵒ **21.34** *Al cuartel:* a la Fortaleza Antonia (21.31 n.).

ᵖ **21.36** Cf. el clamor contra Jesús (Lc 23.18,21; Jn 19.15), repetido contra Pablo en Hch 22.22.

ᵠ **21.38** *Guerrilleros:* gr. *sikarioi,* plural del nombre dado a los miembros de un movimiento terrorista que luchaba por liberar a Israel de los romanos; se les llamaba así por el vocablo latino *sica,* que significa *espada* o *puñal.* Según el historiador Josefo, hubo un *egipcio* que, diciéndose profeta, encabezó un grupo de varios miles de guerrilleros que marcharon desde el desierto hasta el Monte de los Olivos en el año 54 d.C.; la sublevación fue sofocada por las tropas romanas, pero el egipcio escapó.

ʳ **21.39** *Tarso:* ciudad natal de Pablo (Hch 11.25 nota *l*).

ˢ **21.39** *Ciudadano:* Pablo insinúa que es ciudadano romano; después reclama abiertamente sus derechos como tal (Hch 22.25).

ᵗ **21.40** *Hebreo:* término que incluía también el arameo, idioma parecido al hebreo y hablado por los judíos de Palestina; aquí puede, sin embargo, referirse al hebreo mismo, ya que este se usaba como lengua litúrgica y, según parece, persistía todavía como lengua familiar en el sur de Palestina.

ᵃ **22.1** Cf. Hch 7.2.

ᵇ **22.2** *En hebreo:* Véase Hch 21.40 n.

ᶜ **22.3** *Tarso:* Véase Hch 11.25 nota *l*.

ᵈ **22.3** *Bajo la dirección de:* lit. *a los pies de,* expresión basada en el hecho de que el maestro se sentaba en un banco, y sus discípulos se sentaban a su alrededor, en el suelo. *Gamaliel:* Hch 5.34 n.

ᵉ **22.4** *Nuevo Camino:* Véase Hch 9.2 nota *c*.

ᶠ **22.4-5** Hch 8.3; 9.1-2; 26.9-11.

ᵍ **22.6-16** Hch 9.1-19; 26.12-18.

ʰ **22.8** Hch 9.5.

ⁱ **22.9** Algunos mss. añaden *y se asustaron.*

ʲ **22.14** *Al que es justo:* Véase Hch 3.13-14 n.

ᵏ **22.16** Cf. Jl 2.32 (citado en Hch 2.21; Ro 10.13).

ˡ **22.20** Hch 7.58; 8.1.

ᵐ **22.21** *Naciones lejanas:* Véase Hch 9.15 n.; cf. 26.17; Gl 1.16; 2.7-9.

ⁿ **22.22** Véase Hch 21.36 n.

aire,ⁿ ²⁴ el comandante ordenó que metieran a Pablo en el cuartel, y mandó que lo azotaran, para que confesara por qué la gente gritaba en contra suya. ²⁵ Pero cuando ya lo tenían atadoᵒ para azotarlo, Pablo le preguntó al capitán que estaba presente:

—¿Tienen ustedes autoridad para azotar a un ciudadano romano, y además sin haberlo juzgado?ᵖ

²⁶ Al oír esto, el capitán fue y avisó al comandante, diciendo:

—¿Qué va a hacer usted? Este hombre es ciudadano romano.

²⁷ Entonces el comandante se acercó a Pablo, y le preguntó:

—¿Es cierto que tú eres ciudadano romano?

Pablo le contestó:

—Sí.

²⁸ El comandante le dijo:

—A mí me costó mucho dinero hacerme ciudadano romano.

Y Pablo respondió:

—Pues yo lo soy por nacimiento.ᑫ

²⁹ Con esto, los que iban a azotar a Pablo se apartaron de él; y hasta el mismo comandante, al darse cuenta de que era ciudadano romano, tuvo miedo por haberlo encadenado.ʳ

Pablo ante la Junta Suprema de los judíos ³⁰ Al día siguiente, el comandante, queriendo saber con exactitud de qué acusaban los judíos a Pablo, le quitó las cadenasˢ y mandó reunir a los jefes de los sacerdotes y a toda la Junta Suprema.ᵗ Luego sacó a Pablo y lo puso delante de ellos.

23 ¹ Pablo miró a los de la Junta Suprema y les dijo:

—Hermanos, yo he vivido hasta hoy con la conciencia tranquila delante de Dios.

² Entonces Ananías, que era sumo sacerdote,ᵃ mandó a los que estaban cerca de Pablo que le pegaran en la boca.

³ Pero Pablo le contestó:

—¡Dios le va a pegar a usted, hipócrita! Si usted está sentado ahí para juzgarme según la ley, ¿por qué contra la ley manda que me peguen?ᵇ

⁴ Los que estaban presentes le dijeron:

—¿Así insultas al sumo sacerdote de Dios?

⁵ Pablo dijo:

—Hermanos, yo no sabía que fuera el sumo sacerdote; pues en la Escritura dice: 'No maldigas al que gobierna a tu pueblo.'ᶜ

⁶ Luego, dándose cuenta de que algunos de la Junta eran del partido saduceo y otros del partido fariseo,ᵈ dijo Pablo en voz alta:

—Hermanos, yo soy fariseo, de familia de fariseos; y se me está juzgando porque espero la resurrección de los muertos.

⁷ En cuanto Pablo dijo esto, los fariseos y los saduceos comenzaron a discutir entre sí, y se dividió la reunión. ⁸ Porque los saduceos dicen que los muertos no resucitan, y que no hay ángeles ni espíritus; en cambio, los fariseos creen en todas estas cosas. ⁹ Todos gritaban; y algunos maestros de la ley, que eran del partido fariseo, se levantaron y dijeron:

—Este hombre no ha hecho nada malo; tal vez le ha hablado un espíritu o un ángel.ᵉ

¹⁰ Como el alboroto era cada vez mayor, el comandante tuvo miedo de que hicieran pedazos a Pablo, por lo cual mandó llamar a unos soldados para sacarlo de allí y llevarlo otra vez al cuartel.

¹¹ A la noche siguiente, el Señor se le apareció a Pablo y le dijo: "Ánimo, Pablo, porque así como has dado testimonio de mí aquí en Jerusalén, así tendrás que darlo también en Roma."

Planes para matar a Pablo ¹² Al día siguiente, algunos de los judíos se pusieron de acuerdo para matar a Pablo, y juraron bajo maldiciónᶠ que no comerían ni beberían hasta que lograran matarlo. ¹³ Eran más de cuarenta hombres los que así se habían comprometido. ¹⁴ Fueron, pues, a los jefes de los sacerdotes y a los ancianos de los judíos, y les dijeron:

—Nosotros hemos jurado bajo maldición que no comeremos nada mientras no matemos a Pablo. ¹⁵ Ahora, ustedes y los demás miembros de la Junta Suprema pidan al comandante que lo traiga mañana ante ustedes, con el pretexto de investigar su caso con más cuidado; y nosotros estaremos listos para matarlo antes que llegue.

¹⁶ Pero el hijo de la hermana de Pablo se enteró del asunto, y fue al cuartel a avisarle. ¹⁷ Pablo llamó a uno de los capitanes, y le dijo:

ⁿ **22.23** Ademán de horror e indignación.

ᵒ **22.25** *Atado:* lit. *estirado* (probablemente sobre un banco, para recibir los latigazos).

ᵖ **22.25** Cf. Hch 16.37-38; estaba estrictamente prohibido *azotar a un ciudadano romano.*

ᑫ **22.28** En tiempos del emperador Claudio (41-54 d.C.) era posible comprar los derechos de ciudadanía romana.

ʳ **22.29** Siendo Pablo ciudadano romano, el comandante podría perder su puesto, y hasta la vida misma, si le causaba este tormento; incluso, el solo hecho de *haberlo encadenado* era una grave ofensa.

ˢ **22.30** *Le quitó las cadenas:* otra posible traducción: *lo sacó de la cárcel.*

ᵗ **22.30** *La Junta Suprema:* el Sanedrín judío, presidido por el sumo sacerdote (Hch 23.1). Véase *Índice temático.*

ᵃ **23.2** *Ananías:* sumo sacerdote alrededor de los años 48-58 d.C.; tenía mala fama por su falta de honradez y su colaboración con el gobierno romano.

ᵇ **23.2-3** *Según la ley* judía, ningún acusado podía ser castigado antes de que fuera probada su culpabilidad; cf. Lv 19.15; y también Mc 14.63-65; Jn 18.22-23.

ᶜ **23.5** Ex 22.28(27).

ᵈ **23.6-8** Véanse las palabras *Fariseos* y *Saduceos* en el *Índice temático,* y también la *Introducción al NT (26-28).* Estos dos grupos diferían, entre otras cosas, por su posición respecto a la creencia en *la resurrección de los muertos* (Mt 22.23; Mc 12.18; Lc 20.27; véase Hch 4.1 n.), circunstancia que Pablo aprovecha para provocar una división entre ellos. Pablo todavía se considera *fariseo* (v. 6; Hch 26.5; Flp 3.5) y, como tal, reconoce la resurrección como parte de la fe de Israel (Hch 24.15; 26.6-8).

ᵉ **23.9** Posible alusión a las experiencias que Pablo les había contado (cf. Hch 26.6-10,17-21). Algunos mss. añaden *Si es así, no vayamos contra Dios.*

ᶠ **23.12** *Juraron bajo maldición:* esto es, invocando sobre sí mismos una *maldición* divina si faltaban a su promesa (aunque la costumbre rabínica permitía una dispensa si el cumplimiento resultaba imposible).

PARTIDOS RELIGIOSOS Y POLÍTICOS EN EL SIGLO I

Partido	Características	Referencias
Fariseo (partido religioso, con alguna tendencia política)	Doctrinas y prácticas	Mt 9.11,14; 12.1-2; 15.2; 19.3 n.; 23.15,23, 25,29; Lc 18.11-12; Hch 15.5
	Enemigos de Jesús	Mt 9.34; 12.14,24; 16.1-12; Jn 9.16; 11.47-48,57
	Favorables a Jesús	Lc 7.36; 11.37; Jn 3.1; 7.50-51; 19.39
	Otras	Mt 3.7; 16.1-12; Lc 5.17,21; Jn 8.3; Hch 23.6-9
Saduceo (partido religioso, con alguna tendencia política)	Doctrinas y creencias	Mt 22.23; Hch 23.8
	Enemigos de Jesús	Mt 16.1-12
	Otras	Mt 3.7; Hch 4.1; 5.17; 23.6-8
Celote (partido político y religioso opuesto al imperio romano)	Su nombre significa "celoso, fanático".	Lc 6.15*; Hch 1.13
Herodiano (partido político, favorable al dominio romano)	Como su nombre lo indica, eran partidarios de la familia de Herodes.	Mt 22.16*; 12.13
Samaritano (partido religioso, separado del judaísmo)	Algunas creencias	Jn 4.20,25
Esenio (partido religioso)	Grupo separatista, nacido en la época helenística, probablemente, de los fariseos. Eran estrictos observantes de la ley; consideraban al sacerdocio como corrupto y rechazaban muchas prácticas religiosas y el sistema sacrificial judío.	No se menciona este grupo en el NT.

Véanse *Celote; Fariseos; Saduceos* en el *Índice temático*.

—Lleve a este muchacho al comandante, porque tiene algo que comunicarle.

18 El capitán lo llevó al comandante, y le dijo:

—El preso Pablo me llamó y me pidió que trajera aquí a este muchacho, que tiene algo que comunicarle a usted.

19 El comandante tomó de la mano al muchacho, y llevándolo aparte le preguntó:

—¿Qué quieres decirme?

20 El muchacho le dijo:

—Los judíos se han puesto de acuerdo para pedirle a usted que mañana lleve a Pablo ante la Junta Suprema, con el pretexto de que quieren investigar su caso con más cuidado. **21** Pero no les crea, porque más de cuarenta de sus hombres lo esperan escondidos, y han jurado bajo maldición que no comerán ni beberán hasta que maten a Pablo; y ahora están listos, esperando solamente que usted les dé una respuesta.

22 Entonces el comandante despidió al muchacho, mandándole que no dijera a nadie que le había contado eso.

Pablo es enviado ante Félix **23** El comandante llamó a dos de sus capitanes, y les dio orden de preparar doscientos soldados *g* de a pie, setenta de a caballo y doscientos con lanzas, para ir a Cesarea *h* a las nueve de la noche. *i* **24** Además mandó preparar caballos para que Pablo montara, y dio orden de llevarlo sano y salvo al gobernador Félix. *j* **25** Con ellos envió una carta que decía lo siguiente:

26 "De Claudio Lisias al excelentísimo gobernador Félix: saludos. **27** Los judíos habían arrestado a este hombre y lo iban a matar, pero cuando yo supe que se trataba de un ciudadano romano, fui con mis soldados y lo libré. **28** Como quise saber de qué lo acusaban, lo llevé ante la Junta de los judíos, **29** y resultó que lo acusaban de asuntos de la ley de ellos; pero no había razón para matarlo, y ni siquiera para tenerlo en la cárcel. **30** Pero como me he enterado de que los judíos tienen planes para matarlo, ahí se lo envío a

---

g **23.23** *Doscientos soldados:* número que representa casi la mitad de toda la tropa asignada a Jerusalén.

h **23.23** *A Cesarea:* viaje de dos días a la capital administrativa de Judea.

i **23.23** *Las nueve de la noche:* lit. *la hora tercera de la noche.*

j **23.24** Antonio *Félix,* gobernador o procurador de Judea (52-60 d.C.).

usted; y he pedido también a los que lo acusan que traten delante de usted lo que tengan contra él."

³¹ Los soldados, conforme a las órdenes que tenían, tomaron a Pablo y lo llevaron de noche a Antípatris. ᵏ ³² Al día siguiente, los soldados de a pie volvieron al cuartel, y los de a caballo siguieron el viaje con Pablo. ³³ Al llegar a Cesarea, dieron la carta al gobernador y le entregaron también a Pablo. ³⁴ Después de leer la carta, el gobernador preguntó de dónde era Pablo; y al saber que era de Cilicia, ³⁵ le dijo:

—Te oiré cuando vengan los que te acusan.

Luego dio orden de ponerlo bajo vigilancia en el palacio de Herodes. ˡ

24 **Defensa de Pablo ante Félix** ¹ Cinco días después, Ananías, el sumo sacerdote, llegó a Cesarea con algunos de los ancianos y con un abogado que se llamaba Tértulo. Estos se presentaron ante el gobernador, para acusar a Pablo. ² Cuando trajeron a Pablo, Tértulo comenzó su acusación, diciendo a Félix:

—Gracias a usted, señor gobernador, tenemos paz, y gracias a sus sabias disposiciones se han hecho muchas mejoras en nuestra nación. ³ Todo esto lo recibimos siempre y en todas partes, oh excelentísimo Félix, con mucho agradecimiento. ᵃ ⁴ Pero para no quitarle mucho tiempo, le ruego que tenga la bondad de oírnos un momento. ⁵ Hemos encontrado que este hombre es una calamidad, y que por todo el mundo anda provocando divisiones entre los judíos, y que es cabecilla de la secta de los nazarenos. ᵇ ⁶ Incluso trató de profanar el templo, por lo cual nosotros lo arrestamos. ᶜ ⁸ Usted mismo puede interrogarlo para saber la verdad de todo esto de que lo acusamos.

⁹ Los judíos allí presentes también afirmaban lo mismo. ¹⁰ El gobernador le hizo entonces a Pablo señas de que hablara, y Pablo dijo:

—Con mucho gusto presento mi defensa ante usted, porque sé que usted es juez de esta nación desde hace muchos años. ¹¹ Como usted mismo puede averiguar, hace apenas doce días que llegué a Jerusalén, a adorar a Dios. ¹² Y no me encontraron discutiendo con nadie, ni alborotando a la gente en el templo, ni en las sinagogas, ni en otras partes de la ciudad. ¹³ Estas personas no pueden probar ninguna de las cosas de que me acusan. ¹⁴ Pero lo que sí confieso es que sirvo al Dios de mis padres de acuerdo con el Nuevo Camino ᵈ que ellos llaman una secta, porque creo todo lo que está escrito en los libros de la ley y de los profetas. ᵉ ¹⁵ Y tengo, lo mismo que ellos, la esperanza en Dios de que los muertos han de resucitar, tanto los buenos como los malos. ᶠ ¹⁶ Por eso procuro siempre tener limpia mi conciencia delante de Dios y de los hombres. ᵍ

¹⁷ "Después de algunos años de andar por otras partes, volví a mi país para dar limosnas y presentar ofrendas. ʰ ¹⁸⁻¹⁹ Y estaba haciendo esto, después de haberme purificado según el rito establecido, aunque sin mucha gente y sin ningún alboroto, cuando unos judíos de la provincia de Asia me encontraron en el templo. ⁱ Esos son los que deben venir y presentarse aquí para acusarme, si es que tienen algo contra mí. ²⁰ Y si no, que estos que están aquí digan si me hallaron culpable de algún delito cuando estuve ante la Junta Suprema de los judíos. ²¹ A no ser que cuando estuve entre ellos dije en voz alta: 'Hoy me están juzgando ustedes porque creo en la resurrección de los muertos.' " ʲ

²² Al oír esto, Félix, como estaba bien informado del Nuevo Camino, dejó el asunto pendiente y les dijo:

—Cuando venga el comandante Lisias, me informaré mejor de este asunto de ustedes.

²³ Y mandó Félix al capitán que Pablo siguiera detenido, pero que le diera alguna libertad y dejara que sus amigos lo atendieran.

²⁴ Unos días más tarde llegó otra vez Félix, junto con Drusila, su esposa, que era judía. ᵏ Y mandó Félix llamar a Pablo, y escuchó lo que este decía acerca de la fe en Jesucristo. ²⁵ Pero cuando Pablo le habló de una vida de rectitud, del dominio propio y del juicio futuro, Félix se asustó y le dijo:

—Vete ahora. Te volveré a llamar cuando tenga tiempo.

²⁶ Por otra parte, Félix esperaba que Pablo le diera dinero; por eso lo llamaba muchas veces para hablar con él. ²⁷ Dos años pasaron así; luego Félix dejó de ser gobernador, y en su lugar entró Porcio Festo. Y como Félix quería quedar bien con los judíos, dejó preso a Pablo. ˡ

25 **Pablo ante Festo** ¹ Festo llegó para tomar su puesto de gobernador, ᵃ y tres días después se dirigió de

---

ᵏ **23.31-32** *Antípatris* era una importante estación militar, situada como a medio camino entre Jerusalén y Cesarea. Ya lejos de Jerusalén, y pasado el tramo montañoso donde se corría el peligro de una emboscada, la infantería regresó, en tanto que la caballería llevó a Pablo hasta Cesarea.

ˡ **23.35** *Palacio de Herodes:* construido en Cesarea por Herodes el Grande, y después usado como residencia del gobernador.

ᵃ **24.2-3** Adulación típica; de hecho, *Félix* parece haber sido un gobernador violento y sin escrúpulos.

ᵇ **24.5** *Nazarenos:* nombre dado a los cristianos, por ser seguidores de Jesús de Nazaret.

ᶜ **24.6** Algunos mss. añaden *y quisimos juzgarlo de acuerdo con nuestra ley;* ⁷ *pero el comandante Lisias se metió, y con mucha fuerza nos lo quitó* ⁸ *y dijo que los que lo acusaban debían presentarse ante usted.*

ᵈ **24.14** *El Nuevo Camino:* Véase Hch 9.2 nota *c*.

ᵉ **24.14** *Los libros de la ley y de los profetas:* las Escrituras del AT (Hch 26.22; 28.23).

ᶠ **24.15** Cf. Dn 12.2; 2 Mac 7.9-14,23; cf. también Jn 5.28-29; Hch 23.6; 26.6-8.

ᵍ **24.16** Hch 23.1.

ʰ **24.17** Probable alusión a la ofrenda traída para los cristianos pobres de Jerusalén (véase Hch 20.1-6 n.), considerados aún como parte de la nación judía.

ⁱ **24.18-19** Cf. Hch 21.17-28.

ʲ **24.21** Hch 23.6.

ᵏ **24.24** *Drusila* era la hija menor de Herodes Agripa I (véase Hch 12.1 n.) y hermana de Herodes Agripa II y Berenice (véase Hch 25.13 nota *g* y nota *h*); había dejado a su primer marido, el rey de Emesa, para casarse con *Félix*.

ˡ **24.27** *Félix* fue destituido y llamado a Roma por el emperador Nerón; *quería quedar bien con los judíos* para evitar que estos lo denunciaran; sin embargo, ellos enviaron una delegación a Roma para quejarse de su administración.

ᵃ **25.1** Porcio *Festo* sucedió a Félix y fue procurador de Judea, probablemente del año 60 d.C. hasta su muerte en el 62 d.C.

Cesarea a Jerusalén. [b] ² Allí los jefes de los sacerdotes y los judíos más importantes le presentaron una demanda contra Pablo. ³ Le pidieron, como favor especial, que ordenara que Pablo fuera llevado a Jerusalén. El plan de ellos era hacer que lo mataran en el camino; [c] ⁴ pero Festo contestó que Pablo seguiría preso en Cesarea, y que él mismo pensaba ir allá dentro de poco. ⁵ Les dijo:

—Por eso, las autoridades de ustedes deben ir conmigo a Cesarea, y si ese hombre ha cometido algún delito, allí podrán acusarlo.

⁶ Festo estuvo en Jerusalén unos ocho o diez días más, y luego regresó a Cesarea. Al día siguiente ocupó su asiento en el tribunal y ordenó que le llevaran a Pablo. ⁷ Cuando Pablo entró, los judíos que habían llegado de Jerusalén se acercaron y lo acusaron de muchas cosas graves, aunque no pudieron probar ninguna de ellas. [d] ⁸ Pablo, por su parte, decía en su defensa:

—Yo no he cometido ningún delito, ni contra la ley de los judíos ni contra el templo ni contra el emperador romano.

⁹ Pero como Festo quería quedar bien con los judíos, le preguntó a Pablo:

—¿Quieres ir a Jerusalén, para que yo juzgue allá tu caso?

¹⁰ Pablo contestó:

—Estoy ante el tribunal del emperador romano, que es donde debo ser juzgado. Como bien sabe usted, no he hecho nada malo contra los judíos. ¹¹ Si he cometido algún delito que merezca la pena de muerte, no me niego a morir; pero si no hay nada de cierto en las cosas de que me acusan, nadie tiene el derecho de entregarme a ellos. Pido que el emperador mismo me juzgue. [e]

¹² Festo entonces consultó con sus consejeros, y luego dijo:

—Ya que has pedido que te juzgue el emperador, al emperador irás. [f]

Pablo ante el rey Agripa ¹³ Al cabo de algunos días, el rey Agripa [g] y Berenice [h] fueron a Cesarea a saludar a Festo. ¹⁴ Como estuvieron allí varios días, Festo contó al rey el caso de Pablo. Le dijo:

—Hay aquí un hombre que Félix dejó preso. ¹⁵ Cuando estuve en Jerusalén, los jefes de los sacerdotes y los ancianos de los judíos me presentaron una demanda contra él, pidiéndome que lo condenara. ¹⁶ Yo les contesté que la autoridad romana no acostumbra condenar a muerte a nadie sin que antes el acusado pueda verse cara a cara con los que lo acusan, para defenderse de la acusación. [i] ¹⁷ Por eso, cuando ellos vinieron acá, no perdí tiempo, sino que al día siguiente ocupé mi asiento en el tribunal y mandé traer al hombre. ¹⁸ Pero los que se presentaron para acusarlo no alegaron en contra suya ninguno de los delitos que yo había pensado. ¹⁹ Lo único que decían contra él eran cosas de su religión, y de un tal Jesús que murió y que Pablo dice que está vivo. ²⁰ Como yo no sabía qué hacer en este asunto, le pregunté a Pablo si quería ir a Jerusalén para ser juzgado de esas cosas. ²¹ Pero él ha pedido que lo juzgue Su Majestad el emperador, [j] así que he ordenado que siga preso hasta que se lo pueda mandárselo.

²² Entonces Agripa le dijo a Festo:

—Yo también quisiera oír a ese hombre.

Y Festo le contestó:

—Mañana mismo lo oirás.

²³ Al día siguiente, Agripa y Berenice llegaron y entraron con gran solemnidad [k] en la sala, junto con los jefes militares y los principales señores de la ciudad. Festo mandó que le llevaran a Pablo, ²⁴ y dijo:

—Rey Agripa y señores que están aquí reunidos con nosotros: ahí tienen a ese hombre. Todos los judíos me han traído acusaciones contra él, tanto en Jerusalén como aquí en Cesarea, y no dejan de pedirme a gritos su muerte; ²⁵ pero a mí me parece que no ha hecho nada que la merezca. [l] Sin embargo, como él mismo ha pedido ser juzgado por Su Majestad el emperador, he decidido enviárselo. ²⁶ Pero como no tengo nada concreto que escribirle a mi señor el emperador acerca de él, lo traigo ante ustedes, y sobre todo ante ti, oh rey Agripa, para que después de interrogarlo tenga yo algo que escribir. ²⁷ Pues me parece absurdo enviar un preso y no decir de qué está acusado.

26 Pablo presenta su caso ante el rey Agripa

¹ Entonces Agripa le dijo a Pablo:

—Puedes hablar en tu defensa.

Pablo alzó la mano y comenzó a hablar así: ² "Me siento feliz de poder hablar hoy delante de Su Majestad, oh rey Agripa, para defenderme de todas las acusaciones que los judíos han presentado contra mí, ³ sobre todo porque Su Majestad conoce todas las costumbres de los judíos [a] y

---

[b] 25.1 *De Cesarea,* capital administrativa, Festo fue casi de inmediato a *Jerusalén,* la capital religiosa, para establecer relaciones con los judíos.

[c] 25.3 Cf. el complot de Hch 23.12-15; ahora, como no habían podido matar a Pablo, querían que, por lo menos, fuera devuelto a la jurisdicción judía.

[d] 25.7 Cf. Mc 14.55-59; Lc 23.13-15.

[e] 25.9-11 Pablo, sabiendo que en Jerusalén no tendría un juicio imparcial por causa de la presión de los judíos, apela al *emperador* (en la persona del gobernador, o en la del propio emperador); era este un derecho que le correspondía como ciudadano romano.

[f] 25.12 Festo ordena que el caso se juzgue ante el emperador mismo, lo cual llevará a Pablo hasta Roma (Hch 27—28).

[g] 25.13 *Agripa:* Herodes Agripa II, o Marco Julio Agripa, hijo de Herodes Agripa I (véase Hch 12.1 n.); había recibido del emperador el título de *rey* sobre algunos territorios al norte de Palestina, y autoridad para nombrar al sumo sacerdote judío. Aunque la familia de Herodes era de ascendencia judía, Agripa se había puesto de parte de los romanos y casi no practicaba su propia religión; sin embargo, Pablo le habla como a judío (Hch 26.3-8,27).

[h] 25.13 *Berenice,* hermana de Agripa y de Drusila (Hch 24.24), había tenido diferentes maridos y amantes de alto rango, y ahora vivía con su propio hermano.

[i] 25.16 Principio básico de la ley romana.

[j] 25.21 *El emperador:* Nerón, emperador entre los años 54 y 68 d.C.

[k] 25.23 *Solemnidad:* o *pompa;* una procesión ostentosa, por tratarse de personajes reales.

[l] 25.25 Cf. Hch 18.14-15; 23.29.

[a] 26.3 *Las cosas de los judíos:* Véase Hch 25.13 nota *g*.

las cosas que discutimos. Por eso le pido que me oiga con paciencia.

4 "Todos los judíos saben cómo viví entre ellos, en mi tierra y en Jerusalén, desde mi juventud. **5** También saben, y lo pueden declarar si quieren, que siempre he sido fariseo,[b] que es la secta más estricta de nuestra religión. **6** Y ahora me han traído a juicio precisamente por esta esperanza que tengo en la promesa que Dios hizo a nuestros antepasados. **7** Nuestras doce tribus de Israel esperan ver el cumplimiento de esta promesa, y por eso adoran a Dios y le sirven día y noche. Por esta misma esperanza, oh rey Agripa, los judíos me acusan ahora. **8** ¿Por qué no creen ustedes que Dios resucita a los muertos?[c]

9 "Yo mismo pensaba antes que debía hacer muchas cosas en contra del nombre[d] de Jesús de Nazaret,[e] **10** y así lo hice en Jerusalén. Con la autorización de los jefes de los sacerdotes, metí en la cárcel a muchos de los creyentes; y cuando los mataban, yo estaba de acuerdo. **11** Muchas veces los castigaba para obligarlos a negar su fe. Y esto lo hacía en todas las sinagogas, y estaba tan furioso contra ellos que los perseguía hasta en ciudades extranjeras.

12 "Con ese propósito me dirigí a la ciudad de Damasco, autorizado y comisionado por los jefes de los sacerdotes. **13** Pero en el camino,[f] oh rey, vi a mediodía una luz del cielo, más fuerte que la luz del sol, que brilló alrededor de mí y de los que iban conmigo. **14** Todos caímos al suelo, y oí una voz que me decía en hebreo:[g] 'Saulo, Saulo, ¿por qué me persigues? Te estás haciendo daño a ti mismo, como si dieras coces contra el aguijón.'[h] **15** Entonces dije: '¿Quién eres, Señor?' El Señor me contestó: 'Yo soy Jesús, el mismo a quien estás persiguiendo.[i] **16** Pero levántate, ponte de pie, porque me he aparecido a ti para designarte como mi servidor y testigo de lo que ahora has visto y de lo que todavía has de ver de mí. **17** Te voy a librar de los judíos y también de los no judíos, a los cuales ahora te envío.[j] **18** Te mando a ellos para que les abras los ojos y no caminen más en la oscuridad, sino en la luz;[k] para que no sigan bajo el poder de Satanás, sino que sigan a Dios; y para que crean en mí y reciban así el perdón de los pecados y una herencia en el pueblo santo de Dios.'[l]

19 "Así que, oh rey Agripa, no desobedecí a la visión del cielo, **20** sino que primero anuncié el mensaje a los que estaban en Damasco, luego a los de Jerusalén[m] y de toda la región de Judea, y también a los no judíos, invitándolos a convertirse, y a volverse a Dios,[n] y a hacer obras que demuestren esa conversión.[ñ] **21** Por este motivo, los judíos me arrestaron en el templo y quisieron matarme.[o] **22** Pero con la ayuda de Dios sigo firme hasta ahora, hablando de Dios a todos, pequeños y grandes. Nunca les digo nada aparte de lo que los profetas y Moisés dijeron que había de suceder:[p] **23** que el Mesías tenía que morir, pero que después de morir sería el primero en resucitar,[q] y que anunciaría la luz de la salvación tanto a nuestro pueblo como a las otras naciones."[r]

Respuesta de Agripa **24** Al decir Pablo estas cosas en su defensa, Festo gritó:

—¡Estás loco, Pablo! De tanto estudiar te has vuelto loco.

25 Pero Pablo contestó:

—No estoy loco, excelentísimo Festo; al contrario, lo que digo es razonable y es la verdad. **26** Ahí está el rey Agripa, que conoce bien estas cosas, y por eso hablo con tanta libertad delante de él; porque estoy seguro de que él también sabe todo esto, ya que no se trata de cosas sucedidas en algún rincón escondido. **27** ¿Cree Su Majestad lo que dijeron los profetas? Yo sé que lo cree.[s]

28 Agripa le contestó:

—¿Piensas hacerme cristiano[t] en tan poco tiempo?[u]

29 Pablo dijo:

—Que sea en poco tiempo o en mucho,[v] quiera Dios que no solamente Su Majestad, sino también todos los que me están escuchando hoy, lleguen a ser como yo, aunque sin estas cadenas.

30 Entonces se levantó el rey, y también el gobernador, junto con Berenice y todos los que estaban allí sentados, **31** y se fueron aparte a hablar del asunto. Decían entre sí:

—Este hombre no ha hecho nada que merezca la muerte; ni siquiera debe estar en la cárcel.[w]

32 Y Agripa dijo a Festo:

—Se podría haber soltado a este hombre, si él mismo no hubiera pedido ser juzgado por el emperador.[x]

27 Pablo enviado a Roma
1 Cuando decidieron mandarnos a Italia, Pablo y los otros presos fueron entregados a un capitán que se llamaba Julio, del batallón

---

[b] 26.5 Hch 23.6; Flp 3.5-6.
[c] 26.6-8 Cf. Dn 12.2; 2 Mac 7.9-14,23. Cf. también Hch 23.6; 24.15; 28.20; Pablo relaciona la *esperanza* en la resurrección de los muertos con la resurrección de Cristo (v. 23; cf. 1 Co 15.12-23).
[d] 26.9 *Nombre:* Véase Hch 3.16 n.
[e] 26.9-11 Cf. Hch 8.1,3; 22.4-5,20; Gl 1.13.
[f] 26.12-18 Hch 9.1-19; 22.6-16.
[g] 26.14 *Hebreo:* probablemente el arameo, o bien el hebreo mismo, por ser esta la lengua considerada sagrada (véase Hch 21.40 n.).
[h] 26.14 Dar *coces contra el aguijón* era expresión proverbial de la época, basada en la imagen de un buey que da patadas contra la misma aguijada con que el boyero lo incita.
[i] 26.15 Hch 9.5.
[j] 26.17 Véase Hch 9.15 n.; cf. también Hch 22.21; Gl 1.16; 2.8.
[k] 26.18 Cf. Is 42.6-7,16; Col 1.12-14.
[l] 26.18 Cf. Dt 33.3-4; Hch 20.32.
[m] 26.20 Hch 9.19-22,28-29.

[n] 26.20 Hch 3.19; 9.35; 14.15; 15.19; 20.21.
[ñ] 26.20 Cf. Mt 3.8; Ef 2.10; Tit 2.14; 3.8.
[o] 26.21 Hch 21.30-31.
[p] 26.22 Cf. Jesús en Lc 24.27,44; cf. también Ro 1.2; 16.26; 1 Co 15.3-4.
[q] 26.23 *Resucitar:* Véase 26.6-8 n.; cf. 1 Co 15.20; Col 1.18.
[r] 26.23 Is 42.6; 49.6.
[s] 26.27 Véase Hch 25.13 nota *g.*
[t] 26.28 *Cristiano:* quizá dicho con tono despectivo; véase Hch 11.26 n.
[u] 26.28 *¿Piensas hacerme cristiano en tan poco tiempo?:* También puede traducirse *Por poco me convences de que me haga cristiano;* en todo caso, Agripa parece evadir la pregunta de Pablo.
[v] 26.29 *En poco tiempo o en mucho:* otra posible traducción: *por poco o por mucho.*
[w] 26.31 Hch 23.29; cf. Lc 23.4; Jn 19.6.
[x] 26.32 Hch 25.11-12.

llamado del Emperador. ²Nos embarcamos,ᵃ pues, en un barco del puerto de Adramitio que estaba a punto de salir para los puertos de Asia.ᵇ Estaba también con nosotros Aristarco,ᶜ que era de Tesalónica, ciudad de Macedonia. ³Al día siguiente llegamos al puerto de Sidón, donde Julio trató a Pablo con mucha consideración, pues lo dejó visitar a sus amigos y ser atendido por ellos. ⁴Saliendo de Sidón, navegamos protegidos del viento por la isla de Chipre,ᵈ porque teníamos el viento en contra. ⁵Bordeamos la costa de Cilicia y Panfilia, y llegamos a Mira, una ciudad de Licia.

⁶El capitán de los soldados encontró allí un barco de Alejandría que iba a Italia,ᵉ y nos hizo embarcar para seguir el viaje. ⁷Durante varios días viajamos despacio, y con mucho trabajo llegamos frente a Cnido. Como todavía teníamos el viento en contra, pasamos frente a Salmona dando la vuelta a la isla de Creta; ⁸y navegando con dificultad a lo largo de la costa, llegamos a un lugar llamado Buenos Puertos, cerca del pueblo de Lasea.ᶠ

⁹Se había perdido mucho tiempo, y ya era peligroso viajar por mar porque se acercaba el invierno.ᵍ Por eso, Pablo les aconsejó:

¹⁰—Señores, veo que este viaje va a ser muy peligroso, y que vamos a perder tanto el barco como su carga, y que hasta podemos perder la vida.

¹¹Pero el capitán de los soldados hizo más caso al dueño del barco y al capitán del mismo que a Pablo.ʰ ¹²Y como aquel puerto no era bueno para pasar el invierno, casi todos pensaron que sería mejor salir de allí e intentar llegar a Fenice, un puerto de Creta que mira al sudoeste y al noroeste,ⁱ y pasar allí el invierno.

La tempestad en el mar ¹³Pensando que podrían seguir el viaje porque comenzaba a soplar un viento suave del sur, salieron y navegaron junto a la costa de Creta. ¹⁴Pero poco después un viento huracanado del nordeste azotó el barco,ʲ ¹⁵y comenzó a arrastrarlo. Como no podíamos mantener el barco de cara al viento, tuvimos que dejarnos llevar por él. ¹⁶Pasamos por detrás de una pequeña isla llamada Cauda, donde el viento no soplaba tan fuerte,ᵏ y con mucho trabajo pudimos recoger el bote salvavidas.ˡ ¹⁷Después de subirlo a bordo, usaron sogas para reforzar el barco.ᵐ Luego, como tenían miedo de encallar en los

---

ᵃ **27.2** De aquí hasta Hch 28.16, se usa nuevamente el término "nosotros" (véase Hch 20.5 n.).

ᵇ **27.2** *Adramitio:* puerto de Asia Menor, cerca de Tróade. El viaje se hacía en etapas, según hubiera embarcaciones disponibles. Como los vientos del Mediterráneo soplan generalmente del noroeste, el viaje de Palestina a Italia en barcos de vela no se hacía con rumbo directo, sino yendo primero al norte, luego por la costa de Asia Menor y las islas, aprovechando los vientos que vienen de tierra adentro y, finalmente, por mar abierto desde la isla de Creta.

ᶜ **27.2** *Aristarco:* Hch 19.29; 20.4; Col 4.10; Flm 24.

ᵈ **27.4** Esto es, pasando al oriente y norte de la isla, protegidos de los vientos del mar abierto.

ᵉ **27.6** *Un barco de Alejandría:* uno de los barcos cargueros de Egipto que llevaban trigo a Roma (v. 38).

ᶠ **27.7-8** *Buenos Puertos:* bahía en el sur de la isla de Creta.

ᵍ **27.9** *Porque se acercaba el invierno:* lit. *porque ya había pasado el ayuno,* es decir, el ayuno del Día del Perdón (Lv 16), que en el calendario judío corresponde al día diez del mes Tishri (septiembre-octubre). Desde esa fecha hasta febrero o marzo era peligrosa la navegación.

ʰ **27.11** Por la forma del texto griego, es posible que el *dueño* y el *capitán del barco* fueran la misma persona. Si el barco había sido contratado por el gobierno, el *capitán de los soldados,* como oficial militar, también tendría autoridad sobre la navegación.

ⁱ **27.12** *Al sudoeste y al noroeste:* otra posible traducción: *al sudeste y al nordeste.*

ʲ **27.14** *Azotó el barco:* También puede traducirse *se desencadenó del lado de la isla.* El viento arrastraba al barco mar adentro y en dirección a la costa de África.

ᵏ **27.16** El viento, que los alejaba de Fenice, donde habrían encontrado un puerto seguro (v. 12), los llevó al sur de *Cauda* (algunos mss. dicen *Clauda*), isla pequeña al sur de Creta.

ˡ **27.16** *El bote salvavidas:* un pequeño bote de servicio que normalmente iba remolcado.

ᵐ **27.17** Reforzaban la embarcación con *sogas,* posiblemente pasándolas por debajo del casco, para evitar que el barco se desbaratara.

bancos de arena llamados la Sirte,[n] echaron el ancla flotante[ñ] y se dejaron llevar por el viento. **18** Al día siguiente, la tempestad era todavía fuerte, así que comenzaron a arrojar al mar la carga del barco; **19** y al tercer día, con sus propias manos, arrojaron también los aparejos del barco. **20** Por muchos días no se dejaron ver ni el sol ni las estrellas, y con la gran tempestad que nos azotaba habíamos perdido ya toda esperanza de salvarnos.[o]

21 Como habíamos pasado mucho tiempo sin comer, Pablo se levantó en medio de todos y dijo:

—Señores, hubiera sido mejor hacerme caso y no salir de Creta; así habríamos evitado estos daños y perjuicios. **22** Ahora, sin embargo, no se desanimen, porque ninguno de ustedes morirá, aunque el barco sí va a perderse. **23** Pues anoche se me apareció un ángel, enviado por el Dios a quien pertenezco y sirvo, **24** y me dijo: 'No tengas miedo, Pablo, porque tienes que presentarte ante el emperador romano, y por tu causa Dios va a librar de la muerte a todos los que están contigo en el barco.' **25** Por tanto, señores, anímense, porque tengo confianza en Dios y estoy seguro de que las cosas sucederán como el ángel me dijo. **26** Pero vamos a encallar en una isla.

27 Una noche, cuando al cabo de dos semanas de viaje nos encontrábamos en el mar Adriático[p] llevados de un lado a otro por el viento, a eso de la medianoche los marineros se dieron cuenta de que estábamos llegando a tierra. **28** Midieron la profundidad del agua, y era de treinta y seis metros; un poco más adelante la midieron otra vez, y era de veintisiete metros. **29** Por miedo de chocar contra las rocas, echaron cuatro anclas por la parte de atrás del barco, mientras pedían a Dios que amaneciera. **30** Pero los marineros pensaron en escapar del barco, así que comenzaron a bajar el bote salvavidas, haciendo como que iban a echar las anclas de la parte delantera del barco. **31** Pero Pablo avisó al capitán y a sus soldados, diciendo:

—Si estos no se quedan en el barco, ustedes no podrán salvarse.

32 Entonces los soldados cortaron las amarras del bote salvavidas y lo dejaron caer al agua.

33 De madrugada, Pablo les recomendó a todos que comieran algo. Les dijo:

—Ya hace dos semanas que, por esperar a ver qué pasa, ustedes no han comido nada. **34** Les ruego que coman algo. Esto es necesario, si quieren sobrevivir, pues nadie va a perder ni un cabello de la cabeza.[q]

35 Al decir esto, Pablo tomó en sus manos un pan y dio gracias a Dios delante de todos. Lo partió y comenzó a comer. **36** Luego todos se animaron y comieron también. **37** Éramos en el barco doscientas setenta y seis personas en total. **38** Después de haber comido lo que quisieron, echaron el trigo al mar para aligerar el barco.

El naufragio **39** Cuando amaneció, los marineros no reconocieron la tierra, pero vieron una bahía que tenía playa; y decidieron tratar de arrimar el barco hacia allá. **40** Cortaron las amarras de las anclas, abandonándolas en el mar, y aflojaron los remos que servían para guiar el barco. Luego alzaron al viento la vela delantera, y el barco comenzó a acercarse a la playa. **41** Pero fue a dar en un banco de arena, donde el barco encalló. La parte delantera quedó atascada en la arena, sin poder moverse, mientras la parte de atrás comenzó a hacerse pedazos por la fuerza de las olas.

42 Los soldados quisieron matar a los presos, para no dejarlos escapar nadando.[r] **43** Pero el capitán de los soldados, que quería salvar a Pablo, no dejó que lo hicieran, sino que ordenó que quienes supieran nadar se echaran al agua primero para llegar a tierra, **44** y que los demás siguieran sobre tablas o en pedazos del barco. Así llegamos todos salvos a tierra.

28 *Pablo en la isla de Malta*

1 Cuando ya estuvimos todos a salvo, supimos que la isla se llamaba Malta.[a] **2** Los nativos[b] nos trataron muy bien a todos; y como estaba lloviendo y hacía frío, encendieron una gran fogata y nos invitaron a acercarnos. **3** Pablo, que había recogido un poco de leña seca, la estaba echando al fuego cuando una víbora salió huyendo del calor y se le enredó en la mano. **4** Al ver los nativos la víbora colgada de la mano de Pablo, se dijeron unos a otros: "Este hombre debe de ser un asesino, pues aunque se salvó del mar, la justicia divina[c] no lo deja vivir."

5 Pero Pablo se sacudió la víbora en el fuego, y no le pasó nada.[d] **6** Todos estaban esperando que se hinchara o que de un momento a otro cayera muerto; pero después de mucho esperar, cuando vieron que nada le pasaba, cambiaron de idea y comenzaron a decir que Pablo era un dios.[e]

7 Cerca de aquel lugar había unos terrenos que pertenecían al personaje principal de la isla, llamado Publio, que nos recibió y nos atendió muy bien durante tres días. **8** Y sucedió que el padre de Publio estaba en cama, enfermo de fiebre y disentería. Pablo fue entonces a visitarlo y, después de orar, puso las manos sobre él[f] y lo sanó. **9** Con esto, vinieron también los otros enfermos que había en la

---

[n] **27.17** *La Sirte:* zona cercana a la costa africana, peligrosa por sus bancos de arena.

[ñ] **27.17** *Echaron el ancla flotante:* una especie de balsa que, arrastrada, frenaba la velocidad del barco. Otra posible traducción: *bajaron las velas* (o *los aparejos*).

[o] **27.20** Como no había entonces brújulas ni otros instrumentos de navegación, habían perdido el rumbo.

[p] **27.27** *Mar Adriático:* Este nombre se daba no solo al hoy llamado así sino también a todo el mar abierto entre Grecia y Sicilia.

[q] **27.34** *Ni un cabello:* expresión proverbial (cf. Lc 21.18).

[r] **27.42** Cf. Hch 12.19; 16.27. *Los soldados* respondían con su vida por la seguridad de *los presos*.

[a] **28.1** *Malta:* isla al sur de Sicilia. Por la descripción que encontramos en Hch 27.39,41 se cree que el lugar preciso fue la llamada hoy bahía de san Pablo, en el noroeste de la isla.

[b] **28.2** *Nativos:* gr. *barbaroi*, palabra con que los griegos se referían a quienes no hablaban su lengua. Malta había sido antes colonia fenicia, y en ella se hablaba aún un dialecto fenicio.

[c] **28.4** *La justicia divina:* gr. *dike*. Al parecer, los malteses aludían a *Dike*, diosa griega de la justicia.

[d] **28.5** Mc 16.18.

[e] **28.6** Cf. Hch 14.11-13.

[f] **28.8** *Puso las manos sobre él:* Véase Hch 6.6 n., y cf. Mc 16.18; Lc 4.40.

isla, y fueron sanados. ¹⁰ Nos llenaron de atenciones,ᵍ y después, al embarcarnos de nuevo, nos dieron todo lo necesario para el viaje.

Pablo llega a Roma ¹¹ Al cabo de tres meses de estar en la isla, nos embarcamos en un barco que había pasado allí el invierno; era una embarcación de Alejandría,ʰ que llevaba por insignia la figura de los dioses Cástor y Pólux.ⁱ ¹² Llegamos al puerto de Siracusa,ʲ donde nos quedamos tres días, ¹³ y de allí seguimos el viaje hasta arribar a Regio. El día siguiente tuvimos viento sur, y un día más tarde llegamos a Pozzuoli, ¹⁴ donde encontramos a algunos hermanos que nos invitaron a quedarnos con ellos una semana; y así, finalmente, llegamos a Roma. ¹⁵ Los hermanos de Roma ya tenían noticias acerca de nosotros; de manera que salieron a nuestro encuentro hasta el Foro de Apio y el lugar llamado las Tres Tabernas. Al verlos, Pablo dio gracias a Dios y se sintió animado.ᵏ ¹⁶ Cuando llegamos a Roma, permitieron que Pablo viviera aparte, vigilado solamente por un soldado.ˡ

Pablo en Roma ¹⁷ Tres días después de su llegada, Pablo mandó llamar a los principales judíos de Roma. Cuando estuvieron reunidos, les dijo:

—Hermanos, yo no he hecho nada contra los judíos ni contra las costumbres de nuestros antepasados. Sin embargo, en Jerusalén fui entregado a los romanos, ¹⁸ quienes después de interrogarme querían soltarme, porque no encontraron ninguna razón para condenarme a muerte. ᵐ ¹⁹ Pero los judíos se opusieron, y tuve que pedir que el emperador me juzgara,ⁿ aunque no tengo nada de qué acusar a los de mi nación. ²⁰ Por esto, pues, los he llamado a ustedes, para verlos y hablarles; porque es precisamente por la esperanza que tenemos nosotros los israelitas,ñ por lo que me encuentro aquí encadenado.

²¹ Ellos le dijeron:

—Nosotros no hemos recibido ninguna carta de Judea acerca de ti, ni ninguno de los hermanos judíos que han llegado de allá nos ha dicho nada malo en contra tuya. ²² Quisiéramos oír lo que tú piensas, porque sabemos que en todas partes se habla en contra de esta nueva secta.

²³ Así que le señalaron un día, en el que acudieron muchas personas a donde Pablo estaba alojado. Desde la mañana hasta la tarde, Pablo les habló del reino de Dios. Trataba de convencerlos acerca de Jesús, por medio de la ley de Moisés y los escritos de los profetas. ᵒ ²⁴ Unos aceptaron lo que Pablo decía, pero otros no creyeron. ²⁵ Y como no se ponían de acuerdo entre sí, comenzaron a irse. Pablo les dijo solamente:

—Bien habló el Espíritu Santo a los antepasados de ustedes por medio del profeta Isaías, diciendo:

²⁶ 'Anda y dile a este pueblo:
Por más que escuchen, no entenderán;
por más que miren, no verán.
²⁷ Pues la mente de este pueblo está entorpecida,
tienen tapados los oídos
y sus ojos están cerrados,
para que no puedan ver ni oír,
ni puedan entender;
para que no se vuelvan a mí,
y yo no los sane.'ᵖ

²⁸ Sepan ustedes, pues, que de ahora en adelante esta salvación de Dios se ofrece a los no judíos, y ellos sí escucharán. ᑫ

³⁰ Pablo se quedó dos años completos en la casa que tenía alquilada,ʳ donde recibía a todos los que iban a verlo. ³¹ Con toda libertad anunciaba el reino de Dios, y enseñaba acerca del Señor Jesucristo sin que nadie se lo estorbara. ˢ

ᵍ **28.10** *Nos llenaron de atenciones:* otra posible traducción: *Nos dieron muchos obsequios.*

ʰ **28.11** *Una embarcación de Alejandría:* otro barco triguero; véase Hch 27.6 n.

ⁱ **28.11** *Cástor y Pólux:* nombres latinos de los dioses mellizos (gr. *Dióscuros* o *hijos de Zeus*), identificados con las dos principales estrellas de la constelación Géminis; eran considerados protectores de los marineros. La *insignia* (o *mascarón de proa*) era una imagen pintada o tallada en la parte delantera de la nave, que servía de talismán.

ʲ **28.12-13** Última etapa del viaje por mar; se hacía escala en *Siracusa*, puerto de Sicilia, luego en *Regio*, ya en Italia, y finalmente en *Pozzuoli*, puerto de desembarque para Roma, en la llamada hoy bahía de Nápoles.

ᵏ **28.14-15** De Pozzuoli a *Roma* había unos cinco días de camino, principalmente por la Vía Apia, el gran camino romano que comunicaba a Roma con el sur de Italia; todavía hoy algunos tramos de esta vía son transitables. El *Foro de Apio* (un mercado importante) y las *Tres Tabernas* se hallaban sobre la Vía Apia, antes de llegar a Roma.

ˡ **28.16** Las autoridades romanas *permitieron que Pablo viviera* bajo arresto domiciliario (v. 30), sujeto con una ligera cadena (v. 20) a un soldado que lo vigilaba.

ᵐ **28.18** Hch 23.29; 25.18; 26.31.

ⁿ **28.19** Hch 25.11.

ñ **28.20** Hch 23.6; 24.15; 26.6-8.

ᵒ **28.23** Es decir, por las Escrituras del AT; cf. Hch 26.22.

ᵖ **28.25-27** Is 6.9-10 (gr.); Jesús cita este mismo texto (Mt 13.14-15 y paralelos, y Jn 12.40).

ᑫ **28.28** Algunos mss. añaden v. 29: *Cuando Pablo dijo esto, los judíos se fueron, discutiendo mucho entre ellos.*

ʳ **28.30** *En la casa que tenía alquilada:* También puede traducirse *a su propia costa.*

ˢ **28.30-31** El autor no informa al lector sobre el resto de la historia de Pablo. Lo importante para él es mostrar la difusión del evangelio desde Jerusalén hasta el corazón mismo del Imperio Romano (cf. Hch 1.8).

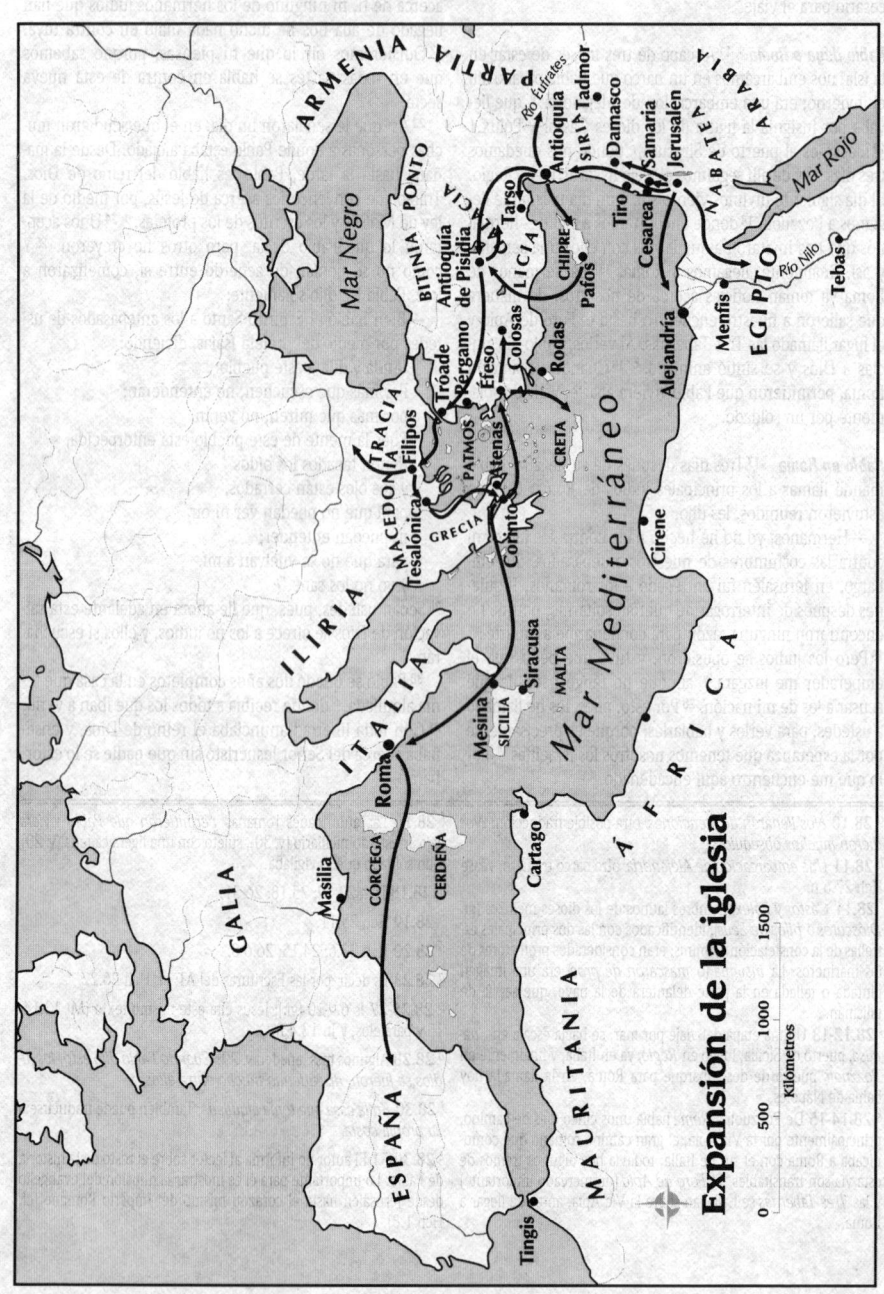

Expansión de la iglesia

Las Cartas

Una porción considerable del NT está constituida por cartas, a diferencia de lo que ocurre con el AT. Este género literario —la carta— era muy usado en la época cuando se escribió el NT. Sin embargo, no se trata aquí simplemente de seguir una moda. Las cartas de Pablo y de los otros apóstoles fueron escritas para hacer frente a necesidades de muy diverso tipo, que surgían a causa de la rapidez y la amplitud con que se difundía la fe cristiana. Como se relata en el libro de *Hechos*, el anuncio del evangelio no quedó reducido a los límites de un grupo pequeño de personas o de un país, sino que muy pronto llegó a muchas personas de diferentes clases sociales y de diversos países y culturas.

La predicación del evangelio se había hecho originalmente de viva voz, y los que abrazaban la fe cristiana se unían formando comunidades o iglesias. Los predicadores iban de un lugar a otro anunciando a Cristo en muy diversas regiones del mundo conocido en el siglo I. A veces, cuando se encontraban muy lejos, necesitaban comunicarse con algunas de esas comunidades cristianas para instruirlas más en la fe, para animarlas y exhortarlas, y también para corregir deficiencias. Las cartas eran el medio de continuar esa labor pastoral con personas ausentes. Constituían, además, una excelente manera de hacer que esas instrucciones quedaran consignadas de forma permanente.

Las cartas de la época del NT tenían una forma literaria propia, distinta de la forma que suelen tener las que se escriben actualmente. Se comenzaba con un *saludo*, en el cual se mencionaba, en primer lugar, al autor, luego al destinatario o receptor de la carta y en seguida se añadía el saludo propiamente dicho, expresado a veces como deseo (cf., por ejemplo, 1 Ts 1.1).

Después del saludo venía generalmente una *acción de gracias* a Dios. También en el NT se encuentra con frecuencia esta acción de gracias, pero casi siempre con un profundo contenido (cf. 1 Ts 1.2-10).

Seguía luego lo que suele llamarse el *cuerpo de la carta*, de longitud variable. Aquí se trataban los asuntos principales en la forma que el autor consideraba conveniente, según las necesidades del caso (cf. 1 Ts 2.1—5.24).

Las cartas se cerraban con una *despedida*. En ella solían incluirse tanto los saludos a personas conocidas del autor, que vivían en el mismo lugar del destinatario, como los saludos de las personas que estaban con el autor (cf. 1 Ts 5.25-28).

Ninguna de las cartas del NT puede considerarse en sentido riguroso como "carta privada" o puramente personal. La más personal de todas es la carta de Pablo a Filemón, y, sin embargo, también se incluye en ella a otras personas (Flm 1-2).

El orden en que aparecen las cartas en las ediciones actuales de la Biblia no es el cronológico. En los manuscritos antiguos el orden no es siempre el mismo.

Están primero las cartas de Pablo. De estas, ocupan el primer lugar (ordenadas según su decreciente extensión) las cartas dirigidas a comunidades; después vienen las cartas escritas a personas individuales.

El orden en que están los otros grupos de cartas (carta a los Hebreos, cartas de Santiago, Pedro, Juan y Judas) no parece obedecer a una razón interna especial.

El orden cronológico más probable de las trece cartas que llevan el nombre de Pablo parece ser el siguiente:

1 Tesalonicenses
2 Tesalonicenses (de fecha discutida; según algunos sería posterior)
Gálatas
1 Corintios
2 Corintios
Romanos
Filipenses
Filemón
(Según algunos, aquí vendría 2 Tesalonicenses)
Colosenses
Efesios
1 Timoteo
Tito
2 Timoteo

Respecto de la fecha en que fueron escritas, véase la *Introducción* a cada carta.

Por lo general, el autor no escribía personalmente sus cartas, sino que las dictaba a un amanuense (ayudante). En Ro 16.22, Tercio, el propio amanuense que escribió la carta, incluye su saludo. En algunas ocasiones no se trataba de un simple amanuense sino de un secretario, que participaba en la composición de la carta con mayor o menor libertad (este puede ser el caso de Silvano, mencionado en 1 P 5.12).

Pero también hay que tener en cuenta una práctica común en esa época: la conocida con el nombre de *seudonimia* o *seudoepigrafía*. A veces un autor (para nosotros desconocido) escribía usando el nombre de un personaje de reconocida autoridad, bien fuera para recoger por escrito las ideas expresadas por ese otro personaje o para interpretarlas, dándoles él realmente la forma literaria y siendo él el verdadero responsable del contenido. Esto solía hacerse incluso después de la muerte del supuesto autor. Diversos exégetas actuales piensan que este es el caso de algunas de las cartas del NT, como se indicará oportunamente. Este hecho no disminuye la autoridad ni el valor religioso de estos escritos.

Carta de san Pablo a los Romanos

La *Carta a los Romanos* (=Ro), la más extensa de todas las del NT, es también la exposición más amplia del mensaje cristiano que tenemos en los escritos del apóstol Pablo.

Pablo, que había recorrido buena parte de las provincias orientales del Imperio Romano predicando el evangelio, tenía intenciones de llegar también hasta las regiones occidentales del mismo (cf. Ro 15.22-24,28). Este proyectado viaje incluía su paso por Roma, la capital del Imperio, para continuar después a España.

En la perspectiva de este viaje y para presentarse a una comunidad que él no había fundado, les escribe una carta, en la que expone algunos de los temas centrales de la fe y la vida cristiana. A diferencia de otras cartas, como las enviadas a los cristianos de Corinto, esta carta no trata tanto de los problemas que más preocupaban a la comunidad, cuanto de los temas que más interesaban al mismo apóstol. Habiendo sido enviado a predicar el evangelio a los no judíos (cf. Gl 1.16), Pablo sentía que su responsabilidad se extendía también a la comunidad de Roma, compuesta en su mayoría por cristianos procedentes del paganismo (cf. Ro 15.15-16).

El contenido de la carta puede resumirse así:

La *introducción* (1.1-15) incluye un saludo inicial, ampliado con elementos teológicos (1.1-7), y una sección de acción de gracias, a la que Pablo añade información sobre sus proyectos de viaje (1.8-15).

El *cuerpo de la carta* puede dividirse en dos grandes secciones, una doctrinal, más extensa (1.16—11.36), y otra exhortatoria (12.1—15.13).

La *parte doctrinal* comienza con un resumen del evangelio, expresado en los siguientes términos: *Es poder de Dios para que todos los que creen alcancen la salvación* (1.16-17).

Luego viene una exposición, en la que describe la situación de la humanidad bajo el dominio del pecado y fuera de la acción salvadora de Dios por medio de Cristo. Primero describe la situación del mundo pagano (1.18-32) y luego la del judío (2.1—3.20).

En seguida muestra cómo Dios ha puesto remedio a esa situación ofreciendo a todos la redención por medio de la fe en Jesucristo (3.21-31).

Pablo hace ver que esta actitud no contradice las actuaciones anteriores de Dios, como lo revela especialmente el caso de Abraham (cap. 4).

En los capítulos siguientes, el apóstol describe los diversos efectos de la acción redentora de Cristo.

Ante todo, ella permite al creyente tener paz y la esperanza cierta de la salvación definitiva (cap. 5), pues con Cristo el creyente ha muerto al pecado, y no es esclavo sino libre para servir a Dios (cap. 6). Ya no está bajo el régimen de la ley antigua (7.1-13), porque la gracia de Dios es más poderosa que la debilidad humana que inclina al pecado (7.14-25). El creyente está bajo el poder del Espíritu, y debe vivir una vida nueva conforme al Espíritu (cap.8).

Los caps. 9—11 están dedicados a un problema que angustiaba a Pablo, como judío que era: el hecho de que la mayoría del pueblo de Israel no hubiera aceptado el evangelio. Pablo insiste en que Dios no ha rechazado a su pueblo, y expresa su confianza en que Dios, al fin, tendrá compasión de todos por igual.

En la *parte exhortatoria* (12.1—15.13), que se presenta como consecuencia de la anterior (véase 12.1 nota b), Pablo se fija en algunos aspectos prácticos de la vida cristiana, afirmando que todos los deberes se resumen en la ley del amor al prójimo y recordando el ejemplo de Jesucristo. En este contexto dirige su atención a diversos problemas concretos de entonces.

La *conclusión* de la carta (15.14—16.27) es de carácter más personal. Después de exponer con mayores detalles sus planes de viaje, Pablo añade una larga lista de saludos personales, para concluir con una alabanza a Dios.

La *Carta a los Romanos* fue escrita entre los años 55-60, probablemente desde Corinto.

El siguiente esquema muestra las partes en que puede dividirse la carta:

Introducción (1.1-15)
    Saludo (1.1-7)
    Acción de gracias (1.8-15)
I. Parte doctrinal (1.16—11.36)
    Tema: El evangelio, poder de Dios (1.16-17)
    1. El mundo pagano sin Cristo (1.18-32)
    2. El mundo judío (2.1—3.20)
    3. Dios nos hace justos por la fe en Jesucristo (3.21-31)
    4. El ejemplo de Abraham (4.1-25)
    5. La esperanza de la salvación (5.1-21)
    6. Con Cristo hemos muerto al pecado (6.1-23)
    7. Ya no estamos bajo la ley de Moisés (7.1-13)
    8. El hombre en su debilidad (7.14-25)

9. El Espíritu nos da vida (8.1-39)
10. La salvación del pueblo de Israel (9.1—11.36)

II. Parte exhortatoria (12.1—15.13)
    La vida nueva (12.1-8)
    Deberes de la vida cristiana (12.9—13.14)
    Normas para el caso de opiniones diversas (14.1-23)
    Seguir el ejemplo de Cristo (15.1-13)

Conclusión (15.14—16.27)
    El trabajo apostólico de Pablo (15.14-21)
    Planes de viaje (15.22-33)
    Saludos personales (16.1-24)
    Alabanza final a Dios (16.25-27)

Introducción (1.1-15)

1 *Saludo*[a] **1** Los saluda Pablo, siervo de Cristo Jesús llamado por él para ser apóstol y apartado para anunciar el evangelio[b] de Dios.

2 Por medio de sus profetas, Dios ya lo había prometido en las santas Escrituras.[c] **3-4** Es el mensaje[d] que trata de su Hijo Jesucristo, nuestro Señor,[e] quien nació, como hombre, de la descendencia de David, pero a partir de su resurrección fue constituido Hijo de Dios con plenos poderes, como espíritu santificador.[f]

5 Por medio de Jesucristo recibí el privilegio de ser apóstol, puesto a su servicio, para que en todas las naciones haya quienes crean en él y le obedezcan.[g] **6-7** Entre ellos están también ustedes, que viven en Roma. Dios los ama, y los ha llamado a ser de Jesucristo y a formar parte del pueblo santo.[h] Que Dios nuestro Padre y el Señor Jesucristo derramen su gracia y su paz sobre ustedes.

---

[a] 1.1-7 Las cartas de Pablo siguen la costumbre antigua de comenzar con los nombres del remitente y del destinatario, más un saludo, y seguir con un párrafo de acción de gracias (como en 1.8-15); véase *Introducción a las cartas*.

[b] 1.1 *Evangelio:* Véase *Índice temático*.

[c] 1.2 *Las santas Escrituras:* esto es, lo que nosotros llamamos el AT; véase Hch 3.18 n., y cf. 1 Co 15.3-5.

[d] 1.2-5 Pablo intercala en su saludo un breve bosquejo del mensaje evangélico.

[e] 1.3-4 La frase *Jesucristo, nuestro Señor,* (o "Jesucristo es Señor") se halla en las más antiguas profesiones de fe; véase Jn 20.28 n., y cf. Hch 2.36; Ro 10.9; Flp 2.11.

[f] 1.3-4 Pablo distingue en Jesucristo dos aspectos: *como hombre* (lit. *según la carne*) era descendiente del rey David y cumplía con las expectativas judías respecto al Mesías (cf. Mt 1.1; Lc 3.23-32); pero *a partir de la resurrección* empezó un nuevo modo de ser y de actuar: se convirtió en fuente de santificación para los hombres, mediante el Espíritu Santo, y comenzó a ejercer los plenos poderes de Hijo de Dios (Hch 2.32-33). En lugar de *como espíritu santificador,* también puede traducirse *según el Espíritu santificador.*

[g] 1.5 Cf. Ro 16.26, donde la carta termina con esta misma expresión; cf. también Heb 5.9; 1 P 1.22.

[h] 1.6-7 *A formar parte de su pueblo santo:* lit. *a ser santos.* Con esta expresión caracteriza Pablo con frecuencia a la iglesia, el pueblo llamado por Dios (cf. Ro 8.30), santificado en el nombre de Jesucristo y por el Espíritu Santo (cf. 1 Co 6.11).

Acción de gracias [i] **8** En primer lugar, por medio de Jesucristo doy gracias a mi Dios por cada uno de ustedes, porque en todas partes se habla de su fe. **9** Dios, a quien yo sirvo con todo mi corazón anunciando el evangelio de su Hijo, es testigo de que continuamente los recuerdo, **10** y en mis oraciones pido siempre a Dios que, si es su voluntad, me conceda que vaya por fin a visitarlos. **11** Porque deseo verlos y prestarles alguna ayuda espiritual, para que estén más firmes; **12** es decir, para que nos animemos unos a otros con esta fe que ustedes y yo tenemos.

13 Quiero que sepan, hermanos, que muchas veces me he propuesto ir a verlos, pero hasta ahora siempre se me han presentado obstáculos. Mi deseo es recoger alguna cosecha espiritual entre ustedes, como la he recogido entre las otras naciones. **14** Me siento en deuda con todos, sean cultos o incultos, [j] sabios o ignorantes; **15** por eso estoy tan ansioso de anunciarles el evangelio también a ustedes que viven en Roma.

I. PARTE DOCTRINAL (1.16—11.36)

El evangelio, poder de Dios **16** No me avergüenzo del evangelio, porque es poder de Dios [k] para que todos los que crean alcancen la salvación, [l] los judíos en primer lugar, pero también los que no lo son. [m] **17** Pues el evangelio nos muestra de qué manera Dios nos hace justos: [n] es por fe, de principio a fin. [ñ] Así lo dicen las Escrituras: "El justo por la fe vivirá." [o]

1. El mundo pagano sin Cristo (1.18-32)

18 Pues Dios muestra su ira castigando desde el cielo a toda la gente mala e injusta, [p] que con su injusticia mantiene prisionera la verdad. **19** Lo que de Dios se puede conocer, ellos lo conocen muy bien, porque él mismo se lo ha mostrado; **20** pues lo invisible de Dios se puede llegar a conocer, si se reflexiona en lo que él ha hecho. [q] En efecto, desde que el mundo fue creado, claramente se ha podido ver que él es Dios [r] y que su poder nunca tendrá fin. Por eso los malvados no tienen disculpa. **21** Pues aunque han conocido a Dios, no lo han honrado como a Dios ni le han dado gracias. Al contrario, han terminado pensando puras tonterías, y su necia mente se ha quedado a oscuras. [s] **22** Decían que eran sabios, pero se hicieron tontos; [t] **23** porque han cambiado la gloria del Dios inmortal por imágenes del hombre mortal, y hasta por imágenes de aves, cuadrúpedos y reptiles. [u]

24 Por eso, Dios los ha abandonado a los impuros deseos que hay en ellos, [v] y han cometido unos con otros acciones vergonzosas. **25** En lugar de la verdad de Dios, han buscado la mentira, [w] y han honrado y adorado las cosas creadas por Dios y no a Dios mismo, que las creó y que merece alabanza por siempre. Amén. [x]

26 Por eso, Dios los ha abandonado a pasiones vergonzosas. Hasta sus mujeres han cambiado las relaciones naturales por las que van contra la naturaleza; **27** de la misma manera, los hombres han dejado sus relaciones naturales con la mujer y arden en malos deseos los unos por los otros. Hombres con hombres cometen acciones vergonzosas, [y] y sufren en su propio cuerpo el castigo merecido por su perversión.

28 Como no quisieron reconocer a Dios, él los ha abandonado a sus perversos pensamientos, para que hagan lo que no deben. **29** Están llenos de toda clase de injusticia, [z] perversidad, avaricia y maldad. Son envidiosos, asesinos, pendencieros, engañadores, perversos y chismosos. **30** Hablan mal de los demás, son enemigos de Dios, insolentes, vanidosos y orgullosos; inventan maldades, desobedecen a sus padres, **31** no quieren entender, no cumplen su palabra, no sienten cariño por nadie, no sienten compasión. [a] **32** Saben muy bien que Dios ha decretado que quienes hacen estas cosas merecen la muerte; y, sin

---

[i] **1.8-15** Párrafo de acción de gracias, con una oración por los destinatarios (1.1-7 n.). Por mucho tiempo Pablo había deseado visitar Roma (Hch 19.21; Ro 15.22). Este deseo habría de cumplirse más tarde cuando lo llevaron preso a esa ciudad (Hch 28.16-31; véase Ro 15.25-29 n.).

[j] **1.14** *Cultos o incultos:* lit. *griegos y bárbaros.* Los griegos, al igual que los romanos, eran conocidos como gente civilizada; al resto de la humanidad se lo consideraba gente inculta.

[k] **1.16** 1 Co 1.18.

[l] **1.16** Pablo menciona brevemente, en los vv. 16-17, un tema que desarrollará con más amplitud en el resto de la carta (cf. sobre todo 3.21—4.25). Para Pablo, *creer* incluye el hecho de que el hombre acepta, con todo su ser, la iniciativa salvadora de Dios, realizada por medio de Jesucristo. Esta fe incluye la obediencia (v. 5), se muestra especialmente en las tribulaciones (2 Ts 1.4) y es activa por medio del amor (Gl 5.6). Pablo opone con frecuencia esta fe a los *hechos* (u *obras*) del hombre (cf. Ro 9.32) o a la *ley* (cf. Ro 3.28), para indicar que el hombre no puede alcanzar la salvación por sus propios méritos sino como un don de Dios, ofrecido a todos. Cf. Jn 3.15-16; Ro 10.9-13.

[m] **1.16** *En primer lugar:* Dios había dado a los judíos las promesas (cf. Hch 13.46; Ro 3.1-2; 9.1—11.26).

[n] **1.17** *De qué manera Dios nos hace justos:* lit. *la justicia de Dios.* Para expresar la obra salvadora de Dios por medio de Jesucristo, Pablo utiliza a veces palabras y conceptos relacionados con la *justicia* (justicia de Dios, hacer justo, etc.). Así designa la acción de Dios por la cual él hace justo al pecador y lo libra de los poderes del mal colocándolo en una relación de amistad con él mismo y llamándolo a vivir una vida nueva, ya en el presente (cf. especialmente Ro 3.21-27; 5.1-2; 8.1-4). Sin embargo, solo en el juicio final hace Dios la declaración definitiva (Ro 2.5-11).

[ñ] **1.17** Ro 3.28; Gl 2.16,20. *Por fe, de principio a fin:* lit. *de fe a fe.*

[o] **1.17** Hab 2.4, citado también en Gl 3.11; Heb 10.38. La cita puede traducirse como *El que por la fe es justo, vivirá,* o *El que es justo, vivirá por la fe;* Pablo la aplica en el primer sentido.

[p] **1.18** Ef 5.6; Col 3.6.

[q] **1.19-20** Sab 13.1-9. Véase Ro 2.14-15 n.

[r] **1.20** Cf. Sal 19.1-4 (2-5).

[s] **1.21** Ef 4.17-18.

[t] **1.22** Sal 14.1; 1 Co 1.20.

[u] **1.23** Sal 106.20.

[v] **1.24** Cf. Ef 4.19; 2 Ts 2.10-12.

[w] **1.25** *En lugar... la mentira:* También puede traducirse *En lugar de seguir al Dios verdadero, han seguido a dioses falsos.*

[x] **1.25** *Amén:* palabra hebrea, usada en el AT y en el culto judío especialmente para concluir y reafirmar una oración (cf. Sal 41.13 [14]; 72.19; etc.); a veces se traduce al castellano por "así sea". Los cristianos de habla griega siguieron usándola en la misma forma y con igual sentido. Véase también 1 Co 14.16 n., y cf. 2 Co 1.20.

[y] **1.27** 1 Co 6.9-10.

[z] **1.29** Algunos mss. añaden aquí *prostitución.*

[a] **1.31** Este catálogo de vicios tiene sus paralelos en la literatura

embargo, las siguen haciendo, y hasta ven con gusto que otros las hagan. [b]

2. El mundo judío (2.1—3.20)

2 *Dios juzga conforme a la verdad* [a] **1** Por eso no tienes disculpa, tú que juzgas a otros, no importa quién seas. Al juzgar a otros te condenas a ti mismo, [b] pues haces precisamente lo mismo que hacen ellos. **2** Pero sabemos que Dios juzga conforme a la verdad cuando condena a los que así se portan. **3** En cuanto a ti, que juzgas a otros y haces lo mismo que ellos, no creas que vas a escapar de la condenación de Dios. **4** Tú desprecias la inagotable bondad, tolerancia y paciencia de Dios, sin darte cuenta de que es precisamente su bondad la que te está llevando a convertirte a él. [c] **5** Pero tú, como eres terco y no has querido volverte a Dios, estás amontonando castigo sobre ti mismo para el día del castigo, cuando Dios se manifestará para dictar su justa sentencia [d] **6** y pagar a cada uno conforme a lo que haya hecho. [e] **7** Dará vida eterna a quienes, buscando gloria, honor e inmortalidad, perseveraron en hacer lo bueno; **8** pero castigará con enojo a los rebeldes, es decir, a los que están en contra de la verdad y a favor de la maldad. **9** Habrá sufrimiento y angustia para todos los que hacen lo malo, para los judíos en primer lugar, pero también para los que no lo son. **10** En cambio, Dios dará gloria, honor y paz a todos los que hacen lo bueno, a los judíos en primer lugar, pero también a los que no lo son. [f] **11** Porque Dios juzga imparcialmente. [g]

La ley de Moisés **12** Todos los que pecan sin haber tenido la ley de Moisés, [h] perecerán sin esa ley; y los que pecan a pesar de tener la ley de Moisés, por medio de esa misma ley serán juzgados. **13** Pues no son justos ante Dios los que solamente oyen la ley, sino los que la obedecen. [i] **14** Porque cuando los que no son judíos ni tienen la ley hacen por naturaleza lo que la ley manda, ellos mismos son su propia ley, **15** pues muestran por su conducta que llevan la ley escrita en el corazón. Su propia conciencia lo comprueba, y sus propios pensamientos los acusarán o los defenderán [j] **16** el día en que Dios juzgará los secretos de todos por medio de Cristo Jesús, conforme al evangelio que yo anuncio.

17 Tú te llamas judío, confías en la ley de Moisés, [k] y estás orgulloso de tu Dios. **18** Conoces su voluntad, y la ley te enseña a escoger lo mejor. **19** Estás convencido de que puedes guiar a los ciegos y alumbrar a los que andan en la oscuridad; **20** de que puedes instruir a los ignorantes y orientar a los sencillos, ya que en la ley tienes la regla del conocimiento y de la verdad. **21** Pues bien, si enseñas a otros, ¿por qué no te enseñas a ti mismo? Si predicas que no se debe robar, ¿por qué robas? **22** Si dices que no se debe cometer adulterio, ¿por qué lo cometes? Si odias a los ídolos, ¿por qué robas las riquezas de sus templos? [l] **23** Te glorías de la ley, pero deshonras a Dios porque la desobedeces. **24** Con razón dice la Escritura: "Los paganos ofenden a Dios por culpa de ustedes." [m]

25 Es cierto que, a quien obedece a la ley de Moisés, la circuncisión [n] le sirve de algo; pero si no la obedece, es como si no estuviera circuncidado. **26** En cambio, si el que no está circuncidado se porta según lo que la ley ordena, se le considerará circuncidado aun cuando no lo esté. [ñ] **27** El que obedece a la ley, aunque no esté circuncidado en su cuerpo, juzgará a aquel que, a pesar de tener la ley y de estar circuncidado, no la obedece. **28** Porque ser judío no es serlo solamente por fuera, ni estar circuncidado no es estarlo solamente por fuera, en el cuerpo. **29** El verdadero judío lo es interiormente, y el estar circuncidado es cosa del corazón: [o] no depende de reglas escritas, sino del Espíritu. El que es así, resulta aprobado, no por los hombres, sino por Dios.

3 **1** Entonces, ¿qué ventajas tiene el ser judío o el estar circuncidado? **2** Muchas y por muchas razones. En primer lugar, Dios confió su mensaje a los judíos. [a] **3** ¿Qué pasa entonces? ¿Acaso Dios dejará de ser fiel, por el hecho de que algunos de ellos hayan sido infieles? [b] **4** ¡Claro que no! Al contrario, Dios actúa siempre conforme a la verdad, aunque todo hombre sea mentiroso; pues la Escritura dice:

"Serás tenido por justo en lo que dices,
y saldrás vencedor cuando te juzguen." [c]

5 Pero si nuestra maldad sirve para poner de relieve que Dios es justo, ¿qué diremos? ¿Que Dios es injusto cuando nos castiga? (Hablo según criterios humanos.) **6** ¡Claro que no! Porque si Dios fuera injusto, ¿cómo podría juzgar al mundo?

---

judía de la época e incluso en la no judía. Véase *Vicios, Catálogos de* en el *Índice temático*.
[b] **1.24-32** Cf. Sab 14.22-31; Gl 5.19-21.
[a] **2.1-11** Pablo encuentra que tanto judíos como no judíos están bajo el justo juicio de Dios por sus pecados. Dirige su argumento al judío típico de su época, sin aplicarle directamente el nombre de judío hasta el v. 17. En esta carta, Pablo emplea con frecuencia la forma literaria de dialogar con un interlocutor imaginario, estilo usado por muchos maestros de filosofía de aquel tiempo.
[b] **2.1** Mt 7.1; Lc 6.37; Jn 8.7.
[c] **2.4** Cf. Ez 18.23; Sab 11.23; 2 P 3.9.
[d] **2.5** *Castigo:* alusión al juicio final (Ap 6.17).
[e] **2.6** Sal 62.11-12 (12-13); Jer 17.10; 2 Co 5.10.
[f] **2.9-10** Véase Ro 1.16 nota *m*.
[g] **2.11** Dt 10.17; Ef 6.9.
[h] **2.12** *Sin haber tenido la ley de Moisés:* lit. *sin ley*, expresión que los judíos usaban para referirse a los no judíos (véase Hch 2.23 nota *p*).
[i] **2.13** Mt 7.21; Stg 1.22,25.
[j] **2.14-15** Cf. Ro 1.19-20. Pablo atribuye a los no judíos algún conocimiento de la ley de Dios, *por naturaleza*, por lo que son responsables de sus acciones de acuerdo con tal conocimiento, aunque no hayan tenido la ley de Moisés.
[k] **2.17** El pueblo judío había recibido *la ley de Moisés*, en la que encontraba expresada la voluntad de Dios.
[l] **2.22** Cf. Dt 7.25.
[m] **2.24** Cita de Is 52.5 (gr.); cf. Ez 36.20-23. *Ofenden a:* o *hablan mal de.*
[n] **2.25** *Circuncisión:* signo de la alianza entre Dios y el pueblo de Israel; cf. Gn 17. Véase *Circuncidar* en el *Índice temático*.
[ñ] **2.26** 1 Co 7.19; Gl 5.6; 6.15.
[o] **2.29** Cf. Dt 10.16; Jer 4.4, y también Ro 9.6-8; Flp 3.3.
[a] **3.2** Sal 147.19-20. El tema se amplía en Ro 9.4-5.
[b] **3.3** Cf. 2 Ti 2.13.
[c] **3.4** Sal 51.4 (6) (gr.). *Cuando te juzguen:* El salmo citado afirma que, si Dios fuera sometido a juicio, sería evidente que tiene la razón.

⁷ Pero si mi mentira sirve para que la verdad de Dios resulte todavía más gloriosa, ¿por qué se me juzga a mí como pecador?[d] ⁸ En tal caso, ¿por qué no hacer lo malo para que venga lo bueno? Esto es precisamente lo que algunos, para desacreditarme, dicen que yo enseño; pero tales personas merecen la condenación.[e]

Todos han pecado ⁹ ¿Qué pues? ¿Tenemos nosotros, los judíos, alguna ventaja sobre los demás? ¡Claro que no![f] Porque ya hemos demostrado[g] que todos, tanto los judíos como los que no lo son, están bajo el poder del pecado, ¹⁰ pues las Escrituras dicen:

"¡No hay ni uno solo que sea justo!
¹¹ No hay quien tenga entendimiento;
   no hay quien busque a Dios.
¹² Todos se han ido por mal camino;
   todos por igual se han pervertido.
¡No hay quien haga lo bueno!
¡No hay ni siquiera uno![h]
¹³ Su garganta es un sepulcro abierto,
   su lengua es mentirosa,[i]
   sus labios esconden veneno de víbora;[j]
¹⁴ y su boca está llena de maldición y amargura.[k]
¹⁵ Sus pies corren ágiles a derramar sangre;
¹⁶ destrucción y miseria hay en sus caminos,
¹⁷ y no conocen el camino de la paz.[l]
¹⁸ Jamás tienen presente que hay que temer a Dios."[m]

¹⁹ Sabemos que todo lo que dice el libro de la ley, lo dice a quienes están sometidos a ella, para que todos callen y el mundo entero caiga bajo el juicio de Dios; ²⁰ porque nadie podrá decir que ha cumplido la ley y que Dios debe reconocerlo como justo,[ñ] ya que la ley solamente sirve para hacernos saber que somos pecadores.

3. Dios nos hace justos por la fe en Jesucristo (3.21-31)

²¹ Pero ahora, sin la ley, Dios ha mostrado de qué manera nos hace justos,[ñ] y esto lo confirman la misma ley y los profetas:[o] ²² por medio de la fe en Jesucristo,[p] Dios hace justos a todos los que creen. Pues no hay diferencia: ²³ todos han pecado y están lejos de la presencia gloriosa de Dios.[q] ²⁴ Pero Dios, en su bondad y gratuitamente, los hace justos,[r] mediante la liberación que realizó Cristo Jesús.[s] ²⁵ Dios hizo que Cristo, al derramar su sangre, fuera el instrumento del perdón.[t] Este perdón se alcanza por la fe. Así quería Dios mostrar cómo nos hace justos: perdonando los pecados que habíamos cometido antes,[u] ²⁶ porque él es paciente. Él quería mostrar en el tiempo presente cómo nos hace justos; pues así como él es justo, hace justos a los que creen en Jesús.

²⁷ ¿Dónde, pues, queda el orgullo del hombre ante Dios? ¡Queda eliminado! ¿Por qué razón? No por haber cumplido la ley, sino por haber creído. ²⁸ Así llegamos a esta conclusión: que Dios hace justo al hombre por la fe, independientemente del cumplimiento de la ley.[v]

²⁹ ¿Acaso Dios es solamente Dios de los judíos? ¿No lo es también de todas las naciones? ¡Claro está que lo es también de todas las naciones, ³⁰ pues no hay más que un Dios:[w] el Dios que hace justos a los que tienen fe, sin tomar en cuenta si están o no están circuncidados. ³¹ Entonces, ¿con la fe le quitamos el valor a la ley?[x] ¡Claro que no! Más bien afirmamos el valor de la ley.

4. El ejemplo de Abraham (4.1-25)

4 La fe de Abraham ¹ Pero entonces, ¿qué diremos que ganó Abraham, nuestro antepasado? ² En realidad, si Abraham hubiera sido reconocido como justo a causa de sus propios hechos, tendría razón para gloriarse, aunque no delante de Dios. ³ Pues la Escritura dice: "Abraham creyó a Dios, y por eso Dios le tuvo esto en cuenta y lo reconoció como justo."[a] ⁴ Ahora bien, si alguno trabaja, el pago no se le da[b] como un regalo sino como algo merecido. ⁵ En cambio, si alguno cree en Dios, que hace justo al pecador, Dios le tiene en cuenta su fe para reconocerlo como justo, aunque no haya hecho nada que merezca su

---

[d] **3.7** Objeciones como esta son las que Pablo pone en boca de su supuesto interlocutor (Ro 2.1-11 n.).

[e] **3.8** Cf. Ro 6.1-2,15.

[f] **3.9** *¡Claro que no!*: otra posible traducción: *no del todo.*

[g] **3.9** *Hemos demostrado:* Cf. Ro 1.18—2.29.

[h] **3.10-12** Sal 14.1-3; 53.1-3 (2-4).

[i] **3.13** Sal 5.9 (10).

[j] **3.13** Sal 140.3 (4).

[k] **3.14** Sal 10.7.

[l] **3.15-17** Is 59.7-8.

[m] **3.18** Sal 36.1 (2).

[n] **3.20** Sal 143.2; cf. Gl 2.16.

[ñ] **3.21** *De qué manera nos hace justos:* lit. *su justicia;* véase Ro 1.17 nota n.

[o] **3.21** *La ley y los profetas:* los dos grupos principales de las Escrituras del AT. Cf. Ro 1.17; 4.3. Véase *Introducción al NT (4).*

[p] **3.22** Gl 2.16.

[q] **3.23** *La presencia gloriosa de Dios:* Cf. Ex 40.34-35; 1 R 8.11. Puede referirse a la relación original del hombre con Dios, a cuya imagen gloriosa fue creado (Gn 1.26-27; 1 Co 11.7). Tal relación se perdió a causa del pecado.

[r] **3.24** *Dios... los hace justos:* Véase Ro 1.17 nota n.

[s] **3.24** *Liberación* (o *redención*): Aunque la palabra griega puede referirse a la liberación que se hace pagando un precio como rescate (cf. 1 P 1.18), es más probable que Pablo aluda aquí a la liberación de Israel de la esclavitud de Egipto, que Dios realizó con su poder (cf. Ex 6.6; 15.13), y a la liberación del pueblo después del destierro (cf. Is 43.1,14). Dios, por la muerte y resurrección de Jesucristo, realiza una liberación universal. Cf. Ro 8.23; 1 Co 1.30; Ef 1.7; Col 1.14.

[t] **3.25** Ef 1.7; 1 Jn 2.2. *El instrumento del perdón:* o *el sacrificio para obtener el perdón* (cf. 1 Jn 2.2). El término griego se usaba para designar la tapa del arca de la alianza, donde el sacerdote rociaba la sangre del animal sacrificado en el Día del Perdón (Lv 16). Se refiere aquí al valor de la muerte de Cristo. Véase Jn 1.29 n.; cf. Ef 1.7; Heb 9.12-15,24-26; 10.1-14; 1 P 1.18-19, y los pasajes sobre la Cena del Señor (Mt 26.28 y paralelos).

[u] **3.25** *Perdonando:* otra posible traducción: *pasando por alto.*

[v] **3.28** Hch 13.39; Ro 1.17; Gl 2.16; Ef 2.8-9; 2 Ti 1.9; Tit 3.5.

[w] **3.30** Dt 6.4.

[x] **3.31** Objeción del supuesto interlocutor (véase 3.7 n.).

[a] **4.3** Gn 15.6 (citado también en 4.9,22 y en Gl 3.6; cf. Stg 2.23); 1 Mac 2.52. *Por eso Dios le tuvo esto en cuenta y lo reconoció como justo:* Aquí, como en 4.4-11,22-24, el texto griego usa un verbo que en contabilidad significa *acreditar* o *asentar en la cuenta* (a favor).

[b] **4.4** *Da:* lit. *acredita,* conservando la imagen del v. 3.

favor.ᶜ ⁶ David mismo habló de la dicha de aquel a quien Dios reconoce como justo sin tomarle en cuenta sus hechos. ⁷ Dijo David:

"¡Dichosos aquellos a quienes Dios perdona sus maldades y pasa por alto ᵈ sus pecados!
⁸ ¡Dichoso el hombre a quien el Señor
no toma en cuenta su pecado!" ᵉ

⁹ ¿Será que esta dicha corresponde solamente a los que están circuncidados, ᶠ o corresponderá también a los que no lo están? Hemos dicho que Dios tuvo en cuenta la fe de Abraham para reconocerlo como justo. ᵍ ¹⁰ Pero ¿cuándo se la tuvo en cuenta? ¿Después de que Abraham fue circuncidado, o antes? No después, sino antes. ¹¹ Y después Abraham fue circuncidado, ʰ como señal o sello de que Dios ya lo había reconocido como justo por causa de su fe. De este modo, Abraham ha venido a ser también el padre de todos los que tienen fe, aunque no hayan sido circuncidados; y así Dios los reconoce igualmente a ellos como justos. ¹² Y Abraham es también el padre de quienes, además de estar circuncidados, siguen el ejemplo de aquella fe que nuestro antepasado ya tenía cuando aún no estaba circuncidado.

La promesa para sus descendientes ⁱ ¹³ Pues Dios prometió a Abraham y a sus descendientes que recibirían el mundo como herencia; ʲ pero esta promesa no estaba condicionada al cumplimiento de la ley, sino a la justicia que se basa en la fe. ¹⁴ Pues si los que han de recibir la herencia son los que se basan en la ley, entonces la fe resultaría cosa inútil y la promesa de Dios perdería su valor. ᵏ ¹⁵ Porque la ley trae castigo; pero donde no hay ley, tampoco hay faltas contra la ley. ˡ

¹⁶ Por eso, para que la promesa hecha a Abraham conservara su valor para todos sus descendientes, fue un don gratuito, basado en la fe. Es decir, la promesa no es solamente para los que se basan en la ley, sino también para todos los que se basan en la fe, como Abraham. De esa manera, él viene a ser padre de todos nosotros, ᵐ ¹⁷ como dice la Escritura: "Te he hecho padre de muchas naciones." ⁿ Este es el Dios en quien Abraham creyó, el Dios que da vida a los muertos ñ y crea las cosas que aún no existen.

¹⁸ Cuando ya no había esperanza, Abraham creyó y tuvo esperanza, y así vino a ser "padre de muchas naciones", conforme a lo que Dios le había dicho: "Así será el número de tus descendientes." ᵒ ¹⁹ La fe de Abraham no se debilitó, aunque ya tenía casi cien años de edad y se daba cuenta de que tanto él como Sara ya estaban casi muertos, y que eran demasiado viejos para tener hijos. ᵖ ²⁰ No dudó ni desconfió de la promesa de Dios, sino que tuvo una fe más fuerte. Alabó a Dios, ²¹ plenamente convencido de que Dios tiene poder para cumplir lo que promete. ²² Por eso, Dios le tuvo esto en cuenta y lo reconoció como justo. ᵠ,ʳ

²³ Y esto de que Dios se lo tuvo en cuenta, no se escribió solamente de Abraham; ²⁴ se escribió también de nosotros. Pues Dios también se tiene en cuenta la fe, si creemos en aquel que resucitó a Jesús, nuestro Señor, ²⁵ que fue entregado a la muerte por nuestros pecados ˢ y resucitado para hacernos justos. ᵗ

5. La esperanza de la salvación (5.1-21)

La prueba de que Dios nos ama ¹ Puesto que Dios ya nos ha hecho justos ᵃ gracias a la fe, tenemos paz ᵇ con Dios por medio de nuestro Señor Jesucristo. ² Pues por Cristo hemos podido acercarnos a Dios por medio de la fe, para gozar de su favor, y estamos firmes, y nos gloriamos ᶜ con la esperanza de tener parte en la gloria de Dios. ᵈ ³ Y no solo esto, sino que también nos gloriamos de los sufrimientos; porque sabemos que el sufrimiento nos da firmeza para soportar, ᵉ ⁴ y esta firmeza nos permite salir aprobados, y el salir aprobados nos llena de esperanza. ⁵ Y esta esperanza no nos defrauda, porque Dios ha llenado con su amor nuestro corazón ᶠ por medio del Espíritu Santo que nos ha dado.

⁶ Pues cuando nosotros éramos incapaces de salvarnos, Cristo, a su debido tiempo, murió por los pecadores. ᵍ ⁷ No es fácil que alguien se deje matar en lugar de otra persona.

ᶜ **4.5-6** Se plantea un contraste respecto del ejemplo del pago merecido (v. 4). El v. 6 mantiene la misma imagen.
ᵈ **4.7** *Pasa por alto:* lit. *cubre*, término usado en el AT con el significado de *perdonar*.
ᵉ **4.7-8** Sal 32.1-2.
ᶠ **4.9** *Los que están circuncidados:* esto es, a los judíos (véase Ro 2.25 n., y cf. Ro 3.30).
ᵍ **4.9** Cf. v. 3. Se repite la cita de Gn 15.6.
ʰ **4.11** Gn 17.10,23-27.
ⁱ **4.13-25** Pablo desarrolla el tema de los vv. 1-12, y concluye que los verdaderos descendientes de Abraham son todos aquellos que tienen fe en Jesucristo, sean o no de la nación judía.
ʲ **4.13** *Herencia:* Gn 17.4-6; 22.17-18; cf. Gl 3.29, y véase 1 P 1.4 n.
ᵏ **4.14** Gl 3.18.
ˡ **4.15** La desobediencia a *la ley* lleva al *castigo* (lit. *ira;* cf. Ro 1.18); el tema se desarrolla en Ro 5.13.
ᵐ **4.16** Gl 3.7. *Todos nosotros:* es decir, los que tenemos fe, judíos y no judíos.
ⁿ **4.17** Gn 17.5.
ñ **4.17** Cf. v. 19.
ᵒ **4.18** Gn 15.5.
ᵖ **4.19** Gn 17.17; 18.11; Heb 11.11-12.
ᵠ **4.22** Gn 15.6.

ʳ **4.22-24** *Le tuvo esto en cuenta y lo reconoció como justo:* Véase 4.3 n.
ˢ **4.25** Cf. Is 53.4-5,12. *Entregado a la muerte:* Ro 8.32. Cf. 1 Co 15.14.
ᵗ **4.25** *Resucitado:* Pablo destaca que la resurrección de Cristo es tan importante como su muerte, en su obra salvadora; el tema se amplía en Ro 6.1-11. Cf. 1 Co 15.14, y véase 1 Co 15.17 n.
ᵃ **5.1** *Nos ha hecho justos:* Véase Ro 1.17 nota *n*.
ᵇ **5.1** Ef 2.14-17; cf. Jn 14.27. Muchos mss. dicen *tengamos paz*, en el sentido de seguir gozando de ella (cf. v. 2).
ᶜ **5.2** La expresión "gloriarse" es característica de Pablo. Con ella puede referirse al orgullo humano, a la satisfacción por los propios méritos (cf. Ro 4.2), lo que para el creyente queda excluido (cf. Ro 3.27). También la usa para expresar la alegría del que se apoya, no en sus fuerzas, sino en el poder de Dios (cf. 2 Co 10.17; Flp 3.3).
ᵈ **5.2** Tema que se desarrolla en Ro 8.18-25.
ᵉ **5.3** Cf. Stg 1.2-3.
ᶠ **5.5** *Dios ha llenado con su amor nuestro corazón:* lit. *Dios ha derramado su amor en nuestro corazón;* el verbo *derramar* se usa con frecuencia respecto del *Espíritu Santo* (Hch 2.17 nota *k*).
ᵍ **5.6** 1 P 3.18; cf. 1 Co 15.3; 2 Co 5.14-15; Gl 1.4. *A su debido tiempo:* Gl 4.4.

Ni siquiera en lugar de una persona justa; aunque quizás alguien estaría dispuesto a morir por la persona que le haya hecho un gran bien. [h] [8] Pero Dios prueba que nos ama, en que, cuando todavía éramos pecadores, Cristo murió por nosotros. [i] [9] Y ahora, después que Dios nos ha hecho justos mediante la muerte de Cristo,[j] con mayor razón seremos salvados del castigo final por medio de él. [k] [10] Porque si Dios, cuando todavía éramos sus enemigos,[l] nos reconcilió consigo mismo mediante la muerte de su Hijo, con mayor razón seremos salvados por su vida,[m] ahora que ya estamos reconciliados con él. [n] [11] Y no solo esto, sino que también nos gloriamos en Dios mediante nuestro Señor Jesucristo, pues por Cristo hemos recibido ahora la reconciliación.

Adán y Jesucristo [ñ]   [12] Así pues, por medio de un solo hombre entró el pecado en el mundo y por el pecado entró la muerte,[o] y así la muerte pasó a todos porque todos pecaron. [p] [13] Antes que hubiera ley, ya había pecado en el mundo; aunque el pecado no se toma en cuenta cuando no hay ley. [q] [14] Sin embargo, desde el tiempo de Adán hasta el de Moisés, la muerte reinó sobre los que pecaron, aunque el pecado de estos no consistió en desobedecer un mandato,[r] como hizo Adán, el cual fue figura de aquel que había de venir. [s]

[15] Pero el delito de Adán no puede compararse con el don que Dios nos ha dado. Pues por el delito de un solo hombre, muchos murieron; pero el don que Dios nos ha dado gratuitamente por medio de un solo hombre, Jesucristo, es mucho mayor y en bien de muchos. [t] [16] El pecado de un solo hombre no puede compararse con el don de Dios, pues por un solo pecado [u] vino la condenación; pero el don de Dios, a partir de muchos pecados, hace justos a los hombres. [17] Pues si la muerte reinó como resultado del delito de un solo hombre, con mayor razón aquellos a quienes Dios, en su gran bondad y gratuitamente, hace justos, reinarán en la nueva vida mediante un solo hombre, Jesucristo.

[18] Y así como el delito de Adán puso bajo condenación a todos los hombres, así también el acto justo de Jesucristo hace justos a todos los hombres para que tengan vida. [v] [19] Es decir, que por la desobediencia de un solo hombre, muchos fueron hechos pecadores; pero, de la misma manera, por la obediencia de un solo hombre, muchos serán hechos justos. [w]

[20] La ley se añadió [x] para que aumentara el pecado;[y] pero cuando el pecado aumentó, Dios se mostró aún más bondadoso. [21] Y así como el pecado reinó trayendo la muerte, así también la bondad de Dios reinó haciéndonos justos y dándonos vida eterna mediante nuestro Señor Jesucristo. [z]

6. Con Cristo hemos muerto al pecado (6.1-23)

En el bautismo nos unimos a Cristo   [1] ¿Qué diremos entonces? ¿Vamos a seguir pecando para que Dios se muestre aún más bondadoso? [2] ¡Claro que no! Nosotros ya hemos muerto respecto al pecado;[a] ¿cómo, pues, podremos seguir viviendo en pecado? [b] [3] ¿No saben ustedes que, al quedar unidos a Cristo Jesús en el bautismo,[c] quedamos unidos a su muerte? [d] [4] Pues por el bautismo fuimos sepultados con Cristo,[e] y morimos para ser resucitados y vivir

---

[h] **5.7** *Por la persona que le haya hecho un gran bien:* otra posible traducción: *por el bien.*
[i] **5.8** Jn 3.16; 1 Jn 4.10; véase Ro 5.6 n.
[j] **5.9** *Muerte:* lit. *sangre,* manera de referirse a la muerte redentora de Cristo.
[k] **5.9** *El castigo final:* lit. *la ira.* Al usar el verbo en futuro (*seremos salvados*) se hace referencia al día del juicio.
[l] **5.10** *Éramos sus enemigos:* Pablo nunca dice que Dios se reconcilia con nosotros, sino nosotros con él; los enemistados éramos nosotros.
[m] **5.10** *Por su vida:* o sea, porque él vive (ya resucitado); esta idea se desarrolla en Ro 6.8-11; 8.10-11 (cf. Heb 7.24-25).
[n] **5.10** 2 Co 5.18-20. Aquí y en el v. 11 se utilizan las expresiones *nos reconcilió* (v. 10) y *hemos recibido ahora la reconciliación* (v. 11) como equivalente al *Dios nos ha hecho justos,* del v. 9.
[ñ] **5.12-21** Se ponen en contraste las consecuencias del pecado de Adán sobre la humanidad con el resultado de la obra salvadora de Cristo.
[o] **5.12** Gn 2.15-17; 3.6-19; Sab 2.24; cf. 1 Co 15.22,45-49.
[p] **5.12** Pablo habla tanto de la solidaridad de todos con Adán, como de la responsabilidad personal de cada uno (*porque todos pecaron*). Muchos han entendido esta última frase en el sentido de la participación de todos en el pecado de Adán (traduciendo *en el cual todos pecaron*).
[q] **5.13** Ro 4.15.
[r] **5.14** *Desobedecer un mandato:* Cf. Gn 2.16-17; 3.11-12; véase Ro 7.7 nota *f.*
[s] **5.14** *Adán:* según Gn 1—5, el primer hombre, cuyo nombre significa *hombre* o *ser humano* (Gn 2.7). Pablo lo considera como padre y representante de la humanidad y, consecuentemente, como aquel con su desobediencia introdujo el pecado y la muerte en el mundo, creando una solidaridad de todos en el pecado y la muerte. Lo pone en contraste con Jesucristo (*aquel que había de venir:*

véase Mt 11.3 n.), quien es principio y modelo del hombre nuevo y trajo la salvación y la vida, creando una nueva solidaridad en la justicia y la vida. Cf. también 1 Co 15.20-22,45-47.
[t] **5.15** La única relación o punto común entre *el delito de Adán* y *el don que Dios nos ha dado* es, como se explica en 5.16-19, que en cada caso la acción de *un solo hombre* tuvo consecuencias sobre toda la humanidad: Adán trajo el pecado, la condenación y la muerte; Jesucristo trajo la justicia, la salvación y la vida.
[u] **5.16** *Por un solo pecado:* otra posible traducción: *por un solo hombre.*
[v] **5.18** 1 Co 15.22.
[w] **5.19** Cf. Is 53.11.
[x] **5.20** *La ley se añadió:* Se refiere al hecho de que la ley de Moisés vino mucho después del pecado.
[y] **5.20** Cf. v. 13, y Ro 3.20; 4.15; Gl 3.19.
[z] **5.21** Cf. Ro 6.23. Pablo presenta aquí *el pecado* como si fuera una persona capaz de *reinar* o dominar, y en los caps. 6 y 7 lo considera como un amo o dueño que esclaviza a sus víctimas. Igualmente, personifica *la bondad* (o *gracia*) *de Dios.* En el pasaje que comienza en Ro 6.18, la *justicia* aparece personificada también como un amo bondadoso.
[a] **6.2** Pablo recurre a la figura de la muerte para simbolizar la separación total respecto del pecado, desarrollada en los vv. 3-5 en relación con el bautismo.
[b] **6.1-2** Ro 3.8; cf. Eclo 5.5-6.
[c] **6.3** Gl 3.27.
[d] **6.3-4** En el bautismo, el creyente se incorpora a Cristo y se une a su muerte y a su resurrección y vida nueva. Col 2.12.
[e] **6.4** Se alude a la forma generalmente usada entonces de celebrar el bautismo, sumergiendo a la persona en el agua.

una vida nueva, así como Cristo fue resucitado por el glorioso poder del Padre.

5 Si nos hemos unido a Cristo en una muerte como la suya, también nos uniremos a él en su resurrección. **6** Sabemos que lo que antes éramos[f] fue crucificado con Cristo, para que el poder de nuestra naturaleza pecadora quedara destruido y ya no siguiéramos siendo esclavos del pecado.[g] **7** Porque, cuando uno muere, queda libre del pecado.[h] **8** Si nosotros hemos muerto con Cristo, confiamos en que también viviremos con él.[i] **9** Sabemos que Cristo, habiendo resucitado, no volverá a morir. La muerte ya no tiene poder sobre él. **10** Pues Cristo, al morir, murió de una vez para siempre[j] respecto al pecado;[k] pero al vivir, vive para Dios. **11** Así también, ustedes considérense[l] muertos respecto al pecado, pero vivos para Dios en unión con Cristo Jesús.[m]

12 Por lo tanto, no dejen ustedes que el pecado siga dominando en su cuerpo mortal y que los siga obligando a obedecer los deseos del cuerpo. **13** No entreguen su cuerpo al pecado, como instrumento para hacer lo malo. Al contrario, entréguense a Dios,[n] como personas que han muerto y han vuelto a vivir, y entréguenle su cuerpo como instrumento para hacer lo que es justo ante él. **14** Así el pecado ya no tendrá poder sobre ustedes,[ñ] pues no están sujetos a la ley sino a la bondad de Dios.[o]

Comparación con la esclavitud[p] **15** ¿Entonces qué? ¿Vamos a pecar porque no estamos sujetos a la ley sino a la bondad de Dios? ¡Claro que no! **16** Ustedes saben muy bien que si se entregan como esclavos a un amo para obedecerlo, entonces son esclavos de ese amo a quien obedecen. Y esto es así, tanto si obedecen al pecado, lo cual lleva a la muerte, como si obedecen a Dios para vivir en la justicia. **17** Pero gracias a Dios que ustedes, que antes eran esclavos del pecado, ya han obedecido de corazón a la forma de enseñanza que han recibido. **18** Una vez libres de la esclavitud del pecado, ustedes han entrado al servicio de la justicia. **19** (Hablo en términos humanos, porque ustedes, por su debilidad, no pueden entender bien estas cosas.) De modo que, así como antes entregaron su cuerpo al servicio de la impureza y la maldad para hacer lo malo, entreguen también ahora su cuerpo al servicio de la justicia, con el fin de llevar una vida santa.

20 Cuando ustedes todavía eran esclavos del pecado, no estaban al servicio de la justicia; **21** pero ¿qué provecho sacaron entonces? Ahora ustedes se avergüenzan de esas cosas, pues solo llevan a la muerte. **22** Pero ahora, libres de la esclavitud del pecado, han entrado al servicio de Dios. Esto sí les es provechoso, pues el resultado es la vida santa y, finalmente, la vida eterna.[q] **23** El pago que da el pecado es la muerte, pero el don de Dios es vida eterna en unión con Cristo Jesús, nuestro Señor.[r]

7. Ya no estamos bajo la ley de Moisés (7.1-13)[a]

Comparación con el matrimonio **1** Hermanos, ustedes conocen la ley,[b] y saben que la ley solamente tiene poder sobre una persona mientras esa persona vive. **2** Por ejemplo, una mujer casada está ligada por ley a su esposo mientras este vive; pero si el esposo muere, la mujer queda libre de la ley que la ligaba a él. **3** De modo que si ella se une a otro hombre mientras el esposo vive, comete adulterio, pero si el esposo muere, ella queda libre de esa ley, y puede unirse a otro hombre sin cometer adulterio.

4 Así también, ustedes, hermanos míos, al incorporarse a Cristo[c] han muerto con él a la ley, para quedar unidos a otro, es decir, a aquel que después de morir resucitó. De este modo, podremos dar una cosecha agradable a Dios. **5** Porque cuando vivíamos como pecadores, la ley sirvió para despertar en nuestro cuerpo los malos deseos, y lo único que cosechamos fue la muerte. **6** Pero ahora hemos muerto a la ley que nos tenía bajo su poder, quedando así libres para servir a Dios en la nueva vida del Espíritu y no bajo una ley ya anticuada.[d]

El pecado se aprovechó de la ley **7** ¿Vamos a decir por esto que la ley es pecado? ¡Claro que no! Sin embargo, de no ser

---

[f] **6.6** *Lo que antes éramos:* lit. *nuestro hombre viejo* (Ef 4.22; Col 3.9).

[g] **6.6** Gl 2.19-20; 5.24-25. *Esclavos del pecado:* Véase Ro 5.21 n.

[h] **6.7** 1 P 4.1.

[i] **6.8** 2 Ti 2.11.

[j] **6.10** *Una vez para siempre:* Cf. Heb 7.27; 9.26-28; 1 P 3.18.

[k] **6.10** Cf. 6.2,7; Cristo, quien sin conocer pecado se identificó con el hombre pecador (2 Co 5.21; Heb 4.14; 1 P 2.24), con su sacrificio libra del pecado a los que están unidos a él en su muerte (v. 6).

[l] **6.11** *Considérense:* El verbo griego es el mismo que aparece en el cap. 4 con el sentido de *tener en cuenta* (véase Ro 4.3 n.). No se trata de una simple opinión, sino de que el creyente reconozca que, por su unión con Cristo, está realmente muerto respecto al pecado pero vivo para Dios (vv. 3-8).

[m] **6.11** *En unión con Cristo Jesús:* lit. *en Cristo Jesús.* Pablo usa con frecuencia la expresión *en Cristo Jesús.* Con ella se refiere a la obra de salvación que Dios ha realizado por medio de Cristo, especialmente en su muerte y resurrección (véase Ro 3.24 nota *x*; cf. 1 Co 1.30). Además, con esta expresión caracteriza toda la vida del creyente, quien en el bautismo se ha unido a la persona de Cristo, a su muerte y resurrección, y debe seguir viviendo unido a él (cf. Ro 6.3-11; 1 Co 1.9; Gl 3.27; Flp 1.1; Col 1.4). Esa unión con Cristo crea también la unión entre los creyentes (Ro 12.5; Gl 3.28). La vida eterna es asimismo una vida en unión con él (Ro 6.23).

[n] **6.13** Ro 12.1. En el texto griego, las expresiones *no entreguen* y *entréguense* tienen matices diferentes; el sentido es, en efecto: *ya no vivan entregados al pecado... sino entréguense de una vez por todas a Dios.*

[ñ] **6.14** *El pecado... ustedes:* El futuro del verbo tiene valor de imperativo, así que esta oración puede traducirse como *no tenga ya poder sobre ustedes el pecado.*

[o] **6.11-14** Cf. Col 3.1-10.

[p] **6.15-23** Cf. Jn 8.31-36; 2 P 2.19. Pablo ilustra su idea con un ejemplo tomado de la vida diaria de su tiempo. La esclavitud y la obediencia forzada *al pecado* (Ro 5.21 n.) se contrapone a la libertad que permite *obedecer a Dios para vivir en la justicia* (v. 16).

[q] **6.21-22** Pr 12.28.

[r] **6.23** Cf. Ro 5.21.

[a] **7.1-13** Cristo también nos libera de la ley.

[b] **7.1** Parece referirse a la *ley* de Moisés, conocida por los creyentes; algunos refieren esta expresión a la ley romana.

[c] **7.4** *Al incorporarse a Cristo:* lit. *mediante el cuerpo de Cristo* (cf. Ro 6.3-11; 12.5; 1 Co 12.27).

[d] **7.6** *Una ley ya anticuada:* lit. *la vieja letra.* Cf. 2 Co 3.6.

por la ley, yo no hubiera sabido lo que es el pecado. [e] Jamás habría sabido lo que es codiciar, si la ley no hubiera dicho: "No codicies." [f] **8** Pero el pecado se aprovechó de esto, y valiéndose del propio mandamiento despertó en mí toda clase de malos deseos. Pues mientras no hay ley, el pecado es cosa muerta. [g] **9** Hubo un tiempo en que, sin la ley, yo tenía vida; pero cuando vino el mandamiento, cobró vida el pecado, **10** y yo morí. Así resultó que aquel mandamiento que debía darme la vida, me llevó a la muerte, **11** porque el pecado se aprovechó del mandamiento y me engañó, [h] y con el mismo mandamiento me dio muerte.

12 En resumen, la ley en sí misma es santa, y el mandamiento es santo, justo y bueno. [i] **13** Pero entonces, ¿esto que es bueno me llevó a la muerte? ¡Claro que no! Lo que pasa es que el pecado, para demostrar que verdaderamente es pecado, me causó la muerte valiéndose de lo bueno. Y así, por medio del mandamiento, quedó demostrado lo terriblemente malo que es el pecado.

8. El hombre en su debilidad (7.14-25)

14 Sabemos que la ley es espiritual, pero yo soy débil, [j] vendido como esclavo al pecado. **15** No entiendo el resultado de mis acciones, pues no hago lo que quiero, y en cambio aquello que odio es precisamente lo que hago. [k] **16** Pero si lo que hago es lo que no quiero hacer, reconozco con ello que la ley es buena. **17** Así que ya no soy yo quien lo hace, sino el pecado que está en mí. **18** Porque yo sé que en mí, es decir, en mi naturaleza débil, no reside el bien; pues aunque tengo el deseo de hacer lo bueno, no soy capaz de hacerlo. **19** No hago lo bueno que quiero hacer, sino lo malo que no quiero hacer. **20** Ahora bien, si hago lo que no quiero hacer, ya no soy yo quien lo hace, sino el pecado que está en mí. [l]

21 Me doy cuenta de que, aun queriendo hacer el bien, solamente encuentro el mal a mi alcance. **22** En mi interior me gusta la ley de Dios, **23** pero veo en mí algo que se opone a mi capacidad de razonar: es la ley del pecado, que está en mí y que me tiene preso.

24 ¡Desdichado de mí! ¿Quién me librará del poder de la muerte que está en mi cuerpo? [m] **25** Solamente Dios, a quien doy gracias [n] por medio de nuestro Señor Jesucristo. En conclusión: yo entiendo que debo someterme a la ley de Dios, pero en mi debilidad estoy sometido a la ley del pecado.

9. El Espíritu nos da vida (8.1-39) [a]

8 **1** Así pues, ahora ya no hay ninguna condenación para los que están unidos a Cristo Jesús, [b] **2** porque la ley del Espíritu que da vida en Cristo Jesús, te liberó de la ley del pecado y de la muerte. [c] **3** Porque Dios ha hecho lo que la ley de Moisés no pudo hacer, pues no era capaz de hacerlo debido a la debilidad humana: [d] Dios envió a su propio Hijo en condición débil como la del hombre pecador [e] y como sacrificio por el pecado, [f] para de esta manera condenar al pecado en esa misma condición débil. **4** Lo hizo para que nosotros podamos cumplir con las justas exigencias de la ley, pues ya no vivimos según las inclinaciones de la naturaleza débil sino según el Espíritu.

5 Los que viven según las inclinaciones de la naturaleza débil, solo se preocupan por seguirlas; [g] pero los que viven conforme al Espíritu, se preocupan por las cosas del Espíritu. **6** Y preocuparse por seguir las inclinaciones de la naturaleza débil lleva a la muerte; pero preocuparse por las cosas del Espíritu lleva a la vida y a la paz. [h] **7** Los que se preocupan por seguir las inclinaciones de la naturaleza débil son enemigos de Dios, porque ni quieren ni pueden someterse a su ley. **8** Por eso, los que viven según las inclinaciones de la naturaleza débil no pueden agradar a Dios.

9 Pero ustedes ya no viven según esas inclinaciones, sino según el Espíritu, puesto que el Espíritu de Dios vive en ustedes. [i] El que no tiene el Espíritu de Cristo, no es de Cristo. **10** Pero si Cristo vive en ustedes, [j] el espíritu vive [k]

---

[e] **7.7** Cf. Gn 3.21-22. Hablando en primera persona, Pablo describe en 7.7-25 la situación de la humanidad antes que Jesucristo realizara su obra salvadora. Hay diversas alusiones a la situación de Adán en el jardín de Edén (Gn 3). Esta situación está descrita desde la perspectiva de la fe cristiana.

[f] **7.7** Ex 20.17; Dt 5.21; este mandamiento también recuerda el que fue dado a Adán en Gn 2.16-17 (cf. Ro 5.14).

[g] **7.8** Ro 5.13.

[h] **7.11** Engañó: Gn 3.13; 2 Co 11.3.

[i] **7.12** 1 Ti 1.8.

[j] **7.14** Débil: lit. carnal. Pablo usa con frecuencia los términos carne, carnal, en oposición a espíritu, espiritual. Con ellos puede designar diversas realidades. En general, el término carne, aplicado al hombre, no designa una parte de él, sino a toda la persona desde el punto de vista de su debilidad física o moral. En Ro 7.5—8.13 predomina el uso de esta palabra para designar al hombre en su debilidad moral, sujeto al pecado y a la muerte. Cf. Gl 5.16-21. Véase Carne en el Índice temático.

[k] **7.15** Gl 5.17.

[l] **7.20** Está en mí: lit. vive en mí. En los pasajes anteriores, el pecado es personificado como un amo respecto de sus esclavos; aquí es como una fuerza maligna que vive en el hombre y que desata una lucha contra el espíritu.

[m] **7.24** ¿Quién... mi cuerpo?: lit. ¿Quién me librará del cuerpo de esta muerte?; puede también traducirse ¿Quién me librará de este cuerpo mortal?

[n] **7.25** Doy gracias: Véase 1 Co 15.56 n.

[a] **8.1-17** El tema de la vida según el Espíritu (v. 9), planteado ya en Ro 7.6, se desarrolla en el cap. 8; es el punto culminante hacia el cual se dirigen los caps. anteriores y, a la vez, es la base para la conducta a que exhortan los caps. 12—15.

[b] **8.1** Unidos a Cristo Jesús: lit. en Cristo Jesús. Véase 6.11 nota m.

[c] **8.2** La ley del Espíritu que da vida se contrapone a la ley del pecado y de la muerte, que puede referirse tanto al principio del mal (Ro 7.21,23), como a la ley de Moisés.

[d] **8.3** Cf. Hch 13.38-39. Debilidad humana: Véase Ro 7.14 n.

[e] **8.3** Jesucristo, como hombre, participó de la debilidad física propia de todo ser humano y estuvo sometido a la muerte. Véase Ro 7.14 n. Cf. Jn 1.14; Heb 2.17-18; 4.15.

[f] **8.3** Como sacrificio por el pecado: traducción de una frase que en la versión griega (LXX) del AT se usa para referirse a las ofrendas por el pecado (Lv 4). También puede traducirse por causa del pecado, o para poner fin al pecado.

[g] **8.5** Ro 7.14-25.

[h] **8.6** Gl 5.16-25; 6.8.

[i] **8.9** 1 Co 3.16; 6.19.

[j] **8.10** Gl 2.19-20; Ef 3.17. Nótese el uso equivalente, en 8.9-10, de Espíritu de Dios, Espíritu de Cristo y Cristo.

[k] **8.10** El espíritu vive: Otros traducen: el Espíritu (de Dios) es vida para ustedes.

porque Dios los ha hecho justos, aun cuando el cuerpo esté destinado a la muerte por causa del pecado. *l* ¹¹ Y si el Espíritu de aquel que resucitó a Jesús vive en ustedes, el mismo que resucitó a Cristo dará nueva vida a sus cuerpos mortales por medio del Espíritu de Dios que vive en ustedes.

¹² Así pues, hermanos, tenemos una obligación, pero no es la de vivir según las inclinaciones de la naturaleza débil. ¹³ Porque si viven ustedes conforme a tales inclinaciones, morirán; pero si por medio del Espíritu hacen ustedes morir esas inclinaciones, vivirán. *m* ¹⁴ Todos los que son guiados por el Espíritu de Dios, son hijos de Dios. *n* ¹⁵ Pues ustedes no han recibido un espíritu de esclavitud que los lleve otra vez a tener miedo, sino el Espíritu que los hace hijos de Dios. *ñ* Por este Espíritu nos dirigimos a Dios, diciendo: "¡Abbá! ¡Padre!" *o* ¹⁶ Y este mismo Espíritu se une a nuestro espíritu para dar testimonio *p* de que ya somos hijos de Dios. ¹⁷ Y puesto que somos sus hijos, también tendremos parte en la herencia que Dios nos ha prometido, *q* la cual compartiremos con Cristo, puesto que sufrimos con él para estar también con él en su gloria.

La esperanza de la gloria
¹⁸ Considero que los sufrimientos del tiempo presente no son nada si los comparamos con la gloria que habremos de ver después. *r* ¹⁹ La creación espera con gran impaciencia el momento en que se manifieste claramente que somos hijos de Dios. ²⁰ Porque la creación perdió su verdadera finalidad, *s* no por su propia voluntad, sino porque Dios así lo había dispuesto; pero le quedaba siempre la esperanza ²¹ de ser liberada *t* de la esclavitud y la destrucción, para alcanzar la gloriosa libertad de los hijos de Dios. ²² Sabemos que hasta ahora la creación entera se queja y sufre como una mujer con dolores de parto. ²³ Y no solo ella sufre, sino también nosotros, que ya tenemos el Espíritu como anticipo de lo que vamos a recibir. *u* Sufrimos profundamente, esperando el momento de ser adoptados como hijos de Dios, con lo cual serán liberados nuestros cuerpos. *v* ²⁴ Con esa esperanza hemos sido salvados. Solo que esperar lo que ya se está viendo no es esperanza, pues, ¿quién espera lo que ya está viendo? ²⁵ Pero si lo que esperamos es algo que todavía no vemos, tenemos que esperarlo sufriendo con firmeza.

²⁶ De igual manera, el Espíritu nos ayuda en nuestra debilidad. Porque no sabemos orar como es debido, pero el Espíritu ruega a Dios por nosotros, con gemidos que no pueden expresarse con palabras. *w* ²⁷ Y Dios, que examina los corazones, *x* sabe qué es lo que el Espíritu quiere decir, porque el Espíritu ruega, conforme a la voluntad de Dios, por los del pueblo santo.

La obra salvadora de Dios
²⁸ Sabemos que Dios dispone todas las cosas para el bien de quienes lo aman, *y* a los cuales él ha llamado de acuerdo con su propósito. ²⁹ A los que de antemano Dios había conocido, *z* los destinó desde un principio *a* a ser como su Hijo, *b* para que su Hijo fuera el primero entre muchos hermanos. *c* ³⁰ Y a los que Dios destinó desde un principio, también los llamó; y a los que llamó, los hizo justos; y a los que hizo justos, les dio parte en su gloria.

³¹ ¿Qué más podremos decir? ¡Que si Dios está a nuestro favor, nadie podrá estar contra nosotros! *d* ³² Si Dios no nos negó ni a su propio Hijo, *e* sino que lo entregó a la muerte por todos nosotros, ¿cómo no habrá de darnos también, junto con su Hijo, todas las cosas? *f* ³³ ¿Quién podrá acusar a los que Dios ha escogido? *g* Dios es quien los hace justos. *h* ³⁴ ¿Quién podrá condenarlos? Cristo Jesús es quien murió; todavía más, quien resucitó y está a la derecha de Dios, *i* rogando por nosotros. *j* ³⁵ ¿Quién no podrá separar del amor de Cristo? ¿El sufrimiento, o las dificultades, o la persecución, o el hambre, o la falta de ropa, o el peligro, o la muerte violenta? *k* ³⁶ Como dice la Escritura:

"Por causa tuya estamos siempre expuestos
   a la muerte;
nos tratan como a ovejas llevadas al matadero." *l*

---

l **8.10** *Cuerpo* y *espíritu* designan aquí, probablemente, al hombre desde dos puntos de vista: como ser débil, está sometido a la muerte, pero como ser renovado por el Espíritu de Dios es heredero de la vida eterna. Véase Ro 7.14 n.
m **8.13** Gl 5.16,24.
n **8.14** Cf. Gl 5.18.
ñ **8.15** *El Espíritu que los hace hijos de Dios:* Mediante el Espíritu Santo, Dios hace hijos suyos a los creyentes (cf. Gl 4.5; Ef 1.5). Si estuvieran dominados por *un espíritu de esclavitud*, no tendrían confianza para acercarse sin miedo a Dios como Padre. Cf. 2 Ti 1.7.
o **8.15** Gl 4.6. *¡Abbá!:* El griego ha tomado del arameo esta palabra, que significa "padre", y que caracterizaba la manera tan personal como Jesús se dirigía a Dios. Véase Mc 14.36 nota *y;* cf. Lc 11.2.
p **8.16** *Y este mismo Espíritu... testimonio:* otra posible traducción: *Y este mismo Espíritu da testimonio a nuestro espíritu.*
q **8.15-17** *Herencia:* Véase Ef 1.11 n.; cf. Gl 3.29; 4.7; Ap 21.7.
r **8.18** 2 Co 4.17.
s **8.20** *Perdió su verdadera finalidad:* o *fue condenada al fracaso.* Cf. Gn 3.17-19.
t **8.21** Otra posible traducción, desde la última parte del v. 20: *Dios así lo había dispuesto con la esperanza* ²¹ *de que fuera liberada.*
u **8.23** *Anticipo:* lit. *primicias,* palabra que se refiere a los primeros frutos de la cosecha (Nm 15.18-20). Cf. 2 Co 1.22; Ef 1.14.
v **8.23** 2 Co 5.2-5; Flp 3.21. *Liberados:* Véase Ro 3.24 nota *s. Liberados nuestros cuerpos:* otra posible traducción: *liberado todo nuestro ser.*
w **8.26** Cf. v. 15; Gl 4.6. Algunos ven aquí una alusión a la oración en lenguas (1 Co 14.14-19).
x **8.27** Cf. Sal 139.1-4.
y **8.28** *Dios... lo aman:* otra posible traducción: *todas las cosas sirven para el bien de los que aman a Dios.*
z **8.29** *Había conocido:* es decir, había elegido (cf. Am 3.2).
a **8.29-30** *Los destinó desde un principio:* Ef 1.3-12.
b **8.29** Cf. Gl 4.19; Flp 3.10; 1 Jn 3.2.
c **8.29** Cf. Mt 12.50 y paralelos.
d **8.31** Sal 118.6.
e **8.32** *No nos negó:* En Gn 22.16 (gr.) se usa el mismo verbo; el autor parece referirse aquí al sacrificio de Isaac.
f **8.32** Ro 5.8-10.
g **8.33** Cf. Is 50.7-9.
h **8.33** *Dios es quien los hace justos:* otra posible traducción: *¿Acaso Dios, el que los hace justos?* En todo el contexto (vv. 31-35), Pablo va alternando afirmaciones y preguntas retóricas, es decir, preguntas que tienen respuestas obvias.
i **8.34** *A la derecha de Dios:* Sal 110.1; Ef 1.20; véase Mt 22.44 n.
j **8.34** *Cristo Jesús... nosotros:* También puede traducirse como pregunta retórica: *¿Acaso Cristo Jesús, el que murió, que además resucitó y está a la derecha de Dios rogando por nosotros?*
k **8.35** *Muerte violenta:* lit. *espada.*
l **8.36** Sal 44.22 (23); cf. 2 Co 4.11.

³⁷ Pero en todo esto salimos más que vencedores por medio de aquel que nos amó. ³⁸ Estoy convencido de que nada podrá separarnos del amor de Dios: ni la muerte, ni la vida, ni los ángeles, ni los poderes y fuerzas espirituales, ni lo presente, ni lo futuro, ³⁹ ni lo más alto, ni lo más profundo, ni ninguna otra de las cosas creadas por Dios. ¡Nada podrá separarnos del amor que Dios nos ha mostrado en Cristo Jesús nuestro Señor!

10. La Salvación del pueblo de Israel (9.1—11.36) ᵃ

9 *Los privilegios de Israel* ¹ Como creyente que soy en Cristo, estoy diciendo la verdad, no miento. Además, mi conciencia, guiada por el Espíritu Santo, me asegura que esto es verdad: ² tengo una gran tristeza y en mi corazón hay un dolor continuo, ³ pues hasta quisiera estar yo mismo bajo maldición, separado de Cristo, si así pudiera favorecer a mis hermanos, los de mi propia raza. ᵇ ⁴ Son descendientes de Israel, y Dios los adoptó como hijos. ᶜ Dios estuvo entre ellos con su presencia gloriosa, ᵈ y les dio las alianzas, la ley de Moisés, el culto y las promesas. ⁵ Son descendientes de nuestros antepasados; y de su raza, en cuanto a lo humano, vino el Mesías, ᵉ el cual es Dios sobre todas las cosas, alabado por siempre. ᶠ Amén.

⁶ Pero no es que las promesas de Dios a Israel hayan perdido su validez; más bien es que no todos los descendientes de Israel son verdadero pueblo de Israel. ᵍ ⁷ No todos los descendientes de Abraham son verdaderamente sus hijos, sino que Dios le había dicho: "Tu descendencia vendrá por medio de Isaac." ʰ ⁸ Esto nos da a entender que nadie es hijo de Dios solamente por pertenecer a cierta raza; al contrario, solo a quienes son cumplimiento de la promesa de Dios, ⁱ se les considera verdaderos descendientes. ⁹ Porque esta es la promesa que Dios hizo a Abraham: "Por este tiempo volveré, y Sara tendrá un hijo." ʲ

¹⁰ Pero eso no es todo. Los dos hijos de Rebeca eran de un mismo padre, nuestro antepasado Isaac, ᵏ ¹¹⁻¹³ y antes que ellos nacieran, cuando aún no habían hecho nada, ni bueno ni malo, Dios anunció a Rebeca: "El mayor será siervo del menor." ˡ Lo cual también está de acuerdo con la Escritura que dice: "Amé a Jacob y aborrecí a Esaú." ᵐ Así quedó confirmado el derecho que Dios tiene de escoger, de acuerdo con su propósito, a los que quiere llamar, sin tomar en cuenta lo que hayan hecho.

Autonomía de Dios ¹⁴ ¿Diremos por eso que Dios es injusto? ¡Claro que no! ¹⁵ Porque Dios dijo a Moisés: "Tendré misericordia de quien yo quiera, y tendré compasión también de quien yo quiera." ⁿ ¹⁶ Así pues, no depende de que el hombre quiera o se esfuerce, sino de que Dios tenga compasión. ¹⁷ Pues en la Escritura Dios le dice al rey de Egipto: "Te hice rey precisamente para mostrar en ti mi poder y para darme a conocer en toda la tierra." ñ ¹⁸ De manera que Dios tiene compasión de quien él quiere tenerla, y también le endurece el corazón a quien él quiere endurecérselo. ᵒ

¹⁹ Pero me dirás: "Siendo así, ¿de qué puede Dios culpar al hombre, si nadie puede oponerse a su voluntad?" ²⁰ Y tú, hombre, ¿quién eres para pedirle cuentas a Dios? ¿Acaso la olla de barro le dirá al que la hizo: "Por qué me hiciste así?" ᵖ ²¹ El alfarero tiene el derecho de hacer lo que quiera con el barro, y del mismo barro puede hacer una olla para uso especial y otra para uso común. ᑫ

²² Dios, queriendo dar un ejemplo de castigo y mostrar su poder, soportó con mucha paciencia a aquellos que merecían el castigo e iban a la perdición. ʳ ²³ Al mismo tiempo quiso dar a conocer en nosotros la grandeza de su gloria, pues nos tuvo compasión y nos preparó de antemano para tener parte en ella. ²⁴ Así que Dios nos llamó, a unos de entre los judíos y a otros de entre los no judíos. ²⁵ Como se dice en el libro de Oseas:

"A los que no eran mi pueblo, los llamaré mi pueblo;
a la que no era amada, la llamaré mi amada. ˢ
²⁶ Y en el mismo lugar donde se les dijo: 'Ustedes no
son mi pueblo',
serán llamados hijos del Dios viviente." ᵗ

²⁷ En cuanto a los israelitas, Isaías dijo: "Aunque los descendientes de Israel sean tan numerosos como la arena del mar, solamente un resto ᵘ de ellos alcanzará la salvación, ²⁸ porque muy pronto el Señor cumplirá plenamente su palabra en todo el mundo." ᵛ ²⁹ Como el mismo Isaías había dicho antes:

"Si el Señor todopoderoso no nos hubiera
dejado descendencia,

ᵃ **9.1-33** En los caps. 9—11 Pablo aborda el tema de la relación de la nación de Israel con el plan divino de salvación. Interpreta la renuencia de los judíos a aceptar el evangelio como parte de este plan a largo plazo y exalta tanto el amor como la soberanía de Dios. Estos caps. pueden dividirse en tres secciones (Ro 9.1-33; 10.1-21; 11.1-32), más una alabanza a Dios (11.33-36).
ᵇ **9.3** Cf. Ex 32.32.
ᶜ **9.4** *Los adoptó como hijos*: Ex 4.22; Os 11.1.
ᵈ **9.4** *Su presencia gloriosa*: Ex 24.16-17; 40.34-38.
ᵉ **9.5** *De su raza... vino el Mesías*: Cf. Mt 1.1-16; Lc 3.23-38.
ᶠ **9.5** *Vino el Mesías, el cual es Dios sobre todas las cosas, alabado por siempre*: otra posible traducción: *vino el Mesías. ¡Alabado por siempre sea Dios, que está sobre todas las cosas!*
ᵍ **9.6** Ro 2.28-29.
ʰ **9.7** Gn 21.12. Aunque *Abraham* tuvo otros hijos (Ismael y los que se mencionan en Gn 25.1-6), *Isaac* fue el considerado como hijo legítimo y heredero de la promesa.
ⁱ **9.8** Se establece un contraste entre los descendientes de Abraham: los que son de la línea de Ismael, hijo de Agar (cf. Gl 4.22-23), y los que son de la línea de Isaac, cuyo nacimiento solo fue posible por la acción de Dios *en cumplimiento de la promesa* (Gn 17.19-21).
ʲ **9.9** Gn 18.10,14.
ᵏ **9.10** Cf. Gn 25.21-26.
ˡ **9.11-13** Gn 25.23.
ᵐ **9.11-13** Mal 1.2-3. *Amé... aborrecí*: contraste que indica que Dios prefirió al uno sobre el otro; véase Lc 14.26 n.
ⁿ **9.15** Ex 33.19.
ñ **9.17** Ex 9.16.
ᵒ **9.18** Cf. Ex 7.3.
ᵖ **9.20** Is 29.16; 45.9; Sab 12.12.
ᑫ **9.21** Jer 18.4-6; Sab 15.7.
ʳ **9.22** Sab 12.20-21. Cf. Ro 3.25-26.
ˢ **9.25** Os 2.23 (25); cf. también 1 P 2.10.
ᵗ **9.26** Os 1.10 (2.1).
ᵘ **9.27** *Un resto*: Véase Ro 11.5 n.
ᵛ **9.27-28** Is 10.22-23.

ahora mismo estaríamos como Sodoma y Gomorra." [w]

30 ¿Qué diremos a esto? Que, por medio de la fe, Dios ha hecho justos a los paganos, que no buscaban la justicia. 31 En cambio, los israelitas, que querían basar su justicia en la ley, no lo lograron. 32 ¿Por qué? Porque no se basaban en la fe, sino en sus propios hechos. Por eso tropezaron con la "piedra de tropiezo" 33 que se menciona en la Escritura:

"Yo pongo en Sión una roca,
una piedra con la cual tropezarán;
el que confíe en ella, no quedará defraudado." [x]

10 Israel y el evangelio

1 Hermanos, el deseo de mi corazón y mi oración a Dios por los israelitas es que alcancen la salvación. 2 En su favor puedo decir que tienen un gran deseo de servir a Dios; solo que ese deseo no está basado en el verdadero conocimiento. 3 Pues no reconocen que es Dios quien hace justos a los hombres, y pretenden ser justos por sí mismos; y así no se han sometido a lo que Dios estableció para hacernos justos. [a] 4 Porque la ley llega a su término con Cristo, [b] y así todos por la fe pueden llegar a ser justos.

5 De la justicia basada en la ley, Moisés escribió esto: "La persona que cumpla la ley, vivirá por ella." [c] 6 Pero de la justicia basada en la fe, se dice: "No pienses: '¿Quién subirá al cielo?' —esto es, para hacer que Cristo baje—; 7 o '¿Quién bajará al abismo?' " —esto es, para hacer que Cristo suba de entre los muertos. 8 ¿Qué es, pues, lo que dice?: "La palabra está cerca de ti, en tu boca y en tu corazón." [d] Esta palabra es el mensaje de fe que predicamos. 9 Si con tu boca reconoces a Jesús como Señor, [e] y con tu corazón crees que Dios lo resucitó, alcanzarás la salvación. [f] 10 Pues con el corazón se cree para alcanzar la justicia, y con la boca se reconoce a Jesucristo para alcanzar la salvación.

11 La Escritura dice: "El que confíe en él, no quedará defraudado." [g] 12 No hay diferencia entre los judíos y los no judíos; pues el mismo Señor es Señor de todos, y da con abundancia a todos los que lo invocan. [h] 13 Porque esto es lo que dice: "Todos los que invoquen el nombre del Señor, alcanzarán la salvación." [i] 14 Pero ¿cómo van a invocarlo, si no han creído en él? ¿Y cómo van a creer en él, si no han oído hablar de él? ¿Y cómo van a oír, si no hay quien les anuncie el mensaje? 15 ¿Y cómo van a anunciar el mensaje, si no son enviados? Como dice la Escritura: "¡Qué hermosa es la llegada de los que traen buenas noticias!" [j]

16 Pero no todos han aceptado el evangelio. Es como dice Isaías: "Señor, ¿quién ha creído al oír nuestro mensaje?" [k] 17 Así pues, la fe nace al oír el mensaje, y el mensaje viene de la palabra de Cristo.

18 Pero yo pregunto: ¿Será tal vez que no oyeron el mensaje? ¡Claro que lo oyeron! Porque la Escritura dice:

"La voz de ellos salió por toda la tierra,
y hasta los últimos rincones del mundo
llegaron sus palabras." [l]

19 Y vuelvo a preguntar: ¿Será que los de Israel no se han dado cuenta? En primer lugar, Moisés dice:

"Yo los pondré a ustedes celosos
de un pueblo que no es pueblo;
los haré enojar contra un pueblo
que no quiere entender." [m]

20 Luego, Isaías se atreve a decir:

"Los que no me buscaban, me encontraron;
y me mostré a los que no preguntaban por mí." [n]

21 Y al hablar de los israelitas, Isaías dice: "Todo el día extendí mis manos a un pueblo desobediente y rebelde." [ñ]

11 Los planes de Dios [a]

1 Ahora pregunto: ¿Será que Dios ha rechazado a su pueblo? ¡Claro que no! Yo mismo soy israelita, descendiente de Abraham y de la tribu de Benjamín. [b] 2 Desde el principio, Dios había reconocido a los israelitas como su pueblo; [c] y ahora no los ha rechazado. ¿No saben ustedes que la Escritura dice en la historia del profeta Elías [d] que este, en su oración a Dios, acusó al pueblo de Israel? Dijo: 3 "Señor, han matado a tus profetas y han destruido tus altares; solo yo he quedado con vida, y a mí también me quieren matar." [e] 4 Pero Dios le contestó: "He apartado para mí siete mil hombres que no se han arrodillado ante el dios Baal." [f] 5 Pues de la misma manera, ha quedado ahora un pequeño resto, que Dios, en su bondad, ha escogido. [g] 6 Y si es por la bondad

---

[w] 9.29 Is 1.9. *Sodoma y Gomorra:* Gn 19.1-28.
[x] 9.33 Is 28.16, combinado con Is 8.14; (cf. también 1 P 2.6-8). *En ella:* es decir, *en la piedra,* como símbolo de Cristo; también puede traducirse *en él.*
[a] 10.3 Ro 9.31-32.
[b] 10.4 *La ley llega a su término con Cristo:* lit. *el fin de la ley es Cristo.* El sentido más probable es que Cristo pone término al régimen de la ley (cf. Ro 7.4-6; Gl 3.24). Algunos traducen: *la ley tiene como finalidad a Cristo.*
[c] 10.5 Lv 18.5; cf. también Gl 3.12.
[d] 10.6-8 Dt 30.12-14.
[e] 10.9 Fórmula primitiva de profesión de fe; véase Jn 20.28 n.
[f] 10.9 Hch 16.31.
[g] 10.11 Is 28.16.
[h] 10.12 Gl 3.28; Col 3.11.
[i] 10.13 Jl 2.32 (3.5). En la versión griega (LXX) de dicho pasaje, el nombre divino *Yahvé* se traduce como *Señor;* nombre que aquí se aplica a Cristo.
[j] 10.15 Is 52.7; Nah 1.15 (2.1).
[k] 10.16 Is 53.1, citado también en Jn 12.38.
[l] 10.18 Los de Israel sí han oído el mensaje; Pablo aplica el Sal 19.4 (5) a *la voz* de quienes anuncian el evangelio.
[m] 10.19 Dt 32.21. El tema se desarrolla más ampliamente en Ro 11.11-14.
[n] 10.20 Is 65.1; cf. Ro 9.30.
[ñ] 10.21 Is 65.2.
[a] 11.1-10 Véase Ro 9.1-33 n. En el cap. 11 se afirma que Dios no ha rechazado a Israel, del cual ha quedado un resto fiel (véase 11.5 n.), y que los israelitas que no han aceptado el evangelio han sido ocasión de que se ofrezca la salvación a otros, los que no son de Israel.
[b] 11.1 Flp 3.5.
[c] 11.2 Ex 19.5-6; Dt 4.20.
[d] 11.2 *Elías:* profeta del tiempo del rey Ahab, cuando los israelitas se habían apartado de Dios para seguir a los dioses de Canaán (1 R 16.29—19.18).
[e] 11.3 1 R 19.10,14.
[f] 11.4 1 R 19.18. *Baal:* dios cananeo; su nombre significa *señor.*
[g] 11.5 Ro 9.27. El concepto de *resto* o *remanente,* es decir, la existencia de una minoría que permanece fiel a Dios y se salva, es importante en las profecías del AT (cf. Is 1.9; 4.2-6; Miq 5.7-8 [6-7]).

de Dios, ya no es por los hechos; porque si así fuera, la bondad de Dios ya no sería bondad.*h*

7 ¿Entonces qué? Los israelitas no consiguieron lo que buscaban, pero los que Dios escogió sí lo consiguieron. Los otros fueron endurecidos, **8** como dice la Escritura: "Dios los hizo espiritualmente insensibles, y así son hasta el día de hoy; les dio ojos que no ven y oídos que no oyen."*i* **9** También dice David:
"Que sus banquetes se les vuelvan trampas y redes, para que tropiecen y sean castigados.
10 Que sus ojos se queden ciegos y no vean; que su espalda se les doble para siempre."*j*

La salvación de los no judíos **11** Ahora pregunto: ¿Será que los judíos, al tropezar, cayeron por completo? ¡De ninguna manera! Al contrario, al desobedecer los judíos, los otros han podido alcanzar la salvación,*k* para que los israelitas se pongan celosos. **12** Así que, si el tropiezo y el fracaso de los judíos han servido para enriquecer al mundo, a los que no son judíos, ¡ya podemos imaginarnos lo que será su plena restauración!

13 Pero tengo algo que decirles a ustedes, que no son judíos. Puesto que Dios me ha enviado a los no judíos, yo tengo en gran estima este servicio. **14** Quiero que algunos de mi propia raza sientan celos de ustedes, y así llevarlos a la salvación. **15** Pues si el rechazo de los judíos ha traído al mundo la reconciliación con Dios, ¿qué no traerá el que sean aceptados? ¡Nada menos que vida para los que estaban muertos!*l* **16** Pues si el primer pan que se hace de la masa está consagrado a Dios, también lo está la masa entera.*m* Y si la raíz del árbol está consagrada a Dios, también lo están las ramas.*n*

17 Al olivo, que son los judíos, se le cortaron algunas de las ramas, y en su lugar se le injertó el olivo silvestre, que eres tú. Así llegaste a tener parte en la misma raíz y en la misma vida del olivo.*ñ* **18** Pero no te glories, despreciando las ramas naturales. Si lo haces, recuerda que no eres tú quien sostiene a la raíz, sino que la raíz te sostiene a ti.

19 Tal vez dirás: "Sí, pero se cortaron unas ramas para injertarme a mí en el olivo." **20** Bien, pero fueron cortadas porque no tenían fe, y tú estás ahí únicamente porque tienes fe. Así que no te jactes, sino más bien siente temor.*o* **21** Porque si Dios no perdonó a las ramas naturales, tampoco a ti te perdonará. **22** Mira, pues, qué bueno es Dios, aunque también qué estricto. Ha sido estricto con los que cayeron, y ha sido bueno contigo. Pero tienes que vivir siempre de acuerdo con su bondad; pues de lo contrario también tú serás cortado. **23** Por otra parte, si los judíos abandonan su incredulidad, serán injertados de nuevo; pues Dios tiene poder para volver a injertarlos. **24** Porque si tú, que por naturaleza eras un olivo silvestre, fuiste cortado e injertado contra lo natural en el olivo bueno, ¡cuánto más los judíos, que son ramas naturales del olivo bueno, serán injertados nuevamente en su propio olivo!*p*

La salvación final de Israel **25** Hermanos, quiero que sepan este designio secreto*q* de Dios, para que no presuman de sabios: los israelitas se han endurecido en parte,*r* pero solo hasta que hayan entrado todos los que no son de Israel. **26** Cuando esto suceda, todo Israel alcanzará la salvación, pues la Escritura dice:
"El libertador vendrá de Sión y apartará de Jacob la maldad.
27 Y esta será mi alianza con ellos cuando yo quite sus pecados."*s*
28 En cuanto al evangelio, los judíos son tenidos por enemigos de Dios a fin de darles oportunidad a ustedes; pero Dios todavía los ama a ellos, porque escogió a sus antepasados. **29** Pues lo que Dios da, no lo quita, ni retira tampoco su llamamiento. **30** En tiempos pasados, ustedes desobedecieron a Dios, pero ahora que los judíos han desobedecido, Dios tiene compasión de ustedes. **31** De la misma manera, ellos han desobedecido ahora, pero solamente para que Dios tenga compasión de ustedes y para que, también ahora, tenga compasión de ellos.*t* **32** Porque Dios sujetó a todos por igual a la desobediencia, con el fin de tener compasión de todos por igual.*u*

33 ¡Qué profundas son las riquezas de Dios, y su sabiduría y entendimiento! Nadie puede explicar sus decisiones, ni llegar a comprender sus caminos.*v* **34** Pues "¿quién conoce la mente del Señor? ¿Quién podrá darle consejos?*w* **35** ¿Quién le ha dado algo antes, para que él tenga que devolvérselo?" **36** Porque todas las cosas vienen de Dios, y existen por él y para él.*x* ¡Gloria para siempre a Dios! Amén.*y*

---

h 11.6 Gl 3.18.
i 11.8 Dt 29.4 (3); Is 29.10.
j 11.9-10 Sal 69.22-23 (23-24).
k 11.11 Cf. Hch 13.46; 28.24-29.
l 11.15 Se repite, más desarrollada, la idea abordada en el v. 12.
m 11.16 Alusión a Nm 15.17-21 y a la ofrenda del pan que se hornea de la primera masa.
n 11.16 Las imágenes del *primer pan* y de la *raíz* se refieren aquí, probablemente, a los patriarcas de Israel, gracias a los cuales todo el pueblo es elegido (cf. v. 28).
ñ 11.17-24 El *olivo*, en el AT, es símbolo de Israel (Jer 11.16). Aquí el olivo cultivado, al cual se le cortan algunas *ramas* para injertar otras en su lugar, representa a la nación de Israel; el *olivo silvestre*, a los no judíos que aceptan el evangelio. (El mismo tema se presenta, utilizando otras figuras, en Ef 2.11-22.)
o 11.19-20 Los creyentes no judíos no tienen motivo para gloriarse, ya que su salvación es únicamente por *fe* y no por mérito propio.
p 11.24 El injertar ramas de un *olivo silvestre* en el tronco de un *olivo bueno* no era la práctica normal; es lógico, pues, esperar que Israel, representado por las *ramas naturales del olivo bueno*, sea restaurado, o injertado de nuevo *en su propio olivo*.
q 11.25 *Designio secreto*: gr. *mysterion* (algo antes oculto pero ahora revelado). Véase *Índice temático*.
r 11.25 *En parte:* Se refiere al hecho de que solo una parte de Israel se ha endurecido (cf. v. 5).
s 11.26-27 Is 59.20-21; cf. Is 27.9; Jer 31.33-34.
t 11.30-31 *Ustedes... ellos*: es decir, los no judíos y los judíos respectivamente.
u 11.32 Gl 3.22.
v 11.33 Is 55.8-9; cf. Job 5.9; Jdt 8.14.
w 11.34 Is 40.13, citado también en 1 Co 2.16; cf. Jer 23.18; Sab 9.13.
x 11.36 1 Co 8.6; Ef 4.6; Col 1.16; Heb 2.10.
y 11.33-36 Pablo pone de relieve que en la historia de la salvación se revela la absoluta autonomía y supremacía de la iniciativa de Dios, que el hombre debe reconocer con admiración.

II. PARTE EXHORTATORIA (12.1—15.13) [a]

12 La vida nueva
¹ Por tanto, [b] hermanos míos, les ruego por la misericordia de Dios que se presenten ustedes mismos [c] como ofrenda viva, [d] santa y agradable a Dios. Este es el verdadero [e] culto que deben ofrecer. ² No vivan ya según los criterios del tiempo presente; al contrario, cambien su manera de pensar [f] para que así cambie su manera de vivir y lleguen a conocer la voluntad de Dios, es decir, lo que es bueno, lo que le es grato, lo que es perfecto. [g]

³ Por el encargo que Dios en su bondad me ha dado, [h] digo a todos ustedes que ninguno piense de sí mismo más de lo que debe pensar. Antes bien, cada uno piense de sí con moderación, según los dones que Dios le haya dado junto con la fe. ⁴ Porque así como en un solo cuerpo tenemos muchos miembros, y no todos los miembros sirven para lo mismo, ⁵ así también nosotros, aunque somos muchos, formamos un solo cuerpo en Cristo y estamos unidos unos a otros como miembros de un mismo cuerpo. [i]

⁶ Dios nos ha dado diferentes dones, según lo que él quiso dar a cada uno. Por lo tanto, si Dios nos ha dado el don de profecía, [j] hablemos según la fe que tenemos; ⁷ si nos ha dado el don de servir a otros, sirvámoslo bien. El que haya recibido el don de enseñar, que se dedique a la enseñanza; ⁸ el que haya recibido el don de animar a otros, que se dedique a animarlos. El que da, hágalo con sencillez; el que ocupa un puesto de responsabilidad, desempeñe su cargo con todo cuidado; el que ayuda a los necesitados, hágalo con alegría. [k]

Deberes de la vida cristiana
⁹ Ámense sinceramente unos a otros. [l] Aborrezcan lo malo y apéguense a lo bueno. [m] ¹⁰ Ámense como hermanos los unos a los otros, dándose preferencia y respetándose mutuamente. [n]

¹¹ Esfuércense, no sean perezosos y sirvan al Señor con corazón ferviente. [ñ]

¹² Vivan alegres por la esperanza que tienen; soporten con valor los sufrimientos; no dejen nunca de orar. [o]

¹³ Hagan suyas las necesidades del pueblo santo; reciban bien a quienes los visitan. [p]

¹⁴ Bendigan a quienes los persiguen. [q] Bendíganlos y no los maldigan.

¹⁵ Alégrense con los que están alegres y lloren con los que lloran. [r]

¹⁶ Vivan en armonía unos con otros. [s] No sean orgullosos, sino pónganse al nivel de los humildes. [t] No presuman de sabios. [u]

¹⁷ No paguen a nadie mal por mal. [v] Procuren hacer lo bueno delante de todos. [w] ¹⁸ Hasta donde dependa de ustedes, hagan cuanto puedan por vivir en paz con todos. [x] ¹⁹ Queridos hermanos, no tomen venganza ustedes mismos, [y] sino dejen que Dios sea quien castigue; porque la Escritura dice: "A mí me corresponde hacer justicia; yo pagaré, dice el Señor." [z] ²⁰ Y también: "Si tu enemigo tiene hambre, dale de comer; y si tiene sed, dale de beber; así harás que le arda la cara de vergüenza." [a] ²¹ No te dejes vencer por el mal. Al contrario, vence con el bien el mal.

13
¹ Todos deben someterse a las personas que ejercen la autoridad. Porque no hay autoridad que no venga de Dios, y las que existen, fueron puestas por él. [a] ² Así que quien se opone a la autoridad, va en contra de lo que Dios ha ordenado. Y los que se oponen serán castigados; ³ porque los gobernantes no están para causar miedo a los que hacen lo bueno, sino a los que hacen lo malo. ¿Quieres vivir sin miedo a la autoridad? Pues pórtate bien, y la autoridad te aprobará, ⁴ porque está al servicio de Dios para tu bien. [b] Pero si te portas mal, entonces sí debes tener miedo; porque no en vano la autoridad lleva la espada, [c] ya que está al servicio de Dios para dar su merecido al que hace lo malo. ⁵ Por lo tanto, es preciso someterse a las autoridades, no solo para evitar el castigo, sino como un deber de conciencia. ⁶ También por esta razón ustedes

---

[a] **12.1—15.13** En 12.1—15.13 Pablo da a los cristianos de Roma una serie de instrucciones sobre la conducta que deben observar en diversas circunstancias.

[b] **12.1** *Por tanto:* Para Pablo, los deberes morales del cristiano se siguen de lo expuesto en los caps. anteriores.

[c] **12.1** *Ustedes mismos:* lit. *sus cuerpos,* es decir, *su persona íntegra.*

[d] **12.1** *Ofrenda viva:* en contraste con las ofrendas de animales sacrificados en el culto judío. Cf. también Ro 6.19.

[e] **12.1** *Verdadero:* También puede traducirse por *racional* o *espiritual.*

[f] **12.2** Ef 4.23. *El tiempo presente:* Véase Ro 13.11-14 n.

[g] **12.2** Ef 5.10,17. *La voluntad de Dios... lo que es... perfecto:* otra posible traducción: *la voluntad de Dios, buena, grata y perfecta.*

[h] **12.3** Ro 1.5.

[i] **12.4-5** 1 Co 12.12-31. El cuerpo humano como figura de una entidad social era imagen común en los autores de la época. En otros pasajes, como Ef 1.22-23; 4.15; Col 1.18, esta imagen se refiere a la iglesia, el cuerpo del cual Cristo es la cabeza.

[j] **12.6** *El don de profecía:* Véase 1 Co 14.1 n.

[k] **12.6-8** 1 Co 12.4-11; 1 P 4.10-11.

[l] **12.9** 1 Ti 1.5; 1 P 1.22.

[m] **12.9** Am 5.15.

[n] **12.10** Flp 2.3.

[ñ] **12.11** *Con corazón ferviente:* otra posible traducción: *fervientes en el Espíritu.*

[o] **12.12** Ef 6.18; Flp 4.4-6.

[p] **12.13** Heb 13.2; 1 P 4.9. La hospitalidad, considerada en todo el mundo antiguo como un deber sagrado, llegó a ser especialmente importante como vínculo entre los cristianos, tanto por la protección que ofrecía al viajero como por las oportunidades de compañerismo y estímulo mutuo.

[q] **12.14** Mt 5.44; Lc 6.28.

[r] **12.15** Eclo 7.34; 1 Co 12.26.

[s] **12.16** Flp 2.2.

[t] **12.16** *Sino pónganse al nivel de los humildes:* También puede traducirse *sino estén dispuestos a realizar trabajos humildes.*

[u] **12.16** Pr 3.7; cf. Ro 11.25.

[v] **12.17** Mt 5.38-44; Lc 6.27-30; 1 Ts 5.15; 1 P 3.9.

[w] **12.17** 2 Co 8.21.

[x] **12.18** Mt 5.9; Mc 9.50; Heb 12.14.

[y] **12.19** Lv 19.18; Mt 5.39.

[z] **12.19** Dt 32.35; cf. también Heb 10.30.

[a] **12.20** Pr 25.21-22. *Harás que le arda la cara de vergüenza:* lit. *amontonarás carbones encendidos sobre su cabeza.*

[a] **13.1** Tit 3.1; 1 P 2.13-17; cf. también Pr 8.15; Sab 6.3. Pablo se refiere aquí a la obediencia respecto de las autoridades civiles.

[b] **13.4** *Para tu bien:* o *para ayudarte a hacer el bien.*

[c] **13.4** *Lleva la espada:* es decir, tiene poder de castigar.

pagan impuestos; porque las autoridades están al servicio de Dios, y a eso se dedican.

⁷ Denle a cada uno lo que le corresponde. Al que deban pagar contribuciones, páguenle las contribuciones; al que deban pagar impuestos, páguenle los impuestos; ᵈ al que deban respeto, respétenlo; al que deban estimación, estímenlo.

⁸ No tengan deudas con nadie, aparte de la deuda de amor que tienen unos con otros; pues el que ama a su prójimo ha cumplido todo lo que la ley ordena. ᵉ ⁹ Los mandamientos dicen: "No cometas adulterio, no mates, no robes, no codicies"; ᶠ pero estos y los demás mandamientos quedan comprendidos en estas palabras: "Ama a tu prójimo como a ti mismo". ᵍ ¹⁰ El que tiene amor no hace mal al prójimo; así que en el amor se cumple perfectamente la ley.

¹¹ En todo esto tengan en cuenta el tiempo en que vivimos, y sepan que ya es hora de despertarnos del sueño. Porque nuestra salvación está más cerca ahora que al principio, cuando creímos en el mensaje. ¹² La noche está muy avanzada, y se acerca el día; ʰ por eso dejemos de hacer ⁱ las cosas propias de la oscuridad y revistámonos de luz, ʲ como un soldado se reviste de su armadura. ᵏ ¹³ Actuemos con decencia, como en pleno día. No andemos en banquetes y borracheras, ni en inmoralidades y vicios, ni en discordias y envidias. ˡ ¹⁴ Al contrario, revístanse ustedes del Señor Jesucristo, ᵐ y no busquen satisfacer los malos deseos de la naturaleza humana.

14 Normas para el caso de opiniones diversas ᵃ

¹ Reciban bien al que es débil en la fe, y no entren en discusiones con él. ᵇ ² Por ejemplo, hay quienes piensan que pueden comer de todo, mientras otros, que son débiles en la fe, comen solamente verduras. ᶜ ³ Pues bien, el que come de todo no debe menospreciar al que no come ciertas cosas; y el que no come ciertas cosas no debe criticar al que come de todo, pues Dios lo ha aceptado. ᵈ ⁴ ¿Quién eres tú para criticar al servidor de otro? ᵉ Si queda bien o queda mal, es asunto de su propio amo. Pero quedará bien, porque el Señor tiene poder para hacerlo quedar bien.

⁵ Otro caso: Hay quienes dan más importancia a un día que a otro, y hay quienes creen que todos los días son iguales. ᶠ Cada uno debe estar convencido de lo que cree. ⁶ El que guarda cierto día, para honrar al Señor lo guarda. Y el que come de todo, para honrar al Señor lo come, y da gracias a Dios; y el que no come ciertas cosas, para honrar al Señor deja de comerlas, y también da gracias a Dios. ᵍ ⁷ Ninguno de nosotros vive para sí mismo ni muere para sí mismo. ʰ ⁸ Si vivimos, para el Señor vivimos; y si morimos, para el Señor morimos. De manera que, tanto en la vida como en la muerte, del Señor somos. ⁹ Para eso murió Cristo y volvió a la vida: para ser Señor tanto de los muertos como de los vivos.

¹⁰ ¿Por qué, entonces, criticas a tu hermano? ¿O tú, por qué lo desprecias? Todos tendremos que presentarnos delante de Dios, para que él nos juzgue. ⁱ ¹¹ Porque la Escritura dice:

"Juro por mi vida, dice el Señor,
que ante mí todos doblarán la rodilla
y todos alabarán a Dios." ʲ

¹² Así pues, cada uno de nosotros tendrá que dar cuenta de sí mismo a Dios.

¹³ Por eso, ya no debemos criticarnos unos a otros. ᵏ Al contrario, propónganse ustedes no hacer nada que sea causa de que su hermano tropiece, o que ponga en peligro su fe. ¹⁴ Yo sé que no hay nada impuro en sí mismo; ˡ como creyente en el Señor Jesús, estoy seguro de ello. Pero si alguno piensa que una cosa es impura, será impura para él. ᵐ ¹⁵ Ahora bien, si por lo que tú comes tu hermano se siente ofendido, tu conducta ya no es de amor. ¡Que tu comida no sea causa de que se pierda aquel por quien Cristo murió! ⁿ ¹⁶ No den, pues, lugar a que se hable mal de ese bien que ustedes tienen. ñ ¹⁷ Porque el reino de Dios no es cuestión de comer o beber determinadas cosas, sino de vivir en justicia, paz y alegría por medio del Espíritu Santo. ᵒ ¹⁸ El que de esta manera sirve a Cristo, agrada a Dios y es aprobado por los hombres.

¹⁹ Por lo tanto, busquemos ᵖ todo lo que conduce a la paz y a la edificación mutua. ²⁰ No eches a perder la obra de Dios por causa de la comida. En realidad, todos los

---

ᵈ 13.7 Cf. Mt 22.21 y paralelos.
ᵉ 13.8 Gl 5.14; Stg 2.8.
ᶠ 13.9 Ex 20.13-17; Dt 5.17-21; cf. Mt 19.18 y paralelos.
ᵍ 13.9 Lv 19.18; Mt 22.37-40 y paralelos; Gl 5.14.
ʰ 13.11-14 1 Ts 5.4-8. La exhortación, aquí y en los caps. 12—13 en general, se relaciona con el esperado fin de la presente era (Ro 12.2) y la llegada del nuevo *día,* o sea, el regreso de Cristo.
ⁱ 13.12 *Dejemos de hacer:* lit. *quitémonos* o *despojémonos de;* la imagen de despojarse de lo viejo y revestirse de lo nuevo es frecuente (Ef 4.22-25; Col 3.8-12).
ʲ 13.12 *Oscuridad... luz:* Ef 5.8-11.
ᵏ 13.12 La imagen literaria de la *armadura* del soldado se desarrolla en Ef 6.10-17.
ˡ 13.13 Lc 21.34; Ef 5.18; 1 P 4.3.
ᵐ 13.14 Gl 3.27.
ᵃ 14.1-23 En este cap. se tratan problemas que surgían entre los varios grupos de la comunidad cristiana, causados por la diversidad de su origen y de su cultura. Los problemas tenían que ver con ciertos alimentos y con días de especial valor religioso.
ᵇ 14.1 Ro 15.7.
ᶜ 14.2 No es claro por qué motivos algunos comían solamente verduras. No parece tratarse del problema discutido en 1 Co 8; sin embargo, las normas de conducta son las mismas.
ᵈ 14.3 Pablo inculca ante todo el respeto a la conciencia del hermano, quien para su salvación depende de la gracia de Dios.
ᵉ 14.4 Mt 7.1; Ro 2.1; Stg 4.11-12.
ᶠ 14.5-6 Col 2.16. La libertad de criterio, con tal de que todo se haga *para honrar al Señor,* se aplica tanto a comidas como a la observancia de los días de reposo y otras festividades.
ᵍ 14.6 1 Co 10.31; 1 Ti 4.4.
ʰ 14.7 Cf. 2 Co 5.15.
ⁱ 14.10 2 Co 5.10.
ʲ 14.11 Is 45.23; cf. Flp 2.10-11.
ᵏ 14.13 Mt 7.1; Lc 6.37.
ˡ 14.14 Mc 7.14-19; Hch 10.15.
ᵐ 14.14 Tit 1.15.
ⁿ 14.15 1 Co 8.9-13; 10.23-24.
ñ 14.16 *Ese bien que ustedes tienen* puede ser la libertad cristiana o, según otros, la salvación ofrecida por medio de Cristo.
ᵒ 14.17 1 Co 8.8; Gl 5.22.
ᵖ 14.19 *Busquemos:* Algunos mss. dicen *buscamos.*

alimentos son limpios; lo malo es comer algo que haga perder la fe a otros. ᑫ ²¹ Es mejor no comer carne, ni beber vino, ʳ ni hacer nada que sea causa de que tu hermano tropiece. ˢ ²² La fe que tienes, debes tenerla tú mismo delante de Dios. ¡Dichoso aquel que usa de su libertad sin cargos de conciencia!ᵗ ²³ Pero el que no está seguro de si debe o no comer algo, al comerlo se hace culpable, porque no lo come con la convicción que da la fe; y todo lo que no se hace con la convicción que da la fe, es pecado. ᵘ

15 *Seguir el ejemplo de Cristo*ᵃ ¹ Los que somos fuertes en la fe debemos aceptar como nuestras las debilidades de los que son menos fuertes, y no buscar lo que a nosotros mismos nos agrada. ² Todos nosotros debemos agradar a nuestro prójimo y hacer las cosas para su bien y para la edificación mutua. ᵇ ³ Porque tampoco Cristo buscó agradarse a sí mismo; al contrario, en él se cumplió lo que dice la Escritura: "Las ofensas de los que te insultaban cayeron sobre mí." ᶜ ⁴ Todo lo que antes se dijo en las Escrituras, se escribió para nuestra instrucción, ᵈ para que con constancia y con el consuelo que de ellas recibimos, tengamos esperanza. ⁵ Y Dios, que es quien da constancia y consuelo, les ayude a ustedes a vivir en armonía unos con otros, conforme al ejemplo de Cristo Jesús, ⁶ para que todos juntos, a una sola voz, alaben al Dios y Padre de nuestro Señor Jesucristo.

⁷ Así pues, acéptense los unos a los otros, como también Cristo los aceptó a ustedes, para gloria de Dios. ⁸ Puedo decirles que Cristo vino a servir a los judíos para cumplir las promesas hechas a nuestros antepasados y demostrar así que Dios es fiel a lo que promete. ⁹ Vino también para que los no judíos alaben a Dios por su misericordia, según dice la Escritura:

"Por eso te alabaré entre las naciones
 y cantaré himnos a tu nombre." ᵉ

¹⁰ En otra parte, la Escritura dice:
"¡Alégrense, naciones, con el pueblo de Dios!" ᶠ
¹¹ Y en otro lugar dice:
"Naciones y pueblos todos,
 ¡alaben al Señor!" ᵍ
¹² Isaías también escribió:
"Brotará la raíz de Jesé,
que se levantará para gobernar a las naciones,
 las cuales pondrán en él su esperanza." ʰ
¹³ Que Dios, que da esperanza, los llene de alegría y paz a ustedes que tienen fe en él, y les dé abundante esperanza por el poder del Espíritu Santo.

Conclusión (15.14—16.27)

El trabajo apostólico de Pablo ⁱ ¹⁴ Hermanos míos, estoy convencido de que ustedes están llenos de bondad y de todo conocimiento, y que saben aconsejarse unos a otros; ¹⁵ pero en esta carta me he atrevido a escribirles francamente sobre algunas cosas, para que no las olviden. Lo hago por el encargo que Dios en su bondad me ha dado, ¹⁶ de servir a Cristo Jesús para bien de los que no son judíos. El servicio sacerdotal que presto consiste en anunciar el evangelio de Dios, con el fin de presentar ante él a los no judíos, como ofrenda que le sea grata, santificada por el Espíritu Santo. ʲ

¹⁷ Tengo razón para gloriarme en Cristo Jesús de mi servicio a Dios, ¹⁸ porque no me atrevo a hablar de nada, aparte de lo que Cristo mismo ha hecho por medio de mí para llevar a los no judíos a obedecer a Dios. Esto se ha realizado con palabras y hechos, ¹⁹ por el poder de señales y milagros y por el poder del Espíritu de Dios. ᵏ De esta manera he llevado a buen término el anuncio del evangelio de Cristo, desde Jerusalén y por todas partes hasta la región de Iliria. ˡ ²⁰ Pero siempre he procurado anunciar el evangelio donde nunca antes se había oído hablar de Cristo, para no construir sobre bases puestas por otros, ᵐ ²¹ sino más bien, como dice la Escritura:

"Verán los que nunca habían tenido noticias de él;
 entenderán los que nunca habían oído de él." ⁿ

Planes de viaje ²² Precisamente por esto no he podido ir a verlos, aunque muchas veces me lo había propuesto. ñ ²³ Pero ahora que ya he terminado mi trabajo en estas regiones, y como desde hace muchos años estoy queriendo visitarlos, ²⁴ espero que podré hacerlo durante mi viaje a España. Y una vez que haya tenido el gusto de verlos, aunque sea por poco tiempo, espero que ustedes me ayuden a continuar el viaje. ²⁵ Pero ahora voy a Jerusalén, ᵒ a llevar ayuda a los hermanos ᵖ de allí. ²⁶ Porque los de Macedonia

---

ᑫ **14.20** *Comer algo que haga perder la fe a otros:* otra posible traducción: *comer algo que lo haga perder su fe* (lit. *comer con tropiezo*).
ʳ **14.21** *No comer... ni beber:* La forma griega del verbo sugiere una abstinencia observada en determinadas ocasiones, por consideración al hermano, más que por regla general.
ˢ **14.21** Véase 1 Co 8.8-13 n. Algunos mss. añaden *o caiga, o se debilite.*
ᵗ **14.22** Eclo 14.1; Gl 5.13; 1 Jn 3.21. *Libertad:* o *criterio.*
ᵘ **14.23** En algunos mss., la alabanza a Dios de Ro 16.25-27 se encuentra aquí.
ᵃ **15.1-13** Partiendo de la situación tratada en el cap. 14, Pablo pasa ahora a consideraciones y normas más generales. Estas se aplican también a otros casos, cuando hay en la comunidad personas que necesitan de la ayuda particular de sus hermanos.
ᵇ **15.2** 1 Co 10.24,33.
ᶜ **15.3** Sal 69.9 (10).
ᵈ **15.4** 1 Co 10.11.
ᵉ **15.9** 2 S 22.50; Sal 18.49 (50).
ᶠ **15.10** Dt 32.43.

ᵍ **15.11** Sal 117.1.
ʰ **15.12** Is 11.10. Véase todo el pasaje de Is 11.1-10.
ⁱ **15.14-21** Pablo trata ahora de temas más personales: de su actividad misionera y de sus planes de viaje (15.14-33).
ʲ **15.16** Ro 11.13; Gl 2.8. Pablo habla, con expresiones tomadas del culto *sacerdotal,* de presentar a los creyentes no judíos como *ofrenda* espiritual delante de Dios (cf. Ro 12.1).
ᵏ **15.19** Hch 15.12; 1 Co 2.4.
ˡ **15.19** De varios viajes misioneros de Pablo se habla en Hch 13—20. *Iliria:* provincia romana al noroeste de Macedonia; su parte sur era Dalmacia (2 Ti 4.10). Aquí aparece como el límite occidental de su labor misionera hasta ese momento.
ᵐ **15.20** 2 Co 10.15-16.
ⁿ **15.21** Is 52.15.
ñ **15.22** Ro 1.13.
ᵒ **15.25-29** El viaje de Pablo a *Jerusalén,* y su traslado después a Roma como preso, se relatan en Hch 21—28, pero el NT no nos dice si su deseo de ir a *España* llegó a cumplirse o no.
ᵖ **15.25** *Hermanos:* lit. *santos.* Véase Ro 1.6-7 n.

y Acayaq decidieron voluntariamente hacer una colecta y mandarla a los hermanos pobres de Jerusalén. r ²⁷ Lo decidieron voluntariamente, aunque, en realidad, estaban en la obligación de hacerlo, porque así como los creyentes judíos compartieron sus bienes espirituales con los no judíos, estos, a su vez, deben ayudar con sus bienes materiales a los creyentes judíos. s ²⁸ Así que, cuando yo haya terminado este asunto y les haya entregado a ellos la colecta, t saldré para España, y de paso los visitaré a ustedes. ²⁹ Estoy seguro de que cuando yo vaya, nos enriqueceremos todos con las bendiciones de Cristo. u
³⁰ Hermanos, por nuestro Señor Jesucristo y por el amor que el Espíritu nos da, les ruego que se unan conmigo en la lucha, orando a Dios por mí. ³¹ Pidan a Dios que me libre de los incrédulos que hay en Judea, y que la ayuda que llevo a los hermanos de Jerusalén sea bien recibida, v ³² para que, si Dios quiere, llegue yo con alegría a verlos a ustedes y tenga descanso al visitarlos. w ³³ Que el Dios de paz esté con todos ustedes. Amén.

16

Saludos personales ¹ Les recomiendo a nuestra hermana a Febe, diaconisa b en la iglesia de Cencreas. c ² Recíbanla bien en el nombre del Señor, como se debe hacer entre los hermanos en la fe, y ayúdenla en todo lo que necesite, porque ha ayudado a muchos, y también a mí mismo.

³ Saluden a Prisca y Áquila, mis compañeros de trabajo en el servicio de Cristo Jesús. d ⁴ A ellos, que pusieron en peligro su propia vida por salvar la mía, no solo yo les doy las gracias, sino también todos los hermanos de las iglesias no judías. ⁵ Saluden igualmente a la iglesia que se reúne en casa de Prisca y Áquila. e Saluden a mi querido amigo Epéneto, f que en la provincia de Asia fue el primer creyente en Cristo. ⁶ Saluden a María, que tanto ha trabajado por ustedes. ⁷ Saluden a mis paisanos g Andrónico y Junias, h que fueron mis compañeros de cárcel; i se han distinguido entre los apóstoles, y se hicieron creyentes en Cristo antes que yo.

⁸ Saluden a Ampliato, mi querido amigo en el Señor. ⁹ Saluden a Urbano, nuestro compañero de trabajo en Cristo, y a mi querido Estaquis. ¹⁰ Saluden a Apeles, que ha dado tantas pruebas de su fe en Cristo; y también a los de la familia de Aristóbulo. ¹¹ Saluden a mi paisano Herodión, y a los de la familia de Narciso que creen en el Señor. ¹² Saluden a Trifena y a Trifosa, que trabajan en la obra del Señor; y también a nuestra querida hermana Pérside, que tanto ha trabajado en la obra del Señor. ¹³ Saluden a Rufo, distinguido creyente en el Señor, y a su madre, que ha sido también como una madre para mí. ¹⁴ Saluden a Asíncrito, a Flegonte, a Hermes, a Patrobas, a Hermas y a los hermanos que están con ellos. ¹⁵ Saluden también a Filólogo y a Julia, a Nereo y a su hermana, a Olimpas y a todos los hermanos en la fe que están con ellos.

¹⁶ Salúdense los unos a los otros con un beso santo. j Todas las iglesias de Cristo les mandan saludos.

¹⁷ Hermanos, les ruego que se fijen en los que causan divisiones y ponen tropiezos, en contra de la enseñanza que ustedes recibieron. Apártense de ellos, k ¹⁸ porque no sirven a Cristo nuestro Señor, sino a sus propios apetitos, l y con sus palabras suaves y agradables engañan el corazón de la gente sencilla. ¹⁹ Todos saben que ustedes han sido obedientes. m Me alegro de su actitud, y quiero que muestren sabiduría para hacer lo bueno, pero no para hacer lo malo; n ²⁰ así el Dios de paz aplastará pronto a Satanás bajo los pies de ustedes. ñ Que nuestro Señor Jesús les dé su gracia. o

²¹ Les manda saludos p Timoteo, q mi compañero de trabajo; y también Lucio, Jasón y Sosípatro, r mis paisanos. s

---

q **15.26** *Macedonia y Acaya:* provincias que integraban el norte y sur de Grecia respectivamente.

r **15.25-26** 1 Co 16.1-4; 2 Co 8—9.

s **15.27** 1 Co 9.11.

t **15.28** *Y les haya entregado a ellos la colecta:* lit. *y les haya sellado este fruto;* se trata de la entrega oficial, en forma íntegra, de la ofrenda fraternal.

u **15.29** Ro 1.11-12.

v **15.30-31** 2 Co 1.11. Al llegar a Jerusalén, Pablo se enfrentaría a la oposición de los judíos incrédulos (Hch 21—23); además, le preocupaba que la ofrenda para los cristianos pobres de allí (vv. 25-28) fuera bien recibida.

w **15.32** La carta termina con la misma nota expresada en Ro 1.12.

a **16.1** *Hermana:* en el sentido de *cristiana.*

b **16.1** *Diaconisa:* o *servidora;* el término llegó a designar un cargo específico en la iglesia, aunque en tiempos de Pablo probablemente se usaba en un sentido más general.

c **16.1-2** Posiblemente, Pablo envió la carta desde Corinto por conducto de *Febe,* cristiana de la iglesia de *Cencreas,* puerto cercano a Corinto.

d **16.3** *Prisca* (o *Priscila,* Hch 18.2 nota *c*) *y Áquila* habían ido de Roma a Corinto, donde Pablo los conoció; posteriormente lo acompañaron a Éfeso (Hch 18.18-19,26; 1 Co 16.19). Ahora aparecen nuevamente en Roma.

e **16.5** Durante los dos o tres primeros siglos, los cristianos se reunían en casas particulares (cf. Flm 2); parece ser que Áquila y Priscila tenían en Roma una casa que prestaban para tal fin, como antes lo habían hecho en Éfeso.

f **16.5-15** Con la excepción de Prisca y Áquila, no hay, en el NT, otra mención de las demás personas nombradas en los vv. 5-15.

g **16.7** *Paisanos:* lit. *parientes,* usado aquí y en 16.11,21 en el sentido de hermanos de raza (cf. Ro 9.3).

h **16.7** *Andrónico y Junias* (o posiblemente *Junia;* si el segundo nombre es de mujer, puede tratarse de un matrimonio, o bien de hermano y hermana): llamados *apóstoles* en el sentido amplio de la palabra, que se aplicaba a varios personajes de la primera generación de cristianos.

i **16.7** *Compañeros de cárcel:* Pablo ya había sido encarcelado en más de una ocasión (Hch 16.23; 2 Co 11.23).

j **16.16** El beso en la mejilla era un saludo ceremonial de uso muy antiguo (cf. 1 S 10.1; Hch 20.37). El *beso santo* o *beso de paz* era habitual entre los cristianos (1 Co 16.20; 1 P 5.14).

k **16.17** 2 Ts 3.6,14-15; Tit 3.10.

l **16.18** Flp 3.19.

m **16.19** Cf. Ro 1.8.

n **16.19** Cf. 1 Co 14.20.

ñ **16.20** Cf. 1 Co 15.25-28.

o **16.20** Algunos mss. omiten la última frase del v. 20, pero conservan el v. 24 (véase 16.23 nota *w*).

p **16.21** En los vv. 21-23 se incluyen saludos enviados por personas que se encontraban con Pablo en Corinto.

q **16.21** *Timoteo:* compañero de Pablo (véase Hch 16.1 nota *b*).

r **16.21** *Sosípatro:* posiblemente el Sópatro de Hch 20.4.

s **16.21** *Mis paisanos:* Véase 16.7 nota *g*.

²² Yo, Tercio, que estoy escribiendo esta carta, también les mando saludos en el Señor. ᵗ

²³ Los saluda Gayo. ᵘ Estoy alojado en su casa, que él pone a disposición de toda la iglesia. También los saluda Erasto, ᵛ tesorero de la ciudad, y el hermano Cuarto. ʷ

Alabanza final a Dios ˣ ²⁵ Alabemos a Dios, que puede hacerlos a ustedes firmes conforme al evangelio que yo anuncio y la enseñanza acerca de Jesucristo. Esto está de acuerdo con lo que Dios ha revelado de su designio secreto, el cual estuvo oculto desde antes que el mundo existiera, ʸ ²⁶ pero ahora se ha dado a conocer por los escritos de los profetas, ᶻ de acuerdo con el mandato del Dios eterno. Este secreto del plan de Dios se ha dado a conocer a todas las naciones, para que crean y obedezcan. ᵃ

²⁷ ¡A Dios, el único y sabio, ᵇ sea la gloria para siempre por medio de Jesucristo! Amén.

ᵗ **16.22** *Tercio*, a quien Pablo ha dictado la carta, intercala su propio saludo. Pablo dictaba sus cartas, pero únicamente en este caso tenemos el nombre de quien le sirvió de secretario.

ᵘ **16.23** *Gayo*: probablemente el de 1 Co 1.14 (cf. Hch 19.29); o prestaba su casa para las reuniones de la iglesia, o daba alojamiento a los cristianos que estaban de viaje.

ᵛ **16.23** Posiblemente era el mismo *Erasto* que se menciona en la inscripción de una piedra hallada en las ruinas de Corinto, en la cual se dice que era el encargado de las obras públicas de la ciudad. Cf. Hch 19.22; 2 Ti 4.20.

ʷ **16.23** Algunos mss. que omiten la última frase del v. 20, añaden aquí el v. 24: *Que nuestro Señor Jesucristo les dé su gracia a todos ustedes. Amén.* Algunos otros colocan el v. 24 después del v. 27.

ˣ **16.25-27** En esta alabanza final a Dios, se alude brevemente a los temas principales de la carta. Cf. Ro 11.33-36, y también Ef 3.20-21; Jud 24-25. Algunos mss. incluyen estos vv. tanto aquí como después de Ro 14.23; otros los tienen solamente después de 14.23, y hay algunos que los omiten del todo. En un ms. aparecen después de 15.33.

ʸ **16.25** *Su designio secreto:* 1 Co 2.7; Ef 1.9; 3.4-9; Col 1.26-27; Ap 10.7. Véase *Designio secreto* en el *Índice temático.*

ᶻ **16.26** *Se ha dado a conocer... profetas:* Véase Hch 3.18 n.

ᵃ **16.26** *Para que crean y obedezcan:* lit. *para obediencia de fe* (véase Ro 1.5 n.).

ᵇ **16.27** 1 Ti 1.17; Jud 25.

Primera carta de san Pablo a los Corintios

Corinto es una antigua ciudad griega, situada en el estrecho que une la parte continental de Grecia con la península del Peloponeso. En el siglo I d.C. estaba habitada principalmente por excombatientes romanos y por antiguos esclavos libertados, procedentes de Italia, o por sus descendientes. Era capital de la provincia de Acaya, y por su posición tanto geográfica como política, tenía una activa vida comercial, cultural y religiosa. Las referencias de algunos autores antiguos sobre el extremado desenfreno de sus costumbres no parecen corresponder a la realidad de entonces. En este aspecto, la situación de Corinto debía de ser semejante a la de tantos otros puertos del Mediterráneo.

La comunidad cristiana de Corinto fue fundada por Pablo en su segundo viaje misionero (cf. Hch 18.1-18), a principios de la década de los 50. Algunos de estos cristianos procedían del judaísmo, pero la mayoría era de origen pagano (cf. 1 Co 12.2). Aunque Pablo permaneció allí año y medio (Hch 18.11), solo pudo poner los fundamentos de la fe cristiana (cf. 1 Co 3.6,10). Más tarde llegaron otros maestros, entre los cuales Pablo menciona en particular a Apolo (véase 1 Co 1.12 nota ñ).

La actividad de algunos de los maestros venidos posteriormente fue ocasión de que se crearan divisiones y grupos en la comunidad. Por otra parte, la intensa vida carismática que se desarrolló en la iglesia de Corinto llevó a algunos a creerse demasiado sabios. Además de todo esto, el pasado pagano de la mayoría de los cristianos y el contacto inevitable con una sociedad pagana de costumbres libertinas, así como las diferencias sociales entre los propios miembros de la comunidad cristiana, dieron lugar a una serie de situaciones y abusos, que Pablo se vio obligado a corregir.

El apóstol había seguido en permanente contacto con esta comunidad, sea por carta, por mensajeros, o personalmente.

De la correspondencia de Pablo con los cristianos de Corinto se han conservado dos cartas. Pero es casi seguro que antes de *1 Corintios* (= 1 Co) Pablo ya les había escrito (cf. 1 Co 5.9). También es probable que haya otra carta del apóstol entre *1 Corintios* y *2 Corintios* (cf. 2 Co 2.4).

La ocasión principal que motivó el envío de *1 Corintios* es doble: por una parte, Pablo había recibido noticias de la situación de la comunidad y, en especial, de ciertos abusos (cf. 1 Co 1.11). Por otra, los corintios habían escrito una carta a Pablo para pedirle explicación sobre algunos aspectos que les creaban problemas (cf. 1 Co 7.1). Toda la carta es, pues, una instrucción orientada a corregir las deficiencias que había y a profundizar más en el mensaje del evangelio que los corintios ya habían recibido. Teniendo esto en cuenta, se entienden mejor los principales temas tratados en esta carta.

Como introducción encontramos las partes acostumbradas: el saludo (1.1-3) y la acción de gracias (1.4-9).

El primer tema se refiere a las divisiones o grupos que se habían formado en la comunidad (1.10—4.21). Pablo les dice a los corintios que tales divisiones son, en primer lugar, contrarias a la unidad de Cristo (1.10-17). En seguida les hace ver que ellos todavía no han aprendido la verdadera sabiduría, la sabiduría de Dios, distinta de la sabiduría del mundo (1.18—3.4). Y como esas divisiones se han formado tomando como bandera a varios apóstoles o predicadores, les recuerda cuál es la misión del apóstol (3.5—4.5). Finalmente, les llama la atención por su comportamiento orgulloso (4.6-21).

Después pasa a tratar otros problemas que se han presentado en Corinto. Critica a la comunidad por su actitud condescendiente en el caso de uno que sigue una conducta inmoral (5.1-13), y por recurrir a tribunales paganos en ciertos pleitos entre los propios miembros (6.1-11). Además, corrige algunas ideas de los corintios sobre la libertad en el campo sexual (6.12-19).

Luego pasa a responder a las consultas que los corintios le habían hecho en su carta. En primer lugar, sobre el matrimonio y la virginidad (7.1-40), y, a continuación, sobre lo que se debía hacer con los alimentos que eran ofrecidos a los ídolos y se vendían en el mercado (8.1—11.1).

Viene entonces una sección que tiene que ver con el orden en algunos aspectos de la vida de la comunidad: la conducta de las mujeres en las reuniones (11.2-16) y la manera de celebrar la cena del Señor (11.17-34).

Después trata de otro tema consultado por los corintios: los dones espirituales o carismas. Les enseña a valorarlos correctamente, y los instruye acerca de la manera de ejercitarlos, mostrándoles que por encima de todo está el amor (12.1—14.40).

Finalmente, les da una explicación sobre la resurrección de los muertos: esta es una consecuencia de la resurrección de Cristo, pero se debe entender correctamente (15.1-58).

La carta concluye con instrucciones sobre la colecta en favor de los cristianos de Jerusalén (16.1-4), información sobre sus planes de viaje (16.5-12), algunas recomendaciones concretas (16.13-18), y los saludos y despedida de costumbre (16.19-24).

Aunque algunos de los problemas tocados en esta carta eran muy propios de la situación particular de la iglesia de Corinto en ese momento, en su mayoría siguen siendo actuales. Debe anotarse, sobre todo, que los criterios y principios que el apóstol propone a los corintios para resolver todos esos problemas se derivan del evangelio predicado por Pablo y tienen, por tanto, valor universal.

Esta carta fue escrita desde Éfeso (cf. 16.19), entre los años 54-57.

Esquema de la carta:

Introducción (1.1-9)
    Saludo (1.1-3)
    Acción de gracias (1.4-9)
  I. Divisiones en la comunidad (1.10—4.21)
    1. Las divisiones son contra la unidad de Cristo (1.10-17)
    2. La sabiduría de Dios y la sabiduría humana (1.18—3.4)
    3. Qué es ser apóstol (3.5—4.5)
    4. Orgullo de los corintios (4.6-21)
 II. Corrección de ciertas actitudes (5.1—6.20)
III. Sobre el matrimonio (7.1-40)
IV. Los alimentos consagrados a los ídolos (8.1—11.1)
 V. Problemas de la vida de la comunidad (11.2-34)
    1. Las mujeres en el culto (11.2-16)
    2. Celebración de la cena del Señor (11.17-34)
VI. Los dones espirituales (12.1—14.40)
VII. La resurrección de los muertos (15.1-58)
    Conclusión (16.1-24)
        La colecta (16.1-4)
        Planes de viaje (16.5-12)
        Recomendaciones (16.13-18)
        Saludos y despedida (16.19-24)

Introducción (1.1-9)

1 **Saludo**[a] **1-2** Pablo, llamado por la voluntad de Dios[b] a ser apóstol[c] de Cristo Jesús, saluda, junto con el hermano Sóstenes, a los que forman la iglesia de Dios que está en Corinto,[d] que en Cristo Jesús fueron santificados y llamados a formar su pueblo santo, junto con todos los que en todas partes invocan el nombre de nuestro Señor Jesucristo, Señor nuestro y del pueblo santo.[e] **3** Que Dios nuestro Padre y el Señor Jesucristo derramen sobre ustedes su gracia y su paz.[f]

Acción de gracias[g] **4** Siempre doy gracias a mi Dios por ustedes, por la gracia que Dios ha derramado sobre ustedes por medio de Cristo Jesús.[h] **5** Pues por medio de él Dios les ha dado toda riqueza espiritual, así de palabra como de conocimiento, **6** ya que el mensaje acerca de Cristo se estableció firmemente entre ustedes. **7** De este modo no les falta ningún don de Dios mientras esperan el día en que aparezca nuestro Señor Jesucristo.[i] **8** Dios los mantendrá firmes hasta el fin, para que nadie pueda reprocharles nada cuando nuestro Señor Jesucristo regrese.[j] **9** Dios siempre cumple sus promesas,[k] y él es quien los llamó a vivir en unión con su Hijo Jesucristo, nuestro Señor.[l]

I. DIVISIONES EN LA COMUNIDAD (1.10—4.21)

1. Las divisiones son contra la unidad de Cristo (1.10-17)

10 Hermanos, en el nombre de nuestro Señor Jesucristo les ruego que todos estén siempre de acuerdo y que no haya divisiones entre ustedes. Vivan en armonía, pensando y sintiendo de la misma manera.[m] **11** Digo esto, hermanos míos, porque he sabido por los de la familia de Cloe[n] que hay discordias entre ustedes. **12** Quiero decir, que algunos de ustedes afirman: "Yo soy de Pablo"; otros: "Yo soy de Apolo";[ñ] otros: "Yo soy de Cefas";[o] y otros: "Yo soy de Cristo."[p] **13** ¿Acaso Cristo está dividido? ¿Fue crucificado Pablo en favor de ustedes? ¿O fueron ustedes bautizados en el nombre de Pablo? **14** ¡Gracias a Dios que yo no bauticé a ninguno de ustedes, aparte de Crispo[q] y de Gayo![r] **15** Así nadie puede decir que fue bautizado en mi nombre. **16** También bauticé a la familia de Estéfanas,[s] pero no recuerdo haber bautizado a ningún otro, **17** pues Cristo no me mandó a bautizar, sino a anunciar el evangelio, y no con alardes de sabiduría[t] y retórica, para no quitarle valor a la muerte de Cristo en la cruz.[u]

2. La sabiduría de Dios y la sabiduría humana (1.18—3.4)

18 El mensaje de la muerte de Cristo en la cruz parece una tontería a los que van a la perdición;[v] pero este mensaje es poder de Dios para los que vamos a la salvación.[w] **19** Como dice la Escritura:

"Haré que los sabios pierdan su sabiduría
y que desaparezca la inteligencia de los
    inteligentes."[x]

20 ¿En qué pararon el sabio, y el maestro,[y] y el que sabe discutir sobre cosas de este mundo? ¡Dios ha convertido en tontería la sabiduría de este mundo![z] **21** Puesto que el mundo no usó su sabiduría para reconocer a Dios donde él ha mostrado su sabiduría,[a] dispuso Dios en su bondad salvar por medio de su mensaje a los que tienen fe, aunque este mensaje parezca una tontería.[b] **22** Los judíos quieren ver señales milagrosas,[c] y los griegos buscan sabiduría;[d] **23** pero nosotros anunciamos a un Mesías crucificado. Esto les resulta ofensivo a los judíos, y a los no judíos les parece una tontería;[e] **24** pero para los que Dios ha llamado, sean judíos o griegos, este Mesías es el poder y la sabiduría de Dios.[f] **25** Pues lo que en Dios puede parecer una tontería, es mucho más sabio que toda

---

[a] **1.1-3** Respecto de la manera de empezar la carta, véanse Ro 1.1-7 n. e *Introducción a las cartas*.
[b] **1.1-2** *Por la voluntad de Dios:* 2 Co 1.1; Gl 1.1.
[c] **1.1-2** *Apóstol:* Véase Gl 1.1 n.
[d] **1.1-2** *Corinto:* Hch 18.1; véase *Introducción*.
[e] **1.1-2** *Pueblo santo:* Véase Ro 1.6-7 n., y cf. 1 Co 6.11.
[f] **1.3** Cf. Ro 1.7.
[g] **1.4-9** Al saludo sigue, como de costumbre en las cartas de la época, una sección de acción de *gracias* (véase Ro 1.8-15 n.).
[h] **1.4** *Por medio de Cristo Jesús:* lit. *en Cristo Jesús.* Véase Ro 6.11 nota *m*.
[i] **1.7** Cf. 1 Co 15.23; Flp 3.20; 2 Ts 1.7.
[j] **1.8** Flp 1.6; 1 Ts 3.13; 5.23. *Cuando nuestro Señor Jesucristo regrese:* lit. *en el día de nuestro Señor Jesucristo;* véase *Día del Señor* en el *Índice temático*.
[k] **1.9** Cf. Dt 7.9; 1 Ts 5.24.
[l] **1.9** *En unión con… Jesucristo:* Véase Ro 6.11 nota *m*.
[m] **1.10** Ro 12.16; Flp 2.2.
[n] **1.11** *Cloe:* mencionada solamente aquí. *La familia de Cloe:* lit. *los de Cloe,* es decir, familiares o esclavos de esta.
[ñ] **1.12** *Apolo:* cristiano destacado, procedente de Alejandría, que había predicado en Corinto (Hch 18.24—19.1).
[o] **1.12** *Cefas:* forma aramea del nombre Pedro (véase Mt 16.18 nota *m*), usada por Pablo en 1 Co y en Gl.
[p] **1.12** 1 Co 3.4.
[q] **1.14** *Crispo:* Hch 18.8.
[r] **1.14** *Gayo:* Ro 16.23.
[s] **1.16** 1 Co 16.15.
[t] **1.17** La Biblia alaba con frecuencia la verdadera sabiduría (véase Stg 3.13-18 n.). Aquí Pablo se refiere a la *sabiduría del mundo.* Cf. 1.19-21.
[u] **1.17** Idea que se desarrolla en 1 Co 2.1-5.
[v] **1.18** *Tontería:* 1 Co 1.23 n.; cf. 2 Co 4.3.
[w] **1.18** Ro 1.16.
[x] **1.19** Is 29.14.
[y] **1.20** Is 19.12.
[z] **1.20** Is 44.25.
[a] **1.21** El mundo no usó los conocimientos que tuvo (cf. Ro 1.19-20), para reconocer la verdadera sabiduría de Dios mostrada en la muerte de Jesucristo (v. 24).
[b] **1.20-21** Mt 11.25; Lc 10.21.
[c] **1.22** *Quieren ver señales milagrosas:* es decir, señales espectaculares. Cf. Mt 12.38-39; 16.1-4; Jn 4.48.
[d] **1.22** *Buscan sabiduría:* Los griegos eran famosos por sus escuelas filosóficas. "Filosofía" quiere decir *amor a la sabiduría.* Cf. Hch 17.18-32.
[e] **1.23** *Los judíos* esperaban un mesías glorioso, no *un Mesías crucificado* como a un criminal; además, para ellos la crucifixión significaba maldición (Dt 21.22-23; Gl 3.13). Y a *los no judíos* les parecía una *tontería* la idea de que la muerte de un hombre en la cruz condujera a la salvación.
[f] **1.23-24** Ro 1.16. Respecto a Cristo como *sabiduría de Dios,* véase Jn 1.1 n.; cf. Col 2.3.

sabiduría humana; y lo que en Dios puede parecer debilidad, es más fuerte que toda fuerza humana.

Realidad de la comunidad de Corinto [26] Hermanos, deben darse cuenta de que Dios los ha llamado a pesar de que pocos de ustedes son sabios según los criterios humanos, y pocos de ustedes son gente con autoridad o pertenecientes a familias importantes. [g] [27] Y es que, para avergonzar a los sabios, Dios ha escogido a los que el mundo tiene por tontos; y para avergonzar a los fuertes, ha escogido a los que el mundo tiene por débiles. [28] Dios ha escogido a la gente despreciada y sin importancia de este mundo, es decir, a los que no son nada, para anular a los que son algo. [h] [29] Así nadie podrá presumir delante de Dios. [i] [30] Pero Dios mismo los ha unido a ustedes con Cristo Jesús, [j] y ha hecho también que Cristo sea nuestra sabiduría, nuestra justicia, [k] nuestra santificación y nuestra liberación. [l] [31] De esta manera, como dice la Escritura: "Si alguno quiere enorgullecerse, que se enorgullezca del Señor." [m]

2 El mensaje acerca de Cristo crucificado [1] Pero hermanos, cuando yo fui a hablarles del designio secreto de Dios, lo hice sin hacer alardes de retórica o de sabiduría. [2] Y, estando entre ustedes, no quise saber de otra cosa sino de Jesucristo y, más estrictamente, de Jesucristo crucificado. [a] [3] Me presenté ante ustedes débil y temblando de miedo, [b] [4] y cuando les hablé y les prediqué el mensaje, no usé palabras sabias [c] para convencerlos. Al contrario, los convencí haciendo demostración del Espíritu y del poder de Dios, [d] [5] para que la fe de ustedes dependiera del poder de Dios y no de la sabiduría de los hombres.

Dios da a conocer sus secretos por medio del Espíritu
[6] Sin embargo, entre los que ya han alcanzado la madurez en su fe sí usamos palabras de sabiduría. Pero no se trata de una sabiduría propia de este mundo ni de quienes lo gobiernan, [e] los cuales ya están perdiendo su poder. [7] Se trata más bien de la sabiduría oculta de Dios, el designio secreto que él, desde la eternidad, [f] ha tenido para nuestra gloria. [8] Esto es algo que no han entendido los gobernantes del mundo presente, pues si lo hubieran entendido no habrían crucificado al Señor de la gloria. [g] [9] Pero, como se dice en la Escritura:

"Dios ha preparado para los que lo aman
cosas que nadie ha visto ni oído,
y ni siquiera pensado." [h]

[10] Estas son las cosas que Dios nos ha hecho conocer por medio del Espíritu, pues el Espíritu lo examina todo, hasta las cosas más profundas de Dios.

[11] ¿Quién entre los hombres puede saber lo que hay en el corazón del hombre, sino solo el espíritu que está dentro del hombre? De la misma manera, solamente el Espíritu de Dios sabe lo que hay en Dios. [i] [12] Y nosotros no hemos recibido el espíritu del mundo, sino el Espíritu que viene de Dios, para que entendamos las cosas que Dios en su bondad nos ha dado. [j] [13] Hablamos de estas cosas con palabras que el Espíritu de Dios nos ha enseñado, y no con palabras que hayamos aprendido por nuestra propia sabiduría. Así explicamos las cosas espirituales con términos espirituales. [k]

[14] El que no es espiritual [l] no acepta las cosas que son de Dios, porque para él son tonterías. Y tampoco las puede entender, porque son cosas que tienen que juzgarse espiritualmente. [m] [15] Pero aquel que tiene el Espíritu puede juzgar todas las cosas, y nadie lo puede juzgar a él. [n] [16] Pues la Escritura dice: "¿Quién conoce la mente del Señor? ¿Quién podrá instruirle?" [ñ] Sin embargo, nosotros tenemos la mente de Cristo.

3 Deficiencias de la comunidad de Corinto [1] Yo, hermanos, no pude hablarles entonces como a gente madura espiritualmente, sino como a personas débiles, como a niños en cuanto a las cosas de Cristo. [2] Les di una enseñanza sencilla, igual que a un niño de pecho se le da leche en vez de alimento sólido, [a] porque ustedes todavía no podían digerir la comida fuerte. ¡Y ni siquiera pueden digerirla ahora, [3] porque todavía son débiles! Mientras haya entre ustedes envidias y discordias, [b] es que todavía son débiles y actúan con criterios puramente humanos. [4] Porque cuando uno afirma: "Yo soy de Pablo", y otro: "Yo soy de Apolo", [c] están manteniendo criterios puramente humanos.

---

[g] **1.26** Mt 11.25; Stg 2.5.
[h] **1.28** *Sin importancia:* lit. *sin nacimiento,* por oposición a los nacidos de *familias importantes* del v. 26. *Los que no son nada:* lit. *las cosas que no son* (o *que no existen*); los cristianos de Corinto pertenecían mayormente a las clases humildes.
[i] **1.29** Ro 3.27; Ef 2.9.
[j] **1.30** *Los ha unido a ustedes con Cristo Jesús:* lit. *los ha hecho estar* (o *existir*) *en Cristo Jesús,* en contraste con los que *no existen* (1.28.).
[k] **1.30** *Nuestra justicia:* 2 Co 5.21; cf. Jer 23.5-6; 33.14-16.
[l] **1.30** *Nuestra liberación:* Véase Ro 3.24 nota s.
[m] **1.31** Jer 9.23-24 (22-23); cf. 2 Co 10.17.
[a] **2.1-2** Gl 6.14. Véase 1 Co 1.23 n.
[b] **2.3** Cf. Hch 18.1-18.
[c] **2.4** *Palabras sabias:* Algunos mss. dicen *palabras de sabiduría humana.*
[d] **2.4** Cf. 1 Ts 1.5.
[e] **2.6** Parece referirse a potencias espirituales malignas (cf. Ef 6.12; 1 Jn 5.19). Otros lo refieren a los gobernantes humanos que, como instrumentos de aquellas, habían condenado y crucificado a Jesús (v. 8).

[f] **2.7** Ro 16.25; Col 1.26. *Designio secreto:* Véase *Índice temático.*
[g] **2.8** *El Señor de la gloria:* o *el glorioso Señor;* Stg 2.1; cf. Sal 24.7. En el AT la *gloria* es señal de la manifestación de Dios (Ex 24.16; 40.35; 1 R 8.10-11).
[h] **2.9** Cita de Is 64.4 (3) combinado con Jer 3.16. Cf. Eclo 1.10.
[i] **2.11** Cf. Sab 9.17, y también Mt 11.27; Lc 10.22.
[j] **2.12** Cf. Jn 16.13-14.
[k] **2.13** Cf. v. 4. *Explicamos... con términos espirituales:* otra posible traducción: *explicamos las cosas espirituales a los que son espirituales.*
[l] **2.14** *El que no es espiritual:* o *el que es natural* (en contraste con *el que es espiritual;* véase 2.15 n.).
[m] **2.14** Jn 8.47; 14.17.
[n] **2.15** 1 Jn 2.20. *Que tiene el Espíritu:* otra posible traducción: *que es espiritual.*
[ñ] **2.16** Is 40.13; cf. Ro 11.34.
[a] **3.2** Heb 5.12-13.
[b] **3.3** 1 Co 1.10-12.
[c] **3.4** *Apolo:* Véase 1 Co 1.12 nota *ñ.*

3. Qué es ser Apóstol (3.5—4.5)

5 A fin de cuentas, ¿qué es Apolo?, ¿qué es Pablo? Simplemente servidores, por medio de los cuales ustedes han llegado a la fe. Cada uno de nosotros hizo el trabajo que el Señor le señaló: **6** yo sembré *d* y Apolo regó, *e* pero Dios es quien hizo crecer lo sembrado. **7** De manera que ni el que siembra ni el que riega son nada, sino que Dios lo es todo, pues él es quien hace crecer lo sembrado. **8** Los que siembran y los que riegan son iguales, aunque Dios pagará a cada uno según su trabajo. **9** Somos compañeros de trabajo al servicio de Dios, *f* y ustedes son un sembrado y una construcción que pertenecen a Dios. *g* **10** Yo fui el maestro albañil al cual Dios en su bondad encargó poner los fundamentos, y otro *h* está construyendo sobre ellos. Pero cada uno debe tener cuidado de cómo construye, **11** pues nadie puede poner otro fundamento que el que ya está puesto, que es Jesucristo. *i* **12** Sobre este fundamento, uno puede construir con oro, plata y piedras preciosas, o con madera, paja y cañas; **13** pero el trabajo de cada cual se verá claramente en el día del juicio; porque ese día vendrá con fuego, y el fuego probará la clase de trabajo que cada uno haya hecho. *j* **14** Si lo que uno construyó es resistente, recibirá su pago; **15** pero si lo que construyó llega a quemarse, perderá su trabajo, aunque él mismo logrará salvarse como quien escapa del fuego.

16 ¿Acaso no saben ustedes que son templo de Dios, y que el Espíritu de Dios vive en ustedes? *k* **17** Si alguno destruye el templo de Dios, Dios lo destruirá a él, porque el templo de Dios es santo, y ese templo son ustedes mismos. *l*

18 Que nadie se engañe: si alguno de ustedes se cree sabio según la sabiduría de este mundo, vuélvase como un ignorante, para así llegar a ser verdaderamente sabio. **19** Pues la sabiduría de este mundo es pura tontería para Dios. En efecto, la Escritura dice: "Dios atrapa a los sabios en la propia astucia de ellos." *m* **20** Y dice también: "El Señor sabe que los pensamientos de los sabios son tonterías." *n* **21** Por eso, nadie debe sentirse orgulloso de lo que es propio de los hombres; pues todas las cosas son ustedes: **22** Pablo, Apolo, Cefas, el mundo, la vida, la muerte, el presente y el futuro; todo es de ustedes, y **23** ustedes son de Cristo, y Cristo es de Dios. *ñ*

4 *El trabajo de los apóstoles* **1** Ustedes deben considerarnos simplemente como ayudantes de Cristo, encargados de enseñar los designios secretos de Dios. *a* **2** Ahora bien, el que recibe un encargo debe demostrar que es digno de confianza. **3** En cuanto a mí respecta, muy poco me preocupa ser juzgado por ustedes o por algún tribunal humano. Ni siquiera yo mismo me juzgo. **4** Sin embargo, el que mi conciencia no me acuse de nada no significa que yo por esto sea inocente. Pues el que me juzga es el Señor. *b* **5** Por lo tanto, no juzguen ustedes nada antes de tiempo; esperen a que el Señor venga y saque a la luz lo que ahora está en la oscuridad y dé a conocer las intenciones del corazón. Entonces Dios dará a cada uno la alabanza que merezca.

4. Orgullo de los corintios (4.6-21)

6 Hermanos, les hablo de estas cosas por su propio bien y poniendo como ejemplo a Apolo y a mí mismo. Lo digo para que por nuestro ejemplo aprendan ustedes a no ir más allá de lo que está escrito, *c* y para que nadie se hinche de orgullo, favoreciendo a uno en perjuicio de otro. *d* **7** Pues, ¿quién te da privilegios sobre los demás? ¿Y qué tienes que Dios no te haya dado? Y si él te lo ha dado, ¿por qué presumes, como si lo hubieras conseguido por ti mismo? *e*

8 Al parecer, ustedes ya son ricos, y tienen todo lo que pueden desear, y se sienten como reyes que nada necesitan de nosotros. ¡Ojalá fueran reyes de verdad, para que nosotros tuviéramos parte en su reino! *f* **9** Pues me parece que a nosotros, los apóstoles, Dios nos ha puesto en el último lugar, como si fuéramos condenados a muerte. Hemos llegado a ser un espectáculo *g* para el mundo, para los ángeles y para los hombres. **10** Nosotros, por causa de Cristo, pasamos por tontos; mientras que ustedes, gracias a Cristo, pasan por inteligentes. Nosotros somos débiles, mientras que ustedes son fuertes. A nosotros se nos desprecia, y a ustedes se les respeta. *h* **11** Hasta hoy mismo no hemos dejado de sufrir hambre, sed y falta de ropa; la gente nos maltrata, no tenemos hogar propio *i* **12** y nos cansamos trabajando con nuestras propias manos. *j* A las maldiciones respondemos con bendiciones; *k* somos perseguidos, y lo soportamos. **13** Nos injurian, y contestamos

---

d **3.6** Hch 18.4-11.
e **3.6** Hch 18.24-28.
f **3.9** *Somos compañeros... de Dios:* otra posible traducción: *Somos colaboradores de Dios.*
g **3.9** La imagen del campo sembrado por Dios proviene de 3.6-8 (cf. Mt 13.3-9); la de la *construcción* se desarrolla en 3.10-17. Cf. 1 Co 6.19; 2 Co 5.16.
h **3.10** *Otro:* posible referencia a un determinado maestro en Corinto a quien Pablo dirige su amonestación.
i **3.11** Cf. Is 28.16; 1 P 2.4-6.
j **3.13** Mal 4.1 (3.19).
k **3.16** *Templo de Dios:* Véase 3.9 nota *g. Templo:* o *santuario* (la parte interior y más sagrada del templo).
l **3.17** *Destruye, destruirá:* En griego se hace un juego con dos sentidos de un mismo verbo, que significa tanto *profanar* como *destruir*: Ya que la comunidad de creyentes *es el templo de Dios* (3.16), los que la dividen (vv. 3-4) la profanan o destruyen, y por eso serán destruidos como castigo por sus actos de sacrilegio.
m **3.19** Job 5.13.
n **3.20** Sal 94.11.

ñ **3.21-23** Los cristianos no pertenecen a sus dirigentes (los de 1 Co 1.12; 3.4), sino los dirigentes a ellos, como servidores (v. 5). Y es a Cristo, y por consecuencia a Dios, a quien el cristiano realmente pertenece.
a **4.1** 1 Co 3.5. *Designios secretos:* Véase *Índice temático.*
b **4.4** 1 Jn 3.19-21.
c **4.6** *No ir más allá de lo que está escrito:* otras posibles traducciones: *no pasar por encima de las Escrituras*, o *mantenerse dentro de las reglas*; el texto griego no es claro.
d **4.6** Cf. Ro 12.3.
e **4.7** Pablo se dirige especialmente a los que crean partidos en la iglesia.
f **4.8** Cf. Ap 3.17. Pablo escribe con punzante ironía, para poner en vergüenza tanto a los jefes partidistas como a sus seguidores.
g **4.9** *Espectáculo:* o *teatro*, alusión a los lugares donde los condenados eran entregados a las fieras.
h **4.10** Cf. Mc 6.4. Pablo sigue hablando con ironía (1 Co 4.8 n.).
i **4.11** 2 Co 11.23-27.
j **4.12** Hch 18.2-3; 20.34; 2 Co 11.7.
k **4.12** Lc 6.28; Ro 12.14.

con bondad. Nos tratan como a basura del mundo, como a desperdicio de la humanidad. Y así hasta el día de hoy.

14 No les escribo esto para avergonzarlos, sino para darles un consejo, como a mis propios hijos, pues los amo. **15** Pues aunque ustedes, como cristianos, tengan diez mil instructores,[l] padres no tienen muchos. Padre de ustedes soy yo, pues les anuncié el evangelio por el cual quedaron incorporados a Cristo Jesús. **16** Así pues, les ruego que sigan mi ejemplo.[m]

17 Por esto les envié a Timoteo,[n] mi querido y fiel hijo en el Señor. Él les hará recordar mi conducta como creyentes en Cristo Jesús, conforme a lo que enseño en todas las iglesias por donde paso. **18** Algunos de ustedes ya se sienten muy confiados pensando que no iré a verlos;[ñ] **19** pero, si el Señor quiere, espero visitarlos pronto. Entonces veré lo que son capaces de hacer esos que se hinchan de orgullo, y no solamente lo que son capaces de decir. **20** Porque el reino de Dios no es cuestión de palabras, sino de poder.[o] **21** ¿Qué prefieren ustedes: que vaya dispuesto a castigarlos,[p] o que vaya a verlos con amor y ternura?

II. CORRECCIÓN DE CIERTAS ACTITUDES (5.1—6.20)

5 *Un caso de inmoralidad* **1** Se ha sabido que uno de ustedes tiene como mujer a su propia madrastra.[a] Este caso de inmoralidad es tan grave, que ni siquiera se da entre los paganos. **2** ¡Y aún se hinchan ustedes de orgullo! ¡Deberían llenarse de tristeza! El hombre que vive en semejante situación debe ser expulsado de entre ustedes.[b] **3** En cuanto a mí, aunque en el cuerpo no estoy presente entre ustedes, lo estoy en el espíritu; y, como si estuviera presente, he dado ya mi sentencia sobre aquel que así actúa. **4** Cuando ustedes se reúnan, yo estaré con ustedes en espíritu, y también el poder de nuestro Señor Jesús estará con ustedes. Entonces, en el nombre de nuestro Señor Jesús, **5** ese hombre deberá ser entregado a Satanás, para que su cuerpo sea destruido y su espíritu se salve cuando el Señor venga.[c]

6 Ustedes no tienen razón para sentirse orgullosos. Ya conocen el dicho: "Un poco de levadura hace fermentar toda la masa."[d] **7** Así pues echen fuera esa vieja levadura que los corrompe, para que sean como el pan hecho de masa nueva. Ustedes son, en realidad, como el pan sin levadura que se come en los días de la Pascua.[e] Porque Cristo, que es el Cordero de nuestra Pascua,[f] fue muerto en sacrificio por nosotros. **8** Así que debemos celebrar nuestra Pascua con el pan sin levadura que es la sinceridad y la verdad, y no con la vieja levadura ni con la corrupción de la maldad y la perversidad.

9 En mi otra carta[g] les dije que no deben tener trato alguno con quienes se entregan a la prostitución. **10** Y por esto no quise decirles que se aparten por completo de todos los que en este mundo se entregan a la prostitución, o son avaros, o ladrones, o idólatras, pues para lograrlo tendrían ustedes que salirse del mundo. **11** Lo que quise decir es que no deben tener trato con ninguno que, llamándose hermano,[h] se entregue a la prostitución, o sea avaro, o idólatra, o maldiciente, o borracho, o ladrón. Con gente así, ni siquiera comer juntos.[i] **12-13** No me toca a mí juzgar a los de fuera; Dios será quien los juzgue. Pero ustedes ya están juzgando a los de dentro. Por eso, quiten a ese pecador de en medio de ustedes.[j]

6 *Pleitos ante jueces paganos* **1** Cuando alguno de ustedes tiene un pleito con otro, ¿por qué va a pedir justicia a los jueces paganos, en vez de pedírsela a los del pueblo santo? **2** ¿Acaso no saben ustedes que el pueblo santo de Dios ha de juzgar al mundo?[b] Y si ustedes han de juzgar al mundo, ¿cómo no son capaces de juzgar estos asuntos tan pequeños? **3** ¿No saben que incluso a los ángeles habremos de juzgarlos nosotros? ¡Pues con mayor razón los asuntos de esta vida! **4** Así que, si ustedes tienen pleitos por asuntos de la vida diaria, ¿por qué ponen por jueces a los que nada significan para la iglesia? **5** Digo esto para que les dé vergüenza: ¿Acaso no hay entre ustedes ninguno

---

[l] **4.15** *Instructores:* alusión al esclavo que acompañaba a un niño a la escuela y lo vigilaba con especial cuidado (véase Gl 3.25 n.).

[m] **4.16** 1 Co 11.1; Flp 3.17.

[n] **4.17** *Timoteo:* Véase Hch 16.1 nota *b;* cf. 1 Co 16.10; Flp 2.19-22. La carta llegaría antes que Timoteo, quien probablemente se encontraba de viaje por Macedonia (Hch 19.22 n.). Pablo considera a Timoteo como su *hijo* en la fe; cf. Flp 2.22; 1 Ti 1.2.

[ñ] **4.18-19** Pablo anuncia su deseo de ir a Corinto (cf. 1 Co 16.2-8), previendo que algunos pensarían que había enviado a Timoteo (v. 17) por no tener el valor de visitarlos él mismo.

[o] **4.19-20** El valor de las *palabras* de Pablo había sido comprobado por el *poder* del Espíritu (1 Co 2.4); ahora se someterían a la misma prueba las palabras de los presumidos maestros de Corinto.

[p] **4.21** Pablo, como apóstol, tenía autoridad para imponer disciplina.

[a] **5.1** *A su propia madrastra:* lit. *a la esposa de su padre.* Sin duda, no su propia madre, sino su madrastra. Esto estaba prohibido tanto por la ley de Moisés (Lv 18.8) como por la ley romana.

[b] **5.2** El excluir al culpable de la comunidad tenía por objeto conservar la santidad de esta; cf. 1 Co 3.16-17.

[c] **5.3-5** Pablo pide que la iglesia, reunida, ratifique la sentencia de expulsión. Una vez excluida, tal persona carecería de la protección que la iglesia ofrece contra el poder de *Satanás,* aunque quedaría la esperanza de enmienda: que *su espíritu se salve.* Cf. 1 Ti 1.20.

[d] **5.6** Gl 5.9. Expresión proverbial. Así como la *levadura* penetra toda la masa del pan, la maldad de una sola persona corrompe a toda la iglesia que la consiente.

[e] **5.6-8** El refrán citado en 5.6 recuerda la prohibición de usar *levadura* en la fiesta de la *Pascua* (véase *Índice temático,* y cf. Ex 12.15; 13.7). En preparación para la Pascua, los judíos limpian ceremonialmente sus casas quitando todo resto de levadura, e incluso la más pequeña migaja de pan hecho con levadura.

[f] **5.7** El *cordero* sacrificado en la *Pascua* es símbolo de *Cristo;* véase Jn 1.29 n., y cf. Ex 12.5,21; 1 P 1.19.

[g] **5.9** Alusión a una *carta* anterior; véase *Introducción.*

[h] **5.10-11** Pablo reconoce que en la vida pública es inevitable el trato con gente inmoral; pero recomienda que no se exprese la solidaridad religiosa con los que se dicen cristianos y no se portan como tales (2 Ts 3.14).

[i] **5.11** Cf. 2 Jn 10. *Ni siquiera comer juntos:* Puede tratarse de reuniones de carácter social, pero hay también una posible alusión a la participación en la Cena del Señor (cf. 1 Co 10.16-21).

[j] **5.12-13** Dt 13.5 (6); 17.7; 22.21. Se trata de la responsabilidad de mantener la moral interna de la comunidad cristiana.

[a] **6.1-2** *Los jueces paganos:* lit. *los injustos.* Era común entre los judíos de la dispersión, y en otros grupos, solucionar los pleitos dentro de la propia comunidad y evitar los litigios ante los tribunales.

[b] **6.2-3** Sab 3.7-8. Cf. Mt 19.28.

con capacidad suficiente para juzgar un asunto entre sus hermanos? **6** ¡No solo se pelean unos hermanos con otros, sino que llevan sus pleitos ante jueces paganos!

7 Ya el simple hecho de tener pleitos entre ustedes mismos es un grave defecto. ¿Por qué no, mejor, soportar la injusticia? ¿Por qué no, mejor, dejar que les roben?[c] **8** ¡Pero ustedes, al contrario, cometen injusticias y roban hasta a sus propios hermanos!

9-10 ¿No saben ustedes que los que cometen injusticias no tendrán parte en el reino de Dios? No se dejen engañar, pues en el reino de Dios no tendrán parte los que se entregan a la prostitución, ni los idólatras, ni los que cometen adulterio, ni los afeminados, ni los homosexuales, ni los que roban, ni los avaros, ni los borrachos, ni los maldicientes, ni los ladrones.[d] **11** Y esto eran antes algunos de ustedes; pero ahora ya recibieron el baño de la purificación,[e] fueron santificados y hechos justos[f] en el nombre del Señor Jesucristo[g] y por el Espíritu de nuestro Dios.[h]

La libertad no es para que pequemos **12** Se dice: "Yo soy libre de hacer lo que quiera." Es cierto, pero no todo conviene.[i] Sí, yo soy libre de hacer lo que quiera, pero no debo dejar que nada me domine. **13** También se dice: "La comida es para el estómago, y el estómago para la comida."[j] Es cierto, pero Dios va a terminar con las dos cosas. En cambio, el cuerpo no es para la prostitución sino para el Señor, y el Señor es para el cuerpo.[k] **14** Y así como Dios resucitó al Señor, también nos va a resucitar a nosotros por su poder.[l]

15 ¿Acaso no saben ustedes que su cuerpo es parte del cuerpo de Cristo?[m] ¿Y habré de tomar yo esa parte del cuerpo de Cristo y hacerla parte del cuerpo de una prostituta? ¡Claro que no! **16** ¿No saben ustedes que cuando un hombre se une con una prostituta, se hacen los dos un solo cuerpo? Pues la Escritura dice: "Los dos serán como una sola persona."[n] **17** Pero cuando alguien se une al Señor, se hace espiritualmente uno con él.

18 Huyan, pues, de la prostitución. Cualquier otro pecado que una persona comete, no afecta a su cuerpo; pero el que se entrega a la prostitución, peca contra su propio cuerpo. **19** ¿No saben ustedes que su cuerpo es templo del Espíritu Santo que Dios les ha dado, y que el Espíritu Santo vive en ustedes?[ñ] Ustedes no son sus propios dueños, **20** porque Dios los ha comprado.[o] Por eso deben honrar a Dios en el cuerpo.

III. SOBRE EL MATRIMONIO (7.1-40)[a]

7 *Consejos generales a los casados* **1** Ahora paso a contestar las preguntas que ustedes me hicieron en su carta. Sería preferible no casarse;[b] **2** pero, por el peligro de la prostitución, cada uno debe tener su propia esposa, y cada mujer su propio esposo. **3** Y tanto el esposo como la esposa deben cumplir con los deberes propios del matrimonio. **4** Ni la esposa es dueña de su propio cuerpo, puesto que pertenece a su esposo, ni el esposo es dueño de su propio cuerpo, puesto que pertenece a su esposa.[c] **5** Por lo tanto, no se nieguen el uno al otro, a no ser que se pongan de acuerdo en no juntarse por algún tiempo para dedicarse a la oración. Después deberán volver a juntarse; no sea que, por no poder dominarse, Satanás les haga pecar.

6 Todo esto lo digo más como concesión que como mandamiento. **7** Personalmente, quisiera que todos fueran como yo;[d] pero Dios ha dado a cada uno diferentes dones, a unos de una clase y a otros de otra.[e]

Casos especiales **8** A los solteros y a las viudas les digo que es preferible quedarse sin casar, como yo.[f] **9** Pero si no pueden controlar su naturaleza, que se casen, pues más vale casarse que consumirse de pasión.[g]

10 Pero a los que ya están casados, les doy este mandato, que no es mío, sino del Señor:[h] que la esposa no se separe de su esposo. **11** Ahora bien, en caso de que la esposa se separe de su esposo, deberá quedarse sin casar o reconciliarse con él. De la misma manera, el esposo no debe divorciarse de su esposa.

12 En cuanto a los demás, les digo, como cosa mía y no del Señor,[i] que si la mujer de algún hermano no es creyente pero está de acuerdo en seguir viviendo con él, el hermano no debe divorciarse de ella. **13** Y si una mujer creyente está casada con un hombre no creyente que está

---

[c] **6.7** Cf. Mt 5.39.
[d] **6.9-10** Ef 5.5.
[e] **6.11** *El baño de purificación:* alusión al bautismo. Cf. Tit 3.5.
[f] **6.11** *Hechos justos:* Véase Ro 1.17 nota *n.*
[g] **6.11** *En el nombre:* o *por el nombre;* esto es, *por la persona del Señor Jesucristo* (véase *Nombre* en el *Índice temático*).
[h] **6.11** Tit 3.3-7.
[i] **6.12** 1 Co 10.23. *Yo soy libre de hacer lo que quiera:* Se trata de una afirmación de libertad cristiana, que posiblemente Pablo mismo había usado (cf. Ro 7.6; Gl 5.1,13), pero que ahora algunos corintios citaban como pretexto para su libertinaje.
[j] **6.13** Refrán popular, que algunos empleaban para justificar la libre satisfacción de los deseos físicos.
[k] **6.13** 1 Co 3.23.
[l] **6.14** Ro 8.11; 1 Co 15.20-22; 2 Co 4.14.
[m] **6.15** Ro 12.5; 1 Co 12.27.
[n] **6.16** Gn 2.24.
[ñ] **6.19** *Templo del Espíritu Santo:* Véase 1 Co 3.16 n.; cf. 2 Co 6.16.
[o] **6.20** *Dios los ha comprado:* 1 Co 7.23; Ap 5.9; véase Ro 3.24 nota *s.*

[a] **7.1-40** A partir de aquí, Pablo aborda cuestiones que los corintios le habían planteado en su carta.
[b] **7.1** *No casarse:* lit. *no tocar mujer.* El cap. trata del asunto de las relaciones sexuales y matrimoniales, en una época en que los cristianos esperaban que la segunda venida de Cristo tuviera lugar durante su propia vida.
[c] **7.3-4** Se presenta la igualdad de deberes y derechos de *esposo* y *esposa.*
[d] **7.7** *Como yo:* Según parece, Pablo no tenía esposa (v. 8).
[e] **7.7** Cf. el cap. 12; aquí se considera como un don de Dios tanto el estado matrimonial como el de soltería.
[f] **7.8** *Solteros:* lit. *no casados,* sin distinción de sexo.
[g] **7.9** Cf. 1 Ti 5.14.
[h] **7.10-11** *Del Señor:* Pablo se basa en las enseñanzas de Jesús (cf. Mt 5.32; 19.9; Mc 10.11-12; Lc 16.18), dirigidas a judíos casados con mujeres también judías, y aquí las aplica a los matrimonios en que ambas personas son cristianas.
[i] **7.12** *No del Señor:* Pablo se refiere al problema de los matrimonios mixtos, que resultaban de la conversión a la fe cristiana de una

de acuerdo en seguir viviendo con ella, no deberá divorciarse de él. **14** Pues el esposo no creyente queda santificado por su unión con una mujer creyente; y la mujer no creyente queda santificada por su unión con un esposo creyente. De otra manera, los hijos de ustedes serían impuros; pero, de hecho, pertenecen al pueblo santo.ʲ **15** Ahora bien, si el esposo o la esposa no creyentes insisten en separarse, que lo hagan. En estos casos, el hermano o la hermana quedan en libertad, porque Dios los ha llamado a ustedes a vivir en paz. **16** Pues ¿cómo sabes tú, esposa, si acaso puedes salvar a tu esposo? ¿O cómo sabes tú, esposo, si acaso puedes salvar a tu esposa?

17 Como quiera que sea, cada uno debe vivir según los dones que el Señor le ha dado, y tal como era cuando Dios lo llamó. Esta es la norma que doy a todas las iglesias. **18** Si Dios llama a alguno que ha sido circuncidado, ᵏ no trate de disimular su circuncisión;ˡ y si llama a uno que no ha sido circuncidado, no debe circuncidarse. **19** Porque lo que importa no es estar o no estar circuncidado, sino obedecer los mandatos de Dios. ᵐ **20** Cada uno debe quedarse en la condición en que estaba cuando Dios lo llamó. **21** Si cuando fuiste llamado eras esclavo, no te preocupes; aunque sí tienes oportunidad de conseguir tu libertad, debes aprovecharla. ⁿ **22** Pues el que era esclavo cuando fue llamado a la fe, ahora es un hombre libre al servicio del Señor; ñ y, de la misma manera, el que era hombre libre cuando fue llamado, ahora es esclavo de Cristo. ᵒ **23** Dios los ha comprado ᵖ a ustedes; no permitan que otros hombres los hagan esclavos. **24** Así pues, hermanos, que cada cual permanezca delante de Dios en la condición en que estaba cuando fue llamado. ᑫ

25 En cuanto a las mujeres no casadas, no tengo ningún mandato especial del Señor; ʳ pero doy mi opinión, como uno que es digno de confianza por la misericordia del Señor. **26** A mí me parece que es preferible que cada uno se quede tal como está, por causa de los tiempos difíciles en que vivimos. **27** Si tienes mujer, no la abandones; y si no tienes, no la busques. **28** Si te casas, no cometes pecado; y si una mujer soltera se casa, tampoco comete pecado. Pero los que se casan van a tener los sufrimientos propios de la naturaleza humana, que yo quisiera evitarles.

La actitud cristiana **29** Hermanos, lo que quiero decir es esto: Nos queda poco tiempo. Por lo tanto, los casados deben vivir como si no lo estuvieran; **30** los que están de luto deben portarse como si estuvieran de fiesta, y los que están de fiesta deben portarse como si estuvieran de luto; los que compran deben vivir como si nada fuera suyo; **31** y los que están usando de este mundo deben vivir como si no estuvieran sacando provecho de él, porque este mundo que vemos ha de terminar. ˢ,ᵗ

32 Yo quisiera librarlos a ustedes de preocupaciones. El que está soltero se preocupa por las cosas del Señor, y por agradarle; **33** pero el que está casado se preocupa por las cosas del mundo y por agradar a su esposa, **34** y así está dividido. Igualmente, la mujer que ya no tiene esposo y la joven soltera se preocupan por las cosas del Señor, por ser santas tanto en el cuerpo como en el espíritu; pero la casada se preocupa por las cosas del mundo y por agradar a su esposo.

35 Les digo esto, no para ponerles restricciones, sino en bien de ustedes y para que vivan de una manera digna, sirviendo al Señor sin distracciones.

36 Si alguno cree que debe casarse con su prometida, ᵘ porque ya está en edad de casarse, y si piensa que eso es lo más indicado, que haga lo que crea conveniente; cásese, pues no es pecado. **37** Y si otro, sin sentirse obligado, y con toda libertad para actuar como quiera, se hace en su corazón el propósito firme de no casarse, hará bien. **38** Así que, si se casa con su prometida, hace bien; pero si no se casa, hace mejor.

39 La mujer casada está ligada a su esposo mientras este vive; pero si el esposo muere, ella queda libre para casarse con quien quiera, con tal de que sea un creyente. ᵛ **40** Aunque creo que será más feliz si no vuelve a casarse. Esta es mi opinión, y creo que yo también tengo el Espíritu de Dios.

---

persona ya casada; esta nueva situación requería una solución especial, no especificada en las enseñanzas de Jesús (véase 7.10-11 n.).
ʲ **7.14** Aun en estos casos, la unión matrimonial es sagrada, y los *hijos* nacidos de ella forman parte del pueblo santo; por consiguiente, tanto el esposo o esposa *no creyente* como los hijos reciben ciertos beneficios por su relación con la comunidad cristiana.
ᵏ **7.18** *Que ha sido circuncidado:* es decir, que es judío.
ˡ **7.18** *No trate de disimular su circuncisión:* alusión probable a casos como los sucedidos durante la dominación griega, cuando unos jóvenes judíos se hicieron operar para ocultar su circuncisión (1 Mac 1.14-15).
ᵐ **7.19** Ro 2.25-26; Gl 5.6; 6.15.
ⁿ **7.21** *Aunque sí tienes oportunidad de conseguir tu libertad, debes aprovecharla:* otra posible traducción: *y aunque tengas oportunidad de conseguir tu libertad, saca provecho de tu condición de esclavo.* (Un número importante de cristianos de aquellos tiempos eran esclavos de familias pudientes; véase Col 3.22 n.)
ñ **7.22** El autor utiliza la imagen del esclavo que sigue prestando servicio voluntario después de ser libertado.
ᵒ **7.22** *Es esclavo de Cristo:* Cf. Ef 6.6; 1 P 2.16.
ᵖ **7.23** 1 Co 6.20.
ᑫ **7.24** Esta conclusión puede apreciarse mejor recordando que los cristianos esperaban pronto el fin del mundo (7.1 n.).
ʳ **7.25** *No tengo ningún mandato especial del Señor:* a diferencia del caso tratado en 7.10-11.
ˢ **7.29-31** *Nos queda poco tiempo:* Véase 7.1 n.; cf. Ro 13.11.
ᵗ **7.31** *Ha de terminar:* otra posible traducción: *va pasando.*
ᵘ **7.36-38** *Su prometida:* lit. *su virgen* (en los vv. 36 y 38); expresión ambigua, que puede significar *su prometida* o *su hija.* El pasaje no es claro, y se ha entendido de diferentes maneras. Otra posible traducción es la siguiente: **36** *Si alguno piensa que es mejor que su hija se case, porque va pasando su juventud, y si piensa que eso es lo más indicado, que haga lo que crea conveniente; puede casarla, pues eso no es pecado.* **37** *Y si otro, sin sentirse obligado, y con toda libertad para actuar como quiera, se hace en su corazón el propósito firme de que su hija se quede sin casar, hará bien.* **38** *Así que, el que la da en matrimonio, hace bien; y el que no la da, hace mejor.*
ᵛ **7.39** Ro 7.2-3. *De que sea un creyente:* o de que se trate de un matrimonio cristiano (lit. *de que sea en el Señor*).

IV. LOS ALIMENTOS CONSAGRADOS A LOS ÍDOLOS
(8.1—11.1)[a]

8 *El criterio del conocimiento* **1** Ahora paso al asunto de los alimentos ofrecidos en sacrificio a los ídolos. [b] Es verdad lo que se dice: que todos tenemos el conocimiento de la verdad; [c] pero el conocimiento hincha de orgullo, en tanto que el amor edifica la comunidad. [d] **2** Si alguien cree que conoce algo, todavía no lo conoce como lo debe conocer. **3** Pero si alguien ama a Dios, Dios lo conoce a él. [e]

4 En cuanto a esto de comer alimentos ofrecidos en sacrificio a los ídolos, bien sabemos que un ídolo no tiene valor alguno en el mundo, [f] y que solamente hay un Dios. [g] **5** Pues aunque en el cielo y en la tierra existan esos llamados dioses (y en este sentido hay muchos dioses y muchos señores), **6** para nosotros no hay más que un solo Dios, el Padre, en quien todo tiene su origen y para quien nosotros existimos, [h] Y hay también un solo Señor, Jesucristo, por quien todas las cosas existen, [i] incluso nosotros mismos.

El criterio del amor fraterno **7** Pero no todos conocen la verdad. Algunos que estaban acostumbrados a adorar ídolos, todavía comen de esos alimentos pensando que fueron ofrecidos a los dioses; y su conciencia, que es débil, los hace sentirse contaminados por el ídolo. **8** Claro que el que Dios nos acepte no depende de lo que comamos; pues no vamos a ser mejores por comer, ni peores por no comer. [j] **9** Pero eviten que esa libertad que ustedes tienen haga caer en pecado a los que son débiles en su fe. [k] **10** Porque si tú, que sabes estas cosas, te sientas a comer en un lugar dedicado a los ídolos, [l] y algún hermano débil te ve, puede suceder que él se anime a comer de esa ofrenda hecha a un ídolo. **11** Y así tú, por tu conocimiento, haces que se pierda tu hermano débil, por quien Cristo también murió. **12** Al ofender la conciencia de los hermanos débiles en la fe, ofenden ustedes a Cristo mismo. **13** Por eso, si por causa de mi comida hago caer en pecado a mi hermano, no debo comer carne nunca, para no ponerlo en peligro de pecar. [m]

9 *El criterio de la libertad. Ejemplo de Pablo* [a] **1** No me negarán ustedes que yo tengo la libertad y los derechos de un apóstol, [b] pues he visto a Jesús nuestro Señor, [c] y ustedes mismos son el resultado de mi trabajo en la obra del Señor. [d] **2** Puede ser que para otros yo no sea apóstol; pero para ustedes sí lo soy, porque el hecho de que ustedes estén incorporados al Señor prueba que en verdad lo soy.

3 Esta es mi respuesta a los que me critican: **4** Tenemos todo el derecho de recibir comida y bebida, [e] **5** y también de llevar con nosotros una esposa cristiana, [f] como hacen los otros apóstoles, y los hermanos del Señor, [g] y Cefas. [h] **6** ¿O acaso Bernabé [i] y yo somos los únicos que no tenemos derecho a que la comunidad nos mantenga? **7** ¿Quién sirve como soldado pagándose sus propios gastos? ¿Quién cultiva un viñedo y no come de sus uvas? ¿Quién cuida las ovejas y no toma de la leche que ordeña? **8** Y no vayan a creer que esta es solo una opinión humana, porque la ley de Moisés también lo dice. **9** Pues está escrito en el libro de la ley: "No le pongas bozal al buey que trilla." [k] Y esto no significa que Dios se preocupe de los bueyes, **10** sino que se preocupa de nosotros. Porque la ley se escribió por causa nuestra, pues tanto el que ara la tierra como el que trilla el grano deben hacerlo con la esperanza de recibir su parte de la cosecha. **11** Así que, si nosotros hemos sembrado en ustedes una semilla espiritual, no es mucho pedir que cosechemos de ustedes algo de lo material. [l] **12** Si otros tienen este derecho sobre ustedes, con mayor razón nosotros.

---

[a] 8.1—11.1 El tema de los caps. 8—10 es la actitud cristiana frente a los alimentos ofrecidos a los ídolos, uno de los problemas planteados por los corintios (cf. 1 Co 7.1). El amor (vv. 1-3) y la consideración para con otros (ilustrada en el cap. 9) deben regir la conducta cristiana.

[b] 8.1 Gran parte de la carne vendida en el mercado era de animales sacrificados a dioses paganos, lo cual suscitaba problemas de conciencia en algunos cristianos.

[c] 8.1-3 *Todos tenemos el conocimiento de la verdad:* frase que Pablo probablemente cita de la carta que los corintios le habían escrito (véase 1 Co 7.1-40 n.). Algunos de ellos, que se imaginaban *tener el conocimiento de la verdad,* se sentían libres de los prejuicios de otros y, por lo tanto, superiores a ellos.

[d] 8.1 *Edifica la comunidad:* de manera figurada, se presenta al pueblo de Dios como un edificio en construcción (1 Co 3.9-16).

[e] 8.3 Gl 4.9.

[f] 8.4 1 Co 10.19.

[g] 8.4 Dt 4.35,39; 6.4.

[h] 8.6 Mal 2.10; Ro 11.36; Ef 4.6.

[i] 8.6 Jn 1.3; Col 1.16; Heb 1.2.

[j] 8.8 Ro 14.17.

[k] 8.9-13 Ro 14.13-15; Gl 5.13.

[l] 8.10 *Lugar dedicado a los ídolos:* Algunas veces en los recintos de los templos paganos se celebraban banquetes de carácter social, que no eran actos de culto.

[m] 8.8-13 Ro 14.20-21. Pablo aplica el criterio de la libertad cristiana practicada con amor y respeto por la conciencia del hermano (vv. 9-13; cf. Mt 25.40,45); nunca menciona en sus escritos la carta de Hch 15, que trata sobre los alimentos (véase Hch 15.20 n.).

[a] 9.1-27 Pablo pone su propio caso como ejemplo de lo dicho en el cap. 8, ya que él no ha insistido siempre en sus derechos como apóstol.

[b] 9.1 *Apóstol:* 1 Co 1.1; véase Gl 1.1 n. Algunos ponían en duda la autoridad apostólica de Pablo, autoridad que él se veía obligado a defender (vv. 1-23; cf. también 1 Co 4.15-21; 2 Co 3.1-3; 10—11).

[c] 9.1 Hch 9.3-7,17; 1 Co 15.8.

[d] 9.1 *Mi trabajo en la obra del Señor:* Pablo había fundado la iglesia de Corinto. Cf. 1 Co 3.6.

[e] 9.4 Cf. Lc 10.7. *Recibir comida y bebida:* es decir, a costa de las iglesias. En todo el cap., Pablo afirma su derecho a disfrutar de los privilegios de un apóstol; sin embargo, él ha renunciado a ellos en beneficio del evangelio (vv. 12,15,18; 2 Co 11.9; 1 Ts 2.6).

[f] 9.5 Como apóstol, Pablo tendría derecho también al mantenimiento de su esposa, si estuviera casado (véase 1 Co 7.7 nota d).

[g] 9.5 *Los hermanos del Señor:* Véase Mt 12.46 n.; Santiago sería uno de ellos (Mt 13.55; Mc 6.3; Gl 1.19).

[h] 9.5 *Cefas:* 1 Co 1.12 nota o.

[i] 9.6 *Bernabé:* Cf. Hch 4.36-37; 13—15.

[j] 9.6 Pregunta irónica. Pablo, en realidad, se sostenía trabajando (Hch 18.2-3; 20.34; 1 Co 4.12; 2 Co 11.7).

[k] 9.9 Dt 25.4, citado también en 1 Ti 5.18.

[l] 9.11 Ro 15.27.

Pero no hemos hecho uso de tal derecho, y hemos venido soportándolo todo por no estorbar el anuncio del evangelio de Cristo. [13] Ustedes saben que quienes trabajan al servicio del templo, viven del templo. Es decir, que quienes atienden el altar donde se ofrecen los sacrificios, comen de la carne de los animales que allí se sacrifican. [m] [14] De igual manera, el Señor ha dispuesto que quienes anuncian el evangelio vivan de ello mismo. [n] [15] Pero yo nunca he utilizado ninguno de estos derechos, ni tampoco les escribo esto para que ustedes me den algo. Prefiero morir a hacerlo. ¡Nadie me quitará esta satisfacción que tengo!

[16] Para mí no es motivo de orgullo anunciar el evangelio, porque lo considero una obligación ineludible. ¡Y ay de mí si no lo anuncio! [ñ] [17] Por eso, si lo hiciera por propia iniciativa, tendría derecho a una recompensa; pero si lo hago por obligación, es porque estoy cumpliendo un encargo que Dios me ha dado. [18] En este caso, mi recompensa es la satisfacción de anunciar el evangelio sin cobrar nada; es decir, sin hacer valer mi derecho a vivir del anuncio del evangelio.

[19] Aunque no soy esclavo de nadie, me he hecho esclavo de todos, [o] a fin de ganar para Cristo el mayor número posible de personas. [20] Cuando he estado entre los judíos me he vuelto como un judío, para ganarlos a ellos; es decir, que para ganar a los que viven bajo la ley de Moisés, yo mismo me he puesto bajo esa ley, aunque en realidad no estoy sujeto a ella. [21] Por otra parte, para ganar a los que no viven bajo la ley de Moisés, me he vuelto como uno de ellos, aunque realmente estoy sujeto a la ley de Dios, ya que estoy bajo la ley de Cristo. [22] Cuando he estado con los que son débiles en la fe, me he vuelto débil como uno de ellos, para ganarlos también. Es decir, me he hecho igual a todos, para de alguna manera poder salvar a algunos. [23] Todo lo hago por el evangelio, para tener parte en el mismo.

[24] Ustedes saben que en una carrera todos corren, pero solamente uno recibe el premio. [p] Pues bien, corran ustedes de tal modo que reciban el premio. [25] Los que se preparan para competir en un deporte, evitan todo lo que pueda hacerles daño. [q] Y esto lo hacen por alcanzar como premio una corona que en seguida se marchita; [r] en cambio, nosotros luchamos por recibir un premio que no se marchita. [26] Yo, por mi parte, no corro a ciegas ni peleo como si estuviera dando golpes al aire. [27] Al contrario, castigo mi cuerpo y lo obligo a obedecerme, para no quedar yo mismo descalificado después de haber enseñado a otros.

10 El criterio de la prudencia. Ejemplo de Israel [a]

[1] No quiero, hermanos, que olviden que nuestros antepasados estuvieron todos bajo aquella nube, y que todos atravesaron el Mar Rojo. [2] De ese modo, todos ellos quedaron unidos a Moisés al ser bautizados en la nube y en el mar. [b] [3] Igualmente, todos ellos comieron el mismo alimento espiritual [c] [4] y tomaron la misma bebida espiritual. [d] Porque bebían agua de la roca espiritual que los acompañaba en su viaje, la cual era Cristo. [e] [5] Sin embargo, la mayoría de ellos no agradó a Dios, y por eso sus cuerpos quedaron tendidos en el desierto. [f]

[6] Todo esto sucedió como un ejemplo para nosotros, para que no deseemos lo malo, como ellos lo desearon. [g] [7] Por eso, no adoren ustedes ídolos, como algunos de ellos lo hicieron, según dice la Escritura: "La gente se sentó a comer y beber, y luego se levantó a divertirse." [h] [8] No nos entreguemos a la prostitución, como lo hicieron algunos de ellos, por lo que en un solo día murieron veintitrés mil. [i] [9] Tampoco pongamos a prueba a Cristo, [j] como algunos de ellos lo hicieron, por lo que murieron mordidos por las serpientes. [k] [10] Ni murmuren contra Dios, como algunos de ellos murmuraron, por lo que el ángel de la muerte los mató. [l]

[11] Todo esto sucedió a nuestros antepasados como un ejemplo para nosotros, [m] y fue puesto en las Escrituras como una advertencia para los que vivimos en estos tiempos últimos. [12] Así pues, el que cree estar firme, tenga cuidado de no caer. [13] Ustedes no han pasado por ninguna prueba que no sea humanamente soportable. Y pueden ustedes confiar en Dios, [n] que no los dejará sufrir pruebas [ñ] más duras de las que pueden soportar. Por el contrario, cuando llegue la prueba, Dios les dará también la manera de salir de ella, para que puedan soportarla.

La solidaridad que se establece en la comida ritual

[14] Por eso, mis queridos hermanos, huyan de la idolatría. [o] [15] Les

---

[m] 9.13 Lv 6.16 (9),26 (19); Dt 18.1-3.
[n] 9.14 Mt 10.10; Lc 10.7.
[ñ] 9.16 Cf. Jer 20.9; Am 3.8.
[o] 9.19 Mt 20.26-27.
[p] 9.24-27 Se usa el lenguaje deportivo; los griegos y los romanos daban mucha importancia al atletismo, y cada cuatro años celebraban los Juegos Olímpicos; estos años se celebraban en la propia ciudad de Corinto los Juegos Ístmicos. Cf. Flp 3.14; 2 Ti 4.7.
[q] 9.25 2 Ti 2.5. Antes de competir, los atletas griegos se sometían a un periodo de diez meses de riguroso entrenamiento.
[r] 9.25 Corona que en seguida se marchita: El premio era una corona de laurel. Cf. 2 Ti 4.8; Stg 1.12; 1 P 5.4; Ap 2.10.
[a] 10.1-13 Pablo cita el ejemplo de los israelitas del tiempo del éxodo, quienes, a pesar de haber participado de las grandes acciones de Dios, no correspondieron con una conducta que le fuera agradable.
[b] 10.1-2 Entrar en la nube (Ex 13.21-22; 14.19) y pasar por el Mar Rojo (Ex 14.22-29) se presentan como una especie de bautismo que unía a los israelitas con Moisés, del mismo modo que el cristiano se une a Cristo en el bautismo (Ro 6.3; 1 Co 12.13; Gl 3.27).
[c] 10.3 Espiritual: o sobrenatural (aquí y en el v. 4). Aquí se compara el maná (Ex 16.4,35; Jn 6.31-32) con el pan de la Cena del Señor.
[d] 10.4 El agua de la roca (Ex 17.6; Nm 20.8-11) se compara con el vino de la Cena del Señor.
[e] 10.4 Una tradición judía de los tiempos del NT indicaba que la roca de Ex 17.6 y la de Nm 20.8 eran la misma, y sostenía que esta roca seguía a los israelitas en sus viajes por el desierto.
[f] 10.5 Nm 14.16,29-30.
[g] 10.6 Nm 11.4,34.
[h] 10.7 Ex 32.6.
[i] 10.8 Nm 25.1-18.
[j] 10.9 A Cristo: Algunos mss. dicen al Señor.
[k] 10.9 Nm 21.5-6.
[l] 10.10 Nm 16.41-49 (17.6-14).
[m] 10.11 Ro 15.4.
[n] 10.13 Pueden ustedes confiar en Dios: lit. Dios es fiel; cf. Dt 7.9; 1 P 4.19.
[ñ] 10.13 Pruebas: Cf. Jdt 8.25-27; Stg 1.2-4,12.
[o] 10.14 1 Jn 5.21.

hablo como a personas entendidas: juzguen ustedes mismos lo que les digo. ¹⁶ Cuando bebemos de la copa bendita por la cual bendecimos a Dios,ᵖ participamos en común de la sangre de Cristo; cuando comemos del pan que partimos, participamos en común del cuerpo de Cristo. ᵠ ¹⁷ Aunque somos muchos, todos comemos de un mismo pan, y por esto somos un solo cuerpo.ʳ

¹⁸ Fíjense en el pueblo de Israel: los que comen de los animales ofrecidos en sacrificio, participan en común del servicio en el altar.ˢ ¹⁹ Con esto no quiero decir que el ídolo tenga valor alguno, ni que la carne ofrecida al ídolo sea algo más que otra carne cualquiera. ᵗ ²⁰ Lo que digo es que cuando los paganos ofrecen algo en sacrificio, se lo ofrecen a los demonios, y no a Dios, ᵘ y yo no quiero que ustedes tengan nada en común con los demonios. ²¹ No pueden beber de la copa del Señor y, a la vez, de la copa de los demonios; ni pueden participar de la mesa del Señor y, a la vez, de la mesa de los demonios. ᵛ

²² ¿O acaso queremos poner celoso al Señor?ʷ ¿Somos acaso más fuertes que él?

El respeto a la conciencia del prójimo ²³ Se dice: "Uno es libre de hacer lo que quiera." Es cierto, pero no todo conviene.ˣ Sí, uno es libre de hacer lo que quiera, pero no todo edifica la comunidad. ²⁴ No hay que buscar el bien de uno mismo, sino el bien de los demás. ʸ

²⁵ Coman ustedes de todo lo que se vende en la carnicería, sin preguntar nada por motivos de conciencia; ²⁶ porque el mundo entero, con todo lo que hay en él, es del Señor. ᶻ

²⁷ Si uno que no es creyente los invita a comer, y ustedes quieren ir, coman de todo lo que les sirvan, sin preguntar nada por motivos de conciencia. ²⁸ Ahora bien, si alguien les dice: "Esta carne fue ofrecida en sacrificio", entonces no la coman, en atención a lo que lo dijo y por motivos de conciencia. ᵃ ²⁹ Estoy hablando de la conciencia del otro, no de la de ustedes. ᵇ

Yo no debo hacer que mi libertad sea mal juzgada por la conciencia de otra persona. ³⁰ Si doy gracias a Dios por lo que como, no debo hacer que se hable mal de lo que para mí es motivo de dar gracias a Dios. ³¹ En todo caso, lo mismo si comen, que si beben, que si hacen cualquier otra cosa, háganlo todo para la gloria de Dios. ᶜ ³² No den mal ejemplo a nadie; ni a los judíos, ni a los no judíos, ni a los que pertenecen a la iglesia de Dios. ³³ Yo, por mi parte, procuro agradar a todos en todo, sin buscar mi propio bien sino el de los demás, para que alcancen la salvación.¹ Sigan ustedes mi ejemplo, ᵃ como yo sigo el ejemplo de Cristo.

11

V. PROBLEMAS DE LA VIDA DE LA COMUNIDAD (11.2-34)

1. Las mujeres en el culto (11.2-16) ᵇ

² Los felicito porque siempre se acuerdan de mí y mantienen las tradiciones que les trasmití. ᶜ ³ Pero quiero que entiendan que Cristo es cabeza de cada hombre, y que el esposo es cabeza de su esposa, así como Dios es cabeza de Cristo. ⁴ Si un hombre se cubre la cabeza cuando ora o cuando comunica mensajes proféticos, deshonra su cabeza. ᵈ ⁵ En cambio, si una mujer no se cubre la cabeza ᵉ cuando ora o cuando comunica mensajes proféticos, deshonra su cabeza. Es igual que si se hubiera rapado. ᶠ ⁶ Porque si una mujer no se cubre la cabeza, más vale que se la rape de una vez. Pero si la mujer considera vergonzoso cortarse el cabello o raparse la cabeza, entonces que se la cubra. ⁷ El hombre no debe cubrirse la cabeza, porque él es imagen de Dios y refleja la gloria de Dios. ᵍ Pero la mujer refleja la gloria del hombre, ⁸ pues el hombre no fue sacado de la mujer, sino la mujer del hombre. ⁹ Y el hombre no fue creado por causa de la mujer, sino la mujer por causa del hombre. ʰ ¹⁰ Precisamente por esto, y por causa de los ángeles, ⁱ la mujer debe llevar sobre la cabeza una señal de

---

ᵖ **10.16** Mt 26.26-28 y paralelos. En la celebración de la Cena del Señor, se recuerda, cumpliendo el mandato de Jesús (Lc 22.19; 1 Co 11.25), lo que él hizo en su última cena al pronunciar la bendición a Dios sobre el pan y sobre la copa (1 Co 11.23-26).

ᵠ **10.16** En la Cena del Señor, el que participa se une al cuerpo y a la sangre de Cristo y se hace solidario con los demás participantes.

ʳ **10.17** Ro 12.5; 1 Co 12.12; Ef 4.16; Col 3.15.

ˢ **10.18** Lv 7.6,15. También en Israel, los sacerdotes se unían entre sí y con Dios, a quien servían en el culto de los sacrificios.

ᵗ **10.19** 1 Co 8.4.

ᵘ **10.20** Dt 32.17; Sal 106.37; Bar 4.7. A pesar de la libertad cristiana (1 Co 8.1-13; 10.23-33), se advierte del peligro de una participación real en el culto a los ídolos.

ᵛ **10.21** 2 Co 6.15-16.

ʷ **10.22** *Celoso:* Cf. Ex 20.5; Dt 32.21.

ˣ **10.23** *Uno es libre de hacer lo que quiera:* Véase 1 Co 6.12 n.; aquí se aplica el mismo dicho a las comidas, y el autor vuelve al tema del cap. 8.

ʸ **10.24** Flp 2.4.

ᶻ **10.26** Sal 24.1; 50.12.

ᵃ **10.28** Ro 14.14-15; 1 Co 8.7.

ᵇ **10.28-29** 1 Co 8.7-13.

ᶜ **10.31** Col 3.17; 1 P 4.11.

ᵃ **11.1** 1 Co 4.16; Flp 3.17.

ᵇ **11.2-16** No obstante la posición inferior de la mujer en la sociedad de aquellos tiempos, las mujeres tenían una participación bastante activa en la iglesia cristiana desde sus comienzos (cf. Ro 16.1,6,12; Flp 4.2-3). Pablo reconoce la igualdad en Cristo de hombres y mujeres (Gl 3.28), y permite que ambos oren y profeticen en el culto público (v. 5). Sin embargo, sostiene, argumentando con base en Gn 1.26-27 (véase 1 Co 11.7 n.), que la mujer está bajo la autoridad del hombre, e insiste en que en el culto ellas tengan cubierta la cabeza como símbolo de esto (1 Co 11.5 nota f).

ᶜ **11.2** Pablo alude aquí a las *tradiciones* propias de la iglesia. Algunas de estas tradiciones se refieren a la historia de Jesús (1 Co 11.23; 15.1-3), otras, a la recta manera de creer y de comportarse (cf. también 2 Ts 2.15; 3.6).

ᵈ **11.4** *Su cabeza:* Cristo (v. 3). En todo el pasaje se juega con los sentidos literal y figurado de la palabra *cabeza*.

ᵉ **11.5** *Si no se cubre la cabeza:* Según la costumbre oriental, la mujer casada no debía salir de casa sin llevar un velo sobre el cabello y parte de la cara.

ᶠ **11.5** *Su cabeza:* probablemente, su marido (v. 3; véase 11.2-16 n.).

ᵍ **11.7** Pablo parece basar su argumento en Gn 1.26-27, aunque en ese pasaje la palabra hebrea traducida por *hombre* se refiere al género humano e incluye a ambos sexos como creados igualmente a *imagen de Dios*.

ʰ **11.8-9** Gn 2.18-23; cf. 1 Ti 2.13.

ⁱ **11.10** *Ángeles:* considerados como guardianes del orden en el mundo y en el culto (1 Ti 5.21).

autoridad.[j] **11** Sin embargo, en la vida cristiana, ni el hombre existe sin la mujer, ni la mujer sin el hombre. **12** Pues aunque es verdad que la mujer fue formada del hombre, también es cierto que el hombre nace de la mujer; y todo tiene su origen en Dios.[k] **13** Ustedes mismos juzguen si está bien que la mujer ore a Dios sin cubrirse la cabeza. **14** La naturaleza misma nos enseña que es una vergüenza que el hombre se deje crecer el cabello; **15** en cambio, es una honra para la mujer dejárselo crecer; porque a ella se le ha dado el cabello largo para que le cubra la cabeza.[l] **16** En todo caso, si alguno quiere discutir este asunto, debe saber que ni nosotros ni las iglesias de Dios conocemos otra costumbre.

2. Celebración de la cena del Señor (11.17-34)

Abusos **17** Al escribirles lo que sigue, no puedo felicitarlos, pues parece que sus reuniones les hacen daño en vez de hacerles bien. **18** En primer lugar, se me ha dicho que cuando la comunidad se reúne, hay divisiones entre ustedes;[m] y en parte creo que esto es verdad. **19** ¡No cabe duda de que ustedes tienen que dividirse en partidos, para que se conozca el valor de cada uno![n] **20** El resultado de esas divisiones es que la cena que ustedes toman en sus reuniones ya no es realmente la Cena del Señor.[ñ] **21** Porque a la hora de comer, cada uno se adelanta a tomar su propia cena; y mientras unos se quedan con hambre, otros hasta se emborrachan.[o] **22** ¿No tienen ustedes casas donde comer y beber? ¿Por qué menosprecian la iglesia de Dios y ponen en vergüenza a los que no tienen nada? ¿Qué les voy a decir? ¿Que los felicito? ¡No en cuanto a esto!

La Cena del Señor[p] *(Mt 26.26-29; Mc 14.22-25; Lc 22.14-20)* **23** Porque yo recibí esta tradición dejada por el Señor, y que yo a mi vez les transmití: Que la misma noche que el Señor Jesús fue traicionado, tomó en sus manos pan **24** y, después de dar gracias a Dios, lo partió y dijo: "Esto es mi cuerpo,[q] que muere en favor de ustedes. Hagan esto en memoria de mí." **25** Así también, después de la cena, tomó en sus manos la copa y dijo: "Esta copa es la nueva alianza[r] confirmada con mi sangre.[s] Cada vez que beban, háganlo en memoria de mí." **26** De manera que, hasta que venga el Señor, ustedes proclaman su muerte cada vez que comen de este pan y beben de esta copa.[t]

Modo de celebrar la Cena del Señor **27** Así pues, cualquiera que come del pan o bebe de la copa del Señor de manera indigna, comete un pecado contra el cuerpo y la sangre del Señor.[u] **28** Por tanto, cada uno debe examinar su propia conciencia antes de comer del pan y beber de la copa. **29** Porque si come y bebe sin fijarse en que se trata del cuerpo del Señor, para su propio castigo come y bebe. **30** Por eso, muchos de ustedes están enfermos y débiles, y también algunos han muerto. **31** Si nos examináramos bien a nosotros mismos, el Señor no tendría que castigarnos, **32** aunque si el Señor nos castiga es para que aprendamos y no seamos condenados con los que son del mundo.[v]

33 Así que, hermanos míos, cuando se reúnan para comer, espérense unos a otros. **34** Y si alguno tiene hambre, que coma en su propia casa, para que Dios no tenga que castigarlos por esa clase de reuniones.[w] Los otros asuntos los arreglaré cuando vaya a verlos.

VI. LOS DONES ESPIRITUALES (12.1—14.40)[a]

12 **1** Hermanos, quiero que ustedes sepan algo respecto a los dones espirituales. **2** Ustedes saben que cuando todavía no eran creyentes se dejaban arrastrar ciegamente tras los ídolos mudos.[b] **3** Por eso, ahora quiero que sepan que nadie puede decir: "¡Maldito sea Jesús!",[c] si está hablando por el poder del Espíritu de Dios. Y tampoco puede decir nadie: "¡Jesús es Señor!", si no está hablando por el poder del Espíritu Santo.[d]

Diversidad y unidad de los dones **4** Hay en la iglesia diferentes dones,[e] pero el que los concede es un mismo Espíritu. **5** Hay diferentes maneras de servir, pero todas por

---

[j] **11.10** *Una señal de autoridad:* lit. *autoridad;* probablemente el velo, como símbolo de la autoridad y de la protección que ejerce el marido (11.5 nota *f*).

[k] **11.11-12** Cf. Gl 3.28. Aquí, reconociendo la reciprocidad entre los sexos, Pablo aclara lo dicho en 11.8-9.

[l] **11.14-15** *La naturaleza:* Las diferencias en el modo de vestirse entre hombres y mujeres se consideran aquí como una expresión natural de las cosas.

[m] **11.18** *Divisiones entre ustedes:* Cf. 1 Co 1.10-12; 3.3; puede tratarse de discriminaciones sociales a la hora de *reunirse* para las comidas en común (11.20-22 n.); véase 11.21 n.

[n] **11.19** Nótese el tono irónico de Pablo.

[ñ] **11.20-22** Los cristianos se reunían en un "ágape" o cena común, y como parte de ella celebraban la *Cena del Señor* o Eucaristía (Hch 2.46 n.).

[o] **11.21** La norma era que cada cual aportara alguna comida, para luego compartirla; pero en Corinto había quienes llevaban todo un banquete para sí mismos y no lo compartían con los pobres, que llevaban muy poco (cf. vv. 33-34).

[p] **11.23-26** El relato coincide aquí básicamente con el de los evangelios, que se escribieron más tarde; véanse los pasajes paralelos. Véase también 1 Co 11.2 n.

[q] **11.24** *Esto es mi cuerpo:* Véase Mt 26.26-28 n.

[r] **11.25** Jer 31.31-34.

[s] **11.25** Ex 24.6-8; véase Mt 26.28 nota *p*.

[t] **11.26** En esta celebración la comunidad proclama la muerte del Señor como acto redentor, que tendrá su culminación cuando él regrese.

[u] **11.27** *El cuerpo y la sangre del Señor:* Cf. 11.24-25.

[v] **11.31-32** Cf. Dt 8.5; Heb 12.5-11.

[w] **11.33-34** Cf. vv. 20-22.

[a] **12.1-11** Los caps. 12—14 se dedican a otro tema planteado por los corintios (cf. 1 Co 7.1; 8.1): las capacidades o *dones* concedidos por el Espíritu Santo. Ellos habían dado excesivo valor al don de "hablar en lenguas" (véase 12.10 nota *j*, y el cap. 14). En el cap. 13 Pablo muestra que el amor es superior a aquellos dones.

[b] **12.2** Cf. Hab 2.18-19. Pablo recuerda a sus lectores los impulsos emocionales que antes los habían arrastrado tras los ídolos, y les advierte (v. 3) que tales impulsos no son, en sí mismos, prueba de la presencia del Espíritu Santo.

[c] **12.3** *¡Maldito sea Jesús!:* probablemente una expresión usada por algunos que declaraban así su rechazo de Jesús y del mensaje cristiano.

[d] **12.3** *¡Jesús es Señor!* era una profesión de fe (véase Jn 20.28 n.); quienes de verdad hacen esta afirmación tienen el *Espíritu Santo,* tengan o no los dones especiales que más adelante se mencionan. Cf. 1 Jn 4.2-3.

[e] **12.4** *Dones:* de la palabra griega correspondiente se ha derivado

encargo de un mismo Señor.[f] [6] Y hay diferentes manifestaciones de poder, pero es un mismo Dios, que, con su poder, lo hace todo en todos. [7] Dios da a cada uno alguna prueba de la presencia del Espíritu, para provecho de todos.[g] [8] Por medio del Espíritu, a unos les concede que hablen con sabiduría; y a otros, por el mismo Espíritu, les concede que hablen con profundo conocimiento. [9] Unos reciben fe[h] por medio del mismo Espíritu, y otros reciben el don de curar enfermos. [10] Unos reciben poder para hacer milagros, y otros tienen el don de profecía.[i] A unos, Dios les da la capacidad de distinguir entre los espíritus falsos y el Espíritu verdadero, y a otros la capacidad de hablar en lenguas;[j] y todavía a otros les da la capacidad de interpretar lo que se ha dicho en esas lenguas.[k] [11] Pero todas estas cosas las hace con su poder el único y mismo Espíritu, dando a cada persona lo que a él mejor le parece.[l]

[12] El cuerpo humano, aunque está formado por muchos miembros, es un solo cuerpo. Así también Cristo.[m] [13] Y de la misma manera, todos nosotros, judíos o no judíos, esclavos o libres, fuimos bautizados para formar un solo cuerpo por medio de un solo Espíritu; y a todos se nos dio a beber de ese mismo Espíritu.[n]

[14] Un cuerpo no se compone de un solo miembro, sino de muchos. [15] Si el pie dijera: "Como no soy mano, no soy del cuerpo", no por eso dejaría de ser del cuerpo. [16] Y si la oreja dijera: "Como no soy ojo, no soy del cuerpo", no por eso dejaría de ser del cuerpo. [17] Si todo el cuerpo fuera ojo, no podríamos oír. Y si todo el cuerpo fuera oído, no podríamos oler. [18] Pero Dios ha puesto cada miembro del cuerpo en el sitio que le pareció. [19] Si todo fuera un solo miembro, no habría cuerpo. [20] Lo cierto es que, aunque son muchos los miembros, el cuerpo solo es uno.

[21] El ojo no puede decirle a la mano: "No te necesito"; ni la cabeza puede decirles a los pies: "No los necesito". [22] Al contrario, los miembros del cuerpo que parecen más débiles, son los que más se necesitan; [23] y los miembros del cuerpo que menos estimamos, son los que vestimos con más cuidado. Y los miembros que consideramos menos presentables, son los que tratamos con más modestia, [24] lo cual no es necesario hacer con los miembros más presentables. Dios arregló el cuerpo de tal manera que los miembros menos estimados reciban más honor, [25] para que no haya desunión en el cuerpo, sino que cada miembro del cuerpo se preocupe por los otros. [26] Si un miembro del cuerpo sufre, todos los demás sufren también; y si un miembro recibe atención especial, todos los demás comparten su alegría.

[27] Pues bien, ustedes son el cuerpo de Cristo, y cada uno de ustedes es un miembro con su función particular. [28] Dios ha querido que en la iglesia haya, en primer lugar, apóstoles; en segundo lugar, profetas; en tercer lugar, maestros;[ñ] luego personas que hacen milagros, y otras que curan enfermos, o que ayudan, o que dirigen, o que hablan en lenguas.[o] [29] No todos son apóstoles, ni todos son profetas. No todos son maestros, ni todos hacen milagros, [30] ni todos tienen poder para curar enfermos. Tampoco todos hablan en lenguas, ni todos saben interpretarlas. [31] Ustedes deben ambicionar los mejores dones.

Supremacía del amor[p] Yo voy a enseñarles un camino mucho mejor.

13 [1] Si hablo las lenguas[a] de los hombres y aun de los ángeles, pero no tengo amor, no soy más que un metal que resuena o un platillo que hace ruido. [2] Y si tengo el don de profecía, y entiendo todos los designios secretos de Dios, y sé todas las cosas, y si tengo la fe necesaria para mover montañas,[b] pero no tengo amor, no soy nada. [3] Y si reparto entre los pobres todo lo que poseo, y aun si entrego mi propio cuerpo para tener de qué enorgullecerme,[c] pero no tengo amor, de nada me sirve.

[4] Tener amor es saber soportar; es ser bondadoso; es no tener envidia,[d] ni ser presumido, ni orgulloso, [5] ni grosero, ni egoísta;[e] es no enojarse ni guardar rencor, [6] ni alegrarse de las injusticias, sino de la verdad. [7] Tener amor es sufrirlo todo, creerlo todo, esperarlo todo, soportarlo todo.

[8] El amor jamás dejará de existir. Un día el don de profecía terminará, y ya no se hablará en lenguas, ni serán necesarios los conocimientos. [9] Porque los conocimientos y la profecía son cosas imperfectas, [10] que llegarán a su fin cuando venga lo que es perfecto.

[11] Cuando yo era niño, hablaba, pensaba y razonaba como un niño; pero al hacerme hombre, dejé atrás lo que era propio de un niño. [12] Ahora vemos de manera indirecta, como en un espejo, y borrosamente; pero un día veremos cara a cara.[f] Mi conocimiento es ahora imperfecto, pero un día conoceré a Dios como él me ha conocido siempre a mí.

---

el término *carismas*, para indicar las capacidades o aptitudes concedidas por el Espíritu Santo a los creyentes.
[f] **12.5** Ef 4.11.
[g] **12.7** 1 P 4.10-11.
[h] **12.9** *Fe:* en un grado especial (como en 1 Co 13.2; cf. Mt 17.20).
[i] **12.10** *Don de profecía:* Véase 14.1 n.
[j] **12.10** *Hablar en lenguas:* Se refiere al "don de lenguas", esto es, de hablar en una forma que no corresponde a una lengua conocida por el que habla. Véase Hch 2.4 nota e.
[k] **12.8-10** Los nueve dones enumerados aquí no pretenden ser un catálogo completo; véanse otras listas en 12.28; Ef 4.11 y Ro 12.6-8.
[l] **12.11** Ef 4.7.
[m] **12.12** Para el uso de la imagen literaria del *cuerpo* y de sus *miembros*, referida a la iglesia, véase también Ro 12.4-5 n., y cf. Ef 4.25.
[n] **12.13** Ro 10.12; 1 Co 10.1-4; Gl 3.28; Col 3.11.
[ñ] **12.28** Ef 4.11-12.
[o] **12.28** Véase 12.8-10 n.
[p] **12.31b—13.13** En el cap. 13 el autor pone el *amor* por encima de todos los dones (1 Co 12.8-10,28-30), después de lo cual (cap. 14) vuelve a la cuestión del don de lenguas para tratarla más a fondo.
[a] **13.1** *Lenguas:* Cf. 1 Co 12.10,28-30.
[b] **13.2** *La fe necesaria para mover montañas:* Véase Mt 17.20 nota k; cf. 21.21.
[c] **13.3** *Para tener de qué enorgullecerme:* Algunos mss. dicen *para ser quemado.*
[d] **13.4-7** *No tener envidia:* o *no guardar celos.* Los vv. 4-7 alaban actitudes contrarias a las de algunos de los corintios, mencionados en los caps. anteriores.
[e] **13.5** *Ni egoísta:* Cf. Flp 2.4.
[f] **13.12** Cf. Gn 32.30 (31); Nm 12.8; 1 Jn 3.2.

13 Tres cosas hay que son permanentes: la fe, la esperanza y el amor; *g* pero la más importante de las tres es el amor. *h*

14 *Criterio de la utilidad común* *a* **1** Procuren, pues, tener amor, y al mismo tiempo aspiren a que Dios les dé dones espirituales, especialmente el de profecía. *b* **2** Aquel que habla en lenguas extrañas, *c* habla a Dios y no a seres humanos, pues nadie lo entiende. En su espíritu *d* dice cosas secretas, pero nadie las entiende. **3** En cambio, el que comunica mensajes proféticos, lo hace para edificación de la comunidad, y la anima y consuela. **4** El que habla en una lengua extraña, *e* lo hace para su propio bien; pero el que comunica mensajes proféticos, edifica a la iglesia.

5 Yo quisiera que todos ustedes hablaran en lenguas extrañas; pero preferiría que comunicaran mensajes proféticos; esto es mejor que hablar en lenguas, a menos que se interprete su significado de tal manera que sirva para edificación de la iglesia. *f* **6** Por ejemplo, hermanos, no les servirá de nada que yo los visite y les hable en lenguas extrañas, en vez de hablarles de lo que Dios nos manifiesta, o del conocimiento de la verdad, o en vez de comunicarles algún mensaje profético o alguna enseñanza.

7 Si los instrumentos musicales, como la flauta o el arpa, no tuvieran diferente sonido, no podría distinguirse qué música produce cada uno. **8** Y si, en la guerra, la trompeta no diera sus toques con claridad, nadie se prepararía para la batalla. **9** Lo mismo sucede con ustedes: si no usan su lengua para pronunciar palabras que se puedan entender, ¿cómo va a saberse lo que están diciendo? ¡Le estarán hablando al aire! **10** Sin duda hay muchos idiomas en el mundo, y todos se valen del sonido. **11** Pero si yo no conozco el significado de los sonidos, seré un extranjero para el que me habla, y él será un extranjero para mí. **12** Por eso, ya que ustedes ambicionan poseer dones espirituales, procuren tener en abundancia aquellos que ayudan a la edificación de la iglesia.

13 Por lo tanto, el que habla en lengua extraña, *g* pídale a Dios que le conceda el poder de interpretarla. **14** Pues si yo oro en una lengua extraña, es verdad que estoy orando con mi espíritu, pero mi entendimiento permanece estéril. **15** ¿Qué debo hacer entonces? Pues debo orar con el espíritu, pero también con el entendimiento. Debo cantar con el espíritu, pero también con el entendimiento. **16** Porque si tú alabas a Dios solamente con el espíritu, y una persona común y corriente te escucha, no podrá unirse a ti en tu acción de gracias, *h* pues no entenderá lo que dices. *i* **17** Tu acción de gracias podrá ser muy buena, pero no será útil para el otro. **18** Doy gracias a Dios porque hablo en lenguas extrañas más que todos ustedes; **19** pero en la iglesia prefiero decir cinco palabras que se entiendan, para enseñar así a otros, que decir diez mil palabras en lengua extraña. *j*

20 Hermanos, no piensen ustedes como niños. Sean como niños para lo malo; pero sean adultos en su modo de pensar. *k* **21** En la Escritura *l* se dice: "Hablaré a esta nación en lenguas extrañas y por boca de extranjeros, pero ni aun así me harán caso, dice el Señor." *m* **22** Así que el hablar en lenguas es una señal para los que no son creyentes, *n* no para los que tienen fe. Pero el comunicar mensajes proféticos es una señal para los que tienen fe, *ñ* no para los que no son creyentes. **23** Porque cuando la iglesia se encuentra reunida, y todos están hablando en lenguas, y entra una persona común y corriente o un no creyente, creerá que ustedes se han vuelto locos. **24** En cambio, si todos comunican mensajes proféticos, y entra un no creyente o una persona común y corriente, él mismo quedará convencido y se examinará al oír lo que todos están diciendo. **25** Así quedará al descubierto lo más profundo de su corazón, y adorará de rodillas a Dios, y reconocerá que Dios está verdaderamente entre ustedes. *o*

Necesidad de orden **26** En resumen, hermanos, cuando ustedes se reúnan, unos pueden cantar salmos, *p* otros pueden enseñar, o comunicar lo que Dios les haya revelado, o hablar en lenguas extrañas, o interpretarlas. Pero todo sea para edificación mutua. *q* **27** Y cuando se hable en lenguas extrañas, *r* que lo hagan dos personas, o tres cuando más, y por turno; además, alguien debe interpretar esas lenguas. **28** Pero si no hay nadie que pueda

---

g **13.13** Pablo agrupa *la fe, la esperanza y el amor* también en Ro 5.1-5; Col 1.4-5; 1 Ts 1.3; 5.8; 2 Ts 1.3-4.
h **13.13** 1 Jn 4.16-18.
a **14.1-25** Esta sección recoge de nuevo el tema del cap. 12, con especial interés en uno de los *dones espirituales* (1 Co 12.4 n.) que había sido motivo de desorden en la iglesia de Corinto.
b **14.1** El don de profecía, semejante al que tuvieron muchas personas del AT, lleva a la persona a comunicar, por inspiración de Dios, mensajes dirigidos a otros. De ordinario, el mensaje se refiere a la situación presente, aunque algunas veces, como en Hch 11.28; 21.22, se trata de anunciar acontecimientos futuros. El NT también habla de "falsos profetas" que se atribuyen abusivamente el privilegio de hablar en nombre de Dios (cf. 1 Jn 4.1). Véase *Profecía, profeta* en el *Índice temático*.
c **14.2** *En lenguas extrañas:* Véase 14.4 n.
d **14.2** *En su espíritu:* Aquí y en 14.14-16 la palabra *espíritu* designa esa situación especial del que habla en lenguas, contrapuesta en 14.14-16 a la situación normal (el entendimiento). Algunos traducen: *movido por el Espíritu*.
e **14.4** *En una lengua extraña:* lit. *en lengua* (aquí y en 14.2,13,14, 19,26,27); véase 12.10 nota *j*.

f **14.3-5** *Para edificación de la iglesia:* Véase 1 Co 8.1 nota *d*.
g **14.13-14** *En lengua extraña:* Véase 14.4 n.
h **14.16** *Unirse a ti:* lit. *decir el amén*. Véase Ro 1.25 nota *x*.
i **14.14-16** *Con el espíritu:* Véase 14.2 nota *d*.
j **14.19** *En lengua extraña:* Véase 14.4 n.
k **14.20** Ro 16.19; Ef 4.14.
l **14.21** *La Escritura:* lit. *el libro de la ley*, que designa aquí la Escritura.
m **14.21** Is 28.11-12.
n **14.21-22** Pablo cita este texto, con el que encuentra una analogía según la cual el oír hablar en *lenguas* incomprensibles era, para los que no creían, *una señal* del juicio divino.
ñ **14.22** *Los que tienen fe:* según 14.23-25, aquellos que apenas empiezan a creer serán convencidos más bien por el mensaje inteligible de la profecía (1 Co 12.8-10 n.).
o **14.25** Cf. Is 45.14; Zac 8.23.
p **14.26** *Salmos:* o *himnos* (cf. Ef 5.19; Col 3.16).
q **14.26** *Edificación:* Véase 1 Co 8.1 nota *d*.
r **14.26-27** *En lenguas extrañas:* Véase 14.4 n.

interpretarlas, que estos no hablen en lenguas delante de toda la comunidad, sino en privado y para Dios. [29] Igualmente, si hay profetas, que hablen dos o tres, y que los otros examinen lo que se haya dicho. [30] Pero si Dios le revela algo a otra persona que está allí sentada, entonces el primero debe dejar de hablar. [31] De esta manera todos, cada uno en su turno correspondiente, podrán comunicar mensajes proféticos, para que todos aprendan y se animen. [32] El don de profecía debe estar bajo el control del profeta, [33] porque Dios es Dios de paz y no de confusión.

Siguiendo la práctica general de las comunidades cristianas, [34] las mujeres deben guardar silencio en las reuniones de la iglesia, porque no les está permitido hablar. Deben estar sometidas a sus esposos, como manda la ley. [35] Si quieren saber algo, pregúntenlo a sus esposos en casa; porque no está bien que una mujer hable en las reuniones de la iglesia.[s] [36] Tengan presente que la palabra de Dios no comenzó en ustedes, ni ustedes son los únicos que la han recibido.

[37] Si alguien se cree profeta, o cree estar inspirado por el Espíritu, reconocerá que esto que les estoy escribiendo es un mandato del Señor. [38] Y si no lo reconoce, el Señor tampoco lo reconoce a él.

[39] Así pues, hermanos míos, aspiren al don de profecía, y no prohíban que se hable en lenguas; [40] pero háganlo todo decentemente y con orden.

VII. LA RESURRECCIÓN DE LOS MUERTOS (15.1-58)

15 *La resurrección de Cristo*[a] [1] Ahora, hermanos, quiero que se acuerden del evangelio que les he predicado. Este es el evangelio que ustedes aceptaron, y en el cual están firmes.[b] [2] También por medio de este evangelio se salvarán, si se mantienen firmes en él, tal como yo se lo anuncié; de lo contrario, habrán creído en vano.[c]

[3] En primer lugar les he enseñado la misma tradición que yo recibí, a saber, que Cristo murió por nuestros pecados, según las Escrituras;[d] [4] que lo sepultaron y que resucitó al tercer día, también según las Escrituras;[e] [5] y que se apareció a Cefas,[f] y luego a los doce.[g] [6] Después se apareció a más de quinientos hermanos a la vez, la mayoría de los cuales vive todavía, aunque algunos ya han muerto.[h] [7] Después se apareció a Santiago,[i] y luego a todos los apóstoles.

[8] Por último se me apareció también a mí,[j] que soy como un niño nacido anormalmente.[k] [9] Pues yo soy el menos importante de los apóstoles, y ni siquiera merezco llamarme apóstol, porque perseguí a la iglesia de Dios. [10] Pero soy lo que soy porque Dios fue bueno conmigo; y su bondad para conmigo no ha resultado en vano. Al contrario, he trabajado más que todos ellos; aunque no he sido yo, sino Dios, que en su bondad me ha ayudado. [11] Lo que importa es que, tanto yo como ellos, esto es lo que hemos predicado, y esto es lo que ustedes han creído.

La resurrección de los demás [12] Pero si nuestro mensaje es que Cristo resucitó, ¿por qué dicen algunos de ustedes que los muertos no resucitan? [13] Porque si los muertos no resucitan, entonces tampoco Cristo resucitó; [14] y si Cristo no resucitó, el mensaje que predicamos no vale para nada, ni tampoco vale para nada la fe que ustedes tienen. [15] Si esto fuera así, nosotros resultaríamos ser testigos falsos de Dios, puesto que estaríamos afirmando en contra de Dios que él resucitó a Cristo,[m] cuando en realidad no lo habría resucitado si fuera verdad que los muertos no resucitan. [16] Porque si los muertos no resucitan, entonces tampoco Cristo resucitó; [17] y si Cristo no resucitó, la fe de ustedes no vale para nada: todavía siguen en sus pecados.[n] [18] En este caso, también están perdidos los que murieron creyendo en Cristo. [19] Si nuestra esperanza en Cristo solamente vale para esta vida, somos los más desdichados de todos.

[20] Pero lo cierto es que Cristo ha resucitado. Él es el primer fruto de la cosecha: ha sido el primero en resucitar.[ñ] [21] Así como por causa de un hombre vino la muerte, también por causa de un hombre viene la resurrección de los muertos. [22] Y así como en Adán todos mueren, así también en Cristo todos tendrán vida.[o] [23] Pero cada uno en el orden que le corresponda: Cristo en primer lugar; después, cuando Cristo vuelva, los que son suyos.[p] [24] Entonces

---

[s] **14.34-35** Esta norma refleja la costumbre general de entonces. En 11.5 se supone que, en Corinto, las mujeres participaban en la oración común y en la comunicación de mensajes proféticos. En algunos mss. estos vv. aparecen después del v. 40. *Como manda la ley:* posible alusión a Gn 3.16.

[a] **15.1-11** El cap. 15 va dirigido a algunos que negaban la resurrección de los muertos, aun cuando admitían que Cristo había resucitado (v. 12). Los vv. 1-7 contienen un breve resumen del evangelio (15.4 n.).

[b] **15.1** Pablo recalca en 15.1,3,11 el carácter tradicional de esta enseñanza, aceptada por todos (véase 1 Co 11.2 n.). Aquí (vv. 1-7) recuerda los hechos fundamentales de la historia de la redención.

[c] **15.2** *En vano:* Cf. 15.16-17.

[d] **15.3** Cf. Is 53.5-12. *Según las Escrituras:* Aquí y en 15.4, la expresión puede aludir al mensaje global de las Escrituras del AT, y no solo a pasajes determinados; cf. Lc 24.25-27,44-46, y véase Jn 20.9 n.

[e] **15.4** Cf. Sal 16.10; Mt 12.40; Hch 2.24-32. *Al tercer día:* Mt 16.21; Mc 8.31; Lc 9.22. Los hechos recordados en 15.3-4 representan el núcleo del evangelio, tal como fue proclamado desde los comienzos de la iglesia (véase Hch 2.14-42 n.).

[f] **15.5** Lc 24.34. *Cefas:* 1 Co 1.12 nota o.

[g] **15.5** Mt 28.16-17; Mc 16.14; Lc 24.36; Jn 20.19.

[h] **15.6** *Han muerto:* lit. *duermen;* con frecuencia se habla de la muerte en esta forma (así también en vv. 18,20,51).

[i] **15.7** *Santiago:* Probablemente, el llamado "hermano del Señor" (Gl 1.19; véase Hch 12.17 n.).

[j] **15.8** *Por último... también a mí:* Hch 9.3-6; 1 Co 9.1.

[k] **15.8** *Un niño nacido anormalmente:* probable alusión a la manera especial en que Pablo nació a la fe cristiana, o bien a que su conversión tuvo lugar "fuera de tiempo" respecto de los demás apóstoles.

[l] **15.9** Hch 8.3.

[m] **15.15** Hch 4.33; 5.30-32.

[n] **15.17** La resurrección de Cristo es parte integral de su acción redentora, sin la cual no habría perdón de pecados.

[ñ] **15.20** Col 1.18. Cristo, como *primer fruto,* garantiza con su propia resurrección la de los demás.

[o] **15.21-22** Ro 5.12-21; cf. Gn 3.17-19.

[p] **15.23** 1 Ts 4.13-17.

vendrá el fin, cuando Cristo derrote a todos los señoríos, autoridades y poderes, *q* y entregue el reino *r* al Dios y Padre. **25** Porque Cristo tiene que reinar hasta que todos sus enemigos estén puestos debajo de sus pies; *s* **26** y el último enemigo que será derrotado es la muerte. *t* **27** Porque Dios lo ha sometido todo bajo los pies de Cristo. *u* Pero cuando dice que todo le ha quedado sometido, es claro que esto no incluye a Dios mismo, ya que es él quien le sometió todas las cosas. **28** Y cuando todo haya quedado sometido a Cristo, entonces Cristo mismo, que es el Hijo, se someterá a Dios, que es quien sometió a él todas las cosas. Así, Dios será todo en todo.

29 De otra manera, los que se bautizan por los muertos, ¿para qué lo harían? Si los muertos no resucitan, ¿para qué bautizarse por ellos? *v* **30** ¿Y por qué estamos nosotros en peligro a todas horas? **31** Porque, hermanos, todos los días estoy en peligro de muerte. *w* Esto es tan cierto como la satisfacción que siento por ustedes en Cristo Jesús nuestro Señor. **32** Si yo, al luchar con las fieras *x* en Éfeso, lo hubiera hecho por razones humanas, ¿qué habría ganado con eso? Si es verdad que los muertos no resucitan, entonces, como algunos dicen: "¡Comamos y bebamos, que mañana moriremos!" *y*

33 No se dejen engañar. Como alguien dijo: "Los malos compañeros echan a perder las buenas costumbres." *z* **34** Vuelvan verdaderamente al buen juicio, y no pequen, *a* pues algunos de ustedes no conocen a Dios. Digo esto para que se avergüencen.

Cómo resucitarán los muertos

35 Tal vez alguno preguntará: "¿Cómo resucitarán los muertos? ¿Qué clase de cuerpo tendrán?" *b* **36** ¡Vaya pregunta tonta! Cuando se siembra, la semilla tiene que morir para que tome vida la planta. **37** Lo que se siembra no es la planta que ha de brotar, sino el simple grano, sea de trigo o de otra cosa. **38** Después Dios le da la forma que él quiere, y a cada semilla le da el cuerpo que le corresponde. **39** No todos los cuerpos son iguales; uno es el cuerpo del hombre, otro el de los animales, otro el de las aves y otro el de los peces. **40** Del mismo modo, hay cuerpos celestes y cuerpos terrestres; *c* pero una es la hermosura de los cuerpos celestes y otra la hermosura de los cuerpos terrestres. **41** El brillo del sol es diferente del brillo de la luna y del brillo de las estrellas; y aun entre las estrellas, el brillo de una es diferente del de otra.

42 Lo mismo pasa con la resurrección de los muertos. Lo que se entierra es corruptible; lo que resucita es incorruptible. **43** Lo que se entierra es despreciable; lo que resucita es glorioso. Lo que se entierra es débil; lo que resucita es fuerte. **44** Lo que se entierra es un cuerpo material; lo que resucita es un cuerpo espiritual. Si hay cuerpo material, también hay cuerpo espiritual.

45 Así dice la Escritura: "El primer hombre, Adán, se convirtió en un ser viviente"; *d* pero el último Adán se convirtió en espíritu que da vida. **46** Sin embargo, lo espiritual no es primero, sino lo material; después lo espiritual. **47** El primer hombre, hecho de tierra, era de la tierra; el segundo hombre es del cielo. **48** Los cuerpos de la tierra son como aquel hombre hecho de tierra; y los del cielo son como aquel que es del cielo. **49** Así como nos parecemos al hombre hecho de tierra, así también nos pareceremos a aquel que es del cielo. *e* **50** Quiero decirles, hermanos, que lo puramente material *f* no puede tener parte en el reino de Dios, y que lo corruptible no puede tener parte en lo incorruptible.

51 Pero quiero que conozcan el designio secreto de Dios: *g* No todos moriremos, pero todos seremos transformados **52** en un momento, en un abrir y cerrar de ojos, cuando suene el último toque de trompeta. Porque sonará la trompeta, y los muertos serán resucitados para no volver a morir. Y nosotros seremos transformados. *h* **53** Pues nuestra naturaleza corruptible se revestirá de lo incorruptible, y nuestro cuerpo mortal se revestirá de inmortalidad. *i* **54** Y cuando nuestra naturaleza corruptible se haya revestido de lo incorruptible, y cuando nuestro cuerpo mortal se haya revestido de inmortalidad, se cumplirá lo que dice la Escritura: "La muerte ha sido devorada por la victoria. *j* **55** ¿Dónde está, oh muerte, tu victoria? ¿Dónde está, oh muerte, tu aguijón?" *k* **56** El aguijón de la muerte es el pecado, y el pecado ejerce su poder por la ley. *l*

---

q **15.24** *Señoríos, autoridades y poderes:* tres términos que designan las fuerzas enemigas de Dios, especialmente las angélicas (Col 2.15).

r **15.24** Véase *Reino de Dios* en el *Índice temático*.

s **15.25** Sal 110.1; véase Mt 22.44 n.

t **15.26** Ap 20.14; 21.4.

u **15.27** Sal 8.6 (7).

v **15.29** Sobre esta práctica no se tienen más datos. Pablo argumenta que ella supone la esperanza en la resurrección de los muertos.

w **15.31** 2 Co 4.10-11.

x **15.32** Alusión a la práctica romana de la lucha con las fieras como espectáculo. Pablo la usa probablemente en sentido figurado para referirse a algún peligro que había sufrido (cf. Hch 19.23-41; 2 Co 1.8).

y **15.32** Dicho popular (Is 22.13; véase Lc 12.19 n.).

z **15.33** Dicho del poeta griego Menandro (siglo IV a.C.).

a **15.34** *No pequen:* o *dejen de pecar.*

b **15.35** Entre los griegos se creía en la inmortalidad del alma, pero no en la resurrección del *cuerpo.*

c **15.40** Es decir, hay unos cuerpos (o seres) apropiados para la existencia celestial, y otros para la terrenal (vv. 47-49). La expresión *cuerpos celestes* puede haber motivado la mención de los astros en el v. 41.

d **15.45** Gn 2.7.

e **15.49** *Nos pareceremos al... nos pareceremos a:* lit. *llevamos la imagen del... llevaremos la imagen de;* la imagen literaria es la de ser revestido (cf. v. 53).

f **15.50** *Lo puramente material:* lit. *la carne y la sangre;* se trata del ser humano en su naturaleza puramente física y material.

g **15.51** *El designio secreto de Dios:* algo no conocido antes, ahora revelado (véase *Índice temático*).

h **15.51-52** 1 Ts 4.13-17. Pablo escribe considerando la esperanza que él y sus lectores tenían de que Jesucristo regresaría durante el transcurso de la vida de ellos. *La trompeta:* Mt 24.31.

i **15.53** Cf. 2 Co 5.4.

j **15.54** Alusión a Is 25.8.

k **15.55** Cita libre de Os 13.14. *Aguijón:* figura basada en la picadura venenosa del alacrán, como símbolo del poder para hacer daño o destruir.

l **15.56** Este tema se desarrolla en Ro 5—7, y allí termina (Ro 7.25) con la misma acción de gracias que aparece en el v. 57.

⁵⁷ ¡Pero gracias a Dios, que nos da la victoria por medio de nuestro Señor Jesucristo!

⁵⁸ Por lo tanto, mis queridos hermanos, sigan firmes y constantes, trabajando siempre más y más en la obra del Señor; porque ustedes saben que no es en vano el trabajo que hacen en unión con el Señor.

Conclusión (16.1-24)

16 *La colecta* ¹ En cuanto a la colecta para los del pueblo santo,ᵃ háganla según las instrucciones que di a las iglesias en la provincia de Galacia. ² Los domingos,ᵇ cada uno de ustedes debe apartar algo, según lo que haya ganado, y guardarlo para que cuando yo llegue no se tengan que hacer colectas. ³ Y cuando yo llegue, mandaré a Jerusalén a las personas que ustedes escojan, dándoles cartas para llevar la colecta hecha por ustedes. ⁴ Y si es conveniente que yo también vaya, ellos irán conmigo.ᶜ

Planes de viaje ⁵ En mi viaje tengo que pasar por la región de Macedonia;ᵈ y después de Macedonia llegaré a Corinto. ⁶ Puede ser que me quede con ustedes algún tiempo, o que tal vez pase allí todo el invierno; entonces ustedes podrán ayudarme en mi viaje a donde tenga que ir después. ⁷ No quiero verlos ahora solamente de paso, sino que espero estar algún tiempo con ustedes, si el Señor lo permite; ⁸ pero me quedaré en Éfeso hasta el día de Pentecostés,ᵉ ⁹ porque las puertas se me han abierto de par en par para el trabajo, a pesar de que muchos están en contra mía.

¹⁰ Si llega Timoteo,ᶠ procuren que se sienta a gusto entre ustedes, pues trabaja en la obra del Señor lo mismo que yo. ¹¹ Así que ninguno de ustedes lo desprecie; sino, al contrario, ayúdenlo a seguir su viaje en paz, para que venga a verme, porque lo estoy esperando junto con los otros hermanos.

¹² En cuanto al hermano Apolo,ᵍ le rogué mucho que fuera con los hermanos a visitarlos a ustedes, pero por ahora no quiso ir. Lo hará cuando tenga oportunidad.

Recomendaciones ¹³ Manténganse despiertos y firmes en la fe. Tengan mucho valor y firmeza. ¹⁴ Y todo lo que hagan, háganlo con amor.ʰ

¹⁵ Hermanos, ustedes saben que la familia de Estéfanasⁱ fue la primera que en la región de Acaya se convirtió al evangelio, y que ellos se han dedicado a servir a los hermanos en la fe. ¹⁶ Quiero que ustedes, a su vez, se sometan a personas como ellos y a todos los que ayudan y trabajan en esta labor.

¹⁷ Me alegro de que hayan venido Estéfanas, Fortunato y Acaico,ʲ pues en ausencia de ustedes ¹⁸ ellos me han dado tranquilidad, lo mismo que a ustedes. Tengan en cuenta a personas como ellos.

Saludos y despedida ¹⁹ Las iglesias de la provincia de Asiaᵏ les mandan saludos. Áquila y Prisca,ˡ y la congregación que se reúne en su casa, les mandan muchos saludos en el Señor. ²⁰ Reciban saludos de todos los hermanos. Salúdense unos a otros con un beso santo.ᵐ

²¹ Yo, Pablo, les escribo a ustedes este saludo de mi puño y letra.ⁿ

²² Si alguien no ama al Señor, ¡que caiga sobre él la maldición de Dios!ñ ¡Señor nuestro, ven!ᵒ

²³ Que el Señor Jesús derrame su gracia sobre ustedes.ᵖ

²⁴ Mi amor está siempre con ustedes en Cristo Jesús.

ᵃ **16.1** *Colecta:* para los cristianos pobres de Jerusalén; véanse Hch 20.1-6 n. y Ro 15.25-29 n. Los corintios parecen haber preguntado sobre este particular en su carta a Pablo (1 Co 7.1); aquí les contesta, pero da instrucciones más amplias en otra carta (2 Co 8—9).

ᵇ **16.2** *Los domingos:* lit. *cada primer día de la semana;* véase Hch 20.7 nota *g.*

ᶜ **16.3-4** Véase Hch 20.4 n.

ᵈ **16.5-6** Cf. Hch 19.21, y véase Hch 20.1-6 n.; no es posible reconstruir con certeza los detalles del *viaje* anunciado aquí.

ᵉ **16.8** Hch 19.8-41; véase Hch 19.10 n. Pablo, que escribe desde *Éfeso,* menciona su plan de permanecer allí algunas semanas más, hasta la fiesta de *Pentecostés* (véase *Índice temático*), para aprovechar las oportunidades de proclamar el evangelio (v. 9).

ᶠ **16.10** *Timoteo:* 1 Co 4.17 n.

ᵍ **16.12** *Apolo:* 1 Co 1.12 nota *ñ.*

ʰ **16.14** Tema desarrollado en el cap. 13.

ⁱ **16.15** *Estéfanas:* 1 Co 1.16.

ʲ **16.17** Sin duda, estos habían llegado de Corinto para visitar a Pablo.

ᵏ **16.19** *Asia:* provincia romana, hoy parte de Turquía; su capital era Éfeso.

ˡ **16.19** *Áquila y Prisca* (o *Priscila;* véase Ro 16.3 n.) habían estado en Corinto (Hch 18.2-3) y después en Éfeso (Hch 18.18-19,26).

ᵐ **16.20** *Beso santo:* Véase Ro 16.16 n.

ⁿ **16.21** Después de dictar la carta, Pablo, de su *puño y letra,* añade su firma y unas palabras finales (cf. Gl 6.11; Col 4.18; 2 Ts 3.17; Flm 19).

ñ **16.22** *La maldición de Dios:* Gl 1.8-9; fórmula de maldición que significaba exclusión.

ᵒ **16.22** *¡Señor nuestro, ven!:* traducción de la expresión aramea *marana-ta.* La misma expresión, leída *maran-ata,* puede traducirse *El Señor ha venido.* La frase probablemente había sido incorporada, en su forma aramea, en la oración de los cristianos.

ᵖ **16.23** Esta fórmula, con la que Pablo concluye sus cartas (véase Ro 16.23 nota *w*; 2 Co 13.13, etc.), aparece en Ap 22.20-21 unida a la invocación: "¡Ven, Señor Jesús!", del mismo modo que Pablo la une aquí a la exclamación del v. 22.

Segunda carta de san Pablo a los Corintios

Después de la carta enviada por Pablo a la iglesia de Corinto, que conocemos como *1 Corintios* (véase *Introducción* a esa carta), las relaciones entre Pablo y esta comunidad se vieron afectadas por diversos acontecimientos, que solo podemos entrever por las alusiones hechas en *2 Corintios* (=2 Co). En efecto, Pablo dedica gran parte de ella a hacer una defensa de su autoridad como apóstol y de sus actitudes respecto de aquella comunidad.

De *2 Corintios* se deduce que, después de haber escrito *1 Corintios*, Pablo hizo una segunda visita a esa ciudad, preocupado sin duda por la situación de la iglesia. Esta visita debió de ser muy breve y, al parecer, no tuvo el efecto deseado. Más aún, durante ella y en forma directa o más tarde indirectamente, alguien lanzó un serio ataque contra la autoridad de Pablo, sin que la comunidad se pusiera de parte del apóstol.

Él les envió desde Éfeso una carta muy severa, escrita en medio de gran aflicción (cf. 2 Co 2.3-4), para hacerlos recapacitar sobre su actitud y hacer castigar al culpable (cf. 2 Co 7.11-12). Esa carta fue encomendada a Tito, con el encargo de restablecer el orden en la comunidad. El viaje de Tito tuvo pleno éxito.

Pablo salió de Éfeso para Tróade, donde esperaba verse con Tito. Al no encontrarlo allí, se dirigió a Macedonia. Tito llegó a Macedonia y lo informó de la situación. Los corintios habían reconocido su error y habían castigado al ofensor (2 Co 2.12-13; 7.5-16). Sin embargo, todavía quedaban algunas suspicacias, que era necesario eliminar. Algunos acusaban a Pablo de no cumplir su palabra, ya que no había realizado la larga visita que les había anunciado en 1 Co 16.5-7. Por otra parte, parece que habían llegado algunos misioneros, judíos de Palestina, que negaban los títulos y la autoridad de Pablo en Corinto y le atribuían intenciones no muy rectas (2 Co 11.22; 12.11).

En estas circunstancias, les escribe Pablo esta carta, que hoy conocemos como *2 Corintios*. En ella hace una larga defensa de sus títulos como apóstol y de su autoridad, y renueva su reconciliación con la comunidad, después de la ofensa recibida.

Además, les anuncia una tercera visita (2 Co 12.14; 13.1) y los anima a continuar organizando la colecta en favor de los cristianos pobres de Jerusalén (2 Co 8-9).

En la carta se distinguen tres secciones principales, aparte de la *introducción* (1.1-11) y de la *conclusión* (13.11-13).

En la *primera sección* (1.12—7.16), Pablo hace ante todo una defensa de su actitud, al haber cambiado sus planes de viaje (1.12—2.17). En seguida les explica cómo entiende él su misión apostólica, al servicio de Jesucristo (3.1—6.10) y, finalmente, afirma su reconciliación con la comunidad, después de los penosos incidentes (6.11—7.16).

La *segunda sección* (8.1—9.15) se refiere a la colecta en favor de los cristianos de Jerusalén. Pablo los anima a ser generosos y les habla de las personas que han de ayudarlos a organizar esta colecta.

La *tercera sección* (10.1—13.10) es una nueva defensa de los títulos y autoridad de Pablo, negados por algunos. El tono aquí es más vehemente y directo.

Ciertas interrupciones en el desarrollo de las ideas (véase nota a 6.14—7.1), algunas repeticiones en los caps. 8—9, y la renovación del tema de la defensa en los caps. 10—13 (pero con diferente tono y, hasta cierto punto, con diversas perspectivas), plantean algunos interrogantes sobre la unidad literaria de la carta.

Algunos explican estas peculiaridades suponiendo que la redacción no se hizo en forma continua. Otros piensan que en esta carta tenemos reunidos fragmentos de varias cartas de Pablo, escritas en diversas circunstancias.

La redacción de la carta (al menos en su parte principal) puede situarse entre los años 54 y 57, ciertamente después de *1 Corintios*.

El esquema de la carta es el siguiente:

Introducción (1.1-11)
    Saludo (1.1-2)
    Acción de gracias (1.3-11)
  I. Defensa de Pablo (1.12—7.16)
    1. La actitud de Pablo (1.12—2.17)
    2. El servicio apostólico (3.1—6.10)
    3. Reconciliación con la comunidad (6.11—7.16)
  II. La colecta (8.1—9.15)
  III. Nueva defensa de Pablo (10.1—13.10)
    Despedida (13.11-13)

Introducción (1.1-11)

1 **Saludo**[a] **1** Pablo, apóstol[b] de Cristo Jesús por la voluntad de Dios,[c] saluda, junto con el hermano Timoteo,[d] a la iglesia de Dios que está en la ciudad de Corinto[e] y a los demás hermanos[f] de toda la región de Acaya. **2** Que Dios nuestro Padre y el Señor Jesucristo derramen su gracia y su paz sobre ustedes.[g]

Acción de gracias[h] **3** Alabado sea el Dios y Padre de nuestro Señor Jesucristo, pues él es el Padre que nos tiene compasión y el Dios que siempre nos consuela.[i] **4** Él nos consuela en todos nuestros sufrimientos, para que nosotros podamos consolar también a los que sufren, dándoles el mismo consuelo que él nos ha dado a nosotros.[j] **5** Porque así como los sufrimientos de Cristo se desbordan sobre nosotros y nosotros sufrimos con él,[k] así también por medio de Cristo se desborda nuestro consuelo. **6** Pues si nosotros sufrimos, es para que ustedes tengan consuelo y salvación; y si Dios nos consuela, también es para que ustedes tengan consuelo y puedan soportar con fortaleza los mismos sufrimientos que nosotros padecemos. **7** Tenemos una esperanza firme en cuanto a ustedes, porque nos consta que, así como tienen parte en los sufrimientos, también tienen parte en el consuelo.

8 Hermanos, queremos que sepan cuántas dificultades tuvimos en la provincia de Asia.[l] Fue una prueba tan dura que ya no podíamos resistir más, y hasta perdimos la esperanza de salir con vida. **9** Nos sentíamos como condenados a muerte. Pero esto sirvió para enseñarnos a no confiar en nosotros mismos, sino en Dios, que resucita a los muertos. **10** Y Dios nos libró y nos librará de tan gran peligro de muerte. Confiamos en que seguirá librándonos, **11** si ustedes nos ayudan orando por nosotros. Si muchos oran por nosotros, muchos también darán gracias a Dios por las bendiciones que de él recibimos.

I. DEFENSA DE PABLO (1.12—7.16)

1. La actitud de Pablo (1.12—2.17)

Por qué no viajó a Corinto **12** Tenemos un motivo de orgullo, y es que nuestra conciencia nos dice que nos hemos portado limpia[m] y sinceramente en este mundo, y especialmente en mi relación con ustedes. Nosotros no nos guiamos por la sabiduría humana,[n] sino que confiamos en la gracia de Dios. **13** En nuestras cartas, no escribimos nada distinto de lo que ustedes pueden leer y entender.[ñ] Y espero que lleguen a entender perfectamente, **14** como ya en parte han entendido lo que somos, que cuando regrese nuestro Señor Jesús ustedes se sentirán orgullosos de nosotros, como también nosotros nos sentiremos orgullosos de ustedes.

15 Confiando en esto, yo había pensado en ir primero a verlos a ustedes, y así hacerles el favor de visitarlos dos veces; **16** pensaba visitarlos primero al pasar camino de Macedonia, y después, al regresar, visitarlos otra vez. Así ustedes podrían ayudarme luego a seguir mi viaje a Judea. **17** ¿Será que cuando decidí hacer esto no lo pensé seriamente? ¿Creen ustedes que yo hago mis planes con doblez, diciendo "sí" y "no" al mismo tiempo?[o] **18** Dios es testigo de que nosotros no les decimos a ustedes "sí" y "no" al mismo tiempo. **19** Porque Jesucristo, el Hijo de Dios, a quien Silvano, Timoteo y yo[p] predicamos entre ustedes, no fue "sí" y "no" al mismo tiempo. Dios ha dado en Cristo para siempre su "sí", **20** pues en él se cumplen todas las promesas de Dios. Por esto, cuando alabamos a Dios, decimos "Amén"[q] por medio de Cristo Jesús. **21** Y Dios es el que a nosotros y a ustedes nos ha afirmado al unirnos a Cristo, y nos ha consagrado.[r] **22** Nos ha marcado con su sello,[s] y ha puesto en nuestro corazón el Espíritu Santo como garantía[t] de lo que vamos a recibir.

23 Pero si todavía no he ido a Corinto, como pensaba, pongo a Dios por testigo y lo aseguro por mi propia vida, ha sido por consideración a ustedes.[u] **24** Nosotros no somos los dueños de su fe; lo que queremos es colaborar con ustedes, para que tengan alegría, pues ustedes ya están firmes en la fe.

2 **1** Por esto decidí no hacerles otra visita que les causara tristeza.[a] **2** Porque si yo los entristezco, ¿quién hará que me sienta alegre, de no ser ustedes, a quienes he entristecido? **3** Por eso les escribí[b] como lo hice, porque no quería ir para que me entristecieran ustedes, que más

---

[a] 1.1-2 *Pablo*, escribiendo desde Macedonia (2 Co 7.5; 9.2-4), dirige esta carta a la iglesia de Corinto, siguiendo la forma epistolar de la época (véanse Ro 1.1-7 n. e *Introducción a las cartas*).
[b] 1.1 *Apóstol:* Véase Gl 1.1 n.
[c] 1.1 *Por la voluntad de Dios:* 1 Co 1.1; Gl 1.1.
[d] 1.1 *Timoteo:* Véase Hch 16.1 nota *b;* este había estado con Pablo cuando se fundó la iglesia de Corinto (v. 19; Hch 18.5).
[e] 1.1 *Corinto:* Véase *Introducción* a 1 Co.
[f] 1.1 *Hermanos:* lit. *santos.* Véase Ro 1.6-7 n.
[g] 1.2 1 Co 1.3.
[h] 1.3-11 En la sección de acción de gracias (cf. 1 Co 1.4-9), Pablo recuerda cómo Dios lo ha librado de peligros y aflicciones.
[i] 1.3 Las palabras griegas traducidas por *consolar* y *consuelo*, en 1.3-7, abarcan también las ideas de *animar* y de *ayudar;* son de la misma raíz de *paráclito* (véase Jn 14.16-17 nota *m*).
[j] 1.4 A lo largo de la carta Pablo usa muchas veces la primera persona del plural ("nosotros"), aunque se está refiriendo a él en particular.
[k] 1.5 Col 1.24; cf. Mc 8.34 y paralelos.
[l] 1.8-9 *Asia:* provincia romana, hoy parte de Turquía. No se sabe a qué *dificultades* se refiere Pablo, pero cf. Hch 19.23-41; 1 Co 15.32; 16.9.
[m] 1.12 *Limpia:* Algunos mss. dicen *santa*.
[n] 1.12 Cf. 1 Co 1.17-31.
[ñ] 1.13 Pablo contesta a quienes lo habían acusado de escribir con indirectas o con doblez (cf. 2 Co 2.17; 4.2).
[o] 1.15-17 Habían criticado a Pablo por los cambios en sus planes de viaje (cf. Hch 19.21; 1 Co 16.5-7); lo cierto es que había demorado su visita, pero precisamente por consideración a ustedes (2 Co 1.23—2.3).
[p] 1.19 Hch 18.5. *Silvano:* forma latina de *Silas* (Hch 15.22 nota *o*).
[q] 1.20 *Amén:* Véase Ro 1.25 nota *x*.
[r] 1.21 *Consagrado:* lit. *ungido*, expresión basada en la práctica de ungir con aceite de oliva al que era escogido y consagrado como sacerdote o rey (Ex 28.41; 1 S 16.13; Is 61.1).
[s] 1.22 *Marcado con su sello:* esto es, *señalado como suyos* (Ef 1.14; 4.30).
[t] 1.22 *Garantía:* Se emplea la imagen del anticipo de un pago, mediante el cual se garantiza el resto de lo que se ha de dar (2 Co 5.5; Ef 1.14; cf. la imagen de las primicias, Ro 8.23 nota *u*).
[u] 1.23 2 Co 2.1 n.

bien deberían alegrarme. Estaba seguro de que todos ustedes harían suya mi alegría, **4** pero cuando les escribí esa carta, me sentía tan preocupado y afligido que hasta lloraba. Sin embargo, no la escribí para causarles tristeza, sino para que vieran el amor tan grande que les tengo.

Perdón para el que había ofendido a Pablo **5** Si alguno ha causado tristeza, no me la ha causado solo a mí, sino hasta cierto punto también a todos ustedes. [c] Digo "hasta cierto punto" para no exagerar. **6** El castigo que la mayoría de ustedes le impuso a esa persona, ya es suficiente. **7** Lo que ahora deben hacer es perdonarlo y ayudarlo, no sea que tanta tristeza lo lleve a la desesperación. **8** Por eso les ruego que nuevamente le demuestren el amor que le tienen. **9** Ya antes les escribí sobre este asunto, precisamente para probarlos y saber si están dispuestos a seguir mis instrucciones. **10** Así que aquel a quien ustedes perdonen algo, también yo se lo perdono. Y se lo perdono, si es que había algo que perdonar, por consideración a ustedes y en presencia de Cristo. [d] **11** Así Satanás no se aprovechará de nosotros, pues conocemos muy bien sus malas intenciones. [e]

Intranquilidad de Pablo en Tróade **12** Cuando llegué a la ciudad de Tróade para anunciar el evangelio de Cristo, se me abrieron las puertas para trabajar por el Señor. **13** Pero mi ánimo no estaba tranquilo, porque no encontré a mi hermano Tito. [f] Por eso me despedí de ellos y me fui a Macedonia. [g]

Acción de gracias [h] **14** Gracias a Dios que siempre nos lleva en el desfile victorioso de Cristo [i] y que por medio de nosotros da a conocer su mensaje, el cual se esparce por todas partes como un aroma agradable. **15** Porque nosotros somos como el olor del incienso que Cristo ofrece a Dios, y que se esparce tanto entre los que se salvan como entre los que se pierden. **16** Para los que se pierden, este incienso resulta un aroma mortal, pero para los que se salvan, es una fragancia que les da vida. ¿Y quién está capacitado para esto? **17** Nosotros no andamos negociando con el mensaje de Dios, como hacen muchos; al contrario, hablamos con sinceridad delante de Dios, como enviados suyos que somos y por nuestra unión con Cristo.

2. El servicio apostólico (3.1—6.10)

3 *Servidores de una nueva alianza* **1** Cuando decimos esto, ¿les parece que estamos comenzando otra vez a alabarnos a nosotros mismos? [a] ¿O acaso tendremos que presentarles o pedirles a ustedes cartas de recomendación, como hacen algunos? **2** Ustedes mismos son la única carta de recomendación que necesitamos: [b] una carta escrita en nuestro corazón, la cual todos conocen y pueden leer. **3** Y se ve claramente que ustedes son una carta escrita por Cristo mismo y entregada por nosotros; [c] una carta que no ha sido escrita con tinta, sino con el Espíritu del Dios viviente; una carta que no ha sido grabada en tablas de piedra, sino en corazones humanos. [d]

4 Confiados en Dios por medio de Cristo, estamos seguros de esto. **5** No es que nosotros mismos estemos capacitados para considerar algo como nuestro; al contrario, todo lo que podemos hacer viene de Dios, **6** pues él nos ha capacitado para ser servidores de una nueva alianza, [e] basada no en una ley, sino en la acción del Espíritu. La ley condena a muerte, pero el Espíritu de Dios da vida. [f]

7 Si la promulgación de una ley que llevaba a la muerte y que estaba grabada sobre tablas de piedra [g] se hizo con tanta gloria que los israelitas ni siquiera podían mirar la cara de Moisés, [h] debido a que ese resplandor destinado a desaparecer era tan grande, [i] **8** ¡cuánta más será la gloria del anuncio de una nueva alianza fundada en el Espíritu! **9** Es decir, que si fue tan gloriosa la promulgación de una ley que sirvió para condenarnos, ¡cuánto más glorioso será el anuncio de que Dios nos hace justos! [j] **10** Porque la

---

[a] **2.1** De otros lugares de la carta (cf. 2 Co 12.14; 13.1) se desprende que Pablo, después de la fundación de la iglesia, ya había hecho una segunda visita a Corinto. Al parecer, en esa ocasión, o quizá después de manera indirecta, alguno lo ofendió gravemente, y Pablo le causó tristeza a la comunidad al reprenderla con severidad.

[b] **2.3-4** Cf. 2 Co 7.8-12. Se trata de una carta intermedia entre 1 Co y 2 Co, escrita después de la segunda visita. (Algunos piensan que parte de ella se conserva en 2 Co 10—13; véase 2 Co 10.1—13.10 n.)

[c] **2.5** Véase 2.1 n.

[d] **2.10** *En presencia de Cristo:* otra posible traducción: *en representación de Cristo.*

[e] **2.11** *Satanás:* Véase Índice temático.

[f] **2.13** *Tito:* Gl 2.1-3.

[g] **2.12-13** Hch 20.1. La narración se suspende aquí, para continuar nuevamente en 2 Co 7.5 con la llegada de Pablo a *Macedonia;* véase 2 Co 7.5-7 n.

[h] **2.14-17** En esta sección Pablo alude al llamado "triunfo", o *desfile victorioso,* acto que los generales romanos celebraban al volver de sus campañas militares. El cortejo desfilaba por la ciudad, exhibiendo tanto a los prisioneros de guerra condenados a muerte como a aquellos a quienes se les había perdonado la vida, destinándolos a ser esclavos. Al frente iban cortesanos esparciendo perfumes e incienso, que para los condenados a muerte era *un aroma mortal,* mientras que para los otros era *una fragancia que les daba vida.*

Con esto se alude también al progreso continuo del evangelio (Cf. Col 2.15) y al concepto del cristiano como esclavo de Cristo (Ro 6.22; 1 Co 7.22; Ef 6.6).

[i] **2.14** *Gracias a Dios... de Cristo:* otra posible traducción, pero sin la imagen explícita del desfile triunfal: *Gracias a Dios que siempre nos hace triunfar en unión con Cristo.*

[a] **3.1** Cf. 2 Co 5.12.

[b] **3.2** 1 Co 9.2.

[c] **3.3** *Y entregada por nosotros:* otra posible traducción: *por medio de nosotros.*

[d] **3.3** El contraste entre lo grabado *en tablas de piedra* y lo escrito *en corazones humanos* viene del AT; cf. Ex 24.12; Jer 31.33 (citado en Heb 10.16). Aquí sugiere el contraste entre la antigua y la nueva alianza, que se presenta a partir del v. 6.

[e] **3.6** Jer 31.31-34; 1 Co 11.25.

[f] **3.6** *La ley:* lit. *la letra.* Aquí *letra* equivale a *ley.* Cf. Ro 7.6.

[g] **3.7** Se trata de la ley de Moisés (Ex 24.12; 31.18) que, debido al pecado, lleva a la *muerte* (Ro 7.5; Gl 3.21).

[h] **3.7** Ex 34.29-35.

[i] **3.7-18** En estos vv. las palabras *resplandor, gloria* y *glorioso* son traducciones de una sola palabra griega (*doxa*), que tiene diferentes matices. Sobre *gloria,* véase Jn 1.14 nota ñ.

[j] **3.9** Dt 27.26. La ley, *que sirvió para condenar,* se contrapone al mensaje *más glorioso de que Dios nos hace justos* (Ro 1.17; 3.21-22).

gloria anterior ya no es nada en comparación con esto, que es mucho más glorioso. **11** Y si fue glorioso lo que había de terminar por desaparecer, mucho más glorioso será lo que permanece para siempre.

12 Precisamente porque tenemos esta esperanza, hablamos con toda libertad. **13** No hacemos como Moisés, que se tapaba la cara con un velo para que los israelitas no vieran el fin de aquello que estaba destinado a desaparecer.[k] **14** Pero ellos se negaron a entender esto, y todavía ahora, cuando leen la antigua alianza, ese mismo velo les impide entender, pues no les ha sido quitado, porque solamente se quita por medio de Cristo.[l] **15** Hasta el día de hoy, cuando leen los libros de Moisés, un velo cubre su entendimiento. **16** Pero cuando una persona se vuelve al Señor, el velo se le quita.[m] **17** Porque el Señor es el Espíritu;[n] y donde está el Espíritu del Señor, allí hay libertad.[ñ] **18** Por eso, todos nosotros, ya sin el velo que nos cubría la cara, somos como un espejo que refleja la gloria del Señor,[o] y vamos transformándonos en su imagen misma,[p] porque cada vez tenemos más de su gloria, y esto por la acción del Señor, que es el Espíritu.[q]

4

Anunciadores de Jesucristo **1** Por eso no nos desanimamos, porque Dios, en su misericordia, nos ha encargado este trabajo. **2** Hemos rechazado proceder a escondidas, como si sintiéramos vergüenza; y no actuamos con astucia ni falseamos el mensaje de Dios.[a] Al contrario, decimos solamente la verdad, y de esta manera nos recomendamos a la conciencia de todos delante de Dios. **3** Y si el evangelio que anunciamos está como cubierto por un velo, lo está solamente para los que se pierden.[b] **4** Pues como ellos no creen, el dios de este mundo[c] los ha hecho ciegos de entendimiento, para que no vean la brillante luz del evangelio del Cristo glorioso, imagen viva de Dios.[d] **5** No nos predicamos a nosotros mismos, sino a Jesucristo como Señor;[e] nosotros nos declaramos simplemente servidores de ustedes por amor a Jesús. **6** Porque el mismo Dios que mandó que la luz brotara de la oscuridad,[f] es el que ha hecho brotar su luz en nuestro corazón, para que podamos iluminar a otros, dándoles a conocer la gloria de Dios que brilla en la cara de Jesucristo.[g]

Confianza en medio de los sufrimientos **7** Pero esta riqueza la tenemos en nuestro cuerpo, que es como una olla de barro,[h] para mostrar que ese poder tan grande viene de Dios y no de nosotros. **8** Así, aunque llenos de problemas,[i] no estamos sin salida; tenemos preocupaciones, pero no nos desesperamos.[j] **9** Nos persiguen, pero no estamos abandonados; nos derriban, pero no nos destruyen. **10** Dondequiera que vamos, llevamos siempre en nuestro cuerpo la muerte de Jesús, para que también su vida se muestre en nosotros. **11** Pues nosotros, mientras vivimos, nos vemos expuestos a la muerte por causa de Jesús,[k] para que también su vida se muestre en nuestro cuerpo mortal. **12** De ese modo, la muerte actúa en nosotros, y en ustedes actúa la vida.

13 La Escritura dice: "Tuve fe, y por eso hablé."[l] De igual manera, nosotros, con esa misma actitud de fe, creemos y también hablamos. **14** Porque sabemos que Dios, que resucitó de la muerte al Señor Jesús, también nos resucitará a nosotros con él,[m] y junto con ustedes nos llevará a su presencia. **15** Todo esto ha sucedido para bien de ustedes, para que, recibiendo muchos la gracia de Dios, muchos sean también los que le den gracias, para la gloria de Dios.

16 Por eso no nos desanimamos. Pues aunque por fuera nos vamos deteriorando, por dentro nos renovamos día a día. **17** Lo que sufrimos en esta vida es cosa ligera, que pronto pasa; pero nos trae como resultado una gloria eterna mucho más grande y abundante.[n] **18** Porque no nos fijamos en lo que se ve, sino en lo que no se ve, ya que las cosas que se ven son pasajeras, pero las que no se ven son eternas.[ñ]

---

[k] **3.13** Pablo interpreta el *velo de Moisés* (Ex 34.29-35) como algo que impedía ver lo pasajero del resplandor de su cara. Pero en los vv. 14-16 amplía la imagen para incluir aquello que impide a los judíos darse cuenta de lo pasajero de la ley mosaica. Cf. Ro 11.7-8,25.

[l] **3.14** *Pues no les... de Cristo:* otra posible traducción: *pues no les ha sido revelado que dicha alianza ha sido abolida por Cristo.*

[m] **3.16** Otra posible traducción del v.: *Pero cuando él* (Moisés) *se volvía hacia el Señor, se quitaba el velo* (Ex 34.34). Cf. Ro 11.23-26.

[n] **3.17** *El Señor es el Espíritu:* puede interpretarse de diversas maneras: como afirmación de la unidad profunda entre el Espíritu Santo y el Señor (que puede referirse a Dios o a Jesucristo), o también como explicación de que ese Señor de que habla Ex 34.34 es el Espíritu Santo.

[ñ] **3.17** Ro 8.2.

[o] **3.18** *Somos como un espejo que refleja la gloria del Señor:* otra posible traducción: *contemplamos como un espejo la gloria del Señor.*

[p] **3.18** Ro 8.29; Gl 4.19; 1 Jn 3.2.

[q] **3.18** *Del Señor, que es el Espíritu:* otras posibles traducciones: *del Espíritu del Señor* o *del Señor, quien da al Espíritu.*

[a] **4.2** Pablo rechaza el modo de proceder de los falsos predicadores (2 Co 2.17; cf. 1 Ts 2.5).

[b] **4.3** 1 Co 1.18.

[c] **4.4** *El dios de este mundo:* Satanás, que ejerce poder en el mundo (Jn 12.31 n.; cf. Ef 2.2).

[d] **4.4** Col 1.15; Heb 1.3.

[e] **4.5** *Jesucristo como Señor:* mensaje central del evangelio; véase Hch 2.36 n., y cf. Ro 10.9; 1 Co 12.3; 2 Co 1.2; Flp 2.11.

[f] **4.6** Gn 1.3.

[g] **4.6** Cf. Is 9.2 (1); Jn 8.12. *En la cara de Jesucristo:* Cf. la gloria en la cara de Moisés, 2 Co 3.7.

[h] **4.7** Era común guardar tesoros o *riqueza* en vasijas de *barro* cocido, materia corriente y frágil.

[i] **4.8** 2 Co 1.8; 7.5.

[j] **4.8** *Tenemos preocupaciones, pero no nos desesperamos:* juego de palabras en griego; una aproximación en castellano podría ser *estamos oprimidos, pero no exprimidos.*

[k] **4.11** Ro 8.36; 1 Co 15.31.

[l] **4.13** Sal 116.10 (gr.).

[m] **4.14** Ro 8.11; 1 Co 6.14; 15.20.

[n] **4.17** Ro 8.18; Heb 12.11; 1 P 1.6-7. *Una gloria eterna mucho más grande y abundante:* lit. *un peso de gloria sumamente extraordinario y eterno.* La frase griega traducida por *peso de gloria* refleja ciertos matices de la palabra hebrea equivalente a *gloria,* que en el AT se usa para referirse a la presencia de Dios, pero también significa *peso.* Así se sugiere el contraste con los sufrimientos de esta vida que son, por comparación, *cosa ligera.*

[ñ] **4.18** Heb 11.1,3.

5 ¹ Nosotros somos como una casa terrenal, como una tienda de campaña no permanente;[a] pero sabemos que si esta tienda se destruye, Dios nos tiene preparada en el cielo una casa eterna, que no ha sido hecha por manos humanas. ² Por eso suspiramos mientras vivimos en esta casa actual, pues quisiéramos mudarnos ya a nuestra casa celestial; ³ así, aunque seamos despojados de este vestido, no quedaremos desnudos.[b] ⁴ Mientras vivimos en esta tienda suspiramos afligidos, pues no quisiéramos ser despojados, sino más bien ser revestidos de tal modo que lo mortal quede absorbido por la nueva vida. ⁵ Y Dios es quien nos ha impulsado a esto, pues nos ha dado el Espíritu Santo como garantía de lo que hemos de recibir.[c]

⁶ Por eso tenemos siempre confianza. Sabemos que mientras vivamos en este cuerpo estaremos como en el destierro, lejos del Señor. ⁷ Ahora no podemos verlo, sino que vivimos sostenidos por la fe; ⁸ pero tenemos confianza, y quisiéramos más bien desterrarnos de este cuerpo para ir a vivir con el Señor.[d] ⁹ Por eso procuramos agradar siempre al Señor, ya sea que sigamos viviendo aquí o que tengamos que irnos. ¹⁰ Porque todos tenemos que presentarnos ante el tribunal de Cristo,[e] para que cada uno reciba lo que le corresponda, según lo bueno o lo malo que haya hecho mientras estaba en el cuerpo.[f]

El mensaje de la paz con Dios ¹¹ Por eso, sabiendo que al Señor hay que tenerle reverencia, procuramos convencer a los hombres. Dios nos conoce muy bien, y espero que también ustedes nos conozcan.[g] ¹² No es que nos hayamos puesto otra vez a alabarnos a nosotros mismos, sino que les estamos dando a ustedes una oportunidad de sentirse orgullosos de nosotros, para que puedan contestar a quienes presumen de las apariencias y no de lo que hay en el corazón. ¹³ Pues si estamos locos,[h] es para Dios; y si no lo estamos, es para ustedes. ¹⁴ El amor de Cristo[i] se ha apoderado de nosotros desde que comprendimos que uno,[j] murió por todos y que, por consiguiente, todos han muerto.[k] ¹⁵ Y Cristo murió por todos, para que los que viven ya no vivan para sí mismos, sino para él, que murió y resucitó por ellos.[l]

¹⁶ Por eso, nosotros ya no pensamos de nadie según los criterios de este mundo; y aunque antes pensábamos de Cristo según tales criterios,[m] ahora ya no pensamos así de él. ¹⁷ Por lo tanto, el que está unido a Cristo es una nueva persona.[n] Las cosas viejas pasaron; se convirtieron en algo nuevo. ¹⁸ Todo esto es la obra de Dios, quien por medio de Cristo nos reconcilió consigo mismo[ñ] y nos dio el encargo de anunciar la reconciliación. ¹⁹ Es decir que, en Cristo, Dios estaba reconciliando[o] consigo mismo al mundo, sin tomar en cuenta los pecados de los hombres; y a nosotros nos encargó que diéramos a conocer este mensaje. ²⁰ Así que somos embajadores de Cristo, lo cual es como si Dios mismo les rogara a ustedes por medio de nosotros. Así pues, en el nombre de Cristo les rogamos que acepten el reconciliarse con Dios. ²¹ Cristo no cometió pecado alguno;[p] pero por causa nuestra, Dios lo hizo pecado,[q] para hacernos a nosotros justicia de Dios en Cristo.[r]

6 ¹ Ahora pues, como colaboradores en la obra de Dios, les rogamos a ustedes que no desaprovechen la bondad que Dios les ha mostrado. ² Porque él dice en las Escrituras:

"En el momento oportuno te escuché;
en el día de la salvación te ayudé."[a]

Y ahora es el momento oportuno. ¡Ahora es el día de la salvación!

Pruebas de la misión apostólica de Pablo ³ En nada damos mal ejemplo a nadie, para que nuestro trabajo no caiga en descrédito. ⁴ Al contrario, en todo damos muestras de que somos siervos de Dios, soportando con mucha paciencia los sufrimientos,[b] las necesidades, las dificultades,

---

[a] **5.1-5** En 1 Co 15, Pablo había escrito respecto de la resurrección; aquí, en los vv. 1-5, presenta nuevamente, con otras figuras, la esperanza de la vida venidera. En 1 Co 15.37-49 se habla en términos del cuerpo material y del cuerpo espiritual; aquí se utiliza la imagen de *una tienda* de campaña no permanente, en contraste con *una casa eterna*.
[b] **5.3** Después de referirse al paso a la vida eterna con la imagen del cambio de habitación (v. 2), Pablo usa la figura del vestido. *Aunque seamos despojados de este vestido* terreno, *no quedaremos desnudos*, pues Dios transformará nuestro cuerpo mortal (cf. Flp 3.21). Muchos mss. tienen: *si es que nos encontramos vestidos y no desnudos*. En este caso, habría que entender el encontrarse *vestidos y no desnudos* como equivalente a *estando aún en nuestro cuerpo* (cf. 1 Ts 4.16-17).
[c] **5.5** Ro 8.23; Ef 1.13. *Garantía:* Véase 2 Co 1.22 nota *t*.
[d] **5.8** A diferencia de muchos textos del AT que expresan la idea de que todos los que mueren van al "reino de la muerte" (cf. Job 7.7-10; Sal 6.5 [6]; Ec 9.10; véase *Reino de la muerte* en el *Índice temático*), aquí se expresa la confianza de ir, después de la muerte, a presentarse ante el Señor. Cf. también Flp 1.23.
[e] **5.10** Cf. Ro 14.10; 2 Ti 4.1.
[f] **5.10** *Mientras estaba en el cuerpo:* otra posible traducción: *sirviéndose de su cuerpo.*
[g] **5.11** Cf. 2 Co 3.1; aquí Pablo vuelve al mismo tema.
[h] **5.13** Cf. Hch 26.14.
[i] **5.14** *El amor de Cristo:* esto es, su amor para con nosotros.
[j] **5.14** *Uno:* es decir, Cristo.
[k] **5.14** *Todos han muerto:* a las cosas antiguas, para vivir una nueva vida en unión con Cristo (vv. 15,17); cf. Ro 6.2-11; Gl 2.19-20.
[l] **5.14-15** Ro 14.7-8; 1 Ti 2.6.
[m] **5.16** Es probable que Pablo se refiera a la opinión que antes había tenido de *Cristo*, considerándolo como un falso maestro justamente condenado a muerte por malhechor; ahora lo conoce como el Señor resucitado, principio de una *nueva creación* (5.17 n.).
[n] **5.17** Gl 6.15; Tit 3.5; 1 P 1.3,23. *Nueva persona:* También puede traducirse por *nueva creación.*
[ñ] **5.18-20** Véase Ro 5.10 nota *n*; cf. Ef 2.12-16; Col 1.20-22. Según los griegos, cuando Dios se enemista con los hombres son estos los que deben ganarse de nuevo su amistad. Pero Pablo, reflejando ideas del AT, considera que los hombres necesitan ser reconciliados, y afirma que Dios mismo realiza esta reconciliación por medio de Cristo. Los hombres deben aceptar este ofrecimiento.
[o] **5.19** *Que, en Cristo, Dios estaba reconciliando:* otra posible traducción: *que Dios estaba en Cristo, reconciliando.*
[p] **5.21** Heb 4.15; 1 P 2.22; 1 Jn 3.5.
[q] **5.21** *Dios lo hizo pecado:* Cristo, a la manera del siervo del Señor de Is 53.6,9, cargó con los pecados de todos. Cf. también Ro 8.3; Gl 3.13.
[r] **5.21** *Justicia de Dios:* Véase Ro 1.17 nota *n*; cf. Ro 3.2; 5.15-21; Flp 3.9.
[a] **6.2** Is 49.8.
[b] **6.4-5** Pablo enumera nueve ocasiones en que ha dado pruebas de

⁵ los azotes, las prisiones, ᶜ los alborotos, ᵈ el trabajo duro, los desvelos y el hambre. ⁶ También lo demostramos por nuestra pureza de vida, por nuestro conocimiento de la verdad, por nuestra tolerancia y bondad, por la presencia del Espíritu Santo en nosotros, por nuestro amor sincero, ⁷ por nuestro mensaje de verdad y por el poder de Dios en nosotros. ᵉ Usamos las armas de la rectitud, tanto para el ataque como para la defensa. ᶠ ⁸ Unas veces se nos honra, y otras veces se nos ofende; unas veces se habla bien de nosotros, y otras veces se habla mal. Nos tratan como a mentirosos, a pesar de que decimos la verdad. ⁹ Nos tratan como a desconocidos, a pesar de que somos bien conocidos. Estamos medio muertos, pero seguimos viviendo; nos castigan, pero no nos matan. ¹⁰ Parecemos tristes, pero siempre estamos contentos; parecemos pobres, pero enriquecemos a muchos; parece que no tenemos nada, pero lo tenemos todo. ᵍ

3. Reconciliación con la comunidad (6.11—7.16)

¹¹ Hermanos corintios, les hemos hablado con toda franqueza; les hemos abierto por completo nuestro corazón. ¹² No tenemos con ustedes ninguna clase de reserva; son ustedes quienes tienen reservas. ¹³ Les ruego por lo tanto, como un padre ruega a sus hijos, que me abran su corazón, como yo lo he hecho con ustedes.

Apartarse del mal ʰ ¹⁴ No se unan ustedes en un mismo yugo ⁱ con los que no creen. Porque ¿qué tienen en común la justicia y la injusticia? ¿O cómo puede la luz ser compañera de la oscuridad? ¹⁵ No puede haber armonía entre Cristo y Belial, ʲ ni entre un creyente y un incrédulo. ¹⁶ No puede haber nada en común entre el templo de Dios y los ídolos. Porque nosotros somos templo del Dios viviente, ᵏ como él mismo dijo:

"Viviré y andaré entre ellos;
yo seré su Dios
y ellos serán mi pueblo." ˡ

¹⁷ Por eso también dice el Señor:
"Salgan de en medio de ellos, y apártense;
no toquen nada impuro. ᵐ
Entonces yo los recibiré

¹⁸ y seré un Padre para ustedes,
y ustedes serán mis hijos y mis hijas,
dice el Señor todopoderoso." ⁿ

7 ¹ Así pues, queridos hermanos, estas son las promesas que tenemos. Por eso debemos mantenernos limpios de todo lo que pueda mancharnos, tanto en el cuerpo como en el espíritu; ᵃ y en el temor de Dios procuremos alcanzar una completa santidad.

Alegría de Pablo por la actitud de los corintios ² ¡Dennos cabida en su corazón! ᵇ Con nadie hemos sido injustos; a nadie hemos hecho daño; a nadie hemos explotado. ᶜ ³ No les digo esto para criticarlos, pues, como ya les dije antes, ustedes están en mi corazón, para vivir juntos y morir juntos. ⁴ Tengo mucha franqueza para hablarles y estoy muy orgulloso de ustedes. ᵈ En medio de todo lo que sufrimos, me siento muy animado y lleno de gozo.

⁵ Desde que llegamos a Macedonia, ᵉ no hemos tenido ningún descanso, sino que en todas partes hemos encontrado dificultades: luchas a nuestro alrededor y temores en nuestro interior. ⁶ Pero Dios, que anima a los desanimados, nos animó con la llegada de Tito; ᶠ ⁷ y no solamente con su llegada, sino también por el hecho de que él se sentía muy animado a causa de ustedes. Él nos habló de lo mucho que ustedes desean vernos, y nos contó de la tristeza que sienten y de su preocupación por mí; y con todo esto me alegré más todavía.

⁸ Aunque la carta que les escribí ᵍ los entristeció, no lo lamento ahora. Y si antes lo lamenté viendo que esa carta los había entristecido por un poco de tiempo, ⁹ ahora me alegro; no por la tristeza que les causó, sino porque esa tristeza los hizo volverse a Dios. Fue una tristeza según la voluntad de Dios, así que nosotros no les causamos ningún daño; ¹⁰ pues la tristeza según la voluntad de Dios conduce a una conversión que da por resultado la salvación, y no hay nada que lamentar. Pero la tristeza del mundo produce la muerte. ¹¹ Su tristeza, que fue según la voluntad de Dios, ¡miren qué resultados ha dado! Los hizo tomar en serio el asunto y defenderme; ʰ los hizo enojar, y también sentir miedo. Después tuvieron deseos de verme, sintieron celos por mí y castigaron al culpable. Con todo lo

---

paciencia y fortaleza en su trabajo apostólico. Cf. también 2 Co 11.23-27.
ᶜ **6.5** Hch 16.23.
ᵈ **6.5** Hch 13.50; 17.5; 19.23-41.
ᵉ **6.6-7** Se enumeran las acciones y actitudes que han acreditado el ministerio del apóstol.
ᶠ **6.7** *Tanto para el ataque, como para la defensa:* lit. *las de la derecha y las de la izquierda;* la espada se esgrimía con la mano derecha, el escudo con la izquierda (cf. Ef 6.16-17).
ᵍ **6.8-10** Pablo, en una serie de contrastes, pone de relieve las condiciones en que ha llevado a cabo su labor, y en un grupo de paradojas indica cuáles son las realidades profundas no son como las apariencias.
ʰ **6.14—7.1** Esta sección interrumpe el argumento, que continúa en 2 Co 7.2. Véase *Introducción.*
ⁱ **6.14** *En un mismo yugo:* lit. *en una yunta dispareja* (cf. Dt 22.10; Eclo 13.17). Los cristianos deben evitar cualquier alianza con el mal.
ʲ **6.15** *Belial* (o *Beliar*): nombre derivado de un vocablo hebreo que significa *inútil, ruin* (véase Sal 18.4 [5] n.), y que en aquel tiempo se aplicaba al diablo.

ᵏ **6.16** 1 Co 3.16.; 6.19.
ˡ **6.16** Lv 26.12; Jer 32.38; Ez 37.27.
ᵐ **6.17** Is 52.11.
ⁿ **6.18** Alusión a 2 S 7.14; Is 43.6.
ᵃ **7.1** *Cuerpo y espíritu* incluyen todo el ser en sus diversos aspectos.
ᵇ **7.2** 2 Co 6.11. En el v. 2 vuelve al tema de 6.11-13 (véase 2 Co 6.14—7.1 n.), para reconciliarse con los corintios.
ᶜ **7.2** *Sido injustos... hecho daño... explotado:* Se trata, bien de acusaciones hechas a Pablo por sus adversarios, o de alusiones que él hace a los falsos apóstoles (cf. 2 Co 11.4-13).
ᵈ **7.4** 2 Co 6.11-13.
ᵉ **7.5-7** El autor continúa su narración interrumpida (véase 2 Co 2.12-13 n.).
ᶠ **7.6** *La llegada de Tito:* Véanse *Introducción* y 2 Co 8.6 nota *e*.
ᵍ **7.8-9** *La carta que les escribí:* Véase 2 Co 2.3-4 n.
ʰ **7.11** *Defenderme:* otra posible traducción: *disculparse;* nótese el fin del v.

cual han demostrado ustedes que no tuvieron nada que ver en este asunto. ¹²Así pues, cuando les escribí aquella carta, no lo hice pensando en el ofensor ni en la persona ofendida, *i* sino más bien para que se viera delante de Dios la preocupación que ustedes tienen por nosotros. ¹³Esto ha sido para nosotros un consuelo.

Pero mucho más que este consuelo que hemos recibido, nos ha alegrado el ver que Tito está muy contento; pues todos ustedes le han dado nuevos ánimos. ¹⁴Yo ya le había dicho a Tito que me sentía orgulloso de ustedes, y no he quedado mal. Al contrario, así como es verdad todo lo que les hemos dicho a ustedes, también resultó cierto lo que le habíamos dicho a Tito: que estamos orgullosos de ustedes. ¹⁵Y él les tiene aún más cariño cuando recuerda cómo todos ustedes lo obedecieron y lo recibieron con tan profundo respeto. *j* ¹⁶¡Me alegro de poder confiar plenamente en ustedes!

II. LA COLECTA (8.1—9.15) *a*

Razones para dar esta ofrenda

8 ¹Ahora, hermanos, queremos contarles cómo se ha mostrado la bondad de Dios en las iglesias de Macedonia. *b* ²A pesar de las pruebas *c* por las que han tenido que pasar, son muy felices; y a pesar de ser muy pobres, sus ofrendas han sido tan generosas como si fueran ricos. ³Yo soy testigo de que han ofrendado espontáneamente según sus posibilidades, y aun más allá de ellas. Por su propia iniciativa ⁴nos rogaron mucho que les permitiéramos tomar parte en esta ayuda para el pueblo de Dios. *d* ⁵Y hasta hicieron más de lo que esperábamos, pues se ofrendaron a sí mismos, primero al Señor y luego a nosotros, conforme a la voluntad de Dios. ⁶Por eso hemos rogado a Tito *e* que recoja entre ustedes esta bondadosa colecta que él comenzó antes a recoger. *f* ⁷Pues ustedes, que sobresalen en todo: en fe, en facilidad de palabra, en conocimientos, *g* en buena disposición para servir y en amor que aprendieron de nosotros, *h* igualmente deben sobresalir en esta obra de caridad.

⁸No les digo esto como un mandato; solamente quiero que conozcan la buena disposición de otros, para darles a ustedes la oportunidad de demostrar que su amor es verdadero. ⁹Porque ya saben ustedes que nuestro Señor Jesucristo, en su bondad, *i* siendo rico se hizo pobre por causa de ustedes, para que por su pobreza ustedes se hicieran ricos. *j*

¹⁰Por el bien de ustedes les doy mi opinión sobre este asunto. Desde el año pasado, no solo comenzaron ustedes a hacer algo al respecto, sino a hacerlo con entusiasmo. ¹¹Ahora pues, dentro de sus posibilidades, terminen lo que han comenzado con la misma buena disposición que mostraron al principio, cuando decidieron hacerlo. *k* ¹²Porque si alguien de veras quiere dar, Dios le acepta la ofrenda que él dé conforme a sus posibilidades. Dios no pide lo que uno no tiene.

¹³No se trata de que por ayudar a otros ustedes pasen necesidad; se trata más bien de que haya igualdad. ¹⁴Ahora ustedes tienen lo que a ellos les falta; en otra ocasión ellos tendrán lo que les falte a ustedes, y de esta manera habrá igualdad. ¹⁵Como dice la Escritura: "Ni le sobró al que había recogido mucho, ni le faltó al que había recogido poco." *l*

Recomendación a favor de Tito y sus compañeros

¹⁶Gracias a Dios que puso en el corazón de Tito la misma preocupación que yo tengo por ustedes. ¹⁷Pues aceptó mi encargo y, como él mismo está muy interesado en ustedes, ahora va a verlos por su propia voluntad. *m* ¹⁸Junto con Tito, les envío *n* un hermano *ñ* de quien se habla muy bien en todas las iglesias, por lo bien que ha trabajado en favor del evangelio. ¹⁹Además, las iglesias lo escogieron para que viajara con nosotros y ayudara en esta obra de caridad que estamos haciendo para honrar al Señor y para demostrar nuestros deseos de ayudar. ²⁰Queremos evitar así que se nos critique a causa de esta gran colecta que estamos recogiendo, *o* ²¹y por eso procuramos hacer lo bueno, no solo delante del Señor sino también delante de los hombres. *p*

²²Juntamente con aquellos, les envío otro de nuestros hermanos, que nos ha demostrado de muchas maneras su buena disposición, y mucho más ahora, por la gran confianza que tiene en ustedes. ²³De Tito puedo decir que es mi compañero y que trabaja conmigo para bien de ustedes. Y acerca de los otros dos hermanos, que son enviados de las iglesias y que honran a Cristo. ²⁴Y para que las iglesias lo sepan, muéstrenles ustedes que verdaderamente los aman y que tenemos razón al estar orgullosos de ustedes.

---

i **7.12** *La persona ofendida:* Pablo, directa o indirectamente (véase 2 Co 2.1 n.).
j **7.15** *Con tan profundo respeto:* lit. *con temor y temblor;* véase Ef 6.5 n.
a **8.1—9.15** En los caps. 8—9 se habla de la colecta que Pablo había iniciado en las iglesias, con objeto de ayudar a los pobres de la iglesia de Jerusalén (véase Hch 20.1-6 n., y cf. Ro 15.25-28). Pablo había escrito antes acerca de esto (1 Co 16.1 n.), y los corintios habían empezado ya a colaborar.
b **8.1** *Macedonia:* región que incluía Filipos, Tesalónica y Berea (Hch 16.11—17.15).
c **8.2** *Pruebas:* alusión a la persecución (cf. 1 Ts 1.6; 2.14; 2 Ts 1.4-5).
d **8.1-4** Ro 15.26.
e **8.6** *Tito* (cf. 2 Co 7.5-7; 8.16, y véase *Introducción*) va a Corinto comisionado para ayudar a recoger aquella *colecta.*
f **8.6** *Esta bondadosa colecta:* lit. *esta gracia;* véase 8.9 nota *i.*
g **8.7** 1 Co 1.5.
h **8.7** *En amor que aprendieron de nosotros:* Algunos mss. dicen *en amor para nosotros.*
i **8.9** *Bondad:* lit. *gracia,* igual término que el que se aplica en 8.6 a la generosidad que se espera de los cristianos.
j **8.9** *Rico:* alusión a la preexistencia divina de Cristo, en contraste con lo *pobre* que se hizo al hacerse hombre. Cf. Flp 2.6-7.
k **8.10-11** Según parece, la colecta en Corinto se había suspendido.
l **8.15** Ex 16.18.
m **8.17** *Va a verlos:* otra posible traducción: *se fue a verlos.* No es claro si Tito ya había salido o si es él quien lleva esta carta.
n **8.18** *Les envío:* otra posible traducción: *les he enviado.*
ñ **8.18** No se identifica por nombre ni a este *hermano* ni al que se menciona en 8.22.
o **8.19-20** Cf. Hch 20.4. Probablemente a petición de Pablo, las iglesias de Macedonia habían nombrado delegados (*enviados,* v. 23) para ayudar en la colecta y asesorar en su administración.
p **8.21** Pr 3.4 (gr.).

9 ¹ En cuanto a la colecta para los hermanos en la fe, realmente no es necesario que siga escribiéndoles a ustedes, ² porque ya conozco su buena voluntad. Siempre digo con orgullo a los de Macedonia, que desde el año pasado ustedes los de Acaya han estado dispuestos a ayudar, y la mayoría de los de Macedonia se han animado por la buena disposición de ustedes. [a] ³ Sin embargo, les envío [b] a estos hermanos [c] para no quedar mal al sentirme tan orgulloso de ustedes cuando hablo de este asunto. Es decir, para que de veras estén preparados, ⁴ no sea que algunos de Macedonia vayan conmigo y encuentren que ustedes no lo están. Eso sería una vergüenza para nosotros, que hemos tenido tanta confianza en ustedes; por no hablar de la vergüenza que sería para ustedes mismos. ⁵ Precisamente por ello me ha parecido necesario pedir a estos hermanos que vayan a visitarlos primero, y que los ayuden a completar la colecta que ustedes habían prometido. Así, la colecta de ustedes estará dispuesta como una muestra de generosidad, y no como una muestra de tacañería.

Exhortación a la generosidad ⁶ Acuérdense de esto: El que siembra poco, poco cosecha; el que siembra mucho, mucho cosecha. [d] ⁷ Cada uno debe dar según lo que haya decidido en su corazón, y no de mala gana o a la fuerza, porque Dios ama al que da con alegría. [e] ⁸ Dios puede darles a ustedes con abundancia toda clase de bendiciones, para que tengan siempre todo lo necesario y además les sobre para ayudar en toda clase de buenas obras. ⁹ La Escritura dice:

"Ha dado abundantemente a los pobres,
y su generosidad permanece para siempre." [f]

¹⁰ Dios, que da la semilla que se siembra y el alimento que se come, [g] les dará a ustedes todo lo necesario para su siembra, y la hará crecer, y hará que la generosidad de ustedes produzca una gran cosecha. ¹¹ Así tendrán ustedes toda clase de riquezas y podrán dar generosamente. Y la colecta que ustedes envíen por medio de nosotros, será motivo de que los hermanos den gracias a Dios. ¹² Porque al llevar esta ayuda [h] a los hermanos, no solamente les llevamos lo que les haga falta, sino que también los movemos a dar muchas gracias a Dios. [i] ¹³ Y ellos alabarán a Dios, pues esta ayuda les demostrará que ustedes obedecen al evangelio que profesan, el evangelio de Cristo. También ellos honrarán a Dios por la generosa contribución de ustedes para ellos y para todos. ¹⁴ Y además orarán por ustedes con mucho cariño, por la gran bondad que Dios les ha mostrado a ustedes. ¹⁵ ¡Gracias a Dios, porque nos ha hecho un regalo tan grande que no tenemos palabras para expresarlo!

III. NUEVA DEFENSA DE PABLO (10.1—13.10) [a]

Respuesta a la acusación de tener una actitud doble

10 ¹ Yo, Pablo, les ruego a ustedes, por la ternura y la bondad de Cristo, aunque digan que cuando estoy entre ustedes soy muy tímido, y muy atrevido cuando estoy lejos. [b] ² Pues bien, les ruego que, cuando vaya a verlos, no me obliguen a ser atrevido con quienes nos acusan de hacer las cosas por motivos puramente humanos, pues estoy dispuesto a enfrentarme con ellos. [c] ³ Es cierto que somos humanos, pero no luchamos como los hombres de este mundo. ⁴ Las armas que usamos no son las del mundo, sino que son poder de Dios capaz de destruir fortalezas. Y así destruimos las acusaciones [d] ⁵ y toda altanería que pretenda impedir que se conozca a Dios. Todo pensamiento humano lo sometemos a Cristo, para que lo obedezca a él, ⁶ y estamos dispuestos a castigar toda desobediencia, una vez que ustedes obedezcan perfectamente.

⁷ Fíjense en lo que es evidente. [e] Si alguno está seguro de ser de Cristo, debe tener en cuenta que también nosotros somos de Cristo. ⁸ Y aunque yo insista un poco más de la cuenta en nuestra autoridad, no tengo por qué avergonzarme; pues el Señor nos dio la autoridad para edificación de la comunidad y no para destruirla. [f] ⁹ No quiero que parezca que trato de asustarlos con mis cartas. ¹⁰ Hay quien dice que mis cartas son duras y fuertes, pero en persona no impresiono a nadie, ni impongo respeto al hablar. [g] ¹¹ Pero el que esto dice debe saber también que, así como somos con palabras y por carta estando lejos de ustedes, así seremos con hechos cuando estemos entre ustedes.

Respuesta a la acusación de ser orgulloso

¹² Ciertamente, no nos atrevemos a igualarnos o a compararnos con esos que se alaban a sí mismos. [h] Pero ellos cometen una tontería al medirse con su propia medida y al compararse unos con otros. ¹³ Nosotros no vamos a gloriarnos más allá de ciertos límites. Dios es quien señala los límites de nuestro campo de trabajo, y él nos permitió llegar hasta ustedes en Corinto. ¹⁴ Por eso, no estamos saliéndonos de nuestros límites, como sería el caso si no hubiéramos

---

[a] **9.2** Pablo, que escribe desde *Macedonia*, había contado a los macedonios la generosidad de los cristianos de *Acaya*, que eran principalmente de Corinto (2 Co 1.1).
[b] **9.3** *Les envío:* otra posible traducción: *les he enviado*.
[c] **9.3** *Estos hermanos:* Parece tratarse de los mismos de 2 Co 8.16-18,22-23.
[d] **9.6** Cf. Pr 11.24-25.
[e] **9.7** Citado de Pr 22.8a (gr.), que dice: "Dios bendice al hombre alegre y dadivoso." Cf. Eclo 35.5.
[f] **9.9** Sal 112.9.
[g] **9.10** Is 55.10.
[h] **9.12** *Llevar esta ayuda:* u *oficiar en este servicio sagrado*. La expresión es propia de un acto de culto a Dios.
[i] **9.11-12** 2 Co 1.11; 4.15.
[a] **10.1-13.10** Esta sección se diferencia de las anteriores por su tono polémico y mucho más severo. Algunos piensan que puede pertenecer a una carta diferente. Véanse *Introducción* y 2 Co 2.3-4 n.
[b] **10.1** *Tímido:* Pablo admite, con tono irónico, lo que sus adversarios decían de él, aludiendo quizás a las circunstancias mencionadas en 1 Co 2.3. *Atrevido:* Los adversarios alegaban que Pablo solamente se expresaba con valentía cuando estaba *lejos* (v. 10).
[c] **10.2-3** 1 Co 4.21.
[d] **10.4** Cf. Ef 6.11-17. *Las del mundo:* lit. *carnales;* véase *Carne* en el *Índice temático*.
[e] **10.7** *Fíjense ustedes en lo que es evidente:* otra posible traducción: *Ustedes solo se fijan en las apariencias*.
[f] **10.8** 2 Co 13.10.
[g] **10.10** Véase 10.1 n.
[h] **10.12** Pablo escribe con sarcasmo.

estado antes entre ustedes. Nosotros fuimos los primeros en llevarles a ustedes el evangelio de Cristo. *ⁱ* ¹⁵ Y no nos gloriamos de los trabajos que otros han hecho, saliéndonos de nuestros límites. Al contrario, esperamos poder trabajar más entre ustedes, conforme ustedes vayan teniendo más fe, aunque siempre dentro de nuestros límites. ¹⁶ También esperamos extendernos y anunciar el evangelio en lugares más allá de donde están ustedes, pero sin meternos en campos ajenos, para no gloriarnos de los trabajos que otros han hecho. *ʲ*
¹⁷ Si alguno quiere gloriarse, que se gloríe del Señor. *ᵏ* ¹⁸ Porque el hombre digno de aprobación no es el que se alaba a sí mismo, sino aquel a quien el Señor alaba. *ˡ*

11

El desinterés de Pablo ¹ ¡Ojalá me soportaran ustedes un poco de locura! *ᵃ* Como quiera que sea, sopórtenme. ² Porque el celo que siento por ustedes es un celo que viene de Dios. *ᵇ* Yo los he comprometido en casamiento *ᶜ* con un solo esposo, Cristo, y quiero presentarlos ante él puros como una virgen. ³ Pero temo que, así como la serpiente engañó con su astucia a Eva, *ᵈ* también ustedes se dejen engañar, y que sus pensamientos se aparten de la actitud sincera y pura hacia Cristo. ⁴ Ustedes soportan con gusto a cualquiera que llega hablándoles de un Jesús diferente del que nosotros les hemos predicado; y aceptan de buena gana un espíritu diferente del Espíritu que ya recibieron y un evangelio diferente del que ya han aceptado. *ᵉ* ⁵ Pues bien, yo no me siento inferior en nada a esos superapóstoles que vinieron después. *ᶠ* ⁶ Aunque yo sea torpe en mi modo de hablar, *ᵍ* no lo soy en cuanto a conocimientos; y esto se lo hemos demostrado a ustedes siempre y en todos nuestros hechos.

⁷ ¿Será que hice mal en anunciarles el evangelio de Dios sin cobrarles nada, humillándome yo para enaltecerlos a ustedes? *ʰ* ⁸ Les he quitado su dinero a otras iglesias, al aceptar que ellos me pagaran para poder servirles a ustedes. ⁹ Y cuando estando entre ustedes necesité algo, nunca fui una carga para ninguno; pues los hermanos que llegaron de Macedonia me dieron lo que necesitaba. *ⁱ* Procuré no ser una carga para ustedes, y así seguiré haciéndolo. ¹⁰ Tan seguro estoy de que conozco la verdad de Cristo, como de que nadie me va a quitar este motivo de orgullo en toda la región de Acaya. ¹¹ ¿Por qué hablo así? ¿Será porque no los quiero a ustedes? ¡Dios sabe que sí los quiero!

¹² Pero voy a seguir haciendo lo que hago, para no dar oportunidad a esos que andan buscando pretexto para tener un orgullo como el nuestro; ¹³ pues no son más que falsos apóstoles y engañadores que se disfrazan de apóstoles de Cristo. ¹⁴ Y esto no es nada raro, ya que Satanás mismo se disfraza de ángel de luz; ¹⁵ por eso resulta muy natural que sus servidores pretendan aparecer como defensores de la justicia. *ʲ* ¡Pero habrán de terminar como sus hechos merecen!

Pablo tiene motivos para gloriarse ¹⁶ Vuelvo a decirles que nadie piense que estoy loco; pero si así lo piensan, déjenme que les hable como un loco, para que también yo pueda gloriarme un poco, *ᵏ* ¹⁷ aunque esta manera de gloriarme sea más bien una locura y no palabras que el Señor apruebe. ¹⁸ Ya que hay tantos que se glorían de sus propios méritos, también yo me gloriaré! ¹⁹ Ustedes son muy sabios, pero soportan de buena gana a los locos, ²⁰ y soportan también a aquellos que los obligan a servir, que los explotan, que los engañan, que los tratan con desprecio o que los golpean en la cara. ²¹ Aunque me da vergüenza decirlo, ¡nosotros fuimos demasiado débiles para portarnos así! *ˡ*

Pero si los otros se atreven a jactarse, también yo me atreveré, aunque esto sea una locura. ²² ¿Son ellos hebreos? Yo también. ¿Son israelitas? Yo también. ¿Son descendientes de Abraham? Yo también. *ᵐ* ²³ ¿Son siervos de Cristo? Yo lo soy más que ellos, *ⁿ* aunque al decir esto hablo como un loco. Yo he trabajado más que ellos, me han encarcelado *ñ* más veces que a ellos, he sido azotado más que ellos, y muchas veces he estado en peligro de muerte. ²⁴ En cinco ocasiones los judíos me castigaron con los treinta y nueve azotes. *ᵒ* ²⁵ Tres veces me apalearon, *ᵖ* y una me apedrearon. *ᑫ* En tres ocasiones se hundió el barco en que yo viajaba, y, a punto de ahogarme, pasé una noche y un día en alta mar. *ʳ* ²⁶ He viajado mucho, y me he visto en peligros de ríos, en peligros de ladrones, y en peligros entre mis paisanos *ˢ* y entre los extranjeros. *ᵗ* También me he

---

ⁱ **10.13-14** Pablo refuta la acusación de haberse salido de sus límites, insinuando que otros, y no él, son quienes lo han hecho. Cf. Ro 15.18-20.
ʲ **10.15-16** Ro 15.20. *Lugares más allá:* los del occidente, posiblemente Roma y España (Hch 19.21; Ro 15.23-28).
ᵏ **10.17** Jer 9.24 (23), citado también en 1 Co 1.31.
ˡ **10.18** 1 Co 4.4-5.
ᵃ **11.1** Pablo sigue con el tema del cap. 10, disculpándose irónicamente por la *locura* con que tiene que escribir en defensa propia.
ᵇ **11.2** *Celo que viene de Dios:* Cf. Ex 20.5; Dt 4.24.
ᶜ **11.2** *Comprometido en casamiento:* Ef 5.25-27; Ap 19.7; 21.2,9; imagen sugerida por pasajes como Os 2.19-20 (21-22).
ᵈ **11.3** Gn 3.1-13; 1 Ti 2.14.
ᵉ **11.4** Gl 1.8-9.
ᶠ **11.5** Pablo, con sarcasmo, llama *superapóstoles* a los falsos maestros; cf. vv. 12-13, y 2 Co 12.11.
ᵍ **11.6** 1 Co 1.17; 2.1,13.
ʰ **11.7** Hch 18.1-4; 20.33-35; 1 Co 9.18; 2 Co 12.13.
ⁱ **11.8-9** *Otras iglesias:* las de *Macedonia,* especialmente la de Filipos (2 Co 1.16; Flp 4.15-18).

ʲ **11.15** *Defensores de la justicia:* probablemente porque insistían en el cumplimiento de ciertos aspectos de la ley de Moisés.
ᵏ **11.16** Véase 11.1 n.; cf. 2 Co 12.6.
ˡ **11.19-21** Sarcasmo áspero; parte de la "locura" que Pablo se permite (vv. 1,21).
ᵐ **11.22** Hch 22.3; Ro 11.1; Flp 3.4-6. Sus adversarios probablemente insistían en su carácter de verdaderos judíos.
ⁿ **11.23-27** 2 Co 6.4-5.
ñ **11.23** Hch 16.23.
ᵒ **11.24** *Treinta y nueve azotes:* El castigo máximo bajo la ley de *los judíos* era 40 azotes (Dt 25.3); se daba uno menos para no excederse accidentalmente.
ᵖ **11.25** *Me apalearon:* castigo romano; una de estas ocasiones fue en Filipos (Hch 16.22).
ᑫ **11.25** *Me apedrearon:* en Listra (Hch 14.19).
ʳ **11.25** Carecemos de información sobre estos naufragios. (El de Hch 27 ocurrió más tarde.)
ˢ **11.26** Hch 9.23; 13.50; 20.3.
ᵗ **11.26** Hch 14.5.

visto en peligros en la ciudad, en el campo y en el mar, y en peligros entre falsos hermanos. ²⁷ He pasado trabajos y dificultades; muchas veces me he quedado sin dormir; he sufrido hambre y sed; muchas veces no he comido; he sufrido por el frío y por la falta de ropa.

²⁸ Además de estas y otras cosas, cada día pesa sobre mí la preocupación por todas las iglesias. ²⁹ Si alguien enferma, también yo enfermo; y si hacen caer a alguno, yo me indigno. ³⁰ Si de algo hay que gloriarse, me gloriaré de las cosas que demuestran mi debilidad. *u* ³¹ El Dios y Padre del Señor Jesús, que es digno de alabanza por siempre, sabe que digo la verdad. ³² Cuando estuve en Damasco, el gobernador que servía al rey Aretas puso guardias a las puertas de la ciudad, para que me arrestaran; ³³ pero hubo quienes me bajaron en un canasto por una ventana de la muralla de la ciudad, y así escapé de sus manos. *v*

12 Visiones y revelaciones de Pablo

¹ Nada gana uno con gloriarse de sí mismo. Sin embargo, tengo que hablar de las visiones y revelaciones que he recibido del Señor. ² Conozco a un seguidor de Cristo, que hace catorce años fue llevado al tercer cielo. No sé si fue llevado en cuerpo o en espíritu; Dios lo sabe. *a* ³ Pero sé que ese hombre (si en cuerpo o en espíritu, no lo sé, solo Dios lo sabe) ⁴ fue llevado al paraíso, donde oyó palabras tan secretas que a ningún hombre se le permite pronunciarlas. ⁵ Yo podría gloriarme de alguien así, pero no de mí mismo, a no ser de mis debilidades. ⁶ Aunque si quisiera yo gloriarme, eso no sería ninguna locura, porque estaría diciendo la verdad; pero no lo hago, para que nadie piense que soy más de lo que aparentó o de lo que digo, ⁷ juzgándome por lo extraordinario de esas revelaciones. Por eso, para que yo no me crea más de lo que soy, he tenido un sufrimiento, una especie de espina clavada en el cuerpo, *b* que como un instrumento de Satanás vino a maltratarme. ⁸ Tres veces le he pedido al Señor que me quite ese sufrimiento; ⁹ pero el Señor me ha dicho: "Mi amor es todo lo que necesitas; pues mi poder se muestra plenamente en la debilidad." *c* Así que prefiero gloriarme de ser débil, para que repose sobre mí el poder de Cristo. ¹⁰ Y me alegro también de las debilidades, los insultos, las necesidades, las persecuciones y las dificultades que sufro por Cristo, porque cuando más débil me siento es cuando más fuerte soy. *d*

¹¹ Me he portado como un loco, pero ustedes me obligaron a hacerlo. Porque ustedes son quienes debían hablar bien de mí, pues en nada valgo menos que esos superapóstoles. *e* ¡Y eso que yo no valgo nada! ¹² Los sufrimientos que soporté con paciencia, los milagros, maravillas y prodigios que ustedes fueron testigos, son la prueba de que soy un verdadero apóstol. *f* ¹³ Perdónenme si los ofendí, pero solo en una cosa han sido ustedes menos que las otras iglesias: ¡en que yo no fui una carga para ustedes! *g*

Pablo habla de su próxima visita

¹⁴ Ya estoy preparado para hacerles mi tercera visita, *h* y tampoco ahora les seré una carga. Yo no busco lo que ustedes tienen, sino a ustedes mismos; porque son los padres quienes deben juntar dinero para los hijos, y no los hijos para los padres. *i* ¹⁵ Y yo de buena gana gastaré todo lo que tengo, y aun a mí mismo me gastaré en bien de ustedes. *j* Si yo los quiero más y más, ¿me amarán ustedes cada vez menos?

¹⁶ Sin duda estarán de acuerdo en que yo no fui una carga para ustedes. Sin embargo, algunos dicen que los hice caer astutamente en una trampa. *k* ¹⁷ ¿Acaso los exploté por medio de alguna de las personas que les he enviado? ¹⁸ A Tito le pedí que fuera a visitarlos, y con él mandé al otro hermano. *l* ¿Acaso los explotó Tito? ¿No es verdad que los dos nos hemos portado de la misma manera y con el mismo espíritu?

¹⁹ Tal vez ustedes piensen que nos estamos disculpando ante ustedes, pero no es así. Al contrario, estamos hablando en presencia de Dios y como quienes pertenecen a Cristo. Y todo esto, queridos hermanos, es para edificación de la comunidad. ²⁰ Porque temo que cuando vaya a verlos, quizá no los encuentre como quisiera, y que tampoco ustedes me encuentren a mí como ustedes quisieran. *m* Temo que haya discordias, envidias, enojos, egoísmos, chismes, críticas, orgullos y desórdenes. ²¹ Temo también que, en mi próxima visita, mi Dios me haga sentir vergüenza de ustedes, *n* y que me haga llorar por muchos de ustedes que desde hace tiempo vienen pecando y no han dejado la impureza, la inmoralidad sexual y los vicios que practicaban.

---

u **11.30** 2 Co 12.5.

v **11.32-33** Hch 9.23-25. Aretas IV fue rey de Nabatea, país árabe que se extendía desde la región al oriente de Damasco hasta la región al sudeste de Palestina. Damasco parece haber estado bajo el poder de Nabatea en aquel tiempo.

a **12.2-5** *Un seguidor:* Pablo, hablando en tercera persona, se refiere a sí mismo. *El tercer cielo:* referencia al *paraíso* (v. 4), o sea, a la presencia de Dios. *Llevado:* Cf. las visiones proféticas, Ez 8.3; 11.1,24.

b **12.7** Pablo se refiere figuradamente a alguna experiencia muy dolorosa, que no especifica. Se ha pensado en alguna enfermedad (cf. Gl 4.13-14). Pero puede tratarse de otro tipo de sufrimiento.

c **12.9** Aunque la frase expresa en forma paradójica un principio general, aquí se refiere al poder de Cristo que actúa en quien confía en él.

d **12.10** Flp 4.11-13.

e **12.11** *Superapóstoles:* Véase 2 Co 11.5 n.

f **12.12** Ro 15.17-19.

g **12.13** Cf. 2 Co 11.7-9. Pablo, siguiendo en tono irónico, pide perdón a los corintios por no haberles cobrado los gastos de sus visitas anteriores.

h **12.14** *Mi tercera visita:* 2 Co 13.1.

i **12.14** Pablo compara el servicio gratuito que ha prestado a los corintios con la provisión que un padre de familia hace para sus hijos menores (cf. 1 Co 4.15).

j **12.15** Flp 2.17.

k **12.16** Se habían propagado rumores falsos acerca de Pablo, posiblemente en relación con la colecta que se recogía (caps. 8—9). En 12.17-18, con preguntas cuya respuesta es obvia, Pablo desmiente tal acusación.

l **12.18** 2 Co 8.6,16-18.

m **12.20-21** Pablo desea que su próxima visita no sea motivo de tristeza como la anterior (cf. 2 Co 2.1-4).

n **12.21** *De ustedes:* o *delante de ustedes.*

13 ¹ Esta es la tercera vez que voy a visitarlos. *ᵃ* Todo tendrá que decidirse por el testimonio de dos o tres testigos. *ᵇ* ² A los que antes pecaron, y a todos, ahora que estoy lejos les repito la advertencia que les hice personalmente en mi segunda visita: *ᶜ* que si voy otra vez a visitarlos, no voy a tenerles consideración, ³ ya que ustedes están buscando una prueba de que Cristo habla por mí. Y Cristo no es débil en su trato con ustedes, sino que muestra su fuerza entre ustedes. ⁴ Es cierto que fue crucificado como débil, pero vive por el poder de Dios. De la misma manera, nosotros participamos de su debilidad, pero unidos a él viviremos por el poder de Dios para servirles a ustedes. *ᵈ*

⁵ Examínense ustedes mismos, *ᵉ* para ver si están firmes en la fe; pónganse a prueba. ¿No se dan cuenta de que Jesucristo está en ustedes? ¡A menos que hayan fracasado en la prueba! ⁶ Confío, sin embargo, nos reconocerán que nosotros no hemos fracasado. ⁷ Y oramos a Dios para que ustedes no hagan nada malo; no para demostrar que nosotros hemos pasado la prueba, sino simplemente para que ustedes hagan lo bueno, aunque parezca que nosotros hemos fracasado. *ᶠ* ⁸ Porque no podemos hacer nada contra la verdad, sino solamente a favor de la verdad. ⁹ Por eso nos alegramos cuando somos débiles, con tal de que ustedes sean fuertes; y seguiremos orando para que lleguen a ser perfectos. ¹⁰ Les escribo esta carta antes de ir a verlos, para que cuando vaya no tenga que ser tan duro en el uso de mi autoridad, la cual el Señor me dio, no para destruirlos, sino para edificación de la comunidad.

Despedida (13.11-13)

¹¹ Para terminar, hermanos, deseo que vivan felices y que busquen la perfección en su vida. Anímense *ᵍ* y vivan en armonía y paz; y el Dios de amor y de paz estará con ustedes. ¹² Salúdense los unos a los otros con un beso santo. *ʰ* Todos los hermanos en la fe les mandan saludos.

¹³ Que la gracia del Señor Jesucristo, el amor de Dios y la participación del Espíritu Santo *ⁱ* estén con todos ustedes. *ʲ*

ᵃ **13.1** 2 Co 12.14.
ᵇ **13.1** En su próxima visita Pablo procederá con los ofensores, según lo exige la ley, valiéndose de *testigos* (Dt 19.15).
ᶜ **13.2** *Mi segunda visita:* Véase 2 Co 2.1 n.
ᵈ **13.4** *Para servirles a ustedes:* otra posible traducción: *en nuestro trato con ustedes.*
ᵉ **13.5** 1 Co 11.28.
ᶠ **13.5-7** *Fracasar en la prueba* (vv. 5,6,7): traducción de un término griego que en deporte significaba *quedar descalificado* (1 Co 9.27).
ᵍ **13.11** *Anímense:* esto es, *tengan ánimos,* o bien *anímense unos a otros;* otra posible traducción: *acepten nuestra exhortación.*
ʰ **13.12** *Beso santo:* Véase Ro 16.16 n.
ⁱ **13.13** *Y la participación del Espíritu Santo:* También puede traducirse: *y la solidaridad que el Espíritu Santo produce.*
ʲ **13.13** Este es el pasaje más antiguo en que aparece una bendición en nombre *de Dios* (Padre), *de Jesucristo* y *del Espíritu* Santo. Cf. Mt 28.19; Hch 2.32-33; 1 Co 12.4-6; Ef 2.18; 4.4-6; 2 Ts 2.13-14; 1 P 1.2; 1 Jn 3.23-24.

Carta de san Pablo a los Gálatas

Galacia era, a mediados del siglo I d.C., una provincia romana situada en la región central de Asia Menor, parte de la actual Turquía. En la *Carta a los Gálatas* (=Gl) se habla de *las iglesias de Galacia,* sin especificar el nombre de ninguna ciudad. No hay certeza acerca de la situación geográfica exacta de estas comunidades.

Los datos sobre la fundación de estas iglesias son escasos. Pablo dice que él fue quien les predicó el evangelio por primera vez, y que su permanencia allá se debió a una enfermedad (Gl 4.13). Esto coincide con el paso por *la región de Frigia y Galacia,* mencionado en Hch 16.6, como parte del segundo viaje misionero de Pablo. Según Hch 18.23, Pablo volvió a pasar por esta región en su tercer viaje.

De la carta se desprende que los cristianos eran de origen pagano, no judíos (Gl 4.8). Pablo recuerda a sus lectores la alegría y la buena disposición con que recibieron el evangelio (4.13-15).

Sin embargo, esa situación se vio perturbada por algunos que fueron después a enseñar nuevas doctrinas, tratando de crear al mismo tiempo desconfianza respecto de Pablo.

Las alusiones hechas en la carta indican que estas personas querían obligar a los gálatas a someterse a la ley de Moisés (4.21), y especialmente a aceptar la circuncisión (6.12-13). También los inducían a observar con veneración especial ciertos días o tiempos del calendario (4.10). Probablemente afirmaban que solo así podrían participar de las bendiciones prometidas por Dios a los descendientes de Abraham (3.14).

Por otra parte, parece que estos maestros advenedizos atacaban la autoridad de Pablo como apóstol y sus motivos al predicar el evangelio (1.10,12).

Pablo comprendió que lo que estaba en juego no eran simplemente prácticas externas, más o menos indiferentes, sino la esencia del mensaje cristiano: el reconocimiento del valor salvador de la obra de Jesucristo, con la cual quedaba superada una etapa anterior, la de la ley de Moisés. Por eso insiste en que por Cristo se da comienzo al nuevo pueblo de Dios, al que están llamados todos, de cualquier nación y condición que sean.

El apóstol escribe esta carta en medio de gran emoción, no tanto por los ataques a su autoridad, cuanto por el peligro que veía para la verdad del evangelio. Advierte a los gálatas sobre las consecuencias de su actitud y previene posibles malentendidos de su enseñanza sobre la libertad cristiana.

La carta tiene una *introducción* bastante breve, en la que omite la acostumbrada acción de gracias, para expresar de inmediato su extrañeza por la situación de las comunidades (1.1-10).

La *parte central* de la carta trata de tres temas principales.

En primer lugar, Pablo defiende la autenticidad del evangelio predicado a los gálatas, insistiendo en que su misión la había recibido de Dios por medio de Jesucristo, y no de los hombres. Y muestra que su misión apostólica fue reconocida por los apóstoles de Jerusalén (1.11—2.21).

En la segunda sección expone detalladamente el tema de la libertad cristiana respecto de la ley (3.1—5.12). Tiene interés especial en mostrar que esto no va contra las promesas hechas por Dios desde tiempos antiguos. Así había procedido con Abraham, antes que existiera la ley. La ley fue una etapa transitoria, de la cual nos liberó Jesucristo.

En la parte tercera (5.13—6.10), explica lo que significa esa libertad cristiana y cómo debe entenderse. Finalmente, hace algunas aplicaciones concretas a la vida del cristiano.

En la *conclusión* (6.11-18), Pablo, de su puño y letra, repite algunas de las exhortaciones anteriores.

Muchos de los temas tratados en esta carta se encuentran desarrollados más ampliamente y en un tono más sereno en la *Carta a los Romanos*, redactada más tarde.

La *Carta a los Gálatas* fue escrita probablemente desde Macedonia, entre los años 54 y 57.

El siguiente es el esquema de la carta:

Introducción (1.1-9)
    I. El evangelio anunciado por Pablo (1.10—2.21)
    II. Dios nos hace libres por la fe (3.1—5.12)
    III. El uso de la libertad (5.13—6.10)
    Conclusión (6.11-18)

Introducción (1.1-9)

1 Saludo[a] **1** Pablo, apóstol[b] no enviado ni nombrado por los hombres, sino por Jesucristo mismo y por Dios Padre que resucitó a Jesús, **2** saluda, junto con todos los hermanos, a las iglesias de Galacia.[c] **3** Que Dios nuestro Padre y el Señor Jesucristo derramen su gracia y su paz sobre ustedes. **4** Jesucristo se entregó a la muerte por nuestros pecados,[d] para librarnos del estado perverso actual del mundo,[e] según la voluntad de nuestro Dios y Padre. **5** ¡Gloria a Dios para siempre! Amén.

Extrañeza de Pablo[f] **6** Estoy muy sorprendido de que ustedes se hayan alejado tan pronto de Dios, que los llamó mostrando en Cristo su bondad, y se hayan pasado a otro evangelio. **7** En realidad no es que haya otro evangelio. Lo que pasa es que hay algunos que los perturban[g] a ustedes, y que quieren trastornar el evangelio de Cristo. **8** Pero si alguien les anuncia un evangelio distinto del que ya les hemos anunciado, que caiga sobre él la maldición de Dios, no importa si se trata de mí mismo o de un ángel venido del cielo. **9** Lo he dicho antes y ahora lo repito: Si alguien les anuncia un evangelio diferente del que ya recibieron, que caiga sobre él la maldición de Dios.[h]

I. EL EVANGELIO ANUNCIADO POR PABLO (1.10—2.21)[i]

Pablo lo recibió de Jesucristo **10** Yo no busco la aprobación de los hombres, sino la aprobación de Dios.[j] No busco quedar bien con los hombres. ¡Si yo quisiera quedar bien con los hombres, ya no sería un siervo de Cristo! **11** Sepan ustedes esto, hermanos: el evangelio que yo anuncio no es invención humana. **12** No lo recibí ni lo aprendí de hombre alguno, sino que Jesucristo mismo me lo hizo conocer.[k]

13 Ustedes habrán oído decir cuál era mi conducta anterior en el judaísmo, y cómo perseguí con violencia a la iglesia de Dios y procuré destruirla.[l] **14** En el judaísmo, yo dejaba atrás a muchos de mis paisanos de mi misma edad,

---

[a] 1.1-5 Pablo comienza su carta con el saludo acostumbrado (véanse Ro 1.1-7 n. e *Introducción a las cartas*).

[b] 1.1 Se presenta como *apóstol* (=enviado), según su costumbre, aclarando que fue nombrado como tal *por Jesucristo mismo* (cf. Hch 9.3-6; 26.15-18). Por consiguiente, el mensaje que anuncia no es invención humana. Cf. también 1.11-12.

[c] 1.2 *Galacia:* región del Asia Menor, hoy perteneciente a Turquía; véase *Introducción*. Estas *iglesias* habían sido fundadas por Pablo (Gl 3.1; 4.13-14), y estaban formadas principalmente por cristianos no judíos (Gl 4.8).

[d] 1.4 Gl 2.20; cf. Mt 20.28; Tit 2.14.

[e] 1.4 *Estado perverso actual del mundo:* en contraste con el venidero, que ha de empezar con el retorno de Cristo.

[f] 1.6-9 Pablo omite la sección de acción de gracias y felicitación que es habitual en sus cartas (véase *Introducción a las cartas*), y se lanza directamente a censurar a los gálatas por haberse *alejado* de Dios para aceptar *otro evangelio*. Además, habían hecho caso a algunos cristianos, especialmente de origen judío, que obligaban a los creyentes no judíos a someterse al rito de Moisés, en particular al rito de la circuncisión, y a otras tradiciones judías (cf. Hch 15.1). Pablo ve en esto una negación de la obra redentora de Jesucristo (cf. Gl 5.2-6; 6.12-15).

[h] 1.8-9 1 Co 16.22.

[i] 1.10—2.21 En esta sección Pablo relata su propia experiencia, para demostrar la validez del mensaje del evangelio tal como él lo predica. Aunque esta sección alude a ciertos acontecimientos narrados en Hch, no hay información suficiente como para coordinar las dos narraciones en todos sus detalles.

[j] 1.10 1 Ts 2.4.

[k] 1.12 Pablo se refiere a su experiencia en el camino de Damasco (Hch 9.3-6; 22.6-10; 26.13-18), vista por él como una revelación y un envío (cf. v. 16).

[l] 1.13 Hch 8.3; 22.4-5; 26.9-11.

porque era mucho más estricto en mantener las tradiciones de mis antepasados. *m* **15-16** Pero Dios, que me escogió antes de nacer *n* y por su gran bondad me llamó, tuvo a bien hacerme conocer a su Hijo, *ñ* para que anunciara su evangelio entre los no judíos. *o* Y no fui entonces a consultar con ningún ser humano; **17** ni fui tampoco a Jerusalén a ver a los que eran apóstoles antes que yo. Por el contrario, me dirigí sin tardar a la región de Arabia, y luego volví a Damasco. *p*

Relaciones de Pablo con los otros apóstoles **18** Tres años después fui a Jerusalén *q* para conocer a Cefas, *r* con quien estuve quince días. **19** Pero no vi a ningún otro de los apóstoles, aunque sí a Santiago *s* el hermano del Señor. *t* **20** Les aseguro delante de Dios que lo que les estoy escribiendo es la verdad.

21 Después me dirigí a las regiones de Siria y Cilicia. *u* **22** En cambio, los hermanos de las iglesias de Cristo que están en Judea no me conocían personalmente. **23** Solamente oían decir: "El que antes nos perseguía, anda ahora predicando el evangelio que en otro tiempo quería destruir." **24** Y alababan a Dios por causa mía.

2 **1** Catorce años después fui otra vez a Jerusalén *a* con Bernabé, *b* y llevé a Tito *c* conmigo. **2** Fui porque Dios me había mostrado que tenía que ir. Y allí expuse ante la comunidad el evangelio que anuncio a los no judíos. Y lo expliqué también en privado ante aquellos que eran reconocidos como de mayor autoridad, para dejar en claro lo que yo estaba haciendo o había hecho no era trabajo inútil. **3** Pero ni siquiera Tito, que estaba conmigo y que era griego, fue obligado a someterse al rito de la circuncisión. *d* **4** Algunos falsos hermanos *e* se habían metido entre nosotros a escondidas, para espiar la libertad que tenemos en Cristo Jesús *f* y hacernos otra vez esclavos de la ley. **5** Pero ni por un momento nos dejamos llevar por ellos, porque queríamos que la verdad del evangelio permaneciera en ustedes.

6 Pero no me añadieron nada nuevo los que eran reconocidos como de mayor autoridad (aunque a mí no me interesa lo que hayan sido ellos, porque Dios no juzga por las apariencias *g*). **7** Al contrario, reconocieron que Dios me había encargado el trabajo de anunciar el evangelio a los no judíos, así como a Pedro le había encargado el trabajo de anunciarlo a los judíos. *h* **8** Pues el mismo Dios que envió a Pedro como apóstol a los judíos, me envió también a mí como apóstol a los no judíos. **9** Santiago, Cefas y Juan, que eran tenidos por columnas de la iglesia, *i* reconocieron que Dios me había concedido este privilegio, y para confirmar que nos aceptaban como compañeros, nos dieron la mano *j* a mí y a Bernabé, y estuvieron de acuerdo en que nosotros fuéramos a trabajar entre los no judíos, mientras que ellos trabajarían entre los judíos. **10** Solamente nos pidieron que nos acordáramos de los pobres, cosa que he procurado hacer con todo cuidado. *k*

11 Pero cuando Cefas fue a la ciudad de Antioquía, *l* lo reprendí en su propia cara, porque lo que estaba haciendo era condenable. **12** Pues primero comía con los no judíos, *m* hasta que llegaron algunas personas de parte de Santiago; entonces comenzó a separarse, y dejó de comer con ellos, porque tenía miedo de los fanáticos de la circuncisión. *ñ* **13** Y los otros creyentes judíos consintieron también con Pedro en su hipocresía, tanto que hasta Bernabé se dejó llevar por ellos. **14** Por eso, cuando vi que no se portaban conforme a la verdad del evangelio, le dije a Cefas delante de toda la comunidad: "Tú, que eres judío, has estado viviendo como si no lo fueras; ¿por qué, pues, quieres obligar a los no judíos a vivir como si lo fueran?" *ñ*

---

m **1.14** Hch 22.3; Flp 3.6.
n **1.15** *Me escogió antes de nacer:* alusión al llamamiento de algunos profetas, enviados a dar un mensaje también a las naciones no judías (v. 16); cf. Is 49.1; Jer 1.5.
ñ **1.16** *Hacerme conocer a su Hijo:* en el camino de Damasco (Hch 9.1-6 y paralelos). Así describe lo central de su experiencia.
o **1.16** *Los no judíos:* Véase Hch 9.15 n.; cf. Hch 22.21; 26.17-18.
p **1.16** *Arabia:* probablemente el reino árabe de Nabatea, que se extendía desde el sureste de Palestina hacia el norte y que llegó a incluir por algún tiempo a *Damasco.* Cf. Hch 9.19-25, y véase 2 Co 11.32-33 n.
q **1.18** Parece tratarse de la visita *a Jerusalén* mencionada en Hch 9.26-30.
r **1.18** *Cefas:* forma aramea del nombre de Pedro; véanse Mt 16.18 nota *m* y 1 Co 1.12 nota *o*.
s **1.19** *Aunque sí a Santiago:* otra posible traducción: *fuera de Santiago.* Aun sin pertenecer al grupo de los doce, *Santiago* era un personaje importante en la iglesia de Jerusalén (Hch 12.17 n.).
t **1.19** *Hermano del Señor:* Véase Mt 12.46 n.; cf. Mc 6.3.
u **1.21** *Cilicia:* provincia romana al sureste de Asia Menor; su capital, Tarso, fue la ciudad natal de Pablo (Hch 22.3). Cf. Hch 9.30; 11.25.
a **2.1** *Catorce años después:* es decir, después de estar en Cilicia (Gl 1.21), o bien, después de la experiencia de Damasco (Gl 1.15-16).
b **2.1** *Bernabé:* compañero de Pablo en los primeros años de su trabajo (Hch 4.36; 13.1—15.39).
c **2.1** *Tito:* colega y ayudante de Pablo (2 Co 7.6; 8.6,16-17; Tit 1.4).
d **2.3** *Circuncisión:* Véase Índice temático.
e **2.4** *Falsos hermanos:* Cf. Hch 15.1,24.
f **2.4** *La libertad que tenemos en Cristo Jesús:* tema principal de esta carta, que se pone en contraste con la sujeción a *la ley* de Moisés (Gl 5.1,13).
g **2.6** Cf. Dt 10.17.
h **2.7** Cf. Hch 9.15; 22.21; Ro 1.13; 15.16.
i **2.9** *Santiago* (Gl 1.19 nota *s*) y *Cefas* (Gl 1.18 nota *r*), junto con *Juan* (el apóstol), *eran tenidos por columnas,* esto es, por los dirigentes más importantes de la iglesia de Jerusalén.
j **2.9** *Dieron la mano:* es decir, en señal de que los reconocían como colaboradores.
k **2.10** Cf. Hch 11.29-30; Ro 15.25-26; 1 Co 16.1-4; 2 Co 8.1-4. En varias ocasiones, Pablo se dedicó a recoger ayuda para *los pobres* de la iglesia de Jerusalén.
l **2.11** *Antioquía:* de Siria (Hch 11.19-26).
m **2.12** *Con los no judíos:* es decir, con los cristianos de origen no judío. Comer con ellos iba en contra de las leyes y costumbres judías (cf. Hch 10.1-48; 11.1-3,17-18). Al negarse después a comer con los creyentes no judíos, Pedro en la práctica no los reconocía como miembros, con plenos derechos, de la comunidad cristiana.
ñ **2.12** *Fanáticos de la circuncisión:* Se refiere, evidentemente, a aquellos cristianos de origen judío que insistían en que los creyentes venidos del paganismo debían circuncidarse (véase Hch 11.2 n.). Al parecer, Pedro se había dejado intimidar por algunos de ellos.
ñ **2.14** Pablo pasa, gradualmente, de las palabras dirigidas a Pedro a las que dirige a los gálatas (vv. 15-21).

Dios nos hace justos por la fe en Jesucristo ¹⁵ Nosotros somos judíos de nacimiento, y no pecadores paganos.ᵒ ¹⁶ Sin embargo, sabemos que nadie es reconocido como justo por cumplir la ley sino gracias a la fe en Jesucristo. Por esto, también nosotros hemos creído en Jesucristo, para que Dios nos reconozca como justos, gracias a esa fe y no por cumplir la ley.ᵖ Porque nadie será reconocido como justo por cumplir la ley.ᑫ

¹⁷ Ahora bien, si buscando ser reconocidos como justos por medio de Cristo, resulta que también nosotros somos pecadores, ¿acaso esto querrá decir que Cristo nos hace pecadores? ¡Claro que no!ʳ ¹⁸ Pues si destruyo algo y luego lo vuelvo a construir, yo mismo soy el culpable.ˢ ¹⁹ Porque por medio de la ley yo he muerto a la ley,ᵗ a fin de vivir para Dios.ᵘ Con Cristo he sido crucificado, ²⁰ y ya no soy yo quien vive, sino que es Cristo quien vive en mí.ᵛ Y la vida que ahora vivo en el cuerpo, la vivo por mi fe en el Hijo de Dios, que me amó y se entregó a la muerte por mí.ʷ ²¹ No quiero rechazar la bondad de Dios; pues si se obtuviera la justicia por medio de la ley, Cristo habría muerto inútilmente.

II. DIOS NOS HACE LIBRES POR LA FE (3.1—5.12)

3 ***La experiencia cristiana del Espíritu*** ¹ ¡Gálatas, duros para entender! ¿Quién los embrujó? En nuestra predicación hemos mostrado ante sus propios ojos a Jesucristo crucificado.ᵃ ² Solo quiero que me contesten a esta pregunta: ¿Recibieron ustedes el Espíritu de Dios por el cumplimiento de la ley o por aceptar el mensaje de la fe?ᵇ ³ ¿Son tan duros para entender, que habiendo comenzado con el Espíritu quieren ahora terminar con algo puramente humano?ᶜ ⁴ ¿Tantas buenas experiencias para nada? ... ¡Imposible que hayan sido para nada! ⁵ Cuando Dios les da su Espírituᵈ y hace milagros entre ustedes, ¿por qué lo hace? No en virtud del cumplimiento de la ley, sino por aceptar el mensaje de la fe.

Dios reconoció a Abraham como justo por su fe ⁶ Así también, Abraham creyó a Dios, y Dios le tuvo esto en cuenta y lo reconoció como justo.ᵉ ⁷ Por lo tanto, ustedes deben saber que los verdaderos descendientes de Abraham son los que tienen fe.ᶠ ⁸ La Escritura, viendo de antemano que también entre los no judíos Dios a reconocer como justos a los que tuvieran fe, había anunciado a Abraham esta buena noticia: "Todas las naciones serán bendecidas por medio de ti."ᵍ ⁹ De manera que los que creen son bendecidos junto con Abraham, que también creyó.

¹⁰ Quienes ponen su confianza en la ley están bajo maldición, porque la Escritura dice: "Maldito sea el que no cumple fielmente todo lo que está escrito en el libro de la ley."ʰ ¹¹ Por tanto, está claro que nadie es reconocido como justo en virtud de la ley;ⁱ pues la Escritura dice: "El justo por la fe vivirá."ʲ ¹² Pero la ley no se basa en la fe, sino que dice: "El que cumpla la ley, vivirá por ella."ᵏ

¹³ Cristo nos rescatóˡ de la maldición de la leyᵐ haciéndose maldiciónⁿ por causa nuestra, porque la Escritura dice: "Maldito todo el que muere colgado de un madero." ¹⁴ Esto sucedió para que la bendición que Dios prometió a Abraham alcance también, por medio de Cristo Jesús, a los no judíos; y para que por medio de la fe recibamos todos el Espíritu que Dios ha prometido.

La ley no anula la promesa ¹⁵ Hermanos, voy a hablarles en términos humanos: Cuando un hombre hace un pacto y lo respalda con su firma, nadie puede anularlo ni agregarle nada. ¹⁶ Ahora bien, Dios hizo sus promesas a Abraham y a su descendencia. La Escritura no habla de "descendencias", en plural, sino en singular; dice: "y a tu descendencia", la cual es Cristo.ñ ¹⁷ Lo que digo es esto: Dios hizo una alianza con Abraham, y la confirmó. Por eso, la ley de Moisés, que vino cuatrocientos treinta años después,ᵒ no puede anular aquella alianza y dejar sin valor la promesa de Dios. ¹⁸ Pues si lo que Dios prometió

ᵒ **2.15** Los judíos solían llamar *pecadores* a los que no eran judíos, por el hecho de no pertenecer al pueblo elegido por Dios.

ᵖ **2.16** *Reconocido como justo:* Véase Ro 1.17 nota *n;* cf. 3.24. El tema de la justicia por la fe en Jesucristo y no con base en la ley lo trata Pablo más a fondo en Ro 3.19—4.5; cf. también Hch 15.10-11; Ef 2.8-9.

ᑫ **2.16** *Porque nadie... cumplir la ley:* Sal 143.2, citado también en Ro 3.20.

ʳ **2.17** Pablo usa aquí posiblemente la palabra *pecadores* en sentido popular (véase 2.15 n.).

ˢ **2.18** *Si destruyo algo:* es decir, el valor de la ley para la salvación; la frase se explica en 2.19-20.

ᵗ **2.19** *Por medio de la ley yo he muerto a la ley.* Para entender esta frase, debe tenerse en cuenta lo que Pablo dice en seguida: *Con Cristo he sido crucificado.* El cristiano muere con Cristo al pecado y a la ley, para vivir una vida nueva (cf. Ro 6.3-11; 7.4-5). Puede decirse que esta muerte fue por medio de la ley, en cuanto Cristo fue condenado a muerte en nombre de la ley (cf. Jn 19.7; Gl 3.13).

ᵘ **2.19** Ro 7.1-6,9-11.

ᵛ **2.19-20** Gl 5.24; 6.14; cf. Ro 6.1-14; 8.10-11; Flp 1.21.

ʷ **2.20** Gl 1.4; Ef 5.2; 1 Ti 2.6; Tit 2.14.

ᵃ **3.1** Cf. 1 Co 1.23; 2.2.

ᵇ **3.2** *Por el cumplimiento... mensaje de la fe:* contraste que se repite en el v. 5, y que conduce, en el v. 6, al tema de Abraham, hombre de fe que *creyó a Dios.*

ᶜ **3.3** *Terminar con algo puramente humano:* lit. *terminar por la carne;* véase *Carne* en el *Índice temático.*

ᵈ **3.5** *Milagros:* Ro 15.18-19; 2 Co 12.12.

ᵉ **3.6** Gn 15.6; 1 Mac 2.52; Ro 4.3; Pablo desarrolla este tema en Ro 4.

ᶠ **3.7** Cf. Ro 4.12,16 (y Lc 3.8).

ᵍ **3.8** Gn 12.3; Eclo 44.21.

ʰ **3.10** Dt 27.26; cf. Hch 15.10. Se vuelve a la cuestión planteada en 3.2, acerca de la relación del cristiano con *la ley.*

ⁱ **3.11** Ro 3.20; Gl 2.16.

ʲ **3.11** *El justo por la fe vivirá:* Hab 2.4; véase Ro 1.17 nota *o.*

ᵏ **3.12** Lv 18.5; citado también en Ro 10.5.

ˡ **3.13** *Nos rescató:* Aunque el verbo griego hace alusión a una compra, el aspecto que predomina es el de la liberación por medio de la muerte. Véase Ro 3.24 nota *s.*

ᵐ **3.13** *De la maldición de la ley:* es decir, de la maldición que pesa sobre el que no se somete a la ley (Dt 27.26).

ⁿ **3.13** *Haciéndose maldición:* esto es, recibiendo todo el peso de la maldición promulgada en el texto que en seguida se cita, tomado de Dt 21.23.

ñ **3.16** Gn 12.7. El uso, en Génesis, de la palabra *descendencia* (lit. *simiente),* que es singular pero de sentido colectivo, permite a Pablo aplicarla también en singular a Cristo, conforme a un método de interpretación típico de los maestros judíos.

ᵒ **3.17** *Cuatrocientos treinta años después:* alusión a Ex 12.40, según la versión griega (LXX), donde esta cifra incluye el tiempo que

darnos dependiera de la ley de Moisés, ya no sería una promesa;[p] pero el hecho es que Dios prometió a Abraham dárselo gratuitamente.

[19] Entonces, ¿para qué sirve la ley? Fue dada después, para poner de manifiesto la desobediencia de los hombres,[q] hasta que viniera esa "descendencia"[r] a quien se le había hecho la promesa. La ley fue proclamada por medio de ángeles, y Moisés sirvió de intermediario.[s] [20] Pero no hay necesidad de intermediario cuando se trata de una sola persona, y Dios es uno solo.[t]

Cristo pone término a la ley [21] ¿Acaso esto quiere decir que la ley está en contra de las promesas de Dios? ¡Claro que no! Porque si la ley pudiera dar vida, entonces la justicia realmente se obtendría en virtud de la ley. [22] Pero, según lo que dice la Escritura, todos son prisioneros del pecado, para que quienes creen en Jesucristo puedan recibir lo que Dios ha prometido.[u]

[23] Antes de venir la fe, la ley nos tenía presos, esperando a que la fe fuera dada a conocer. [24] La ley era para nosotros como el esclavo que vigila a los niños,[v] hasta que viniera Cristo, para que por la fe lo obtuviéramos la justicia. [25] Pero ahora que ha llegado la fe, ya no estamos a cargo de ese esclavo que era la ley, [26] pues por la fe en Cristo Jesús todos ustedes son hijos de Dios,[w] [27] ya que al unirse a Cristo en el bautismo, han quedado revestidos de Cristo.[x] [28] Ya no importa el ser judío o griego, esclavo o libre, hombre o mujer; porque unidos a Cristo Jesús, todos ustedes son uno solo.[y] [29] Y si son de Cristo, entonces son descendientes de Abraham y herederos de las promesas que Dios le hizo.[z]

4

Ya no somos esclavos sino hijos [1] Lo que quiero decir es esto: Mientras el heredero es menor de edad, en nada se diferencia de un esclavo de la familia, aunque sea en realidad el dueño de todo. [2] Hay personas que lo cuidan[a] y que se encargan de sus asuntos, hasta el tiempo que su padre haya señalado. [3] Lo mismo pasa con nosotros: cuando éramos menores de edad, estábamos sometidos a los poderes que dominan este mundo.[b] [4] Pero cuando se cumplió el tiempo,[c] Dios envió a su Hijo,[d] que nació de una mujer, sometido a la ley de Moisés, [5] para rescatarnos[e] a los que estábamos bajo esa ley y concedernos gozar de los derechos de hijos de Dios.[f] [6] Y porque ya somos sus hijos,[g] Dios mandó el Espíritu de su Hijo a nuestros corazones; y el Espíritu clama: "¡Abbá! ¡Padre!"[h] [7] Así pues, tú ya no eres esclavo, sino hijo de Dios; y por ser hijo suyo, es voluntad de Dios que seas también su heredero.[i]

[8] Antes, cuando ustedes no conocían a Dios, eran esclavos de seres que en realidad no son dioses.[j] [9] Pero ahora que ustedes han conocido a Dios, o mejor dicho, ahora que Dios los ha conocido a ustedes, ¿cómo es posible que vuelvan a someterse a esos débiles y pobres poderes,[k] y a hacerse sus esclavos? [10] Ustedes celebran ciertos días, meses, fechas y años. . .[l] [11] ¡Mucho me temo que mi trabajo entre ustedes no haya servido de nada!

Recuerdos personales [12] Hermanos, les ruego: sean como yo, porque yo me he vuelto como ustedes.[m] No es que me hayan causado ustedes ningún daño. [13] Como ya saben, cuando primero les prediqué el evangelio lo hice debido a una enfermedad que sufría.[n] [14] Y esa enfermedad fue una prueba para ustedes, que no me despreciaron ni me rechazaron a causa de ella, sino que, al contrario, me recibieron como a un ángel de Dios, ¡como si se tratara del mismo Cristo Jesús! [15] ¿Qué pasó con aquella alegría

---

los israelitas estuvieron en Canaán y Egipto, o sea desde Abraham hasta Moisés.

[p] **3.18** Ro 4.14; 11.6. *Lo que Dios prometió darnos:* lit. *la herencia;* concepto sugerido por el hecho de que la palabra traducida por *alianza* (pacto) en los vv. 15 y 17 también significa *testamento* (véase Heb 9.15 nota *s*).

[q] **3.19** Ro 5.13,20; 7.7-13.

[r] **3.19** *Descendencia:* esto es, Cristo (3.16 n.).

[s] **3.19** *Por medio de ángeles:* Véase Hch 7.53 n.; cf. Heb 2.2. Pablo interpreta esta forma indirecta en que *la ley* fue promulgada como indicación de que esta es inferior a *la promesa.*

[t] **3.20** Dt 6.4. *Dios es uno solo:* otra posible traducción: *Dios actúa solo.*

[u] **3.22** Cf. Sal 14.3, y también Ro 3.10-19; 11.32.

[v] **3.24** *El esclavo que vigila a los niños:* es decir, un esclavo encargado de custodiar al niño, llevarlo a la escuela, vigilar su conducta y aun castigarlo. Cf. Gl 4.1-7. Pablo no habla aquí del valor educativo de la ley, sino de su carácter transitorio y de su incapacidad para hacer verdaderamente justo al hombre.

[w] **3.26** *Todos ustedes:* es decir, los cristianos, tanto de origen judío como no judío. Cf. Jn 1.12.

[x] **3.27** Cf. Ro 6.3-5. *Revestidos:* Ro 13.12-14; cf. Ef 4.22-25; Col 3.8-12.

[y] **3.28** Ro 10.12; 1 Co 12.13; Col 3.11. Pablo insiste en que la igualdad en Cristo va más allá de toda raza, nacionalidad y cultura, y elimina la discriminación por diferencias sociales y de sexo.

[z] **3.29** *Herederos:* Ro 4.13; 8.17; véase 1 P 1.4 n.

[a] **4.1-2** *Personas que lo cuidan:* aquellos que, según el derecho helenístico, administraban los asuntos de un menor hasta el día fijado por el padre. La edad señalada podía ser hasta los veinte años. Los administradores eran de ordinario esclavos.

[b] **4.3** *Los poderes que dominan este mundo:* lit. *los elementos del mundo.* Pablo se refiere (aquí y en el v. 9) a la situación de la humanidad antes de Cristo, y la caracteriza como sometida a *los poderes que dominan el mundo.* Esto incluye la sujeción a la ley y a ciertas normas sobre el calendario, que dependen de fenómenos astronómicos (cf. v. 10). Probablemente, se consideraba que estos fenómenos estaban relacionados con poderes celestiales (cf. Gl 3.19; Ef 2.2). Cf. también Col 2.8,20.

[c] **4.4** *Cuando se cumplió el tiempo:* el tiempo designado por Dios.

[d] **4.4** Cf. Tit 2.11-14, y también Jn 1.1-18.

[e] **4.5** *Rescatarnos:* Véase Gl 3.13 nota *l.*

[f] **4.4-5** El Hijo de Dios, sometiéndose a la ley, nos libera de la situación anterior, descrita como esclavitud, y nos permite gozar de los derechos de hijos de Dios. Cf. Ro 8.15.

[g] **4.6** *Porque ya somos sus hijos:* otra posible traducción: *para mostrar que ya somos sus hijos.*

[h] **4.6** *¡Abbá! ¡Padre!:* Véase Ro 8.15 nota *o;* cf. Mc 14.36; Lc 11.2.

[i] **4.7** *Por ser... su heredero:* otra posible traducción: *por ser hijo suyo, Dios también te ha hecho heredero.*

[j] **4.8** Cf. Is 37.19; 1 Co 8.4-6.

[k] **4.9** *Poderes:* Véase 4.3 n.

[l] **4.10** *Ustedes celebran ciertos días... años:* Véase 4.3 n., y cf. Col 2.16.

[m] **4.12** *Ustedes:* los no judíos, que no habían estado sometidos a ley de Moisés. Cf. 1 Co 9.21-22.

[n] **4.13-14** Pablo, obligado por una enfermedad, tuvo que pasar

que sentían? Puedo decir en favor de ustedes que, de haberles sido posible, hasta se habrían sacado los ojos para dármelos a mí.[ñ] [16] Y ahora, ¿acaso me he vuelto enemigo de ustedes, solamente porque les he dicho la verdad?

[17] Esa gente[o] tiene mucho interés en ustedes, pero no son buenas sus intenciones. Lo que quieren es apartarlos de nosotros, para que luego ustedes se interesen por ellos. [18] Claro que es bueno interesarse por los demás, pero con buenas intenciones; y que sea siempre, y no solamente cuando estoy entre ustedes. [19] Hijos míos, otra vez sufro dolores de parto, hasta que Cristo se forme en ustedes.[p] [20] ¡Ojalá estuviera yo ahí ahora mismo para hablarles de otra manera, pues no sé qué pensar de ustedes!

Lo que simbolizan Agar y Sara[q]

[21] Díganme una cosa, ustedes, los que quieren someterse a la ley:[r] ¿Acaso no han escuchado lo que la ley dice? [22] Pues dice que Abraham tuvo dos hijos: uno de una esclava,[s] y el otro de su propia esposa, que era libre.[t] [23] El hijo de la esclava nació de modo puramente humano; pero el hijo de la libre nació para que se cumpliera lo que Dios había prometido.[u] [24] Esto tiene un sentido simbólico;[v] las dos mujeres representan dos alianzas: una es la del monte Sinaí, y está representada por Agar, que fue la madre del que habría de ser esclavo.[w] [25] Pues Agar representa el monte Sinaí, en Arabia,[x] que corresponde a la actual Jerusalén,[y] ya que esta ciudad está sometida a esclavitud junto con sus hijos.[z] [26] Pero la Jerusalén celestial[a] es libre, y nosotros somos hijos suyos. [27] Porque la Escritura dice:

"Alégrate, mujer estéril, tú que no tienes hijos;
grita de alegría, tú que no conoces los dolores de parto.
Porque la mujer que fue abandonada tendrá más hijos
que la mujer que tiene esposo."[b]

[28] Hermanos, ustedes son como Isaac: son los hijos que Dios había prometido.[c] [29] Pero así como en aquel tiempo el hijo que nació de modo puramente humano[d] perseguía al hijo que nació por obra del Espíritu,[e] así sucede también ahora. [30] Pero ¿qué dice la Escritura? Pues dice: "Echa fuera a la esclava y a su hijo, porque el hijo de la esclava no puede compartir la herencia con el hijo de la libre."[f] [31] De manera, hermanos, que no somos hijos de la esclava, sino de la libre.[g]

5 La libertad cristiana[a]

[1] Cristo nos dio libertad para que seamos libres. Por lo tanto, manténganse ustedes firmes en esa libertad y no se sometan otra vez al yugo de la esclavitud.[b]

[2] Escúchenme. Yo, Pablo, les digo que si ustedes se someten al rito de la circuncisión, Cristo no les servirá de nada. [3] Quiero repetirle a cualquier hombre que se circuncida, que está obligado a cumplir toda la ley.[c] [4] Ustedes, los que quieren ser reconocidos como justos por cumplir la ley, se han apartado de Cristo; han rechazado la generosidad de Dios. [5] Pero nosotros, por medio del Espíritu tenemos la esperanza de alcanzar la justicia basados en la fe.[d] [6] Porque gracias a Cristo Jesús, ya no cuenta para nada estar o no circuncidados.[e] Lo que cuenta es la fe, una fe activa por medio del amor.[f]

---

algún tiempo en Galacia; en esa ocasión predicó el evangelio a los gálatas. Cf. Hch 16.6.

[ñ] **4.15** Exageración intencional, quizá proverbial, que expresa el gran cariño con que los gálatas se sentían deudores respecto de Pablo.

[o] **4.17** *Esa gente:* aquellos que querían obligar a los gálatas a someterse a la ley (véanse Gl 1.6-9 n. e *Introducción*), y que pretendían distanciarlos de Pablo.

[p] **4.19** *Hasta que Cristo se forme en ustedes:* Cf. Ro 8.29; 2 Co 3.18; Flp 3.10.

[q] **4.21-31** Pablo utiliza la historia de Agar y Sara y de sus respectivos hijos, Ismael e Isaac (Gn 16.1-15; 21.1-3), como símbolo de dos grupos, basados en *dos alianzas* (v. 24). La primera alianza es de esclavitud a la ley; la segunda es de libertad. Véase 4.31 n.

[r] **4.21** *La ley:* Véase Gl 2.16 nota *p*.

[s] **4.22** *Una esclava:* es decir, Agar, esclava de Abraham y de Sara (Gn 16.15).

[t] **4.22** Gn 21.2.

[u] **4.23** Cf. Ro 9.7-9. Ismael, hijo de Abraham y Agar, nació según las leyes naturales, mientras que Isaac, el hijo de Abraham y Sara, nació por intervención divina, en cumplimiento de la promesa (Gn 17.15-21; 18.10-15).

[v] **4.24** *Un sentido simbólico:* El relato de Gn 16—21 es interpretado en sentido simbólico, según el cual los personajes, además de ser históricos, representan otras realidades futuras; véase 4.31 n.

[w] **4.24** *Agar,* la esclava, representa la ley dada en *el monte Sinaí* (Ex 19—20), la cual, según Pablo, sometía al hombre a la esclavitud (Ro 7.6; Gl 5.1-3).

[x] **4.25** *Pues Agar... en Arabia:* Esta frase aparece con diversas variantes en los mss.

[y] **4.25** *La actual Jerusalén:* no solo los habitantes de la ciudad, sino todo el pueblo judío.

[z] **4.25** *Sometida a esclavitud:* es decir, a la ley mosaica.

[a] **4.26** *La Jerusalén celestial:* figura del nuevo y definitivo pueblo de Dios (Flp 3.20; Heb 12.22-23).

[b] **4.27** Is 54.1. Siguiendo su interpretación simbólica, Pablo entiende *mujer estéril* como una referencia a Sara, y dice que sus muchos hijos incluyen a todos los cristianos, sean estos judíos o no (véase 4.31 n.).

[c] **4.28** Ro 9.7; Gl 3.29.

[d] **4.29** *El hijo que nació de modo puramente humano:* Ismael, hijo de Agar (4.23 n.).

[e] **4.29** *Que nació por obra del Espíritu:* Isaac, hijo de Sara. Cf. Gn 21.9.

[f] **4.30** Gn 21.10.

[g] **4.31** Conclusión del argumento de los caps. 3—4. Los judíos se consideraban descendientes de Abraham y de su esposa Sara, en contraste con los ismaelitas, considerados como descendientes de Abraham y de su concubina Agar; pero en su interpretación simbólica (vv. 24-31), Pablo invierte tal razonamiento, haciendo a los judíos descendientes (espirituales) de Agar, *la esclava,* y a los creyentes en Cristo descendientes (espirituales) de Sara, *la libre.* Esto concuerda con lo dicho en Ro 4.13-25 y Gl 3.7,9,29, es decir, que quienes tienen fe son el verdadero linaje de Abraham, sean judíos o no.

[a] **5.1-12** La sección 5.1-12 presenta las consecuencias de la libertad que tienen los creyentes en Cristo. Esta *libertad* cristiana, en contraste con la sujeción a la ley, es tema central de toda la carta (Gl 1.4; 2.4; 4.3-9,22-31; 5.13).

[b] **5.1** Cf. Jn 8.32-36. *Yugo:* figura de la sujeción (Hch 15.10; véase Mt 11.28-30 n.).

[c] **5.2-4** Aceptar la *circuncisión* (véase *Índice temático*) como requisito para la salvación (véase Gl 1.6-9 n.) llevaba lógicamente a aceptar todas las obligaciones de *la ley,* lo cual dejaba sin valor la fe en *Cristo* y era un menosprecio de *la generosidad* o gracia de Dios (Gl 2.21).

[d] **5.5** Cf. Gl 2.16.

[e] **5.6** 1 Co 7.19; Gl 6.15.

[f] **5.6** La fe, según Pablo, no es solo una serie de conocimientos o un simple sentimiento, sino que, además de ser obediencia (Ro 1.5; 6.16), es activa por medio del amor. Véase también Stg 2.14 n.

⁷ Ustedes iban por buen camino. ¿Quién les impidió obedecer a la verdad? ⁸ No fue cosa de Dios, que los ha llamado. ᵍ ⁹ Se dice que "un poco de levadura hace que fermente toda la masa", ʰ ¹⁰ y yo tengo confianza en el Señor de que ustedes no van a pensar de otro modo; pero Dios castigará a ese que los anda perturbando, no importa quién sea.

¹¹ En cuanto a mí, hermanos, si todavía estuviera yo insistiendo en el valor de la circuncisión, los judíos no me perseguirían, ya que en ese caso el mensaje de la cruz de Cristo no los ofendería. ⁱ ¹² Pero esos que los andan perturbando a ustedes, ¡ojalá se castraran a sí mismos de una vez! ʲ

III. EL USO DE LA LIBERTAD (5.13—6.10) ᵏ

El amor, resumen de la ley ¹³ Ustedes, hermanos, han sido llamados a la libertad. Pero no usen esta libertad para dar rienda suelta a sus instintos. Más bien sírvanse los unos a los otros por amor. ˡ ¹⁴ Porque toda la ley se resume en este solo mandato: "Ama a tu prójimo como a ti mismo." ᵐ ¹⁵ Tengan cuidado, porque si ustedes se muerden y se comen unos a otros, llegarán a destruirse entre ustedes mismos.

La vida conforme al Espíritu de Dios ¹⁶ Por lo tanto, digo: Vivan según el Espíritu, y no busquen satisfacer ⁿ sus propios malos deseos. ñ ¹⁷ Porque los malos deseos están en contra del Espíritu, y el Espíritu está en contra de los malos deseos. El uno está en contra del otro, y por eso ustedes no pueden hacer lo que quisieran. ᵒ ¹⁸ Pero si el Espíritu los guía, entonces ya no estarán sometidos a la ley. ᵖ

¹⁹ Es fácil ver lo que hacen quienes siguen los malos deseos: ᵠ cometen inmoralidades sexuales, hacen cosas impuras y viciosas, ²⁰ adoran ídolos y practican la brujería. Mantienen odios, discordias y celos. Se enojan fácilmente, causan rivalidades, divisiones y partidismos. ²¹ Son envidiosos, ʳ borrachos, glotones y otras cosas parecidas. Les advierto a ustedes, como ya antes lo he hecho, que los que así se portan no tendrán parte en el reino de Dios.

²² En cambio, lo que el Espíritu produce ˢ es amor, alegría, paz, paciencia, amabilidad, bondad, fidelidad, ²³ humildad y dominio propio. Contra tales cosas no hay ley. ²⁴ Y los que son de Cristo Jesús, ya han crucificado la naturaleza del hombre pecador junto con sus pasiones y malos deseos. ᵗ ²⁵ Si ahora vivimos por el Espíritu, dejemos también que el Espíritu nos guíe.

²⁶ No seamos orgullosos, ni sembremos rivalidades y envidias entre nosotros. ᵘ

6

Aplicaciones particulares ¹ Hermanos, si ven que alguien ha caído ᵃ en algún pecado, ustedes que son espirituales deben ayudarlo a corregirse. ᵇ Pero háganlo amablemente; y que cada cual tenga mucho cuidado, no suceda que él también sea puesto a prueba. ² Ayúdense entre sí a soportar las cargas, ᶜ y de esa manera cumplirán la ley de Cristo. ᵈ

³ Si alguien se cree ser algo, cuando no es nada, a sí mismo se engaña. ⁴ Cada uno debe juzgar su propia conducta, y si ha de sentirse orgulloso, que lo sea respecto de sí mismo y no respecto de los demás. ⁵ Pues cada uno tiene que llevar su propia carga. ᵉ

⁶ El que recibe instrucción en el mensaje del evangelio, debe compartir con su maestro toda clase de bienes. ᶠ

⁷ No se engañen ustedes: nadie puede burlarse de Dios. Lo que se siembra, se cosecha. ᵍ ⁸ El que siembra en los malos deseos, de sus malos deseos recogerá una cosecha de muerte. El que siembra en el Espíritu, del Espíritu recogerá una cosecha de vida eterna. ʰ ⁹ Así que no debemos cansarnos de hacer el bien; ⁱ porque si no

---

ᵍ **5.8** Gl 1.6.
ʰ **5.9** Véase 1 Co 5.6 n. Expresión proverbial para indicar el gran mal que puede causar algo aparentemente inofensivo.
ⁱ **5.11** *No los ofendería:* Cf. 1 Co 1.23. Para estos judíos, la idea de la salvación por la fe en Jesús crucificado, y sin necesidad de hacerse judío y someterse a la ley de Moisés, era ofensiva.
ʲ **5.12** Con sarcasmo, Pablo sugiere que sus contradictores no se limiten a circuncidarse sino que lleguen al extremo de *castrarse* (o *mutilarse*). Es una posible alusión a ciertos ritos paganos practicados en Galacia, y quizá se refiere también a Dt 23.1 (2), donde se excluye del pueblo de Dios al que haya sido así mutilado. Véase Flp 3.2 nota *z*.
ᵏ **5.13-6.10** La última sección de la carta es una instrucción sobre el uso de la libertad en la vida práctica.
ˡ **5.13** Véase 5.1 n.; cf. 1 P 2.16. Al decir *sírvanse* (o *sean esclavos*) *los unos a los otros*, se cambia la sujeción a la ley por una diferente "esclavitud", basada en el *amor*. Cf. Mt 20.26; Ro 13.8-10.
ᵐ **5.14** Lv 19.18; cf. Mt 22.39; Mc 12.31; Ro 13.9; Stg 2.8.
ⁿ **5.16** *Y no buscan satisfacer:* otra posible traducción: *y no satisfarse.*
ñ **5.16** Se ponen en contraste dos formas de vida; cf. también Ro 8.4-6.
ᵒ **5.17** Cf. Ro 7.15-23.
ᵖ **5.18** Ro 6.14; 8.14.
ᵠ **5.19-21** Respecto de los catálogos de vicios en el NT, véanse Ro 1.31 n. e *Índice temático*.

ʳ **5.21** Algunos mss. añaden *asesinos,* probablemente por influencia de Ro 1.29.
ˢ **5.22-23** *Lo que el Espíritu produce:* lit. *el fruto* (o *la cosecha*) *del Espíritu;* cf. Ef 5.9; Col 3.12-15. A los vicios (vv. 19-21) se contrapone este catálogo de virtudes, con el *amor* en primer término (vv. 13-14). Véase *Virtudes, Catálogos de* en el *Índice temático*.
ᵗ **5.24** Cf. Ro 6.3-14; Gl 2.19-20; 6.14; Col 3.5.
ᵘ **5.26** Flp 2.3.
ᵃ **6.1** *Si ven que alguien ha caído:* otra posible traducción: *si alguien es sorprendido.*
ᵇ **6.1** Mt 18.15; Stg 5.19-20.
ᶜ **6.2** Cf. Ro 15.1. *Cargas:* Véase 6.5 n.
ᵈ **6.2** *La ley de Cristo:* es decir, la ley del amor. Cf. Jn 13.34; 15.12,17; 1 Jn 3.23.
ᵉ **6.5** Aunque *carga* traduce dos palabras distintas en el texto original de los vv. 2 y 5, respectivamente, ambos casos parecen referirse a la pesada lucha de la vida y a la debilidad humana que nos expone a la tentación. En 6.2 se aconseja la comprensión y ayuda mutua frente a las pruebas y faltas de otros; en 6.5 se advierte que cada uno es responsable de su propia conducta (vv. 7-9; cf. Ro 14.12-13).
ᶠ **6.6** Cf. Ro 15.27; 1 Ti 5.17-18.
ᵍ **6.7** Dos afirmaciones de tipo proverbial; su significado se explica en 6.8-10. Cf. Pr 22.8; Os 8.7.
ʰ **6.8** Gl 5.19-25; cf. también Ro 8.13.
ⁱ **6.9** 2 Ts 3.13.

nos desanimamos, a su debido tiempo cosecharemos. **10** Por eso, siempre que podamos, hagamos bien a todos, y especialmente a nuestros hermanos en la fe.

Conclusión (6.11-18)

Advertencias y despedida **11** ¡Miren ustedes con qué letras tan grandes les estoy escribiendo ahora con mi propia mano! *j* **12** Esos que quieren obligarlos a circuncidarse, lo hacen solamente para quedar bien con la gente y no ser perseguidos por causa de la cruz de Cristo. *k* **13** Pero ni siquiera los que se circuncidan cumplen todo lo que la ley dice. En cambio quieren que ustedes se circunciden, para gloriarse de haberlos obligado a ustedes a llevar esa marca en el cuerpo. *l* **14** En cuanto a mí, de nada quiero gloriarme sino de la cruz de nuestro Señor Jesucristo. Pues por medio de la cruz de Cristo, *m* el mundo ha muerto para mí y yo he muerto para el mundo. *n* **15** De nada vale estar o no estar circuncidados; lo que sí vale es el haber sido creados de nuevo. *ñ* **16** Reciban paz y misericordia todos los que viven según esta regla, y todos los del Israel de Dios. *o*

17 De ahora en adelante no quiero que nadie me cause más dificultades; pues llevo marcadas en mi cuerpo las señales de lo que he sufrido en unión con Jesús. *p*

18 Hermanos, que nuestro Señor Jesucristo derrame su gracia sobre todos ustedes. Amén.

---

j **6.11** Cf. 1 Co 16.21. Según parece, Pablo ha dictado la carta hasta aquí; ahora la termina con una súplica personal escrita de su *propia mano.* Las *letras grandes* podrían ser para subrayar su importancia, o tal vez simplemente una característica de la letra de Pablo.

k **6.12** Cf. Gl 5.11.

l **6.12-13** Cf. Gl 4.17.

m **6.14** *Por medio de la cruz de Cristo:* otra posible traducción: *por medio de él.*

n **6.14** 1 Co 2.2; Gl 2.19-20.

ñ **6.15** Gl 5.6; cf. 1 Co 7.19. *Creados de nuevo:* Cf. 2 Co 5.17. Algunos mss. añaden, al comienzo del v. 15, *Pues en Cristo Jesús.*

o **6.16** *Los del Israel de Dios:* alusión a la iglesia en su totalidad, o, posiblemente, a aquellos israelitas que por la fe en Cristo forman parte de ella (Gl 3.7-9,14,29; cf. Ro 2.29; 9.6-8).

p **6.17** *Las señales que Pablo lleva marcadas en su cuerpo* son probablemente las consecuencias de los sufrimientos que ha padecido en su trabajo apostólico (cf. 2 Co 11.23-27), como participación en los sufrimientos mismos de Cristo (cf. 2 Co 1.5; Col 1.24). Algunos piensan que estas señales se comparan aquí a las marcas que se ponían a los esclavos para indicar quién era su dueño.

Carta de san Pablo a los Efesios

Éfeso era una antigua ciudad situada en la costa occidental de la península de Asia Menor (actual Turquía). En el siglo I d.C. era una de las ciudades más importantes del Imperio Romano y llegó a ser, durante un tiempo, la capital de la provincia de Asia. Pablo ejerció allí su actividad misionera en varias ocasiones. Hch 18.19-21 narra la primera visita del apóstol a esta ciudad. Fue una visita breve, pero luego regresó y permaneció allí por más de dos años (Hch 19.1—20.1). En las cartas paulinas hay varias referencias a esta ciudad (1 Co 15.32; 16.8; 1 Ti 1.3; 2 Ti 1.18; 4.12). La iglesia de Éfeso se menciona también en Ap 1.11; 2.1-7.

La *Carta a los Efesios* (=Ef), junto con las cartas a los *Filipenses,* a los *Colosenses,* y a *Filemón,* forman un grupo que se ha llamado "las cartas de la cautividad", porque en ellas se dice que Pablo está prisionero cuando las escribe (cf., por ejemplo, Ef 3.1; Fil 1.13; Col 4.3; Flm 9).

La parte principal de la *Carta a los Efesios* se divide en dos secciones. La *primera* (1.3—3.21) es predominantemente doctrinal o expositiva. Comienza con una alabanza a Dios por su obra salvadora, realizada por medio de Cristo Jesús (1.3-14). Aquí se acumulan términos para exaltar esa obra de Dios, que esta carta llama en varios lugares *el designio secreto de Dios,* mantenido oculto desde tiempos antiguos, pero dado a conocer ahora (cf. 1.9; 3.3—4.9; 5.32; 6.19). Según ese designio secreto de Dios, todos los hombres, judíos y no judíos, están llamados a formar el único pueblo de Dios y a recibir la herencia eterna.

Después de una oración por los destinatarios de la carta (1.15-23), se pasa en 2.1-22 a exponer más ampliamente ese designio de Dios, manifestado ante todo en el llamamiento dado por Dios a los no judíos para formar parte del cuerpo de Cristo, que es la iglesia.

En 3.1-21 se habla, sobre todo, del encargo que Pablo recibió de dar a conocer ese mensaje, y se termina con una nueva alabanza a Dios.

La *segunda parte* de la carta (4.1—6.20) es una exhortación a vivir de acuerdo con el llamamiento recibido de Dios. Se aplican más concretamente las exigencias de ese llamamiento a las circunstancias concretas de la iglesia y a los diversos grupos que la componen. Una parte importante son las exhortaciones dirigidas a los esposos, a los hijos y los padres, a los esclavos y a los amos. Esta exhortación termina con una presentación de la vida cristiana usando la imagen literaria de un combate y de las armas necesarias para afrontarle.

La carta insiste en la unidad de la iglesia, basada en el hecho de que hay un solo Espíritu, un solo Señor y un solo Dios, el Padre (cf. especialmente 4.3-6).

La mención de Éfeso en el saludo (véase 1.1 n.) falta en las copias más antiguas que se conservan de la carta. Por otra parte, no hay alusiones especialmente personales a la comunidad de Éfeso, que Pablo conocía muy bien. Por eso, es probable que esta carta estuviera dirigida originalmente a un grupo de comunidades, entre las que se contaría también Éfeso.

Si la comparamos con las cartas más antiguas de Pablo, esta carta presenta un vocabulario y un estilo literario bastante propios, así como una perspectiva teológica distinta. Los problemas a que se refiere en ella son diferentes. Por otra parte, llama la atención la manera como se habla de los apóstoles en 2.20. Al parecer, quien escribe pertenece a una generación posterior.

Sin embargo, es claro que en la carta aparecen también muchos temas propios de la teología paulina y en especial el de su responsabilidad como apóstol de los no judíos.

La *Carta a los Efesios* presenta una semejanza muy grande en la disposición general, en el lenguaje y en los temas, con la *Carta a los Colosenses*. Pareciera que el texto de esta carta se hubiera tenido en cuenta para la redacción de *Efesios*.

Estas peculiaridades de la carta han sido explicadas de diversas maneras: por el tiempo en que fue escrita o por la utilización de algún secretario. Algunos, en cambio, piensan que aquí tenemos el caso de un autor anónimo que utiliza un procedimiento literario conocido en esa época: escribe en nombre de Pablo, basando su propia exposición en la doctrina enseñada por el apóstol (véase *Introducción* a las *Cartas*).

Al mencionar la prisión de Pablo (3.1; 4.1), no se especifica el lugar. Por las razones anotadas anteriormente, resulta imposible precisar la fecha exacta de composición de la carta.

El siguiente esquema muestra los principales temas:

Saludo (1.1-2)
I. Exposición: la obra salvadora de Dios (1.3—3.21)
 Alabanza a Dios por su obra salvadora (1.3-14)
 Oración por los creyentes (1.15-23)
 Dios nos libró de la muerte por medio de Cristo (2.1-10)
 Todos formamos un solo pueblo (2.11-22)
 La misión de Pablo en la iglesia (3.1-13)
 Oración y alabanza a Dios (3.14-21)
II. Exhortación: la vida cristiana (4.1—6.20)
 Conservar la unidad (4.1-16)
 La nueva vida en Cristo (4.17-24)
 Aplicaciones concretas (4.25—5.5)
 Vivir iluminados por la luz de Cristo (5.6-20)
 Los deberes familiares del cristiano (5.21—6.9)
  Los esposos (5.21-33)
  Hijos y padres (6.1-4)
  Esclavos y amos (6.5-9)
 El combate espiritual del cristiano (6.10-20)
Despedida (6.21-24)

Saludo (1.1-2) [a]

1 [1] Pablo, apóstol [b] de Jesucristo por la voluntad de Dios, saluda a quienes en la ciudad de Éfeso [c] pertenecen al pueblo santo [d] y como creyentes están unidos a Cristo Jesús. [2] Que Dios nuestro Padre y el Señor Jesucristo derramen su gracia y su paz sobre ustedes.

I. EXPOSICIÓN: LA OBRA SALVADORA DE DIOS (1.3—3.21)

Alabanza a Dios por su obra salvadora [e] [3] Alabado sea el Dios y Padre de nuestro Señor Jesucristo, pues en Cristo nos ha bendecido [f] en los cielos [g] con toda clase de bendiciones espirituales. [4] Dios nos escogió en Cristo desde antes de la creación del mundo, para que fuéramos santos y sin

---

[a] **1.1-2** Acerca del saludo, véanse Ro 1.1-7 n. e *Introducción* a las *Cartas*.

[b] **1.1** *Apóstol:* Véase Gl 1.1 n.

[c] **1.1** *Éfeso:* Véase *Introducción*. Algunos mss. omiten *en la ciudad de Éfeso;* sobre esto véase también *Introducción*.

[d] **1.1** *Quienes pertenecen al pueblo santo:* Véase Ro.1.6-7 n.

[e] **1.3-14** Esta sección, junto con 1.15-23, incluye elementos de la acción de gracias y de alabanza (véase *Introducción* a las *Cartas*) y de la exposición doctrinal. Se emplea un lenguaje poético que, en parte, parece provenir de himnos y profesiones de fe de la iglesia primitiva (véase Col 1.15-20 n.). Constituye un resumen del plan de salvación realizado en Cristo, como una visión anticipada de las enseñanzas contenidas en toda la carta.

[f] **1.3** *Alabado... nos ha bendecido:* El mismo verbo en griego significa *alabar* y *bendecir*.

[g] **1.3** *En los cielos:* esto es, en esa nueva vida del cristiano, que vive para Dios. Esta expresión aparece solo en esta carta (aquí y en 1.20; 2.6; 3.10; 6.12). Se refiere al conjunto de beneficios enumerados en 1.4-14.

defecto [h] en su presencia. Por su amor, [5] nos había destinado a ser adoptados [i] como hijos suyos [j] por medio de Jesucristo, [k] hacia el cual nos ordenó, [l] según la determinación bondadosa de su voluntad. [6] Esto lo hizo para que alabemos siempre a Dios por su gloriosa bondad, [m] con la cual nos bendijo mediante su amado Hijo. [n] [7-8] En Cristo, gracias a la sangre que derramó, [ñ] tenemos la liberación y el perdón de los pecados. [o] Pues Dios ha hecho desbordar sobre nosotros las riquezas de su generosidad, dándonos toda sabiduría y entendimiento, [p] [9] y nos ha hecho conocer el designio secreto [q] de su voluntad. Él en su bondad se había propuesto realizar en Cristo este designio, [10] e hizo que se cumpliera el término que había señalado. [r] Y este designio consiste en que Dios ha querido unir bajo el mando de Cristo todas las cosas, tanto en el cielo como en la tierra. [s]

[11] En Cristo, Dios nos había escogido de antemano para que tuviéramos parte en su herencia, [t] de acuerdo con el propósito de Dios mismo, que todo lo hace según la determinación de su voluntad. [12] Y él ha querido que nosotros [u] seamos los primeros en poner nuestra esperanza en Cristo, [v] para que todos alabemos su glorioso poder. [13] Gracias a Cristo, también ustedes que oyeron el mensaje de la verdad, la buena noticia de su salvación, y abrazaron la fe, fueron sellados como propiedad de Dios con el Espíritu Santo que él había prometido. [w] [14] Este Espíritu es el anticipo que nos garantiza [x] la herencia que Dios nos ha de dar, [y] cuando haya completado nuestra liberación y haya hecho de nosotros el pueblo de su posesión, para que todos alabemos su glorioso poder.

Oración por los creyentes [15] Por esto, como sé que ustedes tienen fe en el Señor Jesús y amor para con todo el pueblo santo, [z] [16] no dejo de dar gracias a Dios por ustedes, recordándolos en mis oraciones. [a] [17] Pido al Dios de nuestro Señor Jesucristo, al glorioso Padre, que les conceda el don espiritual de la sabiduría y se manifieste a ustedes, para que puedan conocerlo verdaderamente. [b] [18] Pido que Dios les ilumine la mente, para que sepan cuál es la esperanza a la que han sido llamados, cuán gloriosa y rica es la herencia que Dios da al pueblo santo, [c] [19] y cuán grande y sin límites es su poder, el cual actúa en nosotros los creyentes. Este poder es el mismo que Dios mostró con tanta fuerza y potencia [20] cuando resucitó a Cristo [d] y lo hizo sentar a su derecha en el cielo, [e] [21] poniéndolo por encima de todo poder, autoridad, dominio y señorío, [f] y por encima de todo lo que existe, tanto en este tiempo como en el venidero. [22] Sometió todas las cosas bajo los pies de Cristo, y a Cristo mismo lo dio a la iglesia como cabeza de todo. [23] Pues la iglesia es el cuerpo de Cristo, [g] de quien ella recibe su plenitud, [h] ya que Cristo es quien lleva todas las cosas a su plenitud. [i]

2 Dios nos libró de la muerte por medio de Cristo

[1] Antes ustedes estaban muertos a causa de las maldades y pecados [a] [2] en que vivían, pues seguían los criterios de este mundo y hacían la voluntad de aquel espíritu que domina en el aire y que anima a los que desobedecen a Dios. [b] [3] De esa manera vivíamos también todos nosotros en otro tiempo, siguiendo nuestros malos deseos y cumpliendo los caprichos de nuestra naturaleza pecadora y de

---

[h] **1.4** *Sin defecto:* Cf. Ef 5.27; Col 1.22; Jud 24. La misma expresión se aplicaba a los animales ofrecidos en sacrificio (Ex 12.5; Lv 1.3,10; Heb 9.14; 1 P 1.19; cf. Ro 12.1).

[i] **1.4-5** *Para que... destinado a ser adoptados:* otra posible traducción: *para que, consagrados a él y sin culpa, estemos en su presencia en el amor.* [5] *Nos había destinado a ser adoptados.*

[j] **1.5** *Adoptados como hijos suyos:* Al adoptarnos como hijos, Dios realmente nos hace hijos suyos y herederos de los bienes prometidos a su pueblo (véase 1.11 n.; cf. v. 14; 2.5, y véase también Ro 8.15 nota ñ).

[k] **1.4-5** Cf. Ro 8.29-30.

[l] **1.5** *Hacia el cual nos ordenó:* Cristo es la meta hacia la cual Dios nos ha ordenado. Cf. Col 1.16,20. Otra posible traducción: *ordenándonos hacia sí mismo,* es decir, hacia Dios. Cf. Ro 11.36.

[m] **1.6** *Alabemos... bondad:* Cf. 1.12,14.

[n] **1.6** *Su amado Hijo:* lit. *el Amado;* título mesiánico (Mt 3.17; 17.5; Col 1.13).

[ñ] **1.7-8** *Gracias a la sangre que derramó:* esto es, por su muerte redentora en la cruz (cf. Lv 1.3-17; Heb 9.11-14).

[o] **1.7-8** *Liberación:* Véase Ro 3.24 nota s.

[p] **1.7-8** Col 1.9. *Dándonos:* otra posible traducción: *actuando con.* Esta frase también puede unirse al v. siguiente.

[q] **1.9** *El designio secreto* (gr. *mysterion*): Se trata del designio de Dios, antes oculto pero ahora revelado, expresado en 1.10 (cf. 1.22-23; 3.4-6; Ro 16.25; Col 1.26); véase también *Índice temático*).

[r] **1.10** *El término por él señalado:* Gl 4.4; Tit 1.3. Esta expresión se refiere al tiempo inaugurado por Cristo.

[s] **1.10** Cf. Col 1.16,20.

[t] **1.11** *Tuviéramos parte en su herencia:* esto incluye el pertenecer al pueblo de Dios y tener la esperanza de las promesas futuras. Cf. Dt 7.6; 32.9; Ro 8.17; Gl 3.29; 4.7; Ef 1.14,18.

[u] **1.12** *Nosotros:* Aquí, y probablemente en el v. 11, Pablo parece referirse a los judíos, en contraste con el *ustedes* del v. 13, referido a los no judíos (cf. Ef 2.11; 3.1).

[v] **1.12** *Los primeros en poner nuestra esperanza en Cristo:* los primeros creyentes, que eran judíos. Otra posible traducción: *los que ya esperábamos en Cristo* (o *en el Mesías*), con referencia a la esperanza mesiánica.

[w] **1.13** *Sellados:* esto es, señalados como posesión de Dios. Probable alusión al don del Espíritu Santo recibido en el bautismo (2 Co 1.22; Ef 4.30). *Que él había prometido:* Cf. Lc 24.49; Jn 14.26; Hch 1.4; 2.33.

[x] **1.14** *Garantiza:* Véase 2 Co 1.22 nota *t.*

[y] **1.14** *Herencia:* Véase Ef 1.11 n.

[z] **1.15** Col 1.4.

[a] **1.16-17** Col 1.9.

[b] **1.17** *Conocerlo:* Véase Jn 17.3 n.; cf. Col 1.9.

[c] **1.18** Cf. Hch 20.32; Col 1.12; 3.24. *Herencia:* Véase Ef 1.11 n.

[d] **1.19-20** Cf. 2 Co 13.4; Col 2.12.

[e] **1.20** El sitio de honor y de poder (cf. Sal 110.1). *En el cielo:* Véase 1.3 nota *g.*

[f] **1.21-22** Col 1.16; 2.10; 1 P 3.21-22; cf. Ef 6.12. Se refiere a los poderes espirituales que dominan el universo, que están ahora sometidos a Cristo. Cf. Ef 3.10.

[g] **1.22-23** Col 1.18; cf. Ro 12.5; 1 Co 12.27.

[h] **1.23** *De quien ella recibe su plenitud:* lit. *de quien ella es plenitud.* Es decir, la iglesia recibe de Cristo todo lo que tiene. Por medio de ella él ejerce toda su acción salvadora. Otras posibles traducciones: *donde está Cristo con toda su plenitud* (en el sentido de que Cristo, con la plenitud de sus dones, se hace presente en la iglesia), o *de quien ella es complemento* (es decir, con Cristo como cabeza, forma un cuerpo completo).

[i] **1.23** *Lleva todas las cosas a su plenitud:* otra posible traducción: *recibe la plenitud total* (de Dios).

[a] **2.1-5** Col 2.13.

[b] **2.2** Col 3.6-7; cf. Ef 6.11-12. *Aquel espíritu que domina en el*

nuestros pensamientos. A causa de eso, merecíamos con toda razón el terrible castigo de Dios, ^c igual que los demás. **4** Pero Dios es tan misericordioso y nos amó con un amor tan grande, **5** que nos dio vida juntamente con Cristo cuando todavía estábamos muertos a causa de nuestros pecados. Por la bondad de Dios han recibido ustedes la salvación. ^d **6** Y en unión con Cristo Jesús nos resucitó, ^e y nos hizo sentar con él en el cielo. ^f **7** Hizo esto para demostrar en los tiempos futuros su generosidad y su bondad para con nosotros en Cristo Jesús. **8** Pues por la bondad de Dios han recibido ustedes la salvación por medio de la fe. No es esto algo que ustedes mismos hayan conseguido, sino que es un don de Dios. ^g **9** No es el resultado de las propias acciones, de modo que nadie puede gloriarse de nada; ^h **10** pues es Dios quien nos ha hecho; él nos ha creado en Cristo Jesús para que hagamos buenas obras, siguiendo el camino que él nos había preparado de antemano. ⁱ

Todos formamos un solo pueblo **11** Así pues, ustedes, que no son judíos, y a quienes llaman "no circuncidados" los judíos (que circuncidan al hombre en el cuerpo, y a sí mismos se llaman "circuncidados"), ^j **12** recuerden que en otro tiempo estaban sin Cristo, separados de la nación de Israel, y no tenían parte en las alianzas ni en la promesa de Dios. ^k Vivían en este mundo, sin Dios y sin esperanza. **13** Pero ahora, unidos a Cristo Jesús por la sangre que él derramó, ^l ustedes que antes estaban lejos están cerca.

14 Cristo es nuestra paz. ^m Él hizo de judíos y de no judíos un solo pueblo, destruyó el muro que los separabaⁿ y anuló en su propio cuerpo la enemistad que existía. ^ñ **15** Puso fin a la ley que consistía en mandatos y reglamentos, ^o y en sí mismo creó de las dos partes un solo hombre nuevo. ^p Así hizo la paz. **16** Él puso fin, en sí mismo, a la enemistad que existía entre los dos pueblos, y con su muerte en la cruz los reconcilió con Dios, haciendo de ellos un solo cuerpo. ^q

17 Cristo vino a traer buenas noticias de paz^r a todos, tanto a ustedes que estaban lejos de Dios como a los que estaban cerca. ^s **18** Pues por medio de Cristo, los unos y los otros podemos acercarnos al Padre por un mismo Espíritu. ^t **19** Por eso, ustedes ya no son extranjeros, ya no están fuera de su tierra, sino que ahora comparten con el pueblo santo los mismos derechos, y son miembros de la familia de Dios. **20** Ustedes son como un edificio^u levantado sobre los fundamentos que son los apóstoles y los profetas, ^v y Jesucristo mismo es la piedra principal. ^w **21** En Cristo, todo el edificio va levantándose en todas y cada una de sus partes, hasta llegar a ser, en el Señor, un templo santo. **22** En él también ustedes se unen todos entre sí para llegar a ser un templo en el cual Dios vive por medio de su Espíritu. ^x

3
La misión de Pablo en la iglesia **1** Por esta razón yo, Pablo, estoy preso por causa de Cristo Jesús^a para bien de ustedes, los que no son judíos. **2** Pues ya sin duda sabrán que Dios me ha encargado anunciar a ustedes lo que él, en su bondad, ha dispuesto. ^b **3** Por revelación he conocido el designio secreto de Dios, ^c como ya les escribí brevemente. ^d **4** Al leerlo, pueden darse cuenta de que

---

aire: Satanás, llamado *el diablo* en Ef 4.27; 6.11 y *el maligno* en Ef 6.16. Véase Jn 12.31 n.; cf. 2 Co 4.4.

^c **2.3** *Merecíamos con toda razón el terrible castigo de Dios:* lit. *éramos por naturaleza hijos de ira.* Cf. Col 3.6.

^d **2.5** La palabra *salvación,* lo mismo que la palabra *herencia* (véase 1.11 n.), puede referirse tanto a la participación presente de la obra redentora de Dios por medio de Jesucristo (cf. también v. 8), como a la posesión futura y definitiva de ese don (Ro 5.9-10).

^e **2.5-6** Col 2.12-13; cf. Ro 6.4-11; 1 P 1.3.

^f **2.6** Ef 1.20. *En el cielo:* Véase Ef 1.3 nota *g.*

^g **2.8** Ro 9.16.

^h **2.9** Ro 3.27-28; 4.2,5; Gl 2.16; 2 Ti 1.9; Tit 3.5.

ⁱ **2.10** Estas *buenas obras* son la consecuencia necesaria de la salvación mencionada en 2.8.

^j **2.11** Los judíos se referían a los no judíos como *no circuncidados* (véase *Circuncisión* en el *Índice temático*). Por no haber sido circuncidados *en el cuerpo* (Ro 2.28), los consideraban excluidos del pueblo de Dios (v. 12).

^k **2.12** Ro 9.4. *Las alianzas* (o pactos): por ej., con Noé (Gn 6.18; 9.9), con Abraham (Gn 15.18; 17.2,7-9), con el pueblo de Israel (Ex 19.1 ff.), y con David (2 S 7.11-16,26).

^l **2.13** *Por la sangre que él derramó:* Ef 1.7-8 nota *ñ.*

^m **2.14** El concepto de paz, muy importante en toda la Biblia, incluye la reconciliación con Dios y con los hombres. Aquí se refiere especialmente a la unión de los judíos y los no judíos en el único pueblo de Dios. Véanse *Paz* y *Pueblo* en el *Índice temático*.

ⁿ **2.13-14** Cf. Jn 10.16. *El muro* (o cercado) parece referirse a la ley mosaica (v. 15), considerada en la tradición de los judíos como un muro que los protegía y los demarcaba como pueblo de Dios y así los *separaba* de las otras naciones. Algunos ven también aquí una alusión a la pared o barrera que se alzaba en el templo de Jerusalén entre el atrio de afuera y la parte interior, y que excluía a los no judíos (véase Hch 21.28 n.).

^ñ **2.14** *En su propio cuerpo:* Parece referirse al cuerpo de Cristo, sacrificado en la cruz (v. 16).

^o **2.15** Col 2.14; cf. también Ro 8.3.

^p **2.15** *Un solo hombre nuevo:* El concepto del único pueblo formado por judíos y no judíos (v. 14) se amplía aquí con la imagen de *un solo hombre nuevo,* semejante a la del cuerpo (v. 16).

^q **2.16** Col 1.20-22; cf. Ro 5.10; 2 Co 5.18-20. *Un solo cuerpo:* la iglesia (cf. 1.22-23).

^r **2.17** Cf. Is 52.7.

^s **2.17** Alusión a Is 57.19, texto aplicado aquí a los paganos (*los que están lejos*) y a los judíos (*los que están cerca*); cf. también v. 13.

^t **2.18** Ef 3.12; cf. 1 P 3.18.

^u **2.20-22** La iglesia, o sea, el pueblo de Dios en sentido colectivo, es vista como *un edificio* o *un templo* de Dios (cf. 1 Co 3.9-16).

^v **2.20** *Profetas:* Parece referirse aquí a quienes en la iglesia ejercen el don de profecía (véase 1 Co 14.1 n.; 12.28; Ef 4.11). *Los fundamentos que son los apóstoles y los profetas:* Ap 21.14; cf. Mt 16.18. Otra posible traducción: *el fundamento* (o *cimiento*) *puesto por los apóstoles y profetas* (cf. Ro 15.20; 1 Co 3.10).

^w **2.20** *La piedra principal* es, la que forma la esquina más notoria de un edificio (cf. Is 28.16, citado en Ro 9.33; 10.11; 1 P 2.6; cf. también Mt 21.42). Otros traducen: *la piedra que corona el edificio.* Acerca de Jesucristo como único fundamento, cf. 1 Co 3.11.

^x **2.21-22** Cf. 1 P 2.4-5.

^a **3.1** *Preso por causa de Cristo Jesús:* lit. *prisionero de Cristo Jesús;* la expresión lleva el sentido adicional de estar sujeto a Cristo (igualmente en Flm 1,9), similar a "siervo (o esclavo) de Jesucristo" (Ro 1.1). Sobre la prisión misma, véase *Introducción.*

^b **3.2** *Dios me ha encargado... dispuesto:* lit. *la administración de la gracia de Dios que me fue dada en favor de ustedes.* Cf. Col 1.25.

^c **3.3** Hch 9.3-4; Gl 1.12. *El designio secreto de Dios:* Cf. vv. 4-6, y véase Ef 1.9 n.

^d **3.3** *Escribí brevemente:* Se refiere probablemente a los caps. 1 y 2.

conozco este designio secreto realizado en Cristo, ⁵ que no se dio a conocer a nadie en otros tiempos, pero que ahora Dios ha revelado a sus santos apóstoles y profetas por medio de su Espíritu. ⁶ El designio secreto es este: que por el evangelio Dios llama a todas las naciones a participar, en Cristo Jesús, de la misma herencia, ᵉ del mismo cuerpo y de la misma promesa que el pueblo de Israel. ᶠ ⁷ Y yo he sido puesto al servicio de este mensaje ᵍ por la bondad y la misericordia que Dios ha tenido conmigo, quien ha mostrado así su gran poder.

⁸ Yo soy menos que el más pequeño de todos los que pertenecen al pueblo santo; ʰ pero él me ha concedido este privilegio de anunciar a los no judíos la buena noticia de las incontables riquezas de Cristo. ⁹ Y me ha encargado hacerles ver a todos cuál es la realización de ese designio que Dios, ⁱ creador de todas las cosas, había mantenido secreto desde la eternidad. ¹⁰ De esta manera ahora, por medio de la iglesia, todos los poderes y autoridades ʲ en el cielo ᵏ podrán conocer la sabiduría de Dios, que se muestra en tan variadas formas. ¹¹ Dios hizo esto de acuerdo con el plan eterno que llevó a cabo ˡ en Cristo Jesús nuestro Señor. ¹² Y en Cristo tenemos libertad para acercarnos a Dios, ᵐ con la confianza que nos da nuestra fe en él. ¹³ Por eso les ruego que no se desanimen a causa de lo que por ustedes estoy sufriendo, porque esto es más bien un honor para ustedes.

Oración y alabanza a Dios ¹⁴ Por esta razón me pongo de rodillas delante del Padre, ¹⁵ de quien recibe su nombre ⁿ toda familia, ñ tanto en el cielo como en la tierra. ¹⁶ Pido al Padre que de su gloriosa riqueza les dé a ustedes, interiormente, poder y fuerza por medio del Espíritu de Dios, ¹⁷ que Cristo viva en sus corazones por la fe, ᵒ y que el amor sea la raíz y el fundamento de sus vidas. ¹⁸ Y que así puedan comprender con todo el pueblo santo cuán ancho, largo, alto y profundo es el amor de Cristo. ¹⁹ Pido, pues,

que conozcan ese amor, que es mucho más grande que todo cuanto podemos conocer, para que lleguen a colmarse de la plenitud total de Dios. ᵖ

²⁰ Y ahora, gloria sea a Dios, que puede hacer muchísimo más de lo que nosotros pedimos o pensamos, gracias a su poder ᵠ que actúa en nosotros. ²¹ ¡Gloria a Dios en la iglesia y en Cristo Jesús, por todos los siglos y para siempre! Amén. ʳ

II. EXHORTACIÓN: LA VIDA CRISTIANA (4.1—6.20) ᵃ

4 ***Conservar la unidad*** ¹ Por esto yo, que estoy preso por la causa del Señor, ᵇ les ruego que se porten como deben hacerlo los que han sido llamados por Dios, ᶜ como lo fueron ustedes. ² Sean humildes y amables; tengan paciencia y sopórtense unos a otros con amor; ᵈ ³ procuren mantener la unidad que proviene del Espíritu Santo, por medio de la paz que une a todos. ⁴ Hay un solo cuerpo ᵉ y un solo Espíritu, así como Dios los ha llamado a una sola esperanza. ⁵ Hay un solo Señor, una sola fe, un solo bautismo; ⁶ hay un solo Dios y Padre de todos, que está sobre todos, actúa por medio de todos y está en todos. ᶠˑᵍ

⁷ Pero cada uno de nosotros ha recibido los dones que Cristo le ha querido dar. ʰ ⁸ Por eso, la Escritura dice:

"Subió al cielo llevando consigo a los cautivos, y dio dones a los hombres." ⁱ

⁹ ¿Y qué quiere decir eso de que "subió"? Pues quiere decir que primero bajó a esta tierra. ʲ ¹⁰ Y el que bajó es el mismo que también subió a lo más alto del cielo, para llenarlo todo. ¹¹ Y él mismo concedió a unos ser apóstoles y a otros profetas, ᵏ a otros anunciar el evangelio y a otros ser pastores y maestros. ˡ ¹² Así preparó a los del pueblo santo para un trabajo de servicio, para la edificación del cuerpo de Cristo ᵐ ¹³ hasta que todos lleguemos a estar unidos por la fe y el conocimiento del Hijo de Dios, y alcancemos

---

ᵉ **3.6** *Herencia:* Véase Ef 1.11 n.
ᶠ **3.5-6** Col 1.26-27; cf. Ro 16.25-26; 1 Co 2.7. *Apóstoles y profetas:* Véase Ef 2.20 nota v. *Designio secreto:* Véase 1.9 n. Aquí se refiere concretamente al designio, ya revelado, de la inclusión de los no judíos en el plan salvador de Dios.
ᵍ **3.7** Col 1.23,25.
ʰ **3.8** 1 Co 15.9; cf. 1 Ti 1.15.
ⁱ **3.9** Ef 1.9-10.
ʲ **3.10** *Poderes y autoridades:* Véase Ef 1.21-22 n.
ᵏ **3.10** *En el cielo:* Véase Ef 1.3 nota g.
ˡ **3.11** *Llevó a cabo:* otra posible traducción: *concibió.*
ᵐ **3.12** Ef 2.18; 1 P 3.18.
ⁿ **3.15** *Recibe su nombre:* Se refiere al hecho de que todos los ángeles y los seres humanos fueron creados por Dios y tienen por él su existencia; véase *Nombre* en el *Índice temático.*
ñ **3.15** Juego de palabras entre *Padre* (v. 14) y *familia* (lit. *patria*), que en griego son de la misma raíz.
ᵒ **3.17** Gl 2.20.
ᵖ **3.19** Ef 1.23.
ᵠ **3.20** *Su poder:* Col 1.29.
ʳ **3.20-21** Himno de alabanza, que concluye la primera parte de la carta; cf. Ro 16.25-27; Jud 24-25.
ᵃ **4.1—6.20** En la segunda parte de la carta se exhorta a los cristianos a vivir de acuerdo con el llamamiento que Dios les ha hecho.
ᵇ **4.1** *Preso por la causa del Señor:* Véanse *Introducción* y 3.1 n.
ᶜ **4.1** Flp 1.27; Col 1.10; 1 Ts 2.11-12.
ᵈ **4.2** Cf. Gl 6.2; Col 3.12-13.

ᵉ **4.4** *Un solo cuerpo:* Ef 1.23; 2.16.
ᶠ **4.4-6** Los vv. 4-6 son una aclamación o profesión de la fe cristiana. En ella hay ecos de la profesión de fe en el único Dios de Israel (cf. Dt 6.4-5, y véase Mc 12.29-30 n.). Se enumeran siete elementos de la fe y la vida cristiana, y se resalta el carácter único de cada uno de ellos. El centro de todo es *el único Espíritu* (Santo), *el único Señor* (Jesucristo) *y el único Dios y Padre.*
ᵍ **4.6** 1 Co 8.6.
ʰ **4.7** Ro 12.6; 1 Co 12.11.
ⁱ **4.8** Sal 68.18 (19); la segunda línea, que difiere de la del salmo, parece inspirada en un comentario que se encuentra en la literatura judía, que decía: "Diste dones a los hombres" y aplicaba el pasaje a Moisés cuando subió al monte Sinaí y bajó con las tablas de la Ley (cf. Ex 19.1-25; 24.12-18; 34.27-35). Al citar el salmo, Pablo ve en los *cautivos* a los enemigos de Cristo (cf. Col 2.15, y véase también 2 Co 2.14-17 n.).
ʲ **4.9** Jn 3.13. *A esta tierra:* lit. *a las partes inferiores de la tierra,* entendido aquí como alusión a la venida de Cristo al mundo (Jn 1.14; 3.13; Flp 2.7-8). Algunos traducen: *a lo más bajo de la tierra,* como referencia al sepulcro o al lugar de los muertos.
ᵏ **4.11** *Apóstoles, profetas:* Ef 2.20.
ˡ **4.11** Enumeración de algunos *dones* (vv. 7-8) dados a la iglesia; cf. 1 Co 12.18,28.
ᵐ **4.12** Véase Ro 12.4-5 n.; cf. 1 Co 12.12-27; 1 P 2.5. *Para la edificación:* se entrelazan las imágenes de la iglesia como edificio o templo de Dios y como *cuerpo de Cristo;* cf. v. 16.

la edad adulta, que corresponde a la plena madurez de Cristo. **14** Ya no seremos como niños, que cambian fácilmente de parecer y que son arrastrados por el viento de cualquier nueva enseñanza hasta dejarse engañar por gente astuta que anda por caminos equivocados. **15** Más bien, profesando la verdad en el amor, debemos crecer en todo hacia Cristo, que es la cabeza del cuerpo. [n] **16** Y por Cristo el cuerpo entero se ajusta y se liga bien mediante la unión entre sí de todas sus partes; y cuando cada parte funciona bien, todo va creciendo y edificándose en amor. [ñ]

La nueva vida en Cristo **17** Esto, pues, es lo que les digo y les encargo en el nombre del Señor: que ya no vivan más como los paganos, los cuales viven de acuerdo con sus equivocados criterios **18** y tienen oscurecido el entendimiento. Ellos no gozan de la vida que viene de Dios, porque son ignorantes a causa de lo insensible de su corazón. **19** Se han endurecido y se han entregado al vicio, cometiendo sin freno toda clase de cosas impuras. [o] **20** Pero ustedes no conocieron a Cristo para vivir así, **21** pues ciertamente oyeron el mensaje acerca de él y aprendieron a vivir como él lo quiere, según la verdad que está en Jesús. **22** Por eso, deben ustedes renunciar a su antigua manera de vivir y despojarse de lo que antes eran, [p] ya que todo eso se ha corrompido, a causa de los deseos engañosos. **23** Deben renovarse espiritualmente en su manera de juzgar, [q] **24** y revestirse de la nueva naturaleza, creada a imagen de Dios [r] y que se distingue por una vida recta y pura, basada en la verdad.

Aplicaciones concretas **25** Por lo tanto, ya no mientan más, sino diga cada uno la verdad a su prójimo, [s] porque todos somos miembros de un mismo cuerpo. [t]

26 Si se enojan, no pequen; [u] que el enojo no les dure todo el día. [v] **27** No le den oportunidad al diablo.

28 El que robaba, deje de robar y póngase a trabajar, realizando un buen trabajo [w] con sus manos para que tenga algo que dar a los necesitados. [x]

29 No digan malas palabras, sino solo palabras buenas que edifiquen la comunidad y traigan beneficios a quienes las escuchen. [y] **30** No hagan que se entristezca el Espíritu Santo de Dios, [z] con el que ustedes han sido sellados [a] para distinguirlos como propiedad de Dios el día en que él les dé la liberación definitiva. [b]

31 Alejen de ustedes la amargura, las pasiones, los enojos, los gritos, los insultos y toda clase de maldad. **32** Sean buenos y compasivos unos con otros, y perdónense mutuamente, como Dios los perdonó a ustedes en Cristo. [c]

5 **1** Ustedes, como hijos amados de Dios, procuren imitarlo. [a] **2** Traten a todos con amor, de la misma manera que Cristo nos amó [b] y se entregó por nosotros, como ofrenda y sacrificio de olor agradable a Dios. [c]

3 Ustedes deben portarse como corresponde al pueblo santo: ni siquiera hablen de la inmoralidad sexual ni de ninguna otra clase de impureza o de avaricia. [d] **4** No digan indecencias ni tonterías ni vulgaridades, porque estas cosas no convienen; más bien alaben a Dios. **5** Pues tengan por cierto que quien comete inmoralidades sexuales, o hace cosas impuras, o se deja llevar por la avaricia (que es una especie de idolatría), [e] no puede tener parte en el reino de Cristo y de Dios. [f]

Vivir iluminados por la luz de Cristo **6** Que nadie los engañe con palabras huecas, porque precisamente por estas cosas viene el terrible castigo de Dios sobre aquellos que no lo obedecen. [g] **7** No tengan ustedes, pues, ninguna parte con ellos. [h] **8** Ustedes antes vivían en la oscuridad, pero ahora, por estar unidos al Señor, viven en la luz. Pórtense como quienes pertenecen a la luz, [i] **9** pues la luz produce toda una cosecha de bondad, rectitud y verdad. [j] **10** Examinen siempre qué es lo que agrada al Señor. [k] **11** No compartan la conducta estéril de los que son de la oscuridad; [l] más bien sáquenla a la luz. **12** Pues hasta vergüenza da hablar de lo que ellos hacen en secreto; **13** pero cuando todas las cosas son puestas al descubierto por la luz, quedan en claro, **14** porque todo lo que se deja poner en claro, participa de la luz. [m] Por eso se dice:

---

[n] **4.15** Ef 1.22; 5.23; Col 1.18. *Crecer:* Véase Ef 4.12 n.; aquí la imagen es la del crecimiento de un cuerpo.
[ñ] **4.16** Col 2.19. La imagen de la iglesia como *cuerpo* de Cristo se combina nuevamente con la del edificio. Nótense los verbos *crecer* (4.15 n.) y *edificar* (4.12 n.).
[o] **4.17-19** Ro 1.21-25.
[p] **4.22-24** Col 3.9-10. *Lo que antes eran... la nueva naturaleza:* lit. *el hombre viejo... el hombre nuevo.* A propósito de "despojarse de algo" y de "revestirse", cf. Ro 13.12; Col 3.8-12.
[q] **4.23** Ro 12.2.
[r] **4.24** *A imagen de Dios:* Cf. Gn 1.26; Col 3.10.
[s] **4.25** Zac 8.16.
[t] **4.25** Ro 12.5.
[u] **4.26** Sal 4.4 (5) (gr.).
[v] **4.26** *Que el enojo no les dure todo el día:* lit. *no se ponga el sol sobre su enojo;* es decir, la reconciliación debe tener lugar el mismo día. Cf. Stg 1.19-20.
[w] **4.28** *Realizando un buen trabajo:* o *haciendo el bien.*
[x] **4.28** Cf. Hch 20.35; 1 Ts 4.11; 2 Ts 3.12.
[y] **4.29** Col 3.8.
[z] **4.30** 1 Ts 5.19.
[a] **4.30** *Sellados:* Véase Ef 1.13 n.

[b] **4.30** *Liberación definitiva:* Cf. Lc 21.28, y véase Ro 3.24 nota *s.*
[c] **4.32** Col 3.12-13.
[a] **5.1** Mt 5.48. *Imitarlo:* en perdonar (4.32) y en amar (5.2).
[b] **5.2** Cf. Jn 13.34; 15.12; Gl 2.20.
[c] **5.2** Se hace referencia a la muerte de Jesucristo en los mismos términos en que se habla de los sacrificios en el AT; cf. Ex 29.18 y también Flp 4.18; Heb 10.10. *Olor agradable:* alusión al humo de los sacrificios que subía al cielo como ofrenda aceptada por Dios; cf. Gn 20.41.
[d] **5.3** Col 3.5.
[e] **5.5** Col 3.5. El autor considera que la avaricia o codicia es *una especie de idolatría,* porque se rinde a las cosas un homenaje que se debe únicamente a Dios.
[f] **5.5** 1 Co 6.9-10.
[g] **5.6** Col 3.6.
[h] **5.7-11** Cf. 2 Co 6.14.
[i] **5.8** *Quienes pertenecen a la luz:* Véase Jn 12.36 nota *b.*
[j] **5.9** Gl 5.22-23.
[k] **5.10** Ro 12.2.
[l] **5.11** Cf. Ro 13.12; 1 P 2.9.
[m] **5.14** Jn 3.20-21.

"Despierta, tú que duermes;
levántate de entre los muertos,
y Cristo te alumbrará." [n]

¹⁵ Por lo tanto, cuiden mucho su comportamiento. No vivan neciamente, sino con sabiduría. ¹⁶ Aprovechen bien este momento decisivo, [ñ] porque los días son malos. ¹⁷ No actúen tontamente; procuren entender cuál es la voluntad del Señor. [o] ¹⁸ No se emborrachen, [p] pues eso lleva al desenfreno; al contrario, llénense del Espíritu Santo. ¹⁹ Háblense unos a otros con salmos, himnos y cantos espirituales, y canten y alaben de todo corazón al Señor. ²⁰ Den siempre gracias a Dios el Padre por todas las cosas, en el nombre de nuestro Señor Jesucristo. [q]

Los deberes familiares del cristiano

Los esposos

²¹ Estén sujetos los unos a los otros, [s] por reverencia a Cristo.

²² Las esposas deben estar sujetas a sus esposos como al Señor. [t] ²³ Porque el esposo es cabeza de la esposa, como Cristo es cabeza de la iglesia, [u] la cual es su cuerpo; y él es también su Salvador. ²⁴ Pero así como la iglesia está sujeta a Cristo, también las esposas deben estar en todo sujetas a sus esposos.

²⁵ Esposos, amen a sus esposas [v] como Cristo amó a la iglesia [w] y dio su vida por ella. [x] ²⁶ Esto lo hizo para santificarla, purificándola con el baño del agua acompañado de la palabra [y] ²⁷ para presentársela a sí mismo como una iglesia gloriosa, sin mancha ni arruga ni nada parecido, sino santa y perfecta. [z] ²⁸ De la misma manera deben los esposos amar a sus esposas como a su propio cuerpo. El que ama a su esposa, se ama a sí mismo. ²⁹ Porque nadie odia su propio cuerpo, sino que lo alimenta y lo cuida, como Cristo hace con la iglesia, [a] ³⁰ porque ella es su cuerpo. Y nosotros somos miembros de ese cuerpo. [b] ³¹ "Por eso, el hombre dejará a su padre y a su madre para unirse a su esposa, y los dos serán como una sola persona." [c] ³² Aquí se muestra cuán grande es el designio secreto [d] de Dios. Y yo lo refiero a Cristo y a la iglesia. [e] ³³ En todo caso, que cada uno de ustedes ame a su esposa como a sí mismo, y que la esposa respete al esposo.

Hijos y padres

6 ¹ Hijos, obedezcan a sus padres [a] como agrada al Señor, porque esto es justo. [b] ² El primer mandamiento que contiene una promesa es este: "Honra a tu padre y a tu madre, ³ para que seas feliz y vivas una larga vida en la tierra." [c]

⁴ Y ustedes, padres, no hagan enojar a sus hijos, [d] sino más bien edúquenlos con la disciplina y la instrucción que quiere el Señor.

Esclavos y amos

⁵ Esclavos, obedezcan ustedes a los que aquí en la tierra son sus amos. [e] Háganlo con respeto, temor [f] y sinceridad de corazón, como si estuvieran sirviendo a Cristo. ⁶ Sírvanles, no solamente cuando ellos los están mirando, para quedar bien con ellos, sino como siervos de Cristo, haciendo sinceramente la voluntad de Dios. ⁷ Realicen su trabajo de buena gana, como un servicio al Señor y no a los hombres. ⁸ Pues deben saber que cada uno, sea esclavo o libre, recibirá del Señor según lo que haya hecho de bueno.

⁹ Y ustedes, amos, pórtense del mismo modo con sus

---

[n] **5.14** Posiblemente se cita un antiguo himno cristiano inspirado en pasajes de Is (cf. Is 26.19; 51.17; 52.1; 60.1).

[ñ] **5.16** Col 4.5.

[o] **5.17** Ro 12.2.

[p] **5.18** Pr 23.31 (gr.). El *emborracharse*, o estar lleno de vino, se contrapone al *llenarse del Espíritu Santo*.

[q] **5.19-20** Col 3.16-17; cf. 1 Co 14.26, y véase Col 1.15-20 n.

[r] **5.21—6.9** Col 3.18—4.1; 1 P 2.18—3.7. En la literatura de la época era frecuente enumerar los deberes mutuos entre los miembros de una casa o familia, la cual incluía a los esclavos. (Cf., por ej., Eclo 7.18-26.) En los pasajes del NT, la referencia al Señor modifica profundamente tales deberes. Estos giran en torno a tres grupos familiares con relaciones recíprocas: en cada caso se menciona primero a los miembros del grupo que eran tenidos por débiles y necesitados de protección (*esposas, hijos y esclavos*), y después a los que se tenían por fuertes (*esposos, padres y amos*), los cuales deben mostrar consideración y amor a los primeros. En Ef, se da especial atención a la relación entre esposos; en Col, a la de esclavos y amos. En 1 P, se limita a la relación entre sirvientes (o esclavos) y sus amos, y a la relación entre esposas y esposos.

[s] **5.21** En toda esta sección se indica que la sujeción mutua y voluntaria, nacida del amor, es la base de las relaciones domésticas (cf. Mc 10.44; Gl 5.13; Flp 2.3; 1 P 5.5). La unión entre Cristo y su iglesia da a estas relaciones una nueva dimensión.

[t] **5.22** Col 3.18; cf. 1 Co 14.34; Tit 2.4-5; 1 P 3.1. *Deben estar sujetas:* Se trata de una sujeción como la que se indica en el v. 21, basada en el amor recíproco; la idea se amplía en 5.25-33.

[u] **5.23-24** Cf. 1 Co 11.3. Aquí se combina la figura de la iglesia como *cuerpo*, cuya *cabeza* es Cristo, con la de la iglesia como *esposa* de Cristo (cf. vv. 23-33). La relación de Cristo con la iglesia se presenta como modelo de la relación entre los esposos (vv. 25-33).

[v] **5.25** Col 3.19; 1 P 3.7.

[w] **5.25** Cf. 2 Co 11.2; Ap 19.7-8; 21.2,9.

[x] **5.25** Cf. v. 2; Gl 2.20. *Como Cristo amó:* El amor de Cristo se presenta como la medida ideal para el amor del *esposo* hacia la *esposa* (véase Ef 5.23-24 n.).

[y] **5.26** Alusión a las costumbres nupciales del Oriente antiguo. Se bañaba y arreglaba cuidadosamente a la novia, antes de presentarla a su esposo. Aquí es Cristo mismo quien purifica a la iglesia con el baño del bautismo y con la palabra salvadora (cf. Jn 15.3). Cf. también Tit 3.5; 1 P 3.21.

[z] **5.27** Col 4.7; Ef 1.4; Col 1.22.

[a] **5.29** La imagen de la iglesia como esposa y cuerpo de Cristo (vv. 29-30) se apoya en la cita del v. 31.

[b] **5.30** Ro 12.5; 1 Co 6.15; 12.27; Col 1.18.

[c] **5.31** Gn 2.24.

[d] **5.32** *Designio secreto:* Véase Ef 1.9 n.

[e] **5.32** El sentido parece ser que el texto de Gn 2.24 adquiere su significado más profundo cuando se lo refiere a la relación entre Cristo y la iglesia, que a su vez es modelo de la relación entre los esposos.

[a] **6.1-4** Col 3.20-21.

[b] **6.1** La obediencia de los *hijos* a los *padres* debe equilibrarse con la consideración de estos para con aquellos (v. 4; véase Ef 5.21 n.). Algunos mss. omiten *como agrada al Señor.*

[c] **6.2-3** Ex 20.12; Dt 5.16.

[d] **6.4** Col 3.21.

[e] **6.5-9** Col 3.22—4.1; cf. 1 Ti 6.1-2; Tit 2.9-10; 1 P 2.18-25. La relación entre *amos* y *esclavos* se desarrolla más ampliamente en Col; véase Col 3.22 n.

[f] **6.5** *Con respeto, temor:* lit. *con temor y temblor,* expresión bíblica que indica diligencia y cuidado; cf. 2 Co 7.15; Flp 2.12.

siervos, sin amenazas. Recuerden que tanto ustedes como ellos están sujetos al Señor que está en el cielo, y que él no hace discriminaciones. *g*

El combate espiritual del cristiano **10** Y ahora, hermanos, busquen su fuerza en el Señor, *h* en su poder irresistible. **11** Protéjanse con toda la armadura que Dios les ha dado, *i* para que puedan estar firmes contra los engaños del diablo. **12** Porque no estamos luchando contra poderes humanos, sino contra malignas fuerzas espirituales del cielo, *j* las cuales tienen mando, autoridad y dominio sobre el mundo de tinieblas que nos rodea. *k* **13** Por eso, tomen toda la armadura que Dios les ha dado, para que puedan resistir en el día malo y, después de haberse preparado bien, *l* mantenerse firmes.

14 Así que manténganse firmes, revestidos de la verdad *m* y protegidos por la rectitud. *n* **15** Estén siempre listos para salir a anunciar el mensaje de la paz. *ñ* **16** Sobre todo, que su fe sea el escudo que los libre de las flechas encendidas del maligno. *o* **17** Que la salvación sea el casco *p* que proteja su cabeza, y que la palabra de Dios sea la espada que les da el Espíritu Santo. *q* **18** No dejen ustedes de orar; *r* rueguen y pidan a Dios siempre, guiados por el Espíritu. Manténganse alerta, sin desanimarse, y oren por todo el pueblo santo. **19** Oren también por mí, para que Dios me dé las palabras que debo decir, y para que pueda hablar con valor y dar así a conocer el designio secreto de Dios, contenido en el evangelio. *s* **20** Dios me ha enviado como embajador *t* de este mensaje, por el cual estoy preso ahora. *u* Oren para que yo hable de él sin temor alguno.

Despedida (6.21-24)

21 Tíquico, *v* nuestro querido hermano y fiel ayudante en la obra del Señor, les llevará todas las noticias acerca de mí y de cómo me encuentro. **22** Por eso se lo envío a ustedes, para que les diga cómo estamos y de esta manera los anime. *w* **23** Que Dios el Padre, y el Señor Jesucristo, les dé a los hermanos paz y amor, con fe; **24** que él dé su gracia a todos los que aman a nuestro Señor Jesucristo con amor inalterable.

---

g **6.9** Cf. Dt 10.17; Hch 10.34; Ro 2.11; Col 3.25. En la sociedad antigua los esclavos carecían de la mayoría de los derechos civiles, pero dada la igualdad de todo ser humano delante de Dios, y el hecho de que todos los cristianos por igual son *siervos* (o *esclavos*) *de Cristo* (v. 6), se exhorta a los *amos* a tratarlos con equidad. Véase Col 3.22 n.

h **6.10** Ef 3.16; Flp 4.13; Col 1.11.

i **6.11** 2 Co 10.4; 1 P 4.1; véase 1 Ti 1.18-19 nota *p*. *Armadura:* Se refiere a las armas del soldado romano de la época. El AT utiliza la imagen de la armadura de su propio tiempo y presenta a *Dios* armándose para el combate contra sus enemigos (Is 11.5; 59.17; Sab 5.17-20); aquí es Dios quien proporciona las armas al cristiano. Cf. también Ro 13.12; 1 Ts 5.8.

j **6.12** *Del cielo:* es decir, en el ámbito espiritual o más allá de lo terrenal (Ef 1.3 nota *g*).

k **6.12** Se trata de poderes espirituales; véase Ef 1.21-22 n.

l **6.13** *Después de haberse preparado bien:* otra posible traducción: *Después de haber hecho todo lo posible.*

m **6.14** Is 11.5. *Revestidos de la verdad:* lit. *con la cintura ceñida con la verdad.* Se refiere al ancho cinturón de cuero que llevaba el soldado para protegerse, o bien al que llevaban los oficiales como señal de su rango.

n **6.14** Job 29.14; Is 59.17; cf. 1 Ts 5.8. *Protegidos por la rectitud:* lit. *vestidos con la coraza de la rectitud;* la coraza era una especie de chaleco de cuero o de metal que protegía la parte superior del cuerpo.

ñ **6.15** Is 52.7; Ro 10.15. *Estén siempre listos:* lit. *Calzándose los pies.* El soldado romano llevaba botas que hacían más firme su marcha. Otra posible traducción del v. sería *Prepárense con firmeza para anunciar el mensaje de la paz.*

o **6.16** Se refiere al *escudo* grande romano, cubierto de cuero o de una placa de metal, capaz de detener *las flechas encendidas* que arrojaba el enemigo.

p **6.17** Is 59.17; 1 Ts 5.8. El *casco* romano era de cuero, o a veces de bronce y otro metal.

q **6.17** Heb 4.12. *La espada,* provista por *el Espíritu Santo,* es la única arma ofensiva que se menciona. *La palabra de Dios:* Es probablemente la proclamación del evangelio. Cf. 1 Ts 2.13. Algunos lo refieren al AT o a las palabras inspiradas por el Espíritu.

r **6.18-20** Col 4.2-4. *No dejen ustedes de orar:* lit. *Orando en toda ocasión* (cf. 1 Ts 5.17).

s **6.19** *Designio secreto:* Véase Ef 1.9 n.

t **6.20** *Embajador:* 2 Co 5.20.

u **6.20** *Preso:* Véase Introducción.

v **6.21** *Tíquico:* Hch 20.4; 2 Ti 4.12; Tit 3.12; véase Col 4.7 n.

w **6.21-22** Col 4.7-8.

Carta de san Pablo a los Filipenses

La iglesia de Filipos fue fundada por Pablo en su segundo viaje misionero, como se narra en Hch 16.12-40. Filipos era en tiempos del apóstol una ciudad importante de la provincia romana de Macedonia. Estaba situada en lo que es hoy la parte norte de Grecia. Fue, por consiguiente, el lugar donde se formó la primera comunidad cristiana de Europa.

Las relaciones de Pablo con los cristianos de Filipos fueron especialmente cordiales (cf. Flp 1.3-8; 4.1). En diversas ocasiones, ellos ofrecieron a Pablo ayuda económica; y aunque Pablo tenía como principio anunciar el evangelio gratuitamente (cf. 1 Co 9.12-18), aceptó con gratitud la ayuda de los filipenses (cf. Flp 4.10-18).

Uno de los motivos de esta carta (=Flp) fue agradecer el donativo que los filipenses le habían enviado por medio de un cristiano llamado Epafrodito (Flp 4.18). Para Pablo, que se encontraba prisionero, este gesto de solidaridad era especialmente significativo. Y aprovecha la oportunidad para dar algunas instrucciones a esta comunidad que tanto estimaba.

La carta comienza con el *saludo* de costumbre (1.1-2), seguido de una acción de gracias y una petición a Dios por los cristianos de Filipos, donde aparece ya el especial cariño de Pablo por esta iglesia y su agradecimiento (1.3-11).

En la *parte central* de la carta (1.12—4.20) pueden distinguirse seis secciones o temas principales.

1. En primer lugar, Pablo informa a los cristianos de Filipos sobre el progreso del evangelio, a pesar de la situación en que él personalmente se encuentra. Está preso y no sabe cuál va a ser su suerte en el futuro (1.12-26).

2. En seguida hace una serie de exhortaciones. Ante todo, los cristianos deben vivir de acuerdo con el evangelio. Pablo les recomienda en especial la armonía y la humildad. Como fundamento de esta actitud cristiana está su unión con Cristo. Aquí se encuentra el hermoso himno sobre la humillación y exaltación de Cristo. Siguen nuevas exhortaciones (1.27—2.18).

3. A continuación hay una sección que se refiere a dos colaboradores de Pablo: Timoteo y Epafrodito. El segundo pertenecía a la comunidad de Filipos (2.19-30).

4. Viene luego una sección en que el tono se hace más polémico. Pablo quiere poner en guardia a la comunidad frente a algunos que enseñan la necesidad de la circuncisión y el sometimiento a la ley de Moisés, y les recuerda el ejemplo que les dio (3.1—4.1).

5. Después viene otra serie de exhortaciones, algunas particulares, especialmente a la concordia en la comunidad, y otras más generales (4.2-9).

6. Finalmente, Pablo agradece la ayuda que los filipenses le han enviado (4.10-20).

La carta concluye con una breve *despedida* (4.21-23).

Pablo escribió esta carta estando en prisión (1.7,13,17). Pero no se da ninguna indicación precisa sobre el sitio en que se encontraba, fuera de insinuar que estaba preso por la autoridad romana (1.13). Se ha pensado en Roma (cf. Hch 28.16-31), en Cesarea (cf. Hch 24.27) o en Éfeso. Estas no son las únicas posibilidades, ya que Pablo estuvo preso en varias ocasiones y en diversos lugares (cf. 2 Co 11.23, escrito antes de las prisiones de Cesarea y Roma).

Por otra parte, los cambios bruscos que hay en algunas secciones (especialmente Flp 3.1b-21, comparado con lo anterior) han llevado a algunos que enseñan que aquí se han reunido dos cartas distintas de Pablo a los filipenses. El lenguaje y la doctrina son típicamente paulinos en todas las partes.

La carta fue escrita en la década del 50 al 60, sin que sea posible precisar más la fecha.

El siguiente esquema indica las principales secciones de la carta:

Introducción (1.1-11)
    I. El progreso del evangelio (1.12-26)
    II. Deberes de los cristianos (1.27—2.18)
    III. Los colaboradores de Pablo (2.19-30)
    IV. Advertencias a la comunidad (3.1—4.1)
    V. Exhortaciones (4.2-9)
    VI. Agradecimientos (4.10-20)
Conclusión (4.21-23)

Introducción (1.1-11)

1 **Saludo**[a] [1] Pablo y Timoteo,[b] siervos de Cristo Jesús, saludan a los que en la ciudad de Filipos[c] pertenecen al pueblo santo por estar unidos a Cristo Jesús, es decir, a toda la comunidad con los que la presiden[d] y los diáconos.[e] [2] Que Dios nuestro Padre y el Señor Jesucristo derramen su gracia y su paz sobre ustedes.

Acción de gracias[f] [3] Cada vez que me acuerdo de ustedes doy gracias a mi Dios; [4] y cuando oro, siempre pido con alegría[g] por todos ustedes; [5] pues ustedes se han hecho solidarios[h] con la causa del evangelio, desde el primer día hasta hoy. [6] Estoy seguro de que Dios, que comenzó a hacer su buena obra en ustedes, la irá llevando a buen fin[i] hasta el día en que Jesucristo regrese.[j] [7] Es muy justo que yo piense así de todos ustedes, porque los llevo dentro de mi corazón y porque todos ustedes son solidarios conmigo de la bondad que Dios me ha mostrado, ya sea

---

[a] **1.1-2** Sobre la forma de las cartas antiguas, véanse Ro 1.1-7 n. e *Introducción* a las *Cartas*.

[b] **1.1** *Timoteo* (véase Hch 16.1 nota b) había acompañado a *Pablo* y Silas cuando se fundó la iglesia de Filipos, y se encontraba con Pablo en el momento de escribir esta carta. Pablo planeaba enviarlo a Filipos más tarde (Flp 2.19-23).

[c] **1.1** *Filipos:* ciudad de Macedonia, en el norte de Grecia, donde se estableció la primera iglesia cristiana en Europa; cf. Hch 16.12, y véanse *Introducción* a esta carta e *Índice de mapas*.

[d] **1.1** *Los que la presiden:* En griego se usa la palabra *epískopos* (persona que preside o vigila), de donde se derivó la palabra castellana "obispo". Se refiere aquí a personas que presiden la comunidad cristiana en los aspectos religiosos y administrativos.

[e] **1.1** *Diáconos:* ayudantes o auxiliares (véase *Índice temático*).

[f] **1.3-11** En su acción de gracias y oración por los Filipos, Pablo alude, en términos generales (vv. 5,7), a la ayuda que estos le habían brindado en diferentes ocasiones (cf. Flp 4.16), pero espera hasta el final de la carta para mencionar específicamente el donativo que le habían enviado en fecha reciente (véase Flp 4.10-20 n. e *Introducción*).

[g] **1.4** *Alegría:* tema importante en toda la carta (véase 1.18 n.).

[h] **1.5** *Ustedes se han hecho solidarios:* Véase 1.3-11 n.

[i] **1.6** *Llevando a buen fin:* Cf. Sal 138.8.

[j] **1.6** *El día en que Jesucristo regrese:* Véase 1 Co 1.8 n.

que esté yo en la cárcel [k] o que me presente delante de las autoridades para defender y confirmar el anuncio del evangelio. [l] **8** Pues Dios sabe cuánta nostalgia siento de todos ustedes, con el tierno amor que me infunde Cristo Jesús. **9** Pido en mi oración que su amor siga creciendo más y más todavía, y que Dios les dé sabiduría y entendimiento, **10** para que sepan escoger siempre lo mejor. [m] Así podrán vivir una vida limpia, y avanzar sin tropiezos hasta el día en que Cristo vuelva; [n] **11** pues ustedes presentarán una abundante cosecha de buenas acciones [ñ] gracias a Jesucristo, para honra y gloria de Dios.

I. EL PROGRESO DEL EVANGELIO (1.12-26)

12 Hermanos, quiero que sepan que las cosas que a mí me han pasado han venido en realidad a ayudar al anuncio del evangelio. **13** Pues mi prisión ha servido para dar testimonio público de Cristo a la gente del palacio y a todos los demás. [o] **14** Y al ver que estoy preso, la mayoría de los hermanos se han animado a anunciar el mensaje, sin miedo y con más confianza en el Señor.

15 Es verdad que algunos anuncian a Cristo por envidia y rivalidad, [p] pero otros lo hacen con buena intención. **16** Algunos anuncian a Cristo por amor, sabiendo que Dios me ha puesto aquí para defender el evangelio; **17** pero otros lo hacen por interés personal, y no son sinceros, sino que quieren causarme más dificultades ahora que estoy preso. **18** Pero ¿qué importa? De cualquier manera, con sinceridad o sin ella, anuncian a Cristo; y esto me causa alegría.

Y todavía me alegraré más, [q] **19** pues yo sé que todo esto será para mi salvación, gracias a las oraciones de ustedes y a la ayuda que me da el Espíritu de Jesucristo. **20** Pues espero firmemente que Dios no me dejará quedar mal, sino que, ahora como siempre, se mostrará públicamente en mí la grandeza de Cristo, tanto si sigo vivo como si muero. [s] **21** Porque para mí, seguir viviendo es Cristo, y morir, una ganancia. [t] **22** Y si al seguir viviendo en este cuerpo, mi trabajo puede producir tanto fruto, entonces no sé qué escoger. **23** Me es difícil decidirme por una de las dos cosas: por un lado, quisiera morir [u] para ir a estar con Cristo, pues eso sería mucho mejor para mí; [v] **24** pero, por otro lado, a causa de ustedes es más necesario que siga viviendo. **25** Y como estoy convencido de esto, sé que me quedaré todavía con ustedes, para ayudarlos a seguir adelante y a tener más gozo en su fe. **26** Así me tendrán otra vez entre ustedes, y haré que aumente su orgullo en Cristo Jesús. [w]

II. DEBERES DE LOS CRISTIANOS (1.27—2.18)

Vivir de acuerdo con el evangelio **27** Solamente esto: procuren que su manera de vivir esté de acuerdo con el evangelio de Cristo. [x] Así, lo mismo si voy a verlos que si no voy, quiero recibir noticias de que ustedes siguen firmes y muy unidos, luchando todos juntos por la fe del evangelio, **28** sin dejarse asustar en nada por sus enemigos. Esto es una clara señal de que ellos van a la destrucción, y al mismo tiempo es señal de la salvación de ustedes. Y esto procede de Dios. **29** Pues por causa de Cristo, ustedes no solo tienen el privilegio de creer en él, sino también de sufrir por él. **30** Ustedes y yo estamos en la misma lucha. Ya vieron antes cómo luché, [y] y ahora tienen noticias de cómo sigo luchando.

2 *Armonía y humildad* [a] **1** Así que, si Cristo les ha dado el poder de animar, si el amor los impulsa a consolar a otros, si todos participan del mismo Espíritu, si tienen un corazón compasivo, [b] **2** llénenme de alegría viviendo todos en armonía, unidos por un mismo amor, por un mismo espíritu y por un mismo propósito. [c] **3** No hagan nada por rivalidad o por orgullo, [d] sino con humildad, y que cada uno considere a los demás como mejores que él mismo. [e] **4** Ninguno busque únicamente su propio bien, sino también el bien de los otros. [f]

La humillación y la exaltación de Cristo [g] **5** Tengan unos con otros la manera de pensar propia de quien está unido a Cristo Jesús, [h] **6** el cual:

Aunque existía con el mismo ser de Dios,

---

[k] **1.7** Pablo escribe estando *en la cárcel.* Véase *Introducción.*
[l] **1.7** Alusión a situaciones como las de Hch 22.1-21; 26.1-32.
[m] **1.10** Cf. Ro 2.18; 12.2; Heb 5.14.
[n] **1.10** 1 Ts 3.13.
[ñ] **1.11** *Presentarán... de buenas acciones:* lit. *estarán llenos de frutos de justicia* (para la imagen, cf. Am 6.12; Stg 3.18).
[o] **1.13** Cf. Hch 28.30-31. *Palacio* (o *pretorio*): residencia de la autoridad romana y de su personal de servicio. Cf. Flp 4.22.
[p] **1.15-18** Se trata de personas que *anuncian a Cristo* por interés propio. A pesar de esto, Pablo expresa su *alegría* porque aun así Cristo es dado a conocer.
[q] **1.18** Aun en las circunstancias negativas, Pablo expresa *alegría* (véase 1.4 n.).
[r] **1.19** Alusión a Job 13.16 (gr.).
[s] **1.20-24** Pablo no sabía si sería puesto en libertad o condenado a muerte; cf. también Flp 2.17.
[t] **1.21** Cf. Gl 2.19-20.
[u] **1.23** *Morir:* Pablo considera posible el ser condenado a muerte por las autoridades romanas.
[v] **1.23** Cf. 2 Co 5.8.
[w] **1.25-26** Ignoramos si la esperanza de Pablo de ser puesto en libertad y volver a ayudar a los filipenses llegó a realizarse o no. Véase *Introducción.*

[x] **1.27** Cf. Ef 4.1; Col 1.10; 1 Ts 2.11-12.
[y] **1.30** *Cómo luché:* Cf. Hch 16.19-40; 1 Ts 2.2. La *lucha* de Pablo, en el momento de escribir, consistía en su encarcelamiento y en su proceso judicial, que estaba pendiente.
[a] **2.1-4** Pablo apela a las raíces más profundas de la vida cristiana: la acción salvadora de Cristo y la participación en el mismo Espíritu.
[b] **2.1** Estas frases condicionales han de entenderse en sentido positivo, de modo que podrían traducirse *Puesto que Cristo les ha dado el poder de animar,* etc. *Si todos participan del mismo Espíritu:* Cf. 2 Co 13.13.
[c] **2.2** Cf. Ro 12.16; 1 Co 1.10.
[d] **2.3** El autor parece aludir a posibles celos y diferencias en la iglesia de Filipos; cf. Flp 4.2.
[e] **2.3** Cf. Ro 12.10; Gl 5.26.
[f] **2.4** 1 Co 10.24.
[g] **2.5-11** Para fundamentar sólidamente la anterior exhortación (vv. 2-4), Pablo señala aquí la actitud de Cristo, que debe animar a todo el que está unido a él. Los vv. 6-11 presentan en forma poética la humillación de Cristo y su exaltación, en virtud de la cual fue constituido Señor del universo. Este himno posiblemente formaba parte del culto cristiano. Véanse otros himnos semejantes en Jn 1.1-18; Col 1.15-20; 1 Ti 3.16; Heb 1.1-4.
[h] **2.5** *La manera... a Cristo Jesús:* También puede traducirse *la manera de pensar que tuvo Cristo Jesús.*

no se aferró a su igualdad con él, [i]
⁷ sino que renunció a lo que era suyo [j]
y tomó naturaleza de siervo. [k]
Haciéndose como todos los hombres [l]
y presentándose como un hombre cualquiera,
⁸ se humilló a sí mismo, [m]
haciéndose obediente hasta la muerte,
hasta la muerte en la cruz. [n]

⁹ Por eso Dios le dio el más alto honor [ñ]
y el más excelente de todos los nombres, [o]
¹⁰ para que, ante ese nombre concedido a Jesús,
doblen todos las rodillas
en el cielo, en la tierra y debajo de la tierra, [p]
¹¹ y todos reconozcan [q] que Jesucristo es Señor, [r]
para gloria de Dios Padre.

Hacer efectiva la salvación ¹² Por tanto, mis queridos hermanos, así como ustedes me han obedecido [s] siempre, y no solo cuando he estado entre ustedes, obedézcanme más ahora que estoy lejos. Hagan efectiva su propia salvación con profunda reverencia; [t] ¹³ pues Dios, según su bondadosa determinación, es quien hace nacer en ustedes los buenos deseos y quien los ayuda a llevarlos a cabo.

¹⁴ Háganlo todo sin murmuraciones ni discusiones, ¹⁵ para que nadie encuentre en ustedes culpa ni falta alguna, y sean hijos de Dios sin mancha en medio de esta gente mala y perversa. [u] Entre ellos brillan [v] ustedes como estrellas en el mundo, ¹⁶ manteniendo firme el mensaje de vida. [w] Así, cuando venga Cristo, [x] yo podré sentirme orgulloso de ustedes, sabiendo que no he corrido [y] ni trabajado en vano. ¹⁷ Y aunque mi propia vida sea sacrificada [z] para completar la ofrenda que ustedes hacen a Dios por su fe, yo me alegro y comparto esa alegría con todos ustedes. ¹⁸ Alégrense ustedes también, y tomen parte en mi alegría. [a]

III. LOS COLABORADORES DE PABLO (2.19-30)

Timoteo ¹⁹ Confiado en el Señor Jesús, espero mandarles pronto a Timoteo, [b] para alegrarme al recibir noticias de ustedes. ²⁰ Porque no tengo a ningún otro que comparta tanto mis propios sentimientos y que de veras se preocupe por el bien de ustedes; ²¹ todos buscan su propio interés, y no el interés de Jesucristo. ²² Pero ustedes ya saben del buen comportamiento de Timoteo y de cómo ha servido conmigo en el anuncio del evangelio, ayudándome como si fuera mi hijo. [c] ²³ Así que espero enviárselo en cuanto yo sepa qué va a pasar conmigo; [d] ²⁴ aunque confío en el Señor que también yo mismo iré pronto.

Epafrodito ²⁵ Igualmente me parece necesario mandarles al hermano Epafrodito, mi compañero de trabajo y de armas, al que ustedes mismos me enviaron para atender mis necesidades. [e] ²⁶ Él siente mucha nostalgia de todos ustedes, y está muy preocupado porque ustedes supieron que se encontraba enfermo. ²⁷ Y es verdad que lo estuvo, y hasta a punto de morir; pero Dios tuvo compasión de él, y no solo de él sino también de mí, para que no tuviera yo más tristezas de las que ya tengo. ²⁸ Por eso se lo envío a toda prisa, para que ustedes se alegren de verlo otra vez y para que yo no esté tan triste. ²⁹ Recíbanlo con toda alegría, como hermano en el Señor, y estimen siempre a los que son como él, ³⁰ ya que estuvo a punto de morir por servir a Cristo. Puso en peligro su vida, y estuvo cerca de la muerte, por prestarme los servicios que ustedes no me podían prestar personalmente.

---

[i] **2.6** *Con el mismo ser de Dios:* en contraste con la naturaleza o condición "de siervo" (v. 7). Se refiere a la preexistencia de Cristo (Jn 1.1-2; 17.5).

[j] **2.7** *Renunció a lo que era suyo:* lit. *se vació a sí mismo.* Cf. 2 Co 8.9.

[k] **2.7** *Siervo:* o *esclavo* (Is 52.13).

[l] **2.7** Cf. Jn 1.14; Ro 8.3; 1 Ti 3.16.

[m] **2.8** *Se humilló:* Cf. Is 53.3-9; Hch 8.32-33. Los vv. 6-8 se refieren a la humillación de Cristo, que llega *hasta la muerte.* La muerte en la cruz era la más humillante que podía imaginarse (véase *Crucifixión, cruz* en el *Índice temático*).

[n] **2.8** Cf. Is 53.12. *Obediente:* Cf. Mt 26.39; Ro 5.19; Heb 5.8.

[ñ] **2.9** Después de describir lo profundo de la humillación de Cristo (vv. 6-8), se presenta en vv. 9-11 su exaltación en un ritmo ascendente que culmina con su reconocimiento como Señor por todos los seres del universo (véase 2.10 n.; cf. Jn 17.5). Cf. también Is 52.13; Hch 2.33,36; Heb 2.9; 12.2.

[o] **2.9** Heb 1.4. *Nombre:* indicación de carácter y rango (véase *Índice temático*). Aquí se le da el nombre de *Señor* (véase 2.11 n.), como título divino y de plena autoridad (Mt 28.18).

[p] **2.10** Es decir, la creación entera, que incluye a los seres celestiales o angélicos, a los habitantes de la tierra y a los que se hallan en el reino de la muerte. Cf. Ef 1.21; 1 P 3.22.

[q] **2.10-11** Is 45.23; Ro 14.11.

[r] **2.11** *Señor:* Término que, además de aplicarse a los seres humanos que tienen autoridad, traduce el nombre de Yahvé en el AT, y fue aplicado a Jesús por la iglesia primitiva en su profesión de fe: *Jesucristo es Señor;* véase 1 Co 12.3 nota *d.* Al mismo tiempo, *Señor,* en el sentido de *amo,* se contrapone en este v. a *siervo* (o *esclavo*)

del v. 7, y pone de relieve el contraste entre la humillación y la exaltación de Cristo.

[s] **2.12** *Obedecido:* Cf. Ro 1.5; 2 Ts 1.8; aquí se relaciona la obediencia con el ejemplo de Cristo (v. 8).

[t] **2.12** *Con profunda reverencia:* lit. *con temor y temblor* (véase Ef 6.5 n.).

[u] **2.15** Dt 32.5.

[v] **2.15** *Brillan:* o *deben brillar;* cf. Mt 5.14,16.

[w] **2.16** *Manteniendo firme:* También puede traducirse por *ofreciendo.*

[x] **2.16** *Cuando venga Cristo:* Flp 1.6.

[y] **2.16** Lenguaje deportivo; cf. Flp 3.12-14; 1 Co 9.24-27.

[z] **2.17** Ro 12.1; 15.16; 2 Ti 4.6. *Y aunque mi propia vida sea sacrificada:* lit. *Y aunque yo sea derramado como sacrificio.* Pablo, consciente de su situación, compara su posible muerte con la libación u ofrenda de vino que se derramaba durante ciertos sacrificios (Nm 15.5-10). Y considera la *fe* de los filipenses como una *ofrenda* o *sacrificio* que se completaría al añadirle Pablo su propia sangre, en caso de ser muerto por causa del evangelio.

[a] **2.18** *Alegría:* Véase Flp 1.4 n.

[b] **2.19** *Timoteo:* Véase Flp 1.1 nota *b.*

[c] **2.22** 1 Co 4.17; 1 Ti 1.2; 2 Ti 1.2. Los filipenses conocían a Timoteo porque había ido a Filipos como compañero de Pablo en su segundo viaje; véase Flp 1.1 nota *b.*

[d] **2.23-24** Pablo, aunque pendiente del resultado de su proceso judicial, repite que tiene esperanza de ser liberado (véanse Flp 1.19, 25-26 y notas correspondientes).

[e] **2.25-30** *Epafrodito* había sido enviado por la iglesia de Filipos para llevar a Pablo una ofrenda (Flp 4.18) y quedarse con él para ayudarlo. Ahora, después de una grave enfermedad, va a regresar a

IV. ADVERTENCIAS A LA COMUNIDAD (3.1—4.1)

3 *Sobre la circuncisión y la ley* [1] Por lo demás, hermanos míos, alégrense en el Señor. [a] Para mí no es ninguna molestia repetir lo que ya les he escrito, y para ustedes es útil. [2] Cuídense de esa gente despreciable, [b] de los malos trabajadores, de esos que mutilan el cuerpo; [c] [3] porque los verdaderos circuncidados [d] somos nosotros, los que adoramos a Dios movidos por su Espíritu, [e] y nos gloriamos de ser de Cristo Jesús, y no ponemos nuestra confianza en las cosas externas. [f] [4] Aunque también yo tengo razones para confiar en tales cosas. Nadie tendría más razones que yo para confiar en ellas: [5] me circuncidaron a los ocho días de nacer, [g] soy de raza israelita, pertenezco a la tribu de Benjamín, [h] soy hebreo e hijo de hebreos. [i] En cuanto a la interpretación de la ley judía, fui del partido fariseo; [j] [6] era tan fanático, que perseguía a los de la iglesia; [k] y en cuanto a la justicia que se basa en el cumplimiento de la ley, era irreprochable. [l] [7] Pero todo esto, que antes valía mucho para mí, ahora, a causa de Cristo, lo tengo por algo sin valor. [8] Aún más, a nada le concedo valor si lo comparo con el bien supremo de conocer a Cristo Jesús, [m] mi Señor. Por causa de Cristo lo he perdido todo, y todo lo considero basura a cambio de ganarlo a él [9] y encontrarme unido a él; no con una justicia propia, adquirida por medio de la ley, sino con la justicia que se adquiere por la fe en Cristo, la que da Dios con base en la fe. [n] [10] Lo que quiero es conocer a Cristo, sentir en mí el poder de su resurrección y la solidaridad en sus sufrimientos; haciéndome semejante a él en su muerte, [ñ] [11] espero llegar a la resurrección de los muertos.

Todavía no hemos llegado a la meta [12] No quiero decir que ya lo haya conseguido todo, [o] ni que ya sea perfecto; pero sigo adelante con la esperanza de alcanzarlo, puesto que Cristo Jesús me alcanzó primero. [p] [13] Hermanos, no digo que yo mismo ya lo haya alcanzado; lo que sí hago es olvidarme de lo que queda atrás y esforzarme por alcanzar lo que está delante, [14] para llegar a la meta y ganar el premio celestial que Dios nos llama a recibir por medio de Cristo Jesús. [q]

[15] Todos los que ya poseemos una fe madura, [r] debemos pensar de esta manera. Si en alguna cosa ustedes piensan de otro modo, Dios les hará ver esto también. [16] Pero, eso sí, debemos vivir de acuerdo con lo que ya hemos alcanzado.

Somos ciudadanos del cielo [17] Hermanos, sigan mi ejemplo [s] y fíjense también en los que viven según el ejemplo que nosotros les hemos dado a ustedes. [18] Ya les he dicho muchas veces, y ahora se lo repito con lágrimas, que hay muchos que están viviendo como enemigos de la cruz de Cristo, [19] y su fin es la perdición. Su dios son sus propios apetitos, [t] y sienten orgullo de lo que debería darles vergüenza. Solo piensan en las cosas de este mundo. [20] En cambio, nosotros somos ciudadanos del cielo, [u] y estamos esperando que del cielo venga el Salvador, el Señor Jesucristo, [v] [21] que cambiará nuestro cuerpo miserable para que sea como su propio cuerpo glorioso. [w] Y lo hará por medio del poder que tiene para dominar todas las cosas.

4 [1] Por eso, mis queridos hermanos, a quienes tanto deseo ver; ustedes, amados míos, que son mi alegría y mi premio, [a] sigan así, firmes en el Señor.

V. EXHORTACIONES (4.2-9)

Recomendaciones particulares [2] Ruego a Evodia, y también a Síntique, [b] que se pongan de acuerdo como hermanas en el Señor. [3] Y a ti, mi fiel compañero [c] de

---

Filipos con la carta de Pablo. *Compañero de armas:* Véase 1 Ti 1.18-19 nota *p*.

[a] **3.1** *Alégrense:* Véase Flp 1.4 n.; cf. Flp 1.18; 2.18; 4.4.

[b] **3.2** *Esa gente despreciable:* lit. *los perros;* expresión muy dura. Los judíos llamaban 'perros' a los no judíos; aquí Pablo, con sarcasmo, aplica el término a los mismos judíos que querían imponer a los cristianos la circuncisión y otros ritos.

[c] **3.2** *Esos que mutilan el cuerpo:* lit. *la incisión* o *la mutilación;* juego de palabras en griego mediante un vocablo similar al de *circuncisión.* Pablo compara la circuncisión física con ciertas costumbres paganas (cf. 1 R 18.28). Véase Gl 5.12 n.

[d] **3.3** Jer 4.4; Ro 2.25-29; Col 2.11. Véase *Circuncisión* en el *Índice temático.*

[e] **3.3** Cf. Jn 4.24. *Movidos por su Espíritu:* Algunos mss. dicen *en espíritu* o *espiritualmente.*

[f] **3.3** *En las cosas externas:* lit. *en la carne;* se refiere a la circuncisión, pero incluyendo el sentido de todo lo meramente físico y externo.

[g] **3.5** Gn 17.12; Lv 12.3; Lc 1.59.

[h] **3.5** Ro 11.1.

[i] **3.5** 2 Co 11.22. Los padres de Pablo, aunque vivían fuera de Palestina, habían conservado no solo la cultura y la religión de los *hebreos* sino también su lengua.

[j] **3.5** Hch 23.6; 26.5. *Fariseo:* Véase *Índice temático;* los fariseos eran los más escrupulosos en la observancia de la ley mosaica y de las tradiciones.

[k] **3.6** Hch 8.3; 22.4; 26.9-11.

[l] **3.6** Gl 1.14.

[m] **3.8** *Conocer:* Véase 3.10 n., y cf. Jn 17.3.

[n] **3.9** Sobre *justicia,* véase Ro 1.17 nota *n;* cf. Ro 3.20-24; Gl 2.21; 3.21.

[ñ] **3.10** *Conocer a Cristo* implica tanto experimentar *el poder de su resurrección* (o sea, el poder del Cristo resucitado) como participar de *sus sufrimientos.* Cf. Flp 1.29; Ro 6.3-14; 2 Co 4.10-14; Col 1.24; 1 P 4.13.

[o] **3.12** *No... todo:* esto es, *No que yo haya alcanzado ya la meta* (de los vv. 8-11). Pablo vuelve en 3.12-14 a la imagen de las competencias deportivas (Flp 2.16; cf. 1 Co 9.24-27).

[p] **3.12** *Me alcanzó:* Pablo alude a su experiencia en el camino de Damasco (Hch 9.3-6). *Sigo adelante... me alcanzó:* otras posibles traducciones: *sigo adelante, para alcanzar aquello para lo cual Cristo Jesús también me alcanzó;* o bien, *sigo adelante, con la esperanza de ganar el premio* (v. 14), *ya que también Cristo Jesús me ganó a mí.*

[q] **3.14** *El premio... Jesús:* otras posibles traducciones: *el premio que es el llamamiento de Dios, por medio de Cristo Jesús, a la vida celestial* (o *espiritual*); o bien *el premio que Dios, desde el cielo, nos llama a recibir por medio de Cristo Jesús.* Cf. Sab 4.2.

[r] **3.15** *Una fe madura:* Cf. 1 Co 2.6.

[s] **3.17** 1 Co 4.16; 11.1.

[t] **3.19** Cf. Ro 16.18.

[u] **3.20** Cf. Ef 2.19.

[v] **3.20** 1 Co 1.7; Tit 2.13.

[w] **3.21** 1 Co 15.35-37.

[a] **4.1** Cf. 1 Ts 2.19-20. *Premio:* lit. *corona,* como las de laurel que se daban a los vencedores en los juegos.

[b] **4.2** *Evodia y Síntique:* mujeres de la iglesia de Filipos entre las que había algún desacuerdo.

[c] **4.3** *Fiel compañero:* probablemente algún dirigente de la iglesia

trabajo, te pido que ayudes a estas hermanas, pues ellas lucharon a mi lado [d] en el anuncio del evangelio, junto con Clemente [e] y los otros que trabajaron conmigo. Sus nombres ya están escritos en el libro de la vida. [f]

Recomendaciones generales 4 Alégrense siempre en el Señor. Repito: ¡Alégrense! [g] 5 Que todos los conozcan a ustedes como personas bondadosas. El Señor está cerca. [h]

6 No se aflijan por nada, [i] sino preséntenselo todo a Dios en oración; pídanle, y denle gracias también. [j] 7 Así Dios les dará su paz, que es más grande de lo que el hombre puede entender; y esta paz cuidará sus corazones y sus pensamientos por medio de Cristo Jesús. [k]

8 Por último, hermanos, piensen en todo lo verdadero, en todo lo que es digno de respeto, en todo lo recto, en todo lo puro, en todo lo agradable, en todo lo que tiene buena fama. Piensen en toda clase de virtudes, en todo lo que merece alabanza. [l]

9 Sigan practicando lo que les enseñé y las instrucciones que les di, lo que me oyeron decir y lo que me vieron hacer: háganlo así y el Dios de paz estará con ustedes.

VI. AGRADECIMIENTOS (4.10-20) [m]

10 Me alegro mucho en el Señor de que ustedes hayan vuelto a pensar en mí. No quiero decir que me hubieran olvidado, sino que no tenían la oportunidad de ayudarme. 11 No lo digo porque yo esté necesitado, pues he aprendido a contentarme con lo que tengo. 12 Sé lo que es vivir en la pobreza, y también lo que es vivir en la abundancia. He aprendido a hacer frente a cualquier situación, lo mismo a estar satisfecho que a tener hambre, a tener de sobra que a no tener nada. 13 A todo puedo hacerle frente, gracias a Cristo que me fortalece. 14 Sin embargo, ustedes hicieron bien compartiendo mis dificultades.

15 Cuando partí de Macedonia, [n] al comenzar a anunciar el evangelio, fueron ustedes, los de la iglesia de Filipos, los únicos con quienes tuve este intercambio de bienes. [ñ] 16 Pues incluso estando yo en Tesalónica, más de una vez ustedes me enviaron ofrendas para mis necesidades. [o] 17 No es que yo esté cobrándoles nada; lo que quiero es que ustedes lleguen a tener más en su cuenta delante de Dios. 18 Acuso recibo de todo, [p] y hasta tengo de sobra. Con lo que me enviaron por medio de Epafrodito, tengo más que suficiente. Lo que me enviaron fue como una ofrenda de incienso perfumado, un sacrificio que Dios recibe con agrado. [q] 19 Por lo tanto, mi Dios les dará a ustedes todo lo que les falte, conforme a las gloriosas riquezas que tiene en Cristo Jesús. 20 ¡Gloria para siempre a nuestro Dios y Padre! Amén.

Conclusión (4.21-23)

Despedida 21 Saluden de mi parte a todos los que pertenecen al pueblo santo [r] por Jesucristo. Los hermanos que están conmigo les mandan saludos. 22 También les mandan saludos todos los que pertenecen al pueblo santo, y especialmente los del servicio del emperador romano. [s]

23 Que el Señor Jesucristo derrame su gracia sobre ustedes.

---

de Filipos. Otra posible traducción: *fiel Sízigo* (tomando esta palabra como nombre propio).

[d] **4.3** *Estas hermanas:* las del v. 2. *Lucharon a mí lado:* es decir, *colaboraron conmigo* (cf. Flp 1.27).

[e] **4.3** *Clemente:* personaje que solo se menciona aquí.

[f] **4.3** *Libro de la vida:* Cf. Ex 32.32; Sal 69.28 (29); Ap 3.5.

[g] **4.4** *Alégrense:* Véase Flp 1.4 n.; cf. Flp 2.18; 3.1.

[h] **4.5** Stg 5.8-9.

[i] **4.6** Mt 6.25; 1 P 5.7.

[j] **4.6** Ro 12.12; Ef 6.18; Col 4.2; 1 Ts 5.17-18.

[k] **4.7** Cf. Is 26.3; Jn 14.27; Col 3.15.

[l] **4.8** *Piensen en:* es decir, *pongan toda su atención en,* o *tomen bien en cuenta.*

[m] **4.10-20** Véase Flp 1.3-11 n. Pablo, atento a la sensibilidad de los filipenses, quiere evitar cualquier apariencia de interés personal. Por eso deja para el final de la carta la mención directa del donativo que ellos habían enviado por conducto de *Epafrodito* (Flp 2.25-30 n.), y la referencia a su propia situación física y económica.

[n] **4.15** *Macedonia:* Flp 1.1 nota *c.*

[ñ] **4.15** Pablo emplea una expresión tomada de la contabilidad, que significa lit. *abrieron cuentas de haber y debe;* los filipenses habían correspondido con ofrendas de gratitud por la ayuda espiritual que habían recibido.

[o] **4.16** Hch 17.1; 2 Co 11.9.

[p] **4.18** Continúa usando el vocabulario de la contabilidad.

[q] **4.18** *Un sacrificio que Dios recibe con agrado:* lit. *un sacrificio de olor agradable a Dios.* Cf. Ex 29.18; 30.7-8; véase Ef 5.2 nota *c.*

[r] **4.21** *Pueblo santo:* Véase Ro 1.6-7 n.

[s] **4.22** Personas al servicio del gobierno romano con las que Pablo entró en contacto, tal vez a causa de su condición de preso; véase *Introducción.*

Carta de san Pablo a los Colosenses

La ciudad de Colosas estaba situada en Asia Menor, actual Turquía, a unos 175 km. al oriente de Éfeso. El evangelio no fue anunciado allá por Pablo sino por Epafras, su compañero (cf. Col 1.7). La comunidad cristiana de Colosas se componía principalmente de personas procedentes del paganismo (cf. 1.21; 2.13).

De la carta (=Col) se deduce que, después de la conversión a la fe cristiana, se presentaron en la comunidad algunas desviaciones doctrinales respecto de las enseñanzas recibidas. Se debió, posiblemente, al influjo de ideas corrientes en las religiones paganas y, en parte, también del judaísmo. Se empezó a dar importancia exagerada y aun a rendir cierto culto a los poderes angélicos, y a observar algunas prescripciones sobre los alimentos y sobre el calendario. Todo esto se basaba, con mucha probabilidad, en el conocimiento especial que algunos decían poseer. De esta manera, la posición de Jesucristo y de su obra salvadora venía a perder la primacía, y la comunidad se separaba de la iglesia universal y de su enseñanza autorizada.

Esta carta fue escrita para corregir esas desviaciones. En ella se insiste en la verdadera posición de Cristo frente a las demás criaturas, y se sacan las consecuencias para la vida de la comunidad.

La carta comienza con una *introducción* compuesta de un breve saludo (1.1-2) y de una acción de gracias a Dios por la fe, el amor y la esperanza de los colosenses (1.3-8).

La *parte central* está organizada alrededor de tres temas.

Ante todo se recuerda a los colosenses la obra salvadora de Dios por medio de Jesucristo. Se exalta, en un bello himno, la primacía de Cristo sobre toda la creación y se insiste en la necesidad de permanecer firmes en la fe que los colosenses habían abrazado (1.9-23).

En segundo lugar, se recuerda de manera más explícita el evangelio predicado por Pablo: ese designio secreto que Dios ha dado a conocer y que especialmente se refiere al llamamiento de los que no son judíos a participar de la salvación que Dios ofrece por medio de Cristo (1.24—2.5).

En la tercera sección se pasa a la aplicación práctica de ese mensaje. Se pone en guardia contra las falsas enseñanzas de algunos y se exhorta a vivir la nueva vida juntamente con Cristo. De manera particular se recuerdan los deberes propios de la vida familiar (2.6—4.6).

En la *despedida* se hace mención de varios de los colaboradores de Pablo y se pide hacer llegar esta carta a la vecina iglesia de Laodicea (4.7-18).

Esta carta se asemeja en varios puntos a la *Carta a los Efesios;* también en *Colosenses* se habla de la prisión de Pablo (4.3), pero no se menciona un lugar concreto.

La *Carta a los Colosenses* presenta algunos puntos de diferencia, en el lenguaje y las ideas, respecto de otras cartas paulinas. Esto lo explican algunos por el hecho de haber sido redactada en una época diferente, o por la participación de un secretario. Otros consideran que la carta pudo haber sido escrita por un discípulo de Pablo, incluso después de la muerte de este (véase *Introducción* a las *Cartas*).

Esquema de la carta:

Introducción (1.1-8)
    I. La obra salvadora de Dios (1.9-23)
    II. La misión de Pablo (1.24—2.5)
    III. La nueva vida (2.6—4.6)
    Despedida (4.7-18)

Introducción (1.1-8)

1 Saludo [a] **1** Pablo, apóstol de Jesucristo por la voluntad de Dios, junto con el hermano Timoteo, [b] **2** saluda a los del pueblo santo que están en Colosas, [c] fieles hermanos [d] en Cristo. Que Dios nuestro Padre derrame su gracia y su paz sobre ustedes.

Acción de gracias **3** Siempre que oramos por ustedes damos gracias a Dios, el Padre de nuestro Señor Jesucristo. **4** Pues hemos recibido noticias de su fe en Cristo Jesús y del amor que tienen a todo el pueblo santo, [e] **5** animados por la esperanza de lo que a ustedes se les ha reservado en el cielo. [f] De esto ya oyeron hablar al escuchar el mensaje de la verdad contenido en el evangelio **6** que llegó hasta

---

[a] 1.1-2 Respecto de la forma de la carta, véanse Ro 1.1-7 n. e *Introducción* a las *Cartas*.
[b] 1.1 *Timoteo:* Véase 2 Co 1.1 nota *d*.
[c] 1.2 *Colosas:* población de la provincia romana de Asia, que hoy es parte de Turquía. Situada a unos 175 km. al este de Éfeso, fue evangelizada por Epafras (véanse Hch 19.10 n. e *Índice de mapas*, y cf. Col 1.7; 4.12).
[d] 1.2 *Fieles hermanos:* o *hermanos creyentes*.
[e] 1.4 Ef 1.15; Flm 5.
[f] 1.5 1 P 1.4.

ustedes. Este mensaje está creciendo y dando fruto en todas partes del mundo, *g* igual que ha sucedido entre ustedes desde que oyeron hablar de la bondad de Dios y reconocieron su verdad. **7** Esto les enseñó nuestro querido Epafras, *h* quien ha trabajado con nosotros y en quien ustedes tienen *i* un fiel servidor de Cristo. **8** Él nos ha traído noticias de ustedes y del amor que el Espíritu les inspira. *j*

I. LA OBRA SALVADORA DE DIOS (1.9-23)

9 Por esto nosotros, desde el día que lo supimos, no hemos dejado de orar por ustedes y de pedir a Dios que los haga conocer plenamente su voluntad y les dé toda clase de sabiduría y entendimiento espiritual. *k* **10** Así podrán portarse como deben hacerlo los que son del Señor, *l* haciendo siempre lo que a él le agrada, dando frutos de toda clase de buenas obras y creciendo en el conocimiento de Dios. **11** Pedimos que él, con su glorioso poder, los haga fuertes; así podrán ustedes soportarlo todo con mucha fortaleza y paciencia, y con alegría **12** darán gracias al Padre, que los ha capacitado a ustedes *m* para recibir en la luz *n* la parte de la herencia *ñ* que él dará al pueblo santo. **13** Dios nos libró del poder de las tinieblas *o* y nos llevó al reino de su amado Hijo, *p* **14** por quien tenemos la liberación *q* y el perdón de los pecados. *r*

15 Cristo *s* es la imagen visible de Dios, que es invisible; es su Hijo primogénito, anterior a todo lo creado. *t* **16** En él Dios creó todo lo que hay en el cielo y en la tierra, tanto lo visible como lo invisible, así como los seres espirituales que tienen dominio, autoridad y poder. *u* Todo fue creado por medio de él y para él. *v* **17** Cristo existe antes que todas las cosas, y por él se mantiene todo en orden. *w* **18** Además,

Cristo es la cabeza de la iglesia, que es su cuerpo. *x* Él, que es el principio, fue el primero en resucitar, para tener así el primer puesto en todo. *y* **19** Pues en Cristo quiso residir todo el poder divino, *z* **20** y por medio de él Dios reconcilió a todo el universo ordenándolo hacia él, tanto lo que está en la tierra como lo que está en el cielo, *a* haciendo la paz mediante la sangre que Cristo derramó en la cruz. *b*

Consecuencias de la obra salvadora **21** Ustedes antes eran extranjeros y enemigos de Dios *c* en sus corazones, por las cosas malas que hacían, **22** pero ahora Cristo los ha reconciliado *d* mediante la muerte que sufrió en su existencia terrena. Y lo hizo para tenerlos a ustedes en su presencia, santos, sin mancha y sin culpa. *e* **23** Pero para esto deben permanecer firmemente basados en la fe, sin apartarse de la esperanza que tienen por el mensaje del evangelio que oyeron. Este es el mensaje que se ha anunciado en todas partes del mundo, y que yo, Pablo, ayudo a predicar. *f*

II. LA MISIÓN DE PABLO (1.24—2.5)

24 Ahora me alegro de lo que sufro por ustedes, porque de esta manera voy completando, en mi propio cuerpo, lo que falta de los sufrimientos de Cristo *g* por la iglesia, que es su cuerpo. **25** Dios ha hecho de mí un servidor de la iglesia, por el encargo que él me dio, para bien de ustedes, *h* de anunciar en todas partes su mensaje, **26** es decir, el designio secreto *i* que desde hace siglos y generaciones Dios tenía escondido, *j* pero que ahora ha manifestado al pueblo santo. **27** A ellos Dios les quiso dar a conocer la gloriosa riqueza que ese designio encierra para todas las naciones. Y ese

---

g **1.6** Esto es, *del mundo* entonces conocido, o sea *en todo* el Imperio Romano.
h **1.7** *Epafras*, residente de Colosas, estaba con Pablo (Col 4.12; Flm 23); véase Col 1.2 nota *c*.
i **1.7** *Ustedes tienen:* Algunos mss. dicen *nosotros tenemos*.
j **1.8** Ro 5.5.
k **1.9** *Espiritual:* o *que concede el Espíritu*.
l **1.10** Cf. Ef 4.1; Flp 1.27; 1 Ts 2.11-12.
m **1.12** *Ustedes:* los de la iglesia de Colosas, que se componía en gran parte de creyentes no judíos.
n **1.12-14** Cf. Hch 26.18.
ñ **1.12** *Herencia:* Véanse Ef 1.11 n. y 2.5 n.
o **1.13** *Poder de las tinieblas:* es decir, del poder de Satanás; cf. Ef 6.12, y véase Lc 22.53 nota *g*.
p **1.13** *Su amado Hijo:* Véase Ef 1.6 nota *n*.
q **1.14** *Liberación:* Véase Ro 3.24 nota *s*.
r **1.14** Ef 1.7.
s **1.15-20** El texto de 1.15-20 es un himno que proclama la grandeza de Cristo en su relación con Dios, con toda la creación, y en especial con la iglesia, que es su cuerpo. Igualmente destaca su obra reconciliadora. Es probable que este himno esté basado en un texto usado en el culto de la iglesia (cf. también Jn 1.1-18; Flp 2.6-11; 1 Ti 3.16; Heb 1.1-4).
t **1.15** *Anterior:* o *superior.* Cristo es anterior y superior a la creación. El título *primogénito* (véase Lc 2.7 nota *g*) resalta la primacía de Cristo, en contraste con la idea que, al parecer, se estaban difundiendo en Colosas (véase *Introducción*). Cf. Jn 1.1-2; 2 Co 4.4; Heb 1.2-4.
u **1.16** *Seres espirituales que tienen dominio, autoridad y poder:* Cf. Ef 1.21; 6.12; en las religiones paganas algunos consideraban a estos seres como intermediarios entre Dios y el universo.

v **1.16** Cf. Jn 1.3; 1 Co 8.6. Lo que en Pr 8.22-31 se dice de la sabiduría, de su existencia antes de todas las cosas y de su participación en la creación, se aplica aquí a Cristo.
w **1.17** Jn 1.1-3; 8.58; Heb 1.2-3. *Por él se mantiene todo en orden:* Pablo hace resaltar la acción continua de Dios por medio de Cristo.
x **1.18** Ef 1.22-23; 5.23.
y **1.18** Hch 26.23; 1 Co 15.20-23; Ap 1.5.
z **1.19** *Quiso residir todo el poder divino:* lit. *tuvo a bien residir* (o *que residiera*) *toda la plenitud.* Otras posibles traducciones son: *Dios quiso que residiera toda la plenitud* o *toda la plenitud quiso residir.* La *plenitud* puede entenderse como *todo el poder de Dios*, como *todo el ser de Dios,* o como *toda la plenitud de lo creado.* La misma palabra *plenitud* se usa en Ef 1.23; 3.19; 4.13 y Col 2.9, pero no siempre con el mismo significado concreto.
a **1.20** Ef 1.10; cf. 2 Co 5.18-19; cf. también Ro 8.19-23.
b **1.20** *La sangre:* Ef 2.16; véase Ef 1.7-8 nota *ñ*.
c **1.21** *Ustedes:* los creyentes no judíos de Colosas, antes *extranjeros* para el pueblo de Dios (Ef 2.12-13; 4.18) y *enemigos de Dios* (Ro 5.10).
d **1.22** *Reconciliado:* Véase 2 Co 5.18-20 n.; cf. Ef 2.13-16.
e **1.22** *Sin mancha y sin culpa:* Véase Ef 1.4 n.; cf. Ef 5.27.
f **1.23** Cf. 3.7. *En todas partes del mundo:* Véase Col 1.6 n., y cf. también el envío en Mc 16.15.
g **1.24** Cf. 2 Co 1.5; 4.10; Flp 3.8-10.
h **1.25** Ef 3.2,7-8.
i **1.26-27** Ro 16.25; Ef 3.3-9; Col 2.2; 4.3. *Designio secreto:* Véanse Ef 1.9 n. e *Índice temático*.

designio secreto es Cristo, que está entre ustedes ^{j} y que es la esperanza de la gloria que han de tener. ^{k}

28 Nosotros anunciamos a Cristo, aconsejando y enseñando a todos en toda sabiduría, para presentarlos perfectos en Cristo. ^{l} **29** Para esto trabajo y lucho con toda la fuerza y el poder que Cristo me da. ^{m}

2 **1** Pues quiero que sepan que estoy luchando duramente por ustedes, por los de Laodicea ^{a} y por todos los que no me han visto personalmente. **2** Lucho para que ellos reciban ánimo en su corazón, para que permanezcan unidos en amor y enriquecidos con un perfecto entendimiento que les permita comprender el designio secreto de Dios, que es Cristo mismo; ^{b} **3** pues en él están encerradas todas las riquezas de la sabiduría y del conocimiento. ^{c} **4** Esto se lo digo a ustedes para que nadie los engañe con palabras seductoras. **5** Pues aunque no estoy presente entre ustedes en persona, lo estoy en espíritu, y me alegra ver que tienen orden y que se mantienen firmes en su fe en Cristo. ^{d}

III. LA NUEVA VIDA (2.6—4.6)

6 Por eso, habiendo recibido a Jesucristo como su Señor, deben comportarse como quienes pertenecen a Cristo, **7** con profundas raíces en él, firmemente basados en él ^{e} por la fe, como se les enseñó, y dando siempre gracias a Dios.

8 Tengan cuidado: no se dejen llevar por quienes los quieren engañar ^{f} con teorías y argumentos falsos, ^{g} pues ellos no se apoyan en Cristo, sino en las tradiciones de los hombres y en los poderes que dominan este mundo. ^{h}

9 Porque toda la plenitud de Dios se encuentra visiblemente ^{i} en Cristo, ^{j} **10** y en él Dios los hace experimentar todo su poder, pues Cristo ^{k} es cabeza de todos los seres espirituales que tienen poder y autoridad. ^{l} **11** En él también, ustedes han sido circuncidados, no con una circuncisión hecha por los hombres, sino con la circuncisión hecha por Dios al unirlos a Cristo y despojarlos de su naturaleza pecadora. ^{m} **12** Al ser bautizados, ustedes fueron sepultados con Cristo, y fueron también resucitados con él, ^{n} porque creyeron en el poder de Dios, que lo resucitó. **13** Ustedes, en otro tiempo, estaban muertos espiritualmente a causa de sus pecados y por no haberse despojado de su naturaleza pecadora; ^{ñ} pero ahora Dios les ha dado vida juntamente con Cristo, ^{o} en quien nos ha perdonado todos los pecados. **14** Dios anuló el documento de deuda que había contra nosotros y que nos obligaba; ^{p} lo eliminó clavándolo en la cruz. ^{q} **15** Dios despojó de su poder a los seres espirituales que tienen potencia y autoridad, ^{r} y por medio de Cristo los humilló públicamente llevándolos como prisioneros en su desfile victorioso. ^{s}

16 Por tanto, que nadie los critique a ustedes por lo que comen o beben, o por cuestiones tales como días de fiesta, lunas nuevas o sábados. ^{t} **17** Todo esto no es más que la sombra de lo que ha de venir, ^{u} pero la verdadera realidad es Cristo. **18** No dejen que los condenen esos que se hacen pasar por muy humildes y que dan culto a los ángeles, ^{v} que pretenden tener visiones y que se hinchan de orgullo a causa de sus pensamientos humanos. **19** Ellos no están unidos a la cabeza, la cual hace crecer todo el cuerpo al alimentarlo y unir cada una de sus partes conforme al plan de Dios. ^{w}

La solidaridad con Cristo **20** Ustedes han muerto con Cristo ^{x} y ya no están sujetos a los poderes que dominan este mundo. ^{y} ¿Por qué, pues, viven como si todavía fueran

---

^{j} **1.27** Ro 8.10; Ef 3.17. *Cristo, que está entre ustedes:* otras posibles traducciones: *Cristo, que habita en ustedes,* o *Cristo, predicado entre ustedes.*

^{k} **1.27** Ro 8.18.

^{l} **1.28** *Perfectos:* o *maduros;* cf. Ef 4.13.

^{m} **1.29** Ef 3.7,20; Flp 4.13.

^{a} **2.1** *Laodicea:* población situada a unos 17 km. de Colosas (Col 4.13,15-16; Ap 3.14-22). No hay indicaciones de que Pablo la hubiera visitado.

^{b} **2.2** Ef 3.4; véase Col 1.26-27 n., y cf. Col 4.3. *Designio secreto:* Véanse Ef 1.9 n. e *Índice temático.*

^{c} **2.3** 1 Co 1.24,30; Ef 3.19; cf. Pr 2.4-6; Is 45.3. Los colosenses estaban en peligro de preferir un supuesto *conocimiento* humano especial al que procede de *Cristo* (véase Col 2.8 nota *h*).

^{d} **2.5** Cf. 1 Co 5.3.

^{e} **2.7** Cf. Ef 2.20-22.

^{f} **2.8** *Engañar:* lit. *secuestrar* o *capturar,* como si se tratara de hacer esclavos.

^{g} **2.8** *Argumentos falsos:* Cf. 1 Ti 6.20.

^{h} **2.8** Los colosenses trataban de mezclar su fe en Cristo con algunas creencias extrañas, especialmente la de que debían dar culto a *los poderes que dominan este mundo* (véase Gl 4.3 n.), considerando a Cristo como uno más entre varios intermediarios ante Dios.

^{i} **2.9** *Visiblemente:* lit. *corporalmente,* palabra que también puede aludir a la iglesia, cuerpo de Cristo (véase Ef 1.23 nota *h*).

^{j} **2.9** Cf. Jn 1.14.

^{k} **2.10** Cf. Jn 1.16; Ef 3.19; 4.13.

^{l} **2.10** Ef 1.21-22.

^{m} **2.11** Véanse Ef 2.11 n. y *Circuncisión* en el *Índice temático.* Aquí se usa en sentido figurado, para indicar una transformación espiritual; cf. Dt 10.16; 30.6; Jer 4.4; Ro 2.28-29.

^{n} **2.12** La *circuncisión* espiritual, de la que se habla en el v. 11, se explica aquí por nuestra unión con Cristo al *ser sepultados* con él en el bautismo y *resucitados con él* a una vida nueva (Col 3.1; cf. Ro 6.3-4).

^{ñ} **2.13** *Por no haberse despojado de su naturaleza pecadora:* lit. *en la incircuncisión de su carne;* es decir, por ser paganos (no judíos), separados del pueblo de Dios.

^{o} **2.13** Ef 2.1-5.

^{p} **2.14** Se usa la imagen de un pagaré que ha sido anulado (cf. Mt 6.12).

^{q} **2.14** *Clavándolo en la cruz:* La imagen es poco clara. De todos modos, hace alusión a la muerte de Cristo en la cruz. Ef 2.15-16; 1 P 2.24; cf. 2 Co 5.21; Gl 3.13.

^{r} **2.15** *Seres espirituales que tienen potencia y autoridad:* Véase Col 1.16 nota *u*.

^{s} **2.15** *En su desfile victorioso:* Aquí tenemos la imagen del desfile triunfal de un ejército (véase 2 Co 2.14-17 n.).

^{t} **2.16** La doctrina difundida en Colosas incluía la prohibición de comer ciertos alimentos y la consideración de que algunos días del calendario tenían valor especial. Véase Gl 4.3 n.; cf. Ro 14.1-6.

^{u} **2.17** *La sombra:* Cf. Heb 8.5; 10.1.

^{v} **2.18** *Dan culto a los ángeles:* parte del error mencionado en 2.8 nota *h*.

^{w} **2.19** Véase Ef 4.16 n. En Ef, la imagen literaria del *cuerpo,* que es la iglesia, destaca la conexión de los miembros entre sí; aquí se subraya la conexión de ellos con Cristo, *la cabeza.*

^{x} **2.20** *Han muerto con Cristo:* Cf. v. 12, y Ro 6.6-11; Gl 2.19.

^{y} **2.20** *Poderes que dominan este mundo:* Véase Col 1.16 nota *u*; cf. Gl 4.3-5,9.

del mundo, sometidos a reglas tales ²¹como: "No toques eso, no comas aquello, no lo tomes en tus manos"? ²²Todas estas reglas tienen que ver con cosas que se acaban con el uso,ᶻ y solo son mandatos y enseñanzas de hombres.ᵃ ²³Es verdad que tales cosas pueden parecer sabias, porque exigen cierta religiosidad y humildad y duro trato del cuerpo, pero son cosas que no honran a nadie, pues solo sirven para satisfacer los deseos puramente humanos.

3 ¹Por lo tanto, ya que ustedes han sido resucitados con Cristo,ᵃ busquen las cosas del cielo, donde Cristo está sentado a la derecha de Dios.ᵇ ²Piensen en las cosas del cielo, no en las de la tierra. ³Pues ustedes murieron,ᶜ y Dios los tiene reservado el vivir con Cristo. ⁴Cristo mismo es la vida de ustedes.ᵈ Cuando él aparezca, ustedes también aparecerán con él llenos de gloria.

Consecuencias de la unión con Cristo ⁵Hagan, pues, morir todo lo que hay de terrenal en ustedes: que nadie cometa inmoralidades sexuales, ni haga cosas impuras, ni siga sus pasiones y malos deseos, ni se deje llevar por la avariciaᵉ (que es una forma de idolatría).ᶠ ⁶Por estas cosas viene el terrible castigo de Dios sobre aquellos que no lo obedecen;ᵍ ⁷y en su vida pasada ustedes las hacían. ⁸Pero ahora dejen todo eso: el enojo, la pasión, la maldad, los insultos y las palabras indecentes.ʰ ⁹No se mientan los unos a los otros,ⁱ puesto que ya se han despojado de lo que antes eran y de las cosas que antes hacían, ¹⁰y se han revestido de la nueva naturaleza;ʲ la del nuevo hombre, que se va renovando a imagen de Dios, su Creador,ᵏ para llegar a conocerlo plenamente. ¹¹Ya no tiene importancia el ser griego o judío, el estar circuncidado o no estarlo, el ser extranjero, inculto, esclavo o libre,ˡ sino que Cristo es todo y está en todos.

¹²Dios los ama a ustedes y los ha escogido para que pertenezcan al pueblo santo. Revístanse de sentimientos de compasión, bondad, humildad, mansedumbre y paciencia.ᵐ ¹³Sopórtense unos a otros, y perdónense si alguno tiene una queja contra otro.ⁿ Así como el Señor los perdonó, perdonen también ustedes. ¹⁴Sobre todo revístanse de amor, que es el lazo de la perfecta unión. ¹⁵Y que la paz de Cristoñ reine en sus corazones, porque con este propósito los llamó Dios a formar un solo cuerpo. Y sean agradecidos.

¹⁶Que el mensaje de Cristo permanezca siempre en ustedes con todas sus riquezas. Instrúyanse y amonéstense unos a otros con toda sabiduría. Con corazón agradecido canten a Dios salmos, himnos y cantos espirituales.ᵒ ¹⁷Y todo lo que hagan o digan, háganlo en el nombre del Señor Jesús, dando gracias a Dios el Padre por medio de él.ᵖ

Deberes de la familia cristiana ᵍ ¹⁸Esposas, sométanse a sus esposos, pues este es su deber como creyentes en el Señor. ¹⁹Esposos, amen a sus esposas y no las traten con aspereza.ʳ

²⁰Hijos, obedezcan en todo a sus padres, porque esto agrada al Señor. ²¹Padres, no hagan enojar a sus hijos, para que no se desanimen. ˢ

²²Esclavos,ᵗ obedezcan en todo a quienes aquí en la tierra son sus amos, no solamente cuando ellos los estén mirando, para quedar bien con ellos, sino de corazón sincero, por temor al Señor. ²³Todo lo que hagan, háganlo de buena gana, como si estuvieran sirviendo al Señor y no a los hombres. ²⁴Pues ya saben que, en recompensa, el Señor les dará parte en la herencia. Porque ustedes sirvenᵘ a Cristo, que es su verdadero Señor.ᵛ ²⁵Pero el que hace lo malo, recibirá el pago del mal que ha hecho, porque Dios juzga imparcialmente.ʷ

4 ¹Ustedes, amos, sean justos y razonables con sus esclavos.ᵃ Acuérdense de que también ustedes tienen un Señor en el cielo.ᵇ

Recomendaciones generales ²Manténganse constantes en la oración,ᶜ siempre alerta y dando gracias a Dios. ³Oren también por nosotros, a fin de que el Señor nos abra las puertas para predicar el mensaje y anunciar el designio

---

ᶻ **2.22** *Cosas que se acaban con el uso:* como las comidas y bebidas (v. 16). Cf. Mc 7.18-19.

ᵃ **2.22** *Mandatos... de hombres:* Cf. Is 29.13; Mt 15.9; Mc 7.8.

ᵃ **3.1-3** Col 2.12; cf. Ro 6.13-14.

ᵇ **3.1** Sal 110.1, citado también en Mt 22.44; Hch 2.34; cf. Ef 1.20; 2.6; Heb 1.3.

ᶜ **3.3** Col 2.20; cf. Ro 6.2; 2 Co 5.14-17.

ᵈ **3.4** Gl 2.20; Flp 1.21; cf. también Flp 3.21; 1 Jn 3.2.

ᵉ **3.5,8** En estos vv. se presentan dos listas de cinco vicios cada una; como contraste, en el v. 12 se presentan cinco virtudes. Véase Ro 1.31 n.

ᶠ **3.5** *Idolatría:* Véase Ef 5.5 nota *e.*

ᵍ **3.6** Ef 5.6. *Castigo:* lit. *ira;* cf. Ro 1.18.

ʰ **3.8** Ef 4.29,31.

ⁱ **3.9** Ef 4.22,25.

ʲ **3.9-10** Véase Ef 4.22-24 n.; cf. Col 2.11 y Ro 6, donde Pablo trata el tema más ampliamente. *Lo que antes eran... la nueva naturaleza;* lit. *el hombre viejo... el hombre nuevo.*

ᵏ **3.10** Gn 1.26; cf. 2 Co 5.17; Gl 6.15; Ef 2.10.

ˡ **3.11** Ro 10.12; 1 Co 12.13; Gl 3.28.

ᵐ **3.12-15** Cf. la descripción de la vida según el Espíritu en Gl 5.22-23.

ⁿ **3.12-13** Ef 4.2,32.

ñ **3.15** *La paz de Cristo:* Cf. Jn 14.27; Ef 2.14; Flp 4.7.

ᵒ **3.16-17** *Salmos, himnos y cantos espirituales:* Ef 5.19-20; véase Col 1.15-20 n.

ᵖ **3.17** 1 Co 10.31; 1 P 4.11.

ᵍ **3.18—4.1** Ef 5.21—6.9; 1 P 2.18—3.7. Sobre la manera de presentar los deberes de la vida doméstica, véase Ef 5.21—6.9 n. Pablo enfoca el tema desde el punto de vista cristiano (*en el Señor*), y presenta de ese modo la relación mutua entre *esposas* y *esposos* (vv. 18-19), *hijos* y *padres* (vv. 20-21) y, con especial detalle, entre *esclavos* y *amos* (vv. 22—4.1).

ʳ **3.18-19** Véase Ef 5.22-33; 1 P 3.1-7, y notas correspondientes.

ˢ **3.20-21** Cf. Ef 6.1-4.

ᵗ **3.22** La esclavitud era parte de la organización social de todos los pueblos de esa época. El NT enseña que en Cristo ya no cuenta ser libre o esclavo (Gl 3.28; Ef 6.8; Col 3.11) y que todos debemos servir, por amor, a los demás (cf. Mt 20.25-28 y paralelos). Aquí se recomienda a los esclavos servir con sinceridad, y a los amos, tratar a sus esclavos con justicia y equidad. Cf. también Ef 6.5-9; 1 Ti 6.1-2; Tit 2.9-10; 1 P 2.18-25.

ᵘ **3.24** *Porque ustedes sirven:* otra posible traducción: *Sirvan ustedes.*

ᵛ **3.24** Esto es, *Cristo es realmente su Amo.*

ʷ **3.25** Dt 10.17; Hch 10.34; Ef 6.9.

ᵃ **4.1** Lv 25.39-53.

ᵇ **4.1** Ef 6.9.

ᶜ **4.2** Ro 12.12; Flp 4.6; 1 Ts 5.17.

secreto[d] de Cristo, pues por eso estoy preso.[e] **4** Oren para que yo lo dé a conocer tan claramente como debo hacerlo.[f]

5 Compórtense sabiamente con los no creyentes, y aprovechen bien el tiempo.[g] **6** Su conversación debe ser siempre agradable y de buen gusto, y deben saber también cómo contestar a cada uno.

Despedida (4.7-18)

7 Nuestro querido hermano Tíquico,[h] que ha sido un fiel ayudante y que ha servido al Señor conmigo, les llevará noticias mías. **8** Por esto lo envío a ustedes, para que les diga cómo estamos[i] y los anime.[j] **9** Con él va también Onésimo,[k] nuestro querido y fiel hermano, que es uno de ustedes. Ellos les contarán todo lo que pasa por aquí.

10 Aristarco,[l] mi compañero de cárcel, les manda saludos; y también Marcos,[m] el primo de Bernabé. Ustedes ya tienen instrucciones respecto a Marcos; si va a visitarlos, recíbanlo bien. **11** También los saluda Jesús, al que llaman el Justo.[n] Estos son los únicos entre los creyentes judíos que han trabajado conmigo por el reino de Dios, y han sido un gran consuelo para mí. **12** Les manda saludos Epafras,[ñ] un siervo de Cristo Jesús; él es uno de ustedes, y siempre está rogando por ustedes en sus oraciones, para que se mantengan perfectamente firmes, entregados del todo a hacer la voluntad de Dios. **13** Yo soy testigo de lo mucho que Epafras se preocupa por ustedes y por los que están en Laodicea y en Hierápolis. **14** Lucas,[o] el médico amado, los saluda, y también Demas.[p]

15 Saluden a los hermanos que están en Laodicea. Saluden también a Ninfa y a la congregación que se reúne en su casa.[q] **16** Después de haber leído ustedes esta carta, mándenla a la iglesia de Laodicea, para que también allí sea leída; y ustedes, a su vez, lean la carta que les llegue de allá.[r] **17** Díganle esto a Arquipo:[s] "Procura cumplir bien el servicio que te han encomendado en nombre del Señor."

18 Yo, Pablo, les escribo este saludo de mi puño y letra.[t] Recuerden que estoy preso. Que Dios derrame su gracia sobre ustedes.

---

[d] **4.3** *Designio secreto:* Véanse Ef 1.9 n. e *Índice temático.*
[e] **4.3** *Preso:* Véase *Introducción.*
[f] **4.3-4** Ef 6.19-20.
[g] **4.5** Ef 5.16. *El tiempo:* o *toda ocasión.*
[h] **4.7** *Tíquico:* Cf. Hch 20.4; 2 Ti 4.12; Tit 3.12. Era compañero de Pablo, procedente de la provincia de Asia, y tuvo la responsabilidad de entregar esta carta del apóstol a la iglesia de Colosas. Según Ef 6.21, también llevó la Carta a los Efesios.
[i] **4.8** *Para que les diga cómo estamos:* Otros mss. dicen *para saber cómo están ustedes.*
[j] **4.7-8** Ef 6.21-22.
[k] **4.9** *Onésimo:* esclavo fugitivo que Pablo devuelve a su amo Filemón (Flm 10-12).
[l] **4.10** *Aristarco:* compañero de Pablo, natural de Tesalónica (Hch 19.29; 27.2; Flm 24).
[m] **4.10** *Marcos:* Juan Marcos, de Jerusalén (Hch 12.12,25; 13.5,13; 15.37-39); era *primo* (o *sobrino*) de *Bernabé,* el compañero de Pablo en los primeros años de su actividad apostólica (Hch 4.36; 13.1—15.39; Flm 24).
[n] **4.11** No hay más información sobre *Jesús, al que llaman el Justo.*
[ñ] **4.12-13** *Epafras:* Col 1.7 nota *h;* al parecer, tenía alguna responsabilidad en Colosas y en las vecinas poblaciones de *Laodicea* (véase Col 2.1 n.) y *Hierápolis.*
[o] **4.14** *Lucas:* 2 Ti 4.11; Flm 24. Según la tradición antigua, Lucas fue compañero de Pablo en muchos de sus viajes, y autor tanto del Evangelio que lleva su nombre como del libro de los Hechos; aquí se le llama *médico,* y se deduce que no era judío (puesto que no está incluido entre los creyentes judíos del v. 11).
[p] **4.14** *Demas:* 2 Ti 4.10; Flm 24.
[q] **4.15** *Ninfa* (nombre femenino): Algunos mss. tienen *Ninfas* (masculino). Las iglesias se reunían normalmente en casas particulares (véase Ro 16.5 n.).
[r] **4.16** Al parecer, Pablo había enviado antes una *carta* a la iglesia de *Laodicea,* carta que no nos ha llegado, aunque algunos piensan que puede tratarse de la Carta a los Efesios (véase *Introducción* a Ef).
[s] **4.17** *Arquipo:* Flm 2.
[t] **4.18** *Puño y letra:* Véase 1 Co 16.21 n.

Primera carta de san Pablo a los Tesalonicenses

La *Primera carta a los Tesalonicenses* (=1 Ts) es la más antigua que se ha conservado de Pablo y, al mismo tiempo, es probablemente el escrito más antiguo del Nuevo Testamento.

La ciudad de Tesalónica, situada en la parte norte de la actual Grecia, era la capital de la provincia de Macedonia. Pablo fundó la iglesia de Tesalónica en su segundo viaje misionero, después de fundar la de Filipos (cf. Hch 17.1-8). Visitó luego otras ciudades hasta llegar a Corinto (cf. Hch 17.10—18.18). Había tenido el deseo de regresar a Tesalónica, para continuar su trabajo apostólico, pero por algún inconveniente no pudo hacerlo. Desde Atenas envió entonces a Timoteo, su colaborador, para que animara a los cristianos de Tesalónica. Cuando Pablo ya estaba en Corinto, regresó Timoteo y le llevó buenas noticias acerca de la situación de la iglesia. El apóstol decidió entonces escribirles esta carta, ya que por el momento no podía visitarlos personalmente.

La carta comienza con una *introducción* que incluye el saludo de costumbre, en el que Pablo menciona también a sus colaboradores Silvano y Timoteo (1.1). En seguida viene una acción de gracias a Dios por la vida cristiana de la comunidad de Tesalónica (1.2-10).

La *parte central* de la carta se divide en dos secciones.

La primera sección (2.1—3.13) se refiere al trabajo de Pablo en Tesalónica. Recuerda cómo les predicó el evangelio y cómo lo aceptaron ellos. Les da a conocer los deseos que ha tenido de visitarlos de nuevo y les comunica la alegría que tuvo al enterarse, por Timoteo, de la situación de la comunidad. Termina con una oración a Dios.

La segunda sección (4.1—5.24) es una exhortación a poner en práctica las exigencias del evangelio. En particular se detiene para dar una instrucción sobre lo que será de aquellos cristianos que ya han muerto y sobre la actitud que deben tener en espera del regreso del Señor.

La carta termina con una breve *despedida* (5.25-28).

Lo más probable es que la carta haya sido escrita hacia el año 50.

Esquema de la carta:

Introducción (1.1-10)
    Saludo (1.1)
    Acción de gracias (1.2-10)
I. El trabajo de Pablo en Tesalónica (2.1—3.13)
    Recuerdos (2.1-16)
    Deseos de una nueva visita (2.17-20)
    Envío de Timoteo (3.1-10)
    Oración (3.11-13)
II. Exhortaciones (4.1—5.24)
    La vida que agrada a Dios (4.1-12)
    El regreso del Señor (4.13—5.11)
    Actitudes propias de los cristianos (5.12-24)
    Despedida (5.25-28)

Introducción (1.1-10)

1 **Saludo**[a] **1** Pablo, Silvano y Timoteo saludan a la comunidad de los creyentes de la ciudad de Tesalónica, que están unidos a Dios el Padre y al Señor Jesucristo. Que Dios derrame su gracia y su paz sobre ustedes.[b]

Acción de gracias a Dios[c] **2** Siempre damos gracias a Dios por todos ustedes, y los recordamos en nuestras oraciones. **3** Continuamente recordamos qué activa ha sido su fe, qué servicial su amor, y qué fuerte en los sufrimientos su esperanza en nuestro Señor Jesucristo, delante de nuestro Dios y Padre.[d] **4** Hermanos amados por Dios, sabemos que él los ha escogido. **5** Pues cuando nosotros les anunciamos el evangelio, no fue solamente con palabras, sino que lo hicimos también con demostraciones del poder de Dios y de la actividad del Espíritu Santo,[e] y con una gran abundancia de gracias.[f] Bien saben cómo nos portamos entre ustedes, buscando su propio bien.

6 Ustedes, por su parte, siguieron nuestro ejemplo[g] y el ejemplo del Señor, y recibieron el mensaje con la alegría que el Espíritu Santo les daba en medio de grandes sufrimientos.[h] **7** De esta manera llegaron a ser un ejemplo para todos los creyentes en las regiones de Macedonia y Acaya.[i] **8** Partiendo de ustedes, el mensaje del Señor se ha extendido, no solo por Macedonia y Acaya, sino por todas partes, y se sabe de la fe que ustedes tienen en Dios, de manera que ya no es necesario que nosotros digamos nada. **9** Al contrario, ellos mismos hablan de nuestra llegada a ustedes y de cómo ustedes abandonaron los ídolos y se volvieron al Dios vivo y verdadero para servirle **10** y esperar que vuelva del cielo Jesús, el Hijo de Dios, al cual Dios resucitó. Jesús es quien nos salva del terrible castigo[j] que viene.

---

[a] **1.1** En el saludo (véase Ro 1.1-7 n.), *Pablo* menciona a *Silvano* (Silas, Hch 15.22 nota *o*) y a *Timoteo* (Hch 16.1 nota *b*), quienes lo habían acompañado mientras realizaba su trabajo misionero en Tesalónica y, por lo tanto, eran conocidos por los creyentes de aquel lugar. Ellos estaban con Pablo cuando escribió la carta. *Tesalónica* era capital de la provincia romana de Macedonia (véase 1 Ts 1.7 n.). Respecto del comienzo de la iglesia de Tesalónica, cf. Hch 17.1-9.

[b] **1.1** *Que Dios... sobre ustedes:* lit. *Gracia y paz a ustedes.*

[c] **1.2-10** Como acostumbra en sus cartas, Pablo incluye una sección de acción de gracias a Dios y de felicitación; en cierto sentido, el mismo tema se prolonga hasta el fin del cap. 3.

[d] **1.3** Este es el texto más antiguo de las cartas de Pablo en que se describe la vida cristiana con referencia a las tres actitudes fundamentales, la fe, el amor y la esperanza. Cada una de ellas se especifica aquí por una característica propia: la actividad de la fe, el carácter servicial del amor, la fortaleza en los sufrimientos propia de la esperanza. Cf. 1 Co 13.13; Col 1.4-5; 1 Ts 5.8.

[e] **1.5** 1 Co 2.4-5.

[f] **1.5** *Abundancia de gracias:* otra posible traducción: *confianza.*

[g] **1.6** *Siguieron nuestro ejemplo:* 1 Co 4.16; 11.1; Flp 3.17.

[h] **1.6** Hch 17.5-9.

[i] **1.7** *Macedonia y Acaya:* provincias romanas que integraban el norte y sur de Grecia respectivamente; la capital de Acaya era Corinto, donde Pablo escribe esta carta.

[j] **1.10** *Del terrible castigo:* lit. *de la ira.*

I. EL TRABAJO DE PABLO EN TESALÓNICA (2.1—3.13)

2 *Recuerdos*[a] ¹ Ustedes mismos, hermanos, saben que nuestra visita a ustedes no fue en vano. ² Más bien, aunque, como ya saben, antes habíamos sido insultados y maltratados en Filipos,[b] Dios nos ayudó a anunciarles a ustedes su evangelio, con todo valor y en medio de una fuerte lucha.[c] ³ Porque no estábamos equivocados en lo que predicábamos, ni tampoco hablábamos con malas intenciones ni con el propósito de engañar a nadie. ⁴ Al contrario, Dios nos aprobó y nos encargó el evangelio, y así es como hablamos. No tratamos de agradar a la gente,[d] sino a Dios, que examina nuestros corazones. ⁵ Como ustedes saben, nunca los hemos halagado con palabras bonitas, ni hemos usado pretextos para ganar dinero.[e] Dios es testigo de esto. ⁶ Nunca hemos buscado honores de nadie: ni de ustedes ni de otros. ⁷ Aunque muy bien hubiéramos podido hacerles sentir el peso de nuestra autoridad como apóstoles de Cristo, nos hicimos como niños entre ustedes.[f] Como una madre que cría y cuida a sus propios hijos, ⁸ así también les tenemos a ustedes tanto cariño que hubiéramos deseado darles, no solo el evangelio de Dios, sino hasta nuestras propias vidas. ¡Tanto hemos llegado a quererlos! ⁹ Hermanos, ustedes se acuerdan de cómo trabajábamos y luchábamos para ganarnos la vida. Trabajábamos día y noche, a fin de no ser una carga para ninguno de ustedes mientras les anunciábamos el evangelio de Dios.[g]

¹⁰ Ustedes son testigos, y Dios también, de que nos hemos portado de una manera santa, recta e irreprochable con ustedes los creyentes. ¹¹⁻¹² También saben que les hemos animado y consolado a cada uno de ustedes, como hace un padre con sus hijos. Les hemos encargado que se porten como deben hacerlo los que son de Dios,[h] que los llama a tener parte en su propio reino y gloria.

¹³ Por esto, de nuestra parte, damos siempre gracias a Dios,[i] pues cuando ustedes escucharon el mensaje de Dios que nosotros les predicamos, lo recibieron como mensaje de Dios y no como mensaje de hombres. Y en verdad es el mensaje de Dios, el cual produce sus resultados en ustedes los que creen.[j] ¹⁴ Cuando ustedes, hermanos, sufrieron persecución a manos de sus paisanos,[k] les pasó lo mismo que a las iglesias de Dios de los que pertenecen a Cristo Jesús en Judea, pues ellos también fueron perseguidos por sus paisanos los judíos. ¹⁵ Estos judíos mataron al Señor Jesús,[l] como antes habían matado a los profetas, y nos echaron fuera a nosotros.[m] No agradan a Dios, y están en contra de todos, ¹⁶ pues cuando queremos hablar a los que no son judíos, para que también se salven, no nos dejan hacerlo. De esta manera llenan siempre la medida de sus pecados. Pero para poner fin a eso, el terrible castigo[n] de Dios ha venido sobre ellos.

Deseos de una nueva visita ¹⁷ Hermanos, cuando nos separamos de ustedes por algún tiempo, aunque no los veíamos, siempre los teníamos presentes en nuestro corazón y deseábamos mucho ir a verlos.[ñ] ¹⁸ Intentamos ir; por lo menos yo, Pablo, quise hacerlo varias veces, pero Satanás nos lo impidió.[o] ¹⁹ Pues, ¿quién es nuestra esperanza, nuestra alegría y nuestro motivo de orgullo[p] delante de nuestro Señor Jesús, cuando él regrese? Si no lo son ustedes, ningún otro lo será. ²⁰ Sí, ustedes son nuestra gloria y nuestra alegría.

3 ***Envío de Timoteo*** ¹ Entonces, no pudiendo resistir más, decidimos quedarnos solos en Atenas[a] ² y enviar a nuestro hermano Timoteo, que es colaborador de Dios en el anuncio del evangelio de Cristo. Lo enviamos para que fuera a afirmarlos y animarlos en su fe, ³ y para que ninguno se dejara confundir por estas dificultades. Pues ustedes mismos saben que tenemos que sufrir estas cosas.[b] ⁴ Además, cuando todavía estábamos con ustedes, les advertimos que íbamos a tener aflicciones; y así sucedió, como ya saben. ⁵ Por eso, yo en particular, no pudiendo resistir más, mandé preguntar cómo andaban ustedes en cuanto a su fe, pues tenía miedo de que el tentador les hubiera puesto una tentación y que nuestro trabajo hubiera resultado en vano.

⁶ Pero ahora Timoteo ha vuelto de Tesalónica,[c] y nos ha traído buenas noticias de la fe y el amor que ustedes tienen. Nos dice que siempre se acuerdan de nosotros con cariño, y que tienen tantos deseos de vernos como nosotros los tenemos de verlos a ustedes. ⁷ Por esto, hermanos, en medio de todas nuestras dificultades y aflicciones, hemos recibido mucho consuelo al saber que ustedes siguen firmes en su fe. ⁸ El saber que ustedes están firmes en el Señor, nos reaviva. ⁹ ¿Cómo podremos dar suficientes gracias a nuestro Dios por ustedes y por el

---

[a] 2.1-16 Después que Pablo estuvo en Tesalónica, algunos judíos que se oponían al evangelio empezaron a atacarlo, propagando rumores que ponían en duda las intenciones y la conducta del apóstol. Pablo desmiente tales rumores, recordando el amor que tanto él como sus colaboradores habían mostrado y el trabajo que él había realizado entre los cristianos de Tesalónica.
[b] 2.2 Hch 16.19-40.
[c] 2.1-2 Hch 17.1-9.
[d] 2.4 Cf. Gl 1.10.
[e] 2.5 Hch 20.33.
[f] 2.7 En vez de *como niños,* varios mss. dicen *bondadosos.*
[g] 2.9 2 Ts 3.8; cf. también Hch 18.3; 20.34; 1 Co 4.12; 2 Co 11.7.
[h] 2.11-12 Cf. Ef 4.1; Flp 1.27; Col 1.10.
[i] 2.13 Pablo vuelve al tema de la acción de *gracias* (véase 1 Ts 1.2-10 n.).
[j] 2.13 *El cual produce sus resultados en ustedes los que creen:* Cf. Ro 1.16; 1 Co 1.18.
[k] 2.14 Hch 17.5.
[l] 2.15 Hch 2.23; 7.52.
[m] 2.15 Hch 13.50; 14.2,5,19; 17.5,13; 18.12.
[n] 2.16 *El terrible castigo:* lit. *la ira.* Mt 23.34-39.
[ñ] 2.17 Pablo había tenido que salir de Tesalónica, para ir a otras partes de Grecia (Hch 17.10—18.11).
[o] 2.18 No sabemos en qué ocasiones Pablo había intentado volver a Tesalónica, ni las causas que le impidieron hacerlo.
[p] 2.19 *Nuestro motivo de orgullo:* lit. *nuestra corona de orgullo.* Sobre la imagen de la corona, véase 1 Co 9.25 nota *r,* y cf. Flp 4.1.
[a] 3.1-2 Hch 17.14-15. Sobre la actividad de Pablo en Atenas, véase Hch 17.16—18.1.
[b] 3.3 Cf. 2 Ti 3.12.
[c] 3.6 Cf. 1 Ts 3.1-2, y también Hch 18.5.

mucho gozo que a causa de ustedes tenemos delante de él? ¹⁰ Día y noche suplicamos a Dios que nos permita verlos personalmente *d* y completar lo que todavía falte en su fe.

Oración ¹¹ Deseamos que Dios mismo nuestro Padre, y nuestro Señor Jesús, nos ayuden para que podamos ir a visitarlos. ¹² Y que el Señor los haga crecer y tener todavía más amor los unos para con los otros y para con todos, como nosotros los amamos a ustedes. ¹³ Que los haga firmes en sus corazones, santos e irreprochables delante de Dios nuestro Padre cuando regrese nuestro Señor Jesús *e* con todo su pueblo santo. *f* Amén. *g*

II. EXHORTACIONES (4.1—5.24)

4 *La vida que agrada a Dios* ¹ Ahora, hermanos, les rogamos y encargamos esto en el nombre del Señor Jesús: que sigan ustedes progresando cada día más en la manera de comportarse que aprendieron de nosotros para agradar a Dios, como ya lo están haciendo.

² Ustedes conocen las instrucciones que les dimos por la autoridad del Señor Jesús. ³ Lo que Dios quiere es que ustedes lleven una vida santa, que nadie cometa inmoralidades sexuales ⁴ y que cada uno sepa dominar su propio cuerpo *a* en forma santa y respetuosa, ⁵ no con pasión y malos deseos como las gentes que no conocen a Dios. ⁶ Que nadie abuse ni engañe en este asunto *b* a su prójimo, porque el Señor castiga duramente todo esto, como ya les hemos advertido. ⁷ Pues Dios no nos ha llamado a vivir en impureza, sino en santidad. ⁸ Así pues, el que desprecia estas enseñanzas no desprecia a ningún hombre, sino a Dios, *c* que les ha dado a ustedes su Espíritu Santo.

⁹ En cuanto al amor entre hermanos, no tienen necesidad de que les escribamos, porque Dios mismo les ha enseñado a amarse unos a otros. ¹⁰ Pues así hacen ustedes con todos los hermanos que viven en toda Macedonia. *d* Pero les rogamos, hermanos, que su amor aumente todavía más. ¹¹ Procuren vivir tranquilos y ocupados en sus propios asuntos, trabajando con sus manos *e* como les hemos encargado, ¹² para que los respeten los de fuera y ustedes no tengan que depender de nadie. *f*

El regreso del Señor *g* ¹³ Hermanos, no queremos que se queden sin saber lo que pasa con los muertos, para que ustedes no se entristezcan como los otros, los que no tienen esperanza. ¹⁴ Así como creemos que Jesús murió y resucitó, así también creemos que Dios va a resucitar con Jesús a los que murieron creyendo en él. *h*

¹⁵ Por esto les decimos a ustedes, como enseñanza del Señor, que nosotros, los que quedemos vivos hasta la venida del Señor, no nos adelantaremos a los que murieron. ¹⁶ Porque se oirá una voz de mando, la voz de un arcángel *i* y el sonido de la trompeta de Dios, y el Señor mismo bajará del cielo. Y los que murieron creyendo en Cristo, resucitarán primero; ¹⁷ después, los que hayamos quedado vivos seremos llevados, juntamente con ellos, en las nubes, para encontrarnos con el Señor en el aire; y así estaremos con el Señor para siempre. ¹⁸ Anímense, *j* pues, unos a otros con estas palabras.

5 ¹ En cuanto a las fechas y los tiempos, hermanos, no necesitan que les escribamos. ² Ustedes saben muy bien que el día del regreso del Señor llegará cuando menos se lo espere, como un ladrón que llega de noche. *a* ³ Cuando la gente diga: "Todo está en paz y tranquilo", entonces vendrá de repente sobre ellos la destrucción, como le vienen los dolores de parto *b* a una mujer que está encinta; y no podrán escapar. ⁴ Pero ustedes, hermanos, no están en la oscuridad, para que el día del regreso del Señor los sorprenda como un ladrón. ⁵ Todos ustedes son de la luz y del día. No somos de la noche ni de la oscuridad; *c* ⁶ por eso no debemos dormir como los otros, sino mantenernos despiertos y en nuestro sano juicio. *d* ⁷ Los que duermen, duermen de noche, y los que se emborrachan, se emborrachan de noche; *e* ⁸ pero nosotros, que somos del día, debemos estar siempre en nuestro sano juicio. Debemos protegernos, *f* como con una coraza, con la fe y el amor, *g* y cubrirnos, como con un casco, con la esperanza

---

d 3.10 Parece que fue algunos años más tarde cuando Pablo pudo volver *personalmente* a Tesalónica (Hch 20.1-2).
e 3.13 Flp 1.10.
f 3.13 Zac 14.5; 2 Ts 1.7,10. *Su pueblo santo:* otra posible traducción: *sus ángeles,* según el uso del término en Dn 4.13 (10); 8.13 (cf. Mt 25.31; Mc 8.38).
g 3.13 Algunos mss. omiten *Amén.*
a 4.4 *Su propio cuerpo:* lit. *su vaso* (o *utensilio*). Cf. 1 Co 4.7. Otra posible traducción de la frase sería: *portarse con su propia esposa* (cf. 1 P 3.7).
b 4.6 *En este asunto:* esto es, en cuanto a la conducta sexual (vv. 4-5,7). Otra posible traducción: *en los negocios.*
c 4.8 Lc 10.16.
d 4.10 *Macedonia:* región que incluía a Tesalónica (véase 1 Ts 1.1 nota a).
e 4.11 La gran mayoría de los cristianos de Tesalónica eran trabajadores manuales, y quizás algunos de ellos eran esclavos. Pablo les había dado ejemplo de cómo trabajar honradamente (1 Ts 2.9; 2 Ts 3.8,12; cf. Ef 4.28).
f 4.12 *No tengan que depender de nadie:* otra posible traducción: *no tengan necesidad de nada.*
g 4.13—5.11 Pablo anima o consuela (v. 18) a algunos de los cristianos que se preocupaban por sus seres queridos ya muertos, pensando que estos no iban a participar de los beneficios de la segunda venida de Cristo. En el cap. 5 se hace ver que no es posible establecer fechas exactas para este acontecimiento (cf. Mt 24.36; Hch 1.6-7), y que lo importante es *mantenernos despiertos* (v. 6), o sea, en actitud de espera.
h 4.14-17 Cf. Mt 24.30-31; Mc 13.26-27; 1 Co 15.21-22,51-52. *Murieron:* lit. *durmieron,* aquí y en 4.13,15; 5.10; véase Mt 9.24 n.
i 4.16 *Arcángel:* un ángel de orden superior.
j 4.18 *Anímense:* palabra que en griego también significa *consuélense* (véase 2 Ts 2.17 n.).
a 5.2 Mt 24.43-44; Lc 12.39-40; 2 P 3.10.
b 5.3 *Dolores de parto:* Is 13.8; Jer 6.24; véase Mt 24.8 n.
c 5.5 Cf. Ro 13.12; Ef 5.8-9. *Son de la luz:* lit. *son hijos de luz.* Véase Jn 8.44 nota w.
d 5.6 Mt 24.42; Ro 13.11-14; 1 P 5.8.
e 5.7 Mt 24.48-50; Jn 3.19-20.
f 5.8 Véase la imagen de la armadura del soldado romano para indicar las actitudes fundamentales del cristiano: *la fe, el amor* y *la esperanza.* Véase 1 Ts 1.3 n. Esta imagen se desarrolla más ampliamente en Ef 6.11-17; véase Ef 6.11 n.
g 5.8 *Como con una coraza:* Véase Ef 6.14 nota n.

de la salvación. *h* ⁹ Porque Dios no nos destinó a recibir el castigo, *i* sino a alcanzar la salvación por medio de nuestro Señor Jesucristo. ¹⁰ Jesucristo murió por nosotros, para que, ya sea que sigamos despiertos o que nos durmamos con el sueño de la muerte, *j* vivamos juntamente con él. ¹¹ Por eso, anímense y fortalézcanse unos a otros, *k* tal como ya lo están haciendo.

Actitudes propias de los cristianos ¹² Hermanos, les rogamos que tengan respeto a los que trabajan entre ustedes, los dirigen en las cosas del Señor y los amonestan. ¹³ Deben estimarlos y amarlos mucho, por el trabajo que hacen. Vivan en paz unos con otros.

¹⁴ También les encargamos, hermanos, que reprendan a los indisciplinados, *l* que animen a los que están desanimados, que ayuden a los débiles y que tengan paciencia con todos.

¹⁵ Tengan cuidado de que ninguno pague a otro mal por mal. *m* Al contrario, procuren hacer siempre el bien, tanto entre ustedes mismos como a todo el mundo.

¹⁶ Estén siempre contentos. *n* ¹⁷ Oren en todo momento. ¹⁸ Den gracias a Dios por todo, porque esto es lo que él quiere de ustedes como creyentes en Cristo Jesús. *ñ*

¹⁹ No apaguen el fuego del Espíritu. *o* ²⁰ No desprecien el don de profecía. *p* ²¹ Sométanlo todo a prueba y retengan lo bueno. ²² Apártense de toda clase de mal.

²³ Que Dios mismo, el Dios de paz, los haga a ustedes perfectamente santos, y les conserve todo su ser, espíritu, alma y cuerpo, *q* sin defecto alguno, para la venida de nuestro Señor Jesucristo. ²⁴ El que los llama es fiel, *r* y cumplirá todo esto.

Despedida (5.25-28)

²⁵ Hermanos, oren también por nosotros.
²⁶ Saluden a todos los hermanos con un beso santo. *s*
²⁷ Les encargo, por la autoridad del Señor, que lean esta carta a todos los hermanos.
²⁸ Que nuestro Señor Jesucristo derrame su gracia sobre ustedes.

---

h **5.8** *Como con un casco:* Ef 6.17 nota p. *Esperanza:* Cf. Col 1.4-5; 1 Ts 1.3.
i **5.9** *Castigo:* lit. *ira.*
j **5.10** *Nos durmamos con el sueño de la muerte:* Véase 1 Ts 4.14-17 n.
k **5.11** Cf. Col 3.16.
l **5.14** 2 Ts 3.6.
m **5.15** Ro 12.17; 1 P 3.9; cf. Mt 5.38-39.
n **5.16** Flp 4.4.
ñ **5.17-18** Ro 12.12; Ef 5.20; 6.18; Col 4.2.
o **5.19** Cf. Ef 4.30.
p **5.20** Acerca del *don de profecía,* véase 1 Co 14.1 n.
q **5.23** *Espíritu, alma y cuerpo:* Expresión usada también por otros autores de la época, y que se emplea aquí para significar *todo el ser.* Cf. la expresión "corazón, alma y fuerzas" de textos como Dt 6.5.
r **5.24** 1 Co 1.9; 2 Ts 3.3.
s **5.26** Sobre el *beso santo,* véase Ro 16.16 n.

Segunda carta de san Pablo a los Tesalonicenses

Acerca de la ciudad de Tesalónica y de la comunidad cristiana fundada allí por Pablo, véase la *Introducción* a *1 Tesalonicenses.*

La *Segunda carta a los Tesalonicenses* (=2 Ts) presenta un paralelismo bastante grande con *1 Tesalonicenses,* pero desarrolla más ampliamente el tema del regreso del Señor.

La carta comienza con una *introducción* en la que se encuentra el saludo (1.1-2), seguido de una acción de gracias a Dios y una petición por los cristianos de Tesalónica (1.3-12).

En la *parte central* se toca primero el tema del regreso del Señor (2.1-12). Esta carta quiere corregir algunos errores surgidos en la comunidad, pues al parecer algunos decían, basándose en una supuesta enseñanza de Pablo, que el regreso del Señor ya había tenido lugar.

A continuación se enseña cuáles son las actitudes que deben tener los cristianos (2.13-17), se piden oraciones por Pablo y sus colaboradores (3.1-5), y finalmente se pone a la comunidad en guardia contra algunos que llevan una vida indisciplinada y ociosa, basándose, según parece, en falsas ideas sobre la venida del Señor (3.6-15).

Se termina con una breve *despedida* (3.16-18).

La falta de referencia a la primera carta, y otras características literarias y de contenido han llevado a algunos a opinar que esta carta, a pesar del paralelismo con *1 Tesalonicenses,* pudo haber sido escrita por algún discípulo de Pablo, después de la muerte de este (véase *Introducción* a las *Cartas*). Si Pablo fue el autor, la escribió poco tiempo después de *1 Tesalonicenses.*

2 TESALONICENSES

Esquema de la carta:

>   Introducción (1.1-12)
>   Saludo (1.1-2)
>   Acción de gracias y petición (1.3-12)
>   Instrucciones (2.1—3.15)
>   Aclaraciones acerca del regreso del Señor (2.1-12)
>   La actitud de los cristianos (2.13-17)
>   Se piden oraciones (3.1-5)
>   El deber de trabajar (3.6-15)
>   Despedida (3.16-18)

Introducción (1.1-12)

1 *Saludo*[a] **1** Pablo, Silvano y Timoteo saludan a la comunidad de los creyentes de la ciudad de Tesalónica, que están unidos a Dios nuestro Padre y al Señor Jesucristo. **2** Que Dios nuestro Padre y el Señor Jesucristo derramen su gracia y su paz sobre ustedes.

Acción de gracias y petición[b] **3** Hermanos, siempre tenemos que dar gracias a Dios por ustedes, como es justo que hagamos, porque la fe de ustedes está creciendo y el amor que cada uno tiene por los otros es cada vez mayor. **4** De modo que nosotros mismos hablamos de ustedes con satisfacción en las iglesias de Dios, por la fortaleza y la fe que ustedes muestran en medio de todas las persecuciones y aflicciones que sufren.[c] **5** Esto es una señal del justo juicio de Dios y muestra que él los ha juzgado dignos de entrar en su reino, por el cual están sufriendo.

6 Pues es justo que Dios haga sufrir a quienes los hacen sufrir a ustedes, **7** y que a ustedes, los que sufren, les dé descanso lo mismo que a nosotros. Esto será en el día en que el Señor Jesús aparezca[d] con sus ángeles[e] poderosos, viniendo del cielo entre llamas de fuego.[f] **8** Vendrá para castigar a los que no reconocen a Dios ni obedecen al evangelio de nuestro Señor Jesús. **9** Estos serán castigados con destrucción eterna, y serán arrojados lejos de la presencia del Señor y de su gloria y poder,[g] **10** cuando el Señor venga en aquel día para ser honrado entre su pueblo santo y admirado por todos los creyentes; pues ustedes han creído en el testimonio que les dimos.

11 Con este fin oramos siempre por ustedes, pidiendo a nuestro Dios que los haga dignos del llamamiento que les hizo, y que cumpla por su poder todos los buenos deseos de ustedes y los trabajos que realizan movidos por su fe. **12** De esta manera, el nombre de nuestro Señor Jesús será honrado por causa de ustedes, y él los honrará conforme a la bondad de nuestro Dios y del Señor Jesucristo.

Instrucciones (2.1—3.15)

2 *Aclaraciones sobre el regreso del Señor*[a] **1** Ahora, hermanos, en cuanto al regreso de nuestro Señor Jesucristo y a nuestra reunión con él, les rogamos **2** que no cambien fácilmente de manera de pensar ni se dejen asustar por nadie que diga haber tenido una revelación del Espíritu, o haber recibido una enseñanza dada de palabra o por carta, según la cual nosotros habríamos afirmado que el día del regreso del Señor ya llegó. **3** No se dejen engañar de ninguna manera.[b] Pues antes de aquel día tiene que venir la rebelión contra Dios,[c] cuando aparecerá el hombre malvado,[d] el que está condenado a la perdición. **4** Este es el enemigo que se levanta contra todo lo que lleva el nombre de Dios o merece ser adorado, y llega incluso a instalar su trono en el templo de Dios, haciéndose pasar por Dios.

5 ¿No recuerdan que yo les hablaba de esto cuando aún estaba con ustedes? **6** Y ahora ustedes saben qué es lo que lo detiene,[e] para que no aparezca antes de su debido tiempo. **7** Pues el plan secreto de la maldad ya está en marcha; solo falta que sea quitado de en medio el que

---

[a] **1.1-2** Esta carta comienza de manera similar a 1 Ts, con la mención de *Silvano* (Silas) y *Timoteo;* véase 1 Ts 1.1 nota *a*.

[b] **1.3-12** La acción de gracias (vv. 3-5; véase 1 Ts 1.2-10 n.) es más breve que en 1 Ts. La referencia a *las persecuciones* (v. 4) lleva a Pablo a afirmar que Dios es justo y castigará a quienes lo desobedecen (vv. 6-10).

[c] **1.4** *Persecuciones y aflicciones:* Cf. 1 Ts 2.14.

[d] **1.7** *Aparezca:* lit. *se revele.*

[e] **1.7** *Con sus ángeles:* Mt 25.31; Mc 8.38; véase 1 Ts 3.13 nota *f.*

[f] **1.7** *Entre llamas de fuego:* En el AT, la presencia de Dios se describe con frecuencia acompañada de fuego (Ex 19.18; 24.17; Dt 4.11-13; Ez 1.4; 8.2); en varias ocasiones, la imagen del fuego está relacionada con el juicio, como aquí (vv. 8-9). Cf. Is 66.15; Mt 25.41; 1 Co 3.13-15.

[g] **1.9** Ap 20.9-10,14-15. Posible alusión a Is 2.10,19-21 (cf. Mt 7.23), que contrasta con la suerte de los que estarán "con el Señor para siempre" (1 Ts 4.17).

[a] **2.1-12** Pablo había escrito ya sobre este tema (1 Ts 4.15-17); ahora enseña en forma más extensa sobre este mismo asunto debido a que algunos decían que el regreso del Señor ya había tenido lugar (v. 2). Cf. 2 Ti 2.16-18.

[b] **2.3** *No se dejen engañar:* es decir, acerca del momento del regreso de Cristo (v. 2; cf. también 1 Ts 5.1-4).

[c] **2.3** *La rebelión:* Cf. Mt 24.10-12,23-24; 1 Ti 4.1-2. Esta palabra, traducida por *apostasía* en algunas versiones, se aplicaba tanto a la sublevación contra algún gobierno como a la negación de la fe en Dios. En esta sección, el autor utiliza conceptos del AT (Dn 11.36-37; cf. también Ez 28.2), con ecos del "horrible sacrilegio" de Dn 9.27; 11.31; 12.11.

[d] **2.3** *El hombre malvado:* se alude aquí a un personaje enemigo de Dios y de Jesucristo, que aparecerá en los últimos tiempos. Cf. 1 Jn 2.18, y véase Ap 13.1-2 n.

[e] **2.6-7** Las expresiones *lo que lo detiene* y *el que ahora lo está teniendo* han sido interpretadas de diversas maneras. Algunos las entienden como referencias al gobierno romano de aquel tiempo, que mantenía un régimen de paz y orden; otros piensan que se trata del poder de Dios, o las refieren al mismo Satanás.

ahora lo está deteniendo. ⁸ Entonces aparecerá aquel malvado, a quien el Señor Jesús destruirá con el soplo de su boca *f* y reducirá a la impotencia cuando regrese en todo su esplendor. ⁹ En cuanto a ese malvado, vendrá con la ayuda de Satanás; llegará con mucho poder, y con señales y milagros *g* falsos. ¹⁰ Y usará toda clase de maldad para engañar a los que van a la condenación, porque no quisieron aceptar y amar la verdad para recibir la salvación. ¹¹ Por eso, Dios deja que el error los engañe y que crean en la mentira, ¹² a fin de que sean condenados todos los que no han querido creer en la verdad, sino que se complacen en la maldad.

La actitud de los cristianos ¹³ Pero nosotros siempre tenemos que dar gracias a Dios por ustedes, hermanos amados por el Señor, porque Dios los escogió *h* para que fueran los primeros en alcanzar la salvación *i* por medio del Espíritu que los hace santos y de la verdad en que han creído. ¹⁴ Para esto los llamó Dios por medio del evangelio que nosotros anunciamos: para que lleguen a tener parte en la gloria de nuestro Señor Jesucristo.

¹⁵ Así que, hermanos, sigan firmes y no se olviden de las tradiciones que les hemos enseñado personalmente y por carta. *j* ¹⁶ Que nuestro Señor Jesucristo mismo, y Dios nuestro Padre, que nos ha amado y nos ha dado consuelo eterno y esperanza gracias a su bondad, ¹⁷ anime sus corazones *k* y los mantenga a ustedes constantes en hacer y decir siempre lo bueno.

3 *Se piden oraciones* ¹ Por último, hermanos, oren por nosotros, para que el mensaje del Señor llegue pronto a todas partes y sea recibido con estimación, como sucedió entre ustedes. *a* ² Oren también para que seamos librados de los hombres malos y perversos, porque no todos tienen fe. ³ Pero el Señor es fiel, *b* y él los mantendrá a ustedes firmes y los protegerá del mal. *c* ⁴ Y en el Señor tenemos confianza en que ustedes hacen y seguirán haciendo lo que les hemos ordenado. ⁵ Que el Señor los ayude a amar como Dios ama y a tener en el sufrimiento la fortaleza de Cristo.

El deber de trabajar *d* ⁶ Hermanos, les ordenamos en el nombre de nuestro Señor Jesucristo, que se aparten de cualquier hermano que lleve una conducta indisciplinada y que no siga las tradiciones que recibieron de nosotros. ⁷ Pues ustedes saben cómo deben vivir para seguir nuestro ejemplo: nosotros no llevamos entre ustedes una conducta indisciplinada, ⁸ ni hemos comido el pan de nadie sin pagarlo. Al contrario, trabajamos y luchamos día y noche para no serle una carga a ninguno de ustedes. *e* ⁹ Y ciertamente teníamos el derecho de pedirles a ustedes que nos ayudaran, pero trabajamos para darles el ejemplo que ustedes deben seguir. *f* ¹⁰ Cuando estuvimos con ustedes, les dimos esta regla: *g* El que no quiera trabajar, que tampoco coma. *h* ¹¹ Pero hemos sabido que algunos de ustedes llevan una conducta indisciplinada, muy ocupados en no hacer nada. *i* ¹² A tales personas les mandamos y encargamos, por la autoridad del Señor Jesucristo, que trabajen tranquilamente para ganarse la vida. *j*

¹³ Pero ustedes, hermanos, no se cansen de hacer el bien. *k* ¹⁴ Si alguno no hace caso a lo que decimos en esta carta, fíjense en quién es y no se junten con él, para que le dé vergüenza. ¹⁵ Pero no lo tengan por enemigo, sino amonéstenlo como a hermano. *l*

Despedida (3.16-18)

¹⁶ Y que el mismo Señor de la paz les dé la paz a ustedes en todo tiempo y en todas formas. Que el Señor esté con todos ustedes.

¹⁷ Yo, Pablo, les escribo este saludo de mi puño y letra. Así firmo todas mis cartas; así escribo. *m* ¹⁸ Que nuestro Señor Jesucristo derrame su gracia sobre todos ustedes.

---

f **2.8** Is 11.4.
g **2.9** Cf. Mt 24.24.
h **2.13-14** *Escogió:* Cf. Ro 8.29-30; Ef 1.4-5,11.
i **2.13** *Para que fueran los primeros en alcanzar la salvación:* Algunos mss. dicen *desde el principio para la salvación.*
j **2.15** *Tradiciones:* Véase 1 Co 11.2 n.
k **2.17** *Anime:* o *consuele;* así como en 1 Ts 4.13-18, la esperanza del regreso del Señor sirve para animar y consolar a quienes se encuentran desorientados.
a **3.1** 1 Ts 1.8.
b **3.3** 1 Co 1.9; 1 Ts 5.24. *Fiel:* palabra que en griego está en contraste con la expresión *no tienen fe,* del v. 2.
c **3.3** *Del mal:* o *del maligno,* esto es, del diablo. Cf. la mención de Satanás en 2 Ts 2.9.
d **3.6-15** Se amonesta a quienes, quizá por esperar un pronto regreso de Cristo, habían dejado de trabajar y eran una carga para los demás.
e **3.8** Hch 18.3; 2 Co 11.9; 1 Ts 2.9.
f **3.9** Cf. Mt 10.9-10; 1 Co 9.4-15.
g **3.10** 1 Ts 4.11.
h **3.10** Posiblemente, un dicho proverbial. Algunos ven una alusión a Gn 3.19.
i **3.11** 1 Ti 5.13. *Muy ocupados en no hacer nada:* otra posible traducción: *y no se ocupan de sus propios asuntos pero sí demasiado de los ajenos.*
j **3.12** Ef 4.28; 1 Ts 4.11-12.
k **3.13** Gl 6.9.
l **3.15** 1 Ts 5.14.
m **3.17** *Puño y letra:* Véase 1 Co 16.21 n.

Primera carta de san Pablo a Timoteo

Las dos cartas a *Timoteo* (=1 Ti y 2 Ti) y la *Carta a Tito* han recibido el nombre de "cartas pastorales", por estar dirigidas a personas encargadas de la labor pastoral al frente de algunas comunidades y por tratar de temas relacionados con ese cargo.

Timoteo fue uno de los colaboradores más fieles de Pablo, y su nombre aparece mencionado en varias de las otras cartas paulinas (cf., por ejemplo, Ro 16.21; 2 Co 1.1; Flp 1.1). En Hch 16.1-3 se dice que era de madre judía creyente, es decir, que se había hecho cristiana, y de padre griego, o sea pagano.

La primera carta da a entender que Timoteo se encontraba en Éfeso, donde había sido dejado por Pablo con la misión de velar por la sana enseñanza, frente a ciertas doctrinas que se estaban difundiendo, y por el buen orden en la comunidad.

El contenido de esta carta puede resumirse de la siguiente manera.

En la *introducción*, después de un breve saludo (1.1-2), viene una advertencia contra las falsas doctrinas (1.3-11), y una acción de gracias por la misericordia que Dios tuvo con Pablo (1.12-20).

En la *parte central* se trata de diversos temas relacionados con el buen orden de la comunidad, la oración por todos, la conducta de los hombres y las mujeres, y en especial el comportamiento de los que ejercen un cargo directivo en la comunidad. Todo ello se fundamenta en la verdad revelada por Cristo (2.1—3.16). Luego se encuentran nuevas advertencias e instrucciones (4.1—6.19).

La carta termina con una breve *despedida* (6.20-21).

Las cartas pastorales, comparadas con las otras cartas paulinas, presentan varias peculiaridades que las distinguen claramente. El lenguaje de estas cartas se diferencia bastante del lenguaje de las otras. Aquí aparecen algunos términos y expresiones que no se usan en aquellas, y no aparecen otros que son típicos de Pablo.

En cuanto al contenido, también hay diferencias notorias. En estas cartas se observa una insistencia en la necesidad de preservar el "depósito", es decir, la sana doctrina que se ha recibido y se debe transmitir (1 Ti 6.20; 2 Ti 1.14). Los grandes temas doctrinales de las cartas antiguas aparecen aquí mencionados, sobre todo, en resúmenes que utilizan fórmulas tradicionales (1 Ti 3.16; 2 Ti 2.11-13).

Por otra parte, estas cartas reflejan una organización más desarrollada y fija en las comunidades. La actividad carismática, tan prominente en algunas cartas anteriores, ha sido sustituida por una vida más organizada.

Además, no es fácil coordinar las referencias que hay en estas cartas acerca de la vida de Pablo con los datos que hay en los otros escritos.

Algunos creen que estas particularidades pueden explicarse por el hecho de que Pablo escribió estas cartas ya al fin de su vida y, quizá, valiéndose de un secretario. Sin embargo, muchos otros piensan que las cartas pastorales corresponden a una situación posterior al tiempo en que Pablo vivió, y que fueron escritas por un discípulo de Pablo, según un procedimiento literario usado en esa época (véase *Introducción* a las *Cartas*). En este supuesto, las cartas pastorales pueden haber sido escritas a fines del siglo I.

Esquema de la carta:

Saludo (1.1-2)
Advertencia contra las falsas enseñanzas (1.3-11)
La misericordia de Dios con Pablo (1.12-20)

La oración por toda la humanidad (2.1-7)
La conducta de los hombres y las mujeres (2.8—3.1a)

Cómo deben ser los que presiden (3.1b-7)
Cómo deben ser los diáconos (3.8-13)
La verdad revelada de nuestra religión (3.14-16)

Las falsas enseñanzas (4.1-16)

Cómo comportarse con los miembros de la comunidad (5.1—6.2a)

La verdadera riqueza (6.2b-10)
Exhortación a Timoteo (6.11-19)
Recomendación final y despedida (6.20-21)

1 TIMOTEO 1, 2

1 **Saludo**[a] **1** Pablo, apóstol de Cristo Jesús, enviado por mandato de Dios nuestro Salvador y de Cristo Jesús, nuestra esperanza, **2** saluda a Timoteo, verdadero hijo en la fe.[b] Que Dios nuestro Padre y Cristo Jesús nuestro Señor derramen su gracia, su misericordia y su paz sobre ti.

Advertencia contra las falsas enseñanzas **3** Como ya te rogué al irme a la región de Macedonia, quédate en Éfeso,[c] para ordenar a ciertas personas que no enseñen ideas falsas **4** ni presten atención a cuentos y cuestiones interminables acerca de los antepasados.[d] Estas cosas llevan solamente a la discusión[e] y no ayudan a conocer el designio de Dios, que se vive en la fe.

5 El propósito de esa orden es que nos amemos unos a otros con el amor que proviene de un corazón limpio, de una buena conciencia y de una fe sincera. **6** Algunos se han desviado de esto y se han perdido en inútiles discusiones. **7** Quieren ser maestros de la ley de Dios, cuando no entienden lo que ellos mismos dicen ni lo que enseñan con tanta seguridad.[f]

8 Sabemos que la ley es buena,[g] si se usa de ella conforme al propósito que tiene. **9** Hay que recordar que ninguna ley se da para quienes hacen lo bueno. La ley tiene en cuenta a los rebeldes y desobedientes, a los malvados y pecadores, a los que no respetan a Dios ni a la religión, a los que matan a su padre o a su madre, a todos los asesinos, **10** a los que cometen inmoralidades sexuales, a los homosexuales, a los traficantes de esclavos,[h] a los mentirosos y a los que juran en falso;[i] es decir, a los que hacen cosas que van en contra de la sana enseñanza.[j] **11** Y esto es lo que enseña el glorioso evangelio que el Dios bienaventurado[k] me ha encargado.

La misericordia de Dios con Pablo **12** Doy gracias a aquel que me ha dado fuerzas, a Cristo Jesús nuestro Señor, porque me ha considerado fiel y me ha puesto a su servicio, **13** a pesar de que yo antes decía cosas ofensivas contra él, lo perseguía[l] y lo insultaba. Pero Dios tuvo misericordia de mí, porque yo todavía no era creyente y no sabía lo que hacía. **14** Y nuestro Señor derramó abundantemente su gracia sobre mí, y me dio la fe y el amor que podemos tener gracias a Cristo Jesús.

15 Esto es muy cierto, y todos deben creerlo:[m] que Cristo Jesús vino al mundo para salvar a los pecadores,[n] de los cuales yo soy el primero.[ñ] **16** Pero Dios tuvo misericordia de mí, para que Jesucristo mostrara en mí toda su paciencia. Así yo vine a ser ejemplo de los que habían de creer en él para obtener la vida eterna. **17** ¡Honor y gloria para siempre al Rey eterno, al inmortal, invisible y único Dios! Amén.[o]

18-19 Timoteo, hijo mío, te doy este encargo para que pelees la buena batalla[p] con fe y buena conciencia, conforme a las palabras proféticas pronunciadas anteriormente sobre ti.[q] Algunos, por no haber hecho caso a su conciencia, han fracasado en su fe. **20** Esto les ha pasado a Himeneo[r] y Alejandro,[s] a quienes he entregado a Satanás[t] para que aprendan a no decir cosas ofensivas contra Dios.

2 **La oración por toda la humanidad** **1** Ante todo recomiendo que se hagan peticiones, oraciones, súplicas y acciones de gracias a Dios por toda la humanidad.[a] **2** Se debe orar por los que gobiernan y por todas las autoridades, para que podamos gozar de una vida tranquila y pacífica, con toda piedad y dignidad. **3** Esto es bueno y agrada a Dios nuestro Salvador,[b] **4** pues él quiere que todos se salven y lleguen a conocer la verdad.[c] **5** Porque no hay más que un Dios,[d] y un solo hombre que sea el mediador entre Dios y los hombres: Cristo Jesús.[e] **6** Porque él se entregó a la muerte como rescate por la salvación de

---

[a] **1.1-2** La carta comienza con la fórmula acostumbrada. Véanse Ro 1.1-7 n. e *Introducción a las cartas*.

[b] **1.2** *Timoteo*: colaborador muy cercano de Pablo; véanse *Introducción* y Hch 16.1 nota b. *Hijo en la fe*: 1 Co 4.17; Flp 2.22; 2 Ti 1.2.

[c] **1.3** Este viaje de Pablo a *Macedonia*, durante el cual Timoteo debía quedarse en *Éfeso*, no figura entre los relatos que aparecen en Hch.

[d] **1.4** Tit 3.9. Se trata, probablemente, de leyendas y tradiciones acerca de personajes de la historia bíblica, que algunos pretendían incorporar a la fe cristiana. Cf. Tit 1.13-14.

[e] **1.4** *A la discusión*: o *a quebrarse la cabeza*, expresión usada en sentido despectivo (cf. 1 Ti 6.4-5).

[f] **1.7** Cf. Stg 3.1.

[g] **1.8** Ro 7.12-16.

[h] **1.10** *Traficantes de esclavos*: o *secuestradores;* cf. Ex 21.16; Dt 24.7. El secuestro era considerado como una violación especialmente grave del mandamiento contra el robo.

[i] **1.9-10** Este catálogo de vicios (véase Ro 1.31 n.) sigue en parte el orden de los diez mandamientos, estableciendo aquellos que tratan de las relaciones humanas (Ex 20.12-16).

[j] **1.10** *Sana enseñanza*: esto es, enseñanza íntegra, sensata, verdadera; expresión típica de las cartas pastorales (cf. 1 Ti 6.3; 2 Ti 1.13; 4.3; Tit 1.9; 2.1).

[k] **1.11** *Bienaventurado* (o *feliz*): palabra que, en la Biblia, únicamente aquí y en 1 Ti 6.15 se aplica a Dios, quien por ser perfecto e incorruptible es feliz en sí mismo.

[l] **1.13** Hch 8.3; 9.1-2,4-5; 1 Co 15.9; Gl 1.13.

[m] **1.15** *Esto es... creerlo:* frase característica de las cartas pastorales (cf. 1 Ti 3.1; 4.9; 2 Ti 2.11; Tit 3.8).

[n] **1.15** Lc 5.32.

[ñ] **1.15** Cf. 1 Co 15.9.

[o] **1.17** Ro 16.27; 1 Ti 6.15-16; Jud 24-25. *Rey eterno:* lit. *Rey de los siglos*.

[p] **1.18-19** 1 Ti 6.12; 2 Ti 4.7; Jud 3. La imagen de la batalla era frecuente en el lenguaje cristiano para indicar la lucha entre el bien y el mal; cf. Ef 6.10-17; Flp 2.25; 1 Ts 5.8.

[q] **1.18-19** Puede tratarse de lo dicho por algunos profetas cristianos el día en que Timoteo fue ordenado para el ministerio (1 Ti 4.14).

[r] **1.20** *Himeneo:* 2 Ti 2.17-18.

[s] **1.20** *Alejandro:* posiblemente el de 2 Ti 4.14.

[t] **1.20** *Entregado a Satanás*: es decir, expulsado de la comunidad; véase 1 Co 5.3-5 n.

[a] **2.1-4** Las *oraciones* y *acciones de gracias* adquieren aquí una perspectiva universal. La iglesia necesitaba un ambiente que le permitiera llevar *una vida tranquila y pacífica*, que solo podría lograrse con un buen gobierno y la debida participación de todos en la vida civil. Cf. Tit 2.12; 3.1, y la actitud de Pablo respecto de las autoridades (Ro 13.1-7).

[b] **2.3** *Dios nuestro Salvador:* expresión típica de las cartas pastorales (1 Ti 1.1; Tit 1.3; 2.10; 3.4).

[c] **2.4** Cf. Jon 4.11; Jn 3.17; 2 P 3.9.

[d] **2.5** *Un Dios:* Cf. Dt 6.4, pasaje al que se alude también en Ro 3.30.

[e] **2.5** Este v. parece ser un fragmento de un antiguo credo o fórmula litúrgica. Cf. Heb 8.6; 9.15; 12.24.

todos^f y como testimonio dado por él a su debido tiempo. ^g ⁷ Para anunciar esto, yo he sido nombrado mensajero y apóstol, y se me ha encargado que enseñe acerca de la fe y de la verdad a los que no son judíos. Lo que digo es cierto; no miento. ^h

La conducta de los hombres y las mujeres ⁸ Así pues, quiero que los hombres oren en todas partes, y que eleven sus manos ⁱ a Dios con pureza de corazón y sin enojos ^j ni discusiones. ⁹ Y quiero que las mujeres se vistan decentemente, que se adornen con modestia y sencillez, no con peinados exagerados, ni con oro, perlas o vestidos costosos. ^k ¹⁰ Que su adorno sean las buenas obras, como corresponde a las mujeres que quieren honrar a Dios. ¹¹ La mujer debe escuchar la instrucción en silencio, con toda sumisión; ¹² y no permito que la mujer enseñe en público ni domine al hombre. Quiero que permanezca callada, ^l ¹³ porque Dios hizo primero a Adán y después a Eva; ^m ¹⁴ y Adán no fue el engañado, sino la mujer; y al ser engañada, cayó en pecado. ⁿ ¹⁵ Pero la mujer se salvará si cumple sus deberes como madre, ^ñ y si con buen juicio se mantiene ^o en la fe, el amor y la santidad.

3 ¹ Esto es muy cierto. ^a

Cómo deben ser los que presiden Si alguien aspira al cargo de presidir la comunidad, ^b a un buen trabajo aspira. ² Por eso, el que tiene este cargo ha de ser irreprensible. Debe ser esposo de una sola mujer ^c y llevar una vida seria, juiciosa y respetable. Debe estar siempre dispuesto a hospedar gente en su casa; ^d debe ser apto para enseñar; ³ no debe ser borracho ni amigo de peleas, sino bondadoso, pacífico y desinteresado en cuanto al dinero. ⁴ Debe saber gobernar bien su casa y hacer que sus hijos sean obedientes y de conducta digna; ⁵ porque si uno no sabe gobernar su propia casa, ¿cómo podrá cuidar de la iglesia de Dios? ⁶ Por lo tanto, el dirigente no debe ser un recién convertido, no sea que se llene de orgullo y caiga bajo la misma condenación en que cayó el diablo. ^e ⁷ También debe ser respetado entre los no creyentes, para que no caiga en deshonra y en alguna trampa del diablo.

Cómo deben ser los diáconos ⁸ Asimismo, los diáconos deben ser hombres respetables, ^f que nunca falten a su palabra ni sean dados a emborracharse ni a desear ganancias mal habidas. ⁹ Deben apegarse a la verdad revelada ^g en la cual creemos, y vivir con conciencia limpia. ¹⁰ Primero deben pasar un periodo de prueba, y después, si no hay nada en contra de ellos, podrán servir como diáconos. ¹¹ Igualmente, las mujeres deben ser respetables, ^h no chismosas, serias y fieles en todo. ⁱ ¹² Un diácono debe ser esposo de una sola mujer, ^j y saber gobernar bien a sus hijos y su propia casa. ¹³ Porque los diáconos que realizan bien su trabajo, se hacen dignos de un lugar de honor, y podrán gozar de gran tranquilidad gracias a su fe en Cristo Jesús.

La verdad revelada de nuestra religión ¹⁴ Espero ir pronto a verte; pero te escribo esto ¹⁵ para que, si me retraso, sepas cómo debe portarse uno en la familia de Dios, que es la iglesia del Dios viviente, la cual sostiene y defiende la verdad. ¹⁶ No hay duda de que la verdad revelada de nuestra religión es algo muy grande: ^k

---

^f **2.6** *Rescate:* Véase Mt 20.28 nota *p*, y cf. Mc 10.45; Gl 1.4; Tit 2.14.

^g **2.6** *Como testimonio dado por él a su debido tiempo:* probable alusión a la revelación hecha por Jesucristo con hechos y palabras, acerca de su misión redentora. Otras posibles traducciones: *conforme al testimonio que hemos dado a su debido tiempo,* entendido como referencia a la predicación del evangelio después de la muerte de Jesús; o *conforme al testimonio dado por Dios a su debido tiempo,* en el sentido de que Dios, en la muerte de Jesús, manifestó su voluntad de salvar a la humanidad.

^h **2.7** 2 Ti 1.11. *No miento:* Cf. Ro 9.1.

ⁱ **2.8** *Eleven sus manos:* actitud típica judía para la oración (1 R 8.22; Sal 141.2), adoptada también por los cristianos.

^j **2.8** *Sin enojos:* Mc 11.25; cf. también Mt 5.23-24; 6.14-15.

^k **2.9-10** Cf. 1 P 3.3-4. Por la conexión con el v. 8, parece que aquí y en 2.11-12 se refiere especialmente al vestido y conducta de las mujeres en las celebraciones del culto, teniendo en cuenta las normas de comportamiento decoroso en la sociedad de la época. Véase Tit 2.5 nota *f*.

^l **2.11-12** Sobre este punto, véanse también 1 Co 11.2-16 n. y 14.34-35 n.

^m **2.13** Gn 2.7,21-22; 1 Co 11.8-12.

ⁿ **2.14** Gn 3.1-6; cf. 2 Co 11.3.

^ñ **2.15** Se insiste en el valor de la maternidad, contra los que afirmaban que el matrimonio y la maternidad eran malos. Cf. 1 Ti 4.3.

^o **2.15** *Se mantiene:* lit. *se mantienen;* es posible que el plural se refiera a las mujeres cristianas en general, casadas o no.

^a **3.1** *Esto es muy cierto:* Véase 1 Ti 1.15 nota *m*.

^b **3.1** *Cargo de presidir la comunidad:* lit. *episcopado*. Véase Flp 1.1 nota *d*. En las cartas pastorales se insiste en las obligaciones de los que tienen cargos en la comunidad. Véase también Tit 1.6-9 y las instrucciones para los diáconos en 1 Ti 3.8-13.

^c **3.2** *Ser esposo de una sola mujer:* Esta expresión, como también la aplicada a las viudas en 1 Ti 5.9, probablemente debe entenderse en el sentido de no haberse casado por segunda vez, lo que supone una especial fidelidad al cónyuge. Otras interpretaciones menos probables son: *no tener más que una esposa* (se exigiría no tener simultáneamente varias esposas, o no tener, además de la esposa, una o más concubinas), o *ser fiel a su esposa* (prohibición del adulterio).

^d **3.2** *Dispuestos a hospedar gente en su casa:* una función muy importante entre los primeros cristianos (véase Ro 12.13 n.). Puede referirse, además, al uso de casas particulares para las reuniones de la iglesia (véase Ro 16.5 n.; cf. Col 4.15; Flm 2).

^e **3.6** *Bajo la misma condenación en que cayó el diablo:* otra posible traducción: *bajo alguna condenación tramada por el diablo* (cf. v. 7). Cf. también Job 1.6-12; Zac 3.1; Ap 12.10.

^f **3.8-13** Véanse en 3.1-7 y en Tit 1.6-9 los requisitos exigidos para ejercer otros puestos de responsabilidad. *Diáconos:* La palabra significa "servidores". Eran ayudantes o auxiliares de los que presidían la comunidad (v. 1).

^g **3.9** *La verdad revelada:* lit. *el secreto* (gr. *mysterion*) *de la fe* (cf. v. 16); expresión que se refiere a las realidades del evangelio, como algo que antes no era conocido pero que ahora ha sido revelado por Dios (véase *Designio secreto* en el *Índice temático* y Ef 1.9 n.; cf. también 1 Co 2.7-10; Col 1.25-27; 2.2-3).

^h **3.11** *Las mujeres:* Puede referirse a las esposas de los diáconos, o quizás a las diaconisas (véase Ro 16.1 nota *b*).

ⁱ **3.11** Tit 2.3.

^j **3.12** *Esposo de una sola mujer:* Véase 3.2 nota *c*.

^k **3.16** Cf. Ef 5.32. *La verdad revelada:* Véase 3.9 n. Las líneas que

Cristo ⁱ se manifestó en su condición de hombre, ᵐ triunfó en su condición de espíritu ⁿ y fue visto por los ángeles.
Fue anunciado a las naciones, creído en el mundo y recibido en la gloria.

4 *Las falsas enseñanzas* ¹ Pero el Espíritu dice claramente que en los últimos tiempos algunos renegarán de la fe, siguiendo a espíritus engañadores y enseñanzas que vienen de los demonios. ᵃ ² Harán caso a gente hipócrita y mentirosa, cuya conciencia está marcada con el hierro de sus malas acciones. ᵇ ³ Esta gente prohíbe casarse y comer ciertos alimentos que Dios ha creado para que los creyentes y los que conocen la verdad los coman, ᶜ dándole gracias. ⁴ Pues todo lo que Dios ha creado es bueno; ᵈ y nada debe ser rechazado si lo aceptamos dando gracias a Dios, ⁵ porque la palabra de Dios y la oración lo hacen puro. ᵉ

⁶ Enseña estas cosas a los hermanos, y serás un buen servidor de Cristo Jesús, un servidor alimentado con las palabras de la fe y de la buena enseñanza que has seguido. ⁷ Pero no hagas caso de cuentos mundanos y tontos. ᶠ Ejercítate en la piedad; ⁸ pues aunque el ejercicio físico sirve para algo, la piedad es útil para todo, porque tiene promesas de vida para el presente y para el futuro. ⁹ Esto es muy cierto, y todos deben creerlo. ᵍ ¹⁰ Por eso mismo trabajamos y luchamos, ʰ porque hemos puesto nuestra esperanza en el Dios viviente, que es el Salvador de todos, especialmente de los que creen.

¹¹ Estas cosas tienes que mandar y enseñar. ¹² Evita que te desprecien por ser joven; ⁱ más bien debes ser un ejemplo para los creyentes en tu modo de hablar y de portarte, y en amor, fe y pureza de vida. ¹³ Mientras llego, dedícate a leer en público las Escrituras, a animar a los hermanos y a instruirlos. ʲ ¹⁴ No descuides los dones que tienes y que

Dios te concedió cuando, por inspiración profética, los ancianos de la iglesia te impusieron las manos. ᵏ

¹⁵ Pon tu cuidado y tu atención en estas cosas, para que todos puedan ver cómo adelantas. ¹⁶ Ten cuidado de ti mismo y de lo que enseñas a otros, y sigue firme en todo. Si lo haces así, te salvarás a ti mismo y salvarás también a los que te escuchan.

5 *Cómo comportarse con los diversos miembros de la comunidad* ¹ No trates con dureza al anciano; ᵃ al contrario, aconséjalo como si fuera tu padre; y trata a los jóvenes como si fueran tus hermanos. ² A las ancianas trátalas como a tu propia madre; y a las jóvenes, como si fueran tus hermanas, con toda pureza.

³ Ayuda a las viudas que no tengan a quien recurrir. ᵇ ⁴ Pero si una viuda tiene hijos o nietos, ellos son quienes primero deben aprender a cumplir sus obligaciones con los de su propia familia y a corresponder al amor de sus padres, porque esto agrada a Dios. ⁵ La verdadera viuda, la que se ha quedado sola, pone su esperanza en Dios y no deja de rogar, orando día y noche. ᶜ ⁶ Pero la viuda que se entrega al placer, está muerta en vida. ⁷ Mándales también estas cosas, para que sean irreprensibles. ⁸ Pues quien no se preocupa de los suyos, y sobre todo de los de su propia familia, ha negado la fe y es peor que los que no creen.

⁹ En la lista de las viudas ᵈ deben estar únicamente las que tengan más de sesenta años y no hayan tenido sino un solo esposo. ᵉ ¹⁰ Deben ser conocidas por sus buenas acciones, por haber criado bien a sus hijos, por haber recibido bien a los que llegan a su casa, por haber lavado los pies de los del pueblo santo ᶠ y haber ayudado a los que sufren. En fin, por haberse dedicado a hacer toda clase de obras buenas.

¹¹ Pero no pongas en la lista a viudas de menos edad; porque cuando sus propios deseos las apartan de Cristo, quieren casarse de nuevo ¹² y resultan culpables de haber

---

siguen probablemente formaban parte de un antiguo himno cristiano.
ˡ **3.16** *Cristo:* lit. *El cual;* algunos mss. dicen *Dios.*
ᵐ **3.16** *Se manifestó en su condición de hombre:* Jn 1.14; Flp 2.7.
ⁿ **3.16** *Triunfó en su condición de espíritu:* otra posible traducción: *fue declarado justo* (o *reivindicado*) *por el Espíritu* (cf. Hch 13.32-33; Ro 1.3-4). Se trata de la exaltación de Jesús, que culminó cuando fue *recibido en la gloria* (Mc 16.19; Hch 1.9).
ᵃ **4.1** Stg 3.15; 1 Jn 4.1; 2 Jn 7.
ᵇ **4.2** *Marcada con el hierro de sus malas acciones:* lit. *cauterizada.* En aquella época se usaba marcar a los criminales y a los esclavos fugitivos con un hierro al rojo vivo. Algunos dueños imponían a sus esclavos su propia marca. Por otra parte, puede aludirse a la insensibilidad que cualquier quemadura produce en la parte afectada.
ᶜ **4.3** Gn 9.3.
ᵈ **4.4** Gn 1.31; Eclo 39.16.
ᵉ **4.4-5** Tit 1.15; cf. Mc 7.15-19; Ro 14.6,14. *La palabra de Dios:* Puede referirse a la palabra divina que creó todas las cosas (Gn 1), o posiblemente al uso de expresiones bíblicas, como la del Sal 24.1, en la bendición pronunciada antes del comer; véase Mt 14.19 n., y cf. 1 Co 10.25-26.
ᶠ **4.7** *Cuentos mundanos y tontos:* otra traducción, más literal: *cuentos profanos, que no son más que habladuría de viejas.* Cf. 1 Ti 1.4; 6.20; 2 Ti 2.16; Tit 1.13-14.
ᵍ **4.9** Véase 1 Ti 1.15 nota *m.*
ʰ **4.10** *Luchamos:* Algunos mss. dicen *somos objeto de insultos.*

ⁱ **4.12** *Joven:* El término griego podía aplicarse incluso a una persona de unos cuarenta años, en contraste con los más ancianos, que eran objeto de mayor respeto.
ʲ **4.13** *Las Escrituras:* es decir, del AT. La iglesia había mantenido en el culto muchas prácticas de la sinagoga judía, tales como la lectura pública de las Escrituras, la exhortación y la instrucción.
ᵏ **4.14** 2 Ti 1.6. *Por inspiración profética:* Véase 1 Ti 1.18-19 nota *q. Impusieron las manos:* acto simbólico de consagración o nombramiento (véanse Hch 6.6 n. y 1 Ti 5.22 n.).
ᵃ **5.1** Lv 19.32. *Anciano:* Aunque en contextos como el de Tit 1.5 esta palabra se refiere a uno que preside la comunidad, aquí, usada junto con *ancianas* (v. 2), indica personas de edad avanzada. Cf. también Tit 2.2-3.
ᵇ **5.3** Cf. Hch 6.1.
ᶜ **5.5** Cf. Lc 2.36-37.
ᵈ **5.9** Parece tratarse de algo más que de una *lista de viudas* que recibían ayuda (vv. 3,5); debe de referirse, más bien, a una orden o agrupación de viudas con determinados deberes en la iglesia, las cuales habían hecho algún *compromiso* (v. 12), que tal vez incluía el de no volverse a casar (cf. vv. 11-12).
ᵉ **5.9** *Que no haya tenido sino un solo esposo:* otras posibles traducciones: *que se haya casado una sola vez,* o *que haya sido una esposa fiel;* véase 1 Ti 3.2 nota *c.*
ᶠ **5.10** *Haber lavado los pies de los del pueblo santo:* servicio que se menciona como símbolo de humildad y hospitalidad; véanse Jn 13.5 n. y 13.14 n.

faltado a su compromiso.[g] [13] Además andan de casa en casa, y se vuelven perezosas; y no solo perezosas, sino también chismosas, metiéndose en todo y diciendo cosas que no convienen.[h] [14] Por eso quiero que las viudas jóvenes se casen,[i] que tengan hijos, que sean amas de casa y que no den lugar a las críticas del enemigo. [15] Pues algunas viudas ya se han apartado y han seguido a Satanás.

[16] Si alguna mujer creyente[j] tiene viudas en su familia, debe ayudarlas, para que no sean una carga para la iglesia; así la iglesia podrá ayudar a las viudas que de veras no tengan a quien recurrir.

[17] Los ancianos[k] que gobiernan bien la iglesia deben ser doblemente apreciados,[l] especialmente los que se dedican a predicar y enseñar. [18] Pues la Escritura dice: "No le pongas bozal al buey que trilla."[m] Y también: "El trabajador tiene derecho a su paga."[n]

[19] No hagas caso de acusaciones contra un anciano, si no están apoyadas por dos o tres testigos.[ñ]

[20] A los que siguen pecando, debes reprenderlos delante de todos, para que los demás tengan temor.

[21] Te encargo delante de Dios, de Jesucristo y de los ángeles escogidos, que sigas estas reglas sin hacer discriminaciones ni tener preferencias. [22] No impongas las manos[o] a nadie sin haberlo pensado bien, para no hacerte cómplice de los pecados de otros. Consérvate limpio de todo mal.

[23] Puesto que a menudo estás enfermo del estómago, no bebas agua sola, sino bebe también un poco de vino.[p]

[24] Los pecados de algunos se ven claramente antes del juicio, pero en otros casos solo se ven después. [25] Del mismo modo, las obras buenas se ven claramente; y las que no son buenas no podrán quedar siempre escondidas.

6

[1] Los que están sometidos a esclavitud,[a] deben considerar a sus amos como dignos de todo respeto, para que no se hable mal del nombre de Dios ni de nuestra enseñanza. [2] Y si algunos tienen amos creyentes, que no dejen de respetarlos por ser sus hermanos en la fe. Al contrario, deben servirlos mejor todavía, porque los que reciben sus buenos servicios son creyentes y hermanos amados.[b]

La verdadera riqueza Enseña y predica esto: [3] Si alguien enseña ideas extrañas y no está de acuerdo con la sana enseñanza[c] de nuestro Señor Jesucristo ni con lo que enseña nuestra religión, [4] es un orgulloso que no sabe nada. Discutir[d] es en él como una enfermedad; y de ahí vienen envidias, discordias, insultos, desconfianzas [5] y peleas sin fin entre gente que tiene la mente pervertida y no conoce la verdad,[e] y que toma la religión por una fuente de riqueza. [6] Y claro está que la religión es una fuente de gran riqueza,[f] pero solo para el que se contenta con lo que tiene.[g] [7] Porque nada trajimos a este mundo, y nada podremos llevarnos;[h] [8] si tenemos qué comer y con qué vestirnos, ya nos podemos dar por satisfechos.[i] [9] En cambio, los que quieren hacerse ricos caen en la tentación como en una trampa, y se ven asaltados por muchos deseos insensatos y perjudiciales, que hunden a los hombres en la ruina y la condenación.[j] [10] Porque el amor al dinero es raíz de toda clase de males;[k] y hay quienes, por codicia, se han desviado de la fe y se han causado terribles sufrimientos.

Exhortación a Timoteo [11] Pero tú, hombre de Dios,[l] huye de todo esto. Lleva una vida de rectitud, de piedad, de fe, de amor, de fortaleza en el sufrimiento y de humildad de corazón. [12] Pelea la buena batalla de la fe; no dejes escapar la vida eterna, pues para eso te llamó Dios y por eso hiciste una buena declaración de tu fe delante de muchos testigos. [13] Ahora, delante de Dios, que da vida a todo lo que existe, y delante de Jesucristo, que también hizo una buena declaración y dio testimonio ante Poncio Pilato,[m] te mando [14] que obedezcas lo que te ordeno,[n] manteniendo una conducta pura e irreprensible hasta la

---

[g] **5.11-12** Véase 5.9 nota d.
[h] **5.13** Véase 2 Ts 3.11 n.; la expresión *metiéndose en todo* es similar a la de dicho pasaje.
[i] **5.14** 1 Co 7.8-9.
[j] **5.16** *Alguna mujer creyente*: Algunos mss. dicen *algún hombre o mujer creyente*.
[k] **5.17** *Ancianos:* dirigentes; al parecer, los mismos a que se alude en 1 Ti 3.1-7 (y Tit 1.5).
[l] **5.17** *Deben ser doblemente apreciados:* otra posible traducción: *deben recibir dobles honorarios* (cf. v. 18).
[m] **5.18** Dt 25.4; cf. 1 Co 9.9.
[n] **5.18** Las palabras son idénticas a las de Jesús en Lc 10.7 (cf. Mt 10.9-10), y Pablo se refiere a lo mismo en 1 Co 9.14.
[ñ] **5.19** Dt 19.15; cf. Mt 18.15-16; 2 Co 13.1.
[o] **5.22** *Imponer las manos:* probablemente en la consagración para el ministerio cristiano (véase 1 Ti 4.14 n.; cf. 2 Ti 1.6). Algunos lo refieren a la reconciliación, con la comunidad, de un creyente que después de haber sido sancionado por la iglesia ha cambiado de actitud.
[p] **5.23** El *vino*, que en los países vinícolas del Mediterráneo era muy normal en comidas y banquetes (cf. Jn 2.1-10), era considerado también como digestivo y útil para aliviar diversos achaques. Sin embargo, su abuso era fuertemente condenado (cf. Pr 20.1; 23.29-35; 1 Co 11.21-22).
[a] **6.1-2** Tit 2.9-10; 1 P 2.18; cf. Ef 6.5-9; Col 3.22—4.1. Sobre la cuestión de la *esclavitud* en el NT, véase Col 3.22 n.

[b] **6.2** Cf. Flm 16. *Y hermanos amados:* otra posible traducción: *y amados por Dios.*
[c] **6.3** *Sana enseñanza:* Véase 1 Ti 1.10 nota j.
[d] **6.4** *Discutir:* o *quebrarse la cabeza* (1 Ti 1.4 nota e).
[e] **6.5** 2 Ti 3.8; 4.4; Tit 1.14; 3.10-11.
[f] **6.6** Cf. vv. 18-19.
[g] **6.6** Cf. Flp 4.11-12; Heb 13.5. *Se contenta con lo que tiene:* También puede traducirse *se basta a sí mismo,* es decir, que su estado de ánimo no depende de su situación externa o material. Es una virtud que se tenía en mucha estima, y que era mencionada a menudo por los filósofos griegos.
[h] **6.7** Job 1.21; Sal 49.17 (18); Ec 5.15.
[i] **6.8** Pr 30.8; Eclo 29.23.
[j] **6.9** Pr 23.4-5; 28.22.
[k] **6.10** El autor cita un dicho proverbial; se declara *raíz de toda clase de males* es *el amor al dinero,* o sea, la *codicia,* no el *dinero* como tal. Cf. 6.17-19.
[l] **6.11** *Hombre de Dios:* término aplicado en el AT a diversos profetas (Dt 33.1; 1 R 12.22; 13.31). En el NT aparece solamente aquí y en 2 Ti 3.17, aplicado a Timoteo como hombre llamado a predicar el evangelio.
[m] **6.12-13** *Buena declaración de tu fe:* hecha por Timoteo probablemente en el momento de su bautismo o, como opinan algunos, en su ordenación para el ministerio (cf. 1 Ti 1.18-19; 4.14). Sobre la *buena declaración* hecha por Jesús *ante Poncio Pilato,* cf. Jn 18.36-37. De hecho, el *testimonio* de Jesús incluía no solo sus

venida gloriosa de nuestro Señor Jesucristo. **15** A su debido tiempo, Dios llevará esto a cabo, porque él es el único y bienaventurado *ñ* Soberano, Rey de reyes y Señor de señores. *o* **16** Es el único inmortal, que vive en una luz a la que nadie puede acercarse. *p* Ningún hombre lo ha visto ni lo puede ver. *q* ¡A él pertenecen para siempre el honor y el poder! Amén.

17 A los que tienen riquezas de esta vida, mándales que no sean orgullosos ni pongan su esperanza en sus riquezas, *r* porque las riquezas no son seguras. Antes bien, que pongan su esperanza en Dios, el cual nos da todas las cosas con abundancia *s* y para nuestro provecho. **18** Mándales que hagan el bien, que se hagan ricos en buenas obras y que estén dispuestos a dar y compartir lo que tienen. **19** Así tendrán riquezas que les proporcionarán una base firme para el futuro, y alcanzarán la vida verdadera.

Recomendación final y despedida

20 Timoteo, cuida bien lo que se te ha confiado. *t* No escuches palabrerías mundanas y vacías, *u* ni los argumentos que opone el falsamente llamado conocimiento de la verdad; *v* **21** pues algunos que profesan esa clase de conocimiento, se han desviado de la fe. *w*

Que el Señor derrame su gracia sobre ustedes.

---

palabras sino también su vida entera y su muerte (véanse Ap 1.2 notas *c* y *d*).

ñ **6.14** *Que obedezcas lo que te ordeno:* otra posible traducción: *que guardes el mandamiento que has recibido* (véase 2 Ti 4.7 nota *f*).

ñ **6.15** *Bienaventurado:* Véase 1 Ti 1.11 n.

o **6.15-16** Dt 10.17; 1 Ti 1.17; Ap 17.14; 19.16.

p **6.16** Sal 104.2.

q **6.16** Ex 33.20; Jn 1.18.

r **6.17-19** Sal 62.10 (11); Mt 6.19-21; Mc 10.21; Lc 12.20-21.

s **6.17** *Con abundancia:* lit. *ricamente.* Nótese el juego entre los diferentes sentidos de la palabra *riquezas* en todo el pasaje (vv. 17-19).

t **6.20** *Lo que se te ha confiado:* lit. *el depósito,* es decir, la verdad del evangelio y de la fe cristiana; cf. 2 Ti 1.14 y Col 4.17.

u **6.20** 2 Ti 2.16.

v **6.20** *Falsamente llamado conocimiento de la verdad:* lit. *conocimiento mentiroso;* parece aludir a ciertas enseñanzas que hablaban de un "conocimiento" especial que algunos decían tener. Estas enseñanzas empezaban a difundirse en la época y abundaron especialmente en el siglo II d.C. (el llamado gnosticismo).

w **6.21** 1 Ti 1.6; 4.1-5; 2 Ti 2.18.

Segunda carta de san Pablo a Timoteo

La *Segunda carta a Timoteo* (=2 Ti) se presenta casi como el testamento del apóstol, ya próximo a su muerte (2 Ti 4.6). En ella se repiten algunas de las instrucciones dadas en la primera carta y se añaden algunas nuevas.

En la *introducción,* después de un breve saludo (1.1-2), hay una acción de gracias a Dios por la fe de Timoteo y el cariño que ha mostrado hacia Pablo (1.3-5).

La *parte central* de la carta comprende, ante todo, una exhortación a no avergonzarse del evangelio, de ese evangelio al cual Pablo ha entregado su vida. Timoteo también debe estar dispuesto a sufrir con valor *como un buen soldado de Cristo Jesús* (1.6—2.13).

En seguida vienen algunas exhortaciones sobre la actitud que Timoteo debe asumir frente a los que enseñan doctrinas erróneas. Se le recuerda que esos errores son característicos de una época de crisis, y se le dan nuevas recomendaciones referentes a sus deberes pastorales. Finalmente, hay algunas instrucciones y noticias de carácter personal (2.14—4.18).

La carta termina con una breve *despedida* (4.19-22).

En la perspectiva en que está escrita la carta (cf. 4.6), este sería el último de los escritos de Pablo.

Sobre su carácter literario y los problemas relacionados con su origen, véase *Introducción* a *1 Timoteo.*

Esquema de la carta:

    Saludo (1.1-2)
    Acción de gracias (1.3-5)
    No avergonzarse del evangelio (1.6-18)

    Sufrir con valentía (2.1-13)
    Cuál debe ser la actitud de Timoteo (2.14-26)

    Anuncio sobre los últimos días (3.1-9)
    Recomendación a Timoteo (3.10—4.8)

    Instrucciones y noticias personales (4.9-18)
    Despedida (4.19-22)

2 TIMOTEO

1

Saludo[a] **1** Pablo, apóstol de Cristo Jesús, enviado por voluntad de Dios de acuerdo con la promesa de vida que se obtiene por medio de Cristo Jesús, **2** saluda al querido hijo Timoteo.[b] Que Dios Padre y Cristo Jesús nuestro Señor derramen su gracia, su misericordia y su paz sobre ti.

Acción de gracias 3 Al recordarte siempre en mis oraciones de día y de noche, doy gracias a Dios,[c] a quien sirvo con una conciencia limpia, como sirvieron también mis antepasados. **4** Me acuerdo siempre de tus lágrimas,[d] y quisiera verte para llenarme de alegría. **5** Porque me acuerdo de la fe sincera que tienes. Primero la tuvieron tu abuela Loida y tu madre Eunice,[e] y estoy seguro de que también tú la tienes.

No avergonzarse del evangelio 6 Por eso te recomiendo que avives el fuego del don que Dios te dio cuando te impuse las manos.[f] **7** Pues Dios no nos ha dado un espíritu de temor, sino un espíritu de poder, de amor y de buen juicio.[g] **8** No te avergüences, pues, de dar testimonio a favor de nuestro Señor; ni tampoco te avergüences de mí, preso por causa suya.[h] Antes bien, con las fuerzas que Dios te da, acepta tu parte en los sufrimientos que vienen por causa del evangelio. **9** Dios nos salvó y nos ha llamado a formar un pueblo santo, no por lo que nosotros hayamos hecho,[i] sino porque ese fue su propósito y por la bondad que ha tenido con nosotros desde la eternidad, por Cristo Jesús. **10** Esa bondad se ha mostrado gloriosamente ahora en Cristo Jesús nuestro Salvador, que destruyó el poder de la muerte[j] y que, por el evangelio, sacó a la luz la vida inmortal.

11 Dios me ha encargado de anunciar este mensaje,[k] y me ha enviado como apóstol y maestro.[l] **12** Precisamente por eso sufro todas estas cosas. Pero no me avergüenzo de ello,[m] porque yo sé en quién he puesto mi confianza; y estoy seguro de que él tiene poder para guardar hasta aquel día lo que me ha encomendado.[n]

13 Sigue el modelo de la sana enseñanza[ñ] que de mí has recibido, y vive en la fe y el amor que tenemos gracias a Cristo Jesús. **14** Con la ayuda del Espíritu Santo que vive en nosotros, cuida de la buena doctrina que se te ha encomendado.[o]

15 Como ya sabes, todos los de la provincia de Asia me abandonaron; entre ellos, Figelo y Hermógenes.[p] **16** Que el Señor tenga misericordia de la familia de Onesíforo,[q] porque él muchas veces me trajo alivio y no se avergonzó de que yo estuviera preso. **17** Al contrario, apenas llegó a Roma[r] se puso a buscarme sin descanso, hasta que me encontró. **18** Que el Señor le permita encontrar su misericordia en aquel día.[s] Tú ya sabes muy bien cuánto nos ayudó en Éfeso.

2

Sufrir con valentía 1 Y tú, hijo mío, saca fuerzas de la bondad[a] que Dios te ha mostrado por medio de Cristo Jesús. **2** Lo que me has oído decir delante de muchos testigos, encárgaselo a hombres de confianza que sean capaces de enseñárselo a otros.[b]

3 Toma tu parte en los sufrimientos[c] como un buen soldado de Cristo Jesús. **4** Ningún soldado[d] en servicio activo se enreda en los asuntos de la vida civil, porque tiene que agradar a su superior.[e] **5** De la misma manera, el deportista no puede recibir el premio, si no lucha de acuerdo con las reglas.[f] **6** El que trabaja en el campo tiene derecho a

---

[a] **1.1-2** La carta empieza con el saludo de costumbre (véanse Ro 1.1-7 n. e *Introducción a las cartas*).

[b] **1.2** *Timoteo:* Cf. 1 Ti 1.2.

[c] **1.3-5** Al dar *gracias a Dios* (véase Ro 1.8-15 n.) por la fe de Timoteo, el autor establece la base para los consejos que le da a continuación.

[d] **1.4** Posible alusión a la ocasión narrada en Hch 20.36-38, o bien a las *lágrimas* que acompañarían la ferviente labor de Timoteo durante su trabajo (cf. de Pablo mismo en Hch 20.19,31).

[e] **1.5** Hch 16.1. La *madre* y la *abuela* de Timoteo eran judías y lo habían educado en la esperanza mesiánica, basándose en las Escrituras (2 Ti 3.15). Hch 16.1 indica que la madre se había hecho cristiana.

[f] **1.6** Sobre la imposición de las manos, véase 1 Ti 4.14 n.

[g] **1.7** Cf. Ro 8.15. *Buen juicio:* También puede traducirse *dominio propio*.

[h] **1.8** *Preso por causa suya:* lit. *su prisionero;* véase Ef 3.1. Aquí se alude a la prisión de Pablo en Roma (véase 1.16-17 n.).

[i] **1.9** Tit 3.5; cf. Ro 3.27-28; 4.2,5; Gl 2.16; Ef 2.8-9. Los vv. 9-10 son un pequeño resumen del evangelio; cf. 2 Ti 2.8; Hch 2.36; véase 1 Co 15.4 n.

[j] **1.10** 1 Co 15.54-57; cf. Heb 2.14.

[k] **1.11** Este *mensaje:* el evangelio (véase 1.9 n.; cf. 1 Ti 1.11).

[l] **1.11** Algunos mss. añaden *de los que no son judíos* (cf. 1 Ti 2.7).

[m] **1.12** Ro 1.16-17; cf. Mc 8.38; 1 Co 1.18,23-24.

[n] **1.12** *Aquel día:* el del juicio final. *Lo que me ha encomendado:* lit. *mi depósito*. La palabra *depósito* sugiere un tesoro encomendado a alguien para que lo custodie fielmente hasta que el dueño se lo pida. Cf. Col 4.17. Otra posible traducción: *lo que yo le he*

encomendado a él. En vista del uso de la palabra en 1.14 y en 1 Ti 6.20, la primera traducción parece preferible.

[ñ] **1.13** *Sana enseñanza:* frase característica de las cartas pastorales; véase 1 Ti 1.10 nota *j*.

[o] **1.14** *La buena doctrina... encomendado:* Véase 1 Ti 6.20 nota *t*.

[p] **1.15** *Asia:* provincia romana situada en lo que hoy es la parte occidental de Turquía; su capital era Éfeso. *Me abandonaron:* Posiblemente se trata de algunos cristianos de Asia que estuvieron en Roma y que, pudiendo haber atendido a Pablo en la cárcel, no lo hicieron. Cf. 2 Ti 4.10-12. Sobre *Figelo y Hermógenes* no hay más referencias.

[q] **1.16-18** *Onesíforo:* sin duda, un cristiano de Éfeso, mencionado tan solo aquí y en 2 Ti 4.19.

[r] **1.16-17** Esto da a entender que la carta fue escrita en la cárcel de Roma (2 Ti 2.9).

[s] **1.18** *Aquel día:* el del juicio.

[a] **2.1** *La bondad* (o *la gracia*): Puede entenderse en sentido amplio, o bien como alusión al don de Dios mencionado en 2 Ti 1.6.

[b] **2.2** *Delante de:* otra posible traducción: *con la ayuda de*. *Encárgaselo:* Se trata del mismo encargo mencionado antes (véase 1 Ti 6.20 nota *t*), que debe continuarse a través del tiempo.

[c] **2.3** 2 Ti 1.8,12; 3.12; cf. Ro 8.17; Flp 1.29; 3.10.

[d] **2.3-6** Tres imágenes empleadas para referirse al trabajo apostólico: la del *soldado*, la del *deportista* y la del *que trabaja en el campo*. Pablo reúne las mismas imágenes en 1 Co 9.6-7,24-27, aunque con un enfoque algo diferente.

[e] **2.3-4** Flp 2.25; Flm 2. Respecto de la imagen del servicio militar, véase 1 Ti 1.18-19 nota *p*.

[f] **2.5** 1 Ti 4.7-8; véanse 1 Co 9.24-27 y notas correspondientes, y cf. también Flp 3.12-14.

ser el primero en recibir su parte de la cosecha. *g* **7** Piensa en esto que digo, porque el Señor te lo hará comprender todo.

8 Acuérdate de Jesucristo, que resucitó y que era descendiente del rey David, *h* según el evangelio que yo anuncio. **9** Y por causa del evangelio soporto sufrimientos, incluso el estar encadenado como un criminal; *i* pero la palabra de Dios no está encadenada. **10** Por eso lo soporto todo en bien de los que Dios ha escogido, para que también ellos alcancen la salvación y la gloria eterna en Cristo Jesús.

11 Esto es muy cierto: *j*

Si hemos muerto con él, también viviremos con él; *k*
12 si sufrimos con valor, tendremos parte en su reino; *l*
si le negamos, también él nos negará; *m*
13 si no somos fieles, él sigue siendo fiel, *n*
porque no puede negarse a sí mismo. *ñ*

Cuál debe ser la actitud de Timoteo **14** Recuerda a los otros y recomiéndales delante de Dios que hay que evitar las discusiones. *o* No sirven para nada. Lo que hacen es perjudicar a quienes las escuchan. **15** Haz todo lo posible por presentarte delante de Dios como un hombre de valor comprobado, como un trabajador que no tiene de qué avergonzarse, que enseña debidamente el mensaje de la verdad. *p* **16** Evita palabrerías mundanas y vacías, porque los que hablan así, se hunden cada vez más en la maldad **17** y su enseñanza se extiende como un cáncer. Esto es lo que sucede con Himeneo y Fileto, *q* **18** que se han desviado de la verdad *r* diciendo que nuestra resurrección ya ha tenido lugar, *s* y andan trastornando de esa manera la fe de algunos. **19** Pero Dios ha puesto una base que permanece firme, *t* en la cual está escrito: "El Señor conoce a los que le pertenecen", *u* y "Todos los que invocan el nombre del Señor han de apartarse de la maldad." *v*

20 En una casa grande, no solamente hay objetos de oro y de plata, sino también de madera y de barro; unos son para usos especiales y otros para uso común. *w* **21** Si uno se mantiene limpio de esas faltas, será como un objeto precioso, consagrado y útil al Señor, apropiado para cualquier cosa buena.

22 Huye de las pasiones de la juventud, *x* y busca la justicia, la fe, el amor y la paz, junto con todos los que con un corazón limpio invocan al Señor. **23** No hagas caso de discusiones que no tienen ton ni son; ya sabes que terminan en peleas. *y* **24** Y un siervo del Señor no debe andar en peleas; *z* al contrario, debe ser bueno con todos. Debe ser apto para enseñar; debe tener paciencia **25** y corregir con corazón humilde a los rebeldes, esperando que Dios haga que se vuelvan a él y conozcan la verdad, **26** a fin de que se despierten y escapen de la trampa en que el diablo los tiene presos para hacer de ellos lo que quiera.

3 **Anuncio sobre los últimos días** **1** También debes saber que en los tiempos últimos vendrán días difíciles. *a* **2** Los hombres serán egoístas, amantes del dinero, orgullosos y vanidosos. Hablarán en contra de Dios, desobedecerán a sus padres, serán ingratos y no respetarán la religión. **3** No tendrán cariño ni compasión, serán chismosos, no podrán dominar sus pasiones, serán crueles y enemigos de todo lo bueno. **4** Serán traidores y atrevidos, estarán llenos de vanidad y buscarán sus propios placeres en vez de buscar a Dios. *b* **5** Aparentarán ser muy religiosos, pero con sus hechos negarán el verdadero poder de la religión. *c*

No tengas nada que ver con esa clase de gente. **6** Porque a ellos pertenecen esos que se meten en las casas y engañan a débiles mujeres *d* cargadas de pecado que, arrastradas por toda clase de deseos, **7** están siempre aprendiendo pero jamás llegan a comprender la verdad. **8** Y así como Janes y Jambrés *e* se opusieron a Moisés, también esa gente se opone a la verdad. Son hombres de mente pervertida, *f*

---

g **2.6** Cf. 1 Co 9.7-10.
h **2.8** La frase puede formar parte de una antigua profesión de fe o resumen del evangelio; Ro 1.3-4 es algo semejante. Véase 2 Ti 1.9 n. *Descendiente del rey David:* requisito para que Jesús fuera el Cristo o Mesías (véase *Índice temático*).
i **2.9** *Encadenado:* esto es, en la cárcel (véase 2 Ti 1.16-17 n.).
j **2.11** *Esto es muy cierto:* frase característica de las cartas pastorales; véase 1 Ti 1.15 nota *m*.
k **2.11** Ro 6.4-8; Gl 2.19-20; Col 2.12. El estilo poético de 2.11-13 sugiere que este texto formaba parte de algún himno antiguo.
l **2.12** Ro 8.17.
m **2.12** Cf. Mt 10.32-33; Mc 8.38; Lc 12.9.
n **2.13** Ro 3.3-4; 1 Co 1.9.
ñ **2.13** Cf. Nm 23.19; Tit 1.2.
o **2.14-16** 1 Ti 6.3-4,20; Tit 1.13-14; 3.9.
p **2.15** *Enseña debidamente:* o *proclama sin rodeos;* la palabra griega puede referirse a la acción de trazar rectamente un surco o camino. Aquí, relacionado con vv. 14 y 16, significa proclamar *el evangelio* sin desviaciones (v. 18).
q **2.17** *Himeneo:* 1 Ti 1.20. *Fileto* no se menciona fuera de este pasaje.
r **2.18** 1 Ti 1.6; 6.21.
s **2.18** Cf. 2 Ts 2.2. La *resurrección* tiene un aspecto espiritual y presente (Ro 6.5-11; Col 2.12-13; 3.1), además del aspecto literal y futuro (1 Co 15.12-57); según parece, algunos, como Himeneo y Fileto, se limitaban al aspecto espiritual y, al decir que *nuestra resurrección ya ha tenido lugar,* la reducían a la experiencia actual del cristiano, quizá a la del bautismo.
t **2.19** *Base* (o *cimiento*): La figura es la de una piedra en la que se inscribía el nombre del dueño del edificio o el del constructor.
u **2.19** Nm 16.5 (gr.); cf. Jn 10.14-15; Ro 8.29; 1 Co 8.3.
v **2.19** Esta segunda cita no aparece como tal en el AT, pero tiene ciertas semejanzas con Nm 16.26, que es parte del mismo relato al que pertenece la cita anterior. O podría ser la cita de algún himno o dicho cristiano.
w **2.20** Véase 2.19 nota *t;* el autor continúa con la imagen del edificio o *casa grande.* Los objetos para usos *especiales* (lit. *nobles*) y para uso *común* (o *vulgar*) se mencionan también en Ro 9.21.
x **2.22** *Pasiones de la juventud:* Se especifican con las recomendaciones dadas en 2.23-26.
y **2.23** Cf. vv. 14-16, y también 1 Ti 1.4; 4.7; 6.20; Tit 1.14.
z **2.24** 1 Ti 3.3; Tit 1.7.
a **3.1** *Los tiempos últimos:* los tiempos antes del regreso de Jesucristo (Hch 2.16-21). *Días difíciles:* Mt 24; Mc 13; 2 Ts 2.3-12.
b **3.2-4** Véase Ro 1.31 n.
c **3.5** Cf. Tit 1.16, y también Mt 7.15,21.
d **3.6** *Débiles mujeres:* lit. *mujerzuelas,* en sentido despectivo.
e **3.8** *Janes y Jambrés:* nombres que la tradición judía daba a los magos de Egipto mencionados en Ex 7.11-12,22; 9.11, etc.
f **3.8** 1 Ti 6.5; 2 Ti 4.4; Tit 1.14.

fracasados en la fe. *g* **9** Pero no avanzarán mucho, porque todo el mundo se dará cuenta de que son unos tontos, igual que les pasó a aquellos dos que se opusieron a Moisés.

Recomendación a Timoteo
10 Pero tú has seguido bien mis enseñanzas, mi manera de vivir, mi propósito, mi fe, mi paciencia, mi amor y mi fortaleza para soportar, **11** y has compartido mis persecuciones y mis sufrimientos, como los que tuve que soportar en Antioquía, Iconio y Listra. ¡Qué persecuciones sufrí! Pero el Señor me libró de todo ello. *h* **12** Es cierto que todos los que quieren llevar una vida piadosa en unión con Cristo Jesús sufrirán persecución; *i* **13** pero los malos y los engañadores irán de mal en peor, engañando y siendo engañados.

14 Tú, sigue firme en todo aquello que aprendiste, de lo cual estás convencido. Ya sabes quiénes te lo enseñaron. *j* **15** Recuerda que desde niño conoces las sagradas Escrituras, *k* que pueden instruirte y llevarte a la salvación por medio de la fe en Cristo Jesús. **16** Toda Escritura está inspirada por Dios y es útil *l* para enseñar y reprender, para corregir y educar en una vida de rectitud, **17** para que el hombre de Dios *m* esté capacitado y completamente preparado para hacer toda clase de bien.

4 **1** Delante de Dios y de Cristo Jesús, que vendrá glorioso como Rey a juzgar a los vivos y a los muertos, *a* te encargo mucho **2** que prediques el mensaje, y que insistas cuando sea oportuno y aun cuando no lo sea. Convence, reprende y anima, enseñando con toda paciencia. **3** Porque va a llegar el tiempo en que la gente no soportará la sana enseñanza; más bien, según sus propios caprichos, se buscarán un montón de maestros que solo les enseñen lo que ellos quieran oir. **4** Darán la espalda a la verdad *b* y harán caso a toda clase de cuentos. **5** Pero tú conserva siempre el buen juicio, soporta los sufrimientos, dedícate a anunciar el evangelio, cumple bien con tu trabajo.

6 Yo ya estoy para ser ofrecido en sacrificio; *c* ya se acerca la hora de mi muerte. *d* **7** He peleado la buena batalla, he llegado al término de la carrera, *e* me he mantenido fiel. *f* **8** Ahora me espera la corona merecida *g* que el Señor, el Juez justo, me dará en aquel día. Y no me la dará solamente a mí, sino también a todos los que con amor esperan su venida gloriosa.

Instrucciones y noticias personales
9 Haz lo posible por venir pronto a verme; **10** pues Demas, *h* que amaba más las cosas de esta vida, me ha abandonado y se ha ido a Tesalónica. Crescente *i* se ha ido a la región de Galacia, *j* y Tito *k* a la de Dalmacia. *l* **11** Solamente Lucas *m* está conmigo. Busca a Marcos *n* y tráelo contigo, porque puede ser una ayuda para mí en el trabajo. **12** A Tíquico *ñ* lo mandé a Éfeso. **13** Cuando vengas, tráeme la capa que dejé en Tróade, *o* en casa de Carpo; *p* también los libros, y especialmente los pergaminos. *q*

14 Alejandro *r* el herrero se ha portado muy mal conmigo; el Señor le pagará conforme a lo que ha hecho. *s* **15** Cuídate tú también de él, porque se ha puesto muy en contra de nuestro mensaje.

16 En mi primera defensa ante las autoridades, nadie me ayudó; todos me abandonaron. *t* Espero que Dios no se lo tome en cuenta. *u* **17** Pero el Señor sí me ayudó y me dio fuerzas, de modo que pude llevar a cabo la predicación del

---

g 3.8 *Fracasados:* o *descalificados.*

h 3.11 Cf. Sal 34.19 (20). Las *persecuciones* son las que sufrió Pablo en el país natal de Timoteo, antes que ambos se conocieran. En *Antioquía* (de Pisidia): Hch 13.14-52. En *Iconio:* Hch 14.1-7. En *Listra:* Hch 14.8-20.

i 3.12 Cf. Mt 5.10-11; Jn 15.20; Hch 14.22.

j 3.14 *Quienes te lo enseñaron:* alusión a Pablo (2 Ti 2.2) y, probablemente, a otros dirigentes cristianos, así como a Loida y Eunice (v. 15; 2 Ti 1.5).

k 3.15 *Las sagradas Escrituras:* es decir, el AT.

l 3.16 *Toda Escritura está inspirada por Dios y es útil:* otra posible traducción: *Toda Escritura, siendo inspirada por Dios, también es útil.* Respecto a la frase *inspirada por Dios,* cf. Heb 4.12; 2 P 1.21. Se emplea aquí una palabra griega que solo aparece en este pasaje de la Biblia y que puede traducirse más explícitamente como *objeto de la acción del soplo* (o *del Espíritu*) *de Dios* (una misma raíz, tanto en griego como en hebreo, significa *soplo* y *espíritu*). *Y es útil:* v. 15; Ro 15.4.

m 3.17 *El hombre de Dios:* Véase 1 Ti 6.11 n.

a 4.1 Cf. Hch 10.42; 1 P 4.5.

b 4.3-4 Cf. 1 Ti 4.1.

c 4.6 *Ofrecido en sacrificio:* lit. *derramado como sacrificio* (véase Flp 2.17 n.).

d 4.6 De aquí al fin de la carta, tenemos alusiones a la situación personal de Pablo, al parecer desde su prisión de Roma.

e 4.7 El autor usa dos imágenes literarias: la *batalla* (cf. 1 Ti 1.18-19; 6.12) y la *carrera* (cf. Hch 20.24; 1 Co 9.24; Heb 12.1).

f 4.7 Flp 2.16-17. *Me he mantenido fiel:* otra posible traducción: *he guardado la fe,* en el sentido tanto de obedecer el mensaje como de transmitirlo intacto (véase 1 Ti 6.14 n.).

g 4.8 La *corona* o guirnalda era el premio que se daba a los ganadores en los juegos atléticos (1 Co 9.24-25; Stg 1.12; 1 P 5.4). Cf. también Sab 4.2; 5.16. *La corona merecida:* lit. *la corona de justicia* (o *de rectitud*); puede entenderse también como *el premio a una vida de rectitud.*

h 4.10 *Demas:* Col 4.14; Flm 24.

i 4.10 *Crescente:* mencionado aquí solamente.

j 4.10 *Galacia:* provincia romana en el Asia Menor.

k 4.10 *Tito:* 2 Co 8.23; Gl 2.3; Tit 1.4.

l 4.10 *Dalmacia:* la parte sur de la provincia romana de Iliria (Ro 15.19).

m 4.11 *Lucas:* Véase Col 4.14 nota *o* cf. Flm 24.

n 4.11 *Marcos:* Hch 12.12,25; 13.13; 15.37-39; Col 4.10; Flm 24.

ñ 4.12 *Tíquico:* Hch 20.4; Ef 6.21-22; Col 4.7-8; Tit 3.12.

o 4.13 *Tróade:* puerto en el extremo oeste de Asia Menor (Hch 16.8-11; 20.5-13; 2 Co 2.12-13).

p 4.13 No se sabe quién era *Carpo.*

q 4.13 *Los libros* serían de papiro, en forma de rollos. *Los pergaminos,* también enrollados, se hacían de piel de oveja o de cabra. No sabemos si aquí se trata de Escrituras del AT o de libros de otra índole, o incluso de material en blanco para escribir.

r 4.14 *Alejandro:* Puede ser el de 1 Ti 1.20.

s 4.14 Cf. Sal 62.11-12 (12-13); Pr 24.12; Ro 2.5-6.

t 4.16 Se trata del juicio de Pablo ante *las autoridades* romanas. Su *primera defensa* puede referirse a una vista preliminar de su causa ante el tribunal, después de la cual habría un proceso definitivo, de acuerdo con las normas romanas. Por otra parte, podría referirse al primer juicio, al concluir su encarcelamiento en Roma, suponiendo que al final de los dos años Pablo quedó en libertad (véase Hch 28.30-31 n.).

u 4.16 Cf. el grito de Esteban (Hch 7.60—8.1).

mensaje de salvación y hacer que lo oyeran todos los paganos. Así el Señor me libró de la boca del león, [v] **18** y me librará de todo mal, y me salvará llevándome a su reino celestial. ¡Gloria a él para siempre! Amén.

Despedida **19** Saludos a Prisca y a Áquila, [w] y a la familia de Onesíforo. [x] **20** Erasto [y] se quedó en Corinto, y a Trófimo [z] lo dejé enfermo en Mileto. [a] **21** Procura venir antes del invierno. [b] Te mandan saludos Eubulo, Pudente, Lino, Claudia y todos los hermanos. [c]

22 Que el Señor Jesucristo esté contigo, y que Dios derrame su gracia sobre todos ustedes.

---

[v] **4.17** *La boca del león:* frase proverbial en la Biblia para referirse a un peligro mortal; cf. Sal 22.21 (22), y también Dn 6.
[w] **4.19** *Prisca* (o *Priscila*) *y Áquila:* Hch 18.2,18.
[x] **4.19** *Onesíforo:* Véase 2 Ti 1.16-18 n.
[y] **4.20** *Erasto:* Hch 19.22; Ro 16.23.
[z] **4.20** *Trófimo:* Hch 20.4; 21.29.
[a] **4.20** *Mileto:* puerto del Mar Egeo, al sur de Éfeso.
[b] **4.21** *Invierno:* época en que ya no era posible viajar por mar.
[c] **4.21** Los que *mandan saludos* son cristianos de la iglesia de Roma.

Carta de san Pablo a Tito

Tito, como Timoteo, fue un estrecho colaborador de Pablo, según se desprende de la mención de su nombre en varias de las cartas (cf., por ejemplo, 2 Co 2.13; 7.6-16; 8.23). En Gl 2.1-3 dice Pablo que Tito no era judío sino griego. En *Hechos* no se hace mención de él.

Esta carta (=Tit) da a entender que Pablo había dejado a Tito en la isla de Creta para continuar su labor de consolidar y organizar esa iglesia.

La carta comienza con un *saludo* más amplio que el de las otras cartas pastorales (1.1-4).

En la *parte central* se encuentran diversas recomendaciones que se refieren a las responsabilidades de Tito en Creta. Primero, respecto de los que presiden la comunidad; luego, frente a los falsos maestros; y después, frente a los diversos miembros de la comunidad (1.5—2.15).

Más adelante se le dan instrucciones generales, recordando la obra salvadora de Dios por medio de Jesucristo y por la acción del Espíritu Santo (3.1-11).

Como *conclusión* hay unas recomendaciones personales (3.12-14) y una breve despedida (3.15).

En la perspectiva en que está escrita la carta, esta se situaría entre *1 Timoteo* y *2 Timoteo*. Esta carta, por sus características literarias y su contenido, plantea problemas similares a los que ya se han expuesto en la *Introducción* a *1 Timoteo*.

Esquema de la carta:

Saludo (1.1-4)

Responsabilidades de Tito en Creta (1.5—3.14)
Con los que presiden la comunidad (1.5-9)
Frente a los falsos maestros (1.10-16)
Frente a los miembros de la comunidad (2.1-15)
Deberes de todos los creyentes (3.1-11)
Recomendaciones personales (3.12-14)

Despedida (3.15)

Saludo (1.1-4) [a]

1 **1** Carta de Pablo, siervo de Dios y apóstol de Jesucristo, enviado por él para que los elegidos de Dios lleguen a la fe y al conocimiento de la verdad que se encuentra en nuestra religión, **2** sostenidos por la esperanza de la vida eterna. Dios, que no miente, [b] prometió esta vida desde la eternidad, **3** y ahora, a su debido tiempo, [c] ha dado a conocer su mensaje por medio de la predicación que me ha sido confiada por mandato de Dios nuestro Salvador. [d] **4** A Tito, [e] verdadero hijo en la fe común a los dos. Que Dios nuestro Padre y Jesucristo nuestro Salvador derramen su gracia y su paz sobre ti.

---

[a] **1.1-4** Al saludo de costumbre (véanse Ro 1.1-7 n. e *Introducción a las cartas*) se agregan ciertas declaraciones acerca de *Dios* y de la *vida eterna*.
[b] **1.2** 2 Ti 2.13.
[c] **1.3** 1 Ti 2.6.
[d] **1.3** *Dios nuestro Salvador:* expresión típica de las cartas pastorales (1 Ti 1.1; 2.3; Tit 2.10; 3.4).
[e] **1.4** *Tito:* cristiano griego, colega y ayudante de Pablo (2 Co 7.6; 8.6,16-17,23; Gl 2.1,3; 2 Ti 4.10). *Hijo en la fe:* Véase 1 Ti 1.2 n.

Responsabilidades de Tito en Creta (1.5—3.14)

Con los que presiden la comunidad ⁵Cuando te dejé en la isla de Creta, lo hice para que arreglaras lo que quedaba por arreglar y para que, en cada pueblo, nombraras ancianos de la iglesia, de acuerdo con lo que yo te encargué.ᶠ ⁶Un anciano ᵍ debe llevar una vida irreprochable. ʰ Debe ser esposo de una sola mujer, ⁱ y sus hijos deben ser creyentes y no estar acusados de mala conducta o de ser rebeldes. ⁷Pues el que preside la comunidad está encargado de las cosas de Dios, y por eso es necesario que lleve una vida irreprochable. No debe ser terco, ni de mal genio; no debe ser borracho, ni amigo de peleas, ni desear ganancias mal habidas. ⁸Al contrario, siempre debe estar dispuesto a hospedar gente en su casa,ʲ y debe ser un hombre de bien, de buen juicio, justo, santo y disciplinado. ⁹Debe apegarse al verdadero mensaje que se le enseñó, para que también pueda animar a otros con la sana enseñanza ᵏ y convencer a los que contradicen.

Frente a los falsos maestros ¹⁰Porque hay muchos rebeldes, sobre todo entre los que vienen del judaísmo,ˡ que dicen cosas sin sentido y engañan a la gente. ¹¹A esos hay que taparles la boca, pues trastornan familias enteras, enseñando lo que no deben para obtener ganancias mal habidas.

¹²Fue un profeta de la misma isla de Creta quien dijo de sus paisanos: "Los cretenses, siempre mentirosos, salvajes, glotones y perezosos." ᵐ ¹³Y dijo la verdad; por eso, repréndelos duramente, para que sean sanos en su fe ¹⁴y para que no hagan caso de cuentos inventados por los judíos,ⁿ ni de lo que ordenan los que dan la espalda a la verdad. ñ ¹⁵Para los puros todas las cosas son puras; pero para los que son impuros y no aceptan la fe, nada hay puro,ᵒ pues tienen impuras la mente y la conciencia.¹⁶Dicen conocer a Dios, pero con sus hechos lo niegan; ᵖ son odiosos y rebeldes, incapaces de ninguna obra buena.

2 Frente a los miembros de la comunidad ¹Lo que digas debe estar siempre de acuerdo con la sana enseñanza.ᵃ ²Los ancianos ᵇ deben ser serios, respetables y de buen juicio; sanos en su fe, en su amor y en su fortaleza para soportar el sufrimiento. ᶜ ³Igualmente, las ancianas deben portarse con reverencia, y no ser chismosas,ᵈ ni emborracharse. Deben dar buen ejemplo ᵉ ⁴y enseñar a las jóvenes a amar a sus esposos y a sus hijos, ⁵a ser juiciosas, puras, cuidadosas del hogar, bondadosas y sujetas a sus esposos,ᶠ para que nadie pueda hablar mal del mensaje de Dios. ᵍ

⁶Anima igualmente a los jóvenes a ser juiciosos ⁷en todo, y dales tú mismo ejemplo de cómo hacer el bien. ʰ Al enseñarles, hazlo con toda pureza ⁱ y dignidad, ⁸hablando de una manera sana,ʲ que nadie pueda condenar. Así sentirá vergüenza cualquiera que se ponga en contra, pues no podrá decir nada malo de nosotros. ᵏ

⁹Aconseja a los siervos que obedezcan en todo a sus amos; ˡ que sean amables y no respondones. ¹⁰Que no roben, sino que sean completamente honrados, para mostrar en todo qué hermosa es la enseñanza de Dios nuestro Salvador.

¹¹Pues Dios ha mostrado su bondad, al ofrecer la salvación a toda la humanidad. ᵐ ¹²Esa bondad de Dios nos enseña a renunciar a la maldad y a los deseos mundanos, y a llevar en el tiempo presente una vida de buen juicio, rectitud y piedad, ¹³mientras llega el feliz cumplimiento de nuestra esperanza: ⁿ el regreso glorioso de nuestro gran Dios y Salvador Jesucristo. ñ ¹⁴Él se entregó a la muerte por nosotros,ᵒ para rescatarnos de toda maldad ᵖ y limpiarnos completamente, haciendo de nosotros el pueblo de su propiedad,ᑫ empeñados en hacer el bien.

ᶠ **1.5** *Creta:* isla del mar Mediterráneo, al sudeste de Grecia. En Hch no se menciona el trabajo de Pablo en Creta, ni tampoco las circunstancias en que dejó a Tito allí.

ᵍ **1.6-7** *Anciano:* un dirigente de la iglesia. En el v. 7, *el que preside la comunidad,* refiriéndose al mismo oficio, es lit. *obispo* (véase 1 Ti 3.1 nota *b,* y también Hch 20.28 nota *t*).

ʰ **1.6-9** Cf. las listas de recomendaciones en 1 Ti 3.2-7,8-12.

ⁱ **1.6** *Esposo de una sola mujer:* Véase 1 Ti 3.2 nota *c.*

ʲ **1.8** *Dispuesto a hospedar:* Véase 1 Ti 3.2 nota *d.*

ᵏ **1.9** *Al verdadero mensaje:* o *al mensaje fidedigno. Sana enseñanza:* expresión típica de las cartas pastorales; véase 1 Ti 1.10 nota *j.*

ˡ **1.10** *Los que vienen del judaísmo:* lit. *los que vienen de la circuncisión.* Aquí se refiere a algunos judíos convertidos que insistían en la observancia de las leyes y costumbres judías (véase Hch 11.2 n.).

ᵐ **1.12** Cita de Epiménides, poeta cretense del siglo VI a.C.

ⁿ **1.14** Véase 1 Ti 1.4 nota *d;* cf. 1 Ti 1.6; 4.7; 2 Ti 2.14.

ñ **1.14** 1 Ti 6.5; 2 Ti 3.8; 4.4. *Lo que ordenan:* A la luz del v. 15, esto se refiere a los que prohíben el matrimonio y ciertos alimentos (1 Ti 4.3-5), cosas que *son puras* porque han sido dadas por Dios (Mt 15.11; Mc 7.18-19; Ro 14.14,20).

ᵒ **1.15** *Nada hay puro:* Ro 14.20.

ᵖ **1.16** 2 Ti 3.5; cf. Mt 7.21; 1 Jn 1.6; 2.4.

ᵃ **2.1** *Sana enseñanza:* Véase Tit 1.9 n.

ᵇ **2.2** *Ancianos:* Aquí, usado junto a *ancianas* (v. 3), se refiere a los de edad avanzada (cf. 1 Ti 5.1).

ᶜ **2.2** Cf. la relación establecida por Pablo entre fe, esperanza y amor (1 Co 13.13; Col 1.4-5; 1 Ts 1.3; 5.8).

ᵈ **2.3** 1 Ti 3.11.

ᵉ **2.3** *Buen ejemplo:* o *buenos consejos.*

ᶠ **2.5** *Sujetas a sus esposos:* Véase Ef 5.22 n., y cf. 1 Co 14.34; Col 3.18; 1 Ti 2.11-12; 1 P 3.1.

ᵍ **2.5** 1 P 3.1-2,16.

ʰ **2.7** *Ejemplo de cómo hacer el bien:* 1 Ti 4.12; 1 P 5.2-3.

ⁱ **2.7** *Pureza* (o *integridad*): o pureza de motivos o bien integridad de doctrina, así como en los casos de la "sana enseñanza" (véase 1 Ti 1.10 nota *j*).

ʲ **2.8** *Sana:* Véase 1 Ti 1.10 nota *j.*

ᵏ **2.8** Cf. 1 P 2.15.

ˡ **2.9-10** 1 Ti 6.1-2; cf. también Ef 6.5-9; Col 3.22—4.1; 1 P 2.18. *Siervos* (o *esclavos*): Sobre la esclavitud en el NT, véase Col 3.22 n.

ᵐ **2.11-14** Aquí se utilizan fórmulas tradicionales para hacer un resumen de la doctrina cristiana (véase también Tit 3.3-7 n.).

ⁿ **2.13** Cf. 1 Co 1.7; Flp 3.20. Se mantiene viva la esperanza del regreso de Jesucristo.

ñ **2.13** 2 P 1.1. *Nuestro gran Dios y Salvador Jesucristo:* Algunos traducen: *el gran Dios y nuestro Salvador Jesucristo.*

ᵒ **2.14** 1 Ti 2.6; cf. Mt 20.28; Mc 10.45; Gl 1.4; 2.20.

ᵖ **2.14** Sal 130.8; Mt 1.21.

ᑫ **2.14** Ex 19.5; Dt 4.20; 7.6; 14.2; Ez 37.23; 1 P 2.9.

¹⁵ Esto es lo que tienes que enseñar, animando y reprendiendo con toda autoridad. Que nadie te desprecie. *r*

3 *Deberes de todos los creyentes* ¹ Recuerda a los otros que se sometan al gobierno y a las autoridades, *a* que sean obedientes y que siempre estén dispuestos a hacer lo bueno. *b* ² Que no hablen mal de nadie, que sean pacíficos y bondadosos, y que se muestren humildes de corazón en su trato con todos.

³ Porque antes también nosotros *c* éramos insensatos y rebeldes; andábamos perdidos y éramos esclavos de toda clase de deseos y placeres. Vivíamos en maldad y envidia, odiados y odiándonos unos a otros. *d* ⁴ Pero Dios nuestro Salvador *e* mostró su bondad y su amor por la humanidad, ⁵ y, sin que nosotros hubiéramos hecho nada bueno, por pura misericordia nos salvó *f* lavándonos *g* y regenerándonos, y dándonos nueva vida *h* por el Espíritu Santo. ⁶ Pues por medio de Jesucristo nuestro Salvador nos dio en abundancia el Espíritu Santo, *i* ⁷ para que, después de hacernos justos por su bondad, tengamos la esperanza de recibir en herencia la vida eterna. *j*

⁸ Esto es muy cierto, *k* y quiero que insistas mucho en ello, para que los que creen en Dios se ocupen en hacer el bien. Estas cosas son buenas y útiles para todos. ⁹ Pero evita las discusiones tontas, las leyendas acerca de los antepasados, las discordias y las peleas por cuestiones de la ley de Moisés. Son cosas inútiles y sin sentido. *l*

¹⁰ Si alguien causa divisiones en la iglesia, llámale la atención una y dos veces; pero si no te hace caso, expúlsalo de ella, *m* ¹¹ pues debes saber que esa persona se ha pervertido *n* y que su mismo pecado la está condenando.

Recomendaciones personales ¹² Cuando yo te mande a Artemas *ñ* o a Tíquico, *o* haz lo posible por ir a Nicópolis *p* a verme, porque he decidido pasar allí el invierno. ¹³ Ayuda en todo lo que puedas al abogado Zenas *q* y a Apolo, *r* dándoles lo necesario para que sigan su viaje y no les falte nada. ¹⁴ Y que los nuestros aprendan también a hacer el bien y a ayudar en casos de necesidad, *s* para que sus vidas sean útiles.

Despedida

¹⁵ Todos los que están conmigo te mandan saludos. Saluda a nuestros queridos amigos en la fe. *t* Que Dios derrame su gracia sobre todos ustedes.

---

r **2.15** 1 Ti 4.12.
a **3.1** Acerca de la relación entre el cristiano y la vida civil, véase 1 Ti 2.1-4 n. y cf. Ro 13.1-7; 1 P 2.13-17.
b **3.1** Tit 3.8,14; cf. Ef 4.28.
c **3.3** *Nosotros:* todos los cristianos.
d **3.3-7** Este párrafo, así como el de Tit 2.11-14, utiliza expresiones tradicionales.
e **3.4** *Dios nuestro Salvador:* Véase Tit 1.3 nota *d*.
f **3.5** Cf. 2 Ti 1.9, y también Dn 9.18; Ro 3.27-28; 4.2,5; Gl 2.16; Ef 2.8-9.
g **3.5** *Lavándonos:* La mayoría de los intérpretes ve en este término una alusión al bautismo (cf. Jn 3.3-7; 1 Co 6.11; Ef 5.25-27; 1 P 1.3,21; 3.21); otros lo entienden solo como expresión simbólica de la purificación interior realizada por el Espíritu Santo.
h **3.5** *Nueva vida:* Cf. Ro 6.3-4; 2 Co 5.17.
i **3.6** *Dio en abundancia:* lit. *derramó abundantemente;* la expresión recuerda Jl 2.28 (3.1). (Véase también Hch 2.17 nota *k*.)
j **3.7** Cf. Ro 3.24. *Hacernos justos:* Véase Ro 1.17 nota *n*.
k **3.8** *Esto es muy cierto:* lit. *El dicho es fidedigno;* expresión común en las cartas pastorales (véase 1 Ti 1.15 nota *m*) y que aquí se refiere al párrafo anterior (vv. 3-7).
l **3.9** Véase 1 Ti 1.4 nota *e*, y cf. 1 Ti 4.7; 6.20; Tit 1.14. *La ley de Moisés:* es decir, los cinco primeros libros del AT.
m **3.10** Cf. Mt 18.15-17; 2 Ts 3.14. *Si alguien causa divisiones:* Ro 16.17; 1 Co 1.10; Jud 19.
n **3.11** 1 Ti 6.5.
ñ **3.12** *Artemas:* mencionado únicamente aquí, en el NT.
o **3.12** *Tíquico:* Hch 20.4; Ef 6.21-22; Col 4.7-8; 2 Ti 4.12.
p **3.12** *Nicópolis:* probablemente la ciudad de este nombre que se hallaba en la costa occidental de Grecia, al noroeste de Corinto.
q **3.13** *Zenas:* mencionado únicamente aquí, en el NT.
r **3.13** *Apolo:* Hch 18.24; 1 Co 3.5-6; 16.12.
s **3.14** *Ayudar en casos de necesidad:* Hch 20.35; Ef 4.28. También puede traducirse *atender a las necesidades de la vida* (cf. 1 Ts 4.11-12; 2 Ts 3.12).
t **3.15** *A nuestros queridos amigos en la fe:* otra posible traducción: *a nuestros amigos fieles.*

Carta de san Pablo a Filemón

La *Carta a Filemón* (=Flm), la más breve de las cartas de Pablo, es una joya de la literatura cristiana primitiva. Aunque en ella el apóstol no pretende tratar profundos temas doctrinales, nos muestra de manera práctica y concreta lo que significaba para él haber aceptado la fe en Cristo y ser parte de su cuerpo.

El motivo de la carta, tal como puede deducirse de ella misma, es el siguiente: Onésimo, esclavo de Filemón, había cometido, al parecer, un hurto (cf. v. 18) y había huido de su casa. De alguna manera se encuentra con Pablo, que está preso, y le presta sus servicios. Entre tanto, por la predicación del apóstol, Onésimo se hace cristiano. Si bien a Pablo le serían muy útiles sus servicios, prefiere devolvérselo a su amo Filemón, como ordenaba la ley romana.

Al llevar esta carta a su amo, Onésimo podía esperar ser bien recibido, ya que Filemón también se había hecho cristiano por la predicación de Pablo.

En esta carta, Pablo no trata en forma teórica el problema de la esclavitud, pero nos deja ver lo que para él significaba ser cristiano. Él está seguro de poder pedirle a Filemón que ahora reciba a Onésimo ya no como esclavo, sino como a un hermano querido (v. 16). Pablo se hace responsable por los perjuicios que Onésimo pudiera haberle causado.

FILEMÓN

Esta carta no habla de suprimir la esclavitud; sin embargo, expresa los principios que poco a poco deberían crear esa conciencia en la humanidad: Cristo hace hermanos a todos los hombres, por encima de las diferencias sociales. El amor puede superar todas las barreras.

No hay certeza sobre el lugar en que Pablo estaba preso cuando escribió esta carta. Se ha pensado en Roma, Cesarea y Éfeso. Tampoco hay certeza sobre la fecha de su composición.

Esquema de la carta:

Saludo (1-3)
Acción de gracias y petición (4-7)
Intervención a favor de Onésimo (8-22)
Despedida (23-25)

Saludo [a] **1** Pablo, preso por causa de Cristo Jesús, [b] y el hermano Timoteo [c] saludan a Filemón, querido compañero de trabajo, **2** y a la iglesia que se reúne en su casa, así como a la hermana Apia y a Arquipo, nuestro compañero en la lucha. [d] **3** Que Dios nuestro Padre y el Señor Jesucristo derramen su gracia y su paz sobre ustedes.

Acción de gracias y petición [e] **4** Siempre doy gracias a mi Dios al acordarme de ti en mis oraciones, **5** porque he tenido noticias del amor y la fe que tienes para con el Señor Jesús y para con todos los que pertenecen al pueblo santo. [f] **6** Y pido a Dios que tu participación en la misma fe te lleve a conocer todo el bien que podemos realizar por amor a Cristo. **7** Estoy muy contento y animado por tu amor, ya que tú, hermano, has llenado de consuelo el corazón de los que pertenecen al pueblo santo.

Intervención a favor de Onésimo **8** Por eso, aunque en nombre de Cristo tengo derecho a ordenarte lo que debes hacer, **9** prefiero rogártelo en nombre del amor. Yo, Pablo, ya anciano, y ahora preso por causa de Cristo Jesús, **10** te pido un favor para mi hijo Onésimo, [g] de quien él llegado a ser padre según la fe aquí en la cárcel. [h]

11 En otro tiempo, Onésimo fue para ti un esclavo inútil, pero ahora nos es útil; [i] tanto a ti como a mí. **12** Te lo envío de nuevo: es el hijo de mis entrañas. [j] **13** Yo hubiera querido que se quedara aquí conmigo, para que me sirviera en tu lugar mientras estoy preso por causa del evangelio. **14** Pero no quiero hacer nada que tú antes no hayas aprobado, para que el favor que me haces no sea por obligación sino por tu propia voluntad. [k] **15** Tal vez Onésimo se apartó de ti por algún tiempo para que ahora lo tengas para siempre, **16** ya no como un esclavo, sino como algo mejor que un esclavo: como un hermano querido. [l] Yo lo quiero mucho, pero tú debes quererlo todavía más, no solo humanamente sino también como hermano en el Señor. [m]

17 Así pues, si me tienes por hermano en la fe, recíbelo como si se tratara de mí mismo. **18** Si te ha hecho algún daño, o si te debe algo, cóbramelo a mí. [n] **19** Yo, Pablo, escribo esto con mi puño y letra: [ñ] Yo lo pagaré. Por no decir que lo pongas a tu cuenta, ya que tú me debes tu propia persona. **20** Sí, hermano, te pido este favor por amor al Señor; consuela mi corazón [o] como hermano en Cristo.

21 Te escribo porque estoy seguro de tu obediencia, y sé que harás más de lo que te pido. [p] **22** Además de esto, prepárame alojamiento; porque espero que, en respuesta a las oraciones de ustedes, Dios les concederá que yo vaya a verlos. [q]

Despedida **23** Saludos de Epafras, mi compañero de cárcel por causa de Cristo Jesús, **24** y también de Marcos, Aristarco, Demas y Lucas, que me ayudan en el trabajo. [r]

25 Que el Señor Jesucristo derrame su gracia sobre ustedes.

---

[a] **1-3** Sobre el lugar de la cárcel, véase *Introducción*.

[b] **1** *Preso por causa de Cristo Jesús:* lit. *prisionero de Cristo Jesús;* cf. v. 9, y véase Ef 3.1 n.

[c] **1** *Timoteo:* Véase 2 Co 1.1 nota *d*.

[d] **1-2** *Apia:* probablemente, la esposa de *Filemón. Arquipo:* posiblemente, hijo de Filemón y Apia; según Col 4.17, Arquipo tenía un cargo especial en la iglesia de Colosas (o en la vecina iglesia de Laodicea). Sin duda, Filemón ponía a disposición su *casa* para que la *iglesia* se reuniera (véase Ro 16.5 n.; cf. Col 4.15).

[e] **4-7** Sección de acción de gracias y oración (véanse Ro 1.1-7 n. e *Introducción a las cartas*).

[f] **5** Ef 1.15; Col 1.4.

[g] **10** *Onésimo:* Col 4.9.

[h] **10** 1 Co 4.15; Gl 4.19. Pablo ve a Onésimo como a un hijo, porque Onésimo se convirtió al evangelio por medio de él.

[i] **11** *Nos es útil:* posible juego de palabras con el significado del nombre *Onésimo*, que quiere decir *útil* (o *provechoso*). Era un nombre bastante común entre los esclavos.

[j] **12** Al devolver el esclavo a su amo, Pablo cumple con los requisitos de la ley romana, a pesar de que en tales circunstancias esta ley autorizaba al amo a castigar al esclavo como mejor le pareciera, incluso con la muerte.

[k] **13-14** Onésimo había servido a Pablo en la prisión, y Pablo habría deseado *que se quedara* con él; aquí parece insinuar la posibilidad de que Filemón le permita a Onésimo volver a su lado, pero solo a título de *favor* voluntario de parte de Filemón.

[l] **16** *Ya no como un esclavo* indica que ya no deberá tratarlo como a un mero esclavo, sino como a *algo mejor*, puesto que ahora es un *hermano querido* (Eclo 33.32; cf. 1 Ti 6.2).

[m] **16** *Humanamente:* lit. *en la carne;* no solamente en las relaciones especiales de la vida religiosa, sino en la vida ordinaria.

[n] **18-19** Pablo insinúa la posibilidad de que Onésimo hubiera robado algo al fugarse de la casa de su amo, o al menos que la misma fuga hubiera perjudicado a Filemón, por lo que promete compensarlo personalmente si fuera necesario. Sin embargo, le recuerda a Filemón que este tiene cierta deuda moral con él, probablemente por haber sido convertido al evangelio por medio de Pablo.

[ñ] **19** *Puño y letra:* Véase 1 Co 16.21 n.

[o] **20** Pablo pide a Filemón que le dé el mismo consuelo que ha venido dando a otros (v. 7).

[p] **21** En ninguna parte de la carta se le pide directamente a Filemón que ponga en libertad a su esclavo, ni que lo deje al servicio de Pablo (sea como esclavo o como libre); todo lo deja al criterio de Filemón.

[q] **22** Pablo espera quedar en libertad y poder ir a Colosas para visitar personalmente a Filemón.

[r] **23-24** Estas mismas personas envían saludos también en Col 4.10-14; véanse las notas allí.

Carta a los Hebreos

La llamada *Carta a los Hebreos* (=Heb) se distingue entre los escritos del Nuevo Testamento por la manera tan amplia en que desarrolla un solo tema: la eminencia de la persona de Jesucristo y de su obra salvadora, a la luz de las instituciones del Antiguo Testamento, especialmente del sacerdocio y del culto.

El autor comienza por mostrar cómo la revelación de Dios, iniciada imperfectamente por medio de los profetas, llega a su plenitud en Jesús, el Hijo de Dios (1.1-4). Como Hijo de Dios, Jesús es superior a los ángeles, pero al mismo tiempo se hizo igual a sus hermanos, los hombres (1.5—2.18).

El título que el autor considera más apropiado para describir la persona y la obra de Jesús es el *Sumo sacerdote* (2.17), título que no aparece aplicado a Jesús en ningún otro escrito del Nuevo Testamento. El autor muestra que el culto, los sacrificios y el pacto antiguos son imperfectos e ineficaces, pero que Dios ha escogido un nuevo sumo sacerdote, no según las características del sacerdocio levítico, sino de la clase de Melquisedec. Jesús ofrece en sacrificio su propia vida y así obtiene la verdadera purificación de los hombres y abre para todos acceso a Dios. En el santuario celestial Jesús está intercediendo eternamente por los hombres (3.1—10.39).

El autor se detiene en describir las características del antiguo culto, tal como se presenta en los libros de la ley, para realzar la superioridad del sacerdocio de Cristo y de su sacrificio. Todo el escrito entreteje citas y alusiones a textos e instituciones del Antiguo Testamento.

Junto a la exposición doctrinal, el autor va colocando amonestaciones y exhortaciones a perseverar en la fe y en la práctica de la vida cristiana.

La carta puede verse organizada de la siguiente manera:

Introducción (1.1-4)
Dios ha hablado por medio de su Hijo
I. El Hijo, superior a los ángeles (1.5—2.18)
II. Jesús, sacerdote fiel y compasivo (3.1—5.10)
III. Características del sacerdocio de Cristo (5.11—10.39)
IV. La fe y la fortaleza (11.1—12.13)
V. La vida cristiana (12.14—13.19)
Conclusión (13.20-25)
Bendición y despedida

Este escrito, aunque tradicionalmente ha sido llamado "carta", no presenta las fórmulas introductorias típicas de ese género (véase *Introducción a las Cartas*). Solo al final (13.23-25) se encuentran noticias y saludos de carácter personal. Es, más bien, un tratado doctrinal y exhortatorio dirigido por escrito a alguna comunidad cristiana.

En el texto del escrito no se precisa la comunidad a la cual se dirige. Sin embargo, diversas exhortaciones (2.1-4; 5.11—6.12; 10.32-35; 12.1-3) permiten suponer que se trata de una comunidad cristiana en estado de debilitamiento espiritual; probablemente las persecuciones y otras dificultades internas han puesto en peligro la fidelidad al evangelio. El autor quiere iluminar y fortalecer la fe de estos cristianos y animarlos a superar tales dificultades.

El título tradicional "a los Hebreos" se justifica, más que todo, por el ambiente espiritual en el que se lleva a cabo la reflexión del autor sobre Jesús y su obra redentora: las personas e instituciones del Antiguo Testamento.

Este escrito refleja, además de un profundo conocimiento del Antiguo Testamento, que siempre se cita según la versión griega, un gran dominio de la lengua griega y de muchas ideas que se habían hecho comunes en el judaísmo helenístico, principalmente en Alejandría. El autor debió de proceder de este medio cultural, pero su nombre no se menciona.

Introducción (1.1-4)

Dios ha hablado por medio de su Hijo **1** En tiempos antiguos Dios habló a nuestros antepasados[a] muchas veces y de muchas maneras por medio de los profetas.[b] **2** Ahora, en estos tiempos últimos, nos ha hablado por su Hijo, mediante el cual creó los mundos y al cual ha hecho heredero de todas las cosas. **3** Él es el resplandor glorioso de Dios,[c] la imagen misma de lo que Dios es y el que sostiene todas las cosas con su palabra poderosa.[d] Después de limpiarnos de nuestros pecados,[e] se ha sentado en el cielo, a la derecha del trono de Dios,[f] **4** y ha llegado a ser superior a los ángeles, pues ha recibido en herencia un título mucho más importante que el de ellos.[g]

---

[a] **1.1** *Nuestros antepasados:* las generaciones anteriores del pueblo hebreo, en tiempos del AT.

[b] **1.1** *Profetas:* en general los autores del AT.

[c] **1.3** *Resplandor:* Cf. Jn 1.4-9,14; también Sab 7.25-26, donde algo parecido se dice de la sabiduría.

[d] **1.2-3** Así como en Jn 1.1-3,14-18; 1 Co 8.6; Col 1.15-17, el *Hijo de Dios*, por medio de quien Dios *creó los mundos* (v. 2) y quien sostiene todas las cosas, es el que ahora nos ha hablado para darnos la revelación de Dios. Véase Jn 1.1 n.

[e] **1.3** *Limpiarnos de nuestros pecados:* referencia a la obra sacerdotal de Cristo, tema que será tratado a fondo en Heb 9.11—10.18.

[f] **1.3** *A la derecha del trono de Dios:* manera tradicional de referirse al Cristo exaltado y glorificado (Mc 14.62; Lc 22.69; Hch 2.33), basada en Sal 110.1. Véase 1.13 n., y cf. también 8.1; 10.12; 12.2.

[g] **1.4** *Hijo de Dios:* Cf. 1.2,5.

I. EL HIJO DE DIOS, SUPERIOR A LOS ÁNGELES (1.5—2.18)

5 Porque Dios nunca dijo a ningún ángel: [h]
"Tú eres mi Hijo;
yo te he engendrado hoy." [i]

Ni dijo tampoco de ningún ángel:
"Yo seré un padre para él,
y él será un hijo para mí." [j]

6 Pero en otro lugar, al presentar a su Hijo primogénito al mundo, dice:
"Que todos los ángeles de Dios lo adoren." [k]

7 Respecto a los ángeles, Dios dice:
"Hace que sus ángeles sean como vientos,
y como llamas de fuego sus servidores." [l]

8 Pero respecto al Hijo, dice:
"Tu reinado, oh Dios, es eterno,
y es un reinado de justicia.

9 Has amado lo bueno y odiado lo malo;
por eso te ha escogido Dios, tu Dios, [m]
y te ha colmado de alegría [n]
más que a tus compañeros." [ñ]

10 También dice:
"Tú, oh Señor, afirmaste la tierra desde el principio;
tú mismo hiciste el cielo.

11 Todo ello dejará de existir,
pero tú permaneces para siempre.
Todo ello se gastará como la ropa;

12 ¡lo doblarás como se dobla un vestido,
lo cambiarás como quien se cambia de ropa!
Pero tú eres el mismo;
tu vida no terminará." [o]

13 Dios nunca dijo a ninguno de los ángeles:
"Siéntate a mi derecha,
hasta que yo haga de tus enemigos
el estrado de tus pies." [p]

14 Porque todos los ángeles son espíritus al servicio de Dios, [q] enviados en ayuda de quienes han de recibir en herencia la salvación. [r]

2 *Importancia de la salvación anunciada* **1** Por esta causa debemos prestar mucha más atención al mensaje que hemos oído, para que no nos apartemos del camino. **2** Los mandamientos que Dios dio en otros tiempos por medio de los ángeles, [a] tenían fuerza de ley, y quienes pecaron y los desobedecieron fueron castigados justamente. [b] **3** ¿Cómo, pues, escaparemos nosotros, si descuidamos una salvación tan grande? Pues el mismo Señor fue quien anunció primero esta salvación, la cual después confirmaron entre nosotros los que oyeron ese mensaje. [c] **4** Además, Dios la ha confirmado con señales, maravillas y muchos milagros, y por medio del Espíritu Santo, que nos ha dado de diferentes maneras, [d] conforme a su voluntad.

Jesús, semejante a sus hermanos **5** Dios no ha puesto bajo la autoridad de los ángeles ese mundo futuro del cual estamos hablando. **6** Al contrario, en un lugar de la Escritura alguien declara:
"¿Qué es el hombre? ¿Qué es el ser humano?
¿Por qué lo recuerdas y te preocupas por él?

7 Por un poco de tiempo lo hiciste algo menor
que los ángeles,
pero lo coronaste de gloria y honor;

8 todo lo sujetaste debajo de sus pies." [e]

Así que, al sujetarlo todo debajo de sus pies, Dios no dejó nada sin sujetarlo a él. Sin embargo, todavía no vemos que todo le esté sujeto. **9** Pero vemos que Jesús, a quien Dios hizo algo menor que los ángeles por un poco de tiempo, está coronado de gloria y honor, a causa de la muerte que sufrió. Dios, en su amor, quiso que experimentara la muerte para bien de todos. [f]

10 Todas las cosas existen para Dios y por la acción de Dios, que quiere que todos sus hijos tengan parte en su gloria. Por eso, Dios, por medio del sufrimiento, tenía que hacer perfecto [g] a Jesucristo, el Salvador de ellos. [h] **11** Porque todos son del mismo Padre; [i] tanto los consagrados como el que los consagra. [j] Por esta razón, el Hijo de Dios

---

[h] **1.5-14** El autor cita una serie de siete pasajes del AT, considerados como profecías mesiánicas, para demostrar que Jesucristo es *superior a los ángeles* y a la creación entera.

[i] **1.5** Sal 2.7; esta cita, que se refería originalmente a la coronación de un rey israelita sucesor de David, se aplica en el NT al Mesías (cf. Hch 13.33). En el salmo se usa una fórmula de adopción en la que el rey, al ser coronado, era reconocido como *hijo* de Dios.

[j] **1.5** 2 S 7.14; 1 Cr 17.13.

[k] **1.6** El autor combina aquí Dt 32.43 y Sal 97.7, según la versión griega (LXX).

[l] **1.7** Sal 104.4 (gr.); véase 1.14 nota *q*.

[m] **1.9** *Por eso te ha escogido Dios, tu Dios*: otra posible traducción: *por eso, oh Dios, tu Dios te ha escogido*.

[n] **1.9** *Colmado de alegría*: lit. *ungido con aceite de alegría*, expresión que aparece en el texto hebreo de Is 61.3 (cf. Sal 23.5).

[ñ] **1.8-9** Sal 45.6-7 (7-8).

[o] **1.10-12** Sal 102.25-27 (26-28) (gr.). El título *Señor*, que en el salmo se refiere a Dios, se aplica aquí al Hijo de Dios en su función creadora (v. 2).

[p] **1.13** Sal 110.1. Este salmo, que se cita también en Heb 5.6,10; 7.17,21, era considerado por los judíos como alusivo al Mesías, y así lo usaron Jesús (Mt 22.44 y paralelos) y los apóstoles (Hch 2.33-35; 1 Co 15.25; Ef 1.20). Véase 1.3 nota *f*.

[q] **1.14** *Espíritus al servicio de Dios*: lit. *espíritus servidores* (cf. Sal 34.7 [8]; 91.11; Tb 12.15; Mt 4.11; Lc 1.19).

[r] **1.14** *Salvación*: El autor vuelve a este tema en Heb 2.3-4,10,14-18; 5.9, y trata de la obra salvadora de Jesús especialmente en los caps. 7—10.

[a] **2.2** *Por medio de los ángeles*: Véase Hch 7.53 n., y cf. Gl 3.19.

[b] **2.2** *Castigados justamente*: Cf. Heb 3.16-19; 10.28,30-31.

[c] **2.3** Cf. Mc 1.14-15 y paralelos.

[d] **2.4** Cf. 1 Co 12.4,11.

[e] **2.6-8** Se cita el Sal 8.4-6 (5-7), pasaje que habla de la dignidad del ser humano, aplicado aquí a Cristo.

[f] **2.9** *Quiso... para bien de todos*: Mt 20.28; Mc 10.45; Ef 1.7; Flp 2.6-11; 1 Ti 2.6; Tit 2.14; Heb 12.2.

[g] **2.10** *Hacer perfecto*: tema sobresaliente en Heb (5.8-10; 7.19,28; 9.9; 10.1,14; 11.40; 12.23).

[h] **2.10** *El Salvador de ellos*: lit. *el que los conduce a la salvación*; el mismo término griego se aplica a Cristo también en Hch 3.15; 5.31; Heb 12.2.

[i] **2.11** *Del mismo Padre*: otra posible traducción: *del mismo origen* (lit. *de uno*).

[j] **2.11** *El que los consagra*: es decir, *el Hijo de Dios*.

no se avergüenza de llamarlos hermanos,[k] [12] al decir en la Escritura:

"Hablaré de ti a mis hermanos,
y te cantaré himnos en medio de la congregación."[l]

[13] También dice:

"En él pondré mi esperanza."

Y otra vez dice:

"Aquí estoy, con los hijos que Dios me dio."[m]

[14] Así como los hijos de una familia son de la misma carne y sangre, así también Jesús fue de carne y sangre humanas, para derrotar con su muerte al que tenía poder para matar, es decir, al diablo. [15] De esta manera ha dado libertad a todos los que por miedo a la muerte viven como esclavos durante toda la vida. [16] Pues ciertamente no vino para ayudar a los ángeles, sino a los descendientes de Abraham. [17] Y para eso tenía que hacerse igual en todo a sus hermanos, para llegar a ser un Sumo sacerdote fiel y compasivo en su servicio a Dios, y para obtener el perdón de los pecados de los hombres por medio del sacrificio.[n] [18] Y como él mismo sufrió y fue puesto a prueba, ahora puede ayudar a los que también son puestos a prueba.[ñ]

II. JESÚS, SACERDOTE FIEL Y COMPASIVO (3.1—5.10)

3 **Comparado con Moisés** [1] Por lo tanto, hermanos, ustedes los del pueblo santo, que han sido llamados por Dios a ser suyos, consideren atentamente a Cristo Jesús, el Apóstol[a] y Sumo sacerdote, gracias al cual profesamos nuestra fe. [2] Pues Jesús ha sido fiel a Dios, que lo nombró para este servicio, como también Moisés fue fiel en su servicio[b] en toda la casa de Dios.[c] [3] Pero a Jesús se le ha concedido más honor que a Moisés, del mismo modo que el que hace una casa recibe más honor que la casa misma. [4] Toda casa tiene que estar hecha por alguien; pero Dios es el que hizo todo lo que existe. [5] Así pues, Moisés, como siervo, fue fiel en toda la casa de Dios, y su servicio consistió en ser testigo de las cosas que Dios había de decir. [6] Pero Cristo, como Hijo, es fiel sobre esta casa de Dios que somos nosotros mismos, si mantenemos la seguridad y la alegría en la esperanza que tenemos.

Exhortación a la fidelidad [7] Por eso, como dice el Espíritu Santo en la Escritura:

"Si hoy escuchan ustedes lo que Dios dice,
[8] no endurezcan su corazón como aquellos
que se rebelaron
y pusieron a Dios a prueba en el desierto.[d]
[9] Allí me pusieron a prueba los antepasados de ustedes,
aun cuando habían visto mis obras
durante cuarenta años.[e]
[10] Por eso me enojé con aquella generación,
y dije: 'Andan siempre extraviados en su corazón,
y no han querido conocer mis caminos.'
[11] Por eso juré en mi furor
que no entrarían en mi reposo."[f]

[12] Hermanos, cuídense de que ninguno de ustedes tenga un corazón tan malo e incrédulo que se aparte del Dios viviente. [13] Al contrario, anímense unos a otros cada día, mientras dura ese "hoy" de que habla la Escritura, para que ninguno de ustedes sea engañado por el pecado y su corazón se vuelva rebelde. [14] Porque nosotros tenemos parte con Cristo, con tal de que nos mantengamos firmes hasta el fin en la confianza que teníamos al principio.

[15] Por lo cual dice:

"Si hoy escuchan ustedes lo que Dios dice,
no endurezcan su corazón como aquellos
que se rebelaron."[g]

[16] ¿Y quiénes fueron los que se rebelaron después de haber oído la voz de Dios? Pues todos los que Moisés había sacado de la tierra de Egipto. [17] ¿Y con quiénes estuvo Dios enojado durante cuarenta años? Con los que pecaron, los cuales cayeron muertos en el desierto. [18] ¿Y a quiénes juró Dios que no entrarían en su reposo? A los que desobedecieron.[h] [19] Y, en efecto, vemos que no pudieron entrar[i] porque no creyeron.[j]

4 [1] Por eso, mientras todavía contamos con la promesa de entrar en ese reposo de Dios,[a] debemos tener cuidado, no sea que alguno de ustedes no lo logre. [2] Porque nosotros recibimos el anuncio de la buena noticia, lo mismo que ellos; pero a ellos no les sirvió de nada el oírlo, porque no se unieron por la fe con los que habían obedecido al mensaje. [3] Pero nosotros, que hemos creído, entraremos en ese reposo, del cual Dios ha dicho:

"Por eso juré en mi furor
que no entrarían en el lugar de mi reposo."[b]

Sin embargo, Dios había terminado su trabajo desde que

---

[k] **2.11** Mc 3.35; Jn 20.17.
[l] **2.12** Sal 22.22 (23); todo este salmo era considerado como profecía acerca del Mesías.
[m] **2.13** Las citas son de Is 8.17-18 (gr.), pasaje que aquí se aplica a Jesús.
[n] **2.17** Se presenta a Cristo como Sumo Sacerdote que cumple fielmente su servicio sacerdotal y obtiene, por medio del sacrificio de sí mismo, el perdón de los pecados (cf. Heb 1.3). Es un tema sobresaliente y característico de Heb. Cf. Heb 4.14—5.10; 6.20—10.18.
[ñ] **2.18** Heb 4.15.
[a] **3.1** *Apóstol:* Este es el único pasaje del NT en que se aplica este término a Jesús, como enviado especial de Dios. Cf. Jn 3.17; 6.29.
[b] **3.2** Nm 12.7.
[c] **3.2** *Casa de Dios* incluye la idea de la familia o pueblo de Dios, que abarca tanto a Israel como a la iglesia (v. 6; Heb 11.40; cf. Ef 2.20-22).
[d] **3.8** *Como aquellos que se rebelaron y pusieron a Dios a prueba:* lit. *como en la Rebelión, en el día de la Prueba;* la versión griega del AT (LXX) traduce según su significado los nombres *Meribá* y *Masá,* del Sal 95.8; cf. Ex 17.1-7; Nm 20.1-13.
[e] **3.9** *Cuarenta años:* Nm 14.20-35. En la forma hebrea del Sal 95.9-10, citada aquí, la frase "durante cuarenta años" se une a lo que sigue.
[f] **3.7-11** Sal 95.7-11 (gr.). *En mi reposo:* esto es, en la tierra de Canaán, donde Dios les daría paz y descanso (Nm 14.21-23). Con la cita del salmo, el autor presenta el tema del *reposo* como figura de la salvación, y lo desarrolla en el resto de la sección; cf. Heb 4.1-11.
[g] **3.15** Se repite la cita del Sal 95.7-8.
[h] **3.16-18** Cf. Nm 14.1-35; Dt 1.26.
[i] **3.19** *Entrar:* es decir, a la tierra prometida.
[j] **3.19** Cf. Nm 14.39-45; Dt 1.41-45.
[a] **4.1** *Reposo de Dios:* Véase Heb 3.7-11 n.
[b] **4.3** Sal 95.11.

creó el mundo; **4** pues en alguna parte de las Escrituras se dice del séptimo día:
"Dios reposó de todo su trabajo el séptimo día." [c]
5 Y otra vez se dice en las Escrituras:
"No entrarán en mi reposo." [d]
6 Pero todavía falta que algunos entren en ese lugar de reposo, ya que, por haber desobedecido, no entraron los que primero recibieron el anuncio. **7** Por eso, Dios ha vuelto a señalar un día, un nuevo "hoy", y lo ha hecho hablándonos por medio de lo que, mucho tiempo después, David dijo en la Escritura ya mencionada:
"Si hoy escuchan ustedes lo que Dios dice,
no endurezcan su corazón." [e]
8 Porque si Josué les hubiera dado reposo a los israelitas, [f] Dios no habría hablado de otro día. **9** De manera que todavía queda un reposo sagrado para el pueblo de Dios; **10** porque el que entra en ese reposo de Dios, reposa de su trabajo, así como Dios reposó del suyo. **11** Debemos, pues, esforzarnos por entrar en ese reposo, para que nadie siga el ejemplo de aquellos que no creyeron.

12 Porque la palabra de Dios tiene vida y poder. Es más cortante que cualquier espada de dos filos, [g] y penetra hasta lo más profundo del alma y del espíritu, hasta lo más íntimo de la persona; y somete a juicio los pensamientos y las intenciones del corazón. **13** Nada de lo que Dios ha creado puede esconderse de él; todo está claramente expuesto ante aquel a quien tenemos que rendir cuentas.

Jesús, sacerdote compasivo **14** Jesús, el Hijo de Dios, es nuestro gran Sumo sacerdote [h] que ha entrado [i] en el cielo. [j] Por eso debemos seguir firmes en la fe que profesamos. **15** Pues nuestro Sumo sacerdote puede compadecerse de nuestra debilidad, porque él también estuvo sometido a las mismas pruebas que nosotros; solo que él jamás pecó. **16** Acerquémonos, pues, con confianza al trono de nuestro Dios amoroso, para que él tenga misericordia de nosotros y en su bondad nos ayude en la hora de necesidad.

5 **1** Todo Sumo sacerdote es escogido de entre los hombres, nombrado para representarlos delante de Dios y para hacer ofrendas y sacrificios por los pecados. **2** Y como el sacerdote está sujeto a las debilidades humanas, puede tener compasión de los ignorantes y los extraviados; **3** y a causa de su propia debilidad, tiene que ofrecer sacrificios por sus pecados tanto como por los pecados del pueblo. [a] **4** Nadie puede tomar este honor para sí mismo, sino que es Dios quien lo llama y le da el honor, como en el caso de Aarón. [b] **5** De la misma manera, Cristo no se nombró Sumo sacerdote a sí mismo, sino que Dios le dio ese honor, pues él fue quien le dijo:
"Tú eres mi hijo;
yo te he engendrado hoy." [c]
6 Y también le dijo en otra parte de las Escrituras:
"Tú eres sacerdote para siempre,
de la misma clase que Melquisedec." [d]
7 Mientras Cristo estuvo viviendo aquí en el mundo, con voz fuerte y muchas lágrimas oró y suplicó a Dios, que tenía poder para librarlo de la muerte; [e] y por su obediencia, Dios lo escuchó. **8** Así que Cristo, a pesar de ser Hijo, sufriendo aprendió lo que es la obediencia; [f] **9** y al perfeccionarse de esa manera, llegó a ser fuente de salvación eterna para todos los que lo obedecen, **10** y Dios lo nombró Sumo sacerdote de la misma clase que Melquisedec.

III. CARACTERÍSTICAS DEL SACERDOCIO DE CRISTO
(5.11—10.39)

Exhortación a progresar en la fe **11** Tenemos mucho que decir sobre este asunto, [g] pero es difícil explicarlo, porque ustedes son lentos para entender. **12** Al cabo de tanto tiempo, ustedes ya deberían ser maestros; en cambio, necesitan que se les expliquen de nuevo las cosas más sencillas de las enseñanzas de Dios. Han vuelto a ser tan débiles que, en vez de comida sólida, tienen que tomar leche. **13** Y los que se alimentan de leche son como niños de pecho, incapaces de juzgar rectamente. [h] **14** La comida sólida es para los adultos, para los que ya saben juzgar, porque están acostumbrados a distinguir entre lo bueno y lo malo.

6 **1** Así que sigamos adelante hasta llegar a ser adultos, dejando a un lado las primeras enseñanzas acerca de Cristo. No volvamos otra vez a las cosas básicas, [a] como la conversión y el abandono de las obras que llevan a la muerte, o como la fe en Dios, **2** las enseñanzas sobre el bautismo, [b] el imponer las manos [c] a los creyentes, la

---

[c] **4.4** Gn 2.2.
[d] **4.5** Nuevamente se cita el Sal 95.11 (cf. Heb 3.11).
[e] **4.7** Sal 95.7-8.
[f] **4.8** Dt 31.7. *Josué:* lit. *Jesús,* forma griega del nombre hebreo *Josué,* que permite al autor señalar la superioridad de Jesucristo sobre Josué.
[g] **4.12** *Palabra de Dios:* expresión que en la Biblia tiene diversos significados e incluye toda la revelación divina y el poder creador y salvador de Dios; cf. Is 49.2; Jn 1.1-18; Ef 6.17; Heb 1.3; 1 P 1.23-25.
[h] **4.14** *Sumo sacerdote:* Véase *Índice temático.*
[i] **4.14** *Ha entrado:* Véase Heb 9.7 n., y cf. 9.12.
[j] **4.14** Ef 4.10; Heb 1.3; 8.1-2; 9.24.
[a] **5.3** Lv 9.7; 16.6; cf. Heb 7.27.
[b] **5.4** Ex 28.1.
[c] **5.5** Sal 2.7 (véase Heb 1.5 nota *t*).
[d] **5.6** Sal 110.4. *Melquisedec:* El autor introduce aquí y en el v. 10 a este personaje (cf. Gn 14.17-20), presentándolo como figura de Cristo. En Heb 6.20—7.17 se trata este tema con más detalle; véase 7.1-2 y las notas correspondientes.
[e] **5.7** Referencia a la agonía de Jesús en Getsemaní (Mt 26.36-46 y paralelos).
[f] **5.7-8** Flp 2.8; cf. Mt 26.39 y paralelos.
[g] **5.11** *Este asunto:* el del sacerdocio de Cristo y lo que con él se relaciona.
[h] **5.12-13** *Incapaces de juzgar rectamente:* otra posible traducción: *inexpertos en cuanto a la recta doctrina.* 1 Co 3.1-2; cf. 1 P 2.2.
[a] **6.1-2** El autor cita seis ejemplos de las *primeras enseñanzas* cristianas.
[b] **6.2** *Las enseñanzas sobre el bautismo:* traducción probable; lit. *las enseñanzas sobre los bautismos,* expresión que puede incluir los lavamientos ceremoniales judíos, considerados ya superados por el bautismo cristiano.
[c] **6.2** *Imponer las manos:* en la comunicación del Espíritu Santo; cf. Hch 8.17; 19.6.

resurrección de los muertos y el juicio eterno. **3** Es lo que haremos, si Dios lo permite.

4 Porque a los que una vez recibieron la luz,[d] y saborearon el don de Dios, y tuvieron parte en el Espíritu Santo, **5** y saborearon el buen mensaje de Dios y el poder del mundo venidero, **6** si caen de nuevo, ya no se les puede hacer volver a Dios, porque ellos mismos están crucificando otra vez al Hijo de Dios y exponiéndolo a la burla de todos.[e] **7** Son como la tierra que bebe la lluvia que cae en abundancia sobre ella: si da una cosecha útil a los que la trabajan, recibe la bendición de Dios; **8** pero si da espinos y cardos, no vale nada; cae bajo la maldición de Dios, y finalmente será quemada.[f]

9 Pero aunque hablamos así, queridos hermanos, estamos seguros de que ustedes se encuentran en el primer caso, es decir, en camino de salvación. **10** Porque Dios es justo, y no olvidará lo que ustedes han hecho y el amor que le han mostrado al ayudar a los del pueblo santo, como aún lo están haciendo.[g] **11** Pero deseamos que cada uno de ustedes siga mostrando hasta el fin ese mismo entusiasmo, para que se realice completamente su esperanza. **12** No queremos que se vuelvan perezosos, sino que sigan el ejemplo de quienes por medio de la fe y la constancia están recibiendo la herencia que Dios les ha prometido.

Promesa y juramento **13** Cuando Dios hizo la promesa a Abraham, juró por sí mismo, porque no había otro superior a él por quien jurar; **14** y dijo: "Sí, yo te bendeciré mucho y haré que tu descendencia sea numerosa."[h] **15** Abraham esperó con paciencia, y recibió lo que Dios le había prometido. **16** Cuando los hombres juran, lo hacen por alguien superior a ellos mismos; y cuando garantizan algo mediante un juramento, ya no hay más que discutir. **17** Pues bien, Dios quiso mostrar claramente a quienes habían de recibir la herencia que él les prometía, que estaba dispuesto a cumplir la promesa sin cambiar nada de ella. Por eso garantizó su promesa mediante el juramento. **18** De estas dos cosas[i] que no pueden cambiarse y en las que Dios no puede mentir,[j] recibimos un firme consuelo los que hemos buscado la protección de Dios y hemos confiado en la esperanza que él nos ha dado. **19** Esta esperanza mantiene firme y segura nuestra alma, igual que el ancla mantiene firme al barco. Es una esperanza que ha penetrado hasta detrás del velo[k] en el templo celestial, **20** donde antes entró Jesús para abrirnos camino, llegando él a ser así Sumo sacerdote para siempre, de la misma clase que Melquisedec.[l]

7 Jesús, sacerdote como Melquisedec

1 Este Melquisedec fue rey de Salem y sacerdote del Dios altísimo.[a] Cuando Abraham regresaba de la batalla en la que había derrotado a los reyes, Melquisedec salió a su encuentro y lo bendijo; **2** entonces Abraham le dio la décima parte de todo lo que había ganado en la batalla. Ante todo, hay que notar que el nombre Melquisedec significa "rey de justicia",[b] pero aparece también como rey de Salem,[c] que quiere decir "rey de paz". **3** Nada se sabe de su padre ni de su madre ni de sus antepasados; ni tampoco se habla de su nacimiento ni de su muerte;[d] y así, a semejanza del Hijo de Dios, es sacerdote para siempre.

4 Ahora bien, fíjense qué importante era Melquisedec, que nuestro propio antepasado Abraham le dio la décima parte de lo que les había ganado a los reyes en la batalla.[e] **5** Según la ley de Moisés, los sacerdotes que son descendientes de Leví[f] tienen el derecho de cobrarle al pueblo la décima parte de todo,[g] a pesar de que son sus parientes y descienden de Abraham lo mismo que ellos. **6** Pero Melquisedec, aunque no era descendiente de Leví, le cobró la décima parte a Abraham, que había recibido las promesas de Dios. Así Melquisedec bendijo a Abraham; **7** y nadie puede negar que el que bendice es superior al bendecido. **8** Aquí, en esta vida, los que cobran la décima parte son hombres mortales; pero la Escritura habla de Melquisedec como de uno que todavía vive.[h] **9** Y se puede decir que los sacerdotes que descienden de Leví, y que ahora cobran la décima parte, pagaron también la décima parte a Melquisedec al pagársela a él Abraham; **10** porque, en cierto sentido, cuando Melquisedec salió al encuentro de Abraham, este llevaba ya en su cuerpo a sus descendientes que aún no habían nacido.[i]

Los dos sacerdocios **11** El pueblo de Israel recibió la ley basada en el sacerdocio levítico. Ahora bien, si estos

---

[d] **6.4** *Recibieron la luz:* probable alusión a la fe que el creyente profesa en el bautismo.

[e] **6.4-6** *Están crucificando:* es decir, repudian completa y deliberadamente al *Hijo de Dios*. El autor considera que en realidad sus lectores no han llegado a tal extremo (v. 9). Cf. Heb 10.26-31.

[f] **6.8** Cf. Gn 3.17-18.

[g] **6.10** Heb 10.32-34.

[h] **6.13-14** Gn 22.16-17.

[i] **6.18** *Estas dos cosas:* la *promesa* de Dios y su *juramento* (v. 17; Heb 7.20-21,28).

[j] **6.18** Nm 23.19; 1 S 15.29.

[k] **6.19** *Detrás del velo:* en el Lugar Santísimo de la Tienda del Encuentro (Lv 16.2), vista aquí como figura del *templo celestial*, donde Jesús ha entrado como sacerdote para permitirnos el libre acceso a Dios (v. 20; Heb 9.7 n.). Véase también Mt 27.51 n.

[l] **6.20** *Sumo Sacerdote... de la misma clase que Melquisedec:* Sal 110.4; véase Heb 5.6 n.

[a] **7.1-2** *Melquisedec:* el sacerdote-rey del cual se habla, con muy escasos detalles, en Gn 14.17-20.

[b] **7.1-2** *Rey de justicia:* significado del nombre *Melquisedec*.

[c] **7.1-2** *Salem:* algún pueblo de Canaán; algunos textos lo identifican con Jerusalén. Su nombre se asemeja a la palabra hebrea que significa *paz* (*shalom*).

[d] **7.3** *Nada... su muerte:* lit. *sin padre, ni madre, ni genealogía, ni comienzo de días, ni fin de vida;* se indica así que de estas cosas no hay constancia escrita, y puesto que tampoco se habla expresamente de su muerte, el autor ve en Melquisedec una figura de Cristo, Hijo eterno de Dios.

[e] **7.4** Gn 14.20.

[f] **7.5** *Leví:* hijo de Jacob y bisnieto de Abraham; a su tribu pertenecían Aarón (v. 11) y los sacerdotes israelitas.

[g] **7.5** Nm 18.21.

[h] **7.8** *Todavía vive:* por cuanto no se habla expresamente de su muerte (véase 7.3 n.).

[i] **7.10** Según el pensamiento hebreo, un hombre llevaba en su cuerpo, en germen, a sus descendientes.

sacerdotes hubieran podido hacer perfectos a los hombres, no habría sido necesario que apareciera otro sacerdote, ya no de la clase de Aarón,[j] sino de la clase de Melquisedec. **12** Porque al cambiar el sacerdocio, también se tiene que cambiar la ley; **13** y nuestro Señor, de quien la Escritura dice esto, pertenece a otra tribu de Israel, de la cual no ha salido ningún sacerdote. **14** Porque es bien sabido que nuestro Señor vino de la tribu de Judá, y Moisés no dijo nada de esa tribu cuando habló del sacerdocio.[k]

15 Y esto es aún más claro si el nuevo sacerdote que aparece es uno como Melquisedec, **16** que no fue sacerdote según una ley que toma en cuenta elementos puramente humanos,[l] sino según el poder de una vida indestructible. **17** Porque esto es lo que Dios dice de él:

"Tú eres sacerdote para siempre,
de la misma clase que Melquisedec."[m]

18 Así que el mandato anterior quedó cancelado porque era débil e inútil, **19** pues la ley de Moisés no perfeccionó nada, y en su lugar tenemos una esperanza mejor,[n] por la cual nos acercamos a Dios.

Superioridad del sacerdocio de Jesús

20 Y Dios garantizó esto con un juramento.[ñ] Los otros sacerdotes fueron nombrados sin juramento alguno, **21** pero en el caso del Señor sí hubo un juramento, pues en la Escritura se le dice:

"El Señor hizo un juramento
y no va a desdecirse:
'Tú eres sacerdote para siempre.' "[o]

22 De este modo, Jesús es quien garantiza una alianza mejor que la primera.[p] **23** Los otros sacerdotes fueron muchos porque la muerte les impedía seguir viviendo; **24** pero como Jesús no muere, su oficio sacerdotal no pasa a ningún otro. **25** Por eso puede salvar para siempre a los que se acercan a Dios por medio de él, pues vive para siempre, para rogar a Dios por ellos.[q]

26 Así pues, Jesús es precisamente el Sumo sacerdote que necesitábamos. Él es santo, sin maldad y sin mancha, apartado de los pecadores y puesto más alto que el cielo. **27** No es como los otros sumos sacerdotes, que tienen que matar animales y ofrecerlos cada día en sacrificio, primero por sus propios pecados y luego por los pecados del pueblo.[r] Por el contrario, Jesús ofreció el sacrificio una sola vez y para siempre, cuando se ofreció a sí mismo.[s] **28** La ley de Moisés nombra como Sumos sacerdotes a hombres imperfectos; pero el juramento de Dios, que fue hecho después de la ley, nombra sumo sacerdote a su Hijo, quien ha sido hecho perfecto para siempre.

8 **Imperfección del culto antiguo**[a] **1** Lo más importante de lo que estamos diciendo es que nuestro Sumo sacerdote es de tal naturaleza que se ha sentado en el cielo, a la derecha del trono de Dios,[b] **2** y oficia como sacerdote en el verdadero santuario,[c] el que fue hecho por el Señor y no por los hombres.

3 Todo Sumo sacerdote es nombrado para presentar ofrendas y sacrificios, y por eso es necesario que Jesucristo también tenga algo que ofrecer.[d] **4** Si él estuviera en la tierra, ni siquiera sería sacerdote, pues aquí ya hay sacerdotes que presentan las ofrendas mandadas por la ley de Moisés. **5** Pero estos sacerdotes prestan su servicio por medio de cosas que no son más que copias y sombras de lo que hay en el cielo.[e] Y sabemos que son copias porque, cuando Moisés iba a construir el santuario, Dios le dijo: "Pon atención y hazlo todo según el modelo que te mostré en el monte." **6** Pero nuestro Sumo sacerdote, que ha recibido un ministerio sacerdotal mucho mejor,[f] es mediador de una alianza mejor,[g] basada en mejores promesas.

Imperfección de la primera alianza

7 Si la primera alianza[h] hubiera sido perfecta, no habría sido necesaria una segunda alianza. **8** Pero Dios encontró imperfecta a aquella gente, y dijo:

"El Señor dice: Vendrán días
en que haré una nueva alianza con Israel y con Judá.
9 Esta alianza no será como la que hice con
sus antepasados,
cuando los tomé de la mano
para sacarlos de la tierra de Egipto;
y como ellos no cumplieron mi alianza,
yo los abandoné, dice el Señor.

---

[j] **7.11** *Aarón:* hermano de Moisés y antepasado tradicional de los sacerdotes israelitas (véase 7.5 nota *f*).

[k] **7.12-14** Jesús, que era del linaje real de David, pertenecía a la tribu de Judá, no a la tribu sacerdotal de Leví; por tanto, puesto que él actuó como sacerdote, tuvo que cambiarse la ley misma, lo cual manifiesta que esta era una institución provisional.

[l] **7.16** La ley establece a qué familia deben pertenecer los sacerdotes (Ex 28.1), y otros requisitos corporales, para poder ejercer este oficio (Lv 21).

[m] **7.17** Sal 110.4 y nota correspondiente. (Véase también Heb 5.6 n.).

[n] **7.19** *Mejor:* palabra clave en Heb; cf. 7.22; 8.6; 9.23; 10.34; 11.16,35,40; 12.24.

[ñ] **7.20-21** Heb 6.17.

[o] **7.21** Sal 110.4.

[p] **7.22** Se introduce el concepto de la nueva *alianza* (o pacto) superior a la primera, tema que se desarrollará en el cap. 8.

[q] **7.25** *Para rogar a Dios por ellos:* Heb 9.24. Cf. Jn 17.20-26; Ro 8.34; 1 Jn 2.1.

[r] **7.27** Lv 9.7; 16.6.

[s] **7.27** Mc 10.45; 14.24; cf. Is 53.10. El autor volverá a hablar, en Heb 9.14, del sacrificio que Jesús ofreció.

[a] **8.1-6** En Heb 8.1—10.18 se analiza cuidadosamente el oficio de Jesús como verdadero Sumo Sacerdote. Véase 2.17 n.

[b] **8.1-2** Cf. Sal 110.1. Se recogen ambos temas del salmo: rey (*a la derecha del trono de Dios*) y *sacerdote* (v. 2; Sal 110.4), aplicándolos a Jesús. Véase Heb 1.13 n. y 2.17 n.

[c] **8.2** *Santuario:* lit. *tienda*, con referencia a la Tienda del Encuentro (o tabernáculo), como figura del santuario *verdadero* (véase 8.3-5 n.); cf. Ex 26.

[d] **8.3** *Tenga algo que ofrecer:* Véase Heb 7.27 nota *s*; cf. Heb 10.10.

[e] **8.3-5** *Copias y sombras:* Cf. Heb 9.11,23-24; 10.1. Cf. también Ex 25.40. Jesucristo y el *verdadero santuario* (8.2 n.) son las realidades invisibles prefiguradas por los sacerdotes y el santuario físico del AT; la nueva *alianza* (v. 7) es la realidad prefigurada por la alianza antigua.

[f] **8.6** *Mejor:* Véase Heb 7.19 n.

[g] **8.6** *Es mediador de una alianza mejor:* Heb 9.15; 12.24; véase 1 Ti 2.5 nota *e*. Se acentúa la superioridad de Jesucristo.

[h] **8.7** *La primera alianza:* o pacto que Dios concertó con el pueblo de Israel en el monte Sinaí (v. 9; cf. Ex 19—20; 24.3-8).

10 La alianza que haré con Israel
después de aquellos días,
será esta, dice el Señor:
Pondré mis leyes en su mente
y las escribiré en su corazón.
Yo seré su Dios
y ellos serán mi pueblo.
11 Ya no será necesario que unos a otros,
compatriotas o parientes, tengan que instruirse
para que conozcan al Señor,
porque todos me conocerán,
desde el más pequeño hasta el más grande.
12 Yo les perdonaré sus maldades
y no me acordaré más de sus pecados." [i]

13 Cuando Dios habla de una nueva alianza es porque ha declarado vieja a la primera; y a lo que está viejo y anticuado, poco le falta para desaparecer.

9 Ineficacia de los sacrificios antiguos

1 Ahora bien, la primera alianza tenía sus reglas para el culto, pero en un santuario terrenal. **2** La tienda [a] se levantó de tal forma que en su primera parte, llamada el Lugar santo, estaban el candelabro [b] y la mesa con los panes consagrados a Dios. [c] **3** Detrás del segundo velo estaba el llamado Lugar santísimo; [d] **4** allí había un altar de oro para quemar el incienso, [e] y el arca de la alianza cubierto de oro por todos lados. [f] En el arca había una jarra de oro que contenía el maná, [g] y también estaban el bastón de Aarón, que había retoñado, [h] y las tablas de la alianza. [i] **5** Encima del arca estaban los seres alados [j] que representaban la presencia de Dios, los cuales cubrían con sus alas la tapa del arca. [k] Pero por ahora no es necesario dar más detalles sobre estas cosas.

6 Preparadas así las cosas, los sacerdotes entran continuamente en la primera parte de la tienda para celebrar los oficios del culto. [l] **7** Pero en la segunda parte entra únicamente el Sumo sacerdote, y solo una vez al año; y cuando entra, tiene que llevar sangre de animales para ofrecerla por sí mismo y por los pecados que el pueblo comete sin darse cuenta. [m] **8** Con esto el Espíritu Santo nos da a entender que, mientras la primera parte de la tienda seguía existiendo, el camino al santuario todavía no estaba abierto. **9** Todo esto es un símbolo para el tiempo presente; pues las ofrendas y sacrificios que allí se ofrecen a Dios no pueden hacer perfecta la conciencia de los que así lo adoran. **10** Se trata únicamente de alimentos, bebidas y ciertas ceremonias de purificación, [n] que son reglas externas y que tienen valor solamente hasta que Dios cambie las cosas.

Eficacia del sacrificio de Cristo

11 Pero Cristo ya vino, y ahora él es el Sumo sacerdote de los bienes definitivos. El santuario donde él actúa como sacerdote es mejor y más perfecto, y no ha sido hecho por los hombres; es decir, no es de esta creación. **12** Cristo ha entrado en el santuario, ya no para ofrecer la sangre de chivos y becerros, sino su propia sangre; ha entrado una sola vez y para siempre, y ha obtenido para nosotros la liberación eterna. **13** Es verdad que la sangre de los toros y chivos, [ñ] y las cenizas de la becerra que se quema en el altar, las cuales son rociadas sobre los que están impuros, [o] tienen poder para consagrarlos y purificarlos por fuera. **14** Pero si esto es así, ¡cuánto más poder tendrá la sangre de Cristo! Pues por medio del Espíritu eterno, Cristo se ofreció a sí mismo a Dios como sacrificio sin mancha, [p] y su sangre limpia [q] nuestra conciencia de las obras que llevan a la muerte, para que podamos servir al Dios viviente.

La nueva alianza

15 Por eso, Jesucristo es mediador de una nueva alianza [r] y un nuevo testamento, [s] pues con su muerte libra a los hombres de los pecados cometidos bajo la primera alianza, y hace posible que los que Dios ha llamado reciban la herencia eterna que él les ha prometido. **16** Para que un testamento entre en vigor, tiene que comprobarse primero la muerte de la persona que lo hizo. **17** Pues un testamento no tiene valor mientras vive el que lo hizo, sino solo cuando ya ha muerto. **18** Por eso, la primera alianza también se estableció con derramamiento de sangre. [t] **19** Moisés anunció todos los mandamientos de la ley a todo el pueblo; después tomó lana roja y una rama de hisopo, las mojó en la sangre de los becerros y los chivos mezclada con agua, y roció el libro de la ley y también a todo el pueblo. [u] **20** Entonces les dijo: "Esta es la sangre que confirma la alianza [v] que Dios ha ordenado para ustedes."

---

[i] **8.8-12** Jer 31.31-34 (cf. Heb 10.16-17).
[a] **9.2** Se trata de la *Tienda* del Encuentro en el desierto (véase Heb 8.2 n., y cf. la descripción en Ex 26.1-37).
[b] **9.2** Ex 25.31-40.
[c] **9.2** Ex 25.23-30.
[d] **9.3** Ex 26.31-33.
[e] **9.4** Ex 30.1-6; 40.26-27.
[f] **9.4** Ex 25.10-16.
[g] **9.4** Ex 16.33.
[h] **9.4** Nm 17.8-10 (23-25).
[i] **9.4** Ex 25.16; Dt 10.3-5.
[j] **9.5** *Seres alados (querubines)*: figuras de seres alados que servían como guardianes. Ex 25.18. Cf. Gn 3.24; 1 R 6.23-29; Sal 18.10 (11).
[k] **9.5** *La tapa del arca*: lit. *el lugar de la expiación* o *del perdón*. Ex 25.18-22; véase Ro 3.25 nota *t*.
[l] **9.6** Nm 18.2-6.
[m] **9.7** Referencia al rito del Día del Perdón que se describe en Lv 16.

[n] **9.10** Cf. Lv 11; 15; Nm 19.
[ñ] **9.13** Lv 16.15-16.
[o] **9.13** Nm 19.9,17-19.
[p] **9.14** *Sin mancha*: Nm 28.3; 1 P 1.18-19.
[q] **9.14** *Su sangre limpia*: 1 Jn 1.7; Ap 1.5; 7.14.
[r] **9.15** *Mediador de una nueva alianza*: Véase Heb 8.6 nota *g*.
[s] **9.15** *Alianza* y *testamento* traducen una sola palabra griega, la cual significa ambas cosas; en los vv. 15-20 el autor se vale de este doble significado para indicar que la salvación, en cuanto *herencia*, es ahora posible gracias a la muerte de Jesucristo.
[t] **9.18** *Con derramamiento de sangre*: esto es, con la muerte de animales sacrificados.
[u] **9.19-20** *Lana roja y una rama de hisopo*: materiales usados en los ritos de aspersión (Ex 12.22; Lv 14.4-6; Nm 19.6,18; véase Jn 19.29 nota *p*).
[v] **9.20** *La sangre que confirma la alianza*: Ex 24.6-8; Heb 10.29; 13.20; cf. Mt 26.28 y paralelos.

²¹ Moisés roció también con sangre el santuario y todos los objetos que se usaban en el culto. ʷ ²² Según la ley, casi todo tiene que ser purificado con sangre; y no hay perdón de pecados si no hay derramamiento de sangre. ˣ ²³ De manera que se necesitaban tales sacrificios para purificar aquellas cosas que son copias ʸ de lo celestial; pero las cosas celestiales necesitan mejores ᶻ sacrificios que esos.

El acceso a Dios ²⁴ Porque Cristo no entró en aquel santuario hecho por los hombres, que era solamente una figura del santuario verdadero, sino que entró en el cielo mismo, donde ahora se presenta delante de Dios para rogar en nuestro favor. ᵃ ²⁵ Y no entró para ofrecerse en sacrificio muchas veces, como hace cada año todo Sumo sacerdote, que entra en el santuario para ofrecer sangre ajena. ᵇ ²⁶ Si ese fuera el caso, Cristo habría tenido que morir muchas veces desde la creación del mundo. Pero el hecho es que ahora, en el final de los tiempos, Cristo ha aparecido una sola vez y para siempre, ofreciéndose a sí mismo en sacrificio para quitar el pecado. ²⁷ Y así como todos han de morir una sola vez y después vendrá el juicio, ²⁸ así también Cristo ha sido ofrecido en sacrificio una sola vez para quitar los pecados de muchos. ᶜ Después aparecerá por segunda vez, ya no en relación con el pecado, sino para salvar a los que lo esperan.

10

Ineficacia de la ley antigua ¹ Porque la ley de Moisés era solamente una sombra de los bienes que habían de venir, y no su presencia verdadera. ᵃ Por eso la ley nunca puede hacer perfectos a quienes cada año se acercan a Dios para ofrecerle los mismos sacrificios. ² Pues si la ley realmente pudiera purificarlos del pecado, ya no se sentirían culpables, y dejarían de ofrecer sacrificios. ³ Pero estos sacrificios sirven más bien para hacerles recordar sus pecados cada año. ⁴ Porque la sangre de los toros y de los chivos no puede quitar los pecados.

El sacrificio de Cristo ⁵ Por eso Cristo, al entrar en el mundo, dijo a Dios:

"No quieres sacrificio ni ofrendas,
sino que me has dado un cuerpo. ᵇ

⁶ No te agradan los holocaustos ni las
ofrendas para quitar el pecado.

⁷ Entonces dije: 'Aquí estoy, tal como está
escrito de mí en el libro,
para hacer tu voluntad, oh Dios.' " ᶜ

⁸ En primer lugar, dice que Dios no quiere ni le agradan sacrificios ni ofrendas de animales, ni holocaustos para quitar el pecado, a pesar de que son cosas que la ley manda ofrecer. ⁹ Y después añade: "Aquí vengo para hacer tu voluntad." ᵈ Es decir, que quita aquellos sacrificios antiguos y pone en su lugar uno nuevo. ¹⁰ Dios nos ha consagrado porque Jesucristo hizo la voluntad de Dios al ofrecer su propio cuerpo en sacrificio una sola vez y para siempre.

¹¹ Todo sacerdote judío oficia cada día y sigue ofreciendo muchas veces los mismos sacrificios, aunque estos nunca pueden quitar los pecados. ᵉ ¹² Pero Jesucristo ofreció por los pecados un solo sacrificio para siempre, y luego se sentó ᶠ a la derecha de Dios. ¹³ Allí está esperando hasta que Dios haga de sus enemigos el estrado de sus pies, ᵍ ¹⁴ porque por medio de una sola ofrenda hizo perfectos para siempre a los que han sido consagrados a Dios. ¹⁵ Y el Espíritu Santo nos lo confirma, al decir:

¹⁶ "La alianza que haré con ellos
después de aquellos días,
será esta, dice el Señor:
Pondré mis leyes en su corazón
y las escribiré en su mente.

¹⁷ Y no me acordaré más de sus pecados y maldades." ʰ

¹⁸ Así pues, cuando los pecados han sido perdonados, ya no hay necesidad de más ofrendas por el pecado.

Exhortación a la fidelidad ⁱ ¹⁹ Hermanos, ahora podemos entrar con toda libertad ʲ en el santuario gracias a la sangre de Jesús, ᵏ ²⁰ siguiendo el nuevo camino de vida que él nos abrió a través del velo, ˡ es decir, a través de su propio cuerpo. ᵐ ²¹ Tenemos un gran sacerdote al frente de la casa de Dios. ⁿ ²² Por eso, acerquémonos a Dios con corazón sincero y con una fe completamente segura, ñ limpios nuestros corazones de mala conciencia y lavados nuestros cuerpos con agua pura. ᵒ ²³ Mantengámonos firmes, sin

---

ʷ **9.21** Ex 29.12; Lv 8.15,19.

ˣ **9.22** *Derramamiento de sangre:* Véase 9.20 n., y cf. Lv 5.10, 16,18; 17.11.

ʸ **9.23** *Copias:* Véase Heb 8.3-5 n.

ᶻ **9.23** *Mejores:* Véase Heb 7.19 n.

ᵃ **9.24** Heb 7.25. Cf. Jn 17.20-26; Ro 8.34; 1 Jn 2.1.

ᵇ **9.25** Cf. v. 7.

ᶜ **9.28** Is 53.12; 1 P 2.24.

ᵃ **10.1** *Sombra:* Véase Heb 8.3-5 n., y cf. Col 2.17.

ᵇ **10.5** *Me has dado un cuerpo:* frase que concuerda con algunos mss. de la versión griega (LXX) del Sal 40.6 (7), y que aquí sirve para fundamentar lo que se dice en Heb 10.10.

ᶜ **10.5-7** Sal 40.6-8 (7-9) (gr.).

ᵈ **10.9** Cf. Mt 26.39,42 y paralelos; Jn 4.34; 5.30; 6.38-40.

ᵉ **10.11** Ex 29.38.

ᶠ **10.12** *Un solo... se sentó:* otra posible traducción: *un solo sacrificio, y luego se sentó para siempre.*

ᵍ **10.12-13** Aquí se contempla a Cristo en su doble oficio de sacerdote y rey (véase Heb 1.3 nota ƒ). Cf. Sal 110.1,4.

ʰ **10.16-17** Jer 31.33-34 (cf. Heb 8.8-12).

ⁱ **10.19-39** Esta exhortación extrae de la enseñanza anterior una serie de aplicaciones prácticas.

ʲ **10.19** *Con toda libertad:* Heb 4.16; Ef 3.12. Otra posible traducción: *sin ningún temor,* en contraste con el acceso al *santuario* terrenal, que estaba muy limitado (Heb 9.7-9).

ᵏ **10.19** Heb 9.12.

ˡ **10.20** *A través del velo:* Véase Heb 6.19 n. Se presenta el velo del santuario como símbolo del *propio cuerpo* de Cristo, quien con su muerte hizo posible el acceso a la presencia de Dios (v. 5; Heb 9.14).

ᵐ **10.20** Jn 14.6; cf. Ro 5.2; Ef 2.18.

ⁿ **10.21** Cf. Heb 3.6.

ñ **10.22** *Fe:* tema introducido aquí, y expuesto con más detalle en el cap. 11.

ᵒ **10.22** Alusión a la purificación de los sacerdotes (Ex 29.4) y al "agua de la purificación" para los levitas (Nm 8.6-7), que aquí se aplican al bautismo cristiano. Cf. Ez 36.25-26; también Ef 5.26; 1 P 3.21.

dudar, en la esperanza de la fe que profesamos, porque Dios cumplirá la promesa que nos ha hecho. ²⁴ Busquemos la manera de ayudarnos unos a otros a tener más amor y a hacer el bien. ²⁵ No dejemos de asistir a nuestras reuniones, como hacen algunos, sino animémonos unos a otros; y tanto más cuanto que vemos que el día del Señor ᵖ se acerca.

²⁶ Porque si seguimos pecando intencionalmente después de haber conocido la verdad, ya no queda más sacrificio por los pecados; ²⁷ solamente nos queda la terrible amenaza del juicio y del fuego ardiente que destruirá a los enemigos de Dios. ᵠ ²⁸ Cuando alguien desobedece la ley de Moisés, si hay dos o tres testigos que declaren contra él, se le condena a muerte sin compasión. ʳ ²⁹ Pues ¿no creen ustedes que mucho mayor castigo merecen los que pisotean al Hijo de Dios y desprecian su sangre, los que insultan al Espíritu del Dios que los ama? Esa sangre es la que confirma la alianza, ˢ y con ella han sido ellos consagrados. ³⁰ Sabemos que el Señor ha dicho: "A mí me corresponde hacer justicia; yo pagaré." Y ha dicho también: "El Señor juzgará a su pueblo." ᵗ ³¹ ¡Terrible cosa es caer en las manos del Dios viviente!

³² Pero recuerden ustedes los tiempos pasados, cuando acababan ustedes de recibir la luz y soportaron con fortaleza los sufrimientos de una gran lucha. ³³ Algunos de ustedes fueron insultados y maltratados públicamente, y otros se unieron en el sufrimiento con los que fueron tratados así. ³⁴ Ustedes tuvieron compasión de los que estaban en la cárcel, y hasta con alegría se dejaron quitar lo que poseían, sabiendo que en el cielo tienen algo que es mucho mejor y que permanece para siempre. ³⁵ No pierdan, pues, su confianza, porque ella les traerá una gran recompensa. ³⁶ Ustedes necesitan tener fortaleza en el sufrimiento, para hacer la voluntad de Dios y recibir así lo que él ha prometido. ³⁷ Pues la Escritura dice:

"Pronto, muy pronto,
vendrá el que tiene que venir.
No tardará.
³⁸ Mi justo por la fe vivirá;
pero si se vuelve atrás,
no estaré contento de él." ᵘ

³⁹ Y nosotros no somos de los que se vuelven atrás y van a su condenación, sino de los que alcanzan la salvación porque tienen fe.

IV. LA FE Y LA FORTALEZA (11.1—12.13)

11 *La fe de los antiguos* ¹ Tener fe es tener la plena seguridad de recibir lo que se espera; es estar convencidos de la realidad de cosas que no vemos. ᵃ ² Nuestros antepasados fueron aprobados porque tuvieron fe.

³ Por fe sabemos que Dios formó los mundos mediante su palabra, ᵇ de modo que lo que ahora vemos fue hecho de cosas que no podían verse.

⁴ Por fe, Abel ofreció a Dios un sacrificio mejor que el que ofreció Caín, y por eso Dios lo declaró justo y le aceptó sus ofrendas. ᶜ Así que, aunque Abel está muerto, sigue hablando por medio de su fe.

⁵ Por su fe, Henoc fue llevado en vida ᵈ para que no muriera, y ya no lo encontraron, porque Dios se lo había llevado. Y la Escritura dice que, antes de ser llevado, Henoc había agradado a Dios. ᵉ ⁶ Pero no es posible agradar a Dios sin tener fe, porque para acercarse a Dios, uno tiene que creer que existe y que recompensa a los que lo buscan.

⁷ Por fe, Noé, cuando Dios le advirtió que habían de pasar cosas que todavía no podían verse, obedeció y construyó la barca para salvar a su familia. ᶠ Y por esa misma fe, Noé condenó a la gente del mundo y fue heredero de la justicia que se obtiene por la fe.

⁸ Por fe, Abraham, cuando Dios lo llamó, obedeció y salió para ir al lugar que él le iba a dar como herencia. Salió de su tierra sin saber a dónde iba, ᵍ ⁹ y por la fe que tenía vivió como extranjero en la tierra que Dios le había prometido. ʰ Vivió en tiendas de campaña, lo mismo que Isaac y Jacob, que también recibieron esa promesa. ⁱ ¹⁰ Porque Abraham esperaba aquella ciudad ʲ que tiene bases firmes, de la cual Dios es arquitecto y constructor.

¹¹ Por fe también, aunque Sara no podía tener hijos y Abraham era demasiado viejo, este recibió fuerzas para ser padre, ᵏ porque creyó que Dios cumpliría sin falta su promesa. ¹² Así que Abraham, aunque ya próximo al fin de sus días, llegó a tener descendientes tan numerosos como las estrellas del cielo y como la arena de la orilla del mar, que no se puede contar. ˡ

¹³ Todas esas personas murieron sin haber recibido las cosas que Dios había prometido; pero como tenían fe, las vieron de lejos, y las saludaron reconociéndose a sí mismos como extranjeros de paso por este mundo. ᵐ ¹⁴ Y los que dicen tal cosa, claramente dan a entender que todavía andan en busca de una patria. ¹⁵ Si hubieran estado pensando en la tierra de donde salieron, bien podrían haber regresado allá; ¹⁶ pero ellos deseaban una patria mejor, es decir, la patria celestial. ⁿ Por eso, Dios no se avergüenza de ser llamado el Dios de ellos, ñ pues les tiene preparada una ciudad.

ᵖ **10.25** *Día del Señor:* el día del juicio. Cf. Ez 30.3; Hch 2.20; 1 Ts 5.2; y véase Am 5.18 nota o.
ᵠ **10.26-27** Véase Heb 6.4-6 n.; cf. Is 26.11.
ʳ **10.28** Dt 17.2-6; 19.15.
ˢ **10.29** *Esa sangre... confirma la alianza:* Véase Heb 9.20 n.; cf. 13.20.
ᵗ **10.30** Dos citas tomadas de Dt 32.35-36; cf. Ro 12.19.
ᵘ **10.37-38** Hab 2.3-4 (gr.); cf. Ro 1.17; Gl 3.11.
ᵃ **11.1** Cf. Ro 8.24-25; 2 Co 4.18.
ᵇ **11.3** Gn 1.1; Sal 33.6,9; 2 Mac 7.28; Jn 1.3.
ᶜ **11.4** Gn 4.3-7.
ᵈ **11.5** *Llevado en vida:* lit. trasladado.
ᵉ **11.5** Gn 5.21-24; Eclo 44.16; Sab 4.10.
ᶠ **11.7** Gn 6.13-22; 7.1; Eclo 44.17-18; 1 P 3.20.
ᵍ **11.8** Gn 12.1-5.
ʰ **11.9** Cf. Heb 6.13-15.
ⁱ **11.9** Gn 23.4; 26.3; 35.12,27.
ʲ **11.10** *Aquella ciudad:* es decir, la ciudad celestial; cf. v. 16.
ᵏ **11.11** Gn 15.6; 17.19; 18.11-14; 21.2; Ro 4.17-22.
ˡ **11.12** Gn 15.5; 22.17; 32.12 (13); Eclo 44.21.
ᵐ **11.13** Gn 23.4; 1 Cr 29.15; Sal 39.12 (13).
ⁿ **11.16** Cf. Flp 3.20.
ñ **11.16** Ex 3.6,15.

¹⁷ Por fe, Abraham, cuando Dios lo puso a prueba, tomó a Isaac para ofrecerlo en sacrificio. Estaba dispuesto a ofrecer a su único hijo,ᵒ a pesar de que Dios le había prometido: ¹⁸ "Por medio de Isaac tendrás descendientes."ᵖ ¹⁹ Es que Abraham reconocía que Dios tiene poder hasta para resucitar a los muertos; y por eso Abraham recobró a su hijo,ᵠ y así vino a ser un símbolo.

²⁰ Por fe, Isaac prometió bendiciones futuras a Jacob y a Esaú.ʳ

²¹ Por fe, Jacob, cuando ya iba a morir, prometió bendiciones a cada uno de los hijos de José, y adoró a Dios apoyándose sobre la punta de su bastón.ˢ

²² Por fe, José, al morir, dijo que los israelitas saldrían más tarde de la tierra de Egipto, y dejó órdenes acerca de lo que deberían hacer con sus restos.ᵗ

²³ Por fe, al nacer Moisés, sus padres lo escondieron durante tres meses; porque vieron que era un niño hermoso, y no tuvieron miedo de la orden que el rey había dado de matar a los niños.ᵘ

²⁴ Y por fe, Moisés, cuando ya fue hombre, no quiso llamarse hijo de la hija del faraón;ᵛ ²⁵ prefirió ser maltratado junto con el pueblo de Dios, a gozar por un tiempo los placeres del pecado. ²⁶ Consideró de más valor sufrir la deshonra del Mesías ʷ que gozar de la riqueza de Egipto; porque tenía la vista puesta en la recompensa que Dios le había de dar.

²⁷ Por fe, Moisés se fue de la tierra de Egipto, ˣ sin miedo al enojo del rey; y se mantuvo firme en su propósito, como si viera al Dios invisible. ²⁸ Por fe, Moisés celebró la Pascua y mandó rociar las puertas con sangre, para que el ángel de la muerte no tocara al hijo mayor de ningún israelita.ʸ

²⁹ Por fe, los israelitas pasaron el Mar Rojo como si fuera tierra seca; luego, cuando los egipcios quisieron hacer lo mismo, se ahogaron.ᶻ

³⁰ Por fe cayeron los muros de la ciudad de Jericó, después que los israelitas marcharon alrededor de ellos durante siete días.ᵃ ³¹ Y por fe, Rahab, la prostituta, no murió junto con los desobedientes, porque ella había recibido amistosamente a los espías de Israel.ᵇ

³² ¿Qué más voy a decir? Me faltaría tiempo para hablar de Gedeón,ᶜ de Barac,ᵈ de Sansón,ᵉ de Jefté,ᶠ de David,ᵍ de Samuel ʰ y de los profetas. ³³ Por la fe conquistaron países, impartieron justicia,ⁱ recibieron lo que Dios había prometido, cerraron la boca de los leones,ʲ ³⁴ apagaron fuegos violentos,ᵏ escaparon de ser muertos a filo de espada, sacaron fuerzas de flaqueza y llegaron a ser poderosos en la guerra, venciendo a los ejércitos enemigos.

³⁵ Hubo mujeres que recibieron otra vez con vida a sus familiares muertos.ˡ

Otros murieron en el tormento, sin aceptar ser liberados, a fin de resucitar a una vida mejor. ᵐ ³⁶ Otros sufrieron burlas y azotes,ⁿ y hasta cadenas y cárceles.ñ ³⁷ Y otros fueron muertos a pedradas,ᵒ aserrados por la mitadᵖ o muertos a filo de espada;ᵠ anduvieron de un lado a otro vestidos solo de piel de oveja y de cabra; pobres, afligidos y maltratados. ³⁸ Estos hombres, que el mundo ni siquiera merecía, anduvieron sin rumbo fijo por los desiertos, y por los montes, y por las cuevas y las cavernas de la tierra.ʳ

³⁹ Sin embargo, ninguno de ellos recibió lo que Dios había prometido, aunque fueron aprobados por la fe que tenían; ⁴⁰ porque Dios, teniéndonos en cuenta a nosotros, había dispuesto algo mejor,ˢ para que solamente en unión con nosotros fueran ellos hechos perfectos.

12 **Fortaleza en el sufrimiento**ᵃ ¹ Por eso, nosotros, teniendo a nuestro alrededor tantas personas que han demostrado su fe,ᵇ dejemos a un lado todo lo que nos estorba y el pecado que nos enreda, y corramos con fortaleza la carrera que tenemos por delante.ᶜ ² Fijemos nuestra mirada en Jesús, pues de él procede nuestra fe y él es

---

ᵒ **11.17** Gn 22.1-14.
ᵖ **11.18** Gn 21.12.
ᵠ **11.19** Gn 22.5,13.
ʳ **11.20** Gn 27.27-29,39-40.
ˢ **11.21** Gn 47.31—48.20. *Sobre la punta de su bastón:* según Gn 47.31 (gr.).
ᵗ **11.22** Gn 50.24-25; Ex 13.19; Jos 24.32. Al ordenar que sus restos fueran llevados a Canaán, José expresó su fe en que su pueblo volvería a poseer la tierra que Dios le había prometido.
ᵘ **11.23** Ex 1.22—2.2.
ᵛ **11.24** Ex 2.10-12.
ʷ **11.26** *La deshonra del Mesías:* Puede entenderse en el sentido de que Moisés se hizo solidario con su pueblo en su sufrimiento (Ex 2.10-15), del mismo modo que el Mesías se haría solidario con su pueblo (Sal 69.9 [10]; Is 63.9; cf. Ro 15.3).
ˣ **11.27** Puede tratarse del episodio de Ex 2.11-15, o bien de la salida de Egipto bajo la dirección de Moisés (Ex 13.17—14.30).
ʸ **11.28** Ex 12.21-30.
ᶻ **11.29** Ex 14.21—15.21.
ᵃ **11.30** Jos 6.12-21.
ᵇ **11.31** Jos 2.1-21; 6.22-25.
ᶜ **11.32** Jue 6—8.
ᵈ **11.32** Jue 4—5.
ᵉ **11.32** Jue 13—16.
ᶠ **11.32** Jue 11—12.
ᵍ **11.32** 1 S 16.1—1 R 2.11.

ʰ **11.32** 1 S 1.1—25.1.
ⁱ **11.33** *Impartieron justicia:* o *practicaron la rectitud.*
ʲ **11.33** Jue 14.5-6; 1 S 17.34-37; Dn 6.
ᵏ **11.34** Dn 3.
ˡ **11.35** 1 R 17.17-24; 2 R 4.25-37.
ᵐ **11.35** El autor hace referencia a acontecimientos de la historia judía, como los sucedidos en la persecución del tiempo de los macabeos. Cf. 2 Mac 6.18—7.42.
ⁿ **11.36** Jer 20.2; 37.15.
ñ **11.36** 1 R 22.26-27; 2 Cr 18.25-26; Jer 20.2; 37.15; 38.6.
ᵒ **11.37** Cf. 2 Cr 24.20-21. Según una tradición judía, los judíos mataron también *a pedradas* a Jeremías en Egipto porque les predicaba contra su idolatría.
ᵖ **11.37** Según la tradición, Isaías murió de esta manera durante el reinado de Manasés (cf. 2 R 21.16).
ᵠ **11.37** Jer 26.23; 2 Mac 5.24-27.
ʳ **11.38** 1 R 18.4; 19.9; 2 Mac 6.11; 10.6.
ˢ **11.40** *Mejor:* palabra clave; cf. vv. 16,35 y véase Heb 7.19 n.
ᵃ **12.1-13** Continúa la exhortación de Heb 10.19-39.
ᵇ **12.1** *Teniendo a... su fe:* lit. *estando envueltos en tal nube de testigos.* Alusión a *las personas* mencionadas en el cap. 11, que representan a los que en todo tiempo *han demostrado su fe.*
ᶜ **12.1** Sobre la imagen del atleta en *la carrera,* cf. Hch 20.24; 1 Co 9.24-27; 2 Ti 4.7.

quien la perfecciona. Jesús soportó la cruz, sin hacer caso de lo vergonzoso de esa muerte,[d] porque sabía que después del sufrimiento tendría gozo y alegría; y se sentó a la derecha del trono de Dios.[e]

[3] Por lo tanto, mediten en el ejemplo de Jesús, que sufrió tanta contradicción de parte de los pecadores; por eso, no se cansen ni se desanimen. [4] Pues ustedes aún no han tenido que llegar hasta la muerte en su lucha contra el pecado, [5] y han olvidado[f] ya lo que Dios les aconseja como a hijos suyos. Dice en la Escritura:

"No desprecies, hijo mío,
la corrección del Señor,
ni te desanimes cuando te reprenda.
[6] Porque el Señor corrige a quien él ama,[g]
y castiga a aquel a quien recibe como hijo."[h]

[7] Ustedes están sufriendo para su corrección:[i] Dios los trata como a hijos. ¿Acaso hay algún hijo a quien su padre no corrija? [8] Pero si Dios no los corrige a ustedes como corrige a todos sus hijos, entonces ustedes no son hijos legítimos. [9] Además, cuando éramos niños, nuestros padres aquí en la tierra nos corregían, y los respetábamos. ¿Por qué no hemos de someternos, con mayor razón, a nuestro Padre celestial, para obtener la vida? [10] Nuestros padres aquí en la tierra nos corregían durante esta corta vida, según lo que les parecía más conveniente; pero Dios nos corrige para nuestro verdadero provecho, para hacernos santos como él. [11] Ciertamente, ningún castigo es agradable en el momento de recibirlo, sino que duele; pero si uno aprende la lección, el resultado es una vida de paz y rectitud.[j]

[12] Así pues, renueven las fuerzas de sus manos cansadas y de sus rodillas debilitadas, [13] y busquen el camino derecho, para que sane el pie que está cojo y no se tuerza más.[k]

V. LA VIDA CRISTIANA (12.14—13.19)

Exhortación a la vigilancia [14] Procuren estar en paz con todos[l] y llevar una vida santa; pues sin la santidad, nadie podrá ver al Señor.[m] [15] Procuren que a nadie le falte la gracia de Dios, a fin de que ninguno sea como una planta de raíz amarga que hace daño y envenena a la gente.[n] [16] Que ninguno de ustedes se entregue a la prostitución ni desprecie lo sagrado; pues esto hizo Esaú, que por una sola comida vendió sus derechos de hijo mayor.[ñ] [17] Y ustedes saben que después, cuando quiso recibir la bendición de su padre, fue rechazado; y aunque lloró mucho, ya no hubo remedio para lo sucedido.[o]

[18] Ustedes no se acercaron, como los israelitas, a algo[p] que se podía tocar y que ardía en llamas, donde había oscuridad, tinieblas y tempestad; [19] ni oyeron el sonido de la trompeta ni la voz de Dios. Los que oyeron esa voz rogaron que no les siguiera hablando, [20] porque no podían soportar el mandato que decía: "Al que ponga el pie en el monte, hay que matarlo a pedradas o con lanza, aunque sea un animal."[q] [21] Tan espantoso era lo que se veía, que el mismo Moisés dijo: "Estoy temblando de miedo."[r,s]

[22] Ustedes, por el contrario, se han acercado al monte Sión, y a la ciudad del Dios viviente, la Jerusalén celestial, y a muchos miles de ángeles reunidos para alabar a Dios,[t] [23] y a la comunidad de los primeros hijos de Dios[u] inscritos en el cielo. Se han acercado a Dios, el Juez de todos, a los espíritus de los hombres buenos que Dios ha hecho perfectos, [24] a Jesús, mediador de una nueva alianza,[v] y a la sangre con que hemos sido purificados, la cual nos habla mejor que la sangre de Abel.[w]

[25] Por eso tengan cuidado de no rechazar al que nos habla. Pues los que rechazaron a Dios cuando él les llamó la atención aquí en la tierra, no escaparon.[x] Y mucho menos podremos escapar nosotros, si le damos la espalda al que nos llama la atención desde el cielo. [26] En aquel tiempo, la voz de Dios hizo temblar la tierra, pero ahora dice: "Una vez más haré temblar no solo la tierra, sino también el cielo."[y] [27] Al decir "una vez más", se entiende que se quitarán las cosas creadas, lo que puede ser movido, para que permanezca lo que no puede moverse. [28] El reino de Dios nos da, no puede ser movido. Demos gracias por esto, y adoremos a Dios con la devoción y reverencia que le agradan. [29] Porque nuestro Dios es como un fuego que todo lo consume.[z]

---

[d] **12.2** *Lo vergonzoso de esa muerte:* El morir crucificado era la muerte más ignominiosa y cruel que se podía imaginar. Cf. Heb 2.10; 5.8-9, y véase *Crucifixión, cruz* en el *Índice temático*.
[e] **12.2** Sal 110.1; Ef 1.20; Flp 2.6-11; Heb 1.3; 2.9; 8.1; 10.12.
[f] **12.5** *Y han olvidado:* También puede traducirse ¿*Han olvidado...?,* como recordatorio a los lectores más que como reproche.
[g] **12.6** Ap 3.19.
[h] **12.5-6** Pr 3.11-12 (gr.).
[i] **12.7** *Están sufriendo para corrección:* otra posible traducción: *Soporten ustedes la corrección.*
[j] **12.5-11** Dt 8.5; 2 S 7.14; 1 Co 11.31-32.
[k] **12.12-13** El autor combina alusiones a Is 35.3 y Pr 4.26, y vuelve a la imagen del atleta, con dos vv. 1-2.
[l] **12.14** Ro 12.18; cf. Sal 34.14 (15), citado también en 1 P 3.11.
[m] **12.14** Lv 11.45; 1 P 1.15-16.
[n] **12.15** Dt 29.18 (17) (gr.).
[ñ] **12.16** Gn 25.29-34. La tradición rabínica acerca de *Esaú* le atribuía inmoralidades sexuales que no figuran en el relato del AT.
[o] **12.17** Gn 27.30-40. *Ya no hubo remedio para lo sucedido:* lit. *no halló lugar para un cambio de parecer.*
[p] **12.18** *A algo:* Algunos mss. dicen *a un monte.*
[q] **12.20** Ex 19.12-13.
[r] **12.21** Cf. Dt 9.19.
[s] **12.18-21** El autor hace un contraste entre el monte Sinaí (Ex 19.16-22) y el monte Sión, que se menciona en 12.22, relacionándolos respectivamente con la antigua y la nueva alianza (vv. 23-24).
[t] **12.22** *Monte Sión:* equivalente a *Jerusalén,* símbolo de la ciudad celestial; la Jerusalén terrestre se considera solamente como una sombra de aquella (véase Heb 8.3-5 n.). Cf. Heb 11.10,14-16; 13.14; también Gl 4.26; Ap 21.2.
[u] **12.22-23** *Y a muchos miles... primeros hijos de Dios:* otra posible traducción: *con sus muchos miles de ángeles, y a la comunidad de los primeros hijos de Dios, reunida para alabarlo.* Esta Jerusalén celestial está habitada por los ángeles y los hombres que han alcanzado la salvación eterna.
[v] **12.24** *Mediador de una nueva alianza:* Véase Heb 8.6 nota g.
[w] **12.24** *La sangre de Abel* clamaba por venganza (Gn 4.10); la de *Jesús, que habla mejor,* ofrece perdón.
[x] **12.25** Ex 20.22. En el desierto, los israelitas rechazaron una y otra vez los mandatos de Dios. Cf. Heb 10.28-29.
[y] **12.26** Hag 2.6; cf. Ex 19.18; Is 13.13. Los vv. 26-27 parecen referirse al tiempo del juicio final (cf. 2 P 3.10; Ap 6.12-17; 16.18-21; 20.11; 21.1), ya mencionado en Heb 1.10-12.
[z] **12.29** Dt 4.24; 9.3.

13 Actitudes cristianas

¹ No dejen de amarse unos a otros como hermanos. ² No se olviden de ser amables con los que lleguen a su casa, pues de esa manera, sin saberlo, algunos hospedaron ángeles.[a]

³ Acuérdense de los presos, como si también ustedes estuvieran presos con ellos.[b] Piensen en los que han sido maltratados, ya que ustedes también pueden pasar por lo mismo.

⁴ Que todos respeten el matrimonio y mantengan la pureza de sus relaciones matrimoniales; porque Dios juzgará a los que cometen inmoralidades sexuales y a los que cometen adulterio.[c]

⁵ No amen el dinero; conténtense con lo que tienen,[d] porque Dios ha dicho: "Nunca te dejaré ni te abandonaré."[e] ⁶ Así que podemos decir con confianza:

"El Señor es mi ayuda; no temeré.
¿Qué me puede hacer el hombre?"[f]

⁷ Acuérdense de quienes los han dirigido y les han anunciado el mensaje de Dios; mediten en cómo han terminado sus vidas,[g] y sigan el ejemplo de su fe.[h]

⁸ Jesucristo es el mismo ayer, hoy y siempre. ⁹ No se dejen ustedes llevar por enseñanzas diferentes y extrañas.[i] Es mejor que nuestros corazones se fortalezcan en el amor de Dios que en seguir reglas sobre los alimentos; pues esas reglas nunca han sido de provecho.[j]

¹⁰ Nosotros tenemos un altar,[k] del cual no tienen derecho a comer los sacerdotes del antiguo santuario. ¹¹ Pues el Sumo sacerdote lleva la sangre de los animales al santuario, como ofrenda para quitar el pecado, pero los cuerpos de esos animales se queman fuera del campamento. ¹² Así también, Jesús sufrió la muerte fuera de la ciudad, para consagrar al pueblo por medio de su propia sangre.[l] ¹³ Vayamos, pues, con Jesús, fuera del campamento,[m] y suframos la misma deshonra que él sufrió.[n] ¹⁴ Pues en este mundo no tenemos una ciudad que permanezca para siempre, sino que vamos en busca de la ciudad futura.[ñ] ¹⁵ Por eso debemos alabar siempre a Dios por medio de Jesucristo. Esta alabanza es el sacrificio que debemos ofrecer. ¡Alabémoslo, pues, con nuestros labios![o] ¹⁶ No se olviden ustedes de hacer el bien y de compartir con otros lo que tienen; porque estos son los sacrificios que agradan a Dios.

¹⁷ Obedezcan a sus dirigentes[p] y sométanse a ellos, porque ellos cuidan sin descanso de ustedes, sabiendo que tienen que rendir cuentas a Dios. Procuren hacerles el trabajo agradable y no penoso, pues lo contrario no sería de ningún provecho para ustedes.

¹⁸ Oren por nosotros, que estamos seguros de tener la conciencia tranquila, ya que queremos portarnos bien en todo. ¹⁹ Pido especialmente sus oraciones para que Dios me permita volver a estar pronto con ustedes.

Conclusión (13.20-25)

Bendición y despedida ²⁰ Que el Dios de paz, que resucitó de la muerte a nuestro Señor Jesús, el gran Pastor de las ovejas,[q] quien con su sangre confirmó su alianza eterna,[r] ²¹ los haga a ustedes perfectos y buenos en todo, para que cumplan su voluntad; y que haga de nosotros lo que él quiera, por medio de Jesucristo. ¡Gloria para siempre a Cristo! Amén.

²² Hermanos, les ruego que reciban con paciencia estas pocas palabras de aliento que les he escrito. ²³ Sepan ustedes que nuestro hermano Timoteo[s] está ya en libertad; si llega pronto, lo llevaré conmigo cuando vaya a verlos.

²⁴ Saluden a todos sus dirigentes y a todos los del pueblo santo. Los de Italia les mandan saludos.

²⁵ Que Dios derrame su gracia sobre todos ustedes.

---

[a] **13.2** *Hospedaron ángeles:* Gn 18.1-8; 19.1-3; Tb 5.4; véase Ro 12.13 n.
[b] **13.3** Mt 25.35-46. Cf. Heb 10.32-34; muchos cristianos habían sido encarcelados a causa de su fe.
[c] **13.4** Gl 5.19-21; Ef 5.5.
[d] **13.5** 1 Ti 6.6-10; cf. también Flp 4.11.
[e] **13.5** Dt 31.6-8; Jos 1.5; Eclo 29.23; Flp 4.11-13.
[f] **13.6** Sal 56.3-4 (4-5),9-11 (10-12); 118.6.
[g] **13.7** Se trata de los antiguos dirigentes de la comunidad, ya fallecidos; los actuales se mencionan en 13.17.
[h] **13.7** *Fe:* La palabra griega también significa *fidelidad.*
[i] **13.9** Cf. Ef 4.14.
[j] **13.9** Cf. Ro 14.13-18; Col 2.16,20-23.
[k] **13.10** *Altar:* referencia simbólica a la muerte de Cristo, como sacrificio por los pecados de los hombres. Los sacerdotes del antiguo templo tenían derecho a comer de los animales ofrecidos en sacrificio (Lv 7.6; Nm 18.9).
[l] **13.11-12** Cf. Lv 16. En el rito anual del perdón, no se comían los restos de los animales sacrificados por el pecado, sino que se quemaban fuera del campamento, o sea, fuera del recinto sagrado, donde no contaminaran más al pueblo (cf. Nm 5.1-4), ya que el pecado del pueblo había sido trasladado simbólicamente a ellos (Lv 16.27; véase Heb 9.7 n.). El autor de Heb relaciona este simbolismo con la muerte de Jesús *fuera de la ciudad* de Jerusalén (lit. *fuera de la puerta*, o de las murallas), como sacrificio por los pecados. Cf. Jn 19.7-20 y paralelos.
[m] **13.13** *Fuera del campamento:* Véase 13.11-12 n.
[n] **13.13** Se exhorta a los lectores cristianos a seguir a Jesús, dejando atrás la vida y las prácticas religiosas de la antigua ley, aunque esto los exponga a la persecución y a *la misma deshonra que él sufrió* (cf. Heb 11.26).
[ñ] **13.13-14** Heb 11.10; 12.22.
[o] **13.15** Lv 7.12; Sal 50.14,23; Os 14.2 (3).
[p] **13.17** *Sus dirigentes:* Véase 13.7 nota *g.*
[q] **13.20** Cf. Is 40.11; Ez 34; Lc 15.4-7; Jn 10.1-16; 1 P 5.4.
[r] **13.20** *Su sangre... alianza eterna:* Véase Heb 9.20 n.
[s] **13.23** *Timoteo:* Véase Hch 16.1 nota *b.*

Carta de Santiago

La *Carta de Santiago* (=Stg) puede considerarse como una colección de enseñanzas sobre diversos aspectos prácticos de la vida cristiana.

Es el escrito del Nuevo Testamento que muestra mayor semejanza con las enseñanzas de los sabios del Antiguo Testamento, la así llamada "literatura sapiencial". El tema de la sabiduría aparece en varios lugares de la carta (1.5; 3.13-18). Esta sabiduría, como se entiende en la Biblia, no se refiere tanto a los conocimientos científicos sobre el mundo, ni es principalmente una teoría sobre Dios o sobre el hombre, sino que es saber ordenar toda la vida humana según la voluntad de Dios, saber vivir rectamente.

La carta hace referencia a Jesucristo (cf. 1.1; 2.1; 5.7), pero no desarrolla otros temas característicos de la predicación cristiana primitiva, como el de su muerte y resurrección. Esta peculiaridad se explica sobre todo por el carácter sapiencial, mencionado anteriormente.

Se insiste, en cambio, en la necesidad de poner en práctica el mensaje recibido (1.22-25; 3.13-18), en mostrar la fe con los hechos (2.14-26), en soportar las pruebas (1.2-4,12-15; 5.7-11), y en dominar la lengua (1.26; 3.1-12).

Algunos pasajes de esta carta parecen ser eco de las enseñanzas de Jesús en los evangelios. Así, por ejemplo, los que se refieren a la fe en la oración (1.5-6), las palabras sobre los ricos y los pobres (1.9-11; 2.1-7; 5.1-6), la exhortación a no juzgar (2.12-13; 4.11-12; 5.9), y la enseñanza sobre el juramento (5.12).

La carta aparece dirigida *a las doce tribus de Israel esparcidas por todo el mundo*. Con esta expresión, tomada del judaísmo de la época, se designa la totalidad de las iglesias cristianas. Tal característica dio origen a que esta carta, junto con las dos de *Pedro*, las tres de *Juan* y la de *Judas*, fueran llamadas cartas "católicas", generales o universales.

Posiblemente el autor tiene en cuenta a algunos que, entendiendo mal la enseñanza de Pablo, pensaban que para ser cristiano bastaba una fe teórica, el aceptar solo con la mente las verdades recibidas. Santiago insiste en que la fe debe mostrarse con los hechos, en todos los aspectos de la vida del cristiano (véase 2.14 n).

La carta está escrita en un griego muy correcto. El uso de diversos recursos literarios, como el diálogo imaginario (cf. 2.18-20) y las comparaciones y metáforas (cf. 3.3-6) muestra un buen conocimiento de las tradiciones literarias griegas. Por otra parte, las frecuentes alusiones al Antiguo Testamento y el trasfondo del pensamiento, típicamente judío, revelan que el autor pertenece a una comunidad cristiana judeo-helenística.

Por esta razón, es poco probable que el Santiago que aparece como autor (1.1) sea el llamado hermano del Señor (cf. Mt 13.55), que era el principal representante de los cristianos de origen judío palestinense, fieles a las tradiciones hebreas (cf. Hch 12.17; 15.13; 21.18; Gl 1.19; 2.9,12). No tenemos más datos sobre el autor.

Los principales temas tratados en esta carta son:

Saludo (1.1)
Fortaleza en las pruebas (1.2-18)
Necesidad de poner en práctica el mensaje (1.19-27)

Advertencia contra la discriminación (2.1-13)
La fe se muestra con los hechos (2.14-26)

La lengua (3.1-12)
La verdadera sabiduría (3.13-18)

La amistad con el mundo (4.1-12)
No hacer planes con orgullo (4.13-17)

Advertencias a los ricos (5.1-6)
Esperar con paciencia (5.7-12)
La oración (5.13-18)
La conversión del pecador (5.19-20)

1

Saludo ¹ Santiago,[a] siervo de Dios y del Señor Jesucristo, saluda a las doce tribus de Israel esparcidas por todo el mundo.[b]

Fortaleza en las pruebas ² Hermanos míos, ustedes deben tenerse por muy dichosos cuando se vean sometidos a pruebas[c] de toda clase. ³ Pues ya saben que cuando su fe[d]

---

[a] **1.1** *Santiago:* Véase *Introducción*.

[b] **1.1** *Las doce tribus... mundo:* lit. *las doce tribus en la Dispersión* (gr. *diaspora*), expresión que, en su sentido literal, designa a los judíos que quedaron esparcidos entre las naciones después del cautiverio babilónico. Aquí abarca a los creyentes en Cristo esparcidos en el mundo, incluidos los de procedencia judía.

[c] **1.2** *Pruebas:* Véase 1.12-14 n.

[d] **1.3** *Fe:* aquí se entiende sobre todo como constancia o fidelidad en la conducta dictada por el evangelio. En otros lugares de la carta se usa este término con matices diferentes. Cf. Stg 1.6, y véase 2.14 n.

es puesta a prueba, ustedes aprenden a soportar con fortaleza el sufrimiento. *e* **4** Pero procuren que esa fortaleza los lleve a la perfección, a la madurez plena, sin que les falte nada.

5 Si a alguno de ustedes le falta sabiduría, pídasela a Dios, y él se la dará; pues Dios da a todos sin limitación y sin hacer reproche alguno. *f* **6** Pero tiene que pedir con fe, *g* sin dudar nada; *h* porque el que duda es como una ola del mar, que el viento lleva de un lado a otro. *i* **7** Quien es así, no crea que va a recibir nada del Señor, **8** porque hoy piensa una cosa y mañana otra, *j* y no es constante en su conducta.

9 El hermano de condición humilde debe sentirse orgulloso de ser enaltecido por Dios; *k* **10** y el rico de ser humillado. Porque el rico es como la flor de la hierba, que no permanece. *l* **11** Cuando el sol sale y calienta con fuerza, la hierba se seca, su flor se cae y su belleza se pierde. *m* Así también, el rico desaparecerá *n* en medio de sus negocios. *ñ*

12 Dichoso *o* el hombre que soporta la prueba *p* con fortaleza, porque al salir aprobado recibirá como premio la vida, que es la corona *q* que Dios ha prometido a los que lo aman. **13** Cuando alguno se sienta tentado a hacer lo malo, no piense que es tentado por Dios, porque Dios no siente la tentación de hacer lo malo, ni tienta a nadie para que lo haga. *r* **14** Al contrario, uno es tentado por sus propios malos deseos, que lo atraen y lo seducen. **15** De estos malos deseos nace el pecado; y del pecado, cuando llega a su completo desarrollo, nace la muerte.

16 Queridos hermanos míos, no se engañen: **17** todo lo bueno y perfecto que se nos da, viene de arriba, de Dios, que creó los astros del cielo. Dios es siempre el mismo: en él no hay variaciones ni oscurecimientos. *s* **18** Él, porque así lo quiso, nos dio vida mediante el mensaje de la verdad, *t* para que seamos los primeros frutos *u* de su creación.

Necesidad de poner en práctica el mensaje **19** Recuerden esto, queridos hermanos: todos ustedes deben estar listos para escuchar; en cambio deben ser lentos para hablar y para enojarse. *v* **20** Porque el hombre enojado no hace lo que es justo ante Dios. **21** Así pues, despójense *w* ustedes de toda impureza *x* y de la maldad que tanto abunda, y acepten humildemente el mensaje que ha sido sembrado; pues ese mensaje tiene poder para salvarlos.

22 Pero no basta con oír el mensaje; hay que ponerlo en práctica, *y* pues de lo contrario se estarían engañando ustedes mismos. **23** El que solamente oye el mensaje, y no lo practica, es como el hombre que se mira la cara en un espejo: **24** se ve a sí mismo, pero en cuanto da la vuelta se olvida de cómo es. **25** Pero el que no olvida lo que oye, sino que se fija atentamente en la ley perfecta de la libertad, *z* y permanece firme cumpliendo lo que ella manda, será feliz en lo que hace.

26 Si alguno cree ser religioso, pero no sabe poner freno a su lengua, *a* se engaña a sí mismo y su religión no sirve de nada. **27** La religión pura y sin mancha delante de Dios el Padre es esta: ayudar a los huérfanos y a las viudas en sus aflicciones, y no mancharse con la maldad del mundo. *b*

2 *Advertencia contra la discriminación*
1 Ustedes, hermanos míos, que creen en nuestro glorioso Señor *a* Jesucristo, no deben hacer discriminaciones entre una persona y otra. *b* **2-3** Supongamos que ustedes están reunidos, y llega un rico *c* con anillos de oro y ropa lujosa, y lo atienden bien y le dicen: "Siéntate aquí, en un buen lugar", y al mismo tiempo llega un pobre vestido con ropa vieja, y a este le dicen: "Tú quédate allá de pie, o siéntate en el suelo"; *d* **4** entonces están haciendo discriminaciones y juzgando con mala intención.

---

e **1.2-3** Ro 5.3-5; 1 P 1.6-7; cf. Eclo 2.1-5; Sab 3.5-6.
f **1.5** Stg 3.13-17; cf. 1 R 3.7-12; Pr 1—9; Sab 8.21—9.18, y véase la *Introducción*.
g **1.6** Orar con fe implica hacerlo con plena confianza en la fidelidad y bondad del Señor. Véanse Stg 1.3 n. y 2.14 n.
h **1.5-6** Mc 11.24; Jn 16.23-24.
i **1.6** Cf. Ef 4.14.
j **1.8** *Hoy piensa una cosa y mañana otra:* lit. *es de doble ánimo.* Se refiere a quienes fluctúan entre dos modos contradictorios de comportarse. Este es un tema sobresaliente en Stg. (Cf. 2.4,9,10,26; 4.8; cf. también 1 R 18.21; Os 10.2.)
k **1.9** Cf. Jer 9.23-24 (22-23); Lc 6.20.
l **1.9-10** El autor enseña que las diferentes condiciones sociales no crean superioridad o inferioridad dentro de las comunidades cristianas, porque estos valores no son los que cuentan ante Dios. Santiago continúa la tradición del AT y de la enseñanza de Jesús (cf. Pr 22—23; Am 8.4-7; Mt 5.3,5; Lc 6.20,24).
m **1.10-11** Is 40.6-7, citado también en 1 P 1.24-25.
n **1.11** *Desaparecerá:* lit. *se marchitará,* aplicando al *rico* la imagen de *la hierba* y *la flor.*
ñ **1.11** *En medio de sus negocios:* lit. *en sus andanzas,* que puede traducirse también *en el curso de su vida.*
o **1.12** *Dichoso:* Se usa la forma literaria de la "bienaventuranza"; véase Mt 5.3-12 n.
p **1.12-14** La misma palabra griega traducida en 1.12 (y en 1.2) como *prueba* puede traducirse también como *tentación* (1.13-14; véase Mt 6.13 nota *ñ.*). El autor juega aquí con ambos sentidos.
q **1.12** *Corona:* Cf. Sab 5.15. Véanse 1 Co 9.25 nota *r*; 2 Ti 4.8 n.; cf. también 1 P 5.4; Ap 2.10.

r **1.13** Aunque muchos textos de la Biblia insisten en que Dios es la causa de todo (cf. Ex 4.21; Ro 9.18), Santiago aclara que Dios no induce a nadie a hacer lo malo.
s **1.17** Cf. Nm 23.19; Mal 3.6. Alusión a los cambios de posición y de luminosidad de los astros.
t **1.18** *Mensaje de la verdad:* Sal 119.43; Ef 1.13; Col 1.5; 1 P 1.23-25.
u **1.18** *Primeros frutos:* Jer 2.3; Ap 14.4.
v **1.19** Pr 13.3; 15.1; Ec 7.9; Eclo 5.11-12.
w **1.21** *Despójense:* Véase Ro 13.12 nota *i.*
x **1.21** Col 3.8-10; 1 P 2.1.
y **1.22** Tema sobresaliente que se desarrolla en Stg 2.14-26; cf. Esd 7.10; Mt 7.21,24-27; Lc 11.28.
z **1.25** Esta ley es el evangelio en cuanto que lleva a la perfección la ley del AT. La perspectiva de Pablo en Ro 8.2 es diferente.
a **1.26** Tema muy frecuente en la literatura sapiencial. Cf. Sal 34.13 (14); Pr 18.21; Eclo 19.6-16; 28.13-26; 37.18.
b **1.27** Los dos temas del v., a saber, la ayuda a los pobres y el no mancharse con la maldad del mundo, dirigen al lector a los caps. 2 y 4 respectivamente. Cf. Is 1.16-17; Eclo 4.10.
a **2.1** *Nuestro glorioso Señor:* Véase 1 Co 2.8 n.
b **2.1** Lv 19.15; Pr 28.21.
c **2.2-3** Los *ricos* mencionados en 2.2-3,6; 5.1 son, probablemente, paganos (cf. 2.7).
d **2.2-3** En términos muy enérgicos, estos vv. condenan la discriminación en favor de los ricos y en contra de los pobres, ya que esta actitud es contraria a la ley del evangelio. Véase Stg 1.9-10 n.

5 Queridos hermanos míos, oigan esto: Dios ha escogido a los que en este mundo son pobres, para que sean ricos en fe y para que reciban como herencia el reino que él ha prometido a los que lo aman; *e* **6** ustedes, en cambio, los humillan. ¿Acaso no son los ricos quienes los explotan a ustedes, y quienes a rastras los llevan ante las autoridades? *f* **7** ¿No son ellos quienes hablan mal del precioso nombre que fue invocado sobre ustedes? *g*

8 Ustedes hacen bien si de veras cumplen la ley suprema, tal como dice la Escritura: "Ama a tu prójimo como a ti mismo." *h* **9** Pero si hacen discriminaciones entre una persona y otra, cometen pecado y son culpables ante la ley de Dios. *i* **10** Porque si una persona obedece toda la ley, pero falla en un solo mandato, resulta culpable frente a todos los mandatos de la ley. *j* **11** Pues el mismo Dios que dijo: "No cometas adulterio", dijo también: "No mates." *k* Así que, si uno no comete adulterio, pero mata, ya ha violado la ley. **12** Ustedes deben hablar y portarse como quienes van a ser juzgados por la ley que nos trae libertad. *l* **13** Pues los que no han tenido compasión de otros, sin compasión serán también juzgados, *m* pero los que han tenido compasión saldrán victoriosos en la hora del juicio. *n*

La fe se muestra con los hechos

14 Hermanos míos, ¿de qué le sirve a uno decir que tiene fe, si sus hechos no lo demuestran? ¿Podrá acaso salvarlo esa fe? *ñ* **15** Supongamos que a un hermano o a una hermana les falta la ropa y la comida necesarias para el día; **16** si uno de ustedes les dice: "Que les vaya bien; abríguense y coman todo lo que quieran", pero no les da lo que su cuerpo necesita, ¿de qué les sirve? **17** Así pasa con la fe: por sí sola, es decir, si no se demuestra con hechos, es una cosa muerta. *o*

18 Uno podrá decir: "Tú tienes fe, y yo tengo hechos. Muéstrame tu fe sin hechos; yo, en cambio, te mostraré mi fe con mis hechos." **19** Tú crees que hay un solo Dios, y en esto haces bien; pero los demonios también lo creen, y tiemblan de miedo. **20** No seas tonto, y reconoce que si la fe que uno tiene no va acompañada de hechos, es una fe inútil. **21** Dios aceptó como justo a Abraham, nuestro antepasado, por lo que él hizo cuando ofreció en sacrificio a su hijo Isaac. *p* **22** Y puedes ver que, en el caso de Abraham, su fe se demostró con hechos, y que por sus hechos llegó a ser perfecta su fe. **23** Así se cumplió la Escritura que dice: "Abraham creyó a Dios, y por eso Dios lo aceptó como justo." *q* Y Abraham fue llamado amigo de Dios. *r*

24 Ya ven ustedes, pues, que Dios declara justo al hombre también por sus hechos, y no solamente por su fe. **25** Lo mismo pasó con Rahab, la prostituta; Dios la aceptó como justa por sus hechos, porque dio alojamiento a los mensajeros y les ayudó a salir por otro camino. *s* **26** En resumen: así como el cuerpo sin espíritu está muerto, así también la fe está muerta si no va acompañada de hechos. *t*

3 La lengua

1 Hermanos míos, no haya entre ustedes tantos maestros, *a* pues ya saben que quienes enseñamos seremos juzgados con más severidad. **2** Todos cometemos muchos errores; ahora bien, si alguien no comete ningún error en lo que dice, es un hombre perfecto, capaz también de controlar todo su cuerpo. **3** Cuando ponemos freno en la boca a los caballos para que nos obedezcan, controlamos todo su cuerpo. **4** Fíjense también en los barcos: aunque sean tan grandes y los vientos que los empujan son fuertes, los pilotos, con un pequeño timón, los guían por donde quieren. **5** Lo mismo pasa con la lengua; *b* es una parte muy pequeña del cuerpo, pero es capaz de grandes cosas. ¡Qué bosque tan grande puede quemarse por causa de un pequeño fuego! **6** Y la lengua es un fuego. Es un mundo de maldad puesto en nuestro cuerpo, que contamina a toda la persona. Está encendida por el infierno *c* mismo, y a su vez hace arder todo el curso de la vida. *d* **7** El hombre es capaz de dominar toda clase de fieras, de aves, de serpientes y de animales del mar, y los ha dominado; *e* **8** pero nadie ha podido dominar la lengua. Es un mal que no se deja dominar y que está lleno de veneno mortal. *f* **9** Con la lengua, lo mismo bendecimos a nuestro Señor y Padre, que maldecimos a los hombres creados por Dios a su propia imagen. *g* **10** De la misma boca salen bendiciones y maldiciones. Hermanos míos, esto no debe ser así. **11** De un mismo manantial no puede brotar a la vez agua dulce y agua amarga. **12** Así como una higuera no puede dar aceitunas ni una vid puede dar higos, tampoco, hermanos míos, puede dar agua dulce un manantial de agua salada. *h*

---

e **2.5** *Dios ha escogido a los... pobres:* Cf. Lc 6.20, y también Is 66.2.
f **2.6** Respecto a los *que explotan* a los pobres, véanse las referencias en 5.1-6 n.
g **2.7** *Hablan mal:* o *deshonran.* El *nombre* es el de Jesucristo, que fue invocado sobre los cristianos en el momento del bautismo (cf. Hch 2.38; 10.48). Los ricos que hablan mal del *precioso nombre* son paganos.
h **2.8** Lv 19.18. Cf. el uso de la misma cita hecho por Jesús (Mt 22.39-40) y por Pablo (Ro 13.9-10).
i **2.9** Cf. Dt 1.17.
j **2.10** Cf. Mt 5.19.
k **2.11** Ex 20.13-14; Dt 5.17-18; cf. Mt 5.21-22.
l **2.12** *La ley que nos trae libertad:* Véase Stg 1.25 n.
m **2.13** Cf. Eclo 28.1-5; Mt 6.14-15; 18.23-35.
n **2.13** *Pero los que han tenido... hora del juicio:* lit. *pero la compasión triunfa sobre el juicio.* Cf. Mt 5.7; 7.2.
ñ **2.14** Aquí se refiere a una fe que consiste en la mera aceptación intelectual, teórica, de las verdades religiosas, sin llegar a ser obediencia práctica a Dios. A esta fe solo teórica Santiago contrapone no unos hechos sin fe, sino una fe viva, que se muestra con los hechos. Cf. Mt 7.21; Gl 5.6; 1.22, y véase Stg 1.3 n.
o **2.15-17** Cf. 1 Jn 3.17.
p **2.21** Gn 22.1-14; Heb 11.17.
q **2.23** Gn 15.6. El autor refleja la enseñanza tradicional judía en torno a la fidelidad, o fe (la palabra griega es la misma) de Abraham (Gn 22; cf. 1 Mac 2.52). Cf. también Heb 11.8-11,17-19.
r **2.23** *Amigo de Dios:* Cf. 2 Cr 20.7; Is 41.8; Dn (dc) 3.35.
s **2.25** Jos 2.1-21; 6.17; cf. Heb 11.31, que también reconoce la acción de *Rahab* como prueba de su fe.
t **2.26** Cf. Stg 2.17,20.
a **3.1** Cf. 1 Co 12.28-29.
b **3.5** *La lengua:* Véase 1.26 n.
c **3.6** *Infierno:* gr. *geenna;* véase Mc 9.43 nota *u.*
d **3.6** Pr 16.27.
e **3.7** Gn 1.26; 9.2.
f **3.8** Cf. Sal 140.3 (4), citado también en Ro 3.13.
g **3.9** Gn 1.26-27.
h **3.12** Cf. Mt 7.16-18; Lc 6.43-45.

La verdadera sabiduría [i] **13** Si entre ustedes hay alguno sabio y entendido, que lo demuestre con su buena conducta, con la humildad que su sabiduría le da. **14** Pero si ustedes dejan que la envidia les amargue el corazón, y hacen las cosas por rivalidad, entonces no tienen de qué enorgullecerse y están faltando a la verdad. **15** Porque esta sabiduría no es la que viene de Dios, sino que es sabiduría de este mundo, de la mente humana y del diablo mismo. **16** Donde hay envidias y rivalidades, hay también desorden y toda clase de maldad; **17** pero los que tienen la sabiduría que viene de Dios, llevan ante todo una vida pura; y además son pacíficos, bondadosos y dóciles. Son también compasivos, imparciales y sinceros, y hacen el bien. **18** Y los que procuran la paz, siembran en paz para recoger como fruto la justicia.

4 ***La amistad con el mundo*** **1** ¿De dónde vienen las guerras y las peleas entre ustedes? Pues de los malos deseos que siempre están luchando en su interior. **2** Ustedes quieren algo, y no lo obtienen; matan, sienten envidia de alguna cosa, y como no la pueden conseguir, luchan y se hacen la guerra. No consiguen lo que quieren porque no se lo piden a Dios; **3** y si se lo piden, no lo reciben porque lo piden mal, pues lo quieren para gastarlo en sus placeres. **4** ¡Oh gente infiel! [a] ¿No saben ustedes que ser amigos del mundo es ser enemigos de Dios? Cualquiera que decide ser amigo del mundo, se vuelve enemigo de Dios. [b] **5** Por algo dice la Escritura: "Dios ama celosamente el espíritu que ha puesto dentro de nosotros." [c] **6** Pero Dios nos ayuda más con su bondad, pues la Escritura dice: "Dios se opone a los orgullosos, pero trata con bondad a los humildes." [d] **7** Sométanse, pues, a Dios. Resistan al diablo, y este huirá de ustedes. [e] **8** Acérquense a Dios, y él se acercará a ustedes. [f] ¡Límpiense las manos, [g] pecadores! ¡Purifiquen sus corazones, ustedes que quieren amar a Dios y al mundo a la vez! [h] **9** ¡Aflíjanse, lloren y laméntense! ¡Que su risa se cambie en lágrimas y su alegría en tristeza! **10** Humíllense delante del Señor, y él los enaltecerá. [i]

11 Hermanos, no hablen mal unos de otros. [j] El que habla mal de su hermano, o lo juzga, habla mal de la ley y la juzga. Y si juzgas a la ley, te haces juez de ella en vez de obedecerla. **12** Solamente hay uno que ha dado la ley y al mismo tiempo es Juez, y es aquel que puede salvar o condenar; tú, en cambio, ¿quién eres para juzgar a tu prójimo? [k]

No hacer planes con orgullo **13** Ahora oigan esto, ustedes, los que dicen: "Hoy o mañana iremos a tal o cual ciudad, y allí pasaremos un año haciendo negocios y ganando dinero", **14** ¡y ni siquiera saben lo que mañana será de su vida! [l] Ustedes son como una neblina que aparece por un momento y en seguida desaparece. [m] **15** Lo que deben decir es: "Si el Señor quiere, viviremos y haremos esto o aquello." **16** En cambio, ustedes insisten en hablar orgullosamente; y todo orgullo de esa clase es malo. **17** El que sabe hacer el bien y no lo hace, comete pecado. [n]

5 ***Advertencias a los ricos*** [a] **1** ¡Oigan esto, ustedes los ricos! ¡Lloren y griten por las desgracias que van a sufrir! **2** Sus riquezas están podridas; sus ropas, comidas por la polilla. **3** Su oro y su plata se han enmohecido, y ese moho será una prueba contra ustedes y los destruirá como fuego. [b] Han amontonado riquezas en estos días, que son los últimos. **4** El pago que no les dieron a los hombres que trabajaron en su cosecha, está clamando contra ustedes; y el Señor todopoderoso ha oído la reclamación de esos trabajadores. [c] **5** Aquí en la tierra se han dado ustedes una vida de lujo y placeres, engordando como ganado, ¡y ya llega el día de la matanza! [d] **6** Ustedes han condenado y matado a los inocentes sin que ellos opusieran resistencia. [e]

Esperar con paciencia **7** Pero ustedes, hermanos, tengan paciencia hasta que el Señor venga. El campesino que espera recoger la preciosa cosecha, tiene que aguardar con paciencia las temporadas de lluvia. [f] **8** Ustedes también tengan paciencia y manténganse firmes, porque muy pronto volverá el Señor.

9 Hermanos, no se quejen unos de otros, para que no sean juzgados; pues el Juez está ya a la puerta. [h] **10** Hermanos

---

[i] **3.13-18** Cf. Stg 1.5. La *sabiduría* es percibida aquí, siguiendo la tradición bíblica, como el saber ordenar toda la vida de acuerdo con la voluntad de Dios. Cf. Job 28; Pr 1—9; Ecl 1; 4.11-19; 14.20—15.10; 24; Sab 6.22—11.14; Bar 3.9—4.4.

[a] **4.4** *Gente infiel:* lit. *adúlteras;* en los libros proféticos del AT, la infidelidad matrimonial simboliza la infidelidad a Dios por parte de la nación de Israel, vista como esposa del Señor (Is 1.21; Jer 3.6-10,20; Ez 16; Os 2.2 (4); 9.1).

[b] **4.4** *Amigo del mundo:* Véase Jn 1.10 n.; cf. Ro 8.7; 1 Jn 2.15-16.

[c] **4.5** Referencia a un texto desconocido. El sentido más probable es que Dios tiene amor celoso por el hombre (cf. Ex 20.5; Dt 4.24; Zac 8.2). Otras traducciones menos probables son: *"El Espíritu* (Santo) *que Dios hizo habitar dentro de nosotros ama celosamente"*, o *"El espíritu* (humano) *que Dios puso dentro de nosotros tiene deseos envidiosos."*

[d] **4.6** Pr 3.34 (gr.); citado también en 1 P 5.5 (cf. Stg 4.10; Mt 23.12).

[e] **4.7** 1 P 5.8-9.

[f] **4.8** Zac 1.2-3; Mal 3.7.

[g] **4.8** Sal 24.4; Is 1.15-16.

[h] **4.8** *Ustedes que... a la vez:* lit. *ustedes los de doble ánimo.* Véase Stg 1.8 n.

[i] **4.10** Véanse referencias en 4.6 n.

[j] **4.11** Probable alusión a Lv 19.16.

[k] **4.11-12** Cf. Mt 7.1-2; Lc 6.37-38; Ro 14.4.

[l] **4.13-14** *¡Y ni siquiera... de su vida!:* otra posible traducción: *¡y ni siquiera saben qué pasará mañana ni qué será de su vida!* (Cf. Pr 27.1.)

[m] **4.14** Cf. Job 7.7; Sal 39.5 (6); 102.3 (4); 144.4; Sab 2.4; 5.9-13.

[n] **4.17** Cf. Lc 12.47.

[a] **5.1-6** Cf. Is 3.14-15; 10.1-4; Jer 5.26-29; Am 2.6-7; Lc 6.24.

[b] **5.3** Se refiere al día del juicio final, cuando de nada habrán de servir las posesiones materiales.

[c] **5.4** Alusión a Lv 19.13. Cf. Dt 24.14-15; Jer 22.13; Eclo 4.2-6; 35.17.

[d] **5.5** Cf. Jer 12.3; 25.34.

[e] **5.6** Pr 1.11-13; Sab 2.10-20.

[f] **5.7** *Las temporadas de lluvia:* lit. *las lluvias tempranas y las tardías*, o sea, las de otoño y primavera respectivamente (Dt 11.14; Jer 5.24).

[g] **5.8** Alusión a la venida gloriosa del Señor: Mt 24.30; 1 Ts 4.13-17.

[h] **5.9** El *Juez* puede ser Cristo (v. 8; cf. Mt 25.31; Hch 10.42) o Dios mismo (4.12; cf. Ro 2.16; Heb 12.23).

míos, tomen como ejemplo de sufrimiento y paciencia a los profetas que hablaron en nombre del Señor. **11** Pues nosotros consideramos felices a los que soportan con fortaleza el sufrimiento. Ustedes han oído cómo soportó Job sus sufrimientos, y saben de qué modo lo trató al fin el Señor, *i* porque el Señor es muy misericordioso y compasivo. *j*

12 Sobre todo, hermanos míos, no juren: ni por el cielo, ni por la tierra, ni por ninguna otra cosa. Cuando digan "sí", que sea sí; y cuando digan "no", que sea no, para que Dios no los condene. *k*

La oración **13** Si alguno de ustedes está afligido, que ore. Si alguno está contento, que cante alabanzas. **14** Si alguno está enfermo, que llame a los ancianos *l* de la iglesia, para que oren por él y en el nombre del Señor lo unjan con aceite. *m* **15** Y cuando oren con fe, el enfermo sanará, y el Señor lo levantará; y si ha cometido pecados, le serán perdonados. *n* **16** Por eso, confiésense unos a otros sus pecados, y oren unos por otros para ser sanados. *ñ* La oración fervorosa del justo tiene mucho poder. **17** El profeta Elías era un hombre como nosotros, y cuando oró con fervor pidiendo que no lloviera, dejó de llover sobre la tierra durante tres años y medio. *o* **18** Después, cuando oró otra vez, volvió a llover, *p* y la tierra dio su cosecha.

La conversión del pecador **19** Hermanos míos, si alguno de ustedes se desvía de la verdad y otro lo hace volver, **20** sepan ustedes que cualquiera que hace volver al pecador de su mal camino, lo salva *q* de la muerte y hace que muchos pecados sean perdonados. *r*

---

i **5.11** Job 1.21-22; 2.10; 42.10-17.
j **5.11** Ex 34.6; Sal 103.8; 111.4; Eclo 2.11.
k **5.12** Cf. Eclo 23.9; Mt 5.34-37.
l **5.14** *Ancianos:* es decir, los que presiden la comunidad; véase Hch 11.30 n.
m **5.14** El *aceite* de oliva se usaba como medicina (cf. Lc 10.34); aquí se trata de un rito religioso, *en el nombre del Señor,* acompañado de la oración, para obtener del Señor la curación del enfermo (cf. Mc 6.13) y el perdón de los pecados (cf. Mt 9.1-8).
n **5.15** Cf. Mc 16.18.
ñ **5.16** Cf. Pr 28.13; Eclo 4.25-26.
o **5.17** 1 R 17.1; 18.1; Eclo 48.2-3; Lc 4.25.
p **5.18** 1 R 18.42-45.
q **5.20** *Lo salva:* otra posible traducción: *se salva* (lit. *salvará su alma* o *su vida*).
r **5.20** *Muchos pecados:* Probablemente debe entenderse en sentido general, sin especificar de quién son. Cf. Pr 10.12; 1 P 4.8.

Primera carta de san Pedro

La *Primera carta de san Pedro* (=1 P) está dirigida a los cristianos de Ponto, Galacia, Capadocia, Asia y Bitinia, provincias romanas situadas en las regiones del norte y el oriente de la península de Asia Menor (actualmente Turquía).

Diversos pasajes de la carta muestran que estos cristianos se habían convertido del paganismo (1.14,18; 2.9-10; 4.3). Este cambio completo en su manera de vivir les había traído la enemistad de sus conciudadanos (4.4). Más aún, estaban sufriendo persecución por su fe, de parte de las autoridades civiles (1.6; 2.12; 3.17; 4.1-4,12-19).

La carta tiene como finalidad principal animar a estos cristianos a mantenerse firmes en su esperanza, a pesar de su situación difícil. Para eso les recuerda ante todo la grandeza del llamamiento que han recibido de Dios (1.3-12). Además, les trae a la memoria el ejemplo de Cristo (2.21-25; 3.17-18); ellos están tomando parte en los sufrimientos de Jesucristo y también participarán de su gloria (4.13).

A lo largo de toda la carta se encuentran exhortaciones a llevar una vida ejemplar. Los cristianos deben abandonar las prácticas que seguían antes de aceptar la fe cristiana (1.14; 4.2-4), y llevar una vida intachable, de manera que los paganos no puedan echarles nada en cara (2.12,15; 3.1-2).

Se dan consejos especiales a los diversos grupos que forman la comunidad: los siervos (2.18-25), los esposos (3.1-7), los ancianos (5.1-4), los jóvenes (5.5). Y hay una referencia especial a la sumisión respecto de las autoridades civiles (2.13-17).

Por encima de todo se recuerda el deber del amor fraterno (1.22-23; 3.8-9; 4.8-10).

Esta carta presenta muchos puntos de contacto con algunas cartas de Pablo, especialmente con *Romanos* y *Efesios* (véanse, por ejemplo, las notas a 1 P 1.2,3,4,17,18; 2.8,18-20). Está escrita en un griego muy correcto y aun elegante.

Aparece como autor el apóstol Pedro (1.1). Pero al final (5.12) se dice que fue escrita "por medio de Silvano". Probablemente se trata del mismo personaje llamado Silas, compañero de Pablo, mencionado en Hch 15.22—18.5 (cf. 2 Co 1.19; 1 Ts 1.1; 2 Ts 1.1).

Esta mención y las observaciones ya señaladas sobre el carácter literario y teológico de la carta sugieren que la participación de Silvano en la composición de la carta pudo haber sido significativa. En cuanto a la fecha de composición no hay en el texto indicaciones precisas.

La carta puede verse organizada de la siguiente manera:

    Saludo (1.1-2)
    Alabanza a Dios (1.3-13)

1 SAN PEDRO 1

1. La nueva vida de los cristianos (1.14—2.10)
    Dios nos llama a una vida santa (1.14-25)
    El nuevo pueblo de Dios (2.1-10)

2. Deberes del cristiano (2.11—4.6)
    El buen ejemplo (2.11-12)
    Sumisión a las autoridades (2.13-17)
    Deberes de los sirvientes (2.18-25)
    Deberes de los esposos (3.1-7)
    Deberes de todos los cristianos (3.8—4.6)

3. El cristiano ante la proximidad del fin (4.7-19)
    El servicio a los demás (4.7-11)
    Alegría en el sufrimiento (4.12-19)

4. Consejos particulares (5.1-11)
    A los dirigentes (5.1-4)
    A toda la comunidad (5.5-11)

    Despedida (5.12-14)

Saludo ¹Pedro,[a] apóstol[b] de Jesucristo, saluda a los que viven esparcidos fuera de su patria,[c] en las provincias de Ponto, Galacia, Capadocia, Asia y Bitinia,[d] ²a quienes Dios el Padre había escogido anteriormente conforme a su propósito. Por medio del Espíritu los ha santificado[e] a ustedes para que lo obedezcan y sean purificados[f] con la sangre de Jesucristo.[g] Reciban abundancia de gracia y de paz.

Alabanza a Dios ³Alabemos al Dios y Padre de nuestro Señor Jesucristo, que por su gran misericordia nos ha hecho nacer de nuevo por la resurrección de Jesucristo.[h] Esto nos da una esperanza viva,[i] ⁴y hará que ustedes reciban la herencia[j] que Dios les tiene guardada en el cielo, la cual no puede destruirse, ni mancharse, ni marchitarse. ⁵Por la fe que ustedes tienen en Dios, él los protege con su poder para que alcancen la salvación que tiene preparada, la cual dará a conocer en los tiempos últimos.

⁶Por esta razón están ustedes llenos de alegría,[k] aun cuando sea necesario que durante un poco de tiempo pasen por muchas pruebas. ⁷Porque la fe de ustedes es como el oro: su calidad debe ser probada por medio del fuego.[l] La fe que resiste la prueba vale mucho más que el oro, el cual se puede destruir. De manera que la fe de ustedes, al ser así probada, merecerá aprobación, gloria y honor cuando Jesucristo aparezca.

⁸Ustedes aman a Jesucristo, aunque no lo han visto; y ahora, creyendo en él sin haberlo visto,[m] se alegran con una alegría tan grande y gloriosa que no pueden expresarla con palabras, ⁹porque están alcanzando la meta de su fe, que es la salvación.[n]

¹⁰Los profetas estudiaron e investigaron acerca de esta salvación, y hablaron de lo que Dios en su bondad iba a darles a ustedes.[ñ] ¹¹El Espíritu de Cristo[o] hacía saber de antemano a los profetas lo que Cristo había de sufrir y la gloria que vendría después;[p] y ellos trataban de descubrir el tiempo y las circunstancias que señalaba ese Espíritu que estaba en ellos. ¹²Pero Dios les hizo saber que lo que ellos anunciaban no era para ellos mismos, sino para bien de ustedes. Ahora pues, esto es lo que les ha sido anunciado por los mismos que les predicaron el evangelio con el poder del Espíritu Santo que ha sido enviado del cielo.[q] ¡Estas son cosas que los ángeles mismos quisieran contemplar! ¹³Por eso, estén preparados y usen de su buen juicio. Pongan toda su esperanza en lo que Dios en su bondad les va a dar cuando Jesucristo aparezca.

---

[a] **1.1** *Pedro:* Hch 1.15 n.
[b] **1.1** *Apóstol:* Véase Mt 10.1-2 n.
[c] **1.1** *Fuera de su patria:* Cf. Flp 3.20; Heb 11.13; 13.14.
[d] **1.1** Provincias romanas de Asia Menor (parte de la actual Turquía).
[e] **1.2** Cf. Ro 8.29-30.
[f] **1.2** *Purificados:* lit. *rociados;* cf. Ex 24.6-8; Heb 9.12-14; 12.24, y véase Ro 3.25 nota *t*. Nótese la triple mención de: *Dios el Padre,* del *Espíritu* y de *Jesucristo* (véase 2 Co 13.13 nota *j*).
[g] **1.2** *Con la sangre de Jesucristo:* referencia a la muerte redentora de Cristo en la cruz. Cf. 1.19; Heb 9.14.
[h] **1.3** Cf. 1.23; Jn 3.3-7; Ro 6.4-13.
[i] **1.3-4** *Esperanza viva:* La esperanza es viva porque se funda en la resurrección de Jesucristo, principio de una vida nueva para los creyentes. Cf. Jn 11.25-26.
[j] **1.4** *Herencia:* término que en el AT se refiere especialmente a Canaán, la tierra prometida al pueblo de Dios; en el NT se aplica a la salvación que Dios otorga a los que confían en él, y que constituye el fundamento de la esperanza cristiana, tema sobresaliente de esta carta (1.13,21; 3.5,15). Véase Mt 5.5 n.; cf. Ro 8.17; Gl 3.29.
[k] **1.6** *Están ustedes llenos:* o *llénense.*
[l] **1.6-7** Cf. Ro 5.3-5; Stg 1.2-3; 1 P 4.12. El oro se prueba o se refina mediante el fuego, que quita la escoria o impureza y deja el metal puro. Se refiere especialmente a la persecución que los cristianos estaban sufriendo o iban a sufrir a manos de la autoridad romana.
[m] **1.8** Jn 20.29.
[n] **1.9** *La salvación:* lit. *la salvación de las almas.* La palabra *alma* en el lenguaje bíblico puede significar también *persona* o *vida.* Cf. 1.22, y véase 2.25 nota *g*.
[ñ] **1.10** Cf. Mt 13.17.
[o] **1.11** Ro 8.9; Gl 4.6.
[p] **1.11** Cf. Is 53; Lc 24.26-27.
[q] **1.12** Cf. Hch 2.

1. La nueva vida de los cristianos (1.14—2.10)

Dios nos llama a una vida santa **14** Como hijos obedientes, no vivan conforme a los deseos que tenían antes de conocer a Dios. [r] **15** Al contrario, vivan de una manera completamente santa, porque Dios, que los llamó, es santo; **16** pues la Escritura dice: "Sean ustedes santos, porque yo soy santo." [s]

17 Si ustedes llaman "Padre" [t] a Dios, que juzga a cada uno según sus hechos y sin parcialidad, [u] deben mostrarle reverencia durante todo el tiempo que vivan en este mundo. **18** Pues Dios los ha rescatado a ustedes de la vida sin sentido [v] que heredaron de sus antepasados; y ustedes saben muy bien que el costo de este rescate [w] no se pagó con cosas corruptibles, como el oro o la plata, **19** sino con la sangre preciosa de Cristo, [x] que fue ofrecido en sacrificio como un cordero [y] sin defecto ni mancha. **20** Cristo había sido destinado para esto desde antes que el mundo fuera creado, pero en estos tiempos últimos ha aparecido para bien de ustedes. **21** Por medio de Cristo, ustedes creen en Dios, el cual lo resucitó y lo glorificó; así que ustedes han puesto su fe y su esperanza en Dios.

22 Ahora ustedes, al obedecer al mensaje de la verdad, se han purificado [z] para amar sinceramente a los hermanos. Así que deben amarse unos a otros con corazón puro y con todas sus fuerzas. [a] **23** Pues ustedes han vuelto a nacer, y esta vez no de padres humanos y mortales, sino de la palabra de Dios, que es viva y permanente. **24** Porque la Escritura dice:

"Todo hombre es como hierba,
y su grandeza es como la flor de la hierba.
La hierba se seca y la flor se cae,
25 pero la palabra del Señor permanece para siempre." [b]

Y esta palabra es el evangelio que se les ha anunciado a ustedes.

2 ***El nuevo pueblo de Dios*** **1** Por lo tanto, despójense de toda clase de maldad, todo engaño, hipocresía y envidia, y toda clase de chismes. **2** Como niños recién nacidos, busquen con ansia la leche espiritual [a] pura, para que por medio de ella crezcan y tengan salvación, **3** ya que han gustado la bondad del Señor. [b]

4 Acérquense, pues, al Señor, la piedra viva que los hombres desecharon, pero que para Dios es una piedra escogida y de mucho valor. [c] **5** De esta manera, Dios hará de ustedes, como de piedras vivas, un templo espiritual, un sacerdocio santo, que por medio de Jesucristo ofrezca sacrificios espirituales, agradables a Dios. [d] **6** Por eso también dice la Escritura:

"Yo pongo en Sión [e] una piedra
que es la piedra principal,
escogida y muy valiosa;
el que confíe en ella [f] no quedará defraudado." [g]

7 Para ustedes, que creen, esa piedra es de mucho valor; pero para los que no creen se cumple lo que dice la Escritura:

"La piedra que los constructores despreciaron, se ha convertido en la piedra principal." [h]

8 Y también esto otro:

"Una roca, una piedra con la cual tropezarán." [i]

Pues ellos tropiezan al no hacer caso del mensaje: ese es su merecido. [j]

9 Pero ustedes son una familia escogida, [k] un sacerdocio al servicio del rey, una nación santa, [l] un pueblo adquirido por Dios. [m] Y esto es así para que anuncien las obras maravillosas de Dios, [n] el cual los llamó a salir de la oscuridad para entrar en su luz maravillosa. [ñ] **10** Ustedes antes ni siquiera eran pueblo, pero ahora son pueblo de Dios; antes Dios no les tenía compasión, pero ahora les tiene compasión. [o]

2. Deberes del cristiano (2.11—4.6)

El buen ejemplo **11** Queridos hermanos, les ruego, como a extranjeros de paso por este mundo, [p] que no den lugar a los deseos humanos que luchan contra el alma. **12** Condúzcanse bien entre los paganos. Así ellos, aunque ahora

---

[r] **1.14** *Antes de conocer a Dios:* lit. *en el tiempo de su ignorancia.* Se refiere a los paganos que antes no conocían al verdadero Dios ni la ley revelada al pueblo de Israel. Cf. Ef 2.3; 4.17-18.
[s] **1.16** Lv 11.45; 19.2; cf. Mt 5.48.
[t] **1.17** *Padre:* Véase Lc 11.2 nota c (cf. Sal 89.26 [27]; Is 64.8 [7]; Eclo 23.4).
[u] **1.17** Dt 10.17; Ro 2.11; Ef 6.9; Col 3.25; la misma idea aparece en el discurso de Pedro en Hch 10.34.
[v] **1.18** *Sin sentido:* lit. *vana.* Esta palabra puede aludir a los ídolos, que el AT llama "vanos" o inútiles (Is 41.29; Jer 8.19).
[w] **1.18** *Los ha rescatado... el costo de este rescate:* La liberación del que es esclavo del pecado no se obtiene pagando un precio material, sino mediante el sacrificio de Cristo. Véase Mt 20.28 nota p; cf. Ro 3.24-25; 1 Ti 2.6.
[x] **1.19** *Con la sangre preciosa de Cristo:* Véase 1.2 nota g.
[y] **1.19** *Cordero:* Véase Jn 1.29 n. Se alude al cordero *sin defecto* que se ofrecía en la Pascua (Ex 12.5; 1 Co 5.7), o en otras ocasiones (Ex 29.38-42). Cf. Ap 5.12; 13.8.
[z] **1.22** *Se han purificado:* lit. *han purificado sus almas.* Véase 1.9 n.
[a] **1.22** Jn 13.34; Ro 12.9-10.
[b] **1.24-25** Is 40.6-8; también se cita este texto en Stg 1.10-11.
[a] **2.2** *Leche espiritual:* Parece referirse a Cristo, como fuente de crecimiento espiritual (cf. v. 3). Otra posible traducción: *leche de la palabra,* con referencia al mensaje de salvación (cf. 1.23).
[b] **2.3** Cf. Sal 34.8 (9).
[c] **2.4** *Piedra escogida y de mucho valor:* Véase 2.7 n.
[d] **2.4-5** Cf. Ef 2.21-22.
[e] **2.6** *Sión:* el templo de Jerusalén, o la ciudad misma.
[f] **2.6** *En ella:* es decir, en *la piedra;* también puede traducirse *en él* (es decir, en Cristo). Cf. 1 Co 3.10-12.
[g] **2.6** Is 28.16 (gr.).
[h] **2.7** Sal 118.22; pasaje que Jesús se aplicó a sí mismo. Véase Mc 12.10-11 n.
[i] **2.8** Is 8.14. Esta cita y la del v. 6 se combinan también en Ro 9.33.
[j] **2.8** *Ese es su merecido:* La caída es el castigo que merecen los que no creen.
[k] **2.9** *Familia escogida:* lit. *raza escogida.* Cf. Is 43.20.
[l] **2.9** Ex 19.5-6; 2 Mac 2.17; Ap 1.6; 5.10.
[m] **2.9** Dt 4.20; 7.6; 14.2; cf. Tit 2.14.
[n] **2.9** Is 43.21; Hch 2.11.
[ñ] **2.9** Ef 5.8.
[o] **2.10** Os 1.6,9; 2.23 (25); cf. Ro 9.25-26. Se trata de los que, sin ser judíos, formaban ahora parte del pueblo de Dios al incorporarse a la iglesia.
[p] **2.11** Lv 25.23; Sal 39.12 (13); 119.19; 1 P 1.1.

hablen contra ustedes como si ustedes fueran malhechores, verán el bien que ustedes hacen y alabarán a Dios *q* el día en que él pida cuentas a todos. *r*

Sumisión a las autoridades **13** Por causa del Señor, sométanse a toda autoridad humana: tanto al emperador, porque ocupa el cargo más alto, **14** como a los gobernantes *s* que él envía para castigar a los malhechores y honrar a los que hacen el bien. *t* **15** Porque Dios quiere que ustedes hagan el bien, para que los ignorantes y los tontos no tengan nada que decir en contra de ustedes.

16 Pórtense como personas libres, aunque sin usar su libertad como un pretexto para hacer lo malo. Pórtense más bien como siervos de Dios. *u* **17** Den a todos el debido respeto. Amen a los hermanos, reverencien a Dios, respeten al emperador.

Deberes de los sirvientes **18** Sirvientes, *v* sométanse con todo respeto a sus amos, no solamente a los buenos y comprensivos sino también a los malos. **19** Porque es cosa agradable a Dios *w* que uno soporte sufrimientos injustamente, por sentido de responsabilidad delante de él. **20** Pues si a ustedes los castigan por haber hecho algo malo, ¿qué mérito tendrá que lo soporten con paciencia? Pero si sufren por haber hecho el bien, y soportan con paciencia el sufrimiento, eso es agradable a Dios. *x* **21** Pues para esto los llamó Dios, ya que Cristo sufrió por ustedes, *y* dándoles un ejemplo para que sigan sus pasos. *z* **22** Cristo no cometió ningún pecado ni engañó jamás a nadie. *a* **23** Cuando lo insultaban, no contestaba con insultos; cuando lo hacían sufrir, no amenazaba, sino que se encomendaba a Dios, que juzga con rectitud. *b* **24** Cristo mismo llevó nuestros pecados en su cuerpo sobre la cruz, *c* para que nosotros muramos al pecado y vivamos una vida de rectitud. *d* Cristo fue herido para que ustedes fueran sanados. *e* **25** Pues ustedes andaban antes como ovejas extraviadas, *f* pero ahora han vuelto a Cristo, que los cuida como un pastor y vela por ustedes. *g*

3 **Deberes de los esposos** **1** Así también ustedes, las esposas, sométanse a sus esposos, *a* para que, si algunos de ellos no creen en el mensaje, puedan ser convencidos, sin necesidad de palabras, por el comportamiento de ustedes, **2** al ver ellos su conducta pura y reverente para con Dios. **3** Que el adorno de ustedes no consista en cosas externas, como peinados exagerados, joyas de oro o vestidos lujosos, **4** sino en lo íntimo del corazón, en la belleza incorruptible de un espíritu suave y tranquilo. Esta belleza vale mucho delante de Dios. *b* **5** Pues este era también, en tiempos antiguos, el adorno de las mujeres santas; ellas confiaban en Dios y se sometían a sus esposos. **6** Así fue Sara, que obedeció a Abraham y lo llamó "mi señor". *c* Y ustedes son hijas de ella, si hacen el bien y no tienen miedo de nada.

7 En cuanto a ustedes, los esposos, sean comprensivos con sus esposas. *d* Denles el honor que les corresponde, teniendo en cuenta que ellas son más delicadas y están llamadas a compartir con ustedes la vida que Dios les dará como herencia. Háganlo así para no poner estorbo a sus propias oraciones.

Deberes de todos los cristianos **8** En fin, vivan todos ustedes en armonía, unidos en un mismo sentir y amándose como hermanos. Sean bondadosos y humildes. **9** No devuelvan mal por mal ni insulto por insulto. Al contrario, devuelvan bendición, pues Dios los ha llamado a recibir bendición. *e* **10** Porque:

"Quien quiera amar la vida y pasar días felices,
cuide su lengua de hablar mal
y sus labios de decir mentiras;
11 aléjese del mal y haga el bien,
busque la paz y sígala.
12 Porque el Señor cuida a los justos
y presta oídos a sus oraciones,
pero está en contra de los malhechores." *f*

13 ¿Quién podrá hacerles mal, si ustedes se empeñan siempre en hacer el bien? **14** Pero aun si por actuar con rectitud han de sufrir, ¡dichosos ustedes! *g* No tengan miedo a nadie, *h* ni se asusten, **15** sino honren a Cristo como Señor en sus corazones. *i* Estén siempre preparados a responder a todo el que les pida razón de la esperanza que ustedes tienen, **16** pero háganlo con humildad y respeto. Pórtense de

---

q **2.12** Mt 5.16.
r **2.12** *El día... todos:* lit. *el día en que él los visite.* Probablemente se refiere al día del juicio. Esta expresión también se usa para la venida de Dios a salvar a su pueblo (Lc 1.68; 19.44).
s **2.13-14** El gobierno del Imperio Romano era ejercido por el emperador, que tenía la autoridad suprema, y por los gobernantes de las distintas provincias. Véase Ro 13.1 n. Sobre otro aspecto del tema de la obediencia a las autoridades civiles, cf. Hch 4.18-19.
t **2.13-14** Cf. Ro 13.1-5; Tit 3.1.
u **2.16** Gl 5.13.
v **2.18** *Sirvientes:* La palabra griega significa propiamente *esclavos,* especialmente los encargados de trabajos domésticos. Véase Col 3.22 n.
w **2.19** *Agradable a Dios:* otra posible traducción: *don de Dios.*
x **2.18-20** Ef 6.5-8; Col 3.22-25; Tit 2.9.
y **2.21** Is 53.4.
z **2.21-25** Se ponen como ejemplo los sufrimientos de Cristo, el Siervo por excelencia, basándose en la descripción que se encuentra en Is 52.13—53.12.
a **2.22** Is 53.9.

b **2.23** Mt 27.39-46. Cf. Is 53.7.
c **2.24** *La cruz:* lit. *el madero* o *el árbol;* véase Hch 5.30 n.
d **2.24** Ro 6.2-11.
e **2.24** Is 53.4-5,11-12.
f **2.25** De la alusión a Is 53.6 se pasa a la imagen del *pastor;* véase Jn 10.11 n.
g **2.25** *Por ustedes:* lit. *por las almas de ustedes;* véase 1 P 1.9 n.
a **3.1** Cf. 1 Co 11.3; Ef 5.22; Col 3.18; Tit 2.5.
b **3.3-4** 1 Ti 2.9-10.
c **3.6** Gn 18.12, según el texto hebreo.
d **3.7** Ef 5.25; Col 3.19; cf. 1 Ts 4.4-5.
e **3.8-9** Ro 12.16-17; Flp 2.2-4; 1 Ts 5.15; cf. también Lc 6.27-28.
f **3.10-12** Sal 34.12-16 (13-17).
g **3.14** Mt 5.10.
h **3.14** *No tengan miedo a nadie:* otra posible traducción: *No tengan miedo de lo que ellos temen.*
i **3.14-15** Is 8.12-13.

tal modo que tengan tranquila su conciencia, para que los que hablan mal de su buena conducta como creyentes en Cristo, se avergüencen de sus propias palabras. **17** Es mejor sufrir por hacer el bien, si así lo quiere Dios, que por hacer el mal. **18** Porque Cristo mismo sufrió la muerte por nuestros pecados, una vez para siempre.*j* Él era inocente, pero sufrió por los malos, para llevarlos a ustedes a Dios. En su fragilidad humana, murió; pero resucitó con una vida espiritual, *k* **19** y de esta manera fue a proclamar su victoria a los espíritus que estaban presos. *l* **20** Estos habían sido desobedientes en tiempos antiguos, *m* en los días de Noé, cuando Dios esperaba con paciencia mientras se construía la barca, en la que algunas personas, ocho en total, fueron salvadas por medio del agua. *n* **21** Y aquella agua representaba el agua del bautismo, por medio del cual somos ahora salvados. *ñ* El bautismo no consiste en limpiar el cuerpo, sino en pedirle a Dios una conciencia limpia; *o* y nos salva por la resurrección de Jesucristo, *p* **22** que subió al cielo y está a la derecha de Dios, *q* y al que han quedado sujetos los ángeles y demás seres espirituales *r* que tienen autoridad y poder. *s*

4 **1** Por eso, *a* así como Cristo sufrió en su cuerpo, adopten también ustedes igual disposición. *b* Pues el que ha sufrido en el cuerpo *c* ha roto con el pecado, *d* **2** para vivir el resto de su vida conforme a la voluntad de Dios y no conforme a los deseos humanos. *e* **3** Por mucho tiempo hicieron ustedes las mismas cosas que hacen los paganos, pues vivían entonces en vicios, malos deseos, banquetes y borracheras, bebiendo con exceso y adorando ídolos abominables. *f* **4** Ahora, como ustedes ya no los acompañan en los excesos de su mala vida, ellos se extrañan y hablan mal de ustedes. **5** Pero ellos tendrán que rendir cuentas ante aquel que está preparado para juzgar a los vivos y a los muertos. *g* **6** Pues aun a personas muertas se les anunció la buena noticia, *h* para que pudieran vivir en el espíritu, según Dios, aunque en este mundo hubieran sido juzgados en el cuerpo, según los hombres. *i*

3. El cristiano ante la proximidad del fin (4.7-19)

El servicio a los demás **7** Ya se acerca el fin de todas las cosas. Por eso, sean ustedes juiciosos y dedíquense seriamente a la oración. **8** Haya sobre todo mucho amor entre ustedes, porque el amor perdona muchos pecados. *j* **9** Recíbanse unos a otros en sus casas, sin murmurar de nadie. *k* **10** Como buenos administradores de los diferentes dones de Dios, cada uno de ustedes sirva a los demás según lo que haya recibido. *l* **11** Cuando alguien hable, sean sus palabras como palabras de Dios. Cuando alguien preste algún servicio, préstelo con las fuerzas que Dios le da. Todo lo que hagan, háganlo para que Dios sea alabado por medio de Jesucristo, a quien pertenece la gloria y el poder para siempre. Amén. *m*

Alegría en el sufrimiento **12** Queridos hermanos, no se extrañen de verse sometidos al fuego de la prueba, como si fuera algo extraordinario. *n* **13** Al contrario, alégrense de tener parte en los sufrimientos de Cristo, para que también se llenen de alegría cuando su gloria se manifieste. *ñ* **14** Dichosos ustedes, si alguien los insulta por causa de Cristo, *o* porque el glorioso Espíritu de Dios está continuamente sobre ustedes. **15** Si alguno de ustedes sufre, que no sea por asesino, ladrón o criminal, ni por meterse en asuntos ajenos. **16** Pero si sufre por ser cristiano, *p* no debe avergonzarse, sino alabar a Dios por llevar ese nombre.

---

j **3.18** Ro 6.10; Heb 9.28; 10.10.

k **3.18** *En su fragilidad humana:* lit. *en carne. Con una vida espiritual:* lit. *en espíritu.* Estas dos expresiones (*carne-espíritu*) designan la realidad humana total de Jesús, pero en dos momentos diferentes, primero en su vida terrena, y luego en su vida glorificada después de la resurrección.

l **3.19** El sentido más probable de este v. es que Jesús resucitado proclamó a los ángeles rebeldes su victoria sobre el mal y sobre la muerte. Otros refieren las palabras *espíritus que estaban presos* a los hombres desobedientes del tiempo de Noé.

m **3.20** Una tradición judía refería el texto de Gn 6.1-4 a los ángeles que se pervirtieron desobedeciendo a Dios. Siguiendo el orden del relato en Gn, Pedro relaciona este episodio con el diluvio.

n **3.20** Gn 6.1—7.24; cf. 2 P 2.5. *Por medio del agua:* otra posible traducción: *a través del agua.*

ñ **3.21** Cf. Mc 16.16; Hch 2.38; Ef 5.26; Tit 3.5.

o **3.21** *Pedirle... conciencia limpia:* otra posible traducción: *el compromiso para con Dios de una conciencia limpia.*

p **3.21** Ro 6.3-4.

q **3.22** *A la derecha de Dios:* Véase Hch 2.33 n.; cf. Ro 8.34; Heb 1.3.

r **3.22** Respecto a tales *seres espirituales,* véase Ef 1.21-22 n.

s **3.18-22** Hay varias semejanzas entre los vv. 18-22 y 1 Ti 3.16.

a **4.1** *Por eso:* El autor vuelve aquí al tema de 3.18.

b **4.1** *Adopten:* lit. *ármense;* cf. Flp 2.5, y también la figura de la armadura en Ef 6.11-17.

c **4.1** *El que ha sufrido en el cuerpo:* Algunos interpretan esta frase como un principio general; otros, como una referencia directa a Cristo en su pasión.

d **4.1** El cristiano, al adoptar esta actitud, expresa su unión con Cristo y su ruptura con el pecado. Cf. Ro 6.2,7.

e **4.2** 1 P 1.14-15.

f **4.3** Cf. la lista de vicios mencionada en Ro 1.29-31, y véase Ro 1.31 n.

g **4.5** Hch 10.42; 2 Ti 4.1.

h **4.6** *Se les anunció la buena noticia:* otra posible traducción: *él* (Cristo) *fue anunciado.* No se especifica quién hizo esta predicación o anuncio. Tampoco es claro quiénes son esas *personas muertas.* Quizá se hace referencia a tradiciones como la que aparece en Mt 27.52. No parece que este texto se refiera a lo mismo que 3.19-20.

i **4.6** *Juzgados en el cuerpo:* Puede referirse al sufrimiento a que toda persona está sujeta, o a la muerte misma. (Nótese la semejanza con las ideas expresadas en Sab 3.4-5).

j **4.8** *El amor perdona* (lit. *cubre*) *muchos pecados:* Puede entenderse en el sentido de que los que se aman se perdonan mutuamente, o que Dios perdonará los pecados de quienes practican el amor fraterno. Cf. Pr 10.12 (cf. también 1 Co 13.7; Stg 5.20).

k **4.9** Dadas las circunstancias difíciles en que se encontraban los cristianos, la hospitalidad era especialmente importante; véase Ro 12.13 n., y cf. 1 Ti 3.2; Tit 1.8; Heb 13.2; 3 Jn 5-6.

l **4.10** *Administradores:* Cf. 1 Co 4.1-2; también Lc 12.42-48. Cf. Ro 12.6-8; 1 Co 12.4-31.

m **4.11** Cf. Ro 12.6-7; Col 3.17.

n **4.12** *Prueba:* Véase 1 P 1.6-7 n.

ñ **4.13** Cf. 4.1, y también Ro 8.17; Flp 3.10; Col 1.24; 2 Ti 2.12.

o **4.14** Mt 5.11; cf. Hch 5.41; 9.16.

p **4.16** *Cristiano:* Los enemigos del cristianismo usaban el término en forma despectiva; cf. Hch 11.26.

17 Ya ha llegado el tiempo en que el juicio comience por la propia familia de Dios. Y si el juicio está comenzando así por nosotros, ¿cómo será el fin de los que no obedecen al evangelio de Dios? **18** Y si el justo con dificultad se salva, ¿qué pasará con el malvado y el pecador?[q] **19** De manera que los que sufren según la voluntad de Dios, deben seguir haciendo el bien y poner sus almas[r] en manos del Dios que los creó, pues él es fiel.

4. Consejos particulares (5.1-11)

5 *A los dirigentes* **1** Quiero aconsejar ahora a los ancianos[a] de las congregaciones de ustedes, yo que soy anciano como ellos y testigo de los sufrimientos de Cristo,[b] y que también voy a tener parte en la gloria que ha de manifestarse.[c] **2** Cuiden de las ovejas de Dios que han sido puestas a su cargo;[d] háganlo de buena voluntad, como Dios quiere, y no forzadamente ni por ambición de dinero, sino de buena gana. **3** Compórtense no como si ustedes fueran los dueños de los que están a su cuidado, sino procurando ser un ejemplo para ellos. **4** Así, cuando aparezca el Pastor principal,[e] ustedes recibirán la corona de la gloria, una corona que jamás se marchitará.[f]

A toda la comunidad **5** De la misma manera, ustedes los jóvenes sométanse a la autoridad de los ancianos. Todos deben someterse unos a otros con humildad, porque:

"Dios se opone a los orgullosos,
pero ayuda con su bondad a los humildes."[g]
6 Humíllense, pues, bajo la poderosa mano de Dios, para que él los enaltezca a su debido tiempo.[h] **7** Dejen todas sus preocupaciones a Dios, porque él se interesa por ustedes.[i]

8 Sean prudentes y manténganse despiertos,[j] porque su enemigo el diablo, como un león rugiente, anda buscando a quien devorar. **9** Resístanle,[k] firmes en la fe, sabiendo que en todas partes del mundo los hermanos de ustedes están sufriendo las mismas cosas. **10** Pero después que ustedes hayan sufrido por un poco de tiempo, Dios los hará perfectos,[l] firmes, fuertes y seguros.[m] Es el mismo Dios que en su gran amor nos ha llamado a tener parte en su gloria eterna en unión con Jesucristo. **11** A él sea el poder para siempre. Amén.

Despedida **12** Por medio de Silvano,[n] a quien considero un hermano fiel, les he escrito esta breve carta, para aconsejarlos y asegurarlos que las bendiciones que han recibido son prueba verdadera del amor de Dios. ¡Permanezcan fieles a ese amor!

13 La iglesia que está en Babilonia,[ñ] la cual Dios ha escogido lo mismo que a ustedes, les manda saludos, y también mi hijo Marcos.[o] **14** Salúdense unos a otros con un beso de amor fraternal.[p]

Tengan paz todos ustedes, los que pertenecen a Cristo.

---

[q] **4.18** Pr 11.31 (gr.).
[r] **4.19** *Sus almas:* o *sus vidas* (véase 1 P 1.9 n.).
[a] **5.1** *Ancianos:* los que presiden la comunidad (v. 2); véase Hch 11.30 n.
[b] **5.1** Alusión al hecho de que Pedro fue testigo ocular de los sufrimientos y la crucifixión de Cristo, o bien a que por sus propios sufrimientos dio testimonio de él.
[c] **5.1** Cf. 4.13.
[d] **5.2** Hch 20.28. Cf. las palabras de Jesús dirigidas a Pedro en Jn 21.15-17.
[e] **5.4** Heb 13.20; respecto a Cristo como *Pastor,* véase Jn 10.11 n.
[f] **5.4** *Corona de la gloria:* o *gloriosa corona;* véase 2 Ti 4.8 n.
[g] **5.5** Pr 3.34 (gr.); citado también en Stg 4.6.
[h] **5.6** Cf. Mt 23.12; Lc 14.11; 18.14; Stg 4.10.
[i] **5.7** Sal 55.22 (23); cf. Mt 6.25-34.
[j] **5.8** 1 Ts 5.6; cf. Mt 24.42; Ro 13.11.
[k] **5.9** Stg 4.7.
[l] **5.10** *Los hará perfectos:* o *los restablecerá.*
[m] **5.10** *Seguros:* lit. *bien cimentados.*
[n] **5.12** *Silvano:* probablemente el mismo que se cita como *Silas* en Hch 15.22,40, al que Pablo menciona en 2 Co 1.19 e incluye en el saludo de sus cartas a los tesalonicenses (1 Ts 1.1; 2 Ts 1.1). Véase *Introducción.*
[ñ] **5.13** Los primeros cristianos usaban el nombre de *Babilonia* para referirse en forma velada a Roma, capital del Imperio Romano (Ap 14.8; 17.5; 18.2). Según parece, la carta fue escrita en esta ciudad.
[o] **5.13** *Marcos:* Hch 12.12,25; 13.13; 15.37-39; Col 4.10; Flm 24.
[p] **5.14** *Beso de amor fraternal:* Véase Ro 16.16 n.

Segunda carta de san Pedro

La *Segunda carta de san Pedro* (=2 P) es una advertencia bastante severa a los cristianos para ponerlos en guardia contra ciertas doctrinas extrañas y prácticas reprobables que se habían introducido en la iglesia. La carta no menciona, sin embargo, ninguna comunidad cristiana en particular.

En primer lugar, recuerda a sus lectores el llamamiento que han recibido de Dios y las exigencias prácticas que de él se derivan (1.3-11). Llama luego la atención sobre la autoridad de las enseñanzas de los apóstoles, en consonancia con los anuncios de los profetas (1.12-21). En seguida viene una fuerte denuncia contra los falsos maestros, contra sus enseñanzas y sus prácticas (2.1-22). Finalmente, trata el tema del retraso de la segunda venida del Señor. Algunos se habían desilusionado porque esa venida, esperada tan ansiosamente, aún no se había realizado, y por eso ridiculizaban la enseñanza y la actitud de los cristianos. A estos dice el autor que el Señor tiene paciencia porque quiere que todos se conviertan, y les recuerda que Dios no mide el tiempo como los hombres (3.1-16).

El capítulo 2 de esta carta presenta un paralelismo muy grande de ideas y expresiones con la *Carta de san Judas,* que probablemente es anterior a *2 Pedro*. En cambio, no se encuentra una semejanza notable en lenguaje y doctrina con la *Primera carta de san Pedro*.

Por estas razones y por la situación de la iglesia, según se deja entrever en algunos pasajes de esta segunda carta (2.1-3; 2.19; 3.3-4; 3.15), muchos piensan que este es el escrito más tardío del Nuevo Testamento, compuesto quizás a principios del siglo II. Su autor pudo haber sido algún maestro cristiano que apeló a la autoridad de Pedro, para dar mayor autoridad a su enseñanza. Este procedimiento literario era común en esa época. (Véase *Introducción* a las *Cartas*.)

El esquema de la carta es sencillo:

Saludo (1.1-2)
El llamamiento de Dios y sus exigencias (1.3-11)
Autoridad de las enseñanzas (1.12-21)
Los falsos maestros (2.1-22)
La segunda venida del Señor (3.1-16)
Conclusión (3.17-18)

1

Saludo [1] Simón[a] Pedro,[b] siervo y apóstol de Jesucristo, saluda a los que han llegado a tener una fe[c] tan preciosa como la nuestra, porque nuestro Dios y Salvador Jesucristo es justo. [2] Reciban abundancia de gracia y de paz mediante el conocimiento[d] que tienen de Dios y de Jesús, nuestro Señor.

El llamamiento de Dios y sus exigencias [3] Dios, por su poder, nos ha concedido todo lo que necesitamos para la vida y la devoción, al hacernos conocer a aquel que nos llamó por su propia grandeza y sus obras maravillosas. [4] Por medio de estas cosas nos ha dado sus promesas, que son muy grandes y de mucho valor, para que por ellas lleguen ustedes a tener parte en la naturaleza de Dios[e] y escapen de la corrupción que los malos deseos han traído al mundo. [5] Y por esto deben esforzarse en añadir a su fe la buena conducta; a la buena conducta, el entendimiento; [6] al entendimiento, el dominio propio; al dominio propio, la paciencia; a la paciencia, la devoción; [7] a la devoción, el afecto fraternal; y al afecto fraternal, el amor.[f]

[8] Si ustedes poseen estas cosas y las desarrollan, ni su vida será inútil ni habrán conocido en vano a nuestro Señor Jesucristo. [9] Pero el que no las posee es como un ciego o corto de vista; ha olvidado que fue limpiado de sus pecados pasados. [10] Por eso, hermanos, ya que Dios los ha llamado y escogido, procuren que esto se arraigue en ustedes, pues haciéndolo así nunca caerán. [11] De ese modo se les abrirán de par en par las puertas del reino eterno de nuestro Señor y Salvador Jesucristo.

Autoridad de las enseñanzas [12] Por eso les seguiré recordando siempre todo esto, aun cuando ya lo saben y permanecen firmes en la verdad que les han enseñado. [13] Mientras yo viva, creo que estoy en el deber de llamarles la atención con estos consejos. [14] Nuestro Señor Jesucristo me ha hecho saber que pronto habré de dejar esta vida;[g] [15] pero haré todo lo posible para que también después de mi muerte se acuerden ustedes de estas cosas.

[16] La enseñanza que les dimos sobre el poder y el regreso de nuestro Señor Jesucristo, no consistía en cuentos inventados ingeniosamente, pues con nuestros propios ojos vimos al Señor en su grandeza. [17] Lo vimos cuando Dios el Padre le dio honor y gloria, cuando la voz de Dios le habló de aquella gloriosa manera: "Este es mi Hijo amado, a quien he elegido."[h] [18] Nosotros mismos oímos aquella voz que venía del cielo, pues estábamos con el Señor en el monte sagrado.[i]

[19] Esto hace más seguro el mensaje de los profetas, el cual con toda razón toman ustedes en cuenta. Pues ese mensaje es como una lámpara que brilla en un lugar oscuro, hasta que el día amanezca y la estrella de la mañana salga para alumbrarles el corazón. [20] Pero ante todo tengan esto presente: que ninguna profecía de la Escritura es algo que uno pueda interpretar según el propio parecer,[j] [21] porque los profetas nunca hablaron por iniciativa humana; al contrario, eran hombres que hablaban de parte de Dios,[k] dirigidos por el Espíritu Santo.[l]

2

Los falsos maestros[a] [1] Hubo también falsos profetas entre el pueblo de Israel;[b] y así habrá falsos maestros entre ustedes. Ellos enseñarán con disimulo sus dañinas ideas, negando de ese modo al propio Señor que los redimió; esto les atraerá una rápida condenación. [2] Muchos los seguirán en su vida viciosa, y por causa de ellos se

---

[a] **1.1** *Simón:* lit. *Simeón*, forma hebrea del mismo nombre.
[b] **1.1** *Pedro:* Cf. 1 P 1.1; véase Hch 1.15 n.
[c] **1.1** Aquí predomina la noción de fe como aceptación de la verdad revelada por Dios (1.12; 2.2,21; 3.2).
[d] **1.2** El autor hace hincapié desde el comienzo en el tema del *conocimiento* de Dios y de Jesucristo (por ej.: 1.3,8; 2.20-21; 3.18; cf. Jer 9.23-24). Véase Jn 17.3 n.
[e] **1.4** Cf. 1 Jn 3.2.
[f] **1.5-7** De acuerdo con una forma literaria propia de la época, se enumeran ocho virtudes, que proceden de la *fe* y culminan en el *amor*. En estas listas, el primero y el último elemento son los que tienen más importancia. Cf. Ro 5.2-5.

[g] **1.14** Cf. Jn 21.18-19.
[h] **1.17** *Mi Hijo amado, a quien he elegido:* Véase Mt 3.17 n.
[i] **1.17-18** Alusión a la transfiguración de Jesús, presenciada por Pedro, Santiago y Juan (Mt 17.1-8 y paralelos).
[j] **1.20** Advertencia relacionada con los falsos maestros del cap. siguiente; cf. 2 P 3.16.
[k] **1.21** *Eran hombres... de parte de Dios:* Algunos mss. dicen *hablaban como hombres santos de Dios*.
[l] **1.21** Cf. 2 Ti 3.16; 1 P 1.11.

[a] **2.1-22** El cap. 2 es muy parecido a Jud 3-16; véanse las semejanzas citadas en las notas que siguen.
[b] **2.1** Dt 13.1-5 (2-6); Mt 24.11.

hablará mal del camino de la verdad. *c* ³ En su ambición de dinero, los explotarán a ustedes con falsas enseñanzas; pero la condenación los espera a ellos sin remedio, pues desde hace mucho tiempo están sentenciados.

⁴ Dios no perdonó a los ángeles que pecaron, sino que los arrojó al infierno y los dejó en tinieblas, encadenados y guardados para el juicio. *d* ⁵ Ni tampoco perdonó Dios al mundo antiguo, sino que mandó el diluvio sobre aquellos hombres malos, y salvó solamente a Noé, que predicó una vida de rectitud, y a otras siete personas. *e* ⁶ Dios también condenó a la destrucción a las ciudades de Sodoma y Gomorra, quemándolas hasta dejarlas hechas cenizas, para que sirvieran de ejemplo de lo que habría de suceder a los malvados. *f* ⁷ Pero libró a Lot, un hombre justo a quien afligía la vida viciosa de aquellos malvados. *g* ⁸ Este hombre justo que vivía entre ellos, sufría en su buen corazón a causa de las maldades que día tras día tenía que ver y oir.

⁹ El Señor sabe librar de la prueba a los que viven entregados a él, *h* y sabe tener a los malos bajo castigo para el día del juicio. ¹⁰ El Señor castigará sobre todo a los que siguen deseos impuros y desprecian su autoridad. *i* Son tercos y atrevidos, y no tienen miedo de insultar a los poderes superiores; ¹¹ en cambio, los ángeles, aunque tienen más fuerza y autoridad, no se atreven, de parte del Señor, a condenar con insultos a esos poderes. *j*

¹² Esos hombres son como los animales: no tienen entendimiento, viven solo por instinto y nacen para que los atrapen y los maten. Hablan mal de cosas que no entienden; pero morirán de la misma manera que los animales, *k* ¹³ sufriendo por lo que han hecho sufrir a otros. Se creen felices entregándose al libertinaje en pleno día. ¡Son una vergüenza y un escándalo cuando los acompañan a ustedes en sus fiestas, *l* divirtiéndose con sus placeres engañosos!

¹⁴ No pueden ver a una mujer sin desearla; no se cansan de pecar. Seducen a las almas débiles; son expertos en la avaricia; son gente maldita. ¹⁵ Andan perdidos, porque se han desviado del camino recto. Siguen el ejemplo del profeta Balaam, hijo de Bosor, *m* que quiso ganar dinero haciendo el mal ¹⁶ y fue reprendido por su pecado: una asna muda le habló con voz humana y no lo dejó seguir con su locura. *n*

¹⁷ Esos maestros son como pozos sin agua, como nubes llevadas por el viento; están condenados a pasar la eternidad en la más negra oscuridad. *ñ* ¹⁸ Dicen cosas altisonantes y vacías, y con vicios y deseos humanos seducen a quienes a duras penas logran escapar de los que viven en el error. ¹⁹ Les prometen libertad, siendo ellos mismos esclavos de la corrupción; *o* porque todo hombre es esclavo de aquello que lo ha dominado. *p* ²⁰ Pues los que han conocido a nuestro Señor y Salvador Jesucristo, y han escapado así de las impurezas del mundo, si se dejan enredar otra vez en esas cosas y son dominados por ellas, quedan peor que antes. *q* ²¹ Hubiera sido mejor para ellos no haber conocido el camino recto que, después de haberlo conocido, apartarse del santo mandamiento que les fue dado. ²² Pero en ellos se ha cumplido la verdad de aquel dicho: "El perro vuelve a su vómito", y también lo de "La puerca recién bañada vuelve a revolcarse en el lodo." *r*

3 La segunda venida del Señor

¹ Esta es, queridos hermanos, la segunda carta que les escribo. *a* En las dos he querido, con mis consejos, hacerlos pensar rectamente. ² Acuérdense de lo que en otro tiempo dijeron los santos profetas; y del mandamiento del Señor y Salvador, que los apóstoles les enseñaron a ustedes. *b*

³ Sobre todo tengan esto en cuenta: que en los días últimos vendrá gente que vivirá de acuerdo con sus propios malos deseos, *c* y que en son de burla ⁴ preguntará: "¿Qué pasó con la promesa de que Cristo iba a volver? Ya murieron nuestros padres, y todo sigue igual desde que el mundo fue creado." *d* ⁵ Esa gente no quiere darse cuenta de que desde tiempos antiguos ya existía el cielo, y también la tierra, que Dios con su palabra hizo salir del agua y la mantiene en medio del agua. *e* ⁶ También por medio del agua del diluvio fue destruido el mundo de entonces. *f* ⁷ Pero los cielos y la tierra que ahora existen, están reservados para el fuego por el mismo mandato de Dios. Ese fuego los quemará en el día del juicio y de la perdición de los malos. *g*

---

c **2.1-2** Jud 4. *Redimió:* o *compró* (cf. 1 P 1.18-19, y véase Ro 3.24 nota *s*).

d **2.4** Véase Jud 6 n.; probablemente se alude a Gn 6.1-4. Véase también 1 P 3.20 nota *m*.

e **2.5** Gn 6.5—7.24; 8.18; Sab 10.4; 2 P 3.6. Cf. 1 P 3.20.

f **2.6** Jud 7. *Ejemplo... a los malvados:* Algunos mss. dicen *ejemplo* (o *advertencia*) *a la gente mala que habría de vivir después.*

g **2.7** Gn 19.1-16,29; Sab 10.6.

h **2.9** Cf. 1 Co 10.13.

i **2.10** Jud 8.

j **2.11** Alude a una tradición judía citada más explícitamente en Jud 9.

k **2.12** Jud 10. *Pero morirán... animales:* otra posible traducción: *pero se van a destruir en la destrucción que causan morirán ellos mismos.* El texto griego es oscuro.

l **2.13** *En sus fiestas:* Véase Jud 12 nota *q*. Aquí, como en Jud, algunos mss. se refieren a *las fiestas de amor fraternal* (véase 1 Co 11.20-22 n.).

m **2.15** *Bosor:* Algunos mss. dicen *Beor* (cf. Nm 22.5; 24.3,15).

n **2.15-16** Jud 11; cf. Ap 2.14. La historia de Balaam (Nm 22.4-35) se cita como ejemplo de los que hacen lo malo para ganar dinero.

ñ **2.17** Jud 12-13. Probable alusión al libro de Henoc; véase Jud 12-13 n.

o **2.19** *La corrupción:* otra posible traducción: *la muerte.*

p **2.19** Jn 8.34; Ro 6.6,16.

q **2.20** Cf. Mt 12.43-45.

r **2.22** *El perro vuelve a su vómito:* dicho proverbial (Pr 26.11). El dicho de *la puerca recién bañada* es un refrán popular.

a **3.1** Alusión a la primera carta, o sea, 1 Pedro.

b **3.2** Aquí la autoridad de los apóstoles es equiparada a la de los profetas del AT.

c **3.3** Jud 18. Cf. 1 Ti 4.1; 2 Ti 3.1-5.

d **3.4** Los cristianos de las primeras generaciones esperaban vivir hasta el regreso de Jesucristo. El retraso de su segunda venida causó desilusión en algunos.

e **3.5** Cf. Gn 1.6-9; Sal 24.2.

f **3.6** Gn 7.11-22; 2 P 2.5.

g **3.7** En la Biblia frecuentemente se menciona el fuego en relación con el juicio divino (por ej. Is 66.15-16; Sof 1.18; 3.8; Ap 18.8). Véase *Fuego* en el *Índice temático.*

⁸ Además, queridos hermanos, no olviden que para el Señor un día es como mil años, y mil años como un día. ʰ
⁹ No es que el Señor se tarde en cumplir su promesa, como algunos suponen, sino que tiene paciencia con ustedes, pues no quiere que nadie muera, sino que todos se vuelvan a Dios. ⁱ
¹⁰ Pero el día del Señorʲ vendrá como un ladrón. ᵏ Entonces los cielos se desharán con un ruido espantoso, los elementos serán destruidos por el fuego, y la tierra, con todo lo que hay en ella, quedará sometida al juicio de Dios. ˡ
¹¹ Puesto que todo va a ser destruido de esa manera, ¡con cuánta santidad y devoción deben vivir ustedes! ¹² Esperen la llegada del día de Dios, y hagan lo posible por apresurarla. Ese día los cielos serán destruidos por el fuego, y los elementos se derretirán entre las llamas; ¹³ pero nosotros esperamos el cielo nuevo y la tierra nueva que Dios ha prometido, en los cuales todo será justo y bueno. ᵐ

¹⁴ Por eso, queridos hermanos, mientras esperan estas cosas, hagan todo lo posible para que Dios los encuentre en paz, sin mancha ni culpa. ⁿ ¹⁵ Tengan en cuenta que la paciencia con que nuestro Señor nos trata es para nuestra salvación. Acerca de esto también les ha escrito a ustedes nuestro querido hermano Pablo, según la sabiduría que Dios le ha dado. ñ ¹⁶ En cada una de sus cartas él les ha hablado de esto, aunque hay en ellas puntos difíciles de entender que los ignorantes y los débiles en la fe tuercen, como tuercen las demás Escrituras, ᵒ para su propia condenación.

Conclusión ¹⁷ Por eso, queridos hermanos, ya que ustedes saben de antemano estas cosas, cuídense, para que no sean arrastrados por los engaños de los malvados ni caigan de su firme posición. ¹⁸ Pero conozcan mejor a nuestro Señor y Salvador Jesucristo y crezcan en su amor. ¡Gloria a él ahora y para siempre! Amén.

ʰ **3.8** Sal 90.4.
ⁱ **3.9** Ez 18.23; 33.11; Sab 1.13; 11.23; 12.8-10; 1 Ti 2.4.
ʲ **3.10** *Día del Señor:* el día del juicio. Véanse referencias en Heb 10.25 n.
ᵏ **3.10** *Como un ladrón:* Mt 24.43; 1 Ts 5.2,4; Ap 16.15.
ˡ **3.10** V. 7; Is 34.4; Ap 6.13-14. *Quedará sometida al juicio de Dios:* traducción probable; lit. *será encontrada* (o *puesta al descubierto*). Algunos mss. dicen *será quemada*.

ᵐ **3.13** Is 65.17; 66.22; Ap 21.1,27.
ⁿ **3.14** Cf. Jud 24-25.
ñ **3.15** *Les ha escrito... Pablo:* posible alusión a pasajes como Ro 2.4; 3.25-26; 9.22, o como 1 Ts 4.13—5.11; 2 Ts 1.7-10; 2.1-12.
ᵒ **3.16** *Las demás Escrituras:* El autor pone en el mismo plano las cartas de Pablo y las Escrituras del AT. Véase 2 Ti 3.15 n.

Primera carta de san Juan

La *Primera carta de san Juan* (=1 Jn) está escrita en una forma literaria distinta de la forma común de una carta (véase *Introducción* a las *Cartas*). En vez de mencionar el nombre del autor y de los destinatarios, este escrito comienza con una introducción semejante al prólogo del cuarto evangelio, y termina sin la despedida ni la típica fórmula de bendición que se encuentran en otras cartas. Puede decirse que este escrito se asemeja más a un sermón, en donde las exposiciones doctrinales van alternándose con las exhortaciones y amonestaciones. Sin embargo, tampoco es un tratado teológico impersonal. El autor se dirige a sus lectores de manera directa y personal, y afectuosamente los llama *hijitos míos*. El título de "carta" se justifica, sobre todo, por cuanto repetidamente se dice que esta enseñanza se da por escrito (cf. 1.4; 2.7-26; 5.13).

Tres son los temas principales de este escrito, que se desarrollan de diversas maneras, a veces entretejidos unos con otros (véase el bosquejo, al final de esta *Introducción*).

El primer tema se relaciona con la liberación del pecado y aparece desarrollado primero en 1.5—2.2 y luego otra vez en 2.29—3.10. El que vive en la oscuridad del pecado no puede estar en comunión con Dios, porque Dios es luz (1.5). Es verdad que somos pecadores, pero Dios nos libra del pecado por la muerte de su Hijo Jesucristo.

El segundo gran tema de la carta es el del amor fraterno. Este es el mandamiento dado desde el principio por Jesucristo. Se deriva del mismo ser de Dios, *porque Dios es amor* (4.8,16) y *él nos amó primero* (4.19). La comunión con Dios es inseparable de la comunión con los hermanos. Este tema se desarrolla tres veces (2.3-11; 3.11-24; 4.7-21).

El tercer tema importante tiene que ver con la fe. A diferencia del *Evangelio según san Juan*, donde la fe se presenta principalmente en contraste con la actitud de los que no creen en Jesucristo (personificados sobre todo en las autoridades judías y en los que son del mundo), aquí el autor busca más bien defender la verdadera fe en Jesucristo, señalando las desviaciones de algunos que, habiendo sido de la comunidad, se separaron de ella (2.19). Estos negaban algunas de las verdades fundamentales acerca de Jesús (no admitían que él es el Mesías, el Hijo de Dios, que vino como hombre verdadero, que su muerte fue el sacrificio por el cual obtenemos el perdón de los pecados). Por eso el autor los llama *anticristos* (2.22). Este tercer tema se desarrolla también tres veces en la carta (2.12-28; 4.1-6; 5.1-12).

La carta fue escrita, indudablemente, para poner en guardia a los cristianos (de una o de varias comunidades) contra esos enemigos de Cristo, cuyas doctrinas presentan algunas semejanzas con las que los llamados gnósticos propagarían más tarde (siglo II en adelante). Quizás aquí se trata solamente de los comienzos de esas tendencias.

La carta no menciona el nombre del autor. Se puede suponer que es la misma persona que en la *Segunda* y la *Tercera carta de san Juan* se presenta como *el anciano*. Por otra parte, es clara la semejanza de vocabulario, estilo y temas teológicos entre esta carta y el *Evangelio según san Juan*.

Teniendo en cuenta los temas antes señalados, puede verse organizada la carta de la siguiente manera:

    Introducción (1.1-4)
        La palabra de vida

    Primer desarrollo (1.5—2.28)
        1. Liberación del pecado (1.5—2.2)
        2. El mandamiento del amor (2.3-11)
        3. La verdadera fe (2.12-28)

    Segundo desarrollo (2.29—4.6)
        1. Liberación del pecado (2.29—3.10)
        2. El mandamiento del amor (3.11-24)
        3. La verdadera fe (4.1-6)

    Tercer desarrollo (4.7—5.21)
        1. El amor, señal de nuestra comunión con Dios (4.7-21)
        2. La fe, raíz del amor (5.1-12)

    Conclusión (5.13-21)

Introducción (1.1-4)

1 *La palabra de vida* [a] **1** Les escribimos a ustedes acerca de aquello que ya existía desde el principio, [b] de lo que hemos oído y de lo que hemos visto con nuestros propios ojos. Porque lo hemos visto y lo hemos tocado con nuestras manos. [c] Se trata de la Palabra de vida. [d] **2** Esta vida se manifestó: [e] nosotros la vimos y damos testimonio de ella, [f] y les anunciamos a ustedes esta vida eterna, la cual estaba con el Padre y se nos ha manifestado. **3** Les anunciamos, pues, lo que hemos visto y oído, para que ustedes estén unidos con nosotros, como nosotros estamos unidos con Dios el Padre y con su Hijo Jesucristo. [g] **4** Escribimos estas cosas para que nuestra alegría sea completa. [h]

Primer desarrollo (1.5—2.28)

1. *Liberación del pecado* **5** Este es el mensaje que Jesucristo nos enseñó y que les anunciamos a ustedes: que Dios es luz y que en él no hay ninguna oscuridad. [i] **6** Si decimos que [j] estamos unidos a él, y al mismo tiempo vivimos en la oscuridad, mentimos y no practicamos la verdad. [k] **7** Pero si vivimos en la luz, así como Dios está en la luz, [l] entonces hay unión entre nosotros, y la sangre de su Hijo Jesús [m] nos limpia de todo pecado. [n]

8 Si decimos que no tenemos pecado, nos engañamos a nosotros mismos y no hay verdad en nosotros; **9** pero si confesamos nuestros pecados, [ñ] podemos confiar en que Dios, que es justo, nos perdonará nuestros pecados y nos limpiará de toda maldad. **10** Si decimos que no hemos cometido pecado, hacemos que Dios parezca mentiroso y no hemos aceptado verdaderamente su palabra. [o]

2 **1** Hijitos míos, les escribo estas cosas para que no cometan pecado. [a] Aunque si alguno comete pecado, tenemos ante el Padre un defensor, [b] que es Jesucristo, y él

---

[a] **1.1-4** El prólogo de esta carta tiene varios elementos en común con el de Jn (véanse Jn 1.1-18 y notas correspondientes). Aquí la *Palabra* o *Logos* (v. 1), que *ya existía desde el principio* (cf. Jn 1.1), es llamada *la Palabra de vida* (cf. Jn 1.4-9) y puede identificarse tanto con el contenido del mensaje como con *Jesucristo* mismo, en quien *esta vida se manifestó* (vv. 1-2; cf. Jn 1.18).

[b] **1.1** *Desde el principio:* Cf. Gn 1.1; Jn 1.1. La frase se refiere a Jesucristo en 1 Jn 2.13-14, y aquí puede aludir al comienzo de su actividad y al de la predicación del Evangelio por sus discípulos (cf. Jn 15.27), o bien, a la existencia de Cristo, *la Palabra*, antes de todas las cosas.

[c] **1.1** El texto señala que los primeros testigos han *oído*, *visto* y *tocado* a Jesús, destacando de este modo que han tenido un contacto real con él (cf. Jn 1.14).

[d] **1.1** *La Palabra de vida:* Cf. Jn 1.4; 6.68.

[e] **1.2** *Esta vida se manifestó:* Cf. Jn 1.14,18; 14.6.

[f] **1.2** *Damos testimonio:* Cf. Jn 15.27.

[g] **1.3** *Unidos:* La comunión entre los cristianos, basada en su unión con *Dios el Padre y con su Hijo Jesucristo*, es un tema importante también en Jn (Jn 14.20; 15.4-6; 17.11,20-23).

[h] **1.4** Cf. Jn 15.11; 16.24; 17.13.

[i] **1.5** Se hace un contraste entre la *luz*, símbolo de la santidad, la verdad y la vida, y la *oscuridad*, símbolo del pecado, la mentira y la muerte (cf. 1 Jn 2.8-11); también es este un tema sobresaliente en Jn (véase Jn 1.9 n.).

[j] **1.6** *Si decimos que:* Esta frase, o una similar, se repite varias veces para advertir contra una actitud de falsa confianza (cf. 1 Jn 1.8,10; 2.4,9; 4.20).

[k] **1.6** *Verdad:* Palabra frecuente en esta carta y en Jn, usada para designar el camino revelado por Dios en su Hijo Jesucristo y que lleva a la vida eterna (cf. Jn 1.14,17; 14.6). Por eso, la expresión "practicar la verdad" (Jn 3.21; 1 Jn 1.6) también es característica de estos escritos.

[l] **1.7** 1 Jn 2.10; cf. Jn 12.35-36.

[m] **1.7** *La sangre de su Hijo Jesús:* esto es, la muerte redentora de Jesús en la cruz (cf. Ef 1.7; véase 1 P 1.2 nota *g*).

[n] **1.7** Heb 9.14; Ap 7.14.

[ñ] **1.9** Cf. Sal 32.5; Pr 28.13; Stg 5.16.

[o] **1.10** Pr 20.9; Ec 7.20.

[a] **2.1** Cf. Ro 6.11-14.

[b] **2.1** Cf. Ro 8.34; Heb 7.25. *Defensor:* gr. *parakletos*. Véase

es justo. ² Jesucristo se ofreció en sacrificio para que nuestros pecados sean perdonados; *c* y no solo los nuestros, sino los de todo el mundo.

2. El mandamiento del amor ³ Si obedecemos los mandamientos de Dios, podemos estar seguros de que hemos llegado a conocerlo. *d* ⁴ Pero si alguno dice: "Yo lo conozco", y no obedece sus mandamientos, es un mentiroso y no hay verdad en él. ⁵ En cambio, si uno obedece su palabra, en él se ha perfeccionado verdaderamente el amor de Dios, *e* y de ese modo sabemos que estamos unidos a él. ⁶ El que dice que está unido a Dios, debe vivir como vivió Jesucristo. *f*

⁷ Queridos hermanos, este mandamiento que les escribo no es nuevo: es el mismo que ustedes recibieron desde el principio. Este mandamiento antiguo es el mensaje que ya oyeron. *g* ⁸ Y, sin embargo, esto que les escribo es un mandamiento nuevo, *h* que es verdad tanto en Cristo como en ustedes, porque la oscuridad va pasando y ya brilla la luz verdadera. *i*

⁹ Si alguno dice que está en la luz, pero odia a su hermano, todavía está en la oscuridad. ¹⁰ El que ama a su hermano vive en la luz, y no hay nada que lo haga caer. *j* ¹¹ Pero el que odia a su hermano vive y anda en la oscuridad, y no sabe a dónde va, porque la oscuridad lo ha dejado ciego. *k*

3. La verdadera fe ¹² Hijitos, les escribo a ustedes porque Dios, gracias a Jesucristo, *l* les ha perdonado sus pecados. ¹³ Padres, les escribo a ustedes porque han conocido al que ya existía desde el principio. *m* Jóvenes, les escribo a ustedes porque han vencido al maligno. *n*

¹⁴ Les he escrito a ustedes, hijitos, porque han conocido al Padre. Les he escrito a ustedes, padres, porque han conocido al que ya existía desde el principio. Les he escrito también a ustedes, jóvenes, porque son fuertes y han aceptado la palabra de Dios en su corazón, y porque han vencido al maligno.

¹⁵ No amen al mundo, ni lo que hay en el mundo. *ñ* Si alguno ama al mundo, no ama al Padre; *o* ¹⁶ porque nada de lo que el mundo ofrece viene del Padre, sino del mundo mismo. Y esto es lo que el mundo ofrece: los malos deseos de la naturaleza humana, el deseo de poseer lo que agrada a los ojos y el orgullo de las riquezas. *p* ¹⁷ Pero el mundo se va acabando, con todos sus malos deseos; en cambio, el que hace la voluntad de Dios vive para siempre.

¹⁸ Hijitos, esta es la hora última. *q* Ustedes han oído que viene el Anticristo; *r* pues bien, ahora han aparecido muchos anticristos. Por eso sabemos que es la hora última. ¹⁹ Ellos salieron de entre nosotros; pero en realidad no eran de los nuestros, porque si lo hubieran sido se habrían quedado con nosotros. Pero sucedió así para que se viera claramente que no todos son de los nuestros.

²⁰ Cristo, el Santo, los ha consagrado a ustedes con el Espíritu, *s* y todos ustedes tienen conocimiento. *t* ²¹ Les escribo, pues, no porque no conozcan la verdad, sino porque la conocen; y ustedes saben que ninguna mentira puede venir de la verdad. ²² ¿Quién es el mentiroso? Precisamente el que dice que Jesús no es el Mesías. Ese es el Anticristo, pues niega tanto al Padre como al Hijo. *u* ²³ Cualquiera que niega al Hijo, tampoco tiene al Padre; pero el que se declara a favor del Hijo, tiene también al Padre. *v*

²⁴ Por eso, guarden ustedes en su corazón el mensaje que oyeron desde el principio; y si lo que oyeron desde el principio queda en su corazón, también ustedes permanecerán unidos con el Hijo y con el Padre. ²⁵ Esto es precisamente lo que nos ha prometido Jesucristo: la vida eterna. *w*

Jn 14.16-17 nota *m*; cf. también Jn 14.26; 15.26; 16.7, donde *Defensor* se refiere también al Espíritu Santo. Aquí, el Cristo glorificado es el defensor o abogado *ante el Padre*.

c **2.2** *Sean perdonados:* 1 Jn 4.10 (véase Ro 3.25 nota *t*, y cf. Heb 9.11-14).

d **2.3** Jn 14.15,21,23. *Conocerlo:* Véase Jn 17.3 n.; se trata de una relación personal con Dios, que lleva a *obedecer sus mandamientos*.

e **2.5** *El amor de Dios:* Puede entenderse como el amor de Dios por nosotros, o como nuestro amor por él, o bien, como el amor fraterno, inspirado por Dios.

f **2.6** Jn 13.15; cf. 1 P 2.21.

g **2.7** 2 Jn 5-6.

h **2.8** Cf. vv. 9-11; 1 Jn 3.11. *Mandamiento nuevo:* Véase Jn 13.34 n.

i **2.8** Jn 1.4-5.

j **2.10** Cf. Sal 119.105,165.

k **2.10-11** Cf. Jn 11.9-10; 12.35-36.

l **2.12** *Gracias a Jesucristo:* lit. *gracias a su nombre.* Otra posible traducción: *haciendo honor a su nombre,* referido a Dios mismo (cf. Sal 23.3; 106.8, y véase *Nombre* en el *Índice temático*).

m **2.13** *Al que ya existía desde el principio* (aquí y en el v. 14): referencia a Jesucristo (cf. Jn 1.1, y véase 1 Jn 1.1 nota *b*).

n **2.13** *Al maligno* (aquí y en el v. 14): es decir, al diablo (1 Jn 3.8).

ñ **2.15** En Jn y en las cartas de Juan, el término *mundo* puede designar a los hombres en general (cf. Jn 3.16; 1 Jn 2.2); pero también designa con frecuencia especialmente a los que no aceptan a Jesucristo y se oponen a la voluntad de Dios; incluye todas las realidades que pueden hacer que el hombre se aleje de Dios (véase Jn 1.10 n.; cf. Jn 17.14-16; Stg 1.27; 1 Jn 5.19).

o **2.15** Cf. Ro 8.7; Stg 4.4.

p **2.16** El término griego traducido aquí por *riquezas* significa *vida* y también, como en este caso, los bienes materiales y todo aquello que puede dar lugar a la ostentación y el orgullo.

q **2.18** *Esta es la hora última:* es decir, el momento de la segunda venida de Cristo.

r **2.18** *El Anticristo:* palabra derivada del griego que significa alguien que se opone a Cristo o que usurpa su lugar. Se refiere especialmente a un personaje que ha de venir antes de la hora final. El autor, sin embargo, dice que habrá *muchos* que se opongan a Cristo, y los identifica con los que, por sus doctrinas y prácticas, se han separado de la comunidad (véase 2.22 n.). Otros conceptos relacionados con el Anticristo se encuentran en Mt 24.23-25 y Mc 13.21-23, así como en 2 Ts 2.3-12 y en Ap 13; 16.12-16; 17; 19.19-21, aunque el término mismo solo aparece en 1 y 2 Jn.

s **2.20** *Cristo, el Santo, los ha consagrado a ustedes con el Espíritu:* lit. *Ustedes tienen una unción recibida del Santo.* Se alude a la consagración de los sacerdotes y de los reyes del AT mediante la unción con aceite, que aquí se toma como símbolo y se aplica al Espíritu Santo derramado sobre los creyentes (cf. Jl 2.28 [3.1], citado también en Hch 2.17). Cf. 1 Jn 2.27.

t **2.20** 1 Co 2.10-16. *Conocimiento:* Véase 2.3 n. *Y todos ustedes tienen conocimiento:* Algunos mss. dicen *y ustedes conocen todo.*

u **2.22** 1 Jn 4.3; 2 Jn 7. *El Anticristo* es aquí cualquiera que no reconoce a Jesús como el *Cristo* o *Mesías* (véanse 2.18 nota *r* y *Mesías* y *Cristo* en el *Índice temático*). Cf. 1 Jn 4.2; también Jn 1.18.

v **2.23** Jn 5.23.

w **2.25** *Vida eterna:* Véase Jn 3.15 n.

²⁶ Les estoy escribiendo acerca de quienes tratan de engañarlos. ²⁷ Pero ustedes tienen el Espíritu Santo ˣ con el que Jesucristo los ha consagrado, y no necesitan que nadie les enseñe, ʸ porque el Espíritu que él les ha dado los instruye acerca de todas las cosas, ᶻ y sus enseñanzas son verdad y no mentira. Permanezcan unidos a Cristo, conforme a lo que el Espíritu les ha enseñado.

²⁸ Ahora, hijitos, permanezcan unidos a Cristo, para que tengamos confianza cuando él aparezca y no sintamos vergüenza delante de él cuando venga.

Segundo desarrollo (2.29—4.6)

1. Liberación del pecado ²⁹ Ya que ustedes saben que Jesucristo es justo, deben saber también que todos los que hacen lo que es justo son hijos de Dios. ᵃ

3 ¹ Miren cuánto nos ama Dios el Padre, que se nos puede llamar hijos de Dios, ᵃ y lo somos. Por eso, los que son del mundo no nos conocen, pues no han conocido a Dios. ᵇ ² Queridos hermanos, ya somos hijos de Dios. Y aunque no se ve todavía lo que seremos después, sabemos que cuando Jesucristo aparezca seremos como él, porque lo veremos tal como es. ᶜ ³ Y todo el que tiene esta esperanza en él, se purifica a sí mismo, de la misma manera que Jesucristo es puro.

⁴ Pero todo el que peca, hace maldad; porque el pecado es la maldad. ᵈ ⁵ Ustedes ya saben que Jesucristo vino al mundo para quitar los pecados, ᵉ y que él no tiene pecado alguno. ᶠ ⁶ Así pues, todo el que permanece unido a él, no sigue pecando; pero todo el que peca, no lo ha visto ni lo ha conocido. ᵍ ⁷ Hijitos míos, que nadie los engañe: el que practica la justicia es justo, como él es justo; ⁸ pero el que practica el pecado es del diablo, porque el diablo peca desde el principio. ʰ Precisamente para esto ha venido el Hijo de Dios: para deshacer lo hecho por el diablo. ⁱ

⁹ Ninguno que sea hijo de Dios practica el pecado, porque tiene en sí mismo el germen de la vida de Dios; y no puede seguir pecando porque es hijo de Dios. ¹⁰ Se sabe quiénes son hijos de Dios y quiénes son hijos del diablo, porque cualquiera que no hace el bien o no ama a su hermano, no es de Dios.

2. El mandamiento del amor ¹¹ Este es el mensaje que han oído ustedes desde el principio: que nos amemos unos a otros. ʲ ¹² No seamos como Caín, que era del maligno y mató a su hermano. ¿Y por qué lo mató? Pues porque los hechos de Caín eran malos, y los de su hermano, buenos. ᵏ

¹³ Hermanos míos, no se extrañen si los que son del mundo los odian. ˡ ¹⁴ Nosotros hemos pasado de la muerte a la vida, ᵐ y lo sabemos porque amamos a nuestros hermanos. El que no ama, aún está muerto. ¹⁵ Todo el que odia a su hermano es un asesino, ⁿ y ustedes saben que ningún asesino puede tener vida eterna en sí mismo. ¹⁶ Conocemos lo que es el amor porque Jesucristo dio su vida por nosotros; ñ así también, nosotros debemos dar la vida por nuestros hermanos. ¹⁷ Pues si uno es rico y ve que su hermano necesita ayuda, pero no se la da, ¿cómo puede tener amor de Dios en su corazón? ¹⁸ Hijitos míos, que nuestro amor no sea solamente de palabra, sino que se demuestre con hechos. ᵒ

¹⁹ De esta manera sabremos que somos de la verdad, y podremos sentirnos seguros delante de Dios; ²⁰ pues si nuestro corazón nos acusa de algo, Dios es más grande que nuestro corazón, ᵖ y lo sabe todo. ᵠ ²¹ Queridos hermanos, si nuestro corazón no nos acusa, tenemos confianza delante de Dios; ʳ ²² y él nos dará todo lo que le pidamos, porque obedecemos sus mandamientos y hacemos lo que le agrada. ˢ ²³ Y su mandamiento es que creamos en su Hijo Jesucristo, y que nos amemos unos a otros como él nos mandó. ᵗ ²⁴ Los que obedecen sus mandamientos viven en él, y él vive en ellos. Y en esto sabemos que él vive en nosotros: por el Espíritu que nos ha dado. ᵘ

4 **3. La verdadera fe** ¹ Queridos hermanos, no crean ustedes a todos los que dicen estar inspirados por Dios, sino pónganlos a prueba, a ver si el espíritu que hay en ellos es de Dios o no. Porque el mundo está lleno de falsos profetas. ² De esta manera pueden ustedes saber quién tiene el Espíritu de Dios: todo el que reconoce que Jesucristo vino como hombre verdadero, ᵃ tiene el Espíritu de Dios. ³ El que no reconoce así a Jesús, no tiene el Espíritu de Dios; al contrario, tiene el espíritu del Anticristo. ᵇ Ustedes han oído que ese espíritu ha de venir; pues bien, ya está en el mundo. ᶜ

ˣ **2.27** *El Espíritu Santo:* lit. *la unción.* Véase 2.20 nota *s.*
ʸ **2.27** *No necesitan... enseñe:* advertencia respecto a los falsos maestros que trataban de engañar con enseñanzas falsas a aquellos que ya conocían el mensaje oído desde el principio (v. 24).
ᶻ **2.27** *El Espíritu... cosas:* Jn 14.26; 16.13.
ᵃ **2.29** Cf. 1 Jn 3.6-10; 4.7.
ᵃ **3.1** Jn 1.12-13; cf. Gl 4.5-7.
ᵇ **3.1** Jn 16.3; 17.25.
ᶜ **3.2** Cf. Col 3.4.
ᵈ **3.4** *Maldad:* Aquí se da a esta palabra un sentido especial: es la oposición a Dios, propia del tiempo final (cf. 2 Ts 2.3-8).
ᵉ **3.5** Jn 1.29; cf. 1 P 2.24.
ᶠ **3.5** Jn 8.46; 1 P 2.22; cf. 2 Co 5.21; Heb 4.15; 7.26.
ᵍ **3.6** Se presenta la consecuencia del razonamiento de los vv. 1-5: la unión con Cristo es incompatible con el pecado. Cf. v. 9, y véase 1 Jn 1.5 n.; cf. también Ro 6.1-14.
ʰ **3.8** Jn 8.44.
ⁱ **3.8** Heb 2.14.
ʲ **3.11** Jn 13.34; 15.12; cf. 1 Jn 2.7-11.

ᵏ **3.12** Gn 4.8; cf. Heb 11.4.
ˡ **3.13** *Los odian:* Jn 15.18-25; 17.14.
ᵐ **3.14** Jn 5.24.
ⁿ **3.15** *Es un asesino:* Cf. Mt 5.21-22.
ñ **3.16** *Dio su vida por nosotros:* Jn 10.11; 15.13; cf. Gl 2.20.
ᵒ **3.17-18** Cf. Dt 15.7-8; Stg 1.22; 2.14-17.
ᵖ **3.20** *Más grande que nuestro corazón:* Dios supera al hombre en compasión y capacidad de perdonar (cf. 1 Jn 1.8—2.2).
ᵠ **3.20** *Lo sabe todo:* Cf. Sal 7.9 (10); 139.1-12.
ʳ **3.20-21** Cf. 1 Jn 4.17.
ˢ **3.22** Jn 14.13-14; 15.7,16; 16.23-24.
ᵗ **3.23** *Como él nos mandó:* Jn 13.34; 15.12,17.
ᵘ **3.24** 1 Jn 4.13; cf. Jn 17.21-23,26. *Por el Espíritu que nos ha dado:* Ro 8.14-16; 1 Co 2.10-12.
ᵃ **4.2** Jn 1.14.
ᵇ **4.2-3** *Anticristo:* Véase 1 Jn 2.18 nota *r.*
ᶜ **4.1-3** Mt 7.15; 2 Jn 7.

⁴ Hijitos, ustedes son de Dios y han vencido a esos mentirosos, porque el que está en ustedes ᵈ es más poderoso que el que está en el mundo. ᵉ ⁵ Ellos son del mundo; por eso hablan de las cosas del mundo, y los que son del mundo los escuchan. ᶠ ⁶ En cambio, nosotros somos de Dios. El que conoce a Dios nos escucha, pero el que no es de Dios no nos escucha. ᵍ En esto, pues, podemos conocer quién tiene el espíritu de la verdad ʰ y quién tiene el espíritu del engaño.

Tercer desarrollo (4.7—5.21)

1. El amor, señal de nuestra comunión con Dios ⁷ Queridos hermanos, debemos amarnos unos a otros, porque el amor viene de Dios. ⁱ Todo el que ama es hijo de Dios y conoce a Dios. ⁸ El que no ama no ha conocido a Dios, porque Dios es amor. ʲ ⁹ Dios mostró su amor hacia nosotros ᵏ al enviar a su Hijo único al mundo para que tengamos vida por él. ¹⁰ El amor consiste en esto: no en que nosotros hayamos amado a Dios, sino en que él nos amó a nosotros y envió a su Hijo, ˡ para que, ofreciéndose en sacrificio, nuestros pecados quedaran perdonados. ᵐ ¹¹ Queridos hermanos, si Dios nos ha amado así, nosotros también debemos amarnos unos a otros. ¹² A Dios nunca lo ha visto nadie; ⁿ pero si nos amamos unos a otros, Dios vive en nosotros y su amor se hace realidad en nosotros. ¹³ La prueba de que nosotros vivimos en Dios y de que él vive en nosotros, es que nos ha dado su Espíritu. ñ ¹⁴ Y nosotros mismos hemos visto y declaramos que el Padre envió a su Hijo para salvar al mundo. ᵒ ¹⁵ Cualquiera que reconoce que Jesús es el Hijo de Dios, vive en Dios y Dios en él.
¹⁶ Así hemos llegado a saber y creer que Dios nos ama. Dios es amor, ᵖ y el que vive en el amor, vive en Dios y Dios en él. ¹⁷ De esta manera se hace realidad el amor en nosotros, para que en el día del juicio tengamos confianza; ᑫ porque nosotros somos en este mundo tal como es Jesucristo. ʳ ¹⁸ Donde hay amor no hay miedo. ˢ Al contrario, el amor perfecto echa fuera el miedo, pues el miedo supone el castigo. Por eso, si alguien tiene miedo, es que no ha llegado a amar perfectamente. ᵗ

¹⁹ Nosotros amamos porque él nos amó primero. ²⁰ Si alguno dice: "Yo amo a Dios", y al mismo tiempo odia a su hermano, es un mentiroso. Pues si uno no ama a su hermano, a quien ve, tampoco puede amar a Dios, a quien no ve. ᵘ ²¹ Jesucristo nos ha dado este mandamiento: que el que ama a Dios, ame también a su hermano. ᵛ

5 **2. La fe, raíz del amor** ¹ Todo el que tiene fe en que Jesús es el Mesías, es hijo de Dios; ᵃ y el que ama a un padre, ama también a los hijos de ese padre. ² Cuando amamos a Dios y hacemos lo que él manda, sabemos que amamos también a los hijos de Dios. ³ El amar a Dios consiste en obedecer sus mandamientos; ᵇ y sus mandamientos no son una carga, ᶜ ⁴ porque todo el que es hijo de Dios vence al mundo. Y nuestra fe nos ha dado la victoria sobre el mundo. ⁵ El que cree que Jesús es el Hijo de Dios, vence al mundo.

⁶ La venida de Jesucristo quedó señalada con agua y sangre; ᵈ no solo con agua, sino con agua y sangre. El Espíritu mismo es testigo de esto, y el Espíritu es la verdad. ⁷ Tres son los testigos: ᵉ ⁸ el Espíritu, el agua y la sangre; ᶠ y los tres están de acuerdo. ⁹ Aceptamos el testimonio de los hombres, pero el testimonio de Dios es de mucho más valor, porque consiste en el testimonio que Dios ha dado acerca de su Hijo. ¹⁰ El que cree en el Hijo de Dios, lleva este testimonio en su propio corazón; el que no cree en Dios, lo hace aparecer como mentiroso, ᵍ porque no cree en el testimonio que Dios ha dado acerca de su Hijo. ¹¹ Este testimonio es que Dios nos ha dado vida eterna, y que esta vida está en su Hijo. ʰ ¹² El que tiene al Hijo de Dios, tiene también esta vida; pero el que no tiene al Hijo de Dios, no la tiene. ⁱ

ᵈ **4.4** *El que está en ustedes:* Puede ser el Padre o el Espíritu.

ᵉ **4.4** *El que está en el mundo:* es decir, el diablo. 1 Jn 3.10; cf. Jn 12.31; 14.30.

ᶠ **4.5** Jn 15.19. *Ellos:* los que se han separado (véase 1 Jn 2.18 nota *r*).

ᵍ **4.6** Jn 8.47; 18.37.

ʰ **4.6** *El espíritu de la verdad:* Cf. Jn 14.16-17.

ⁱ **4.7** 1 Jn 3.23.

ʲ **4.8** *Dios es amor:* explicado en 4.9-10, y repetido en el v. 16.

ᵏ **4.9** *Dios mostró su amor hacia nosotros:* otra posible traducción: *Dios mostró entre nosotros su amor.*

ˡ **4.10** Cf. Ro 5.8.

ᵐ **4.9-10** Cf. Jn 3.16-17; Ro 8.32; Gl 1.4; 2.20.

ⁿ **4.12** Jn 1.18.

ñ **4.13** Ro 8.9; 1 Jn 3.24.

ᵒ **4.14** Jn 3.17.

ᵖ **4.16** Cf. 4.8-10.

ᑫ **4.17** *Tengamos confianza:* Cf. 1 Jn 2.28.

ʳ **4.17** *Somos en este mundo tal como es Jesucristo:* La semejanza del cristiano con Cristo, ya en este mundo, es la base de su confianza.

ˢ **4.18** Ro 8.15; 2 Ti 1.7.

ᵗ **4.18** *No ha llegado a amar perfectamente:* otra posible traducción:

el amor no ha llegado a hacerse realidad en él; es decir, que la persona no ha comprendido realmente el amor de Dios.

ᵘ **4.20** 1 Jn 2.9-11.

ᵛ **4.21** Cf. Mt 22.37-39; Mc 12.29-31.

ᵃ **5.1** Jn 20.31.

ᵇ **5.3** Jn 14.15; 2 Jn 6.

ᶜ **5.3** Mt 11.30; cf. Dt 30.11.

ᵈ **5.6** *Con agua y sangre:* probable alusión al bautismo de Jesús y a su muerte en la cruz. El autor insiste en la *sangre,* es decir, en que su muerte era necesaria para llevar a cabo su obra salvadora. Véase también Jn 19.34 nota *t*.

ᵉ **5.7** *Tres son los testigos:* Algunos mss. latinos añaden *en el cielo: el Padre, la Palabra y el Espíritu Santo, y estos tres son uno.* ⁸ *Y tres son los testigos en la tierra.* Esta adición no aparece en ninguno de los mss. griegos antiguos; solo cuatro mss. griegos tardíos, pertenecientes a los siglos XIV-XVIII d.C., la incluyen, como traducción del latín.

ᶠ **5.8** Continuando con la alusión hecha en el v. 6, el autor ve probablemente en *el agua y la sangre* un símbolo de la vida eterna que Cristo, por su muerte redentora, comunica por medio del Espíritu Santo. Cf. Jn 7.39, y véase Jn 19.34 nota *t*. Según Jn 15.26; 16.13-15, el Espíritu seguirá dando testimonio de Jesucristo.

ᵍ **5.10** 1 Jn 1.10.

ʰ **5.11** Jn 1.4; 14.6. *Vida:* Véase Jn 3.15 n.

ⁱ **5.12** Jn 3.36.

Conclusión

¹³ Les escribo esto a ustedes que creen en el Hijo de Dios, para que sepan que tienen vida eterna. *ʲ*

¹⁴ Tenemos confianza en Dios, porque sabemos que si le pedimos algo conforme a su voluntad, él nos oye. ¹⁵ Y así como sabemos que Dios oye nuestras oraciones, también sabemos que ya tenemos lo que le hemos pedido. *ᵏ*

¹⁶ Si alguno ve que su hermano está cometiendo un pecado que no lleva a la muerte, debe orar, y Dios dará vida al hermano, si se trata de un pecado que no lleva a la muerte. *ˡ* Hay un pecado que lleva a la muerte, *ᵐ* y por ese pecado no digo que se deba orar. ¹⁷ Toda maldad es pecado; pero hay pecado que no lleva a la muerte.

¹⁸ Sabemos que el que tiene a Dios como Padre, no sigue pecando, *ⁿ* porque el Hijo de Dios lo cuida, *ñ* y el maligno no lo toca. ¹⁹ Sabemos que somos de Dios y que el mundo entero está bajo el poder del maligno. *ᵒ* ²⁰ Sabemos también que el Hijo de Dios ha venido *ᵖ* y nos ha dado entendimiento para conocer al Dios verdadero. Vivimos unidos al que es verdadero, es decir, a su Hijo Jesucristo. Este es el Dios verdadero y la vida eterna. *ᵠ* ²¹ Hijitos, cuídense de los dioses falsos. *ʳ*

ʲ **5.13** Cf. Jn 20.31.
ᵏ **5.14-15** Cf. Mt 7.7-11; Lc 11.9-13; Jn 14.13; 15.7,16; 16.23-24; 1 Jn 3.21-22.
ˡ **5.16** Aquí se trata de los pecados del "hermano", del que acepta fundamentalmente a Cristo. Cf. 1 Jn 2.1.
ᵐ **5.16** El *pecado que lleva a la muerte* es, probablemente, el pecado de los que rechazan totalmente a Cristo y su obra redentora. La *muerte* es la pérdida de la vida eterna. Cf. también Jn 8.19-21; 16.9. La oración es aquí la expresión de la comunión (véase Jn 17.9 n.).
ⁿ **5.18** *No sigue pecando:* Véase 1 Jn 3.6 n.
ñ **5.18** *El Hijo de Dios lo cuida:* lit. *el que fue engendrado de Dios lo cuida.* Cf. Jn 17.11-12.
ᵒ **5.19** Cf. Jn 12.31; 14.30; 2 Co 4.4.
ᵖ **5.20** 1 Jn 3.5,8; 4.2.
ᵠ **5.20** *Para conocer al Dios verdadero:* Jn 17.3.
ʳ **5.21** 1 Co 10.14. La referencia a los *dioses falsos* es aquí un poco enigmática. Quizá tenga ver con los mismos falsos profetas o anticristos denunciados antes (2.18-19,22-23; 4.1-6).

Segunda carta de san Juan

La *Segunda carta de san Juan* (=2 Jn), a diferencia de la primera, presenta las fórmulas características de las cartas de la antigüedad (véase *Introducción* a las *Cartas*).

El autor se llama a sí mismo *el anciano*, sin mayor especificación. La carta está dirigida a una comunidad designada con un título simbólico (v. 1 nota b), pero no se indica en qué lugar se encuentra esta comunidad.

El escrito es breve y hace referencia al amor fraterno y a la verdadera fe en Jesucristo, frente a los falsos maestros, temas tratados con mayor amplitud en la *Primera carta de san Juan* (véase *Introducción* a *1 Juan*).

La carta anuncia una visita personal del autor a la comunidad. No parece probable que la *Segunda carta de san Juan* haya sido dirigida a la misma comunidad a la que fue dirigida la primera carta.

En cuanto al orden en que fueron escritas estas tres cartas, no hay indicios claros.

Esquema de la carta:

> Saludo (1-3)
> El mandamiento del amor (4-6)
> La verdadera fe en Jesucristo (7-11)
> Despedida (12-13)

Saludo ¹ El anciano *ᵃ* saluda a la comunidad escogida por Dios y a los que pertenecen a ella. *ᵇ* Los amo de veras, y no solo yo, sino también todos los que han conocido la verdad. ² Los amo a ustedes por causa de la verdad que tenemos en nuestro corazón y que estará con nosotros para siempre. ³ Que Dios el Padre, y Jesucristo, Hijo del Padre, derramen su gracia sobre ustedes y les den misericordia y paz, en verdad y en amor.

El mandamiento del amor ⁴ Me he alegrado mucho de encontrar a algunos de los tuyos viviendo conforme a la verdad, *ᶜ* como Dios el Padre nos ha mandado. ⁵ Ahora,

---

ᵃ **1** *Anciano:* término usado para designar a personas que ejercían diversas formas de autoridad en la iglesia (véase Hch 11.30 n.).
ᵇ **1** *A la comunidad escogida por Dios y a los que pertenecen a ella:* lit. *a la señora escogida y a sus hijos.* Lo más probable es que el autor ha personificado a alguna iglesia, llamándola *señora* en sentido figurado (cf. v. 13; 1 P 5.13).
ᶜ **4** 3 Jn 3.

queridos hermanos, les ruego que nos amemos los unos a los otros.[d] Esto que les escribo no es un mandamiento nuevo, sino el mismo que recibimos desde el principio.[e] **6** El amor consiste en vivir según los mandamientos de Dios, y el mandamiento, como ya lo han oído ustedes desde el principio, es que vivan en el amor.[f]

La verdadera fe en Jesucristo **7** Pues andan por el mundo muchos engañadores que no reconocen que Jesucristo vino como hombre verdadero. El que es así, es el engañador y el Anticristo.[g] **8** Tengan ustedes cuidado, para no perder el resultado de nuestro trabajo, sino recibir su recompensa completa.

9 Cualquiera que pretenda avanzar más allá de lo que Cristo enseñó, no tiene a Dios; pero el que permanece en esa enseñanza, tiene al Padre y también al Hijo.[h] **10** Si alguno va a visitarlos a ustedes y no lleva esta enseñanza, no lo reciban en casa ni lo saluden; **11** porque quien lo salude se hará cómplice de sus malas acciones.[i]

Despedida **12** Tengo mucho que decirles a ustedes, pero no quiero hacerlo por carta. Espero ir a verlos y hablar con ustedes personalmente,[j] para que así nuestra alegría sea completa.

13 Los que pertenecen a la comunidad hermana de ustedes, a la cual Dios también ha escogido, les mandan saludos.[k]

---

[d] 5 Jn 13.34; 15.12,17; 1 Jn 3.11,23; 4.7,11.
[e] 5 1 Jn 2.7; 3.11.
[f] 6 Jn 14.15,23-24; 1 Jn 5.3.
[g] 7 1 Jn 2.18,22-23; 4.1-3; cf. Mt 7.15, y véanse notas a 1 Jn 2.18,22. Respecto a la negación de *que Jesucristo vino como hombre verdadero*, cf. 1 Jn 4.2 y véase la *Introducción* a 1 Jn.
[h] 9 1 Jn 2.22-24; 4.15. *Que pretenda avanzar más allá:* referencia irónica a algunos que decían tener un conocimiento superior a *lo que Cristo enseñó.*
[i] 10-11 No se trata de visitantes que llegan de paso, sino de aquellos que se presentan con una enseñanza diferente y esperan ser reconocidos como maestros, abusando a la vez de la hospitalidad de la iglesia. Cf. Gl 1.7-9.
[j] 12 3 Jn 13-14.
[k] 13 *Los que pertenecen a la comunidad hermana de ustedes, a la cual Dios también ha escogido, les mandan saludos:* lit. *los hijos de tu hermana, que Dios también ha escogido, te mandan saludos.* (Véase 2 Jn 1 nota *b*.) *La comunidad hermana* es aquella desde la cual el autor escribe la carta; algunos piensan que fue la iglesia de Éfeso.

Tercera carta de san Juan

La *Tercera carta de san Juan* (=3 Jn) se asemeja a la segunda, pero está dirigida a una persona de nombre Gayo.

La carta menciona a varias personas (Gayo, Diótrefes y Demetrio), de las que no tenemos más información. Gayo y Demetrio pertenecen a aquellos que se han mantenido fieles a las enseñanzas recibidas. Diótrefes, por el contrario, ha estado oponiéndose al anciano (el autor de la carta) y a los otros hermanos de la comunidad.

También esta carta anuncia una visita personal del autor (véase la *Introducción* a la segunda carta).

Esquema de la carta:

Saludo (1)
Alabanzas a Gayo (2-8)
Conductas opuestas de Diótrefes y Demetrio (9-12)
Despedida (13-15)

Saludo **1** El anciano[a] saluda al querido Gayo,[b] a quien ama en verdad.

Alabanzas a Gayo **2** Querido hermano, pido a Dios que, así como te va bien espiritualmente, te vaya bien en todo y tengas buena salud. **3** Me alegré mucho cuando algunos hermanos vinieron y me contaron que te mantienes fiel a la verdad.[c] **4** No hay para mí mayor alegría que saber que mis hijos viven de acuerdo con la verdad.[d]

5 Querido hermano, te estás portando fielmente en el servicio que prestas a los demás hermanos, especialmente a los que llegan de otros lugares.[e] **6** Delante de la comunidad han hablado ellos de cuánto los amas. Por favor, ayúdalos en lo que necesiten para seguir su viaje, de manera agradable a Dios. **7** Pues ellos han emprendido su viaje en el servicio de Jesucristo,[f] y no han aceptado ninguna ayuda de gente pagana. **8** Por eso nosotros debemos hacernos cargo de ellos, para ayudarlos en la predicación de la verdad.

Conductas opuestas de Diótrefes y Demetrio **9** Yo escribí

---

[a] 1 *El anciano:* Véase 2 Jn 1 nota *a*.
[b] 1 *Gayo:* persona importante de alguna iglesia.
[c] 3 2 Jn 4.
[d] 4 *Mis hijos:* Cf. 1 Co 4.15; Gl 4.19; Flm 10.
[e] 5 La hospitalidad ofrecida a cristianos que se encontraran de viaje era una práctica común (véase Ro 12.13 n.); aquí parece tratarse especialmente de los mencionados a continuación (véase 3 Jn 7 n.).
[f] 7 *En el servicio de Jesucristo:* lit. *por el Nombre;* véase *Nombre* en el *Índice temático.* Se trata de cristianos que viajaban (cf. Mt 10.5-15

una carta a la comunidad,[g] pero Diótrefes[h] no acepta nuestra autoridad porque le gusta mandar. **10** Por eso, cuando yo vaya le llamaré la atención, pues anda contando chismes y mentiras contra nosotros. Y, no contento con esto, no recibe a los hermanos que llegan, y a quienes quieren recibirlos les prohíbe hacerlo y los expulsa de la comunidad.

11 Querido hermano, no sigas los malos ejemplos, sino los buenos.[i] El que hace lo bueno es de Dios, pero el que hace lo malo no ha visto a Dios.[j]

12 Todos, incluso la verdad misma, hablan bien de Demetrio.[k] También nosotros hablamos en favor suyo, y tú sabes que decimos la verdad.

Despedida **13** Yo tenía mucho que decirte, pero no quiero hacerlo por escrito, **14** porque espero verte pronto y hablar contigo personalmente.[l]

15 Que tengas paz. Los amigos te mandan saludos. Por favor, saluda a cada uno de nuestros amigos.

---

y paralelos) dedicados a *la predicación de la verdad* (v. 8). Véase 1 Jn 1.6 nota *k*.

[g] **9** No se conserva la carta anterior que se menciona.

[h] **9** *Diótrefes:* dirigente de la *comunidad* (o *iglesia)* a la que pertenecía Gayo o de una comunidad vecina; solo aquí se hace mención de su nombre.

[i] **11** Cf. Heb 13.7.

[j] **11** 1 Jn 2.29; 3.9-10.

[k] **12** *Demetrio:* posiblemente un miembro de la misma iglesia local de Gayo, o bien, uno de los misioneros mencionados en los vv. 5-8 (véase 3 Jn 7 n.); se puede suponer que este haya sido el portador de la carta.

[l] **13-14** 2 Jn 12.

Carta de san Judas

La *Carta de san Judas* (=Jud) es una advertencia sobre la conducta de algunos que, perteneciendo a la iglesia, llevan una vida desenfrenada. El autor anuncia a estos el castigo divino y exhorta a los otros a mantenerse fieles en la fe y en una conducta santa.

El autor se identifica como Judas, hermano de Santiago. Probablemente alude al autor de la *Carta de Santiago*. La *Carta de san Judas* está escrita en griego correcto y elegante y revela el ambiente del judaísmo helenístico. No se cuenta con mayores detalles acerca del autor ni de la comunidad a la cual dirige la carta.

Esquema de la carta:

    Saludo (1-2)
    Denuncia de la conducta de algunos (3-4)
    Anuncio del castigo divino (5-16)
    Exhortación a la fidelidad (17-23)
    Alabanza final a Dios (24-25)

Saludo **1** Judas,[a] siervo de Jesucristo y hermano de Santiago, saluda a los que Dios el Padre ama y ha llamado, los cuales son protegidos por Jesucristo. **2** Reciban ustedes abundancia de misericordia, paz y amor.

Denuncia de la conducta de algunos[b] **3** Queridos hermanos, he sentido grandes deseos de escribirles acerca de la salvación que tanto ustedes como yo tenemos; pero ahora me veo en la necesidad de hacerlo para rogarles que luchen por la fe que una vez fue entregada al pueblo santo.[c] **4** Porque por medio de engaños se han infiltrado ciertas personas a quienes las Escrituras ya habían señalado desde hace mucho tiempo para la condenación. Son hombres malvados, que toman la bondad de nuestro Dios como pretexto para una vida desenfrenada, y niegan a nuestro único Dueño y Señor, Jesucristo.[d]

Anuncio del castigo divino **5** Aunque ustedes ya lo saben, quiero recordarles que el Señor,[e] después que sacó de Egipto al pueblo de Israel,[f] destruyó a los que no creyeron.[g] **6** Y a los ángeles que no conservaron su debido puesto, sino que dejaron su propio hogar, Dios los retiene en prisiones oscuras y eternas para el gran día del juicio.[h] **7** Lo mismo que esos ángeles, también Sodoma y Gomorra y las ciudades vecinas se entregaron a la prostitución, y se dejaron llevar por vicios contra la naturaleza. Por eso sufrieron el castigo del fuego eterno y quedaron como advertencia para todos.[i]

8 A pesar de ello, también esos hombres, viviendo en sueños, contaminan su cuerpo, rechazan la autoridad del Señor e insultan a los poderes superiores.[j] **9** El mismo arcángel Miguel,[k] cuando luchaba contra el diablo disputándole el cuerpo de Moisés,[l] no se atrevió a condenarlo

---

[a] **1** *Judas:* Véase *Introducción.*

[b] **3-16** Esta sección es muy parecida a 2 P 2.1-22; véanse las semejanzas citadas en las notas que siguen.

[c] **3** *Fe:* Véase 2 P 1.1 nota *c;* cf. Jud 20.

[d] **4** 2 P 2.1-2.

[e] **5** *El Señor:* Algunos mss. dicen *Dios;* otros, *Jesús.*

[f] **5** Ex 12.51.

[g] **5** Nm 14.29-30,35; 1 Co 10.1,5.

[h] **6** 2 P 2.4. Probable alusión a Gn 6.1-4. En el libro de Henoc (véase Jud 14-15 n.) se escribe detalladamente sobre el castigo de los ángeles a los cuales parece referirse el citado pasaje (cf. Gn 6.2).

[i] **7** 2 P 2.6. Cf. Gn 19.1-24.

[j] **8** 2 P 2.10.

[k] **9** *Miguel:* mencionado en Dn 10.13,21; 12.1; Ap 12.7.

con insultos, sino que solamente le dijo: "¡Que el Señor te reprenda!" [m] [10] Pero esos hombres hablan mal de las cosas que no conocen; y en cuanto a las que conocen por instinto, como las conocen los animales sin entendimiento, las usan para su propia condenación. [n]

[11] ¡Ay de ellos!, porque han seguido el ejemplo de Caín. [ñ] Por ganar dinero se han desviado, como Balaam, [o] y como Coré, mueren por su rebeldía. [p] [12] Son una vergüenza en las fiestas de amor fraternal [q] que ustedes celebran, en las que ellos comen y beben alegremente, sin mostrar ningún respeto. [r] Son pastores que cuidan solamente de sí mismos. [s] Son nubes sin agua, llevadas por el viento. Son árboles que no dan fruto a su tiempo, dos veces muertos y arrancados de raíz. [13] Son violentas olas del mar, que arrojan como espuma sus acciones vergonzosas. Son estrellas que han perdido su rumbo y están condenadas a pasar la eternidad en la más negra oscuridad. [t]

[14] También Henoc, que fue el séptimo después de Adán, habló proféticamente cuando dijo acerca de esa gente: "Vi al Señor, que venía con miles y miles de sus ángeles [15] a juzgar a todos los hombres y a condenarlos por todo el mal que cometieron en su maldad y por todas las palabras insolentes que como malvados pecadores dijeron contra él." [u] [16] De todo se quejan, todo lo critican y solo buscan satisfacer sus propios deseos. Hablan con jactancia, y adulan a los demás para aprovecharse de ellos.

Exhortación a la fidelidad [17] Pero ustedes, queridos hermanos, acuérdense de que los apóstoles de nuestro Señor Jesucristo [18] les habían dicho: "En los últimos tiempos habrá gente burlona, que vivirá de acuerdo con sus malos deseos." [v] [19] Esos son los que causan divisiones; siguen sus deseos naturales y no tienen el Espíritu de Dios. [w] [20] Pero ustedes, queridos hermanos, manténganse firmes en su santísima fe. Oren guiados por el Espíritu Santo. [21] Consérvense en el amor de Dios y esperen el día en que nuestro Señor Jesucristo, en su misericordia, nos dará la vida eterna. [22] Tengan compasión de [x] los que dudan. [23] A unos sálvenlos sacándolos del fuego, y tengan compasión de otros, aunque cuídense de ellos y aborrezcan hasta la ropa que llevan contaminada por su mala vida. [y]

Alabanza final a Dios [24-25] El Dios único, Salvador nuestro, tiene poder para cuidar de que ustedes no caigan, y para presentarlos sin mancha [z] y llenos de alegría ante su gloriosa presencia. A él sea la gloria, la grandeza, el poder y la autoridad, por nuestro Señor Jesucristo, antes, ahora y siempre. Amén.

---

[9] *El cuerpo de Moisés:* Dt 34.5-6.
[m] [9] *Le dijo: '¡Que el Señor te reprenda!'* Cf. Zac 3.2; 2 P 2.11. Según una tradición judía, cuando Moisés murió, el arcángel Miguel vino a llevarse su cuerpo, y el diablo trató de reclamarlo para sí mismo, con el pretexto de que Moisés había sido un asesino (Ex 2.11-12).
[n] [10] Cf. 2 P 2.12.
[ñ] [11] *Caín:* Gn 4.3-9; Heb 11.4; 1 Jn 3.12.
[o] [11] Cf. 2 P 2.15-16, que es más explícito. *Balaam:* Cf. Nm 22.4-35; Ap 2.14.
[p] [11] *Coré:* Nm 16.1-35.
[q] [12] *Fiestas de amor fraternal:* ágapes, es decir, comidas en común, en las que se celebraba la Cena del Señor (véase 1 Co 11.20-22 n.). Cf. el comportamiento de algunos de Corinto (1 Co 11.17-21).
[r] [12] 2 P 2.13.
[s] [12] Cf. Ez 34.8.

[t] [12-13] Imágenes tomadas del libro de Henoc, citado en los vv. 14-15. Este escrito pertenece a la literatura judía y no forma parte de la Biblia. En él se habla de la falta de lluvia y de frutos, y se hace referencia al encarcelamiento de las estrellas.
[u] [14-15] Esta cita es del libro de Henoc (véase Jud 12-13 n.), el cual contiene supuestas visiones que Henoc (Gn 5.18,21-24) tuvo después de haber sido llevado al cielo (cf. Heb 11.5).
[v] [17-18] 2 P 3.2-3. Cf. 2 Ti 3.1-5.
[w] [19] *Los que causan divisiones:* Ro 16.17; 1 Co 1.10; Tit 3.10.
[x] [22] *Tengan compasión de:* Algunos mss. dicen *Convenzan a.*
[y] [23] *Sacándolos del fuego:* Cf. el castigo de fuego que sufrieron Sodoma y Gomorra (v. 7), y el de Coré (v. 11); también Mt 13.42,50.
[z] [24-25] Cf. 2 P 3.14.

Apocalipsis

Como último libro del Nuevo Testamento se encuentra *Apocalipsis* (=Ap). Este título, dado por el autor mismo a su libro (1.1), significa "revelación". El libro se presenta, casi en su totalidad, como visiones que el autor declara haber recibido de parte de Dios o de Jesucristo (1.1-2; 22.6,16). Cada una de estas visiones es de carácter simbólico y juntas forman una especie de gran drama que se desarrolla en varios actos en todo el universo.

Apocalipsis está escrito en un lenguaje bastante diferente del usado en otros libros del Nuevo Testamento. Para poder entender este lenguaje, el lector moderno debe tener en cuenta algunas consideraciones previas.

Ante todo, *Apocalipsis* pertenece a un género de literatura que ya era conocido y usado anteriormente. En la literatura profética del Antiguo Testamento con frecuencia se encuentran relatos semejantes de visiones. Algunas de ellas presentan muchos puntos de contacto con las visiones que leemos en *Apocalipsis* (cf. Ez 1; 40—48; Dn 7—12; Zac 1—6). Muchos de los símbolos presentes en los libros proféticos reaparecen, a veces bastante modificados, en *Apocalipsis*. Otro elemento importante en la literatura profética, que también influye en *Apocalipsis*, son los anuncios sobre el *día del Señor*, día de juicio, de castigo para los enemigos de Dios y de su pueblo, y de salvación para los que le son fieles (cf., por ejemplo, Is 24—27; Jl 2; Zac 14).

Por otra parte, en el judaísmo del periodo cercano al comienzo de la era cristiana se desarrolló una abundante literatura religiosa que usaba un lenguaje muy semejante al de *Apocalipsis,* y a la que, por esta razón, se le da el nombre de "literatura apocalíptica". Esta literatura nació en momentos de grandes sufrimientos y desánimo, y quería sostener la fe del pueblo y asegurarle la victoria final de Dios sobre sus enemigos, prometiéndole que después de esta época de calamidades Dios haría venir una era de paz y felicidad.

Apocalipsis, pues, utiliza un lenguaje conocido en el judaísmo del siglo I y que judíos y cristianos siguieron usando por algún tiempo.

Otra consideración importante para poder entender *Apocalipsis* es que el libro fue escrito en una situación histórica concreta y estaba dirigido a lectores concretos: siete iglesias de la provincia de Asia (Ap 1.4).

Muchas de las alusiones que hay en el libro solo se entienden si se tiene en cuenta el rechazo total, e incluso el horror, que causaba entre judíos y cristianos la creciente divinización del emperador romano, más extendida en las provincias del oriente que en la misma Roma. Al emperador se le daban títulos divinos, se le levantaban templos, se le ofrecían sacrificios.

Esta situación había de llevar inevitablemente a un agudo conflicto con la fe cristiana. Esta aparecía como enemiga de la religión imperial, y los cristianos empezaron a sufrir, en forma cada vez más dura y generalizada, la persecución a causa de su fe. El mismo Juan, autor del libro, debió de sufrir por este motivo (Ap 1.9-10).

El profeta Juan, aunque está profundamente imbuido de las ideas y de los modos de expresarse de los profetas del Antiguo Testamento, y aunque conoce y comparte muchas de las expectativas apocalípticas del judaísmo de su época, es un profeta cristiano. Sabe que Jesús, el descendiente de David, es el Mesías anunciado por los profetas; sabe que, con su muerte y resurrección, Jesús ha transformado la historia. Jesús no solamente es esperado al final de los tiempos como Juez, sino que ya es el vencedor y el que tiene la clave de los designios de Dios sobre la humanidad (Ap 5.5); por eso es reconocido como *Rey de reyes y Señor de señores* (Ap 19.16).

Apocalipsis está dirigido a siete iglesias de Asia, pero en estas siete iglesias se simboliza toda la iglesia. El autor se dirige a ellas para reavivar su fe, amenazada en algunos casos, al parecer, por doctrinas y actitudes extrañas, y para infundirles ánimo en las dificultades y persecuciones que están sufriendo o que él prevé que se van a desatar muy pronto. Les muestra cómo el juicio de Dios que salva o condena, dando a cada uno *según lo que haya hecho* (Ap 2.23; 20.12-13; 22.12), empieza a realizarse ya en la historia presente. A lo largo del libro se van desarrollando muchos sucesos, pero siempre en el sentido de castigo para los rebeldes, para los enemigos de Dios, y de salvación para su pueblo. A la iglesia no se le promete por ahora paz y tranquilidad, sino persecución y muerte. Pero el triunfo de Dios y del Cordero es seguro. Las potencias enemigas serán vencidas y al fin el pueblo de Dios podrá gozar de la presencia eterna del Señor.

Aunque algunas de las alusiones concretas ya no son claras para nosotros, es necesario tratar de entender el libro a la luz de las circunstancias en que fue escrito y teniendo en cuenta el contexto general.

El autor se llama a sí mismo Juan, pero no se da ningún otro título particular (Ap 1.1,4,9; 22.8). Todo parece indicar que el libro fue escrito en la última década del siglo I. Ya en la antigüedad, Ireneo (cerca del año 180) señalaba que el libro había sido escrito en tiempo del emperador Domiciano (81-96 d.C.), indicación que es aceptada por muchos autores modernos.

En el libro aparece una clara predilección por el número siete. Se propone aquí, sin querer darle un valor absoluto, un esquema del libro basado en este principio de organización.

   Introducción (1.1-8)

   I. Los mensajes a las siete iglesias (1.9—3.22)

En la primera visión (1.9-20), que prepara los mensajes que vienen a continuación, se presenta Cristo, Señor y Juez de la iglesia. En los siete mensajes (2.1—3.22), él se dirige a las iglesias para alabarlas por sus buenas acciones o atributos y para amonestarlas por sus deficiencias. Además, las exhorta a la fidelidad y les hace promesas de salvación.

   II. Los siete sellos (4.1—8.1)

En una visión preparatoria (4.1—5.14) se presenta a Dios en su trono, como un rey rodeado de su corte que le rinde adoración. Luego se muestra un rollo escrito que nadie puede abrir sino Cristo, el Cordero que había sido degollado, pero que de nuevo vive. Él es quien tiene la clave de los destinos de la humanidad. A él también le rinden homenaje las criaturas. Luego empiezan a abrirse los sellos. Ocurren calamidades en el mundo, pero no hay destrucción total. También se muestra que Dios salva a su pueblo (6.1—8.1).

   III. Las siete trompetas (8.2—11.18)

Después de una breve visión introductoria (8.2-6), se describe cómo, al ir tocando sucesivamente los siete ángeles sus trompetas, suceden calamidades en una parte del mundo, pero también se muestra la salvación del pueblo de Dios (8.7—11.18).

   IV. Las señales simbólicas (11.19—15.1)

Después de una breve visión preparatoria (11.19), se muestran los protagonistas de la gran lucha, representados por figuras simbólicas (*señales*) (12.1—15.1). Como enemigos de Dios y de su pueblo aparecen el dragón (el diablo) y dos monstruos que representan potencias humanas. Al lado opuesto están Cristo, representado con varios símbolos (la criatura que nace de la mujer, el Cordero, el Hijo del hombre), y su pueblo (la mujer, los 144 000). La última señal (15.1) prepara la sección siguiente.

BIENAVENTURANZAS Y AYES EN EL NT

	Localización general	Referencias
Bienaventuranzas	Pronunciadas por Jesús durante su ministerio a. En los evangelios b. En los Hechos	Mt 5.3-11; 11.6; 13.16; 16.16-17; Lc 6.20-22; 11.28; 12.37-38,43; 14.15; 23.29; Jn 13.17; 20.29 Hch 20.35
	En las cartas	Ro 4.7b-8; 14.22; Stg 1.12b; 5.11; 1 P 3.14; 4.14
	En *Apocalipsis*	Ap 1.3; 14.13; 16.15; 20.6; 22.7,14
Ayes	Pronunciados por Jesús, relatados en los evangelios a. Sobre ciudades b. Sobre personas	Mt 11.21 Mt 18.7; 23.13-16,23,25,27,29; 26.24; Lc 6.24-26; 11.42-44,46-47,52; 22.22
	c. Sobre personas sufrientes	Mt 26.24; Lc 21.23
	En las cartas	1 Co 9.16; Jud 11
	En *Apocalipsis*	Ap 8.13; 12.12; 18.10,16,19

Véase *Bienaventuranzas* en el *Índice temático*.

V. Las siete copas (15.2—16.21)
Después de una visión en el cielo (15.2—16.1), siete ángeles derraman sobre el mundo las copas de la ira de Dios (16.2-21). Las calamidades que se siguen anuncian el juicio definitivo de Dios, que está por venir.

VI. Las visiones del juicio (17.1—21.1)
Ahora, después de una breve visión introductoria (17.1-3a), se describe, en una serie de visiones parciales, el juicio o victoria de Dios sobre sus enemigos: victoria sobre los monstruos o potencias humanas y sobre el diablo, juicio de todos los hombres y anuncio de un nuevo cielo y una nueva tierra (17.3b—21.1).

VII. La nueva Jerusalén (21.2—22.5)
Finalmente, se encuentra la descripción de la nueva Jerusalén, que viene del cielo a la tierra y se identifica con la esposa del Cordero, la iglesia en su estado ideal, glorioso.

Epílogo (22.6-21)

Introducción (1.1-8)

1 ¹ Esta es la revelación [a] que Dios hizo a Jesucristo, para que él mostrara a sus siervos lo que pronto ha de suceder. [b] Jesucristo lo ha dado a conocer enviando su ángel a su siervo Juan, ² el cual ha dicho la verdad de todo lo que vio, y es testigo [c] del mensaje de Dios confirmado por Jesucristo. [d]

³ Dichoso el que lee y dichosos los que escuchan la lectura de este mensaje profético, [e] y hacen caso de lo que aquí está escrito, [f] porque ya se acerca el tiempo. [g]
⁴ Juan saluda a las siete iglesias de la provincia de Asia. [h] Reciban ustedes gracia y paz [i] de parte del que es y era y ha de venir, [j] y de parte de los siete espíritus [k] que están delante de su trono, ⁵ y también de parte de Jesucristo, testigo fiel, [l] que fue el primero en resucitar [m] y tiene autoridad

---

[a] **1.1** *Revelación*: gr. *apokalypsis*; véase *Introducción*.

[b] **1.1** *Lo que pronto ha de suceder*: alusión a Dn 2.28; cf. también Ap 4.1; 22.10.

[c] **1.2** *Es testigo*: Nuestra palabra *mártir* se relaciona con la palabra griega que se traduce *ser testigo*. Esta palabra se usaba en los primeros siglos del cristianismo para referirse a quienes sufrían la muerte por causa del testimonio de su fe.

[d] **1.2** *Del mensaje... Jesucristo*: lit. *de la palabra de Dios y del testimonio de Jesucristo*. Esta última expresión puede referirse tanto al mensaje acerca de Jesucristo como al testimonio dado por él mismo y confirmado con su propia muerte (cf. v. 5).

[e] **1.3** *Mensaje profético*: cf. Ap. 19.10; 22.6-10,18-19, y véase 1 Co 14.1 n.

[f] **1.3** Ap 22.7; cf. Lc 11.28. Primera de siete "bienaventuranzas" (véase Mt 5.3-12 n.) que se encuentran en el libro (Ap 1.3; 14.13; 16.15; 19.9; 20.6; 22.7,14).

[g] **1.3** *El tiempo*: o *el momento señalado*, cuando las cosas anunciadas en el libro van a suceder.

[h] **1.4** La forma de presentación y de saludo indica que el Apocalipsis es una especie de carta circular dirigida a las siete iglesias de la provincia de Asia, nombradas en el v. 11 y situadas en la región de Asia Menor que hoy corresponde a la parte occidental de Turquía. *Siete*: El número siete es símbolo de totalidad y perfección; las *siete iglesias* representan a todas las iglesias.

[i] **1.4** *Gracia y paz*: Ro 1.7; 1 Co 1.3; Gl 1.3.

[j] **1.4** *El que es y era y ha de venir*: alusión al nombre divino revelado en Ex 3.14-15.

[k] **1.4** *Los siete espíritus*: Cf. Ap 3.1; 4.5; 5.6. La mención de los siete espíritus junto con el Padre y con Jesucristo sugiere que estos espíritus simbolizan al Espíritu de Dios en sus múltiples manifestaciones (cf. Is 11.2).

[l] **1.5** *Testigo fiel*: Véase 1.2 nota c; cf. Is 55.4; 1 Ti 6.13.

[m] **1.5** *El primero en resucitar*: Hch 26.23; Col 1.18.

sobre los reyes de la tierra.[n] Cristo nos ama, y nos ha librado de nuestros pecados derramando su sangre,[ñ] **6** y ha hecho de nosotros un reino; nos ha hecho sacerdotes al servicio de su Dios y Padre.[o] ¡Que la gloria y el poder sean suyos para siempre! Amén.[p]

> **7** ¡Cristo viene en las nubes!
> Todos lo verán,
> incluso los que lo traspasaron;
> y todos los pueblos del mundo
> harán duelo por él.[q]
> Sí, amén.

8 "Yo soy el alfa y la omega,"[r] dice el Señor, el Dios todopoderoso, el que es y era y ha de venir.[s]

I. LOS MENSAJES A LAS SIETE IGLESIAS
(1.9—3.22)

Visión preparatoria **9** Yo, Juan, soy hermano de ustedes, y por mi unión con Jesús tengo parte con ustedes en el reino de Dios, en los sufrimientos y en la fortaleza para soportarlos. Por haber anunciado el mensaje de Dios confirmado por Jesús,[t] me encontraba yo en la isla llamada Patmos.[u] **10** Y sucedió que en el día del Señor[v] quedé bajo el poder del Espíritu,[w] y oí detrás de mí una fuerte voz, como un toque de trompeta,[x] **11** que me decía: "Escribe en un libro lo que ves, y mándalo a las siete iglesias de la provincia de Asia: a Éfeso, Esmirna, Pérgamo, Tiatira, Sardes, Filadelfia y Laodicea."[y]

12 Me volví para ver de quién era la voz que me hablaba; y al hacerlo vi siete candelabros de oro,[z] **13** y en medio de los siete candelabros vi a alguien que parecía ser un hijo de hombre,[a] vestido con una ropa que le llegaba hasta los pies y con un cinturón de oro a la altura del pecho. **14** Sus cabellos eran blancos como la lana,[b] o como la nieve, y sus ojos parecían llamas de fuego. **15** Sus pies brillaban como bronce pulido, fundido en un horno; y su voz era tan fuerte como el ruido de una cascada.[c,d] **16** En su mano derecha tenía siete estrellas,[e] y de su boca salía una aguda espada de dos filos.[f] Su cara era como el sol cuando brilla en todo su esplendor.

17 Al verlo, caí a sus pies como muerto. Pero él, poniendo su mano derecha sobre mí,[g] me dijo: "No tengas miedo; yo soy el primero y el último,[h] **18** y el que vive. Estuve muerto, pero ahora vivo para siempre. Yo tengo las llaves[i] del reino de la muerte.[j] **19** Escribe lo que has visto: lo que ahora hay y lo que va a haber después. **20** Este es el secreto de las siete estrellas que has visto en mi mano derecha, y de los siete candelabros de oro: las siete estrellas representan a los ángeles[k] de las siete iglesias, y los siete candelabros representan a las siete iglesias.

2 ***El mensaje a Éfeso***[a] **1** "Escribe al ángel de la iglesia de Éfeso:[b] 'Esto dice el que tiene las siete estrellas en su mano derecha y anda en medio de los siete candelabros de oro:[c] **2** Yo sé todo lo que haces; conozco tu duro trabajo y tu constancia, y sé que no puedes soportar a los malos. También sé que has puesto a prueba a los que dicen ser apóstoles y no lo son, y has descubierto que son mentirosos. **3** Has sido constante, y has sufrido mucho por mi causa, sin cansarte. **4** Pero tengo una cosa contra ti: que ya no tienes el mismo amor que al principio. **5** Por eso, recuerda de dónde has caído, vuélvete a Dios y haz otra vez lo que

---

[n] **1.5** *Tiene autoridad sobre los reyes de la tierra:* Sal 89.27 (28); cf. Ro 14.9.

[ñ] **1.5** Ap 7.14; 12.11; cf. Ro 3.25; Heb 9.14; 1 P 1.18-19; 1 Jn 1.7. Con respecto a la liberación por la *sangre*, cf. Ex 12.13,23 y véase 1 P 1.18 nota *w*.

[o] **1.6** Ex 19.6; Is 61.6; 1 P 2.5,9; Ap 5.10; 20.6; cf. Ap 2.26; 3.21.

[p] **1.6** *Amén:* palabra hebrea, que sirve para ratificar lo afirmado por uno mismo o por otra persona. Véase Ro 1.25 nota *x*.

[q] **1.7** La descripción utiliza expresiones tomadas de Dn 7.13 y Zac 12.10. Nótese el uso de los mismos pasajes del AT en Mt 24.30; Mc 13.26; Lc 21.27; Jn 19.34-37; cf. también 1 Ts 4.17.

[r] **1.8** Ap 1.17; 21.6; 22.13; cf. Is 41.4; 44.6. *Alfa* y *omega* son, respectivamente, la primera y la última letra del alfabeto griego, y la frase equivale a decir "el principio y el fin" (cf. Ap 21.6; 22.13).

[s] **1.8** *El que es... venir:* Véase Ap 1.4 nota *j*.

[t] **1.9** *Mensaje... confirmado por Jesús:* Véase 1.2 nota *d*.

[u] **1.9** *Patmos:* isla pequeña y rocosa del Mar Egeo, al sudoeste de Éfeso, a donde los romanos deportaban a algunos de sus presos políticos.

[v] **1.10** *Día del Señor:* Aquí se usa por primera vez esta expresión como término para designar el primer día de la semana, es decir, el domingo; véase Hch 20.7 nota *g*.

[w] **1.10** *Quedé bajo el poder del Espíritu:* otra posible traducción: *caí en éxtasis* (lit. *estuve en espíritu,* o *en el Espíritu*).

[x] **1.10** En los vv. 10-18 la *voz* se identifica como la del Cristo glorificado.

[y] **1.11** *Las siete iglesias:* Véase 1.4 nota *h*.

[z] **1.12** *Candelabros:* Se trata de siete portalámparas distintos, que, según el v. 20, simbolizan las siete iglesias del v. 11. La imagen evoca el candelabro de siete lámparas de Zac 4.2, y posiblemente también el candelabro de Ex 25.31-34.

[a] **1.13** *Un hijo de hombre:* Ap 14.14; cf. Dn 7.13. Véase *Hijo del hombre* en el *Índice temático*.

[b] **1.14** *Sus cabellos eran blancos como la lana:* Cf. Dn 7.9.

[c] **1.15** *Como el ruido de una cascada:* Cf. Ez 1.24; 43.2; Ap 19.6.

[d] **1.13-15** Cf. la visión de Dn 10.5-6.

[e] **1.16** *Siete estrellas:* Véase 1.20 n.

[f] **1.16** *Espada de dos filos:* Cf. Ap 19.15; cf. también Is 49.2; Heb 4.12.

[g] **1.17** Cf. Dn 10.9-11; nótese también Is 6.1-8.

[h] **1.17** Ap 1.8; 2.8; 22.13; cf. Is 41.4; 44.6,8; 48.12.

[i] **1.18** *Llaves:* símbolo del poder que el Cristo resucitado tiene sobre la muerte (cf. Jn 5.21,25-29).

[j] **1.18** *Reino de la muerte:* Véase esta palabra en el *Índice temático*.

[k] **1.20** *Ángeles:* La palabra "ángel" significa "mensajero". Puede tratarse aquí de seres celestiales como los ángeles protectores de las naciones en Dn 10.13; 12.1, o de mensajeros humanos. En los caps. 2—3 representan a las iglesias.

[a] **2.1-7** Cada uno de los siete mensajes contiene: (1) una breve caracterización de Cristo, tomada generalmente de la visión del cap. 1; (2) una alabanza por las buenas cualidades de la iglesia a la cual se dirige (excepto Laodicea); (3) una censura por sus faltas (excepto Esmirna y Filadelfia); (4) una promesa dirigida especialmente *a los que salgan vencedores* (véase 2.7 nota *e*), y (5) la fórmula: *El que tiene oídos, oiga lo que el Espíritu dice a las iglesias.*

[b] **2.1** *Éfeso:* la ciudad más importante de la provincia de Asia, y sede de la iglesia principal de la región; cf. Hch 18.19—19.41; 20.17-38, y también 1 Ti 1.3-4.

[c] **2.1** Ap 1.13,16. *Candelabros:* Véase Ap 1.12 n.

hacías al principio. Si no, iré a ti y quitaré tu candelabro de su lugar, a menos que te vuelvas a Dios. **6** Sin embargo, tienes a tu favor que odias los hechos de los nicolaítas,[d] los cuales yo también odio. **7** ¡El que tiene oídos, oiga lo que el Espíritu dice a las iglesias! A los que salgan vencedores[e] les daré a comer del árbol de la vida,[f] que está en el paraíso de Dios.'[g]

El mensaje a Esmirna

8 "Escribe también al ángel de la iglesia de Esmirna:[h] 'Esto dice el primero y el último, el que murió y ha vuelto a vivir:[i] **9** Yo conozco tus sufrimientos y tu pobreza, aunque en realidad eres rico.[j] Y sé lo mal que hablan de ti los que se dicen judíos pero no son otra cosa que una congregación de Satanás.[k] **10** No tengas miedo de lo que vas a sufrir, pues el diablo meterá en la cárcel a algunos de ustedes, para que todos ustedes sean puestos a prueba; y tendrán que sufrir durante diez días.[l] Manténte fiel hasta la muerte, y yo te daré la vida como premio.[m] **11** ¡El que tiene oídos, oiga lo que el Espíritu dice a las iglesias! Los que salgan vencedores no sufrirán ningún daño de la segunda muerte.'[n]

El mensaje a Pérgamo

12 "Escribe también al ángel de la iglesia de Pérgamo: 'Esto dice el que tiene la aguda espada de dos filos:[ñ] **13** Yo sé que vives donde Satanás tiene su trono;[o] sin embargo sigues fiel a mi causa. No renegaste de tu fe en mí,[p] ni siquiera en los días en que a Antipas, mi testigo[q] fiel, lo mataron en esa ciudad donde vive Satanás. **14** Pero tengo unas cuantas cosas contra ti: que ahí tienes algunos que no quieren apartarse de la enseñanza de Balaam, el cual aconsejó a Balac que hiciera pecar a los israelitas[r] incitándolos a comer alimentos ofrecidos en sacrificio a los ídolos[s] y a la prostitución.[t] **15** También tienes ahí algunos que no quieren apartarse de la enseñanza de los nicolaítas.[u] **16** Por eso, vuélvete a Dios; de lo contrario, iré pronto a ti, y con la espada que sale de mi boca pelearé contra ellos. **17** ¡El que tiene oídos, oiga lo que el Espíritu dice a las iglesias! A los que salgan vencedores les daré a comer del maná[v] que está escondido; y les daré también una piedra blanca,[w] en la que está escrito un nombre nuevo[x] que nadie conoce sino quien lo recibe.'

El mensaje a Tiatira

18 "Escribe también al ángel de la iglesia de Tiatira:[y] 'Esto dice el Hijo de Dios, el que tiene los ojos como llamas de fuego y los pies como bronce pulido:[z] **19** Yo sé todo lo que haces; conozco tu amor, tu fe,[a] tu servicio y tu constancia, y sé que ahora estás haciendo más que al principio. **20** Pero tengo una cosa contra ti: que toleras a esa mujer, Jezabel,[b] que se llama a sí misma profetisa pero engaña con su enseñanza a mis siervos, incitándolos a la prostitución y a comer alimentos ofrecidos en sacrificio a los ídolos. **21** Yo le he dado tiempo para que se convierta a Dios; pero ella no ha querido hacerlo ni ha abandonado su prostitución.[c] **22-23** Por eso, voy a hacerla caer en cama, y mataré a sus hijos; y a los que cometen adulterio con ella,[d] si no dejan de portarse como ella lo hace, les enviaré grandes sufrimientos. Así todas las iglesias se darán cuenta de que yo conozco hasta el fondo la mente y el corazón;[e] y a cada uno de ustedes le daré según lo que haya hecho.[f] **24** En cuanto a ustedes, los que están en Tiatira pero no siguen esa enseñanza ni han llegado a conocer lo que ellos llaman los secretos profundos de Satanás,[g] les digo que no les impongo otra carga. **25** Pero conserven lo que tienen, hasta que yo venga. **26** A los que salgan vencedores y sigan

---

[d] **2.6** *Nicolaítas:* grupo acerca del cual no tenemos noticias fuera de este cap.; véase 2.15 n.

[e] **2.7** *Los que salgan vencedores:* Se trata de los que permanecen fieles en medio de la persecución, y que incluso al sufrir la muerte por causa de su fe, participan de la victoria de Cristo (Ap 3.21).

[f] **2.7** Gn 2.9; 3.22-24; Ap 22.2,14.

[g] **2.7** *Paraíso:* o *jardín.* Referencia a la nueva Jerusalén de Ap 21.9—22.5.

[h] **2.8** *Esmirna:* ciudad costera, hoy llamada Izmir, situada al norte de Éfeso.

[i] **2.8** Ap 1.17-18.

[j] **2.9** Stg 2.5. Nótese el contraste con Ap 3.17.

[k] **2.9** Teniendo en cuenta el lenguaje simbólico del libro, no es claro si se trata de verdaderos judíos o de cristianos que siguen doctrinas extrañas.

[l] **2.10** *Diez días:* símbolo de un periodo corto.

[m] **2.10** *Premio:* lit. *corona;* figura tomada de los juegos deportivos (véase 1 Co 9.25 nota *r;* cf. Stg 1.12).

[n] **2.11** *La segunda muerte:* la separación definitiva de Dios. Cf. Ap 20.6,14; 21.8 (cf. también Mt 10.28).

[ñ] **2.12** Ap 1.16.

[o] **2.12-13** Pérgamo era famosa como centro del culto a varios dioses paganos, y especialmente al emperador romano; en el año 29 a.C. se había construido allí el primer templo en su honor.

[p] **2.13** *No renegaste de tu fe en mí:* Probablemente algunos cristianos habían sido obligados a negar su fe bajo pena de muerte.

[q] **2.13** *Testigo:* Véase Ap 1.2 nota *c.* Carecemos de otros datos respecto a *Antipas.*

[r] **2.14** *Balaam:* Cf. Nm 22—24. Aquí se le menciona como culpable de la idolatría de Israel narrada en Nm 25.1-3, según tradiciones judías basadas en Nm 31.16.

[s] **2.14** *Alimentos ofrecidos... a los ídolos:* Cf. 1 Co 8.7-13; 10.20-21.

[t] **2.14** *Prostitución:* Con este término se refiere el Apocalipsis a la infidelidad respecto del verdadero Dios, como lo hace con frecuencia en la Biblia: Ex 34.15-16; Is 1.21; Ez 16; 23; Os 1.2; Ap 17.

[u] **2.15** *Nicolaítas:* Véase 2.6 n.; probablemente los mismos que practicaban *la enseñanza de Balaam* mencionada en el v. 14; véanse 2.14 nota *r* y 2.20 n. El nombre griego *Nikolaos* podría entenderse como traducción de *Balaam,* "devorador del pueblo".

[v] **2.17** *Maná:* Ex 16.14-35. El maná fue descrito a veces como alimento celestial: Sal 78.25; Sab 16.20. Cf. Jn 6.48-50.

[w] **2.17** *Una piedra blanca:* El color blanco es símbolo de pertenencia a Dios. La piedra es como una credencial de esta pertenencia.

[x] **2.17** *Un nombre nuevo:* Cf. Is 62.2; 65.15.

[y] **2.18** *Tiatira:* ciudad situada al sudeste de Pérgamo y conocida por su comercio (cf. Hch 16.14).

[z] **2.18** Ap 1.14-15.

[a] **2.19** *Tu fe:* o *tu fidelidad.*

[b] **2.20** *Jezabel:* nombre de la esposa del rey Acab, que fomentó la idolatría en Israel (1 R 16.31-33); usado aquí en forma simbólica.

[c] **2.21** *La prostitución* de la reina Jezabel consistía en mezclar la religión de Israel con el culto a Baal (2 R 9.22).

[d] **2.22-23** *Sus hijos... los que cometen adulterio con ella:* esto es, aquellos que siguen su enseñanza.

[e] **2.22-23** Sal 7.9 (10); Jer 17.10.

[f] **2.22-23** Sal 62.11-12 (12-13); Pr 24.12; Ez 18.30; 33.20; Mt 16.27.

[g] **2.24** *Los secretos profundos de Satanás:* conocimientos ocultos,

hasta el fin haciendo lo que yo quiero que se haga, les daré autoridad sobre las naciones, **27-28** así como mi Padre me ha dado autoridad a mí; y gobernarán a las naciones con cetro de hierro, y las harán pedazos como a ollas de barro. *ʰ* Y les daré también la estrella de la mañana. *ⁱ* **29** ¡El que tiene oídos, oiga lo que el Espíritu dice a las iglesias!'

3 *El mensaje a Sardes* **1** "Escribe también al ángel de la iglesia de Sardes: *ᵃ* 'Esto dice el que tiene los siete espíritus de Dios *ᵇ* y las siete estrellas: *ᶜ* Yo sé todo lo que haces, y sé que estás muerto aunque tienes fama de estar vivo. **2** Despiértate y refuerza las cosas que todavía quedan, pero que ya están a punto de morir, pues he visto que lo que haces no es perfecto delante de mi Dios. **3** Recuerda, pues, la enseñanza que has recibido; síguela y vuélvete a Dios. Si no te mantienes despierto, iré a ti como el ladrón, cuando menos lo esperes. *ᵈ* **4** Sin embargo, ahí en Sardes tienes unas cuantas personas que no han manchado sus ropas; ellas andarán conmigo vestidas de blanco, *ᵉ* porque se lo merecen. **5** Los que salgan vencedores serán así vestidos de blanco, y no borraré sus nombres del libro de la vida, *f* sino que los reconoceré delante de mi Padre y delante de sus ángeles. *ᵍ* **6** ¡El que tiene oídos, oiga lo que el Espíritu dice a las iglesias!'

El mensaje a Filadelfia **7** "Escribe también al ángel de la iglesia de Filadelfia: 'Esto dice el que es santo y verdadero, el que tiene la llave del rey David, el que cuando abre nadie puede cerrar y cuando cierra nadie puede abrir: *ʰ* **8** Yo sé todo lo que haces; mira, delante de ti me he puesto una puerta abierta que nadie puede cerrar, y aunque tienes poca fuerza, has hecho caso de mi palabra y no me has negado. *ⁱ* **9** Yo haré que los de la congregación de Satanás, los mentirosos que dicen ser judíos y no lo son, *ʲ* vayan a arrodillarse a tus pies, para que sepan que yo te he amado. *ᵏ* **10** Has cumplido mi mandamiento de ser constante, y por eso yo te protegeré de la hora de prueba que va a venir sobre el mundo entero para poner a prueba a todos los que viven en la tierra. **11** Vengo pronto. Conserva lo que tienes, para que nadie te arrebate tu premio. *ˡ* **12** A los que salgan vencedores les daré que sean columnas en el templo de mi Dios, y nunca más saldrán de allí; y en ellos escribiré el nombre de mi Dios *ᵐ* y el nombre de la ciudad de mi Dios, la nueva Jerusalén que viene del cielo, de mi Dios; *ⁿ* y también escribiré en ellos mi nombre nuevo. *ñ* **13** ¡El que tiene oídos, oiga lo que el Espíritu dice a las iglesias!'

El mensaje a Laodicea **14** "Escribe también al ángel de la iglesia de Laodicea: *ᵒ* 'Esto dice el Amén, el testigo fiel *ᵖ* y verdadero, el origen de todo lo que Dios creó: *q* **15** Yo sé todo lo que haces. Sé que no eres frío ni caliente. ¡Ojalá fueras frío o caliente! **16** Pero como eres tibio, y no frío ni caliente, te vomitaré de mi boca. **17** Pues tú dices que eres rico, que te ha ido muy bien y que no te hace falta nada; y no te das cuenta de que eres un desdichado, miserable, pobre, ciego y desnudo. *ʳ* **18** Por eso te aconsejo que de mí compres oro refinado en el fuego, para que seas realmente rico; y que de mí compres ropa blanca para vestirte y cubrir tu vergonzosa desnudez, y una medicina para que te la pongas en los ojos y veas. **19** Yo reprendo y corrijo a todos los que amo. *ˢ* Por lo tanto, sé fervoroso y vuélvete a Dios. **20** Mira, yo estoy llamando a la puerta; si alguien oye mi voz y abre la puerta, entraré en su casa y cenaremos juntos. *ᵗ* **21** A los que salgan vencedores les daré un lugar conmigo en mi trono, *ᵘ* así como yo he vencido *ᵛ* y me he sentado con mi Padre en su trono. **22** ¡El que tiene oídos, oiga lo que el Espíritu dice a las iglesias!' "

II. LOS SIETE SELLOS (4.1—8.1) *ᵃ*

4 *Visión preparatoria* *ᵇ* **1** Después de esto, miré y vi una puerta abierta en el cielo; y la voz que yo había

---

comunicados únicamente a los adeptos del grupo que seguía tal *enseñanza*. Nótese el contraste con 1 Co 2.10.
ʰ **2.26-28** Sal 2.8-9; cita que se aplica a Cristo (véase Ap 12.5 n.).
ⁱ **2.27-28** *La estrella de la mañana:* expresión aplicada en Ap 22.16 a Cristo mismo. El vencedor participa de los atributos de Cristo.
ᵃ **3.1** *Sardes:* ciudad conocida por su riqueza.
ᵇ **3.1** *Los siete espíritus de Dios:* Véase Ap 1.4 nota *k*.
ᶜ **3.1** *Las siete estrellas:* Cf. Ap 1.16,20.
ᵈ **3.3** Ap 16.15; cf. Mt 24.42-44; Lc 12.35-40; 1 Ts 5.2; 2 P 3.10. Expresión típica para caracterizar la segunda venida de Cristo, aunque aquí parece referirse a alguna calamidad que puede sobrevenir si la iglesia no se vuelve a Dios.
ᵉ **3.4** *Vestidas de blanco:* símbolo de santidad y de victoria, frecuente en el libro (Ap 3.18; 4.4; 6.11; 7.9,13-14; 19.14).
f **3.5** *Del libro de la vida:* Ap 13.8; 17.8; 20.12; 21.27; cf. Ex 32.32-33; Sal 69.28 (29); Dn 12.1; Lc 10.20; Flp 4.3.
ᵍ **3.5** Mt 10.32-33; Lc 12.8-9.
ʰ **3.7** *Llave del rey David:* símbolo de autoridad del Mesías, descendiente de David, mencionado aquí en relación con la puerta abierta del v. 8 (cf. Is 22.22; Job 12.14).
ⁱ **3.8** Para Filadelfia, lo mismo que para Esmirna (Ap 2.9), el mensaje contiene palabras de alabanza y no de censura (véase Ap 2.1-7 n.).
ʲ **3.9** *Dicen ser judíos:* Véase Ap 2.9 nota *k*.
ᵏ **3.9** Cf. Is 49.23; 60.14; también Is 43.4.

ˡ **3.11** *Premio:* lit. *corona;* véase Ap 2.10 nota *m*.
ᵐ **3.12** Ap 14.1; 22.4; cf. Is 56.5. El *nombre* escrito en los vencedores es símbolo de pertenencia a Dios.
ⁿ **3.12** Aquí se anticipa el tema de la *nueva Jerusalén,* que se desarrollará en Ap 21.2—22.5.
ñ **3.12** Is 62.2.
ᵒ **3.14** *Laodicea:* Cf. Col 2.1; 4.13-16.
ᵖ **3.14** *El testigo fiel:* Véase Ap 1.5 nota *l*.
q **3.14** Cf. Pr 8.22-31; Jn 1.3; Col 1.15,18. Cristo es llamado el *Amén* porque en él se cumplen las promesas de Dios a su pueblo (cf. 2 Co 1.20).
ʳ **3.17** Cf. Os 12.8-9 (9-10). Nótese el contraste con Ap 2.9.
ˢ **3.19** Pr 3.12; Heb 12.6.
ᵗ **3.20** Cf. Lc 22.29-30; Jn 14.23. *Cenaremos:* Algunos ven en este pasaje una alusión a la Cena del Señor. Véase Mt 8.11 nota *i*; cf. Mt 26.29; Ap 19.9.
ᵘ **3.21** Mt 19.28; Lc 22.30.
ᵛ **3.21** Ap 5.5; 20.4; 22.5.
ᵃ **4.1—8.1** La segunda sección del Apocalipsis se compone de una visión preparatoria (4.1—5.14) y de la apertura de los siete sellos (6.1—8.1).
ᵇ **4.1—5.14** En esta visión preparatoria se presenta a Dios en su trono y un rollo escrito, que solamente el Cordero puede abrir.

Las siete iglesias del *Apocalipsis*

escuchado primero, y que parecía un toque de trompeta, me dijo: "Sube acá y te mostraré las cosas que tienen que suceder después de estas." *c*

2 En ese momento quedé bajo el poder del Espíritu, *d* y vi un trono puesto en el cielo, y alguien estaba sentado en el trono. **3** El que estaba sentado en el trono tenía el aspecto de un diamante *e* o de un rubí, y alrededor del trono había un arco iris que brillaba como una esmeralda; *f* **4** también alrededor del trono vi otros veinticuatro tronos, en los cuales estaban sentados veinticuatro ancianos: *g* iban vestidos de blanco y llevaban una corona de oro en la cabeza. **5** Del trono salían relámpagos, voces *h* y truenos; *i* y delante del trono ardían siete antorchas de fuego, *j* que son los siete espíritus de Dios. *k* **6** Delante del trono había también algo que parecía un mar, transparente como el cristal. *l*

En el centro, donde estaba el trono, y a su alrededor, había cuatro seres vivientes llenos de ojos por delante y por detrás. **7** El primero de aquellos seres parecía un león, el segundo parecía un toro, el tercero tenía aspecto humano, y el cuarto parecía un águila volando. **8** Cada uno de los cuatro seres vivientes tenía seis alas, y estaba cubierto de ojos por fuera y por dentro. *m* Y ni de día ni de noche dejaban de decir:

"¡Santo, santo, santo es el Señor,
Dios todopoderoso, *n*
el que era y es y ha de venir!"

9-10 Cada vez que esos seres vivientes dan gloria y honor y gracias al que está sentado en el trono, al que vive por todos los siglos, los veinticuatro ancianos se arrodillan ante él y lo adoran y, arrojando sus coronas delante del trono, dicen:

11 "Tú eres digno, Señor y Dios nuestro,
de recibir la gloria, el honor y el poder,
porque tú has creado todas las cosas;
por tu voluntad existen y han sido creadas." *ñ*

5 *El rollo escrito y el Cordero* **1** En la mano derecha del que estaba sentado en el trono vi un rollo escrito por dentro y por fuera, y sellado con siete sellos. *a* **2** Y vi un ángel poderoso que preguntaba a gran voz: "¿Quién es digno de abrir el rollo y romper sus sellos?" **3** Pero ni en el cielo ni en la tierra ni debajo de la tierra había nadie que

---

c **4.1** La puerta abierta ofrece al profeta acceso al cielo para ver la visión de *las cosas que tienen que suceder después*. Las imágenes de esta visión están influidas por Ez 1 y 3; cf. Is 6.

d **4.2** *Quedé bajo el poder del Espíritu:* Véase Ap 1.10 nota *w*.

e **4.3** *Diamante:* Con frecuencia el autor describe la belleza de personas u objetos con referencia a piedras preciosas. La equivalencia en la terminología actual no es segura. Como la más preciosa aparece la que aquí se traduce *diamante*, aunque, por la forma de la palabra griega, suele traducirse por *jaspe*.

f **4.2-3** Cf. Ez 1.26-28; 10.1. El autor se limita a describir el brillo de la gloria divina sin atribuir a Dios ningún rasgo humano, para destacar su trascendencia.

g **4.4** *Veinticuatro ancianos:* El doce y sus múltiplos son números simbólicos (cf. las doce tribus de Israel, los doce apóstoles). Estos ancianos son como la corte celestial; representan a todo el pueblo de Dios ya glorificado. Algunos los interpretan como seres angélicos.

h **4.5** *Voces:* o *estruendos*.

i **4.5** Ap 8.5; 11.19; 16.18; cf. la manifestación de la presencia de Dios en Ex 19.16; Ez 1.4.

j **4.5** *Antorchas de fuego:* Cf. Ez 1.13.

k **4.5** Ap 1.4; cf. Zac 4.2.

l **4.6** Posible alusión a Ez 1.22, o a Ex 24.10.

m **4.6-8** Los *seres vivientes* evocan a los "seres alados" de Ez 1.4-21; 10.1-14, y a los "seres como de fuego" de Is 6.1-7; cf. los seres alados del arca de la alianza (Ex 25.17-22; 1 S 4.4; Sal 80.1 [2]). Aquí pueden simbolizar a las criaturas angélicas.

n **4.8** Is 6.3.

ñ **4.11** Cf. Gn 1; Sal 89.11-12 (12-13); 148.5-6. La escena de los vv. 9-11 anticipa la de Ap 11.16-18.

a **5.1** Cf. Ez 2.9—3.3; también Is 29.11; Zac 5.1-4. *Un rollo:* es decir, un libro en forma de rollo, como eran los libros entonces. Se han dado varias interpretaciones al simbolismo de este rollo; una de las más probables es que se refiere al plan de Dios en la historia humana, que se va revelando en los caps. que siguen, una vez rotos los *siete sellos*.

pudiera abrir el rollo, ni mirarlo. **4** Y yo lloraba mucho, porque no se había encontrado a nadie digno de abrir el rollo, ni de mirarlo. **5** Pero uno de los ancianos me dijo: "No llores más, pues el León de la tribu de Judá, *b* el retoño de David, *c* ha vencido *d* y puede abrir el rollo y romper sus siete sellos." *e*

6 Entonces, en medio del trono y de los cuatro seres vivientes, y en medio de los ancianos, vi un Cordero. *f* Estaba de pie, pero se veía que había sido sacrificado. Tenía siete cuernos y siete ojos, *g* que son los siete espíritus *h* de Dios enviados por toda la tierra. **7** Aquel Cordero fue y tomó el rollo de la mano derecha del que estaba sentado en el trono; **8** y en cuanto tomó el rollo, los cuatro seres vivientes y los veinticuatro ancianos se pusieron de rodillas delante del Cordero. Todos ellos tenían arpas, y llevaban copas de oro llenas de incienso, que son las oraciones del pueblo santo. *i* **9** Y cantaban este canto nuevo: *j*

"Tú eres digno de tomar el rollo
 y de romper sus sellos,
porque fuiste sacrificado;
y derramando tu sangre redimiste *k* para Dios
gentes de toda raza, lengua, pueblo y nación.
10 De ellos hiciste un reino,
hiciste sacerdotes para nuestro Dios, *l*
y reinarán sobre la tierra." *m*

11 Luego miré, y oí la voz de muchos ángeles que estaban alrededor del trono, de los seres vivientes y de los ancianos. Había millones y millones de ellos, *n* **12** y decían con fuerte voz:

"¡El Cordero que fue sacrificado *ñ*
es digno de recibir el poder y la riqueza,
la sabiduría y la fuerza,
el honor, la gloria y la alabanza!"

13 Y oí también que todas las cosas creadas por Dios en el cielo, en la tierra, debajo de la tierra y en el mar, *o* decían:

"¡Al que está sentado en el trono y al Cordero,
sean dados la alabanza, el honor, la gloria y el poder
por todos los siglos!"

14 Los cuatro seres vivientes respondían: "¡Amén!" *p* Y los veinticuatro ancianos se pusieron de rodillas y adoraron.

6 *Los cuatro primeros sellos* *a,b* **1** Luego vi cuando el Cordero rompía el primero de los siete sellos, y oí que uno de aquellos cuatro seres vivientes decía con voz que parecía un trueno: "¡Ven!" **2** Miré, y vi un caballo blanco, *c* y el que lo montaba llevaba un arco en la mano. Se le dio una corona, y salió triunfante y para triunfar.

3 Cuando el Cordero rompió el segundo sello, oí que el segundo de los seres vivientes decía: "¡Ven!" **4** Y salió otro caballo. Era de color rojo, y el que lo montaba recibió poder para quitar la paz del mundo y para hacer que los hombres se mataran unos a otros; y se le dio una gran espada. *d*

5 Cuando el Cordero rompió el tercer sello, oí que el tercero de los seres vivientes decía: "¡Ven!" Miré, y vi un caballo negro, y el que lo montaba tenía una balanza en la mano. **6** Y en medio de los cuatro seres vivientes oí una voz que decía: "Solamente un kilo de trigo por el salario de un día, y tres kilos de cebada por el salario de un día; pero no eches a perder el aceite ni el vino." *e*

7 Cuando el Cordero rompió el cuarto sello, oí que el cuarto de los seres vivientes decía: "¡Ven!" **8** Miré, y vi un caballo amarillento, y el que lo montaba se llamaba Muerte. Tras él venía el que representaba al reino de la muerte, y se les dio poder sobre la cuarta parte del mundo, para matar con guerras, con hambres, con enfermedades y con las fieras de la tierra. *f*

---

b **5.5** *El León de la tribu de Judá:* imagen tomada de Gn 49.9-10, tradicionalmente entendido como pasaje que alude al Mesías. En la literatura judaica de la época, el león aparece como figura del Mesías, vencedor del mal.

c **5.5** *El retoño de David:* alusión a Is 11.1,10; cf. Ap 22.16.

d **5.5** *Ha vencido:* Ap 3.21; cf. Jn 16.33.

e **5.5** Solo Jesucristo, el Cordero, *puede abrir el rollo,* porque él es quien revela el sentido de la historia de la humanidad y la lleva a su término.

f **5.6** *Cordero:* Cf. Is 53.7,10-12, y véase Jn 1.29 n. En el Apocalipsis no es raro que se combinen diversos símbolos, incluso algunos claramente contradictorios (león-cordero). El Cordero sacrificado es símbolo del Cristo que ha salido victorioso mediante su sufrimiento y su muerte. Cf. Lc 24.26; Hch 8.32-35; 1 P 1.18-19.

g **5.6** El cuerno es símbolo frecuente de fuerza y poder (Dt 33.17 y en hebreo de Sal 18.2 [3]; 112.9). Los *siete cuernos* representan la plenitud del poder de Cristo, el Cordero (cf. Mt 28.18; 1 Co 1.24). Respecto a la imagen de los *siete ojos,* cf. Zac 4.10.

h **5.6** *Los siete espíritus* simbolizan la plenitud del Espíritu de Dios (véase Ap 1.4 nota *k;* cf. 4.5; también Is 11.2).

i **5.8** Ap 8.3-4; cf. Sal 141.2, y también Lc 1.10.

j **5.9** Sal 33.3; 98.1; Is 42.10. A diferencia del canto a Dios Padre como Creador (Ap 4.11), este *canto nuevo* se dirige a Cristo Redentor. A él se le rinde la misma adoración que a Dios Padre.

k **5.9** *Redimiste:* o *compraste;* véanse Ro 3.24 nota *s* y 1 P 1.18 nota *w.*

l **5.10** Ap 1.5-6; 20.6; cf. Ex 19.6; Is 61.6.

m **5.10** Ap 20.6; 22.5.

n **5.11** Cf. Dn 7.10.

ñ **5.12** *El Cordero que fue sacrificado:* Véase Jn 1.29 n.; cf. 1 Co 5.7.

o **5.13** Toda la creación se une al canto de alabanza; cf. Flp 2.10-11; Col 1.20; cf. también Ro 8.20-21.

p **5.14** *Amén:* Véase Ap 1.6 nota *p.*

a **6.1—8.1** En esta sección se describe la apertura de los siete sellos. Al relatar esta acción se va describiendo con símbolos cómo en la historia humana ya están presentes la salvación y el juicio de Dios; pero este no es todavía el juicio final.

b **6.1-17** Sobre los cuatro primeros sellos y los cuatro jinetes, cf. las visiones de Zac 1.7-17 y 6.1-8. Aquí el simbolismo es diferente, y se da un especial significado a los colores.

c **6.1-2** *Un caballo blanco:* Teniendo en cuenta el simbolismo constante del color blanco (véanse 2.17 nota *w* y 3.4 n.) y la semejanza con Ap 19.11, muchos ven en este jinete un símbolo de Cristo, a quien pertenece la victoria (Ap 5.5). Otros, observando las características de los otros caballos (vv. 3-8), lo interpretan como símbolo de ejércitos destructores.

d **6.3-4** *El segundo sello:* guerra. *Rojo:* símbolo de la guerra y del correr de la sangre.

e **6.5-6** *El tercer sello:* hambre. *Negro:* símbolo del hambre, consecuencia de la guerra. La *balanza* es para medir el grano, que escasea y se vende caro. La escasez parece no afectar al *vino* ni al *aceite* de oliva, considerados también como artículos de primera necesidad (Dt 7.13; 11.14; Jl 2.19, etc.).

f **6.7-8** *El cuarto sello:* peste. *Amarillento:* o *bayo, verdoso,* sugiere

El quinto y el sexto sellos ⁹ Cuando el Cordero rompió el quinto sello, vi debajo del altar a los que habían sido degollados por haber proclamado el mensaje de Dios y haber sido fieles a su testimonio. ¹⁰ Decían con fuerte voz: "Soberano santo y fiel, ¿cuándo juzgarás a los habitantes de la tierra y vengarás nuestra muerte?" *g,h* ¹¹ Entonces se les dieron ropas blancas, *i* y se les dijo que descansaran aún por un poco de tiempo, hasta que se completara el número de sus hermanos que, en el servicio a Dios, tenían que ser muertos como ellos.

¹² Cuando el Cordero rompió el sexto sello, miré, y hubo un gran terremoto. *j* El sol se volvió negro, *k* como ropa de luto; toda la luna se volvió roja, como la sangre, *l* ¹³ y las estrellas cayeron del cielo a la tierra, como caen los higos verdes de la higuera cuando esta es sacudida por un fuerte viento. ¹⁴ El cielo desapareció como un papel que se enrolla, *m* y todas las montañas y las islas fueron removidas de su lugar. *n* ¹⁵ Y los reyes del mundo se escondieron en las cuevas y entre las rocas de las montañas, *ñ* junto con los grandes, los jefes militares, los ricos, los poderosos y todos los esclavos y los hombres libres; ¹⁶ y decían a las montañas y a las rocas: "¡Caigan sobre nosotros y escóndannos *o* de la presencia del que está sentado en el trono, y de la ira del Cordero! ¹⁷ Porque ha llegado ya el gran día del castigo, ¿y quién podrá resistir?" *p*

7 ***Escenas intermedias*** *a* ¹ Después de esto, vi cuatro ángeles que estaban en pie sobre los cuatro puntos cardinales, deteniendo los cuatro vientos para que no soplaran sobre la tierra ni sobre el mar ni sobre ningún árbol. *b* ² También vi otro ángel que venía del oriente, y que tenía el sello del Dios viviente. Este ángel gritó con fuerte voz a los otros cuatro que habían recibido poder para hacer daño a la tierra y al mar: ³ "¡No hagan daño a la tierra ni al mar ni a los árboles, mientras no hayamos puesto un sello en la frente a los siervos de nuestro Dios!" *c*

⁴ Y oí el número de los que así fueron señalados: ciento cuarenta y cuatro mil de entre todas las tribus israelitas. *d* ⁵ Fueron señalados doce mil de la tribu de Judá, doce mil de la tribu de Rubén, doce mil de la tribu de Gad, ⁶ doce mil de la tribu de Aser, doce mil de la tribu de Neftalí, doce mil de la tribu de Manasés, ⁷ doce mil de la tribu de Simeón, doce mil de la tribu de Leví, doce mil de la tribu de Isacar, ⁸ doce mil de la tribu de Zabulón, doce mil de la tribu de José y doce mil de la tribu de Benjamín. *e*

⁹ Después de esto, miré y vi una gran multitud de todas las naciones, razas, lenguas y pueblos. *f* Estaban en pie delante del trono y delante del Cordero, y eran tantos que nadie podía contarlos. Iban vestidos de blanco *g* y llevaban palmas *h* en las manos. ¹⁰ Todos gritaban con fuerte voz:

"¡La salvación se debe a nuestro Dios *i*
que está sentado en el trono,
y al Cordero!"

¹¹ Y todos los ángeles estaban en pie alrededor del trono y de los ancianos y de los cuatro seres vivientes; y se inclinaron delante del trono hasta tocar el suelo con la frente, y adoraron a Dios ¹² diciendo:

"¡Amén! *j*
La alabanza, la gloria,
la sabiduría, la gratitud,
el honor, el poder y la fuerza
sean dados a nuestro Dios por todos los siglos.
¡Amén!"

¹³ Entonces uno de los ancianos me preguntó: "¿Quiénes son estos que están vestidos de blanco, y de dónde han venido?" ¹⁴ "Tú lo sabes, señor", le contesté. Y él me dijo: "Estos son los que han pasado por la gran tribulación, *k* los que han lavado sus ropas y las han blanqueado en la sangre del Cordero. *l*

¹⁵ "Por eso están delante del trono de Dios,
y día y noche le sirven en su templo.

---

la palidez de la *muerte*. Cf. Ez 14.21. *Reino de la muerte:* Véase *Índice temático*. Se presentan así las tres calamidades tradicionales de la humanidad: guerra, hambre y peste.
g **6.9-10** *El quinto sello:* lamento de *los que han sido degollados por su fe* (cf. Sal 79.5-10). Los lectores del Asia Menor habrán pensado aquí en los mártires de la persecución romana, probablemente bajo el emperador Domiciano (años 81-96 d.C.). *Debajo del altar:* o *al pie del altar;* se emplea la imagen de la sangre de los animales sacrificados, que se derramaba al pie del altar (Lv 4.7), para indicar que la muerte de los mártires ha sido como un sacrificio aceptado por Dios (cf. Flp 2.17; 2 Ti 4.6).
h **6.10** Ap 19.2; cf. Dt 32.43.
i **6.11** *Ropas blancas:* Véase 3.4 n.
j **6.12** *El sexto sello:* catástrofe universal.
k **6.12** *El sol... negro:* Cf. Is 13.10; Jl 2.10; 2.31 (3.4); 3.15 (4.15); Mt 24.29 y paralelos.
l **6.12** *La luna... como la sangre:* Jl 2.31 (3.4); 3.15 (4.15).
m **6.13-14** *Las estrellas cayeron... El cielo desapareció... se enrolla:* Is 34.4.
n **6.14** *Las montañas... removidas:* Ap 16.20.
ñ **6.15** Cf. Is 2.19,21.
o **6.16** Os 10.8; Lc 23.30.
p **6.17** Is 13.6; Ez 30.2-3; Jl 1.15; 2.11; Am 5.18-20; 8.9-14; Sof 1.14-18; Mal 3.2.

a **7.1-17** El cap. 7 es un intermedio entre el sexto y el séptimo sello, que muestra cómo Dios asegura la salvación a su pueblo.
b **7.1** Cf. Jer 49.36; Dn 7.2; Zac 6.5.
c **7.3** Ez 9.4-6; cf. Ap 2.17; 22.4. El *sello* es aquí una marca puesta sobre aquellos que pertenecen a Dios y que son protegidos en la hora de prueba (cf. Ap 3.10; 9.4). Cf. 2 Co 1.22; Ef 1.13; 4.30.
d **7.4** El número *144 000* (12 x 12 x 1000) simboliza la totalidad del pueblo de Dios. Probablemente se refiere a la misma *multitud* citada en 7.9-17, representada por dos símbolos sucesivos. Algunos, sin embargo, consideran que la visión de 7.1-8 se refiere al pueblo de Israel en sentido literal (cf. Ro 11.25-26).
e **7.5-8** La lista de las doce tribus israelitas tiene un valor simbólico, y difiere de otras listas mencionadas en el AT (Gn 49; Ez 48). Aquí no se mencionan las tribus de Dan ni de Efraín; en cambio aparecen la de *José* y la de su hijo *Manasés*.
f **7.9** Ap 7.14. Esta *gran multitud* son los que salieron victoriosos de la *gran tribulación* (v. 14); véase 7.4 n.
g **7.9** *Vestidos de blanco:* Véase Ap 3.4 n.
h **7.9** *Palmas:* símbolo de victoria (1 Mac 13.51; Jn 12.13).
i **7.10** Cf. Ap 12.10; 19.1.
j **7.12** *Amén:* Véase 1.6 nota *p*.
k **7.14** Dn 12.1; Mt 24.21; Mc 13.19; cf. Ap 3.10.
l **7.14** *Las han blanqueado en la sangre del Cordero:* alusión

El que está sentado en el trono
los protegerá con su presencia.
¹⁶ Ya no sufrirán hambre ni sed,
ni los quemará el sol,
ni el calor los molestará; ᵐ
¹⁷ porque el Cordero, que está en medio del trono,
será su pastor ⁿ
y los guiará a manantiales de aguas de vida, ñ
y Dios secará toda lágrima de sus ojos." ᵒ

8 El séptimo sello
¹ Cuando el Cordero rompió el séptimo sello ᵃ del rollo, hubo silencio en el cielo durante una media hora.

III. LAS SIETE TROMPETAS (8.2—11.18) ᵇ
Visión preparatoria ² Luego vi a los siete ángeles que estaban de pie delante de Dios, a los cuales se les dieron siete trompetas. ³ Después vino otro ángel, con un incensario de oro, y se puso de pie ante el altar; y se le dio mucho incienso, para ofrecerlo sobre el altar de oro ᶜ que estaba delante del trono, junto con las oraciones del pueblo santo. ⁴ El humo del incienso subió de la mano del ángel a la presencia de Dios, junto con las oraciones del pueblo santo. ᵈ ⁵ Entonces el ángel tomó el incensario, lo llenó con brasas de fuego del altar, y lo lanzó sobre la tierra; ᵉ y hubo truenos, voces, ᶠ relámpagos y un terremoto. ᵍ

⁶ Los siete ángeles que tenían las siete trompetas se prepararon para tocarlas.

Las cuatro primeras trompetas ⁷ El primer ángel tocó su trompeta, y fueron lanzados sobre la tierra granizo y fuego ʰ mezclados con sangre. Se quemó la tercera parte de la tierra, junto con la tercera parte de los árboles y toda la hierba verde.

⁸ El segundo ángel tocó su trompeta, y fue lanzado al mar algo que parecía un gran monte ardiendo en llamas; y la tercera parte del mar se volvió sangre. ⁱ ⁹ La tercera parte de todo lo que vivía en el mar, murió, y la tercera parte de los barcos fueron destruidos.

¹⁰ El tercer ángel tocó su trompeta, y una gran estrella, ardiendo como una antorcha, cayó del cielo ʲ sobre la tercera parte de los ríos y sobre los manantiales. ¹¹ La estrella se llamaba Amargura; y la tercera parte de las aguas se volvió amarga, y a causa de aquellas aguas amargas murió mucha gente. ᵏ

¹² El cuarto ángel tocó su trompeta, y fue dañada la tercera parte del sol, la tercera parte de la luna y la tercera parte de las estrellas. De modo que una tercera parte de ellos quedó oscura, ˡ y no dieron su luz durante la tercera parte del día ni de la noche.

¹³ Luego miré, y oí un águila ᵐ que volaba en medio del cielo y decía con fuerte voz: "¡Ay, ay, ay de los habitantes de la tierra, cuando suenen las trompetas que van a tocar los otros tres ángeles!" ⁿ

9 La quinta trompeta
¹ El quinto ángel tocó su trompeta, y vi una estrella que había caído del cielo a la tierra; ᵃ y se le dio la llave del pozo del abismo. ᵇ ² Abrió el pozo del abismo, y de él subió humo como de un gran horno; y el humo del pozo hizo oscurecer el sol y el aire. ³ Del humo salieron langostas que se extendieron por la tierra; ᶜ y se les dio poder como el que tienen los alacranes. ⁴ Se les mandó que no hicieran daño a la hierba de la tierra ni a ninguna cosa verde ni a ningún árbol, sino solamente a quienes no llevaran el sello de Dios en la frente. ᵈ ⁵ Pero no se les permitió matar a la gente, sino tan solo causarle dolor durante cinco meses; y el dolor que causaban era como el de una picadura de alacrán.

⁶ En aquellos días la gente buscará la muerte, y no la encontrará; desearán morirse, y la muerte se alejará de ellos. ᵉ

⁷ Las langostas parecían caballos preparados para la

---

simbólica a la purificación de los pecados en virtud de la muerte redentora de Cristo. Cf. Jn 1.29; 1 Jn 1.7, y también Ap 1.5; 3.5; 6.11.
ᵐ **7.16** Is 49.10; cf. Sal 121.6. Los vv. 16-17 combinan varias alusiones al AT; véanse también las referencias en las notas siguientes.
ⁿ **7.17** El Cordero, en virtud de su muerte redentora, es también el pastor que cuida las ovejas, y que como rey las gobierna desde su trono (cf. Ez 34.23; Jn 10.1-16; Heb 13.20; 1 P 2.25; cf. también Ap 22.1-5).
ñ **7.17** Sal 23.1-2; Is 49.10; cf. Jn 4.10; 7.37-38.
ᵒ **7.17** Is 25.8; Ap 21.4.
ᵃ **8.1** La ruptura del *séptimo sello* concluye la sección comenzada en 4.1 y prepara la siguiente sección.
ᵇ **8.2—11.18** La tercera sección del libro introduce una nueva serie de siete acciones, precedida de una visión preparatoria (8.2-6). Con el símbolo de las trompetas se muestra cómo Dios salva a su pueblo y castiga a los rebeldes. La mención de que el castigo solo afecta a una parte de la creación, indica que todavía no es el fin. Varios de los castigos aquí mencionados recuerdan algunas de las plagas de Egipto. Las cuatro primeras trompetas afectan a la natu-raleza.
ᶜ **8.3** Alusión al altar del incienso; cf. Ex 30.1-5.
ᵈ **8.3-4** Ap 5.8; cf. Sal 141.2, y también Lc 1.10.
ᵉ **8.5** Cf. Ez 10.2.
ᶠ **8.5** *Voces:* o *estruendos.*
ᵍ **8.5** Ap 11.19; 16.18; cf. Ex 19.16-18; Hch 4.31.

ʰ **8.7** Cf. la plaga de granizo, de Ex 9.23-25; cf. también Ez 38.22 y Sab 16.16.
ⁱ **8.8** Cf. la plaga de sangre, de Ex 7.17-21.
ʲ **8.10** *Estrella... cayó del cielo:* Véase Ap 9.1 nota a; cf. Is 14.12.
ᵏ **8.10-11** Jer 9.15 (14); 23.15. *Amargura:* lit. *ajenjo*, planta muy amarga, símbolo tradicional de dolor, injusticia y amargura (Pr 5.4).
ˡ **8.12** Cf. la plaga de la oscuridad, de Ex 10.21-23; cf. también Is 13.10; Ez 32.7; Jl 2.10; 2.31 (3.4); 3.15 (4.15); Sab 17.2-20.
ᵐ **8.13** *Águila:* La palabra griega también puede significar *buitre*, ave que simboliza muerte y destrucción.
ⁿ **8.13** Los castigos de las siguientes trompetas van a afectar directamente a las personas, pero también se hablará de la actuación salvadora de Dios (11.15-18).
ᵃ **9.1** *Estrella:* probablemente un ángel (cf. Ap 1.20; 8.10; 20.1). Cf. Is 14.12.
ᵇ **9.1** *Abismo:* lugar de encierro de los espíritus malignos; cf. Ap 20.1-3.
ᶜ **9.2-10** Cf. la plaga de las langostas, de Ex 10.12-15, y especialmente la de Jl 1—2; cf. también Sab 16.9. Aquí, sin embargo, se describen como seres demoníacos, combinación de langostas, alacranes y dragones, cuya única función es infligir dolor a la humanidad. Cf. Dt 8.15; Eclo 39.30.
ᵈ **9.4** *Sello:* Véase Ap 7.3 n.
ᵉ **9.6** Jer 8.3.

guerra;[f] en la cabeza llevaban algo semejante a una corona de oro, y su cara tenía apariencia humana. **8** Tenían cabello como de mujer, y sus dientes parecían de león.[g] **9** Sus cuerpos estaban protegidos con una especie de armadura de hierro, y el ruido de sus alas era como el de muchos carros tirados por caballos cuando entran en combate.[h] **10** Sus colas, armadas de aguijones, parecían de alacrán, y en ellas tenían poder para hacer daño a la gente durante cinco meses. **11** El jefe de las langostas, que es el ángel del abismo, se llama en hebreo Abadón y en griego Apolión.[i]

12 Pasó el primer desastre; pero todavía faltan dos.[j]

La sexta trompeta

13 El sexto ángel tocó su trompeta, y oí una voz que salía de entre los cuatro cuernos del altar de oro[k] que estaba delante de Dios. **14** Y la voz le dijo al sexto ángel, que tenía la trompeta: "Suelta los cuatro ángeles que están atados junto al gran río Éufrates."[l] **15** Entonces fueron soltados los cuatro ángeles, para que mataran a la tercera parte de la gente, pues habían sido preparados precisamente para esa hora, día, mes y año. **16** Y alcancé a oir el número de los soldados de a caballo: eran doscientos millones.

17 Así es como vi los caballos en la visión,[m] y quienes los montaban se cubrían el pecho con una armadura roja como el fuego, azul como el jacinto y amarilla como el azufre. Y los caballos tenían cabeza como de león, y de su boca salía fuego, humo y azufre.[n] **18** La tercera parte de la gente fue muerta por estas tres calamidades que salían de la boca de los caballos: fuego, humo y azufre. **19** Porque el poder de los caballos estaba en su boca y en su cola; pues sus colas parecían serpientes, y dañaban con sus cabezas.

20 Pero el resto de la gente, los que no murieron por estas calamidades, tampoco ahora dejaron de hacer el mal que hacían, ni dejaron de adorar a los demonios y a los ídolos de oro, plata, bronce, piedra y madera, los cuales no pueden ver ni oir ni caminar.[ñ] **21** Y tampoco dejaron de matar, ni de hacer brujerías, ni de cometer inmoralidades sexuales, ni de robar.

10 *Escenas intermedias*[a] **1** Vi otro ángel poderoso, que bajaba del cielo envuelto en una nube; tenía un arco iris sobre la cabeza, su cara brillaba como el sol y sus piernas parecían columnas de fuego. **2** Llevaba en la mano un rollito abierto, y puso el pie derecho sobre el mar y el izquierdo sobre la tierra. **3** Y gritó con fuerte voz, como un león que ruge; y cuando gritó, siete truenos dejaron oir sus propias voces. **4** Después que los siete truenos hablaron, iba yo a escribir; pero oí una voz del cielo, que me decía: "Guarda en secreto lo que dijeron los siete truenos, y no lo escribas."[b]

5 Entonces el ángel que vi en pie sobre el mar y sobre la tierra, levantó al cielo su mano derecha **6** y juró por el que vive para siempre, el que hizo el cielo, la tierra, el mar y todas las cosas que hay en ellos. Dijo: "Ya no habrá más tiempo,[c] **7** sino que cuando llegue el momento en que el séptimo ángel comience a tocar su trompeta, quedará cumplido el designio secreto de Dios, como él anunció a sus propios siervos los profetas."

8 La voz que yo había oído, y que salía del cielo, volvió a hablarme, y me dijo: "Anda y toma el rollito abierto que tiene en la mano el ángel que está de pie sobre el mar y sobre la tierra." **9** Fui al ángel y le pedí que me diera el rollito, y me contestó: "Toma y cómetelo. En tu boca será dulce como la miel, pero en tu estómago se volverá amargo."

10 Tomé el rollito de la mano del ángel, y me lo comí; y en mi boca era dulce como la miel, pero una vez que me lo comí, se me volvió amargo en el estómago.[d] **11** Entonces me dijeron: "Tienes que comunicar nuevos mensajes proféticos acerca de muchos pueblos, naciones, lenguas y reyes."

11 **1** Me dieron una vara de medir, parecida a una caña, y me dijeron: "Levántate y toma las medidas del templo de Dios[a] y del altar, y cuenta los que adoran allí. **2** Pero no midas el atrio exterior del templo, porque ha sido entregada a los paganos, los cuales van a pisotear la ciudad santa[b] durante cuarenta y dos meses.[c] **3** Y yo enviaré dos testigos,[d] vestidos con ropas ásperas,[e] a

---

[f] **9.7** Cf. Jl 2.4.

[g] **9.8** Cf. Jl 1.6.

[h] **9.9** Cf. Jl 2.5.

[i] **9.11** Tanto el nombre hebreo *Abadón* como el griego *Apolión* significan *Destructor.*

[j] **9.12** Ap 11.14; véase 8.13 nota *n*. El segundo desastre corresponde a la sexta trompeta (Ap 9.13—11.14); el tercero, a la séptima (Ap 11.15).

[k] **9.13** *Altar de oro:* Véase Ap 8.3 n. Los altares del AT tenían en sus cuatro esquinas unas prominencias llamadas *cuernos.*

[l] **9.14** El río *Éufrates* era considerado el límite oriental del Imperio Romano; más allá estaban las naciones enemigas (cf. Is 7.20; 8.7).

[m] **9.17-19** Cf. la visión de las langostas en 9.2-10.

[n] **9.17** El *fuego, el humo y el azufre,* además de evocar la imagen tradicional de un dragón (cf. Ap 20.2), sugieren el carácter infernal de los caballos monstruosos (cf. Ap 14.10; 19.20; 21.8).

[ñ] **9.20** Sal 115.4-8; 135.15-18; Sab 15.14-15; cf. Is 44.9-20; Dn 5.23.

[a] **10.1—11.14** La visión de 10.1-11 utiliza varias escenas que aparecen en Ez 1—3. Esta sección y la siguiente (Ap 11.1-14) forman un interludio entre la sexta trompeta y la séptima (Ap 11.15).

[b] **10.3-4** *Los siete truenos* sugieren la voz de Dios (Sal 29.3-9). En el Apocalipsis, los truenos generalmente se relacionan con el juicio y la ira de Dios (cf. Sal 29.3-9; Ap 8.5; 11.19; 16.18).

[c] **10.6** *Ya no habrá más tiempo:* También puede traducirse *Ya no habrá más demora,* o *El plazo se ha cumplido.* Cf. Dn 12.6-7.

[d] **10.8-11** *El rollito abierto:* Cf. 10.2. Se trata de un pequeño libro en forma de rollo (véase Ap 5.1 n.). La experiencia de Ezequiel fue muy similar (Ez 2.7—3.4); solo que aquí, después de lo *dulce* del mensaje de Dios, viene lo *amargo,* que refleja tanto lo terrible del castigo como la dolorosa suerte de los mensajeros, que han de sufrir y morir por su testimonio.

[a] **11.1-2** Cf. Ez 40.3; Zac 2.1-2 (5-6). La medición del templo debe entenderse como símbolo de la protección especial de Dios a su pueblo. El templo de Jerusalén había sido destruido en el año 70 d.C. por el ejército romano.

[b] **11.2** *La ciudad santa:* Jerusalén. Cf. Is 63.18; Dn 8.13; Lc 21.24.

[c] **11.2** *Cuarenta y dos meses:* Ap 13.5; equivale a 1260 días (v. 3; Ap 12.6) o a tres años y medio (Ap 12.14), que es la mitad de siete años. Así como el número siete simboliza lo perfecto y completo, la mitad simboliza lo contrario; véase Ap 1.4 nota *h*, y cf. Dn 7.25; 12.7.

[d] **11.3** *Los dos testigos* no son identificados; sus características son en parte las de Zorobabel y del sacerdote Josué (Zac 3.1—4.14), y en parte las de Elías y Moisés (véanse 11.6 y notas correspondientes), pero aquí parecen representar al pueblo de Dios en su condición de testigo-mártir.

[e] **11.3** *Vestidos con ropas ásperas:* como símbolo de su llamada a la conversión.

comunicar mensajes proféticos durante mil doscientos sesenta días." [f]

[4] Estos dos testigos son los dos olivos y los dos candelabros que están delante del Señor de la tierra. [g] [5] Si alguien intenta hacerles daño, ellos echan fuego por la boca, que quema por completo a sus enemigos; así morirá cualquiera que quiera hacerles daño. [6] Estos testigos tienen poder para cerrar el cielo, para que no llueva durante el tiempo en que estén comunicando su mensaje profético, [h] y también tienen poder para cambiar el agua en sangre [i] y para hacer sufrir a la tierra con toda clase de calamidades, tantas veces como ellos quieran.

[7] Pero cuando hayan terminado de dar su testimonio, el monstruo [j] que sube del abismo [k] los atacará, los vencerá y los matará. [8] Sus cadáveres quedarán tendidos en las calles de la gran ciudad donde fue crucificado su Señor, la cual en lenguaje figurado se llama Sodoma, y también Egipto. [l] [9] Y por tres días y medio, gente de distintos pueblos, razas, lenguas y naciones verá sus cadáveres y no dejará que los entierren. [10] Los que viven en la tierra se alegrarán de su muerte. Estarán tan contentos que se harán regalos unos a otros, porque aquellos dos profetas eran un tormento para ellos.

[11] Pero al cabo de los tres días y medio, Dios los revivió y se levantaron otra vez, [m] y todos los que los vieron se llenaron de miedo. [12] Entonces los dos testigos oyeron una fuerte voz del cielo, que les decía: "¡Suban acá!" Y subieron al cielo en una nube, [n] y sus enemigos los vieron. [13] En aquel mismo momento hubo un gran terremoto, [ñ] y a causa del terremoto se derrumbó la décima parte de la ciudad, y siete mil personas murieron. Los que aún quedaron con vida, llenos de miedo alabaron a Dios, que está en el cielo. [o]

[14] Pasó el segundo desastre, pero pronto viene el tercero. [p]

La séptima trompeta [q] [15] El séptimo ángel tocó su trompeta, y se oyeron fuertes voces en el cielo, que decían:

"El reino del mundo
es ya de nuestro Señor y de su Mesías,
y reinarán por todos los siglos." [r]

[16] Los veinticuatro ancianos que estaban sentados en sus tronos delante de Dios, se inclinaron hasta el suelo y adoraron a Dios, [s] [17] diciendo:

"Te damos gracias, Señor, Dios todopoderoso,
tú que eres y que eras,
porque has tomado tu gran poder
y has comenzado a reinar.
[18] Las naciones se han enfurecido;
pero ha llegado el día de tu ira, [t]
el momento en que has de juzgar a los muertos;
y darás la recompensa a tus siervos los profetas,
a tu pueblo santo
y a los que honran tu nombre,
sean grandes o pequeños; [u]
y destruirás a los que destruyen la tierra."

IV. LAS SEÑALES SIMBÓLICAS
(11.19—15.1) [v]

Visión preparatoria [19] Entonces se abrió el templo de Dios que está en el cielo, y en el templo se veía el arca de su alianza. [w] Y hubo relámpagos, voces, [x] truenos, un terremoto y una gran granizada. [y]

12 ***La mujer*** [1] Apareció en el cielo una gran señal: una mujer envuelta en el sol como en un vestido, con la luna bajo sus pies y una corona de doce estrellas en la cabeza. [2] La mujer estaba encinta, y gritaba por los dolores del parto, por el sufrimiento de dar a luz. [a]

El dragón [3] Luego apareció en el cielo otra señal: un gran dragón rojo que tenía siete cabezas, diez cuernos y una corona en cada cabeza. [b] [4] Con la cola arrastró la tercera parte de las estrellas del cielo, y las lanzó sobre la tierra. [c] El

---

[f] 11.3 *Mil doscientos sesenta días:* Véase 11.2 nota *c.*
[g] 11.4 Alusión a Zac 4.1-3,11-14.
[h] 11.6 *Para que no llueva:* Cf. la acción de Elías en 1 R 17.1, cuando la sequía duró un tiempo igual al que se anuncia aquí en 11.3 (cf. Lc 4.25; Stg 5.17).
[i] 11.6 *Para cambiar el agua en sangre:* Cf. la acción de Moisés en Ex 7.17-24.
[j] 11.7 *El monstruo:* Cf. Ap 13.1-7; 17.8, y también Dn 7.7,21.
[k] 11.7 *Del abismo:* Véase Ap 9.1 nota *b.*
[l] 11.8 La *ciudad donde fue crucificado su Señor* es Jerusalén, que aquí aparece como la ciudad rebelde a Dios por excelencia. Por eso se identifica con Sodoma y con Egipto, lugares de perversión e idolatría. Cf. Is 1.10; 3.9; Sab 11.15-16; 12.23-27; 15.14-19.
[m] 11.11 *Los revivió... otra vez:* Cf. Ez 37.5,10.
[n] 11.12 2 R 2.11.
[ñ] 11.13 Ap 6.12; 16.18.
[o] 11.13 *Alabaron a Dios:* Ap 14.7; 15.4.
[p] 11.14 Ap 9.12; véase 8.13 nota *b.*
[q] 11.15-18 La tercera sección culmina con un himno de triunfo por el establecimiento del reino eterno de Dios y de Cristo.
[r] 11.15 Ap 10.7. Cf. Dn 2.44; 7.14,27; cf. también Ex 15.18.
[s] 11.16 Cf. Ap 4.9-11, donde se presenta una escena parecida a la de 11.16-18.
[t] 11.18 Sal 2.1-6.
[u] 11.18 Ap 19.5; cf. Sal 115.13.
[v] 11.19—15.1 En la cuarta sección del libro aparece una serie de señales simbólicas, que representan la lucha entre Dios y sus enemigos.
[w] 11.19 El *cofre de su alianza,* o del pacto, simbolizaba la presencia de Dios entre su pueblo (Ex 25.10-22; cf. 2 Mac 2.4-8, y también Ap 21.3,22).
[x] 11.19 *Voces:* o *estruendos.*
[y] 11.19 Ap 8.5; 16.18-21.
[a] 12.1-2 Según la interpretación más generalizada, esta mujer simboliza al pueblo de Dios, identificado primero con el Israel fiel a Dios, que sufre los dolores de parto (cf. Miq 5.3 [2]) hasta dar a luz al Mesías prometido, y luego con la iglesia, el pueblo de los que creen en Jesús (v. 17; cf. Gl 4.26).
[b] 12.3 *Dragón:* animal mitológico que aquí simboliza al diablo (v. 9). Esta escena recuerda a Dn 7.7. Las *siete cabezas* y los *diez cuernos* reaparecen en Ap 13.1 y 17.3. Los *cuernos* simbolizan fuerza.
[c] 12.4 Cf. Dn 8.10.

dragón se detuvo delante de la mujer que iba a dar a luz, para devorar a su hijo tan pronto como naciera. **5** Y la mujer dio a luz un hijo varón, el cual ha de gobernar a todas las naciones con cetro de hierro. *d* Pero su hijo le fue quitado y llevado ante Dios y ante su trono; **6** y la mujer huyó al desierto, donde Dios le había preparado un lugar para que allí le dieran de comer durante mil doscientos sesenta días. *e*

7 Después hubo una batalla en el cielo: Miguel *f* y sus ángeles lucharon contra el dragón. El dragón y sus ángeles pelearon, **8** pero no pudieron vencer, y ya no hubo lugar para ellos en el cielo. **9** Así que fue expulsado el gran dragón, aquella serpiente antigua *g* que se llama Diablo y Satanás, y que engaña a todo el mundo. Él y sus ángeles fueron lanzados a la tierra. *h*

10 Entonces oí una fuerte voz en el cielo, que decía:

"Ya llegó la salvación,
el poder y el reino de nuestro Dios,
y la autoridad de su Mesías;
porque ha sido expulsado
el acusador *i* de nuestros hermanos,
el que día y noche los acusaba
delante de nuestro Dios.
11 Nuestros hermanos lo han vencido
con la sangre derramada del Cordero *j*
y con el mensaje que ellos proclamaron;
no tuvieron miedo de perder la vida,
sino que estuvieron dispuestos a morir.
12 ¡Alégrense, pues, cielos,
y ustedes que viven en ellos!
¡Pero ay de los que viven en la tierra y en el mar,
porque el diablo, sabiendo que le queda poco tiempo,
ha bajado contra ustedes lleno de furor!"

13 Cuando el dragón se vio lanzado a la tierra, persiguió a la mujer que había tenido el hijo. **14** Pero a la mujer se le dieron dos grandes alas de águila, para que pudiera volar a su lugar en el desierto, *k* lejos del dragón, donde tenían que darle de comer durante tres años y medio. *l* **15** El dragón arrojó agua por la boca, para formar un río que arrastrara a la mujer; **16** pero la tierra ayudó a la mujer, pues abrió la boca y se tragó el río que el dragón había arrojado por su boca. **17** Con eso, el dragón se puso furioso contra la mujer, y fue a pelear contra el resto de los descendientes de ella, *m* contra los que obedecen los mandamientos de Dios y siguen fieles al testimonio de Jesús. **18** Y el dragón se plantó *n* a la orilla del mar.

13 El monstruo del mar

1 Vi subir del mar un monstruo que tenía siete cabezas y diez cuernos. En cada cuerno tenía una corona, y en las cabezas tenía nombres ofensivos *a* contra Dios. **2** Este monstruo que yo vi, parecía un leopardo; y tenía patas como de oso, y boca como de león. *b* El dragón le dio su poder y su trono, y mucha autoridad. *c* **3** Una de las cabezas del monstruo parecía tener una herida mortal; pero la herida fue curada, y el mundo entero se llenó de asombro y siguió al monstruo. *d* **4** Adoraron al dragón porque había dado autoridad al monstruo, y adoraron también al monstruo, diciendo: "¿Quién hay como este monstruo, y quién podrá luchar contra él?"

5 También se le permitió al monstruo decir cosas arrogantes y ofensivas contra Dios, y tener autoridad durante cuarenta y dos meses. *e* **6** Y así lo hizo; habló contra Dios, *f* y dijo cosas ofensivas contra él y su santuario y contra los que están en el cielo. **7** También se le permitió hacer guerra contra el pueblo santo, hasta vencerlo; *g* y se le dio autoridad sobre toda raza, pueblo, lengua y nación. *h* **8** A ese monstruo lo adorarán todos los habitantes de la tierra cuyos nombres no están escritos, desde la creación del mundo, *i* en el libro de la vida *j* del Cordero que fue sacrificado.

9 Si alguno tiene oídos, oiga:
10 "A los que deban ir presos,
se los llevarán presos;
y a los que deban morir a filo de espada,
a filo de espada los matarán." *k*

Aquí se verá la fortaleza y la fe del pueblo santo. *l*

---

d **12.5** Ap 19.15. Cf. Sal 2.9, que se entendía como referencia al Mesías. Véase Heb 1.5 nota *i.*
e **12.6** El periodo de *1260 días,* o tres años y medio, es igual al mencionado en Ap 11.2-3 (véase 11.2 nota c). Aquí el simbolismo de la mujer que se refugia en el desierto parece referirse a la iglesia, protegida por Dios durante la persecución; véanse 12.1-2 n. y 12.17 n.
f **12.7** *Miguel:* Dn 10.13,21; 12.1; Jud 9.
g **12.9** Ap 20.2; cf. Gn 3.1-5.
h **12.9** Lc 10.18; Jn 12.31.
i **12.10** *El acusador:* significado literal del nombre *Satanás;* cf. Job 1.6; Zac 3.1.
j **12.11** *Cordero:* Véase Jn 1.29 n.; cf. Ap 5.9, y véanse también Ro 3.24 nota *s;* 1 P 1.18 nota *w. La sangre derramada* se refiere a la muerte de Cristo en la cruz.
k **12.14** Alusión a la salida de Egipto y a la marcha de los israelitas por el *desierto,* que aquí simboliza seguridad y protección. La imagen de las *alas de águila* aparece en Ex 19.4; Dt 32.11.
l **12.14** *Tres años y medio:* Véase 12.6 n.
m **12.17** *El resto de los descendientes de ella:* Se refiere a los cristianos que *siguen fieles al testimonio de Jesús* (véase 12.6 n.). Cf. Dn 7.7,21.
n **12.18** *Y el dragón se plantó:* Algunos mss. dicen *Y yo me paré;* las versiones que siguen tal variante incluyen v. 18 como parte de 13.1.

a **13.1** *Nombres ofensivos:* Algunos mss. dicen *un nombre ofensivo.*
b **13.1-2** Cf. Ap 11.7; 17.3,7-12. El *monstruo* que sale del mar reúne las características de los cuatro monstruos de Dn 7.1-8. Aparece como el Anticristo, o imitación grotesca del Cordero (véase 13.3 n.). Los primeros lectores del libro podían ver en este monstruo un símbolo del Imperio Romano, con su culto al emperador como si fuera dios y la persecución de los cristianos. Este monstruo puede simbolizar también cualquier potencia humana que se levante contra Dios.
c **13.2** Cf. 2 Ts 2.9.
d **13.3** *Parecía tener una herida mortal:* La misma expresión griega se aplica al Cordero en Ap 5.6; aquí el *monstruo* aparece como una grotesca caricatura de aquel.
e **13.5** *Cuarenta y dos meses:* Véase Ap 11.2 nota *c.*
f **13.5-6** Dn 7.8,20,25; 11.36.
g **13.7** Dn 7.21.
h **13.7** *Sobre toda... nación:* Cf. Ap 5.9; otro aspecto de la grotesca imitación del Cordero. Véase 13.1-2 n.
i **13.8** *Escritos desde la creación del mundo:* Ap 17.8; cf. Mt 25.34; Ef 1.4.
j **13.8** *El libro de la vida:* Ap 3.5; cf. Sal 69.28 (29).
k **13.10** Jer 15.2; 43.11. La primera parte de este v. aparece de diversas maneras en los manuscritos.
l **13.10** *Se verá:* o *se requiere;* lo mismo en 13.18; 14.12; 17.9.

El monstruo de la tierra

11 Después vi otro monstruo, que subía de la tierra. Tenía dos cuernos que parecían de cordero, pero hablaba como un dragón. **12** Y tenía toda la autoridad del primer monstruo, en su presencia, y hacía que la tierra y sus habitantes adoraran al primer monstruo, *m* el que había sido curado de su herida mortal. *n* **13** También hacía grandes señales milagrosas. Hasta hacía caer fuego del cielo a la tierra, a la vista de la gente. **14** Y por medio de esas señales que se le permitía hacer en presencia del primer monstruo, engañó a los habitantes de la tierra *ñ* y les mandó que hicieran una imagen de aquel monstruo que seguía vivo a pesar de haber sido herido a filo de espada. **15** Y al segundo monstruo se le dio el poder de dar vida a la imagen del primer monstruo, para que aquella imagen hablara e hiciera matar a todos los que no la adorasen. **16** Además, hizo que a todos, pequeños y grandes, ricos y pobres, libres y esclavos, les pusieran una marca en la mano derecha o en la frente. *o* **17** Y nadie podía comprar ni vender, si no tenía la marca o el nombre del monstruo, o el número de su nombre.

18 Aquí se verá *p* la sabiduría; el que entienda, calcule el número del monstruo, que es un número de hombre. Ese número es el seiscientos sesenta y seis. *q*

14 El Cordero y los elegidos

1 Vi al Cordero, que estaba de pie sobre el monte Sión. *a* Con él había ciento cuarenta y cuatro mil personas *b* que tenían escrito en la frente el nombre del Cordero y de su Padre. *c* **2** Luego oí un sonido que venía del cielo; era como el sonido de una cascada, como el retumbar de un fuerte trueno; era un sonido como el de muchos arpistas tocando sus arpas. **3** Y cantaban un canto nuevo delante del trono y delante de los cuatro seres vivientes y de los ancianos. *d* Ninguno podía aprender aquel canto, sino solamente los ciento cuarenta y cuatro mil que fueron salvados de entre los de la tierra. **4** Estos son vírgenes, no se contaminaron con mujeres; *e* son los que siguen al Cordero por dondequiera que va. Fueron salvados de entre los hombres como primera ofrenda *f* para Dios y para el Cordero. **5** No se encontró ninguna mentira en sus labios, *g* pues son intachables.

El Hijo del hombre y seis ángeles *h*

6 Vi otro ángel, que volaba en medio cielo y que llevaba un mensaje eterno para anunciarlo a los que viven en la tierra, a todas las naciones, razas, lenguas y pueblos. **7** Decía con fuerte voz: "Teman a Dios y denle alabanza, pues ya llegó la hora en que él ha de juzgar. Adoren al que hizo el cielo y la tierra, el mar y los manantiales."

8 Lo siguió un segundo ángel, que decía: "¡Ya cayó, ya cayó la gran Babilonia, *i* la que emborrachó a todas las naciones con el vino de su prostitución!" *j*

9 Luego los siguió otro ángel, el tercero, que decía con fuerte voz: "Si alguno adora al monstruo y a su imagen, y se deja poner su marca en la frente o en la mano, **10** tendrá que beber el vino de la ira de Dios, que se ha preparado puro en la copa de su enojo; *k* y será atormentado con fuego y azufre *l* delante de los santos ángeles y del Cordero. **11** El humo de su tormento sube por todos los siglos, *m* y no hay descanso de día ni de noche para los que adoran al monstruo y a su imagen y reciben la marca de su nombre."

12 ¡Aquí se verá la fortaleza del pueblo santo, *n* de aquellos que cumplen sus mandamientos y son fieles a Jesús!

13 Entonces oí una voz del cielo, que me decía: "Escribe esto: 'Dichosos de aquí en adelante los que mueren unidos al Señor.' " *ñ*

"Sí—dice el Espíritu—, ellos descansarán de sus trabajos, pues sus obras los acompañan."

14 Miré, y vi una nube blanca, y sobre la nube estaba sentado alguien que parecía ser un hijo de hombre. *o* Llevaba una corona de oro en la cabeza y una hoz afilada en la mano. **15** Y salió del templo otro ángel, gritando con fuerte voz al que estaba sentado en la nube: "¡Mete tu hoz y recoge la cosecha; porque ya llegó la hora, y la cosecha

---

m **13.11-12** El *segundo monstruo*, llamado *falso profeta* en Ap 16.13; 19.20; 20.10, está al servicio del primero y tiene características semejantes. Varias de las alusiones concretas ya no son claras para el lector de hoy.

n **13.12** *Herida mortal:* Véase 13.3 n.

ñ **13.14** Mt 24.24; 2 Ts 2.9-10.

o **13.16** *Una marca:* en imitación burlona (véase 13.1-2 n.) del sello de Dios *en la frente* de los suyos (Ap 7.2-3; 14.1).

p **13.18** *Se verá:* o *se requiere* (véase 13.10 nota *l*).

q **13.18** *Seiscientos sesenta y seis:* Unos pocos mss. dicen *seiscientos dieciséis*. Es probable que con este número el autor hiciera referencia a un nombre concreto, conocido también de los primeros lectores. No es claro, sin embargo, el significado de este número.

a **14.1** En contraste con los monstruos anteriores, aparece la figura del Cordero. Lo rodea el pueblo de Dios, que entona un canto de alabanza por la salvación obtenida.

b **14.1** *Ciento cuarenta y cuatro mil personas:* Véase Ap 7.4 n.

c **14.1** Ap 3.12; 7.3-4; cf. Ez 9.4.

d **14.3** Cf. Ap 4.2-8; 5.9-10.

e **14.4** *Estos son vírgenes... mujeres:* en el sentido de haberse mantenido limpios de la idolatría, simbolizada aquí por la prostitución (véase Ap 2.14 nota *t*).

f **14.4** Ex 23.19; Stg 1.18.

g **14.5** *No se encontró... sus labios:* No invocaron a los falsos dioses, acción que el AT designa con frecuencia con el término *mentira*. Cf. Sof 3.13.

h **14.6-20** La sexta figura simbólica de esta sección está formada por el Hijo del hombre (14.14) precedido de tres ángeles (14.6-13) y seguido de otros tres (14.14-20), que en total hacen una septena. Estas figuras anuncian la realización del juicio.

i **14.8** Is 21.9; cf. Dn 4.30 (27). *Babilonia:* ciudad que en el AT aparece como enemiga de Israel y objeto de la condenación de Dios (Is 13.1—14.23; 47.1-15; Jer 50—51). En tiempos del NT, el nombre se usaba también para simbolizar a Roma, capital del Imperio Romano (1 P 5.13 nota *ñ*).

j **14.8** Jer 51.7-8; Ap 17.2; 18.2-3. Se refiere a la idolatría, usando como figura la prostitución. Véase 2.14 nota *t*.

k **14.10** Ap 16.19; cf. Is 51.17; Jer 25.15.

l **14.10** *Fuego y azufre:* Ap 19.20; 20.10; cf. Gn 19.24; Sal 11.6; Ez 38.21-22. Véase Ap 9.17 n.

m **14.11** Ap 19.3. Cf. Is 34.10.

n **14.12** Ap 13.10. *Se verá:* o *se requiere* (véase Ap 13.10 nota *l*).

ñ **14.13** La segunda "bienaventuranza" de este libro; véase Ap 1.3 nota *f*.

o **14.14** *Alguien que parecía ser un hijo de hombre:* Ap 1.13. Cf. Dn 7.13.

de la tierra está madura!" ᵖ ¹⁶ El que estaba sentado en la nube pasó entonces su hoz sobre la tierra, y recogió la cosecha de la tierra. ᵍ

¹⁷ Luego otro ángel salió del templo que está en el cielo, llevando él también una hoz afilada. ¹⁸ Y del altar salió otro ángel, que tenía autoridad sobre el fuego y que llamó con fuerte voz al que llevaba la hoz afilada, diciendo: "¡Mete tu hoz afilada, y corta con ella los racimos de los viñedos que hay en la tierra, porque ya sus uvas están maduras!" ¹⁹ El ángel pasó su hoz sobre la tierra y cortó las uvas de los viñedos de la tierra, y luego las echó en el gran recipiente que se usa para exprimirlas y que simboliza la ira de Dios. ²⁰ Las uvas fueron exprimidas fuera de la ciudad, ʳ y del recipiente salió sangre, ˢ que llegó a la altura de los frenos de los caballos en una extensión de trescientos kilómetros.

15 *Siete ángeles con siete calamidades* ᵃ ¹ Vi en el cielo otra señal grande y asombrosa: siete ángeles con las siete últimas calamidades, con las cuales llegaba a su fin la ira de Dios.

V. LAS SIETE COPAS (15.2—16.21) ᵇ

Visión preparatoria ² Vi también lo que parecía ser un mar de cristal ᶜ mezclado con fuego; junto a ese mar de cristal estaban de pie, con arpas ᵈ que Dios les había dado, los que habían alcanzado la victoria sobre el monstruo y su imagen, y sobre el número de su nombre. ᵉ ³ Y cantaban el canto de Moisés, ᶠ siervo de Dios, y el canto del Cordero. Decían:

"Grande y maravilloso es todo lo que has hecho,
Señor, Dios todopoderoso;
rectos y verdaderos son tus caminos,
oh Rey de las naciones.
⁴ ¿Quién no te temerá, oh Señor?
¿Quién no te alabará? ᵍ
Pues solamente tú eres santo;
todas las naciones vendrán y te adorarán, ʰ
porque tus juicios han sido manifestados."

⁵ Después de esto, miré y vi abrirse en el cielo el santuario, la tienda de la alianza. ⁱ ⁶ Del santuario salieron aquellos siete ángeles que llevaban las siete calamidades. Iban vestidos de lino limpio y brillante, y llevaban cinturones de oro a la altura del pecho. ⁷ Uno de los cuatro seres vivientes ʲ dio a cada uno de los siete ángeles una copa de oro llena de la ira de Dios, el cual vive por todos los siglos. ⁸ Y el santuario se llenó del humo ᵏ procedente de la grandeza y del poder de Dios, y nadie podía entrar en él hasta que hubieran terminado las siete calamidades que llevaban los siete ángeles.

16 ¹ Oí una fuerte voz, que salía del santuario y que decía a los siete ángeles: "Vayan y vacíen sobre la tierra esas siete copas de la ira de Dios."

Las siete copas ᵃ ² El primer ángel fue y vació su copa sobre la tierra; y a toda la gente que tenía la marca del monstruo y adoraba su imagen, le salió una llaga maligna y dolorosa. ᵇ

³ El segundo ángel vació su copa sobre el mar, y el agua del mar se volvió sangre, como la de un hombre asesinado, y murió todo lo que en el mar tenía vida. ᶜ

⁴ El tercer ángel vació su copa sobre los ríos y manantiales, y se volvieron sangre. ᵈ ⁵ Luego oí que el ángel de las aguas decía:

"Tú eres justo por haber juzgado así,
oh Dios santo, que eres y que eras,
⁶ porque ellos derramaron la sangre
de tu pueblo santo
y de los profetas,
y ahora tú les has dado a beber sangre.
¡Se lo han merecido!"

⁷ Oí también que el del altar decía: "Sí, oh Señor, Dios todopoderoso, tú has juzgado con verdad y rectitud."

⁸ El cuarto ángel vació su copa sobre el sol, ᵉ y se le dio al sol poder para quemar con fuego a la gente. ⁹ Y todos quedaron terriblemente quemados; pero no se volvieron a Dios ni lo alabaron, sino que dijeron cosas ofensivas contra él, que tiene poder sobre estas calamidades.

ᵖ 14.15 Cf. Jl 3.13 (4.13).
ᵍ 14.14-20 En la Biblia, tanto la cosecha de grano (vv. 14-16) como la vendimia o cosecha de uvas (vv. 17-20) son símbolos del juicio divino (Jer 51.33; Jl 3.13 [4.13]; cf. Mt 13.39-42).
ʳ 14.20 Ap 19.15; cf. Is 63.3; Lm 1.15; Jl 3.13 (4.13).
ˢ 14.20 Se hace referencia al lagar, o recipiente donde se exprime la uva para hacer el vino. Este simboliza la ira de Dios en 14.10; 16.19; 19.15, y llena las siete copas del cap. 16.
ᵃ 15.1 Como última figura simbólica de esta sección (11.19—15.1) pueden verse estos siete ángeles con copas. Esta visión prepara la sección siguiente (15.2—16.21).
ᵇ 15.2—16.21 En esta quinta sección se presenta la visión de siete ángeles que derraman sobre el mundo las copas llenas del vino de la ira de Dios (cf. Ap 14.19).
ᶜ 15.2-3 *Un mar de cristal:* Cf. Ap 4.6.
ᵈ 15.2-3 *Con arpas:* Ap 14.2.
ᵉ 15.2 Ap 13.18.
ᶠ 15.2-3 *El canto de Moisés:* Cf. Ap 14.3; alusión a Ex 15.1-18. La mención del mar recuerda la victoria de Dios sobre los egipcios en el Mar Rojo (Ex 14). Este cap. y el siguiente contienen muchas alusiones a las plagas de Egipto y al éxodo de los israelitas (véanse las notas a 16.2-10 y también 16.13 nota *t*).
ᵍ 15.4 Jer 10.7.
ʰ 15.4 Sal 86.9.
ⁱ 15.5 Ap 11.19; cf. Ex 38.21; Nm 9.15; 18.2. *Tienda de la alianza:* lit. *tienda del testimonio.* Se alude a la "Tienda del encuentro con Dios" o tabernáculo (Ex 39.32), y a su modelo celestial (Ex 25.8-9).
ʲ 15.7 Ap 4.6-8.
ᵏ 15.8 Ex 40.34; 1 R 8.10-11; 2 Cr 5.13-14; Is 6.4.
ᵃ 16.2-21 Las calamidades simbolizadas por las copas recuerdan las de las trompetas (caps. 8—9) y, como ellas, las plagas de Egipto. La destrucción anunciada por las trompetas dejaba una última oportunidad para el arrepentimiento. Aquí, en cambio, es final y definitiva.
ᵇ 16.2 Ex 9.8-11. Cf. Ap 8.7; la primera trompeta, que también afectó a *la tierra* (Ap 8.7).
ᶜ 16.3 La segunda trompeta también afectó al *mar* (Ap 8.8-9).
ᵈ 16.4 Ex 7.17-21; Sal 78.44. También la tercera trompeta afectó a *los ríos y manantiales* (Ap 8.10-11).
ᵉ 16.8 También la cuarta trompeta afectó al *sol* (Ap 8.12).

10 El quinto ángel vació su copa sobre el trono del monstruo, y su reino quedó en oscuridad. [f] La gente se mordía la lengua de dolor; **11** pero ni aun así dejaron de hacer el mal, sino que a causa de sus dolores y sus llagas dijeron cosas ofensivas contra el Dios del cielo.

12 El sexto ángel vació su copa sobre el gran río Éufrates, y el agua del río se secó [g] para dar paso a los reyes que venían de oriente.

13 Vi que de la boca del dragón, de la boca del monstruo y de la boca del falso profeta, [h] salían tres espíritus impuros en forma de ranas. [i] **14** Eran espíritus de demonios, que hacían señales milagrosas y salían a reunir a todos los reyes del mundo para la batalla del gran día del Dios todopoderoso.

15 "Miren, yo vengo como el ladrón. [j] Dichoso el que se mantiene despierto y conserva su ropa, para que no ande desnudo y se vea la vergüenza de su desnudez." [k]

16 Y reunieron a los reyes en el lugar que en hebreo se llama Harmagedón. [l]

17 El séptimo ángel vació su copa en el aire, y desde el santuario salió una fuerte voz que venía del trono y decía: "¡Ya está hecho!" **18** Entonces hubo relámpagos, voces [m] y truenos, y la tierra tembló a causa de un terremoto [n] más violento que todos los terremotos que ha habido desde que hay gente en el mundo. **19** La gran ciudad [ñ] se partió en tres, y las ciudades del mundo se derrumbaron; y Dios se acordó de la gran ciudad de Babilonia, para hacerla beber el vino de su ira terrible. [o] **20** Todas las islas y los montes desaparecieron, [p] **21** y del cielo cayeron sobre la gente enormes granizos, [q] que pesaban más de cuarenta kilos, [r] y los hombres dijeron cosas ofensivas contra Dios por la calamidad del granizo, porque fue un castigo muy grande.

VI. LAS VISIONES DEL JUICIO (17.1—21.1) [a]

17 *Visión preparatoria* **1** Uno de los siete ángeles que tenían las siete copas, vino y me dijo: "Ven, te voy a mostrar el castigo de la gran prostituta [b] que está sentada sobre las aguas. [c] **2** Los reyes del mundo se han entregado a la prostitución con ella, y los habitantes de la tierra se han emborrachado con el vino de su prostitución." [d]

3 Luego, en la visión que me hizo ver el Espíritu, [e] el ángel me llevó al desierto. [f]

La mujer sobre el monstruo Allí vi una mujer montada en un monstruo rojo, el cual estaba cubierto de nombres ofensivos para Dios y tenía siete cabezas y diez cuernos. **4** Aquella mujer iba vestida con ropa de colores púrpura y rojo, y estaba adornada con oro, piedras preciosas y perlas. [g] Tenía en la mano una copa de oro [h] llena de cosas odiosas y de la impureza de su prostitución; **5** y llevaba escrito en la frente un nombre misterioso: "La gran Babilonia, [i] madre de las prostitutas y de todo lo que hay de odioso en el mundo." **6** Luego me di cuenta de que la mujer estaba borracha de la sangre del pueblo santo y de los que habían sido muertos por ser testigos de Jesús. [j]

Al verla, me quedé muy asombrado. **7** Entonces el ángel me dijo: "¿Por qué te asombras? Te voy a decir el significado secreto de esa mujer y del monstruo que la lleva, el que tiene las siete cabezas y los diez cuernos. **8** El monstruo que has visto es uno que antes vivía, pero ya no existe; sin embargo, va a subir del abismo [k] antes de ir a su destrucción total. Los habitantes de la tierra cuyos nombres no están escritos en el libro de la vida [l] desde la creación del mundo, se asombrarán cuando vean ese monstruo que antes vivía y ya no existe, pero que volverá a venir. [m]

---

[f] **16.10** Cf. Ex 10.21-23. La quinta trompeta también causó *oscuridad* (Ap 9.1-2).

[g] **16.12** Cf. Is 11.15; Jer 50.38. La sexta trompeta también desató una invasión que venía del otro lado del *Éufrates* (Ap 9.13-19).

[h] **16.13** El *dragón* y el *monstruo* son los ya mencionados en Ap 12 y 13.1-10, respectivamente. *Falso profeta:* Véase 13.11-12 n.

[i] **16.13** Alusión a una de las plagas de Egipto (cf. Ex 7.25—8.14 [10]).

[j] **16.15** Ap 3.3; cf. Mt 24.42-44; Lc 12.39-40; cf. también 1 Ts 5.2-3. Se interrumpe la narración para incorporar un mensaje de Jesús.

[k] **16.15** La tercera "bienaventuranza" (véase Ap 1.3 nota *f*).

[l] **16.16** Preparación para la batalla final de Ap 19.11-21. *Harmagedón:* única mención de este nombre en toda la Biblia; *en hebreo* significa *monte* (o *región montañosa*) *de Meguido*. El nombre sugiere el conflicto final, ya que en la llanura de Meguido, también llamada valle de Jezreel o de Esdrelón, se habían librado muchas batallas famosas (cf. Jue 5.19; 6.33—7.22; 2 R 9.27; 23.29-30; Zac 12.11).

[m] **16.18** *Voces:* o *estruendos.*

[n] **16.18** Los *relámpagos, voces, truenos* y *un terremoto,* además de los *granizos* (v. 21), también habían precedido y seguido a la séptima trompeta (Ap 11.13,19), y habían sido parte del séptimo sello, con excepción del granizo (Ap 8.5). Véase también Ap 4.5 nota *i*.

[ñ] **16.19** *La gran ciudad:* Roma, capital del Imperio, simbolizada por el nombre de *Babilonia* (véase Ap 14.8 nota *i*).

[o] **16.19** Ap 14.10; cf. Is 51.17; Jer 25.15.

[p] **16.20** Ap 6.14.

[q] **16.21** Cf. Ex 9.22-26. *Granizos:* Se completan las alusiones a las plagas de Egipto.

[r] **16.21** *Más de cuarenta kilos:* lit. *un talento* (véase *Índice temático*).

[a] **17.1—21.1** En la sexta sección del libro se describe, en una serie de visiones sucesivas, el juicio de Dios sobre las potencias humanas enemigas suyas, representadas por Babilonia, símbolo del Imperio Romano, y sobre Satanás, el enemigo que está detrás de aquellas potencias.

[b] **17.1** *Prostituta:* Véase Ap 2.14 nota *t*.

[c] **17.1** *Sentada sobre las aguas:* Cf. v. 15; la imagen ha sido tomada de Jer 51.13.

[d] **17.2** *Prostitución:* Jer 51.7; véase Ap 14.8 nota *j*.

[e] **17.3** *En la visión que me hizo ver el Espíritu:* otra posible traducción: *en éxtasis* (véase Ap 1.10 nota *w*).

[f] **17.3** El *monstruo,* el mismo de Ap 13.1 con sus *siete cabezas y diez cuernos,* parece simbolizar al Imperio Romano y su religión pagana; la *mujer,* a la ciudad de Roma. Los *nombres ofensivos para Dios* pueden ser los títulos divinos dados a los emperadores romanos. Aparece aquí un contraste simétrico: el monstruo es un remedo diabólico del Cordero (véase Ap 13.1-2 n.), y la prostituta, que corresponde a la ciudad pagana, también es un remedo de la esposa del Cordero (véase Ap 19.7-8 n.).

[g] **17.4** Ap 18.16.

[h] **17.4** Cf. Jer 51.7.

[i] **17.5** *Babilonia:* Véase Ap 14.8 nota *i*.

[j] **17.6** Ap 18.24. Alusión gráfica a la muerte de los cristianos perseguidos por el Imperio Romano.

[k] **17.8** *Abismo:* Ap 11.7. Véase 9.1 nota *b*, y cf. 20.1-3.

[l] **17.8** *Libro de la vida:* Véase Ap 3.5 nota *f*; cf. Ap 13.8.

[m] **17.8** *Antes vivía y ya no existe, pero que volverá a venir:* expresión que se contrapone a la aplicada a Dios en Ap 1.4,8; 4.8; véase

9 "Aquí se verá[n] quién tiene sabiduría y entendimiento: Las siete cabezas representan siete montes sobre los que esa mujer está sentada;[ñ] las cabezas, a su vez, representan siete reyes.[o] **10** Cinco de estos reyes ya cayeron, uno de ellos gobierna ahora y el otro no ha venido todavía. Pero cuando venga, no durará mucho tiempo. **11** El monstruo que antes vivía y que ya no existe, es el octavo rey; aunque es también uno de los otros siete, y se encamina a su destrucción total.[p]

12 "Los diez cuernos que has visto son diez reyes[q] que todavía no han comenzado a gobernar; pero por una hora recibirán, junto con el monstruo, autoridad como de reyes. **13** Estos diez reyes están de acuerdo, y darán su poder y autoridad al monstruo. **14** Pelearán contra el Cordero; pero el Cordero los vencerá,[r] teniendo con él a los que Dios ha llamado y escogido y son fieles, porque el Cordero es Señor de señores y Rey de reyes."[s]

15 El ángel me dijo también: "Las aguas que viste, sobre las cuales está sentada la prostituta, son pueblos, gentes, lenguas y naciones.[t] **16** Y los diez cuernos que viste y el monstruo odiarán a la prostituta, y la dejarán abandonada y desnuda; comerán la carne de su cuerpo, y la quemarán con fuego.[u] **17** Dios les ha puesto en el corazón la determinación de hacer lo que él quiere que hagan: se pondrán de acuerdo para entregar su autoridad de reyes al monstruo, hasta que se cumpla lo que Dios ha dicho. **18** La mujer que viste es aquella gran ciudad que domina a los reyes del mundo."[v]

18 La caída de Babilonia[a]

1 Después de esto, vi otro ángel que bajaba del cielo; tenía mucha autoridad, y la tierra quedó iluminada con su resplandor. **2** Con fuerte voz gritaba:

"¡Ya cayó, ya cayó la gran Babilonia![b]
¡Se ha vuelto vivienda de demonios,
guarida de toda clase de espíritus impuros,
nido de toda clase de aves impuras
y de fieras impuras y odiosas![c]

3 Pues todas las naciones se emborracharon
con el vino de su prostitución;[d]
los reyes del mundo
se prostituyeron con ella,
y los comerciantes del mundo
se hicieron ricos con su exagerado derroche."

4 Oí otra voz del cielo, que decía:

"Salgan de esa ciudad, ustedes que son mi pueblo,[e]
para que no participen en sus pecados
ni los alcancen sus calamidades;
5 pues sus pecados se han amontonado hasta el cielo,[f]
y Dios ha tenido presentes sus maldades.
6 Denle lo mismo que ella ha dado a otros;[g]
páguenle el doble de lo que ha hecho;
mézclenle una bebida dos veces más fuerte
que la que ella mezcló para otros;
7 denle tormento y sufrimiento
en la medida en que se entregó al orgullo
y al derroche.
Pues dice en su corazón:
'Aquí estoy sentada como una reina.
No soy viuda, ni sufriré.'
8 Por eso, en un solo día le vendrán sus calamidades:[h]
muerte, aflicción y hambre,
y será quemada en el fuego;
porque poderoso es Dios, el Señor,
que la ha condenado."

9 Los reyes del mundo que se prostituyeron con ella y se entregaron al derroche, llorarán y harán lamentación por ella cuando vean el humo de su incendio. **10** Se quedarán lejos por miedo a su castigo, y dirán:

"¡Ay, ay de ti, la gran ciudad,
Babilonia, la ciudad poderosa!
Porque en un instante llegó tu castigo."[i]

11 Los comerciantes del mundo también llorarán y harán lamentación por esa ciudad, porque ya no habrá quien les compre sus cargamentos:[j] **12** cargamentos de oro, plata, piedras preciosas, perlas, telas de lino fino y de seda, de color púrpura y rojo; toda clase de maderas aromáticas; objetos de marfil, de maderas preciosas, de bronce, de

---

13.1-2 n., y que coincide con la descripción, en Ap 13.3, del mismo monstruo.
[n] **17.9** *Se verá*: o *se requiere* (véase Ap 13.10 nota *l*).
[ñ] **17.9** Probable alusión a Roma, conocida como la "ciudad de las siete colinas", por los *siete montes* sobre los que estaba construida (véase también 17.18 n.).
[o] **17.9** *Siete reyes:* Puede referirse a siete emperadores romanos o, con mayor probabilidad, a una larga serie de emperadores simbolizada por el número siete. Algunos intérpretes ven en los siete montes y en los siete reyes, una serie de gobiernos o imperios, como en el caso de los cuatro monstruos de Dn 7 (cf. Dn 7.17). En tal caso, el número siete podría simbolizar la totalidad de los poderes del mundo.
[p] **17.10-11** Las características del lenguaje simbólico no permiten identificar con certeza a estos reyes.
[q] **17.12** Cf. Dn 7.7,23-24. La corta duración (*por una hora*) simboliza lo perecedero de las fuerzas que se oponen al Cordero (v. 14).
[r] **17.14** Ap 19.19-21.
[s] **17.14** Ap 19.16; cf. Dt 10.17; Dn 2.47.
[t] **17.15** Sobre esta imagen, véase 17.1 nota *c*.
[u] **17.16** Cf. Ez 23.25-30; Os 2.3 (5).
[v] **17.18** A fines del siglo I d.C., esta descripción solo podía aplicarse a la Roma imperial, la cual, como Babilonia en el AT, se había convertido en prototipo de todo poder humano enemigo de Dios (véase Ap 14.8 nota *t*).
[a] **18.1—19.5** La destrucción de Babilonia (cf. Ap 14.8, y véase 17.18 n.), predicha al final del cap. 17, no se narra, sino se presenta por medio de una serie de lamentos y declaraciones emitidos por unas voces celestiales (18.1-8, 21-23), por los que habían sido clientes y aliados de aquella ciudad (18.9-20) y por una multitud en el cielo (19.1-3). Su estilo y lenguaje recuerdan en gran parte las profecías del AT, especialmente las pronunciadas contra Tiro (Ez 26—27) y Babilonia (Is 13—14; Jer 50—51).
[b] **18.2** Ap 14.8; cf. Is 21.9; Jer 51.8.
[c] **18.2** Is 13.19-22; 34.11-17; Jer 50.39; Bar 4.35.
[d] **18.3** *Prostitución:* Ap 2.14 nota *t*; cf. Ap 14.8; 17.2; y también Is 23.17; Jer 51.7.
[e] **18.4** Is 48.20; Jer 50.8; 51.6,45.
[f] **18.5** Jer 51.9; cf. Gn 18.20-21.
[g] **18.6** Jer 50.29; cf. Sal 137.8.
[h] **18.7-8** Is 47.7-9; Sof 2.15.
[i] **18.9-10** Ez 26.16-17.
[j] **18.11** Cf. Ez 27.29-36.

hierro y de mármol; **13** cargamentos de canela y especias aromáticas; incienso, perfumes y resinas; vino, aceite, harina fina y trigo; animales de carga, ovejas, caballos, carros y hasta esclavos, que son vidas humanas. [k] **14** Y dirán a la ciudad:

"¡Ya no tienes las ricas frutas
que tanto te gustaban;
para siempre has perdido
todos tus lujos y riquezas!"

15 Los que negociaban con esas cosas y se hicieron ricos a costa de la ciudad, se quedarán lejos por miedo a su castigo, llorando y lamentándose, [l] **16** y dirán:

"¡Ay, ay de la gran ciudad!
Vestida de lino fino,
con ropas de color púrpura y rojo,
adornada con oro, perlas y piedras preciosas. [m]
17 ¡Y en un instante se ha acabado tanta riqueza!"

Todos los capitanes de barco y los que navegan por la costa, los marineros y todos los que se ganan la vida en el mar, se quedaron lejos [n] **18** y, al ver el humo del incendio de la ciudad, gritaron: "¿Qué otra ciudad podía compararse a esta gran ciudad?" **19** Y se echaron polvo en la cabeza, llorando y lamentándose, y gritaron:

"¡Ay, ay de la gran ciudad!
Con su riqueza se hicieron ricos
todos los que tenían barcos en el mar.
¡Y en un instante ha quedado destruida!" [ñ]

20 Tú, oh cielo, alégrate
por causa de esa ciudad;
y alégrense ustedes, los del pueblo santo, [o]
y los apóstoles y los profetas,
porque Dios, al condenarla,
les ha hecho justicia a ustedes.

21 Entonces un ángel poderoso levantó una piedra, que era como una gran piedra de molino, y lanzándola al mar dijo:

"Así serás tú echada abajo,
Babilonia, la gran ciudad,
y nunca más te volverán a ver. [p]
22 Nunca más se oirá en tus calles
música de arpas, flautas y trompetas, [q]
ni habrá en ti trabajadores de ningún oficio,
ni se oirá en ti el ruido de la piedra del molino.
23 Nunca más brillará en ti la luz de una lámpara,
ni se oirá en ti el bullicio de las fiestas de bodas. [r]
Porque tus comerciantes eran los
poderosos del mundo
y engañaste a todas las naciones con tus brujerías."

24 Pues en esa ciudad se ha encontrado la sangre de los profetas y del pueblo santo, y de todos los que han sido asesinados en el mundo. [s]

19

1 Después de esto, oí las fuertes voces de una gran multitud que decía en el cielo:

"¡Aleluya!
La salvación, la gloria y el poder
son de nuestro Dios, [a]
2 porque él juzga rectamente y con verdad;
pues ha condenado a la gran prostituta
que con su prostitución corrompió al mundo;
ha vengado en ella
la muerte de los siervos de Dios." [b]

3 Luego volvieron a decir:
"¡Aleluya!
El humo de ella nunca dejará de subir." [c]

4 Y los veinticuatro ancianos y los cuatro seres vivientes se postraron hasta el suelo y adoraron a Dios, que estaba sentado en el trono. Y decían: "¡Amén! ¡Aleluya!" [d] **5** Desde el trono se oyó entonces una voz, que decía:

"¡Alaben a nuestro Dios
todos ustedes, pequeños y grandes,
todos ustedes que lo sirven
y le tienen reverencia!" [e]

Canto de alabanza **6** Oí también algo como las voces de mucha gente, como el sonido de una cascada [f] y de fuertes truenos. Decían:

"¡Aleluya!
Porque ha comenzado a gobernar el Señor,
nuestro Dios todopoderoso. [g]
7 Alegrémonos,
llenémonos de gozo y démosle gloria,
porque ha llegado el momento
de las bodas del Cordero.
Su esposa [h] se ha preparado:
8 se le ha permitido vestirse
de lino fino, limpio y brillante, [i]

---

[k] **18.12-13** Cf. Ez 27.12-24.
[l] **18.15** Ez 27.31,36.
[m] **18.16** Descripción de la prostituta; cf. Ap 17.4.
[n] **18.17** Is 23.14; Ez 27.26-30.
[ñ] **18.18-19** Ez 27.30-34.
[o] **18.20** Dt 32.43; Jer 51.48.
[p] **18.21** Jer 51.63-64; Ez 26.21.
[q] **18.22** Is 24.8; Ez 26.13.
[r] **18.22-23** Jer 25.10.
[s] **18.24** Jer 51.49; cf. Lc 11.50.
[a] **19.1** Ap 7.9-10. *¡Aleluya!:* Esta aclamación litúrgica hebrea, que aparece en los Salmos (cf. Sal 104.35, etc.), equivale a "Alabado sea el Señor", y se conservó en otras lenguas como expresión de gozosa alabanza a Dios.
[b] **19.2** Dt 32.43.
[c] **19.3** Ap 14.11; cf. Is 34.10.
[d] **19.4** Ap 4.3-6,9-10. *¡Amén!:* Véase 1.6 nota *p*.
[e] **19.5** Ap 11.18; cf. Sal 115.13.
[f] **19.6** Cf. Ez 1.24; 43.2; Ap 1.15.
[g] **19.6** V. 1; cf. Ap 7.9-10 y Sal 93.1; 97.1; 99.1. *¡Aleluya!:* Véase 19.1 n.
[h] **19.7-8** El AT considera a Israel como la esposa del Señor (Is 54.5-6; 62.5; Jer 2.2; Ez 16; Os 2.19-20 [21-22]). En el NT, esta idea generalmente se aplica a la relación entre Cristo y la iglesia (cf. 2 Co 11.2; Ef 5.23-32); en Ap 21.9-10 la esposa del Cordero es la nueva Jerusalén.
[i] **19.8** Cf. Is 52.1; Zac 3.4-5.

porque ese lino es la recta conducta del pueblo santo."

⁹ El ángel me dijo: "Escribe: 'Felices ʲ los que han sido invitados al banquete de bodas ᵏ del Cordero.' " Y añadió: "Estas son palabras verdaderas de Dios."

¹⁰ Me arrodillé a los pies del ángel, para adorarlo, pero él me dijo: "No hagas eso, pues yo soy siervo de Dios, lo mismo que tú y tus hermanos que siguen fieles al testimonio de Jesús. Adora a Dios." ˡ

Pues ese testimonio de Jesús ᵐ es el que inspira a los profetas.

El jinete vencedor ¹¹ Vi el cielo abierto; ⁿ y apareció un caballo blanco, y el que lo montaba se llamaba Fiel y Verdadero, ñ porque con rectitud gobernaba ᵒ y hacía la guerra. ¹² Sus ojos brillaban como llamas de fuego, ᵖ llevaba en la cabeza muchas coronas y tenía un nombre escrito que solamente él conocía. ¹³ Iba vestido con ropa teñida de sangre, ᵠ y su nombre era: La Palabra de Dios. ʳ ¹⁴ Lo seguían los ejércitos del cielo, vestidos de lino fino, blanco y limpio, y montados en caballos blancos. ¹⁵ Le salía de la boca una espada afilada, ˢ para herir con ella a las naciones. Las gobernará con cetro de hierro. ᵗ Y él mismo pisará las uvas para sacar el vino de la ira terrible del Dios todopoderoso. ᵘ ¹⁶ En su manto y sobre el muslo llevaba escrito este título: "Rey de reyes y Señor de señores." ᵛ

La victoria sobre el monstruo ¹⁷ Y vi un ángel que, puesto de pie en el sol, gritaba con fuerza a todas las aves de rapiña que vuelan en medio del cielo: "¡Vengan y reúnanse para la gran cena de Dios, ¹⁸ para que coman carne de reyes, de jefes militares y de hombres valientes, carne de caballos y de sus jinetes, carne de todos: de libres y de esclavos, de pequeños y de grandes!" ʷ

¹⁹ Vi al monstruo y a los reyes del mundo con sus ejércitos, que se habían reunido para pelear contra el que montaba aquel caballo y contra su ejército. ²⁰ El monstruo ˣ fue apresado, junto con el falso profeta ʸ que había hecho señales milagrosas en su presencia. Por medio de esas señales, el falso profeta había engañado a los que se dejaron poner la marca del monstruo y adoraron su imagen. Entonces el monstruo y el falso profeta fueron arrojados vivos al lago de fuego donde arde el azufre. ᶻ ²¹ Y los demás fueron muertos con la espada que salía de la boca del que montaba el caballo, y todas las aves de rapiña se hartaron de la carne de ellos. ᵃ

20 **La victoria sobre el diablo** ¹ Vi un ángel que bajaba del cielo con la llave del abismo ᵃ y una gran cadena en la mano. ² Este ángel sujetó al dragón, aquella serpiente antigua ᵇ que es el Diablo y Satanás, y lo encadenó por mil años. ᶜ ³ Lo arrojó al abismo, donde lo encerró, y puso un sello sobre la puerta para que no engañara a las naciones hasta que pasaran los mil años, al cabo de los cuales habrá de ser soltado por un poco de tiempo.

⁴ Vi tronos, y en ellos estaban sentados los que habían recibido autoridad para juzgar. ᵈ Vi también las almas de aquellos a quienes les cortaron la cabeza por haber sido fieles al testimonio de Jesús y al mensaje de Dios. Ellos no habían adorado al monstruo ni a su imagen, ni se habían dejado poner su marca ᵉ en la frente o en la mano. Y vi que volvieron a vivir y que reinaron con Cristo mil años. ⁵ Pero los otros muertos no volvieron a vivir hasta después de los mil años. Esta es la primera resurrección. ⁶ ¡Dichosos los que tienen parte en la primera resurrección, pues pertenecen al pueblo santo! ᶠ La segunda muerte ᵍ no tiene ningún poder sobre ellos, sino que serán sacerdotes ʰ de Dios y de Cristo, y reinarán con él los mil años.

⁷ Cuando hayan pasado los mil años, Satanás será soltado de su prisión, ⁸ y saldrá a engañar a las naciones de los cuatro extremos de la tierra, a Gog y a Magog, ⁱ cuyos ejércitos, numerosos como la arena del mar, reunirá para la batalla.

ʲ **19.9** *Felices:* la cuarta "bienaventuranza" (véase Ap 1.3 nota *f*).
ᵏ **19.9** *Banquete de bodas:* Véase Mt 8.11 nota *i*; cf. Mt 22.1-14; 25.1-13.
ˡ **19.10** Ap 22.8-9.
ᵐ **19.10** Esto es, el testimonio dado por Jesús, o bien, el mensaje acerca de él. Véase 1.2 nota *d*.
ⁿ **19.11** *Abierto:* Ez 1.1; véase Ap 4.1 n.
ñ **19.11** *Fiel y Verdadero:* atributos de Cristo (Ap 3.14; cf. Jn 1.17). Véase también 3.14 nota *q*.
ᵒ **19.11** Sal 96.13; Is 9.6-7 (5-6); 11.1-5.
ᵖ **19.12** Ap 1.14; 2.18; cf. Dn 10.6.
ᵠ **19.13** Cf. Is 63.1-6. Aquí, según la mayoría de los comentaristas, la *sangre* representa la de los enemigos derrotados por Cristo.
ʳ **19.13** Cf. Jn 1.1,14; cf. también Sab 18.14-16.
ˢ **19.15** Ap 1.16. *Le salía de la boca una espada:* imagen simbólica de la palabra del rey victorioso (v. 13; cf. Is 49.2; Heb 4.12).
ᵗ **19.15** Ap 2.27-28; 12.5; cf. Sal 2.9.
ᵘ **19.15** Ap 14.19-20; cf. Is 63.3; Lm 1.5; Jl 3.13 (4.13).
ᵛ **19.16** Ap 17.14; cf. Dt 10.17.
ʷ **19.17-18** Ez 39.17-20. Esta *gran cena* contrasta con el *banquete de bodas* del v. 9.
ˣ **19.20** *El monstruo:* Cf. Ap 13.1-18.
ʸ **19.20** *El falso profeta:* Cf. Ap 13.11-17.

ᶻ **19.20** El *lago de fuego* corresponde al abismo (20.1-3). Cf. Ap 20.10; 21.8; véase Ap 9.17 n.
ᵃ **19.19-21** Descripción del conflicto para el cual *los reyes del mundo* habían sido reunidos según Ap 16.14,16; 17.14; véase Ap 16.16 n.
ᵃ **20.1** *Abismo:* Véase Ap 9.1 nota *b*.
ᵇ **20.2** Ap 12.9; cf. Gn 3.1-5.
ᶜ **20.2** *Mil años:* periodo mencionado en estos términos únicamente en este pasaje de la Biblia (vv. 2-7). Ha recibido muchas interpretaciones; probablemente los primeros lectores del Apocalipsis habrán visto este número, lo mismo que otros que aparecen en el libro, como simbólico, sugestivo en este caso de una época ideal y, quizá, de lo completa (10 x 10 x 10) que es la victoria de Dios sobre Satanás.
ᵈ **20.4** Dn 7.9,22,27; Mt 19.28; Lc 22.30. Se trata del reinado de los mártires en unión con Cristo; véase Ap 6.9-10 n.
ᵉ **20.4** Ap 13.16-17; 14.9. *Su marca:* Véase Ap 13.16 n.
ᶠ **20.6** La quinta "bienaventuranza"; véase Ap 1.3 nota *f*.
ᵍ **20.6** *La segunda muerte:* Véase Ap 2.11 n.
ʰ **20.6** Ap 1.6; 5.10; cf. 1 P 2.5,9.
ⁱ **20.8** *Gog y Magog:* alusión a Ez 38—39; aquí se trata de las naciones del mundo entero.

⁹ Y subieron por lo ancho de la tierra, y rodearon el campamento del pueblo santo, y la ciudad que él ama.ʲ Pero cayó fuego del cielo y los quemó por completo. ¹⁰ Y el diablo, que los había engañado, fue arrojado al lago de fuego y azufre,ᵏ donde también habían sido arrojados el monstruo y el falso profeta. Allí serán atormentados día y noche por todos los siglos.

El juicio ¹¹ Vi un gran trono blanco, y al que estaba sentado en él.ˡ Delante de su presencia desaparecieron completamente la tierra y el cielo, y no se los volvió a ver por ninguna parte. ¹² Y vi los muertos, grandes y pequeños, de pie delante del trono; y fueron abiertos los libros, y también otro libro, que es el libro de la vida.ᵐ Los muertos fueron juzgados de acuerdo con sus hechos y con lo que estaba escrito en aquellos libros.ⁿ ¹³ El mar entregó sus muertos, y el reino de la muerteñ entregó los muertos que había en él; y todos fueron juzgados, cada uno conforme a lo que había hecho. ¹⁴ Luego el reino de la muerte fue arrojado al lago de fuego.ᵒ Este lago de fuego es la muerte segunda,ᵖ ¹⁵ y allí fueron arrojados los que no tenían su nombre escrito en el libro de la vida.

21
¹ Después vi un cielo nuevo y una tierra nueva;ᵃ porque el primer cielo y la primera tierra habían dejado de existir,ᵇ y también el mar.ᶜ

VII. LA NUEVA JERUSALÉN (21.2—22.5)ᵈ

² Vi la ciudad santa,ᵉ la nueva Jerusalén, que bajaba del cielo,ᶠ de la presencia de Dios. Estaba arreglada como una novia vestida para su prometido.ᵍ ³ Y oí una fuerte voz que venía del trono, y que decía: "Aquí está el lugar donde Dios vive con los hombres.ʰ Vivirá con ellos, y ellos serán sus pueblos,ⁱ y Dios mismo estará con ellos como su Dios.ʲ ⁴ Secará todas las lágrimas de ellos,ᵏ y ya no habrá muerte,ˡ ni llanto, ni lamento, ni dolor;ᵐ porque todo lo que antes existía ha dejado de existir."

⁵ El que estaba sentado en el trono dijo: "Yo hago nuevas todas las cosas." Y también dijo: "Escribe, porque estas palabras son verdaderas y dignas de confianza." ⁶ Después me dijo: "Ya está hecho. Yo soy el alfa y la omega, el principio y el fin.ⁿ Al que tenga sed le daré a beber del manantial del agua de la vida, sin que le cueste nada.ñ ⁷ El que salga vencedorᵒ recibirá todo esto como herencia; y yo seré su Dios y él será mi hijo.ᵖ ⁸ Pero en cuanto a los cobardes, los incrédulos, los odiosos, los asesinos, los que cometen inmoralidades sexuales, los que practican la brujería, los que adoran ídolos, y todos los mentirosos,ᑫ a ellos les tocará ir al lago de azufre ardiente, que es la segunda muerte."ʳ

⁹ Vino uno de los siete ángeles que tenían las siete copasˢ llenas de las siete últimas calamidades, y me dijo: "Ven, que te voy a enseñar a la novia, la esposa del Cordero."ᵗ ¹⁰ Y en la visión que me hizo ver el Espíritu,ᵘ el ángel me llevó a un monte grande y alto, y me mostró la gran ciudad santa de Jerusalén,ᵛ que bajaba del cielo, de la presencia de Dios. ¹¹ La ciudad brillaba con el resplandor de Dios;ʷ su brillo era como el de una piedra preciosa, como un diamante, transparente como el cristal. ¹² Alrededor de la ciudad había una muralla grande y alta, que tenía doce puertas, y en cada puerta había un ángel; en las puertas estaban escritos los nombres de las doce tribus de Israel. ¹³ Tres puertas daban al este, tres al norte, tres al sur y tres al oeste.ˣ ¹⁴ La muralla de la ciudad tenía doce piedras por base, en las que estaban escritos los nombres de los doce apóstolesʸ del Cordero.

¹⁵ El ángel que hablaba conmigo llevaba una caña de oro para medir la ciudad, sus puertas y su muralla.ᶻ ¹⁶ La ciudad era cuadrada; su largo era igual a su ancho. El ángel midió con su caña la ciudad: medía doce mil estadios; su

---

ʲ **20.9** Sal 78.68; 87.2. Cf. Zac 14.
ᵏ **20.10** *Lago de fuego y azufre:* Véase Ap 9.17 n.; cf. 21.8, y también Mt 25.41.
ˡ **20.11** Cf. Ap 4.2.
ᵐ **20.12** *El libro de la vida:* v. 15; véase Ap 3.5 nota f.
ⁿ **20.11-12** Dn 7.9-10. Cf. también Sal 62.11-12 (12-13); Pr 24.12; Jer 17.10; Ez 33.20; Eclo 16.12-14; Mt 16.27; Ro 2.5-6.
ñ **20.13** *Reino de la muerte:* Véase *Índice temático.*
ᵒ **20.14** Cf. 1 Co 15.26.
ᵖ **20.14** *La muerte segunda:* Véase Ap 2.11 n.; cf. Ap 21.8, y también Mt 10.28; 25.41.
ᵃ **21.1** Esta visión concluye la sección que describe el juicio de Dios (17.1—21.1) y prepara la siguiente y última sección del libro (21.2—22.5). *Cielo nuevo y tierra nueva:* Is 65.17; 66.22; 2 P 3.13; cf. Gn 1.1.
ᵇ **21.1** Cf. Ap 20.11.
ᶜ **21.1** *El mar:* símbolo del caos primitivo (Gn 1.1-2), y del poder que se opone a Dios.
ᵈ **21.2—22.5** El Apocalipsis termina con la visión de una nueva Jerusalén que viene del cielo. La imagen de la ciudad se combina con la de la esposa, para simbolizar la unión definitiva y gloriosa de Dios y del Cordero con su pueblo. Nótese el contraste entre la nueva Jerusalén y la ciudad de Babilonia (caps. 17 y 18).
ᵉ **21.2** Is 52.1.
ᶠ **21.2** *La nueva Jerusalén:* Ap 3.12; cf. Gl 4.26; Heb 12.22.
ᵍ **21.2** Ap 19.7-8; cf. Is 61.10.
ʰ **21.3** Ez 37.27; cf. Lv 26.11-12. *El lugar donde Dios vive con los hombres:* lit. *la tienda de Dios con los hombres;* alusión a la Tienda del Encuentro, o tabernáculo, que en el AT simboliza la presencia de Dios en medio de su pueblo (Ex 40). Véase Jn 1.14 nota *n.*
ⁱ **21.3** *Sus pueblos:* Algunos mss. dicen *su pueblo.*
ʲ **21.3** Cf. Is 7.14; Jer 11.4; 30.21-22; Ez 36.28; Zac 8.8. Algunos mss. omiten *como su Dios.*
ᵏ **21.4** Ap 7.17; cf. Is 25.8.
ˡ **21.4** Is 25.8; 1 Co 15.25-26,54-55.
ᵐ **21.4** Is 35.10; 65.19.
ⁿ **21.6** *Alfa... fin:* Véase Ap 1.8 nota *r.*
ñ **21.6** Is 55.1; cf. Jn 4.10,14; 7.37.
ᵒ **21.7** *El que salga vencedor:* expresión con la que concluye cada una de las siete cartas en Ap 2—3, y que aquí forma parte de la conclusión del libro entero.
ᵖ **21.7** 2 S 7.14; Sal 89.26-27 (27-28).
ᑫ **21.8** Véase Ro 1.31 n.
ʳ **21.8** Ap 2.11; 20.14; cf. Mt 10.28; 25.41.
ˢ **21.9** Ap 16.1.
ᵗ **21.9** *La esposa del Cordero:* Véase Ap 19.7-8 n. Hay un contraste con la ciudad prostituta; véase también Ap 17.3 nota *f.*
ᵘ **21.10** *En la visión... Espíritu:* Véase Ap 17.3 nota *e.*
ᵛ **21.10** Cf. Ez 40.1-2.
ʷ **21.11** Is 60.1-2.
ˣ **21.12-13** Ez 48.30-35.
ʸ **21.14** Ef 2.20.
ᶻ **21.15** Cf. Ez 40.3. Las medidas y la forma de *la ciudad* (vv. 16-21) presentan un cuadro rico en detalles que simbolizan la perfección, hermosura y pureza de la nueva Jerusalén. Las medidas son

largo, su alto y su ancho eran iguales. *ᵃ* **17** Luego midió la muralla: medía ciento cuarenta y cuatro codos, *ᵇ* según las medidas humanas que el ángel estaba usando.

18 La muralla estaba hecha de diamante, *ᶜ* y la ciudad era de oro puro, como vidrio pulido. **19** Las piedras de la base de la muralla estaban adornadas con toda clase de piedras preciosas: la primera, con diamante; la segunda, con zafiro; la tercera, con ágata; la cuarta, con esmeralda; **20** la quinta, con ónice; la sexta, con rubí; la séptima, con crisólito; la octava, con berilo; la novena, con topacio; la décima, con crisoprasa; la undécima, con jacinto; y la duodécima, con amatista. *ᵈ* **21** Las doce puertas eran doce perlas; cada puerta estaba hecha de una sola perla. Y la calle principal de la ciudad era de oro puro, como vidrio transparente.

22 No vi ningún santuario en la ciudad, porque el Señor, el Dios todopoderoso, es su santuario, y también el Cordero. *ᵉ* **23** La ciudad no necesita ni sol ni luna que la alumbren, porque la alumbra el resplandor de Dios, *ᶠ* y su lámpara es el Cordero. *ᵍ* **24** Las naciones caminarán a la luz de la ciudad, y los reyes del mundo le entregarán sus riquezas. *ʰ* **25** Sus puertas no se cerrarán de día, y en ella no habrá noche. *ⁱ* **26** Le entregarán las riquezas y el esplendor de las naciones; **27** pero nunca entrará nada impuro, *ʲ* ni nadie que haga cosas odiosas o engañosas. Solamente entrarán los que tienen su nombre escrito en el libro de la vida *ᵏ* del Cordero.

22 **1** El ángel me mostró un río limpio, de agua de vida. *ᵃ* Era claro como el cristal, y salía del trono de Dios y del Cordero. **2** En medio de la calle principal de la ciudad y a cada lado del río, crecía el árbol de la vida, *ᵇ* que da fruto cada mes, es decir, doce veces al año; y las hojas del árbol sirven para sanar a las naciones. *ᶜ* **3** Ya no habrá allí nada puesto bajo maldición. *ᵈ* El trono de Dios y del Cordero estará en la ciudad, y sus siervos lo adorarán. **4** Lo verán cara a cara, *ᵉ* y llevarán su nombre en la frente. *ᶠ* **5** Allí no habrá noche, ni los que allí vivan no necesitarán luz de lámpara ni luz del sol, porque Dios el Señor les dará su luz, *ᵍ* y ellos reinarán por todos los siglos. *ʰ*

Epílogo *ⁱ*

6 El ángel me dijo: "Estas palabras son verdaderas y dignas de confianza. El Señor, el mismo Dios que inspira a los profetas, ha enviado su ángel para mostrar a sus siervos lo que pronto va a suceder."

7 "¡Vengo pronto! ¡Dichoso el que hace caso del mensaje profético que está escrito en este libro!" *ʲ*

8 Yo, Juan, *ᵏ* vi y oí estas cosas. Y después de verlas y oírlas, me arrodillé a los pies del ángel que me las había mostrado, para adorarlo. **9** Pero él me dijo: "No hagas eso, pues yo soy siervo de Dios, lo mismo que tú y que tus hermanos los profetas y que todos los que hacen caso de lo que está escrito en este libro. Adora a Dios." *ˡ*

10 También me dijo: "No guardes en secreto *ᵐ* el mensaje profético que está escrito en este libro, porque ya se acerca el tiempo de su cumplimiento. **11** Deja que el malo siga en su maldad, y que el impuro siga en su impureza; pero que el bueno siga haciendo el bien, y que el santo siga santificándose." *ⁿ*

12 "Sí, vengo pronto, y traigo el premio que voy a dar a cada uno conforme a lo que haya hecho. *ñ* **13** Yo soy el

---

múltiples de doce, y este número simbólico figura en toda la construcción (vv. 12-14,16-17,19-21; véase Ap 4.4 n.).

ᵃ **21.16** *Doce mil estadios:* equivale a 2 200 km. La ciudad tiene base cuadrada, símbolo de perfección. El dato de que la altura es igual, quizá debe entenderse como indicio de que la ciudad tiene la forma de las torres de Babilonia, con rampas ascendentes que las rodean. La altura se referiría solo a la cúspide central. Otros creen que se trata de un cubo, y ven en ello una alusión a la forma del Lugar Santísimo del templo (cf. 1 R 6.20).

ᵇ **21.17** *Ciento cuarenta y cuatro codos:* Equivale a 65 m. No queda claro si se trata de la altura de la muralla o de su grosor.

ᶜ **21.18** *Diamante:* Véase Ap 4.3 n.

ᵈ **21.19-20** Cf. Is 54.11-12; Tb 13.17. Las doce piedras preciosas corresponden en general a las que cubrían el pectoral del sacerdote (Ex 28.17-20; 39.10-13).

ᵉ **21.22** Ez 11.16. En Israel, la presencia de Dios estaba significada por el santuario o parte central del templo. En la nueva Jerusalén no hay templo, porque Dios mismo está presente, y también el Cordero. Véase Jn 1.51 n., y cf. Jn 2.19-21.

ᶠ **21.23** Is 60.1,19-20.

ᵍ **21.23** Jn 8.12.

ʰ **21.24** Is 2.3; 60.3-5; cf. Ap 7.5.

ⁱ **21.25-26** Is 60.11; Zac 14.7.

ʲ **21.27** Is 52.1; Ez 44.9.

ᵏ **21.27** *Libro de la vida:* Véase Ap 3.5 nota *f*; cf. 20.12,15.

ᵃ **22.1** Ez 47.1; Zac 14.8; cf. Gn 2.10; Sal 46.4 (5). Cf. también Jn 4.10,14. En la visión de Ezequiel, el río salía del templo; aquí, sale del trono de Dios y del Cordero (véase Ap 21.22 n.). Véase Jn 7.37-38 nota *ñ*.

ᵇ **22.2** *El árbol de la vida:* Gn 2.9; Ap 2.7.

ᶜ **22.2** Ez 47.12.

ᵈ **22.3** Gn 3.17,22-24. A causa de la maldición del Génesis, al hombre se le había prohibido el acceso al árbol de la vida; en la nueva Jerusalén desaparece la maldición y nuevamente hay acceso a aquel. Cf. Zac 14.11 (gr.); Ro 8.20-21.

ᵉ **22.4** Sal 17.15; Mt 5.8; 1 Jn 3.2.

ᶠ **22.4** Ap 7.3; nótese el contraste con Ap 13.16.

ᵍ **22.5** Is 60.19-20; Zac 14.7; Ap 21.23.

ʰ **22.5** Dn 7.18.

ⁱ **22.6-21** El libro termina con una serie de declaraciones y exhortaciones sin conexión entre sí, algunas dichas por el ángel (vv. 6,9-11) y otras por Jesús mismo (vv. 7,12-13,16,20), y entrelazadas con observaciones del autor.

ʲ **22.7** *¡Vengo pronto!:* o *¡Vengo repentinamente!* (aquí y en 22.12,20; cf. Ap 2.16; 3.11). Las palabras del ángel (v. 6) parecen quedar interrumpidas por las de Jesús. El resto del v. constituye la sexta "bienaventuranza" (véase Ap 1.3 nota *f*), que pueden ser palabras de Jesús o bien del autor, y con las que se concluye el libro en la misma forma en que se inició (cf. Ap 1.3).

ᵏ **22.8** *Yo, Juan:* Ap 1.1,4,9.

ˡ **22.8-9** Ap 19.10.

ᵐ **22.10** *No guardes en secreto:* lit. *No selles;* en contraste con Dn 8.26; 12.4,9.

ⁿ **22.11** Cf. Dn 12.10. Advertencia relacionada con el anuncio de la pronta y repentina venida del Señor.

ñ **22.12** Cf. Jer 17.10; Mt 16.27.

alfa y la omega, el primero y el último, el principio y el fin." º

14 Dichosos[p] los que lavan sus ropas[q] para tener derecho al árbol de la vida[r] y poder entrar por las puertas de la ciudad. **15** Pero fuera se quedarán los pervertidos, [s] los que practican la brujería, los que cometen inmoralidades sexuales, los asesinos, los que adoran ídolos y todos los que aman y practican el engaño. [t]

16 "Yo, Jesús, he enviado mi ángel para declarar todo esto a las iglesias. Yo soy el retoño que desciende de David. [u] Soy la estrella brillante de la mañana." [v]

17 El Espíritu Santo y la esposa del Cordero[w] dicen: "¡Ven!" Y el que escuche, diga: "¡Ven!" Y el que tenga sed, y quiera, venga y tome del agua de la vida sin que le cueste nada. [x]

18 A todos los que escuchan el mensaje profético escrito en este libro, les advierto esto: Si alguno añade algo a estas cosas, Dios le añadirá a él las calamidades que en este libro se han descrito. **19** Y si alguno quita algo del mensaje profético escrito en este libro, Dios le quitará su parte del árbol de la vida y de la ciudad santa que en este libro se han descrito. [y]

20 El que declara esto, [z] dice: "Sí, vengo pronto." Amén. [a] ¡Ven, Señor Jesús! [b]

21 Que el Señor Jesús derrame su gracia sobre todos.

---

[a] **22.12-13** Palabras de Cristo, que incluyen las dichas por Dios al principio del libro (véase Ap 1.8 nota r).
[p] **22.14** Dichosos: la séptima "bienaventuranza" (véase Ap 1.3 nota f).
[q] **22.14** Ap 7.14; cf. 1 Jn 1.7.
[r] **22.14** Gn 2.9; cf. Ap 2.7.
[s] **22.15** Pervertidos: o malvados; lit. perros (cf. Sal 22.16 [17], 20 [21]; véase Flp 3.2 nota b).
[t] **22.15** Cf. Ap 21.8, que indica la suerte de los mismos que aquí se mencionan.
[u] **22.16** El retoño: alusión a Is 11.1,10; cf. Ap 5.5.
[v] **22.16** La estrella brillante de la mañana: Cf. Ap 2.27-28; posible alusión a Nm 24.17.
[w] **22.17** La esposa del Cordero: la iglesia (véase Ap 19.7-8 n.).
[x] **22.17** Is 55.1; Jn 4.10,14; 7.37.
[y] **22.18-19** Este libro: es decir, el libro del Apocalipsis. Hay una probable alusión a Dt 4.2; 12.32 (13.1).
[z] **22.20** El que declara esto: lit. El que testifica de estas cosas: esto es, Jesucristo (cf. v. 16 y Ap 1.2).
[a] **22.20** Amén: Véase Ap 1.6 nota p.
[b] **22.20-21** Ven, Señor Jesús: 1 Co 16.22-23; véase 1 Co 16.23 n.

Ayudas Suplementarias

Ayudas Suplementarias

Índice Temático

Este *Índice temático* ofrece una selección de los términos más significativos del Antiguo y del Nuevo Testamento, ordenados alfabéticamente, y de los lugares más importantes en que se encuentran. A través de estos términos se pueden estudiar los principales temas de la Biblia. Este Índice no pretende ser una "concordancia", es decir, una lista completa de todas las palabras y de todos los lugares donde ellas aparecen en la Biblia.

Para facilitar la búsqueda de los textos, muchos de estos términos tienen subdivisiones donde se agrupan las citas según los diversos usos de cada palabra o según los diversos aspectos del tema. Las citas aparecen de ordinario separadas en las siguientes secciones: [AT] Antiguo Testamento, [DC] Libros Deuterocanónicos y[NT] Nuevo Testamento. Las citas señaladas con asterisco (*) tienen en esta edición una nota explicativa sobre la palabra correspondiente.

En el caso de libros con textos paralelos (libros de los *Reyes* y de las *Crónicas*; evangelios sinópticos, etc.), generalmente sólo se cita uno de ellos. El lector puede encontrar los pasajes paralelos de los otros libros consultando las citas que se encuentran debajo de los títulos que encabezan ese pasaje en esta edición.

Aarón
[AT] Ex 4—14; 27—32; Lv 6—11; Nm 12—20; Eclo 45.6-22.
[NT] Heb 5.4; 7.11.

Abbá Padre (en arameo) Mc 14.36*; Ro 8.15*; Gl 4.6.

Abismo
[NT] Lugar de prisión de los espíritus malignos, imaginado como un pozo profundo Lc 8.31*; Ap 9.1*; 20.1-3. Véanse también **Fuego**; **Infierno**.

Abraham
[AT] (a) Su historia Gn 11—25; Eclo 44.19-21.
(b) "Dios de Abraham" 1 R 18.36; Sal 47.10(10b).
(c) Alianza con Abraham Gn 15.18-21; 17.1-21.
[NT] (a) Patriarca del pueblo de Israel Mt 3.9; Jn 8.33-39; Ro 11.1; Heb 7.5.
(b) De él desciende Jesús Mt 1.1*; Lc 3.34; Gl 3.16.
(c) Creyó a Dios Ro 4.3-22; Gl 3.6-9; Heb 11.17-19; Stg 2.23.
(d) A él hizo Dios las promesas Lc 1.73-75; Hch 7.5,17; Ro 4.13; Gl 3.8,16; Heb 6.13-16.
(e) Las bendiciones y promesas que él recibió se extienden también a los no judíos, por la fe en Cristo Ro 4.16; Gl 3.8-9,14,29.
(f) Padre de todos los creyentes Ro 4.12,16-18; 9.6-8; Gl 3.7,29.
(g) Abraham y Jesús Jn 8.56*,58*.
(h) Sentarse a comer al lado de Abraham ("en el seno de Abraham") Lc 16.22*.

Acciones
Véase **Hacer**.

Adán
[AT] (a) Primer hombre creado por Dios Gn 1.26—2.25; Eclo 33.10; 49.16.
(b) Desobediencia y castigo Gn 3.
[NT] (a) Primer hombre Lc 3.38; 1 Co 15.45-48; 1 Ti 2.13.

(b) Por su pecado todos mueren Ro 5.12*-21; 1 Co 15.21-22.
(c) Jesucristo, último Adán 1 Co 15.45.

Adopción, hijos adoptivos
[NT] (a) Los israelitas Ro 9.4.
(b) Los creyentes en Jesucristo Ro 8.15*; 8.23; Gl 4.5-7; Ef 1.5.

Adorar
[AT] (a) A Dios Dt 6.13; 2 R 17.36; Sal 66.4; 95.6; Is 27.13.
(b) A otros dioses Ex 20.4-6; 32; 34.14; Jue 2.11-14; 1 R 9.9; Is 44.10-11; Sab 13—15; Bar 6; Dn (dc) 14.
[NT] (a) A Dios Mt 4.10; Jn 4.20-24; 12.20; Hch 8.27; 1 Co 14.25; Ap 4.9-11; 11.1; 14.9.
(b) A Jesús Mt 28.9,17; Lc 24.52; Flp 2.9-11; Heb 1.6.
(c) A los falsos dioses Hch 7.43; Ro 1.25; Ap 9.20.
(d) A Satanás Mt 4.9; Ap 9.20; 13.4.
(e) Al monstruo Ap 13.4,8.
Véanse también **Culto**; **Idolatría**; **Servicio**.

Adulterio
[AT] (a) Prohibición y castigo Ex 20.14; Lv 20.10; Pr 6.20—7.27; Eclo 23.16-27.
(b) Adulterio de David 2 S 11—12.
(c) Símbolo de la infidelidad a Dios Jer 2.20*; 5.7; Ez 23.37; Os 3.1-3; 4.11—5.7.
[NT] (a) Condenado por la ley Mt 5.27; 19.18; Jn 8.4-5; Ro 13.9; Stg 2.11.
(b) En la enseñanza de Jesús Mt 5.28,32; 15.19; 19.9.
(c) En la enseñanza de otros Ro 7.3; 1 Co 6.9; Heb 13.4; Ap 2.22.
(d) Perdón de la mujer adúltera Jn 8.9-11.
(e) Sentido figurado (infidelidad) Mt 12.39*; Stg 4.4*.
Véanse también **Inmoralidad sexual**; **Prostitución**; **Vicios, Catálogos de**.

ÍNDICE TEMÁTICO

Agua
- [AT] (a) Elemento natural Gn 1.2,6-10,21; Sal 136.6; Eclo 29.21.
  - (b) En el diluvio Gn 6—8.
  - (c) En el éxodo Ex 14; 17.1-7.
  - (d) Para purificaciones rituales Lv 8.6; 15.
  - (e) Uso simbólico Sal 69.1-2(2-3); Is 12.3; 55.1; Jer 2.13; Ez 47.1-12; Eclo 15.3.
- [NT] (a) Sentido literal Jn 4.7,13.
  - (b) Para las purificaciones judías Mc 7.2*; Jn 2.6.
  - (c) Para lavar los pies Lc 7.44; Jn 13.5.
  - (d) En el bautismo de Juan Mt 3.11; 1 Jn 5.6*.
  - (e) En el bautismo cristiano Jn 3.5; Hch 8.36-38; Ef 5.26; 1 P 3.21.
  - (f) Símbolo de los bienes divinos Jn 4.10*; 7.38-39; 19.34*; 1 Jn 5.8*; Ap 7.17; 21.6; 22.17.

Véanse también **Bautismo; Purificación.**

Alabar a Dios
- [AT] Ex 15.2; 1 Cr 23.5; Sal 30; 33; 34; 65; 66; 67; 111; 113; 117; 145; 146; 148; 150; Is 25; Eclo 51; Dn (dc) 3.51-90.
- [NT] Mt 5.16; 9.8; 15.31; Lc 2.20; 7.16; Hch 4.21; Ro 15.6; 1 Co 6.20; 1 P 4.11,16.

Alegoría Mt 21.33*.

Alegría
- [AT] (a) En el servicio a Dios Dt 28.47; 1 Cr 16.10; Esd 6.22; Neh 8.10; Sal 4.7(8); 16.11; 19.8(9); 43.4.
  - (b) Prometida para el futuro Is 49.13; 51.3,11; 61.7; Sof 3.14-18; Zac 9.9.
- [NT] (a) En el nacimiento de Jesús Lc 2.10.
  - (b) En la resurrección de Jesús Mt 28.8; Jn 16.20-24; 17.13; 20.20.
  - (c) De Jesús Lc 10.21; Heb 1.9.
  - (d) Alegría de Dios por la conversión del pecador Lc 15.6*-7.
  - (e) Actitud propia del cristiano Ro 12.12,15; Gl 5.22; Flp 3.1; 4.4; 1 P 1.8.
  - (f) Fruto del Espíritu Gl 5.22.
  - (g) Alegría en el sufrimiento Mt 5.12; Hch 5.41; Col 1.24; 1 P 4.13.

Aleluya Sal 104.35*; Ap 19.1*.

Alfa y Omega Ap 1.8*.

Alianza
Pacto o convenio que Dios, por iniciativa propia, hace con su pueblo. En griego, se usa la misma palabra para decir "alianza" y "testamento". Por eso, las expresiones "Antiguo Testamento" y "Nuevo Testamento" equivalen a "Antigua Alianza" y "Nueva Alianza".
- [AT] (a) De Dios con Noé y sus descendientes Gn 6.18; 9.8-11*,12-17*.
  - (b) Con Abraham y sus descendientes Gn 15.18-21; 17.1-21; Ex 2.24; Sal 105.8-11.
  - (c) Con Israel en el desierto Ex 19.5*; 24.1-8; 34; Dt 4.13*; 29.
  - (d) Con David 2 S 7.12-16; Sal 89.3(4).
  - (e) Renovación de la alianza 2 R 23.3.
  - (f) Infidelidad a la alianza Lv 26.14-46; Dt 28.15-68; Jue 2.20; Sal 78.37; Is 24.5; Jer 31.32; Os 8.1; 1 Mac 1.15.
  - (g) Anuncio de una nueva alianza Is 42.6*; Jer 31.31-34; 32.40; Bar 2.35*.
- [NT] (a) Alianza de Dios con el pueblo hebreo Lc 1.72; Hch 3.25; 7.8; Ro 9.4; 2 Co 3.14; Gl 3.17-20; 4.22-25; Ef 2.12; Heb 8.7*,9,13; 9.18-21.
  - (b) Nueva alianza:
    - Anunciada en el AT Gl 4.24,26-31; Heb 8.8-13; 10.16-17.
    - Sellada con la sangre de Cristo Lc 22.20; 1 Co 11.25; Heb 9.15; 10.29; 12.24; 13.20.

Alma
- [AT] Equivalente a la persona humana Dt 4.29; 6.5; Sab 1.4; 3.1.
- [NT] (a) Lo que los hombres no pueden matar Mt 10.28.
  - (b) Equivalente a la vida física Mt 6.25; 16.26.
  - (c) Equivalente a la persona Mt 26.38; Lc 1.46; 1 P 1.9*.

Altar
- [AT] (a) Antes de la construcción del templo Gn 8.20; 12.7-8; 35.7; Ex 17.15; 20.22-26; 27.1-8; 30.1-10.
  - (b) En el templo de Jerusalén 1 R 6.20; 1 Cr 16.40; Sal 43.4; 1 Mac 4.44-47.
  - (c) En el templo futuro Ez 43.13-27.
  - (d) Altares a dioses paganos 1 R 12.32; 16.32; 18.26; Os 8.11; 1 Mac 1.47.
- [NT] Mt 5.23-24; 23.18-20; Heb 13.10; Ap 6.9; 8.3-5; 11.1.

Amar, amor
- [AT] (a) Amor de Dios (especialmente a Israel) Ex 20.6; 34.6-7; Dt 5.10; Sal 33.5; 136.1*; Jer 31.3; Os 2.14-23(16-25); 11.1-4; Sab 11.24.
  - (b) Amor a Dios Dt 6.5*; Sal 31.23(24); 145.20; Eclo 2.16.
  - (c) Amor a la ley, a la sabiduría Sal 119.47-48; Pr 4.6-8; Eclo 51.13-30.
  - (d) Amor familiar Gn 24.67; 1 R 11.1; Ec 9.9; Cnt; Eclo 7.26; 30.1.
  - (e) Obligación de amar al prójimo Lv 19.18,33-34.
- [NT] (a) Amor del Padre al Hijo Mt 3.17*; 12.18; 17.5; Jn 3.35; 10.17; 15.9; 17.24; Ef 1.6; Col 1.13.
  - (b) Amor de Dios por la humanidad Jn 3.16; Ro 5.8; Ef 2.4; 1 Jn 4.8-10.
  - (c) Dios es amor 1 Jn 4.8.
  - (d) Amor de Cristo por todos, incluyendo a los pecadores Lc 7.34; Jn 13.1,34; 14.21; 15.14-15; Gl 2.20; Ef 5.2; Ap 1.5.
  - (e) Amor a Dios Mt 22.37; Lc 10.27; Ro 8.28; 1 Co 2.9; 1 Jn 4.20-21.

(f) Amor a Cristo Lc 7.47; Jn 14.15,21,23; 21.15-17.
(g) Amor al prójimo Mt 22.39; Jn 13.34*; Ro 13.8; 1 Co 13; Gl 5.14; Stg 2.8; 1 Jn 2.10; 4.10-21.
(h) Fruto del Espíritu Gl 5.22.
(i) Amor a los enemigos Mt 5.44; Ro 12.17-20.
(j) Amor familiar Ef 5.22-33; Col 3.18-19.
Véase también **Amigo**.

Amén Dt 27.15; Sal 41.13(14); Ro 1.25*; Ap 1.6*; 3.14*.

Amigo, amistad
[AT] **(a)** Abraham, amigo de Dios 2 Cr 20.7; Is 41.8.
(b) Amistad 1 S 18.1-3; Job 6.14-15; Pr 17.17; 18.24; Eclo 6.5-17; 22.19-26.
[NT] **(a)** Abraham, amigo de Dios Stg 2.23.
(b) Los discípulos, respecto de Jesús Lc 12.4; Jn 11.11; 15.13-15.
(c) Jesús, "amigo de gente de mala fama" Mt 11.19.
(d) Los cristianos entre sí Hch 27.3; Flp 2.19-23; 3 Jn 15.
(e) Ser amigo del mundo Stg 4.4.
(f) Otros casos Lc 11.5-8; 14.12; 16.9; 23.12.
Véase también **Amar**.

Anás Lc 3.2*; Jn 18.13; Hch 4.6. Véase también **Sumo sacerdote**.

Anciano
[AT] **(a)** Personas con autoridad en la comunidad israelita Ex 3.16; Nm 11.16-17,24-30.
(b) Persona de edad avanzada Gn 44.20; Job 12.12; Pr 20.29.
(c) Uso simbólico Dn 7.9*-22.
[NT] **(a)** Uno de los tres grupos que formaban la Junta Suprema o Sanedrín de los judíos Mt 16.21; Mc 11.27; 14.43; Hch 4.5. Véase **Junta Suprema**.
(b) Dirigente de la comunidad cristiana Hch 11.30*; 14.23; 1 Ti 5.17; Tit 1.5-9; Stg 5.14.
(c) Persona de edad avanzada Lc 2.25-38; 1 Ti 5.1-2; Tit 2.2-5.
(d) Uso simbólico Ap 4.4*.

Andrés Mt 4.18; 10.2; Jn 1.35-42; 6.8; 12.22.

Ángel El nombre significa propiamente "mensajero".
[AT] **(a)** "Ángel del Señor" como representación de Dios mismo Gn 16.7*; Ex 3.2*; 23.20-23*; 32.34*; Jue 6.11-24.
(b) Seres al servicio de Dios 1 Cr 21.15; Sal 91.11; 103.20; Dn 10.13*-20; 12.1 (Miguel); Zac 1.9-17; Tb 5.4; 12.15 (Rafael).
[NT] El NT designa a seres espirituales creados por Dios (Col 1.16) y sometidos a él.
(a) Ángeles buenos:
- Están junto a Dios Mt 18.10*; Ap 7.11.
- Son inferiores a Cristo Mc 1.13; Heb 1.4-14.
- Son enviados por Dios para comunicar mensajes a los hombres Mt 1.20; 28.5-7; Lc 1.11-38; 2.8-15; Hch 7.53*; 8.26.
- Ayudan a los hombres Heb 1.14.
- Representan a las iglesias Ap 1.20*.
- Ejecutan el juicio de Dios Mt 13.49; Ap 15.1; 20.1-3.
- Gabriel Lc 1.19.
- Miguel (el arcángel) Jud 9; Ap 12.7.
- Sobre el culto a los ángeles Col 2.18*.
(b) Ángeles malos Mt 25.41; 2 P 2.4; Jud 6.
Véanse también **Autoridad; Demonio; Diablo; Espíritu; Poder; Satanás**.

Anticristo Alguien que se opone a Cristo o que ocupa su lugar 1 Jn 2.18*; 2 Jn 7; Ap 13.1-2*.

Antioquía
(a) Ciudad de Siria 1 Mac 3.37; Hch 11.19*-30; 13.1; 15.22-35; Gl 2.11.
(b) Ciudad de Pisidia Hch 13.14; 14.21; 2 Ti 3.11.

Anunciar, anuncio (proclamar, proclamación)
[AT] **(a)** La gloria, las acciones de Dios Sal 19.1-4(2-5); 22.30-31(31-32); 71.17.
(b) Anuncios proféticos 2 S 7; Is 7; 9; 11; 60—62; Jer 31.23-40; Ez 37; Dn 9.20-27.
[NT] **(a)** Del nacimiento de Jesús Mt 1.18-23; Lc 1.26-38; 2.8-14.
(b) Del nacimiento de Juan Bautista Lc 1.5-22.
(c) Del reino de Dios. Véase **Reino de Dios**.
(d) Anuncio de la resurrección de Jesús Mt 28.1-10; Mc 16.1-8; Lc 24.1-11.
(e) Anuncio acerca de Jesucristo Hch 9.20; Ro 10.14-15; 1 Co 1.23.
Véanse también **Evangelio; Predicación; Profecía, Don de;** y la **Introducción a los evangelios**.

Apocalipsis
Véase **Introducción** a Ap.

Apóstol Enviado.
(a) Título dado ocasionalmente a Jesús Heb 3.1*.
(b) Nombre dado especialmente a los doce discípulos de Jesús Mt 10.1-2*; Mc 3.14; Hch 1.2.
(c) También a Matías Hch 1.26.
(d) Pablo lo considera su título más característico Ro 1.5; 2 Co 12.12; Gl 1.1*.
(e) Son el fundamento de la iglesia Ef 2.20; Ap 21.14.
Véanse también **Discípulo; Doce**.

Arca de la alianza Caja de madera de 1.10 m. x 70 cm. x 65 cm., recubierta de oro, donde se guardaron originalmente las tablas de la ley. También se llama "arca de Dios", "arca del Señor" y "arca de la ley". Ex 25.10*-22; 37.1-9; 1 S 4.1—7.1; 1 R 8.1-11; Jer 3.16*; 2 Mac 2.4-5; Heb 9.4; Ap 11.19.

Arrepentimiento
Véase **Volverse a Dios**.

Ascensión de Jesús al cielo Mc 16.19; Lc 24.50-53; Hch 1.9-11.

Atar y desatar Mt 16.19*; 18.18.

ÍNDICE TEMÁTICO

Autoridad
[AT] (a) De Dios. Véase **Poder.**
(b) De los hombres Gn 3.16; 1 S 8; Eclo 10.1-5.
[NT] (a) De Dios Hch 1.7; Jud 25.
(b) De Cristo:
- Enseña con plena autoridad Mt 7.28-29*.
- Para perdonar pecados Mt 9.6.
- Sobre el sábado Mt 12.8.
- Plena autoridad recibida de Dios Mt 28.28; Jn 17.2.
(c) Comunicada a los Apóstoles Mt 10.1; 2 Co 13.10.
(d) Referida a los seres angélicos Ef 1.21*; Col 2.10; 1 P 3.22.
(e) Referida a las autoridades civiles Jn 19.10-11; Ro 13.1-7.

Ayunar (estar sin comer)
[AT] (a) Como señal de tristeza 1 S 31.13; 2 S 1.11-12; Jl 1.14; Zac 8.19.
(b) Para pedir a Dios perdón por los pecados Lv 23.26-32; 1 S 7.6; Esd 8.21; Jon 3.5.
(c) En relación con una revelación Is 58.1-12 (v. 3*).
(d) El "verdadero ayuno" Is 58.1*-12.
[NT] (a) Ayuno de Jesús en el desierto Mt 4.2.
(b) Práctica judía Mt 6.16*; 9.14; Lc 18.12.
(c) Enseñanza de Jesús sobre el ayuno Mt 6.16-18; 9.15.
(d) Ayuno de los cristianos Hch 13.2-3; 14.23.

Baal Nombre de un dios cananeo (significa "señor") Nm 25.3-5; Jue 2.11,13*; 1 R 18.18-40; 2 R 3.2; Jer 19.5; Os 2.16-17(18-19); Ro 11.4.

Babilonia
[AT] Ciudad de Mesopotamia, capital de uno de los más importantes imperios del antiguo Oriente hasta el siglo VI a.C., a donde fueron desterrados muchos israelitas en los años 598 y 586/587.2 R 17.24; 20.12-18; 24.10—25.30; Esd 2; Is 13—14; 47; Jer 20.4-6; 29; 50—52; Ez 12.13; Dn 1.1*.
[NT] (a) Recordada sobre todo como lugar del destierro de los israelitas 1 P 1.11; Hch 7.43.
(b) Nombre simbólico para designar a Roma, capital del imperio romano 1 P 5.13*; Ap 14.8*; 17—18.

Banquete
[AT] (a) Sentido literal 1 S 25.36; Est 1; Dn 5; Eclo 32.5.
(b) Sentido figurado Pr 9.1-6; Is 25.6.
[NT] (a) Comida especialmente solemne Mc 6.21; Lc 14.8,13.
(b) Símbolo del reino de Dios Mt 8.11*; 22.2-14; 25.1-12; Lc 14.16-24.
Véanse también **Boda; Cena; Comer.**

Bartolomé Mt 10.3.

Bautismo, bautizar De ordinario se practicaba sumergiendo a una persona en el agua.
(a) Predicado por Juan el Bautista Mt 3.1-12 (v. 6*); 21.25; Jn 1.25-27; 3.22-23; Hch 18.25.
(b) Recibido por Jesús Mt 3.13-17; Jn 1.31-34.
(c) Símbolo de la muerte de Jesús Mc 10.38*.
(d) Símbolo del don del Espíritu Santo Mt 3.11; Hch 1.5.
(e) Bautismo cristiano:
- Ordenado por Jesús Mt 28.19.
- Efectuado por los apóstoles y otros Hch 2.38,41; 8.36-38; 9.18; 10.47-48; 1 Co 1.14-16.
- En relación con la fe Mc 16.16; Hch 8.12-13; 16.32-34.
- En relación con el perdón de los pecados Hch 2.38; 22.16.
- En relación con el don del Espíritu Santo Hch 2.38; 19.5.
- En relación con la salvación Hch 16.30-33; 1 P 3.21.
- En relación con la unión a Jesucristo Ro 6.3*-4; Gl 3.27.
- Como morir y resucitar con Cristo Ro 6.4; Col 2.12.
- Como purificación 1 P 3.21.
- Como incorporación al cuerpo de Cristo (la iglesia) 1 Co 12.12-13.
- Bautismo por los muertos 1 Co 15.29*.

Beelzebú Nombre dado al jefe de los demonios Mt 12.24*. Véase también **Demonio.**

Belén Gn 35.19; Rt 1.1*-2; 1 S 17.12; Miq 5.2(1); Mt 2.1*; Lc 2.4; Jn 7.42.

Belial Nombre del demonio 2 Co 6.15*. Véase también **Demonio.**

Bendecir, bendición
[AT] (a) Bendición de Dios a los seres creados Gn 1.22,28*; 9.1*; 12.2-3*; Ex 20.11; 23.25; Dt 11.26-28; Sal 5.12(13); 29.11; 115.12-13.
(b) Bendición sacerdotal Nm 6.22-27; Eclo 50.19-21.
(c) Bendición de los padres a los hijos Gn 27; 48; 49; Eclo 3.9.
(d) Alabanza de las criaturas a Dios Sal 26.12; 34.1(2); 134.1-2(1b-2); Dn (dc) 3.52-90.
[NT] (a) Bendición de Dios o de Cristo a los hombres Mt 25.34; Lc 1.42; 24.50; Hch 3.25-26; Ef 1.3.
(b) Alabanza de los hombres a Dios Stg 3.9.
(c) Bendición sobre los alimentos Mt 14.19*; 26.26; 1 Co 10.16.
(d) Deseo de bien para otros hombres Lc 6.28; Ro 12.14; 1 Co 4.12; Heb 7.1,6,7; 11.20-21.

Bernabé Hch 4.36-37; 9.26-27; 11.22-30; 13.1—15.41; Gl 2.1,9,13; Col 4.10.

Beso Gn 45.15; Pr 24.26; Cnt 1.2; Lc 7.38,45; 22.48; Ro 16.16*.

Betania
(a) Lugar donde Juan bautizaba Jn 1.28*.

ÍNDICE TEMÁTICO

(b) Aldea situada a unos 3 km. al oriente de Jerusalén Mt 21.17*; 26.6; Jn 11.1,18.

Betel Importante ciudad al norte de Jerusalén con un famoso santuario Gn 28.10-22 (v. 17*); 35.6-7,13-15; 1 R 12.28-33; Jer 48.13.

Betsaida Mt 11.21*; Mc 6.45; 8.22; Jn 1.44.

Bienaventuranzas Forma literaria para proclamar dichoso a una persona o a un grupo de personas.
[AT] Dt 33.29; Sal 1.1*; Pr 3.13; Eclo 14.1-2; Sab 3.13-14.
[NT] Mt 5.3-12*; Lc 6.20-23; Jn 20.29; Stg 1.12; Ap 1.3*.

Blasfemia
Véase **Ofensa a Dios.**

Boda
[AT] Gn 29.16-30; Jue 14; Jer 7.34; Tb 7—8.
[NT] (a) Sentido literal Lc 14.8; Jn 2.1-11.
(b) Sentido simbólico Mt 22.2-14; 25.1-13; Lc 12.36; Ap 19.7-9.
Véanse también **Banquete; Cena; Esposos; Matrimonio.**

Bondad
[AT] (a) De Dios Ex 33.19; Sal 23.6; 25.7; 31.19(20); 90.17; 145.7,17.
(b) De los hombres 1 R 2.7; Pr 22.9; Eclo 18.15-17; 41.11.
[NT] (a) De Dios Ro 2.4; 11.22; Tit 3.4. Véase también **Gracia.**
(b) De los hombres Ro 15.14; Gl 5.22; Ef 5.9.
Véase también **Bueno.**

Buena noticia
Véase **Evangelio.**

Bueno
[AT] (a) Dios Sal 34.8(9); 54.5-6(7-8); 136.1; 145.9.
(b) Todo lo creado Gn 1.10-31* (v. 4*); Eclo 39.33.
(c) Los hombres Sal 125.4; Pr 12.2; Sab 3—5.
(d) Otras cosas Jos 23.15-16; 1 R 8.36; Pr 22.1; Ec 7.1.
[NT] (a) Dios, Cristo Mt 19.17; Mc 10.17-18; 1 P 2.3.
(b) Los hombres Mt 5.45; 25.21; Lc 6.45; Hch 11.24.
(d) Otras cosas Mt 7.11,17; 12.35; Ro 7.12-13; Stg 1.17.
Véase también **Bondad; Hacer (lo bueno).**

Cabeza
[AT] Gn 3.15; 48.18; 1 S 10.1; Sal 23.5; Dn 2.32,38.
[NT] (a) Sentido literal Mt 8.20; 14.8; 26.7; 27.29,30,37; 1 Co 11.4-15.
(b) Símbolo de la autoridad y del influjo de Cristo 1 Co 11.3; Ef 1.22; 4.15; 5.23; Col 1.18; 2.10.
(c) El esposo, cabeza de la esposa 1 Co 11.3; Ef 5.23.

Cafarnaúm (Capernaúm) Aldea en la orilla noroeste del Lago de Galilea Mt 4.13*; 8.5; 11.23; 17.24; Jn 4.46; 6.59.

Caifás Sumo sacerdote (18-36 d.C.) Mt 26.3,57*; Lc 3.2; Jn 11.49; Hch 4.6. Véase también **Sumo sacerdote.**

Calvario
Véase **Gólgota.**

Camino
[AT] (a) Sentido literal Gn 32.1(2); Ex 23.20; Pr 14.12 (uso frecuente).
(b) Sentido figurado (=manera de proceder, conducta):
- De Dios Is 2.3; 55.8-9; 58.2; Sab 5.7.
- De los hombres Sal 1.2; 25.12; Pr 2.11-15; Is 55.7.
[NT] (a) Sentido literal Mt 21.19; Hch 8.26; 9.17 (uso frecuente).
(b) Uso figurado (=manera de proceder, conducta):
- De Dios Ro 11.33; Ap 15.3.
- De los hombres Mt 7.13-14; 21.32; 22.16; Lc 1.79; 1 Co 12.31; Stg 5.20; 2 P 2.2.
(c) Designación de la vida cristiana Hch 9.2*.
(d) Jesucristo es el camino Jn 14.4-6.

Caná Aldea de Galilea, a unos 14 km. al nordeste de Nazaret Jn 2.1; 4.46; 21.2.

Canaán, cananeo Gn 9.18*-27; 10.6,15; 13.7,12; Ex 6.4; Jos 14; Jue 4; Sal 105.11.

Cantar, canto
[AT] (a) En general Ex 32.18; Nm 21.17-18; 1 S 18.7.
(b) En el culto 1 Cr 6.31-32(16-17); 2 Cr 23.18; 29.27-28.
(c) Como alabanza al Señor Sal 13.6(6b); 33.3*; 66.1-2(1b-2).
(d) Cantos especiales:
- De Moisés Ex 15; Dt 31.30-32.43.
- De Débora y Barac Jue 5.1*-31.
- De victoria de David 2 S 22.
- Del viñedo Is 5.1-7.
- De los tres jóvenes en el horno Dn (dc) 3.51-90.
Véase **Introducción a los Salmos.**
[NT] Ef 5.19; Col 3.16; Ap 5.9; 14.3; 15.3.
Véase también **Himnos.**

Carismas
Véase **Dones espirituales.**

Carne En los textos hebreos y griegos de la Biblia se usan palabras que pueden traducirse literalmente por "carne", con diferentes significados. En esta traducción se usan de ordinario equivalentes más conformes con el uso del castellano.
[AT] (a) Sentido literal Gn 2.21,23; Nm 11.13; Job 10.11.
(b) Ser vivo o ser humano en general Gn 6.17; Is 40.5.
(c) Especialmente el ser humano en su debilidad Gn 6.3; Sal 78.39.
[NT] (a) Sentido literal Ap 19.18.
(b) Hombre, persona, naturaleza humana, lo material (o equivalentes) Mt 16.17; 19.5; Jn 1.14; Ro 1.3; 1 Co 15.50; 1 P 3.18*; 1 Jn 4.2.
(c) Cuerpo Jn 6.51-56; Hch 2.31; 1 Co 15.39.
(d) Naturaleza débil (sometida al pecado, a los

ÍNDICE TEMÁTICO

malos deseos, o equivalentes) Ro 7.14*; 7.25; 8.3-13 (v. 10*); Gl 5.19.

Carta 2 S 11.14; Is 37.14; Hch 9.2; 15.3-30; 23.25-30. Véase **Introducción a las cartas.**

Casa
[AT] (a) De los hombres Pr 3.33; 11.29; 14.11 (uso frecuente).
(b) De Dios (=el templo) 1 R 8.12-13; Sal 23.6; 69.9(10).
(c) Descendientes de una persona Sal 114.1; 122.5.
[NT] (a) De los hombres Mt 5.15; 7.24-27; 8.14 (uso frecuente).
(b) De Dios (=el templo) Mt 12.4; 21.13; 23.38*.
(c) Uso figurado Jn 14.2; 2 Co 5.1-4; Heb 3.6; 10.21.
Véase también **Familia.**

Castigo
[AT] (a) Impuesto por hombres 2 S 7.14; Pr 19.18.
(b) De Dios al culpable Ex 34.7; 2 S 7.14; Sal 6.2(3); Sab 11.5—12.27; 16.1,9; 18.5.
[NT] (a) Impuesto por hombres Lc 23.16,22.
(b) De Dios a los malos Mt 3.7; Lc 21.23; Ro 1.18; 2.5-8; 4.15; 5.9; Ef 2.3; 1 Ts 1.10.
(c) De Dios a los creyentes 1 Co 11.31-32.
Véanse también **Corrección; Ira de Dios.**

Caudillos Traducido tradicionalmente como "Jueces". Véase **Introducción a Jueces.**

Cefas Nombre dado por Jesús a Simón Pedro Jn 1.42*; 1 Co 1.12*; Gl 1.18. Véanse también **Pedro; Simón.**

Celote Lc 6.15*. Véase **Introducción al NT (29,42,43).**

Cena
[AT] Comida principal Gn 19.3.
[NT] (a) Comida principal Lc 14.12; Jn 12.2.
(b) Símbolo del reino de Dios Lc 14.15-24.
(c) Última cena de Jesús con los discípulos Mt 26.17-29; Jn 13.2—17.26.
(d) La cena del Señor celebrada por los cristianos (Cena eucarística) 1 Co 10.16*; 11.20-34. Véase también **Pan.**

Cerdo Animal impuro para los judíos Lv 11.7; Is 65.4; 2 Mac 6.18; 7.1; Mt 7.6; 8.30-33; Lc 15.15-16.

Cerro Gn 22.4; Sal 114.4; Mt 4.8; 17.1. Véase también **Monte.**

Cesarea
(a) Capital administrativa del gobierno romano en Judea:
- Actividad de Pedro Hch 10.1-48.
- Prisión de Pablo Hch 23.33—26.32.
(b) Cesarea de Filipo Mt 16.13*.

Ciego
[AT] Lv 19.14; Dt 27.18; Sal 146.8; Is 42.7; Tb 2.
[NT] (a) Curaciones de ciegos Mt 9.27-31; 11.5; 12.22; 15.30-31; 20.29-34; 21.14; Mc 8.22-26; Jn 9.1-12.

(b) Sentido figurado Mt 15.14; 23.16,17,19,24,26; Jn 9.39; Ro 2.19.

Cielo
[AT] (a) Sentido físico Gn 1.1*,6-8*,14-17; Dt 4.19; Sal 19.1(2); Is 40.12.
(b) Morada de Dios Sal 11.4; 115.3; Am 9.6.
(c) Palabra que a veces sustituye el nombre de Dios 1 Mac 3.18*.
[NT] (a) Sentido físico Mt 5.18; 16.2-3; Hch 4.24.
(b) Sentido simbólico:
- Palabra que a veces sustituye el nombre de Dios. Véase **Reino de Dios.**
- Lugar donde está Dios Mt 5.16; 6.9; 7.11; Ro 1.18; Ap 3.12.
- Lugar donde están los ángeles Mt 18.10; 22.30; 28.2; Gl 1.8; Ap 10.1.
- Lugar preparado por Dios para los escogidos 2 Co 5.1-5; Ef 2.6; Flp 3.20; Heb 12.23.

Circuncidar, circuncisión Rito por el que se corta el extremo del prepucio.
[AT] (a) Sentido literal Gn 17 (vv. 10-14*); Lv 12.3; 1 Mac 1.60.
(b) Sentido figurado Dt 10.16*; Jer 4.4*.
[NT] (a) Sentido literal:
- Rito practicado por los judíos Lc 1.59; 2.21; Jn 7.22*-23; Hch 16.3; Flp 3.5.
- No necesario para la salvación en Cristo Hch 15.1-21; 1 Co 7.19; Gl 5.2-6; 6.15.
(b) Sentido figurado Ro 2.29; Flp 3.3; Col 2.11.

Cobradores de impuestos En otras versiones "publicanos". Personas que cobraban impuestos para el gobierno romano. Eran despreciados política, social y religiosamente. A veces el término equivalía a pecadores. Mt 5.46*; 9.9-11; 11.19; 21.31-32; Lc 18.9-14; 19.1-10.

Comer, comida
[AT] (a) Sentido general Gn 2.16-17; Ex 12.4; Pr 13.25 (uso frecuente).
(b) Comidas prohibidas por la ley Lv 3.17; 11; 17.10-16; 22.10-16.
(c) Dios provee milagrosamente comida Ex 16; 2 R 4.42-44.
(d) Sentido figurado Pr 9.5; Is 55.2; Eclo 24.21.
[NT] (a) Jesús invitado a comer Mt 26.7; Lc 7.36-50.
(b) Jesús come con pecadores Mt 9.10; 11.19.
(c) Jesús da de comer a una multitud Mt 14.13-21; 15.32-39.
(d) En la enseñanza de Jesús Mt 6.25-34; 25.35; Mc 7.1-23.
(e) Acerca de comer determinados alimentos Ro 14.1-23; 1 Co 8.1—11.1.
(f) Uso simbólico Jn 4.32-34; 6.50-51; Ap 2.7.
Véanse también **Banquete; Cena; Pan.**

Compasión, compasivo
[AT] (a) De Dios Ex 33.19; 34.6-7; Sal 86.15; 145.8; Is 54.8; Jon 4.2.

ÍNDICE TEMÁTICO

(b) Entre los hombres Sal 112.4; Zac 7.9; Eclo 28.1-7.
[NT] (a) De Dios o de Cristo por los hombres Mc 5.19; Ro 9.15-18; 11.30-32; Flp 2.27; Heb 2.17; 1 P 2.10.
(b) Entre los hombres Mt 5.7; 18.33; Jud 22-23.
Véase también **Misericordia**.

Comunidad
[AT] Lv 16.17; Dt 23.1-8(2-9); 1 R 8.14; Sal 149.1.
[NT] Mt 18.17; 1 Co 8.1*; 14.4; Heb 12.23. Véase también **Iglesia**.

Conciencia Sal 4.4(5); Eclo 14.1; Sab 17.10; Ro 13.5; 1 Co 8.7,12; 10.25-29; 1 Ti 1.5,18-19; 4.2.

Condenación, condenar
[AT] (a) De parte de Dios Sal 7.11(12); 51.4(6); Pr 12.2; Sab 12.15.
(b) Por la ley, las autoridades humanas Ex 21.12-17; 22.19-20; 31.14; Dn (dc) 13.41.
(c) No condenar al inocente Ex 23.7; Sal 94.20-21; Pr 17.15; Dn (dc) 13.53.
[NT] (a) De parte de Dios Mc 16.16; Jn 3.18; 16.11; Ro 8.3; 2 P 2.6.
(b) Jesucristo no vino a condenar al mundo Jn 3.17; 12.47.
(c) Condenar a muerte Mt 5.21; 26.59,66; 27.26; Jn 8.10-11.
(d) No hay condenación para los que están unidos a Cristo Ro 8.1.
(e) Otros aspectos Mt 12.7,41-42; Ro 2.1.
Véase también **Juicio**.

Confesar (declarar, profesar, reconocer)
[AT] (a) Los pecados Lv 5.5; 16.21; Neh 1.6; 9; Dn 9.4-20; Eclo 4.25-26.
(b) La religión de Israel Dt 26.17-18; 2 Mac 6.6; 7.37.
[NT] (a) Los pecados Mt 3.6; Hch 19.18; Stg 5.16; 1 Jn 1.9.
(b) La fe en Cristo Jn 9.22; Ro 10.8-10; Flp 2.11; Heb 3.1; 10.23; 1 Jn 4.2-3,14-15.

Confianza, confiar (en Dios, en Cristo)
[AT] Sal 9.10(11); 13.5(6a); 22.4-5(5-6); Is 28.16; 64.3(2); Eclo 2.6.
[NT] Ro 4.20; 9.33; 2 Co 1.9-10; 3.4; 5.6-8; Flp 2.24; 2 Ti 1.12.
Véase también **Fe**.

Conocer, conocimiento Además de su significado más común (saber, entender), estas palabras pueden tener en la Biblia el significado de reconocer, aceptar, elegir, amar, incluida la relación sexual entre el hombre y la mujer.
[AT] (a) Propio de Dios Sal 139; Jer 11.20*; Os 5.3; Eclo 23.20.
(b) Con el sentido de elegir, amar Jer 1.5*; Am 3.2*.
(c) Conocer, reconocer a Dios Sal 9.10(11); 36.10(11); Is 1.3; Jer 22.15-16*; 24.7; 31.34; Ez 38.16; Os 6.3.

[NT] (a) Propio de Dios Mt 11.27; Jn 2.24-25; Hch 1.24.
(b) Con el sentido de elegir, amar 1 Co 8.3; Gl 4.9.
(c) Con el sentido de reconocer, aceptar Mt 7.23*; Jn 1.10; 17.3*; 1 Jn 2.3-4.
(d) Conocer a Dios Jn 14.7; 17.3*,25-26; Ro 1.21; 1 Co 1.21*; 13.12; Gl 4.9; 1 Jn 2.3*; 4.7-8.
(e) Conocer la verdad Jn 8.32; Ro 2.20; 1 Co 8.1; 14.6.
(f) Falso conocimiento 1 Ti 6.20-21.

Consagrar a Dios
Véanse **Santidad; Ungido**.

Consolar, consuelo
[AT] Sal 71.21; 119.76; Is 40.1*; 49.13; 66.13.
[NT] Jn 14.16-17*; Hch 15.31-32; Ro 15.4-6; 2 Co 1.3-7.

Construcción, construir (edificación, edificar)
[AT] (a) Sentido literal Gn 11.4; Ex 24.4; 1 R 6—7 (uso frecuente).
(b) Sentido figurado o simbólico Pr 9.1; Jer 1.10*.
[NT] (a) Sentido literal Mt 7.24-27; Jn 2.20; Hch 7.47.
(b) Sentido figurado Mt 16.18; 1 Co 8.1*; 10.23; 14.3-4.

Conversión, convertirse
Véase **Volverse a Dios**.

Copa (cáliz)
[AT] (a) Sentido literal Gn 40.11,13; Ex 25.29; Am 6.6.
(b) Sentido figurado Sal 23.5; 75.8(9); 116.13; Is 51.17; Ez 23.32-34.
[NT] (a) De la Cena del Señor Mt 26.27-29; 1 Co 10.16,21; 11.25-29.
(b) Sentido figurado (trago amargo) Mt 20.22*; 26.39*.
(c) Símbolo del castigo Ap 14.10; 16.

Corazón Indica el principio de donde procede gran parte de la actividad humana.
[AT] Lv 19.17; Dt 6.5*; 10.16*; 30.6; Sal 7.10(11); Pr 14.10; Cnt 4.9; Jer 17.9-10 (uso frecuente).
[NT] Mt 5.8,28; 22.37; Lc 2.19; Ro 5.5; 1 P 3.15 (uso frecuente).

Cordero
[AT] (a) Para la Pascua Ex 12.3.
(b) Para sacrificios Gn 22.7; Ex 13.13; 29.38-41; Lv 12.6; 14.10; 23.12; 23.12,18,19; Ez 46.4-7, 13-15.
(c) Otros casos 2 R 3.4; Is 53.7; 65.25; Jer 11.19.
[NT] (a) De la cena pascual. Véase **Pascua**.
(b) Referido a Jesús Jn 1.29*; Hch 8.32; 1 P 1.19*; Ap 5.6*; 7.17*.
(c) Otros usos Jn 21.15.
Véase también **Oveja**.

Corona
[AT] (a) Insignia sobre todo real 2 S 12.30; Sal 21.3(4); Ez 23.42; 1 Mac 4.57.
(b) Sentido figurado Pr 4.9; 16.31; Is 28.5; Sab 5.16.
[NT] (a) Corona de espinas Mt 27.29*.

ÍNDICE TEMÁTICO

(b) Símbolo del premio 1 Co 9.25*; 2 Ti 4.8*; Stg 1.12; 1 P 5.4; Ap 2.10.

Corrección, corregir (reprender, represión)
[AT] (a) Dada por Dios Dt 8.5; Job 5.17; Pr 3.11-12; Jer 10.24; Eclo 18.13; Sab 12.22.
(b) Dada por los hombres Pr 29.17; Eclo 42.5,8.
[NT] (a) Dada por Dios Heb 12.5-11; Ap 3.19.
(b) Dada por los hombres Heb 12.9-10.
Véase también **Castigo**.

Creación, creador
[AT] (a) Del universo Gn 1.1*-24; Sal 115.15; 148.5; Is 40.26.
(b) Del hombre Gn 1.25—2.25 (v. 27*); Job 10.8; Tb 8.6; Sab 2.23.
(c) Nueva creación Is 65.17*; 66.22.
[NT] (a) Del universo Jn 1.1-3; Ro 1.20; Ef 3.9; Col 1.16; Heb 1.2; Ap 4.11.
(b) Del hombre Mc 10.6; 1 Co 11.8-9.
(c) Nueva creación en Cristo 2 Co 5.17*; Gl 6.15; Ef 2.10; 4.24; Stg 1.18.

Crecer
[AT] Gn 2.9; Lv 26.9; Ez 16.7.
[NT] (a) Sentido físico Lc 1.80; 2.40,52.
(b) Sentido figurado Hch 4.4*; 1 Co 3.6-7; Ef 4.12-16; Col 2.19.

Creer (a veces traducido **confiar**)
[AT] (a) Creer en Dios, a Dios Gn 15.6*; Ex 14.31; Is 43.10; Jon 3.5.
(b) A un enviado de Dios Ex 4.1-9,31; 2 Cr 20.20; Is 53.1.
[NT] (a) Creer en Dios (a Dios) Jn 12.44; 14.1; Ro 1.16*; 4.3,24; Heb 11.6.
(b) Creer en Cristo Jn 1.12*; 20.29*; Hch 10.43; Gl 2.16; 1 P 1.8; 1 Jn 3.23 (uso frecuente).
(c) En relación con la oración Mc 11.23-24.
(d) En relación con un milagro Mt 8.13; 9.28; Mc 5.36; 9.23-24; Ro 4.18.
Véase también **Fe, Fidelidad**.

Cristiano Hch 11.26*; 26.28; 1 P 4.16.

Cristo Título derivado de una palabra griega que significa "ungido", "consagrado", equivalente a **Mesías**. Poco a poco se le dio el valor de un nombre personal. Unido a Jesús dio la forma Jesucristo.
[NT] (a) Título característico de Jesús Mt 1.1; Jn 1.17,41; 17.3; Ro 1.3-4; 1 Jn 2.22 (uso muy frecuente).
(b) "En Cristo" Expresión muy frecuente en las cartas paulinas, para expresar la unión del cristiano con Cristo Ro 6.3-11*; 1 Co 1.9; Gl 3.27; Flp 1.1; Col 1.4.
(c) "Con Cristo" Ro 6.4-8; 8.17; Gl 2.19; Ef 2.6; Flp 1.23; Col 2.12-13,20; 3.3.
(d) "Por (medio de) Cristo" Ro 1.8; 5.1-2,11,21; 7.25; 1 Co 15.57; 2 Co 1.5 (uso frecuente).
Véanse también **Mesías** e **Introducción al NT (63-66)**.

Crucifixión, cruz La crucifixión era una forma, especialmente cruel y humillante, de ejecutar la condena a muerte en la antigüedad. Los romanos la imponían a los que no eran ciudadanos romanos, sobre todo por delitos especialmente graves.
[NT] (a) Sentido literal Mt 27.22-44; Jn 18.32*; Hch 2.36; 5.30*; Flp 2.8; Col 1.20; Heb 12.2; Ap 11.8.
(b) Símbolo de la muerte de Cristo Gl 5.11; 6.14; Flp 3.18; Col 2.14.
(c) Sentido figurado Mt 10.38*; 16.24; Gl 5.24.
Véase también **Muerte**.

Cuerpo
[AT] Sentido físico Lv 13.13; Job 7.5; Sab 9.15.
[NT] (a) Cuerpo de Cristo:
 - Cena del Señor Mt 26.26; 1 Co 10.16; 11.24,27,29.
 - Muerte y resurrección Jn 2.19-21.
 - Sepultura Mt 26.12; 27.58-60.
(b) Los creyentes, la iglesia, cuerpo de Cristo Ro 12.4-5*; 1 Co 12.12-30; Ef 1.23; 4.4,12-16; 5.23,30; Col 1.18,24; 3.15.
(c) Uso general:
 - Sentido físico Mt 6.25; 10.28; Ro 1.27; 1 Co 6.13-20.
 - Equivalente de la persona Lc 11.34; 1 Co 13.3.
 - Instrumento de pecado Ro 6.12; 7.24; 8.10.
 - Cuerpo resucitado 1 Co 15.35-57; Flp 3.21.
Véase también **Carne**.

Culto (o equivalentes, como **servir a Dios, oficiar delante de Dios, adorar**).
[AT] (a) Al verdadero Dios Dt 6.13; 10.12; Is 29.13.
(b) A los falsos dioses Ex 20.4-6; Dt 4.15-19; Jue 2.11-13; 1 R 3.2*; 11.1-13; 12.28-33; 2 R 23.4; 1 Mac 1.41-64.
[NT] (a) Según la ley de Moisés Mt 4.10; Lc 1.8; 2.37; Hch 7.7; Ro 9.4; Heb 9.1.
(b) Según el evangelio Hch 24.14; Ro 12.1; Flp 3.3; Heb 12.28.
(c) En el cielo Ap 7.15; 22.3.
Véanse también **Adorar; Sacrificios; Servicio; Templo**.

Cumplimiento de las Escrituras Mt 1.22*; Mc 14.49; 15.28; Lc 4.21; Jn 12.38; 17.12; 19.35-37; Hch 3.18.

Damasco Ciudad de Siria.
[AT] 2 S 8.5-6; 1 R 11.24; Is 7.8-9; 17.1-3; Jer 49.23-27; Am 1.3*-5; 1 Mac 11.62.
[NT] Hch 9.1-25; 2 Co 11.32; Gl 1.17.

Daniel Llamado también Beltsasar Dn 1.6-7 (v. 7*).

David Rey de Israel.
[AT] (a) Historia de David 1 S 16.1—1 R 2.12; 1 Cr 11—29; Is 37.35; Eclo 47.2-11.
(b) Descendientes de David 2 S 7.11-16; 1 R 2.12; Sal 18.50(51); Is 9.6-7(5-6); Jer 23.5-6; 33.14-17; Ez 34.23-24.
[NT] Mt 1.6; 12.3; 22.42-45; Lc 1.27,32,69; 2.4,11; 3.31; Jn 7.42; Hch 2.25-35; Ro 1.3; 2 Ti 2.8; Ap 5.5. Véase también **Hijo de David**.

ÍNDICE TEMÁTICO

Débil, debilidad
[AT] 1 S 2.4; Sal 41.2(2); 82.3-4; Is 11.4; 40.29.
[NT] **(a)** Falta de fuerzas Mt 26.41; Ro 8.26; 1 Co 1.27; 2 Co 12.5-10; Heb 4.15.
(b) Sujeción al pecado y a la muerte Ro 7.14*.
Véase también **Carne**.

Defensor
[AT] Referido a Dios Job 19.25*; Sal 4.1(2); Is 51.22; 2 Mac 8.36.
[NT] **(a)** Referido al Espíritu Santo Jn 14.16-17*; 14.26; 15.26; 16.7.
(b) Referido a Cristo Jn 14.16-17*; 1 Jn 2.1*.

Demonio Espíritu malo.
[AT] Dt 32.17; Sal 106.37; Tb 3.8*; 8.3*.
[NT] **(a)** En relación con ciertos estados del hombre Mt 8.28; 9.32; 11.18; Lc 4.33; Jn 7.20; 8.48-52; 10.20-21.
(b) Jesús expulsa los demonios Mt 8.28-34; 9.33-34; 12.22-29; 17.18; Mc 1.34,39; 7.24-30; Lc 4.31-37; 7.21; 13.32.
(c) Otros expulsan demonios Mt 7.22; 10.8; Mc 3.15; 9.38; 16.17.
(d) Falsos dioses, asimilados a los demonios 1 Co 10.20-21; Ap 9.20.
Véanse también **Beelzebú; Belial; Diablo; Dragón; Espíritu impuro; Satanás; Serpiente** (d).

Denario Moneda romana. Era el salario por un día de trabajo. Mt 20.2; Mc 6.37; Jn 6.7*. Véase **Tabla de pesas, monedas y medidas**.

Derecha (mano) Lugar de preferencia y honor. 1 R 2.19; Sal 110.1(1b); Mt 22.44*; 26.64; Hch 2.33-34; 5.31; 7.55-56; Ro 8.34; Ef 1.20; Heb 1.3*.

Deseos (malos)
Véase **Mal** (c).

Desierto
[AT] **(a)** Recorrido por los israelitas después de salir de Egipto Ex 5.1; 15.22; 16.1; Dt 2.7; Sal 107.4; Os 13.5.
(b) Recorrido al regresar del destierro Is 35.1; 40.3; 43.19.
(c) Otros Gn 21.20; 1 S 23.14; Job 6.18; Is 21.1.
[NT] Mt 3.1-3; 4.1*; Hch 7.30,36,42,44; Ap 12.6,14.

Designios secretos Esta expresión se refiere de ordinario a los designios de Dios sobre la salvación de los hombres, revelados por Jesucristo en relación con él. Mt 13.11*; Ro 16.25; 1 Co 2.1; Ef 1.9*; 3.2-13.

Día
[AT] **(a)** En la creación Gn 1.3—2.4 (1.5*).
(b) Otros Jos 10.13-14; Job 3.3; Sal 19.2(3); Eclo 33.7-9 (uso frecuente).
[NT] En el periodo romano, los judíos dividían el día en doce horas, de 6 a.m. a 6 p.m. (cf. Jn 11.9). El día completo (noche y día) comenzaba a la caída del sol. Mc 15.42*.
Véase también **Hora**.

Día del Señor, Día de Dios
[AT] Is 13.6,9; Ez 13.5; Jl 1.15; Am 5.18*; Sof 1.14-18.
[NT] **(a)** Día del regreso del Señor, del juicio 1 Co 1.8*; Flp 1.6; 1 Ts 5.1-4; 2 Ts 2.2; 2 P 3.10,12; Ap 16.14. Véase también **Juicio**.
(b) Domingo (primer día de la semana) Hch 20.7*; Ap 1.10*.

Día de reposo
Véase **Sábado**.

Diablo Espíritu malo Sab 2.24*; Mt 4.1-11; 13.39; 25.41; Jn 8.44*; 12.31*; Heb 2.14; 1 P 5.8; 1 Jn 3.8-10; Ap 20.2-3,10. Véanse también **Beelzebú; Belial; Demonio; Espíritu impuro; Satanás**.

Diácono, diaconisa El término significa propiamente "servidor". Se aplica a los que desempeñan un cargo auxiliar en la comunidad cristiana.
(a) Diácono Hch 6.1-7*; Flp 1.1; 1 Ti 3.8*-13.
(b) Diaconisa Ro 16.1*; 1 Ti 3.11*.

Dichoso
Véase **Bienaventuranzas**.

Diluvio Gn 7—8; Eclo 44.17-18; Mt 24.37-39; Heb 11.7; 1 P 3.20-21; 2 P 2.5.

Dios Toda la Biblia habla frecuentemente de Dios y de sus actuaciones. Muchos de los otros términos de este **Índice temático** muestran aspectos especiales de esas actuaciones.
[AT] **(a)** Títulos añadidos o sustitutivos del nombre de Dios:
- Altísimo Gn 14.18*.
- Creador Sal 115.15.
- De Abraham, de Isaac y de Jacob Ex 3.6*.
- De dioses Dt 10.17*.
- De Israel Ex 5.1.
- El Señor Gn 2.4; Ex 3.15*.
- Juez Sal 7.11(12).
- Libertador Is 63.16.
- Padre Is 63.16.
- Protector Sal 18.2(3).
- Rey Sal 24.7-10.
- Salvador Sal 24.5.
- Santo de Israel Sal 71.22.
- Todopoderoso Gn 17.1*; Sal 24.10*.
(b) Principales calificativos de Dios:
- Celoso Ex 20.5*.
- Compasivo Ex 34.6.
- Eterno Is 40.28.
- Fiel (que cumple su palabra) Dt 7.9.
- Invisible Is 45.15.
- Justo Sal 11.7.
- Poderoso Ex 15.1-18.
- Que todo lo conoce Sal 139.
- Santo Lv 20.26.
- Único Dt 6.4*.
- Viviente Dt 5.26.
(c) Falsos dioses Ex 20.3; Dt 12.29—13.11(12); Sal 81.9(10); Is 45.20-21; Jer 1.16; Bar 6.

ÍNDICE TEMÁTICO

[NT] **(a)** Títulos característicos o sustitutivos de Dios:
- Altísimo Lc 1.32.
- Cielos Véase **Reino de Dios.**
- Juez Stg 4.12.
- Padre Mt 6.9; 11.25-27; Mc 14.36*.
- Poder Mc 14.62*.
- Rey 1 Ti 1.17.
- Salvador Lc 1.47.
- Señor Mt 4.7 (uso frecuente).
- Todopoderoso Lc 1.49.

(b) Principales calificativos dados a Dios:
- Bueno Mc 10.18.
- Eterno Ro 16.26.
- Fiel (digno de confianza) 1 Co 10.13; 1 Ts 5.24; 1 Jn 1.9.
- Grande Tit 2.13.
- Invisible Col. 1.15.
- Sabio Ro 16.27.
- Todopoderoso Ap 1.8.
- Único Mc 12.29.
- Verdadero Jn 17.3.
- Vivo Hch 14.15.

(c) Otras maneras de describir a Dios
- Dios es amor 1 Jn 4.8.
- Dios es Espíritu Jn 4.24.
- Dios es luz 1 Jn 1.5.

(d) Dioses de los paganos Hch 7.40-41; 14.11-17; 19.23-40; Ro 1.23; 1 Co 8.4-6; Gl 4.8.
Véanse también **Demonio; Idolatría.**

(e) Sentido figurado Jn 10.34-35; 2 Co 4.4; Flp 3.19.

Dirigentes (de la comunidad cristiana) Gl 2.2; Heb 13.7,17,24. Véanse también **Anciano; Obispo; Pastor; Presidir.**

Discípulo Persona que sigue de cerca a un maestro.
[NT] **(a)** Seguidores de Juan el Bautista Mt 9.14; 11.2; Jn 3.25; 4.1.
(b) Discípulos de Jesús:
- Los doce Mt 10.1; 11.1; 26.20.
- Los setenta y dos Lc 10.1.
- En general Mt 10.24-25; Lc 6.17; Jn 13.35; Hch 6.1*; 11.26.

(c) El discípulo a quien Jesús quería mucho Jn 13.23; 19.26; 20.2-10; 21.7,20-24.

Discriminación
(a) Dios no hace discriminaciones Dt 10.17; Hch 10.34; Ef 6.9. Véase también **Juicio.**
(b) Los hombres no deben hacerlas Lv 19.15; Stg 2.1-4.

Dispersión (diáspora) Se designaba de esta manera a los judíos que vivían esparcidos fuera de Palestina. Jn 7.35; Stg 1.1; 1 P 1.1.

Divorcio
(a) Sentido literal Dt 24.1-4; Mal 2.16; Mt 5.31-32; 19.9; Mc 10.11-12; 1 Co 7.10-16.
(b) Sentido figurado Is 50.1; Jer 3.8*.

Doce Apóstoles de Jesús Mt 10.1-4; 19.28; Jn 6.70; Hch 1.12-26; 1 Co 15.5; Ap 21.14.

Domingo
Véase **Primer día de la semana.**

Dones espirituales Dones especiales, llamados también "carismas", concedidos por Dios en la iglesia. Ro 12.6-8; 1 Co 12.4-30; 14; Ef 4.11-13. Véanse también **Hablar en lenguas; Profecía** (f); **Sanar** (b).

Dracma Moneda griega más o menos equivalente al denario romano. Era el salario por un día de trabajo. Lc 15.8*. Véase **Tabla de pesas, monedas y medidas.**

Dragón Serpiente monstruosa.
[AT] Is 14.29; 27.1*; Est (dc) 1.1e; 10.3d.
[NT] En el NT representa a Satanás Ap 12.3-18; 13.2,4; 16.13; 20.2-3. Véanse también **Demonio; Serpiente** (d).

Edén Gn 2.8*-17; 3.23-24; Ez 28.13; 31.9,16,18.

Edificación, edificar
Véase **Construcción.**

Edom, edomita Nación al sur del Mar Muerto. En tiempos helenísticos se llamó Idumea.
[AT] Gn 25.30; 36; Nm 20.14-21; 1 S 14.47; Sal 60.8(10); Is 34; 63.1-6; Jer 49.7*; Ez 25.12-14; 35.1-15; Am 1.11-12; Abd 1*-15; Mal 1.2-5; 1 Mac 4.15*.
[NT] Mc 3.8.

Egipto Gn 12.10-20; 37.25-36; 39—50; Ex 1—14; Nm 11.5; 1 R 3.1; Jer 46.13-26; Ez 29—32; 1 Mac 1.16-19; Mt 2.13-15,19.

Elección, elegir
Véase **Escoger.**

Elías
[AT] 1 R 17.1—2 R 2.15; Mal 4.5(3.23); Eclo 48.12.
[NT] Mt 11.14*; 16.14*; 17.3-13; 27.46-49; Lc 1.17; 4.25-26; Jn 1.21; Ro 11.2; Stg 5.17.

Elisabet
Véase **Isabel.**

Eliseo 1 R 19.16,19-21; 2 R 2.1—9.3; 13.14-21; Eclo 48.12-15; Lc 4.27.

Emanuel Palabra derivada del hebreo (**immanu El**), que significa "Dios con nosotros". Is 7.14*; 8.8; Mt 1.23*.

Emaús 1 Mac 3.40*; Lc 24.13.

Emperador Gobernante supremo del imperio romano, llamado también César.
(a) En general Mt 22.17-21; Lc 23.2; Jn 19.12,15; Hch 25.8-27; 1 P 2.13.
(b) Augusto Lc 2.1*.
(c) Tiberio Lc 3.1*.
(d) Claudio Hch 11.28; 18.2.
(e) Nerón Hch 25.21*.
Véase **Introducción al NT (38-39).**

En Cristo Fórmula muy usada por Pablo para expresar la solidaridad que todo cristiano, desde el bautismo, empieza a vivir con Cristo. Ro 6.11*. Véase **Cristo.**

ÍNDICE TEMÁTICO

Enemigo, enemistad
[AT] (a) De Dios Ex 23.22; Sal 37.20; Is 1.24; 66.14.
    (b) De Israel Ex 15.6-10; Dt 20.3-4; Jue 2.14,18; 2 R 21.14; Sal 106.10; 110.1(1b); 1 Mac 12.15.
    (c) Personal Ex 23.4-5; 1 S 24.19(20); Pr 24.17; 25.21; Eclo 12.16-18.
    (d) Otros aspectos Gn 3.15.
[NT] (a) El diablo Mt 13.25,28,39; Lc 10.19; 1 P 5.8.
    (b) Victoria de Cristo sobre los enemigos Mt 22.44; 1 Co 15.25-27; Heb 1.13; 10.13.
    (c) Liberación de los enemigos Lc 1.71,74.
    (d) El pecado, enemistad con Dios Ro 5.10; 8.7; Col 1.21; Stg 4.4.
    (e) Amor a los enemigos Mt 5.43-48; Ro 12.20.
    (f) Otros aspectos Lc 19.43; Hch 13.10; Ef 2.14; Flp 3.18; 2 Ts 3.15.

Enfermedad, enfermo
[AT] (a) En general Ex 23.25; Dt 28.58-61; Job 2.7; Sal 103.3; Eclo 7.35; 18.19; 38.1-15.
    (b) Disposiciones de la ley Lv 13.
    (c) Algunos enfermos sanados 2 R 5; 20.1-11; Tb 3.17.
[NT] (a) Relación con el pecado Jn 9.2*.
    (b) Jesús sana a los enfermos Mt 4.24; 8.16-17; 14.35-36. Véanse también **Milagros; Señal**.
    (c) Los discípulos sanan enfermos Mc 16.18; Lc 10.9; Hch 4.9-10; 5.15-16; 28.8-9.
    (d) Unción y oración por el enfermo Stg 5.14-16.
    (e) Otros aspectos Gl 4.13; 1 Ti 5.23.
    (f) Sentido figurado Mt 9.12-13.
Véase también **Sanar**.

Enojarse, enojo
[AT] (a) Dios. Véanse **Castigo; Ira de Dios; Juicio**.
    (b) Los hombres Pr 15.1; 19.11; Eclo 20.2.
[NT] (a) Dios. Véanse **Castigo; Ira de Dios; Juicio**.
    (b) Cristo Mc 3.5; Ap 6.16.
    (c) Los hombres Mt 5.22; Ef 4.26; Col 3.8; Stg 1.19-20.

Enseñanza, enseñar
[AT] (a) Enseñanza religiosa Dt 4.1-9; 2 Cr 15.3; Esd 7.10; Pr 6.23; Dn 12.3; Mal 2.7-9.
    (b) Malas enseñanzas 2 R 17.27; Is 9.14.
[NT] (a) De la ley Mt 23.23; Ro 2.18-24; 15.4.
    (b) De Jesús Mt 4.23; 5.2; 7.28-29; 22.16; 26.55; Jn 7.16 (frecuente). Véase también **Sermones de Jesús**.
    (c) De los maestros judíos Mt 7.29; 15.9; 23.2-4, 16-22.
    (d) Enseñanza cristiana Mt 28.20; Lc 1.4; Hch 2.42; 5.28; 17.19; Ro 12.7; 16.17; 1 Co 4.17; Col 1.28; Tit 2.
    (e) Enseñanzas que no se deben aceptar Ef 4.14; Col 2.22; 1 Ti 1.3-11; 4.1-5; Heb 13.9; 2 P 2; Ap 2.14-15.
Véanse también **Maestro; Tradición**.

Enviado, enviar
[AT] (a) Hombres enviados por Dios:
    - Moisés: Ex 3.10-15; 1 S 12.8; Sal 105.26.
    - Otros profetas Is 6.8-9; Jer 1.4-10; Ez 2.1—3.15; Zac 2.11(15); Mal 4.5(3.23).
    (b) El ángel de Dios Ex 23.20*-23.
    (c) Castigos Gn 19.13; Ex 9.14; Sal 105.28; Am 1.4.
[NT] (a) Jesús, enviado de Dios Mt 10.40; Jn 3.17; 17.3; 1 Jn 4.9-10,14 (frecuente en Jn).
    (b) El Espíritu Santo Jn 14.26; 1 P 1.12; Ap 5.6*.
    (c) Juan el Bautista Mt 11.10; Jn 1.6,33.
    (d) Los apóstoles Mt 10.5,16; Jn 17.18; 20.21.
Véase también **Apóstol**. También se usa con frecuencia en otros sentidos.

Escándalo
Véase **Tropezar**.

Esclavitud, esclavo (traducido también como **criado, sirviente, siervo**)
[AT] (a) En general Gn 9.25-27; 15.13; Dt 6.21; Sal 105.17; Jer 15.14; Eclo 33.25-33.
    (b) Leyes sobre los esclavos Ex 21.1-11; Dt 15.12-18.
[NT] (a) Sentido literal Mt 8.9; 26.51; 1 Co 7.21-22; 12.13; Ef 6.5-9*; Col 3.22*—4.1; Fil 11,16; 1 P 2.18.
    (b) Manera de expresar la actitud de servicio Mt 20.27; Lc 17.10; Ro 1.1; 1 Co 9.19; Flp 2.7.
    (c) Sentido figurado Ro 6.17-23; 2 P 2.19.
Véase también **Servicio**.

Escoger, escogido (traducido también como **elegir, elegido, elección**).
[AT] (a) Referido a Israel Dt 7.6; 14.2; Sal 33.12; Is 49.7; Ez 37.28.
    (b) Referido al templo Dt 12.1-28; 1 R 8.48; 11.13; Sal 78.68.
    (c) Referido al rey 1 S 10.24; 16.1-13; Sal 78.70.
    (d) Referido a los sacerdotes y levitas Nm 3.12; 17.5(20); 1 S 2.28.
    (e) Referido a los profetas Jer 1.5.
    (f) Otros casos Dt 30.19; Jos 24.22.
[NT] (a) Jesucristo, escogido por Dios Mt 3.17*; Lc 9.35; 1 P 2.6.
    (b) Los apóstoles Lc 6.13; Jn 6.70; 15.16,19; Hch 1.2,24; 9.15; Gl 1.15*.
    (c) Los creyentes Mt 22.14; 24.22,24,31; Ro 8.33; 9.11; 1 Co 1.27-28; Ef 1.4; 1 Ts 1.4; Stg 2.5.
    (d) Otros casos Hch 6.5; 13.17; 15.25; 1 Ti 5.21.

Escriba
Véase **Maestro** [NT] (b).

Escritura En tiempos del judaísmo helenístico y en el NT este término se refiere generalmente al AT o a alguna parte de él.
[DC] 1 Mac 7.16.
[NT] (a) Maneras de referirse a la Escritura:
    - "La ley" Jn 10.34*.
    - "La ley y los profetas" Mt 5.17*; Ro 3.21*-22.
    - "La ley, los profetas y los salmos" Lc 24.44.

- "La Escritura", "Las (santas) Escrituras" Mt 21.42; Ro 1.2,17.
- "Está escrito" Mc 1.2; Ro 1.17 (traducido "dice la Escritura"; frecuente en Pablo).
- "Dijo el Señor", "Dijo Dios" Mt 1.23; 22.31.
- "Dijo el Espíritu Santo" Hch 1.16.
- Citas concretas de libros Mt 2.17-18; 3.3; 8.4; Ro 4.6-8.

(b) Inspirada por Dios 2 Ti 3.16; 2 P 1.20-21.
(c) Valor de la Escritura Mt 5.18; Jn 10.35; Ro 15.4; 1 Co 9.9-10; 2 Ti 3.15-17; Heb 4.12.

Véanse también **Cumplimiento de las Escrituras** e **Introducción al NT(1-4)**.

Esperanza
[AT] Sal 62.5(6); 71.5; Pr 23.18; 2 Mac 7.20.
[NT] Hch 26.6-7; Ro 4.18; 5.2-5; 8.24; 15.4; 1 Co 13.13; 1 P 1.3*-4; 3.15.
Véase también **Confianza**.

Espíritu
[AT] (a) Manera de referirse a la persona humana Job 32.8; Sal 31.5(6); 51.17(19); Ez 11.19; Sab 4.12.
(b) Un don especial concedido por Dios Ex 31.3; 2 R 2.9; Sal 51.10-12(12-14); Is 11.2; Sab 7.7.
[NT] (a) Referido a la persona humana Mt 5.3; Ro 8.10*; 1 Co 2.11; 5.3-5; 7.34; Heb 12.23.
(b) Referido a los ángeles Heb 1.14.

Espíritu de Dios, Espíritu del Señor, Espíritu Santo
[AT] Ex 31.3; Nm 24.2; 1 S 16.13; Sal 51.11(13); Is 42.1*; 61.1; Ez 11.5; 36.27; Jl 2.28-29(3.1-2); Sab 1.7.
[NT] (a) En citas del AT Mt 12.18; Lc 4.18; Hch 2.17-18.
(b) En relación con personas del AT Mt 22.43; Lc 1.16; 1 P 1.11; 2 P 1.21.
(c) En relación con Jesús:
- Concepción Mt 1.18,20; Lc 1.35.
- Bautismo Mt 3.16; Jn 1.32-33.
- Actividad Mt 12.28,31-32; Lc 4.1,14; 10.21; Hch 10.38.
- Resurrección Hch 2.33; Ro 1.3-4*.
(d) En relación con otros contemporáneos de Jesús:
- Juan el Bautista Lc 1.15.
- María Mt 1.18,20; Lc 1.35.
- Isabel Lc 1.41.
- Zacarías Lc 1.67.
- Simeón Lc 2.25-27.
(e) Anunciado por Juan el Bautista Mt 3.11.
(f) Prometido por Jesús a sus discípulos Mc 13.11; Lc 11.13; 12.12; Jn 4.23-24; 7.38-39; 14.16-17,26; 15.26; 16.13-14; Hch 1.4-5,8.
(g) Enviado por Dios, por Jesús, a los primeros discípulos Jn 20.22; Hch 2.1-21,33.
(h) Su acción en la vida de las primeras comunidades cristianas:
- Bautismo Hch 2.38; 10.47.
- Imposición de las manos Hch 8.17; 19.6.
- Predicación del evangelio Hch 1.8; 2.4-11; 4.31; 5.32.
- Dirección de la iglesia Hch 5.3,9; 15.28.
(i) En la vida de los creyentes en general:
- Bautismo Mt 28.19; Jn 3.5; 1 Co 12.13; Tit 3.5.
- Toda la vida cristiana Ro 5.5; 8.1-27; 1 Co 3.16; 2 Co1.22; 3.6-18; Gl 4.6; 5.16-25; Ef 1.13-14; 1 Jn 5.6-8.
- Manifestaciones especiales 1 Co 12.1-13; Ap 1.10. Véase también **Dones espirituales**.

Espíritu impuro, maligno (o equivalente)
[AT] 1 S 16.14-15; 1 R 22.23.
[NT] Mt 10.1; Mc 1.23-27; 5.2-20; Lc 7.21.
Véase también **Demonio**.

Esposos
[AT] Gn 1.27-28; Sal 128.3; Pr 31.10-31; Eclo 26.1-4.
[NT] Deberes de los esposos 1 Co 7.1-16,36-40; 11.3-12; Ef 5.22-33; Col 3.18-19; 1 P 3.1-7.
Véanse también **Divorcio; Familia; Matrimonio**.

Eucaristía
Véase **Cena (d)**.

Eunuco
[AT] Is 56.4-5*; Jer 29.1-2*; Est 1.10*; Sab 3.14*.
[NT] Hch 8.27*.

Eva Gn 3.20*; 4.1; Tb 8.6; 1 Co 11.9; 2 Co 11.3; 1 Ti 2.13-14.

Evangelio Palabra derivada del griego, que significa "buena noticia".
(a) Cita del AT Lc 4.18.
(b) Proclamado por Jesús Mt 4.23; 9.35; Mc 1.15; Lc 7.22.
(c) Proclamado por otros Mt 24.14; Mc 16.15; Hch 5.42; 8.4,12,25,35,40; 11.20; Ro 1.1,15; 1 Co 1.17; Gl 1.15-16.
(d) Características Ro 1.16-17; 1 Co 15.1-11; Gl 1.7-9,11-12; 1 Ti 1.11.

Falso
(a) Falsos dioses. Véase **Ídolos**.
(b) Falsos profetas. Véase **Profecía** (g).
(c) Falso juramento Lv 6.3(5.22); Zac 8.17.
(d) Falsos testimonios Pr 6.19; Mc 14.56.
Véanse también **Mentir; Profecía** (h).

Familia
[AT] Pr 10.1; 12.4; Tb 4; 14.8-11.
[NT] (a) Deberes familiares Ef 5.21—6.9*; Col 3.18—4.1; 1 Ti 5.16; 1 P 2.18—3.7.
(b) Otros aspectos Jn 4.53; 8.35; Hch 11.14; 16.15,31; 18.8; 1 Co 1.16.

Faraón Gn 12.15-20; 40—50; Ex 1—15 (1.11*); 1 R 3.1; 2 R 23.29-35; Jer 44.30; 46.17; Ez 31.1—32.16; Ro 9.17.

Fariseos Uno de los grupos dentro del judaísmo del tiempo de Jesús, muy influyente en la vida religiosa y social del pueblo. Véase **Introducción al NT (27)**.
(a) Doctrinas y prácticas Mt 9.11,14; 12.2; 15.1-9; 19.3*; Lc 18.11-12; Hch 15.5; 23.6-8.

ÍNDICE TEMÁTICO

  (b) Enemigos de Jesús Mt 9.34; 12.14,24; 16.1-12; 22.15; Jn 7.32; 9.16; 11.47-48,57.
  (c) Favorables a Jesús Lc 7.36; 11.37; 13.31; 14.1; Jn 3.1; 7.50-51.
  (d) Reproches de Jesús a los fariseos Mt 23.2-36; Lc 16.14-15.
  (e) Otras referencias Hch 5.34; 23.6; 26.5; Flp 3.5.

Fe Expresa la respuesta humana al Dios que se revela con su amor, su sabiduría, su poder, sus exigencias, e incluye la aceptación intelectual, la confianza y la obediencia.
  [AT] Sal 116.10; Is 7.8-9.
  [NT] (a) Fe en el poder de Jesús Mt 8.10; 9.2,22; 15.28.
  (b) Fe en la oración Mt 21.22; Stg 1.6*-8.
  (c) La fe de Abraham Ro 4.1-25; Gl 3.6-9; Stg 2.21-23.
  (d) Requerida para que Dios nos perdone Lc 7.48-50; Hch 26.18; Ro 1.16*; 3.21-26; Gl 2.16; 3.8-9.
  (e) Fe y hechos Ro 4.6; 9.32; Stg 2.14*-26.
  (f) Fe, esperanza y amor 1 Ts 1.3*.
  (g) Otros aspectos de la fe 1 Co 13.13*; 2 Co 5.7; Gl 5.6*; Ef 4.4-6; 1 Ts 1.3*; 1 Ti 4.1; Heb 11; Stg 1.3*; 1 Jn 5.4.

Véanse también **Confesar** [NT] (b); **Creer; Justicia.**

Felipe
  (a) Apóstol Mt 10.3; Jn 1.43-49; 6.5-7; 12.21-22; 14.8-9.
  (b) Uno de los siete ayudantes de los apóstoles Hch 6.5; 8.5-40; 21.8.

Fidelidad, fiel (lealtad, cumplir las promesas, ser digno de confianza)
  [AT] (a) De Dios Ex 34.6-7; 2 S 22.26; Sal 98.3; Miq 7.20.
  (b) De los hombres 1 S 2.9; Sal 101.6; Is 26.2; Eclo 1.27.
  [NT] (a) De Dios 1 Co 1.9; 10.13; Heb 10.23; 1 P 4.19.
  (b) De Jesús 2 Ti 2.13; Heb 2.17; 3.2; Ap 1.5; 19.11.
  (c) De otras personas Mt 24.45-51; 25.14-30; 1 Co 4.2; 1 Ti 1.12; 3.11; Heb 3.5; Ap 2.10.
  (d) De la enseñanza (cierta) 1 Ti 1.15*; Ap 22.6.

Fiestas
  [AT] (a) Pascua. Véase **Pascua.**
  (b) Fiesta del pan sin levadura Ex 23.14-15*; 34.18; Lv 23.6-8.
  (c) Fiestas de los primeros frutos y de la cosecha Ex 23.16*; 34.22; Lv 23.9-21.
  (d) Día del Perdón Nm 29.7-11.
  (e) Fiesta de las Enramadas Lv 23.33-44.
  (f) Del mes séptimo Nm 29.1.
  (g) Purim Est 9.20-32 (v. 26*).
  (h) Dedicación del templo 1 Mac 4.52-59*.
  [NT] (a) Pascua. Véase **Pascua.**
  (b) Otras fiestas judías:
    - Dedicación Jn 10.22*.
    - Enramadas Jn 7.2*, 37-38*; 8.12*.
    - Pan sin levadura. Véase **Pan sin levadura, Fiesta del.**
    - Pentecostés Hch 2.1; 20.16.
    - Indeterminada Jn 5.1*.
  (c) En la vida de los cristianos Gl 4.10-11; Col 2.16. Véase también **Día del Señor.**

Filisteos Nación que habitaba en la costa del Mediterráneo Gn 10.14; Jos 13.3*; Jue 16.4-31; 1 S 4.1—6.21; 27.1—28.2; 2 S 5.17-25; Jer 47.4*; 1 Mac 3.41.

Fuego
  [AT] (a) Sentido físico Gn 22.7; 1 R 18.38; Dn 3.
  (b) Sentido figurado Sal 66.12; Cnt 8.6; Is 43.2.
  (c) Símbolo de la presencia y actuación del Señor Ex 3.2; 19.16-25; Dt 4.12; Sal 97.3.
  (d) Para castigar a los malvados Gn 19.24*; Sal 21.9(10); Is 66.15; Am 1.3—2.5 (1.4*).
  [NT] (a) Sentido físico Mt 3.10; 13.40; 17.15.
  (b) Sentido figurado Stg 3.5.
  (c) Símbolo del Espíritu Santo Hch 2.3.
  (d) Medio de purificación 1 P 1.7; Ap 3.18.
  (e) Símbolo del juicio divino Mt 3.11; 1 Co 3.13-15; 2 Ts 1.7-8.
  (f) Fuego del infierno Mt 5.22; 25.41; Ap 20.10,14-15. Véase también **Infierno.**

Galilea La región más septentrional de Palestina (véase mapa).
  [AT] Asignada a las tribus de Aser, Neftalí y Zabulón Jos 19.10-16,24-39; Is 9.1(8.23); 1 Mac 5.14-23; 12.47,49.
  [NT] En tiempo de Herodes el Grande (37-4 a.C.) y de Herodes Agripa I (40-44 d.C.) estuvo unida a Judea y a otras regiones formando un solo reino. En el periodo de 4 a.C. hasta 40 d.C. tuvo gobierno propio (Herodes Antipas, tetrarca o gobernador). Después del año 44 estuvo gobernada directamente por autoridades romanas. Gran parte de la vida y actividad de Jesús se desarrolló en Galilea, o en la regiones vecinas. Mt 2.22-23; 4.12—18.35; 28.7,10,16; Lc 1.26; 2.39; 3.1; Jn 1.43; 2.1-12; 4.3,43-54; 6.1—7.9; 21; Hch 9.31. Véase **Introducción al AT (20).**

Genealogía Lista de antepasados o de descendientes de una persona.
  [AT] (a) Anteriores a Abraham Gn 4.17*—5.32; 10.1-32*; 1 Cr 1.1-26.
  (b) Posteriores a Abraham Gn 25.1*-18; 36; Rt 4.18-22*; 1 Cr 1.27—9.44.
  [NT] (a) De Jesús Mt 1.1*-17; Lc 3.23*-38.
  (b) Otros aspectos 1 Ti 1.4; Tit 3.9.

Genesaret 1 Mac 11.67; Mt 14.34; Lc 5.1. Véase también **Lago de Galilea.**

Gentil
  Véase **Pagano.**

Getsemaní Mt 26.36*. Véase también **Monte de los Olivos.**

Gloria, glorificar, glorioso (traducido también como "honor", "honrar", "resplandor")

[AT] (a) Símbolo de la presencia de Dios Ex 16.7*,10; 24.16-17; 33.18-23; 40.34-35; 1 R 8.11*; Sal 24; Is 6.3; Ez 1.28; 3.23; 8.4; 9.3; 10; 43.
(b) Dios honra a los hombres Sal 8.4-8(5-9); 84.11(12); Is 9.1(8.23); Eclo 1.19; 44.2.
(c) Dar gloria a Dios Sal 86.9,12; 96.7-8; Is 42.12. Véase también **Alabar**.
(d) Honor humano 2 Cr 18.1; 32.33; Pr 11.16.
[NT] (a) Gloria propia de Dios Lc 2.9,14; Hch 7.2; Ef 1.17; Ap 4.11.
(b) Comunicada a Cristo Mt 16.27; 19.28; 24.30; 25.31; Jn 1.14*; 17.1,5,22; Hch 3.13; Ro 6.4; Heb 1.3.
(c) Comunicada a los creyentes Jn 1.14; 11.40; 17.22; Ro 8.17,18,30; 2 Co 3.8-11; Flp 3.21; Ap 21.11.
(d) Dar gloria, honrar a Dios Jn 21.19; Ro 1.21. Véase también **Alabar a Dios**.
(e) Honor humano Jn 5.41,44; 12.43.
(f) Gloriarse, enorgullecerse Ro 5.2*.

Gobernador, gobernar
[AT] Véanse **Caudillos; Rey** e **Introducción al AT**.
[NT] (a) Gobernantes judíos (véase **Introducción al NT [38-46]**):
- Herodes el Grande Mt 2.1*-20; Lc 1.5.
- Arquelao (hijo de Herodes el Grande) Mt 2.22*.
- Herodes Antipas (hijo de Herodes el Grande) Mt 4.12*; 14.1*-11; Mc 8.15; Lc 3.1; 8.3; 13.31; 23.6-12; Hch 4.27; 13.1.
- Filipo (hijo de Herodes el Grande) Lc 3.1*.
- Herodes Agripa I (nieto de Herodes el Grande) Hch 12.1-23(v. 1*)
- Herodes Agripa II (hijo de Herodes Agripa I) Hch 25.13*—26.32.
(b) Gobernantes romanos mencionados en el NT (véase **Introducción al NT[40-42]**):
- Quirinio Lc 2.2*.
- Poncio Pilato Mt 27.2*-65; Lc 3.1; 13.1; Jn 18.28—19.38; 1 Ti 6.13.
- Félix Hch 23.24*—24.27.
- Porcio Festo Hch 24.27—26.32 (25.1*).
(c) El que gobierna (o manda) este mundo (=el diablo) Jn 12.31*.

Gog y Magog
[AT] Ez 38—39 (38.2*).
[NT] Ap 20.8*.

Gólgota Pequeña colina en las afueras de Jerusalén Mt 27.33; Jn 19.17.

Gozo
Véase **Alegría**.

Gracia
[AT] La palabra "gracia" traduce a veces las palabras hebreas *hesed, hen*, traducidas más frecuentemente de otras maneras (amor, bondad, compasión, favor).
(a) De Dios Ex 33.19; 34.6-7; Is 61.2. Véanse **Amar, amor; Bondad; Compasión, compasivo**.
(b) Dar gracias a Dios Sal 28.7; 33.2; 136; 138.
[NT] La palabra griega **kharis** puede significar "bondad", "favor", "amor", "don", "don gratuito", y así es traducida con diversas palabras castellanas.
(a) Gracia de Dios Lc 1.30; 2.40; Hch 13.43; Ro 3.24; 4.16; 5.2,15-21; 1 Co 15.10; Gl 1.15; Ef 2.5-8; 1 Ts 1.1.
(b) Gracia de Cristo Jn 1.14,16,17; Hch 15.11; 1 Co 16.23.
(c) Dar gracias a Dios Mt 15.36; 26.27; Jn 11.41; Ro 7.25; 1 Co 14.16-17; 1 Ti 2.1.

Griego
[AT] (a) Dominación griega en Palestina Dn 2.38-40*, 41*; 1 Mac 1.1-15,41-64. Véanse **Introducción al AT** e **Introducción a los Libros deuterocanónicos**.
(b) Reyes griegos Dn 2.43*; 7.20-21*,23-24*; 8.1*-27. Véase **Introducción a 1 Mac** y a **2 Mac**.
[NT] (a) De habla griega Hch 6.1*; 9.29.
(b) No judío Jn 12.20*; Hch 11.20; Ro 1.16; Gl 3.28; Col 3.11.
(c) Persona culta Ro 1.14*.

Hablar en lenguas Hch 2.4*; 1 Co 12.8*-10; 14.

Hacer
[AT] (a) Hacer lo bueno Nm 24.13; Sal 34.14(15); 37.3.
(b) Hacer lo malo Dt 4.25; 1 R 11.6; 2 R 24.19; Sal 34.16(17); Jer 3.4-5; Ez 20.43; Tb 12.10; Eclo 7.1.
[NT] (a) Hacer lo bueno Mt 7.12*; Jn 5.29; Ro 2.7,10; 7.18-19; 13.13; 2 Co 5.10; Gl 6.10; Ef 2.10; 2 Ti 3.17; 1 P 2.15,20.
(b) Hacer lo malo Jn 3.20; 5.29; Ro 2.9; 7.19; 2 Co 5.10; 3 Jn 11.

Hebreo
[AT] (a) Dicho de personas: Gn 14.13*; Ex 1.19; 1 S 4.6; Jdt 10.12.
(b) Lengua Eclo [Pról. gr.]. Véase **Introducción al AT**.
[NT] (a) Raza 2 Co 11.22; Flp 3.5.
(b) Lengua Jn 5.2; 19.13,17,20; Hch 6.1*; 21.40*; Ap 9.11; 16.16. Véase **Introducción al NT (16)**.

Henoc
[AT] Gn 5.18-24; Eclo 44.16; 49.14.
[NT] Lc 3.37; Heb 11.5.
- Libro (apócrifo) de Henoc Jud 12-13*,14-15*.

Heredar, herencia Mt 5.5*; Ro 8.17; Gl 3.28—4.7; Ef 1.11*; 3.6; 1 P 1.4*.

Hermano, hermana
[AT] (a) Sentido físico (=pariente cercano) Gn 4.2-12; 22.23; 42—45; Ex 4.14; Lv 18.12-16; Dt 25.5-10; Eclo 25.1.
(b) Sentido amplio (=de la misma raza o nación) Ex 2.11; Lv 25.46; Sal 22.22(23); 133.1(1b); Am 1.9.

ÍNDICE TEMÁTICO

[NT] (a) Sentido físico Mt 4.18,21; 12.46*; Jn 11.2-3.
  (b) Sentido religioso Mt 5.22; Jn 20.17*; Hch 1.16*; Ro 1.13; Heb 2.11-12; 1 Jn 3.14-17 (uso frecuente).
  (c) Hermanos de Jesús Mt 12.46*.

Herodes
Véase **Gobernador, gobernar**.

Higuera Gn 3.7; Dt 8.8; Jue 9.10-11; 1 R 4.25(5.5); Mc 11.13*; Lc 13.6-9; Jn 1.48,50.

Hijo
[AT] (a) Sentido físico Gn 3.16; 5.3; 17.19-21 (uso frecuente).
  (b) Por adopción Gn 48.5*; Est 2.7.
[NT] (a) Sentido físico Mt 1.21-25; 20.20; Lc 1.13; 2.7; Jn 1.42.
  (b) Sentido figurado Mc 3.17*; Jn 8.44*; Hch 4.36; 13.10.

Hijo de David Título aplicado al Mesías Mt 1.1*; 9.27*; 21.9,15. Véase **Introducción al NT (63-65)**.

Hijo de Dios
(a) Aplicado a Jesucristo:
  - Por Dios Mt 3.17; 17.5; Hch 13.33; Heb 1.5; 2 P 1.17.
  - Por Jesús Mt 11.27; Jn 3.16-18; 5.19-26; 10.36.
  - Por un ángel Lc 1.32,35.
  - Por el demonio Mt 4.3*; 8.29.
  - Por hombres Mt 16.16; 27.54; Mc 1.1; Jn 1.34,49; 20.31; Hch 9.20; Ro 1.3-4; 2 Co 1.19; Gl 2.20; 4.4; Heb 6.6; 1 Jn 5.5,10-13; Ap 2.18. Véase **Introducción al NT (66)**.
(b) Aplicado a otros hombres Mt 5.9,45; Lc 20.36; Jn 1.12-13*; 11.52; Ro 8.14-17; Gl 3.26; 4.4-6; 1 Jn 3.1-2,9-10.

Hijo del hombre Título mesiánico basado en Dn 7.13-14, referido en el NT siempre a Jesús Mt 8.20*; 9.6; 12.8,32,40; 13.41; 16.13,27,28; 20.18; 26.64; Hch 7.56; Ap 1.13*. Véase **Introducción al NT (64)**.

Himnos (textos de carácter poético)
[AT] Véase **Introducción** a los **Salmos**.
[NT] (a) De María Lc 1.46*-55.
  (b) De Zacarías Lc 1.68*-79.
  (c) De Simeón Lc 2.29*-32.
  (d) A Cristo Jn 1.1*-18; Flp 2.5*-11; Col 1.15*-20; 1 Ti 3.16; Heb 1.1-4; Ap 5.9*-14.
  (e) Otros Hch 16.25; Ef 5.19; Col 3.16; Ap 4.11; 11.17-18; 15.3-4; 18—19.
Véanse también **Cantar, canto**; y la tabla *Cánticos de la Biblia*.

Holocausto
Véase **Sacrificar, sacrificio**.

Honor
Véase **Gloria**.

Hora
[AT] En tiempos antiguos no se numeraban las horas Gn 24.11; Esd 9.4.

[NT] En la época romana, los judíos dividían el día en doce horas, de 6 a.m. a 6 p.m.
  (a) Sentido literal Mt 20.3*,5*,6*; Mc 15.33*; Jn 19.14*; Hch 3.1*.
  (b) La hora de Jesús Jn 2.4*.

Hosana Mt 21.9*.

Humildad, humilde, humillar
[AT] Nm 12.3; Sal 10.17; 25.9; 45.4(5); 138.6; 147.6; 149.4; Is 29.29; 57.15; Eclo 7.17.
[NT] (a) De Jesús Mt 11.29; Flp 2.8.
  (b) De otros Mt 18.4; 23.12; Lc 1.48,52; Flp 2.3; Stg 1.9-10; 4.6.

Idolatría, ídolos
[AT] (a) Prohibición de la idolatría Ex 20.4-6; Lv 19.4; 2 R 17.12; Sal 97.7; Bar 6.4-5.
  (b) Polémica contra la idolatría Sal 115.4-8*; Is 44.9-20; Jer 10.1*-16; Ez 6; Sab 13.10*—14.31; Bar 6.7*-72; Dn (dc) 14 (v.1*).
  (c) Practicada a veces en Israel Ex 32; Jue 2.11-22; 1 S 12.9-10; 1 R 14.9; 2 R 17.9-23; Is 2.8; Jer 2.8; Ez 16.24.
[NT] (a) Dioses de los paganos 1 Co 8.4,7; 10.7,14; 12.2; 1 Ts 1.9; Ap 9.20.
  (b) Imagen construida por los israelitas Hch 7.40-42*.
  (c) Alimentos ofrecidos a los ídolos Hch 15.29; 1 Co 8 (v. 1*); Ap 2.14.
  (d) Idolatría en sentido figurado Col 3.5; 1 Jn 5.21*.

Iglesia Comunidad de los creyentes en Jesucristo.
  (a) Iglesia de Dios, convocada por él Ro 9.24; 1 Co 1.2; 10.32; 1 Ti 3.15.
  (b) Iglesia de Cristo Mt 16.18*; Ro 16.16.
  (c) Santificada por Cristo Ef 5.25-27.
  (d) Vivificada por el Espíritu Santo Hch 2.1-4; 1 Co 3.16; 6.11; 12.13.
  (e) Es el cuerpo de Cristo, quien es su cabeza Ef 1.22-23; 5.23,30; Col 1.18,24; 2.19*.
  (f) Los creyentes son miembros de ese cuerpo Ro 12.4-5; 1 Co 12.12-30; Ef 5.30.
  (g) Es esposa de Cristo Ef 5.22-32; Ap 19.7-8; 21.9; 22.17.
  (h) Pueblo santo Ro 1.6-7*; 1 Co 1.2; Ap 21.3.
  (i) Edificio o templo de Dios 1 Co 3.9-16; 14.4; Ef 2.20*-22.
  (j) Vida de la iglesia apostólica Hch 2.43-47; 4.32-35; 9.31; 16.4-5.
  (k) Personas que la dirigen Mt 16.17-19; 18.18; Hch 14.23; 20.28; 1 Co 12.28; 1 Ti 3.1-13; Tit 1.5-9.
  (l) Simbolizada por Jerusalén Gl 4.26-31; Heb 12.22-23; Ap 21.2—22.5.
  (m) Perseguida Hch 8.1,3; 12.1-5; Gl 1.13; Ap 12.17.
  (n) Iglesias particulares Hch 8.1; 13.1; 1 Co 1.2; Gl 1.2; Ap 2.1—3.22.

ÍNDICE TEMÁTICO

Imagen
[AT] (a) Imágenes de los falsos dioses. Véase **Idolatría, ídolos.**
(b) El hombre, hecho a imagen de Dios Gn 1.26-27*; 9.6; Eclo 17.3; Sab 2.23*.
(c) La sabiduría, imagen de Dios Sab 7.25-26.
[NT] (a) Cristo, imagen de Dios 2 Co 4.4; Col 1.15; Heb 1.3.
(b) El hombre, imagen de Dios o de Cristo 1 Co 11.7; 15.49; 2 Co 3.18; Col 3.10.
(c) Con referencia a la idolatría Ro 1.23; Ap 13.14-15; 20.4.

Imponer las manos
[AT] (a) Sobre personas, para bendecir Gn 48.12-16.
(b) Sobre personas, para conferir autoridad Nm 27.18-20; Dt 34.9.
(c) Sobre animales, en determinados ritos Lv 1.4; 3.2; 4.24; 8.14; 16.21.
[NT] (a) Para sanar enfermos Mt 9.18; Mc 6.5; 7.32; 8.23,25; 16.18; Hch 9.12,17; 28.8.
(b) Para bendecir Mt 19.13.
(c) Para conferir un cargo Hch 6.6*; 13.3; 1 Ti 4.14*; 5.22*.
(d) Para recibir el Espíritu Santo Hch 8.17,19; 19.6; Heb 6.2*.

Impureza, impuro
[AT] (a) Impureza ritual de las personas Lv 5.2-3; 7.20; 11.24-45; 12.2-5; 13; 14.46; 15; 18.20,23-30; 21.1-4; 22.4-8; Ez 44.25.
(b) Alimentos impuros Lv 11; 14.3-21; 17.15; Dn 1.8*; Jdt 12.2; 1 Mac 1.62-63; 2 Mac 6.18—7.41.
(c) Otros sentidos Is 6.5; 64.6(5).
[NT] (a) Con referencia a los demonios. Véase **Espíritu impuro.**
(b) Impureza ritual Mt 8.2-3*; 9.20*; Mc 7.1-23 (v. 2*); Jn 18.28*; Hch 10.14*,15,28*; Ro 14.14; 1 Co 7.14.
(c) Con referencia a acciones inmorales Ro 1.24; 6.19; Gl 5.19; Ef 4.19; 5.3.

Infierno
[NT] El lugar de condenación (gr. **geenna**) Mt 5.22,29,30; 10.28; 23.33; Mc 9.43*; Stg 3.6.
Véanse también **Abismo; Fuego.**

Inmoralidad sexual (o traducciones equivalentes)
[AT] Lv 18; 19.29; 21.9; Nm 25.
[NT] Mt 15.19; 1 Co 5.1-13; 6.12-20; 10.8; Gl 5.19; Ef 5.3; 1 Ts 4.3.
Véanse también **Adulterio; Prostitución; Vicios, Catálogos de.**

Ira de Dios, del Señor
[AT] Nm 11.1,33; 16.46(17.11); 32.14; Dt 6.14-15; Jue 2.14,20; Sal 21.9(10); 38.1(2); Is 5.25; 13.5; Jer 4.8*; Ez 7.14; Dn 8.19; Sof 1—2; 2 Mac 5.20.
[NT] Ro 1.18; Ef 2.3*; 1 Ts 1.10*; Ap 6.16-17; 14.10; 16.19; 19.15.
Véanse también **Castigo; Juicio.**

Isaac Gn 18.1-15; 21.1-7; 22.1-19; 24; 25.19-26; 27.1-40; 35.27-29; Eclo 44.22-23; Mt 1.2; Ro 9.7,10; Gl 4.28; Heb 11.9,17-18,20.

Isabel (Elisabet) Lc 1.5-25,39-57.

Israel, israelita
[AT] (a) Israel, otro nombre de Jacob Gn 32.28(29)*; 35.10. Véase también **Jacob.**
(b) Los descendientes, el pueblo de Israel Gn 49.28; Ex 1.11; Sal 14.7; Is 1.3 (uso muy frecuente).
[NT] Mt 2.6; Mc 12.29; Lc 2.32; Jn 1.47,49; Hch 2.36; Ro 9—11; Gl 6.16*.

Jacob Patriarca del pueblo de Israel
[AT] Gn 25.19—35.29 (25.26*); 46—50; Eclo 44.22-23.
[NT] Mt 1.2; 8.11; 22.32; Jn 4.5-6,12; Ro 9.13; Heb 11.9,20-21.

Jefe
[AT] (a) Gobernante. Véanse **Juez; Rey.**
(b) Jefe de tribu, clan, familia Gn 25.16; 36.15-43; Ex 6.14-25; Nm 1.4; Esd 1.5.
(c) Jefe de los sacerdotes. Véase **Sumo sacerdote.**
(d) Jefe militar Gn 21.22; Dt 20.9; Jue 4.2; 1 S 8.12; 2 S 23.8; 1 R 2.32; 1 Mac 2.66.
[NT] (a) Jefes judíos Mt 9.18-31; 26.14,47,59; 27.62; Lc 14.1; Jn 7.48; Hch 3.17; 4.5,8. Véase también **Sumo sacerdote.**
(b) Jefes paganos Mt 20.25.
(c) El jefe de los demonios Mt 12.24.

Jericó Nm 22.1; Jos 2; 6; Mc 10.46*; Lc 10.30; Heb 11.30.

Jerusalén Capital del reino de Israel y luego de Judá, centro religioso del pueblo de Israel, lugar de la muerte de Jesús y centro de la primera comunidad cristiana.
[AT] (a) Ciudad jebusea Jos 10.1*; 15.8; 15.63.
(b) Capital del reino unido 2 S 5.4-9; 1 R 11.42.
(c) Capital del reino de Judá 1 R 14.21; Sal 122 (menciones frecuentes en 1 R, 2 R, 1 Cr y 2 Cr).
(d) Destrucción 2 R 25; Sal 79; 137; Jer 21; Lam 1—5; Ez 11.1-13; 16; 33.21-22.
(e) Reconstrucción Neh 2.11—7.4; Is 44.26; 49.8—50.3; 52.1-12; 60; Ez 36; 48.30-35; Zac 12—14; Tb 13.10-18.
(f) Durante la dominación griega 1 Mac 1.29-40; 13.49-53.
Véanse también **Sión; Templo.**
[NT] (a) En la vida de Jesús. Véase **Jesús.**
(b) En la predicación de Jesús Mt 5.35; 16.21; 20.18-19; 23.37; Lc 10.30; 13.4,33,34; 21.20-24; 24.47; Jn 4.21.
(c) La primera comunidad Hch 1.4—8.1; 15.1-29.
(d) En la actividad de Pablo Hch 21.17—23.30; Ro 15.25-26; Gl 1.17-18; 2.1.
(e) Jerusalén celestial Gl 4.26; Heb 12.22; Ap 3.12; 21.2—22.5.

Jesucristo, Jesús Todo el NT habla de Jesucristo. Aquí se reúnen los principales acontecimientos narrados en los evangelios.

(a) Antepasados Mt 1.1-17; Lc 3.23-38.
(b) Concepción, nacimiento y niñez Mt 1.18—2.23; Lc 1.26—2.52.
(c) Bautismo y tentaciones Mt 3.1—4.11; Mc 1.9-13; Lc 3.21—4.13.
(d) Actividad en Galilea y regiones vecinas Mt 4.12—18.35; Mc 1.14—9.50; Lc 4.14—9.50; Jn 2.1-12; 4.43-54; 6.1—7.9.
(e) Actividad en Jerusalén (según Jn) Jn 2.13—3.21; 5.1-47; 7.10—10.39.
(f) Actividad en Samaria (según Jn) Jn 4.1-42.
(g) Viaje a Jerusalén Mt 19.1—20.34; Mc 10.1-52; Lc 9.51—19.27.
(h) Última actividad en Jerusalén Mt 21.1—26.16; Mc 11.1—14.11; Lc 19.28—22.6; Jn 12.12-50.
(i) Última cena, pasión y muerte Mt 26.17—27.66; Mc 14.12—15.47; Lc 22.7—23.56a; Jn 13.1—19.42.
(j) Resurrección y apariciones Mt 28; Mc 16; Lc 24.1-49; Jn 20—21; Hch 1.2b-8; 1 Co 15.4-7.
(k) Ascensión Lc 24.50-53; Hch 1.9-11.

Véanse también **Introducción al NT (58-73)**, y las palabras **Milagros; Muerte; Parábolas; Reino de Dios; Resurrección; Sermones.** Y véanse, además, los siguientes títulos dados a Jesús: **Cristo; Hijo de David; Hijo de Dios; Hijo del hombre; Maestro; Mesías; Profeta; Salvador; Siervo del Señor; Sumo Sacerdote.**

Jordán Principal río de Palestina Gn 13.10; Jos 3; 2 R 5.10-14; Mt 3.5-6,13 (menciones frecuentes en toda la Biblia). Véase **Introducción al AT (20)**.

José
(a) Hijo de Jacob, patriarca de Israel Gn 30.22-24; 37.2—50.26; Dt 33.13-17; Jos 24.32; Sal 105.17-22; Jn 4.5; Hch 7.9-10,13-14; Heb 11.21-22; Ap 7.8.
(b) Esposo de María Mt 1.16,18-25; 2.13-15,19-23; Lc 1.27; 2.4-5,16; 3.23; 4.22; Jn 1.45; 6.42.
(c) José de Arimatea Mt 27.57-60; Jn 19.38-40.
(d) Otros Mt 13.55; 27.56; Hch 1.23; 4.36.

Juan
(a) Juan el Bautista Mt 3.1-15; 4.12; 11.2-19; 14.1-12; 17.12-13; 21.24-27,32; Lc 1.5-25,57-80; 3.1-20; 11.1; 16.16; Jn 1.6-8,15,19-36; 3.23-36; 4.1; 10.40-41; Hch 18.25; 19.3-4.
(b) Juan apóstol, hijo de Zebedeo Mc 1.19-20,29; 3.17; 5.37; 9.2-13,38; 10.35-45; 13.3; 14.33-42; Lc 9.54; 22.8; Hch 1.13; 3.1—4.31; 8.14-25; Gl 2.9-10.
(c) Juan, autor del Apocalipsis Ap 1.1,4,9; 22.8.
(d) Juan Marcos Hch 12.12,25; 13.5,13. Véase también **Marcos**.
(e) Otros Jn 1.43; 21.15-17; Hch 4.6.

Judá
(a) Hijo de Jacob, de quien se deriva el nombre de una de las doce tribus de Israel. Gn 29.35; 37.26-28; 38; 44.14-34; 49.8-12; Dt 33.7; Mt 1.2-3; 2.6; Lc 3.33; Heb 7.14; 8.8; Ap 5.5; 7.5.
(b) Reino de Judá (reino del sur) 1 R 12.16-19; 14.21; 25.18-21; Is 1.1; Os 1.1 (menciones frecuentes en toda la Biblia).

Judas
[DC] Judas Macabeo 1 Mac 2.1-5; 3.1—9.22; 2 Mac 5.27; 8.1-33; 10.1—15.36.
[NT] **(a)** Apóstol, no el traidor Lc 6.16; Jn 14.22. Llamado Tadeo en Mt 10.3 y Mc 3.18.
(b) Judas Iscariote, el traidor Mt 10.4; 26.14-16, 25,47-50; 27.3-10; Jn 6.71; 12.4; 13.2,21-30; 18.2-5; Hch 1.16-20,25.
(c) Hermano del Señor Mt 13.55.
(d) Otros Hch 5.37; 9.11; 15.22-34; Jud 1.

Judea Nombre dado en tiempos postexílicos al territorio ocupado por los judíos.
[AT] El territorio variaba, según las épocas Dn 5.13; Tb 1.18; Jdt 1.12; 1 Mac 3.34; 2 Mac 1.1.
[NT] En tiempo de Herodes el Grande (37 a 4 a.C.) el reino de Judea abarcaba toda la Palestina. Posteriormente designaba sobre todo la región del sur, alrededor de Jerusalén. Mt 2.1,5,22; 3.1,5; 4.25; Lc 1.5,65; 3.1; Jn 4.3,47,54; Hch 1.8; 9.31; Gl 1.22; 1 Ts 2.14. Véase **Introducción al AT (18)**.

Judío
[AT] Originalmente se aplicaba a los habitantes de Judea, luego a los israelitas, en general Esd 4.12; Neh 1.2; Est 2.5; 1 Mac 2.23; 2 Mac 1.1.
[NT] **(a)** Israelita, en general Mt 2.2; 27.11,29,37; Mc 7.3; Jn 2.6; 4.22; 5.1; Hch 2.5; 9.22; Ro 1.16; 2.17; Gl 3.28.
(b) Un grupo particular Jn 1.19*.
(c) "No judío", expresado a veces con la palabra "griego" Mt 8.5*-13; 15.26*; Jn 12.20; Hch 11.20; 14.1; Ro 1.16; 2.9-10; 3.9; 1 Co 12.13; Gl 3.28; Col 3.11.

Juez
[AT] **(a)** Dios Gn 18.25; Sal 7.11(12); 50; 94; 109.
(b) Caudillos, antes de la monarquía Jue 2.16. Véase **Introducción** a **Jueces**.
(c) El rey 2 S 15.4; 1 R 3.16-28; Is 16.5.
(d) Otros hombres encargados de administrar justicia Dt 16.18; 1 S 8.1-3; 2 Cr 19.5; Esd 7.25; Is 1.26; Dn (dc) 13.
[NT] **(a)** Dios Heb 12.23; Stg 4.12; 5.9*.
(b) Cristo Hch 10.42.
(c) Otros Hch 24.20; Stg 4.11. Véase también **Juicio**.

Juicio, juzgar (dictar sentencia)
[AT] **(a)** Hecho por Dios 1 S 2.3,10; Sal 7.8(9); 58.11(12); Is 3.13-15; Jer 25.31; Jl 3(4).4-21; Sab 12.11-18.
(b) Hecho por hombres Ex 23.6-8; Lv 19.15; Dt 16.18-20; Pr 24.23.
[NT] **(a)** Hecho por Dios Mt 7.1*; Jn 16.8-11;

Hch 24.25; Ro 2.2-16; 2 Ts 1.5; Heb 10.30;
1 P 1.17; Ap 20.11-15.
- **(b)** Hecho por Cristo Mt 25.31-46; Jn 5.22,27-30; Hch 17.31; 2 Ti 4.1.
- **(c)** Hecho por otros Mt 7.1; 1 Co 4.5; 5.12-13; 6.1-6; Stg 4.11-12.

Véanse también **Juez; Justicia.**

Junta Suprema (Sanedrín)
- [NT] Estaba compuesta por el sumo sacerdote, quien la presidía, por otros personajes importantes de las familias sacerdotales, por un grupo de hombres notables de familias no sacerdotales (los "ancianos") y por un grupo de maestros de la ley, hasta completar el número de 71. Tenía autoridad en las cuestiones internas de los judíos, especialmente las religiosas. Mt 5.22; 26.59; Mc 15.1*; Jn 11.47; Hch 5.21; 22.30—23.10.

Véase **Introducción al NT(44-46).**

Juramento, jurar
- [AT] **(a)** De Dios Dt 1.8,34-36; Sal 105.9.
- **(b)** De otras personas Gn 21.31; Lv 5.4; 6.3-5(5.22-24); Nm 30.1-15(2-16).
- [NT] **(a)** De Dios Lc 1.73-75; Hch 2.30; Heb 3.11,18; 6.13-17; 7.20-21.
- **(b)** De otras personas Mt 5.33-37 (vv. 34-35*); 23.16-22; 26.72,74; Mc 6.23.

Véase también **Promesa.**

Justicia, justo
- [AT] **(a)** De Dios Gn 18.25; Esd 9.15; Sal 7.11(12); 11.7; 97.2; Is 45.8; Ez 18.21-32; 33.20.
- **(b)** De los hombres Gn 15.6*; Lv 19.15; Dt 16.20; Pr 11.4.
- **(c)** Falta de justicia Job 4.17; Is 5.7; 10.1-2; 59.14-15; Am 2.7-8; 5.10-13.
- [NT] **(a)** De Dios Ro 3.26; 1 Jn 1.9; Ap 16.5.
- **(b)** De Cristo Hch 3.14; 7.52; 22.14; 1 Jn 2.1,29.
- **(c)** De los hombres Mt 1.19; 5.6,10,20; 6.33; 21.32; 25.37; Mc 6.20; Lc 23.50; Hch 10.22; Stg 2.21-25; 1 P 3.12; 1 Jn 3.7.
- **(d)** Justicia aparente, no ante Dios Mt 9.13; 23.28; Lc 18.9; 20.20.
- **(e)** Justicia basada sólo en la ley Ro 10.3; Gl 3.21; Flp 3.6-9.
- **(f)** Acción redentora de Dios por medio de Cristo (justificación) Ro 1.17*; 3.21-28; 5.1-2; 8.1-4; Gl 2.16.
- **(g)** Cualidad del juicio divino Ro 2.5; 2 Ts 1.5; 2 Ti 4.8.

Véase también **Juicio.**

Lago de Galilea Llamado también Lago (o Mar) de Genesaret o de Tiberias (o Tiberíades) 1 Mac 11.67; Mt 4.18; 8.23-27; 13.1; 14.22-33; 15.29; Jn 6.1,16-21; 21.1. Véase **Introducción al AT (24).**

Lavar los pies
- [AT] Gn 18.4; 19.2; 24.32; 1 S 25.41; 2 S 11.8.
- [NT] **(a)** Jesús a los discípulos Jn 13.2-17 (vv. 5*,14*).
- **(b)** Entre los cristianos Jn 13.14; 1 Ti 5.10.

Lázaro
- **(a)** Hermano de María y Marta, resucitado por Jesús Jn 11.1-44; 12.1-2,9-10.
- **(b)** Nombre de un pobre en una parábola Lc 16.19-31.

Lepra, leproso Además de la lepra propiamente dicha, se designaban con este nombre diversas enfermedades de la piel.
- [AT] Lv 13—14; 2 R 5.
- [NT] Mt 8.2-3*; 10.8; 11.5; 26.6; Lc 4.27; 17.11-19.

Levadura
- [AT] Ex 12.15-20; Lv 2.4-5.
- [NT] **(a)** Sentido literal Mt 13.33*; 1 Co 5.6.
- **(b)** Sentido figurado Mt 16.6,11-12; 1 Co 5.7.

Véase también **Pan sin levadura, Fiesta del.**

Leví
- **(a)** Hijo de Jacob, de quien deriva su nombre una de las doce tribus de Israel Gn 29.34; 49.5-7; Ex 6.16; Heb 7.5,9; Ap 7.7.
- **(b)** Un discípulo de Jesús Mc 2.14-17. En Mt 9.9 tiene el nombre de Mateo.

Levita Perteneciente a la tribu de Leví, encargado de ciertas funciones en el templo.
- [AT] Ex 6.16-27; Nm 1.47-53; 3-4; 8.5-26; 35.1-8; Dt 18.1-8; 2 S 15.24; Neh 10.9-13(10-14); 12.1-26.
- [NT] Lc 10.32; Jn 1.19; Hch 4.36.

Ley
- [AT] **(a)** Conjunto de prescripciones morales y rituales del pueblo de Israel. Se contienen principalmente en Ex, Lv, Nm y Dt. Cf. también Sal 19.7-11(8-12); 119; Bar 3.9*—4.4.
- **(b)** Otras prescripciones u ordenaciones Gn 26.5; Job 28.26; Jer 33.25.
- **(c)** Los libros del Pentateuco. 1 Mac 3.48; 2 Mac 15.9; Eclo prólogo.
- [NT] **(a)** Una de las partes principales del AT. A veces esta palabra designa todo el AT Mt 5.17*; 7.12; 11.13; Jn 10.34*; Hch 13.15.
- **(b)** Especialmente, los mandamientos Mt 22.36-40; Lc 2.22-24,27,39; Jn 7.19,23; 19.7; Ro 2.20-23; Flp 3.5-6; Stg 2.10-11.
- **(c)** Incapaz de dar la salvación Hch 13.38-39; Ro 3.21-31; 4.13-15; 7.1-13; 10.4*; Gl 2.16—4.7; Ef 2.15.
- **(d)** La ley de Cristo o del Espíritu Mt 5.17-48; Ro 8.2; 1 Co 9.21; Gl 6.2*; Stg 1.25*; 2.12.

Liberación, liberar, libertad, libre
- [AT] **(a)** De la esclavitud de Egipto Ex 3.1—4.17; 6.2-13; 6.28—15.21; Sal 77.15(16); Is 43.1-4; 44.23-24; 63.9,11.
- **(b)** Del destierro Is 52.9; 59.20; 60.16; 62.12.
- **(c)** De diversos peligros y dificultades Gn 48.16; Sal 19.14(15); 144.10-11; Pr 23.10-11.
- **(d)** De los esclavos Ex 21.2-11,26-27; Lv 25.39-42; Dt 15.12-18; 1 Mac 10.33; Eclo 7.21.
- **(e)** Libertad de elegir Dt 30.15-20; Eclo 15.11-20.
- [NT] **(a)** Descripción de la acción redentora de Dios

por Jesucristo Jn 8.31-36; Ro 3.24*; 6.22; 7.6; 8.2,21; 2 Co 3.17; Gl 5.1,13; Stg 1.25; 2.12; 1 P 2.16. Véanse también **Redención; Rescatar.**
  (b) En sentido social 1 Co 7.21-22; 12.13; Gl 3.28; Ef 6.8; Col 3.11; Ap 6.15.

Libro
  [AT] (a) Sentido literal Ex 17.14; 24.7; Jos 24.26; 1 S 10.25; 1 R 14.19; Neh 8.1; Jer 25.13; 1 Mac 12.9.
  (b) Sentido figurado Ex 32.32; Sal 69.28(29)*; 139.16.
  [NT] (a) Un libro de la Biblia Mc 12.26; Lc 20.42; Jn 20.30; Hch 7.42.
  (b) "El libro de la vida" Flp 4.3; Ap 3.5; 13.8; 20.12.

Limosna (ayuda a los necesitados) Job 29.12-17; Is 58.6-7; Tb 4.7-11; 12.8-9; Eclo 3.30—4.10; 29.8-13; Mt 6.2-4; Lc 11.41; 12.33; Hch 10.2,4,31.

Limpiar, limpio
  Véase **Purificación.**

Llamamiento, llamar
  [AT] (a) De Moisés Ex 3.1—4.17.
  (b) De Samuel 1 S 3.1—4.1.
  (c) De Eliseo 1 R 19.19-21.
  (d) De otros profetas Is 6; 42.6-7; 49.1; Jer 1.4-19; Ez 2.1—3.15.
  (e) De todo Israel Is 43.1; 48.12; 54.6.
  (f) Otros Is 45.3-4 (Ciro).
  [NT] (a) Llamamiento de Jesús a discípulos Mt 4.18-22; 9.9-13; Lc 9.59-60; Jn 1.43-51.
  (b) Llamamiento a los pecadores Mc 2.17.
  (c) Llamamiento de Pablo Hch 9.1-19; Gl 1.15.
  (d) Llamamiento a la fe cristiana en general Ro 8.30; 9.24; 1 Co 1.9; Ef 4.1,4; Col 3.15; 1 P 1.15; 2.9; 5.10.
  (e) Otros aspectos Mt 5.9; 23.8-11; Lc 6.46.
  Véanse también **Escoger; Nombre.**

Lucas Col 4.14; 2 Ti 4.11; Flm 24.

Lugar santísimo (lit. Santo de los santos) Lugar más interno y sagrado del templo.
  [AT] Ex 26.33-35 (v. 1*); 1 R 6.14-38.
  [NT] Heb 9.3-5.

Luz
  [AT] (a) Sentido físico Gn 1.3-5; Ex 10.23; Is 45.7.
  (b) Sentido figurado Sal 19.8(9); 27.1(1b); 43.3; 119.105; Sab 5.6.
  [NT] (a) Sentido físico Lc 8.16; Jn 11.9.
  (b) Uso figurado o simbólico:
    - De Dios Col 1.12; 1 Ti 6.16; 1 P 2.9; 1 Jn 1.5*.
    - De Cristo Lc 2.32; Jn 1.9*; 3.19; 8.12; 9.5; 12.46.
    - De los discípulos o los creyentes en general Mt 5.14; Lc 16.8; Ef 5.8; 1 Ts 5.5.
    - Símbolo de la verdad y la rectitud Mt 4.16; 5.16; 6.23; Ro 13.12; Ef 5.9; 1 Jn 1.7.

Madre
  [AT] (a) En algunas leyes Ex 20.12; 21.15,17; Lv 18.7; 21.11; Dt 5.16; Ez 44.25.
  (b) Otros lugares Gn 3.20; Pr 1.8; 23.22; 30.17; Tb 4.3-4.
  (c) Figuradamente referido a Dios Is 49.15; 66.13; Os 11.1-9.
  (d) Referido a Israel Is 50.1; Ez 19.2,10; 23.2; Os 2.2(4),5(7).
  [NT] (a) Madre de Jesús Mt 1.18-24; 2.11-15,20-21; 13.55; Mc 3.31-35; Lc 1.26-56; 2.1-52; 11.27-28; Jn 2.1,3,5,12; 6.42; 19.25-27; Hch 1.14.
  (b) De otros Mt 10.37; 15.4-6; 19.5,19,29.
  (c) Sentido figurado Gl 4.26; Ap 17.5.

Maestro
  [AT] (a) En general Sal 119.99; Pr 5.13; Is 30.20.
  (b) Maestro de coro Sal 4.(1)*.
  [NT] (a) Referido a Jesús Mt 8.19; 22.16,24,36; 23.8; Mc 4.38; 10.17; Jn 3.2; 13.13-14.
  (b) Maestros judíos de la ley Mt 5.20; 7.29; 23.2-36; Mc 15.1; Jn 3.10; Hch 4.5; 23.9.
  Véase **Introducción al NT (30).**
  (c) Maestros de la iglesia Hch 13.1; 1 Co 12.28-29; Ef 4.11; 2 Ti 1.11; Stg 3.1.
  (d) Falsos maestros 2 Ti 4.3; 2 P 2.1.

Magdalena
  Véase **María** [NT] (b).

Mago
  [AT] Ex 7.11; Is 2.6; Dn 1.20; 2.27.
  [NT] (a) Sabios del Oriente Mt 2.1*-12.
  (b) Sentido negativo (brujos) Hch 8.9-10*; 13.6-12; 2 Ti 3.8*.

Mal, malo (maligno, malvado)
  [AT] (a) Mal físico Dt 31.17; Job 2.10; Eclo 39.25.
  (b) Mal moral Gn 2.9*; Dt 30.15; Sal 34.13-14 (14-15); Pr 1.16.
  (c) Referido a personas Sal 1.4-5; 11.5; Is 3.11; Jer 12.1; Sab 1.16—2.24; 5.14.
  (d) Malos deseos Ex 20.17; Nm 15.39; Sal 112.10.
  [NT] (a) Mal físico Lc 16.25.
  (b) Mal moral Mc 7.21-23; Ro 2.9; 12.9; 13.10; 1 Ti 6.10; 1 Jn 3.4*.
  (c) Malos deseos Mt 5.28; Ro 1.24; 6.12; 7.7-8; Gl 5.16-21.
  (d) No devolver mal por mal Ro 12.17; 1 Ts 5.15; 1 P 3.9.
  (e) Referido a personas Mt 12.34-35; 2 Ts 3.2; 2 Ti 3.13.
  (f) Referido al diablo (el Maligno) Mt 6.13*; 13.19,38-39; Jn 17.15*; Ef 6.16; 1 Jn 2.13-14; 5.18-19.
  (g) El hombre malvado 2 Ts 2.3-4.
  Véase también **Pecado.**

Maldecir, maldición
  [AT] (a) De parte de Dios Gn 3.14,17*; 4.11; 8.21; 9.25; 12.2-3*; Dt 21.23; 27.15-26; Jer 17.5.

ÍNDICE TEMÁTICO

(b) De parte de los hombres Gn 12.3; Ex 22.28(27); Lv 20.9; 24.10-16; Nm 22.6; Job 1.5*; Sal 62.4(5).
[NT] (a) Bajo maldición de Dios Mt 25.41; Ro 9.3; 1 Co 16.22; Gl 1.8-9.
(b) Maldición de la higuera sin fruto Mt 21.18-22.
(c) Bendecir a los que nos maldicen Lc 6.28; Ro 12.14.

Maná Ex 16 (v. 31*); Nm 11.7-9; Sal 105.40; Sab 16.20*-29; Jn 6.31-33,49; 1 Co 10.3*; Heb 9.4; Ap 2.17*.

Mandamiento, mandato
[AT] (a) De Dios, antes de la ley mosaica Gn 2.17*; 9.4; 17.
(b) De la ley mosaica. Véase **Ley** [AT] (a).
[NT] (a) De Dios, de la ley Mt 5.19-48; 15.3-4; 19.17; Lc 1.6; Ro 7.8-13; Ef 2.15; 6.2; 1 Jn 2.3-4; 3.23; Ap 12.17.
(b) El mandamiento principal Mt 22.34-40; Ro 13.9-10.
(c) Mandamientos de Cristo Mt 5.21-48; Jn 13.34; 14.15; 15.10-12; 1 Co 7.10-11; 14.37; 1 Jn 4.21.

Mar
[AT] (a) Mar Rojo Ex 13.18*; 14.
(b) Mar Mediterráneo Jos 1.4; Ez 48.1-7
(c) Mar Muerto Gn 14.3*; Jos 12.3; Ez 47.8.
(d) En general Gn 1.10,21*-22; Sal 33.7; 95.5; Jer 5.22.
[NT] (a) Mar Rojo Hch 7.36; 1 Co 10.1-2; Heb 11.29.
(b) Mar Mediterráneo Mt 4.15; Hch 10.6,32; 27.1-44.
(c) En general Hch 4.24; 14.15; 2 Co 11.26; Ap 4.6; 21.1.

Marcos Llamado a veces Juan Marcos Hch 12.12*,25; 15.37-39; Col 4.10; 2 Ti 4.11; Flm 24; 1 P 5.13.

María
[AT] Hermana de Aarón y Moisés Ex 15.20; Nm 12.1-15; 20.1; 26.59.
[NT] (a) Madre de Jesús Mt 1.16,18-25; 2.11,13-15,20-23; 13.55; Mc 6.3; Lc 1.26-56; 2.1-52; Hch 1.14. Véase también **Madre** [NT] (a).
(b) Magdalena o María de Magdala Mt 27.56,61; 28.1-10; Lc 8.2*; Jn 19.25; 20.1-2, 11-28.
(c) Madre de Santiago y José Mt 27.56,61; 28.1.
(d) Hermana de Marta y Lázaro Lc 10.38-42; Jn 11.1-45; 12.3.
(e) Madre de Marcos Hch 12.12.
(f) Cristiana de Roma Ro 16.6.

Marta Lc 10.38-42; Jn 11.1-44; 12.2.

Mártir Ap 1.2*. Véase también **Testigo**.

Mateo Mt 9.9; 10.3; Hch 1.13.

Matías Hch 1.12-26.

Matrimonio
[AT] (a) Sentido físico Gn 2.24*; Dt 7.3; 24.1-4; 25.5-10; Neh 13.27; Tb 7.12; Eclo 7.25-26.

(b) Sentido figurado, para la relación entre Dios y su pueblo Ez 16.1*-63; Os 2.19-20(21-22).
[NT] (a) Sentido físico Mt 19.3-12; 22.24-28; Ro 7.2-3; 1 Co 7.1-16; Col 3.18-19; 1 Ti 4.3; 5.14.
(b) Sentido figurado, para la relación entre Cristo y la iglesia 2 Co 11.2; Ef 5.23; Ap 21.9.
Véanse también **Divorcio; Esposos**.

Mediador (intermediario)
(a) Jesucristo 1 Ti 2.5; Heb 8.6*; 9.15*; 12.24*.
(b) Moisés Gl 3.19-20.

Medidas
Véase **Tabla de pesas, monedas y medidas**.

Melquisedec Gn 14.18*-20; Sal 110.4; Heb 5.6*,10; 6.20; 7.1-17.

Mensaje
Véase **Palabra**.

Mentir, mentira
[AT] Lv 19.11; Dt 19.16-21; Sal 5.6(7); Pr 12.22; Is 28.15; Eclo 20.24-26.
[NT] Mt 5.11; Jn 8.44; Hch 5.1-11; Col 3.9; 1 Jn 2.21,27; Ap 21.8.

Mesías Palabra de origen hebreo, que significa "ungido", "consagrado", lo mismo que su equivalente griego, **Cristo**.
[AT] En el AT se aplica a:
 - los sacerdotes Ex 28.41; Lv 4.3.
 - los reyes 1 S 2.10; 10.1; 16.3; Sal 2.2*; 110; Is 45.1*; Dn 9.25. Véase **Introducción** a **Salmos**.
 - el siervo del Señor Is 61.1*.
 - los patriarcas Sal 105.15.
[NT] En el NT, todos los libros (exceptuado 3 Jn) usan este título, por lo general en su forma griega, para referirse a Jesús, como la persona por medio de la cual Dios, cumpliendo sus promesas hechas al pueblo de Israel, lleva a cabo su acción salvadora. Aquí se indican algunos aspectos especiales:
(a) Prometido por Dios Lc 1.68-75; 2.26; Hch 18.28; Ro 1.2-4.
(b) Anuncio de su concepción y nacimiento Mt 1.20-21; Lc 1.30-37; 2.10-11.
(c) Reconocido por sus discípulos Mt 16.16; Jn 1.41; 4.29; 6.69; 11.27.
(d) Proclamado a todos los hombres Hch 2.36; 5.42; 9.22; 1 Co 1.23.
(e) Profesado por los cristianos 1 Jn 2.22-23; 5.1.
Véanse también **Cristo; Jesucristo** e **Introducción al NT (63-66)**. Muchas de las otras palabras de este Índice temático hacen referencia a Cristo.

Miedo
Véase **Temer**.

Mil años Ap 20.2*.

Milagros
[AT] (a) Milagros del éxodo y entrada en Canaán:
 - Las plagas Ex 7.14*—11.10; 12.29-30.

- Paso del Mar Rojo Ex 14.
- El maná Ex 16.
- Agua de la roca Ex 17.1-7.
- Paso del Jordán Jos 3.14-17.
- Toma de Jericó Jos 6.
- El sol se paró en Gabaón Jos 10.12-14.
- Otros Ex 7.8-13; Nm 17.1-9(16-24); 21.4-9; 22.21-35.
(b) Milagros de Elías 1 R 17.8-24; 18.20-40.
(c) Milagros de Eliseo 2 R 2.19-25; 4.1—6.7.
(d) Curación de Ezequías 2 R 20.1-11.
(e) Otros 1 S 12.16-18; 2 R 19.35.
(f) En general Dt 4.34; 13.1-5(2-6); Jue 6.13; Is 29.14.
[NT]
A. Milagros de Jesús:
(a) Expulsiones de demonios Mt 8.28-34; 9.32-34; 12.22-23; 17.14-20; Mc 1.23-28.
(b) Curaciones:
- Leprosos Mt 8.1-4; Lc 17.11-19.
- Fiebre Mt 8.14-15.
- Parálisis Mt 9.1-8; 12.9-14; Jn 5.1-18.
- Hemorragias Mt 9.20-22.
- Sordomudo Mc 7.31-37.
- Ciegos Mt 9.27-31; 20.29-34; Mc 8.22-26; Jn 9.1-12.
- Mujer jorobada Lc 13.10-13.
- Hidrópico Lc 14.1-6.
(c) Curaciones desde lejos Mt 8.5-13; 15.21-28; Jn 4.43-54.
(d) Resurrecciones Mt 9.18-19,23-26; Lc 7.11-17; Jn 11.1-44.
(e) Don de alimento y bebida Mt 14.13-21; 15.32-39; Lc 5.1-11; Jn 2.1-11; 21.1-6.
(f) Salvación de un peligro Mt 8.23-27; 14.28-31.
(g) Sumarios Mt 8.16-17; 9.35; 11.4-5; 12.15-21; 14.35-36; 15.30-31; Mc 1.39; 3.7-12; Lc 8.1-3.
B. Milagros de los discípulos:
(a) En general Mc 16.17-18; 1 Co 12.9-10,28-30; Heb 2.4.
(b) De los apóstoles en general Mt 10.8; Hch 2.43; 5.12-16; 14.3.
(c) De otros discípulos Lc 10.9; Hch 6.8; 8.6-7.
(d) De Pedro Hch 3.1-10; 5.15-16; 9.32-42.
(e) De Pablo Hch 13.6-12; 14.8-10; 16.16-18; 19.11-12; 20.7-12; 28.1-9.
C. Milagros de los falsos profetas: Mt 24.24; Ap 13.13-14; 16.14; 19.20.

Misericordia, misericordioso
[AT] Ex 34.6; Is 14.1; 63.9.
[NT] (a) De Dios Lc 1.50,54,78; Ro 15.9; Ef 2.4; 1 P 1.3.
(b) De Cristo 1 Co 7.25; Jud 21. Véase también **Compasión.**

Misterio
Véase **Designios secretos.**

Moisés
[AT] Es el personaje humano más importante en Ex (2.10*), Lv, Nm y Dt. Cf. también Sal 77.20(21); 103.7; Jer 15.1; Eclo 45.1-5.

[NT] Mt 17.3-4; Jn 1.17,45; 3.14; 5.45-46; 9.28-29; Hch 7.20-44; 1 Co 10.2; Heb 3.1-6; 11.23-28.

Moloc Dios de los cananeos, al cual se ofrecían sacrificios humanos Lv 18.21*; 20.2-5; Jer 32.35.

Monte (cerro, montaña)
(a) Monte Carmelo 1 R 18.19*,20,42; 2 R 2.25.
(b) Monte de los Olivos Mt 21.1*; 24.3; 26.30; Jn 8.1; Hch 1.12. Véase también **Getsemaní.**
(c) Monte Horeb Ex 3.1*; Dt 1.6; 4.15.
(d) Monte Sinaí Ex 3.1*; 19.11-23; 24.16; Hch 7.30,38; Gl 4.24-25.
(e) Monte Sión 2 S 5.7; Sal 2.6*; 78.68; Heb 12.22; Ap 14.1.
(d) Otros Gn 22.2; Dt 11.19; 32.49; Mt 4.8; 5.1; 17.1-9; 28.16; Lc 1.39,65; 4.29; Jn 4.20*.

Morir, muerte
[AT] (a) Origen de la muerte Gn 2.17; 3.19; Sab 2.24*.
(b) Situación después de la muerte Sal 6.5(6)*; 49.17(18).
(c) Dios salva de la muerte Sal 33.18-19; 49.15(16); Is 25.8.
(d) Aspectos diversos Sal 49; Ez 18.31-32; Eclo 41.1-4; Sab 3.1-9; 4.7-19.
[NT] (a) Origen de la muerte Jn 8.44; Ro 5.12,17; 6.23; 1 Co 15.21-22; Heb 2.14.
(b) Muerte de los hombres Heb 9.27.
(c) Muerte espiritual causada por el pecado Ef 2.1; Col 2.13.
(d) Muerte de Jesús Mt 27.50; Mc 15.37; Lc 23.46; Jn 19.30.
(e) Valor de la muerte de Jesús Mt 20.28; 26.27-28; Jn 16.7; Ro 5.6-8; 1 Co 15.3; 2 Co 5.14-15; Col 2.14-15; 1 P 3.18.
(f) Muerte con Cristo en el bautismo Ro 6.3-11; Col 2.20; 2 Ti 2.11.
(g) Muerte al pecado Ro 6.10-11.
(h) La muerte del creyente Jn 11.25-26; Ro 14.7-9; Flp 1.21-24; Ap 14.3.
Véanse también **Resurrección; Vida.**

Mujer
[AT] (a) Creación y pecado Gn 1.27; 2.18-25; 3.1-22.
(b) Algunas mujeres famosas:
- Sara (Sarai) Gn 11.29-30; 12.10-20; 16.1-8; 17.15; 18.9-15; 21.1-10; 23.
- Rebeca Gn 24; 25.20-28; 27.1—28.5.
- Raquel y Lea Gn 29.6—30.24; 35.16-26.
- María, hermana de Moisés y de Aarón Ex 15.20-21; Nm 12; 20.1.
- Débora Jue 4—5.
- Rut Rt 1—4.
- Ana, madre de Samuel 1 S 1.1—2.10; 2.18-21.
- Ester Est 1—9; Est (gr.).
- Judit Jdt 1—16.
- La madre de siete hijos mártires 2 Mac 7.
(c) Referencias en los libros sapienciales Pr 5; 12.4; 31.10-31; Eclo 9.1-9; 25.13—26.18; Sab 3.13.

ÍNDICE TEMÁTICO

[NT] **(a)** En la genealogía de Jesús Mt 1.3-6*.
(b) En la infancia de Jesús:
- María Mt 1.16,18-25; Lc 1.26-38; 2.1-7,16-19,21-24,33-35,41-52.
- Isabel Lc 1.39-56.
- Ana Lc 2.36-38.

(c) En los milagros de Jesús:
- La suegra de Pedro Mt 8.14-15.
- La hija de Jairo Mt 9.18-19,23-26.
- La mujer que sufría hemorragias Mt 9.20-22.
- Una mujer no judía y su hija Mt 15.21-28.
- La viuda de Naín Lc 7.11-17.
- La mujer jorobada Lc 13.10-17.

(d) En la actividad de Jesús:
- María, su madre Mt 12.46-50; Jn 2.1-5.
- Hermanas Mt 13.56.
- La samaritana Jn 4.1-42.
- La pecadora perdonada Lc 7.36-50.
- Un grupo de mujeres Lc 8.1-3.
- La mujer sorprendida en adulterio Jn 8.3-11.
- Marta y María Lc 10.38-42.
- Una mujer entre la gente Lc 11.27.
- La madre de Santiago y Juan Mt 20.20-23.
- La viuda pobre Mc 12.41-44.
- La que derramó perfume sobre sus pies Mt 26.6-13.

(e) En la enseñanza de Jesús:
- Enseñanza moral Mt 5.28; 19.4; Lc 17.32.
- Parábolas Mt 13.33; 25.1-13; Lc 15.8-10.

(f) En la pasión de Jesús:
- La esposa de Pilato Mt 27.19.
- Las mujeres de Jerusalén Lc 23.27-31.
- Las mujeres de Galilea Mt 27.55-56,61; Jn 19.25-27.

(g) En la resurrección de Jesús:
- Anuncio a las mujeres Mt 28.1-7.
- Apariciones de Jesús Mt 28.8-10; Mc 16.9-11; Jn 20.11-18.

(h) En la comunidad cristiana de Jerusalén Hch 1.14; 5.1-11; 8.3.

(i) En otras comunidades:
- Samaria Hch 8.12.
- Damasco Hch 9.2.
- Antioquía de Pisidia Hch 13.50.
- Filipos Hch 16.13-18.
- Tesalónica Hch 17.4.
- Berea Hch 17.12.
- Atenas Hch 17.34.
- Corinto Hch 18.2-3,18-19,26.
- Tiro Hch 21.5.

(j) En las cartas de Pablo:
- Menciones personales Ro 16.1-15; 1 Co 1.11; 16.19; Flp 4.2-3; Col 4.15; 2 Ti 4.19,21.
- Enseñanzas 1 Co 7; 11.2-16*; 14.33b-35; Ef 5.22-33; Col 3.18-19; 1 Ti 2.9-15; 3.11.

(k) En las otras cartas 1 P 3.1-6.

(l) En el Apocalipsis Ap 2.20; 12.1-18; 14.4; 17.1-18; 19.7; 21.9.

Mundo
[AT] **(a)** Sentido general Gn 1.1*; Pr 8.22-31; Sab 11.17; 18.24.
(b) El género humano Gn 11.1; Sal 9.8(9); 96.13.
[NT] **(a)** Sentido general Mt 5.14; 13.35; Jn 1.10*; Flp 2.15.
(b) El género humano Mt 13.38; Jn 3.16; 4.42; 8.12; Ro 8.36.
(c) El imperio romano Lc 2.1*.
(d) Sentido negativo Jn 1.10*; 7.7; 15.18; 1 Co 1.20-21; Ef 2.2; Stg 4.4; 1 Jn 2.15*-17; 5.4-5,19.

Música Gn 4.21; 1 S 16.23; 1 R 10.12; 2 R 3.15; 1 Cr 15.16; Sab 19.18; 1 Co 14.7.

Nabucodonosor Rey de Babilonia 2 R 24.1—25.24; Jer 21.1-10 (vv. 1-2*); Ez 26.7; Dn 1.1*-5; Jdt 1.1*.

Nacer, nacimiento
[AT] **(a)** De Isaac Gn 18.1-15; 21.1-7.
(b) De Moisés Ex 2.1*-10.
(c) De Samuel 1 S 1.1—2.11.
(d) Diversos aspectos Gn 3.16; Nm 18.15-16; Eclo 14.18.
[NT] **(a)** De Cristo Mt 1.18-25; 2.1-6; Lc 2.1-20; Gl 4.4; Ap 12.5.
(b) De Juan el Bautista Lc 1.57-79.
(c) Nacer a una nueva vida Jn 3.3-8; Tit 3.5; 1 P 1.3,23.
(d) Otros aspectos Jn 9.2; 16.21; Gl 4.23.

Natanael Jn 1.45-51; 21.2.

Naturaleza
[DC] Sab 7.20; 12.10; 19.6.
[NT] **(a)** De Dios 2 P 1.4.
(b) Del hombre en general Ro 1.26-27; 2.14; 1 Co 11.14-15.
(c) Naturaleza débil, pecadora Ro 6.6; 7.14*; Gl 5.19-21; Ef 2.3. Véase también **Carne**.
(d) Nueva naturaleza del que está en Cristo 2 Co 5.17. Véase también **Nuevo**.

Nazareo (o Nazireo) Nm 6.2*-21; Jue 13.4*-5,12-14; Mt 2.23*; Hch 21.23-24*.

Nazareno De Nazaret Mt 2.23*; Jn 18.5,7; 19.19; Hch 2.22; 22.8.

Nazaret Mt 2.23; 4.13; Lc 1.26; 2.4,39,51; 4.16-30; Jn 1.45-46.

Negación, negar
[AT] Negar a Dios Job 31.24-28; Sal 14.1(1b)*; Jer 5.12.
[NT] **(a)** Negar a Jesús Mt 10.33; 2 Ti 2.12; 1 Jn 2.22-23; Jud 4; Ap 3.8.
(b) Negaciones de Pedro Mt 26.30-35,69-75; Jn 13.36-38; 18.15-18,25-27.
(c) Negar a la fe 1 Ti 5.8; Ap 2.13.

Nicodemo Jn 3.1-21; 7.50-52; 19.39-42.

Nínive Ciudad de Mesopotamia
[AT] Gn 10.11*-12; 2 R 19.36; Jon 1.2; 3.1—4.11; Nah 1—3; Tb 1.3*; 14.2-4.

[NT] Mt 12.41.

Niño
[AT] Sal 8.2(3); Pr 22.6.
[NT] **(a)** Jesús niño Mt 2; Lc 2.
(b) Niño, en sus aspectos positivos Mt 18.2-5 (v. 3*); 19.13-15; 21.15-16; 1 P 2.2.
(c) Niño, en sus limitaciones 1 Co 3.1; 13.11; 14.20; Ef 4.14; Heb 5.12-14. Véase también **Hijo**.

Noche
[AT] Antiguamente, la noche se dividía en tres partes ("vigilias") Gn 1.5,14-18; Ex 11.4; 12.42; 14.20; Sal 104.20; Sab 17.
[NT] En el periodo romano, los judíos dividían la noche en tres partes ("vigilias" o turnos de vela) (cf. Lc 12.38*) y los romanos en cuatro (cf. Mc 6.48*).
(a) Sentido literal Lc 2.8; Jn 3.2; 13.30; Hch 5.19; 12.6-17; 1 Co 11.23.
(b) Sentido figurado Jn 9.4; Ro 13.12; 1 Ti 5.5.

Nombre Para los semitas, el nombre manifiesta las propiedades del que lo lleva. A veces equivale a la persona misma.
[AT] **(a)** Poner el nombre a una persona Gn 3.20; 5.29; 29.32-35; 30.6-13,17-24; Ex 2.10; Is 7.14; 9.6; Os 1.3-9.
(b) Recibir un nombre nuevo Gn 17.5*,15; 32.28(29)*; 35.10.
(c) Nombre de Dios Ex 3.13*,14*,15*; 20.7; 33.19; 34.5; Lv 19.12; 22.32; 24.15-16; Sal 8.1(2)*; 29.2; Is 42.8; Jer 32.18.
[NT] **(a)** Poner el nombre a un hijo:
  - Jesús Mt 1.21,23,25; Lc 2.21.
  - Juan el Bautista Lc 1.13,59-63.
(b) Recibir un nombre nuevo:
  - Pedro o Cefas Mt 16.18*; Mc 3.16; Jn 1.42*.
  - Boanerges Mc 3.17*.
  - Bernabé Hch 4.36.
  - Indeterminado Ap 2.17.
(c) Nombre de Dios Mt 6.9*; 21.9; 28.19; Jn 12.28; 17.12; 1 Ti 6.1.
(d) Nombre de Jesús (Cristo) Mt 18.5; Jn 14.13-14,26; Hch 2.38; 3.6; 1 Co 6.11; Flp 2.9-11; Stg 2.7*; Ap 19.12,16.
(e) Nombre de cristianos Hch 11.26; 1 P 4.16.
(f) Otros Mc 5.9; Ap 13.1; 17.3,5; 21.12,14.

Nube
[AT] **(a)** Sentido físico 1 R 18.44; Job 26.8-9.
(b) Símbolo de la presencia de Dios Ex 13.21; 16.10; 20.21; 34.5; 40.34; 1 R 8.10*-11; Ez 10.3.
(c) Símbolo de oscuridad y amenazas Jl 2.2; Sof 1.15.
[NT] **(a)** Sentido físico Lc 12.54.
(b) Símbolo de la manifestación de Dios.
  - En el AT 1 Co 10.1-2.
  - En la vida de Jesús Mt 17.5*.
  - En el regreso glorioso de Jesús Mt 24.30; 26.64; 1 Ts 4.17; Ap 1.7; 14.14-16.

Nuevo
[AT] **(a)** Canto nuevo Sal 33.3*; 96.1.
(b) Nueva alianza o pacto Jer 31.31.
(c) Corazón o espíritu nuevo Ez 11.19; 18.31*; 36.25-27*.
(d) Cielo nuevo, tierra nueva Is 65.17*; 66.22.
(e) Otros aspectos Esd 9.8; Eclo 9.10.
[NT] **(a)** Nueva alianza o pacto Lc 22.20*; 1 Co 11.25; 2 Co 3.6; Heb 8.8-13; 9.15.
(b) Referido a la actuación y enseñanza de Jesús Mt 9.16-17*; Mc 1.27; Jn 13.34.
(c) La nueva vida del creyente en Cristo Jn 3.3,7; 2 Co 5.17; Gl 6.15; Ef 2.15*; 4.24; Col 3.10; Tit 3.5.
(d) La vida definitiva, futura Mt 26.29; 2 P 3.13; Ap 21.1,2,5.
(e) Nombre nuevo. Véase **Nombre**.

Obedecer, obediencia
[AT] **(a)** A Dios Gn 22.18; Dt 28.2; 30.8; 1 S 15.22-23; Is 1.19-30.
(b) A los mandamientos, la ley Dt 11.26-28; 1 S 12.14-15; Sal 103.17-18; 119.5,34,56,59,100,167,168.
(c) A los padres Dt 21.18-21.
[NT] **(a)** De Cristo Lc 2.51; Ro 5.19; Flp 2.8; Heb 5.8.
(b) De los hombres a Dios, a Cristo Hch 4.19; Ro 1.5; 6.16; 15.18; Heb 5.8; 1 P 1.2.
(c) A los hombres que tienen autoridad Ro 13.1-6; Ef 6.1,5; Flp 2.12; Col 3.20,22; Flm 21.
(d) Otros aspectos Mt 8.27; Mc 1.27.

Obispo Hch 20.28*; Flp 1.1*; 1 Ti 3.1-7 (v. 1*); Tit 1.6-9. Véase también **Presidir**.

Odiar, odio (aborrecer)
[AT] **(a)** Cosas que Dios aborrece Sal 5.5(6); 45.7(8); Pr 6.16-19; Is 1.13-14; 61.8; Am 6.8; Zac 8.17; Eclo 17.26; 27.22-24.
(b) Cosas que aborrece el bueno Sal 119.128; Pr 8.13; Am 5.15; Eclo 25.2.
(c) Los que odian a Dios Ex 20.5; Nm 10.35; Dt 7.10; Sal 139.21-22.
(d) Equivalente a amar menos Mal 1.3.
[NT] **(a)** A Jesús Jn 7.7; 15.18-25.
(b) A los discípulos de Jesús Mt 10.22; 24.9; Jn 15.18-19; 17.14; 1 Jn 3.13.
(c) Entre hermanos Mt 24.10; Tit 3.3; 1 Jn 2.9-11; 3.15.
(d) No odiar a los que nos odian Lc 6.27.
(e) Equivalente a amar menos Lc 14.26*; 16.13; Ro 9.11-13*.

Ofensa a Dios (blasfemia) Ex 22.28(27)*; Lv 24.15-16; Mt 9.3*; 26.65; Mc 3.29-30*; Jn 10.33,36; Ap 13.5-6.

Oración (súplica)
[AT] **(a)** Personal Dt 3.24-25; 1 S 1.10-11; 2.1-10; Esd 7.27-28; Sal 3; 6 (muy frecuente en los

Salmos; véase **Introducción** a este libro); Tb 3.1-6,12-15; 8.5-7; Est (dc) 4.17 l-z.
- **(b)** Comunitaria 1 R 8.28-53; Esd 9.6-15; Sal 12; 74 (véase **Introducción** a los **Salmos**); Jer 29.12; Dn (dc) 3.25-45.
- **(c)** En favor de otro Gn 20.7*,17; Nm 21.7; 2 R 6.17; Job 42.8,10.
- [NT] **(a)** De Jesús Mt 14.23; 19.13; 26.36-44; Mc 1.35; Lc 3.21; 5.16; 6.12; 9.18,28-29; 11.1; Jn 17.1*-26.
- **(b)** Enseñanza de Jesús sobre la oración Mt 6.5-13; 7.7-11; 26.41; Mc 11.24-25; Lc 11.1-13; 18.1-14; Jn 14.13-14; 15.7; 16.23-24,26.
- **(c)** Oración de los cristianos Hch 1.14; 2.42; 3.1; 6.4; 12.5; 16.25; Ro 8.15-16,26-27; Ef 6.18-19; 1 Ti 2.1-4,8; Stg 5.13-18.

Oscuridad, oscuro
- [AT] **(a)** Sentido físico Gn 1.2,4; Ex 10.21-29; 14.20.
- **(b)** Sentido figurado 2 S 22.29; Sal 82.5; Is 9.2(1); 42.7; 59.9; Miq 7.8; Sab 18.4.
- [NT] **(a)** Sentido físico Mt 27.45; Jn 20.1.
- **(b)** Sentido figurado Mt 4.16; Jn 1.5; 8.12; 12.46; Ro 13.12; Ef 5.8-11; Col 1.13; 1 P 2.9; 1 Jn 1.5-6; 2.8-11.

Oveja
- [AT] Gn 4.2; Lv 1.10; Job 1.3; Ez 34.
- [NT] Mt 9.36; 12.11-12; 18.12-14; 25.32-33; Lc 15.4-7; Jn 10.1-30; 21.16,17; Hch 8.32; Heb 13.20; 1 P 2.25. Véase también **Pastor**.

Pablo
- [NT] **(a)** En Hechos:
  - Persigue a la iglesia Hch 7.58; 8.1,3; 9.1-2.
  - Conversión Hch 9.1-19; 22.6-16; 26.12-18.
  - Predicación en Damasco y Jerusalén Hch 9.20-30.
  - En Antioquía Hch 11.25-26,30; 12.25.
  - Primer viaje misionero Hch 13.1—14.28.
  - Reunión en Jerusalén Hch 15.1-35.
  - Segundo viaje misionero Hch 15.36—18.22.
  - Tercer viaje misionero Hch 18.23—20.38.
  - Prisión en Jerusalén Hch 21.1—23.22.
  - En Cesarea 23.23—26.32.
  - Viaje a Roma 27.1—28.31.
- **(b)** Datos biográficos en las cartas paulinas:
  - Origen 2 Co 11.22; Flp 3.5.
  - Persecución a la iglesia 1 Co 15.9; Gl 1.13-14; Flp 3.6; 1 Ti 1.13.
  - Llamamiento (conversión) Ro 1.5; 1 Co 9.1; 15.8; Gl 1.15-16; Flp 3.7-8; 1 Ti 1.12-14.
  - En Arabia y Damasco Gl 1.17.
  - Viaje a Jerusalén Gl 1.18-20.
  - Viaje a Siria y Cilicia Gl 1.21-24.
  - Nuevo viaje a Jerusalén Gl 2.1-10.
  - Enfrentamiento con Pedro en Antioquía Gl 2.11-14.
  - Actividad apostólica Ro 15.17-33; 1 Co 16.5-9; 2 Co 1.8-11,15-16; 2.12-13; Gl 4.13-14; Flp 4.10-20; 1 Ts 1.5—3.13; 2 Ts 3.7-8; 2 Ti 1.15-18; 4.6-18; Tit 3.12; Flm 9-10.
  - Sufrimientos 2 Co 6.3-10; 11.23-33; 12.7-10; Gl 6.17; 2 Ti 3.10-11.
  - Carismas y revelaciones Ro 15.18-19; 1 Co 12.1-6; 14.18-19; 2 Co 12.12.
  - Otros datos personales 1 Co 4.12; 7.7*; Gl 4.13; 6.17*; 2 Ti 4.16-18.

Pacto
Véase **Alianza**.

Padre
- [AT] **(a)** Humano Gn 2.24; 9.22-23; 26.24; Ex 20.12; Lv 18.7-8; 20.9; Pr 10.1; 17.6; 19.26; 20.20; 28.24.
- **(b)** Referido a Dios Dt 32.6; Is 63.16; 64.8(7); Jer 3.19; Mal 2.10; Tb 13.4; Eclo 23.1*,4; 51.1,10; Sab 14.3.
- [NT] **(a)** Jesús expresa así su relación con Dios Mt 11.25-27; 12.50; 18.10; 26.29; Mc 14.36*; Jn 2.16; 5.17-18; 14—17 (frecuente en Jn).
- **(b)** Jesús expresa así la relación de los discípulos con Dios Mt 5.16,45; 6.1-32 (v. 9*); 23.9*; Mc 11.25; Lc 11.2; Jn 20.17.
- **(c)** Usado por los cristianos para referirse a Dios Ro 1.7; 8.15*; 1 Co 8.6; 1 P 1.17; 1 Jn 3.1.
- **(d)** Referido a los hombres:
  - En sentido literal Mt 10.37; 15.4-6; 19.5,29.
  - En sentido figurado Mt 23.9; Ro 4.11,16; 1 Co 4.15.

"Padre nuestro" Oración enseñada por Jesús a sus discípulos Mt 6.9-13; Lc 11.2-4.

Pagano (gentil) Persona no perteneciente al pueblo de Israel o no creyente Jue 14.3; 1 S 14.6; Ez 31.18; Mt 4.15; 6.32; 10.18; 20.25; 1 Co 5.1. Véase también **Judío (c)**.

Palabra (mensaje)
- [AT] **(a)** De Dios Ex 20.1; 34.28; Sal 33.4,6; 107.20; 119.42,105; Is 1.10; 2.3; 51.16; 55.11; Jer 1.8*; Ez 2.7.
- **(b)** Humana Pr 12.25; 15.26; 18.4; 25.11; Eclo 5.10-14; 23.7-15.
- [NT] **(a)** Título dado a Jesucristo Jn 1.1*-18; 1 Jn 1.1-4*; Ap 19.13.
- **(b)** La palabra (el mensaje) de Dios en el AT Jn 10.35; Heb 4.12*.
- **(c)** El mensaje anunciado por Jesús Mt 13.19-23; 24.35; Lc 5.1; 8.21; Jn 17.14.
- **(d)** La predicación del evangelio hecha por otros Hch 4.29,31; 6.7; 11.1; Ro 10.8,17; 1 Co 1.18; Col 1.5-6; 1 Ts 2.13; Stg 1.21-25; 1 Jn 1.1-4*; Ap 1.2.
- **(e)** Palabra humana Mt 12.37; 1 Co 4.20; 14.19; 1 Jn 3.18.

Palestina
Véase **Introducción al AT (25)**.

Pan
- [AT] **(a)** Sentido físico (a veces significa alimento,

en general) Gn 3.19; 14.18; Ex 16.15; Dt 8.3; 2 R 4.42-44; Is 36.17; Eclo 29.21.
  (b) En el culto Ex 25.30; 29.2,23; 40.23; Lv 24.5-8.
  Véase también **Pan sin levadura, Fiesta del**.
  (c) Sentido figurado Pr 9.5; Eclo 15.3.
  [NT] **(a)** Pan material Mt 4.3-4; 6.11*; 14.13-21; 15.32-39; 2 Ts 3.8.
  (b) Cena del Señor (Eucaristía) Mt 26.26; Hch 2.46*; 20.7,11; 1 Co 10.16-17; 11.23-29.
  (c) Sentido simbólico Jn 6.25-59*.

Pan sin levadura, Fiesta del Fiesta israelita en la que, durante siete días, a partir del día de la Pascua, se come pan sin levadura. Ex 12.15*-20; 13.6-7; Lv 23.6-8; 2 Cr 35.17; Esd 6.22; Mt 26.17*; Mc 14.1,12; Lc 22.1,7; Hch 12.3; 20.6; 1 Co 5.6-8.

Parábolas Ejemplos, comparaciones o alegorías en los que, partiendo de una realidad sensible, se comunica un mensaje al oyente o lector y se le invita a una decisión personal. Se aplica este término especialmente a los que tienen la forma de una pequeña narración.
  [AT] Jue 9.7-15; 2 S 12.1-4; 14.1-7; Is 5.1-7; Ez 15—16; 17.1-10; 19; 31.1-9; 34.
  [NT] En el NT son características de la enseñanza de Jesús.
  - Amigo impertinente Lc 11.5-8.
  - Árbol y sus frutos Mt 7.16-20; Lc 6.43-45.
  - Buen pastor Jn 10.1-16.
  - Buen samaritano Lc 10.29-37.
  - Casa bien o mal fundada Mt 7.24-29; Lc 6.47-49.
  - Constructor de una torre Lc 14.28-30.
  - Crecimiento de la semilla Mc 4.26-29.
  - Criado fiel Mt 24.45-51; Lc 12.41-48.
  - Criado obligado a servir Lc 17.7-10.
  - Criados vigilantes Mc 13.33-37; Lc 12.35-38.
  - Diez muchachas Mt 25.1-13.
  - Dinero dejado en encargo Mt 25.14-30; Lc 19.11-27.
  - Dos deudores Lc 7.41-43.
  - Dos hijos Mt 21.28-32.
  - Dueño de casa Mt 24.42-44.
  - Fariseo y cobrador de impuestos Lc 18.9-14.
  - Funcionario que no quiso perdonar Mt 18.23-35.
  - Gran cena Lc 14.15-24.
  - Higuera Mt 24.32-33; Mc 13.28-29; Lc 21.29-31.
  - Higuera sin fruto Lc 13.6-9.
  - Hijo pródigo (padre que recobra a su hijo) Lc 15.11-32.
  - Hijo que pide al padre Mt 7.9-11; Lc 11.11-13.
  - Invitados a una boda Mt 9.15.
  - Labradores malvados Mt 21.33-46; Mc 12.1-12; Lc 20.9-19.
  - Lámpara en lugar oculto Mt 5.15; Mc 4.21; Lc 8.16.
  - Levadura Mt 13.33.
  - Mala hierba en el trigo Mt 13.24-30,36-43.
  - Mayordomo astuto Lc 16.1-9.
  - Mujer que encuentra su moneda Lc 15.8-10.
  - Niños que juegan Mt 11.16-19; Lc 7.31-35.
  - Nuevo y viejo Mt 13.52.
  - Padre que recobra a su hijo (hijo pródigo) Lc 15.11-32.
  - Pastor que encuentra su oveja Lc 15.1-7.
  - Perla de mucho valor Mt 13.45-46.
  - Puerta angosta Mt 7.13-14; Lc 13.23-30.
  - Red Mt 13.47-50.
  - Remiendo de tela nueva Mt 9.16.
  - Rey que va a la guerra Lc 14.31-32.
  - Rico necio Lc 12.16-21.
  - Rico y Lázaro Lc 16.19-31.
  - Sembrador Mt 13.3-9,18-23; Mc 4.2-9,13-20; Lc 8.5-8,11-15.
  - Semilla de mostaza Mt 13.31-32; Mc 4.30-32; Lc 13.18-19.
  - Tesoro escondido Mt 13.44.
  - Trabajadores del viñedo Mt 20.1-16.
  - Vid verdadera Jn 15.1-6.
  - Vino nuevo en cueros nuevos Mt 9.17; Mc 2.22; Lc 5.37-38.
  - Viuda y juez Lc 18.1-8.

Paráclito
  Véase **Defensor.**

Paraíso Lc 23.43*; 2 Co 12.4; Ap 2.7.

Paralítico (paralizado) Mt 8.5-13; 9.2-7; Jn 5.1-18; Hch 9.32-35.

Pascua La principal fiesta de los israelitas, celebrada el día 14 de Nisán (último día antes de la luna llena que sigue al comienzo de la primavera en el hemisferio norte). En ella se conmemora la salida de Egipto. Todos debían ir a Jerusalén para esta fiesta. Se mataban corderos o cabritos en el templo y se llevaban a las casas para comerlos en una cena especial, por familias. Durante esta cena, además del cordero, del pan sin levadura, de hierbas amargas y una salsa, se tomaban varias (probablemente cuatro) copas de vino y se recitaban algunos salmos y oraciones. Durante siete días, a partir de ese día, se comía pan sin levadura.
  [AT] Ex 12.1-28 (v. 11*),43-49; 13.3-10; Dt 16.1-8; Jos 5.10; 2 R 23.21-23; 2 Cr 35.1-19; Esd 6.19-20.
  [NT] **(a)** Celebrada por Jesús:
    - a los doce años Lc 2.41-52.
    - Pascuas anteriores a la de su muerte Jn 2.13*-23; 6.4.
    - Pascua de la pasión Mt 26.2*,17-30; Mc 14.1,12-31; Lc 22.1,7-38; Jn 11.55*; 12.1; 13.1; 18.28; 19.14.
  (b) Otra Hch 12.4.
  (c) Pascua cristiana 1 Co 5.7-8.

Pasión de Jesús
  (a) Jesús anuncia su pasión Mt 16.21-28; 17.22-23; 20.17-19; Jn 3.14-15; 8.28; 12.32-34.
  (b) Narración de la pasión Mt 26.1—28.20; Mc 14.1—16.20; Lc 22.1—24.53; Jn 13.1—21.25.
  (c) Referencias en otros libros del NT Hch 2.23-24;

3.13-15; 5.30; 10.39-40; 13.28-30; Ro 5.6-11; 1 Co 1.22-24; 2.2; 15.3-4; Flp 3.10; Heb 2.9-10; 1 P 1.11; 2.21-25; 3.18; 4.1,13.

Pastor
[AT] (a) Sentido literal Gn 26.20; Am 1.1*.
(b) Aplicado figuradamente a Dios Sal 23.1(1b); Is 40.11; Ez 34.11-31.
(c) Aplicado a los gobernantes Sal 78.71; Is 44.28; 56.11; Jer 23.2-4; 50.6; Ez 34.23-24.
[NT] (a) Sentido literal Lc 2.8-20.
(b) Aplicado figuradamente a Cristo Mt 25.32; 26.31; Jn 10.1-18(v. 11*); Heb 13.20; 1 P 2.25; 5.4.
(c) Aplicado a los dirigentes de la comunidad Jn 21.15*-17; Hch 20.28*; Ef 4.11; 1 P 5.2.Cf. también Mt 18.12*; Lc 15.4*-7.

Paz Concepto que con frecuencia en la Biblia designa todo el bienestar humano.
[AT] (a) Dada por Dios Nm 6.26; 25.12; Sal 29.11; 37.11; 85.10(11); Is 32.17; 54.10; 57.19; 66.12.
(b) Entre los hombres Dt 20.10; Jos 9.15; 1 Mac 6.60.
[NT] (a) Dada por Dios Lc 1.79; 19.38; Ro 1.7; 2.10; Ap 1.4.
(b) Por mediación de Cristo Lc 24.36*; Jn 14.27*; 16.33; 20.19,21; Hch 10.36; Ro 1.7; 5.1; Ef 2.14*-17; Col 3.15.
(c) Producida por el Espíritu Santo Ro 8.6; 14.17; Gl 5.22; Heb 12.14.
(d) Procurada por los hombres Mt 5.9; 10.13*; 1 Co 7.15; Ef 4.3.

Pecado, pecador, pecar
[AT] (a) Contra Dios Ex 32.31; Dt 1.41; 2 S 12.13; 1 R 8.31-34,46; Sal 51.4(6); 78.17.
(b) Contra los demás Ex 10.16; Pr 14.21.
(c) Dios perdona el pecado. Véase **Perdón**.
(d) Sacrificios por el pecado Lv 4—5; 7.1-7; 16.
(e) Confesar los pecados Lv 5.5; 16.21; Neh 1.6; Sal 38.18(19); Dn 9.4-20; Eclo 4.25-26.
[NT] (a) Jesús no tuvo pecado Jn 8.46; 9.13-34; 2 Co 5.21; Heb 4.15.
(b) Jesús y los pecadores (gente de mala fama) Mt 9.10-13 (v.10*); 11.19; Lc 15.1-2; 19.7.
(c) Pecado y enfermedad Jn 9.2*.
(d) Entrada del pecado en el mundo Ro 5.12-21; 7.7-25; Stg 1.13-15.
(e) Extensión del pecado Ro 1.18—3.20; 1 Jn 1.8.
(f) Qué es el pecado Jn 8.24; 16.9; 1 Co 15.56; 1 Jn 3.4-10; 5.16*-17.
(g) Liberación del pecado Jn 1.29; Ro 6.15-23; 8.1-4; Heb 1.3; 9.26,28; 10.2-18; 1 P 2.24; 4.1-2; 1 Jn 1.7; 3.5; Ap 1.5.
(h) Conversión de los pecadores Lc 5.32; 7.36-50; 15.3-32; 18.9-14.
Véanse también **Cobradores de impuestos; Vicios, Catálogos de.**

Pedro (llamado también **Simón** y **Cefas**)
(a) En los evangelios:
- Primer encuentro Jn 1.41-42.
- Llamamiento Mt 4.18-19.
- La pesca milagrosa Lc 5.4-11.
- En el grupo de los doce Mt 10.1-2.
- Camina en el lago Mt 14.28-31.
- Declaración y respuesta de Jesús Mt 16.13-20; Jn 6.68.
- En la Transfiguración Mt 17.1-13.
- En otras ocasiones Mt 8.14; 17.24-27; 18.21; 19.27; Mc 5.37; 8.31-33; 11.21; 13.3; Lc 12.41; 22.8.
- En la última cena Mt 26.31-35; Lc 22.31-34; Jn 13.6-10,24,36-38.
- En el huerto de los Olivos Mt 26.36-46; Jn 18.10-11.
- Negaciones Mt 26.58,69-75; Jn 18.15-18,25-27.
- Apariciones de Jesús resucitado Mc 16.7; Lc 24.34; Jn 20.2-10; 21.1-19.
(b) En los Hechos:
- En la elección de Matías Hch 1.13-26.
- Discurso el día de Pentecostés Hch 2.14-42.
- Curación de un paralítico y discursos Hch 3.1—4.23.
- Incidente con Ananías y Safira Hch 5.1-11.
- Diversos milagros Hch 5.15.
- Ante las autoridades Hch 5.29-32.
- En Samaria Hch 8.14-25.
- En Lida Hch 9.32-35.
- Resurrección de Dorcas Hch 9.36-43.
- Conversión de Cornelio Hch 10.1—11.18.
- Prisión y liberación Hch 12.1-19.
- En la reunión en Jerusalén Hch 15.7-11.
(c) En las cartas de Pablo 1 Co 1.12; 3.22; 9.5; 15.5; Gl 1.18; 2.7-14.
Véanse también **Cefas; Simón,** y las cartas de Pedro.

Pentecostés Fiesta de los israelitas celebrada cincuenta días (siete semanas) después de la Pascua. Se llama también "fiesta de la cosecha" y "fiesta de las Semanas". Es una fiesta de acción de gracias a Dios por la cosecha.
[AT] Ex 23.16*; 34.22; Lv 23.15-21; Dt 16.9-12; 2 Cr 8.13; Tb 2.1; 2 Mac 12.31*.
[NT] A partir del acontecimiento narrado en Hch 2.1-11, la fiesta cristiana de Pentecostés recuerda el don del Espíritu Santo a la iglesia. Cf. también Hch 20.16; 1 Co 16.8.

Perdón, perdonar
[AT] (a) Dios perdona los pecados (o expresiones equivalentes) Ex 34.7,9; Lv 24.15; 1 R 8.34,50; Sal 32.1(1b); 51.1-2(3-4); 79.9; Is 1.18; 6.7.
(b) Día del Perdón Lv 16.
(c) Perdón al prójimo Dt 15.1-3; Eclo 28.2.
[NT] (a) Dios perdona los pecados a los hombres Mt 6.12; Mc 1.4; Lc 1.77; Hch 2.38; 13.38-39*; 1 Jn 1.9.

ÍNDICE TEMÁTICO

   (b) Jesús declara el perdón de los pecados Mt 9.1-8 (v. 2*,3*,6-8*); Lc 7.36-50.
   (c) Jesús muere para obtener el perdón de los pecados Mt 26.28; Ef 1.7; Heb 10.12-18.
   (d) Jesús confía a los discípulos la misión de perdonar los pecados Jn 20.21-23.
   (e) Perdonar al hermano las ofensas Mt 6.14-15; 18.21-22.
   (f) Oración y perdón de los pecados Stg 5.15-16; 1 Jn 5.16.
   (g) Pecado que no tiene perdón Mc 3.29-30*.

Perfección, perfecto Dt 32.4; Sal 19.7(8); 50.2; Dan 11.35; Mt 5.48*; 19.21*; Ef 4.13; Heb 2.10*.

Persecución, perseguir Sal 7.1-2(2-3); 109.16; 119.161; Lc 21.12; Jn 15.20; Hch 8.1; Gl 1.13; 2 Ti 3.12.

Pescador, pescar
   (a) Sentido literal Is 19.8; Mt 4.18-22; 13.47-50; Lc 5.1-11; Jn 21.1-14.
   (b) Sentido figurado Jer 16.16*; Mt 4.19.

Piedra (roca)
   [AT] (a) Sentido literal:
   - Piedra ordinaria Gn 28.11; Ex 20.25; Jos 4.
   - Piedra preciosa Ex 28.17*; Is 54.11-12.
   (b) Sentido figurado aplicado a Dios (protector, refugio) Dt 32.4; Sal 18.3(4)*; Is 26.4.
   [NT] (a) Sentido literal Mt 7.24-27; Mc 15.46.
   (b) Sentido figurado Mt 16.18*; Ro 9.33; 1 Co 10.4; Ef 2.20*; 1 P 2.8.

Pies, Lavar los
   Véase **Lavar los pies.**

Pilato Poncio Pilato fue gobernador (prefecto) romano de Judea en los años 26-36. Mt 27.1-66 (v. 2*); Lc 3.1; 13.1; Jn 18.28—19.38. Véase **Introducción al NT (40).**

Plenitud Ef 1.23*; 3.19; Col 1.19*.

Pobre, pobreza
   [AT] (a) Carencia de bienes materiales Dt 15.11: Jue 6.15; 2 S 12.1-4; 2 R 25.12; Est 9.22; Job 24.4-12; Pr 14.31; Ec 4.13; Am 2.6*-7; 4.1; Eclo 13.20-24.
   (b) Actitud espiritual Sal 9.17-18(18-19); Is 29.19; 66.12.
   (c) Actitud de Dios con los pobres 1 S 2.8; Sal 34.6(7); 107.41; 109.31; 113.7; Is 25.4; 61.1.
   (d) Leyes acerca de los pobres Ex 22.25(24); 23.3,11; Lv 19.9-10; 25.25-43; 27.8; Dt 15.7-11.
   (e) Deberes del gobernante justo en favor de ellos Sal 72.12-13; Is 11.4.
   [NT] (a) Carencia de bienes materiales Mt 19.21; 26.9,11; Mc 12.42-44; Lc 2.24*; 6.20-21*; 14.13,21; 16.19-31; Ro 15.25; Stg 1.9-10*; 2.2-6. Véase **Introducción al NT (19-24).**
   (b) A ellos se les anuncia el evangelio Mt 11.4-5; Lc 4.18-19.
   (c) Actitud espiritual Mt 5.3*; 11.5; Lc 4.17*-18.
   (d) Referido a Jesucristo 2 Co 8.9.

   (e) No deben ser objeto de discriminación Stg 2.1-4.
   (f) Sentido figurado Ap 3.17.

Poder, poderoso
   [AT] (a) Poder de Dios:
   - En la naturaleza Sal 29.3-11; Eclo 42.15—43.33.
   - En la salida de Egipto Ex 15.1-18; Dt 3.24.
   - En la repatriación del destierro Is 40.10; 60.16.
   - En general Sal 29.1(1b); 66.3,7; 71.18; Jer 10.6.
   (b) Poder del rey escogido por Dios Sal 110; Is 9.6-7(5-6).
   [NT] (a) Poder de Dios Mt 22.29; Lc 1.35,51; Ro 1.16,20; 1 Co 1.24-25; 2.5; Ef 1.19-21; 1 P 1.5.
   (b) Poder de Cristo Lc 4.36; Hch 10.38; Ro 1.4; 2 Co 12.9.
   (c) Poder del Espíritu Santo Lc 4.14; Hch 1.8.
   (d) Poder dado a los discípulos Lc 9.1; 1 Co 12.10.
   (e) Nombre dado a seres angélicos buenos o malos Ro 8.38; 1 Co 15.24*; Ef 1.21*-22; 1 P 3.22.
   Véase también **Autoridad.**

Predicación, predicar
   (a) Predicación de Juan el Bautista Mt 3.7-12; Lc 3.7-17; Jn 3.27-36.
   (b) Predicación de Jesús. Véanse **Evangelio; Sermones de Jesús.**
   (c) Predicación de los apóstoles Hch 2.14-42*; Ro 10.8; 1 Co 2.1-5; 15.1-11; 2 Co 4.5; Gl 2.2; 1 Ts 2.13.
   (d) De otros 2 Ti 4.2. Véase también **Anunciar.**

Premio (recompensa) Gn 15.1; Pr 11.18,31; 12.14; Is 61.8; Mt 5.12; 6.1-6,16-18; 10.41-42; Heb 11.6; Ap 11.18; Stg 1.12. Véase también **Corona.**

Presbítero
   Véase **Anciano.**

Presidir (la comunidad)
   [AT] Véanse **Caudillos; Rey.**
   [NT] Al que preside la comunidad se le da en algunos textos el título griego de **epískopos**, de donde se derivó la palabra castellana "obispo". Hch 20.28; Flp 1.1*; 1 Ti 3.1*-7; Tit 1.7-9.

Preso, prisión
   [AT] (a) De José Gn 39.19—41.14.
   (b) De Jeremías Jer 37.11-21.
   (c) Leyes sobre ellos Dt 21.10-14.
   (d) Liberación Is 42.7; 61.1.
   [NT] (a) De Juan el Bautista Mt 11.2; 14.3; Lc 3.20.
   (b) De Jesús Mt 26.47-56; Jn 18.1-12.
   (c) De Pedro Hch 12.1-17.
   (d) De varios apóstoles y discípulos Hch 5.17-42; 6.12; 8.3.
   (e) De Pablo Hch 16.23-40; 21.30—28.30; 2 Co 6.5; 11.23; Ef 3.1; Flp 1.13-14; Col 4.18; 2 Ti 1.8; Flm 1.

Primer día de la semana (=domingo) Mt 28.1; Jn 20.1; Hch 20.7*; 1 Co 16.2*.

Primogénito (primer hijo, hijo mayor)
- [AT] (a) Algunos mencionados Gn 27.19; 49.3.
  - (b) Israel, respecto de Dios Ex 4.22*; Jer 31.9*.
  - (c) Muerte de los hijos mayores de los egipcios Ex 12.29-36.
  - (d) Leyes sobre los hijos mayores Ex 13.2,12-16; 34.19-20.
- [NT] (a) Título de Jesucristo Lc 2.7*,22-24; Ro 8.29; Col 1.15*,18; Heb 1.6; Ap 1.5.
  - (b) Título del pueblo de Dios Heb 12.23.

Profecía, profeta
- [AT] (a) Aplicado a diversas personas:
  - - Abraham Gn 20.7*.
  - - Moisés Dt 18.15.
  - - Samuel 1 S 3.20.
  - - Natán 2 S 7; 12.1-25.
  - - El profeta anunciado Dt 18.15-22.
  - - Diversos Jue 6.8; 1 R 11.29; 13; 16.1-7; 18.4.

Véanse además **Elías; Eliseo** y todos los libros proféticos e **Introducción a los libros proféticos**.
  - (b) Falsos profetas Dt 13.1-5(2-6); 18.20-22; 1 R 18.20-40; Jer 23.21-32.
- [NT] (a) Del AT Mt 1.22; 22.40; 23.29-37; Hch 3.24-25; Ro 1.2; 3.21; 2 P 1.19-21.
  - (b) El profeta que había de venir Jn 1.21*.
  - (c) Título dado a Juan el Bautista Lc 1.76; 7.26.
  - (d) Título dado a Jesús Mt 21.11,46; Mc 6.15; Lc 7.16; Jn 1.21*; 4.19; 6.14; 9.17; Hch 3.22-23.
  - (e) Cumplimiento de las profecías Mt 1.22*; Ro 1.2.
  - (f) Profetas del NT Lc 2.36; Hch 11.27; 13.1; 21.10-11; 1 Co 12.28-29; 14.1*,29,32-33; Ef 2.20; 3.5; 4.11; Ap 11.10,18; 22.19.
  - (g) Otros Tit 1.12*.
  - (h) Falsos profetas Mt 7.15; 24.11; 2 P 2.1; 1 Jn 4.1; Ap 13.11-12*.

Prójimo
- [AT] Ex 20.16-17; Lv 19.17-18; 20.10; Dt 15.2.
- [NT] Mt 5.43*; 19.19; 22.39; Lc 10.25-37; Ro 13.9-10; Stg 2.8; 4.12.

Promesa, prometer (referido a Dios)
- [AT] (a) A Noé Gn 9.8-17.
  - (b) A Abraham Gn 15.1-21; 18.1-15; 22.16-18.
  - (c) A Jacob Gn 35.11-12.
  - (d) A los israelitas en Egipto Ex 6.2-8.
  - (e) A David 2 S 7.
  - (f) A los desterrados Is 41.1-20; 48; 49.8-26; 52.1-12; 60—62; Jer 30—31 (30.1-9*); 32.36-44; Ez 34.11-31; 36—37; 39.21-29; Jl 3(4).17-21; Am 9.11-15; Sof 3.14-20.
  - (g) Promesa de un futuro rey de paz Is 9.2-7(1-6); 11.1-10; Miq 5.1-15(4.14—5.14); Zac 9.9-10.
  - (h) Diversas Os 14.4-8(5-9); Jl 2.28—3.3 (3.1—4.3).

Véanse también **Alianza; Juramento.**

[NT] Lc 1.55,70-75; Hch 1.4; 2.33; 7.17; 26.6; Ro 4.13-22; Gl 3.14-29; Heb 6.13-17; 11.9,13,17-18,33,39; Stg 1.12. Véase también **Juramento.**

Prostitución (inmoralidad sexual)
- [AT] (a) Sentido literal Gn 38.15*-26; Dt 23.17-18(18-19); Jos 2.
  - (b) Advertencias contra ella Pr 5; 7; Eclo 23.15-17.
  - (c) Símbolo de la infidelidad a Dios Jer 3.1-5; Ez 16.1*-63; 23.1*-49; Os 3; 4.11—5.7.
- [NT] (a) Sentido literal Mt 15.19; 1 Co 6.12-20.
  - (b) Sentido figurado Ap 2.14*; 17.1.
  - (c) Unión ilegal Mt 5.32*; 19.9; Hch 15.20*.

Véanse también **Inmoralidad sexual; Vicios, Catálogos de.**

Prueba, poner a prueba
- [AT] (a) De parte de Dios:
  - - A Abraham Gn 22.1-19*; 1 Mac 2.52.
  - - A otras personas Sal 26.2; Tb 12.13; Eclo 2.5.
  - - A los Israelitas en general Ex 15.25; 20.20; Jue 3.1; Sal 66.10.
  - (b) Poner a prueba a Dios Dt 6.16.
- [NT] (a) De parte del diablo Mt 4.1-11; Lc 4.1-13; 1 Co 10.13; Gl 6.1.
  - (b) De parte de Dios Heb 11.17.
  - (c) De parte de los hombres Hch 20.19; Gl 4.14.
  - (d) Sin especificación Lc 8.13; 22.28; 1 Ti 6.9; Stg 1.2-4,12; 1 P 1.6-7; 4.12; 2 P 2.9; Ap 3.10.
  - (e) Poner a prueba a Dios Mt 4.7; Heb 3.8.

Véase también **Tentación.**

Publicanos
Véase **Cobradores de impuestos.**

Pueblo
- [AT] Israel, pueblo de Dios Ex 3.7,10; 15.16; 19.5-6; Dt 4.20; 7.6; Sal 3.8(9); Is 1.3; Os 2.1(3),23(25).
- [NT] (a) Israel Mt 2.6; Ro 11.1-2.
  - (b) La iglesia Hch 15.14; Ro 1.6-7*; 9.25-26; 2 Co 6.16; Ef 2.14; Tit 2.14.

Puerta (sentido figurado) Mt 7.13-14; Jn 10.7-9; Col 4.3.

Purificación, purificar (limpiar)
- [AT] (a) Purificaciones rituales Lv 12; 14; Nm 8.6-19.
  - (b) Purificación del pecado Sal 51.2(4); Is 1.16; Jer 4.14; 33.8; Ez 36.25,33.
- [NT] (a) Rito judío Mc 1.44; Lc 2.22; Jn 2.6; 3.25.
  - (b) Purificación del pecado Hch 15.9; 1 Co 6.11; Ef 5.26; Heb 1.3.
  - (c) Uso figurado Mt 5.8*; Jn 13.10-11; 15.3; Tit 1.15.

Redención, redimir 2 P 2.1; Ap 5.9. Véanse también **Liberación; Rescatar.**

Regreso del Señor Referencia a la venida gloriosa del Señor al final de los tiempos. Mt 16.27-28; 24.23—25.46; Jn 14.3*; Hch 1.11; 1 Co 15.23; Flp 3.20-21; 1 Ts 4.15—5.11; 2 Ts 2.1-12; Heb 9.27-28; Stg 5.7-8; 2 P 1.16; 3.3-13; 1 Jn 2.28; Ap 1.7; 22.7,12,17. Véase también **Juicio.**

Reino de Dios (reinado de Dios)
- [AT] Sal 45.6(7); 103.19; 145.11-13.
- [NT] Término usado de preferencia por Jesús en su

anuncio de la buena noticia. En Mt generalmente aparece la expresión "reino de los cielos", que es equivalente. En general, designa la acción por la cual Dios ejerce su soberanía y su poder salvador entre los hombres.
  A. Anunciado por Juan el Bautista Mt 3.2*.
  B. En la predicación de Jesús:
    (a) Como síntesis de su predicación Mt 4.23; Mc 1.15; Lc 4.43.
    (b) Es el bien de mayor precio Mt 6.33; 13.44-46.
    (c) Crece y da fruto Mt 13.3-8,18-32,36-43.
    (d) Es comparado a un banquete Mt 8.11; 22.2-14; 26.29; Lc 14.15-24; 22.30.
    (e) Es explicado con otras comparaciones Mt 13.33 (levadura); 13.47-50 (red); 18.23-35 (funcionario que no quiso perdonar); 20.1-16 (trabajadores del viñedo).
    (f) Condiciones para entrar en él Mt 5.3-10,20; 7.21; 18.3; 19.16-21; 21.28-32; 22.11-14; 25.1-13; Mc 10.14-15; Lc 18.29; 19.11-27; Jn 3.3,5.
    (g) Obstáculos para entrar en él Mt 8.10-12; 19.23-24; Mc 9.42-48; Lc 9.62.
    (h) Debemos pedir que venga Mt 6.10; Lc 11.2.
    (i) Su consumación futura Mt 25.31-46.
  C. Jesús lo hace presente en sus acciones Mt 12.22-28; Lc 11.14-20.
  D. Los discípulos reciben la misión de proclamarlo Mt 10.7; 13.11; 16.19; 24.14; Hch 8.12; 19.8; 28.31.
  E. Referencias a él en las cartas y Apocalipsis Ro 14.17; 1 Co 4.20; 6.9-10; 15.50; Gl 5.21; Ef 5.5; 1 Ts 2.12; Stg 2.5; Ap 12.10.
  Véase también **Rey**.

Reino de la muerte
  [AT] Esta expresión traduce a veces la palabra hebrea *sheol*, que designa el lugar a donde van a parar los muertos, buenos y malos. Puede ser equivalente de "sepulcro", "muerte". Job 7.8-9; 17.16; 26.6; Sal 6.5(6)*; 88.10-12(11-13); Is 14.15.
  [NT] Aludiendo al concepto hebreo del *sheol* (*Hades* para los griegos, abismo a donde se imaginaba que iban los muertos), en el NT esta palabra simboliza la muerte misma. Mt 11.23; 16.18; Lc 16.23; Ap 1.18; 6.8; 20.13-14.

Reino de los cielos
  Véase **Reino de Dios**.

Rescatar, rescate
  [AT] (a) Rescate de los primogénitos Ex 13.11-16; Nm 18.15-17.
    (b) Rescate de un esclavo, de un deudor Ex 21.8; Lv 25.48-49.
    (c) Figuradamente, liberación realizada por Dios Dt 21.8; Sal 31.5(6); 74.2; Is 52.3; Jer 31.11.
  [NT] Estos términos se usan en el NT para indicar la liberación de la esclavitud del pecado, mediante la muerte de Cristo, aludiendo a veces a la imagen del pago de un precio. Mt 20.28*; Lc 1.68; Gl 3.13*; Tit 2.14; 1 P 1.18*.

Véanse también **Liberación; Redención**.

Resurrección
  [AT] (a) Volver a la vida terrena 1 R 17.17-24; 2 R 4.17-37.
    (b) Al final de los tiempos Dn 12.2*; 2 Mac 7.9*,14; 12.43-45.
    (c) En sentido simbólico Is 26.19; Ez 37.1*-14.
  [NT] (a) Resurrección de Jesús:
    - Anuncios hechos por Jesús Mt 16.21; 17.22; 20.17-19; Jn 10.17; 14.19.
    - Narraciones en los evangelios Mt 28; Mc 16; Lc 24; Jn 20—21.
    - Proclamación de los discípulos Hch 1.22; 2.24-36; 3.15; 4.2,10,33; 5.30; 10.40; 13.30,37; 17.31.
    - En las cartas de Pablo Ro 1.4; 4.24-25; 6.4,9-10; 8.11,34; 10.9; 1 Co 15; 2 Co 4.14; Gl 1.1; Ef 1.19-21; 1 Ts 1.10; 2 Ti 2.8.
    - En otros escritos Heb 7.25; 1 P 1.3,21; 3.18,21-22; Ap 1.5,18.
    (b) Resurrección de otros:
    - Hija de Jairo Mt 9.18-26.
    - Muchos hombres santos Mt 27.52-53.
    - Hijo de la viuda de Naín Lc 7.11-17.
    - Lázaro Jn 11.1-44.
    - Dorcas Hch 9.36-42.
    - Eutico Hch 20.7-12.
    (c) Resurrección final, de todos Mt 22.23*-33; Lc 14.14; Jn 5.21,25-29; 6.39-40,44,54; 11.24; Hch 23.6-8*; 1 Co 15.12-58; 2 Co 4.14; Flp 3.11; Heb 6.2; Ap 20.5-6,13.

Revelación, revelar (mostrar, dar a conocer, manifestar)
  [AT] (a) Del nombre de Dios a Israel Ex 3.1-14 (v. 13*).
    (b) Del poder de Dios Ex 3.20; Sal 111.6; Is 53.1.
    (c) De la gloria de Dios Ex 16.10; 33.12-23; 34.4-9; Sal 19.1(2); 97.6; 145.11-13; Is 40.5.
    (d) De su voluntad Dt 29.29(28); Sal 119.33; Sab 9.16-17.
    (e) De sus designios secretos Nm 12.6-8; 23.3; Dn 2.19,22,28,30; 10.1.
  [NT] (a) De Dios a los hombres Mt 11.25; Ro 1.17-18; 3.21; 1 Co 2.7,10; 2 Co 12.1-4; Ef 3.3-6; 1 P 1.5.
    (b) Por medio de Cristo Mt 11.27; Jn 1.18; 2.11; 17.6; Gl 1.11-16; Ap 1.1*.

Rey
  [AT] (a) Título de Dios 1 Cr 16.31; Sal 5.1-2(2-3); 10.16(17); 47; 99.1-5; Is 6.5; Jer 10.10.
    (b) Reyes israelitas:
    - Saúl 1 S 8; 10; 12.
    - David 1 S 16; 2 S 2; 5.1-5.
    - Salomón 1 R 1; 4.
    - Otros 1 R 12—2 R 25.
    (c) Reyes no israelitas:
    - De Egipto Gn 40—47; Ex 1—14; 2 R 23.29; 1 Mac 1.18.
    - De Asiria y Babilonia 2 R 15.19; 17—19; 24—25; Jdt 1—2.

ÍNDICE TEMÁTICO

- De Persia 2 Cr 36.22-23; Esd 1; 4.17-22; Est 1—10 (1.1*).
- De otros países Gn 14; 36.31-39; Jos 10-12; 1 Mac 1.1-10.

[NT] **(a)** Dios 1 Ti 1.17; 6.15. Véase también **Reino de Dios**.
(b) Jesucristo Mt 21.5; 25.34,40; 27.37; Lc 1.32-33; Jn 1.49; 18.33-37; 19.19; Ap 17.14.
(c) Reyes humanos:
- Melquisedec Heb 7.1-17.
- David Mt 1.6; Mc 11.10; Hch 13.22.
- Salomón Mt 1.6-7.
- Otros descendientes de David Mt 1.6-11.
- Reyes judíos posteriores. Véase **Gobernador**.
- Otros 2 Co 11.32; Ap 17.10,12.
- En general Mt 10.18; Lc 22.25; Ap 1.5.

Rey de los judíos Mt 2.2; 27.11,29,37; Jn 18.33*; 19.19-22.

Rico, riqueza
[AT] **(a)** Positivamente Gn 13.2; 1 R 3.10-13; Pr 8.18; Eclo 13.24; 44.6.
(b) Negativamente Sal 39.6(7); 49.6-7(7-8); Pr 11.4,28; 23.4-5; Jer 5.27-29; Eclo 5.1.
[NT] **(a)** Dios o Jesucristo Ro 11.33; 2 Co 8.9; Ef 3.8,16; Flp 4.19.
(b) Los ricos y el reino de Dios Mt 19.23-26; Lc 6.24.
(c) Verdaderas y falsas riquezas Lc 12.16-21; Stg 1.10-11; 2.5-7; 5.1-6.
(d) Algunos ricos en particular Mt 27.57; Lc 18.23; 19.2; 21.1-4.

Roma, romano 1 Mac 8; Jn 11.48; Hch 2.10; 16.21,37-38; 18.2; 19.21; 22.25-29; 23.11,27; 25.16; 28.14-31; Ro 1.6-7,15; 2 Ti 1.17; 1 P 5.13*; Ap 14.8*. Véase **Introducción al NT (41-49)**.

Sábado Día semanal de reposo (el séptimo día), dedicado especialmente al Señor. Según la costumbre israelita, el sábado comienza el viernes a la puesta del sol.
[AT] **(a)** En la legislación Ex 20.8-11; 31.12-17; Lv 23.3; Dt 5.12-14.
(b) Otras referencias Gn 2.2*-3; Neh 10.31(32); Is 56.2-7; Jer 17.21-27; Ez 20.12.
[NT] **(a)** Jesús y la observancia del sábado Mt 12.1*-8.
(b) Jesús enseña los sábados Mc 1.21; 6.2.
(c) Jesús sana en sábado Mt 12.9-14; Lc 13.10-17; 14.1-6; Jn 5.9-18; 7.21-24; 9.13-16.
(d) Otras referencias en los evangelios Mt 24.20; 28.1; Jn 19.31.
(e) En los otros libros Hch 13.14,27,42,44; 15.21; 16.13; 17.2; 18.4; Col 2.16.

Sabiduría, sabio
[AT] **(a)** Propia de Dios Job 12.13; Pr 3.19-20; Is 28.29; Eclo 1.8-9.
(b) Don de Dios 1 R 3.3-28; Pr 2.6; Ec 2.26; Is 11.2; Eclo 1.1*.
(c) Alabanza y descripciones de la sabiduría Job 28; Pr 1.20—3.35; 8—9; Eclo 1.1*; 6.18-37; 14.20—15.20; 24; Sab 1.4*; 6.1—10.14; Bar 3.9*—4.4.
(d) Hombres sabios Gn 41.8,39; Dt 1.13; 4.6; Is 29.14.
[NT] **(a)** De Dios Mt 11.19; Lc 11.49; Ro 11.33; 16.27; 1 Co 1.18-31; Ef 3.10; Ap 7.12.
(b) De Jesucristo Mc 6.2; Lc 2.40,52; Ap 5.12.
(c) De hombres del AT Mt 12.42; Hch 7.10,22.
(d) Sabios según el mundo Mt 11.25; 1 Co 1.17-31; 3.18-20.
(e) Sabiduría de los discípulos de Cristo Mt 23.34; Lc 21.15; Hch 6.3,10; 1 Co 1.18—2.16; Ef 1.8,17; Stg 1.5-8; 3.13*-18; 2 P 3.15.

Sacerdote
[AT] **(a)** Sacerdotes no aarónicos en Israel Jue 17.5-6; 1 Mac 14.20.
(b) Sacerdotes aarónicos Ex 28—29; Lv 8—9; 21; Nm 18; Dt 18.1-8; Neh 12.1-26; Ez 44.15-31; Eclo 50.1-24.
(c) Sacerdotes idolátricos 1 R 12.32; 13.33; 2 R 11.18; 17.32.
(d) Referido a todo el pueblo de Israel Ex 19.6; Is 61.6.
(e) De otros pueblos Gn 14.18*-20; 41.45; Ex 2.16.
[NT] **(a)** Jesucristo. Véase **Sumo sacerdote**.
(b) Sacerdotes del templo de Jerusalén Mt 8.4; 12.4-5; Lc 1.5-25; 10.31; Jn 1.19; Hch 4.1; 6.7.
(c) Sacerdocio del pueblo de Dios 1 P 2.5,9; Ap 1.6; 5.10; 20.6.
(d) Servicio apostólico Ro 15.16*.
(e) Sacerdotes paganos Hch 14.13.
Véase también **Sacrificar**.

Sacrificar, sacrificio (ofrenda)
[AT] **(a)** Sacrificio de Isaac Gn 22.
(b) Antes de Moisés Gn 46.1.
(c) En la celebración de la alianza Ex 24.4-8.
(d) Leyes sobre los sacrificios Ex 29.38-46; Lv 1—7; Nm 28—29; Ez 43.18-27; 46.13-15.
(e) No agradan a Dios, si no hay vida recta Sal 40.6(7)*; 50.8-15; 51.16-17(18-19); Is 1.11-17; Jer 6.20; Am 5.21-24*.
(f) Sacrificios que agradan a Dios Sal 4.5(6); Is 56.7.
(g) Sacrificios idolátricos 2 R 10.24; 14.4; Is 66.3*; Os 11.2; 1 Mac 1.41-64; 2 Mac 6—7.
(h) Sacrificios humanos Jue 11.29-40; 2 R 17.17; Sal 106.37-38*.
[NT] **(a)** En el templo de Jerusalén Mt 9.13; 12.7; Mc 12.33; Lc 2.24.
(b) La muerte de Cristo Ro 3.25*; 1 Co 5.7; 10.16-21; Ef 5.2; Heb 7.27; 9.11-14; 10.5-18.
(c) La vida cristiana Ro 12.1; Flp 2.17; 4.18; 1 P 2.5.
(d) Sacrificios paganos Hch 14.13,18; 1 Co 10.20.
Véase también **Sacerdote**.

Saduceos Uno de los grupos del judaísmo de tiempos de Jesús. Mt 3.7; 16.1,12; 22.23-33; Hch 4.1; 5.17; 23.6-8.
Véase **Introducción al NT (26-30)**.

ÍNDICE TEMÁTICO

Sal
  (a) Sentido literal Gn 19.26; Lv 2.13; Mc 9.50*.
  (b) Sentido figurado Mt 5.13; Mc 9.50*.

Salario (jornal)
  [AT] Lv 19.13; Dt 24.15.
  [NT] En tiempo de Jesús, el salario normal por un día de trabajo era un denario o una dracma (véase **Tabla de pesas, monedas y medidas**). Mt 20.1-16; Jn 6.7*.
  Véase también **Premio**.

Salomón 2 S 12.24-25; 1 R 1.28-53; 2.12—11.43; Pr 1.1; Cnt 1.1; Eclo 47.12-23; Mt 1.6-7; 6.29; 12.42; Hch 7.47.

Salvación, salvar
  [AT] (a) Dios salva de un peligro, de una situación desfavorable, de la muerte Ex 14.30; Sal 6.4(5); 56.13(14); Is 25.9; 45.17; Jer 30.11; Ez 34.22; Sab 14.4.
  (b) Acción realizada por un hombre Gn 47.25; Dt 19.4; Jue 3.9,31.
  [NT] (a) De una enfermedad, de un peligro Mt 8.25; Mc 3.4. Véase también **Sanar**.
  (b) Del pecado Mt 1.21; Ro 1.16; 10.10; 11.26-27; Ef 2.5; 1 Ti 2.3-4; 1 P 3.21.
  (c) Salvación eterna Mt 10.22; 19.25-26; Mc 16.16; Jn 3.17; 10.9; 12.47; Hch 4.12; 1 Co 1.18,21; Ef 2.5*; Flp 2.12; 2 Ti 2.10; Heb 5.9; Stg 1.21; 1 P 1.8-12.
  Véase **Introducción al NT (68-70)**.

Salvador
  [AT] (a) Dios Sal 24.5; 25.5; Is 60.16; Jer 14.8; Os 13.4.
  (b) Un hombre Jue 3.15.
  [NT] (a) Dios Lc 1.47; 1 Ti 2.3-4; Jud 25.
  (b) Jesucristo Lc 2.11; Jn 4.42; Hch 5.31; Ef 5.23; Flp 3.20; 2 P 1.1,11.
  Véase también **Salvación**.

Samaria
  [AT] Capital del reino del norte o reino de Israel, hasta su conquista por los asirios en 721 a.C. 1 R 16.24; 2 R 17.1-6; 18.9-11; Is 7.8-9; Ez 16.46*,51,53,55; 23.4; Os 10.5-8; Am 3.9—4.3; Miq 1.1-7.
  [NT] Aunque los samaritanos eran descendientes de los antiguos israelitas del reino del norte, en tiempo de Jesús no eran reconocidos por los judíos como verdaderos israelitas.
  (a) Jesús y los samaritanos Mt 10.5*; Lc 9.51-56; 10.33-37; 17.11-19; Jn 4.1-42 (v. 9*).
  (b) Predicación del evangelio en Samaria Hch 1.8; 8.4-25; 9.31; 15.3.

Sanar (curar, dar o recuperar la salud)
  [AT] (a) Acción propia de Dios Ex 15.26; Sal 6.2(3); 103.3; Tb 12.14.
  (b) Por intervención de algunos profetas Gn 20.17-18; Nm 21.4-9; 2 R 5; 20.1-11.
  (c) Por medios ordinarios Lv 13.18,37; 14.3; Eclo 38.1-15.

  (d) Sentido figurado Pr 12.18; Jer 3.22; 30.17; Os 7.1.
  [NT] (a) Milagros realizados por Jesús o los apóstoles. Véanse **Milagros; Señal**.
  (b) Don de sanar en la iglesia Mc 16.18; 1 Co 12.9,28,30; Stg 5.14-15.
  (c) Sentido figurado Heb 12.13; 1 P 2.24; Ap 22.2.

Sanedrín
  Véase **Junta Suprema**.

Sangre
  [AT] (a) Su relación con la vida y la muerte Gn 4.10-11; 9.4*-5.
  (b) Prohibición de comer sangre Gn 9.4*; Lv 3.17; 7.26-27.
  (c) Usada en diversos ritos:
    - En la Pascua Ex 12.7,22-23.
    - En la celebración de la Alianza Ex 24.8.
    - En diversos sacrificios Ex 30.10; Lv 1.5,11,15; 4.5-7,16-18,25,30,34 (frecuentes referencias en Lv).
    - En la consagración de los sacerdotes Ex 29.10-21.
  [NT] (a) Sentido literal Mc 5.25,29; Jn 19.34*; Hch 15.20,29; Heb 9.7-25.
  (b) Sangre de Jesús en la Cena del Señor (Eucaristía) Mt 26.28; Jn 6.53-56; 1 Co 10.16; 11.25,27.
  (c) Designa figuradamente la muerte (de Jesús) Ro 3.25; 5.9*; Ef 1.7; 1 P 1.2*,19; 1 Jn 1.7*; 5.6*; Ap 1.5; 5.9; 7.14*.
  Véase también **Muerte**.

Santiago
  (a) Apóstol, hijo de Zebedeo Mt 4.21*; 10.2; 17.1; Mc 1.29; 5.37; 10.35-45; 13.3; 14.33; Lc 9.54; Jn 21.2; Hch 12.2.
  (b) Apóstol, hijo de Alfeo Mt 10.3; Hch 1.13.
  (c) El llamado "hermano del Señor", dirigente de la iglesia de Jerusalén Hch 12.17; 15.13; 21.18; Gl 1.19; 2.9,12.
  (d) De identificación no segura Mt 13.55; 27.56; Stg 1.1; Jud 1.

Santidad, santo (consagrado, consagrar)
  [AT] (a) Referido a Dios Lv 11.44-45; 1 S 2.2; Sal 22.3(4); 99.9; Is 6.3; 43.3.
  (b) Al nombre de Dios Lv 22.32; 1 Cr 16.35; Ez 20.39.
  (c) Al pueblo de Israel Lv 11.44-45; 19.2; 20.8; Is 62.12.
  (d) A Jerusalén, al sitio donde está el templo Sal 2.6; 15.1(1b); 87.1(1b).
  (e) A lugares especiales del templo (Lugar santo, Lugar santísimo) Ex 26.33-34 (v. 1*); 1 R 6.16-27; 2 Mac 5.15.
  (f) A ciertas personas Lv 21.8; 2 R 4.9.
  (g) A cosas consagradas a Dios Lv 2.3; 6.18(11); 22.2; Nm 4.19.

ÍNDICE TEMÁTICO

(h) A las reuniones para el culto Ex 12.16; Nm 28.18.
(i) A ciertos días Neh 8.9-11.
(j) Otras referencias Ex 3.5; Dt 26.15; Dn 11.28; Tb 11.14.
[NT] (a) Referido a Dios Mt 6.9*; Lc 1.49; Jn 17.11; 1 P 1.15; Ap 4.8.
(b) A Jesucristo Mc 1.24; Lc 1.35; Jn 6.69; 17.19*; Hch 3.14; 4.27,30; Ap 3.7.
(c) Al Espíritu. Véase **Espíritu de Dios.**
(d) A los ángeles Mc 8.38; Ap 14.10.
(e) A las Escrituras Ro 1.2.
(f) A los discípulos de Jesús, del pueblo de Dios (la iglesia) Jn 17.17*; Hch 9.13,32; Ro 1.6-7*; 8.27; 1 Co 1.2; Ef 1.4; 1 P 1.15-16; Ap 5.8.
(g) A algunas personas humanas Mc 6.20; Lc 1.70; Hch 3.21.
(h) A Jerusalén Mt 4.5; 27.53; Ap 21.2,10.
(i) Al templo Mt 24.15; Hch 6.13.
(j) A otras cosas Ro 7.12; 2 Co 13.12; 2 P 1.18.

Santuario
Véase **Templo.**

Sara Esposa de Abraham
[AT] Gn 11.29-30; 12.10-20; 16.1-8; 17.15; 18.9-15; 21.1-10; 23.
[NT] (a) Tuvo un hijo en su ancianidad Ro 4.19; 9.9; Heb 11.11.
(b) Su ejemplo 1 P 3.6.
(c) Interpretada alegóricamente Gl 4.21*-31.

Satanás Nombre que significa "adversario" y se da al diablo, y figuradamente al hombre que se opone a Dios. 1 Cr 21.1*; Mt 4.10; 12.26; 16.23; Lc 10.18; Jn 13.27; Hch 5.3; 26.18; Ro 16.20; 1 Co 5.5; Ap 12.9; 20.2,7. Véase también **Demonio.**

Saulo Nombre hebreo de Pablo Hch 7.58; 13.9. Véase **Pablo.**

Secretos
Véase **Designios secretos.**

Seguir a Cristo Mt 4.22; 8.18-22; 9.9; 16.24; 19.27-30; Jn 1.43; 8.12; 10.3-5; 13.36; 21.19.

Señal
[AT] (a) Señales de la alianza entre Dios y los hombres Gn 9.12-13,17*; 17.10-14*; Ex 31.13.
(b) Señales prodigiosas Ex 4.8-9; 7.3; Dt 4.34; Is 7.11,14.
(c) Otras Ex 3.12; Dt 11.18; Jer 10.2*.
[NT] (a) Milagros de Jesús Mt 12.38-40; 16.1-4; Jn 2.11*; 20.30-31; Hch 2.22.
(b) Señales del fin del mundo Mt 24.3,30.
(c) Señal para reconocer algo Lc 2.12; 1 Co 14.22; 2 Ts 3.17.
(d) Milagros de otros Hch 2.43; 5.12; Ro 15.19; 1 Co 1.22.
(e) La circuncisión Ro 4.11.
(f) Falsos milagros Mt 24.24; 2 Ts 2.9; Ap 13.13,14.
(g) Figura simbólica Ap 12.1,3; 15.1.

Señor
[AT] (a) Título propio de Dios (en hebreo, Adón o Adonai) Gn 15.2-3; Ex 34.9; Jos 3.11; Sal 8.2(3); 16.2.
(b) Traducción del nombre hebreo Yahvé Gn 2.4*; 4.26*; Ex 3.15*(uso muy frecuente).
[NT] (a) Dios Mt 1.20,22; 4.7; 22.37; Mc 12.29-30; Lc 1.38; Ro 10.12.
(b) Jesucristo Mt 8.2; 22.43-45; Lc 2.11; Jn 6.68; Ro 1.3-4; 1 Co 8.6; Ef 4.5; Flp 2.11* (uso frecuente).

Véase **Introducción al NT (65).**

Sepulcro, sepultar, sepultura (enterrar)
[AT] Gn 23.19; 25.9; 50.26; 2 S 2.4-5; Is 53.9; Tb 1.17*-19; Eclo 38.16-17.
[NT] (a) De Jesús Mt 27.57—28.7; Jn 19.38—20.10; 1 Co 15.4.
(b) De otros Mt 8.21-22; 14.12; 27.52-53; Jn 11.17,31,38; Hch 2.29; 8.2.
(c) El cristiano es sepultado con Cristo Ro 6.4; Col 2.12.

Sermones de Jesús Los evangelios presentan las enseñanzas de Jesús muchas veces en pequeños trozos; otras veces las reúnen en sermones más amplios. Aquí se indican los principales de estos sermones.
(a) Mt 5.1—7.29 (sermón del monte); 10.1—11.1 (sermón de instrucción a los apóstoles); 13.1-52 (un sermón en siete parábolas); 18.1-35 (sermón sobre la vida de la comunidad); 23.1-39 (acusación a los fariseos y los maestros de la ley); 24.1—25.46 (sermón sobre el fin de los tiempos).
(b) Mc 4.1-34 (enseñanza en parábolas); 13.5-37 (sermón sobre el fin de los tiempos).
(c) Lc 6.17-49 (sermón en el llano); 11.37-54 (acusación a los fariseos y los maestros de la ley); 12.1-12 (diversas enseñanzas); 15.1—17.10 (diversas enseñanzas); 21.7-38 (sermón sobre el fin de los tiempos).
(d) Jn 3.1-21 (diálogo con Nicodemo); 6.25-59 (sermón sobre el pan de vida); 7.14-52 (sobre el agua viva); 8.12-59 (sermón en la fiesta de las Enramadas); 10.1-18 (el buen pastor); 13.12—17.26 (sermón después de la cena).

Serpiente (culebra)
[AT] (a) En el jardín de Edén Gn 3.1-15.
(b) La serpiente de bronce Nm 21.4-9.
(c) Figura legendaria Job 9.13*; 26.12-13; Is 27.1*.
(d) Otras referencias Dt 8.15; Ec 10.11; Dn (dc) 14.
[NT] (a) Sentido literal Mt 7.10; Mc 16.18; 1 Co 10.9.
(b) Símbolo de astucia Mt 10.16.
(c) Símbolo de maldad Mt 23.33.
(d) Símbolo del diablo 2 Co 11.3; Ap 12.9; 20.2.
(e) La serpiente de bronce Jn 3.14.

Servicio, servir, siervo (ministro, culto)
[AT] (a) Respecto de Dios:
- Abraham, Isaac y Jacob Ex 32.13.

- Moisés Ex 14.31; Nm 12.7.
- David Sal 78.70; Jer 33.21.
- Los profetas Is 20.3; Ez 38.17; Jer 7.25; Dn 6.21(22).
- Los sacerdotes y levitas Nm 1.50; Dt 18.5; Jl 2.17.
- El gobernante 1 R 8.28; Hag 2.23.
- En general, los israelitas Lv 25.42,55; Is 49.3.
- En especial, los fieles a Dios Sal 19.11(12),13(14); 31.16(17); Is 65.9,13-15; Eclo 2.1.
- Reyes paganos Jer 27.6; 43.10.

(b) Respecto de otros hombres Gn 27.40; Ex 5.15; Dt 28.48.

[NT] (a) Actitud de Cristo Mt 20.28; Lc 22.27; Jn 13.13-16; Flp 2.5-8.

(b) De los discípulos de Cristo:
- Respecto de Dios Mt 4.10; Lc 1.74; Ro 1.9; 2 Co 6.4; Tit 1.1; Heb 9.14; 1 P 2.16; Ap 7.3.
- Respecto de Cristo Jn 12.26; 15.15; Ro 1.1; 1 Co 7.22; Gl 1.10; Stg 1.1; 2 P 1.1; Jud 1.
- Respecto de los hermanos Mt 20.25-28; 23.11; Ro 12.7; 1 Co 12.5; 1 P 4.11.

Véase también **Esclavitud**.

Siervo del Señor
[AT] Is 42.1*-9; 49.1-6; 50.4-11; 52.13—53.12.
[NT] Título aplicado algunas veces a Cristo, aludiendo a textos de Isaías. Mt 12.18-21; Hch 3.13*,18*,26*; 4.27*. Véanse también las alusiones en Hch 8.32-35; Flp 2.5-11.

Siete En la Biblia, este número o sus múltiplos con frecuencia simbolizan perfección y plenitud. Gn 4.15, 23-24*; Pr 24.16; Is 30.26; Mt 18.21-22*; Hch 6.3; Ap 1.4*.

Simón
[DC] Varios personajes 1 Mac 2.3; 2 Mac 3.4.
[NT] (a) Simón Pedro Mt 4.18; Jn 1.41-42; 2 P 1.1. Véanse también **Cefas; Pedro**.
(b) Simón el cananeo, o el celote Mt 10.4*; Lc 6.15.
(c) Hermano del Señor Mt 13.55.
(d) Simón de Cirene Mc 15.21.
(e) Otros Mt 26.6; Lc 7.40; Jn 6.71; Hch 8.9-24; 9.43—10.23.

Sinagoga Lugar de instrucción y de culto no sacrificial de los judíos, que puede establecerse donde haya un número suficiente de personas. En el siglo I había sinagogas en las principales ciudades, dentro y fuera de Palestina.
(a) Jesús enseña en la sinagoga Mt 4.23*; 9.35; Mc 1.21-28; Lc 4.15-28; 13.10; Jn 6.59; 18.20.
(b) Los discípulos enseñan en las sinagogas Hch 9.20; 13.5,14-42; 17.1,10,17; 18.4,26.
(c) Expulsión de la sinagoga Jn 9.22*; 12.42; 16.2.

Sinópticos, Evangelios Nombre dado a los Evangelios según San Mateo, San Marcos y San Lucas, por las semejanzas que hay entre ellos. Véase **Introducción a los evangelios**.

Sión
[AT] Fortaleza de Jerusalén (monte Sión), con frecuencia sinónimo de toda la ciudad o del lugar donde fue construido el templo. 2 S 5.7; Sal 2.6*; 48; Is 1.8; 2.3; Zac 1.14.
[NT] En el NT, este nombre aparece sobre todo en citas del AT (Mt 21.5; Jn 12.15; Ro 9.33; 11.26; 1 P 2.6) y designa a la ciudad de Jerusalén, o el monte donde está construida.

Sodoma y Gomorra Ciudades situadas cerca al Mar Muerto.
[AT] Gn 10.19; 13.10*; 18.16—19.29; Is 1.9-10; Jer 23.14; Ez 16.48-58.
[NT] Mt 10.15; 11.23-24; Ro 9.29; 2 P 2.6-7; Jud 7; Ap 11.8.

Sumo sacerdote
[AT] Jefe de los sacerdotes Lv 21.10; Nm 35.25,28; 2 R 22.4; Neh 3.1; Zac 6.11; 1 Mac 10.20; 12.7; Eclo 45.25.
[NT] En la época de Jesús y de la primera comunidad cristiana, el jefe de los sacerdotes (sumo sacerdote), además de las funciones religiosas (oficiaba los principales actos de culto), tenía importantes funciones civiles: presidía la Junta Suprema o Sanedrín. Véase **Introducción al NT (44)**.
(a) Sentido literal:
- Anás Lc 3.2*; Jn 18.13,24; Hch 4.6*.
- Caifás Mt 26.3,57-66; Lc 3.2*; Jn 11.49; 18.13-14,24,28; Hch 4.6.
- Ananías Hch 23.2-5; 24.1.
- En general Heb 5.1-4; 7.27-28; 8.3; 9.7,25.
- Nombre dado a los principales sacerdotes Mt 2.4; 16.21; 21.23; 27.1; Jn 7.32; Hch 4.1; 19.14.
(b) Título dado a Jesús Heb 2.17*; 3.1; 4.14—5.10; 6.20; 7.26-28; 8.1-2; 9.11—10.18.

Tadeo Apóstol Mt 10.3*.

Talento Medida de peso que equivalía a unos 33 kg. Era también la moneda más fuerte, correspondiente a 6000 denarios (véase **Tabla de pesas, monedas y medidas**). Ex 25.39; 2 S 12.30; Mt 18.24*; 25.14-30 (v. 15*).

Temer, temor (miedo) Respecto de Dios, designa más bien una actitud de respeto y reverencia, y se traduce a veces por "honrar", "respetar", "reverenciar".
[AT] (a) Respecto de Dios Lv 25.36; Sal 2.11-12; Pr 1.7*; Is 33.6; Jer 32.40; Eclo 1.11*.
(b) Respecto de otros seres Gn 9.2; Dt 2.25; Esd 3.3.
(c) No temer Dt 20.3; Sal 27.1-3(1b-3); 118.6; Is 41.14; 44.2; Bar 6.

[NT] (a) Respecto de Dios Mt 10.28*; 17.6; Lc 18.2,4; Hch 10.35; 1 P 2.17; Ap 14.7.
(b) Respecto de otros seres Mt 14.5,30; 21.26; Jn 9.22; Gl 4.11.
(c) No temer Mt 1.20; 10.26,28,31; 17.7; 28.5,10; Ro 13.3; Heb 13.6; 1 P 3.14; Ap 2.10.

Templo (santuario) Lugar construido para el culto sacrificial de los israelitas.
(a) Templo de Jerusalén:
- Construido por Salomón 1 R 6.1*-38; 7.23—8.66.
- Destruido por los ejércitos de Nabucodonosor 2 R 25.8-17; Sal 79.1(1b); Lam 1.10.
- Reconstruido después del exilio Esd 1.2-4; 3.8-13; 5—6.
- Profanado bajo la dominación griega Dn 9.27*; 1 Mac 1.20-24.
- Consagrado de nuevo 1 Mac 4.36-59.
- Lugar del culto Sal 5.7(8); 48.9(10); 84; 122; Is 38.20; Jer 17.26; Ez 10.
- Visiones de Ezequiel sobre el nuevo templo Ez 40—44; 47.1-12.
(b) Otros templos Jue 9.4; 1 S 1.24; 5.2; 1 R 5.18; 10.27; 1 Mac 1.47.
[NT] El templo de Jerusalén del tiempo de Jesús y de la primera comunidad cristiana había sido restaurado por Herodes el Grande. Fue destruido por los romanos el año 70 d.C.
(a) Jesús y el templo:
- Presentación Lc 2.21-38.
- Pérdida y hallazgo Lc 2.41-50.
- Tentación Mt 4.5; Lc 4.9.
- Jesús enseña en el templo Jn 7.14—8.59; 10.23-39.
- Jesús purifica el templo Mt 21.12-16; Jn 2.13-22.
- Última enseñanza en el templo Mt 21.23—23.39; 26.55.
- Palabras de Jesús sobre el templo Mt 12.5-6; 23.16-22; 24.1-2; 26.61; Jn 2.19-21; 4.20-24.
- El velo del templo se rompe a la muerte de Jesús Mt 27.51.
(b) La primera comunidad y el templo Hch 2.46; 3.1-26; 5.20-26,42; 21.26—22.21.
(c) Templos de dioses paganos Hch 19.24,27,35-36.
(d) Figuradamente, referido a los cristianos 1 Co 3.16-17; 6.19; 2 Co 6.16; Ef 2.21; Ap 3.12.
(e) El santuario celestial Heb 8.2; 9.11-12; Ap 11.19; 15.5-8; 21.3,22.

Tentación Mt 6.13*; 26.41; Lc 11.4; Stg 1.13-14. Véase también **Prueba**.

Testamento
(a) Disposición de una persona para después de su muerte Heb 9.15*-17.

(b) Nuevo Testamento. Véase **Introducción al NT** ([1]-[4]). Véase también **Alianza**.

Testigo, testimonio
[AT] (a) En acusaciones o pleitos Nm 35.30; Dt 17.6-7; 19.15-21; Pr 14.25.
(b) Otros usos Gn 31.43-55(32.1); Dt 31.28; Jos 22.26-27; Is 43.10.
[NT] (a) Título de Cristo Ap 1.5; 3.14.
(b) Juan el Bautista Jn 1.6-8,15,19-36.
(c) Los discípulos de Jesús Lc 24.48; Jn 15.27; 19.35; 21.24; Hch 1.8,21-22; 2.32; 3.15; 10.39; 22.15; 1 P 5.1; 1 Jn 1.2; 4.14; Ap 1.2*.
(d) Los creyentes, en general Ap 2.13; 11.3*; 17.6.
(e) Falsos testigos Mt 26.59-61; 1 Co 15.15.
(f) Otros aspectos Jn 15.26; 1 Jn 5.7-11. Véase también **Mártir**.

Tiberias (Tiberíades) Población situada a la orilla del Lago de Galilea (Jn 6.1*,23). El lago mismo es llamado a veces **Lago de Tiberias** (o **de Tiberíades**) (Jn 21.1).

Tienda del encuentro con Dios (santuario) Ex 25.8-9; 26—27; 31.6-7; 33.7-11; 35.20—36.38; 40; Nm 1.50-53; 10.11-21; Hch 7.44; Heb 9.1-8.

Tomás Apóstol Mt 10.3; Jn 11.16; 14.5; 20.24-29; 21.2; Hch 1.13.

Trabajador, trabajo
[AT] (a) En general Gn 3.17-19; Sal 104.22-23; Pr 21.25; 31.10-31; Eclo 10.27; 38.24—39.11.
(b) Justicia con el trabajador Lv 19.13; Dt 24.14-15; Tb 4.14; Eclo 34.22.
[NT] (a) En las parábolas de Jesús Mt 20.1-16; 21.28-46; 24.45-51; 25.14-30.
(b) En otros dichos de Jesús Mt 9.37-38; 10.10.
(c) Trabajo por el evangelio, por la iglesia Ro 16.6,12; 1 Co 3.8; 15.10; 16.16; 2 Co 6.5; 11.23,27; 1 Ts 5.12; 2 Ti 2.15.
(d) Necesidad de trabajar, en general Hch 20.35; Ef 4.28; 1 Ts 2.9; 4.11; 2 Ts 3.6-12.

Tradición
[AT] Dt 4.9-10; 6.6-9; Job 15.17-19; 2 Mac 8.17.
[NT] (a) Tradiciones judías Mc 7.1-13 (v. 3*); Gl 1.14.
(b) Tradiciones cristianas Lc 1.1-4*; 1 Co 11.2*; 11.23; 15.1-3; 2 Ts 2.15; 3.6; 1 Ti 6.20*; 2 Ti 2.14.

Transfiguración (de Jesús) Mt 17.1-13; Mc 9.2-13; Lc 9.28-36; 2 P 1.16-18.

Tribus, Doce
[AT] Gn 49.1*-28; Ex 18.17-21; Nm 1.5-15; Dt 33; Jos 4.4-7; 13—21; Ez 48.
[NT] Lc 22.30; Stg 1.1; Ap 7.4-8.

Tristeza
[AT] Neh 2.1-3; Job 9.27-29; Pr 17.22; Lam 1.4,7; Eclo 30.21-25.
[NT] (a) De Jesús Mt 26.37-38.

ÍNDICE TEMÁTICO

(b) De los apóstoles Jn 16.6,20-22; 2 Co 6.10;
Flp 2.27.
(c) De los cristianos 2 Co 2.1-7; 7.7-11;
1 Ts 4.13.

Tropezar, tropiezo (escándalo) Ex 34.12; Jos 23.12-13;
Sal 106.35-36; Mt 16.23; Ro 9.33; 11.9; 14.13; 16.17;
1 P 2.8.

Ungido, ungir (consagrado, consagrar)
[AT] (a) Consagración de los sacerdotes Ex 29.1-37;
30.22-33; Lv 8.1-36.
(b) Del santuario Ex 40.1-33.
(c) De otros objetos del culto Ex 30.22-29.
(d) Del rey 1 S 10.1; 16.1-13; 1 R 1.39; 19.15-16.
(e) De un profeta 1 R 19.16.
[NT] (a) Referido a Jesús. Véanse **Cristo; Jesús;
Mesías.**
(b) A los enfermos Mc 6.13*; Stg 5.14*.
(c) A los cristianos en general 2 Co 1.21*;
1 Jn 2.20*.

Unidad, unión
[AT] (a) De Dios Dt 6.4*; Is 43.10-11; 44.8;
Mal 2.10.
(b) De los hombres Esd 3.1; Neh 8.1; Sal 133;
Ec 3.9-12; Ez 37.15*-28.
[NT] (a) Del Padre y del Hijo Jn 10.30; 17.11,21-23.
(b) De los discípulos, de la iglesia Jn 10.16;
17.11,21-23; Hch 4.32; Ro 12.4-5; 15.5-6;
1 Co 10.17; 12.12-27; Ef 2.14-16; 4.3-6;
Col 3.15.

Unión con Cristo Jn 15.1-10; 17.21-23; Ro 6.3-11*;
1 Co 1.9; Gl 2.19*; 3.27; Flp 1.1; Col 2.12-13,20; 3.1-4.

Venida gloriosa del Señor al fin de los tiempos
Véase **Regreso del Señor.**

Verdad, verdadero
[AT] (a) De Dios (concepto estrechamente
relacionado con el de fidelidad) Sal 25.4-5,
10; 86.15; 89.8(9).
(b) De los hombres Sal 119.30; Pr 12.22; Is
59.14-15; Eclo 37.15.
[NT] (a) Con referencia a Dios Jn 17.17; Ro 2.2.
(b) Con referencia a Jesucristo Mt 22.16;
Jn 1.14,17; 8.32*,40,45-46; 14.6; 18.37.
(c) Con referencia al Espíritu Santo Jn 14.16-17;
15.26; 16.13; 1 Jn 5.6.
(d) Con referencia al evangelio 2 Co 4.2; 6.7;
Gl 2.5,14; 5.7; Ef 1.13; 1 Ti 2.4; Stg 1.18;
1 P 1.22; 1 Jn 3.19.
(e) Con referencia a los creyentes Jn 3.21;
4.23-24; 8.32; 16.13; 17.17,19; 18.37; 1 Co
5.8; 13.6; Ef 4.15,25; 1 Jn 1.6*.

Vicios, Catálogos de Mt 15.19-20; Ro 1.29-32 (v. 31*);
1 Co 5.10-11; 6.9-10; 2 Co 12.20; Gl 5.19-21; Ef 5.3-5; 1 Ti
1.9-10; 2 Ti 3.2-5; 1 P 4.3; Ap 21.8.

Vid Ez 17.1*-10; Mt 26.29; Jn 15.1*-6. Véase también
Viña.

Vida
[AT] (a) Dios, fuente de la vida Sal 36.9(10);
42.2(3).
(b) Dios la da al hombre Gn 2.7; Sab 15.11.
(c) Dios la conserva Jos 14.10; Sal 27.1(1b).
(d) Dios la quita 1 S 2.6.
(e) Vida larga Ex 20.12; Dt 5.33; Pr 4.10;
Eclo 1.20.
(f) La sabiduría da la vida Pr 8.35-36; Eclo 4.12;
Bar 3.14.
(g) Miseria de la vida humana Job 3; 7.1-2;
14.1-6; Ec 1—2.
[NT] (a) Vida física Mt 9.18; Lc 16.25; Hch 17.25;
1 Co 3.22; Flp 1.20; 1 Ts 1.9; Heb 3.12.
(b) Vida eterna, definitiva Mt 7.14; 18.8-9;
19.16-17,29; Jn 1.4; 3.15*; Ro 2.7; 5.21;
6.22-23; 1 Ti 1.16; 6.12; 1 Jn 2.25; Jud 21.
(c) Vida comunicada por Cristo Jn 11.25; Ro
5.10; 2 Co 4.10-11.
(d) Vida nueva del creyente Ro 6.4. Véase
también **Vivir.**

Vino
(a) Sentido literal Gn 9.21; Sal 104.15;
Eclo 31.25-31; Mt 9.17; 27.34; Jn 2.3-11
(v. 10*); 7.33; Ro 14.21; 1 Ti 5.23.
(b) Sentido figurado Jer 25.15*; 51.7; Ap 14.8,10;
16.19; 19.15.

Viña, viñedo Gn 9.20; Dt 8.7-8; Is 5.1-7; Mt 20.1-15;
21.28,33-46; Lc 13.6-9; 1 Co 9.7. Véase también **Vid.**

Virgen (persona soltera)
[AT] Ex 22.16-17(15-16); Dt 22.13-29; Eclo 42.9-14.
[NT] (a) Sentido literal Mt 1.23; Lc 1.27; 1 Co 7.8-9,
25-40.
(b) Sentido figurado 2 Co 11.2; Ap 14.4*.

Virtudes, Catálogos de Gl 5.22-23; Ef 4.2-3; Flp 4.8;
Col 3.12; 1 Ti 6.11; 2 Ti 2.22,24-25; 1 P 3.8-9; 2 P 1.5-7.

Viuda
[AT] Ex 22.22-24(21-23); Lv 21.14; Dt 10.18; 24.19;
1 R 17.8,24.
[NT] Mc 12.40,41-44; Lc 2.37; 4.25-26; 7.12; 18.1-8;
Hch 6.1; 9.39,41; 1 Co 7.8-9; 1 Ti 5.3-10;
Stg 1.27.

Vivir, vivo
[AT] (a) Referido a Dios Job 19.25-26; Sal 42.2(3);
84.2(3); Jer 10.10; Dn 6.20(21).
(a) Referido a los seres humanos Gn 3.20,22;
Sal 71.20; 89.49(50); 118.17.
[NT] (a) Referido a Dios Mt 22.32; Hch 14.15;
Ro 9.26; 2 Co 6.16; Heb 9.14; Ap 4.9-10.
(b) Referido a Cristo Lc 24.5; Jn 6.51,57-58;
14.19; Hch 1.3; Ro 6.10; Gl 2.20; Ap 1.18.
(c) Referido al Espíritu Santo Jn 7.38-39.
(d) Referido al creyente Jn 6.51,57-58; 11.25;
14.19; Ro 1.17; 6.11,13; 14.7-8. Véase
también **Vida.**

Voluntad de Dios
[AT] Esd 7.18; Sal 143.10; Eclo 42.15; Sab 6.4.

[NT] (a) Voluntad salvífica de Dios Mt 11.25-26; 18.14; Jn 6.39-40; Gl 1.4; Ef 1.4-10; 1 Ti 2.3-4.
(b) Jesús la cumple Mt 26.42; Jn 4.34; 6.38-40; Heb 10.5-10.
(c) Manifestada en la elección al apostolado 1 Co 1.1; 2 Co 1.1.
(d) Conocerla Hch 22.14; Ro 2.18; 12.2; Ef 5.17.
(e) Cumplirla Mt 6.10; 7.21; Ef 6.6; 1 Jn 2.17.

Volverse a Dios (convertirse)
[AT] Is 55.7; Jer 3.1*; 15.19*; Ez 33.11; Am 4.6-11; Zac 1.2-3; Mal 3.7.
[NT] (a) En la predicación de Juan el Bautista Mt 3.2*; Lc 1.16.
(b) En la predicación de Jesús Mt 4.17; 11.20-21; 12.41; Lc 13.3,5; 15.7,10.
(c) En la predicación de los discípulos Mc 6.12; Hch 2.38; 3.19; 17.30; 26.20.
(d) En el *Apocalipsis* 2.5,16,21; 3.3,19; 16.9.

Yahvé Nombre de Dios, traducido como "el Señor" Gn 2.4*; 4.26*; Ex 3.14*,15*.

"Yo soy"
[AT] Nombre de Dios Ex 3.14*.
[NT] En boca de Jesús:
(a) Sin otra especificación Jn 6.20; 8.24*,28; 13.19; 18.5,6,8.
(b) Con alguna especificación:
- El Mesías Jn 4.25-26.
- El pan de vida Jn 6.35*,48,51.
- La luz del mundo Jn 8.12.
- La puerta Jn 10.7,9.
- El buen pastor Jn 10.11,14-15.
- La resurrección y la vida Jn 11.25.
- El camino, la verdad y la vida Jn 14.6.
- La vid verdadera Jn 15.1,5.

Zacarías
(a) Hijo de Berequías Zac 1.1; Mt 23.35*.
(b) Padre de Juan el Bautista Lc 1.5-25,40,62-64, 67-79.
(c) Otros 2 R 14.29; 1 Cr 9.21; 2 Cr 24.20-22; 1 Mac 5.18.

Calendario Hebreo

El año judío se divide en 12 meses de 29 ó 30 días, y se basa en las fases de la luna. Cada dos o tres años se intercala un mes suplementario —conocido como "segundo Adar", antes del mes de Nisán—, para compensar el retraso del ciclo lunar sobre el año solar.

El inicio del año cultual se celebra en primavera (el 1° de Nisán); sin embargo, se celebra el año nuevo civil en otoño, en el mes de Tishri. La numeración de los meses comienza en primavera con el mes de Nisán o Abib, al igual que en Babilonia.

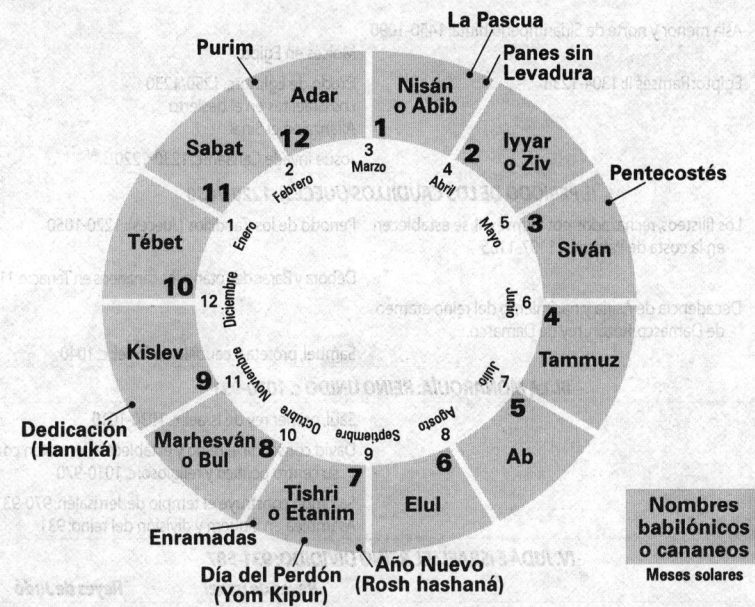

Algunas fiestas anuales mencionadas en la Biblia

1) **Fiesta de la Pascua:** celebrada el 14 de Nisán (cf. Ex 12.27; véase *Índice temático*). **Fiesta de los Panes sin Levadura:** celebrada del 15 al 21 de Nisán (cf. Ex 12.14-20).

2) **Fiesta de Pentecostés (Nm 26.26), de las Semanas, o de las Cosechas (Ex 23.16):** celebrada durante el mes de Siván (cf. Lv 23.9-14; véase *Índice temático*).

3) **Año nuevo judío** o *"Rosh hashaná"*: celebrado durante el mes de Tishri (cf. Lv 23.23-25; Nm 29.1-6).

4) **Día del Perdón, de la Expiación** o *"Yom Kipur"*: celebrado el 10 de Tishri (cf. Lv 16; 23.26-32; Nm 29.7-11).

5) **Fiesta de las Enramadas** o de las Cabañas (Tabernáculos): celebrada del 15 al 23 de Tishri (cf. Lv 23.33-43; Nm 29.12-39; Dt 16.13-17).

6) **Fiesta de la Dedicación** o *"Hanuká"*: celebrada el 25 de Kislev (cf. Jn 10.22 n.).

7) **Fiesta de Purim:** celebrada los días 14 y 15 de Adar (cf. Est 9.21-32; cf. 2 Mac 15.36).

TABLA CRONOLÓGICA I
ÉPOCA DEL ANTIGUO TESTAMENTO

La siguiente tabla cronológica menciona los hechos más importantes de la historia bíblica y destaca algunos de los acontecimientos más sobresalientes de la historia antigua. La letra "c" (*circa*) indica que la fecha es aproximada.

I. LOS PATRIARCAS Y MOISÉS: c. 1850-1220

Años a.C.		
1850		Llegada de Abraham a Canaán: c. 1850
	Egipto: ocupación de los hicsos: 1730-1550	Los patriarcas en Egipto
1700		
1450	Asia menor y norte de Siria: imperio hitita: 1450-1090	
		Moisés en Egipto
1250	Egipto: Ramsés II: 1304-1238	Éxodo de Egipto: c. 1250/1230
		Los israelitas en el desierto
		Alianza en el Sinaí
		Josué invade Canaán: c. 1230-1220

II. PERIODO DE LOS CAUDILLOS (JUECES): 1220-1030

1200	Los filisteos, rechazados por Ramsés III, se establecen en la costa de Palestina: 1197-1165	Periodo de los Caudillos (Jueces): 1220-1050
1150		Débora y Barac derrotan a los cananeos en Tanac: c. 1130
1100	Decadencia de Asiria y nacimiento del reino arameo de Damasco. Rezón, rey de Damasco.	
		Samuel, profeta y caudillo de Israel: c. 1040

III. LA MONARQUÍA: REINO UNIDO c. 1030-931

1050		Saúl, primer rey de Israel: c. 1030-1010
1000		David consolida el reino y establece a Jerusalén como su centro político y religioso: c. 1010-970
950		Salomón construye el templo de Jerusalén: 970-931
		Asamblea en Siquem y división del reino: 931

IV. JUDÁ E ISRAEL: EL REINO DIVIDIDO: 931-587

		Reyes de Israel	Reyes de Judá
		Jeroboam I: 931-910	Roboam: 931-913
		Nadab: 910-909	Abiam: 913-911
900	Ben-hadad I, rey de Damasco	Baasá: 909-886	Asá: 911-870
		Elá: 886-885	
		Zimrí: 885 (7 días)	
		Omrí: 885-874	
		Ahab: 874-853	Josafat: 870-848
		[Actividad profética de Elías: c. 865]	
850		Ocozías: 853-852	
		Joram: 852-841	Joram: 848-841
		[Actividad profética de Eliseo: c. 850]	
		Jehú: 841-814	Ocozías: 841
			Atalía: 841-835
800		Joacaz: 814-798	Joás: 835-796
		Joás: 798-783	Amasías: 796-781
	Asiria: Tiglat-piléser III: 745-727. Comienza la expansión asiria.	Jeroboam II: 783-743	Ozías (Azarías): 781-740

		[Profecías de Amós y Oseas: c. 750] Zacarías: 743 (6 meses) Salum: 743 (1 mes) Menahem: 743-738	
	Guerra siro-efraimita: Israel y Siria luchan contra Judá: 734 Asiria: Salmanasar V: 726-722 Sargón II: 721-705	Pecaías: 738-737 Pécah: 737-732 Oseas: 732-724 [Caída de Samaria: deportaciones, fin del reino del Norte: 721]	[Profecías de Isaías y Miqueas: c. 740] Jotam: 740-736 Ahaz: 736-716 Ezequías: 716-687
700	Senaquerib: 705-681		Manasés: 687-642 Amón: 642-640 Josías: 640-609 [Profecía de Sofonías: c. 630] [Vocación de Jeremías: c. 627] [Reforma religiosa: 622] [Profecías de Nahúm: c. 612] Joacaz: 609 (3 meses)
	Destrucción de Nínive: 612		
600	Batalla de Carquemis: 605 Babilonia: Nabucodonosor: 604-562		Joaquim: 609-598 [Profecías de Habacuc: c. 605] Joaquín: 598 (3 meses) Sedequías: 598-587 [Comienzo de la actividad profética de Ezequiel: 593]
	V. EXILIO: 587-538		
		Caída de Jerusalén, destrucción del templo, deportación a Babilonia: 587/6 Godolías gobernador: 587/6	
	Evil-merodac: 562-559 Indulto de Joaquín: 561 Nabónido: 559-539 Ciro el persa conquista Babilonia: 539		
	VI. ÉPOCA PERSA: RESTAURACIÓN c. 538-331		
	Edicto de Ciro, fin del exilio: 538	Sesbasar nombrado gobernador: 538 Restauración del culto: 538	
	Cambises: 529-522	Construcción del "segundo templo" en Jerusalén: 520-515	
	Darío: 522-486	Profecías de Hageo y Zacarías: 520	
500	Reorganización del imperio persa: Siria y Palestina forman la 5a. satrapía	Zorobabel nombrado gobernador; Josué, sumo sacerdote	
	Jerjes I (Asuero): 486-465	Misión de Esdras en Jerusalén: 458 (428 ó 398)	
	Artajerjes I Longímano: 465-423	Profecías de Malaquías y Abdías: c. 450 1ª misión de Nehemías; restauración de las murallas: 455-443 2ª misión de Nehemías: 432	
400		Judea se organiza como estado teocrático, bajo el imperio persa: c. 350	
	Darío III Codomano: 336-331 Alejandro Magno conquista Persia (333) y Egipto (331)		

VII. ÉPOCA HELENÍSTICA

	Alejandro Magno: 336-323 A la muerte de Alejandro se divide el imperio Egipto: reino de los Tolomeos	Siria y Babilonia: reino de los seléucidas	Judea sometida al poder de los Tolomeos: 323-197
300	Tolomeo I Soter: 323-285	Seleuco I Nicátor: 312-280	Grupos judíos se establecen en Egipto y Antioquía
	Tolomeo II Filadelfo: 285-246	Antíoco I Soter: 280-261 Antíoco II Teos: 261-246	Traducción del Pentateuco al griego (LXX) Traducción de los demás libros
	Tolomeo III Evergetes: 246-221	Seleuco II Calínico: 246-226	
	Tolomeo IV Filopátor: 221-205	Antíoco III el Grande: 223-187	
200	Tolomeo V Epífanes: 205-180	Seleuco IV Filopátor: 187-175	Judea sometida a los seléucidas: 197-142
	Luego del triunfo de Antíoco III sobre los Tolomeos, Egipto ya no desempeña un papel importante en la política de Judá	Antíoco IV Epífanes: 175-163	Antíoco IV saquea el templo de Jerusalén: 169 Decreto para abolir las tradiciones judías. Se instala el culto de Zeus Olímpico en el templo de Jerusalén: 167
	Tolomeo VI Filométor: 180-145 (170-164 corregente con Tolomeo VIII) (145 corregente con Tolomeo VII)		Rebelión de los macabeos en lucha por la independencia: 166-142 Reconquista y purificación del templo: 164
		Antíoco V Eupátor: 163-162 Demetrio I Soter: 162-150 Alejandro Balas: 150-145	Muerte de Judas Macabeo: 160
	Tolomeo VIII Evergetes: 170-164 (corregente con Tolomeo VI) [163-145, rey de Cirene] 164/163; 145-116	Demetrio II: 145-138 con Antíoco VI: 145-142	Independencia de Judea: triunfo de la rebelión macabea: 142 Gobierno de los hasmoneos: 142-63
		Antíoco VII Sidetes: 138-129 Demetrio II Nicátor: 129-125 Antíoco VIII: 122-113 con Seleuco V: 122	Juan Hircano I, sumo sacerdote y etnarca: 134-104
	Tolomeo IX Soter II: 116-109	Antíoco IX Cizíceno: 113-95	Aristóbulo I, sumo sacerdote, toma el título de rey: 104-103
100	Tolomeo X: 108-89		Alejandro Janeo, sumo sacerdote y rey: 103-76
	Tolomeo XI: 88-80 Tolomeo XII: 80-51	Guerras de sucesión: 95-84 Tigranes el Aramenio: 83-69 Antíoco VIII: 68-64 Pompeyo, general romano, conquista Jerusalén: 63	Salomé Alejandra: 76-69 Aristóbulo II, rey y sumo sacerdote: 69-63 Juan Hircano II, sumo sacerdote: 63-40
50	Tolomeo XIII y Cleopatra VII: 51-31 Roma conquista Egipto: 31-30		Herodes, rey de Judea: 37-4

TABLA CRONOLÓGICA II
ÉPOCA DEL NUEVO TESTAMENTO

Emperadores	Gobernadores romanos en Palestina	Reyes judíos			Sumos sacerdotes
		HERODES EL GRANDE (-37 a -4)			Ananel
					Aristóbulo III
					Ananel
					Jesús
OCTAVIO AUGUSTO (-27 a +14)					Simón
		ARQUELAO (-4 a +6)	HERODES ANTIPAS (-4 a +39)	FILIPO (-4 a +39)	José
					Joazar
					Eleazar
					Jesús
	Coponio (6-9)				Anás (6-15)
	Ambíbulo (9-12)				
	Rufo (12-15)				
TIBERIO (14-37)	Valerio Grato (15-26)				Caifás (18-36)
	Poncio Pilato (26-36)				
	Marcelo (36)				Jonatán (36-37)
CALÍGULA (37-41)	Marulo (37-41)			37	Teófilo (37-41)
			40		
CLAUDIO (41-54)		41			Simeón (41-44)
		HERODES AGRIPA I (hasta 44)			
	Cuspio Fado (44-46)				Matías
	Tiberio Alejandro (46-48)				Elioneo
	Ventidio Cumano (48-52)				Ananías (48-58)
	Antonio Félix (52-60)			AGRIPA II (53-93)	
NERÓN (54-68)					
	Porcio Festo (60-62)				José
					Anás II
					Jesús
					Josué
	Lucceio Albino (62-64)				
	Gesio Floro (64-66)				Matías
GALBA (68-69)	Vespasiano (67-69)				Finees
OTÓN (69)					
VITELIO (69)					
VESPASIANO (69-79)	Tito (70) Sitia Jerusalén y destruye el Templo				
	Baso (71)				
	Silva (72-80)				
TITO (79-81)					
	Salvidemo (80)				
DOMICIANO (81-96)					
	Longino (85)				
NERVA (96-98)					
TRAJANO (98-117)					

TABLA DE PESAS, MONEDAS Y MEDIDAS

En la antigüedad no existía para las pesas, monedas y medidas una exactitud tan grande como la que se conoce hoy. Por esta y otras razones, no es siempre posible saber la equivalencia exacta de muchos datos de la Biblia. Las equivalencias dadas por los diversos autores varían a veces considerablemente.
A continuación se da una tabla que indica las equivalencias que parecen actualmente más probables, y que son las que se han tomado como base para las adoptadas en el texto de esta versión.

Nomenclatura	Valor relativo dentro del sistema	Equivalencia adoptada
	A. MEDIDAS DE PESO	
	1) Nomenclatura hebrea	
Gerah	1/20	0.5 gr
Reba	1/4	2.7 gr
Beqa	1/2	5.5 gr
Siclo	1	11 gr
Mina [a]	50/1	550 gr
Talento [b]	3,000/1	33 kg
	2) Nomenclatura griega	
Libra	—	327 gr
Mina	—	436 gr
Talento	125 libras	41 kg

Nomenclatura	Equivalencia adoptada
B. MONEDAS [c]	
1) Nomenclatura hebrea	
Pim	7 gr
Dárico	8 gr
Siclo	11 gr
Mina	550 gr
Talento	33 kg

Nomenclatura	Valor relativo dentro del sistema
2) Nomenclatura griega	
Lepton	1/128 de denario
Cuadrante	1/64 de denario
As (assarion)	1/16 de denario
Dracma	Más o menos un denario
Denario	Equivalente al salario de un día
Mina	100 denarios
Talento	6000 denarios

Nomenclatura	Valor relativo dentro del sistema	Equivalencia adoptada
	C. MEDIDAS LINEALES	
	1) Nomenclatura hebrea	
Dedo	1/24	1.8 cm
Palmo menor	1/6	7.5 cm

Nomenclatura	Valor relativo dentro del sistema	Equivalencia adoptada
Palmo	1/2	22.5 cm
Gómed	2/3	30 cm
Codo [d]	1	45 cm
Caña [e]	6/1	2.70 m
2) Nomenclatura griega		
Pie	2/3	30 cm
Codo	1	45 cm
Paso	2/1	90 cm
Braza	4/1	1.80 m
Estadio	40/1	180 m
Milla	—	1,500 m

Nomenclatura	Equivalencia adoptada
D. MEDIDAS DE SUPERFICIE	
Yuntada	0.275 hectárea

Nomenclatura	Valor relativo dentro del sistema	Equivalencia adoptada
E. MEDIDAS DE CAPACIDAD (LÍQUIDOS)		
1) Nomenclatura hebrea		
Log	1/720	0.3 litros
Hin	1/60	3.66 litros
Bato	1/10	22 litros
Coro	1	220 litros
2) Nomenclatura griega		
Barril (=1 bato)	—	22 litros
Metreta (=1 bato)	—	22 litros
F. MEDIDAS DE CAPACIDAD (ÁRIDOS)		
1) Nomenclatura hebrea		
Qab	1/180	1.2 litros
Gomer (décima)	1/100	2.2 litros
Seah (tercio)	1/30	7.3 litros
Efa	1/10	22 litros
Létek	1/2	110 litros
Homer (coro)	1	220 litros
2) Nomenclatura griega		
Medida (saton)		12 litros
Almud (modios)		8.7 litros
Coro		220 litros

[a] En Ezequiel la **mina** equivale a 60 siclos=660 g
[b] En Ezequiel el **talento** equivale a 41 kg
[c] Es imposible indicar las equivalencias de las monedas antiguas en monedas actuales.
[d] En Ezequiel el **codo** equivale a 50 cm
[e] En Ezequiel la **caña** equivale a 1 m

DIVISIÓN DEL DÍA

Nomenclatura	Horas	Referencias
Sistema Judío		
Primera vigilia	6 a 10 p.m.	Lm 2.19
Inicio del día; sacrificio de la tarde (en el AT)	6 p.m.	1 R 18.36; Hch 3.1*
Segunda vigilia (de la medianoche)	10 p.m. a 2 a.m.	Jue 7.19; Lc 12.38
Tercera vigilia (de la mañana o última)	2 a 6 a.m.	Ex 14.24; Lc 12.38
Sacrificio de la mañana	6 a.m.	Ex 29.39
Hora primera	7 a.m.	
Hora tercera	9 a.m.	Mc 15.25
Hora sexta	12 m.d.	Mt 27.45*; Jn 19.14*
Hora novena	3 p.m.	Mt 27.45*
Hora de la oración; sacrificio de la tarde (en el NT)	3 p.m.	Hch 3.1*
Sistema Romano		
Inicio del día	12 m.n.	
Tercera vigilia (o del canto del gallo)	12 m.n. a 3 a.m.	Mc 13.35; Lc 12.38
Cuarta vigilia (o de la mañana)	3 a 6 a.m.	Mc 13.35
Día (dividido en doce horas)	6 a.m. a 6 p.m.	Jn 11.9
Primera vigilia (o del anochecer)	6 a 9 p.m.	Mc 13.35
Segunda vigilia (o medianoche)	9 p.m. a 12 m.n.	Mc 13.35; Lc 12.38

Véanse, además, *Día, Hora* y *Noche* en el *Índice temático*.

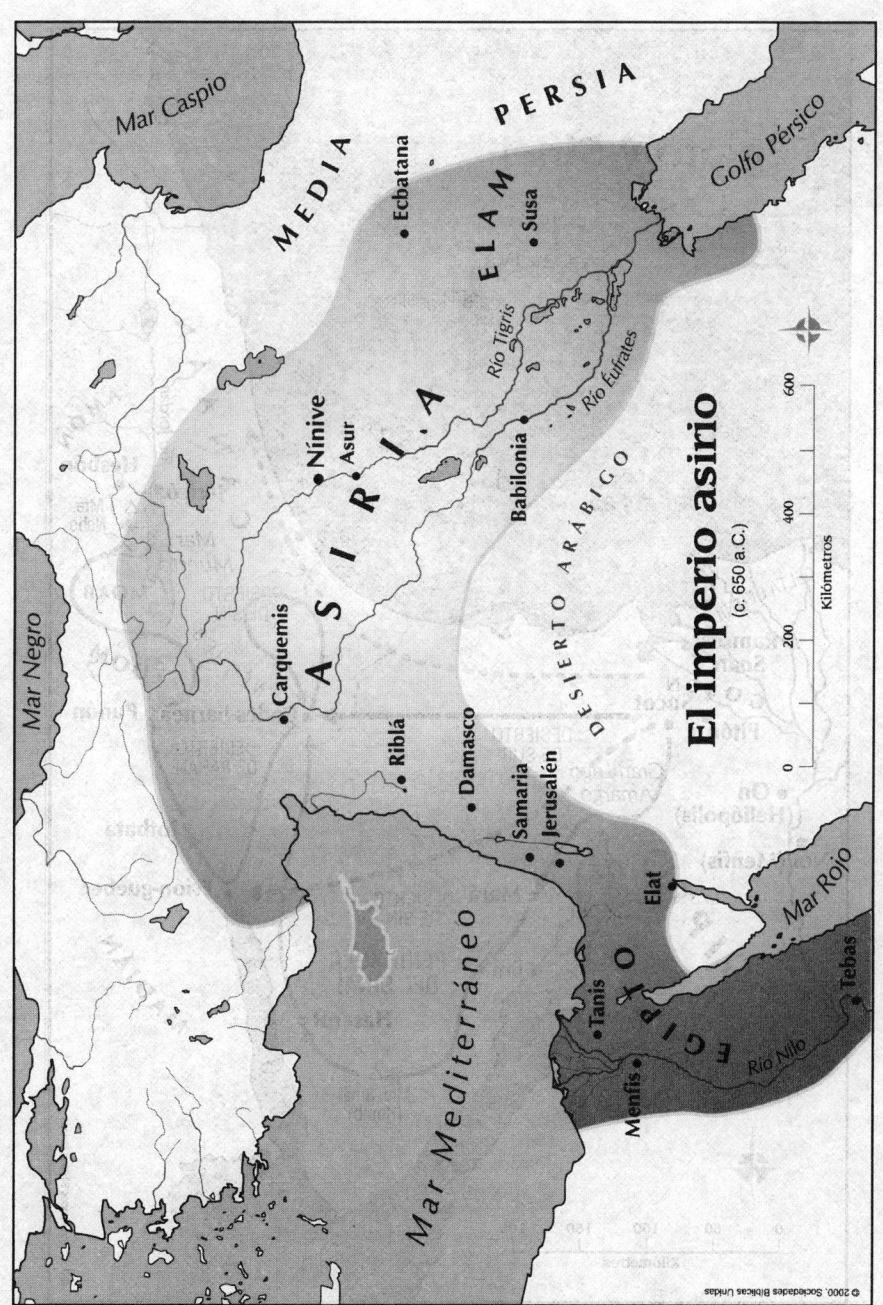

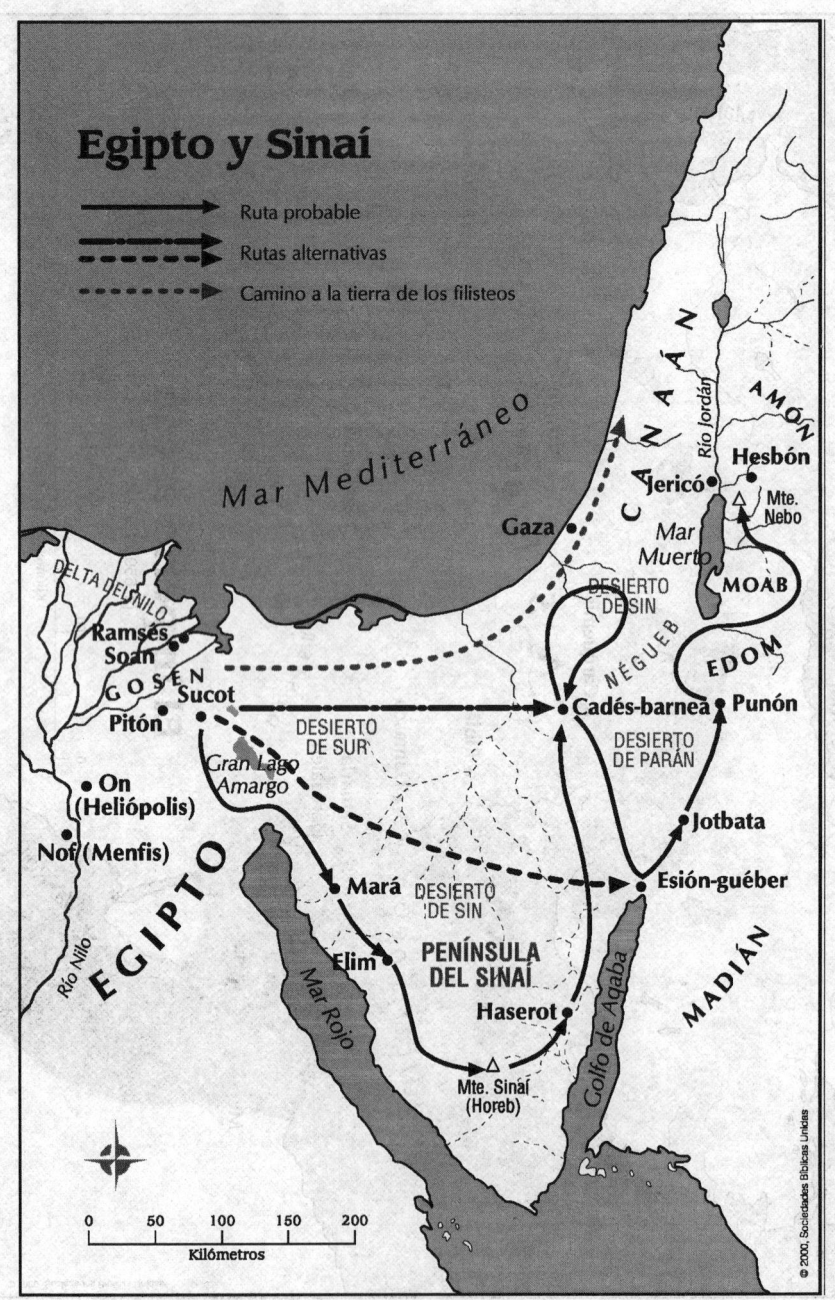

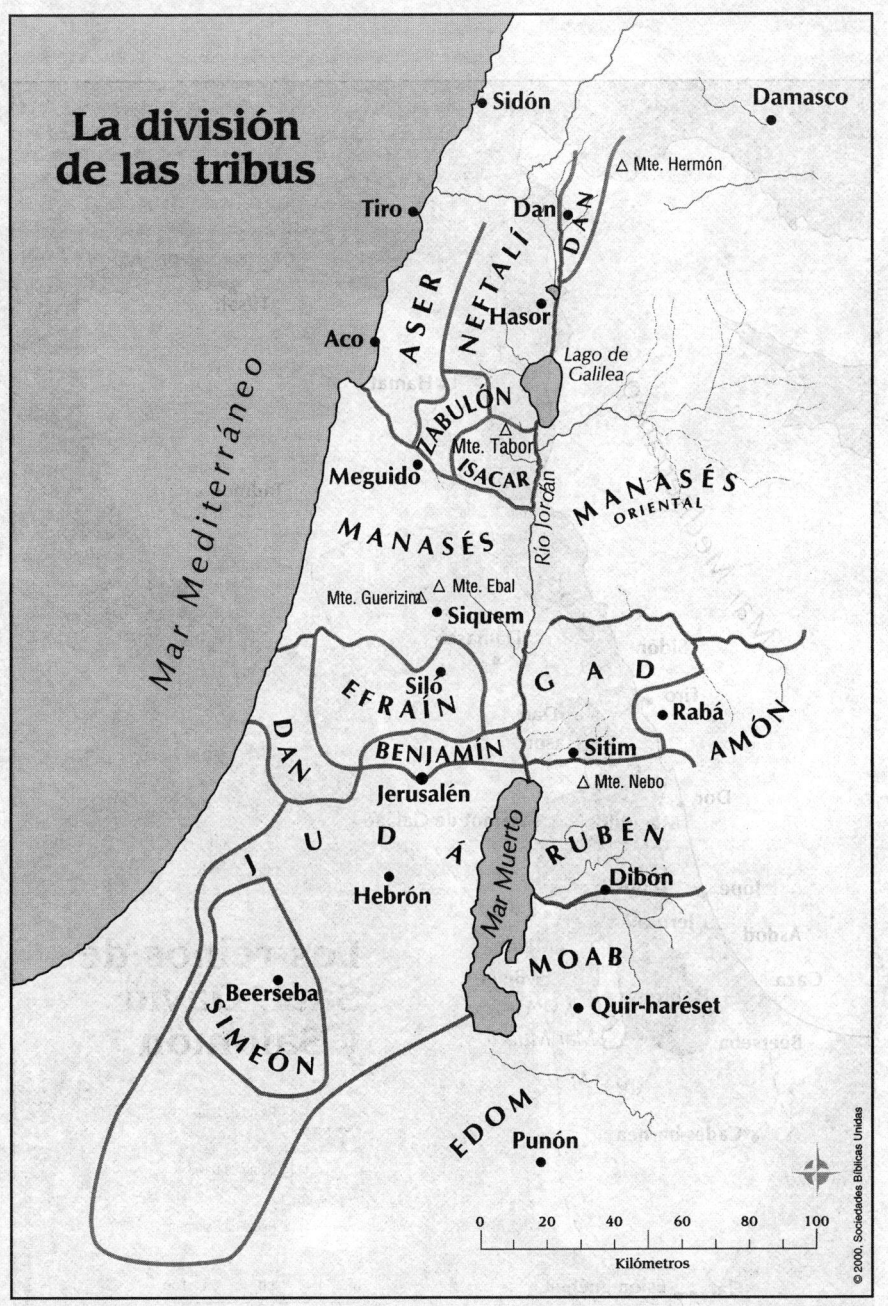

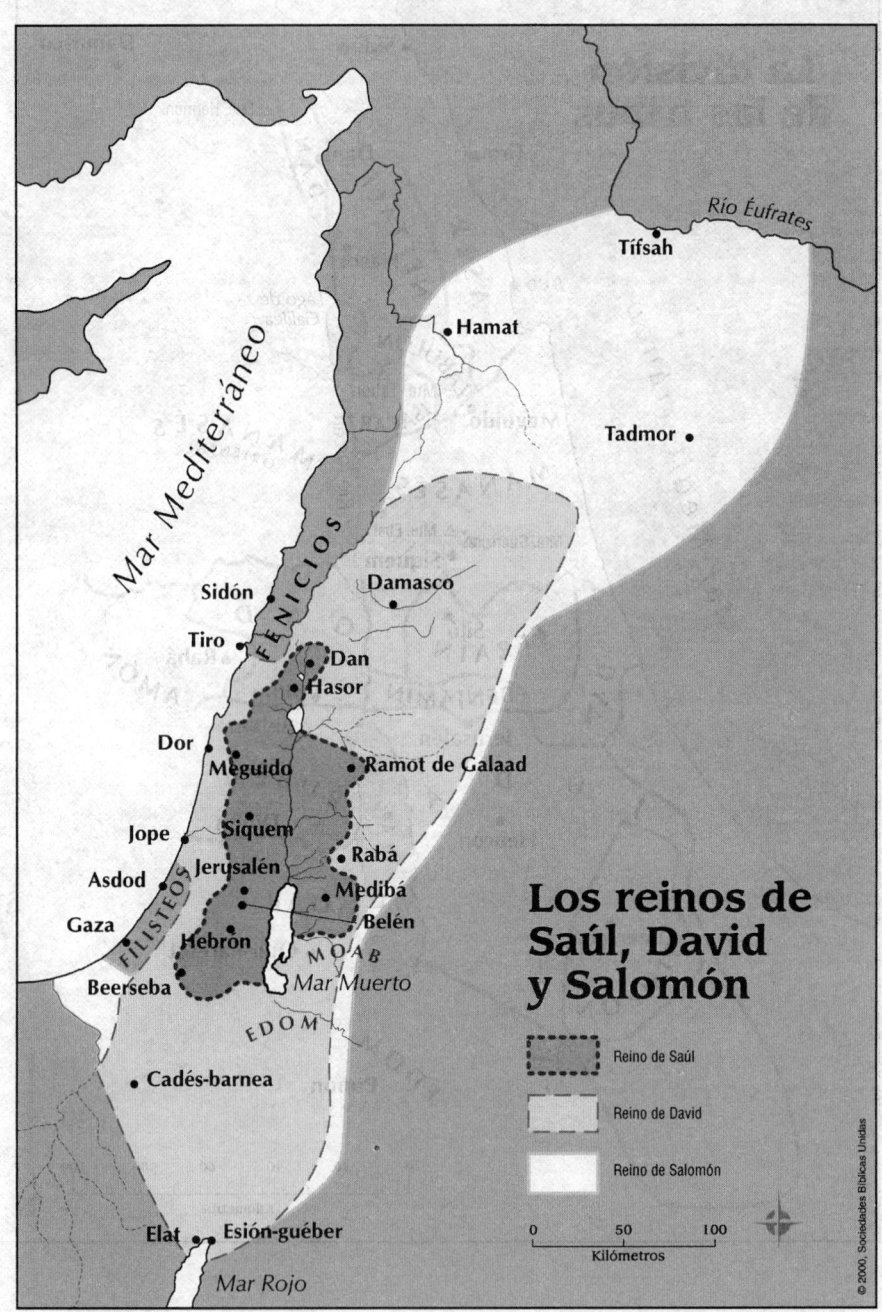

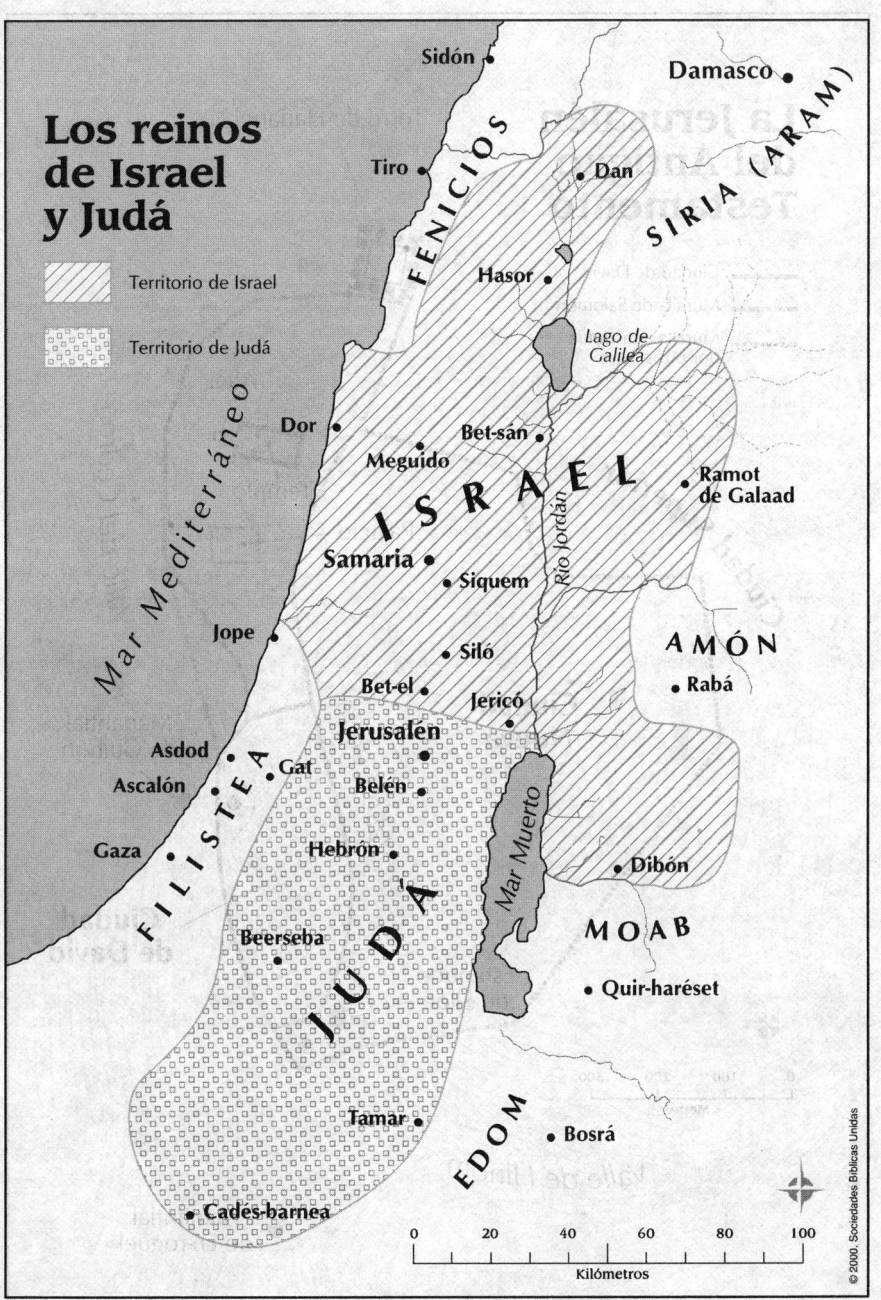

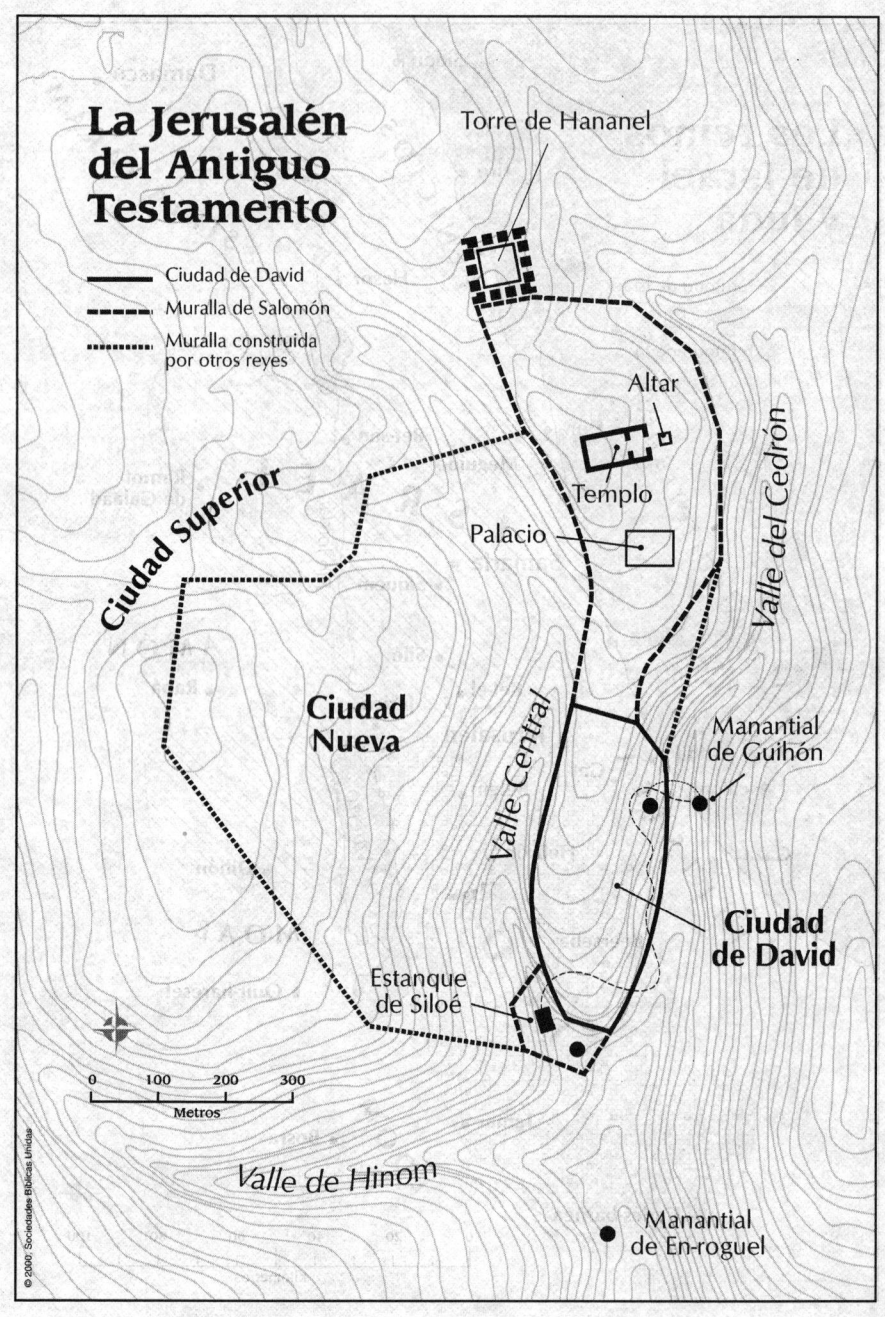

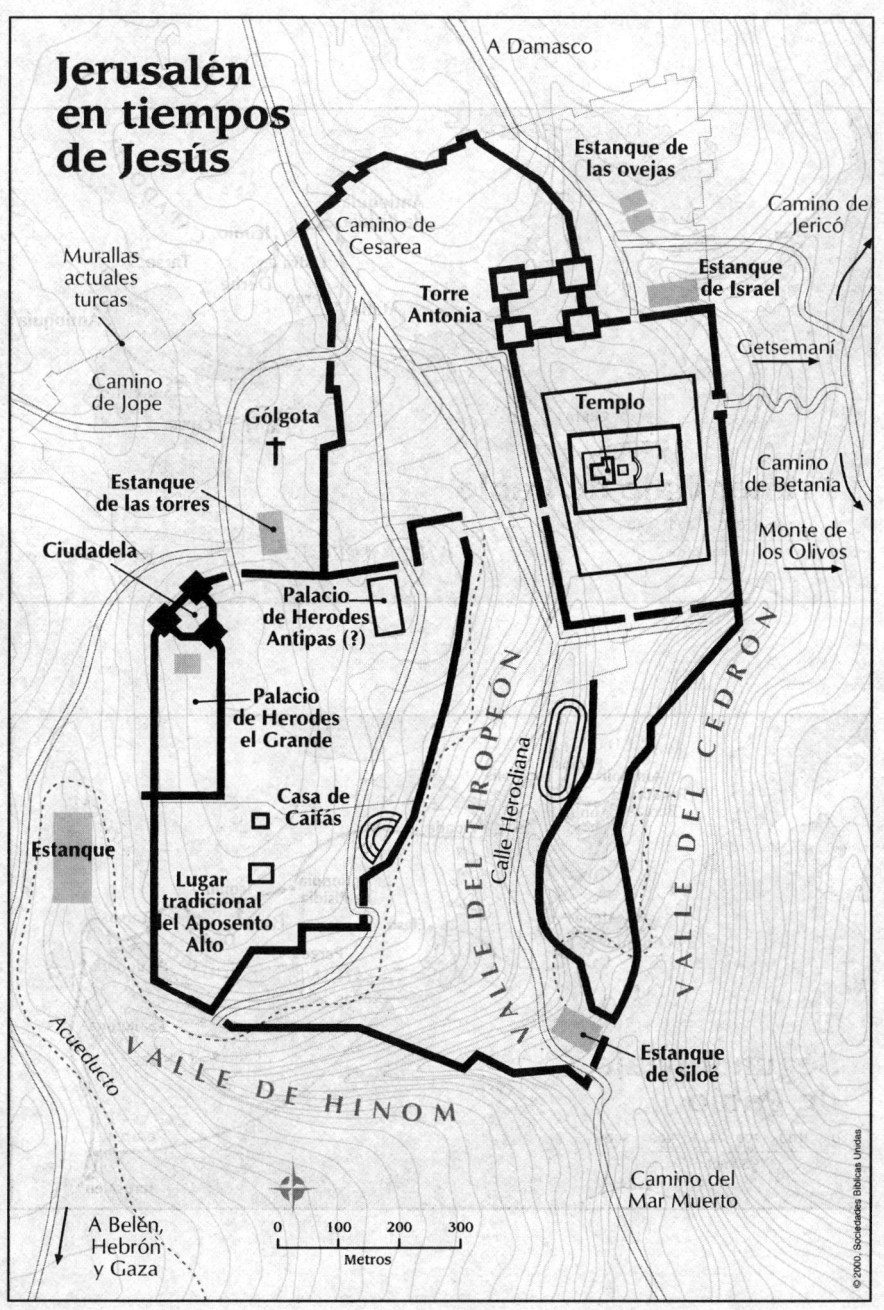

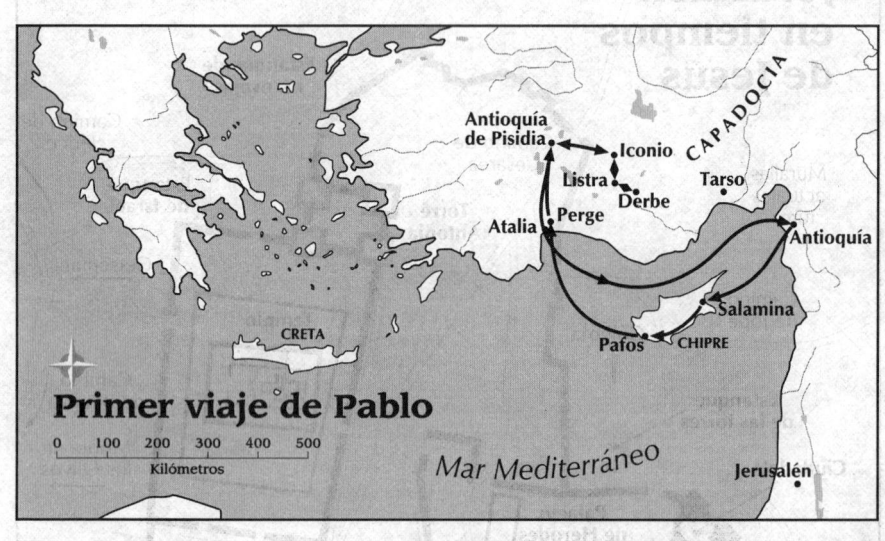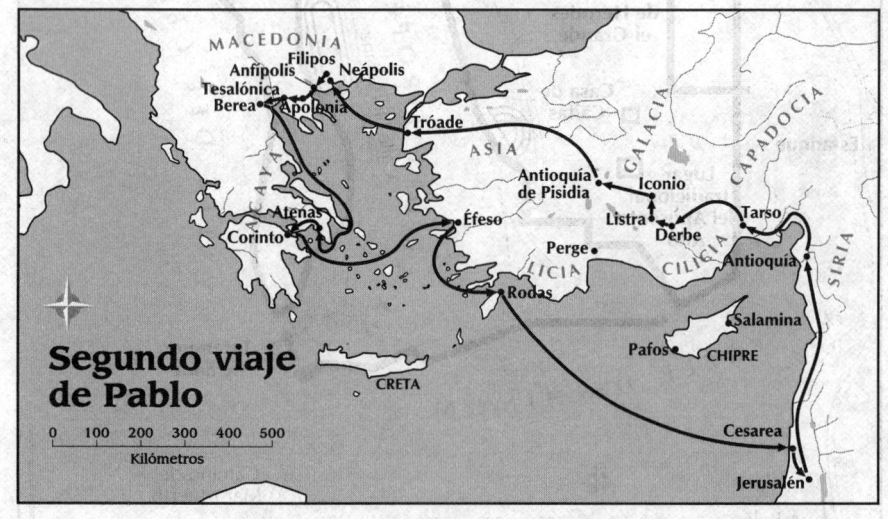

Planos del templo descrito en el libro de Ezequiel

Estos planos se basan en la visión de Ezequiel (capítulos 40 y 41). No representan el templo de Salomón ni tampoco el segundo templo, construido después del exilio.

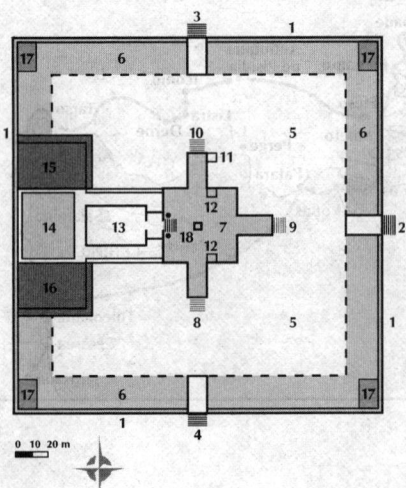

PLANO GENERAL DEL TEMPLO

1. **Muro exterior** (40.5; 42.15-20)
2. **Puerta oriental** (40.5-16)
3. **Puerta norte** (40.20-23)
4. **Puerta sur** (40.24-27)
5. **Atrio exterior** (40.17)
6. **Enlosado** (40.17-18)
7. **Atrio interior** (40.28)
8. **Puerta sur del atrio interior** (40.28-31)
9. **Puerta oriental del atrio interior** (40.32-34)
10. **Puerta norte del atrio interior** (40.35-37)
11. **Cámara para lavar los animales** (40.38)
12. **Cámaras para los sacerdotes** (40.44-46)
13. **Templo propiamente dicho** (véase el siguiente plano)
14. **Edificio del oeste** (41.12)
15. **Cámaras del norte** (42.1-10)
16. **Cámaras del sur** (42.10-11)
17. **Patios** (46.21-22)
18. **Altar** (40.47; 43.13-17)

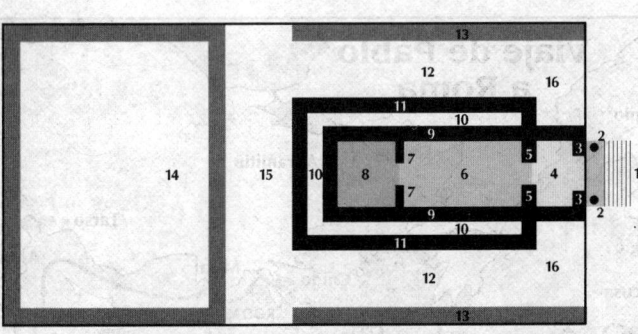

ZONA DEL TEMPLO PROPIAMENTE DICHO (40.48-41.15)

1. **Gradas** (40.49)
2. **Columnas** (40.49)
3. **Postes del pórtico** (40.48)
4. **Pórtico** (40.49)
5. **Postes** (41.1)
6. **Sala central** (41.2)
7. **Postes** (41.3)
8. **Lugar santísimo** (41.4)
9. **Muro exterior** (41.5)
10. **Cámaras anexas** (41.5)
11. **Pared exterior de las cámaras** (41.9)
12. **Espacio libre** (41.9)
13. **Muro** (41.9)
14. **Edificio del oeste** (41.12)
15. **Patio cerrado** (41.12)
16. **Parte del patio cerrado que da al oriente** (41.14)